Ab·fahrts·ren·nen das <-s, -> (SPORT: ≈ *Abfahrtslauf*)

ab·schme·cken <schmeckst ab, schmeckte ab, hat abgeschmeckt> *mit OBJ* ■ *jmd. schmeckt etwas ab* KOCH. *probieren, ob eine Speise ausreichend gewürzt ist und eventuell nachwürzen* die Suppe abschmecken

A·d·ress·buch das <-(e)s, Adressbücher> **1.** *ein Notizbuch, in dem man Adressen sammelt* **2.** EDV *innerhalb eines Mailprogramms eine Datei, in der E-Mail-Adressen abgelegt und verwaltet werden*

Ad·van·tage der [əd'vɑːntɪdʒ] <-s, -s> (SPORT ≈ VORTEIL: *Tennis*) *der erste gewonnene Punkt nach dem Einstand*

äh·nlich *Adj. so, dass zwei Personen oder Dinge relativ viele Merkmale gemeinsam haben* ähnliche Dinge/Ideen/Interessen/Vorstellungen, Sie sieht/ist ihrer Mutter ähnlich., Er hatte eine ähnliche Idee. ■ **Das sieht dir/ihm ähnlich!** (*umg.*): *das verwundert niemanden, der dich/ihn kennt* ◆ Großschreibung→R 3.7 etwas Ähnliches

Alt·jah·r(e)s·a·bend der <-s, -e> (*schweiz.*) *Silvester*

Au·to·gramm das <-(e)s, -e> *eigenhändige Unterschrift* (*einer bekannten Persönlichkeit*) Autogramme sammeln

Bild das <-(e)s, -er> **1.** (≈ *Gemälde*) *eine Art flache Platte* (*aus Papier, Leinwand, Holz o.Ä.*), *auf der mit Farben eine künstlerische Darstellung gemalt ist* ein abstraktes Bild, die Bilder eines alten Meisters/des französischen Impressionismus/aus der Spätphase des Künstlers, In der Galerie hängen auch Bilder unbekannter Künstler. ◆ Aquarell-, Landschafts-

Del·fin der <-s, -e> *s.* **Delphin**

sa·lu·tie·ren <salutierst, salutierte, hat salutiert> *ohne OBJ* ■ *jmd. salutiert* MILIT. *einen militärischen Gruß erweisen* Die Soldaten salutieren vor ihrem Vorgesetzten.

Schiff das <-(e)s, -e> **1.** *ein größeres Wasserfahrzeug mit eigenem Antrieb* Das Schiff legt ab/sticht in See/verkehrt auf einer bestimmten Linie/ havariert/schlägt leck/sinkt/liegt (irgendwo) auf Grund/geht irgendwo vor Anker/liegt im Hafen/ läuft unter deutscher Flagge. ◆ -sbau, -sreise, -srumpf, Fluss-, Fracht-, Kreuzfahrt-, Küsten-, Passagier-, Segel-

3 einzelne Bedeutungen werden durch arabische Ziffern unterschieden

7 Angabe der Stilebene

8 Information zur Rechtschreibung mit Verweis auf den Regelteil und Beispiel(en)

11 Angabe der Trennmöglichkeiten

13 Angabe zur Bildung von Genitiv Singular und Plural

15 Hinweise auf Komposita, in denen das Stichwort vorkommt

17 Angabe der flektierten Formen

PONS

Großwörterbuch

Deutsch als Fremdsprache

Ernst Klett Sprachen
Barcelona · Budapest · Ljubljana
London · Posen · Sofia · Stuttgart

PONS Großwörterbuch
Deutsch als Fremdsprache

Bearbeitet von: Susanne Balhar, Frank Mönkemöller,
Elke Hippe , Silke Löhle, Martina Lacatena,
Lydia Quaas, Ulrich Saßmann, Julia Weißmüller
Infokästen: Noemi Zach
Illustrationen: Sven Palmowski

auf der Basis von:
PONS Großes Schulwörterbuch Deutsch
Bearbeitet von: Adelheid Buschner, Dörthe Hecht,
Dr. Annette Morsi, Gamal Morsi, M.A.,
Dr. Ulrich Schnörch

Mit einem Regelteil zur Rechtschreibung und
Zeichensetzung von Prof. Dr. Erhard Schlutz
und Beiträgen von Veronica Diederen und
Dr. Heidemarie Langner

Unter Mitwirkung und Leitung der Redaktion
PONS Wörterbücher und der Redaktion
Klett Edition Deutsch

1.Auflage 2004 (1,01)

Internet:www.pons.de
www.klett-edition-deutsch.de
E-Mail: info@pons.de

Projektleitung: Dr. Andreas Cyffka

Sprachdatenverarbeitung: Andreas Lang, conTEXT AG
für Informatik und Kommunikation, Zürich
Einbandgestaltung: Ira Häußler, Stuttgart
Logoentwurf: Erwin Poell, Heidelberg
Satz: Dörr und Schiller GmbH, Stuttgart
Druck: Clausen & Bosse, Leck
Printed in Germany
ISBN 3-12-517042-7

▶ INHALT

VORWORT

Wer Deutsch lernt und sich mit dem aktuellen Wortschatz des Deutschen auseinander setzt, profitiert von einem Wörterbuch, das speziell auf den Lerner des Deutschen als Fremdsprache zugeschnitten ist. Das vorliegende PONS Großwörterbuch Deutsch als Fremdsprache ist ein solches Wörterbuch. Es will dem Lerner größere Sicherheit in Ausdruck und Verstehen geben, ohne ihn mit hermetischer Wissenschaftlichkeit zu überfordern.

Das Wörterbuch gibt vielfältige Auskunft zu sprachlichen Fragen, von der korrekten Schreibung der Wörter über ihre Bedeutungen bis hin zu den syntaktischen Konstruktionen, die sie zusammen mit anderen Wörtern eingehen. Es gibt Anregungs- und Formulierungshilfen beim Schreiben von Texten und vermittelt Einsicht in die Strukturen unseres Wortschatzes.

Die übersichtliche Gestaltung verleiht diesem modernen Wörterbuch die Attraktivität, von der wir hoffen, dass sie Deutschlerner gern zum Wörterbuch greifen lässt.

Stuttgart, im März 2004
Ernst Klett Sprachen GmbH

▶ HINWEISE FÜR DIE BENUTZUNG

1. Grundsätzliches

Das vorliegende Wörterbuch soll ein Hilfsmittel für alle sein, die das Deutsche als Fremdsprache erlernen, die sich als Studierende der Germanistik mit dem aktuellen Wortschatz des Deutschen auseinander setzen oder während Studium oder Berufsausbildung in Deutschland sprachliche Hilfen und Erklärungen suchen.

Einen wesentlichen Teil dieser Zielgruppe bilden auch die Dozenten und Lehrer des Faches Deutsch als Fremdsprache, denen dieses Wörterbuch ein Hilfsmittel für die Wörterbucharbeit im Unterricht sein soll.

Zum Einsatz in der DaF- Praxis in vielen Kontexten empfiehlt sich das Wörterbuch nicht nur bei Fragen zur Rechtschreibung und bei der systematischen Anleitung zur Wörterbucharbeit, sondern auch beim Schreiben und bei der Lektüre deutscher Texte und der Wortschatzarbeit.

Grammatische oder gar linguistische Kenntnisse werden bei den Benutzern nur in geringem Maße bzw. gar nicht vorausgesetzt, auch nicht Kenntnisse in der Wörterbuchbenutzung.

Als LERNER eine Sprache NICHT als Muttersprache zu haben, bedeutet, all das nicht intuitiv zu wissen, wovon der Muttersprachler in der Regel nicht einmal weiß, dass er es weiß.

Das PONS Großwörterbuch Deutsch als Fremdsprache versucht möglichst viel von diesem Wissen über die Wörter des Deutschen explizit zu machen.

Dieses Wissen umfasst besonders:

- die Schreibung des Stichworts
- die Trennmöglichkeiten
- die Betonung
- eventuelle Schreibvarianten
- das Genus
- eventuelle grammatische Einschränkungen
- stilistische Markiertheit
- Zugehörigkeit zu einem Sachgebiet
- die Bedeutungen des Stichworts – zu definieren unter Verwendung einfachster rekurrenter Konzepte und zu differenzieren über klare Wegweiser
- die typischen sprachlichen Kontexte, die das „natürliche Umfeld" des Stichworts bilden und die sich in Kollokationen und bevorzugten syntaktischen Verwendungen abbilden
- das Wortbildungspotential des Stichworts hinsichtlich seines Verhaltens in Komposition und Derivation und damit sein Stellenwert als Baustein der systematischen Wortschatzstrukturen

Das Wörterbuch eignet sich sowohl als Hilfsmittel für den Deutschunterricht als auch als Nachschlagewerk.

Das Wörterbuch soll sowohl beim punktuellen Nachschlagen zu Fragen der Rechtschreibung, Bedeutung, Grammatik, Aussprache, Betonung, Stilistik und Trennung der Wörter als auch beim systematischen Nachschlagen im Regelteil weiterhelfen. Es vermag Anregungs- und Formulierungshilfen bei der Textproduktion zu liefern und Einsicht in Wortschatzstrukturen zu bieten.

Typisch für dieses Wörterbuch ist daher, dass es

- Informationslücken des Benutzers schließt, also umfassend informiert (das heißt aber nicht, dass es zu einem Stichwort immer alle Angaben bietet)
- die aktive Sprachproduktion unterstützt und Einblick in die Struktur des Wortschatzes vermittelt
- integrativ vorgeht, also den sprachlichen Kontext der einzelnen Stichwörter erschließt, insbesondere die Synonyme und Antonyme des Stichworts, seine wichtigsten Kollokatoren, sein Auftreten in idiomatischen Wendungen.
- die Informationen in den Wörterbucheinträgen – wo sinnvoll und notwendig – in Beziehung setzt zu den Regeln des Regelteils zur Rechtschreibung.

2. Bestandteile des Wörterbuchs

Neben dem Wörterverzeichnis bietet PONS Großwörterbuch Deutsch als Fremdsprache einen lernerfreundlichen Regelteil zur Rechtschreibung und Zeichensetzung. Verweise vom Wörterverzeichnis in den Regelteil zur Rechtschreibung sollen dazu beitragen, dass das Ergebnis der singulären Nachschlagehandlung in systematische Zusammenhänge eingebettet wird.

Daneben liefern gesonderte Textbeiträge Informationen zu Wortbildungen mit Präfixen aus dem Lateinischen und Griechischen, Geflügelte Worte und Floskeln aus dem Lateinischen und Griechischen, Informationen zum Wortschatz (in seiner Wandelbarkeit), zu Wortfamilien etc.

und einen kurzen Abriss der wichtigsten grammatischen Regeln.

3. Welcher Wortschatz?

PONS Großwörterbuch Deutsch als Fremdsprache deckt die aktuelle deutsche Standardsprache ab, also jenes Deutsch, das heute tatsächlich gesprochen und geschrieben wird. Es enthält auch Fremdwörter und Wörter aus Fachsprachen, sofern sie im modernen Deutsch eine gewisse Verwendungshäufigkeit haben und sofern sie sprachlich im Benutzerumfeld – z. B. an der Universität – relevant sind.

Das Wörterverzeichnis enthält auch einen Bestand an gängigen österreichischen und schweizerdeutschen Wörtern, die explizit markiert sind.

4. Zur Rechtschreibreform

Der Wörterbuchtext folgt ohne Ausnahme der neuen deutschen Rechtschreibung.

5. Welche Informationen finden sich im Wörterbuch?

Information auf der unmittelbaren Stichwortebene

An der Notation der Stichwörter lässt sich erkennen:

(a) Die mögliche Worttrennung

wird durch Trennpunkte angezeigt.

Kis·te

Sil·be

(b) Die Betonung

wird bei langem Vokal

Vo·kal

durch Unterstreichung,

bei kurzem Vokal

Kür·ze

durch einen Punkt unter dem Vokal angegeben.

Bei der Betonung der Stichwörter können Varianten auftreten. Diese werden direkt nach dem Stichwort aufgeführt.

durch·aus, durch·aus *Adv.*

Das Wort kann also auf der ersten oder auf der zweiten Silbe betont werden.

6. Alphabetisierung

Hinsichtlich der alphabetischen Anordnung der Stichwörter werden die umgelauteten Vokale ä, ö, ü so behandelt wie die nichtumgelauteten a, o, u.

Marathon – Märchen – märchenhaft – Marder

Mahlzeit – Mähne – mahnen

7. Liste der im Wörterbuch verwendeten Abkürzungen

Abk.	Abkürzung
abwert.	abwertend, pejorativ
Adv.	Adverb
Akk.	Akkusativ
attr.	attributiv
Dat.	Dativ
dial.	dialektal
dichter.	dichterisch
fachspr.	fachsprachlich
geh.	gehoben
Gen.	Genitiv
hist.	historisch
Inf.	Infinitiv
intr.	intransitiv
iron.	ironisch
jmd.	jemand
jmdm.	jemandem
jmdn.	jemanden
jmds.	jemandes
jugendspr.	jugendsprachlich
Komp.	Komparativ
landsch.	landschaftlich
Nom.	Nominativ
norddt.	norddeutsch
ostmdt.	ostmitteldeutsch
österr.	österreichisch
Part.	Partizip
Perf.	Perfekt
Pers.	Person
Plur.	Plural
präd.	prädikativ
Präs.	Präsens
Prät.	Präteritum
refl.	reflexiv
R	Regel im Regelteil
scherzh.	scherzhaft
schweiz.	schweizerdeutsch

Sing.	Singular
süddt.	süddeutsch
Superl.	Superlativ
tr.	transitiv
übertr.	übertragen
umg.	umgangssprachlich
unpers.	unpersönlich
veralt.	veraltet
verhüll.	verhüllend
vulg.	vulgär
westmdt.	westmitteldeutsch
wiss.	wissenschaftlich

8. Liste der Sachgebiete

AMTSSPR.	Amtssprache
ANAT.	Anatomie
ASTRON.	Astronomie
BANKW.	Bankwesen
BAUW.	Bauwesen
BERGB.	Bergbau
BIOL.	Biologie
BOT.	Botanik
CHEM.	Chemie
DRUCKW.	Druckwesen
EDV	Datenverarbeitung
ELEKTROTECHN.	Elektrotechnik
FILM	Film
FOTOGR.	Fotografie
GEOGR.	Geografie
GESCH.	Geschichte
KFZ	Automobilwesen
KOCH.	Kochkunst, Küche
KUNST	Kunst
LANDW.	Landwirtschaft
LIT.	Literatur
LUFTF.	Luftfahrt
MATH.	Mathematik
MED.	Medizin
METEOR.	Meteorologie
MILIT.	Militär
MUS.	Musik
PHILOS.	Philosophie
PHYS.	Physik
POL.	Politik
PSYCH.	Psychologie
RADIO	Radiowesen
SEEW.	Seewesen
SPRACHWISS.	Sprachwissenschaft
RECHTSW.	Rechtswesen
REL.	Religion
SCHULE	Schule
SPORT	Sport
TECHN.	Technik
TELEKOMM.	Telekommunikation
THEAT.	Theater
TV	Fernsehen
WIRTSCH.	Wirtschaft
ZOOL.	Zoologie

9. Rechtschreibvariante

Das PONS Großwörterbuch Deutsch als Fremdsprache ist ein Bedeutungswörterbuch, aber auch ein Rechtschreibwörterbuch. Als Rechtschreibwörterbuch bildet es die neue Rechtschreibung des Deutschen ab.

Die Orthographie des Deutschen nach der Rechtschreibreform ist insbesondere gekennzeichnet durch eine Vielzahl von Alternativen, die dem Schreibenden angeboten werden. Wenn es eine Hauptvariante und eine Nebenvariante gibt, wird die Nebenvariante mit *a.* (auch) angeführt:

Del·phin, *a.* **Del·fin** der <-s, -e> **1.** ZOOL. …

Von der Nebenvariante wird auf die Hauptvariante verwiesen:

Porte·mon·naie das *s.* **Portmonee**

Wenn beide Rechtschreibvarianten gleichberechtigt sind, wird dies durch Schrägstrich angezeigt:

auf·wän·dig/auf·wen·dig …

10. Feminínformen

Die Femininform ist in diesem Wörterbuch voll ausgeschrieben.

Leh·rer, **Leh·re·rin** der <-s, -> …

11. Exponenten

Exponenten (Hochzahlen) werden bei Homonymen und Homographen benutzt.

Homonyme sind Wörter, die gleich ausgesprochen und gleich geschrieben werden, aber völlig unterschiedliche Bedeutungen haben (die Bank = die Sitzbank, die Bank = das Geldinstitut).

Homographe sind Wörter, die bei gleicher Schreibung unterschiedlich ausgesprochen werden und unterschiedliche Bedeutungen haben (der Tenor = eine Singstimme, der Tenor = eine bestimmte Einstellung).

12. Infokästen

Das PONS Großwörterbuch Deutsch als Fremdsprache enthält im Wörterbuchtext Infokästen. Inhalt dieser Infokästen sind linguistische, landeskundliche oder sonstige Zusatzinformationen.

13. Phonetik

Das Wörterbuch enthält bei manchen Fremdwörtern und in Zweifelsfällen Ausspracheangaben in internationaler Lautschrift (IPA) beim Stichwort.

14. Eintragsaufbau Substantiv/Nomen

Genitiv Singular und Nominativ Plural der Substantive/Nomina werden angegeben, wobei innerhalb der spitzen Klammern der Strich – für das Stichwort in seiner unveränderten Form steht.

Lan·ze die <-, -n> …

Der Genitiv Singular lautet also *(der) Lanze*, der Nominativ Plural lautet

(die) Lanzen.

Wird das Stichwort im Plural umgelautet, wird die Pluralform voll ausgeschrieben:

Saft der <-(e)s, Säfte> …

Gibt es zu einem Substantiv/Nomen keinen Plural, wird das explizit angegeben.

Sä·ge·mehl das <-s> (*kein Plur.*) …

Kommt ein Substantiv/Nominativ nur im Plural vor, wird das ebenfalls angegeben.

El·tern <-> *Plur.* …

Die Angabe des Genus erfolgt mit dem bestimmten Artikel *der, die, das, die/der.*

Es gibt Wörter – z. B. *Joghurt* –, welche wahlweise das eine oder das andere Genus haben können (*der Joghurt, das Joghurt*). In einem solchen Fall werden beide Genera angegeben, getrennt durch einen Schrägstrich.

Einige Wörter wie *Eltern, Kosten* usw. besitzen keinen Singular, weshalb sich diesen Stichwörtern kein Genus zuweisen lässt.

Im Anschluss an die verschiedenen Bedeutungen des Stichworts werden häufig idiomatische Redensarten angegeben.

Der Begriff „Idiom" ist im engen Sinne zu sehen. Die Bedeutung des Idioms ist mehr als die Summe der Bedeutungen seiner Teile und lässt sich daher aus letzteren nicht erschließen.

Leim der <-(e)s, -e> *ein Klebstoff, der flüssig ist und mit dem man Holz, Tapeten oder Papier klebt* Leim auf beide Seiten auftragen ■ **jemandem auf den Leim gehen** (*umg.*): *auf die Tricks von jmdm. hereinfallen* **…**

So lässt sich die Bedeutung von **jemandem auf den Leim gehen** auch dann nicht erschließen, wenn man die Bedeutungen von **gehen** und von **Leim** kennt.

Das Idiom ist festgefügt (*der kann mir mal den Buckel runterrutschen* versus **er rutschte mir den Buckel herunter).*

- **Komposita**

Die Wortbildung des Deutschen lässt es zu, theoretisch unbegrenzt viele Komposita zu bilden; man kann die meisten Substantive an andere Substantive (oder an ein schon bestehendes Kompositum) anhängen, um ein neues Wort zu bilden (*Wort – Wortbildung-Wortbildungsmuster*). Kaum ein Wörterbuch kann – schon aus Platzgründen – für alle diese Zusammensetzungen Bedeutungserklärungen anbieten. Dennoch lässt sich die Bedeutung der meisten dieser zusammengesetzten Wörter aus den Bedeutungen ihrer Bestandteile erschließen. Dieses Wörterbuch listet daher beim Stichwort in vielen Fällen Komposita ohne eigene Definition auf.

Unter der Kategorie Komposita stehen bei Substantiven Komposita, die das Stichwort als Erst- oder Zweitbestandteil enthalten, beim Stichwort *Auto* etwa -abgase, -fahrer, -straße, -zubehör

Der Strich steht dabei für das Hauptstichwort.

Hier werden meist solche Zusammensetzungen aufgeführt, welche sich nicht in der Stichwortliste des Wörterbuches befinden:

In der Reihe der Komposita findet man zuerst diejenigen Komposita, welche das Stichwort als Erstglied enthalten (wie im obigen Beispiel *Auto*), dann erst werden diejenigen Komposita aufgeführt, welche das Stichwort als Zweitglied enthalten:

Stichwort: *Wörterbuch*

…

Komposita: -autor, -programm, -verlag, Bedeutungs-, Fach-, Lerner-

Innerhalb dieser „Komposita-Reihen“ gilt alphabetische Reihenfolge (wie oben -autor vor -programm vor -verlag …)

Lei·ter, **Lei·te·rin³** der <-s, -> *jmd., der für etwas die Verantwortung hat und Ziele für die Tätigkeiten vorgibt* der Leiter des Projekts, die Leiterin der Forschungsgruppe ◆ Abteilungs-, Heim-, Kurs-, Reise-, Schul-

• Abgeleitete Wörter

Am Ende mancher Einträge sind abgeleitete Wörter aufgeführt, wenn diese sich direkt von dem angegebenen Stichwort ableiten – allerdings ohne eigene Definition.

kon·zes·siv <nicht steig.> *Adj.* SPRACHWISS. *einräumend* Der Nebensatz „Obwohl ich heute morgen müde bin“ ist ein konzessiver Nebensatz, der ein Zugeständnis ausdrückt. ▶Konzessivsatz

In diesen Fällen kann man die Bedeutung des abgeleiteten Wortes aus der Definition, die für das Stichwort angegeben ist, ableiten.

Ableitungen sind ebenfalls in alphabetischer Reihenfolge angeordnet.

15. Eintragsaufbau Verb

Bei den Verben werden nach dem Stichwort folgende Angaben gemacht:

2. Person Singular Präsens, 3. Person Singular Präteritum, 3. Person Partizip Perfekt, wenn die flektierten Formen orthographische oder sonstige Schwierigkeiten in sich bergen.

Die flektierten Formen werden generell immer angegeben bei starken Verben, unregelmäßigen Verben, Verben mit Mischformen, Verben, deren Stamm auf -z, -tz, -x, -s, -ss, -ß, -sch, -tsch endet, bei Verben, die auf -ern, -eln enden und bei Verben, bei denen das Perfekt alternativ mit *haben* oder *sein* gebildet wird.

ke·geln <kegelst, kegelte, hat gekegelt>

keh·ren¹ <kehrst, kehrte, hat/ist gekehrt>

Bei jedem Verb wird ausgesagt, ob es transitiv, intransitiv, reflexiv oder ‚unpersönlich‘, also *mit OBJ, ohne OBJ, mit SICH* und *mit ES* konstruiert werden kann.

Im Falle mehrerer Möglichkeiten wird mit römischen Ziffern differenziert.

schrei·ben <schreibst, schrieb, hat geschrieben> **I.** *mit OBJ/ohne OBJ* **1.** ■ *jmd. schreibt (etwas) Schriftzeichen auf einer Unterlage (zumeist auf Papier) aufbringen* Sie schreibt den Text auf weißes Papier., Er schreibt ordentlich/gut lesbar/unleserlich/deutlich/in Druckbuchstaben/mit einem Kugelschreiber. **2.** ■ *jmd. schreibt (jmdm.) (etwas) etwas (in einer bestimmten Art) schriftlich formulieren* Sie schreibt Gedichte/einen Brief/ein Gutachten/eine wissenschaftliche Arbeit., Er schreibt für die Zeitung., Sie schreibt lebendig/spannend/anschaulich/auf Deutsch. **3.** ■ *jmd. schreibt (etwas) als Autor verfassen* Er schreibt Krimis/Romane., Ihr Bruder malt und sie schreibt. **4.** ■ *jmd. schreibt (jmdm.) (etwas) eine schriftliche Nachrichten senden* Ich schreibe schnell noch ein paar Postkarten., Wie lange hat er nicht geschrieben? **II.** *mit OBJ* ■ *jmd. schreibt etwas* MUS. *komponieren* Wer hat die Musik zu diesem Film geschrieben? **III.** *ohne OBJ* ■ *jmd. schreibt (an etwas Dat.)* **1.** *im Begriff sein, einen (langen) Text zu verfassen* Ich schreibe schon seit Jahren an meiner Doktorarbeit., Du musst den Text noch ins Reine schreiben. **2.** *(Schreibgerät) funktionieren* Der Kugelschreiber schreibt nicht. **IV.** *mit SICH* ■ *jmd./etwas schreibt sich irgendwie eine bestimmte Schreibweise haben* Wie schreibt sich ihr Name?

• Konstruktionsformeln

Eine Konstruktionsformel wird angegeben, wenn das Verb intransitiv (ohne OBJ), transitiv (mit OBJ), reflexiv (mit SICH) oder unpersönlich (mit ES) gebraucht werden kann, also in jedem Fall.

Gehört das Verb mehr als einer Kategorie an, wird mit römischen Ziffern I., II., III. differenziert.

ba·den <badest, badete, hat gebadet> **I.** *mit OBJ* ■ *jmd. badet jmdn. jdn. in einer Badewanne reinigen* Die Mutter badet das Baby., Die Pflegerin badet die alte Dame. **II.** *ohne OBJ* ■ *jmd. badet* **1.** *sich in der Badewanne befinden* **2.** *(≈ schwimmen)* Sie badet am liebsten im Meer. ■ **mit etwas baden gehen** *(umg.)*: *erfolglos sein* Er ist mit seiner Geschäftsidee baden gegangen.

Diese Valenzformeln oder Konstruktionsformeln werden mit dem Ziel angeboten, den Benutzer über die möglichen Konstruktionen der Verben und Adjektive zu informieren.

Um zu wissen, wie man mit einem Verb grammatisch vollständige und korrekte Sätze bildet, muss man wissen:

– welche Zahl grammatischer Mitspieler (Aktanten) das Verb fordert

So verlangt ein einwertiges Verb wie *schlafen* nur einen Mitspieler

(*Er schläft.*), ein zweiwertiges Verb wie *betrachten* zwei Mitspieler

(*Sie betrachtet das Bild.*), ein dreiwertiges Verb wie *schenken* drei Mitspieler (*Er schenkt ihr sein Fahrrad.*)

Um zu wissen, wie man mit einem Verb grammatisch vollständige und korrekte Sätze bildet, muss man weiterhin über die Mitspieler wissen:

- ob diese Mitspieler obligatorischen oder fakultativen Charakter haben und welchen grammatischen Kasus sie haben.

jmd./jmds./ jmdm./jmdn.	signalisiert belebte Mitspieler
etwas	signalisiert unbelebte Mitspieler
irgendwo/ irgendwohin/ irgendwoher/ irgendwie/ irgendwann	signalisiert (notwendige) adverbiale Bestimmung von Ort, Richtung, Art und Zeit.

Beispiele:

(1) jmd. bringt jmdn./etwas irgendwohin

Die Studentin bringt die Bücher in die Bibliothek.

Er bringt das Auto in die Werkstatt.

(2) jmd. vereinbart etwas mit jmdm.

Der Projektleiter vereinbart mit den Mitarbeitern bestimmte Ziele.

In unserer letzen Besprechung haben wir das vereinbart.

(3) jmd. kommt irgendwoher

Er kommt um zehn Uhr aus dem Kino.

Ihre Familie kommt ursprünglich aus Schlesien.

(4) jmd. schämt sich (wegen etwas *Gen.*) **(vor jmdm.)**

Sie schämte sich wegen des Fehlers vor den Kollegen.

Der kleine Junge schämt sich.

(5) jmd. diskutiert (mit jmdm.) (über etwas *Akk.*)

Wir diskutierten stundenlang.

Der Deutschlehrer diskutiert mit dem Schulleiter über den Stundenplan.

(6) es regnet

Es regnete die ganze Nacht hindurch.

Es regnet schon wieder.

(7) jmd. schläft

Er schläft.

Sie schläft die ganze Nacht.

Die Formeln (4) und (5) zeigen, dass im Falle einer Abfolge mehrerer fakultativer Mitspieler diese jeweils einzeln in Klammern stehen.

Teilweise ist an den Mitspieler-Variablen (z. B. **jmdm.**) der Kasus ablesbar, etwa dass in Formel (2) der Kasus von **jmdm.** Dativ ist.

In anderen Fällen ist dies nicht so; in Formel (5) ist beispielsweise nicht ablesbar, dass der Kasus von etwas Akkusativ ist.

Im letzteren Fall – und nur im letzteren – wird der Kasus angegeben.

Wird der Kasus schon aus den Mitspieler-Variablen (z. B. **jmd./jmdm./jmdn.**) klar ersichtlich, wird er nicht angegeben.

16. Eintragsaufbau Adjektiv

Ein Adjektiveintrag enthält nach dem Stichwort fakultativ die Angabe von Komparativ und Superlativ. Dies wird dann so gehandhabt, wenn die Formen des Komparativs/Superlativs orthographische oder sonstige Schwierigkeiten in sich bergen. Regelmäßige Komparativ-/Superlativbildung wird nicht angegeben (z. B. *heißer/am heißesten*).

Die Angabe des Superlativs erfolgt mit „am“.

sịm·pel <simpler, am simpelsten> *Adj.* …

Es gibt viele Adjektive, zu denen keine Komparativ- und Superlativformen existieren, die nicht steigerbar sind, z. B. **barfuß**.

Das Fehlen von Komparativ- und Superlativform wird in der folgenden Weise angegeben:

sịnn·bild·lich <nicht steig.> *Adj.* (≈ *symbolisch*)

17. Synonyme und Antonyme

Zur Unterstützung der Bedeutungserklärung des Stichworts und als Hinweis auf strukturelle Zusammenhänge im Wortschatz werden bei vielen Stichwörtern vor der Definition Synonyme angegeben, also Wörter mit ungefähr gleicher Bedeutung:

ạb·bla·sen <bläst ab, blies ab, hat abgeblasen> *mit OBJ* ■ *jmd. bläst etwas ab* (*umg.* ≈ *absagen*) *sagen, dass etwas, das geplant war, nicht stattfindet* die Hochzeit/eine geplante Konferenz wieder abblasen

Die gleiche Funktion erfüllt die Angabe von Antonymen, also Wörtern mit entgegengesetzter Bedeutung:

A·bend·brot das <-(e)s> (*kein Plur.*) (≈ *Abendessen* ↔ *Frühstück*) *eine am Abend eingenommene Mahlzeit, die meist aus Brot, Wurst, Käse und kalten Getränken oder Tee besteht*

18. Orthographische Information

Am Eintragsende findet sich inbesondere orthographische Information als Hinweis auf Großschreibung, Kleinschreibung, Getrenntschreibung, Zusammenschreibung.

19. Verweis

Verweise dienen insbesondere zum Verweisen auf den Regelteil (→ R …), aber auch auf relevante andere Stichwörter.

20. Stilebenen und weitere Markierungen

„Umgangssprachlich" (*umg.*) steht für jene Sprache, die im normalen, informellen beruflichen oder privaten Umgang von Menschen benutzt wird.

la·bern <laberst, laberte, hat gelabert> *mit OBJ/ohne OBJ* ■ *jmd. labert (etwas)* (*umg. abwert.*) *viel reden, ohne dabei etwas Wesentliches mitzuteilen* Lass ihn doch labern, wir kümmern uns nicht darum!, Die Betrunkenen laberten nur noch dummes Zeug.

Ei·fer der <-s> (*kein Plur.*) *starkes Bemühen, Streben, Fleiß* Alle waren mit großem Eifer bei der Sache. ■ **im Eifer des Gefechts** (*umg.*): *vor Aufregung* Das habe ich im Eifer des Gefechts ganz vergessen. **blinder Eifer**: *Eifer ohne Überlegung*

Daneben werden als Stilmarkierungen „gehoben" (*geh.*) und „vulgär" (*vulg.*) benutzt.

Unter Letzterem wird der grobe und anstößige, in jedem Fall in seiner Verwendung stark eingeschränkte Wortschatz verstanden. Diese Wörter sollte man zwar verstehen, wenn man ihnen begegenet, man sollte sie aber selbst nicht aktiv verwenden.

Sack der <-(e)s, Säcke> **1.** *eine Art großer Beutel aus Stoff, Papier oder Kunststoff, in dem man feste Stoffe transportieren kann* Ich habe zwei Säcke Kartoffeln bestellt., den Müll in Säcken abtransportieren, den Zement in Säcken anliefern ◆ Müll-, Plastik-, Sand- **2.** (*vulg.*) *Schimpfwort für einen Mann* Du blöder/fauler Sack! **3.** (*vulg.*) *Hodensack* **4.** (*österr. süddt. schweiz.*) *Hosentasche* ■ **mit Sack und Pack** (*umg.*): *mit allem, was man hat* Sie kam mit Sack und Pack bei uns an. **jemanden in den Sack stecken** (*umg.*): *jmdm. überlegen sein*

Scheiß der <-> (*kein Plur.*) (*vulg.*) *verwendet, um etwas als äußerst schlecht und wertlos zu bezeichnen* Mach bloß keinen Scheiß!, Was soll der Scheiß?, Mann, ist das ein Scheiß!

Es werden die folgenden rhetorischen Markierungen verwendet:

abwert. zur Kennzeichnung einer abwertenden Haltung des Sprechers

Saft·la·den der <-s, Saftläden> (*umg. abwert.*) *verwendet, um auszudrücken, dass man sich über ein Geschäft oder eine Firma ärgert* Und so ein Saftladen nennt sich Fachgeschäft!

Dies bezieht sich auf die Tatsache, dass man mit dem Gebrauch bestimmter Wörter auch eine persönliche Wertung eines Menschen oder eines Sachverhalts ausüben kann. Sprachliche Abwertung ist es z. B., wenn man ein Geschäft als „Saftladen" bezeichnet.

iron. zur Kennzeichnung eines ironischen Sprachgebrauchs

sau·ber *Adj.* **1.** (≈ *rein* ↔ *schmutzig*) *frei von Verschmutzungen* Die Wäsche ist sauber., Du kannst das saubere Geschirr wegstellen., Hier gibt es noch saubere Bäche und Seen. ►Sauberkeit **2.** (≈ *ordentlich*) *gut und sorgfältig* Sie hat eine saubere Schrift., Der Entwurf ist sauber ausgearbeitet. **3.** *so, dass es allen oder allem gerecht wird* Ich denke, wir haben eine saubere Lösung dieses Problems gefunden., Ein Projekt muss auch sauber abgeschlossen werden. **4.** (≈ *korrekt*) *so, dass es keine Fehler hat* Sie hat eine sehr saubere Aussprache. **5.** (*iron.*) *nicht anständig* Da hat dich dein sauberer Freund schön hereingelegt. ◆ Getrenntschreibung→R 4.2 sauber halten, sauber machen, sauber schreiben

Hier wird der Sinn eines Wortes ins genaue Gegenteil verkehrt, z. B. wenn man eine sehr schlechte Leistung als „Glanzleistung" bezeichnet.

scherzh. zur Kennzeichnung eines scherzhaften, humorvollen Sprachgebrauchs, z. B. wenn man ein Fahrrad als „Drahtesel" bezeichnet

Schatz·käst·chen das <-s, -> (*scherzh.*) *ein Kästchen, in dem jmd. Gegenstände aufbewahrt, die für ihn wertvoll sind*

übertr. zur Kennzeichnung eines übertragenen Sprachgebrauchs

La·wi·ne die <-, -n> **1.** *eine große Masse von Schnee, die einen Berg herunterstürzt* eine Lawine auslösen, Mehrere Skifahrer wurden von der Lawine begraben., Eine Lawine geht ab. ◆ Geröll-, Schlamm-, Stein- **2.** (*übertr.*) *eine große Menge von etwas* Der Artikel löste eine wahre Lawine von Leserbriefen aus.

veralt. zur Kennzeichnung von Wörtern, die früher üblich waren, aber heute als veraltet empfunden werden

Ly·ze·um das <-s, Lyzeen> **1.** (*veralt.*) *höhere Schule für Mädchen* **2.** (*schweiz.*) *Oberstufe am Gymnasium …*

verhüll. zur Kennzeichnung einer verhüllenden Haltung des Sprechers

Mit Verhüllung ist gemeint, dass man nicht den „eigentlichen“ Ausdruck benutzt, z.B. „dahinscheiden“ für „sterben“.

Leib·haf·ti·ge der <-n> (*kein Plur.*) (*verhüll.*) *Teufel*

▶ Etappen der Sprachentwicklung des Deutschen

Sprachstufe	ungefähre Zeiteinteilung
Indoeuropäisch Man geht davon aus, dass es eine indoeuropäische Grundsprache gab, die zwischen Indien und Europa verbreitet war.	2000 bis 550 vor Christus
Germanisch	bis 800 nach Christus
Althochdeutsch	bis 1050
Mittelhochdeutsch	bis 1350
Frühneuhochdeutsch	bis 1650
Neuhochdeutsch	seit 1650

Unser Wortschatz

Der Wortschatz ist ein dynamisches System, das sich mit den Bedürfnissen der Sprecher ständig verändert. Unsere Zeit ist gekennzeichnet durch eine Fülle von neuen Erkenntnissen auf allen Gebieten der sich zunehmend spezialisierenden Wissenschaften. Neuerungen in Technik, Wirtschaft und gesellschaftlichem Leben erfordern vielfältige neue Bezeichnungen. Dem Wortbedarf kann einerseits über die vielen Möglichkeiten der Wortbildung (s. auch weiter unten die Ausführungen zur Wortfamilie) nachgekommen werden, das heißt, mit den bereits vorhandenen Wörtern oder Wortbestandteilen werden neue Wörter gebildet. Ein anderer Weg ist die Aufnahme von Wörtern aus fremden Sprachen. Seltener kommt es vor, dass Wörter ungebräuchlich werden und schließlich ganz aus dem Sprachgebrauch verschwinden (z. B. „resten“ für „übrig bleiben“, „säcken“ für „ertränken, ersäufen“, „sauersichtig“ für „unerfreulich, mürrisch, verdrießlich“). Der Wandel des Wortschatzes ist aber nicht auf das Auftreten neuer und das Verschwinden alter Wörter beschränkt. Sehr viele Veränderungen zeigen sich auch bei den Wortbedeutungen. Die Bedeutung von Wörtern kann sich erweitern oder verengen oder auf andere Verwendungsbereiche verschoben werden. „Etymologie“ heißt die Wissenschaft, die sich mit der Herkunft und Geschichte der Wörter und ihrer Bedeutungen befasst. Etymologie nennt man aber auch die Geschichte eines einzelnen Wortes.

Einige interessante Etymologien (Wortgeschichten)

Das Wort ***Schokolade*** kann seit dem 17. Jahrhundert in deutschen Texten nachgewiesen werden. Es entstammt einer Eingeborenensprache Mexikos. Die Spanier brachten das mexikanische *chocolatl*, mit dem ein Kakaotrunk bezeichnet wird, nach Europa. In Spanien heißt es *chocolate*, in Frankreich *chocolat*, in England *chocolate* und in den Niederlanden *chocolade.*

Als ***blöd*** bezeichnete man im Althochdeutschen (800–1050) jemanden, der unwissend und scheu war. Später wandelte sich die Bedeutung zu zaghaft, schwach und gebrechlich. Erst in neuerer Zeit wurde die Bedeutung auf geistesschwach und schließlich auf – heute geläufig – albern und dumm eingeschränkt.

Der Begriff ***Alarm*** hat heute die Bedeutung „Gefahrmeldung“. Er wurde aus dem italienischen *allarme* abgeleitet und ist eigentlich eine Aufforderung, sich zu bewaffnen. Das italienische Wort ist nämlich aus dem militärischen Ruf *„all‘ arme!“ = „zu den Waffen“* entstanden. Das Substantiv/Nomen geht auf das lateinische *arma* = Waffen zurück, das erkennt man in *Armee* wieder.

Eine interessante Erscheinung bei der Wortbildung ist die so genannte „Volksetymologie“. Damit bezeichnet man den Vorgang, dass ein unbekanntes, fremdes Wort inhaltlich umgedeutet und/oder in seiner Form verändert wird, damit es verständlich ist. Ein schönes Beispiel hierfür ist ***Hängematte,*** aus niederländisch *hangmat* entlehnt. Das niederländische Wort selbst hat weder etwas mit hängen noch mit Matte zu tun. Es geht (über das gleichbedeutende französische *hamac* und das spanische *hamaca)* auf arawakisch (Indianersprache der Antillen) *[h]amaca* zurück: Das nicht verstandene fremde Wort wurde den Wörtern „hängen" und „Matte" lautlich angeglichen.

Dass ***Wand*** von *winden* kommt, kann man sich heute kaum noch vorstellen. Eigentlich bedeutet *Wand* „das Gewundene, das Geflochtene", das stammt aus einer Zeit, in der die festen Wohnstellen der alten Germanen Flechtwerkbauten waren. Diese Bedeutung findet sich beispielsweise auch bei der *Wendeltreppe* („gewundene Treppe") wieder.

Ein seltenes Phänomen sind lautmalende, schallnachahmende Wortschöpfungen. So wird das Wort ***Eule*** ebenso wie die Bezeichnung der größten Eulenart ***Uhu*** auf die Nachahmung des Vogelrufes zurückgeführt. Übrigens hängt auch das Wort ***heulen*** mit *Eule* zusammen, es wurde von mittelhochdeutsch (1050–1350) *hiuwel* = *Eule* abgeleitet und heißt demnach eigentlich „wie eine Eule schreien".

Ungebräuchlich sind heutzutage die Wörter ***allenthalben*** (statt: *überall*) oder ***alldieweil*** (statt: *währenddessen*), auf die man mitunter in alten Texten stößt.

Übernahmen aus anderen Sprachen

Das Deutsche hat zu allen Zeiten Wörter fremder Sprachen aufgenommen. Insbesondere das Lateinische hat als so genannte Quell- oder Gebersprache eine lange Tradition, auch aus dem Griechischen wurden viele Entlehnungen (oft über das Lateinische vermittelt) aufgenommen. Daneben sind das Französische und das Englische als Quellsprachen und auch als Vermittlersprachen (vor allem für Wörter aus dem Lateinischen) von Bedeutung.
Im Allgemeinen unterscheidet man in der Sprachwissenschaft zwischen Erbwörtern, Lehnwörtern und Fremdwörtern.

Erbwörter haben wir von unseren Vorfahren übernommen, also „geerbt", sie sind aus dem Indoeuropäischen über das Alt-, Mittel- und Neuhochdeutsche bis heute überliefert.	Beispiele für **Erbwörter:** *Haus, braun, fett, leben, Mutter, Strom, Ebbe, Sumpf, Volk, Bogen, Helm, Schwert, König, Adel, Dieb, Frieden, Sünde, Burg, Segel, Bett, Hoffnung*
Fremd- und Lehnwörter wurden demgegenüber aus anderen Sprachen übernommen. Dabei sind die **Lehnwörter** in Lautung, Schreibung und Grammatik nicht von deutschen Wörtern zu unterscheiden. Meistens wurden sie im Laufe der Zeit den deutschen Regeln angepasst. Es gibt aber auch entlehnte Wörter, die bereits in ihrer ursprünglichen Form mit den deutschen Regeln übereinstimmen. Das ist beispielsweise bei einigen Lehnwörtern aus dem Englischen der Fall.	Beispiele für **Lehnwörter:** *Mauer* ← lateinisch *murus* *Fenster* ← lateinisch *fenestra* *Wein* ← lateinisch *vinum* *Kirche* ← spätgriechisch *kyrikón* *Engel* ← griechisch *ággelos* *Büro* ← französisch *bureau* *Bluse* ← französisch *blouse* *Streik* ← englisch *strike* *Bass* ← italienisch *basso* Beispiele für nicht veränderte **Lehnwörter** aus dem Englischen: *killen, Sport, Tennis, Film, Dock, Farm, Star, Tank, Test*
Fremdwörter sind im Gegensatz zu den Lehnwörtern direkt durch ihre fremde Gestalt, also die fremdartige Aussprache und/oder Schreibung, als Übernahmen aus fremden Sprachen erkennbar. Viele Entlehnungen aus fremden Sprachen behalten ihre fremde Gestalt, obwohl sie schon vor langer Zeit ins Deutsche gelangten. Es ist also	Beispiele für **Fremdwörter:** aus dem Lateinischen: *Altar, Experiment, multiplizieren, Interesse, Universität, Medizin, Abitur, Redaktion, Unikat, Original* aus dem Griechischen: *Psychologie, Apotheke, Grammatik, Evangelium*

nicht einfach so, dass ein Wort nur lange genug in der deutschen Sprache gebräuchlich sein muss, um an die hiesigen Rechtschreibregeln angepasst zu werden. So kam beispielsweise *Bibliothek* bereits um 1500 ins Deutsche, während hingegen das angepasste *Streik* (aus engl. *strike*) erst seit dem 19. Jahrhundert belegt ist.
Die meisten Fremdwörter stammen aus dem Lateinischen, Griechischen, Französischen und Englischen. Die Entlehnungen aus anderen Sprachen fallen weniger ins Gewicht.
Einen Sonderstatus haben so genannte (Bezeichnungs)exotismen, die ausländische Einrichtungen und Gegebenheiten benennen. Hierzu gehören Währungseinheiten, Grußformeln, Eigennamen und andere Bezeichnungen nichtheimischer Lebenserscheinungen.

aus dem Französischen: *Baguette, Ballett, Terrasse, Intrige, Restaurant, Kompliment, Salon*
aus dem Englischen: *Computer, Job, Manager, Toast, Sherry, Party, Show, live, Trainer, Camping*
aus dem Italienischen: *Giro, Klarinette, Cembalo, Bankrott, Pizza*
aus dem Spanischen: *Kastagnette, Tabak*
aus dem Russischen: *Kollektiv, Kosmonaut, Brigade*
aus dem Ungarischen: *Gulasch, Paprika*
aus dem Arabischen: *Algebra, Matratze*
aus dem Türkischen: *Kiosk, Turban*
aus dem Japanischen: *Karate, Kimono*
aus dem Chinesischen: *Taifun, Tee*
Bezeichnungsexotismen: *Dollar, Öre, Siesta, Champs-Élysées, Känguru, Kolchose, olé*

Geflügelte Worte und Floskeln aus dem Lateinischen und Griechischen

Die Unterscheidung zwischen „Geflügelten Worten“ und „Floskeln“ ist nicht immer ganz eindeutig zu treffen. Unter der ersten Rubrik wurden in erster Linie Zitate zusammengefasst – ganze Sätze und Ausdrücke, die meistens von antiken Schriftstellern oder späteren Autoren stammen und oft sprichwörtlich geworden sind. Die Floskeln sind kürzere Wendungen aus den lateinischen Fachsprachen (z. B. des Rechts oder der Philosophie).

I Geflügelte Worte

Das Sternchen * bezeichnet im Folgenden die Herkunft aus dem Griechischen.

ab ovo: vom Ei (der Göttin Leda) her; vom allerersten Anfang an; „ab Adam und Eva“
Advocatus Diaboli: Advokat des Teufels (mit dem Amt, sämtliche Gegenargumente [gegen die Heiligsprechung] zusammenzutragen); Anfechten einer Meinung, indem man die Gegenposition vertritt
alea iacta est: Der Würfel ist (in die Höhe) geworfen; das Wagnis ist eingegangen.
Alter Ego: zweites Ich
audiatur et altera pars: Auch die gegnerische Seite soll angehört werden.
carpe diem: Ergreife den Tag; nutze die Zeit!
cave canem: Vorsicht, Hund!
cogito, ergo sum: Ich denke, also bin ich.
cui bono? Für wen zum Vorteil? Wozu soll das gut sein?
cum tacent, clamant: Indem sie schweigen, schreien sie.
de gustibus non est disputandum: Über Geschmäcker lässt sich nicht streiten.
de mortuis nil nisi bene: Über Verstorbene sprich nur gut!
Deus ex Machina: Eingreifen eines Gottes (am Ende einer griechischen Tragödie); unerwartete Lösung eines unlösbaren Problems
errare humanum est: Irren ist menschlich.
divide et impera: Teile und herrsche!
festina lente: Eile langsam! Eile mit Weile.
fiat iustitia, ruat caelum: Es geschehe Gerechtigkeit, wenn auch der Himmel einstürzt.
fortes fortuna adiuvat: Den Mutigen hilft das Glück.
heureka*: Ich hab’s gefunden! (Archimedes, als er im Bad ein physikalisches Gesetz entdeckte)
homo homini lupus: Ein Mensch ist für den anderen Wolf.
homo sum; humani nil a me alienum puto: Ich bin ein Mensch; nichts Menschliches ist mir fremd.
in dubio pro reo: im Zweifel für den Angeklagten
in medias res: mitten hinein in die Dinge; mitten in das Thema hinein(springen)
in vino veritas: Im Wein ist Wahrheit.
mea culpa, mea culpa, mea maxima culpa: meine Schuld, meine Schuld, meine übergroße Schuld

mens sana in corpore sano: ein gesunder Geist in einem gesunden Körper
multum, non multa: viel, nicht vielerlei (Beliebiges)
nolens volens: nicht wollend wollend; ob man will oder nicht
noli me tangere: Rühr' mich nicht an!
nomen est omen: Der Name ist Vorzeichen; schon der Name sagt alles.
non scholae, sed vitae discimus: Nicht für die Schule, sondern für das Leben lernen wir. (Ursprünglich umgekehrt; der Philosoph Seneca kritisiert: Nicht für das Leben, sondern für die Schule lernen wir!)
nunc est bibendum: Jetzt muss getrunken werden (ursprünglich als Ausdruck der Befreiung nach Kleopatras Tod)
oderint, dum metuant: Sie sollen (mich) ruhig hassen, solange sie (mich) nur fürchten.
omnia vincit Amor: Die Liebe besiegt alles.
o tempora, o mores! Oh Zeiten, oh Sitten!
pacta sunt servanda: Verträge sind einzuhalten.
panem et circenses: Brot und Spiele
per aspera ad astra: auf harten Wegen zu den Sternen; durch Nacht zum Licht
per se: für sich; an sich
Persona grata: willkommene Person
Persona ingrata; Persona non grata: unerwünschte Person
plenus venter non studet libenter: Ein voller Bauch studiert nicht gern.
principiis obsta! Tritt den Anfängen entgegen!
quo vadis? Wohin gehst du?
quod erat demonstrandum (q. e. d.): was zu beweisen war
quot homines, tot sententiae: Wie viele Menschen, so viele Meinungen gibt es.
rem tene, verba sequentur: Die Sache behalte im Auge, die Worte werden folgen.
sapere aude! Wage es zu denken!
sic transit gloria mundi: So geht der Ruhm der Welt dahin.
sine ira et studio: ohne Voreingenommenheit und Leidenschaft; ohne Parteinahme
sit venia verbo: Man verzeihe das Wort.
summum ius summa iniuria: höchstes Recht – höchste Ungerechtigkeit
suum cuique: jedem das Seine
Tabula rasa: (eigentlich: für erneutes Beschreiben) glatt gestrichene Wachstafel; unbeschriebenes Blatt; **Tabula rasa machen:** reinen Tisch machen
tempora mutantur, nos et mutamur in illis: Die Zeiten ändern sich und wir uns in ihnen.
tertium non datur: Etwas Drittes ist ausgeschlossen.
tua res agitur: Um *deine* Angelegenheit handelt es sich; es geht dich an.
ubi bene, ibi patria: Heimat ist, wo es einem gut geht.
variatio delectat: Abwechslung erfreut.
veni, vidi, vici: Ich kam, sah, siegte.
vivat – crescat – floreat: Er/sie soll leben, wachsen, blühen!
vita brevis, ars longa: Das Leben ist kurz, die Kunst lang.
zoon politikon*: (der Mensch als) ein auf die Gemeinschaft hin angelegtes Wesen

II Lateinische und griechische Floskeln

Das Sternchen * bezeichnet im Folgenden die Herkunft aus dem Griechischen.

a posteriori: im Nachhinein
a priori: im Vorhinein
ad absurdum führen: in den Widerspruch führen
ad acta legen: zu den Akten legen; abhaken
ad hoc: eigens zu diesem Zweck; ohne Vorbereitung
ad infinitum: ins Unendliche
ad libitum: nach Belieben
Agenda: zu Erledigendes; Terminkalender
Allotria* treiben: andere Dinge treiben (als man soll)
Anno Domini ...: Im Jahre (des Herrn) ...
communis opinio: „common sense", allgemein verbreitete Meinung
Conditio sine qua non: Bedingung, ohne die (es) nicht (geht); notwendige Voraussetzung
Contra (Kontra) geben: dagegenhalten
coram publico: in aller Öffentlichkeit
Corpus Delicti: Gegenstand des Verbrechens; Beweisstück
cum grano salis: mit einem Körnchen Salz; nicht ganz wörtlich zu nehmen
Cura posterior: spätere Sorge; zweitrangiges Problem
Curriculum Vitae: Lebenslauf
de facto: faktisch; tatsächlich
eo ipso: eben dadurch
ex cathedra: vom (päpstlichen) Stuhl aus; mit Unfehlbarkeit

ex libris ...: aus den Büchern/aus der Bibliothek von ...; „dieses Buch gehört ..."
ex officio: von Amts wegen
exempli gratia: um des Beispiels willen; zum Beispiel
expressis verbis: ausdrücklich
fabula docet: Die Fabel lehrt; „... und die Moral von der Geschicht'"
Genius Loci: (Schutz-)Geist des Ortes
hic et nunc: hier und jetzt
honoris causa: ehrenhalber (Dr. h. c.: Doktortitel, der ehrenhalber verliehen wird)
Horror Vacui: Angst vor der Leere
in absentia (verurteilen): in Abwesenheit (verurteilen)
in abstracto: abstrakt
in concreto: konkret
in extenso: ausführlich
in flagranti: auf frischer Tat
in memoriam ...: zum Gedenken an ...
in natura: leibhaftig
in nuce: im Keim; im Ansatz
in petto haben (ital.): etwas im Sinn haben, in der Hinterhand haben
in persona: persönlich
in puncto ...: in Hinsicht auf ...
in spe: zukünftig
in statu nascendi: im Stadium des Entstehens, im Werden
in toto: im Ganzen
ius gentium: Völkerrecht
Lapsus: „Ausrutscher", Versehen
Modus Procedendi: Vorgehensweise
Modus Vivendi: Übereinkunft für ein erträgliches Zusammenleben
mutatis mutandis: mit entsprechenden Änderungen; auf den neuen Sachverhalt gemünzt
non liquet: Es ist nicht klar; es ist nicht möglich, ein Urteil zu fällen.
non plus ultra: nicht darüber hinaus; unüberbietbar
notabene: merke gut! wohlgemerkt, ...
Novum: etwas Neues; etwas noch nie Dagewesenes
per definitionem: (schon) der Definition nach
per pedes (apostolorum): zu Fuß (wie die Apostel)
placet: Es gefällt, wird gebilligt (ich gebe mein Plazet: ich gebe meine Einwilligung).
post festum: wenn das Fest vorbei ist; nachträglich, zu spät
Primus inter Pares: der Erste unter lauter Gleichgestellten
Pro und Contra (Kontra): das Für und Wider
pro forma: der Form halber; zum Schein
procedere (das **Prozedere**)**:** das Vorgehen; die Verfahrensweise
Quodlibet: was gefällt; bunte Mischung
scilicet ... (scil./sc. ...): versteht sich; nämlich ... ; zu ergänzen: ...
stante pede: stehenden Fußes; sogleich
Status quo: gegenwärtiger Zustand; bestehende Verhältnisse
summa summarum: insgesamt
Terminus technicus: Fachausdruck
Terra incognita: unbekanntes Land; Neuland
Tertium Comparationis: Vergleichsmittel (anhand dessen zwei Dinge vergleichbar werden)
tractandum (Traktandum): zu behandelnder Punkt, Tagesordnungspunkt
Ultima Ratio: letzte Überlegung; äußerstes Mittel
Vademekum (< vade mecum): geh mit mir mit; Leitfaden o. Ä. in Taschenbuchformat
vice versa: umgekehrt

Wortbildungen mit Präfixen aus dem Lateinischen und Griechischen

Zahlreiche Fremdwörter aus dem Lateinischen und Griechischen bestehen aus einem Grundwort, vor das eine Vorsilbe, ein so genanntes Präfix, gesetzt wurde. (Beispiel: Präfix *trans* „hinüber" + *portare* „tragen" → „transportieren".) Diese Präfixe sind ursprünglich meist Präpositionen (wie *re* „zurück", *syn* „mit") oder Adverbien (*tele* „fern"), andere sind Zahlwörter (*tri-* „drei"), Adjektive (*mono-s* „allein") oder Substantive/Nomen (*bio-s* „Leben").
Oft kann man sich die Bedeutung von Fremdwörtern leichter erschließen, wenn man die Bedeutung des Präfixes kennt. In manchen Zusammensetzungen (Komposita) ist das Präfix auch weitgehend abgeschwächt, es kann dann z.B. noch eine Verstärkung des Grundwortes bewirken.
Bei den mit Präfix gebildeten Fremdwörtern kann man grob zwei Gruppen unterscheiden: Es gibt diejenigen Wörter, die komplett als Komposita aus dem Lateinischen oder Griechischen übernommen worden sind, die also dort bereits aus Präfix + Verb oder Substantiv zusammengesetzt sind (Beispiel: *conservare* – „konservieren"). Die Fachsprachen der Geistes- und Naturwissenschaften haben sich die Präfixe aber auch zunutze gemacht, um daraus neue Wörter zu bilden; das Präfix ist „produktiv" geworden

(„Biotop“, eigentlich „Ort zum Leben“). Auch die lebendige Umgangssprache geht mit dem Präfixreichtum schöpferisch um, wie zahlreiche Neubildungen zeigen (Beispiel: Megahit, Bioladen).

Die nachfolgende Zusammenstellung bietet die wichtigsten Präfixe aus dem Lateinischen und Griechischen mit ihren ursprünglichen Bedeutungen sowie mit Beispielen. (Der Umweg, den manches Wort – etwa über das Französische oder Englische – genommen hat, kann in diesem Rahmen nicht nachgezeichnet werden.)
Eine Besonderheit bei der Wortbildung ist der Vorgang der Assimilation: Der letzte Konsonant des Präfixes gleicht sich gerne dem Anlaut des folgenden Wortes an (Beispiel: *syn* + *pathos* → *Sym**p**athie*; *ad* + *petere* → *A**pp**etit*).

Das Sternchen * bezeichnet im Folgenden die Herkunft aus dem Griechischen.

a, an*
(dt. un-)
Analphabet, Anarchie, anomal, anonym, amorph, apathisch, asozial

ab, a, abs
(dt. von – weg; aus)
abstrakt, abstinent, absolvieren, absolut, Abitur, abrupt, absorbieren

ad
(dt. zu; bei; an)
akzeptieren, Aspekt, attraktiv, Addition, Appell, Appetit, apportieren

ambi, amb, am
(dt. zweifach; rings um)
Ambitus, Ambitionen, ambivalent

ampho*
(dt. beide)
Amphibien, Amphore, Amphitheater

ana*
(dt. hinauf; zurück; wieder; im Verhältnis)
Anamnese, analog, anachronistisch, analysieren

anti*
(dt. gegen, entgegen)
Antipathie, Antipode, Antarktis, Antifaschismus, antiseptisch, antibakteriell, Antikörper, Antibiotikum, Antialkoholiker

apo*
(dt. von – weg; ab)
Apologie, Apostroph, Apotheke

auto*
(dt. selbst)
Automat, Auto(mobil), Autodidakt, Autobiografie, Autogramm, Autograph, autonom

bi
(dt. zwei, doppel-)
Biathlon, Bizeps, bisexuell, bilateral, Bigamie, Biennale, binäres Zahlensystem, bilingual, Bikarbonat, bipolar

bio*
(dt. Leben)
Biologie, biodynamisch, Biochemie, bioaktiv, Biografie, Biotop, Biophysik, Bioladen, Biotonne, Biotechnik

chilioi (chilo)*
(dt. tausend)
Kilogramm, Kilometer, Kilowatt

con (com, co)
(dt. zusammen mit)
Kommunikation, konkret, Korrespondenz, Konsul, Konzert, Komponist, koordinieren, kooperieren, komplementär, komplett, kompakt, kompliziert, Koexistenz, Kopilot, Koproduktion, kontinuierlich, Kontinent, Kontext, Konjunktion, konstruieren, Kondenswasser, Kompromiss, Konsens, Konversation, Konzentrat, Konvention, Konvent, Konfekt, konvertieren, konkav, konvex, Konzept, konservieren, Konferenz, Konkurrent, kongruent, komprimiert, kompetent

contra
(dt. gegen; entgegengesetzt)
Kontrabass, Kontraindikation, Kontrapunkt, kontrovers, kontraproduktiv, konträr

de
(dt. von – herab; über)
dekadent, depressiv, Detektiv, demontieren, dechiffrieren, deportieren, demonstrieren, deklarieren, deklamieren, deformieren

dia*
(dt. durch; auseinander)
diagonal, Dialektik, Dialekt, Diapositiv, Dialog, Diagnose, Diagramm, diametral

dis
(dt. auseinander)
diskret, Dissonanz, diskutieren, Disput, disponieren, disproportioniert, disqualifizieren, Disharmonie, Dirigent, direkt

ek, ex*
(dt. heraus; aus)
Ekstase, Ekzem, Exodus

epi*
(dt. auf; bei; hinzu)
Epizentrum, Epoche, Epilog, Epidemie, Epigramm, Epilepsie

ex, e
(dt. aus)
Existenz, Exzess, expressiv, Express, exzen-

trisch, exzellent, exakt, explosiv, Effekt, extrahieren, Extrakt, Exzerpt, expandieren, Export, Emigrant, exorbitant

extra
(dt. außerhalb)
extraordinär, Extravaganz, Extraportion, extrem, extravertiert, Extratour, Extrawünsche, Extrawurst

geo*
(dt. Erde)
Geologie, Geographie, Geometrie

hetero*
(dt. anders)
heterogen, heterosexuell

homo*
(dt. gleich)
Homophonie, homogen, homosexuell

hyper*
(dt. über; über – hinaus)
hypersensibel, hyperaktiv, Hyperbel, Hypertonie (Bluthochdruck), hyperkritisch, Hyperfunktion, hypermodern

hypo*
(dt. unter)
Hypothek, Hypothese, Hypotonie (niedriger Blutdruck)

in
(dt. un-)
instabil, Immobilie, indigniert, Individuum, immens, immun, infantil, illegal, ignorieren, Improvisation

in
(dt. in; an; auf; nach)
imponieren, Import, infiltrieren, inspizieren, implizieren, implantieren, inhalieren, insistieren, Information

infra
(dt. unterhalb)
Infrastruktur, Infrarot

inter
(dt. zwischen; unter)
Interesse, Interpret, intelligent, intervenieren, Interregio, Intercity, interdisziplinär, international, Interferenz, Internet

intro
(dt. hinein)
introvertiert, Introduktion (Einleitung)

kata*
(dt. herab; nieder; zurück; völlig)
katapultieren, Katastrophe, Katarrh, katholisch, Katarakt

makro*
(dt. groß)
makrobiotisch, Makromolekül, Makrokosmos, Makrobefehl

mega*
(dt. groß)
Megawatt, Megabyte, Megahertz, Megaphon, Megatonne, Megalith, Megahit

meso*
(dt. mittlerer)
Mesoderm, Mesophyten, Mesopotamien, Mesolithikum

meta*
(dt. mit; nach; um- [Veränderung])
Metapher, metaphysisch, Metamorphose, Methode

mikro*
(dt. klein)
Mikroskop, Mikroorganismus, Mikrobe, Mikrobiologie, Mikroelektronik, Mikrofon, Mikrowelle(nherd), Mikrokosmos

mille
(dt. tausend)
Millimeter, Milligramm, Milliliter

mini(mus)
(dt. kleinster)
Minirock, Minigolf, Minibar

mono*
(dt. allein)
Monotonie, Monolog, Monolith, Monogamie, Monopol, Monotheismus, Monokultur

multi (Plur.)
(dt. viele)
multinational(er Konzern), Multimillionär, multimedial, Multiplikation, multifunktional, multikulturell, Multivitaminsaft

non
(dt. nicht)
nonverbal, nonkonformistisch, Nonsens, nonstop

ob
(dt. vor – hin; entgegen)
Offerte, Opposition, objektiv, Oblate, obligatorisch, okkupieren, okkult, opportun, obskur

oikos*
(dt. Haus; Haushalt)
Ökologie, Ökonomie, Ökosystem, Ökoladen, Ökumene

pan*
(dt. ganz; alle)
Pantheismus, Panoptikum, Panorama, panafrikanisch

para*
(dt. bei; gegen; neben – längs)
Parallele, paradox, Parabel, Parabolspiegel, Parasit, paraphrasieren, Parapsychologie, Parenthese, Paranoia, Parameter, Parodie

per
(dt. durch)

permanent, Perspektive, pervers, perfekt, perforieren

peri*
(dt. um – herum)
Periode, Peripherie

poly*
(dt. viel)
Polyphonie, Polyrhythmus, polymorph (vielgestaltig), Polygamie, polyglott, Polyp, Polyamid, Polyester, Polymer, Polynesien

post
(dt. hinter; nach)
postnatal, Post, postmodern, postoperativ, Postskript(um), posttraumatisch

prae
(dt. vor)
präsent, präsentieren, Präsident, Präsidium, präzis, Präfix, Prädikat, Präservativ, Prämisse, Prävention, Präparat, prätentiös, Präludium

pro*
(dt. vor)
Prophezeiung, Prognose, Problem, Prolog, Programm, prophylaktisch

pro
(dt. vor; für; anstatt; je)
Produkt, Provision, provisorisch, projizieren, Projekt, Prospekt, Prozent, Promille, progressiv, proklamieren, provozieren, Protektion, Prozess, Prozession, Proportion, Prorektor, Kompromiss, profan, Proviant, Proseminar, prominent, Pronomen

proto*
(dt. erster)
Prototyp, Proton, Protokoll

psycho*
(dt. Seele; Leben)
Psychologie, Psychotherapie, Psychiater, Psychoanalyse, Psychodrama, Psychogramm, Psychodiagnostik, Psychosomatik, Psychoterror, Psychothriller, Psychopath

re
(dt. zurück; wieder)
Resonanz(boden), reduzieren, Revanche, Resultat, Replik, Resignation, renovieren, Restaurant, Referat, Reklame, reklamieren, reserviert, Reaktion, reorganisieren, Residenz, reflektieren, Respekt, resorbieren, relaxen, Relation, rekonstruieren, renaturieren, Relikt

retro
(dt. rückwärts)
Retrospektive

se
(dt. beiseite)
Sezession, separat, selektiv, Sekret, Sekretärin

semi
(dt. halb)
Semifinale, semipermeabel, Semikolon, Semivokal

sub
(dt. unter; von unten herauf)
Subvention, Subunternehmer, Subtropen, subtrahieren, Subkontinent, Subkultur, Subjekt, sukzessiv, suspekt, Surrealismus, suggerieren

super
(dt. über; oben auf)
Superlativ, Supermarkt, Supernova, Supervision, *umg.:* superschnell, Superstar

syn*
(dt. mit)
Symbol, Sympathie, Syllogismus, System, Synagoge, synonym, Symphonie, Synkope, symmetrisch, synchron(isieren), Symbiose

tele*
(dt. fern)
Telefax, Telefon, Telepathie, Telearbeit, Teleobjektiv, Telegramm

trans
(dt. jenseits; über – hinüber)
Transport, transformieren, Transvestit, transponieren, Transfer, Transistor, transparent, Transaktion, TEE (Trans-Europ-Express), Transsibirische Eisenbahn

tri*
(dt. drei)
Triangel, Triathlon, Trias, Trigonometrie, Trilogie

ultra
(dt. jenseits, über – hinaus)
Ultraschall, ultraviolett, Ultrakurzwelle, ultralang

zoo*
(dt. Leben)
Zoologie, Zoo(logischer Garten)

Der Einfluss des Englischen auf das Deutsche

Seit Ende des 2. Weltkrieges werden insbesondere Wörter amerikanischer Herkunft in die deutsche Sprache aufgenommen. Man spricht von „Anglizismen“ oder auch von „Anglo-Amerikanismen“ bzw. „Amerikanismen“. Dabei ist dieses Phänomen auch in vielen anderen Sprachen zu beobachten. Es versteht sich von selbst, dass der Einfluss der USA in Wirtschaft, Politik, Wissenschaft, Technik, Kultur und gesellschaftlichem Leben auch zahlreiche sprachliche Entlehnungen mit sich bringt. Man sollte dabei allerdings nicht übersehen, dass auch vor 1945 eine Vielzahl von englischen Entlehnungen – auch aus dem britischen Englisch – in der deutschen Sprache aufgenommen wurden. So gelangten beispielsweise zahlreiche Ausdrücke der Sportsprache vor 1945 ins Deutsche (z. B. *boxen, Jockey, Match, Rekord, Cricket, Golf, Hockey, fair, foul, trainieren, Team*), das Gleiche gilt für viele Begriffe aus dem gesellschaftlichen Leben (z. B. *Dandy, Klub, Frack, Gentleman, Sandwich, Rostbeef, flirten, Bridge, pokern, Blues, grillen*), die Terminologie des Jazz kam überwiegend in den zwanziger Jahren des 20. Jahrhunderts aus Amerika ins Deutsche.

Es gibt sogar englische Fremdwörter, die gar keine sind, so genannte **Schein-** oder **Sekundärentlehnungen** (auch: „Pseudofremdwörter“). Darunter versteht man in der deutschen Sprache entstandene Bildungen mit englischem Wortmaterial, die es im Englischen nicht gibt. Beispiele sind: *Dressman* (englisch: *male manequin*), *Pullunder* (englische Umschreibung: *sleeveless pullover*), *Twen* (englische Umschreibung: *someone in his/her twenties*), *Showmaster* (englisch: *announcer/compère*).

Orthographische Anpassung der Anglizismen

Bei Entlehnungen aus dem Englischen zeigt sich deutlich die Tendenz zur unveränderten Übernahme. Es lassen sich zahlreiche Beispiele nennen: *ladylike, Butler, Make-up, Punk, Slum, Feeling, Peeling, Team, cool, Sonnyboy, Toast, Hardware, Story, Tweed, Jeans, joggen, Cowboy.* Alle neueren Entlehnungen werden (fast) wie im Original geschrieben und gesprochen. Das hat vor allem folgende Gründe:

- Hohes Ansehen der fremden Sprache
  Seit jeher gelten Fremdsprachenkenntnisse als ein Kennzeichen besonderer Bildung, das gilt umso mehr, wenn die Gebersprache ein so hohes Ansehen wie derzeit das Englische genießt. Englisch ist „in“, daran besteht kein Zweifel. Mit dem Gebrauch von englischen Wörtern verbinden sich Gefühle von Weltoffenheit, Fortschrittlichkeit und Modernität. Insbesondere die Sprache der Werbung macht sich diese Verknüpfungen zunutze: statt „Haarpflegeprodukten“ verkauft man besser ein „hairstyling set“, statt einer „Zwischenmahlzeit“ besser einen „Snack“; statt mit „schickem Aussehen“ wirbt man besser mit „coolem Look“.
- Fremdsprachenkenntnisse
  Eng mit dem hohen Ansehen der englischen Sprache hängt zusammen, dass Englisch gegenwärtig die Fremdsprache ist, die von den meisten Sprachteilhabern neben der Muttersprache mehr oder weniger beherrscht wird. Das liegt zum einen daran, dass Englisch in der Regel als erste Schulfremdsprache unterrichtet wird. Zudem ist Englisch als Weltsprache allgemein bekannt und viele Menschen verfügen auch aus beruflichen Gründen zumindest über Grundkenntnisse.
- Fachsprachen und internationale Kommunikation
  Die Geschwindigkeit, mit der in den verschiedenen Wissensgebieten Neuerungen hervorgebracht werden, hat einen großen Wortbedarf zur Folge. Dass die Terminologien zu einem großen Teil aus dem Englischen stammen, hängt mit der Geltung des Englischen als Weltsprache zusammen. Hinzu kommt, dass die USA in vielen Wissensgebieten eine Vorreiterrolle einnehmen. Damit geht die Tendenz zur Internationalisierung des Wortgutes einher, die Fachwortschätze der einzelnen Sprachen gleichen sich einander mehr und mehr an. Häufig sind die Fachausdrücke Wörter lateinisch-griechischen Ursprungs, die nach englischem Vorbild im Deutschen und in anderen Sprachen gebraucht werden. Es liegt auf der Hand, dass einheitliche Fachbegriffe die Kommunikation über Sprachgrenzen hinweg sehr erleichtern. Die Wörter *Chip, Computer, Container, Laser, Radar* versteht man in vielen Sprachen rund um den Erdball. Man spricht hier auch von „Internationalismen“.
- Verwandtschaft von Sprachen
  Von Bedeutung ist auch, dass Englisch und

Deutsch beides germanische Sprachen sind (etwa im Gegensatz zu den romanischen Sprachen Französisch, Spanisch und Italienisch). Sie sind also „miteinander verwandt“, was sich zum Beispiel daran zeigt, dass manche englischen Wörter gar nicht angepasst werden müssen, um den deutschen Regeln zu entsprechen (s. o.).

Anpassung von Wörtern

Grundsätzlich gibt es zwei Möglichkeiten, wie fremde Wörter an das Deutsche angeglichen werden können (wobei natürlich auch Misch- und Übergangsformen auftreten):

Anpassung der deutschen Aussprache an die quellsprachliche Schreibung	**Anpassung der deutschen Schreibung an die quellsprachliche Aussprache**
Diese Form der Angleichung ist wesentlich häufiger anzutreffen. Es leuchtet ein, dass die flüchtige Aussprache wesentlich leichter und schneller anzupassen ist als die Schreibung. Beispiele: *Apartment, Ballast, Revolver, Bunker, Club/Klub, Humor*	Beispiele: *Känguru*, engl. *kangaroo* *Dschungel*, engl. *jungle* *Streik*, engl. *strike* *Keks*, engl. *cake* *Bumerang*, engl. *boomerang* *Schock*, engl. *shock* *Schal*, engl. *shawl*

Häufig werden angepasste Schreibungen durch Nebenformen eingeführt. Für *Shampoo* wurden zeitweise noch 3 Schreibvarianten angeführt: *Schampun, Shampoon, Schampon;* interessanterweise konnte sich die Schreibung mit *Sch* nicht durchsetzen. Auch für andere Anglizismen gab es Eindeutschungen, die zugunsten der Originalform wieder verschwanden, z. B. *Kautsch* für *Couch*, *tränieren* für *trainieren*, *Komputer* für *Computer*, *Klaun* für *Clown.*

Rund um den Computer...

... haben zahlreiche „neue“ Wörter und Abkürzungen Eingang in das Deutsche gefunden. Es ist natürlich kein Zufall, dass die meisten aus der englischen Sprache kommen. Insbesondere die wachsende Bedeutung des Internets bringt eine Vielzahl von Wortneuerungen mit sich.

Backup	(= engl. Unterstützung) Datensicherung
Bit	kleinste Informationseinheit, die ein Computer verarbeiten kann
Byte	aus acht Bits bestehende Informationseinheit, Maßeinheit für die Speicherkapazität
CD	(= Compactdisc) als Datenspeicher dienende Kunststoffscheibe, bietet im Vergleich zur Diskette (s. u.) mehr Speicherkapazität
CeBIT	(= Centrum für Büro- und Informations-Techniken) weltweit größte Messe für Informationstechnologie, findet jedes Frühjahr in Hannover statt
Cursor	Positionsmarke, zeigt die gerade bearbeitete Stelle auf dem Bildschirm an
Diskette	als Datenspeicher dienende Kunststoffscheibe
Festplatte	im Computer eingebauter Speicherplatz, auf dem dauerhaft Daten abgelegt werden können
Hardware	Geräte und Zubehör eines Computers
IT	(= Informationstechnologie) allgemein gängige zusammenfassende Bezeichnung für die Branche rund um den Computer

Maus	mit dem Computer verbundenes Handgerät, über das man den Cursor (s. o.) auf dem Monitor bewegen kann
Monitor	Bildschirm
Passwort	(geheim gehaltene) Zeichenfolge, die jemandem den Zugriff auf bestimmte Daten ermöglicht; Schutz vor unberechtigter Benutzung
RAM	(= Random Access Memory) Arbeitsspeicher, wird benötigt, um (kurzfristig) Daten aufzunehmen und für die gerade ablaufende Verarbeitung verfügbar zu halten
Scanner	Gerät, das eine Vorlage optisch abtastet und das ermittelte Bild auf den Computer überträgt
Software	(im Gegensatz zur Hardware) Programm, das auf einem Rechner zum Einsatz kommt
Virus	heimlich eingeschleustes Störprogramm, das oft Daten zerstört

Begriffe rund um das Internet

Browser	(von englisch *to browse* = durchblättern) Programm, das benötigt wird, um Informationen aus dem WWW auf dem Bildschirm darzustellen
downloaden	Daten aus dem Internet auf den eigenen Computer übertragen
E-Commerce	(= electronic commerce) Handel über das Internet
E-Mail	(= electronic mail) Nachricht, die über das Internet verschickt wird
Homepage	Titelseite einer Darstellung (z. B. eines Unternehmens) im Internet
HTML	(= Hypertext Markup Language) Programmiersprache, in der Internetseiten im WWW (s. u.) erstellt werden können
HTTP	(= Hypertext Transfer Protocol) Datenübertragungsverfahren, auf dem das WWW (s. u.) im Internet basiert, daher beginnen die Adressen im Web mit http://
Internet	weltweites Netzwerk, an das mittlerweile (Stand: Ende 2000) etwa 160 Millionen Computer angeschlossen sind; ermöglicht den Austausch von Daten aller Art, zu den bekanntesten Funktionen (so genannten Diensten) des Internets gehören das Versenden von E-Mails und das Nutzen von Informationen aus dem WWW
Link	Verknüpfung zu einer anderen Internet-Seite
online	direkt mit dem Internet verbunden
Provider	Firma, die Internet-Zugänge anbietet
surfen	im WWW per Mausklick von Seite zu Seite hüpfen (wie mit einem Surfbrett auf den Wellen)
WWW	(= World Wide Web „weltweites Netz") grafische Oberfläche des Internets, auf der durch Texte, Bilder, Musik und Filmelemente Informationen aller Art präsentiert werden

Was ist eine Wortfamilie?

Wie aus dem Wort „Familie“ schon hervorgeht, gehören zu einer Wortfamilie alle miteinander „verwandten“ Wörter. Sie haben dieselbe etymologische (sprachgeschichtliche) Wurzel. Häufig (aber nicht zwangsläufig) liegt ein (starkes) Verb einer Wortfamilie zugrunde, das als Grundlage für neue Wortbildungen diente. Ein oft genanntes Beispiel ist *fahren,* ein Verb, um das sich eine große Wortfamilie formiert hat. Die wichtigsten Mechanismen der Wortbildung sind:

- die Abkürzung (*Kfz*)
- die Substantivierung *(Fahrt, das Fahren, das Gefahre, die Fahrerei, Fähre)*
- die Zusammensetzung (Komposition) (*Fahrkarte, Fahrrad, fahrtüchtig, Bootsfahrt*).
- die Ableitung (Derivation)
  - durch Vorsilben (Präfigierung) (*abfahren, befahrbar, sich verfahren*)
  - durch Nachsilben (Suffigierung) (*befahrbar, Befahrbarkeit, Erfahrung*)

Nicht immer bleibt der Stamm in den Wörtern einer Wortfamilie gleich, es kann verschiedene lautliche Veränderungen geben (*Gefährt, Fuhre).* Bei manchen Wörtern ist nicht mehr auf Anhieb erkennbar, dass sie etymologisch zusammengehören. Das hängt auch vom persönlichen Empfinden ab. Dass *Fuhre* zu *fahren* gehört, ist wohl noch den meisten Sprachteilhabern klar ersichtlich, aber wie steht es mit *Erfahrung, Fährte, Furt*?

schließen

		schließ	lich				Schluss	
		Schließ	ung		Ab		schluss	
					Aus		schluss	
					Be		schluss	
					Ent		schluss	
					Ver		schluss	
					Zusammen		schluss	
		Schloss					Schlüssel	
		Schloss	er				schlüssel	n
		Schloss	er	ei	auf		schlüssel	n
					ent		schlüssel	n
					ver		schlüssel	n
		schlüssig			ab		schließ	en
		Schlüssig	keit		ab	ge	schloss	en
un		schlüssig			Ab		schluss	
Un		schlüssig	keit					
an		schließen			auf		schließ	en
an		schließend			auf	ge	schloss	en
An		schluss						
aus		schließ	en		ein		schließ	en
aus		schließ	lich		ein		schließ	lich
aus	ge	schloss	en					
Aus		schluss						
	ent	schließ	en			er	schließ	en
	ent	schloss	en			Er	schließ	ung
un	ent	schloss	en			er	schloss	en
Un	ent	schloss	en	heit	un	er	schloss	en
	Ent	schluss						
	Ent	schloss	en	heit				
ge		schloss	en		um		schließ	en
Ge		schloss	en	heit				
ver		schließ	en		weg		schließ	en
Ver		schluss						

zu	schließ	en	zusammen	schließ	en
			Zusammen	schluss	

Wort

		Wört	chen			Ant	wort			
		wört	lich			ant	wort	en		
		wort	los		be	ant	wort	en		
be	für	wort	en		Be	ant	wort	ung		
Be	für	wort	ung		über	ant	wort	en		
					ver	ant	wort	en		
					ver	ant	wort	lich		
				un	ver	ant	wort	lich		
					Ver	ant	wort	ung		
					ver	ant	wort	ungs	los	
					Ver	ant	wort	ungs	los	igkeit

wachsen

	Wachs	tum			Wuchs	
				Aus	wuchs	
				Be	wuchs	
				Nach	wuchs	
				(ur-/halb-/klein-)	wüchs	ig
an	wachs	en		auf	wachs	en
aus	wachs	en		be	wachs	en
Aus	wuchs			Be wuchs		
durch	wachs	en		ein	wachs	en
er	wachs	en		ge	wachs	en
Er	wachs	en	e	Ge	wächs	
heran	wachs	en		hinaus	wachs	en
Heran	wachs	en	de			
hinein	wachs	en		nach	wachs	en
				Nach	wuchs	
ver	wachs	en		zu	wachs	en
Ver	wachs	ung		Zu	wachs	

beißen

	Biss		ab	beiß	en
	Biss	en			
	biss	ig			
Ge	biss				
Im	biss				
an	beiß	en	aus	beiß	en
durch	beiß	en	ver	beiß	en
			ver	biss	en

▶ INHALTSVERZEICHNIS ZUM REGELTEIL ZUR RECHTSCHREIBUNG UND ZEICHENSETZUNG

Die Rechtschreibung

Die Zeichensetzung

RECHTSCHREIBPRINZIPIEN UND HILFEN

Das richtige Schreiben soll das Verständnis geschriebener Texte erleichtern. Ein relativ einheitliches und bekanntes Schriftbild ermöglicht es Leserinnen und Lesern, sich auf den Inhalt oder die Ausdrucksweise eines Textes zu konzentrieren, anstatt immer wieder durch ungewöhnliche oder wechselnde Schreibweisen davon abgelenkt zu werden.

Am einfachsten wäre es sicher, wenn alle Laute und jedes Wort immer gleich geschrieben würden, sodass man sich nach und nach diese Schreibweisen einprägen könnte. Trotz vieler Vereinfachungen durch die Rechtschreibreform von 1996 kann dieser Grundsatz aber nicht durchgehend gelten:

1. Es gibt viel mehr gesprochene Laute, als Buchstaben zur Verfügung stehen. (Laut-Buchstaben-Zuordnung, Lautprinzip)
2. Die Verwandtschaft zwischen den Wörtern soll erkennbar bleiben, auch wenn verwandte Formen etwas anders klingen. (Stammprinzip)
3. Fremdwörter bringen oft andere Laute und andere Schreibweisen mit sich.
4. Grammatische Einheiten (z. B. Substantive/Nomen) und grammatische Zusammenhänge (z. B. Nebensätze) sollen um des besseren Verständnisses willen erkennbar sein. (Grammatisches Prinzip in Groß- und Kleinschreibung und Zeichensetzung)
5. Der Grad der Zusammengehörigkeit von Wörtern und Wortteilen soll herausgestellt werden. (Bedeutungsprinzip, z. B. in der Namensschreibung oder in Zusammen- und Getrenntschreibung)

Dieses Kapitel stellt vor allem die Prinzipien und Grundregeln vor, die bei der elementaren Rechtschreibung von Lauten und Wörtern helfen.

A. Das Lautprinzip

R 1.1

Schreibe so, dass du für die gleichen Laute oder Klänge möglichst immer die gleichen Buchstaben oder Buchstabenkombinationen verwendest.

Dieses Prinzip der Laut-Buchstaben-Zuordnung ermöglicht es im Idealfall, dass man ein neues Wort nach dem Gehör richtig schreiben kann – aber eben nicht immer. Das erste Hindernis besteht darin: Eine Buchstabenschrift wie die unsere muss die Zahl der Buchstaben klein halten, um lesbar zu bleiben. Dadurch entsteht ein „Übersetzungsproblem“: Welche der vielfältigen gesprochenen Laute soll man mit welchen Buchstaben „abbilden“?

Verdoppelung des Konsonanten nach kurz gesprochenem Vokal

Wie wird in der Schriftform angezeigt, ob ein betonter Vokal (Stammvokal) kurz oder lang zu sprechen ist?

R 1.2

Nach einem **kurzen betonten Vokal** folgen in der Regel **zwei Konsonanten**.
Oft handelt es sich dabei um Doppelkonsonanten.
Probe:
Wird der Konsonant bei der Silbentrennung in jeder der beiden Silben mitgesprochen, so ist er doppelt zu schreiben.

kụ**rz**, Kụ̈**st**e, gerị**ng**, bụ**nt**, ọ̈**ft**er, Ọ**rt**

Quạ**ll**en, ị**rr**en, rẹ**nn**en, họ**ff**en, schlạ**ff**, generẹ**ll**, ụ̈**pp**ig, Pạ**dd**el, Hụ̈**tt**e

Qual-len (aber: Qua-len)
hof-fen (aber: bei Ho-fe)
schlaf-fe (aber: im Schla-fe)

R 1.3

Bei der Verdoppelung schreibt man **ck** statt Doppel-k, **tz** statt Doppel-z.

ba**ck**en, kle**ck**ern, Kna**ck**s
Bli**tz**, Pla**tz**, si**tz**en

Ausnahmen:
tz und ck stehen nie nach l, m, n, r.

Hölzer, Tanz, Herz, Imker, denken, Birke

R 1.4

Ausnahmen:
Nicht verdoppelt wird der Konsonant in einigen einsilbigen Wörtern, die oft eine besondere grammatische Funktion haben.

ab, am, an, bin, bis, das (Artikel, Probe: dieses), dran, es, hat, hin, im, in, man, mit, ob, plus, um, vom, von, was, weg, zum
Aber: denn, wenn, dann, wann, dass

Fremdsprachige Wörter zeigen oft keine Verdoppelung.

Chip, Bus, Jet, Job (aber: jobben), Politik, Hotel

Umgekehrt gibt es in fremdsprachigen Wörtern auch Konsonantenverdoppelung ohne vorangehenden betonten Vokal!

Fassade, Kassette, Batterie, Effekt, Grammatik, Konkurrenz

Kennzeichnung der langen Vokale

R 1.5

Nach einem lang gesprochenen Vokal folgt in der Regel kein Konsonant (im Stamm).

wo, da, so

Probe bei mehrsilbigen Wörtern: Silbentrennung

Mo-nat, le-ben, La-ge, gro-ße, voll Lo-bes, Sche-re

Die Länge des Vokals wird also – im Gegensatz zur Kürze – in der Regel nicht besonders gekennzeichnet. Dennoch wird sie in einigen Wörtern zusätzlich durch Vokale oder Konsonanten gekennzeichnet, den so genannten Dehnungszeichen. Damit werden historische Schreibweisen aufgenommen.

R 1.6

Zusätzliche Kennzeichnung von langen Vokalen:

- **langes i** meist durch **ie** — liegen, hier, ziemlich, nie, viel, sie
- selten durch ie + h — Vieh, befiehl
- in bestimmten Wörtern durch h — ihm, ihn, ihnen, ihr, ihre, ihrem, ihren (aber: dir, mir, wir)
- **andere lange Vokale** oft durch **h**, sog. Dehnungs-h (meist vor l, m, n, r) — Höhle, nehmen, Bahn, Uhr
- in Ausnahmefällen durch **Doppelvokal** — Paar, Teer, Boot (bei Umlaut kein Doppelvokal: Pärchen, Bötchen)
- lange Vokale in Wörtern mit einem folgenden stimmlosen s-Laut durch **ß** (vgl. R 2.14) — Gruß, spießig, Strauß

B. Das Stammprinzip

Die bisherige Darstellung des Lautprinzips hat gezeigt: Die **Hauptregel** der Rechtschreibung, nämlich **möglichst immer dieselben Buchstaben für dieselben Laute zu verwenden**, ist nicht so einfach anzuwenden, wie sie klingt. Nun wird außerdem das Lautprinzip bei vielen Wörtern durch ein zweites Prinzip, das Stammprinzip, außer Kraft gesetzt.

R 1.7

Schreibe so, dass die Herkunft oder Verwandtschaft eines Wortes zu erkennen ist.

Diese zweite Grundregel ergibt sich aus dem Stammprinzip.

Stämme sind die wichtigsten Bedeutungsträger des Wortes.
Aus ihnen lassen sich weitere verwandte Wörter bilden.
Allerdings können Stämme dabei den Vokal verändern (Ablaut) und – je nach dessen Länge – auch weitere Konsonanten.

Trotzdem bleibt die Schreibweise so ähnlich (Schemakonstanz), dass man die Familienähnlichkeit von Wörtern erkennen kann.

kennen, **reis**en, **lieb**en, be**end**en

Haus > **haus**en, unbe**haus**t

kennen – be**kenn**en – er**kann**t
kennen > **Kenn**tnis, er**kann**t > Be**kann**te
fließen – es **floss** – das **Floß**

W**ä**nde von Wand (Wende von wenden),
lie**b** von Liebe (nicht ~~liep~~),
en**d**lich von Ende (nicht ~~entlich~~),
Schi**fff**ahrt = Schiff + Fahrt

R 1.8

Genau genommen behalten nicht nur die Stämme, sondern auch andere wichtige Wortbausteine wie die Vor- und Nachsilben ihre Schreibweise bei. Das Stammprinzip müsste deshalb eigentlich Wortbausteinprinzip oder Morphemprinzip heißen.

Gleichschreibung der Vorsilben:
Gleichschreibung von Nachsilben:

auffallen = auf + fallen (nicht ~~aufallen~~)
Detekti**v** wie Detektive
köni**g**lich wie König

Schwierigkeiten mit dem Stammprinzip

Das Stammprinzip ist keine „Rechtschreibfalle“, es soll vielmehr die Rechtschreibung erleichtern. Indem man sich an verwandte Wortstämme, Vorsilben und Endungen erinnert, wird das Schreiben vereinfacht. Schwierigkeiten ergeben sich allerdings dann, wenn das Stammprinzip (schreibe „familienähnlich“!) in Konflikt mit dem Lautprinzip gerät (schreibe „klangähnlich“!). **In diesen Fällen geht das Stammprinzip vor.**

R 1.9

Bei vielen Wörtern schreibt man b, d, g, s, weil das Stammprinzip dies verlangt, obwohl man p, t, k oder scharfes s spricht.
Probe: Wort verlängern

das Lo**b** von loben
das Ra**d** wie Räder (nicht von Rat/Räte)
Erfol**g** wie folgen
du rei**s**t von reisen (nicht von reißen)

R 1.10

Die **Umlaute ä** und **äu** werden geschrieben, wenn in der Wortfamilie ein Stamm mit a oder au vorliegt.

sämtliche > ge**samt**
Ge**bäck** > **back**en
Ver**käuf**er > **kauf**en
du **läuf**st > **lauf**en

Hilfen bei gleich und ähnlich klingenden Lauten

Praktisch zeigt sich der Konflikt zwischen Laut- und Stammprinzip also meist daran, dass man in Zweifel gerät, ob man ein Wort einfach „nach dem Gehör" schreiben kann. In solchen Zweifelsfällen helfen zwei Proben.

R 1.11

Proben zum Stammprinzip:	
• das Wort auf seine Ausgangsform(en) zurückführen	gebt > geben, rennst > rennen endlos > Ende, entdecken > Vorsilbe „ent" Wände > Wand, Wende > wenden Schlammmassen > Schlamm/Massen
• das Wort verlängern	Wi**nd** > Winde, Wor**t** > Wörter richti**g** > richtige, peinli**ch** > peinliche sprühen**d** > sprühende Gla**s** > Gläser, na**h** > Nähe
Ausnahme: Substantive auf **-is** und **-in** mit einfachem Konsonant, obwohl sie bei Verlängerung im Plural Doppelkonsonanten vorweisen.	Kenntnis > Kenntnisse Freundin > Freundinnen

Die Andersschreibung

R 1.12

Normalerweise werden – nach dem Lautprinzip – Wörter, die gleich klingen, gleich geschrieben, auch wenn sie unterschiedliche Bedeutung haben. Darauf beruht das bekannte Teekesselchen-Raten: das Band/der Band, die (Sitz-)Bank/die Bank (Sparkasse). In manchen Fällen werden Wortstämme aber auch gezielt anders geschrieben, um ihre Bedeutungen auf einen Blick unterscheiden zu können.

Häufige Andersschreibungen:

Ältere – Eltern
bis – biss > beißen
das – dass (Konjunktion)
Endkampf – Entlassung
viel – er fiel
sie ist – er isst > essen
lehren – leeren
Lied – Lid (Auge)
mahlen – malen
Mann – man
seit – ihr seid
Seite – Saite
Ware – wahr – er war
wieder – wider (dagegen)

C. Fremdwörterschreibung

Problem und Grundregel

Bei der Schreibung einheimischer Wörter muss man sich oft fragen, ob nach dem Laut- oder nach dem Stammprinzip verfahren werden muss. Ähnliche Zweifel tauchen verstärkt bei der Schreibung von Fremdwörtern auf: Darf man nach der deutschen Laut-Buchstaben-Zuordnung verfahren oder muss man die Herkunftsschreibung beachten?

R 1.13

70 % unserer Fremdwörter können nach dem Lautprinzip geschrieben werden!
Die Rechtschreibung wird also als regelgerecht oder normal empfunden.

Bei vielen Fremdwörtern wird man kaum noch erkennen, dass sie aus einer anderen Sprache stammen: Streik (engl. strike), Büro (franz. bureau).

Eindeutschung und Doppelschreibung

Einige Fremdwörter sind auf dem Wege, „eingedeutscht" zu werden. Sie können deshalb in ihrer Herkunftsschreibweise oder in deutscher Lautung geschrieben werden. Die amtliche Regelung gibt „Hauptformen" und „Nebenformen" an.
Bei den folgenden Beispielen steht die ältere Schreibung voran, die stärker „eingedeutschte" nachfolgend. *Kursiv* gesetzt sind die für die eigene Praxis empfohlenen Schreibweisen; dies können – je nach dem Grad der eingeschätzten „Eindeutschung" – die älteren oder die neueren Formen sein.

R 1.14

Sind zwei Schreibweisen bei Fremdwörtern möglich, sollte man sich beim eigenen Schreiben an eine Schreibweise halten.

Empfohlen wird die *kursiv* gesetzte Schreibweise.

Beispiele für „Doppelschreibung":

ai – ä	Drainage – *Dränage*
ph – f	Graphik – *Grafik*
	phantastisch – *fantastisch*
gh – g	*Joghurt* – Jogurt
	Spaghetti – Spagetti
	Ghetto – *Getto*
th – t	*Thunfisch* – Tunfisch
	Panther – Panter
c – ß	Sauce – *Soße*
t – z	potentiell – *potenziell*

R 1.15

Ein Zeichen für Eindeutschung ist auch die Zusammenschreibung ursprünglich mehrteiliger Fremdwörter. Oft werden diese zunächst mit Bindestrich aneinander gerückt, was übersichtlicher wirken kann.

Beispiele für Zusammenschreibung:
After-Shave-Lotion – *Aftershavelotion*
Centre-Court – *Centrecourt*
Knock-out – Knockout
Desktop-Publishing – *Desktoppublishing*
Full-Time-Job – *Fulltimejob*

Zur Groß- und Kleinschreibung vgl. R 3.22, zur Bindestrichsetzung vgl. R 4.15, zur Silbentrennung bei Fremdwörtern vgl. R 5.4

Häufige Abweichungen von der deutschen Lautschreibung

R 1.16

Häufig vorkommende Abweichungen von der deutschen Laut-Buchstaben-Zuordnung sollte man sich nach und nach merken.

Häufige Abweichungen von der deutschen Lautschreibung:	
ai statt ä	Airbus, fair, Saison
c oder ch statt k	das Café, Computer, Clown, Chaos, Charakter (s. R 2.4)
ph statt f	Alphabet, Strophe, Phase (s. R 2.12)
rh statt r	Rhythmus, Rhabarber (s. R 2.13)
th statt t	Methode, Thema, These, Theorie, Therapie (s. R 2.16)
y statt i oder ü	Analyse, Baby, hygienisch, Lyrik, Physik, Symbol
Keine Doppelkonsonanten nach kurzem betontem Vokal	Profi**t**, Ka**m**era, Hote**l**
Verdoppelung des Konsonanten, obwohl der vorangehende Vokal nicht betont wird	pa**ss**ieren, A**ll**ee, Porze**ll**an
Nicht hörbare Endlaute (z. B. t im Französischen)	Eklat, Etat, Trikot, Restaurant, Dessert, Kuvert

Wiederkehrende Vorsilben und Wortendungen

R 1.17

Häufig vorkommende Wortanfänge und Wortendungen in der Schreibweise von Fremdwörtern sollte man sich nach und nach einprägen.

Wiederkehrende Vorsilben und Wortanfänge:

ad-	Addition, Apparat, Aggression, Akkusativ
dis-	Dissonanz, Differenz
en-	engagiert, Ensemble, Entree
inter-	Interesse, Interview, Intelligenz
kon-	Kongress, Kollege, Kombination, Kommentar, Korrespondent
re-	Resonanz, reduzieren, Reaktion
syn-	Synthese, symmetrisch

Achtung! In lateinischen Vorsilben gleicht sich der Endkonsonant häufig an den nachfolgenden an: z. B. kon > Kommentar, Korrespondent.

Wiederkehrende Endungen:

-ain	Refrain, Souterrain
-ant	interessant, Pendant
-anz	Akzeptanz, Substanz
-är	primär, Sekretär
-ation	Situation, Organisation, Interpretation
-eau	Niveau, Plateau
-ee	Allee, Idee, Kaffee
-eur	Ingenieur
-ie	Industrie, Energie, Batterie, Demokratie
-iell	speziell, finanziell
-ier	Premier, Atelier (r-Laut nicht hörbar), Scharnier
-ieren	regieren, diskutieren, notieren
-in	Mannequin, Bulletin, Medizin
-ine	Margarine, Maschine
-it	Satellit, Kredit
-iv	negativ, relativ, konservativ, aktiv
-ment	Engagement, Management

R 1.18

Fremdwörter, die man nicht selbst entschlüsseln kann, weil sie ungewöhnlich wirken, muss man im Wörterbuch nachschlagen!
Die Schreibweisen aus den unterschiedlichen Herkunftssprachen lassen sich nicht in Regeln fassen. Wer allerdings Englisch, Französisch oder gar Latein lernt, wird bei den häufigsten Fremdwörtern mit der Zeit weniger Schwierigkeiten haben.

D. Zusammenfassende Empfehlungen zur Laut-Buchstaben-Zuordnung

1. In erster Linie das Lautprinzip beachten, auch bei Fremdwörtern:
   - die gleichen Laute mit den gleichen Buchstaben(kombinationen) wiedergeben
   - deren Aussprache deutlich unterscheiden (z. B. ä = offen, e = geschlossener).
2. In Zweifelsfällen Proben machen:
   - Stammwort oder verwandtes Wort suchen (s. R 1.7/R 1.11)
   - Silbentrennung versuchen (s. R 1.2/R 1.5)
   - Wörter verlängern (s. R 1.11).
3. Unbekannte Fremdwörter nachschlagen.

▶ BUCHSTABENSCHREIBUNG

In diesem Kapitel wird – in alphabetischer Reihenfolge – auf Besonderheiten bei der Schreibung einzelner Buchstaben und Buchstabenkombinationen hingewiesen. Allgemeine Grundregeln und Hilfen zur Buchstabenschreibung finden sich im vorigen Kapitel „Rechtschreibprinzipien", ebenso zur Schreibung von Fremdwörtern (R 1.13 ff.).

R 2.1

aa – ee – oo	
Doppelvokal als Zeichen der Länge kommt nur in wenigen Wörtern vor.	Wichtig: Haar, paar, Paar, Saal, Staat, Waage Beere, leer, Meer, See, Schnee, Teer Boot, Moor, Moos, Zoo
Entsprechende Umlaute werden nicht verdoppelt.	Härchen, Pärchen, Säle, Bötchen

R 2.2

ä/e – äu/eu – ai/ei	
ä (nicht e) wird geschrieben, wenn es eine Grundform mit a gibt. (Zum Stammprinzip s. R 1.10)	Hände > Hand, hätte > hat am nächsten > nah, **Ausnahme:** Eltern > alt
äu (nicht eu) wird geschrieben, wenn es eine Grundform mit au gibt.	Träume > Traum, gräulich > grau, Käufer > Kauf
Bei einigen Wörtern ist eine solche Grundform nicht mehr erkennbar.	allmählich, gähnen, Lärm, März, Sekretär, Universität, Schädel, täuschen, sich sträuben, Säule
In anderen Fällen wird e bzw. eu geschrieben.	Welt, Wende, Eule, Euter, Europa
ai (nicht ei) wird nur in wenigen Wörtern geschrieben.	Hai, Hain, Kaiser, Laie, Mai , Mais, Saite (aber: Buch-Seite), Waise (elternloses Kind, aber: Art und Weise)
ai kommt auch in Fremdwörtern vor (als ä-Laut gesprochen).	Airport, Refrain, Necessaire (auch Nessessär möglich)

R 2.3

b/p (zu bb vgl. ff, R 2.7)	
Wörter, die im Stamm ein b haben, behalten dieses, auch wenn es im Auslaut als p-Laut gesprochen wird. Als **Probe** kann man das Wort verlängern. (Zur „Auslautverhärtung" vgl. auch R 1.9)	lie**b**, gelie**b**t > **lieb**en trü**b**selig, eingetrü**b**t > **trüb**en bleib > bleiben Trab > traben

R 2.4

c/ch/k/z (zu chs siehe x, R 2.18)	
Wörter mit **c** oder **ch** am Anfang sind meist fremdsprachlichen Ursprungs.	Camping, cool, Cousin, Chaos, Chor, City, Cineast Champignon, Chance, Chip
Einige Wörter kann man auch mit k oder z schreiben.	Code – *Kode*; circa – *zirka* (empfohlene Schreibweise *kursiv*)

R 2.5

d/t, end/ent

Ist man unsicher, ob ein Wort mit **d** oder **t** geschrieben wird, verlängert man es.

Wal**d** > Wäl**d**er, Gas**t** > Gäs**t**e,
spannen**d** > spannen**d**er > spannen**d**ste

Wörter, die auf „Ende" zurückzuführen sind, werden mit d geschrieben, die Vorsilbe ent- dagegen schreibt man mit t. (Vgl. R 1.7)

Endstation, un**end**lich
entstehen, **ent**scheiden

R 2.6

é/ée/ee

Wörter mit **é, ée** oder **ee** kommen häufig aus dem Französischen. Man kann sie ohne Akzent, aber mit Doppel-e schreiben, wenn sie als „eingedeutscht" erscheinen.
(Zu Fremdwörtern vgl. R 1.17; zu ee in deutschen Wörtern vgl. R 2.1)

Frotté – *Frottee*
Dragée – *Dragee*
Pappmaché – *Pappmaschee*
Resümee

(empfohlene Schreibweise *kursiv*)

Zu eu/ei vgl. R 2.2

R 2.7

ff/fff

Doppelkonsonanten (wie **ff**) stehen nach kurzem betontem Vokal.

scha**ff**en, ra**ff**en
Andere Doppelkonsonanten: Egge, Memme, rennen, wippen, rattern usw.

In Fremdwörtern können sie auch nach unbetontem Vokal auftreten.

Lotterie, raffiniert, Billion

Dreifachkonsonanten (wie **fff**) entstehen bei Wortzusammensetzungen.
(Zu Doppelkonsonanten vgl. R 1.2–R 1.4, zum Stammprinzip R 1.7)

Rohsto**fff**rage, Schi**fff**ahrt
Andere Dreifachkonsonanten:
Schla**mmm**assen, Pa**ppp**latten usw.

R 2.8

g/ig/k

Ist man unsicher, ob im Auslaut **g** oder **k** geschrieben wird, so verlängert man das Wort. Dasselbe gilt für **ig/ich**.
(Vgl. auch R 2.3/R 2.5, zum Stammprinzip R 1.8)

Tru**g** > betrogen
Spu**k** > spuken
gläub**ig** > der Gläubige
freundl**ich** > der Freundliche

Zu gh/g vgl. R 1.14

R 2.9

h	
h steht im Wortinnern stets, wenn ein betonter langer Vokal vorangeht und ein unbetonter kurzer Vokal folgt.	fähig, Höhe, nahen, drehen, sehen, Darlehen, Ruhe
Enthält ein Wortstamm ein h, so bleibt es auch in allen Formen und verwandten Wörtern erhalten.	befehlen > befiehlt, gehen > du gehst, sehen > er sieht, nahen > nah
In vielen Fällen steht auch ein h nach betontem langem Vokal, wenn **l, m, n, r** folgen.	hohl, Strahl, fühlen, lahm, nehmen, Ruhm, Sohn, ahnen, bohren, führen, Uhr, wahr, lehren, fehlen, Jahr, Wahl, Zahl, mehr, ihm, ihr, ohne, sehr, ihnen
Aber: In den meisten Fällen steht kein h! (Zur Kennzeichnung der Vokallänge vgl. auch R 1.5 und R 1.6)	holen, malen (mit Bleistift), leeren, Literatur, Natur, Termin, Medizin

R 2.10

i/ie/ieh	
Langes **i** wird in heimischen Wörtern in der Regel mit **ie** geschrieben.	ziemlich, Liebe, die, wie, sie, spielen
In wenigen Wörtern schreibt man langes i ausnahmsweise mit einfachem i.	dir, mir, wir, Bibel, Tiger, wider („gegen“)
In Fremdwörtern mit langem i ist das einfache i in der Schreibung gängig.	Klinik, Klima, Benzin, Kilo **Aber:** Scharnier, informieren (ie in Nachsilben)
In wenigen deutschen Wörtern steht auch das Dehnungs-h	Nur in: ihm, ihn, ihnen, ihr
oder sogar ie + h. (Vgl. zur Vokallänge R 1.5/R 1.6, zum Dehnungs-h R 2.9)	Nur in: Vieh, ziehen, fliehen, wiehern

R 2.11

k/ck (zu c vgl. R 2.4)	
ck steht nach kurzem betontem Vokal (anstatt Doppel-k).	Zecke, zucken, pflücken, Glück, Ruck
Im Gegensatz zu anderen Doppelkonsonanten wird ck nicht getrennt.	glü-**ck**en, re-**ck**en **Aber:** gel-len, ren-nen
Fremdwörter haben auch ein Doppel-k. Nach langem Vokal steht einfaches k.	Makkaroni, Akkord, Akkusativ, Mokka Ekel, spuken, quaken, blöken

Zu ll, mm, nn vgl. R 2.7
Zu oo vgl. R 2.1

R 2.12

p/ph/f In Fremdwörtern steht häufig ph (f-Laut). Empfehlung: Gängige Verbindungen mit *-fon, Foto-, -graf* mit f schreiben, fachsprachliche Verbindungen und Fachwörter mit ph (wie im Englischen). S. auch R 1.14/R 1.16	Pharao, Alphabet, Philosophie Telefon, Mikrofon, Fotografie, fotokopieren, Biografie Photosynthese, Demographie, phonetisch

Für Doppel-p gilt R 2.7

R 2.13

r/rh (zu rr siehe auch R 2.7) In einigen Fremdwörtern wird rh statt r geschrieben.	Rhesusfaktor, Rhapsodie, Rheuma, Rhythmus

R 2.14

s-Laute

Die Schreibung der s-Laute erscheint vielen besonders kompliziert. Im Grunde folgt die Regelung aber allgemeinen Rechtschreibprinzipien. **Vor allem soll die Schreibung die unterschiedliche Aussprache der s-Laute wiedergeben (vgl. R 1.1).**

In der Aussprache der s-Laute kann man unterscheiden zwischen

- weichem **s** = stimmhaftes **s** = weich gesprochenes „s", z. B. **s**au**s**en
- und scharfem **s** = stimmloses **s** = scharf gesprochenes „s", z. B. wi**ss**en.

Weich gesprochenes „s" wird s geschrieben.	sieben, Sand, Reise, singen, lesen
Scharf gesprochenes „s" wird in der Regel mit ss oder ß geschrieben: 1. mit **Doppel-s** nach kurzem betontem Vokal	wissen, gewusst, Kuss, Biss, nass **Ausnahmen:** des, wes, was, Endsilbe -nis
2. mit **ß** nach langem Vokal/Diphthong	groß, weiß, draußen, heißen, stoßen, Straße, Fuß, Soße, Gruß, Süße, Spaß, bloß, Strauß

Mit der Unterscheidung von Doppel-s und ß beim scharf gesprochenen „s" werden also – wie sonst in der Rechtschreibung auch (vgl. R 1.2–R 1.6) – unterschiedliche Vokalqualitäten gekennzeichnet. Dies führt allerdings zu folgender Erscheinung, die als Erschwernis für die Schreibung empfunden werden kann:

Je nach Kürze oder Länge des vorangehenden Vokals wechseln ss und ß auch in verwandten Wörtern.

schließen – Schloss – geschlossen, fließen – floss – Fluss, wissen – ich weiß – wusste, messen – Maß, essen – aß, reißen – gerissen – der Riss, vergessen – er vergaß, schießen – erschossen – Schuss, beißen – Biss, genießen – er genoss – Genuss

Als zweite Erschwernis können die Ausnahmen bei der Schreibung des scharfen **s** erscheinen, die das Stammprinzip (vgl. R 1.9) verlangt.

Scharf gesprochenes „s“ muss mit einfachem s geschrieben werden, wenn es einen dazugehörigen Stamm mit weichem s gibt.	sie reiste > **reis**en Haus > **haus**en du liest > **les**en

Zusammenfassung zur Schreibung der gesprochenen s-Laute:

Weiches **s** → s
Scharfes **s** → s, wenn Stamm mit weichem **s** (Stammprinzip, s. R 1.9)
ss zur Kennzeichnung des kurzen betonten Vokals (s. R 1.2)
ß zur Kennzeichnung des langen Vokals (s. R 1.6)

In Zweifelsfällen, die eigentlich nur beim Schreiben des scharf gesprochenen „s“ auftreten, helfen Proben.

Proben beim scharfen „s“:	
1. Mit einfachem s, weil weiches **s** im Stamm ist? → Wörter verlängern!	Maus > Mäuse, Preis > Preise
2. Doppel-s, weil kurzer Vokal vorausgeht? → einsilbige Wörter verlängern, Silbentrennung, ss wird getrennt!	Kuss > Küs-se, Biss > Bis-se Wis-sen, has-sen, nas-ser
3. ß, weil langer Vokal vorausgeht? → einsilbige Wörter verlängern, Silbentrennung, ß kommt ungetrennt in die Folgesilbe	groß > gro-ße, weiß > wei-ßer au-ßen, hei-ßen, Stra-ße, Fü-ße, So-ße

R 2.15

s/ss: das – dass

Beide Wörter, „das“ und „dass“, werden in der Standardsprache mit scharfem **s** gesprochen. Die unterschiedliche Schreibweise geht also nicht auf die Aussprache zurück, sondern will grammatische Merkmale kennzeichnen (vgl. Andersschreibung R 1.12).

„das“ ist ein Artikel oder Pronomen, bezieht sich meist auf ein Substantiv und kann durch „dieses“ oder „welches“ ersetzt werden.	Was bedeutet Akkusativ? Das (dies) weiß ich nicht. Dies ist das Kleid, das (welches) ich dir zeigen wollte.
„dass“ ist eine Konjunktion, die einen Nebensatz einleitet.	Wir erwarten, dass mein Vater kommt. **Ähnlich**: sodass, ohne dass, dadurch dass
Es gibt weitere kurze Wörter, die wie „das“ nur auf s enden.	was, wes, des

R 2.16

t/th In einigen Fremdwörtern wird th statt t geschrieben. (Vgl. R 1.15, zur möglichen Doppelschreibung vgl. R 1.14)	Theater, katholisch, Theke, Mathematik, Ethos, Thema, Theorie, Thermometer
Schluss-t ist oft nicht hörbar.	Depot, Ressort (vgl. R 1.16)

Zu Doppel-t vgl. R 2.7

R 2.17

v	
v wird in einheimischen Wörtern wie f gesprochen und kommt nur in wenigen Wörtern am Wortanfang vor.	ver-, vor-, von, Vater, viel, vier, Vogel, Volk, voll
In fremdsprachlichen Entlehnungen kommt v auch an anderen Wortstellen vor und wird wie w gesprochen.	Kurve, Pullover, Vase, Advent, nervös, Villa

R 2.18

x/chs/cks/ks/gs	
Der x-Laut wird nur in wenigen Wörtern als Buchstabe x geschrieben, oft in fremdsprachlichen Entlehnungen.	Axt, Boxen, Experte, Existenz, extra, Praxis, Taxi, Hexe
In einheimischen Wörtern wird er öfter durch **chs** wiedergegeben.	Achse, Büchse, Fuchs, Lachs, sechs, wachsen, wechseln
In einigen Wörtern wird auch **cks, ks** oder **gs** geschrieben, wenn das Wort auf einen entsprechenden Stamm zurückgeführt werden kann. **Probe:** Verlängern!	Klecks > kleckern links > linke unterwegs > auf dem Wege

Zum y in Fremdwörtern vgl. R 1.16

R 2.19

tz/zz	
tz wird nach kurzem Vokal geschrieben (anstelle von zz, vgl. R 1.3).	Tatzen, kratzen, Matratze, setzen
tz wird normal getrennt (anders als ck).	Tat-zen, krat-zen, set-zen
zz kommt nur in Fremdwörtern vor.	Skizze, Pizza

R 2.20

z/t/s **-tiell/-ziell, -ens/-enz/-anz**	
Der **z**-Laut wird in Fremdwörtern vor i häufig als **t** geschrieben.	Nation, Konfirmation, partiell, funktionell
In einigen Wörtern ist Doppelschreibung erlaubt (vgl. R 1.14).	potentiell – *potenziell*
Empfehlung: z schreiben, wenn es einen Wortstamm mit z gibt.	*substanziell* > Substanz (auch: substantiell) *finanziell* > Finanzen
Zu unterscheiden sind auch Endungen auf -ens und -enz.	Kons**ens** (Übereinstimmung), Präs**ens** (grammatischer Begriff: Gegenwart), aber: Präs**enz** (Anwesenheit)

Kleinschreibung ist auch im Deutschen die Regel. Besonders begründet werden müssen also die Großschreibung und einige Ausnahmen davon.

Die Großschreibung dient dazu,
- Satz- und Titelanfänge zu kennzeichnen
- und Substantive, Namen und das Anrede-Sie hervorzuheben.

A. Großschreibung am Anfang

R 3.1

Groß schreibt man den Anfangsbuchstaben	
• **von Sätzen**	Die Schule brennt.
• **nach Doppelpunkt,** wenn ein Satz folgt	Ausrüstung: Passende Kleidung und Verpflegung sind mitzubringen!
Aber: klein, wenn kein ganzer Satz folgt	Zur Ausrüstung gehören: strapazierfähige Schuhe, Windjacke, Verbandszeug.
• **von wörtlicher Rede**	Sie fragte: „Kommst du morgen wieder?" Und bat dann: „Geh jetzt bitte!"
Aber: Begleitsätze nach wörtlicher Rede beginnen mit kleinem Anfangsbuchstaben.	„Hast du mich verstanden?", fragte sie.
• **bei Überschriften, Gliederungspunkten, Werktiteln**	Massive Lawinenniedergänge in den Alpen 1. Der Mensch Der zerbrochene Krug, Hundert Jahre Einsamkeit, Der grüne Heinrich

Zum Gebrauch von Werktiteln im Satz

R 3.2

Die Großschreibung des Anfangsbuchstabens des ersten Wortes bleibt erhalten. Wird der Anfang verkürzt oder der Artikel geändert, so wird das nächste Wort großgeschrieben.	Ich habe den Roman „Hundert Jahre Einsamkeit" von Marquez gelesen. Wir haben uns Kleists „Zerbrochenen Krug" angesehen. Herr Schmidt hat über den „Grünen Heinrich" von Keller gesprochen.

B. Großschreibung im Satz

Grundregel

R 3.3

Substantive (Nomen) und als Substantive gebrauchte Wörter werden großgeschrieben. Wörter anderer Wortarten werden kleingeschrieben.
Es geht also um die Schreibung der Wörter im Satz, nicht im Wörterbuch!
Wie erkennt man Substantive im Satz?

Proben: Im Satz erkennt man Substantive daran, • dass sie von einem Erkennungswort begleitet werden	Artikel (*ein* Geschrei) Pronomen (*dieses* Verhalten, *viele* Male) Präposition (*ohne* Rücksicht) Adjektiv (*kindisches* Geschrei)
• oder dass man das Erkennungswort, z. B. den Artikel, sinnvoll im Satz hinzusetzen könnte.	<Die> Michaela hat <ein> großes Interesse an <den> Fremdsprachen.

Substantivierung

Ursprüngliche Substantive erscheinen im Wörterbucheintrag bereits in Großschreibung.
Aber:

R 3.4

Im Satz lassen sich Wörter aller anderen Wortarten, die im Wörterbuch meist kleingeschrieben werden, in Substantive verwandeln (substantivieren). Sie werden dann wie Substantive gebraucht und großgeschrieben.

Substantivierung	
• von Verben	Im **L**aufen bin ich gut.
• von Adjektiven	etwas **N**eues
• von Pronomen	dein stolzes **I**ch
• von Konjunktionen	dein ewiges **W**enn und **A**ber
• von Adverbien	ein **H**in und **H**er
• von Präpositionen	das **F**ür und **W**ider bedenken

Substantivierungen erkennt man an den gleichen Erkennungswörtern und mit den gleichen Proben, wie sie die ursprünglichen Substantive charakterisieren (s. R 3.3).

Besonderheiten bei Verben

R 3.5

Infinitive von Verben werden häufig substantiviert.	
Erkennungswort:	
Artikel	*Das* **S**chreien ist fürchterlich.
Pronomen	Hör mit *diesem* **S**chreien auf.
Präposition	*Durch* **S**chreien erreichst du gar nichts.
Adjektiv	*Lautes* **S**chreien drang an mein Ohr.
	Probe: Doch <*das*> **S**chreien half nicht weiter.

R 3.6

Im Zweifelsfall klein!
Das Wörtchen *zu* beim Verb ist meist kein Zeichen von Substantivierung, sondern Kennzeichen der normalen Infinitivform des Verbs.
Sind Zweifelsfälle auch durch eine **Probe** nicht eindeutig zu lösen, so wird kleingeschrieben.

Hör auf *zu* schreien!
Ich habe keine Lust, schwimmen *zu* gehen.
Aber: Kommst du mit *zum* **S**chwimmen?
Thomas lernt **singen**. Lernt Thomas *das* **S**ingen? Oder lernt Thomas *zu* singen?
→ **kleinschreiben!**

Die Substantivierung des Verbs kommt häufiger auch bei Wörtern mit Bindestrich vor:
das Auf-der-faulen-Haut-**Liegen**, *ein* Hand-in-Hand-**Arbeiten** (zur Schreibung der Bindestrichwörter s. R 3.21).

Besonderheiten bei Adjektiven

R 3.7

Substantivierung von Adjektiven ist relativ häufig.

die **T**apfere, der **S**chöne, im **A**llgemeinen, im **E**inzelnen, ein Fest für **J**unge und **A**lte (für Jung und Alt), am **E**rsten des Monats, der **N**ächste ... bitte

Substantivierte Adjektive werden häufig auch von **unbestimmten Zahl-** oder **Mengenangaben** begleitet.
Oft ist der Zusatz einer solchen Angabe die sinnvollste **Probe**.

alles **Ü**brige, etwas **S**chwieriges, manches **G**ute, wenig **I**nteressantes, viel **E**rfreuliches

Der Geehrte hat <*viel*>/<*etwas*> **H**ervorragendes geleistet.

R 3.8

Achtung! Adjektive sind nicht substantiviert und werden kleingeschrieben, **wenn sie zu einem Substantiv gehören**!

Die **kleinen** *Wünsche* erfüllen wir uns sofort, die **großen** verschieben wir auf später.
Von allen *Säugetieren* ist der Wal das **schwerste**.
Rosen mag Katharina gern. Die **gelben** liebt sie besonders.

R 3.9

Nicht substantiviert und **kleinzuschreiben** sind Superlative mit dem Steigerungszeichen **am**.
Proben: Ist **am** nicht durch **an dem** zu ersetzen? Kann man „wie" fragen? Dann kleinschreiben!
Bei Formen mit **„aufs"** und **„auf das"** ist **Groß- oder Kleinschreibung** möglich.

Julia springt **am höchsten, am besten, am schönsten**.

~~an dem~~ höchsten?
Wie springt sie? Am **b**esten!
aufs **b**este/aufs **B**este,
auf das **h**erzlichste/**H**erzlichste
Aber nur groß: sein **B**estes leisten, zum **B**esten geben, das **B**este für dich

Zur Schreibung von Adjektiven in Namen und Herkunftsbezeichnungen vgl. R 3.18/R 3.19

C. Kleinschreibung trotz Substantiv-Ähnlichkeit

Einige Wörter sehen aus wie Substantive, werden aber nicht mehr als solche empfunden oder benutzt. Man spricht von „Desubstantivierung". Diese tritt nur in Ausnahmen auf!

R 3.10

Kleingeschrieben werden einige Wörter, die auf **-s** enden, oft **Tageszeiten** oder **Wochentage** betreffend.	samstag**s**, nacht**s**, anfang**s**, abend**s**, morgen**s**, mangel**s**, angesicht**s**, teil**s** … teil**s** **Aber:** heute Abend, morgen Mittag, gestern Morgen, heute früh/auch: heute Früh

R 3.11

Kleingeschrieben werden die Adjektive *angst, bange, gram, leid, pleite, schuld* in Verbindung mit *sein, bleiben, werden.*	Du bist schuld. Mir ist angst. Ich bin pleite. **Aber:** Ich *habe* **A**ngst. Er *macht* **P**leite.

R 3.12

Kleingeschrieben werden die Präpositionen *dank, kraft, laut, statt, trotz,* zeit, *um … willen,* die den Genitiv verlangen.	dank deiner Hilfe, laut Plan, trotz deiner Unfreundlichkeit, zeit seines Lebens, um unserer Freundschaft willen

R 3.13

Kleingeschrieben werden einige *feste* Verbindungen, vor allem von Präposition und Adjektiv.	von (nah und) fern, über kurz oder lang, schwarz auf weiß, seit langem, auf/ohne weiteres, von weitem, von klein auf

R 3.14

Kleingeschrieben werden Verbindungen mit *heim-, irre-, stand-, preis-, statt-, teil-, wunder-* in trennbaren Verben. **Probe:** Infinitiv bilden!	*Fahr* mich **heim**! Fred *nimmt* **teil.** Er *gibt* sein Geheimnis nicht **preis.** heimfahren, teilnehmen, preisgeben

R 3.15

Kleingeschrieben werden gewisse unbestimmte **Zahlwörter** und **Pronomen**, auch wenn sie mit Artikel verbunden werden. Man sollte sich diese Ausnahmen *merken*! **Aber**: Mengenangaben groß In bestimmten Fällen ist Groß- oder Kleinschreibung gleichberechtigt möglich.	ein bisschen, ein paar (= einige), viel, das meiste, wenig/das wenigste, (der) eine, (die) andere, (ein) jeder, (die) beiden, (das) alles, manche das Übrige, die Einzige das Meine/meine; grüße die Deinen/deinen

R 3.16

Kleingeschrieben werden **Kardinalzahlen** unter einer Million, **Ordinalzahlen** dagegen groß, was sehr viel häufiger vorkommt!	die ersten sieben, diese zwölf … der Erste, als Zweite, der Dritte

Zur Getrennt- und Zusammenschreibung bei Zahlen s. R 4.13

Zusammenfassung: Kleinschreibung trotz Erkennungszeichen

Unter den Ausnahmen von der Großschreibung erscheinen diejenigen besonders schwierig, bei denen trotz Erkennungswort kleingeschrieben wird (Scheinsubstantive). Diese Fälle werden hier noch einmal zusammengefasst und hervorgehoben:

- gewisse unbestimmte Zahlwörter und Pronomen wie: die **anderen**, die **beiden** (R 3.15)
- Kardinalzahlen wie: diese **fünf**, die letzten **drei** (R 3.16)
- Adjektive mit Bezug auf ein Substantiv: Pflück die reifen Kirschen, lass die **hellen** am Baum. (R 3.8)
- Superlative mit **am**: am **schönsten** (R 3.9)

D. Besonderheiten bei Namen, Bindestrich, Anrede

Eigennamen und Bezeichnungen

R 3.17

Eigennamen werden großgeschrieben. Als Eigennamen gelten:	
• Personennamen	Peter Müller, Renate Meier
• Ortsbezeichnungen	Neu Lübbenau, Freie und Hansestadt Hamburg, Hohe Tatra
• Titel von Institutionen, Organisationen, Funktionen	das Rote Kreuz, das Zweite Deutsche Fernsehen, der Heilige Vater, der Erste Bürgermeister
• Klassifikationen in Botanik und Zoologie	das Fleißige Lieschen, die Gemeine Stubenfliege
• bestimmte Kalendertage und historische Ereignisse	der Erste Mai, der Westfälische Friede(n)

R 3.18

Großgeschrieben werden in mehrteiligen Bezeichnungen	
• alle Substantive und Adjektive	Großer Wagen, Deutscher Bundestag,
• das erste Wort (außer dem Artikel)	Westdeutsche Allgemeine Zeitung, In der unteren Lindengasse, die Vereinigten Staaten von Amerika
• ***jedes*** erste Wort bei Namen von Gaststätten sowie Titeln von Zeitschriften, Filmen, Büchern	Die Lila Eule (Gasthaus), Der Tod in Venedig (vgl. R 3.1)

R 3.19

Herkunftsbezeichnungen werden unterschiedlich geschrieben.	
• Bezeichnungen auf -er immer groß	die Essener Bevölkerung, die New Yorker Rapperszene, der Pariser Charme
• adjektivische Ableitungen auf -isch klein	französische Küche, das kopernikanische Weltsystem
Aber: als Bestandteil eines Namens oder Titels groß	Technisches Hilfswerk, der Westfälische Friede(n), Weströmisches Reich

R 3.20

In sonstigen relativ festen oder redensartlichen Verbindungen werden Adjektive kleingeschrieben.	die gelbe Karte, das autogene Training, das neue Jahr, die höhere Mathematik, das schwarze Brett, das schwarze Schaf

Bindestrich-Substantive

R 3.21

Werden Wörter in substantivischen Wendungen mit Bindestrich aneinander gereiht, so werden (selbstverständlich) alle Substantive und auch das erste Wort großgeschrieben.	Ich-Erzählerin, Ist-Stand, der Trimm-dich-Pfad, die Mund-zu-Mund-Beatmung
Wird ein Verb in einer solchen Verbindung zum Substantiv, so wird es ebenfalls großgeschrieben.	Das ist ja zum Aus-der-Haut-**Fahren**!
Ausnahmen gibt es bei Abkürzungen und Einzelbuchstaben.	der km-Stand, die x-Achse, der pH-Wert

Zur Setzung von Bindestrichen s. R 4.15 ff.

R 3.22

Bei Substantiven **aus anderen Sprachen** wird zumindest das erste Wort großgeschrieben.	das Know-how, das Make-up, das Hand-out, das Knock-out, das Lay-out
Soweit die übrigen Teile substantivischen Charakter haben, werden auch sie großgeschrieben.	der Know-how-Transfer

Zu Tendenzen der Fremdwortschreibung s. R 1.13 ff.

Anredepronomen und Höflichkeitsanrede

R 3.23

Nur die Anrede mit dem **Höflichkeitspronomen „Sie“** wird in all ihren Formen **großgeschrieben**, um sie vom einfachen Pronomen „sie“ unterscheiden zu können.	Wie schön, Sie einmal wiederzusehen! Geht es Ihnen gut? Was macht Ihr Vater eigentlich?
Dagegen schreibt man die **vertraulichen Anreden** „du“ und „ihr“ sowie das Reflexivpronomen „sich“ immer **klein**.	Wie schön, dich einmal wiederzusehen! Wie geht es euch? Was macht dein Vater? Haben Sie sich erholt?

A. Grundregel und Übersicht

Die Getrennt- und Zusammenschreibung gilt als eines der schwierigsten Kapitel der Rechtschreibung. Das hängt auch mit einer Eigenart der deutschen Wortbildung zusammen. Im Deutschen kann man – im Gegensatz etwa zum Englischen und Französischen – Wortgruppen so zusammenziehen, dass sie einen neuen Wortkörper bilden:

Erwachsenenbildung	adult education	éducation des adultes
Ganztagsschule	normal day school	école à plein temps

Was nützlich für die Wortbildung ist, kann bei der Rechtschreibung zu Zweifelsfällen darüber führen, wie man benachbarte Wörter behandeln muss: Habe ich es mit einer Zusammensetzung oder mit einer losen Wortgruppe zu tun? Wird zusammengeschrieben oder getrennt geschrieben?

Grundregel: Die getrennte Schreibung der Wörter gilt als der Normalfall

Die folgende Übersicht enthält die wichtigsten Problemfälle, nennt die übliche Schreibweise und verweist auf die Nummer der Regel, die weiter unten abgehandelt wird. Dabei steht eine grammatische Betrachtungsweise im Vordergrund: Die Wortbestandteile werden nach ihrer ursprünglichen Wortart unterschieden, wobei die Abfolge sich nach der Wortart des zweiten Wortteils als dem möglichen Grundwort richtet (Verb – Substantiv – Adjektiv – Adverb).

Beispiele	erster Wortteil	zweiter Wortteil	Schreibweise	siehe Regel
laufen lassen	Verb	Verb	getrennt	R 4.1
getrennt schreiben	Partizip	Verb	getrennt	R 4.1
hereinkommen	andere Wortart (Verbzusatz)	Verb	teils ... teils	R 4.7 – R 4.11
dabei sein	andere Wortart	Verb „sein“	getrennt	R 4.1
nahe stehen	Adjektiv	Verb	meist getrennt	R 4.2, R 4.11
beiseite legen	zusammengesetztes Adverb	Verb	getrennt	R 4.1
Diät halten	Substantiv	Verb	meist getrennt	R 4.1, R 4.11
irreführend, schlecht beraten	andere Wortart	Partizip	eher getrennt	R 4.3, R 4.5, R 4.12
Nichtraucher	andere Wortart	Substantiv	zusammen	4.4
das Radfahren	andere Wortart	Substantivierung	zusammen	R 4.4
riesig groß	Adjektiv	Adjektiv	meist getrennt	R 4.3, R 4.5
kochend heiß	Partizip	Adjektiv	getrennt	R 4.3
altersschwach	Wort mit Fugenelement, z. B. s	oft Adjektiv	zusammen	R 4.5
wissbegierig	unselbständiges Wort	oft Adjektiv	zusammen	R 4.5
keinesfalls	unterschiedlich zusammengesetzt	Partikel	zusammen	R 4.6

Die folgende Darstellung geht etwas anders vor: vom Sicheren zum Komplizierteren oder vom Regelfall zum Zweifelsfall. Benutzt man eine solche Abfolge auch für das eigene Lernen, wird man nach und nach die häufigsten Fragen der Getrennt- und Zusammenschreibung beantworten können.

B. Getrenntschreibung

Getrenntschreibung gilt als Grundregel. Führt man sich vor Augen, welche Wortgruppen **auf jeden Fall getrennt** geschrieben werden, ist ein Großteil möglicher Fehlerquellen schon beseitigt.

Verbkombinationen

R 4.1

Immer getrennt geschrieben werden folgende Wortgruppen, bei denen ein **Verb an zweiter Stelle** steht:	
• **Verb** + Verb	spazieren gehen, lesen lernen, liegen lassen
• **Partizip** + Verb	gefangen nehmen, getrennt schreiben
• **Wort** + Verb „sein“	da sein, ich bin dabei gewesen
• **(zusammengesetztes) Adverb** + Verb	quer stellen, seitwärts gehen, aufeinander achten, abseits stehen, diesseits liegen, abwärts wandern, aufwärts stolpern, auseinander setzen, aneinander geraten, gegeneinander prallen, durcheinander reden, beiseite legen, überhand nehmen, zugute halten, zustatten kommen, auswendig lernen, daheim bleiben, allein stehen
• **Substantiv + Verb**	Auto fahren, Feuer fangen, Halt machen
	Zu den ganz wenigen **Ausnahmen** (z. B. heimbringen) s. R 4.11; als Substantivierung wird die Verbindung zusammengeschrieben (z. B. das Autofahren), s. R 4.4

R 4.2

In der Regel getrennt geschrieben werden	
• **Adjektiv + Verb**	schnell laufen, gut machen, fest halten, gut gehen, nahe bringen, schwer nehmen
Probe im Zweifelsfall: Kann das Adjektiv gesteigert werden, wird getrennt geschrieben.	schneller laufen, besser machen, fester halten usw. **Aber:** fernsehen, s. zu den Ausnahmen R 4.11
Immer getrennt geschrieben wird bei Adjektiven auf **-ig, -isch, -lich**.	übrig bleiben, sich kritisch äußern, freundlich grüßen

Kombinationen mit Adjektiv/Partizip

R 4.3

Getrennt geschrieben werden folgende Wortgruppen, bei denen ein **Adjektiv oder Partizip an zweiter Stelle** steht:	
• **Adjektiv** + Adjektiv	riesig groß, schrecklich nervös
• **Partizip** + Adjektiv	leuchtend rot, gleißend hell
• **Adjektiv** + Partizip	ernst gemeint, schlecht gelaunt
• **Substantiv** + Partizip	Achtung gebietend, Daten verarbeitende Maschinen **Aber:** freudestrahlend (s. R 4.5)

C. Zusammenschreibung

Schreibt man zusammen, so entsteht eine Wortzusammensetzung, ein neuer Begriff.
Oft kann man deshalb schon vom Sinn her entscheiden, ob ein einziges Wort vorliegt und zusammengeschrieben werden muss. Manchmal hilft auch betontes Sprechen: Zusammen schreibt man meist, wenn es *eine* besonders akzentuierte Betonung gibt (<u>Birn</u>baum, <u>denk</u>faul, in<u>des</u>sen); getrennt oft bei mehreren gleich starken Betonungen.

Immer zusammengeschrieben werden folgende Wortverbindungen:

Substantive und Substantivierungen

R 4.4

Immer zusammengeschrieben werden Zusammensetzungen, bei denen der letzte Wortteil ein Substantiv oder eine Substantivierung darstellt.	Birn*baum*, Dienstag*abend*, Vierer*bob*, Leer*lauf*, Außen*politik*, Nichtraucher*abteil*, das Ski*fahren*, beim Spazieren*gehen*, das Da*sein*, die Getrennt*schreibung*

Enge Wortverbindungen

R 4.5

Immer zusammengeschrieben werden solche engen Wortverbindungen, meist Adjektive,	
• bei denen ein Teil **kein selbständiges** Wort ist	schnell*lebig*, *fehl*schlagen, *wiss*begierig
• die durch ein Fugenelement gekoppelt sind	hilf**s**bereit, zukunft**s**orientiert, sonne**n**arm, werb**e**wirksam
• bei denen ein erster einfacher Teil den zweiten **verstärkt**	*gemein*gefährlich, *brand*aktuell
• die **komprimiert** wirken, weil Präpositionen, Artikel oder Konjunktionen eingespart werden	altersschwach (= durch das Alter geschwächt), butterweich (= so weich wie Butter), freudestrahlend (= vor Freude strahlend), denkfaul (= zum Denken zu faul)

Mehrteilige Partikeln

R 4.6

Mehrteilige Partikeln (Adverbien, Konjunktionen, Präpositionen) werden **in der Regel** zusammengeschrieben.	indessen, indem, infolge, allerdings, keinesfalls, diesmal, vielmals, einigermaßen, einerseits, ebenso, meistenteils, deswegen, bisweilen, probeweise, jederzeit, allzu, hierzu, beinahe, derzeit, irgendwann, irgendwie, irgendwer, irgendeine, zuerst, zunächst, sobald, soviel, sooft **Aber:** so viele Leute
Wichtige **Ausnahmen** sind:	zu Hause (österr. und schweiz. auch zuhause), gar nicht, ohne dass, anstatt dass (sodass oder so dass möglich, s. R 4.14)

Untrennbare Verben

Stets zusammengeschrieben werden auch untrennbare Verben.	frühstücken (ich frühstücke – du frühstücktest – sie hat gefrühstückt) Dazu genauer und zur Unterscheidung von untrennbaren und trennbaren Verben vgl. R 4.7 u. ff.

D. Zusammen oder getrennt?

Diese Frage stellt sich auch bei den bisher behandelten Fällen, lässt sich dort aber noch relativ eindeutig beantworten. Im Folgenden geht es um Fälle, bei denen noch mehr Spürsinn gefragt ist oder die sogar auf zweierlei Art geschrieben werden können.

Mehrteilige Verben
Mehrteilige Verben führen besonders häufig zu Zweifeln im Hinblick auf die Zusammen- und Getrenntschreibung.
Solche Verben bestehen aus einem *Verbzusatz* und dem eigentlichen **Verb.**
*ver***fallen**, *um***werfen**, *weiter***reichen**, *lang***weilen**, *heim***bringen**, *schluss***folgern**
Der Verbzusatz kann aus einer Vorsilbe (z. B. *ver-*) oder aus einem ursprünglich selbständigen Wort (*lang*) bestehen. Einige dieser Verben werden in allen ihren Formen zusammengeschrieben, sind also untrennbar; andere Verben werden in einigen Formen zusammengeschrieben, in anderen getrennt, sind also trennbar.

Formen	untrennbare Verben	trennbare Verben
Infinitiv	widersprechen	heimbringen
Präsens	ich **widerspreche**	ich **bringe** sie *heim*
Präteritum	ich **widersprach**	ich **brachte** sie *heim*
Perfekt	ich habe widersprochen	ich habe sie heimgebracht
Partizip Präsens	(dir) widersprechend	(sie) heimbringend
Infinitiv mit zu	ohne dir zu widersprechen	ohne sie heimzubringen
Verb im Nebensatz	der Anlass, bei dem ich dir widersprach	der Anlass, bei dem ich sie heimbrachte

Mit Blick auf die Getrennt- und Zusammenschreibung stellt sich die Frage: **Woran erkenne ich im Satz, dass zusammengeschrieben werden muss,** weil es sich um Bestandteile ein und desselben Verbs handelt?

R 4.7

Untrennbare Verben werden in allen Formen zusammengeschrieben.
Wie erkennt man ein untrennbares Verb?
Probe: Setzt man das Verb ins Präsens oder Präteritum, bleibt die Reihenfolge und die Zusammengehörigkeit der Wortteile bestehen.

frohlocken, frohlockend, sie frohlockte, hat frohlockt

handhaben > sie handhabte den Tennisschläger, maßregeln > er maßregelte uns schon wieder, vollenden > wir vollenden das Werk

Trennbare Verben

R 4.8

Trennbare Verben werden zusammengeschrieben, wenn **Verbzusatz und Verb unmittelbar nebeneinander** stehen oder durch „zu" verbunden sind (in Infinitiven, als Partizipien und bei Endstellung im Nebensatz).
Zum Erkennen trennbarer Verben s. R 4.9 und R 4.11

Ich habe etwas *herausgefunden.* Ohne *um**zu**fallen* umspielte sie die Gegnerin.
Der Anschlag schlug fehl. Nachdem er *fehlgeschlagen* war …

R 4.9

Trennbare Verben haben meist **bestimmte Partikeln als Verbzusatz:**
ab-, an-, auf-, aus-, bei-, beisammen-, da-, dabei-, dagegen-, daher-, dahin-, daneben-, dar-, d(a)ran-, d(a)rein-, da(r)nieder-, darum-, davon-, dawider-, dazu-, dazwischen-, drauf-, drauflos-, drin-, durch-, ein-, einher-, empor-, entgegen-, entlang-, entzwei-, fort-, gegen-, gegenüber-, her-, herab-, heran-, herauf-, heraus-, herbei-, hernieder-, herüber-, herum-, herunter-, hervor-, herzu-, hin-, hinab-, hinan-, hinauf-, hinaus-, hindurch-, hinein-, hintan-, hintenüber-, hinterher-, hinüber-, hinunter-, hinweg-, hinzu-, inne-, los-, mit-, nach-, nieder-, ran-, über-, überein-, um-, umher-, umhin-, unter-, vor-, voran-, vorauf-, voraus-, vorbei-, vorher-, vorüber-, vorweg-, weg-, weiter-, wider-, wieder-, zu-, zurecht-, zurück-, zusammen-, zuvor-, zuwider-, zwischen-
Aber: Im Gegensatz hierzu werden zusammengesetzte Adverbien und Verben immer getrennt geschrieben (z. B. seitwärts gehen, vgl. R 4.1).

4.10

Achtung! Einige der genannten Partikeln (s. R 4.9) treten auch **selbständig in losen Wortgruppen** auf. In solchen Fällen wird getrennt geschrieben!
Man erkennt dies:

- an der gleich starken Betonung von Partikel und Verb
- am Bedeutungsunterschied bei unterschiedlichen Schreibweisen

Ich will das Klavier *da* haben, wo es am besten klingt. Das Klavier klingt merkwürdig; das wird wohl *daher* kommen, dass es verstimmt ist.

Darf ich dabei sitzen, ich bin etwas müde. Darf ich dabeisitzen (= bleiben), wenn ihr die Fete vorbereitet? Meine Frau und ich, wir würden gern zusammen (= gemeinsam) kommen. Wann können wir denn hier wieder zusammenkommen (= uns treffen)?

R 4.11

Zu den trennbaren Verben gehören auch solche, deren Verbzusatz aus folgenden Wörtern und Wortarten besteht:	
• aus einem **nicht steigerbaren Adjektiv**	**brach**liegen, **fehl**schlagen, **bereit**halten, **tot**schlagen, **schwarz**arbeiten, **fern**sehen **Probe:** ferner sehen, schwärzer arbeiten nicht sinnvoll!
• aus einem der nebenstehenden **ehemaligen Substantive**	**haus**halten, **heim**zahlen, **irre**führen, **stand**halten, **statt**finden, **teil**nehmen, **wett**machen, **wunder**nehmen
Im Übrigen werden Kombinationen von Adjektiv und Verb bzw. Substantiv und Verb getrennt geschrieben!	schön schreiben (Steigerung möglich: schöner schreiben, s. R 4.2); Diät leben (s. R 4.1)

Trennbare Verben sind also – zusammenfassend – zu erkennen: an bestimmten Verbzusätzen (s. R 4.9), an der Verbindung mit nicht steigerbaren(!) Adjektiven und an bestimmten hier aufgeführten Substantiven. Solche Vorgaben richtig anzuwenden ist aber eine Sache der intensiven Schreibpraxis.

Partizipgruppen

R 4.12

Wortgruppen mit Partizip werden so geschrieben wie die ihnen zugrunde liegenden Verben:	
• in der Regel getrennt (vgl. R 4.3)	allein erziehend, klein gemustert, Krieg führend, Aufsicht führend **Aber:** der/die Aufsicht Führende/Aufsichtführende, der/die allein Erziehende/Alleinerziehende
• bei mehrteiligen Verben zusammen (trennbare oder untrennbare)	krankgeschrieben, teilnehmend, dabeigeblieben
In Ausnahmefällen sind auch beide Schreibweisen möglich. Wird die Partizipgruppe erweitert, wird die Schreibweise dadurch meist festgelegt.	Kunst liebend/kunstliebend, Grauen erregend/grauenerregend **Aber nur:** sehr kunstliebend, großes Grauen erregend, am grauenerregendsten

Zahlen

R 4.13

Zusammengeschrieben werden	
• alle mehrteiligen Ordnungszahlen	der siebzehnte Geburtstag, der fünfhunderttausendste Besucher
• mehrteilige Grundzahlen unter einer Million	zweihundertsechsundsechzig (z. B. Euro-Eintrag auf einem Scheck)
Getrennt geschrieben werden Grundzahlen über einer Million.	eine Million Besucher, zwei Millionen dreitausendvierhundert

Zur freien Wahl

In einigen Fällen ist es den Schreibenden überlassen, ob sie Getrennt- oder Zusammenschreibung wählen wollen.

R 4.14

Eine Wahl hat man insbesondere bei:	
• der Konjunktion **sodass**	Sie paukte viel, sodass/so dass sie krank wurde. **Aber:** Sie paukte so, dass sie krank wurde.
• Fügungen mit **nicht**	Die Sprecherwahl ist nicht öffentlich/nichtöffentlich.
• Fügungen mit (ehemaligem) **Substantiv**	imstande sein/im Stande sein infrage stellen/in Frage stellen instand setzen/in Stand setzen zuschulden kommen/zu Schulden kommen lassen anstelle/an Stelle, aufgrund/auf Grund, aufseiten/auf Seiten, mithilfe/mit Hilfe, zugunsten/zu Gunsten, zulasten/zu Lasten, zuwege/zu Wege bringen

E. Bindestrichsetzung

Bei der Bindestrichsetzung handelt es sich um eine Sonderform der Getrennt- und Zusammenschreibung. Die verbundene Wortgruppe wird als Zusammensetzung behandelt, ohne dass sie zusammengeschrieben wird.

R 4.15

Bindestriche ermöglichen Wortverbindungen	
• bei Einzelbuchstaben, Abkürzungen und Ziffern	C-Dur, T-Shirt, UV-bestrahlt, 100-prozentig, 16-jährig
• bei substantivierten Wortgruppen	ein Sowohl-als-auch, ein Kopf-an-Kopf-Rennen, dieses In-den-Tag-hinein-Leben
• bei Eigennamen	Frau Viß-Lakotta, Thomas-Mann-Straße **Aber:** Heinestraße

R 4.16

Bindestriche werden als Ergänzungszeichen verwendet, wenn ein zweimal vorkommender Wortteil ausgelassen werden soll.	Getrennt- und Zusammenschreibung, hell- und dunkelgrün, An- und Verkauf

R 4.17

Bindestriche können dazu dienen, einzelne Bestandteile hervorzuheben und Zusammensetzungen durchsichtiger zu machen.	der dass-Satz, Ich-Erzählerin, Lotto-Annahmestelle Goethe-Ausgabe

Zusammenfassung zur Schreibung mit Bindestrich

Bindestrichpflicht? In den Fällen von R 4.15 und R 4.16 müssen Bindestriche gesetzt werden. In den Fällen von R 4.14 ist es der/dem Schreibenden überlassen, ob sie/er Bindestrich setzen oder zusammenschreiben möchte.

Zur Groß- oder Kleinschreibung bei Bindestrichschreibung vgl. R 3.21
Zum Bindestrich bei Fremdwörtern vgl. R 1.15

F. Zusammenfassende Empfehlungen zur Getrennt- und Zusammenschreibung

1. Da Getrenntschreibung als Normalfall gilt, sollten vor allem die Regelungen beherrscht werden, wonach auf jeden Fall getrennt zu schreiben ist (vgl. Teil B).
2. Zusammengeschrieben werden vor allem die Wörter, die einen (neuen) gemeinsamen Begriff bilden. Sie werden häufig auf einer Silbe besonders stark betont. Dazu gehören immer Substantive und Substantivierungen.
3. In vielen Fällen ist die Schreibung davon abhängig, ob die Teile zu einer Bedeutung verschmelzen oder umgekehrt die Bedeutung der einzelnen Wörter besonders hervorgehoben wird: Sooft er kommt, gibt es Ärger. Das habe ich dir so oft gesagt.
4. Bindestriche ermöglichen Wortverbindungen und heben die einzelnen Bestandteile zugleich hervor. Werden sie aber zu häufig gebraucht, verpufft diese Wirkung (ähnlich wie beim zu häufigen Gebrauch von Anführungsstrichen und Klammern).

▶ WORTTRENNUNG AM ZEILENENDE

Unterschiedliche Zielsetzungen

Normalerweise reicht es aus, das Zeilenende mit einem Wort abzuschließen und das nächste Wort auf die nächste Zeile zu bringen.
Dabei können allerdings Lücken entstehen, die das Lesen erschweren. Verwendet man an der Schreibmaschine oder am PC nicht den Flattersatz (ungleiche Zeilenenden), sondern den Blocksatz (gleiche Zeilenenden, Druckbild), dann können hässlich auseinander gezogene Zeilenbilder entstehen. Silbentrennungsprogramme können dabei Abhilfe schaffen. Sie haben aber in der Regel Schwierigkeiten, lange, zusammengesetzte Wörter genau in ihre Bestandteile zu zerlegen (weil nicht alle denkbaren Trennungen gespeichert sind), und können bestimmte Feinheiten der Silbentrennung oft nicht korrekt ausführen.

Im Hinblick auf die Trennungsregeln und ihren praktischen Gebrauch kann man also zwei Anwendungsinteressen unterscheiden:

- Empfehlungen für den täglichen Gebrauch: die Trennung längerer Wörter
- Regelfeinheiten, die man vor allem auch braucht, wenn man ein Computerschriftbild korrigieren will

Grundregeln für das handschriftliche Schreiben

R 5.1

Trennung am Zeilenende ist dann sinnvoll, wenn dem Leser oder der Leserin dadurch der „Sprung“ über das Zeilenende erleichtert wird. „Riesenlöcher“ stören dabei genauso wie Abtrennungen von wenigen Buchstaben, die den Sinnzusammenhang zerreißen.

1. Vor allem werden längere zusammengesetzte Wörter getrennt und dabei in ihre ursprünglichen Bestandteile zerlegt.	Schul-hof, Heim-weg, Sprech-erziehung, Altbau-erhaltung, Schwimm-meister, Auto-haftpflicht-versicherung, Donau-dampf-schifffahrts-kapitän
2. Falls nötig kann man alle Wörter so detailliert trennen, wie sie sich beim langsamen Sprechen in Silben zerlegen lassen.	Mu-se-um, zu-fas-sen, ab-stim-men, eu-ro-pä-isch, in-di-vi-du-ell, He-li-kop-ter, Sprech-er-zie-hung, Ver-si-che-rung
3. Abtrennungen sollten möglichst Sinneinheiten erhalten helfen.	abstim-men, euro-päisch, indivi-duell, Spargel-topf

Feinheiten, z. B. für das Computerschriftbild

R 5.2

Betrifft die mögliche Trennung mehrere Konsonanten (K), so kommt nur der letzte auf die nächste Zeile.

K-K:	Gar-be, Hop-fen, mes-sen, krat-zen, größ-te, wid-rig
KK-K:	schöns-te, bravs-te, Karp-fen, dunk-le, knusp-rig
KKK-K:	erns-te, sechs-te
KKKK-K:	ernst-lich

R 5.3

Nicht trennen: ch, sch, ph, rh, th, weil als ein Konsonant gesprochen. Auch **ck** wird nicht getrennt!	ma-chen, Deut-sche, Ste-phan, Myr-rhe, Rhyth-mus, Goe-the le-cken, bli-cken, wa-cker, Zu-cker

Trennen bei unklarer Wortherkunft

R 5.4

Einheimische Wörter, deren Herkunft und Zusammensetzungsart nicht mehr geläufig sind, werden nach heutiger Sprechweise in Silben getrennt. Genauso wird bei Fremdwörtern verfahren, deren ursprüngliche Trennung nicht bekannt ist.
Fremdwörter können aber auch nach ihren Herkunftsbestandteilen getrennt werden. Dadurch gibt es **für viele Fremdwörter zwei Trennmöglichkeiten**!

Empfehlenswert erscheint es allerdings, durchgängig nach der im Deutschen üblichen Silbentrennung zu verfahren (also nach R 5.1). Zum einen werden viele Fremdwörter „eingedeutscht" (vgl. R 1.14/R 1.15); zum anderen wird die Zahl der Fremdwörter aus unterschiedlichen Sprachen in Zukunft zunehmen, sodass man selten genaue Kenntnis über ihre ursprüngliche Zusammensetzung haben wird.

Im Folgenden werden einige Beispiele gezeigt, bei denen es zwei Trennmöglichkeiten gibt. Empfohlen wird die kursiv gesetzte Trennweise.

Trennung nach Sprechsilben,	**Herkunftsbestandteilen**		
deutsche Wörter		fremdsprachliche Wörter	
ei-nan-der	ein-an-der	*Pä-da-go-gik*	Päd-ago-gik
da-rum	dar-um	*In-te-res-se*	In-ter-es-se
da-rauf	dar-auf	*Ma-gnet*	Mag-net
hi-nab	hin-ab	*Zy-klus*	Zyk-lus
		Re-cy-cling	Re-cyc-ling
		Hek-tar	Hekt-ar
		He-li-kop-ter	He-li-ko-pter

Zusammenfassende Empfehlungen

- Im alltäglichen handschriftlichen Schreiben sollten vor allem zusammengesetzte und längere Wörter getrennt werden, um keine Leselücken entstehen zu lassen (s. R 5.1).
- Ist die Herkunft eines Wortes unbekannt, z. B. bei Fremdwörtern, sollte man auf die gewohnte Trennung nach deutschen Sprechsilben zurückgreifen (s. R 5.4).
- Bei Blocksatz oder zum Druck bestimmten Schriftsätzen muss die Trennung gegebenenfalls von Hand vorgenommen und korrigiert werden (s. R 5.2 – R 5.4).

DIE ZEICHENSETZUNG

▶ SATZSCHLUSSZEICHEN

Das Ende eines Ganzsatzes (einfacher Satz, Satzreihe oder Satzgefüge) zeigt man in der Regel durch ein Satzschlusszeichen wie Punkt, Fragezeichen, Ausrufezeichen an.

Der Punkt

Z 1.1

Ein Punkt steht am Schluss von Aussagesätzen. Aussagesätze können durch Komma oder Semikolon abgetrennt werden; ihre Zusammengehörigkeit wird dadurch unterstrichen (vor allem durch Kommasetzung).	Das Unwetter brach los. Blitze zuckten, Donnerschläge folgten, Regen prasselte hernieder. Ebenso plötzlich hörte es wieder auf; Ruhe kehrte ein.

Z 1.2

Kein Punkt steht nach Überschriften und Werktiteln.	Benzinpreise alarmieren Autofahrer Mein schönstes Erlebnis
Kein Punkt steht nach wörtlicher Rede, wenn der Satz weitergeht. Schließt der Satz mit wörtlicher Rede, folgt kein zweites Schlusszeichen (vgl. Z 4.3 – Z 4.5).	„Heute gehe ich ins Kino“, rief Arabella, „du kannst mitkommen, wenn du Zeit hast.“

Das Ausrufezeichen

Z 1.3

Das Ausrufezeichen steht am Schluss von Sätzen, die eine Aufforderung, einen Wunsch oder eine nachdrückliche Behauptung enthalten.	Machen Sie doch Platz! Könnten wir uns doch morgen schon wiedersehen! Glaub mir, er war es, ich habe ihn wiedererkannt!

Z 1.4

Ausrufezeichen stehen auch nach • kurzen Befehlen, Bitten, Ausrufen • entsprechenden Überschriften und Titeln	Zurücktreten! Hilfe! Ein toller Ausblick! Urlauber gerettet! Schießen Sie nicht auf den Pianisten!

Das Fragezeichen

Z 1.5

Das Fragezeichen steht am Schluss • von Fragesätzen und Kurzfragen • von entsprechenden Überschriften und Titeln	Möchtest du noch etwas Tee? Genug? Wo warst du, Adam? Mörder gefasst?

Z 1.6

Kein Fragezeichen steht nach indirekten Fragen.

Lena fragte, ob ich mitkomme.
Bob erkundigte sich danach, wie es dir geht.

▶ KOMMASETZUNG

A. Zur Gliederung im einfachen Satz

Grundregeln

Z 2.1

Der so genannte einfache Satz mit den Satzgliedern Subjekt, Prädikat, Objekt, mit adverbialer Bestimmung und einfachen Attributen enthält kein Komma!

Eine Tagung ging zu Ende.
In Bremen ging am Freitag eine Tagung über die Beseitigung von Sondermüll zu Ende.
In Bremen ging am letzten Freitag eine Tagung des BUND über die Beseitigung von oft schwer zu verhinderndem Sondermüll zu Ende.

Z 2.2

Wird der einfache Satz unterbrochen durch Aufzählungen, Entgegensetzungen oder Nachträge, dann muss Komma gesetzt werden.

In Bremen, dem kleinsten Bundesland, ging am Freitag eine Tagung über die Beseitigung von giftigem, gefährlichem, aber oft schwer zu verhinderndem Sondermüll zu Ende.
(Vgl. genauer die nachfolgenden Regeln)

Aufzählungen

Z 2.3

Teile einer Aufzählung werden durch Komma voneinander getrennt, wenn sie nicht durch „und“ oder „oder“ verbunden sind. Aufgezählt werden können

- einzelne Wörter
- Satzteile und Wortgruppen

Diese herrliche, großartige Landschaft!
Wir kaufen Mohrrüben, rote Paprikaschoten und grüne Bohnen.
Sie tritt energisch an, holt schnell auf und erreicht unerwartet als Erste das Ziel.

Z 2.4

Zwischen zwei Adjektiven steht dann kein Komma, wenn sie nicht gleichrangig sind.
Im Zweifelsfall helfen folgende Proben:
Gleichrangige Adjektive kann man vertauschen oder durch „ebenso wie“ verbinden.

Nicht gleichrangige Adjektive lassen sich nicht vertauschen: Das letzte Adjektiv ist enger mit dem Substantiv verbunden.

• gleichrangig mit Komma	eine *alte, graue* Mauer > eine ebenso alte wie graue Mauer
• nicht gleichrangig ohne Komma	eine *schöne goldene* Uhr > nicht: eine ~~goldene schöne~~ Uhr (Sinn: eine schöne Golduhr; die Uhr ist 1. aus Gold und 2. auch noch schön), das *schmackhafte chinesische* Essen, die *allgemeine politische* Lage, *helles friesisches* Bier

Entgegensetzungen

Z 2.5

Entgegensetzungen werden durch Komma abgetrennt. Entgegenstellende Wörter sind z. B.: aber, sondern, einerseits – andererseits, teils – teils	Sie tritt noch an, aber sie verfehlt den Sieg. Einerseits durch die Bilder beeindruckend, andererseits inhaltlich dürftig...
Kein Komma steht bei ausschließenden oder vergleichenden Wörtern: oder, entweder – oder, sowohl – als auch, beziehungsweise, wie, als.	Jetzt kommen sowohl mein Freund als auch seine Schwester morgen mit uns. Wir waren schneller als erwartet. Es lief alles wie gewünscht.
Aber: Folgt ein vollständiger Vergleichssatz, steht ein Komma.	Alles lief, wie wir es uns gewünscht hatten.

Zusätze und Nachträge

Z 2.6

Zusätze und Nachträge werden mit Komma abgetrennt:	
• Beifügungen im gleichen Fall (Appositionen)	Birgit, *unserer besten Läuferin,* wurde der Pokal überreicht.
• Hervorhebungen mit „und zwar", „insbesondere", „nämlich", „z. B.", „vor allem"	Birgit hatte als Letzte in der Staffel noch den Sieg gerettet, *und zwar bravourös!*
• nachgestellte Erläuterungen	Birgit hockte noch auf dem Rasen, *sichtlich außer Atem.*

B. Zur Abtrennung von Teilsätzen

Vor allem in längeren Sätzen, die aus mehreren Teilsätzen (Hauptsätzen und Nebensätzen) bestehen, ist das Komma ein unerlässliches Mittel der Gliederung und Übersichtlichkeit.

trat plötzlich Ruhe ein.

Nachdem das Unwetter, *abgezogen war,*

das den ganzen Tag über gewütet hatte,

Nebensatz 1. Grades Nebensatz 2. Grades **Hauptsatz**

Z 2.7

Teilsätze werden voneinander durch Komma getrennt, wenn sie nicht durch „und“ oder „oder“ verbunden sind.
Diese Grundregel lässt sich noch wie folgt unterteilen:

Hauptsätze

Z 2.8

Hauptsätze können – statt durch Schlusszeichen oder Semikolon – durch Komma voneinander getrennt werden (vgl. Z 1.1).	Das Gewitter verzog sich, die Natur wurde wieder ruhig.
Kein Komma steht in der Regel, wenn Hauptsätze durch folgende Bindewörter verbunden sind: und, oder, beziehungsweise, weder – noch, entweder – oder.	Das Gewitter verzog sich und die Natur wurde wieder ruhig. **Auch erlaubt:** Das Gewitter verzog sich, und die Natur wurde wieder ruhig.

Nebensätze

Z 2.9

Nebensätze werden von Hauptsätzen durch Komma abgetrennt. Das Komma steht **vor und nach** dem eingeschobenen Nebensatz.	Thomas sagte, *dass er morgen kommen wird. Obwohl Anja so müde war,* sagte sie zu. Das Buch, *das er hatte ausleihen wollen,* vergaß er.

Eine wichtige Voraussetzung der korrekten Kommasetzung ist das Erkennen von Nebensätzen.

Z 2.10

Nebensätze werden **von anderen Nebensätzen** durch Komma abgetrennt, soweit sie nicht durch „und“ oder „oder“ verbunden (und damit gleichrangig) sind.	Thomas sagte, *dass er morgen käme,* **wenn Anja nichts dagegen habe**. Obwohl Anja müde war *und* morgen gern ausgeschlafen hätte, sagte sie zu.

C. Kann-Regeln zur eigenen Entscheidung

Die Regeln für die Zeichensetzung erlauben eine Reihe von eigenen Entscheidungen. Meist geht es darum, mithilfe der Kommasetzung das Verstehen und die Übersichtlichkeit zu erleichtern. Die wichtigsten Fälle werden im Folgenden dargestellt.

Einheit, Nachtrag oder Aufzählung?

Oft liegt es im eigenen Ermessen,

- ob eine Fügung mit dem einfachen Satz eine Einheit bildet (ohne Komma Z 2.1),
- ob sie als Zusatz bzw. Nachtrag (Abtrennung durch Komma Z 2.6)
- oder als Aufzählung (einfaches Komma Z 2.3) verstanden werden soll.

In solchen Fällen entscheidet der/die Schreibende selbst.

Z 2.11

Kann-Regeln für folgende Fälle: • Nachtrag oder nicht?	Die ganze Familie(,) samt Kindern und Enkeln(,) besuchte die Großeltern. Alle Ausgaben(,) wie Fahrt und Aufenthalt(,) werden ersetzt. *(Beispielhafte Erläuterungen zum Substantiv)*
• Zusatz von Konjunktion abtrennen (betonen)?	Alle Ausgaben werden ersetzt, *vorausgesetzt(,) dass* man sie auch nachweisen kann. **Auch:** abgesehen davon(,) dass; besonders(,) wenn; insofern(,) als; vor allem(,) wenn/weil
• Nachgestellte Beifügung oder Aufzählung?	Silke Meier, Düsseldorf, Hauptstr. 61(,) hat den ersten Preis gewonnen. Der Preis wird am Montag, dem 23. September(,) überreicht. *(Mehrteilige Wohnungs-, Datums- und Zeitangaben)*

Infinitiv- und Partizipgruppen

Z 2.12

Infinitiv- und Partizipgruppen **können, müssen aber nicht** durch Komma vom Hauptsatz oder voneinander abgetrennt werden.	Er will wiederkommen(,) *um sich in Ruhe mit ihr auszusprechen.* *Am Türrahmen lehnend*(,) sah sie ihm noch lange nach.

Was ist der Sinn dieser Kann-Bestimmung?
Infinitiv- und Partizipgruppen können als verkürzte Nebensätze aufgefasst werden. Der Nebensatzcharakter ist aber oft kaum spürbar, deshalb erscheint Kommasetzung nicht zwingend. Andererseits kann Kommasetzung vom Sinnverständnis her oder aufgrund anderer Regeln erforderlich werden.

Ohne Kommasetzung können Sätze mit Infinitiv- und Partizipgruppen **missverständlich** wirken.	Anja versprach(,) ihrem Vater(,) noch heute zu schreiben. Thomas verließ(,) jetzt(,) doch mit sich hadernd(,) das Haus.
Lange Sätze können **unübersichtlich** werden, vor allem wenn mehrere solcher Konstruktionen enthalten sind.	Thomas verließ(,) *ohne zu zögern(,) um sich nichts anmerken zu lassen(,)* das Haus.

Z 2.13

Werden Infinitiv-, Partizip- und vergleichbare Wortgruppen **als Zusätze angekündigt oder nachgestellt**, *müssen* sie – nach Z 2.6 – durch Komma abgetrennt werden.	**Daran**, *ihn doch noch aufzuhalten*, dachte sie nicht schnell genug. **So**, *über das ganze Gesicht lachend*, begrüßte sie ihn am nächsten Tag. Sie saß auf der Terrasse, *ganz in Decken verpackt.*

Empfehlungen zur Kommasetzung bei Infinitiv- und Partizipgruppen

- Wer geringe Schwierigkeiten hat, erweiterte Infinitive und Partizipien im Satz zu erkennen, kann sie durch Komma abtrennen. Dadurch vermeidet man Missverständnisse und die Gefahr, Ausnahmeregelungen zu übersehen (vgl. Z 2.12/Z 2.13).
- Wer Schwierigkeiten mit dem schnellen Erkennen solcher Wortgruppen hat, sollte auf jeden Fall darauf achten, lange Sätze ausreichend durch Kommas zu gliedern und Nachträge durch Kommas abzutrennen (vgl. Z 2.13). Bei kurzen Sätzen werden der/dem Schreibenden kaum Fehler unterlaufen.

Durch „und" verbundene gleichrangige Teilsätze

Z 2.14

Zwischen gleichrangigen Teilsätzen, die durch „und" oder „oder" verbunden sind (s. Z 2.8 und Z 2.10), kann ein Komma gesetzt werden, um die Gliederung des Gesamtsatzes deutlicher zu machen.

Das gilt für
- Hauptsätze

und
- Nebensätze

Thomas war nicht zufrieden mit sich(,) und Anja, die allerdings schon müde wirkte, *hätte ihn sicher auch noch ganz gern dagehabt.*

Denn es war gar nicht so selten, *dass er sie besuchte(,) und dass sie,* wenn sie in der Stimmung waren, *bis spät in die Nacht zusammensaßen.*

Zusammenfassung: (Kein) Komma vor „und"?

Z 2.14 hat gezeigt: Zwischen gleichrangigen Teilsätzen, die durch „und" (oder „oder") verbunden sind, kann ein Komma, aber muss kein Komma stehen. Bei Aufzählungen mit „und" steht in der Regel kein Komma (vgl. Z 2.3). Aus diesem Wissen wird oft irrtümlich der Schluss gezogen, vor „und" stünde nie ein Komma. Diese Auffassung ist falsch! Deshalb wird hier zusammengefasst, wann vor „und" ein Komma stehen muss (also keine Kann-Regelung)!

Z 2.15

Vor „und" steht ein Komma,
- wenn es in der Verbindung „und zwar" eine nachgestellte Erläuterung einleitet
- wenn ein Nachtrag oder Einschub vorausgeht
- wenn ein eingeschobener Nebensatz vorangeht

Der Reiseleiter sprach einige Reisende persönlich an, *und zwar* diejenigen, die den Bustransfer noch nicht bezahlt hatten.

Die Reisenden hockten auf ihren Plätzen, sichtlich erschöpft, *und* dösten.

Der Reiseleiter rief die Teilnehmer herbei, die sich auf der anderen Straßenseite eingefunden hatten, *und* stieg als Letzter in den Bus.

▶ DOPPELPUNKT, GEDANKENSTRICH, APOSTROPH, KLAMMERN

Doppelpunkt, Gedankenstrich und Klammern können wirkungsvolle Gestaltungsmittel sein (etwa für Zusätze oder Überraschendes) – wenn sie nicht übertrieben häufig eingesetzt werden.

Doppelpunkt

Z 3.1

Der Doppelpunkt kündigt etwas an:	
• wörtliche Rede	Thomas sagte: „Ich komme morgen."
• Aufzählungen, besondere Angaben, erläuternde Einzelheiten	Bisher habe ich folgende Länder kennen gelernt: Belgien, Frankreich und Italien.
• Zusammenfassungen und Schlussfolgerungen	Daraus ergibt sich: Du solltest mehr für deine Kondition tun.

Großgeschrieben wird nach Doppelpunkt: immer bei wörtlicher Rede und bei ganzen Sätzen (vgl. R 3.1).

Gedanken-, Ergänzungs- und Spiegelstrich, Apostroph

Z 3.2

Der Gedankenstrich wird häufig bei deutlichen Sprechpausen verwendet, und zwar	
• um Unerwartetes anzukündigen (oft auch Doppelpunkt möglich)	Er erschrak aufs Äußerste – ein Fremder stand in seinem Zimmer. (Er erschrak aufs Äußerste: Ein Fremder stand in seinem Zimmer.)
• um Zusätze oder Nachträge einzugrenzen (Nach eingeschobenen Ganzsätzen – Parenthesen – steht kein Punkt, wohl aber Frage- oder Ausrufezeichen.)	In diesem Moment – die Feier war noch nicht zu Ende – schrie jemand im Saal auf. So, meine Damen und Herren – und ich betone dies hier ganz bewusst! –, kann es nicht weitergehen!

Z 3.3

Außer als Gedankenstrich und Bindestrich (vgl. R 4.15 – R 4.17) werden waagerechte Striche im Text auch benutzt

• als Einsparungs- oder **Ergänzungszeichen** (vgl. R 4.13)	Haupt- und Nebengebäude
• als Gliederungszeichen oder **Spiegelstrich**	Keinen Punkt setzt man – nach frei stehenden Zeilen – am Ende von Parenthesen – nach Abkürzungspunkten (usw.)

Z 3.4

Der **Apostroph** steht als Auslassungszeichen für ausgelassene Laute oder Buchstaben, die normalerweise gesprochen oder geschrieben würden.	's ist unglaublich! So 'n Blödsinn! Ku'damm (*für:* Kurfürstendamm)
Apostroph wird auch beim Genitiv nach Namen gesetzt, die auf -s (auch -ss, -ß, -tz, -z, -x) enden.	Hans' Geburtstag, Aristoteles' Philosophie
Kein Apostroph steht bei Verschmelzung von Präposition und Artikel,	Folgen Sie mir *aufs* Revier!
bei ungebeugten Adjektiven, bei ausgelassenem Schluss-e.	ein *einzig* Wort Die *Reu* ist lang. Ich *lass* dich nicht weg.

Klammern – oder Gedankenstriche oder Kommas?

Z 3.5

Durch Setzen von Klammern kann man Zusätze und Nachträge deutlich vom übrigen Text unterscheiden.	Iris (15 Jahre, 10. Klasse) sucht ständigen Chatpartner.
Bei eingeklammerten ganzen Sätzen steht ein Schlusspunkt nur, wenn diese für sich stehen, also nicht in einen anderen Satz einbezogen sind.	Beim internationalen Schülertreffen (mit mehreren holländischen Bands) war wirklich etwas los. Manuela erhielt den Preis für den originellsten Song. (Der Text war eigentlich ein „alter Hut", aber Melodie und Rhythmus wirkten neu.)

Empfehlungen zur Setzung von Kommas, Klammern oder Gedankenstrichen

Bei Nachträgen und Einschüben hat man oft die Wahl, ob man sie durch Kommas, Klammern oder Gedankenstriche vom übrigen Satz abgrenzen will.

1. Von den eher ungewöhnlichen Mitteln sollte man keinen übertrieben häufigen Gebrauch machen, sonst verlieren sie ihre Wirkung. Klammern sollte man beispielsweise nicht verwenden, um sich die Mühe eines klaren Satzbaus zu ersparen, sondern einsetzen für zusätzliche Angaben, wie sie auch in Fußnoten stehen könnten.

   Sie isst gern Obst (besonders Trauben und Bananen). *Besser:* Sie isst gern Obst, besonders Trauben und Bananen.

2. Der eingeklammerte Zusatz muss in seiner grammatischen Form zum übrigen Satz passen.

   Auf der Ausstellung (Cebit in Hannover) konnte man sich auch von ausländischen Anbietern (~~Amerikaner, Japaner~~) das Neueste vorführen lassen. *Besser:* Auf der Ausstellung Cebit in Hannover konnte man sich auch von ausländischen Anbietern, z. B. von Amerikanern oder Japanern, das Neueste vorführen lassen. *Auch:* … Anbietern (Amerikanern, Japanern) …

3. Ob man Klammern, Gedankenstriche oder Kommas benutzt, hängt von der erwarteten Wirkung ab. Kommas heben den Einschub weniger hervor. Klammern fallen mehr auf, enthalten Zusatzinformationen, die aber nicht als vorrangig erscheinen. Gedankenstriche sollte man vor allem für Einschübe und Ganzsätze (Parenthesen) verwenden, die bewusst, z. B. als Kommentar, hervorgehoben werden sollen.

   Vergleiche: Auch dieses Bild des Künstlers, ein Stillleben, war in einem verwaschenen Blau gehalten. Auch dieses Bild des Künstlers (es ist wohl sein letztes) ist in einem verwaschenen Blau gehalten. Auch dieses letzte Bild des Künstlers – und technisch gesehen kann man es noch als sein gelungenstes bewerten! – beeindruckte niemanden.

▶ ANFÜHRUNGSZEICHEN, WÖRTLICHE REDE UND ZITAT

Anführungszeichen

Z 4.1

In Anführungszeichen setzt man	
• wörtliche Rede	Der Minister sagte: „Wir beginnen die humanitäre Offensive mit einer Lebensmittelsendung."
• Zitate (wörtlich wiedergegebene Textstellen)	Der Minister nannte die Hilfsaktion eine „humanitäre Offensive".
• zitierte Titel (bei kurzen, als Titel erkennbaren Namen auch ohne Anführungszeichen; zur Großschreibung und Deklination vgl. R 3.2)	„Tonio Kröger" hat mir gut gefallen. In Deutsch lesen wir den „Kaukasischen Kreidekreis". Goethes „Faust" steht erst später auf dem Plan. (*Auch*: Goethes Faust, da in diesem Zusammenhang als Werktitel erkennbar)
• Begriffe, die man erläutern, in übertragener Bedeutung oder als ironisch verstanden wissen will (Nicht übertrieben häufig verwenden!)	Die Präposition „wegen" verlangt den Genitiv. Der Begriff „Humor" wird oft unbedacht für alle möglichen komischen Darstellungen benutzt. (*Auch:* Der Begriff des Humors …). Die „Formel-1" konnte er „nur" einmal gewinnen!

Wörtliche Rede: Anführungszeichen, Satzzeichen, Groß- und Kleinschreibung

Z 4.2

Ein Begleitsatz kündigt häufig die wörtliche Rede an, unterbricht sie oder folgt ihr.
Grundsätzlich gilt: Satzzeichen, die zur wörtlichen Rede gehören, stehen innerhalb der Anführungszeichen; Satzzeichen, die zum Begleitsatz gehören, außerhalb. Punkte stehen als Schlusszeichen nur am Ende des Gesamtsatzes; endet dieser mit wörtlicher Rede, so steht kein zweites Schlusszeichen. Großgeschrieben wird am Anfang des Gesamtsatzes und nach Doppelpunkt. Einzelheiten kann man sich am besten anhand der Stellung des Begleitsatzes merken:

Z 4.3

Begleitsatz vorn: • Doppelpunkt nach *Begleitsatz* • danach Großschreibung • kein zweites Schlusszeichen	*Arabella fragte:* „**H**ast du heute schon etwas vor?" *Renaldo antwortete:* „**D**er Film in der Schauburg soll gut sein."

Z 4.4

Begleitsatz hinten: • *Begleitsatz* durch Komma abgetrennt • kein Schlusspunkt am Ende der wörtlichen Rede • Kleinschreibung zu Beginn des Begleitsatzes	„Hast du heute schon etwas vor?", ***f**ragte Arabella.* „Der Film in der Schauburg soll gut sein", ***a**ntwortete Renaldo.*

Z 4.5

Begleitsatz eingeschoben: • Begleitsatz in Kommas eingeschlossen • danach Kleinschreibung • Schlusszeichen vgl. Z 4.3 und Z 4.4	„Renaldo", *fragte Arabella*, „**h**ast du heute schon etwas vor?" „Nein, überhaupt nicht!", *meinte Renaldo*, „**d**er Film in der Schauburg soll gut sein." (*Auch: … Renaldo.* „Der Film …)

Wörtlich zitieren

Z 4.6

Zitierregeln

1. Zitate werden durch Anführungszeichen gekennzeichnet.
2. Wörtliche Textübernahmen müssen dem Original entsprechen, auch in Rechtschreibung, Zeichensetzung und Grammatik.
3. Auslassungen werden durch drei Punkte gekennzeichnet; sie dürfen den Sinn des Originals nicht entstellen. („Auslassungen werden ... gekennzeichnet ...“)
4. Müssten bei einem Zitat zu viele Änderungen vorgenommen werden (s. 2. und 3.), so ist es sinnvoller, den ganzen Satz zu zitieren oder auf das Zitat zu verzichten.
5. Sind im Original schon Anführungszeichen enthalten, so werden diese im Zitat durch einfachen An- und Abführungsstrich ersetzt.

1 die Anzeigetafel

2 der Eisenbahnwagen

3 der Fahrkartenautomat

4 der Fahrplan

5 der Gepäckträger

6 das Gleis

7 der Koffer

8 die Lokomotive

9 das Plakat

10 der Prellbock

11 die Rolltreppe

12 der Schaffner

13 das Signal

14 der Zeitungskiosk

15 der Zug

1 der Aschenbecher

2 die Bar

3 das Faxgerät

4 der Computer

5 das Gepäck

6 das Glas

7 das Handy

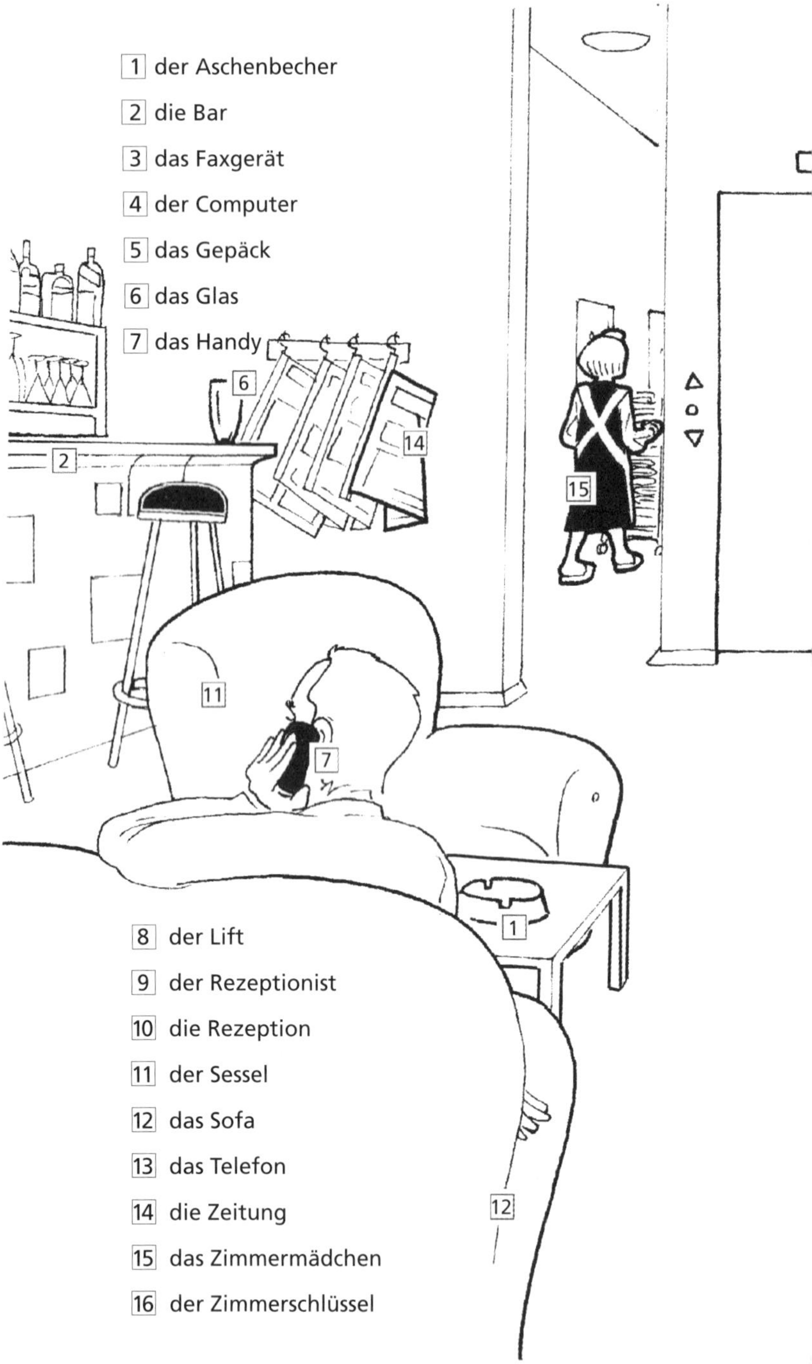

8 der Lift

9 der Rezeptionist

10 die Rezeption

11 der Sessel

12 das Sofa

13 das Telefon

14 die Zeitung

15 das Zimmermädchen

16 der Zimmerschlüssel

Rezeption
10
16
9
3
13
4
5

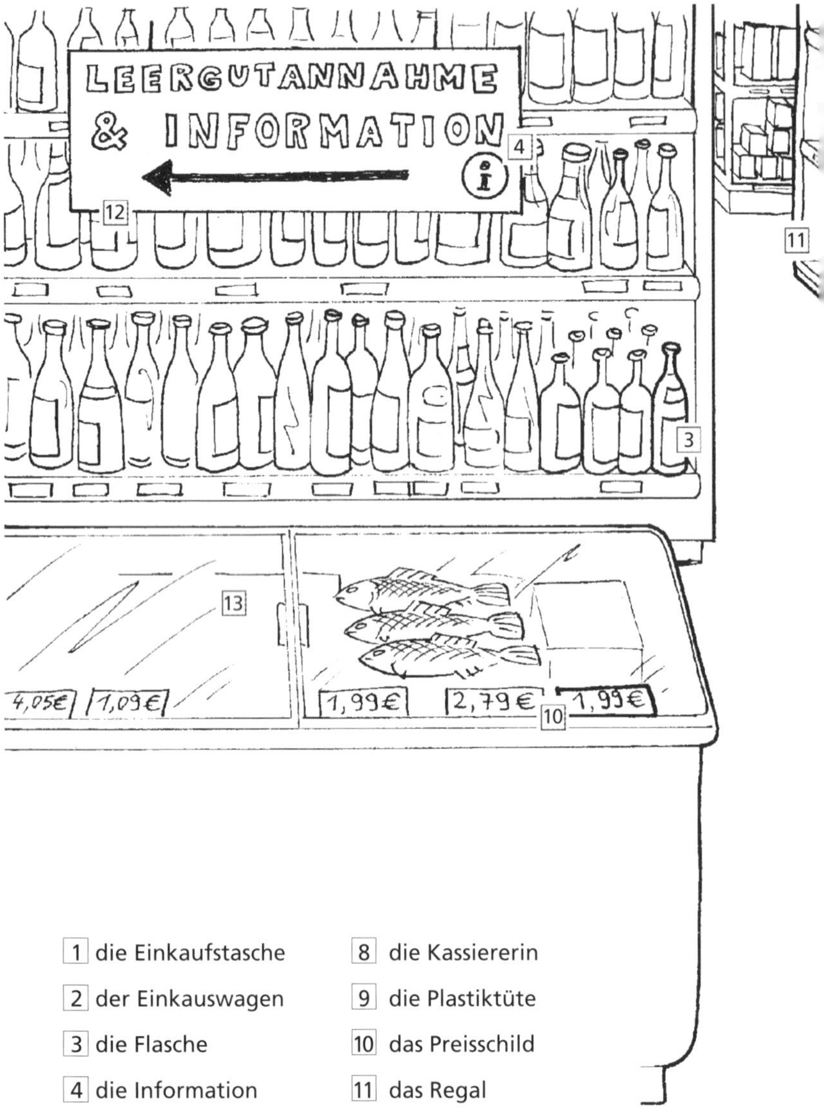

1 die Einkaufstasche

2 der Einkauswagen

3 die Flasche

4 die Information

5 die Kasse

6 die Konservendose

7 der Kunde

8 die Kassiererin

9 die Plastiktüte

10 das Preisschild

11 das Regal

12 das Schild

13 die Tiefkühltruhe

6
7
8
5
2
1
9

3
4
7
14
1
15
11
17
12
8
9
13

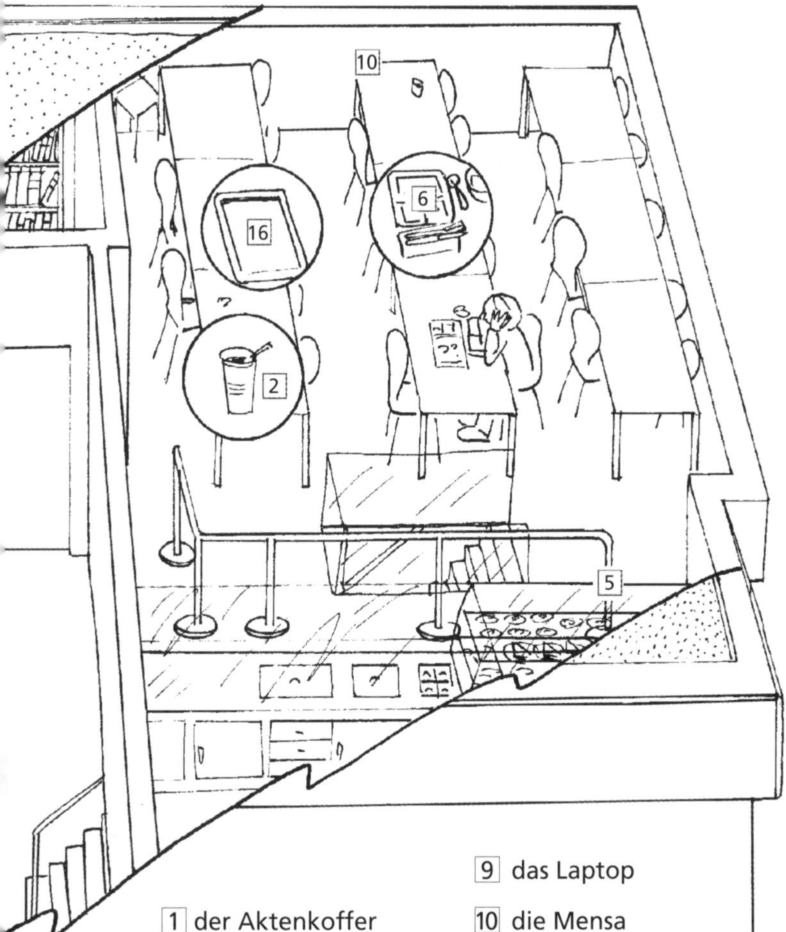

1 der Aktenkoffer
2 der Becher
3 das Buch
4 die Bibliothek
5 die Cafeteria
6 das Geschirr
7 der Hörsaal
8 die Kreide
9 das Laptop
10 die Mensa
11 der Ordner
12 der Professor
13 der Sitz
14 der Student
15 die Studentin
16 das Tablett
17 die Tafel

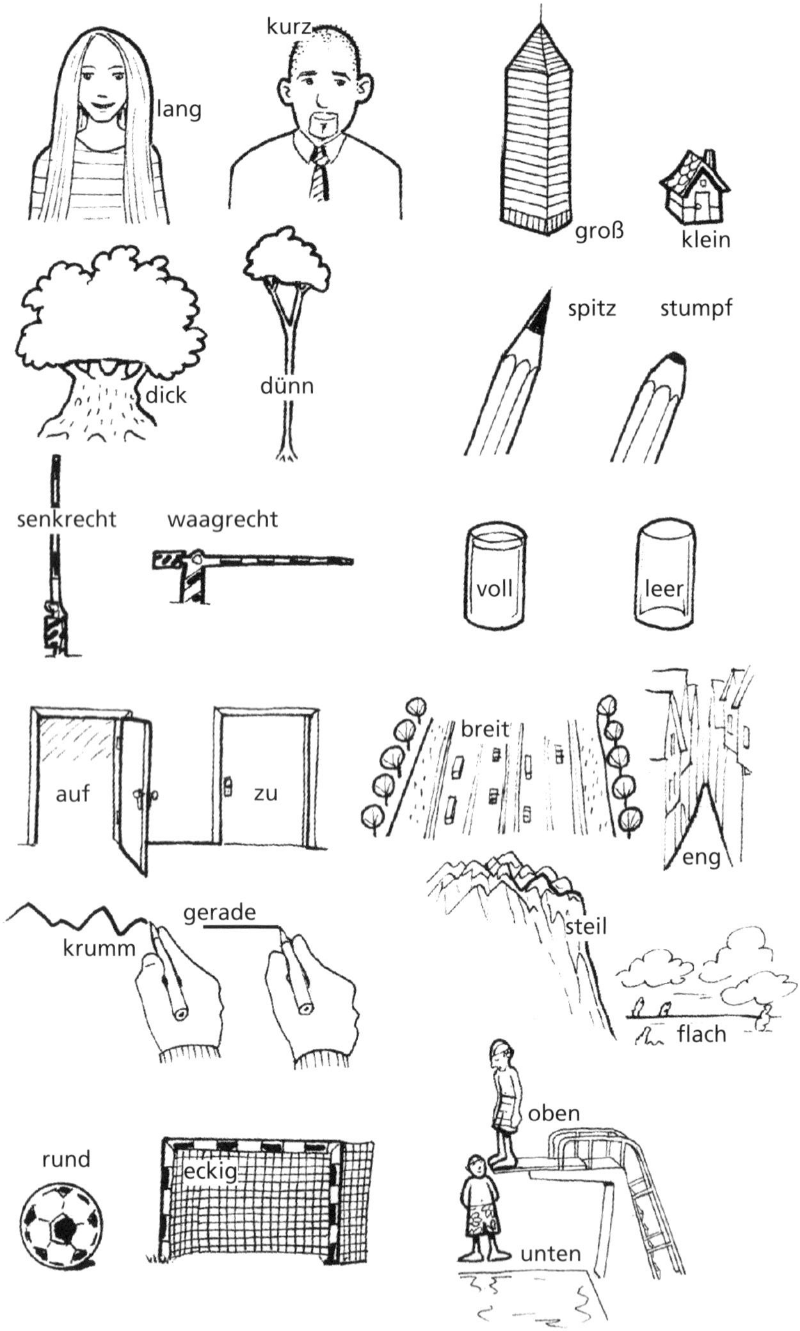
kurz
lang
groß
klein
spitz
stumpf
dick
dünn
senkrecht
waagrecht
voll
leer
breit
auf
zu
eng
gerade
krumm
steil
flach
oben
rund
eckig
unten

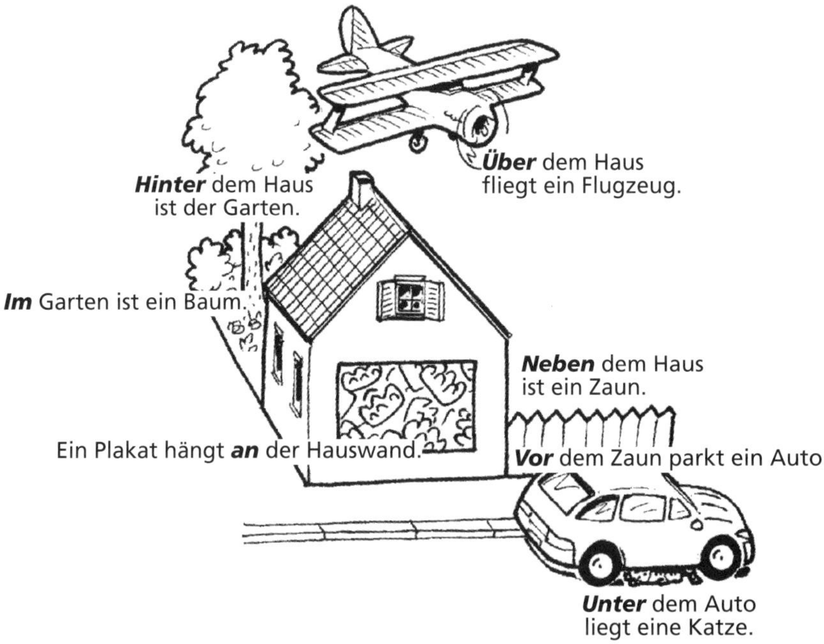

Es ist
zwei.

Es ist
halb zwei.

Es ist
Viertel nach eins.

Es ist
Viertel vor zehn /
drei viertel zehn.

Es ist
Mitternacht.

Es ist
fünf vor zehn.

Es ist
fünf nach elf.

Aa

A, a das <-, -> *der erste Buchstabe des Alphabets* ein großes A, ein kleines a ■ **das A und O**: *das Wichtigste* **Wer A sagt, muss auch B sagen.**: *Wer eine Sache beginnt, muss sie auch zu Ende führen.* **von A bis Z** (*umg.*): *von Anfang bis Ende; vollständig*

Aal der <-(e)s, -e> *ein sehr langer und dünner Seefisch, der wie eine Schlange aussieht* gebackener/geräucherter Aal ■ **sich winden wie ein Aal**: *sich vor Verlegenheit winden und (verbal) versuchen, aus einer schwierigen oder peinlichen Situation herauszukommen* ◆ -fang, -korb, -suppe, Fluss-, Räucher-

aa·len *mit SICH* ■ *jmd. aalt sich (umg.) sich behaglich oder faul ausstrecken* Sie aalt sich seit Stunden in der Sonne., Hunderte Urlauber aalten sich am Strand.

aal·glatt <nicht steig.> *Adj.* (*abwert.*) *so, dass man weiß, wie man geschickt aus unangenehmen Situationen wieder herauskommt* Dieser Vertreter wirkte aalglatt, jede Kritik prallte einfach an ihm ab.

Aar der <-(e)s,-e> (*dichter. ≈ Adler*)

Aar·gau der <-s> *ein Kanton der Schweiz*

Aas das <-es, -e/Äser> **1.** (*Plur. Aase*) *verwesende Tierleiche* ◆ -fresser, -geruch **2.** (*Plur. Äser*) (*umg. abwert.*) *Schimpfwort für einen gemeinen Menschen* Sie ist ein richtiges Aas. ■ **kein Aas** (*vulg.*): *niemand*

Aas·flie·ge die <-,-n> *größere Fliege, die von Aas[1] lebt*

Aas·gei·er der <-s, -> **1.** *ein Geier, der von Aas[1] lebt* **2.** (*umg. abwert.*) *Schimpfwort für einen Menschen, der nur an seinem eigenen Vorteil interessiert ist* So ein Aasgeier! Er hat mir viel zu viel Geld abgenommen!

ab **I.** *Adv.* (*umg.*) ■ **ab sein**: *nicht mehr befestigt sein* Der Knopf ist ab. **auf und ab**: *herauf und herunter* **ab und zu**: *manchmal* **II.** *Präp. + Akk. vor Zeitangaben verwendet, um auszudrücken, dass eine Aussage jenseits des genannten Zeitpunkts gilt* Ab morgen werde ich nicht mehr rauchen., Ab nächster Woche gelten neue Tarife. ■ **Kinder ab zwölf Jahre**: *Kinder, die zwölf Jahre alt sind oder älter* **ab Werk** WIRTSCH.: *im Werk abzuholen*

ab·än·der·bar <nicht steig.> *Adj. so, dass man es abändern kann* Das Programm für den Konzertabend ist schon gedruckt, jetzt ist es nicht mehr abänderbar.

ab·än·der·lich <nicht steig.> *Adj.* (*selten ≈ abänderbar*)

ab·än·dern <änderst ab, änderte ab, hat abgeändert> *mit OBJ* ■ *jmd. ändert etwas ab ein oder mehrere Details von etwas verändern* Das Schreiben wurde nachträglich abgeändert, es enthält jetzt ganz andere Formulierungen.

Ab·än·de·rung die <-, -en> *das Abändern* Eine Abänderung unserer Reisepläne ist nicht mehr möglich. Hotel, Zugfahrt und Schiffsreise sind schon gebucht.

ab·än·de·rungs·fä·hig <nicht steig.> *Adj. so, dass man eine Änderung an etwas vornehmen kann*

ab·ar·bei·ten <arbeitest ab, arbeitete ab, hat abgearbeitet> **I.** *mit OBJ* ■ *jmd. arbeitet etwas ab* **1.** *eine bestimmte Menge Arbeit, die einem zugewiesen worden ist, verrichten* Sie ist dabei, den Stapel Akten, den ihr Chef ihr gegeben hat, abzuarbeiten. **2.** *Schulden durch Arbeit begleichen* Du kannst deine Schulden gleich bei mir abarbeiten! **II.** *mit SICH* ■ *jmd. arbeitet sich ab so lange arbeiten, bis man völlig erschöpft ist* Sie hat sich zwanzig Jahre lang für die Firma abgearbeitet.

Ab·art die <-, -en> (≈ *Variante*) *etwas, das im wesentlichen zu einer bestimmten Kategorie gehört, sich aber in bestimmten Eigenschaften unterscheidet* Der von ihm konstruierte Motor war letztendlich eine Abart des Verbrennungsmotors von …

ab·ar·tig <abartiger, am abartigsten> *Adj.* **1.** (≈ *pervers*) *so, dass es nicht normal, sondern krankhaft ist* abartige Neigungen haben ► Abartigkeit **2.** (*umg. abwert. ≈ verrückt*) *verwendet, um auszudrücken, dass man sich über etwas ziemlich wundert und es sehr seltsam findet* Sein Verhalten ist ja heute völlig abartig!, Abartig, wie schnell der fährt!

Abb. die *Abkürzung von „Abbildung“*

Ab·bau der <-(e)s> (*kein Plur.*) **1.** TECHN. CHEM. BIOL. *der Vorgang, dass etwas in seine Bestandteile zerlegt wird* der Abbau des Baugerüsts/des Zirkuszelts/der Zuschauertribüne, der Abbau von Fetten in einer chemischen Reaktion **2.** BERGB. *Gewinnung von Bodenschätzen* der Abbau von Braunkohle/Eisenerz/Kupfer **3.** (WIRTSCH.: ≈ *Verringerung*) *der Vorgang, dass man die Zahl von etwas verringert* der Abbau von Arbeitsplätzen

ab·bau·en <baust ab, baute ab, hat abgebaut> **I.** *mit OBJ* ■ *jmd. baut etwas ab* **1.** TECHN. CHEM. BIOL. *in seine Bestandteile zerlegen* eine Bühne/ein Gerüst/ein Zelt abbauen, In der chemischen Reaktion wird Traubenzucker abgebaut. **2.** BERGB. *Bodenschätze gewinnen* Kohle abbauen **3.** (WIRTSCH.: ≈ *verringern*) Das Unternehmen muss Arbeitsplätze abbauen. **II.** *ohne OBJ* ■ *jmd. baut ab seine körperlichen und geistigen Fähigkeiten (im Alter) verlieren* Seit ihrem 60. Geburtstag hat sie stark abgebaut.

Ab·bau·pro·dukt das <-(e)s,-e> *ein Stoff, der durch das Abbauen I.1 entsteht*

ab·bei·ßen <beißt ab, biss ab, hat abgebissen> *mit OBJ* ■ *jmd. beißt etwas (von etwas Dat.) ab in etwas beißen und ein Stück davon abtrennen* ein Stück (vom Apfel) abbeißen

ab·bei·zen <beizt ab, beizte ab, hat abgebeizt> *mit OBJ* ■ *jmd. beizt etwas ab* **1.** *eine Substanz, die auf einer festen Oberfläche aufgebracht ist, durch eine chemische Lösung entfernen* Farbe/Lack abbeizen **2.** *einen Gegenstand mit einer chemi-*

schen Lösung von Farbe befreien einen alten Schrank abbeizen

Ab·beiz·mit·tel das <-s, -> *Mittel zum Abbeizen*[2]

ab·be·kom·men <bekommst ab, bekam ab, hat abbekommen> *mit OBJ* **1.** ■ *jmd. bekommt etwas (von etwas Dat.) ab einen Teil von etwas erhalten* Das Kind hat vom Geburtstagskuchen kein Stück abbekommen. **2.** ■ *jmd./etwas bekommt etwas ab (umg.) beschädigt werden* Das Auto hat bei dem Unfall etwas abbekommen. **3.** ■ *jmd. bekommt etwas ab etwas lösen, das fest an etwas klebt, haftet o.Ä.* Ich bekomme den Aufkleber nicht ab, er klebt so fest an der Tür.

ab·be·ru·fen <berufst ab, berief hat, hat abberufen> *mit OBJ* ■ *jmd. beruft jmdn. ab jmdn. aus einem Amt, einer Position, einer Stellung o.Ä. entlassen oder in ein anderes Amt, eine andere Position, eine andere Stellung versetzen* Das Land hat alle Diplomaten aus den Krisengebieten abberufen. ►Abberufung

ab·be·stel·len <bestellst ab, bestellte ab, hat abbestellt> *mit OBJ* ■ *jmd. bestellt etwas ab sagen, dass man etwas, das man bestellt hat, nicht mehr haben will* ein Abonnement/eine Zeitung abbestellen ►Abbestellung

ab·bet·teln <bettelst ab, bettelte ab, hat abgebettelt> *mit OBJ* ■ *jmd. bettelt jmdm. etwas ab jmdn. eindringlich um etwas bitten, das er nicht geben möchte* Es gelang dem Sohn nicht, seinem Vater noch einmal Geld für eine Reise in die Karibik abzubetteln.

ab·be·zah·len <bezahlst ab, bezahlte ab, hat abbezahlt> *mit OBJ* ■ *jmd. bezahlt etwas ab Schulden in Raten zurückbezahlen* ein Auto/eine Eigentumswohnung/einen Kredit abbezahlen

ab·bie·gen <biegst ab, bog ab, hat/ist abgebogen> **I.** *mit OBJ* ■ *jmd. biegt etwas ab (umg. ≈ verhindern (haben)) bewirken, dass etwas nicht eintritt* Das habe ich gerade noch mal abgebogen! **II.** *ohne OBJ* ■ *jmd. biegt (irgendwohin) ab* (KFZ: *sein*) *mit einem Fahrzeug die Straße verlassen, auf der man bisher gefahren ist, und nach links oder rechts in eine andere Straße hineinfahren* in eine Seitenstraße abbiegen, nach links/rechts abbiegen, Biegen Sie an der nächsten Kreuzung rechts ab!

Ab·bie·ger der <-s,-> *jmd., der mit einem Auto von einer Straße in eine andere abbiegt* Sie gab zu Protokoll, sie habe den Abbieger übersehen. ◆ Links-, Rechts-

Ab·bie·ge·spur die <-, -en> *Fahrspur auf der Straße, von der aus man nach links oder rechts in eine andere Straße einfährt* An Kreuzungen gibt es Abbiegespuren, damit man sicher in andere Straßen einbiegen kann.

Ab·bie·gung die <-, -en> **1.** *das Abbiegen* **2.** *der Punkt, an dem eine Straße oder ein Weg die Richtung ändert* An der Kreuzung müssen Sie die Abbiegung nach rechts nehmen.

Ab·bild das <-(e)s, -er> *(geh.) etwas, das (den Charakter von) etwas genau zeigt* die Schule als Abbild der gesellschaftlichen Verhältnisse

ab·bil·den <bildest ab, bildete ab, hat abgebildet> *mit OBJ* ■ *jmd. bildet jmdn./etwas ab jmdn. oder etwas auf einer Fotografie, einem Bild oder in einer Zeichnung darstellen*

Ab·bil·dung die <-, -en> (≈ *Illustration*) *Darstellung eines Gegenstandes oder einer Person als Bild oder Zeichnung* Das Lehrbuch enthält viele Abbildungen, die wesentlich zum Verständnis beitragen.

Ab·bil·dungs·maß·stab der <-(e)s, Abbildungsmaßstäbe> *Maßstab einer Abbildung* Der Abbildungsmaßstab ist zu klein, um Details gut zu erkennen.

ab·bin·den <bindest ab, band ab, hat abgebunden> **I.** *mit OBJ* ■ *jmd. bindet etwas ab* **1.** (≈ *losbinden*) *etwas, das irgendwo angebunden ist, lösen* den Hund vom Zaun abbinden, die Schürze abbinden **2.** MED. *eine Blutung mit einem festen Verband stoppen* eine Ader/das verletzte Bein abbinden **3.** KOCH. *Suppe, Soße o.Ä. verdicken* Falls die Soße zu dünn ist, kann man sie mit Mehl abbinden. **II.** *ohne OBJ* ■ *etwas bindet ab* (BAUW.: *von bestimmten Baustoffen*) *trocknen und hart werden* Der Beton/Gips muss noch abbinden.

Ab·bit·te die <-, -n> *(meist Sing.) (veralt.) Bitte um Verzeihung* Abbitte leisten

ab·bit·ten <bittest ab, bat ab, hat abgebeten> *mit OBJ* ■ *jmd. bittet jmdm. etwas ab (veralt.) jmdn. wegen etwas um Verzeihung bitten* dem Freund eine Schuld abbitten

ab·bla·sen <bläst ab, blies ab, hat abgeblasen> *mit OBJ* ■ *jmd. bläst etwas ab (umg. ≈ absagen) sagen, dass etwas, das geplant war, nicht stattfindet* die Hochzeit/eine geplante Konferenz wieder abblasen

ab·blät·tern <blättert ab, blätterte ab, ist abgeblättert> *ohne OBJ* ■ *etwas blättert ab eine dünne Schicht von etwas löst sich ab* Der Putz am Haus blättert ab., Die Farbe ist abgeblättert.

ab·blen·den <blendest ab, blendete ab, hat abgeblendet> **I.** *mit OBJ/ohne OBJ* ■ *jmd. blendet (etwas) ab* (KFZ: ↔ *aufblenden*) *das Licht an einem Fahrzeug so einstellen, dass es nicht mehr blendet* die Scheinwerfer abblenden, Bei Gegenverkehr muss man abblenden. **II.** *ohne OBJ* ■ *jmd. blendet ab* FOTOGR. *die Blende verkleinern*

Ab·blend·licht das <-(e)s> *(kein Plur.)* (KFZ: ↔ *Fernlicht*) *Scheinwerferlicht für den Nahbereich* Bei Gegenverkehr darf man nur das Abblendlicht einschalten.

ab·blit·zen <blitzt ab, blitzte ab, ist abgeblitzt> *ohne OBJ* ■ *jmd. blitzt bei jmdm. ab (umg.) keinen Erfolg haben* Du kannst sie fragen, ob sie dich im Auto mitnimmt, aber mit dieser Frage wirst du bei ihr nur abblitzen. ■ **jemanden abblitzen lassen**: *jmdm. eine Absage erteilen* Sie wollte gern mit ihm tanzen, doch er hat sie abblitzen lassen.

ab·blo·cken <blockst ab, blockte ab, hat abgeblockt> *mit OBJ* ■ *jmd. blockt etwas ab (≈ abwehren) sich so verhalten, dass man von etwas nicht erreicht werden kann* alle Hilfsangebote abblocken

ab·brau·sen <braust ab, brauste ab, hat/ist abgebraust> **I.** *mit OBJ* ■ *jmd. braust jmdn./etwas ab* (≈ *abspritzen* (*haben*)) *einen Wasserstrahl so über etwas führen, dass Schmutz entfernt wird* Sie braust das verschmutzte Mountainbike nach dem Training mit dem Gartenschlauch ab. **II.** *ohne OBJ* ■ *jmd. braust ab* (*umg.* (*sein*)) *eilig davonfahren* Er stieg in den Wagen und brauste ab. **III.** *mit SICH* ■ *jmd. braust sich ab* (≈ *duschen* (*haben*))

ab·bre·chen <brichst ab, brach ab, hat/ist abgebrochen> **I.** *mit OBJ* (*haben*) **1.** ■ *jmd. bricht etwas* (*von etwas Dat.*) *ab einen Teil von etwas wegbrechen* einen Ast vom Baum abbrechen, ein Stück Schokolade von der Tafel abbrechen **2.** ■ *jmd. bricht etwas ab* (≈ *abreißen*) *ein Gebäude zerstören* ein altes Haus abbrechen **3.** ■ *jmd. bricht etwas ab vorzeitig beenden* die Lehre/das Studium/die Verhandlungen abbrechen ■ **sich einen abbrechen** (*umg.*): *sich große Mühe geben* Er schien sich fast einen abzubrechen, dennoch brachte er die Maschine nicht zum Laufen. **II.** *ohne OBJ* ■ *etwas bricht ab* (*sein*) **1.** *an einer bestimmten Stelle* (*in zwei Teile*) *brechen* Der Bleistift ist abgebrochen. **2.** *plötzlich aufhören* Die Verbindung brach ab.

ab·brem·sen <bremst ab, bremste ab, hat abgebremst> *mit OBJ/ohne OBJ* ■ *jmd. bremst* (*etwas*) *ab die Geschwindigkeit* (*von etwas*) *verlangsamen; langsamer werden* Als sie das Kind auf der Strasse sah, hat sie schnell abgebremst., Er konnte den Wagen nicht mehr abbremsen.

ab·bren·nen <brennst ab, brannte ab, hat/ist abgebrannt> **I.** *mit OBJ* ■ *jmd. brennt etwas ab* (*haben*) *etwas anzünden und brennen lassen, bis es nicht mehr da ist* Fackeln/ein Feuerwerk abbrennen **II.** *ohne OBJ* ■ *etwas brennt ab* (≈ *niederbrennen* (*sein*)) *brennen, bis es nicht mehr da ist* Die Scheune ist abgebrannt. *siehe auch* **abgebrannt**

ab·brin·gen <bringst ab, brachte ab, hat abgebracht> *mit OBJ* ■ *jmd. bringt jmdn. von etwas Dat. ab jmdn. so beeinflussen, dass er etwas nicht mehr will oder nicht mehr tut* Ich lasse mich von meinem Plan nicht abbringen!, jemanden vom Thema abbringen

ab·brö·ckeln <bröckelt ab, bröckelte ab, ist abgebröckelt> *ohne OBJ* ■ *etwas bröckelt ab etwas fällt in vielen kleinen Teilen von etwas herunter* Der Putz ist von der Wand abgebröckelt.

Ab·bruch der <-(e)s, Abbrüche> **1.** (*kein Plur.*) *das Abbrechen I.2 von Gebäuden* Der Abbruch der alten Fabrikanlage dauerte eine Woche. **2.** (*kein Plur.*) (≈ *Beendigung*) *das Abbrechen I.3* der Abbruch der Friedensverhandlungen ■ **einer Sache** (**keinen**) **Abbruch tun** (*geh.*): *einer Sache* (*nicht*) *schaden* **3.** (*verhüll.* ≈ *Schwangerschaftsabbruch*) *Abtreibung*

Ab·bruch·ar·beit die <-, -en> (*meist Plur.*) *Abbruch*[1]

Ab·bruch·fir·ma die <-, Abbruchfirmen> *Betrieb, der Abbrucharbeiten durchführt*

Ab·bruch·haus das <-(e)s, Abbruchhäuser> *Haus, das abgerissen werden soll oder gerade abgerissen wird* In diesem Stadtviertel wohnen nicht viele Menschen, es gibt viele Abbruchhäuser hier.

ab·bruch·reif <nicht steig.> *Adj. so, dass ein Gebäude abgebrochen werden muss, weil es baufällig ist*

Ab·bruch·sieg der <-(e)s, -e> SPORT *Sieg, der durch Abbruch eines Wettkampfes oder eines Spiels erzielt wird*

ab·brü·hen <brühst ab, brühte ab, hat abgebrüht> *mit OBJ* ■ *jmd. brüht etwas ab* KOCH. *mit kochendem Wasser übergießen* das Gemüse kurz abbrühen

ab·brum·men <brummst ab, brummte ab, hat abgebrummt> *mit OBJ* ■ *jmd. brummt etwas ab* (*umg.* ≈ *absitzen*) *eine Strafe im Gefängnis verbüßen* Für die Tat musste sie fünf Jahre abbrummen.

ab·bu·chen <buchst ab, buchte ab, hat abgebucht> *mit OBJ* ■ *jmd. bucht etwas ab* BANKW. *einen Geldbetrag von einem Konto nehmen*

Ab·bu·chung die <-, -en> BANKW. *der Vorgang, dass ein Geldbetrag von einem Konto abgezogen wird* Abbuchungen mit dem Kontoauszug überprüfen

ab·bürs·ten <bürstest ab, bürstete ab, hat abgebürstet> *mit OBJ* ■ *jmd. bürstet etwas ab mit einer Bürste über etwas streichen, um Staub oder Haare zu entfernen* den Mantel abbürsten

Abc das [abeˈtseː] <-> (*kein Plur.*) (*umg.*) *das Alphabet*

Ab·cha·si·en <-s> *Republik in Georgien*

ABC-Kampf·an·zug der <-(e)s, Kampfanzüge> MIL. *spezielle Schutzkleidung gegen atomare, biologische oder chemische Kampfstoffe*

Abc-Schüt·ze, **Abc-Schüt·zin** der <-n, -n> (*scherzh.*) *Schulanfänger* ◆ Schreibung mit Bindestrich→R 4.14

ABC-Staa·ten <-> *Plur. zusammenfassende Bezeichnung für Argentinien, Brasilien und Chile; ihre Gemeinsamkeit besteht in gegenseitigen Verträgen und enger wirtschaftlicher und politischer Zusammenarbeit*

ABC-Waf·fen <-> *Plur.* (↔ *konventionelle Waffen*) *atomare, biologische und chemische Waffen*

ab·däm·men *mit OBJ* ■ *jmd. dämmt etwas ab Wasser mit einem Damm von etwas fernhalten* ein kleines Gewässer (einen See, einen Teich) abdämmen, ein Stück Land abdämmen ▶Abdämmung

Ab·dampf der <-(e)s, Abdämpfe> TECHN. *Dampf, der in Industrieanlagen bei Verarbeitungsprozessen entsteht*

ab·dämp·fen <dämpfst ab, dämpfte ab, hat abgedämpft> *mit OBJ* ■ *jmd. dämpft etwas ab* **1.** *etwas in seiner Wirkung abschwächen* Geräusche/Lärm/Schall abdämpfen **2.** *Dampf von gekochten Speisen abziehen lassen* Gemüse/Kartoffeln/eine Suppe abdämpfen lassen

Ab·dampf·tur·bi·ne die <-, -n> TECHN. *Turbine, die mit Abdampf betrieben wird*

ab·dan·ken <dankst ab, dankte ab, hat abgedankt> *ohne OBJ* ■ *jmd. dankt ab von einem Herrscheramt zurücktreten* Der König hat abgedankt. ▶Abdankung

Ab·deck·blech das <-(e)s, Abdeckbleche> TECHN. *ein Blech, das etwas (als Schutz) abdeckt*

ab·de·cken *mit OBJ* **1.** ■ *jmd. deckt etwas ab eine Abdeckung von etwas herunternehmen* im Frühjahr den Brunnen abdecken, der im Winter mit einer Plane geschützt war **2.** ■ *jmd. deckt etwas ab etwas, das auf etwas lag, wegnehmen* ■ **ein Dach/den Tisch abdecken**: *die Ziegel von einem Dach oder das benutzte Geschirr von einem Tisch nehmen* **3.** ■ *jmd. deckt etwas mit etwas Dat. ab (zum Schutz) mit etwas bedecken* eine Grube mit Brettern abdecken

Ab·deck·hau·be die <-, -n> KFZ *eine Art Klappe aus Metall, die den Motorraum eines Autos bedeckt* die Abdeckhaube hochklappen

Ab·deck·leis·te die <-, -n> *Leiste aus Holz oder Plastik, mit der z.B. elektrische Leitungen an einer Wand abgedeckt werden*

Ab·deck·pla·ne die <-, -n> *Decke aus Kunststoff oder festem Textilmaterial, mit der man etwas abdeckt* Die Bauern legen Abdeckplanen über die Strohballen auf ihren Feldern, um sie vor Wind und Regen zu schützen.

Ab·deck·stift der <-(e)s, -e> *kosmetischer Stift, der Hautunreinheiten verdeckt* Um Pickel im Gesicht zu verdecken, kann man einen Abdeckstift verwenden.

Ab·de·ckung die <-, -en> *etwas, womit etwas anderes abgedeckt[3] wird*

ab·dich·ten *mit OBJ* ■ *jmd. dichtet etwas ab etwas so behandeln, dass Luft und Wasser nicht mehr eindringen können*

Ab·dich·tung die <-, -en> **1.** *das Abdichten* **2.** *etwas, womit etwas abgedichtet ist* Die Abdichtung ist porös geworden.

ab·die·nen *mit OBJ* ■ *jmd. dient etwas ab (veralt.) eine Dienstzeit ableisten* Seine Zeit als Soldat bei der Bundeswehr hat er inzwischen abgedient.

ab·ding·bar <nicht steig.> *Adj.* RECHTSW. *so, dass es durch andere Vereinbarungen verändert werden kann* abdingbare Teile eines Vertrags

Ab·do·men das <-s> *(kein Plur.)* (MED.: ≈ *Unterleib*)

ab·do·mi·nal *Adj.* MED. *das Abdomen betreffend*

ab·drän·gen *mit OBJ* ■ *jmd. drängt jdn./etwas ab bewirken, dass jmd. oder etwas seinen Weg nicht in gerader Linie fortsetzen kann* jemanden vom Weg abdrängen, Kampfflugzeuge haben die Maschine vom Kurs abgedrängt.

ab·dre·hen I. *mit OBJ* ■ *jmd. dreht etwas ab* **1.** *eine Armatur betätigen, damit etwas nicht mehr austreten kann* das Gas/das Wasser/den Wasserhahn abdrehen **2.** (≈ *herausdrehen*) *etwas, das durch Drehen irgendwo befestigt wurde, wieder abnehmen* eine Schraube abdrehen **3.** *einen Film oder Szenen für einen Film drehen* Die Szene im Park haben wir schon abgedreht. **II.** *ohne OBJ* ■ *jmd. dreht ab* LUFTF. SEEW. *den Kurs ändern* Das Flugzeug/Schiff dreht ab.

Ab·drift die <-, -en> LUFTF. SEEW. *Abweichung eines Schiffes oder Flugzeuges vom Kurs*

ab·drif·ten <driftest ab, driftete ab, ist abgedriftet> *ohne OBJ* ■ *jmd./etwas driftet ab* **1.** SEEW. *vom Kurs abkommen* **2.** *(übertr.) sich von etwas entfernen* vom Thema abdriften

ab·dros·seln <drosselst ab, drosselte ab, hat abgedrosselt> *mit OBJ* ■ *jmd. drosselt etwas ab zum Stillstand bringen* den Motor abdrosseln

Ab·druck[1] der <-(e)s, Abdrücke> *der Umriss von etwas, der sich in etwas Weiches hineingedrückt hat* Der schwere Schrank hat Abdrücke im Teppichboden hinterlassen. ◆ Finger-, Fuß-

Ab·druck[2] der <-(e)s, Abdrucke> (≈ *Nachdruck*) *der Vorgang, dass etwas Gedrucktes wieder gedruckt wird* Abdruck nur mit Genehmigung des Verlages

ab·dru·cken *mit OBJ* ■ *jmd. druckt etwas ab einen Text oder ein Bild durch Drucken auf Papier wiedergeben* Der Essay war vor seiner Buchveröffentlichung schon in einer Zeitschrift abgedruckt worden.

ab·drü·cken I. *mit OBJ* **1.** ■ *jmd. drückt jmdn. ab (umg.) stürmisch umarmen* ■ **jemandem die Luft abdrücken**: *jmdn. so stark drücken, dass er keine Luft mehr bekommt* **2.** ■ *jmd. drückt etwas ab (umg. salopp) jmd. bezahlt eine bestimmte Summe* Stell dir vor, für die Konzertkarten mussten wir 120 Euro abdrücken! **II.** *ohne OBJ* ■ *jmd. drückt ab einen Schuss abgeben*

Ab·druck·er·laub·nis die <-, -se> *(meist Sing.) Erlaubnis für den Abdruck[2]*

Ab·druck·recht das <-(e)s, -e> *das Recht zum Abdruck[2]*

ab·dun·keln <dunkelst ab, dunkelte ab, hat abgedunkelt> *mit OBJ* ■ *jmd. dunkelt etwas ab in einem Raum die Vorhänge o.Ä. zuziehen, damit es dunkel wird* Wegen des Projektors muss der Raum für die Präsentation abgedunkelt werden.

ab·du·schen <duschst ab, duschte ab, hat abgeduscht> *mit OBJ* ■ *jmd. duscht etwas/sich ab* (≈ *abbrausen*) *etwas oder sich durch Duschen säubern* Nach dem Sport duschten sie sich ab.

ab·eb·ben <ebbt ab, ebbte ab, ist abgeebbt> *ohne OBJ* ■ *etwas ebbt ab* **1.** *einen sinkenden Wasserstand verzeichnen, weil Wasser aus einem Gebiet abfließt* Das Hochwasser ebbte nur langsam ab. **2.** *(übertr.) geringer werden* Ihre Begeisterung für den Sänger ebbte schnell wieder ab.

A·bend der <-s, -e> **1.** *die Zeit des Tages vor Sonnenuntergang* am frühen/späten Abend, Ich gehe heute Abend ins Kino., gestern/heute/morgen Abend ■ **Es ist noch nicht aller Tage Abend.**: *Es besteht noch Hoffnung.* **ein bunter Abend**: *Abendveranstaltung mit Unterhaltungsprogramm* **Heilig(er) Abend**: *der 24. Dezember* **Man soll den Tag nicht vor dem Abend loben.** *(Sprichwort)*: *verwendet um auszudrücken, man solle nicht zu früh glauben, den Ausgang einer Sache zu kennen* **Je später der Abend, desto netter die Gäste.** *(scherzh.)*: *verwendet als Begrüßung für Gäste, die spät kommen siehe auch* **Dienstagabend** **2.** ■ *...abend (als Zweitglied in Komposita) am Abend[1] stattfindende Veranstaltung im Zusammenhang mit der Sache, die im ersten*

Wortteil ausgedrückt ist Elternabend, Informationsabend, Vortragsabend

A·bend·a·ka·de·mie die <-, -n> (≈ *Volkshochschule*)

A·bend·aus·gabe die <-, -n> (↔ *Morgenausgabe*) *Ausgabe einer Zeitung, die am Abend erscheint*

A·bend·brot das <-(e)s> (*kein Plur.*) (≈ *Abendessen* ↔ *Frühstück*) *eine am Abend eingenommene Mahlzeit, die meist aus Brot, Wurst, Käse und kalten Getränken oder Tee besteht*

A·bend·es·sen das <-s, -> (≈ *Abendbrot*)

a·bend·fül·lend <nicht steig.> *Adj. so, dass etwas einen ganzen Abend ausfüllt* ein abendfüllender Film/ /ein abendfüllendes Konzert/eine abendfüllende Veranstaltung

A·bend·ge·bet das <-(e)s, -e> *ein Gebet, das man spricht, bevor man abends zu Bett geht*

A·bend·got·tes·dienst der <-(e)s, -e> *Gottesdienst, der am Abend gehalten wird*

A·bend·hand·schuh der <-, -e> *eleganter Damenhandschuh, der zum Abendkleid getragen wird*

A·bend·him·mel der <-s> (*kein Plur.*) (↔ *Morgenhimmel*) *der Himmel, wie er am Abend aussieht*

A·bend·kas·se die <-, -n> (↔ *Vorverkauf*) *Kasse, an der man direkt vor Beginn einer Veranstaltung Eintrittskarten kaufen kann*

A·bend·kleid das <-(e)s, -er> *ein elegantes, meist langes Kleid, das Frauen bei festlichen Veranstaltungen am Abend tragen*

A·bend·kurs der <-es, -e> *ein Lehrgang, der abends stattfindet* Da ich den ganzen Tag über arbeiten muss, werde ich einen Abendkurs an der Volkshochschule besuchen.

A·bend·land das <-(e)s> (*kein Plur.*) (↔ *Morgenland*) *Oberbegriff für die europäischen Länder, die durch das Christentum und die Antike geprägt sind* das christliche Abendland

a·bend·län·disch <nicht steig.> *Adj. das Abendland betreffend*

a·bend·lich <nicht steig.> *Adj. so, dass es für den Abend typisch ist oder am Abend stattfindet* ein abendlicher Spaziergang

A·bend·luft die <-> (*meist Sing.*) (↔ *Morgenluft*) *die Luft, wie sie am Abend ist* Ich möchte gerne noch ein wenig in der lauen Abendluft spazieren gehen.

A·bend·mahl das <-(e)s, -e> *Handlung im evangelischen Gottesdienst* ■ **das letzte Abendmahl**: *das letzte gemeinsame Mahl, das Jesus Christus vor seinem Tod mit seinen Jüngern feierte* ◆ -feier, -swein

Abend·mes·se die <-, -n> (↔ *Morgenmesse*) *katholischer Abendgottesdienst*

Abend·nach·rich·ten die <-> *Plur. Nachrichten, die in den Medien täglich am Abend gesendet werden*

A·bend·öff·nungs·zei·ten <-> *Plur. Öffnungszeiten eines Geschäftes oder einer Institution am Abend*

A·bend·ro·be die <-, -n> (*geh.*) *elegantes Kleid, das man zu besonderen Anlässen am Abend trägt*

A·bend·rot das <-(e)s> (*kein Plur.*) (↔ *Morgenrot*) *die rote Färbung, die der Himmel an manchen Tagen vor Sonnenuntergang bekommt*

a·bends *Adv. am Abend* Die Veranstaltung findet jeweils dienstags abends statt. *siehe auch* **dienstagabends**

A·bend·schu·le die <-, -n> *Unterricht (für Erwachsene), der abends stattfindet* Sie besucht die Abendschule, um sich fortzubilden.

A·bend·son·ne die <-> (*kein Plur.*) (↔ *Morgensonne*) *die Sonne, so wie sie am Abend noch scheint, bevor sie untergeht*

A·bend·stern der <-(e)s> (*kein Plur.*) (≈ *Venus*) *hell leuchtender Stern am Abendhimmel*

A·bend·stim·mung die <-, -en> (*meist Sing.*) *die Stimmung oder Atmosphäre, die an einem Ort abends herrscht* Bei einem Spaziergang genoss er die Abendstimmung am Meer.

A·bend·ver·an·stal·tung die <-, -en> *Konzert, Vortrag, Kino- oder Theateraufführung am Abend*

A·bend·wind der <-(e)s> (*kein Plur.*) *der Wind, wie er am Abend weht*

A·bend·zei·tung die <-, -en> (↔ *Morgenzeitung*) *Zeitung, die am Abend erscheint*

A·ben·teu·er das <-s, -> **1.** *ein Unternehmen, das aufregend und oft auch gefährlich ist* Die Seefahrt ist auch heute noch ein Abenteuer., Als Kind träumte er von den Abenteuern der Indianer. **2.** *eine kurze Beziehung, die nur sexuelle Motive hat* Er suchte nur ein schnelles Abenteuer.

A·ben·teu·er·film der <-(e)s, -e> *Film, der eine spannende Handlung hat und von Abenteuern[1] berichtet*

a·ben·teu·er·lich *Adj.* **1.** *voller Abenteuer[1]* abenteuerliche Geschichten, eine abenteuerliche Reise **2.** (*abwert.* ≈ *übertrieben*) *so übertrieben, dass man es kaum ernst nehmen kann* abenteuerliche Forderungen stellen, Seine Erzählung erschien mir allzu abenteuerlich. **3.** (*abwert.*) *so von der Norm abweichend, dass es sehr auffällig und komisch ist* Er trägt die abenteuerlichsten Krawatten., Sein Englisch ist grammatisch perfekt, aber seine Aussprache ist abenteuerlich.

a·ben·teu·er·lus·tig *Adj. so, dass jmd. sich gern in Abenteuer[1] begibt*

A·ben·teu·er·ur·laub der <-(e)s,-e> *spezielles Urlaubsangebot von Reiseveranstaltern, bei dem den Teilnehmern besonders aufregende Erlebnisse geboten werden sollen* Ich werde einen Abenteuerurlaub mit einer Tour durch die Wüste buchen.

A·ben·teu·rer, **A·ben·teu·(r)e·rin** der <-s, -> *ein Mensch, der sich gern auf Abenteuer[1] einlässt*

A·ben·teu·rer·le·ben das <-s> (*Plur. selten*) *Leben eines Menschen, das voller Abenteuer[1] ist*

a·ber **I.** *Konj.* **1.** *verwendet, um einen Gegensatz zwischen der Aussage des Hauptsatzes und der des Nebensatzes auszudrücken* Die Kinder schlafen, aber die Mutter ist noch wach., Es regnet, aber es ist nicht kalt., Er ist schlank, aber trotzdem kräftig. **2.** *verwendet, um eine Behauptung einzuschränken* Die Portionen sind knapp, aber sehr sättigend., Er ist talentiert, aber faul. **II.** *Partikel* (*umg.*) **1.** *verwendet, um eine Aufforderung zu verstärken* Jetzt aber schnell!, Aber jetzt nichts wie weg hier! **2.** *verwendet, um auszudrücken, dass man etwas nicht erwartet hat* Die Kinder sind aber groß geworden!, Das ist aber eine schöne Überraschung!

A·ber ■ **ohne Wenn und Aber**: *ohne, dass es mit irgendwelchen Bedingungen verbunden ist oder von etwas abhängt*

A·ber·glau·be der <-ns> (*kein Plur.*) (*abwert.*) *der Glaube an übernatürliche Kräfte in Dingen und Menschen, an Geister, Dämonen, Hexen o.Ä.*

a·ber·gläu·bisch *Adj.* (*abwert.*) *voller Aberglaube* Er ist so abergläubisch, dass er keine Entscheidung ohne Astrologen und Hellseherin trifft.

a·ber·hun·dert (*geh.*) *viele hundert;* nach Aberhunderten von Jahren

ab·er·ken·nen <erkennst ab, erkannte ab, hat aberkannt> *mit OBJ* ■ *jmd. erkennt jmdm. etwas ab durch (gerichtlichen) Beschluss wegnehmen* einem Sportler den Weltmeistertitel aberkennen ▶Aberkennung

a·ber·mals *Adv.* (*geh.* ≈ *erneut*) *noch einmal* Der Schüler hat abermals gelogen.

ab·ern·ten *mit OBJ* ■ *jmd. erntet etwas ab reife Früchte von einem Baum, Strauch oder einem Feld wegnehmen* abgeerntete Felder

Ab·er·ra·ti·on die <-, -en> (FACHSPR.: ≈ *Abweichung*)

a·ber·tau·send (*geh.*) *viele tausend;* vor Abertausenden von Jahren

A·ber·witz der <-es> (*kein Plur.*) (*geh.* ≈ *Unding*) *völliger Unsinn* Es ist ein Aberwitz, dass ein Staat viel mehr Geld für Rüstung als für soziale Zwecke ausgibt. ▶aberwitzig

ab·es·sen <isst ab, aß ab, hat abgegessen> *mit OBJ* ■ *jmd. isst etwas ab* **1.** *den essbaren Teil von etwas wegnehmen und aufessen* von den Sträuchern die Beeren abessen, den Belag vom Kuchen abessen **2.** *einen Teller leer essen* den Teller abessen

A·bes·si·ni·en <-s> (*kein Plur.*) *ältere Bezeichnung für Äthiopien*

A·bes·si·ni·er, **A·bes·si·ni·e·rin** der <-s, -> *jmd., der die abessinische Staatsbürgerschaft hat*

a·bes·si·nisch <nicht steig.> *Adj. Abessinien betreffend, daher stammend*

Abf. die *Abkürzung von „Abfahrt"*

ABF die (HIST: *in der ehemaligen DDR*) *Abkürzung von „Arbeiter- und Bauernfakultät"*

ab·fa·ckeln <fackelst ab, fackelte ab, hat abgefackelt> *mit OBJ* ■ *jmd. fackelt etwas ab* **1.** TECHN. *nicht verwertbare Gase durch Verbrennen beseitigen* **2.** (*umg. abwert.*) *etwas niederbrennen*

ab·fah·ren <fährst ab, fuhr ab, hat/ist abgefahren> **I.** *ohne OBJ* ■ *jmd. fährt ab* (*sein*) **1.** (≈ *losfahren*) *die Fahrt beginnen* Der Zug fährt in fünf Minuten ab. **2.** SPORT (*mit Skiern*) *ins Tal fahren* ■ **(voll) auf etwas/jemanden abfahren** (*umg.*): *von etwas oder jmdm. begeistert sein* Diese Musik ist out, auf die fährt heute kein Mensch mehr ab! **II.** *mit OBJ* ■ *jmd. fährt etwas ab* (*haben* ≈ *abtransportieren*) *mit dem Fahrzeug von einem Ort weg bringen* Bauschutt/Müll abfahren

Ab·fahrt die <-, -en> **1.** *Beginn einer Fahrt* Die Abfahrt ist um 7.00 Uhr. **2.** SPORT *Talfahrt auf Skiern* **3.** *Ausfahrt auf einer Autobahn* Wir müssen die nächste Abfahrt nehmen, um nach Lübeck zu kommen. **4.** AMTSSPR. *Abfuhr, Abtransport* die Abfahrt von Gartenabfällen

Ab·fahrts·an·zei·ge die <-, -n> *Anzeigetafel am Bahnhof, auf der die Abfahrtszeiten stehen*

Ab·fahrts·bahn·steig der <-, -e> *Bahnsteig, an dem ein Zug abfährt*

Ab·fahrts·ha·fen der <-s, Abfahrtshäfen> *Hafen, aus dem ein Schiff ausläuft*

Ab·fahrts·lauf der <-(e)s, Abfahrtsläufe> SPORT *eine Disziplin des Skisports, bei der die Skifahrer möglichst schnell eine Abfahrt[2] absolvieren müssen*

Ab·fahrts·läu·fer, **Ab·fahrts·läu·fe·rin** der <-s, -> SPORT *Skiläufer, der Abfahrtslauf betreibt*

Ab·fahrts·ren·nen das <-s, -> (SPORT: ≈ *Abfahrtslauf*)

Ab·fahrts·sig·nal das <-s, -e> *Signal, das den Zeitpunkt zur Abfahrt deutlich macht* Der Schaffner gibt am Bahnsteig das Abfahrtssignal.

Ab·fahrts·stre·cke die <-, -en> SPORT *Strecke, auf der beim Abfahrtslauf gefahren wird*

Ab·fahrts·ta·fel die <-, Abfahrtstafeln> *Anzeigetafel, auf der man die Abfahrtszeiten von Bussen, Zügen, Flugzeugen oder Schiffen ablesen kann*

Ab·fahrts·tag der <-(e)s, -e> *Tag, an dem eine Reise zu einem Ort beginnt* vor dem Abfahrtstag ganz nervös sein

Ab·fall der <-(e)s, Abfälle> (≈ *Müll*) *Stoffe, die nicht mehr verwendet und deshalb beseitigt werden* den Abfall in eine Mülltonne werfen

Ab·fall·be·sei·ti·gung die <-> (*kein Plur.*) (≈ *Abfallentsorgung*) *die Abholung, Ablagerung, Verbrennung oder Wiederverwertung von Abfallstoffen*

Ab·fall·be·wirt·schaf·tung die <-> (*kein Plur.*) *kommerzielle Aktivitäten, die die Abfallbeseitigung und Abfallverwertung betreffen*

Ab·fall·ei·mer der <-s, -> (≈ *Mülleimer*)

ab·fal·len <fällst ab, fiel ab, ist abgefallen> *ohne OBJ* **1.** ■ *etwas fällt (von etwas Dat.) ab* (≈ *herunterfallen, sich lösen*) *als Teil von etwas sich lösen und herunterfallen* Vorsicht, das Teil könnte sich lockern und abfallen. **2.** ■ *etwas fällt für jmdn. ab* (*umg.* ≈ *entfallen*) *jmdm. als Anteil zukommen* Wie viel fällt für jeden von uns ab? **3.** ■ *jmd. fällt von etwas Dat. ab jmdm. oder einer Sache untreu werden* vom Glauben abfallen **4.** ■ *etwas fällt ab* TECHN. *sich verringern* Der Druck/Die Spannung fällt ab.

ab·fal·lend <nicht steig.> *Adj. so, dass etwas abfällt[4]*

ab·fäl·lig <abfälliger, am abfälligsten> *Adj. so, dass man damit zeigt, dass man von jmdm. oder* *etwas eine schlechte Meinung hat* abfällige Bemerkungen über einen Kollegen/ das Auto des Nachbarn machen

Ab·fall·pro·dukt das <-(e)s, -e> *Stoff, der bei der Produktion von etwas entsteht, aber nicht gebraucht wird*

Ab·fall·stoff der <-(e)s, -e> (*meist Plur.*) *Überrest von etwas, der nicht weiter verbraucht werden kann*

Ab·fall·ton·ne die <-, -n> (≈ *Mülltonne*)

Ab·fall·ver·wer·tung die <-> (*kein Plur.*) *der Vorgang, dass man bestimmte Abfälle wieder einem neuen Zweck zuführt*

Ab·fall·wirt·schaft die <-> (*kein Plur.*) *Gesamtheit der Betriebe, die sich mit der Entsorgung und Verwertung von Abfall beschäftigen*

ab·fäl·schen <fälschst ab, fälschte ab, hat abgefälscht> *mit OBJ* ■ *jmd. fälscht etwas ab* SPORT *einen Ball im Flug berühren, so dass sich dieser in eine andere Richtung bewegt* einen Ball/einen Schuss abfälschen

ab·fan·gen <fängst ab, fing ab, hat abgefangen> *mit OBJ* **1.** ■ *jmd. fängt etwas/jmdn. ab* (≈ *erwischen*) Ich habe ihn gerade noch an der Tür abgefangen. **2.** ■ *jmd. fängt etwas ab Briefe oder Meldungen nicht an den Empfänger weiterleiten* Die Botschaft kam hier nie an, sie wurde abgefangen. **3.** ■ *jmd. fängt jmdn./etwas ab einen Gegner oder eine feindliche Handlung abwehren* den Feind/einen gegnerischen Vorstoß abfangen **4.** ■ *jmd. fängt jmdn./etwas ab wieder unter Kontrolle bringen* ein schleuderndes Auto/ein Flugzeug abfangen

ab·fär·ben <färbt ab, färbte ab, hat abgefärbt> *ohne OBJ* ■ *etwas färbt ab Farbe abgeben und damit bewirken, dass etwas anderes diese Farbe annimmt* Die neue Hose hat (auf die übrige Wäsche) abgefärbt. ■ **etwas färbt auf jemanden ab** (*umg.*): *jmdn. so beeinflussen, dass er ein bestimmtes (oft negatives) Verhalten annimmt* Ihr schlechtes Benehmen färbt auf die anderen Schüler ab.

ab·fas·sen <fasst ab, fasste ab, hat abgefasst> *mit OBJ* ■ *jmd. fasst etwas ab* (≈ *verfassen*) *einen Text schreiben* einen Bericht/Brief abfassen ▸Abfassung

ab·fau·len *ohne OBJ* ■ *etwas fault ab als Teil von etwas faulen und dann abfallen*

ab·fer·ti·gen <fertigst ab, fertigte ab, hat abgefertigt> *mit OBJ* **1.** ■ *jmd. fertigt etwas ab versandfertig machen* Gepäck abfertigen **2.** ■ *jmd. fertigt jmdn. ab* (≈ *bedienen*) die Antragsteller/Kunden/ Reisenden abfertigen **3.** ■ *jmd. fertigt jmdn. (irgendwie) ab* (*umg.*) *jmdn. (mit seinem Anliegen) unfreundlich behandeln* jemanden kurz/unfreundlich abfertigen

Ab·fer·ti·gung[1] die <-> (*kein Plur.*) *das Abfertigen [1,2]* die Abfertigung von Passagieren am Flughafen, die Abfertigung von Gütern ◆-sgebäude, -sschalter

Ab·fer·ti·gung[2] die <-,-en> (*österr.*) *Abfindung*

ab·feu·ern <feuerst ab, feuerte ab, hat abgefeuert> *mit OBJ* ■ *jmd. feuert etwas ab mit einer Feuerwaffe einen Schuss abgeben* eine Kugel/einen Schuss/eine Waffe abfeuern

ab·fin·den <findest ab, fand ab, hat abgefunden> **I.** *mit OBJ* ■ *jmd. findet jmdn. ab jmdm. eine Abfindung geben* **II.** *mit SICH* ■ *sich mit etwas Dat. abfinden etwas als gegeben hinnehmen und nicht mehr versuchen, es zu ändern* sich mit der schwierigen Situation abfinden, Er hat sich nie mit dem Verlust seiner Tochter abgefunden.

Ab·fin·dung die <-, -en> *eine Geldsumme, die jmd. (als Entschädigung) erhält (z.B. weil ihm seine Arbeitsstelle gekündigt worden ist)*

Ab·fin·dungs·sum·me die <-, -en> *Summe, die als Abfindung[1] gezahlt wird*

ab·fi·schen <fischst ab, fischte ab, hat abgefischt> *mit OBJ* **1.** ■ *jmd. fischt etwas ab so viel in einem Gewässer fischen, dass es keine Fische mehr darin gibt* ein Gewässer abfischen **2.** ■ *jmd. fischt etwas (von etwas Dat.) ab feste Teile aus einer Flüssigkeit herausnehmen* Klumpen aus/von einer Suppe abfischen

ab·fla·chen <flachst ab, flachte ab, hat/ist abgeflacht> **I.** *mit OBJ (haben)* ■ *jmd. flacht etwas ab etwas flach oder flacher machen* **II.** *ohne OBJ (sein)* ■ *etwas flacht ab* **1.** *flacher werden* **2.** *etwas verliert an Niveau und Qualität* Das Interesse am Thema ist abgeflacht., Die Diskussion flachte ab.

ab·flau·en <flaut ab, flaute ab, ist abgeflaut> *ohne OBJ* ■ *etwas flaut ab weniger oder geringer werden* Die Begeisterung/die Euphorie/der Wind flaut langsam ab.

ab·flie·gen <fliegst ab, flog ab, ist abgeflogen> *ohne OBJ* ■ *jmd. fliegt ab in einem Flugzeug starten* Ich fliege am Montag nach Peking ab., Wir fliegen um 11 Uhr morgens in Frankfurt ab.

ab·flie·ßen <fließt ab, floss ab, ist abgeflossen> *ohne OBJ* **1.** *von etwas herunterfließen* Vom Dach fließt Regen ab. **2.** (≈ *wegfließen*) *an eine andere Stelle fließen* Das Wasser fließt nicht aus der Badewanne ab, weil der Abfluss verstopft ist.

Ab·flug der <-(e)s, Abflüge> *das Abfliegen*

Ab·flug·zeit die <-, -en> *Zeitpunkt des Abflugs*

Ab·fluss der <-es, Abflüsse> **1.** *das Abfließen* der Abfluss von Kapital ins Ausland **2.** *Öffnung, durch die Flüssigkeit abfließen kann* der Abfluss der Badewanne

Ab·fluss·loch das <-(e)s, Abflusslöcher> *runde Öffnung, durch die etwas abfließen kann*

Ab·fol·ge die <-, -n> *die Reihenfolge von etwas, das aus mehreren Ereignissen besteht, die hintereinander geschehen* Kannst du mir nochmal die Abfolge der Tanzschritte erklären?, die Abfolge der Arbeitsschritte/Ereignisse

ab·for·dern <forderst ab, forderte ab, hat abgefordert> *mit OBJ* ■ *etwas fordert jmdm. etwas ab* (≈ *abverlangen*) *als Leistung von jmdm. verlangen* Die Bergetappe fordert den Rennfahrern viel Kraft ab.

ab·fo·to·gra·fie·ren <fotografierst ab, fotografierte ab, hat abfotografiert> *mit OBJ* ■ *jmd. fotografiert jmdn./etwas ab ein Bild mit einem Foto-*

apparat von jmdm. oder etwas machen

Ab·fra·ge die <-, -n> EDV *der Vorgang, dass jmd. in einem Datenbestand gezielt nach etwas sucht* die Abfrage von Daten, Eine Abfrage der Datenbank erbrachte keine Ergebnisse. ◆-ergebnis, Fern-

ab·fra·gen <fragst ab, fragte ab, hat abgefragt> *mit OBJ* ■ *jmd. fragt jmdn./jmdm. etwas ab Kenntnisse, die sich jmd. auf einem Gebiet angeeignet hat, überprüfen* dem Schüler den Lehrstoff/die Vokabeln abfragen

ab·frä·sen <fräst ab, fräste ab, hat abgefräst> *mit OBJ* ■ *jmd. fräst etwas ab etwas mit einer Fräse von etwas lösen*

ab·frie·ren <frierst ab, fror ab, ist abgefroren> **I.** *mit OBJ* ■ *jmdm. friert etwas ab ein Körperteil von jmdm. stirbt aufgrund von großer Kälte ab* Dem Bergsteiger ist ein Finger abgefroren. **II.** *mit SICH* ■ *jmd. friert sich einen ab* (*umg.*) *sehr stark frieren* Sie musste lange warten und hat sich einen abgefroren.

ab·frot·tie·ren <frottierst ab, frottierte ab, hat abfrottiert> **I.** *mit OBJ* ■ *jmd. frottiert jmdn./etwas ab* (*mit einem Frottierhandtuch*) *abtrocknen* Nach dem Schwimmen habe ich meine Haare/mir die Haare abfrottiert. **II.** *mit SICH* ■ *jmd. frottiert sich ab* Weil er vollkommen nass geworden war, frottierte er sich kräftig ab und zog dann frische Kleidung an.

ab·füh·len *mit OBJ* ■ *jmd. fühlt* (*jmdm.*) *etwas ab* (≈ *abtasten*) *mit den Händen untersuchen* Der Arzt fühlte mir den Bauch ab.

Ab·fuhr die <-, -en> **1.** *das Abfahren II* die Abfuhr des Bauschutts **2.** (≈ *Zurückweisung*) *der Vorgang, dass man jmdn. schroff zurückweist* der Freundin eine Abfuhr erteilen, Mit einer solchen Abfuhr hatte er nicht gerechnet.

ab·füh·ren <führst ab, führte ab, hat abgeführt> **I.** *mit OBJ* **1.** ■ *jmd. führt jmdn. ab festnehmen und zur Polizeistation o.Ä. bringen* einen Dieb abführen **2.** ■ *jmd. führt etwas* (*an jmdn.*) *ab* (≈ *zahlen*) Steuern an den Staat abführen **II.** *ohne OBJ* ■ *etwas führt ab* MED. *eine Darmentleerung herbeiführen* abführend wirken

Ab·fuhr·kos·ten die <-> *Plur. Kosten, die für die Abfuhr*[1] *von etwas anfallen*

Ab·führ·mit·tel das <-s, -> MED. *Medikament, das die Darmentleerung herbeiführt*

Ab·führ·tee der <-s, -> *Tee, der eine abführende II Wirkung hat*

Ab·füll·an·la·ge die <-, -en> *Anlage, die zur Abfüllung von etwas dient* eine Abfüllanlage in einer Brauerei

ab·fül·len <füllst ab, füllte ab, hat abgefüllt> *mit OBJ* **1.** ■ *jmd. füllt etwas ab von einem größeren in ein kleineres Gefäß füllen* (Wein in) Flaschen abfüllen ►Abfülldatum **2.** ■ *jmd. füllt jmdn. ab* (*umg.*) *betrunken machen* Heute füllen wir dich ab!

Ab·fül·lung die <-, -en> *das Abfüllen*[1]

Ab·ga·be die <-, -n> **1.** *der Vorgang, dass man jmdm. etwas gibt* Letzter Termin für die Abgabe der Arbeiten ist der … ◆-termin **2.** (≈ *Steuer*) *Geldbetrag, der an eine öffentliche Einrichtung gezahlt wird* ◆-nlast

Ab·ga·ben·be·las·tung die <-, -en> *Belastung, die durch* (*finanzielle*) *Abgaben*[2] *entsteht*

Ab·gang der <-(e)s, Abgänge> **1.** *der Vorgang, dass jmd. eine Position verlässt* Man hätte dem Trainer einen anderen Abgang gewünscht., ein unerwarteter/unwürdiger Abgang **2.** SPORT *die Schlussphase einer Turnübung, an deren Ende der Turner vom Gerät springt* ein sauberer Abgang vom Barren/Reck

Ab·gän·ger, **Ab·gän·ge·rin** der <-s, -> *ein Schüler, der von der Schule abgeht*

ab·gän·gig <nicht steig.> *Adj.* (*österr.*) *vermisst* Er gilt seit einer Woche als abgängig.

Ab·gangs·bahn·hof der <-(e)s, -bahnhöfe> *der Bahnhof, von dem aus Güter verschickt werden*

Ab·gangs·ha·fen der <-s> *Hafen, von dem aus Güter verschickt werden*

Ab·gangs·prü·fung die <-, -en> (≈ *Abschlussprüfung*) *Prüfung, mit der man von einer Schule/Ausbildungsstätte abgeht*

Ab·gas das <-es, -e> *nicht mehr nutzbares Gas, das bei chemischen Prozessen entsteht* ◆Auto-, Industrie-

Ab·gas·an·la·ge die <-, -n> *Anlage zur Verwertung von Abgasen*

ab·gas·arm <nicht steig.> *Adj. so, dass wenig Abgase produziert werden* abgasarme Autos/Industrieanlagen

Ab·gas·be·stim·mun·gen die <-> *Plur. Bestimmungen, die den Umgang mit Abgasen* (*deren Grenzwerte, deren Entsorgung*) *regeln*

Ab·gas·emis·si·onen die <-> *Plur. die Abgabe von Abgasen in die Luft* Abgasemissionen werden mit Hilfe von Messgeräten kontrolliert.

Ab·gas·ent·gif·tung die <-, -en> *das Entfernen von Giftstoffen aus Abgasen*

Ab·gas·ent·schwe·fe·lung die <-, -en> *das Entfernen von Schwefel aus Abgasen*

ab·gas·frei <nicht steig.> *Adj. so, dass keine Abgase erzeugt werden*

ab·gas·hal·tig <nicht steig.> *Adj. so, dass etwas Abgase enthält*

Ab·gas·ka·ta·ly·sa·tor der <-s, -en> KFZ *eine Vorrichtung, die schädliche Stoffe aus Abgasen herausnimmt, damit sie nicht in die Luft gelangen*

Ab·gas·prü·fung die <-, -en> (≈ *Abgasuntersuchung*) *Prüfung an einem Auto oder einer technischen Anlage, bei der festgestellt wird, wieviel Abgas an die Umwelt abgegeben wird*

Ab·gas·rück·füh·rung die <-, -en> TECHN. *Zurückleitung von Abgasen in einen technischen Kreislauf*

Ab·gas·son·der·un·ter·su·chung die <-> (*kein Plur.*) *im Abstand von zwei Jahren durchzuführende Abgasuntersuchung an Kraftfahrzeugen* (*abgekürzt „ASU“*)

Ab·gas·tur·bo·la·der der <-s, -> TECHN. *mit den Abgasen eines Motors betriebene Turbine*

Ab·gas·un·ter·su·chung die <-, -en> *Untersuchung der Abgaswerte an Kraftfahrzeugen siehe* *auch* **Abgassonderuntersuchung**

ABGB RECHTSW. *Abkürzung von „Allgemeines Bürgerliches Gesetzbuch“*

ab·ge·ben <gibst ab, gab ab, hat abgegeben> **I.** *mit OBJ* **1.** ■ *jmd. gibt etwas (bei jmdm./irgendwo) ab* (≈ *aushändigen*) *jmdm. etwas, das man bei sich hatte, geben* Bitte geben Sie ihren Schlüssel an der Rezeption ab. **2.** ■ *jmd. gibt etwas ab* (≈ *äußern*) *von sich geben* einen Kommentar abgeben **3.** ■ *etwas gibt etwas ab entweichen lassen* radioaktive Strahlung abgeben **4.** ■ *jmd. gibt etwas ab zu etwas geeignet sein; etwas darstellen* Sie wird einmal eine gute Mutter abgeben., eine gute/schlechte Figur abgeben **5.** ■ *jmd. gibt an jmdn. ab* SPORT *den Ball zu einem anderen Spieler spielen* den Ball abgeben **6.** ■ *jmd. gibt etwas an jmdn. ab von einem Amt zurücktreten, um es einem anderen zu überlassen* Er hat die Leitung der Firma an seinen Sohn abgegeben. **II.** *mit SICH* ■ *jmd. gibt sich mit jmdm./etwas ab* **1.** *sich beschäftigen* In ihrer Freizeit gibt sie sich gerne mit Pferden ab.; *Mit so einer Kleinigkeit gebe ich mich nicht ab.* **2.** (*umg. abwert.*) *zu jmdm. Kontakt haben, der einen schlechten Einfluss ausübt* Mir gefällt es nicht, dass sie sich immer mit Obdachlosen abgibt.

ab·ge·brannt <nicht steig.> *Adj.* (*umg.*) *so, dass man kein Geld mehr hat* Ich bin total abgebrannt.

ab·ge·brüht *Adj.* (*umg. abwert.*) *so, dass man keine Skrupel hat* Er ist ein abgebrühter Geschäftsmann und geht keine Kompromisse ein. ▶Abgebrühtheit

ab·ge·dreht <abgedrehter, am abgedrehtesten> *Adj.* **1.** (*umg.* ≈ *verrückt, übermütig*) eine total abgedrehte Idee, Unser neuer Nachbar verhält sich oft etwas eigenartig. Er scheint ein abgedrehter Typ zu sein. **2.** (*nicht steig.*) FILM *fertig gedreht* die bereits abgedrehten Passagen

ab·ge·dro·schen <abgedroschener, am abgedroschensten> *Adj.* (*umg. abwert.*) *so, dass etwas nach sehr vielen Wiederholungen bedeutungslos geworden ist* eine abgedroschene Floskel, ein abgedroschenes Lied/Thema

ab·ge·feimt *Adj.* (*abwert.* ≈ *durchtrieben*) *so, dass man sehr gerissen ist und üble Tricks kennt* ein abgefeimter Bursche/Kerl

ab·ge·hackt <nicht steig.> *Adj.* **1.** (*von Sprechweise* ≈ *stockend*) *so, dass man während einer Äußerung immer wieder Unterbrechungen macht* abgehackt sprechen **2.** *so, dass Bewegungen nicht fließend sind*

ab·ge·här·tet <nicht steig.> *Adj. so, dass man aufgrund entsprechender Lebensgewohnheiten nicht leicht an (Erkältungs-)Krankheiten erkrankt* Ich dusche auch im Winter kalt, ich bin abgehärtet.

ab·ge·hen <gehst ab, ging ab, ist abgegangen> **I.** *mit OBJ* ■ *jmd. geht etwas ab jmd. geht einen Weg nochmal entlang, um etwas zu überprüfen* Ich bin die ganze Strecke nochmal abgegangen, aber ich habe meinen Schlüssel nicht gefunden. **II.** *ohne OBJ* **1.** ■ *etwas geht irgendwo ab* (≈ *abbiegen*) Die Straße nach München geht hier ab. **2.** ■ *etwas geht ab* (≈ *abfahren*) Der Zug nach Mannheim geht von Gleis 3 ab. **3.** ■ *jmd. geht von etwas nicht ab* jmd. geht von etwas nicht ab; (*geh.*) *seine Gewohnheit oder Meinung nicht ändern* Er geht nicht davon ab, auch bei Regen täglich einen langen Spaziergang zu machen. **4.** ■ *jmd. geht ab die Schule beenden* Sie ist nach der neunten Klasse abgegangen. **5.** ■ *etwas geht ab sich lösen* Da ist ja schon wieder ein Knopf abgegangen! **6.** ■ *etwas geht irgendwie ab einen bestimmten Ausgang nehmen* Das ist noch einmal glimpflich abgegangen! **7.** ■ *etwas geht jmdm. ab mangeln* Dafür geht mir jegliches Verständnis ab. **8.** ■ *jmd. geht ab als Schauspieler von der Bühne treten* nach dem 3. Akt von der Bühne abgehen ■ **Das geht ja ab hier!** (*jugendspr.*): *hier ist tolle Stimmung*

ab·ge·kar·tet <nicht steig.> *Adj.* (*umg. abwert.*) *so, dass es schon vorher heimlich abgesprochen worden ist und einer bestimmten Person zum Nachteil wird* eine abgekartete Sache, ein abgekartetes Spiel

ab·ge·klärt *Adj. so, dass man schon viel erlebt hat und daher eine gewisse Reife ausstrahlt* Obwohl er erst 30 Jahre alt ist, wirkt er schon ziemlich abgeklärt.

Ab·ge·klärt·heit die <-> (*kein Plur.*) *die Eigenschaft, abgeklärt zu sein*

ab·ge·la·gert *Adj.* ■ **gut abgelagert sein**: *die Zeit auf Lager gelegen sein, die für die Qualität zuträglich ist* Dieser Wein ist gut abgelagert.

ab·ge·lau·fen *Adj. so, dass ein bestimmtes Datum überschritten ist* Das Verfallsdatum/der Termin ist abgelaufen., ein abgelaufener Ausweis/Reisepass

ab·ge·le·gen *Adj. so, dass es abseits größerer Ortschaften liegt* ein abgelegenes Gehöft/Haus ▶Abgelegenheit

ab·ge·lehnt <nicht steig.> *Adj. so, dass etwas zurückgewiesen, nicht genehmigt wird* ein abgelehnter Antrag

Ab·gel·tung die <-, -en> AMTSSPR. *das Begleichen einer finanziellen Forderung*

ab·ge·macht *Interj. verwendet, um auszudrücken, dass man mit einem Vorschlag einverstanden ist* Abgemacht! Wir treffen uns vor dem Kino!

ab·ge·mer·gelt *Adj.* (≈ *ausgemergelt*) *so dünn, dass man aussieht, als ob man krank sei*

ab·ge·neigt <nicht steig.> *Adj.* ■ **jemandem/einem Vorschlag abgeneigt sein**: *gegen jmdn. oder einen Vorschlag sein* **jemand ist nicht abgeneigt, etwas zu tun**: *jmd. hat nichts dagegen, etwas zu tun* Ich bin nicht abgeneigt, sein Angebot anzunehmen.

ab·ge·nutzt *Adj. so, dass es (starke) Spuren des Gebrauchs aufweist* Der Tisch ist an der Oberfläche schon sehr abgenutzt.

Ab·ge·ord·ne·te der/die <-n, -n> *Mitglied des Parlaments*

Ab·ge·ord·ne·ten·haus das <-es, Abgeordnetenhäuser> **1.** *Gesamtheit der Abgeordneten* **2.** *Gebäude, in dem die Abgeordneten tagen*

Ab·ge·ord·ne·ten·sitz der <-es, -e> *Mandat eines Abgeordneten in einem Parlament*

ab·ge·ris·sen **I.** *Part. Perf.* *von* **abreißen** **II.** *Adj.* **1.** (*abwert.* ≈ *zerlumpt*) *so, dass jmds. Kleidung voller Löcher und Risse ist* Hast du gesehen, was für einen abgerissenen Anzug er trägt? **2.** (*abwert.*) *so, dass jmds. Erscheinungsbild ungepflegt ist* ein abgerissener Typ

ab·ge·run·det *Adj. so, dass die Ecken von etwas rund gemacht worden sind*

Ab·ge·sand·te der/die <-n, -n> *jmd., der als eine Art Vertreter irgendwohin geschickt worden ist* der Abgesandte des Königs/der Stadt

ab·ge·schabt *Adj.* (≈ *schäbig*) *vom vielen Gebrauch abgenutzt und glatt geworden* die abgeschabten Ärmel des Anzugs

ab·ge·schie·den *Adj.* (≈ *abgelegen*) *weit von Siedlungen entfernt und einsam gelegen* ein abgeschiedener Bauernhof ▶Abgeschiedenheit

ab·ge·schlafft *Adj.* (*umg.*) *müde und kraftlos* abgeschlafft von einem langen Arbeitstag heimkehren

ab·ge·schla·gen *Adj.* **1.** (*nicht steig.*) (SPORT: ≈ *besiegt*) *so, dass man keinerlei Chance mehr auf den Sieg hat* abgeschlagen auf dem letzten Platz landen **2.** (≈ *erschöpft*) Nach der Wanderung fühlte ich mich völlig abgeschlagen.

ab·ge·schlos·sen <nicht steig.> *Adj.* **1.** *so, dass es in sich geschlossen ist und eine Einheit bildet* eine abgeschlossene Wohnung **2.** (≈ *vollendet*) *so, dass man einen Abschluss*[2] *besitzt* eine abgeschlossene Ausbildung *siehe auch* **abschließen**

ab·ge·schmackt *Adj.* (*abwert.* ≈ *geschmacklos*) eine abgeschmackte Bemerkung, ein abgeschmackter Witz

ab·ge·se·hen ■ **abgesehen von ...**: *wenn man ... außer Acht lässt* **es auf jemanden/etwas abgesehen haben**: *sein Interesse auf jmdn. oder etwas richten* Ich glaube, der Lehrer hat es auf mich abgesehen, denn ständig nimmt er mich dran.

ab·ge·si·chert <nicht steig.> *Adj. so, dass man für seine Existenz über ausreichende finanzielle Mittel verfügt* finanziell abgesichert sein

ab·ge·spannt *Adj. müde und erschöpft* ▶Abgespanntheit

ab·ge·stan·den <nicht steig.> *Adj.* (≈ *schal*) *so, dass ein Getränk nicht mehr frisch schmeckt, weil es zu lange im Glas gestanden hat* abgestandenes Bier/Wasser

ab·ge·stimmt *Adj. so, dass verschiedene Dinge berücksichtigt worden sind, damit sie zueinander passen* Der Kurs ist genau auf die Bedürfnisse von Anfängern abgestimmt.

ab·ge·stor·ben <nicht steig.> *Adj. so, dass ein Körperteil z.B. aufgrund einer Erfrierung ohne Gefühl ist* abgestorbene Zehen

ab·ge·stuft *Adj.* **1.** *in Stufen angelegt* Der Garten ist abgestuft. **2.** *so gestaltet, dass es verschiedene Niveaus hat* ein abgestuftes Kursprogramm

ab·ge·stumpft *Adj. so, dass jmd. gegenüber dem, was in seiner Umwelt geschieht, kein Interesse mehr hat*

ab·ge·tra·gen *Adj. so, dass Kleidung durch häufiges Tragen abgenutzt ist* ein abgetragener Anzug

ab·ge·tre·ten *Adj. so, dass die Absätze von Schuhen durch häufiges Tragen abgenutzt und flacher geworden sind*

ab·ge·wetzt *Adj.* (≈ *abgetragen*)

ab·ge·win·nen <gewinnst ab, gewann ab, hat abgewonnen> *mit OBJ* ■ *jmd. gewinnt jmdm. etwas Akk. ab* **1.** *jmd. bekommt von jmdm. etwas als Gewinn* Ich habe ihm im Spiel eine Menge Geld abgewonnen. **2.** *bewirken, dass jmd. etwas macht* jemandem ein Lächeln abgewinnen ■ **jemandem/einer Sache etwas abgewinnen**: *Gefallen an jmdm. oder einer Sache finden*

ab·ge·wöh·nen **I.** *mit OBJ* ■ *jmd. gewöhnt jmdm. etwas ab bewirken, dass jmd. etwas nicht mehr tut* Kann man dem Jungen diese Unart nicht abgwöhnen? **II.** *mit SICH* ■ *jmd. gewöhnt sich etwas ab von einer Gewohnheit ablassen* Er hat sich das Rauchen abgewöhnt.

ab·ge·wrackt *Adj.* (*umg.*) *so, dass etwas nicht mehr zu gebrauchen ist und nur noch Schrott darstellt* Teile aus abgewrackten Autos

ab·ge·zir·kelt *Adj. so, dass man sich bemüht, etwas besonders kunstvoll zu tun* (*und dadurch unnatürlich wirkt*) mit genau abgezirkelten Bewegungen

ab·gie·ßen <gießt ab, goss ab, hat abgegossen> *mit OBJ* ■ *jmd. gießt etwas ab* **1.** *Flüssigkeit von etwas oder aus einem Gefäß wegschütten* das Wasser von den Nudeln abgießen, Im Topf ist zu viel Wasser, man muss die Hälfte abgießen. **2.** *durch einen Guss*[1] *eine Art Kopie von etwas herstellen* eine Büste/eine Statue abgießen

Ab·glanz der <-(e)s> (*kein Plur.*) *der Überrest, der von einem vergangenen* (*sehr guten*) *Zustand noch sichtbar ist* Die Häuserfassaden sind nur ein Abglanz vergangener Pracht.

ab·glei·chen <gleichst ab, glich ab, hat abgeglichen> *mit OBJ* ■ *jmd. gleicht etwas ab* **1.** *hinsichtlich Größe, Umfang o.Ä. vergleichen* die Messwerte mit denen der anderen Versuchsreihe abgleichen **2.** TECHN. *eben machen* eine Mauer abgleichen

ab·glei·ten <gleitest ab, glitt ab, ist abgeglitten> *ohne OBJ* ■ *jmd. gleitet ab* (≈ *abrutschen*) *den Halt verlieren* von der Stufe abgleiten

Ab·gott der <-(e)s, Abgötter> *jmd., der im Übermaß und kritiklos verehrt wird* Der Fußballstar war eine Art Abgott der Jugend.

ab·göt·tisch <nicht steig.> *Adj. so, dass Liebe oder Bewunderung übertrieben stark sind* jemanden abgöttisch lieben/verehren

ab·gra·ben <gräbst ab, grub ab, hat abgegraben> *mit OBJ* **1.** ■ *jmd. gräbt etwas ab* (≈ *abtragen*) *mit einem Spaten o.Ä. aufnehmen und an die Seite schaufeln* Erde abtragen **2.** ■ **jemandem das Wasser abgraben** (*umg. übertr.*): *jmdm. seine Mittel oder Möglichkeiten nehmen*

ab·gra·sen <grast ab, graste ab, hat abgegrast> *mit OBJ* **1.** ■ *jmd. grast etwas ab* (*umg.* ≈ *absuchen*) *intensiv suchen* alle Buchläden nach diesem Buch abgrasen **2.** ■ *ein Tier grast etwas ab* (≈ *abweiden*) *so lange Gras fressen, bis kein Gras mehr da ist* Die Schafe haben die Weide abgegrast.

ab·grei·fen <greifst ab, griff ab, hat abgegriffen> *mit OBJ* ■ *jmd. greift etwas ab* **1.** *etwas durch häufiges Anfassen abnutzen* Das Treppengeländer ist ganz abgegriffen., ein abgegriffenes Buch **2.** (*fachspr.*) *etwas mit den Händen oder einem besonderen Gerät abtasten*

ab·gren·zen <grenzt ab, grenzte ab, hat abgegrenzt> **I.** *mit OBJ* ■ *jmd. grenzt etwas ab* (≈ *definieren*) *genau angeben, was etwas ist oder umfasst und wie es sich von anderen* (*vergleichbaren*) *Dingen unterscheidet* ein genau abgegrenztes Arbeitsgebiet, einen Terminus begrifflich gegen einen anderen abgrenzen **II.** *mit SICH* ■ *jmd. grenzt sich* (*von jmdm./etwas*) *ab deutlich machen, dass man sich von jmdm. oder etwas unterscheidet* sich von der Meinung eines anderen abgrenzen ▶Abgrenzung

Ab·gren·zungs·be·stre·bun·gen <-> *Plur. Bemühungen mit dem Ziel, sich abzugrenzen II*

Ab·grund der <-(e)s, Abgründe> **1.** *eine Stelle, an der das Gelände steil in die Tiefe abfällt* **2.** *ein Gegensatz, der nicht zu überbrücken ist* Zwischen der Meinung der Eltern und der Meinung der Kinder liegen manchmal Abgründe. ■ **am Rande des Abgrunds**: *kurz vor dem Untergang oder dem Verderben*

ab·grün·dig *Adj.* (*geh.*) *so unergründlich oder groß, dass es Angst macht*

ab·grund·tief <nicht steig.> *Adj. unermesslich groß* abgrundtiefe Verachtung

Ab·grup·pie·rung die <-, -en> (AMTSSPR.: ≈ *Herunterstufung*) *das Einordnen in eine niedrigere Gruppe* (*hinsichtlich einer bestimmten Kategorie*)

ab·gu·cken <guckst ab, guckte ab, hat abgeguckt> *ohne OBJ* ■ *jmd. guckt jmdm. etwas ab* (*umg.*≈ *abschauen*) *etwas, das man bei jmdm. gesehen hat, nachmachen*

Ab·guss der <-es, Abgüsse> *etwas, das mit einer Gussform hergestellt worden ist*

ab·ha·cken *mit OBJ* ■ *jmd. hackt etwas ab durch Hacken abtrennen* dem Huhn den Kopf abhacken

ab·ha·ken *mit OBJ* ■ *jmd. hakt etwas ab* **1.** *an ein geschriebenes Wort einen Haken machen* Namen in einer Liste abhaken **2.** (*umg.*) *etwas als erledigt ansehen* Den Besuch bei meiner Oma haben wir also auch abgehakt.

ab·hal·ten <hältst ab, hielt ab, hat abgehalten> *mit OBJ* **1.** ■ *jmd. hält jmdn.* (*von etwas Dat.*) *ab* (≈ *hindern*) *bewirken, dass jmd. etwas nicht tun kann* jemanden von der Arbeit abhalten **2.** ■ *jmd. hält etwas ab* (≈ *veranstalten*) eine Konferenz/Tagung/Versammlung abhalten **3.** ■ *jmd. hält ein Kind ab beim Verrichten der Notdurft helfen* ein kleines Kind abhalten

ab·han·deln <handelst ab, handelte ab, hat abgehandelt> *mit OBJ* ■ *jmd. handelt etwas ab* **1.** (≈ *erörtern*) *unter verschiedenen Aspekten bedenken und diskutieren* ein Thema (ausführlich/mit wenigen Sätzen) abhandeln **2.** ■ *jmd. handelt jmdm. etwas ab durch Verhandeln in den Besitz von etwas gelangen, obwohl es der Besitzer eigentlich nicht verkaufen wollte* Ich habe ihm die Briefmarkensammlung doch noch abhandeln können.

ab·han·den ■ **abhanden kommen**: *verloren gehen*

Ab·hand·lung die <-, -en> *eine schriftliche Darstellung, die Erklärungen zu einem Thema gibt* eine Abhandlung über das Leben der Menschen im Mittelalter, eine gelehrte/philosophische/theologische/ wissenschaftliche Abhandlung

Ab·hang der <-(e)s, Abhänge> *eine Stelle, an der das Gelände sanft abfällt*

ab·hän·gen <hängst ab, hing ab, hat abgehangen> **I.** *mit OBJ* **1.** ■ *jmd. hängt etwas ab von einer Befestigung lösen* das Bild abhängen, einen Waggon abhängen **2.** ■ *jmd. hängt jmdn. ab* (*umg.*) *überholen und weit hinter sich lassen* das langsame Auto/die Konkurrenz abhängen **3.** ■ *etwas hängt von jmdm./etwas ab durch jmdn. oder etwas bedingt sein* Alles hängt vom Wetter ab!, Ob es ein Erfolg wird, hängt ganz allein von dir ab! **II.** *ohne OBJ* ■ *jmd. hängt ab* (*jugendspr.*) *sich entspannen, nichts tun* In den Ferien kann man mal wieder so richtig abhängen.

ab·hän·gig <nicht steig.> *Adj.* **1.** *so, dass es durch etwas bestimmt wird* Ob das Gartenfest stattfinden kann, ist vom Wetter abhängig. **2.** (↔ *selbstständig*) *so, dass man auf die finanzielle Unterstützung von jmdm. angewiesen ist* als Student immer noch von den Eltern abhängig sein **3.** (≈ *süchtig*) *so, dass man eine bestimmte Substanz braucht, weil man danach süchtig ist* ◆ alkohol-, drogen-

Ab·hän·gig·keit die <-, -en> (*kein Plur.*) **1.** (↔ *Selbstständigkeit*) *der Zustand, dass jmd. von jmdm. abhängig*[2] *ist* die wirtschaftliche Abhängigkeit der Zulieferfirmen von der Autoindustrie **2.** (≈ *Sucht*) *der Zustand, dass jmd. abhängig*[3] *ist* ◆ Alkohol-, Drogen-

ab·här·ten **I.** *mit OBJ* ■ *jmd. härtet jmdn. ab durch bestimmte Maßnahmen die Anfälligkeit für Krankheiten senken* **II.** *mit SICH* ■ *jmd. härtet sich ab durch bestimmte Maßnahmen bewirken, dass man sich nicht leicht erkältet* sich durch kaltes Duschen abhärten

Ab·här·tung die <-> (*kein Plur.*) **1.** *das Abhärten* **2.** *der Zustand, dass jmd. abgehärtet ist*

ab·has·peln *mit OBJ* ■ *jmd. haspelt etwas ab* (*abwert.* ≈ *herunterleiern*) *etwas monoton, sehr schnell und ohne innere Beteiligung heruntersagen* ein Gedicht abhaspeln

ab·hau·en <haust ab, haute ab, hat/ist abgehauen> **I.** *mit OBJ* ■ *jmd. haut etwas ab* (*haben* ≈ *abschlagen*) *durch Schlagen bewirken, dass etwas von etwas abgetrennt wird* einen Ast mit der Axt abhauen **II.** *ohne OBJ* ■ *jmd. haut ab* (*umg.* (*sein*) ≈ *weglaufen*) Als ich meinen Chef auf der Party gesehen habe, bin ich schnell abgehauen.

ab·häu·ten *mit OBJ* ■ *jmd. häutet ein Tier ab die*

A

Haut von einem getöteten Tier abziehen

ab·he·ben <hebst ab, hob ab, hat abgehoben> **I.** *mit OBJ* **1.** ■ *jmd. hebt etwas (von etwas Dat.) ab anheben und wegbewegen* den Deckel vom Topf abheben **2.** ■ *jmd. hebt ab* (TELEKOMM.: ↔ *auflegen*) *den Telefonhörer von der Gabel nehmen* **3.** ■ *jmd. hebt etwas von etwas Dat. ab* (↔ *einzahlen*) *einen Geldbetrag von einem Konto nehmen* Geld vom Konto abheben **II.** *ohne OBJ* ■ *jmd./etwas hebt ab* **1.** ■ *jmd./etwas hebt ab den Kontakt mit dem Erdboden hinter sich lassen und in die Höhe steigen* Das Flugzeug/die Rakete hebt vom Boden ab. **2.** ■ *jmd. hebt ab* (*umg. übertr.*) *jeglichen Bezug zur Wirklichkeit verlieren* durch den plötzlichen Ruhm und das viele Geld abheben **III.** *mit SICH* ■ *jmd./etwas hebt sich (von etwas Dat.) ab sich von etwas unterscheiden* Seine Arbeit hebt sich wohltuend von der der anderen ab.

Ab·he·bung die <-, -en> *das Abheben I.3*

ab·hef·ten <heftest ab, heftete ab, hat abgeheftet> *mit OBJ* ■ *jmd. heftet etwas ab* **1.** *Papiere oder Dokumente in einen Ordner einsortieren* Ich muss noch meine Unterlagen abheften. **2.** *etwas mit groben Stichen annähen bzw. befestigen* die Länge einer Hose abheften

ab·hei·len <heilt ab, heilte ab, ist abgeheilt> *ohne OBJ* ■ *etwas heilt ab* (≈ *verheilen*) *allmählich heilen* Die Wunde ist fast vollständig abgeheilt.

ab·hel·fen <hilfst ab, half ab, hat abgeholfen> *ohne OBJ* ■ *jmd. hilft etwas Dat. ab* (≈ *beseitigen*) *dafür sorgen, dass etwas Negatives keinen Fortbestand hat* einem Missstand abhelfen

ab·het·zen <hetzt ab, hetzte ab, hat abgehetzt> *mit SICH* ■ *jmd. hetzt sich ab* (*umg.*) *sich so beeilen, dass man erschöpft ist* Ich habe mich völlig abgehetzt, um pünktlich bei dem Termin zu erscheinen., Du brauchst dich nicht so abzuhetzen, der nächste Bus kommt in zwei Minuten

ab·heu·ern <heuerst ab, heuerte ab, hat abgeheuert> **I.** *mit OBJ* ■ *jmd. heuert jmdn. ab* (*umg.*) *jmdn. (von einem Betrieb oder einem Bereich, für den er tätig ist) abwerben* **II.** *ohne OBJ* ■ *jmd. heuert ab* SEEW. *den Dienst auf einem Schiff beenden* Ein Matrose heuert ab.

Ab·hil·fe ■ **Abhilfe schaffen**: *ein Problem beseitigen*

ab·ho·beln <hobelst ab, hobelte ab, hat abgehobelt> *mit OBJ* ■ *jmd. hobelt etwas ab durch Hobeln entfernen*

ab·hol·be·reit *Adj. so, dass man etwas abholen kann* Die Ware lagert abholbereit im Hof.

ab·hold *Adv.* ■ **jemand ist etwas abhold** (*veralt.*): *jmd. ist einer Sache abgeneigt* unehrlichen Worten abhold sein, dem Wein abhold sein

ab·ho·len *mit OBJ* ■ *jmd. holt jmdn./etwas ab jmdn. oder etwas an einem Ort in Empfang nehmen und mit sich nehmen* Ich hole dich morgen am Bahnhof ab., Die bestellten Waren sind da und können abgeholt werden.

Ab·ho·ler der <-s, -> *jmd., der jmdn. oder etwas abholt* ◆ Selbst-

Ab·hol·preis der <-es, -e> *Preis, den man zahlt, wenn man eine Ware selbst abholt und nicht vom Verkäufer liefern lässt* Haushaltsgeräte/Möbel zu Abholpreisen

ab·hol·zen <holzt ab, holzte ab, hat abgeholzt> *mit OBJ* ■ *jmd. holzt etwas ab Bäume fällen* ein Gebiet/einen Wald abholzen ▶Abholzung

Ab·hör·ak·ti·on die <-, -en> *der Vorgang, dass jmd. die Telefongespräche bestimmter Personen überwacht*

ab·hor·chen *mit OBJ* ■ *jmd. horcht jmdn. ab* (MED.: ≈ *abhören*) *mit einem speziellen Instrument prüfend auf die Geräusche hören, die durch die Tätigkeit bestimmter Organe entstehen* Der Arzt horcht die Lunge/einen Patienten ab.

ab·hö·ren *mit OBJ* **1.** ■ *jmd. hört jmdm. etwas ab,* ■ *jmd. hört jmdn. ab* SCHULE *als Vorbereitung einer Prüfung einem Schüler Fragen stellen, die Prüfungsfragen sein könnten, und sich die Antworten geben lassen* Der Vater hörte seiner Tochter den Lernstoff für die Prüfung ab. **2.** ■ *jmd. hört jmdn. ab Telefongespräche überwachen* Die Wohnung wurde seit Monaten von der Polizei abgehört., Die Leitung wird abgehört. **3.** (MED.: ≈ *abhorchen*)

Ab·hör·ge·rät das <-(e)s, -e> *Gerät zum Überwachen von Telefongesprächen*

ab·hör·si·cher *Adj. technisch gegen die Überwachung durch Fremde abgesichert* eine abhörsichere Wohnung, ein abhörsicheres Telefon

Ab·hör·skan·dal der <-(e)s, -e> *das Bekanntwerden des Vorgangs, dass Telefongespräche ohne gesetzliche Grundlage abgehört wurden*

A·bi das <-s, -s> (*umg.*) *kurz für „Abitur“*

ab·iso·lie·ren <isolierst ab, isolierte ab, hat abisoliert> *mit OBJ* ■ *jmd. isoliert etwas ab die Isolierung von einem Kabel oder einem Draht entfernen*

Ab·iso·lier·zange die <-, -n> *Zange zum Abisolieren*

A·bi·tur das <-s, -e> (*meist Sing.*) (≈ *Reifeprüfung*) *die Prüfung, mit der jmd. das Gymnasium abschließt und die ihn zum Studium an einer Hochschule berechtigt* für das Abitur lernen, nächstes Jahr Abitur machen, Abitur haben

> **i Wissenswert** **Das Abitur**, der für den Zugang zur Universität benötigte Schulabschluss, macht man in den meisten deutschen Gymnasien im dreizehnten Schuljahr. Da dies im Vergleich zu anderen Ländern relativ spät ist, gibt es einige Gymnasien, an denen man das Abitur nach zwölf Jahren ablegen kann. In Österreich und der Schweiz sagt man statt **Abitur Matura** oder **Maturität**, welche man schon im neunten Schuljahr erwerben kann.

A·bi·tu·ri·ent, **A·bi·tu·ri·en·tin** der <-en, -en> *jmd., der das Abitur macht*

A·bi·tur·prü·fung die <-, -en> ≈ *Abitur*

A·bi·tur·tref·fen das *Treffen von ehemaligen Schülern, die (vor einer bestimmten Zeit) das Abi-*

tur gemacht haben

ab·ja·gen *mit OBJ* ■ *jmd. jagt jmdm. etwas ab jmdm. nach einer Verfolgung etwas abnehmen* dem Gegner den Ball abjagen

Abk. *Abkürzung von „Abkürzung"*

ab·käm·men *mit OBJ* ■ *jmd. kämmt etwas ab ausgefallene Haare von etwas (mit einem Kamm entfernen)* ein Hundefell/Katzenfell abkämmen

ab·kämp·fen <kämpfst ab, kämpfte ab, hat abgekämpft> *mit SICH* ■ *jmd. kämpft sich (mit etwas Dat.) ab jmd. strengt sich so sehr an, bis er erschöpft ist* abgekämpft sein, Er hat sich damit abgekämpft, den schweren Koffer in den zweiten Stock zu tragen.

ab·kan·zeln <kanzelst ab, kanzelte ab, hat abgekanzelt> *mit OBJ* ■ *jmd. kanzelt jmdn. ab jmdm. auf unhöfliche Art Vorwürfe machen* Weil sie den Termin vergessen hatte, wurde sie von ihrem Chef abgekanzelt.

ab·kap·seln <kapselst ab, kapselte ab, hat abgekapselt> *mit SICH* ■ *jmd. kapselt sich ab (≈ abschotten) sich von anderen Menschen zurückziehen und keinen Kontakt haben* Nach dem Tod seiner Frau hat er sich völlig abgekapselt.

ab·kar·ren <karrst ab, karrte ab, hat abgekarrt> *mit OBJ* ■ *jmd. karrt etwas ab (≈ wegkarren) etwas mit einer Karre wegbringen* nach dem Ausheben der Grube die Erde abkarren

ab·kas·sie·ren <kassierst ab, kassierte ab, hat abkassiert> *mit OBJ/ohne OBJ* ■ *jmd. kassiert (jmdn.) ab* **1.** *Geld von jmdm. für etwas nehmen* Der Kellner möchte abkassieren, weil er gleich Schichtwechsel hat. **2.** *(abwert.) von jmdm. zu viel Geld für etwas nehmen* In dem Hotel haben sie uns ganz schön abkassiert.

ab·kau·en <kaust ab, kaute ab, hat abgekaut> *mit OBJ* ■ *jmd. kaut etwas ab mit den Zähnen an etwas nagen (ohne es wirklich zu essen)* abgekaute Fingernägel, ein abgekauter Stift

ab·kau·fen <kaufst ab, kaufte ab, hat abgekauft> *mit OBJ* ■ *jmd. kauft jmdm. etwas ab* **1.** *jmdm. etwas gegen Bezahlung abnehmen* das Auto/die Wohnung abkaufen **2.** *(umg.) glauben* Das kauft dir doch keiner ab!

ab·keh·ren <kehrt ab, kehrte ab, hat abgekehrt> *mit SICH* ■ *jmd. kehrt sich (von jmdm./etwas) ab sich oder sein Gesicht von einem Anblick abwenden*

ab·ket·teln <kettelst ab, kettelte ab, hat abgekettelt> *mit OBJ* ■ *jmd. kettelt etwas ab beim Stricken Maschen von der Nadel abnehmen*

ab·ket·ten *mit OBJ* ■ *jmd. kettet etwas ab von einer Kette lösen* das Fahrrad/den Hund abketten

ab·klap·pen *mit OBJ* ■ *jmd. klappt etwas ab etwas nach unten klappen*

ab·klap·pern <klapperst ab, klapperte ab, hat abgeklappert> *mit OBJ* ■ *jmd. klappert etwas (nach etwas Akk.) ab (umg.) verschiedene Orte oder Personen nacheinander aufsuchen (, weil man etwas sucht)* Ich habe alle Buchhandlungen nach dem Buch abgeklappert.

ab·klä·ren *mit OBJ* ■ *jmd. klärt etwas ab sich Klarheit über etwas verschaffen* eine Angelegenheit abklären

Ab·klatsch der <-es, -e> *(abwert.) schlechte oder wertlose Nachahmung* Sein Aufsatz ist nur ein Abklatsch des grundlegenden Artikels von …

ab·klat·schen <klatschst ab, klatschte ab, hat abgeklatscht> *mit OBJ* **1.** ■ *jmd. klatscht jmdn. ab einen Tanzpartner abwerben, während er mit einem anderen Partner tanzt* **2.** ■ *jmd. klatscht etwas ab mit den Handflächen einen Ball zurückschlagen*

ab·kle·ben <klebst ab, klebte ab, hat abgeklebt> *mit OBJ* ■ *jmd. klebt etwas ab etwas mit Klebeband abdecken* Bevor wir streichen, müssen wir die Ränder abkleben.

ab·klem·men *mit OBJ* ■ *jmd. klemmt etwas ab* **1.** *mit einer Klemme abtrennen oder unterbrechen* eine Leitung abklemmen **2.** *(≈ einklemmen) bewirken, dass ein Körperteil zwischen etwas gerät* sich den Fuß/einen Finger/die Hand abklemmen

ab·klin·gen <klingt ab, klang ab, ist abgeklungen> *ohne OBJ* ■ *etwas klingt ab schwächer werden* Der Lärm/der Schmerz klingt langsam ab.

ab·klop·fen <klopfst ab, klopfte ab, hat abgeklopft> *mit OBJ* **1.** ■ *jmd. klopft etwas von etwas Dat. ab durch Klopfen entfernen* den Putz/den Schnee/den Staub abklopfen **2.** ■ *jmd. klopft jmdn. ab* MED. *prüfend auf eine Körperregion klopfen* den Brustkorb des Patienten abklopfen **3.** ■ *jmd. klopft etwas ab (umg.) kritisch überprüfen* eine Rede auf ihren wirklichen Gehalt abklopfen

ab·knab·bern <knabberst ab, knabberte ab, hat abgeknabbert> *mit OBJ* ■ *jmd. knabbert etwas ab von etwas kleine Stücke abbeißen* Sie knabbert gerne an der Schokolade die Nüsse ab.

ab·knal·len <knallst ab, knallte ab, hat abgeknallt> *mit OBJ* ■ *jmd. knallt jmdn./ein Tier ab (umg. abwert. ≈ erschießen)* den Feind einfach abknallen

ab·knap·sen <knapst ab, knapste ab, hat abgeknapst> *mit OBJ* ■ *jmd. knapst etwas ab (umg.) von einer geringen Menge noch etwas für einen bestimmten Zweck wegnehmen* von dem kleinen Gehalt noch etwas (für den Sohn) abknapsen

ab·knei·fen <kneifst ab, kniff ab, hat abgekniffen> *mit OBJ* ■ *jmd. kneift etwas ab (≈ abknipsen) einen Teil von etwas mit einer Zange greifen und abtrennen*

ab·kni·cken <knickst ab, knickte ab, hat/ist abgeknickt> **I.** *mit OBJ (haben)* ■ *jmd. knickt etwas ab etwas nach unten knicken* einen Ast abknicken **II.** *ohne OBJ* ■ *etwas knickt ab (sein) etwas ändert seine Richtung dadurch, dass es einen Knick macht* Dort, wo die Straße nach rechts abknickt, wohnen wir.

ab·knip·sen <knipst ab, knipste ab, hat abgeknipst> *mit OBJ* ■ *jmd. knipst etwas ab (umg.) mit einer Zange etwas Kleines abtrennen* eine Blüte von einer Topfblume abknipsen

ab·knöpf·bar *Adj. so, dass man es abknöpfen*

kann eine Jacke mit abknöpfbarer Kapuze

ab·knöp·fen <knöpfst ab, knöpfte ab, hat abgeknöpft> *mit OBJ* **1.** ■ *jmd. knöpft etwas ab etwas, das mit Knöpfen befestigt ist, abnehmen* Die Kapuze kann man abknöpfen. **2.** ■ *jmd. knöpft jmdm. etwas ab* (*umg.*) *jmdm. etwas* (*mit List*) *wegnehmen* Er hat uns 100 Euro für diese Vase abgeknöpft.

ab·knut·schen <knutschst ab, knutschte ab, hat abgeknutscht> *mit OBJ* ■ *jmd. knutscht jmdn. ab* (*umg.* ≈ *abküssen*)

ab·ko·chen <kochst ab, kochte ab, hat abgekocht> *mit OBJ* ■ *jmd. kocht etwas ab* **1.** *zum Kochen bringen* Gemüse abkochen **2.** *etwas zum Kochen bringen, damit enthaltene Bakterien abgetötet werden* Wasser abkochen

ab·kom·man·die·ren <kommandierst ab, kommandierte ab, hat abkommandiert> *mit OBJ* ■ *jmd. kommandiert jmdn. ab* MILIT. *anordnen, dass jmd. an einem anderen Ort Dienst tut* einen Soldaten zu einer anderen Einheit abkommandieren ▶Abkommandierung

Ab·kom·me der <-s, -n> (*veralt.* ≈ *Nachfahre, Nachkomme*)

Ab·kom·men das <-s, -> *eine Abmachung* (*zwischen Staaten*), *die durch einen Vertrag geregelt ist* ein zwischenstaatliches Abkommen

ab·kom·men <kommst ab, kam ab, ist abgekommen> *ohne OBJ* ■ *jmd. kommt von etwas Dat. ab* **1.** *sich vom Weg oder Thema entfernen* Das Schiff ist vom Kurs abgekommen. **2.** *etwas aufgeben* von einer Idee/einem Plan/einer Verfahrensweise abkommen

ab·kömm·lich ■ **nicht abkömmlich sein**: *von einer Arbeit nicht fort können*

Ab·kömm·ling der <-s, -e> (≈ *Nachkomme*)

ab·kön·nen <kannst ab, konnte ab, hat abgekonnt> *mit OBJ* ■ *jmd. kann jmdn./etwas nicht ab jmdn. oder etwas nicht leiden können* Diesen Typen kann ich nicht ab.

ab·kop·peln <koppelst ab, koppelte ab, hat abgekoppelt> **I.** *mit OBJ* ■ *jmd. koppelt etwas ab eine Verbindung mit einem Fahrzeug lösen* Die Raumfähre koppelt vom Mutterschiff ab. **II.** *mit SICH* ■ *jmd. koppelt sich ab sich von einer Gruppe entfernen*

ab·krat·zen <kratzt ab, kratzte ab, hat/ist abgekratzt> **I.** *mit OBJ* ■ *jmd. kratzt etwas ab* (*haben*) *durch Kratzen entfernen* das Eis von der Windschutzscheibe abkratzen **II.** *ohne OBJ* ■ *jmd. kratzt ab* (*vulg.* (*sein*)) *sterben*

ab·krie·gen *mit OBJ* (*umg.*) **1.** ■ *jmd. kriegt etwas/jmdn. ab* (≈ *bekommen*) Die Letzten haben nichts mehr abgekriegt., Er hat eine nette Frau abgekriegt. **2.** ■ *etwas kriegt etwas ab Schaden erleiden* Der Wagen hat etwas/einige Beulen abgekriegt. **3.** ■ *jmd. kriegt etwas* (*von etwas Dat.*)*ab etwas Festes von etwas lösen können* Ich kriege den Deckel/den Schmutz nicht ab.

ab·küh·len **I.** *mit OBJ* ■ *jmd. kühlt etwas ab* (↔ *erhitzen*) *die Temperatur von etwas senken* das heiße Blech in kaltem Wasser abkühlen **II.** *mit SICH* ■ *etwas kühlt sich ab* (↔ *erwärmen*) *kühler werden* sich an der frischen Luft abkühlen, Nach dem Gewitter hat sich die Luft merklich abgekühlt. ■ **etwas kühlt sich ab**: *etwas verliert an Intensität* Ihr Verhältnis zueinander hat sich schnell abgekühlt. ▶Abkühlung

ab·kup·fern <kupferst ab, kupferte ab, hat abgekupfert> *mit OBJ* ■ *jmd. kupfert etwas ab* (*umg. abwert* ≈ *nachahmen*) *etwas abschreiben oder kopieren* Du hast doch alles von ihm abgekupfert!

ab·kup·peln <kuppelst ab, kuppelte ab, hat abgekuppelt> *mit OBJ* ■ *jmd. kuppelt etwas ab* (≈ *abkoppeln*) *eine Anhängevorrichtung lösen, um etwas abzuhängen*

ab·kür·zen <kürzt ab, kürzte ab, hat abgekürzt> *mit OBJ* **1.** ■ *jmd. kürzt etwas ab einen kürzeren Weg wählen* Weil wir den Weg abgekürzt haben, waren wir schon so früh zu Hause. **2.** ■ *jmd. kürzt etwas ab etwas dadurch kürzer machen, dass man etwas weglässt* eine Rede abkürzen **3.** ■ *jmd. kürzt etwas mit etwas Dat. ab ein Wort nicht ausschreiben, sondern eine Abkürzung benutzen* „Zum Beispiel" kürzt man mit „z.B." ab.

Ab·kür·zung die <-, -en> **1.** *eine Buchstabenfolge, die als Kurzform für ein Wort steht* Die Abkürzung von „zum Beispiel" ist „z.B.". **2.** (↔ *Umweg*) *ein Weg, der kürzer ist als ein anderer und der zum gleichen Ziel führt* Ich kenne/nehme eine Abkürzung.

> **i Wissenswert** **Abkürzungen** als Kurzformen von Ausdrücken spielen in der Gegenwartssprache eine wichtige Rolle. Im einfachsten Fall werden Ausdrücke verkürzt und diese Verkürzung mit einem Punkt abgeschlossen. Das Wort Abkürzung wird z.B. mit Abk. abgekürzt. Häufig werden auch die Anfangsbuchstaben einer Wortgruppe oder der Teile eines zusammengesetzten Wortes zu einer Abkürzung zusammengefügt wie in „DV" für „Datenverarbeitung" oder „LKW" für Lastkraftwagen. Häufig gebrauchte Abkürzungen gewinnen oft den Rang von Wörtern, wie z.B. der Ausdruck „Laser", was ursprünglich für „light amplification by stimulated emission of radiation" stand. Im letzteren Fall wissen oft nur noch die wenigsten Benutzer, wofür die verkürzte Schreibweise einmal genau gestanden hat. Abkürzungen werden nach einiger Zeit auch flektiert wie z.B. „die LKWs".

Ab·kür·zungs·lis·te die <-, -n> *Liste der Abkürzungen[1], die in einem Text, einem Buch o.Ä. verwendet werden* In der Abkürzungsliste findet man Erklärungen für die verwendeten Abkürzungen.

ab·la·den <lädst ab, lud ab, hat abgeladen> *mit OBJ* **1.** ■ *jmd. lädt etwas ab den Inhalt eines Fahrzeugs ausladen und an einem Ort ablegen* das Gepäck/die Möbel/den Schutt abladen **2.** ■ *jmd. lädt etwas auf jmdn. ab* (*umg. abwert.*) *etwas Unange-*

nehmes an jmdn. weitergeben Verantwortung auf den Kollegen abladen **3.** ■ *jmd. lädt etwas bei jmdm. ab* (*umg.*) *jmdm. von seinen eigenen Gefühlen erzählen* Sie lädt immer ihre ganzen Probleme bei mir ab.

Ab·la·ge die <-, -n> **1.** *eine Fläche, auf der man etwas ablegen kann* Auf der Ablage standen Tassen und Teller. ◆ Hut- **2.** *das Sortieren und geordnete Ablegen von Dokumenten* (*in Ordnern*) Ich muss noch die Ablage machen.

Ab·la·ge·fach das <-(e)s, Ablagefächer> (≈ *Handschuhfach*) *Fach in einem Auto zur Ablage von Straßenkarten und weiteren Dingen, die man bei einer Fahrt benötigt*

Ab·la·ge·flä·che die <-, -n> *Fläche, auf der man Dinge ablegen kann* die Ablagefläche vor dem Rückfenster des Autos

ab·la·gern <lagerst ab, lagerte ab, hat abgelagert> **I.** *mit OBJ* ■ *jmd./etwas lagert etwas ab bewirken, dass sich etwas irgendwo ansammelt* Der Fluss hat Sand und Geröll im Flussbett abgelagert., Die Firma hat über Jahre Sondermüll auf dem Gelände abgelagert. **II.** *ohne OBJ* ■ *etwas lagert ab irgendwo eine gewisse Zeit lagern* Holz muss vor der Weiterverarbeitung ablagern., gut abgelagerter Wein **III.** *mit SICH* ■ *etwas lagert sich ab sich irgendwo ansammeln* Im Flussbett hat sich Schlamm abgelagert., In Wasserleitungen kann sich Kalk ablagern.

Ab·la·ge·rung die <-, -en> **1.** *das Ablagern* **2.** *eine Ansammlung von Stoffen, die durch Ablagern entstanden ist* Ablagerungen im Gestein

Ab·lass der <-es, Ablässe> GESCH. *in der katholischen Kirche: Lossprechung von Sünden*

Ab·lass·brief der <-(e)s, -e> GESCH. *schriftliche Bestätigung, dass Ablass erteilt wurde*

ab·las·sen[1] <lässt ab, ließ ab, hat abgelassen> *ohne OBJ* ■ *jmd. lässt von jmdm./etwas ab* (*umg.*) *nicht weiter verfolgen; das Interesse an jmdm. oder etwas verlieren* von jemandem/einem Vorhaben ablassen

ab·las·sen[2] <lässt ab, ließ ab, hat abgelassen> *mit OBJ* ■ *jmd. lässt etwas ab* **1.** *aus einem Behälter entweichen lassen* Dampf/Gase ablassen ■ **jemand lässt Dampf ab:** *jmd. lässt seiner Wut und seinem Ärger freien Lauf* **2.** *den Inhalt von etwas entweichen lassen* eine Luftmatratze/ein Wasserfass ablassen

Ab·lass·han·del der <-s> (*kein Plur.*) GESCH. *Handel mit Ablassbriefen*

Ab·lass·stop·fen der <-s, -> *Stöpsel, den man herauszieht, um Wasser aus einer Wanne abfließen zu lassen*

Ab·lat·ion die <-, -en> MED. *Entfernung eines Körperorgans durch Operation*

Ab·la·tiv der <-s, -e> SPRACHWISS. *Kasus in bestimmten indoeuropäischen Sprachen*

Ab·lauf der <-(e)s, Abläufe> *die Art, wie etwas abläuft I.3* den Ablauf der Veranstaltung besprechen

ab·lau·fen <läuft ab, lief ab, hat/ist abgelaufen> **I.** *ohne OBJ* (*sein*) **1.** ■ *etwas läuft ab das Ende der Zeit erreichen, in der etwas gültig ist* Das Haltbarkeitsdatum/der Pass/die Zeit ist abgelaufen. **2.** ■ *etwas läuft* (*aus etwas Dat.*) *ab aus etwas herauslaufen* das Wasser aus der Badewanne ablaufen lassen **3.** ■ *etwas läuft irgendwie ab in einer bestimmten Weise vor sich gehen* Wie soll die Veranstaltung ablaufen? **II.** *mit OBJ* **1.** ■ *jmd. läuft etwas ab* (*haben/sein*) *irgendwo entlanglaufen, um etwas zu suchen* Ich habe/bin die ganze Straße noch einmal abgelaufen, doch ich habe meinen Geldbeutel nicht gefunden., eine Strecke ablaufen **2.** (*haben*) *durch vieles Laufen abnutzen* Ich habe meine Absätze/Sohlen abgelaufen.

ab·lau·schen <lauschst ab, lauschte ab, hat abgelauscht> *mit OBJ* ■ *jmd. lauscht etwas ab heimlich etwas hören*

ab·lau·ten <lautet ab, lautete ab, hat abgelautet> *ohne OBJ* ■ *etwas lautet zu etwas Akk. ab* SPRACHWISS. *als Vokal in verwandten Wörtern einen Wechsel vollziehen* A lautet zu e ab., Wie lautet das Verb ab? ▶Ablaut

Ab·le·ben das <-s, -> (*verhüll.* ≈ *Tod*)

ab·le·cken <leckst ab, leckte ab, abgeleckt> *mit OBJ* ■ *jmd. leckt etwas ab mit der Zunge über etwas fahren, um eine Substanz aufzunehmen* die Sahne vom Eis ablecken, einen Löffel ablecken, sich genussvoll die Lippen ablecken

ab·le·gen **I.** *mit OBJ* ■ *jmd. legt etwas ab* **1.** *an eine bestimmte Stelle legen* die Bücher auf dem Tisch ablegen **2.** (≈ *aufgeben*) alte Gewohnheiten/das Rauchen ablegen **3.** (≈ *leisten*) einen Eid/ein Geständnis/eine Prüfung ablegen **II.** *ohne OBJ* **1.** ■ *jmd. legt ab* (≈ *ausziehen*) *ein Kleidungsstück ausziehen* den Mantel ablegen, Legen Sie doch ab! **2.** SEEW. *die Fahrt aufnehmen und sich vom Festland entfernen* Das Schiff legt ab.

Ab·le·ger der <-s, -> BOT. *Sprössling einer Pflanze*

ab·leh·nen *mit OBJ* **1.** ■ *jmd. lehnt jmdn./etwas ab gegen jmdn. oder etwas eingestellt sein und ihn oder es nicht haben wollen* jede fremde Hilfe ablehnen, einen Antrag ablehnen, Die Eltern lehnen den Freund ihrer Tochter ab. **2.** ■ *jmd. lehnt etwas ab* (↔ *bewilligen, genehmigen*) *offiziell sagen, dass ein Wunsch oder ein Antrag nicht erfüllt wird* einen Antrag/eine Bitte/ein Gesuch ablehnen

Ab·leh·nung die <-, -en> *das Ablehnen* Ihr Vorschlag stieß auf Ablehnung., Die Ablehnung des Antrags wurde wie folgt begründet.

ab·leis·ten *mit OBJ* ■ *jmd. leistet etwas ab eine Dienstzeit hinter sich bringen* seinen Wehrdienst ableisten

ab·lei·ten **I.** *mit OBJ* **1.** ■ *jmd. leitet etwas ab in eine andere Richtung leiten* Strom/Wasser ableiten **2.** ■ *jmd. leitet etwas* (*aus etwas Dat.*) *ab gedanklich aus etwas folgern* aus einer Regel weitere Formeln ableiten **II.** *mit SICH* ■ *etwas leitet sich* (*aus/von etwas Dat.*) *ab auf etwas zurückzuführen sein* Das Wort „Fenster" leitet sich von dem lateinischen Wort „fenestra" ab.

Ab·lei·tung die <-, -en> **1.** *das Ableiten* **2.** SPRACHWISS. *ein Zusammenhang zwischen verwandten Wörtern* „Veränderung" ist eine Ableitung von

„verändern“.

ab·len·ken *mit OBJ/ohne OBJ* **1.** ■ *jmd. lenkt etwas ab bewirken, dass ein sich bewegendes Objekt die Richtung ändert* ein Geschoss ablenken **2.** ■ *jmd. lenkt (jmdn.) ab die Konzentration von jmdm. auf etwas anderes lenken* jemanden bei der Arbeit/vom Thema ablenken, Lenk nicht immer ab, bleib bitte beim Thema!

Ab·len·kung die <-, -en> **1.** *das Ablenken* **2.** *etwas, das jmdn. auf andere Gedanken bringt und ihm damit Entspannung ermöglicht* Ein wenig Ablenkung wäre nach den Prüfungen gut für ihn.

Ab·len·kungs·ma·nö·ver das <-s, -> *etwas, das jmd. tut, um jmdn. abzulenken²* Mit einem Ablenkungsmanöver versuchten sie, an dem Türsteher vorbeizukommen.

Ab·len·kungs·ver·such der <-(e)s, -e> (≈ *Ablenkungsmanöver*)

ab·les·bar *Adj. so, dass man etwas ablesen kann* gut ablesbare Instrumente

Ab·le·se·feh·ler der <-s, -> *Fehler, der beim Ablesen I.2 gemacht wird*

ab·le·sen <liest ab, las ab, hat abgelesen> **I.** *mit OBJ* ■ *jmd. liest etwas ab* **1.** *etwas (Geschriebenes) vom Blatt lesen und (vor Zuhörern) laut aussprechen* Der Redner liest seinen Vortrag ab. **2.** TECHN. *einen Zahlenwert auf einem Anzeigegerät oder Zähler registrieren* Messgeräte/Werte ablesen **II.** *ohne OBJ* ■ *jmd. liest ab* (↔ *frei sprechen*) Er ist unsicher, er liest bei seinem Referat zu viel ab.

ab·leug·nen *mit OBJ* (≈ *abstreiten* ↔ *zugeben*) ■ *jmd. leugnet etwas ab nachdrücklich sagen, dass etwas nicht der Fall ist* Er hat jede Mitschuld an dem Unfall abgeleugnet.

ab·lich·ten *mit OBJ* ■ *jmd. lichtet jmdn./etwas ab* (*umg.* ≈ *fotografieren*) ▶Ablichtung

ab·lie·fern <lieferst ab, lieferte ab, hat abgeliefert> *mit OBJ* ■ *jmd. liefert etwas ab* **1.** (≈ *abgeben*) *etwas an einen Ort bringen und dort lassen* alte Batterien im Wertstoffhof abliefern **2.** (≈ *erbringen*) eine hervorragende Leistung abliefern ▶Ablieferung

Ab·lie·fe·rungs·be·schei·ni·gung die <-, -en> *schriftliche Bestätigung, dass jmd. etwas abgeliefert hat*

Ab·lie·fe·rungs·frist die <-, -en> *Zeitabschnitt, an dessen Ende jmd. etwas an einem Ort abgeliefert haben muss*

Ab·lö·se die <-, -n> **1.** (*österr.*) *Geldbetrag, den der Mieter einmalig zu Beginn des Mietverhältnisses zahlt* **2.** (*umg.*) *Geldbetrag, den man an den Vormieter zahlt, wenn bestimmte Möbel oder Einrichtungsgegenstände in der Wohnung bleiben* **3.** SPORT *kurz für „Ablösesumme“*

ab·lö·sen <löst ab, löste ab, hat abgelöst> **I.** *mit OBJ* **1.** ■ *jmd. löst etwas ab* (≈ *entfernen*) *bewirken, dass etwas nicht mehr auf etwas klebt, haftet o.Ä.* Die Folie lässt sich leicht ablösen und hinterlässt keine Rückstände. **2.** ■ *jmd. löst jmdn. ab an der Stelle weitermachen, an der eine andere Person aufgehört hat* die Kollegin ablösen, Franz Müller löst Hermann Huber im Amt des Bürgermeisters ab. **II.** *mit SICH* **1.** ■ *etwas löst sich ab sich von selbst von etwas lösen* Das Poster löst sich von der Wand ab. **2.** ■ *jmd. löst sich (von jmdm.) ab im Laufe der Zeit innerlich Abstand zu jmdm. gewinnen* Er brauchte viele Jahre, um sich von seinem Lehrer abzulösen. **3.** ■ *jmd. löst sich (mit jmdm.) (bei etwas Dat.) ab* ■ **A und B lösen sich bei C ab**: *A und B erledigen die Aufgabe C im Wechsel, d.h. einmal erledigt A die Aufgabe und B macht Pause und dann erledigt B die Aufgabe und A macht Pause*

Ab·lö·se·sum·me die <-, -n> SPORT *ein Geldbetrag, den ein Verein an einen anderen Verein zahlen muss, damit ein Berufssportler vom einen zum anderen wechseln kann* eine hohe Ablösesumme zahlen

Ab·lö·sung die <-, -en> **1.** (*kein Plur.*) *das Ablösen* **2.** *Person, die jmdn. ablöst I.2* Ich kann noch nicht gehen, denn meine Ablösung ist noch nicht da.

Ab·luft die <-> (*kein Plur.*) TECHN. *verbrauchte Luft*

Ab·luft·fil·ter der <-s, -> *Filter, der Abluft reinigt*

Ab·luft·schlauch der <-(e)s, Ablaufschläuche> *Schlauch, der Abluft ableitet*

ab·lut·schen <lutschst ab, lutschte ab, hat abgelutscht> *mit OBJ* ■ *jmd. lutscht etwas ab* (*umg.* ≈ *ablecken*)

ABM die *Abkürzung von „Arbeitsbeschaffungsmaßnahme“*

ab·ma·chen¹ *mit OBJ* ■ *jmd. macht etwas ab* (*umg.* ≈ *entfernen*) *bewirken, dass etwas nicht mehr da ist, wo es angebracht war* einen Knopf vom Mantel abmachen

ab·ma·chen² *mit OBJ* ■ *jmd. macht etwas (mit jmdm.) ab* (*umg.* ≈ *vereinbaren*) Ich habe mit ihr abgemacht, dass wir uns um 17 Uhr treffen., Wir haben abgemacht, dass wir heute ins Kino gehen. ■ **Abgemacht!**: *Ausruf, der eine Vereinbarung bekräftigt*

Ab·ma·chung die <-, -en> (≈ *Vereinbarung*)

ab·ma·gern <magerst ab, magerte ab, ist abgemagert> *ohne OBJ* ■ *jmd. magert ab* (*stark*) *an Körpergewicht verlieren* Nach ihrer Krankheit ist sie völlig abgemagert.

Ab·ma·ge·rungs·kur die <-, -en> (*umg.*) *Diät, die man macht, um an Körpergewicht zu verlieren*

ab·mah·nen *mit OBJ* ■ *jmd. mahnt jmdn. ab* RECHTSW. *jmdn. auf ein Fehlverhalten hinweisen* Er ist von seinem Arbeitgeber mehrfach abgemahnt worden.

Ab·mah·nung die <-, -en> **1.** *das Abmahnen* **2.** RECHTSW. *ein Hinweis auf ein Fehlverhalten mit juristischen Folgen* Nach mehreren Abmahnungen kann eine Kündigung des Arbeitsvertrages erfolgen.

ab·ma·len *mit OBJ* ■ *jmd. malt etwas ab* (≈ *abzeichnen*) *etwas so malen, dass es genau einem anderen Bild entspricht*

Ab·marsch der <-(e)s, Abmärsche> (*Plur. selten*) *der Vorgang, dass ein Marsch in eine bestimmte*

Richtung begonnen wird

ab·marsch·be·reit <nicht steig.> *Adj. zum Abmarsch bereit*

ab·mar·schie·ren <marschierst ab, marschierte ab, ist abmarschiert> *ohne OBJ* ■ *jmd. marschiert ab im Marschschritt weggehen*

ab·meh·ren *ohne OBJ* ■ *jmd. mehrt ab* (*schweiz.*) *abstimmen* einen Antrag/Entwurf/Vorschlag abmehren

Ab·mel·de·be·schei·ni·gung die <-, -en> *Bescheinigung, auf der eine Abmeldung bestätigt wird*

ab·mel·den **I.** *mit OBJ* ■ *jmd. meldet etwas ab* (↔ *anmelden*) *einer offiziellen Stelle mitteilen, das man ein Fahrzeug, ein Telefon o.Ä., das man besitzt, nicht mehr benutzt* sein Auto/den Fernseher/das Telefon abmelden **II.** *mit SICH* **1.** ■ *jmd. meldet sich* (*bei jmdm./etwas*) *ab* (↔ *anmelden*) *einer offiziellen Stelle mitteilen, dass man umzieht oder dass man nicht mehr Mitglied sein möchte* sich vor dem Umzug in eine andere Stadt bei der Meldestelle abmelden, sich beim Sportverein abmelden **2.** ■ *jmd. meldet sich* (*bei jmdm.*) *ab jmdm., meist einem Vorgesetzten, mitteilen, dass man in der nächsten Zeit nicht da ist* Vor seinem Urlaub hat er sich bei seinem Chef abgemeldet.

ab·mes·sen <misst ab, maß ab, hat abgemessen> *mit OBJ* ■ *jmd. misst etwas ab mit einem Maß die Länge, Höhe, Breite oder das Fassungsvermögen von etwas bestimmen* eine Entfernung abmessen

Ab·mes·sung die <-, en> **1.** (*kein Plur.*) *das Abmessen* **2.** (*meist Plur.*) *die Maße eines Gegenstands* sich die genauen Abmessungen der Maschine/des Schranks notieren

ABM-Kraft die <-> (*kein Plur.*) *Person, die im Rahmen einer Arbeitsbeschaffungsmaßnahme eingestellt worden ist*

ABMler der <-s, -> (*umg.*) *Person, die eine ABM-Stelle hat*

ab·mo·de·rie·ren <moderierst ab, moderierte ab, hat abmoderiert> *mit OBJ* ■ *jmd. moderiert etwas ab als Moderator am Ende einer Sendung in Rundfunk oder Fernsehen oder nach einer Veranstaltung einige Worte zum Abschluss sagen*

ab·mon·tie·ren ['abmɔnti:rən] *mit OBJ* ■ *jmd. montiert etwas ab etwas, das an einer Stelle angeschraubt o.Ä. ist, lösen und wegnehmen*

ABM-Stel·le die <-, -n> *eine* (*meist befristete*) *Arbeitsstelle für Arbeitslose, die diese in den Wirtschaftsprozess eingliedern soll* eine ABM-Stelle annehmen/antreten/ausschreiben/vergeben

ab·mü·hen *mit SICH* ■ *jmd. müht sich* (*mit etwas Dat.*) *ab mit großer Mühe und Anstrengung etwas tun* Ich habe mich wirklich abgemüht, ihr die Hausaufgaben zu erklären, aber sie hat es immer noch nicht verstanden.

Ab·mus·te·rung die <-, -en> SEEW. *der Vorgang, dass jmd. aus dem Dienst auf einem Schiff entlassen wird* Die Abmusterung des Schiffskochs war vorauszusehen, er wollte schon lange kündigen., Der Kapitän schlug zwei Matrosen für die Abmusterung vor.

ABM-Vertrag der <-(e)s, die ABM-Verträge> *Vertrag für eine ABM-Stelle*

ab·na·beln <nabelst ab, nabelte ab, hat abgenabelt> **I.** *mit OBJ* ■ *jmd. nabelt jmdn. ab von der Nabelschnur trennen* Nach der Geburt wird das Baby abgenabelt. **II.** *mit SICH* ■ *jmd. nabelt sich ab* (*umg.*) *sich unabhängig machen* sich von den Eltern abnabeln ▶Abnabelung

ab·na·gen *mit OBJ* ■ *jmd./ein Tier nagt etwas ab das Fleisch, das an einem Knochen verblieben ist, abessen* Der Hund hat den Knochen abgenagt., Schakale nagen einen Tierkadaver ab.

ab·nä·hen <nähst ab, nähte ab, hat abgenäht> *mit OBJ* ■ *jmd. näht etwas ab eine Naht so an einem Kleidungsstück anbringen, dass es enger wird*

Ab·nah·me die <-, -n> **1.** *das Abnehmen* / Die Abnahme der Bilder erfolgt nach dem Ausräumen der Zimmer. **2.** (≈ *Verringerung* ↔ *Zunahme*) *der Vorgang, dass etwas weniger wird* die Abnahme der Umsätze **3.** (↔ *Zunahme*) *Gewichtsverlust* Patienten berichten von einer Abnahme von bis zu fünf Kilogramm.

Ab·nah·me·ver·pflich·tung die <-, -en> *Verpflichtung, jmdm. etwas abzukaufen*

ab·nehm·bar <nicht steig.> *Adj. so, dass man etwas* (*von etwas*) *abnehmen kann* eine Jacke mit abnehmbaren Ärmeln

ab·neh·men <nimmst ab, nahm ab, hat abgenommen> **I.** *mit OBJ* **1.** ■ *jmd. nimmt etwas ab* (≈ *entfernen*) *etwas, das irgendwo aufgehängt ist, entfernen* ein Bild von der Wand abnehmen **2.** ■ *jmd. nimmt ab* (TELEKOMM.: ↔ *auflegen*) *den Hörer von der Gabel nehmen* Das Telefon klingelt, kannst du bitte mal abnehmen? **3.** ■ *jmd. nimmt jmdm. etwas ab jmdm. bei einer Sache helfen* Er hat mir netterweise einen Teil der Arbeit abgenommen., Darf ich Ihnen den Koffer abnehmen? **4.** ■ *jmd. nimmt jmdm. etwas ab von jmdm. etwas kaufen* Ich bin froh, dass er mir mein altes Fahrrad abgenommen hat. **5.** ■ *jmd. nimmt jmdm. etwas ab jmdm. etwas wegnehmen* Die Polizei hat ihm gestern den Führerschein abgenommen. ■ **jemandem etwas (nicht) abnehmen** (*umg.*): *jmdm. etwas* (*nicht*) *glauben* Diese Geschichte nehme ich dir nicht ab! **II.** *ohne OBJ* **1.** ■ *etwas nimmt ab* (↔ *zunehmen*) *weniger oder geringer werden* Die Leserzahlen der Zeitschrift haben über die Jahre kontinuierlich abgenommen. **2.** ■ *jmd. nimmt ab* (↔ *zunehmen*) *an Gewicht verlieren; eine Diät machen* Er hat in drei Monaten fünf Kilo abgenommen., Ich möchte kein Eis essen, denn ich nehme gerade ab.

ab·neh·mend ■ **abnehmender Mond** (↔ *zunehmend*): *in der Mondphase, in der ein immer geringeres Stück des Mondes zu sehen ist*

Ab·neh·mer, **Ab·neh·me·rin** der <-s, -> (≈ *Käufer*) *jmd., der eine Ware kauft*

Ab·nei·gung die <-, -en> (≈ *Vorliebe*) *das Gefühl, dass man etwas nicht mag* Sie hat eine ausgesprochene/erkennbare/unverhohlene Abneigung gegen Computer.

ab·norm *Adj. so, dass es in Größe, Stärke o.Ä. vom allgemein Üblichen abweicht*

Ab·nor·mi·tät die <-, -en> *Lebewesen oder Sache, die (in krankhafter Weise) vom Normalen abweicht*

ab·nut·zen <nutzt ab, nutzte ab, hat abgenutzt> **I.** *mit OBJ* ■ *jmd. nutzt etwas ab durch häufiges Benutzen bewirken, dass etwas nicht mehr so makellos ist wie im Neuzustand* etwas durch häufigen Gebrauch abnutzen **II.** *mit SICH* ■ *etwas nutzt sich ab abgenutzt werden* Die Autoreifen haben sich schnell abgenutzt. ▶Abnutzung

Ab·nut·zungs·er·schei·nung die <-, -en> *etwas, das ein Zeichen der Abnutzung ist*

Abo·li·ti·on die <-, -en> RECHTSWISS. *Aufhebung eines Strafverfahrens, bevor es auf normalem Weg abgeschlossen wird*

A·bo·li·tio·nis·mus der <-> *(kein Plur.) (Kampf für die) Abschaffung der Sklaverei*

A·bon·ne·ment das [abɔnəˈmɑ̃ː] <-s, -s> *der Vorgang, dass jmd. regelmäßig gegen Bezahlung etwas erhält* sein Abonnement für das Schauspielhaus/der Fachzeitschrift verlängern

Abon·ne·ment·fern·se·hen das <-s> *(kein Plur.) (≈ Pay-TV) Fernsehprogramm eines privaten Senders, für dessen Empfang man monatlich eine Gebühr zahlt*

Abon·ne·ment(s)·preis der <-(e)s, -e> *Preis für etwas, das man regelmäßig im Abonnement bekommt*

A·bon·nent, **A·bon·nen·tin** der [abɔˈnɛnt] <-en, -en> *jmd., der sich zum regelmäßigen Bezug einer Sache verpflichtet hat* ◆ Zeitungs-

a·bon·nie·ren <abonnierst, abonnierte, hat abonniert> *mit OBJ* ■ *jmd. abonniert etwas jmd. geht in Bezug auf etwas ein Abonnement ein* eine Zeitung abonnieren

ab·ord·nen <ordnest ab, ordnete ab, hat abgeordnet> *mit OBJ* ■ *jmd. ordnet jmdn. ab jmdn. dienstlich an einen bestimmten Ort schicken*

Ab·ord·nung die <-, -en> **1.** *(kein Plur.) das Abordnen* **2.** *(≈ Delegation) eine Gruppe von Personen, die in einem bestimmten Auftrag unterwegs ist*

A·b·ort[1] der [aˈbɔrt] <-(e)s, -e> (AMTSSPR.: *veralt.*) *Toilette*

A·b·ort[2] der [aˈbɔrt] <-s, -e> MED. *Fehlgeburt*

ab·pa·cken <packst ab, packte ab, hat abgepackt> *mit OBJ* ■ *jmd. packt etwas ab in einzelne Portionen verpacken* abgepackte Wurst

ab·pas·sen <passt ab, passte ab, hat abgepasst> *mit OBJ* **1.** ■ *jmd. passt jmdn. ab auf jmdn. warten, weil man etwas von ihm möchte* Der Schüler passte nach dem Unterricht seinen Lehrer ab, um sich bei ihm zu entschuldigen. **2.** ■ *jmd. passt etwas ab auf einen günstigen Zeitpunkt warten* Mit seinem Anliegen hat er eine günstige Gelegenheit abgepasst.

ab·pel·len *mit OBJ* ■ *jmd. pellt etwas ab eine Haut von etwas entfernen* gekochte Kartoffeln abpellen, nach einem Sonnenbrand Hautstücke vom Körper abpellen, ein gekochtes Ei abpellen

ab·per·len <perlt ab, perlte ab, ist abgeperlt> *ohne OBJ* ■ *etwas perlt (an etwas Dat.) ab eine Flüssigkeit bildet an der Oberfläche von etwas Tropfen, die an der Oberfläche herunterlaufen, weil die Flüssigkeit nicht in den Stoff eindringen kann* Der Regen perlt an ihrer neuen Regenjacke ab.

ab·pfei·fen <pfeifst ab, pfiff ab, hat abgepfiffen> *mit OBJ* ■ *jmd. pfeift etwas ab* SPORT *(als Schiedsrichter) mit dem Schlusspfiff das Spiel beenden*

Ab·pfiff der <-(e)s, -e> SPORT *Schlusspfiff, der ein Spiel beendet*

ab·pflü·cken <pflückst ab, pflückte ab, hat abgepflückt> *mit OBJ* ■ *jmd. pflückt etwas ab eine Frucht oder Pflanze von einer Stelle ablösen und wegnehmen* Äpfel vom Baum abpflücken, Blumen von einer Wiese abpflücken

ab·pla·gen *mit SICH* ■ *jmd. plagt sich (mit jmdm./etwas) ab etwas mit viel Mühe tun* sich mit einer Arbeit/im Garten abplagen

ab·plat·zen <platzt ab, platzte ab, ist abgeplatzt> *ohne OBJ* ■ *etwas platzt ab aufplatzen und herunterfallen* Der empfindliche Lack platzt leicht ab.

ab·pral·len *ohne OBJ* ■ *etwas prallt (von etwas Dat.) ab (sein) auf eine Oberfläche prallen und von ihr zurückgelenkt werden* Der Fußball ist vom Torpfosten abgeprallt.

Ab·pral·ler der <-s, -> SPORT *Ball, der irgendwo aufschlägt und wieder zurückfliegt*

Ab·pro·dukt das <-(e)s, -e> TECHN. *bei der Produktion entstehendes Abfallprodukt*

ab·pum·pen <pumpst ab, pumpte ab, hat abgepumpt> *mit OBJ* ■ *jmd. pumpt etwas ab Flüssigkeit mit einer Pumpe aus etwas entfernen* Wasser aus einem überschwemmten Keller abpumpen

ab·put·zen <putzt ab, putzte ab, hat abgeputzt> *mit OBJ* ■ *jmd. putzt jmdn./etwas ab (≈ reinigen) Schmutz von jmdm. oder etwas entfernen* ein Kind abputzen, Kannst du dir bitte die Schuhe abputzen?

ab·quet·schen <quetschst ab, quetschte ab, hat abgequetscht> *mit OBJ* ■ *jmd. quetscht (jmdm.) etwas ab durch sehr starkes Drücken etwas beinahe oder wirklich abtrennen*

ab·rah·men **I.** *mit OBJ* ■ *jmd. rahmt etwas ab (≈ absahnen) den Rahm von der Milch abschöpfen* **II.** *ohne OBJ* ■ *jmd. rahmt ab (übertr. ≈ absahnen) jmd. nimmt das Beste für sich, hat den größten Vorteil für sich*

A·b·ra·ka·da·b·ra, **A·b·ra·ka·da·b·ra** das <-s> *(kein Plur.) eine Zauberformel*

Ab·ra·si·on die <-, -en> **1.** GEOL. *Abtragung von Gesteinsschichten* **2.** MED. ≈ AUSSCHABUNG

ab·ras·peln <raspelst ab, raspelte ab, hat abgeraspelt> *mit OBJ* ■ *jmd. raspelt etwas ab mit einer Reibe kleine Stücke von etwas abtrennen*

ab·ra·ten <rätst ab, riet ab, hat abgeraten> *ohne OBJ* ■ *jmd. rät jmdm. (von etwas Dat.) ab,* ■ *jmd. rät jmdm. ab plus Inf. jmdm. raten, etwas nicht zu tun* jemandem von einem Vorhaben abraten, jemandem abraten, etwas zu tun

Ab·raum der <-(e)s> *(kein Plur.)* BERGB. *nicht nutzbare Erd- oder Gesteinsschicht über Boden-*

schätzen

ab·räu·men *mit OBJ* ■ *jmd. räumt etwas ab etwas, das an einer Stelle steht, nehmen und wegtragen* das Geschirr abräumen

ab·re·a·gie·ren **I.** *mit OBJ* ■ *jmd. reagiert etwas ab seelische Spannungen abbauen* seinen Ärger an den Kollegen/beim Sport abreagieren **II.** *mit SICH* ■ *jmd. reagiert sich ab seine Wut oder Erregung abbauen, indem man irgendetwas tut*

ab·rech·nen **I.** *mit OBJ* **1.** ■ *jmd. rechnet etwas (von etwas Dat.) ab (≈ abziehen, subtrahieren)* die Kosten von den Einnahmen abrechnen **2.** ■ *jmd. rechnet ab* WIRTSCH. *(finanziell) Rechenschaft ablegen, indem man eine Schlussrechnung vorlegt* Am Jahresende wird abgerechnet. **II.** *ohne OBJ* ■ *jmd. rechnet (mit jmdm.) ab (umg.) jmdn. wegen eines Vergehens zur Rechenschaft ziehen* Mit dir werde ich noch abrechnen!

Ab·rech·nung die <-, -en> **1.** *das Abrechnen* **2.** *Schriftstück, das ein Abrechnen I.2 dokumentiert*

Ab·rech·nungs·ter·min der <-(e)s, -e> **1.** *Zeitpunkt, an dem ein Abrechnungszeitraum endet* **2.** *Zeitpunkt oder Tag, an dem eine Abrechnung vorgenommen wird*

Ab·rech·nungs·zeit·raum der <-(e)s, Abrechnungszeiträume> *Zeitspanne, für die eine Abrechnung erstellt wird*

ab·re·gen *mit SICH (↔ aufregen)* ■ *jmd. regt sich ab (umg.) sich beruhigen* Nun reg dich mal wieder ab!

ab·reg·nen *mit SICH* ■ *etwas regnet sich ab als Regen niedergehen* ■ **Wolken regnen sich ab**: *dadurch, dass es regnet, verschwinden die Wolken*

ab·rei·ben <reibst ab, rieb ab, hat abgerieben> *mit OBJ* ■ *jmd. reibt jmdn./etwas (mit etwas Dat.) ab* **1.** *durch Reiben reinigen* die Flächen mit einem Tuch sanft abreiben **2.** *durch Reiben trocknen* sich nach dem Bad mit einem Handtuch abreiben

Ab·rei·bung die <-, -en> **1.** *(kein Plur.) das Abreiben* **2.** *(umg. ≈ Prügel)* ■ **eine Abreibung kriegen**: *Prügel bekommen* **jemandem eine Abreibung verpassen**: *jmdn. verprügeln*

Ab·rei·se die <-, -n> *der Vorgang, dass jmd. von einem Ort wegreist* bis zur Abreise noch den Koffer packen müssen

ab·rei·sen <reist ab, reiste ab, ist abgereist> *ohne OBJ* ■ *jmd. reist ab (↔ anreisen) von einem Ort wegreisen* Die Gäste reisen am Freitag ab.

Ab·rei·se·tag der <-(e)s, -e> *Tag der Abreise*

ab·reiß·bar <nicht steig.> *Adj. so, dass man es abreißen kann*

ab·rei·ßen <reißt ab, riss ab, hat/ist abgerissen> **I.** *mit OBJ* **1.** ■ *jmd. reißt etwas ab (haben ≈ niederreißen) ein Gebäude zerstören*, die alten Häuser abreißen **2.** ■ *jmd. reißt etwas (von etwas Dat.) ab durch Reißen abtrennen* ein Kalenderblatt abreißen **II.** *ohne OBJ* ■ *etwas reißt ab (sein)* **1.** *unter Belastung entzweigehen oder zerreißen* Der Aufhänger/der Knopf ist abgerissen. **2.** *unterbrochen werden* Der Besucherstrom/die Funkverbindung riss nicht ab.

Ab·reiß·ka·len·der der <-s, -> *Kalender mit Blättern, die man abreißt I.2*

Ab·reiß·per·fo·ra·ti·on die <-, -en> *eine gestanzte oder gelöcherte Linie, an der man etwas leichter abreißen I.2 kann*

ab·rei·ten *mit OBJ* ■ *jmd. reitet etwas ab eine Strecke auf einem Pferd entlangreiten* Der Sheriff hatte das ganze Gelände abgeritten, doch von den Viehdieben fand er keine Spur.

ab·ren·nen <rennst ab, rannte ab, ist abgerannt> **I.** *mit OBJ* ■ *jmd. rennt etwas ab auf der Suche nach etwas zu verschiedenen Orten oder Personen gehen* Um ein schönes Geburtstagsgeschenk zu finden, hat er die ganze Stadt abgerannt. **II.** *mit SICH* ■ *jmd. rennt sich ab (umg. ≈ abhetzen) sich sehr beeilen* sich abrennen, um einen Zug noch zu erreichen

ab·rich·ten *mit OBJ* ■ *jmd. richtet ein Tier ab (≈ dressieren) ein Tier lehren, ein bestimmtes Verhalten zu zeigen* einen Hund abrichten

Ab·rieb der <-(e)s, -e> *(kein Plur.) Abnutzung eines Reifens o.Ä. durch Reibung*

ab·rieb·fest <nicht steig.> *Adj. so, dass etwas nicht zu schnell abgerieben wird oder sich durch Reiben löst* ▶Abriebfestigkeit

ab·rie·geln <riegelst ab, riegelte ab, hat abgeriegelt> *mit OBJ* ■ *jmd. riegelt etwas ab (≈ absperren) den Zugang zu etwas versperren* Der Marktplatz wurde (von der Polizei) weiträumig abgeriegelt., Sicherheitskräfte riegelten das Flughafengelände ab.

Ab·riss der <-es, -e> **1.** *(kein Plur.) das Niederreißen (von Gebäuden)* **2.** *(≈ Übersicht) eine kurze Darstellung einer Sache* ein Abriss der europäischen Geschichte

Ab·riss·ar·bei·ten die <-> *Plur. Arbeiten, die bei einem Abriss[1] durchgeführt werden*

Ab·riss·bir·ne die <-, -n> *eine Art große Metallkugel, die beim Abriss eines Gebäudes von einem Kran o.Ä. gegen die Mauern geschlagen wird*

Ab·riss·fir·ma die <-, die Abrissfirmen> *(≈ Abbruchfirma) Firma, die Abrissarbeiten durchführt*

ab·rol·len <rollst ab, rollte ab, hat/ist abgerollt> **I.** *mit OBJ* ■ *jmd. rollt etwas ab (haben)* **1.** *etwas, das aufgerollt ist, abwickeln* ein Kabel abrollen **2.** *beim Gehen zuerst die Ferse und dann die Zehen aufsetzen* den Fuß abrollen **II.** *ohne OBJ* ■ *etwas rollt ab (sein)* **1.** *an eine Stelle wegrollen* Das Flugzeug rollt zum Start ab. **2.** *sich ereignen, verlaufen, sich abspielen* Die Feier ist ohne Probleme abgerollt. **III.** *mit SICH* ■ *jmd. rollt sich ab mit dem Körper eine Bewegung machen, bei der man den Körper dreht und auf dem Boden nach vorne rollt, um z.B. einen Aufprall abzuschwächen* Als Abschluss der Turnübung muss man sich abrollen.

Ab·roll·kos·ten die <-> *Plur.* FACHSPR. *Kosten für die Abholung und den Transport von Frachtgut*

ab·rub·beln <rubbelst ab, rubbelte ab, hat abgerubbelt> *mit OBJ* **1.** ■ *jmd. rubbelt etwas ab etwas kräftig reiben und dadurch die oberste Schicht entfernen* **2.** ■ *jmd. rubbelt jmdn./sich ab jmdn.*

oder sich mit einem Handtuch kräftig abtrocknen Nach dem Schwimmen rubbelte er sich kräftig ab.

ab·rü·cken <rückst ab, rückte ab, ist/hat abgerückt> **I.** *mit OBJ* ■ *jmd. rückt etwas ab* (*haben*) *etwas von einer Stelle wegrücken* den Stuhl vom Tisch abrücken, das Bett von der Wand abrücken **II.** *ohne OBJ* ■ *jmd. rückt von jmdm./etwas ab* (*sein*) **1.** *auf eine größere Entfernung zu jmdm. oder etwas gehen* auf der Bank von seinem Nachbarn abrücken, von seiner Meinung abrücken **2.** ■ *jmd. rückt ab* (*umg.* (*sein*)) *nach Erledigung einer Aufgabe einen Ort* (*mit all seiner Ausrüstung*) *wieder verlassen* Als wir die Brandstelle erreichten, rückte die Feuerwehr bereits wieder ab.

Ab·ruf ■ **auf Abruf**: *so, dass man bereit ist, sofort einer Aufforderung zu folgen* ▶abrufbereit

ab·ru·fen <rufst ab, rief ab, hat abgerufen> *mit OBJ* ■ *jmd. ruft etwas ab* EDV *auf gespeicherte Daten zugreifen* Informationen aus dem Internet/dem Speicher abrufen

ab·run·den *mit OBJ* ■ *jmd. rundet etwas ab* **1.** TECHN. *rund machen* die Ecken des Werkstücks durch Schleifen abrunden, abgerundete Gehäusekanten **2.** (≈ *vervollkommnen*) *vollenden, indem man das letzte noch fehlende Detail hinzufügt* einen Abend/einen Eindruck/den Geschmack einer Speise abrunden **3.** MATH. *einen Betrag auf den nächstkleineren Zehner oder Hunderter usw. verringern* 1022 Euro auf 1020 Euro abrunden

ab·rupt *Adj.* (≈ *plötzlich*) *so, dass es sehr schnell und ohne Vorwarnung geschieht* abrupt anhalten

ab·rüs·ten **I.** *mit OBJ* ■ *jmd. rüstet etwas ab* **1.** (↔ *aufrüsten*) *die Anzahl der bestehenden Waffen verringern;* MILIT. Atomwaffen abrüsten **2.** (↔ *einrüsten*) *ein Gerüst entfernen* eine Fassade/ein Haus abrüsten **II.** *ohne OBJ* ■ *jmd. rüstet ab Waffenarsenale verkleinern* Die Supermächte haben abgerüstet.

Ab·rüs·tung die <-, -en> MILIT. *das Abrüsten II*

Ab·rüs·tungs·kon·fe·renz die <-, -en> *Konferenz, auf der Fragen der Abrüstung diskutiert werden*

ab·rut·schen <rutschst ab, rutschte ab, ist abgerutscht> *ohne OBJ* **1.** ■ *jmd. rutscht* (*von etwas Dat.*) *ab keinen festen Halt mehr finden und nach unten rutschen* mit dem Fuß von einer Stufe abrutschen, Nach tagelangen Regenfällen ist der Hang abgerutscht. **2.** ■ *jmd. rutscht ab* (*umg.*) (*moralisch oder leistungsmäßig*) *schlechter werden* Sie ist in Mathematik ziemlich abgerutscht., In schlechter Gesellschaft rutscht man schnell ab.

A·b·ruz·zen <-> *Plur.* **1.** *Gebiet im südlichen Mittelitalien* **2.** *Abruzzischer Apennin*

Abs. der *Abkürzung von „Absender"*

ab·sä·beln <säbelst ab, säbelte ab, hat abgesäbelt> *mit OBJ* ■ *jmd. säbelt etwas ab* (*umg.* ≈ *abschneiden*) Wurst mit einem Taschenmesser absäbeln

ab·sa·cken <sackst ab, sackte ab, ist abgesackt> *ohne OBJ* ■ *jmd./etwas sackt ab* (*umg.*) **1.** *sich plötzlich nach unten bewegen* Der Boden/das Flugzeug sackt ab. **2.** (*umg.*) *sich leistungsmäßig sehr verschlechtern* in der Schule absacken **3.** (*umg.*) *plötzlich weniger werden* Ihr Blutdruck/Die Temperatur sackt ab.

Ab·sa·ge die <-, -n> **1.** (↔ *Zusage*) *der Vorgang, dass jmd. sagt, er werde etwas nicht tun* Ich habe auf meine Einladung nur Absagen erhalten., Drei der eingeladenen Professoren haben uns Absagen geschickt. **2.** *der Vorgang, dass jdm. klar seine Ablehnung zum Ausdruck bringt* Der Parteivorsitzende hat in seiner Rede jeglichem Extremismus eine klare Absage erteilt.

ab·sa·gen **I.** *mit OBJ* ■ *jmd. sagt etwas ab sagen, dass man etwas nicht tun wird* Leider muss er den Termin absagen., Das Treffen ist wegen Krankheit abgesagt worden. **II.** *ohne OBJ* ■ *jmd. sagt* (*jmdm.*) *ab sagen, dass man zu einem Treffen nicht kommen kann* Für morgen muss ich (dir) leider absagen.

ab·sä·gen *mit OBJ* **1.** ■ *jmd. sägt etwas ab durch Sägen abtrennen* die störenden Äste absägen **2.** ■ *jmd. sägt jmdn. ab* (*umg.*) *aus dem Amt entfernen oder eine Kandidatur auf ein Amt verhindern* Mit welchen Argumenten hat man den Kandidaten abgesägt?

ab·sah·nen *mit OBJ/ohne OBJ* ■ *jmd. sahnt* (*etwas*) *ab* **1.** (≈ *abrahmen*) *von der Milch den Rahm entfernen* die Milch absahnen **2.** (*umg. abwert.*) (*unberechtigt*) *große Vorteile erlangen* Sie hat bei der Erbschaft ganz schön (viel Geld) abgesahnt.

Ab·sah·ner der <-s, -> (*umg. abwert.*) *jmd., der bei etwas absahnt*[2]

ab·sat·teln *mit OBJ* ■ *jmd. sattelt ein Tier ab den Sattel von einem Tier nehmen* ein Pferd absatteln

Ab·satz der <-(e)s, Absätze> **1.** *erhöhter hinterer Teil der Schuhsohle* Damenschuhe mit flachen/hohen Absätzen ◆ Pfennig- **2.** WIRTSCH. *der Verkauf von Waren* den Absatz ankurbeln/fördern/steigern/verdoppeln ◆-flaute, -förderung, -markt, -rückgang, -schwierigkeiten **3.** *ein* (*kleiner*) *leerer Raum in einem gedruckten Text, der einen Sinneinschnitt anzeigt* einen Absatz machen

Ab·satz·ga·ran·tie die <-, n> *Garantie, dass ein* (*guter*) *Absatz*[2] *einer Ware erfolgen wird*

Ab·satz·plus das <-> (*kein Plur.*) WIRTSCH. *Betrag, um den der Absatz*[2] *im Vergleich zu einem früheren Zeitraum erhöht werden konnte*

Ab·satz·prog·nose die <-, -n> WIRTSCH. *Prognose darüber, wie sich etwas verkaufen wird*

Ab·satz·ren·ner der <-s, -> *ein Artikel, der sich überaus gut und besser als alle anderen verkauft* Sonnencreme war der Absatzrenner in diesem heißen, sonnigen Sommer.

Ab·satz·sta·tis·tik die <-, -en> *Statistik über den Absatz*[2]

Ab·saug·an·la·ge die <-, -n> *Anlage zum Absaugen von Dämpfen, Rauch o.Ä.*

ab·sau·gen *mit OBJ* ■ *jmd. saugt etwas ab durch Saugen etwas von einer Stelle entfernen* Krümel vom Teppich absaugen

ab·scha·ben *mit OBJ* ■ *jmd. schabt etwas ab durch Schaben entfernen*

ab·schaf·fen <schaffst ab, schaffte ab, hat abge-

schafft> *mit OBJ* ■ *jmd. schafft etwas ab* **1.** *außer Kraft setzen* ein Gesetz/eine Vorschrift abschaffen **2.** *sich von etwas trennen oder etwas beseitigen* das eigene Auto/alle Autos überhaupt abschaffen

Ab·schaf·fung die <-> (*kein Plur.*) *das Abschaffen;* (↔ *Einführung*) die Abschaffung von Sonderrechten, die Abschaffung der Monarchie in einem Staat

ab·schä·len <schälst ab, schälte ab, hat abgeschält> *mit OBJ* ■ *jmd. schält etwas ab von etwas die Schale oder Rinde entfernen* die Rinde von einen Baum/einen Apfel abschälen

Ab·schalt·au·to·ma·tik die <-, -en> (↔ *Einschaltautomatik*) *Automatik, durch die ein Gerät nach einer bestimmten Zeit selbstständig abgeschaltet wird* ein Bügeleisen/eine Kaffeemaschine mit Abschaltautomatik

ab·schal·ten **I.** *mit OBJ* ■ *jmd. schaltet etwas ab den Schalter so stellen, dass ein Gerät nicht mehr in Betrieb ist bzw. dass kein Strom mehr fließt* ein Gerät/eine Maschine/den Strom abschalten **II.** *ohne OBJ* ■ *jmd. schaltet ab* (*umg.*) **1.** *nicht mehr bei der Sache sein* Der normale Zuhörer hat da schon längst abgeschaltet. **2.** (≈ *entspannen*) In den Ferien will ich einmal richtig abschalten.

ab·schat·tie·ren <schattierst ab, schattierte ab, hat abschattiert> *mit OBJ* ■ *jmd. schattiert etwas ab Objekte auf einem Bild mit Schatten versehen, um sie hervorzuheben* ▶Abschattierung

ab·schät·zen <schätzt ab, schätzte ab, hat abgeschätzt> *mit OBJ* ■ *jmd. schätzt etwas ab durch Schätzen die Zahl oder Menge von etwas annähernd bestimmen* Lässt sich abschätzen, welche Schäden durch den Sturm entstanden sind? ▶Abschätzung

ab·schät·zig *Adj.* (≈ *geringschätzig/verächtlich* ↔ *respektvoll*) *so, dass man zeigt, dass man wenig von jmdm. hält* abschätzige Bemerkungen/Blicke/Kommentare

ab·schau·en (*süddt. österr.*) **I.** *mit OBJ* ■ *jmd. schaut etwas* (*von jmdm.*) *ab* (*süddt. österr. schweiz.* ≈ *abgucken*) *etwas, das man bei jmdm. gesehen hat, nachahmen* Das hast du sicher von ihm abgeschaut! **II.** *ohne OBJ* ■ *jmd. schaut ab* (SCHULE: ≈ *abschreiben*) *in das Heft eines Schülers, der neben einem sitzt, sehen und dessen Arbeitsergebnisse ins eigene Heft schreiben*

Ab·schaum der <-(e)s> (*kein Plur.*) (*abwert.*) *der moralisch minderwertigste Teil einer Gruppe* der Abschaum der Gesellschaft/Menschheit

ab·schei·den <scheidest ab, schied ab, hat abgeschieden> *mit OBJ* ■ *jmd. scheidet etwas ab* **1.** FACHSPR. *etwas von etwas trennen* **2.** (≈ *abgeben, ausscheiden*) Eine Wunde scheidet Flüssigkeit ab.

Ab·schei·der der <-s, -> TECHN. *Gerät, um etwas abzuscheiden*[1]

Ab·scheu der/die <-> (*kein Plur.*) (≈ *Ekel*) *starker Widerwillen* vor etwas Abscheu empfinden/haben

ab·scheu·ern <scheuerst ab, scheuerte ab, hat abgescheuert> **I.** *mit OBJ* ■ *jmd. scheuert etwas ab etwas durch Scheuern säubern* den Boden/den Dreck abscheuern **II.** *mit SICH* ■ *etwas scheuert sich ab etwas nutzt sich durch ständiges Reiben ab* Der Kragen an der Jacke hat sich abgescheuert.

ab·scheu·er·regend *Adj. so, dass etwas Abscheu erregt*

ab·scheu·lich *Adj.* (≈ *widerlich*) *so, dass man großen Ekel davor haben muss* abscheuliche Kriegsverbrechen/Szenen/Taten/Verbrechen ▶Abscheulichkeit

ab·schi·cken <schickst ab, schickte ab, hat abgeschickt> *mit OBJ* ■ *jmd. schickt etwas ab eine Nachricht durch die Post oder ein elektronisches System auf den Weg zum Empfänger bringen* den Brief/die E-Mail/das Paket abschicken

Ab·schie·be·hin·der·nis das <-ses, -se> *Grund, der gegen die Abschiebung einer Person spricht*

ab·schie·ben <schiebst ab, schob ab, hat/ist abgeschoben> **I.** *mit OBJ* (*haben*) **1.** ■ *jmd. schiebt etwas ab* (≈ *wegschieben*) den Tisch von der Wand abschieben, die Arbeit/die Schuld auf andere abschieben **2.** ■ *jmd. schiebt jmdn. ab* POL. (*auf gerichtlichen Beschluss*) *außer Landes schicken* abgelehnte Asylbewerber in ihr Heimatland abschieben **II.** *ohne OBJ* ■ *jmd. schiebt ab* (*umg. scherzh.* (*sein*)) *weggehen* Schieb endlich ab, Mann!

Ab·schie·be·pra·xis die <-> (*kein Plur.*) POL. *Art und Weise, wie Asylbewerber oder Flüchtlinge abgeschoben I.2 werden*

Ab·schie·be·stopp der <-s> (*kein Plur.*) POL. *behördliches Verbot zum Abschieben* (*bestimmter*) *Asylbewerber oder Flüchtlinge*

Ab·schie·bung die <-, -en> *das Abschieben I.2* die Abschiebung von Flüchtlingen

Ab·schied der <-(e)s, (-e)> *der Vorgang, dass eine Person von einer anderen Person oder Institution weggeht* Zum Abschied schenkte die Abteilung dem ausscheidenden Kollegen eine Flasche Wein und einen Blumenstrauß., beim Abschied traurig/wehmütig sein, Ich wollte noch Abschied nehmen, doch er war schon weg. ◆-sfeier, -sgruß

Ab·schieds·es·sen das <-s, -> *ein Essen aus Anlass eines Abschieds*

Ab·schieds·fest das <-(e)s, -e> *ein Fest vor dem Abschied von jmdm.*

Ab·schieds·ge·schenk das <-(e)s, -e> (↔ *Begrüßungsgeschenk*) *Geschenk, das jmd. vor einem Abschied bekommt oder dass jmd. jmdm. zum Abschied gibt*

Ab·schieds·spiel das <-(e)s, -e> SPORT *ein letztes Spiel, mit dem ein* (*prominenter*) *Spieler seine Karriere beendet*

Ab·schieds·vor·stel·lung die <-, -en> *letzte Vorstellung eines Schauspielers*

ab·schie·ßen <schießt ab, schoss ab, hat abgeschossen> *mit OBJ* **1.** ■ *jmd. schießt etwas ab* (≈ *abfeuern*) *eine Feuerwaffe betätigen und einen Schuss abgeben* **2.** ■ *jmd. schießt etwas ab* (≈ *starten*) *eine Rakete abschießen* **3.** ■ *jmd. schießt etwas ab durch Schießen töten oder vernichten* ein Flugzeug/ein Reh abschießen **4.** ■ *jmd. schießt jmdm. etwas ab jmdm. durch einen Schuss ein*

Körperteil abtrennen Im Krieg wurde ihm ein Arm abgeschossen. **5.** ■ *jmdn. schießt jmdn. ab* (*umg.*) *bewirken, dass jmd., der ein hohes Amt innehat, dieses Amt aufgeben muss* Nach der Wahl hat die Partei den Politiker abgeschossen. ■ **jemand schießt (mit etwas) den Vogel ab** (*umg.*): *jmd. übertrifft (mit etwas) alles, was vorher da gewesen ist oder fällt durch etwas besonders auf* Mit ihrem neuen Kleid hat sie ja mal wieder den Vogel abgeschossen!

ab·schir·men *mit OBJ* ■ *jmd. schirmt jmdn./etwas (vor jmdm./etwas) ab vor äußeren Einflüssen schützen* Der sympathische Sportler ist heute ein Superstar, der bei öffentlichen Auftritten von Bodyguards abgeschirmt wird.

Ab·schir·mung die <-> (*kein Plur.*) *das Abschirmen*

ab·schir·ren <schirrst ab, schirrte ab, hat abgeschirrt> *mit OBJ einem Pferd das Geschirr abnehmen*

ab·schlach·ten *mit OBJ* ■ *jmd. schlachtet jmdn. ab* (*abwert.*) *grausam töten* Im Krieg wurden tausende Menschen sinnlos abgeschlachtet.

ab·schlaf·fen <schlaffst ab, schlaffte ab, ist abgeschlafft> *ohne OBJ* ■ *jmd. schlafft ab* (*umg.*) *müde oder bequem werden*

Ab·schlag der <-(e)s, Abschläge> **1.** *Teilzahlung* (*von Lohn, Gehalt, Honorar, Gebühren*) vor Beendigung der Arbeit einen Abschlag erhalten, den monatlichen Abschlag für Strom und Wasser erhöhen **2.** SPORT *im Fußball der Vorgang, dass vom Tor aus der Torwart den Ball mit der Hand ins Spielfeld wirft* **3.** SPORT *Fläche zum Abschlagen des Balles vor einem Loch beim Golf* **4.** WIRTSCH. *Preissenkung, Preisnachlass*

ab·schla·gen <schlägst ab, schlug ab, hat abgeschlagen> *mit OBJ* **1.** ■ *jmd. schlägt etwas ab durch Schlagen abtrennen* einen toten Ast vom Baum abschlagen **2.** (≈ *verweigern*) ■ *jmd. schlägt jmdm. etwas ab jmds. Wunsch nicht erfüllen* dem Sohn keine Bitte/einen Wunsch abschlagen

ab·schlä·gig <nicht steig.> *Adj.* AMTSSPR. ■ **etwas abschlägig bescheiden**: *etwas ablehnen, nicht genehmigen* Sein Antrag wurde abschlägig beschieden.

Ab·schlags·zah·lung die <-, -en> (≈ *Teilzahlung*)

ab·schle·cken <schleckst ab, schleckte ab, hat abgeschleckt> *mit OBJ* ■ *jmd. schleckt etwas ab* (*umg.* ≈ *ablecken*)

ab·schlei·fen <schleifst ab, schliff ab, hat abgeschliffen> *mit OBJ* ■ *jmd. schleift etwas ab durch Schleifen glätten* die überstehenden Kanten abschleifen

Ab·schlepp·dienst der <-es, -e> *Firma, die defekte Kraftfahrzeuge abschleppt*

ab·schlep·pen **I.** *mit OBJ* **1.** ■ *jmd. schleppt etwas ab ein Auto oder ein anderes Fahrzeug, das defekt ist oder falsch geparkt ist, durch ein spezielles Fahrzeug von einem Ort wegschleppen* falsch geparkte Fahrzeuge abschleppen **2.** ■ *jmd. schleppt jmdn. ab* (*umg. abwert.*) *jmdn., den man gerade in einer Kneipe oder einer Disco kennen gelernt hat, für eine sexuelle Affäre mit zu sich nach Hause nehmen* Er ist dafür bekannt, dass er nach der Disco immer Mädchen abschleppt. **II.** *mit SICH* ■ *jmd. schleppt sich (mit etwas Dat.) ab* (*umg.*) *sich mit einer schweren Last abmühen* sich mit zwei schweren Koffern abschleppen

Ab·schlepp·seil das <(e)s, -e> KFZ *Seil, um ein Kraftfahrzeug an einem anderen zu befestigen und es so hinterher ziehen zu können*

Ab·schlepp·wa·gen der <-s, -> KFZ *Wagen, auf dem Fahrzeuge weggebracht werden, weil sie defekt sind und selbst nicht mehr fahren können oder weil sie falsch geparkt sind*

ab·schließ·bar <nicht steig.> *Adj. so, dass man etwas abschließen kann*

ab·schlie·ßen <schließt ab, schloss ab, hat abgeschlossen> **I.** *mit OBJ* **1.** ■ *jmd. schließt etwas ab mit einem Schlüssel versperren* das Büro/den Schrank/das Zimmer abschließen **2.** ■ *etwas schließt etwas ab umschließen* etwas luftdicht/wasserdicht abschließen **3.** ■ *jmd. schließt etwas ab* (≈ *beenden*) eine Arbeit/ein Projekt abschließen **4.** ■ *jmd. schließt etwas (mit jmdm.) ab* (≈ *vereinbaren*) einen Vertrag/eine Wette abschließen **II.** *ohne OBJ* ■ *etwas schließt (mit etwas Dat.) ab* (≈ *enden*) Der Kurs schließt mit einer schriftlichen Prüfung ab. **III.** *mit SICH* ■ *jmd. schließt sich ab* (≈ *abschotten*) *sich zurückziehen*

ab·schlie·ßend <nicht steig.> *Adj. als oder zum Abschluss* eine abschließende Bemerkung zu einem Thema machen

Ab·schluss der <-es, Abschlüsse> **1.** *das Ende eines Vorgangs oder einer Maßnahme* Den Abschluss des Seminars bildet ein Besuch in einem Industriebetrieb. **2.** (≈ *Schulabschluss*) *das Beenden einer Schul- oder Hochschulausbildung mit einer Prüfung* Sie hat einen Abschluss in Medizin. ◆ Schul-, Studien- **3.** *das Abschließen I.4* der Abschluss eines Vertrages ◆ Vertrags- **4.** WIRTSCH. *eine Bilanz, in die alle Gewinne und Verluste eingehen* der Abschluß des Kontos, den Abschluß machen

Ab·schluss·ar·beit die SCHULE *Arbeit oder schriftliche Prüfung, die vor einem Abschluss*[2] *in Schule oder Beruf geschrieben wird*

Ab·schluss·be·richt der <-(e)s, -e> *Bericht nach Beendigung einer Sache*

Ab·schluss·er·klä·rung die POL. *Erklärung nach Abschluss einer Konferenz*

Ab·schluss·exa·men das <-s, -/Abschlussexamina> *Examen, mit dem ein Abschluss*[2] *in Schule oder Beruf erreicht wird*

Ab·schluss·kund·ge·bung die <-, -en> *eine zum Schluss einer Veranstaltung durchgeführte Kundgebung*

Ab·schluss·prü·fung die <-, -en> *Prüfung, die einen Kurs oder Lehrgang oder eine Ausbildung abschließt*

Ab·schluss·zeug·nis das <-ses, -se> *ein Zeugnis, das den erfolgreichen Besuch eines Kurses oder Lehrgangs oder einer Schule bescheinigt*

ab·schme·cken <schmeckst ab, schmeckte ab, hat abgeschmeckt> *mit OBJ* ■ *jmd. schmeckt et-*

was ab KOCH. *probieren, ob eine Speise ausreichend gewürzt ist und eventuell nachwürzen* die Suppe abschmecken

ab·schmel·zen <schmilzst ab, schmolz ab, hat/ist abgeschmolzen> **I.** *mit OBJ* ■ *jmd. schmilzt etwas ab durch Hitze flüssig machen* **II.** *ohne OBJ* ■ *etwas schmilzt ab durch Schmelzen kleiner werden* Die Gletscher/Polkappen schmelzen ab.

ab·schmet·tern <schmetterst ab, schmetterte ab, hat abgeschmettert> *mit OBJ* ■ *jmd. schmettert etwas ab etwas energisch ablehnen* ein Anliegen abschmettern

ab·schmie·ren **I.** *mit OBJ* ■ *jmd. schmiert etwas ab* **1.** TECHN. *mit Schmiermittel versehen* Lager abschmieren **2.** (*umg. abwert.*) *sehr schlampig abschreiben* **II.** *ohne OBJ* ■ *etwas schmiert ab* LUFTF. *plötzlich kippen und abstürzen* Das Flugzeug schmierte aus 100 m Höhe ab.

ab·schmin·ken *mit SICH* ■ *jmd. schminkt sich ab Schminke vom Gesicht entfernen* Vor dem Schlafengehen sollte man sich abschminken. ■ **sich etwas abschminken können** (*übertr.*): *auf etwas verzichten müssen* Den Urlaub kannst du dir abschminken!

Ab·schmink·mit·tel das <-s, -> *kosmetisches Mittel zum Abschminken*

Ab·schmink·pad der [-pɛt] <-s, -s> *Wattebausch zum Abschminken*

ab·schnal·len **I.** *mit OBJ* ■ *jmd. schnallt etwas ab* (↔ *anschnallen*) *etwas, das irgendwo mit Schnallen befestigt ist, abnehmen* den Gurt abschnallen **II.** *ohne OBJ* ■ *jmd. schnallt ab* (*umg.*) *sehr beeindruckt oder völlig überrascht sein* Da schnallst du ab! **III.** *mit SICH* ■ *jmd. schnallt sich ab* (↔ *anschnallen*) *den Sicherheitsgurt lösen* Nach dem Start kann man sich abschnallen.

ab·schnei·den <schneidest ab, schnitt ab, hat abgeschnitten> **I.** *mit OBJ* ■ *jmd. schneidet etwas ab* **1.** *durch Schneiden abtrennen* eine Scheibe Brot abschneiden **2.** (≈ *unterbinden*) den Nachschub/die Zufuhr abschneiden **II.** *ohne OBJ* ■ *jmd. schneidet irgendwie ab ein bestimmtes Resultat erzielen* bei einer Prüfung durchschnittlich/gut/hervorragend/miserabel/schlecht abschneiden

ab·schnel·len <schnellst ab, schnellte ab, hat/ist abgeschnellt> *ohne OBJ* ■ *jmd./etwas schnellt ab mit einem kurzen, heftigen Stoss zum Fliegen oder in die Höhe kommen* Ein Pfeil schnellt aus/von einem Bogen ab. Der Springer schnellte vom Sprungbrett ab.

Ab·schnitt der <-(e)s, -e> **1.** *ein bestimmter Teil eines Weges* Der erste Abschnitt der Strecke ist der schwierigste. ◆ Strecken- **2.** (≈ *Passage*) *ein bestimmter Teil eines Textes* Welchen Abschnitt im Text sollen wir bis morgen lesen? **3.** (≈ *Phase*) *eine bestimmte Zeit in jmds. Leben* Mit dem Umzug beginnt ein neuer Abschnitt in ihrem Leben ◆ Lebens-

ab·schnitt(s)·wei·se <nicht steig.> *Adv. so, dass man sich einen Abschnitt nach dem anderen vornimmt* einen Text abschnittsweise lesen

ab·schöp·fen *mit OBJ* ■ *jmd. schöpft etwas ab* **1.** *etwas von der Oberfläche einer Flüssigkeit herunternehmen* das Fett von der Suppe abschöpfen **2.** (≈ *einstreichen*) *materielle Werte oder Geld in den eigenen Besitz bringen* Gewinne abschöpfen

ab·schot·ten **I.** *mit OBJ* ■ *jmd. schottet jmdn. von etwas Dat. ab bewirken, dass keine äußeren Einflüsse auf jmdn. wirken können* versuchen, die Kinder von den Folgen des Skandals abzuschotten **II.** *mit SICH* ■ *jmd. schottet sich ab keine äußeren Einflüsse zulassen und keinen Kontakt haben wollen* Das Land hat sich über Jahrzehnte abgeschottet., Die Nachbarn haben sich völlig abgeschottet., Wenn ich lernen möchte, schotte ich mich am liebsten ab.

Ab·schot·tung die <-, -en> *das Abschotten II*

ab·schram·men **I.** *mit OBJ* ■ *jmd. schrammt etwas ab eine Schicht von etwas abkratzen* **II.** *ohne OBJ* ■ *jmd. schrammt ab* (*umg.*) *eilig verschwinden* Danach ist sie beleidigt abgeschrammt.

ab·schrau·ben *mit OBJ* ■ *jmd. schraubt etwas ab* (↔ *anschrauben*) *etwas, das mit Schrauben befestigt ist, entfernen* die Garderobe/ein Regal von der Wand abschrauben

ab·schre·cken <schreckst ab, schreckte ab, hat abgeschreckt> *mit OBJ* ■ *jmd./etwas schreckt jmdn. ab* **1.** *von etwas abhalten* Die hohe Strafe soll mögliche Täter abschrecken., Die Gefahr eines Krieges schreckt viele Urlauber ab. **2.** KOCH. (*in kaltem Wasser*) *schnell abkühlen lassen* die Eier abschrecken

ab·schre·ckend *Adj. so, dass eine unangenehme Konsequenz einer Handlung verhindert, dass andere Menschen in gleicher Weise handeln* ein abschreckendes Beispiel

Ab·schre·ckung die <-, (-en)> *das Abschrecken[1]*

Ab·schre·ckungs·me·tho·de die <-, -n> *eine Methode oder Maßnahme, mit der man jmdn. abschreckt[1]*

Ab·schre·ckungs·po·li·tik die <-> (*kein Plur.*) *Politik, die andere Staaten davon abhalten soll, etwas zu tun*

Ab·schre·ckungs·sze·na·rio das <-s, Abschreckungsszenarien> *ein Szenario, das so beschaffen ist, dass es abschreckend wirkt*

ab·schrei·ben <schreibst ab, schrieb ab, hat abgeschrieben> **I.** *mit OBJ* ■ *jmd. schreibt etwas ab* **1.** *nach einer Vorlage einen Text nochmals schreiben* **2.** WIRTSCH. *den Wert eines Gerätes* (*wegen Abnutzung*) *um einen bestimmten Betrag herabsetzen* ein Auto/eine Maschine abschreiben ■ **jemanden/etwas abschreiben (können)** (*umg.*): *nicht mehr mit jmdm. oder etwas rechnen* (*können*) Deine Freundin/deine CD kannst du abschreiben, die siehst du so bald nicht wieder! **II.** *ohne OBJ* ■ *jmd. schreibt ab* SCHULE *vom Nachbarn abgucken* ■ **jemandem abschreiben:** *jmdm. schriftlich absagen*

Ab·schreib·feh·ler der <-s, -> *Fehler, der beim Abschreiben I.1 passiert* Weil mir ein Abschreibfehler unterlaufen ist, habe ich mir eine falsche Uhrzeit für den Arztbesuch notiert.

Ab·schrei·bung die <-, -en> WIRTSCH. *der Betrag,*

um den der Wert eines Gerätes (wegen Abnutzung) gemindert wird

ab·schrei·bungs·fä·hig <nicht steig.> *Adj.* WIRTSCH. *so, dass etwas für eine Abschreibung geeignet ist*

Ab·schrift die <-, -en> (AMTSSPR.: ≈ *Kopie*) eine Abschrift des Vertrags/des Zeugnisses anfertigen

ab·schür·fen *mit SICH* ■ *jmd. schürft sich etwas ab sich durch Reiben auf etwas an der Haut eine oberflächliche Verletzung zuziehen* sich die Haut am Knie/das Knie abschürfen

Ab·schür·fung die <-, -en> **1.** (*kein Plur.*) *das Abschürfen* **2.** *durch Abschürfung entstandene Wunde*

Ab·schuss der <-es, Abschüsse> *das Abschießen*

ab·schüs·sig *Adj. stark geneigt* eine abschüssige Straße ▸Abschüssigkeit

Ab·schuss·platt·form die <-, -en> *umgrenzte Fläche, von der aus man eine Rakete abschießt*

Ab·schuss·ram·pe die <-, -n> *eine Vorrichtung, von der aus eine Rakete abgeschossen wird*

ab·schüt·teln <schüttelst ab, schüttelte ab, hat abgeschüttelt> *mit OBJ* **1.** ■ *jmd. schüttelt etwas (von etwas Dat.) ab durch Schütteln entfernen* den Schnee vom Mantel abschütteln **2.** ■ *jmd. schüttelt etwas ab durch Schütteln bewirken, dass Schmutzpartikel von etwas abfallen* den Mantel abschütteln **3.** ■ *jmd. schüttelt jmdn. ab loswerden* einen Verfolger/traurige Gedanken abschütteln

ab·schwä·chen **I.** *mit OBJ* ■ *jmd.schwächt etwas ab schwächer machen* die Kritik/die Wirkung abschwächen **II.** *mit SICH* ■ *etwas schwächt sich ab schwächer werden* Das Hochdruckgebiet/der Lärm schwächt sich ab.

ab·schwat·zen <schwatzst ab, schwatzte ab, hat abgeschwatzt> *ohne OBJ* ■ *jmd. schwatzt jmdm. etwas ab (umg.) so auf jmdn. einwirken, dass er einem etwas gibt, das er eigentlich nicht geben wollte* Obwohl jeder nur eine Schokolade bekommen sollte, konnte ich meiner Mutter auch noch ein Stück Kuchen abschwatzen.

ab·schwei·fen <schweifst ab, schweifte ab, ist abgeschweift> *ohne OBJ* ■ *jmd. schweift (von etwas Dat.) ab (≈ abkommen) beim Diskutieren über ein Thema von etwas zu reden beginnen, das mit dem Thema nichts zu tun hat* Wenn es um Kosten geht, schweift er gern vom Thema ab und fängt an, von der Kunst zu sprechen.

ab·schwem·men *mit OBJ* ■ *etwas schwemmt etwas ab (von fließendem Wasser) wegtransportieren* Der Fluss schwemmt Sand und Erde ab., Der Regen schwemmt den Schmutz von den Häusern ab.

ab·seh·bar <nicht steig.> *Adj.* (≈ *vorhersehbar*) *so, dass man es vorhersehen kann* Es war absehbar, dass er nicht zu der Party kommen würde.

ab·se·hen <siehst ab, sah ab, hat abgesehen> **I.** *mit OBJ* ■ *jmd. sieht etwas ab* **1.** *Folgen vorhersehen können* Es ist abzusehen, dass ... **2.** (≈ *abschauen*) *beobachten und nachahmen* (von) jemandem bestimmte Verhaltensweisen absehen **II.** *ohne OBJ* ■ *jmd. sieht (von etwas Dat.) ab auf etwas verzichten, was einem zustehen würde* Wir sehen von einer Anzeige ab. *siehe auch* **abgesehen**

ab·sei·hen <seihst ab, seihte ab, hat abgeseiht> *mit OBJ* ■ *jmd. seiht etwas ab eine Substanz in ein Sieb geben, um die Flüssigkeit von den festen Stoffen zu trennen* gekochte Nudeln abseihen

Ab·sei·te die <-, n> **1.** *linke Seite oder Rückseite eines Stoffes* **2.** *Rückseite eines Gebäudes*

ab·sei·tig *Adj. abseits gelegen; etwas außerhalb eines Bereiches liegend* eine abseitige Straße, ein abseitiges Haus; (*übertr.*) abseitige Gedanken/Vorlieben/Vorstellungen

Ab·seits das <-> (*kein Plur.*) **1.** SPORT *regelwidrige Spielerposition im Fußball* Der Stürmer stand im Abseits. **2.** *Bereich, der nicht beachtet oder als wichtig erachtet wird* sich nicht ins Abseits drängen lassen, Menschen, die im Abseits stehen

ab·seits *Präp. + Gen. von etwas entfernt* abseits der Straße

Ab·seits·fal·le die <-,-n> SPORT *die Technik, im Fussball so zu spielen, dass der Gegner ins Abseits*[1] *gerät*

Ab·seits·re·gel die <-, -n> SPORT *Fußballregel, die das Abseits*[1] *betrifft*

Ab·seits·tor das <-(e)s, -e> SPORT *Tor, das aus dem Abseits*[1] *geschossen wurde*

ab·sen·den <sendest ab, sandte ab, hat abgesandt> *mit OBJ* ■ *jmd. sendet etwas ab (≈ abschicken) einen Brief, ein Päckchen, eine Nachricht o.Ä. abschicken*

Ab·sen·der, **Ab·sen·de·rin** der <-s, -> **1.** *jmd., der etwas absendet* **2.** *Namen und Adresse eines Absenders*[1]*, die auf einen Briefumschlag geschrieben sind* Man kann den Absender nicht entziffern.

Ab·sen·dung die <-, -en> *das Absenden*

Ab·sen·ker der <-s, -> BOT. *Ableger einer Pflanze, der auf bestimmte Weise eingepflanzt ist*

Ab·sen·kung die <-, -en> *der Vorgang, dass etwas niedriger wird*

ab·setz·bar <nicht steig.> *Adj.* WIRTSCH. *so, dass man es vom zu versteuernden Einkommen abziehen kann* steuerlich absetzbar sein

ab·set·zen <setzt ab, setzte ab, hat abgesetzt> **I.** *mit OBJ* **1.** ■ *jmd. setzt etwas ab (≈ abnehmen)* den Hut absetzen **2.** ■ *jmd. setzt etwas ab (≈ verkaufen)* Waren absetzen ▸Absatz **3.** ■ *jmd. setzt jmdn. ab (≈ entmachten) jmdm. sein (politisches) Amt wegnehmen* einen Präsidenten absetzen **4.** ■ *jmd. setzt jmdn. irgendwo ab anhalten und jmdn. aussteigen lassen* den Fahrgast (vor seiner Wohnung) absetzen **5.** ■ *jmd. setzt etwas von etwas Dat. ab etwas Angekündigtes absagen* ein Stück (vom Spielplan)/einen Punkt von der Tagesordnung absetzen **6.** ■ *jmd. setzt etwas von etwas Dat. ab* WIRTSCH. *vom zu versteuernden Einkommen abziehen* das Auto von der Steuer absetzen **7.** ■ *jmd. setzt etwas ab* MED. *ein Medikament nicht länger nehmen* **II.** *ohne OBJ* ■ *jmd. setzt ab nicht weitersprechen* **III.** *mit SICH* ■ *etwas setzt sich irgendwo ab (≈ ablagern) an eine Stelle gelan-*

gen und dort bleiben und an Menge zunehmen Der Sand setzt sich am Flussbett ab., Kalk setzt sich in den Wasserrohren ab.

ab·si·chern I. *mit OBJ* ■ *jmd. sichert etwas ab sicher machen* eine Baustelle/Gefahrenstelle absichern II. *mit SICH* ■ *jmd. sichert sich (gegen etwas Akk.) ab sich vor negativen Folgen schützen* sich gegen etwas (vertraglich) absichern

Ab·si·che·rung die <-, -en> *das Absichern* die Absicherung eines Autos mit einem Warndreieck, die Absicherung einer Baustelle/Unfallstelle

Ab·sicht die <-, -en> *der Bewusstseinszustand, dass man etwas will* Das war keine böse Absicht!, Das hast du doch mit Absicht gemacht!, War das Absicht oder Zufall? ■ **nicht in jemandes Absicht liegen**: *von jmdm. nicht gewollt sein* **ernste Absichten (auf jemanden) haben**: *jmdn. heiraten wollen*

ab·sicht·lich <nicht steig.> *Adj. mit Absicht* Er hat sie absichtlich übersehen.

ab·sichts·los <nicht steig.> *Adj.* (≈ *unabsichtlich*) *ohne Absicht*

ab·si·ckern <sickerst ab, sickerte ab, ist abgesickert> *ohne OBJ* ■ *etwas sickert ab langsam abfließen* Das Wasser sickert ab.

ab·sin·gen <singst ab, sang ab, hat abgesungen> *mit OBJ/ohne OBJ* ■ *jmd. singt (etwas) ab singen und dabei die Noten von einem Blatt ablesen* ein Lied von einem Blatt absingen, Er konnte nur vom Blatt absingen, denn ohne Noten sang er die Melodie niemals richtig.

ab·sit·zen <sitzt ab, saß ab, hat/ist abgesessen> I. *ohne OBJ* ■ *jmd. sitzt ab (sein) von einem Reittier absteigen* vom Pferd absitzen II. *mit OBJ* ■ *jmd. sitzt etwas ab (umg. (haben)) pflichtgemäß, aber meist widerwillig eine bestimmte Zeit an einem Ort anwesend sein* seine Strafe im Gefängnis absitzen, seine Zeit in der Schule absitzen

ab·so·lut <nicht steig.> *Adj. ohne Einschränkung* absolut sicher sein, mit absoluter Mehrheit die Wahl gewinnen, den absoluten Willen zu etwas haben

Ab·so·lu·ti·on die <-, -en> 1. REL. *Lossprechung von Sünden nach der Beichte* jemandem Absolution erteilen 2. RECHTSW. *Freisprechung vor Gericht*

Ab·so·lu·tis·mus der <-> (*kein Plur.*) 1. *die Staatsform, bei der ein Einzelner unbeschränkte Macht ausübt* 2. *Epochenbezeichnung für das 17. und 18. Jahrhundert in Europa* ►absolutistisch

Ab·sol·vent, **Ab·sol·ven·tin** der <-en, -en> *jmd., der eine Schule o.Ä. erfolgreich abgeschlossen hat* Absolventen eines Studiengangs/einer Universität

ab·sol·vie·ren <absolvierst, absolvierte, hat absolviert> *mit OBJ* ■ *jmd. absolviert etwas (erfolgreich) durchlaufen* die Universität absolvieren, täglich ein bestimmtes Trainingsprogramm absolvieren, Sie absolviert ein Traineeprogramm.

ab·son·der·lich *Adj.* (*abwert.*) *so, dass es stark vom Gewöhnlichen abweicht*

ab·son·dern <sonderst ab, sonderte ab, hat abgesondert> I. *mit OBJ* ■ *jmd. sondert etwas ab* (≈ *ausscheiden*) *eine Körperflüssigkeit aus dem Körper gelangen lassen* Flüssigkeit/Schleim absondern II. *mit SICH* ■ *jmd. sondert sich von jmdm. ab den Umgang mit anderen meiden* sich von der Gruppe absondern ►Absonderung

Ab·sor·ber der <-s, -> TECHN. *Gerät, das etwas absorbiert*

ab·sor·bie·ren [apzɔrˈbiːrən] <absorbierst, absorbierte, hat absorbiert> *mit OBJ* ■ *etwas absorbiert etwas* (↔ *reflektieren*) *in sich aufnehmen* Licht absorbieren

Ab·sorp·ti·ons·ver·mö·gen das <-s> (*kein Plur.*) *die Fähigkeit, etwas zu absorbieren*

ab·spal·ten <spaltest ab, spaltete ab, hat abgespaltet/abgespalten> I. *mit OBJ* ■ *etwas spaltet etwas ab* CHEM. *aus eine Verbindung herauslösen* Bei der Reaktion wird Sauerstoff abgespaltet. II. *mit SICH* ■ *jmd./etwas spaltet sich von etwas Dat. ab sich als ehemaliger Teil von etwas selbstständig machen* Die Gruppe hat sich von der Partei abgespalten.

Ab·spal·tung die <-, -en> *das Abspalten*

Ab·spann der <-(e)s, -e> FILM, TV *der Text, der am Ende eines Films abläuft und unter anderem Informationen über die Schauspieler, den Regisseur und den Autor enthält*

ab·span·nen *mit OBJ* ■ *jmd. spannt ein Tier ab* (↔ *anspannen*) *einem Tier das Geschirr abnehmen* die Pferde abspannen

Ab·spann·seil das <-(e)s, -e> TECHN. *Seil zum Halten von hochaufragenden Masten*

Ab·span·nung die <-> (*kein Plur.*) (≈ *Erschöpfung*) *der Zustand einer starken körperlichen und geistigen Ermüdung*

ab·spa·ren ■ **sich etwas vom Munde absparen**: *unter großer Mühe für etwas sparen* Diese Studienreise habe ich mir vom Munde abgespart.

ab·spei·chern <speicherst ab, speicherte ab, hat abgespeichert> *mit OBJ/ohne OBJ* ■ *jmd. speichert (etwas) (irgendwo) ab* EDV *Daten auf einen Datenträger schreiben lassen* Veränderungen automatisch in einer Sicherungsdatei abspeichern, auf Diskette/auf der Festplatte/auf CD-ROM abspeichern, Er möchte auf keinen Fall gestört werden, wenn er gerade abspeichert.

ab·spens·tig ■ **jemandem etwas/den Freund/die Freundin abspenstig machen**: *jmdm. etwas/den Freund/die Freundin wegnehmen*

ab·sper·ren *mit OBJ* ■ *jmd. sperrt etwas ab* 1. (*süddt. österr.* ≈ *zusperren*) *mit einem Schloss bewirken, dass man etwas nicht öffnen kann* die Tür/das Zimmer absperren 2. *mit bestimmten Mitteln dafür sorgen, dass man nicht mehr einen bestimmten Ort betreten kann* ein Gelände absperren

Ab·sper·rung die <-, -en> 1. *das Absperren*[2] 2. *eine Barriere, mit der etwas abgesperrt*[2] *ist* Demonstranten durchbrachen die Absperrung, durch/hinter eine Absperrung gelangen

ab·spie·len I. *mit OBJ* ■ *jmd. spielt etwas ab* 1. *durch ein Wiedergabegerät wiedergeben lassen* eine CD/einen Film/eine Schallplatte/ein Tonband abspielen **2.** SPORT *den Ball einem anderen Mitspieler zuspielen* Warum spielt er denn nicht ab? **II.** *mit SICH* ■ *etwas spielt sich ab sich ereignen* Es müssen sich damals unglaubliche Szenen abgespielt haben.

Ab·spiel·ge·rät das <-(e)s, -e> *Gerät zum Abspielen von Tonträgern wie Schallplatten, Musikcassetten, Tonbändern u.Ä.*

Ab·spra·che die <-, -n> (≈ *Übereinkunft*) *der Vorgang, dass zwei oder mehrere Personen etwas vereinbart haben* Nach Absprache mit Herrn Müller nehme ich mir morgen einen Tag frei., etwas in Absprache mit jemandem regeln

ab·spre·chen <sprichst ab, sprach ab, hat abgesprochen> **I.** *mit OBJ* **1.** ■ *jmd. spricht etwas (mit jmdm. ab)* (≈ *vereinbaren*) einen Termin mit jemandem absprechen, War diese Aktion mit der Geschäftsleitung abgesprochen? **2.** ■ *jmd. spricht jmdm. etwas ab* (≈ *aberkennen*) *behaupten, dass jmd. etwas nicht hat* jemandem ein Recht absprechen, Seine Fähigkeiten kann man ihm nicht absprechen. **II.** *mit SICH* ■ *jmd. spricht sich (mit jmdm.) ab bei der Planung oder Organisation von etwas mit anderen Beteiligten sprechen, um eine für alle sinnvolle Lösung zu erzielen* sich mit den Kollegen wegen der Urlaubsplanung absprechen

ab·sprei·zen <spreizt ab, spreizte ab, hat abgespreizt> *mit OBJ* ■ *jmd. spreizt etwas ab* **1.** *ein Körperteil seitwärts (von der Körpermitte) wegstrecken* einen Arm/ein Bein/einen Finger abspreizen **2.** BAUW. *Bauteile so stellen, dass sie sich gegenseitig stützen*

ab·spren·gen *mit OBJ* ■ *jmd. sprengt etwas ab durch Sprengen Stücke von einem Ganzen abtrennen*

ab·sprin·gen <springst ab, sprang ab, ist abgesprungen> *ohne OBJ* ■ *jmd. springt von etwas Dat. ab* **1.** *aus oder von etwas springen* vom fahrenden Zug abspringen **2.** (*umg.*) *seine Zusage zurückziehen* im letzten Moment von einem Vorhaben abspringen

ab·sprit·zen <spritzt ab, spritzte ab, hat abgespritzt> **I.** *mit OBJ* ■ *jmd. spritzt etwas ab Wasser auf etwas spritzen, um es zu reinigen* die Pflanzen/den Schmutz von einer Fläche abspritzen **II.** *ohne OBJ* (*von Flüssigkeiten*) *mit Druck von etwas zurückprallen* Das Wasser spritzt vom Felsen ab. **III.** *mit SICH* ■ *jmd. spritzt sich ab sich mit einem Wasserstrahl reinigen* sich mit dem Wasserschlauch abspritzen

Ab·sprung der <-(e)s, Absprünge> *das Abspringen* ■ **den Absprung schaffen**: *etwas (gerade noch) rechtzeitig tun oder sich rechtzeitig von etwas lösen* Er hat Glück: Seine alte Firma ist pleite gegangen, aber er hatte rechtzeitig den Absprung geschafft.

Ab·sprung·bal·ken der <-s, -> SPORT *Balken, von dem man beim Weitsprung abspringt*

ab·spu·len *mit OBJ* ■ *jmd. spult etwas ab* **1.** *etwas von einer Rolle o.Ä. abwickeln* einen Film/Garn abspulen **2.** (*umg. abwert.*) *lustlos und eintönig darbieten* ein Gedicht/das übliche Programm abspulen

ab·spü·len *mit OBJ* ■ *jmd. spült (etwas) ab* (≈ *abwaschen*) die Gläser/die Hände/das Obst vor dem Essen abspülen, Du musst heute (Geschirr) abspülen.

ab·stam·men *ohne OBJ* ■ *jmd. stammt (von etwas/jmdm.) ab als Vorfahren haben* Die Vorstellung, der Mensch könnte vom Affen abstammen, war in früheren Zeiten ein Schock für viele Menschen.

Ab·stam·mung die <-> (*kein Plur.*) *die Eigenschaft, dass jmd. von jmdm. abstammt*

Ab·stam·mungs·leh·re die <-, -n> BIOL. *Lehre von der Abstammung aller lebenden Organismen auf der Erde*

Ab·stand der <-(e)s, Abstände> **1.** *die räumliche oder zeitliche Entfernung, die etwas von etwas hat* Die Steckdosen sind in einem Abstand von jeweils zwei Metern angebracht., zehn Meter Abstand zum nächsten Fahrzeug halten, sich in regelmäßigen Abständen treffen ■ **von etwas Abstand nehmen**: *auf etwas verzichten* **mit Abstand**: *mit großem Vorsprung* Sie ist mit Abstand die Intelligenteste der Klasse. **2.** *Zurückhaltung gegenüber jmdm. oder etwas* etwas mit Abstand betrachten, zu jemandem auf Abstand gehen **3.** (≈ *Ablöse*) *ein Geldbetrag, den man jmdm. zahlt, wenn man von ihm Möbel o.Ä. übernimmt* Er zahlt dem Vormieter 800 Euro Abstand für die Küche.

Ab·stand·hal·ter der <-s, -> *an der Seite eines Fahrrades angebrachter Arm (aus Plastik), der Autofahrer dazu bringen soll, beim Überholen des Fahrradfahrers ausreichend Abstand zu halten.*

Ab·stands·warn·ge·rät das <-(e)s, -e> TECHN. *Gerät, das anzeigt, wann ein Abstand zu etwas zu gering ist*

ab·stat·ten ■ **jemand stattet jemandem einen Besuch ab** (*geh.*): *jmd. besucht jmdn.*

ab·stau·ben *mit OBJ* ■ *jmd. staubt etwas ab* **1.** *Staub entfernen* den Schrank abstauben **2.** (*umg.*) *etwas (auf nicht ganz korrekte Weise) erhalten* bei jemandem Geld abstauben, Wo hast du denn die CD abgestaubt?

Ab·stau·ber der <-s, -> **1.** (*umg.*) *jmd., der etwas auf nicht ganz korrekte Weise in seinen Besitz bringt* **2.** (SPORT: ≈ *Abstaubertor*)

Ab·stau·ber·tor das <-(e)s, -e> SPORT *ein Tor, das durch glückliche Umstände mühelos erzielt wurde*

ab·ste·chen <stichst ab, stach ab, hat abgestochen> *mit OBJ* **1.** ■ *jmd. sticht ein Tier ab mit einem Messer schlachten* ein Schwein abstechen **2.** ■ *jmd. sticht jmdn. ab* (*vulg.*) *mit einem Messer ermorden* „Ich steche dich ab!“, schrie er sie an. **3.** ■ *jmd. sticht etwas ab* TECHN. *den Abfluss öffnen* den Hochofen abstechen

Ab·ste·cher der <-s, -> *kleiner Ausflug oder Umweg auf einer Reise* einen (kleinen) Abstecher (nach Zürich) machen

ab·ste·cken <steckst ab, steckte ab, hat abgesteckt> *mit OBJ* ■ *jmd. steckt etwas ab* **1.** *etwas* *durch Stangen, die man in den Boden steckt, abgrenzen* einzelne Plätze für Wohnwagen oder Zelte auf einem Campingplatz abstecken, ein Spielfeld auf einer Wiese abstecken **2.** *vor dem Nähen an einem Kleidungsstück Nadeln so anbringen, dass das Kleidungsstück dem Körper angepasst ist* Die Schneiderin hat die Länge der Hose abgesteckt.

ab·ste·hen <steht ab, stand ab, hat abgestanden> *ohne OBJ* ■ *etwas steht ab* (↔ *anliegen*) *als Teil von etwas in einem bestimmten Winkel davon wegzeigen* abstehende Ohren

Ab·steif·bal·ken der <-s, -> BAUW. *Balken, der dazu dient, eine Mauer oder ein Bauwerk abzustützen* einen Absteifbalken in einem Schacht anbringen

ab·stei·gen <steigst ab, stieg ab, ist abgestiegen> *ohne OBJ* **1.** ■ *jmd. steigt* (*von etwas Dat.*) *ab* (↔ *aufsteigen*) *von etwas, auf dem man gesessen hat, steigen* vom Rad absteigen **2.** ■ *jmd. steigt ab nach unten steigen* ins Tal absteigen **3.** ■ *etwas steigt ab abwärts verlaufen* eine absteigende Linie/Tonleiter **4.** ■ *jmd. steigt* (*irgendwo*) *ab* (*umg.*) *für eine gewisse Zeit in einem Hotel oder einem Gasthof wohnen* Er ist im teuersten Hotel der Stadt abgestiegen. **5.** ■ *jmd. steigt ab* (SPORT: ≈ *aufsteigen*) *in eine niedrigere Klasse wechseln* Nach der Saison ist die Mannschaft abgestiegen. ►Abstieg

Ab·stei·ger der <-s, -> (SPORT: ↔ *Aufsteiger*) *Verein, der in eine niedrigere Klasse wechseln muss* die Absteiger der Bundesliga

ab·stel·len *mit OBJ* **1.** ■ *jmd. stellt etwas* (*irgendwo*) *ab* (≈ *hinstellen*) *etwas irgendwohin stellen und es dort lassen* die Tasche auf dem Boden/das Fahrrad im Hof/das Auto auf dem Parkplatz abstellen **2.** ■ *jmd. stellt etwas ab* (≈ *abschalten*) *bewirken, dass etwas nicht mehr in Betrieb ist oder das etwas nicht mehr aus einer Leitung entweicht* den Fernseher/das Gas/das Radio/den Strom/das Wasser abstellen **3.** ■ *jmd. stellt etwas ab* (≈ *beenden*) *nicht weiter an etwas festhalten* eine schlechte Angewohnheit abstellen **4.** ■ *jmd. stellt jmdn. für etwas Akk. ab die Erlaubnis geben, dass jmd. sich einer bestimmten Aufgabe widmet* Mitarbeiter/Soldaten/Schüler/Sportler (für etwas) abstellen

Ab·stell·gleis das <-es, -e> **1.** *Gleis, auf dem Eisenbahnwagen abgestellt werden* **2.** ■ **aufs Abstellgleis geraten** (*umg.*): *in Bedeutungslosigkeit verfallen*

Ab·stell·hahn der <-s, Abstellhähne> *eine Art Regler, mit dem man etwas abstellt, das aus einer Leitung kommt* der Abstellhahn der Wasserleitung

Ab·stell·raum der <-(e)s, Abstellräume> *Raum, in dem etwas abgestellt wird* In unserer Wohnung gibt es auch einen kleinen Abstellraum, in dem wir das Bügelbrett, den Staubsauger und das Werkzeug aufbewahren können.

Ab·stell·tisch der <-(e)s, -e> (≈ *Beistelltisch*) *meist ein kleiner Tisch, auf dem man etwas abstellen kann*

ab·stem·men **I.** *mit OBJ* ■ *jmd. stemmt etwas ab* (≈ *abstützen*) *etwas, das umkippen könnte, mit einer Stützvorrichtung sichern* **II.** *mit SICH* ■ *jmd. stemmt sich ab die Füße oder Arme gegen einen festen Untergrund drücken, um so mehr Kraft und Halt bei etwas zu haben*

ab·stem·peln <stempelst ab, stempelte ab, hat abgestempelt> *mit OBJ* **1.** ■ *jmd. stempelt etwas ab einen Stempel auf etwas machen* Briefmarken/ein Dokument abstempeln **2.** ■ *jmd. stempelt jmdn. als etwas Akk. ab vorschnell oder unberechtigterweise behaupten, dass jmd. die genannte negative Eigenschaft habe* jemanden als ständigen Nörgler/unkollegial abstempeln

ab·ster·ben <stirbst ab, stirbt ab, ist abgestorben> *ohne OBJ* ■ *etwas stirbt ab* **1.** *als Teil eines Menschen- oder Tierkörpers oder einer Pflanze langsam sterben* Die Blätter der Bäume sterben im Herbst ab., Äste kranker Bäume sterben ab., Alte Körperzellen sterben ab und neue werden gebildet. **2.** (*von Fingern*) *durch Kälte oder mangelnde Durchblutung gefühllos werden* Ohne Handschuhe sterben mir bald die Finger in der eisigen Kälte ab.

Ab·stich der <-(e)s, -e> *das Abstechen*

Ab·stieg der <-(e)s, (-e)> (↔ *Aufstieg*) **1.** *das Absteigen* der gesellschaftliche/soziale Abstieg, der Abstieg in die zweite Liga **2.** *das Hinuntergehen von einem Berg oder der Weg, der von einem Berg ins Tal führt* ein steiler/gefährlicher Abstieg **3.** (SPORT: ↔ *Klassenerhalt*) *das Absteigen*[5]

ab·stiegs·ge·fähr·det <nicht steig.> *Adj.* SPORT *so, dass ein Verein in Gefahr ist, aufgrund seiner Spielergebnisse in eine niedrigere Spielklasse abzusteigen*

ab·stim·men **I.** *mit OBJ* ■ *jmd. stimmt etwas* (*mit etwas Dat./auf etwas Akk.*) *ab in Einklang bringen* die Vorhänge mit den Tapeten abstimmen, sorgfältig auf die einzelnen Gänge abgestimmte Weine **II.** *ohne OBJ* ■ *jmd. stimmt* (*über etwas Akk.*) *ab durch Wahl entscheiden* über etwas abstimmen lassen **III.** *mit SICH* ■ *jmd. stimmt sich mit jmdm. ab* (≈ *sich absprechen*) Die Kollegen haben sich untereinander abgestimmt.

Ab·stim·mung die <-, -en> **1.** (*kein Plur.*) *das Abstimmen I* die Abstimmung der Vorhänge mit den Tapeten **2.** *Entscheidung durch eine Wahl* das Ergebnis der Abstimmung **3.** *technische Feinjustage* Es hängt viel von der Abstimmung des Fahrwerks ab.

Ab·stim·mungs·an·trag der <-(e)s, Abstimmungsanträge> *Antrag, über den abgestimmt wird*

Ab·stim·mungs·be·darf der <-(e)s> (*kein Plur.*) *Notwendigkeit einer Abstimmung*[2]

Ab·stim·mungs·mo·dus der <-, Abstimmungsmodi> *das Verfahren, die Bedingungen und der Ablauf einer Abstimmung*[2] Der Abstimmungsmodus im Sportverein wurde seit vielen Jahren nicht geändert.

ab·s·ti·nent <nicht steig.> *Adj. so, dass man auf bestimmte Genüsse verzichtet und vor allem kei-*

nen Alkohol trinkt Er lebt heute völlig abstinent.

Ab·sti·nenz die <-> (*kein Plur.*) *der völlige Verzicht auf etwas* (*insbesondere auf Alkohol*) sexuelle Abstinenz üben

Ab·s·ti·nenz·ler, **Ab·s·ti·nenz·le·rin** der <-s, -> *jmd., der völlig auf Alkohol verzichtet*

ab·sto·ßen <stößt ab, stieß ab, hat abgestoßen> **I.** *mit OBJ* **1.** ■ *jmd. stößt etwas* (*von etwas Dat.*) *ab durch einen Stoß bewirken, dass sich etwas von etwas wegbewegt* das Floß vom Ufer abstoßen **2.** ■ *jmd. stößt etwas ab schnell loswerden* Aktien/Waren abstoßen **3.** ■ *etwas stößt jmdn. ab Widerwillen erregen* Sein Benehmen stößt (die anderen) ab. **4.** ■ *etwas stößt etwas ab* PHYS. MED. *nicht annehmen* Das transplantierte Herz wurde abgestoßen. **5.** ■ *jmd. stößt etwas ab durch Gebrauch beschädigen* abgestoßene Ecken **II.** *mit SICH* ■ *jmd. stößt sich* (*von etwas Dat.*) *ab durch eine Bewegung bewirken, dass man sich von etwas wegbewegt* Der Schwimmer stößt sich vom Beckenrand ab.

ab·sto·ßend *Adj.* (↔ *anziehend*) *so, dass etwas Abscheu erregt*

ab·stot·tern <stotterst ab, stotterte ab, hat abgestottert> *mit OBJ* ■ *jmd. stottert etwas ab* (*umg.*) *in kleinen Raten abbezahlen*

Ab·s·tract der ['æbstrækt] <-s, -s> *kurze Inhaltsangabe* (*eines wissenschaftlichen Aufsatzes*)

ab·s·tra·hie·ren <abstrahierst, abstrahierte, hat abstrahiert> *ohne OBJ* **1.** ■ *jmd. abstrahiert etwas aus etwas Dat. eine Schlussfolgerung aus etwas ziehen* aus den Fakten eine Regel abstrahieren **2.** ■ *jmd. abstrahiert von etwas Dat. etwas bei einer Überlegung nicht in Betracht ziehen oder vernachlässigen* Von diesen Details muss man abstrahieren.

ab·strah·len *mit OBJ* ■ *etwas strahlt etwas ab in die Umgebung abgeben* Der Kachelofen strahlt Wärme ab.

Ab·strah·lung die <-, -en> *das Abstrahlen* die Abstrahlung von Wärme

ab·s·trakt [ap'strakt] <abstrakter, am abstraktesten> *Adj.* **1.** (↔ *konkret*) *nicht auf einzelne Details, sondern auf allgemeine Gesetzmäßigkeiten ausgelegt* ein abstrakter Begriff, eine abstrakte Theorie **2.** (↔ *konkret*) *ohne Bezug zur Wirklichkeit* Das ist mir alles zu abstrakt! **3.** KUNST *so, dass es nicht Gegenstände auf eine die Realität imitierende Weise darstellt, sondern frei mit Farben und Formen Ideen ausdrückt* abstrakte Malerei

Ab·strakt·heit die <-, -en> *der Zustand, dass etwas abstrakt ist*

Abs·trak·tum das <-s, Abstrakta> **1.** PHILOS. *abstrakte Idee* **2.** SPRACHWISS. *Substantiv, das etwas nicht Konkretes bezeichnet* Das Wort „Freiheit" ist ein Abstraktum.

ab·strei·fen *mit OBJ* ■ *jmd. streift etwas ab* **1.** (≈ *ablegen*) eine Uhr/Handschuhe/ein Kleidungsstück abstreifen, Gewohnheiten/Vorurteile abstreifen **2.** *etwas von etwas entfernen, indem man über eine Oberfläche reibt* Asche von der Zigarette abstreifen, Schmutz von den Schuhen abstreifen **3.** (≈ *durchforsten, durchkämmen*) *ein Gelände gründlich durchsuchen* Polizisten streiften das Feld ab, auf der Suche nach weiterem Beweismaterial.

Ab·streif·git·ter das <-s, -> *Gitter zum Abstreifen*[2]

ab·strei·ten <streitest ab, stritt ab, hat abgestritten> *mit OBJ* ■ *jmd. streitet etwas ab* (≈ *bestreiten* ↔ *zugeben*) *energisch sagen, dass etwas nicht der Fall ist* Der Angeklagte streitet jegliche Mitschuld ab.

ab·strö·men *ohne OBJ* ■ *etwas strömt ab* (≈ *abfließen*)

ab·stu·fen *mit OBJ* ■ *jmd. stuft etwas ab* **1.** *stufenförmig gestalten* den Hang zum Garten hin abstufen **2.** (≈ *staffeln*) Gehälter abstufen ►Abstufung

ab·stump·fen <stumpfst ab, stumpfte ab, hat/ist abgestumpft> **I.** *mit OBJ* ■ *etwas stumpft jmdn. ab* (*haben*) *unempfindlich oder gleichgültig werden lassen* Sein schweres Schicksal hat ihn/seine Gefühle abgestumpft. **II.** *ohne OBJ* ■ *jmd. stumpft ab* (*sein*) *unempfindlich oder gleichgültig werden*

Ab·sturz der <-es, Abstürze> **1.** *das Abstürzen*[1] Beim Absturz des Hubschraubers kamen alle Insassen ums Leben. **2.** EDV *der Zustand, dass ein Computer oder ein Computerprogramm nicht mehr reagiert und keine Eingaben mehr gemacht werden können, weil der Computer z.B. von einem Virus befallen ist oder das Programm einen Fehler hat*

ab·stür·zen <stürzt ab, stürzte ab, ist abgestürzt> *ohne OBJ* **1.** ■ *jmd./etwas stürzt ab plötzlich in die Tiefe fallen* Ein Ballon/Bergsteiger/Düsenjet/Flugzeug/Hubschrauber stürzt ab. **2.** ■ *etwas stürzt ab* EDV *ein Computer gelangt in den Zustand, dass er selbst oder eines der Programme nicht mehr reagiert und keine Eingaben mehr gemacht werden können, weil der Computer z.B. von einem Virus befallen ist oder das Programm einen Fehler hat*

ab·stüt·zen <stützt ab, stützte ab, hat abgestützt> **I.** *mit OBJ* ■ *jmd. stützt jmdn./etwas ab* (*zusätzlich*) *stützen und Halt geben* die Decke mit einem Balken abstützen, Er stützte die alte Frau ab, als sie aus dem Sessel aufstehen wollte. **II.** *mit SICH* ■ *jmd. stützt sich* (*an etwas Dat.*) *ab Halt suchen* sich an der Wand abstützen

ab·su·chen *mit OBJ* ■ *jmd. sucht etwas ab intensiv in etwas nach etwas suchen* die ganze Gegend nach etwas absuchen

ab·surd <absurder, am absurdesten> *Adj. völlig unvernünftig und sinnlos* Diese Vorwürfe sind einfach absurd! ►Absurdität

ab·sur·der·wei·se *Adv. so, dass man etwas als absurd bezeichnen kann*

Ab·szess der [aps'tsɛs] <-es, -e> MED. *eitrige Geschwulst*

Abs·zis·se die [aps'tsɪsə] <-, -n> (MATH.: ↔ *Ordinate*) *auf der x-Achse abgetragener Wert eines Punktes im Koordinatensystem*

Abs·zi·s·sen·ach·se die <-, -en> (MATH.: ≈ *X-Achse*) *waagerechte Achse im Koordinatensystem*

Abt der <-(e)s, Äbte> *Vorsteher eines Klosters*
Abt. die *Abkürzung von „Abteilung"*
ab·tas·ten *mit OBJ* ■ *jmd. tastet jmdn./etwas (nach etwas Dat.) ab durch Betasten untersuchen* jemanden nach versteckten Waffen abtasten
Ab·tast·na·del die <-, -n> TECHN. *am Tonabnehmer eines Plattenspielers die Nadel, die sich durch die Rillen der Schallplatte bewegt*
Ab·tau·au·to·ma·tik die <-> (*kein Plur.*) *die Automatik, die das Abtauen eines Kühlschranks in Gang setzt*
ab·tau·en <taust ab, taute ab, hat/ist abgetaut> **I.** *mit OBJ* ■ *jmd. taut etwas ab (haben) bewirken, dass Eis, das sich an einer Stelle gebildet hat, auftaut* den Kühlschrank abtauen **II.** *ohne OBJ* ■ *etwas taut ab (sein ≈ auftauen)* Das Eis/die Scheiben tauen ab.
Ab·tau·vor·rich·tung die <-, -en> (≈ *Abtauautomatik*)
Ab·tei die <-, -en> *Kloster, dem ein Abt oder eine Äbtissin vorsteht*
Ab·tei·kir·che die <-, -n> *Kirche, die zu einer Abtei gehört*
Ab·teil das <-s, -e> *abgegrenzter Sitzbereich in einem Eisenbahnwagen*
ab·tei·len *mit OBJ* ■ *jmd. teilt etwas ab einen bestimmten Bereich eines Raumes durch eine Trennwand abtrennen*
Ab·teil·fens·ter das <-s, -> *Fenster im Abteil eines Eisenbahnwagens*
Ab·teil·ser·vice der <-s> (*kein Plur.*) *Service, der in einem Zugabteil erbracht wird, z.B. das Servieren von Speisen und Getränken*
Ab·teil·tür die <-, -en> *Tür, die ein Zugabteil vom Gang trennt*
Ab·tei·lung die <-, -en> **1.** *einzelner Bereich eines Unternehmens mit speziellen Aufgaben* Frau Dr. Schulz, Leiterin der Abteilung für Forschung und Entwicklung, eine Abteilung aufbauen/leiten/mit einer anderen Abteilung zusammenlegen ◆ Entwicklungs-, Forschungs-, Marketing-, Personal- Werbe- **2.** *einzelner Bereich in einem Warenhaus* Die Spielwarenabteilung ist im ersten Stock. ◆ Haushaltswaren-, Spielwaren- **3.** MIL. *eine Truppeneinheit*
Ab·tei·lungs·lei·ter, **Ab·tei·lungs·lei·te·rin** der <-s, -> *Leiter einer Abteilung*[1 2]
ab·te·le·gra·fie·ren <telegrafierst ab, telegrafierte ab, hat abtelegrafiert> *ohne OBJ* ■ *jmd. telegrafiert jmdm. ab durch ein Telegramm etwas absagen*
Ab·teuf·ar·bei·ten <-> *Plur.* BERGB. *Arbeiten, bei denen abgeteuft gebaut wird*
ab·teu·fen <teufst ab, teufte ab, hat abgeteuft> *mit OBJ* ■ *jmd. teuft etwas ab* BERGB. *einen Schacht in die Erde bauen*
Äb·tis·sin die <-, -nen> *Vorsteherin eines Klosters*
Ab·tön·far·be die <-, -n> *Farbe, mit der man andere Farben stufenweise heller oder dunkler machen kann*
ab·tör·nen <törnst ab, törnte ab, hat abgetörnt> *mit OBJ* ■ *jmd./etwas törnt jmdn. ab (umg.) bewirken, dass jmd. seine gute Stimmung verliert* Diese öde Klaviermusik törnt mich völlig ab.
ab·tö·ten <tötet ab, tötete ab, hat abgetötet> *mit OBJ* ■ *jmd. tötet etwas ab vollständig töten* Keime abtöten
Ab·tötung die <-, -en> *das Abtöten*
ab·tra·gen <trägst ab, trug ab, hat abgetragen> *mit OBJ* ■ *jmd.trägt etwas ab* **1.** *nach und nach entfernen* das Erdreich/ein Gebäude abtragen **2.** (*geh.*) *zurückzahlen* Schulden abtragen **3.** *durch häufiges Tragen abnutzen* abgetragene Kleidung
ab·träg·lich <abträglicher, am abträglichsten> *Adj.* (*geh.* ≈ *zuträglich*) *so, dass es einer Sache oder Entwicklung schadet* Das Rauchen ist der Gesundheit abträglich.
Ab·träg·lich·keit die <-> (*kein Plur.*) (*geh.*) *die Tatsache, dass etwas abträglich ist*
ab·trai·nie·ren **I.** *mit OBJ* ■ *jmd. trainiert etwas ab sich sportlich so betätigen, dass man abnimmt* überflüssige Pfunde abtrainieren **II.** *ohne OBJ* ■ *jmd. trainiert jmdm./einem Tier etwas ab (übertr.) jmdm. ein Verhalten abtrainieren* einem Hund aggressives Verhalten abtrainieren, einem Menschen die Angst abtrainieren **III.** *mit SICH* ■ *jmd. trainiert sich etwas Akk. ab sich von etwas befreien* Allzu große Disziplinlosigkeit habe ich mir abtrainiert.
Ab·trans·port der <-(e)s, -e> *das Abtransportieren*
ab·trans·por·tie·ren *mit OBJ* ■ *jmd. transportiert jmdn./etwas ab durch Transportieren an einen anderen Ort bringen*
ab·trei·ben <treibst ab, trieb ab, hat/ist abgetrieben> **I.** *mit OBJ/ohne OBJ* ■ *etwas treibt jmdn./etwas ab (haben) vom Kurs abbringen* Der Wind treibt den Ballon/das Boot ab. **II.** *mit OBJ* ■ *jmd. treibt ein Kind ab* MED. *eine Schwangerschaft abbrechen* (ein Kind) abtreiben **III.** *ohne OBJ* ■ *jmd./etwas treibt ab (sein) vom Kurs abkommen* Der Ballon/das Boot treibt ab.
Ab·trei·bung die <-, -en> (MED.: ≈ *Schwangerschaftsabbruch*) eine Abtreibung vornehmen (lassen)
Ab·trei·bungs·kli·nik die <-, -en> *Klinik, in der Abtreibungen durchgeführt werden*
Ab·trei·bungs·recht das <-(e)s> (*kein Plur.*) RECHTSW. *die Gesetze, die die juristische Situation in Bezug auf Abtreibungen bestimmen*
ab·tren·nen *mit OBJ* ■ *jmd. trennt etwas (von etwas Dat.) ab bewirken, dass etwas nicht mehr Teil von etwas ist* Die Bestellkarte lässt sich an der Perforation leicht abtrennen.
Ab·trenn·kar·te die <-, -n> *eine Karte, die man von etwas abtrennen kann, z.B. die Bestellkarte an einer Werbesendung*
ab·tre·ten <trittst ab, trat ab, hat/ist abgetreten> **I.** *mit OBJ* ■ *jmd. tritt etwas ab (haben)* **1.** (≈ *überlassen*) *eine andere Person etwas haben lassen* dem Geschäftspartner Rechte/einen Gewinn abtreten **2.** *den Schmutz durch Treten entfernen* die Schuhe gründlich abtreten **3.** *durch häufiges Be-*

gehen oder Laufen abnutzen die Absätze/den Teppich abtreten **II.** *ohne OBJ* ■ *jmd. tritt ab* (*sein*) **1.** *ein Amt oder eine wichtige Position aufgeben* **2.** THEAT. *die Bühne verlassen*

Ab·tre·tungs·er·klä·rung die <-, -en> RECHTSW. *Erklärung, dass man Rechte oder Ansprüche an jmdn. abtritt I.1*

Ab·trieb der <-(e)s, -e> *Treiben des Viehs von den Bergweiden ins Tal*

Ab·trift die <-> *Abweichung im Kurs eines Schiffes oder Flugzeugs*

ab·trock·nen <trocknest ab, trocknete ab, hat/ist abgetrocknet> **I.** *mit OBJ* ■ *jmd. trocknet jmdn./etwas ab* (*haben*) *jmdn. oder etwas mit einem Tuch o.Ä. reiben, damit er/es trocken wird* Nach dem Baden trocknet sie das Kind ab., Ich trockne mir die Füße ab., Er trocknet (das Geschirr) ab. **II.** *ohne OBJ* ■ *etwas/jmd. trocknet ab* (*sein*) *trocken werden* Bei dem heißen Wetter trocknen die Fußböden schnell ab.

Ab·tropf·brett das <-(e)s, Abtropfbretter> *Brett, auf dem gespültes Geschirr abtropfen kann*

ab·trün·nig ■ **jemandem/einer Sache abtrünnig werden**: *jmdm. oder etwas nicht mehr die Treue halten*

Ab·t·rün·nig·keit die <-, -en> *der Zustand, dass sich jmd. abtrünnig verhält*

ab·tun <tust ab, tat ab, hat abgetan> *mit OBJ* ■ *jmd. tut etwas/jmdn. ab als unwichtig hinstellen* etwas mit einer Handbewegung abtun

ab·tur·nen *ohne OBJ s.* **abtörnen**

ab·ur·tei·len *mit OBJ* ■ *jmd. urteilt jmdn./etwas ab* **1.** RECHTSW. *ein Urteil über jmdn. sprechen* einen Angeklagten aburteilen **2.** *ohne genaue Prüfung verdammen* jemandes Leistungen vorschnell aburteilen

Ab·ver·kauf der <-(e)s, Abverkäufe> (*österr.*) *Ausverkauf*

ab·ver·kau·fen *mit OBJ* ■ *jmd. verkauft jmdm. etwas ab* (*österr.*) *im Ausverkauf anbieten*

ab·wä·gen <wägst ab, wog/wägte ab, hat abgewogen/abgewägt> *mit OBJ* ■ *jmd. wägt etwas ab gründlich prüfen* die Vor- und Nachteile gegeneinander abwägen, das Für und Wider abwägen, seine Worte sorgfältig abwägen

ab·wäh·len <wählst ab, wählte ab, hat abgewählt> *mit OBJ* ■ *jmd. wählt jmdn./etwas ab* **1.** *jmdn. durch eine Wahl aus seiner Funktion entfernen* den Vorstand abwählen **2.** SCHULE *sich im Rahmen einer Wahlmöglichkeit dafür entscheiden, dass man in einem bestimmten Fach keinen Unterricht mehr besuchen muss* Chemie abwählen

ab·wäl·zen <wälzt ab, wälzte ab, hat abgewälzt> *mit OBJ* ■ *jmd. wälzt etwas (auf jmdn.) ab* (*unangenehme Aufgaben*) *einem anderen zuschieben* die Verantwortung (auf andere) abwälzen

Ab·wäl·zung die <-, -en> *das Abwälzen*

ab·wan·deln <wandelst ab, wandelte ab, hat abgewandelt> *mit OBJ* ■ *jmd. wandelt etwas ab in Teilen verändern* Das neue Modell ist nur eine leicht abgewandelte Version des Vorgängers.

ab·wan·dern <wanderst ab, wanderte ab, ist abgewandert> *ohne OBJ* ■ *jmd. wandert ab eine Region verlassen und sich an einen anderen Ort begeben* vom Land in die großen Städte abwandern

Ab·wär·me die <-> (*kein Plur.*) TECHN. *Wärmeenergie, die als Abfallprodukt eines technischen Prozesses freigesetzt wird*

Ab·wär·me·nut·zung die <-, -en> *Nutzung von Abwärme*

Ab·wart, **Ab·wartin** der <-(e)s, -e/Abwärte> (*schweiz.*) *Hausmeister*

ab·war·ten **I.** *mit OBJ* ■ *jmd. wartet etwas ab auf das Eintreten einer Sache warten* eine Antwort/den geeigneten Augenblick/eine günstige Gelegenheit/den passenden Moment abwarten **II.** *ohne OBJ* ■ *jmd. wartet ab nicht handeln und weiter warten* ■ **abwarten und Tee trinken** (*umg.*): *sich ruhig verhalten und auf eine günstige Gelegenheit warten*

ab·wärts *Adv.* (↔ *aufwärts*) *nach unten* ■ **abwärts gehen**: *nach unten führen* Die Fahrt/die Straße geht abwärts. **es geht mit jemandem/etwas abwärts**: *es geht jmdm. oder etwas immer schlechter* Mit ihm geht es abwärts.

Ab·wärts·be·we·gung die <-, -en> *Bewegung nach unten*

Ab·wärts·ent·wick·lung die <-, -en> *ungünstige Entwicklung zum Schlechteren hin*

Ab·wärts·kom·pa·ti·bi·li·tät die <-, -en> TECHN. *der Sachverhalt, dass ein technisches Gerät mit früheren Versionen noch technisch kompatibel ist*

Ab·wasch¹ der <-(e)s> (*kein Plur.*) *das Abspülen* (*von Geschirr*) den Abwasch machen ■ **Das geht in einem Abwasch!** (*umg.*): *das kann man alles auf einmal erledigen*

Ab·wasch² die <-, -en> (*österr.*) *Abwaschbecken, Spülbecken*

ab·wa·schen <wäschst ab, wusch ab, hat abgewaschen> **I.** *mit OBJ* ■ *jmd. wäscht etwas ab etwas mit Wasser und Seife säubern* (das Geschirr) abwaschen **II.** *ohne OBJ* ■ *jmd. wäscht ab Geschirr spülen* Ich musste noch abwaschen, weil nicht genug sauberes Geschirr für die Gäste da war.

Ab·wasch·ma·schi·ne die <-, -n> (*schweiz.*) *Spülmaschine*

Ab·wasch·schüs·sel die <-, -n> *Schüssel, in der man abwäscht*

Ab·wasch·was·ser das <-s> (*kein Plur.*) (≈ *Spülwasser*)

Ab·was·ser das <-s, Abwässer> *durch Gebrauch im Haushalt oder in der Industrie verunreinigtes Wasser*

Ab·was·ser·an·la·ge die <-, -n> *Anlage, um Abwasser zu reinigen oder aufzubereiten*

Ab·was·ser·auf·be·rei·tung die <-, -n> TECHN. *Behandlung oder Reinigung von Abwasser*

Ab·was·ser·be·sei·ti·gung die <-, -en> *Beseitung von Abwasser*

Ab·was·ser·ge·büh·ren <-> *Plur. regelmäßig zu zahlender Geldbetrag für die Beseitigung von Abwasser*

Ab·was·ser·lei·tung die <-, -en> *Leitung, in der*

das Abwasser abfließt

ab·wech·seln <wechselst ab, wechselte ab, hat abgewechselt> *mit SICH* ■ *jmd./etwas wechselt sich (mit jmdm./etwas) ab im Wechsel auftreten oder etwas im Wechsel tun* Regen und Sonnenschein wechseln sich ab., sich bei der Betreuung des kranken Kindes abwechseln

ab·wech·selnd <nicht steig.> *Adv. im Wechsel (von … und …)* bei einem Spiel abwechselnd Karten ziehen

Ab·wechs·lung die <-> *(kein Plur.) etwas, das nicht dem üblichen Erfahrungsbereich eines Menschen entspricht (und für ihn ein Ausgleich sein kann)* Gartenarbeit kann für einen Büroangestellten eine schöne Abwechslung darstellen., zur Abwechslung ins Kino gehen, Du musst mal auf andere Gedanken kommen, brauchst eine Abwechslung!

Ab·we·ge ■ **auf Abwege geraten**: *sich von einem korrekten Lebenswandel entfernen*

ab·we·gig *Adj. so, dass etwas unangebracht ist und man es nicht ernsthaft in Betracht ziehen kann* Es ist doch völlig abwegig, bei der schlechten Auftragslage neue Leute einstellen zu wollen!

Ab·wehr die <-> *(kein Plur.)* **1.** *das Abwehren* auf Abwehr stoßen **2.** SPORT *die Spieler einer Mannschaft, die versuchen sollen, die gegnerischen Stürmer aufzuhalten*

Ab·wehr·be·reit·schaft die <-> *(kein Plur.) Bereitschaft zur Abwehr*[1]

ab·weh·ren I. *mit OBJ* ■ *jmd. wehrt etwas ab verhindern, dass ein Angriff sein Ziel erreicht* den Angriff/Ball abwehren **II.** *ohne OBJ* ■ *jmd. wehrt ab ablehnend reagieren* „Das ist doch nicht nötig!", wehrte sie ab.

Ab·wehr·kraft die <-, Abwehrkräfte> *die Fähigkeit, etwas abzuwehren* Gesunde Ernährung steigert die Abwehrkräfte des Körpers.

Ab·wehr·spie·ler, Ab·wehr·spie·le·rin der <-s, -> SPORT *Spieler, der in der Abwehr*[2] *spielt*

Ab·wehr·stoff der <-(e)s, -e> MED. *körpereigener Stoff zur Abwehr von Krankheiten*

ab·wei·chen[1] <weichst ab, weichte ab, hat/ist abgeweicht> **I.** *mit OBJ* ■ *jmd. weicht etwas ab (haben) etwas nass machen und es dann ablösen* ein Etikett abweichen **II.** *ohne OBJ* ■ *etwas weicht ab (sein) sich durch Feuchtigkeit lösen* Das Plakat weicht ab.

ab·wei·chen[2] <weichst ab, wich ab, ist abgewichen> *ohne OBJ* ■ *jmd. weicht (von etwas Dat.) ab* **1.** *die bisherige Richtung verlassen* vom Weg abweichen **2.** *anders sein* eine (von meiner Meinung) abweichende Auffassung ▶Abweichler, abweichlerisch

Ab·wei·chung die <-, -en> *Unterschied oder Veränderung im Vergleich zu einem früheren Zustand* Die Messwerte zeigen eine Abweichung von fünf Prozent.

ab·wei·den *mit OBJ* ■ *ein Tier weidet etwas ab (≈ abgrasen) auf einer Weide oder Wiese Gras abfressen* Die Kühe haben das Gras abgeweidet.

ab·wei·sen <weist ab, wies ab, hat abgewiesen> *mit OBJ (≈ zurückweisen)* ■ *jmd. weist jmdn./etwas ab einen Bittsteller wegschicken oder einen Antrag ablehnen* Die Klage wurde abgewiesen., einen Bettler abweisen

ab·wei·send *Adj. in einer unfreundlichen Art ablehnend und zurückweisend* eine abweisende Haltung

ab·wen·den <wendest ab, wandte/wendete ab, hat abgewandt/abgewendet> **I.** *mit OBJ* ■ *jmd. wendet etwas ab* **1.** *(wandte ab, hat abgewandt) zur Seite drehen* den Blick/den Kopf abwenden **2.** *(wendete ab, hat abgewendet) verhindern* eine Gefahr abwenden **II.** *mit SICH* **1.** ■ *jmd. wendet sich ab sich in eine andere Richtung drehen* Sie wendete sich voller Ekel ab. **2.** ■ *jmd. wendet sich von jmdm./etwas ab die Verbindung zu jmdm. oder etwas lösen* Wenn du dich weiterhin so verhältst, werden sich alle Freunde von dir abwenden., Immer mehr Hersteller wenden sich von dieser umweltschädlichen Technologie ab.

Ab·wen·dung die <-> *(kein Plur.)* **1.** *das Abwenden II.2* **2.** *das Verhindern von etwas* die Abwendung einer Gefahr

ab·wer·ben <wirbst ab, warb ab, hat abgeworben> *mit OBJ* ■ *jmd. wirbt jmdn. ab durch ein verlockendes Angebot bewirken, dass jmd. seine bisherige Stellung verlässt, um ein anderes Angebot anzunehmen* Der Manager wurde von einer anderen Firma abgeworben.

ab·wer·fen <wirfst ab, warf ab, hat abgeworfen> *mit OBJ* ■ *jmd. wirft etwas ab* **1.** *herunterfallen lassen* Flugblätter abwerfen, Das Pferd hat den Reiter abgeworfen. **2.** WIRTSCH. *einen (finanziellen) Gewinn einbringen* Gewinne abwerfen

ab·wer·ten *mit OBJ* **1.** ■ *jmd. wertet etwas ab den Kurs einer Währung niedriger machen* den Dollar abwerten **2.** ■ *jmd. wertet jmdn./etwas ab mit Worten als minderwertig darstellen*

Ab·wer·tung die <-, -en> **1.** WIRTSCH. *das Abwerten*[1] *einer Währung* **2.** *(≈ Missachtung)*

ab·we·send *Adj.* **1.** *(nicht steig.) nicht am Ort* bei einer Veranstaltung abwesend sein **2.** *in Gedanken versunken* einen abwesenden Eindruck machen

Ab·we·sen·heit die <-> *(kein Plur.)* **1.** *(↔ Anwesenheit) der Zustand, dass jmd. abwesend*[1] *ist* ■ **durch Abwesenheit glänzen** *(iron.): nicht da sein (und dadurch unangenehm auffallen)* **2.** *der Zustand, dass jmd. unkonzentriert und mit seinen Gedanken nicht bei der Sache ist*

ab·wi·ckeln <wickelst ab, wickelte ab, hat abgewickelt> *mit OBJ* ■ *jmd. wickelt etwas ab* **1.** *(↔ aufwickeln) von einer Rolle oder Spule wickeln* das Kabel abwickeln **2.** *(≈ erledigen)* ein Geschäft abwickeln **3.** WIRTSCH. *eine Firma oder ein Unternehmen auflösen und dabei alle rechtlichen Angelegenheiten erledigen* eine Firma/ein Unternehmen abwickeln

Ab·wick·lung die <-> *(kein Plur.) das Abwickeln 2 3*

ab·wie·geln <wiegelst ab, wiegelte ab, hat abgewiegelt> **I.** *mit OBJ* ■ *jmd. wiegelt jmdn. ab (≈ beschwichtigen) bewirken, dass jmds. Aufregung*

A

und Wut geringer werden Er versuchte immer wieder, die aufgebrachte Menge abzuwiegeln. **II.** *ohne OBJ* ■ *jmd. wiegelt ab* (*abwert.*) *Gegenargumente, Bedenken oder Kritik verharmlosen und herunterspielen* In der lebhaften Debatte wiegelte der Minister ständig ab.

ab·wim·meln <wimmelst ab, wimmelte ab, hat abgewimmelt> *mit OBJ* ■ *jmd. wimmelt jmdn./etwas ab* (*umg.*) *unhöflich abweisen* einen Auftrag/einen lästigen Frager abwimmeln

Ab·wind der <-(e)s, -e> (↔ *Aufwind*) *nach unten gerichteter Luftstrom*

ab·win·ken <winkst ab, winkte ab, hat abgewinkt/abgewunken> *ohne OBJ* ■ *jmd. winkt ab durch eine Handbewegung anzeigen, dass man unzufrieden oder verärgert ist oder etwas nicht will* Ich fragte ihn, wie das Bewerbungsgespräch verlaufen ist, doch er winkte nur ab., Er wollte ihr noch eine Tasse Kaffee einschenken, aber sie winkte ab. ■ **bis zum Abwinken**: *so viel von etwas, dass es schon zu viel ist oder man es nicht mehr mag* Bei der Party gab es Kaviar bis zum Abwinken., Er hat die Vokabeln bis zum Abwinken geübt.

ab·wirt·schaf·ten ■ **abgewirtschaftet haben**: (*wirtschaftlich*) *am Ende sein* Dieses Land/die Regierung hat abgewirtschaftet.

ab·wi·schen <wischst ab, wischte ab, hat abgewischt> *mit OBJ* ■ *jmd. wischt jmdn./etwas ab durch Wischen säubern* den Tisch abwischen

ab·wra·cken <wrackst ab, wrackte ab, hat abgewrackt> *mit OBJ* ■ *jmd. wrackt etwas ab* (≈ *verschrotten*) ein Schiff abwracken

Ab·wurf der <-(e)s, Abwürfe> *das Abwerfen* der Abwurf von Lebensmitteln über Notstandsgebieten

ab·wür·gen <würgst ab, würgte ab, hat abgewürgt> *mit OBJ* ■ *jmd. würgt jmdn./etwas ab* **1.** (*abwert.* ≈ *unterbinden*) *dafür sorgen, dass etwas, das einem unbequem ist, sehr schnell aufhört* jede ehrliche Diskussion abwürgen **2.** (*umg.*) *abrupt zum Stillstand bringen* den Motor abwürgen

ab·zah·len *mit OBJ* ■ *jmd. zahlt etwas ab* (≈ *abbezahlen*) *in Raten bezahlen* das Auto/die Schulden/die Wohnung abzahlen

ab·zäh·len **I.** *mit OBJ* ■ *jmd. zählt jmdn./etwas ab die genaue Zahl oder den genauen Betrag durch Zählen feststellen* Geld abzählen **II.** *ohne OBJ* ■ *jmd. zählt ab durch Zählen eine Entscheidung treffen oder eine Gruppe bilden* Vor dem Spiel zählen die Kinder ab, wer fangen soll.

Ab·zähl·reim der <-(e)s, -e> *ein Reim, den Kinder beim Abzählen II aufsagen*

Ab·zah·lung die <-, -en> (≈ *Ratenzahlung*) etwas auf Abzahlung kaufen

Ab·zah·lungs·ge·schäft das <-(e)s, -e> *Geschäft, das mit einer Teilzahlung verbunden ist*

Ab·zah·lungs·kauf der <-(e)s, Abzahlungskäufe> (≈ *Teilzahlungskauf*)

Ab·zah·lungs·kre·dit der <-(e)s, -e> *Kredit, der in Teilen abgezahlt wird*

Ab·zah·lungs·ra·te die <-, -n> *Teilbetrag, der abzuzahlen ist*

ab·zap·fen *mit OBJ* ■ *jmd. zapft etwas ab* **1.** *aus einem Fass entnehmen* Bier abzapfen **2.** (*umg.*) *eine bestimmte Menge als Probe entnehmen* jemandem Blut abzapfen

ab·zäu·men *mit OBJ* ■ *jmd. zäumt etwas ab Zaumzeug von einem Reit- oder Zugtier abnehmen*

ab·zäu·nen *mit OBJ* ■ *jmd. zäunt etwas ab mit einem Zaun abgrenzen* ein Grundstück/eine Wiese abzäunen

ab·zeh·ren *mit OBJ* ■ *etwas zehrt jmdn./etwas ab die Substanz von etwas oder die Kräfte von jmdm. verringern* Sein Körper ist abgezehrt., Die Krankheit zehrt einen Menschen/seinen Körper ab.

Ab·zeh·rung die <-, -en> *Schwinden der Körperkraft und Körpersubstanz*

Ab·zei·chen das <-s, -> *an Uniformen oder Kleidungsstücken angebrachtes Emblem, das die Zugehörigkeit zu etwas anzeigt* (eine Mütze mit dem) Abzeichen der Infanterie

ab·zeich·nen **I.** *mit OBJ* ■ *jmd. zeichnet jmdn./etwas ab* **1.** *nach einer Vorlage zeichnen* ein Foto abzeichnen **2.** *mit seinem Namen oder Zeichen versehen* ein Schreiben (als gelesen) abzeichnen **II.** *mit SICH* ■ *etwas zeichnet sich ab* **1.** *erkennbar werden* Ein Sieg der Angreifer zeichnet sich ab., In seinem Gesicht zeichnete sich Freude ab. **2.** *als Kontur sichtbar sein und sich von etwas anderem abheben* Das Muster zeichnet sich deutlich vom Untergrund ab.

Ab·zieh·bild das <-(e)s, -er> *Bild, das man von einer Klebefolie abziehen kann*

ab·zie·hen <ziehst ab, zog ab, hat/ist abgezogen> **I.** *mit OBJ* ■ *jmd. zieht etwas ab* (*haben*) **1.** *von etwas herunterziehen* den Bettbezug/den Ring vom Finger abziehen **2.** (MATH.: ≈ *subtrahieren*) 2 von 16 abziehen **3.** *Abzüge machen* ein Schreiben zehnmal abziehen **4.** (*per Befehl*) *von einem Ort wegholen* Truppen/Mitarbeiter von einem Einsatzort abziehen **II.** *ohne OBJ* ■ *jmd./etwas zieht ab* (*sein*) **1.** *sich entfernen* Das Tief/der Nebel ist nach Norden abgezogen. **2.** *weggehen* Die Truppen sind abgezogen., Glücklich ziehen die Kinder mit ihren Geschenken ab.

ab·zie·len *ohne OBJ* ■ *etwas zielt auf etwas Akk. ab mit einer bestimmten Absicht auf etwas gerichtet sein* Die Maßnahmen zielen auf einen Abbau der Arbeitslosigkeit ab.

ab·zir·keln <zirkelst ab, zirkelte ab, hat abgezirkelt> *mit OBJ* **1.** *abmessen* Räume/Strecken auf einer Landkarte abzirkeln, Wege/Flächen in einer Landschaft abzirkeln **2.** (*übertr.*) *Worte, die man spricht, sehr genau überlegen* ▶abgezirkelt

ab·zi·schen <zischst ab, zischte ab, ist abgezischt> *ohne OBJ* ■ *jmd. zischt ab* (*umg.* ≈ *abhauen*) *schnell weggehen*

ab·zot·teln <zottelst ab, zottelte ab, ist abgezottelt> *ohne OBJ* ■ *jmd. zottelt ab* (*umg.*) *langsam und trottend weggehen*

Ab·zug der <-(e)s, Abzüge> **1.** *Kopie eines Dokuments* Kannst du mir von diesem Text bitte einen

Abzug machen? **2.** FOTOGR. *ein Foto, das aus einem Negativ hergestellt wird* Von diesem Foto hätte ich gerne einen Abzug. **3.** TECHN. *Vorrichtung, durch die Dämpfe entweichen können* ein Abzug über dem Küchenherd **4.** (*kein Plur.*) MILIT. *das Abziehen II.2* der Abzug der Truppen aus der Stadt **5.** *Auslösehebel von Schusswaffen* den Finger am Abzug haben **6.** (*kein Plur.*) *Wegnahme* nach Abzug aller Unkosten **7.** (*nur Plur.*) *Steuern, Abgaben, die man zahlen muss* Ihre monatlichen Abzüge sind ziemlich hoch.

ab·züg·lich *Präp. + Gen.* WIRTSCH. *so, dass man das Genannte abziehen muss* abzüglich des zu zahlenden Eigenanteils, abzüglich Eigenanteil

Ab·zugs·fä·hig·keit die <-> (*kein Plur.*) WIRTSCH. ■ **steuerliche Abzugsfähigkeit:** *Möglichkeit, von einem Betrag, der zu versteuern ist, eine Summe abzuziehen*

Ab·zugs·ka·nal der <-(e)s, Abzugskanäle> *Kanal, durch den etwas abziehen II.1 kann*

Ab·zugs·schacht der <-(e)s, Abzugsschächte> (≈ *Abzugskanal*)

ab·zwei·gen <zweigst ab, zweigte ab, hat/ist abgezweigt> **I.** *mit OBJ* ■ *jmd. zweigt etwas ab* (*haben*) *Geld von einem größeren Betrag wegnehmen und für einen bestimmten Zweck bereitstellen* einen bestimmten Geldbetrag für andere Zwecke abzweigen **II.** *ohne OBJ* ■ *etwas zweigt* (*irgendwohin*) *ab* (*sein*) *eine Verzweigung bilden, die an einen bestimmten Ort führt* Hier zweigt die Straße nach links ab. ▶Abzweigung

Ab·zweig·stel·le die <-, -n> *Stelle, an der etwas in eine bestimmte Richtung abzweigt II*

ab·zwin·gen <zwingst ab, zwang ab, hat abgezwungen> *ohne OBJ* ■ *jmd. zwingt jmdm. etwas ab* (*geh.*) *Druck und Zwang auf jmdn. ausüben, damit man etwas erhält oder etwas Bestimmtes bei ihm erreicht* Er hat ihr das Versprechen abgezwungen, dass sie niemandem seine wahre Identität nennen wird., Sie zwang sich mühsam ein Lächeln ab.

ab·zwit·schern <zwitscherst ab, zwitscherte ab, ist abgezwitschert> *ohne OBJ* ■ *jmd. zwitschert ab* (*umg.*) *weggehen*

a cap·pel·la *Adv.* MUS. *ohne Begleitung von Instrumenten* An diesem Abend sang der Sänger a cappella.

A-cap·pel·la-Chor der [a ka'pɛla ko:ɐ̯] <-(e)s, A-cappella-Chöre> *Chor ohne instrumentale Begleitung*

Ac·ces·soire das [aksɛ'so̯a:ɐ̯] <-s, -s> (*meist Plur.*) *modisches Zubehör*

A·ce·tat das [at͜se'ta:t] <-s> (*kein Plur.*) CHEM. *eine Chemiefaser*

A·ce·tat·sei·de die <-, -n> *Seide aus Acetat*

Ace·ty·len·gas das <-(e)s, -e> *Gas aus Acetylen*

Ach ■ **mit Ach und Krach** (*umg.*): *unter großen Anstrengungen, sehr knapp* Sie schaffte die Prüfung nur mit Ach und Krach.

ach *Interj.* ■ **Ach!/Ach so!:** *Ausruf als Ausdruck des Erstaunens oder der Überraschung* **Ach Gott!/Ach je!:** *verwendet, um auszudrücken, dass man etwas bedauert oder es schlimm findet*

A·chat der [a'xa:t] <-(e)s, -e> *ein Halbedelstein*

Achil·les <-> *griechischer Sagenheld*

A·chil·les·fer·se die <-> (*kein Plur.*) (*geh.*) *der Schwachpunkt von jmdm.; die Eigenschaft, die für ihn gefährlich sein kann*

A·chil·les·seh·ne die <-, -n> ANAT. *Sehne zwischen Ferse und Wadenmuskel*

Achs·abs·tand der <-(e)s, Achsabstände> (TECHN.: ≈ *Radstand*) *der Abstand zwischen den beiden Achsen eines Fahrzeugs*

Achs·bruch der <-(e)s, Achsbrüche> *Bruch einer Achse*

Achs·druck der <-(e)s, Achsdrücke> (KFZ: ≈ *Achslast*)

Ach·se die <-, -n> **1.** TECHN. *Verbindungsstange zwischen parallel laufenden Rädern* die zwei Achsen eines Autos ◆ Hinter-, Vorder- **2.** MATH. *gedachte Mittellinie, um die sich etwas dreht oder an der etwas gespiegelt wird* **3.** MATH. *eine der beiden Linien eines Koordinatensystems* ◆ X-, Y- **4.** ■ **auf Achse sein** (*umg.*): *unterwegs sein* Er ist nur selten zu erreichen, denn er ist immer auf Achse.

Ach·sel die <-, -n> **1.** (≈ *Achselhöhle*) *der Bereich an der Unterseite des Oberarms, der dem Oberkörper am nächsten ist* **2.** *Schulter* ■ **die/mit den Achseln zucken:** *als Geste der Ahnungslosigkeit oder Ratlosigkeit die Schultern heben und wieder senken*

Ach·sel·griff der <-(e)s, -e> *Griff unter die Achseln zur Bergung oder Rettung von Personen* bewusstlose Verletzte mit Achselgriff aus einem verunglückten Auto ziehen

Ach·sel·hemd das <-(e)s, -en> *ärmelloses Unterhemd*

Ach·sel·schweiß der <des Achselschweisses> (*kein Plur.*) *Schweiß, der unter den Achseln entsteht*

Ach·sen·ab·stand der <-(e)s, Achsenabstände> *siehe* **Achsabstand**

ach·sen·sym·me·trisch *Adj. so, dass es sich zu einer Achse*[2] *symmetrisch verhält*

Achs·la·ger das KFZ *Lager, in dem eine Achse*[1] *angebracht ist*

Achs·last die KFZ *maximale Last, mit der eine Achse belastet werden darf*

Acht[1] ■ **außer Acht lassen:** *nicht beachten* **sich in Acht nehmen:** *vorsichtig sein* **Gib Acht!:** *pass auf* ◆ Schreibung mit Bindestrich→R 3.21, R 4.15 das Außer-Acht-Lassen

Acht[2] die (*kein Plur.*) GESCH. *Ausschluss aus dem Rechtsschutz mit der Folge, dass jmd. vogelfrei ist* die Acht über jemanden verhängen

acht *Num. die Ziffer 8* ◆ Kleinschreibung→R 3.16 alle acht Tage, der achte Mai, um acht Uhr, Schlag acht Uhr, Kinder über acht Jahre, Sie sind acht Personen., Wir sind zu acht., die ersten/letzten acht, acht mal vier, Acht und acht macht/ist sechzehn., Das macht acht zwanzig.; Großschreibung→R 3.4, R 3.16 eine Acht schreiben, mit der Acht (Linie 8) fahren, am Achten des Monats; Schreibung mit Ziffer 8fach (achtfach); Schreibung mit Ziffer und Bindestrich→R 4.15 8-jährig (achtjährig), 8-mal (achtmal), 8-malig (achtmalig), 8-teilig (achtteilig)

acht·bän·dig <nicht steig.> *Adj. aus acht Bänden bestehend* eine achtbändige Enzyklopädie

acht·bar *Adj.* (*geh.* ≈ *ehrbar*) *so, dass man jmdn. respektieren muss*

ach·te *Adj. in einer Reihenfolge an der Stelle acht* der achte Platz, Der achte Teil von sechzehn ist zwei., das achte Gebot, an achter Stelle

Ach·te der/die/das <-n, -n> (*in einer Reihenfolge*) *jmd. oder etwas an der Stelle acht* Heute ist der Achte (des Monats)., Sie ist die Achte (am Ziel)., Du bist schon der Achte, den ich treffe., Jedes Achte wird gestrichen. ◆ Großschreibung→R 3.17 Heinrich der Achte

Acht·eck das <-(e)s, -e> *geometrische Figur mit acht Ecken*

acht·e·ckig <nicht steig.> *Adj. mit acht Ecken*

ach·tel *Num. der achte Teil von etwas* ein achtel Zentner, drei achtel Liter, das/ein achtel Kilogramm ◆ Groß- und Zusammenschreibung ein Achtelliter, das/ein Achtelkilogramm

Ach·tel das <-s, -> **1.** *der achte Teil von etwas* das Achtel vom Zentner, drei Achtel des Ganzen, in drei Achtel aller Fälle **2.** (*als Portionsangabe*) *ein achtel Liter Wein* Bitte ein Achtel Rotwein! ◆ Zusammenschreibung ein Achtelkilogramm, im Dreiachteltakt

Ach·tel·li·ter der <-s, -> *ein Achtel von einem Liter*

ach·teln <achtelst, achtelte, hat geachtelt> *mit OBJ* ■ *jmd. achtelt etwas in acht gleich große Teile aufteilen* eine Torte achteln

Ach·tel·pfund das <-(e)s, -e> *ein Achtel von einem Pfund*

ach·ten **I.** *mit OBJ* ■ *jmd. achtet jmdn./etwas* (≈ *respektieren*) *großen Wert beimessen und mit Respekt betrachten* seine Eltern achten, fremdes Eigentum achten **II.** *ohne OBJ* ■ *jmd. achtet auf etwas seine Aufmerksamkeit auf etwas richten* auf den Verkehr achten, auf die Kinder achten

äch·ten <ächtest, ächtete, hat geächtet> *mit OBJ* ■ *jmd. ächtet jmdn./etwas gemeinschaftlich verdammen* eine Person/die Todesstrafe ächten

Acht·en·der der <-s, -> *Hirsch, dessen Geweih acht Enden hat*

ach·tens *Adv. an achter Stelle, als achter Punkt in einer Reihenfolge*

Ach·ter der <-s, -> **1.** (*umg.*) *die Ziffer 8* einen Achter an die Tafel malen **2.** SPORT *Ruderboot mit acht Ruderern* **3.** *eine Bewegung mit der Form einer 8* auf Schlittschuhen einen Achter laufen

Ach·ter·bahn die <-, -en> *in Vergnügungsparks eine Art Bahn mit sehr steil ansteigenden und abfallenden Kurven und Loopings, auf der die Fahrgäste in kleinen Wagen fahren* ■ **eine Achterbahn der Gefühle** (*umg. übertr.*): *ein heftiges Schwanken zwischen* (*positiven und negativen*) *Gefühlen*

ach·tern *Adv.* SEEW. *hinten* Wind von achtern

Ach·ter·pack der <-s> *siehe* **Achterpackung**

Ach·ter·pa·ckung die <-, -en> *Packung, die acht Einheiten von etwas enthält* Eine Achterpackung Toilettenpapier enthält acht Rollen Toilettenpapier.

acht·fach <nicht steig.> *Adj. so, dass es in acht Exemplaren vorliegt* in achtfacher Ausfertigung ◆ Schreibung mit Ziffer 8fach, das 8fache; Großschreibung→R 3.7 das Achtfache, um das Achtfache größer

acht·far·big <nicht steig.> *Adj. aus acht Farben bestehend*

Acht·flach der <-(e)s> (≈ *Oktaeder*) *eine geometrische Figur mit acht Ecken*

Acht·fläch·ner *siehe* **Achtflach**

acht·fü·ßig <(nicht steig.)> *Adj. mit acht Füßen ausgestattet*

Acht·ge·ben das <-s> (*kein Plur.*) *der Zustand, dass jmd. vorsichtig auf etwas achtet*

Acht·hun·dert·jahr·fei·er die <-, -n> *eine Feier, die veranstaltet wird, weil etwas achthundert Jahre besteht* Anlass für die Achthundertjahrfeier ist das achthundertjährige Bestehen unseres Dorfes.

acht·jäh·rig <nicht steig.> *Adj. acht Jahre alt* ein achtjähriger Junge ◆ Schreibung mit Ziffer und Bindestrich→R 4.15 ein 8-jähriger Junge, der/die 8-Jährige; Großschreibung→R 3.7 der/die Achtjährige

acht·jähr·lich <nicht steig.> *so, dass sich etwas alle acht Jahre wiederholt*

Acht·kampf der <-(e)s, Achtkämpfe> SPORT *Disziplin der Leichtathletik*

acht·los *Adj.* (↔ *achtsam*) *so, dass man auf etwas* (*und seine Konsequenzen*) *nicht achtet* achtlos an etwas vorübergehen, Eine achtlos weggeworfene Zigarette verursachte das Feuer.

acht·mal *Adv. multipliziert mit dem Faktor 8* achtmal/8-mal so groß; (*mit Ziffern*) 8 mal 2; (*bei besonderer Betonung auch*) acht Mal

Acht·me·ter der <-s, -> SPORT *Strafwurf beim Handball, der aus einer Entfernung von acht Metern auf das Tor ausgeführt wird*

Acht·me·ter·brett das <-(e)s, Achtmeterbretter> *Sprungbrett in einem Schwimmbecken, das sich in acht Metern Höhe befindet*

acht·mo·na·tig *Adv. acht Monate alt oder acht Monate dauernd*

acht·mo·nat·lich *Adj. so, dass sich etwas alle acht Monate wiederholt*

Acht·mo·nats·kind das <-(e)s, -er> *Kind, das nach acht Monaten Schwangerschaft zu früh geboren wird*

acht·mo·to·rig <nicht steig.> *Adj.* TECHN. *mit acht Motoren ausgestattet* ein achtmotoriges Flugzeug

Acht·pfün·der der <-s, -> *etwas, das acht Pfund wiegt*

acht·pfün·dig <nicht steig.> *so, dass es acht Pfund wiegt*

acht·pro·zen·tig <nicht steig.> *so, dass es acht Prozent von etwas enthält*

acht·rei·hig <nicht steig.> *Adj. aus acht Reihen bestehend*

acht·sil·big <nicht steig.> *Adj. aus acht Silben be-*

stehend

Acht·sit·zer der <-s, -> *mit acht Sitzplätzen*

acht·spal·tig <nicht steig.> *Adj. aus acht Spalten bestehend*

Acht·spän·ner der <-s, -> *Kutsche, die von acht Pferden gezogen wird*

acht·spän·nig <nicht steig.> *Adj. so, dass eine Kutsche von acht Pferden gezogen wird*

acht·spu·rig <nicht steig.> *Adj. aus acht Fahrspuren bestehend*

Acht·stun·den·tag der <-(e)s, -e> *ein Arbeitstag von acht Stunden*

acht·stünd·lich <nicht steig.> *Adj. so, dass etwas sich alle acht Stunden wiederholt*

acht·tä·gig <nicht steig.> (*nur attr.*) *Adj. acht Tage dauernd* ein achttägiges Festival

acht·täg·lich <nicht steig.> *Adj. so, dass etwas sich alle acht Tage wiederholt*

Acht·uhr·vor·stel·lung die <-, -en> *eine Vorstellung oder Veranstaltung, die um acht Uhr beginnt*

Acht·uhr·zug der <-(e)s> (*kein Plur.*) *ein Zug, der um acht Uhr fährt*

acht·und·ein·halb *Num. 8,5*

Ach·tung die <-> (*kein Plur.*) **1.** *Wertschätzung und Respekt, die jmdm. zukommen* sich Achtung verschaffen, eine Achtung gebietende Erscheinung ■ **Alle Achtung!**: *Ausruf, um Bewunderung für jmdn. oder etwas auszudrücken* Ich weiß nicht, wie sie ihr Studium mit Kind geschafft hat. Alle Achtung! **2.** *Ausruf, um Aufmerksamkeit zu erlangen* Achtung! Achtung! Alle mal herhören!

Äch·tung die <-> (*kein Plur.*) *gemeinschaftliche Verdammung* die Ächtung von Atomwaffen/eines Kriegsverbrechers

ach·tung·ge·bie·tend <nicht steig.> *Adj. so, dass etwas verlangt, dass man Achtung entgegenbringt*

ach·tungs·voll *Adj.* (≈ *respektvoll*) achtungsvoll miteinander umgehen

acht·wö·chent·lich <nicht steig.> *Adj. so, dass etwas sich alle acht Wochen wiederholt*

acht·wö·chig <nicht steig.> *Adj. acht Wochen lang dauernd*

acht·zehn *Num. 18*

acht·zehn·hun·dert *Num. 1800*

acht·zehn·jäh·rig <nicht steig.> *Adj. achtzehn Jahre alt*

acht·zehn·te <nicht steig.> *Adj. in einer Reihenfolge oder Hierarchie an der Stelle achtzehn* den achtzehnten Platz bei einem Wettkampf belegen

Acht·zehn·tel das *der achtzehnte Teil von etwas*

Acht·zei·ler der <-s, -> *Vers, der aus acht Zeilen besteht*

acht·zig *Num. 80* Auch mit achtzig Jahren ist er immer noch rüstig., Er kommt in die achtzig., Sie sind beide Mitte achtzig., der Mensch über achtzig, Wein aus dem Jahr achtzig, mit achtzig (Stundenkilometern) fahren ■ **jemanden auf achtzig bringen** (*umg.*): *jmdn. reizen oder provozieren*

Acht·zig die <-, -en> *die Zahl 80*

Acht·zi·ger·jah·re, *a.* **acht·zi·ger Jah·re** <-> *Plur. der Zeitraum, der die Jahre zwischen 1980 und 1989 umfasst* ◆ Schreibung mit Ziffer 80er Jahre/80er-Jahre

acht·zig·jäh·rig <nicht steig.> *Adj. s.* **achtjährig**

acht·zigs·te <nicht steig.> *Adj. in einer Reihenfolge oder Hierarchie an der Stelle achtzig* den achtzigsten Geburtstag feiern, Sie feiert ihren Achtzigsten.

Acht·zigs·tel das <-s, -> *der achzigste Teil von etwas s.* **Achtel**

äch·zen ['ɛçt͡sn̩] <ächzt, ächzte, hat geächzt> *ohne OBJ* ■ *jmd./etwas ächzt* **1.** *angestrengt stöhnen* vor Anstrengung ächzen **2.** (≈ *knarren*) *unter der Last von etwas ein langgezogenes Geräusch von sich geben* Der Stuhl ächzte unter seinem Gewicht.

A·cker der <-s, Äcker> *eine bestimmte Fläche von landwirtschaftlich genutztem Boden* Der Bauer bestellt/pflügt den Acker., Der Acker liegt brach. ■ **sich vom Acker machen** (*umg.*): *von einem Ort weggehen* Ich werde mich jetzt mal vom Acker machen., Mach' dich vom Acker! ◆ -land, -fläche, Kartoffel-

A·cker·bau der <-(e)s> (*kein Plur.*) *das Anbauen von Nutzpflanzen* Ackerbau und Viehzucht

Acker·bo·den der <-s, Ackerböden> *Boden, auf dem Feldfrüchte angebaut werden*

a·ckern <ackerst, ackerte, hat geackert> **I.** *mit OBJ/ohne OBJ* ■ *jmd. ackert (etwas) mit dem Pflug bearbeiten* (das Feld) ackern **II.** *ohne OBJ* ■ *jmd. ackert* (*umg.* ≈ *schuften*) (*körperlich oder geistig*) *hart arbeiten* für die Klassenarbeit ackern

Acker·sa·lat der <-(e)s, Ackersalate> (≈ *Feldsalat*)

Acker·schol·le die <-, -n> *ein flaches Stück Ackerboden, das beim Pflügen nach oben kommt*

A·cker·senf der <-(e)s> (*kein Plur.*) *auf Äckern und an Wegrändern wachsende gelbblühende Pflanze*

Acker·wi·cke die <-, -n> *Futterpflanze, die für das Vieh in der Landwirtschaft angebaut wird*

Acryl das [a'kry:l] <-s> (*kein Plur.*) **1.** CHEM. *ein transparenter Kunststoff* Der Plattenspieler hat eine Abdeckhaube aus Acryl. **2.** (KUNST.: ≈ *Acrylfarbe*) Acryl auf Leinwand

Acryl·far·be die <-, -en> *eine synthetische (Künstler)Farbe*

Acryl·fas·er die <-, -n> *Textilfaser aus Acryl*

Ac·tion die ['ækʃən] **1.** *spannende (Film)Handlung* ein Film mit viel Action **2.** (*umg.*) *lebhafter Betrieb* Hier ist ja ganz schön Action!

Ac·tion·film der <-s, -e> *ein Film, der eine spannende Handlung und oft auch Szenen mit Gewalt enthält*

ac·tion·ge·la·den *Adj.* (*Film*) *voller Action*[1]

ad ab·sur·dum [at ap'zʊrdʊm] (*geh.*) ■ **etwas ad absurdum führen**: *das Widersinnige einer Sache nachweisen*

ADAC der <-> *Abkürzung von „Allgemeiner Deutscher Automobil-Club"*

A·da·gio, *a.* **a·da·gio** das [a'da:dʒo] <-s, -s> MUS. *Tempobezeichung: langsam, ruhig*

A·d·ap·ta·ti·on, *a.* **A·d·ap·ti·on** die <-, -en>

1. (*kein Plur.*) BIOL. *Anpassung des Organismus an die Umwelt* Veränderungen im Prozess der Adaptation 2. LIT. THEAT. *Umarbeitung eines literarischen Werkes für andere Verwendungszwecke* eine Adaptation des Romans für das Theater/für den Literaturunterricht der 6. Klasse

A·dap·ta·tions·recht das <-(e)s, -e> RECHTSW. 1. *Recht, das die Adaptation[2] betrifft* 2. *das Recht, etwas zu adaptieren[2]*

A·d·ap·ter der [a'dapte] <-s, -> TECHN. *Verbindungsstück zum Anschließen von Zusatzgeräten an ein Grundgerät*

a·d·ap·tie·ren <adaptierst, adaptierte, hat adaptiert> *mit OBJ* 1. BIOL. *anpassen* 2. ■ *jmd. adaptiert etwas* LIT. THEAT. *ein literarisches Werk umarbeiten* 3. (*österr.*) *eine Wohnung oder ein Haus für einen bestimmten Zweck einrichten und daran anpassen* eine frisch adaptierte 2-Zimmer-Wohnung, eine Villa als Museum adaptieren

A·d·ap·ti·on die (*fachspr.*) *siehe* **Adaptation**

a·d·ä·quat *Adj.* (*geh.* ≈ *angemessen*) *einer Sache in ihrer Bedeutung, Wichtigkeit o.Ä. entsprechend* Die Strafe sollte dem Vergehen adäquat sein., Wir müssen noch eine adäquate Wohnung finden. ► Adäquatheit

ad·die·ren <addierst, addierte, hat addiert> *mit OBJ* ■ *jmd. addiert etwas* (MATH.: ↔ *subtrahieren*) *zusammenzählen*

Ad·dier·ma·schi·ne die <-, -n> *Maschine, mit der man addieren kann*

Ad·di·ti·on die <-, -en> (MATH.: ↔ *Subtraktion*) *das Zusammenzählen*

Ad·di·tiv das <-(e)s, -e> CHEM. *Zusatzstoff in chemischen Substanzen*

Ad·duk·tion die <-, -en> MED. *das Heranziehen eines Körperglieds an den Körper*

Ad·duk·tor der <-s, -en> ANAT. *Muskel für die Adduktion*

A·de·bar der <-s, -e> (*umg. scherzh.*) *Bezeichnung für den Storch*

A·del der <-s> (*kein Plur.*) 1. *Klasse innerhalb der Gesellschaft, die Besitz und einen Titel* (*historisch auch damit verbundene Vorrechte*) *durch Geburt ererbt hat* 2. ■ *aus dem/von Adel zu einer adeligen Familie gehörend, von adeliger Herkunft* Er stammt aus dem niederen Adel., Sie ist von Adel. ■ **Adel verpflichtet**: *wenn man einer gewissen gesellschaftlichen Klasse oder Schicht angehört, ist man auch zu einer bestimmten Art der Lebensführung verpflichtet* 3. (*geh.*) *Vornehmheit* der Adel des Herzens

a·d(e)·lig <nicht steig.> *Adj. dem Adel[1] angehörend* ad(e)lig sein

A·d(e)·li·ge(r) der/die <-n, -n> *Angehöriger des Adels[1]*

a·deln <adelst, adelte, hat geadelt> *mit OBJ* ■ *jmd. adelt jmdn. in den Stand des Adels erheben*

A·dels·brief der <-(e)s, -e> *Urkunde, die die Aufnahme in den Adelsstand bestätigt*

A·dels·fa·mi·lie die <-, -n> *eine adelige Familie*

A·dels·ge·schlecht das <-(e)s, Adelsgeschlechter> *Gruppe von Familien, die dem Adel angehören*

A·dels·stand der <-(e)s, Adelsstände> *die gesellschaftliche Gruppe der Adeligen* in den Adelsstand erhoben werden

A·de·lung die <-, -en> *das Adeln*

a·de·no·id *Adj.* MED. *drüsenähnlich*

A·de·nom das <-s, -e> MED. *gutartige Geschwulst im Drüsengewebe*

A·dept der <-(e)s, -ten> 1. (*veralt.*) *in früheren Zeiten ein Mensch, der um geheime Wissenschaften* (*die Alchemie*) *und Künste wusste* 2. (*geh. scherzh.*) *ein Lernender oder Schüler, der in Wissenschaft und Künste eingeweiht wird*

A·der die <-, -n> 1. ANAT. *eine der vielen Leitungen, durch die das Blut durch den Körper von Menschen oder Tieren fließt* ■ **jemanden zur Ader lassen** (*veralt.*): *jmdm. Blut abnehmen* **jemanden zur Ader lassen** (*umg. übertr.*): *von jmdm. viel Geld für etwas nehmen* ◆ Haupt-schlag-, Puls- 2. (*kein Plur.*) *Veranlagung* eine künstlerische/musikalische Ader haben ■ **für etwas keine Ader haben**: *einer Sache nicht aufgeschlossen gegenüberstehen* 3. BOT. *einer der feinen Linien, die man im Inneren eines Blattes sehen kann* ◆ Blatt- 4. ZOOL. *die feinen Linien auf den Flügeln von Insekten* 5. BERGB. *eine Art kleiner Gang oder Spalt in einem Felsen oder unter der Erde, in dem es Mineralien oder Erze oder Wasser gibt* ◆ Erz-, Gold-, Wasser-

Ä·der·chen das <-s, -> *eine feine Ader[1]*

Ad·hä·si·on die <-, -en> 1. (PHYS.: (*kein Plur.*)) *der Zustand, dass zwei Teile aneinanderhaften* die Adhäsion von Molekülen eines Stoffes 2. MED. *Verwachsung von zwei Körperorganen*

Ad·hä·si·ons·kraft die <-, Adhäsionskräfte> PHYS. *Anziehungskraft zwischen Molekülen*

ad·hä·siv *Adj. durch Adhäsion wirkend*

A·dieu, *a.* **a·dieu** das [a'di̯øː] <-, (-s)> *Abschiedsgruß* (jemandem) Adieu/adieu sagen

ad in·fi·ni·tum *Adv.* (*geh.*) *unbegrenzt, unendlich fortsetzbar*

Ad·jek·tiv das ['atjɛktiːf] <-s, -e> SPRACHWISS. *Eigenschaftswort* „Schön" und „groß" sind Adjektive., der Komparativ/Superlativ eines Adjektivs, die Steigerungsformen des Adjektivs

ad·jek·ti·visch <nicht steig.> *Adj.* SPRACHWISS. *als Adjektiv* der adjektivische Gebrauch eines Partizips

Ad·junkt, **Ad·junk·tin** der [at'jʊŋkt] <-en, -en> (*österr. schweiz.*) *Beamtentitel: Assistent(in)*

Ad·jus·tie·rung die <-, -en> (*österr.*) 1. (≈ *Uniform*) *Dienstkleidung* in dienstlicher Adjustierung erscheinen 2. (*scherzh.*) *Aufmachung und Erscheinungsbild* in merkwürdiger Adjustierung eine Veranstaltung besuchen

Ad·ju·tant der [atju'tant] <-en, -en> MILIT. *Begleitoffizier*

Ad·ler der <-s, -> *ein großer Raubvogel mit braunschwarzem Gefieder*

Ad·ler·blick der <-(e)s> (*kein Plur.*) *besonders genauer, scharfer, durchdringender Blick eines Men-*

schen

ad li·bi·tum 1. (*geh.* ≈ *beliebig*) *ganz nach Belieben* 2. MUS. *verwendet, um auszudrücken, dass das Tempo für ein Musikstück dem Musiker überlassen bleibt*

Ad·mi·nis·t·ra·ti·on die <-, -en> (≈ *Verwaltung*)

ad·mi·nis·t·ra·tiv <nicht steig.> *Adj. behördlich, auf die Verwaltung von etwas bezogen* eine administrative Maßnahme

Ad·mi·nis·tra·tor, **Ad·mi·nis·tra·to·rin** der <-s, -en> (≈ *Verwalter(in)*) ◆ System-

Ad·mi·ral der [atmi'ra:l] <-s, -e/Admiräle> 1. MILIT. *höchster Dienstgrad der Kriegsmarine* 2. (*Plur. nur: Admirale*) ZOOL. *ein Tagfalter*

Ad·mi·ra·li·tät die <-, -en> MILIT. *die Gesamtheit der Admirale, die oberste Kommandoebene der Marine*

Ad·miral·stab der <-(e)s, Admiralstäbe> *obere Führungsgruppe in der Kriegsmarine*

ADN der <-> (*kein Plur.*) (GESCH.: *in der ehemaligen DDR*) *Abkürzung von „Allgemeiner Deutscher Nachrichtendienst"*

A·do·les·zenz die [adolɛs'tsɛnts] <-> (*kein Plur.*) *letzter Abschnitt des Jugendalters zwischen Pubertät und Erwachsenenalter* ▶adoleszent, Adoleszent

A·do·nis der <-, -se> (*geh.*) *schöner Jüngling oder Mann*

a·dop·tie·ren [adɔp'ti:rən] <adoptierst, adoptierte, hat adoptiert> *mit OBJ* ■ *jmd. adoptiert jmdn. ein Kind, das nicht ein leibliches Kind ist, als eigenes Kind annehmen* Wir haben eine Tochter adoptiert.

A·dop·ti·on die <-, -en> *Annahme als eigenes Kind*

A·dop·tiv·bru·der der <-s, Adoptivbrüder> *Bruder, den man bekommt, weil die eigenen Eltern einen Jungen adoptieren*

A·dop·tiv·el·tern <-> *Plur. Eltern eines adoptierten Kindes*

A·dop·tiv·kind das <-(e)s, -er> *adoptiertes Kind*

A·dop·tiv·mut·ter die <-, Adoptivmütter> *Mutter eines Adoptivkindes*

A·dop·tiv·schwes·ter die <-, n> *Schwester, die man bekommt, weil die eigenen Eltern ein Mädchen adoptieren*

A·dop·tiv·sohn der <-(e)s, Adoptivsöhne> *Sohn von Adoptiveltern*

A·dop·tiv·toch·ter die <-, Adoptivtöchter> *Tochter von Adoptiveltern*

A·dop·tiv·va·ter der <-s, Adoptivväter> *Vater eines Adoptivkindes*

A·d·re·na·lin das [adrena'li:n] <-s> (*kein Plur.*) BIOL. *Hormon der Nebenniere, das vor allem ausgeschüttet wird, wenn man aufgeregt und nervös ist* ◆ -stoß

A·dress·an·hän·ger der <-s, -> *Anhängeschild an Koffern mit der Adresse des Besitzers*

A·d·res·sat, **A·d·res·sa·tin** der <-en, -en> *Empfänger(in) einer Postsendung oder Information*

A·dres·sa·ten·kreis der <-(e)s, -e> *bestimmte Gruppe von Empfängern einer Postsendung oder Information*

A·dress·auf·kle·ber der <-s, -> *aufklebbares Papierschild, auf das man seine Adresse schreibt* vor einer Reise Adressaufkleber auf einem Koffer anbringen

A·d·ress·buch das <-(e)s, Adressbücher> 1. *ein Notizbuch, in dem man Adressen sammelt* 2. EDV *innerhalb eines Mailprogramms eine Datei, in der E-Mail-Adressen abgelegt und verwaltet werden*

A·d·res·se die <-, -n> 1. (≈ *Anschrift*) *Name, Wohnort, Straße und Hausnummer, die gemeinsam die Daten bilden, mit denen man einer Person auf dem Postweg etwas schicken kann* ■ **bei jemandem an die falsche Adresse kommen:** *an die falsche Person geraten* 2. *ein offizielles Schreiben, das an eine hochgestellte Persönlichkeit, eine Institution o.Ä. gerichtet ist und in dem eine einzelne Person oder eine Gruppe sich bei jmdm. bedankt oder jmdn. grüßt* In seiner Adresse erwähnte er alle Helfer., eine Adresse an den Präsidenten richten ◆ Dank- 3. EDV *eine Nummer, die eine bestimmte Speicherzelle im Speicher eines Computers bezeichnet*

A·dres·sen·än·de·rung die <-, -en> *Änderung der Adresse*[1]

A·dres·sen·auf·kle·ber der <-s, -> *siehe auch* **Adressaufkleber**

A·dres·sen·bü·ro das <-s, -s> *Büro, das Adressen von Personen und Firmen sammelt und weiterverkauft*

A·dres·sen·ver·zeich·nis das <-ses, -se> *Verzeichnis von Adressen*[1]

a·d·res·sie·ren <adressierst, adressierte, hat adressiert> *mit OBJ* ■ *jmd. adressiert etwas (an jmdn.) mit der Anschrift des Empfängers versehen* den Brief an die Eltern adressieren, Einladungen/ein Rundschreiben adressieren

A·dres·sier·ma·schi·ne die <-, -n> *Maschine, die Adressen aufdruckt*

a·d·rett [a'drɛt] *Adj. sauber und ordentlich*

A·d·ria die <-> (*kein Plur.*) *der Teil des Mittelmeeres, der sich zwischen dem Balkan und Italien befindet*

a·dr·i·a·tisch <nicht steig.> *Adj. die Adria betreffend*

ad·sor·bie·ren *mit OBJ* ■ *etwas adsorbiert etwas* CHEM. PHYS. *Gase, Dämpfe, gelöste Stoffe an der Oberfläche fester Körper binden*

Ad·sorp·ti·on die <-, -en> CHEM. PHYS. *das Adsorbieren*

Ad·stringens das <-, -genzien/-gentia> MED. *entzündungshemmendes, blutstillendes Mittel, das zusammenziehend auf Wunden und Schleimhäute wirkt*

ad·strin·gie·rend <nicht steig.> *Adj.* MED. *so, dass etwas als Adstringens wirkt*

A-Dur das <-> (*kein Plur.*) MUS. *eine Tonart*

Ad·van·tage der [əd'vɑ:ntɪdʒ] <-s, -s> (SPORT ≈ VORTEIL: *Tennis*) *der erste gewonnene Punkt nach dem Einstand*

Ad·vent der <-(e)s, -e> (*Plur. selten*) *Zeit vom vierten Sonntag vor Weihnachten bis Weihnachten* im

Advent, der vierte Advent (der letzte Sonntag vor Weihnachten) ◆-skerze, -slied, -ssonntag, -szeit

Ad·ven·tist, **Ad·ven·tis·tin** der <-(e)s, -en> *Angehöriger einer religiösen Gemeinschaft, die an die baldige Wiederkehr von Jesus Christus glaubt*

Ad·vents·ka·len·der der

> **i Wissenswert** Im **Adventskalender** finden die Kinder an jedem Adventstag hinter einem Papptürchen eine Überraschung aus Schokolade. Der Kalender umfasst die vier Wochen vor Weihnachten und ist mit Christbäumen, Weihnachtsmännern, Lebkuchen und anderen Weihnachtsmotiven verziert.

Ad·vents·kranz der <-(e)s, Adventskränze> *Kranz aus Tannenzweigen mit vier Kerzen* Am ersten Sonntag im Advent wird eine Kerze des Adventskranzes angezündet, am zweiten Sonntag zwei Kerzen, am dritten Sonntag drei, bis schließlich am vierten Sonntag alle vier Kerzen auf dem Kranz brennen.

Ad·verb das [atˈvɛrp] <-s, Adverbien> SPRACHWISS. ≈ UMSTANDSWORT *ein Wort, dass Umstände der Zeit, des Ortes, der Modalität oder des Grundes bezeichnet* Die Wörter „dort" und „bald" sind Adverbien. ▶adverbial

ad·ver·sa·tiv [atvɛrzaˈtiːf] <nicht steig.> *Adj.* SPRACHWISS. *so, dass es einen Gegensatz zum Ausdruck bringt* „Aber", „doch" und „sondern" sind adversative Konjunktionen.

Ad·vo·ca·tus Di·a·bo·li der <-> (*kein Plur.*) **1.** REL. *katholischer Priester, der Gründe gegen eine Heiligsprechung von Personen vorbringt* **2.** (*übertr.*) *jmd., der in eine Diskussion Gegenargumente einbringt, deren Gültigkeit er selbst nicht annimmt* ■ **den Advocatus Diaboli spielen**: Der Diskussionsleiter übernahm die Rolle des Advocatus Diaboli und belebte so das Gespräch.

Ad·vo·kat, **Ad·vo·ka·tin** der [atvoˈkaːt] <-en, -en> (*österr. schweiz.*) *Rechtsanwalt oder Rechtsanwältin*

Ad·vo·ka·tur die <-, -en> (*schweiz. österr.*) *Anwaltsbüro, Kanzlei*

a·e·ro [aˈeːro/ˈɛro] *in Zusammensetzungen: Luft-/Luftfahrt-*

ae·rob [aeˈroːp] <nicht steig.> *Adj.* (BIOL.: ↔ *anaerob*) *so, dass es Sauerstoff zum Leben benötigt* aerobe Bakterien

Ae·ro·bic das [ɛˈroːbɪk] <-s> (*kein Plur.*) SPORT *ein Bewegungstraining, bei dem man zu Musikbegleitung bestimmte gymnastische Übungen macht*

Ae·ro·bier der <-s, -> BIOL. *Organismus, der nur mit Sauerstoff aus der Luft leben kann*

Ae·ro·bi·ont der <-(e)s> *siehe* **Aerobier**

A·e·ro·dy·na·mik die [aerodyˈnaːmɪk] <-> (*kein Plur.*) PHYS. *Lehre von der Bewegung strömender Gase*

Ae·ro·fel·ge die <-, -n> KFZ. *besonders aerodynamisch gestaltete Felge*

Ae·ro·lo·gie die <-> *Wissenschaft von den höheren Luftschichten*

Ae·ro·me·cha·nik die <-> PHYS. *Wissenschaft von den Zusammenhängen strömender Luft oder Gase und der Mechanik*

Ae·ro·sol das <-s, -e> **1.** CHEM. PHYS. *feine Verteilung flüssiger oder fester Stoffe in Gasen oder in der Luft* Rauch und Nebel sind Aerosole. **2.** MED. *Medikament zum Einatmen*

Ae·ro·sol·the·ra·pie die <-, -n> MED. *Therapie, bei der ein Aerosol verwendet wird*

Ae·ro·sta·tik die <-> PHYS. *Lehre vom Verhalten strömender Gase oder Flüssigkeiten*

ae·ro·sta·tisch <nicht steig.> *Adj.* PHYS. *die Aerostatik betreffend*

Af·fä·re die <-, -n> **1.** (*umg.*) *eine unangenehme Angelegenheit* sich geschickt aus der Affäre ziehen **2.** *Liebesverhältnis* eine Affäre (mit jemandem) haben

Af·fe der <-n, -n> **1.** ZOOL. *dem Menschen nahe verwandtes Säugetier, das in seinen verschiedenen Arten in tropischen Ländern in sehr unterschiedlichen Größen und Farben vorkommt, meist in Horden lebt und dessen höher entwickelte Vertreter teilweise intelligentes Verhalten zeigen* Schimpansen, Gorillas und Paviane sind sehr verschiedene Affen., Nicht alle Affen sind Menschenaffen. **2.** (*umg. abwert.*) *eitle oder dumme Person* so ein (blöder/dummer/eingebildeter) Affe! ■ **sich zum Affen machen** (*umg.*): *sich Arbeiten, die man als sinnlos empfindet, auftragen lassen* **Mich laust der Affe!** (*umg.*): *verwendet, um auszudrücken, dass man sehr überrascht ist* **jemand ist wie vom (wilden) Affen gebissen**: *jmd. reagiert völlig überzogen oder verrückt* **wie ein Affe auf dem Schleifstein (dasitzen)** (*umg. scherzh.*): *in einer komischen oder krummen Position (dasitzen)*

Af·fekt der <-(e)s, -e> *heftige Erregung* im Affekt handeln ◆-ausbruch, -handlung

af·fek·tiert *Adj.* (*geh. abwert.* ≈ *gekünstelt*)

Af·fek·tiert·heit die <-> (*kein Plur.*) (*geh. abwert.*) *affektiertes Benehmen* Ihre Unsicherheit versuchte sie mit Affektiertheit zu überspielen.

Af·fek·ti·on die <-, -en> **1.** MED. *krankhafter Ablauf oder Zustand* **2.** (*veralt.*) *Zuneigung, wohlwollende Haltung gegenüber einem anderen*

af·fek·tiv *Adj.* PSYCH. *durch Affekte bestimmt*

Af·fek·ti·vi·tät die <-, -en> PSYCH. *die Neigung, oft sehr erregt und gefühlsbetont zu reagieren*

Af·fen·arsch der <-(e)s, Affenärsche> (*vulg. abwert.*) *Schimpfwort für eine Person*

Af·fen·brot·baum der <-(e)s, Affenbrotbäume> *Baum in den Steppengebieten Afrikas mit essbaren Früchten in der Form einer Gurke*

Af·fen·hit·ze die <-e> (*kein Plur.*) (*umg.*) *sehr starke Hitze*

Af·fen·lie·be die <-> (*kein Plur.*) (*umg. abwert.*) *übertriebene Liebe*

Af·fen·weib·chen das <-s, -> *weiblicher Affe*

Af·fen·zir·kus der <-ses> (*kein Plur.*) (*abwert.*) *verwendet, um auszudrücken, dass man einen Vorgang sehr lächerlich findet* Ich verstehe nicht, warum man um die Sache so einen Affenzirkus veranstaltet!

af·fig *Adj.* (*umg. abwert.*) *albern, eitel* Ich finde ihr Verhalten ausgesprochen affig.

Af·fig·keit die <-> (*kein Plur.*) *affige Art*

Af·fi·ni·tät die <-, -en> (*geh.*) *Zuneigung auf Grund ähnlicher Neigungen* eine Affinität zu jemandem/etwas verspüren

Af·fir·ma·ti·on die <-, -en> (*geh.*) *Bejahung, Bestätigung*

af·fir·ma·tiv *Adj.* (*geh.*) *bejahend, bestätigend*

Af·fix das <-es, -e> SPRACHWISS. *Vor- oder Nachsilbe, die an den Wortstamm angehängt wird, z.B. „ent-", „-bar"*

af·fi·zie·ren <affizierst, affizierte, hat affiziert> *mit OBJ* ■ *etwas affiziert jmdn./etwas* MED. *reizen, krankhaft verändern*

Af·fri·ka·te die <-, Affrikata> SPRACHWISS. *Verschlusslaut mit folgendem Reibelaut*

Af·front der ['afrõ:/a'frɔnt] <-s, -s/(-e)> (*geh.* ≈ *Beleidigung*) *etwas, das als große Beleidigung empfunden wird*

Af·gha·ne, Af·gha·nin der <-n, -n> **1.** GEOGR. *Angehöriger eines vorderasiatischen Volkes* **2.** ZOOL. *Hunderasse*

af·gha·nisch *Adj. Afghanistan, die Afghanen betreffend*

Af·gha·nisch das <-en> (*kein Plur.*) *die afghanische Sprache*

Af·la·to·xin das <-s, -e> MED. *krebserregender Stoff in bestimmten Lebensmitteln*

A·f·ri·ka, A·f·ri·ka <-s> *der drittgrößte Erdteil*

A·f·ri·ka·ner, A·f·ri·ka·ne·rin der <-s, -> *Einwohner Afrikas*

a·f·ri·ka·nisch <nicht steig.> *Adj. Afrika, die Afrikaner betreffend*

A·f·ro·a·me·ri·ka·ner, A·f·ro·a·me·ri·ka·ne·rin der <-s, -> *Amerikaner schwarzafrikanischer Abstammung*

a·f·ro·a·me·ri·ka·nisch <nicht steig.> *Adj. die Afroamerikaner betreffend*

A·f·ro·look der ['a:frolʊk] <-s> (*kein Plur.*) *Frisur, bei der das Haar in stark gekrauste Locken gebracht wird*

Af·ter der <-s, -> MED. *Mastdarmöffnung*

Af·ter·flos·se die <-, -n> ZOOL. *Fischflosse, die sich in der Nähe des Afters befindet*

Af·ter·shave das ['a:ftəʃeɪv] <-(s), -s> (≈ *Rasierwasser*) *zum Gebrauch nach der Rasur bestimmte, stark alkoholhaltige Lösung, die die Haut pflegt und parfümiert*

Af·ter·shave·lo·tion, *a.* **Af·ter-Shave-Lo·tion** die ['a:ftəʃeɪvloʊʃn̩] (≈ *Aftershave*)

ägä·isch *Adj. die Ägäis betreffend*

Agar-Agar der/das <-s> *dickflüssige Masse, die aus getrockneten Rotalgen hergestellt wird*

A·ga·ve die <-, -n> BOT. *kaktusartige Pflanze*

A·gen·da die <-, Agenden> **1.** *Buch, in das man die Dinge schreibt, die man erledigen muss* **2.** (≈ *Tagesordnung*) *Liste von Themen bei Verhandlungen und Konferenzen* Auf der Agenda der Tagung standen nur Fragen aus dem finanziellen Bereich.

A·gens das ['a:gɛns] <-> (*kein Plur.*) (SPRACHWISS.: ↔ *Patiens*) *Träger der durch das Verb ausgedrückten Handlung*

A·gent, A·gen·tin der <-en, -en> **1.** *jmd., der für einen Geheimdienst arbeitet* **2.** (WIRTSCH.: *veralt.* ≈ *Handelsvertreter*)

A·gen·ten·netz das <-(e)s, -e> *verzweigtes System, in dem Agenten*[1] *miteinander in Verbindung stehen*

A·gen·tur die <-, -en> **1.** WIRTSCH. *Vertretung, Geschäftsstelle eines Unternehmens* **2.** *kurz für „Nachrichtenagentur"*

A·gen·tur·mel·dung der <-, -en> *Meldung, die aus einer Nachrichtenagentur stammt*

Ag·glo·me·rat das <-(e)s, -e> (*geh.*) *Anhäufung oder Ansammlung von etwas*

Ag·glo·me·ra·tion die <-, -en> (*fachspr. oder schweiz.*) *Ballungsraum*

Ag·glu·ti·na·ti·on die <-, -en> **1.** MED. *Verklebung, Verklumpung (von Zellen, Blutkörperchen)* **2.** SPRACHWISS. *Verschmelzung von zwei Wörtern*

ag·glu·ti·nie·ren <agglutinierst, agglutinierte, hat agglutiniert> *mit OBJ* ■ *jmd. agglutiniert etwas eine Agglutination*[2] *ausführen* „Auf das Sofa" kann man zu „aufs Sofa" agglutinieren.

Ag·gre·gat das <-(e)s, -e> TECHN. *Einheit von mehreren zusammenwirkenden Maschinen oder Geräten*

Ag·gre·gat·zu·stand der <-(e)s, Aggregatzustände> PHYS. CHEM. *Erscheinungsform eines Stoffes* im festen/flüssigen/gasförmigen Aggregatzustand

Ag·gres·si·on die <-, -en> **1.** PSYCH. *feindselige, angriffsbereite Stimmung* Aggressionen abbauen, jemand hat jemandem gegenüber Aggressionen, Diese Art von Berichterstattung schürt/weckt Aggressionen. **2.** POL. *ein militärischer Angriff eines Staates gegen einen anderen Staat*

Ag·gres·sions·po·ten·ti·al, *a.* **Ag·gres·sions·po·ten·zi·al** das <-(e)s, -e> *die Bereitschaft, Möglichkeit oder Wahrscheinlichkeit, dass jmd. aggressiv handelt* Die Studie hat ergeben, dass das Aggressionspotential der Jugendlichen im Vergleich zu früher gestiegen ist.

ag·gres·siv *Adj.* **1.** (≈ *angriffslustig*) *so, dass man sich feindselig verhält* ein aggressiver Junge, aggressives Verhalten **2.** *so, dass es auf Aggression ausgerichtet ist* Dieser Staat betreibt eine aggressive Politik. **3.** (≈ *scharf* ↔ *mild*) *so, dass es die Oberfläche von etwas angreift* ein aggressives Reinigungsmittel **4.** (↔ *dezent*) *so aufdringlich, dass es unangenehm ist* ein aggressiver Duft **5.** (↔ *defensiv*) *so rücksichtslos, dass es gefährlich ist* Seit er das neue Auto hat, fährt er sehr aggressiv., eine aggressive Fahrweise **6.** *so, dass es sich gezielt und intensiv auf etwas oder jmdn. richtet* aggressive Werbung

Ag·gres·si·vi·tät <-> (*kein Plur.*) (≈ *Angriffslust*) *die Eigenschaft, aggressiv zu sein*

Ä·gi·de die <-> (*kein Plur.*) (*geh.*) *Leitung, Obhut* unter der Ägide von …

a·gie·ren <agierst, agierte, hat agiert> *ohne OBJ*

■ *jmd. agiert irgendwie (geh.) in einer bestimmten Weise handeln* geschickt agieren, in der Politik/in der Öffentlichkeit agieren

a·gil <agiler, am agilsten> *Adj. (geh. ≈ rege) geistig und körperlich gewandt* Er ist auch im hohen Alter noch sehr agil., ein agiler Firmeninhaber/Unternehmer

Agi·li·tät die <-> *(kein Plur.) die Eigenschaft, agil zu sein* auch im Alter noch über große Agilität verfügen

Agio das [a:dʃo] <-s, -s> (WIRTSCH.: ≈ *Aufgeld) höherer Preis für ein Wertpapier im Vergleich zu seinem Nennwert*

A·gi·ta·ti·on die <-, -en> **1.** *(abwert.) politische Hetze* Das ist doch pure Agitation! **2.** *Werbetätigkeit für bestimmte (politische) Ziele* Agitation für eine Kandidatin/eine Partei

A·gi·ta·tor, **A·gi·ta·to·rin** der <-en, -en> *(abwert.) Person, die Agitation betreibt*

agi·ta·to·risch *Adj. so, dass sehr stark für etwas geworben wird und Menschen im Sinne bestimmter politischer Ziele beeinflusst werden* eine agitatorische Rede

a·gi·tie·ren <agitierst, agitierte, hat agitiert> **I.** *ohne OBJ* ■ *jmd. agitiert* **1.** *(abwert.) Hetze betreiben* **2.** *für (politische) Ziele werben* **II.** *mit OBJ* ■ *jmd. agitiert jmdn./etwas (umg.) zu beeinflussen versuchen* Du musst mich nicht agitieren, ich bin schon einverstanden!

Ag·nos·ti·ker der <-s, -> *jmd., der den Agnostizismus vertritt*

Ag·nos·ti·zis·mus der <-> *(kein Plur.)* PHILOS. *die Lehre, dass der Mensch die Unendlichkeit und das Göttliche nicht erkennen kann*

ag·nos·zie·ren [agnɔs'tsi:rən] <agnoszierst, agnoszierte, hat agnosziert> *mit OBJ* ■ *jmd. agnostiziert jmdn./etwas* ÖSTERR. *identifizieren* einen Toten agnoszieren

A·go·nie die [ago'ni:] <-, -n> *(geh.) Todeskampf* in Agonie verfallen, in der Agonie liegen, eine lange Agonie

A·g·raf·fe die [a'grafə] <-, -n> **1.** *Schmuckspange* **2.** MED. *Klammer, um Wunden geschlossen zu halten* **3.** *(schweiz.) Krampe*

A·grar- *(in Zusammensetzungen) die Landwirtschaft betreffend*

A·grar·be·völ·ke·rung die <-> *(kein Plur.) in der Landwirtschaft tätige Bevölkerung*

A·grar·fonds der <-, -> *Vorrat an Geld und finanziellen Mitteln, die für die Landwirtschaft investiert oder ausgegeben werden sollen*

A·grar·han·del der <-s> *Handel mit landwirtschaftlichen Produkten*

A·gra·ri·er, **Agra·ri·e·rin** der [a'gra:ɐ̯iɐ] <-s, -> *(veralt.)* **1.** *Landwirt(in)* **2.** *Großgrundbesitzer(in)*

a·gra·risch *Adj. landwirtschaftlich* ein agrarisches Land, agrarische Produkte

A·grar·mi·nis·ter, **Agrar·mi·nis·te·rin** der <-s, -> *Landwirtschaftsminister(in)*

A·grar·pro·dukt das <-(e)s, -e> *landwirtschaftliches Produkt*

A·grar·re·form die <-, -en> *Landwirtschaftsreform, meist: Bodenreform*

A·grar·staat der <-(e)s, -en> (POL. WIRTSCH.: ↔ *Industriestaat) Land, in dessen Wirtschaft die Landwirtschaft vorherrscht*

A·grar·sub·ven·tion die <-, -en> *Subvention in der Agrarwirtschaft*

A·grar·wirt·schaft die <-> *(kein Plur.) Landwirtschaft*

A·g·ree·ment das [ə'gri:mənt] <-s, -s> POL. *formlose Abmachung oder Einigung zwischen Staaten*

A·g·ri·kul·tur die <-, -en> *(fachspr.) Landwirtschaft, Ackerbau*

A·g·ro·nom, **A·g·ro·no·min** der <-en, -en> *(fachspr.) Landwirt(in) mit wissenschaftlicher Ausbildung*

Agro·no·mie die <-> *(kein Plur.) wissenschaftliche Lehre von der Landwirtschaft*

agro·no·misch *Adj. zur Agronomie gehörend, die Agronomie betreffend* Probleme des Ackerbaus agronomisch betrachten/lösen

Ag·ro·tech·nik, *a.* **A·gro·tech·nik** die <-> *(kein Plur.) Lehre von den technischen Verfahren in der Landwirtschaft*

Ä·gy·p·ten <-s> *Staat im Nordosten Afrikas mit der Hauptstadt Kairo*

Ä·gy·p·ter, **Ä·gyp·te·rin** der <-s, -> *jmd., der die ägyptische Staatsbürgerschaft hat*

ä·gyp·tisch <nicht steig.> *Adj. Ägypten, die Ägypter betreffend*

Ä·gyp·to·lo·ge, **Ä·gyp·to·lo·gin** der <-n, -n> *Wissenschaftler, der sich mit Ägyptologie beschäftigt*

Ä·gyp·to·lo·gie die <-> *(kein Plur.) wissenschaftliche Erforschung der Kultur und Sprache des ägyptischen Altertums*

ah *Interj.* **1.** *Ausruf der freudigen oder bewundernden Überraschung* Ah, sieht das aber schön aus!, Ah, nun haben wir es geschafft! **2.** *Ausruf des plötzlichen Verstehens* Ah, so ist das also! ◆ Großschreibung→R 3.4 Ein bewunderndes Ah war zu hören.

äh *Interj. verwendet, um auszudrücken, dass man sich vor etwas ekelt* Äh, das sieht ja eklig aus! ◆ Großschreibung→R 3.4 Sie ließ ein angewidertes Äh hören.

a·ha, **a·ha** *Interj. Ausruf des Verstehens* Aha, so hast du das gemeint!

A·ha-Er·leb·nis das <-ses, -se> UMG. *der Vorgang, dass man ganz plötzlich etwas versteht* ein Aha-Erlebnis haben

A·has·ver der [ahas've:ɐ̯/a'hasve:ɐ̯] <-s, -s/-e> *(Plur. selten) (geh.) ein ruheloser Mensch, der immer umherirrt*

ahd. *Abkürzung von „althochdeutsch"*

a·his·to·risch *Adj. nicht historisch, unhistorisch, außerhalb der Geschichte* eine ahistorische Betrachtungsweise/Denkweise/ Haltung

Ah·le die <-, -n> *Werkzeug zum Vorstechen von Löchern (in Leder)*

Ahn, **Ahne** der <-(e)s/-en, -en> *(geh.) Vorfahr(in)* ◆ -enforschung, -engalerie

ahn·den <ahndest, ahndete, hat geahndet> *mit*

OBJ ▪ *jmd. ahndet etwas (mit etwas Dat.) (geh.) bestrafen* eine Straftat ahnden ▸Ahndung

äh·neln <ähnelst, ähnelte, hat geähnelt> *ohne OBJ* ▪ *jmd./etwas ähnelt jmdm./etwas sich ähnlich sehen; ähnliche oder fast gleiche Eigenschaften haben* Die beiden Brüder ähneln einander.

ah·nen <ahnst, ahnte, hat geahnt> *mit OBJ* ▪ *jmd. ahnt etwas* **1.** *undeutlich vermuten oder vorhersehen* Das habe ich schon immer geahnt! **2.** *nicht deutlich, sondern nur schemenhaft sehen* Man konnte seine Gestalt im Dunkeln/im Nebel nur ahnen. ▪ **Ach, du ahnst es nicht!** *(umg.): verwendet, um auszudrücken, dass man eine Nachricht überraschend (und meist unangenehm) findet*

Ah·nen·bild das <-(e)s, Ahnenbilder> *Bild oder Gemälde, auf dem ein Ahn/eine Ahne dargestellt ist* Die Wände des alten Schlosses hängen voller Ahnenbilder.

Ah·nen·kult der <-(e)s, -e> *Kult um die Ahnen; große Verehrung der vorangegangenen Generationen* Ahnenkult betreiben

ähn·lich *Adj. so, dass zwei Personen oder Dinge relativ viele Merkmale gemeinsam haben* ähnliche Dinge/Ideen/Interessen/Vorstellungen, Sie sieht/ist ihrer Mutter ähnlich., Er hatte eine ähnliche Idee. ▪ **Das sieht dir/ihm ähnlich!** *(umg.): das verwundert niemanden, der dich/ihn kennt* ◆ Großschreibung→R 3.7 etwas Ähnliches

Ähn·lich·keit die <-, -en> *so, dass jmd. oder etwas jmdm. oder einer Sache ähnlich ist* eine verblüffende (erstaunliche) Ähnlichkeit mit etwas haben, mit etwas Ähnlichkeit haben, die große Ähnlichkeit der Zwillingsschwestern

Ah·nung die <-> *(kein Plur.)* **1.** *(≈ Vorgefühl) der Sachverhalt, dass man etwas Zukünftiges bereits spürt, ohne Genaues darüber zu wissen* eine bestimmte/böse/ungewisse Ahnung haben **2.** *(umg.) eine gewisse Vorstellung oder Kenntnis* von etwas viel/(überhaupt) keine Ahnung haben, Weißt du, wo mein Schlüssel ist? Keine Ahnung! ▪ **null Ahnung** *(umg.): überhaupt keine Ahnung*

ah·nungs·los <nicht steig.> *Adj. so, dass jmd. von einer Sache nichts nichts weiß und auch nichts vermutet* Er wusste nicht, dass seine Mitarbeiter ihn betrogen, er war vollkommen ahnungslos. ▸Ahnungslosigkeit

ah·nungs·voll *Adj. (geh.) so, dass man Unheil voraussieht* Ahnungsvoll öffnete sie die Zimmertür und fand ihr Kind bewusstlos auf dem Bett.

a·hoi *Interj. Seemannsruf* Schiff ahoi!

A·horn der <-s, -e> *ein Laubbaum*

A·horn·si·rup der <-s, -> *Sirup aus dem Saft des Ahorn*

Äh·re die <-, -n> *bei einem Getreidehalm der oberste Teil, der die Körner enthält* Ähren lesen

Äh·ren·kranz der <-(e)s, Ährenkränze> *Kranz aus Ähren*

Äh·ren·le·se die <-, -n> *das Einsammeln von Ähren, die nach der Ernte noch auf dem Feld liegen*

AIDA-For·mel die [a?i:da...] <-> *(kein Plur.)* (WIRTSCH.: *Marketing) aus den Anfangsbuchstaben der Begriffe „attention", „interest",„desire" und „action" gebildeter Begriff, der besagt, Werbung solle Aufmerksamkeit, Interesse und den Wunsch nach dem Produkt erwecken und den Konsumenten zur Kaufhandlung veranlassen*

Aids das [e:ds] <-> *(kein Plur./ohne Artikel)* (MED.: *≈ HIV) Kurzwort aus „Acquired Immune Deficiency Syndrome", übertragbare Immunschwächekrankheit*

Aids·ak·ti·vist der <-en, -en> *Person, die sich für die Bekämpfung von Aids einsetzt*

aids·po·si·tiv <nicht steig.> *Adj.* MED. *mit dem Aids-Erreger infiziert*

Aids·test der <-s, -s> MED. *medizinischer Test um festzustellen, ob eine Ansteckung mit dem Aids-Erreger vorliegt*

Ai·ki·do der <-s> *fernöstliche Sportart der Selbstverteidigung, die Körper und Geist gleichermaßen ansprechen soll*

Air·bag der ['ɛɐ̯bɛk] <-s, -s> KFZ *Luftkissen im Auto, das sich bei einem Aufprall automatisch aufbläst, um Verletzungen zu mildern*

Air·bus der ['ɛɐ̯bʊs] <-ses, -se> LUFTF. *Großraum-Passagierflugzeug*

Air·con·di·tio·ning das ['ɛɐ̯kəndɪʃənɪŋ] <-s, -s> *(≈ Klimaanlage)*

Air·line die ['ɛɐ̯lain] <-, Airlines> *(≈ Fluggesellschaft)*

Ais das <-> *(kein Plur.)* MUS. *um einen halben Ton erhöhtes a auf der Tonleiter*

A·ja·tol·lah der [aja'tɔla] <-(s), -s> *Ehrentitel für Geistliche im Islam*

A·ka·de·mie die <-, -n> **1.** *Vereinigung von Wissenschaftlern oder Künstlern* die Akademie der Wissenschaften/der Künste **2.** *(≈ Hochschule)* **3.** *(österr.) literarische oder musikalische Veranstaltung*

Aka·de·mie·mit·glied das <-(e)s, -er> *Mitglied einer Akademie*[1]

A·ka·de·mi·ker, **A·ka·de·mi·ke·rin** der <-s, -> *(≈ Hochschulabsolvent(in)) jmd., der ein Studium an einer Hochschule abgeschlossen hat*

a·ka·de·misch <nicht steig.> *Adj.* **1.** *die Universität betreffend* akademische Angelegenheiten, einen akademischen Abschluss haben **2.** *(abwert. ≈ theoretisch) nur theoretisch und praxisfern* Das ist mir alles zu akademisch! ▪ **das akademische Viertel**: *die Viertelstunde, um die eine Lehrveranstaltung an der Universität später als angekündigt beginnt*

A·ka·zie die [a'ka:tsi̯ə] <-, -n> *ein Baum*

A·ke·lei die <-, -en> *eine Zier- und Wiesenpflanze*

Ak·kla·ma·ti·on die [aklama'tsio:n] <-, -en> *(geh.) Beifall, Zuruf* Die Abstimmung erfolgte per Akklamation. ▸akklamieren

Ak·kli·ma·ti·sa·ti·on die <-, -en> **1.** BIOL. *Anpassung von Lebewesen an ein anderes Klima* **2.** *(übertr.) die Gewöhnung an neue oder veränderte Lebensumstände* Nachdem er arbeitslos geworden war, begann für ihn eine Zeit der Akklimatisation.

ak·kli·ma·ti·sie·ren <akklimatisierst, akklimati-

sierte, hat akklimatisiert> *mit SICH* ■ *jmd. akklimatisiert sich irgendwo sich gewöhnen oder anpassen* Die Schülerin hat sich in der neuen Klasse schnell akklimatisiert.

Ak·kli·ma·ti·sie·rung die <-, -en> (≈ *Akklimatisation*)

Ak·kom·mo·da·ti·on die <-, -en> **1.** (BIOL. MED.: *Anpassung*) *Anpassung des Körpers an äußere Bedingungen* **2.** MED. *Einstellung des Auges auf eine Entfernung* **3.** REL. *Angleichung einer Religion an eine andere*

Ak·kord der <-(e)s, -e> **1.** MUS. *gleichzeitiges Erklingen von Tönen* ◆-lehre **2.** WIRTSCH. ■ **im Akkord arbeiten**: *nach Stückzahl bezahlt werden* ◆-arbeit, -arbeiter, -lohn

Ak·kor·de·on das <-s, -s> (MUS.: ≈ *Ziehharmonika*)

ak·kre·di·tie·ren <akkreditierst, akkreditierte, hat akkreditiert> *mit OBJ* ■ *jmd. akkreditiert jmdn.* **1.** POL. *einen diplomatischen Vertreter bevollmächtigen* **2.** BANKW. *jmdm. einen Kredit einräumen*

Ak·kre·di·tiv das <-(e)s, -e> **1.** (*amtsspr.*) *Beglaubigungsschreiben, mit dem Diplomaten sich gegenüber anderen Staaten ausweisen können* **2.** BANKW. *Erlaubnis eines Bankkunden, dass jmdm. ein bestimmter Betrag von seinem Geld zur Verfügung gestellt wird.* ein Akkreditiv eröffnen/stellen

Ak·ku der <-s, -s> *kurz für „Akkumulator"*

Ak·kul·tu·ra·ti·on die <-, -en> *Übernahme von Teilen aus einer fremden Kultur; Anpassung an eine fremde Kultur*

Ak·ku·mu·la·tion die <-, -en> *Anhäufung, Ansammlung*

Ak·ku·mu·la·tor der [akumu'la:tɔɐ̯] <-s, -en> ELEKTROTECHN. *ein Gerät zum Speichern von Strom*

ak·ku·mu·lie·ren <akkumulierst, akkumulierte, hat akkumuliert> **I.** *mit OBJ* ■ *jmd. akkumuliert etwas ansammeln, anhäufen* Kapital/Wissen akkumulieren **II.** *mit SICH* ■ *etwas akkumuliert sich mehrere Dinge kommen zusammen und verstärken etwas* Gefahren/ungünstige Faktoren akkumulieren sich.

ak·ku·rat *Adj. sorgfältig, ordentlich* eine akkurate Handschrift/Hausfrau/Bügelfalte

Ak·ku·ra·tes·se die <-> *Sorgfalt und Genauigkeit*

Ak·ku·sa·tiv der <-s, -e> SPRACHWISS. *der Kasus des direkten Objekts* ◆-objekt

Ak·ne die ['aknə] <-> (*kein Plur.*) MED. *eine Hauterkrankung, bei der sich durch eine Überproduktion der Talgdrüsen Pickel bilden*

Akne·pus·tel die <-, -n> MED. *durch Akne hervorgerufene Pustel*

A·kon·to das <-s> (*österr.*) *Anzahlung* ein Akonto leisten

AKP-Staaten *Plur. Afrika, Karibik und Pazifischer Raum*

ak·qui·rie·ren [akvi'ri:rən] <akquirierst, akquirierte, hat akquiriert> *mit OBJ* ■ *jmd. akquiriert jmdn./etwas* WIRTSCH. *Kunden werben*

Ak·qui·si·teur, **Ak·qui·si·teu·rin** der <-s, -e> **1.** WIRTSCH. *jmd., der um Kunden wirbt* **2.** *Person, die Aufträge für Anzeigen bei einer Zeitung beschafft*

Ak·qui·si·ti·on die <-, -en> WIRTSCH. *Kundenwerbung*

A·kri·bie die [akri'bi:] <-> (*kein Plur.*) (*geh.*) *äußerste Sorgfalt* etwas mit Akribie tun ► akribisch

A·kro·bat, **A·kro·ba·tin** der [akro'ba:t] <-en, -en> *ein Zirkusartist, der besonders schwierige und gefährliche Nummern vorführt*

A·kro·ba·tik die <-> (*kein Plur.*) *besondere (körperliche) Gewandtheit*

a·kro·ba·tisch *Adj. von außerordentlicher (körperlicher) Gewandtheit* akrobatische Rechenkünste/Übungen

A·kro·po·lis die <-> *großes Bauwerk oberhalb Athens*

Akt der <-(e)s, -e/-en> **1.** (*Plur.* <-e>) *eine bestimmt eHandlung* der feierliche Akt der Grundsteinlegung, ein Akt der Verzweiflung, Mach nicht so einen Akt daraus! **2.** (*Plur.* <-e>) THEAT. *Abschnitt eines Schauspiels* Pause nach dem dritten Akt **3.** (*Plur.* <-e>) KUNST *künstlerische Darstellung des nackten Körpers* ein männlicher/weiblicher Akt ◆-bild, -foto, -fotografie, -malerei **4.** (*Plur.* <-e>) *kurz für „Geschlechtsakt"* den Akt vollziehen **5.** (*Plur.* <-en>) (*österr.*) *Akte*

Akt·bild das <-(e)s, -er> (≈ *Akt*) *künstlerische Darstellung eines nackten Körpers*

Ak·te die <-, -n> *Sammlung von Schriftstücken zu einem Vorgang oder einer Person* die Akte einsehen ■ **etwas zu den Akten legen**: *etwas als erledigt betrachten* ◆ Personal-

Ak·ten·berg der <-(e)s, -e> (*umg.*) *eine sehr große Anzahl von Akten*

Ak·ten·de·ckel der <-s, -> *eine dünne Mappe aus Pappe, um Papierblätter hineinzulegen*

Ak·ten·kof·fer der <-s, -> *ein kleinerer, schmaler Koffer aus Kunststoff, Leder oder Aluminium, in dem man vor allem Dokumente transportiert*

ak·ten·kun·dig <nicht steig.> *Adj.* AMTSSPR. *durch Akten belegt*

Ak·ten·stoß der <-es, Aktenstöße> *ein Stapel von Akten*

Ak·ten·ta·sche die <-, -n> *eine meist relativ schmale Tasche aus Leder, in der man vor allem Dokumente transportiert*

Ak·ten·ver·merk der <-s, -e> *eine Notiz oder ein Vermerk in einer Akte mit einer kurzen Information*

Ak·ten·ver·nich·tung die <-> *das Vernichten von Akten*

Ak·teur, **Ak·teu·rin** der [ak'tø:ɐ̯] <-s, -e> **1.** FILM THEAT. *Schauspieler(in)* **2.** (*übertr.*) *die aktiven Personen bei einer Sache* die Akteure auf der politischen Bühne

Ak·tie die ['aktsi̯ə] <-, -n> WIRTSCH. *ein Wertpapier, das an der Börse gehandelt wird* der Handel mit Aktien an der Börse, Die Aktien fallen/steigen., Geld in Aktien anlegen ■ **Na, wie stehen die Aktien?** (*umg.*): *Na, wie geht's?*

Ak·ti·en·an·teil der <-(e)s, -e> *Anteil an einer*

Aktiengesellschaft in Form einer Aktie

Ak·ti·en·bör·se die <-, -n> *Börse für den An- und Verkauf von Aktien*

Ak·ti·en·e·mis·sion die <-, -en> *Ausgabe von Aktien*

Ak·ti·en·fonds der <-, -> WIRTSCH. *Fonds, der aus Aktien gebildet wurde*

Ak·tien·ge·sell·schaft die <-, -en> WIRTSCH. RECHTSW. *Unternehmen, das durch die Ausgabe von Aktien viele Anteilseigner finanziell an Gewinn und Verlust beteiligt*

Ak·ti·en·in·dex der <-> (*kein Plur.*) WIRTSCH. *Index der Kurswerte von Aktien*

Ak·ti·en·in·ha·ber der <-s, -> *Inhaber einer Aktie*

Ak·ti·en·ka·pi·tal das <-s> (*kein Plur.*) *in einzelne Aktien aufgeteiltes Grundkapital einer Aktiengesellschaft*

Ak·tien·kurs der <-es, -e> WIRTSCH. *Marktpreis der Aktien*

Ak·ti·en·kurs·ein·bruch der <-(e)s, Aktienkurseinbrüche> *starker Kursrückgang bei den Aktienwerten*

Ak·ti·en·op·tion die (WIRTSCH.: ≈ *Vorkaufsrecht*) *besonderes Vorrecht beim Kauf von Aktien*

Ak·ti·en·pa·ket das <-(e)s, -e> *mehrere Aktien des gleichen Unternehmens in der Hand eines Inhabers*

Ak·ti·on die [ak'tsio:n] <-, -en> **1.** *eine genau geplante Handlung, die einem bestimmten Zweck dient* eine gemeinsame Aktion planen, eine militärische Aktion durchführen, eine geheime polizeiliche Aktion, Die ganze Aktion dauerte keine fünf Minuten. ■ **jemand ist in Aktion** (*umg.*): *jmd. ist gerade mit etwas beschäftigt* Stör' mich bitte nicht, ich bin gerade (voll) in Aktion. **2.** (*schweiz.*) *Sonderangebot*

Ak·ti·o·när, **Ak·ti·o·nä·rin** der <-s, -e> WIRTSCH. *Besitzer von Wertpapieren*

Ak·ti·o·närs·stim·men <-> *Plur.* WIRTSCH. *das Abstimmungsrecht bzw. Mitspracherecht bei der Versammlung der Aktionäre*

Ak·ti·ons·frei·heit die <-> (*kein Plur.*) *die Freiheit zu handeln, wie man es für richtig hält*

Ak·ti·ons·preis der <-(e)s, -e> WIRTSCH. *günstiger Verkaufspreis, der nur eine begrenzte Zeit gilt*

Ak·ti·ons·ra·di·us der <-, Aktionsradien> **1.** (≈ *Wirkungsbereich*) *Bereich, in dem jmd. tätig oder aktiv ist und etwas bewirken kann* Die Vertriebsmannschaft soll ihren Aktionsradius ausdehnen. **2.** (≈ *Reichweite*) Durch den sparsameren Verbrauch kann der Aktionsradius des Fahrzeugs mit einer Tankfüllung erheblich erweitert werden.

Ak·ti·ons·tag der <-(e)s, -e> *Tag, an dem eine öffentliche Aktion zu einem bestimmten Thema oder Problem durchgeführt wird* ein Aktionstag gegen die Gewalt an Schulen

Ak·ti·ons·wo·che die <-, -n> *der Vorgang, dass mehrere Organisationen in einer Woche gemeinsam Aktionen machen, um über ein bestimmtes Thema zu informieren oder für etwas zu werben*

ak·tiv *Adj.* **1.** (↔ *passiv*) *so, dass man sich engagiert und handelt* sich aktiv an etwas beteiligen, ein sehr aktiver Schüler, Sie setzt sich aktiv für den Umweltschutz ein. **2.** (*nur attr., nicht steig.*) *so, dass man die Rechte und Pflichten, die mit etwas verbunden sind, wirklich ausübt* ein aktives Vereinsmitglied, seine aktive Dienstzeit **3.** *mit vielen Aktivitäten verbunden* aktiver Umweltschutz

Ak·tiv das <-s, -e> (*Plur. selten*) (SPRACHWISS.: ↔ *Passiv*) *Verbform, bei der die Satzhandlung vom Subjekt ausgeht*

Ak·tiv·bür·ger der <-s, -> (*schweiz.*) *Staatsbürger mit Wahlrecht und allen sonstigen politischen und bürgerlichen Rechten*

ak·ti·vie·ren [akti'vi:rən] <aktivierst, aktivierte, hat aktiviert> *mit OBJ* ■ *jmd. aktiviert jmdn./etwas veranlassen, tätig zu werden* ▶Aktivierung

ak·ti·visch *Adj.* (SPRACHWISS.: ↔ *passivisch*) *im Aktiv ausgedrückt*

Ak·ti·vis·mus der <-> (*kein Plur.*) *sehr aktives Verhalten; der Drang zu handeln und aktiv zu sein*

Ak·ti·vist der <-en, -en> **1.** *ein Mensch, der politisch sehr aktiv ist* **2.** *in der ehemaligen DDR bzw. im Sozialismus eine Person, die durch gesteigerte Leistung und verbesserte Arbeitsmethoden die Produktion fördert*

ak·ti·vis·tisch *Adj. sich auf die Aktivisten oder den Aktivismus beziehend*

Ak·ti·vi·tät die [aktivi'tɛ:t] <-, -en> **1.** (*kein Plur.*) *das Tätigsein* Unser Sportverein weitet seine Aktivität aus und gründet eine Sektion Bergwandern und eine Jazztanzgruppe., Die Börse verzeichnete heute eine gesteigerte/ hektische/nervöse Aktivität am Aktienmarkt. **2.** *einzelne Tat oder Handlung* neue Aktivitäten planen, über vergangene Aktivitäten berichten

Ak·tiv·koh·le die <-> (*kein Plur.*) CHEM. *aktivierte Pflanzenkohle*

ak·tu·a·li·sie·ren <aktualisierst, aktualisierte, hat aktualisiert> *mit OBJ* ■ *jmd. aktualisiert etwas* (*geh.*) *auf den aktuellen Stand bringen* ein Lehrbuch/einen Stadtplan aktualisieren ▶Aktualisierung

Ak·tu·a·li·tät die <-, -en> **1.** (*kein Plur.*) *Gegenwartsbezogenheit* ein Film von großer Aktualität **2.** (*meist Plur.*) *neueste Tagesereignisse*

Ak·tu·ar, **Ak·tu·arin** der <-s, -e> (*schweiz.*) *Schriftführer(in)*

ak·tu·ell *Adj.* **1.** (*nur attr., nicht steig.*) *gegenwärtig existierend und vorhanden* die aktuellen Entwicklungen/Fragen/Meldungen/Probleme **2.** *zeitgemäß und modern* die aktuellsten Meldungen/Trends, Jetzt sind Kurzhaarfrisuren aktuell.

Akt·zeich·nen das <-s> (*kein Plur.*) *das Zeichnen nackter Körper* ▶Aktzeichnung

A·ku·punk·tur die <-> (*kein Plur.*) MED. (*traditionelle chinesische*) *Heilbehandlung durch das Einstechen spezieller Nadeln in bestimmte Körperstellen*

Aku·punk·tur·punkt der <-(e)s, -e> *eine der bestimmten Stellen am Körper, in die Akupunkturnadeln gestochen werden, um einen bestimmten Effekt zu erzielen*

A·kus·tik die <-> (*kein Plur.*) **1.** PHYS. *Lehre vom*

A

Schall **2.** *spezifischer Klang eines Raumes* Der Konzertsaal hat eine gute Akustik.

a·kus·tisch <nicht steig.> *Adj. die Akustik betreffend* jemanden akustisch nicht verstehen, ein akustisches Signal, die akustischen Eigenschaften eines Raumes

a·kut *Adj.* **1.** (MED.: ↔ *chronisch*) *plötzlich, heftig* eine akute Erkrankung **2.** (↔ *latent*) *dringend, im Moment wichtig* eine akute Gefahr, Dieses Problem wird jetzt akut.

Ak·ze·le·ra·ti·on die <-, -en> FACHSPR. *Beschleunigung eines Ablaufs oder Prozesses*

Ak·zent der <-(e)s, -e> **1.** SPRACHWISS. *Betonung* Der Akzent liegt auf der ersten Silbe. **2.** *Sprachmelodie, Tonfall* einen amerikanischen/schwäbischen Akzent haben ▶akzentfrei **3.** *besondere Bedeutung* auf etwas einen besonderen Akzent setzen

ak·zen·tu·ie·ren *mit OBJ* ■ *jmd. akzentuiert etwas* (*geh.* ≈ *betonen*) *besonders betonen oder hervorheben* Er muss das Problem nochmals besser akzentuieren, um alle zu überzeugen. ▶Akzentuierung

Ak·zept der <-(e)s, -e> WIRTSCH. **1.** *Annahmeerklärung auf einem Wechsel* **2.** *akzeptierter Wechsel*

Ak·zep·tant der <-en, -en> (WIRTSCH.: ≈ *Bezogener*) *jmd., der einen Wechsel annimmt*

Ak·zep·tanz die <-> (*kein Plur.*) *die Bereitschaft, etwas anzunehmen* Die Maßnahme findet/hat eine hohe/geringe/keine Akzeptanz unter den Mitarbeitern.

ak·zep·tie·ren <akzeptierst, akzeptierte, hat akzeptiert> *mit OBJ* ■ *jmd. akzeptiert jmdn./etwas eine Person oder Sache in ihrer Eigenart annehmen* einen Vorschlag/einen Vorgesetzten akzeptieren

Ak·zi·dens das <-, Akzidenzien> **1.** PHILOS. *etwas, das mit Zufall oder dem Zufälligen zu tun hat* **2.** MUS. *Vorzeichen, Versetzungszeichen*

ak·zi·den·t(i)ell [aktsidɛn'tsi̯ɛl/aktsidɛn'tɛl] <nicht steig.> *Adj.* (*geh.*) *zufällig, nicht wesentlich*

Ak·zi·denz·dru·cke·rei die <-, -en> *Druckerei, in der nur kleinere Druckerzeugnisse* (*wie Anzeigen, Broschüren, Formulare, Prospekte*) *hergestellt werden*

à la ['a 'la] *Adv. im Stil bzw. nach der Art von …*

alaaf *Ausruf in den Karnevalstagen in der Kölner Gegend* Am Rosenmontag in Köln ertönt ein lautes „Kölle, alaaf!" von den Wagen im Karnevalsumzug.

A·la·bas·ter der <-s> (*kein Plur.*) *eine Gipsart* eine Statue aus Alabaster

A·larm der <-(e)s, -e> *ein Signal in der Art eines Rufes, eines Sirenentones o.Ä., das anzeigt, dass eine* (*große*) *Gefahr besteht* Alarm auslösen ■ **blinder/falscher Alarm:** *unbegründeter Alarm* ◆-bereitschaft, -signal, -zustand, Feuer-, Flieger-, Probe-

Alarm·an·la·ge die <-, -en> *technische Anlage an einem Haus oder einem Auto, die einen Alarm auslöst, wenn z.B. ein Fenster oder ein Schloss beschädigt worden sind*

Alarm·funk·ti·on die <-, -en> *Mechanismus, der einen Alarm auslöst* eine Armbanduhr mit Alarmfunktion

a·lar·mie·ren <alarmierst, alarmierte, hat alarmiert> *mit OBJ* ■ *jmd. alarmiert jmdn./etwas* **1.** *warnen, beunruhigen* alle Anwohner alarmieren, alarmierende Neuigkeiten **2.** *zu Hilfe rufen* die Feuerwehr alarmieren ▶Alarmierung

A·larm·si·re·ne die <-, -n> *Sirene, die ertönt, wenn Alarm gegeben wird*

A·larm·übung die <-, -en> *Übung für den Fall eines Alarms*

A·larm·zei·chen das <-s, -> (≈ *Warnzeichen*)

A·laun der <-s, -e> CHEM. *blutstillendes Mittel, das auch zum Färben und Beizen verwendet wird*

A·laun·stein der <-(e)s, -e> *Mineral, aus dem man Alaun gewinnt*

A·laun·stift der <-(e)s, -e> *ein Stück Alaun, mit dem man die Blutung stoppen kann, die entsteht, wenn man sich z.B. beim Rasieren geschnitten hat*

Alb[1] der <-(e)s, -en> (*meist Plur.*) *gespenstisches Wesen, Elfe*

Alb[2] die <-> (*kein Plur.*) *Gebirge* die Schwäbische Alb

Al·ba·ner, **Al·ba·nerin** der <-s, -> *jmd., der die albanische Staatsbürgerschaft hat*

Al·ba·ni·en <-s> *Staat auf dem Balkan*

al·ba·nisch <nicht steig.> *Adj. Albanien betreffend*

Al·ba·t·ros der <-, -se> ZOOL. *Sturmvogel*

Al·be·rei die <-, -en> (*abwert.*) *albernes Benehmen* Hör' doch endlich mit diesen Albereien auf!

al·bern[1] *Adj.* (*abwert.*) **1.** *so kindisch und dumm, dass es als Verhalten Anstoß erregt* sich albern benehmen, alberne Bemerkungen machen **2.** (*umg. abwert.*) *unbedeutend* Wegen dieser albernen Summe machst du so ein Theater! ▶Albernheit

al·bern[2] <alberst, alberte, hat gealbert> *ohne OBJ* ■ *jmd. albert sich kindisch und dumm benehmen*

Al·bi·nis·mus der <-> (*kein Plur.*) MED. BIOL. *das Fehlen von Farbstoffen in Haut und Haar*

Al·bi·no der <-s, -s> BIOL. *Lebewesen mit fehlender Pigmentbildung und daher fehlendem Farbstoff in Haut und Haaren*

Alb·traum, *a.* **Alp·traum** der <-(e)s, Albträume/Alpträume> **1.** *ein Traum, bei dem man große Angst empfindet, weil man darin ein bedrohliches Geschehen erlebt* **2.** *ein schlechtes Erlebnis, eine unangenehme Vorstellung von jmdm./etwas oder eine negative Erinnerung an jmdn./etwas* Unser letzter Urlaub war der reinste Albtraum!, Dieser Typ ist ein echter Albtraum!

Al·bum das <-s, Alben> **1.** *Buch zum Aufbewahren von Fotos, Briefmarken usw.* Fotos in ein Album einkleben/in einem Album aufbewahren ◆ Briefmarken-, Familien-, Foto- **2.** *eine Musikveröffentlichung auf Schallplatte oder CD* ein Album der Beatles

Al·che·mie die <-> (*kein Plur.*) *eine mittelalterliche Geheimlehre, in der Elemente der Chemie*

mit Zauberkunst vermischt waren

al·che·mis·tisch *Adj. der Alchemie angehörend*

Al·de·hyd das <-(e)s, -e> CHEM. *Alkohol, dem das Wasser entzogen wurde*

al den·te *Adj.* KOCH. *nicht ganz weich gekocht* Gemüse/Spaghetti al dente zubereiten, den Reis ein bisschen mehr al dente kochen

Ale das [eːl] <-> *eine englische Biersorte*

Ale·man·ne, **Aleman·nin** der <-n, -n> *Angehöriger eines germanischen Volksstammes* ▸alemannisch

a·lert *Adj.* (*veralt. geh.*) *munter, flink, geistig rege* alerte Gaukler

Ale·xan·dri·ner der <-s, -> *eine Versart*

Al·gar·ve die *südliche Provinz in Portugal*

Al·ge die <-, -n> BOT. *eine Art Wasserpflanze* ◆-nbefall, -npest

Al·ge·b·ra die ['algebra] <-, Algebren> *die Lehre von den mathematischen Gleichungen*

Al·ge·bra·i·ker der <-s, -> *jmd., der sich mit Algebra befasst*

Al·ge·ri·en <-s> *Staat in Nordafrika*

Al·ge·ri·en·fran·zo·se, **Al·ge·ri·en·fran·zö·sin** der <-n, -n> *Franzose, der aus Algerien stammt*

Al·ge·ri·er, **Al·ge·ri·e·rin** der <-s, -> *jmd., der die algerische Staatsbürgerschaft hat*

al·ge·risch <nicht steig.> *Adj. Algerien betreffend*

Al·gier [-ʒiːɐ̯] <-s> *Hauptstadt Algeriens*

ALGOL das EDV *Abkürzung von „algorithmic language"; eine Programmiersprache*

al·go·rith·misch *Adj. so, dass etwas einem Algorithmus entspricht*

Al·go·rith·mus der [algo'rɪtmʊs] <-, Algorithmen> MATH. EDV *Lösungs-, Bearbeitungsschema*

a·li·as *Adv.* ■ **A alias B**: *A (auch B genannt)* Meier alias Schmidt

A·li·bi das ['aːlibi] <-s, -s> **1.** *ein Nachweis, dass man zur Tatzeit nicht am Ort eines Verbrechens war* ein hieb- und stichfestes Alibi haben **2.** (*übertr.*) *Rechtfertigung* seine Krankheit als Alibi für seine Vergesslichkeit anführen

Alien der/das ['eiliən] <-, -s> (*hauptsächlich in Filmen oder Romanen*) *außerirdisches Wesen, Lebewesen von einem anderen Planeten*

A·li·men·te <-> *Plur. Geld, das ein Mann, der ein uneheliches Kind hat und der nicht mit der Mutter des Kindes zusammenlebt, jeden Monat an die Mutter des Kindes zahlen muss* Alimente für ein Kind zahlen, Sie hat ihn auf Zahlung von Alimenten verklagt.

Alk[1] der <-s> (*kein Plur.*) (*abwert. umg.*) *kurz für „Alkohol"*

Alk[2] der <-(e)s, -e> *ein Meeresvogel, der wie ein Pinguin aussieht*

al·ka·li·frei *Adj. ohne Rückstände von Seife*

Al·ka·li·me·tall das <-(e)s, -e> CHEM. *sehr reaktionsfähiges Metall*

al·ka·lisch <nicht steig.> *Adj.* CHEM. *basisch, laugenartig*

Al·ko·hol der <-s> (*kein Plur.*) **1.** CHEM. *eine farblose, brennbare Flüssigkeit* reinen Alkohol enthalten **2.** *Alkohol*[1] *enthaltendes Getränk* keinen/regelmäßig/selten/viel Alkohol trinken, dem Alkohol nicht abgeneigt sein/zusprechen, Der Alkohol hat ihm die Zunge gelöst.

Al·ko·hol·ab·hän·gi·ge der/die <-n, -n> *jmd., der vom Alkohol abhängig ist*

Al·ko·hol·ab·hän·gig·keit die <-, -en> *der (krankhafte) Zustand, ohne Alkohol nicht leben zu können*

Al·ko·ho·li·ker, **Al·ko·ho·li·ke·rin** der <-s, -> *jmd., der an Alkoholismus leidet*

al·ko·ho·lisch <nicht steig.> *Adj.* **1.** *Alkohol enthaltend* alkoholische Getränke **2.** CHEM. *Alkohol betreffend* alkoholische Gärung

al·ko·ho·li·sie·ren <alkoholisierst, alkoholisierte, hat/ist alkoholisiert> *mit OBJ* ■ *jmd. alkoholisiert jmdn. jmdm. eine große Menge Alkohol geben, bis er betrunken ist*

Al·ko·ho·lis·mus der <-> (*kein Plur.*) *die (krankhafte) Abhängigkeit vom Alkohol*

Al·ko·hol·kran·ke der/die <-n, -n> (≈ *Alkoholiker*)

Al·ko·hol·spie·gel der <-(e)s, -> *Konzentration von Alkohol im Blut*

Al·ko·hol·steu·er die <-, -n> *Steuer, die auf alkoholische Getränke erhoben wird*

al·ko·hol·süch·tig <nicht steig.> *Adj. süchtig nach Alkohol*

Al·ko·hol·süch·ti·ge der <-n, -n> (≈ *Alkoholabhängiger*) *jmd., der alkoholsüchtig ist*

Al·ko·hol·un·fall der <-(e)s, Alkoholunfälle> *ein Verkehrsunfall, der durch die Wirkung von Alkohol verursacht wurde*

Al·ko·ven der <-s, -> *Nebenraum, Bettnische*

All das <-s> (*kein Plur.*) (≈ *Weltraum*) ins All fliegen, die Erforschung des Alls

Al·lah <-> (*kein Plur.*) REL. *im Islam die Bezeichnung für Gott*

all·die·weil *Adv.* **1.** (*veralt.*) *währenddessen, inzwischen* **2.** (*umg. scherzh.*) *als Konjunktion „weil" gebraucht* „Ich kaufe noch ein paar Rosen, alldieweil ich ein Rendezvous habe", sagte er mit einem Augenzwinkern.

all(**e**, **s**) *Pron.* **1.** *verwendet, um auszudrücken, dass die genannten Personen oder Dinge die Gesamtheit von etwas ausdrücken* Alle ihre Bemühungen waren erfolglos., Alle Mitarbeiter sind zur Versammlung erschienen., Es ist alles versucht worden., Ich habe „alle" gesagt, da bist auch du gemeint!, Es ist an alle gedacht worden. **2.** *verwendet, um auszudrücken dass etwas im genannten Rhythmus regelmäßig wiederkehrt* alle vierzehn Tage stattfinden, alle dreißig Meter ausruhen müssen ■ **alles Gute!**: *verwendet, um (bei einem Abschied) auszudrücken, dass man für jmdn. hofft, es werde ihm in der Zukunft viel Gutes begegnen* **alles in allem**: *insgesamt gesehen* **vor allem**: *besonders* **mein Ein und Alles**: *mein ganzer Lebensinhalt* **auf alle Fälle**: *in jedem Fall* **ein für alle Mal**(**e**): *für immer*

al·le *Adj.* (*umg.*) **1.** (≈ *aufgebraucht*) *nicht mehr da, weil es vollständig verbraucht worden ist* Das Brot/Der Wein ist alle. **2.** (≈ *erschöpft*) Ich bin völlig alle, die Wanderung war so anstrengend!

Al·lee die <-, -n> *eine Straße, bei der zu beiden Seiten in regelmäßigem Abstand (größere) Bäume stehen*

Al·le·go·rie die <-, -n> KUNST *die bildliche Darstellung eines abstrakten Begriffs durch eine konkrete Gestalt oder einen Gegenstand* das Stundenglas als Allegorie der Vergänglichkeit

Al·le·go·rik die <-> (*kein Plur.*) *das Darstellen von etwas in einer übertragenen Bedeutung* die Allegorik eines Bildes/einer Geschichte

al·le·go·risch *Adj. die Allegorie betreffend* allegorische Bilder/Figuren/Geschichten

Al·le·g·ro das <-s, -s/Allegri> MUS. *schnelles Musikstück*

al·le·gro *Adv.* MUS. *Tempobezeichnung in der Musik für „schnell, lebhaft"*

al·lein **I.** *Adj.* **1.** *so, dass keine andere Person dabei ist* Er war ganz allein in dem großen Zimmer., Ich sehe mir den Film allein an, meine Freundin mag keine Krimis. ■ **allein erziehen**: *ein Kind ohne den anderen Partner (Mutter oder Vater) aufziehen* Nachdem ihr Mann sie verlassen hatte, musste sie das Kind allein erziehen. **allein gelassen**: *so, dass man auf sich selbst gestellt ist und keine Hilfe hat* Er fühlt sich mit seinen Problemen allein gelassen. **2.** (≈ *einsam*) *ohne die Gesellschaft anderer Menschen* Sie ist oft allein, denn ihr Mann arbeitet sehr viel., sich allein fühlen **3.** *ohne die Hilfe von anderen* Das kleine Kind kann schon allein stehen., Hast du die Rechenaufgabe allein gelöst. **II.** *Adv.* (≈ *bereits*) Allein der Gedanke ist furchtbar. ■ **von allein** (*umg.* ≈ *von selbst*): *von sich aus, ohne Einwirken von außen oder von anderen* Das Kind hat ganz von allein seine Schuhe angezogen, bevor wir spazieren gegangen sind. ◆ Getrenntschreibung→R 4.3, R 4.12 eine allein stehende/allein erziehende Mutter; Großschreibung→R 3.4 die gesetzliche Gleichstellung der allein Stehenden/Alleinstehenden, die finanzielle Unterstützung der allein Erziehenden/Alleinerziehenden

al·lein·be·rech·tigt <nicht steig.> *Adj. so, dass jmd. als einziger zu etwas berechtigt ist*

Al·lein·be·rech·ti·gung die <-, -en> *das Recht, dass eine bestimmte Person als einzige etwas tun darf*

Al·lein·be·sitz der <-(e)s> (*kein Plur.*) *Besitz, der einer Person allein gehört*

Al·lein·ei·gen·tum das <-s> (*kein Plur.*) *Eigentum, das einer Person allein gehört*

Al·lein·ei·gen·tü·mer der <-s, -> *der einzige Eigentümer von etwas*

Al·lein·gang der <-(e)s, Alleingänge> **1.** SPORT *eine Einzelaktion eines Spielers, bei der die anderen Spieler seiner Mannschaft nicht mitwirken* Der Stürmer startete zu einem Alleingang. **2.** (*übertr.*) *eine Handlung, die jmd. ohne die Unterstützung oder Zustimmung anderer begeht* ein Gesetz im Alleingang durchsetzen

Al·lein·herr·schaft die <-> (*kein Plur.*) *alleinige Herrschaft einer Person, Partei o.Ä.* die Alleinherrschaft anstreben

al·lei·nig <nicht steig.> (*nur attr.*) *Adj.* (≈ *einzig*) der alleinige Erbe des Vermögens, der alleinige Herrscher über das Fürstentum

Al·lein·in·ha·ber der <-s, -> *der einzige Inhaber eines Geschäfts oder einer Firma* Er ist (der) Alleininhaber der Firma/des Restaurants.

Al·lein·rei·sen·de der <-n, -n> *jmd., der allein und ohne Begleitung reist* Heutzutage werden immer mehr Reisen speziell für Alleinreisende angeboten.

Al·lein·schuld die <-> (*kein Plur.*) *die alleinige Schuld*

Al·lein·ste·hende der/die <-n, -n> *jmd., der nicht verheiratet ist und allein lebt*

Al·lein·ver·kauf der <-(e)s> (*kein Plur.*) *Verkauf von Waren, den nur eine bestimmte Firma durchführt* Die kleine Firma übernahm auf der Messe den Alleinverkauf der Geräte.

Al·lein·ver·kaufs·recht das <-(e)s, -e> *das ausschließliche Verkaufsrecht* Apotheken haben das Alleinverkaufsrecht für verschreibungspflichtige Medikamente.

al·le·lu·jah (REL.: ≈ *halleluja*) *Ausruf der Freude*

al·len·falls *Adv.* **1.** (≈ *höchstens*) In der Prüfung wird er allenfalls eine durchschnittliche Note erreichen. **2.** (≈ *eventuell, unter Umständen*) Dieser Mitarbeiter war selten krank, er hat allenfalls einmal eine kurze Grippe gehabt.

al·ler·äu·ßer·ste(r,s) <nicht steig.> *Adj. verstärkende Form von „äußerst"* in die alleräußerste Ecke einer Gegend verschlagen sein, der alleräußerste Termin für die Abgabe einer Arbeit

al·ler·bes·te *Adj. verstärkende Form von „am besten"* ◆ Kleinschreibung→R 3.9 Es ist am allerbesten, wenn …; Großschreibung→R 3.7 Es ist das Allerbeste, was mir je passiert ist.

al·ler·dings **I.** *Adv.* (≈ *jedoch*) *verwendet, um eine Aussage einzuschränken* Sie hat gute Zensuren, allerdings nicht in Sport., Wir haben ein hervorragendes Produkt geschaffen, das Budget wurde allerdings überschritten. **II.** *Adv. als Erwiderung auf eine Frage verwendet, um auszudrücken, dass die nachgefragte Sache in vollem Maße zutrifft (und dass die antwortende Person darüber evtl. auch Verärgerung empfindet)* Wartest du schon lange? – Allerdings! **III.** *Partikel* (≈ *in der Tat*) *verwendet, um eine Aussage zu verstärken* Das war allerdings unhöflich von dir!

Al·ler·gen das <-s, -e> MED. *Stoff, der eine Allergie hervorrufen kann*

Al·ler·gie die <-, -n> MED. *eine überempfindliche Reaktion des Körpers auf bestimmte Stoffe in der Umwelt (z.B. Staub, Blütenpollen oder Tierhaare), die sich meist in Form von Haut- und Schleimhautreizungen zeigt* eine Allergie gegen Gräserpollen haben ◆ Hausstaub-, Pollen-, -test

al·ler·gie·aus·lö·send <nicht steig.> *Adj. so, dass etwas eine Allergie auslöst*

al·ler·gie·ge·tes·tet <nicht steig.> *Adj. so, dass etwas daraufhin geprüft ist, ob es Allergien auslöst oder welche Allergien es auslöst*

al·ler·gisch <nicht steig.> *Adj.* **1.** MED. *an einer Allergie leidend* allergisch gegen Katzenhaare sein, eine allergische Reaktion zeigen **2.** MED. *durch eine Allergie hervorgerufen* ein allergischer Hautausschlag/Schnupfen **3.** (*umg. übertr.*) *so, dass man etwas absolut nicht leiden kann* allergisch gegen Kritik sein, auf ein bestimmtes Verhalten absolut allergisch reagieren

Al·ler·go·lo·ge, **Al·ler·go·lo·gin** der <-n, -n> *Wissenschaftler aus dem Gebiet der Allergologie*

Al·ler·go·lo·gie die <-> (*kein Plur.*) *Teilgebiet der Medizin, das sich mit Allergien befasst*

al·ler·go·lo·gisch *Adj. die Allergologie betreffend*

al·ler·hand (*nicht deklinierbar*) *Pron.* (*umg.* ≈ *viel*) allerhand Neues, allerhand erlebt haben ■ **Das ist ja allerhand!**: *das ist ziemlich unverschämt*

Al·ler·hei·li·gen das <-> (*kein Plur.*) *katholisches Fest zu Ehren aller Heiligen am 1. November*

al·ler·hei·lig·ste(r,s) <nicht steig.> *Adj. verstärkende Form von „heilig"*

al·ler·lei <nicht steig.> *Adj.* (≈ *mancherlei*) *verwendet, um auszudrücken, dass die genannte Sache viele, aber verschiedene Dinge umfasst* allerlei Gerümpel auf dem Dachboden finden, sich allerlei Ausreden anhören müssen, Man hört so allerlei.

al·ler·letz·t(e) *Adj. verstärkende Form von „letzt(e)"* zu allerletzt ankommen

al·ler·min·des·te(r,s) <nicht steig.> *Adj. verstärkende Form von „mindeste"* nicht die allermindeste Vorstellung von etwas haben, nicht das allermindeste Anstandsgefühl haben, Sie versteht nicht das Allermindeste von diesem Fachgutachten.

al·ler·nächs·te <nicht steig.> *Adj. verstärkende Form von „nächste"* in allernächster Zukunft

al·ler·neuste *Adj. verstärkende Form von „neu"* allerneueste Entwicklungen/Trends, die allerneuste Mode

al·ler·nö·tigste(r,s) <nicht steig.> *Adj. verstärkende Form von „nötig"*

al·ler·not·wen·digs·te(r,s) <nicht steig.> *Adj. verstärkende Form von „notwendig"*

al·ler·or·ten *Adv.* (≈ *überall*)

al·ler·schlimms·te(r,s) <nicht steig.> *Adj. verstärkende Form von „schlimm"*

Al·ler·see·len das <-> (*kein Plur.*) *katholischer Feiertag zu Ehren aller Verstorbenen am 2. November*

al·ler·seits *Adv. alle zusammen* Guten Morgen allerseits!

Al·ler·welts·ge·schmack der <-(e)s, Allerweltsgeschmäcker> (*umg. abwert.*) *ein Geschmack ohne besondere Ansprüche, den viele andere auch haben*

Al·ler·welts·kerl der <-(e)s, -e> (*umg.*) *jmd., der sich auf vielen Gebieten auskennt, geschickt und gewandt in vielen unterschiedlichen Dingen ist*

Al·ler·welts·wort das <-(e)s, Allerweltswörter> *ein ganz alltägliches, oft gebrauchtes Wort*

al·ler·we·nigs·te <nicht steig.> *Adj. verstärkende Form von „wenig"* ◆ Kleinschreibung→R 3.9 Das interessiert mich am allerwenigsten!; Großschreibung→R 3.7 Das wissen die Allerwenigsten!

al·le·samt *Pron.* (*umg.*) *alle zusammen* Die Gäste sind allesamt gegangen.

Al·les·kön·ner, **Al·les·kön·ne·rin** der <-s, -> *jmd., der viele Fähigkeiten auf verschiedenen Gebieten besitzt und fast alles zu können scheint*

al·le·zeit *Adv.* (*veralt.* ≈ *immer*) *zu jeder Zeit*

all·fäl·lig *Adv.* (*österr. schweiz.*) *eventuell eintretend oder vorhanden* bei allfälligen Unfällen haften

allg. *Adj. Abkürzung von „allgemein"*

Allgäu das *Landschaft der nördlichen Alpen und des Alpenvorlandes*

A·ll·ge·gen·wart die <-> (*kein Plur.*) **1.** REL. *Gegenwart Gottes in allen Dingen* **2.** (*geh.*) *das ständige Dasein von etwas, auch im Bewusstsein eines Menschen* die Allgegenwart der Berge/Seen/Wälder ▶allgegenwärtig

all·ge·mein, **all·ge·mein** *Adj.* **1.** (*nicht steig.*) *so, dass etwas bei vielen Menschen verbreitet oder zu finden ist* die allgemeine Meinung, Das Thema ist von allgemeinem Interesse., Nach allgemeiner Auffassung … **2.** (*nicht steig.*) *so, dass etwas alle Mitglieder einer Gemeinschaft betrifft* allgemeines Wahlrecht, die allgemeine Wehrpflicht **3.** *so, dass nur eine relativ einfache Sicht von etwas gegeben wird und Einzelheiten nicht berücksichtigt werden* zu Beginn einige allgemeine Ausführungen machen, Das ist viel zu allgemein, es fehlen doch die ganzen Details. ◆ Großschreibung→R 3.27 im Allgemeinen

All·ge·mein·arzt, **Allgemeinärztin** der <-es, Allgemeinärzte> (↔ *Facharzt*) *Arzt für Allgemeinmedizin, der nicht auf eine bestimmte Fachrichtung spezialisiert ist*

All·ge·mein·be·griff der <-(e)s, -e> *Oberbegriff für etwas, der verschiedene einzelne Unterbegriffe umfasst*

All·ge·mein·be·sitz der <-(e)s> (*kein Plur.*) *Besitz, der allen Mitgliedern einer Gemeinschaft gehört*

All·ge·mein·bil·dung die <-> (*kein Plur.*) *das erworbene Wissen und Können, das von einem als gebildet geltenden Menschen erwartet wird und das nicht zur Berufsausbildung gehört*

all·ge·mein·chi·rur·gisch <nicht steig.> *Adj.* MED. *innerhalb der Chirurgie nicht auf ein besonderes Teilgebiet spezialisiert*

All·ge·mein·heit die <-, -en> **1.** (*kein Plur.*) (≈ *Öffentlichkeit*) *alle Menschen in der Gesellschaft eines Landes* sich an die Allgemeinheit wenden, Das Thema liegt im Interesse der Allgemeinheit. **2.** (*nur Plur.*) (*abwert.* ≈ *Allgemeinplatz*) *nichtssagende Worte* nichts als Allgemeinheiten sagen

All·ge·mein·me·di·zi·ner der <-s, -> *siehe* **Allgemeinarzt**

all·ge·mein·me·di·zi·nisch <nicht steig.> *Adj.* MED. *die Allgemeinmedizin betreffend*

All·ge·mein·platz der <-(e)s, Allgemeinplätze> (*meist Plur.*) (*abwert.*) *eine oft gebrauchte, oberflächliche Redensart, die keinen wesentlichen In-*

halt hat

all·ge·mein·ver·bind·lich <nicht steig.> *Adj. für alle und überall verbindlich oder geltend* allgemeinverbindliche Grundsätze/Regeln/Vorschriften

All·ge·mein·wis·sen das <-s> (*kein Plur.*) *das allgemeine Wissen aus den unterschiedlichen Lebensbereichen, das nicht in ein einzelnes Fachgebiet fällt* Jeder Vortrag setzt ein gewisses Allgemeinwissen der Zuhörer voraus.

All·ge·mein·wohl das <-(e)s> (*kein Plur.*) *das gesellschaftliche Wohl* dem Allgemeinwohl dienen

All·ge·mein·zu·stand der <-(e)s, Allgemeinzustände> *der allgemeine Zustand von etwas* Der Allgemeinzustand des Patienten ist befriedigend.

All·ge·walt die <-, -en> (*geh.*) *unbeschränkte, höchste Macht oder Gewalt über etwas* die Allgewalt von Naturkatastrophen

all·ge·wal·tig *Adj.* (*geh.*) *über Allgewalt verfügend*

All·heil·mit·tel das <-s, -> *etwas, das alle Probleme auf einmal löst* Es gibt kein Allheilmittel gegen die Arbeitslosigkeit.

Al·li·anz die [a'li̯ants] <-, -en> *ein Bündnis zwischen verschiedenen Partnern, das militärischen, politischen oder wirtschaftlichen Zielen dient* eine militärische Allianz, strategische Allianzen bilden

Al·li·ga·tor der <-s, -en> *eine große Echse, die wie ein Krokodil aussieht*

Al·li·ier·te der/die [ali'iːɐ̯tə] <-n, -n> (*meist Plur.*) (≈ *Verbündete(r)*) ■ **die Alliierten** GESCH.: *die in den beiden Weltkriegen gegen Deutschland verbündeten Mächte*

Al·li·te·ra·ti·on die <-, -en>

> **i Wissenswert** Von einer **Alliteration** spricht man, wenn innerhalb einer bestimmten Wortgruppe die betonten Silben der Wörter den gleichen Anlaut haben. Dies findet man in manchen Redewendungen („in Bausch und Bogen"), aber auch die Sprache der Werbung („... macht mehr Musik") schätzt die Alliteration als Stilmittel, weil sie Slogans klanglich intensiviert und in der geschriebenen Form markanter aussehen lässt.

all·jähr·lich <nicht steig.> *Adj. sich jedes Jahr wiederholend* das alljährliche Klassentreffen/Musikfestival

all·mäch·tig <nicht steig.> *Adj. so, dass jmd. oder etwas die höchste und absolute Macht über alles hat* der allmächtige Gott, der Allmächtige, Ihr Chef glaubt wirklich, allmächtig zu sein.

all·mäh·lich <nicht steig.> *Adj. so, dass etwas langsam und nach und nach passiert* eine allmähliche Veränderung, Es wird allmählich dunkel/Herbst., Wir sollten allmählich aufbrechen/gehen.

al·loch·thon *Adj.* (GEOL.: ≈ *bodenfremd*) *an einem anderen Ort entstanden und später umgelagert*

Al·lon·ge·pe·rü·cke die <-, -n> *Perücke mit langen Locken für Männer, die im 17. und 18. Jahrhundert getragen wurde*

A·l·lo·pa·thie die <-, -n> (MED.: ↔ *Homöopathie*) *Bezeichnung für die Schulmedizin, die Krankheiten (im Gegensatz zur Homöopathie) mit Medikamenten behandelt, deren Wirkung den Symptomen der Krankheit entgegengesetzt ist* ►allopathisch

Al·lo·t·ria ■ **ein großes Allotria machen**: *mit viel Lärm sich übertrieben und albern benehmen und Dummheiten machen*

all right ['ɔːl 'raɪt] *Interj. ganz recht, richtig*

All·round- ['ɔːl'raʊnd...] <-> *in Zusammensetzungen als Erstglied verwendet, um auszudrücken, dass die im Zweitglied genannte Person oder Sach vielseitig und auf vielen Gebieten einsetzbar ist oder viele nützliche Eigenschaften besitzt* ◆-künstler, -sportler, -talent

all·sei·tig <nicht steig.> *Adj. umfassend, vielseitig* eine allseitige Ausbildung erhalten, allseitig interessiert sein

All·tag der <-(e)s, -e> (*Plur. selten*) *das normale Leben, das häufig als monoton empfunden wird* der gewöhnliche/graue/normale Alltag, Derart extravagante Mode eignet sich nicht für den Alltag., Nachtdienste gehören zum Alltag vieler Berufsgruppen. ►alltagstauglich ◆Berufs-, Krankenhaus-, Schul-, -sproblem, -ssituation, -sstress

all·täg·lich *Adj.* (≈ *gewöhnlich*) *so normal, wie es im Alltag vorkommt* eine alltägliche Geschichte/Situation

All·täg·lich·keit die <-> (*kein Plur.*) *der Zustand, dass etwas alltäglich auftritt und dadurch nichts Besonderes mehr ist* Das tägliche Üben wird eine Alltaglichkeit/zur Alltäglichkeit.

All·tags·be·schäf·ti·gung die <-, -en> *eine Beschäftigung, der man jeden Tag nachgeht*

All·tags·din·ge die <-> *Plur. Dinge, mit denen man im Alltag zu tun hat*

All·tags·kram der <-(e)s> (*kein Plur.*) (*umg. abwert.*) *die Dinge oder Ereignisse des Alltags, die als gewöhnlich oder langweilig empfunden werden*

All·tags·pflich·ten <-> *Plur. die Pflichten, die man alltäglich erfüllen muss*

All·tags·sor·gen die <-> *Plur. die Sorgen des Alltags, die immer wieder auftreten*

All·tags·stress der <-es> (*kein Plur.*) *Stress, den der Alltag mit sich bringt*

All·tags·trott der <-(e)s> (*kein Plur.*) (*abwert.*) *der immer gleiche Ablauf des Alltagslebens*

Al·lü·re die [a'lyːrə] <-, -n> (*meist Plur.*) (*geh. abwert.*) *eigenwilliges oder auffälliges Verhalten* Obwohl sie eine berühmte Schauspielerin ist, hat sie keine Allüren. ◆Star-

all·wis·send <nicht steig.> *Adj. so, dass jmd. alles weiß* Keiner ist allwissend. ■ **der Allwissende** REL.: *Gott* ►Allwissenheit

all·zu *Adv. verstärkende Form von „zu"* allzu gern/oft/sehr/viel, Sie war nicht allzu sehr beschäftigt.

all·zu·häu·fig *Adj. überaus häufig* allzuhäufige Zuwiderhandlungen gegen die Hausordnung

all·zu·oft *Adv. überaus oft* allzuoft etwas vergessen

Allzweck- *in Zusammensetzungen als Erstglied verwendet, um auszudrücken, dass die im Zweitglied genannte Sache für eine Vielzahl von Aufgaben benutzt werden kann* ◆-reiniger, -werkzeug

Alm die <-, -en> (≈ *Bergweide*) *in den Bergen gelegenes Weideland* das Vieh auf die Alm treiben ◆-abtrieb, -auftrieb

Al·ma Ma·ter die <-> (*kein Plur.*) (*geh.*) *Universität*

Al·ma·nach der <-s, -e> **1.** *jährlich erscheinender Verlagskatalog mit Textproben* **2.** (*veralt.*) *Kalender mit Texten und Bildern aus verschiedenen Wissensgebieten*

Alm·auf·trieb der <-s> (*kein Plur.*) *der Vorgang, dass Bergbauern im Frühjahr das Vieh auf die Almen treiben, damit es dort den Sommer über weiden kann*

Alm·hüt·te die <-, -n> *auf einer Alm gelegenes* (*einfaches*) *Holzhaus*

Al·mo·sen das <-s, -> *Geld, das man einem Bedürftigen schenkt* um (ein) Almosen bitten

Al·mo·sen·emp·fän·ger der <-s, -> (*abwert.*) *jmd.,der ein Almosen erhält* nicht wie ein Almosenempfänger dastehen wollen

Alm·rausch der (*österr.* ≈ *Alpenrose*)

A·loe die ['a:loe] <-, -n> BOT. *eine Zier- und Heilpflanze*

Alp(e) die <-, -en> (*schweiz. österr.*) *Alm*

Al·pa·ka das <-s, -s> *eine südamerikanische Lamaart*

Al·pa·ka·wol·le die <-> (*kein Plur.*) *vom Alpaka gewonnene Wolle*

Alp·drü·cken das <-s> (*kein Plur.*) *ein Gefühl der Angst, das man im Schlaf spürt*

Al·pen <-> *Plur. das höchste Gebirge in Europa* die italienischen/österreichischen/schweizer Alpen ◆-gipfel, -land, -republik

Al·pen·glü·hen das <-s> (*kein Plur.*) *der Vorgang, dass das Sonnenlicht vom Schnee der Alpengipfel reflektiert wird und einen rötlichen Schein ergibt*

Al·pen·jä·ger der <-s, -> *jmd., der zu den französischen oder italienischen Gebirgstruppen gehört*

Al·pen·land·schaft die <-> (*kein Plur.*) *die Landschaft, wie sie für die Alpen charakteristisch ist*

Al·pen·pa·no·ra·ma das <-> (*kein Plur.*) (≈ *Alpenlandschaft*)

Al·pen·pflan·ze die <-, -n> *in den Alpen typischerweise vorkommende Pflanze*

Al·pen·stra·ße die <-, -n> *Gebirgsstraße in den Alpen*

Al·pen·tran·sit·ver·kehr der <-s> (*kein Plur.*) (*Kraftfahrzeug*) *Verkehr, der die Alpen überquert*

Al·pen·veil·chen das <-s, -> *kleine Frühlingsblume*

Al·pen·ver·ein der <-s> (*kein Plur.*) *Verein, der das Bergsteigen und Bergwandern in den Alpen fördert*

Al·pha das ['alfa] <-(s), -s> *der erste Buchstabe des griechischen Alphabets*

Al·pha·bet das [alfa'be:t] <-(e)s, -e> *die Buchstaben, mit denen die Wörter einer Sprache geschrieben werden* das lateinische/kyrillische Alphabet

> **i Wissenswert** Das Ordnungsprinzip für die Anordnung der Stichwörter im Wörterbuch ist das **Alphabet**. Das Wort leitet sich her von „alfa" und „beta", den Namen der beiden ersten Buchstaben des griechischen Alphabets. Die frühesten alphabetischen Schriften entstanden um die Mitte des zweiten Jahrtausends v. Chr. im nordsemitischen Sprachraum. Sie waren von der Antike bis heute Grundlage und ein Hauptgegenstand des Schulunterrichts. In Mittel- und Westeuropa geht man seit dem Ende des neunzehnten Jahrhunderts von genereller Alphabetisiertheit der Bevölkerung aus. Dennoch sollte nicht übersehen werden, dass es aufgrund verschiedenster Umstände Menschengruppen mit nicht vorhandenen oder stark eingeschränkten Schreib-/ Lesefähigkeiten gibt (funktionaler Analphabetismus).

al·pha·be·tisch <nicht steig.> *Adj. in der Reihenfolge des Alphabets* etwas alphabetisch ordnen, in alphabetischer Reihenfolge angeordnete Bücher/Schallplatten

al·pha·be·ti·sie·ren *mit OBJ* **1.** ■ *jmd. alphabetisiert etwas alphabetisch ordnen* **2.** ■ *jmd. alphabetisiert jmdn.* (*meist größere Bevölkerungsgruppen*) *das Lesen und Schreiben lehren* die Landbevölkerung alphabetisieren ▸Alphabetisierung

Al·pha·teil·chen das <-s, -> PHYS. *ein Elementarteilchen*

Al·pha·tier das <-(e)s, -e> (BIOL.: *Verhaltensforschung* ↔ *Omegatier*) *das Tier, das in der Rangordnung eines Rudels die höchste Position einnimmt*

al·pin <nicht steig.> *Adj.* **1.** (*wie*) *im Hochgebirge* eine alpine Landschaft/Vegetation **2.** (*nur attr.*) SPORT *als Sportart so, dass es im Hochgebirge durchgeführt wird* die alpinen Disziplinen des Skisports, alpines Klettern

Al·pi·nis·mus der <-s> (*kein Plur.*) *Bergsteigen im Hochgebirge* (*der Alpen*)

Al·pi·nist, Al·pi·nis·tin der <-en, -en> *auf das Hochgebirge spezialisierter Bergsteiger*

Alp·traum/Alb·traum der <-(e)s, Alpträume/Albträume> **1.** *ein Traum, den man als bedrohlich erlebt* nach einem Alptraum schweißgebadet aufwachen **2.** (*übertr.*) *ein sehr negatives Erlebnis* Der Urlaub wurde zum Alptraum.

Al·rau·n(e) die [al'raunə] <-, -n> **1.** BOT. *menschenähnlich aussehende Zauberwurzel* **2.** *ein Zauberwesen*

als *Konj.* **1.** *mit erläuternden Zeitangaben verwendet,um auszudrücken, dass das im Nebenssatz ausgedrückte Geschehen sich zu dem im Hauptsatz ausgedrückten Geschehen gleichzeitig oder nachzeitig verhält* Als ich ein Kind war, war sonnabends noch Schulunterricht., Als ich nach Hause kam, machte ich mich an die Arbeit., Als ich nach Hause kam, war er schon gegangen. **2.** *verwendet, um auszudrücken, dass zwei Dinge ungleich sind* Sie ist größer als er., Wir machen das anders als ihr. **3.** *verwendet, um die genannte Person oder Sache in ihrer Wichtigkeit oder Beschaffenheit zu betonen* Wer sonst als er sollte das tun?, Kein anderer/geringerer als der Präsident schaltete sich ein., Er redet nichts als dummes Zeug. **4.** *nach einem Substantiv oder einem Personalpronomen (Beziehungswort) verwendet, um ein Substantiv als Erläuterung anzuschließen; der grammatische Fall des Substantivs nach „als" richtet sich nach dem des Beziehungswortes* Sie als Lehrerin sollte das wissen., Ihm als behandelndem Arzt muss man vertrauen können., Als Politiker hat er Einfluss. ■ **als ob/wenn**: *gleichsetzend* Er tat so, als ob er nicht verstünde. **sowohl ... als (auch) ...**: *etwas trifft auf beide oder alle genannten Elemente zu* sowohl gestern als auch heute, sowohl Eltern als auch Kinder

als·dann *Adv.* (*süddt. österr.* ≈ *also*) Alsdann fangen wir an!

al·so **I.** *Adv.* **1.** Die Tür ist nicht abgeschlossen, also muss jemand zu Hause sein.; *verwendet, um eine logische Schlussfolgerung einzuleiten* Ich bin krank, also bleibe ich zu Hause. **2.** *verwendet, um bereits Gesagtes zusammenzufassen oder zu erläutern* Busse, Straßenbahnen und Züge, also die öffentlichen Verkehrsmittel, Das betrifft alle, also Kinder und Erwachsene gleichermaßen. **II.** *Partikel verwendet, um Ausrufe oder Fragen zu verstärken* Also, kann ich jetzt gehen?, Also, wenn du mich fragst ..., Na also, ich habe es ja gleich gesagt!

alt <älter, am ältesten> *Adj.* **1.** *so, dass jmd. oder etwas schon lange gelebt oder existiert hat* ein alter Baum/Betrieb/Mann/Wein, eine alte Frau/Kultur/Sprache, Dafür ist sie zu alt/noch nicht alt genug., Das Brot ist alt, es ist vertrocknet. **2.** *in einem bestimmten Alter* Wie alt bist du?, die ältere Schwester, Sie ist älter als du. **3.** (*nur attr.*) (≈ *langjährig*) *so, dass es etwas schon lange (in dieser Form) gegeben hat* ein alter Brauch/Freund/Kollege/Traum/Streit, ein altes Leiden/Vorurteil **4.** (*nur attr., nicht steig.*) (≈ *ehemalig*) das alte Dresden, ein alter Klassenkamerad von mir, ein Nebeneinander von Altem und Neuem **5.** (*nur attr., nicht steig.*) (*umg. abwert.* ≈ *notorisch, unverbesserlich*) *verwendet, um auszudrücken, dass jmd. immer schon für die genannte Eigenschaft bekannt war* Du alter Schwindler!, Sie ist eine alte Lügnerin., So ein alter Nörgler hat immer etwas zu kritisieren! ■ **alles beim Alten lassen**: *nichts verändern* **alt aussehen** (*umg.*): *ratlos sein, staunen* **jemand wird (irgendwo) nicht alt (werden)** (*umg.*): *jmd. wird irgendwo nicht lange bleiben* Heute abend werde ich hier nicht alt, denn ich bin ziemlich müde. ◆ Großschreibung→R 3.7 Daran erfreuten sich Alt und Jung.

Alt der <-s, -e> (MUS.: (*meist Sing.*)) *tiefe Frauenstimme*

Al·tar der <-(e)s, Altäre> **1.** *Opfertisch* Auf dem Altar in der Mitte des Tempels haben wahrscheinlich auch Menschenopfer stattgefunden. **2.** *in christlichen Kirchen eine Art Tisch für die gottesdienstlichen Handlungen* ■ **eine Frau zum Altar führen** (*veralt. geh.*): *eine Frau heiraten*

Al·tar·bild das <-(e)s, -er> *über einem Altar*[2] *hängendes Bild*

Alt·bat·te·rie die <-, -en> (*umg.*) *leere, nicht mehr gebrauchsfähige Batterie* Altbatterien gehören in den Sondermüll.

Alt·bau der <-(e)s, Altbauten> *ein vor längerer Zeit erbautes Haus* ◆ -wohnung

Alt·bau·sa·nie·rung die <-> (*kein Plur.*) *das Sanieren von Altbauwohnungen*

alt·be·kannt <nicht steig.> *Adj. so, dass man es schon lange kennt* eine altbekannte Tradition/Vorgehensweise

alt·be·währt <nicht steig.> *Adj. schon lange bekannt und bewährt* ein altbewährtes Hausmittel

Alt·bun·des·kanz·ler der <-s, -> *jmd., der in früheren Zeiten das Amt des Bundeskanzlers ausgeübt hat*

Alt·bun·des·prä·si·dent der <-en, -en> *jmd., der in früheren Zeiten das Amt des Bundespräsidenten ausgeübt hat*

Al·te der/die <-n, -n> (*abwert.*) **1.** *eine alte Frau bzw. ein alter Mann* Was wollte der/die Alte von dir? **2.** *jmds. Ehemann oder Ehefrau* Seine Alte hat gesagt, er kann heute nicht zum Stammtisch kommen.

Alt·ei·sen·händ·ler der <-s, -> *jmd., der mit Altmetall handelt*

Al·ten·club der <-s, -s> *eine Art Verein für Senioren, der diesen soziale Aktivitäten wie gemeinsame Ausflüge, Veranstaltungsnachmittage o.Ä. bietet*

Al·ten·heim das <-(e)s, -e> (≈ *Altersheim*) *Heim für alte Menschen, in dem diese wohnen und versorgt werden*

Al·ten·pfle·ge·heim das <-(e)s, -e> *s.* **Altenheim**

Al·ten·ta·ges·stät·te die <-, -n> *Ort, wo sich alte Menschen tagsüber aufhalten können und Betreuung erhalten*

Al·ten·teil ■ **sich auf das/sein Altenteil zurückziehen** (*umg.*): *in den Ruhestand treten und nicht mehr beruflich aktiv sein*

Al·ten·wohn·heim das <-(e)s, -e> (≈ *Altenheim*)

Al·ter das <-s> (*kein Plur.*) **1.** *die Zeitdauer, während der Lebewesen oder Gegenstände schon existiert haben* ein biblisches/gesegnetes/hohes Alter erreichen, im Alter von neunzig Jahren, Er hat Kinder im schulpflichtigen Alter., das Alter eines Fundes bestimmen/datieren, archäologische Funde von noch unklarem Alter **2.** (↔ *Jugend*) *der späte Lebensabschnitt, der auf das Berufsleben folgt* im Alter gebrechlich/noch rüstig/noch vital sein, Sie ist finanziell gut abgesichert und kann ihr Alter genießen., auch im Alter geistig rege bleiben **3.** (*geh.* ↔ *Jugend*) *alte Menschen* das Alter ehren

Al·ter·chen das <-s> (*kein Plur.*) (*abwert.*) *verwendet als abfällige Bezeichnung bzw. Anrede für einen älteren Mann* He, Alterchen, mach' mal Platz!

al·tern <alterst, alterte, ist gealtert> *ohne OBJ* **1.** ■ *jmd. altert beginnen, Spuren des Älterwerdens aufzuweisen* Sie ist in den letzten zwei Jahren kaum gealtert., Falten und graue Haare – er ist merklich gealtert. **2.** ■ *etwas altert etwas verliert oder ändert im Laufe der Zeit seine Eigenschaften und Qualitäten* Das Material ist stark gealtert., Das Altern des Holzes kann eine natürliche Veränderung der Farbe bewirken. ►Alterung

al·ter·na·tiv <nicht steig.> *Adj.* **1.** (*geh.*) *so, dass man zwischen zwei Möglichkeiten wählen kann* zwei alternative Ideen/Methoden/Termine/Vorschläge **2.** (*geh.*) *so, dass es im Gegensatz zum bisher Üblichen oder zur Tradition steht* alternative Behandlungsmethoden vorziehen, alternative Technologien der Energiegewinnnung **3.** *so, dass man von den üblichen bürgerlichen Anschauungen und Wertvorstellungen abweicht und besonders viel Wert auf Umweltschutz und Naturverbundenheit legt* eine alternative Lebensweise, die alternative Bewegung/Szene

Al·ter·na·ti·ve[1] die <-, -n> (≈ *Wahlmöglichkeit*) *eine Möglichkeit, die man anstelle einer anderen auch wählen kann* Wir haben noch eine bessere Alternative., Zu dieser Technologie gibt es momentan keine Alternative.

Al·ter·na·ti·ve[2] der/die <-n, -n> (*umg.*) *Person, die sich in Einstellung und Handeln der alternativen*[3] *Bewegung zurechnet und besonders auf ein umweltbewusstes Handeln achtet*

al·ter·nie·ren <alterniert, alternierte, hat alterniert> *ohne OBJ* ■ *etwas alterniert* (*mit etwas Dat.*) (*geh.*) *sich abwechseln*

al·ters ■ **seit alters/von alters her** (*geh.*): *schon immer*

Al·ters·ab·stand der <-s> (*kein Plur.*) *die Jahre, um die jmd. älter ist als eine andere Person* Seinen Bruder und ihn trennt ein beträchtlicher Altersabstand/ein Altersabstand von zehn Jahren.

Al·ters·an·ga·be die <-, -n> *Angabe darüber, wie alt jmd. oder etwas ist*

Al·ters·a·syl das <-s, -e> (*schweiz.*) *Altersheim*

Al·ters·be·schrän·kung die <-, -en> *Beschränkung darüber, welches Alter jmd. höchstens haben darf, um etwas zu tun oder zu benutzen* Auf dem Abenteuerspielplatz gibt es eine Altersbeschränkung, so dass Kinder, die älter als 12 Jahre sind dort nicht spielen dürfen.

Al·ters·be·stim·mung die <-, -en> (↔ *Datierung*) *Bestimmung des Alters eines Gegenstands* Eine genaue Altersbestimmung der archäologischen Funde steht noch aus.

Al·ters·di·a·be·tes die <-> (*kein Plur.*) MED. *im Alter auftretende Zuckerkrankheit*

Al·ters·dis·kri·mi·nie·rung die <-> (*kein Plur.*) *das Diskriminieren von Menschen aufgrund ihres Alters*

Al·ters·fleck der <-s, -en> *einer der vielen bräunlichen Pigmentflecke, die sich im Alter vor allem an den Handrücken zeigen können*

al·ters·ge·mäß <nicht steig.> *Adj. so, dass es dem Alter von jmdm. angemessen ist* Der Unterricht bei dem neuen Lehrer ist viel zu schwer und überhaupt nicht altersgemäß., ein Lexikon für Kinder mit altersgemäßen Erklärungen

Al·ters·ge·nos·se, **Al·ters·ge·nos·sin** der <-n, -n> *Mensch im gleichen Alter*

Al·ters·heim das <-(e)s, -e> (≈ *Altenheim*)

Al·ters·krank·heit die <-, -en> MED. *Krankheit, die typischerweise im Alter auftritt*

Al·ters·kurz·sich·tig·keit die <-> (*kein Plur.*) *Kurzsichtigkeit, die typischerweise im Alter auftritt*

Al·ters·lei·den das <-s, -> (≈ *Alterskrankheit*)

al·ters·schwach <nicht steig.> *Adj. aufgrund des Alters gebrechlich*

Al·ters·schwach·sinn der <-s> (*kein Plur.*) *im Alter auftretende Geisteskrankheit*

Al·ters·si·che·rung die <-> (*kein Plur.*) *finanzielle Vorsorge für das Alter*

Al·ters·struk·tur die <-> (*kein Plur.*) *die Zusammensetzung einer Gruppe von Menschen unter dem Aspekt ihres Lebensalters* die Altersstruktur einer Abteilung/der Gesellschaft

Al·ters·teil·zeit die <-> (*kein Plur.*) *eine Regelung, die besagt, dass ältere Arbeitnehmer weniger arbeiten, um damit Arbeitsplätze für jüngere Menschen zu schaffen.*

Al·ter·tum das <-s, Altertümer> **1.** (*kein Plur.*) *der Zeitraum vom Beginn der menschlichen Kultur bis zum 5. Jahrhundert nach Christus, dem Ende des Weströmischen Reichs* **2.** (*veralt.* (*nur Plur.*)) *sehr alte Kunstgegenstände* mit Altertümern handeln

Al·ter·tums·for·scher der <-s, -> *jmd., der sich wissenschaftlich mit den Kulturen der Antike befasst*

Al·ter·tums·for·schung die <-> (*kein Plur.*) *die wissenschaftliche Beschäftigung mit den Kulturen der Antike*

al·te·rungs·be·stän·dig <nich steig.> *Adj. so, dass es sich mit zunehmendem Alter nicht verändert* Das Material ist sehr robust und alterungsbeständig.

Alt·fahr·zeug das <-(e)s, -e> (*Kraft*)*Fahrzeug, das jmdm. bisher gehört hat* (*im Gegensatz zu einem neu gekauften Auto*) Wir nehmen Ihr Altfahrzeug in Zahlung.

alt·ge·dient <nicht steig.> *Adj. so, dass man in einem Bereich schon lange tätig war und daher viel Erfahrung hat* Das sind altgediente Mitarbeiter, denen braucht man nicht mehr viel erklären.

Alt·glas das <-(e)s> (*kein Plur.*) *benutzte Gläser und Flaschen, die wiederverwertet werden können*

Alt·glas·con·tai·ner der <-s, -> *eine Art Mülltonne für Glas, in die man leere Flaschen und Gläser* (*nach Farbsorten getrennt*) *einwerfen kann*

alt·her·ge·bracht <nicht steig.> *Adj.* (≈ *traditionell*) *seit langer Zeit üblich*

Alt·her·ren·mann·schaft die <-, -en> SPORT *eine (Fußball)Mannschaft, deren Mitglieder älter sind oder aus ehemals bekannten (jetzt nicht mehr aktiven) Spielern besteht*

Alt·hoch·deutsch das <-> (*kein Plur.*) *Hochdeutsch vom Beginn der schriftlichen Überlieferung bis zur Mitte des 11.Jahrhunderts*

Alt·jah·r(e)s·a·bend der <-s, -e> (*schweiz.*) *Silvester*

alt·jüng·fer·lich <nicht steig.> (*abwert.*) *so, dass eine Frau ziemlich prüde und sehr konservativ ist*

alt·klug <nicht steig.> *Adj.* (*abwert.*) *so, dass ein Kind sich für sein Alter zu erwachsen gibt* ein altkluges Kind, altkluge Reden führen

Alt·las·ten <-> *Plur.* **1.** *Müll oder Produktionsabfälle, die in der Vergangenheit an einem Ort gelagert worden sind und jetzt eine Gefahr für die Umwelt darstellen* **2.** (*übertr.*) *ungelöste Probleme der Vergangenheit, die bis in die Gegenwart hineinwirken*

alt·mo·disch *Adj.* (*abwert.* ≈ *unmodern, unzeitgemäß*) *mit einem Erscheinungsbild oder mit den Ansichten einer früheren Zeit und daher nicht mehr zeitgemäß* altmodische Ansichten haben/vertreten, Er sah in seinem altmodischen Anzug seltsam aus., ältere Damen mit altmodischen Hüten und ebensolchen Moralvorstellungen

Alt·öl das <-s> (*kein Plur.*) *gebrauchtes Öl(, das entsorgt werden muss)*

Alt·öl·tank der <-s, -> *Tank zum Lagern von Altöl*

Alt·pa·pier das <-s> (*kein Plur.*) *das Papier von alten Zeitungen o.Ä.* Altpapier sammeln und wiederverwerten

Alt·pa·pier·be·häl·ter der <-s, -> *eine Art Mülltonne für Altpapier*

Alt·phi·lo·lo·ge, **Alt·phi·lo·lo·gin** der <-n, -n> *Wissenschaftler auf dem Gebiet der Altphilologie*

Alt·phi·lo·lo·gie <-> (*kein Plur.*) (↔ *Neuphilologie*) *die Wissenschaft von den alten Sprachen und Literaturen (insbesondere des Lateinischen und Altgriechischen)*

alt·phi·lo·lo·gisch <nicht steig.> *Adj. auf die Altphilologie bezogen*

Alt·rei·fen der <-s, -> *gebrauchter Autoreifen* die Entsorgung von Altreifen

Al·tru·is·mus der <-> (*kein Plur.*) (↔ *Egoismus*) *die Einstellung, dass man die Belange und das Wohlergehen anderer Menschen für wichtig erachtet* ▸altruistisch

Al·tru·ist der <-en, -en> (↔ *Egoist*) *Vertreter des Altruismus*

Alt·stadt die <-, Altstädte> *alter (historischer) Teil einer Stadt* eine Führung durch die Prager Altstadt, die schmalen Gassen/historischen Gebäude/ gemütlichen Lokale der Augsburger Altstadt

Alt·stoff der <-(e)s, -e> (≈ *Wertstoff*)

Alt·stoff·con·tai·ner der <-s, -> *eine Art Mülltonne für Altstoffe*

Alt·ver·schul·dung die *Verschuldung, die auf einen früheren Zeitraum zurückgeht*

alt·ver·traut <nicht steig.> *Adj. so, dass man es schon lange kennt* die altvertrauten Gesichter der Kollegen

Alt·wei·ber·som·mer der <-s, -> *die warme, sonnige Zeit im Spätsommer*

A·lu das <-s> (*kein Plur.*) *kurz für „Aluminium"*

A·lu·fo·lie die ['a:lufo:li̯ə] <-, -n> *kurz für „Aluminiumfolie": eine silberfarbene Folie aus Aluminium, mit der man z.B. Lebensmittel verpacken kann*

A·lu·mi·ni·um das [alu'mi:ni̯ʊm] <-s> (*kein Plur.*) *ein Leichtmetall, chemisches Zeichen: Al*

Alz·hei·mer·krank·heit die <-> (*kein Plur.*) MED. *eine schwere Erkrankung, bei der man mehr und mehr Schwierigkeiten hat, sich an Dinge zu erinnern*

am *Präp., Art.* **1.** (≈ *„an dem"*) am 1.November, am Abend/Morgen, am Anfang/Ende **2.** *vor Superlativen* am liebsten, am besten, am meisten **3.** (*umg.*) *verwendet, um auszudrücken, dass der genannte Vorgang sich gerade vollzieht und noch nicht abgeschlossen ist* am Kochen/Rechnen/Überlegen/Verzweifeln sein

A·mal·gam das <-s, -e> CHEM. *eine Quecksilberlegierung*

A·mal·gam·fül·lung die <-, -en> MED. *Zahnfüllung aus Amalgam*

A·ma·ret·to der <-s, Amaretti> *ein italienischer Mandellikör*

A·ma·teur, **A·ma·teu·rin** der [ama'tø:ɐ] <-s, -e> **1.** (↔ *Profi*) *jmd., der eine Tätigkeit nicht als Beruf, sondern nur als Hobby ausübt* ◆-filmer, -fotograf, -sportler **2.** (SPORT: ↔ *Berufssportler, Profi*) *aktiver Sportler, der den Sport nicht als Beruf ausübt* ◆-fußballer, -mannschaft, -sport, Rad- **3.** (*abwert.* ↔ *Fachmann*) *jmd., der auf einem Gebiet keine Fachkenntnisse besitzt* Dieses Problem kann ich nicht lösen, denn ich bin auf diesem Gebiet nur ein Amateur.

A·ma·teur·bo·xer der [ama'tø:ɐ-] <-s, -> (↔ *Berufsboxer*) *jmd., der den Boxsport als Amateur betreibt*

A·ma·teur·funk der [ama'tø:ɐ-] <-s> (*kein Plur.*) *das als Hobby ausgeübte Betreiben von Sprechfunk*

A·ma·teur·fun·ker der [ama'tø:ɐ-] <-s, -> *jmd., der Amateurfunk betreibt*

A·ma·teur·sport der [ama'tø:ɐ-] <-s> (*kein Plur.*) (↔ *Profisport*) *Sport, der als Hobby betrieben wird*

A·ma·teur·sport·ler der [ama'tø:ɐ-] <-s, -> *jmd., der Amteursport betreibt*

A·ma·zo·nas der <-> (*kein Plur.*) *ein Strom in Südamerika*

A·ma·zo·ne die <-, -n> **1.** *Kriegerin der griechischen Sage* **2.** (*übertr.*) *Turnierreiterin*

A·ma·zo·nen·sprin·gen das <-s> (*kein Plur.*) *Springreitturnier der Amazonen*[2]

Am·ber der <-s> (*kein Plur.*) **1.** *eine fettige Ausscheidung aus dem Darm des Pottwals* **2.** *ein Duftstoff, der aus Amber*[1] *hergestellt wird*

Am·bi·en·te das [ambi̯'ɛntə] <-> (*kein Plur.*) (*geh.*) *Umgebung, besondere Stimmung* ein feierliches/gepflegtes Ambiente, Genießen Sie unsere kulinarischen Spezialitäten in stilvollem Ambiente!

Am·bi·ti·on die [ambi'tsio:n] <-, -en> (*meist Plur.*) (*geh.*) (*beruflicher*) *Ehrgeiz* künstlerische Ambitionen haben

am·bi·ti·o·niert *Adj.* (*geh.* ≈ *strebsam*) *so, dass man Ambitionen hat und sich engagiert für persönliche Ziele einsetzt* eine ambitionierte junge Frau

am·bi·va·lent [ambiva'lɛnt] <nicht steig.> *Adj.* (*geh.* ≈ *zwiespältig*) *so, dass es in sich widersprüchlich ist* ambivalente Gefühle, ein ambivalenter Begriff

Am·bi·va·lenz die <-, -en> (*geh.*) *Zwiespältigkeit, Widersprüchlichkeit*

Am·boss der <-es, -e> **1.** TECHN. *eiserner Block, auf dem geschmiedet wird* **2.** ANAT. *eines der drei Gehörknöchelchen*

Am·bra das <-s> (*kein Plur.*) *siehe* **Amber**

am·bu·lant <nicht steig.> *Adj.* **1.** (MED.: ↔ *stationär*) *so, dass ein Patient nur für die Dauer der Behandlung beim Arzt oder in der Klinik ist und dort nicht für einen längeren Zeitraum bleibt* einen Patienten ambulant behandeln, ambulante Versorgung der Patienten **2.** *nicht ortsgebunden* der ambulante Handel

Am·bu·lanz die <-, -en> MED. **1.** (≈ *Rettungswagen*) **2.** *in einem Krankenhaus eine Abteilung, in der Patienten, die nicht im Krankenhaus aufgenommen werden müssen, ambulant[1] behandelt werden*

A·mei·se die <-, -n> ZOOL. *ein kleines Insekt, das rotbraun oder schwarz ist, in Gemeinschaften aus sehr vielen Tieren lebt und dessen Bau die Form eines Hügels oder Haufens hat*

A·mei·sen·staat der <-(e)s, -en> *das geordnete Zusammenleben eines Ameisenvolkes*

a·men, *a.* **A·men** *Interj.* REL. *das abschließende Wort nach Gebet oder Predigt* ■ **ja und amen/Ja und Amen zu etwas sagen** (*umg.*): *alles befürworten, immer dafür sein* **sein Amen (zu etwas) geben**: sein Einverständnis geben

A·me·ri·ka <-s> **1.** *der zweitgrößte Kontinent der Erde, der aus Nord- und Südamerika besteht* **2.** (*umg.*) *die USA*

A·me·ri·ka·ner, **A·me·ri·ka·ne·rin[1]** der <-s, -> *jmd., der die US-amerikanische Staatsbürgerschaft hat*

A·me·ri·ka·ner[2] der <-s, -> *ein rundes Gebäck mit einer Oberfläche aus Zuckerguss*

a·me·ri·ka·nisch <nicht steig.> *Adj. so, dass es Amerika oder die Amerikaner betrifft*

a·me·ri·ka·ni·sieren *mit OBJ* ■ *jmd. amerikanisiert etwas irgendwo Gebräuche, Moden u.Ä. einführen, wie sie für die USA typisch sind*

A·me·ri·ka·nis·mus der <-, Amerikanismen> SPRACHWISSS. *ein aus dem amerikanischen Englisch stammender Begriff, der sich im Deutschen eingebürgert hat*

A·me·thyst der [ame'tʏst] <-(e)s, -e> *ein violetter Halbedelstein*

Am·mann der <-(e)s, Ammänner> (*schweiz.*) *Gemeindevorsteher*

Am·me die <-, -n> (*früher*) *Frau, die ein fremdes Kind stillt* (*und betreut*)

Am·men·mär·chen das <-s, -> (*abwert.*) *unglaubwürdige Geschichte*

Am·mer der/die <-s/-, -n> *ein Singvogel*

Am·mo·ni·ak das [amon'i̯ak/'amoni̯ak] <-s> (*kein Plur.*) CHEM. *ein stechend riechendes Gas aus Stickstoff und Wasserstoff*

Am·nes·tie die [amnɛs'ti:] *durch ein Gesetz verfügter Straferlass* eine Amnestie erlassen/gewähren, unter die Amnestie fallen

am·nes·tie·ren <amnestierst, amnestierte, hat amnestiert> *mit OBJ* ■ *jmd. amnestiert jmdn. durch Gesetz einen Straferlass geben* politische Häftlinge amnestieren

A·mö·be die [a'mø:bə] <-, -n> BIOL. *einzelliges Wechseltierchen*

A·mö·ben·ruhr die <-> (*kein Plur.*) MED. *eine Krankheit*

A·mok der ['a:mɔk/a'mɔk] <-s> (*kein Plur.*) ■ **Amok laufen**: *in krankhafter geistiger Verwirrung mit einer Waffe blindwütig töten* ◆ -läufer, -schütze

a-Moll das <-> (*kein Plur.*) MUS. *eine Molltonart*

A·mor der <-s> (*kein Plur.*) *römischer Liebesgott*

a·mo·ra·lisch *Adj. so, dass es nicht dem entspricht, was die Moral fordert* ein amoralisches Verhalten, ein amoralischer Mensch

a·morph [a'mɔrf] <nicht steig.> *Adj.* (*geh.*) *gestaltlos* eine amorphe Masse

A·mor·ti·sa·ti·on die <-, -en> (*Plur. selten*) WIRTSCH. **1.** *Rückzahlung oder Tilgung einer Schuld* **2.** *der Vorgang, dass man das Geld, das man für die Anschaffung von etwas ausgegeben hat, durch Gewinne zurückbekommt*

A·mor·ti·sa·ti·ons·dau·er die <-> (*kein Plur.*) WIRTSCH. *Zeit, die benötigt wird, bis die Amortisation[2] eintritt*

a·mor·ti·sie·ren [amɔrti'zi:rən] <amortisiert, amortisierte, hat amortisiert> *mit SICH* ■ *etwas amortisiert sich* WIRTSCH. *die Kosten, die mit der Anschaffung von etwas verbunden sind, wieder einbringen* Die Anschaffung/Maschine hat sich schon amortisiert.

A·mor·ti·sierung die <-> (*kein Plur.*) *das Amortisieren*

a·mou·rös [amu'rø:s] <nicht steig.> *Adj.* (*geh.*) *die* (*erotische*) *Liebe betreffend* amouröse Abenteuer

Am·pel die <-, -n> **1.** *eine Anlage zur Verkehrsregelung, bei der Lichtsignale in den Farben Rot, Gelb und Grün die Aufforderung zum Fahren oder Halten geben* bei Rot über die Ampel fahren, Der Fahrer hatte die Ampel übersehen. **2.** *ein Gefäß für Zimmerpflanzen, das man an einem Haken an die Decke hängt* ◆ Blumen-

Am·pere das [am'pɛ:ɐ] <-(s), -> PHYS. *Maßeinheit für die elektrische Stromstärke, Zeichen: A*

Am·pere·me·ter das [am'pɛ:ɐ-] <-s, -> *Gerät zum Messen der Stromstärke*

Am·phe·ta·min das [amfeta'mi:n] <-s, -e> CHEM.

als Aufputschmittel verwendete chemische Verbindung

Am·phi·bie die [am'fi:bi̯ə] <-, -n> ZOOL. *ein Tier, das gleichermaßen im Wasser und auf dem Land leben kann* Der Frosch ist eine Amphibie.

Am·phi·the·a·ter das [am'fi:teatɐ] <-s, -> *ein antikes Freilufttheater mit einer kreisförmigen Spielfläche und halkreisartig in Stufen aufsteigenden Sitzrängen*

Am·pho·ra, *a.* **Am·pho·re** die <-, Amphoren> *ein (in der Antike verwendetes) großes Tongefäß* ◆ Wein-

Am·pul·le die <-, -n> MED. *Glasröhrchen zur keimfreien Aufbewahrung eines flüssige Medikaments*

Am·pu·ta·ti·on die <-, -en> MED. *das Abnehmen eines Körpergliedes durch Operation* ◆ Bein-, Brust-

am·pu·tie·ren [ampu'ti:rən] <amputierst, amputierte, hat amputiert> *mit OBJ* ■ *jmd. amputiert jmdm. etwas* MED. *ein Körperglied durch Operation entfernen* Der Arzt musste der Frau das rechte Bein amputieren.

Am·sel die <-, -n> *ein Singvogel mit schwarzen Federn und leuchtend gelbem Schnabel*

Amt das <-(e)s, Ämter> **1.** *eine offizielle Funktion mit bestimmten Rechten und Pflichten, deren Inhaber gewählt wird* das Amt des Bürgermeisters/des Elternsprechers/des Universitätsrektors, in ein Amt gewählt werden, ein Amt anstreben/ausüben/niederlegen/übergeben **2.** (≈ *Behörde*) *eine staatliche Institution, die (in einer Region) einen Teilbereich des staatlich-gesellschaftlichen Lebens verwaltet* das Amt für Verkehrsplanung ◆ Finanz-, Wasserwirtschafts- **3.** *das Gebäude, in dem eine öffentliche Behörde untergebracht ist* **4.** (≈ *Aufgabe*) *eine Aufgabe, die man übernommen hat oder zu der man sich verpflichtet hat* In diesem Monat ist es ihr Amt, die Straße zu kehren., Er hat das schwere Amt übernommen, der Familie die Unglücksnachricht zu übermitteln. ■ **von Amts wegen**: *offiziell* **in Amt und Würden sein** (*oft iron.*): *in einer festen Position* **seines Amtes walten**: *seinen Aufgaben oder Pflichten nachkommen* **Auswärtiges Amt**: *offizielle Bezeichnung für das Außenministerium*

Äm·ter·häu·fung die <-> (*kein Plur.*) *der Sachverhalt, dass jmd. gleichzeitig mehrere Ämter hat*

am·tie·ren <amtierst, amtierte, hat amtiert> *ohne OBJ* ■ *jmd. amtiert als etwas* **1.** *ein bestimmtes Amt ausüben* (zurzeit) als Vorsitzende amtieren, der amtierende Bürgermeister/Weltmeister **2.** *für eine bestimmte Zeit eine Aufgabe oder Funktion übernehmen;* (≈ *fungieren*) in einem Streit als Schlichter amtieren

amt·lich <nicht steig.> *Adj.* **1.** *von einem Amt stammend* eine amtliche Bestätigung, amtliche Dokumente/Verlautbarungen **2.** (≈ *offiziell*) *so, dass es dienstlich und nicht privat ist* Er sagte, er sei in amtlichem Auftrag hier.

Amts·deutsch das <-en> (*kein Plur.*) (≈ *Amtssprache*[2])

Amts·füh·rung die <-> (*kein Plur.*) *die Art, wie jmd. ein Amt*[1] *ausübt*

Amts·ge·bäu·de das <-s, -> *Gebäude, in dem ein Amt*[2] *untergebracht ist*

Amts·ge·richt das <-(e)s, -e> RECHTSW. *unterstes Gericht für geringere Strafsachen und Zivilfälle*

Amts·ge·schäft das <-s, -e> (*meist Plur.*) *eine Handlung, die zur Ausübung eines Amtes gehört* die Führung der Amtsgeschäfte

Amts·hil·fe die <-> (*kein Plur.*) RECHTSW. *Hilfe der Ämter untereinander* Amtshilfe leisten

Amts·in·ha·ber der <-s, -> *jmd., der ein Amt*[1] *innehat*

Amts·kol·le·ge der <-n, -n> *jmd., der das gleiche Amt*[1] *innehat*

amts·mü·de <nicht steig.> *so, dass man keine Lust mehr hat, seine Aufgaben zu erfüllen* Der alte Bürgermeister wurde langsam amtsmüde.

Amts·nie·der·le·gung die <-, -en> *der Vorgang, dass jmd. sein Amt aufgibt*

Amts·pflicht die <-, -en> *mit einem Amt verbundene Pflicht* Vernachlässigung der Amtspflichten

Amts·sie·gel das <-, -> *offizielles Siegel einer Behörde*

Amts·sitz der <-es, -e> *Sitz einer Behörde*

Amts·spra·che die <-, -n> **1.** *die offizielle Sprache in einem Land, die im gesellschaftlichen Leben und von Regierung und Verwaltung benutzt wird* **2.** (*kein Plur.*) (≈ *Amtsdeutsch*) *die Sprache, die von Behörden z.B. in Briefen und Formularen verwendet wird und meist sehr trocken und schwer verständlich ist*

Amts·stube die <-, -n> (*veralt.*) *Büro in einer Behörde*

Amts·tracht die <-, -en> (*veralt.*) *mit manchen Ämtern verbundene besondere Bekleidung*

Amts·ü·ber·ga·be die <-, -n> (↔ *Amtsübernahme*) *das Übergeben eines Amtes*[1]

Amts·ü·ber·nahme die <-, -n> (↔ *Amtsübergabe*) *das Übernehmen eines Amtes*[1]

Amts·vor·gän·ger, **Amts·vor·gän·ge·rin** der <-s, -> (≈ *Amtsnachfolger*) *jmd., der das gleiche Amt innehatte wie man selbst*

Amts·weg der <-(e)s> (*kein Plur.*) AMTSSPR. *Dienstweg für die Bearbeitung einer Angelegenheit* den Amtsweg einhalten

A·mu·lett das [amu'lɛt] <-(e)s, -e> (*meist als Anhänger an einer Halskette getragener*) *Gegenstand, der Glück bringen soll*

a·mü·sant [amy'zant] <amüsanter, am amüsantesten> *Adj. lustig und unterhaltsam* ein amüsantes Buch, ein amüsanter Abend

A·mü·se·ment das [amyzə'mã:] <-s, -s> *unterhaltsamer Zeitvertreib*

A·mü·sier·be·trieb der <-(e)s, -e> *Lokal o.Ä., in dem man sich amüsieren II.1 kann*

a·mü·sie·ren <amüsierst, amüsierte, hat amüsiert> **I.** *mit OBJ* ■ *etwas amüsiert jmdn.* (≈ *erheitern*) *bewirken, dass jmd. über etwas lachen muss oder etwas lustig findet* Der Gedanke amüsierte ihn. **II.** *mit SICH* **1.** ■ *jmd. amüsiert sich sich vergnügen* Amüsiert euch gut! **2.** ■ *jmd. amüsiert sich über jmdn./etwas durch jmdn. erheitert wer-*

den sich über jemanden amüsieren

A·mü·sie̱r·lo·kal das <-(e)s, -e> (≈ *Amüsierbetrieb*)

ạn I. *Präp.* **1.** + *Dat. verwendet, um eine Orts- oder Zeitangaben zu machen* Das Bild hängt an der Wand., an meinem Geburtstag, an der Universität studieren **2.** + *Dat./Akk. verwendet als Verbindung zu einem Präpositionalobjekt; Frage: Woran?* an einem Buch schreiben, an einer Krankheit sterben, an einer Versammlung teilnehmen, an jemanden glauben, sich an jemanden wenden **3.** + *Akk. verwendet, um eine gerichtete Bewegung auszudrücken; Frage: Wohin?* das Bild an die Wand hängen, ans Telefon gehen, ans Theater gehen **4.** + *Dat.* ■ **A an B** (KOCH.: *geh.*): *verwendet, um auszudrücken, dass eine Speise oder ein Hauptgericht A zusammen mit einer Beilage oder Soße B serviert wird* Der Hauptgang besteht aus gebratenen Wachteln an einer Trüffelsoße. **II.** *Adv.* (≈ *etwa*) *mit einer Zahlenangabe verwendet, um auszudrücken, dass es nicht der genaue Zahlenwert, sondern ein ungefährer Wert ist* an die 500 Schüler ■ **von nun an**: *ab jetzt*

a·na·bo̱l <nicht steig.> *Adj.* MED. *so, dass ein Medikament den Muskelaufbau fördert*

A·na·bo̱·li·kum das [ana'bo:likʊm] <-s, Anabolika> MED. *ein Präparat, das den Aufbau der Muskeln fördert*

A·na·chro·nịs·mus der [anakro'nɪsmʊs] <-, Anachronismen> (*geh.*) **1.** *falsche zeitliche Einordnung* „Julius Cäsar spielte gern mit dem Computer." ist ein Anachronismus. **2.** *eine nicht mehr zeitgemäße Sache*

a·na·chro·nịs·tisch <nicht steig.> *Adj.* (*geh.*) *nicht mehr zeitgemäß*

an·ae·ro̱b <nicht steig.> *Adj.* (BIOL.: ↔ *aerob*) *so, dass ein Stoffwechselvorgang sich ohne Sauerstoff vollzieht*

A·na·grạmm das <-s, -e> *ein Wort, das durch die Umstellung von Buchstaben oder Silben eines anderen Wortes entstanden ist*

A·na·ko·lu̱th der <-(e)s, -e> SPRACHWISS. *das bewusste Abbrechen einer grammatischen Konstruktion als rhetorische Figur*

a·na̱l <nicht steig.> *Adj. den After betreffend*

An·al·ge̱·ti·kum das <-s, -ka> MED *schmerzstillendes Mittel*

a·na·lo̱g <nicht steig.> **I.** *Adj.* **1.** (TECHN.: ↔ *digital*) *so, dass der Stärke eines Signals proportional der Ausschlag eines Messinstruments o.Ä. entspricht* eine analoge Anzeige/Uhr **2.** (*geh.* ≈ *ähnlich*) Wir haben analoge Beobachtungen gemacht., analog verfahren/vorgehen **II.** *Präp.* + *Dat.* (*geh.* ≈ *entsprechend*) *so, dass es etwas anderem entspricht* analog diesem Vorbild

A·na·lo·gi̱e die <-, -n> (*geh.*) *Ähnlichkeit, Entsprechung* keine Analogien feststellen können ▶-schluss

Ạn·al·pha·bet, **Ạn·al·pha·be·tin** der <-en, -en> *jmd., der weder lesen noch schreiben kann*

Ạn·al·pha·be·ten·tum das <-(e)s> (*kein Plur.*) *Unfähigkeit (von Bevölkerungsgruppen) zu lesen oder zu schreiben* In diesem Teil des Landes ist das Analphabetentum weit verbreitet.

Ạn·al·pha·be·tis·mus der <-> (*kein Plur.*) (≈ *Analphabetentum*) ein Programm zur Bekämpfung des Analphabetismus

A·na·ly̱·se die [ana'ly:zə] <-, -n> (*geh.*) **1.** *die Untersuchung einer Substanz, eines Sachverhalts oder Problems durch die physische oder gedankliche Zerlegung in kleinere Bestandteile* eine chemische/gründliche/wissenschaftliche Analyse durchführen, Die Analyse ergab, dass es sich um eine Stichstoffverbindung handelt., eine gedankliche/logische Analyse des Problems **2.** *kurz für „Psychoanalyse"*

a·na·ly·si̱e·ren <analysierst, analysierte, hat analysiert> *mit OBJ* **1.** ■ *jmd. analysiert etwas* (*geh.*) *durch Zerlegung in seine Bestandteile genau untersuchen* ein Gedicht/die Lage/ein Problem/die Situation analysieren **2.** ■ *jmd. analysiert jmdn.* PSYCH. *als Therapeut jmdn. einer Psychoanalyse unterziehen*

A·na·ly̱st, **A·na·ly̱s·tin** der <-en, -en> WIRTSCH. *Börsenexperte*

A·na·ly̱·ti·ker der <-s, -> *jmd., der als Therapeut Psychoanalyse betreibt*

a·na·ly̱·tisch <nicht steig.> *Adj.* (*geh.*) *so, dass man eine Gesamtheit gedanklich in ihre einzelnen Bestandteile zerlegt* analytisch vorgehen, eine analytische Methode, ein analytisch denkender Mensch

a·nä̱·misch <nicht steig.> (MED.: ≈ *blutarm*)

Ạ·na·nas die <-, -/Ananasse> *eine tropische Frucht mit bräunlicher, rauer, schuppenartiger Schale und gelbem, sehr süßem Fruchtfleisch, das man frisch oder als gesüßte Konserve in Stücken oder Scheiben isst*

A·na·pä̱st der <-(e)s, -e> SPRACHWISS. *ein Versmaß*

A·nạ·pher die <- ,-n> SPRACHWISS. *eine rhetorische Figur, bei der ein Wort oder mehrere Wörter am Anfang von aufeinander folgenden Sätzen wiederholt werden*

A·nar·chi̱e die [anar'çi:] <-, -n> *Zustand der Gesetzlosigkeit*

a·nạr·chisch <nicht steig.> *Adj. gesetzlos, chaotisch*

A·nạr·cho der <-(s), -s> (*umg. abwert.*) *jmd., der sich (gewaltsam) gegen Macht und Organisation (des Staates) auflehnt*

an·äs·the·si̱e·ren <anästhesierst, anästhesierte, hat anästhesiert> *mit OBJ* ■ *jmd. anästhesiert jmdn.* MED. *in Narkose versetzen* ▶Anästhesist(in)

An·äs·the̱·ti·kum das <-s, Anästhetika> MED. *schmerzstillendes Mittel*

A·na·to̱·lien <-s> (*kein Plur.*) *Landstrich in der Türkei*

A·na·to·mi̱e die [anato'mi:] <-, -n> **1.** (*kein Plur.*) MED. (*Lehre von*) *Form und Körperbau der Lebewesen* vergleichende Anatomie lehren, die unterschiedliche Anatomie von Mann und Frau **2.** *Anatomisches Institut*

a·na·to̱·misch <nicht steig.> *Adj. die Anatomie betreffend* ein anatomisches Lehrbuch, anatomische Besonderheiten/Modelle/Studien

an·bah·nen <bahnst an, bahnte an, hat angebahnt> **I.** *mit OBJ* ■ *jmd. bahnt etwas an* (≈ *in die Wege leiten*) *die Grundlagen dafür schaffen, dass etwas entstehen oder eine Entwicklung beginnen kann* Gespräche/eine Ehe anbahnen **II.** *mit SICH* ■ *etwas bahnt sich an am Beginn einer Entwicklung sein, die sich bereits abzeichnet* Eine Katastrophe bahnt sich an., Hier bahnt sich eine technische Revolution an, die ganze Berufsfelder verändern wird. ►Anbahnung

an·bän·deln <bändelst an, bändelte an, hat angebändelt> *ohne OBJ* ■ *jmd. bändelt mit jmdm. an* (*umg.* ≈ *flirten*) *versuchen, mit jmdm. Kontakt aufzunehmen und eine* (*nicht ernsthafte*) *Liebesbeziehung zu beginnen* Er versucht schon den ganzen Abend, mit ihr anzubändeln.

An·bau¹ der <-(e)s, -ten> (↔ *Hauptgebäude*) *ein Gebäudeteil, der einem bestehenden Gebäude hinzugefügt worden ist* Im Anbau der Galerie finden Sie Zeichnungen und Drucke.

An·bau² der <-(e)s> (*kein Plur.*) LANDW. *das Anpflanzen* der Anbau von Getreide/Reis/Weizen ◆Getreide-, Reis-, Weizen-

an·bau·en¹ **I.** *mit OBJ* ■ *jmd. baut etwas* (*an etwas Akk.*) *an einem vorhandenen Bau hinzufügen* eine Garage/Veranda an ein Haus anbauen **II.** *ohne OBJ* ■ *jmd. baut an ein Gebäude erweitern* Wir müssen anbauen, der Platz reicht nicht mehr.

an·bau·en² <baust an, baute an, hat angebaut> *mit OBJ* ■ *jmd. baut etwas an* LANDW. *Kulturpflanzen auf einer bestimmten Fläche anpflanzen und dort wachsen lassen* Kartoffeln/Wein/Weizen/Zuckerrüben anbauen, Auf dem Feld wurde leztes Jahr Mais angebaut.

An·bau·gren·ze die <-> (*kein Plur.*) *die Höhe, bis zu der noch landwirtschaftlicher Anbau betrieben werden kann*

an·bei *Adv.* AMTSSPR. *als Anlage* anbei die gewünschten Urkunden

an·bei·ßen <beißt an, biss an, hat angebissen> **I.** *ohne OBJ* **1.** ■ *ein Fisch beißt an* (*als Fisch*) *nach dem Köder schnappen* Der Fisch hat angebissen. **2.** ■ *jmd. beißt an* (*umg. übertr.*) *auf ein Angebot eingehen* Die Kunden wollen nicht so recht anbeißen. **II.** *mit OBJ* ■ *jmd. beißt etwas an hineinbeißen* einen Apfel anbeißen ■ **zum Anbeißen sein** (*umg.*): *sehr attraktiv sein*

an·be·kom·men <bekommst an, bekam an, hat anbekommen> *mit OBJ* ■ *jmd. bekommt etwas an* (*umg.*) *anziehen können* Die Schuhe sind zu klein, ich bekomme sie nicht an.

an·be·lan·gen <belangt an, belangte an, hat anbelangt> *mit OBJ* ■ *etwas belangt etwas an* (*veralt.*) *betreffen* Was diese Sache anbelangt, bin ich zufrieden.

an·bel·len *mit OBJ* ■ *ein Hund bellt jmdn. an auf jmdn. mit Bellen reagieren*

an·be·rau·men <beraumst an, beraumte an, hat anberaumt> *mit OBJ* ■ *jmd. beraumt etwas an* AMTSSPR. *terminlich festsetzen* eine Sitzung anberaumen

an·be·ten <betest an, betete an, hat angebetet> *mit OBJ* ■ *jmd. betet jmdn. an* **1.** REL. *jmdn. oder etwas religiös* (*als Gottheit*) *verehren* einen Gott/Götzen anbeten **2.** *überschwänglich verehren* Die Fans beten diesen Sänger regelrecht an., Er betet seine neue Freundin förmlich an.

An·be·tracht ■ **in Anbetracht dessen ...** (*geh.*): *wenn man berücksichtigt ...*

an·be·tungs·würdig <anbetungswürdiger, am anbetungswürdigesten> *Adj. so, dass man es anbeten muss*

an·bie·dern <biederst an, biederte an, hat angebiedert> *mit SICH* ■ *jmd. biedert sich* (*bei jmdm.*) *an* (*abwert.*) *sich auf primitive Art einschmeicheln* Warum sollte ich mich bei ihm anbiedern? ►Anbiederung

an·bie·ten <bietest an, bot an, hat angeboten> **I.** *mit OBJ* **1.** ■ *jmd. bietet jmdm. etwas an sagen, dass jmd. etwas haben kann* Wir haben ihm die Wohnung mehrfach angeboten., Darf ich dir noch eine Tasse Tee anbieten? **2.** ■ *jmd. bietet etwas an als Ware zum Verkauf bieten* Das Kaufhaus bietet auch Sportartikel an. **II.** *mit SICH* ■ *jmd./etwas bietet sich an seine Dienste bieten* sich jemandem als Fremdenführer anbieten ■ **etwas bietet sich an**: *etwas ist eine sinnvolle oder vernünftige Möglichkeit*

an·bin·den <bindest an, band an, hat angebunden> *mit OBJ* ■ *jmd. bindet etwas* (*an etwas Akk.*) *an* **1.** *mit einer Leine, einer Schnur o.Ä. eine feste Verbindung von etwas mit etwas anderem herstellen* den Hund an einen Zaun anbinden, Er hat das Fahrrad mit einem Schloss an einen Laternenpfahl angebunden. **2.** AMTSSPR. *etwas in ein System integrieren* eine Stadt (an das Eisenbahnnetz) anbinden ■ **kurz angebunden sein**: *sehr unfreundlich und abweisend zu jmdm. sein* Sie hat mir nicht viel erzählt, denn sie war sehr kurz angebunden.

An·bin·dung die <-> (*kein Plur.*) AMTSSPR. *die Integration von etwas in ein System* die Anbindung an das Eisenbahnnetz ◆Verkehrs-

an·blaf·fen <blaffst an, blaffte an, hat angeblafft> *mit OBJ* ■ *jmd. blafft jmdn. an* (*umg. abwert.* ≈ *anschnauzen*) *unfreundlich anreden* Ich habe dir nichts getan, warum blaffst du mich so an?

an·blei·ben <bleibt an, blieb an, ist angeblieben> *ohne OBJ* ■ *etwas bleibt an weiter angeschaltet sein* Der Computer bleibt den ganzen Tag an.

An·blick der <-(e)s, -e> **1.** (*kein Plur.*) *das Betrachten* Beim ersten Anblick kann man gar nicht alle Details wahrnehmen. **2.** *das Bild, das sich darbietet* Im Frühjahr sind die Obstbäume ein herrlicher Anblick., Es bot sich uns ein grotesker/komischer/schockierender/trauriger Anblick.

an·bli·cken <blickst an, blickte an, hat angeblickt> *mit OBJ* ■ *jmd. blickt jmdn./etwas an den Blick auf jmdn. oder etwas richten* Das kleine Mädchen blickte mich mit großen Augen an.

an·boh·ren <bohrst an, bohrte an, hat angebohrt> *mit OBJ* ■ *jmd. bohrt etwas an ein Loch in* *etwas bohren*

An·bot das <-(e)s, -e> (*österr.*) *Angebot*

an·brau·sen <braust an, brauste an, ist angebraust> *ohne OBJ* ■ *jmd. braust an schnell angefahren kommen* Er brauste mit seinem neuen Auto an.

an·bre·chen <brichst an, brach an, hat/ist angebrochen> **I.** *mit OBJ* ■ *jmd. bricht etwas an* (*haben*) **1.** *nicht ganz durchbrechen* Sie hat ihr Bein/das Tischbein nur angebrochen. **2.** *zu verbrauchen beginnen* eine Packung/einen Vorrat anbrechen ■ **eine angebrochene Flasche/Packung**: *eine Flasche oder Packung mit nicht mehr vollständigem Inhalt* **II.** *ohne OBJ* ■ *etwas bricht an* (*sein*) **1.** *nicht ganz durchbrechen* Der Knochen/der Stock ist nur angebrochen. **2.** (≈ *beginnen*) Eine neue Zeit/der Tag bricht an.

an·bren·nen <brennst an, brannte an, hat/ist angebrannt> **I.** *mit OBJ* ■ *jmd. brennt etwas an* (*haben* ≈ *anzünden*) *in Brand stecken* einen Holzstapel anbrennen **II.** *ohne OBJ* ■ *etwas brennt an* (*sein*) **1.** (≈ *sich entzünden*) *zu brennen beginnen* Das trockene Holz/Stroh brennt leicht an. **2.** KOCH. *beim Kochen oder Braten zu viel Hitze bekommen* (*und deshalb an der Außenseite schwarz werden*) Der Grießbrei/das Schnitzel ist angebrannt. ■ **nichts anbrennen lassen** (*umg.*): *keine Gelegenheit zu einer Liebesaffäre auslassen*

an·brin·gen <bringst an, brachte an, hat angebracht> *mit OBJ* **1.** ■ *jmd. bringt etwas* (*an etwas Dat.*) *an* (≈ *befestigen*) *mit Nägeln, Schrauben, Klebstoff o.Ä. bewirken, dass ein kleinerer Gegenstand mit einem größeren Objekt eine feste und dauerhafte Verbindung hat* ein Schild/eine Tafel an der Tür anbringen, am Haus Fensterläden anbringen **2.** ■ *jmd. bringt etwas an* (*umg.* ≈ *herbringen*) *von irgendwoher in Richtung des Sprechers bringen* Was bringen die Kinder denn da schon wieder an? **3.** ■ *jmd. bringt etwas an in einem bestimmten Kreis vorbringen* seine Kritik/sein Wissen anbringen (können)

An·brin·gung die <-> (*kein Plur.*) *das Anbringen*[1]

An·bruch der <-(e)s> (*kein Plur.*) ■ **bei Anbruch der Nacht/des Tages**: *bei Beginn der Nacht oder des Tages*

An·cho·vis die *s.* **Anschovis**

An·dacht die <-, -en> **1.** *kurzer Gottesdienst* eine Andacht halten **2.** (*kein Plur.*) (≈ *Hingabe*) *große Anteilnahme* voller Andacht lauschen

an·däch·tig *Adj.* (≈ *hingebungsvoll*) *voller Anteilnahme* ein Geschehen andächtig verfolgen

an·dachts·voll <nicht steig.> *Adj.* (≈ *andächtig*)

An·da·lu·si·en <-s> *Region in Spanien*

An·da·lu·si·er, **An·da·lu·si·e·rin** der <-s, -> *Einwohner Andalusiens*

an·da·lu·sisch <nicht steig.> *Adj. Andalusien betreffend*

An·dan·te die <-, -n> MUS. *mäßig langsames Musikstück*

an·dan·te <nicht steig.> *Adj.* (MUS.: *Tempoangabe*) *mäßig langsam*

an·dau·ern <dauert an, dauerte an, hat angedauert> *ohne OBJ* ■ *etwas dauert an weiter bestehen* Der Zustand dauert an., andauernde Schmerzen haben

An·den <-> *Plur. Gebirgszug in Südamerika*

An·den·ken das <-s, -> **1.** (*kein Plur.*) *die Erinnerung* jemandes Andenken/das Andenken an jemanden in Ehren halten **2.** *ein Gegenstand, der an etwas erinnert* Andenken verkaufen, Der Ring ist ein Andenken an meine Mutter.

an·den·ken <denkst an, dachte an, hat angedacht> *mit OBJ* ■ *jmd. denkt etwas an beginnen, über etwas nachzudenken* Man müsste mal neue Strategien andenken., Das Projekt ist bereits angedacht, aber noch nicht gestartet.

an·de·re(**r, s**) *Pron.* **1.** *verwendet, um sich auf diejenigen Mitglieder einer Gruppe zu beziehen, die bei der genannten Sache nicht beteiligt, gemeint, relevant o.Ä. sind* Zwei Mitarbeiter haben Urlaub, die anderen sind am Arbeitsplatz., Mittwoch ist mein freier Tag, an den anderen Tagen arbeite ich halbtags. **2.** *verwendet, um sich auf die sonstigen Dinge, Personen oder Möglichkeiten zu beziehen, die neben etwas auch existieren* Es gibt diese Lösung, aber es gibt auch andere gute Lösungen., Versuche es doch mal in einem anderen Geschäft!, und anderes mehr ■ **unter anderem**: *außerdem, auch* **zum anderen**: *andererseits* **alles andere als** (**zufrieden**): *überhaupt nicht* (*zufrieden*) ♦ Klein- oder Großschreibung etwas anderes/Anderes

an·de·ren·falls, *a.* **an·dern·falls** *Adv.* (≈ *sonst*) Du solltest besser lernen, ander(e)nfalls wirst du die Prüfung nicht bestehen.

an·de·ren·orts, *a.* **an·dern·orts**, *a.* **an·der·orts** *Adv.* (*geh.*) *an einem anderen Ort* anderenorts eine Arbeit finden

an·de·rer·seits, *a.* **an·der·seits**, *a.* **and·rer·seits** *Adv. auf der anderen Seite* Einerseits wollte er helfen, andererseits wagte er es nicht.

än·dern <änderst, änderte, hat geändert> **I.** *mit OBJ* **1.** ■ *jmd. ändert etwas eine Änderung bewirken* die Lage/einen Text ändern, Ich kann es leider nicht ändern., Das ändert die Lage nicht wesentlich. **2.** (*Kleidungsstücke*) *enger- oder weiter bzw. kürzer machen* den Anzug/das Kleid beim Schneider ändern lassen **II.** *mit SICH* ■ *etwas ändert sich eine Änderung durchlaufen* Es ändert sich wieder nichts., Sie hat sich ziemlich geändert.

an·dern·falls *Adv. s.* **anderenfalls**

an·dern·orts, *a.* **an·der·orts** *Adv. s.* **anderenorts**

an·ders *Adv.* **1.** *verwendet, um auszudrücken, dass etwas im Vergleich zu zu einer anderen Person oder Sache mit anderen Merkmalen ausgestattet ist* anders aussehen/denken, anders denkend/geartet/gläubig/lautend, anders Denkende/Geartete/Gläubige, Ich habe es mir anders überlegt., Es geht nicht anders. **2.** (*mit unbestimmtem Pronomen oder Fragepronomen*) *sonst* wer/wo/wie anders, jemand/niemand/nirgendwo anders ♦ Getrennt- oder Zusammenschreibung der/die anders Denkende/Andersdenkende

An·ders·ar·tig·keit die <-> (*kein Plur.*) *der Zustand, dass etwas anders ist als etwas anderes*

An·ders·den·ken·de der/die <-n, -n> *jmd., der andere Ansichten als die Mehrheit hat* siehe auch **anders**

an·der·seits *Adv. s.* **andererseits**

An·ders·gläu·bi·ge der/die <-n, -n> siehe auch **anders**

an·ders·he·r·um *Adv.* **1.** *so, dass Vorderseite und Hinterseite vertauscht sind* Stell doch das Bett einmal andersherum auf! **2.** ■ *jmd. ist andersherum* (*umg. verhüll.*) *jmd. ist homosexuell* Ich glaube, der neue Nachbar ist andersherum.

An·ders·sein das <-s> (*kein Plur.*) *der Zustand, dass jmd. anders ist als andere*

an·ders·wo *Adv.* (≈ *an einem anderen Ort*)

an·ders·wo·her *Adv.* (≈ *von einem anderen Ursprungsort*)

an·ders·wo·hin *Adv.* (≈ *in eine andere Richtung*)

an·dert·halb *Num. einundeinhalb*

an·dert·halb·fach *Adj. einundeinhalbmal* der anderthalbfache Betrag, das Anderthalbfache betragen

an·dert·halb·jäh·rig <nicht steig.> *Adj. einundeinhalbes Jahr alt*

an·dert·halb·stün·dig <nicht steig.> *Adj. so, dass etwas eine Stunde und dreißig Minuten dauert* eine anderthalbstündige Vorlesung

Än·de·rung die <-, -en> *der Vorgang, dass etwas von einem Zustand in einen neuen Zustand mit anderen Eigenschaften übergeht* Änderungen des Klimas/der weltpolitischen Lage, Bitte beachten Sie Änderungen des Fahrplans/des Programms/der Tagesordnung!

an·der·wei·tig <nicht steig.> **I.** *Adj. sonstig, andere(r,s)* mit anderweitigen Dingen beschäftigt sein **II.** *Adv. an eine andere Stelle oder Person* anderweitig vergeben werden, sich anderweitig umschauen

an·deu·ten <deutest an, deutete an, hat angedeutet> **I.** *mit OBJ* ■ *jmd. deutet etwas an* **1.** *nicht explizit, sondern nur indirekt* (*durch Hinweise*) *zum Ausdruck bringen,* einen Gedanken/eine Vermutung/einen Wunsch andeuten **2.** *in der zeichnerischen Darstellung skizzenhaft ausführen* Der Zeichner deutet mit wenigen Strichen ein Gesicht an. **II.** *mit SICH* ■ *etwas deutet sich an in Ansätzen erkennbar sein* Ein Aufschwung/Eine Wende deutet sich an.

An·deu·tung die <-, -en> **1.** *versteckter Hinweis* eine Andeutung über etwas machen **2.** *kaum sichtbares Anzeichen* die Andeutung eines Lächelns ►andeutungsweise

an·dich·ten <dichtest an, dichtete an, hat angedichtet> *mit OBJ* ■ *jmd. dichtet jmdm. etwas an* (*abwert.*) *sagen, dass jmd. etwas Schlechtes getan haben soll* Sie dichtet ihm ein Verhältnis mit seiner Sekretärin an.

an·dis·ku·tie·ren *mit OBJ* ■ *jmd. diskutiert etwas an die Dikussion von etwas beginnen* (*ohne sie zu beenden*) Wir haben das Problem erst andiskutiert, deshalb haben wir noch keine Lösung.

an·do·cken *ohne OBJ* ■ *etwas dockt* (*an etwas Akk.*) *an eine feste, begehbare Verbindung herstellen* Das Raumschiff dockt an die Raumstation an.

An·dock·ma·nö·ver das <-s, -> *der Vorgang des Andockens*

An·dor·ra <-s> *Staat in Südeuropa*

An·dor·ra·ner, **An·dor·ra·ne·rin** <-s, -> *jmd., der die andorranische Staatsbürgerschaft hat*

an·dor·ra·nisch <nicht steig.> *Adj. auf Andorra oder die Andorraner bezogen*

An·drang der <-(e)s> (*kein Plur.*) *der Zustand, dass viele Menschen sich irgendwo drängen* In der Vorweihnachtszeit herrscht großer Andrang in den Geschäften.

an·dre·hen <drehst an, drehte an, hat angedreht> *mit OBJ* **1.** ■ *jmd. dreht etwas an* (*umg.*) (*durch Betätigen eines Schalters*) *einschalten* das Licht/das Wasser andrehen **2.** ■ *jmd. dreht etwas an so drehen, dass etwas festen Sitz hat* eine Schraube (fest) andrehen **3.** ■ *jmd. dreht jmdm. etwas an* (*umg. abwert.* ≈ *aufschwatzen*) jemandem etwas (Minderwertiges) andrehen

and·rer·seits *Adv. s.* **andererseits**

an·dro·gyn <nicht steig.> *Adj. so, dass es sowohl männliche als auch weibliche Merkmale aufweist*

an·dro·hen *mit OBJ* ■ *jmd. droht jmdm. etwas an jmdm. damit drohen, dass man etwas tun wird* (jemandem) eine Strafe androhen

An·dro·lo·gie die <-> (*kein Plur.*) (MED.: ≈ *Männerheilkunde* ↔ *Gynäkologie*) *Teilgebiet der Medizin, das sich mit den spezifischen Erkrankungen des männlichen Körpers beschäftigt*

An·dro·me·da·ne·bel der <-s> (*kein Plur.*) *eine Galaxie im Weltraum, die unserer Galaxie am nächsten ist*

an·drü·cken <drückst an, drückte an, hat angedrückt> *mit OBJ* ■ *jmd. drückt etwas an gegen etwas drücken und so etwas befestigen oder anschalten* einen Aufkleber/eine Briefmarke andrücken, das Licht andrücken

an·e·cken <eckst an, eckte an, ist angeeckt> *ohne OBJ* **1.** ■ *jmd. eckt an etwas Dat. an versehentlich anstoßen* Ich bin schon wieder mit dem Auto (an der Einfahrt) angeeckt. **2.** ■ *jmd. eckt* (*bei jmdm.*)*mit etwas Dat. an* (*umg.*) *Missfallen erregen* bei jemandem (mit seinem Benehmen) anecken

an·eig·nen <eignest an, eignete an, hat angeeignet> *mit SICH* ■ *jmd. eignet sich etwas an* **1.** *sich ohne zu fragen etwas nehmen, das Eigentum einer anderen Person ist* Sie hat sich meinen Stift angeeignet. **2.** (≈ *erlernen*) sich ein höfliches Benehmen/bestimmte Kenntnisse/ umfangreiches Wissen aneignen

an·ei·nan·der *Adv. verwendet, um auszudrücken, dass ein Geschehen wechselseitig ist. Wenn z.B. A und B aneinander denken, heißt das, dass A an B denkt und B an A.* ■ **aneinander fügen**: *zwei Dinge so verbinden, dass sie an einer Seite Kontakt haben* die beiden Bauteile aneinanderfügen

sich aneinander fügen: *zusammenhängen und jeweils an einer Seite Kontakt haben* Die Reihenhäuser fügen sich aneinander. **aneinander geraten** (*verwendet, um auszudrücken, dass zwei Personen sich zu streiten beginnen*): Wegen dieser Sache gerieten die Brüder aneinander, seitdem sind sie zerstritten. **aneinander grenzen**: *eine gemeinsame Grenze haben* Die Grundstücke grenzen aneinander. **sich aneinander klammern** (*von zwei Personen*): *sich gegenseitig festhalten* Ängstlich klammerten sie sich aneinander. **sich aneinander kuscheln** (*von zwei Personen*): *sich zärtlich an die andere Person schmiegen* ◆ Getrenntschreibung→R 4.1 aneinander denken, aneinander fügen, sich aneinander gewöhnen, aneinander geraten, aneinander reihen, aneinander stoßen

An·ek·do·te die [anɛkˈdoːtə] <-, -n> *eine kurze Geschichte mit humorvollem Hintergrund* Er erzählte Anekdoten aus seiner Jugend. ▶anekdotisch

an·e·keln <ekelst an, ekelte an, hat angeekelt> *mit OBJ* ■ *etwas ekelt jmdn. an* (≈ *anwidern*) *Ekel erregen* Seine Gleichgültigkeit ekelt mich an.

A·ne·mo·ne die [aneˈmoːnə] <-, -n> (≈ *Buschwindröschen*)

an·er·ken·nen <erkennst an, erkannte an, hat anerkannt> *mit OBJ* **1.** ■ *jmd. erkennt etwas an sagen, dass man die Leistung von jmdm. bemerkt und ein Lob aussprechen* jemands Arbeit/Erfolge/Leistungen lobend anerkennen **2.** ■ *jmd. erkennt jmdn./etwas an jmdn. oder etwas akzeptieren und respektieren* den neuen Kollegen/Lehrer anerkennen **3.** ■ *jmd. erkennt etwas an etwas für gültig erklären* Beim Wechsel der Universität wurden mir alle Scheine anerkannt., einen Staat diplomatisch anerkennen, ein Urteil/die Vorschriften anerkennen

An·er·ken·nung die <-, -en> *das Anerkennen* einer Leistung/jemandem Anerkennung zollen, die diplomatische Anerkennung eines Staates

an·es·sen <isst an, aß an, hat angegessen> *mit SICH* ■ *jmd. isst sich etwas an durch übermäßiges Essen übergewichtig werden* sich Kummerspeck anessen

an·fa·chen <fachst an, fachte an, hat angefacht> *mit OBJ* ■ *jmd. facht etwas an* (*geh.*) **1.** (≈ *schüren*) *bewirken, dass etwas zu brennen beginnt* ein Feuer anfachen **2.** (*übertr.*) *aufleben lassen* jmds. Leidenschaften/einen Streit anfachen

an·fah·ren <fährst an, fuhr an, hat/ist angefahren> **I.** *ohne OBJ* **1.** ■ *ein Fahrzeug fährt an* (*sein*) *sich in Bewegung setzen* Der Zug fährt an. **2.** ■ *jmd. fährt* (*irgendwie*) *an jmd. nähert sich mit einem Fahrzeug;* (*sein*) Er kam mit quietschenden Reifen angefahren. **II.** *mit OBJ* **1.** ■ *jmd. fährt jmdn. an* (*haben*) *eine Person mit einem Fahrzeug streifen* Der Autofahrer hat einen Radfahrer angefahren., Der Fußgänger ist angefahren worden. **2.** ■ *jmd. fährt jmdn. an* (*umg.*) *laut und heftig tadeln* „Lass mich in Ruhe!“, fuhr sie ihn an. **3.** ■ *jmd. fährt einen bestimmten Ort an einen bestimmten Ort zum Ziel haben* Wir haben den nächsten Parkplatz angefahren., Der Bus fährt auch die Haltestelle „Schlossplatz“ an.

An·fahrts·weg der <-(e)s, -e> *der Weg, den man bis zu einem bestimmten Ziel* (*fahrend*) *zurücklegt* ein kurzer/langer Anfahrtsweg

An·fahrts·zeit die <-, -en> *die Zeit, die man bis zum Erreichen eines bestimmten Ziels benötigt* eine kurze/lange Anfahrtszeit haben

An·fall der <-(e)s, Anfälle> **1.** *vorübergehender* (*krankhafter*) *Zustand* einen Anfall haben, in einem Anfall von Eifersucht ■ **einen Anfall bekommen/kriegen**: *sehr wütend werden; außer sich geraten* Ich krieg' gleich einen Anfall, wenn du nicht sofort damit aufhörst!, Schon wenn ich ihn reden höre, kriege ich einen Anfall. ◆ Eifersuchts-, Husten-, Wut- **2.** (*kein Plur.*) AMTSSPR. *Auftreten* Mit einem verstärkten Anfall von Verkehrsbehinderungen ist in der Zeit der Straßenbauarbeiten zu rechnen.

an·fall·ar·tig <nicht steig.> *Adj. so plötzlich und heftig wie ein Anfall*[1]

an·fal·len <fällst an, fiel an, hat/ist angefallen> **I.** *mit OBJ* ■ *ein Tier fällt jmdn. an* (*haben* ≈ *angreifen*) Der Hund hat einen Fußgänger angefallen. **II.** *ohne OBJ* ■ *etwas fällt an* (AMTSSPR.: *sein*) *auftreten* Es ist viel Arbeit/Post angefallen.

an·fäl·lig *Adj. so, dass man leicht durch etwas geschädigt wird* für/gegen Erkältungen/Störungen anfällig sein ▶Anfälligkeit

An·fang der <-(e)s, Anfänge> **1.** (*kein Plur.*) *der erste Teil oder Abschnitt von etwas* Anfang Mai, Anfang nächsten Jahres, der Anfang des Weges **2.** (*meist Plur.*) *erster Abschnitt einer Entwicklung* die Anfänge der Menschheit, in den Anfängen stecken ■ **von Anfang an**: *von Beginn an* **den Anfang machen** (*umg.*): *als erster mit etwas beginnen* Ich mache den Anfang, wenn sonst niemand will. **von Anfang bis Ende**: *komplett, vollständig* **der Anfang vom Ende**: *der Beginn einer negativen Entwicklung, die zum Scheitern von etwas führt* Dass er arbeitslos wurde, war der Anfang vom Ende. **Aller Anfang ist schwer!** (*Sprichwort*): *verwendet, um auszudrücken, dass jmd. etwas im Laufe der Zeit schon lernen wird* **etwas nimmt seinen Anfang**: *beginnen*

an·fan·gen <fängst an, fing an, hat angefangen> **I.** *mit OBJ* ■ *jmd. fängt etwas an* **1.** (≈ *beginnen*) eine Arbeit/ein neues Leben/Streit anfangen, zu regnen anfangen **2.** (*umg.* ≈ *tun*) Was sollen wir jetzt (damit/mit ihm) anfangen? **II.** *ohne OBJ* ■ *etwas fängt an* (≈ *beginnen*) Das neue Jahr/das Konzert fängt gleich an., Die Tiefebene/der Weg fängt hier an., von vorn anfangen

An·fän·ger, **An·fän·ge·rin** der <-s, -> (↔ *Fortgeschrittener*) *jmd., der etwas noch nie* (*oder nicht oft*) *gemacht hat und daher keine Erfahrung hat* Dieser Fehler passiert nicht nur Anfängern. ◆ -fehler, Berufs-

An·fän·ger·kurs der <-es, -e> *Kurs, der sich an Anfänger richtet*

an·fäng·lich <nicht steig.> *Adj. am Anfang von etwas* ihr anfängliches Zögern, anfänglich sehr zurückhaltend sein

an·fangs *Adv. zu Beginn* Er war anfangs nicht sehr erfolgreich.

An·fangs·er·folg der <-(e)s, -e> *der erste Erfolg, den jmd. hat* Nach Anfangserfolgen wurde es still um den Schauspieler.

An·fangs·schwie·rig·keit die <-, -en> (*meist Plur.*) *Schwierigkeiten, die am Beginn einer Tätigkeit entstehen, weil man etwas noch nie oder noch nicht oft gemacht hat* Das sind typische Anfangsschwierigkeiten, die bald überwunden sein werden.

An·fangs·un·ter·richt der <-s> (*kein Plur.*) *der erste Unterricht, den jmd. in etwas erhält*

An·fangs·ver·dacht der <-s> (*kein Plur.*) *der erste Verdacht, der sich bei jmdm. einstellt* Unser Anfangsverdacht hat sich im Laufe der Ermittlungen bestätigt.

an·fas·sen <fasst an, fasste an, hat angefasst> *mit OBJ* **1.** ■ *jmd. fasst etwas an* (≈ *berühren*) *die Hand auf etwas legen* Fass mich nicht an! **2.** ■ *jmd. fasst jmdn. irgendwie an jmdn. irgendwie behandeln* Sie fasst die Kinder sehr hart an. **3.** ■ *jmd. fasst etwas an* (*umg.*) *beginnen* eine Arbeit/Sache geschickt anfassen ■ **Fass doch mal mit an!** (*umg.*): *Hilf doch mal mit!*

an·fech·ten <fichtst an, focht an, hat angefochten> *mit OBJ* **1.** ■ *jmd. ficht etwas an* (≈ *bestreiten*) *behaupten, dass etwas nicht wahr, nicht richtig oder nicht zutreffend sei* eine Behauptung/ein Urteil anfechten **2.** ■ *etwas ficht jmdn. an* (*veralt. geh.* ≈ *beunruhigen*) Das ficht mich nicht an!, Was ficht dich an?

an·fein·den <feindest an, feindete an, hat angefeindet> *mit OBJ* ■ *jmd. feindet jmdn. an jmdm. feindlich begegnen* immerzu von allen angefeindet werden

an·fer·ti·gen <fertigst an, fertigte an, hat angefertigt> *mit OBJ* ■ *jmd. fertigt etwas an* (≈ *erstellen*) *einen Gegenstand oder eine geistige Leistung* (*nach bestimmten Vorgaben oder Bedürfnissen*) *produzieren* ein Gutachten anfertigen lassen ►Anfertigung

an·feuch·ten <feuchtest an, feuchtete an, hat angefeuchtet> *mit OBJ* ■ *jmd. feuchtet etwas an feucht machen* die Rückseite einer Briefmarke/seine Lippen/ein Tuch anfeuchten

an·feu·ern <feuerst an, feuerte an, hat angefeuert> *mit OBJ* **1.** ■ *jmd. feuert jmdn. an durch Zurufe antreiben* Die Fans feuerten ihre Mannschaft kräftig an. **2.** ■ *jmd. feuert etwas an* (≈ *anheizen*) den Ofen anfeuern

An·feu·e·rung die <-> (*kein Plur.*) *das Anfeuern[1]*

An·feu·e·rungs·ruf der <-(e)s, -e> (*meist Plur.*) *Ausruf, mit dem man jmdn. anfeuern[1] will*

an·fle·hen <flehst an, flehte an, hat angefleht> *mit OBJ* ■ *jmd. fleht jmdn. an inständig bitten* jemanden um Erlassung der Schulden/Gnade anflehen

an·flit·zen <flitzt an, flitzte an, ist angeflitzt> *ohne OBJ* ■ *jmd. flitzt an* (*umg.*) *schnell angelaufen kommen*

An·flug der <-(e)s, Anflüge> **1.** LUFTF. *das Fliegen auf ein Ziel zu* Das Flugzeug befindet sich im Anflug auf Berlin. **2.** (≈ *Andeutung*) *eine leichte Spur von etwas* mit einem Anflug von Spott, der Anflug eines Lächelns

an·for·dern <forderst an, forderte an, hat angefordert> *mit OBJ* ■ *jmd. fordert etwas an von jmdm. erbitten, dass man etwas geschickt bekommt* Das Einsatzkommando der Polizei forderte Verstärkung an., Informationen/einen Katalog anfordern

An·for·de·rung die <-, -en> **1.** *das Anfordern* **2.** (*meist Plur.*) *von jmdm. geforderte Leistung* hohe Anforderungen an jemanden stellen, den Anforderungen nicht gerecht werden ◆-profil

An·fra·ge die <-, -n> *eine auf eine bestimmte Sache gerichtete Frage* eine Anfrage an eine Behörde/den zuständigen Minister richten, Uns liegt dazu die Anfrage eines Kunden vor.

an·fra·gen <fragst an, fragte an, hat angefragt> *ohne OBJ* ■ *jmd. fragt* (*bei jmdm.*) *an eine Anfrage stellen*

an·fres·sen <frisst an, fraß an, hat angefressen> *mit OBJ* ■ *ein Tier frisst etwas an durch Fressen zu beschädigen beginnen* Mäuse haben das Sofa angefressen.

an·freun·den <freundest an, freundete an, hat angefreundet> *mit SICH* **1.** ■ *jmd. freundet sich mit jmdm. an Freundschaft schließen* Sie hat sich schnell mit der neuen Nachbarin angefreundet. **2.** ■ *jmd. freundet sich mit etwas Dat. an sich gewöhnen* sich (nicht) mit dem neuen Computer/einem Gedanken/der Situation/dem neuen Wohnort anfreunden können

an·frie·ren <friert an, fror an, ist angefroren> *ohne OBJ* ■ *etwas friert irgendwo an durch Frieren an einer Stelle haftenbleiben*

an·fü·gen <fügst an, fügte an, hat angefügt> *mit OBJ* ■ *jmd. fügt etwas Dat. an etwas an* (*geh.*) *hinzufügen* seinem Brief eine Beilage anfügen ►Anfügung

an·füh·len <fühlst an, fühlte an, hat angefühlt> **I.** *mit OBJ* ■ *jmd. fühlt etwas an prüfend befühlen* die Stirn/einen Stoff (prüfend) anfühlen **II.** *mit SICH* ■ *etwas fühlt sich irgendwie an bei Kontakt mit der Haut eine bestimmte Empfindung erzeugen* Die Oberfläche fühlt sich fettig/kalt/schmierig/unangenehm an.

an·füh·ren <führst an, führte an, hat angeführt> *mit OBJ* **1.** ■ *jmd. führt jmdn./etwas an* (≈ *leiten*) *der Führer einer Gruppe von Personen sein* den Festzug/eine Gruppe anführen ►Anführer **2.** ■ *jmd. führt etwas* (*als etwas Akk.*)*an* (*als Beweis*) *erwähnen* ein Beispiel/eine wissenschaftliche Untersuchung/die neuesten Forschungsergebnisse/ ein Zitat anführen **3.** ■ *jmd. führt jmdn. an* (*umg.* ≈ *foppen*) *durch bewusstes Täuschen bewirken, dass jmd. das Falsche glaubt* Da habt ihr euch aber tüchtig anführen lassen!

An·füh·rungs·zei·chen das <-s, -> *die Interpunktionszeichen, die wie zwei kleine, senkrechte, parallele Striche aussehen und die zu Beginn der* *wörtlichen Rede oder eines Wortes tief- und an deren oder dessen Ende hochgestellt werden* ■ **in Anführungszeichen** (*umg.*): *verwendet, um auszudrücken, dass man einen Begriff nicht im engen oder tatsächlichen Sinne verwendet, sondern in einem erweiterten Sinne oder in humorvoller Absicht* Seine Frau ist – in Anführungszeichen – die Buchhalterin der Familie, er selbst kann nicht gut mit Geld umgehen.

an·fül·len <füllst an, füllte an, hat angefüllt> *mit OBJ* ■ *jmd. füllt etwas mit etwas Dat. an etwas vollständig füllen* Der Topf ist mit Wasser angefüllt., Ihr Tag ist mit Arbeit angefüllt.

An·ga·be[1] die <-, -n> **1.** (*meist Plur.*) (≈ *Information*) nähere Angaben über etwas machen **2.** (*kein Plur.*) (*umg. abwert.* ≈ *Prahlerei*) *Worte oder ein Verhalten, mit denen man in übertriebener und oft lächerlicher oder ärgerlicher Weise das eigene Können oder den eigenen Besitz betont* Das ist doch alles nur Angabe!, Reine Angabe, da ist nichts dahinter! **3.** (SPORT: *bei Ballspielen*) *Einwurf* Der Gegner hat Angabe!

An·ga·be[2] die (*österr.*) *Anzahlung*

an·gaf·fen <gaffst an, gaffte an, hat angegafft> *mit OBJ* ■ *jmd. gafft jmdn./etwas an* (*umg. abwert.*) *aufdringlich anstarren* Der Typ gafft mich schon die ganze Zeit an.

an·ge·ben <gibst an, gab an, hat angegeben> **I.** *mit OBJ* ■ *jmd. gibt etwas an* **1.** *jmdm. als Information geben* Bitte Namen und Adresse angeben! **2.** (≈ *vorgeben*) *bestimmen* die Richtung/die Strategie/den Ton angeben **II.** *ohne OBJ* ■ *jmd. gibt an* **1.** *durch Worte oder ein Verhalten in übertriebener und oft lächerlicher oder ärgerlicher Weise das eigene Können oder den eigenen Besitz betonen;* (*umg. abwert.* ≈ *prahlen*) Gib doch nicht immer so an!, Dieser Aufschneider gibt bei jeder Gelegenheit an! **2.** SPORT *den Ball einwerfen* Du musst angeben!

An·ge·ber, **An·ge·be·rin** der <-s, -> (*umg. abwert.*) *jmd., der angibt II.1* Du alter Angeber! ► Angeberei

an·geb·lich <nicht steig.> **I.** *Adj. so, dass etwas nicht bewiesen ist und daher nur behauptet wird* ihr angeblicher Freund **II.** *Adv. verwendet, um auszudrücken, dass etwas nicht bewiesen ist und nur behauptet wird* Er fährt angeblich einen Rolls-Royce.

an·ge·bo·ren <nicht steig.> *Adj. so, dass man es von Geburt an hat* angeborene Kurzsichtigkeit/Taubheit

An·ge·bot das <-(e)s, -e> **1.** *etwas, das jmd. zur Verfügung stellt und das jmd. nehmen, kaufen, nutzen o.Ä. kann* jemandem ein Angebot machen, Vielen Dank für Ihr freundliches Angebot!, ein Angebot bereitwillig/gern/nur ungern/zögernd akzeptieren/annehmen, das kulturelle Angebot der Großstadt nutzen **2.** (*kein Plur.*) WIRTSCH. *die angebotenen Waren* ein reichhaltiges Angebot (an Waren), Angebot und Nachfrage bestimmen in der Marktwirtschaft den Preis. **3.** WIRTSCH. *eine bestimmte Ware, die für einen begrenzten Zeitraum zu einem bestimmten Preis angeboten wird* Das Angebot gilt nur bis Ende des Monats., Diese Woche sind Tomaten im Angebot. ◆ Sonder-

an·ge·bracht <nicht steig.> *Adj.* (≈ *angemessen*) *so sinnvoll und zweckmäßig, dass es in einem bestimmten Zusammenhang richtig erscheint* Bei dieser hervorragenden Leistung halte ich eine Gehaltserhöhung für angebracht., Es wäre angebrachter, wenn ...

an·ge·bun·den ■ **kurz angebunden sein** (*umg.*): *sich viel knapper äußern als es erwartbar wäre* (*und dadurch unhöflich wirken*)

an·ge·dei·hen ■ **jemandem/etwas etwas angedeihen lassen** (*geh.*): *bewirken, dass jmd. oder etwas etwas erhält* der Arbeit mehr Sorgfalt angedeihen lassen

an·ge·fault <nicht steig.> *Adj. teilweise verfault* angefaultes Obst

an·ge·gilbt <nicht steig.> *Adj. teilweise vergilbt* In diesem alten Buch sind die Seiten schon angegilbt.

an·ge·gos·sen ■ **wie angegossen (sitzen)** (*umg.*): *ganz genau* (*passen*) Die Hose sitzt wie angegossen.

an·ge·grif·fen *Adj. durch etwas geschwächt* Seine Gesundheit ist angegriffen.

an·ge·hei·tert *Adj. leicht betrunken* Die Geburtstagsgesellschaft war leicht angeheitert.

an·ge·hen <gehst an, ging an, hat/ist angegangen> **I.** *mit OBJ* **1.** ■ *etwas geht jmdn. an* (*sein* ≈ *betreffen*) *in den Zuständigkeitsbereich oder den Interessenbereich von jmdm. fallen* Das geht dich überhaupt nichts an!, Was geht mich das an?, Was etwas/jemanden/mich angeht, ... **2.** ■ *jmd. geht jmdn. an* ((*sein*) *süddt. österr. schweiz.* ≈ *angreifen*) *Kritik, Vorwürfe o.Ä. gegen jmdn. vorbringen* Sie ist ihn in aller Öffentlichkeit angegangen. **3.** ■ *jmd. geht etwas an* ((*haben*) *süddt. österr. schweiz.*) *in Angriff nehmen* ein eine Arbeit/ein Problem angehen, ein Projekt mit großem Elan angehen, Der Läufer ist die ersten Kilometer wahrscheinlich zu schnell angegangen. **II.** *ohne OBJ* (*sein*) **1.** ■ *jmd. geht gegen etwas Akk. an* (≈ *vorgehen*) *gegen etwas kämpfen* gegen ein Problem/einen Störenfried angehen **2.** ■ *etwas geht an sich in Gang setzen* Die Heizung/das Licht/die Lüftung geht an. **III.** *mit ES* ■ *es geht nicht an, dass ...* (*sein*) *möglich oder erträglich sein* Es/das kann (so) nicht angehen.

an·ge·hend <nicht steig.> (*nur attr.*) *Adj.* (≈ *zukünftig*) ein angehender Ehemann/Rechtsanwalt

an·ge·hö·ren <gehörst an, gehörte an, hat angehört> *ohne OBJ* ■ *jmd. gehört etwas Dat. an zu etwas gehören* einer Art/Familie/Gattung angehören

An·ge·hö·ri·ge der/die <-n, -n> **1.** (≈ *Mitglied*) *jmd., der etwas angehört* die Angehörigen eines einer Firma/eines Stammes **2.** (*im Plur.*) *Familienmitglieder* seine Angehörigen besuchen

An·ge·klag·te der/die <-n, -n> *jmd., gegen den eine gerichtliche Anklage besteht*

an·ge·knackst <nicht steig.> *Adj.* (*umg.*) **1.** *nicht* *ganz durchgebrochen* Der Knochen ist angeknackst. **2.** *leicht beschädigt* Ihr Verhältnis ist seit dem Streit angeknackst., Seine Gesundheit ist angeknackst.

an·ge·kratzt <nicht steig.> *Adj.* (*umg.*) *nicht ganz gesund* Er ist momentan ein wenig angekratzt.

An·gel[1] die <-, -n> *einer der Zapfen, mit denen Tür oder Fenster drehbar befestigt werden* Die Tür quietscht in den Angeln. ■ **etwas aus den Angeln heben** (*umg.*): *etwas grundlegend ändern oder erschüttern* die Gesellschaft/die Welt aus den Angeln heben wollen

An·gel[2] die <-, -n> *ein zum Fischfang benutzter langer Stab mit einer Art Faden, an dessen Ende ein Haken befestigt ist* die Angel auswerfen

An·ge·le·gen·heit die <-, -en> **1.** (≈ *Vorfall*) *etwas, das sich ereignet hat und für bestimmte Personen eine bestimmte Bedeutung hat* Das ist eine peinliche Angelegenheit., Man hoffte, die ganze Angelegenheit würde schnell in Vergessenheit geraten. **2.** (≈ *Sache*) *etwas, das jmdn. in irgendeiner Form betrifft* Das ist nicht meine Angelegenheit., Kümmere dich um deine eigenen Angelegenheiten!

an·geln <angelst, angelte, hat geangelt> **I.** *mit OBJ* ■ *jmd. angelt etwas mit der Angel fangen* einen großen Hecht angeln **II.** *ohne OBJ* ■ *jmd. angelt den Angelsport ausüben* angeln gehen **III.** *mit SICH* ■ *jmd. angelt sich jmdn./etwas* (*umg. scherzh.*) *erlangen* sich ein Stück Kuchen/einen Mann angeln

an·ge·lo·ben *mit OBJ* ■ *jmd. gelobt etwas an* (*österr.*) *zum Dienstantritt vereidigen* eine Regierung angeloben

An·ge·lo·bung die <-, -en> (*österr.*) *Vereidigung*

An·gel·ru·te die <-, -n> *eine Art langer Stab zum Angeln*

an·gel·säch·sisch <nicht steig.> *Adj. England oder das Englische betreffend*

An·gel·sport der <-s> (*kein Plur.*) *das als Sport betriebene Angeln*

an·ge·mes·sen *Adj. so, dass es im richtigen Verhältnis zu etwas steht* etwas für angemessen halten, ein angemessener Preis

an·ge·nehm *Adj.* **1.** (≈ *nett*) *so, dass man einen Menschen wegen seiner Art gern mag* ein angenehmer Kollege/Mensch/Mitarbeiter/Nachbar **2.** (≈ *wohltuend*) *so, dass man sich dabei wohl fühlt* angenehmes Klima/Wetter **3.** *so, dass es jmds. eigenen Wünschen entspricht* Es wäre mir sehr angenehm, wenn ..., (Ich wünsche Ihnen eine) angenehme Reise! ■ **das Angenehme mit dem Nützlichen verbinden**: *etwas tun, was Spaß macht und zugleich nützt*

An·ger der <-s, -> (*veralt.*) *Wiese am oder im Dorf* auf dem Anger spielen

an·ge·raut <nicht steig.> *Adj. mit einer leicht unebenen Oberfläche* Der Putz am Haus ist angeraut.

an·ge·sagt *Adj.* (*jugendspr.*) *aktuell, in Mode* (voll) angesagt sein, Auf der Party legen nur die angesagtesten DJs auf.

an·ge·säu·selt *Adj.* (*umg.* ≈ *beschwipst*) *leicht betrunken*

an·ge·schim·melt <nicht steig.> *Adj. so, dass einzelne Stellen zu schimmeln begonnen haben* angeschimmeltes Brot

an·ge·schla·gen <angeschlagener, am angeschlagensten> *Adj. leicht beschädigt oder krank* etwas angeschlagen sein

An·ge·schul·dig·te der/die <-n, -> *jmd., gegen den ein Vorwurf erhoben wird*

an·ge·se·hen <angesehener, am angesehensten> *Adj. so, dass man jmdm. oder etwas viel Respekt entgegenbringt* eine angesehene Persönlichkeit

an·ge·sichts *Präp. + Gen. wenn man ... bedenkt* angesichts der Tatsache, dass ..., angesichts des Krieges, angesichts von 4 Millionen Arbeitslosen

an·ge·staubt <nicht steig.> *Adj.* **1.** *so, dass eine leichte Staubschicht darauf ist* angestaubte Möbel **2.** (*abwert.*) *veraltet* Ihre Ansichten sind etwas angestaubt.

an·ge·stellt <nicht steig.> *Adj.* (↔ *selbstständig*) *so, dass man ein Arbeitsverhältnis zu einem Arbeitgeber hat*

An·ge·stell·te der/die <-n, -n> (↔ *Selbständiger*) *jmd., der in einer Firma als Beschäftigter arbeitet*

an·ge·strengt *Adj. sehr konzentriert* ein angestrengtes Gesicht machen, angestrengt arbeiten

an·ge·tan <nicht steig.> *Adj. begeistert* Er schien von ihrer neuen Frisur nicht sehr angetan, wenigstens sprach er sie nicht darauf an. ■ **es jemandem angetan haben**: *jmdn. begeistern*

an·ge·trun·ken <nicht steig.> *Adj. leicht betrunken*

an·ge·wandt <nicht steig.> *Adj.* (↔ *theoretisch*) *auf die praktische Anwendung gerichtet* angewandte Mathematik/Sprachwissenschaft

an·ge·wie·sen ■ **auf etwas/jemanden angewiesen sein**: *von etwas oder jmdm. abhängig sein* auf die Eltern/auf die Sozialhilfe angewiesen sein

an·ge·wöh·nen <gewöhnst an, gewöhnte an, hat angewöhnt> **I.** *mit OBJ* ■ *jmd. gewöhnt jmdm. etwas an* (↔ *abgewöhnen*) *bewirken, dass jmd. eine bestimmte Gewohnheit entwickelt* den Kindern Disziplin/Ehrlichkeit/Ordnung/ Pünktlichkeit/Sauberkeit angewöhnen **II.** *mit SICH* ■ *jmd. gewöhnt sich etwas an* (↔ *abgewöhnen*) *eine bestimmte Gewohnheit annehmen* Wann hat sie sich das Rauchen angewöhnt?

An·ge·wohn·heit die <-, -en> (≈ *Gewohnheit*) *etwas, das jmd. gewohnheitsmäßig tut* (*und das auf andere eine bestimmte Wirkung hat*) eine gute/ schlechte/seltsame Angewohnheit

angiften <giftest an, giftete an, hat angegiftet> *mit OBJ* ■ *jmd. giftet jmdn. an* (*umg.* ≈ *anschnauzen*) *unfreundlich ansprechen*

An·gi·na die <-, Anginen> (*Plur. selten*) (MED.: ≈ *Mandelentzündung*)

an·glei·chen <gleichst an, glich an, hat angeglichen> **I.** *mit OBJ* ■ *jmd. gleicht etwas etwas Dat./ an etwas Akk. an etwas in seinem Umfang so ge-*

stalten, dass es (wieder) in einer bestimmten Relation zu einer Bezugsgröße steht die Löhne der/an die Preissteigerung angleichen **II.** *mit SICH* ■ *etwas gleicht sich an (vor allem hinsichtlich der Farbe) ein Aussehen annehmen, das nur schwer von der Umgebung zu unterscheiden ist* Die Tiere können sich (im Aussehen) hervorragend ihrer Umgebung angleichen.

Ang·ler, **Ang·le·rin** der <-s, -> *jmd., der angelt*

Ang·ler·la·tein das <-s> *(kein Plur.)* **1.** *stark übertriebener Bericht eines Anglers über seinen Fang* **2.** *(übertr. ≈ Jägerlatein) stark übertriebener Bericht über einen (persönlichen) Erfolg, eine Leistung o.Ä.*

Ang·ler·wes·te die <-, -n> *eine Weste mit vielen Taschen, wie sie typischerweise beim Angeln getragen wird*

an·glie·dern <gliederst an, gliederte an, hat angegliedert> *mit OBJ* ■ *jmd. gliedert etwas etwas Dat. / an etwas Akk. an ein Gebiet oder eine Abteilung an etwas (funktional, politisch oder verwaltungstechnisch) anschließen* Die Marktforschungsabteilung wurde an die Marketingabteilung angegliedert.

An·gli·ka·ner der <-s, -> *jmd., der der englischen Staatskirche angehört*

ang·li·ka·nisch <nicht steig.> *Adj. so, dass es die englische Staatskirche betrifft* die anglikanische Kirche

An·glist, **An·glis·tin** der <-en, -en> *Wissenschaftler(in) auf dem Gebiet der Anglistik*

An·glis·tik die <-> *(kein Plur.) die Wissenschaft von der englischen Sprache und Literatur*

an·glis·tisch <nicht steig.> *Adj. zur Anglistik gehörend*

An·gli·zis·mus der <-, Anglizismen> *siehe auch* **Austriazismus, Gallizismus, Helvetismus**

> **i Wissenswert** Der Begriff **Anglizismus** bezeichnet ganz allgemein den Vorgang, dass aus dem britischen Englisch Wörter, Redewendungen oder bestimmte Konstruktionen in andere Sprachen, z.B. auch ins Deutsche, übernommen werden. An Wörtern finden sich auch in diesem Wörterbuch viele Beispiele (clean, Cockpit, Jukebox ...). Nach englischem Vorbild gebildete grammatische Konstruktionen fallen oft erst bei genauerem Hinsehen auf, z.B. „in 1999“ statt „im Jahre 1999“.

An·g·lo·a·me·ri·ka·ner, **An·g·lo·a·me·ri·ka·ne·rin** der <-s, -> *aus England stammender Amerikaner*

ang·lo·phil *Adj. so, dass man die englische Sprache und alles Englische besonders gern mag*

An·go·la <-s> *(kein Plur.) Staat in Afrika*

An·go·la·ner, **An·go·la·ne·rin** der <-s, -> *jmd., der die angolanische Staatsangehörigkeit hat*

an·go·la·nisch <nicht steig.> *Adj. zu Angola gehörend*

An·go·ra·kat·ze die [aŋ'oːrakatsə] <-e, -n> *Katze mit besonders langhaarigem, weichen Fell*

an·grab·schen *mit OBJ* ■ *jmd. grabscht etwas/jmdn. an (umg. abwert. ≈ berühren)* Dauernd muss er meine Schiffsmodelle angrabschen!, Der Typ wollte mich angrabschen, da habe ich ihm eine geknallt!

an·greif·bar <nicht steig.> *Adj. so, dass man es bezweifeln kann* eine angreifbare Auffassung

an·grei·fen <greifst an, griff an, hat angegriffen> *mit OBJ/ohne OBJ* **1.** ■ *jmd. greift jmdn./etwas an* MILIT. *einen Angriff führen* (im Morgengrauen) gegnerische Stellungen mit Panzern/Raketen angreifen **2.** ■ *jmd. greift jmdn./etwas an heftig kritisieren* den Minister/den Vorstand in aller Öffentlichkeit angreifen **3.** ■ *etwas greift etwas an Schaden zufügen* Der saure Regen hat das Bauwerk stark angegriffen., Die Anstrengung der vergangenen Tage hat ihn angegriffen., angegriffen aussehen, eine angegriffene Gesundheit haben **4.** ■ *jmd. greift an* SPORT *eine besondere Anstrengung unternehmen, um eine Entscheidung herbeizuführen* Alle rechnen damit, dass der Favorit auf dieser Etappe frühzeitig angreift.

An·grei·fer, **An·grei·fe·rin** der <-s, -> *jmd., der angreift* die Angreifer zurückdrängen/in die Flucht schlagen

an·gren·zen <grenzt an, grenzte an, hat angegrenzt> *ohne OBJ* ■ *etwas grenzt an etwas Akk. an sich in direkter Nachbarschaft befinden* An die Klinik grenzt ein Park an., das angrenzende Grundstück

An·griff der <-(e)s, -e> **1.** MILIT. *der Vorgang, dass man mit Waffen gegen jmdn. zu kämpfen beginnt* ein gegnerischer Angriff, ein Angriff auf den Gegner, einen Angriff abwehren/beginnen/stoppen **2.** *heftige Kritik* einen Angriff auf/gegen die Politik der Regierung richten ■ **etwas in Angriff nehmen**: *beginnen* eine Arbeit/ein Projekt in Angriff nehmen **3.** SPORT *besondere Anstrengung, um eine Entscheidung herbeizuführen* Alle rechnen heute mit einem Angriff des Favoriten.

an·griffs·lus·tig *Adj. (≈ aggressiv) so, dass man Streit sucht*

An·griffs·punkt der <-(e)s, -s> *eine Schwäche, aufgrund derer man jmdn. oder etwas angreifen kann* keinen Angriffspunkt bieten wollen

an·grin·sen <grinst an, grinste an, hat angegrinst> *mit OBJ* ■ *jmd. grinst jmdn. an (umg.) ansehen und dabei grinsen* jemanden blöd/dumm/freundlich/spöttisch angrinsen, Was grinst du mich so an?

Angst die <-, Ängste> *der Zustand, dass man sich sehr vor jmdm. oder etwas fürchtet* in Angst sein, berechtigte/entsetzliche/große/riesige/ schreckliche/übertriebene Angst vor etwas/jemandem haben, Angst um etwas/jemanden haben, Mir ist angst (und bange)., jemandem Angst (und Bange) machen ■ **es mit der Angst zu tun bekommen** *(umg.): plötzlich Angst bekommen* (**tausend**) **Ängste ausstehen**: *sehr viel Angst haben* ◆ -schweiß, -zustand

angst·er·füllt <nicht steig.> *Adj. voller Angst*

Angst·ge·fühl das <-(e)s, -e> (*meist Plur.*) *das Gefühl, Angst zu haben*

Angst·geg·ner der <-s, -> (SPORT: *umg.*) *Gegner, den man besonders fürchtet*

ängs·ti·gen <ängstigst, ängstigte, hat geängstigt> **I.** *mit OBJ* ■ *etwas ängstigt jmdn.* (*geh.*) *jmdm. Angst machen* Ängstige nicht die Kinder! **II.** *mit SICH* ■ *jmd. ängstigt sich Angst haben* sich vor etwas/jemandem ängstigen, sich wegen etwas/jemandem ängstigen, sich um jemanden/etwas ängstigen

ängst·lich **I.** *Adj.* (≈ *furchtsam*) *so, dass jmd. leicht Angst bekommt* Er war ein ängstliches Kind. **II.** *Adv.* **1.** *voller Angst* ängstlich um sich blicken **2.** (≈ *sorgfältig*) *so, dass man größte Sorgfalt auf etwas verwendet* ängstlich auf etwas bedacht sein ■ **(mit etwas) nicht so ängstlich sein** (*umg.*): *es (mit etwas) nicht so eilig haben oder genau nehmen*

Angst·psy·cho·se die <-, -n> PSYCH. *Angst, die so stark ist, dass sie einen Zustand seelischen Leidens hervorruft*

angst·ver·zerrt <nicht steig.> *Adj. so, dass große Angst in einem Gesicht zu sehen ist*

angst·voll <nicht steig.> *Adj. voller Angst*

an·gu·cken <guckst an, guckte an, hat angeguckt> *mit OBJ* ■ *jmd. guckt jmdn./etwas an* (*umg.* ≈ *ansehen*) jmdn./einen Film/ein Buch/ein Foto angucken, Sie guckte ihn erstaunt/erschrocken an.

an·gur·ten <gurtest an, gurtete an, hat angegurtet> *mit SICH* ■ *jmd. gurtet sich an den Sicherheitsgurt anlegen* sich im Auto/Flugzeug angurten

an·ha·ben <hast an, hatte an, hat angehabt> *mit OBJ* **1.** ■ *jmd. hat etwas an* (*umg.*) *mit etwas bekleidet sein* eine tolle Hose/ein neues Kleid anhaben **2.** ■ *jmd./etwas kann jmdm./etwas etwas anhaben schaden, etwas Schlechtes nachweisen* jemandem etwas/nichts anhaben können, Er kann mir gar nichts anhaben!

an·haf·ten <haftet an, haftete an, hat angehaftet> *ohne OBJ* **1.** ■ *etwas haftet an jmdm./etwas an* (≈ *kleben*) Der Aufkleber haftet an dem Buch an. **2.** ■ *etwas haftet jmdm./etwas an* (*geh.*) *mit jmdm. oder etwas in Verbindung gebracht werden* Dem Vorsitzenden/dem Verein haftet ein Makel an.

an·hal·ten <hältst an, hielt an, hat angehalten> **I.** *mit OBJ* **1.** ■ *jmd. hält etwas an* (≈ *stoppen*) *bewirken, dass die Bewegung oder die Aktivität von etwas zu einem Stillstand kommt* ein Fahrzeug/eine Maschine/eine Uhr anhalten **2.** ■ *jmd. hält jmdn. zu etwas Dat. an* (≈ *ermahnen*) *jmd. sagen, er solle zukünftig etwas tun oder beachten* Der Lehrer hält die Schülerin zu größerer Sorgfalt an. **II.** *ohne OBJ* ■ *etwas hält an* (≈ *stoppen*) Der Bus/der Fahrer hielt an., an der Bushaltestelle anhalten ■ **die Luft/den Atem anhalten**: *das Atmen absichtlich unterbrechen* **die Luft/den Atem anhalten**: *vor Staunen oder Spannung ganz still sein* Das Publikum hielt den Atem an, als der Trapezkünstler seine neueste Nummer zeigte.

an·hal·tend *Adj. so, dass es lang dauert* lang anhaltender Beifall, Es regnet anhaltend.

An·hal·ter, **An·hal·te·rin** der <-s, -> *jmd., der reist, indem er oder sie sich von Autofahrern in deren Fahrzeugen mitnehmen lässt* eine Anhalterin mitnehmen ■ **per Anhalter fahren** (*umg.*): *sich von Autofahrern mitnehmen lassen*

An·halts·punkt der <-(e)s, -e> *Detail, welches man beim Aufstellen einer Theorie oder einer Nachforschung verwenden kann* Es gibt noch keine Anhaltspunkte über mögliche Tatmotive.

an·hand *Präp.* + *Gen.* (≈ *mit*) anhand des Fahrplans, anhand von Beweisen überführt weden

An·hang der <-(e)s, Anhänge> **1.** *ein zusätzlicher Text, der hinter einem Text steht und weitere Informationen, Hinweise, Angaben o.Ä. enthält* Literaturhinweise finden sich im Anhang. **2.** (*kein Plur.*) *Freunde, (geistige) Mitstreiter, Lebenspartner* Professor X kam mit seinem gesamten Anhang zu der Diskussion., mit Anhang (zu einer Party) kommen

an·hän·gen[1] <hängst an, hängte an, hat angehängt> *mit OBJ* ■ *jmd. hängt etwas an etwas Akk. an* **1.** *bewirken, dass etwas (durch eine feste Verbindung) mit (der Hinterseite von) etwas verbunden ist* einen Wohnwagen an den PKW anhängen **2.** ■ *jmd. hängt jmdm. etwas an* (*umg.abwert.*) (*zu Unrecht*) *behaupten, dass jmd. etwas getan hat* Sie haben mir den Diebstahl angehängt., Das lasse ich mir nicht anhängen!

an·hän·gen[2] <hängst an, hing an, hat angehangen> *ohne OBJ* ■ *jmd. hängt etwas an* (*geh.*) *mit etwas verbunden sein* einer Sekte/einer Lehre/einem Vorbild anhängen

An·hän·ger[1] der <-s, -> **1.** *Wagen, der an ein Fahrzeug angehängt wird* **2.** *an einer Kette getragener Schmuck* ein silberner Anhänger mit einem Rubin

An·hän·ger, **An·hän·ge·rin**[2] der <-s, -> (≈ *Befürworter*) *Person, die für eine Sache eintritt* ein Anhänger einer Glaubensrichtung/Ideologie/Lehre/Partei/Sekte, ein fanatischer/langjähriger/überzeugter Anhänger einer These

An·hän·ger·kupp·lung die <-, -en> KFZ *Kupplung an einem Auto, an der man einen Anhänger befestigen kann*

an·häng·lich *Adj. so, dass jmd. beständig in der Nähe von jmdm. sein will* ein anhängliches Kind, ein anhänglicher Hund

an·hau·en <haust an, haute an, hat angehauen> *mit OBJ* ■ *jmd. haut jmdn. um etwas Akk. an* (*umg.* ≈ *anbetteln*) *ansprechen und fragen, ob jmd. einem Geld geben oder leihen kann* einen Freund um Geld anhauen

an·häu·fen <häufst an, häufte an, hat angehäuft> **I.** *mit OBJ* ■ *jmd. häuft etwas an* (≈ *horten*) *große Mengen von etwas sammeln* Geld anhäufen **II.** *mit SICH* ■ *etwas häuft sich an zu einer großen Menge anwachsen* Die Arbeit hat sich im Laufe der Zeit angehäuft.

an·he·ben <hebst an, hob an, hat angehoben> *mit OBJ* ■ *jmd. hebt etwas an* **1.** *vom Boden weg-*

heben Der schwere Sack lässt sich kaum anheben. **2.** (≈ *erhöhen*) die Gehälter/den Lebensstandard/die Löhne anheben

ạn·hef·ten <heftest an, heftete an, hat angeheftet> *mit OBJ* ■ *jmd. heftet etwas an etwas Akk. an lose* (*mit einer Klammer oder Nadel*) *befestigen*

an·heim (*geh.*) ■ **anheim fallen**: *zum Opfer fallen* der Vergessenheit anheim fallen **anheim geben**: *anvertrauen, überlassen* **anheim stellen**: *überlassen*

ạn·hei·schig (*geh.*) ■ **sich anheischig machen, etwas zu tun**: *sich anbieten, etwas zu tun*

ạn·hei·zen <heizt an, heizte an, hat angeheizt> *mit OBJ/ohne OBJ* ■ *jmd. heizt etwas an* **1.** (≈ *anfeuern*) *bewirken, dass ein Ofen warm wird, indem man ihn einschaltet* (den Ofen) anheizen **2.** (*umg.*) *bewirken, dass etwas heftiger wird* die Inflation/den Streit anheizen

ạn·herr·schen <herrschst an, herrschte an, hat angeherrscht> *mit OBJ* ■ *jmd. herrscht jmdn. an heftig und sehr unfreundlich zurechtweisen*

ạn·heu·ern <heuerst an, heuerte an, hat angeheuert> **I.** *ohne OBJ* ■ *jmd. heuert iregendwo an* SEEW. *auf einem Schiff als Seemann angestellt werden* auf einem Schiff anheuern **II.** *mit OBJ* ■ *jmd. heuert jmdn. an* **1.** SEEW. *auf einem Schiff als Matrosen einstellen* einen Matrosen anheuern **2.** (*umg. abwert.*) *für eine Arbeit anwerben* Man hatte für wenig Geld Leute angeheuert.

Ạn·hieb ■ **auf Anhieb**: *sofort* die Sache auf Anhieb begreifen

ạn·him·meln <himmelst an, himmelte an, hat angehimmelt> *mit OBJ* ■ *jmd. himmelt jmdn. an* (*umg.*) **1.** *auffällig schwärmerisch ansehen* jemanden den ganzen Abend lang anhimmeln **2.** *übermäßig verehren* einen Popstar anhimmeln

ạn·hin *Adv.* (*schweiz.*) *am nächsten, am kommenden* am 10. Januar anhin

Ạn·hö·he die <-, -n> *erhöhte Stelle; Hügel* Das Schloss liegt auf einer Anhöhe.

ạn·hö·ren <hörst an, hörte an, hat angehört> **I.** *mit OBJ* ■ *jmd. hört etwas an* **1.** *bewusst hören* Musik anhören, ein Gespräch anhören **2.** ■ *jmd. hört jmdn. an hören, was jmd. zu sagen hat* jemanden vor einem Ausschuss/vor Gericht anhören, Fachleute zu einem Problem anhören **3.** ■ *jmd. hört jmdm./etwas etwas an beim Zuhören erkennen* ihrer Stimme die Erregung anhören, der Aufnahme anhören, dass sie sehr alt ist **II.** *mit SICH* ■ *etwas hört sich irgendwie an beim Hören einen bestimmten Eindruck vermitteln* Die Musik hört sich schrecklich an. ■ **Das hört sich ja gut an!**: *das ist viel versprechend*

Ạn·hö·rung die <-, -en> RECHTSW. POL. *das Befragen von Experten oder Zeugen zu einem bestimmten Thema* eine öffentliche Anhörung beantragen

ạn·hum·peln <humpelst an, humpelte an, ist angehumpelt> *ohne OBJ humpelnd angelaufen kommen*

a·ni·ma·lisch <nicht steig.> *Adj.* (*geh.*) (*von Menschen*) *triebhaft, tierisch* die animalische Ausstrahlung des Rocksängers

A·ni·ma·teur, **A·ni·ma·teu·rin** der [anima'tøːɐ] <-s, -e> *Person, deren Beruf es ist, Urlauber* (*meist in einem Hotel*) *zu Freizeitaktivitäten anzuregen*

a·ni·mie·ren [ani'miːrən] <animierst, animierte, hat animiert> *mit OBJ* ■ *jmd. animiert jmdn. zu etwas Akk.* (*anregen, ermuntern*) *bewirken, dass jmd. Lust auf etwas bekommt.* Die Musik animierte ihn zum Tanzen.

A·ni·mo·si·tät die [animozi'tɛːt] <-, -en> (*meist Plur.*) (*geh.*) *Feindseligkeit* Animositäten vergiften das Klima in der Firma.

Ạn·i·on das <-s, -en> PHYS. *elektrisches Teilchen, das negativ geladen ist*

A·nis, **A·nis** der <-, -e> *eine Gewürz- und Heilpflanze*

A·nis·li·kör der <-s, -e> *Likör aus Anis*

A·nis·öl das <-s> (*kein Plur.*) *Öl aus Anissamen*

A·nis·plätz·chen das <-s, -> *Keks mit Anisgeschmack*

ạn·kar·ren <karrst an, karrte an, hat angekarrt> *mit OBJ* ■ *jmd. karrt etwas an* (*umg. abwert.*) *heranfahren* Touristen in ganzen Busladungen ankarren, Gemüse ankarren

Ạn·kauf der <-(e), Ankäufe> *das* (*systematische*) *Kaufen von etwas* der Ankauf von Wertpapieren

ạn·kau·fen <kaufst an, kaufte an, hat angekauft> *mit OBJ* ■ *jmd. kauft etwas an systematisch etwas bestimmtes kaufen* Wertpapiere ankaufen

Ạn·ker der <-s, -> SEEW. *eine Art großer und schwerer Haken an einer langen Leine oder Kette, der von einem Schiff aus in den Meeresboden gesenkt wird, um das Schiff an einer bestimmten Position zu halten* den Anker (aus)werfen/lichten ■ **vor Anker liegen**: *mit dem Anker am Grund befestigt im Wasser liegen* **vor Anker gehen**: *den Anker auswerfen*

ạn·kern <ankerst, ankerte, hat geankert> *ohne OBJ* **1.** ■ *jmd. ankert den Anker auswerfen* Wir (wollen) in dieser Bucht ankern. **2.** ■ *ein Schiff ankert vor Anker liegen* seit Wochen vor der Küste ankern

ạn·ket·ten *mit OBJ* ■ *jmd. kettet jmdn./ein Tier an etwas Dat. an mit einer Kette befestigen* Der Entführer hatte die Geisel an einem Heizungsrohr angekettet.

Ạn·kla·ge die <-, -n> **1.** RECHTSW. *der Vorgang, dass jmd. angeklagt*[1] *wird* gegen jemanden Anklage erheben, jemanden unter Anklage stellen **2.** (RECHTSW.: ↔ *Verteidigung*) *in einer Gerichtsverhandlung die Seite, die anklagt*

ạn·kla·gen *mit OBJ* ■ *jmd. klagt jmdn./etwas an* **1.** RECHTSW. *die begründete Behauptung aufstellen, dass jmd. gegen ein Gesetz verstoßen hat* jemanden des Mordes/wegen Mordes/der Steuerhinterziehung anklagen **2.** *Vorwürfe machen* den Vater/das Schicksal/sich selbst anklagen

Ạn·kla·ge·punkt der <-(e)s, -e> RECHTSW. *einzelner Inhaltspunkt der Anklage*

Ạn·kla·ge·ver·tre·ter der <-s, -> RECHTSW. *Vertreter der Anklage*[2]

an·klam·mern <klammerst an, klammerte an, hat angeklammert> **I.** *mit OBJ* ■ *jmd. klammert etwas an etwas Dat. an mit (einer) Klammer(n) befestigen* die Wäsche an der Leine anklammern, eine Notiz an einen/einem Brief anklammern **II.** *mit SICH* ■ *jmd. klammert sich an jmdn./etwas an sich an jmdm. krampfhaft festhalten* Das Mädchen klammerte sich ängstlich an den Vater an. ■ **seine Hoffnungen an etwas klammern**: *in etwas einen Ausweg oder eine Lösung sehen* Sie klammerte ihre ganzen Hoffnungen an den Brief.

An·klang der <-s, Anklänge> *eine leichte Ähnlichkeit mit etwas* Anklänge an die Jazzmusik haben ■ **Anklang bei jemandem finden**: *Zustimmung bei jmdm. finden*

an·kle·ben <klebst an, klebte an, hat/ist angeklebt> **I.** *mit OBJ* ■ *jmd. klebt etwas an etwas Akk. an (haben) mit Klebstoff oder Klebeband befestigen* ein Schild an den Briefkasten ankleben, einen angeklebten Bart haben **II.** *ohne OBJ* ■ *jmd. klebt an etwas Dat. an (sein) an etwas haften, kleben bleiben* Er ist an der frischen Farbe angeklebt.

an·klei·den *(geh.)* **I.** *mit OBJ* ■ *jmd. kleidet jmdn. an (≈ anziehen) die Kleidung anlegen* einen Kranken ankleiden, angekleidet sein **II.** *mit SICH* ■ *jmd. kleidet sich an sich anziehen* sich für den Konzertbesuch ankleiden

an·kli·cken <klickst an, klickte an, hat angeklickt> *mit OBJ* ■ *jmd. klickt etwas an* EDV *den Cursor auf etwas positionieren und einen Klick mit einer Maustaste ausführen* ein Symbol auf dem Bildschirm (mit der Maus) anklicken

an·klop·fen <klopfst an, klopfte an, hat angeklopft> *ohne OBJ* ■ *jmd. klopft an etwas an an die Tür eines Zimmers klopfen, um einer im Zimmer befindlichen Person sein Eintreten anzukündigen* Bitte erst anklopfen, dann eintreten! ■ **bei jemandem um/wegen etwas anklopfen** *(umg.)*: *jmdn. um etwas bitten*

an·knip·sen <knipst an, knipste an, hat angeknipst> *mit OBJ* ■ *jmd. knipst etwas an (umg. ↔ ausknipsen) einschalten* Kannst du bitte mal das Licht anknipsen?

an·knüp·fen <knüpfst an, knüpfte an, hat angeknüpft> **I.** *mit OBJ* ■ *jmd. knüpft etwas an etwas Dat. an* **1.** *eine Verbindung durch einen Knoten herstellen* einen Faden an etwas anknüpfen **2.** ■ *jmd. knüpft etwas an herstellen* Beziehungen anknüpfen **II.** *ohne OBJ* ■ *jmd./etwas knüpft an etwas Akk. an wieder aufnehmen* an gemeinsame Erinnerungen anknüpfen, an die Worte seines Vorredners anknüpfen ►Anknüpfung

an·kö·dern <köderst an, köderte an, hat angeködert> *mit OBJ mit einem Köder anlocken*

an·koh·len <kohlst an, kohlte an, hat angekohlt> *mit OBJ (umg. ≈ anlügen)* Meinst du nicht, sie hat dich bloß angekohlt?

an·kom·men <kommst an, kam an, ist angekommen> **I.** *ohne OBJ* **1.** ■ *jmd. kommt irgendwo an ein bestimmtes Ziel erreichen* Bist du gut angekommen?, Die Bergsteiger sind nie am Gipfel angekommen., Die Expedition kam am Südpol an. **2.** ■ *jmd. kommt (mit etwas Dat.) bei jmdm. an sich sehr häufig mit einer Sache an jmdn. wenden und den anderen damit belästigen* Sie kommt ständig mit ihren Problemen bei mir an. **II.** *mit ES* ■ *es kommt auf jmdn./etwas an es hängt von jmdm. oder etwas ab* ■ **Es kommt (mir) darauf an, ob ...**: *es hängt (für mich) davon ab, ob ...* **Es kommt (mir) darauf an, dass ...**: *es ist (mir) wichtig, dass ...* **es d(a)rauf ankommen lassen** *(umg.)*: *etwas tun, auch wenn es schädliche Folgen haben kann* Lass es nicht darauf ankommen! **(bei jemandem) gut/schlecht ankommen**: *bei jmdm. gut oder schlecht aufgenommen werden* **gegen jemanden/etwas nicht ankommen**: *gegen jmdn. oder etwas machtlos sein*

an·kön·nen <kannst an, konnte an, hat angekonnt> *ohne OBJ* ■ *jmd. kann gegen jmdn./etwas an es mit jmdm. oder etwas aufnehmen können* Gegen seinen Vorgesetzten kann er nicht an.

an·kot·zen <kotzt an, kotzte an, hat angekotzt> *mit OBJ* ■ *jmd./etwas kotzt jmdn. an (vulg.) sehr ärgern, sehr wütend machen* Seine Unpünktlichkeit kotzt mich an., Es kotzt mich an, dass er nie pünktlich ist., Der Typ kotzt mich an.

an·krat·zen *mit OBJ* ■ *etwas kratzt etwas an (umg.) schwächer machen* Die Misserfolge haben sein Selbstvertrauen angekratzt.

an·kün·di·gen <kündigst an, kündigte an, hat angekündigt> **I.** *mit OBJ* ■ *jmd. kündigt etwas an sagen, dass in der Zukunft etwas geschehen wird* Baumaßnahmen/Sparmaßnahmen/eine Veranstaltung ankündigen **II.** *mit SICH* ■ *etwas kündigt sich an in seinen Anfängen sichtbar werden* Der Frühling kündigt sich (mit den ersten warmen Tagen) an.

An·kün·di·gung die <-, -en> *das Ankündigen I*

An·kunft die <-> *(kein Plur.) das Ankommen* Die Ankunft des Zuges verzögert sich um wenige Minuten., Seit ihrer Ankunft ist nichts mehr wie es war.

An·kunfts·tag der <-(e)s, -e> *Tag, an dem jmd. irgendwo ankommt*

An·kunfts·zeit die <-, -en> *Zeit, zu der jmd. irgendwo ankommt*

an·kup·peln <kuppelst an, kuppelte an, hat angekuppelt> *mit OBJ* ■ *jmd. kuppelt etwas an etwas Akk. an mit einer Kupplung anhängen* einen Anhänger/Wagen ankuppeln

an·kur·beln <kurbelst an, kurbelte an, hat angekurbelt> *mit OBJ* ■ *jmd./etwas kurbelt etwas an (umg.) in Gang bringen* die Konjunktur/Wirtschaft ankurbeln

Anl. *Abkürzung von „Anlage"*

an·lä·cheln <lächelst an, lächelte an, hat angelächelt> *mit OBJ* ■ *jmd. lächelt jmdn. an ansehen und dabei lächeln* Der Junge lächelt das Mädchen an.

an·la·chen <lachst an, lachte an, hat angelacht> *mit OBJ* ■ *jmd. lacht jmdn. an ansehen und dabei lachen* jemanden freundlich anlachen ■ **sich jemanden anlachen** *(umg.)*: *eine Beziehung beginnen* Hast du schon gesehen, wen er sich diesmal angelacht hat?

An·la·ge die <-, -n> **1.** *eine technische Vorrichtung, die bestimmten Zwecken dient* eine Anlage zur Müllsortierung, sanitäre Anlagen **2.** (≈ *Park*) *gestaltete Freifläche oder Grünfläche* in den Anlagen spazieren gehen, öffentliche Anlagen **3.** (WIRTSCH.: ≈ *Investition*) *etwas, in das man sein Geld investiert* Diese Aktie ist eine gute Anlage für dein Geld. **4.** (*nur Plur.*) *geistige oder körperliche Voraussetzungen* Er hat die Anlagen zu einem guten Sportler. **5.** *ein Dokument, das zusammen mit einem Brief an jmdn. geschickt wird* Weiteres entnehmen Sie bitte der Anlage des Briefes., Als Anlage erhalten Sie ... **6.** EDV *eine Datei, die zusammen mit einer E-Mail an jmdn. geschickt wird* die Anlage abspeichern/öffnen

An·la·ge·be·ra·ter, **An·la·ge·be·ra·te·rin** der <-s, -> *Person, die beim Anlegen von Geld berät*

An·la·ge·ka·pi·tal das <-s> (*kein Plur.*) *Kapital, das jmd. angelegt hat*

An·la·gen·bau der <-s> (*kein Plur.*) *Gesamtheit der mit dem Bau von Industrieanlagen befassten Betriebe*

An·la·ge·tipp der <-s, -s> (*umg.*) *Hinweis auf eine günstige Form der Geldanlage*

An·lass der <-es, Anlässe> **1.** *Grund für etwas* Sie hat ohne jeden Anlass gekündigt., Zu einem Streit besteht kein Anlass., etwas zum Anlass nehmen, beim geringsten Anlass **2.** (≈ *Feier*) ein festlicher/offizieller Anlass

an·las·sen <lässt an, ließ an, hat angelassen> **I.** *mit OBJ* ■ *jmd. lässt etwas an* **1.** *den Motor starten* Er lässt den Motor an. **2.** *angeschaltet lassen* das Licht anlassen **3.** *nicht ausziehen* Soll ich die Schuhe anlassen? **II.** *mit SICH* ■ *etwas lässt sich irgendwie an* (*umg.*) *in einer bestimmten Weise beginnen* sich gut/schlecht anlassen

An·las·ser der <-s, -> KFZ *Vorrichtung zum Starten des Motors*

an·läss·lich *Präp. + Gen.* (*geh.* ≈ *wegen*) anlässlich deines Geburtstags

An·lauf der <-(e)s, Anläufe> **1.** SPORT (*die Strecke für*) *das Anlaufen* einen langen Anlauf nehmen, den Anlauf verkürzen **2.** *Versuch* beim ersten Anlauf scheitern, einen erneuten Anlauf starten ◆ -schwierigkeiten

an·lau·fen <läufst an, lief an, hat/ist angelaufen> **I.** *ohne OBJ* ■ *etwas läuft an* (*sein*) **1.** (≈ *starten*) Die Maschine/die Werbeaktion läuft an. **2.** *beschlagen, sich verfärben* Meine Brille läuft an., Er lief vor Wut rot an. **3.** (*als Part. Perf. mit „kommen"*) *herbeilaufen* angelaufen kommen **II.** *mit OBJ* ■ *ein Schiff läuft etwas an* (SEEW.: *haben*) *ansteuern und für eine gewisse Zeit dort bleiben* einen Hafen anlaufen

An·lauf·stel·le die <-, -n> *ein Treffpunkt, wo es Rat und Hilfe für bestimmte Personen gibt* eine Anlaufstelle für Touristen

An·lauf·zeit die <-, -en> *Zeit, die jmd. oder etwas braucht, bis alles gut funktioniert* Die Maschine braucht ein paar Stunden Anlaufzeit., Sie braucht morgens eine gewisse Anlaufzeit.

An·laut der <-(e)s, -e> (SPRACHWISS.: ↔ *Auslaut*) *der erste Laut eines Wortes oder einer Silbe*

an·lau·ten <lautet an, lautete an, hat angelautet> *ohne OBJ* SPRACHWISS. *einen bestimmten Anlaut haben*

an·le·gen <legst an, legte an, hat angelegt> **I.** *mit OBJ* **1.** ■ *jmd. legt etwas an etwas Akk. an an etwas legen* eine Leiter (an die Mauer) anlegen, ein Lineal anlegen, (bei) jemandem einen Verband anlegen **2.** ■ *jmd. legt etwas an* (*geh.* ≈ *anziehen*) die Uniform/den Schmuck anlegen **3.** ■ *jmd. legt etwas an schaffen, gestalten* ein Verzeichnis anlegen, ein Beet anlegen, ein hübsch angelegter Garten **4.** ■ *jmd. legt etwas irgendwie an* (WIRTSCH.: ≈ *investieren*) *sein Geld für etwas, das Gewinn bringt, zur Verfügung stellen* sein Geld Gewinn bringend/in Aktien/in Immobilien/in Wertpapierfonds anlegen **II.** *ohne OBJ* **1.** ■ *ein Schiff legt an* SEEW. *vor Anker gehen* im Hafen anlegen **2.** ■ *jmd. legt* (*auf jmdn./ein Tier*) *an zielen* (mit dem Gewehr) auf jemanden anlegen ■ **sich mit jemandem anlegen**: *mit jmdm. Streit beginnen* **es auf etwas anlegen**: *etwas beabsichtigen*

An·le·ger, **An·le·ge·rin** der <-s, -> (WIRTSCH.: ≈ *Investor*) *jmd., der Geld anlegt*

An·le·ge·stel·le die <-, -n> *Stelle, an der ein Schiff anlegt II.1*

an·leh·nen <lehnst an, lehnte an, hat angelehnt> **I.** *mit OBJ* ■ *jmd. lehnt etwas an etwas Akk. an* **1.** *einen Gegenstand in einer leicht geneigten Stellung so gegen ein relativ großes und stabiles Objekt stellen, dass er stehen bleibt* das Brett/die Leiter an die/der Wand anlehnen **2.** *etwas ähnlich wie ein Vorbild gestalten* Der Autor lehnte seinen Roman an den Dracula-Stoff an. **II.** *ohne OBJ* ■ *jmd. lehnt etwas an nicht vollständig schließen* die Tür/das Fenster (nur) anlehnen, Die Tür war nur angelehnt. **III.** *mit SICH* ■ *jmd. lehnt sich an etwas Akk. an* **1.** *sich so zu einer Wand oder einem großen Gegenstand stellen, dass der Rücken festen Kontakt damit hat* sich (mit dem Rücken) an die/der Wand anlehnen, sich an den Baumstamm/den Schrank anlehnen **2.** *nachahmen* sich (bei/mit etwas) an ein Vorbild anlehnen

An·leh·nung die <-> (*kein Plur.*) *das Anlehnen*[2] ■ **in/unter Anlehnung an ...**: *nach dem Vorbild von ...*

An·leh·nungs·be·dürf·nis das <-ses> (*kein Plur.*) *das Bedürfnis, von jmdm. Zärtlichkeit zu erhalten*

an·leh·nungs·be·dürf·tig *Adj. so, dass man viel menschliche Zuwendung und Zärtlichkeit braucht*

an·lei·ern <leierst an, leierte an, hat angeleiert> *mit OBJ* ■ *jmd. leiert etwas an* (*umg.*) *in die Wege leiten* Kannst du das mal anleiern?

An·lei·he die <-, -n> WIRTSCH. *ein langfristiger Kredit* bei jemandem eine Anleihe aufnehmen/machen, von jemandem Geld leihen ■ **Anleihen bei jemandem machen** (*übertr.*): *jmds. Ideen verwenden*

an·lei·men <leimst an, leimte an, hat angeleimt> *mit OBJ* ■ *jmd. leimt etwas an etwas Dat. an mit Leim befestigen*

ạn·lei·nen <leinst an, leinte an, hat angeleint> *mit OBJ (einen Hund) an die Leine nehmen* Im Park müssen Hunde angeleint werden.

ạn·lei·ten <leitest an, leitete an, hat angeleitet> *mit OBJ* ■ *jmd. leitet jmdn. zu etwas Akk. an zeigen, wie etwas gemacht wird* ein Kind zur Ordnung anleiten

Ạn·lei·tung die <-, -en> **1.** (≈ *Instruktion*) *das Anleiten* unter Anleitung von … **2.** *schriftlicher Text, der eine Anleitung[1] enthält* Bitte lesen Sie erst die Anleitung!

ạn·ler·nen *mit OBJ* ■ *jmd. lernt jmdn. an in eine Tätigkeit einarbeiten* einen Hilfsarbeiter anlernen, ein angelernter Arbeiter

Ạn·lie·gen das <-s, -> *ein Wunsch, den jmd. in Bezug auf eine bestimmte Sache jmdm. gegenüber hat* ein dringendes Anliegen haben, sein Anliegen bei der Behörde vortragen

ạn·lie·gen <liegt an, lag an, hat angelegen> *ohne OBJ* **1.** ■ *etwas liegt irgendwie an als Kleidungsstück sich eng an den Körper schmiegen* Das Kleid/der Rock liegt eng an., ein eng anliegender Pullover **2.** ■ *etwas liegt an (umg.* ≈ *anstehen) zu erledigen sein* Was liegt sonst noch an? **3.** ELEKTROTECHN. ■ *Spannung liegt an etwas Dat. an etwas steht unter Spannung* Wenn Spannung anliegt, darf nicht an Stromleitungen gearbeitet werden.

Ạn·lie·ger, **Ạn·lie·ge·rin** der <-s, -> (≈ *Anwohner*) *jmd., dessen Grundstück an etwas angrenzt* ■ **Anlieger frei**: *nur Anwohner oder Anlieger dürfen in diese Straße fahren*

ạn·lo·cken <lockst an, lockte an, hat angelockt> *mit OBJ* ■ *jmd./etwas lockt jmdn./ein Tier an durch eine Sache bewirken, dass Menschen oder Tiere an einen Ort kommen* Der Honig hat den Bären angelockt., Die Musik lockte viele Menschen an.

ạn·lö·ten <lötest an, lötete an, hat angelötet> *mit OBJ* ■ *jmd. lötet etwas an etwas Akk. an durch Löten befestigen*

ạn·lü·gen <lügst an, log an, hat angelogen> *mit OBJ* ■ *jmd. lügt jmdn. an jmdm. eine Lüge sagen* Lüge mich nicht immer an!

ạn·ma·chen <machst an, machte an, hat angemacht> *mit OBJ* **1.** ■ *jmd. macht etwas an (umg.* ↔ *ausmachen) einschalten* das Licht/das Radio anmachen **2.** ■ *jmd. macht etwas an etwas Dat. an (umg.) befestigen* ein Bild (an der Wand) anmachen **3.** ■ *jmd. macht etwas an entfachen* Feuer/den Ofen anmachen **4.** ■ *jmd. macht etwas an zusammen mit weiteren Zutaten oder Stoffen ansetzen* den Gips/Salat anmachen **5.** ■ *jmd. macht jmdn. an (umg. abwert.) versuchen, das (sexuelle) Interesse eines Mannes oder einer Frau auf sich zu lenken* Er macht sie ständig an. **6.** ■ *jmd./etwas macht jmdn. an (umg.) gefallen* Der Film macht mich (überhaupt nicht) an. **7.** ■ *jmd. macht jmdn. an (umg.) jmdn. beschimpfen; sich mit jmdm. streiten* Der Lehrer hat mich heute blöd angemacht., Mach' mich nicht an!

Ạn·marsch ■ **im Anmarsch sein** *(umg.): unterwegs sein*

ạn·ma·ßen <maßt an, maßte an, hat angemaßt> *mit SICH* ■ *jmd. maßt sich etwas an (abwert.) sich (unberechtigt) ein Recht nehmen* sich anmaßen, etwas zu tun, sich ein Recht/ein Urteil anmaßen

ạn·ma·ßend *Adj. (abwert.* ≈ *arrogant) so, dass man übertrieben selbstbewusst ist*

Ạn·ma·ßung die <-, -en> *der Vorgang, dass jmd. unberechtigt Anspruch auf etwas erhebt* die Anmaßung eines Amtes/Rechtes, Das ist eine unerhörte Anmaßung, der Kerl hat kein Recht darauf!

Ạn·mel·de·be·schei·ni·gung die <-, -en> *Bescheinigung, dass sich jmd. an einem Ort (bei der Meldbehörde) angemeldet hat*

Ạn·mel·de·for·mu·lar das <-s, -e> *Formular, mit dem man sich an einem Ort (bei der Meldebehörde) anmelden kann*

Ạn·mel·de·ge·bühr die <-, -en> *Geldbetrag, den man für eine Anmeldung bezahlen muss*

ạn·mel·den **I.** *mit OBJ* **1.** ■ *jmd. meldet jmdn. bei etwas Dat. an* (↔ *abmelden*) *offiziell registrieren lassen* ein Kind bei einer Schule anmelden, bereits angemeldet sein, ein Auto anmelden **2.** ■ *jmd. meldet etwas an einen Anspruch geltend machen* Bedenken/Rechte anmelden **3.** ■ *jmd. meldet etwas an* (↔ *abmelden*) *ein Gerät, ein Auto o.Ä. offiziell registrieren lassen* das Auto/den Fernseher/das Radio anmelden **4.** ■ *jmd. meldet etwas an* (≈ *ankündigen*) Er hat sein Kommen angemeldet. **II.** *mit SICH* ■ *jmd. meldet sich an* (↔ *abmelden*) *sich offiziell registrieren lassen* sich beim Einwohnermeldeamt/polizeilich anmelden

ạn·mel·de·pflich·tig <nicht steig.> *Adj. so, dass etwas angemeldet werden muss*

Ạn·mel·dung die <-, -en> *das Anmelden*

ạn·mer·ken <merkst an, merkte an, hat angemerkt> *mit OBJ* **1.** ■ *jmd. merkt etwas an (geh.) ergänzend sagen oder notieren* Ich möchte dazu noch etwas anmerken., in einem Text etwas anmerken **2.** ■ *jmd. merkt jmdm. etwas an (an jmdm.) spüren* jemandem etwas anmerken, sich nichts anmerken lassen, Man merkt ihr den Ärger an.

Ạn·mer·kung die <-, -en> *ergänzende Bemerkung oder Notiz*

ạn·mo·de·rie·ren <moderierst an, moderierte an, hat anmoderiert> *mit OBJ* ■ *jmd. moderiert etwas an* (TV: ↔ *abmoderieren*) *als Moderator einleitende Worte sprechen*

ạn·mon·tie·ren <montierst an, montierte an, hat anmontiert> *mit OBJ* ■ *jmd. montiert etwas an etwas an* (≈ *anschrauben* ↔ *abmontieren*) ein Regal an die Wand anmontieren

ạn·mot·zen <motzt an, motzte an, hat angemotzt> *mit OBJ* ■ *jmd. motzt jmdn. an (umg. abwert.) unfreundlich anreden* Als Junge hat er häufig seine Brüder angemotzt.

Ạn·mut die <-> *(kein Plur.) Schönheit (der Bewegung)* die Anmut ihrer Bewegungen/des Tänzers

ạn·mu·tig *Adj. voller Anmut* ihr anmutiger Gang

Ạn·mu·tung die <-, -en> *das (ungefähre) Erscheinungsbild von etwas*

ạn·nä·hen <nähst an, nähte an, hat angenäht> *mit OBJ* ■ *jmd. näht etwas an etwas Dat. an durch*

Nähen befestigen einen Knopf am Hemd annähen

an·nä·hern <näherst an, näherte an, hat angenähert> **I.** *mit OBJ* ■ *jmd. nähert etwas an etwas Akk. an ähnlich machen* seinen Standpunkt der allgemeinen Meinung annähern **II.** *mit SICH* ■ *etwas nähert sich an etwas Akk. an* **1.** ■ *jmd./etwas nähert sich jmdm./einem Tier an sich* (*langsam*) *nähern, näher kommen* Vorsichtig nähert sich die Katze dem schlafenden Hund an. **2.** ■ *jmd. nähert sich an jmdn. an sich menschlich näher kommen* Sie haben sich im Laufe der Zeit angenähert. **3.** ■ *etwas nähert sich an etwas Akk. an* (≈ *sich angleichen*) *ähnlich werden* sich einem Vorbild annähern

an·nä·hernd *Adv. etwa, ungefähr* annähernd 200 Teilnehmer, annähernd gleich alt sein, etwas annähernd verstanden haben

An·nä·he·rung die <-, -en> *das Annähern*

An·nä·he·rungs·ver·such der <-es, -e> *der Versuch, sich einem Menschen* (*in sexueller Absicht*) *zu nähern* (plumpe) Annäherungsversuche machen

An·nah·me die <-, -n> **1.** (*kein Plur.*) (≈ *Entgegennahme*) *der Vorgang, dass jmd. etwas, das ihm eine andere Person geben will, nimmt* Der Nachbar hat die Annahme des Pakets verweigert., die Annahme von Bestechungsgeldern **2.** (*kein Plur.*) *Zustimmung zu etwas* die Annahme eines Vorschlags/eines Gesetzes **3.** (≈ *Vermutung*) *der Sachverhalt, dass jmd. glaubt, etwas sei der Fall* Ich rief an in der Annahme, dass du dich freust., der Annahme sein, dass ...

An·nah·me·be·stä·ti·gung die <-, -> *Bestätigung über die Annahme*[1] *von etwas*

An·nah·me·schluss der <-es> (*kein Plur.*) *Termin, nach dessen Verstreichen etwas irgendwo nicht mehr angenommen wird*

an·nehm·bar <nicht steig.> *Adj.* (≈ *akzeptabel*) *so angemessen oder richtig, dass man es akzeptieren kann* ein annehmbarer Preis/Vorschlag

an·neh·men <nimmst an, nahm an, hat angenommen> *mit OBJ* ■ *jmd. nimmt etwas an* **1.** (≈ *entgegennehmen*) *etwas, das jmd. einem geben will, nehmen* einen Auftrag/ein Paket annehmen **2.** (↔ *ablehnen*) *sich einverstanden erklären* einen Vorschlag/einen Gesetzentwurf/eine Einladung annehmen, Er/seine Bewerbung ist angenommen worden. **3.** (≈ *vermuten*) *glauben, dass in Bezug auf eine Sache etwas der Fall sei* Ich nehme an, du wirst mir helfen., Angenommen, dass ... **4.** (↔ *ablegen*) *sich zu Eigen machen* einen neuen Namen/schlechte Angewohnheiten annehmen **5.** (≈ *erreichen*) *einen bestimmten* (*negativen*) *Zustand erreichen* immer schlimmere Ausmaße/Formen annehmen ■ **sich einer Sache/einer Person annehmen**: *sich um eine Sache oder eine Person kümmern*

An·nehm·lich·keit die <-, -en> (*meist Plur.*) *etwas, das bewirkt, dass man sich wohl fühlt* die Annehmlichkeiten des Lebens

an·nek·tie·ren [anɛk'tiːrən] <annektierst, annektierte, hat annektiert> *mit OBJ* ■ *jmd. annektiert etwas* (POL.: *geh.*) *gewaltsam in Besitz nehmen* Die Feinde haben das Land annektiert. ▶Annektierung, Annexion

an·ner·ven <nervst an, nervte an, hat angenervt> *mit OBJ* ■ *jmd./etwas nervt jmdn. an* (*umg. abwert.*) *sehr stark irritieren und ärgern* Seine Unpünktlichkeit nervt mich an.

An·ne·xi·on die [anɛ'ksi̯oːn] <-, -en> POL. *gewaltsame Besetzung und Aneignung eines fremden Gebietes*

an·no, *a.* **An·no** *Adv.* (*veralt.*) *im Jahre* anno 1970 ■ **anno dazumal** (*umg.*): *in der Vergangenheit* **Anno Domini**: *im Jahre des Herrn*

An·non·ce die [a'nɔŋsə] <-, -n> *Anzeige* eine Annonce in die Zeitung setzen

an·nul·lie·ren [anʊ'liːrən] <annullierst, annullierte, hat annulliert> *mit OBJ* ■ *jmd. annulliert etwas für ungültig erklären* einen Vertrag annullieren ▶Annullierung

A·no·de die <-, -n> (PHYS.: ≈ *Pluspol* ↔ *Kathode*) *positive Elektrode*

an·ö·den *mit OBJ* ■ *jmd./etwas ödet jmdn. an* (*umg. abwert.*) *langweilen* Der Job ödete sie an.

a·no·mal, **a·no·mal** <nicht steig.> *Adj.* (*geh.*) *von der Norm abweichend* ein anomales Verhalten, Die Krankheit verläuft anomal. *siehe auch* **anormal**

A·no·ma·lie die <-, -n> *Abweichung vom Normalen*

a·n·o·nym [ano'nyːm] *Adj.* **1.** *von einer ungenannten Person stammend* ein anonymer Anruf/Brief **2.** *so, dass man unbekannt oder ungenannt bleibt* anonym bleiben wollen, ein anonymer Anrufer **3.** *so, dass es unpersönlich und kontaktarm wirkt* anonyme Großstadtsiedlungen/Wohnblocks

A·no·rak der ['anorak] <-s, -s> *warm gefütterte sportliche Jacke*

an·ord·nen <ordnest an, ordnete an, hat angeordnet> *mit OBJ* ■ *jmd. ordnet etwas an* **1.** (≈ *befehlen*) *die* (*verbindliche*) *Anweisung geben, dass jmd. etwas tun soll* eine Untersuchung anordnen **2.** *nach bestimmten Regeln ordnen* die Bilder an der Wand neu anordnen, die Waren nach dem Preis anordnen

An·ord·nung die <-, -en> **1.** (≈ *Befehl, Weisung*) *das Anordnen* **2.** ■ *auf jmds. Anordnung auf jmds. Veranlassung* auf Anordnung des Arztes nicht mehr rauchen **3.** *die Art, wie etwas aufgestellt ist* die Anordnung der Bücher im Regal

a·nor·mal <nicht steig.> *Adj.* (↔ *normal*) *so, dass es vom Normalen abweicht* einen anormalen Eindruck machen *siehe auch* **anomal**

an·pa·cken <packst an, packte an, hat angepackt> *mit OBJ* ■ *jmd. packt jmdn./etwas an* **1.** *fest anfassen* **2.** (*umg.*) *in Angriff nehmen* eine Arbeit anpacken **3.** (*umg.*) *helfen* Kannst du mal mit anpacken?

an·pas·sen <passt an, passte an, hat angepasst> **I.** *mit OBJ* ■ *jmd. passt etwas etwas Dat./an etwas Akk. an etwas passend machen* das Bild (in der Größe/Form) an den Rahmen anpassen, die Mittel dem Zweck anpassen **II.** *mit SICH* ■ *jmd. passt sich* *an jmdn./etwas an sein Verhalten auf die Umgebung abstimmen* sich an seine Umgebung anpassen/seiner Umgebung anpassen

An·pas·sung die <-, -en> (*Plur. selten*) *das Anpassen*

an·pas·sungs·fä·hig *Adj. so, dass man sich seiner Umgebung anpassen II kann*

An·pas·sungs·pro·zess der <-es, -e> *der Vorgang, dass jmd. oder etwas sich an jmdn. oder etwas anpasst II*

an·pei·len <peilst an, peilte an, hat angepeilt> *mit OBJ* ■ *jmd. peilt etwas an* **1.** TECHN. *die Lage und Entfernung von etwas bestimmen* einen Sender/ein Schiff/ein Ziel anpeilen **2.** (*umg. scherzh.*) *zum Ziel haben* Ich peile einen guten Job an.

an·pflan·zen <pflanzt an, pflanzte an, hat angepflanzt> *mit OBJ* ■ *jmd. pflanzt etwas an Samen von Pflanzen auf fruchtbaren Boden sähen und diesen sich entwickeln lassen* In ihrem kleinen Garten pflanzt sie Salat, Kartoffeln und Zwiebeln an.

An·pflan·zung die <-, -en> *ein Feld o.Ä., wo etwas angepflanzt worden ist*

an·pran·gern <prangerst an, prangerte an, hat angeprangert> *mit OBJ* ■ *jmd. prangert etwas an* (*geh.*) *öffentlich tadeln* Missstände anprangern ▶Anprangerung

an·prei·sen <preist an, pries an, hat angepriesen> *mit OBJ* ■ *jmd. preist etwas an etwas besonders empfehlen* seine Ware anpreisen

an·pre·schen <preschst an, preschte an, ist angeprescht> *ohne OBJ* ■ *jmd. prescht an schnell angelaufen kommen*

An·pro·be die <-, -en> *das Anprobieren*

an·pro·bie·ren <probierst an, probierte an, hat anprobiert> *mit OBJ* ■ *jmd. probiert etwas an etwas anziehen, um zu sehen, ob es die richtige Größe hat* (*und einem gefällt*) Anzüge/Hüte/Kleidung/Schuhe anprobieren

an·pum·pen <pumpst an, pumpte an, hat angepumpt> *mit OBJ* ■ *jmd. pumpt jmdn. um etwas Akk. an* (*umg.*) *jmdn. bitten, dass er/sie einem Geld ausleiht* jemanden (um 5 Euro) anpumpen, Er braucht dringend Geld, aber seinen Vater kann er nicht schon wieder anpumpen.

An·rai·ner, **An·rai·nerin** der <-s, -> (*süddt. österr.*) *Nachbar(in)* ◆-staat

An·ra·ten ■ **auf Anraten**: *auf Empfehlung; gemäß jmds. Rat* auf Anraten des Arztes

an·rau·chen <rauchst an, rauchte an, hat angeraucht> *mit OBJ* ■ *jmd. raucht etwas an zu rauchen beginnen* die eben angerauchte Zigarette ausdrücken

an·rau·en <raust an, raute an, hat angeraut> *mit OBJ* ■ *jmd. raut etwas an rau machen* eine glatte Schuhsohle anrauen

an·rech·nen <rechnest an, rechnete an, hat angerechnet> *mit OBJ* ■ *jmd. rechnet (jmdm.) etwas an* **1.** *in Rechnung stellen* Diese Garantiereparatur rechne ich Ihnen nicht an. **2.** *als Händler beim Kauf eines neuen Gerätes das alte Gerät des Kunden nehmen und vom Kaufpreis des neuen Gerätes einen gewissen Betrag* (*als Gegenwert des alten*) *abziehen* das alte Auto noch mit 500 Euro anrechnen ■ **jemandem etwas hoch anrechnen**: *jmds. Verhalten als sehr gut anerkennen*

An·recht das <-(e)s> (*kein Plur.*) *jmds. Recht auf etwas* Er hat kein Anrecht auf diese Position.

an·re·den <redest an, redete an, hat angeredet> *mit OBJ* **1.** ■ *jmd. redet jmdn.* (*irgendwie*) *an in einer bestimmten Weise ansprechen* Er hat mich einfach so auf der Straße angeredet., Er redete sie unfreundlich an. **2.** ■ *jmd. redet jmdn. als etwas/irgendwie an jmdn. mit einem bestimmten Namen ansprechen* Sie redete ihren Chef mit dem Vornamen an. **3.** ■ *jmd. redet gegen etwas Akk. an versuchen, sich mit seiner Stimme gegen Lärm durchzusetzen* Gegen den Krach der Motoren konnte sie nicht lange anreden.

an·re·gen <regst an, regte an, hat angeregt> *mit OBJ* **1.** ■ *jmd. regt etwas an* (*mit einer Äußerung*) *bewirken, dass jmd. mit etwas beginnt oder etwas in Erwägung zieht* jemanden zum Nachdenken anregen, eine Aktion/eine Maßnahme/ein Projekt anregen **2.** ■ *etwas regt etwas an eine belebende Wirkung haben* jemandes Appetit/Kreislauf anregen, ein anregendes Getränk

An·re·gung die <-, -en> **1.** *das Anregen* **2.** *etwas, das jmdn. dazu bringt, etwas zu tun* auf Anregung meines Freundes

an·rei·chern <reicherst an, reicherte an, hat angereichert> **I.** *mit OBJ* ■ *jmd. reichert etwas mit etwas Dat. an den Gehalt von etwas erhöhen* ein Nahrungsmittel mit zusätzlichen Mineralien anreichern, angereichertes Uran **II.** *mit SICH* ■ *etwas reichert sich an sich ansammeln* Das Gift reichert sich im Boden an.

An·rei·che·rung die <-, -en> *das Anreichern* die Anreicherung von Mineralien im Boden

An·rei·se die <-, -n> (≈ *Abreise*) *die Reise zu einem Ort hin*

An·rei·se·tag der <-(e)s, -e> (≈ *Abreisetag*) *Tag der Anreise*

An·reiz der <-es, -e> (≈ *Motivation*) *etwas, das bewirkt, dass jmd. etwas tun will* den Anreiz zu etwas geben, Anreize schaffen

an·rei·zen <reizt an, reizte an, hat angereizt> *mit OBJ* ■ *jmd. reizt jmdn. zu etwas Dat. an* (≈ *motivieren*) Die Firma versucht, ihre Mitarbeiter durch Bonuszahlungen zu mehr Leistung anzureizen.

an·rem·peln <rempelst an, rempelte an, hat angerempelt> *mit OBJ* ■ *jmd. rempelt jmdn. an* (*umg.*) (*absichtlich*) *mit dem eigenen Körper gegen den Körper einer anderen Person stoßen* Er hat mich einfach angerempelt und ist ohne eine Entschuldigung weitergegangen.

an·ren·nen <rennst an, rannte an, ist angerannt> *ohne OBJ* **1.** ■ *jmd. kommt angerannt* (*als Part. Perf. mit „kommen"*) *sich laufend auf jmdn. zu bewegen* im letzten Moment angerannt kommen **2.** ■ *jmd. rennt gegen etwas Akk. an verzweifelt gegen etwas kämpfen* gegen den Feind/die Intoleranz der Menschen/ alte Vorurteile anrennen

An·rich·te die <-, -n> *Geschirrschrank mit einer Fläche zum Bereitstellen von Speisen*

an·rich·ten *mit OBJ* ■ *jmd. richtet etwas an* **1.** (≈ *zubereiten*) eine Mahlzeit anrichten **2.** (≈ *verursachen*) Der Sturm hat schwere Schäden angerichtet., Da hat er was Schönes angerichtet!

An·riss der <-es, -e> *der Zustand, dass etwas an einer Stelle einen (ersten) Riss hat* der Anriss einer Muskelfaser ◆ Muskelfaser-

an·rü·chig *Adj.* (≈ *verrufen*) *so, dass etwas einen sehr schlechten Ruf hat und man damit nicht in Verbindung gebracht werden will* eine anrüchige Kneipe

An·ruf der <-(e)s, -e> *der Vorgang, dass jmd. jmdn. per Telefon zu erreichen versucht* seit Stunden auf ihren Anruf warten, Um Mitternacht kam der erlösende Anruf – es war alles gut gegangen., Ich muss noch ganz schnell einen Anruf machen., Da war ein Anruf für Sie, ein Herr Schulze ...

An·ruf·be·ant·wor·ter der <-s, -> *ein Gerät, das bei einem Telefonanruf den Anrufer automatisch einen gespeicherten Antworttext hören lässt und ihm Gelegenheit gibt, eine Nachricht auf Band zu sprechen*

an·ru·fen <rufst an, rief an, hat angerufen> **I.** *mit OBJ* ■ *jmd. ruft jmdn. an* **1.** *am Telefon jmds. Nummer wählen und die Verbindung aufnehmen* Rufst du mich mal an?, Sie könnte ruhig öfter anrufen!, Wenn du mich anrufen willst, hier ist meine Nummer., Wieder hat mich das ganze Wochenende niemand angerufen! **2.** (*geh.*) *bei jmdm. Hilfe erbitten* Gott/die Gerichte anrufen **II.** *ohne OBJ* ■ *jmd. ruft an jmd. meldet sich telefonisch* Hat jemand angerufen?, Ich habe gestern schon einmal angerufen., Darf ich mal bei Ihnen anrufen?, Er ruft täglich bei mir an.

An·ru·fung die <-, -en> *das Anrufen I.2*

an·rüh·ren <rührst an, rührte an, hat angerührt> *mit OBJ* ■ *jmd. rührt etwas an* **1.** (≈ *anfassen*) *mit der Hand berühren* Wir dürfen hier nichts anrühren! **2.** (*Zutaten*) *mischen* Farbe/Kuchenteig/Tapetenkleister anrühren **3.** (*geh.* ≈ *rühren*) *jmdn. innerlich berühren* Das Leid der Kinder rührt uns an., anrührende Worte finden ■ **keinen Alkohol/keine Zigarette (mehr) anrühren** (*umg.*): *nicht mehr trinken oder rauchen*

ans *Präp.* (≈ *„an das"*) Kannst du mal ans Telefon kommen?

An·sa·ge die <-, -n> (≈ *Durchsage*) *die Worte, die an die an einem Ort versammelten Menschen gesprochen werden* eine Ansage machen

an·sa·gen <sagst an, sagte an, hat angesagt> **I.** *mit OBJ* ■ *jmd. sagt etwas an einen (kurzen) Text sprechen, mit dem jmd./etwas angekündigt wird* einen Künstler/eine Sendung ansagen **II.** *mit SICH* ■ *jmd. sagt sich an seinen Besuch ankündigen* sich für den Abend bei jemandem ansagen *siehe auch* **angesagt**

An·sa·ger, An·sa·ge·rin der <-s, -> *jmd., der im Fernsehen Ansagen macht*

an·sam·meln <sammelst an, sammelte an, hat angesammelt> **I.** *mit OBJ* ■ *jmd. sammelt etwas an zusammentragen* Vorräte ansammeln **II.** *mit SICH* ■ *etwas sammelt sich irgendwo/bei jmdm. an sich an einem Ort oder bei einer Person stauen* In der Senke hat sich Wasser angesammelt., Es hat sich viel Ärger/Frustration bei ihm angesammelt.

An·samm·lung die <-, -en> *Dinge, die sich an einer Stelle angesammelt II haben*

an·säs·sig <nicht steig.> *Adj. so, dass man an einem bestimmten Ort wohnt* ◆ orts-

An·satz der <-(e)s, Ansätze> **1.** *die Stelle, an der etwas an etwas befestigt oder angewachsen ist* der Ansatz der Arme am Körper/der Äste am Baum ◆ Haar-, Hals- **2.** *die ersten Anzeichen von etwas* in den ersten Ansätzen stecken bleiben ◆ Bauch- **3.** WIRTSCH. *veranschlagte Kosten* Die Baukosten haben den ursprünglichen Ansatz weit überschritten. **4.** *die Art und Weise, wie man ein Problem zu lösen versucht* der richtige Ansatz zur Lösung einer Mathematikaufgabe/eines Problems ◆ Denk-, Lösungs- **5.** ■ **etwas ist (schon) im Ansatz falsch/verfehlt/...**: *etwas ist nicht deshalb falsch, ... weil es nicht richtig gemacht wurde, sondern weil die grundsätzliche Idee, das Grundprinzip falsch ist*

An·saug·rohr das <-(e)s, -e> TECHN. *Rohr, durch das etwas angesaugt wird*

an·schaf·fen <schaffst an, schaffte an, hat angeschafft> **I.** *mit OBJ* **1.** ■ *jmd. schafft etwas an* (≈ *kaufen*) *eine Ware (von einem größeren Wert) kaufen* sich ein Auto/eine neue Waschmaschine anschaffen **2.** ■ *jmd. schafft jmdm. etwas an* (*süddt. österr.*) *befehlen* **II.** *ohne OBJ* ■ *jmd. schafft an* (*umg.*) *Prostitution betreiben* Früher hat sie angeschafft., anschaffen gehen

An·schaf·fung die <-, -en> **1.** *das Anschaffen I.1* **2.** *etwas, das man gekauft an* Unsere neueste Anschaffung ist eine Espressomaschine., Anschaffungen für die neue Wohnung machen

An·schaf·fungs·wert der <-(e)s, -e> *der Wert, den etwas beim Kauf hatte*

an·schal·ten <schaltest an, schaltete an, hat angeschaltet> *mit OBJ* ■ *jmd. schaltet etwas ein* (↔ *ausschalten*) *in Betrieb setzen* Schaltest du mal bitte den Fernseher an?

an·schau·en <schaust an, schaute an, hat angeschaut> *mit OBJ* ■ *jmd. schaut etwas an* (*süddt. österr. schweiz.*) *ansehen*

an·schau·lich *Adj.* (≈ *klar*) *so, dass man es gut verstehen und nachvollziehen kann* ein anschauliches Beispiel geben

An·schau·ung die <-, -en> (≈ *Auffassung*) *die Art und Weise, wie man über eine Sache denkt und ihr gegenüber eingestellt ist* seine eigenen Anschauungen zu/über etwas haben ■ **aus eigener Anschauung**: *aus eigener Erfahrung* ein Problem aus eigener Anschauung kennen

An·schau·ungs·unter·richt der <-(e)s> (*kein Plur.*) *Unterricht, der Wissen nicht nur abstrakt vermittelt, sondern dieses durch konkrete Beispiele verdeutlicht*

An·schein der <-(e)s> (*kein Plur.*) *der äußere Eindruck, den jmd. oder etwas macht und der auch*

im Widerspruch zu den tatsächlichen Gegebenheiten stehen kann allem Anschein nach, Es hat den Anschein, dass/als ob …, sich den Anschein geben, als ob man ein Künstler/erfolgreich sei, Sein Verhalten konnte durchaus den Anschein erwecken, er habe die Sache im Griff

an·schei·nend <nicht steig.> *Adv. soweit man es nach Kenntnis der Tatsachen sagen kann* Anscheinend sind sie verlobt. *vergleiche* **scheinbar**

an·schie·ben <schiebst an, schob an, hat angeschoben> *mit OBJ* ■ *jmd. schiebt etwas an* **1.** *ein Fahrzeug schieben, damit es starten kann* ein Fahrzeug anschieben **2.** (*umg. übertr.*) *etwas beschleunigen bzw. in Bewegung setzen* eine Aktion/die öffentliche Diskussion (über ein Problem) anschieben

an·schie·ßen <schießt an, schoss an, hat/ist angeschossen> **I.** *mit OBJ* ■ *jmd. schießt jmdn./ein Tier an* (*haben*) *mit einer Schusswaffe verletzen, aber nicht töten* Er hat den Hasen nur angeschossen., angeschossenes Wild **II.** *ohne OBJ* ■ *etwas schießt an* (*sein; als Part. Perf. mit „kommen"; umg.*) *sich sehr schnell auf etwas zubewegen* Er wollte gerade die Straße überqueren, als das Auto angeschossen kam.

An·schlag der <-(e)s, Anschläge> **1.** *verbrecherischer Überfall* einem Anschlag zum Opfer fallen ◆ Mord-, Terror- **2.** (*kein Plur.*) TECHN. *die äußerste, an einem Schalter einstellbare Position* Dreh den Knopf bis zum Anschlag! **3.** (≈ *Aushang*) *ein geschriebener Text, der an einer öffentlich zugänglichen Stelle an etwas befestigt ist* etwas durch (einen) Anschlag bekannt machen **4.** *das Anschlagen von Tasten oder Saiten* einen harten Anschlag haben, 200 Anschläge pro Minute schreiben

An·schlag·brett das <-(e)s, -er> *eine Tafel für Aushänge*

an·schla·gen <schlägst an, schlug an, hat angeschlagen> **I.** *mit OBJ* **1.** ■ *jmd. schlägt etwas an an einer Stelle einen Anschlag*[3] *anbringen* eine Bekanntmachung an der/die Tür anschlagen **2.** ■ *jmd. schlägt etwas an etwas Dat. an* TECHN. *befestigen* ein Brett (mit Nägeln) irgendwo anschlagen **3.** ■ *etwas schlägt irgendwo an mit etwas an einer Stelle anstoßen* Die Schüssel ist am Rand angeschlagen. **4.** ■ *jmd. schlägt etwas an mit den Fingern berühren* die Tasten eines Gerätes/Musikinstruments anschlagen **5.** ■ *jmd. schlägt etwas an ertönen lassen* einen Akkord/eine Melodie anschlagen **6.** ■ *jmd. schlägt etwas an zu etwas überwechseln* einen ernsteren Ton/eine schnellere Gangart anschlagen **II.** *ohne OBJ* **1.** ■ *jmd. schlägt irgendwo an* SPORT *etwas berühren* an der Wende anschlagen **2.** ■ *ein Hund schlägt an ein kurzes Bellen hören lassen* Der Hund schlug an.

An·schlags·op·fer das <-s, -> *Opfer eines Anschlags*[1]

an·schlie·ßen <schließt an, schloss an, hat angeschlossen> **I.** *mit OBJ* **1.** ■ *jmd. schließt etwas* (*an etwas Akk.*) *an mit etwas verbinden* einen Wasserhahn (an die Leitung)/ein Gerät (ans Stromnetz) anschließen, einen Ort ans Telefonnetz anschließen, Dem Kurhotel ist ein Schwimmbad angeschlossen. **2.** ■ *jmd. schließt etwas an mit einem Schloss befestigen* ein Fahrrad anschließen **3.** ■ *jmd. schließt* (*etwas etwas Dat./an etwas Akk.*) *an folgen lassen* Ich möchte (deinen/an deine Äußerungen) noch eine Frage anschließen. **II.** *ohne OBJ* **1.** ■ *etwas schließt an etwas Akk. an angrenzen* Unser Garten schließt an einen Park an. **2.** ■ *jmd. schließt an etwas Akk. an Gedanken fortführen* Ich möchte an das Gesagte anschließen. **III.** *mit SICH* **1.** ■ *jmd. schließt sich etwas Dat./an etwas Akk. an an etwas teilnehmen* sich einer/an eine Gruppe anschließen **2.** ■ *jmd. schließt sich jmdm./an etwas Akk. an zustimmen* Ich schließe mich der Meinung meines Vorredners/meinem Vorredner an. **3.** ■ *etwas schließt sich an etwas Akk. an einander folgen* Eine Frage schloss sich an die andere an., eine Stadtbesichtigung mit anschließendem Konzertbesuch

An·schluss der <-es, Anschlüsse> **1.** (*kein Plur.*) *Anbindung an ein System oder Netz* der Anschluss an das Abwassernetz, Der (Telefon-)Anschluss ist gestört. **2.** *eine* (*öffentliche*) *Verkehrsverbindung, die jmdm. nach der Benutzung eines öffentlichemn Verkehrsmittels zur Verfügung steht* Vom Westbahnhof aus haben Sie folgende Anschlüsse: … ◆-zug **3.** (*kein Plur.*) *das Mithalten mit einer Entwicklung* den Anschluss an das Weltniveau verlieren, (im Beruf/in der Schule) den Anschluss verpassen **4.** (*kein Plur.*) *menschlicher Kontakt* keinen Anschluss in der neuen Klasse finden, Das Mädchen ist immer so einsam, sie hat irgendwie keinen Anschluss. ■ **im Anschluss an etwas**: *unmittelbar nach etwas* **den Anschluss verpassen**: *den Zug beim Umsteigen nicht mehr erreichen oder bei etwas nicht mehr mitkommen*

An·schluss·ge·bühr die <-, -en> *Geld, das man für einen Anschluss*[1] *bezahlen muss*

An·schluss·ka·bel das <-s, -> *Kabel, mit dem ein elektrisches Gerät mit Strom versorgt wird*

An·schluss·tref·fer der <-s, -> SPORT *Tor, das eine Mannschaft erzielt, nachdem der Gegner ein Tor erzielt hat*

an·schmach·ten <schmachtest an, schmachtete an, hat angeschmachtet> *mit OBJ* ■ *jmd. schmachtet jmdn. an jmdm. durch schwärmerische Blicke zu verstehen geben, dass man ihn oder sie* (*sexuell*) *sehr attraktiv findet*

an·schmie·gen <schmiegst an, schmiegte an, hat angeschmiegt> *mit SICH* ■ *jmd. schmiegt sich an jmdn. an* (*zärtlichen*) *Körperkontakt mit jmdm. haben* Das Kind schmiegte sich müde an seine Mutter an.

an·schmieg·sam <nicht steig.> *Adj. so, dass jmd. oder ein Tier gern Zärtlichkeiten hat* eine anschmiegsame Katze

an·schnal·len **I.** *mit OBJ* ■ *jmd. schnallt etwas an* (↔ *abschnallen*) *etwas irgendwo mit Schnallen befestigen* seine Skier anschnallen **II.** *mit SICH* ■ *jmd. schnallt sich an den Sicherheitsgurt anle-*

gen sich im Auto anschnallen

An·schnall·pflicht die <-> (*kein Plur.*) KFZ *die Pflicht, im Auto während der Fahrt Sicherheitsgurte anzulegen*

an·schnau·zen <schnauzt an, schnauzte an, hat angeschnauzt> *mit OBJ* ■ *jmd. schnauzt jmdn. an* (*umg.*) *unfreundlich anreden oder kritisieren* Ich lasse mich von dir nicht dauernd anschnauzen!

an·schnei·den <schneidest an, schnitt an, hat angeschnitten> *mit OBJ* ■ *jmd. schneidet etwas an* **1.** *einen Schnitt in etwas machen* Blumen anschneiden, bevor man sie ins Wasser stellt **2.** *von einem Laib Brot, einer Wurst o.Ä. die erste Scheibe abschneiden* das Brot anschneiden **3.** *zur Sprache bringen* ein heikles Problem/Thema anschneiden **4.** SPORT *einem Ball einen Drall*[1] *geben* ein angeschnittener Ball

An·scho·vis, *a.* **An·cho·vis** die [an'ʃo:vis] <-, -> *kleine Sardellen*

an·schrau·ben <schraubst an, schraubte an, hat angeschraubt> *mit OBJ* ■ *jmd. schraubt etwas an etwas Akk./Dat. an* (↔ *abschrauben*) *mit Schrauben befestigen* einen Hängeschrank an die/der Wand anschrauben

an·schrei·ben <schreibst an, schrieb an, hat angeschrieben> *mit OBJ/ohne OBJ* **1.** ■ *jmd. schreibt etwas an etwas Akk./Dat. an auf etwas schreiben* einen Text an die/der Tafel anschreiben **2.** ■ *jmd. schreibt jmdn. an sich an jmdn. schriftlich wenden* jemanden/eine Behörde (in einer Angelegenheit) anschreiben **3.** ■ *jmd. schreibt etwas an auf die Rechnung setzen und später bezahlen lassen* Ich habe kein Geld dabei, kann ich (das) anschreiben lassen?

An·schrei·ben das <-s, -> *ein Brief, der zusammen mit etwas anderem verschickt wird* das Anschreiben zu einer Bewerbung

an·schrei·en <schreist an, schrie an, hat angeschrien> *mit OBJ* ■ *jmd. schreit jmdn. an sehr laut und unfreundlich anreden* Der Nachbar schreit ständig seine Frau an.

An·schrift die <- ,-en> (≈ *Adresse*) eine neue Anschrift haben, Teilen Sie uns Änderungen ihrer Anschrift bitte mit.

an·schul·di·gen *mit OBJ* ■ *jmd. schuldigt jmdn. an* (*geh.*) *die Schuld geben* jemanden (wegen) eines Verbrechens anschuldigen

An·schul·di·gung die <-, -en> (*geh.*) *ein* (*schwerer*) *Vorwurf, den jmd. gegen jmdn. erhebt* schwere Anschuldigungen an jemanden richten

an·schwei·ßen <schweißt an, schweißte an, hat angeschweißt> *mit OBJ* ■ *jmd. schweißt etwas* (*an etwas Akk.*) *an durch Schweißen befestigen*

an·schwel·len <schwillt an, schwoll an, ist angeschwollen> *ohne OBJ* ■ *etwas schwillt an* **1.** (MED.: ↔ *abschwellen*) *auf einen Schlag oder eine Prellung dadurch reagieren, dass das Gewebe relativ stark an Volumen zunimmt* Der Fuß/Das Knöchel ist stark angeschwollen. ►Schwellung **2.** *sehr viel mehr Wasser führen als sonst* Der Fluss ist stark angeschwollen. **3.** (*geh.*) *stärker werden* Der Lärm schwoll an.

An·schwel·lung die <-, -en> (MED.: ≈ *Schwellung*) *das Anschwellen*

an·schwem·men <schwemmt an, schwemmte an, hat angeschwemmt> *mit OBJ* ■ *Wasser schwemmt etwas an mit sich tragen und irgendwo ablagern* Der Fluss hat viel Holz angeschwemmt., angeschwemmter Sand ►Anschwemmung

An·se·hen das <-s> (*kein Plur.*) (≈ *Reputation*) *der gute Ruf, den jmd. oder etwas besitzt* Der Autor ist durch diesen Roman zu hohem Ansehen (bei Lesern und Kritikern) gelangt., Politiker können durch Fehlentscheidungen schnell an Ansehen verlieren., Das Ansehen der Firma könnte Schaden nehmen. ■ **etwas ohne Ansehen der Person tun**: *etwas tun, indem man alle gleich behandelt*

an·se·hen <siehst an, sah an, hat angesehen> *mit OBJ* **1.** ■ *jmd. sieht jmdn./etwas an* (≈ *betrachten*) jemanden freundlich/aufmerksam ansehen, Das muss ich (mir) einmal genauer ansehen. **2.** ■ *jmd. sieht jmdm. etwas an beim Betrachten erkennen können* Das sieht man dem Sportler/diesem einfachen Gerät nicht an, was in ihm steckt. **3.** ■ *jmd. sieht jmdn./etwas als jmdn./etwas an einschätzen, für etwas halten* eine Angelegenheit als erledigt ansehen, jemanden als seinen Freund ansehen ■ **etwas nicht mit ansehen können**: *etwas nicht ertragen können*

an·sehn·lich *Adj.* **1.** (≈ *attraktiv*) *gut aussehend* ein ansehnlicher junger Mann **2.** (≈ *stattlich* ↔ *unbedeutend*) *ziemlich groß* eine ansehnliche Summe

an·sei·len <seilst an, seilte an, hat angeseilt> **I.** *mit OBJ* ■ *jmd. seilt jmdn. an mit einem Seil sichern* einen Kletterer anseilen **II.** *mit SICH* ■ *jmd. seilt sich an sich mit einem Seil sichern* sich beim Klettern anseilen

an·set·zen <setzt an, setzte an, hat angesetzt> **I.** *mit OBJ* **1.** ■ *jmd. setzt etwas an etwas Akk./Dat. an irgendwo anlegen* eine Leiter an die/der Wand ansetzen, den Hebel an der richtigen Stelle ansetzen, ein Instrument/ein Glas an den Mund ansetzen **2.** ■ *jmd. setzt etwas an etwas Akk. an* (≈ *befestigen*) Ärmel an ein Kleid ansetzen **3.** ■ *etwas setzt etwas an entwickeln* Knospen/Rost ansetzen **4.** ■ *jmd. setzt etwas irgendwie an* (≈ *festlegen*) einen Termin (auf 17 Uhr) ansetzen, den Preis einer Ware zu hoch ansetzen ■ **Fett ansetzen**: *dick*(*er*) *werden* **II.** *ohne OBJ* **1.** ■ *jmd. setzt irgendwo an einen bestimmten Aspekt von etwas zum Ausganspunkt für eine Kritik, einen Kommentar o.Ä. nehmen* mit seiner Kritik an einer bestimmten Stelle ansetzen **2.** ■ *jmd. setzt zu etwas Dat. an sich bereit machen* zu einer Antwort/zum Sprung ansetzen **3.** ■ *etwas setzt an* (KOCH.: ≈ *anbrennen*) *beim Kochen am Topfboden anbrennen* Du musst aufpassen, denn die Milch setzt leicht an. **III.** *mit SICH* ■ *etwas setzt sich irgendwo an sich an einer Stelle ablagern* Hier hat sich Kalk/Rost/Schmutz angesetzt.

An·sicht die <-, -en> **1.** (≈ *Meinung*) meiner Ansicht nach, Der Ansicht sein, dass …, Ich bin ganz

Ihrer Ansicht., altmodische Ansichten haben/vertreten **2.** *ein Bild von etwas* die vordere Ansicht des Hauses, ein Kalender mit Ansichten von Berlin ■ **zur Ansicht**: *zur genaueren Prüfung* eine Ware zur Ansicht dalassen

An·sichts·kar·te die <-, -n> *Postkarte mit einem Bildmotiv auf der Vorderseite*

An·sichts·sa·che ■ **etwas ist Ansichtssache**: *man kann etwas so oder so sehen*

an·sie·deln <siedelst an, siedelte an, hat angesiedelt> **I.** *mit OBJ* **1.** ■ *jmd. siedelt jmdn./ein Tier irgendwo an Menschen oder Tiere an einen Ort bringen, damit sie diesen Ort als neuen Lebensraum akzeptieren* wieder Braunbären in den Alpen ansiedeln **2.** ■ *jmd. siedelt etwas irgendwo an auf etwas zurückführen* Dieses Zitat würde ich bei Goethe ansiedeln. **II.** *mit SICH* ■ *jmd. siedelt sich irgendwo an sich an einem Ort dauerhaft niederlassen* Die Familie siedelte sich im Schwäbischen an., Auf/an den Felsen haben sich Muscheln angesiedelt.

An·sied·lung die <-, -en> **1.** *mehrere Häuser, in denen Menschen wohnen* **2.** (*kein Plur.*) *das Ansiedeln*

an·sonst *Adv.* (*österr.*) *andernfalls*

an·span·nen *mit OBJ/ohne OBJ* **1.** ■ *jmd. spannt ein Tier an ein Tier vor eine Kutsche, einen Pflug o.Ä. spannen* Es wird Zeit, die Pferde anzuspannen., Spann schon mal an! **2.** ■ *jmd. spannt etwas an in Spannung versetzen* die Muskeln/ein Seil anspannen, Das spannt mich zu sehr an!

An·span·nung die <-, -en> *Zustand großer (nervlicher) Belastung*

an·spa·ren <sparst an, sparte an , hat angespart> *mit OBJ* ■ *jmd. spart etwas an einen bestimmten Geldbetrag zusammensparen*

An·spiel das <-s> (*kein Plur.*) SPORT *im Fußball der Vorgang, dass ein Spieler das Spiel mit der ersten Bewegung des Balls beginnt*

an·spie·len <spielst an, spielte an, hat angespielt> **I.** *ohne OBJ* ■ *jmd. spielt auf etwas Akk. an eine Anspielung machen* auf eine Bemerkung anspielen, Worauf spielen Sie an? **II.** *mit OBJ* ■ *jmd. spielt jmdn. an* SPORT *den Ball zu jmdm. hinspielen* den Stürmer anspielen

An·spie·lung die <-, -en> *der Sachverhalt, dass man sich mit einer Äußerung nicht ausdrücklich, sondern indirekt auf etwas bezieht* Er konnte die dauernden Anspielungen auf seinen Fehler nicht mehr ertragen., Der Text enthält zahlreiche Anspielungen auf ein anderes Werk des Dichters. ►anspielungsreich

an·spin·nen <spinnt an, spann an, hat angesponnen> *ohne OBJ* ■ *etwas spinnt sich an* (*umg.*) *im Begriff sein zu entstehen*

an·spit·zen <spitzt an, spitzte an, hat angespitzt> *mit OBJ* ■ *jmd. spitzt etwas an an einem Ende spitz machen* den Bleistift anspitzen

An·sporn der <-(e)s> (*kein Plur.*) (≈ *Ermutigung*) *ein Verhalten oder Worte, mit denen man jmdm. Mut macht und seie Motivation steigert*

an·spor·nen <spornst an, spornte an, hat angespornt> *mit OBJ* ■ *jmd./etwas spornt jmdn.* (*zu etwas Dat.*) *an* (≈ *ermutigen*) *jmdm. Ansporn geben* Der Trainer spornte seine Athleten zu immer noch besseren Leistungen an.

An·spra·che die <-, -n> **1.** *öffentliche Rede* eine Ansprache halten **2.** (*süddt. österr.*) *Kontakt zu Mitmenschen* zu Hause keine Ansprache haben

an·sprech·bar <nicht steig.> *Adj. in der Lage, angemessen zu reagieren* Der Verletzte ist nicht ansprechbar., Ich bin erst nach den Prüfungen wieder ansprechbar.

an·spre·chen <sprichst an, sprach an, hat angesprochen> **I.** *mit OBJ* **1.** ■ *jmd. spricht jmdn. an sich an jmdn. mit Worten wenden; mit jmdm. ein Gespräch beginnen* jemanden auf der Straße ansprechen, jemanden auf ein Thema/wegen etwas ansprechen **2.** ■ *jmd. spricht etwas an zur Sprache bringen* ein Thema ansprechen **3.** ■ *jmd./etwas spricht jmdn. an gut gefallen* Diese Musik spricht ihn an., sich (von jemandem) angesprochen fühlen, sich durch das Design eines Geräts angesprochen fühlen **II.** *ohne OBJ* **1.** ■ *etwas spricht bei jmdm. an die gewünschte Wirkung haben* Die Medizin spricht bei ihr gut/hervorragend/nicht sonderlich an. **2.** ■ *etwas spricht irgendwie an in einer bestimmten Weise reagieren* Die Bremsen sprechen gut an., Der Patient spricht auf die Behandlung gut an.

an·spre·chend *Adj.* (≈ *gefällig*) *so, dass es gut gefällt* Ihre Wohnung ist ansprechend eingerichtet.

An·sprech·part·ner, **An·sprech·part·ne·rin** der <-s, -> *Person(en), z.B. in einer Firma oder Institution, an die man sich bei bestimmten Anliegen wenden kann.* Ihr Ansprechpartner bei PC-Problemen ist unsere Hotline.

an·sprin·gen <springst an, sprang an, ist/hat angesprungen> **I.** *ohne OBJ* (*sein*) **1.** ■ *etwas springt an in Gang kommen* Der Motor springt schnell an. **2.** (*als Part. Perf. mit „kommen"*) *sich hüpfend nähern* Die Kinder kommen fröhlich angesprungen. **II.** *mit OBJ* ■ *ein Tier springt jmdn. an* (*haben*) *mit einem Sprung angreifen* Der Hund sprang sie unerwartet an.

An·spruch der <-(s), Ansprüche> **1.** (*meist Plur.*) *Erwartungen, die jmd. an jmdn. oder etwas stellt* hohe Ansprüche an jemanden stellen, Die Position ist mit einem hohen Anspruch verbunden. **2.** (≈ *Anrecht*) *ein Recht, das jmd. auf etwas hat* auf etwas Anspruch erheben/haben, Daraus erwachsen keinerlei Ansprüche., Die Zahlung begründet keinen Anspruch auf Wiederholung. ■ **in Anspruch nehmen**: *sehr beschäftigen* Die Arbeit nimmt mich momentan sehr in Anspruch. **etwas in Anspruch nehmen**: *von etwas Gebrauch machen* Ich werde Ihr Angebot in Anspruch nehmen., Beim Umzug werde ich seine Hilfe in Anspruch nehmen.

an·spruchs·los *Adj.* (↔ *anspruchsvoll*) *so, dass man nicht viele Ansprüche stellt* ein anspruchsloser Mensch, eine anspruchslos eingerichtete Wohnung

an·spruchs·voll *Adj.* (↔ *anspruchslos*) *so, dass*

jmd. oder etwas viele Ansprüche stellt Sie ist ziemlich anspruchsvoll., Diese anspruchsvolle Aufgabe erfordert viel Kraft.

an·sta·cheln <stachelst an, stachelte an, hat angestachelt> *mit OBJ* ■ *jmd. stachelt jmdn. zu etwas Dat. an bewirken, dass jmd. etwas tun will* jemanden zu Höchstleistungen anstacheln, jemandes Ehrgeiz anstacheln

An·stalt die <-, -en> **1.** (*veralt.* ≈ *Schule*) nach drei Verweisen (von) der Anstalt verwiesen werden **2.** (*verhüll.*) *Heilstätte für psychisch Kranke* in eine Anstalt eingewiesen werden **3.** *Institution, Behörde* eine Anstalt des öffentlichen Rechts

An·stal·ten ■ **(keine) Anstalten machen** (*umg.*): *etwas (nicht) tun wollen* Er macht keine Anstalten, für die Prüfungen zu lernen.

An·stalts·lei·ter, **An·stalts·lei·te·rin** der <-s, -> *jmd., der eine Anstalt*[2] *leitet*

An·stand der <-(e)s, Anstände> **1.** (*kein Plur.*) *gutes Benehmen* Das verbietet der Anstand., keinen Anstand haben **2.** *Hochsitz des Jägers*

an·stän·dig **I.** *Adj.* **1.** *so, dass es von guter Erziehung zeugt* anständiges Benehmen, Ein anständiger Mensch würde das niemals tun. **2.** *so, dass es von einem guten Charakter zeugt* ein anständiger Kerl, Das ist aber anständig von dir! **3.** (*umg.*) *so, dass man damit zufrieden sein kann* ein anständiges Essen bekommen, anständige Kleidung tragen, anständige Resultate erzielen **II.** *Adv.* (*umg.* ≈ *richtig*) jemandem anständig die Meinung sagen

An·stands·hap·pen der <-s, -> (*umg.*) **1.** *eine kleine Menge einer Speise, die jmd. aus Höflichkeit isst, obwohl es ihm nicht schmeckt* **2.** *der letzte Rest einer Speise, der übrig bleibt, weil ihn aus Höflichkeit niemand nehmen will*

an·stands·los <nicht steig.> *Adv.* (*umg.* ≈ *ohne weiteres*) *verwendet, um auszudrücken, dass etwas keine Probleme verursacht* Sie können die Ware anstandlos umtauschen.

an·star·ren *mit OBJ* ■ *jmd. starrt jmdn./etwas an den Blick starr auf jmdn. oder etwas richten*

an·statt **I.** *Präp. + Gen. verwendet, um auszudrücken, dass eine Sache an der Stelle einer anderen getan usw. wird* Sie hat anstatt (der) Rosen Nelken gekauft. **II.** *Konj. drückt aus, dass das im Hauptsatz ausgedrückte Geschehen sich ereignete, obwohl eine andere Alternative möglich oder wünschenswert gewesen wäre* Wir waren im Kino, anstatt für die Prüfung zu lernen. ■ **anstatt dass ...** (*umg.* ≈ *anstatt*): Anstatt dass du schimpfst, solltest du lieber helfen.

an·ste·chen <stichst an, stach an, hat angestochen> *mit OBJ* ■ *jmd. sticht etwas an* **1.** (≈ *anzapfen*) *an einem Fass den Verschluss öffnen* ein Fass Bier anstechen **2.** KOCH. *in etwas stechen, um zu prüfen, ob es schon gar ist* den Braten/das Fleisch/die Kartoffeln anstechen **3.** *in etwas stechen und es so beschädigen* In der Nacht hat jemand die Autoreifen angestochen.

an·ste·cken <steckst an, steckte an, hat angesteckt> **I.** *mit OBJ* **1.** ■ *jmd. steckt jmdm. etwas an etwas an jmds. Finger oder Kleidungsstück befestigen* einen Ring anstecken, ein Abzeichen/eine Brosche anstecken **2.** ■ *jmd. steckt etwas an* (≈ *anzünden*) ein Haus/die Kerzen/eine Zigarette anstecken **3.** ■ *jmd. steckt jmdn.* (*mit etwas Dat.*) *an* MED. *eine Krankheit an jmdn. übertragen* jemanden mit Grippe anstecken, eine ansteckende Krankheit **4.** ■ *jmd. steckt jmdn.* (*mit etwas Dat.*) *an ähnliche Reaktionen bei anderen hervorrufen* jemanden mit seiner guten Laune anstecken, ein ansteckendes Lachen **II.** *mit SICH* ■ *jmd. steckt sich* (*bei jmdm.*) (*mit etwas Dat.*) *an* MED. *durch Kontakt die Krankheit, die eine andere Person hat, auch bekommen* Er hat sich bei ihr mit Grippe angesteckt.

An·ste·ckung die <-, -en> MED. *die Übertragung einer Krankheit durch Kontakt mit einer erkrankten Person* ◆ -sgefahr

an·ste·hen <stehst an, stand an, hat angestanden> *ohne OBJ* **1.** ■ *jmd. steht* (*für etwas Akk.*) *an Schlange stehen* nach Konzertkarten anstehen **2.** ■ *etwas steht an noch folgen* Was steht heute noch an?, das (für Sonntag) anstehende Fest

an·stei·gen <steigt an, stieg an, ist angestiegen> *ohne OBJ* ■ *etwas steigt an* (↔ *abfallen*) *in die Höhe gehen* Die Temperatur/der Weg steigt an., Die Lebenshaltungskosten/Die Preise sind (um 1,5 %) angestiegen.

an·stel·le/an Stel·le *Präp. + Gen.* (≈ *statt*) ◆ Zusammen- oder Getrenntschreibung→R 4.14 Er sprach an Stelle/anstelle seiner Kollegen., Anstelle von Holz wurde Kunststoff verwendet.

an·stel·len <stellst an, stellte an, hat angestellt> **I.** *mit OBJ* **1.** ■ *jmd. stellt etwas an etwas Dat./Akk. an* (≈ *anlehnen*) das Fahrrad an der/die Wand anstellen **2.** ■ *jmd. stellt etwas an* (≈ *einschalten*) das Radio anstellen **3.** ■ *jmd. stellt jmdn. an in ein Beschäftigungsverhältnis aufnehmen* einen Schlosser anstellen, jemanden zum Saubermachen anstellen **4.** ■ *jmd. stellt etwas an* (*umg. scherzh.*) *unternehmen* Was wollen wir heute noch anstellen? **II.** *mit SICH* **1.** ■ *jmd. stellt sich irgendwo an sich an das Ende eienr Schlange stellen* sich an der Kasse anstellen **2.** ■ *jmd. stellt sich irgendwie an* (*umg.*) *sich in einer bestimmten Weise verhalten* Stell dich nicht so an!, Das Kind stellte sich bei der Aufgabe sehr geschickt an.

An·stel·lung die <-, -en> **1.** (↔ *Entlassung*) *das Anstellen I.3* die Anstellung neuer Mitarbeiter **2.** (≈ *Arbeitsstelle*) eine Anstellung als Lehrerin haben, eine feste Anstellung haben

an·stif·ten <stiftest an, stiftete an, hat angestiftet> *mit OBJ* ■ *jmd. stiftet jmdn. zu etwas Dat. an* (*abwert.*) *jmdn. durch Worte so beeinflussen, dass er eine schlechte Tat begeht* jemanden zu einem Diebstahl anstiften

An·stif·ter, **An·stif·te·rin** der <-s, -> (*abwert.*) *Person, die andere zu Schlechtem anstiftet*

an·stim·men <stimmst an, stimmte an, hat angestimmt> *mit OBJ* ■ *jmd. stimmt etwas an beginnen, etwas von sich zu geben* lautes Geschrei/ein Lied/die Nationalhymne anstimmen

An·stoß der <-(e)s, Anstöße> **1.** (SPORT: ≈ *Anspiel*)

2. *Anregung* den Anstoß zu etwas geben ◆ Denk- 3. ■ **(bei jemandem) Anstoß erregen:** *(bei jmdm.) Ärger erregen* **(an etwas) Anstoß nehmen:** *sich (über etwas) ärgern*

an·sto·ßen <stößt an, stieß an, hat/ist angestoßen> **I.** *ohne OBJ* **1.** ■ *jmd. stößt mit jmdm. (auf etwas Akk.) an (haben) als Symbol für gemeinsame Freude gefüllte Gläser leicht gegeneinander stoßen* auf den Erfolg/die Gesundheit/das neue Jahr anstoßen **2.** ■ *jmd. stößt irgendwo an (sein) unabsichtlich gegen etwas stoßen* Ich bin am Tisch angestoßen. **3.** ■ *jmd. stößt (bei jmdm.) an (sein) durch sein Verhalten Ärger erregen* mit einer Bemerkung bei jmdm. anstoßen **II.** *mit OBJ* ■ *jmd. stößt jmdn. an (haben) einen (leichten) Stoß geben* jemanden mit dem Ellbogen/Fuß anstoßen

an·stö·ßig *Adj.* (≈ *obszön*) *so obszön, dass es Ärger erregt* ein anstößiger Witz

an·strei·chen <streichst an, strich an, hat angestrichen> *mit OBJ* ■ *jmd. streicht etwas an* **1.** (≈ *tünchen*) die Wände weiß anstreichen **2.** *markieren* die Fehler rot/eine Stelle in einem Buch anstreichen

an·stren·gen <strengst an, strengte an, hat angestrengt> **I.** *mit OBJ* **1.** ■ *jmd. strengt etwas an sehr bemühen* sein Gedächtnis anstrengen **2.** ■ *etwas strengt jmdn. an* (≈ *ermüden*) *jmdm. viel Kraft abverlangen* Die Arbeit strengt sie sehr an., Das ist anstrengend für die Augen., sehr angestrengt aussehen **3.** ■ *jmd. strengt etwas an* RECHTSW. *veranlassen* einen Prozess (gegen jemanden) anstrengen **II.** *mit SICH* ■ *jmd. strengt sich an sich sehr bemühen* sich sehr anstrengen, um etwas zu erreichen, Sie muss sich sehr anstrengen, um die Versetzung zu schaffen.

An·stren·gung die <-, -en> *das Anstrengen* große/riesige Anstrengungen machen/unternehmen, Alle Anstrengungen blieben erfolglos.

An·strich der <-(e)s, -e> **1.** *die Farbe, mit der etwas angestrichen ist* den Anstrich in der Küche auffrischen/erneuern **2.** (*umg.* ≈ *Aura*) *eine bestimmte Ausstrahlung* Er gibt sich gern den Anstrich des Weltmannes.

An·sturm der <-(e)s> (*kein Plur.*) (≈ *Andrang*) *der Sachverhalt, dass sehr viele Menschen gleichzeitig etwas wollen* dem Ansturm der Kunden kaum standhalten können

an·stür·men <stürmst an, stürmte an, ist angestürmt> *ohne OBJ* **1.** ■ *jmd. stürmt gegen jmdn./etwas an jmdn. oder etwas angreifen* gegen den Feind/die Festung anstürmen **2.** ■ *jmd. stürmt an (als Part. Perf. mit „kommen") sich schnell nähern* Die Kinder kamen aufgeregt angestürmt.

an·su·chen *ohne OBJ* ■ *jmd. sucht bei jmdm. um etwas Akk. an* (*österr.*) *förmlich bitten* um Asyl ansuchen

An·su·chen das <-s, -> (*österr.*) *Gesuch*

An·ta·go·nismus der <-, Antagonismen> (*geh.*) *Kampf oder Streit zwischen zwei Parteien*

an·ta·go·nis·tisch <nicht steig.> *Adj.* (≈ *widerstreitend*)

Ant·ark·tis die <-> (*kein Plur.*) (↔ *Arktis*) *das Land um den Südpol* die Antarktis erforschen

ant·ark·tisch <nicht steig.> (*nur attr.*) *Adj.* (↔ *arktisch*) *auf die Antarktis bezogen*

an·tas·ten <tastest an, tastete an, hat angetastet> *mit OBJ* ■ *jmd. tastet etwas an* **1.** *zu verbrauchen beginnen* ein Erbe/Vorräte (nicht) antasten **2.** *beeinträchtigen; verletzen* jemandes Ehre/Gefühle/Rechte antasten

an·täu·schen <täuschst an, täuschte an, hat angetäuscht> *ohne OBJ* ■ *jmd. täuscht an* SPORT *sich so bewegen, als wolle man den Ball in eine bestimmte Richtung spielen, und ihn dann in eine andere, unerwartete Richtung schießen*

An·teil der <-s, -e> **1.** *der Teil, der jmdm. zusteht* seinen Anteil (an etwas) fordern, Alle erhalten den gleichen Anteil vom Erbe. **2.** (≈ *Gehalt*) *etwas, das Bestandteil einer Substanz oder eine Untermenge einer Menge ist* Das Gas enthält einen hohen Anteil von Stickstoff., Der Anteil der Studienabbrecher liegt in diesem Fach bei zwanzig Prozent. **3.** WIRTSCH. *Unternehmensbeteiligung* Anteile erwerben/abstoßen ■ **Anteil an etwas nehmen:** *mitwirken oder Interesse zeigen* **Anteil an etwas zeigen:** *Interesse oder Mitgefühl zeigen* **Anteil an etwas haben:** *bei etwas mitwirken*

an·tei·lig <nicht steig.> *Adv. entsprechend den jeweiligen Anteilen* den Gewinn anteilig auszahlen

An·teil·nah·me die <-> (*kein Plur.*) **1.** (≈ *Mitgefühl*) jemanden seiner aufrichtigen Anteilnahme versichern **2.** (≈ *Interesse*) unter reger Anteilnahme der Bevölkerung stattfinden

An·teils·eig·ner, **An·teils·eig·ne·rin** der <-s, -> WIRTSCH. *Inhaber eines Investmentzertifikats oder eines Anteilscheins*

An·ten·ne die <-, -n> *Gerät zum Empfang und zum Senden elektromagnetischer Wellen* ◆ Fernseh-, Satelliten-

An·ten·nen·mast der <-(e)s, -e> *ein Mast, auf dem eine Antenne angebracht ist*

An·ten·nen·wald der <-(e)s> (*kein Plur.*) (*umg. abwert.*) *(zu) viele Antennen, die irgendwo zu sehen sind* der Antennenwald auf den Hausdächern

An·tho·lo·gie die <-, -n> (LIT.: *geh.*) *Sammlung von Gedichten oder Texten verschiedener Autoren in einem oder mehreren Bänden*

An·thra·zit der [antra'tsi:t] <-s, (-e)> (*Plur. selten*) *hochwertige harte Steinkohle*

an·thra·zit <nicht steig.> *Adj. von der schwarzgrauen Farbe des Anthrazits* ein Pullover in anthrazit

an·thro·po·gen <nicht steig.> *Adj.* FACHSPR. *durch Menschen hervorgerufen*

An·thro·po·lo·ge, **An·thro·po·lo·gin** der <-n, -n> *Wissenschaftler auf dem Gebiet der Anthropologie*

An·thro·po·lo·gie die <-> (*kein Plur.*) *Wissenschaft vom Menschen und seiner Entwicklung*

an·thro·po·lo·g·isch <nicht steig.> (*nur attr.*) *Adj. die Anthropologie betreffend*

an·thro·po·morph <nicht steig.> FACHSPR. *nach*

der Gestalt des menschlichen Körpers geformt

An·thro·po·so·phie <-> (*kein Plur.*) *eine von Rudolf Steiner begründete Bewegung, die eine ganzheitliche Auffassung vom Menschen vertritt und den Menschen zur Entwicklung höherer seelischer Fähigkeiten und Erkenntnisse führen will* ►Anthroposoph, anthroposophisch

an·thro·po·zen·trisch <nicht steig.> *Adj. so, dass es den Menschen und seine Bedürfnisse in den Mittelpunkt stellt*

anti- (*in Zusammensetzungen*) *als Erstglied verwendet, um auszudrücken, dass jmd. gegen die im Zweitglied genannte Sache eingestellt ist oder etwas gegen die im Zweitglied genannte Sache verwendet wird* antidemokratisch, antisemitisch, antiwestlich

An·ti·al·ko·ho·li·ker, **An·ti·al·ko·ho·li·ke·rin** der <-s, -> *Person, die grundsätzlich keinen Alkohol trinkt*

an·ti·au·to·ri·tär <nicht steig.> *Adj. so, dass Zwänge und Normen abgelehnt werden* antiautoritäre Erziehung, antiautoritäres Denken

An·ti·ba·by·pil·le die [anti'be:bipɪlə] <-, -n> (*umg.*) *Verhütungsmittel in Form von Tabletten, die Frauen regelmäßig einnehmen, um nicht schwanger zu werden*

an·ti·bak·te·ri·ell <nicht steig.> *Adj. so, dass es Bakterien abtötet* ein Mundwasser mit antibakterieller Wirkung

An·ti·bi·o·ti·kum das [anti'bi̯o:tikʊm] <-s, Antibiotika> MED. *biologischer Wirkstoff gegen Krankheitserreger* Der Arzt hat ihr gegen ihre hartnäckige Mandelentzündung ein Antibiotikum verschrieben. ►antibiotisch

An·ti·blo·ckier·sys·tem das <-s, -e> KFZ *ein Bremssystem, das das Blockieren der Räder beim Bremsen verhindern soll* ein Auto mit Antiblockiersystem

an·ti·cham·b·rie·ren [antiʃam'bri:rən] <antichambrierst, antichambrierte, hat antichambriert> *ohne OBJ* ■ *jmd. antichambriert* (*geh. abwert.*) *um Gunst betteln*

an·ti·de·mo·kra·tisch <nicht steig.> *Adj. so, dass es gegen die Demokratie gerichtet ist* eine antidemokratische Gesinnung/Partei/Tendenz

An·ti·fal·ten·creme die <-, -s> *Hautcreme, die die Bildung von Falten verhindern soll*

An·ti·fa·schist, **An·ti·fa·schis·tin** der <-en, -en> *Person, die gegen den Faschismus eintritt*

an·ti·fa·schis·tisch <nicht steig.> *Adj. gegen den Faschismus gerichtet*

An·ti·held der <-en, -en> *Hauptperson eines Romans oder Films, deren Schwächen oder negative Eigenschaften bewusst deutlich gezeigt werden*

an·tik <nicht steig.> *Adj.* **1.** (*nur attr.*) *das griechisch-römische Altertum betreffend* eine antike Statue, die antike Mythologie **2.** (≈ *altertümlich*) antike Möbel, antik aussehen

An·ti·ke die <-> (*kein Plur.*) *das griechisch-römische Altertum* Mythen/Sagen/Schauplätze der Antike

an·ti·ki·sie·rend <nicht steig.> *Adj. so, dass es Stilmerkmale antiker Kunst verwendet*

An·ti·kle·ri·ka·lis·mus der <-> (*kein Plur.*) *der Zustand, dass jmd. gegen die Kirche und ihre Vertreter eingestellt ist*

An·ti·kör·per der <-s, -> (*meist Plur.*) MED. *körpereigener Abwehrstoff gegen Krankheiten* Antikörper bilden

Antillen *Plur. westindische Inselgruppe*

An·ti·lo·pe die [anti'lo:pə] <-, -n> ZOOL. *ein schlankes Huftier, das sehr schnell laufen kann und in Afrika und Asien lebt*

An·ti·ma·te·ri·e die <-> (*kein Plur.*) PHYS. *Form der Materie, deren Atome aus Antiteilchen bestehen*

An·ti·mi·li·ta·ris·mus der <-> (*kein Plur.*) *der Sachverhalt, dass man gegen das Militär eingestellt ist*

An·ti·mi·li·ta·rist der <-en, -en> *Vertreter des Antimilitarismus*

an·ti·mi·li·ta·ris·tisch <nicht steig.> *Adj. im Sinne des Antimilitarismus*

An·ti·mon das <-s> (*kein Plur.*) CHEM. *chemisches Element, Zeichen: Sb*

An·ti·my·ko·ti·kum das <-s, Antimykotika> MED. *Mittel gegen Hautpilz*

An·ti·pa·thie die [antipa'ti:] <-, -n> (↔ *Sympathie*) *Abneigung, Widerwille* eine Antipathie gegen jemanden/etwas haben

An·ti·po·de der <-n, -n> **1.** GEOGR. *auf der gegenüberliegenden Seite der Erde lebender Mensch* **2.** (*umg.* ≈ *Gegner*)

An·ti·qua·ri·at das [antikva'ri̯a:t] <-(e)s, -e> *ein Geschäft, in dem mit alten oder gebrauchten Büchern gehandelt wird*

an·ti·qua·risch <nicht steig.> **I.** *Adj. aus dem Antiquariat stammend* ein antiquarisches Buch **II.** *Adv. aus zweiter Hand* ein Buch antiquarisch erwerben

An·ti·qui·tät die [antikvi'tɛ:t] <-, -en> (*meist Plur.*) *altes Kunstwerk, alter wertvoller Gebrauchsgegenstand* ◆ -enhändler

An·ti·qui·tä·ten·samm·ler der <-s, -> *jmd., der Antiquitäten sammelt*

An·ti·se·mit, **An·ti·se·mi·tin** der [antize'mi:t] <-en, -en> (*abwert.*) *Person, die den Juden feindlich gesinnt ist*

an·ti·se·mi·tisch <nicht steig.> *Adj. so, dass es eine feindliche Einstellung gegen Juden offenbart*

An·ti·sep·ti·kum das <-s, Antiseptika> (MED.: ≈ *Desinfektionsmittel*)

an·ti·sep·tisch <nicht steig.> *Adj.* MED. *so, dass es Krankheitserreger abtötet* eine antiseptische Lösung, ein antiseptischer Verband

an·ti·sta·tisch <nicht steig.> *Adj.* PHYS. *so, dass es elektrostatische Aufladung aufhebt*

An·ti·zi·pa·ti·on die <-, -en> (*geh.*) *das Antizipieren*

an·ti·zi·pie·ren <antizipierst, antizipierte, hat antizipiert> *mit OBJ* ■ *jmd. antizipiert etwas* (*geh.*) *vorwegnehmen*

Ant·litz das <-es, (-e)> (*Plur. selten*) (*geh.*) *Gesicht*

ạn·tö·nen *mit OBJ* ■ *jmd. tönt etwas an* (*österr. schweiz.*) *andeuten* etwas vorsichtig antönen

An·to·ny̲m das [anto'ny:m] <-s, -e> (SPRACHWISS.: ↔ *Synonym*) *ein Wort, das einen begrifflichen Gegensatz zu einem anderen Wort bildet*

> **i Wissenswert** Als **Antonym** bezeichnet man einen Begriff, der das begriffliche Gegenteil zu einem Wort darstellt. In diesem Wörterbuch werden manchmal Antonyme verwendet, um eine bestimmte Bedeutung eines Stichworts zu erläutern. Vor diesen Antonymen findet man als Hinweiszeichen den Doppelpfeil.

Ạn·trag der <-(e)s, Anträge> (≈ *Gesuch*) *ein Schreiben, in dem jmd. eine offizielle Stelle um etwas bittet oder sie zu etwas auffordert* einen Antrag (auf etwas) stellen, auf Antrag von Frau Müller, über einen Antrag abstimmen ◆-sformular

ạn·trai·niert <nicht steig.> *Adj. so, dass ein Verhalten durch Training erworben worden ist* ein antrainiertes Verhalten

ạn·tref·fen <triffst an, traf an, hat angetroffen> *mit OBJ* **1.** ■ *jmd. trifft jmdn./etwas an jmdn. oder etwas an einem Ort vorfinden* jemanden zu Hause antreffen **2.** ■ *jmd. trifft jmdn./etwas* (*irgendwie*) *an in einer bestimmten Verfassung vorfinden* jemanden bei guter Gesundheit antreffen, ein sehr interessiertes Publikum antreffen

ạn·trei·ben <treibst an, trieb an, hat/ist angetrieben> **I.** *mit OBJ* (*haben*) **1.** ■ *jmd./etwas treibt jmdn. an zu etwas bewegen oder anstacheln* jemanden zu höheren Leistungen antreiben, Was hat dich dazu angetrieben? **2.** ■ *jmd. treibt jmdn./ein Tier an vorwärts treiben* die Pferde antreiben **3.** ■ *etwas treibt etwas an* TECHN. *die Energie liefern, die eine Maschine oder in Bewegung hält* von einem Elektromotor/mit Solarenergie/ mit Wasserkraft/vom Wind angetrieben werden **II.** *ohne OBJ* ■ *etwas treibt an* (*sein*) *angeschwemmt werden* Ein Boot ist am Strand angetrieben.

ạn·tre·ten <trittst an, trat an, hat/ist angetreten> **I.** *mit OBJ* (*haben*) **1.** ■ *jmd. tritt etwas an beginnen* die Reise antreten **2.** ■ *jmd. tritt etwas an etwas übernehmen* ein Amt/ein Erbe/jemands Nachfolge antreten **II.** *ohne OBJ* (*sein*) **1.** ■ *jmd. tritt* (*zu etwas Dat.*) *an irgendwo pflichtgemäß* (*zu etwas*) *erscheinen* zum Dienst antreten **2.** ■ *jmd. tritt* (*gegen jmdn.*) *an* SPORT *sich zum Wettkampf stellen* gegen den Champion antreten **3.** MILIT. ■ *jmd. tritt* (*irgendwie*) *an sich in einer Formation aufstellen* in Zweierreihe antreten, Lassen Sie die Kompanie antreten!, Angetreten!

Ạn·trieb der <-(e)s, -e> **1.** (*kein Plur.*) (≈ *Motivation*) *die innere Kraft, etwas zu tun* etwas aus eigenem Antrieb tun, Er hat keinen rechten Antrieb. **2.** TECHN. *Motor* ein Fahrzeug/Gerät mit elektrischem Antrieb ◆-saggregat, Diesel-, Elektro-, Solar-

Ạn·tritt der <-(e)s> (*kein Plur.*) **1.** *das Beginnen von etwas* bei Antritt der Ausbildung/der Lehre/ Reise/des Studiums **2.** (≈ *Übernahme*) bei Antritt des Amtes/des Erbes

Ạn·tritts·be·such der <-(e)s, -e> *der Vorgang, dass jmd., der gerade ein Amt angetreten hat, jmdn. besucht*

Ạn·tritts·re·de die <-, -n> *Rede, die jmd. bei Antritt eines Amtes hält*

ạn·tun <tust an, tat an, hat angetan> *mit OBJ* ■ *jmd./etwas tut jmdm. etwas an Schaden oder Leid zufügen* Warum hast du mir das angetan? ■ **sich etwas antun**: *sich das Leben nehmen* **sich etwas Gutes antun**: *sich etwas gönnen* **jemand/etwas hat es jemandem angetan**: *verwendet, um auszudrücken, dass jmd. jmdn. oder etwas schön, anziehend usw. findet* Die neue Nachbarin/Das neue Auto hatte es ihm angetan.

ạn·tur·nen ['antø:rnən] <turnst an, turnte an, hat angeturnt> *mit OBJ* ■ *etwas turnt jmdn. an* (*umg.* ↔ *abturnen*) *in gute Stimmung versetzen* Diese Musik turnt mich an.

Ạnt·wort die <-, -en> **1.** *die Worte, mit denen man reagiert, wenn jmd. eine Frage gestellt hat* jemandem eine Antwort geben, eine ausführliche/ freche/freundliche/ knappe/mürrische Antwort **2.** *etwas, das eine* (*angemessene*) *Reaktion auf etwas darstellt* Weitere Friedensbemühungen sind unsere Antwort auf diesen neuerlichen Terroranschlag.

ạnt·wor·ten <anwortest, antwortete, hat geantwortet> **I.** *mit OBJ* ■ *jmd. antwortet etwas etwas als Antwort geben* Er antwortete nichts. **II.** *ohne OBJ* **1.** ■ *jmd. antwortet jmdm.* (*auf etwas Akk.*) *auf etwas eine Antwort geben* auf einen Brief/eine Frage antworten **2.** ■ *jmd. antwortet* (*auf etwas Akk.*) *mit etwas Akk.* (≈ *reagieren*) *etwas als Reaktion auf etwas zeigen* mit einem breiten Grinsen/ einem höhnischen Lachen/einem Schulterzucken antworten

ạn·ver·trau·en <vertraust an, vertraute an, hat anvertraut> **I.** *mit OBJ* **1.** ■ *jmd. vertraut jmdm. etwas an* (≈ *offenbaren*) *jmdm. etwas, das bisher niemand weiß, sagen* jemandem ein Geheimnis anvertrauen **2.** ■ *jmd. vertraut jmdm./etwas etwas an vertrauensvoll überlassen* jemandem ein Kind zur Pflege anvertrauen, jemandem eine schwierige Arbeit anvertrauen **II.** *mit SICH* ■ *jmd. vertraut sich jmdm. an ein persönliches Geheimnis offenbaren* Schließlich vertraute sich die Schülerin ihrem Klassenlehrer an.

ạn·wach·sen <wächst an, wuchs an, ist angewachsen> *ohne OBJ* **1.** ■ *etwas wächst an* (↔ *abnehmen*) *größer werden* Der Schuldenberg wächst ständig an. **2.** ■ *etwas wächst an etwas Dat. an festwachsen* Der Busch ist am Felsen angewachsen.

Ạn·walt, Ạn·wäl·tin der <-(e)s, Anwälte> **1.** (≈ *Rechtsanwalt*) **2.** (≈ *Fürsprecher*) *jmd., der sich für eine Sache oder für bestimmte Personen einsetzt* sich zum Anwalt einer Sache machen, sich als Anwalt der sozial Benachteiligten verstehen

Ạn·walts·kanz·lei die <-, -en> *Büro eines An-*

walts[1]

An·wand·lung die <-, -en> (*geh.* ≈ *Laune*) *eine plötzliche Stimmung* aus einer Anwandlung heraus, In einer Anwandlung von Freundlichkeit hat er mich zum Essen eingeladen.

An·wär·ter, **An·wär·te·rin** der <-s, -> (≈ *Kandidat*) *jmd., der sich um ein bestimmtes Amt bewirbt* der Anwärter auf diesen Posten ►Anwartschaft

an·wei·sen <weist an, wies an, hat angewiesen> *mit OBJ* **1.** ■ *jmd. weist jmdn. etwas an beauftragen* jemanden anweisen, etwas zu tun **2.** ■ *jmd. weist jmdn. an* (≈ *anleiten*) *jmdm. sagen, was er tun soll und erklären, wie man es macht* Sie weist den Lehrling bei der Arbeit an. **3.** ■ *jmd. weist jmdm. etwas an* (≈ *zuteilen*) jemandem einen Platz/eine Unterkunft anweisen **4.** ■ *jmd. weist jmdm. etwas an* (BANKW.: ≈ *überweisen*) jemandem Geld anweisen

An·wei·sung die <-, -en> **1.** (*kein Plur.*) (≈ *Befehl*) auf Anweisung von … **2.** (≈ *Instruktion*) *Hinweise zur Handhabung* die Anweisungen in der Gebrauchsanleitung genau befolgen **3.** (BANKW.: ≈ *Überweisung*)

an·wend·bar <nicht steig.> *Adj. so, dass man es anwenden kann* Dieses Wissen ist in der Praxis anwendbar., anwendbares Wissen erwerben

an·wen·den <wendest an, wandte/wendete an, hat angewandt/angewendet> *mit OBJ* **1.** ■ *jmd. wendet etwas an benutzen* ein Gerät/eine Methode anwenden, Dieses Gesetz wird hier nicht angewandt/angewendet. **2.** ■ *jmd. wendet etwas auf etwas Akk. an etwas, das allgemein gültig ist, auf einen konkreten Fall übertragen* ein Gesetz/einen Paragraphen auf einen Fall anwenden, Dieses Modell lässt sich leicht auf unsere Situation anwenden.

An·wen·der, **An·wen·de·rin** der <-s, -> (EDV: ≈ *User*) *Person, die ein (bestimmtes) Computerprogramm benutzt*

An·wen·dung die <-, -en> **1.** *das Benutzen, die praktische Umsetzung* unter Anwendung von Gewalt, Dieses Gesetz findet hier keine Anwendung. **2.** MED. *Heilmaßnahmen im Rahmen einer Kur* verschiedene Anwendungen zur Linderung der Beschwerden bekommen

An·wen·dungs·be·reich der <-(e)s, -e> *Bereich, in dem etwas angewendet werden kann*

An·wen·dungs·form die <-, -en> *bestimmte Art, wie etwas angewendet wird*

An·wen·dungs·mög·lich·keit die <-, -en> *eine Möglichkeit, etwas anzuwenden*

An·wen·dungs·pro·gramm das <-(e)s, -e> EDV *Computerprogramm, mit dem man bestimmte Aufgaben erledigt*

An·wen·dungs·wei·se die <-, -> *bestimmte Art, wie etwas angewendet wird*

an·wer·ben <wirbst an, warb an, hat angeworben> *mit OBJ* ■ *jmd. wirbt jmdn. an für eine Aufgabe gewinnen* Freiwillige für eine Arbeit anwerben

An·we·sen das <-s, -> (*geh.*) *größeres Haus mit Grundstück* ein herrschaftliches Anwesen

an·we·send <nicht steig.> *Adj.* (↔ *abwesend*) *so, dass man (gerade) an einem bestimmten Ort ist* bei einer Veranstaltung anwesend sein

An·we·sen·heit die <-> (*kein Plur.*) **1.** *der Sachverhalt, dass jmd. an einem Ort ist, an dem gerade etwas geschieht* in Anwesenheit von …, In Anwesenheit zahlreicher Gäste wurde die Ausstellung eröffnet. **2.** (↔ *Abwesenheit*) *Vorhandensein* die Anwesenheit von Bodenschätzen vermuten

An·we·sen·heits·kon·trol·le die <-, -n> *Kontrolle, ob jmd. zu einem bestimmten Zeitpunkt an einem bestimmten Ort anwesend ist*

an·wi·dern <widerst an, widerte an, hat angewidert> *mit OBJ* ■ *jmd./etwas widert jmdn. an* (*abwert.* ≈ *anekeln*) *sehr abstoßen* Der Anblick der toten Tiere widerte ihn an., sich angewidert fühlen

An·woh·ner, **An·woh·ne·rin** der <-s, -> *jmd., der in der Nachbarschaft von etwas wohnt* die Anwohner einer Straße

An·woh·ner·park·platz der <-es, Anwohnerparkplätze> *ein Parkplatz, der für Anwohner reserviert ist*

an·wur·zeln <wurzelt an, wurzelte an, ist angewurzelt> *ohne OBJ* ■ *etwas wurzelt irgendwo an Wurzeln bilden und festwachsen* Der Baum ist endlich angewurzelt. ■ **wie angewurzelt** (*umg.*): *reglos* Sie stand vor Schreck wie angewurzelt da.

An·zahl die <-> (*kein Plur.*) *Zahl oder Menge von etwas* Eine große Anzahl (von) Menschen nahm an der Demonstration teil.

an·zah·len <zahlst an, zahlte an, hat angezahlt> *mit OBJ* ■ *jmd. zahlt etwas auf etwas Akk. an beim Kauf erst einen Teil des gesamten Kaufpreises bezahlen* 100 Euro auf den Kühlschrank anzahlen

an·zäh·len <zählst an, zählte an, hat angezählt> SPORT *als Ringrichter beim Boxen langsam zählen, wobei der angeschlagene Boxer innerhalb der Zeit dieses Zählens wieder kampfbereit werden muss* in der vierten Runde angezählt werden

An·zah·lung die <-, -en> *die erste Teilzahlung bei einem Kauf* eine Anzahlung (von 10.000 Euro) auf etwas leisten

an·zap·fen <zapfst an, zapfte an, hat angezapft> *mit OBJ* ■ *jmd. zapft etwas an* **1.** *ein Fass öffnen* ein Fass Bier anzapfen **2.** (*umg.*) *sich unrechtmäßig Zugang zu etwas verschaffen* eine Telefonleitung/Wasserleitung anzapfen ■ **jemanden anzapfen** (*umg.*): *Geld von jmdm. leihen*

An·zei·ge die <-, -n> **1.** *der Vorgang, dass jmd. eine Straftat an die Polizei meldet* gegen jemanden Anzeige erstatten, eine Anzeige wegen Körperverletzung, die Anzeige zurückziehen **2.** (≈ *Annonce*) *ein (kurzer) Text in einer Zeitung, in der jmd. etwas öffentlich bekannt gibt* eine Anzeige in der Zeitung aufgeben/schalten ◆Geburts-, Heirats-, Klein-, Kontakt-, Todes-, Werbe-, Wohnungs- **3.** *Vorrichtung zum Ablesen von Werten oder Informationen* ein Messgerät mit analoger/digitaler Anzeige ◆-instrument

an·zei·gen <zeigst an, zeigte an, hat angezeigt> *mit OBJ* **1.** ■ *jmd. zeigt jmdn. an jmdn., der eine Straftat begangen hat, bei der Polizei melden* den

Nachbarn wegen nächtlicher Ruhestörung anzeigen, Noch ein Wort und ich zeige Sie an! **2.** ■ *jmd. zeigt etwas an* (*in der Zeitung*) *mit einer Anzeige² bekannt geben* seine Hochzeit anzeigen **3.** ■ *etwas zeigt etwas an Werte oder Informationen angeben* Die Uhr zeigt die Zeit, das Thermometer die Temperatur an., Die Tafel zeigt die Abfahrt des Zuges an.

An·zei·gen·wer·bung die <-, -en> WIRTSCH. *das Verwenden von Zeitungsanzeigen als Werbemittel*

an·zet·teln <zettelst an, zettelte an, hat angezettelt> *mit OBJ* ■ *jmd. zettelt etwas an* (*abwert.*) *auf verantwortungslose Weise anfangen* einen Krieg/Streit anzetteln

an·zie·hen <ziehst an, zog an, hat angezogen> **I.** *mit OBJ* **1.** ■ *jmd. zieht* (*jmdm.*) *etwas an* (≈ *anlegen*) *ein Kleidungsstück in der dafür vorgesehenen Weise auf den Körper bringen* sich die Schuhe anziehen, mit Mantel, Schal und Mütze warm angezogen sein, Die Mutter zieht dem Kind eine Jacke an. **2.** ■ *jmd. zieht etwas an befestigen, fest machen* eine Schraube anziehen, die Handbremse anziehen **3.** ■ *jmd./etwas zieht etwas an bewirken, dass Menschen oder Tiere in größerer Menge herkommen* Motten werden vom Licht angezogen., Die Ausstellung zieht zahlreiche Besucher an. **4.** ■ *etwas zieht etwas an durch Magnetismus bewirken, dass Partikel zu einem Objekt gezogen werden und darauf haften* Der Magnet zieht Eisen an. **II.** *ohne OBJ* ■ *etwas zieht an* **1.** (*umg.* ≈ *beschleunigen*) Der Wagen zieht gut an. **2.** (≈ *steigen*) Die Preise ziehen an. **III.** *mit SICH* **1.** ■ *jmd. zieht sich an sich ankleiden* **2.** ■ *jmd. zieht sich* (*irgendwie*) *an einen bestimmten Kleidungsstil haben* Sie zieht sich eher elegant/meist sportlich an.

an·zie·hend *Adj. reizvoll, hübsch* anziehend aussehen

An·zie·hungs·kraft die <-> (*kein Plur.*) **1.** (≈ *Attraktivität*) *Kraft, die Menschen zu jmdm. oder etwas hinzieht* eine starke Anziehungskraft auf jemanden/etwas ausüben, Die Stadt hat nichts von ihrer Anziehungskraft verloren. **2.** PHYS. *Schwerkraft* Die Monde werden durch die Anziehungskraft des Planeten in ihrer Bahn gehalten. ◆ Erd-

An·zug¹ der <-(e)s, Anzüge> **1.** *eine aus Sakko und passender Hose* (*aus dem gleichen Stoff*) *bestehende formelle Oberbekleidung für Männer* ein eleganter/zweireihiger Anzug ◆ Nadelstreifen-, Tweed- **2.** *eine Bekleidung, die eine bestimmte Funktion erfüllt* ◆ Bade-, Jogging-, Strampel-, Taucher-, Trainings-

An·zug² ■ **im Anzug sein:** *sich nähern* Ich glaube, es ist ein Gewitter im Anzug., Bei ihm ist eine Erkältung im Anzug.

an·züg·lich *Adj.* **1.** *so, dass man auf etwas anspielt* anzügliche Bemerkungen machen, anzüglich werden **2.** *so, dass etwas anstößig oder zweideutig oder obszön ist* eine anzügliche Geschichte ►Anzüglichkeit

an·zün·den <zündest an, zündete an, hat angezündet> *mit OBJ* ■ *jmd. zündet etwas an in Brand stecken* ein Streichholz/eine Zigarette anzünden

an·zwin·kern <zwinkerst an, zwinkerte an, hat angezwinkert> *mit OBJ* ■ *jmd. zwinkert jmdn. an jmdn. ansehen und dabei zwinkern*

Ä·on der [ɛ'o:n/'ɛ:ɔn] <-s, -en> (*meist Plur.*) (*geh.*) *unendlich langer Zeitraum, Ewigkeit*

A·or·ta die [a'ɔrta] <-, Aorten> MED. *Hauptschlagader*

A·pa·che der [a'patʃe] <-n, -n> *Angehöriger eines nordamerikanischen Indianerstammes*

a·part [a'part] *Adj. auf ungewöhnliche Art reizvoll* ein apartes Kleid tragen

A·part·heid die <-> (*kein Plur.*) POL. *besonders in der Republik Südafrika praktizierte völlige Trennung von Menschen verschiedener Hautfarbe in allen Bereichen des öffentlichen Lebens*

A·part·ment das [a'partmɛnt] <-s, -s> *kleine Wohnung*

A·part·ment·haus das <-es, -häuser> *Haus mit mehreren Apartmentwohnungen*

A·pa·thie die <-, -n> (*Plur. selten*) *Teilnahmslosigkeit* in völliger Apathie dasitzen

a·pa·thisch *Adj. teilnahmslos* Sein apathisches Verhalten ist beunruhigend.

A·pen·ni·nen <-> *Plur. ein Gebirge in Italien*

a·per *Adj.* (*süddt. österr. schweiz.*) *schneefrei*

A·pe·ri·tif der [aperi'ti:f] <-s, -s> *alkoholisches Getränk, das man meist vor dem Essen trinkt* vor dem Essen einen Aperitif nehmen

Ap·fel der <-s, Äpfel> *eine essbare runde Frucht, die an Bäumen wächst, eine rote, grüne oder gelbe Schale und ein Kerngehäuse hat und* (*mehr oder weniger*) *süß schmeckt* im Herbst Äpfel ernten, Die Äpfel sind noch nicht reif/sauer., Äpfel vom Bodensee/aus Südtirol ■ **in den sauren Apfel beißen** (*umg.*): *etwas Unangenehmes auf sich nehmen* **Der Apfel fällt nicht weit vom Stamm.**: *verwendet, wenn man ausdrücken möchte, dass jmd. in seinem Verhalten dem Vater oder der Mutter sehr ähnlich ist* ◆ -baum, -kuchen, -saft, -schorle, -wein

Ap·fel·korn der <-s> (*kein Plur.*) *aus Äpfeln gebrannter klarer Schnaps*

Ap·fel·si·ne die <-, -n> (≈ *Orange*)

A·pho·ris·mus der [afo'rɪsmʊs] <-, Aphorismen> *geistreicher Sinnspruch*

a·pho·ris·tisch <nicht steig.> *Adj. in der Art eines Aphorismus*

A·phro·di·si·a·kum das [afrodi'zi:akʊm] <-s, Aphrodisiaka> MED. *ein Mittel, das das sexuelle Verlangen und Lustempfinden anregen soll*

Aph·the die ['aftə] <-, -n> (*meist Plur.*) MED. *kleines Geschwür der Mundschleimhaut*

a·po·dik·tisch [apo'dɪktɪʃ] <nicht steig.> *Adj.* (*geh.*) *keinen Widerspruch duldend*

A·po·ka·lyp·se die [apoka'lʏpsə] <-> (*kein Plur.*) **1.** REL. *Schrift des Apostels Johannes über das Weltende* **2.** (*geh.*) *grauenhafte Katastrophe*

a·po·ka·lyp·tisch [apoka'lʏptɪʃ] <nicht steig.> *Adj.* (*geh.*) *grauenhaft, katastrophal*

A·po·kryph das [apo'kry:f] <-s, -en> (*meist Plur.*) REL. *nicht als Teil der Bibel anerkannter, aber den*

Büchern der Bibel ähnlicher Text

A·poll, a. **A·pol·lo** der <-s, -s> **1.** (*kein Plur.*) (*in der griechischen Antike*) *der Gott der Dichtkunst* **2.** (*geh.*) *schöner junger Mann*

A·po·lo·gie die <-, -n> (*geh.*) *Rechtfertigung einer Lehre* ▶Apologet, apologetisch

A·pos·tel der <-s, -> **1.** REL. *Jünger Jesu* **2.** (*scherzh. abwert.*) *ein (übertrieben) eifriger Vertreter einer Sache* ein Apostel der Sparsamkeit ◆Gesundheits-

a·pos·to·lisch <nicht steig.> *Adj.* **1.** *von den Aposteln ausgehend* **2.** (≈ *päpstlich*) den apostolischen Segen erteilen

A·po·stroph der [apo'stro:f] <-s, -e> SPRACHWISS. *Auslassungszeichen*

A·po·the·ke die <-, -n> *ein Fachgeschäft, in dem Medikamente (und auch Kosmetika) verkauft werden und das von einer Person mit einer wissenschaftlichen Ausbildung in der Pharmazie geleitet wird* in der Apotheke ein Rezept vorlegen, Beim Einbruch in die Apotheke wurden Betäubungsmittel entwendet.

a·po·the·ken·pflich·tig <nicht steig.> *Adj. so, dass man ein Medikament nur in der Apotheke kaufen kann*

A·po·the·ker, **A·po·the·ke·rin** der <-s, -> *jmd., der eine wissenschaftliche Ausbildung in der Pharmazie hat und Inhaber einer Apotheke ist* Zu Risiken und Nebenwirkungen fragen Sie Ihren Arzt oder Apotheker!

A·po·the·ker·kam·mer die <-> (*kein Plur.*) *Berufsverband der Apotheker*

A·po·the·o·se die <-, -n> (*geh.*) *Vergöttlichung*

Ap·pa·rat der [apa'ra:t] <-(e)s, -e> **1.** (*aus mehreren Teilen bestehendes*) *technisches Gerät* ◆Fernseh-, Radio-, Rasier-, Telefon- **2.** (*kein Plur.*) *Gesamtheit der Hilfsmittel und Personen für eine bestimmte Aufgabe* der gesamte Apparat der Stadtverwaltung **3.** *Bücher, die für die wissenschaftliche Arbeit zusammengestellt worden sind* ein wissenschaftlicher Apparat, Im Apparat finden Sie alle wichtigen Bücher zu diesem Seminar! ◆Hand-, Seminar-, Semester- **4.** *ein System von Organen, die eine gemeinsame Funktion haben* ◆Verdauungs- **5.** (*umg.*) *etwas, das aufgrund seiner Größe, Beschaffenheit o.Ä. von der Norm abweicht und ungewöhnlich ist und deshalb erstaunt* Dieser Pilz ist ja wirklich ein ziemlicher Apparat!

Ap·pa·rat·schik der [apa'ratʃɪk] <-s, -s> (*abwert.*) *Funktionär im Staats- und Parteiapparat*

Ap·pa·ra·tur die <-, -en> *Gesamtanlage von Apparaten[1]*

Ap·par·te·ment das [apartə'maŋ] <-s, -s> *kleine komfortable Wohnung*

Ap·pell der [a'pɛl] <-s, -e> **1.** (≈ *Aufruf*) *Worte, mit denen man jmdn. zu etwas aufruft* einen Appell (zur Sparsamkeit) an jemanden richten **2.** *Antreten beim Militär zum Befehlsempfang* zum Appell antreten ◆Morgen-

Ap·pel·la·ti·on die <-, -en> (RECHTSW.: *schweiz.*) *Berufung*

ap·pel·lie·ren <appellierst, appellierte, hat appelliert> *ohne OBJ* ■ *jmd. appelliert an jmdn./etwas sich mahnend oder auffordernd an jmdn. oder etwas wenden* Sie appellierte an seine Vernunft, sich nicht auf dieses Wagnis einzulassen.

Ap·pen·dix¹ der <-/-es, -e/Appendizes> *Anhang, Zusatz*

Ap·pen·dix² der <-/-es, -e/Appendizes> (MED.: ≈ *Blinddarm*) *Wurmfortsatz*

Ap·pen·di·zi·tis die <-, Appendizitiden> (MED.: ≈ *Blinddarmentzündung*)

Ap·pen·zell <-s> *Kanton in der Schweiz*

Ap·pe·tit der [apə'ti:t] <-(e)s,> (*kein Plur.*) *das Bedürfnis, etwas Bestimmtes zu essen* Appetit auf Obst bekommen ◆Getrenntschreibung→R 4.5 ein den Appetit anregender Anblick; Zusammenschreibung→R 4.5 ein appetitanregendes Getränk ▶appetitanregend

ap·pe·tit·lich *Adj.* **1.** *so, dass es Lust auf Essen macht* Die Wurst sieht appetitlich aus! **2.** (*umg. übertr.* ≈ *attraktiv*) *Unrasiert und übernächtigt sah er alles andere als appetitlich aus.*

ap·pe·tit·los <nicht steig.> *Adj. so, dass man (chronisch) keinen Appetit hat* ▶Appetitlosigkeit

ap·plau·die·ren <applaudierst, applaudierte, hat applaudiert> *ohne OBJ* ■ *jmd. applaudiert jmdm. Beifall spenden*

Ap·plaus der <-es> (*kein Plur.*) (≈ *Beifall*)

Ap·pli·ka·ti·on die <-, -en> **1.** (*geh. oder fachspr.*) *die Anwendung oder Verwendung von etwas* **2.** *zur Zierde auf ein Kleidungsstück aufgenähter Stoff* **3.** MED. *Verabreichung, Anwendung*

ap·pli·zie·ren <applizierst, applizierte, hat appliziert> *mit OBJ* ■ *jmd. appliziert etwas* **1.** (*geh. oder fachspr.*) *anwenden, verwenden* **2.** *eine Applikation[2] auf ein Kleidungsstück aufnähen* **3.** MED. *anwenden, verabreichen*

ap·por·tie·ren <apportiert, apportierte, hat apportiert> *mit OBJ/ohne OBJ* ■ *ein Hund apportiert etwas (fachspr.) herbeibringen* Der Hund apportiert (das Wild).

ap·pro·xi·ma·tiv <nicht steig.> *Adj.* FACHSPR. *annäherungsweise*

Après-Ski-Klei·dung die <-> (*kein Plur.*) *nach dem eigentlichen Skifahren getragene legere Sportmode*

A·p·ri·ko·se die [apri'ko:zə] <-, -n> *eine kleinere, runde Frucht mit einer gelb-orangen, samtigen Schale und einem glatten, relativ großen Stein*

A·p·ril der <-(s), (-e)> (*Plur. selten*) *der vierte Monat des Jahres* jemanden in den April schicken, mit jemandem am 1. April einen Scherz machen, April, April!

A·pril·scherz der

> **i Wissenswert** Am 1. April werden manche Leute Opfer eines **Aprilscherzes**, wenn Sie auf einen Spaß oder Ulk hereinfallen. Wenn an diesem Tag jemand eine Geschichte erzählt, die nicht der Wahrheit entspricht, und die Zuhörer diese Geschichte glauben, wurden sie *in den April geschickt.*

a·p·ro·pos [apro'po:] *Adv. was ... betrifft* Apropos Gesundheit, ich muss morgen zum Arzt.

Ap·sis die <-, Apsiden> 1. *Altarnische im Chor einer Kirche* 2. *Nische im Zelt (für Gepäck)*

A·pu·li·en <-s> *eine Region in Italien*

A·quä·dukt der/das [akvɛ'dʊkt] <-(e)s, -e> *eine in der römischen Antike gebaute Wasserleitung, die auf Säulen steht, die in typischer Weise mit Rundbögen verbunden sind*

A·qua·jog·ging das [-dʒɔgɪŋ] <-s> *(kein Plur.) eine spezielle Art von Wassergymnastik*

A·qua·ma·rin der [akvama'ri:n] <-(e)s, -e> *ein Edelstein von intensiver blauer Farbe*

A·qua·pla·ning das [akva'pla:nɪŋ] <-s> *(kein Plur.) Rutschen der Autoreifen auf nasser Fahrbahn*

A·qua·rell das [akva'rɛl] <-(e)s, -e> *mit Wasserfarben gemaltes Bild*

a·qua·rel·lie·ren <aquarellierst, aquarellierte, hat aquarelliert> *ohne OBJ* ■ *jmd. aquarelliert mit Aquarellfarbe malen*

A·qua·rel·list der <-en, -en> (≈ *Aquarellmaler*)

A·qua·rell·ma·ler der <-s, -> *jmd., der Aquarelle malt*

A·qua·ri·um das [a'kva:ri̯ʊm] <-s, Aquarien> *Behälter zum Halten von Fischen und Wasserpflanzen*

Ä·qua·tor der [ɛ'kva:to:ɐ] <-s> *(kein Plur.)* GEOGR. *größter Breitenkreis, der die Erdkugel in eine nördliche und eine südliche Halbkugel teilt*

ä·qua·to·ri·al <nicht steig.> *Adj. (fachspr.)* 1. *(nur attr.) zur Region am Äquator gehörend* das äquatoriale Afrika 2. *typisch für die Äquatorregion* äquatoriales Klima

A·qua·vit der [akva'vi:t] <-s, -e> *mit Kümmel aromatisierter Branntwein*

Ä·qui·li·b·rist, Ä·qui·li·b·ris·tin der [ɛkvili'brɪst] <-en, -en> *(fachspr.) Gleichgewichtskünstler, Seiltänzer*

ä·qui·va·lent [ɛkviva'lɛnt] <nicht steig.> *Adj. (geh. ≈ gleichwertig)* äquivalente Leistungen

Ä·qui·va·lenz die [ɛkviva'lɛnts] <-, -en> *(geh. ≈ Gleichwertigkeit)*

Ar <-s, -e> *Flächenmaß (100 m^2), Zeichen: a* vier Ar Land

Ä·ra die ['ɛ:ra] <-, Ären> *(Plur. selten) (geh.) ein bestimmter Zeitabschnitt in der Geschichte* die Ära Adenauer

A·ra der <-s, -s> *ein Papagei*

A·ra·ber, A·ra·ber, A·ra·be·rin[1] der <-s, -> *Einwohner(in) von Arabien*

A·ra·ber, A·ra·ber[2] der <-s, -> ZOOL. *eine Pferderasse*

A·ra·bes·ke die [ara'bɛskə] <-, -n> 1. KUNST *Rankenornament* 2. MUS. *heiteres Musikstück*

A·ra·bi·en <-s> *Gebiet der arabischen Halbinsel*

a·ra·bisch <nicht steig.> *Adj. zu Arabien gehörend*

A·ral·see der <-s> *(kein Plur.) ein See in Russland*

A·ran·zi·ni <-> *Plur. (österr.) mit Schokolade überzogene (gekochte) Orangenschalen*

Ä·rar der <-s, -e> *(österr.) Staatseigentum*

Ar·beit die <-, -en> 1. *(kein Plur.) eine planvolle Tätigkeit, mit der man Ergebnisse bewirkt oder Produkte schafft* jemandem viel Arbeit machen, an die Arbeit gehen, Das ist anstrengende/harte/eine schwere Arbeit., geistige/körperliche/wissenschaftliche Arbeit, In dem Buch steckt die Arbeit von Jahren. 2. *(kein Plur.) als Beruf ausgeübte Tätigkeit* zur Arbeit gehen, Sie hat wieder Arbeit gefunden/die Arbeit verloren. 3. *(kein Plur.) (umg.) Arbeitsort* auf der Arbeit sein/zur Arbeit gehen, Auf der Arbeit bin ich telefonisch zu erreichen. 4. *Ergebnis einer Tätigkeit* Das ist eine sehr gründliche/gute Arbeit., eine wissenschaftliche Arbeit (zu einem Thema) anfertigen 5. SCHULE *schriftlicher Leistungstest* eine Arbeit in Mathematik schreiben 6. *Mühe, Anstrengung* Es war eine ganz schöne Arbeit, die Wohnung zu renovieren., mit jemandem Arbeit haben ◆ Getrennt- und Zusammenschreibung→R 4.12 Arbeit suchende Menschen, die Arbeit Suchenden/Arbeitsuchenden; Zusammenschreibung→R 4.5 arbeitssuchend

ar·bei·ten <arbeitest, arbeitete, hat gearbeitet> I. *ohne OBJ* 1. ■ *jmd. arbeitet (an etwas Dat.) körperlich oder geistig tätig sein, um ein bestimmtes Ergebnis zu erzielen* angestrengt/fleißig/unablässig arbeiten, an einem Projekt/über ein Thema arbeiten, mit dem Computer/im Labor arbeiten 2. ■ *jmd. arbeitet (irgendwo) beruflich in einer bestimmten Firma, Institution o.Ä. angestellt sein* im öffentlichen Dienst/an einer Schule/bei der Firma X /als Übersetzerin/freiberuflich arbeiten, Er arbeitet seit kurzer Zeit wieder (in seiner alten Firma)., die arbeitende Bevölkerung 3. ■ *etwas arbeitet regelmäßig funktionieren* Die Lunge/der Motor arbeitet. 4. ■ *jmd. arbeitet mit jmdm. durch ständiges Üben ausbilden* mit einem Schüler/ Sportler/Tier arbeiten II. *mit OBJ* ■ *jmd. arbeitet etwas (handwerklich) herstellen* ein Kleid arbeiten, ein sauber gearbeitetes altes Möbelstück, ein in Gold gearbeitetes Armband III. *mit SICH* ■ *jmd. arbeitet sich irgendwohin sich zu einem Ort durchkämpfen* sich nach vorn arbeiten, sich durch einen Berg von Post arbeiten ■ **an sich/seinen Fähigkeiten arbeiten**: *sich zu verbessern versuchen* **in jemandem arbeitet etwas**: *etwas beschäftigt jmdn. stark*

Ar·bei·ter, Ar·bei·te·rin der <-s, -> (↔ *Angestellter) jmd., der beruflich körperliche Arbeit verrichtet* ein ungelernter Arbeiter ◆ Bau-, Fabrik-, Gruben-, Werft-

Ar·bei·ter·klas·se die <-> *(kein Plur.) die soziale Klasse der Arbeiter*

Ar·bei·ter·par·tei die <-, -en> *eine politische Partei, die besonders die Interessen der Arbeiter vertritt*

Ar·beit·ge·ber, Ar·beit·ge·ber der <-s, -> (↔ *Arbeitnehmer) Person oder Einrichtung, die als Unternehmer Menschen beschäftigt* ◆ -verband

ar·beit·ge·ber·freund·lich <nicht steig.> *Adj.* (↔ *arbeitnehmerfreundlich) so, dass es besonders den Interessen der Arbeitgeber entspricht*

Ar·beit·neh·mer, Ar·beit·neh·me·rin der <-s,

-> (↔ *Arbeitgeber*) *Person, die abhängig, d.h. bei einem Arbeitgeber, beschäftigt ist*

ar·beit·neh·mer·freund·lich <nicht steig.> *Adj.* (↔ *arbeitgeberfreundlich*) *so, dass es besonders den Interessen der Arbeitnehmer entspricht*

ar·beit·sam *Adj.* (≈ *fleißig*) *so, dass man gern und viel arbeitet*

Ar·beits·amt das <-(e)s, Arbeitsämter> *Behörde zur Vermittlung von Arbeit und Gewährung von Arbeitslosenunterstützung*

Ar·beits·auf·fas·sung die <-, -en> *die Art, wie man über Arbeit und die eigene berufliche Tätigkeit denkt*

Ar·beits·be·din·gun·gen die <-> *Plur. die Umstände, unter denen jmd. arbeiten muss*

Ar·beits·be·las·tung die <-, -en> *die Menge Arbeit, die jmd. tun muss*

Ar·beits·be·reich der <-(e)s, -e> *der Bereich, in dem jmd. arbeitet*

Ar·beits·be·schaf·fung die <-> (*kein Plur.*) *der Versuch, für bestimmte Personengruppen Arbeitsplätze zu schaffen*

Ar·beits·be·schaf·fungs·maß·nah·me die <-, -n> AMTSSPR. *staatliche Maßnahmen zur Beschäftigung Arbeitsloser* (*ABM*)

Ar·beits·be·schaf·fungs·pro·gramm das <-(e)s, -e> *systematisch organisierte Arbeitsbeschaffung*

Ar·beits·er·leich·te·rung die <-, -en> *etwas, das die Arbeit leichter macht*

Ar·beits·e·thos das <-> (*kein Plur.*) *eine Art moralischer Grundsatz, den man als wesentlich für seine Arbeit betrachtet*

ar·beits·fä·hig <nicht steig.> *Adj.* (↔ *arbeitsunfähig*) *so, dass man* (*gesundheitlich*) *in der Lage ist zu arbeiten* arbeitsfähig sein, Personen im arbeitsfähigen Alter ►Arbeitsfähigkeit

Ar·beits·feld das <-(e)s, -er> (≈ *Arbeitsgebiet*)

ar·beits·frei <nicht steig.> *Adj. so, dass man zu dieser Zeit nicht arbeiten muss* Die meisten Feiertage sind arbeitsfreie Tage.

Ar·beits·ge·mein·schaft die <-, -en> *Gruppe von Personen oder Firmen, die gemeinsam auf einem bestimmten Gebiet arbeiten*

Ar·beits·ge·neh·mi·gung die <-, -en> (≈ *Arbeitserlaubnis*) *die Erlaubnis, in einem Land zu arbeiten*

Ar·beits·ge·rät das <-(e)s, -e> *ein Gerät, das man für seine Arbeit braucht*

Ar·beits·ge·richt das <-(e)s, -e> RECHTSW. *Gericht, das sich mit Fragen des Arbeitsrechts befasst*

Ar·beits·kampf der <-(e)s> (*kein Plur.*) WIRTSCH. *Auseinandersetzungen zwischen Arbeitnehmern und Arbeitgebern zu Fragen des Lohns und der Arbeitsbedingungen*

Ar·beits·kit·tel der <-s, -> *eine Art leichter Mantel, den man zum Schutz der Kleidung bei der Arbeit trägt*

Ar·beits·kos·ten <-> *Plur.* WIRTSCH. *Gesamtheit der Kosten, die durch die Beschäftigung von Arbeitnehmern entstehen* Die hohen Beiträge zur Rentenversicherung treiben die Arbeitskosten in die Höhe.

Ar·beits·kraft die <-, Arbeitskräfte> **1.** (*kein Plur.*) *die Fähigkeit des Einzelnen, Arbeit zu verrichten* sich seine Arbeitskraft erhalten **2.** WIRTSCH. *jede Person, die arbeiten kann* ein Mangel an Arbeitskräften

ar·beits·los <nicht steig.> *Adj. ohne Arbeit* arbeitslos werden, seit einem halben Jahr arbeitslos sein

Ar·beits·lo·se der/die <-n, -n> *Person, die arbeitslos ist*

Ar·beits·lo·sen·quo·te die <-, -en> *Anteil der Bevölkerung, der arbeitslos ist* eine hohe/niedrige/steigende Arbeitslosenquote

Ar·beits·lo·sen·un·ter·stüt·zung die <-> (*kein Plur.*) *Geld, das man als Arbeitsloser eine bestimmte Zeit lang erhält*

Ar·beits·lo·sen·zahl die <-, -en> (*meist Plur.*) *Zahl der Arbeitslosen*

Ar·beits·lo·sig·keit die <-> (*kein Plur.*) *der Zustand, dass jmd. keinen Arbeitsplatz hat*

Ar·beits·markt der <-(e)s> (*kein Plur.*) *das Angebot von Arbeitsplätzen und die Nachfrage danach*

Ar·beits·markt·po·li·tik die <-> (*kein Plur.*) *politische Maßnahmen zur Gestaltung des Arbeitsmarkts*

Ar·beits·ma·te·ri·al das <-s, Arbeitsmaterialien> *etwas, das zum Arbeiten benötigt wird*

Ar·beits·mensch der <-en, -en> (*umg.*) *jmd., für den die Arbeit das Wichtigste im Leben ist*

Ar·beits·ord·nung die <-, -en> *die schriftlich fixierten Grundsätze, die die Regeln für die Arbeit in einer Firma festlegen*

Ar·beits·pferd das <-(e)s, -e> (*umg.*) *jmd., der sehr viel arbeitet*

Ar·beits·plat·te die <-, -n> (*in einer Küche*) *eine Fläche, auf der man bestimmte Küchenarbeiten ausführt*

Ar·beits·platz der <-es, Arbeitsplätze> **1.** (≈ *Arbeitsstelle*) *eine geplante und definierte Position in einem Unternehmen, in der ein Angestellter eine bestimmte Arbeit verrichtet und dafür ein bestimmtes Gehalt erhält* Das Unternehmen bietet 1.500 Arbeitsplätze., den Verlust des Arbeitsplatzes befürchten, Viele haben heute Angst um ihren Arbeitsplatz., Wir müssen Arbeitsplätze erhalten/schaffen. **2.** *der Platz, an dem jmd. arbeitet* Herr Müller ist gerade nicht an seinem Arbeitsplatz, er macht Mittagspause.

Ar·beits·spei·cher der <-s, -> EDV *Speicher, in dem die aktuell zu verarbeitenden Daten eines Computers abgelegt sind* Der Computer hat einen großen Arbeitsspeicher.

Ar·beits·stel·le die <-, -n> (≈ *Arbeitsplatz*) In der Firma gibt es 200 Arbeitsstellen., Sie sucht eine neue Arbeitsstelle., ein Mangel an freien Arbeitsstellen

Ar·beits·tag der <-(e)s, Arbeitstage> **1.** *ein Tag, an dem man arbeitet* 15 Arbeitstage wegen Krankheit fehlen **2.** *die Stunden an einem Tag, in denen man arbeitet* einen langen Arbeitstag vor sich haben

A

ar·beits·un·fä·hig <nicht steig.> *Adj.* (↔ *arbeitsfähig*) *so, dass man nicht arbeiten kann* ▶Arbeitsunfähigkeit

Ar·beits·un·fall der <-(e)s , -unfälle> *Unfall, der sich während der Arbeit ereignet*

Ar·beits·ver·hält·nis das <-ses, -se> **1.** RECHTSW. *das rechtliche Verhältnis zwischen Arbeitgeber und Arbeitnehmer* **2.** (*nur Plur.*) *Bedingungen am Arbeitsplatz* die Arbeitsverhältnisse verbessern

Ar·beits·ver·trag der <-(e)s, Arbeitsverträge> RECHTSW. *Vertrag, der ein Arbeitsverhältnis regelt*

Ar·beits·wei·se die <-, -n> **1.** *Art des Arbeitens* eine gründliche/nachlässige Arbeitsweise **2.** (≈ *Funktionsweise*) *die Art, wie etwas funktioniert* die Arbeitsweise einer Maschine

Ar·beits·zeit die <-> (*kein Plur.*) *die Zeit, in der man arbeitet* eine Verkürzung der Arbeitszeit

Ar·beits·zim·mer das <-s, -> *in einem Haus oder einer Wohnung ein Zimmer, in dem jmd.* (*beruflich*) *arbeitet*

ar·bi·trär <nicht steig.> *Adj.* (*geh.* ≈ *willkürlich*)

Ar·bo·re·tum das <-s, Arboreten> BOT. *zu Studienzwecken dienende Anpflanzung von Bäumen*

Ar·cha·i·kum/Ar·chä·i·kum das [ar'ça:ikʊm] <-s> (*kein Plur.*) (GEOGR.: *veralt.*) *ältestes Zeitalter der Erdgeschichte*

ar·cha·isch [ar'ça:iʃ] <nicht steig.> *aus sehr alter Zeit stammend* die archaischen Kulturen des Zweistromlands

Ar·cha·is·mus der <-, Archaismen>

> **i Wissenswert** Unüblich gewordene syntaktische Konstruktionen und Wörter, die einem meistens nur noch in Märchen oder in der Lyrik begegnen, werden als **Archaismen** (von archaisch = aus sehr früher Zeit stammend, altertümlich) bezeichnet. Beispiele: er stund, es ward, Minne, Odem, weiland, Linnen, Thorheit.

Ar·chä·o·lo·gie die [arçεolo'gi:] <-> (*kein Plur.*) (≈ *Altertumskunde*) *die wissenschafliche Erforschung des Altertums, die z.B. im Rahmen von Ausgrabungen das Freilegen* (*der Überreste*) *alter Bauwerke beinhaltet* ▶Archäologe, archäologisch

Ar·che die ['arçə] <-> (*kein Plur.*) REL. *das Schiff, das Noah gebaut haben soll, um sich und die Tierwelt vor der Sintflut zu retten* die Arche Noah

Ar·chi·pel der [arçi'pe:l] <-s, -e> (GEOGR.: ≈ *Inselgruppe*) *viele Inseln, die nahe beieinander liegen*

Ar·chi·tekt, **Ar·chi·tek·tin** der <-en, -en> *an einer Hochschule ausgebildete Fachperson für das Entwerfen und die Fertigstellung von Bauwerken*

ar·chi·tek·to·nisch <nicht steig.> *Adj. auf die Architektur bezogen*

Ar·chi·tek·tur die <-> (*kein Plur.*) **1.** *die Wissenschaft von der Gestaltung und Konstruktion von Bauwerken* Architektur studieren **2.** *die Gestaltung eines Bauwerks* die kühne Architektur einer Brücke **3.** *Baustil* die gotische/neoklassische/romanische Architektur **4.** EDV *der logische Aufbau einer Software* ◆ Software-

Ar·chi·tek·tur·bü·ro das <-s, -s> *Unternehmen, in dem mehrere Architekten arbeiten*

Ar·chiv das [ar'çi:f] <-s, -e> *Sammlung von Dokumenten und Urkunden*

Ar·chi·vie·rung die <-, -en> *das Ablegen von Dingen in einem Archiv*

A·re·al das [are'a:l] <-s, -e> (*geh.*) *Bodenfläche, Grundstück* ◆ Firmen-

A·re·na die <-, Arenen> **1.** *Stadion für sportliche Wettkämpfe* **2.** (*geh.*) *Schauplatz*

arg <ärger, am ärgsten> **I.** *Adj. böse, schlimm* mein ärgster Feind, etwas nur noch ärger machen **II.** *Adv.* (*umg. süddt.*) *sehr* ein arg schöner Abend, sich ganz arg anstrengen ◆ Großschreibung→R 3.7 das Ärgste befürchten, im Argen liegen, nichts Arges denken

Ar·gen·ti·ni·en <-s> *Staat in Südamerika*

Ar·gen·ti·ni·er, **Ar·gen·ti·ni·e·rin** der <-s, -> *jmd., der die argentinische Staatsbürgerschaft hat*

ar·gen·ti·nisch <nicht steig.> *Adj. zu Argentinien gehörend*

Är·ger der <-s> (*kein Plur.*) **1.** *heftiges Gefühl der Unzufriedenheit und leichter Wut* jemandes Ärger erregen, seinem Ärger Luft machen, jmdm. seinen Ärger anmerken **2.** (≈ *Unannehmlichkeiten*) jemandem Ärger machen, Wenn du das machst, bekommst du/gibt es Ärger!, So ein Ärger!

är·ger·lich *Adj.* **1.** *so, dass man Ärger verspürt* ärgerlich über/auf etwas/jemanden sein, eine ärgerliche Reaktion **2.** *so, dass es Ärger erregt* eine ärgerliche Panne, das Ärgerlichste daran ist, dass …

är·gern <ärgerst, ärgerte, hat geärgert> **I.** *mit OBJ* ■ *jmd./etwas ärgert jmdn. jmdm. Ärger bereiten* Er legt es darauf an, seine Schwester zu ärgern., Ihre Liederlichkeit ärgert mich. **II.** *mit SICH* ■ *jmd. ärgert sich über jmdn./etwas Ärger empfinden* Sie ärgert sich über seine ständige Unpünktlichkeit. ■ **sich schwarz ärgern** (*umg.*): *sich sehr ärgern*

Är·ger·nis das <-ses, -se> *etwas, das* (*viele Menschen*) *ärgert* Ärgernis erregen, ein öffentliches/ständiges Ärgernis sein

arg·los *Adj. so, dass man an nichts Böses denkt*

Ar·gu·ment das <-(e)s, -e> **1.** *etwas, das für oder gegen etwas spricht; Rechtfertigungsgrund* ein gutes/stichhaltiges/überzeugendes Argument für/gegen etwas ◆ Gegen-, Haupt- **2.** MATH. *unabhängige Variable einer Funktion*

ar·gu·men·tie·ren <argumentierst, argumentierte, hat argumentiert> *ohne OBJ* ■ *jmd. argumentiert* (*irgendwie*) *Gründe zum Beweis oder zur Rechtfertigung darlegen* logisch/sachlich argumentieren

Ar·gus·au·gen <-> *Plur.* (*geh.*) *scharf beobachtender Blick* jemanden/einen Vorgang mit Argusaugen beobachten

Arg·wohn der <-(e)s> (*kein Plur.*) (*geh.* ≈ *Misstrauen*) Argwohn gegen jemanden/etwas schöpfen, voller Argwohn sein

arg·wöh·nen <argwöhnst, argwöhnte, hat geargwöhnt> *mit OBJ* ■ *jmd. argwöhnt etwas* (*geh.*) *misstrauen* Ich argwöhne, dass …

arg·wöh·nisch *Adj.* (*geh.*) *so, dass man voll Misstrauen ist* gegen den Nachbarn argwöhnisch sein

A·rie die ['a:ri̯ə] <-, -n> *ein einzelnes Gesangsstück mit Instrumentalbegleitung als Teil einer Oper* ◆ Opern-

A·ris·to·krat, **A·ris·to·kra·tin** der [arɪsto'kra:t] <-en, -en> *Person, die dem Adel angehört*

A·ris·to·kra·tie die [arɪstokra'ti:] <-> (*kein Plur.*) *adelige Oberschicht der Gesellschaft*

a·ris·to·kra·tisch <nicht steig.> *Adj.* **1.** (*nicht steig., nur attr.*) *zum Adel gehörend* in aristokratischen Kreisen **2.** (*geh.*) *edel* eine aristokratische Gesinnung

a·ris·to·te·lisch <nicht steig.> *Adj. durch* (*den griechischen Philosophen*) *Aristoteles begründet*

A·rith·me·tik die [arɪt'me:tɪk] <-> (*kein Plur.*) MATH. *Lehre vom Rechnen mit Zahlen und Buchstaben*

a·rith·me·tisch <nicht steig.> *Adj. die Arithmetik betreffend* arithmetische Formeln ■ **das arithmetische Mittel**: *Durchschnittswert*

Ar·ka·de die <-, -n> *Bogen auf zwei Säulen oder Pfeilern*

Ark·tis die ['arktɪs] <-> (*kein Plur.*) (↔ *Antarktis*) *Land um den Nordpol*

ark·tisch <nicht steig.> *Adj.* **1.** (*nicht steig., nur attr.*) (↔ *antarktisch*) *zur Arktis gehörend* arktische Kaltluft **2.** (*umg.*) *sehr kalt* Hier herrscht ja eine arktische Kälte!

Arm der <-(e)s, -e> **1.** ANAT. *der Teil des menschlichen Körpers, der von der Schulter bis zur Hand reicht* die Arme ausbreiten/verschränken, der linke/rechte Arm, sich den Arm brechen, knochige/magere/muskulöse/sehnige/starke Arme **2.** *länglicher seitlicher Ausleger* der Arm eines Krans, ein Leuchter mit acht Armen **3.** (*übertr.*) *Einflussbereich* einen langen Arm haben, der Arm des Gesetzes, jemanden der Mafia in die Arme treiben ■ **jemanden auf den Arm nehmen** (*umg.*): *mit jmdm. seine Späße treiben* **jemandem unter die Arme greifen**: *jmdm. helfen*

arm <ärmer, am ärmsten> *Adj.* **1.** (↔ *reich*) *so, dass man ganz wenig materiellen Besitz und ein ganz geringes Einkommen hat* aus armen Verhältnissen kommen, die tiefe Kluft zwischen Arm und Reich **2.** *wenig gehaltvoll* arme Böden, arm an Bodenschätzen/Nährstoffen sein, um eine Attraktion ärmer sein **3.** *bedauernswert* Du Arme(r)!, der arme Kerl; (*umg.*) Meine armen Füße, ich kann nicht mehr laufen!; (*umg.*) arm dran sein

Ar·ma·da die <-> (*kein Plur.*) (*große*) *Flotte von Schiffen*

Ar·ma·tur die [arma'tu:ɐ] <-, -en> **1.** *Kontroll- und Bedienteil von technischen Anlagen* **2.** *Wasserhahn* (*und Dusche*) *an Badewanne oder Waschbecken* die Armaturen putzen

Ar·ma·tu·ren·brett das <-(e)s, -er> *Tafel, auf der sich die Armaturen*[1] *befinden* Am Armaturenbrett im Auto sind u.a. wichtige Kontrolllampen angebracht.

Arm·band das <-(e)s, Armbänder> **1.** *um das Handgelenk getragenes Schmuckband* **2.** *um das Handgelenk getragenes Band, an dem eine Armbanduhr befestigt ist*

Ar·mee die <-, -n> *die Gesamtheit aller bewaffneten Streitkräfte eines Landes*

Är·mel der <-s, -> *die Arme bedeckender Teil eines Kleidungsstücks* ein Hemd mit kurzen Ärmeln ■ **die Ärmel hochkrempeln** (*umg.*): *sich an die Arbeit machen* **etwas aus dem Ärmel schütteln** (*umg.*): *etwas mit Leichtigkeit tun*

Är·mel·brett das <-(e)s, -er> *eine Art sehr kleines Bügelbrett, das man auf ein Bügelbrett legt, um Ärmel von Blusen und Oberhemden besser bügeln zu können*

Ar·me·ni·en <-s> *Staat in Vorderasien*

Ar·me·ni·er, **Ar·me·ni·e·rin** der <-s, -> *Einwohner Armeniens*

ar·me·nisch <nicht steig.> *Adj. zu Armenien gehörend*

Arm·leh·ne die <-, -n> *die Teile an einem Stuhl, auf die man die Arme legen kann*

Arm·leuch·ter der <-s, -> (*umg. abwert.* ≈ *Idiot*) *ein Schimpfwort* Du Armleuchter!

ärm·lich *Adj. in armen Verhältnissen*

Arm·reif der <-(e)s, -e> *Schmuckstück aus einem* (*Edel*)*Metall in der Form eines Reifes, das man um das Handgelenk trägt*

arm·se·lig *Adj.* **1.** *sehr arm* eine armselige Hütte **2.** (*abwert.* ≈ *erbärmlich*) *so unzureichend, dass es enttäuschend und ärgerlich ist* Das war eine armselige Entschuldigung/Veranstaltung.

Ar·mut die <-> (*kein Plur.*) **1.** *der Zustand, dass jmd. sehr arm ist* in Armut leben **2.** (≈ *Kargheit*) *der Zustand, dass von etwas nur sehr wenig vorhanden ist*; die Armut seiner Sprache, geistige Armut

Ar·muts·zeug·nis ■ **ein Armutszeugnis** (**für etwas/jemanden**) **sein**: *ein Beweis der Untauglichkeit sein* **sich** (**mit etwas**) **ein Armutszeugnis ausstellen**: (*mit etwas*) *zeigen, dass man unfähig ist*

Ar·ni·ka die <-, -s> *eine Heilpflanze*

A·ro·ma das <-s, Aromen/Aromas/Aromata> **1.** *intensiver Duft und Geschmack* ein angenehmes/würziges Aroma haben, das kräftige Aroma frischen Kaffees, das betörende Aroma der Gewürze **2.** *künstlicher Geschmacks- oder Duftstoff*

a·ro·ma·tisch *Adj. mit starkem Aroma* der aromatische Duft von frischem Kaffee

Ar·rak der <-s, -e/-s> *Branntwein aus Reis oder Melasse*

Ar·ran·ge·ment das [arãʒə'mã:] <-s, -s> **1.** (*geh.*) *Übereinkunft* ein Arrangement mit jemandem treffen **2.** *das* (*künstlerische*) *Anordnen, Gestalten; die Vorbereitung* Sie ist für das Arrangement der Feier zuständig. **3.** (KUNST MUS.: *geh.*) *künstlerische Bearbeitung*

Ar·rest der <-(e)s, -e> *leichte Freiheitsstrafe*

ar·re·tie·ren <arretierst, arretierte, hat arretiert> *mit OBJ* **1.** ■ *jmd. arretiert jmdn.* (*veralt.*) *verhaften* **2.** ■ *jmd. arretiert etwas* TECHN. *bewegliche Teile eines Gerätes blockieren*

Ar·re·tie·rung die <-> (*kein Plur.*) *das Arretieren*[2]

ar·ri·viert *Adj.* (*geh.*) *erfolgreich, öffentlich anerkannt* ein arrivierter Künstler

Arrivierte(r) die(m) <-n, -n> (*geh.*) *beruflich erfolgreiche Person*

ar·ro·gant *Adj.* (*abwert.*) *mit einer sehr eingebildeten und überheblichen Art, die auf andere oft verletzend wirkt* eine arrogante Art haben, jemanden arrogant ansehen

Ar·ro·ganz die <-> (*kein Plur.*) *überhebliche, verletzende Art* Man kann ihre Schüchternheit leicht mit Arroganz verwechseln.

Arsch der <-(e)s, Ärsche> (*vulg.*) **1.** (≈ *Gesäß*) **2.** (≈ *Blödmann, Idiot*) *Schimpfwort* Du (alter/blöder) Arsch! ■ **Leck mich am Arsch!** (*vulg.*): *lass mich in Ruhe*

Arsch·kar·te ■ **die Arschkarte ziehen** (*Jugendsprache*): *Pech haben*

Arsch·krie·che·rei die <-> (*kein Plur.*) (*vulg.*) *allzu demütiges Verhalten gegenüber einem Vorgesetzten*

Arsch·loch das <-(e)s, Arschlöcher> (*vulg.*) **1.** *After* **2.** (*abwert.*) *Schimpfwort für eine dumme Person* Du (altes/blödes) Arschloch!

Ar·sen das [ar'ze:n] <-s> (*kein Plur.*) CHEM. *chemisches Element, Zeichen: As*

Ar·se·nal das <-(e)s, -e> **1.** MILIT. *Waffenlager* **2.** (*umg. übertr.*) *eine große Menge* ein ganzes/wahres Arsenal von Schimpfwörtern

Art die <-, -en> **1.** (*kein Plur.*) *bestimmte Weise oder Verhaltensweise* solcher Art, auf diese Art, die Art und Weise, wie jemand etwas tut, Das ist nicht ihre Art. **2.** (BIOL.: ≈ *Spezies*) *die niedrigste Kategorie in der Klassifikation der Lebewesen* vom Aussterben bedrohte Arten ■ **aus der Art schlagen**: *völlig anders sein*

Ar·te·fakt das <-(e)s, -e> (*fachspr.*) *etwas, das künstlich hergestellt ist*

Ar·ten·reich·tum der <-s> (*kein Plur.*) *große Vielfalt an Arten*[2]

Ar·ten·viel·falt die <-> (*kein Plur.*) BIOL. *Vielfalt der Arten*[2]

Ar·te·rie die [ar'te:ri̯ə] <-, -n> (ANAT.: ≈ *Schlagader* ↔ *Vene*)

Ar·thro·sko·pie die <-, -n> (MED: *Untersuchung eines Gelenks*)

ar·ti·fi·zi·ell <nicht steig.> *Adj.* (≈ *künstlich*)

ar·tig <artiger, am artigsten> *Adj. so, dass man sich* (*vor allem als Kind*) *gesittet und brav verhält* artige Kinder, Sei schön artig!

Ar·ti·kel der <-s, -> **1.** SPRACHWISS. *ein Begleitwort, das vor einem Substantiv steht und das im Deutschen in einer bestimmten und einer unbestimmten Form auftritt* „Der“, „die“ und „das“ sind Artikel., der bestimmte/der unbestimmte Artikel **2.** *Ware in einem Geschäft* alle Artikel um 50 % reduzieren **3.** *Beitrag in einer Zeitung* einen interessanten Artikel lesen **4.** RECHTSW. *Abschnitt eines Gesetzes* Artikel 1 des Grundgesetzes

Ar·ti·kel·rei·he die <-, -n> *Folge von Artikeln*[3]

Ar·ti·ku·la·ti·on die <-, -en> **1.** SPRACHWISS. *Lautbildung* **2.** *deutliche Aussprache*

ar·ti·ku·lie·ren <artikulierst, artikulierte, hat artikuliert> **I.** *mit OBJ* ■ *jmd. artikuliert etwas* **1.** SPRACHWISS. *aussprechen* einen Laut artikulieren **2.** (*geh.*) *deutlich machen* seine Ängste artikulieren **II.** *mit SICH* ■ *jmd. artikulkiert sich* (*geh.*) *sich Ausdruck verschaffen* Ihm fällt es schwer, sich zu artikulieren.

Ar·til·le·rie die [artɪlə'ri:] MILIT. *Geschütztruppe*

Ar·ti·scho·cke die [arti'ʃɔkə] <-, -n> *ein Gemüse von grüner Farbe und herb-bitterem Geschmack, das oft in Olivenöl eingelegt genossen wird*

Ar·tist, Ar·tis·tin der <-en, -en> *jmd., der beruflich in einem Zirkus Kunststücke vorführt, bei denen es auf große Körperbeherrschung ankommt*

Ar·tis·tik die <-> (*kein Plur.*) *Kunst der Körperbeherrschung*

Ar·to·thek die <-, -en> *eine Galerie, die Bilder oder Plastiken ausleiht*

Arz·nei die <-, -en> (*veralt.* ≈ *Heilmittel, Medikament*)

Arz·nei·mit·tel das <-s, -> (≈ *Medikament*)

Arzt, Ärz·tin der <-es, Ärzte> *jmd., der Medizin studiert hat und einen Heilberuf ausübt* ein praktischer Arzt, Der Arzt gibt eine Spritze/schreibt ein Rezept/stellt eine Diagnose/ untersucht den Patienten/verschreibt ein Medikament., Er hat sich beim Arzt einen Termin geben lassen/musste beim Arzt lange warten/sollte mal wieder zum Arzt gehen., Der Arzt bildet sich zum Facharzt weiter, hat seine eigene Praxis/führt zusammen mit einem Kollegen eine Gemeinschaftspraxis/nimmt an einem Fachkongress teil. ■ **bis der Arzt kommt** (*Jargon*): *in extremer Intensität, Menge o.Ä.; bis zum Abwinken* Mehrere DJs legten die ganze Nacht auf und ließen das Motto des Abends Wirklichkeit werden: „Tanzen bis der Arzt kommt!“

Ärz·te·haus das <-es, Ärztehäuser> *Haus, in dem mehrere verschiedene Ärzte ihre Praxen haben*

Arzt·hel·fe·rin die <-, -nen> *Angestellte, die dem Arzt in der Praxis hilft*

Ärz·tin *s.* **Arzt**

Arzt·kos·ten <-> *Plur. Kosten der Behandlung durch einen Arzt*

ärzt·lich <nicht steig.> *Adj. zu einem Arzt gehörend oder von ihm ausgehend* ärztliche Pflicht/Schweigepflicht/Versorgung, in ärztlicher Behandlung sein/etwas auf ärztlichen Rat hin tun

As·best das <-(e)s, -e> *ein hitzebeständiges Material*

As·bes·to·se die <-, -n> *Vergiftung durch Asbest*

A·sche die <-, (-n)> *der Rückstand von etwas, das verbrennt* die Asche der Zigarette, Die Bombenangriffe haben die Stadt in Schutt und Asche gelegt.

Ä·sche die <-, -n> ZOOL. *ein Süßwasserfisch*

A·schen·be·cher der <-s, -> *eine Art Schale aus Glas, Metall oder Keramik, die zur Aufnahme von Zigarettenasche dient*

A·schen·brö·del, *a.* **A·schen·put·tel** das <-s, -> *eine Märchenfigur*

A·scher·mitt·woch der <-(e)s, -e> (*kein Plur.*) *der Mittwoch nach Fastnacht, der der Beginn der Fastenzeit ist*

asch·fahl <nicht steig.> *Adj. sehr blass* mit aschfahlem Gesicht

asch·grau <nicht steig.> *Adj. von einem bleichen Grau*

ASCII-Code der ['askiko:t] <-s> (*kein Plur.*) EDV *„American Standard Code of Information Interchange"; ein Zeichencode*

As·cor·bin·säu·re *s.* **Askorbinsäure**

As-Dur das <-> (*kein Plur.*) MUS. *eine Tonart*

ä·sen <äst, äste, hat geäst> *ohne OBJ* ■ *ein Tier äst* (*fachspr.*) (*von manchen Tieren*) *fressen* Die Hirschkuh/das Reh äst.

A·ser·bai·d·schan, *a.* **A·ser·beid·schan** <-s> **1.** *eine Landschaft und Provinz im Nordwesten des Iran* **2.** *Staat am Kaspischen Meer*

A·si·at, **A·si·a·tin** der <-en, -en> *Einwohner(in) Asiens*

A·si·en <-s> *der größte Kontinent*

As·ke·se die [as'ke:zə] <-n, -n> (*geh.*) *eine enthaltsame Lebensweise* in Askese leben, Askese üben

As·ket der [as'ke:t] <-en, -en> (*geh.*) (*oft aus religiösen Gründen*) *enthaltsam lebender Mensch*

as·ke·tisch *Adj.* (*oft aus religiösen Gründen*) *enthaltsam*

As·kor·bin·säu·re, *a.* **As·cor·bin·säu·re** die <-> (*kein Plur.*) CHEM. *chemische Bezeichnung für Vitamin C*

Äs·ku·lap der [ɛsku'la:p] <-> (*kein Plur.*) *griechischer Gott der Heilkunst*

a·so·zi·al <nicht steig.> *Adj.* (*abwert.*) **1.** *außerhalb der Gesellschaft stehend, verwahrlost* asoziale Personen/Verhältnisse **2.** *gesellschaftsschädlich* asoziales Verhalten

As·pekt der <-(e)s, -e> **1.** (*geh.*) *Gesichtspunkt* etwas unter einem anderen Aspekt sehen ◆ Neben-, Teil- **2.** SPRACHWISS. *eine grammatische Kategorie des Verbs* der vollendete/unvollendete Aspekt, die Bedeutung des Aspekts in der russischen Sprache

As·phalt der <-(e)s, -e> (*Plur. selten*) *grau-schwarzes Material, das meist als Straßenbelag dient* glatter/rauer Asphalt

As·phalt·dschun·gel der <-s> (*kein Plur.*) (*umg.*) *Straßengewirr der Großstadt*

as·phal·tie·ren <asphaltierst, asphaltierte, hat asphaltiert> *mit OBJ* ■ *jmd. asphaltiert etwas* (*Straßen*) *mit einer Oberfläche aus Asphalt versehen*

As·pik der <-s, -e> KOCH. *gallertartige Masse, in die Fleisch oder Eier eingelegt werden* Aal in Aspik

As·pi·rant, **As·pi·ran·tin** der <-en, -en> (≈ *Anwärter*)

As·pi·ra·ti·on die <-, -en> (*Plur. selten*) **1.** (*meist Plur.*) (*geh.*) *eine Hoffnung oder ein Ziel, das man ehrgeizig verfolgt* Sie hat Aspirationen auf eine Karriere/nach einer Karriere als Sängerin. **2.** SPRACHWISS. *behauchte Aussprache der Verschlusslaute*

a·spi·rie·ren <aspirierst, aspirierte, hat aspiriert> *mit OBJ* SPRACHWISS. *behaucht aussprechen*

As·pi·rin® das <-s> (*kein Plur.*) MED. *ein Mittel gegen Schmerzen* gegen Kopfschmerzen Aspirin nehmen

Ass das <-es, -e> **1.** *die höchste Spielkarte* **2.** (*umg.*) *Person, die etwas außergewöhnlich gut kann* Sie ist ein Ass in Mathematik.

as·sa·nie·ren <assanierst, assanierte, hat assaniert> *mit OBJ* ■ *jmd. assaniert etwas* (*österr.*) (*in einer Stadt*) *für hygienische Verhältnisse sorgen*

As·sel die <-, -n> *ein kleines, graues Krebstier mit einem flachen Körper, das meist an dunklen, feuchten Stellen oder in Tümpeln lebt*

As·sem·b·ler der [ə'sɛmblə] <-s> (*kein Plur.*) EDV *eine einfache Programmiersprache*

As·si·mi·la·ti·on die <-, -en> (*fachspr.*) *Anpassung*

> **i Wissenswert** Man bezeichnet den Einfluss eines Lautes auf die Artikulation eines anderen Lautes, so dass beide einander ähnlicher werden, als **Assimilation**. Beispiel: Aus althochdeutsch „zimber" ist neuhochdeutsch „Zimmer" geworden.

as·si·mi·lie·ren <assimilierst, assimilierte, hat assimiliert> **I.** *mit OBJ* ■ *jmd. assimiliert etwas* BIOL. *Stoffe aufnehmen und in körpereigene Stoffe umwandeln* Kohlendioxid assimilieren **II.** *mit SICH* ■ *jmd. assimiliert sich* (*geh.*) *sich anpassen* sich an die Umgebung assimilieren ▶Assimilierung

As·sis·tent, **As·sis·ten·tin** der <-en, -en> (*in bestimmten Berufsfeldern*) *Helfer, besonders Mitarbeiter eines Professors* Sie ist wissenschaftliche Assistentin am Lehrstuhl von Prof. Schulze.

as·sis·tie·ren <assistierst, assistierte, hat assistiert> *ohne OBJ* ■ *jmd. assistiert jmdm.* (*bei etwas Dat.*) (*geh.*) *unterstützen, helfen* Sie assistiert dem Arzt bei der Operation.

As·so·zi·a·ti·on die <-, -en> **1.** POL. *Zusammenschluss* **2.** (*meist Plur.*) (*geh.*) *unwillkürliche gedankliche Verknüpfung* Bestimmte Farben rufen bei den meisten Menschen Assoziationen hervor.

as·so·zi·a·tiv <nicht steig.> (*geh.*) *durch gedankliche Verknüpfung*

as·so·zi·ie·ren **I.** *mit OBJ* ■ *jmd. assoziiert etwas mit etwas Dat.* (*geh.*) *etwas gedanklich miteinander in Verbindung bringen* mit einer bestimmten Melodie ein schönes Erlebnis assoziieren **II.** *mit SICH* ■ *jmd. assoziiert sich* POL. *sich an- oder zusammenschließen* sich assoziieren, assoziierte Mächte

Ast der <-(e)s, Äste> *an einem Baum ein dickerer Zweig, der direkt aus dem Stamm hervorwächst* einen Ast absägen, ein knotiger/kräftiger Ast ■ **an dem Ast sägen, auf dem man sitzt** (*umg.*): *durch sein Verhalten die eigene Lebensgrundlage gefährden* **sich einen Ast lachen** (*umg.*): *sehr lachen*

As·ter die <-, -n> *eine Herbstblume*

Äs·thet der <-en, -en> (*geh.*) *ein feinsinniger Mensch mit einer hohen Bewusstheit für Schönheit und Kunst*

Äs·the·tik die <-> (*kein Plur.*) *Lehre vom Schönen*

äs·the·tisch *Adj.* (*geh.*) *geschmackvoll, schön*

Asth·ma das ['astma] <-s> (*kein Plur.*) MED. *anfallartig auftretende Atemnot*

asth·ma·tisch <nicht steig.> *Adj. durch Asthma bedingt* asthmatische Anfälle haben

ast·rein <nicht steig.> *Adj.* (*umg.*) *einwandfrei* Die Sache ist nicht ganz astrein.

As·t·ro·lo·ge, **As·t·ro·lo·gin** der <-n, -n> *jmd., der sich mit Astrologie beschäftigt*

As·t·ro·lo·gie die <-> (*kein Plur.*) *die Beschäftigung mit Sternen und Sternbildern mit dem Ziel, daraus Erkenntnisse über die Menschen und das menschliche Schicksal gewinnen zu können* ▶astrologisch

As·t·ro·naut, **As·t·ro·nau·tin** der <-en, -en> *jmd., der an Bord eines Raumschiffs durch das Weltall fliegt* An Bord der Raumstation sind derzeit zwei amerikanische und zwei russische Astronauten., Die meisten Astronauten waren zunächst Piloten., Die russischen Astronauten nennt man „Kosmonauten".

As·t·ro·nom, **As·t·ro·no·min** der <-en, -en> *Wissenschaftler auf dem Gebiet der Astronomie*

As·t·ro·no·mie die <-> (*kein Plur.*) *die Wissenschaft, die sich mit der Erforschung der Sterne und Himmelskörper beschäftigt*

a·s·t·ro·no·misch <nicht steig.> *Adj.* **1.** (*nur attr.*) *zur Astronomie gehörend* astronomische Betrachtungen **2.** (*umg.*) *sehr hoch, ungeheuer* astronomische Preise

Ast·ro·phy·sik die <-> (*kein Plur.*) *Wissenschaft von der physikalischen Beschaffenheit der Himmelskörper*

A·syl das [a'zy:l] <-(e)s, -e> **1.** POL. *Zuflucht für politisch Verfolgte* jemandem Asyl gewähren, Asyl suchen **2.** (*veralt.*) *Heim für Not Leidende* ein Asyl für Obdachlose ◆ Obdachlosen-

A·sy·lant, **A·sy·lan·tin** der <-en, -en> *jmd., der Asyl[1] beansprucht*

A·syl·be·wer·ber, **A·syl·be·wer·be·rin** der <-s, -> *jmd., der den Antrag stellt, in einem Land Asyl[1] zu erhalten*

A·syl·be·wer·ber·heim das <-(e)s, -e> *Wohnheim für Asylbewerber*

A·syl·po·li·tik die <-> (*kein Plur.*) *politische Maßnahmen und Entscheidungen im Zusammenhang mit der Gewährung von Asyl[1]*

A·syl·ver·fah·ren das <-s, -> AMTSSPR. *gerichtliches Verfahren, in dem geklärt wird, ob jmdm. Asyl[1] gewährt werden kann*

A·sym·me·t·rie die <-, -n> (*fachspr.* ↔ *Symmetrie*) *der Zustand, dass etwas nicht symmetrisch ist*

a·sym·me·t·risch <nicht steig.> *Adj.* (*fachspr.* ↔ *symmetrisch*) *nicht symmetrisch*

A·te·lier das [atə'li̯e:] <-s, -s> *Werkstatt eines Künstlers oder Fotografen*

A·tem der <-s> (*kein Plur.*) *die ein- und ausgeatmete Luft* Atem holen, den Atem anhalten, außer Atem kommen/sein ■ **jemanden in Atem halten**: *jmdn. nicht zur Ruhe kommen lassen*

a·tem·be·rau·bend *Adj. sehr schön* ein atemberaubender Anblick, Sie war von atemberaubender Schönheit.

a·tem·los <nicht steig.> *Adj.* **1.** *so, dass man kaum Luft bekommt, weil man sich sehr angestrengt hat* atemlos sein/angerannt kommen **2.** *gespannt* Es herrschte atemlose Stille.

A·tem·tech·nik die <-> (*kein Plur.*) *besondere Art des Atmens bei bestimmten Sportarten oder der Meditation*

A·tem·wege <-> *Plur. die Atmungsorgane* die Erkrankung der Atemwege

Ä·than das <-s> (*kein Plur.*) CHEM. *gasförmiger Kohlenwasserstoff*

A·the·is·mus der <-> (*kein Plur.*) *die Weltanschauung, die die Existenz eines Gottes verneint*

A·the·ist, **A·the·is·tin** der <-en, -en> *Anhänger(in) des Atheismus*

a·the·is·tisch <nicht steig.> *Adj. zum Atheismus gehörend*

Ä·ther der <-s> (*kein Plur.*) **1.** MED. CHEM. *Betäubungs- und Lösungsmittel* **2.** (*geh.*) *die Weite des Himmels* ■ **etwas über den Äther schicken**: *etwas über Radio senden*

ä·the·risch <nicht steig.> *Adj.* **1.** *sehr zart und vergeistigt* eine ätherische Erscheinung **2.** CHEM. *ätherhaltig und angenehm duftend* ätherische Öle

Ä·thi·o·pi·en [ɛ'ti̯o:pi̯ən] <-s> *Staat in Ostafrika*

Ä·thi·o·pi·er, **Ä·thi·o·pi·e·rin** der <-s, -> *jmd., der die äthiopische Staatsbürgerschaft hat*

ä·thi·o·pisch <nicht steig.> *Adj. zu Äthiopien gehörend*

Ath·let, **Ath·le·tin** der <-en, -en> *ein Sportler, der an einem Wettkampf teilnimmt*

ath·le·tisch *Adj. muskulös und durchtrainiert* ein athletischer Körperbau

At·lan·tik der <-s> (*kein Plur.*) *der Atlantische Ozean: der Ozean, der zwischen Amerika und Afrika und Europa liegt*

at·lan·tisch <nicht steig.> *Adj. vom Atlantik kommend* Atlantische Luftmassen bestimmen unser Wetter in den nächsten Tagen. ◆ Großschreibung →R 3.17 der Atlantische Ozean

At·las[1] der <-, -se/Atlanten> *ein Buch, das Landkarten enthält* etwas im Atlas nachschlagen

At·las[2] der <-> (*kein Plur.*) *ein Gebirge in Nordafrika*

At·las[3] der <-/-ses, -se> *ein glänzender, schwerer Seidenstoff*

At·las[4] der <-> (*kein Plur.*) *ein Gott, der in der griechischen Mythologie Träger des Himmels war*

At·las[5] der <-/-ses> ANAT. *der erste Halswirbel*

at·men <atmest, atmete, hat geatmet> **I.** *mit OBJ* ■ *jmd. atmet etwas* (≈ *einatmen*) Er atmete die kühle Luft. **II.** *ohne OBJ* ■ *jmd. atmet* (*irgendwie*) *Luft in die Atmungsorgane hineinsaugen und verbrauchte Luft von sich geben* Der Patient atmet schwer., Der Schwerverletzte atmete noch.

At·mo·sphä·re die [atmo'sfɛ:rə] <-, -n> **1.** (*kein Plur.*) *die Lufthülle der Erde* **2.** (PHYS: *veralt.*) *Maßeinheit für Druck, Zeichen: atm* **3.** (≈ *Klima*) *eine bestimmte* (*gefühlsmäßig wahrnehmbare*) *Stimmung, die irgendwo herrscht* In der Abteilung herrscht eine angespannte/freundschaftliche/gute/kollegiale Atmosphäre. **4.** (*kein Plur.*) (≈ *Flair*) *die Eigenschaft eines Ortes, sehr stimmungsvoll zu sein und starke Gefühle zu erzeugen* Paris/Prag ist eine Stadt mit viel Atmosphäre.

at·mo·sphä·risch <nicht steig.> *Adj.* (*in*) *der Atmosphäre*[1] atmosphärische Störungen, der atmosphärische Druck

At·mung die <-> (*kein Plur.*) *das Atmen*

At·mungs·or·ga·ne <-> *Plur. alle Organe, die der Atmung dienen*

Ät·na der <-s> (*kein Plur.*) *Vulkan auf Sizilien*

A·toll das <-s, -e> *ringförmige Koralleninsel*

A·tom das <-s, -e> *die kleinste Einheit der Materie, von der man früher annahm, sie sei unteilbar*

a·to·mar <nicht steig.> (*nur attr.*) *Adj. die Atome oder die Kernspaltung betreffend* Vorgänge im atomaren Bereich

A·tom·aus·stieg der (*umg.*) *Ausstieg aus der Energiegewinnung mit Atomkraftwerken*

A·tom·bom·be die <-, -n> *Bombe, deren Wirkung auf der Kernspaltung beruht*

> **i Wissenswert** Die erste **Atombombe** wurde von den USA in den Jahren 1943–1945 entwickelt. Sie war zunächst für den Einsatz in Deutschland gedacht, wurde aber, nach dessen Kapitulation, gegen Japan am 6. August 1945 über Hiroshima und am 9. August über Nagasaki abgeworfen. Weitere Länder, wie die UdSSR, Großbritannien, Frankreich, China und Indien bauten sie ebenfalls. Andere arbeiteten an ihrer Entwicklung. Durch den Atomwaffensperrvertrag im Jahre 1968 wurde versucht, die Verbreitung der Waffe einzudämmen, doch durch ständige Modernisierung und Weiterentwicklung von Seiten der USA und der UdSSR kam es zu einer Eskalation. Der NATO-Doppelbeschluss (1979) führte zum Entstehen einer aktiven Friedensbewegung. 1989 stimmte die UdSSR schließlich Verträgen zur Reduzierung der Atomwaffe zu. Im Jahre 1993 allerdings kündigte die Volksrepublik Nordkorea den Atomwaffensperrvertrag.

A·tom·e·ner·gie die <-> (*kein Plur.*) (≈ *Kernenergie*) (*nutzbar gemachte*) *Energie, die bei der Kernspaltung freigesetzt wird* die friedliche Nutzung der Atomenergie

A·tom·in·dus·t·rie die <-> (*kein Plur.*) *der Teil der Wirtschaft, der sich mit der Gewinnung oder Nutzung der Atomenergie befasst*

A·to·mi·sie·rung die <-> (*kein Plur.*) *Aufspalten von etwas in* (*kleine*) *Einheiten*

A·tom·kern der <-(e)s, -e> *der Kern des Atoms* die Fusion/die Spaltung von Atomkernen

A·tom·kraft·werk das <-(e)s, -e> (≈ *Kernkraftwerk*) *ein Kraftwerk, das durch Kernspaltung elektrische Energie gewinnt*

A·tom·krieg der <-(e)s, -e> *Krieg, der mit Atomwaffen geführt wird*

A·tom·mei·ler der <-s, -> (≈ *Atomkraftwerk*)

A·tom·müll der <-s> (*kein Plur.*) (*radioaktiver*) *Abfall aus der Gewinnung oder Nutzung von Atomenergie*

A·tom·phy·sik die <-> (*kein Plur.*) (≈ *Kernphysik*) *Lehre von den Atomen und ihrer Umwandlung*

A·tom·strom der <-(e)s> (*kein Plur.*) (*umg.*) *elektrischer Strom, der aus der Kernspaltung in Atomkraftwerken gewonnen wird*

A·tom·test der <-(e)s, -s/-e> *Test von Atomwaffen*

A·tom·trans·port der <-(e)s, -e> (*umg.*) *Transport von Atommüll*

A·tom-U-Boot das <-(e)s, -e> *von einem Atomreaktor angetriebenes U-Boot*

A·tom·ver·such der <-(e)s, -e> MIL. *Testen einer Atomwaffe*

A·tom·waf·fe die <-, -n> *Waffe, deren Wirkung auf der Kernspaltung oder -verschmelzung beruht*

a·tom·waf·fen·frei <nicht steig.> *Adj.* POL. *so, dass es keine Atomwaffen enthält* eine atomwaffenfreie Zone

A·tom·wirt·schaft die <-> (*kein Plur.*) *der Teil der Wirtschaft, der sich mit der Gewinnung oder Nutzung der Atomenergie befasst*

ätsch *Interj.* (*umg.*) *verwendet, um auszudrücken aus, dass jmd. Schadenfreude über etwas empfindet* Ätsch! Ich war zuerst hier!

Attachment das [ɛ'tɛtʃmɛnt] <-s, -s> (EDV: ≈ *Anlage*) *eine Datei, die zusammen mit einem Mail verschickt wird* ein Attachment öffnen

At·ta·cke die <-, -n> **1.** *Angriff, Kritik* eine gegnerische Attacke, eine scharfe Attacke gegen die Regierung starten **2.** MED. *Anfall* **3.** (SPORT: ≈ *Vorstoß*) *der Vorgang, dass in einem Rennen plötzlich einer der Fahrer oder Läufer das Tempo forciert und versucht, die Gegner hinter sich zu lassen*

at·ta·ckie·ren <attackierst, attackierte, hat attackiert> *mit OBJ* ■ *jmd. attackiert jmdn./etwas angreifen, kritisieren* den Gegner attackieren, jemanden verbal attackieren

At·ten·tat, At·ten·tat das <-(e)s, -e> *Mordanschlag auf jmdn., der im öffentlichen Leben steht* ein Attentat auf einen Politiker verüben

At·test das <-(e)s, -e> *ärztliche Bescheinigung, die etwas über den Gesundheitszustand einer Person aussagt* ärztliches Attest, (jemandem) ein Attest ausstellen

at·tes·tie·ren <attestierst, attestierte, hat attestiert> *mit OBJ* ■ *jmd. attestiert jmdm. etwas* (*geh.*) *bestätigen* Seine Professoren attestierten ihm hervorragende Kenntnisse.

At·ti·tü·de die <-, -n> *Haltung, Einstellung*

At·trak·ti·on die <-, -en> *etwas, das außergewöhnlich ist und deshalb große Anziehungskraft besitzt* Paris bietet viele Attraktionen., Auf dem Jahrmarkt gab es viele neue Attraktionen

at·trak·tiv *Adj.* **1.** *so, dass jmd. wegen seines guten Aussehens und seiner gepflegten Ausstrahlung für andere Menschen anziehend ist* eine attraktive Frau **2.** *so, dass es interessant und positiv ist* Die Ferienanlage bietet viele attraktive Freizeitangebote/Sportmöglichkeiten.

At·trap·pe die <-, -n> *täuschend echte Nachbildung* Der Kamin ist nicht echt, sondern nur eine Attrappe.

At·tri·but das <-(e)s, -e> **1.** (*geh.*) *auffälliges Merkmal* **2.** SPRACHWISS. *Beifügung als Ergänzung zu einem Hauptwort* In „das schöne Kleid" ist „schöne" das Attribut.

at·tri·bu·tiv <nicht steig.> *Adj.* (SPRACHWISS.: ↔ *prädikativ*) *als Attribut*

ät·zen <ätzt, ätzte, hat geätzt> **I.** *mit OBJ* ■ *jmd. ätzt etwas mit Säuren behandeln* **II.** *ohne OBJ* ■ *etwas ätzt zerfressend auf etwas wirken* ätzende Flüssigkeiten

ät·zend *Adj.* (JUGENDSPR.: *abwert.*) *fürchterlich* ein ätzender Film, Der Typ ist absolut ätzend.

Au die <-, -en> (*süddt. österr.*) *s.* **Aue**

au(a) *Interj.* (*umg.*) *verwendet, um auszudrücken, dass jmd. Schmerz empfindet* Aua, du stehst auf meinem Fuß!

Au·ber·gi·ne die [obɛrˈʒiːnə] <-, -n> (≈ *Eierpflanze*) *ein längliches Gemüse mit blau-violetter Schale*

auch **I.** *Adv.* nicht nur ..., sondern auch ... **II.** *Partikel verstärkend bei Fragen und Aussagen* Wirst du auch wirklich da sein?, Wie dem auch sei, ich komme nicht., Wir feiern im Garten, auch wenn es regnet., Er hat verschlafen, deshalb ist er auch zu spät gekommen.

Au·di·enz die [au̯ˈdi̯ɛnt͜s] <-, -en> *offizieller Empfang bei einer hoch gestellten Persönlichkeit* eine Audienz beim Papst, jemandem eine Audienz gewähren

Au·di·o·kas·set·te die <-, -n> (≈ *Musikkassette* ↔ *Videokassette*) *eine Kassette für die Aufzeichnung von Musik*

au·di·o·phil <nicht steig.> *Adj. so, dass eine sehr hohe Qualität der Musikwiedergabe angestrebt oder geschätzt wird* eine audiophile CD, Kunden mit audiophilen Ansprüchen

au·di·tiv <nicht steig.> FACHSPR. *auf das Gehör bezogen*

Au·di·to·ri·um das <-s, Auditorien> **1.** *Hörsaal* **2.** (*geh.*) *Zuhörerschaft* vor einem großen Auditorium sprechen

Aue die <-, -n> *feuchte Wiese oder Niederung* in den Auen spazieren gehen

auf **I.** *Präp.* **1.** + *Dat. Ortsangabe auf die Frage „wo?"* auf dem Bahnhof, auf der Post **2.** + *Akk. Ortsangabe auf die Frage „wohin?"* auf das Land fahren, auf den Tisch stellen, sich auf den Boden setzen ■ **auf Deutsch**: *in deutscher Sprache* **auf einmal**: *plötzlich* **auf jeden Fall**: *was auch passiert* **auf keinen Fall**: *niemals* **auf der Geige spielen**: *Geige spielen* **auf diese Weise**: *so* **II.** *Adv.* **1.** (*umg.* ↔ *zu*) *offen* Die Tür ist auf. **2.** (*umg.*) *wach* Sie ist noch nicht auf. ■ **auf und ab gehen**: *hin und her gehen* **ein ständiges Auf und Ab**: *eine ständige Auf- und Abwärtsbewegung* **von klein auf**: *seit der Kindheit* **III.** *Interj.* (*umg.*) *verwendet, um andere Personen dazu aufzufordern, einen Weg anzutreten oder mit einer Aktivität zu beginnen* Auf! Los! Bewegt euch endlich!

auf·ar·bei·ten *mit OBJ* ■ *jmd. arbeitet etwas auf* **1.** *erledigen* liegen gebliebene Post aufarbeiten **2.** *kritisch auswerten* die Vergangenheit/Forschungsergebnisse aufarbeiten

Auf·ar·bei·tung die <-> (*kein Plur.*) *das Aufarbeiten*

auf·at·men *ohne OBJ* ■ *jmd. atmet auf ein Gefühl starker Erleichterung verspüren* Die Menschen in der Region können seit gestern wieder aufatmen: Die Polizei hat den Täter gefasst.

auf·bah·ren *mit OBJ* ■ *jmd. bahrt jmdn. auf eine Leiche auf eine Bahre legen und an einem bestimmten Ort aufstellen* einen Toten aufbahren

Auf·bau der <-(e)s, -ten> **1.** (*kein Plur.*) *Errichtung* der Aufbau der zerstörten Kirche **2.** (*kein Plur.*) *Schaffung* Das Unternehmen befindet sich noch im Aufbau. **3.** (*kein Plur.*) *Gliederung* der Aufbau des Aufsatzes **4.** TECHN. *Konstruktion, die auf oder über etwas errichtet wurde* Die Aufbauten des Schiffes sind noch nicht fertig.

auf·bau·en <baust auf, baute auf, hat aufgebaut> *mit OBJ* **1.** ■ *jmd. baut etwas auf aufstellen* ein Zelt aufbauen **2.** ■ *jmd. baut etwas auf die Entwicklung von etwas fördern und gestalten* Sein Vater hat das Unternehmen aufgebaut., Der Trainer hat den jungen Athleten vorsichtig aufgebaut. **3.** ■ *jmd. baut jmdn. auf Mut zusprechen* Nach der Niederlage musste sie ihren Mann wieder aufbauen.

auf·bäu·men <bäumt auf, bäumte auf, hat aufgebäumt> *mit SICH* **1.** ■ *jmd. bäumt sich auf wütend auf etwas sein und sich wehren* **2.** ■ *ein Tier bäumt sich auf sich aufrichten; auf die Hinterbeine stellen* Das Pferd bäumte sich auf.

auf·bau·schen <bauschst auf, bauschte auf, hat aufgebauscht> **I.** *mit OBJ* **1.** ■ *etwas bauscht etwas auf* (≈ *aufblähen*) *durch Luftzug bewirken, dass sich ein Tuch o.Ä. spannt* die Gardinen/die Segel aufbauschen **2.** ■ *jmd. bauscht etwas auf als wichtiger darstellen als es ist* die Sache ein bisschen aufbauschen **II.** *mit SICH* ■ *etwas bauscht sich auf aufgebauscht I.1 werden* Die Segel bauschen sich (im Wind) auf.

auf·be·hal·ten <behältst auf, behielt auf, hat aufbehalten> *mit OBJ* ■ *jmd. behält etwas auf* (*umg.*) *nicht abnehmen* Sie können den Hut/die Brille aufbehalten.

auf·be·rei·ten <bereitest auf, bereitete auf, hat aufbereitet> *mit OBJ* ■ *jmd. bereitet etwas auf* **1.** *in eine* (*durch einen bestimmten Zweck bestimmte*) *Form bringen* Die Daten müssen erst aufbereitet werden. **2.** (*wieder*) *nutzbar machen* Rohstoffe/Trinkwasser aufbereiten

Auf·be·rei·tung die <-> (*kein Plur.*) *das Aufbereiten* Aufbereitung radioaktiver Abfälle

auf·bes·sern <besserst auf, besserte auf, hat aufgebessert> *mit OBJ* ■ *jmd. bessert etwas auf erhöhen* jemandes Gehalt aufbessern, Die Schülerin bessert ihr Taschengeld durch das Austragen von Zeitungen auf.

auf·be·wah·ren <bewahrst auf, bewahrte auf,

hat aufbewahrt> *mit OBJ* ■ *jmd. bewahrt etwas auf an einem bestimmten Ort verwahren* Wertsachen/Gepäck/ein Andenken an den Großvater aufbewahren

Auf·be·wah·rung die <-> (*kein Plur.*) *das Aufbewahren* das Gepäck zur Aufbewahrung geben

auf·bie·ten <bietest auf, bot auf, hat aufgeboten> *mit OBJ* ■ *jmd. bietet etwas auf einsetzen* alle Kräfte aufbieten

auf·bin·den <bindest auf, band auf, hat aufgebunden> *mit OBJ* ■ *jmd. bindet etwas auf* **1.** *etwas, das gebunden ist, lösen* die Schuhe aufbinden **2.** *etwas hochbinden, das herunterhängt* einen Ast aufbinden ■ **jemandem eine Lüge/einen Bären aufbinden** (*umg.*): *jmdn. belügen*

auf·blä·hen <blähst auf, blähte auf, hat aufgebläht> **I.** *mit OBJ* **1.** ■ *etwas bläht etwas auf groß oder prall machen* einen aufgeblähten Bauch haben **2.** ■ *jmd. bläht etwas auf* (*umg. abwert.*) *wichtiger machen, als es ist* eine Sache unnötig aufblähen **II.** *mit SICH* ■ *jmd. bläht sich auf* (*umg. abwert.*) *wichtig tun* Er soll sich bloß nicht so aufblähen.

Auf·blä·hung die <-, -en> *das Aufblähen*

auf·bla·sen <bläst auf, blies auf, hat aufgeblasen> **I.** *mit OBJ* ■ *jmd. bläst etwas auf durch Blasen mit Luft füllen* den Luftballon aufblasen ▶aufblasbar **II.** *mit SICH* ■ *jmd. bläst sich auf* (*umg. abwert.*) *sich wichtig tun* Blase dich bloß nicht so auf!

auf·blät·tern <blätterst auf, blätterte aufm hat aufgeblättert> *mit OBJ* ■ *jmd. blättert etwas auf* (≈ *aufschlagen*) eine Zeitschrift aufblättern

auf·blei·ben <bleibst auf, blieb auf, ist aufgeblieben> *ohne OBJ* **1.** ■ *etwas bleibt auf* (*umg.*) *offen bleiben* Das Fenster bleibt auf!, Die Geschäfte bleiben mittags auf. **2.** ■ *jmd. bleibt auf* (*umg.*) *nicht schlafen gehen* Die Kinder wollen noch ein bisschen aufbleiben.

auf·blen·den <blendest auf, blendete auf, hat aufgeblendet> **I.** *mit OBJ/ohne OBJ* ■ *jmd. blendet (etwas) auf* (das Fernlicht) aufblenden **II.** *ohne OBJ* ■ *jmd. blendet auf* FOTOGR. *die Blende öffnen* bei Dunkelheit aufblenden

auf·bli·cken <blickst auf, blickte auf, hat aufgeblickt> *ohne OBJ* **1.** ■ *jmd. blickt auf aufsehen* von seiner Lektüre kurz aufblicken **2.** ■ *jmd. blickt zu jmdm. auf verehren* zu einem Vorbild aufblicken

auf·blit·zen <blitzt auf, blitzte auf, hat/ist aufgeblitzt> *ohne OBJ* **1.** ■ *etwas blitzt auf* (*haben*) *einen kurzen Lichtschein abgeben* Das Licht hat kurz aufgeblitzt. **2.** ■ *etwas blitzt jmdm. auf* (*sein*) Die Erinnerung ist in ihm aufgeblitzt.

auf·blü·hen <blühst auf, blühte auf, ist aufgeblüht> *ohne OBJ* **1.** ■ *etwas blüht auf in Blüte kommen* Die Blumen blühen langsam auf. **2.** ■ *jmd./etwas blüht auf* (*übertr.*) *sich sehr positiv entwickeln* Seit sie umgezogen ist, ist sie richtig aufgeblüht., Wirtschaft und Tourismus blühten nun auf.

auf·bo·cken <bockst auf, bockte auf, hat aufgebockt> *mit OBJ* ■ *jmd. bockt etwas auf auf einen Bock²* *stellen* das Auto aufbocken und die Reifen wechseln

auf·brau·chen <brauchst auf, brauchte auf, hat aufgebraucht> *mit OBJ* ■ *jmd. braucht etwas auf vollständig verbrauchen* die Vorräte aufbrauchen

auf·brau·sen <braust auf, brauste auf, ist aufgebraust> *ohne OBJ* **1.** ■ *etwas braust auf sich kurz und heftig erheben* Der Wind brauste auf., aufbrausender Beifall **2.** ■ *jmd. braust auf sich heftig erregen* ein aufbrausendes Temperament haben

auf·bre·chen <brichst auf, brach auf, hat/ist aufgebrochen> **I.** *mit OBJ* ■ *jmd. bricht etwas auf* (*haben*) *etwas, das verschlossen ist, mit Gewalt öffnen* ein Schloss aufbrechen **II.** *ohne OBJ* (*sein*) **1.** ■ *etwas bricht auf sich öffnen* Die Knospen brechen auf., Die Erdkruste brach auf und bildete eine tiefe Spalte. **2.** ■ *jmd. bricht (zu etwas Dat.) auf losgehen* Wir brechen morgen früh zur Wanderung auf.

auf·bre·zeln *mit SICH* ■ *jmd. brezelt sich auf* (*umg. süddt.*) *sich besonders attraktiv zurechtmachen*

auf·brin·gen <bringst auf, brachte auf, hat/ist aufgebracht> *mit OBJ* **1.** ■ *jmd. bringt etwas auf mühsam beschaffen* eine große Summe Geld aufbringen, Kraft/Mut aufbringen **2.** ■ *jmd. bringt jmdn. auf wütend machen* jemanden gegen sich aufbringen, sehr aufgebracht sein **3.** ■ *jmd. bringt etwas auf* (*umg.*) *öffnen können* Bringst du das Fenster auf? **4.** ■ *jmd. bringt etwas auf* SEEW. *stoppen und unter Kontrolle stellen* ein Schiff mit Schmuggelware aufbringen

Auf·bruch der <-(e)s> (*kein Plur.*) **1.** *das Aufbrechen II.2* Weil es schon spät war, drängte er zum Aufbruch. **2.** *der Sachverhalt, dass irgendwo eine Entwicklung ganz am Anfang ist* Das Land befindet sich im Aufbruch. ◆-sstimmung

auf·brü·hen *mit OBJ* ■ *jmd. brüht etwas auf mit kochendem Wasser übergießen* Kaffee aufbrühen

auf·brum·men <brummst auf, brummte auf, hat aufgebrummt> *mit OBJ* ■ *jmd. brummt jmdm. etwas auf* (*umg. abwert.*) *befehlen, dass jmd. etwas tun muss* jemandem eine Strafe aufbrummen

auf·bü·geln <bügelst auf, bügelte auf, hat aufgebügelt> *mit OBJ* ■ *jmd. bügelt etwas auf durch kurzes Bügeln bewirken, dass ein Kleidungsstück wieder ohne Falten ist* nach der Reise den Anzug kurz aufbügeln

auf·bür·den <bürdest auf, bürdete auf, hat aufgebürdet> *mit OBJ* ■ *jmd. bürdet jmdm. etwas auf* (*abwert.*) *übertragen* jemandem eine schwere Last aufbürden

auf·de·cken <deckst auf, deckte auf, hat aufgedeckt> *mit OBJ* ■ *jmd. deckt etwas auf* **1.** *eine Decke oder einen Deckel herunternehmen* ein Bett/einen Kranken aufdecken, eine Grube aufdecken **2.** *offen hinlegen* die Karten aufdecken **3.** (≈ *enthüllen*) *bewirken, dass etwas Verborgenes offen erkennbar wird* ein Geheimnis/jemands Machenschaften/einen Skandal/ ein Verbrechen aufdecken ▶Aufdeckung

auf·drän·gen <drängst auf, drängte auf, hat aufgedrängt> (*abwert.*) **I.** *mit OBJ* ■ *jmd. drängt* *jmdm. etwas auf zwingen, etwas anzunehmen* jemandem ein Geschenk/seine Hilfe/seinen Rat/eine Ware aufdrängen **II.** *mit SICH* **1.** ▪ *jmd. drängt sich jmdm. auf sich in lästiger Weise anbieten* Wir wollen uns (den Nachbarn) nicht aufdrängen. **2.** ▪ *etwas drängt sich jmdm. auf unwillkürlich bewusst werden* Der Gedanke drängte sich (uns) förmlich auf.

auf·dre·hen <drehst auf, drehte auf, hat aufgedreht> **I.** *mit OBJ* ▪ *jmd. dreht etwas auf durch Drehen öffnen* einen Hahn aufdrehen **II.** *ohne OBJ* ▪ *jmd. dreht auf (umg.) das Tempo oder die Leistung steigern* Auf der Party drehte er richtig auf., auf der Autobahn richtig aufdrehen

auf·dring·lich *Adj. (abwert. ≈ lästig) so, dass man sich jmdm. aufdrängt I.* Sie ist eine aufdringliche Person.

Auf·dring·lich·keit die <-> *(kein Plur.) eine aufdringliche Art oder Person*

auf·dru·cken <druckst auf, druckte auf, hat aufgedruckt> *mit OBJ* ▪ *jmd. druckt etwas auf etwas Akk. auf auf etwas drucken* Briefpapier mit aufgedrucktem Firmenzeichen

auf·drü·cken <drückst auf, drückte auf, hat aufgedrückt> *mit OBJ* **1.** ▪ *jmd. drückt jmdm. etwas auf jmdm. etwas abverlangen* Der Chef drückt uns immer mehr Arbeit auf. **2.** ▪ *jmd. drückt etwas auf durch Drücken öffnen* die Tür aufdrücken **3.** ▪ *jmd. drückt etwas auf etwas Akk. auf etwas auf etwas pressen* einen Stempel (auf etwas) aufdrücken

auf·ei·n·an·der *Adv.* **1.** *gegenseitig* aufeinander angewiesen sein, aufeinander einschlagen **2.** *eins auf dem anderen oder auf das andere* Die Bücher liegen aufeinander. ◆ Getrenntschreibung→R 4.1 aufeinander beißen, aufeinander folgen, aufeinander legen, aufeinander prallen, aufeinander stapeln

Auf·ent·halt der <-(e)s, -e> **1.** *der Zustand, dass jmd. an einem bestimmten Ort ist* ein einjähriger Aufenthalt im Ausland **2.** *die Zeit, die man beim Wechseln von Eisenbahnzügen oder Flugzeugen an einem bestimmten Umsteigebahnhof/Flughafen verbringt* Sie haben eine halbe Stunde Aufenthalt in Singen.

Auf·ent·halts·ge·neh·mi·gung die <-, -en> *die Genehmigung, sich in einem Land aufzuhalten*

Auf·ent·halts·ort der <-(e)s, -e> *Ort, an dem sich jmd. aufhält*

Auf·ent·halts·raum der <-(e)s, Aufenthaltsräume> *Raum, wo Personen, z.B. Mitarbeiter einer Firma, ihre Pausen verbringen können*

Auf·ent·halts·recht das <-(e)s, -e> *das Recht, sich in einem Land aufzuhalten*

auf·er·le·gen <erlegst auf, erlegte auf, hat auferlegt> **I.** *mit OBJ* ▪ *jmd. erlegt jmdm. etwas auf zu etwas verpflichten* jemandem eine Strafe auferlegen, Man erlegte ihm auf, sich regelmäßig bei der Polizei zu melden. **II.** *mit SICH* ▪ *jmd. erlegt sich etwas auf sich selbst abverlangen* sich Disziplin/Enthaltsamkeit auferlegen

auf·er·ste·hen <erstehst auf/auferstehst, erstand auf/auferstand, ist auferstanden> *ohne OBJ* ▪ *jmd. aufersteht* REL. *ein Toter erwacht zum Leben* von den Toten auferstehen

Auf·er·ste·hung die <-> *(kein Plur.) das Auferstehen* ▪ **die Auferstehung von den Toten**

auf·es·sen <isst auf, aß auf, hat aufgegessen> *mit OBJ* ▪ *jmd. isst etwas auf vollständig essen*

auf·fah·ren <fährst auf, fuhr auf, hat/ist aufgefahren> **I.** *ohne OBJ (sein)* **1.** ▪ *jmd. fährt auf etwas Akk. auf fahrend aufprallen* auf ein parkendes Auto/ein Riff auffahren **2.** ▪ *jmd. fährt auf jmdn. auf heranfahren* dicht auf den Vordermann auffahren **3.** ▪ *jmd. fährt auf hochschrecken* erschrocken/wütend auffahren **II.** *mit OBJ* ▪ *jmd. fährt etwas auf (haben)* **1.** *in Stellung bringen* Artillerie auffahren **2.** *(umg. übertr.) reichlich auftischen* reichlich (Wein und gute Speisen) auffahren

Auf·fahrt die <-, -en> **1.** *die Fahrt zu einem Ort, der höher liegt als der Ort, von dem man abfährt* Die Auffahrt auf den Berg war sehr steil. **2.** *das Stück Straße, das auf eine Autobahn führt* ◆ Autobahn- **3.** *eine Straße, die leicht ansteigt und zu einem Gebäude führt* Die Auffahrt zur Burg ist recht lang.

Auf·fahr·un·fall der <-(e)s, Auffahrunfälle> *Verkehrsunfall, bei dem ein Fahrzeug auf ein anderes auffährt I*

auf·fal·len <fällst auf, fiel auf, ist aufgefallen> *ohne OBJ* **1.** ▪ *jmd./etwas fällt auf sich hervortun* durch besonderen Fleiß auffallen **2.** ▪ *etwas fällt jmdm. (an jmdm.) auf für jmdn. besonders deutlich sein* Sein Fleiß fällt mir an ihm/an seiner Arbeit auf., Mir ist aufgefallen, dass du in der letzten Zeit sehr viel arbeitest.

auf·fal·lend **I.** *Adj. so, dass es auffällt* ein Bild von auffallender Schönheit **II.** *Adv. (≈ verdächtig) anders als sonst und daher bemerkenswert* auffallend still sein

auf·fäl·lig *Adj. auffallend* auffällige Farben/Muster

auf·fan·gen <fängst auf, fing auf, hat aufgefangen> *mit OBJ* **1.** ▪ *jmd. fängt etwas auf etwas, das geworfen wird, fangen* einen Ball auffangen **2.** ▪ *etwas fängt etwas auf als Gefäß eine Flüssigkeit in sich sammeln* Die Tonne fängt das Wasser auf. **3.** ▪ *etwas fängt etwas auf abfedern* einen Stoß auffangen; *(übertr.)* negative Folgen einer Sache auffangen

Auf·fang·la·ger das <-s, -> *ein Lager, in dem jmd. zunächst eine erste Zuflucht findet* ein Auffanglager für Flüchtlinge

auf·fas·sen <fasst auf, fasste auf, hat aufgefasst> *mit OBJ* ▪ *jmd. fasst etwas irgendwie auf verstehen (als)* Das habe ich aber anders aufgefasst., etwas als Beleidigung auffassen

Auf·fas·sung die <-, -en> *(≈ Meinung)* nach meiner Auffassung, verschiedener Auffassung sein

Auf·fas·sungs·sa·che ▪ **etwas ist Auffassungssache**: *man kann etwas so oder so sehen*

Auf·fas·sungs·ver·mö·gen das <-s> *(kein Plur.) die Fähigkeit, etwas zu begreifen*

auf·fe·gen <fegst auf, fegte auf, hat aufgefegt> *mit OBJ* ▪ *jmd. fegt etwas auf mit einem Besen zu-*

sammenkehren

auf·fin·den <findest auf, fand auf, hat aufgefunden> *mit OBJ* ■ *jmd. findet jmdn./etwas (irgendwie) auf finden* nirgends aufzufinden sein, tot aufgefunden werden

auf·flie·gen <fliegst auf, flog auf, ist aufgeflogen> *ohne OBJ* **1.** ■ *ein Tier fliegt auf davonfliegen* Plötzlich flogen die Vögel auf. **2.** ■ *etwas fliegt auf schnell geöffnet werden* Plötzlich flog die Tür auf. **3.** ■ *etwas fliegt auf (umg.) ein plötzliches Ende finden* Der Schmugglerring/der Betrug/die Versammlung ist aufgeflogen.

auf·for·dern <forderst auf, forderte auf, hat aufgefordert> *mit OBJ* ■ *jmd. fordert jmdn. zu etwas (Dat.) auf sagen, dass jmd. etwas tun soll* jemanden zum Gehen/Tanzen auffordern

Auf·for·de·rung die <-, -en> *das Auffordern* einer Aufforderung nachkommen

auf·fors·ten <forstet auf, forstete auf, hat aufgeforstet> *mit OBJ* ■ *jmd. forstet etwas auf mit Bäumen bepflanzen* eine Rodung aufforsten ▸Aufforstung

auf·fres·sen <frisst auf, fraß auf, hat aufgefressen> *mit OBJ* ■ *ein Tier frisst etwas auf vollständig fressen* Der Hund hat sein Futter aufgefressen., Habt ihr wieder die ganze Schokolade aufgefressen! ■ **etwas frisst jemanden auf**: *verwendet, um auszudrücken, dass etwas jmdm. alle Kraft raubt* Die Arbeit/der Kummer/die Sorge/der Stress/die Trauer frisst ihn (noch) auf.

auf·fri·schen <frischst auf, frischte auf, hat/ist aufgefrischt> **I.** *mit OBJ* ■ *jmd. frischt etwas auf (haben) erneuern* Erinnerungen/die Farbe/Kenntnisse/Sprachkenntnisse auffrischen **II.** *ohne OBJ* ■ *etwas frischt auf (sein) stärker werden* Der Wind frischt auf.

Auf·fri·schungs·kurs der <-es, -e> *Kurs, in dem Kenntnisse aufgefrischt werden sollen*

auf·füh·ren <führst auf, führte auf, hat aufgeführt> **I.** *mit OBJ* ■ *jmd. führt etwas auf* **1.** THEAT. *auf der Bühne zeigen* ein modernes Stück aufführen **2.** (≈ *auflisten*) *alle Dinge einzeln nennen, die zu etwas gehören* alle Beispiele aufführen **II.** *mit SICH* ■ *jmd. führt sich irgendwie auf (umg.) sich in der genannten (negativen) Weise benehmen* sich affig/unverschämt aufführen

Auf·füh·rung die <-, -en> THEAT. *das Zeigen eines Stückes auf der Bühne* eine gelungene Aufführung

auf·fül·len <füllst auf, füllte auf, hat aufgefüllt> *mit OBJ* ■ *jmd. füllt etwas auf wieder füllen* die Regale mit Waren auffüllen, einen Tank auffüllen

Auf·ga·be die <-, -n> **1.** *Verpflichtung, Auftrag* sich etwas zur Aufgabe machen, seine Aufgaben erledigen **2.** *zu lösendes Problem* eine schwierige Aufgabe stellen/lösen

auf·ga·beln <gabelst auf, gabelte auf, hat aufgegabelt> *mit OBJ* ■ *jmd. gabelt jmdn./etwas auf (umg. abwert.) zufällig finden* Wo hast du denn das Buch/den Kerl aufgegabelt?

Auf·gang der <-(e)s, Aufgänge> **1.** *hinaufführende Treppe* der Aufgang zum ersten Rang ◆Treppen- **2.** (*kein Plur.*) *das Aufgehen*[3] bei Aufgang der Sonne

auf·ge·ben <gibst auf, gab auf, hat aufgegeben> **I.** *mit OBJ* **1.** ■ *jmd. gibt etwas auf (≈ verzichten) eine Absicht oder Vorstellung, die man bisher hatte, nicht mehr weiterverfolgen* Den Traum vom Rennfahrer musste er nach dem Unfall aufgeben. **2.** ■ *jmd. gibt jmdm. etwas auf (≈ auftragen) jmdm. etwas als Aufgabe geben* jemandem Hausaufgaben/ein Rätsel aufgeben **3.** ■ *jmd. gibt etwas auf zur Weiterleitung, Aufbewahrung oder Bearbeitung geben* einen Brief aufgeben, Gepäck aufgeben, eine Anzeige in der Zeitung aufgeben **4.** ■ *jmd. gibt etwas auf mit etwas aufhören* ein Geschäft/ein Hobby/das Rauchen aufgeben **5.** ■ *jmd. gibt jmdn. auf nicht mehr daran glauben, dass man jmdm. noch helfen kann* Die Ärzte hatten ihn bereits aufgegeben. **II.** *ohne OBJ* ■ *jmd. gibt auf nicht mehr weitermachen* Zum Schluss hat sie doch aufgegeben., Der Fahrer gab das Rennen bei Kilometer 143 nach einem Sturz auf.

auf·ge·bla·sen *Adj.* (*umg. abwert.* ≈ *überheblich*)

Auf·ge·bla·sen·heit die <-> (*kein Plur.*) (≈ *Arroganz*) *Überheblichkeit*

Auf·ge·bot das <-(e)s> (*kein Plur.*) *offizielle Ankündigung einer Heirat* beim Standesamt das Aufgebot bestellen ■ **ein großes Aufgebot an Personen/Dingen**: *viele Personen oder Dinge*

auf·ge·don·nert *Adj.* (*umg. abwert.*) *übertrieben auffallend gekleidet*

auf·ge·dreht *Adj. übernervös und sehr aktiv*

auf·ge·dun·sen *Adj. so, dass das Gewebe (im Gesicht) leicht geschwollen ist* ein aufgedunsenes Gesicht

auf·ge·hen <gehst auf, ging auf, ist aufgegangen> *ohne OBJ* ■ *etwas geht auf* **1.** *sich öffnen* Die Klappe/das Tor/die Tür ging plötzlich auf. **2.** *als etwas, das geknotet ist, sich lösen* Die Schleife ist aufgegangen. **3.** *aufsteigen und am Himmel sichtbar werden* Die Sonne geht auf. **4.** *sich heben* Der Kuchen geht auf. **5.** *sich entwickeln* Die Samen gehen schon auf. ■ **in einer Sache ganz aufgehen**: *Freude an etwas haben*

auf·ge·klärt *Adj. so, dass man das volle Wissen über etwas hat*

auf·ge·legt <nicht steig.> *Adj. in einer bestimmten Weise gelaunt* gut/zum Scherzen/schlecht aufgelegt sein

auf·ge·regt *Adj. nervös und unruhig* vor der Prüfung sehr aufgeregt sein

auf·ge·schmis·sen *Adj.* (*umg.*) *völlig hilflos* Ohne seine Unterstützung wäre ich aufgeschmissen.

auf·ge·setzt <nicht steig.> *Adj.* (*abwert.* ≈ *gekünstelt*) *nicht echt, sondern nur gespielt* aufgesetzte Fröhlichkeit

auf·ge·ta·kelt *Adj.* (*umg. abwert.*) *übertrieben auffällig gekleidet*

auf·ge·weckt *Adj. von einer wachen Intelligenz und raschen Auffassungsgabe* ein aufgeweckter kleiner Junge

auf·gie·ßen <gießt auf, goss auf, hat aufgegossen> *mit OBJ* ■ *jmd. gießt etwas auf* (≈ *aufbrühen*) Tee aufgießen

auf·glie·dern <gliederst auf, gliederte auf, hat aufgegliedert> **I.** *mit OBJ* ■ *jmd. gliedert etwas auf in einzelne Teile gliedern* einen Satz in einzelne Teile aufgliedern **II.** *mit SICH* ■ *etwas gliedert sich in etwas Akk. auf gliedern* sich in verschiedene Untergruppen aufgliedern ▶Aufgliederung

auf·grei·fen <greifst auf, griff auf, hat aufgegriffen> *mit OBJ* **1.** ■ *jmd. greift jmdn. auf finden und festnehmen* Bei der Durchsuchung des Geländes wurden zwei Verdächtige aufgegriffen. **2.** ■ *jmd. greift etwas auf aufnehmen und weiterführen* eine Anregung/einen Gedanken aufgreifen

auf·grund/auf Grund *Präp. + Gen. wegen* ◆ Zusammen- oder Getrenntschreibung→R 4.14 aufgrund/auf Grund dessen, aufgrund/auf Grund der Krankheit, aufgrund/auf Grund von Beschwerden

Auf·guss der <-(e)s, Aufgüsse> *das Begießen von etwas mit kochendem Wasser* einen Aufguss von Kamillenblüten machen ■ **zweiter Aufguss** (*übertr. abwert.*): *billige Nachahmung*

auf·ha·ben <hast auf, hatte auf, hat aufgehabt> (*umg.*) **I.** *mit OBJ* ■ *jmd. hat etwas auf* **1.** *als Kopfbedeckung tragen* einen Hut/eine Mütze aufhaben **2.** *am Kopf oder im Gesicht haben* eine Brille/Maske aufhaben **3.** *zu erledigen haben* viel Hausaufgaben aufhaben **II.** *ohne OBJ* ■ *etwas hat auf* (*umg.*) *geöffnet haben* Das Geschäft hat noch auf.

auf·ha·ken <hakst auf, hakte auf, hat aufgehakt> *mit OBJ* ■ *jmd. hakt etwas auf etwas, das mit einem Haken verschlossen ist, öffnen*

auf·hal·ten <hältst auf, hielt auf, hat aufgehalten> **I.** *mit OBJ* **1.** ■ *jmd. hält etwas auf geöffnet halten* jemandem die Tür aufhalten **2.** ■ *jmd./etwas hält jmdn./etwas auf behindern* Der Verkehr hat mich aufgehalten., Ich will Sie nicht länger aufhalten., eine Entwicklung aufzuhalten versuchen **II.** *mit SICH* ■ *jmd. hält sich irgendwo auf sich befinden* sich im Freien aufhalten

auf·hän·gen <hängst auf, hing auf, hat aufgehängt> **I.** *mit OBJ* **1.** ■ *jmd. hängt etwas auf an einen Ort hängen* das Bild aufhängen, die Wäsche aufhängen, Sie hat (den Telefonhörer) aufgehängt. **2.** ■ *jmd. hängt jmdn. auf erhängen* jemanden aufhängen **3.** ■ *jmd. hängt jmdm. etwas auf* (*umg.*) *zu etwas Ungewolltem überreden* sich viel Arbeit/eine überteuerte Ware aufhängen lassen **II.** *mit SICH* ■ *jmd. hängt sich auf sich erhängen* Er hat sich aufgehängt.

Auf·hän·ger der <-s, -> **1.** *eine Schlaufe an einem Kleidungsstück, mit der man es an einen Haken hängen kann* der Aufhänger an meinem Mantel **2.** *aktueller Anlass für etwas* etwas zum Aufhänger seiner Kritik machen

Auf·hän·gung die <-, -en> (TECHN.: ≈ *Radaufhängung*) die Aufhängung der Vorderräder

Auf·he·ben(s) ■ **viel Aufheben(s) um etwas machen**: *etwas viel zu wichtig nehmen*

auf·he·ben <hebst auf, hob auf, hat aufgehoben> *mit OBJ* ■ *jmd. hebt etwas auf* **1.** *vom Fußboden aufheben* **2.** *aufbewahren* Briefe (zur Erinnerung) aufheben **3.** *ungültig machen* ein Urteil aufheben, Die Einnahmen heben die Ausgaben auf. **4.** (*geh.*) *förmlich beenden* die Tafel/die Versammlung aufheben

auf·hei·tern <heiterst auf, heiterte auf, hat aufgeheitert> **I.** *mit OBJ* ■ *jmd. heitert jmdn. auf aufmuntern* das Kind aufheitern **II.** *mit SICH* ■ *etwas heitert sich auf sonniger werden, aufklaren* Das Wetter heitert sich auf.

Auf·hei·te·rung die <-, -en> *der Vorgang, dass an einem wolkigen und regnerischen Tag für kurze Zeit die Sonne zu sehen ist* wechselnd wolkig mit zeitweiligen Aufheiterungen

Auf·hei·zung die <-> (*kein Plur.*) *der Vorgang, dass die Temperatur von etwas steigt*

auf·hel·len <hellst auf, hellte auf, hat aufgehellt> **I.** *mit OBJ* ■ *jmd. hellt etwas auf* **1.** *heller machen* Haare/Farben aufhellen **2.** *klarer machen* die Hintergründe seines Verhaltens aufhellen **II.** *mit SICH* ■ *etwas hellt sich auf* **1.** *aufklaren* Der Himmel hellt sich auf. **2.** *freundlicher werden* Ihr Gesicht/die Stimmung hellte sich wieder auf.

auf·het·zen <hetzt auf, hetzte auf, hat aufgehetzt> *mit OBJ* ■ *jmd. hetzt jmdn. auf durch Worte bewirken, dass jmd. sehr aggressiv gegen jmdn./etwas wird* Die Mutter hetzt das Kind gegen den Vater auf., jemanden aufhetzen, etwas zu tun

Auf·het·zung die <-> (*kein Plur.*) *das Aufhetzen*

auf·ho·len <holst auf, holte auf, hat aufgeholt> **I.** *mit OBJ* ■ *jmd. holt etwas auf ein Versäumnis ausgleichen* Versäumtes/Verluste/einen Rückstand aufholen **II.** *ohne OBJ* ■ *jmd. holt auf den Rückstand verringern* Der Sportler hat in der letzten Runde aufgeholt.

auf·hor·chen <horchst auf, horchte auf, hat aufgehorcht> *ohne OBJ* ■ *jmd. horcht auf aufmerksam werden* Die Neuigkeit ließ die gesamte Branche/Fachwelt aufhorchen.

auf·hö·ren <hörst auf, hörte auf, hat aufgehört> *ohne OBJ* ■ *jmd./etwas hört auf eine Tätigkeit beenden oder einstellen* Sie hörte nicht auf zu singen., Lasst uns hier aufhören!, Plötzlich hörte der Sturm auf., Also, da hört bei mir der Spaß auf!

auf·hus·sen <husst auf, husste auf, hat aufgehusst> *mit OBJ* ■ *jmd. husst jmdn. auf* (*österr.*) *aufwiegeln*

auf·kau·fen <kaufst auf, kaufte auf, hat aufgekauft> *mit OBJ* ■ *jmd. kauft etwas auf restlos alle Waren kaufen, die es gibt* Die verunsicherte Bevölkerung hat die gesamten Lebensmittelvorräte aufgekauft., eine Firma aufkaufen

auf·keh·ren <kehrst auf, kehrte auf, hat aufgekehrt> *mit OBJ* ■ *jmd. kehrt etwas auf mit einem Besen Schmutz zusammenkehren*

auf·klap·pen <klappst auf, klappte auf, hat aufgeklappt> *mit OBJ* ■ *jmd. klappt etwas auf öffnen* ein Buch aufklappen

auf·kla·ren <klart auf, klarte auf, hat aufgeklart> *ohne OBJ* ■ *etwas klart auf heller oder wolkenlos werden* Der Himmel klarte auf.

auf·klä·ren <klärst auf, klärte auf, hat aufgeklärt> **I.** *mit OBJ* **1.** ■ *jmd. klärt etwas auf Zusammenhänge herausfinden* ein Verbrechen aufklären **2.** ■ *jmd. klärt jmdn. auf Zusammenhänge erläu-*

tern jemanden sexuell aufklären **II.** *mit SICH* ■ *etwas klärt sich auf verständlich werden* Die Sache hat sich aufgeklärt.

auf·klä·re·risch <nicht steig.> *Adj. so, dass es auf Aufklärung gerichtet ist* aufklärerisches Gedankengut

Auf·klä·rung die <-> (*kein Plur.*) **1.** *das Herausfinden der Zusammenhänge* die Aufklärung des Kriminalfalls **2.** *das Erläutern von Sachverhalten* die sexuelle Aufklärung, Aufklärung über die Gefahren von Aids **3.** MILIT. *Erkunden der Lage* die militärische Aufklärung **4.** *geistige Strömung des 18. Jahrhunderts in Europa* Vertreter der Aufklärung

Auf·klä·rungs·schrift die <-, -en> *Schrift mit dem Ziel der Aufklärung*[2]

Auf·klä·rungs·trup·pe die <-, -n> MILIT. *Truppe mit dem Auftrag der Aufklärung*[3]

auf·klau·ben <klaubst auf, klaubte auf, hat aufgeklaubt> *mit OBJ* ■ *jmd. klaubt etwas auf* (*süddt. österr.*) *aufheben*

auf·kle·ben <klebst auf, klebte auf, hat aufgeklebt> *mit OBJ* ■ *jmd. klebt etwas auf etwas Akk. auf* etwas mit Klebstoff befestigen

Auf·kle·ber der <-s, -> *vorgefertigte selbstklebende Folie mit einem bestimmten aufgedruckten Text oder Emblem*

auf·knöp·fen <knöpfst auf, knöpfte auf, hat aufgeknöpft> *mit OBJ* ■ *jmd. knöpft etwas auf die Knöpfe lösen* die Bluse aufknöpfen

auf·ko·chen <kochst auf, kochte auf, hat/ist aufgekocht> **I.** *mit OBJ* ■ *jmd. kocht etwas auf* (*haben*) *zum Kochen bringen* Lassen Sie die Suppe/Milch kurz aufkochen! **II.** *ohne OBJ* ■ *etwas kocht auf* (*sein*) *zum Kochen kommen* Die Milch kocht auf.

auf·kom·men <kommst auf, kam auf, ist aufgekommen> *ohne OBJ* **1.** ■ *jmd. kommt für etwas Akk. auf haften, zahlen* für Schäden selbst aufkommen, für die Kosten aufkommen **2.** ■ *etwas kommt auf entstehen* Ein schwacher Wind ist aufgekommen., Zweifel aufkommen lassen **3.** ■ *jmd. kommt irgendwie auf landen* nach dem Sprung weich aufkommen

auf·krem·peln <krempelst auf, krempelte auf, hat aufgekrempelt> *mit OBJ* ■ *jmd. krempelt etwas auf Ärmel so einrollen, dass die Unterarme unbedeckt sind* die Ärmel aufkrempeln

auf·krie·gen <kriegst auf, kriegte auf, hat aufgekriegt> *mit OBJ* ■ *jmd. kriegt etwas auf* (*umg.*) **1.** *öffnen können* Ich kriege die Fenster nicht auf. **2.** *als Hausaufgabe bekommen* Wir kriegen in Mathematik immer viel auf.

Aufl. *Abkürzung von „Auflage“*

auf·la·chen <lachst auf, lachte auf, hat aufgelacht> *ohne OBJ* ■ *jmd. lacht auf kurz lachen*

auf·la·den <lädst auf, lud auf, hat aufgeladen> **I.** *mit OBJ* **1.** ■ *jmd. lädt etwas auf auf ein Fahrzeug laden* Kisten (auf einen Wagen) aufladen **2.** ■ *jmd. lädt etwas auf* ELEKTROTECHN. *mit elektrischem Strom füllen* Batterien aufladen **3.** ■ *jmd. lädt jmdm. etwas auf* (*umg. abwert.*) *aufbürden* jemandem/sich selbst viel (Arbeit) aufladen **II.** *mit SICH* ■ *etwas lädt sich auf* ELEKTROTECHN. *sich (elektrisch) aufladen*

Auf·la·dung die <-, -en> **1.** (*kein Plur.*) (*das Aufladen*) **2.** PHYS. *der Vorgang, dass etwas elektrisch geladen wird*

Auf·la·ge die <-, -n> **1.** *Anzahl der gleichzeitig gedruckten Exemplare eines Werkes* eine hohe Auflage, die erste Auflage **2.** (≈ *Bedingung*) jemandem etwas zur Auflage machen **3.** *Decke, (schützende) Schicht* eine Matratze mit Auflage, eine Auflage aus Silber

auf·las·sen <lässt auf, ließ auf, hat aufgelassen> *mit OBJ* (*umg.*) **1.** ■ *jmd. lässt etwas auf geöffnet lassen* die Tür auflassen **2.** ■ *jmd. lässt etwas auf nicht absetzen* den Hut auflassen **3.** ■ *jmd. lässt jmdn. auf nicht zu Bett schicken* ein Kind länger auflassen **4.** ■ *jmd. lässt etwas auf* (*österr.*) *schließen, stillegen*

auf·lau·ern <lauerst auf, lauerte auf, hat aufgelauert> *ohne OBJ* ■ *jmd. lauert jmdm. auf versteckt (mit böser Absicht) auf jmdn. warten* Der Mörder lauerte seinem Opfer auf.

Auf·lauf der <-(e)s, Aufläufe> **1.** (*Plur. selten*) *Menschenansammlung* Was ist denn hier für ein Auflauf? **2.** KOCH. *überbackene Speise*

auf·lau·fen <läufst auf, lief auf, ist aufgelaufen> *ohne OBJ* (*sein*) **1.** ■ *etwas läuft auf sich ansammeln* Es sind erhebliche Schulden aufgelaufen. **2.** ■ *ein Schiff läuft auf* SEEW. *auf Grund laufen* Das Schiff ist (auf einer Sandbank) aufgelaufen. **3.** ■ *jmd. läuft auf jmdn. auf im Laufen auf etwas prallen* auf seinen Vordermann auflaufen

auf·le·ben <lebst auf, lebte auf, ist aufgelebt> *ohne OBJ* **1.** ■ *jmd. lebt auf wieder Lebensmut und Energie schöpfen* In der neuen Umgebung ist sie richtig aufgelebt. **2.** ■ *etwas lebt auf etwas bekommt wieder Zulauf und Bedeutung* eine Tradition (wieder) aufleben lassen

auf·le·gen <legst auf, legte auf, hat aufgelegt> *mit OBJ/ohne OBJ* **1.** ■ *jmd. legt etwas auf etwas Akk. auf auf etwas legen* Zum Schutz werden spezielle Matten aufgelegt **2.** ■ *jmd. legt auf* TELEKOMM. *den Telefonhörer auf die Gabel legen* Ich wollte noch etwas sagen, aber sie hatte schon aufgelegt. **3.** ■ *jmd. legt etwas auf auftragen* ein Make-up/eine Gesichtsmaske auflegen **4.** ■ *jmd. legt etwas auf drucken und veröffentlichen* ein Buch auflegen **5.** ■ *jmd. legt irgendwo auf als Discjockey tätig sein* In dem Laden legen nur Top-DJs auf.

auf·leh·nen <lehnst auf, lehnte auf, hat aufgelehnt> *mit SICH* **1.** ■ *jmd. lehnt sich gegen jmdn./etwas auf sich energisch wehren* sich gegen das Unrecht auflehnen **2.** ■ *jmd. lehnt sich auf etwas Akk. auf sich aufstützen* sich (mit den Ellbogen) auf den/dem Tisch auflehnen

auf·le·sen <liest auf, las auf, hat aufgelesen> *mit OBJ* ■ *jmd. liest etwas auf aufsammeln* Äpfel auflesen

auf·leuch·ten <leuchtest auf, leuchtete auf, hat/ist aufgeleuchtet> *ohne OBJ* ■ *etwas leuchtet auf* Ein Stern hat/ist am Himmel aufgeleuchtet.

auf·lo·ckern <lockerst auf, lockerte auf, hat aufgelockert> *mit OBJ* ■ *jmd. lockert etwas auf* **1.** *locker(er) machen* die Erde auflockern **2.** *abwechslungsreich gestalten* den Unterricht auflockern, ein strenges Muster auflockern

Auf·lo·cke·rungs·übung die <-, -en> SPORT *Übung, mit der man vor dem Sport die Muskeln lockert*

auf·lö·sen <löst auf, löste auf, hat aufgelöst> **I.** *mit OBJ* **1.** ■ *jmd. löst etwas in etwas Akk. auf zergehen lassen* die Tablette in Wasser auflösen **2.** ■ *jmd. löst etwas auf nicht mehr weiter bestehen lassen* die Wohnung/sein Konto auflösen, den Vertrag/den Verein auflösen **3.** ■ *jmd. löst etwas auf aufklären* einen Widerspruch/ein Rätsel auflösen **II.** *mit SICH* **1.** ■ *etwas löst sich auf nicht mehr weiter bestehen* Die Partei hat sich aufgelöst. **2.** ■ *etwas löst sich (in etwas Akk.) auf zergehen* Ich habe den Zucker in Wasser aufgelöst.

Auf·lö·sung die <-, -en> *das Auflösen* die Auflösung des Rätsels

Auf·lö·sungs·er·schei·nung die <-, -en> *etwas, das darauf hinweist, dass die Struktur von etwas zerfällt, dass z.B. Regeln nicht mehr eingehalten werden und dass es nicht mehr lange existieren wird*

auf·ma·chen <machst auf, machte auf, hat aufgemacht> **I.** *mit OBJ* ■ *jmd. macht etwas auf* **1.** *(umg.) öffnen* einen Knopf/die Tür aufmachen **2.** *(umg.) eröffnen* ein neues Geschäft aufmachen **3.** *gestalten* ansprechend/reißerisch aufgemacht sein **II.** *mit SICH* ■ *jmd. macht sich irgendwohin auf aufbrechen* sich nach Berlin aufmachen **III.** *ohne OBJ* ■ *etwas macht auf* **1.** *(umg.) geöffnet haben* Heute machen die Geschäfte nicht auf. **2.** *(umg.) eröffnet werden* Hier haben viele neue Restaurants aufgemacht.

Auf·ma·cher der <-s, -> *wichtigste Schlagzeile einer Zeitung*

Auf·ma·chung die <-, -en> **1.** *festliche Garderobe* in großer Aufmachung erscheinen **2.** *Art und Weise der Gestaltung* die aufwendige Aufmachung des Buches

auf·mar·schie·ren <marschierst auf, marschierte auf, ist aufmarschiert> *ohne OBJ* ■ *jmd. marschiert auf* **1.** MILIT. *Stellung beziehen* Truppen aufmarschieren lassen **2.** *(umg.) vorstellig werden*

auf·merk·sam *Adj.* **1.** *wach und konzentriert* aufmerksam zuhören, jemanden auf etwas aufmerksam machen **2.** *höflich, zuvorkommend* Das ist sehr aufmerksam von Ihnen!

Auf·merk·sam·keit die <-, -en> **1.** *(kein Plur.) Konzentration* Gegen Ende der vierstündigen Rede ließ die Aufmerksamkeit des Publikums nach. **2.** *kleines Geschenk* Das ist nur eine kleine Aufmerksamkeit!

auf·mi·schen <mischst auf, mischte auf, hat aufgemischt> *mit OBJ* ■ *jmd. mischt jmdn. auf (umg.) verprügeln*

auf·mö·beln <möbelst auf, möbelte auf, hat aufgemöbelt> *mit OBJ* **1.** ■ *jmd. möbelt etwas auf (umg.) erneuern* den alten Schrank aufmöbeln **2.** ■ *jmd. möbelt jmdn. auf jmdn. aufmuntern; jmdn. in eine bessere Stimmung versetzen*

auf·mu·cken <muckst auf, muckte auf, hat aufgemuckt> *ohne OBJ* ■ *jmd. muckt auf (umg.) sich (erfolglos) widersetzen* Muck bloß nicht auf!

auf·mun·tern <munterst auf, munterte auf, hat aufgemuntert> *mit OBJ* ■ *jmd. muntert jmdn. auf ermuntern; trösten; Mut machen* Er konnte sie mit seinen netten Worten ein wenig aufmuntern.

auf·müp·fig *Adj. (umg.) so, dass man häufig aufbegehrt und sich einer Autorität widersetzt*

Auf·nah·me die <-, -n> **1.** *(kein Plur.) Beginn* die Aufnahme der Verhandlungen **2.** *(kein Plur.) Beherbergung* die Aufnahme im Krankenhaus/Heim **3.** *(kein Plur.) Zulassung* ihre Aufnahme in den Verein/die Universität **4.** *Empfangsraum oder -schalter* sich in der Aufnahme melden **5.** *Aufzeichnung auf Film, Tonband etc.* im Urlaub viele Aufnahmen machen, sich eine Aufnahme anhören

Auf·nah·me·be·din·gung die <-, -en> *Bedingung, die erfüllt werden muss, damit jmd. an einer Schule o.Ä. zugelassen wird*

auf·nah·me·fä·hig *Adj. in der Lage, etwas zu erfassen* Ich bin nicht mehr aufnahmefähig.

Auf·nah·me·prü·fung die <-, -en> *Prüfung, deren erfolgreiches Bestehen Voraussetzung dafür ist, dass jmd. in einer Institution aufgenommen wird*

Auf·nah·me·tech·nik die <-> *(kein Plur.) die Technik, mit der in einem Studio Musik aufgenommen wird*

auf·neh·men <nimmst auf, nahm auf, hat aufgenommen> *mit OBJ* **1.** ■ *jmd. nimmt etwas auf vom Boden hochheben* den Koffer aufnehmen **2.** ■ *jmd. nimmt etwas auf beginnen* sein Studium aufnehmen, Kontakt mit jemandem aufnehmen **3.** ■ *jmd. nimmt jmdn. auf Mitglied werden lassen* jemanden an der Universität/in eine Partei aufnehmen **4.** ■ *jmd. nimmt jmdn. auf beherbergen* die Gäste freundlich aufnehmen, Patienten aufnehmen **5.** ■ *jmd. nimmt etwas auf etwas Akk. auf festhalten* etwas auf Band/auf einen Film aufnehmen, Daten/ein Protokoll/eine Anzeige aufnehmen **6.** ■ *jmd. nimmt etwas auf (er)fassen* (geistig) nichts mehr aufnehmen können, Das Becken nimmt abfließendes Wasser auf. **7.** ■ *jmd. nimmt etwas irgendwie auf irgendwie empfangen* eine Neuigkeit gelassen aufnehmen, ein Theaterstück begeistert aufnehmen

auf·nö·ti·gen <nötigst auf, nötigte auf, hat aufgenötigt> *mit OBJ* ■ *jmd. nötigt jmdm. etwas auf (abwert.) jmdn. zwingen, etwas (widerwillig) anzunehmen* jemandem seine Hilfe/ein Geschenk aufnötigen

auf·op·fern <opferst auf, opferte auf, hat aufgeopfert> **I.** *mit SICH* ■ *jmd. opfert sich für jmdn./etwas auf sich sehr einsetzen* Die Mutter opferte sich für ihre Kinder auf., sich für eine Sache aufopfern **II.** *mit OBJ* ■ *jmd. opfert etwas auf (geh.) hingeben* einer Sache/jemandem sein ganzes Leben aufopfern

auf·pas·sen <passt auf, passte auf, hat aufge-

passt> *ohne OBJ* **1.** ■ *jmd. passt auf aufmerksam sein* Pass auf! **2.** ■ *jmd. passt auf jmdn./etwas auf in seine Obhut nehmen* auf die Kinder/die Taschen aufpassen, damit nichts passiert

auf·pep·pen <peppst auf, peppte auf, hat aufgepeppt> *mit OBJ* ■ *jmd. peppt etwas auf* (*umg.*) *einer Sache mehr Wirkung geben* Die neuen Gardinen peppen das Wohnzimmer auf.

auf·plat·zen <platzt auf, platzte auf, ist aufgeplatzt> *ohne OBJ* ■ *etwas platzt auf so platzen, dass sich eine* (*große*) *Öffnung ergibt*

auf·pols·tern <polsterst auf, polsterte auf, hat aufgepolstert> *mit OBJ* ■ *jmd. polstert etwas auf die Polsterung von etwas erneuern* die Stühle aufpolstern lassen

Auf·prall der <-s, -e> (*Plur. selten*) *das Aufprallen*

auf·pral·len <prallst auf, prallte auf, ist aufgeprallt> *ohne OBJ* ■ *jmd./etwas prallt auf etwas Akk. auf* (*aus der Bewegung heraus*) *heftig auf etwas stoßen* auf den Boden aufprallen, auf einen anderen Wagen aufprallen

Auf·preis der <-es, -e> (≈ *Zuschlag*) *Geld, das man zusätzlich bezahlen muss* einen Aufpreis zahlen, gegen einen Aufpreis von 50 Euro

auf·pum·pen <pumpst auf, pumpte auf, hat aufgepumpt> *mit OBJ* ■ *jmd. pumpt etwas auf mit Luft füllen* die Reifen/einen Ball aufpumpen

auf·put·schen <putschst auf, putschte auf, hat aufgeputscht> (*abwert.*) **I.** *mit OBJ* **1.** ■ *jmd. putscht jmdn. auf aufhetzen* Die Demonstranten gegen die Polizei/zu Gewalttaten aufputschen **2.** ■ *etwas putscht jmdn. auf* (*künstlich*) *leistungsfähiger machen* jemanden mit Kaffee/Dopingmitteln/Drogen aufputschen **II.** *mit SICH* ■ *jmd. putscht sich auf sich mit bestimmten Substanzen künstlich zu höheren Leistungen treiben* sich mit Drogen aufputschen

Auf·putsch·mit·tel das <-s, -> *Mittel zur künstlichen Leistungssteigerung*

Auf·putz der <-es, -e> (*österr.*) *Verzierung*

auf·put·zen <putzt auf, putzte auf, hat aufgeputzt> **I.** *mit OBJ* ■ *jmd. putzt etwas auf* (*abwert.*) **1.** *übermäßig schmücken* **2.** *etwas besser oder wirkungsvoller erscheinen lassen* sein Image/eine Bilanz aufputzen **II.** *mit SICH* ■ *jmd. putzt sich auf jmd. macht sich in übertriebener Weise zurecht; jmd. versucht, auf übertriebene Weise schön zu wirken* Sie hat sich für das Fest ziemlich aufgeputzt.

auf·raf·fen <raffst auf, raffte auf, hat aufgerafft> *mit SICH* **1.** ■ *jmd. rafft sich auf mühsam aufstehen* **2.** ■ *jmd. rafft sich zu etwas Akk. auf sich überwinden* sich (zu etwas) aufraffen

auf·ra·gen <ragt auf, ragte auf, hat aufgeragt> *ohne OBJ* ■ *etwas ragt irgendwo auf in die Höhe ragen* Der Felsen ragt aus dem Meer auf.

auf·rau·chen <rauchst auf, rauchte auf, hat aufgeraucht> *mit OBJ* ■ *jmd. raucht etwas auf* (*umg.*) *etwas bis zum Ende rauchen* die Zigarette noch nicht aufgeraucht haben

auf·rau·en <raust auf, raute auf, hat aufgeraut> *mit OBJ* ■ *jmd./etwas raut etwas auf rau machen*

auf·räu·men <räumst auf, räumte auf, hat aufgeräumt> *mit OBJ/ohne OBJ* ■ *jmd. räumt etwas auf irgendwo Ordnung schaffen* Sie hat (das Zimmer) aufgeräumt., im Büro aufräumen ■ **mit etwas aufräumen**: *mit etwas Schluss machen* mit Vorurteilen/Gerüchten aufräumen

auf·recht *Adj.* **1.** *gerade, senkrecht* in aufrechter Haltung **2.** *ehrlich* eine aufrechte Gesinnung, ein aufrechter Humanist ♦ Getrenntschreibung→R 4.2 aufrecht sitzen, aufrecht stehen, aufrecht stellen

auf·recht·er·hal·ten <erhältst aufrecht, erhielt aufrecht, hat aufrechterhalten> *mit OBJ* ■ *jmd. erhält etwas aufrecht unverändert lassen* Kontakt aufrechterhalten, Er hat seine Forderungen aufrechterhalten.

auf·re·gen <regst auf, regte auf, hat aufgeregt> **I.** *mit OBJ* ■ *jmd./etwas regt jmdn. auf* **1.** *heftige Gefühle hervorrufen* Das regt den Kranken unnötig auf. **2.** (*umg.*) *ärgern* die Eltern aufregen, Du regst mich wirklich auf! **II.** *mit SICH* ■ *jmd. regt sich auf sich ärgern* sich über den Lärm aufregen *s.* **aufgeregt**

Auf·re·gung die <-, -en> *der Zustand, dass jmd. voller Unruhe und Nervosität wegen etwas ist* vor Aufregung etwas vergessen, Nur keine Aufregung!

auf·rei·ßen <reißt auf, riss auf, hat aufgerissen> *mit OBJ* **1.** ■ *jmd. reißt etwas auf weit aufmachen* den Mund aufreißen, die Fenster aufreißen **2.** ■ *jmd. reißt etwas auf die Oberfläche öffnen* den Brief aufreißen, die Straße aufreißen **3.** ■ *jmd. reißt jmdn. auf* (*vulg.*) *mit sexuellen Absichten Bekanntschaft suchen* ein Mädchen aufreißen

auf·rei·zen <reizt auf, reizte auf, hat aufgereizt> *mit OBJ* ■ *jmd./etwas reizt jmdn. auf* **1.** *aufhetzen* **2.** *erregen* aufreizend angezogen sein

auf·rich·ten <richtest auf, richtete auf, hat aufgerichtet> **I.** *mit OBJ* ■ *jmd. richtet jmdn./etwas auf* **1.** *in aufrechte Stellung bringen* einen Kranken im Bett aufrichten, einen Kran/einen Mast aufrichten **2.** ■ *jmd. richtet jmdn. auf aufmuntern* den Freund nach den Misserfolgen wieder aufrichten **II.** *mit SICH* ■ *jmd. richet sich auf sich aufsetzen* Als sie seine Stimme hörte, richtete sie sich auf.

auf·rich·tig *Adj.* (≈ *ehrlich*) **1.** *so, dass es ehrlich gemeint ist* mein aufrichtiges Beileid **2.** *so, dass man viel von Ehrlichkeit hält und nicht lügt* ein aufrichtiger Charakter

Auf·rich·tig·keit die <-> (*kein Plur.*) (≈ *Ehrlichkeit*)

auf·rol·len <rollst auf, rollte auf, hat aufgerollt> *mit OBJ* ■ *jmd. rollt etwas auf* **1.** *zusammenrollen* das Kabel (auf eine Trommel) aufrollen **2.** *auseinander rollen* das Poster aufrollen **3.** *von Anfang an nochmals untersuchen* einen Fall nochmals aufrollen **4.** MILIT. SPORT *erfolgreich angreifen* das Feld (von hinten) aufrollen

Auf·ruf der <-(e)s, Aufrufe> (≈ *Appell*) *der Vorgang, dass jmd. die Menschen öffentlich zu etwas auffordert* ein Aufruf an die Bevölkerung

auf·ru·fen <rufst auf, rief auf, hat aufgerufen> *mit OBJ/ohne OBJ* **1.** ■ *jmd. ruft jmdn. auf jmds. Na-*

men laut aussprechen, um sich an die Person zu wenden einen Schüler/jemandes Namen aufrufen **2.** ■ *jmd. ruft jmdn. zu etwas Akk. auf auffordern* (jemanden) zum Streik/zu Spenden aufrufen **3.** ■ *jmd. ruft etwas auf* EDV *aktivieren* ein Programm/eine Datei aufrufen

Auf·ruhr der <-(e)s, -e> (*Plur. selten*) *Auflehnung* ■ **in Aufruhr versetzen**: *in Aufregung versetzen*

auf·rüh·ren <rührst auf, rührte auf, hat aufgerührt> *mit OBJ* ■ *jmd. rührt etwas auf* **1.** (≈ *verrühren*) den Kakao in der Milch aufrühren **2.** *wieder ins (öffentliche) Bewusstsein bringen* eine alte Geschichte/einen Skandal aufrühren

auf·rüh·re·risch <nicht steig.> *Adj. zum Aufruhr auffordernd* eine aufrührerische Rede halten

auf·run·den <rundest auf, rundete auf, hat aufgerundet> *mit OBJ* ■ *jmd. rundet etwas auf* MATH. *einen Betrag auf den nächstgrößeren Zehner oder Hunderter o.Ä. erhöhen* 1029 Euro auf 1030 Euro aufrunden

auf·rüs·ten <rüstest auf, rüstete auf, hat aufgerüstet> *mit OBJ/ohne OBJ* **1.** ■ *jmd. rüstet auf* (↔ *abrüsten*) *das Waffenarsenal vergrößern* Das Land rüstet (seine Armee) auf. **2.** ■ *jmd. rüstet etwas auf ein technisches Gerät durch bestimmte Module erweitern und damit seine Leistungsfähigkeit steigern* den Computer aufrüsten

Auf·rüs·tung die <-> (*kein Plur.*) *das Aufrüsten*

auf·rüt·teln <rüttelst auf, rüttelte auf, hat aufgerüttelt> *mit OBJ* ■ *jmd./etwas rüttelt jmdn. auf* **1.** *wecken* jemanden (aus dem Schlaf) aufrütteln **2.** (*übertr.*) *bei jmdm. das Bewusstsein oder die Verantwortung für etwas wecken* Dieses Erlebnis hat ihn/sein Gewissen aufgerüttelt.

auf·sa·gen <sagst auf, sagte auf, hat aufgesagt> *mit OBJ* ■ *jmd. sagt etwas auf auswendig vortragen* ein Gedicht aufsagen

auf·sam·meln <sammelst auf, sammelte auf, hat aufgesammelt> *mit OBJ* **1.** ■ *jmd. sammelt etwas auf mehrere Dinge, die am Boden liegen, vom Boden wegnehmen* Äpfel aufsammeln **2.** ■ *jmd. sammelt jmdn. (irgendwo) auf (umg.) jmdn. (irgendwo) finden und mitnehmen* Die Polizei hat einige betrunkene Jugendliche im Park aufgesammelt.

auf·säs·sig *Adj. so, dass man Weisungen häufig nicht gehorcht und sehr frech ist* ein aufsässiges Kind

Auf·satz der <-es, Aufsätze> **1.** (*wissenschaftliche*) *Abhandlung* einen Aufsatz schreiben/verfassen **2.** *aufgesetzter Teil* der Schrank hat einen Aufsatz

auf·sau·gen <saugst auf, saugte auf, hat aufgesaugt> *mit OBJ* **1.** ■ *etwas saugt etwas auf absorbieren* Flüssigkeiten aufsaugen **2.** ■ *jmd. saugt etwas auf (umg.) etwas mit dem Staubsauger entfernen* Saugst du bitte die Brötchenkrümel auf?

auf·schau·en <schaust auf, schaute auf, hat aufgeschaut> *ohne OBJ* **1.** (*süddt. österr. schweiz.*) ■ *jmd. schaut auf* (≈ *aufblicken*) *nach oben schauen* vom Buch aufschauen **2.** ■ *jmd. schaut zu jmdm. auf jdn. als Vorbild betrachten* zum Vater aufschauen

auf·schau·keln *mit SICH* ■ *etwas schaukelt sich auf (umg.) eine Problematik tritt immer stärker hervor, weil wechselseitig zwei Beteiligte immer neue Aspekte hinzufügen und diese somit vertiefen* Der Konflikt schaukelt sich auf.

auf·scheu·chen <scheuchst auf, scheuchte auf, hat aufgescheucht> *mit OBJ* ■ *jmd./etwas scheucht jmdn./ein Tier auf aufschrecken* ein Reh aufscheuchen

auf·schich·ten <schichtest auf, schichtete auf, hat aufgeschichtet> *mit OBJ* ■ *jmd. schichtet etwas auf in Schichten aufeinander legen* Mauersteine aufschichten

auf·schie·ben <schiebst auf, schob auf, hat aufgeschoben> *mit OBJ* ■ *jmd. schiebt etwas auf* **1.** *auf später verlegen* einen Termin/eine Arbeit aufschieben **2.** *durch Schieben öffnen* eine Tür aufschieben

Auf·schie·bung die <-, -> *das Aufschieben[1]*

Auf·schlag der <-(e)s, Aufschläge> **1.** *Aufpreis* einen Aufschlag auf den Ladenpreis verlangen **2.** *das Aufschlagen beim Fallen* der Aufschlag des Kometen **3.** *umgefalteter Teil an Kleidungsstücken* Hosen mit Aufschlag, der Aufschlag des Jacketts **4.** SPORT *der Vorgang, dass ein Spieler beim Tennis das Spiel (wieder) aufnimmt, indem er den Ball in die gegnerische Hälfte spielt* einen harten Aufschlag haben ■ **jemand hat einen harten Aufschlag**: *ein Tennisspieler führt den Aufschlag[4] mit sehr viel Kraft aus*

auf·schla·gen <schlägst auf, schlug auf, ist/hat aufgeschlagen> **I.** *ohne OBJ (sein)* ■ *jmd. schlägt auf etwas Akk. auf landen* Sie ist hart (auf den Boden) aufgeschlagen. **II.** *mit OBJ/ohne OBJ (haben)* **1.** ■ *jmd. schlägt etwas auf öffnen* ein Buch aufschlagen, die Augen aufschlagen, ein Ei aufschlagen **2.** ■ *jmd. schlägt etwas auf zeitweilig errichten* ein Zelt/sein Quartier aufschlagen **3.** ■ *jmd. schlägt etwas auf* SPORT (den Ball) aufschlagen **4.** ■ *jmd. schlägt etwas auf etwas Akk. auf einen Preis um eine bestimmte Summe erhöhen* etwas auf den Preis aufschlagen

Auf·schlag·feh·ler der <-s, -> SPORT *Fehler beim Aufschlag[4]*

auf·schle·cken <schleckst auf, schleckte auf, hat aufgeschleckt> *mit OBJ* ■ *jmd. schleckt etwas auf* (≈ *auflecken*)

auf·schlie·ßen <schließt auf, schloss auf, hat aufgeschlossen> **I.** *mit OBJ/ohne OBJ* ■ *jmd. schließt (etwas) auf* **1.** (↔ *abschließen*) *mit dem Schlüssel öffnen* (jemandem) die Tür aufschließen, Hast du (die Tür) schon aufgeschlossen? **2.** BERGB. CHEM. BIOL. *nutzbar machen* ein Erdölfeld aufschließen, Enzyme schließen die Nahrung im Magen auf. **II.** *ohne OBJ* ■ *jmd. schließt zu jmdm. auf den Anschluss herstellen* zum Vordermann aufschließen

auf·schlit·zen <schlitzt auf, schlitzte auf, hat aufgeschlitzt> *mit OBJ* ■ *jmd. schlitzt jmdn./etwas auf mit einem Messer einen großen Schnitt in etwas machen*

auf·schluch·zen <schluchzt auf, schluchzte auf, hat aufgeschluchzt> *ohne OBJ* ■ *jmd. schluchzt* *auf ein kurzes Schluchzen von sich geben*

Auf·schluss der <-es, Aufschlüsse> *Aufklärung, Auskunft* Können Sie mir darüber Aufschluss geben?

auf·schlüs·seln <schlüsselst auf, schlüsselte auf, hat aufgeschlüsselt> *mit OBJ* ■ *jmd. schlüsselt etwas auf die Zusammensetzung von Sachverhalten, besonders von Geldbeträgen, genau erkennbar machen*

auf·schluss·reich *Adj. so, dass es viel Information vermittelt*

auf·schnal·len <schnallst auf, schnallte auf, hat aufgeschnallt> *mit OBJ* ■ *jmd. schnallt etwas auf* (↔ *abschnallen*) *durch Schnallen befestigen* den Rucksack aufschnallen

auf·schnap·pen <schnappst auf, schnappte auf, hat aufgeschnappt> *mit OBJ* ■ *jmd. schnappt etwas auf* (*umg.*) *zufällig hören* (nebenbei) ein Wort aufschnappen

auf·schnei·den <schneidest auf, schnitt auf, hat aufgeschnitten> **I.** *mit OBJ* ■ *jmd. schneidet etwas auf* **1.** *mit einer Klinge öffnen* die Verpackung von etwas aufschneiden **2.** KOCH. *in Scheiben schneiden* Brot/Braten/Wurst aufschneiden ▶Aufschnitt **II.** *ohne OBJ* ■ *jmd. schneidet auf* (*umg. abwert.*) *übertreiben* Er schneidet gern ein bisschen auf.

Auf·schnei·de·rei die <-, -en> (*abwert.*) *das Aufschneiden II*

auf·schnei·de·risch *Adj.* (*abwert.* ≈ *angeberisch*)

Auf·schnitt der <-(e)s> (*kein Plur.*) KOCH. *verschiedene, in Scheiben geschnittene Wurst- oder Käsesorten*

auf·schnü·ren <schnürst auf, schnürte auf, hat aufgeschnürt> *mit OBJ* ■ *jmd. schnürt etwas auf* (↔ *zuschnüren*) *Schnüre lösen* ein Paket aufschnüren

auf·schrau·ben <schraubst auf, schraubte auf, hat aufgeschraubt> *mit OBJ* ■ *jmd. schraubt etwas auf* (↔ *zuschrauben*) *durch Schrauben öffnen* ein Konservenglas aufschrauben

auf·schre·cken <schreckst auf, schreckte auf, hat/ist aufgeschreckt> **I.** *mit OBJ* ■ *jmd./etwas schreckt jmdn./ein Tier auf* (*haben*) *erschrecken* Das Türklingeln hat den schlafenden Hund aufgeschreckt. **II.** *ohne OBJ* ■ *jmd. schreckt auf* (*sein - hier auch: schrickst auf, schrak auf, ist aufgeschreckt*) aus dem Schlaf aufschrecken

Auf·schrei der <-(e)s, -e> *plötzlicher Schrei*

auf·schrei·ben <schreibst auf, schrieb auf, hat aufgeschrieben> *mit OBJ* ■ *jmd. schreibt etwas auf notieren* (jemandem) eine Nachricht aufschreiben, (sich) eine Adresse aufschreiben

auf·schrei·en <schreist auf, schrie auf, hat aufgeschrien> *ohne OBJ* ■ *jmd. schreit auf plötzlich schreien*

Auf·schrift die <-, -en> *etwas, das auf etwas geschrieben ist* ein Paket mit der Aufschrift „Vorsicht Glas!"

Auf·schub der <-(e)s, Aufschübe> *Verlängerung einer Frist* ein paar Tage Aufschub erhalten, Das duldet keinen Aufschub!

auf·schüt·ten <schüttest auf, schüttete auf, hat aufgeschüttet> *mit OBJ* ■ *jmd. schüttet etwas auf etwas irgendwo so schütten, dass etwas entsteht* einen Damm aufschütten

auf·schwat·zen <schwatzt auf, schwatzte auf, hat aufgeschwatzt> *mit OBJ* ■ *jmd. schwatzt jmdm. etwas auf* (*umg. abwert.*) *zu etwas überreden* jemandem einen Ladenhüter aufschwatzen, Ich habe mir den Vertrag aufschwatzen lassen.

auf·schwin·gen <schwingst auf, schwang auf, hat aufgeschwungen> *mit SICH* **1.** ■ *ein Tier schwingt sich auf* (*geh.*) *nach oben fliegen* Der Adler schwang sich in die Lüfte auf. **2.** ■ *jmd. schwingt sich zu etwas Dat. auf sich aufraffen* sich zu einer Arbeit aufschwingen **3.** ■ *jmd. schwingt sich zu etwas Dat. auf* (*abwert.*) *sich etwas anmaßen* sich zum Führer der Gruppe aufschwingen

Auf·schwung der <-(e)s, Aufschwünge> **1.** *Verbesserung der Lage* der wirtschaftliche Aufschwung **2.** SPORT *die Bewegung, die man macht, um sich auf ein Turngerät zu schwingen* einen Aufschwung (am Reck) machen ■ **jemandem neuen Aufschwung geben**: *jmdm. neue Hoffnung oder neuen Mut geben*

Auf·se·hen das <-s> (*kein Plur.*) *öffentliche Aufmerksamkeit* großes Aufsehen erregen, ohne großes Aufsehen ablaufen ◆ Getrennt- oder Zusammenschreibung→R 4.12 Aufsehen erregend/aufsehenerregend; Getrenntschreibung→R 4.12 großes Aufsehen erregend; Zusammenschreibung →R 4.12 sehr aufsehenerregend, noch aufsehenerregender

auf·se·hen <siehst auf, sah auf, hat aufgesehen> *ohne OBJ* **1.** ■ *jmd. sieht auf nach oben blicken* vom Buch aufsehen **2.** ■ *jmd. sieht zu jmdm. auf bewundernd aufblicken* zu einem Vorbild aufsehen

Auf·se·her, **Auf·se·he·rin** der <-s, -> *Wächter, der eine Gruppe bestimmter Personen* (*z.B. in einem Gefängnis*) *überwacht* ◆ Gefängnis-, Lager-, Museums-

auf·sei·ten/auf Sei·ten *Präp. + Gen. was die Position von … betrifft; auf der Seite von jmdm.* aufseiten der Arbeitnehmer ◆ Getrennt- oder Zusammenschreibung→R 4.14 aufseiten/auf Seiten der Arbeitgeber

auf·set·zen <setzt auf, setzte auf, hat aufgesetzt> **I.** *mit OBJ* ■ *jmd. setzt etwas auf* **1.** *an eine bestimmte Position am eigenen Körper bringen* den Rucksack aufsetzen, einen Hut/eine Brille aufsetzen **2.** KOCH. *zum Kochen auf den Herd setzen* Wasser/das Essen/Kaffee aufsetzen **3.** *schriftlich entwerfen* einen Brief aufsetzen **4.** *auf eine Unterlage setzen* den Fuß falsch aufsetzen, den Stift zu steil aufsetzen **II.** *ohne OBJ* ■ *etwas setzt auf wieder Kontakt mit dem Erdboden bekommen* Das Flugzeug setzt gerade auf. **III.** *mit SICH* ■ *jmd. sezt sich auf den Oberkörper in eine aufrechte Stellung bringen* sich (im Bett) aufsetzen

Auf·sicht die <-> (*kein Plur.*) **1.** *Überwachung und Kontrolle* unter polizeilicher Aufsicht, der Aufsicht führende Lehrer **2.** *Person, die Aufsicht[1] führt* die

Aufsicht etwas fragen ◆ Getrennt- oder Zusammenschreibung→R 4.12 der/die Aufsicht Führende, der/die Aufsichtführende *siehe auch* **Aufsichtführende**

Auf·sichts·per·son die <-, -en> *jmd., der andere beaufsichtigt*

Auf·sichts·rat der <-(e)s, Aufsichtsräte> WIRTSCH. RECHTSW. *in einigen Unternehmensformen rechtlich vorgeschriebenes Organ zur Überwachung des Vorstandes/der Geschäftsführung*

auf·sit·zen <sitzt auf, saß auf, ist/hat aufgesessen> *ohne OBJ* **1.** ■ *jmd. sitzt auf* (*sein*) *sich auf etwas setzen* Sie saß auf und ritt (auf dem Pferd)/fuhr (mit dem Motorrad) davon. **2.** ■ *etwas sitzt auf* (*haben*) *auf etwas festsitzen* Die Tür lässt sich nicht bewegen, sie sitzt auf., Das Boot sitzt (auf einer Sandbank) auf. **3.** ■ *jmd. sitzt jmdm. auf* (*umg. sein*) *hereinfallen* Sie ist einem Betrug/Betrüger aufgesessen.

auf·spal·ten <spaltest auf, spaltete auf, hat aufgespaltet/aufgespalten> **I.** *mit OBJ* ■ *jmd. spaltet etwas auf zerlegen* etwas in einzelne Teile aufspalten **II.** *mit SICH sich trennen* ■ *etwas spaltet sich auf* Die Klasse hat sich in zwei Gruppen aufgespalten.

auf·span·nen <spannst auf, spannte auf, hat aufgespannt> *mit OBJ* ■ *jmd. spannt etwas auf ein* (*größeres*) *Stück eines Tuches, einer Plane ganz auffalten* den Regenschirm/eine Plane aufspannen

auf·spa·ren <sparst auf, sparte auf, hat aufgespart> *mit OBJ* ■ *jmd. spart etwas auf etwas für die Zukunft sparen* Das Geld, das er zum Geburtstag bekommen hat, möchte er für später aufsparen.

auf·spei·chern *mit OBJ* ■ *etwas speichert etwas auf für eine längere Zeit in sich bewahren* Die Herdplatte hat die Wärme aufgespeichert.

auf·sper·ren <sperrst auf, sperrte auf, hat aufgesperrt> *mit OBJ* ■ *jmd. sperrt etwas auf* **1.** (*süddt. österr.*) *aufschließen* die Tür aufsperren **2.** (*umg.*) *weit öffnen* den Mund/die Augen aufsperren ■ **Sperr deine Ohren auf!**: *Hör gefälligst zu!*

auf·spie·len <spielst auf, spielte auf, hat aufgespielt> **I.** *ohne OBJ* ■ *jmd. spielt auf* **1.** *mit dem Musizieren beginnen* zum Tanz aufspielen **2.** SPORT *ein gutes und selbstbewusstes Spiel bieten* Die Mannschaft spielte eindrucksvoll auf. **II.** *mit SICH* ■ *jmd. spielt sich auf* (*umg. abwert.*) *sich wichtig tun* sich als Chef aufspielen

auf·spie·ßen <spießt auf, spießte auf, hat aufgespießt> *mit OBJ* ■ *jmd. spießt etwas auf mit einem spitzen Gegenstand* (*die Mitte von*) *etwas so durchbohren, dass es an dem Gegenstand hängt* ein Stück Fleisch mit der Gabel aufspießen

Auf·split·te·rung die <-, -en> *das Zerfallen von etwas in einzelne Einheiten, Einzelteile, Gruppen o.Ä.*

auf·spren·gen <sprengst auf, sprengte auf, hat aufgesprengt> *mit OBJ* ■ *jmd. sprengt etwas auf durch Gewalt oder Sprengen öffnen* eine Tür/einen Berg aufsprengen

auf·sprin·gen <springst auf, sprang auf, ist aufgesprungen> *ohne OBJ* **1.** ■ *jmd. springt auf schnell aufstehen* plötzlich (vom Platz) aufspringen **2.** ■ *jmd. springt auf etwas Akk. auf auf ein Fahrzeug springen* auf einen fahrenden Zug aufspringen **3.** ■ *etwas springt auf Risse bekommen* aufgesprungene Lippen haben **4.** ■ *etwas springt auf sich plötzlich öffnen, ohne äußere Einwirkung* die Tür springt auf

auf·spu·len <spulst auf, spulte auf, hat aufgespult> *mit OBJ* ■ *jmd. spult etwas auf auf eine Spule wickeln*

auf·spü·ren <spürst auf, spürte auf, hat aufgespürt> *mit OBJ* ■ *jmd. spürt jmdn./etwas auf herausfinden, wo jmd. oder ein Tier ist* Wild/einen Dieb aufspüren

auf·sta·cheln <stachelst auf, stachelte auf, hat aufgestachelt> *mit OBJ* ■ *jmd. stachelt jmdn. auf* (≈ *aufhetzen*) jemanden aufstacheln, etwas zu tun

Auf·stand der <-(e)s, Aufstände> *ein Aufruhr einer Gruppe von Menschen, die sich gegen die Regierenden oder eine Führungsschicht wenden* ■ **Mach' keinen Aufstand!**: *Reg' dich nicht auf!*

Auf·stän·di·sche der/die <-n, -n> *Person, die Teil eines Aufstands ist*

auf·sta·peln <stapelst auf, stapelte auf, hat aufgestapelt> *mit OBJ* ■ *jmd. stapelt etwas auf aufeinander legen* Bücher aufstapeln

auf·stau·en <staust auf, staute auf, hat aufgestaut> **I.** *mit OBJ* ■ *jmd. staut etwas auf in einem Fluss eine Sperre errichten, damit sich das Wasser staut* einen Fluss aufstauen **II.** *mit SICH* ■ *etwas staut sich auf gestaut werden* Das Blut/das Wasser hat sich aufgestaut, Es hat sich viel Ärger aufgestaut.

auf·ste·chen <stichst auf, stach auf, hat aufgestochen> *mit OBJ* ■ *jmd. sticht etwas auf durch Stechen öffnen* eine Blase aufstechen

auf·ste·cken <steckst auf, steckte auf, hat aufgesteckt> **I.** *mit OBJ* ■ *jmd. steckt etwas auf* **1.** (*an den Finger*) *stecken* jemandem einen Ring aufstecken **2.** *hochstecken* die Haare (zu einer Hochfrisur) aufstecken **II.** *ohne OBJ* ■ *jmd. steckt auf* (*umg.*) *aufgeben* Er hat lange gehofft, jetzt hat er aber doch aufgesteckt.

auf·ste·hen <stehst auf, stand auf, hat/ist aufgestanden> **I.** *ohne OBJ* ■ *etwas steht auf* (*haben*) *offen stehen* Die Tür steht auf. **II.** *ohne OBJ* ■ *jmd. steht auf* (*sein*) **1.** *sich von seinem Sitzplatz erheben* (von seinem Platz) aufstehen **2.** *das Bett nach dem Schlafen verlassen* Wochentags stehen wir gewöhnlich um 6 Uhr morgens auf.

auf·stei·gen <steigst auf, stieg auf, ist aufgestiegen> *ohne OBJ* **1.** ■ *jmd. steigt auf etwas Akk. auf* (↔ *absteigen*) *auf etwas steigen* auf ein Fahrrad/ein Pferd aufsteigen **2.** ■ *etwas steigt auf nach oben steigen* Der Nebel stieg aus dem Tal auf., Ein Gefühl stieg in ihm auf. **3.** ■ *jmd. steigt auf in einen höheren Rang kommen* beruflich/gesellschaftlich aufsteigen **4.** ■ *jmd. steigt auf* (SPORT: ↔ *absteigen*) *die Zulassung zu einer höheren Spielklasse erhalten* Die Mannschaft hat gute Chancen aufzusteigen. **5.** (SCHULE: *österr.*) *versetzt werden*

A

auf·stei·gend <nicht steig.> *Adj.* (↔ *abfallend*) *nach oben weisend* eine aufsteigende Linie, in aufsteigender Reihenfolge

Auf·stei·ger, **Auf·stei·ge·rin** der <-s, -> (*umg.*) *jmd., der einen beruflichen und/oder sozialen Aufstieg gemacht hat*

auf·stel·len <stellst auf, stellte auf, hat aufgestellt> **I.** *mit OBJ* ■ *jmd. stellt etwas auf* **1.** *aufbauen* ein Regal/ein Gerüst aufstellen **2.** (*wieder*) *aufrichten* die Kegel (wieder) aufstellen, Der Hund stellt die Ohren auf. **3.** *hinstellen* Posten vor der Tür aufstellen, Schilder/Tafeln aufstellen **4.** *erarbeiten* eine Liste/einen Plan/Regeln aufstellen **5.** *öffentlich benennen* eine Mannschaft/einen Kandidaten aufstellen, eine Behauptung aufstellen **II.** *mit SICH* **1.** ■ *jmd. stellt sich auf sich in einer bestimmten Weise hinstellen oder gruppieren* sich hintereinander aufstellen **2.** ■ *etwas stellt sich auf sich aufrichten* Die Nackenhaare stellen sich auf. ■ **einen Rekord aufstellen**: *einen Rekord erreichen*

Auf·stel·lung die <-, -en> (*Plur. selten*) **1.** *das Aufstellen* **2.** *die Art, wie etwas aufgestellt ist*

auf·stem·men <stemmst auf, stemmte auf, hat aufgestemmt> *mit OBJ* ■ *jmd. stemmt etwas auf eine Eisenstange so in einen Türspalt stecken und Druck ausüben, dass sich die Tür öffnet*

auf·sti·cken <stickst auf, stickte auf, hat aufgestickt> *mit OBJ* ■ *jmd. stickt etwas auf etwas Akk. auf durch Sticken ein Emblem auf ein Stück Stoff aufbringen*

Auf·stieg der <-(e)s, -e> **1.** *das Aufsteigen* der Aufstieg auf den Berggipfel **2.** *Vorwärtskommen* der berufliche Aufstieg

Auf·stiegs·mög·lich·kei·ten <-> *Plur. Gelegenheiten zum Aufstieg*[2] Die neue Firma bietet ihr viele Aufstiegsmöglichkeiten.

auf·stö·bern <stöberst auf, stöberte auf, hat aufgestöbert> *mit OBJ* ■ *jmd. stöbert jmdn./etwas auf* (*umg.*) *zufällig finden* alte Fotos aufstöbern

auf·sto·cken <stockst auf, stockte auf, hat aufgestockt> *mit OBJ* ■ *jmd. stockt etwas auf erhöhen* das Haus aufstocken, den Kredit aufstocken

Auf·sto·ckung die <-, -en> (≈ *Erhöhung*) eine Aufstockung des Budgets/der Gehälter/ des Taschengelds

auf·sto·ßen <stößt auf, stieß auf, hat/ist aufgestoßen> **I.** *mit OBJ* ■ *jmd. stößt etwas auf* (*sein*) *durch einen Stoß öffnen* das Fenster aufstoßen **II.** *ohne OBJ* **1.** ■ *jmd. stößt auf* (*haben*) *Luft aus dem Magen heraufdringen lassen* Nach dem Essen musste er aufstoßen. **2.** ■ *etwas stößt jmdm. auf* (*sein umg.*) (*unangenehm*) *auffallen* jemandem (übel) aufstoßen **III.** *mit SICH* ■ *jmd. stößt sich etwas auf* (*haben*) *sich verletzen, weil man gegen etwas stößt* sich das Knie aufstoßen

auf·stre·bend <nicht steig.> *Adj. sich erfolgreich entwickelnd* eine aufstrebende Region

Auf·strich der <-(e)s, -e> *das, was man auf eine Scheibe Brot streicht* Was willst du als Aufstrich?

auf·stüt·zen <stützt auf, stützte auf, hat aufgestützt> **I.** *mit OBJ* ■ *jmd. stützt etwas auf etwas abstützen* die Ellenbogen aufstützen, den Kopf aufstützen **II.** *mit SICH* ■ *jmd. stützt sich auf etwas Akk. auf sich auf etwas stützen* sich auf dem Tisch aufstützen

auf·su·chen <suchst auf, suchte auf, hat aufgesucht> *mit OBJ* ■ *jmd. sucht jmdn./etwas auf sich zu jmdm. hinbegeben* den Arzt/den Speiseraum aufsuchen

auf·ta·keln <takelst auf, takelte auf, hat aufgetakelt> **I.** *mit OBJ* ■ *jmd. takelt etwas auf* SEEW. *Segel setzen* ein Schiff auftakeln **II.** *mit SICH* ■ *jmd. takelt sich auf* (*umg. abwert.*) *sich übertrieben herausputzen* Sie hat sich aber wieder aufgetakelt!

Auf·takt der <-(e)s, -> **1.** MUS. *erster Takt eines Musikstücks* **2.** (*Plur. selten*) *Eröffnung, Beginn* den Auftakt zu einer Veranstaltung bilden, ein guter Auftakt

auf·tan·ken <tankst auf, tankte auf, hat aufgetankt> *mit OBJ/ohne OBJ* ■ *jmd. tankt etwas auf* **1.** *den Tank füllen* (das Auto) auftanken **2.** (*übertr.*) *neue Kraft oder Energie sammeln* In den Ferien möchte sie endlich (neue Kraft) auftanken.

auf·tau·chen <tauchst auf, tauchte auf, ist aufgetaucht> *ohne OBJ* **1.** ■ *jmd./etwas taucht irgendwo auf* (*wieder*) *erscheinen* aus dem Wasser/aus einer Grube auftauchen, in der Ferne/aus dem Nebel auftauchen; (*übertr.*) Das Familienerbstück/mein Freund ist nach langer Zeit wieder aufgetaucht. **2.** ■ *etwas taucht auf* (≈ *entstehen*) Fragen/Probleme sind aufgetaucht.

auf·tau·en <taust auf, taute auf, hat/ist aufgetaut> **I.** *mit OBJ* ■ *jmd. taut etwas auf* (*haben*) (*Gefrorenes*) *zum Tauen bringen* das Fleisch auftauen **II.** *ohne OBJ* (*sein*) **1.** ■ *etwas taut auf* (↔ *gefrieren*) Der See/das tiefgefrorene Gemüse/das Eis ist aufgetaut. **2.** ■ *jmd. taut auf* (*umg. übertr.*) *die Schüchternheit verlieren* Jetzt taut er langsam auf.

auf·tei·len <teilst auf, teilte auf, hat aufgeteilt> *mit OBJ* ■ *jmd. teilt etwas* (*auf jmdn.*) *auf in einzelne Teile zerlegen* Sein Vermögen wurde unter den Erben aufgeteilt.

Auf·tei·lung die <-, -en> *das Aufteilen*

auf·ti·schen <tischst auf, tischte auf, hat aufgetischt> *mit OBJ* **1.** ■ *jmd. tischt* (*jmdm.*) *etwas auf auf den Tisch bringen* leckere Speisen auftischen **2.** ■ *jmd. tischt jmdm. etwas auf* (*umg. abwert.*) *erzählen* jemandem nur Lügen auftischen

Auf·trag der <-(e)s, Aufträge> **1.** *Weisung, Verpflichtung* in jemandes Auftrag handeln, jemandem den Auftrag geben, etwas zu tun **2.** WIRTSCH. *Bestellung* einen Auftrag an eine Firma vergeben, nicht genügend Aufträge haben, etwas bei jemandem in Auftrag geben

auf·tra·gen <trägst auf, trug auf, hat aufgetragen> *mit OBJ/ohne OBJ* ■ *jmd. trägt jmdm. etwas auf* **1.** *einen Auftrag erteilen* jemandem Grüße auftragen, Den Kindern auftragen, einkaufen zu gehen. **2.** ■ *jmd. trägt etwas auf* (*geh.*) *auf den Tisch stellen* reichlich (Speisen) auftragen **3.** ■ *jmd. trägt etwas auf auf eine Fläche verstreichen* Farbe/ein Make-up auftragen **4.** ■ *jmd. trägt* *etwas (von jmdm.) auf jmd. trägt Kleidungsstücke, die vorher einer anderen Person gehört haben, bis sie nicht mehr passen oder abgenutzt sind* Er musste die Hosen seines älteren Bruders auftragen. ■ **dick auftragen** (*umg. übertr.*): *übertreiben* Jetzt hast du aber ganz schön dick aufgetragen!

Auf·trag·ge·ber, **Auf·trag·ge·be·rin** der <-s, -> *jmd., der den Auftrag zu etwas gegeben hat*

Auf·trag·neh·mer, **Auf·trag·neh·me·rin** der <-s, -> *jmd., der von jmdm. einen Auftrag erhalten hat*

auf·trags·ge·mäß *Adv. dem Auftrag entsprechend* Wir werden die Arbeiten auftragsgemäß ausführen.

auf·trei·ben <treibst auf, trieb auf, hat aufgetrieben> *mit OBJ* (*haben*) **1.** ■ *jmd. treibt jmdn./etwas auf* (*umg.*) *herbeischaffen* das nötige Geld/etwas Essbares auftreiben, Sie war nirgends aufzutreiben. **2.** ■ *etwas treibt etwas auf bewirken, dass etwas größer wird* Die Hefe treibt den Teig auf., Sein Bauch war vom Hunger aufgetrieben.

auf·tren·nen <trennst auf, trennte auf, hat aufgetrennt> *mit OBJ* ■ *jmd. trennt etwas auf etwas, das zusammengenäht ist, durchtrennen* eine Naht auftrennen

Auf·tre·ten das <-> (*kein Plur.*) **1.** *Vorkommen* das Auftreten einer Krankheit, beim Auftreten von Schwierigkeiten **2.** *Benehmen* ein sicheres Auftreten haben

auf·tre·ten <trittst auf, trat auf, ist/hat aufgetreten> **I.** *ohne OBJ* **1.** ■ *jmd. tritt irgendwie auf den Fuß aufsetzen* geräuschvoll/fest auftreten **2.** ■ *jmd. tritt als jmd. auf* THEAT. FILM *in einem Film oder Theaterstück eine bestimmte Rolle spielen* in der Rolle des Faust/als Faust/im Film auftreten **3.** ■ *jmd. tritt irgendwie auf sich verhalten* sehr selbstbewusst auftreten **4.** ■ *etwas tritt auf* (*plötzlich*) *entstehen* Krankheiten/Probleme treten auf **II.** *mit OBJ* ■ *jmd. tritt etwas auf durch Treten öffnen* die Tür auftreten

Auf·trieb der <-(e)s> (*kein Plur.*) **1.** *Ansporn, Mut* Der Erfolg gab ihm wieder Auftrieb. **2.** PHYS. *eine Kraft, die der Schwerkraft entgegengesetzt ist und die auf einen Körper in einer Flüssigkeit/in einem Gas wirkt* Was nicht genügend Auftrieb hat, schwimmt nicht im Wasser/schwebt nicht in der Luft.

Auf·tritt der <-(e)s, -e> **1.** THEAT. FILM *das Auftreten eines Schauspielers auf der Bühne oder im Film* sein Auftritt im dritten Akt **2.** (*umg.*) *ein bestimmtes Verhalten* Mit solchen Auftritten hat er sich viele Feinde gemacht.

auf·trump·fen <trumpfst auf, trumpfte auf, hat aufgetrumpft> *ohne OBJ* ■ *jmd. trumpft auf Überlegenheit zeigen* Er trumpfte mit seinem Wissen (gegen seinen Konkurrenten) auf.

auf·tun <tust auf, tat auf, hat aufgetan> **I.** *mit OBJ* ■ *jmd. tut etwas auf* (*umg.*) *finden* ein günstiges Urlaubsquartier auftun **II.** *mit SICH* ■ *etwas tut sich auf* (*geh.*) **1.** (*veralt.*) *sich plötzlich zeigen* Ein großer Abgrund tat sich vor uns auf. **2.** *sich bieten* Es taten sich viele Chancen auf.

auf·tür·men <türmst auf, türmte auf, hat aufgetürmt> **I.** *mit OBJ* ■ *jmd. türmt etwas auf aufstapeln* Strohballen zu einem riesigen Berg auftürmen **II.** *mit SICH* ■ *etwas türmt sich auf sich aufbauen* Am Horizont türmen sich Wolken auf., Immer mehr Schwierigkeiten türmten sich vor uns auf.

auf·wa·chen <wachst auf, wachte auf, ist aufgewacht> *ohne OBJ* ■ *jmd. wacht auf* **1.** *aus dem Schlaf erwachen* **2.** (*umg. abwert.*) *etwas oder eine Entwicklung, die schon länger andauert* (*zu spät*) *bemerken* Die Behörden sind zu spät aufgewacht.

Auf·wach·raum der <-(e)s, -räume> *im Krankenhaus ein Raum, in den man Patienten bringt, damit sie nach einer Operation aus der Narkose aufwachen*

auf·wach·sen <wächst auf, wuchs auf, ist aufgewachsen> *ohne OBJ* ■ *jmd. wächst* (*irgendwie*) *auf seine Jugendjahre verleben* Sie ist in einfachen Verhältnissen aufgewachsen.

auf·wal·len <wallst auf, wallte auf, ist aufgewallt> *ohne OBJ* **1.** ■ *jmd. wallt etwas auf aufkochen* die Milch nur kurz aufwallen lassen **2.** ■ *etwas wallt auf* (*geh.*) *plötzlich aufsteigen* Freude/Zorn wallte in ihr auf., Nebel wallte auf.

Auf·wand der <-(e)s> (*kein Plur.*) *das, was für etwas benötigt wird* einen großen Aufwand (an Arbeit) erfordern

auf·wän·dig/auf·wen·dig <aufwändiger, am aufwändigsten> *Adj. mit großem Aufwand*

auf·wär·men <wärmst auf, wärmte auf, hat aufgewärmt> **I.** *mit OBJ* ■ *jmd. wärmt etwas auf wieder erwärmen* aufgewärmtes Essen **II.** *mit SICH* ■ *jmd. wärmt sich auf* **1.** *irgendwo verweilen, wo es warm ist, um sich selbst wieder warm zu fühlen* sich in der Sonne aufwärmen **2.** SPORT *vor dem Sport leichte Übungen machen, um die Muskeln zu lockern* Der Läufer wärmt sich vor dem Rennen auf. ■ **eine alte Sache wieder aufwärmen** (*umg. übertr.*): *etwas längst Vergessenes wieder zur Sprache bringen*

auf·wärts *Adv.* **1.** *nach oben* Der Fahrstuhl fuhr aufwärts. **2.** ■ **es geht irgendwo/mit jemandem/etwas (wieder) aufwärts**: *irgendwo wird die Lage besser oder es geht jmdm. besser*

Auf·wärts·trend der <-s, -s> *eine Entwicklung zum Besseren*

Auf·wasch der <-s> (*kein Plur.*) **1.** (*umg.*) *das Abwaschen von Geschirr* **2.** ■ **das geht in einem Aufwasch** (*umg.*): *das lässt sich in einem Arbeitsschritt bewältigen*

auf·wa·schen <wäschst auf, wusch auf, hat aufgewaschen> *mit OBJ* ■ *jmd. wäscht etwas auf spülen* das Geschirr aufwaschen

auf·we·cken <weckst auf, weckte auf, hat aufgeweckt> *mit OBJ* ■ *jmd./etwas weckt jmdn. auf bewirken, dass jmd. aus dem Schlaf erwacht* Lautes Rufen/der Donner weckte sie auf.

auf·wei·chen <weichst auf, weichte auf, hat/ist aufgeweicht> **I.** *mit OBJ* ■ *etwas weicht etwas auf* (*haben*) *feucht und weich machen* Der Dauerregen hat den Boden aufgeweicht. **II.** *ohne OBJ* ■ *etwas weicht auf weicht und feucht werden;* (*sein*) Das Brot ist völlig aufgeweicht.

auf·wei·sen <weist auf, wies auf, hat aufgewiesen> *mit OBJ* ■ *jmd./etwas weist etwas auf* (*als Merkmal*) *besitzen* besondere Fähigkeiten aufweisen

auf·wen·den <wendest auf, wandte/wendete auf, hat aufgewandt/aufgewendet> *mit OBJ* ■ *jmd. wendet etwas auf in etwas investieren* viel Kraft und Mühe (für etwas) aufwenden

auf·wen·dig/auf·wän·dig <aufwendiger, am aufwendigsten> *Adj. mit großem Aufwand*

auf·wer·fen <wirfst auf, warf auf, hat aufgeworfen> *mit OBJ* **1.** ■ *jmd./ etwas wirft etwas auf ins Gespräch bringen* viele Fragen/Probleme aufwerfen **2.** *mit viel Schwung öffnen* die Tür aufwerfen

auf·wer·ten *mit OBJ* ■ *jmd. wertet etwas auf den Wert erhöhen* eine Währung/jemandes Stellung aufwerten

Auf·wer·tung die <-, -en> *das Aufwerten* die Aufwertung des Euro gegenüber dem Dollar

auf·wi·ckeln <wickelst auf, wickelte auf, hat aufgewickelt> *mit OBJ* ■ *jmd. wickelt etwas auf auf eine Spule wickeln* Garn aufwickeln

auf·wie·geln <wiegelst auf, wiegelte auf, hat aufgewiegelt> *mit OBJ* ■ *jmd. wiegelt jmdn. auf* (*abwert.*) *zum Widerstand bewegen* die Klasse gegen den Lehrer aufwiegeln

Aufwieg(e)lung die <-> (*kein Plur.*) *das Aufwiegeln*

auf·wir·beln <wirbelst auf, wirbelte auf, hat aufgewirbelt> *mit OBJ* ■ *jmd./etwas wirbelt etwas auf durch Luftzug bewirken, dass etwas* (*in der Form vieler einzelner Objekte*) *durch die Luft wirbelt* Der Wind wirbelt Blätter/Schnee/Staub auf. ■ **viel Staub aufwirbeln**: *viel Aufsehen erregen*

auf·wi·schen <wischst auf, wischte auf, hat aufgewischt> *mit OBJ/ohne OBJ* ■ *jmd. wischt(etwas) auf* **1.** *mit dem Lappen aufnehmen* Schmutz/Wasser (vom Boden) aufwischen **2.** *etwas mit dem Lappen säubern* Ich muss noch (den Fußboden/das Bad) aufwischen.

auf·wüh·len <wühlst auf, wühlte auf, hat aufgewühlt> *mit OBJ* ■ *jmd./etwas wühlt etwas auf* **1.** *in etwas wühlen und so etwas zum Vorschein bringen* den Boden aufwühlen **2.** *etwas in Bewegung versetzen* Der Wind wühlte das Meer auf. **3.** ■ *etwas wühlt jmdn. auf seelisch erschüttern* Der Film hat ihn aufgewühlt.

auf·zäh·len <zählst auf, zählte auf, hat aufgezählt> *mit OBJ* ■ *jmd. zählt etwas auf nacheinander nennen* alle Zutaten aufzählen

Auf·zäh·lung die <-, -en> *das Aufzählen*

Auf·zah·lung die <-, -en> (*österr.*) *Mehrpreis*

auf·zeich·nen <zeichnest auf, zeichnete auf, hat aufgezeichnet> *mit OBJ* ■ *jmd. zeichnet etwas auf* **1.** *schriftlich oder elektronisch festhalten* seine Gedanken (in einem Tagebuch) aufzeichnen, eine Sendung aufzeichnen **2.** *zur Erklärung aufmalen* jemandem den Grundriss der Wohnung aufzeichnen

Auf·zeich·nung die <-, -en> *das Aufzeichnen*[1] die Aufzeichnung einer Sendung vom vergangenen Sonntag

auf·zei·gen <zeigst auf, zeigte auf, hat aufgezeigt> *mit OBJ* ■ *jmd. zeigt etwas auf* (*geh.*) *darlegen* Er zeigte auf, dass …

auf·zie·hen <ziehst auf, zog auf, hat/ist aufgezogen> **I.** *mit OBJ* (*haben*) **1.** ■ *jmd. zieht etwas auf* TECHN. *durch Drehen einer Schraube Bewegungsenergie in ein mechanisches System einbringen, welche von diesem dann in bestimmte Bewegungen umgesetzt wird* die Uhr/einen Mechanismus aufziehen **2.** ■ *jmd. zieht etwas auf hochziehen* die Fahne/ein Signal aufziehen **3.** ■ *jmd. zieht jmdn./ ein Tier auf großziehen* Kinder/Tiere aufziehen **4.** ■ *jmd. zieht etwas auf* (≈ *öffnen* ↔ *zuziehen*) die Gardinen/Vorhänge aufziehen **5.** ■ *jmd. zieht etwas auf* (*umg.*) *durchführen* seinen Geburtstag ganz groß aufziehen **6.** ■ *jmd. zieht jmdn. auf* (*umg.*) *neckend ärgern* jemanden wegen seiner großen Ohren aufziehen **II.** *ohne OBJ* ■ *etwas zieht auf* (*sein*) *sich nähern* Ein Gewitter zieht auf., Die Wache zieht auf.

Auf·zucht die <-> (*kein Plur.*) *das Aufziehen von Tieren*

Auf·zug der <-(e)s, Aufzüge> **1.** *Fahrstuhl* den Aufzug benutzen **2.** THEAT. *Akt* Nach dem dritten Aufzug gibt es eine Pause. **3.** (*abwert.*) *Art der Kleidung* Willst du in diesem Aufzug ins Theater gehen?

auf·zwin·gen <zwingst auf, zwang auf, hat aufgezwungen> *mit OBJ* ■ *jmd. zwingt jmdm. etwas auf zu etwas nötigen* jemandem seine Meinung aufzwingen

Aug·ap·fel der <-s, -äpfel> ANAT. *kugelförmiger Hauptteil des Auges* ■ **etwas/jemanden wie seinen Augapfel hüten**: *sehr gut auf etwas oder jmdn. achten*

Au·ge das <-s, -n> **1.** *eines der beiden Sehorgane von Menschen und Tieren* mit den Augen zwinkern, etwas mit bloßem Auge sehen können, schöne/blaue/braune Augen haben **2.** *Punkte im Karten- oder Würfelspiel* Ein Ass zählt elf Augen. ♦ -nzahl **3.** ■ **etwas ins Auge fassen** (*umg.*): *etwas planen* **ins Auge gehen** (*umg.*): *missglücken* **in meinen Augen …**: *meiner Meinung nach* **ins Auge fallen**: *offensichtlich oder deutlich sein* **unter vier Augen** (*umg.*): *zu zweit und ohne Zeugen* Das besprechen wir aber unter vier Augen.

i Wissenswert Gebräuchliche Redewendungen: du kannst nichts vor ihr verstecken, sie hat Augen wie ein Luchs (sie sieht immer alles); der Unfall ereignete sich vor meinen Augen (ich habe zusehen können, wie sich der Unfall ereignete); ich kann das mit bloßem Auge unterscheiden (ich kann das ohne Brille erkennen); mir so schwindelig, dass mir schon fast schwarz vor Augen ist (ich bin fast bewusstlos); Komm mir nicht mehr unter die Augen! (ich möchte dich nicht mehr wiedersehen); ich werde diese

Sache im Auge behalten (ich werde den Verlauf beobachten); als er sie nach den langen Jahren wieder sah, konnte er seinen Augen nicht trauen (war er so überrascht,dass er es fast nicht für möglich hielt); um dich durch diese Prüfung zu bringen, muss ich aber beide Augen zudrücken (da muss ich aber sehr nachsichtig sein); kann ich dich unter vier Augen sprechen? (kann ich dich alleine sprechen, ohne dass jemand dabei ist?).

Au·gen·arzt, **Au·gen·ärz·tin** der <-(e)s, Augenärzte> *Facharzt für Augenheilkunde*

Augen·be·schwer·den <-> *Plur. gesundheitliche Probleme mit den Augen*

Au·gen·bin·de die <-, -n> *ein Stück Stoff, dass man so um jmds. Kopf gebunden hat, dass es die Augen bedeckt*

Au·gen·blick der <-(e)s, -e> *kurzer Moment* Im Augenblick habe ich keine Zeit., im letzten Augenblick, (Einen) Augenblick bitte!

au·gen·blick·lich <nicht steig.> **I.** *Adj.* **1.** *umgehend* eine augenblickliche Entscheidung fordern **2.** (≈ *gegenwärtig, momentan*) *im Moment des Sprechens bestehend* die augenblickliche Lage **II.** *Adv.* **1.** (≈ *sofort, umgehend*) *ohne zu zögern* sich augenblicklich bei jemandem melden müssen **2.** *zurzeit* Ich bin augenblicklich sehr beschäftigt.

Au·gen·braue die <-, -n> *die Haare, die oberhalb des Auges in einem schmalen, leicht gebogenen Streifen wachsen* die Augenbrauen hochziehen

Au·gen·far·be die <-, -n> *die Farbe der Iris im Auge*

Au·gen·glä·ser <-> *Plur.* (*veralt.*) *Brille*

Au·gen·hö·he ■ **auf/in Augenhöhe**: *so, dass sich etwas auf Höhe der Augen einer Person befindet*

Au·gen·licht das <-(e)s> (*kein Plur.*) *Sehfähigkeit* bei einem Unfall das Augenlicht verlieren

Au·gen·lid das <-(e)s, -er> (≈ *Lid*) *das kleine bewegliche Stück Haut, das das Auge schützt und bedeckt*

Au·gen·maß das <-(e)s> (*kein Plur.*) *Fähigkeit, etwas* (*mit den Augen*) *abzuschätzen* nach Augenmaß arbeiten, ein gutes Augenmaß haben, politisches Augenmaß beweisen

Au·gen·mensch der <-en, -en> (*umg.*) *jmd., der sich vor allem vom visuellen Eindruck von etwas leiten lässt*

Au·gen·merk das <-(e)s> (*kein Plur.*) *Aufmerksamkeit* sein Augenmerk auf etwas richten, Unser besonderes Augenmerk muss der schnellen Lösung dieses Problems gelten.

Au·gen·schein der <-(e)s> (*kein Plur.*) *oberflächlicher Eindruck* nach dem Augenschein urteilen, Der Augenschein trügt. ■ **etwas in Augenschein nehmen**: *etwas prüfen*

Au·gen·schmaus der <-> (*kein Plur.*) (≈ *Augenweide*)

Au·gen·wei·de die <-> (*kein Plur.*) *erfreulicher Anblick* Das neue Hochhaus ist nicht gerade eine Augenweide!

Au·gen·zeu·ge, **Au·gen·zeu·gin** der <-n, -n> *Person, die ein Geschehen mit eigenen Augen gesehen hat*

Au·gen·zwin·kern das <-s> (*kein Plur.*) *zwinkernde Bewegung des Augenlids*

Au·gust der <-(e)s, (-e)> (*Plur. selten*) *der achte Monat des Jahres*

Au·gust ■ **der dumme August**: *Clown, Spaßmacher*

Auk·ti·on die [auk'tsi̯oːn] <-, -en> *Versteigerung*

Auk·ti·o·na·tor, **Auk·ti·o·na·to·rin** der <-en, -en> *Person, die eine Auktion leitet*

Auk·ti·ons·haus das <-es, Auktionshäuser> *Firma, die Versteigerungen vornimmt*

Au·la die <-, Aulen/-s> *Festsaal in einer Schule oder Universität*

Au·pair·mäd·chen, *a.* **Au-pair-Mäd·chen** das [o'pɛːrmɛtçən] <-s, -> *Mädchen, das gegen Unterkunft, Verpflegung und Taschengeld in einer Familie in einem anderen Land arbeitet, um dort die Sprache zu erlernen* als Aupairmädchen nach England gehen

Au·rum das <-(s)> (*kein Plur.*) CHEM. *Gold, Zeichen: Au*

aus **I.** *Präp. + Dat.* **1.** *zur Bezeichnung der räumlichen oder zeitlichen Herkunft* aus dem Haus kommen, aus dem Urlaub schreiben, aus dem Fenster fallen, aus Deutschland kommen, aus dem 18. Jahrhundert stammen **2.** *zum Ausdruck eine Grundes* aus Spaß, aus Versehen **3.** *zur Bezeichnung eines Ausgangsmaterials oder -zustandes* aus Holz (hergestellt) sein, sich aus einer Eizelle entwickeln **II.** *Adv.* (*umg.*) **1.** *vorbei,vorüber* Das Theater/das Spiel ist aus. **2.** (↔ *an*) Das Licht/das Feuer ist aus. **3.** *zur Bezeichnung der räumlichen Herkunft* vom Platz aus sprechen ■ **auf etwas aus sein** (*umg.*): *etwas beabsichtigen* **Von mir aus!** (*umg.*): *Ich habe nichts dagegen.* **weder ein noch aus wissen**: *hoffnungslos oder ratlos sein*

Aus das <-, -> SPORT *der Raum außerhalb des Spielfeldes* Der Ball war schon im Aus.

aus·ar·bei·ten <arbeitest aus, arbeitete aus, hat ausgearbeitet> *mit OBJ* ■ *jmd. arbeitet etwas aus* (*in allen Einzelheiten*) *erarbeiten* ein Referat ausarbeiten, Ich muss das noch fertig ausarbeiten.

aus·ar·ten <artet aus, artete aus, ist ausgeartet> *ohne OBJ* ■ *etwas artet* (*zu etwas Dat.*) *aus* (*abwert.*) *außer Kontrolle geraten* Das Fest artete zu einem Trinkgelage aus.

aus·at·men <atmest aus, atmete aus, hat ausgeatmet> *mit OBJ/ohne OBJ* ■ *jmd. atmet* (*etwas*) *aus Atemluft durch Mund oder Nase entweichen lassen*

aus·ba·den <badest aus, badete aus, hat ausgebadet> *mit OBJ* ■ *jmd. badet etwas aus* (*umg.*) *die Folgen tragen* etwas ausbaden müssen

aus·bag·gern <baggerst aus, baggerte aus, hat ausgebaggert> *mit OBJ* ■ *jmd. baggert etwas aus mit einem Bagger ausheben* eine Baugrube ausbaggern

A

Aus·bau der <-(e)s, -ten> **1.** (*kein Plur.*) *das Ausbauen* **2.** *ausgebauter Gebäudeteil*

aus·bau·en <baust aus, baute aus, hat ausgebaut> *mit OBJ* ■ *jmd. baut etwas aus* **1.** *herausnehmen* das Getriebe ausbauen, ausgebaute Maschinenteile **2.** *baulich verbessern oder erweitern* ein Haus/eine Wohnung/eine Straße ausbauen **3.** *weiterentwickeln* die Beziehungen zum Nachbarland ausbauen, seine Position ausbauen

aus·bau·fä·hig *Adj. entwicklungsfähig*

aus·be·din·gen <bedingst aus, bedang aus, hat ausbedungen> *mit OBJ* ■ *jmd. bedingt sich etwas aus zur Bedingung machen* sich etwas ausbedingen, Ich muss mir ausbedingen, dass …

aus·bei·ßen <beißt aus, biss aus, hat ausgebissen> *mit SICH* ■ *jmd. beißt sich etwas aus dadurch, dass man etwas Hartes isst, einen Zahn abbrechen* sich einen Zahn ausbeißen ■ **sich an jmdm./etwas die Zähne ausbeißen** (*umg.*): *etwas vergeblich versuchen*

aus·bes·sern <besserst aus, besserte aus, hat ausgebessert> *mit OBJ* ■ *jmd. bessert etwas aus reparieren* einen Zaun/ein Dach ausbessern

Aus·bes·se·rung die <-, -en> *das Ausbessern*

aus·beu·len <beulst aus, beulte aus, hat ausgebeult> **I.** *mit OBJ* ■ *jmd. beult etwas aus Beulen entfernen* den Kotflügel ausbeulen **II.** *mit SICH* ■ *etwas beult sich aus Beulen bekommen* sich durch langes Tragen ausbeulen, ausgebeulte Hosenbeine

Aus·beu·te die <-, -n> (*Plur. selten*) *Ertrag, Gewinn*

aus·beu·ten *mit OBJ* **1.** ■ *jmd. beutet jmdn. aus* (*abwert.* ≈ *ausnutzen*) *übertrieben viel Leistung von jmdm. verlangen und keine Rücksicht auf eventuelle Schäden nehmen, die dieses Verhalten verursacht* die Arbeiter ausbeuten **2.** ■ *jmd. beutet etwas aus wirtschaftlich nutzen* Erdöllagerstätten ausbeuten

Aus·beu·ter, **Aus·beu·te·rin** der <-s, -> (*abwert.*) *Person, die andere ausbeutet*[1]

aus·beu·te·risch *Adj.* (*abwert.*) *so, dass man andere ausbeutet*[1]

Aus·beu·tung die <-> (*kein Plur.*) **1.** (*abwert.*) *Ausnutzung anderer* **2.** WIRTSCH. *das Ausbeuten*[2] die Ausbeutung der Erzvorkommen

aus·be·zah·len <bezahlst aus, bezahlte aus, hat ausbezahlt> *mit OBJ* **1.** ■ *jmd. bezahlt jmdm. etwas aus jmdm. Geld geben, das ihm zusteht* jemandem einen Betrag ausbezahlen, den Erben ihren Anteil ausbezahlen **2.** ■ *jmd. bezahlt jmdn. aus jmdm. nach Beendigung seiner Arbeit seinen Lohn geben* die Helfer/Hilfskraft ausbezahlen

aus·bil·den <bildest aus, bildete aus, hat ausgebildet> **I.** *mit OBJ* **1.** ■ *jmd. bildet jmdn. aus eine Ausbildung geben* Lehrlinge/Informatiker ausbilden, jemanden zum Tischler ausbilden, seine Stimme ausbilden lassen **2.** ■ *etwas bildet etwas aus etwas herausbilden* Blüten/Kiemen ausbilden **II.** *mit SICH* ■ *etwas bildet sich aus entstehen* Gliedmaßen bilden sich aus.

Aus·bil·der, **Aus·bil·de·rin** der <-s, -> *jmd., der ausbildet I.1*

Aus·bil·dung die <-, -en> *die Gesamtheit aller Lehrmaßnahmen, die dazu führen, dass jmd. eine bestimmte Qualifikation hat* eine gute Ausbildung genießen

Aus·bil·dungs·för·de·rung die <-, -en> *finanzielle Beihilfe zur Ausbildung*

Aus·bil·dungs·platz der <-es, Ausbildungsplätze> *Arbeitsplatz, an dem ein Jugendlicher für einen bestimmten Beruf ausgebildet wird*

Aus·bil·dungs·ver·trag der <-(e)s, Ausbildungsverträge> *Vertrag zwischen einem Arbeitgeber und einem Auszubildenden*

aus·bit·ten <bittest aus, bat aus, hat ausgebeten> *mit OBJ* ■ *jmd. bittet sich etwas aus* (*geh.*) *verlangen* Ich bitte mir etwas mehr Aufmerksamkeit aus!

aus·bla·sen <bläst aus, blies aus, hat ausgeblasen> *mit OBJ* **1.** ■ *jmd. bläst etwas aus durch Blasen löschen* die Kerzen ausblasen **2.** ■ *jmd. bläst etwas aus durch Blasen bewirken, dass der Inhalt von etwas nach außen tritt* Ostereier ausblasen **3.** ■ *ein Tier bläst etwas aus heftig ausatmen* Der Wal bläst die Atemluft aus.

aus·blei·ben <bleibst aus, blieb aus, ist ausgeblieben> *ohne OBJ* **1.** ■ *jmd./etwas bleibt aus nicht eintreffen* Der Erfolg ist ausgeblieben., Unsere Gäste sind ausgeblieben., Ihre Regel blieb aus. **2.** ■ *jmd. bleibt aus nicht heimkommen* Sie ist gestern sehr lange ausgeblieben.

aus·blei·chen <bleicht aus, bleichte/blich aus, ist ausgebleicht/ausgeblichen> *ohne OBJ* ■ *etwas bleicht aus durch die Einwirkung von Licht an Farbe verlieren* ausgebleichte Jeans

aus·blen·den <blendest aus, blendete aus, hat ausgeblendet> **I.** *mit OBJ* ■ *jmd. blendet etwas aus* (TV: ↔ *einblenden*) den Ton bei einer Sendung ausblenden **II.** *mit SICH* ■ *jmd. blendet sich aus sich aus einer Sendung ausschalten* sich aus einer laufenden Sendung ausblenden

Aus·blick der <-(e)s, -e> **1.** *Blick über etwas* Von der Burg bot sich ein herrlicher Ausblick über das gesamte Tal. **2.** *Vorschau, Vorausschau auf Kommendes* ein Ausblick auf kommende Entwicklungen, ein Ausblick auf das nächste Semester

aus·boh·ren <bohrst aus, bohrte aus, hat ausgebohrt> *mit OBJ* ■ *jmd. bohrt etwas aus so bohren, dass etwas innen hohl wird*

aus·bor·gen <borgst aus, borgte aus, hat ausgeborgt> *mit OBJ* ■ *jmd. borgt jmdm. etwas aus ausleihen* dem Nachbarn Werkzeug ausborgen

aus·bre·chen <brichst aus, brach aus, ist/hat ausgebrochen> **I.** *ohne OBJ* (*sein*) **1.** ■ *jmd. bricht aus etwas Dat. aus sich* (*gewaltsam*) *befreien* aus dem Gefängnis ausbrechen **2.** ■ *etwas bricht aus plötzlich entstehen* Die Grippe ist ausgebrochen., Lauter Jubel brach aus., Ein Feuer/der Krieg ist ausgebrochen. ■ **in Tränen/Gelächter ausbrechen**: *zu weinen/lachen beginnen* **3.** ■ *jmd./etwas bricht aus die ursprüngliche Richtung verlassen* Das Auto bricht seitlich aus., Das Pferd ist nervös und will ausbrechen. **4.** ■ *ein Vulkan bricht* *aus ein Vulkan wird aktiv und schleudert Lava und Gestein hervor* **II.** *mit OBJ* ■ *jmd. bricht etwas aus* (*haben*) *herausbrechen* (jemandem/sich) einen Zahn ausbrechen, am Baum einige Zweige ausbrechen

aus·brei·ten <breitest aus, breitete aus, hat ausgebreitet> **I.** *mit OBJ* ■ *jmd. breitet etwas aus* **1.** *offen hinlegen* eine Decke/Karte ausbreiten, die Fotos vor jemandem ausbreiten, seine Gedanken vor jemandem ausbreiten **2.** *ausstrecken* die Arme/die Flügel ausbreiten **II.** *mit SICH* **1.** ■ *etwas breitet sich aus sich verbreiten* Nebel breitet sich über der Stadt aus., Ein Seuche breitete sich im Land aus., Die Ratten haben sich in der Stadt ausgebreitet. **2.** ■ *jmd. breitet sich aus* (*umg.*) *jmd. nimmt für sich selbst* (*und seine Sachen*) *sehr viel Platz in Anspruch* Er hat sich im ganzen Zimmer ausgebreitet!, Jetzt breite dich nicht so aus, ich habe ja gar keinen Platz mehr!

Aus·brei·tung die <-> (*kein Plur.*) *das Ausbreiten*

aus·bren·nen <brennst aus, brannte aus, hat/ist ausgebrannt> **I.** *mit OBJ* ■ *jmd. brennt etwas aus* (*haben*) *durch Brennen beseitigen oder reinigen* Wunden ausbrennen **II.** *ohne OBJ* ■ *etwas brennt aus* (*sein*) *durch einen Brand zerstört werden* Die Fabrik/das Auto ist völlig ausgebrannt. ■ **jemand ist/fühlt sich ausgebrannt**: *jmd. ist physisch und psychisch völlig erschöpft*

Aus·bruch der <-(e)s, Ausbrüche> *das Ausbrechen* der Ausbruch aus dem Gefängnis, der Ausbruch des Krieges, der Ausbruch einer Epidemie, ein Ausbruch von Fröhlichkeit ◆ Vulkan-

aus·brü·ten <brütest aus, brütete aus, hat ausgebrütet> *mit OBJ* **1.** ■ *ein Tier brütet etwas aus* (*von Vögeln*) *Eier durch die eigene Körperwärme sich entwickeln lassen* **2.** ■ *jmd. brütet etwas aus* (*umg.*) *ausdenken* Pläne ausbrüten

aus·bu·chen <buchst aus, buchte aus, hat ausgebucht> *mit OBJ* ■ *jmd. bucht etwas aus alle Plätze in einem Hotel, einem Flugzeug, einem Bus o.Ä. reservieren* Das Hotel ist leider schon ausgebucht. ■ **jemand ist ausgebucht**: *jmd. hat keinen Termin mehr frei oder keine Zeit* Der Sänger ist für das ganze Jahr ausgebucht., Wir sind in den nächsten Wochen vollkommen ausgebucht.

aus·bud·deln <buddelst aus, buddelte aus, hat ausgebuddelt> *mit OBJ* ■ *jmd. buddelt etwas aus* (*umg.* ≈ *ausgraben*)

Aus·bund ■ **jemand ist ein Ausbund von etwas**: *jmd. ist voll von der genannten Sache* ein Ausbund an Bosheit/Lebensfreude/Witz sein

aus·bür·gern <bürgerst aus, bürgerte aus, hat ausgebürgert> *mit OBJ* ■ *jmd. bürgert jmdn. aus die Staatsangehörigkeit entziehen*

aus·bürs·ten *mit OBJ* ■ *jmd. bürstet etwas aus mit einer Bürste säubern* den Fleck (aus der Hose) ausbürsten, die Hose ausbürsten

aus·bü·xen <büxt aus, büxte aus, ist ausgebüxt> *ohne OBJ* (*umg.*) *irgendwo weglaufen* Die Kinder sind ausgebüxt.

aus·che·cken ['austʃɛkən] <checkst aus, checkte aus, hat ausgecheckt> *ohne OBJ* ■ *jmd. checkt aus etwas Dat. aus als Hotelgast nach der letzten Übernachtung das Zimmer räumen und den Zimmerschlüssel zurückgeben* Wir müssen noch (aus dem Hotel) auschecken.

Aus·dau·er die <-> (*kein Plur.*) **1.** SPORT *die Fähigkeit, eine Leistung über einen langen Zeitraum erbringen zu können* abwechselnd die Kraft und die Ausdauer trainieren **2.** *die Eigenschaft, sich einer Sache eine lange Zeit und ohne Nachlassen des Interesses zu widmen* Er hat bei dem Projekt enorme Ausdauer bewiesen.

Aus·dau·er·trai·ning das <-s> (*kein Plur.*) SPORT *Training, das die Ausdauer[1] verbessern soll*

aus·deh·nen <dehnst aus, dehnte aus, hat ausgedehnt> **I.** *mit OBJ* ■ *jmd. dehnt etwas aus bewirken, dass etwas länger oder größer wird* ein Gummiband ausdehnen, seinen Einfluss/eine Versammlung ausdehnen, ausgedehnte Spaziergänge unternehmen **II.** *mit SICH* ■ *etwas dehnt sich aus an Volumen zunehmen* Körper dehnen sich bei Erwärmung aus., Das Herrschaftsgebiet/die Wüste hat sich ausgedehnt.

Aus·deh·nung die <-, -en> *das Ausdehnen*

aus·den·ken <denkst aus, dachte aus, hat ausgedacht> *mit OBJ* ■ *jmd. denkt sich etwas aus konzipieren, planen* (sich) einen Plan ausdenken ■ **nicht auszudenken sein**: (*in den Folgen*) *fürchterlich sein*

aus·dre·hen <drehst aus, drehte aus, hat ausgedreht> *mit OBJ* ■ *jmd. dreht etwas aus* (*umg.*) *abschalten* das Gas/die Heizung ausdrehen

Aus·druck[1] der <-(e)s, Ausdrücke> **1.** (*kein Plur.*) *die Fähigkeit, sich sprachlich auszudrücken* einen gewandten/guten Ausdruck haben **2.** (*kein Plur.*) *Miene* einen angespannten/entspannten/fröhlichen/ heiteren/strengen Ausdruck im Gesicht haben **3.** (*kein Plur.*) *etwas nach außen hin Sichtbares* ein Ausdruck seiner Dankbarkeit, etwas deutlich zum Ausdruck bringen, einer Sache Ausdruck verleihen **4.** *ein Wort oder eine Wendung* ein mundartlicher/treffender Ausdruck ■ **Ausdrücke gebrauchen**: *Schimpfwörter verwenden*

Aus·druck[2] der <-(e)s, Ausdrucke> EDV *der auf Papier gedruckte Inhalt einer Datei* von einer Datei einen Ausdruck machen

aus·dru·cken <druckst aus, druckte aus, hat ausgedruckt> *mit OBJ* ■ *jmd. druckt etwas aus* EDV *einen Ausdruck[2] herstellen* einen Text/eine Datei/eine Seite ausdrucken

aus·drü·cken <drückst aus, drückte aus, hat ausgedrückt> **I.** *mit OBJ* ■ *jmd. drückt etwas aus* **1.** *auf etwas drücken, damit das darin enthaltene Wasser austritt* einen Schwamm ausdrücken **2.** *durch Drücken löschen* die Zigarette ausdrücken **3.** *in Worte fassen* seinen Dank ausdrücken, Ich weiß nicht, wie ich es ausdrücken soll … **II.** *mit SICH* ■ *jmd. drückt sich irgendwie aus sich in einer bestimmten Weise verständlich machen* sich deutlich/höflich/undeutlich/unverständlich /verständlich ausdrücken

aus·drück·lich <nicht steig.> **I.** *Adj.* (≈ *explizit*) mit meiner ausdrücklichen Erlaubnis **II.** *Adv. deut-*

lich, klar Ich möchte ausdrücklich betonen, dass …

Aus·drucks·kraft die <-> (*kein Plur.*) *die Fähigkeit, künstlerisch etwas auszudrücken oder darzustellen*

aus·drucks·los *Adj. so, dass ein Gesicht keine Gefühle verrät*

aus·ei·n·an·der *Adv. so, dass etwas voneinander getrennt ist oder dabei zwei Teile entstehen* ♦ Getrennntschreibung→R 4.1 sich/die Schüler auseinander setzen, weit auseinander liegen, etwas auseinander schreiben, auseinander halten, die Zwillinge nicht auseinander halten können, auseinander gehen, als Freunde auseinander gehen, auseinander gehende Auffassungen, auseinander setzen, jemandem etwas auseinander setzen, sich mit einem Thema auseinander setzen

aus·ein·an·der·fal·len *ohne OBJ* ■ *etwas fällt auseinander in seine einzelnen Teile zerfallen*

Aus·ei·n·an·der·set·zung die <-, -en> *ein Streit wegen etwas* Wir hatten eine ernste Auseinandersetzung.

aus·er·le·sen *Adj. von guter Qualität* die auserlesensten Weine

aus·fah·ren <fährst aus, fuhr aus, hat/ist ausgefahren> **I.** *ohne OBJ* ■ *jmd. fährt aus* (*sein*) *spazieren fahren* **II.** *mit OBJ* ■ *jmd. fährt etwas aus* (*haben*) **1.** *mit dem Fahrzeug ausliefern* Pakete ausfahren **2.** ■ *jmd. fährt jmdn. aus spazieren fahren* ein Kind (im Kinderwagen) ausfahren **3.** ■ *jmd. fährt etwas aus* TECHN. *herausfahren lassen* das Fahrgestell/das Fernrohr/den Kranarm ausfahren **4.** ■ *jmd. fährt etwas aus durch Befahren abnutzen* stark ausgefahrene Straßen **5.** ■ *jmd. fährt ein Fahrzeug aus ein Fahrzeug so fahren, dass der Motor seine maximale Leistung bringt* Diesen Sportwagen kann man eigentlich nur auf einer Rennstrecke richtig ausfahren.

Aus·fahrt die <-, -en> **1.** *der Ort, an dem ein Fahrzeug aus etwas herausfährt* die Ausfahrt aus der Garage, Bitte nicht vor der Ausfahrt parken! **2.** (≈ *Spazierfahrt*) eine Ausfahrt ins Grüne **3.** *eine Stelle, an der man eine Autobahn verlassen kann*

Aus·fall der <-(e)s, Ausfälle> **1.** *der Vorgang, dass etwas ausfällt* der Ausfall aller Antriebssysteme ♦ Haar-, Zahn- **2.** *die Menge, die nicht produziert werden kann, weil Produktionsanlagen ausgefallen sind* Die Werksleitung beklagt große Ausfälle.

aus·fal·len <fällt aus, fiel aus, ist ausgefallen> *ohne OBJ* ■ *etwas fällt aus* **1.** (↔ *stattfinden*) *nicht stattfinden* Heute fällt die letzte Stunde aus. **2.** ■ *etwas fällt aus nicht mehr funktionieren* Der Motor/der Strom fiel aus. **3.** ■ *etwas fällt aus sich ablösen* Die Haare/Zähne fallen ihr aus. **4.** ■ *etwas fällt irgendwie aus ein bestimmtes Ergebnis bringen* Der Aufsatz ist gut ausgefallen., Die Ernte ist reichlich ausgefallen.

aus·fal·lend <nicht steig.> *Adj. ausfällig*

aus·fäl·lig <nicht steig.> *Adj. unverschämt werden und z.B. grobe Schimpfworte benutzen* ausfällig werden

Aus·fall·stra·ße die <-, -n> *Hauptverkehrsstraße, die aus einer Stadt herausführt*

aus·fer·ti·gen <fertigt aus, fertigte aus, hat ausgefertigt> *mit OBJ* ■ *jmd. fertigt etwas aus* AMTSSPR. *ausstellen* Reisepässe ausfertigen

Aus·fer·ti·gung die <-, -en> AMTSSPR. **1.** *das Ausfertigen* **2.** *etwas, das ausgefertigt wurde* ein Schriftstück in doppelter (dreifacher) Ausfertigung

aus·fet·ten *mit OBJ* ■ *jmd. fettet etwas aus* KOCH *die Innenseit eines Kochgefäßes mit Fett bestreichen* ein Backblech/eine Pfanne ausfetten

aus·fin·dig *Adv.* ■ **jemanden/etwas ausfindig machen**: *jmdn. oder etwas finden* Nach einer langen Suche konnte der Detektiv das vermisste Kind ausfindig machen., ein Hotel für den Urlaub ausfindig machen

aus·flie·ßen <fließt aus, floss aus, ist ausgeflossen> *ohne OBJ* ■ *etwas fließt aus etwas fließt heraus* Es ist schon viel Öl ausgeflossen.

aus·flip·pen <flippst aus, flippte aus, ist ausgeflippt> *ohne OBJ* ■ *jmd. flippt aus* (*umg.*) *die Beherrschung verlieren* Du flippst immer gleich aus!

Aus·flucht die <-, Ausflüchte> (*geh.*) *Ausrede* Ausflüchte machen

Aus·flug der <-(e)s, Ausflüge> *eine* (*kleinere*) *Reise, die man zum Spaß unternimmt* einen Ausflug an den Bodensee machen

Aus·flüg·ler, **Aus·flüg·le·rin** der <-s, -> *jmd., der sich auf einem Ausflug befindet*

Aus·flugs·ver·kehr der <-s> (*kein Plur.*) *Autoverkehr durch Ausflügler*

Aus·fluss der <-es, Ausflüsse> **1.** MED. *abgesonderte Flüssigkeit* ein eitriger Ausfluss **2.** TECHN. *Stelle, an der etwas ausfließen kann* Der Ausfluss ist verstopft.

aus·for·mu·lie·ren *mit OBJ* ■ *jmd. formuliert etwas aus etwas, das in Form von Stichworten aufgezeichnet ist, die Form vollständige Sätze geben*

Aus·for·schung die <-, -en> (*österr.*) (*polizeiliche*) *Ermittlung*

aus·fra·gen <fragst aus, fragte aus, hat ausgefragt> *mit OBJ* ■ *jmd. fragt jmdn.* (*nach/über etwas Akk.*) *aus intensiv befragen* jemanden nach/über etwas ausfragen

Aus·fuhr die <-, -en> (WIRTSCH.: ≈ *Export*) die Ausfuhr von Waren

Aus·fuhr·ar·ti·kel der <-s, -> (≈ *Exportartikel*)

Aus·fuhr·be·stim·mung die <-, -en> (*meist Plur.*) AMTSSPR. *Zollbestimmungen*

aus·füh·ren <führst aus, führte aus, hat ausgeführt> *mit OBJ* **1.** ■ *jmd. führt etwas aus* (WIRTSCH.: ≈ *exportieren* ↔ *einführen*) Waren ausführen **2.** ■ *jmd. führt etwas aus erledigen* einen Auftrag/eine Reparatur ausführen **3.** ■ *jmd. führt etwas irgendwie aus* (≈ *darstellen*) *genauer darstellen* Lassen Sie mich das noch etwas näher ausführen. **4.** ■ *jmd. führt ein Tier aus spazieren führen* den Hund ausführen **5.** ■ *jmd. führt jmdn. aus mit jmdm. ausgehen* Er führte seine Frau an ihrem Geburtstag zum Essen aus.

aus·führ·lich *Adj. umfangreich und mit vielen Details* ein ausführlicher Bericht, etwas ausführlich beschreiben

Aus·füh·rung die <-, -en> **1.** *Verwirklichung* die Ausführung eines Vorhabens **2.** (≈ *Variante*) *eine bestimmte Gestaltungsvariante einer Ware* Möbel in den verschiedensten Ausführungen, Der Lautsprecher ist in der Ausführung „Buche" und in der Ausführung „Esche" erhältlich. **3.** (*meist Plur.*) *eine* (*längere*) *Rede, in der jmd. etwas erklärt* Ich komme zum Ende meiner Ausführungen.

Aus·fuhr·zoll der <-(e)s> (*kein Plur.*) *auf exportierte Waren erhobener Zoll*

aus·fül·len <füllst aus, füllte aus, hat ausgefüllt> *mit OBJ* **1.** ■ *jmd. füllt etwas aus bestimmte Angaben in ein Formular hineinschreiben* ein Formular ausfüllen **2.** ■ *etwas füllt etwas aus voll machen* Die Möbel füllen den Raum gut aus., eine Pause mit Gesprächen ausfüllen **3.** ■ *etwas füllt etwas aus eine gewissen Zeit beanspruchen* Der Tag war mit einem Museumsbesuch ausgefüllt. **4.** ■ *etwas füllt jmdn. aus befriedigen* Diese Aufgabe füllt mich nicht ganz aus.

Aus·ga·be die <-, -n> **1.** (*meist Plur.*) *Kosten* Wir haben hohe monatliche Ausgaben. **2.** *Veröffentlichung* die monatliche Ausgabe der Zeitschrift **3.** (*kein Plur.*) *Verteilung* die Ausgabe der Fahrkarten/der Zeugnisse

Aus·gang der <-(e)s, Ausgänge> **1.** *die Stelle, an der man aus einem Gebäude herausgeht* am Ausgang warten **2.** *das, was am Ende einer Sache als Ergebnis erscheint* auf den Ausgang des Buches/Spieles gespannt sein **3.** (*kein Plur.*) *Erlaubnis auszugehen* keinen Ausgang haben, bis Mitternacht Ausgang haben

aus·gangs **I.** *Präp. + gen* (*zeitlich*) *am Ende* ausgangs des Winters **II.** *Adv. am Ausgang*

Aus·gangs·la·ge die <-, -n> *die Lage, wie sie zu Beginn einer Entwicklung oder vor einer Veränderung ist*

Aus·gangs·punkt der <-(e)s, -e> *Ort oder Zeitpunkt des Beginns* der Ausgangspunkt unserer Wanderung/unseres Gesprächs

Aus·gangs·sper·re die <-, -n> *offizielles Verbot auszugehen* Über die Stadt wurde eine nächtliche Ausgangssperre verhängt.

Aus·gangs·stel·lung die <-, -en> SPORT *Grundstellung* in Ausgangsstellung gehen

aus·ge·ben <gibst aus, gab aus, hat ausgegeben> **I.** *mit OBJ* **1.** ■ *jmd. gibt etwas für etwas aus verbrauchen* Geld (für etwas) ausgeben **2.** ■ *jmd. gibt etwas* (*an jmdn.*) *aus verteilen* Essen ausgeben **3.** ■ *jmd. gibt etwas aus in Umlauf bringen* Banknoten/Briefmarken ausgeben **II.** *mit SICH* ■ *jmd. gibt sich als etwas aus sich fälschlich bezeichnen als* sich als Rechtsanwalt ausgeben ■ **einen ausgeben** (*umg.*): *Getränke spendieren*

aus·ge·bombt <nicht steig.> *Adj. so, dass man keine Wohnung mehr hat, weil das Wohnhaus durch Bombardierung zerstört ist* Seine Familie wurde im Krieg ausgebombt.

aus·ge·bucht <nicht steig.> *Adj. so, dass nichts mehr frei ist* Das Hotel ist ausgebucht.

aus·ge·dehnt <nicht steig.> *Adj. so, dass es ziemlich lange dauert* ein ausgedehnter Spaziergang

aus·ge·dient ■ **ausgedient haben**: *nicht mehr brauchbar sein* Die Waschmaschine hat ausgedient.

aus·ge·dörrt *Adj. von der Sonne vertrocknet*

aus·ge·fal·len *Adj. ungewöhnlich* ausgefallene Kleidung tragen

aus·ge·feilt *Adj. sehr durchdacht*

aus·ge·flippt *Adj.* (*umg.*) *verrückt* ein ausgeflippter Typ

aus·ge·flo·gen <nicht steig.> (*nur präd.*) *Adj. nicht zu Hause* Die Nachbarn sind ausgeflogen.

aus·ge·franst <nicht steig.> *Adj. so, dass es am Rand Fransen hat*

aus·ge·fuchst <nicht steig.> *Adj.* (*umg.*) *trickreich und sehr gut durchdacht*

aus·ge·gli·chen *Adj. gleichmäßig, ohne Schwankungen* ein ausgeglichener Charakter, ein ausgeglichenes Klima

Aus·ge·gli·chen·heit die <-> (*kein Plur.*) *das Ausgeglichensein*

aus·ge·hen <gehst aus, ging aus, ist ausgegangen> *ohne OBJ* **1.** ■ *jmd. geht aus* (*zur Unterhaltung*) *in ein Lokal gehen* abends noch ein bisschen ausgehen **2.** ■ *etwas geht aus* (≈ *ausfallen*) Die Federn/die Haare gehen aus. **3.** ■ *etwas geht aus verbraucht werden* Uns geht das Geld/die Geduld aus. **4.** ■ *etwas geht irgendwie aus in einer bestimmten Weise enden* schlecht ausgehen **5.** ■ *jmd. geht von etwas Akk. aus als Voraussetzung betrachten* Wir können davon ausgehen, dass … **6.** ■ *etwas geht von jmdm. aus herrühren* Der Vorschlag ist von ihr ausgegangen., Von ihm geht viel Optimismus aus. **7.** ■ *etwas geht aus erlöschen, ausfallen* Das Licht/der Motor ist ausgegangen. ■ **leer ausgehen**: *nichts bekommen*

aus·geh·fer·tig <nicht steig.> *Adj.* (*veralt.*) *so, dass man zum Ausgehen*[1] *bereit ist* Warte bitte noch, ich muss mich erst umziehen, denn so bin ich nicht ausgehfertig!

aus·ge·klü·gelt *Adj. sehr gut durchdacht* ein ausgeklügelter Plan

aus·ge·las·sen *Adj. fröhlich und entspannt* eine ausgelassene Stimmung

aus·ge·laugt *Adj.* (*umg.*) *müde und erschöpft*

aus·ge·macht <nicht steig.> *Adj.* (*umg.*) *vollkommen* ein ausgemachter Dummkopf

aus·ge·mer·gelt *Adj. sehr mager* ein ausgemergeltes Gesicht

aus·ge·nom·men *Konj.* (≈ *außer*) Alle sind eingeladen, ausgenommen meine Schwester.

aus·ge·po·wert ['au̯sgəpau̯ɐt] <nicht steig.> *Adj.* (*umg.*) *völlig erschöpft* total ausgepowert sein

aus·ge·prägt <nicht steig.> *Adj. sehr stark vorhanden; sehr deutlich* ein ausgeprägtes Interesse

aus·ge·pumpt <nicht steig.> *Adj.* (*umg.*) *völlig erschöpft*

aus·ge·rech·net *Adv.* (*umg.*) *gerade so, wie nicht zu erwarten war* Ausgerechnet mir musste das passieren!, ausgerechnet heute, wo ich keine Zeit habe …

aus·ge·reift <nicht steig.> *Adj. bis zur Perfektion*

entwickelt

aus·ge·schlos·sen <nicht steig.> (*nur attr.*) *Adj. unmöglich* Das ist völlig ausgeschlossen!

aus·ge·spro·chen <nicht steig.> **I.** *Adj. besonders groß* Das ist eine ausgesprochene Frechheit. **II.** *Adv. sehr* Sie ist ausgesprochen hübsch.

aus·ge·stal·ten <gestaltest aus, gestaltete aus, hat ausgestaltet> *mit OBJ* ■ *jmd. gestaltet etwas (irgendwie) aus in einer bestimmten Weise gestalten* eine Feier ausgestalten, ein schön ausgestalteter Raum

Aus·ge·stal·tung die <-, -en> *das Ausgestalten*

aus·ge·stor·ben <nicht steig.> *Adj.* **1.** *so, dass von einer Tiergattung kein Tier mehr lebt* Die Dinosaurier sind ausgestorben. **2.** *so, dass eine Pflanzenart nicht mehr auf der Erde existiert* **3.** (*umg.*) *gänzlich verlassen* nachts ist die Stadt (wie) ausgestorben

aus·ge·sucht <nicht steig.> **I.** *Adj.* (≈ *erlesen*) *besonders fein* die ausgesuchtesten Köstlichkeiten **II.** *Adv. besonders* Sie war ausgesucht höflich.

aus·ge·tre·ten <nicht steig.> *Adj.* **1.** *so, dass sich in einem Weg tiefere Spuren gebildet haben, weil viele Leute dort gelaufen sind* **2.** *so, dass Schuhe abgenutzt und sehr weit geworden sind, weil sie schon lange getragen werden* ein ausgetretenes Paar Hausschuhe

aus·ge·wo·gen *Adj. gut abgestimmt* eine ausgewogene Ernährung

aus·ge·zeich·net <nicht steig.> *Adj. hervorragend* ein ausgezeichneter Wein, Es geht mir ausgezeichnet!

aus·gie·big <nicht steig.> *Adj. reichlich* ein ausgiebiges Frühstück, ausgiebigen Gebrauch machen von etwas

aus·gie·ßen <gießt aus, goss aus, hat ausgegossen> *mit OBJ* ■ *jmd. gießt etwas aus eine Flüssigkeit aus etwas gießen* Wasser/eine Flasche ausgießen

Aus·gleich der <-(e)s, -e> **1.** *Herstellung eines Gleichgewichts* einen Ausgleich zwischen den Parteien herstellen, einen Ausgleich erzielen, zum Ausgleich Sport treiben **2.** *Ersatz* Zum Ausgleich dafür bekommst du etwas anderes. **3.** SPORT *Treffer zum Gleichstand* in der 90. Minute den Ausgleich schießen

aus·glei·chen <gleichst aus, glich aus, hat ausgeglichen> **I.** *mit OBJ* **1.** ■ *jmd. gleicht etwas aus gleichmachen* Unterschiede ausgleichen **2.** ■ *jmd. gleicht etwas aus einen Mangel beseitigen* das Konto ausgleichen, mangelndes Können mit viel Fleiß ausgleichen **II.** *ohne OBJ* ■ *jmd. gleicht aus* SPORT *gleichen Punktestand herstellen* Der Stürmer konnte in der zweiten Halbzeit ausgleichen. **III.** *mit SICH* ■ *etwas gleicht sich aus sich gegenseitig aufheben* Die Unterschiede gleichen sich aus.

Aus·gleichs·sport der <-(e)s> (*kein Plur.*) *ein Sport, den man als Ausgleich zu seinem Beruf betreibt*

Aus·gleichs·tref·fer der <-s, -> SPORT *Treffer, mit dem jmd. ausgleicht II*

Aus·gleichs·zah·lung die <-, -en> *Zahlung, mit der etwas ausgeglichen werden soll*

aus·glei·ten <gleitest aus, glitt aus, ist ausgeglitten> *ohne OBJ* **1.** ■ *jmd. gleitet aus* (*geh.*) *ausrutschen* auf den Fliesen ausgleiten **2.** ■ *etwas gleitet jmdm. aus aus der Hand rutschen* Mir ist das Messer ausgeglitten und ich habe mich geschnitten.

aus·gra·ben <gräbst aus, grub aus, hat ausgegraben> *mit OBJ* ■ *jmd. gräbt etwas aus* **1.** *durch Graben freilegen* einen Schatz/eine Pflanze ausgraben **2.** *etwas längst Vergessenes wieder entdecken* Wo hast du denn mein altes Poesiealbum wieder ausgegraben?

Aus·gra·bung die <-, -en> *eine archäologischen Zwecken dienende Grabung*

Aus·gra·bungs·stät·te die <-, -n> *Ort einer Ausgrabung*

aus·gren·zen <grenzt aus, grenzte aus, hat ausgegrenzt> *mit OBJ* ■ *jmd. grenzt jmdn. aus von einer Gemeinschaft ausschließen* Ausländer sollten nicht ausgegrenzt werden.

Aus·guck der <-(e)s, -e> *ein erhöht gelegener Punkt, von dem aus jmd. die Umgebung überblickt*

Aus·guss der <-es, Ausgüsse> *Abfluss* den Kaffeerest in den Ausguss schütten

aus·hal·ten <hältst aus, hielt aus, hat ausgehalten> **I.** *mit OBJ* ■ *jmd. hält etwas aus* (≈ *ertragen*) den Lärm nicht mehr aushalten, es irgendwo (nicht) aushalten können **II.** *ohne OBJ* ■ *jmd. hält aus* (≈ *durchhalten*) noch lange aushalten können ■ **jemanden aushalten** (*umg. abwert.*): *jmds. Lebensunterhalt bezahlen*

aus·hän·di·gen <händigst aus, händigte aus, hat ausgehändigt> *mit OBJ* ■ *jmd. händigt jmdm. etwas aus* (≈ *übergeben*) jemandem einen Brief aushändigen

Aus·hang der <-(e)s, Aushänge> *ein Text, den jmd. an einer bestimmten Stelle an die Wand gehängt hat, damit Leute, die ihn sehen, ihn lesen* einen Aushang machen

aus·hän·gen <hängst aus, hängte/hing aus, hat ausgehängt/ausgehangen> **I.** *mit OBJ* ■ *jmd. hängt etwas aus* (*hängst aus, hängte, hat ausgehängt*) **1.** *aus der Aufhängung heben* die Tür aushängen, ein ausgehängtes Fenster **2.** *an öffentlicher Stelle hinhängen* ein Plakat aushängen **II.** *ohne OBJ* ■ *etwas hängt aus* (*hängt aus, hing aus, hat ausgehangen*) *öffentlich angeschlagen sein* Die Anzeige hat lange ausgehangen.

Aus·hän·ge·schild das <-(e)s, -er> *Person oder Sache, die für etwas werben soll* Die Sportlerin dient der Firma als Aushängeschild.

aus·har·ren <harrst aus, harrte aus, hat ausgeharrt> *ohne OBJ* ■ *jmd. harrt irgendwo aus* (*geh.*) *in einer ungünstigen Situation sein und durchhalten*

aus·he·ben <hebst aus, hob aus, hat ausgehoben> *mit OBJ* ■ *jmd. hebt etwas aus* **1.** *ausschaufeln* eine Grube/Erdreich ausheben **2.** *aufspüren und verhaften* einen Ring von Rauschgiftdealern ausheben **3.** (*österr.: Briefkasten*) *leeren*

Aus·he·bung die <-, -en> (*schweiz.*) *Einberufung*

aus·he·cken <heckst aus, heckte aus, hat ausgeheckt> *mit OBJ* ■ *jmd. heckt etwas aus* (*umg.*) *ausdenken* (mit jemandem) einen Plan aushecken

aus·hei·len <heilt aus, heilte aus, ist ausgeheilt> *ohne OBJ* ■ *etwas heilt aus vollständig heilen* Die Wunde heilt aus., vollständig ausgeheilt sein

aus·hel·fen <hilfst aus, half aus, hat ausgeholfen> *ohne OBJ* ■ *jmd. hilft jmdm. aus* (*in einer Notlage*) *helfen* Er hilft den Eltern im Geschäft aus., Sie half ihrer Freundin mit Geld aus.

Aus·hil·fe die <-, -n> *jmd., der in einer Firma oder Laden nicht dauerhaft arbeitet, sondern nur dann, wenn zusätzliche Arbeitskraft benötigt wird* als Aushilfe arbeiten, für die Hauptsaison einen Kellner zur Aushilfe suchen

aus·hilfs·wei·se *Adv. zur Aushilfe* aushilfsweise bei der Post arbeiten

aus·höh·len <höhlst aus, höhlt aus, hat ausgehöhlt> *mit OBJ* ■ *jmd./etwas höhlt etwas aus* **1.** *hohl machen* Der Felsen ist vom Wasser ausgehöhlt worden. **2.** *untergraben, weniger wirksam machen* die Gesetze/das Ansehen des Staates aushöhlen

aus·ho·len <holst aus, holte aus, hat ausgeholt> *ohne OBJ* ■ *jmd. holt aus* **1.** *zum Schlag ansetzen* zum Schlag ausholen **2.** (*übertr.*) *in einer umständlichen Weise erzählen und auch über lange Zurückliegendes berichten* bei einer Erzählung weit ausholen

aus·hor·chen <horchst aus, horchte aus, hat ausgehorcht> *mit OBJ* ■ *jmd. horcht jmdn. aus versuchen, von jmdm. etwas über jmdn. oder etwas in Erfahrung zu bringen* Kannst du sie nicht mal über den neuen Chef aushorchen?

aus·i·xen <ixt aus, ixte aus, hat ausgeixt> *mit OBJ* ■ *jmd. ixt etwas aus beim Schreiben mit einer Schreibmaschine ein Stück Text mit dem Buchstaben x überschreiben, um es als durchgestrichen zu markieren*

aus·ken·nen <kennst aus, kannte aus, hat ausgekannt> *mit SICH* ■ *jmd. kennt sich irgendwo/mit etwas Dat. aus Bescheid wissen* sich in einer Stadt/mit Tieren gut auskennen

Aus·klang der <-(e)s> (*kein Plur.*) (*geh.*) *Abschluss* zum Ausklang des Abends

aus·klap·pen <klappst aus, klappte aus, hat ausgeklappt> *mit OBJ* ■ *jmd. klappt etwas aus herausklappen*

aus·klei·den <kleidest aus, kleidete aus, hat ausgekleidet> **I.** *mit OBJ* ■ *jmd. kleidet jmdn. aus* **1.** *die Kleidung ausziehen* ein Kind/einen Kranken auskleiden **2.** ■ *jmd. kleidet etwas aus das Innere eines Hohlraumes mit einer Schicht versehen* einen Raum mit Stofftapeten auskleiden **II.** *mit SICH* ■ *jmd. kleidet sich aus* (*geh.*) *sich ausziehen* sich vor dem Zubettgehen auskleiden

Aus·klei·dung die <-, -en> *das Auskleiden I.2*

aus·klin·gen *ohne OBJ* ■ *etwas klingt aus* **1.** *verklingen* Der letzte Akkord ist ausgeklungen. **2.** *enden* den Abend friedlich ausklingen lassen

aus·klop·fen <klopfst aus, klopfte aus, hat ausgeklopft> *mit OBJ* ■ *jmd. klopft etwas aus durch Klopfen den Schmutz aus etwas entfernen* den Teppich ausklopfen

aus·knip·sen <knipst aus, knipste aus, hat ausgeknipst> *mit OBJ* ■ *jmd. knipst etwas aus ausschalten* das Licht ausknipsen

aus·ko·chen *mit OBJ* ■ *jmd. kocht etwas aus* **1.** KOCH. *Knochen oder Suppenfleisch kochen, um eine Brühe zu bekommen* **2.** *durch Kochen keimfrei machen*

Aus·kom·men das <-s> (*kein Plur.*) *Lebensunterhalt* ein gutes/bescheidenes Auskommen haben

aus·kom·men <kommst aus, kam aus, ist ausgekommen> *ohne OBJ* **1.** ■ *jmd. kommt mit etwas Dat. aus zurechtkommen* mit dem Geld auskommen, ohne Hilfe nicht auskommen **2.** ■ *jmd. kommt mit jmdm. aus sich vertragen* Wir kommen gut miteinander aus. **3.** ■ *jmd. kommt jmdm. aus* (*süddt. österr.*) *entfliehen* Er ist seinen Verfolgern ausgekommen.

aus·kos·ten <kostest aus, kostete aus, hat ausgekostet> *mit OBJ* ■ *jmd. kostet etwas aus genießen* seinen Erfolg voll auskosten

aus·krat·zen <kratzt aus, kratzte aus, hat ausgekratzt> *mit OBJ* ■ *jmd. kratzt etwas aus* (*Rückstände*) *durch Kratzen entfernen* den Topf auskratzen

aus·kund·schaf·ten *mit OBJ* ■ *jmd. kundschaftet etwas aus erforschen* die neue Umgebung auskundschaften

Aus·kunft die <-, Auskünfte> **1.** *Information* eine Auskunft erteilen, um Auskunft bitten **2.** (*kein Plur.*) *Stelle, die Informationen gibt* bei der Auskunft nach einer Telefonnummer fragen

Aus·kunf·tei die <-, -en> *Firma, die Auskunft über Personen einholt oder erteilt*

aus·la·chen <lachst aus, lachte aus, hat ausgelacht> *mit OBJ* ■ *jmd. lacht jmdn. aus über jmdn. lachen* jemanden wegen etwas auslachen, Lass dich nicht auslachen!

aus·la·den <lädst aus, lud aus, hat ausgeladen> *mit OBJ* **1.** ■ *jmd. lädt etwas aus aus einem Fahrzeug laden* Gepäck aus dem Auto/das Auto ausladen **2.** ■ *jmd. lädt jmdn. aus eine Einladung rückgängig machen* einen Gast wieder ausladen

Aus·la·ge die <-, -n> **1.** *Geld, das man für etwas ausgegeben hat* meine Auslagen für Unterkunft und Verpflegung **2.** *Waren im Schaufenster* sich die Auslagen im Schaufenster anschauen

aus·la·gern <lagerst aus, lagerte aus, hat ausgelagert> *mit OBJ* ■ *jmd. lagert etwas aus* **1.** *an einen sicheren Ort bringen* Im Krieg hat man die Kunstgegenstände ausgelagert. **2.** *einen Teil einer Firma oder Behörde an einem anderen Ort unterbringen* Den Vertrieb haben wir ausgelagert.

Aus·land das <-(e)s> (*kein Plur.*) (↔ *Inland*) *von einem Land aus gesehen alle anderen Länder* ins Ausland fahren, im Ausland sein, aus dem Ausland kommen

Aus·län·der, **Aus·län·de·rin** der <-s, -> *Mensch, der aus dem Ausland stammt*

Aus·län·der·amt das <-(e)s, Ausländerämter> *Amt, das für die Belange von Ausländern zuständig ist*

Aus·län·der·an·teil der <-s, -e> *Anteil, den Ausländer irgendwo an der Bevölkerung haben* eine Stadt mit hohem/niedrigem/geringem Ausländeranteil

Aus·län·der·be·hör·de die <-, -n> (≈ *Ausländeramt*)

aus·län·der·feind·lich *Adj. so, dass man gegenüber Ausländern feindlich eingestellt ist*

Aus·län·der·feind·lich·keit die <-> (*kein Plur.*) *ausländerfeindliche Einstellung*

Aus·län·der·recht das <-(e)s> (*kein Plur.*) *Gesetzgebung in Bezug auf Ausländer*

Aus·län·der·vier·tel das <-s, -> *Stadtviertel, in dem überwiegend Ausländer wohnen*

aus·län·disch <nicht steig.> *Adj. aus dem Ausland stammend* ausländische Erzeugnisse

Aus·lands·auf·ent·halt der <-(e)s, -e> *zeitlich begrenzter Aufenthalt im Ausland*

Aus·lands·flug der <-(e)s, -flüge> (↔ *Inlandsflug*) *Flugreise ins Ausland*

Aus·lands·ge·spräch das <-(e)s, -e> *mit einem Partner im Ausland geführtes Telefongespräch*

Aus·lands·kor·res·pon·dent, **Aus·lands·kor·res·pon·den·tin** der <-en, -en> *Person, die aus dem Ausland für eine Nachrichtenagentur etc. berichtet*

Aus·lands·rei·se die <-, -n> *Reise ins Ausland*

Aus·lands·ver·schul·dung die <-> (*kein Plur.*) WIRTSCH. *Schulden, die ein Land im Ausland hat*

aus·las·sen <lässt aus, ließ aus, hat ausgelassen> *mit OBJ* **1.** ■ *jmd. lässt etwas aus weglassen* versehentlich einen Buchstaben auslassen **2.** ■ *jmd. lässt etwas an jmdm. aus jmdn. etwas spüren lassen* seine Wut an jemandem auslassen **3.** ■ *jmd. lässt etwas aus* KOCH. *beim Erhitzen Fett aus etwas herauslösen* Fett/Speck auslassen **4.** ■ *jmd. lässt etwas aus* (*umg.*) *ausgeschaltet lassen* das Licht auslassen **5.** ■ *jmd. lässt etwas aus* (*umg.*) *ausgezogen lassen* die Jacke auslassen ■ **sich über etwas/jemanden auslassen**: *sich ausführlich über etwas oder jmdn. äußern*

aus·las·ten <lastet aus, lastete aus, hat ausgelastet> *mit OBJ* ■ *etwas lastet jmdn./etwas aus die Leistungsfähigkeit von etwas oder jmdm. ausnutzen* eine Maschine richtig auslasten, Momentan bin ich völlig ausgelastet.

Aus·las·tung die <-> (*kein Plur.*) *das Auslasten*

Aus·lauf der <-(e)s> (*kein Plur.*) **1.** *Stelle, an der Flüssigkeit ablaufen kann* der Auslauf der Wanne **2.** (*kein Plur.*) *Möglichkeit, im Freien zu laufen* Der Hund hat nicht genügend Auslauf. **3.** *umzäunte Fläche zum freien Laufen* ein Auslauf für die Pferde/Hunde

aus·lau·fen <läufst aus, lief aus, ist ausgelaufen> *ohne OBJ* **1.** ■ *etwas läuft aus herauslaufen* Die Milch läuft aus. **2.** SEEW. ■ *ein Schiff läuft aus den Hafen verlassen* Das Schiff läuft aus. **3.** ■ *etwas läuft aus die Gültigkeit verlieren* Der Vertrag läuft zum Monatsende aus.

Aus·läu·fer der <-s, -> **1.** METEOR. *auf größere Distanz noch spürbare Folgen* der Ausläufer eines Tiefs **2.** GEOGR. *der äußerste Teil, wo etwas endet* die Ausläufer des Gebirges

Aus·lauf·mo·dell das <-s, -e> *etwas, das nicht mehr länger hergestellt wird* Dieses Laptop ist ein Auslaufmodell, deshalb ist es so günstig.

Aus·laut der <-(e)s, -e> SPRACHWISS. *der letzte Laut eines Wortes*

aus·lau·ten <lautet aus, lautete aus, hat ausgelautet> *ohne OBJ* ■ *etwas lautet auf etwas aus* SPRACHWISS. *etwas endet mit einem bestimmten Laut* auf „e" auslauten

aus·le·ben <lebst aus, lebte aus, hat ausgelebt> **I.** *mit OBJ* ■ *jmd. lebt etwas aus einer Sache Ausdruck verleihen; verwirklichen* Sie lebt ihre Gefühle voll aus. **II.** *mit SICH* ■ *jmd. lebt sich aus das Leben genießen* sich richtig ausleben können

aus·le·cken <leckst aus, leckte aus, hat ausgeleckt> *mit OBJ* ■ *jmd. leckt etwas aus mit der Zunge weglecken* die Schüssel/den Teig (aus der Schüssel) auslecken

aus·lee·ren <leerst aus, leerte aus, hat ausgeleert> *mit OBJ* ■ *jmd. leert etwas aus entleeren* den Mülleimer ausleeren

aus·le·gen <legst aus, legte aus, hat ausgelegt> *mit OBJ* ■ *jmd. legt etwas mit etwas Akk. aus* **1.** *den Boden von etwas vollständig mit etwas belegen* das Zimmer/den Fußboden mit Teppich auslegen **2.** ■ *jmd. legt etwas aus gut sichtbar hinlegen* Waren im Schaufenster auslegen, Köder für Ratten auslegen **3.** ■ *jmd. legt jmdm. etwas aus Geld kurzzeitig leihen* dem Freund Geld auslegen **4.** ■ *jmd. legt etwas aus inhaltlich interpretieren* ein Gedicht/die Bibel auslegen **5.** ■ *jmd. legt etwas für etwas Akk. aus für eine bestimmte Leistung planen* Die Konzerthalle ist für 5000 Besucher ausgelegt.

Aus·le·ger der <-s, -> TECHN. *Arm*[2] der Ausleger eines Krans/Baggers

Aus·le·ge·wa·re die <-, -n> *Teppichboden*

Aus·le·gung die <-, -en> (≈ *Interpretation*) *Erklärung und Deutung des Inhalts eines Texts* die Auslegung von Bibelstellen

aus·lei·hen <leihst aus, lieh aus, hat ausgeliehen> *mit OBJ* **1.** ■ *jmd. leiht jmdm. etwas aus verleihen* dem Freund ein Buch ausleihen **2.** ■ *jmd. leiht bei jmdm. etwas aus entleihen* (sich) bei einem Freund ein Buch ausleihen

aus·ler·nen <lernst aus, lernte aus, hat ausgelernt> *mit OBJ* ■ *jmd. lernt aus seine Lehre beenden* Seitdem sie ausgelernt hat, arbeitet sie in München. ■ **Man lernt nie aus.**: *man macht immer neue Erfahrungen*

Aus·le·se die <-, -n> **1.** (*kein Plur.*) *das Auswählen* eine strenge Auslese treffen, Die Tiere unterliegen der natürlichen Auslese. **2.** *Wein aus ausgelesenen Trauben*

aus·le·sen <liest aus, las aus, hat ausgelesen> *mit OBJ* ■ *jmd. liest etwas aus* **1.** *aussortieren* die Äpfel auslesen und die schlechten Früchte wegwerfen **2.** (*umg.*) *ein Buch zu Ende lesen* Hast du den Roman schon ausgelesen?

aus·lie·fern <lieferst aus, lieferte aus, hat ausgeliefert> *mit OBJ* **1.** ■ *jmd. liefert etwas aus aushändigen* Pakete/Waren ausliefern **2.** ■ *jmd. liefert* *jmdn. aus* POL. *dem Heimatstaat übergeben* Gefangene an ihr Heimatland ausliefern **3.** ■ *jmd. liefert jmdn. einer Sache aus überlassen* jemanden dem Spott der anderen/dem Hunger ausliefern ■ **jemandem ausgeliefert sein:** *von jmdm. abhängig sein*

Aus·lie·fe·rung die <-, -en> *das Ausliefern*

Aus·lie·fe·rungs·an·trag der <-s, -anträge> *Antrag auf jmds. Auslieferung*[2]

aus·lie·gen <liegt aus, lag aus, hat ausgelegen> *ohne OBJ* ■ *etwas liegt irgendwo aus irgendwo sein und betrachtet werden können* Die Listen/Pläne liegen im Rathaus aus.

aus·lo·ben <lobst aus, lobte aus, hat ausgelobt> *mit OBJ* ■ *jmd. lobt etwas aus als Belohnung oder Preis aussetzen* einen Geldbetrag für die Aufklärung des Falles ausloben

aus·log·gen <loggst aus, loggte aus, hat ausgeloggt> *ohne OBJ* ■ *jmd. loggt (aus etwas Dat.) aus* (EDV: ↔ *einloggen*) *sich aus einem Computernetzwerk abmelden*

aus·lö·schen <löschst aus, löschte aus, hat ausgelöscht> *mit OBJ* ■ *jmd. löscht etwas aus* (*geh.*) **1.** *ausmachen* das Licht/das Feuer auslöschen **2.** *völlig verschwinden lassen* einen Fehler/die Erinnerung auslöschen, eine ganze Kultur/ein Volk auslöschen

aus·lo·sen <lost aus, loste aus, hat ausgelost> *mit OBJ* ■ *jmd. lost etwas aus das Los entscheiden lassen* Gewinner auslosen

aus·lö·sen <löst aus, löste aus, hat ausgelöst> *mit OBJ* **1.** ■ *jmd./etwas löst etwas aus in Gang setzen* Alarm/eine Lawine auslösen, Freude/Verwunderung auslösen **2.** ■ *jmd. löst jmdn. aus freikaufen* ein Pfand/Geiseln auslösen

Aus·lö·ser der <-s, -> **1.** FOTOGR. *der Schalter, den man betätigt, eine Aufnahme zu machen* auf den Auslöser drücken **2.** *etwas, das der Grund für etwas anderes ist* der Auslöser der Katastrophe, Seine Bemerkung war der Auslöser für unseren Streit.

Aus·lo·sung die <-, -en> *das Auslosen*

aus·ma·chen <machst aus, machte aus, hat ausgemacht> *mit OBJ* **1.** ■ *jmd. macht etwas aus* (*umg.*) *löschen* die Kerzen/das Feuer ausmachen **2.** ■ *jmd. macht etwas aus* (*umg.*) *ausschalten* den Fernseher/die Heizung ausmachen **3.** ■ *jmd. macht mit jmdm. etwas aus vereinbaren* (mit jemandem) einen Treffpunkt/Termin ausmachen, als ausgemacht gelten **4.** ■ *etwas macht etwas aus betragen* Wie viel macht das aus? **5.** ■ *jmd. macht etwas aus* (*mit Mühe*) *entdecken* im Dunkeln/in der Ferne eine Gestalt ausmachen **6.** ■ *etwas macht jmdm. etwas aus* (*umg.*) *stören* Das macht mir nichts aus!

aus·ma·len <malst aus, malte aus, hat ausgemalt> **I.** *mit OBJ* ■ *jmd. malt etwas aus etwas mit Farbe füllen* die Zeichnungen ausmalen **II.** *mit SICH* ■ *jmd. malt sich etwas aus anschaulich darstellen* Ich kann mir lebhaft ausmalen, wie das ausgesehen hat.

Aus·maß das <-es, -e> **1.** *der Grad, die Größenordnung von etwas* das ganze Ausmaß der Katastrophe **2.** (≈ *Größe*) eine Fläche mit den Ausmaßen von zehn Fußballfeldern

aus·mer·zen <merzt aus, merzte aus, hat ausgemerzt> *mit OBJ* ■ *jmd. merzt etwas aus Untaugliches ausscheiden* einen Fehler/Ungeziefer ausmerzen ▶Ausmerzung

aus·mes·sen <misst aus, maß aus, hat ausgemessen> *mit OBJ* ■ *jmd. misst etwas aus die Maße bestimmen* die Wand/ein Zimmer ausmessen

aus·mis·ten <mistest aus, mistete aus, hat ausgemistet> *mit OBJ/ohne OBJ* ■ *jmd. mistet etwas aus* **1.** *den Stall von Mist säubern* **2.** (*umg.*) *ausräumen und Unbrauchbares wegwerfen* Ich muss heute (den Schrank) ausmisten.

Aus·nah·me die <-, -n> *etwas, das von einer Regel abweicht* mit Ausnahme von, ohne Ausnahme, für jemanden eine Ausnahme machen ■ **Ausnahmen bestätigen die Regel:** *man sollte sich über Abweichungen von der Regel nicht wundern*

Aus·nah·me·fall der <-(e)s, Ausnahmefälle> *Fall, der eine Ausnahme von etwas darstellt*

Aus·nah·me·re·ge·lung die <-, -en> *Regelung, die nur in einem Ausnahmefall gilt*

Aus·nah·me·zu·stand der <-(e)s, Ausnahmezustände> **1.** POL. MILIT. *Zustand, in dem die Verfassung eines Staates und bestimmte Rechte nur eingeschränkte Gültigkeit haben, weil es eine außergewöhnliche Situation erforderlich macht* den Ausnahmezustand verhängen **2.** *unnormale, nicht übliche Situation*

aus·nahms·los <nicht steig.> *Adj. ohne Ausnahme*

aus·nahms·wei·se *Adv. abweichend von der Regel* heute ausnahmsweise rauchen

aus·neh·men <nimmst aus, nahm aus, hat ausgenommen> *mit OBJ* **1.** ■ *jmd. nimmt ein Tier aus* KOCH. *die Innereien entfernen* ein Huhn ausnehmen **2.** ■ *jmd. nimmt jmdn. von etwas Dat. aus eine Ausnahme machen* jemanden von einer Pflicht ausnehmen **3.** ■ *jmd. nimmt jmdn. aus jmdm.* (*betrügerisch*) *viel Geld wegnehmen* Betrüger haben die alte Dame ausgenommen.

aus·neh·mend *Adv.* (*geh.*) *sehr* Es gefiel ihm ausnehmend gut.

aus·nüch·tern <nüchterst aus, nüchterte aus, hat ausgenüchtert> *ohne OBJ* ■ *jmd. nüchtert aus nüchtern werden* jemanden (wieder) ausnüchtern lassen

aus·nut·zen, *a.* **aus·nüt·zen** <nutzt aus, nutzte aus, hat ausgenutzt> *mit OBJ* ■ *jmd. nutzt jmdn./etwas aus jmdn. oder etwas zum eigenen Vorteil benutzen* jemanden (schamlos) ausnutzen, sich nicht ausnutzen lassen

aus·pa·cken <packst aus, packte aus, hat ausgepackt> **I.** *mit OBJ* ■ *jmd. packt etwas aus aus der Verpackung nehmen* das Geschenk auspacken, den Koffer auspacken **II.** *ohne OBJ* ■ *jmd. packt aus* (*umg.*) (*Neuigkeiten*) *erzählen* Nun pack schon aus!

aus·par·ken <parkst aus, parkte aus, hat ausgeparkt> *ohne OBJ* ■ *jmd. parkt aus* (↔ *einparken*) *mit dem Auto aus einer Parklücke fahren*

aus·peit·schen <peitschst aus, peitschte aus, hat ausgepeitscht> *mit OBJ* ■ *jmd. peitscht jmdn./ein Tier aus mit einer Peitsche schlagen*

aus·pfei·fen <pfeifst aus, pfiff aus, hat ausgepfiffen> *mit OBJ* ■ *jmd. pfeift jmdn. aus durch Pfiffe missbilligen* die Schauspieler auspfeifen, Die Demonstranten haben den Politiker ausgepfiffen.

aus·plap·pern *mit OBJ* ■ *jmd. plappert etwas aus* (*umg. abwert.*) *ein Geheimnis achtlos verraten*

aus·plau·dern <plauderst aus, plauderte aus, hat ausgeplaudert> *mit OBJ* ■ *jmd. plaudert etwas aus* (*umg.* ≈ *verraten*) ein Geheimnis ausplaudern

aus·plün·dern <plünderst aus, plünderte aus, hat ausgeplündert> *mit OBJ* ■ *jmd. plündert etwas aus in einer geeigneten Situation alles aus etwas wegnehmen* in den Kriegswirren Geschäfte/Häuser ausplündern

aus·po·sau·nen <posaunst aus, posaunte aus, hat ausposaunt> *mit OBJ* ■ *jmd. posaunt etwas aus* (*umg. abwert.*) *überall weitererzählen* Warum musst du nur immer alles ausposaunen?!

aus·pres·sen <presst aus, presste aus, hat ausgepresst> *mit OBJ* ■ *jmd. presst etwas aus durch Pressen den Saft entnehmen* Früchte auspressen

aus·pro·bie·ren <probierst aus, probierte aus, hat ausprobiert> *mit OBJ* ■ *jmd. probiert etwas aus probieren* ein neues Gerät/Rezept ausprobieren

Aus·puff der <-(e)s, -e> KFZ *das Rohr(system), aus dem die Abgase des Motors entweichen* ◆-anlage

Aus·puff·rohr das <-(e)s, -e> (≈ *Auspuff*)

aus·pum·pen <pumpst aus, pumpte aus, hat ausgepumpt> *mit OBJ* ■ *jmd. pumpt etwas aus durch Pumpen ausleeren* den Keller auspumpen, nach einer Vergiftung den Magen eines Patienten auspumpen

aus·quar·tie·ren ['auskvarti:rən] <quartierst aus, quartierte aus, hat ausquartiert> *mit OBJ* ■ *jmd. quartiert jmdn. aus* (↔ *einquartieren*) (*vorübergehend*) *an einem anderen Ort unterbringen*

aus·quet·schen <quetschst aus, quetschte aus, hat ausgequetscht> *mit OBJ* **1.** ■ *jmd. quetscht etwas aus* (≈ *auspressen*) eine Zitrone ausquetschen **2.** ■ *jmd. quetscht jmdn. aus* (*umg.*) *hartnäckig befragen* Sie war so neugierig, dass sie ihn den ganzen Abend über seine neue Freundin ausgequetscht hat.

aus·ra·die·ren <radierst aus, radierte aus, hat ausradiert> *mit OBJ* ■ *jmd. radiert etwas aus* **1.** *mit dem Radiergummi entfernen* einen Fehler ausradieren **2.** (*umg. abwert.*) *völlig zerstören* Im Krieg wurde die Ortschaft völlig ausradiert.

aus·ran·gie·ren ['ausraŋʒi:rən] <rangierst aus, rangierte aus, hat ausrangiert> *mit OBJ* ■ *jmd. rangiert etwas aus* (*umg.*) *als nicht mehr brauchbar aussortieren* alte Kleidung/ein kaputtes Fahrrad ausrangieren

aus·ras·ten <rastest aus, rastete aus, ist ausgerastet> *ohne OBJ* **1.** ■ *etwas rastet aus* (TECHN.: ↔ *einrasten*) *nicht mehr* (*ineinander*) *greifen* Das Zahnrad ist ausgerastet. **2.** ■ *jmd. rastet aus* (*umg.* ≈ *ausflippen*) *wütend werden* wegen jeder Kleinigkeit ausrasten

aus·rau·ben <raubst aus, raubte aus, hat ausgeraubt> *mit OBJ* ■ *jmd. raubt jmdn. aus alles stehlen, was jmd. hat oder was in einem Haus ist* eine Person/ein Haus ausrauben

aus·räu·chern <räucherst aus, räucherte aus, hat ausgeräuchert> *mit OBJ* ■ *jmd. räuchert etwas aus mit Hilfe von Rauch vom Ungeziefer befreien* ein Hornissennest ausräuchern

aus·räu·men <räumst aus, räumte aus, hat ausgeräumt> *mit OBJ* ■ *jmd. räumt etwas aus* **1.** (↔ *einräumen*) *etwas* (*aus etwas*) *herausnehmen* den Schrank/Bücher (aus dem Schrank) ausräumen **2.** *beseitigen* Missverständnisse/Zweifel ausräumen

aus·rech·nen <rechnest aus, rechnete aus, hat ausgerechnet> *mit OBJ* ■ *jmd. rechnet etwas aus* (≈ *errechnen*) *durch Rechnen ein Ergebnis bestimmen* eine Rechenaufgabe/einen Preis ausrechnen ■ **sich etwas ausrechnen** (*umg.*): *erwarten* sich gute Chancen ausrechnen

Aus·re·de die <-, -n> *etwas, das man als entschuldigenden Grund angibt* um Ausreden nie verlegen sein

aus·re·den <redest aus, redete aus, hat ausgeredet> **I.** *mit OBJ* ■ *jmd. redet jmdm. etwas aus* (↔ *überreden*) *jmdn. von etwas abbringen* sich eine Idee nicht ausreden lassen **II.** *ohne OBJ* ■ *jmd. redet aus zu Ende sprechen* Lassen Sie mich bitte ausreden!

aus·rei·chen <reicht aus, reichte aus, hat ausgereicht> *ohne OBJ* ■ *etwas reicht aus genügen* Die Vorräte/ihre Kenntnisse reichen aus., noch ausreichend Brot zu Hause haben

aus·rei·fen <reift aus, reifte aus, ist ausgereift> *ohne OBJ* ■ *etwas reift aus* **1.** *vollständig reif werden* die Früchte ausreifen lassen **2.** *immer vollkommener werden* den Wein ausreifen lassen, eine ausgereifte Technik

Aus·rei·se die <-, -n> (↔ *Einreise*) *Verlassen eines Landes*

Aus·rei·se·an·trag der <-(e)s, Ausreiseanträge> GESCH. *in der ehemaligen DDR: Antrag zum Verlassen des Landes in Richtung Westeuropa*

Aus·rei·se·ge·neh·mi·gung die <-, -en> GESCH. *in der ehemaligen DDR: Genehmigung zum Verlassen des Landes in Richtung Westeuropa*

aus·rei·sen <reist aus, reiste aus, ist ausgereist> *ohne OBJ* ■ *jmd. reist aus etwas Dat. aus* (↔ *einreisen*) *ein Land verlassen*

aus·rei·se·wil·lig <nicht steig.> *Adj. so, dass man in ein anderes Land ausreisen will*

aus·rei·ßen <reißt aus, riss aus, hat/ist ausgerissen> **I.** *mit OBJ* ■ *jmd. reißt etwas aus* (*haben*) *herausreißen* (jemandem/sich) die Haare ausreißen, Pflanzen ausreißen **II.** *ohne OBJ* ■ *jmd. reißt aus* (*sein; umg.*) *weglaufen* (von zu Hause) ausgerissen sein, Der Hund ist ausgerissen.

Aus·rei·ßer, **Aus·rei·ße·rin** der <-s, -> *jmd., der weggelaufen ist*

aus·rei·ten <reitest aus, ritt aus, ist ausgeritten>

ohne OBJ ■ *jmd. reitet aus einen Ausritt machen*

aus·ren·ken <renkst aus, renkte aus, hat ausgerenkt> *mit OBJ* ■ *jmd. renkt jmdm./sich etwas aus* (MED.: ↔ *einrenken*) *aus dem Gelenk springen lassen* (jemandem/sich) die Schulter ausrenken

aus·rich·ten <richtest aus, richtete aus, hat ausgerichet> *mit OBJ* **1.** ■ *jmd. richtet jmdm. etwas aus jmdm. im Auftrag von jmdm. eine bestimmte Information geben* Solltest du mir etwas ausrichten?, jemandem einen Gruß ausrichten **2.** ■ *jmd. richtet etwas aus als Verantwortliche(r) veranstalten* ein Fest/die Weltmeisterschaften ausrichten **3.** ■ *jmd. richtet etwas aus* (*umg.*) *bewirken* nichts/etwas ausrichten können **4.** ■ *jmd. richtet etwas irgendwie aus nach bestimmten Vorgaben aufstellen* die Kegel richtig ausrichten, das Teleskop auf den Mars ausrichten **5.** ■ *jmd. richtet etwas auf etwas Akk. aus auf jmdn. oder etwas einstellen* die Politik auf die Bedürfnisse der Bevölkerung ausrichten

Aus·rich·tung die <-> (*kein Plur.*) *das Ausrichten*

Aus·ritt der <-(e)s, -e> *Spazierritt auf einem Pferd*

aus·rol·len <rollst aus, rollte aus, hat/ist ausgerollt> **I.** *mit OBJ* ■ *jmd. rollt etwas aus* (*haben*) **1.** *platt rollen* den Teig ausrollen **2.** (≈ *entrollen* ↔ *einrollen*) *etwas, das aufgerollt war, flach machen* eine Landkarte ausrollen **II.** *ohne OBJ* ■ *etwas rollt aus* (*sein*) *so lange rollen bis es von allein zum Stehen kommt* das Auto langsam ausrollen lassen

aus·rot·ten <rottest aus, rottete aus, hat ausgerottet> *mit OBJ* ■ *jmd. rottet etwas/ein Tier aus völlig vernichten* Unkraut ausrotten, eine Tierart völlig ausrotten

aus·rü·cken <rückst aus, rückte aus, hat/ist ausgerückt> **I.** *ohne OBJ* ■ *jmd. rückt aus* (*sein*) **1.** (↔ *einrücken*) *zu einem Einsatz aufbrechen* Die Feuerwehr musste fünfmal ausrücken. **2.** (*umg.*) *ausreißen* heimlich (von zu Hause) ausrücken **II.** *mit OBJ* ■ *jmd. rückt etwas aus* (*haben* ↔ *einrücken*) *mit einem Abstand vor oder hinter die Zeile schreiben* die Nummerierung der Kapitel nach links ausrücken

Aus·ruf der <-(e)s, -e> *etwas, das jmd. ruft*

aus·ru·fen <rufst aus, rief aus, hat ausgerufen> *mit OBJ* ■ *jmd. ruft etwas aus* **1.** *laut rufen* „Das ist ja schrecklich!" rief sie aus. **2.** *verkünden und in Kraft setzen* das Kriegsrecht/die Republik ausrufen, jemanden zum König ausrufen **3.** *über Lautsprecher bekannt geben* die Abfahrtszeiten ausrufen, jemanden ausrufen lassen

Aus·ru·fe·zei·chen, *a.* **Aus·ru·fungs·zei·chen** das <-s, -> *das Interpunktionszeichen, das die Form eines senkrechten Striches mit einem Punkt darunter hat und das einen Ausruf kennzeichnet* Am Ende des Satzes „Helft mir doch!" steht ein Ausrufungszeichen.

aus·ru·hen <ruhst aus, ruhte aus, hat ausgeruht> **I.** *mit SICH* ■ *jmd. ruht sich aus sich erholen* sich ein wenig ausruhen **II.** *ohne OBJ* ■ *jmd. ruht aus jmd. ruht, um sich zu entspannen* nach der Anstrengung ausruhen, ausgeruht aussehen

aus·rüs·ten <rüstest aus, rüstete aus, hat ausgerüstet> *mit OBJ* ■ *jmd. rüstet jmdn./etwas* (*mit etwas Akk.*) *aus ausstatten* jemanden/sich/etwas für eine Unternehmung ausrüsten, für etwas gut ausgerüstet sein

Aus·rüs·tung die <-, -en> **1.** *das Ausrüsten* **2.** *Gegenstände, die jmd. für eine bestimmte Aufgabe benötigt und mit sich führt* Das Großraumflugzeug kann viele Tonnen militärischer Ausrüstung transportieren.

aus·rut·schen <rutschst aus, rutschte aus, ist ausgerutscht> *ohne OBJ* ■ *jmd. rutscht* (*auf etwas Akk.*) *aus auf einem rutschigen Untergrund das Gleichgewicht verlieren* auf einer Bananenschale ausrutschen

Aus·rut·scher der <-s, -> (*umg.*) *kleiner Fehler* Das war nur ein Ausrutscher!

Aus·saat die <-, -en> **1.** *das Aussähen* **2.** *etwas, das ausgesäht wird*

Aus·sa·ge die <-, -n> **1.** *eine Äußerung, die eine Person macht* Nach Aussage von Kollegen war Herr Meier ein sehr guter Mitarbeiter. **2.** RECHTSW. *die Beschreibung eines Unfalls oder einer Tat bei der Polizei oder vor Gericht* eine Aussage (zu etwas) machen/widerrufen, die Aussage verweigern ◆ Zeugen- **3.** *eine geistige, inhaltliche Botschaft, die durch etwas transportiert wird* die künstlerische Aussage des Romans

aus·sa·ge·kräf·tig *Adj. so, dass es viel aussagt*

aus·sa·gen <sagst aus, sagte aus, hat ausgesagt> *mit OBJ/ohne OBJ* **1.** ■ *jmd. sagt etwas aus* RECHTSW. *eine Aussage[2] machen* vor Gericht (etwas) gegen jemanden aussagen **2.** ■ *etwas sagt etwas aus zu erkennen geben* Das Kunstwerk sagt viel/wenig (über den Künstler) aus.

aus·schach·ten *mit OBJ* ■ *jmd. schachtet etwas aus Erde ausheben* eine Baugrube ausschachten

aus·schal·ten <schaltest aus, schaltete aus, hat ausgeschaltet> **I.** *mit OBJ* **1.** ■ *jmd. schaltet etwas aus* (↔ *einschalten*) *mit einem Schalter abstellen* das Licht/ein Gerät ausschalten **2.** ■ *jmd. schaltet jmdn./etwas aus nicht wirksam werden lassen* ungünstige Einflüsse ausschalten, den Konkurrenten ausschalten **II.** *mit SICH* ■ *etwas schaltet sich aus* der Herd schaltet sich selbstständig aus

Aus·schank der <-(e)s, Ausschänke> (*Plur. selten*) **1.** (*kein Plur.*) *Ausgabe von Getränken* Kein Ausschank von Alkohol an Jugendliche unter 16 Jahren! **2.** *Schanktisch, Theke* am Ausschank stehen

Aus·schau ■ **nach jemandem/etwas Ausschau halten**: *suchend um sich schauen*

aus·schau·en *ohne OBJ* **1.** ■ *jmd. schaut nach jmdm./etwas aus suchend um sich schauen* nach jemandem ausschauen **2.** ■ *jmd./etwas schaut irgendwie aus* (*süddt. österr.*) *aussehen* Du schaust heute gut/krank aus. ■ **Wie schaut es aus?** (*umg. süddt. österr.*): *Wie ist die Lage?*

aus·schei·den <scheidest aus, schied aus, hat/ist ausgeschieden> **I.** *mit OBJ* ■ *jmd. scheidet etwas aus* (BIOL.: *haben*) *absondern* Kot/Schweiß/Urin ausscheiden **II.** *ohne OBJ* (*sein*) **1.** ■ *jmd. scheidet aus etwas Dat. aus nicht mehr aktiv teilnehmen* aus dem Berufsleben/Amt ausscheiden, aus dem

Spiel ausscheiden **2.** ■ *etwas scheidet für jmdn. aus nicht in Betracht kommen* Diese Lösung scheidet für mich aus.

Aus·schei·dung die <-, -en> (*meist Plur.*) BIOL. *Stoffe, die vom Körper abgesondert werden*

Aus·schei·dungs·spiel das <-(e)s, -e> SPORT *Spiel, dessen Verlierer aus einem Turnier ausscheidet*

aus·schen·ken <schenkst aus, schenkte aus, hat ausgeschenkt> *mit OBJ* ■ *jmd. schenkt etwas aus* **1.** *im Lokal verkaufen* Bier ausschenken **2.** *eingießen* Kaffee/Saft ausschenken

aus·sche·ren <scherst aus, scherte aus, ist ausgeschert> *ohne OBJ* ■ *etwas schert aus seitlich aus der Spur fahren* Das Fahrzeug ist plötzlich seitlich ausgeschert.

aus·schil·dern <schilderst aus, schilderte aus, hat ausgeschildert> *mit OBJ* ■ *jmd. schildert etwas aus mit Schildern versehen* Die Straße/der Weg zur Oper ist gut ausgeschildert.

aus·schimp·fen <schimpfst aus, schimpfte aus, hat ausgeschimpft> *mit OBJ* ■ *jmd. schimpft jmdn. aus heftig schimpfen* ein Kind (wegen etwas) ausschimpfen

aus·schlach·ten <schlachtest aus, schlachtete aus, hat ausgeschlachtet> *mit OBJ* **1.** ■ *jmd. schlachtet ein Tier aus die Eingeweide herausnehmen* ein totes Tier ausschlachten **2.** ■ *jmd. schlachtet etwas aus* (*umg.*) *noch brauchbare Teile entnehmen* ein altes Auto ausschlachten **3.** ■ *jmd. schlachtet etwas aus* (*umg. abwert.*) *bedenkenlos für eigene Zwecke ausnutzen* eine Affäre (in der Presse) ausschlachten

aus·schla·fen <schläfst aus, schlief aus, hat ausgeschlafen> **I.** *mit OBJ* ■ *jmd. schläft etwas aus schlafen, bis die Nachwirkungen eines Rausches verflogen sind* einen Rausch ausschlafen **II.** *ohne OBJ* ■ *jmd. schläft aus schlafen, bis man von selbst aufwacht* sonntags endlich einmal ausschlafen

Aus·schlag der <-(e)s, Ausschläge> **1.** MED. *Hautkrankheit* einen juckenden Ausschlag bekommen **2.** TECHN. *Verlassen der Nullstellung* der Ausschlag des Pendels/des Messgerätes ■ **den Ausschlag geben**: *entscheidend sein* Das hat (für mich/für meine Entscheidung) den Ausschlag gegeben.

aus·schla·gen <schlägst aus, schlug aus, hat ausgeschlagen> **I.** *mit OBJ* **1.** ■ *jmd. schlägt jmdm. etwas aus herausschlagen* jemandem einen Zahn ausschlagen **2.** ■ *jmd. schlägt etwas aus* (≈ *ablehnen* ↔ *annehmen*) ein Angebot ausschlagen **3.** ■ *jmd. schlägt etwas mit etwas Dat. aus* (≈ *auskleiden*) *den Innenraum von etwas mit Stoff oder Papier auskleiden* einen Schrank mit Papier ausschlagen **II.** *ohne OBJ* **1.** ■ *etwas schlägt aus* BOT. *zu grünen beginnen* Die Bäume schlagen aus. **2.** ■ *etwas schlägt aus* TECHN. *von der Nullstellung abweichen* Der Zeiger/das Pendel schlägt aus. **3.** ■ *ein Tier schlägt aus treten* Vorsicht! Das Pferd schlägt aus.

aus·schlag·ge·bend *Adj. entscheidend* von ausschlaggebender Bedeutung sein ♦ Großschreibung→R 3.7 das Ausschlaggebende, Ausschlaggebendes

aus·schlie·ßen <schließt aus, schloss aus, hat ausgeschlossen> *mit OBJ* **1.** ■ *jmd. schließt jmdn. aus* (*umg.* ≈ *aussperren*) Man hatte ihn ausgeschlossen und er hatte keinen Schlüssel. **2.** ■ *jmd. schließt etwas aus nicht wirksam werden lassen* jeden Zweifel/Irrtum von vornherein ausschließen **3.** ■ *jmd. schließt jmdn./etwas von etwas Dat. aus ausnehmen; nicht einbeziehen* jemanden (von der Teilnahme/aus einer Partei) ausschließen, vom Umtausch ausgeschlossen sein, Mord kann als Todesursache ausgeschlossen werden.

aus·schließ·lich <nicht steig.> **I.** *Adj. uneingeschränkt* sein ausschließliches Recht **II.** *Adv. allein, nur* Es war ausschließlich seine Leistung.

aus·schlüp·fen <schlüpft aus, schlüpfte aus, ist ausgeschlüpft> *ohne OBJ* ■ *ein Tier schlüpft aus aus dem Ei kommen* Die Küken schlüpfen aus.

Aus·schluss der <-(e)s, Ausschlüsse> *das Ausschließen* unter Ausschluss der Öffentlichkeit stattfinden

aus·schmü·cken <schmückst aus, schmückte aus, hat ausgeschmückt> *mit OBJ* ■ *jmd. schmückt etwas aus* **1.** *etwas schmücken oder verzieren* einen Raum (mit Blumen/festlich) ausschmücken **2.** (*umg.*) *mit etwas ergänzen, um es plastischer und spannender zu machen* eine Erzählung (mit lustigen Details) ausschmücken

aus·schnei·den <schneidest aus, schnitt aus, hat ausgeschnitten> *mit OBJ* ■ *jmd. schneidet etwas aus* (≈ *herausschneiden*) *aus einer bedruckten Seite nur den Bereich schneiden, auf dem ein bestimmter Text steht oder auf dem sich eine Abbildung befindet* ein Bild/einen Zeitungsartikel ausschneiden

Aus·schnitt der <-(e)s, -e> **1.** *Halsöffnung an Kleidungsstücken* einen tiefen Ausschnitt haben **2.** *Teil eines Ganzen* ein Ausschnitt aus einem Buch

aus·schnitt·weise *Adv. in Ausschnitten*[2]

aus·schöp·fen <schöpfst aus, schöpfte aus, hat ausgeschöpft> *mit OBJ* ■ *jmd. schöpft etwas aus* **1.** *durch Schöpfen leeren* das Wasser (aus einem Boot)/ein Boot ausschöpfen **2.** *voll nutzen* ein Thema/seine Möglichkeiten ausschöpfen

aus·schrei·ben <schreibst aus, schrieb aus, hat ausgeschrieben> *mit OBJ* **1.** ■ *jmd. schreibt etwas aus* (↔ *abkürzen*) *in voller Länge schreiben* ein Wort/seinen Namen ausschreiben **2.** ■ *jmd. schreibt etwas aus öffentlich bekannt geben, dass für eine Aufgabe jmd. gesucht wird* ein Bauvorhaben ausschreiben, eine Stelle öffentlich ausschreiben **3.** ■ *jmd. schreibt jmdm. etwas aus* (≈ *ausstellen*) *für jmdn. einen schriftlichen Beleg anfertigen* jemandem eine Quittung/ein Rezept ausschreiben

Aus·schrei·bung die <-, -en> *die öffentliche Bekanntgabe, dass für eine Aufgabe jmd. gesucht wird* die Ausschreibung des Bauvorhabens/der Stelle

Aus·schrei·tung die <-, -en> (*meist Plur.*) *gewalttätige Handlungen* (*einer Menge*) es kam zu Ausschreitungen

Aus·schuss der <-es, Ausschüsse> 1. *Arbeitsgruppe mit besonderen Aufgaben* im Ausschuss mitarbeiten, einen Ausschuss zur Vorbereitung des Festes einsetzen 2. *fehlerhafte Ware* Ausschuss produzieren

Aus·schuss·sit·zung die <-, -en> *Sitzung eines Ausschusses[1]*

Aus·schuss·vor·sit·zen·de der/die <-n, -n> *Vorsitzende(r) eines Ausschusses[1]*

aus·schüt·teln <schüttelst aus, schüttelte aus, hat ausgeschüttelt> *mit OBJ* ■ *jmd. schüttelt etwas aus durch Schütteln den Schmutz von etwas entfernen* das Staubtuch ausschütteln

aus·schüt·ten <schüttest aus, schüttete aus, hat ausgeschüttet> *mit OBJ* ■ *jmd. schüttet etwas aus* 1. *ein Gefäß entleeren* Wasser (aus einem Eimer)/einen Eimer (mit Wasser) ausschütten 2. *auszahlen* Dividenden/Gewinne ausschütten ■ **jemandem sein Herz ausschütten** (*umg. übertr.*): *jmdm. von seinen Problemen erzählen*

Aus·schüt·tung die <-, -en> *das Ausschütten[2]*

aus·schwei·fend *Adj.* (*abwert.* ≈ *zügellos*) *so, dass man ohne Hemmungen und ohne Rücksicht auf moralische Maßstäbe genießt* ein ausschweifendes Leben führen

Aus·schwei·fung die <-, -en> *ausschweifende Handlung*

aus·schwen·ken <schwenkst aus, schwenkte aus, hat/ist ausgeschwenkt,> I. *mit OBJ* ■ *jmd. schwenkt etwas aus* (*haben*) *nach außen schwenken* den Kranarm ausschwenken II. *ohne OBJ* ■ *etwas schwenkt aus* (*sein*) *von einer Richtung seitlich abweichen* Vorsicht, Hänger schwenkt seitlich aus!

aus·schwin·gen *ohne OBJ* ■ *etwas schwingt aus so lange schwingen bis es zum Stillstand kommt* Die Gitarrensaite/Das Pendel schwingt aus.

Aus·se·hen das <-s> (*kein Plur.*) *äußeres Erscheinungsbild* ein gesundes Aussehen haben

aus·se·hen <siehst aus, sah aus, hat ausgesehen> I. *ohne OBJ* ■ *jmd./etwas sieht irgendwie aus ein bestimmtes äußeres Erscheinungsbild haben* gepflegt/gesund/hübsch/ungepflegt aussehen, so ähnlich aussehen wie jemand/etwas ■ **etwas sieht nach etwas aus** (*umg.*): *etwas lässt etwas erwarten* Das sieht nach einer Grippe/nach Regenwetter aus. II. *mit ES* ■ *es sieht irgendwie mit etwas aus etwas wird sich in einer bestimmten Weise entwickeln;* (*umg.*) Es sieht gut/schlecht aus mit unserem Vorhaben.

au·ßen *Adv.* (↔ *innen*) nach außen gehen, von außen kommen, außen vergoldet sein ■ **außen vor**: *vernachlässigt* immer außen vor sein, etwas außen vor lassen

Au·ßen·be·zirk der <-(e)s, -e> (≈ *Vorort*) die Außenbezirke der Stadt

Außen·bord·mo·tor der <-s, -en> *am Heck eines Bootes auf der Außenseite angebrachter Motor*

aus·sen·den <sendest aus, sendete aus, hat ausgesendet> *mit OBJ* 1. ■ *jmd./etwas sendet etwas aus etwas ausstrahlen* Signale/Strahlen aussenden 2. ■ *jmd. sendet jmdn. aus jmdn. mit einem Auftrag irgendwohin schicken* einen Boten aussenden

Au·ßen·dienst der <-(e)s> (↔ *Innendienst*) *die Personen, die eine Firma nach außen als Vertreter repräsentieren* im Außendienst tätig sein

Aus·sen·dung die <-, -en> (*österr.*) *Rundschreiben*

Au·ßen·han·del der <-s> (*kein Plur.*) *zwischenstaatlicher Handel*

Au·ßen·han·dels·bi·lanz die <-, -en> *Gegenüberstellung von Export und Import* die (positive) Außenhandelsbilanz eines Landes

Au·ßen·mi·nis·ter, **Au·ßen·mi·nis·te·rin** der <-s, -> *Minister, der für die Beziehungen eines Staates zu anderen Staaten zuständig ist*

Au·ßen·mi·nis·te·ri·um das <-s, Außenministerien> *Ministerium für auswärtige Angelegenheiten*

Au·ßen·po·li·tik die <-, -en> (↔ *Innenpolitik*) *alle politischen Maßnahmen, die für die Beziehungen eines Staates zu anderen Staaten maßgeblich sind* ▶ Außenpolitiker

au·ßen·po·li·tisch <nicht steig.> *Adj.* (↔ *innenpolitisch*) *die Außenpolitik betreffend* außenpolitischer Sprecher einer Partei

Au·ßen·sei·ter, **Au·ßen·sei·te·rin** der <-s, -> 1. *Person, die sich nicht an die Gemeinschaft anschließt oder anpasst oder von den anderen ausgeschlossen wird* 2. (SPORT: ↔ *Favorit*) *jmd., dem nur geringe Chancen auf den Sieg beigemessen wurden* als Außenseiterin überraschend siegen

Au·ßen·spie·gel der <-s, -> (KFZ: ↔ *Innenspiegel*) *an der Fahrzeugaußenseite angebrachter Rückspiegel*

Au·ßen·stän·de <-> *Plur.* (AMTSSPR.: *geh.*) *unbezahlte Forderungen* Außenstände eintreiben

Au·ßen·steck·dose die <-, -n> *Steckdose, die außen an einer Hauswand angebracht ist*

Au·ßen·ste·hen·de(r) der/die <-, -n> *jmd., der mit einer Sache nicht direkt zu tun hat*

Au·ßen·stel·le die <-, -n> (≈ *Filiale*)

au·ßer *Präp. + Dat. abgesehen von* Außer ihm ist niemand gekommen.; (*umg.*) ■ **außer sich**: *sehr erregt* außer sich sein vor Freude/Zorn **außer Haus**: *unterwegs* **außer Acht lassen**: *nicht berücksichtigen* **außer Stande/außerstande**: *nicht in der Lage* außer Stande sein/außerstande, etwas zu tun ◆ Getrennt- und Zusammenschreibung →R 4.14 außer Stand(e)/außerstand(e) sein, außer Stand(e)/außerstand(e) setzen

au·ßer·dem *Adv. auch noch* Wir brauchen Milch, Butter und außerdem noch Brot.

Äu·ße·re das <-n> (*kein Plur.*) *äußeres Erscheinungsbild* ein ansprechendes Äußeres haben, jemanden nach seinem Äußeren beurteilen

äu·ße·re *Adj.* (↔ *innere*) die äußere Seite des Hauses, der äußere Durchmesser, der äußere Eindruck einer Sache

au·ßer·e·he·lich <nicht steig.> *Adj.* (↔ *ehelich*) *so, dass es außerhalb einer Ehe geschieht*

au·ßer·fahr·plan·mä·ßig <nicht steig.> *Adj.* (↔ *fahrplanmäßig*) *so, dass ein Zug zusätzlich zu de-*

nen des normalen Fahrplans eingesetzt wird

au·ßer·ge·wöhn·lich I. *Adj.* (↔ *normal*) *besonders* ein außergewöhnliches Ereignis II. *Adv. sehr* sich außergewöhnlich gut verstehen

au·ßer·halb I. *Präp.* + *Gen.* (↔ *innerhalb*) außerhalb der Geschäftsstunden, außerhalb seines Herrschaftsbereiches II. *Adv.* (*umg.*) *weit entfernt von der Stadt* weit außerhalb wohnen

äu·ßer·lich <nicht steig.> *Adj.* (↔ *innerlich*) *so, dass es nicht in den Körper hineingelangt* zur äußerlichen Anwendung, Ihre äußerliche Ruhe täuscht, sie ist sehr aufgeregt.

Äu·ßer·lich·keit die <-, -en> (*meist Plur.*) (*abwert.*) *etwas, das nichts mit den inneren Werten einer Sache zu tun hat* viel Wert auf Äußerlichkeiten legen

äu·ßern <äußerst, äußerte, hat geäußert> I. *mit OBJ* ■ *jmd. äußert etwas aussprechen* seine Wünsche/Zweifel äußern, Was hat er geäußert? II. *mit SICH* **1.** ■ *jmd. äußert sich seine Meinung sagen* sich zu etwas/über jemanden äußern, Ich will mich zu seinem Verhalten nicht äußern. **2.** ■ *etwas äußert sich sichtbar werden* Die Krankheit äußert sich in Fieber und Gliederschmerzen.

au·ßer·or·dent·lich <nicht steig.> I. *Adj.* **1.** *überdurchschnittlich* eine außerordentliche Leistung **2.** (*nur attr.*) *außerhalb der normalen Regelungen* eine außerordentliche Sitzung/Vollmacht/Professur II. *Adv. besonders, sehr* außerordentlich interessant ◆ Großschreibung→R 3.7 etwas Außerordentliches leisten

au·ßer·par·la·men·ta·risch <nicht steig.> *Adj. so, dass es nicht parlamentarisch ist und außerhalb des Parlaments stattfindet* außerparlamentarische Opposition

au·ßer·plan·mä·ßig <nicht steig.> *Adj.* **1.** (↔ *planmäßig*) *nicht planmäßig, über den Plan hinaus* ein außerplanmäßiger Professor **2.** *zusätzlich zu den fahrplanmäßigen Zügen oder Bussen verkehrend*

au·ßer·schu·lisch <nicht steig.> *Adj. außerhalb des Unterrichts* außerschulische Veranstaltungen

äu·ßerst *Adv. sehr* Sie ist äußerst beunruhigt.

au·ßer·stan·d(e), *a.* **außer Stand(e)** *s.* **außer**

äu·ßers·te *Adj.* (↔ *innerste*) die äußerste Farbschicht lösen ■ **im äußersten Falle**: *im Notfall* **mit äußerster Kraft**: *mit letzter Kraft* **aufs Äußerste/äußerste**: *außerordentlich* ◆ Klein- oder Großschreibung→R 3.9 aufs äußerste/Äußerste gespannt sein

Äu·ßers·te das <-n> (*kein Plur.*) *das Schlimmste* bis zum Äußersten gehen, auf das Äußerste gefasst sein

au·ßer·ta·rif·lich <nicht steig.> *Adj.* (WIRTSCH.: ↔ *tariflich*) *nicht durch den Tarif geregelt* außertarifliche Vereinbarungen

außer·tour·lich *Adv.* (*österr.*) *zusätzlich, nicht in der normalen Ordnung stehend*

Äu·ße·rung die <-, -en> *etwas, das jmd. gesagt hat*

aus·set·zen <setzt aus, setzte aus, hat ausgesetzt> I. *mit OBJ/intr.* ■ *jmd. setzt jmdn./ein Tier aus* **1.** *wegbringen und sich selbst überlassen* ein Kind/ein Haustier aussetzen, ein gefangenes Wildtier (wieder) aussetzen **2.** ■ *jmd. setzt jmdn./etwas einer Sache aus einem Einfluss unterwerfen* seine Haut der Sonne aussetzen, den Einflüssen der Umwelt ausgesetzt sein, jemanden/sich einem Verdacht aussetzen **3.** ■ *jmd. setzt etwas aus in Aussicht stellen* eine Belohnung aussetzen **4.** *bemängeln* ■ *jmd. setzt etwas an jmdm./etwas Dat. aus kritisieren* an jemandem/einer Sache etwas/nichts auszusetzen haben, Was hast du daran auszusetzen? **5.** ■ *jmd. setzt aus unterbrechen* beim Spiel (eine Runde) aussetzen, die Diät aussetzen II. *ohne OBJ* ■ *etwas setzt aus unvermittelt stillstehen* Die Atmung/der Motor/der Lärm setzte plötzlich aus.

Aus·set·zung die <-, -en> (*Plur. selten*) *das Aussetzen* durch Aussetzung einer Belohnung

Aus·sicht die <-, -en> **1.** *Blick* eine schöne Aussicht auf die Stadt haben **2.** *Hoffnung* keine Aussicht auf Besserung der Lage ■ **in Aussicht stellen**: *versprechen* **in Aussicht haben**: *erwarten*

aus·sichts·los *Adj. hoffnungslos;* (↔ *aussichtsreich*) eine aussichtslose Lage

Aus·sichts·lo·sig·keit die <-> (*kein Plur.*) *der Zustand, dass es keine Perspektive und Hoffnung für die Zukunft gibt* Die Aussichtslosigkeit seiner Situation ließ ihn verzweifeln.

aus·sichts·reich *Adj.* (↔ *aussichtslos*) *so, dass es viel Grund zu Hoffnungen macht*

Aus·sichts·turm der <-(e)s, Aussichtstürme> *Turm, den man besteigen kann, um die Aussicht zu genießen*

aus·sie·ben <siebst aus, siebte aus, hat ausgesiebt> *mit OBJ/ohne OBJ* **1.** ■ *jmd. siebt etwas aus etwas mithilfe eines Siebes trennen* Steine aus dem Sand aussieben **2.** ■ *jmd. siebt (jmdn.) aus streng auswählen* die Bewerber für das Stipendium aussieben

aus·sie·deln <siedelst aus, siedelte aus, hat ausgesiedelt> *mit OBJ* ■ *jmd. siedelt jmdn. aus etwas Dat. aus zwingen, seinen bisherigen Wohnort zu verlassen* die Bewohner eines Tales vor dem Bau eines Staudammes aussiedeln

Aus·sied·lung die <-, -en> *das Aussiedeln*

aus·sit·zen <sitzt aus, saß aus, hat ausgesessen> *mit OBJ* ■ *jmd. sitzt etwas aus* (*umg.*) *untätig bleiben, bis sich etwas von selbst erledigt* ein Problem aussitzen

aus·söh·nen I. *mit OBJ* ■ *jmd. söhnt jmdn. mit jmdm. aus versöhnen* jemanden mit seinem Gegner aussöhnen II. *mit SICH* ■ *jmd. söhnt sich mit jmdm./etwas aus sich versöhnen* sich mit seinem Gegner/seiner Lage aussöhnen

Aus·söh·nung die <-, -en> (*Plur. selten*) *das Aussöhnen*

aus·son·dern <sonderst aus, sonderte aus, hat ausgesondert> *mit OBJ aussortieren und entfernen* ■ *jmd. sondert etwas aus* kranke Tiere aussondern

aus·sor·tie·ren <sortierst aus, sortierte aus, hat aussortiert> *mit OBJ etwas, das nicht mehr ge-*

braucht wird, aus einer Menge herausnehmen ■ *jmd. sortiert etwas aus* alte Kleider aussortieren

aus·span·nen <spannst aus, spannte aus, hat ausgespannt> **I.** *mit OBJ* ■ *jmd. spannt ein Tier aus* (LANDW.: ↔ *anspannen*) die Pferde ausspannen ■ **jemandem die Freundin/den Freund ausspannen** (*umg.*): *jmdm. die Freundin oder den Freund wegnehmen* **II.** *ohne OBJ* ■ *jmd. spannt aus* (*umg.*) *sich erholen* in den Ferien richtig ausspannen können

aus·spa·ren <sparst aus, sparte aus, hat ausgespart> *mit OBJ* ■ *jmd. spart etwas aus* **1.** (*vorläufig*) *frei lassen* eine Zeile für spätere Notizen aussparen **2.** *vorläufig nicht berücksichtigen* ein Thema/eine heikle Frage aussparen

Aus·spa·rung die <-, -en> TECHN. *Lücke* eine Aussparung (im Regal) für die Kabel

aus·sper·ren <sperrst aus, sperrte aus, hat ausgesperrt> *mit OBJ* ■ *jmd. sperrt jmdn. aus* **1.** *am Hineinkommen hindern* jemanden/ein Tier aussperren **2.** *im Arbeitskampf: von der Arbeit ausschließen* Die Streikenden wurden von der Betriebsleitung ausgesperrt.

Aus·sper·rung die <-, -en> *das Aussperren*[2] den Arbeitern mit Aussperrung drohen

aus·spie·len <spielst aus, spielte aus, hat ausgespielt> *mit OBJ/ohne OBJ* **1.** ■ *jmd. spielt etwas aus im Kartenspiel spielen* Du musst als Erster (eine Karte) ausspielen. **2.** ■ *jmd. spielt jmdn. aus* SPORT *nicht zum Zuge kommen lassen* den Gegner geschickt ausspielen **3.** ■ *jmd. spielt etwas aus um etwas spielen* beim Lotto zwei Millionen ausspielen, einen Pokal ausspielen ■ **jemanden gegen jemanden ausspielen** (*umg.*): *jmdn. benutzen, um einem anderen zu schaden*

aus·spi·o·nie·ren <spionierst aus, spionierte aus, hat ausspioniert> *mit OBJ* ■ *jmd. spioniert jmdn./etwas aus* (*abwert.*) *heimlich über jmdn. oder etwas etwas herausfinden* ein Geheimnis/seine Nachbarn ausspionieren

Aus·spra·che die <-, -n> **1.** (*kein Plur.*) *die Art und Weise zu sprechen* eine deutliche Aussprache haben, die Aussprache des „th" im Englischen **2.** *ernsthaftes Gespräch* mit jemandem eine Aussprache haben

aus·spre·chen <sprichst aus, sprach aus, hat ausgesprochen> **I.** *mit OBJ* ■ *jmd. spricht etwas aus* **1.** *artikulieren* einen Laut/ein Wort/einen Satz richtig aussprechen **2.** *äußern* seine Gedanken/Sorgen offen aussprechen **II.** *ohne OBJ* ■ *jmd. spricht aus zu Ende sprechen* Bitte lassen Sie mich aussprechen! **III.** *mit SICH* **1.** ■ *jmd. spricht sich über etwas Akk. aus sich offenbaren* sich mit jemandem (über seine Ängste) aussprechen **2.** ■ *jmd. spricht sich über jmdn./etwas aus* (*geh.*) *seine Meinung äußern* sich lobend über jemanden/etwas aussprechen, sich für/gegen die Todesstrafe aussprechen

Aus·spruch der <-(e)s, Aussprüche> *etwas, das jmd. gesagt hat* ein Ausspruch von Goethe

aus·spu·cken <spuckst aus, spuckte aus, hat ausgespuckt> *mit OBJ* ■ *jmd. spuckt etwas aus Speichel von sich geben*

aus·spü·len <spülst aus, spülte aus, hat ausgespült> *mit OBJ* ■ *jmd. spült etwas aus durch Spülen reinigen* die Reste (aus der Schüssel)/die Schüssel ausspülen

aus·staf·fie·ren <staffierst aus, staffierte aus, hat ausstaffiert> *mit OBJ* ■ *jmd. staffiert jmdn./sich* (*für etwas Akk.*) *aus ausstatten* jemanden für eine Reise ausstaffieren

Aus·stand der <-(e)s, Ausstände> (*Plur. selten*) *Streik* im Ausstand sein, in den Ausstand treten

aus·stän·dig <nicht steig.> *Adj.* (*österr.*) *ausstehend*

aus·stan·zen <stanzt aus, stanzte aus, hat ausgestanzt> *mit OBJ* ■ *jmd. stanzt etwas aus* TECHN. *eine Fläche durch Stanzen herausschneiden* eine Form/ein Metallteil ausstanzen

aus·stat·ten <stattest aus, stattete aus, hat ausgestattet> *mit OBJ* ■ *jmd. stattet jmdn./etwas mit etwas Dat. aus mit etwas versehen* ein modern ausgestattetes Büro, die Kinder mit dem nötigen Wissen ausstatten

Aus·stat·tung die <-, -en> **1.** *das Ausstatten* den Auftrag für die Ausstattung der Büros erhalten **2.** *Ausrüstung* Wohnungen mit modernster Ausstattung **3.** *Gestaltung* die Ausstattung eines Buches/Films

aus·ste·chen <stichst aus, stach aus, hat ausgestochen> *mit OBJ* **1.** ■ *jmd. sticht* (*jmdm.*) *etwas aus jmdm. oder etwas dadurch verletzen, dass man mit einem spitzen Gegenstand zusticht* jemandem die Augen ausstechen **2.** ■ *jmd. sticht etwas aus mit einem spitzen Gerät herausstechen* Plätzchen ausstechen, Unkraut ausstechen **3.** ■ *jmd. sticht jmdn.* (*bei jmdm.*) *aus von einer guten Position verdrängen* einen Konkurrenten ausstechen, jemanden bei seiner Freundin ausstechen

aus·ste·hen <stehst aus, stand aus, hat ausgestanden> **I.** *mit OBJ* **1.** ■ *jmd. kann jmdn./etwas nicht ausstehen* (*umg.*) *nicht leiden können* jemanden nicht ausstehen können, Ich kann es nicht ausstehen, wenn … **2.** ■ *jmd. steht etwas aus erdulden* große Angst ausstehen, viel auszustehen haben, Die Sache ist ausgestanden. **II.** *ohne OBJ* ■ *etwas steht aus fehlen* Seine Antwort steht noch aus.

aus·stei·gen <steigst aus, stieg aus, ist ausgestiegen> *ohne OBJ* **1.** ■ *jmd. steigt aus etwas Dat. aus sich aus einem Fahrzeug begeben* aus dem Auto/Bus aussteigen **2.** ■ *jmd. steigt aus etwas Dat. aus* (*umg.*) *nicht mehr mitmachen* Die Firma ist aus dem Projekt ausgestiegen. **3.** ■ *jmd. steigt aus* (*umg.*) *außerhalb gesellschaftlicher Normen leben* Sie ist ausgestiegen und lebt ganz nach ihren eigenen Vorstellungen.

Aus·stei·ger, **Aus·stei·ge·rin** der <-s, -> *Person, die ausgestiegen*[3] *ist*

aus·stel·len <stellst aus, stellte aus, hat ausgestellt> *mit OBJ* ■ *jmd. stellt etwas aus* **1.** *öffentlich zeigen* Bilder im Museum ausstellen **2.** *ausfertigen* Pässe/Zeugnisse ausstellen, jemandem ein Rezept ausstellen **3.** (*umg.* ≈ *ausschalten* ↔ *einschalten*) den Fernseher/den Kühlschrank ausstellen

Aus·stel·ler, **Aus·stel·le·rin** der <-s, -> *jmd., der etwas ausstellt*[1]

Aus·stel·lung die <-, -en> *Veranstaltung, bei der Kunstwerke oder wirtschaftliche Produkte ausgestellt*[1] *werden* ◆-sbesucher, -sfläche, -sgelände, -skatalog, -sstück

Aus·stel·lungs·hal·le die <-, -n> *Halle, in der etwas ausgestellt wird*

Aus·stel·lungs·raum der <-(e)s, Ausstellungsräume> *Raum, in dem etwas ausgestellt wird*

aus·ster·ben <stirbt aus, starb aus, ist ausgestorben> *ohne OBJ* ■ *ein Tier/eine Pflanze/eine Familie stirbt aus sich als Gattung nicht mehr weiter vermehren* (*mit der Folge, dass kein Tier/keine Pflanze der Gattung bzw. kein Angehöriger der Familien mehr existiert*) Viele Arten sterben aus., eine ausgestorbene Tierart, vom Aussterben bedroht sein

Aus·steu·er die <-, -n> (*Plur. selten*) (*veralt.*) *Ausstattung für den zukünftigen Haushalt, die eine Tochter zur Hochzeit von den Eltern erhält*

Aus·stieg der <-(e)s, -e> **1.** *Stelle am Fahrzeug zum Aussteigen* Der Ausstieg befindet sich hinten. **2.** (*kein Plur.*) *das Aussteigen* der Ausstieg aus der Kernenergie

aus·stop·fen <stopfst aus, stopfte aus, hat ausgestopft> *mit OBJ* ■ *jmd. stopft etwas/ein Tier aus das Innere einer Sache mit Material füllen* ein Kissen/ein Tier ausstopfen

Aus·stoß der <-es, Ausstöße> (*Plur. selten*) **1.** WIRTSCH. *Gesamtheit der hergestellten Waren* ein Ausstoß von 500 Autos am Tag **2.** *abgegebene Menge* den Ausstoß von Kohlendioxid verringern

aus·sto·ßen <stößt aus, stieß aus, hat ausgestoßen> *mit OBJ* ■ *jmd. stößt jmdn. aus* **1.** (*umg.*) *ausschließen* jemanden aus der Gemeinschaft ausstoßen **2.** ■ *jmd. stößt etwas aus* TECHN. *ausblasen* giftige Gase ausstoßen **3.** ■ *jmd. stößt etwas aus von sich geben* einen Seufzer/Schrei ausstoßen

aus·strah·len *mit OBJ* ■ *jmd. strahlt etwas aus* **1.** *senden* ein Programm/ein Konzert ausstrahlen **2.** *ein Gefühl vermitteln* Ruhe/Gelassenheit ausstrahlen, Wärme/Kälte ausstrahlen

Aus·strah·lung die <-, -en> **1.** *Übertragung* die Ausstrahlung eines Programms **2.** (*kein Plur.*) (*positive*) *Wirkung einer Person* eine große Ausstrahlung besitzen

aus·stre·cken <streckst aus, streckte aus, hat ausgestreckt> **I.** *mit OBJ* ■ *jmd. streckt etwas aus* (↔ *einziehen*) *von sich strecken* die Arme/Beine ausstrecken **II.** *mit SICH* ■ *jmd. streckt sich aus* **1.** *sich der Länge nach hinlegen* sich im Bett ausstrecken, ausgestreckt daliegen **2.** *sich recken* sich (nach etwas) ausstrecken

aus·strei·chen <streichst aus, strich aus, hat ausgestrichen> *mit OBJ* ■ *jmd. streicht etwas aus* **1.** *durchstreichen* ein Wort/einen Fehler ausstreichen **2.** *innen bestreichen* Risse mit Gips ausstreichen, eine Pfanne mit Fett ausstreichen

aus·strö·men <strömst aus, strömte aus, hat/ist ausgeströmt> **I.** *mit OBJ* ■ *jmd./etwas strömt etwas aus* (*haben*) *um sich verbreiten* Er strömt Ruhe aus., Die Blumen strömen Duft aus. **II.** *ohne OBJ* ■ *etwas strömt aus* (*sein*) *als Strom von etwas aus etwas heraus nach außen gelangen* Wasser strömt aus., Dampf ausströmen lassen, ausgeströmtes Gas; (*übertr.*) Von ihr strömt Ruhe aus.

aus·su·chen <suchst aus, suchte aus, hat ausgesucht> *mit OBJ* ■ *jmd. sucht etwas aus auswählen* Darf ich mir etwas aussuchen? *siehe auch* **ausgesucht**

Aus·tausch der <-(e)s> (*kein Plur.*) **1.** *der Ersatz* der Austausch eines Spielers, im Austausch ein anderes Gerät erhalten **2.** *wechselseitiges Geben* der Austausch von Ideen/Gefangenen

aus·tausch·bar <nicht steig.> *Adj. so, dass man es austauschen kann*

aus·tau·schen <tauschst aus, tauschte aus, hat ausgetauscht> **I.** *mit OBJ* ■ *jmd. tauscht etwas aus* **1.** *ersetzen* alte Batterien gegen neue austauschen, einen Spieler (gegen einen anderen) austauschen **2.** *einander geben* Gedanken/Erinnerungen (miteinander) austauschen **II.** *mit SICH* ■ *jmd. tauscht sich mit jmdm. über etwas Akk. aus sich unterhalten* sich (über etwas) austauschen

aus·tei·len <teilst aus, teilte aus, hat ausgeteilt> *mit OBJ/ohne OBJ* ■ *jmd. teilt etwas aus* **1.** (↔ *einsammeln*) *etwas verteilen* Spielkarten austeilen, die Post austeilen **2.** (*umg.* ↔ *einstecken*) *andere und ihre Gefühle verletzen* Er hat ordentlich (Schläge/Prügel) ausgeteilt.

Aus·ter die <-, -n> *eine essbare Muschel*

aus·to·ben <tobst aus, tobte aus, hat ausgetobt> *mit SICH* **1.** ■ *jmd. tobt sich aus toben, wild spielen* Die Kinder können sich auf dem Spielplatz richtig austoben. **2.** ■ *jmd. tobt sich aus sich bei einer Tätigkeit verausgaben und seinen Gefühlen freien Lauf lassen* Am Schlagzeug kann er sich austoben., sich bei einer Tätigkeit austoben **3.** ■ *jmd./etwas tobt sich aus mit viel Kraft wüten* Über dem Meer tobt sich ein Sturm aus. **4.** ■ *jmd./etwas hat sich ausgetobt* (*und ist erschöpft*) *aufhören zu toben* Der Sturm hat sich ausgetobt., Die Kinder haben sich endlich ausgetobt.

aus·tra·gen <trägst aus, trug aus, hat ausgetragen> **I.** *mit OBJ* ■ *jmd. trägt etwas aus* **1.** *von Haus zu Haus gehen und Post in die Briefkästen verteilen* Briefe/Zeitungen austragen **2.** *zu Ende führen* einen Streit austragen **3.** (≈ *durchführen*) einen Wettkampf austragen **II.** *mit SICH* ■ *jmd. trägt sich aus etwas Dat. aus* (↔ *eintragen*) Sie trug sich aus der Teilnehmerliste wieder aus. ■ **ein Kind/eine Schwangerschaft austragen**: *ein Kind bis zur völligen Reife im Leib tragen*

Aus·tra·gung die <-, -en> (*Plur. selten*) SPORT *das Austragen* die Austragung der Olympischen Spiele

Aus·tra·gungs·ort der <-(e)s, -e> *der Ort, an dem etwas ausgetragen wird* der Austragungsort der Fußballweltmeisterschaft

Aus·tra·li·en <-s> *der kleinste Erdteil*

Aus·tra·li·er, **Aus·tra·li·e·rin** der <-s, -> *jmd., der die australische Staatsbürgerschaft hat*

aus·tra·lisch <nicht steig.> *Adj. Australien oder die Australier betreffend*

aus·trei·ben <treibst aus, trieb aus, hat ausgetrieben> **I.** *mit OBJ* **1.** ■ *jmd. treibt jmdm. etwas aus* (↔ *angewöhnen*) *unter Zwang abgewöhnen* jemandem etwas austreiben, Ich werde ihm seine Unzuverlässigkeit schon noch austreiben. **2.** ■ *jmd. treibt jmdn. aus verbannen* Dämonen/den Teufel austreiben **II.** *ohne OBJ* ■ *etwas treibt aus Triebe*[3] *entwickeln* Die Pflanzen treiben aus.

aus·tre·ten <trittst aus, trat aus, hat/ist ausgetreten> **I.** *mit OBJ* ■ *jmd. tritt etwas aus* (*haben*) *durch Treten löschen* ein Feuer/die Glut austreten **II.** *ohne OBJ* (*sein*) **1.** ■ *jmd. tritt aus etwas Dat. aus* (↔ *eintreten*) *freiwillig ausscheiden* aus der Kirche/einem Verein austreten **2.** ■ *jmd. muss/geht austreten* ((*nur im Infinitiv*) *umg. veralt.*) *zur Toilette gehen* austreten gehen, Ich muss mal austreten. **3.** ■ *etwas tritt aus* (↔ *eindringen*) *entweichen* Aus/an der undichten Stelle ist Gas ausgetreten.

Aus·tria·zis·mus der <-, Austriazismen> *siehe auch* **Anglizismus**, **Gallizismus**, **Helvetismus**, **Österreich**

> **i Wissenswert** Als **Austriazismus** bezeichnet man einen für das Österreichische typischen, für das übrige deutsche Sprachgebiet hingegen unüblichen und als österreichisch empfundenen Ausdruck. Beispiel: Lamperl (Lampe). Austriazismen werden in diesem Wörterbuch durch die Angabe österr. gekennzeichnet. Der Begriff „Austriazismus" hängt mit Austria, der lateinischen Form für Österreich, zusammen.

aus·tri·ck·sen <trickst aus, trickste aus, hat ausgetrickst> *mit OBJ* ■ *jmd. trickst jmdn. aus* (*umg.*) *überlisten* den Gegner/den Lehrer/die Eltern austricksen

Aus·tritt der <-(e)s, -e> *der Vorgang, dass jmd. die Mitgliedschaft in einer Organisation kündigt* der Austritt aus der Partei

Aus·tritts·er·klä·rung die <-, -en> *eine schriftliche Mitteilung, in der jmd. die Mitgliedschaft in einer Organisation kündigt*

Aus·tritts·wel·le die <-, -n> *der Vorgang, dass sehr viele Leute aus einer Institution austreten*

aus·trock·nen <trocknest aus, trocknete aus, hat/ist ausgetrocknet> **I.** *mit OBJ* ■ *etwas trocknet etwas aus* (*haben*) *trocken machen* Die Sonne hat den Boden ausgetrocknet., eine Schüssel (mit einem Tuch) austrocknen **II.** *ohne OBJ* ■ *etwas trocknet aus* (*sein*) *trocken werden* Im Sommer trocknet der Fluss aus., Der Boden/meine Haut/meine Kehle ist ausgetrocknet.

aus·ü·ben <übst aus, übte aus, hat ausgeübt> *mit OBJ* ■ *jmd. übt etwas aus* **1.** *regelmäßig einer bestimmten Tätigkeit nachgehen* einen Beruf ausüben **2.** *seinen Einfluss wirksam werden lassen* Einfluss/Druck/die Herrschaft ausüben

Aus·ü·bung die <-> (*kein Plur.*) *das Ausüben* in Ausübung seines Berufes

aus·u·fern <ufert aus, uferte aus, ist ausgeufert> *ohne OBJ* ■ *etwas ufert aus ein sinnvolles Maß übersteigen* Die Diskussion uferte aus.

Aus·ver·kauf der <-(e)s, Ausverkäufe> *der Vorgang, dass ein Laden alle seine Waren verkauft, weil er schließen wird* Ausverkauf wegen Geschäftsaufgabe

aus·ver·kauft <nicht steig.> *Adj.* **1.** *so, dass eine Ware restlos verkauft wurde oder im Moment nicht mehr lieferbar ist* Die Ware ist ausverkauft. **2.** *so, dass es keine freien Plätze mehr gibt* Das Kino/Stadion war völlig ausverkauft.

aus·wach·sen <wächst aus, wuchs aus, ist ausgewachsen> *mit SICH* ■ *etwas wächst sich zu etwas Dat. aus* **1.** *sich entwickeln* sich zu einem echten Problem auswachsen, Das kleine Kätzchen hat sich zu einem richtigen Tiger ausgewachsen. **2.** *sich während des Wachsens normalisieren* Die schiefen Zähne werden sich (mit der Zeit) noch auswachsen! ■ **Das ist ja zum Auswachsen!** (*umg.*): *man könnte verrückt werden*

Aus·wahl die <-> (*kein Plur.*) **1.** *das Auswählen* eine Auswahl treffen **2.** *Menge, aus der man wählen kann* eine reiche Auswahl an …, Hier ist die Auswahl nicht groß genug. **3.** *Ausgewähltes* eine Auswahl aus seinen Werken, die Auswahl, die uns bei den Wettkämpfen vertritt

aus·wäh·len <wählst aus, wählte aus, hat ausgewählt> *mit OBJ* ■ *jmd. wählt etwas aus eine bestimmte Wahl treffen* jemanden/etwas aus einer Menge auswählen, ausgewählte Teile des Programms zeigen

Aus·wahl·ver·fah·ren das <-s, -> *Art, wie etwas ausgewählt wird*

aus·wal·zen <walzt aus, walzte aus, hat ausgewalzt> *mit OBJ* ■ *jmd. walzt etwas aus in eine flache Form bringen* den Teig auf dem Kuchenblech auswalzen; (*umg. übertr.*) ein Thema unnötig auswalzen

Aus·wan·de·rer, **Aus·wan·de·rin** der <-s, -> *jmd., der auswandert*

aus·wan·dern <wanderst aus, wanderte aus, ist ausgewandert> *ohne OBJ* ■ *jmd. wandert irgendwohin aus* (↔ *einwandern*) *sein Heimatland für immer verlassen* nach Amerika auswandern

Aus·wan·de·rung die <-, -en> (*Plur. selten*) (↔ *Einwanderung*) *das Auswandern*

aus·wär·tig <nicht steig.> *Adj.* **1.** *nicht von einem Ort* die auswärtigen Schüler, auswärtige Firmen **2.** POL. *das Ausland betreffend* der auswärtige Dienst ■ **das Auswärtige Amt**: *das Außenministerium*

aus·wärts *Adv.* **1.** *außerhalb des Hauses oder Ortes* Sie kommt von auswärts., auswärts essen/spielen **2.** *nach außen* mit auswärts gerichteten Füßen

Aus·wärts·spiel das <-(e)s, -e> (SPORT: ↔ *Heimspiel*) *Spiel auf dem Platz des Gegners*

aus·wa·schen <wäschst aus, wusch aus, hat ausgewaschen> *mit OBJ* **1.** ■ *jmd. wäscht etwas aus Flecken oder Schmutz durch Waschen entfernen* den Fleck/die Bluse auswaschen, die Farbe/den

Pinsel auswaschen **2.** ▪ *etwas wäscht etwas aus durch Wasser aushöhlen* Der Regen hat die Felsen/den Weg ausgewaschen.

Aus·wa·schung die <-, -en> *durch Wasser verursachte Aushöhlung* Auswaschungen am Flussufer

aus·wech·sel·bar <nicht steig.> *Adj. so, dass man es auswechseln kann* Das Futter des Mantels ist auswechselbar.

aus·wech·seln <wechselst aus, wechselte aus, hat ausgewechselt> *mit OBJ* ▪ *jmd. wechselt etwas aus entnehmen und etwas anderes oder jmdn. anderen dafür einsetzen* schadhafte Teile auswechseln, einen Spieler auswechseln

Aus·wech·sel·spie·ler, **Aus·wech·sel·spie·le·rin** der <-s, -> SPORT *Spieler, der gegen einen anderen Spieler ins Spiel eingewechselt wird*

Aus·wechs·lung die <-, -en> *das Auswechseln*

Aus·weg der <-(e)s, -e> *Möglichkeit, ein Problem zu lösen* keinen Ausweg mehr wissen, der letzte Ausweg

aus·weg·los *Adj. so, dass es keinen Ausweg gibt* eine ausweglose Situation ▸Ausweglosigkeit

aus·wei·chen <weichst aus, wich aus, ist ausgewichen> *ohne OBJ* **1.** ▪ *jmd. weicht jmdm./etwas aus einen Zusammenstoß vermeiden* einem Hindernis ausweichen, einem Schlag/Geschoss ausweichen **2.** ▪ *jmd. weicht jmdn./einer Sache aus (etwas Unangenehmes) vermeiden* jemandem/einem Problem ausweichen, ausweichend antworten **3.** ▪ *jmd. weicht auf etwas Akk. aus etwas anderes nehmen* auf einen anderen Termin/Raum ausweichen

aus·wei·chend *Adj. so, dass man nicht direkt auf eine Frage oder Äußerung eingeht* eine ausweichende Antwort

Aus·weich·ma·nö·ver das <-s, -> *Versuch, einem anderen Fahrzeug auszuweichen*[1]

Aus·weich·mög·lich·keit die <-, -en> *Möglichkeit zum Ausweichen*[3]

aus·wei·den <weidest aus, weidete aus, hat ausgeweidet> *mit OBJ* ▪ *jmd. weidet ein Tier aus die Eingeweide herausnehmen* ein Wildschwein ausweiden

aus·wei·nen <weinst aus, weinte aus, hat ausgeweint> *mit SICH* ▪ *jmd. weint sich bei jmdm. (über etwas Akk.) aus (umg.) sich aussprechen, Trost für seine Sorgen finden* Sie weint sich immer bei ihrer Freundin (über ihre Beziehungsprobleme) aus. ▪ **sich die Augen ausweinen**: *sehr stark weinen*

Aus·weis der <-es, -e> **1.** *Dokument, das die Identität eines Bürgers ausweist* einen Ausweis beantragen/verlängern/ausstellen/kontrollieren ◆ Personal- **2.** *Dokument, das von einer Institution als Bestätigung oder Nachweis für etwas ausgestellt wurde und in dem Informationen über den Inhaber enthalten sind* ◆ Bibliotheks-, Mitglieds-, Studenten-

aus·wei·sen <weist aus, wies aus, hat ausgewiesen> **I.** *mit OBJ* **1.** ▪ *jmd. weist jmdn. aus zum Verlassen des Landes zwingen* jemanden (aus dem Land) ausweisen **2.** ▪ *etwas weist jmdn. als etwas aus etwas zeigt, dass jmd. eine bestimmte Eigenschaft oder Funktion besitzt* Sein erster Roman weist ihn als begabten Schriftsteller aus. **3.** ▪ *jmd./etwas weist etwas Akk. aus etwas zeigen, kennzeichnen* Die Rechnung weist alle Kosten aus. **4.** ▪ *jmd. weist etwas Akk. aus* BAUW. *etwas für eine bestimmte Nutzung vorsehen* ein Gelände als Bauland ausweisen **II.** *mit SICH* **1.** ▪ *jmd. weist sich aus den Pass oder Ausweis vorzeigen* Können Sie sich ausweisen? **2.** ▪ *jmd. weist sich (als jmd./etwas) aus sich zeigen; sich erweisen* Er weist sich als guter Handwerker aus.

Aus·weis·kon·t·rol·le die <-, -n> *Überprüfung der Ausweispapiere*

Aus·weis·pa·pie·re <-> *Plur. amtliche Dokumente, mit denen man seine Identität nachweisen kann*

Aus·wei·sung die <-, -en> *das Ausweisen I.1* die Ausweisung unerwünschter Personen aus dem Land

aus·wei·ten <weitest aus, weitete aus, hat ausgeweitet> **I.** *mit OBJ* ▪ *jmd. weitet etwas aus* **1.** *durch Gebrauch ausdehnen* die Hose/Schuhe ausweiten **2.** *erweitern* die Streiks erheblich ausweiten **II.** *mit SICH* ▪ *etwas weitet sich aus sich erweitern* Das Orkantief weitet sich aus., sich zu einer Staatskrise ausweiten

aus·wen·dig *Adv. so, dass man etwas aus dem Gedächtnis kann und keine Textvorlage dazu braucht* ein Gedicht auswendig lernen, Das kenne ich schon auswendig!

aus·wer·fen <wirfst aus, warf aus, hat ausgeworfen> *mit OBJ* ▪ *jmd. wirft etwas aus* **1.** *etwas so werfen, dass es an einer bestimmten Stelle landet* die Angel/den Anker auswerfen **2.** *etwas ausspucken* Schleim auswerfen **3.** *(fachspr.) ausstoßen, produzieren* 100 Schrauben pro Minute auswerfen

aus·wer·ten <wertest aus, wertete aus, hat ausgewertet> *mit OBJ* ▪ *jmd. wertet etwas aus prüfen und daraus Erkenntnisse gewinnen* ein Experiment/Ergebnisse auswerten

Aus·wer·tung die <-, -en> *das Auswerten*

aus·wi·ckeln <wickelst aus, wickelte aus, hat ausgewickelt> *mit OBJ* ▪ *jmd. wickelt etwas aus (↔ einwickeln) aus dem Papier nehmen, in das etwas eingepackt ist* das Geschenk auswickeln

aus·wir·ken <wirkt aus, wirkte aus, hat ausgewirkt> *mit SICH* ▪ *etwas wirkt sich (irgendwie) (auf etwas Akk.) aus Wirkung zeigen* sich positiv/gut (auf etwas) auswirken

Aus·wir·kung die <-, -en> (≈ *Konsequenz*) verheerende Auswirkungen haben

aus·wi·schen <wischst aus, wischte aus, hat ausgewischt> *mit OBJ* ▪ *jmd. wischt etwas aus etwas durch Wischen mit einem Tuch, einem Lappen o.Ä. säubern* die Gläser/den Schrank auswischen ▪ **jemandem eins auswischen** (*umg.*): *etwas tun, was jmdm. schadet*

aus·wrin·gen <wringst aus, wrang aus, hat ausgewrungen> *mit OBJ* ▪ *jmd. wringt etwas aus einen nassen Lappen oder ein nasses Stück Stoff* *stark verdrehen, um die Flüssigkeit heraustreten zu lassen* einen nassen Lappen auswringen

Aus·wuchs der <-(e)s, Auswüchse> **1.** MED. *krankhafte Wucherung* **2.** (*meist Plur.*) (*umg. abwert.*) *Übertreibungen* Auswüchse der Fantasie/der Bürokratie

aus·wuch·ten <wuchtet aus, wuchtete aus, hat ausgewuchtet> *mit OBJ* ■ *jmd. wuchtet etwas aus* TECHN. *so bearbeiten, dass es sich gleichmäßig um eine Achse dreht* die Räder auswuchten

Aus·wurf der <-(e)s, Auswürfe> (*Plur. selten*) MED. *ausgespuckter Schleim* blutiger Auswurf

aus·zah·len <zahlt aus, zahlte aus, hat ausgezahlt> **I.** *mit OBJ* ■ *jmd. zahlt jmdm. etwas aus jmdm. das Geld geben, das ihm zusteht* jemandem seinen Lohn/Anteil auszahlen, einen Teilhaber auszahlen **II.** *mit SICH* ■ *etwas zahlt sich aus sich lohnen* Das zahlt sich nicht aus.

aus·zäh·len <zählt aus, zählte aus, hat ausgezählt> *mit OBJ* **1.** ■ *jmd. zählt etwas aus die genaue Anzahl von etwas durch Zählen bestimmen* Wählerstimmen auszählen **2.** ■ *jmd. zählt jmdn. aus* SPORT *der Schiedsrichter in einem Boxkampf zählt von 1-10, um so den kampfunfähigen Boxer als Verlierer zu erklären* einen Boxer auszählen

Aus·zah·lung die <-, -en> *das Auszahlen*

aus·zeich·nen <zeichnest aus, zeichnete aus, hat ausgezeichnet> **I.** *mit OBJ* **1.** ■ *jmd. zeichnet etwas aus mit einem Preis versehen* Waren auszeichnen **2.** ■ *jmd. zeichnet jmdn. mit etwas Akk. aus ehren* jemanden (mit einem Preis) auszeichnen **3.** ■ *etwas zeichnet jmdn. aus typisch sein* Besondere Zuverlässigkeit zeichnet sie aus. **II.** *mit SICH* ■ *jmd./etwas zeichnet sich aus aus einer Menge hervortun* Sie zeichnet sich durch großen Fleiß aus.

Aus·zeich·nung die <-, -en> *Preis* eine Auszeichnung erhalten, eine Prüfung mit Auszeichnung bestehen

aus·zieh·bar <nicht steig.> *Adj. so, dass man es ausziehen kann I.2* ein ausziehbarer Tisch

aus·zie·hen <ziehst aus, zog aus, hat/ist ausgezogen> **I.** *mit OBJ* ■ *jmd. zieht jmdn./etwas aus* (*haben*) **1.** (↔ *anziehen*) *ein Kleidungsstück ablegen bzw. jmdn. entkleiden* seine Schuhe ausziehen, ein Kind/einen Kranken ausziehen **2.** *verlängern* den Tisch/die Antenne ausziehen **II.** *ohne OBJ* **1.** ■ *jmd. zieht* (*aus etwas Dat.*) *aus* ((*sein*) ↔ *einziehen*) *sein gesamtes Eigentum, seine Möbel usw. aus der Wohnung, in der man bisher gewohnt hat, transportieren und nicht mehr dort wohnen* aus einem Haus/einer Wohnung ausziehen **2.** ■ *jmd. zieht aus losziehen* ausziehen, um die Welt kennen zu lernen **III.** *mit SICH* ■ *jmd. zieht sich etwas aus* ((*haben*) ↔ *anziehen*) *ein Kleidungsstück ablegen* sich die Schuhe ausziehen

Aus·zieh·tisch der <-(e)s, -e> *ausziehbarer Tisch*

Aus·zu·bil·den·de der/die <-n, -n> *jmd., der eine Ausbildung durchläuft*

Aus·zug der <-(e)s, Auszüge> **1.** (*kein Plur.*) *das Verlassen einer Wohnung* vor dem Auszug ist die Wohnung zu renovieren **2.** *Kurzfassung* ein Auszug aus einem Buch **3.** BANKW. *Nachricht über den Kontostand* sich einen Auszug von der Bank holen **4.** CHEM. *Extrakt* ein wässriger Auszug aus Kamillenblüten

aus·zugs·wei·se *Adv. in Auszügen*[2] auszugsweise aus dem Buch vorlesen

au·tark *Adj. unabhängig* wirtschaftlich autark sein

au·then·tisch *Adj.* (*geh.*) *echt, den Tatsachen entsprechend*

Au·then·ti·zi·tät die [autɛntitsi'tɛt] <-> (*kein Plur.*) (*geh.*) *Echtheit*

Au·tis·mus der [au'tɪsmʊs] <-> (*kein Plur.*) MED. *krankhafte Kontaktunfähigkeit*

Au·tist der <-en, -en> *jmd., der an Autismus leidet*

au·tis·tisch <nicht steig.> *Adj. an Autismus leidend* ein autistisches Kind

Au·to das <-s, -s> *kurz für „Automobil"* Auto fahren

Au·to·ab·ga·se <-> *Plur. Auspuffgase von Autos*

Au·to·at·las der <-es, -se/Autoatlanten> *Straßenatlas für Autofahrer*

Au·to·bahn die <-, -en> *eine sehr breite Straße mit zwei getrennten Fahrbahnen, die nur für Kraftfahrzeuge bestimmt ist*

> **i Wissenswert** Die **Autobahn** ist eine mehrspurige Schnellstraße für Fahrzeuge mit mehr als 60 km/h Geschwindigkeit. Es gibt keine Kreuzungen und die Autofahrer werden vom Gegenverkehr durch einen Mittelstreifen getrennt. Auf deutschen Autobahnen gibt es keine Geschwindigkeitsbeschränkung. In Österreich beträgt die Höchstgeschwindigkeit für Kraftfahrzeuge 130 km/h und in der Schweiz 120 km/h.

Au·to·bahn·auf·fahrt die <-, -en> *Straße, die auf eine Autobahn führt*

Au·to·bahn·brü·cke die <-, -> *Brücke, die über eine Autobahn führt*

Au·to·bahn·ge·bühr die <-, -en> *Gebühr, die man in manchen Ländern für die Benutzung einer Autobahn bezahlen muss*

Au·to·bahn·meis·te·rei die <-, -en> *Straßenmeisterei für die Autobahn*

Au·to·bahn·netz das <-es> (*kein Plur.*) *Gesamtheit der* (*miteinander verbundenen*) *Autobahnen*

Au·to·bahn·rast·stät·te die <-, -n> *Raststätte an einer Autobahn*

Au·to·bahn·vi·gnet·te die <-, -n> (*schweiz.*) *Gebührenmarke für die Autobahnbenutzung*

Au·to·bau·er der <-s, -> (*umg.*) *Autohersteller*

Au·to·bi·o·gra·fie, *a.* **Au·to·bi·o·gra·phie** die <-, -n> (*literarische*) *Beschreibung des eigenen Lebens*

au·to·bi·o·gra·fisch, *a.* **au·to·bi·o·gra·phisch** <nicht steig.> *Adj. so, dass es das eigene Leben beschreibt*

Au·to·bom·be die <-, -n> *in einem Fahrzeug deponierte Bombe*

Au·to·bus der <-es, -se> *ein großes Fahrzeug mit Sitzplätzen für viele Fahrgäste*

au·toch·thon [autɔx'to:n] <nicht steig.> *Adj.* (*geh.*) **1.** *eingesessen* die autochthone Bevölkerung **2.** *an Ort und Stelle entstanden* autochthone Sprachen/Kulturen

Au·to·da·fé das [autoda'fe:] <-s, -s> *Ketzergericht und -verbrennung*

Au·to·di·dakt, **Au·to·di·dak·tin** der [auto-di'dakt] <-en, -en> (*geh.*) *Person, die sich ihr Wissen im Selbststudium aneignet* ►autodidaktisch

Au·to·dieb, **Au·to·die·bin** der <-(e)s, -e> *jmd., der ein Kraftfahrzeug stiehlt*

Au·to·drom das [auto'dro:m] <-s, -e> **1.** *ringförmige Straßenanlage für Renn- und Testfahrten* **2.** (*österr.*) *Fahrbahn für Autoskooter auf Jahrmärkten*

Au·to·fäh·re die <-, -n> *eine Fähre, auf der Autos und Personen transportiert werden können*

Au·to·fah·rer, **Au·to·fah·re·rin** der <-s, -> *jmd., der ein Kraftfahrzeug fährt*

Au·to·fahrt die <-, -en> *Fahrt mit einem Auto*

Au·to·fried·hof der <-(e)s, Autofriedhöfe> *Schrottplatz für alte Autos*

au·to·gen [auto'ge:n] <nicht steig.> *Adj. selbsttätig* ■ **autogenes Schweißen**: *mit heißer Flamme schweißen* **autogenes Training**: *Üben der Selbstentspannung*

Au·to·gramm das <-(e)s, -e> *eigenhändige Unterschrift* (*einer bekannten Persönlichkeit*) Autogramme sammeln

Au·to·gramm·jä·ger, **Au·to·gramm·jä·ge·rin** der <-s, -> (*umg. scherzh.*) *Person, die leidenschaftlich Autogramme sammelt*

Au·to·gramm·stun·de die <-, -n> *bestimmte Zeit, während der ein Prominenter an einem öffentlichen Ort Autogramme gibt*

Au·to·händ·ler, **Au·to·händ·le·rin** der <-s, -> *jmd., der mit Autos handelt*

Au·to·haus das <-es, Autohäuser> *großes Geschäft, das mit Autos handelt*

Au·to·her·stel·ler der <-s, -> *Firma, die Autos herstellt*

Au·to·im·mun·krank·heit die <-, -en> MED. *Krankheit, die das eigene Immunsystem angreift*

Au·to·in·dus·t·rie die <-, -n> *Gesamtheit der Firmen, die Autos herstellen*

Au·to·ki·no das <-s, -s> *Kino im Freien, bei dem man Filme im Auto sitzend anschaut*

Au·to·mat der <-en, -en> **1.** *Verkaufsgerät zur Selbstbedienung* ein Automat für Fahrkarten/Kondome **2.** *Maschine, die den Arbeitsablauf selbst steuert*

Au·to·ma·tik die <-, -en> (*Plur. selten*) **1.** *technische Vorrichtung zur selbstständigen Regelung einer Tätigkeit* **2.** KFZ *Automatikschaltung*

Au·to·ma·tik·schal·tung die <-, -en> KFZ *automatische Schaltung*

Au·to·ma·ti·on die <-> (*kein Plur.*) (*geh.*) *hoher Stand der Automatisierung*

au·to·ma·tisch <nicht steig.> *Adj.* **1.** *von einer Automatik*[1] *gesteuert* **2.** (*umg.* ≈ *routinemäßig*) Haben Sie auch den Vergaser überprüft? – Ja, das machen wir automatisch.

au·to·ma·ti·sie·ren <automatisierst, automatisierte, hat automatisiert> *mit OBJ* ■ *jmd. automatisiert etwas* WIRTSCH. TECHN. *so gestalten, dass immer mehr Vorgänge ohne menschliches Zutun ablaufen* die Produktion automatisieren

Au·to·ma·ti·sie·rung die <-> (*kein Plur.*) *das Automatisieren*

Au·to·ma·tis·mus der <-, Automatismen> FACHSPR. *etwas, das man automatisch und ohne nachzudenken tut*

Au·to·mi·nu·te die <-, -n> *die Strecke, die man in einem Auto in einer Minute zurücklegt*

Au·to·mo·bil das <-s, -e> *Kraftfahrzeug*

au·to·nom <nicht steig.> *Adj.* **1.** POL. *unabhängig in Verwaltung, Kultur und Politik* eine autonome Republik **2.** *radikal und oft aggressiv gegenüber der Staatsgewalt* autonome Gruppen

Au·to·no·me der/die <-n, -n> *Person, die politisch radikal und aggressiv gegenüber der Staatsgewalt auftritt* Die friedliche Demonstration wurde durch Autonome gestört.

Au·to·no·mie die <-, -n> (*Plur. selten*) *politische, verwaltungsmäßige und kulturelle Unabhängigkeit*

Au·to·no·mie·be·hör·de die <-, -n> POL. *Behörde, die ein autonomes Gebiet verwaltet* die palästinensische Autonomiebehörde

Au·to·no·mie·ge·biet das <-(e)s, -e> POL. *autonomes Gebiet innerhalb eines Landes* die palästinensischen Autonomiegebiete

Au·t·op·sie die [autɔ'psi:] <-, -n> MED. *Leichenöffnung zur Feststellung der Todesursache* eine Autopsie anordnen/vornehmen

Au·tor, **Au·to·rin** der *Verfasser eines Textes oder Buches*

Au·to·ra·dio das <-s, -s> *in einem Kraftfahrzeug eingebautes Radiogerät*

Au·to·rei·fen der <-s, -> *Reifen eines Kraftfahrzeugs*

Au·to·ren·nen das <-s, -> *Rennen mit Autos*

Au·to·re·ver·se das ['autorivø:ɐs] <-> (*kein Plur.*) *Umschaltautomatik bei Kassettenrekordern*

au·to·ri·sie·ren <autorisierst, autorisierte, hat autorisiert> *mit OBJ* ■ *jmd. autorisiert jmdn. zu etwas Akk.* (*geh.*) *bevollmächtigen* Sie ist autorisiert (dazu), die Verhandlungen zu führen. ■ **eine autorisierte Übersetzung**: *eine vom Autor durchgesehene und genehmigte Übersetzung* **ein autorisierter Fachhändler**: *ein Fachhändler, der vom Vertrieb einer Marke offiziell als Händler dieser Marke ausgewiesen ist*

au·to·ri·tär <nicht steig.> *Adj.* (*geh. abwert.*) **1.** (↔ *antiautoritär*) *unbedingten Gehorsam fordernd* autoritäre Erziehung **2.** POL. *undemokratisch* ein autoritäres Regime

Au·to·ri·tät die <-, -en> **1.** (*kein Plur.*) *Ansehen und die damit verbundene Macht* sich Autorität verschaffen, die Autorität der Eltern **2.** *Person, die wegen ihres fachlichen Könnens anerkannt ist* eine große Autorität sein

Au·to·schlos·ser, **Au·to·schlos·se·rin** der <-s, -> *jmd., dessen Beruf es ist, Autos zu warten und zu reparieren*

Au·to·stopp der <-s> (*kein Plur.*) (*umg.*) *das Fahren per Anhalter* per Autostopp nach Hamburg fahren

Au·to·ver·mie·tung die <-, - en> *Unternehmen, das Autos vermietet*

Au·to·werk·statt die <-, Autowerkstätten> *Reparaturwerkstatt für Autos*

au·weh *Interj. drückt aus, dass jmd. etwas entdeckt hat, das negativ oder unangenehm ist* Auweh, der Schaden ist doch größer, das kann teuer werden!

A·van·ce [a'vɑ̃:sə] ■ **jemandem Avancen machen** (*geh.*) **1.** *jmdm. sein Interesse an ihm und an einer Beziehung zu ihm zu verstehen geben* **2.** *jmdm. entgegenkommen, um ihn für sich zu gewinnen*

A·van·gar·dist der <-en, -en> *Verterter der Avantgarde*

A·vant·gar·de die [avɑ̃'gardə] <-, -n> *die Gruppe der Vorkämpfer für eine Idee* zur Avantgarde gehören

a·vant·gar·dis·tisch <nicht steig.> *Adj. in der Art der Avantgarde*

A·va·tar das <-s, -e> EDV *eine virtuelle Kunstfigur, die die zentrale Rolle in einem Computerspiel o.Ä. hat*

A·ve das <-(s), -(s)> *kurz für „Ave-Maria"*

A·ve-Ma·ria das <-(s), -(s)> *„Gegrüßt seist du, Maria!", ein katholisches Gebet*

A·ven·tu·rin der <-s, -e> *ein Quarzstein*

A·ve·nue die [avə'ny:] <-, -n> *Prachtstraße*

A·ver·si·on die <-, -en> (*geh.*) *Gefühl starker Abneigung* eine Aversion gegen etwas/jemanden haben

A·vis der/das [a'vi:] <-es, -e> WIRTSCH. *Ankündigung einer Sendung an den Empfänger*

A·vi·so das <-s, -s> (*österr.*) *Avis*

A·vo·ca·do die <-, -s> *birnenförmige grüne Frucht eines südamerikanischen Baumes*

A·vo·ca·do·cre·me die <-, -s> *Speise aus pürierten Avocados*

a·x·i·al *Adj.* TECHN. *auf eine Achse bezogen*

A·x·i·om das <-(e)s, -e> (*fachspr.*) *Grundsatz, der nicht mehr bewiesen werden kann*

Axt die <-, Äxte> *Beil*

A·ya·tol·lah *s.* **Ajatollah**

A·za·lee, *a.* **A·za·lie** die <-, -n> *eine Zimmerpflanze*

A·ze·tat *s.* **Acetat**

A·zo·ren [a'tso:rən] <-> *Plur. Inselgruppe im Atlantischen Ozean*

A·zu·bi der [a'tsu:bi, 'a:tsubi] <-s, -s> *kurz für „Auszubildende(r)"*

A·zur der <-s> (*kein Plur.*) (*geh.*) *Himmelsblau*

a·zur·blau <nicht steig.> *Adj. himmelblau*

Bb

B, b das <-s, -s> *der zweite Buchstabe des Alphabets* ein großes B, ein kleines b

BA der [bi:ʔe:] <-s, -s> (*Abk.*) *Abkürzung von „Bachelor of Arts"; ein akademischer Grad* einen BA-Abschluss in Geschichte haben

Baal der <-s, -e> *westsemitischer Gott der Fruchtbarkeit und des Sturms*

Ba·bel das **1.** (≈ *Sündenbabel*) *ein Ort wilder Ausschweifungen* **2.** *eine Weltstadt, in der viele Sprachen gesprochen werden* ■ **der Turmbau von Babel**: *die biblische Erzählung vom Ursprung der Sprachen*

Ba·by das ['be:bi] <-s, -s> (≈ *Säugling*) *ein Kleinkind im ersten Lebensjahr* ■ **ein Baby erwarten** (*umg.*): *schwanger sein*

Ba·by·ar·ti·kel der ['be:bi...] <-s, -> (*meist Plur.*) *speziell für Babys verwendetes Produkt* ein Katalog für Babyartikel

Ba·by·aus·stat·tung die ['be:bi...] <-, -en> *Kleidung für das Baby und Gegenstände für seine Pflege*

Ba·by·boom der ['be:bibu:m] <-s, -s> (*umg.*) *eine auffallende Zunahme von Geburten in einem bestimmten Zeitraum*

Ba·by·face das ['be:bifeɪs] <-> (*kein Plur.*) (*abwert.*) *ein als* (*auf unangenehme Art*) *kindlich und unreif empfundenes Gesicht*

Ba·by·fläsch·chen das ['be:bi...] <-s, -> *Flasche mit Sauger für Babynahrung*

Ba·by·kost die ['be:bi...] <-> (*kein Plur.*) (≈ *Babynahrung*) *eine speziell für Babys geeignete Nahrung*

Ba·by·lon das <-s> *Ruinenstadt am Euphrat, von der die Bibel berichtet, dass sie voller Laster und Sünden gewesen sei*

Ba·by·nah·rung die ['be:bi...] <-> (*kein Plur.*) (≈ *Babykost*) *spezielle Nahrung für Säuglinge*

Ba·by·phon das ['be:bifo:n] <-s, -e> *technisches Gerät, das zur akustischen Überwachung des Babys dient* Dank des Babyphons hören wir auch in 200 Meter Entfernung, wenn das Baby schreit.

Ba·by·sit·ter, **Ba·by·sit·te·rin** der ['be:bizɪtɐ] <-s, -> *jmd., der in Abwesenheit der Eltern gegen Bezahlung auf ein Baby aufpasst* Wenn wir ins Theater gehen wollen, brauchen wir für diese Zeit einen Babysitter.

Ba·by·sitz der ['be:bi...] <-es, -e> *Sitz mit speziellen Sicherheitsvorrichtungen zum Transport des Babys, besonders in Autos*

Ba·by·zel·le die ['be:bi...] <-, -n> TECHN. *kleine, längliche Batterie von 1,5 Volt*

Bac·chant, **Bac·chan·tin** der [ba'xant] <-en, -en> (*geh.; nach dem römischen Gott Bacchus*) *jmd., der gern viel Wein trinkt*

Bac·chus der ['baxus] *römischer Gott des Weines*

Bach der <-(e)s, Bäche> *ein kleiner Fluss, der nicht tief und nicht breit ist* Hörst du, wie der

Bach murmelt/plätschert/rauscht?, Ein kleiner Bach schlängelt sich durch die Wiesen. ▸Bächlein ◆Gebirgs-, -bett, -forelle

bach·ab *Adv.* (*schweiz.*) *einen Bach hinab*

Bach·bett das <-(e)s, -en> *Bodenrinne, in der ein Bach fließt*

Ba·che die <-, -n> ZOOL. *ein erwachsenes weibliches Wildschwein*

Bach·stel·ze die <-, -n> ZOOL. *ein zierlicher Vogel mit relativ langen Beinen und einem wippenden Gang*

Back·blech das <-s, -e> *ein großes flaches Stück Metall, auf das man beim Backen den Teig legt*

Back·bord das <-(e)s> (*kein Plur.*) (SEEW.: ↔ *Steuerbord*) (*in Fahrtrichtung gesehen*) *die linke Seite des Schiffes*

back·bords *Adv.* (SEEW.: ≈ *links* ↔ *steuerbords*)

Ba·cke die <-, -n> (≈ *Wange*) *der Teil des Gesichts, der sich rechts bzw. links von Mund und Nase befindet* rote Backen haben, Er hat Zahnschmerzen und eine dicke, geschwollene Backe., mit vollen Backen kauen ■ **Au Backe!** (*umg.*): *verwendet, um auszudrücken, dass etwas Negatives geschehen ist* (*und dass es unangenehme Folgen haben wird*) Au Backe, die Vase ist in tausend Scherben zersprungen, was machen wir bloß?

ba·cken <backst/bäckst, backte/buk, hat gebacken> *mit OBJ/ohne OBJ* **1.** ■ *jmd. backt* (*etwas*) *einen Kuchenteig bereiten und diesen im heißen Ofen garen* Am Sonntag will ich einen Pflaumenkuchen backen., Früher wurde bei uns jeden Samstag gebacken. **2.** ■ *jmd. backt etwas eine Speise im heißen Ofen garen* Die Forelle wird nach diesem Rezept im Ofen gebacken. ■ **etwas gebacken kriegen/bekommen** (*umg.*): *etwas erfolgreich durchführen*

Ba·cken·bart der <-(e)s, Backenbärte> *ein Bart, der an beiden Backen seitlich wächst*

Ba·cken·kno·chen der <-s, -> ANAT. *Jochbein* ein Gesicht mit hohen Backenknochen

Ba·cken·zahn der <-s, Backenzähne> ANAT. *jeder der Zähne, die die seitlichen Teile des Gebisses ausmachen*

Bä·cker, **Bä·cke·rin** der <-s, -> *jmd., der beruflich Brot und andere Backwaren herstellt und verkauft* ◆-brot, -bursche, -handwerk, -innung, -laden

Bä·cke·rei[1] die <-, -en> **1.** *ein Betrieb, in dem Brot und Backwaren hergestellt werden* ◆-betrieb, Groß- **2.** *das Handwerk des Bäckers* Er will Bäckerei und Konditorei erlernen. **3.** *ein Geschäft, in dem Brot und Backwaren verkauft werden*

Bä·cke·rei[2] die (*österr.*) *Kleingebäck* (*Kekse und Salzgebäck*)

Bä·cker·ge·sel·le der <-en, -en> *Geselle des Bäckerhandwerks nach beendeter Lehrzeit*

Bä·cker·lehr·ling der <-s, -e> *Auszubildender in einer Bäckerei*

Bä·cker·meis·ter, **Bä·cker·meis·te·rin** der <-s, -> *jmd., der einen Meistertitel des Bäckerhandwerks besitzt*

Back·form die <-, -en> *Form, in die Kuchenteig eingefüllt wird* die Backform vor dem Backen einfetten

Back·gam·mon das [bæk'gæmən] <-,(s)> *ein Strategie- und Würfelspiel*

Back·ground der ['bɛkgraunt] <-s> (*kein Plur.*) **1.** *die sozialen und kulturellen Lebensbedingungen, aus denen jmd. kommt* Er kommt aus einem kleinen Bergdorf und hat einen ganz anderen Background als sie, die in einer großen Industriestadt aufgewachsen ist. **2.** *Kenntnisse und Erfahrungen, die jmd. für eine bestimmte Aufgabe braucht* Wir brauchen einen Mitarbeiter mit künstlerischem Background.

Back·he·fe die <-, -n> *die Hefe, die man zur Herstellung von Hefeteig braucht* die Backhefe in der lauwarmen Milch auflösen

Back·obst das <-(e)s> (*kein Plur.*) (≈ *Dörrobst, Trockenobst*) *getrocknetes Obst*

Back·ofen der <-s, Backöfen> (*elektrischer*) *Ofen zum Backen in einer Bäckerei*[1] *oder im Haushalt* den Backofen bei zweihundert Grad vorheizen, einen Kuchen in den Backofen schieben, den Backofen mit einem speziellen Spray reinigen ◆-hitze, -reiniger, -tür

Back·pfei·fe die <-, -n> (*umg. veralt.* ≈ *Ohrfeige*) *Schlag mit der flachen Hand auf die Wange*

Back·pflau·me die <-, -n> (≈ *Dörrpflaume, Trockenpflaume*) *getrocknete Pflaume*

Back·pul·ver das <-s> (*kein Plur.*) *ein Treibmittel, das man zum Herstellen von Teig braucht*

Back·re·zept das <-s, -e> *Rezept zum Backen von Gebäck oder Kuchen*

Back·rohr das <-s, -e> (*österr. süddt.* ≈ *Backofen*)

Ba·ck·röh·re die <-, -n> (≈ *Backrohr*)

Back·slash der ['bɛkslɛʃ] <-s, -s> EDV *ein Zeichen, das wie ein Schrägstrich von links oben nach rechts unten aussieht und das man braucht, wenn man Computerverzeichnissen Namen gibt* Um einen Pfadnamen zu schreiben, benötigt man das Zeichen Backslash.

Back·stage·be·reich der ['bæksteɪdʒ...] <-(e)s, -e> *der Bereich, der sich hinter der Bühne* (*eines Rockkonzerts*) *befindet*

Back·stu·be die <-, -n> *Arbeitsraum in einer Bäckerei, in dem gebacken wird*

Back·up das ['bækʊp] <-s, -s> (EDV: ≈ *Sicherungskopie*) *eine Kopie, die man als Sicherung von einer Datei herstellt* regelmäßig Backups von von der laufenden Arbeit machen

Back·wa·re die <-, -n> (*meist Plur.*) *vom Bäcker hergestellte Ware*

Back·werk das <-(e)s> (*kein Plur.*) *verschiedene Arten von Gebäck*

Bad das <-(e)s, Bäder> **1.** *das Baden in der Badewanne* ein Bad einlaufen lassen/nehmen, Bei Verspannungen tut ein heißes Bad gut. ◆Schaum-, Wannen- **2.** *das Baden im Meer oder einem See* das tägliche Bad im Meer **3.** (≈ *Badezimmer*) *der Raum in einem Haus oder einer Wohnung, in dem man in einer Badewanne baden oder sich unter der Dusche reinigen kann* **4.** *kurz für „Schwimmbad“* Ich fahre noch für zwei Stunden ins Bad. **5.** *eine Bezeichnung, die Kurorte ihrem*

Namen voranstellen dürfen eine Kur in Bad Säckingen machen

Ba·de·an·stalt die <-, -en> (*veralt.*) *öffentliches Schwimmbad*

Ba·de·an·zug der <-(e)s, Badeanzüge> (↔ *Bikini*) *einteiliger Anzug für Frauen, der beim Baden getragen wird*

Ba·de·arzt der <-es, Badeärzte> *Arzt in einem Kurbad, der die Kurgäste medizinisch betreut*

Ba·de·hau·be die <-, -en> *Haube, die die Haare beim Baden vor Nässe schützen soll*

Ba·de·ho·se die <-, -n> *kurze Hose für Männer, die beim Baden getragen wird*

Ba·de·kap·pe die <-, -n> *eine Kappe, die vor allem in Schwimmbädern aus hygienischen Gründen beim Baden getragen wird*

Ba·de·kur die <-, -en> *Kur in einem Heilbad* eine Badekur bei der Krankenkasse beantragen

Ba·de·man·tel der <-s, Bademäntel> (≈ *Morgenmantel*) *ein Mantel aus weichem Stoff, den man nach dem Baden oder Schwimmen trägt*

Ba·de·meis·ter, **Ba·de·meis·te·rin** der <-s, -> *jmd., der beruflich die technische und organisatorische Aufsicht eines Schwimmbades ausübt*

ba·den <badest, badete, hat gebadet> **I.** *mit OBJ* ■ *jmd. badet jmdn. jdn. in einer Badewanne reinigen* Die Mutter badet das Baby., Die Pflegerin badet die alte Dame. **II.** *ohne OBJ* ■ *jmd. badet* **1.** *sich in der Badewanne befinden* **2.** (≈ *schwimmen*) Sie badet am liebsten im Meer. ■ **mit etwas baden gehen** (*umg.*): *erfolglos sein* Er ist mit seiner Geschäftsidee baden gegangen.

Ba·den das <-s> <*kein Plur.*> *westlicher Landesteil von Baden-Württemberg*

Ba·de·ner, **Ba·de·ne·rin** <-s, -> *Einwohner Badens*

ba·den·sisch <nicht steig.> *Adj. Baden, die Badener betreffend*

Ba·den-Würt·tem·berg <-s> *deutsches Bundesland*

Ba·de·ort der <-es, -e> **1.** *Kurort mit Warmwasserquellen* **2.** (≈ *Seebad*) *Kurort am Meer*

Ba·de·sa·chen die <-> *Plur.* (≈ *Badezeug*) *Dinge, die man zum Baden in einem Schwimmbad oder am Strand braucht*

Ba·de·schuh der <-s, -e> *Plastiksandale, die man in Schwimmbädern oder in der Sauna trägt*

Ba·de·strand der <-(e)s, Badestrände> *Meeres-, See- oder Flussstrand, an dem man baden kann*

Ba·de·ta·sche die <-, -n> *Tasche, in der man Badesachen transportiert*

Ba·de·tuch das <-(e)s, Badetücher> *ein großes Handtuch zum Abtrocknen nach dem Baden*

Ba·de·ver·bot das <-(e)s, -e> *Verbot, in öffentlichen oder privaten Gewässern zu baden (meist, um bestimmte Gefahren zu vermeiden)*

Ba·de·wan·ne die <-, -n> *eine größere Wanne zum Baden als Teil eines Badezimmers*

Ba·de·zeug das <-s> (*kein Plur.*) (*umg.* ≈ *Badesachen*) *beim Baden benötigte Dinge wie Badeanzug, Badehose, Handtuch, Sonnenöl u.Ä.*

Ba·de·zim·mer das <-s, -> (≈ *Bad*) *der Raum in einer Wohnung, der zum Baden dient und mit Badewanne oder Dusche ausgestattet ist* ◆ -ausstattung, -einrichtung

Ba·de·zim·mer·gar·ni·tur die <-, -en> *mehrere zusammengehörende Stoffmatten für das Badezimmer, die man auf den Fußboden legt*

Ba·de·zu·satz der <-es, Badezusätze> *schäumende und pflegende Substanz, die man dem Badewasser zusetzt* ein nach Orangen duftender Badezusatz

ba·disch <nicht steig.> *Adj. zu Baden gehörend* badische Weine

Bad·min·ton ['bɛtmɪntən] <-> (*kein Plur.*) SPORT *nach festen Regeln gespieltes Federballspiel*

Bad·rei·ni·ger der <-s, -> *Putzmittel für das Bad*

Bad·vor·le·ger der <-s, -> *Stoffmatte, die man vor die Badewanne legt*

baff <nicht steig.> *Adj.* (*umg.*) *überrascht* Da bin ich aber baff., total/völlig baff sein

BAfög, *a.* **Ba·fög** das <-s> (*kein Plur.*) (AMTSSPR.: *nach der Abkürzung von „Bundesausbildungsförderungsgesetz"*) *eine finanzielle Unterstützung, die (unter bestimmten Umständen) Studenten vom Staat erhalten* Hast du für dieses Semester schon Bafög beantragt? ▶-antrag, -empfänger

Ba·ga·ge die [ba'gaːʒə] <-> (*kein Plur.*) **1.** (≈ *Gesindel*) *verwendet als Schimpfwort für eine Gruppe von Menschen* **2.** (*veralt. oder österr.*) *Reisegepäck*

Ba·ga·tel·le die <-, -n> **1.** (≈ *Kleinigkeit*) *ein unwichtiges Detail* Es lohnt sich nicht, über diese Bagatelle zu diskutieren. **2.** MUS. *kleines, zweiteiliges Instrumentalstück*

ba·ga·tel·li·sie·ren <bagatellisierst, bagatellisierte, hat bagatellisiert> *mit OBJ* ■ *jmd. bagatellisiert etwas* (*geh.* ≈ *herunterspielen* ↔ *übertreiben*) *ein Problem als kleiner darstellen, als es in Wirklichkeit ist*

Ba·ga·tell·sa·che die <-, -n> **1.** *unbedeutende Angelegenheit* **2.** RECHTSW. *kleiner, unbedeutender Rechtsstreit*

Bag·dad <-s> *Hauptstadt des Iraks*

Bag·ger der <-s, -> *eine schwere Baumaschine mit einem Greifarm, an dessen Ende sich eine große Grabschaufel befindet, mit der Erde ausgehoben wird* für die Ausschachtungsarbeiten einen Bagger benötigen ▶-fahrer, -führer, Schaufel-

Bag·ger·loch das <-s, Baggerlöcher> *Loch, das von einem Bagger ausgehoben wurde*

bag·gern <baggerst, baggerte, hat gebaggert> **I.** *mit OBJ* ■ *jmd. baggert etwas mit einem Bagger ausheben* Der Baggerführer baggert ein Loch. **II.** *ohne OBJ* ■ *jmd. baggert mit einem Bagger arbeiten* Der Bautrupp baggert seit einer Woche.

Ba·guette das [ba'gɛt] <-s,-s> *französisches Stangenweißbrot*

bah *Interj. Ausruf des Ekels oder der Verachtung*

Ba·ha·ma·er, **Ba·ha·ma·er·in** der <-s, -> *Einwohner Bahamas*

ba·ha·ma·isch *Adj. die Bahamas betreffend*

Ba·ha·mas <-> *Plur. Inselstaat in der Karibik*

Ba·ha·mer, **Ba·ha·me·rin** der <-s, -> *Einwohner*

Bahamas

ba·ha·misch <nicht steig.> *Adj. s.* **bahamaisch**

bä·hen <bäht, bähte, hat gebäht> *ohne OBJ* ■ *ein Tier bäht (≈ blöken) die für Schafe typischen Laute von sich geben* Die Schafe bähten laut.

Bahn die <-, -en> **1.** *die bestimmte Strecke, auf der sich etwas bewegt* Die Kugel rollte in der vorgesehenen Bahn., Elektronen bewegen sich auf bestimmten Bahnen um den Atomkern. **2.** (≈ *Spur*) *ein Streifen auf der Fahrbahn* **3.** SPORT *abgegrenzte Strecke für sportliche Wettkämpfe* ◆ Aschen-, Eis-, Radrenn-, Rodel- **4.** ASTRON. *vorberechneter Kurs, den ein Objekt durchläuft* Der Satellit erreichte die vorgesehene Bahn. ◆ Erdumlauf-, Mond-, Satelliten- **5.** *Weg, der in einem unwegsamen Gelände geschaffen wird* Wir haben im Schnee eine Bahn freigeschaufelt., Der Fluss hat sich eine neue Bahn gebrochen. **6.** *ein breiter Streifen aus Papier oder Stoff* Tapete zu Bahnen schneiden ◆ Stoff- **7.** *kurz für „Eisenbahn“* Ich fahre mit der Bahn., Er holt sie von der Bahn ab. **8.** SPORT *der Vorgang, dass ein Schwimmer die gesamte Länge eines Schwimmbeckens von einer Begrenzungswand zur anderen durchquert* 1000m entsprechen im Fünfzigmeterbecken 20 Bahnen., Nach drei Bahnen liegt die deutsche Meisterin immer noch in Führung. ■ **etwas in die richtigen Bahnen lenken** (*geh.*): *etwas so organisieren, dass es die gewünschte Entwicklung hat* **sich Bahn brechen** (*umg.*): *sich durchsetzen* **jemanden aus der Bahn werfen** (*umg.*): *jmdn. von seinem bisherigen Lebensweg abbringen* Die plötzliche Arbeitslosigkeit hat ihn aus der Bahn geworfen. **freie Bahn für etwas haben** (*umg.*): *etwas ohne Hindernisse tun können*

Bahn·an·la·gen die <-> *Plur. die Gesamtheit der Anlagen, die für den Eisenbahnbetrieb notwendig sind, z.B. Bahnhofsgebäude, Schienen, Weichen u.Ä.* Das Betreten der Bahnanlagen ist verboten!, Die Bahnpolizei überwacht die Sicherheit der Bahnanlagen.

Bahn·an·schluss der <-es, Bahnanschlüsse> (≈ *Zuganschluss*) *Lage eines Ortes an einer Bahnlinie*

Bahn·be·för·der·ung die <-, -en> *Beförderung mit der Eisenbahn*

Bahn·be·nut·zer der <-s, -> *Fahrgast, der sich von der Bahn befördern lässt*

bahn·bre·chend <nicht steig.> *Adj.* (≈ *umwälzend*) *so, dass es eine völlig neue Entwicklung einleitet* eine bahnbrechende Entdeckung/Erfindung

Bahn·card® die <-, -s> *eine Ausweiskarte, die dazu berechtigt, Fahrkarten (der Deutschen Bahn AG) zu ermäßigten Preisen zu erwerben*

Bahn·damm der <-s, Bahndämme> *ein Damm, auf dem Eisenbahnschienen verlaufen*

bahn·ei·gen <nicht steig.> *Adj. der Institution Deutsche Bahn AG gehörend* ► Bahneigentum

bah·nen <bahnst, bahnte, hat gebahnt> *mit OBJ* ■ *jmd. bahnt (jmdm.) einen Weg* **1.** (*gegen einen bestimmten Widerstand*) *einen Weg schaffen* mit der Schaufel im tiefen Schnee einen Weg bahnen **2.** *bewirken, dass man oder jmd. irgendwohin gehen kann* Er bahnte seinem Sohn den Weg zum Erfolg., Der Schauspieler bahnte sich einen Weg durch die Menge.

Bah·nen·rock der <-s, Bahnenröcke> *Damenrock, der aus mehreren Stoffbahnen zusammengesetzt ist*

Bahn·fahr·kar·te die <-, -n> (≈ *Fahrkarte*) *Fahrkarte, die dazu berechtigt, mit der Eisenbahn zu fahren* die Bahnfahrkarte am Fahrkartenautomaten lösen

Bahn·fahrt die <-, -en> (≈ *Zugfahrt* ↔ *Autofahrt*) *Fahrt mit der Eisenbahn*

Bahn·fracht·brief der <-(e)s, -e> *vorgedrucktes Begleitpapier für Frachtgut, das mit der Eisenbahn transportiert wird (mit den Angaben über Empfänger, Gewicht usw.)*

Bahn·fracht·dienst der <-s, -e> *für den Transport von Bahnfracht zuständige Abteilung der Eisenbahn*

Bahn·fracht·gut das <-s, -Bahnfrachtgüter> *Frachtgut, das mit der Eisenbahn transportiert wird*

Bahn·fracht·ver·kehr der <-s,> <kein Plur.> *Gesamtheit des Bahnverkehrs, der dem Transport von Gütern dient*

Bahn·ge·län·de das <-s, -> *Gelände, auf dem sich die Bahnanlagen befinden*

Bahn·hof der <-(e)s, Bahnhöfe> *eine aus Bahnhofsgebäude und Bahnsteigen bestehende Anlage,an der Züge abfahren und ankommen* Ich hole dich vom Bahnhof ab., Kannst du mich zum Bahnhof bringen?, Nicht alle Züge halten an diesem Bahnhof., Vor dem Bahnhof parken ständig Taxis. ■ **nur Bahnhof verstehen** (*umg.*): *nicht verstehen, worum es geht* **jemanden mit großem Bahnhof empfangen** (*umg.*): *jmdn. festlich und in Anwesenheit vieler Menschen empfangen* ◆ Bus-, Güter-, Kopf- Sack-, Ziel-

Bahn·hof·buf·fet das ['ba:nho:fbʏfe:] <-s, -s> (*schweiz.*) *Bahnhofsgaststätte*

Bahn·hofs·buch·hand·lung die <-, -en> *Buchhaltung, die sich in einem Bahnhof befindet*

Bahn·hofs·gast·stät·te die <-, -n> (≈ *Bahnhofsrestaurant*)

Bahn·hofs·ge·bäu·de das <-s, -> *das Gebäude auf dem Bahnhofsgelände, wo Fahrgäste ankommen und abfahren, und wo man Fahrkarten kaufen kann*

Bahn·hofs·hal·le die <-, -n> (*große*) *Schalterhalle eines Bahnhofs*

Bahn·hofs·mis·si·on die <-, -en> **1.** (*kein Plur.*) *eine Organisation, die an Bahnhöfen Menschen mit verschiedenen Dingen, z.B. Speisen und Getränken, der Möglichkeit zum Ausruhen usw. hilft* **2.** *die Räume der Bahnhofsmission[1] in einem Bahnhof*

Bahn·hofs·res·tau·rant das <-s, -s> *Restaurant, das sich in einem Bahnhofsgebäude befindet*

Bahn·hofs·vier·tel das <-s, -> *Stadtviertel, das sich in unmittelbarer Nähe des Bahnhofs befindet*

Bahn·hofs·vor·stand der <-s, Bahnhofsvorstände> (*österr.*) *Bahnhofsvorsteher*

Bahn·hofs·vor·ste·her, **Bahn·hofs·vor·ste·he·rin** der <-s, -> *jmd., der einen Bahnhof leitet*

Bahn·ki·lo·me·ter der <-s, -> *Maß für die mit der Bahn zurückgelegte Strecke*

Bahn·kno·ten·punkt der <-s, -e> *Ort, an dem sich Bahnlinien aus verschieden Richtungen treffen, so dass man dort viele Möglichkeiten zum Umsteigen hat*

Bahn·kun·de der <-n, -n> *jmd., der die Dienstleistungen der Bahn[7] in Anspruch nimmt.*

bahn·la·gernd <nicht steig.> *Adj. so dass Güter auf dem Bahnhof gelagert werden, bis der Empfänger sie abholt*

Bäh·ler der <-s, -> (*schweiz.*) *Eisenbahnangestellter*

Bahn·lie·fer·ung die <-> (*kein Plur.*) *Lieferung von Gütern mit der Bahn*

Bahn·li·nie die <-, -n> *Strecke, auf der Züge regelmäßig verkehren*

Bahn·mei·ste·rei die <-, -en> *Dienststelle der Bahn, die für die Überwachung, Instandsetzung und Erneuerung der Bahnanlagen zuständig ist*

Bahn·netz das <-es, -e> *das Verkehrsnetz der Eisenbahn in einem bestimmten Gebiet*

Bahn·po·li·zei die <-> (*kein Plur.*) *bahneigene Polizei, die für die Sicherheit und Ordnung innerhalb des Bahngeländes zuständig ist*

Bahn·post die <-> (*kein Plur.*) *Postdienststelle im Zug*

Bahn·rei·se die <-, -n> *Reise mit der Bahn[7]*

Bahn·schie·ne die <-, -en> *Schiene, auf der Eisenbahnzüge fahren*

Bahn·schran·ke die <-, -n> *eine Schranke, die Bahnübergänge sichert*

Bahn·schwel·le die *eines der Elemente aus Holz, Beton oder Stahl, auf denen Eisenbahnschienen befestigt sind*

Bahn·spe·di·teur der <-s, -e> *Kaufmann, der den Versand von Gütern durch die Bahn organisiert*

Bahn·spe·di·tion die <-, -en> *Betrieb, der den Transport von Gütern durch die Bahn abwickelt*

Bahn·sta·tion die <-, -en> *Halteort an einer Bahnlinie*

Bahn·steig der <-s, -e> *eine erhöhte Plattform, die in einem Bahnhof neben den Schienen verläuft und den Fahrgästen das Ein- und Aussteigen ermöglicht* ◆-kante, Hoch-, Tief-

Bahn·stre·cke die <-, -n> **1.** *Strecke, die man beim Fahren mit der Bahn[7] zurücklegt* **2.** (≈ *Gleisabschnitt*) *Teilstrecke der Bahn*

Bahn·ta·rif der <-s, -e> *der Fahrpreis, den man für die Beförderung durch die Bahn[7] bezahlen muss*

Bahn·ta·xi das <-s, -s> *bahneigenes Taxi*

Bahn·tou·ri·stik die <-> (*kein Plur.*) *die Einrichtungen und Veranstaltungen des von der Bahn organisierten Touristenverkehrs*

Bahn·tun·nel der <-s, -> *ein Tunnel, durch den Züge fahren*

Bahn·über·füh·rung die <-, -en> *eine Art Brücke, auf der Eisenbahnzüge fahren, und die über eine Straße hinwegführt*

Bahn·über·gang der <-s, Bahnübergänge> *eine Stelle, an der eine Straße eine Eisenbahnlinie kreuzt* ein beschrankter/unbeschrankter Bahnübergang

Bahn·ver·bin·dung die <-, -en> **1.** *die Möglichkeit, mit der Eisenbahn von einem Ort zum anderen zu fahren* **2.** *die Fahrplandaten, die eine Bahnverbindung[1] beschreiben*

Bahn·ver·kehr der <-s> (*kein Plur.*) *Gesamtheit des Verkehrs von Zügen auf den dafür vorgesehenen Strecken*

Bahn·wär·ter, **Bahn·wär·te·rin** der <-s, -> *Angestellter der Bahn, der für die Überwachung der Gleisanlagen und die Betätigung der Schranken zuständig ist* ◆-häuschen

Bahn·zu·stel·lung die <-, -en> *das Zustellen von Post, Paketen oder Frachtgut durch die Bahn[7]*

Bah·rain <-s> (*kein Plur.*) *Inselgruppe und Scheichtum im Persischen Golf* ▶bahrainisch

Bahrainer, **Bahrainerin** der <-s, -> *Einwohner von Bahrain*

Bah·re die <-, -n> (≈ *Trage*) *eine Art Gestell, auf dem man Kranke, Verletzte oder Tote transportiert* ◆Toten-, Trag-

Bai die [baj] <-, -en> GEOGR. *Meeresbucht*

Bai·ser das [bæ'ze:] <-s, -s> *Gebäck aus Eischnee und Zucker*

Bais·se die ['bɛ:sə] <-, -n> (WIRTSCH.: ↔ *Hausse*) *das Fallen von Börsenkursen*

Bais·se·spe·ku·lant, **Bais·se·spe·ku·lan·tin** der ['bɛ:sə...] <-en, -en> WIRTSCH. *jmd., der auf das Fallen von Börsenkursen und Preisen spekuliert*

Bais·sier der [bɛ'si̯e:] <-s, -s> (WIRTSCH.: ≈ *Baissespekulant*)

Ba·jaz·zo der <-s, -s> THEAT. *komische Figur im italienischen Theater*

Ba·jo·nett das <-(e)s, -e> (MILIT.: *früher*) *eine scharfe Klinge, die auf einem Gewehrlauf befestigt wird*

Ba·ke die <-, -n> **1.** *Verkehrszeichen an Autobahnabfahrten* **2.** SEEW. *Signalzeichen in der Schifffahrt*

Ba·ke·lit® das <-s, -e> CHEM. *ein spröder Kunststoff, der aus Kunstharzen hergestellt wird*

Bak·schisch das <-(e)s, -e> (*umg.*) *eine kleine Geldsumme, die man jmdm. (als Bestechung) gibt*

Bak·te·rie die <-, -n> (≈ *Bazille*) *mikroskopisch kleines, einzelliges Lebewesen* Es gibt nicht nur Bakterien, die Krankheiten erregen, sondern auch solche, die dem Menschen von Nutzen sind., Bakterien unter dem Mikroskop betrachten ◆Fäulnis-, Darm-

bak·te·ri·ell <nicht steig.> *Adj. durch Bakterien hervorgerufen* eine bakterielle Infektion

Bak·te·ri·en·ruhr die <-> (*kein Plur.*) MED. *eine akute Infektionskrankheit, bei der es in der Schleimhaut des Dickdarms zu Entzündungen kommt*

Bak·te·ri·o·lo·ge, **Bak·te·ri·o·lo·gin** der <-n, -n> *Wissenschaftler auf dem Gebiet der Bakterio-*

logie

Bak·te·ri·o·lo·gie die <-> (*kein Plur.*) *Wissenschaft von den Bakterien*

bak·te·ri·o·lo·gisch <nicht steig.> *Adj.* BIOL. *die Bakteriologie betreffend*

bak·te·ri·zid <nicht steig.> *Adj.* MED. *so, dass es Bakterien abtötet*

Bak·te·ri·zid das <-(e)s, -e> MED. *Mittel, das Bakterien abtötet*

Ba·la·lai·ka die <-, Balalaiken/-s> *ein russisches Saiteninstrument*

Ba·lan·ce die [ba'lã:s] <-, -n> (≈ *Gleichgewicht*) **1.** PHYS. *der Zustand, in dem entgegengesetzt wirkende Kräfte gleich stark sind* Die beiden Waagschalen sind jetzt in der Balance., Ein Seiltänzer hält die Balance mit Hilfe einer Stange. ◆-akt, Fließ-, Kräfte- **2.** (*geh.*) *seelische Ausgeglichenheit* Nach der Krise scheint sie jetzt wieder ihre Balance gefunden zu haben.

ba·lan·cie·ren [balaŋ'si:rən, balã'si:rən] <balancierst, balancierte, hat/ist balanciert> **I.** *mit OBJ* ■ *jmd. balanciert etwas (auf etwas Dat.) (haben) im Gleichgewicht halten* einen Ball auf dem Kopf balancieren, Sie balanciert gerade ein volles Tablett. **II.** *ohne OBJ* ■ *jmd. balanciert irgendwo/irgendwie (sein) auf etwas gehen, das sehr schmal ist, und dabei sein Gleichgewicht halten* Er balanciert auf einem Seil., Sie balancierte sehr geschickt an dem Felsenrand entlang.

bald *Adv.* **1.** (≈ *gleich, in Kürze*) *so, dass vom Moment der Äußerung bis zu einem bestimmten Zeitpunkt in der Zukunft nur wenig Zeit vergeht* Wir sind bald fertig., Nur Geduld, wir sind bald am Ziel., Keine Sorge, ich komme bald wieder! **2.** (*umg.* ≈ *fast*) *beinahe* Das Ordnen der Papiere hat bald zwei Stunden gedauert. ■ **bald ..., bald ...**: *verwendet, um auszudrücken, dass zwei Situationen sich abwechseln* Bald kommt er, bald geht er!

Bal·da·chin der <-(e)s, -e> *eine Art Überdachung aus Stoff, die an vier Stangen befestigt ist und die man (zum Beispiel bei Prozessionen) tragen kann*

Bä·lde ■ **in Bälde** (*veralt. oder geh.*): *bald, innerhalb kurzer Zeit* Der Brief wird sie in Bälde erreichen.

bal·digst *Adv.* (*veralt.* ≈ *schnellstens*) *so bald wie möglich* Ich erwarte, dass diese Aufgabe baldigst erledigt wird.

Bal·d·ri·an der <-s, -e> **1.** BOT. *eine Heilpflanze* ◆-gewächs, -pflanze, -wurzel **2.** (*kein Plur.*) BOT. *Ölextrakt aus der Wurzel des Baldrians[1], das eine beruhigende Wirkung hat* ◆-tabletten, -tinktur, -tropfen, -wurzel

Ba·le·a·ren <-> *Plur. Inselgruppe im westlichen Mittelmeer*

Balg[1] der <-(e)s, Bälge> **1.** (≈ *Fell*) *die Haut, die man einem getöteten Tier abgezogen hat* **2.** (≈ *Blasebalg*) *Teil eines Geräts, der aus einem in Falten gelegten, festen Material besteht, mit dem man beim Zusammenpressen einen Luftstrom erzeugen kann* Einige Musikinstrumente (wie das Harmonium, das Akkordeon, das Bandoneon und andere) haben Bälge.

Balg[2] das <-s, Bälger> (*umg. oft abwert.*) *kleines Kind* ein schreiendes/ungezogenes Balg, Was für ein süßes Balg!

bal·gen <balgst, balgte, hat gebalgt> *mit SICH* ■ *jmd./ein Tier balgt sich mit jmdm./einem Tier (um etwas Akk.) miteinander ringen und sich dabei am Boden wälzen (um etwas zu bekommen)* Die Kinder balgen sich auf der Wiese., Zwei Knaben haben sich um den Ball gebalgt., Die Hunde balgen sich um den Knochen.

Bal·kan der <-s> (*kein Plur.*) **1.** *Halbinsel in Südosteuropa* **2.** *Gebirge in Südosteuropa* ◆-land, -staat

bal·ka·nisch <nicht steig.> *Adj. den Balkan betreffend*

Bal·ken der <-s, -> **1.** *Holz, das zu einem relativ langen und dünnen Brett gesägt ist, das man beim Bauen als Träger benutzt* ◆-konstruktion, Holz-, Quer-, Stütz- **2.** *auf den Schulterklappen einer Uniform eine Art Strich, der den Dienstgrad kennzeichnet* ■ **lügen, dass sich die Balken biegen** (*umg. abwert.*): *ohne Skrupel lügen*

Bal·ken·de·cke die <-, -n> *Zimmerdecke aus Balken[1]*

Bal·ken·di·a·gramm das <-s, -e> (≈ *Säulendiagramm* ↔ *Tortendiagramm*) *eine grafische Darstellung von Zahlenwerten in der Form von Säulen mit unterschiedlicher Länge*

Bal·ken·ko·de der <-s, -s> WIRTSCH. *computerlesbarer Strichkode, der Angaben zur Ware enthält* ◆-lesegerät

Bal·kon der [bal'kɔŋ, bal'ko:n] <-s, -s/-e> **1.** *ein Anbau, der in einer gewissen Höhe an der Außenseite eines Gebäudes angebracht ist und den man z.B. benutzt, um darauf zu sitzen* ◆-möbel, -pflanze, -tür, -zimmer **2.** (THEAT.: ≈ *Galerie*) *erhöhter Teil des Zuschauerraums (mit Sitzplätzen)*

Bal·ko·nien ■ **Urlaub auf Balkonien** (*umg. scherzh.*): *verwendet, um auszudrücken, dass jmd. den Urlaub nicht an einem Ferienort verbringt, sondern den Balkon der eigenen Wohnung als Ort der Erholung und Entspannung nutzt* Bei anhaltend schlechter Wirtschaftslage könnte Urlaub auf Balkonien wieder häufiger werden.

Ball der <-(e)s, Bälle> **1.** SPORT *eine Art Kugel aus Kunststoff oder Leder, die man sich bei verschiedenen (Mannschafts-)Sportarten zuwirft, mit dem Fuß zuspielt oder mit Schlägern schlägt* Der Ball ist rund., den Ball abfälschen/annehmen/schießen/treffen/zuspielen ◆-annahme, -verlust, Basket-, Feder-, Fuß-, Gummi-, Hand-, Leder-, Tennis-, Volley- **2.** SPORT *im Rahmen des Spiels eine bestimmte Bewegung des Balls[1]* Dieser Ball war für den Tormann unhaltbar. **3.** *etwas, das wie eine Kugel geformt ist* Die Sonne geht als feuriger Ball unter. ◆Erd-, Sonnen-, Schnee- **4.** *große, meist offizielle Veranstaltung, bei der getanzt wird* ◆-kleid, -schuhe, Abitur-, Abschluss-, Presse-, Silvester- **5.** ■ **am Ball bleiben** (*umg.*): *etwas weiterverfolgen*

bal·la·bal·la <nicht steig.> *Adj.* (*umg. scherzh.*) *nicht ganz bei Verstand* Um das zu machen, muss man schon ballaballa sein.

Ball·ab·ga·be die <-, -n> (SPORT.: ↔ *Ballannahme*) *das Weiterspielen des Balls an einen anderen Spieler der eigenen Mannschaft* bei der Ballabgabe noch Schwächen haben

Bal·la·de die <-, -n> LIT. MUS. *ein Gedicht* (*oder ein Lied*), *in dem eine Geschichte erzählt wird* ▶balladesk ◆-nbuch, -ndichter

Bal·last, Bal·last der <-(e)s> (*kein Plur.*) **1.** LUFTF. SEEW. *zusätzliche Gewichte, mit denen Schiffe oder Flugzeuge beladen werden, um eine gleichmäßige Gewichtsverteilung zu erreichen, und die bei Bedarf abgeworfen werden* **2.** (*geh.* ≈ *Bürde*) *etwas, das überflüssig ist und als eine Belastung empfunden wird* Beim Umzug empfand sie ihre vielen Bücher nur noch als Ballast., sich von überflüssigem Ballast trennen

Bal·last·stof·fe *Plur. pflanzliche Bestandteile der Nahrung, die vom Körper nicht verwertet werden können, aber die wichtig sind, weil sie der Anregung der Darmtätigkeit dienen* Vollkornbrot enthält viele Ballaststoffe. ▶ballaststoffreich

Bäll·chen das <-s, -> *kleiner Ball* den Teig zu Bällchen formen ◆ Hackfleisch-, Kartoffel-

Bal·len der <-s, -> **1.** *Stoff, der zu einem Bündel geschnürt ist, das wie ein Zylinder aussieht* ◆ Stoff- **2.** ANAT. *Muskelgruppe an der Innenseite der Hände und der Unterseite der Füße* ◆ Hand-, Fuß-

bal·len <ballst, ballt, hat geballt> **I.** *mit OBJ* ■ *jmd. ballt die Faust die Hand fest schließen und zusammenpressen* Er ballte vor Wut die Faust und schlug auf den Tisch. **II.** *mit SICH* ■ *jmd./etwas ballt sich* (*zu etwas Dat.*) *sich als große Masse von etwas an einem Ort zusammendrängen* Am Himmel ballen sich die Wolken., mit geballter Kraft/Wucht, In diesen Tagen ballten sich die dramatischen Ereignisse.

Bal·le·ri·na die <-, Ballerinen> *Solotänzerin in einem Ballett*[3]

Bal·lett das <-(e)s, -e> **1.** (*kein Plur.*) *die Kunst des klassischen Tanzes* Nach dem Abitur möchte sie zum Ballett. ◆-ausbildung, -kleid, -schuhe, -schule **2.** *ein einzelnes Werk des Balletts*[1] ein klassisches Ballett aufführen, ein Ballett von Strawinsky **3.** *eine Gruppe von Tänzern, die ein Ballett*[2] *tanzen* ◆-bühne, -direktor, -ensemble, -meister, -theater

Bal·lett·abend der <-s, -e> *Veranstaltung am Abend, auf der ein Ballett*[2] *aufgeführt wird*

Bal·lett·korps das <-, -> *Teil des Balletts, der auf der Bühne den Rahmen und Hintergrund für die Solisten abgibt*

Bal·lett·mu·sik die <-, -en> *als Grundlage für ein Ballett*[2] *komponierte Musik* Die Ballettmusik zu „Schwanensee“ komponierte Tschaikowski.

Bal·lett·schuh der <-s, -e> *spezieller Tanzschuh für das Ballett*

Bal·lett·schu·le die <-, -en> *Ausbildungsstätte, an der Ballett unterrichtet wird* sich zum Vortanzen an der Ballettschule bewerben

Bal·lett·schü·ler, Bal·lett·schü·le·rin der <-s,-> *jmd., der Ballettunterricht erhält*

Bal·lett·tän·zer, Bal·lett·tän·ze·rin der <-s, -> *jmd., der in einem Ballett tanzt*

Ball·füh·rung die <-> (*kein Plur.*) SPORT. *das Bewegen des Balls, das der Spieler während des Laufes mit dem Fuß, der Hand oder einem Schläger steuert*

Ball·ge·fühl das <-s> (*kein Plur.*) SPORT. *die Fähigkeit eines Spielers zum* (*eleganten*) *Umgang mit dem Ball*

Bal·lis·tik die <-> (*kein Plur.*) *Lehre von der Flugbahn von Geschossen*

bal·lis·tisch <nicht steig.> *Adj. auf die Ballistik bezogen* Die ballistische Untersuchung wird zeigen, ob mit dieser Waffe geschossen wurde.

Ball·jun·ge der <-n, -n> SPORT *jmd., der beim Tennis für die Spieler die Bälle wieder einsammelt*

Ball·kleid das <-(e)s, -er> *festliches Kleid, das man bei einem Ball*[4] *trägt*

Bal·lon der [ba'lɔŋ, ba'lo:n] <-s, -s/-e> **1.** *eine Art Gummiblase, die mit Luft oder Gas gefüllt wird und so eine* (*annähernd*) *runde Kugel ergibt* ◆ Gas-, Luft- **2.** *ein großes Glasgefäß in der Form einer Kugel* **3.** *ein Luftfahrzeug, bei dem an einem großen Ballon*[1] *aus Stoff, welcher mit Gas oder heißer Luft gefüllt ist, eine Art großer Korb, die Gondel, hängt* ◆-fahrer, -gondel, -hülle, Gas-, Heißluft-, Versuchs- **4.** ■ **einen Ballon kriegen** (*umg.*): *einen roten Kopf bekommen*

Bal·lon·är·mel der [ba'lɔŋ..., ba'lo:n...] <-s, -> *ein Ärmel, der oben sehr weit und unten sehr schmal ist*

Bal·lon·fah·rer der [ba'lɔŋ..., ba'lo:n...] <-s, -> *Führer eines Ballons* Wegen des starken Windes hatte der Ballonfahrer Schwierigkeiten bei der Landung.

Bal·lon·sei·de die [ba'lɔŋ..., ba'lo:n...] <-, -n> *sehr leichtes Material zur Herstellung der Hülle eines Ballons*[3]

Ball·spiel das <-(e)s, -e> **1.** *das Spielen mit einem Ball* den Kindern beim Ballspiel zusehen **2.** SPORT *jede Art von Spiel, bei dem sich* (*in zwei Mannschaften organisierte*) *Sportler einen Ball zuspielen* Fußball, Handball, Basketball und Volleyball sind Ballspiele.

Bal·lung die <-, -en> (≈ *Verdichtung*) *der Sachverhalt, dass an einer bestimmten Stelle eine große Menge von etwas zusammengedrängt ist*

Bal·lungs·ge·biet das <-(e)s, -e> *Gebiet, in dem sehr viele Menschen leben* Ballungsgebiete wie das Ruhrgebiet oder der Rhein-Neckar-Raum

Bal·sam der <-s, -e> (*Plur. selten*) **1.** *Harze und ätherische Öle, die zu einer zähflüssigen Substanz vermischt sind* **2.** MED. *eine Salbe zur Linderung von Schmerzen* **3.** (*geh. übertr.*) *etwas, das Trost und Linderung für einen Schmerz spendet* Seine Worte waren wie Balsam für meine Seele.

bal·sa·mie·ren <balsamierst, balsamierte, hat balsamiert> *mit OBJ* ■ *jmd. balsamiert etwas* (*mit etwas Dat.*) **1.** (≈ *mumifizieren*) *einen Leichnam* *mit konservierenden Mitteln behandeln, um ihn vor Verwesung zu schützen* Durch Balsamieren konnten Mumien über Jahrtausende erhalten bleiben. **2.** (*geh.*) *jmdn. oder etwas mit Balsam oder anderen wohlriechenden oder heilkräftigen Mitteln einreiben* die Haut abends mit einer wertvollen Nährcreme balsamieren

bal·sa·misch *Adj.* **1.** *den Balsam*[1] *betreffend, wie Balsam*[1] *duftend* der balsamische Duft der Blüten **2.** *Balsam*[1] *enthaltend* balsamische Öle

Bal·te, **Bal·tin** der <-n, -n> GEOGR. *Einwohner des Baltikums*

Bal·ti·kum das <-s> (*kein Plur.*) *das Gebiet, das Estland, Lettland und Litauen umfasst*

bal·tisch <nicht steig.> *Adj. auf das Baltikum bezogen*

Bal·tis·tik die <-> (*kein Plur.*) *Wissenschaft von den Sprachen, von Geschichte und Kultur des Baltikums*

Ba·lus·tra·de die <-, -n> (≈ *Brüstung*) *eine Art* (*aufwändig gearbeitetes*) *Geländer*

Balz die <-> (*kein Plur.*) ZOOL. *Paarungszeit und Paarungsspiel einzelner Vogelarten* Die Wildtauben sind gerade in der Balz., Vögel bei der Balz beobachten ▶balzen ◆-gesang, -verhalten, -zeit

Bam·bus der <-/-ses, -se> **1.** *eine schnell wachsende tropische Pflanze, deren hohler Stengel verholzt und lange, sehr harte Rohre entwickelt* **2.** *die harten Röhren des Bambus*[1] Aus Bambus kann man Möbel und sogar Häuser bauen. ◆-rohr , -strauch, -wald

Bam·bus·spros·sen die <-> (*Plur.*) *Keimling des Bambus*[1]*, der in der asiatischen Küche als Gemüse verwendet wird*

Bam·mel ■ **Bammel vor etwas haben** (*umg.*): *vor etwas Angst haben*

ba·nal *Adj.* (*abwert.* ≈ *trivial*) *so, dass es oberflächlich ist und keine wichtigen Inhalte vermittelt* ein banaler Film

ba·na·li·sie·ren <banalisierst, banalisierte, hat banalisiert> *mit OBJ* ■ *jmd. banalisiert etwas* (*geh.* ≈ *herunterspielen*) *etwas Wichtiges so behandeln, als ob es banal wäre* Sie versucht, die Probleme zu banalisieren

Ba·na·li·tät die <-, -en> **1.** (*kein Plur.*) (≈ *Alltäglichkeit*) *der Zustand, dass etwas banal ist* Die Angelegenheit war an Banalität nicht zu übertreffen. **2.** (*meist Plur.* ≈ *Gemeinplatz*) *banale Äußerung* eine Rede voller Banalitäten

Ba·na·ne die <-, -n> **1.** *eine in den Tropen wachsende Staudenpflanze* ◆-nplantage **2.** *die längliche, leicht gekrümmte Frucht der Banane*[1]*, deren Schale gelbbraun und deren Fruchtfleisch weiß ist* eine Banane schälen, zum Frühstück ein Müsli mit Banane essen ◆-neis, -nschale, -nshake, -nsplit, -nstaude

Ba·na·nen·re·pu·b·lik die <-, -en> (*umg. abwert.*) *ein kleiner, wirtschaftlich unterentwickelter Staat im tropischen Mittelamerika*

Ba·na·nen·ste·cker der <-s, -> ELEKTROTECHN. *schmaler, einpoliger Stecker*

Ba·nau·se, **Ba·nau·sin** der <-n, -n> (*umg. abwert.* ≈ *Ignorant*) *ein Mensch ohne Sinn für Kunst, der für kulturelle Dinge kein Verständnis hat* Dieser Banause kann ein gutes Konzert doch gar nicht schätzen! ◆-ntum, Kultur-, Kunst-

Band[1] das <-(e)s, Bänder> **1.** *ein langes schmales Stück Stoff* das mit farbigen Bändern geschmückte Haar der Mädchen ◆Haar-, Hals- **2.** TECHN. *kurz für „Tonband“* die Sendung auf Band mitschneiden **3.** *kurz für „Fließband“* **4.** (*meist Plur.*) *elastisches, dehnbares Gewebe, das die beweglichen Teile des Skeletts verbindet* **5.** (TECHN.: ≈ *Frequenzbereich*) ■ **am laufenden Band** (*umg.*): *ständig, ohne Unterbrechung*

Band[2] der <-(e)s, Bände> **1.** *ein gebundenes* (*meist großes*) *Buch* ◆Bild-, Foto- Gedicht-, Kunst- **2.** *ein einzelnes Buch aus einer Buchreihe oder einer Gesamtausgabe* eine Goethe-Ausgabe in vierzehn Bänden ■ **etwas spricht Bände**: *aus etwas kann man sehr viele Schlüsse über etwas ziehen* Sein Verhalten spricht Bände.

Band die [bɛnt] <-, -s> *eine Gruppe von Musikern, die einen der Stile der modernen Musik spielt spielt* ◆-leader, Country-, Jazz-, Rock-

Ban·da·ge die [ban'daːʒə] <-, -n> (MED.: ≈ *Stützverband*) *ein fester Verband, der ein verletztes Körperteil stützen oder schützen soll* vom Orthopäden eine Bandage verordnet bekommen ■ **mit harten Bandagen kämpfen** (*umg.*): *hart und ohne Rücksicht kämpfen*

ban·da·gie·ren <bandagierst, bandagierte, hat bandagiert> *mit OBJ* ■ *jmd. bandagiert etwas* (≈ *verbinden*) *mit einer Bandage umwickeln* das Knie bandagieren

Band·brei·te die <-> (*kein Plur.*) (*umg.*) *das Spektrum, das etwas unfasst oder die Vielfalt, die etwas hat* Sein Wissen ist von enormer Bandbreite.

Ban·de die <-, -n> **1.** SPORT *die feste Umrandung einer Spielfläche oder eines Spielfeldes* mit dem Ball die Bande treffen ◆-nwerbung **2.** (*abwert.*) *verbrecherische Gruppe* Mitglied einer kriminellen Bande sein ◆-nbildung, -nführer, -nkriminalität, -nwesen, Diebes-, Jugend-, Räuber-, Schmuggler-, Schlepper-

Ban·del, *a.* **Bän·del** das <-s, -> (*schweiz.*) *schmales Band, Schnur* ■ **jemanden am Bändel haben**: *jmdm. nicht von der Seite weichen und ihn unter Kontrolle halten*

Ban·den·krieg der <-(e)s, -e> *bewaffnete Auseinandersetzung zwischen konkurrierenden Banden*[2] Der Bandenkrieg kostete bereits fünf Menschenleben.

Ban·de·ro·le die <-, -n> **1.** *Klebemarke aus Papier auf steuerpflichtigen Import- oder Exportwaren* Die Banderole an der Zigarettenschachtel ist beschädigt. **2.** (≈ *Spruchband*)

Ban·de·ro·len·steu·er der <-s, -n> *mit Hilfe von Banderolen*[1] *erhobene Verbrauchssteuer*

Bän·der·riss der <-es, -e> MED. *Riss eines Bandes durch Überlastung*

Band·för·der·er der <-s, -> BAUW. *durch einen Motor angetriebenes Fördergerät, das Schütt- oder Stückgut auf einem über Rollen laufenden*

endlosen Band befördert

Band·ge·schwin·dig·keit die <-, -en> **1.** *Geschwindigkeit des Magnetbandes bei der Aufnahme oder Wiedergabe von Ton- oder Bildaufzeichnungen* **2.** *Geschwindigkeit eines Fließbandes*

bän·di·gen <bändigst, bändigte, hat gebändigt> *mit OBJ* ■ *jmd. bändigt jmdn./ein Tier (mit etwas Dat.)* **1.** *zähmen* ein wildes Pferd bändigen **2.** *zur Ruhe oder zur Aufmerksamkeit bringen* Am Montag haben es Lehrer oft schwer, die Kinder in der Schule zu bändigen. **3.** ■ *jmd. bändigt etwas (mit etwas Dat.) (geh.) unter Kontrolle halten* Sie bändigt ihre widerspenstigen Haare mit einer Spange.

Ban·dit, **Ban·di·tin** der <-en, -en> *Verbrecher, der Mitglied einer Bande*[2] *ist*

Band·ke·ra·mik die <-, -en> **1.** *für die Jungsteinzeit typische Keramik mit bandförmigen Verzierungen* **2.** *eine Kultur der frühen Jungsteinzeit in Mitteleuropa*

Band·lauf·werk das <-s, -e> EDV *Gerät zur Datenspeicherung auf Magnetbändern*

Band·lea·der der ['bɛntli:də] <-s, -> MUS. *Leiter einer Jazzband*

Band·maß das <-es, -e> *ein Metermaß, das man aufrollen kann*

Ban·do·ne·on das <-s, -s> *Handharmonika mit Knopfreihen an beiden Seiten* einen Tango auf dem Bandoneon spielen ◆-spieler

Band·schei·be die <-, -n> ANAT. *eine der Knorpelscheiben zwischen zwei Wirbeln der Wirbelsäule* wegen Problemen mit der Bandscheibe zum Orthopäden gehen ◆-nschaden, -noperation, -nvorfall

Band·stahl der <-s> *(kein Plur.) bandförmig ausgewalzter, aufgewickelter Stahl*

Band·wurm der <-(e)s, Bandwürmer> *ein Parasit, der im Darm von Tieren und Menschen leben kann* ◆-befall

bang, *a.* **ban·ge** <banger/bänger, am bangsten/am bängsten> *Adj. furchtsam und ängstlich* Bange Stunden vergingen, bis sie endlich die positive Antwort bekam., bange Minuten vor der Prüfung, bange Ahnungen, jemandem Angst und Bange machen, Bange machen/Bangemachen gilt nicht.

Ban·ga·le, **Ban·ga·lin** der <-n, -n> *Einwohner von Bangladesch*

ban·ga·lisch <nicht steig.> *Adj. Bangladesch oder seine Einwohner betreffend*

ban·gen <bangst, bangte, hat gebangt> *mit OBJ* ■ *jmd. bangt um jmdn./etwas (geh.) große Angst und Sorge (um jmdn. oder etwas) haben* Man bangt um das Leben der vermissten Kinder.

Bang·la·desch <-s> ((*kein Plur.*)) *Staat am Golf von Bengalen*

Bang·la·de·scher, **Bang·la·de·sche·rin** <-s, -> *Einwohner von Bangladesch*

bang·la·de·schisch <nicht steig.> *Adj. Bangladesch oder die Bangladescher betreffend*

Ban·jo das ['banjo· 'bɛndʒo] <-s, -s> *ein Saiteninstrument, das wie eine Gitarre mit einem runden Resonanzkörper aussieht* ◆-spieler

Bank[1] die <-, Bänke> **1.** *ein Gegenstand aus Holz oder Metall, der in Gärten oder Parks steht und auf dem man sitzen kann* Bei schönem Wetter sind alle Bänke am Seeufer belegt. ◆Garten-, Holz-, Park- **2.** *kurz für „Sandbank“* ■ **etwas auf die lange Bank schieben** *(umg.): etwas immer wieder aufschieben*

Bank[2] die <-, -en> WIRTSCH. **1.** *eine Institution, bei der man sein Geld auf einem Konto aufbewahren kann, die die Kontoführung erledigt und z.B. Überweisungen durchführt und Kredite gewährt* ein Konto bei einer Bank eröffnen, Geld von der Bank holen, mit der Bank einen Sparvertrag abschließen, sich von der Bank einen Kontoauszug holen, mit seiner Bank wegen der Finanzierung eines Wohnungskaufes reden ◆-direktor, -guthaben, -konto, -kredit **2.** *das Gebäude, in dem eine Bank*[1] *untergebracht ist* die Geldautomaten/die Schalterhalle einer Bank

Bank·an·ge·stell·te der/die <-n, -n> *jmd., der bei einer Bank arbeitet*

Bank·an·wei·sung die <-, -en> *(bankw.) Anweisung an eine Bank, einen Geldbetrag an einen Dritten zu zahlen* eine Bankanweisung ausfüllen

Bank·aus·kunft die <-, Bankauskünfte> *(bankw.) Auskunft einer Bank über die Vermögensverhältnisse ihres Kunden*

Bank·au·to·mat der <-en, -en> BANKW. *Automat, an dem Kunden mit einer Chipkarte Geld entnehmen können*

Bank·ein·la·ge die <-, -n> BANKW. *Geld, Aktien u.Ä., die man bei einer Bank hat*

Ban·ken·auf·sichts·amt das <-(e)s> *(kein Plur.)* BANKW. *Amt zur staatlichen Aufsicht über das Kreditwesen*

Ban·ken·fu·sion die <-, -en> BANKW. *Zusammenschluss von zwei oder mehreren Banken* Wegen der Bankenfusion kam es zu Personalabbau.

Ban·ken·kon·sor·tium das <-s, Bankenkonsortien> *mehrere Banken, die sich wegen eines Geschäfts mit sehr großem Kapitaleinsatz zusammengeschlossen haben, um das Risiko zu verteilen*

Ban·ken·prü·fer der <-s, -> BANKW. *jmd., der prüft, ob sich Banken an die gesetzlichen Vorgaben halten*

Ban·ker, *a.* **Bän·ker** der ['bɛŋkɐ] <-s, -> (≈ *Bankfachmann*)

Ban·kett das <-(e)s, -s/-e> *(geh.) feierliche Veranstaltung mit einem Festessen* Zum Bankett war Prominenz aus Kultur und Politik geladen. ◆Fest-

Ban·kett/Ban·ket·te das <-(e)s, -e> *befestigter Straßenrand*

Bank·fi·li·a·le die <-, -n> *Zweigstelle einer Bank, die sich in einem anderen Stadtteil oder an einem anderen Ort (als die Hauptgeschäftsstelle) befindet*

Bank·ge·heim·nis das <-ses> *(kein Plur.)* BANKW. *Pflicht und Recht einer Bank, Verhältnisse und Konten ihrer Kunden geheim zu halten*

Bank·ge·schäft das <-s, -e> *Geschäft, das an Banken abgeschlossen wird*

Bank·ge·wer·be das <-s> *(kein Plur.) Gesamtheit*

der gewerblichen Unternehmen, die Geld- und Kreditgeschäfte tätigen

Bank·gut·ha·ben das <-s, -> *das auf einer Bank deponierte Vermögen einer Person*

Ban·ki·er der [baŋ'ki̯e:] <-s, -s> *Inhaber oder Vorstandsmitglied einer Bank*

Ban·king das ['bɛŋkɪŋ] <-s> (*kein Plur.*) *Bankwesen, Bankgeschäfte, Bankverkehr* ◆ Online-

Bank·kauf·frau die <-, -en> (↔ *Bankkaufmann*) *Bankangestellte mit abgeschlossener Banklehre* eine Ausbildung zur Bankkauffrau machen

Bank·leit·zahl die <-, -en> *Kennziffer einer Bank, die zu deren Identifikation im Bankverkehr dient* die Bankleitzahl in das Überweisungsformular eintragen

Bank·nach·bar der <-n, -n> *Schüler, der neben einem anderen Schüler auf der Schulbank sitzt*

Bank·no·te die <-, -n> (≈ *Geldschein*) die Echtheit der Banknoten prüfen

Ban·ko·mat der <-s, -en> BANKW. ≈ *Bankautomat*

Bank·raub der <-(e)s, -e> (*Plur. selten*) *Überfall auf eine Bank, bei dem Geld erbeutet wird* bei einem Banküberfall drei Millionen Euro erbeuten ▶Bankräuber

Ban·k·rott der <-(e)s, -e> **1.** (WIRTSCH.: ≈ *Konkurs, Pleite*) *der Sachverhalt, dass eine Firma zahlungsunfähig ist* Wenn die Zahlungen ausbleiben, wird die Firma Bankrott gehen. ◆-erklärung **2.** (*übertr.*) *Scheitern, Zusammenbruch* Alle Zeitungen sprachen von einem politischen Bankrott. ◆ Großschreibung→R 3.3 Bankrott anmelden/erklären/gehen/machen *siehe auch* **bankrott**

ban·k·rott <nicht steig.> *Adj.* (WIRTSCH.: ≈ *zahlungsunfähig*) Das Unternehmen ist bankrott. ◆ Kleinschreibung→R 3.3 bankrott sein/werden, jmdn. bankrott machen *siehe aber auch* **Bankrott**

Bank·schal·ter der <-s, -> *Kundenschalter einer Bank*

Bank·schließ·fach das <-(e)s, Bankschließfächer> *Schließfach in einer Bank, in dem Wertsachen deponiert werden* den Schmuck in das Bankschließfach legen

Bank·tre·sor der <-s, -e> BANKW. *Tresor in einer Bank* Um diese hohe Summe auszuzahlen, muss der Angestellte zum Banktresor gehen.

Bank·ü·ber·wei·sung die <-, -en> BANKW. *durch eine Bank vorgenommene Verschiebung eines Geldbetrags von einem Konto auf ein (Empfänger-)konto* Sie können per Banküberweisung oder mit Kreditkarte zahlen.

Bank·ver·bin·dung die <-, -en> BANKW. *Kontonummer und Bankleitzahl, die zusammen das Konto einer Person oder Firma eindeutig bezeichnen* Bitte unbedingt Rechnungsnummer und Bankverbindung angeben, sonst kann die Rechnung nicht verbucht werden!

Bank·ver·kehr der <-s, -> (*kein Plur.*) *geschäftlicher Verkehr der Banken untereinander*

Bank·voll·macht die <-, -en> *jmdm. von einer anderen Person erteilte Ermächtigung, Bankgeschäfte in dessen Namen durchzuführen*

Bank·we·sen das <-s> (*kein Plur.*) *alles, was mit Banken und den von ihnen durchgeführten Geschäften zusammenhängt*

Bann der <-(e)s> (*kein Plur.*) **1.** (REL. GESCH.: ≈ *Exkommunikation*) *Ausweisung oder Ausschluss aus einer kirchlichen Gemeinschaft (im Mittelalter)* ◆ Kirchen- **2.** *eine magische Kraft oder faszinierende Wirkung, die von etwas ausgeht* Der Krimi zog alle in seinen Bann., Die Zuschauer standen noch ganz im Banne der Musik.

Bann·bul·le die <-, -n> GESCH. *Urkunde des Papstes, in der ein Bann[1] ausgesprochen wird*

ban·nen <bannst, bannte, hat gebannt> *mit OBJ* ■ *jmd. bannt jmdn./etwas* **1.** (*geh.*) *mit magischen Kräften fesseln* Der Magier hat die Geister gebannt. **2.** ■ **die Gefahr ist gebannt**: *eine Bedrohung ist abgewendet.* Nach stundenlangen Löscharbeiten ist jetzt die Gefahr gebannt, dass das Feuer auf die benachbarten Häuser übergreifen könnte.

Ban·ner das <-s, -> **1.** (≈ *Flagge*) *Fahne mit einem Herrscherwappen* **2.** (EDV: ≈ *Werbebanner*) *auf einer Website erscheinendes Werbeemblem*

Ban·ner·trä·ger der <-s, -> **1.** *jmd., der ein Banner[1] trägt* **2.** (*geh.*) *bedeutender, auch nach außen hin wirkender Vertreter einer Sache* ein Bannerträger des Fortschrittsgedankens sein

Bann·fluch der <-(e)s, Bannflüche> *mit einer Verfluchung verbundener Kirchenbann (im Mittelalter)*

Bann·wald der <-(e)s, Bannwälder> (*österr.*) *Schutzwald gegen Lawinen*

Ban·tu der <-s, -s> *Angehöriger einer Sprach- und Völkergruppe in Afrika*

Bap·tis·mus der <-> (*kein Plur.*) REL. *Lehre evangelischer Freikirchen, die als Bedingung für die Taufe ein persönliches Bekenntnis voraussetzt*

Bap·tist, Bap·tis·tin der <-en, -en> REL. *Anhänger der baptistischen Glaubensgemeinschaft*

bap·ti·stisch <nicht steig.> *Adj.* REL. *den Baptismus betreffend*

Bar die <-, -s>, **1.** *ein Nachtlokal, in dem man (manchmal zu Livemusik) alkoholische Getränke zu sich nimmt* ◆ Cocktail-, Hotel-, Tanz- **2.** *ein sehr kleines Lokal, in dem man (meist stehend) Kaffee trinkt* ◆ Espresso- **3.** (≈ *Theke, Tresen*) *Schanktisch, an dem man im Stehen oder auf Barhockern sitzend alkoholische Getränke trinkt* an der Bar stehen ◆ Haus-, Keller-

bar <nicht steig.> *Adj.* **1.** WIRTSCH. *so, dass mit Münzen oder Scheinen und nicht per Scheck oder Überweisung bezahlt wird* Ich bezahle in bar. **2.** (*geh. nur attr.*) *absolut, völlig* Das ist barer Unsinn. **3.** *mit Gen.* (*veralt.*) *nackt, bloß* Trotz der Kälte war er baren Hauptes. **4.** *mit Gen.* (*geh. übertr.*) *völlig ohne* Er war bar jeden Bewusstseins für die Folgen seines Handelns. ■ **etwas für bare Münze nehmen** (*umg.*): *etwas naiv glauben*

Bär der <-en, -en> **1.** *ein großes und sehr starkes Raubtier mit einem dichten braunen, schwarzen oder weißen Fell und breitem, massigem Körper, das vor allem in Nordamerika, aber auch in Euro-*

pa und Asien vorkommt Der Bär ist ein guter Schwimmer/hat ein Schaf gerissen/ hält Winterschlaf in einer Höhle. ◆-enfell-, -enjunges, -tatze, Braun-, Eis-, Grizzly-, Panda-, Schwarz- **2.** ■ **der Große Bär/der Kleine Bär**: *Bezeichnung zweier Sternbilder* **jemandem einen Bären aufbinden** (*umg.*): *jmdn. zum Scherz anschwindeln* **hungrig/stark sein wie ein Bär** (*umg.*): *überaus hungrig oder stark sein*

Ba·ra·cke die <-, -n> *eine Art primitives Haus, in dem Menschen meist für kurze Zeit untergebracht sind* ◆ Bau-, Holz-, Wellblech-

Bar·ba·di·er, **Bar·ba·di·e·rin** der <-s, -> *Einwohner von Barbados*

bar·ba·disch <nicht steig.> *Adj. Barbados oder die Barbadier betreffend*

Bar·ba·dos <-> (*kein Plur.*) *Inselstaat im Osten der Kleinen Antillen*

Bar·bar, **Bar·ba·rin** der <-s/-en, -en> **1.** (*abwert.*) *brutaler und primitiver Mensch* sich wie ein Barbar aufführen ◆-entum **2.** (*abwert.*) *unzivilisierter, ungebildeter Mensch* **3.** GESCH. *im antiken griechischen und römischen Kulturkreis die Bezeichnung für Nichtgriechen bzw. Nichtrömer*

Bar·ba·ra·zweig der <-(e)s, -e> (*meist Plur.*) *Zweig, der am Barbaratag (4. Dezember) in eine Vase gestellt wird, damit er zu Weihnachten blüht*

Bar·ba·rei die <-> (*kein Plur.*) (*abwert.*) *Grausamkeit, Unmenschlichkeit*

bar·ba·risch *Adj.* **1.** (*abwert.* ≈ *brutal*) *grausam und unmenschlich* ein barbarisches Regime **2.** (*abwert.*) *unzivilisiert und derb* Sein Tischsitten sind barbarisch. **3.** (*umg.*) *sehr* barbarisch heiß/kalt

Bar·be die <-, -n> *zur Familie der Karpfenfische gehörende Fischart* ◆ Fluss-, Rot-

Bar·be·cue das ['ba:bɪkju:] <-s, -s> **1.** *auf dem Rost gegrilltes Fleisch* ◆-sauce **2.** (≈ *Grillparty*) zum Barbecue eingeladen sein

Bar·be·stand der <-s, Barbestände> *Bestand an Bargeld* Der Barbestand des Ladens wird im Tresor aufbewahrt.

Bar·be·trag der <-s, Barbeträge> *Betrag an Bargeld* Der Bankräuber erbeutete einen hohen Barbetrag.

Bar·be·zü·ge die <-> *Plur. Einkünfte, die jmd. in bar erhält*

Bar·bi·tu·rat das <-(e)s, -e> MED. *ein Beruhigungs-, Schlaf- oder Narkosemittel* Barbiturate erhält man nur auf Rezept.

Bar·da·me die <-, -n> (↔ *Barkeeper*) *Frau, die in einer Bar*[1] *Getränke verkauft und die Gäste unterhält*

Bar·de der <-n, -n> GESCH. *Sänger mittelalterlicher Heldenlieder*

Ba·re(s) das (*kein Plur.*) *Barbetrag, Bargeld* eine Ware nur gegen Bares bekommen

Bä·ren·dienst der ■ **jemandem einen Bärendienst erweisen**: *jmdm. zu helfen versuchen, ihm aber dabei schaden*

Bä·ren·dreck der <-s> (*kein Plur.*) (*süddt. österr. schweiz.*) *Lakritzstange oder -bonbon*

Bä·ren·fell das <-s, -e> *Fell des Bären*

Bä·ren·haut ■ **auf der Bärenhaut liegen**: *faul sein*

Bä·ren·tat·ze die <-, -n> **1.** ZOOL. *Tatze eines Bären* **2.** (BOTAN.: ≈ *Bärenklau*) *ein Pilz der Gattung der Ständerpilze*

Ba·rett das <-(e)s, -e/-s> (≈ *Baskenmütze*) *eine Mütze, die wie eine flache Scheibe aussieht, leicht schräg auf den Kopf gesetzt wird und die Teil mancher Uniformen bzw. Amtstrachten ist*

Bar·frau die <-, -en> (≈ *Bardame*)

bar·fuß <nicht steig.> *Adj. ohne Schuhe und Strümpfe* im Sommer barfuß über die Wiese laufen

Bar·geld das <-s> (*kein Plur.*) *Münzen und Geldscheine (im Gegensatz zu Kreditkarten, Schecks usw.)* etwas mit Bargeld bezahlen

Bar·geld·ge·schäft das <-s, -e> *Geschäft, bei dem der Kaufpreis sofort bar bezahlt wird*

bar·geld·los <nicht steig.> *Adj. so, dass nicht mit Bargeld, sonder nur mit Kreditkarten, Schecks, Überweisungen o.Ä. bezahlt wird* bargeldloser Zahlungsverkehr

Bar·ge·schäft das <-s, -e> ≈ *Bargeldgeschäft*

Bar·ho·cker der <-s, -> *ein hoher Hocker, auf dem man an einer Bar*[3] *sitzt*

bä·rig *Adj.* (*umg.*) **1.** *sehr groß und stark* Für so einen bärigen Kerl sind zwei schwere Koffer doch kein Problem. **2.** *großartig, außergewöhnlich* in einer bärigen Stimmung sein

Bä·rin <-, -nen> *weiblicher Bär*

Ba·ri·ton der <-s, -e> **1.** (*kein Plur.*) *mittelhohe Männerstimmlage zwischen Tenor und Bass* Er hat einen sehr kräftigen Bariton. **2.** *Sänger, der Bariton*[1] *singt* ein gefeierter Bariton

Ba·ri·um das <-s> (*kein Plur.*) CHEM. *chemisches Element; ein silberweißes, an der Luft rasch oxidierendes Leichtmetall* Das chemische Zeichen für Barium ist Ba.

Bar·kas·se die <-, -n> SEEW. **1.** *größeres Motorboot* **2.** *größtes Beiboot auf Kriegsschiffen*

Bar·kauf der <-s, Barkäufe> *Kauf gegen sofortige Barzahlung*

Bar·ke die <-, -n> SEEW. *kleines Ruderboot* ◆ Fischer-, Fluss-

Bar·kee·per der ['ba:ɐ̯ki:pɐ] <-s, -> *jmd., der in einer Bar Getränke mixt und ausschenkt*

Bär·lapp der <-s, -e> *moosähnliche Pflanze, die zur Gattung der Farne gehört* ◆-gewächs

Bär·lauch der <-s> (*kein Plur.*) *ein zwiebelartiges Liliengewächs, dessen Geruch an Knoblauch erinnert*

barm·her·zig *Adj.* (≈ *gütig* ↔ *unbarmherzig*) *so, dass man sehr gut zu anderen Menschen ist, besonders wenn diese in Not sind* ■ **ein barmherziger Samariter** (*geh.*): *Person mit ausgeprägter Nächstenliebe* ▸Barmherzigkeit

Bar·mi·xer der <-s, -> (≈ *Barkeeper*) *Person, die in einer Bar auf Bestellung Getränke mischt*

Bar-·Miz·wa der <-s, -s> REL. *männlicher Jude, der das 13. Lebensjahr vollendet hat und verpflichtet ist, sich an die religiösen Vorschriften des Judentums zu halten*

Ba·rock der/das <-s> (*kein Plur.*) *eine Stilrichtung*

in der europäischen Kunst von ca. 1600 bis 1750 ein Gemälde/eine Kirche aus dem Barock ◆-dichtung, -kirche, -maler, -möbel, -oper, -theater, -zeitalter

ba·rock <nicht steig.> *Adj.* **1.** *aus dem Barock stammend* ein barockes Gemälde **2.** (*übertr.*) *im üppigen Stil des Barocks* ein barocker Stil

Ba·rock·mu·sik die <-> (*kein Plur.*) *Musik des Barockzeitalters*

Ba·rock·stil der <-s> (*kein Plur.*) *Stil des Barocks* ein Gebäude im Barockstil

Ba·ro·me·ter das <-s, -> *Gerät zum Messen des Luftdrucks* Das Barometer fällt/steht auf Regen/steigt. ◆-stand

Ba·ron, **Ba·ro·nin** der <-s, -e> *Anrede für einen Freiherrn*

Ba·ro·ness(e) die <-, -(e)n> *Tochter eines Barons*

Bar·ras der <-> (*kein Plur.*) (*südtdt.*) **1.** (≈ *Kommissbrot*) **2.** *das Militärwesen, die Armee* zum Barras gehen

Bar·rel das ['bɛrəl] <-s, -s> *in England und Nordamerika gebräuchliches Hohlmaß* Der Preis für das Barrel Rohöl ist gestiegen.

Bar·ren der <-s, -> **1.** *ein aus Edelmetall gegossener Quader* ◆Gold-, Silber- **2.** SPORT *ein Turngerät, bei dem zwei lange Stangen, die Holme, parallel angeordnet sind* ◆-turnen, Stufen-

Bar·ri·e·re die [ba'ri̯eːrə] <-, -n> **1.** (≈ *Schranke*) *eine Absperrung, die jmdn. von etwas fernhalten soll* eine Barriere errichten, Wer Eintritt bezahlt hat, wird durch die Barriere gelassen. **2.** (*schweiz.*) *Bahnschranke*

Bar·ri·ka·de die <-, -n> POL. *Hindernis, das bei Straßenkämpfen auf der Straße errichtet wird* ■ **auf die Barrikaden gehen** (*umg.*): *sich gegen etwas auflehnen*

Barsch der <-(e)s, -e> ZOOL. *im Süßwasser lebender Raubfisch*

barsch *Adj.* (≈ *brüsk, schroff*) *auf eine grobe Art unfreundlich* eine barsche Antwort, Er war sehr barsch und hat mich schnell abgefertigt.

Bar·scheck der <-s, -s> *Scheck, gegen dessen Vorlage Bargeld ausgezahlt wird*

Barsch·heit die <-> (*kein Plur.*) (≈ *Ruppigkeit, Schroffheit*) *grobe und unfreundliche Art* Seine Barschheit macht ihn bei den Kollegen unbeliebt.

Bar·sor·ti·ment das <-(e)s, -e> *Buchhandelsbetrieb zwischen Buchhandel und Verlag*

Bar·spen·de die <-, -n> *Spende in Form von Bargeld*

Bart der <-(e)s, Bärte> **1.** *die Haare, die bei Männern an Kinn, Wangen und über der Oberlippe wachsen* sich einen Bart stehen/wachsen lassen, ein dichter/grauer Bart, sich den Bart abnehmen/abrasieren/stutzen ▶bartlos ◆-flaum, -stoppeln, -wuchs, Backen-, Damen-, Dreitage-, Schnauz-, Schnurr- **2.** *das vordere Ende eines Schlüssels* ■ **etwas hat einen Bart** (*umg. abwert.*): *etwas ist schon lange bekannt* Der Witz hat doch schon einen Bart, der ist uralt! **der Bart ist ab!** (*umg.*): *jetzt ist aber Schluß damit!* **ein Streit um (des) Kaisers Bart** (*umg.*): *ein überflüssiger Streit*

Bart·bin·de die <-, -n> *Binde zum Formen des Bartes* nachts eine Bartbinde tragen

Bar·te die <-, -n> ZOOL. *Hornplatte im Oberkiefer der Bartenwale*

Bar·tel der <-s, -n> (*meist Plur.*) ZOOL. *eines der vom Maul mancher Fische herabhängenden langen, fadenförmigen Gebilde, an denen sich Sinnesorgane befinden*

Bart·fa·den der <-s, Bartfäden> (ZOOL.: ≈ *Bartel*)

Bart·flech·te die <-, -n> **1.** MED. *ansteckende bakterielle Entzündung der Haarbalgdrüsen, bes. im Bartbereich* Seine Bartflechte muss vom Hautarzt behandelt werden. **2.** BOT. *auf Nadelbäumen wachsende Flechtenart*

Bar·tho·lo·mä·us·nacht die <-> (*kein Plur.*) GESCH. *die Nacht zum 24.8.1572, in der die französische Königinmutter Katharina v. Medici zweitausend Hugenotten in Paris ermorden ließ*

bär·tig <nicht steig.> *Adj. so, dass ein Mann einen Bart hat*

Bart·schnei·der der <-s, -> *elektrisches Gerät zum Schneiden des Bartes*

Bart·trä·ger der <-s, -> *ein Mann, der einen Bart hat*

Bart·wisch der <-(e)s, -e> (*österr.*) *Handfeger*

Bar·ver·mö·gen das <-s, -> *aus Bargeld bestehendes Vermögen* Er haftet mit seinem Barvermögen.

Ba·ryt, **Ba·ryt** das <-(e)s, -e> (CHEM.: ≈ *Bariumsulfat, Schwerspat*) *ein farbloses Mineral*

Bar·zah·lung die <-, -en> *Zahlung mit Bargeld* Die Auslieferung der Ware erfolgt nur gegen Barzahlung.

ba·sal <nicht steig.> *Adj.* (*geh.* ≈ *grundlegend*) *zu den Grundlagen gehörend* ein basaler Irrtum, basale Kenntnisse

Ba·sa·li·om das <-s, -e> (*med.*) *eine Hautgeschwulst*

Ba·salt der <-(e)s, -e> *schwärzliches Vulkangestein, das besonders im Straßenbau verwendet wird*

Ba·sal·tem·pe·ra·tur die <-, -en> MED. *am Morgen vor dem Aufstehen gemessene Körpertemperatur der Frau, die zur Feststellung des Eisprungs benutzt werden kann*

Ba·sar/Ba·zar der <-s, -e> **1.** *Marktviertel orientalischer Städte* **2.** *Verkaufsveranstaltung zu wohltätigen Zwecken* Der Kindergarten veranstaltet einen Basar. ◆Kuchen-, Wohltätigkeits-

Ba·se die <-, -n> **1.** (*südd. veralt.* ≈ *Kusine*) **2.** (*schweiz.* ≈ *Tante*) **3.** (CHEM.: ↔ *Säure*) *Substanz, die alkalisch reagiert*

Base·ball der ['beɪsbɔːl] <-s> (*kein Plur.*) SPORT *amerikanisches Schlagballspiel* ◆-feld, -schläger, -spieler

Ba·se·dow·krank·heit die ['baːzədo...] <-> (*kein Plur.*) MED. *auf einer Überfunktion der Schilddrüse beruhende Krankheit, die besonders durch das Hervortreten der Augäpfel, das Entstehen eines Kropfes und schnellen Herzschlag gekennzeichnet ist*

Base-Jum·ping das ['beɪsdʒampɪŋ] <-s> (*kein Plur.*) SPORT *eine Extremsportart, bei der die Sport-*

ler mit Fallschirmen von hohen Gebäuden, Brücken o.Ä. springen

Ba·sel <-s> *Stadt in der Schweiz*

Ba·sel-·Land·schaft *Halbkanton in der Schweiz*

Ba·sel-·Stadt *Halbkanton in der Schweiz*

BASIC das ['beɪsɪk] <-> (*kein Plur.*) EDV *eine einfache Programmiersprache*

ba·sie·ren <basiert, basierte, hat basiert> *mit OBJ* ■ *etwas basiert auf etwas Dat. etwas als Grundlage haben* Der Film basiert auf einem Drama von Shakespeare., Die Theorie basiert auf der Annahme, dass ...

Ba·si·li·ka die <-, Basiliken> **1.** *Kirche aus frühchristlicher Zeit* **2.** *Kirchenbau mit erhöhtem Mittelschiff* im Urlaub in Griechenland eine Basilika besuchen

Ba·si·li·kum das <-s> (*kein Plur.*) BOT. *stark riechende Gewürz- und Heilpflanze* die Tomatensoße mit Basilikum würzen

Ba·si·lisk der <-en, -en> **1.** ZOOL. *im tropischen Amerika beheimateter Leguan mit Hautkämmen über Schwanz und Rücken und Hautlappen am Kopf* **2.** *schlangenartiges Fabeltier in orientalischen Sagen, dessen Blick eine tödliche Wirkung hat*

Ba·sis die <-, Basen> **1.** (*kein Plur.*) (≈ *Fundament, Grundlage, Voraussetzung*) *die Grundlage, auf der man etwas aufbauen kann* Solide Grundkenntnisse sind die Basis, um später den Aufbaukurs besuchen zu können. ◆-wissen, Gespächs-, Verhandlungs-, Vertrauens- **2.** MILIT. *Gelände als Stützpunkt für militärische Operationen* ◆ Luftwaffen- **3.** (*kein Plur.*) POL. ↔ *Parteispitze die breite Masse der Parteimitglieder* Wir müssen die Basis von der Notwendigkeit von Reformen überzeugen.

Ba·sis·aus·stat·tung die <-, -en> (≈ *Grundausstattung*) *grundlegende, notwendige Ausstattung*

ba·sisch <nicht steig.> *Adj.* CHEM. *in der Art einer Base*[3] Die Substanz reagiert basisch.

Ba·sis·de·mo·kra·tie die <-, -n> POL. *eine Staatsform, in der der einzelne Bürger weit reichendes Mitspracherecht hat*

Ba·sis·grup·pe die <-, -n> (*links orientierter*) *politisch aktiver Arbeitskreis, der die Basis der Gesellschaft für bestimmte progressive Ideen zu interessieren versucht*

Ba·sis·sta·ti·on die <-, -en> (≈ *Basislager*) **1.** *das Versorgungslager, von dem aus Hochgebirgsexpeditionen gestartet werden* Mit letzter Kraft erreichten die Bergsteiger die Basisstation. **2.** TELEKOMM. *das an einer bestimmten Stelle dauerhaft aufgestellte Gerät, das an ein schnurloses Telefon die Signale übermittelt*

Ba·sis·wis·sen das <-s> (*kein Plur.*) (≈ *Grundlagenwissen*) *eine bestimmte Grundlage an Wissen, auf die aufgebaut werden kann*

Bas·ke, **Bas·kin** der <-n, -n> *Einwohner des Baskenlandes*

Bas·ken·land das <-(e)s> (*kein Plur.*) *spanische bzw. französische Region am Golf von Biskaya*

Bas·ket·ball der <-s, Basketbälle> SPORT **1.** (*kein Plur.*) *eine Ballsportart, bei der jede Mannschaft versucht, den Ball in den Korb*[4] *der gegnerischen Mannschaft zu werfen* ◆-bundesliga, -feld, -mannschaft, -schuh, -spieler **2.** *der Ball beim Basketball*[1]

bas·kisch <nicht steig.> *Adj. das Baskenland oder die Basken betreffend*

Bas·ler, **Bas·le·rin** der <-s, -> *Einwohner Basels*

Bas·re·li·ef das [ba:rə'ljɛf] <-s, -s> KUNST *relativ flach gearbeitetes Relief*

bass ■ **bass erstaunt sein**: *sehr erstaunt sein*

Bass der <-es, Bässe> **1.** (*kein Plur.*) *die tiefste Stimmlage bei Männern* im Bass singen **2.** *die tiefste Stimmlage, die nur bestimmte Instrumente spielen können* ◆-instrument **3.** *jmd., der Bass*[1] *singt* **4.** *kurz für „Bassgeige" oder „Bassgitarre"* den Bass spielen **5.** (*meist Plur.* ↔ *Höhen*) *die tiefen Töne einer Musikaufnahme* kraftvolle Bässe

Bas·set der ['bæsɪt] <-s, -s> ZOOL. *ein Hund mit einem kräftigen Körper, kurzen Beinen und herunterhängenden Ohren*

Bass·gei·ge die <-, -n> (MUS.: ≈ *Kontrabass*)

Bass·gi·tar·re die <-, -n> MUS. *viersaitige Gitarre, die den Bass*[2] *spielt*

Bas·sin das [ba'sɛ̃:] <-s, -s> *künstlich angelegtes Wasserbecken, besonders zum Baden und Schwimmen* Das Wasser im Bassin muss erneuert werden.

Bas·sist, **Bas·sis·tin** der <-en, -en> MUS. **1.** *ein Musiker, der einen Bass*[4] *spielt* **2.** *ein Sänger mit einer Stimmlage im Bass*[1]

bass·las·tig *Adj. so, dass in einem Musikstück der Bass dominiert* ein basslastiger Song

Bast der <-(e)s, -e> **1.** (BOT.: *kein Plur.*) *eine Pflanzenfaser, die besonders zum Flechten von Gegenständen verwendet wird* eine Pflanze mit Bast am Bambusstock festbinden ◆-korb, -matte, -rock, -untersetzer **2.** ZOOL. *Bewuchs am Hirschgeweih*

bas·ta ■ **und (damit) basta!** (*umg.*): *drückt aus, dass etwas vom Sprecher als endgültig betrachtet und keine weitere Diskussion erwünscht wird* Ich sage nein, und damit basta!

Bas·tard der <-(e)s, -e> **1.** (*veralt.*) *unehelich geborenes Kind eines Adligen und einer nicht standesgemäßen Frau* **2.** (*abwert.*) *ein Schimpfwort für jmdn., den man als minderwertig ansieht* **3.** (BIOL.: ≈ *Hybrid, Kreuzung*) *ein Tier oder eine Pflanze, die aus der Kreuzung verschiedener Rassen oder Arten hervorgegangen ist*

Bas·tei die <-, -en> (*veralt.*) *vorspringender Teil alter Festungsbauten*

bas·teln <bastelst, bastelte, hat gebastelt> **I.** *mit OBJ* ■ *jmd. bastelt etwas durch kleine Handwerksarbeiten* (*als Hobby*) *anfertigen* Die Kinder basteln ein Mobile/Modellflugzeuge. **II.** *ohne OBJ* ■ *jmd. bastelt* (*an etwas Dat.*) *sich* (*als Hobby*) *mit der handwerklichen Anfertigung kleiner Dinge beschäftigen* Sie bastelt gern., Er bastelt an seiner Modelleisenbahn. ▶Bastelarbeit, Bastelei

Bas·til·le die [bas'ti:jə· bas'tɪljə· bas'tij] <-> (*kein Plur.*) GESCH. *Pariser Staatsgefängnis zur Zeit der Französischen Revolution*

Bas·ti·on die <-, -en> (≈ *Bollwerk*) *ein Schutzwehr, das zur Verteidigung einer Burg, Festungsanlage o.Ä. dient*

Ba·tail·lon das [batal'jo:n] <-s, -e> MILIT. *eine Heereseinheit, die aus mehreren Kompanien besteht*

Ba·tik die <-, -en> **1.** (*kein Plur.*) *künstlerisches Färben von Stoffen mit Hilfe von Wachs* ◆-farbe **2.** *kunstvoll gefärbter Stoff* ▸batiken ◆-kleid, -tuch

Ba·tist der <-(e)s, -e> *sehr feines Baumwollgewebe* eine Bluse aus Batist

Bat·te·rie die <-, -n> **1.** ELEKTROTECHN. *eine Art Gefäß, in dem die elektrochemische Energie kleiner Elemente in elektrische Energie umgewandelt wird , so dass ein elektrisches Gerät auch ohne Netzanschluss betrieben werden kann* Die Batterie ist leer/muss ausgetauscht werden/kann im Sondermüll entsorgt werden. ◆-betrieb, -fach, Taschenlampen- **2.** MILIT. *kleinste Truppeneinheit bei der Artillerie* ◆Geschütz- **3.** (*umg.*) *eine große Anzahl von identischen Dingen* Im Keller stand eine ganze Batterie Konservenbüchsen.

bat·te·rie·be·trie·ben <nicht steig.> *Adj. so, dass es den elektrischen Strom aus Batterien erhält* ein batteriebetriebenes Radio

Bat·zen der <-s, -> **1.** (*umg.* ≈ *Klumpen*) *ein größeres Stück eines Materials* ein Batzen Lehm **2.** (*umg.*) *eine große Menge von etwas* ein Batzen Geld

Bau[1] der <-(e)s> (*kein Plur.*) **1.** *das Bauen* Der Bau des Hauses hat im Frühjahr begonnen. ◆Haus-, Instrumenten-, Schiffs-, Straßen- **2.** *kurz für „Baustelle"* auf dem Bau arbeiten **3.** *etwas, das auf bestimmte Weise zusammengesetzt oder geformt ist* den Bau eines Dramas analysieren, den Bau des Skeletts studieren ◆Körper-, Satz-, Vers-

Bau[2] der <-(e)s, Bauten> *größeres, bedeutendes Gebäude* Am Marktplatz stehen mehrere Bauten aus der Renaissancezeit. ■ **im Bau sein** (*umg.*): *im Gefängnis sein* ◆Backstein-, Barock-, Flach-, Pracht-, Stein-

Bau[3] der <-(e)s, -e> ZOOL. *eine Erdhöhle, wie sie bestimmten Säugetieren als Unterschlupf dient* Der Fuchs legt einen Bau an. ◆Dachs-, Fuchs-, Kaninchen-

Bau·amt das <-(e)s, Bauämter> (≈ *Baubehörde*) Der Umbau muss vom Bauamt genehmigt werden.

Bau·an·trag der <-s, Bauanträge> *Antrag auf Erteilung einer Baugenehmigung*

Bau·ar·bei·ten die <-> *Plur. die Arbeiten auf einer Baustelle* eine Umleitung wegen Bauarbeiten

Bau·ar·bei·ter, **Bau·ar·bei·ter·in** der <-s, -> *Arbeiter im Baugewerbe*

Bauart die <-, -en> *die Art und Weise, wie etwas gebaut ist* Dieses Gerät ist von einer völlig neuen Bauart.

Bau·auf·sicht die <-> (*kein Plur.*) *das Überwachen der Einhaltung der gesetzlichen Vorschriften beim Bauen von Häusern* eine Inspektion des Rohbaus durch die Bauaufsicht ◆-samt, -sbehörde

Bau·ba·ra·cke die <-, -n> *Baracke als Aufenthaltsraum für Bauarbeiter*

Bau·be·ginn der <-s> (*kein Plur.*) *Beginn der Bauarbeiten* Wegen des schlechten Wetters verzögert sich der Baubeginn.

Bau·be·hör·de die <-, -n> (≈ *Bauamt*) *städtische oder staatliche Behörde, die für das Bauwesen zuständig ist*

Bau·be·schrieb der <-(e)s, -e> (*schweiz.*) *Beschreibung eines geplanten Baues*

Bauboom der <-s, -s> *Hochkonjunktur im Bauwesen* Durch den Bauboom konnten viele neue Arbeitsplätze geschaffen werden.

Bauch der <-(e)s, Bäuche> **1.** (≈ *Leib*) *unterer vorderer Teil des Rumpfes zwischen Zwerchfell und Becken* **2.** *stark vorgewölbter Bauch*[1] Im Alter bekam er einen Bauch., ein dicker Bauch **3.** (*umg.* ≈ *Magen*) Nachdem sie zu viel gegessen hatten, tat allen der Bauch weh. ■ **mit etwas auf den Bauch fallen** (*umg.*): *einen Misserfolg erleben* **sich den Bauch vollschlagen** (*umg. abwert.*): *viel essen* **Voller Bauch studiert nicht gern**: *wenn man viel gegessen hat, kann man nicht mehr gut lernen* **jemand sagt etwas aus dem hohlen Bauch**: *jmd. sagt etwas unvorbereitet und ohne genaue Kenntnisse*

Bauch·de·cke die <-, -n> ANAT. *die Muskel- und Bindegewebsschicht, die über den Organen in der Bauchhöhle liegt* Mit einem Schnitt öffnet der Chirurg die Bauchdecke.

Bauch·fell das <-s, -e> ANAT. *die Haut, die die Bauchhöhle auskleidet* ◆-entzündung

bauch·frei <nicht steig.> *Adj. so, dass ein Kleidungsstück den Bauch nicht bedeckt* ein bauchfreies T-Shirt/Top

Bauch·ge·gend die <-> (*kein Plur.*) *der Bereich des Bauches* Schmerzen in der Bauchgegend haben

Bauch·höh·len·schwan·ger·schaft die <-, -en> MED. *der Vorgang, dass sich ein Embryo außerhalb der Gebärmutter entwickelt*

bau·chig *Adj. so, dass ein Gefäß in der Mitte einen größeren Durchmesser hat als an den Enden* eine bauchige Flasche/Vase

Bauch·la·ge die <-> (*kein Plur.*) (↔ *Rückenlage, Seitenlage*) *die Stellung des Körpers, bei der der Bauch nach unten weist* in Bauchlage schlafen

Bauch·lan·dung die <-, -en> **1.** *ein Sturz, bei dem jmd. mit dem Bauch auf dem Boden aufschlägt* **2.** (*umg.*) *Misserfolg*

Bauch·mus·ku·la·tur die <-> (*kein Plur.*) ANAT. *Muskulatur der Bauchdecke* durch Gymnastik die Bauchmuskulatur kräftigen

Bauch·na·bel der <-s, -> (ANAT.: ≈) *die kleine runde Vertiefung am Bauch des Menschen*

bauch·re·den *ohne OBJ* (*nur als Inf.*) *mit dem Kehlkopf Sprachlaute hervorbringen ohne dabei die Lippen zu bewegen* Er lernt bauchreden. ▸Bauchredner

Bauch·schmer·zen die <-> *Plur. Schmerzen im Bauch* nach dem fetten Essen Bauchschmerzen bekommen

Bauch·spei·chel·drü·se die <-, -n> (ANAT.: ≈ *Pankreas*) *in der Bauchhöhle liegendes Organ, das wichtige Enzyme für die Verdauuung absondert*

Bauch·spie·ge·lung die <-, -en> MED. *Untersuchung im Bauchraum mittels einer durch die Bauchdecke eingeführten Sonde*

Bauch·stück das <-(e)s, -e> *Stück vom Bauch eines geschlachteten Tieres*

Bauch·tanz der <-es, Bauchtänze> *orientalischer Tanz, bei dem die Tänzerin Bauchmuskeln und Hüften rhythmisch bewegt*

Bauch·um·fang der <-s, Bauchumfänge> *in Bauchhöhe gemessener Körperumfang*

Bau·de·zer·nent der <-en, -en> AMTSSPR. *Leiter einer Baubehörde*

Bau·e·le·ment das <-(e)s, -e> (≈ *Bauteil*) *einer der (Grund)bestandteile, aus denen etwas zusammengebaut ist* ein Haus aus vorgefertigten Bauelementen, die einzelnen Bauelemente der Maschine zusammensetzen

bau·en <baust, er baute, hat gebaut> **I.** *mit OBJ* ■ *jmd. baut etwas* **1.** *ein Gebäude oder eine Straße errichten* Die Regierung lässt eine neue Autobahn bauen. **2.** (≈ *fertigen*) *einen technischen Gegenstand nach einem Entwurf ausführen* Die Firma baut Maschinen für die Verpackungsindustrie. **II.** *ohne OBJ* ■ *jmd. baut (an etwas Dat.) ein Haus errichten (lassen)* Wir müssen ziemlich sparen, weil wir bauen., An diesem Bürokomplex wird schon seit letztem Jahr gebaut. ■ **man kann auf … bauen** (*umg.*): *man kann sich auf … verlassen*

Bau·er, **Bäu·e·rin**[1] der <-n, -n> **1.** (≈ *Landwirt*) *jmd., der eigenes Land besitzt, darauf Getreide und andere Nutzpflanzen anbaut und Viehzucht betreibt* Der Bauer bestellt die Felder/betreibt Viehhaltung/füttert die Hühner/melkt die Kühe/mistet den Stall aus. ◆ Gemüse-, Obst- **2.** *eine Schachfigur* einen Bauern opfern

Bau·er[2] das <-s, -> (≈ *Vogelkäfig*) Der Vogel sitzt im Bauer. ◆ Vogel-

Bäu·er·chen ■ **ein Bäuerchen machen** (*nur in Bezug auf ein Baby verwendet*): *aufstoßen* Nachdem es getrunken hatte, machte das Baby sein Bäuerchen.

bäu·er·lich <nicht steig.> *Adj.* (≈ *ländlich, rustikal*) *die Lebensweise des Bauern betreffend oder typisch für sie* Zeugnisse bäuerlicher Kultur

Bau·ern·auf·stand der <-(e)s, Bauernaufstände> GESCH. *Aufstand der Bauern gegen die Feudalherrschaft*

Bau·ern·bub der <-en, -en> (*südd. österr. schweiz.*) *Sohn eines Bauern; junger Mann vom Land*

Bau·ern·dorf das <-(e)s, Bauerndörfer> *Dorf, in dem hauptsächlich Bauern leben*

Bau·ern·fän·ger der <-s, -> (*abwert.*) *betrügerischer Mensch, der besonders unerfahrene Menschen schädigt* in die Fänge eines Bauernfängers geraten ►Bauernfängerei

Bau·ern·gar·ten der <-s, Bauerngärten> *Gemüse- und Kräutergarten zur Eigenversorgung (der Bauern)* einen Bauerngarten anlegen

Bau·ern·haus das <-es, Bauernhäuser> *Wohnhaus und Betriebsgebäude eines Bauern*

Bau·ern·hof der <-(e)s, Bauernhöfe> *Wohnhaus und Gebäude für den landwirtschaftlichen Betrieb eines Bauern* mit den Kindern Ferien auf dem Bauernhof machen

Bau·ern·ka·len·der der <-s, -> *Sammlung von Bauernregeln, die nach dem Ablauf der Jahreszeiten geordnet sind und sich besonders auf das Wetter beziehen*

Bau·ern·lüm·mel der <-s, -> (*abwert.*) *rüpelhafter junger Mann vom Land*

Bau·ern·mäd·chen das <-s, -> *Tochter eines Bauern; Mädchen vom Land*

Bau·ern·mö·bel die <-> *Plur. Möbel im bäuerlichen Stil*

Bau·ern·re·gel die <-, -n> *einfacher, meist gereimter Spruch über das voraussichtliche Wetter und die Ernte*

bau·ern·schlau <nicht steig.> *Adj. so, dass man pfiffig und gewitzt ist und seinen eigenen Vorteil wahrt*

Bau·ern·sohn der <-(e)s, Bauernsöhne> *Sohn eines Bauern*

Bau·ern·stu·be die <-, -n> *Zimmer, das im bäuerlichen Stil eingerichtet ist*

Bau·ern·toch·ter die <-, Bauerntöchter> *Tochter eines Bauern*

Bau·ern·ver·band der <-(e)s, Bauernverbände> *Verband der Bauern zur Wahrung ihrer Interessen*

Bau·ers·frau die <-, -en> (≈ *Bäuerin*)

Bau·fach das <-s> (*kein Plur.*) BAUW. *Fachgebiet des Bauwesens*

bau·fäl·lig *Adj.* (≈ *morsch*) *so, dass ein Gebäude nicht mehr stabil ist* Das baufällige Haus ist einsturzgefährdet. ►Baufälligkeit

Bau·fi·nan·zie·rung die <-, -en> *die Beschaffung von Kapital, um damit den Bau eines Hauses zu bezahlen*

Bau·fir·ma die <-, Baufirmen> *eine Firma, die im Auftrag von Kunden Häuser baut*

Bau·füh·rer der <-s, -> BAUW. *jmd., der die Arbeiten auf einer Baustelle leitet*

Bau·ge·län·de das <-s, -> **1.** *Gelände, das nach den geltenden Bestimmungen bebaut werden kann* **2.** *Gelände, auf dem gebaut wird*

Bau·geld das <-(e)s, -er> *Geld, das zur Finanzierung eines Bauvorhabens nötig ist*

Bau·ge·neh·mi·gung die <-, -en> *von der Baubehörde erteilte Genehmigung, dass ein Haus gebaut werden darf* eine Baugenehmigung beantragen

Bau·ge·nos·sen·schaft die <-, -en> *Genossenschaft, die für ihre Mitglieder Wohnbauten errichtet und instand hält*

Bau·ge·rüst das <-(e)s, -e> *bei Bauarbeiten verwendetes Gerüst*

Bau·gru·be die <-, -n> *für das Fundament eines Hauses ausgehobene Grube* die Baugrube durch Absperrungen sichern

Bau·grup·pe die <-, -n> TECHN. *aus mehreren Ein-*

zelteilen bestehende, in sich geschlossene Einheit eines Gerätes Bei der Reparatur des Gerätes wurde eine Baugruppe ausgetauscht.

Bau·hand·werk das <-s> (*kein Plur.*) *die Handwerksberufe des Bauwesens*

Bau·herr der <-en, -en> *Person oder Instanz, die einen Bau errichten lässt und finanziert*

Bau·her·ren·dar·le·hen das <-s, -> *Darlehen, das der Bauherr zur Finanzierung seines Bauvorhabens erhält*

Bau·hof der <-s, Bauhöfe> *ein Platz, auf dem Baustoffe gelagert werden*

Bau·holz das <-es> (*kein Plur.*) BAUW. *massives Holz, das im Bauwesen verwendet wird*

Bau·hüt·te die <-, -n> **1.** *Aufenthaltsraum und Werkzeugschuppen der Bauarbeiter* **2.** GESCH. *mittelalterliche Vereinigung der Bildhauer und Steinmetze beim Kirchenbau*

Bau·im·pe·ri·um das <-s, Bauimperien> *große Unternehmensgruppe im Bereich des Bauwesens*

Bau·in·ge·ni·eur, **Bau·in·ge·ni·eu·rin** der <-s, -e> *Ingenieur, der auf das Bauwesen spezialisiert ist*

Bau·jahr das <-(e)s, -e> **1.** *das Jahr, in dem etwas gebaut wurde* Das Baujahr dieses Gebäudes geht aus den Unterlagen hervor. **2.** *der bei einem Bauvorhaben verstreichende Zeitabschnitt von einem Jahr*

Bau·kas·ten der <-s, Baukästen> *ein Kasten, in dem zueinander passende Konstruktionselemente zusammengestellt sind, mit denen man (vor allem Kinder) im Spiel etwas bauen kann* ◆ Holz-, Metall-

Bau·ka·sten·sy·stem der <-s, -e> *eine Methode, mit der größere Objekte oder Anlagen aus einheitlichen, aufeinander abgestimmten kleineren Einzelteilen hergestellt werden* ein Fertighaus im Baukastensystem

Bau·ko·lon·ne die <-, -n> BAUW. *Gruppe von Bauarbeitern im Straßen- und Gleisbau*

Bau·kon·junk·tur die <-> (*kein Plur.*) *wirtschaftliche Lage im gesamten Bauwesen*

Bau·kon·zern der <-s, -e> *Konzern im Bereich des Bauwesens*

Bau·kos·ten die <-> *Plur. Kosten für einen Bau* die Baukosten vor Baubeginn kalkulieren

Bau·kran der <-(e)s, Baukräne> *auf Baustellen eingesetzter Kran*

Bau·land das <-es> (*kein Plur.*) *Land, das bebaut werden kann*

Bau·lärm GEN....: der <-> (*kein Plur.*) *Lärm, der bei der Durchführung von Bauarbeiten entsteht* sich durch den Baulärm gestört fühlen

Bau·lei·ter, **Bau·lei·te·rin** der <-s, -> BAUW. *jmd., der vom Bauherrn mit der Ausführung des Bauvorhabens beauftragt wird*

bau·lich <nicht steig.> *Adj. auf das Bauen bezogen* bauliche Veränderungen

Baum der <-(e)s, Bäume> *eine große Pflanze mit Stamm, Ästen, Zweigen und Blättern oder Nadeln, die viele Meter hoch wächst* Im Frühjahr blühen die Bäume., Der Orkan hat viele Bäume entwurzelt., Bei Bäumen unterscheidet man Laubbäume und Nadelbäume., Ein Baum blüht/trägt Früchte/verliert im Herbst seine Blätter., die Äste/Blätter/Jahresringe/der Stamm/die Wurzel/die Zweige des Baumes ■ **Bäume ausreißen können** (*umg.*): *kerngesund sein und sehr viel leisten können* **Bäume ausreißen können**: *sehr kraftvoll und dynamisch sein* Er ist noch jung und glaubt, dass er Bäume ausreißen kann. **Bäume wachsen nicht in den Himmel.** (*Sprichwort*): *Jedes Wachstum hat Grenzen.* ◆ -krone, -wurzel, Ahorn-, Apfel-, Birn-, Kastanien-, Kirsch-, Laub-, Nadel-, Obst-, Tannen-

Bau·markt der <-(e)s, Baumärkte> *ein großes Geschäft, das Dinge anbietet, die man für Arbeiten in Haus und Garten benötigt* zum Baumarkt fahren, um das Material für die Renovierung der Wohnung zu kaufen

Bau·ma·te·ri·al das <-s, Baumaterialien> *Material, das zum Bauen verwendet wird*

Baum·blü·te die <-> (*kein Plur.*) **1.** *das Blühen der Bäume* **2.** *die Zeit, in der die Bäume blühen* Während der Baumblüte ist Nachtfrost besonders gefährlich.

Baumeis·ter der <-s, -> (*veralt. ≈ Architekt*) *jmd., der nach Plänen Gebäude entwirft und das Bauen anleitet* Elias Holl, ein berühmter Baumeister der Renaissance

bau·meln <baumelt, baumelte, hat gebaumelt> *mit OBJ* ■ *etwas baumelt* (*von etwas Dat.*) *lose schwingend herabhängen* Sie sitzt auf der Mauer und lässt die Beine baumeln., Es gab keine Lampe, von der Decke baumelte nur eine Glühbirne.

Baum·gren·ze die <-> (*kein Plur.*) *die Höhe, ab der im Gebirge keine Bäume mehr wachsen können*

Baum·haus das <-es, Baumhäuser> *eine Konstruktion mit Boden, Wänden und Dach, die in den Ästen eines Baumes gebaut wurde* die Kinder spielen im Baumhaus

Baum·kro·ne der <-, -n> *Gesamtheit der Äste und Zweige eines Baumes*

baum·los <nicht steig.> *Adj. ohne Baumbewuchs* ein baumloser Platz

Baum·nuss die <-, Baumnüsse> (*schweiz.*) *Walnuss*

Baum·rin·de die <-, -n> *Rinde eines Baumes*

Baum·schu·le die <-, -n> *Gärtnerei, die Bäume und Sträucher zieht und verkauft*

Baum·stamm der <-(e)s, Baumstämme> *der senkrecht gewachsene feste Teil des Baumes, aus dem die Äste wachsen*

Baum·ster·ben das <-s> (*kein Plur.*) (≈ *Waldsterben*) *das massenhafte Absterben von Bäumen* Ursache für das Baumsterben ist die zunehmende Umweltverschmutzung.

Baum·struk·tur die <-, -en> (*fachspr.*) *eine (grafisch dargestellte) hierarchische Struktur, bei der sich ein Element an der Spitze und die ihm untergeordneten Elemente darunter befinden*

Baum·stumpf der <-(e)s, Baumstümpfe> *der im Boden verbliebene Rest eines abgesägten Baumes*

Baum·wol·le die <-> (*kein Plur.*) **1.** *eine Pflanze mit großen Blättern, gelben Blüten und walnussgroßen Kapselfrüchten, aus deren Samenfäden Garn gemacht wird* **2.** *die (geernteten) Samenfäden der Baumwolle*[1] **3.** *Gewebe aus Baumwollstoff* ein T-Shirt/Unterwäsche aus Baumwolle ◆-bluse, -faser, -hemd, -tuch

baum·wol·len <nicht steig.> *Adj. aus Baumwolle* eine baumwollene Bluse

Baum·woll·ern·te die <-, -n> *Ernte der Baumwolle*[2]

Baum·woll·garn das <-s, -e> *Garn aus Baumwolle*[2]

Baum·woll·pflan·zung die *ein mit Baumwolle*[1] *bewachsenes Feld*

Baum·woll·plan·ta·ge die <-, -n> *Plantage, auf der Baumwolle*[1] *angebaut wird*

Baum·woll·spin·ne·rei die <-, -en> *Spinnerei, in der Baumwolle*[2] *zu Garn verarbeitet wird*

Baum·woll·stoff der <-(e)s, -e> *Stoff aus Baumwolle*[2]

Bau·plan der <-(e)s, Baupläne> *Entwurf, den ein Architekt für ein Bauvorhaben anfertigt*

Bau·platz der <-es, Bauplätze> *Gelände, auf dem gebaut werden kann*

Bau·pro·jekt das <-(e)s, -e> *geplantes oder bereits begonnenes Bauvorhaben*

Bau·rat, **Bau·rä·tin** der <-(e)s, Bauräte> *leitender Beamter eines Bauamts*

bau·reif <nicht steig.> *Adj.* **1.** *für den Baubeginn fertig ausgearbeitet* Die Unterlagen für das Hochhaus sind baureif. **2.** *erschlossen und zur Bebauung freigegeben* ein baureifes Grundstück

bäu·risch <bäurischer, am bäurischsten> *Adj.* (*abwert.*) *grob, schwerfällig* Er hat bäurische Manieren.

Bausch ■ **in Bausch und Bogen** (*umg.*): *völlig; ohne genauere Unterscheidung* Der Entwurf wurde in Bausch und Bogen verurteilt.

Bau·scha·den der <-s, Bauschäden> *Schaden an einem Gebäude, der durch unsachgemäßes Bauen entstanden ist*

bau·schen <bauschst, bauschte, hat gebauscht> **I.** *mit OBJ* ■ *etwas bauscht etwas* (≈ *aufblähen*) *durch Luftzug bewirken, dass etwas prall gespannt wird* Der Wind bauscht die Segel. **II.** *mit SICH* ■ *etwas bauscht sich Falten schlagen und sich wölben* Ihr Rock bauscht sich im Wind.

Bau·schutt der <-s> (*kein Plur.*) *beim Bauen anfallender Schutt* den Bauschutt entsorgen

Bau·se·na·tor, **Bau·se·na·to·rin** der <-s, -en> POL. *Leiter oder Leiterin des Bauministeriums in einigen deutschen Bundesländern*

Bauspar·dar·le·hen das <-s, -> *von der Bausparkasse gewährtes Darlehen für ein Bauvorhaben*

Bau·spa·ren das <-s> (*kein Plur.*) *das Sparen auf der Grundlage eines Bausparvertrages bei einer Bausparkasse*

Bau·spar·för·de·rung die <-> (*kein Plur.*) Förderung des Bausparens durch bestimmte staatliche Maßnahmen

Bau·spar·kas·se die <-, -n> *Kreditinstitut, das seinen Mitgliedern langfristige Darlehen zum Bau, Kauf oder zur Renovierung von Häusern oder Wohnungen gewährt*

Bau·spar·prä·mie die <-, -n> *ausgeschüttete Prämie bei einem Bausparvertrag*

Bau·spar·ver·trag der <-(e)s, Bausparverträge> *Vertrag mit einer Bausparkasse* einen Bausparvertrag abschließen

Bau·spe·ku·lant, **Bau·spe·ku·lan·tin** der <-en, -en> (*abwert.*) *jmd., der im Bereich des Bauwesens Spekulation betreibt*

Bau·stadt·rat, **Bau·stadt·rä·tin** der <-(e)s, Baustadträte> *für den Bereich des Bauwesens zuständiger Stadtrat*

Bau·stahl der <-s> (*kein Plur.*) *Stahl, der im Maschinen-, Schiffs- und Tiefbau verwendet wird*

Bau·stein der <-(e)s, -e> **1.** *ein Stein zum Bauen*[1] **2.** (≈ *Element*) *Bestandteil von etwas, auf dem etwas aufgebaut ist oder wird* Bausteine einer Theorie, Bausteine der Zellen, Diese kleine Erbschaft war ein Baustein seines späteren großen Vermögens.

Bau·stel·le die <-, -n> *ein Gelände, auf dem gebaut wird* Das Betreten der Baustelle ist verboten!

Bau·stil der <-s, -e> *der bestimmte architektonische Stil, in dem ein Gebäude gestaltet ist*

Bau·stoff der <-(e)s, -e> *Material, das zum Bauen verwendet wird* ◆-kunde

Bau·tä·tig·keit die <-> (*kein Plur.*) *der Vorgang, dass an einer Stelle (viele) Häuser gebaut werden*

Bau·teil das <-s, -e> **1.** *vorgefertigtes Teil zum Bau von Maschinen und technischen Anlagen* **2.** *Teil eines Bauwerks* Das hintere Bauteil wurde in einer späteren Periode hinzugefügt.

Bau·teil·re·cyc·ling das <-s> (*kein Plur.*) *Aufbereitung und Wiederverwendung von Bauteilen*[1]

Bau·trupp der <-s, -s> *eine Gruppe von Bauarbeitern, die zusammen arbeiten*

Bau·un·ter·neh·men das <-s, -> ≈ *Baufirma*

Bau·vor·ha·ben das <-s, -> **1.** *Idee oder Entwurf für einen Bau* **2.** *Gebäude, das sich im Bau befindet*

Bau·wa·gen der <-s, -> *ein großer Wagen, der auf einer Baustelle als Aufenthaltsort für die Bauarbeiter oder zur Lagerung von Werkzeugen dient*

Bau·wei·se die <-, -n> *die Art und Weise, wie etwas gebaut ist*

Bau·werk das <-(e)s, -e> *großes Gebäude, das durch seine Architektur beeindruckt* ein von Schinkel entworfenes Bauwerk

Bau·we·sen das <-s> (*kein Plur.*) *Gesamtheit der Vorgänge und Einrichtungen, die mit dem Bauen zusammenhängen*

Bau·wirt·schaft die <-> (*kein Plur.*) *das Bauwesen als Wirtschaftszweig*

Bau·xit, **Bau·xit** der <-s, -e> *ein Mineral, das Aluminium enthält*

Bau·zaun der <-(e)s, Bauzäune> *der Zaun, mit dem eine Baustelle abgesperrt ist*

Bay·er, **Bay·e·rin** der <-n, -n> *Einwohner Bayerns*

bay·(e)·risch <nicht steig.> *Adj. Bayern oder dessen Einwohner betreffend, aus Bayern stammend* *oder für Bayern typisch* eine bayrische Brotzeit

Bay·ern <-s> *deutsches Bundesland* Der Freistaat Bayern ist das größte Bundesland Deutschlands.

Bayreuth das <-s> *Wagner-Festspielstadt in Bayern*

Ba·zar der <-s, -e> *s.* **Basar**

Ba·zi der <-s, -s> (*südd. österr; meist scherzh.*) *durchtriebener Mensch, Gauner*

Ba·zil·le die <-, -n> (*umg.* ≈ *Bazillus*)

Ba·zil·lus der <-, Bazillen> MED. *ein Krankheitserreger*

BE die <-s> *s.* **Abkürzung von „Broteinheit"**

be·ab·sich·ti·gen <beabsichtigst, beabsichtigte, hat beabsichtigt> *mit OBJ* ■ *jmd. beabsichtigt etwas zu tun* (*geh.*) *etwas tun wollen* Die Familie beabsichtigt den Verkauf der Villa.

be·ach·ten <beachtest, beachtete, hat beachtet> *mit OBJ* **1.** ■ *jmd. beachtet jmdn./etwas zur Kenntnis nehmen* Sein Verhalten war unauffällig und niemand hat ihn beachtet., Er hat ihr neues Kleid kaum beachtet. **2.** ■ *jmd. beachtet etwas* (↔ *missachten*) *bewusst berücksichtigen und sich danach richten* die Bestimmungen/Regeln/Vorschriften beachten

be·acht·lich *Adj.* (≈ *beträchtlich, stattlich*) *ziemlich groß oder ziemlich viel* beachtliche Fortschritte/eine beachtliche Geldsumme, Der Film hatte einen beachtlichen Erfolg.

Be·ach·tung die <-> (*kein Plur.*) **1.** *das Beachten*[1] einer Sache keine Beachtung schenken, Dieses besondere Buch verdient Beachtung. **2.** *das Beachten*[2] Schon Kinder sollen die Beachtung der Verkehrsregeln üben.

Beach·vol·ley·ball das ['bi:tʃvɔlibal] <-s> (*kein Plur.*) *eine Art Volleyball, bei der in Zweiermannschaften am Strand gespielt wird*

be·a·ckern <beackerst, beackerte, hat beackert> *mit OBJ* ■ *jmd. beackert etwas* **1.** *mit Pflug und Egge bearbeiten* ein Feld beackern **2.** (*umg.*) *genau bearbeiten, gründlich durcharbeiten*

Be·am·te, **Be·am·tin** der <-n, -n> *jmd, der im öffentlichen Dienst oder im Dienst einer Körperschaft des öffentlichen Rechts steht, nicht gekündigt werden kann und im Ruhestand Pension bekommt* seit zwei Monaten Beamter auf Probe sein, Beamter im Schuldienst/bei der Polizei/in der Finanzverwaltung

Be·am·ten·an·wär·ter, **Be·am·ten·an·wär·te·rin** der <-s, -> *Anwärter auf eine Beamtenstelle*

Be·am·ten·be·sol·dung die <-, -en> *Dienstbezug, Entlohnung eines Beamten*

Be·am·ten·bund der <-(e)s> (*kein Plur.*) *Organisation, die die Interessen der Beamten vertritt*

Be·am·ten·deutsch das <-s> (*kein Plur.*) (*abwert.* ≈ *Amtsdeutsch*) *Amtssprache, die unverständlich, langatmig und umständlich ist*

Be·am·ten·lauf·bahn die <-, -en> *berufliche Laufbahn eines Beamten* am Anfang der Beamtenlaufbahn stehen

Be·am·ten·pen·sion die <-, -en> *die Bezüge, die Beamte im Ruhestand erhalten*

Be·am·ten·recht das <-s, -e> *Gesamtheit der Gesetze, die die Rechtsverhältnisse der Beamten regeln*

Be·am·ten·stel·le die <-, -n> *eine Arbeitsstelle, die nach dem Beamtenrecht geregelt ist*

Be·am·ten·tum das <-s> (*kein Plur.*) **1.** *beruflicher und sozialer Stand des Beamten mit den dazugehörenden Rechten und Pflichten* **2.** (≈ *Beamtenschaft*) *alle Beamten*

be·ängs·ti·gend *Adj. so, dass es Angst macht* eine beängstigende Entwicklung/Prognose/Situation

be·an·spru·chen <beanspruchst, beanspruchte, hat beansprucht> *mit OBJ* **1.** ■ *jmd. beansprucht etwas sagen, dass man etwas haben will* (*und der Meinung sein, dass es einem zusteht*) eine Schadensersatzleistung beanspruchen **2.** ■ *jmd. beansprucht jmdn. Hilfe von jmdm. annehmen* Ich habe dich heute schon sehr beansprucht. **3.** ■ *etwas beansprucht jmdn./etwas jmds. Zeit und Kraft erfordern* Der anstrengende Beruf beansprucht ihn völlig. **4.** ■ *etwas beansprucht etwas etwas abnutzen* Der Teppich im Flur wird stark beansprucht. ▶Beanspruchung

be·an·stan·den <beanstandest, beanstandete, hat beanstandet> *mit OBJ* ■ *jmd. beanstandet etwas* (*an etwas Dat.*) (≈ *reklamieren*) *die Qualität einer Leistung oder einer Ware als ungenügend ansehen und diesen Mangel nicht akzeptieren* Ich möchte die Reinigung dieser Jacke beanstanden – Die Flecken sind noch nicht beseitigt!

Be·an·stan·dung die <-, -en> (≈ *Reklamation*) *das Beanstanden*

be·an·tra·gen <beantragst, beantragte, hat beantragt> *mit OBJ* ■ *jmd. beantragt* (*bei jmdm./etwas*) *etwas einen Antrag stellen und damit verlangen, dass etwas genehmigt oder ausgefertigt wird* ein Stipendium beantragen, ein Visum beantragen, Er beantragt Urlaub., Ich beantrage, über diesen Vorschlag abzustimmen. ▶Beantragung

be·ant·wor·ten <beantwortest, beantwortete, hat beantwortet> *mit OBJ* **1.** ■ *jmd. beantwortet* (*jmdm.*) *etwas eine Antwort auf eine Frage geben* Der Lehrer beantwortet dem Schüler die Frage. **2.** ■ *jmd. beantwortet etwas sich auf ein Schreiben hin schriftlich äußern* einen Brief beantworten **3.** ■ *jmd. beantwortet etwas mit etwas Dat. auf etwas reagieren* Er beantwortete ihr freundliches Lächeln mit einem fragenden Blick.

be·ar·bei·ten <bearbeitest, bearbeitete, hat bearbeitet> *mit OBJ* **1.** ■ *jmd. bearbeitet etwas* (*mit etwas Dat.*) *an einem Material arbeiten* Der Bildhauer bearbeitet den Marmor mit dem Meißel., Er bearbeitet den Boden im Garten mit der Hacke. **2.** ■ *jmd. bearbeitet etwas an einem Thema arbeiten* Er bearbeitet dieses Problem in seiner Doktorarbeit. **3.** ■ *jmd. bearbeitet etwas* (*für etwas Akk.*) *etwas umgestalten* Er hat das Orchesterstück für Streichquartett bearbeitet. **4.** ■ *jmd. bearbeitet jmdn.* (*umg.*) *versuchen, jmdn. zu etwas zu überreden* Ich werde ihn bearbeiten, dass er morgen mitkommt.

Be·ar·bei·ter·ur·he·ber·recht das <-s, -e>

RECHTSW. *Recht des Bearbeiters, über die eigenen schöpferischen Leistungen zu verfügen*

Be·ar·bei·tung die <-, -en> **1.** *das Bearbeiten* Die Bearbeitung der Aufgabe ist sehr aufwändig. **2.** *etwas, das bearbeitet worden ist* Eine neue Bearbeitung des Wörterbuchs liegt nun vor.

Be·ar·bei·tungs·ge·bühr die <-, -en> *Geld, das man bei einer Behörde für eine empfangene Leistung bezahlen muss* die Bearbeitungsgebühr für die Beglaubigung der Urkunde bezahlen

be·arg·wöh·nen <beargwöhnst, beargwöhnte, hat beargwöhnt> *mit OBJ* ■ *jmd. beargwöhnt jmdn./etwas mit Misstrauen betrachten* den neuen Nachbarn beargwöhnen

Beat der [biːt] <-s> (*kein Plur.*) **1.** *kurz für „Beatmusik“* **2.** *ein bestimmter Rhythmus*

be·at·men <beatmest, beatmete, hat beatmet> *mit OBJ* ■ *jmd./etwas beatmet jmdn.* MED. *Atemluft zuführen* Der Patient muss künstlich beatmet werden. ▶Beatmung

Beat·mu·sik die [biːt...] <-> (*kein Plur.*) *eine Richtung der Popmusik*

Beau·fort·ska·la die ['boːfoɐt...] <-> (*kein Plur.*) METEOR. *ursprünglich 12-, jetzt 17-teilige Skala zur Messung der Windstärke*

be·auf·sich·ti·gen <beaufsichtigst, beaufsichtigte, hat beaufsichtigt> *mit OBJ* ■ *jmd. beaufsichtigt jmdn./etwas auf jmdn. oder etwas aufpassen* Die Klasse wird auf der Schulreise von zwei Lehrern beaufsichtigt. ▶Beaufsichtigung

be·auf·tra·gen <beauftragst, beauftragte, hat beauftragt> *mit OBJ* ■ *jmd. beauftragt jmdn.* (*mit etwas Dat.*) *jmdm. den Auftrag geben, etwas zu tun* Er ist mit der Aufklärung des Falles beauftragt., Ich beauftrage Sie, diese Reklamation zu bearbeiten.

Be·auf·trag·te der/die <-n, -n> *jmd., der einen Auftrag auszuführen hat* ein Beauftragter der Regierung ◆General-, Regierungs-, Sonder-

Beau·ty·farm die ['bjuːtifarm] <-, -en> (≈ *Schönheitsfarm*) Unsere Beautyfarm bietet Ihnen ein perfektes Wellnesswochenende für nur 700 Euro.

be·bau·en <bebaut, bebaute, hat bebaut> *mit OBJ* ■ *jmd. bebaut etwas* (*mit etwas Dat.*) **1.** *auf einem Gelände Gebäude errichten* Das Grundstück wird mit Einfamilienhäusern bebaut. **2.** *den Boden bestellen und für den Anbau nutzen* ein Feld mit Kartoffeln bebauen

Be·bau·ungs·dich·te die <-> (*kein Plur.*) *das Verhältnis der bebauten zur unbebauten Fläche* (*in einem bestimmten Gebiet*)

Be·bau·ungs·plan der <-(e)s, Bebauungspläne> *Plan, nach dem eine Fläche bebaut werden soll*

Bé·bé das [be'beː] <-s, -s> (*schweiz.*) *Baby*

Be·ben das <-s, -> **1.** (≈ *Erschütterung*) *der Vorgang, dass etwas Großes und Schweres vibriert* bei der Explosion das Beben der Mauern spüren, Ein Beben durchläuft die Rakete vor dem Start. **2.** *kurz für „Erdbeben“* Das Beben legte die Stadt in Schutt und Asche., ein Beben der Stärke 8 **3.** (*geh.*) *leichtes Zittern als Zeichen der Erregung* Als er mit seiner Rede begann, war ein Beben in seiner Stimme.

be·ben <bebst, bebte, hat gebebt> *ohne OBJ* ■ *jmd./etwas bebt* **1.** (≈ *erzittern*) *von einer starken Vibration durchlaufen werden* Die Erde bebt. **2.** *infolge starker Erregung zittern* Vor Aufregung bebten mir die Knie.

be·bil·dern <bebilderst, bebilderte, hat bebildert> *mit OBJ* ■ *jmd. bebildert etwas* (*mit etwas Dat.*) (≈ *illustrieren*) *etwas mit Bildern versehen* ▶Bebilderung

Bé·cha·mel·so·ße die [beʃa'mɛl...] <-, -n> (*koch.*) *helle Soße aus Milch, Butter, Mehl und Gewürzen*

Be·cher der <-s, -> *ein Trinkgefäß von relativ hoher, zylindrischer Form* ein Becher Milch ◆Kaffee-, Zinn-

be·chern <becherst, becherte, hat gebechert> *mit OBJ/ohne OBJ* ■ *jmd. bechert* (*umg.*) *viel Alkohol trinken* Sie becherten die ganze Nacht., Er hat heute schon viel Wein gebechert.

be·cir·cen *s.* **bezirzen**

Be·cken das <-s, -> **1.** *kurz für „Waschbecken“* **2.** *kurz für „Schwimmbecken“* ◆-rand **3.** ANAT. *der Teil des menschlichen Skeletts, der die Verbindung zwischen den Beinen und der Lendenwirbelsäule herstellt und die Eingeweide in der Bauchhöhle stützt* ◆-knochen **4.** MUS. *Schlaginstrument, das aus zwei Metallscheiben besteht, die aneinander geschlagen werden*

Be·cken·end·la·ge die <-, -en> MED. *Längslage des Kindes bei der Geburt, bei der das Becken des Kindes zuerst ausgestoßen wird*

Be·cken·gurt der <-s, -e> KFZ *Sicherheitsgurt, der das Becken[3] umspannt*

beck·mes·sern <beckmesserst, beckmesserte, hat gebeckmessert> *ohne OBJ* ■ *jmd. beckmessert* (*geh. abwert.*) *auf kleinliche Art kritisieren*

Bec·que·rel das [bɛkə'rɛl] <-s, -> PHYS. *Maßeinheit für die Aktivität einer radioaktiven Substanz*

Be·dacht ■ **mit Bedacht** (*geh.*): *mit Umsicht und Überlegung* Sie handelte in schwierigen Situationen stets mit Bedacht.

be·dacht <bedachter, am bedachtesten> *Adj.* **1.** (≈ *besonnen*) *so, dass man über etwas sorgfältig nachgedacht hat* Er hat sehr bedacht und klug gehandelt. **2.** ■ **jemand ist auf etwas bedacht**: *jmd. achtet sehr darauf, dass ...* Er war grundsätzlich auf seinen Vorteil bedacht., Wir sind sehr darauf bedacht, unseren guten Ruf zu wahren.

be·däch·tig *Adj.* (≈ *besonnen*) *so, dass man langsam und betont ruhig und überlegt handelt* Sie gingen sehr bedächtig ans Werk.

Be·däch·tig·keit die <-> (*kein Plur.*) (≈ *Besonnenheit*) *bedächtiges Wesen, Umsicht* Ihre Bedächtigkeit verhinderte Schlimmeres.

be·dan·ken <bedankst, bedankte, hat bedankt> *mit SICH* ■ *jmd. bedankt sich bei jmdm.* (*mit etwas Dat.*) *für etwas jmdm. seinen Dank für etwas sagen* Er bedankte sich bei ihr (mit einem Blumenstrauß) für ihre Hilfe.

Be·darf der <-(e)s> (*kein Plur.*) *etwas, das in einer bestimmten Situation benötigt wird* Der Bedarf an Wasser ist gestiegen., Für meinen persönlichen Bedarf brauche ich nicht viel Geld. ■ **jemandes Bedarf ist gedeckt** (*umg. scherzh.*): *jmd. hat endgültig genug von etwas* Jetzt waren wir an jedem Wochenende auf einer Party – Mein Bedarf ist erst einmal gedeckt! ◆ Energie-

Be·dạrfs·ar·ti·kel der <-s, -> (≈ *Gebrauchsgegenstand, Konsumgut*) *eine Ware, die immer benötigt wird*

Be·dạrfs·de·ckung die <-> (*kein Plur.*) *Befriedigung eines Bedarfs*

Be·dạrfs·gut das <-(e)s, Bedarfsgüter> *s.* **Bedarfsartikel**

be·dau·er·lich *Adj. so, dass man es bedauern muss* ein bedauerlicher Irrtum

be·dau·er·li·cher·wei·se *Adv.* (≈ *leider*) *verwendet, um auszudrücken, dass etwas negativ ist und man es bedauert* Bedauerlicherweise ist mir ein Fehler unterlaufen.

Be·dau·ern das <-s> (*kein Plur.*) **1.** *der Zustand, dass jmd. wegen einer bestimmten Sache traurig oder enttäuscht ist* Ich habe mit großem Bedauern auf die Reise verzichten müssen. **2.** *der Zustand, dass man mit jmdm. Mitgefühl hat* Sie drückte ihm ihr Bedauern über den tragischen Vorfall aus.

be·dau·ern <bedauerst, bedauerte, hat bedauert> *mit OBJ* **1.** ■ *jmd. bedauert etwas* (≈ *bereuen*) *ausdrücken, dass einem etwas Leid tut oder dass etwas besser nicht hätte geschehen sollen* Ich bedauere, dass ich nicht rechtzeitig kommen konnte. **2.** ■ *jmd. bedauert jmdn.* (≈ *bemitleiden*) *traurig sein, weil es jmdm. nicht gut geht oder jmd. ein Problem hat* Sie ist wirklich zu bedauern.

be·dau·erns·wert *Adj. so, dass man Mitleid haben muss* Als wir den Hund fanden, war er in einem bedauernswerten Zustand.

be·dẹ·cken <bedeckst, bedeckte, hat bedeckt> *mit OBJ* ■ *jmd. bedeckt etwas/jmdn.* (*mit etwas Dat.*) *etwas auf etwas oder jmdn. legen* Der Gärtner bedeckt das Beet mit einer Folie., Schnee bedeckt die Felder., Sie bedeckte ihr Gesicht mit ihren Händen.

be·dẹckt *Adj.* (≈ *bewölkt*) ein bedeckter Himmel ■ **sich bedeckt halten** (*umg.*): *keinen eindeutigen Standpunkt beziehen*

Be·dẹckt·sa·mer der <-s,-> (*meist Plur.*) (BOT.: ↔ *Nacktsamer*) *Pflanze, deren Samenanlage im Fruchtknoten eingeschlossen ist*

Be·dẹ·ckung die <-, -en> **1.** *das Bedecken* Wegen des aufkommenden Regens mussten wir uns mit der Bedeckung der Zementsäcke beeilen. **2.** (≈ *Abdeckung*) *etwas, das zum Bedecken benutzt wird* Als Bedeckung dient eine Plane. ◆ Kopf-

Be·dẹn·ken das <-s, -> (≈ *Skepsis, Vorbehalt*) *eine Überlegung, die man aufgrund von Zweifeln und Befürchtungen anstellt* Ich habe Bedenken, deinem Plan zuzustimmen.

be·dẹn·ken <bedenkst, bedachte, hat bedacht> *mit OBJ* **1.** ■ *jmd. bedenkt etwas bei seinen Überlegungen berücksichtigen* Hast du auch bedacht, welche Konsequenzen dein Handeln hat? **2.** ■ *jmd. bedenkt jmdn. mit etwas Dat.* (*geh.*) *jmdn. mit etwas beschenken* Seine Tante hatte ihn in ihrem Testament reich bedacht.

be·dẹn·ken·los <nicht steig.> *Adj.* **1.** *ohne Skrupel* Er hat bedenkenlos und ohne Rücksicht auf andere gehandelt. **2.** *so, dass keine Zweifel nötig sind* Dieses Geld kannst du bedenkenlos von mir annehmen – Ich brauche es wirklich nicht!

be·dẹn·kens·wert *Adj. so, dass man darüber nachdenken sollte*

be·dẹnk·lich *Adj.* **1.** *so, dass es Besorgnis erregt* eine bedenkliche Situation, Die Prüfung ist schon bedenklich nahe, und du hast immer noch nichts dafür gelernt. **2.** (≈ *fragwürdig*) *so, dass es zweifelhaft ist und man es nicht einfach akzeptieren kann.* Seine politischen Ansichten sind sehr bedenklich. **3.** (≈ *besorgt*) *so, dass jmd. Sorgen hat* Er hatte eine bedenkliche Miene aufgesetzt.

Be·dẹnk·zeit die <-, -en> *Zeit bis zu einer Entscheidung, in der man nachdenken kann*

be·dẹp·pert *Adj.* (*umg.*) *dumm, verlegen, ratlos* ein bedeppertes Gesicht machen

be·deu·ten <bedeutet, bedeutete, hat bedeutet> **I.** *mit OBJ* **1.** ■ *etwas bedeutet* (*jmdm.*) *etwas eine bestimmte Bedeutung haben* Was soll das bedeuten?, Was bedeutet eigentlich der Begriff „historisch"?, Das lateinische Wort „rex" bedeutet „König". **2.** ■ *jmd. bedeutet jmdm. etwas einen großen Wert für jmdn. haben* Meine Freunde bedeuten mir viel., Seine Musik bedeutet ihm alles. **II.** *ohne OBJ* ■ *jmd. bedeutet* (*jmdm.*) *etwas* (*mit etwas Dat.*) (*geh.*) *ein Zeichen geben* Mit einer Handbewegung bedeutete er mir, ich solle mich setzen.

be·deu·tend <bedeutender, am bedeutendsten> *Adj.* **1.** *so, dass jmd. oder etwas von vielen sehr anerkannt ist* ein bedeutender Dichter/Politiker/Staatsmann/ Wissenschaftler, Bedeutende Ereignisse werfen ihren Schatten voraus. **2.** (*verstärkend bei Verben und im Komparativ*) (≈ *beträchtlich, sehr*) eine bedeutend große Summe, Er hat sich bedeutend weiterentwickelt. ◆ Großschreibung→R 3.7 das Bedeutende, nichts Bedeutendes, um ein Bedeutendes

be·deut·sam *Adj.* **1.** (≈ *bedeutungsvoll*) *besonders wichtig und folgenreich* eine bedeutsame These aufstellen **2.** (≈ *vielsagend*) *so, dass etwas eine noch unbekannte Bedeutung hat* Sie schenkte ihm ein bedeutsames Lächeln.

Be·deu·tung die <-, -en> **1.** *der Sinn, den man in einer Handlung oder Gegebenheit sieht* Der Traum hat eine tiefere Bedeutung. **2.** *der festgelegte Sinn, der mit einem bestimmten Wort verbunden ist* Die Wörter einer Sprache haben meist mehr als nur eine Bedeutung. **3.** *Wichtigkeit, Wert* Das ist nichts von Bedeutung., Er hat dem Geld nie große Bedeutung beigemessen.

Be·deu·tungs·lehre die <-, -en> (SPRACHWISS.: ≈ *Semasiologie*) *Lehre von der Bedeutung der Wörter*

be·deu·tungs·los <nicht steig.> *Adj.* (↔ *bedeutungsvoll*) *unwichtig, ohne besonderen Sinn* eine bedeutungslose Feststellung ▶Bedeutungslosigkeit

be·deu·tungs·schwer <nicht steig.> *Adj. von*

großer Bedeutung eine bedeutungsschwere Entscheidung treffen

Be·deu·tungs·um·fang der <-s> (*kein Plur.*) *das Spektrum der Bedeutungen*[2]*, die mit einem Wort verbunden sind*

Be·deu·tungs·un·ter·schied der <-s, -e> *Unterschied zwischen zwei Bedeutungen*[2]

be·deu·tungs·voll <bedeutungsvoller, am bedeutungsvollsten> *Adj.* **1.** *wichtig, bedeutsam*[1] Das war ein bedeutungsvoller Schritt, um den Friedensprozess voranzubringen. **2.** *vielsagend, bedeutsam*[2] eine bedeutungsvolle Geste

Be·deu·tungs·wan·del der <-s> (*kein Plur.*) SPRACHWISS. *der Vorgang, dass die Bedeutung von Wörtern sich im Laufe der Sprachgeschichte verändert*

> **i Wissenswert** Im Laufe der Zeit kann sich die Bedeutung von Wörtern wandeln, dabei gibt es verschiedene Formen. Die Bedeutung eines Wortes wird erweitert (**Bedeutungserweiterung**), z.B. bezog sich im Mittelhochdeutschen „frouwe" nur auf Damen von Adel, hingegen wird neuhochdeutsch „Frau" für alle weiblichen Erwachsenen verwendet. Die Bedeutung eines Wortes kann verengt werden (**Bedeutungsverengung**), z.B. war im Mittelhochdeutschen „wip" (Weib) das allgemeine Wort für Frauen, heute wird es abwertend gebraucht. Eine weitere Form ist die **Bedeutungsverschiebung**, d.h. die Bedeutung eines Wortes geht von einem Verwendungsbereich auf einen anderen über. Beispiel: Die „Karriere" bezog sich früher nur auf die militärische Laufbahn, heute auf jeden beruflichen Aufstieg. Des Weiteren gibt es die **Bedeutungsverbesserung**, indem ein Wort seine frühere negative Bedeutung verliert, z.B. bedeutete „Marschall" im Mittelalter „Pferdeknecht", später „Feldherr". Umgekehrt gibt es aber auch die **Bedeutungsverschlechterung**, d.h. ein Wort nimmt eine negative Bedeutung an. Beispiel: „notorisch" wurde früher lediglich in der Bedeutung von „weithin" benutzt, heute im Sinne von „berüchtigt". Eine weitere Form ist die **Bedeutungsübertragung**, eine metaphorische Bedeutungsverschiebung, die auf Ähnlichkeit beruht. Beispiel: „Bein", ein Körperteil, auf dem Lebewesen stehen, wird auch für Gegenstände benutzt, etwa in „Tischbein".

be·die·nen <bedienst, bediente, hat bedient> **I.** *mit OBJ* ■ *jmd. bedient jmdn.* **1.** *jmdm. Speisen und Getränke servieren* Die Kellnerin bedient die Gäste. **2.** *einen Kunden beraten, ihm Waren anreichen oder an der Kasse abrechnen* Ich möchte gern ein Paar Schuhe kaufen. – Können Sie mich bedienen? **3.** ■ *jmd. bedient etwas ein technisches Gerät gebrauchen* Sie bedient den Rasenmäher/den Staubsauger. **4.** (*fachspr.* ≈ *anfahren*) Die Haltestelle „Katharinenstraße" wird wegen Bauarbeiten momentan nicht bedient. **5.** BANKW. ■ **ein Darlehen bedienen**: *die fällige Tilgungsrate eines Darlehens zurückzahlen* **II.** *ohne OBJ* ■ *jmd. bedient (irgendwo)* **1.** (≈ *servieren*) Er bedient in einer Pizzeria. **2.** *Kunden betreuen* Sie bedient in einem Möbelgeschäft. **3.** *beim Kartenspiel die richtige Farbe ausspielen* Wer bedient? **III.** *mit SICH* **1.** ■ *jmd. bedient sich (an etwas Dat.) sich Speisen und Getränke nehmen* Ich bediene mich schon mal an der Salatbar., Bitte, bedienen Sie sich! **2.** ■ *jmd. bedient sich einer Sache Gen.* (*geh.*) *etwas benutzen* Er bediente sich seiner guten Beziehungen. ■ **bedient sein** (*umg.*): *genug haben* Also mir reicht's jetzt, ich bin bedient für heute.

Be·die·ner·füh·rung die <-, -en> EDV *Benutzerführung innerhalb eines Computerprogramms*

Be·die·ne·rin die <-, -nen> (*süddt. österr.* ≈ *Haushaltshilfe*) *Frau, die stundenweise im Haushalt hilft*

be·diens·tet <nicht steig.> *Adj.* (*österr.*) *angestellt*

Be·diens·te·te der/die <-n, -n> **1.** AMTSSPR. *Angestellte(r) im öffentlichen Dienst* **2.** *jmd., der bei einer Privatperson gegen Lohn Dienst tut*

Be·die·nung die <-, -en> **1.** (≈ *Kellnerin, Serviererin*) *jmd., der in einer Gaststätte die Gäste bedient* **2.** (*kein Plur.*) *das Bedienen von Geräten* ◆ Fehl- **3.** (*süddt. österr.*) *Hausgehilfin*

Be·die·nungs·an·lei·tung die <-, -en> *mit einem Gerät gelieferter Text, der die Bedienung*[2] *erklärt*

Be·die·nungs·an·wei·sung die <-, -en> *s.* **Bedienungsanleitung**

be·die·nungs·freund·lich *Adj.* (≈ *benutzerfreundlich*) *für den Benutzer einfach in der Handhabung*

be·din·gen <bedingst, bedingte, hat bedingt> *mit OBJ* ■ *etwas bedingt etwas* (≈ *bewirken, verursachen*) *zur Folge haben, Ursache oder Voraussetzung für etwas sein* Ein winziger Fehler bedingte den Systemabsturz.

be·dingt <nicht steig.> *Adj.* **1.** *nur mit Einschränkungen oder nur in einem bestimmten Sinne* Das ist nur bedingt richtig., Ich kann Ihnen meine Zusage nur bedingt geben. **2.** (*schweiz.*) *auf Bewährung*

Be·din·gung die <-, -en> **1.** *etwas, das gefordert wird und das erfüllt sein muss, damit etwas anderes geschehen kann* Die Bedingungen für die Zusammenarbeit waren klar definiert., Ich mache es nur unter der Bedingung, dass …, Bitte, dann stellen Sie Ihre Bedingungen! ◆ Teilnahme-, Vertrags-, Zahlungs- **2.** (*meist Plur.*) (≈ *Umstände*) *gegebene Verhältnisse* Dieses Kunstwerk ist unter sehr schwierigen Bedingungen des Künstlers entstanden., Sie hatte in ihrer Studienzeit sehr günstige Bedingungen. ◆ Arbeits-, Existenz-, Lebens-, Natur-, Umwelt-

Be·ding·ungs·form die <-, -en> (SPRACHWISS.: ≈ *Konditional*) *Modus, der die Bedingung aus-*

drückt

be·din·gungs·los *Adj.* (≈ *uneingeschränkt, vorbehaltlos*) *an keinerlei Bedingungen[1] gebunden* sich jmdm. bedingungslos unterwerfen, jmdm. bedingungslos vertrauen

be·drän·gen <bedrängst, bedrängte, hat bedrängt> *mit OBJ* **1.** ■ *jmd. bedrängt jmdn.* (*mit etwas Dat.*) *jmdn. unter Druck setzen* von einem anderen Fahrzeug im Straßenverkehr bedrängt werden, Er bedrängte sie mit Fragen/Forderungen. **2.** ■ *etwas bedrängt jmdn. belasten, bedrücken* Die Sorgen um ihre Gesundheit bedrängen sie sehr.

Be·dräng·nis die <-, -se> *Druck, unter dem jmd. steht* in Bedrängnis geraten

be·dro·hen <bedrohst, bedrohte, hat bedroht> *mit OBJ* **1.** ■ *jmd. bedroht jmdn.* (*mit etwas Dat.*) *sich so verhalten, als wolle man jmdn. angreifen* Er gab zu Protokoll, der Mann habe ihn mit einem Messer bedroht. **2.** ■ *etwas bedroht etwas eine Gefahr für etwas sein* Ausbrechende Seuchen bedrohen jetzt die Kriegsregion. ▶Bedrohtheit

be·droh·lich *Adj.* (≈ *gefährlich*) *so, dass davon eine Gefahr ausgeht* sich in einer bedrohlichen Situation befinden ◆lebens-

Be·dro·hung die <-, -en> **1.** *das Bedrohen[1]* **2.** *das Bedrohtsein* die Bedrohung durch das Hochwasser, die Bedrohung des Friedens/der Gesundheit

be·drü·cken *mit OBJ* ■ *etwas bedrückt jmdn. belasten, traurig machen* Die vielen Sorgen bedrücken ihn.

Be·drückt·heit die <-> (*kein Plur.*) (↔ *Unbeschwertheit*) *die Traurigkeit, die durch eine belastende Situation entsteht* Man konnte der Frau ihre Bedrücktheit ansehen.

Be·du·i·ne, Be·du·i·nin der <-n, -n> *Angehöriger eines Wüstenstammes*

Be·du·i·nen·zelt das <-es, -e> *Zelt, in dem Beduinen wohnen*

be·dür·fen <bedarf, bedurfte, hat bedurft> *ohne OBJ* ■ *jmd./etwas bedarf einer Sache Gen.* (*geh.*) *brauchen, nötig haben* Sie bedurfte der Hilfe ihrer Freundin., Es bedarf einiger Mühe, diese Aufgabe zu lösen.

Be·dürf·nis das <-ses, -se> (≈ *Verlangen*) *der Zustand, dass jmd. etwas braucht* das Bedürfnis nach Liebe und Zärtlichkeit, die Bedürfnisse der Konsumenten ▶bedürfnislos ◆Mitteilungs-, Ruhe-, Schlaf-, Schutz-

be·dürf·tig *Adj.* (≈ *mittellos*) *so, dass man arm ist und Mangel an vielen Dingen hat* Spenden für Bedürftige sammeln ▶Bedürftige(r)

Beef·steak das ['bi:fste:k] <-s, -s> KOCH. *Steak vom Rind*

be·ei·den/be·ei·di·gen <beeidest, beeidete, hat beeidet> *mit OBJ* ■ *jmd. beeidet etwas auf etwas einen Eid leisten* eine Aussage vor Gericht beeiden

be·ei·digt <nicht steig.> *Adj. so, dass man einen Eid geleistet hat* Man zog einen beeidigten Dolmetscher hinzu.

be·ei·len <beeilst, beeilte, hat beeilt> *mit SICH* ■ *jmd. beeilt sich* (*mit etwas Dat.*) (↔ *trödeln*) **1.** *sich so verhalten, dass man etwas in möglichst kurzer Zeit macht* Beeile dich!, Wir müssen uns beeilen, sonst verpassen wir den Zug., Sie beeilte sich mit ihrer Arbeit, um es abends noch ins Kino zu schaffen. **2.** *ausdrücken, dass man nicht zögert, etwas zu tun* Er beeilte sich zu versichern, dass er mithelfen wolle. ▶Beeilung

be·ein·dru·cken <beeindruckst, beeindruckte, hat beeindruckt> *mit OBJ* ■ *jmd. beeindruckt jmdn.* (*mit etwas Dat.*) *auf jmdn. einen positiven Eindruck machen* Er versuchte seinen Chef mit guten Leistungen zu beeindrucken.

be·ein·flus·sen <beeinflusst, beeinflusste, hat beeinflusst> *mit OBJ* ■ *jmd./etwas beeinflusst jmdn./etwas auf etwas einen Einfluss ausüben* leicht zu beeinflussen sein, Er ist sehr stark durch seinen Lehrer beeinflusst., Die gute Stimmung ihrer Kollegen hat sie bei der Arbeit positiv beeinflusst.

be·ein·träch·ti·gen <beeinträchtigt, beeinträchtigte, hat beeinträchtigt> *mit OBJ* ■ *etwas beeinträchtigt etwas den Erfolg oder das Wohlbefinden von etwas oder jmdm. verringern* Das schlechte Wetter hat die Veranstaltung erheblich beeinträchtigt., Ihr häufiges Kranksein in den letzten Wochen hat sie sehr beeinträchtigt. ▶Beeinträchtigung

be·e·len·den <beelendest, beelendete, hat beelendet> *mit OBJ* ■ *etwas/jmd. beelendet jmdn.* (*schweiz.*) *traurig stimmen*

Beel·zeb·ub der <-s> (*kein Plur.*) REL. *der* (*oberste*) *Teufel* ■ **den Teufel mit dem Beelzebub austreiben** (*geh.*): ein Übel durch ein anderes bekämpfen

be·en·den <beendest, beendete, hat beendet> *mit OBJ* ■ *jmd. beendet etwas* (≈ *abschließen* ↔ *anfangen, beginnen*) *zu einem Ende, zum Abschluss bringen* sein Studium beenden, ein Gespäch beenden, eine Freundschaft beenden ▶Beendigung

be·en·gen <beengt, beengte, hat beengt> *mit OBJ* ■ *etwas beengt jmdn. das Gefühl von Enge geben* Die Kleider/die rigiden Vorschriften beengen mich.

be·er·ben <beerbst, beerbte, hat beerbt> *mit OBJ* ■ *jmd. beerbt jmdn.* (↔ *vererben*) *jmds. Nachlass erhalten* Die Tochter beerbt ihre Eltern.

be·er·di·gen <beerdigst, beerdigte, hat beerdigt> *mit OBJ* (≈ *beisetzen, bestatten*) ■ *jmd. beerdigt jmdn. einen Verstorbenen auf einem Friedhof begraben*

Be·er·di·gung die. <-, -en> *das Beerdigen;* (≈ *Begräbnis, Bestattung*) Die Beerdigung findet am Freitag statt.

Bee·re die <-, -n> *eine kleine rundliche Frucht, in deren saftigem Fleisch sich die Samenkerne befinden* aus den Beeren Marmelade kochen, Beeren pflücken/sammeln/zu Saft verarbeiten

Bee·ren·aus·le·se die <-, -n> Wein aus vollreifen, ausgelesenen Trauben

Beet das <-(e)s, -e> *ein abgegrenztes* (*kleineres*) *Stück Boden in einem Garten oder Park, auf dem etwas angebaut wird* Beete anlegen/umgraben, das Beet mit Blumen bepflanzen ◆ Blumen-, Früh-, Gemüse-

Bee·te die <-> *(nur Plur.)* s. **Bete**

be·fä·hi·gen <befähigst, befähigte, hat befähigt> *mit OBJ* ■ *etwas befähigt jmdn. zu etwas Dat. jmdm. die Fähigkeit geben, etwas zu tun* Ihre Kenntnisse befähigen sie zu dieser Tätigkeit., Er ist ein sehr befähigter Mitarbeiter.

Be·fä·hi·gung die <-, -en> *(≈ Qualifikation ↔ Unfähigkeit) Eignung, Tauglichkeit für eine bestimmte Aufgabe oder Tätigkeit* Er stellte seine Befähigung unter Beweis.

be·fahr·bar <nicht steig.> *Adj. so, dass man mit einem Fahrzeug dort fahren kann* Wegen eines Unfalls ist dieser Autobahnabschnitt zur Zeit nicht befahrbar., Seit Wintereinbruch ist die Straße nur mit Schneeketten befahrbar.

be·fah·ren <befährst, befuhr, hat befahren> *mit OBJ.* ■ *jmd. befährt etwas (mit etwas Dat.) auf einer Straße oder einem Weg mit einem Fahrzeug fahren* Diese Straße ist stark befahren.

be·fal·len <befällt, befiel, hat befallen> *mit OBJ* **1.** ■ *etwas befällt jmdn. (als Krankheit oder negative Entwicklung) plötzlich auftreten* Auf dem Heimweg wurde er plötzlich von Schwindel befallen., Sorgen/Zweifel befielen ihn. **2.** ■ *etwas befällt etwas (als Schädling oder Krankheit) etwas angreifen und beschädigen* Der Käfer befällt vor allem Nadelbäume., Seine Haut ist von Schuppenflechten befallen.

be·fan·gen *Adj.* **1.** *(≈ gehemmt, verlegen) so, dass man durch etwas in Verlegenheit gebracht ist* Beim Vorstellungsgespräch machte sie einen befangenen Eindruck. **2.** (RECHTSSPR.: ≈ *parteiisch) voreingenommen* den Zeugen für befangen erklären

Be·fan·gen·heit die <-> *(kein Plur.)* **1.** *(≈ Schüchternheit) Verlegenheit* Ihre Befangenheit ließ ihr die Röte ins Gesicht steigen. **2.** (RECHTSW.: ≈ *Parteilichkeit) Voreingenommenheit* Der Richter wurde wegen Befangenheit abgelehnt.

Be·fan·gen·heits·an·trag der <-s, Befangenheitsanträge> RECHTSW. *Antrag auf Ablehnung eines Sachverständigen, Richters. o.Ä., weil man befürchtet, er könne befangen[2] sein* bei Gericht einen Befangenheitsantrag stellen

be·fas·sen <befasst, befasste, hat befasst> **I.** *mit OBJ* ■ *jmd. befasst jmdn. mit etwas Dat.* AMTSSPR. *jmdm. die Aufgabe übertragen, etwas zu bearbeiten* Er ist gerade mit der Bearbeitung des Falls befasst worden. **II.** *mit SICH* ■ *jmd. befasst sich mit etwas/jmdm. (≈ auseinandersetzen, beschäftigen) sich mit etwas oder jmdm. beschäftigen* Mit diesem Thema müssen wir uns noch befassen.

be·feh·den <befehdest, befehdete, hat befehdet> *mit OBJ* ■ *jmd. befehdet jmdn. (geh.) bekämpfen* Diese beiden Stämme befehden einander seit Jahrzehnten.

Be·fehl der <-(e)s, -e> **1.** *(≈ Anordnung, Anweisung) der Vorgang, dass jmd., der eine bestimmte Autorität besitzt, verlangt, dass jmd. etwas sofort und ohne Widerrede tut* einen Befehl ausführen, einem Befehl Folge leisten, einen Befehl verweigern **2.** (MILIT.: ≈ *Order) der Vorgang, dass ein Vorgesetzter einem Untergebenen einen Befehl[1] gibt* einen Befehl ausführen/verweigern ◆ Dienst-, Marsch-, Schieß- **3.** EDV *eine Art Anweisung, die der Benutzer einem Computer durch das Bedienen bestimmter Tasten gibt* ◆ -sfolge

be·feh·len <befiehlst, befahl, hat befohlen> *mit OBJ* ■ *jmd. befiehlt (jmdm.) etwas (≈ anordnen) einen Befehl[1] geben* Von dir lasse ich mir nichts befehlen!, Er befahl ihnen, ihm bedingungslos zu gehorchen.

be·feh·lend <nicht steig.> *Adj. (≈ gebieterisch) befehlerisch* mit einem befehlenden Ton sprechen

Be·fehls·be·reich der <-(e)s, -e> *der Bereich, in dem die Befehle von jmdm. Geltung haben*

Be·fehls·fol·ge die <-, -n> EDV *Aneinanderreihung von Befehlen[3]*

be·fehls·ge·mäß <nicht steig.> *Adj.* einem Befehl entsprechend, Er meldete sich befehlsgemäß bei seinem Vorgesetzten.

Be·fehls·ge·walt die <-, -en> *Befugnis, Befehle zu erteilen* Der Kapitän hat auf dem Schiff die Befehlsgewalt.

Be·fehls·ha·ber, Be·fehls·ha·be·rin der <-s, -> (MILIT.: ≈ *Kommandeur) Führer eines militärischen Großverbandes*

Be·fehls·ver·wei·ge·rung die <-, -en> MILIT. *die Weigerung (eines Soldaten), einen Befehl auszuführen*

be·fes·ti·gen <befestigtst, befestigte, hat befestigt> *mit OBJ* ■ *jmd. befestigt etwas (mit etwas Dat.)* **1.** *etwas irgendwo mit einer festen Verbindung anbringen* ein Regal mit Dübeln an der Wand befestigen **2.** *stabil machen* eine einen Deich befestigen ▶ Befestigung

be·feuch·ten <befeuchtest, befeuchtete, hat befeuchtet> *mit OBJ* ■ *jmd. befeuchtet etwas (≈ anfeuchten) feucht machen* sich die Lippen befeuchten

Beff·chen das <-s, -> REL. *zur Tracht protestantischer Geistlicher gehörende weiße Halsbinde*

Be·fin·den das <-s> *(kein Plur.) (≈ Verfassung) (gesundheitlicher) Zustand* Der Arzt erkundigte sich nach dem Befinden der Patientin. ◆ Allgemein-

be·fin·den <befindest, befand, hat befunden> **I.** *mit OBJ* ■ *jmd. befindet etwas für irgendwie (geh.) in einer bestimmten Weise beurteilen* Die Kollegen haben seinen Vorschlag für gut befunden., etwas für passend/richtig/schlecht befinden **II.** *ohne OBJ* ■ *jmd. befindet über jmdn./etwas* (RECHTSW.: *geh.) urteilen* Der Richter hat über die Schuld des Angeklagten zu befinden. **III.** *mit SICH* **1.** ■ *jmd./etwas befindet sich irgendwo an einem bestimmten Ort sein* Der Lichtschalter befindet sich neben der Tür., Wo befindet sich die Garderobe? **2.** ■ *jmd./etwas befindet sich irgendwie in einem bestimmten Zustand sein* Er befindet sich im Irrtum., Sie hat sich inzwischen erholt und befindet sich wohl., Wir befinden uns in der glücklichen Lage, einen großen Garten zu haben.

Be·find·lich·keit die <-, -en> *der seelische Zustand, in dem sich jmd. befindet* Ihre Befindlichkeit ist labil.

be·fle·cken <befleckst, befleckte, hat befleckt> *mit OBJ* ■ *jmd. befleckt etwas* (*geh.*) *Flecken auf etwas machen* die Tischdecke beflecken

be·flie·gen <befliegt, beflog, hat beflogen> *mit OBJ* ■ *jmd. befliegt etwas* LUFTF. *eine Strecke planmäßig fliegen* Seit letzter Woche wird diese Route ebenfalls beflogen., Dies ist eine stark beflogene Strecke.

be·flis·sen *Adj.* (*geh.* ≈ *strebsam,* (*über*)*eifrig*) *bemüht, alles richtig zu machen* Er zeigt sich den Lehrern gegenüber sehr beflissen. ▶Beflissenheit, bildungsbeflissen, dienstbeflissen

be·flü·geln <beflügelst, beflügelte, hat beflügelt> *mit OBJ* ■ *etwas beflügelt jmdn. anregen, motivieren* Das frühlingshafte Wetter beflügelt ihre Stimmung.

be·fol·gen <befolgst, befolgte, hat befolgt> *mit OBJ* ■ *jmd. befolgt etwas* (↔ *missachten*) *sich in seinem Handeln nach etwas richten* einen Ratschlag/eine Vorschrift befolgen

be·för·dern <beförderst, beförderte, hat befördert> *mit OBJ* **1.** ■ *jmd. befördert jmdn./etwas jmdn. oder etwas transportieren* Das Busunternehmen hat in diesem Jahr mehr Fahrgäste befördert als im letzten. **2.** ■ *jmd. befördert jmdn. jmdn. mit einer höheren Position betrauen* Er ist zum Abteilungsleiter befördert worden.

Be·för·de·rung die <-, -en> **1.** (*kein Plur.*) *der Transport von Personen oder Waren* die Beförderung der Reisenden ◆ Gepäck-, Personen- **2.** *die Versetzung in eine höhere Position* die Beförderung zum Abteilungsleiter

Be·för·de·rungs·auf·kom·men das <-s, -> *Anzahl der beförderten Personen oder Menge der beförderten Waren* Das Beförderungsaufkommen ist gestiegen.

Be·för·de·rungs·be·din·gung die <-, -en> (*meist im Plur.*) *festgelegte Bedingung der Beförderung[1], die vom Kunden akzeptiert werden muss*

Be·för·de·rungs·ge·bühr die <-, -en> (≈ *Fahrpreis*) *das Geld, das man für die Beförderung bezahlen muss*

Be·för·de·rungs·gut das <-(e)s, Beförderungsgüter> *Güter oder Waren, die transportiert werden*

be·frach·ten <befrachtest, befrachtete, hat befrachtet> *mit OBJ* ■ *jmd. befrachtet etwas* (*mit etwas Dat.*) (*geh.* ≈ *überladen*) *in etwas zu viel von etwas einbringen* Das Referat war mit zu vielen Details befrachtet.

be·frackt <nicht steig.> *Adj. mit einem Frack bekleidet* ein befrackter Kellner

be·fra·gen <befragst, befragte, hat befragt> *mit OBJ* ■ *jmd. befragt jmdn.* **1.** *hinsichtlich einer bestimmten Sache Fragen an jmdn. richten* Ich habe ihn zu seinen Plänen befragt. **2.** *eine Befragung durchführen* Die Marktforscher befragten Kunden in den Kaufhäusern.

Be·fra·ger, Be·fra·ge·rin der <-s, -> *jmd., der eine Befragung durchführt*

Be·fra·gung die <-, -en> (≈ *Umfrage*) *das systematische Stellen von gezielten Fragen, um bestimmte Erkenntnisse zu gewinnen* die Befragung der Zuschauer

be·frei·en <befreist, befreite, hat befreit> *mit OBJ* ■ *jmd. befreit jmdn.* (*von etwas Dat.*) **1.** *jmdn., der gefangen war, frei machen* Nach zehn Tagen wurden die Entführten befreit. **2.** *ein Übel, eine Plage von jmdm. nehmen* Dieses Medikament hat mich von meinem lästigen Husten befreit. **3.** *jmdn. von einer Zahlung oder Pflicht freistellen* Ich bin von Zuzahlungen bei Rezepten befreit., Er wurde von der Teilnahme an der Konferenz befreit. ▶Befreier, Befreiung

Be·frei·ungs·ar·mee die <-, -n> *Armee, die ein Volk von einer Besatzungsmacht oder einer Diktatur befreit*

Be·frei·ungs·be·we·gung die <-, -en> *politische Bewegung, die für die Freiheit eines Volkes kämpft* Die Befreiungsbewegung kämpft für die Unabhängigkeit des Landes.

Be·frei·ungs·ver·such der <-(e)s, -e> *Versuch, jmdn. aus einer gefährlichen Lage zu befreien* Der Befreiungsversuch durch die Polizei ist gescheitert.

be·frem·den *mit OBJ* ■ *etwas befremdet jmdn.* (≈ *erstaunen, stutzig machen*) *einen seltsamen und unangenehmen Eindruck auf jmdn. machen* Sein Verhalten befremdete mich.

Be·frem·den das <-s> (*kein Plur.*) *der Zustand, dass etwas befremdet* Die Rede des Parteivorsitzenden hat bei vielen Befremden ausgelöst.

be·frem·dend *Adj.* (≈ *merkwürdig*) *so, dass es Befremden auslöst* ein befremdendes Verhalten

Be·frem·dung die <-> *s.* **Befremden**

be·freun·den <befreundest, befreundete, hat befreundet> *mit SICH* ■ *jmd. befreundet sich mit jmdm.* (≈ *anfreunden*) *Freundschaft schließen* Wir befreundeten uns während unserer Schulzeit.

befrie·den *mit OBJ* ■ *jmd. befriedet etwas* (POL.: *geh.*) (*in einem Land*) *den Frieden herbeiführen* das nach langen Kriegsjahren befriedete Land ▶Befriedung

be·frie·di·gen <befriedigst, befriedigte, hat befriedigt> **I.** *mit OBJ* ■ *jmd./etwas befriedigt jmdn.* (≈ *zufrieden stellen*) *bewirken, dass jmd. zufrieden ist* Ihre neue Aufgabe befriedigt sie in keiner Weise. **II.** *mit SICH* ■ *jmd. befriedigt sich* (≈ *masturbieren*)

be·frie·di·gend <nicht steig.> *Adj.* **1.** *so, dass es jmdn. zufrieden macht* Wir haben eine befriedigende Lösung des Problems gefunden. **2.** SCHUL. *so, dass es die mittlere Schulnote 3 (=„befriedigend") bekommt* Die Mehrzahl der Schüler erbrachte befriedigende und gute Leistungen.

Be·frie·di·gung die <-> (*kein Plur.*) **1.** *die Zufriedenstellung; das Befriedigen* die Befriedigung der Bedürfnisse **2.** (≈ *Zufriedenheit*) Die Nachricht erfüllte ihn mit einer tiefen Befriedigung.

be·fris·ten <befristest, befristete, hat befristet>

mit OBJ ■ *jmd. befristet etwas* (*auf etwas Akk.*) *zeitlich begrenzen* Der Arbeitsvertrag ist auf ein Jahr befristet.

be·fruch·ten <befruchtest, befruchtete, hat befruchtet> *mit OBJ* ■ *etwas befruchtet etwas* **1.** BIOL. *als Samenzelle sich mit einer Eizelle vereinigen* **2.** (≈ *inspirieren*) *geistig anregen, mit neuen Ideen versehen* Die Ideen des Wissenschaftlers haben auch die Arbeit seiner Schüler befruchtet.

Be·fruch·tung die <-, -en> BIOL. *die Vereinigung der männlichen und weiblichen Eizelle, so dass ein neues Lebewesen entsteht*

Be·fug·nis die <-, -se> (≈ *Genehmigung*) *die Erlaubnis, dass man etwas tun darf* für etwas keine Befugnis haben

be·fugt <nicht steig.> *Adj.* (≈ *bevollmächtigt*) *mit der Erlaubnis ausgestattet, dass man etwas tun darf* Er ist befugt, Auskunft zu erteilen.

be·füh·len <befühlst, befühlte, hat befühlt> *mit OBJ* ■ *jmd. befühlt jmdn./etwas* (≈ *betasten*) *prüfend mit den Fingern betasten* Der Arzt befühlt den Bauch der Patientin.

Be·fund der <-(e)s, -e> **1.** *festgestelltes Ergebnis* Der Befund des Sachverständigen informiert über den Zustand der Heizungsanlage. **2.** (MED.: ≈ *Diagnose*) Der Befund der Laboruntersuchung liegt vor. ■ **ein negativer/positiver Befund**: *der Sachverhalt, dass man die fragliche Krankheit nicht hat/hat*

be·fürch·ten <befürchtest, befürchtete, hat befürchtet> *mit OBJ* ■ *jmd. befürchtet etwas Angst haben, dass etwas eintreten oder der Fall sein könnte* Sie befürchtet, durch die Prüfung zu fallen.

Be·fürch·tung die <-, -en> (≈ *Sorge, Verdacht*) *Erwartung einer unangenehmen Sache; schlimme Ahnung* Meine Befürchtungen haben sich bewahrheitet.

be·für·wor·ten <befürwortest, befürwortete, hat befürwortet> *mit OBJ* ■ *jmd. befürwortet etwas* (≈ *begrüßen, gutheißen, zustimmen* ↔ *ablehnen*) *für etwas sein; sich für etwas einsetzen* Die Bank befürwortet den Kreditantrag., Ich befürworte das Anliegen der Bürgerinitiative.

Be·für·wor·ter, **Be·für·wor·te·rin** der <-s, -> (↔ *Gegner*) *jmd., der etwas befürwortet* eine Diskussion zwischen Befürwortern und Gegnern des Projekts

be·gabt *Adj.* (≈ *fähig, talentiert* ↔ *unbegabt, unfähig, untalentiert*) *mit bestimmten Talenten ausgestattet* Sie gilt als künstlerisch sehr begabt.

Be·gab·ten·för·de·rung die <-> (*kein Plur.*) *die Förderung besonders begabter Schüler und Studenten durch Stipendien oder geeigneten Maßnahmen*

Be·ga·bung die <-, -en> (≈ *Fähigkeit, Talent*) *natürliche Anlage zu besonderen Leistungen* Ihre Begabung wurde schon sehr früh erkannt., eine künstlerische/musische/sprachliche Begabung

be·gan·gen *Part. Perf. von* **begehen**

be·ge·ben <begibst, begab, hat begeben> **I.** *mit SICH* ■ *jmd. begibt sich irgendwohin* (*geh.*) *an einen bestimmten Ort gehen* Er begab sich nach dem Anruf sofort nach Hause. **II.** *mit ES* ■ *es begibt sich* (*veralt. oder geh.*) *sich ereignen* Was hat sich alles in der Zwischenzeit begeben?, Es begab sich eines Tages, dass … geschah.

Be·ge·ben·heit die <-, -en> (≈ *Ereignis, Vorfall*) *etwas, das geschehen ist* (*und erzählt werden kann*) Dem Roman liegt eine wahre Begebenheit zugrunde., Diese Geschichte erzählt von einer heiteren/interessanten/ seltsamen Begebenheit.

be·geg·nen <begegnest, begegnete, ist begegnet> *mit OBJ* **1.** ■ *jmd. begegnet jmdm./etwas* (*ohne Absicht*) *mit jmdm. zusammentreffen* Ich begegne ihm täglich auf dem Weg zum Bahnhof. **2.** ■ *jmd. begegnet etwas mit etwas konfrontiert werden* Die Forscher begegneten vielen Schwierigkeiten., Wir sind bei unserer Arbeit immer wieder uralten Ängsten/großem Misstrauen/unüberwindbaren Vorurteilen begegnet. **3.** ■ *jmd. begegnet etwas mit etwas Dat. auf etwas reagieren* Sie begegnete seiner arroganten Art mit Heiterkeit., Er begegnete den Gefahren mit Mut und Klugheit.

Be·geg·nung die <-, -en> **1.** *das Zusammentreffen, das Sichbegegnen* eine flüchtige/folgenreiche/interessante/zufällige Begegnung **2.** SPORT *sportlicher Wettkampf* Die Begegnung zwischen den beiden Handballmannschaften endete unentschieden., Und hier die Ergebnisse der anderen Begegnungen des Wochenendes …

Be·geg·nungs·stät·te die <-, -n> *ein Ort, der für das Zusammentreffen bestimmter Personengruppen bestimmt ist* eine Begegnungsstätte für Senioren

be·geh·bar <nicht steig.> *Adj. so, dass man darin oder darauf laufen kann* ein begehbarer Kleiderschrank

be·ge·hen <begehst, beging, hat begangen> *mit OBJ* ■ *jmd. begeht etwas* **1.** *einen Weg entlang laufen, um ihn unter bestimmten Aspekten zu studieren* Die Abfahrtsläufer begehen vor dem Rennen die Strecke. **2.** *etwas Negatives tun* Er hat kein Verbrechen begangen., Unvorstellbar, dass normale Menschen solche Untaten begangen haben sollen. **3.** (*geh.*) *feiern* Sie hat ihren 79. Geburtstag begangen., das Firmenjubiläum in einem festlichen Rahmen begehen

be·geh·ren <begehrst, begehrte, hat begehrt> *mit OBJ* **1.** ■ *jmd. begehrt jmdn. ein starkes* (*sexuelles*) *Verlangen nach jmdm. spüren* Er begehrte sie, wie er noch nie eine Frau begehrt hatte. **2.** ■ *jmd. begehrt etwas* (*geh.*) *etwas heftig verlangen* Sie begehrte dringend, ihn zu einem klärenden Gespräch zu treffen.

Be·geh·ren das <-s, -> (*geh.*) *starkes Verlangen* ihr leidenschaftliches Begehren, dieses Bild zu besitzen ◆ Volks-

be·geh·rens·wert *Adj.* (≈ *attraktiv*) *so, dass man für andere* (*sexuell*) *attraktiv ist*

be·gehrt *Adj.* (≈ *attraktiv, beliebt*) *so, dass es vielen Menschen als gut erscheint und es viele gern haben wollen* ein begehrtes Reiseziel, Ausbildungsplätze in diesem Beruf sind selten und begehrt., Dieses unter Sammlern begehrte Modell findet man fast nur noch auf Tauschbörsen.

Be·ge·hung die <-, -en> *das Begehen*[1] die Begehung des Streckenabschnitts

be·geis·tern <begeisterst, begeisterte, hat begeistert> **I.** *mit OBJ* ■ *jmd./etwas begeistert jmdn.* (≈ *berauschen, mitreißen*) *mit Begeisterung erfüllen* Der Star begeisterte erneut die Fans. **II.** *mit SICH* ■ *jmd. begeistert sich für jmdn./etwas ein starkes Interesse für etwas haben* Er begeistert sich nur für die Spiele seiner Lieblingsmannschaft.

Be·geis·te·rung die <-> (*kein Plur.*) (≈ *Enthusiasmus, Leidenschaft*) *der Zustand, dass jmd. von Freude und Erregung erfüllt wird, weil er etwas sehr beeindruckend, gut, interessant o.Ä. findet* Die Begeisterung des Publikums war riesig., Auf dem Höhepunkt des Konzerts kannte die Begeisterung der Massen keine Grenze mehr., Er übt diesen Sport mit Begeisterung aus. ▶begeisterungsfähig ◆ Natur-, Sport-, Technik-

Be·gier·de die <-, -n> (≈ *Begehren, Gier*) *starkes und leidenschaftliches Verlangen nach Genuss* Seine Begierde war stärker als sein Verstand. ▶Wissbegierde

be·gie·rig *Adj. von großem Verlangen nach etwas erfüllt* Ich bin begierig zu hören, wie die Geschichte ausgegangen ist. ◆ lern-, wiss-

be·gie·ßen <begießt, begoss, hat begossen> *mit OBJ* ■ *jmd. begießt etwas* (*mit etwas Dat.*) *mit etwas übergießen* regelmäßig den Braten begießen ■ **etwas begießen** (*umg.*): *ein Ereignis* (*mit alkoholischen Getränken*) *feiern* Unser Wiedersehen muss begossen werden!

Be·ginn der <-(e)s> (*kein Plur.*) (≈ *Anfang, Start* ↔ *Ende*) *der Augenblick, in dem etwas anfängt* der Beginn der Theatervorstellung, Zu Beginn des Rennens war das Feld noch geschlossen.

be·gin·nen <beginnst, begann, hat begonnen> **I.** *mit OBJ* ■ *jmd. beginnt etwas* (↔ *beenden*) *mit etwas anfangen* Er begann einen Streit mit seinen Nachbarn., Sie beginnt eine Ausbildung als Bankkauffrau. **II.** *ohne OBJ* ■ *etwas beginnt* (↔ *enden*) *zu einer bestimmten Zeit oder an einem bestimmten Ort anfangen* Der Film beginnt um 20 Uhr., Die Reise begann morgens am Hauptbahnhof.

be·glau·bi·gen <beglaubigt, beglaubigte, hat beglaubigt> *mit OBJ* ■ *jmd. beglaubigt jmdm. etwas* AMTSSPR. *bestätigen, dass eine Kopie dem Original entspricht* sich von einem Notar die Urkunde beglaubigen lassen ▶Beglaubigung

be·glei·chen <begleichst, beglich, hat beglichen> *mit OBJ* ■ *jmd. begleicht* (*jmdm.*) *etwas* (*Schulden oder eine Rechnung*) *bezahlen* Ich begleiche die Rechnung in bar.

be·glei·ten <begleitest, begleitete, hat begleitet> *mit OBJ* **1.** ■ *jmd. begleitet jmdn. mit jmdm. zur Gesellschaft oder zum Schutz mitgehen* Ich begleite dich noch ein Stück! **2.** ■ *jmd. begleitet etwas Anteil nehmen und betreuen* Der Prozess wird von einem Psychologen begleitet. **3.** MUS. *einen Solisten instrumental unterstützen* Er begleitet die Sängerin auf dem Klavier.

Be·glei·ter, **Be·glei·te·rin** der <-s, -> **1.** *jmd., der* (*immer*) *bei jmdm. ist* Er war in diesen Jahren ihr ständiger/treuer Begleiter. ◆ Flug-, Reise-, Zug- **2.** *jmd., der einen Solisten instrumental begleitet* Der Begleiter am Flügel hielt sich dezent im Hintergrund. ◆ Klavier- **3.** KOCH *etwas, besonders ein bestimmter Wein, den man zu bestimmten Speisen genießt* Dieser kräftige Rotwein ist ein ausgezeichneter Begleiter zu dunklem Fleisch und würzigen Käsesorten.

Be·gleit·er·kran·kung die <-, -en> MED. *eine Krankheit, die sich neben einer anderen einstellt, oder deren Folge ist*

Be·gleit·er·schei·nung die <-, -en> *etwas, das sich als Folge einer Entwicklung einstellt* Stress ist eine Begleiterscheinung vieler Berufe.

Be·gleit·flug·zeug das <-(e)s, -e> *ein Flugzeug, das ein anderes zum Schutz begleitet*

Be·gleit·ins·t·ru·ment das <-(e)s, -e> *Instrument, das einen Solisten begleitet* die Gitarre als Begleitinstrument

Be·gleit·mu·sik die <-> (*kein Plur.*) *Musik, die eine Darbietung begleitet, ohne selbst viel Beachtung zu finden* Begleitmusik zum Film/im Kaffeehaus

Be·gleit·pa·pie·re die <-> *Plur. einer Warensendung beigelegtes Dokument*

Be·gleit·schrei·ben das <-s, -> *Brief, der zusammen mit etwas verschickt wird*

Be·gleit·text der <-es, -e> *Text, der als Erläuterung einer Darstellung beigefügt ist* Bei diesen beiden Fotos wurden die Begleittexte vertauscht.

Be·glei·tung die <-, -en> **1.** (*kein Plur.*) *das Begleiten von jmdn.* Sie kam in Begleitung ihres Freundes. ◆ Damen- **2.** *das Begleiten auf einem Instrument* die Begleitung der Arie auf dem Klavier ◆ Klavier-, Orchester-, Orgel-

be·glü·cken <beglückst, beglückte, hat beglückt> *mit OBJ* **1.** ■ *etwas beglückt jmdn. Dat.* (*geh.*) *glücklich machen* ein beglückendes Erlebnis **2.** ■ *jmd. beglückt jmdn. mit etwas Dat.* (*geh. scherzh.*) *beschenken* Er hat mich mit einer Vase beglückt.

be·glück·wün·schen <beglückwünschst, beglückwünschte, hat beglückwünscht> *mit OBJ* ■ *jmd. beglückwünscht jmdn.* (*zu etwas Dat.*) (≈ *gratulieren*) *Glückwünsche aussprechen* jmdn. zu seinem Erfolg/zur bestandenen Prüfung beglückwünschen

be·gna·det *Adj. mit sehr großem Talent ausgestattet* ein begnadeter Pianist

be·gna·di·gen <begnadigst, begnadigte, hat begnadigt> *mit OBJ* ■ *jmd. begnadigt jmdn. jmdm. die restliche Strafe erlassen* Der Gefangene wurde nach zehn Jahren Haft begnadigt. ▶Begnadigung

Be·gna·di·gungs·ge·such das <-(e)s, -e> RECHTSW. *Bitte um Begnadigung*

be·gnü·gen <begnügst, begnügte, hat begnügt> *mit SICH* ■ *jmd. begnügt sich mit etwas Dat. mit etwas zufrieden sein und nicht mehr verlangen* sich mit einem kleinen Imbiss begnügen

Be·go·nie die <-, -n> *in tropischen und subtropischen Gebieten beheimatete Zierpflanze mit un-*

symmetrischen Blättern und weißen, roten, rosa oder gelben Blüten

be·gra·ben <begräbst, begrub, hat begraben> *mit OBJ* **1.** ■ *jmd. begräbt jmdn. einen Leichnam beerdigen* Seine sterblichen Überreste wurden in aller Stille begraben. **2.** ■ *jmd. begräbt etwas* (*übertr.*) *aufgeben, beenden* Nach Jahren begruben sie endlich ihren Streit., Er hat alle seine Hoffnungen begraben. ■ **Da liegt der Hund begraben!**: *Das ist die Ursache des Übels!*

Be·gräb·nis das <-ses, -se> (≈ *Beerdigung*) *der Vorgang, dass ein Toter in einem Sarg oder die Asche eines Toten in einer Urne in der Erde vergraben wird* Das Begräbnis findet auf dem örtlichen Friedhof statt. ◆ Staats-

be·gra·di·gen <begradigt, begradigte, hat begradigt> *mit OBJ* ■ *jmd. begradigt etwas durch Baumaßnahmen bewirken, dass etwas gerade wird* einen Fluss begradigen ▶ Begradigung

begrapschen <begrapscht, begrapschte, hat begrapscht> *mit OBJ* ■ *jmd. begrapscht jmdn./etwas* (*umg. abwert.* ≈ *betätscheln*) (*in einer als unangenehm und belästigend empfundenen Weise*) *anfassen* Er begrapschte sie am Bein.

be·grei·fen <begreifst, begriff, hat begriffen> *mit OBJ* ■ *jmd. begreift etwas* (≈ *verstehen*) *geistig erfassen und im Zusammenhang verstehen* die Aufgabenstellung begreifen, Von Grammatik hat sie wirklich gar nichts begriffen., Nun begreife das doch endlich!

be·greif·lich *Adj.* (≈ *verständlich* ↔ *unbegreiflich*) *leicht zu verstehen* Das war doch eine völlig begreifliche Reaktion!, Es ist mehr als begreiflich, wenn sie ihn nie mehr sehen will.

be·greif·li·cher·wei·se *Adv.* (≈ *natürlich*) *verständlicherweise* Begreiflicherweise war sie über seinen Vorschlag nicht erfreut.

be·gren·zen <begrenzt, begrenzte, hat begrenzt> *mit OBJ* ■ *jmd. begrenzt etwas* **1.** *eine bestimmte Grenze für etwas festlegen* Die Teilnehmerzahl des Kurses ist auf zehn Personen begrenzt., Seine Kenntnisse auf diesem Gebiet sind begrenzt. **2.** *eine Grenze bilden* Der Zaun begrenzt das Grundstück. ▶ Begrenzung

Be·griff der <-(e)s, -e> **1.** (≈ *Wort*) *ein sprachlicher Ausdruck, der eine bestimmte Bedeutung hat* Was versteht man unter dem Begriff „isotonisch"?, Definiere mir den Begriff …, ein abstrakter Begriff ◆ Allgemein-, Fach-, Spezial- **2.** *die Vorstellung, die jmd. von etwas hat* Ich glaube, die haben gar keinen Begriff, wie schwer diese Aufgabe ist! ■ **schwer von Begriff sein** (*umg. abwert.*): *einen Sachverhalt nur sehr langsam verstehen* **Das ist doch ein Begriff!**: *Das ist doch berühmt!* Der Prado in Madrid ist unter Kunstkennern ein Begriff! **im Begriff sein (etwas zu tun)**: *gerade anfangen, etwas zu tun* Wir sind im Begriff aufzubrechen.

Be·griffs·be·stim·mung die <-, -en> (≈ *Definition*) *genaue Erläuterung eines Begriffs*[1] eine dem tieferen Verständnis dienende Begriffsbestimmung

Be·griffs·bil·dung die <-, -en> *das Schaffen von Begriffen* die geisteswisenschaftliche Begriffsbildung

be·griffs·stut·zig *Adj.* (*abwert.*) *so, dass man nur schwer begreift, was jmd. meint* Sie war so begriffsstutzig, dass sie die Frage nicht verstehen konnte. ▶ Begriffsstutzigkeit

Be·griffs·ver·wir·rung die <-, -en> *der Zustand, dass Begriffe nicht einheitlich verwendet werden, so dass Missverständnisse entstehen* In einigen literaturwissenschaftlichen Bereichen herrscht noch eine gewisse Begriffsverwirrung.

be·grün·den <begründest, begründete, hat begründet> *mit OBJ* **1.** ■ *jmd. begründet (jmdm.) etwas Gründe dafür angeben, warum etwas so ist* Meinen Verdacht kann ich dir begründen. **2.** ■ *etwas begründet etwas* (*geh.*) *die Grundlage für etwas schaffen* Die Erfindung begründete den Weltruf der Firma.

Be·grün·der der <-s, -> *jmd., der etwas begründet hat* Mein Großvater ist der Begründer dieser Firma.

be·grün·det <nicht steig.> *Adj. so, dass es (gute) Gründe dafür gibt* Das ist zweifelsohne ein begründeter Einwand., Ich habe begründete Zweifel daran, dass diese Behauptung stimmt.

Be·grün·dung die <-, -en> **1.** *das Begründen*[1] Die Begründung ihrer Vorgehensweise wurde mit Spannung erwartet., Er hat ohne Begründung in der Schule gefehlt. **2.** (≈ *Argument*) *das, was man vorbringt, um zu begründen*[1] Wie kann man aus der Theorie eine Begründung des Phänomens herleiten?

be·grü·nen <begrünt, begrünte, hat begrünt> *mit OBJ* ■ *jmd. begrünt etwas irgendwo Rasenflächen anlegen und Blumen oder Bäume anpflanzen* den Innenhof begrünen, ein begrüntes Dach ▶ Begrünung

be·grü·ßen <begrüßt, begrüßte, hat begrüßt> *mit OBJ* **1.** ■ *jmd. begrüßt jmdn. jmdn. willkommen heißen; freundlich empfangen* Ich begrüße dich auch im Namen der Kollegen. **2.** ■ *jmd. begrüßt etwas* (≈ *befürworten, billigen, zustimmen* ↔ *ablehnen*) *etwas positiv bewerten* Dieser Vorschlag wurde von allen Seiten begrüßt.

Be·grü·ßung die <-, -en> *das Begrüßen*[1] eine freundliche/herzliche/offizielle Begrüßung, Zur Begrüßung gab es einen Aperitif. ◆ -sansprache, -skuss, -srede

be·güns·ti·gen <begünstigst, begünstigte, hat begünstigt> *mit OBJ* ■ *jmd. begünstigt jmdn.* **1.** (≈ *bevorzugen*) *den Vorzug geben* Bei der Stellenvergabe wurden Bewerberinnen mit Fremdsprachenkenntnissen begünstigt. **2.** *fördern, positiv beeinflussen* Das milde Wetter begünstigt das Pflanzenwachstum. **3.** AMTSSPR. *unerlaubte Beihilfe leisten* Durch sein Verhalten hat er das Verbrechen begünstigt.

Be·güns·ti·gung die <-, -en> **1.** (*kein Plur.*) *das Begünstigen* **2.** AMTSSPR. *unerlaubte Unterstützung, bei der man zum Beispiel mit dienstlichen Mitteln private Zwecke oder eine kriminelle Handlung fördert* Begünstigung im Amt ist verboten.

be·gut·ach·ten *mit OBJ* ■ *jmd. begutachtet jmdn./etwas genau betrachten und durch ein Gutachten einschätzen* Der Sachverständige begutachtet die Baumängel. ▶Begutachtung

be·gü·tert *Adj.* (≈ *vermögend*) *sehr wohlhabend* Sie stammt aus einem begüterten Hause.

be·haart *Adj.* (≈ *haarig*) *mit Haaren bewachsen* eine behaarte Männerbrust

be·hä·big *Adj.* **1.** *korpulent und in seinem Verhalten träge* ein behäbiger Mensch **2.** *so, dass man sich langsam und schwerfällig bewegt* Behäbig stand er endlich von seinem Sitz auf und machte Platz. **3.** (*schweiz.*) *reich, stattlich* ▶Behäbigkeit

be·haf·tet <nicht steig.> *Adj.* ■ **jemand/etwas ist mit etwas Negativem behaftet**: *jmd. oder etwas wird etwas Negatives nicht los* Nach ihrer Scheidung war sie mit einem Makel behaftet., Das Lokal ist mit einem sehr zweifelhaften Ruf behaftet.

be·ha·gen (*nur 3. Pers.*) *mit OBJ* ■ *etwas behagt jmdm.* (≈ *zusagen*) *gefallen, angenehm sein* Dieser Vorschlag behagt mir gar nicht.

Be·ha·gen das <-s> (*kein Plur.*) *angenehmes Gefühl, Zufriedenheit* Die Kinder aßen mit sichtlichem Behagen.

be·hag·lich *Adj.* (≈ *gemütlich*) **1.** *so, dass etwas Behagen macht* Im Wohnzimmer war es behaglich warm. **2.** *so, dass jmd. Behagen empfindet* Behaglich streckte er sich im warmen Badewasser aus.

Be·hag·lich·keit die <-> (*kein Plur.*) (≈ *Gemütlichkeit*) *gemütliche Atmosphäre* Der Kamin verleiht dem Wohnzimmer viel Behaglichkeit.

be·hal·ten <behältst, behielt, hat behalten> *mit OBJ* **1.** ■ *jmd. behält etwas etwas, das man bekommen hat, nicht zurückgeben oder hergeben* (*müssen*) Er behielt das Geschenk., Sie behielt ihren Arbeitsplatz. **2.** ■ *jmd. behält jmdn./etwas irgendwo dort lassen, wo jmd. oder etwas ist* Die Ärztin behielt den Patienten im Krankenhaus., Behalte den Schirm lieber bei dir! – Es sieht nach Regen aus! **3.** ■ *jmd. behält etwas etwas nicht verlieren oder sich nicht nehmen lassen* Er behielt trotz allem seinen Humor. **4.** ■ *jmd. behält jmdn./etwas in Erinnerung jmdn. oder etwas im Gedächtnis bewahren* ■ **etwas für sich behalten**: *nicht weitererzählen* Ich kann diese Neuigkeit sehr wohl für mich behalten. **etwas im Auge behalten**: *auf etwas gut achtgeben*

Be·häl·ter der <-s, -> *ein Gefäß, das dazu dient, eine Substanz in ihm zu lagern oder zu transportieren* Was wird in den großen Behältern gelagert? ◆ Benzin-, Gas-, Metall-, Öl-, Wasser-

Be·hält·nis das <-ses, -se> *Behälter, in dem etwas aufbewahrt wird*

be·hän·de *Adj.* (≈ *flink*) *schnell und geschickt* Das Kind kletterte behände an dem Seil hoch. ▶Behändigkeit

be·han·deln <behandelst, behandelte, hat behandelt> *mit OBJ* **1.** ■ *jmd. behandelt jmdn./etwas etwas als Thema besprechen oder bearbeiten* Wir behandelten gestern die Novelle/Schiller/das Drama der Shakespearezeit., Der Film behandelt das Problem der Emigration. **2.** ■ *jmd. behandelt jmdn./etwas irgendwie gegenüber jmdm. oder etwas ein bestimmtes Verhalten zeigen* Ich habe sie immer freundlich/zuvorkommend behandelt., Man sollte die Sache diskret behandeln. **3.** ■ *jmd. behandelt jmdn.* MED. *ärztlich betreuen* Das Unfallopfer wurde vom Notarzt behandelt. **4.** ■ *jmd. behandelt etwas mit etwas Dat. ein Material mit einer pflegenden Substanz bearbeiten* Ich habe das Holz mit Leinöl behandelt. ■ **jemanden wie Luft behandeln** (*umg.*): *jmdn. nicht beachten* **jemanden/etwas wie ein rohes Ei behandeln** (*umg.*): *jmdn. oder etwas äußerst vorsichtig behandeln*

be·hän·di·gen *mit OBJ* ■ *jmd. behändigt etwas* (*schweiz.*) *ergreifen, an sich nehmen* Zwei Diebe behändigten die Kasse.

Be·hand·lung die <-, -en> **1.** (MED.: ≈ *Therapie*) *das Behandeln*[3] *durch jmdn., der einen Heilberuf ausübt* Diese Behandlung kann ambulant/nur stationär durchgeführt werden. ◆-sfehler, -smethode, -szeitraum **2.** *die Art und Weise, wie jmd. mit jmdm. umgeht* Diese Behandlung muss ich mir von Ihnen nicht gefallen lassen.

Be·hand·lungs·stuhl der <-s, Behandlungsstühle> *verstellbarer Stuhl in der Arztpraxis, auf dem der Patient im Liegen oder im Sitzen untersucht oder behandelt werden kann*

Be·hand·lungs·zim·mer das <-s, -> *Zimmer in einer Arztpraxis, in dem der Patient medizinisch behandelt wird*

be·hand·schuht <nicht steig.> *Adj. Handschuhe tragend* Die Baronin reichte ihm ihre behandschuhte Hand zur Begrüßung.

Be·hang der <-(e)s, Behänge> **1.** *etwas, das an etwas hängt* Die Kirschbäume haben in diesem Jahr einen reichen Behang. ◆ Wand-, Weihnachtsbaum- **2.** (*in der Jägersprache*) *die Ohren des Hundes*

be·hän·gen <behängst, behängte, hat behängt> *mit OBJ* ■ *jmd. behängt etwas mit etwas Dat. etwas an etwas hängen* Wir behängen den Weihnachtsbaum mit Strohsternen.

be·har·ren <beharrst, beharrte, hat beharrt> *mit OBJ* ■ *jmd. beharrt auf etwas Dat. an seiner Position festhalten* Trotz aller Argumente lässt er sich nicht abbringen, sondern beharrt auf seiner Meinung.

be·harr·lich *Adj.* (≈ *unermüdlich, zielstrebig*) *so, dass man sich mit Ausdauer um etwas bemüht oder an etwas festhält* Beharrlich versuchte sie, das Problem zu lösen., Er kämpfte beharrlich um den Sieg., ein beharrlicher Charakter ▶Beharrlichkeit

Be·har·rungs·ver·mö·gen das <-s> (*kein Plur.*) *Ausdauer, Standhaftigkeit* Er hat ein großes Beharrungsvermögen. – Er wohnt schon seit 30 Jahren in derselben Wohnung!

be·hau·chen <behauchst, behaucht, hat behaucht> *mit OBJ* ■ *jmd. behaucht etwas* **1.** *auf etwas hauchen; etwas mit seinem Hauch bedecken* die

B

Gläser der Brille behauchen **2.** (SPRACHWISS.: ≈ *aspirieren*) *Konsonanten mit einem Hauchlaut aussprechen*

be·hau·en *mit OBJ* ■ *jmd. behaut etwas* (*Stein*) *in eine bestimmte Form schlagen* Der Steinmetz behaut einen Marmorblock.

be·haup·ten **I.** *mit OBJ* ■ *jmd. behauptet etwas* **1.** *sagen, dass etwas so und nicht anders ist, ohne einen Beweis dafür zu liefern* Das kann er zwar behaupten, aber nicht beweisen. **2.** *erfolgreich verteidigen* Sie behauptete ihre Stellung im Team. **II.** *mit SICH* ■ *jmd. behauptet sich* (*durch etwas Akk.*) *sich durchsetzen und seine Position sichern* Er konnte sich in seiner neuen Stellung durch Fleiß behaupten., Bei der großen Konkurrenz durch zwei Supermärkte konnte sich der kleine Laden nicht behaupten.

Be·haup·tung die <-, -en> **1.** *eine Aussage, die nicht bewiesen ist* Wie kommen Sie dazu, eine solche Behauptung aufzustellen? **2.** (MATH.: ≈ *Hypothese*) *eine Annahme, die noch nicht bewiesen ist*

Be·hau·sung die <-, -en> (*abwert.*) *notdürftige Wohnung* eine einfache/primitive Behausung

Be·ha·vi·o·ris·mus der <-ses> (*kein Plur.*) PSYCH. *eine Richtung der Psychologie, die nur von Verhalten ausgeht, das man beobachten kann, und die das subjektive Erleben ignoriert*

be·he·ben <behebst, behob, hat behoben> *mit OBJ* ■ *jmd. behebt etwas* **1.** ■ **einen Schaden beheben**: *reparieren* Der Mechaniker behob den Schaden in wenigen Minuten. **2.** (*österr.*) *Geld vom Konto abheben*

be·hei·ma·tet <nicht steig.> *Adj.* (≈ *heimisch*) *an einem Ort, in einem Gebiet zu Hause* Ihre Familie ist im Sauerland beheimatet.

be·hei·zen <beheizt, beheizte, hat beheizt> *mit OBJ* ■ *jmd. beheizt etwas durch Heizen warm machen* ein beheiztes Schwimmbad, ein gut beheiztes Wohnzimmer, die beheizte Heckscheibe eines Autos

Be·helf der <-(e)s, -e> (*meist Sing.*) (≈ *Notlösung*) *provisorische Lösung* Dies ist nur ein Behelf, bis wir die Ersatzteile bekommen. ◆ Not-

be·hel·fen <behilfst, behalf, beholfen> *mit SICH* ■ *jmd. behilft sich* (*mit etwas Dat.*) **1.** *etwas als vorübergehende Lösung verwenden* Ich behelfe mich vorübergehend mit einem Ersatzgerät. **2.** *versuchen, ohne Hilfe auszukommen* Ich behelfe mich, bis die Putzhilfe aus dem Urlaub zurück ist.

be·helfs·mä·ßig <nicht steig.> *Adj.* (≈ *provisorisch*) *so, dass man es nur vorübergehend als Lösung akzeptiert* eine behelfsmäßige Lösung/Reparatur/Unterbringung

Be·helfs·un·ter·kunft die <-, Behelfsunterkünfte> *vorübergehende, provisorische Unterkunft* Die Flüchtlinge wurden in Behelfsunterkünften untergebracht.

be·hel·li·gen *mit OBJ* ■ *jmd./etwas behelligt jmdn.* (*mit etwas Dat.*) *belästigen, bedrängen* Ich will dich mit dieser Aufgabe nicht auch noch behelligen.

be·her·ber·gen *mit OBJ* ■ *jmd. beherbergt jmdn.* (≈ *unterbringen*) *Gästen eine Unterkunft geben* Wir beherbergen die Besucher in unserem Gästezimmer.

be·herr·schen <beherrschst, beherrschte, hat beherrscht> **I.** *mit OBJ* **1.** ■ *jmd. beherrscht jmdn. über jmdn. oder etwas Macht ausüben* Der Diktator beherrschte das Volk zwanzig Jahre lang. **2.** ■ *jmd. beherrscht etwas hinsichtlich einer Sache sehr gute Kenntnisse oder großes Können haben* eine Fremdsprache in Wort und Schrift beherrschen, Er beherrscht sein Handwerk als Schreiner perfekt., Sie beherrscht ihre Stimme auch in den schwierigsten Koloraturen. **3.** ■ *etwas beherrscht etwas/jmdn. etwas übt großen Einfluss aus* Diese Idee beherrscht ihn vollständig., Dieses Produkt beherrscht momentan den Markt. **II.** *mit SICH* ■ *jmd. beherrscht sich seine Gefühle unter Kontrolle halten* Er konnte seinen Zorn nur schwer beherrschen.

Be·herr·scher der <-s, -> *jmd., der Herr über etwas ist* Der Weltumsegler fühlt sich als Beherrscher der Meere.

Be·herr·schung die <-> (*kein Plur.*) **1.** *Kontrolle über etwas* Er verlor die Beherrschung über seinen Wagen. **2.** *Kontrolle über sich selbst* Vor Wut hat er die Beherrschung verloren. **3.** *das Beherrschen I.2* Die Beherrschung dieses Handwerks erfordert viel Erfahrung.

be·her·zi·gen *mit OBJ* ■ *jmd. beherzigt etwas den Rat oder die Weisung von jmdm. befolgen* Ich habe deinen Rat beherzigt. ▶Beherzigung

be·herzt *Adj.* (≈ *unerschrocken*) *mutig und entschlossen* Durch sein beherztes Handeln konnte das Unfallopfer gerettet werden. ▶Beherztheit

be·he·xen <behext, behexte, hat behext> *mit OBJ* ■ *jmd. behext jmdn./etwas jmd. oder etwas verzaubern* Sie hat ihn mit ihrem bösen Blick behext.

be·hilf·lich ■ **jemandem behilflich sein**: *jmdm. helfen* Er war ihr beim Umzug behilflich.

be·hin·dern <behinderst, behinderte, hat behindert> *mit OBJ* ■ *jmd./etwas behindert jmdn./etwas erschweren* Dichter Nebel behindert den Verkehr., Er hat durch ungeschicktes Parken die Durchfahrt behindert.

be·hin·dert <nicht steig.> *Adj. so, dass man dauerhaft körperlich oder geistig beeinträchtigt ist* Seit seinem Unfall ist er behindert., eine Selbsthilfegruppe für Eltern behinderter Kinder ◆ geh-, körper-

Be·hin·der·te der/die <-n, -n> *behinderte Person* Dieser Bus besitzt auch Plätze für schwer Behinderte/Schwerbehinderte.

be·hin·der·ten·ge·recht <nicht steig.> *Adj. so, dass in einem* (*öffentichen*) *Gebäude Treppenhäuser, Lichtschalter, Fahrstühle, Toiletten usw. so angelegt sind, dass sie auch von Behinderten benutzt oder einfach erreicht werden können*

Be·hin·der·ten·sport der <-s> (*kein Plur.*) *Sport, der von Behinderten ausgeübt wird*

Be·hin·der·ten·werk·statt die <-, Behindertenwerkstätten> *eine Werkstatt, in der behinderte Menschen handwerkliche Arbeiten ausüben*

Be·hin·de·rung die <-, -en> **1.** *ein Hindernis* Die hohe Bordsteinkante ist eine Behinderung für Rollstuhlfahrer. **2.** *etw., das jmdn. behindert* Er hat eine schwere geistige Behinderung.

Be·hör·de die <-, -n> (≈ *Amt*) *eine staatliche Institution mit bestimmten Aufgaben* einen Antrag bei einer Behörde einreichen ◆ Einwanderungs-, Gesundheits-, Justiz-, Schul-

Be·hör·den·ap·pa·rat der <-(e)s, -e> *Gesamtheit aller Behörden, die der Verwaltung eines Gebietes dienen*

be·hör·den·über·grei·fend <nicht steig.> *Adj.* AMTSSPR. *so, dass es mehrere Behörden betrifft* Die Bearbeitung des Antrags kostet viel Zeit, da das Problem behördenübergreifend ist.

be·hörd·lich <nicht steig.> *Adj.* (≈ *amtlich*) *von einer Behörde ausgehend* die behördlichen Vorschriften

Be·huf der <-(e)s, -e> (AMTSSPR.: *veralt.* ≈ *Zweck*) Zu diesem Behuf(e) muss die Lokalität bis zum Monatsende geräumt werden.

be·hufs *Präp. + Gen.* (AMTSSPR.: *veralt.* ≈ *zwecks*) Kommen Sie bitte persönlich behufs Feststellung Ihrer Personalien!

be·hü·ten <behütest, behütete, hat behütet> *mit OBJ* ■ *jmd. behütet jmdn.* (*veralt.* ≈ *beschützen*) Sie hat das Kind vor einer großen Gefahr behütet.

be·hut·sam *Adj. sorgsam und vorsichtig* beim Ansprechen des Problems behutsam vorgehen, Mit behutsamen Griffen tastet der Arzt die schmerzende Stelle ab.

Bei der <-s, -e/-s> *türkischer Titel, der meist dem Namen nachgestellt wird*

bei *Präp. + Dat.* **1.** *verwendet, um auszudrücken, dass etwas in der räumlichen Nähe von jmdm./etwas ist* Der Laden liegt direkt bei der Kreuzung., Ich trage das Bild immer bei mir., ein kleiner Ort bei Frankfurt, gleich beim Bahnhof, Er war heute beim Frisör. **2.** *verwendet, um auszudrücken, dass etwas in jmds. Wohn-, Lebens- oder Arbeitsbereich liegt* bei uns zu Hause, bei einer Firma arbeiten, bei einer Party sein **3.** *verwendet, um auszudrücken, dass sich etwas in einer bestimmten Zeitspanne oder zu einem bestimmten Zeitpunkt vollzieht* bei Tag und bei Nacht, Vorsicht bei Ankunft des Zuges! **4.** *verwendet, um auszudrücken, dass etwas die genannte Qualität hat oder sich unter den genannten Umständen vollzieht* Er ist bei guter Gesundheit., Bist du noch bei Verstand?, bei gutem Wetter/bei strömendem Regen **5.** *im Werk eines Autors* die Hauptfiguren bei Fontane, die Deutung der Geschichte bei Hegel **6.** *zur Angabe eines Zahlenwertes* Die Temperatur liegt bei 10°C. **7.** *in Beteuerungsformeln* Ich schwöre bei Gott!

bei·be·hal·ten <behältst bei, behielt bei, hat beibehalten> *mit OBJ* ■ *jmd. behält etwas bei etwas weiterhin so tun wie bisher* Er hat diese Gewohnheit beibehalten.

Bei·boot das <-(e)s, -e> SEEW. (*auf einem Schiff mitgeführtes*) *kleineres Boot* Die Mannschaft ließ das Beiboot herab, um an Land zu gehen.

bei·brin·gen <bringst bei, brachte bei, hat beigebracht> *mit OBJ* ■ *jmd. bringt jmdm. etwas bei jmdm. eine Fähigkeit oder bestimmte Kenntnisse vermitteln* Der Lehrer bringt den Schülern die Grundregeln der Multiplikation bei., Niemand hat ihm gutes Benehmen beigebracht., Soll ich dir die Tanzschritte beibringen?

Beich·te die <-, -n> **1.** REL. *der Vorgang, dass jmd. einem Priester im Rahmen eines speziellen Gesprächs seine Sünden anvertraut* zur Beichte gehen **2.** *Geständnis* (*einer Schuld*)

beich·ten *mit OBJ* ■ *jmd. beichtet* (*jmdm.*) *etwas* **1.** REL. *die Beichte ablegen* dem Priester seine Sünden beichten **2.** (≈ *gestehen*) *etwas Bedrückendes bekennen* Er hat seiner Mutter alles gebeichtet.

Beicht·ge·heim·nis das <-ses> (*kein Plur.*) REL. *die Pflicht eines Priesters, das Gebeichtete bei sich zu bewahren und niemandem darüber Auskunft zu geben*

Beicht·stuhl der <-(e)s, Beichtstühle> REL. *eine Art Kabine, in der man in der Kirche die Beichte*[1] *ablegt*

Beicht·va·ter der <-s> REL. *katholischer Priester, der die Beichte abnimmt*

bei·de *Pron.* **1.** *verwendet, um auszudrücken, dass die genannte Sache sich auf jede(s) einzelne von zwei Dingen oder Personen bezieht* Sie lud beide zu ihrem Fest ein., Beide Straßen führen nach Rom., Er war beide Mal(e) mit im Urlaub., einer der beiden Freunde, in unser beider Interesse, Das gilt für beides: den Transfer und die Ankunft., Du hast dich in beidem getäuscht., Sie haben beide Häuser verkauft., keins von beiden, in beiden Fällen ◆ Kleinschreibung→R 3.15 wir beide, die(se) beiden, alle(s) beide(s), einer von (den) beiden; Getrenntschreibung beide Mal(e) **2.** (*kein Plur.*) *verwendet, um auszudrücken, dass die eine Sache die andere nicht ausschließt* Ich habe beides vor – im Urlaub mich zu erholen und zu arbeiten., Er liebt beides, das Theater und die Oper., Wir brauchen beides – das Auto und die Fahrräder.

bei·der·lei <nicht steig.> *Adj.* (*mit Gen.*) *von dem einen wie von dem anderen* Der Zoo besaß Löwen beiderlei Geschlechts.

bei·der·sei·tig <nicht steig.> *Adj.* (≈ *gegenseitig*) *so, dass beide Seiten zu einer Sache ihre Zustimmung gegeben haben* Der Streit wurde in beiderseitigem Einvernehmen beendet.

bei·dre·hen <drehst bei, drehte bei, hat beigedreht> *ohne OBJ* ■ *etwas dreht bei* SEEW. **1.** *den Bug des Schiffes gegen den Wind drehen* Wegen des starken Sturmes ließ er beidrehen. **2.** *die Fahrt eines Schiffes* (*bis zum Stillstand*) *verlangsamen* Das Schiff drehte bei und die Passagiere gingen von Bord.

beid·sei·tig <nicht steig.> *Adj.* (↔ *einseitig*) *auf beiden Seiten* ein beidseitig beschriebenes Blatt Papier

beid·seits *Präp. + Gen. auf beiden Seiten von etwas* beidseits des Flusses

bei·ei·n·an·der *Adv.* (≈ *zusammen*) Sie saßen schon den ganzen Abend beieinander. ■ **sie nicht alle beieinander haben** (*umg. abwert.*): *nicht ganz bei Verstand sein, geistig ein wenig verwirrt sein* **gut/schlecht beieinander sein**: *gesundheitlich in gutem oder schlechtem Zustand sein*

Bei·fah·rer, **Bei·fah·re·rin** der <-s, -> (↔ *Fahrer*) *jmd., der in einem Kraftfahrzeug neben dem Fahrer sitzt* Auch für den Beifahrer besteht Gurtpflicht.

Bei·fah·rer·air·bag der <-s, -s> KFZ *schnell aufblasbares Luftpolster, das den Beifahrer bei einem Unfall vor Verletzungen schützen soll*

Bei·fah·rer·sitz der <-es, -e> (KFZ: ↔ *Fahrersitz*) *der Sitz neben dem Fahrersitz*

Bei·fall der <-s> (*kein Plur.*) **1.** (≈ *Applaus*) *alle Äußerungen, Gesten, Ausrufe usw., mit denen Menschen zeigen, dass sie jmdm. zustimmen oder dass sie von jmds. Darbietung begeistert sind* Die Sängerin wurde mit stürmischem Beifall gefeiert., Das Publikum spendete nach der Aufführung viel Beifall. **2.** *Zustimmung* Sein Vorschlag wurde mit Beifall aufgenommen ■ **Beifall klatschen**: *die Handflächen mehrmals gegeneinander schlagen, um Beifall[1] auszudrücken*

bei·fäl·lig *Adj.* (≈ *zustimmend* ↔ *ablehnend*) *so, dass es Anerkennung und Zustimmung ausdrückt* Sie nickte beifällig.

Bei·falls·ruf der <-(e)s, -e> *Beifall ausdrückender Zuruf* Für seine Rede erntete er laute Beifallsrufe.

Bei·fang der <-(e)s> (*kein Plur.*) *Teil des Fischfangs, der nicht aus der hauptsächlichen gefangenen Fischart besteht* Außer den Makrelen waren Heringe als Beifang im Netz.

bei·fü·gen <fügst bei, fügte bei, hat beigefügt> *mit OBJ* ■ *jmd. fügt etwas Dat. etwas bei* (≈ *beilegen*) *zu etwas, das man an jmdn. schickt, eine Sache dazulegen* Dem Geschenk hatte sie eine Karte beigefügt.

Bei·fü·gung die <-, -en> **1.** *das Beifügen* **2.** (SPRACHWISS.: ≈ *Attribut*)

Bei·ga·be die <-, -n> (≈ *Zugabe*) *etwas, das man jmdm. oder etwas zusätzlich zu etwas anderem gibt* Man bringe das Wasser unter Beigabe von etwas Salz zum Kochen., Ich habe ihm ein Buch und als Beigabe eine Flasche Wein geschenkt. ◆ Grab-

bei·ge [be:ʃ] <nicht steig.> *Adj.* (≈ *sandfarben*) *von einem hellen Gelb* ein beiger Anzug

Bei·ge die <-, -n> (*österr. schweiz.*) *Stapel, Stoß*

bei·ge·ben <gibst bei, gab bei, hat beigegeben> *mit OBJ* ■ *jmd. gibt etwas Dat. etwas bei* (*geh.*) *etwas als Ergänzung hinzufügen* Man sollte dem Teig eine Prise Salz beigeben. ■ **klein beigeben** (*umg.*): *einlenken, sich fügen*

Bei·ge·mü·se <-s> (*kein Plur.*) (*schweiz.*) *Beilage[1]*

Bei·ge·schmack der <-s> (*kein Plur.*) **1.** *neben dem eigentlichen Geschmack wahrnehmbarer ungewohnter Geschmack einer Speise* Die Suppe hat einen bitteren Beigeschmack. **2.** (*übertr.*) *etwas, das einer Sache (als zusätzliche Eigenschaft) anhaftet* Seine Antworten hatten einen Beigeschmack von Überheblichkeit.

Bei·gnet der [bɛn'je:] <-s, -s> (KOCH.: ≈ *Krapfen*) *in Fett ausgebackenes Teigstück mit Füllung*

Bei·heft das <-(e)s, -e> *ein Heft, das ein Buch oder eine Zeitschrift als Zusatz, Nachtrag oder Register ergänzt* Der Aufsatz wird als Beiheft Nr. 3 zu dieser Buchreihe erscheinen.

Bei·hef·ter der <-s, -> *Hefter, in dem Ergänzungen oder Nachträge gesammelt sind* eine Akte im Beihefter ablegen

Bei·hil·fe die <-, -n> **1.** (≈ *Unterstützung*) *finanzielle oder materielle Hilfe* Wegen des Hochwasserschadens erhält die Famile eine einmalige Beihilfe., Beamte erhalten eine Beihilfe zu den Leistungen der Krankenkasse. **2.** RECHTSW. *vorsätzliche Hilfeleistung bei der Vorbereitung oder Ausführung einer Straftat* Wer Beihilfe bei einer Straftat geleistet hat, wird vor Gericht angeklagt.

beiho·len <holst bei, holte bei, hat beigeholt> *mit OBJ* ■ *jmd. holt ewas bei* SEEW. *das Segel einziehen*

Bei·jing das ['bei̯dzɪŋ] <-s> (≈ *Peking*) *Hauptstadt von China*

Bei·koch, **Bei·kö·chin** der <-s, Beiköche> (≈ *Hilfskoch*) *ein Koch, der bei einem Chefkoch mitarbeitet und bestimmte unterstützende Arbeiten ausführt*

bei·kom·men <kommst bei, kam bei, ist beigekommen> *mit OBJ* **1.** ■ *jmd. kommt jmdm. irgendwie bei jmdm. gewachsen sein und sich ihm gegenüber durchsetzen können* Er konnte seinem Gegenüber nur schwer beikommen. **2.** (≈ *lösen*) ■ *jmd. kommt etwas irgendwie bei mit einer Sache fertig werden können* Sie versuchte dem Problem auf eine andere Weise beizukommen.

Bei·kost die <-> (*kein Plur.*) *zusätzliche Nahrung* Der Patient soll auf eine vitaminreiche Beikost achten.

Beil das <-(e)s, -e> *ein Werkzeug mit breiter Schneide und kurzem Stiel, das man zum Zerkleinern von Holz oder Fleisch benutzt* das Beil schärfen ◆ Fleischer-, Hand-, Kriegs-, Küchen-

bei·la·den <lädst bei, lud bei, hat beigeladen> *mit OBJ* **1.** ■ *jmd. lädt etwas bei etwas zusätzlich zu einer Ladung hinzuladen* Kleinere Kisten können der Fracht noch beigeladen werden. **2.** ■ *jmd. lädt jmdn. bei* RECHTSW. *jmdn. amtlich zu einer Verhandlung vor dem Verwaltungsgericht laden* Die beigeladene Firma legte gegen diese Entscheidung Berufung ein.

Bei·la·dung die <-, -en> **1.** *das Beiladen[1]* die Beiladung von Möbeln **2.** (≈ *Nebenlast*) *zusätzliche Ladung, die zu der eigentlichen Ladung hinzugeladen wird* Das Schiff hat meist Beiladungen an Bord. **3.** RECHTSW. *die Vorladung von Personen, die nicht direkt am Prozess beteiligt, aber an ihm interessiert sind* Auf Antrag erfolgen mehrere Beiladungen.

Bei·la·ge die <-, -n> **1.** *eine Speise, die zu einem Hauptgericht gegessen wird* Zum Steak gibt es als Beilage Salat und Kartoffeln. ◆ Gemüse- **2.** *etwas, das einem Druckwerk beigelegt ist* die literarische Beilage einer Zeitung ◆ Literatur-, Mode-, Roman-, Werbe-

bei·läu·fig *Adj.* 1. *so, dass es wie zufällig geäußert, wie nebenher gesagt erscheint* eine beiläufige Bemerkung machen 2. (*österr.*) *etwa, ungefähr*

bei·le·gen <legst bei, legte bei, hat beigelegt> *mit OBJ* 1. ■ *jmd. legt etwas Dat. etwas bei etwas dazulegen* Das Rückporto habe ich dem Brief beigelegt. 2. ■ *jmd. legt einen Streit bei beenden* Die Nachbarn legten ihren Streit bei.

Bei·le·gung die <-, -en> (*Plur. selten*) *das Beilegen*[2] Über die Beilegung des Streits waren beide Parteien erfreut.

bei·lei·be *Adv.* (≈ *wahrhaftig*) *wirklich, in der Tat* Er ist beileibe kein Held!

Bei·leid das <-(e)s> (*kein Plur.*) *die Anteilnahme daran, dass jmd. gestorben ist* Mein herzliches Beileid!, Aufrichtiges Beileid!, den Angehörigen sein Beileid aussprechen ◆-sbesuch, -skarte, -sschreiben, -stelegramm

Bei·leids·be·zei·gung die <-, -en> *das Ausdrücken des Beileids* Bei der Trauerfeier nahm sie unter Tränen die Beileidsbezeigungen entgegen., Von Beileidsbezeigungen am Grabe bitten wir abzusehen.

Bei·leids·brief der <-(e)s, -e> (≈ *Kondolenzbrief*) *ein Brief, in dem jmd. sein Beileid ausdrückt*

bei·lie·gen <liegt bei, lag bei, hat beigelegen> *ohne OBJ* ■ *etwas liegt etwas Dat. bei etwas wird zusammen mit etwas geliefert* Der heutigen Ausgabe unserer Zeitung liegen Prospekte der Firma XYZ bei.

bei·lie·gend <nicht steig.> *Adj. in der Anlage beigelegt*

beim ((*Präp. + Artikel*) ≈ *„bei dem"*) Er verletzte sich beim Arbeiten., Wir sind gerade beim Mittagessen.

Bei·meng·ung die <-, -en> *die Beimischung von etwas zu einer Sache* die Beimengung einer Farbe zu einer anderen

bei·mes·sen <misst bei, maß bei, hat beigemessen> *mit OBJ* ■ *jmd. misst etwas ... Bedeutung bei* (≈ *zuschreiben*) *glauben, dass etwas eine bestimmte Bedeutung hat* Dieser Sache habe ich früher nur geringe/große/ kaum/keine Bedeutung beigemessen.

bei·mi·schen <mischst bei, mischte bei, hat beigemischt> *mit OBJ* ■ *jmd. mischt etwas etwas bei* (≈ *beimengen*) *zu einer Sache etwas dazumischen* einer Teesorte eine andere beimischen

Bei·mi·schung die <-, -en> 1. *das Beimischen* Der Saft wird unter Beimischung von Wasser verdünnt. 2. *das Beigemischte, der Zusatz*

Bein das <-(e)s, -e> 1. *eines der beweglichen Körperteile, die beim Menschen und bei Tieren zum Stehen und Gehen dienen* das linke/rechte Bein, die Beine übereinanderschlagen, die Beine von sich strecken, kurze/lange/sehnige/wohlgeformte Beine 2. *eines der Elemente, auf denen ein Möbelstück steht* Der Tisch wackelt, weil ein Bein zu kurz ist., Ein Tisch mit drei Beinen kann nicht wackeln. ◆Stuhl-, Tisch- 3. ■ **jemandem ein Bein stellen** (*umg. übertr.*): *jmdm. Schwierigkeiten bereiten* **jemandem Beine machen** (*umg.*): *jmdn. antreiben, jmdn. davonjagen* **etwas auf die Beine stellen** (*umg.*): *etwas aufbauen, Erfolg haben* **jemandem etwas ans Bein binden**: *jmdm. eine lästige Aufgabe oder Pflicht übertragen* **auf einem Bein kann man nicht stehen** (*umg.*): *verwendet, um jmdn. dazu aufzufordern, noch ein Glas Schnaps o.Ä. zu trinken* **mit beiden Beinen im Leben stehen** (*umg.*): *realistisch und tüchtig sein* **mit einem Bein im Gefängnis stehen** (*umg.*): *etwas getan haben, das fast schon illegal ist* **etwas steht auf schwachen Beinen** (*umg.*): *etwas ist nicht gut oder sicher begründet* **Lügen haben kurze Beine** (*Sprichwort*): *Lügen werden meist schnell aufgedeckt* **schon früh auf den Beinen sein** (*umg.*): *morgens früh aufstehen und aktiv sein* **wieder auf die Beine kommen** (*umg.*): *wieder gesund werden*

> **i Wissenswert** Gebräuchliche Redewendungen: du hast deine Aufgaben nicht zur vollsten Zufriedenheit erledigt, da hast du dir sicher kein Bein ausgerissen (du hast dich sicher dabei nicht angestrengt); für heute machen wir Schluss, ich sehe, ihr könnt euch nicht mehr auf den Beinen halten (ich sehe, ihr seid sehr müde); versprochen, in ein paar Tagen ist er wieder auf den Beinen (in ein paar Tagen ist er wieder gesund); wenn alles gut geht, wird das Projekt genehmigt, dies steht aber noch auf wackligen Beinen (die Sache ist noch unsicher); er steht wirklich mit beiden Beinen auf der Erde (er ist äußerst realistisch).

bei·nah(e), bei·nah(e) *Adv.* (≈ *fast*) *verwendet um auszudrücken, dass etwas fast geschehen wäre, aber dann doch nicht eingetreten ist* Ich wäre beinahe hingefallen., Wir sind beinahe schon da., Das habe ich beinahe vergessen.

Bei·na·he·zu·sam·men·stoß der <-es, Beinahezusammenstöße> (*der Sachverhalt, dass zwei Fahrzeuge fast zusammengestoßen wären*)

Bei·na·me der <-ns, -n> *ein Name, den jmd. (meist wegen einer bestimmten Eigenschaft) zusätzlich zu seinem eigentlichen Namen erhalten hat* Zar Iwan erhielt den Beinamen „der Schreckliche".

Bein·bruch der <-(e)s, Beinbrüche> MED. *Bruch eines Beinknochens* Der komplizierte Beinbruch muss operativ behandelt werden. ■ **Das ist doch kein Beinbruch!** (*umg.*): *Das ist doch nicht so schlimm!*

be·in·hal·ten *mit OBJ* ■ *etwas beinhaltet etwas* 1. *etwas als Inhalt in sich haben* Diese Tasche beinhaltet unseren gesamten Reiseproviant. 2. (AMTSSPR.: *geh.* ≈ *bedeuten*) *etwas zum Inhalt haben* Das Schreiben beinhaltet, dass Ihr Antrag abgelehnt wurde.

bein·hart *Adj.* (*österr.* ≈ *knochenhart*) 1. *so hart wie ein Knochen* 2. (≈ *unerbittlich.*) Er will in diesem Konflikt nicht nachgeben – Da ist er beinhart.

Bein·haus das <-es, Beinhäuser> *Gebäude auf ei-*

nem Friedhof, in dem ausgegrabene Gebeine aufbewahrt werden

Bein·kleid das <-(e)s, -er> (*meist Pur.*) (*veralt.*) *Hose*

Bein·pro·the·se die <-, -n> *Prothese für ein amputiertes Bein oder den amputierten Teil eines Beines* Nach dem schweren Unfall musste er mit einer Beinprothese das Laufen wieder neu erlernen.

Bein·well der <-s> (*kein Plur.*) *eine Heilpflanze*

Bei·ord·nung die <-, -en> (*Plur. selten*) **1.** RECHTSW. *gerichtliche Bestellung eines Pflichtverteidigers* **2.** (SPRACHWISS.: ≈ *Nebenordnung*)

bei·pa·cken <packst bei, packte bei, hat beigepackt> *mit OBJ* ■ *jmd. packt etwas Dat. etwas bei* (≈ *beilegen*) *zu einer Sache etwas hinzupacken* Der Büchersendung wurde ein Prospekt beigepackt.

Bei·pack·zet·tel der <-s, -> *der Zettel, der einem Medikament beiliegt und Hinweise für die Anwendung und Informationen über den Inhalt enthält* Laut Beipackzettel hat dieses Medikament keine Nebenwirkungen., Lesen Sie den Beipackzettel oder fragen Sie Ihren Arzt oder Apotheker!

bei·pflich·ten <pflichtest bei, pflichtete bei, hat beigepflichtet> *mit OBJ* ■ *jmd. pflichtet jmdm.* (*in etwas Dat.*) *bei* (≈ *zustimmen*) *sagen, dass man jmds. Meinung teilt* Du musst mir beipflichten, dass er im Recht ist.

Bei·pro·gramm das <-s, -e> *zusätzlich zu einer Veranstaltung laufende Nebenveranstaltungen* Im Beiprogramm der Sportartikelmesse konnten sich die Besucher selbst an Kletterwänden im Freeclimbing versuchen oder ihre Fitness auf dem Fahrradergometer testen.

Bei·rat der <-(e)s, Beiräte> *beratendes Gremium bei einer Behörde, Gesellschaft, Vereinigung o.Ä.* Dem Verlag steht ein wissenschaftlicher Beirat zur Seite.

Bei·ried das <-(e)s> (*kein Plur.*) (*österr.*) *Rumpf- bzw. Lendenstück vom Rind*

be·ir·ren (*nur im Inf.*) *mit OBJ* ■ *jmd. lässt sich durch etwas beirren jmd. wird unsicher* Der Redner ließ sich durch die Zwischenrufe nicht beirren.

Bei·rut das <-s> *Hauptstadt des Libanons*

bei·sam·men *Adv.* (≈ *zusammen*) Wir waren den ganzen Tag beisammen. ■ **gut beisammen sein** (*umg.*): *gut genährt sein, leichtes Übergewicht haben* **nicht alle beisammen haben** (*umg. abwert.*): *nicht ganz bei Verstand sein*

Bei·sam·men·sein das <-s> (*kein Plur.*) *die Situation, dass mehrere Menschen sich irgendwo zusammen aufhalten und sich unterhalten* ein gemütliches/geselliges/zwangloses Beisammensein

Bei·schlaf der <-s> (*kein Plur.*) (AMTSSPR.: ≈ *Geschlechtsverkehr*)

bei·schlie·ßen <schließt bei, schloss bei, hat beigeschlossen> *mit OBJ* ■ *jmd. schließt etwas Dat. etwas bei* (*österr.*) *einer Sendung beigeben*

Bei·sein ■ **in jemandes Beisein**: *in jmds. Anwesenheit* Der Zeuge wiederholte seine Aussage im Beisein des Angeklagten.

bei·sei·te *Adv.* **1.** *auf die Seite, zur Seite* Er stellte den Stuhl beiseite., Ich habe das Buch erst einmal beiseite gelegt., beiseite lassen/legen/stellen **2.** (≈ *abseits*) *so, dass es am Rande des Geschehens ist* (*und daher weniger beachtet wird*) Bei unangenehmen Aufgaben hielt er sich immer beiseite. ■ **jemand hat etwas beiseite geschafft** (*umg.*): *jmd. hat etwas, das er unerlaubt besitzt, versteckt* Das Diebesgut hatte er längst beiseite geschafft. **jemand legt etwas Geld beiseite** (*umg.*): *jmd. spart etwas* (*für einen bestimmten Zweck*) Sie hat etwas Geld für den Urlaub beiseitegelegt. **Scherz beiseite!** (*umg.*): *verwendet, um* (*nach einem Scherz*)*zu betonen, dass etwas, das man sagen wird, ernst gemeint ist*

Bei·sel die <-s, -(n)> (*österr.*) *Kneipe, Gasthaus*

bei·set·zen <setzt bei, setzte bei, hat beigesetzt> *mit OBJ* ■ *jmd. setzt jmdn. bei* (*geh.*) *beerdigen, bestatten* Die Urne soll morgen beigesetzt werden.

Bei·set·zung die <-, -en> (≈ *Beerdigung, Begräbnis*) *die feierliche Handlung, bei der der Sarg oder die Urne in die Erde gebracht wird* Zur Beisetzung waren nur die engsten Angehörigen erschienen.

Bei·sit·zer, Bei·sit·ze·rin der <-s, -> AMTSSPR. *Mitglied eines offiziellen Gremiums, einer Kommission*

Bei·spiel das <-s, -e> *ein einzelnes Ereignis, ein einzelner Gegenstand oder ein Individuum, das einen allgemeinen Sachverhalt erklärt und veranschaulicht und als eine Art Muster dafür genannt werden kann* Können Sie ein Beispiel dafür geben/nennen?, Mir fällt leider gerade kein gutes Beispiel ein., Viele Komponisten der Barockzeit, wie zum Beispiel Bach, Händel, Vivaldi, sind noch heute berühmt. ■ **jemand nimmt sich ein Beispiel an jemandem**: *jmd. sieht jmdn. als Vorbild an* **Das ist ohne Beispiel!**: *Das ist noch nie vorgekommen!* **jemand sollte sich an jemandem ein Beispiel nehmen**: *jmd. sollte so handeln wie eine andere Person* ◆ Muster-, Parade-

bei·spiel·haft <nicht steig.> *Adj.* (≈ *vorbildlich*) *so, dass andere Menschen es als Vorbild betrachten sollten* Er hat sich in dieser Situation beispielhaft verhalten.

bei·spiel·los <nicht steig.> *Adj.* **1.** (≈ *außergewöhnlich*) *in seiner Art einzigartig, noch nie dagewesen* ein beispielloser Erfolg, Mit beispiellosem Einsatz hat sie diese schwierige Aufgabe gelöst. **2.** (≈ *unverschämt*) Das war eine beispiellose Frechheit.

bei·spiels·wei·se *Adv.* (≈ *zum Beispiel*) Nehmen wir beispielsweise an, dass...

bei·ßen <beißt, biss, hat gebissen> **I.** *mit OBJ* **1.** ■ *jmd. beißt etwas mit den Zähnen erfassen und zerkleinern* Die alte Frau kann das Brot nicht mehr beißen. **2.** ■ *ein Tier beißt jmdn. mit den Zähnen angreifen und dadurch verletzten* Der Hund hat den Mann gebissen. ■ **Hunde, die bellen, beißen nicht.** (*Sprichwort*): *jmd., der besonders viel schimpft, droht o.Ä., ist eher harmlos und* *fügt anderen keinen wirklichen Schaden zu* **II.** *ohne OBJ* **1.** ■ *jmd. beißt in etwas Akk. die Zähne in ein Stück Nahrung eindringen lassen* in den Apfel/in das belegte Brot beißen **2.** ■ *etwas beißt irgendwo ein brennendes Gefühl verursachen* Der Qualm beißt in den Augen., Der Pfeffer beißt auf der Zunge. **III.** *mit SICH* ■ *etwas beißt sich (mit etwas Dat.) (umg.) nicht zusammen passen* Diese Farben beißen sich., Das rote Kleid beißt sich mit dem rosa Schal.

bei·ßend *Adj.* **1.** *so scharf und stechend, dass es beißt II.2* beißender Qualm **2.** *(≈ sarkastisch) so ironisch, dass es verletzend ist* beißender Spott, eine beißende Satire

Beiß·zan·ge die <-, -n> **1.** *eine Zange, mit der man Nägel aus etwas ziehen kann* **2.** *(umg. abwert.) eine streitsüchtige Frau*

Bei·stand der <-(e)s> *(kein Plur.) die (moralische) Unterstützung, die man jmdm. in einer schwierigen Situation gibt* einen Freund um Beistand bitten

Bei·stands·pakt der <-(e)s, -e> POL. *ein Abkommen, das zwei oder mehrere Staaten zu gegenseitiger militärischer Hilfe verpflichtet*

bei·ste·hen <stehst bei, stand bei, hat beigestanden> *ohne OBJ* ■ *jmd. steht jmdm. (in etwas Dat.) bei praktische Hilfe und/oder moralische Unterstützung geben* Er hat mir in der Not beigestanden.

bei·stel·len <stellst bei, stellte bei, hat beigestellt> *mit OBJ* ■ *jmd. stellt (jmdm.) etwas bei (österr.) zur Verfügung stellen*

Bei·stell·tisch der <-(e)s, -e> *ein kleiner Tisch, der z.B. neben einem Sofa steht und als Ablage dient*

Bei·stell·wa·gen der <-s, -> *(≈ Servierwagen, Teewagen)*

Bei·strich der <-(e)s, -e> *(veralt. ≈ Komma)*

Bei·tel der <-s, -> TECHN. *ein Werkzeug zur Holzbearbeitung, das wie ein Meißel aussieht*

Bei·trag der <-(e)s, Beiträge> **1.** *etwas, das jmd. zu einer Sache beiträgt* Was ist sein Beitrag zu diesem Projekt?, ein Sammelband mit Beiträgen namhafter Autoren **2.** *ein Aufsatz, der in einem Buch oder einer Zeitschrift abgedruckt ist* Das Buch enthält Beiträge von bekannten Wissenschaftlern. **3.** *(≈ Beitragszahlung) ein Geldbetrag, den man für eine Sache regelmäßig an jmdn. zahlt* Die Versicherung hat die Beiträge erhöht., Über viele Jahre konnten wir die Beiträge stabil halten … **4.** *(schweiz.) Subvention, Zuschuss*

Bei·trags·er·höh·ung die <-, -en> *(≈ Beitragsanhebung) Erhöhung der Beiträge*[2] Die Krankenkasse hat eine Beitragserhöhung beschlossen.

Bei·trags·grup·pe die <-, -n> *Gruppe, in die die Sozialversicherung den Einzelnen nach der Art seiner Beiträge einordnet*

bei·trags·pflich·tig <nicht steig.> *Adj. so, dass man Beiträge*[2] *bezahlen muss* Die Mitgliedschaft in diesem Verein ist beitragspflichtig.

Bei·trags·satz der <-es, Beitragssätze> *die durch Verträge oder Verordnungen festgelegte Höhe der Beiträge*[2]

Bei·trags·sen·kung die <-, -en> *Verringerung des zu zahlenden Beitrages*[2]

Bei·trags·zah·ler der <-s, -> *Person, die Beiträge*[2] *zahlt*

Bei·trags·zah·lung die <-, -en> *Zahlung von Beiträgen*[2]

Bei·trags·zeit die <-, -en> *Zeitraum, in dem Beiträge*[2] *gezahlt wurden*

bei·tre·ten <trittst bei, trat bei, ist beigetreten> *mit OBJ* ■ *jmd. tritt etwas Dat. bei* **1.** *(≈ eintreten) sich bei einer Vereinigung oder Organisation als Mitglied eintragen lassen* Er ist der Gewerkschaft beigetreten. **2.** POL. *einem Vertrag oder Pakt durch Unterschrift verbindlich zustimmen*

Bei·tritt der <-(e)s, -e> *(≈ Eintreten) das Beitreten* Sein Beitritt zu dieser Organisation war keine Überraschung. ◆-serklärung, -sverhandlung

Bei·wa·gen der <-s, -> *(mit einem Sitzplatz für einen Beifahrer ausgestatteter) Wagen, der seitlich neben einem Motorrad angebracht ist* ein Motorrad mit Beiwagen

bei·woh·nen <wohnst bei, wohnte bei, hat beigewohnt> *ohne OBJ* ■ *jmd. wohnt etwas Dat. bei (geh.) bei etwas als Gast oder Zuschauer teilnehmen* einer Gerichtsverhandlung beiwohnen

Beiz die <-, -en> *(süddt. schweiz.) Wirtschaft, Kneipe*

Bei·ze die <-, -n> **1.** *Chemikalie zur Behandlung von Holz* ▶abbeizen **2.** *Färbemittel für Textilien* **3.** (KOCH.: ≈ *Marinade) eine würzige Flüssigkeit zum Einlegen von Fleisch oder Fisch* Das Wild soll mehrere Tage in der Beize liegen.

bei·zei·ten *Adv. (≈ rechtzeitig) zur rechten Zeit, früh genug* Ich möchte beizeiten dort sein.

bei·zen <beizt, beizte, hat gebeizt> *mit OBJ* ■ *jmd. beizt etwas (mit etwas Dat.)* **1.** *Holz oder Textilien mit einer Beize*[1,2] *behandeln* Wir wollen den Tisch dunkel beizen. **2.** (KOCH.: ≈ *marinieren) Speisen in Beize*[3] *einlegen* gebeizter Lachs

bei·zie·hen <ziehst bei, zog bei, hat beigezogen> *mit OBJ* ■ *jmd. zieht jmdn./etwas bei (österr.) hinzuziehen , jdn. zu Rate ziehen*

Beiz·vo·gel der <-s, Beizvögel> *zur Jagd abgerichteter Raubvogel*

be·ja·hen <bejahst, bejahte, hat bejaht> *mit OBJ* ■ *jmd. bejaht etwas (↔ verneinen) Auf eine Frage mit einem Ja antworten.* sie bejahte die Frage ▶Bejahung

be·jahrt *Adj. (geh. ≈ betagt) von relativ hohem Alter* ein bejahrter Mann

be·jam·mern <bejammerst, bejammerte, hat bejammert> *mit OBJ* ■ *jmd. bejammert etwas (abwert.) wehleidig und übertrieben beklagen* sein eigenen Schicksal bejammern

be·kämp·fen <bekämpfst, bekämpfte, hat bekämpft> *mit OBJ* **1.** ■ *jmd. bekämpft jmdn. gegen jmdn. oder etwas kämpfen und zu besiegen oder zu vernichten suchen* einen politischen Gegner bekämpfen **2.** ■ *jmd. bekämpft etwas etwas zu verhindern oder zu überwinden suchen, indem man Maßnahmen dagegen ergreift* eine Seuche bekämpfen, die Arbeitslosigkeit bekämpfen ▶Bekämpfung

be·kannt *Adj.* **1.** *so, dass es viele Menschen kennen* Das ist eine bekannte Geschichte., Dieses Problem ist der Öffentlichkeit seit langem bekannt., Der Politiker gab seinen Rücktritt bekannt. **2.** *berühmt, anerkannt* Sie war eine bekannte Sängerin. **3.** *so, dass zwei Menschen zwar nicht befreundet sind, aber sich kennen und öfter Kontakt haben* Ich bin erst seit kurzem mit ihm bekannt., Darf ich Sie miteinander bekannt machen? Frau Müller, dies ist mein Chef, Herr Schulze. Herr Schulze, dies ist meine Nachbarin, Frau Müller. ◆ Getrenntschreibung→R 3.4 bekannt geben, bekannt machen, bekannt werden; Großschreibung→R 3.4 das Bekanntmachen

Be·kann·te der/die <-n, -n> *jmd., mit dem man nicht unbedingt befreundet ist, den man aber gut kennt und öfters trifft* viele Bekannte, aber nur wenige Freunde haben

Be·kann·ten·kreis der <-es, -e> *alle Bekannten eines Menschen* einen großen Bekanntenkreis haben

be·kann·ter·wei·se *Adv.* (≈ *bekanntermaßen*) *wie bekannt ist, wie man weiß*

Be·kannt·heits·grad der <-(e)s, -e> *Grad des Bekanntseins einer Person oder Sache in der Öffentlichkeit* ein Fußballer/Politiker/Showstar mit einem hohen Bekanntheitsgrad

be·kannt·lich *Adv. wie bekannt, wie man weiß* Bekanntlich ist der kommende Freitag ein Feiertag.

Be·kannt·ma·chung die <-, -en> *öffentliche Mitteilung* eine amtliche Bekanntmachung lesen

Be·kannt·schaft die <-, -en> **1.** *Beginn eines Kontakts oder einer persönlichen Beziehung* Ich freue mich, ihre Bekanntschaft zu machen. **2.** *ein Mensch, den jmd. kennengelernt hat* Er brachte seine neue Bekanntschaft mit. ◆ Reise-, Urlaubs-

Be·kas·si·ne die <-, -n> *Schnepfenvogel mit langem Schnabel, der überwiegend in Mooren und Sümpfen lebt*

be·keh·ren <bekehrst, bekehrte, hat bekehrt> **I.** *mit OBJ* ■ *jmd. bekehrt jmdn. zu etwas Dat. bewirken, dass jmd. seinen bisherigen Glauben oder seine bisherigen Ansichten ablegt und einen neuen Glauben oder neue Ansichten annimmt* Sie bekehrte ihn zu ihrer Weltanschauung. **II.** *mit SICH* ■ *jmd. bekehrt sich zu etwas Dat. sich zu einem anderen Glauben bekennen* Er bekehrte sich zum Christentum. ▶Bekehrung

be·ken·nen <bekennst, bekannte, hat bekannt> **I.** *mit OBJ* ■ *jmd. bekennt etwas (vor jmdm.) zugeben, dass man etwas getan hat* Er bekannte seinen Fehler/seine Schuld (vor den Kollegen). **II.** *mit SICH* ■ *jmd. bekennt sich zu jmdm./etwas offen sagen, dass man für etwas ist oder auf der Seite von jmdm. steht* Er bekannte sich zu seinen Taten., Sie bekennt sich zum Christentum., Der Schauspieler bekennt sich ganz offen zu seiner jungen Geliebten/seiner neuen Freundin.

Be·ken·ner·brief der <-(e)s, -e> *ein Brief, in dem sich eine terroristische Vereinigung öffentlich zu einem Anschlag bekennt*

Be·kennt·nis das <-ses, -se> **1.** (≈ *Geständnis*) *der Vorgang, dass man öffentlich etwas zugibt* ein Bekenntnis ablegen ◆ Schuld-, Sünden- **2.** *öffentliches Eintreten für etwas* ein Bekenntnis zur Demokratie ablegen **3.** (≈ *Konfession*) *Zugehörigkeit zu einer Religion* das Bekenntnis des christlichen Glaubens

be·kie·ken <bekiekst, bekiekte, hat bekiekt> *mit OBJ* ■ *jmd. bekiekt jmdn./etwas* (*norddt.*) *genau betrachten* Lass das Kind mal bekieken!

be·kifft *Adj.* (*umg.*) *durch den Konsum von Haschisch berauscht* einen bekifften Eindruck machen

be·kla·gen **I.** *mit OBJ* ■ *jmd. beklagt etwas Schmerz und Trauer über etwas ausdrücken* Die Angehörigen beklagen seinen Tod., Er beklagt sein Schicksal. **II.** *mit SICH* ■ *jmd. beklagt sich (bei jmdm.) über etwas Akk. Kritik an etwas oder Unzufriedenheit mit etwas äußern* Ich habe mich nicht über das Essen beklagt!

be·kla·gens·wert *Adj.* (≈ *bedauerlich*) *so, dass Anlass besteht, darüber zu klagen* Das Haus befindet sich in einem beklagenswerten Zustand.

be·kla·gens·wür·dig *Adj.* (≈ *beklagenswert*)

Be·klag·te(r) der/die <-n, -n> RECHTSW. *derjenige, gegen den in einem Zivilprozess geklagt wird*

be·kle·ben <beklebst, beklebte, hat beklebt> *mit OBJ* ■ *jmd. beklebt etwas (mit etwas Dat.) etwas auf etwas kleben* die Wände mit Postern bekleben

be·kle·ckern <bekleckerst, bekleckerte, hat bekleckert> *mit SICH* ■ *jmd. bekleckert sich (mit etwas Dat.)* (*umg.* ≈ *beschmutzen*) *die eigene Kleidung mit etwas Flüssigem oder Breiigem beschmutzen* Das Kind bekleckert sich mit Tomatensoße.

be·kleck·sen <bekleckst, bekleckste, hat bekleckst> *mit OBJ* ■ *jmd. bekleckst etwas (mit etwas Dat.) Kleckse auf etwas machen* Sie hat ihre Hände und die Tischdecke mit Tinte bekleckst.

be·klei·den <bekleidest, bekleidete, hat bekleidet> *mit OBJ* **1.** ■ *jmd. bekleidet jmdn. mit etwas Dat.* (≈ *anziehen*) *mit Kleidung versehen* mit Hemd und Hose bekleidet sein **2.** ■ *jmd. bekleidet etwas* (*geh.*) (*ein Amt, einen Posten*) *innehaben* ein Amt bekleiden

Be·klei·dung die <-, -en> (≈ *Kleidung*) ◆ -sindustrie, Berufs-, Damen-, Herren-, Sport-

Be·klei·dungs·haus das <-es, Bekleidungshäuser> *Geschäft für Oberbekleidung*

be·klem·men <beklemmst, beklemmte, hat beklemmt> *mit OBJ* ■ *etwas beklemmt jmdn.* (≈ *bedrücken*) *bewirken, dass jmd. sich unwohl fühlt* Die Stille beklemmte ihn. ▶Beklemmung

be·klem·mend *Adj.* (≈ *beängstigend, bedrückend*) *so (still und angespannt), dass man sich dabei unwohl fühlt* Das Schweigen war beklemmend.

be·klom·men *Adj. von Angst und Unruhe erfüllt* ein beklommenes Schweigen

be·kloppt *Adj.* (*umg. abwert.* ≈ *blöd, verrückt*) *nicht ganz bei Verstand* Um sich so zu verhalten, muss man schon ganz schön bekloppt sein. ►Bekloppte(r)

be·ko·chen <bekochst, bekochte, hat bekocht> *mit OBJ* ■ *jmd. bekocht jmdn.* (*abwert.* ≈ *verköstigen*) *für jmdn. kochen* Er lässt sich immer noch von seiner Mutter bekochen.

be·kom·men <bekommst, bekam, hat/ist bekommen> **I.** *mit OBJ* (*haben*) **1.** ■ *jmd. bekommt (von jmdm.) etwas* (≈ *erhalten*) *Empfänger einer Nachricht/eines Geschenks/eines Geldbetrags sein* einen Brief/ein Paket/eine Mail/ein Telegramm bekommen, Das Kind hat zum Geburtstag von seinen Eltern einen Baukasten bekommen., Er bekommt sein Gehalt immer in der Monatsmitte. **2.** ■ *jmd. bekommt etwas* (≈ *kriegen*) *bei jmdm. stellt sich der genannte Zustand ein* graue Haare bekommen, Hunger bekommen, Sie hat die Grippe bekommen. **3.** ■ *jmd. bekommt etwas etwas für sich erreichen* Ich habe den Zug gerade noch bekommen., Er hat die Stelle nicht bekommen. **II.** *ohne OBJ* (*sein*) **1.** ■ *etwas bekommt jmdm.* (*irgendwie*) *auf jmdn. die genannte Wirkung haben* Der Schnaps auf leeren Magen sollte ihm schlecht bekommen., Der Klimawechsel ist mir gut bekommen. **2.** ■ *etwas bekommt jmdm. für jmdn. bekömmlich sein* Das Essen ist mir nicht bekommen.

be·kömm·lich *Adj.* (≈ *verträglich, zuträglich*) *so, dass man es gut verträgt* Fettes Essen ist schwer bekömmlich.

be·kös·ti·gen <beköstigst, beköstigte, hat beköstigt> *mit OBJ* ■ *jmd. beköstigt jmdn.* (*geh.*) *jmdn. regelmäßig mit Essen versorgen* sich selbst beköstigen

Be·kös·ti·gung die <-> (*kein Plur.*) (*geh.*) **1.** *das Beköstigen* **2.** (≈ *Essen, Kost, Verpflegung*) neben dem Gehalt freie Beköstigung bekommen

be·kräf·ti·gen <bekräftigst, bekräftigte, hat bekräftigt> *mit OBJ* ■ *jmd. bekräftigt etwas* (*mit etwas Dat.*) *nachdrücklich bestätigen* Er konnte seine Behauptung mit Beispielen bekräftigen. ►Bekräftigung

be·krän·zen <bekränzt, bekränzte, hat bekränzt> *mit OBJ* ■ *jmd. bekränzt jmdn./etwas mit etwas Dat. mit Kränzen oder Girlanden schmücken* die Stirn mit Lorbeer bekränzen

be·kreu·zi·gen <bekreuzigst, bekreuzigte, hat bekreuzigt> *mit SICH* ■ *jmd. bekreuzigt sich* REL. *das Kreuzzeichen mit einer Bewegung der Hand über Stirn und Brust andeuten* Sie bekreuzigte sich beim Eintreten in die Kirche.

be·krie·gen <bekriegst, bekriegte, hat bekriegt> *mit OBJ* ■ *jmd. bekriegt jmdn.* (*wegen etwas Gen.*) *Krieg gegen jmdn. führen* ein Land bekriegen, sich gegenseitig bekriegen

be·krit·teln <bekrittelst, bekrittelte, hat bekrittelt> *mit OBJ* ■ *jmd. bekrittelt jmdn.* (*wegen etwas Gen.*) (*abwert.*) *kleinlich tadeln, kleinlich an jmdm. herumkritisieren*

be·krit·zeln <bekritzelst, bekritzelte, hat bekritzelt> *mit OBJ* ■ *jmd. bekritzelt etwas* (*mit etwas Dat.*) *etwas mit Kritzeleien versehen* die Wände bekritzeln

be·küm·mern <bekümmerst, bekümmerte, hat bekümmert> *mit OBJ* ■ *etwas bekümmert jmdn.* (≈ *bedrücken*) *bewirken, dass jmd. sich Sorgen macht und deprimiert ist* Die Krankheit ihres Mannes bekümmert sie.

be·kun·den <bekundest, bekundete, hat bekundet> *mit OBJ* ■ *jmd. bekundet etwas* (*geh.*) *etwas zum Ausdruck bringen und deutlich zeigen* Sie bekundeten reges Interesse an dem Vortrag.

be·lä·cheln <belächelst, belächelte, hat belächelt> *mit OBJ* ■ *jmd. belächelt jmdn./etwas über jmdn. oder etwas spöttisch lächeln* Ihre Naivität wurde von allen belächelt.

be·la·den <belädst, belud, hat beladen> *mit OBJ* ■ *jmd. belädt jmdn./etwas mit etwas Dat. eine Last auf jmdn. oder in etwas packen* Er belädt das Auto mit dem Gepäck, Sie war mit ihren Einkäufen schwer beladen. ►Beladung

Be·lag der <-(e)s, Beläge> **1.** (≈ *Schutzschicht, Überzug*) *eine Schicht, die als Schutz auf die Oberfläche von etwas aufgebracht ist* die Tischplatte aus Holz mit einem Belag schützen ◆ Boden-, Brems-, Straßen- **2.** *eine Schmutzschicht, die sich auf etwas gebildet hat* den Belag mit Wasser und Seife entfernen ◆ Zahn- **3.** *Wurst oder Käse, die man auf eine Scheibe Brot legt*

be·la·gern <belagert, belagerte, hat belagert> *mit OBJ* ■ *jmd. belagert etwas/jmdn.* **1.** MILIT. (*eine Stadt, Festung o.Ä.*)*zum Zweck der Eroberung einschließen und umzingelt halten* Das feindliche Heer belagert die Burg. ►Belagerung **2.** (*umg.*) *sich wartend und neugierig um jmdn. oder etwas drängen* einen Verkaufsstand belagern, Die Reporter belagern den Theaterausgang.

be·la·gert *Adj. der Zustand, dass etw.umzingelt, umstellt oder blockiert ist* Die Kinokasse wurde regelrecht belagert.

Be·la·ge·rungs·zu·stand der <-(e)s> (*kein Plur.*) RECHTSW. *staatlich verhängter Ausnahmezustand, in dem die bürgerlichen Gesetze durch Kriegsgesetze abgelöst werden können* über eine Stadt den Belagerungszustand verhängen

be·läm·mert *Adj.* (*umg.*) *betreten, niedergeschlagen* Er sah ganz belämmert aus.

Be·lang der <-(e)s, -e> **1.** ■ **von Belang** (≈ *von Bedeutung und Wichtigkeit*): Dieser Einwand ist hier nicht von Belang! **2.** (*nur Plur.*) (≈ *Angelegenheiten, Interessen*) die kulturellen Belange unserer Stadt, Ihre Belange interessieren mich nicht!

be·lan·gen <belangst, belangte, hat belangt> *mit OBJ* ■ *jmd. belangt jmdn. wegen etwas* (AMTSSPR.: ≈ *verantwortlich machen, verklagen*) *jmdn. gerichtlich zur Verantwortung ziehen* Wegen des Diebstahls wurde er gerichtlich belangt.

be·lang·los *Adj.* (≈ *unwichtig*) *nebensächlich, unwichtig* eine belanglose Bemerkung

Be·la·rus·se, Be·la·rus·sin der <-n, -n> *Einwohner von Weißrussland*

be·la·rus·sisch <nicht steig.> *Adj. Belarussland und die Belarussen betreffend*

be·las·sen <belässt, beließ, hat belassen> *mit OBJ* ■ *jmd. belässt etwas irgendwie etwas in seinem ge-*

genwärtigen Zustand lassen die Bilder vorläufig an dieser Wand belassen, Wir wollen es dabei bewenden lassen. ■ **alles beim Alten belassen**: *nichts verändern*

be·last·bar *Adj.* **1.** *so beschaffen, dass man etwas belasten*[1] *kann* eine mit bis zu 30 Tonnen belastbare Autobahnbrücke **2.** *so, dass man jmdn. belasten*[2] *kann* Für diesen Job muss man belastbar und flexibel sein.

be·las·ten <belastest, belastete, hat belastet> *mit OBJ* **1.** ■ *etwas belastet etwas etwas dem Gewicht von etwas aussetzen* Der Fahrstuhl wurde zu stark belastet. **2.** (≈ *beanspruchen*) ■ *etwas belastet jmdn. jmdn. stark beanspruchen oder jmdm. eine Sorge aufladen* Die Arbeit belastete ihn zunehmend., Ich will dich nicht mit meinen Problemen belasten. **3.** ■ *etwas belastet etwas eine schädliche Wirkung haben* Gifte belasten die Gewässer. **4.** ■ *etwas belastet jmdn.* RECHTSW. *als schuldig erscheinen lassen* Der Zeuge belastete den Angeklagten. **5.** ■ *etwas belastet etwas* WIRTSCH. *mit einer finanziellen Last belegen* Das Haus ist mit einer Hypothek belastet., ein Konto belasten

be·läs·ti·gen <belästigst, belästigte, hat belästigt> *mit OBJ* **1.** ■ *jmd. belästigt jmdn.* (*mit etwas Dat.*) *jmdn. aufdringlich stören und damit unangenehm sein* Die Kinder belästigen ihn mit dauerndem Klingeln. **2.** ■ *jmd. belästigt jmdn. jmdm. gegenüber zudringlich werden* Sie wurde von einem Betrunkenen belästigt. ► Belästigung

Be·las·tung die <-, -en> **1.** (*kein Plur.*) *das Belasten, das Belastetwerden* die zulässige Belastung einer Brücke **2.** *die starke Beanspruchung von etwas oder jmdm.* Der Motor konnte dieser Belastung nicht länger standhalten., Sie war der starken seelischen Belastung nicht länger gewachsen. ◆ -sgrenze, -sprobe **3.** (*kein Plur.*) *mit einer Wirkung, die schädlich ist* die Belastung des Trinkwassers mit Schadstoffen ◆ Schadstoff-, Umwelt-, -sgrenze, -sprobe **4.** (RECHTSW.: *kein Plur.*) *die Beschuldigung des Angeklagten* (*durch einen Zeugen*) **5.** WIRTSCH. *die Belegung mit einer finanziellen Last* die Belastung des Kontos, die Belastung des Hauses mit einer Hypothek, Die monatliche Belastung beträgt fünfhundert Euro.

Be·las·tungs-EKG das <-s, -s> MED. *Elektrokardiogramm, das vor und unmittelbar nach körperlicher Anstrengung aufgezeichnet wird*

Be·las·tungs·fä·hig·keit die <-> (*kein Plur.*) *die Fähigkeit, Belastungen auszuhalten*

Be·las·tungs·gren·ze die <-, -n> *Grenze der Belastbarkeit*

Be·las·tungs·ma·te·ri·al das <-s> (*kein Plur.*) RECHTSW. *Material, das einen Angeklagten belastet*[4]

Be·las·tungs·zeu·ge, **Be·las·tungs·zeu·gin** der <-n, -n> RECHTSW. *Zeuge, der den Angeklagten belastet*[4] den Belastungszeugen vor Gericht befragen

be·laubt *Adj. mit Blättern bedeckt* dicht belaubte Bäume

be·lau·ern <belauerst, belauerte, hat belauert> *mit OBJ* ■ *jmd./ein Tier belauert jmdn./ein Tier lauernd* (*aus dem Hinterhalt*) *beobachten, was jmd. tut* Der Hund belauert die Katze.

be·lau·fen *mit SICH* ■ *etwas beläuft sich auf einen Betrag/Wert* (≈ *betragen*) *etwas macht einen bestimmten Betrag oder Wert aus* Das Gesamtgewicht beläuft sich auf 700 Kilogramm.

be·lau·schen <belauschst, belauschte, hat belauscht> *mit OBJ* ■ *jmd. belauscht jmdn./etwas absichtlich heimlich mithören, was jmd. sagt* Unser Gespräch wurde belauscht.

Bel·can·to der <-s> (*kein Plur.*) *s.* **Belkanto**

be·le·ben <belebst, belebte, hat belebt> **I.** *mit OBJ* **1.** ■ *jmd. belebt etwas* (*mit etwas Dat.*) (≈ *anregen*) *lebhafter machen, in Schwung bringen* Konkurrenz belebt das Geschäft. **2.** ■ *etwas belebt etwas lebendig(er) gestalten* Der Park wird durch einen künstlichen Wasserfall belebt. **3.** ■ *jmd. belebt etwas mit Leben erfüllen, zum Leben erwecken* alte Bräuche beleben **II.** *mit SICH* ■ *etwas belebt sich lebhafter werden* Der Umsatz belebt sich langsam., Die Straßen beleben sich.

be·le·bend *Adj.* (≈ *anregend, erfrischend*) Espresso/Grüner Tee hat eine belebende Wirkung.

be·lebt *Adj.* **1.** (≈ *lebendig* ↔ *unbelebt*) *so, dass sich die biologischen Lebensprozesse darin abspielen* belebte Materie **2.** *so, dass jmd. neue Kraft in sich spürt* Er fühlte sich nach dem Kaffee gestärkt und belebt. **3.** *so, dass sich viele Menschen dort aufhalten* Die Straßen sind um diese Uhrzeit sehr belebt.

Be·le·bung die <-> (*kein Plur.*) *das Beleben, das Belebtwerden* Der Stadtrat diskutierte über Möglichkeiten zur Belebung der Innenstadt.

Be·leg der <-(e)s, -e> **1.** (WIRTSCH.: ≈ *Bon, Kassenzettel, Quittung*) *schriftlicher Nachweis, dass man eine Ware bezahlt hat* die für die Steuererklärung notwendigen Belege sortieren **2.** (≈ *Quelle*) *schriftlicher Nachweis, Zeugnis* Der Beleg für dieses Zitat befindet sich in der Fußnote., Für dieses historische Ereignis gibt es viele Belege in Dokumenten.

be·le·gen <belegst, belegte, hat belegt> *mit OBJ* **1.** ■ *jmd. belegt etwas mit etwas Dat. etwas auf etwas legen* Sie belegt das Brot mit einer Scheibe Käse. **2.** ■ *jmd. belegt etwas sich als Teilnehmer irgendwo einschreiben* Die Studentin belegt eine Vorlesung in Biologie. **3.** ■ *jmd. belegt etwas etwas reservieren* Diese beiden Plätze sind schon belegt., Das Hotel ist voll belegt. **4.** ■ *jmd. belegt etwas mit etwas Dat. nachweisen* Der Kauf lässt sich mit einer Quittung belegen., die These mit einem Zitat belegen **5.** ■ *jmd. belegt etwas* SPORT *einen bestimmten Platz in einer Rangordnung erreichen* Erwartungsgemäß belegten die Favoriten die ersten Plätze., Sie belegte einen guten zweiten Platz.

Be·leg·e·x·em·p·lar das <-(e)s, -e> *Pflichtexemplar eines Buches oder Artikels, das Bibliotheken und anderen Stellen als Nachweis der Veröffentlichung zugeschickt wird* Die Bibliothek erhielt zwei Belegexemplare des Buches.

Be·leg·le·ser der <-s, -> EDV *ein Gerät, das Belege automatisiert einliest und verbucht*

Be·leg·schaft die <-, -en> *die Gesamtheit der Mitarbeiter eines Betriebes* ◆-smitglied, -sversammlung

Be·leg·sta·tion die <-, -en> *Station in einem Krankenhaus, für die ein nicht fest angestellter Arzt zuständig ist*

Be·leg·stel·le die <-, -en> *Stelle in einem Buch, einem Zeitschriftenartikel o.Ä., aus der ein verwendetes Zitat stammt* die Belegstelle für diesen Ausdruck suchen

Be·leg·stück das <-s, -e> (≈ *Belegexemplar*)

be·legt *Adj.* **1.** *mit einem Belag*[3] *bedeckt* belegte Brote **2.** (≈ *besetzt*) *so, dass es bereits jmd. in Anspruch genommen hat* Alle Plätze waren belegt. **3.** (≈ *heiser*) Der Sänger hatte eine belegte Stimme.

be·leh·ren <belehrst, belehrte, hat belehrt> *mit OBJ* ■ *jmd. belehrt jmdn. über etwas Akk.* AMTSSPR. *jmdn. über etwas informieren, das ihn angeht und für ihn wichtig ist* Der Polizist wurde belehrt, wie er sich in dieser Situation zu verhalten hat., Der Angeklagte wurde über seine Rechte und Pflichten belehrt.

Be·leh·rung die <-, -en> **1.** *das Belehren* eine innerbetriebliche Belehrung durchführen ◆ Arbeitsschutz- **2.** (*abwert.* ≈ *Zurechtweisung*) *der Vorgang, dass jmd. jmdm. sagt, wie etwas richtig zu handhaben ist* Ich habe deine ständigen Belehrungen satt.

be·leibt *Adj.* (*verhüll.* ≈ *dick, korpulent* ↔ *hager, mager*) ein beleibter Herr ▶Beleibtheit

be·lei·di·gen <beleidigst, beleidigte, hat beleidigt> *mit OBJ* ■ *jmd. beleidigt jmdn.* (*durch etwas Akk./mit etwas Dat.*) (≈ *kränken, verletzen*) *jmds. Gefühle durch bestimmte Worte oder Handlungen verletzen* beleidigende Worte sprechen, einen beleidigenden Brief schreiben

Be·lei·di·gung die <-, -en> **1.** *das Beleidigen* eine Anzeige wegen Beleidigung eines Polizeibeamten erhalten ◆ Beamten- **2.** *eine beleidigende Äußerung oder Handlung* Ich höre mir deine Beleidigungen nicht länger an!

Be·lei·di·gungs·kla·ge die <-, -n> RECHTSW. *eine Klage, die wegen einer Beleidigung*[2] *erhoben wurde*

be·lei·hen <beleihst, belieh, hat beliehen> *mit OBJ* ■ *jmd. beleiht etwas etwas als Pfand anbieten und dafür Geld erhalten* Um das Geld von der Bank zu erhalten, mussten sie ihr Grundstück beleihen. ▶Beleihung

be·le·sen *Adj.* (≈ *bewandert*) *so, dass man viele Bücher gelesen hat und daher über ein großes Wissen verfügt* Trotz seiner vielen Bücher war er nur wenig belesen. ▶Belesenheit

be·leuch·ten *mit OBJ* ■ *jmd. beleuchtet jmdn./etwas* (*mit etwas Dat.*) (≈ *anstrahlen*) *einen Lichtschein auf etwas werfen* die Bühne/den Eingang/den Platz/die Straße beleuchten

Be·leuch·tung die <-> (*kein Plur.*) **1.** *das Beleuchten* für eine ausreichende Beleuchtung des Arbeitsplatzes sorgen **2.** *die Lampen, die irgendwo vorhanden sind* die Beleuchtung einschalten ◆-sanlage, -stechnik

Be·leuch·tungs·brü·cke die <-, -n> (THEAT.: ≈ *Beleuchterbrücke*) *Laufsteg über der Bühne zum Anbringen von Scheinwerfern o.Ä.*

be·leum·det/be·leu·mun·det *Adj.* AMTSSPR. *so, dass man einen bestimmten Ruf hat* Sie ist bestens/gut beleumundet.

bel·fern <belferst, belferte, hat gebelfert> *ohne OBJ* (*umg.*) **1.** ■ *ein Tier belfert* (≈ *kläffen*) *misstönend bellen* Der Hund belfert schon seit Stunden. **2.** ■ *jmd. belfert* (≈ *schimpfen*) Er belferte durch das ganze Treppenhaus., unhöfliche Worte durchs Telefon belfern

Bel·gi·en das <-s> *Staat in Westeuropa*

Bel·gi·er, Bel·gi·e·rin der <-s, -> *jmd., der die belgische Staatsbürgerschaft hat*

bel·gisch <nicht steig.> *Adj. Belgien und die Belgier betreffend*

be·lich·ten <belichtest, belichtete, hat belichtet> *mit OBJ* ■ *jmd. belichtet etwas* FOTOGR. *Licht auf einen Film, Fotopapier oder eine Platte einwirken lassen* den Film lange belichten, um besondere Effekte zu erzielen ▶Belichtung ◆ über-, unter-

Be·lich·ter der <-s, -> FOTOGR. *der Teil einer Kamera, der zur Belichtung dient*

Be·lich·tungs·mes·ser der <-s, -> FOTOGR. *Messgerät zur Ermittlung der für Fotoaufnahmen notwendigen Belichtungszeit* ein Fotoapparat mit eingebautem Belichtungsmesser

Be·lich·tungs·zeit die <-, -en> FOTOGR. *die Zeitdauer der Belichtung, die für eine Fotoaufnahme notwendig ist*

Be·lie·ben das <-s> (*kein Plur.*) (≈ *Ermessen, Gutdünken*) *die persönliche Vorliebe, die jmd. in Bezug auf etwas hat* ■ **nach Belieben**: *nach eigenem Wunsch*

be·lie·ben <beliebst, beliebte, hat beliebt> *mit OBJ* **1.** ■ *jmdm. beliebt etwas* (*geh.*) *jmd. hat Lust, etwas zu tun* Ihr könnt tun, was euch beliebt. **2.** (*iron.*) *etwas zu tun pflegen; geneigt sein, etwas zu tun* Sie beliebt lange zu schlafen., Der Herr beliebt nun doch zu kommen.

be·lie·big *Adj.* (↔ *bestimmt*) *so, dass aus einer Gesamtheit etwas zufällig herausgegriffen wird* Nennen Sie ein beliebiges Beispiel!, Man kann jeden beliebigen Mitarbeiter fragen. ◆ Großschreibung→R 3.7 jeder Beliebige, alles Beliebige, etwas Beliebiges

Be·lie·big·keit die <-> (*kein Plur.*) *beliebige Beschaffenheit* die Beliebigkeit der ausgewählten Beispiele

be·liebt *Adj.* **1.** *so, dass jmd. oder etwas von vielen Menschen als sympathisch angesehen wird und allgemein geschätzt wird* ein beliebter Ferienort, Lange Zeit war Italien der Deutschen beliebtestes Urlaubsland., Dieser Lehrer ist bei seinen Schülern nicht gerade/sehr/überaus beliebt. **2.** *so, dass etwas häufig angewandt oder benutzt wird* eine beliebte Ausrede, ein beliebtes Gesprächsthema

Be·liebt·heit die <-> (*kein Plur.*) (≈ *Popularität*) *das Beliebtsein* Die Sängerin erfreut sich großer

Beliebtheit.

be·lie·fern <belieferst, belieferte, hat beliefert> *mit OBJ* ■ *jmd. beliefert jmdn.* (*mit etwas Dat.*) *etwas an einen Abnehmer liefern* Der Supermarkt wird jeden Mittwoch mit frischen Waren beliefert.

Be·li·ze das [...li:s] <-s> *Staat in Mittelamerika*

Be·li·zer, **Be·li·zer·in** der <-s, -> *Einwohner von Belize*

be·li·zisch <nicht steig.> *Adj. Belize oder die Belizer betreffend*

Bel·kan·to, *a.* **Bel·can·to** der <-s> (*kein Plur.*) MUS. *italienische Gesangskunst, bei der der schöne Klang und die schöne Melodie besonders betont werden*

bel·len <bellt, bellte, hat gebellt> *ohne OBJ* ■ *ein Tier bellt die für einen Hund typischen Laute von sich geben* Der Hund bellte als der Briefträger kam., Füchse bellten in der Nacht. ▶Gebell

Bel·le·t·ris·tik die <-> (*kein Plur.*) (≈ *Unterhaltungsliteratur* ↔ *Klassiker*) *die Art von im Buchhandel angebotener Literatur, die unterhaltsam und spannend ist, aber nicht immer hohe Qualität hat*

bel·le·t·ris·tisch <nicht steig.> *Adj. die Belletristik betreffend; zur Belletristik gehörend* ein belletristischer Verlag

be·loh·nen <belohnst, belohnte hat belohnt> *mit OBJ* ■ *jmd. belohnt jmdn. mit etwas Dat.* (*für etwas Akk.*) *jmdm. zum Dank oder als Anerkennung etwas geben* Für seine Hilfsbereitschaft wurde er reichlich belohnt., Sie hat das Kind für seine Hilfe mit fünf Euro belohnt.

Be·loh·nung die <-, -en> **1.** (*kein Plur.*) *das Belohnen* **2.** *etwas, das man jmdm. aus Dankbarkeit oder als Anerkennung gibt* dem ehrlichen Finder eine Belohnung geben

be·lüf·ten <belüftest, belüftete, hat belüftet> *mit OBJ* ■ *jmd. belüftet etwas dafür sorgen, dass an einen Ort frische Luft kommt* ein schlecht belüftetes Zimmer ▶Belüftung

Be·lüf·tungs·an·la·ge die <-, -n> *technische Einrichtung, die der Belüftung dient*

Be·lüf·tungs·schacht der <-(e)s, Belüftungsschächte> *Schacht in einem Gebäude, durch den Luftaustausch erfolgt*

Be·lu·ga die <-s, -> *russische Bezeichnung für den Weißwal*

Be·lu·ga·ka·vi·ar der <-s> (*kein Plur.*) *Kaviar aus dem Rogen des Beluga*

be·lü·gen <belügst, belog, hat belogen> *mit OBJ* ■ *jmd. belügt jmdn. jmdm. eine Lüge sagen* Sie haben sich gegenseitig belogen., Damit belügst du dich doch selbst!

be·lus·ti·gen <belustigst, belustigte, hat belustigt> *mit OBJ* ■ *etwas belustigt jmdn.* (*geh.* ≈ *amüsieren, erheitern*) *etwas ruft bei jmdm. Heiterkeit hervor* mit einem belustigtem Lächeln

Be·lus·ti·gung die <-, -en> **1.** *etwas, das der Unterhaltung und dem Zeitvertreib dient* Auf dem Sommerfest gab es vielerlei Belustigungen. **2.** (*kein Plur.*) *das Belustigtsein* etwas mit Belustigung beobachten

be·mäch·ti·gen <bemächtigst, bemächtigte, hat bemächtigt> *mit SICH* **1.** ■ *jmd. bemächtigt sich etwas Gen.* (≈ *sich aneignen, an sich nehmen*) *jmd. bringt etwas in seine Gewalt oder seinen Besitz* Er hat sich des fremden Eigentums bemächtigt. **2.** (*geh.*) ■ *etwas bemächtigt sich einer Person etwas überkommt, ergreift jmdn.* Angst bemächtigte sich seiner.

be·ma·len <bemalst, bemalte, hat bemalt> *mit OBJ* ■ *jmd. bemalt etwas etwas mit Malerei versehen* einen Teller/eine Wand bemalen

be·män·geln <bemängelst, bemängelte, hat bemängelt> *mit OBJ* ■ *jmd. bemängelt etwas* (≈ *beanstanden, monieren* ↔ *gutheißen, loben*) *als Mangel oder Fehler kritisieren* die Qualität einer Ware bemängeln

be·mannt <nicht steig.> *Adj.* (↔ *unbemannt*) *mit einer Mannschaft versehen* die bemannte Raumfahrt

be·män·teln <bemäntelst, bemäntelte, hat bemäntelt> *mit OBJ* ■ *jmd. bemäntelt etwas jmd. verbirgt etwas vor anderen, indem er die Situation als schöner oder besser darstellt, als sie ist* einen Fehler/ein Problem bemänteln

be·merk·bar <nicht steig.> *Adj.* ■ **jemand macht sich bemerkbar**: *jmd. macht auf sich aufmerksam* Sie machten sich mit lauten Rufen bemerkbar.

be·mer·ken <bemerkst, bemerkte, hat bemerkt> *mit OBJ* ■ *jmd. bemerkt etwas* **1.** (≈ *erkennen, wahrnehmen*) *auf etwas aufmerksam werden* Niemand bemerkte, dass er den Raum verließ. **2.** (≈ *äußern, sagen*) Nebenbei bemerkt: wo ist eigentlich deine Mutter?, Haben sie dazu etwas zu bemerken?

be·mer·kens·wert *Adj.* (≈ *beachtlich, bedeutend*) *so gut, dass es Beachtung und Aufmerksamkeit verdient* eine bemerkenswerte Leistung

Be·mer·kung die <-, -en> (*kurze*) *mündliche oder schriftliche Äußerung* Er machte im Gespräch eine sehr treffende Bemerkung., Der Lehrer schreibt seine Bemerkungen an den Rand des Aufsatzes. ◆ Neben-, Rand-, Zwischen-

be·mes·sen <bemisst, bemaß, hat bemessen> *mit OBJ* **1.** (≈ *festlegen*) ■ *jmd. bemisst etwas irgendwie etwas nach Schätzung oder nach einem bestimmten Maß abmessen oder zuteilen* Er hat die Zeit zu knapp bemessen., Die Portionen sind in diesem Restaurant sehr reichlich bemessen. **2.** ■ *jmd. bemisst etwas nach etwas Dat. Der Anteil der Mieter an den Nebenkosten wird nach einer Pauschale bemessen.*

be·mit·lei·den <bemitleidest, bemitleidete, hat bemitleidet> *mit OBJ* ■ *jmd. bemitleidet jmdn.* (*wegen etwas Dat.*) *Mitleid mit jmdm. empfinden* die Trauernden bemitleiden, Bilde dir bloß nicht ein, dass ich dich dafür bemitleide!

be·mit·lei·dens·wert *Adj.* (≈ *bedauernswert*) *in einem Zustand, der Mitleid erregt* ein bemitleidenswerter Mensch

be·mo·geln <bemogelst, bemogelte, hat bemogelt> *mit OBJ* ■ *jmd. bemogelt jmdn.* (*umg.*) *nicht* *ganz ehrlich sein; in harmloser Weise betrügen* Er hat mich beim Kartenspiel bemogelt.

be·moost *Adj. von Moos bedeckt* ein bemooster Stein

be·mü·hen <bemühst, bemühte, hat bemüht> **I.** *mit OBJ* ■ *jmd. bemüht jmdn. wegen etwas Dat.* (*geh.*) *jmdm. Mühe machen, indem man ihn um eine kleine Hilfe bittet* Ich bemühe Sie nur ungern, aber … **II.** *mit SICH* **1.** ■ *jmd. bemüht sich um jmdn. sich um jmdn. kümmern* Er sah, dass die alte Frau eben auf der Straße gestürzt war, und bemühte sich gleich um sie. **2.** ■ *jmd. bemüht sich, etwas zu tun sich Mühe geben* Sie bemühten sich vergeblich, den Zug zu erreichen.

Be·mü·hung die <-, -en> **1.** (*kein Plur.*) *das Bemühen* **2.** *etwas, das man tut, um ein bestimmtes Ergebnis zu erzielen* Trotz aller Bemühungen konnte sie ihr Ziel nicht erreichen., Ich danke Ihnen für Ihre Bemühungen!

be·mut·tern <bemutterst, bemutterte, hat bemuttert> *mit OBJ* ■ *jmd. bemuttert jmdn.* (*wie eine Mutter*) *für jmdn.* (*oft in übertriebener Weise*) *sorgen* Sie bemuttert ihren kleinen Bruder

be·nach·bart *Adj.* (≈ *angrenzend*) *in der Nachbarschaft; nahe gelegen* im benachbarten Ort einkaufen

be·nach·rich·ti·gen <benachrichtigst, benachrichtigte, hat benachrichtigt> *mit OBJ* ■ *jmd. benachrichtigt jmdn.* (≈ *informieren, verständigen*) *in Kenntnis setzen* Wir haben sofort den Arzt benachrichtigt.

Be·nach·rich·ti·gung die <-, -en> **1.** (*kein Plur.*) *das Benachrichtigen* Eine Benachrichtigung der Angehörigen ist sofort erfolgt. **2.** (≈ *Mitteilung, Nachricht*) Ich habe ihr eine Benachrichtigung geschickt. ◆-sschreiben

be·nach·tei·li·gen <benachteiligst, benachteiligte, hat benachteiligt> *mit OBJ* ■ *jmd. benachteiligt jmdn.* (*bei etwas Dat.*) (↔ *bevorzugen*) *jmdn. in einen Nachteil bringen, indem man ihm nicht das gleiche Recht zugesteht wie anderen* Sie benachteiligte die ältere Tochter gegenüber der jüngeren., Immer fühlt er sich benachteiligt.

be·nach·tei·ligt <nicht steig.> *Adj. in einem Zustand, in dem man ungerecht behandelt wird* Er fühlte sich von seinem Lehrer gegenüber seinen Mitschülern benachteiligt. ►Benachteiligung

be·nannt <nicht steig.> *Adj. so, dass etwas mit einem bestimmten Namen versehen wurde* Diese Pflanze ist nach ihrem Entdecker benannt.

Bench·mar·king das ['bɛntʃmaːkɪŋ] <-> (*kein Plur.*) WIRTSCH. *die Orientierung des Wettbewerbs an internationalen Maßstäben*

Be·ne·dic·tus das <-> (*kein Plur.*) REL. *Lobgesang in der katholischen Messe*

Be·ne·fiz das <-es, -e> *eine Veranstaltung, die wohltätigen Zwecken dient* ◆-konzert, -spiel, -veranstaltung

Be·neh·men das <-s> (*kein Plur.*) (≈ *Auftreten, Betragen, Verhalten*) *die Gesamtheit der Umgangsformen eines Menschen* Sein Benehmen war tadellos., ein freches/gutes/höfliches/schlechtes/ tadelloses Benehmen

be·neh·men <benimmst, benahm, hat benommen> *mit SICH* ■ *jmd. benimmt sich irgendwie* (≈ *sich betragen, sich verhalten*) *sich in einer bestimmten Weise verhalten* sich gut/schlecht/tadellos benehmen

be·nei·den <beneidest, beneidete, hat beneidet> *mit OBJ* ■ *jmd. beneidet jmdn.* (*um etwas Akk.*) *auf jmdn. neidisch sein* Er beneidet seinen Freund um dessen neues Auto.

be·nei·dens·wert *Adj. in einer so guten Lage, dass andere Menschen Neid empfinden könnten* Ihre künstlerische Begabung ist beneidenswert.

Be·ne·lux·staa·ten <-> *Plur. Bezeichnung für Belgien, die Niederlande und Luxemburg*

be·nen·nen <benennst, benannte, hat benannt> *mit OBJ* ■ *jmd. benennt etwas* (*nach jmdm.*) *mit einem Namen versehen* Man benannte den Platz nach dem berühmten Dichter/Politiker …

Be·nen·nung die <-, -en> **1.** (*kein Plur.*) *das Benennen* **2.** *Name oder Bezeichnung für etwas* Für diese Pflanze gibt es unterschiedliche Benennungen.

be·net·zen <benetzt, benetzte, hat benetzt> *mit OBJ* ■ *jmd./etwas benetzt etwas* (*dichter.*) *feucht machen* Tau benetzt das Gras., Sie benetzt ihre Stirn mit Eau de Cologne.

Ben·ga·le, **Ben·ga·lin** der <-n, -n> *Einwohner von Bengalen*

Ben·ga·len das <-s> *Provinz in Indien*

Ben·ga·li das <-s> (*kein Plur.*) *Sprache der Bengalen*

ben·ga·lisch <nicht steig.> *Adj. Bengalen oder die Bengalen betreffend*

Ben·gel der <-s, -> **1.** (*umg. norddt.*) (*ungezogener*) *junger Bursche* So ein frecher Bengel! **2.** (*landsch. veralt.* ≈ *Knüppel*) (*kurzes*) *Holzstück* ■ **den Bengel zu hoch werfen** (*schweiz.*): *unberechtigte Ansprüche oder Forderungen stellen*

Be·nimm·re·gel die <-, -n> (*umg.*) *Regel für gutes Benehmen*

Be·nin das <-s> *Staat in Afrika*

Be·ni·ner, **Be·ni·ner·in** der <-s, -> *Einwohner von Benin*

be·ni·nisch <nicht steig.> *Adj. Benin oder die Beniner betreffend*

be·nom·men *Adj. wie betäubt* Als er aus der Narkose erwachte, fühlte er sich noch sehr benommen., Nach der Prüfung fühlte sie sich noch ganz benommen.

be·no·ten <benotest, benotete, hat benotet> *mit OBJ* ■ *jmd. benotet jmdn./etwas* (≈ *zensieren*) *eine Note geben* die Klassenarbeit benoten

i Wissenswert In deutschen Schulen werden die **Noten** von Eins bis Sechs vergeben. Die Eins ist dabei die beste, die Sechs die schlechteste Zensur. Eine Sechs wird aber sehr selten gegeben. Die einzelnen Noten haben inhaltlich folgende Bedeutung: 1 sehr gut: Die Leistungen entsprechen den Anforderungen im besonderen

Maße; 2 gut: Die Leistungen entsprechen voll den Anforderungen; 3 befriedigend: Die Leistungen entsprechen im Allgemeinen den Anforderungen; 4 ausreichend: Die Leistungen weisen zwar Mängel auf, entsprechen aber im Ganzen noch den Anforderungen; 5 mangelhaft: Die Leistungen entsprechen nicht den Anforderungen, lassen jedoch erkennen, dass die notwendigen Grundkenntnisse vorhanden sind und die Mängel in absehbarer Zeit behoben werden können; 6 ungenügend: Die Leistungen entsprechen nicht den Anforderungen, und selbst die Grundkenntnisse sind so lückenhaft, dass die Mängel in absehbarer Zeit nicht behoben werden können.

be·nö·ti·gen <benötigst, benötigte, hat benötigt> *mit OBJ* ■ *jmd. benötigt etwas* (≈ *bedürfen, brauchen*) *zu einem bestimmten Zweck nötig haben* Ich benötige deine Hilfe., Er benötigt dringend eine Wohnung.

be·nụtz·bar <nicht steig.> *Adj. zum Benutzen geeignet* Dieses Gerät ist nicht mehr benutzbar.

be·nụt·zen <benutzt/benützt, benutzte/benützte, hat benutzt/benützt> *mit OBJ* **1.** ■ *jmd. benutzt etwas für/als etwas Akk. in bestimmter Weise für einen Zweck verwenden* Ich benutze den Raum zum Nähen und Bügeln., Er benutzt das Buch als Nachschlagewerk. **2.** ■ *jmd. benutzt etwas* (≈ *gebrauchen*) benutztes Geschirr, ein benutztes Taschentuch, Dieses Handtuch ist schon benutzt, aber ich kann dir ein frisches geben. **3.** ■ *jmd. benutzt jmdn.* (*abwert.* ≈ *ausnutzen*) *einen Menschen ohne Rücksicht so behandeln, dass er nur den eigenen Zwecken und zum eigenen Vorteil dient* Der Kerl benutzt dich doch nur!

Be·nụt·zer, Be·nụt·ze·rin der <-s, -> *jmd., der etwas benutzt*[1] die Benutzer der Bibliothek

be·nụt·zer·freund·lich *Adj. so gestaltet, dass es einfach und angenehm zu handhaben ist* ein benutzerfreundliches Wörterbuch

Be·nụt·zer·freund·lich·keit die <-> (*kein Plur.*) *die Eigenschaft, dass etwas so gestaltet ist, dass man es bequem und einfach benutzen*[1 2] *kann* Die Benutzerfreundlichkeit des Gerätes konnte verbessert werden.

Be·nụt·zer·hand·buch das <-(e)s, Benutzerhandbücher> EDV *mit einer Software mitgeliefertes Handbuch*

Be·nụt·zer·iden·ti·fi·ka·tion die <-> (*kein Plur.*) EDV *Identifikation der Benutzer durch ein bestimmtes Sicherheitssystem* Erst nach der Benutzeridentifikation bekommt man Zugang zu den Daten.

Be·nụt·zer·kreis der <-es, -e> *Gesamtheit der Personen, die etwas benutzen (können)*

Be·nụt·zer·na·me der <-ns, -n> EDV *Name, der als Zugangscode dient* den Benutzernamen in den Computer eingeben

Be·nụt·zer·o·ber·flä·che die <-, -n> EDV *die (grafische) Oberfläche einer Software*

Be·nụt·zung die <-> (*kein Plur.*) (≈ *Anwendung, Gebrauch, Verwendung*) *das Benutzen* die Benutzung der Bibliothek

Be·nụt·zungs·ord·nung die <-, -en> *ein Text, in dem die Vorschriften zur Benutzung einer Einrichtung festgelegt sind* die Benutzungsordnung einer Bibliothek

Ben·zin das <-s> (*kein Plur.*) *ein Gemisch aus gesättigten Kohlenwasserstoffen, das als Treibstoff für Verbrennungsmotoren dient*

ben·zin·be·trie·ben *Adj.* TECHN. *so, dass Benzin als Antriebsmittel dient* eine benzinbetriebene Pumpe

Ben·zin·fil·ter der <-s, -> KFZ *Filter, durch den das Benzin von Verunreinigungen befreit wird* den Benzinfilter auswechseln

Ben·zin·gut·schein der <-(e)s, -e> *Gutschein, für den man im Ausland Benzin bekommt*

Ben·zin·hahn der <-s, Benzinhähne> KFZ *Vorrichtung an älteren Autotypen, die der Regulierung der Benzinzufuhr dient* ■ **den Benzinhahn zudrehen** (*umg.*): *kein Erdöl mehr liefern* Die erdölexportierenden Länder drohen damit, den Benzinhahn zuzudrehen.

Ben·zin·ka·nis·ter der <-s, -> *Kanister zur Aufbewahrung oder zum Transport von Benzin*

Ben·zin·mo·tor der <-s, -en> *Verbrennungsmotor, der Benzin als Treibstoff benutzt*

Ben·zin·preis der <-es, -e> *Preis, den man für Benzin bezahlen muss*

Ben·zin·pum·pe die <-, -n> KFZ *Pumpe, die das Benzin zum Vergaser transportiert*

ben·zin·spa·rend *Adj. so, dass man möglichst wenig Benzin verbraucht* eine benzinsparende Fahrweise

Ben·zin·stand der <-(e)s, Benzinstände> *Menge des Benzins im Tank* den Benzinstand kontrollieren

Ben·zin·tank der <-s, -s> *Tank, in dem sich Benzin befindet*

Ben·zin·uhr die <-, -en> KFZ *Messgerät für den Benzinvorrat*

Ben·zin·ver·brauch der <-s> (*kein Plur.*) KFZ *der durchschnittliche Verbrauch eines Kraftfahrzeugs an Benzin*

Bẹn·zoe die ['bɛntsoe] <-> (*kein Plur.*) *wie Vanille duftendes Harz, das als Heil- und Räuchermittel und zur Parfümherstellung verwendet wird*

Ben·zol das <-s, -e> CHEM. *einfachster aromatischer Kohlenwasserstoff, der aus Erdöl, Steinkohlenteer und Gasen gewonnen wird*

Be·o der <-s, -s> *ein Papageienvogel, der wie ein Rabe aussieht und sehr gut Sprachlaute nachahmen kann*

be·o·bach·ten <beobachtest, beobachtete, hat beobachtet> *mit OBJ* ■ *jmd. beobachtet jmdn./etwas* **1.** *aufmerksam den Blick auf jmdn. oder etwas richten und deutlich wahrnehmen, was geschieht* Ich konnte genau beobachten, wie der Einbrecher die Tür aufbrach. **2.** *jmdn. oder etwas immer wieder prüfend betrachten* Der Arzt beobachtet den Verlauf der Krankheit., Die Verkehrswacht beobachtet den Verkehr aus der Luft. **3.** *jmdn.* (*heimlich*) *überwachen* Die Polizei beobachtet einen Tatverdächtigen., sich beobachtet fühlen **4.** ■ *jmd. beobachtet eine Regel* (*geh.*) *ein Gesetz, eine Vorschrift oder eine Regel beachten und einhalten* die Gesetze beobachten

Be·o·bach·ter, Be·o·bach·te·rin der <-s, -> *jmd., der etwas oder jmdn. beobachtet* ein aufmerksamer/kritischer Beobachter ◆ -status

Be·o·bach·tung die <-, -en> **1.** (*kein Plur.*) *das Beobachten* **2.** *etwas, das jmd. beobachtet* die Beobachtungen notieren/der Polizei melden **3.** *Einhaltung von Vorschriften und Regeln* Es wird Wert auf die Beobachtung der Vorschriften gelegt.

Be·o·bach·tungs·ga·be die <-> (*kein Plur.*) *die Begabung, dass man gut und genau beobachten*[1] *kann*

Be·o·bach·tungs·sa·tel·lit der <-en, -en> MILIT. *ein Satellit, der der militärischen Beobachtung von Objekten dient*

Be·o·bach·tungs·sta·ti·on die <-, -en> *eine Station die speziell für die Beobachtung von Vorgängen eingerichtet ist, die für die Wissenschaft und ihre Anwendung von Bedeutung sind* eine meteorologische Beobachtungsstation

be·or·dern <beorderst, beorderte, hat beordert> *mit OBJ* ■ *jmd.beordert jmdn. irgendwohin sagen, dass jmd. an einen bestimmten Ort kommen soll* Er wurde zu seinem Vorgesetzten beordert., das Taxi zum Bahnhof beordern

Be·plan·kung die <-, -en> TECHN. *die Außenhülle an Booten und Flugzeugen*

be·pu·dern <bepuderst, bepuderte, hat bepudert> *mit OBJ* ■ *jmd. bepudert etwas* (*mit etwas Dat.*) *mit Puder bestreuen* den Kuchen mit Staubzucker bepudern, sich die Nase bepudern

be·quem *Adj.* **1.** *so, dass man sich beim Benutzen von etwas wohl fühlt* Ich mag bequeme Schuhe., ein bequemer Sessel **2.** (≈ *mühelos*) *so, dass ein Problem ohne größere Anstrengung gelöst werden kann* Immer wählt er die bequemste Lösung. **3.** (≈ *faul, träge*) *so, dass ein Mensch sich nicht gerne anstrengt* Ob er dir helfen würde? Der ist doch viel zu bequem! ■ **Bitte, machen Sie es sich bequem !** (*Anrede an einen Gast*): *bitte, setzen Sie sich !*

be·que·men <bequemst, bequemte, hat bequemt> *mit SICH* ■ *jmd. bequemt sich zu etwas Dat. sich endlich widerwillig zu etwas entschließen* Er bequemte sich endlich dazu, seinen Platz der alten Dame anzubieten., Sie hat sich nach einigem Zögern doch noch zu dieser lästigen Arbeit bequemt.

Be·quem·lich·keit die <-, -en> **1.** (≈ *Komfort*) *eine angenehme Einrichtung, die das Leben erleichtert* das Zimmer mit allen Bequemlichkeiten ausstatten **2.** (*kein Plur.*) *angenehme, behagliche Lebensweise* In den Ferien liebt er die Bequemlichkeit. **3.** (*kein Plur.*) (≈ *Faulheit, Nachlässigkeit, Trägheit*) Aus Bequemlichkeit hat sie die Wohnung nicht aufgeräumt.

be·rap·pen <berappst, berappte, hat berappt> *mit OBJ* ■ *jmd. berappt etwas* (*für etwas Akk.*) (*umg.* ≈ *bezahlen*) *für etwas* (*widerwillig*) *zahlen* Für die Renovierung musste ich 3000 Euro berappen.

be·ra·ten <berätst, beriet, hat beraten> **I.** *mit OBJ* ■ *jmd. berät jmdn. eine Beratung geben* Der Verkäufer hat die Kundin gut beraten., Ich lasse mich jetzt vom Rechtsanwalt beraten. **II.** *mit SICH* ■ *jmd. berät sich mit jmdm.* (*über etwas Akk.*) *sich mit jmdm. ausführlich besprechen* Sie beriet sich mit ihrem Freund über den Kauf eines Autos.

be·ra·tend <nicht steig.> *Adj. so, dass man nicht aktiv entscheidet, sondern nur seinen Rat zu etwas gibt* Prof. Meier besitzt nur eine beratende Funktion in diesem Gremium.

Be·ra·ter, Be·ra·te·rin der <-s, -> *jmd., dessen Beruf es ist, andere fachkundig zu beraten und beim Lösen von Problemen zu unterstützen* Berater des Bundeskanzlers ◆ Berufs-, Finanz-, Ehe-, Rechts-, Steuer-

Be·ra·ter·stab der <-(e)s, Beraterstäbe> *Gruppe von mehreren Beratern, die einer Person zur Verfügung stehen*

be·rat·schla·gen <beratschlagst, beratschlagte, hat beratschlagt> *ohne OBJ* ■ *jmd. beratschlagt mit jmdm. über etwas Akk.* (≈ *sich besprechen*) *gemeinsam überlegen und ausführlich besprechen* Das Paar beratschlagte, ob es nicht umziehen sollte.

Be·ra·tung die <-, -en> **1.** *der Vorgang, dass jmd. einer anderen Person fachkundig Informationen über etwas gibt und Unterstützung für das Lösen von Problemen anbietet* ◆ Berufs-, Ehe-, Finanz-, Lebens-, Rechts-, Steuer- **2.** (≈ *Besprechung*) *der Vorgang, dass eine Gruppe von Personen gemeinsam über ein Problem spricht und zu einer Lösung kommen will* Die Minister sitzen schon seit vier Stunden in einer Beratung hinter verschlossenen Türen., Das Gericht zieht sich zur Beratung zurück.

Be·ra·tungs·aus·schuss der <-es, Beratungsausschüsse> *Ausschuss, der eine beratende Funktion hat oder über etwas berät* Der Beratungsausschuss tagt seit zwei Stunden.

Be·ra·tungs·ge·spräch das <-s, -e> *Gespräch, in dem eine Beratung*[1] *durchgeführt wird* Ich empfehle Ihnen ein psychologisches Beratungsgespräch.

Be·ra·tungs·stel·le die <-, -n> *Institution, in der Experten Menschen mit Beratung*[1] *zu bestimmten Themen helfen* ◆ Drogen-, Ehe-, Lohnsteuer-

Be·ra·tungs·un·ter·neh·men das <-s, -> *Unternehmen, das sich auf die* (*kostenpflichtige*) *Beratung zu bestimmten Themengebieten spezialisiert hat*

be·rau·ben <beraubst, beraubte, hat beraubt> *mit OBJ* ■ *jmd. beraubt jmdn. etwas Gen. jmdm.* (*gewaltsam*) *etwas stehlen* Sie wurde ihres ganzen Geldes beraubt.

be·rau·schen <berauschst, berauschte, hat berauscht> **I.** *mit OBJ* ■ *etwas berauscht jmdn.* **1.** *in*

B

einen Rauschzustand versetzen Der Sieg der Fußballmannschaft hat die Fans berauscht. **2.** (*übertr.*) *in Ekstase versetzen* Sie waren von der Musik ganz berauscht. **II.** *mit SICH* ■ *jmd. berauscht sich an/mit etwas Dat.* **1.** *sich betrinken* Sie berauschten sich am Wein. **2.** (*übertr.*) *von etwas zu schwärmen beginnen* sich an einer neuen Idee berauschen

be·rau·schend *Adj.* **1.** *mit einer Wirkung, die jmdn. in einen Rauschzustand versetzen kann* ein berauschender Duft, die berauschende Wirkung des Alkohols **2.** (*umg.*) ■ **nicht berauschend** (*umg.*): *ziemlich schlecht* Deine Noten waren auch nicht gerade berauschend.

be·rau·scht <nicht steig.> *Adj. im Zustand eines Rausches* von Alkohol/Drogen berauscht

Ber·ber, **Ber·be·rin** der <-s, -> **1.** *Angehöriger eines nordafrikanischen Volksstammes* **2.** (*nur Maskulinum*) *eine bestimmte Art von Orientteppich* **3.** (*nur Maskulinum*) (*umg.*) *Obdachloser*

Ber·be·rit·ze die <-, -n> BOT. *ein Zierstrauch mit Dornen und roten, säuerlich schmeckenden Früchten*

be·re·chen·bar *Adj.* **1.** *so, dass man es ausrechnen kann* Die Kosten sind berechenbar. **2.** (↔ *unberechenbar*) *so, dass man in seiner Wesensart relativ stabil ist und andere nicht mit unerwartetem Verhalten überrascht*

be·rech·nen <berechnest, berechnete, hat berechnet> *mit OBJ* ■ *jmd. berechnet etwas* **1.** (≈ *ausrechnen, errechnen*) *durch Rechnen feststellen* die Wohnfläche eines Hauses berechnen **2.** (≈ *anrechnen*) *in Rechnung stellen* für die Reparatur einen Betrag von 150 Euro berechnen

be·rech·nend *Adj.* (*abwert.*) *so, dass man nur seinen eigenen Vorteil sucht* Sie ist sehr berechnend., ein berechnender Charakter

Be·rech·nung die <-, -en> **1.** das Ausrechnen von etwas, Ihre Berechnungen stimmten bis ins kleinste Detail. **2.** (*kein Plur.*) (*abwert.*) *die Haltung, dass man nur an seinen eigenen Vorteil denkt* Diesen Vorschlag machte er aus purer Berechnung.

Be·rech·nungs·grund·la·ge die <-, -n> *Daten, auf deren Grundlage etwas berechnet wird*

be·rech·ti·gen <berechtigst, berechtigte, hat berechtigt> *mit OBJ* ■ *etwas berechtigt jmdn. zu etwas Dat. jmdm. das Recht geben, etwas zu tun* Das Ticket berechtigt uns zum Eintritt ins Museum. ▶Berechtigte(r)

Be·rech·ti·gung die <-, -en> **1.** (≈ *Befugnis, Recht*) *etwas, das jmdm. das Recht zu etwas gibt* die Berechtigung zur Bedienung einer Maschine erwerben **2.** (≈ *Rechtmäßigkeit, Richtigkeit*) Die Berechtigung des Einspruchs wurde vom Gericht anerkannt.

Be·rech·ti·gungs·schein der <-(e)s, -e> *amtliches Papier, auf dem ein Recht, eine Vollmacht oder eine Befugnis bestätigt wird*

be·re·den <beredest, beredete, hat beredet> *mit OBJ* ■ *jmd. beredet etwas* (*mit jmdm.*) (≈ *beraten, erörtern*) *etwas mit jmdm. besprechen* ein Problem zuerst einmal mit einem Freund bereden

be·red·sam *Adj.* (≈ *eloquent*) *so, dass man sich sprachlich gut ausdrücken kann*

Be·red·sam·keit die <-> (*kein Plur.*) (≈ *Eloquenz*) *die Fähigkeit, sich sprachlich gut auszudrücken* etwas mit großer Beredsamkeit darlegen

be·redt *Adj.* (≈ *beredsam*)

be·reg·nen <beregnet, beregnete, hat beregnet> *mit OBJ* ■ *jmd. beregnet etwas* (*mit etwas Dat.*) *etwas durch künstlichen Regen bewässern* Im Sommer muss der Rasen regelmäßig beregnet werden. ▶Beregnung

Be·reg·nungs·an·la·ge die <-, -n> *Anlage zum Besprühen von Feldern und Grünflächen*

Be·reich der <-(e)s, -e> **1.** (≈ *Bezirk*) *ein Gebiet, das sich durch ein Merkmal von anderen Gebieten abgrenzt* Es gibt in der Stadt auch Bereiche, die man besser meidet. **2.** *Sach- oder Fachgebiet* im Bereich der Naturwissenschaften **3.** *Kompetenzbereich* In meinem Bereich entscheide allein ich. ◆ Arbeits-, Aufgaben-, Wirkungs-

be·rei·chern <bereicherst, bereicherte, hat bereichert> **I.** *mit OBJ* ■ *etwas bereichert jmdn. reicher an Wissen und Erfahrung machen* Die Zuhörer konnten ihr Wissen bereichern. **II.** *mit SICH* ■ *jmd. bereichert sich* (*an etwas Dat./durch etwas Akk.*) *reich werden dadurch, dass man sich finanzielle Vorteile auf Kosten anderer verschafft* Er bereichert sich am Eigentum anderer., Durch unredliche Geschäftsmethoden hat er sich bereichert.

Be·rei·che·rung die <-> (*kein Plur.*) **1.** *das Bereichern, das Sichbereichern* **2.** (≈ *Gewinn, Nutzen*) *eine Ergänzung oder Erweiterung von etwas, die man als Vorteil ansieht* Der neue Mitarbeiter ist eine Bereicherung für unsere Firma., Ihre musikalischen Beiträge bei dem Fest waren eine echte Bereicherung.

be·rei·fen <bereifst, bereifte, hat bereift> *mit OBJ* ■ *jmd. bereift etwas* (*mit etwas Dat.*) **1.** *etwas mit Reifen versehen* ein Auto bereifen **2.** (*meist im Part. Perf.*) *etwas mit Reif überziehen* Am Morgen waren die Bäume bereift.

Be·rei·fung die <-, -en> (*Plur. selten*) *die zu einem Fahrzeug gehörenden Reifen*

be·rei·ni·gen <bereinigst, bereinigte, hat bereinigt> *mit OBJ* ■ *jmd. bereinigt etwas* (*durch etwas Akk.*) (≈ *beilegen, klären, regeln*) *einen Konflikt diskutieren und beilegen* Im Gespräch konnten alle Probleme bereinigt werden.

be·rei·sen <bereist, bereiste, hat bereist> *mit OBJ* ■ *jmd. bereist etwas als Reisender unterwegs sein* Er hat die halbe Welt/ganz Europa bereist.

be·reit <nicht steig.> *nur präd. Adj. vorbereitet, fertig* Der Zug steht zur Abfahrt bereit., Er ist zu allem bereit.

be·rei·ten <bereitest, bereitete, hat bereitet> *mit OBJ* ■ *jmd. bereitet etwas* **1.** (≈ *zubereiten*) *eine Mahlzeit anrichten* das Essen bereiten **2.** (≈ *zufügen, zuteil werden lassen*) *verursachen* Das Kind bereitet seinen Eltern viel Freude/Kummer.

be·reit·hal·ten <hältst bereit, hielt bereit, hat bereitgehalten> *mit OBJ* ■ *jmd. hält etwas bereit zum*

Gebrauch bereit haben den Fahrschein zur Kontrolle bereithalten

be·reits **I.** *Adv.* (≈ *schon*) *verwendet, um auszudrücken, dass etwas früher eintritt als man erwarten würde* Bereits am nächsten Tag reisten sie ab., Bereits bei einer Anwendung pro Tag stellt sich eine deutliche Wirkung ein. **II.** *Partikel* (≈ *allein, sogar*) *verwendet, um auszudrücken, dass etwas ausreichend ist, um eine bestimmte Wirkung zu erzielen* Bereits beim Geruch von Fisch wird mir übel.

Be·reit·schaft die <-, -en> **1.** (*kein Plur.*) *das Bereitsein, Bereitwilligkeit* die Bereitschaft zu helfen **2.** *eine einsatzbereite Einheit, besonders bei der Polizei* Mehrere Bereitschaften waren im Einsatz.

Be·reit·schafts·dienst der <-(e)s, -e> (≈ *Notdienst*) *Hilfsdienst, der für den Notfall Tag und Nacht bereit steht, besonders im Krankenhaus, bei der Feuerwehr und Polizei*

Be·reit·schafts·po·li·zei die <-> (*kein Plur.*) *kasernierte Sonderpolizei, die stets zum Einsatz bereit ist*

be·reit·ste·hen <steht bereit, stand bereit, hat bereitgestanden> *ohne OBJ* ■ *jmd./etwas steht* (*für etwas Akk.*) *bereit vorbereitet sein und zur Verfügung stehen* Es steht alles für den Empfang bereit.

be·reit·stel·len <stellst bereit, stellte bereit, hat bereitgestellt> *mit OBJ* ■ *jmd. stellt etwas bereit zur Verfügung stellen* Wann können Sie die Geldmittel bereitstellen?

Be·rei·tung die <-> (*kein Plur.*) (*veralt.*) *das Bereiten, die Herstellung, die Zubereitung* die Bereitung einer Speise

be·reit·wil·lig *Adj. gern zu etwas bereit* Die Einheimischen gaben den Touristen bereitwillig Auskunft.

be·reu·en <bereust, bereute, hat bereut> *mit OBJ* ■ *jmd. bereut etwas* (≈ *bedauern*) *Reue über etwas empfinden* eine Tat bitter bereuen

Berg der <-(e)s, -e> **1.** (↔ *Tal*) *eine große Erhebung in der Landschaft, die höher als ein Hügel ist* die Berge der Alpen, in den Bergen klettern/Skitouren machen/wandern, hohe Berge besteigen ◆-abhang, -besteigung, -dorf, -volk **2.** (*umg.* ≈ *Haufen*) *Anhäufung von Dingen* Nach dem Urlaub hatte sich ein Berg von schmutziger Wäsche angesammelt. ◆Akten-, Schulden- **3.** ■ **über den Berg sein** (*umg.*): *eine schwierige Situation überwunden haben* (*oder nach einer Krankheit wieder gesund sein*) **über alle Berge sein** (*umg.*): *geflüchtet sein* **die Haare stehen jemandem zu Berge** (*umg.*): *jmd. ist entsetzt* **Berge versetzen können** (*umg.*): *etwas tun können, was fast unmöglich ist* **mit etwas hinter dem Berg halten**: *etwas mit Absicht noch nicht mitteilen* Sie haben mit ihren Heiratsplänen noch einige Zeit hinter dem Berg gehalten.

berg·ab *Adv.* (↔ *bergauf*) *vom Berg in Richtung Tal, den Berg hinunter* Auf dem Rückweg ging es meistens bergab.

Ber·ga·mott·öl das <-s> (*kein Plur.*) *ein pflanzliches Öl, das angenehm duftet und für Parfüms und Tees verwendet wird*

berg·an *Adv.* (≈ *bergauf* ↔ *bergab*) *vom Tal in Richtung Berggipfel*

Berg·ar·bei·ter, **Berg·ar·bei·te·rin** der <-s, -> *jmd., der in einem Bergwerk arbeitet* ◆-siedlung, -streik

berg·auf *Adv.* (↔ *bergab*) *den Berg hinauf* ■ **es geht mit jemandem/etwas bergauf** (*umg.*): *gesundheitlich oder wirtschaftlich verbessert sich die Situation einer Person oder Sache*

Berg·bahn die <-, -en> *eine Seilbahn oder ein Eisenbahnzug, die auf einen Berg führen*

Berg·bau der <-s> (*kein Plur.*) *der Abbau von Bodenschätzen in Bergwerken* ◆-industrie, -region

Berg·bau·er, **Berg·bäu·er·in** der <-n, -n> *Bauer auf einem im Hochgebirge gelegenen Hof*

berg·bau·lich <nicht steig.> *den Bergbau betreffend*

ber·gen <birgst, barg, hat geborgen> *mit OBJ* **1.** ■ *jmd. birgt jmdn.* (*aus etwas Dat.*) (*meist im Passiv*) *Menschen aus einer Notsituation retten* Der Verletzte konnte in letzter Minute aus dem Fahrzeug geborgen werden. **2.** ■ *jmd. birgt etwas* (*meist im Passiv*) *Material aus einer Unfallsituation in Sicherheit bringen* Das Wrack des untergegangenen Schiffes konnte geborgen werden. **3.** ■ *etwas birgt etwas* (*geh.*) *enthalten* Der tropische Regenwald birgt noch unentdeckte Pflanzen.

Berg·füh·rer, **Berg·füh·re·rin** der <-s, -> *jmd., der beruflich Touristen durch das Hochgebirge führt*

Berg·geist der <-(e)s, -er> *Kobold, Zwerg oder Riese, der angeblich in einem Berg lebt*

Berg·gip·fel der <-s, -> *höchster Punkt eines Berges* Die Bergsteiger erreichten den Berggipfel vor Einbruch der Dunkelheit.

Berg·ho·tel das <-s, -s> *in den Bergen gelegenes Hotel*

Berg·kamm der <-s, Bergkämme> *schmaler Bergrücken*

Berg·ket·te die <-, -n> *eine Kette von Berggipfeln*

Berg·krank·heit die <-> (*kein Plur.*) (MED.: ≈ *Höhenkrankheit*) *Krankheit, die bei Bergbesteigungen oberhalb von ca. 3000 Meter auftritt und auf die Verringerung des Sauerstoffgehalts der Luft und die Verminderung des Luftdrucks zurückzuführen ist*

Berg·kris·tall der <-s, -e> *besonders klare reine Quarzart, die oft zu Schmuck verarbeitet wird*

Berg·kup·pe die <-, -n> *rundlicher Berggipfel*

Berg·land das <-(e)s> (*kein Plur.*) *Landschaft, in der es viele Erhebungen* (*von nicht allzu großer Höhe*) *gibt*

Berg·mann der <-(e)s, Bergleute> (*selten Plur.* <Bergmänner>) (≈ *Bergarbeiter, Grubenarbeiter*) *jmd., der im Bergwerk arbeitet* ▶bergmännisch

Berg·mas·siv das <-s, -e> (≈ *Gebirgsstock*)

Berg·not die <-> (*kein Plur.*) (*lebensgefährliche*) *Notlage beim Bergsteigen* in Bergnot geraten

Berg·pre·digt die <-> (*kein Plur.*) REL. *auf einem Berg gehaltene Predigt von Jesus Christus eine*

B

theologische Abhandlung über die Bergpredigt

Berg·rü·cken der <-s, -> *oberste Linie oder Fläche eines (langgestreckten) Berges*

Berg·rutsch der <-es, -e> *der Vorgang, dass Geröll sich von einem Berg ins Tal bewegt*

Berg·schuh der <-s, -e> (≈ *Wanderschuh*) *fester Schuh zum Bergsteigen oder zum Wandern in den Bergen* Für die Tour sind feste Bergschuhe erforderlich.

Berg·see der <-s, -n> *von Bergen umschlossener See*

berg·stei·gen <ist berggestiegen> (*nur im Inf. und Part. Perf.*) *ohne OBJ im Hochgebirge klettern* Wir verbringen unseren Urlaub diesmal mit Bergsteigen in den Alpen.

Berg·stei·ger, **Berg·stei·ge·rin** der <-s, -> *jmd., der das Bergsteigen als Sport betreibt* Das höchste Ziel der Bergsteiger ist die Besteigung des Mount Everest.

Berg-und-Tal-Bahn die <-, -en> (≈ *Achterbahn*) *eine Bahn (auf Rummelplätzen), bei der Wagen auf einer abwechselnd steil hinauf- und hinunterführenden Strecke fahren*

Berg-und-Tal-fahrt die <-, -en> *Fahrt, bei der es abwechselnd steil hinauf und hinunter geht*

Ber·gung die <-, -en> (*Plur. selten*) *Rettung von Menschen und Sicherung von Material bei Unfällen oder Katastrophen* Die Bergung aller Unfallopfer dauerte Stunden. ◆-saktion, -strupp

Ber·gungs·ar·beit die <-, -en> (*meist Plur.*) *Rettungs- und Aufräumarbeiten nach einer Katastrophe zur Bergung von Überlebenden und Toten* Die Bergungsarbeiten sind noch nicht abgeschlossen.

Ber·gungs·fahr·zeug das <-(e)s, -e> *Fahrzeug mit Spezialausrüstung zur Bergung von Menschen und Material nach Unglücksfällen*

Ber·gungs·hub·schrau·ber der <-s, -> *Hubschrauber mit Spezialausrüstung zur Bergung von Unfallopfern*

Ber·gungs·schiff das <-(e)s, -e> *Schiff mit Spezialausrüstung für Seenotfälle*

Berg·wacht die <-, -en> *eine Organisation, die Menschen in Bergnot rettet* Bei der Lawinenkatastrophe koordiniert die Bergwacht die Rettungsmaßnahmen.

Berg·wand die <-, Bergwände> *fast senkrecht aufsteigender Teil eines Berges*

Berg·wan·de·rung die <-, -en> *sportlich betriebene Wanderung im Gebirge*

Berg·welt die <-> (*kein Plur.*) *die Berge (in einer bestimmten Region)* die beeindruckende Bergwelt der Alpen

Berg·werk das <-(e)s, -e> (≈ *Grube*) *technische Anlage für den Bergbau und die dazu gehörenden Einrichtungen* in das Bergwerk einfahren, ein stillgelegtes Bergwerk ◆Kohle-

Be·richt der <-(e)s, -e> *mündliche oder schriftliche Darstellung eines Sachverhalts* einen Bericht über den Vorfall anfordern, ein ausführlicher/detaillierter/genauer Bericht über die Geschehnisse ◆Augenzeugen-, Bild-, Erlebnis-, Polizei-, Tatsachen-, Zeitungs-

be·rich·ten <berichtest, berichtete, hat berichtet> **I.** *mit OBJ* ■ *jmd. berichtet jmdm. etwas einen Sachverhalt, ein Geschehen sachlich und nüchtern darstellen* Er hat ihnen den Hergang des Unfalls ausführlich/bis ins letzte Detail/genau berichtet., Sie hat alles berichtet, was sie beobachtet hat. **II.** *ohne OBJ* ■ *jmd. berichtet von etwas Dat. eine Reportage über etwas ausstrahlen oder abdrucken* Das Fernsehen berichtet live von dem Fußballspiel., Alle Tageszeitungen berichteten von dem Skandal.

Be·richt·er·stat·ter, **Be·richt·er·stat·te·rin** der <-s, -> (≈ *Korrespondent*) *jmd., der für eine Zeitung, das Fernsehen oder einen Rundfunksender über aktuelle Ereignisse berichtet* Der Berichterstatter meldete sich live vom Ort des Geschehens. ◆Kriegs-

Be·richt·er·stat·tung die <-> (*kein Plur.*) *das Berichten von Ereignissen und das Weitergeben von Informationen* eine unsachliche Berichterstattung durch die Medien

be·rich·ti·gen <berichtigst, berichtigte, hat berichtigt> *mit OBJ* **1.** ■ *jmd. berichtigt etwas* (≈ *korrigieren*) *etwas Fehlerhaftes beseitigen und durch das Richtige ersetzen* Der Schüler berichtigt seinen Schulaufsatz., Ich muss noch die Fehler im Manuskript berichtigen., einen Irrtum berichtigen **2.** ■ *jmd. berichtigt jmdn. die Aussagen von jmdm. korrigieren* Bitte berichtigen Sie mich, wenn ich etwas Falsches sage.

Be·rich·ti·gung die <-, -en> **1.** (≈ *Korrektur*) *das Berichtigen* die Arbeit zur Berichtigung zurückgeben **2.** *das Berichtigte* In der Berichtigung der Hausaufgabe sind immer noch Fehler enthalten.

Be·richts·zeit·raum der <-(e)s, Berichtszeiträume> (≈ *Berichtperiode*) *der Zeitraum, über den ein Bericht angefertigt wird*

be·rie·seln <berieselst, berieselte, hat berieselt> *mit OBJ* **1.** ■ *jmd. berieselt etwas (mit etwas Dat.) durch leichtes Besprühen mit Wasser ständig gleichmäßig feucht halten* die Pflanzen im Gewächshaus berieseln **2.** ■ *jmd. berieselt jmdn. (mit etwas Dat.) (umg. abwert.) etwas auf jmdn. dauernd unbewusst einwirken lassen* Im Supermarkt wird man ständig von Musik berieselt. ►Berieselung

be·rin·gen <beringst, beringte, hat beringt> *mit OBJ* ■ *jmd. beringt ein Tier am Bein eines Vogels einen Ring anbringen* die Tauben beringen

be·ringt *Adj. so, dass es mit einem Ring versehen ist* eine beringte Hand

be·rit·ten *Adj. mit Pferden ausgerüstet* die berittene Polizei

Ber·lin <-s> *Hauptstadt von Deutschland und deutsches Bundesland*

Ber·li·ner, **Ber·li·ne·rin** der <-s, -> **1.** *Einwohner Berlins* **2.** (*nur Maskulinum*) *mit Marmelade gefülltes und mit Zucker bestreutes Schmalzgebäck*

ber·li·ne·risch <nicht steig.> *Adj. Berlin und die Berliner betreffend*

ber·li·nern <berlinerst, berlinerte, hat berlinert>

ohne OBJ ■ *jmd. berlinert* (*umg.*) *im Dialekt der Stadt Berlin sprechen*

ber·li·nisch *Adj.* (≈ *berlinerisch*)

Bern <-s> *Hauptstadt und Kanton der Schweiz*

Bern·har·di·ner der <-s, -> *eine großer, kräftiger Hund mit weißem Fell, das große gelbbraune Flecken aufweist* Bei dem Unglück wurden Bernhardiner als Lawinensuchhunde eingesetzt.

Bern·stein der <-(e)s, -e> *aus fossilem Baumharz entstandener gelblich-brauner Stein, der zu Schmuck verarbeitet wird* ◆-anhänger, -kette

Ber·ser·ker, Ber·ser·ker der <-s, -> *wilder Krieger in altnordischen Sagen* ■ **toben wie ein Berserker** (*umg.*): *sehr wütend sein*

bers·ten <birst, barst, ist geborsten> *ohne OBJ* ■ *etwas birst* **1.** (*geh.*) *unter großem Druck plötzlich auseinanderbrechen* Der Kessel barst mit einem lauten Knall. **2.** ■ **zum Bersten voll sein**: *stark überfüllt sein*

be·rüch·tigt *Adj. für eine negative Eigenschaft bekannt* Er ist ein berüchtigter Falschspieler.

be·rück·sich·ti·gen <berücksichtigst, berücksichtigte, hat berücksichtigt> *mit OBJ* ■ *jmd. berücksichtigt jmdn./etwas* (*bei etwas Dat.*) *bei seinen Planungen und Handlungen beachten, in seine Überlegungen miteinbeziehen* die Wünsche der Freundin berücksichtigen

Be·rück·sich·ti·gung die <-> (*kein Plur.*) (≈ *Beachtung*) *das Berücksichtigen* unter Berücksichtigung der Vor- und Nachteile

Be·ruf der <-(e)s, -e> (≈ *Arbeit, Beschäftigung*) *eine Tätigkeit, die man dauerhaft ausübt, für die man eine bestimmte Ausbildung besitzt und mit der man seinen Lebensunterhalt verdient* Sie ist Ärztin/Lehrerin von Beruf., Erfolg im Beruf haben, es im Beruf zu etwas bringen ◆Ausbildungs-, Lehr-, -sausübung, -sausbildung, -sschule, -ssportler

> **i Wissenswert** Arbeit, Arbeitsfeld, Arbeitsgebiet, Arbeitsbereich, Tätigkeitsbereich, Broterwerb, Metier, Dienst, Gewerbe, Handwerk, Job, Stelle, Posten. Redewendungen: Maria ist ausgebildete Krankenschwester, aber sie ergriff den Beruf der Bibliothekarin (sie wurde als Krankenschwester ausgebildet, ist aber schließlich Bibliothekarin geworden); Hast du vor umzusatteln? (hast du vor, deinen Beruf zu wechseln?). Folgende Berufsstände sind am gebräuchlichsten: Arbeiter, Angestellter, Beamter, Selbstständiger, Gewerbetreibender, Handwerker, Freischaffender, Komponist, Künstler, Lehrling.

be·ru·fen <berufst, berief, hat berufen> **I.** *mit OBJ* ■ *jmd. beruft jmdn. zu etwas Dat.* (AMTSSPR.: ≈ *ernennen*) *in ein Amt einsetzen* zur Richterin berufen werden **II.** *mit SICH* ■ *jmd. beruft sich auf etwas Akk. etwas zu seiner Rechtfertigung heranziehen* Er berief sich auf das Grundgesetz/auf seine Rechte als Mitarbeiter.

be·ru·fen <nicht steig.> *Adj. zu etwas bestimmt* Sie fühlte sich zur Sängerin berufen., Er ist dazu berufen, anderen zu helfen. ■ **aus berufenem Munde etwas hören**: *hören, was ein Kenner zu etwas sagt*

be·ruf·lich <nicht steig.> *Adj. auf den Beruf bezogen* beruflicher Aufstieg/Erfolg/Ehrgeiz, Beruflich konnte sie sich mit diesem Schritt verbessern., Er ist beruflich sehr engagiert.

Be·rufs·an·fän·ger der <-s, -> *jmd., der am Beginn seiner beruflichen Laufbahn steht*

be·rufs·be·glei·tend <nicht steig.> *Adj. so, dass man es neben dem Beruf absolviert* eine berufsbegleitende Weiterbildung

Be·rufs·be·ra·ter, Be·rufs·be·ra·te·rin der <-s, -> *jmd., dessen Beruf es ist, Jugendliche oder Arbeitssuchende über verschiedene Berufe zu informieren und bei der Berufswahl zu unterstützen*

Be·rufs·be·ra·tung die <-> (*kein Plur.*) *Beratung in allen Fragen der Berufswahl, der Ausbildung und des Berufswechsels* (*durch das Arbeitsamt*) sich bei der Berufsberatung über die Ausbildung informieren

Be·rufs·be·zeich·nung die <-, -en> *offizielle Bezeichnung für einen bestimmten Beruf*

Be·rufs·bild das <-(e)s, -er> *alles, was einen bestimmten Beruf hinsichtlich der Ausbildung, Tätigkeit und Aufstiegsmöglichkeiten ausmacht*

Be·rufs·bil·dungs·pro·jekt das <-(e)s, -e> *Projekt, das sich mit der beruflichen Ausbildung beschäftigt*

Be·rufs·bil·dungs·zen·trum das <-s, Berufsbildungszentren> *zentrale Einrichtung, die der beruflichen Ausbildung dient*

Be·rufs·bo·xer der <-s, -> (≈ *Profiboxer*) *Sportler, der den Boxsport als Beruf betreibt*

Be·rufs·eh·re die <-> (*kein Plur.*) *sittliche Vorstellung vom Wert und den Pflichten eines Berufes* Der Meister fühlte sich durch die Kritik an seiner Berufsehre gepackt.

be·rufs·er·fah·ren <nicht steig.> *Adj. in einem Beruf* (*langjährig*) *erfahren*

Be·rufs·er·fah·rung die <-> (*kein Plur.*) *praktische Erfahrung in einem Beruf* noch keine Berufserfahrung haben, Bewerber mit Berufserfahrung bevorzugen

Be·rufs·fach·schu·le die <-, -n> *auf spezielle Berufe vorbereitende Vollzeitschule*

Be·rufs·ge·nos·sen·schaft die <-, -en> RECHTSW. *Körperschaft des öffentlichen Rechts, welche Träger der gesetzlichen Unfallversicherung innerhalb eines Gewerbezweiges ist*

Be·rufs·grup·pe die <-, -n> *Berufe, die ein gemeinsames Merkmal haben*

Be·rufs·klei·dung die <-> (*kein Plur.*) *für die Ausübung eines Berufes vorgeschriebene oder besonders geeignete Kleidung* Zur Berufskleidung eines Kochs gehört die weiße Kochmütze.

Be·rufs·krank·heit die <-, -en> *Krankheit oder Schädigung, die durch die Ausübung bestimmter Berufe erworben wurde* wegen einer anerkannten Berufskrankheit eine Rente erhalten

Be·rufs·le·ben das <-s> (*kein Plur.*) (*≈ Arbeitsleben ↔ Ruhestand*) *der Lebensabschnitt, in dem man einen Beruf ausübt* mitten im Berufsleben stehen

Be·rufs·mög·lich·kei·ten die <-> (*meist Plur.*) *Einsatz- und Aufstiegsmöglichkeiten in einem bestimmten Beruf*

Be·rufs·ri·si·ko das <-s, Berufsrisiken> *Risiko, das die Ausübung bestimmter Berufe mit sich bringt*

Be·rufs·schu·le die <-, -n> *Schule, die neben der praktischen Berufsausbildung im Betrieb ein- bis zweimal in der Woche besucht werden muss* eine kaufmännische Berufsschule besuchen

Be·rufs·schul·leh·rer, **Be·rufs·schul·leh·re·rin** der <-s, -> *Lehrer, der an einer Berufsschule unterrichtet*

Be·rufs·sol·dat, **Be·rufs·sol·da·tin** der <-en, -en> (*↔ Wehrpflichtiger, Zeitsoldat*) *jmd., der Soldat von Beruf ist*

Be·rufs·sport·ler, **Be·rufs·sport·le·rin** der <-s, -> (*≈ Profi ↔ Amateur*) *Sportler, der eine Sportart berufsmäßig betreibt*

be·rufs·tä·tig <nicht steig.> *Adj. so, dass man einen Beruf ausübt* halbtags berufstätig sein ►Berufstätigkeit

Be·rufs·tä·ti·ge(r) der/die <-n, -n> (*≈ Erwerbstätige(r)*) *jmd., der berufstätig ist*

Be·rufs·ver·band der <-(e)s, Berufsverbände> *freie und unabhängige Vereinigung von Angehörigen von Berufsgruppen zur Wahrung und Vertretung gemeinsamer beruflicher und wirtschaftlicher Interessen*

Be·rufs·ver·kehr der <-s> (*kein Plur.*) (*dichter*) *Straßenverkehr vor Beginn und nach Ende der Arbeitszeit vieler Arbeitnehmer* die Entlastung des Berufsverkehrs durch die Benutzung öffentlicher Verkehrsmittel

Be·rufs·vor·be·rei·tung die <-> (*kein Plur.*) *Vorbereitung auf einen Beruf, z.B. durch Bildungsmaßnahmen*

Be·rufs·wahl die <-> (*kein Plur.*) *Entscheidung für einen bestimmten Beruf* Die Berufswahl fiel ihm nicht leicht.

Be·rufs·wunsch der <-es, Berufswünsche> *Wunsch, in einem bestimmten Beruf ausgebildet zu werden bzw. einen bestimmten Beruf auszuüben* Sein Berufswunsch konnte nicht erfüllt werden.

Be·rufs·ziel das <-s, -e> *bestimmter Beruf, der als Ziel angestrebt wird* Ihr Berufsziel ist es, Lehrerin zu werden.

Be·ru·fung die <-, -en> **1.** (*≈ Ruf*) *Angebot, ein Amt in einem wissenschaftlichen, politischen oder künstlerischen Bereich anzunehmen* Sie erhielt eine Berufung auf den Lehrstuhl für Philosophie. **2.** REL. *eine innere Notwendigkeit, die jmd. spürt und die ihn zum Handeln zwingt* **3.** (RECHTSW.: *≈ Revision*) *Einspruch gegen ein Urteil, so dass ein Gericht einer höheren Instanz neu verhandeln muss* Der Angeklagte legte Berufung gegen das Urteil des Landgerichts ein. – Jetzt wird das Oberlandesgericht angerufen., Das Urteil akzeptieren wir nicht, wir gehen in die Berufung.

be·ru·fungs·fäh·ig <nicht steig.> *Adj.* RECHTSW. *so, dass man die Möglichkeit hat, vor Gericht Berufung einzulegen*

Be·ru·fungs·klä·ger, **Be·ru·fungs·klä·ge·rin** der <-s, -> RECHTSW. *Kläger im Berufungsverfahren*

Be·ru·fungs·kom·mis·si·on die <-, -en> *Kommission, die gebildet wird, um über die Berufung*[1] *eines Kollegen auf einen Lehrstuhl an der Universität zu beraten*

Be·ru·fungs·lis·te die <-, -n> *Liste, die die Namen der Bewerber für ein Amt enthält, unter denen die Berufungskommision einen auswählt*

Be·ru·fungs·rich·ter, **Be·ru·fungs·rich·te·rin** der <-s, -> RECHTSW. *Richter im Berufungsverfahren*

Be·ru·fungs·ur·teil das <-s, -e> RECHTSW. *Urteil nach einem Berufungsverfahren*

Be·ru·fungs·ver·hand·lung die <-, -en> **1.** *Verhandlung über eine Berufung*[1] **2.** RECHTSW. *Gerichtsverhandlung, in der über eine Berufung*[3] *verhandelt wird*

Be·ru·fungs·weg der <-(e)s> (*kein Plur.*) *Weg der Berufung durch verschiedene gerichtliche Instanzen*

be·ru·hen <beruhst, beruhte, hat beruht> *ohne OBJ* ■ *etwas beruht auf etwas Dat.* (*≈ basieren*) *als Grundlage oder Ausgangspunkt haben* Das Ergebnis beruht auf völlig falschen Zahlen. ■ **etwas auf sich beruhen lassen**: *eine* (*meist negative*) *Angelegenheit nicht weiter verfolgen*

be·ru·hi·gen <beruhigst, beruhigte, hat beruhigt> **I.** *mit OBJ* ■ *jmd./etwas beruhigt jmdn.* (*↔ aufregen*) *durch Worte bewirken, dass jmd. wieder ruhig wird* Der Arzt beruhigt seinen Patienten., Ihr Brief hat ihn wieder beruhigt. **II.** *mit SICH* ■ *jmd./etwas beruhigt sich* **1.** *innerlich ruhiger werden, zur Ruhe kommen* Sie konnte sich nur schwer beruhigen. **2.** *an Unruhe verlieren,* Der Verkehr hat sich beruhigt., Das Meer hat sich nach dem Sturm wieder beruhigt.

Be·ru·hi·gung die <-> (*kein Plur.*) *das Beruhigen* Tabletten zur Beruhigung der Nerven, die Beruhigung des Wetters ◆-smittel

be·rühmt *Adj. wegen besonderer Eigenschaften oder Leistungen sehr bekannt* ein berühmter Opernsänger ■ **berühmt-berüchtigt sein**: *durch negative Merkmale oder Leistungen einen schlechten Ruf haben* Er ist berühmt-berüchtigt für seine Affären.

Be·rühmt·heit die <-, -en> **1.** (*kein Plur.*) *weitreichender Ruhm* Durch ihre exzentrischen Auftritte erlangte die Modeschöpferin Berühmtheit. **2.** *berühmte Person* Bei der Premiere sah man viele Berühmtheiten.

be·rüh·ren <berührst, berührte, hat berührt> *mit OBJ* **1.** ■ *jmd. berührt jmdn./etwas* (*mit etwas Dat.*) (*≈ anfassen*) *einen Kontakt* (*mit der Hand*) *herstellen* den Sitznachbarn leicht an der Schulter berühren **2.** ■ *jmd. berührt etwas* (*≈ anschneiden*) *ein Thema im Gespräch erwähnen* Dieses peinliche Thema möchte ich lieber nicht berühren.

3. ■ *etwas berührt jmdn.* (≈ *ergreifen, nahegehen*) *in bestimmter Weise auf jmdn. wirken* Ihr Tod hat alle berührt.

Be·rüh·rung die <-, -en> 1. *das Berühren mit den Händen oder einem Körperteil* Vermeiden Sie die Berührung der Ausstellungsstücke. 2. *Kontakt oder Begegnung mit etwas* Wir kamen mit vielen Menschen in Berührung.

Be·rüh·rungs·angst die <-, Berührungsängste> PSYCH. *Angst vor Kontakt mit anderen Menschen oder mit einer Sache* Das Kind hat Berührungsängste.

Be·rüh·rungs·bild·schirm der <-s, -e> (≈ *Touchscreen*) *Bildschirm, dessen Funktionen man durch Berührung aktivieren kann*

Be·ryll der <-(e)s, -e> *glasklarer, farbloser, oft gelblicher Edelstein*

be·sa·gen *mit OBJ* ■ *etwas besagt etwas* (≈ *bedeuten*) Dieses Ergebnis besagt nicht viel.

be·sagt <nicht steig.> *Adj.* AMTSSPR. *so, dass von jmdm. oder etwas in einem bestimmten Zusammenhang bereits die Rede war* Es war tatsächlich die besagte Person.

be·sam·meln <besammelst, besammelte, hat besammelt> *mit SICH* ■ *jmd. besammelt sich* (*schweiz.*) *versammeln* Die Truppen besammeln sich.

Be·samm·lung die <-, -en> (*schweiz.* ≈ *Aufmarsch, Zusammenkommen*)

be·sänf·ti·gen <besänftigst, besänftigte, hat besänftigt> *mit OBJ* ■ *jmd./etwas besänftigt jmdn.* (≈ *beruhigen, beschwichtigen* ↔ *aufregen*) *durch Worte bewirken, dass jmds. innere Erregung nachlässt* Ihre Stimme besänftigte seinen Zorn. ▶Besänftigung

be·sänf·ti·gend *Adj.* (≈ *beruhigend, beschwichtigend*) *so, dass es bewirkt, dass jmds. innere Erregung nachlässt* Ihr Zureden wirkte besänftigend auf das Kind.

Be·san·mast der <-(e)s, -e> SEEW. *hinterer Mast eines Segelschiffes*

Be·satz der <-(e)s, Besätze> 1. *Dekor, das auf ein Kleidungsstück aufgenäht ist* Der Mantel hat einen Besatz aus Pelz. 2. LANDW. *Viehbestand* (*im Verhältnis zur Weidefläche*) 3. LANDW. *Fischbestand in einem Teich oder Bach* 4. JAGDW. *Wildbestand in einem Revier*

Be·sat·zung die <-, -en> 1. (≈ *Crew*) *die Personen, die die Mannschaft eines größeren Fahrzeuges* (*bes. Schiffes, Flugzeugs oder Raumschiffes*) *bilden* Die Besatzung des Flugzeugs begrüßt die Passagiere an Bord. ◆Schiffs- 2. *kein Plur.* MILIT. *Truppen, die ein fremdes Land besetzt halten* Die Besatzung wurde verstärkt. ◆-sarmee, -struppen

Be·sat·zungs·ge·biet das <-(e)s, -e> MILIT. *besetztes Gebiet, das von einer Besatzungsmacht kontrolliert wird*

Be·sat·zungs·macht die <-, Besatzungsmächte> MILIT. *Staat, der eine Besatzung² in einem fremden Staatsgebiet ausübt*

Be·sat·zungs·mit·glied das <-(e)s, -er> *Mitglied einer Besatzung¹* die Besatzungsmitglieder eines Flugzeuges

be·sau·fen <besäufst, besoff, hat besoffen> *mit SICH* ■ *jmd. besäuft sich* (*umg. abwert.* ≈ *sich betrinken*)

be·schä·di·gen <beschädigst, beschädigte, hat beschädigt> *mit OBJ* ■ *jmd./etwas beschädigt etwas* *Schaden an etwas verursachen* Das Sturm beschädigte das Haus., Unbekannte haben die Telefonzelle beschädigt.

be·schä·digt <nicht steig.> *Adj.* (≈ *defekt, kaputt*) *so, dass es einen Schaden hat* ein beschädigtes Auto

Be·schä·di·gung die <-, -en> 1. (*kein Plur.*) *das Beschädigen* Die Beschädigung der Parkbank erfolgte mutwillig. ◆Sach- 2. *beschädigte Stelle* Beschädigungen an der Hauswand beseitigen

be·schaf·fen¹ <beschaffst, beschaffte, hat beschafft> *mit OBJ* ■ *jmd. beschafft* (*jmdm.*) *etwas* (≈ *besorgen*) *jmd. bringt* (*trotz Schwierigkeiten*) *etwas herbei* Ich kann das Geld nicht so schnell beschaffen., Er versuchte, das nötige Arbeitsmaterial bei verschiedenen Lieferanten zu beschaffen.

be·schaf·fen² <nicht steig.> *Adj.* (≈ *geartet*) *mit bestimmten Eigenschaften versehen* Er ist von Natur aus so beschaffen., Das Klima hier ist so beschaffen, dass man mit plötzlichen Regenfällen rechnen muss.

Be·schaf·fen·heit die <-, -en> *Zustand, Qualität oder natürliche Eigenart einer Sache* die Beschaffenheit eines Materials ◆Boden-, Material-

Be·schaf·fung die <-> (*kein Plur.*) *das Beschaffen* die Beschaffung von Informationen

Be·schaf·fungs·kri·mi·na·li·tät die <-> (*kein Plur.*) *kriminelle Handlungen, die von Drogenabhängigen begangen werden, um an Geld zur Beschaffung von Rauschgift zu kommen* Ursache für die gestiegene Anzahl von Einbrüchen ist in erster Linie die Beschaffungskriminalität.

Be·schaf·fungs·plan der <-(e)s, Beschaffungspläne> MILIT. *Plan für die Bereitstellung von Bedarfsgütern für die Truppe*

Be·schaf·fungs·preis der <-es, -e> WIRTSCH. *Preis für anzuschaffende Waren, einschließlich der Nebenkosten* (*z.B. für Transport und Zoll*)

Be·schaf·fungs·wert der <-(e)s, -e> WIRTSCH. *das Geld, das erforderlich ist, um eine bestimmte Ware zu beschaffen*

be·schäf·ti·gen <beschäftigst, beschäftigte, hat beschäftigt> I. *mit OBJ* 1. ■ *jmd. beschäftigt jmdn.* *gegen Bezahlung als Angestellte bei sich arbeiten lassen* Die Firma beschäftigt 200 Angestellte. 2. ■ *etwas beschäftigt jmdn.* *in Gedanken und Gefühlen bewegen* Dieses Problem beschäftigt mich schon lange. II. *mit SICH* ■ *jmd. beschäftigt sich* (*mit etwas Dat.*) (≈ *befassen*) *etwas als Gegenstand seiner Aktivitäten oder als Bereich seiner Interessen haben* Sie beschäftigt sich gern mit ihren Pflanzen., Er beschäftigt sich mit Physik., Wir nehmen ein Kartenspiel mit auf die Fahrt, damit die Kinder sich beschäftigen können.

be·schäf·tigt <nicht steig.> *Adj.* 1. Sie war beruflich derart beschäftigt, dass sie den Urlaub verschieben musste.; *so, dass man viele Aufgaben und daher wenig Zeit hat* Wir sind gerade damit beschäftigt, die Möbel umzuräumen., Er kann nicht ans Telefon kommen, er ist gerade beschäftigt. **2.** *bei einem Arbeitgeber angestellt* Er ist seit einem Jahr bei der Firma beschäftigt.

Be·schäf·tig·te der/die <-n, -n> (≈ *Angestellte*) *jmd., der in einer Firma angestellt ist* eine Firma mit dreihundert Beschäftigten

Be·schäf·ti·gung die <-, -en> **1.** *Tätigkeit, Zeitvertreib* einer interessanten Beschäftigung nachgehen, Nach langjähriger Beschäftigung mit diesem Thema schreibt sie jetzt ein Buch darüber. ◆ Freizeit-, Haupt-, Lieblings- **2.** (≈ *Arbeitsverhältnis*) *Anstellung bei einem Arbeitgeber* einer Beschäftigung nachgehen, Ich suche eine neue/dauernde/geregelte Beschäftigung., Die Dauer der Beschäftigung ist befristet. ▶beschäftigungslos ◆ Teilzeit-, Vollzeit-

Be·schäf·ti·gungs·grad der <-(e)s, -e> WIRTSCH. *Verhältnis der Erwerbstätigen zur Gesamtbevölkerung oder zur Zahl der Erwerbslosen* den Beschäftigungsgrad statistisch ermitteln

Be·schäf·ti·gungs·la·ge die <-> (*kein Plur.*) *Lage auf dem Arbeitsmarkt*

Be·schäf·ti·gungs·maß·nah·me die <-, -n> *eine Maßnahme, die der Schaffung von Arbeitsplätzen dient*

Be·schäf·ti·gungs·pro·gramm das <-(e)s, -e> *Programm zur Schaffung von Arbeitsplätzen*

be·schäf·ti·gungs·si·chernd <nicht steig.> *Adj. so, dass man Maßnahmen ergreift, um Arbeitsplätze zu sichern und zu erhalten*

Be·schäf·ti·gungs·the·ra·peut, Be·schäf·ti·gungs·the·ra·peu·tin der <-en, -en> (PSYCH.: ≈ *Ergotherapeut*) *jmd., der im Rahmen einer Heilbehandlung Beschäftigungstherapie durchführt*

Be·schäf·ti·gungs·the·ra·pie die <-, -n> **1.** (PSYCH.: ≈ *Ergotherapie*) *eine Heilmethode, mit der durch Anleitung zu handwerklicher und künstlerischer Tätigkeit versucht wird, bei seelischen Erkrankungen positive Wirkungen herbeizuführen* **2.** (*kein Plur.*) (*abwert.*) *eine* (*eigentlich unnötige*) *Arbeit oder Beschäftigung, die nur ausgeübt wird, um Langeweile zu überbrücken* Was du da machst, ist die reine Beschäftigungstherapie.

Be·schäf·ti·gungs·ver·hält·nis das <-ses, -se> (RECHTSW.: ≈ *Arbeitsverhältnis*) *der Zustand, dass man bei einem Arbeitgeber angestellt ist* in einem Beschäftigungsverhältnis stehen

Be·schä·ler der <-s, -> (ZOOL.: ≈ *Beschälhengst, Schälhengst*) *Zuchthengst*

be·schal·len <beschallst, beschallte, hat beschallt> *mit OBJ* ■ *jmd. beschallt jmdn./etwas* (*mit etwas Dat.*) **1.** *in einem Raum oder einem Gebiet mit Hilfe von Lautsprechern Musik erklingen lassen* den Platz mit Marschmusik beschallen **2.** MED. *mit Ultraschall untersuchen oder behandeln* **3.** TECHN. *die Struktur von Werkstoffen mit Schall- und Ultraschallwellen untersuchen*

be·schä·men <beschämst, beschämte, hat beschämt> *mit OBJ* ■ *jmd./etwas beschämt jmdn.* (*durch sein Verhalten*) *Scham empfinden lassen* Er beschämte uns durch sein unmögliches Verhalten., Deine Güte beschämt mich. ▶Beschämung, beschämt

be·schä·mend <beschämender, am beschämendsten> *Adj. so, dass man sich für etwas schämen sollte* Dein Betragen/Verhalten ist beschämend., Ich finde es beschämend, wie unhöflich du dich benimmst., Es ist beschämend, dass in dieser Gesellschaft die sozial Schwachen am meisten belastet werden.

be·schat·ten <beschattest, beschattete, hat beschattet> *mit OBJ* **1.** ■ *jmd. beschattet jmdn.* (≈ *bespitzeln, überwachen*) *heimlich beobachten* Die Polizei ließ den Verdächtigen beschatten **2.** ■ *jmd. beschattet etwas* (*geh.*) *Schatten verschaffen, vor der Sonne schützen* die Augen mit der Hand beschatten

Be·schat·tung die <-, -en> (*Plur. selten*) (≈ *Bespitzelung, Überwachung*) *das Beschatten, das Beschattetwerden*

be·schau·en <beschaust, beschaute, hat beschaut> *mit OBJ* ■ *jmd. beschaut etwas* (*landsch.*) *etwas prüfend anschauen* Das muss ich mir näher beschauen.

Be·schau·er, Be·schau·er·in der <-s, -> **1.** (≈ *Betrachter*) *jmd., der etwas beschaut* Dem Beschauer zugewandt bilden die Figuren auf dem Bild einen Halbkreis. **2.** (≈ *Fleischbeschauer*) *Fleischprüfer*

be·schau·lich *Adj.* (≈ *behaglich, friedlich*) *in einer Art und Weise geruhsam, die ein Wohlgefühl vermittelt* Das Ehepaar führt ein beschauliches Leben. ▶Beschaulichkeit

Be·scheid der <-(e)s, -e> **1.** (*ohne Plur.*) *Auskunft, Antwort* Sag mir bitte rechtzeitig Bescheid, wann dein Zug ankommt. **2.** *schriftliche Mitteilung über eine offizielle Entscheidung* Ich warte noch auf den Bescheid der Behörde. ◆ Renten-, Steuer- **3.** ■ **jemandem Bescheid stoßen** (*umg.*): *jmdn. zurechtweisen* **Bescheid wissen** (**über etwas**): *informiert sein* (*über etwas*)

be·schei·den <bescheidest, beschied, hat beschieden> **I.** *mit OBJ* **1.** ■ *jmd. bescheidet etwas irgendwie* AMTSSPR. *einen Bescheid[2] geben* Sein Antrag wurde abschlägig beschieden. **2.** ■ *etwas bescheidet jmdm. etwas* ((*meist im Passiv*) *geh.* ≈ *vergönnen*) *zuteil werden lassen* Das Schicksal hat uns ein unerwartetes Glück beschieden, Der Mannschaft war kein Erfolg beschieden. **II.** *mit SICH* ■ *jmd. bescheidet sich mit etwas Dat.* (*geh.*) *sich begnügen* Wegen ihres geringen Einkommens musste sie sich mit einer kleinen Wohnung bescheiden.

be·schei·den *Adj.* **1.** (≈ *genügsam, schlicht*) *in seinen Ansprüchen maßvoll* Sie ist ein eher bescheidener Mensch., ein bescheidener Wunsch **2.** (≈ *gering*) Er besaß nur ein bescheidenes Einkommen. **3.** (≈ *zurückhaltend*) *so, dass man sich nicht in den Vordergrund stellt* Er trat stets bescheiden auf. **4.** (*umg.*) *sehr enttäuschend* Wir hatten einen äußerst bescheidenen Urlaub., Ihre

Leistungen sind mehr als bescheiden.

Be·schei·den·heit die <-> (*kein Plur.*) **1.** *bescheidene Art, bescheidenes Wesen* Ihre Bescheidenheit war schon sprichwörtlich., Es wäre falsche Bescheidenheit, nicht auf seine Stärken aufmerksam zu machen. **2.** *Einfachheit, Genügsamkeit* die Bescheidenheit und Schlichtheit der Einrichtung

be·schei·ni·gen <bescheinigst, bescheinigte, hat bescheinigt> *mit OBJ* ■ *jmd. bescheinigt jmdm. etwas* **1.** (≈ *quittieren*) *schriftlich bestätigen* den Empfang des Geldes bescheinigen **2.** *anerkennen oder bestätigen, dass jmd. eine bestimmte Eigenschaft hat* Der Meister bescheinigte dem Lehrling großen Fleiß.

Be·schei·ni·gung die <-, -en> **1.** (*kein Plur.*) *das Bescheinigen* Die Bescheinigung erfolgt durch eine Quittung. **2.** (≈ *Beleg, Nachweis, Quittung*) *ein Dokument, mit dem etwas bescheinigt wird* eine Bescheinigung über die Abgabe der Bücher ausstellen ◆ Empfangs-, Gehalts-

be·schei·ßen <bescheißt, beschiss, hat beschissen> *mit OBJ* ■ *jmd. bescheißt jmdn.* (*um etwas Akk.*) (*umg.*) *jmdn. betrügen* Die haben uns glatt um fünf Euro beschissen!

be·schen·ken <beschenkst, beschenkte, hat beschenkt> *mit OBJ* ■ *jmd. beschenkt jmdn. mit etwas jmdm. ein Geschenk machen* Zur Hochzeit wurde das junge Paar reich beschenkt.

be·sche·ren <bescherst, bescherte, hat beschert> *mit OBJ* **1.** ■ *jmd. beschert jmdn. zu Weihnachten* (*am Heiligen Abend*) *beschenken* Das Christkind beschert am Heiligen Abend alle Kinder. **2.** ■ *etwas beschert jmdm. etwas* (≈ *einbringen*) *zuteil werden lassen* Die neue Aufgabe bescherte ihm eine Menge Probleme., Jeder Tag beschert uns neue Überraschungen.

Be·sche·rung die <-, -en> *das Verteilen der Weihnachtsgeschenke* Am Heiligen Abend ist Bescherung., In einigen Gegenden ist es Brauch, dass die Bescherung am ersten Weihnachtstag morgens stattfindet. ■ **eine schöne Bescherung!** (*umg.*): *eine unangenehme Überraschung* **Da liegt ja die ganze Bescherung!**: *Da liegt ja alles kaputt am Boden !* Die Vase ist umgefallen und zerbrochen, das Wasser ausgelaufen. – Da liegt die ganze Bescherung!

be·scheu·ert *Adj.* (*umg. abwert.*) **1.** (≈ *beschränkt, dumm, verrückt*) *nicht recht bei Verstand* Sie ist wohl bescheuert so etwas zu verlangen! **2.** (≈ *ärgerlich, unangenehm*) Da hast du mich in eine bescheuerte Situation gebracht.

be·schich·ten <beschichtest, beschichtete, hat beschichtet> *mit OBJ* ■ *jmd. beschichtet etwas* (*mit etwas Dat.*) *mit einer Schicht versehen* mit Kunststoff beschichtete Oberflächen

Be·schich·tung die <-, -en> **1.** (*kein Plur.*) *das Beschichten* Die Beschichtung der Tafel war aufwändiger als gedacht. **2.** *aufgetragene Schicht* eine wasserabweisende Beschichtung

be·schi·cken <beschickst, beschickte, hat beschickt> *mit OBJ* ■ *jmd. beschickt etwas* (*mit etwas Dat.*) TECHN. *Material zur Bearbeitung oder Verarbeitung einfüllen* Die Arbeiter beschicken den Hochofen.

be·schi·ckert *Adj.* (*umg.* ≈ *angeheitert, beschwipst*) *in einer leicht betrunkenen, fröhlichen Stimmung* Bei der Party waren alle leicht beschickert.

Be·schi·ckung die <-, -en> **1.** (*kein Plur.*) *das Beschicken* **2.** TECHN. *Material, mit dem ein Hochofen beschickt wird*

be·schie·ßen <beschießt, beschoss, hat beschossen> *mit OBJ* **1.** ■ *jmd. beschießt jmdn./etwas* (*mit etwas Dat.*) *auf etwas mit Schusswaffen schießen* Die feindlichen Truppen beschießen die Stadt mit ihrer Artillerie. **2.** ■ *jmd. beschießt etwas* (*mit etwas Dat.*) (*fachspr.*) *etwas mit sehr großer Geschwindigkeit auf etwas aufprallen lassen* Bei dem Experiment werden Atomkerne mit verschiedenen Elementarteilchen beschossen. ▶Beschießung

Be·schil·de·rung die <-> (*kein Plur.*) *Ausstattung der Verkehrswege mit Verkehrs- oder Hinweisschildern* Wir haben uns wegen der irreführenden Beschilderung verfahren.

be·schimp·fen <beschimpfst, beschimpfte, hat beschimpft> *mit OBJ* ■ *jmd. beschimpft jmdn. Schimpfworte gegen jmdn. richten* Sie beschimpften sich gegenseitig.

Be·schimp·fung die <-, -en> **1.** (*kein Plur.*) *das Beschimpfen* **2.** (≈ *Schimpfwort*) *Äußerung, mit der man jmdn. beschimpft* Das ist eine grobe Beschimpfung., Ich habe seine lauten/wüsten Beschimpfungen auch gehört.

be·schir·men <beschirmst, beschirmte, hat beschirmt> *mit OBJ* **1.** ■ *jmd. beschirmt jmdn.* (*vor jmdm./etwas*) (*geh.* ≈ *beschützen, verteidigen*) *jmdn. vor Gefahren beschützen* **2.** ■ *jmd. beschirmt etwas etwas in der Art eines Schirms über etwas halten* die Augen mit der Hand beschirmen

be·schis·sen *Adj.* (*vulg.* ≈ *miserabel, schlecht*) *sehr schlecht; sehr unangenehm* Mir geht es zur Zeit beschissen., Wir hatten im Urlaub beschissenes Wetter.

Be·schlag der <-(e)s, Beschläge> **1.** *ein Metallstück, das bewegliche Teile zusammenhält* **2.** (≈ *Hufeisen*) ■ **jemanden/etwas mit Beschlag belegen** (*umg.*): *etwas ganz für sich in Anspruch nehmen* Heute ist er von seiner Familie mit Beschlag belegt.

be·schla·gen <beschlägst, beschlug, hat/ist beschlagen> **I.** *mit OBJ* **1.** ■ *jmd. beschlägt etwas* (*mit etwas Dat.*) (*haben*) *etwas mit einem Beschlag*[1] *versehen* **2.** ■ *jmd. beschlägt ein Tier* (*haben*) *einem Pferd Hufeisen anlegen* **3.** ■ *etwas beschlägt etwas* (*haben*) *sich auf etwas als Kondenswasser niederschlagen* Wasserdampf hat die Scheiben beschlagen. **II.** *ohne OBJ* ■ *etwas beschlägt* (*sein* ≈ *anlaufen*) *Kondenswasser auf sich sammeln* Die Brille ist beschlagen. **III.** *mit SICH* ■ *etwas beschlägt sich Kondenswasser auf sich sammeln* Das Fenster hat sich beschlagen.

be·schla·gen *Adj.* (*umg.* ≈ *bewandert*) *so, dass jmd. gute Kenntnisse in einer Sache hat* Die Schülerin war in Physik ziemlich beschlagen. ▶Beschlagenheit

Be·schlag·nah·me die <-> (*kein Plur.*) AMTSSPR. *der Vorgang, dass eine Behörde etwas zwangsweise sicherstellt*

be·schlag·nah·men <beschlagnahmst, beschlagnahmte, hat beschlagnahmt> *mit OBJ* ■ *jmd. beschlagnahmt etwas (von jmdm.)* (AMTSSPR.: ≈ *konfiszieren, sicherstellen*) *in amtlichem Auftrag wegnehmen* Die Waffe wurde von der Polizei beschlagnahmt. ▶Beschlagnahmung

be·schleu·ni·gen <beschleunigst, beschleunigte, hat beschleunigt> **I.** *mit OBJ* ■ *jmd. beschleunigt etwas schneller werden lassen* Wie können wir das Verfahren beschleunigen?, die Fahrt beschleunigen **II.** *ohne OBJ* ■ *jmd./etwas beschleunigt schneller werden* Das Auto beschleunigt sehr gut., Auf der Zielgeraden beschleunigen die Läufer. **III.** *mit SICH* ■ *etwas beschleunigt sich* (↔ *verlangsamen*) *schneller werden* Der Puls beschleunigt sich durch die Aufregung.

Be·schleu·ni·ger der <-s, -> **1.** (PHYS.: ≈ *Teilchenbeschleuniger*) *kernphysikalische Anlage, in der Elementarteilchen beschleunigt werden, um eine Kernumwandlung zu erzeugen* **2.** CHEM. *Katalysator, der chemische Reaktionen beschleunigen soll*

be·schleu·nigt <nicht steig.> *Adj. so, dass etwas schneller geworden ist* eine beschleunigte Reaktion

Be·schleu·ni·gung die <-, -en> **1.** (*kein Plur.*) *das Schnellerwerden, das Schnellermachen* die Beschleunigung des Wirtschaftswachstums **2.** PHYS. *Zunahme der Geschwindigkeit innerhalb einer bestimmten Zeiteinheit*

Be·schleu·ni·gungs·ver·mö·gen das <-s> (*kein Plur.*) TECHN. *Fähigkeit zur Beschleunigung*[2] Das Auto hat ein gutes Beschleunigungsvermögen.

be·schlie·ßen <beschließt, beschloss, hat beschlossen> *mit OBJ* ■ *jmd. beschließt etwas* **1.** (*nach gründlicher Überlegung*) *sich für ein bestimmtes Handeln entscheiden* Sie beschlossen, die Reise zu unterbrechen. **2.** POL. *über etwas beraten und abstimmen; sich mit Stimmernmehrheit für etwas entscheiden* Das Gesetz wurde einstimmig beschlossen. **3.** (≈ *abschließen, beenden*) *auf eine bestimmte Weise zu Ende führen* Er beschloss seine Rede mit einer Anekdote.

Be·schluss der <-es, Beschlüsse> (≈ *Entscheidung*) *etwas, das* (*am Ende einer Beratung*) *beschlossen worden ist* Wir müssen heute noch einen Beschluss fassen., Falls die Kommission zu keinem Beschluss kommt ... ◆Gerichts-, Kommissions-, Mehrheits-, Regierungs-

be·schluss·fä·hig <nicht steig.> *Adj. so, dass die Voraussetzungen gegeben sind, dass ein Gremium einen Beschluss fassen kann* Die Versammlung war nicht beschlussfähig, weil zu viele Mitglieder fehlten.

Be·schluss·fas·sung die <-, -en> (*Plur. selten*) *das Fassen eines Beschlusses*

be·schluss·un·fä·hig <nicht steig.> *Adj.* (↔ *beschlussfähig*) *nicht beschlussfähig*

be·schmie·ren <beschmierst, beschmierte, hat beschmiert> *mit OBJ* ■ *jmd. beschmiert etwas mit etwas Dat.* **1.** (≈ *bestreichen*) *etwas Breiiges gleichmäßig auf der Oberfläche von etwas verteilen* ein Brötchen mit Butter beschmieren **2.** ■ *jmd. beschmiert jmdn./etwas mit etwas Dat. jmdn. oder etwas mit etwas beschmutzen* den Tisch mit Speiseresten beschmieren **3.** (*abwert.*) *unsauber bemalen, verunstalten* Das Kind hat die Wand mit Kritzeleien beschmiert.

be·schmut·zen <beschmutzt, beschmutzte, hat beschmutzt> *mit OBJ* ■ *jmd. beschmutzt jmdn./etwas* **1.** *schmutzig machen* Sie hat sich beim Spielen das Kleid beschmutzt. **2.** *jmds. Ruf schädigen* Er hat durch üble Nachrede den Ruf seines Bekannten beschmutzt., Das Andenken eines Verstorbenen soll man nicht beschmutzen.

be·schnei·den <beschneidest, beschnitt, hat beschnitten> *mit OBJ* ■ *jmd. beschneidet etwas* **1.** *durch Schneiden kürzen oder in die gewünschte Form bringen* den Apfelbaum beschneiden **2.** (≈ *einschränken*) Du beschneidest meine Rechte!, jemanden in seinem Einkommen beschneiden **3.** ■ *jmd. beschneidet jmdn./etwas die Vorhaut des Penis* (*aus rituellen oder medizinischen Gründen*) *ganz oder teilweise entfernen* ein beschnittener Penis, Der Knabe wurde im Alter von dreizehn Jahren beschnitten. ▶Beschneidung

Be·schnitt der <-(e)s> (*kein Plur.*) *Vorgang des Beschneidens*[1] Der Beschnitt der Obstbäume erfordert viel Erfahrung.

be·schnüf·feln <beschnüffelst, beschnüffelte, hat beschnüffelt> *mit OBJ* **1.** ■ *ein Tier beschnüffelt etwas/jmdn. an etwas schnüffeln* Der Hund beschnüffelte den Fremden. **2.** (*umg.*) *vorsichtig prüfen* die neue Umgebung beschnüffeln **3.** (*umg.* ≈ *bespitzeln, observieren*) *ständig* (*heimlich*) *beobachten* Er wurde vom Geheimdienst beschnüffelt.

be·schnup·pern <beschnupperst, beschnupperte, hat beschnuppert> *mit OBJ* **1.** ■ *ein Tier beschnuppert etwas/jmdn. prüfend an etwas riechen* Die Katze beschnuppert den Futternapf. **2.** (*umg.*) *sich jmdm. mit einer gewissen Vorsicht nähern, weil er fremd oder irgendwo neu ist* den neuen Mitarbeiter erst einmal beschnuppern

be·schö·ni·gen <beschönigst, beschönigte, hat beschönigt> *mit OBJ* ■ *jmd. beschönigt etwas besser darstellen als es in Wahrheit ist* Sie versuchte ihre eigenen Fehler zu beschönigen.

be·schö·ni·gend <nicht steig.> *Adj. so, dass es besser dargestellt wird als es in Wirklichkeit ist*

be·schrän·ken <beschränkst, beschränkte, hat beschränkt> **I.** *mit OBJ* ■ *jmd. beschränkt etwas/jmdn.* (≈ *begrenzen, einschränken*) *etwas begrenzen, einer Sache oder jmdm. Schranken setzen* Er hat sie jahrelang in ihren Rechten beschränkt., Wir müssen unsere Aktivitäten aus gesundheitlichen Gründen leider etwas beschränken. **II.** *mit SICH* ■ *jmd. beschränkt sich auf etwas Akk. sich mit etwas begnügen* Ich beschränke mich bei meinen Ausführungen auf das Wesentliche. ▶Beschränkung

be·schrạnkt <nicht steig.> *Adj.* (↔ *unbeschrankt*) *mit Schranken versehen* ein beschrankter Bahnübergang

be·schrạ̈nkt *Adj.* **1.** (≈ *begrenzt*) *räumlich oder zeitlich eingeschränkt* Das ist nur in beschränktem Ausmaß möglich., Wir haben nur beschränkten Platz zum Aufbewahren von Kleidung. **2.** (*abwert.* ≈ *einfältig, engstirnig*) *geistig unbeweglich; nicht sehr weitblickend* Er ist in seinen Ansichten etwas beschränkt.

Be·schrạ̈nkt·heit die <-> (*kein Plur.*) **1.** *Begrenztheit* Die Beschränktheit der Mittel lässt größere Planungen nicht zu. **2.** (*abwert.* ≈ *Dummheit, Engstirnigkeit, Kleinlichkeit*) *geistige Unbeweglichkeit* Man sieht ihm seine Beschränktheit förmlich an.

be·schrei·ben <beschreibst, beschrieb, hat beschrieben> *mit OBJ* ■ *jmd. beschreibt etwas/jmdn.* **1.** (≈ *schildern*) *ausführlich mit Worten darstellen, wie jmd. oder etwas aussieht* etwas anschaulich/ausführlich/detailliert/plastisch beschreiben **2.** *auf etwas schreiben* Die Blätter dürfen nur einseitig beschrieben werden. **3.** ■ *etwas beschreibt etwas sich in einer bestimmten Bahn bewegen* Der Fluss beschreibt hier mehrere große Biegungen.

Be·schrei·bung die <-, -en> **1.** *das Beschreiben*[1 2 3] eine ausführliche Beschreibung des Weges **2.** *Zusammenstellung der Angaben über etwas* ◆ Personen-, Täter-

be·schrei·ten <beschreitest, beschritt, hat beschritten> *mit OBJ* ■ *jmd. beschreitet einen Weg* (*geh.*) *einen neuen Weg gehen* völlig neue Wege im Umweltschutz beschreiten

Be·schrieb der <-(e)s, -e> (*schweiz.*) *Beschreibung*

be·schrịf·ten <beschriftest, beschriftete, hat beschriftet> *mit OBJ* ■ *jmd. beschriftet etwas* (*mit etwas Dat.*) *mit einer Beschriftung versehen* die Etiketten der Einmachgläser beschriften

Be·schrịf·tung die <-, -en> **1.** (*kein Plur.*) *das Beschriften* **2.** *Worte, die auf etwas geschrieben sind, um den Inhalt zu kennzeichnen oder eine Funktion anzugeben* Bei diesen Bildern fehlen noch die Beschriftungen, Ich muss noch eine Beschriftung auf dem Etikett anbringen.

be·schụl·di·gen <beschuldigst, beschuldigte, hat beschuldigt> *mit OBJ* ■ *jmd. beschuldigt jmdn.* (*einer Sache*) (≈ *vorwerfen*) *jmdm. Schuld an etwas geben* Sie beschuldigten ihn zu Unrecht., Er beschuldigte sie des Diebstahls., Man hat ihn beschuldigt, den Kunden betrogen zu haben.

Be·schụl·di·gung die <-, -en> (≈ *Vorwurf*) *Äußerung, mit der jmd. beschuldigt wird* eine falsche Beschuldigung zurückweisen

Be·schụss der <-es> (*kein Plur.*) **1.** MILIT. *gezieltes Feuer aus Schusswaffen* die feindliche Stellung unter Beschuss nehmen **2.** ■ **jemanden/etwas unter Beschuss nehmen**: *jmdn. oder etwas* (*in der Öffentlichkeit*) *scharf kritisieren* den Politiker durch gezielte Fragen unter Beschuss nehmen **3.** PHYS. *das Beschießen* der Beschuss der Teilchen mit Neutronen ■ **unter Beschuss geraten**: *öffentlich heftig kritisiert werden* Die Regierung ist wegen ihrer Gesundheitspolitik unter Beschuss geraten.

be·schụ̈t·zen <beschützt, beschützte, hat beschützt> *mit OBJ* ■ *jmd. beschützt jmdn./ein Tier* (*vor etwas Dat.*) *dafür sorgen, dass eine Gefahr oder Bedrohung jmdm. nicht schaden kann* Er beschützte seinen kleinen Bruder vor den anderen Jungen., Sie hat die Katze vor dem Tierfänger beschützt. ▸Beschützer

be·schwạt·zen <beschwatzt, beschwatzte, hat beschwatzt> *mit OBJ* ■ *jmd. beschwatzt jmdn.* (*zu etwas Dat.*) (*umg.*) **1.** *jmdn. zu etwas überreden* Schließlich habe ich mich doch noch beschwatzen lassen, bei dem Ausflug mitzukommen. **2.** (≈ *bereden*) *etwas mit jmdm. ausführlich besprechen* Das lässt sich am besten bei einer Tasse Kaffee beschwatzen.

Be·schwẹr·de die <-, -n> **1.** (≈ *Klage*) *eine Klage, mit der man sich über jmdn. oder etwas beschwert* Ich werde bei Ihrem Vorgesetzten Beschwerde einlegen. ◆ -frist, -führer, gegenstand, -recht, -schrift **2.** (*meist Plur.*) *körperliche Leiden, Schmerzen, Mühe* die Beschwerden einer Schwangerschaft, Das Treppensteigen macht ihm Beschwerden. ▸beschwerdefrei

be·schwẹ·ren <beschwerst, beschwerte, hat beschwert> **I.** *mit OBJ* ■ *jmd. beschwert etwas* (*mit etwas Dat.*) *etwas Schweres auf etwas legen* die losen Blätter mit einem Stein beschweren **II.** *mit SICH* **1.** ■ *jmd. beschwert sich über etwas Akk.* (≈ *reklamieren*) *sagen, dass man mit etwas sehr unzufrieden ist* Er beschwerte sich bei der Geschäftsleitung über den schlechten Service. **2.** ■ *jmd. beschwert sich über jmdn. Klage über jmds. Verhalten erheben*

be·schwẹr·lich *Adj.* (≈ *anstrengend, mühevoll, strapaziös*) *so, dass es Beschwerden*[2] *bereitet und anstrengend ist* Die Reise war lang und beschwerlich.

be·schwịch·ti·gen <beschwichtigst, beschwichtigte, hat beschwichtigt> *mit OBJ* ■ *jmd. beschwichtigt jmdn.* (≈ *beruhigen, besänftigen*) *so zu jmdm. sprechen, dass er sich beruhigt* Sie versuchte seinen Zorn zu beschwichtigen., Sie haben durch eine Spende ihr schlechtes Gewissen beschwichtigt.

be·schwịn·deln <beschwindelst, beschwindelte, hat beschwindelt> *mit OBJ* ■ *jmd. beschwindelt jmdn.* (*mit etwas Dat.*) (*umg.*) *jmdn. in einer unbedeutenden Sache* (*auf harmlose Art*) *belügen* Das Kind hat seine Mutter beschwindelt.

be·schwịngt *Adj.* **1.** *gut gelaunt und schwungvoll* Beschwingt und gut gelaunt fuhr sie nach der Party nach Hause. **2.** *so, dass etwas gute Laune macht* ein beschwingte Melodie ▸Beschwingtheit

be·schwịpst *Adj.* (*umg.*) *leicht angetrunken* Schon nach einem Glas Sekt war sie beschwipst.

be·schwọ̈·ren <beschwörst, beschwor, hat beschworen> *mit OBJ* **1.** ■ *jmd. beschwört etwas etwas durch einen Schwur bekräftigen* Er ist bereit, seine Aussage vor Gericht zu beschwören. **2.** ■ *jmd. beschwört etwas Vergangenes in der Vorstellung zurückrufen* Ich will jetzt nicht die Erinnerungen an die Jugend beschwören. **3.** ■ *jmd. beschwört jmdn. etwas zu tun anflehen* Ich beschwöre dich, mir zu helfen! **4.** ■ *jmd. beschwört jmdn. Geister oder Götter anrufen* Der Medizinmann beschwor die Götter. ▶Beschwörung

be·see·len <beseelt, beseelte, hat beseelt> *mit OBJ* ■ *etwas beseelt jmdn.* (*geh.*) *mit einem positiven Gefühl erfüllen* Die Hoffnung beseelte ihn., Künstler und Gelehrte waren vom Geist des Humanismus beseelt.

be·seelt *Adj.* (*geh.*) *so, dass man innerlich von etwas erfüllt ist* der beseelte Ton des berühmten Geigers, Ihr Gesang ist ausdrucksvoll und beseelt.

be·se·hen <besiehst, besah, hat besehen> *mit OBJ* ■ *jmd. besieht sich etwas* (≈ *anschauen*) *genau betrachten* sich einen Schaden genau besehen

be·sei·ti·gen <beseitigst, beseitigte, hat beseitigt> *mit OBJ* **1.** ■ *jmd. beseitigt etwas* (*mit etwas Dat.*) (≈ *entfernen*) Flecken/eine Verschmutzung beseitigen **2.** *aus dem Weg räumen* das Laub auf dem Gehweg beseitigen **3.** ■ *jmd. beseitigt jmdn.* (*verhüll.* ≈ *ermorden, umbringen*) *töten* Der Täter beseitigte alle Mitwisser. ▶Beseitigung

Be·sen der <-s, -> **1.** *ein Werkzeug, das aus einer Art Bürste an einem langen Stiel besteht und das man benutzt, um den Boden von Schmutz zu reinigen* mit dem Besen die Wege kehren ◆-stiel, Kehr- **2.** ■ **ich fresse einen Besen, wenn nicht …** (*umg.*): *etwas ist so unwahrscheinlich, dass es mich sehr wundern würde, wenn nicht …* **Neue Besen kehren gut**: *wenn jmd. ein neues Amt innehat, ist er am Anfang besonders eifrig und fleißig*

Be·sen·bin·der der <-s, -> *jmd., der Besen herstellt*

Be·sen·wirt, **Be·sen·wir·tin** die <-(e)s, -e> (*süddt.*) *Wirt in einer Besenwirtschaft*

Be·sen·wirt·schaft die <-, -en> (*süddt.*) *ein kleines* (*von Weinbauern betriebenes*) *Lokal, das nur wenige Wochen im Herbst geöffnet hat* (*und an einem Besen über der Tür erkennbar ist*)

be·ses·sen *Adj. so, dass jmd. innerlich von etwas völlig beherrscht oder heftig ergriffen ist* Sie war von dieser fixen Idee besessen., Er ist von seiner Arbeit besessen., Wie besessen arbeitete der Komponist an dem letzten Satz seiner Sinfonie. ▶Besessenheit ◆kunst-, macht-

be·set·zen <besetzt, besetzte, hat besetzt> *mit OBJ* **1.** ■ *jmd. besetzt etwas* (≈ *belegen*) *irgendwo einen von mehreren Sitzplätzen reservieren* In der ersten Reihe sind alle Sitzplätze schon besetzt **2.** ■ *jmd. besetzt etwas mit jmdm.* (≈ *vergeben*) *eine Arbeitsstelle an jmdn. vergeben* Die Posten wurden völlig willkürlich besetzt. **3.** ■ *jmd. besetzt etwas mit jmdm.* THEAT. *einem Schauspieler eine Rolle geben* Das Stück wird völlig neu besetzt. **4.** ■ *jmd. besetzt etwas mit etwas Dat. verzieren* Sie besetzte die Bluse mit einer Borte. **5.** ■ *jmd. besetzt etwas* MILIT. *mit Waffengewalt in seinen Einfluss bringen* Die Truppen besetzten das feindliche Gebiet. **6.** ■ *jmd. besetzt etwas widerrechtlich in Besitz nehmen* Demonstranten besetzten für einige Stunden die Gleise., ein Haus besetzen

Be·set·zer der <-s, -> *jmd., der ein Gebäude oder Grundstück widerrechtlich besetzt hält* ◆Haus-

be·setzt *Adj.* **1.** (≈ *belegt*) *so, dass jmd. darauf sitzt* Alle Plätze sind schon besetzt. **2.** *reserviert* Ist dieser Platz frei? – Nein, er ist schon besetzt. **3.** TELEKOMM. *so, dass über eine Telefonleitung gerade ein Gespräch übermittelt wird* Momentan sind alle Leitungen besetzt.

Be·setzt·zei·chen das <-s, -> TELEKOMM. *Zeichen, das anzeigt, dass eine Telefonleitung besetzt[3] ist*

Be·set·zung die <-, -en> **1.** (*kein Plur.*) *das Besetzen[2 4 5]* **2.** *Gesamtheit der Künstler, die ein Werk aufführen* die aktuelle Besetzung des Stückes bekanntgeben ◆Star-, -sliste

be·sich·ti·gen <besichtigst, besichtigte, hat besichtigt> *mit OBJ* ■ *jmd. besichtigt etwas einen Rundgang durch eine Anlage, ein Gebäude o.Ä. machen, um es kennenzulernen* eine Ausstellung besichtigen

Be·sich·ti·gung die <-, -en> *das Besichtigen* die Besichtigung der Baustelle durch einen Sachverständigen ◆-serlaubnis, -stermin, -szeit

be·sie·deln <besiedelst, besiedelte, hat besiedelt> *mit OBJ* ■ *jmd. besiedelt etwas an einem Ort Häuser bauen und zu leben beginnen* Die Einwanderer besiedelten zuerst die Küstenregionen., eine dicht besiedelte Gegend

Be·sie·d·lung/Be·sie·de·lung die <-> (*kein Plur.*) *das Besiedeln, das Besiedeltsein*

Be·sied·lungs·dich·te die <-> (*kein Plur.*) *Anzahl der Bewohner je Flächeneinheit*

be·sie·geln <besiegelst, besiegelte, hat besiegelt> *mit OBJ* **1.** ■ *jmd. besiegelt etwas* (*mit etwas Dat.*) *bindend bestätigen* Sie besiegelten ihre Abmachung mit einem Handschlag. **2.** ■ *jmd. besiegelt etwas bewirken, dass etwas entschieden ist* Durch diese Nachricht war ihr Schicksal endgültig besiegelt.

be·sie·gen <besiegst, besiegte, hat besiegt> *mit OBJ* **1.** ■ *jmd. besiegt jmdn.* (*in etwas Dat.*) *den Sieg in Sport oder Kampf über jmdn. oder etwas erringen* die gegnerische Mannschaft im Fußball besiegen **2.** ■ *jmd. besiegt etwas* (*übertr.* ≈ *überwinden*) Er hat den Krebs besiegt., Angst/Zweifel besiegen

Be·sieg·te der/die <-n, -n> *jmd., der besiegt wurde*

be·sin·nen <besinnst, besann, hat besonnen> *mit SICH* (*geh.*) **1.** ■ *jmd. besinnt sich auf etwas Akk. sich erinnern an* Jetzt besinne ich mich wieder darauf! **2.** ■ *jmd. besinnt sich nachdenken* Er besann sich einen Augenblick, dann … **3.** ■ *jmd. besinnt sich einer Sache sich einer Sache bewusst werden* Sie besann sich dann doch noch ihrer Aufgabe/Verpflichtung. ■ **sich eines Besseren besinnen**: *seinen Entschluss zum Besseren verändern*

be·sinn·lich *Adj. so ruhig und entspannend, dass es psychisch wohltuend ist* einige besinnliche

Stunden verbringen, die besinnliche Adventszeit ▶Besinnlichkeit

Be·sin·nung die <-> (*kein Plur.*) **1.** *das Besinnen*[1] [2] **2.** (≈ *Bewusstsein*) *der Zustand, in dem man geistig klar und fähig zur bewussten Wahrnehmung ist* Bei dem Unfall verlor sie die Besinnung. **3.** (≈ *Vernunft*) *normaler Zustand der Selbstbeherrschung* Er war erst sehr erregt, konnte dann aber wieder zu Besinnung gebracht werden. **4.** *ruhiges Überlegen, Nachdenken* In den Ferien hatte sie endlich Zeit für Muße und Besinnung ▶besinnlich

be·sin·nungs·los <nicht steig.> *Adj.* **1.** (≈ *bewusstlos, ohnmächtig*) Vor Schreck sank sie besinnungslos zu Boden. **2.** *aufs höchste erregt, außer sich* besinnungslos vor Wut sein

Be·sitz der <-es> (*kein Plur.*) (≈ *Eigentum, Vermögen*) *alles, was jmd. besitzt* Das Gemälde befindet sich im Besitz eines privaten Sammlers. ◆ Familien-, Grund-, Kunst-, Privat-

be·sitz·an·zei·gend <nicht steig.> *Adj.* ■ **besitzanzeigendes Fürwort** (≈ *Possessivpronomen*)

be·sit·zen <besitzt, besaß, hat besessen> *mit OBJ* ■ *jmd. besitzt etwas* **1.** *über einen Gegenstand als sein Eigentum verfügen* Er besitzt eine wertvolle Gemäldesammlung. **2.** *eine Eigenschaft haben* Sie besitzt viel Ausdauer/Temperament/nur wenig Geduld.

Be·sit·zer, **Be·sit·ze·rin** der <-s, -> *jmd., der etwas besitzt*[1] ◆ Auto-, Fabrik-, Haus-, Hotel-, Mit-

be·sitz·er·grei·fend *Adj. mit der Eigenschaft, dass man andere Menschen zu sehr für sich beansprucht* Er ist in Ehe und Beruf sehr besitzergreifend.

Be·sit·zer·stolz der <-es> (*kein Plur.*) *der Stolz über einen bestimmten Besitz* das neue Auto voller Besitzerstolz zeigen

Be·sit·zer·wech·sel der <-s, -> *Übergang von etwas aus jmds. Besitz an einen anderen Besitzer* Das Lokal hat zahllose Besitzerwechsel hinter sich.

Be·sitz·gier die <-> (*kein Plur.*) (*abwert.*) *Gier nach Besitz*[1] Seine Besitzgier trieb ihn in die Kriminalität.

be·sitz·los <nicht steig.> *Adj.* (≈ *mittellos*) *so, dass jmd. ohne Besitz*[1] *ist* Er ist völlig besitzlos. ▶Besitzlosigkeit

Be·sitz·nah·me die <-> (*kein Plur.*) (≈ *das Inbesitznehmen, die Besitzergreifung*)

Be·sitz·tum das <-(e)s, Besitztümer> **1.** *Gesamtheit des Besitzes* Er war bestrebt, sein Besitztum zu vermehren. **2.** (*meist Plur.*) *großer Besitz an Gebäuden und Ländereien* Die Kirche verfügt über große Besitztümer.

Be·sit·zung die <-, -en> (*geh.*) *größeres Grundstück* Besitzungen auf dem Lande haben

Be·sitz·ver·hält·nis·se <-> (*Plur.*) *die Art und Weise, in der der Besitz verteilt ist* Die Besitzverhältnisse sind ungeklärt.

be·sof·fen *Adj.* (*umg. abwert.* ≈ *blau*) *völlig betrunken* Die Randalierer waren völlig besoffen.

be·soh·len <besohlst, besohlte, hat besohlt> *mit OBJ* ■ *jmd. besohlt etwas Schuhe mit Sohlen versehen* Schuhe vom Schuster neu besohlen lassen

be·sol·den <besoldest, besoldete, hat besoldet> *mit OBJ* ■ *jmd. besoldet jmdn.* (≈ *entlohnen*) *Arbeitnehmern im öffentlichen Dienst, Beamten oder Soldaten ein bestimmtes Gehalt geben* Beamte werden vom Staat besoldet.

Be·sol·dung die <-, -en> **1.** (*kein Plur.*) *das Besolden* **2.** *Diensteinkommen, Dienstbezüge* Die Besoldung wird dem Dienstalter angepasst. ◆ -sgruppe

be·son·de·re(r, s) <nicht steig.> *Adj.* **1.** *ungewöhnlich, speziell* Sie gaben sich besondere Mühe., eine besondere Freude, ein besonderer Augenblick **2.** (≈ *außerordentlich*) *besser als gewöhnlich* Der Schüler besitzt besondere Fähigkeiten. ◆ Großschreibung→R 3.7 das Besondere; im Besonderen; etwas/nichts Besonderes

Be·son·der·heit die <-, -en> (≈ *Eigenart, Eigentümlichkeit, Spezialität*) *besonderes Merkmal, das für etwas typisch ist*

be·son·ders *Adv.* **1.** (≈ *hauptsächlich*) *vor allem* Darauf müsst ihr besonders aufpassen! **2.** *sehr, ausdrücklich* Dieses Bild ist besonders schön., Ich hatte auf diesen Aspekt besonders hingewiesen.

be·son·nen *Adj.* (≈ *überlegt, bedächtig*) *so, dass man vor dem Handeln gut nachdenkt und sehr umsichtig ist* besonnenes Handeln ▶Besonnenheit

be·sor·gen <besorgst, besorgte, hat besorgt> *mit OBJ* ■ *jmd. besorgt etwas* **1.** (≈ *beschaffen, kaufen*) Ich muss noch die Weihnachtsgeschenke besorgen. **2.** (≈ *erledigen*) (*einen Auftrag*) *ausführen* Die restlichen Arbeiten besorgte sein Assistent.

Be·sorg·nis die <-, -se> (≈ *Sorge*) *der Zustand, dass man wegen etwas Angst hat und beunruhigt ist* Der Zwischenfall gab Anlass zur Besorgnis. ◆ Getrennt- oder Zusammenschreibung→R 4.12 Ihr Gesundheitszustand war Besorgnis erregend/besorgniserregend. Sie war in einem Besorgnis erregenden/besorgniserregenden Zustand.; Zusammenschreibung→R 4.12 Der Zwischenfall ist äußerst/höchst besorgniserregend., Das ist ein noch besorgniserregender Zustand.; Getrenntschreibung→R 4.12 ein große Besorgnis erregender Zustand

be·sorgt <besorgter, am besorgtesten> *Adj.* **1.** *so, dass man sich Sorgen macht* Als sie von der Krankheit des Kindes erfuhr, war sie sehr besorgt. **2.** *so, dass man sich um jmdn. kümmert* Er ist sehr um ihr Wohlergehen besorgt., ein besorgter Vater

Be·sorgt·heit die <-> (*kein Plur.*) *Gefühl der Besorgnis* Sie konnte ihre Besorgtheit nicht verbergen.

Be·sor·gung die <-, -en> **1.** *Erledigung, Einkauf* eine Besorgung im Supermarkt machen **2.** (*kein Plur.*) *das Besorgen, das Erledigen* Die Besorgung der Geschäfte nahm den ganzen Tag in Anspruch.

be·span·nen <bespannst, bespannte hat bespannt> *mit OBJ* ■ *jmd. bespannt etwas* (*mit etwas Dat.*) **1.** *etwas über etwas spannen* die Wand mit Stoff bespannen, einen Rahmen mit einem Netz bespannen **2.** *einen Wagen mit Zugtieren versehen* die Kutsche mit vier Pferden bespannen

Be·spạn·nung die <-, -en> **1.** (*kein Plur.*) *das Bespannen* **2.** *das Material, mit dem etwas bespannt[1] ist* Die Bespannung dieses Tennisschlägers ist sehr haltbar.

be·spiel·bar <nicht steig.> *Adj.* SPORT *so, dass auf einem Platz gespielt werden kann* Nach dem starken Regen ist der Fußballplatz nicht bespielbar.

be·spie·len <bespielst, bespielte, hat bespielt> *mit OBJ* ■ *jmd. bespielt etwas* **1.** *Bild- oder Tondaten auf einem Datenträger aufzeichnen* Das Videoband ist bis zum Ende bespielt worden. **2.** THEAT. *Gastspiele geben* Unser Theater wird von einer Schauspieltruppe aus der Nachbarstadt bespielt. **3.** SPORT *einen Platz zum Spielen nutzen* einen Fußballplatz bespielen

be·spịt·zeln <bespitzelst, bespitzelte, hat bespitzelt> *mit OBJ* ■ *jmd. bespitzelt jmdn.* (≈ *ausspionieren, observieren, überwachen*) (*über einen längeren Zeitraum*) *heimlich beobachten* Im Auftrag des Chefs bespitzelte er seine Mitarbeiter.

be·spre̩·chen <besprichst, besprach, hat besprochen> **I.** *mit OBJ* ■ *jmd. bespricht etwas* (*mit jmdm.*) **1.** *über eine Angelegenheit sprechen; Meinungen austauschen* die Aufgabenverteilung mit den Mitarbeitern besprechen **2.** ■ *jmd. bespricht etwas über ein Buch, eine Theateraufführung, einen Film oder eine CD eine Kritik schreiben* Dieser Film ist kürzlich in der Zeitung besprochen worden. **3.** ■ *jmd. bespricht etwas auf einen Tonträger sprechen* eine Cassette/ein Tonband besprechen **4.** ■ *jmd. bespricht etwas mit magischen Mitteln auf etwas einwirken* Warzen besprechen **II.** *mit SICH* ■ *jmd. bespricht sich mit jmdm. eine Besprechung mit jmdm. haben* Wir besprechen uns heute in der Konferenz über das Thema.

Be·spre̩·chung die <-, -en> **1.** *ausführliches Gespräch über eine bestimmte Sache* eine Besprechung der Lage ◆ Einsatz-, Lage- **2.** (≈ *Rezension*) *ein Text, in dem der Inhalt eines Buches nach seiner Qualität beurteilt wird* Die Besprechung des Romans war eher ablehnend. ◆ -sexemplar, Buch- **3.** *das rituelle Beschwören eines Kranken mit dem Ziel, die Krankheit zu heilen* die Besprechung der Krankheit durch den afrikanischen Medizinmann

Be·spre̩ch·ungs·raum der <-s, Besprechungsräume> *Raum für Besprechungen[1]*

be·spre̩n·gen <besprengst, besprengte, hat besprengt> *mit OBJ* ■ *jmd. besprengt etwas* (*mit etwas Dat.*) *etwas feucht machen, indem man Wasser darauf verspritzt* den Rasen besprengen, Sie besprengt sich mit Eau de cologne.

be·spre̩n·keln <besprenkelst, besprenkelte, hat besprenkelt> *mit OBJ* ■ *jmd. besprenkelt etwas* (*mit etwas Dat.*) *mit vielen kleinen Flecken versehen* das Tischtuch mit Kaffee besprenkeln

be·sprị̣n·gen <bespringst, besprang, hat besprungen> *mit OBJ* ■ *ein Tier bespringt ein Tier* (*umg.*) *ein männl. Tier steigt auf ein weibl. Tier und begattet es* Der Hengst bespringt die Stute.

be·sprị̣t·zen <bespritzt, bespritzte, hat bespritzt> *mit OBJ* ■ *jmd./etwas bespritzt jmdn./etwas* (*mit etwas Dat.*) **1.** *durch Spritzen nass machen* Die Kinder haben Spaß daran, sich im Freibad zu bespritzen. **2.** *durch Spritzen beschmutzen* Das Auto bespritzte meinen Mantel.

be·sprü·hen <besprühst, besprühte, hat besprüht> *mit OBJ* ■ *jmd. besprüht etwas/jmdn.* (*mit etwas Dat.*) *auf etwas sprühen* die Zimmerpflanzen besprühen, die Frisur mit Haarspray besprühen

be·spü·len <bespült, bespülte, hat bespült> *mit OBJ* ■ *etwas bespült etwas über etwas spülen, spülend berühren* Der Fluss bespült das Ufer.

Bes·sa·ra·bi·en das <-s> *Gebiet nordwestlich des Schwarzen Meeres*

bẹs·ser <am besten> (*Komparativ von „gut"*) **I.** *Adj.* Es wird ihm bald besser gehen., Durch seine neue Position wird er sich bald besser stellen., besser Verdienende, besser Gestellte ■ **jemands bessere Hälfte** (*scherzh.*): *jmds. Ehefrau* **besser ist besser !** (*umg.*): *zur Vorsicht* Ich schließe lieber doch das Fenster, besser ist besser! **Besseres zu tun haben**: *sich um etwas nicht kümmern wollen oder können* Ich kann nicht auch noch darauf aufpassen, ob die Kollegen ihre Computer ausgeschaltet haben – Ich habe Besseres zu tun! ♦ Großschreibung→R 3.4, R 3.7 das Bessere, sich eines Besseren besinnen, eine Wendung zum Besseren **II.** *Adv.* (*geh.* ≈ *lieber*) Gehe besser zum Arzt!, besser spät als nie, besser gesagt

bẹs·sern <besserst, besserte, hat gebessert> **I.** *mit OBJ* ■ *etwas bessert jmdn./etwas besser machen* Auch eine strengere Erziehung besserte ihn nicht mehr. **II.** *mit SICH* **1.** ■ *etwas bessert sich* (↔ *verschlechtern*) *besser werden* Das Wetter hat sich gebessert. **2.** ■ *jmd. bessert sich jmd. macht etwas besser als vorher* Früher warst du oft unpünktlich, aber du hast dich inzwischen gebessert!

bẹs·ser·stel·len <stellst besser, stellte besser, hat besser gestellt> **I.** *mit SICH* ■ *jmd. stellt sich besser seine finanzielle und soziale Lage aufbessern* Durch den Wechsel der Arbeitsstelle versuchte er sich besserzustellen. **II.** *mit OBJ* ■ *jmd. stellt jmdn. besser jmdn. in eine höhere Gehaltsklasse versetzen*

Bẹs·se·rung die <-, -en> **1.** (≈ *Erholung, Genesung, Heilung*) *das Besserwerden des Gesundheitszustandes* Der Kranke befindet sich auf dem Wege der Besserung., Gute Besserung! **2.** (≈ *Verbesserung* ↔ *Verschlechterung*) *das Bessermachen* sich für eine Besserung der Zustände einsetzen

Bẹs·se·rungs·an·stalt die <-, -en> (*veralt.* ≈ *Erziehungsanstalt*) *Fürsorgeheim für schwer erziehbare oder verwahrloste Jugendliche*

Bẹs·ser·ver·die·nen·de der <-n, -n> *jmd. mit einem höheren Einkommen als der Durchschnitt der Bevölkerung* Mit seinem Einkommen gehört er zu den Besserverdienenden.

Bẹs·ser·wis·ser, **Bẹs·ser·wis·se·rin** der <-s, ->

(*abwert.* ≈ *Alleswisser, Neunmalkluger, Rechthaber*) *jmd., der immer glaubt, er sei klüger als andere* Dieser Besserwisser geht uns langsam auf die Nerven. ▶Besserwisserei, besserwisserisch

Be·stand der <-(e)s, Bestände> **1.** (*kein Plur.*) (≈ *Dauer, Kontinuität*) *das Bestehen, die Fortdauer von etwas* den Bestand des Betriebes sichern, Er wollte etwas von Bestand schaffen. **2.** *vorhandene Menge von etwas* Der Bestand an Rehen in diesem Waldgebiet ist recht groß. ◆Baum-, Tier-, Wald-, Wild-, Vieh- **3.** (WIRTSCH.: ≈ *Vorrat*) *die Warenmenge, die im Lager ist* den Bestand an verderblichen Lebensmitteln überprüfen ◆Lager-, Rest-, Waren-

be·stan·den *Adj.* **1.** (*bewachsen*) ein dünn bestandener Wald **2.** (*schweiz.*) *alt, in hohem, reiferen Alter* **3.** *Part. Perf. von „bestehen"*

be·stän·dig *Adj.* **1.** (≈ *dauernd, ständig*) *ohne Unterbrechung* in beständiger Furcht/Sorge sein, mit beständigem Fleiß arbeiten **2.** (↔ *unbeständig*) *gleichbleibend, ohne Veränderung* Das Wetter bleibt beständig., Die Aktienkurse sind zur Zeit beständig. ◆wert- **3.** *widerstandsfähig, dauerhaft* Das Material ist gegenüber Hitze beständig. ◆frost-, kälte-, licht-, nässe-

Be·stän·dig·keit die <-> (*kein Plur.*) *beständiges Wesen, beständige Beschaffenheit*

Be·stands·auf·nah·me die <-, -n> *der Vorgang, dass man sich einen Überblick über eine Situation oder einen Bestand[2] [3] verschafft* Das Buch beginnt mit einer kritischen Bestandsaufnahme der wirtschaftlichen Lage.

Be·stands·kon·trol·le die <-, -n> (≈ *Inventur*) *Kontrolle des Bestandes[2] [3]* monatlich ein Bestandskontrolle im Lager durchführen

Be·stand·teil der <-(e)s, -e> (≈ *Element, Komponente*) *etwas, das Teil einer größeren Einheit ist* Er zerlegte den Motor in seine Bestandteile. ■ **sich in seine Bestandteile auflösen** (*umg.*): *kaputtgehen* ◆Haupt-

be·stär·ken <bestärkst, bestärkte, hat bestärkt> *mit OBJ* **1.** ■ *jmd./etwas bestärkt jmdn.* (*in etwas Dat.*) (≈ *ermutigen*) *bewirken, dass jmd. seinen Standpunkt sicher und mit Nachdruck vertritt* Sie hat ihn in seinem Vorhaben bestärkt. **2.** ■ *etwas bestärkt etwas stärker machen* Diese Indizien bestärken meinen Verdacht, dass …

be·stä·ti·gen <bestätigst, bestätigte, hat bestätigt> **I.** *mit OBJ* **1.** ■ *jmd. bestätigt etwas sagen, dass etwas so ist, wie es eine andere Person bereits annimmt* Die Polizei bestätigte den Verdacht. **2.** ■ *jmd. bestätigt etwas unterschreiben, dass man etwas erhalten hat* Ich habe den Empfang des Pakets bestätigt. **3.** ■ *etwas bestätigt etwas bekräftigen* Seine Aussage bestätigt die Aussage der Zeugin. **II.** *mit SICH* **1.** ■ *etwas bestätigt sich sich als wahr herausstellen* Das Gerücht hat sich bestätigt. **2.** ■ *jmd. bestätigt sich sein Selbstgefühl steigern* Sie möchte sich gern in der neuen Aufgabe bestätigen.

Be·stä·ti·gung die <-, -en> **1.** (*kein Plur.*) *das Bestätigen* **2.** *Bescheinigung, mit der etwas bestätigt wird* eine Bestätigung ausstellen

be·stat·ten <bestattest, bestattete, hat bestattet> *mit OBJ* ■ *jmd. bestattet jmdn.* (≈ *beisetzen*) Er wurde feierlich bestattet.

Be·stat·tung die <-, -en> (≈ *Beerdigung, Beisetzung*) *Begräbnis* Die Bestattung findet am Freitag statt. ◆Erd-, Feuer-

Be·stat·tungs·in·s·ti·tut das <-(e)s, -e> *Unternehmen, das im Auftrag der Angehörigen eines Toten die Vorbereitung und Durchführung der Bestattung übernimmt*

be·stäu·ben <bestäubst, bestäubte, hat bestäubt> *mit OBJ* ■ *jmd./etwas bestäubt etwas* (*mit etwas Dat.*) **1.** *mit etwas Pulvrigem bestreuen oder überziehen* den Kuchen mit Puderzucker bestäuben **2.** BIOL. *durch Übertragung von Blütenstaub befruchten* Die Bienen bestäuben die Apfelblüten. ▶Bestäubung

be·stau·nen <bestaunst, bestaunte, hat bestaunt> *mit OBJ* **1.** ■ *jmd. bestaunt etwas* (≈ *anstaunen*) *mit Staunen und Verwunderung betrachten* Er bestaunte das neue Auto seines Freundes., Das Kind bestaunt den langen Hals der Giraffe. **2.** ■ *jmd. bestaunt jmdn.* (≈ *bewundern*) *Anerkennung und Respekt für jmdn. empfinden* Ich kann diesen Virtuosen nur bestaunen.

bes·te (*Superlativ von „gut"*) *Adj.* der beste Freund, ein Anzug aus bestem Stoff ■ **der erste Beste** (*umg.*): *jeder Beliebige* **für jmdn. ist das Beste gerade gut genug**: *jmd. stellt sehr hohe Ansprüche* **jemanden zum besten halten**: *einen Scherz mit jmdm. machen* Du willst mich wohl zum besten halten? **etwas zum besten geben**: *etwas Unterhaltsames erzählen* Ich will euch noch eine Anekdote zum besten geben … ◆Kleinschreibung→R 3.8, R 3.9 am besten, Dieser Saft ist der beste.; Großschreibung→R 3.4 Es ist das Beste., zum Besten, sein Bestes tun

be·ste·chen <bestichst, bestach, hat bestochen> *mit OBJ* **1.** ■ *jmd. besticht jmdn.* (*mit etwas Dat.*) (≈ *korrumpieren, schmieren*) *durch unerlaubte Geschenke für sich gewinnen* Er versuchte den Zollbeamten zu bestechen. **2.** ■ *jmd. besticht durch etwas* (≈ *imponieren*) *großen Eindruck auf jmdn. machen* Sie bestach durch ihr Wissen.

be·stech·lich *Adj.* (≈ *käuflich, korrupt*) *so, dass sich jmd. bestechen[1] lässt* ein bestechlicher Beamte

Be·stech·lich·keit die <-> (*kein Plur.*) **1.** *Bereitschaft, sich bestechen[1] zu lassen* **2.** RECHTSW. *Annahme von Bestechungsgeldern o.Ä. im Zusammenhang mit einer Amtshandlung*

Be·ste·chung die <-, -en> **1.** (*kein Plur.*) (≈ *Korruption*) *das Bestechen[1]* **2.** *der Akt der Bestechung* Zeuge einer Bestechung sein ◆Beamten-

Be·ste·chungs·af·fä·re die <-, -n> *durch Bekanntwerden einer Bestechung ausgelöster Skandal* Mehrere hochrangige Politiker waren in die Bestechungsaffäre verwickelt.

Be·steck das <-(e)s, -e/(-s)> **1.** *die Gesamtheit der Werkzeuge, mit denen man Essen zu sich nimmt oder mit deren Hilfe man das Essen zerkleinert*

oder serviert (z.B. Messer, Gabel und Löffel) noch ein zusätzliches Besteck auflegen ◆-kasten, -schublade, Ess-, Fisch-, Kuchen-, Obst-, Silber-, Tafel- **2.** MED. *Für einen bestimmten medizinischen Zweck (z.B. eine Operation) zusammengestellter Satz von Instrumenten* das chirurgische Besteck sterilisieren ◆ Spritz-

Be·ste·hen das <-s> *(kein Plur.) das Bestehen I., II.* Die Firma feiert ihr zehnjähriges Bestehen., das Bestehen von Abenteuern/einer Prüfung

be·ste·hen <bestehst, bestand, hat bestanden> **I.** *mit OBJ* ■ *jmd. besteht etwas erfolgreich absolvieren* Alle Kandidaten bestanden die Prüfung. **II.** *ohne OBJ* **1.** ■ *etwas besteht (irgendwie) existieren* Dieser Brauch besteht schon viele Jahrhunderte., Es besteht kein Grund, dass … **2.** ■ *etwas besteht aus etwas Dat. aus etwas zusammengesetzt sein* Wasser besteht aus Wasserstoff und Sauerstoff. **3.** ■ *jmd. besteht auf etwas Dat. auf etwas beharren* Der Gast besteht auf einem Zimmer mit Balkon.

be·steh·len <bestiehlst, bestahl, hat bestohlen> *mit OBJ* ■ *jmd. bestiehlt jmdn. jmdm. etwas stehlen* Er hat sie um einhundert Euro bestohlen.

be·stei·gen <besteigst, bestieg, hat bestiegen> *mit OBJ* **1.** ■ *jmd. besteigt etwas auf etwas steigen* einen Aussichtsturm/Berg besteigen ▶Besteigung **2.** ■ *jmd. besteigt etwas in ein Verkehrsmittel einsteigen* einen Bus/ein Flugzeug besteigen **3.** ■ *ein Tier besteigt ein Tier (≈ bespringen)*

Be·stell·block der <-(e)s, Bestellblöcke> *Block, in den Bestellungen eingetragen werden* etwas auf den Bestellblock notieren

be·stel·len <bestellst, bestellte, hat bestellt> *mit OBJ* **1.** ■ *jmd. bestellt etwas (bei jmdm.) (≈ anfordern) Waren liefern lassen* Diese Schuhe haben wir nicht am Lager, wir können sie aber bestellen., Hiermit bestelle ich verbindlich die folgenden Artikel …, Bis zur vollständigen Bezahlung bleibt die bestellte Ware Eigentum des Händlers., aus einem Katalog/bei einem Versandhaus/per Internet bestellen **2.** ■ *jmd. bestellt etwas (≈ reservieren)* Bitte bestellen Sie mir ein Einzelzimmer mit Dusche., ein Taxi bestellen, Eintrittskarten bestellen **3.** ■ *jmd. bestellt etwas sich in einem Lokal ein bestimmtes Gericht oder Getränk kommen lassen* ▶Bestellung **4.** ■ *jmd. bestellt jmdn. irgendwohin jmdn. bitten, an einen bestimmten Ort zu kommen* Der Chef hat sie heute zu sich bestellt. **5.** ■ *jmd. bestellt jmdn. zu etwas Dat.* AMTSSPR. *jmd. erteilt jmdm. den Auftrag zu etwas* Das Gericht hat ihn in diesem Verfahren zum Gutachter bestellt. **6.** ■ *jmd. bestellt jmdm. etwas jmdm. eine Nachricht ausrichten* Ich soll dir Grüße bestellen. **7.** ■ *jmd. bestellt etwas Land bebauen* Der Bauer bestellt den Acker. ■ **es ist gut/schlecht um jmdm. bestellt**: *es geht jmdm. gut/schlecht*

Be·stell·kar·te die <-, -n> *Karte, mit der etwas bestellt[1] wird* eine Bestellkarte ausfüllen

Be·stell·num·mer die <-, -n> *Nummer, unter der Ware (aus einem Katalog) bestellt[1] werden kann*

Be·stel·lung die <-, -en> **1.** *Auftrag zur Lieferung einer Ware* Die Abteilung bearbeitet täglich Hunderte von Bestellungen., eine Bestellung bestätigen/stornieren ◆-sbearbeitung, Sammel- **2.** *(kein Plur.) das Bestellen[6]* **3.** *das Bestellen[7]* die Bestellung des Feldes ■ **jemandem eine Bestellung ausrichten**: *jmdm. eine Botschaft bringen* **4.** *das Bestellen[3]* ■ **die Bestellung aufnehmen**: *als Ober notieren, welche Speisen und Getränke die Gäste (an einem bestimmten Tisch) wünschen* Der Ober nimmt die Bestellung auf.

bes·ten·falls *Adv. im günstigsten Fall* er kann bestenfalls morgen hier sein

bes·tens *Adv.* **1.** *sehr gut, so gut wie möglich* Es geht mir bestens. **2.** *sehr herzlich* Er lässt sie bestens grüßen.

be·steu·ern <besteuerst, besteuerte, hat besteuert> *mit OBJ* ■ *jmd. besteuert etwas auf etwas Steuern erheben* die Zinseinnahmen besteuern ▶Besteuerung

Best·form die <-> *(kein Plur.) höchste körperliche oder geistige Leistungsfähigkeit* Die Sportlerin war in Bestform.

best·ge·klei·det <nicht steig.> *am besten gekleidet* die bestgekleidete Dame des Abends

bes·ti·a·lisch *Adj.* **1.** *unvorstellbar roh und grausam* ein bestialischer Mord **2.** *(umg.) so intensiv, dass es unerträglich ist* Was ist das für ein bestialischer Gestank?

Be·stia·li·tät die <-> *(kein Plur.) entsetzliche Grausamkeit, bestialisches Verhalten oder Vorgehen* die Bestialität der Mörder

Bes·tie die <-, -n> **1.** *wildes Tier* Diese Bestie von Hund hat ein Kind angefallen. **2.** *grausamer Mensch* Diese Bestie ermordete vier Menschen auf die grausamste Weise.

be·stim·men <bestimmst, bestimmte, hat bestimmt> **I.** *mit OBJ* **1.** ■ *jmd. bestimmt etwas (≈ entscheiden, festlegen) sagen, was zu geschehen hat* Der Einsatzleiter bestimmte den weiteren Ablauf. **2.** ■ *jmd./etwas bestimmt etwas vorhersehen, im Voraus festlegen* Er hat in seinem Testament bestimmt, wie sein Besitz verteilt werden soll., Das Schicksal hat ihm bestimmt, dass er viel leiden muss. **3.** ■ *jmd. bestimmt etwas (≈ ermitteln) feststellen, was etwas ist* Blutwerte bestimmen, eine Pflanze bestimmen, einen Begriff bestimmen **II.** *ohne OBJ* ■ *jmd. bestimmt über etwas Akk. über jmdn. oder etwas verfügen* Über meine Freizeit bestimme ich immer noch selbst!

be·stimmt <bestimmter, am bestimmtesten> **I.** *Adj.* **1.** *(↔ beliebig) so, dass etwas ganz genau feststeht oder festgelegt ist* Hier darf nur eine bestimmte Anzahl von Leuten hereinkommen., Ich suche ein bestimmtes Buch. **2.** *(≈ nachdrücklich) so, dass man etwas energisch und entschieden sagt* Er kann sich gut durchsetzen und auf das bestimmteste seine Meinung sagen., Sie antwortete höflich, aber bestimmt mit „Nein". **II.** *Adv. (≈ gewiss, sicher) verwendet, um auszudrücken, dass man etwas für sehr wahrscheinlich hält* Du hast bestimmt Glück!

Be·stimmt·heit die <-> *(kein Plur.)* **1.** *(≈ Ent-*

schiedenheit; Festigkeit) *eine Ausstrahlung, die zeigt, dass sich jmd. ganz sicher ist und keine Zweifel hat, dass er sich durchsetzen wird* die Bestimmtheit seines Auftretens **2.** (≈ *Gewissheit, Sicherheit*) *der Zustand, dass etwas ganz sicher ist* etwas mit Bestimmtheit behaupten/wissen

Be·stim·mung die <-, -en> **1.** (≈ *Vorschrift*) *eine Regel, die sagt, was man tun muss* sich an die gesetzlichen Bestimmungen halten **2.** (*kein Plur.*) (≈ *Schicksal, Sendung*) *der Zustand, dass jmdm. eine bestimmte Zukunft vorgegeben ist* Sie glaubte an ihre Bestimmung als Künstlerin. **3.** *Zweck oder Aufgabe von etwas* Das neue Gebäude wurde heute eingeweiht und seiner Bestimmung übergeben. ◆-szweck **4.** *das Feststellen oder Ermitteln, was etwas (gerade) ist oder welchen momentanen Wert etwas gerade hat* die Bestimmung der Blutfettwerte ◆Standort- **5.** BIOL. *das Feststellen, von welcher Art ein Lebewesen ist* die Bestimmung einer Pflanze ◆-sbuch **6.** SPRACHWISS. *ein Satzteil in Form einer freien genaueren Angabe* eine adverbiale Bestimmung der Zeit oder des Ortes **7.** (PHILOS.: ≈ *Definition*) die Bestimmung eines Begriffs

Be·stim·mungs·flug·ha·fen der <-s, Bestimmungsflughäfen> *Flughafen, zu dem ein Flugzeug fliegen soll*

be·stim·mungs·ge·mäß <nicht steig.> *Adj. so, dass es der Vorschrift entspricht* die bestimmungsmäßige Anwendung eines Medikaments

Be·stim·mungs·land das <-(e)s, Bestimmungsländer> **1.** *ein Land, in das Waren exportiert werden* **2.** *ein Land als Ziel eines Verkehrsmittels*

Be·stim·mungs·ort der <-(e)s, -e> *Ziel einer Warensendung oder Reise*

be·stirnt <nicht steig.> *Adj.* (*geh.*) *mit Sternen bedeckt* den bestirnten Himmel betrachten

Best·leis·tung die <-, -en> SPORT *die beste Leistung, die in einer Disziplin in einem bestimmten Zeitraum erbracht wurde* Die Hochspringerin übertraf ihre eigene Bestleistung.

Best·mar·ke die <-, -n> (SPORT: ≈ *Rekord*) Er hat die Bestmarke erreicht und sogar noch übertroffen.

best·mög·lich <nicht steig.> *Adj. so, dass es so gut wie möglich ist* Sie bemühte sich in der Schule um bestmögliche Leistungen.

Best·no·te die <-, -n> SPORT *die höchste Bewertung in verschiedenen Sportdisziplinen (z.B. Eiskunstlauf, Kunstturnen), die durch Preisrichter vergeben wird* Der Turner erhielt für seine hervorragende Kür die Bestnote.

Best.-Nr. *Abkürzung von „Bestellnummer"*

be·stra·fen <bestrafst, bestrafte, hat bestraft> *mit OBJ* ■ *jmd. bestraft jmdn.* (*für etwas Akk.*) *eine Strafe erteilen* das Kind für sein freches Verhalten bestrafen ▶Bestrafung

be·strah·len <bestrahlst, bestrahlte, hat bestrahlt> *mit OBJ* **1.** ■ *etwas bestrahlt jmdn./etwas* (≈ *anstrahlen, bescheinen*) *mit Strahlen hell erleuchten* Die Sonne bestrahlt ihr Gesicht. **2.** ■ *jmd. bestrahlt jmdn./etwas* (*mit etwas Dat.*) MED. *mit speziellen Strahlen behandeln* eine Geschwulst mit Radium bestrahlen

Be·strah·lung die <-, -en> *das Bestrahlen*[2] zweimal wöchentlich zur Bestrahlung gehen ◆-stherapie

Be·stre·ben das <-s> (*kein Plur.*) (≈ *Absicht, Trachten*) *Absicht, Bemühen* Es ist ihr Bestreben, es in Zukunft besser zu machen.

be·strebt <nicht steig.> *Adj. so, dass man sich ernstlich bemüht* Der Chef war bestrebt, seine Angestellten freundlich zu behandeln.

Be·stre·bung die <-, -en> (*meist Plur.*) (≈ *Anstrengung, Bemühung*) All seine Bestrebungen waren vergeblich. ◆Autonomie-, Reform-

be·strei·chen <bestreichst, bestrich, hat bestrichen> *mit OBJ* ■ *jmd. bestreicht etwas mit etwas Dat. etwas auf etwas streichen* das Brot mit Butter bestreichen, einen Zaun mit Farbe bestreichen

be·strei·ken <bestreikst, bestreikte, hat bestreikt> *mit OBJ* ■ *jmd. bestreikt etwas* (*ein Unternehmen*) *durch Streik stillzulegen versuchen* Der Flughafen wird heute bestreikt.

be·strei·ten <bestreitest, bestritt, hat bestritten> *mit OBJ* **1.** ■ *jmd. bestreitet etwas* (≈ *abstreiten, leugnen*) (*entschieden*) *behaupten, dass etwas nicht wahr ist* Diese Tatsache habe ich auch nicht bestritten. **2.** ■ *jmd. bestreitet jmdm. etwas sagen, dass jmd. ein bestimmtes Recht nicht hat* jmdm. das Recht auf freie Meinungsäußerung bestreiten **3.** ■ *jmd. bestreitet etwas mit etwas Dat. für etwas finanziell aufkommen* Wovon soll ich dann meinen Lebensunterhalt bestreiten? **4.** ■ *jmd. bestreitet etwas durchführen* Dieses Programm hat er ganz allein bestritten

be·streu·en <bestreust, bestreute, hat bestreut> *mit OBJ* ■ *jmd. bestreut etwas* (*mit etwas Dat.*) *mit einer losen, lockeren Schicht von etwas bedecken* die Erdbeeren mit Zucker bestreuen, die Blumensamen mit Erde bestreuen

Best·sel·ler der ['bɛstzɛlɐ] <-s, -> (≈ *Kassenschlager, Renner, Verkaufsschlager* ↔ *Ladenhüter*) *etwas (vor allem ein Buch), das sich überdurchschnittlich gut verkaufen lässt* Das Buch wurde sofort zum Bestseller. ◆-autor, Monats-, Welt-

best·si·tu·iert (*Superl. von „gut situiert"*) *Adj.* (*österr.* ≈ *wohlhabend*) *bestens situiert* eine bestsituierte Familie

be·stü·cken <bestückst, bestückte, hat bestückt> *mit OBJ* ■ *jmd. bestückt etwas mit etwas Dat.* **1.** *mit etwas ausstatten* Sie ist gut mit Kleidern bestückt. **2.** MILIT. *mit Geschützen oder Sprengköpfen ausrüsten* Die Schiffe sind mit jeweils vierzig Kanonen bestückt. ▶Bestückung

Be·stuh·lung die <-, -en> *Gesamtheit der Stühle oder Sitzplätze in einem öffentlichen Gebäude* die Bestuhlung eines Kinosaals

be·stür·men <bestürmst, bestürmte, hat bestürmt> *mit OBJ* **1.** ■ *jmd. bestürmt etwas* MILIT. *im Sturm angreifen* eine feindliche Stellung bestürmen **2.** ■ *jmd. bestürmt jmdn. wegen etwas Dat. heftig bedrängen* Fans und Autogrammjäger bestürmten den Star.

be·stürzt <nicht steig.> *Adj. so, dass jmd. sehr er-*

schrocken und traurig ist Alle waren bestürzt über den schrecklichen Unfall.

Be·stür·zung die <-> (*kein Plur.*) (≈ *Bestürztheit, Betroffenheit*) *das Bestürztsein* Mit Bestürzung vernahmen wir die Nachricht vom Tod unseres Freundes.

Be·such der <-(e)s, -e> **1.** *das Besuchen* der Tante einen Besuch abstatten ◆ Abschieds-, Antritts-, Arzt-, Ausstellungs-, Kino-, Konzert-, Kunden-, Theater- **2.** <-(e)s, -er> (≈ *Gast, Gäste*) *jmd, der jmdn. besucht* Besuch empfangen, den Besuch hereinbitten

be·su·chen <besuchst, besuchte, hat besucht> *mit OBJ* **1.** ■ *jmd. besucht jmdn. bei jmdm. für eine bestimmte Zeit als Gast sein* Meine Tante hat uns jedes Jahr besucht., Besuche mich mal, wenn du in Tübingen bist. **2.** ■ *jmd. besucht etwas als Teilnehmer, Kunde oder Klient einen Ort oder eine Person aufsuchen* ein Konzert/eine Stadt/Versammlung besuchen

Be·su·cher, **Be·su·che·rin** der <-s, -> **1.** *jmd., der als Gast zu Besuch ist* Unsere Besucher sitzen gerade im Garten. **2.** *jmd., der als Teilnehmer, Kunde oder Klient jmdn. oder etwas aufsucht* die Besucher der Messe ◆ Ausstellungs-, Konzert-, Messe-, Theater-

Be·su·cher·strom der <-(e)s, Besucherströme> *starker Andrang von Besuchern*[2] Der Besucherstrom hielt den ganzen Tag über an.

Be·su·cher·zahl die <-, -en> (*meist Plur.*) *Anzahl der Besucher einer Veranstaltung*

Be·suchs·zeit die <-, -en> *festgesetzte Zeit, in der Besuche erlaubt sind* (*z.B. in einem Krankenhaus*)

Be·suchs·zim·mer das <-s, -> *ein bestimmtes Zimmer in einer öffentlichen Institution, in dem ein Treffen privater Besucher mit den Personen möglich ist, die für eine bestimmte Zeit in der Institution leben* (*z.B. in einem Gefängnis*)

be·su·deln <besudelst, besudelte, hat besudelt> *mit OBJ* ■ *jmd. besudelt etwas/jmdn.* (*mit etwas Dat.*) **1.** (*abwert.*) *jmdn. oder etwas sehr schmutzig machen* Er hat sich mit Blut besudelt. **2.** (*übertr.*) Sein guter Ruf wurde besudelt.

Be·ta das <-(s), -s> *zweiter Buchstabe des griechischen Alphabets*

Be·ta·blo·cker der <-s, -> MED. *kurz für „Betarezeptorenblocker", Medikament zur Behandlung von Bluthochdruck*

be·tagt *Adj.* (*geh.*) *schon ziemlich alt* eine betagte Dame

be·ta·keln <betakelst, betakelte, hat betakelt> *mit OBJ* ■ *jmd. betakelt etwas* **1.** SEEW. *mit Takelwerk versehen* **2.** (*österr.*) *betrügen*

Be·ta·ke·lung die <-, -en> **1.** *das Betakeln* **2.** (≈ *Takelage*) die Betakelung eines Bootes

be·tas·ten <bestastest, betastete, hat betastet> *mit OBJ* ■ *jmd. betastet jmdn./etwas* (≈ *befühlen*) *prüfend die Finger über etwas gleiten lassen* Der Arzt betastet den Bauch der Patientin.

be·tä·ti·gen <betätigst, betätigte, hat betätigt> **I.** *mit OBJ* ■ *jmd. betätigt etwas* (≈ *bedienen*) *etwas aktivieren, indem man einen Hebel drückt, eine Taste berührt o.Ä.* Der Fahrer betätigte die Bremse. **II.** *mit SICH* ■ *jmd. betätigt sich als etwas Nom./irgendwie tätig sein* Er betätigt sich in seiner Freizeit als Gärtner., Seine Freundin betätigt sich auch künstlerisch/politisch.

Be·tä·ti·gung die <-, -en> **1.** (≈ *Aktivität*) *der Vorgang, dass jmd. irgendwie tätig oder aktiv ist* Ein wenig sportliche Betätigung dürfte nicht schaden. **2.** (*kein Plur.*) *das Aktivieren* (*einer Funktion*) *eines Geräts* die automatische Betätigung der Alarmanlage

Be·tä·ti·gungs·drang der <-(e)s> (*kein Plur.*) *Drang, sich zu betätigen*

be·tät·scheln <betätschelst, betätschelte, hat betätschelt> *mit OBJ* ■ *jmd. betätschelt jmdn./etwas* (*abwert.* ≈ *begrapschen*) *in plumper Art und Weise mit der Hand berühren* Für den plumpen Versuch, sie zu betätscheln, gab sie ihm eine Ohrfeige.

be·täu·ben <betäubst, betäubte, hat betäubt> *mit OBJ* **1.** ■ *jmd. betäubt etwas* (*mit etwas Dat.*) *unempfindlich gegen Schnmerzen machen* Der Zahnarzt betäubt den Nerv, bevor er den Zahn zieht. **2.** ■ *jmd. betäubt ein Tier* (*mit etwas Dat.*) (*durch Narkose*) *in eine Art von Schlaf versetzen* Helfer betäuben den Elefanten, bevor der Tierarzt mit der Behandlung beginnen kann. **3.** ■ *etwas betäubt jmdn. leicht benommen machen* Der starke Geruch/der Lärm betäubte sie.

Be·täu·bung die <-, -en> **1.** (*kein Plur.*) *das Betäuben* eine örtliche Betäubung vornehmen **2.** *Zustand des Betäubtseins* Sie ist noch nicht aus der Betäubung erwacht.

Be·täu·bungs·mit·tel das <-s, -> (≈ *Narkotikum*) *Mittel zur Betäubung; schmerzstillendes Mittel*

Be·te, *a.* **Bee·te** die <-> (*Plur. selten*) ■ **Rote Bete**: *rote Rüben* ◆ Großschreibung→R 3.17 ein Glas Rote Bete kaufen

be·tei·len <beteilst, beteilte, hat beteilt> *mit OBJ* ■ *jmd. beteilt jmdn. mit etwas* (*österr.*) *jmdn. mit etwas versorgen* Flüchtlinge mit Lebensmitteln beteilen

be·tei·li·gen <beteiligst, beteiligte, hat beteiligt> **I.** *mit OBJ* ■ *jmd. beteiligt jmdn. an etwas Dat. einen Anteil geben* Er beteiligte seine Partner am Gewinn. ▸Teilhaber **II.** *mit SICH* ■ *jmd. beteiligt sich an etwas Dat.* **1.** *aktiv an etwas teilnehmen oder mitwirken* Sie beteiligte sich lebhaft an der Diskussion. **2.** *einen Anteil von etwas zahlen* Sie beteiligt sich an den Fahrtkosten.

Be·tei·lig·te der/die <-n, -n> (≈ *Mitwirkende, Teilhabende, Teilhaber*) *jmd., der sich beteiligt oder der beteiligt ist* alle an dem Projekt Beteiligten

Be·tei·li·gung die <-, -en> **1.** (*kein Plur.*) (≈ *Teilnahme*) *das Mitwirken* Die Beteiligung an der Aktion ist gering. **2.** *der Zustand, dass jmd. finanziell Anteil an etwas hat* die Beteiligung der Arbeitnehmer am Gewinn ◆ Gewinn-, Umsatz-

Be·tei·li·gungs·ge·sell·schaft die <-, -en> (WIRTSCH.: ≈ *Holding*) *indirekte Form der finanziellen Beteiligung an einem Unternehmen* (*z.B. durch Beteiligungsfonds*)

be·ten <betest, betete, hat gebetet> *ohne OBJ* ■ *jmd. betet sich mit einem persönlichen Anliegen im Gebet an Gott wenden; zu Gott sprechen* Ich werde für dich beten., Lasset uns beten!, für den Frieden beten, das Vaterunser beten, Wir beten für unsere Brüder und Schwestern., Jetzt kann man nur noch hoffen und beten.

be·teu·ern <beteuerst, beteuerte, hat beteuert> *mit OBJ* ■ *jmd. beteuert (jmdm.) etwas* (≈ *versichern*) *sehr nachdrücklich sagen, dass etwas nicht der Fall ist* Er beteuerte ihr seine Unschuld., Sie hat immer wieder beteuert, dass sie es nicht mit Absicht getan hat. ▶Beteuerung

Beth·le·hem, *a.* **Bet·le·hem** <-s> *Stadt im westlichen Jordanien*

be·ti·teln <betitelst, betitelte, hat betitelt> *mit OBJ* ■ *jmd. betitelt jmdn./etwas (mit etwas Dat.)* **1.** *mit einem Titel versehen* Der Aufsatz war mit ... betitelt. **2.** (*umg.*) *beschimpfen* Er betitelte ihn (mit) „Idiot".

Be·ton der [beˈtɔŋ, beˈtoːn] <-s, -s> *ein Baustoff, der aus Zement und Wasser gemischt wird und im gehärteten Zustand sehr fest ist* ein Bauelement aus Beton gießen ◆-mischer, -pfeiler, -platte, Guss-, Stahl-

be·to·nen <betonst, betonte, hat betont> *mit OBJ* ■ *jmd. betont etwas* **1.** *beim Aussprechen eines Wortes den Akzent auf eine bestimmte Silbe legen* Dieses Wort betont er stets falsch., Lateinische Wörter werden in der Regel auf der vorletzten Silbe betont. **2.** *besonders hervorheben* Sie betonte nochmals die Gründe für diese Entscheidung.

be·to·nie·ren <betonierst, betonierte, hat betoniert> *mit OBJ* ■ *jmd. betoniert etwas* BAUW. *mit einer Schicht Beton versehen, mit Beton bauen* eine Straße betonieren

Be·ton·misch·ma·schi·ne die <-, -n> BAUW. *Maschine, die aus Zement und Wasser Beton mischt*

Be·ton·si·lo das <-s, -s> (*umg. abwert.*) *großer, unschöner Wohnblock*

be·tont <nicht steig.> *Adj. hervorgehoben, bewusst zur Schau getragen* Er kleidet sich betont lässig., Architektur von betonter Sachlichkeit

Be·to·nung die <-, -en> **1.** SPRACHWISS. *das Betonen*[1] Die Betonung liegt auf der vorletzten Silbe. **2.** (≈ *Herausstellung, Unterstreichung*) *nachdrückliche Hervorhebung* die Betonung der eigenen Persönlichkeit

be·tö·ren <betörst, betörte, hat betört> *mit OBJ* ■ *jmd./etwas betört jmdn.* (≈ *bezaubern*) *durch verführerisches Benehmen bewirken, dass jmd. sich verliebt oder bezaubert fühlt* Er ließ sich durch ihre Blicke betören., ein betörender Duft ▶Betörung

Be·tracht (*kein Plur.*) ■ **etwas in Betracht ziehen**: *an etwas als Möglichkeit denken* Diesen Fall sollte man in Betracht ziehen. **etwas außer Betracht lassen**: *nicht erwägen* Diese Überlegung hat er völlig außer Betracht gelassen. **in Betracht kommen**: *geeignet sein* Sie kam für diese Aufgabe nicht in Betracht.

be·trach·ten <betrachtest, betrachtete, hat betrachtet> *mit OBJ* **1.** ■ *jmd. betrachtet etwas* (≈ *anschauen*) *etwas eingehend/lange/prüfend betrachten* **2.** ■ *jmd. betrachtet jmdn./etwas als etwas ansehen als* Sie betrachtete ihn als guten Freund.

Be·trach·ter, **Be·trach·te·rin** der <-s, -> *jmd., der etwas betrachtet*[1] Die Figuren auf dem Bild scheinen den Betrachter direkt anzublicken.

be·trächt·lich <beträchtlicher, am beträchtlichsten> *Adj.* **1.** (≈ *bedeutend, stattlich*) *ziemlich groß* eine beträchtliche Entfernung, Er schuldet uns eine beträchtliche Summe., Sie hat beträchtliche Fortschritte gemacht. **2.** (≈ *sehr*) Das Kind ist beträchtlich gewachsen. ◆Großschreibung→R 3.7

Be·trag der <-(e)s, Beträge> *eine bestimmte Geldsumme* einen Scheck über einen größeren Betrag ausstellen ◆Geld-

Be·tra·gen das <-s> (*kein Plur.*) (*das von jmdm. beurteilte*) *Benehmen oder Verhalten* (*eines Kindes oder Schülers*) ein freches/gutes/schlechtes Betragen, Das Betragen des Schülers war vorbildlich.

be·tra·gen <beträgst, betrug, hat betragen> **I.** *mit OBJ* ■ *etwas beträgt etwas ein bestimmter Betrag sein* Die Kosten betragen 500 Euro. **II.** *mit SICH* ■ *jmd. beträgt sich irgendwie ein bestimmtes Betragen zeigen* Er hat sich im Unterricht immer gut betragen.

be·trau·en <betraust, betraute, hat betraut> *mit OBJ* ■ *jmd. betraut jmdn. mit etwas Dat.* (*geh.*) *jmdm. etwas als Aufgabe geben* Professor Müller wurde mit dem Amt des Dekans der Fakultät betraut.

be·trau·ern <betrauerst, betrauerte, hat betrauert> *mit OBJ* ■ *jmd. betrauert jmdn./etwas um jmdn. trauern* den Tod der Eltern betrauern

be·träu·feln <beträufelst, beträufelte, hat beträufelt> *mit OBJ* ■ *jmd. beträufelt etwas mit etwas Dat. eine* (*geringe Menge*) *Flüssigkeit in einzelnen Tropfen auf etwas fallen lassen* den Fisch mit Zitronensaft beträufeln, die Wunde mit Jodtinktur beträufeln

Be·treff der <-(e)s> (*kein Plur.*) (AMTSSPR., WIRTSCH.: *veralt.*) *am Beginn eines förmlichen Briefes verwendet, um anzugeben, worauf man sich im Text bezieht* Betreff: Ihre Anfrage vom ...

be·tref·fen <betrifft, betraf, hat betroffen> *mit OBJ* ■ *etwas betrifft jmdn./etwas* **1.** *sich auf jmdn. oder etwas auswirken* Die Umweltverschmutzung betrifft uns alle., Besonders Kleinbetriebe sind von dem neuen Gesetz betroffen. ▶betroffen, Betroffenheit **2.** (≈ *angehen*) *sich auf jmdn. oder etwas beziehen* Was diese Sache betrifft ..., Was mich betrifft ...

be·tref·fend <nicht steig.> *Adj. die Sache oder Person, um die es geht oder von der gerade die Rede ist* Die betreffende Seite fehlt!, Der betreffende Mitarbeiter soll sich melden.

be·treffs *Präp. + Gen.* (AMTSSPR. WIRTSCH.: *veralt.*) *hinsichtlich einer bestimmten Angelegenheit* betreffs Ihrer Anfrage ...

Be·treff·zei·le die <-, -n> (≈ *Betreff*) *die erste* (*vom Rest des Textes abgesetzte*) *Zeile in einem förmlichen Schreiben, in der angegeben wird, worum es im Text geht*

be·trei·ben <betreibst, betrieb, hat betrieben> *mit OBJ* **1.** ■ *jmd. betreibt etwas sich mit etwas beschäftigen* Studien zu einem bestimmten Thema betreiben, die Malerei als Hobby betreiben **2.** ■ *jmd. betreibt etwas etwas ausüben* ein Geschäft/Handwerk betreiben **3.** ■ *jmd. betreibt etwas mit etwas Dat. etwas zur Energieversorgung von etwas benutzen* eine Heizung mit Gas betreiben, Früher wurden Mühlen mit Wasserkraft betrieben.

Be·trei·ben ■ **auf jemandes Betreiben hin** (*geh.*): *verwendet, um auszudrücken, dass jmd. der Auslöser oder Verursacher von etwas ist* Auf Betreiben der Behörde wurde das Lokal geschlossen.

Be·trei·ber, **Be·trei·be·rin** der <-s, -> *Firma, die eine Anlage oder die Versorgung einer Anlage* (*mit Energie*) *betreibt* Betreiber des Kraftwerks ist ...

Be·trei·ber·fir·ma die <-, Betreiberfirmen> *Firma, die etwas betreibt s.* **Betreiber[2]**

Be·trei·bung die <-, -en> (*schweiz.*) *Veranlassung zur Zahlung eines geschuldeten Geldbetrags*

be·tre·ten[1] <betrittst, betrat, hat betreten> *mit OBJ* ■ *jmd. betritt etwas in etwas eintreten* Die Laborräume darf man nur mit Schutzkleidung betreten., Betreten verboten!

be·tre·ten[2] *Adj. peinlich berührt, verlegen* Es herrschte betretenes Schweigen., ein betretenes Gesicht machen

be·treu·en <betreust, betreute, hat betreut> *mit OBJ* **1.** ■ *jmd. betreut jmdn. jmdn. pflegen und versorgen* Die Pflegerin betreut die alte Dame. **2.** *jmdn., der nicht mehr mündig ist, geschäftlich und rechtlich vertreten* Er ist geistig verwirrt und muss deshalb betreut werden. **3.** ■ *jmd. betreut etwas sich verantwortlich um etwas kümmern* Das Gebiet Südbaden betreut Herr Huber., Als Trainer betreut Herr Huber auch die Jugendmannschaft.

Be·treu·er, **Be·treue·rin** der <-s, -> **1.** *jmd., der eine Person pflegt und versorgt* die Betreuerin der behinderten Patientin ◆ Alten- **2.** *jmd., der eine Person, die nicht mehr mündig ist, rechtlich und geschäftlich vertritt* Für den geistig verwirrten Patienten wird ein Betreuer bestellt. **3.** *jmd., der ein bestimmtes Arbeitsgebiet betreut* ◆ Kunden-

Be·trieb der <-(e)s,-e> **1.** (≈ *Unternehmen*) *eine Firma, die Produkte herstellt* Den Betrieb hat sein Vater aufgebaut., Der Betrieb beschäftigt rund dreihundert Mitarbeiter. ►betrieblich ◆ Dienstleistungs-, Familien-, Groß-, Handwerks-, Industrie-, Staats- **2.** (*kein Plur.*) (≈ *Geschäftigkeit, Verkehr*) *lebhaftes Treiben* Am Flughafen herrscht immer Betrieb. ◆ Hoch- **3.** *das Funktionieren eines Geräts oder einer Maschine* Das Gerät ist in Betrieb., den Betrieb aufnehmen, außer Betrieb sein ◆ Batterie-, Dauer-, Netz-

be·trieb·sam *Adj.* (≈ *geschäftig*) *so, dass man fleißig und sehr aktiv ist* ein betriebsamer Mensch, betriebsam hin- und her eilen ►Betriebsamkeit

Be·triebs·ana·ly·se die <-, -n> WIRTSCH. *Analyse der innerbetrieblichen Abläufe*

Be·triebs·an·lei·tung die <-, -en> (≈ *Gebrauchsanleitung, Gebrauchsanweisung*) *ein Text, der mit einem Gerät oder einer Maschine geliefert wird und in dem steht, wie man das Gerät richtig bedient, was zu tun ist, wenn etwas nicht funktioniert u.Ä.*

Be·triebs·arzt, **Be·triebs·ärz·tin** der <-es, Betriebsärzte> *in einem* (*größeren*) *Unternehmen tätiger Arzt, der für die medizinische Betreuung der Mitarbeiter eines Betriebs[1] zuständig ist*

Be·triebs·aus·flug der <-(e)s, Betriebsausflüge> *ein Ausflug, den die Belegschaft eines Betriebs[1]* (*jährlich*) *unternimmt*

Be·triebs·bahn·hof der <-(e)s, Betriebsbahnhöfe> *Bahnhof, in dem Züge gewartet werden*

be·triebs·be·dingt <nicht steig.> *Adj. durch betriebliche Abläufe ausgelöst* eine betriebsbedingte Störung

be·triebs·be·reit <nicht steig.> *Adj. bereit, in Betrieb[3] genommen zu werden* Nach der Aufwärmphase ist der Kopierer nun betriebsbereit. ►Betriebsbereitschaft

be·triebs·blind <nicht steig.> *Adj.* (*umg. abwert.*) *so, dass man durch Gewohnheit im Laufe der Zeit die Mängel und Fehler im eigenen Arbeitsbereich nicht mehr erkennen kann* Wäre er nicht so betriebsblind, hätte er den Fehler längst entdeckt. ►Betriebsblindheit

Be·triebs·dau·er die <-> (*kein Plur.*) *der Zeitraum, in dem ein Gerät* (*voraussichtlich*) *betrieben[3] werden kann* Diese Glühbirne hat eine Betriebsdauer von 1000 Stunden.

Be·triebs·er·geb·nis das <-ses, -se> WIRTSCH. *Ergebnis des betrieblichen Leistungsprozesses* (*Gewinn oder Verlust*), *das durch die Gegenüberstellung von Kosten und Erträgen ermittelt wird*

Be·triebs·er·laub·nis die <-, -se> RECHTSW. *Erlaubnis zum Betreiben[3] von etwas* Die Betriebserlaubnis für das Kernkraftwerk wurde nicht erteilt.

Be·triebs·fe·rien die <-> (*nur Plur.*) (≈ *Betriebsurlaub*) *die Zeit, in der alle Mitarbeiter eines Betriebs gleichzeitig Urlaub haben, wobei der Betrieb in dieser Zeit geschlossen ist*

Be·triebs·fest das <-(e)s, -e> *Fest, das von einem Betrieb für alle Betriebsangehörigen veranstaltet wird*

Be·triebs·frie·den der <-s> (*kein Plur.*) RECHTSW. *ungestörtes Verhältnis zwischen Arbeitnehmern und Arbeitgebern, so dass beide Seiten ihren Pflichten nachkommen* eine Störung des Betriebsfriedens

Be·triebs·ge·län·de das <-s, -> *Gelände, das zu einem Betrieb[1] gehört* Das Betreten des Betriebsgeländes ist für Unbefugte streng verboten!

be·triebs·in·tern <nicht steig.> *Adj. nur für die Angehörigen eines Betriebs[1] bestimmt oder diesen zugänglich* eine betriebsinterne Mitteilung

Be·triebs·kli·ma das <-s> (*kein Plur.*) *die Atmo-*

sphäre, die in einem Betrieb[1] herrscht ein angenehmes Betriebsklima

Be·trie̲bs·kos·ten die <-> (*nur Plur.*) WIRTSCH. *Kosten des Betriebes[1]* die Betriebskosten senken

Be·trie̲bs·kran·ken·kas·se die <-, -n> RECHTSW. *innerbetriebliche Krankenkasse im Rahmen der gesetzlichen Sozialversicherung*

Be·trie̲bs·lei·ter, **Be·trie̲bs·lei·te·rin** der <-s, -> *verantwortlicher Leiter eines Betriebes[1]*

Be·trie̲bs·lei·tung die <-> (*kein Plur.*) **1.** *Leitung, Führung eines Betriebes* **2.** *Gesamtheit der Personen, die für die Leitung eines Betriebes zuständig sind*

Be·trie̲bs·nu·del die <-, -n> (*umg. scherzh.*) *unternehmungslustiger, geselliger, betriebsamer Mensch* Unsere Sachbearbeiterin ist eine richtige Betriebsnudel.

Be·trie̲bs·ob·mann der <-s, Betriebsobmänner> RECHTSW. *Arbeitnehmer, der in Kleinbetrieben die Funktion des Betriebsrats innehat*

Be·trie̲bs·ord·nung die <-, -en> RECHTSW. *innerbetriebliche Regelung des Arbeitsablaufs sowie der Beziehungen der Betriebsangehörigen untereinander und zur Betriebsleitung*

Be·trie̲bs·prü·fer, **Be·trie̲bs·prü·fe·rin** der <-s, -> WIRTSCH. *jmd., der die finanzielle Prüfung der Buchhaltung eines Betriebes[1] durchführt* Der Betriebsprüfer kam unangemeldet.

Be·trie̲bs·rat, **Be·trie̲bs·rä·tin** der <-(e)s, Betriebsräte> **1.** *von den Mitarbeitern eines Betriebs gewählter Vertreter, der ihre Interessen wahrnehmen soll* **2.** (*nur maskulin*) *Versammlung der Betriebsräte[1]*

Be·trie̲bs·rats·mit·glied das <-(e)s, -er> *Mitglied des Betriebsrats*

Be·trie̲bs·rats·vor·sit·zen·de der/die <-s, -> *Vorsitzender des Betriebsrats*

Be·trie̲bs·ren·te die <-, -n> *betriebliche, vom Arbeitgeber gewährte Rente* Neben der gesetzlichen Rente bekommt sie noch eine Betriebsrente.

Be·trie̲bs·schlie·ßung die <-, -en> WIRTSCH. *Schließung eines Betriebs[1]*

Be·trie̲bs·schutz der <-es> (*kein Plur.*) **1.** *planmäßiger Schutz der Anlagen eines Betriebes* **2.** RECHTSW. *Arbeitschutz im Betrieb[1]*

Be·trie̲bs·si·cher·heit die <-> (*kein Plur.*) *der Zustand, dass an einem Arbeitsplatz alle Sicherheitsmaßnahmen getroffen sind und ein Schutz vor Unfällen besteht*

Be·trie̲bs·still·le·gung die <-, -en> RECHTSW., WIRTSCH. *Einstellung jeglicher betrieblichen Tätigkeit in einem Betrieb[1] oder in wesentlichen Teilen eines Betriebes*

Be·trie̲bs·sys·tem das <-s, -e> EDV *das grundlegende Programm zur Steuerung eines Computers, das zugleich die Basis für die Anwendungsprogramme bildet* Der Fehler beruht auf einer Störung des Betriebssystems.

Be·trie̲bs·tem·pe·ra·tur die <-, -en> *ideale Temperatur zum Betreiben[3] einer Maschine* Wir müssen warten bis die Betriebstemperatur erreicht ist.

Be·trie̲bs·un·fall der <-(e)s, Betriebsunfälle> RECHTSW. *Arbeitsunfall im Betrieb[1] oder auf dem Weg zum oder vom Betrieb* Sein Sturz wurde als Betriebsunfall anerkannt.

Be·trie̲bs·ver·lust der <-es, -e> WIRTSCH. *negatives Betriebsergebnis*

Be·trie̲bs·wirt, **Be·trie̲bs·wir·tin** der <-(e)s, -e> *jmd., der Betriebswirtschaft studiert hat*

Be·trie̲bs·wirt·schaft die <-> (*kein Plur.*) (WIRTSCH.: ≈ *Betriebswirtschaftslehre* ↔ *Volkswirtschaftslehre*)

be·trie̲bs·wirt·schaft·lich *Adj.* WIRTSCH. *so, dass es auf die Betriebswirtschaft bezogen ist* nach betriebswirtschaftlichen Gesichtspunkten handeln

Be·trie̲bs·wirt·schafts·leh·re die <-> (*kein Plur.*) (WIRTSCH.: ≈ *Betriebswirtschaft* ↔ *Volkswirtschaftslehre*) *Zweig der Wirschaftswissenschaften, der sich mit der Organisation, dem Aufbau und der Führung von Betrieben befasst*

Be·trie̲bs·zeit die <-, -en> TECHN. *die Zeit, in der eine Maschine oder technische Anlage in Betrieb[3] ist*

Be·trie̲bs·zei·tung die <-, -en> (≈ *Werkszeitung*) *eine Zeitung, die in einem* (*größeren*) *Betrieb* (*meist von gewerkschaftlichen Gruppen*) *herausgegeben wird*

be·trịn·ken <betrinkst, betrank, hat betrunken> *mit SICH* ■ *jmd. betrinkt sich* (*mit etwas Dat.*) *so viel Alkohol trinken, dass man einen Rausch hat* Er betrank sich sinnlos und lallte nur noch.

be·trọf·fen <nicht steig.> *Adj.* **1.** (≈ *berührt, bestürzt*) *durch etwas* (*Trauriges oder Negatives*) *innerlich bewegt* ein betroffenes Gesicht machen, im Innersten von etwas betroffen sein ▶Betroffenheit **2.** *so, dass jmd. oder etwas die Wirkung von etwas erfährt* Auch unsere Gegend war von dem Unwetter betroffen., Als Betroffener weiß man, dass …

be·tro·gen *Part. Perf.* von **betrügen**

be·trü̲·ben <betrübst, betrübte, hat betrübt> *mit OBJ* ■ *etwas betrübt jmdn.* (*geh.* ≈ *bedrücken, bekümmern* ↔ *erheitern*) *traurig stimmen* Diese Nachricht hat uns sehr betrübt.

be·trü̲b·lich *Adj.* (*geh.* ≈ *traurig*) *so, dass es Kummer bereitet* Der betrübliche Vorfall ereignete sich gestern.

Be·trü̲b·nis die <-, -se> (*geh.* ≈ *Traurigkeit*) *das Betrübtsein* in tiefe Betrübnis versinken

Be·tru̲g der <-(e)s> (*kein Plur.*) *der Vorgang, dass jmd. einer Person absichtlich die Unwahrheit sagt oder etwas vortäuscht und sich damit einen materiellen Vorteil verschafft* Sie ist wegen Betruges zu einer Gefängnisstrafe verurteilt worden., Der Betrug konnte ihm nicht nachgewiesen werden. ◆ Scheck-, Versicherungs-, Wahl-

be·trü̲·gen <betrügst, betrog, hat betrogen> *mit OBJ* **1.** ■ *jmd. betrügt jmdn.* (*um etwas Akk.*) *jmdm. bewusst die Unwahrheit sagen oder etwas vortäuschen, um sich selbst einen materiellen Vorteil zu verschaffen* einen Geschäftspartner um Millionen betrügen, Seine Schwester hat ihn um seinen Anteil des elterlichen Erbes betrogen. **2.** ■ *jmd. betrügt jmdn.* (*mit jmdm.*) *gegenüber* *dem Ehepartner oder dem Freund oder der Freundin sexuell untreu sein* Er betrügt seine Frau mit einer Kollegin., Sie hat ihn jahrelang (mit anderen Männern) betrogen. **3.** ■ *jmd. betrügt jmdn. um etwas Akk. jmdn. um etwas bringen, was ihm rechtmäßig zusteht* Sie wurde um ihren Lohn betrogen.

Be·trü·ger, **Be·trü·ge·rin** der <-s, -> *jmd., der andere betrügt* Wir sind auf einen Betrüger hereingefallen.

Be·trü·ge·rei die <-, -en> **1.** *wiederholtes, fortwährendes Betrügen* Sie erschwindelte sich das Geld durch kleine Betrügereien. **2.** *eine Handlung, die den Tatbestand des Betrugs erfüllt* Dieser Betrügerei muss Einhalt geboten werden.

be·trü·ge·risch <nicht steig.> *Adj.* (≈ *unlauter*) *so, dass man einen Betrug bezweckt* ein betrügerischer Bankangestellter, betrügerische Geschäfte, in betrügerischer Absicht

be·trun·ken *Adj. von Alkohol berauscht* Der betrunkene Autofahrer wurde von der Polizei gestoppt., in betrunkenem Zustand am Steuer erwischt werden

Bet·stuhl der <-s, Betstühle> REL. *Kniebank mit einer Armstütze zum Beten*

Bett das <-(e)s, -en> **1.** *ein flaches Möbelstück, in dem eine Matratze liegt, auf der man schläft* Er geht ins Bett/liegt im Bett/macht das Bett. ◆ Doppel-, Ehe-, Feld-, Gäste-, Hotel-, Kinder-, Klapp-, Kranken-, Wasser- **2.** ■ **ans Bett gefesselt sein**: *wegen Krankheit im Bett liegen müssen* **das Bett hüten** (*umg.*): *krank im Bett liegen* **sich ins gemachte Bett legen** (*umg. abwert.*): *ohne eigene Anstrengung ein angenehmes Leben finden* Er hat sich durch eine reiche Heirat ins gemachte Bett gelegt. **mit jemandem ins Bett gehen** (*umg.*): *mit jmdm. Geschlechtsverkehr haben*

Bett·an·zug der <-(e)s, Bettanzüge> (*schweiz.*) *Bettbezug*

Bett·be·zug der <-(e)s, Bettbezüge> *der Überzug, den man über die Bettdecke streift*

Bett·de·cke die <-, -n> *die Decke, mit der man sich im Bett zudeckt*

bet·tel·arm <nicht steig.> *Adj. sehr arm*

bet·teln <bettelst, bettelte, hat gebettelt> *mit OBJ* ■ *jmd. bettelt um etwas Akk.* **1.** *auf der Straße fremde Menschen um einen kleinen Geldbetrag bitten, weil man sehr arm ist und keine Arbeit hat* Der Obdachlose bettelt um Geld., auf der Straße betteln **2.** (*besonders von Kindern*) *immer wieder um etwas bitten* Die Kinder bettelten darum, ins Kino gehen zu dürfen.

Bet·tel·stab ■ **jemanden an den Bettelstab bringen**: *jmdn. finanziell ruinieren* Seine Spielsucht/Trinkerei hat ihn an den Bettelstab gebracht.

Bett·fe·der die <-, -n> **1.** (*meist Plur.*) *eine der Gänsefedern ohne Kiel, die als Füllung für Deckbetten, Kopfkissen und Daunendecken verwendet werden* **2.** *Sprungfeder des Bettrostes*

Bett·fla·sche die <-, -n> (*schweiz.*) *Wärmflasche*

Be·tt·ja·cke die <-, -n> *eine Jacke, die man im Bett trägt*

bett·lä·ge·rig <nicht steig.> *Adj. so krank, dass man längere Zeit oder auf Dauer im Bett liegen muss* ein bettlägeriger Patient

Bett·la·ken das <-s, -> (≈ *Betttuch*)

Bett·ler, **Bett·le·rin** de/die <-s, -> *jmd., der bettelt*[1]

Bett·näs·ser, **Bett·näss·er·in** der <-s, -> *jmd., dem im Schlaf ungewollt Urin abgeht* Durch die seelische Belastung wurde das Kind wieder zum Bettnässer.

Bett·ru·he die <-> (*kein Plur.*) *der Zustand, dass man den ganzen Tag im Bett liegen muss, weil man krank oder sehr schwach ist* Der Arzt hat ihm Bettruhe verordnet.

Bett·schüs·sel die <-, -n> (≈ *Nachttopf*)

Bett·sze·ne die <-, -n> *Szene in einem Film, in der sexuelle Handlungen gezeigt werden* Im Film wurde eine sehr freizügige Bettszene gezeigt.

Bett·tuch das <-(e)s, Betttücher> (≈ *Bettlaken, Laken*) *großes Tuch, das die Matratze bedeckt* das Betttuch wechseln

Bett·ung die <-, -en> *feste Unterlage für Maschinen, Eisenbahngleise, Geschütze*

Bett·vor·la·ge die <-, -n> *s.* **Bettvorleger**

Bett·vor·le·ger der <-s, -> *kleiner Teppich, der vor einem Bett liegt*

Bett·wan·ze die <-, -n> *in unsauberer häuslicher Umgebung lebende Wanze, die nachts Menschen und Tiere befällt und Blut saugt*

Bett·wä·sche die <-> (*kein Plur.*) *Betttuch und Überzüge für Deckbett und Kopfkissen* Bettwäsche aus Baumwolle

Bett·zeug das <-(e)s> (*kein Plur.*) ≈ *Bettwäsche*

be·tucht *Adj.* (*umg.* ≈ *reich, wohlhabend*) Sie ist die Tochter betuchter Eltern.

be·tu·lich *Adj.* (*abwert.*) *brav und bieder* Die Handlung des Romans ist allzu betulich und ermüdend.

be·tü·tern <betüterst, betütert, betüterte> *mit OBJ* ■ *jmd. betütert jmdn.* (*irgendwie*) (*norddt.*) *jmdn. in übertriebener Weise, die als lästig empfunden wird, umsorgen* Die Mutter betütert ihren Sohn, obwohl er schon erwachsen ist.

Beu·gel das <-s, -> (*österr.*) *Hörnchen*

beu·gen <beugst, beugte, hat gebeugt> **I.** *mit OBJ* ■ *jmd. beugt etwas* **1.** (↔ *strecken*) *einen Körperteil krümmen, anwinkeln* den Arm beugen **2.** (SPRACHWISS.: ≈ *flektieren*) ein Verb beugen **3.** RECHTSW. *Gesetze willkürlich anwenden oder falsch auslegen* Er glaubte, er könne die Gesetze beugen wie er wolle. **II.** *mit SICH* **1.** ■ *jmd. beugt sich über etwas Akk. sich so nach vorn neigen, dass der Oberkörper über der genannten Sache ist* sich über die Brüstung/das Waschbecken beugen **2.** ■ *jmd. beugt sich etwas Dat. gezwungermaßen nachgeben, sich unterordnen* Er beugte sich ihrem Willen.

Beu·le die <-, -n> *eine Schwellung des Hautgewebes als Folge einer starken Reizung* die Beule mit einem kalten Umschlag kühlen ◆ Eiter-, Frost-

be·un·ru·hi·gen <beunruhigst, beunruhigte, hat

beunruhigt> **I.** *mit OBJ* ■ *etwas beunruhigt jmdn.* (≈ *aufregen* ↔ *beruhigen*) *in Unruhe versetzen* Deine Mitteilung hat mich sehr beunruhigt., Viele Mitarbeiter sind wegen der Entlassung der Kollegen stark/tief beunruhigt, sie fürchten jetzt um ihren eigenen Arbeitsplatz. **II.** *mit SICH* ■ *jmd. beunruhigt sich in Unruhe oder Sorge sein* Beunruhige dich nicht wegen dieser Kleinigkeit! ▶Beunruhigung

be·ur·kun·den <beurkundest, beurkundete, hat beurkundet> *mit OBJ* ■ *jmd. beurkundet etwas durch eine Urkunde bescheinigen* den Vertrag durch einen Notar beurkunden lassen

Be·ur·kun·dung die <-, -en> *das Beurkunden* die Beurkundung eines Vertrages

be·ur·lau·ben <beurlaubst, beurlaubte, hat beurlaubt> *mit OBJ* ■ *jmd. beurlaubt jmdn.* (*wegen etwas Gen.*) **1.** (≈ *suspendieren*) *jmdm.* (*wegen Verdacht auf Fehlverhalten*) *sagen, er solle vorläufig nicht mehr zur Arbeit kommen* Der Beamte wurde bis zur Klärung der Angelegenheit beurlaubt. **2.** (≈ *freigeben, freistellen*) *jmdm. Urlaub geben* den Schüler für ein paar Tage beurlauben

be·ur·tei·len <beurteilst, beurteilte, hat beurteilt> *mit OBJ* ■ *jmd. beurteilt jmdn./etwas* (≈ *begutachten, einschätzen*) *ein Urteil abgeben* Seine Leistung wurde sehr positiv beurteilt., Das kann er doch gar nicht beurteilen!

Be·ur·tei·lung die <-, -en> **1.** (*kein Plur.*) *das Beurteilen* die Beurteilung eines Menschen **2.** *ein schriftliches Dokument, in dem jmd. beurteilt wird* eine gute Beurteilung bekommen

Beu·schel das <-s, -> (KOCH.: *süddt. österr.*) *Gericht aus Lunge und Herz von Tieren*

Beu·te die <-> (*kein Plur.*) **1.** *ein Tier, das ein Jäger erbeutet hat* ◆ Jagd- **2.** *ein Tier, das ein Raubtier erbeutet hat* Der Adler erhob sich mit seiner Beute in die Lüfte. **3.** *etwas, das bei einem Einbruch oder Überfall gestohlen wird* die Beute des Banküberfalls verstecken ■ **etwas wird eine Beute der Flammen** (*übertr.*): *etwas wird bei einem Brand zerstört* Das Haus wurde eine Beute der Flammen. ◆ Diebes-, Kriegs-

Beu·te·kunst die <-> (*kein Plur.*) GESCH. *Kunstgegenstände, die im Krieg erbeutet wurden* ein Abkommen über die gegenseitige Rückgabe von Beutekunst

Beu·tel der <-s, -> **1.** *eine einfache Tasche aus Stoff oder Leder* ◆ Einkaufs-, Leinwand-, Stoff- **2.** (≈ *Tüte*) *kleiner Sack aus Plastik oder Papier* ◆ Müll-, Plastik- **3.** ZOOL. (*bei bestimmten Tieren*) *eine* (*dem Transport des Jungtieres dienende*) *Hautfalte* ■ **tief in den Beutel greifen müssen** (*umg.*): *viel Geld für etwas ausgeben müssen*

beu·teln <beutelst, beutelte, hat gebeutelt> *mit OBJ* ■ *etwas beutelt jmdn. jmdm. schwierige Situationen bescheren* Das Schicksal hat ihn sehr gebeutelt.

Beu·tel·rat·te die <-, -n> ZOOL. *ein Nagetier, das vorwiegend nachts aktiv ist und einen langen Schwanz besitzt, der oft als Greiforgan ausgebildet ist*

Beu·tel·tier das <-(e)s, -e> ZOOL. *ein Säugetier, dessen Junge nicht voll ausgebildet zur Welt kommen, sondern sich erst nach der Geburt im Beutel*[3] *der Mutter bis zur Lebensfähigkeit entwickeln* Das kleine Känguru schaut aus dem Beutel seiner Mutter heraus.

Beu·te·zug der <-(e)s, Beutezüge> (≈ *Raubzug*) Der Einbrecher konnte nach seinem Beutezug entkommen.

be·völ·kern <bevölkerst, bevölkerte, hat bevölkert> **I.** *mit OBJ* ■ *jmd. bevölkert etwas an einem Ort in großer Anzahl sein* Touristen bevölkern die Strände an der Costa Brava., Schon viele Stunden vor dem Konzert bevölkerten Tausende das Festivalgelände. **II.** *mit SICH* ■ *etwas bevölkert sich* (*mit jmdm.*) *sich mit Menschen füllen* An dem heißen Sommertag bevölkerte sich das Freibad schnell., In der Innenstadt sind die Straßen noch bis in die Nacht mit jungen Leuten bevölkert.

Be·völ·ke·rung die <-> (*kein Plur.*) *Gesamtheit der Einwohner eines bestimmten Gebietes* die einheimische Bevölkerung ◆ -sgruppe, -steil, Erd-, Welt-, Zivil-

Be·völ·ke·rungs·an·teil der <-s, -e> *Anteil* (*einer bestimmten Gruppe*) *an der Gesamtbevölkerung*

Be·völ·ke·rungs·dich·te die <-> (*kein Plur.*) *die Zahl der Menschen, die in einem bestimmten Gebiet leben* (*im Verhältnis zur Größe des Gebiets*)

Be·völ·ke·rungs·ent·wick·lung die <-> (*kein Plur.*) *die Entwicklung der Bevölkerung eines bestimmten Gebietes*

Be·völ·ke·rungs·ex·plo·si·on die <-> (*kein Plur.*) *rasante Zunahme der Bevölkerung* (*in einem bestimmten Land*)

Be·völ·ke·rungs·po·li·tik die <-> (*kein Plur.*) *Politik, die versucht, die Größe oder Zusammensetzung einer Bevölkerung zu beinflussen*

be·völ·ke·rungs·po·li·tisch <nicht steig.> *Adj. die Bevölkerungspolitik betreffend*

Be·völ·ke·rungs·rück·gang der <-(e)s> (*kein Plur.*) (≈ *Bevölkerungsschwund*) *Abnahme der Bevölkerung*

Be·völ·ke·rungs·wachs·tum das <-s> (*kein Plur.*) *Zunahme der Bevölkerung*

be·voll·mäch·ti·gen <bevollmächtigst, bevollmächtigte, hat bevollmächtigt> *mit OBJ* ■ *jmd. bevollmächtigt jmdn.* (*zu etwas Dat.*) (≈ *befugen*) *jmdm. eine Vollmacht erteilen* Der Chef hat mich zum Abschluss dieses Vertrags bevollmächtigt.

be·voll·mäch·tigt <nicht steig.> *Adj.* (≈ *befugt*) *so, dass man mit einer Vollmacht ausgestattet ist* ▶Bevollmächtigte, Bevollmächtigung

be·vor *Konj.* **1.** (≈ *ehe* ↔ *nachdem*) *verwendet, um auszudrücken, dass die im Hauptsatz genannte Handlung vor der im Nebensatz genannten abläuft* Bevor wir kochen können, muss ich erst einkaufen., Ich möchte mit dieser Aufgabe fertig sein, bevor er kommt., Kurz bevor das Telefon klingelte, öffnete er die Haustür. **2.** ■ **bevor nicht**: *nennt im Nebensatz eine Bedingung, die erfüllt sein muss, damit die im Hauptsatz ausgedrückte Handlung geschehen kann* Bevor nicht alle Teilnehmer da sind, kann die Besprechung nicht beginnen.

be·vor·mun·den <bevormundest, bevormundete, hat bevormundet> *mit OBJ* ■ *jmd. bevormundet jmdn. jmdn. nicht selbstständig entscheiden lassen, sondern ihm (dauernd) Vorschriften machen* Ich lasse mich von dir nicht länger bevormunden! ►Bevormundung

be·vor·ra·ten <bevorratest, bevorratete, hat bevorratet> *mit OBJ* ■ *jmd. bevorratet etwas* AMTSSPR. *einen Vorrat anlegen* einen Hausgalt mit Lebensmitteln bevorraten

Be·vor·ra·tung die <-> (*Plur. selten*) AMTSSPR. *das Bevorraten* ◆ Haushalts-

be·vor·rech·tigt <nicht steig.> *Adj.* AMTSSPR. *so, dass jmd. bevorzugt wird* Mütter mit Kindern werden bevorrechtigt behandelt.

be·vor·ste·hen <stehst bevor, stand bevor, hat bevorgestanden> *ohne OBJ* **1.** ■ *ein Ereignis steht bevor ein Ereignis wird bald eintreten* Die Geburt steht bevor. **2.** ■ *etwas steht jmdm. bevor etwas (Negatives oder Unangenehmes) wird jmdn. bald betreffen* Nächsten Monat steht uns ein Umzug bevor., Ihm steht eine Zahnoperation bevor., Das Schlimmste stand uns erst noch bevor.

be·vor·zu·gen <bevorzugst, bevorzugete, hat bevorzugt> *mit OBJ* **1.** ■ *jmd. bevorzugt etwas (≈ vorziehen) lieber (haben) wollen* Sie bevorzugt zum Frühstück Tee, er Kaffee. **2.** ■ *jmd. bevorzugt jmdn. (≈ begünstigen ↔ benachteiligen) (in unfairer Weise) jmdm. Vorteile vor anderen gewähren* jmdn. wegen seiner guten Beziehungen bevorzugen, Es ist nicht gut, wenn Eltern ein Kind vor einem anderen bevorzugen. ►Bevorzugung

be·wa·chen <bewachst, bewachte, hat bewacht> *mit OBJ* **1.** ■ *jmd. bewacht jmdn. (≈ kontrollieren, überwachen) jmdn. scharf beobachten und an der Flucht hindern* die Gefangenen bewachen ►Bewacher **2.** ■ *jmd./ein Tier bewacht jmdn./ein Tier (≈ beaufsichtigen, behüten, beschützen)* Die Katze bewacht ihre Jungen. **3.** ■ *jmd. bewacht etwas (≈ überwachen) aufpassen, dass nichts Unerlaubtes passiert* Die Polizisten bewachen das Botschaftsgebäude., ein bewachter Campingplatz/Parkplatz ►Bewachung

be·wach·sen <nicht steig.> *Adj. so, dass Pflanzen auf einer Fläche wachsen und sie bedecken* eine mit wildem Wein bewachsene Fassade, ein bewachsenes Dach

be·waff·nen <bewaffnest, bewaffnete, hat bewaffnet> *mit OBJ* ■ *jmd. bewaffnet jmdn. mit Waffen ausrüsten*

Be·waff·nung die <-, -en> **1.** (*kein Plur.*) *das Bewaffnen* **2.** *alle Waffen, mit denen jmd. oder etwas ausgerüstet ist* die Bewaffnung des Flugzeugträgers/der Partisanen

be·wah·ren <bewahrst, bewahrte, hat bewahrt> *mit OBJ* **1.** ■ *jmd. bewahrt etwas (≈ aufbewahren) längere Zeit aufheben* Viele alte Kleider hat sie in diesem Schrank bewahrt. **2.** ■ *jmd. bewahrt etwas (≈ beibehalten) erhalten, behalten* eine Tradition bewahren, das Bewahren alten Brauchtums, Sie bewahrt die Fassung/ihren Humor., Ruhe bewahren **3.** ■ *jmd. bewahrt etwas vor etwas Dat. (≈ behüten) schützen* vor Schaden/Unheil bewahren

be·wäh·ren <bewährst, bewährte, hat bewährt> *mit SICH* ■ *jmd./etwas bewährt sich sich als geeignet herausstellen, sich als zuverlässig erweisen* Sie hatte sich als treue Freundin bewährt., Dieses Taschenmesser hat sich schon oft bewährt.

be·wahr·hei·ten <bewahrheitest, bewahrheitete, hat bewahrheitet> *mit SICH* ■ *etwas bewahrheitet sich (geh. ≈ bestätigen) sich als wahr herausstellen* Meine Befürchtungen haben sich bewahrheitet.

be·währt <bewährter, am bewährtesten> *Adj. so, dass sich etwas als geeignet erwiesen hat* ein bewährtes Hausmittel

Be·wäh·rung die <-, -en> **1.** (*kein Plur.*) *das Sichbewähren* **2.** RECHTSW. *der Vorgang, dass eine Freiheitsstrafe in manchen Fällen nicht im Gefängnis verbüßt werden muss, wenn der Verurteilte bestimmte Aufgaben erfüllt, und wenn er (bei regelmäßiger Kontrolle seiner Lebensweise) den Eindruck macht, dass er nicht wieder straffällig werden wird.* Die Gefängnisstrafe wurde zur Bewährung ausgesetzt.

Be·wäh·rungs·auf·la·ge die <-, -n> RECHTSW. *mit einer Bewährungsstrafe verbundene Auflage*

Be·wäh·rungs·hel·fer, Be·wäh·rungs·hel·fe·rin der <-s, -> *ein Sozialarbeiter, der sich um jmdn. kümmert, der Bewährung*[2] *hat* Der Verurteilte muss sich wöchentlich bei seinem Bewährungshelfer melden.

Be·wäh·rungs·pro·be die <-, -n> *eine Aufgabe, bei der sich jmd. bewähren kann* Er hat die Bewährungsprobe glänzend bestanden.

Be·wäh·rungs·stra·fe die <-, -n> RECHTSW. *zur Bewährung*[2] *ausgesetzte Freiheitsstrafe* Er erhielt eine Bewährungsstrafe von zwei Jahren.

Be·wäh·rungs·zeit die <-, -en> *Zeitraum, in dem sich jmd. bewähren soll*

be·wal·det <nicht steig.> *Adj. so, dass es von Wald bedeckt ist* Die Landschaft ist reich bewaldet.

Be·wal·dung die <-> (*kein Plur.*) **1.** (*Wald, der eine Fläche bedeckt*) **2.** (*das Aufforsten, das Bewalden*) *Das Forstamt beschloss die Bewaldung des Gebietes.*

be·wäl·ti·gen <bewältigst, bewältigte, hat bewältigt> *mit OBJ* ■ *jmd. bewältigt etwas (≈ meistern) den Anforderungen einer schwierigen Aufgabe oder Situation gerecht werden* Wie soll ich das Chaos hier bewältigen?, Sie hat die Krise nach ihrer Scheidung endlich bewältigt. ►Bewältigung

be·wan·dert *Adj. (≈ erfahren, kundig) so, dass jmd. gute Kenntnisse auf einem Gebiet erworben hat* Er ist in der Literatur/Musikgeschichte sehr bewandert.

Be·wandt·nis die <-, -se> (*geh.*) *wesentliches Merkmal, Beschaffenheit, Wesen, Charakter* ■ **mit etwas hat es eine besondere/folgende Bewandtnis ...**: *mit etwas sind besondere Umstände oder Eigenschaften verbunden* Mit diesem Erbstück hat es folgende Bewandtnis …

be·wäs·sern <bewässerst, bewässerte, hat bewässert> *mit OBJ* ■ *jmd. bewässert etwas* (*den Boden*) *durch Zufuhr von Wasser feucht machen* (*weil es zu wenig natürliche Niederschläge gibt*) das Gemüsebeet bewässern ▶Bewässerung

be·we·gen[1] <bewegst, bewegte, hat bewegt> **I.** *mit OBJ* **1.** ■ *jmd. bewegt etwas/jmdn. die Lage oder die Stellung von etwas verändern* Der Arzt fragte, ob er das Bein bewegen könne., Sie konnte den schweren Schrank nicht allein bewegen. **2.** ■ *etwas bewegt etwas etwas in Bewegung bringen oder halten* Die Kraft des Wassers bewegt die Turbinen. **3.** ■ *etwas bewegt jmdn. ergreifen, berühren* Seine Worte hatten sie tief bewegt. **II.** *mit SICH* ■ *jmd./etwas bewegt sich* **1.** *seine Position verändern* Langsam bewegten sich die Tänzer durch den Raum. **2.** *sich in Bewegung bringen* Da drüben im Gebüsch bewegt sich etwas., Kinder wollen sich viel bewegen. **3.** *sich verhalten* Er bewegt sich in der Öffentlichkeit sicher und klug.

be·we·gen[2] <bewegt, bewog, hat bewogen> *mit OBJ* ■ *jmd./etwas bewegt jmdn. zu etwas Dat.* (≈ *veranlassen*) *verursachen, dass jmd. einen bestimmten Entschluss fasst* Dies bewog ihn schließlich dazu, die Stelle anzunehmen.

Be·weg·grund der <-(e)s, Beweggründe> (≈ *Motiv*) *etwas, das jmdn. zu einer bestimmten Handlung bewegt* aus niedrigen Beweggründen handeln

be·weg·lich *Adj.* **1.** *so, dass man es bewegen kann* eine Puppe mit beweglichen Armen und Beinen **2.** (≈ *agil*) *so, dass jmd. lebhaft und an Bewegung interessiert ist* Gymnastik soll den Körper auch im Alter beweglich halten., Bei diesem Job muss man geistig beweglich bleiben. **3.** (≈ *mobil*) *so, dass jmd. bereit ist, viel unterwegs zu sein* Sind Sie für diesen Job beweglich genug, so dass Sie öfters Dienstreisen machen können?

Be·weg·lich·keit die <-> (*kein Plur.*) **1.** *der Zustand, dass jmd. normal bewegliche*[1] *Gliedmaßen hat* Aufgrund der Krankheit ist die Beweglichkeit des Patienten stark eingeschränkt. **2.** *der Zustand, dass jmd. lebhaft und an* (*geistiger oder körperlicher*) *Bewegung interessiert ist* Die geistige Beweglichkeit muss im Alter nicht unbedingt abnehmen. **3.** (≈ *Mobilität*) *der Zustand, dass jmd. bereit ist, viel zu reisen*

be·wegt *Adj.* **1.** (≈ *aufgewühlt*) *mit relativ starkem Wellengang* das bewegte Meer **2.** *so, dass man emotional betroffen ist* Nach der Rede waren alle Zuhörer tief bewegt. ▶Bewegtheit **3.** *so, dass es sehr reich an wechselnden Ereignissen ist* das bewegte Leben des Malers

Be·we·gung die <-, -en> **1.** *das Bewegen eines Körperteils* Seine Bewegungen waren noch sehr unbeholfen. ◆ Dreh-, Kopf- **2.** (*kein Plur.*) *körperliche Aktivität* auf viel Bewegung und gesunde Ernährung achten **3.** *der Vorgang, dass sich etwas bewegt, seine Lage verändert* die Bewegung der Planeten **4.** (*kein Plur.*) *inneres Bewegtsein, Erregung, Ergriffenheit* Er konnte vor Bewegung nicht sprechen. **5.** *gemeinsame* (*politische*) *Bestrebungen einer Gruppe von Menschen* ◆ Frauen-, Friedens-, Protest-, Reform-, Studenten-, Widerstands-

Be·we·gungs·ap·pa·rat der <-(e)s, -e> ANAT. *die Gesamtheit der zur Ausführung von Bewegungen erforderlichen Teile des Körpers* (*beim Menschen und bei höheren Tieren*)

Be·we·gungs·ar·mut die <-> (*kein Plur.*) *der Zustand, dass jmd. zu wenig Bewegung*[2] *hat* Bewegungsarmut ist der Hauptgrund für ihr Übergewicht., Sitzen im Büro, Sitzen vor dem Fernseher – Viele Menschen leiden an Bewegungsarmut.

Be·we·gungs·bad das <-(e)s, Bewegungsbäder> MED. *Bad mit Bewegungsübungen*

Be·we·gungs·drang der <-s> (*kein Plur.*) *das Bedürfnis, sich zu bewegen* Kinder haben einen größeren Bewegungsdrang als die meisten Erwachsenen.

Be·we·gungs·frei·heit die <-> (*kein Plur.*) **1.** *Platz, der in ausreichendem Maße vorhanden ist, damit man Arme und Beine bewegen kann* Die großzügigen Abteile bieten dem Fahrgast reichlich Bewegungsfreiheit. **2.** (*übertr.*) *Freiheit zum selbstständigen Handeln* Sie lassen ihren Kindern jede Bewegungsfreiheit.

Be·we·gungs·krieg der <-(e)s, -e> (MILIT.: ↔ *Stellungskrieg*) *Krieg, in dem die Fronten ständig in Bewegung sind*

be·we·gungs·los <nicht steig.> *Adj.* (≈ *reglos*) *so, dass sich etwas nicht bewegt* ▶Bewegungslosigkeit

Be·we·gungs·mel·der der <-s, -> TECHN. *ein Gerät, das alle in einem bestimmten Bereich stattfindenden Bewegungen registriert und in einer bestimmten Weise* (*durch Auslösen von Alarm o.Ä.*) *auf sie reagiert*

Be·we·gungs·the·ra·pie die <-, -n> MED. *Therapie durch systematische aktive oder passive Bewegung des Körpers oder einzelner Glieder*

be·wehrt <nicht steig.> *Adj.* (*veralt.*) *so, dass es mit Waffen versehen ist* eine bewehrte Burganlage

Be·weh·rung die <-> (*kein Plur.*) (*veralt.*) *Gesamtheit dessen, womit etwas bewehrt ist*

be·wei·nen <beweinst, beweinte, hat beweint> *mit OBJ* ■ *jmd. beweint jmdn.* (*geh.* ≈ *beklagen, betrauern*) *um jmdn. weinen; jmdn. betrauern* die Toten/einen Verstorbenen beweinen

Be·weis der <-es, -e> **1.** (≈ *Nachweis*) *etwas, das eindeutig zeigt, dass etwas, das man nur geglaubt oder angenommen hat, wirklich so ist* Der Beweis für seine Schuld konnte von der Polizei erbracht werden. **2.** *die Bestätigung dafür, dass etwas wirklich so ist* Er schenkte ihr den Ring zum Beweis seiner Liebe. **3.** MATH. *eine Folge logischer Schlussfolgerungen, die eine mathematische Tatsache beweist* **4.** PHILOS. *Schlussfolgerung, die einen fraglichen Sachverhalt als sicher aufzeigt* ein logischer Beweis

Be·weis·auf·nah·me die <-, -n> RECHTSW. *richterliche Prüfung und Benutzung der Beweismittel in einem gerichtlichen Verfahren* Die Beweisaufnahme ist noch nicht abgeschlossen.

B

be·weis·bar <nicht steig.> *Adj. so, dass man es beweisen kann* Diese These ist nicht beweisbar.

Be·weis·bar·keit die <-> (*kein Plur.*) *der Zustand, dass man etwas beweisen kann* die Beweisbarkeit einer Behauptung

be·wei·sen <beweist, bewies, hat bewiesen> *mit OBJ* ■ *jmd. beweist etwas* **1.** (≈ *nachweisen*) *zeigen, dass eine Behauptung oder Annahme tatsächlich der Wirklichkeit entspricht* **2.** (≈ *zeigen*) *zu erkennen geben, dass man eine bestimmte Eigenschaft hat* Sie bewies ihre gute Erziehung/ihren Mut., In dieser Diskussion hat er Klugheit bewiesen.

Be·weis·füh·rung die <-, -en> *Argumentationsaufbau bei einem Beweis* eine schlüssige Beweisführung

Be·weis·ge·gen·stand der <-(e)s, Beweisgegenstände> RECHTSW. *ein Gegenstand, der in einem Ermittlungsverfahren als Beweis[1] für etwas gilt* ein vor Gericht zugelassener Beweisgegenstand

Be·weis·ma·te·rial das <-s, -ien> (*Plur. selten*) RECHTSW. *Material, das einen Beweis für etwas darstellt*

be·wen·den ■ **es bei etwas bewenden lassen:** *sich mit etwas zufriedengeben und nicht mehr verlangen* Lassen wir es dabei bewenden!

be·wer·ben <bewirbst, bewarb, hat beworben> *mit SICH* ■ *jmd. bewirbt sich* (*um etwas Akk.*) *sich um eine Stelle in einer Firma oder Institution bemühen, indem man in einem Brief an diese sagt, dass man dort gerne arbeiten würde* Sie hat sich um die freie Stelle als Sachbearbeiterin beworben., Er hat sich in dieser Firma schon einmal beworben.

Be·wer·ber, Be·wer·be·rin der <-s, -> *jmd., der sich bewirbt* Auf die Stellenanzeige haben sich mehr als hundert Bewerber gemeldet.

Be·wer·bung die <-, -en> **1.** (*kein Plur.*) *der Vorgang, dass sich jmd. bewirbt* **2.** *ein Schreiben an eine Firma oder Institution, in welchem jmd. sagt, dass er oder sie dort gern arbeiten würde* (*und das Gründe und Qualifikationen nennt, die für eine Anstellung sprechen*) Zu einer Bewerbung gehören ein Lebenslauf und ein Bewerbungsfoto. ◆ Blind-

Be·wer·bungs·ge·spräch das <-(e)s, -e> *Gespräch zwischen einem Bewerber und dem Personalchef einer Firma* sich auf das Bewerbungsgespräch vorbereiten, ein Handbuch mit Tipps für das Bewerbungsgespräch

Be·wer·bungs·schrei·ben das <-s, -> *s.* **Bewerbung[2]**

Be·wer·bungs·ver·fah·ren das <-s, -> *Verfahren, dem man ausgesetzt ist, wenn man sich bewirbt*

be·wer·fen <bewirfst, bewarf, hat beworfen> *mit OBJ* ■ *jmd. bewirft jmdn.* (*mit etwas Dat.*) *etwas auf jmdn. werfen* Die Kinder bewerfen sich mit Schnee., Der Redner wurde von aufgebrachten Demonstranten mit faulen Eiern und Tomaten beworfen.

be·werk·stel·li·gen <bewerkstelligst, bewerkstelligte, hat bewerkstelligt> *mit OBJ* ■ *jmd. bewerkstelligt etwas* (≈ *fertigbringen*) *ein schwieriges Problem lösen* Ich weiß nicht, wie ich es bewerkstelligen soll, das Fahrrad ohne fremde Hilfe zu reparieren.

be·wer·ten <bewertest, bewertete, hat bewertet> *mit OBJ* ■ *jmd. bewertet etwas* (≈ *beurteilen, einschätzen*) *etwas seinem Werte nach einschätzen* die Leistungen in einer Prüfung bewerten, ein Grundstück bewerten

Be·wer·tung die <-, -en> **1.** (*kein Plur.*) *das Bewerten* **2.** *bewertendes Urteil* Die Preisrichter gaben ihre Bewertungen ab.

Be·wer·tungs·kri·te·ri·um das <-s, Bewertungskriterien> (*meist Plur.*) *Kriterium, nach dem etwas oder jmd. bewertet wird*

be·wil·li·gen <bewilligst, bewilligte, hat bewilligt> *mit OBJ* ■ *jmd. bewilligt jmdm. etwas* (≈ *gewähren*) *offiziell sagen, dass jmd. etwas haben darf* für ein Projekt Finanzmittel bewilligen

Be·wil·li·gung die <-, -en> (≈ *Genehmigung, Gewährung*) *das Bewilligen* Ich warte auf die Bewilligung meines Antrages.

be·wir·ken <bewirkst, bewirkte, hat bewirkt> *mit OBJ* ■ *jmd. bewirkt etwas* (≈ *verursachen*) *durch eine bewusste Aktivität die Ursache dafür sein, dass etwas geschieht* Alle Bemühungen haben nichts bewirkt., eine Änderung bewirken

be·wir·ten <bewirtest, bewirtete, hat bewirtet> *mit OBJ* ■ *jmd. bewirtet jmdn.* (*mit etwas Dat.*) *einem Gast zu essen und zu trinken geben* Er bewirtete seine Gäste gut und reichlich.

be·wirt·schaf·ten <bewirtschaftest, bewirtschaftete, hat bewirtschaftet> *mit OBJ* ■ *jmd. bewirtschaftet etwas einen Betrieb leiten und dort arbeiten* Er bewirtschaftet den Bauernhof gemeinsam mit seiner Familie.

Be·wirt·schaf·tung die <-> (*kein Plur.*) *das Bewirtschaften* Die Bewirtschaftung des Hofes kostet viel Kraft und Zeit.

Be·wir·tung die <-, -en> **1.** (*kein Plur.*) *das Bewirten* eine gastfreundliche/reichliche Bewirtung **2.** *Essen und Trinken für den Gast; das, womit jmd. bewirtet wird*

Be·wir·tungs·kos·ten die <-> (*Plur.*) *Kosten für die Bewirtung* Die Bewirtungskosten dürfen den festgelegten Preis nicht überschreiten.

be·wohn·bar <nicht steig.> *Adj. so beschaffen, dass man es bewohnen kann* ein nicht mehr bewohnbares Gebäude

be·woh·nen <bewohnst, bewohnte, hat bewohnt> *mit OBJ* ■ *jmd. bewohnt etwas in etwas wohnen* ein Haus bewohnen, eine Etage bewohnen ▶Bewohner, Mitbewohner

be·wöl·ken <bewölkt, bewölkte, hat bewölkt> *mit SICH* ■ *etwas bewölkt sich sich mit Wolken bedecken* Der Himmel bewölkte sich.

Be·wöl·kung die <-> (*Plur. selten*) *alle Wolken, die man am Himmel sieht* aufgelockerte/dichte/starke Bewölkung, Am Spätnachmittag zieht Bewölkung auf und es kann lokal zu Regenschauern kommen.

Be·wuchs der <-es> (*kein Plur.*) *Gesamtheit der*

Pflanzen, mit denen etwas bewachsen ist ein üppiger Bewuchs

Be·wun·de·rer, **Be·wun·de·rin** der <-s, -/nen> *jmd., der jmdn. oder etwas bewundert* ein Bewunderer der Künste

be·wun·dern <bewunderst, bewunderte, hat bewundert> *mit OBJ* **1.** ■ *jmd. bewundert jmdn. große Achtung und Verehrung für jmdn. empfinden* einen Filmstar bewundern **2.** ■ *jmd. bewundert etwas bestaunen, anerkennen* seine großartigen Leistungen bewundern

be·wun·derns·wür·dig *Adj.* (≈ *bewundernswert*) *so, dass es Bewunderung verdient*

Be·wun·de·rung die <-> (*kein Plur.*) *das Bewundern* das Bild voller Bewunderung betrachten

be·wun·de·rungs·wür·dig <nicht steig.> *Adj. s.* **bewundernswürdig**

be·wusst *Adj.* **1.** *so, dass man die Realität und die Konsequenzen von etwas erkennt* Sie war sich dieser Gefahr durchaus bewusst., Er versuchte, ihr das Problem bewusst zu machen., Mir ist nicht bewusst, dass ich das gesagt habe. ◆ pflicht-, preis-, problem-, selbst-, traditions-, umwelt- **2.** (≈ *absichtlich, vorsätzlich*) *so, dass man etwas mit voller Absicht tut* Es war eine bewusste Lüge. **3.** (≈ *besagt*) *bereits erwähnt* Die bewusste Sache wollte ich nochmals ansprechen.

be·wusst·los <nicht steig.> *Adj.* (≈ *besinnungslos, ohnmächtig*) *so, dass man ohne Bewusstsein[1] ist* Nach dem Unfall war sie für kurze Zeit bewusstlos. ▶Bewusstlosigkeit

Be·wusst·sein das <-s> (*kein Plur.*) **1.** MED. *der Zustand, dass ein Mensch mit allen Sinnen seine Umgebung erkennt* Der Patient verlor das Bewusstsein/ist wieder bei Bewusstsein. **2.** PSYCH. *die Fähigkeit, mit dem Verstand und den Sinnen die Umwelt zu erkennen und zu verarbeiten* eine Erinnerung ins Bewusstsein rufen, Die möglichen Auswirkungen kamen ihm gar nicht zu Bewusstsein., Sie musste ihm die negativen Aspekte erst zu Bewusstsein bringen. ◆ Selbst-, Unter- **3.** *das bewusste Erkennen oder Wissen* im Bewusstsein eigener Verantwortung/Stärke handeln, politisches/soziales Bewusstsein entwickeln

Be·wusst·seins·bil·dung die <-> (*kein Plur.*) *die Herausbildung von Bewusstsein[3]*

be·wusst·seins·er·wei·ternd <nicht steig.> *Adj. so, dass man mit bestimmten Drogen eine Erweiterung des Bewusstseins[1 2] herbeiführen will* Psychopharmaka mit bewusstseinserweiternder Wirkung einnehmen

Be·wusst·seins·schwel·le die <-> (*kein Plur.*) PSYCH. *angenommene Schwelle, über die ein Bewusstseinsinhalt aus dem Unterbewussten ins Bewusstsein[2] tritt oder umgekehrt*

Be·wusst·seins·stö·rung die <-, -en> **1.** MED. *zeitweise Ausschaltung des Bewusstseins[1]* **2.** PSYCH. *Störung des Bewusstseins[2], z.B. durch Zwangsvorstellungen* Seit frühester Kindheit leider die Patientin an Bewusstseinsstörungen.

be·wusst·seins·ver·än·dernd <nicht steig.> *Adj. so, dass es das Bewusstsein[2] verändert* die bewusstseinsverändernde Wirkung von Rauschgift

Be·wusst·seins·ver·lust der <-(e)s, -e> *Verlust des Bewusstseins[1]* Infolge des Unfalls kam es zu einem Bewusstseinsverlust des Patienten.

Be·wusst·wer·dung die <-> (*kein Plur.*) *Vorgang des Entstehens von Bewusstsein* der Prozess der Bewusstwerdung des Menschens

Bey der <-s, -e> *ein türkischer Titel, der oft hinter dem Namen steht*

be·zah·len <bezahlst, bezahlte, hat bezahlt> **I.** *mit OBJ* ■ *jmd. bezahlt etwas* (*mit etwas Dat.*) **1.** *Geld, ein Tauschmittel oder ein Zahlungsmittel als Gegenwert für eine erhaltene Ware oder Dienstleistung geben* Ich bezahle die Ware gleich bar., Der Kaufpreis wurde in zehn Raten bezahlt., Herr Ober, wir würden gern bezahlen! **2.** (*übertr.*) *etwas für etwas geben* Er musste diese Erfahrung mit seinem Leben bezahlen., Viele Künstler mussten ihre Sensibilität mit einer Neigung zur Depression bezahlen. **II.** *ohne OBJ* ■ *jmd. bezahlt* (*für etwas Akk.*) *Geld für etwas geben* Sie können auch mit Scheck bezahlen.

Be·zahl·fern·se·hen das <-s> (*kein Plur.*) (≈ *Pay-TV*) *privates Fernsehprogramm, für dessen Empfang man bezahlen muss*

Be·zah·lung die <-, -en> (*Plur. selten*) **1.** (*kein Plur.*) *das Bezahlen* **2.** (≈ *Entgelt, Gehalt, Lohn*) *die Geldsumme, die jmdm. für seine Arbeit bezahlt wird* gegen eine gute/geringe Bezahlung arbeiten

be·zau·bern <bezauberst, bezauberte, hat bezaubert> *mit OBJ* ■ *jmd./etwas bezaubert jmdn.* (≈ *begeistern, betören*) *entzücken und für sich einnehmen* Sie bezauberte alle durch ihren Charme.

be·zeich·nen <bezeichnest, bezeichnete, hat bezeichnet> *mit OBJ* **1.** ■ *jmd./etwas bezeichnet etwas einen bestimmten sprachlichen Ausdruck für etwas verwenden* Ich bezeichne dieses Verhalten als Frechheit., Dieses Wort bezeichnet verschiedene Dinge. **2.** ■ *jmd. bezeichnet jmdm. etwas etwas genau angeben* Sie bezeichnete ihm genau die Stelle, wo das vergessene Geschenk liegen musste.

be·zeich·nend *Adj.* (≈ *typisch*) *so, dass es für jmdn. oder etwas charakterstisch ist* ein bezeichnendes Merkmal, Es ist für ihn bezeichnend, dass er schon wieder zu spät kommt.

Be·zeich·nung die <-, -en> **1.** (*kein Plur.*) (≈ *Kennzeichen*) *das Bezeichnen, das Kenntlichmachen* die genaue Bezeichnung der Umzugskartons **2.** (≈ *Name*) *ein Wort, mit dem etwas bezeichnet wird* Diese Tabletten sind unter verschiedenen Bezeichnungen im Handel erhältlich. ◆ Berufs-

be·zei·gen <bezeigst, bezeigte, hat bezeigt> *mit OBJ* ■ *jmd. bezeigt etwas* (*veralt.*) **1.** *einem Gefühl Ausdruck geben* den Trauernden unser Mitgefühl bezeigen **2.** (≈ *zeigen*) *etwas zu erkennen geben* in einer Sache großen Mut bezeigen

be·zeu·gen <bezeugst, bezeugte, hat bezeugt> *mit OBJ* ■ *jmd. bezeugt etwas etwas als Zeuge erklären* vor Gericht eine Aussage unter Eid bestätigen

Be·zeu·gung die <-, -en> *das Bezeugen* Der Richter schenkte ihren Bezeugungen Glauben.

be·zich·ti·gen <bezichtigst, bezichtigte, hat bezichtigt> *mit OBJ* ■ *jmd. bezichtigt jmdn. einer Tat* (*geh.* ≈ *beschuldigen*) *jmdm. die Schuld für etwas geben* Er bezichtigte ihn des Mordes.

Be·zich·ti·gung die <-, -en> **1.** (*kein Plur.*) *das Bezichtigen* ◆ Selbst- **2.** *bezichtigende Äußerung*

be·zie·hen <beziehst, bezog, hat bezogen> **I.** *mit OBJ* **1.** ■ *jmd. bezieht etwas in Räume einziehen* Die Familie bezog eine neue Wohnung. **2.** ■ *jmd. bezieht etwas regelmäßig empfangen oder bekommen* Er bezog ein festes Gehalt., eine Zeitung beziehen **3.** ■ *jmd. bezieht etwas eine bestimmte Stellung einnehmen* In dieser Frage bezog sie einen festen Standpunkt. **4.** ■ *jmd. bezieht etwas auf etwas Akk. etwas in einen Zusammenhang mit etwas bringen* Er bezog ihre Äußerungen auf den Vorfall der letzten Woche. **II.** *mit SICH* **1.** ■ *jmd. bezieht sich auf etwas Akk. etwas erwähnen und zum Ausgangspunkt für die weiteren Aussagen machen* Sie bezog sich auf unser Telefonat vergangener Woche. **2.** ■ *etwas bezieht sich auf etwas Akk. in einem inhaltlichen Zusammenhang stehen* Die Bemerkung bezog sich auf die Ereignisse des Vortags. **3.** ■ *der Himmel bezieht sich der Himmel bewölkt sich*

Be·zie·her, **Be·zie·he·rin** der <-s, -> *jmd., der etwas bezieht*[2] der Bezieher einer Zeitschrift, der Bezieher von Sozialhilfe

Be·zie·hung die <-, -en> **1.** (*meist Plur.*) (≈ *Kontakt*) *Verbindung oder Kontakt zwischen Einzelnen oder Gruppen* zwischenmenschliche Beziehungen, internationale/politische/geschäftliche Beziehungen **2.** *Liebesbeziehung zwischen Mann und Frau* in einer eheähnlichen/festen Beziehung leben, eine Beziehung aufgeben/haben/suchen, Sie hat ein Kind aus ihrer früheren Beziehung. **3.** *innerer Zusammenhang, wechselseitiges Verhältnis* die Beziehung zwischen Angebot und Nachfrage, mit einer Sache in keiner Beziehung stehen **4.** ■ **in dieser Beziehung**: *in dieser Hinsicht* In dieser Beziehung muss ich dir recht geben.

Be·zie·hungs·kis·te die <-, -n> (*umg.*) *komplizierte Liebesbeziehung zwischen zwei Menschen*

be·zie·hungs·wei·se (*abgekürzt mit „bzw.“*) *Konj.* (≈ *anders gesagt*) *drückt aus, dass zwei Aussagen in gleichem Maße auf etwas zutreffen* Viele seiner Freunde sind schon älter beziehungsweise im Ruhestand.

be·zif·fern <bezifferst, bezifferte, hat beziffert> *mit OBJ* ■ *jmd. beziffert etwas auf etwas Akk.* (*geh.* ≈ *schätzen, taxieren*) *den Betrag von etwas angeben* Er bezifferte den Schaden auf 5.000 Euro.

Be·zirk der <-(e)s, -e> **1.** (≈ *Region*) *abgegrenztes Gebiet* Sie ist Kundenbetreuerin für den Bezirk Augsburg. **2.** *eine Verwaltungseinheit in Ländern, Städten, Gemeinden* die Bezirke der Stadt **3.** GESCH. *eine Verwaltungseinheit in der Deutschen Demokratischen Republik* **4.** (*schweiz.*) *der Gemeinde übergeordnetes Verwaltungsgebiet*

Be·zirks·amt das <-(e)s, Bezirksämter> *oberste Verwaltungsbehörde eines Bezirks*

Be·zirks·bür·ger·meis·ter der <-s, -> *Bürgermeister eines Stadtbezirks* (*in sehr großen Städten*)

Be·zirks·chef der <-s, -s> *oberster Regierungsbeamter in einem Bezirk*

Be·zirks·ebe·ne die <-, -n> *auf der Ebene des Bezirks* eine Entscheidung auf Bezirksebene treffen

Be·zirks·ge·richt das <-(e)s, -e> (*schweiz.*) *Gericht in erster Instanz in Zivil- und Strafsachen* Der Rechtsstreit wurde vor dem Bezirksgericht verhandelt.

Be·zirks·lei·ter, **Be·zirks·lei·ter·in** der <-s, -> *Leiter eines Bezirkes*[3]

Be·zirks·lei·tung die <-, -en> *Regierung in einem Bezirk*[3]

Be·zirks·li·ga die <-, Bezirksligen> SPORT Die Fußballmannschaft ist in die Bezirksliga aufgestiegen.

Be·zirks·re·gie·rung die <-, -en> *leitende Behörde eines Regierungsbezirks*

Be·zirks·schu·le die <-, -n> *zentrale Schule im ländlichen Einzugsgebiet*

Be·zirks·spi·tal das <-s, -spitäler> (*schweiz.*) *zentrales Krankenhaus in einem Bezirk*

Be·zirks·ver·band der <-(e)s, Bezirksverbände> *auf Bezirksebene tätiger Verband*

Be·zirks·ver·wal·tung die <-, -en> *Verwaltung eines Bezirkes*

Be·zirks·vor·sit·zen·der, **Be·zirks·vor·sit·zen·de** der <-n, -n> *Vorsitzender* (*eines Vereins o.Ä.*) *in einem Bezirk*

Be·zirks·vor·ste·her, **Be·zirks·vor·ste·her·in** der <-s, -> *Mitglied des Gemeindevorstands an der Spitze eines örtlichen Bezirks*

be·zir·zen, *a.* **be·cir·cen** [bəts'ɪrtsn̩] <bezirzt/becirct, bezirzte/becircte, hat bezirzt/becirct> *mit OBJ* ■ *jmd. bezirzt jmd.* (*mit etwas Dat.*) (*umg. scherzh.* ≈ *betören, umgarnen*) *jmdn.* (*wie eine Circe*) *verführen oder bezaubern* Sie hat ihn völlig bezirzt.

Be·zug der <-(e)s, Bezüge> **1.** (≈ *Überzug*) *etw., womit etwas bezogen oder überzogen wird* der Bezug des Kissens ◆ Bett-, Kissen-, Schon- **2.** (*meist Plur.*) *Gehalt, Einkommen* Meine Bezüge wurden schon wieder gekürzt. **3.** (*kein Plur.*) *das Beziehen einer Ware durch Kauf* der Bezug einer Zeitung, der Bezug von Waren aus dem Ausland **4.** (*kein Plur.*) *sachlich bedingte Verbindung* in Bezug auf jemanden/etwas; (*geh.*) Bezug nehmen auf …; AMTSSPR. mit/unter Bezug auf etwas

Be·zü·ger der <-s, -> (*schweiz.*) **1.** *Bezieher* (*einer Zeitung*) **2.** *Einforderer* (*von Steuern*)

be·züg·lich *Präp. + Gen.* (*geh.*) *hinsichtlich* Bezüglich Ihrer Nachfrage müssen wir Ihnen leider eine Absage erteilen.

Be·zugs·be·ding·ung die <-, -en> (*meist Plur.*) *Bedingung, unter der man eine Ware beziehen kann*

Be·zugs·grö·ße die <-, -en> *Größe, Zahl, Größenordnung, nach der sich etwas richtet oder die Grundlage für die Berechnung von etwas ist* von einer festen Bezugsgröße ausgehen

Be·zugs·lei·nen das <-s> (*kein Plur.*) *Leinen, das zum Beziehen von etwas verwendet wird* das Bezugsleinen für Bucheinbände

Be·zugs·per·son die <-, -en> PSYCH. *Person, mit der sich ein Mensch besonders zu Beginn seiner Entwicklung identifiziert und auseinandersetzt und an der er sein Denken und Verhalten orientiert* Eltern sind die ersten und wichtigsten Bezugspersonen.

Be·zugs·preis der <-es, -e> (≈ *Einkaufspreis*) *Preis, zu dem jmd. eine Ware bezieht*

Be·zugs·punkt der <-(e)s, -e> **1.** *Punkt, auf den eine räumliche Darstellung bezogen wird* **2.** *Orientierungsbasis für das Denken und Handeln* Die Bezugspunkte ihres Vortrages waren die Ausführungen ihres Vorredners.

Be·zugs·quel·le die <-, -n> *Person oder Stelle, von der Waren zu beziehen sind* eine günstige Bezugsquelle

Be·zugs·stoff der <-(e)s, -e> *Stoff zum Beziehen von Möbel, Kissen o.Ä.* für die neuen Kissen einen gestreiften Bezugsstoff auswählen

Be·zugs·sys·tem das <-s, -e> **1.** *Koordinatensystem, auf das bestimmte Werte bezogen werden* **2.** *das einer Sache zugrunde liegende System* (*von Überzeugungen, Beziehungen usw.*) Der Sportverein stellt für viele Jugendliche ein sinnvolles soziales Bezugssystem dar.

be·zu·schus·sen <bezuschusst, bezuschusste, hat bezuschusst> *mit OBJ* ■ *jmd. bezuschusst etwas* *für eine Sache einen Zuschuss geben* Die Gemeinde bezuschusst die Kindergartenplätze.

Be·zu·schus·sung die <-, -en> (*Plur. selten*) *Gewährung eines Zuschusses* Die Bezuschussung des Theaters wurde gekürzt.

be·zwe·cken <bezweckst, bezweckte, hat bezweckt> *mit OBJ* ■ *jmd. bezweckt etwas* (≈ *beabsichtigen*) *eine bestimmte Absicht haben; ein bestimmtes Ziel mit etwas verfolgen* Was bezweckt er mit seinen dauernden Anrufen?

be·zwei·feln <bezweifelst, bezweifelte, hat bezweifelt> *mit OBJ* ■ *jmd. bezweifelt etwas* *Zweifel an etwas haben, nicht glauben wollen* Ich bezweifle, dass ich es besser gemacht hätte.

be·zwin·gen <bezwingst, bezwang, hat bezwungen> *mit OBJ* ■ *jmd. bezwingt etwas/jmdn.* **1.** *im* (*Wett-*)*kampf besiegen* den Gegner/die gegnerische Mannschaft bezwingen **2.** (≈ *bewältigen, meistern*) *ein Ziel unter großer Anstrengung erreichen* einen Berg bezwingen **3.** (≈ *beherrschen, zügeln*) *ein Gefühl unterdrücken* seine Leidenschaft bezwingen

Be·zwin·ger, **Be·zwin·ge·rin** der <-s, -> *jmd., der jmdn. oder etwas bezwungen hat* der erste Bezwinger des Mount Everest

Be·zwin·gung die <-> (*kein Plur.*) *das Bezwingen, das Bezwungenwerden* die Bezwingung der gegnerischen Mannschaft

Bf. *Abkürzung von „Bahnhof“*

BGS *Abkürzung von „Bundesgrenzschutz“*

BH (*umg.*) *Abkürzung von „Büstenhalter“*

Bhag·van/Bhag·wan der ['bagvan] <-s, -s> REL. **1.** *Ehrenbezeichnung für einen religiösen Lehrer des Hinduismus* **2.** *Träger des Ehrentitels Bhagvan*[1] **3.** *Abkürzung von „Bhagvan Shree Rajneesh“, den Begründer einer Sekte in Poona/Indien*

Bhu·tan der <-s> *Staat im östlichen Himalaja*

Bhu·ta·ner, **Bhu·ta·ne·rin** der <-s, -> *Einwohner von Bhutan*

bhu·ta·nisch *Adj. Bhutan oder die Bhutaner betreffend*

Bi·ath·lon das <-s, -s> SPORT *eine Disziplin des Wintersports, die aus Skilanglauf und Scheibenschießen besteht*

bib·bern <bibberst, bibberte, hat gebibbert> *mit OBJ* (*umg.*) **1.** ■ *jmd. bibbert vor etwas Dat.* (≈ *zittern*) vor Kälte bibbern **2.** ■ *jmd. bibbert um etwas Akk. um etwas zittern, Angst haben*

Bi·bel die <-, -n> **1.** (*kein Plur.*) REL. *die Gesamtheit der von den christlichen Kirchen als Wort Gottes anerkannten Schriften, die in das Alte und Neue Testament gegliedert sind* die Bibel auslegen/kommentieren/übersetzen, auf die Bibel schwören ◆ Luther- **2.** *ein gedrucktes Exemplar der Bibel*[1] eine alte Bibel ◆ Bilder-, Familien-, Taschen-

Bi·bel·aus·le·gung die <-> (*kein Plur.*) (REL.: ≈ *Exegese*) *Erklärung und Auslegung der Texte der Bibel*

bi·bel·fest <nicht steig.> *Adj. so, dass jmd. mit der Bibel sehr vertraut ist und viele Stellen auswendig kann*

Bi·bel·ge·sell·schaft die <-, -en> (*kein Plur.*) *evangelische Vereinigung zur Herstellung, Übersetzung und Verbreitung der Bibel*

Bi·bel·kon·kor·danz die <-, -en> *Verzeichnis aller in der Bibel wichtigen Wörter mit den dazu gehörenden Bibelstellen*

Bi·bel·kreis der <-es, -e> *eine Gruppe von Personen, die sich regelmäßig treffen, um über Stellen aus der Bibel zu diskutieren und gemeinsam zu beten*

Bi·bel·spruch der <-(e)s, Bibelsprüche> *eine Bibelstelle, die häufig zitiert wird und bei Konfirmation, Hochzeit, Taufe und anderen Anlässen feierlich vorgelesen oder als Text überreicht wird*

Bi·bel·stel·le die <-, -n> (≈ *Bibelspruch*) *Textstelle der Bibel*

Bi·bel·stun·de die <-, -en> REL. *Andacht mit Bibellesung*

Bi·bel·über·set·zung die <-, -en> *Übersetzung der Bibel* die lutherische Bibelübersetzung

Bi·ber der <-s, -> ZOOL. *ein Nagetier mit bräunlichem Fell, einem Schuppenschwanz und Schwimmfüßen, das an Gewässern lebt, gut schwimmt und Bauten oder Dämme anlegt*

Bi·ber·schwanz der <-es, Biberschwänze> **1.** ZOOL. *Schwanz eines Bibers* **2.** (*fachspr.*) *flacher Dachziegel*

Bi·bli·o·gra·fie, a. **Bi·bli·o·gra·phie** die <-, -n> (≈ *Bücherverzeichnis, Literaturnachweis*) *Verzeichnis aller Bücher eines Autors oder aller*

wichtigen Bücher und Aufsätze zu einem bestimmten Thema eine Bibliografie zur Theorie des Dramas

bi·bli·o·gra·fie·ren, *a.* **bi·bli·o·gra·phie·ren** <bibliografierst, bibliografierte, hat bibliografiert> *mit OBJ* ■ *jmd. bibliografiert etwas* **1.** *in einer Bibliografie nachschlagen, bibliografische Angaben aufsuchen* einen Titel bibliografieren **2.** *zu einem bestimmten Thema eine Bibliografie erstellen*

bi·bli·o·gra·fisch, *a.* **bi·bli·o·gra·phisch** <nicht steig.> *Adj. die Bibliografie betrefffend* bibliografische Angaben

Bi·bli·o·thek die <-, -en> **1.** *eine große Sammlung von Büchern, die entweder in privatem Besitz oder der Öffentlichkeit zugänglich ist (und dabei Teil einer Institution, wie z.B. einer Universität oder eines Instituts sein kann)* ◆ Leih-, Privat- **2.** *der Raum, in dem sich eine Bibliothek[1] befindet* ◆ Instituts-, Staats-, Stadt-, Universitäts-

Bi·bli·o·the·kar, **Bi·bli·o·the·ka·rin** der <-s, -e> *Angestellte(r) in einer Bibliothek* ◆ Diplom-

Bi·bli·o·theks·be·nut·zer, **Bi·bli·o·theks·be·nut·ze·rin** der <-s, -> *jmd., der die Einrichtungen einer Bibliothek benutzt*

Bi·bli·o·theks·wis·sen·schaft die <-> *(kein Plur.) Wissenschaft vom Bibliothekswesen*

bi·b·lisch <nicht steig.> *Adj. die Bibel betreffend, zu ihr gehörend, aus ihr stammend* ein biblisches Gleichnis ■ **ein biblisches Alter erreichen**: *ein sehr hohes Alter erreichen*

Bick·bee·re die <-, -n> (BOT.: *norddt.* ≈ *Heidelbeere*)

Bi·det das [bi'de:] <-s, -s> *Sitzwaschbecken zur Reinigung des Unterkörpers*

Bi·don der/das [bi'dɔ̃] <-s, -s> **1.** *(schweiz.) trag- und verschliessbarer Behälter für Flüssigkeiten* **2.** *(fachspr. veralt.) Trinkflasche am Rennrad*

bie·der *Adj.* **1.** *(abwert.* ≈ *kleinbürgerlich, spießig) langweilig und ohne Reiz, hausbacken und unoriginell* Sie macht einen etwas biederen Eindruck. **2.** *(veralt.) rechtschaffen, verlässlich* ▶Biederkeit

Bie·der·mann der <-(e)s, Biedermänner> *(abwert.* ≈ *Spießer) beschränkter und kleinbürgerlich denkender Mensch*

Bie·der·mei·er das <-s> *(kein Plur.)* KUNST *deutsche Kunst- und Kulturepoche (etwa 1815 bis 1848)* ein Maler des Biedermeiers

Bieder·mei·er·strauß der <-es, Biedermeiersträuße> *kurzer, rundlich gebundener Blumenstrauß im Stil des Biedermeier*

bieg·bar *Adj. so beschaffen, dass man es biegen kann* ein biegbares Blech

bie·gen <biegst, bog, hat/ist gebogen> **I.** *mit OBJ* ■ *jmd. biegt etwas (haben) durch Ausüben einer Kraft einen (länglichen) Gegenstand (aus einem formbaren Material) in einer bestimmten Weise verformen* Sie hat die Zweige beiseite gebogen., Er hat den Draht wieder gerade gebogen. **II.** *ohne OBJ* ■ *jmd./etwas biegt irgendwohin (sein* ≈ *abbiegen) so gehen oder fahren, dass man dabei einen Bogen macht* Er ist um die Ecke in die Nebenstraße gebogen. **III.** *mit SICH* ■ *etwas biegt sich (haben) unter der Wirkung einer Kraft als (länglicher) Gegenstand (aus einem formbaren Material) in einer bestimmten Weise verformt werden* Die Bäume biegen sich im Sturm., Die Brücke hat sich unter der Last gebogen. ■ **jemand biegt sich vor Lachen**: *jmd. lacht sehr heftig* **jemand tut etwas auf Biegen und Brechen**: *jmd. tut etwas unter allen Umständen*

bieg·sam *Adj. so, dass man es leicht biegen kann* ein biegsamer Zweig ▶Biegsamkeit

Bie·gung die <-, -en> (≈ *Kurve*) *eine Stelle, an der eine Straße, ein Weg oder ein Fluss nicht gerade verläuft* ◆ Fluss-, Straßen-, Weg-

Bie·ne die <-, -n> **1.** ZOOL. *ein Insekt, das Honig und Wachs produziert* Der Imker züchtet Bienen., Bienen sammeln Blütennektar/bilden Bienenvölker., Die Bienen schwärmen aus. **2.** *(umg. veralt.) hübsches Mädchen* eine flotte Biene

bie·nen·flei·ßig <nicht steig.> *Adj.* (≈ *emsig*) *sehr fleißig*

Bie·nen·haus das <-es, Bienenhäuser> *eine (aus Holz gebaute) Konstruktion mit mehreren Bienenstöcken*

Bie·nen·ho·nig der <-s> *(kein Plur.) von der Honigbiene produzierter Honig*

Bie·nen·kö·ni·gin die <-, -nen> ZOOL. *das einzige fruchtbare Weibchen eines Bienenvolkes*

Bie·nen·schwarm der <-(e)s, Bienenschwärme> ZOOL. *viele Bienen, die sich gleichzeitig an einer Stelle in der Luft befinden*

Bie·nen·spra·che die <-, -en> ZOOL. *Verständigungsmittel der Bienen, bei dem durch tanzende Bewegungen Angaben über Nahrungsquellen, eine Unterkunft o.Ä. gemacht werden*

Bie·nen·stand der <-(e)s, Bienenstände> (ZOOL.: ≈ *Bienenhaus*) *gegen Witterungseinflüsse geschützter Stand mit mehreren Bienenstöcken*

Bie·nen·stock der <-(e)s, Bienenstöcke> *kastenförmiger Behälter mit einer kleinen Öffnung (Flugloch), der als Behausung für ein Bienenvolk dient*

Bie·nen·tanz der <-es, Bienentänze> ZOOL. *Verständigungsmittel der Bienen s.* **Bienensprache**

Bie·nen·wa·be die <-, -n> *Zellenbau der Bienen aus Wachs zum Aufbewahren des Honigs, zum Ablegen der Eier und zur Aufzucht der Larven*

Bie·nen·wachs das <-es> *(kein Plur.) Ausscheidungsprodukt der Honigbiene, das Baustoff für die Waben ist* ◆ -kerze

Bie·nen·zucht die <-> *(kein Plur.)* (≈ *Imkerei*) *Zucht von Bienenvölkern zur Honig- und Wachsgewinnung*

Bie·nen·züch·ter, **Bie·nen·züch·te·rin** der <-s> (≈ *Imker*) *jmd., der Bienen züchtet*

Bi·en·na·le die [biɛ'na:lə] <-, -n> *alle zwei Jahre stattfindende Ausstellung oder Schau besonders in der bildenden Kunst und im Film* Der Film gewann einen Preis auf der diesjährigen Biennale in Venedig.

Bier das <-(e)s, -e> *ein aus Hopfen, Malz, Hefe und Wasser durch Gärung hergestelltes alkoholi-*

sches Getränk ein alkoholfreies/kühles/obergäriges Bier, Das Bier ist abgestanden/ist frisch vom Fass/ schäumt im Glas., noch mit auf ein Bier gehen/beim Bier sitzen/ zum Bier einen Schnaps bestellen ■ **das ist nicht mein Bier** (*umg.*): *das ist nicht meine Sache* ◆-bauch, -durst, -glas, -schaum, Alt-, Bock-, Malz-, Stark-, Weizen-

> **i Wissenswert** Eines der beliebtesten Getränke in Deutschland ist Bier. Diese Tatsache kennt man schon vom Münchner Oktoberfest, dem weltweit bekannten und beliebten Bierfest. Bei einem solchen sitzen die Menschen an „Biertischen" in einem „Bierzelt" und genießen außer Bier auch gern deftige Speisen. Bier trinkt man aus einem „Bierglas" oder einem „Bierkrug" und in Bayern bestellt man eine „Maß", das heißt einen Liter Bier. Es gibt zahlreiche Biersorten, das „Pils", das „Export", das „Märzen", das in Düsseldorf beliebte „Altbier", das „Weizen" und das „Bockbier" oder „Starkbier". Am „Biertisch" kann es recht lustig zugehen, das heißt die „Biertrinker" sind überhaupt nicht „bierernst" (übermäßig ernst). Wer aber mehr Bier trinkt als ihm gut tut, der ist eine „Bierleiche" (völlig betrunken) und er bekommt einen „Bierbauch". Das Herstellen von Bier nennt man „Brauen"; eine Firma, die Bier braut, heißt „Brauerei".

Bier·brau·er der <-s, -> (≈ *Brauer*) *jmd., der Bier braut*

Bier·de·ckel der <-s, -> (≈ *Bierfilz*) *eine kleine Scheibe aus fester Pappe, auf die man das Bierglas stellt* Bierdeckel auf dem Tisch verteilen

Bier·do·se die <-, -n> *eine Blechdose, in der Bier verkauft wird* ein Sixpack Bierdosen

bier·ernst <nicht steig.> *Adj.* (*umg.* ≈ *todernst*) *übertrieben ernst und ohne jeden Humor* ein bierernstes Gesicht machen

Bier·fass das <-es, Bierfässer> *Fass zum Lagern von Bier*

Bier·filz der <-es, -e> (≈ *Bierdeckel*)

Bier·fla·sche die <-, -n> *Glasflasche, in die Bier abgefüllt ist*

Bier·he·fe die <-> (*kein Plur.*) *Hefe zur Biergärung*

Bier·kas·ten der <-s, Bierkästen> (≈ *Bierkiste*) *Transportkiste mit kleinen Fächern für je eine Bierflasche*

Bier·knei·pe die <-, -n> *Kneipe, in der hauptsächlich Bier ausgeschenkt wird*

Bier·krug der <-(e)s, Bierkrüge> (≈ *Bierseidel*) *Trinkkrug für Bier*

Bier·kut·scher ■ **fluchen wie ein Bierkutscher** (*umg.*): *grob fluchen, unflätig schimpfen*

Bier·lei·che die <-, -n> (*umg., scherzh.*) *jmd., der sich mit sehr viel Bier betrunken hat*

Bier·schaum der <-s> (*kein Plur.*) *Schaum, der beim Ausschenken auf dem Bier entsteht* Er wischte sich den Bierschaum von den Lippen.

Bier·sei·del der <-s, -> (≈ *Bierkrug*)

Bier·sup·pe die <-, -n> KOCH. *süße, gewürzte Mehlsuppe mit Bier, Ei, Sahne und anderen Zutaten*

Bier·trin·ker, **Bier·trin·ke·rin** der <-s, -> *jmd., der gern (und regelmäßig) Bier trinkt*

Bier·wär·mer der <-s, -> *mit heißem Wasser gefüllte Metallröhre, in die das Bierglas gehängt wird, um das Bier zu erwärmen*

Bier·wurst die <-, Bierwürste> *geräucherte Wurst aus Schweinefleisch, Rindfleisch, Speck und Gewürzen*

Bier·zelt das <-(e)s, -e> *auf Volksfesten oder Jahrmärkten errichtetes großes Zelt, in dem vor allem Bier ausgeschenkt wird*

Biest das <-(e)s, -er> **1.** (*abwert.*) *lästiges, unangenehmes Tier* Das Biest hat mich gestochen., Nehmen sie doch das Biest an die Leine! **2.** (*abwert.*) *gemeiner, durchtriebener und hinterhältiger Mensch* So ein elendes Biest!, Das Biest hat mich belogen.

bie·ten <bietest, bot, hat geboten> **I.** *mit OBJ* **1.** ■ *jmd. bietet etwas bei einer Versteigerung o.Ä. eine bestimmte Menge Geld für etwas bieten* Sie hat die höchste Summe für das Gemälde geboten. **2.** ■ *jmd./etwas bietet jmdm. etwas anbieten, in Aussicht stellen* Ich biete Ihnen dafür sehr viel Geld., Das Institut bietet ihm hervorragende Arbeitsbedingungen. **3.** ■ *etwas bietet jmdm. etwas gewähren, zur Verfügung stellen* Sein Hobby bietet ihm die nötige Entspannung., Dieses Hotel bietet sehr viel Komfort. **4.** ■ *jmd. lässt sich etwas bieten jmd. erduldet eine Zumutung* Diese Unverschämtheit lasse ich mir nicht länger bieten! **II.** *ohne OBJ* ■ *jmd. bietet bei einer Versteigerung ein Angebot machen* Bei dieser Auktion bietet auch Herr Schmidt von der Galerie Schmidt & Schulze. **III.** *mit SICH* ■ *etwas bietet sich* (≈ *darbieten*) *etwas zeigt sich* Unseren Augen bot sich ein herrlicher Anblick., Hier bot sich uns die Gelegenheit, einen kleinen Ausflug zu machen.

Bie·ter, **Bie·te·rin** der <-s, -> *jmd., der auf einer Versteigerung bietet*

Bi·fo·kal·bril·le die <-, -n> *Brille mit Bifokalgläsern*

Bi·fo·kal·glas das <-es, Bifokalgläser> *Brillenglas aus zwei verschieden geschliffenen Teilen mit verschiedenen Brennpunkten, das für die Nah- und Fernsicht geeignet ist*

Bi·ga·mie die <-> (*kein Plur.*) *der (gesetzlich strafbare Zustand), dass eine Person gleichzeitig mit zwei anderen Personen die Ehe geschlossen hat* in Bigamie leben

Big·band, *a.* **Big Band** die ['bɪg'bænd] <-, -s> *großes Jazz- oder Tanzorchester mit mehrfacher Besetzung der Instrumente* Die Sängerin wurde von einer Bigband begleitet.

Big·busi·ness, *a.* **Big Busi·ness** das ['bɪg'bɪznɪs] <-> (*kein Plur.*) *Geschäftswelt der Großunternehmer*

bi·gott *Adj.* (*abwert.*) **1.** *von übertriebenem Glaubenseifer geprägt; auf engstirnige Weise fromm* bigotte Frömmigkeit **2.** (≈ *scheinheilig*) Ihrem bigotten Gerede kann man keinen Glauben schenken.

Bi·got·te·ri<e> die <-, -n> **1.** (*kein Plur.*) (≈ *Scheinheiligkeit*) *übertriebener Glaubenseifer, kleinliche und engherzige Frömmigkeit* **2.** *bigotte Handlungsweise, Äußerung*

Bi·jou der/das [biˈʒuː] <-s, -s> (*schweiz., sonst veralt.*) *Schmuckstück*

Bi·jou·te·rie die [biʒutəˈriː] <-, -n> (*schweiz.*) **1.** *Modeschmuck* **2.** *Modeschmuckgeschäft*

Bi·ker, **Bi·ke·rin** der [baikɐ] <-s, -> **1.** *Motorradfahrer* ein Treffen der Biker **2.** *jmd., der Mountainbike fährt*

Bi·ki·ni der <-s, -s> *zweiteiliger knapper Damenbadeanzug*

bi·la·bi·al <nicht steig.> *Adj.* SPRACHWISS. *so, dass Laute mit beiden Lippen gebildet werden* Die Laute b, m und p werden bilabial gebildet.

Bi·lanz die <-, -en> **1.** WIRTSCH. *Aufstellung der Einnahmen und Ausgaben einer Firma* ◆ Handels-, Jahres-, Schluss-, Zwischen- **2.** (*kein Plur.*) (≈ *Ergebnis, Fazit*) *abschließender Überblick über etwas* Sie war mit der Bilanz ihres Arbeitstags zufrieden.

bi·lan·zie·ren <bilanzierst, bilanzierte, hat bilanziert> **I.** *mit OBJ* ■ *jmd. bilanziert etwas* **1.** WIRTSCH. *eine Bilanz über Einnahmen und Ausgaben innerhalb eines Zeitraumes einer Geschäftstätigkeit aufstellen* Er bilanzierte das letzte Quartal. **2.** *einen abschließenden Überblick über eine Sache geben* Die Forschungsgruppe bilanziert den erreichten Erkenntnisstand. **II.** *ohne OBJ* ■ *jmd. bilanziert* BANKW. *im Soll und Haben dieselbe Summe zeigen* Das Konto bilanziert.

Bi·lan·zie·rung die <-, -en> *das Bilanzieren* die Bilanzierung für das vergangene Geschäftsjahr abschließen

Bi·lanz·kos·me·tik die <-> (*kein Plur.*) (*umg.*) *Manipulation einer Bilanz*

Bi·lanz·prü·fer, **Bi·lanz·prü·fe·rin** der <-s, -> WIRTSCH. *öffentlich bestellter Wirtschaftsprüfer zur Prüfung der Jahresabschlüsse*

Bi·lanz·prü·fung die <-, -en> WIRTSCH. *Prüfung des Jahresabschlusses durch einen Wirtschaftsprüfer*

Bi·lanz·sa·nie·rung die <-, -en> WIRTSCH. *Ausgleichung der Bilanz, so dass die Rentabilität einer Firma wieder hergestellt ist*

Bi·lanz·zah·len <-> *Plur.* WIRTSCH. *in einer Bilanz*[1] *ausgewiesene Zahlen*

bi·la·te·ral <nicht steig.> *Adj.* **1.** (POL.: ↔ *trilateral*) *von zwei Seiten ausgehend, zwei politische Partner betreffend* bilaterale Verhandlungen zwischen zwei Staaten, Das bilaterale Abkommen wurde von beiden Außenministern unterzeichnet. **2.** SPRACHWISS. *als Lateral so artikuliert, dass die Atemluft an beiden Seiten neben der Zunge entweicht* Das „l" ist ein bilateraler Laut.

Bild das <-(e)s, -er> **1.** (≈ *Gemälde*) *eine Art flache Platte* (*aus Papier, Leinwand, Holz o.Ä.*), *auf der mit Farben eine künstlerische Darstellung gemalt ist* ein abstraktes Bild, die Bilder eines alten Meisters/des französischen Impressionismus/aus der Spätphase des Künstlers, In der Galerie hängen auch Bilder unbekannter Künstler. ◆ Aquarell-, Landschafts- **2.** (*umg.* ≈ *Abbildung, Illustration*) *Welchen Sinn haben die Bilder in einem Wörterbuch?* die Bilder in einem Kinderbuch **3.** (≈ *Foto*) *Fotografie* Ich habe Bilder von unserem Ausflug mitgebracht. ◆ Akt-, Farb-, Hochzeits-, Kinder-, Luft- **4.** (FILM: ≈ *Szene*) *ohne zeitliche Unterbrechung auf nur einem Schauplatz spielender Handlungsabschnitt eines Films* **5.** THEAT. *Abschnitt eines Theaterstückes mit unverändertem Bühnenbild* ein Schauspiel in sieben Bildern **6.** LIT. *Veranschaulichung von Ideen, Gefühlen usw. durch symbolische oder metaphorische Ausdrucksweise* Der Autor verwendet in seinem Werk viele Gleichnisse und Bilder. **7.** MATH. *einem Element durch Abbildung zugeordnetes* (*anderes*) *Element* ◆ -gerade, -punkt **8.** *der Anblick, der sich jmdm. bietet* Ich werde dieses Bild nie vergessen. **9.** *die Vorstellung von jmdm. oder etwas* Bilder meiner Phantasie, Vor seinem geistigen Auge stiegen die alten Bilder auf. ◆ Menschen-, Sinn-, Traum-, Welt-, Wunsch- **10.** (≈ *Ebenbild*) Sie ist ganz das Bild ihrer Mutter. **11.** (≈ *Erscheinungsbild*) *alle Details, die zu etwas gehören* das typische Bild einer Erkrankung ◆ Krankheits- **12.** (≈ *Anblick*) Als wir das Haus betraten, bot sich uns ein überraschendes Bild. ■ **über etwas im Bilde sein** (*umg.*): *alle relevanten Informationen über etwas haben* **jemand ist ein Bild von etwas**: *jmd. ist ein besonders prächtiges Exemplar von etwas* Er ist ein Bild von einem Mann! **Schwaches Bild!** (*umg.*): *Das ist aber enttäuschend!*

Bild·auf·lö·sung die <-, -en> FOTOGR. *Angabe darüber, in wieviele Bildpunkte sich eine Fotografie auflöst* beim Kauf einer Kamera auf eine hohe Bildauflösung achten

Bild·aus·schnitt der <-(e)s, -e> *Ausschnitt aus einem Bild* ein stark vergrößerter Bildausschnitt

Bild·au·tor, **Bild·au·to·rin** der <-s, -en> *Fotograf, von dem die in einem Buch abgedruckten Bilder stammen*

Bild·band der <-(e)s, Bildbände> *ein Buch, das hauptsächlich Bilder und nur wenige erläuternde Texte enthält* ein Bildband über die Toskana

Bild·be·ar·bei·tung die <-> (*kein Plur.*) EDV *das Bearbeiten von Bildern am Computer* ein Programm zur digitalen Bildbearbeitung

Bild·bei·la·ge die <-, -n> *hauptsächlich Bilder enthaltende Beilage in Zeitungen, Werbeprospekten o.Ä.*

Bild·be·trach·ter der <-s, -> *techn. Gerät, mit dem man Diapositive vergrößert und beleuchtet betrachten kann*

Bild·be·trach·tung die <-, -en> *ein Text, in dem jmd. beschreibt und reflektiert, was er in einem Bild*[1] *sieht* eine Bildbetrachtung verfassen

Bild·da·tei die <-, -en> EDV *Datei, in der Bilder gespeichert sind*

Bild·dia·go·na·le die <-, -n> KUNST *im Aufbau eines Bildes erkennbare Diagonale*

bil·den <bildest, bildete, hat gebildet> **I.** *mit OBJ* **1.** ■ *jmd. bildet etwas (aus etwas Dat.) etwas aus etwas herstellen oder formen* Der Künstler bildet Figuren aus Ton. **2.** ■ *jmd. bildet etwas entstehen lassen* Der Kaktus bildet Ableger., Bildet bitte einen Kreis!, Ich möchte mir gern selbst eine Meinung bilden. **3.** ■ *jmd. bildet etwas etwas zusammenstellen* eine Regierung bilden **4.** ■ *etwas bildet etwas sein, darstellen* Der Fluss bildet eine natürliche Grenze. **5.** ■ *etwas bildet jmdn. (≈ schulen) Bildung vermitteln* eine bildende Lektüre, Man soll Jugendliche schon früh musikalisch/künstlerisch bilden. **II.** *ohne OBJ* ■ *etwas bildet Bildung vermitteln* Lesen/Reisen bildet. **III.** *mit SICH* **1.** ■ *etwas bildet sich (≈ entstehen)* Abends bildete sich Nebel., Am Boden des Gefäßes bilden sich Kristalle. **2.** ■ *jmd. bildet sich sich Wissen aneignen* Er bildet sich durch Lektüre und den Besuch von Vorträgen. ▶fort-, weiter-

bil·dend <nicht steig.> *Adj. so, dass etwas lehrreich ist*

Bil·der·aus·stel·lung die <-, -en> *Ausstellung von Bildern*

Bil·der·bo·gen der <-s, -> *Druckblatt mit Bilderfolgen und (oft gereimtem) Begleittext*

Bil·der·buch das <-(e)s, Bilderbücher> *Buch (besonders für Kinder) mit vielen meist farbigen, großformatigen Bildern und wenig Text*

Bil·der·buch- *(umg.) in Substantiven als Erstglied verwendet, um auszudrücken, dass das im Zweitglied Genannte als ideal angesehen wird* Die beiden führen eine Bilderbuchehe. ◆-ehemann, -karriere, -landschaft, -landung, -start, -wetter

Bil·der·druck·pa·pier das <-s, -e> *Spezialpapier von hoher Qualität, auf das Bilder gedruckt werden*

Bil·der·ga·le·rie die <-, -n> **1.** *(≈ Gemäldegalerie) öffentliche Räume, in denen Bilder ausgestellt werden* **2.** *(≈ Bildersammlung, Gemäldesammlung) Sammlung von Bildern*

Bil·der·ge·schich·te die <-, -n> *(≈ Bildgeschichte) einfache Gechichte, deren Inhalt durch Bilder³ vermittelt wird*

Bil·der·ha·ken der <-s, -> *Haken zur Befestigung von Bildern an Wänden*

Bil·der·ken·nung der <-> *(kein Plur.)* EDV *Fähigkeit eines Programms, (digitalisierte) Bilder zu erkennen*

Bil·der·rah·men der <-s, -> *Rahmen für ein Bild*

Bil·der·rät·sel das <-s, -> **1.** *(≈ Rebus) Rätsel, dessen Lösungswort oder -satz aus der Bedeutung von Bildern und Zeichen zu erschließen ist* **2.** *Bild, in dem eine gesuchte Figur versteckt eingezeichnet ist*

Bil·der·samm·lung die <-, -en> *(≈ Gemäldesammlung) Sammlung von Bildern¹*

Bil·der·schrift die <-, -en> *(≈ Piktografie) eine Schrift, in der nicht Buchstaben eines Alphabets Wörter bilden, sondern in der Bildzeichen für bestimmte Bedeutungen stehen*

Bil·der·streit der <-(e)s> *(klein Plur.)* REL. GESCH. *im Verlauf der Kirchengeschichte immer wieder geführter Streit darüber, ob religiöse Bilder in der Kirche gezeigt und verehrt oder angebetet werden dürfen*

Bil·der·stür·mer, **Bil·der·stür·me·rin** der <-s, -> **1.** GESCH. REL. *Teilnehmer einer zur Reformationszeit existierenden Bewegung, die die Bilderverehrung bekämpfte* **2.** *(übertr.) jmd., der althergebrachte Vorstellungen bekämpft*

Bil·der·ver·ehr·rung die <-> *(kein Plur.)* (REL.: ≈ *Bilderkult) der Vorgang, dass Bilder von göttlichen Wesen oder Heiligen im Gottesdienst und in der Kirche angebetet und verehrt werden*

Bild·flä·che die <-, -n> *die Fläche eines Bildes, besonders eine Fläche, auf die ein Bild projiziert wird oder auf der es (fotografisch) erzeugt wird* Für die Filmvorführung wurde eine riesige Bildfläche verwendet. ■ **auf der Bildfläche erscheinen** *(umg.): in Erscheinung treten* **von der Bildfläche verschwinden** *(umg.): plötzlich verschwinden*

Bild·fol·ge die <-, -n> **1.** *(≈ Bildserie) Abfolge einzelner Bilder in einem bestimmten Zusammenhang* **2.** *(kein Plur.) Aufeinanderfolgen von Bildern* eine schnelle Bildfolge

Bild·funk der <-s> *(kein Plur.)* TELEKOMM. *drahtlose Bildtelegrafie*

Bild·ge·stal·tung die <-> *(kein Plur.)* **1.** *Gestaltung eines Bildes in Bezug auf den Aufbau, die Anordnung der Figuren usw.* **2.** *grafische Gestaltung eines Druckerzeugnisses*

bild·haft <nicht steig.> *Adj. so, dass etwas bildliche Vorstellungen weckt* eine bildhafte Redeweise

Bild·haf·tig·keit die <-> *(kein Plur.) bildhafte Beschaffenheit* die Bildhaftigkeit der Ausdrucksweise des Dichters

Bild·hau·er, **Bild·hau·e·rin** der <-s, -> *ein Künstler, der plastische Kunstwerke aus festen Werkstoffen wie Stein oder Metall schafft* ◆-werkstatt

Bild·hau·e·rei die <-> *(kein Plur.) die Kunstform, die Skulpturen aus Stein, Metall o.Ä. schafft*

bild·haue·risch <nicht steig.> *so, dass es die Bildhauerei betrifft oder auf ihr beruht*

bild·hübsch <nicht steig.> *Adj. (umg.) sehr hübsch* Ihre Tochter ist bildhübsch.

Bild·jour·na·list, **Bild·jour·na·lis·tin** der <-en, -en> *Journalist, der Fotos (und Bildberichte) liefert* als Bildjournalist für die Stadtzeitung arbeiten

Bild·kom·po·si·ti·on die <-, -en> *(künstlerische) Anordnung der Elemente in einem Bild* sich im Unterricht mit der Bildkompostion eines berühmten Gemäldes beschäftigen

bild·lich *Adj. (≈ anschaulich) so, dass es Bilder gebraucht, um etwas auszudrücken oder zu verdeutlichen* eine sehr bildliche Ausdrucksweise, eine bildliche Darstellung

Bild·mi·scher, **Bild·mi·sche·rin** der <-s, -> TV *Angestellter beim Fernsehen, der für das Mischen von akustischen und optischen Aufnahmen einer Fernseh-Livesendung während einer Übertragung zuständig ist*

bild·ne·risch <nicht steig.> *Adj. so, dass es die künstlerische Gestaltung eines Bildes betrifft oder auf ihr beruht* Die Ausstellung gibt einen Überblick über das bildnerische Schaffen der Künstlerin.

Bild·nis das <-ses, -se> (*geh.* ≈ *Porträt*) *bildliche Darstellung eines Menschen* ◆ Jugend-, Selbst-

Bild·punkt der <-(e)s, -e> **1.** MATH. *Bild eines Punktes unter einer Abbildung* **2.** (EDV: ≈ *Pixel*) *kleinstes Element bei der gerasterten, digitalisierten Darstellung eines Bildes auf einem Bildschirm oder mit Hilfe eines Druckers*

Bild·ras·ter das <-s, -> *Gesamtheit der Punkte, aus denen sich ein Bild zusammensetzt*

Bild·re·por·ta·ge die <-, -n> *Reportage, die hauptsächlich Bilder enthält*

Bild·re·por·ter, **Bild·re·por·te·rin** der <-s, -> *Reporter, der Bilder, Bildberichte und Bildreportagen liefert*

Bild·röh·re die <-, en> TV *Elektronenstrahlröhre, die das empfangene Bild auf einem Bildschirm wiedergibt*

Bild·schirm der <-(e)s, -e> **1.** TV *die große Fläche auf der Vorderseite eines Fernsehgeräts, auf der man Bilder sieht* ◆ -diagonale, Flach-, LCD-, Plasma- **2.** EDV *der Monitor eines Computers* am Bildschirm die Helligkeit einstellen, Der Bildschirm flackert.

Bild·schirm·ab·strah·lung die <-> (*kein Plur.*) (*schädliche*) *Strahlung, die ein Bildschirm abgibt*

Bild·schirm·ar·beit die <-, en> (*kein Plur.*) *das Arbeiten an einem zu einem Computer gehörenden Monitor*

Bild·schirm·ar·beits·platz der <-es, Bildschirmarbeitsplätze> *Arbeitsplatz, an dem Arbeitsaufgabe und Arbeitszeiten an Bildschirmgeräten bestimmend für die ganze Tätigkeit sind*

Bild·schirm·in·halt der <-(e)s, -e> *alles, was auf dem eingeschalteten Monitor zu sehen ist*

Bild·schirm·richt·li·nie die <-, -n> *Richtlinie für die technischen Parameter eines Bildschirms*

Bild·schirm·scho·ner der <-s, -> EDV *eine Einstellung am Computer, die dafür sorgt, dass in Zeiten, in denen am laufenden Gerät keine Tastatureingabe erfolgt, sich auf dem Bildschirm Objekte bewegen und so der Bildschirm geschützt wird*

Bild·schirm·text der <-es> (*kein Plur.*) *Textinformation, die aus Speichern abgerufen und auf dem Bildschirm des Fernsehgerätes sichtbar gemacht werden kann*

bild·schön <nicht steig.> *Adj.* (*umg.* ≈ *bildhübsch*) *sehr schön* ein bildschönes Mädchen

Bild·sei·te die <-, -n> *die Seite, die bei Münzen und Medaillen eine bildliche Darstellung trägt*

Bild·se·rie die <-, -n> *zusammenhängende Folge von Bildern*

Bild·stock der <-(e)s, Bildstöcke> *Kruzifix oder Heiligenbild auf einem Pfeiler oder Sockel*

Bild·stö·rung die <-, -en> *Störung des Fernsehbildes*

Bild·te·le·fon das <-s, -e> *ein Telefon mit einem kleinen Bildschirm, auf dem man den Gesprächspartner sehen kann*

Bild·um·keh·rung die <-> (*kein Plur.*) *fotografisches Verfahren, bei dem ein Negativ in ein Positiv umgewandelt wird*

Bil·dung die <-> (*kein Plur.*) **1.** *die Gesamtheit der in Bildungsinstitutionen erworbenen Kenntnisse und Fertigkeiten* die berufliche/gymnasiale Bildung ◆ Erwachsenen-, Hochschul-, Schul- **2.** *die Eigenschaft eines Menschen, dass er durch umfangreiches Wissen und gute Erziehung geprägt ist* Bildung erwerben, Sie strahlt ein hohes Maß an Bildung aus. ◆ Allgemein-, Persönlichkeits- **3.** (≈ *Entstehung, Formung*) *das Bilden I.2; I.3; III.1* die Bildung von Kristallen ◆ Kristall-, Vermögens-, Willens-, Wort-

bil·dungs·be·flis·sen *Adj. so, dass man bestrebt ist, sich Bildung*[2] *anzueignen*

Bil·dungs·bür·ger·tum das <-s> (*kein Plur.*) **1.** *gebildete Schicht des Bürgertums* **2.** *Gesellschaftsschicht* (*besonders im 19. Jahrhundert*), *dessen Bildungsideal am klassischen Altertum orientiert war*

Bil·dungs·dün·kel der <-s> (*kein Plur.*) *übertriebener Stolz auf die eigene Bildung*[2]

Bil·dungs·ei·fer der <-s> (*kein Plur.*) *eifriges Bemühen um Bildung*[2]

bil·dungs·feind·lich *Adj.* **1.** *so, dass es für die Aneignung von Bildung*[2] *ungünstig oder hinderlich ist* Die bildungsfeindlichen Rahmenbedingungen wurden kritisiert. **2.** *so, dass jmd. gegenüber der Aneignung von Bildung*[2] *negativ eingestellt ist*

Bil·dungs·for·schung die <-> (*kein Plur.*) *wissenschaftliche Disziplin, die das Bildungswesen einer Gesellschaft interdisziplinär erforscht*

Bil·dungs·gang der <-(e)s, Bildungsgänge> *Verlauf der Bildung*[1] den Bildungsgang im Lebenslauf tabellarisch darstellen

Bil·dungs·ge·fäl·le das <-s> (*kein Plur.*) *der Unterschied im Bildungsstand der verschiedenen Bevölkerungsschichten* Zwischen Fabrikarbeitern und Akademikern gibt es ein großes Bildungsgefälle.

Bil·dungs·grad der <-(e)s, -e> *Grad der Bildung*[2], *den jmd. erreicht hat*

Bil·dungs·gut das <-(e)s, Bildungsgüter> *Bestandteil des kulturellen Lebens, der zur Bildung*[2] *beiträgt*

Bil·dungs·hun·ger der <-s> (*kein Plur.*) *starkes Verlangen danach, sich neues Wissen anzueignen*

bil·dungs·hung·rig *Adj. so, dass man nach Bildung strebt*

Bil·dungs·ide·al das <-s, -e> (*allgemeines*) *Ideal der Bildung und Erziehung* das Bildungsideal der Klassik

Bil·dungs·lü·cke die <-, -n> *Mangel an Kenntnissen, die zur Allgemeinbildung gehören* Der Eignungstest zeigte, dass bei ihm gravierende Bildungslücken vorliegen.

Bil·dungs·mi·nis·ter, **Bil·dungs·mi·nis·te·rin** der <-s, -> *für den Bereich des Bildungswesens zuständiger Minister*

Bil·dungs·mi·se·re die <-> (*kein Plur.*) *Gesamt-*

heit der Missstände im Bildungswesen Ziel der neuen Regierung ist es, einen Ausweg aus der Bildungsmisere zu finden.

Bil·dungs·mo·no·pol das <-s, -e> *Monopol des Zugangs zu Ausbildungsmöglichkeiten*

Bil·dungs·ni·veau das <-s, -s> (≈ *Bildungsstand*) *Niveau der Bildung* auf einem hohen/niedrigen Bildungsniveau stehen

Bil·dungs·not·stand der <-(e)s> (*kein Plur.*) *Notstand im Bildungswesen, vor allem durch den Mangel an ausgebildeten Kräften und Ausbildungsmöglichkeiten* Die Investitionen für Schul-, Hochschul- und Berufsbildung müssen erhöht werden, um den teilweise vorhandenen Bildungsnotstand zu überwinden.

Bil·dungs·po·li·tik die <-> (*kein Plur.*) *der Teil der Kulturpolitik, Sozialpolitik und Wirtschaftspolitik, der Maßnahmen und Richtlinien für das gesamte Bildungswesen bestimmt*

bil·dungs·po·li·tisch <nicht steig.> *Adj. die Bildungspolitik betreffend*

Bil·dungs·re·form die <-, -en> *Reform des Inhaltes und der Organisation des Bildungswesens*

Bil·dungs·ro·man der <-s, -e> LIT. *Roman, in dem die geistige und charakterliche Entwicklung des Helden von der Kindheit bis zur Reifung geschildert wird* Goethes „Wilhelm Meister" ist ein Bildungsroman.

Bil·dungs·se·na·tor, Bil·dungs·se·na·to·rin der <-s, -en> *der für das Bildungswesen zuständige Senator*

Bil·dungs·ser·vice der <-s, -> *Serviceleistungen auf dem Gebiet der Bildung, z.B. Weiterbildungen, Sprachkurse*

bil·dungs·sprach·lich <nicht steig.> *Adj. so, dass es der Sprache der gebildeten Schicht entstammt* bildungssprachliche Ausdrücke

Bil·dungs·stät·te die <-, -n> (*geh.*) *Bildungsinstitution*

Bil·dungs·sys·tem das <-s, -e> (≈ *Bildungswesen*) *System, nach dem der Bereich Bildung[1] organisiert ist*

Bil·dungs·ur·laub der <-(e)s, -e> *Urlaub, den ein Arbeitnehmer zum Zweck der Weiterbildung nehmen kann*

Bil·dungs·weg der <-(e)s, -e> *das Durchlaufen der Bildungsstufen und Ausbildungsarten der schulischen und beruflichen Bildung* ■ **der zweite Bildungsweg**: *die Möglichkeiten wie Abendschulen, Fernschulen usw., die es einem berufstätigen Erwachsenen erlauben, nachträglich einen höheren Bildungsgrad zu erwerben* Er machte eine Schlosserlehre, dann auf dem zweiten Bildungsweg das Abitur und studierte anschließend Maschinenbau.

Bil·dungs·werk das <-(e)s, -e> *Institution der Erwachsenenbildung* evangelische/katholische Bildungswerke ◆ Jugend-

Bil·dungs·we·sen das <-s> (*kein Plur.*) (*die Gesamtheit aller Institutionen, Personen und Tätigkeiten, die der Erziehung und Bildung[1] [2] dienen*)

Bild·ver·ar·bei·tung die <-> (*kein Plur.*) EDV *Verarbeitung von Bildern durch Computer*

Bild·vor·la·ge die <-, -n> DRUCKW. *ein Bild als Vorlage für den Druck*

Bild·wer·bung die <-, -en> *Werbung durch bildliche Mittel, z.B. Plakate*

Bild·wer·fer der <-s> (≈ *Projektor*)

Bil·har·zi·o·se die <-> (*kein Plur.*) MED. *eine Tropenkrankheit, bei der eine durch Würmer ausgelöste Infektion verschiedene Organe schädigt*

bi·lin·gu·al <nicht steig.> SPRACHWISS. **1.** *so, dass man zwei Sprachen (auf muttersprachlichem Niveau) beherrscht* ein Kind, das bilingual aufwächst **2.** (↔ *monolingual*) *so, dass es zwei Sprachen umfasst* ein bilinguales Wörterbuch

Bil·lard das ['bɪljart] <-s, -e> **1.** (*kein Plur.*) *ein Spiel, bei dem Spieler eine kleine Kugel mit einem langen Stock über einen Tisch bewegen, der mit grünem Filz bespannt ist* **2.** *der Tisch, auf dem Billard[1] gespielt wird*

Bil·lard·ku·gel die <-, -n> *beim Billard[1] verwendete Kugel*

Bil·lard·stock der <-(e)s, Billardstöcke> *beim Billard[1] verwendeter Stock*

Bil·le·teur, Bil·le·teu·se der [bɪljɛ'tø:r] <-s, -e> **1.** (*schweiz.*) *Schaffner* **2.** (*österr.*) *Platzanweiser*

Bil·lett das [bɪ'ljɛt] <-(e)s, -s/-e> **1.** (*schweiz., sonst veralt.*) *Fahrkarte* ein Billett lösen **2.** (*österr., sonst veralt.*) *Briefchen, kurzes Schreiben* Er schrieb seiner Liebsten ein Billett.

Bil·li·ar·de die <-, -n> *tausend Billionen*

bil·lig *Adj.* **1.** (↔ *teuer*) *so, dass für eine Ware oder Dienstleistung ein vergleichsweise niedriger Preis verlangt wird* Noch nie waren CD-Player/Drucker/Festplatten so billig. **2.** (*abwert.* ≈ *minderwertig* ↔ *hochwertig*) Er trägt einen billigen Anzug., Man sieht gleich, dass der Mantel billig war. **3.** (*abwert.* ≈ *mies*) *moralisch schlecht* Seine billigen Tricks kennt inzwischen jeder., Das ist eine billige Ausrede!

bil·li·gen <billigst, billigte, hat gebilligt> *mit OBJ* ■ *jmd. billigt etwas* **1.** *etwas genehmigen* Das Ministerium hat den Vorschlag gebilligt. **2.** (≈ *zustimmen* ↔ *ablehnen*) *mit etwas einverstanden sein, etwas richtig finden* Ich kann sein Benehmen nicht billigen.

Bil·lig·flag·ge ■ **unter Billigflagge** SEEW.: *so, dass ein Schiff wegen finanzieller Vorteile unter der Flagge bestimmter Staaten fährt* Der havarierte Tanker fuhr unter einer Billigflagge.

Bil·lig·flug der <-(e)s, Billigflüge> *Flug zu einem besonders niedrigen Preis* Die neue Fluglinie warb mit Billigflügen.

Bil·lig·kräf·te die <-> *Plur. Arbeitskräfte, die für ihre Arbeit einen geringen Lohn erhalten*

Bil·lig·lohn der <-s, Billiglöhne> (*meist Plur.*) *niedriger Lohn*

Bil·lig·lohn·ar·beit die <-, -en> *Arbeit, für die ein niedriger Lohn gezahlt wird*

Bil·li·gung die <-, -en> (*Plur. selten*) *Zustimmung, Einverständnis* Sein Plan konnte nicht die Billigung seiner Eltern erhalten.

Bil·lig·wa·re die <-, -n> (*meist Plur.*) (*abwert.*)

Ware von schlechter Qualität (und niedrigem Preis)

Bil·li·on die <-, -en> *eine Million Millionen*

Bim·bam ■ **Heiliger Bimbam!** (*umg. scherzh.*): *drückt aus, dass jmd. erstaunt oder erschrocken ist*

Bim·bes der/das <-> (*kein Plur.*) (*umg. landsch.*) *Geld*

Bi·me·tall das <-s, -e> PHYS. *Streifen aus zwei miteinander verbundenen Metallen, die sich verschieden ausdehnen*

Bim·mel die <-, -n> (*umg.* ≈ *Klingel, Schelle*) *hell klingende kleine Glocke*

Bim·mel·bahn die <-, -en> (*umg.*) *Kleinbahn*

Bims der <-es> **1.** (*abwert.*) *Kram, Plunder* **2.** *kurz für „Bimsstein"*

bim·sen <bimst, bimste, hat gebimst> *mit OBJ* ■ *jmd. bimst etwas* (*umg.* ≈ *büffeln, pauken*) *etwas angestrengt lernen* Für die Klassenarbeit bimst er lateinische Vokabeln.

Bims·stein der <-(e)s> (*kein Plur.*) *hellgraues, schaumig-poröses vulkanisches Gestein*

bi·när <nicht steig.> *Adj.* MATH. *so, dass es mit den Ziffern 0 und 1 dargestellt ist* eine binäre Darstellung/Schreibweise

Bi·när·sys·tem das <-e, -e> MATH. *Zahlensystem, das als Basis die Zahl Zwei verwendet und mithilfe von nur zwei Zahlenzeichen (0 und 1) alle Zahlen als Potenzen von 2 darstellt*

Bin·de die <-, -n> **1.** *ein langer Streifen aus Verbandsstoff, mit dem man eine Wunde verbindet* ◆ Mull- **2.** *ein Streifen aus Stoff, den man sichtbar um ein Körperglied wickelt* ◆ Augen-, Arm- **3.** *kurz für „Monatsbinde"* ■ **sich einen hinter die Binde gießen** (*umg. scherzh.*): *Alkohol trinken*

Bin·de·bo·gen der <-s, -> MUS. *Bogen über mehrere Noten, der anzeigt, dass die Noten gebunden gespielt werden müssen*

Bin·de·ge·we·be das <-s> (*kein Plur.*) ANAT. *Stützgewebe aus Zellen und Fasern, das die Organe umhüllt und stützt*

Bin·de·ge·webs·schwä·che die <-, -n> (*Plur. selten*) MED. *angeborene Schwäche des Bindegewebes (die z.B. Krampfadern zur Folge haben kann)*

Bin·de·glied das <-(e)s, -er> **1.** *Zwischenstück in einer Kette* **2.** (*übertr.*) *etwas, das zwei Sachverhalte, Zustände, Abschnitte o.Ä. miteinander verbindet*

Bin·de·haut die <-, Bindehäute> (ANAT.: ≈ *Konjunktiva*) *durchsichtige Schleimhaut, die das Augenlid innen und den Augapfel vorn überzieht*

Bin·de·haut·ent·zün·dung die <-, -en> (MED.: ≈ *Konjunktivitis*) *Entzündung der Bindehaut*

bin·den <bindest, band, hat gebunden> **I.** *mit OBJ* **1.** ■ *jmd. bindet etwas (an etwas Akk.) etwas mit einer Schnur umwickeln, so dass es zusammen hält oder an etwas befestigt wird* die Blumen zu einem Strauß binden, die Schuhe binden, den Hund mit der Leine an den Baum binden **2.** ■ *jmd. bindet etwas* KOCH. *bewirken, dass etwas dickflüssiger wird* eine Soße mit Mehl binden **3.** ■ *jmd. bindet ein Buch ein Buch in einen Einband fassen* **4.** ■ *etwas bindet jmdn. verpflichten* Sie war vertraglich gebunden., Er ist an bestimmte Regeln gebunden **II.** *mit SICH* ■ *jmd. bindet sich* **1.** *sich durch ein Versprechen festlegen* sich durch eine Zusage binden **2.** *sich für einen Lebenspartner entscheiden* Sie ist seit zwei Jahren fest gebunden. ■ **jemandem sind die Hände gebunden** (*umg.*): *jmd. kann nicht so handeln, wie er möchte*

bin·dend *Adj.* (≈ *verpflichtend*) *so, dass man es unbedingt befolgen muss* Meine Anweisungen sind absolut bindend., eine bindende Zusage geben

Bin·der der <-s, -> (≈ *Krawatte*) einen farblich zur Jacke passenden Binder tragen

Bin·de·strich der <-s, -e> *ein Interpunktionszeichen in der Form eines waagerechten Striches, den man in bestimmten Schreibungen zwischen Wörter setzt, um anzuzeigen, dass die Wörter eine begriffliche Einheit bilden*

Bin·de·wort das <-(e)s, Bindewörter> (SPRACHWISS.: ≈ *Konjunktion*)

Bind·fa·den der <-s, Bindfäden> *Faden zum Binden; dünne Schnur* das Paket mit einem Bindfaden verschnüren

Bin·dung die <-, -en> **1.** PSYCH. *der Zustand, dass ein Mensch emotional eine enge Beziehung zu einem anderen Menschen oder zu einer Sache hat* Sie hat eine sehr starke Bindung an ihre Mutter., Er hat eine tiefe Bindung an seine Heimatstadt. ◆ Heimat-, Mutter-, Vater- **2.** (≈ *Skibindung*) *die Vorrichtung, die einen Skischuh mit dem Ski verbindet*

Bin·dungs·angst die <-, Bindungsängste> PSYCH. *die Angst davor, eine feste Bindung*[1] *mit einer Person einzugehen*

Bin·go das <-(s)> (*kein Plur.*) *ein besonders in Großbritannien verbreitetes Glücksspiel, das dem Lotto ähnlich ist*

bin·nen *Präp. + Dat.* (*geh.* ≈ *im Verlauf von*) *innerhalb eines bestimmten Zeitraums* binnen kurzem, binnen einem Jahr

bin·nen·bords *Adv.* (SEEW.: ↔ *außenbords*) *im Schiff*

Bin·nen·deutsch das <- oder -s> (*kein Plur.*) *das Deutsch, das innerhalb der Grenzen Deutschlands gesprochen wird*

Bin·nen·dock der <-s, -s> SEEW. *im Hafen liegendes Becken, dessen Wasserstand durch Schleusen konstant gehalten wird* Das Schiff liegt im Binnendock.

Bin·nen·fi·sche·rei die <-> (*kein Plur.*) *Fischerei in Binnengewässern*

Bin·nen·flot·te die <-, -n> *Gesamtheit der Schiffe, die in den Binnengewässern eines Landes verkehren*

Bin·nen·flücht·ling der <-s, -e> *jmd., der innerhalb der Grenzen seines Landes auf der Flucht ist*

Bin·nen·ge·wäs·ser das <-s, -> *Gewässer innerhalb eines Landgebiets, z.B. Bäche, Flüsse, Seen (im Unterschied zum offenen Meer)*

Bin·nen·groß·schrei·bung die <-> (*kein Plur.*) SPRACHWISS.

> **i Wissenswert** Obwohl es nach den amtlichen Regeln der Rechtschreibung nicht korrekt ist, sieht man manchmal die Großschreibung von Buchstaben innerhalb von Wörtern, z. B. wenn Doppelnennungen der männlichen und weiblichen Formen vermieden werden sollen (LehrerInnen statt Lehrer und Lehrerinnen, SchülerInnen statt Schülerinnen und Schüler) oder als gestalterisches Mittel zur Bezeichnung von Firmen, Produkten und Dienstleistungen (BahnCard, TeleBanking).

Bin·nen·ha·fen der <-s, Binnenhäfen> (↔ *Seehafen*) *Hafen im Landesinneren*

Bin·nen·han·del der <-s> (*kein Plur.*) (WIRTSCH.: ↔ *Außenhandel*) *Handel innerhalb der nationalen Grenzen eines Staates*

Bin·nen·land das <-(e)s, Binnenländer> *innerer von der Küste weit entfernter Teil des Festlandes*

Bin·nen·markt der <-(e)s, Binnenmärkte> (≈ *Inlandsmarkt*) *Markt innerhalb eines Staates*

Bin·nen·meer das <-(e)s, -e> *vom Festland umschlossenes Meer, zum Beispiel das Schwarze Meer*

Bin·nen·reim der <-s, -e> *Reim innerhalb einer Verszeile*

Bin·nen·schiff·fahrt die <-> (*kein Plur.*) *die Schifffahrt auf Binnengewässern*

Bin·nen·staat der <-(e)s, -en> *Staat im Binnenland, ohne Verbindung zum Meer, z.B Österreich, die Schweiz*

Bin·nen·ver·kehr der <-s> (*kein Plur.*) *Verkehr innerhalb eines Landes*

Bin·nen·was·ser·stra·ße die <-, -n> *zum Festland gehörende und davon umschlossene Wasserstraße, z.B. ein Kanal, ein Fluss*

bin·nen·wirt·schaft·lich <nicht steig.> *Adj. so, dass es die Wirtschaft innerhalb eines Staates betrifft*

Bi·no·kel das <-s, -> (*veralt.*) *Brille oder Fernglas mit zwei Linsen für beide Augen*

bi·no·ku·lar <nicht steig.> *Adj.* (*fachspr.*) *so, dass es für das Sehen mit beiden Augen eingerichtet ist*

Bi·nom das <-s, -e> MATH. *Summe oder Differenz aus zwei Gliedern*

Bi·no·mi·al·ko·ef·fi·zi·ent der <-en, -en> MATH. *Koeffizient eines Gliedes im binomischen Lehrsatz*

Bi·no·mi·al·rei·he die <-, -n> MATH. *Reihe von Binomen*

Bi·no·mi·al·ver·tei·lung die <-> (*kein Plur.*) MATH. *spezielle Wahrscheinlichkeitsverteilung bei Binomen*

bi·no·misch <nicht steig.> *Adj.* MATH. *zweigliedrig* ein binomischer Lehrsatz

Bin·se die <-, -n> BOT. *eine grasähnliche Sumpfpflanze* ■ **in die Binsen gehen** (*umg.*): *misslingen*

Bin·sen·weis·heit die <-, -en> *allgemein bekannte Tatsache*

Bi·o- **1.** *drückt in Bildungen mit Substantiven und Adjektiven aus, dass jmd. oder etwas in irgendeiner Weise mit Organischem, mit Lebewesen in Verbindung steht* ◆-aktiv **2.** *drückt in Bildungen mit Substantiven* (*seltener mit Adjektiven*) *aus, dass jmd. oder etwas ökologisch richtigen Landbau betreibt* ◆-garten, -gemüse, -winzer

Bi·o·bau·er, **Bi·o·bäu·e·rin** der <-n, -n> *Landwirt, der ökologische Prinzipien beim Anbau berücksichtigt*

Bio·brot das <-(e)s, -e> (*umg.*) *Brot, dass aus biologisch angebautem Getreide gebacken wurde*

Bi·o·che·mie die <-> (*kein Plur.*) **1.** *die Wissenschaft von der chemischen Zusammensetzung der Organismen und den chemischen Vorgängen in ihnen* **2.** *die biochemische Beschaffenheit von etwas* die Biochemie des Stoffwechsels/der Zelle

Bi·o·che·mi·ker, **Bi·o·che·mi·ke·rin** der <-s, -> *Wissenschaftler auf dem Gebiet der Biochemie*

bi·o·che·misch <nicht steig.> *die Biochemie betreffend*

Bi·o·chip der <-s, -s> *Halbleiterelement zur Steuerung und Überwachung der Vorgänge in biochemischen Anlagen*

Bi·o·die·sel·(treib·stoff) der <-(e)s> (*kein Plur.*) *biologisch gewonnener Dieseltreibstoff*

bi·o·dy·na·misch <nicht steig.> *Adj. nur mit organischen Düngemitteln gedüngt* ein biodynamisch bewirtschaftetes Feld

Bi·o·ethik die <-> (*kein Plur.*) *Teilgebiet der angewandten Ethik, das sich mit sittlichen Fragen und Verhaltensweisen im Umgang mit Leben und Natur befasst*

Bi·o·feed·back das <-s, -s> BIOL. *Rückkopplung innerhalb eines Regelkreises biologischer Systeme*

Bi·o·gas das <-es> (*kein Plur.*) *bei der Zersetzung von Mist oder Ähnlichem entstehendes Gas*

Bi·o·gas·spei·cher der <-s, -> *Speicher zur Lagerung von Biogas*

Bi·o·gas·ver·wer·tung die <-> (*kein Plur.*) *Möglichkeiten der sinnvollen Nutzung von Biogas*

Bi·o·ge·mü·se das <-s> (*umg.*) *im biologischen Anbau produziertes Gemüse*

Bi·o·ge·ne·se die <-> (*kein Plur.*) BIOL. **1.** *Entstehung des Lebens, der Lebewesen* **2.** *Geschichte der Entstehung des Lebewesens und der Entwickung seines Stammes*

Bi·o·graf, *a.* **Bi·o·graph**, **Bi·o·gra·fin** der <-en/-en> *Verfasser einer Biografie*[1]

Bi·o·gra·fie, *a.* **Bi·o·gra·phie** die <-, -n> **1.** *Beschreibung einer Lebensgeschichte* Ich lese gerade eine Goethe-Biografie., Viele Buchhandlungen haben ein eigenes Regal für Biografien von bekannten Persönlichkeiten. **2.** (≈ *Lebensgeschichte*) Ich könnte dir aus meiner Biografie einige Erlebnisse erzählen.

bi·o·gra·fisch, *a.* **bi·o·gra·phisch** <nicht steig.> *Adj. so, dass es die Lebensgeschichte eines Menschen betrifft* ein Roman mit biografischen Zügen

Bi·o·haus das <-es, Biohäuser> (*umg.*) *mit natürlichen Materialien und zur natürlichen Umgebung passend gebautes Haus*

Bi·o·kost die <-> (*kein Plur.*) (*umg.*) *ohne künstliche Mittel erzeugte Nahrung*

Bi·o·la·den der <-s, Bioläden> *Geschäft, in dem man vor allem Lebensmittel kaufen kann, die nicht mit chemischen Mitteln behandelt wurden* Brot/Kosmetik/Obst/Wein aus dem Bioladen

Bi·o·lo·ge, Bi·o·lo·gin der <-n, -n> *Wissenschaftler auf dem Gebiet der Biologie*

Bi·o·lo·gie die <-> (*kein Plur.*) *die Wissenschaft von den lebenden Organismen, den Tieren und dem Pflanzenreich*

bi·o·lo·gisch <nicht steig.> *Adj.* **1.** *so, dass es auf die Biologie bezogen ist* biologische Forschung **2.** *so, dass es auf Lebensvorgänge bezogen ist* das biologische Gleichgewicht **3.** *aus oder mit pflanzlichen und tierischen (und nicht aus chemischen) Stoffen hergestellt* biologisch angebautes Obst und Gemüse

bi·o·lo·gisch-dy·na·misch <nicht steig.> LANDW. *so, dass es auf ausschließlich biologischen, nicht auf künstlichen Kräften und Verfahren beruht* biologisch-dynamische Landwirtschaft

Bi·o·lu·mi·nes·zenz die <-> (*kein Plur.*) BIOL. *Lichtausstrahlung bei Lebewesen, besonders durch Leuchtbakterien und einige Planktonorganismen*

Bi·o·mas·se die <-> (*kein Plur.*) BIOL. *Masse der durch Lebewesen anfallenden organischen Substanz in einem bestimmten Lebensraum*

Bi·o·me·cha·nik die <-> (*kein Plur.*) *Lehre von den Lebenserscheinungen, die nach den Gesetzen der Mechanik ablaufen*

Bi·o·me·cha·ni·ker, Bi·o·me·cha·ni·ke·rin der <-s, -> *jmd., der sich beruflich mit der Biomechanik beschäftigt*

Bi·o·me·di·zin die <-> (*kein Plur.*) *Teilbereich der Medizin, in dem vor allem natürliche Heilmittel (Luft, Wasser, Sonne, Diät) angewandt werden*

Bi·o·me·trie die <-> (*kein Plur.*) *Anwendung mathematischer Methoden zur zahlenmäßigen Erfassung, Planung und Auswertung von Experimenten in Biologie, Medizin und Landwirtschaft*

Bi·o·me·trik die <-> BIOL. *s.* **Biometrie**

bi·o·me·trisch <nicht steig.> *Adj. die Biometrie betreffend*

Bi·o·müll der <-s> (*kein Plur.*) *organische Abfälle, die kompostiert werden können*

Bi·o·nah·rungs·mit·tel das <-s, -> *biologisch*[3] *produziertes Nahrungsmittel*

Bi·o·pa·tent das <-(e)s, -e> *Patent im Bereich der Biologie oder der angewandten Biologie*

Bi·o·phy·sik die <-> (*kein Plur.*) *Wissenschaft von den physikalischen Vorgängen in Lebewesen und der Anwendung von physikalischen Methoden und Erkenntnissen in der Biologie*

Bi·o·pro·duk·t das <-(e)s, -e> (*umg.*) *Produkt, bei dessen Herstellung ökologische Prinzipien berücksichtigt wurden*

Bi·o·rhyth·mus der <-, Biorhythmen> *periodisch ablaufende physiologische Vorgänge bei Lebewesen*

Bi·os der <-> (*kein Plur.*) (*geh.*) *die belebte Welt*

Bi·o·sphä·re die <-> (*kein Plur.*) *Gesamtheit der mit Lebewesen besiedelten Schichten der Erde*

Bi·o·tech·nik die <-> (*kein Plur.*) *Erforschung der physikalischen Grundsätze von Organismen, die für den Bau und die Funktion technischer Geräte als Vorbild dienen können*

bi·o·tech·nisch <nicht steig.> *Adj. die Biotechnik betreffend*

Bi·o·tech·no·lo·gie die <-> (*kein Plur.*) *Erforschung der wirtschaftlichen Bedeutung von Kleinstlebewesen*

bi·o·tech·no·lo·gisch <nicht steig.> *Adj. die Biotechnologie betreffend*

Bi·o·ton·ne die <-, -n> *Abfalltonne, in der man Biomüll sammelt*

Bi·o·top das <-s, -e> *durch bestimmte Pflanzen und Tiere geprägter Lebensraum* ◆ Feucht-

Bi·o·treib·stoff der <-(e)s, -e> *aus Naturstoffen gewonnener Treibstoff*

BIP das <-> (*kein Plur.*) WIRTSCH. *Abkürzung von „Bruttoinlandsprodukt"*

bi·po·lar <nicht steig.> *Adj.* (≈ *zweipolig*) *so, dass etwas zwei polare Eigenschaften hat*

Bir·cher·mü·es·li das <-s, -s> KOCH. *nach dem Schweizer Arzt Bircher-Benner benannte Speise aus Getreideflocken, Obst und Milch*

Bi·rett das <-(e)s, -e> *eine Kopfbedeckung katholischer Geistlicher*

Bir·ke die <-, -n> BOT. *ein Laubbaum mit schmalem Stamm, weißer Rinde und kleinen herzförmigen, hellgrünen Blättern* ◆ -nallee, -nholz

Bir·ken·reiz·ker der <-s, -> BOT. *giftiger Pilz aus der Gattung der Reizker*

Bir·ma <-s> *früherer Name von Myanmar, einem Staat in Hinterindien*

Bir·ma·ne, Bir·ma·nin der <-n, -n> *Einwohner von Birma*

bir·ma·nisch <nicht steig.> *Adj. Birma, die Birmanen betreffend*

Birn·baum der <-(e)s, Birnbäume> BOT. *weiß blühender Obstbaum mit Birnen als Früchten*

Bir·ne die <-, -n> **1.** *die essbare, am unteren Ende charakteristisch verdickte saftige Frucht des Birnbaums mit grün-gelber Schale und süßem Geschmack* **2.** (*kurz für „Glühbirne"*) die Birne auswechseln **3.** (*umg. scherzh.*) *Kopf des Menschen* sich die Birne anhauen ■ **Äpfel und Birnen vergleichen** (*umg.*): *Dinge vergleichen, die man nicht vergleichen kann*

bir·nen·för·mig <nicht steig.> *Adj. so, dass es die Form einer Birne hat*

bis **I.** *Präp.* **1.** + *Akk. mit einer zeitlichen Angabe verwendet, um auszudrücken, dass der genannte Zeitpunkt das äußerste Ende einer Zeitspanne markiert* Ich warte höchstens noch bis Mittwoch., Bis Ende der Woche muss die Arbeit fertig sein., Bis wann sind die Sachen fertig?, Bis morgen! **2.** (*mit einer weiteren Präposition*) *verwendet, um auszudrücken, dass die genannte Sache die*

Obergrenze von etwas darstellt Jugendliche bis zu 16 Jahren dürfen den Film nicht sehen., Das Flugzeug war bis auf den letzten Platz ausgebucht. **3.** *verwendet, um auszudrücken, dass die genannte Sache eine Ausnahme von etwas darstellt* Bis auf gestern bin ich jeden Tag hier gewesen., Bis auf den Kollegen X haben alle an der Besprechung teilgenommen. **4.** *mit einer räumlichen Angabe verwendet, um auszudrücken, dass der genannte Ort das Ziel einer Bewegung markiert oder das Ende einer Strecke darstellt* Fahren Sie auch bis Köln?, Ich fahre bis Köln und dann noch weiter nach Bad Honnef., Von hier bis zum Fenster sind es fünf Meter., Bei dem Nebel kann man nicht bis ans andere Ufer sehen. **II.** *Konj.* **1.** *im Nebensatz verwendet, um auszudrücken, wann die im Hauptsatz genannte Handlung enden wird* Wir rufen immer wieder dort an, bis sich jemand meldet., Wir warten, bis ihr fertig seid. **2.** *im Nebensatz verwendet, um eine Bedingung zu nennen, die erfüllt sein muss, damit etwas eintritt* Ich beachte ihn nicht, bis er sich bei mir entschuldigt.

Bi·sam der <-s, -e/-s> *Fell der Bisamratte*

Bi·sam·rat·te die <-, -n> (*zu den Wühlmäusen gehörendes*) *Nagetier, das in Wassernähe lebt*

Bi·schof, **Bi·schö·fin** der <-s, Bischöfe> **1.** (*nur mask.*) REL. *ein katholischer Priester von hohem Rang, der vom Papst für die Leitung eines Bistums ernannt wird* ◆ Erz-, Weih- **2.** REL. *hoher evangelischer Würdenträger, der von der Landessynode in die Leitung des Bistums gewählt wird* ◆ Landes-

bi·schöf·lich <nicht steig.> *Adj. so, dass es einen Bischof betrifft, zu ihm gehört oder ihm zusteht* das bischöfliche Ordinariat

Bi·schofs·hut der <-(e)s, Bischofshüte> *zur Tracht der katholischen Bischöfe gehörender runder, schwarzer Hut*

Bi·schofs·kon·fe·renz die <-, -en> *Konferenz der Bischöfe*

Bi·schofs·müt·ze die <-, -n> *zum Bischofsgewand gehörende Mütze*

Bi·schofs·sitz der <-es, -e> *Amtssitz eines Bischofs*

Bi·schofs·stab der <-(e)s, Bischofsstäbe> *ein Stab als Symbol der bischöflichen Würde*

Bi·schofs·wür·de die <-> (*kein Plur.*) *Würde, Amt eines Bischofs*

Bi·se die <-, -n> (*schweiz.*) *Nordwind, Nordostwind*

Bi·se·xu·a·li·tät die <-> (*kein Plur.*) **1.** (BIOL.: ≈ *Hermaphrodismus*) *Doppelgeschlechtlichkeit* **2.** MED., PSYCH. *Nebeneinander von homo- und heterosexueller Veranlagung bei einem Menschen*

bi·se·xu·ell <nicht steig.> *Adj.* **1.** BIOL. *zweigeschlechtig* **2.** MED. PSYCH. *so, dass man sich sexuell sowohl von Männern als auch von Frauen angezogen fühlt*

bis·her *Adv.* (≈ *bis jetzt, bislang*) *von einem unbestimmten Zeitpunkt an bis zum heutigen Tag* Bisher haben wir das immer so gemacht.

bis·he·rig <nicht steig.> *Adj. so, dass es bisher so gewesen ist* sein bisheriges Leben ◆ Großschreibung →R 3.7 das Bisherige, im Bisherigen

Bis·ka·ya die <-> *Bucht im Atlantischen Ozean* der Golf von Biskaya

Bis·kuit das/der [bɪsˈkvɪt, bɪsˈkviːt] <-(e)s, -s/-e> KOCH. *leichtes Gebäck aus Mehl, Eiern und Zucker*

bis·lang *Adv.* (*geh.* ≈ *bisher*)

Bi·son der <-s, -s> ZOOL. *nordamerikanische Büffelart*

Biss der <-es, -e> *der Vorgang, dass jmd. oder ein Tier in etwas beißt* von dem Apfel nur einen Biss nehmen, der Biss eines Hundes ■ **jemand hat Biss** (*umg.*): *verwendet, um auszudrücken, dass jmd.* (*beruflich*) *sehr ehrgeizig und engagiert ist* ◆ Schlangen-, Zecken-

biss·chen (*indekl.*) *Pron. verwendet, um eine geringe Menge von etwas zu bezeichnen* Ein bisschen Glück gehört dazu!, Warten Sie bitte noch ein bisschen!, Es dauert ein bisschen länger., Die Suppe könnte noch ein bisschen Salz vertragen. ■ **kein bisschen** (*umg.*): *überhaupt nicht* Das Kind hatte kein bisschen Angst. **das bisschen ...**: *drückt aus, dass man etwas eine geringe Bedeutung beimisst* Mit dem bisschen Schnupfen ist man doch noch nicht krank! ◆ Kleinschreibung →R 3.15 das bisschen, ein klein bisschen

bis·sel *Pron.* (*süddt. österr. umgs.* ≈ *bisschen*)

Bis·sen der <-s, -> **1.** *die Menge fester Nahrung, die man auf einmal abbeißt* nur einen Bissen von dem Apfel nehmen, Der Bissen blieb ihm fast im Hals stecken. **2.** *kleine Mahlzeit* vor der Prüfung nur einen Bissen gegessen haben ◆ Lecker-

bis·serl (*süddt. österr. umgs.* ≈ *bisschen*)

bis·sig *Adj.* **1.** *so, dass ein Tier schnell zubeißt* Vorsicht, bissiger Hund! **2.** *so, dass ein Mensch dazu neigt, unfreundliche Kommentare und scharfe Kritik abzugeben* eine bissige Bemerkung machen

Bis·sig·keit die <-> (*kein Plur.*) *die Eigenschaft, bissig*[2] *zu sein*

Biss·wun·de die <-, -n> *die durch einen Biss verursachte Wunde* die Bisswunde vom Arzt behandeln lassen

Bis·tro, **Bis·tro** das <-s, -s> *kleines Lokal, in dem auch ein Imbiss eingenommen werden kann*

Bis·tro·tisch der <-es, -e> *kleiner einbeiniger runder Tisch mit meist eisernem Fuß*

Bis·tum das <-s, Bistümer> (≈ *Diözese*) *der Bezirk, den ein Bischof verwaltet*

bis·wei·len *Adv.* (*geh.*) *manchmal, ab und zu, hin und wieder* Bisweilen treffen wir uns auf einen Kaffee.

Bit das <-s, -s> EDV *Informationseinheit in der Datenverarbeitung*

Bit·te die <-, -n> *an jmdn. gerichteter Wunsch* eine freundliche/höfliche Bitte äußern, jmdm. eine Bitte abschlagen/erfüllen, etwas nur auf jemands Bitte hin tun, Das war nur eine Bitte, keine Forderung!

bit·te *Partikel* **1.** *verwendet, um auf höfliche Weise etwas zu verlangen* Darf ich bitte das Fenster öffnen?, Würdest du mir bitte die Butter reichen? **2.** *verwendet als Antwort auf eine Frage oder Bitte* Ja, bitte, öffnen Sie ruhig das Fenster!, Bitte, hier ist die Butter! **3.** *verwendet, um jmdn. aufzufordern, er solle sein Anliegen vortragen* Ja, bitte, Sie wünschen? ■ **na bitte!** (*umg.*): *verwendet, um auszudrücken, dass man etwas ohnehin gewusst oder angenommen hat* **Bitte?**: *Verwendet, um jmdn. aufzufordern, eine sprachliche Äußerung zu wiederholen* (*weil man sie akustisch nicht verstanden hat*) ◆ Klein- oder Großschreibung schön bitte/Bitte sagen

bit·ten <bittest, bat, hat gebeten> *mit OBJ* **1.** ■ *jmd. bittet jmdn. um etwas eine Bitte aussprechen* (*um etwas zu erhalten*); *jmdn. fragen, ob er oder sie etwas Bestimmtes tun kann* Ich bitte um Entschuldigung., Sie hat um Auskunft/Hilfe gebeten. **2.** ■ *jmd. bittet jmdn. zu etwas Dat./sich* (*geh.*) *einladen* Darf ich Sie zum Essen bitten ?, Sie hat ihn für morgen nachmittag zu sich gebeten.

bit·ter *Adj.* **1.** (↔ *süß*) *so, dass es sehr herb schmeckt* der bittere Geschmack der Tropfen, Es gibt auch bittere Schokolade. **2.** *so, dass etwas besonders heftig ist* Das ist mein bitterer Ernst! **3.** *so, dass es schmerzlich ist* die bittere Erkenntnis/Wahrheit ◆ -böse, -kalt

Bit·ter der <-s, -> (*selten* ≈ *Bittsteller*) *jmd., der um etwas bittet*

bit·ter·bö·se <nicht steig.> *Adj. sehr böse* Sie schaute mich bitterböse an.

Bit·ter·keit die <-> (*kein Plur.*) **1.** *bittere Beschaffenheit oder bitterer Geschmack von etwas* Er mochte diesen Kräuterlikör gerade wegen seiner Bitterkeit. **2.** (*übertr.* ≈ *Verbitterung*) *bitteres Wesen* In ihr hat sich viel Bitterkeit angesammelt.

Bit·ter·le·mon das [...lɛmən] <-(s), -> *Getränk aus Zitronen- und Limettensaft mit geringem Chiningehalt*

bit·ter·lich *Adj.* **1.** (*als Verstärkung*) ■ **bitterlich frieren**: *heftig frieren* **bitterlich weinen**: *sehr weinen, schluchzen* **2.** *leicht bitter* ein bitterlicher Geschmack

Bit·ter·ling der <-s, -e> **1.** ZOOL. *kleiner karpfenähnlicher Fisch, dessen bitter schmeckendes Fleisch ungenießbar ist* **2.** BOT. *Pilzart;* (≈ *Gallenröhrling*)

Bit·ter·man·del·öl das <-s, -e> (*Plur. selten*) *blausäurehaltiges Öl, das aus den Kernen verschiedener Früchte* (*z.B. bittere Mandeln, Aprikosen, Pflaumen*) *gewonnen wird*

Bit·ter·oran·ge die <-, -n> (BOT.: ≈ *Pomeranze*) *orangefarbene, runde, der Apfelsine ähnliche, aber kleinere Zitrusfrucht mit sauerem Fruchtfleisch und bitter schmeckender Schale*

Bit·ter·salz das <-es, -e> (CHEM., MED.: ≈ *Magnesiumsulfat*)

Bit·ter·stoff der <-(e)s, -e> *bitterer pflanzlicher Stoff zur Herstellung von Bittermitteln*

bit·ter·süß, *a.* **bit·ter-süß** <nicht steig.> *Adj.* **1.** *gleichzeitig bitter und süß* ein bittersüßer Geschmack **2.** *gleichzeitig schmerzlich und schön* ein bittersüßes Gefühl

Bitt·ge·bet das <-(e)s, -e> (REL.: ↔ *Dankgebet*) *ein Gebet, in dem man Gott um etwas bittet*

Bitt·ge·such das <-(e)s, -e> *schriftliche Bitte, Bittschreiben* ein Bittgesuch stellen

Bitt·pro·zes·si·on die <-, -en> REL. *Prozession, bei der die Gläubigen um etwas* (*besonders die Abwendung von Not und Gefahr*) *bitten*

Bitt·schrift die <-, -en> (≈ *Gesuch*) *umfangreiches Schriftstück, in dem eine Bitte vorgetragen wird* (*und das meist an eine höhere Stelle gerichtet ist*)

Bitt·stel·ler, **Bitt·stel·le·rin** der <-s, -> *jmd., der förmlich um etwas bittet* nicht wie ein Bittsteller erscheinen wollen

Bi·tu·men das <-s, -/Bitumina> CHEM. *natürlich vorkommende oder aus Erdöl gewonnene teerartige Masse, die u.a. als Abdichtungs- und Isoliermaterial verwendet wird* ◆ -dichtung, -pappe

bi·tu·mi·nös <nicht steig.> *Adj.* so, dass es in seiner Eigenschaft wie Bitumen ist

Bi·wak das <-s, -e/-s> *provisorisches Nachtlager im Freien*

BIZ **1.** *Abkürzung von „Bank für internationalen Zahlungsausgleich“* **2.** *Abkürzung von „Berufsinformationszentrum“*

bi·zarr *Adj.* **1.** *ungewöhnlich geformt* bizarre Wolkenbildungen **2.** *sonderbar, merkwürdig, verschroben* eine bizarre Persönlichkeit, ein bizarrer Charakter/Lebensstil

Bi·zeps der <-(es), -e> *Muskel im Oberarm, der den Unterarm beugt*

Bla·bla das (*umg. abwert.*) *unnützes Gerede*

Bla·che die <-, -n> (*schweiz.* ≈ *Blahe, Plane*) *großes, grobes Leinentuch*

Black·box, *a.* **Black Box** die ['blæk'bɔks] <-, -es> FACHSPR. *Teil eines kybernetischen Systems, dessen inneren Aufbau man nicht kennt, sondern nur aus beobachtbaren Reaktionen erschließen kann*

Black·out, *a.* **Black-out** das ['blæk?aut] <-s, -s> **1.** PHYS. *plötzlicher Stromausfall oder Ausfall von Funkkontakten* **2.** MED. *plötzliches Schwarzwerden des Gesichtsfeldes* (*bei einem Kreislaufkollaps*) **3.** *plötzliches kurzes Aussetzen des Bewusstseins, so dass die Wahrnehmung oder die Erinnerung kurz unterbrochen sind* Bei der Prüfung hatte sie ein kleines Blackout.

Black·power, *a.* **Black Power** die ['blæk 'paʊə] <-> (*kein Plur.*) *Bewegung der Afroamerikaner gegen Rassendiskriminierung*

blaf·fen/bläf·fen <blaffst. blaffte, hat geblafft> *ohne OBJ* ■ *jmd. blafft* (*abwert.*) *schimpfend sprechen* „Passen Sie doch auf!“ blaffte er. ► anblaffen

blä·hen <blähst, blähte, hat gebläht> **I.** *mit OBJ* ■ *etwas bläht etwas bewirken, dass etwas prall und aufgeblasen ist* Der Wind bläht die Segel. **II.** *ohne OBJ* ■ *etwas bläht Blähungen verursachen* Hülsenfrüchte blähen. **III.** *mit SICH* ■ *etwas bläht sich durch Wind aufgeblasen werden* Die Gardinen/Segel blähen sich im Wind.

Blä·hung die <-, -en> (*meist Plur.*) *Schmerzen, die durch angestaute Gase in Magen und Darm verursacht werden* Nach dem Essen bekamen sie heftige Blähungen.

bla·ma·bel <blamabler, am blamabelsten> *Adj. so, dass es beschämend und peinlich ist* Dein Verhalten war sehr blamabel.

Bla·ma·ge die [bla'maːʒə] <-, -n> *beschämender, peinlicher Vorfall* So eine Blamage kann ich mir in meiner Position nicht leisten., Dieser Auftritt war eine einzige Blamage!

bla·mie·ren <blamierst, blamierte, hat blamiert> **I.** *mit OBJ* ■ *jmd. blamiert jmdn. (vor jmdm.) (≈ bloßstellen) jmdn. in Verlegenheit bringen, lächerlich machen* Er blamierte uns durch sein Verhalten., Sie hat ihn vor allen Gästen blamiert. **II.** *mit SICH* ■ *jmd. blamiert sich sich in Verlegenheit bringen, lächerlich machen* Sie blamierte sich vor allen Leuten.

blan·chie·ren [blɑ̃'ʃiːrən] <blanchierst, blanchierte, hat blanchiert> *mit OBJ* ■ *jmd. blanchiert etwas* KOCH. *etwas kurz mit heißem Wasser überbrühen* Das Gemüse sollte man vor dem Einfrieren blanchieren.

blank *Adj.* **1.** *so sauber, dass es glänzt* blanke Fensterscheiben, blank geputzte Schuhe **2.** *bloß, nicht bedeckt* Er sitzt auf der blanken Erde, Sie trägt die Bluse auf der blanken Haut., blanker Unsinn ■ **blank sein** (*umg.*): *kein Geld haben*

Blan·kett das <-(e)s, -e> WIRTSCH. *Formular eines Wertpapiers, zu dessen Rechtsgültigkeit noch wichtige Eintragungen fehlen*

blan·ko <nicht steig.> *Adj. nicht vollständig ausgefüllt* ein Formular blanko unterschreiben

Blan·ko·kre·dit der <-(e)s, -e> WIRTSCH. *Kredit in nicht festgelegter Höhe*

Blan·ko·scheck der <-s, -s> *bereits unterschriebener Scheck, in den noch kein Geldbetrag eingetragen ist*

Blan·ko·un·ter·schrift die <-, -en> *Unterschrift vor Fertigstellung des dazugehörenden Textes*

Blan·ko·voll·macht die <-, -en> RECHTSW. *unbeschränkte Vollmacht* jmdm. eine Blankovollmacht erteilen

Bläs·chen·aus·schlag der <-(e)s, Bläschenausschläge> MED. *Hautausschlag, bei dem sich Bläschen bilden*

Bla·se die <-, -n> **1.** *ein mit Luft gefüllter Hohlraum in einem flüssigen Stoff* Im Wasser bildeten sich auf einmal lauter kleine Blasen. ◆ Luft-, Seifen- **2.** MED. *durch Reizung angeschwollene Stelle der Haut, die sich mit Flüssigkeit füllt* Sie hat sich beim Wandern eine Blase gelaufen. ◆ Brand- **3.** (ANAT.: ≈ *Harnblase*) *das Organ, in dem sich der Harn sammelt* **4.** ANAT. *ein Hohlorgan* ◆ Frucht-, Gallen-

Bla·se·balg der <-(e)s, Blasebälge> *Gerät, das beim Zusammenpressen einen Luftstrom erzeugt*

bla·sen <bläst, blies, hat geblasen> **I.** *mit OBJ* **1.** ■ *jmd. bläst ein Instrument ein Blasinstrument spielen* das Horn/die Trompete/die Tuba blasen **2.** ■ *jmd. bläst etwas irgendwohin durch Blasen bewirken, dass etwas an eine bestimmte Stelle gelangt* Er blies den Rauch in die Luft. **3.** ■ *etwas bläst etwas irgendwohin etwas in der Luft treiben lassen* Der Wind bläst den Staub durch die Straßen. **II.** *ohne OBJ* ■ *jmd./etwas bläst (irgendwohin) einen Luftstrom erzeugen* Er bläst in die Glut., Der Wind bläst mir ins Gesicht.

Bla·sen·bil·dung die <-> (*kein Plur.*) *Entstehung von Blasen*[2]

Bla·sen·ent·zün·dung die <-, -en> MED. *Entzündung der Schleimhaut der Harnblase*

Bla·sen·ka·tarrh der <-s, -e> MED. *s.* **Blasenentzündung**

Bla·sen·ka·the·ter der <-s, -> MED. *Katheter zur Einführung in die Blase, um Harn in ein Gefäß zu leiten*

bla·sen·krank <nicht steig.> *so, dass man an der Harnblase erkrankt ist*

Bla·sen·krebs der <-es> (*kein Plur.*) (MED.: ≈ *Blasenkarzinom*) *Krebs der Harnblase*

Bla·sen·schwä·che die <-> (*kein Plur.*) MED. *Schwäche der Harnblase, so dass der Urin nicht immer gehalten werden kann*

Bla·sen·spie·ge·lung die <-, -en> (MED.: ≈ *Zystoskopie*) *Untersuchung der Harnblase mit Hilfe eines Blasenspiegels*

Bla·sen·sprung der <-(e)s, Blasensprünge> MED. *das Platzen der Fruchtblase unmittelbar vor der Geburt*

Bla·sen·stein der <-s, -e> MED. *Stein, der sich in der Harnblase gebildet hat oder aus den Nieren dorthin gelangt ist*

Bla·sen·tang der <-(e)s> (*kein Plur.*) BOT. *stark verzweigter Tang mit Luftblasen, die ihn im Wasser aufrecht halten*

Blä·ser, **Blä·se·rin** der <-s, -> *jmd., der ein Blasinstrument spielt* ◆ Blech-, Holz-

bla·siert *Adj.* (*abwert.*) *so, dass jmd. herablassend und eingebildet ist* ein blasierter Mensch

Blas·in·s·t·ru·ment das <-s, -e> *ein Musikinstrument, bei dem Töne dadurch erzeugt werden, dass man durch einen Hohlraum mit Löchern bläst* Trompete und Klarinette gehören zu den Blasinstrumenten. ◆ Blech-, Holz-

Blas·ka·pel·le die <-, -n> *aus Bläsern bestehende Musikkapelle*

Blas·mu·sik die <-> (*kein Plur.*) *mit Blasinstrumenten gespielte Musik*

Blas·or·ches·ter das <-> *aus Bläsern bestehendes Orchester*

Blas·phe·mie die <-, -n> (≈ *Gotteslästerung*) *Beschimpfung, Verhöhnung Gottes* ►blasphemisch

Blas·rohr das <-(e)s, -e> *eine einfache Waffe in der Art eines Rohrs, in das man hineinbläst, um einen Pfeil abzuschießen*

blass <blasser, am blassesten> *Adj.* **1.** (≈ *bleich*) *von sehr heller (Gesichts-)farbe* Sie wurde plötzlich ganz blass. **2.** *so, dass die Farbe von etwas nur noch eine schwache Intensität hat* ein blasses Rot, Die Schrift ist mit der Zeit blass geworden. ■ **keinen blassen Schimmer haben** (*umg.*): *keine Ahnung haben* ►verblassen

blass·blau <nicht steig.> *Adj. von einem sehr hellen Blau* ein blassblaues Kleid

Bläs·se die <-> (*kein Plur.*) **1.** *sehr helle Gesichtsfarbe* Sein Gesicht war von auffallender Blässe., In früheren Zeiten galt Blässe als vornehm. **2.** (*übertr.*) *Langweiligkeit, Farblosigkeit* Die Blässe seines Vortragsstils ermüdete alle.

blass·ge·druckt <nicht steig.> *Adj. mit (zu) wenig Farbe gedruckt*

Bläss·huhn/Bless·huhn das <-(e)s, Blässhühner> ZOOL. *Wasservogel mit grauschwarzem Gefieder und weißem Stirnfleck*

blass·ro·sa <nicht steig.> *Adj. von einem sehr hellen Rosa* eine blassrosa Apfelblüte

Blatt das <-(e)s, Blätter> **1.** *einer der vielen Teile höherer Pflanzen, der bei den meisten Pflanzenarten eine für die Pflanze charakteristische Form und eine grüne Färbung hat, durch den die Pflanze atmet, Wasser verdunstet und das Sonnenlicht aufnimmt* Im Herbst färben sich viele Blätter rot und gelb., Die Blätter des Baumes sind sein Laub., gelbe/gezackte/gefiederte/junge/rote/welke Blätter, Tabak gewinnt man aus den Blättern der Tabakpflanze. ◆ Baum-, Birken-, Blüten-, Efeu-, Salat- **2.** *ein gleichmäßig, meist rechteckig zugeschnittenes Stück Papier* etwas auf ein Blatt Papier schreiben ◆ Flug-, Kalender-, Titel- **3.** *die Klinge einer Säge* ◆ Säge- **4.** (*umg.* ≈ *Zeitung*) ◆ Abend-, Nachrichten-, Sensations-, Sonntags-, Wochen- **5.** ■ **etwas steht auf einem (ganz) anderen Blatt** (*umg.*): *etwas gehört in einen ganz anderen Zusammenhang (und kann von einer gegebenen Situation ausgehend nicht garantiert oder vorhergesagt werden)* Natürlich hast du einen hervorragenden Studienabschluss und einen Doktortitel, aber ob du irgendwo einen Job kriegst, das steht auf einem ganz anderen Blatt! **kein Blatt vor den Mund nehmen** (*umg.*): *offen seine Meinung sagen* Die Frau Schulze nimmt kein Blatt vor den Mund, die sagt immer, was sie denkt. **ein unbeschriebenes Blatt sein** (*umg.*): *in einem bestimmten Bereich oder im Hinblick auf eine bestimmte Sache nicht bekannt oder auffällig geworden sein* Der XY ist kein unbeschriebenes Blatt, sein letzter Arbeitgeber soll ihm gekündigt haben, weil er Geld aus der Kasse genommen hat. **Das Blatt hat sich gewendet.** (*umg.*): *Die Situation hat sich umgekehrt und die Macht, der Vorteil o.Ä. liegt jetzt bei der Person, die vorher im Nachteil oder unterlegen war*

Blatt·ader die <-, -n> BOT. *ein Teil des Leitgerüsts aus mehreren Strängen, die das Gerüst eines Blattes[1] bilden*

Blatt·bil·dung die <-,> (*kein Plur.*) *Bildung eines Blattes[2] (bei der Papierherstellung) aus einem Gemisch von Faserstoff und Wasser*

Blät·ter·dach das <-(e)s, Blätterdächer> (*Plur. selten*) *dichtes, ausgebreitetes Laubwerk* Das Blätterdach der Bäume spendete uns Schatten.

Blat·tern die <-> *Plur.* (MED.: *veralt.* ≈ *Pocken*) *eine Infektionskrankheit, bei der sich am ganzen Körper (gerötete) Schwellungen auf der Haut bilden*

blät·tern <blätterst, blätterte, hat geblättert> *ohne OBJ* **1.** ■ *jmd. blättert in etwas Dat. die Seiten eines Buches oder einer Zeitschrift immer wieder umschlagen, ohne den gesamten Inhalt der Seiten zu lesen* im Wartezimmer gelangweilt in einer Zeitschrift blättern **2.** ■ *etwas blättert von etwas Dat. sich in dünnen Schichten ablösen* Die Farbe blättert von der Wand. ▶ abblättern

Blat·ter·nar·be die <-, -n> (≈ *Pockennarbe*)

Blät·ter·teig der <-(e)s> (*kein Plur.*) KOCH. *mehrfach geschichteter, dünn ausgerollter Teig (ohne Hefe oder andere Treibmittel), der nach dem Backen Ähnlichkeit mit aufeinandergelegten Blättern[2] aufweist* ◆ -gebäck, -pastete

Blät·ter·wald der <-(e)s> (*kein Plur.*) (*scherzh.*) *Vielzahl von Zeitungen und Zeitschriften* ■ **Es rauscht im Blätterwald.** (*umg.*): *die Presse schreibt sehr viel über eine bestimmte Sache*

Blatt·ge·mü·se das <-s, -> *Gemüse, das aus den Blättern einer Pflanze besteht, z.B. Spinat*

Blatt·gold das <-(e)s> (*kein Plur.*) *fein ausgewalztes reines Gold* Die Heiligenfigur ist mit Blattgold überzogen.

Blatt·grün das <-s> (*kein Plur.*) (≈ *Chlorophyll*) *der Blattfarbstoff, der die Blätter grün erscheinen lässt*

Blatt·laus die <-, Blattläuse> BOT. *ein kleines, schädliches Insekt, das Pflanzen meist in großer Zahl befällt und an den Blattadern saugt*

blatt·los <nicht steig.> *Adj. so, dass es ohne Blätter ist* ein blattloser Baum

Blatt·nerv der <-s, -en> *Strang von Leitbündeln, die das Skelett eines Pflanzenblattes bilden*

Blatt·pflan·ze die <-, -n> (≈ *Blattgewächs*) *Zierpflanze mit schönen Blättern*

Blatt·sa·lat der <-(e)s, -e> *grüner Salat, z.B. Kopfsalat, Endiviensalat*

Blatt·sil·ber das <-s> (*kein Plur.*) *fein ausgewalztes Silber* Einen Bilderrahmen mit Blattsilber überziehen.

Blatt·stiel der <-(e)s, -e> *Stiel eines Blattes*

Blatt·werk das <-(e)s, -e> (*Plur. selten*) *die natürliche Belaubung von Bäumen*

blau *Adj.* **1.** *von der Farbe des wolkenlosen Himmels* Das Wasser im Schwimmbecken leuchtet blau., zum blauen Hemd eine gestreifte Krawatte tragen, Blau und Gelb sind die Farben der schwedischen Flagge., Sie hat blaue Augen. ◆ azur-, dunkel-, hell-, himmel-, kornblumen-, türkis-, wasser- **2.** (*umg.* ≈ *betrunken*) Er war gestern so blau, dass er sich heute an nichts mehr erinnern kann. ■ **sein blaues Wunder erleben** (*umg.*): *in unangenehmer Weise überrascht sein* **jemand verspricht das Blaue vom Himmel herunter** (*umg. abwert.*): *jmd. verspricht Unmögliches* **mit einem blauen Auge davonkommen** (*umg.*): *mit geringerem Schaden als erwartbar davonkommen* **ein blauer Fleck** (*umg.*): *ein durch einen Schlag hervorgerufener Bluterguss unter der Haut* ◆ Kleinschreibung→R 3.20 Aal blau, ein blauer Brief, die blaue Blume (als Sinnbild der Romantik), blauer Montag; Großschreibung→R 3.7, R 3.17 das Blau des Himmels, die Farbe Blau, der Blaue Reiter (eine Künstlergruppe), der Blaue Planet (die Erde), der Blaue Engel (Siegel für umweltschonende Produkte); Getrenntschreibung→R 4.2, R 4.3 blau färben, blau machen, blau streichen, blau gestreift *siehe aber auch* **blaumachen**

Blaual·ge die <-, -n> BOT. *meist im Süßwasser lebende Alge von blaugrüner Farbe*

blau·äu·gig *Adj.* **1.** (*nicht steig.*) *mit blauen Augen* **2.** (*abwert.*) *auf naive Weise gutgläubig* Für dein Alter bist du reichlich blauäugig.

Blau·äu·gig·keit die <-> (*kein Plur.*) (*abwert.*) *Naivität, Gutgläubigkeit*

Blau·bee·re die <-, -n> (≈ *Heidelbeere*)

Blaue ■ **das Blaue vom Himmel herunterlügen** (*abwert.*): *ohne Bedenken lügen* **eine Fahrt ins Blaue** (*umg.*): *eine Fahrt ohne eigentliches Ziel, die nur der Unterhaltung dient*

Bläue die <-> (*kein Plur.*) *die blaue Farbe von etwas* die wolkenlose Bläue des Himmels

Blau·fuchs der <-es, Blaufüchse> ZOOL. *graublaue Abart des Polarfuchses*

blauge·fro·ren <nicht steig.> *so, dass man sehr stark durchgefroren ist und die Lippen bläulich aussehen*

blau·grau, a. **blau-grau** <nicht steig.> *Adj. gleichzeitig blau und grau* blaugraue Augen

Blau·helm der <-(e)s, -e> (*meist im Plur.*) (MILIT.: *umg.*) *UNO-Soldat*

blau·ka·riert <nicht steig.> *Adj. so, dass etwas mit blauen Karos versehen ist* ein blaukariertes Hemd

Blau·kis·sen das <-s, -> BOT. *zur Gattung der Kreuzblütler gehörende Pflanze*

Blaukraut das <-s> (*kein Plur.*) (*süddt. österr.* ≈ *Rotkohl*)

bläu·lich *Adj. von leicht blauer Farbe* ein bläuliches Glas

Blau·licht das <-(e)s> (*kein Plur.*) **1.** *flackerndes blaues Signallicht auf Krankenwagen, Notarztwagen und Fahrzeugen der Polizei* mit Sirene und Blaulicht ins Krankenhaus gefahren werden **2.** *kurzwelliger Teil des sichtbaren Lichts, der zu Heilzwecken verwendet werden kann*

Blau·licht·la·ser der [...le:zɐ] <-s, -> MED. *mit Blaulicht² arbeitender Laser für medizinische Behandlungen*

blau·ma·chen <machst blau, machte blau, hat blaugemacht> *ohne OBJ* ■ *jmd. macht blau* (*umg.*) *nicht in die Schule oder zur Arbeit gehen, weil man keine Lust hat* Er ist nicht krank, sondern er macht wieder einmal blau.

Blau·mei·se die <-, -n> ZOOL. *ein kleiner blau und gelb gefärbter Vogel, der in Europa weit verbreitet ist*

Blau·pa·pier das <-> (*kein Plur.*) *blaues Pauspapier*

Blaupau·se die <-, -n> *Lichtpause von einer durchsichtigen Vorlage, die weiße Linien auf einem bläulichen Papier ergibt*

Blau·säu·re die <-> (*kein Plur.*) CHEM. *ein starkes Gift, das nach Bittermandeln riecht* ◆-vergiftung

Blau·schim·mel der <-s> (*kein Plur.*) *durch einen Pilz verursachte, sich schnell ausbreitende Krankheit des Tabaks*

Blaustern der <-(e)s, -e> BOT. *Pflanze mit blauen, sternförmigen Blüten*

Blau·stift der <-(e)s, -e> *Farbstift mit blauer Mine*

Blau·strumpf der <-(e)s, Blaustrümpfe> (*abwert. veralt.*) *eine Frau, die ihr Wissen und ihre Gelehrsamkeit sehr betont und gleichzeitig die als typisch weiblich geltenden Eigenschaften ablehnt*

Blau·sucht die <-> (*kein Plur.*) (MED.: ≈ *Zyanose*) *bläuliche Verfärbung der Haut, besonders an Lippen und Fingernägeln infolge von Sauerstoffmangel im Blut* (*z.B. bei Herzinsuffizienz*)

Bla·zer der ['ble:zɐ] <-s, -> *Herren- oder Damenjackett*

Blech das <-(e)s, -e> **1.** *sehr dünn gewalztes Metall* ◆-dach, -hütte **2.** *kurz für „Backblech", „Kuchenblech"* den Kuchen vom Blech nehmen ■ **Blech reden** (*umg. abwert.*): *Unsinn reden*

Blech·büch·se die <-, -n> (≈ *Blechdose*)

Blech·do·se die <-, -n> (≈ *Blechdose*) *Dose aus Blech*

Blech·ei·mer der <-s, -> *Eimer aus Blech*

ble·chen <blechst, blechte, hat geblecht> *mit OBJ/ohne OBJ* ■ *jmd. blecht* (*für etwas Akk.*) (*umg.*) (*ungern*) *etwas bezahlen* Für die schlampige Reparatur musste er auch noch eine Menge/viel Geld blechen., Sie hat bereits genug geblecht.

ble·chern <nicht steig.> *Adj.* **1.** *aus Blech* ein blecherner Topf **2.** *so, dass es klingt, als ob man gegen Blech schlägt* eine blecherne Computerstimme

Blech·ka·nis·ter der <-s, -> *Kanister aus Blech*

Blech·la·wi·ne die <-, -n> (*umg.*) *sehr dichter Autoverkehr* Am Wochenende rollt eine Blechlawine in die Berge.

Blech·mu·sik die <-> (*kein Plur.*) (*oft abwert.*) *auf Blechblasinstrumenten gespielte Musik* Auf dem Volksfest wird Blechmusik gespielt.

Blech·scha·den der <-s, Blechschäden> (↔ *Personenschaden*) *Schaden an der Karosserie eines Kraftfahrzeugs als Folge eines Unfalls* Bei dem Unfall gab es keinen Personen-, sondern nur einen Blechschaden.

Blech·sche·re die <-, -n> *Werkzeug, mit dem man Blech schneiden kann*

ble·cken <bleckst, bleckte, hat gebleckt> *mit OBJ* ■ *jmd./ein Tier bleckt die Zähne* (≈ *fletschen*) *die Zähne sehen lassen* ■ **ein Hund bleckt die Zähne**: *ein Hund zeigt seine Zähne* (*und signalisiert damit, dass er bereit ist zuzubeißen*)

Blei das <-(e)s> (*kein Plur.*) CHEM. *ein Schwermetall mit dem chem. Zeichen Pb* Das Benzin darf nicht mehr mit Blei versetzt werden., Nach der Arbeit waren ihre Füße schwer wie Blei.

Blei·ak·ku das <-s, -s> TECHN. *Akkumulator, der Blei enthält*

Blei·band das <-(e)s, Bleibänder> *mit einem Textilüberzug versehene Kette aus Bleikügelchen, die zum Beschweren in den Saum von Gardinen und Vorhängen eingezogen wird, damit diese gleichmäßig fallen*

Blei·be die <-, -n> (*meist Sing.*) (*umg.*) *Ort, wo man dauerhaft bleiben kann* auf der Suche nach einer neuen Bleibe sein

blei·ben <bleibst, blieb, ist geblieben> *ohne OBJ* **1.** ■ *jmd. bleibt (irgendwo) sich an dem Ort, wo man ist, weiter aufhalten* Wir bleiben heute zu Hause., Alle Gäste waren schon gegangen, nur sie war geblieben., Er muss heute länger im Büro bleiben. **2.** ■ *jmd./etwas bleibt irgendwie sich nicht verändern* Bleiben Sie doch bitte sitzen!, Die Fenster/die Vorhänge bleiben offen/zu., Die Daten bleiben jetzt so, wie sie sind. **3.** ■ *jmd. bleibt bei etwas Dat. an etwas festhalten; etwas nicht verändern* Er bleibt bei seinem Entschluss/seiner Behauptung., Das war eine Frechheit, dabei bleibe ich! **4.** ■ *etwas bleibt zu tun zu tun übrig sein* Die Wohnung ist leergeräumt. – Uns bleibt nur, alles noch einmal durchzufegen., Das Fest war wunderschön, und uns bleibt nur, Ihnen nochmals herzlich für die Einladung zu danken. ◆ Getrenntschreibung→R 4.1 bleiben lassen; hängen/liegen/sitzen/stehen bleiben

blei·bend <nicht steig.> *Adj.* (≈ *dauerhaft*) *so, dass es über die Zeit seine Bedeutung, Wirkung o.Ä. nicht verliert* Nach dem Unfall hatte er bleibende Schäden., Nach den Milchzähnen kommen die bleibenden Zähne., ein bleibender Eindruck, eine bleibende Erinnerung, Dinge von bleibendem Wert

Blei·ben·zin das <-s, -e> *Benzin, das Blei enthält*

Blei·be·recht das <-(e)s> (*kein Plur.*) *Aufenthaltsrecht von ausländischen Mitbürgern im Inland, nachdem sie als Asylbewerber anerkannt worden sind*

bleich *Adj.* **1.** (≈ *blass*) *so, dass jmd. sehr blass im Gesicht ist* Vor Schreck wurde sie ganz bleich. ◆ kreide-, toten- **2.** *so, dass die Farbe von etwas nicht intensiv ist* das bleiche Licht des Mondes

Bleich·cre·me die <-, -s> *kosmetisches Produkt zur Aufhellung der Haut*

blei·chen <bleichst, bleichte, hat gebleicht> **I.** *mit OBJ* ■ *jmd. bleicht etwas (mit etwas Dat.)* (≈ *aufhellen*) *etwas bleicher oder weiß machen* die Wäsche bleichen, die Haut bleichen **II.** *ohne OBJ* ■ *etwas bleicht heller, farbloser werden*

Bleich·mit·tel das <-s, -> *chemisches Mittel zum Bleichen von Textilien*

Bleich·sel·le·rie der <-s, -s> (≈ *Stangensellerie*) *Zuchtform des Selleries mit zarten weißen Blättern*

Bleich·sucht die <-> (*kein Plur.*) (MED.: *veralt.*) *durch Eisenmangel bedingte Anämie bei Mädchen und jungen Frauen, die sich in bleicher Gesichtsfarbe zeigt*

bleich·süch·tig <nicht steig.> (*veralt.*) *so, dass man an Bleichsucht leidet* ein bleichsüchtiges junges Mädchen

blei·ern *Adj.* **1.** *aus Blei hergestellt* bleierne Rohre **2.** *mit der Farbe von Blei* das bleierne Grau des Himmels **3.** (*übertr.*) *so, dass es schwer (wie Blei) lastet* Sie verspürte eine bleierne Schwere in den Beinen., bleierner Schlaf, bleinerne Müdigkeit

blei·far·ben <nicht steig.> *mit der Farbe von Blei*

blei·frei <nicht steig.> *Adj.* (↔ *bleihaltig*) *nicht verbleit* bleifreies Benzin

Blei·fuß ■ **mit Bleifuß fahren** (*umg.*): *immer mit Vollgas fahren*

Blei·ge·halt der <-(e)s, -e> *Gehalt an Blei*

Blei·ge·wicht das <-(e)s, -e> *Gewicht aus Blei* Die Füße waren ihr so schwer wie Bleigewichte.

Blei·glanz der <-es> (*kein Plur.*) (≈ *Galenit*) *metallisch glänzendes, graues oder silberweißes Mineral mit sehr hohem Gehalt an Blei, chemisch: Bleisulfid PbS*

blei·hal·tig *Adj. so, dass es Blei enthält* bleihaltiges Benzin

Blei·kris·tall das <-(e)s, -e> (≈ *Bleiglas*) *Bleioxid enthaltendes, sehr schweres und wertvolles Kristallglas mit hohem Glanz* Weingläser aus Bleikristall

Blei·man·tel der <-s, Bleimäntel> (*Plur. selten*) *Umhüllung aus Blei, z.B. zur Isolierung von Stromleitungen*

Blei·oxid das <-(e)s, -e> CHEM. *chemische Verbindung aus Blei und Sauerstoff*

Blei·schür·ze die <-, -n> *Schürze aus einem bleihaltigen Material zum Schutz vor Strahleneinwirkung (besonders von Personen, die an Röntgengeräten arbeiten, getragen)*

Blei·sol·dat der <-en, -en> *kleine (Spielzeug)figur aus Blei, die einen Soldaten darstellt* Bleisoldaten sammeln

Blei·stift der <-(e)s, -e> *ein Stift zum Schreiben oder Zeichnen mit einer Graphitmine, die von einem Holzmantel umschlossen ist* mit einem harten/weichen Bleistift zeichnen, den Bleistift anspitzen ◆ -strich

Blei·stift·ab·satz der <-es, Bleistiftabsätze> *sehr dünner, hoher Absatz an Damenschuhen*

Blei·stift·mi·ne die <-, -n> *aus Graphit bestehende Mine des Bleistiftes*

Blei·stift·spit·zer der <-s, -> *mit einer Klinge versehenes Gerät zum Anspitzen von Bleistiften*

Blei·stift·zeich·nung die <-, -en> *mit einem Bleistift angefertigte Zeichnung*

Blei·weiß das <-es> (*kein Plur.*) *weiße Malerfarbe, die besonders haltbar ist* die Wand mit Bleiweiß streichen

Blen·de die <-, -n> **1.** *eine Vorrichtung, die unerwünschte, direkt einfallende Lichtstrahlen fern hält* die Blende herunterklappen ◆ Sicht- **2.** FOTOGR., FILM *Einrichtung in der Kamera zur Verkleinerung und Vergrößerung der Objektivöffnung* **3.** FOTOGR., FILM *Blendenzahl* mit Blende 8 fotografieren **4.** BAUW. *zur Gliederung oder Verzierung einer Fassade o.Ä. eingesetztes Bauteil* **5.** CHEM. *durchscheinendes sulfidisches Mineral, das oft stark gefärbt ist* **6.** SCHIFFBAU *Abdeckung für Bullaugen zum Schutz gegen Wassereinbrüche und zur Verdunkelung* **7.** *Stoffstreifen der an Kleidung und Wäsche als Verzierung angebracht wird* eine Jacke mit einer aufgesetzten Blende

blen·den <blendest, belendete, hat geblendet> *mit OBJ/ohne OBJ* **1.** ■ *etwas blendet (jmdn.) Licht in jmds. Augen strahlen lassen, so dass dieser (fast) nicht mehr sehen kann* Die Scheinwerfer blenden., Er hat die Fahrerin des entgegenkommenden Autos geblendet., Die Sonne blendet mich. **2.** ■ jmd. blendet (jmdn.) (*abwert.*) *Kenntnisse und gute Eigenschaften vortäuschen, die man nicht oder nur in geringem Maße hat* Sie blendet doch nur!, Er hatte alle Mitarbeiter durch sein souveränes Auftreten geblendet. ▶Blender

blẹn·dend <nicht steig.> *Adj.* (≈ *ausgezeichnet, hervorragend*) *so, dass jmd. oder etwas einen großartigen Eindruck macht* Du siehst blendend aus! ■ **jemand steht blendend da** (*umg.*): *jmd. lebt unter sehr günstigen Lebensumständen* Wieso beklagt er sich denn? Er steht doch blendend da!

Blẹn·den·ein·stel·lung die <-, -en> FOTOGR., FILM *Einstellung der Blende[2] einer Kamera*

Blẹn·den·öff·nung die <-, -en> FOTOGR., FILM *Öffnung der Blende[2] einer Kamera*

Blẹn·den·zahl die <-, -en> FOTOGR., FILM *Zahl zur Kennzeichnung der Öffnungsweite eines Objektivs*

Blẹn·der, **Blẹn·de·rin** der <-s, -> (*abwert.*) *jmd., der blendet[2]*

blẹnd·frei <nicht steig.> *Adj.* (≈ *blendungsfrei*) *so, dass es nicht blendet[1]* eine blendfreie Schreibtischlampe

Blẹnd·la·ter·ne die <-, -n> *mit einer Blende[1] versehene Laterne*

Blẹnd·mau·er·werk das <-(e)s, -e> BAUW. *zur Gliederung oder Verzierung einer Fassade o.Ä. eingesetztes Mauerwerk*

Blẹnd·rah·men der <-s, -> (≈ *Blindrahmen*) **1.** *Rahmen, in den die Leinwand zum Malen gespannt wird* **2.** *in eine Maueröffnung eingesetzter Rahmen, an dem die Fenster- oder Türflügel befestigt werden*

Blẹnd·schutz der <-es> (*kein Plur.*) *Vorrichtung zum Schutz gegen Blendung*

Blẹs·se die <-, -n> *weißer Stirnfleck bei Pferden und Rindern* ein Fohlen mit einer Blesse

Bles·sur die <-, -en> (*veralt.* ≈ *Verletzung, Verwundung*) **1.** *eine Verletzung, die man bei einem Duell bekommt* Der Korpsstudent hat sich beim Fechten einige Blessuren geholt. **2.** (*scherzh.*) *kleinere Verletzung*

Bleu das [blø:] <-s> (*kein Plur.*) (*umg.*) *ein blassblauer Farbton*

Blịck der <-(e)s, -e> **1.** *das Blicken* Sie warf einen Blick in ihr Notizbuch., Nach einem Blick auf die Uhr verabschiedete er sich schnell., Ihre Blicke trafen sich., den Blick senken, jemandem einen verstohlenen Blick zuwerfen **2.** *der Ausdruck der Augen beim Blicken* ein freundlicher/ironischer/sanfter/spöttischer/ungläubiger/ vielsagender/wohlwollender/zorniger Blick **3.** (≈ *Anblick, Ausblick*) *etwas, das man von einer Stelle aus sieht* Von meinem Fenster aus hat man einen herrlichen Blick auf die Berge/auf die Bucht/auf die Landschaft/aufs Meer. ◆Meer-, Panorama-, See- **4.** ■ **auf den ersten Blick**: *bei nur flüchtigem Hinsehen* **Liebe auf den ersten Blick**: *Liebe, die man gleich bei der ersten Begegnung für jmdn. empfindet* **jemanden keines Blickes würdigen**: *jmdn. bewusst nicht beachten*

blịck·dicht <nicht steig.> *Adj.* (↔ *transparant*) *so, dass man durch etwas nicht hindurchsehen kann* eine blickdichte Strumpfhose

blị·cken <blickst, blickte, hat geblickt> *ohne OBJ* **1.** ■ jmd. blickt irgendwohin (≈ *schauen*) *in eine bestimmte Richtung sehen* in die Weite blicken, nach links blicken **2.** ■ jmd. blickt irgendwie jmdn. *mit einem bestimmten Gesichtsausdruck ansehen* freundlich/scheu/streng blicken ■ **sich blicken lassen** (*umg.*): *zu jmdm. kommen* Lass dich doch mal wieder bei uns blicken

Blịck·fang der <-(e)s, Blickfänge> *etw., das die Blicke auf sich lenkt* Ein riesiges abstraktes Gemälde war der Blickfang in dem ansonsten eher nüchternen Zimmer.

Blịck·feld das <-(e)s> (*kein Plur.*) *der Bereich, der mit den Augen erfasst werden kann* in jemands Blickfeld geraten

Blịck·kon·takt der <-(e)s, -e> *der Sachverhalt, dass zwei Personen sich gegenseitig ansehen* Der Redner hielt Blickkontakt zu seinem Publikum.

Blịck·win·kel der <-s, -> (≈ *Sicht*) *Perspektive, aus der man etwas betrachtet*

blịnd <nicht steig.> *Adj.* **1.** *so, dass jmd. nicht sehen kann oder im Sehen stark behindert ist* Er ist von Geburt an blind., Sie ist durch eine Augenkrankheit auf einem Auge blind. ◆farben-, schnee- **2.** (*umg.*) *ohne hinzusehen* Sie konnte blind schreiben/tippen. **3.** (*übertr.*) *so, dass jmd. oder etwas außer Kontrolle ist* blind vor Hass/Wut, blinder Fanatismus/Hass ◆-gläubig, -wütig **4.** (≈ *trüb*) *so, dass etwas nicht mehr durchsichtig oder klar ist* ein blinder Spiegel, Die Glasscheibe ist blind. ■ **blinder Alarm**: *unnötiger Alarm* **blinder Fleck**: *Stelle, an der der Sehnerv ins Auge eintritt und wo man deshalb nichts sehen kann;* (*übertr.*) **jeder hat einen blinden Fleck**: *jeder ist in seiner Selbsterkenntnis eingeschränkt* **blinder Passagier**: *ein Passagier an Bord eines Schiffes, der keine Schiffskarte hat* ◆ Getrennt- oder Zusammenschreibung der/die blind Gebor(e)ne/Blindgebor(e)ne

Blịnd·bo·den der <-> (*kein Plur.*) BAUW. *Boden aus rauen, ungehobelten Brettern, auf die der eigentliche Fußboden verlegt wird*

Blịnd·darm der <-(e)s, Blinddärme> ANAT. *der Teil des Dickdarms, an dem der Wurmfortsatz hängt*

Blịnd·darm·ent·zün·dung die <-, -en> (ANAT.: *umg.* ≈ *Appendizitis*) *Entzündung des Wurmfortsatzes am Blinddarm*

Blịnd·darm·o·pe·ra·ti·on die <-, -en> (MED.: ≈ *Appendektomie*) *operative Entfernung des Wurmfortsatzes*

Blịnd·druck der <-(e)s, -e> (DRUCKW.: ≈ *Blindpressung*) *reliefartige Prägung auf Bucheinbänden aus Leder, die durch Pressung mit einem erhitzten Metallstempel erfolgt*

Blịn·de der/die <-n, -n> *jmd., der blind[1] ist* eine spezielle Filmsynchronisation für Blinde und Sehgeschädigte ■ **Er redet wie der Blinde von der Farbe.**: *Er redet von etwas, das er nicht kennt.* ◆-nbrille, -nlehrer, -nschule

Blin·de·kuh·spiel das <-(e)s, -e> *ein Spiel, bei dem man mit verbundenen Augen einen der Mitspieler fängt und erraten muss, wer es ist*

Blin·den·füh·rer, **Blin·den·füh·rer·in** der <-s, -> *jmd., der einen Blinden führt*

Blin·den·heim das <-(e)s, -e> *Heim für blinde Menschen*

Blin·den·hund der <-(e)s, -e> *ein Hund, der darauf abgerichtet ist, Blinde zu führen*

Blin·den·schrift die <-> (*kein Plur.*) (≈ *Brailleschrift, Punktschrift*) *Schrift aus systematisch angeordneten erhabenen Punkten zum Abtasten für Blinde*

Blin·den·stock der <-(e)s, Blindenstöcke> *meist weißer Stock, mit dessen Hilfe sich ein Blinder orientiert*

Blind·flug der <-(e)s, Blindflüge> LUFTF. *das Fliegen eines Flugzeugs ohne Sicht, nur mit Hilfe der Navigationsinstrumente*

Blind·gän·ger der <-s, -> **1.** MILIT. *Sprengkörper, dessen Ladung auf Grund eines Defektes nicht zündet* **2.** (*umg. abwert.*) *untauglicher Mensch, Versager*

blind·ge·bo·ren <nicht steig.> *Adj. so, dass man von Geburt an blind ist*

Blind·ge·bo·re·ne, *a.* **Blind·ge·bor·ne** der <-n, -n> *jmd., der blind[1] geboren wurde*

Blind·gläu·big·keit die <-> (*kein Plur.*) *bedingungsloses und kritikloses Glauben an jmdn. oder etwas* Ihre Blindgläubigkeit machte sie zu einem leichten Opfer des Betrügers.

Blind·heit die <-> (*kein Plur.*) **1.** *der Zustand, dass jmd. blind[1] ist* Ihre völlige Blindheit war angeboren. ◆ Farben-, Nacht- **2.** (*übertr.* ≈ *Verblendung*) *der Zustand, dass jmd. die Realität nicht richtig einschätzen kann* mit Blindheit geschlagen sein ◆ Betriebs-

Blind·lan·dung die <-, -en> LUFTF. *Landung eines Flugzeuges ohne gute Bodensicht, nur mithilfe der Bordinstrumente*

blind·lings das *Adv.* (≈ *unbesonnen*) *ohne Vorsicht, ohne Bedenken* Sie rannte blindlings in ihr Verderben., Er schlug blindlings um sich., blindlings gehorchen

Blind·ma·te·ri·al das <-s> (DRUCKW.: ≈ *Füllmaterial*) *Gesamtheit der Teile, die im Schriftsatz nicht gedruckt werden* (*wie z.B. Wort- und Zeilenabstände*)

Blind·prä·gung die <-, -en> DRUCKW. *s.* **Blinddruck**

Blind·schlei·che die <-, -n> ZOOL. *ungiftige Echse, die sich wie eine Schlange am Boden bewegt* Oft wird die Blindschleiche mit einer Schlange verwechselt.

blind·schrei·ben <schreibst blind, schrieb blind, hat blind geschrieben> *ohne OBJ* ■ *jmd. schreibt blind auf der Schreibmaschine oder der Tastatur eines Computers* (*mit zehn Fingern*) *schreiben, ohne auf die Tasten zu sehen* Von einer Sekretärin wird das Blindschreiben erwartet.

blin·ken <blinkst, blinkte, hat geblinkt> *ohne OBJ* ■ *etwas blinkt in kurzen, regelmäßigen Abständen ein Lichtsignal aufleuchten lassen* Wenn die Betriebstemperatur erreicht ist, blinkt eine Kontrolllampe.

Blin·ker der <-s, -> **1.** (≈ *Blinkleuchte*) *eine* (*kleinere*) *Lampe an der Vorderseite eines Autos, die blinkt und damit den anderen Verkehrsteilnehmern anzeigt, dass der Fahrer in die entsprechende Richtung abbiegen will* den Blinker setzen **2.** *metallisch blinkender Köder an der Angel zum Anlocken der Fische*

Blink·licht das <-(e)s, -er> *blinkendes Lichtsignal zur Verkehrsregelung, z.B. an Bahnübergängen und Kreuzungen*

Blink·licht·an·la·ge die <-, -en> *Warnanlage, die mit Blinklichtern versehen ist, z.B. an Bahnübergängen*

blin·zeln <blinzelst, blinzelte, hat geblinzelt> *ohne OBJ* ■ *jmd. blinzelt die Augenlider bis auf einen Spalt zusammenkneifen* in der Sonne blinzeln

Blin·zeln das <-s> (*kein Plur.*) *absichtliches Zwinkern mit den Augen, um zu zeigen, dass man mit etwas einverstanden ist oder einen Scherz macht* Er verabschiedete sich von ihr mit einem vielsagenden Blinzeln.

Blitz der <-es, -e> **1.** *eine starke elektrische Entladung während eines Gewitters, die wie ein sehr heller und großer Lichtstrahl aussieht, der für sehr kurze Zeit aufleuchtet* Das Haus wurde vom Blitz getroffen., Ein Blitz durchzuckt den Himmel, dann rollt der Donner. ◆ Kugel- **2.** (FOTOGR.: ≈ *Blitzlicht*) ■ **wie vom Blitz getroffen** (*umg.*): *vor Schreck erstarrt* **wie ein geölter Blitz** (*umg.*): *sehr schnell* **wie ein Blitz aus heiterem Himmel** (*umg.*): *sehr überraschend*

Blitz·ab·lei·ter der <-s, -> *Anlage, die dazu dient, Blitze von einem Gebäude abzuleiten* ■ **jemanden als Blitzableiter benutzen** (*umg.*): *an jmdm. seine Frustration oder seine Wut abreagieren*

Blitz·ak·ti·on die <-, -en> *schnelle Aktion, die unerwartet durchgeführt wird* Die Polizei nahm in einer Blitzaktion mehrere Mitglieder der Diebesbande fest.

Blitz·an·griff der <-(e)s, -e> *schneller Angriff, der unerwartet durchgeführt wird*

blitz·ar·tig <nicht steig.> *Adj. sehr schnell und überraschend* Er reagierte blitzschnell auf den Angriff.

Blitz·be·such der <-(e)s, -e> *überraschender Besuch von kurzer Dauer*

blitz·blank <nicht steig.> *Adj.* (*umg.*) *so sauber, dass alle Oberflächen glänzen* Ihre Küche ist blitzblank geputzt.

blit·zen <blitzt, blitzte, hat geblitzt> **I.** *ohne OBJ* ■ *etwas blitzt* **1.** (*plötzlich*) *aufleuchten; im Licht glänzen* Das Badezimmer blitzte vor Sauberkeit., Ihre Zähne blitzten. **2.** *sichtbar oder deutlich werden* Zorn blitzte aus seinen Augen. **3.** (FOTOGR.: *umg.*) *ein Blitzlicht verwenden* **II.** *mit ES* ■ *es* *blitzt als Blitz[1] in Erscheinung treten* Es blitzt und donnert.

Blitz·ge·rät das <-(e)s, -e> FOTOGR. *Gerät, das ein Blitzlicht erzeugt*

Blitz·licht das <-(e)s, -er> FOTOGR. *für sehr kurze Zeit sehr hell leuchtendes Licht, das man beim Fotografieren benutzt, wenn das Tageslicht nicht ausreicht*

Blitz·licht·auf·nah·me die <-, -n> FOTOGR. *fotografische Aufnahme, die mit Hilfe eines Blitzlichts gemacht wurde*

Blitz·licht·ge·rät das <-(e)s, -e> FOTOGR. *Gerät, das zur Erzeugung des Blitzlichts für fotografische Aufnahmen dient*

Blitz·mer·ker der <-s, -> **1.** (*scherzh.*) *Mensch mit schneller Auffassungsgabe* **2.** (*iron.*) *Mensch, der nur langsam begreift*

blitz·sau·ber <nicht steig.> *Adj.* (*umg.*) *sehr sauber* eine blitzsaubere Wohnung

Blitz·schlag der <-(e)s, Blitzschläge> *das Einschlagen eines Blitzes[1], das oft großen Schaden anrichtet* Die Hütte ist durch Blitzschlag in Brand geraten., Diese Nachricht traf ihn wie ein Blitzschlag.

blitz·schnell <nicht steig.> *Adj.* (*umg.*) *sehr schnell* eine blitzschnelle Entscheidung treffen

Blitz·sieg der <-(e)s, -e> (MILIT.: *umg.*) *sehr rasch errungener Sieg in einem Krieg oder Feldzug* Die Angreifer gewannen den Kampf um die Stadt in einem Blitzsieg.

Blitz·start der <-(e)s, -s> *sehr schneller Start* Das Autorennen begann mit einem Blitzstart.

Blitz·wür·fel der <-s, -> FOTOGR. *würfelförmiges Blitzlicht, das auf die Kamera aufgesteckt wird*

Bliz·zard der ['blɪzɐt] <-s, -s> *in Nordamerika auftretender schwerer Schneesturm*

Bloch der <-(e)s, -e/Blöcher> (*süddt. österr.*) *Holzblock, roh behauener Stamm*

Blo·cher der <-s, -> (*schweiz.* ≈ *Bohnerbürste*)

Block der <-(e)s, Blöcke> **1.** *ein* (*meist würfel- oder quaderförmiges*) *Stück einer festen Substanz* ein Block Marmor **2.** *ein an einer Seite geleimter Stapel von Blättern aus Papier* ◆ Brief-, Notiz-, Papier-, Schreib- **3.** (≈ *Wohnblock*) *Gebäudekomplex* Sie wohnt in dem Block, der gerade renoviert wurde. ◆ Häuser-, Wohn- **4.** *ein Abschnitt von etwas* Im ersten Block behandelt das Seminar … ◆ -seminar, -veranstaltung **5.** POL., WIRTSCH. *in sich geschlossene Gruppe von wirtschaftlichen oder politischen Kräften in einer Partei oder Organisation oder zwischen Staaten* ◆ Ost-

Block·ab·satz der <-es, Blockabsätze> *blockförmig aussehender Absatz in einem Schriftstück*

Blo·cka·de die <-, -n> **1.** POL. *als politisches Druckmittel eingesetzte militärische Absperrung aller Zufahrtswege eines Landes oder einer Stadt* eine Blockade über ein Land verhängen ◆ Hunger-, See- **2.** DRUCKW. *durch Blockieren gekennzeichnete Stelle im Schriftsatz* **3.** MED. *vorübergehender Ausfall von Teilen des Nervensystems*

Blo·cka·de·po·li·tik die <-> (*kein Plur.*) POL. *Blockade[1] als politische Maßnahme*

Block·buch·sta·be der <-n, -n> *Buchstabe in Blockschrift* Füllen Sie das Formular bitte in Blockbuchstaben aus!

Block·bus·ter der ['blɔkbʌstə] <-s, -> WIRTSCH. *etw., das außergewöhnlich erfolgreich ist und sich gut verkauft*

Block·flö·te die <-, -n> *Blasinstrument aus Holz* Das Kind lernt auf der Blockflöte zu spielen.

block·frei <nicht steig.> *Adj.* POL. *so, dass ein Staat keinem politischen Block angehört* blockfreie Staaten

Block·haus das <-es, Blockhäuser> *ein Haus, das so gebaut ist, dass die Wände aus übereinander gelegten Rundhölzern bestehen*

Block·hef·tung die <-, -en> (↔ *Fadenheftung*) *in der Buchbinderei angewandte Heftung, bei der der ganze Buchblock durch Drahtklammern seitlich zusammengehalten wird*

Block·hüt·te die <-, -n> *kleines Blockhaus*

Blo·ckier·brem·se die <-, -n> *Bremse, die eine Maschine durch Blockierung zum Stillstand bringen kann*

blo·ckie·ren <blockierst, blockierte, hat blockiert> **I.** *mit OBJ* ■ *jmd./etwas blockiert jmdn./etwas* (*versperren*) *eine solche Position einnehmen, dass dadurch der Zugang oder die Zufahrt zu etwas versperrt wird* Das Auto blockiert die Einfahrt. **II.** *ohne OBJ* ■ *etwas blockiert sich nicht mehr bewegen lassen* Die Bremse blockiert.

Blo·ckier·ung die <-, -en> **1.** (*kein Plur.*) *das Blockieren, das Blockiertwerden* **2.** *etw., das etwas blockiert;* (≈ *Blockade*) **3.** PSYCH. *kurze Hemmung oder Unterbrechung des Gedankengangs, der Erinnerung, der Wahrnehmung oder des Handelns*

Block·par·tei die <-, -en> *Partei, die mit anderen einen Block[5] bildet*

Block·satz der <-es> (*kein Plur.*) DRUCKW. *die gleichzeitig links- und rechtsbündige Ausrichtung eines Texts* In den meisten Büchern verwendet man Blocksatz.

Block·scho·ko·la·de die <-> (*kein Plur.*) *einfache, meist bittere Schokolade in Blöcken[1], die besonders zum Backen und zur Herstellung von Glasuren verwendet wird* für die Glasur Blockschokolade zum Schmelzen bringen

Block·schrift die <-> (*kein Plur.*) *lateinische Druckschrift aus Großbuchstaben mit gleichmäßig starken Strichen*

Block·staa·t der <-(e)s, -en> (*meist Plur.*) POL. *Staat, der zusammen mit anderen einen politischen Block[5] bildet*

Block·strom der <-(e)s, Blockströme> GEOL. *linienartig talwärts verlaufende Anhäufung von Gesteinsblöcken*

Block·stun·de die <-, -n> (SCHULE: ≈ *Doppelstunde*)

Block·un·ter·richt der <-(e)s> (*kein Plur.*) SCHULE *Organisation des Unterrichts nach thematisch übergreifenden Aspekten und in über die normale Länge einer Unterrichtsstunde hinausgehenden Zeiteinheiten*

blö·d *Adj.* (*abwert.*) *dumm, töricht* Was will der

B

blöde Kerl?

blö·deln <blödelst, blödelte, hat geblödelt> *ohne OBJ* ■ *jmd. blödelt* (*umg.*) *sich absichtlich albern benehmen, absichtlich Unsinn reden* Der Schüler blödelte und lenkte so die anderen vom Unterricht ab.

Blöd·ham·mel der <-s, -> (*abwert.*) *Dummkopf, blöde Person*

Blöd·heit die <-> (*kein Plur.*) (*abwert.*) *Dummheit, geistige Beschränktheit, Einfalt*

Blö·di·an der <-s, -e> (*umg. abwert.* ≈ *Dummkopf*) *jmd., der blöd ist, blöder Kerl*

Blöd·mann der <-(e)s, Blödmänner> (*umg. abwert.* ≈ *Blödian*)

Blöd·sinn der <-(e)s> (*kein Plur.*) (*abwert.* ≈ *Unsinn*) *sinnloses und törichtes Reden oder Handeln* Blödsinn reden, Hör doch auf mit diesem Blödsinn! ■ **höherer Blödsinn** (*umg.* ≈ *Nonsense*): *Gerede ohne tieferen Sinn*

blöd·sin·nig *Adj.* (*abwert.* ≈ *unsinnig*) eine blödsinnige Bemerkung machen, eine blödsinnige Handlung

blö·ken <blökst, blökte, hat geblökt> *ohne OBJ* ■ *ein Tier blökt das für Schafe typische Geräusch von sich geben*

blond *Adj. von einer hellen, gelblich-goldenen Haarfarbe* ein blond gelockter Junge ◆dunkel-, hell-

blond·ge·färbt <nicht steig.> *Adj. so, dass die Haare künstlich aufgehellt sind* Gestern war ihr Haar brünett und heute ist es blondgefärbt.

blond·haa·rig <nicht steig.> *Adj. mit blondem Haar* eine blondhaarige Frau

blon·die·ren <blondierst, blondierte, hat blondiert> *mit OBJ* ■ *jmd. blondiert Haare Haare mit chemischen Mitteln künstlich aufhellen* ▸Blondierung

Blon·di·ne die <-, -n> *Mädchen oder Frau mit blondem Haar*

Blond·kopf der <-(e)s, Blondköpfe> (≈ *Blondschopf*) *Kind mit blondem Haar*

bloß <nicht steig.> **I.** *Adj.* **1.** *nackt, unbekleidet* mit bloßen Füßen herumlaufen, Er sitzt auf der bloßen Erde., Sie schlugen mit bloßen Fäusten aufeinander ein. **2.** *nichts anderes als …* Das ist bloße Angeberei/bloßes Gerede!, Die bloße Vorstellung regt sie schon auf., Er konnte es mit bloßem Auge erkennen. **II.** *Adv.* (*umg.* ≈ *nur*) Mir hat es gut gefallen, bloß war ich etwas müde., Er wollte dir doch bloß einen Gefallen tun! **III.** *Partikel* (*verwendet, um eine Aussage zu verstärken oder eine Frage zu intensivieren*) Geh mir bloß aus dem Weg!, Was ist bloß mit ihr los?

Blö·ße die <-, -n> **1.** (*geh.*) *das Nacktsein; die Nacktheit des Körpers oder eines Körperteils* seine Blöße bedecken **2.** *Mangel an Deckung* dem Gegner eine Blöße bieten ■ **sich eine/keine Blöße geben**: *Schwäche/keine Schwäche zu erkennen geben*

bloß·le·gen <legst bloß, legte bloß, hat bloßgelegt> *mit OBJ* ■ *jmd. legt etwas bloß* (≈ *aufdecken, freilegen*) *die Schicht, die etwas bedeckt, entfernen* Die Archäologen legten die Mauerreste bloß., Sie wollte ihm gern ihre Motive bloßlegen.

bloß·stel·len <stellst bloß, stellte bloß, hat bloßgestellt> **I.** *mit OBJ* ■ *jmd. stellt jmdn. bloß* (≈ *blamieren*) *bewirken, dass jmd. in eine peinliche Situation gerät und lächerlich gemacht wird* Sein angeblicher Freund stellte ihn in aller Öffentlichkeit bloß. **II.** *mit SICH* ■ *sich bloßstellen sich blamieren* Mit dieser Bemerkung hatte er sich vor ihr bloßgestellt.

Blou·son das/der [blu'zɔŋ] <-s, -s> *kurze, sportliche Jacke mit Bund, die an der Hüfte anliegt und über dem Rock oder der Hose getragen wird*

Blow-up das ['bloʊ-ʌp] <-s, -s> FOTOGR. *Vergrößerung* (*eines Fotos*)

blub·bern <blubberst, blubberte, hat geblubbert> *ohne OBJ* ■ *etwas blubbert das Geräusch machen, das man hört, wenn eine Flüssigkeit kocht und sich Blasen bilden*

Blue·jeans, *a.* **Blue Jeans** ['blu:dʒi:ns] *Plur. Hose aus festem Baumwollgewebe* (*von traditionell blauer Farbe*) zur Bluejeans ein T-Shirt tragen

Blues der [blu:s] <-> (*kein Plur.*) **1.** *ein in Nordamerika entstandener Musikstil* (*mit meist melancholischen Textinhalten*) **2.** *ein Musikstück im Stil des Blues*[1]

Bluetooth ['blu:tu:θ] <-> ELEKTROTECHN. *eine Funktechnik, die vielseitig einsetzbar ist und der drahtlosen Datenübertragung dient*

Bluff der [blʊf, blœf, blaf] <-s, -s> (*abwert.*) *Täuschungsmanöver, bewusste Irreführung* Sein Angebot erwies sich später als Bluff.

bluf·fen ['blʊfn̩, 'blœfn̩, 'blafn̩] <bluffst, bluffte, hat geblufft> *ohne OBJ* ■ *jmd. blufft durch dreistes Auftreten bewusst irreführen, täuschen* Er ließ sich nicht bluffen. ▸Bluffer

blü·hen <blühst, blühte, hat geblüht> *ohne OBJ* ■ *etwas blüht* **1.** BOT. *Blüten*[1] *tragen* Die Bäume blühen., Im Park blühen die Rosen. **2.** *sich prächtig entwickeln* Der Handel blühte zu jener Zeit. **3.** ■ *etwas blüht jmdm.* (*umg.*) *verwendet, um auszudrücken, dass jmdm. etwas Unangenehmes bevorsteht* Dir blüht noch was!

blü·hend <nicht steig.> *Adj.* **1.** *so, dass es Blüten trägt* ein blühender Baum **2.** *jung und frisch* (*aussehend*) ein blühendes Aussehen haben, Er starb im blühenden Alter von zwanzig Jahren. **3.** ■ **eine blühende Fantasie** (*umg.*): *eine übertrieben ausgeprägte Fantasie*

Blüm·chen das <-s, -> *kleine, zarte Blume*

Blüm·chen·kaf·fee der <-s, -s> (*umg. scherzh.*) *sehr dünner Bohnenkaffee*

Blu·me die <-, -n> **1.** *eine Pflanze von relativ geringer Höhe, die größere, auffallende Blüten hervorbringt* Die Blumen blühen., Blumen gießen/säen/schneiden/züchten ◆-nfreund, -ngarten, -ngruß, -npracht, Balkon-, Schnitt-, Stoff- **2.** (≈ *Bukett*) *der intensive Duft, das konzentrierte Aroma von Wein, das aus dem Glas aufsteigt* die Blume des Weines **3.** *Schaum auf dem gefüllten Bierglas* die Blume vom Bier abtrinken **4.** (*Jägersprache*) *Schwanz des Hasen* ■ **etwas durch die Blume**

sagen (*umg.*): *etwas nicht direkt sagen, sondern nur andeuten* **Danke für die Blumen!** (*iron.*): *Danke für die kritischen Worte!*

Blu·men·ar·ran·ge·ment das <-s, -s> *Festlich angeordnete Blumen, z.B. in Form eines Gesteckes oder eines Blumenkorbes* beim Floristen die Blumenarrangements für die Hochzeit bestellen

Blu·men·beet das <-(e)s, -e> *Beet, auf dem Blumen angepflanzt sind*

Blu·men·bin·der, **Blu·men·bin·de·rin** der <-s, -> (≈ *Florist*) *jmd., der Sträuße zusammenstellt und Kränze bindet*

Blu·men·er·de die <-> (*kein Plur.*) *Erdmischung, die für Blumen besonders geeignet ist*

Blu·men·ge·schäft das <-(e)s, -e> (≈ *Blumenladen*) *Geschäft, in dem Blumen verkauft werden*

Blu·men·kind das <-(e)s, -er> **1.** *Kind, das bei feierlichen Anlässen* (*besonders Hochzeiten*) *Blumen streut* **2.** (≈ *Hippie*)

Blu·men·kohl der <-(e)s> (*kein Plur.*) *Kohl, dessen knolliger, dichter, heller Blütenstand als Gemüse gegessen wird* ◆-bratling, -gratin, -suppe

Blu·men·korb der <-(e)s, Blumenkörbe> *Korb mit festlich angeordneten Blumen*

Blu·men·kranz der <-es, Blumenkränze> *Kranz aus Blumen* Die Mädchen schmückten ihre Köpfe mit Blumenkränzen.

Blu·men·kü·bel der <-s, -> *ein sehr großer Blumentopf* den Blumenkübel neu bepflanzen

Blu·men·markt der <-(e)s, Blumenmärkte> *Markt, auf dem Blumen verkauft werden*

Blu·men·meer das <-es, -e> (*übertr.*) *eine sehr große Menge von Blumen* Er verwandelte die Wohnung seiner Angebeteten in ein Blumenmeer.

Blu·men·ra·bat·te die <-, -n> *schmales Blumenbeet* die Blumenrabatte vor dem Haus bepflanzen

Blu·men·scha·le die <-, -n> *Schale für Blumen*

Blu·men·schmuck der <-(e)s> (*kein Plur.*) *aus natürlichen Blumen oder Blumenornamenten bestehender Schmuck* der Blumenschmuck für die festlich gedeckte Tafel, der Blumenschmuck auf der Tapete

Blu·men·spra·che die <-, -n> *die Bedeutung, die bestimmte Blumen* (*nach allgemeinem Brauch*) *haben, wenn man sie verschenkt* In der Blumensprache bedeuten rote Rosen Liebe.

Blu·men·stän·der der <-s, -> *Ständer für Blumentöpfe*

Blu·men·strauß der <-es, Blumensträuße> *Strauß, der aus Schnittblumen besteht* der Dame des Hauses einen Blumenstrauß überreichen

Blu·men·topf der <-(e)s, Blumentöpfe> *Topf zum Einpflanzen von Blumen* Diese Pflanze braucht einen größeren Blumentopf. ■ **mit etwas keinen Blumentopf gewinnen können** (*umg.*): *mit etwas keinen Erfolg haben*

Blu·men·va·se die <-, -n> *offenes Gefäß aus Glas, Porzellan o.Ä., in das man Schnittblumen stellt* den Strauß in eine Blumenvase aus Kristall stellen, eine bauchige/schlanke Blumenvase

Blu·men·zwie·bel die <-, -n> *unterirdischer Spross bestimmter blühender Pflanzen in Form einer Knolle* (*z.B. bei Tulpen*)

blü·me·rant *Adj.* (*umg.* ≈ *flau, schwach, schwindlig, unwohl*) Mir ist ganz blümerant.

blu·mig *Adj.* **1.** (*oft abwert.*) *so, dass eine Rede oder ein Schreiben viele Floskeln enthält* eine blumige Redeweise **2.** *so, dass es wie Blumen duftet* ein blumiges Parfüm, Der Wein hat ein blumiges Bukett.

Blun·ze die <-,-n> **1.** (*österr.*) *Blutwurst* **2.** (*umg. abwert.*) *dicke, unbewegliche Frau*

Blu·se die <-, -n> *ein* (*leichtes*) *Kleidungsstück für den Oberkörper, das Frauen und Mädchen zu Rock oder Hose tragen* eine Bluse mit kurzen/langen/weiten Ärmeln

blu·sig *Adj. so, dass es wie eine Bluse geschnitten ist* ein blusiges Oberteil

Blust der/das <-(e)s> (*kein Plur.*) (*süddt. schweiz.*) *das Blühen*

Blut das <-(e)s> (*kein Plur.*) *die rote Flüssigkeit in den Adern von Menschen und Tieren, die dem Transport von Sauerstoff dient* Der Verletzte hat viel Blut verloren., Der Autofahrer hatte zuviel Alkohol im Blut., die Blutkörperchen/die Blutplättchen/die Gerinnungsfaktoren im Blut, Blut wird nach Blutgruppen eingeteilt., Blut spenden, kein Blut sehen können ■ **blaues Blut haben** (*umg. verhüll.*): *von adliger Geburt sein* **etwas gibt böses Blut** (*umg.*): *etwas stiftet Unfrieden* **etwas liegt jemandem im Blut** (*umg.*): *etwas entspricht jmds. Veranlagung* **kaltes Blut bewahren**: *beherrscht bleiben* **Blut geleckt haben** (*umg.*): *von einer Sache nicht mehr ablassen wollen* **Blut und Wasser schwitzen** (*umg.*): *in großer Aufregung sein* ◆ Getrennt- oder Zusammenschreibung→R 4.12 ein Blut bildendes/blutbildendes Medikament, Blut reinigender/blutreinigender Tee, ein Blut saugendes/blutsaugendes Insekt, Blut stillend/blutstillend

Blut·al·ko·hol der <-s> (*kein Plur.*) MED. *Alkoholgehalt des Blutes nach dem Genuss von Alkohol*

Blut·al·ko·hol·spie·gel der <-s, -> MED. *gemessener Alkoholgehalt im Blut nach dem Genuss von Alkohol* den Blutalkoholspiegel messen

Blut·ap·fel·si·ne die <-, -n> (≈ *Blutorange*) *Apfelsine mit teilweise blutrotem Fruchtfleisch*

blut·arm <nicht steig.> *Adj.* (MED.: ≈ *anämisch*) *so, dass sich in jmds. Blut zu wenig rote Blutkörperchen befinden* ein blutarm aussehendes Kind

Blut·ar·mut die <-> (*kein Plur.*) (MED.: ≈ *Anämie*) *Mangel an roten Blutkörperchen im Blut*

Blut·aus·tausch der <-es, -e> MED. *der Vorgang, dass jmdm. eigenes Blut entnommen und fremdes Blut eines Spenders zugeführt wird*

Blut·bad das <-(e)s, Blutbäder> (*Plur. selten*) (≈ *Gemetzel, Massaker*) *grausiges Morden* Die Terroristen richteten ein wahres Blutbad an.

Blut·bahn ■ **etwas gelangt/kommt in die Blutbahn** MED.: *etwas gelangt in den Blutkreislauf* Durch die Injektion kommt das Medikament in die Blutbahn.

Blut·bank die <-, -en> MED. *Einrichtung, in der Blutkonserven hergestellt, aufbewahrt und abge-*

B

geben werden

Blut·bann der <-(e)s> (*kein Plur.*) GESCH. *im Mittelalter bestehende Gerichtsbarkeit über Leben und Tod, die als Lehen übertragen wurde*

blut·be·fleckt <nicht steig.> *Adj. so, dass sich auf etwas Blutflecken befinden* seine Hände waren blutbefleckt

blut·be·schmiert <nicht steig.> *Adj. so, dass etwas mit Blut beschmiert ist* ein blutbeschmiertes Messer

Blut·bild das <-(e)s, -er> MED. *Ergebnis einer mikroskopischen Blutuntersuchung* ein Blutbild machen

blut·bil·dend <nicht steig.> *Adj. so, dass es die Bildung der roten Blutkörperchen fördert* ein blutbildendes Medikament

Blut·bil·dung die <-> (*kein Plur.*) *Vermehrung der roten Blutkörperchen* die Blutbildung anregen

Blut·druck der <-(e)s> (*kein Plur.*) MED. *der in den Blutgefäßen herrschende und für den Blutkreislauf erforderliche Druck des Blutes, der durch die Herztätigkeit erzeugt wird* Sie leidet immer schon an hohem Blutdruck., den Blutdruck messen ◆-messgerät

blut·dür·stig *Adj.* (*geh.* ≈ *blutrünstig, mordgierig*) eine blutdürstige Bestie

Blü·te die <-, -n> **1.** BOT. *der Fortpflanzung dienende Teil einer Pflanze, mit meist farbigen Blättern und deutlicher Unterscheidung vom vegetativen Spross* **2.** (*kein Plur.*) *das Blühen* Bald beginnt wieder die Blüte der Obstbäume. ◆Apfel-, Kirsch- **3.** (*umg. abwert. meist Plur.*) *gefälschte Banknote*

Blut·egel der <-s, -> ZOOL. *im Wasser lebender Ringelwurm mit zwei Saugnäpfen, der Blut aus Blutgefäßen menschlicher oder tierischer Körper heraussaugt*

blu·ten <blutest, blutete, hat geblutet> *ohne OBJ* ■ *jmd./etwas blutet Blut verlieren* Die Wunde blutet stark., Der Patient blutete aus einer Wunde am Oberschenkel.

Blü·ten·blatt das <-(e)s, Blütenblätter> (*meist Plur.*) BOT. *einzelnes Blatt einer Blüte*[1]

Blü·ten·kelch·blatt das <-(e)s, Blütenkelchblätter> (*meist Plur.*) BOT. *eines der Blütenblätter, die um den Blütenkelch herum angeordnet sind*

Blü·ten·knos·pe die <-, -n> BOT. *die Knospe, aus der sich eine Blüte entwickelt*

Blü·ten·pflan·ze die <-, -n> BOT. *Pflanze, die Blüten treiben kann*

Blü·ten·pol·len die <-> *Plur.* BOT. *die der Fortpflanzung durch Bestäubung dienenden Teile einer Blüte*

Blü·ten·pracht die <-> (*kein Plur.*) *große Anzahl blühender Blumen und Pflanzen*

Blü·ten·staub der <-(e)s> (*kein Plur.*) (BOT.: ≈ *Pollen*) *mikroskopisch kleine Körper aus den Staubbeuteln der Blütenpflanzen, aus denen die männlichen Geschlechtszellen stammen*

blü·ten·weiß <nicht steig.> *Adj. sehr weiß, leuchtend weiß* blütenweiße Wäsche

Blu·ter, Blu·te·rin der <-s, -> MED. *jmd., der an der Bluterkrankheit leidet*

Blut·er·guss der <-es, Blutergüsse> (≈ *Hämatom*) *eine Stelle, an der sich z.B. nach einer Verletzung Blut außerhalb der Blutbahn in den Weichteilen angesammelt hat*

Blu·ter·krank·heit die <-> (*kein Plur.*) MED. *eine Krankheit, bei der das Blut nicht oder nur wenig gerinnungsfähig ist*

Blut·er·satz·mit·tel das <-s, -> MED. *physiologische Kochsalzlösung oder andere Flüssigkeit, die dem Körper bei Blutverlust zugeführt werden kann*

Blü·te·zeit die <-, -en> **1.** *Zeit des Blühens* die Blütezeit der Kirschbäume **2.** (*übertr.*) *die Zeit, in der etwas den Höhepunkt seiner Entwicklung erreicht hat* Es war die Blütezeit der Dampfmaschine.

Blut·fak·tor der <-s, -en> MED. *erbliche Eigenschaft der Blutkörperchen, z.B. Blutgruppe, Resusfaktor*

Blut·fett·wert der <-(e)s, -e> (MED.: *meist Plur.*) *Wert, der Auskunft über die im Blut enthaltenen Lipide und Cholesterine gibt* Seine Blutfettwerte sind zu hoch.

Blut·fleck der <-(e)s, -e/-en> *durch Blut entstandener Fleck*

Blut·ge·fäß das <-es, -e> (MED.: ≈ *Ader*) Arterien und Venen sind Blutgefäße.

Blut·ge·fäß·ver·stop·fung die <-, -en> MED. *Verstopfung innerhalb eines Blutgefäßes*

Blut·ge·rinn·sel das <-s, -> MED. *geronnenes Blut, das ein Blutgefäß an einer bestimmten Stelle verstopft*

Blut·ge·rüst das <-s, -e> (GESCH.: *veralt.* ≈ *Schafott*) *Hinrichtungsstätte*

blut·ge·tränkt <nicht steig.> *Adj. so, dass es von Blut durchnässt ist* ein blutgetränkter Verband

blut·gie·rig *Adj.* (≈ *blutdürstig*)

Blut·grup·pe die <-, -n> MED., BIOL. *einer der vier Grundtypen, in die sich Blut nach unveränderlichen und erblichen Kriterien einteilen lässt* die Blutgruppe bestimmen lassen

Blut·hoch·druck der <-s> (*kein Plur.*) (MED.: ≈ *Hypertonie*) *zu hoher Blutdruck*

Blut·hund der <-(e)s, -e> **1.** ZOOL. *drahthaariger Jagd- und Fährtenhund aus England* **2.** (*übertr.*) *blutgieriger Mensch, der foltert und mordet*

blu·tig *Adj. so, dass es mit Blut befleckt ist* ■ **ein blutiger Anfänger** (*umg. abwert.*): *jmd., der überhaupt keine Vorkenntnisse von etwas hat*

blut·jung <nicht steig.> *Adj. sehr jung*

Blut·kon·ser·ve die <-, -n> MED. *gespendetes Blut, das für medizinische Zwecke zu einer Einheit abgepackt ist und für Bluttransfusionen verwendet wird*

Blut·kör·per·chen das <-s, -> ANAT. *freie Zelle, die ein geformter Bestandteil des Blutes ist* rote Blutkörperchen

Blut·krank·heit die <-, -en> MED. *Oberbegriff für Erkrankungen des Blutes*

Blut·krebs der <-es, -e> (MED.: ≈ *Leukämie*)

Blut·kreis·lauf der <-(e)s, Blutkreisläufe> MED. *Kreislauf des Blutes im Körper*

blut·leer <nicht steig.> *Adj.* **1.** *so, dass es ohne Blut ist* **2.** *(übertr.) farblos, ohne Ausdruckskraft* eine blutleere Theaterinszenierung

Blut·lee·re die <-> *(kein Plur.) verminderte oder aufgehobene Blutzufuhr in einem Organ*

Blut·o·ran·ge die <-, -n> *(≈ Blutapfelsine)*

Blut·pfropf der <-(e)s, -e> *(umg. ≈ Blutgerinnsel)*

Blut·plas·ma das <-s> *(kein Plur.)* MED. *der flüssige Bestandteil des Blutes, der Abwehrstoffe enthält*

Blut·plätt·chen·man·gel der <-s> *(kein Plur.)* (MED.: ≈ *Thrombozytenmangel) Erkrankung, bei der die Blutgerinnung herabgesetzt ist*

Blut·pro·be die <-, -n> MED. *Entnahme einer geringen Menge Blut aus dem Körper, um dieses medizinisch zu untersuchen*

Blut·ra·che die <-> *(kein Plur.) (veralt.) ein Mord, der als Rache verübt wird, weil ein Angehöriger einer anderen Familie ein Mitglied der eigenen Familie getötet hat*

blut·rei·ni·gend <nicht steig.> *Adj.* MED. *so, dass das Blut von Schlacken befreit wird* einen blutreinigenden Tee trinken

Blut·rei·ni·gung die <-, -en> *(≈ Entschlackung)*
◆ -stee

blut·rot <nicht steig.> *Adj. so rot wie Blut*

blut·rüns·tig *Adj. so, dass jmd. sehr grausam ist und viele Menschen getötet hat* Er ging als blutrünstiger Herrscher in die Geschichte ein.

Blut·sau·ger der <-s, -> **1.** ZOOL. *ein Tier, das anderen lebenden Tieren oder Menschen Blut durch die Haut entzieht und sich dadurch ernährt, z.B. Flöhe oder Mücken* **2.** *(umg. abwert.) jmd., der sich auf Kosten anderer rücksichtslos bereichert*

Bluts·ban·de die <-> *(kein Plur.) enge Verbindung durch Blutsverwandtschaft*

Bluts·bru·der der <-s, Blutsbrüder> *durch feierliches Vermischen von Blutstropfen der Partner besiegelte Männerfreundschaft* Mit dieser Zeremonie waren sie Blutsbrüder geworden.

Blut·schan·de die <-> *(kein Plur.)* (RECHTSW.: *veralt. ≈ Inzest, Inzucht) inzestuöse Beziehung; Geschlechtsverkehr zwischen Verwandten*

Blut·schän·der, **Blut·schän·de·rin** der <-s, -> *(veralt.) jmd., der Blutschande begeht*

blut·schän·de·risch <nicht steig.> *(veralt.) so, dass es auf Blutschande beruht, mit ihr verbunden ist*

Blut·sen·kung die <-, -en> MED. *die Entnahme von Blut für eine Blutuntersuchung*

Blut·se·rum das <-s, Blutseren> MED. *die klare Flüssigkeit aus Wasser, Eiweißstoffen und Salzen, die bei der Blutgerinnung abgesondert wird*

Blut·spen·de die <-, -n> *von einem gesunden Menschen gespendetes Blut zur Bluttransfusion*

Blut·spen·der, **Blut·spen·de·rin** der <-s, -> *jmd., der Blut spendet* s. **Blutspende**

Blut·spu·cken das <-s> *(kein Plur.)* (MED.: ≈ *Bluthusten)*

Blut·spur die <-, -en> *Spur von Blut, die an einer Stelle zu sehen ist* Die Polizei entdeckte Blutspuren im Keller.

blut·stil·lend <nicht steig.> *Adj. so, dass es bewirkt, dass eine Wunde nicht mehr blutet* ein blutstillendes Medikament, Die Ärztin legte einen blutstillenden Verband an.

Bluts·trop·fen der <-s, -> *Tropfen von Blut*

Blut·sturz der <-es, Blutstürze> MED. *heftige plötzliche Blutung*

bluts·ver·wandt <nicht steig.> *Adj. so, dass man durch gleiche Abstammung verwandt ist*

Bluts·ver·wand·te der/die <-n, -n> *jmd., der mit einem anderen blutsverwandt ist*

Bluts·ver·wandt·schaft die <-> *(kein Plur.) Verwandtschaft durch gleiche Abstammung*

Blut·tat die <-, -en> *(geh. ≈ Mord)*

Blut·test der <-(e)s, -s> *(≈ Blutprobe)*

Blut·trans·fu·si·on die <-, -en> MED. *Blutübertragung*

blut·trie·fend <nicht steig.> *Adj. völlig von Blut durchnässt* ein bluttriefendes Tuch

Blut·ü·ber·tra·gung die <-, -en> (MED.: ≈ *Bluttransfusion) Übertragung von Blut eines Spenders auf einen Empfänger, der viel Blut verloren hat*

Blu·tung die <-, -en> **1.** *das Bluten, das Austreten von Blut aus einem Blutgefäß* innere Blutungen **2.** *(≈ Menstruation, Regelblutung) Monatsblutung* eine unregelmäßige Blutung haben

Blu·tungs·stör·ung die <-, -en> MED. *Störung der Blutgerinnung*

blut·un·ter·lau·fen <nicht steig.> *Adj. so, dass es durch den Austritt von Blut ins Gewebe bläulich- violett verfärbt ist* blutunterlaufene Augen

Blut·un·ter·su·chung die <-, -en> (MED.: ≈ *Hämatoskopie) das Entnehmen einer Blutprobe und deren Auswertung*

Blut·ver·gie·ßen das <-s> *(kein Plur.) (geh.) das Töten, zu dem es bei einer feindlichen Auseinandersetzung kommt* Wann hat das Blutvergießen ein Ende?

Blut·ver·gif·tung die <-, -en> *(umg. ≈ Sepsis) die rasche Ausbreitung einer Infektion im Körper, die von einer infizierten Wunde ausgeht*

Blut·ver·lust der <-(e)s> *(kein Plur.) Verlust an Blut*

Blut·wä·sche die <-> *(kein Plur.)* MED. *Reinigung des Blutes von krankhaften Bestandteilen*

Blut·wurst die <-, Blutwürste> *(≈ Rotwurst) Kochwurst aus Schweineblut und Speck*

Blut·zu·cker der <-s> *(kein Plur.)* MED. *im Blut enthaltener Traubenzucker*

Blut·zu·cker·be·stim·mung die <-, -en> MED. *Bestimmung des Gehaltes an Blutzucker im Blut*

Blut·zu·cker·mess·ge·rät das <-(e)s, -e> *Messgerät zur Blutzuckerbestimmung*

Blut·zu·cker·wert der <-(e)s, -e> MED. *Höhe der Konzentration des Blutzuckers*

BMX-Rad das <-(e)s, BMX-Räder> SPORT *kleines, besonders geländegängiges Fahrrad*

Bö(e) die <-, Böen> *plötzlicher starker Windstoß*

Boa die <-, -s> **1.** ZOOL. *ungiftige südamerikanische Riesenschlange* **2.** *aus Pelz oder Straußenfedern*

bestehender langer schmaler Schal, der um den Hals gelegt wird eine farblich zum Kleid passende Boa

Boat·peo·p·le, *a.* **Boat-Peo·p·le** ['boʊtpi:pl] *Plur. mit Booten geflohene (vietnamesische) Flüchtlinge*

Bob der <-s, -s> SPORT *Rennschlitten für zwei bis vier Personen* ◆-bahn, -mannschaft

Bob·by der <-s, -s> *(umg.) englischer Polizist*

Bob·ren·nen das <-s, -> SPORT *mit dem Bob ausgeführtes Rennen*

Bob·sport der <-, -> *Sportart, bei der Wettrennen mit Bobs durchgeführt werden*

Bob·tail der ['bɔbteɪl] <-s, -s> ZOOL. *mittelgroßer, langhaarig-zottliger grauer Hütehund*

Boc·cia das/die ['bɔtʃa] <-, -s> *aus Italien stammendes Kugelspiel*

Bock der <-(e)s, Böcke> **1.** *männliches Tier (verschiedener Säugetiere), besonders bei geweih- und gehörntragenden Arten und bei Kaninchen* ◆ Reh-, Schaf-, Ziegen- **2.** TECHN. *ein Gestell, auf das man Werkstücke legt oder mit dem man z.B. Fahrzeuge in eine erhöhte Position bringt* ▶aufbocken ◆ Rüst-, Säge- **3.** SPORT *verstellbares Turngerät, über das man Sprünge macht* ◆-springen **4.** ■ **(keinen/null) Bock auf etwas haben** *(jugendspr.): auf etwas (keine) Lust haben* **einen Bock haben**: *bockig sein* **einen Bock abschießen**: *einen Fehler machen*

bock·bei·nig <nicht steig.> *Adj. (umg. ≈ bockig) störrisch, widerspenstig* Wenn es nicht nach seinem Willen geht, stellt er sich bockbeinig an.

Bock·bier das <-(e)s, -e> *starkes Spezialbier*

bo·cken <bockst, bockte, hat gebockt> *ohne OBJ* **1.** ■ *jmd. bockt störrisch sein* **2.** ■ *ein Tier bockt nicht weitergehen wollen* Das Pferd hat vor dem Hindernis gebockt.

bo·ckig *Adj. (≈ störrisch) eigensinnig und trotzig* Das Kind gab eine bockige Antwort., ein bockiges Tier ▶Bockigkeit

Bocks·horn ■ **sich (nicht) ins Bockshorn jagen lassen** *(umg.): sich (nicht) einschüchtern lassen*

Bocks·horn·klee der <-s> *(kein Plur.)* BOT. *als Gewürz verwendeter einjähriger Schmetterlingsblüter*

Bock·sprin·gen das <-s> *(kein Plur.)* SPORT *das Springen über einen Bock*[3]

Bock·sprung der <-(e)s, Bocksprünge> **1.** *Sprung über einen Bock*[3] **2.** *(meist Plur.) ungelenker Sprung* Er vollführte wahre Bocksprünge.

Bock·wurst die <-, Bockwürste> *Brühwurst aus Rind- und Schweinefleisch, die in heißem Wasser erwärmt wird* Bockwurst mit Brötchen und Senf

Bod·den der <-s, -> GEOGR. *flache Meeresbucht*

Bo·de·ga die <-, -s> **1.** *Weinkeller* **2.** *spanisches Weinlokal*

Bo·den der <-s, Böden> **1.** *die oberste Erdschicht* fruchtbarer/lehmiger/sandiger/steiniger Boden ◆ Acker-, Lehm-, Sand- **2.** *der untere Teil von etwas* Auf dem Boden der Kiste liegt Staub. **3.** *die Erdoberfläche, auf der man steht* Der Hammer ist zu Boden gefallen., das Werkzeug auf den Boden legen **4.** *der Boden*[3] *in einem Wohnraum* in Küche und Bad die Böden wischen ◆ Fuß-, Holz-, Parkett- **5.** *(≈ Grund) die Fläche, die ein Gewässer nach unten begrenzt* der Boden des Meeres/Teiches **6.** *Territorium* auf deutschem/französischem Boden ■ **auf fruchtbaren Boden fallen**: *auf günstige Bedingungen treffen* **etwas aus dem Boden stampfen** *(umg.): etwas aus dem Nichts aufbauen* Man hat dort in der Wüste innerhalb von zwei Monaten eine Stadt aus dem Boden gestampft. **jemand hat festen Boden unter den Füßen** *(umg.): jmd. hat eine sichere Grundlage* **auf dem Boden von etwas**: *auf der Grundlage von etwas* **am Boden zerstört sein** *(umg.): völlig niedergeschlagen sein* **an Boden gewinnen** *(umg. verhüll.): seinen Macht- oder Einflussbereich ausdehnen*

Bo·den·ab·wehr die <-> *(kein Plur.)* MILIT. *Abwehr von Flugzeugen vom Boden aus*

Bo·den·ana·ly·se die <-, -n> *(≈ Bodenuntersuchung) chemische Untersuchung von Bodenproben*

Bo·den·aus·tausch der <-es> *(kein Plur.) Abtragung des Erdbodens und Ersetzung durch neue Erde*

Bo·den·be·lag der <-(e)s, Bodenbeläge> *oberste Schicht oder Bedeckung des Fußbodens, z.B. Teppich, Fliesen, Parkett* den Bodenbelag reinigen

Bo·den·be·las·tung die <-, -en> *(Plur. selten) Belastung des Bodens durch Schadstoffe*

Bo·den·be·schaf·fen·heit die <-, -en> *(meist Sing.) Beschaffenheit des Bodens*[1]

Bo·den·er·trag der <-(e)s, Bodenertäge> *Ernteergebnis, landwirtschaftliche Produktion einer Nutzfläche* den Bodenertrag steigern

Bo·den·feuch·tig·keit die <-> *(kein Plur.) die Feuchtigkeit im Boden; das gesamte, im Boden vorhandene Wasser*

Bo·den·frä·se die <-, -n> LANDW. *Maschine zur Bodenbearbeitung mit rotierenden spaten- oder hackenförmigen Werkzeugen*

Bo·den·frei·heit die <-> *(kein Plur.)* KFZ *Abstand zwischen dem Boden eines Fahrzeuges und dem Erdboden* die Bodenfreiheit messen

Bo·den·frost der <-(e)s> *(kein Plur.) Frost, der nahe am Boden*[3] *oder im Boden herrscht* Der Bodenfrost ist eine Gefahr für die Pflanzen.

Bo·den·frost·ge·fahr die <-> *(kein Plur.) Gefahr, dass Bodenfrost auftreten kann*

Bo·den·ge·fecht das <-(e)s, -e> *(MILIT.: ≈ Bodenkampf) Gefecht auf dem Land*

Bo·den·haf·tung die <-> *(kein Plur.)* KFZ *Straßenlage eines Fahrzeugs*

Bo·den·hei·zung die <-, -en> *Heizung, bei der die Heizrohre im Fußboden liegen*

Bo·den·kampf der <-(e)s, Bodenkämpfe> *(MILIT.: ≈ Bodengefecht)*

Bo·den·kun·de die <-> *(kein Plur.) (≈ Pedologie) Wissenschaft, die sich mit der Entstehung, Veränderung und Beschaffenheit des Bodens*[1] *befasst*

bo·den·lang <nicht steig.> *so, dass es bis zum Boden reicht* ein bodenlanges Kleid

bo·den·los <nicht steig.> *Adj.* **1.** (*umg. abwert.* ≈ *unerhört*) eine bodenlose Frechheit **2.** (*umg. abwert.*) *sehr schlecht* Die Mannschaft hat heute eine bodenlose Leistung geboten. **3.** *sehr tief* Sie meinte in einen bodenlosen Abgrund zu stürzen., Die Aktienkurse fielen ins Bodenlose.

Bo·den·nä·he die <-> (*kein Plur.*) *Bereich in der Nähe des Erdbodens* Die Temperatur wurde in Bodennähe gemessen.

Bo·den·ne·bel der <-s> (*kein Plur.*) *in der Nähe des Bodens*[3] *herrschender Nebel*

Bo·den·nut·zung die <-> (*kein Plur.*) (*landwirtschaftliche*) *Nutzung des Bodens*[1] die Bodennutzung intensivieren

Bo·den·per·so·nal das <-s> (*kein Plur.*) LUFTF. *diejenigen Personen, die in den am Boden*[3] *stationierten Einrichtungen zur Sicherung des Flugverkehrs arbeiten*

Bo·den·pro·be die <-, -n> *eine bestimmte Menge von Boden*[1]*, die zum Zwecke einer* (*wissenschaftlichen*) *Untersuchung entnommen wird*

Bo·den·re·form die <-, -en> (RECHTSW.: ≈ *Landreform*) *das Verändern der Besitzverhältnisse an Grund und Boden*

Bo·den·satz der <-es> (*kein Plur.*) (*aus einer Flüssigkeit stammende*) *Partikel, die sich am Boden*[2] *eines Gefäßes abgesetzt haben*

Bo·den·schät·ze die <-> *Plur. die sich im Erdboden befindenden Erze, Kohle, Edelmetalle, Diamanten u.Ä.* ein an Bodenschätzen reiches Land

Boden·schutz·ge·setz das <-es, -e> RECHTSW. *Gesetz zum Schutz des natürlichen Bodens*

Bo·den·see der <-s> *See im Alpenvorland, der vom Rhein durchflossen wird*

Bo·den·sen·ke die <-, -n> *größere, flache Vertiefung im Boden*

bo·den·stän·dig *Adj.* **1.** *lange an einem Ort ansässig; in einer bestimmten Region verwurzelt* ein bodenständiger Handwerksbetrieb **2.** (≈ *praktisch*) *in den Dingen des alltäglichen Lebens geschickt* ein bodenständiger Mensch

Bo·den·sta·ti·on die <-, -en> *Station, von der aus ein Raumflug geleitet wird*

Bo·den-Ste·ward, **Bo·den-Ste·war·dess** die [-'stju:ɐt] <-s, -s> *Betreuer der Passagiere am Boden*[3]

Bo·den·streit·kräf·te <-> *Plur.* MILIT. *Streitkräfte, die in Gefechten am Boden*[3] *eingesetzt werden*

Bo·den·trup·pen <-> *Plur.* (MILIT.: ≈ *Bodenstreitkräfte*)

Bo·den·tur·nen das <-s> (*kein Plur.*) SPORT *Turnübungen ohne Geräte, die auf dem mit Matten ausgelegten Boden durchgeführt werden* Europameisterin im Bodenturnen

Bo·den·übung die <-, -en> *am Boden*[4] *durchgeführte* (*Turn*)*übung*

Bo·den·un·ter·su·chung die <-, -en> (*wissenschaftliche*) *Untersuchung des Erdbodens*

Bo·den·ver·bes·se·rung die <-, -en> LANDW. *Verbesserung des Erdbodens für gutes Pflanzenwachstum durch Düngen, Be- oder Entwässerung usw.*

Bo·den·ver·dich·tung die <-> (*kein Plur.*) *Erhöhung der Dichte des Bodens*[1] *durch Ausübung von Druck mittels technischer Geräte* eine Planierraupe zur Bodenverdichtung einsetzen

Bo·den·ver·schmut·zung die <-, -en> *Verschmutzung des Bodens*[1]

Bo·den·ver·seu·chung die <-, -en> *Verseuchung des Bodens*[1]

Bo·den·wich·se die <-, -n> (*veralt. landsch.* ≈ *Bohnerwachs*) *Paste zur Pflege eines Holzbodens*

Bo·dhi·satt·wa der <-s, -s> REL. *in der buddhistischen Lehre ein erleuchteter Mensch und zukünftiger Buddha, der zum Wohle aller fühlenden Wesen wirkt*

Bo·dy der ['bɔdi] <-s, -s> *Kurzform für „Bodysuit"*

Bo·dy-art die <-> (*kein Plur.*) *auf dem Körper, auf der nackten Haut, aufgebrachte Kunst., z.B. Bemalungen*

Bo·dy·buil·der, **Bo·dy·buil·de·rin** der ['bɔdibɪldɐ] <-s, -> *jmd., der Bodybuilding betreibt*

Bo·dy·buil·ding das ['bɔdibɪldɪŋ] <-s> (*kein Plur.*) *das gezielte Aufbauen von Muskulatur durch Krafttraining an speziellen Geräten, in Verbindung mit spezieller Ernährung u.Ä.* im Fitnessstudio Bodybuilding betreiben

Bo·dy·guard der ['bɔdiga:d] <-s, -s> (≈ *Leibwächter*)

Bo·dy·suit der ['bɔdisju:t] <-, -s> *den Rumpf bedeckendes, eng anliegendes, einteiliges Kleidungsstück aus elastischem Material*

Böe die <-, -n> (≈ *Bö*) *heftiger Windstoß*

Bo·fist/Bo·vist, **Bo·fist/Bo·vist** der <-(e)s, -e> BOT. *ein essbarer Pilz aus der Gattung der Bauchpilze* ◆ Riesen-

Bo·gen der <-s, -/Bögen> **1.** (≈ *Biegung*) *eine Stelle, an der sich die Richtung von etwas ändert* Der Fluss macht weiter südlich einen Bogen. **2.** *eine Linie, die nicht gerade, sondern gekrümmt ist* **3.** *ein Mauerstück in der Form eines Bogens*[2] ◆ Fenster-, Tor- **4.** *eine Waffe in der Form eines gekrümmten Stabes, über den eine Sehne oder Schnur gespannt ist, die es erlaubt, einen Pfeil abzuschießen* ◆-schießen, -schütze **5.** (*geh.*) *ein einzelnes Blatt Papier* ◆ Brief- **6.** *ein mit Rosshaar bespannter, gekrümmter Holzstock, mit dem man ein Streichinstrument spielt* ◆ Geigen- **7.** *kurz für „Druckbogen"* **8.** ■ **den Bogen heraushaben** (*umg.*): *verstanden haben, wie etwas zu machen ist* **einen großen Bogen um jemanden/etwas machen** (*umg.*): *jmdn. oder etwas meiden* **den Bogen überspannen** (*umg.*): *eine Sache übertreiben*

Bo·gen·druck·ma·schi·ne die <-, -n> DRUCKW. *Maschine zum Drucken einzelner Bogen*[7]

Bo·gen·ein·tei·lung die <-, -en> DRUCKW. *Seiteneinteilung auf einem Druckbogen*

Bo·gen·falz·ma·schi·ne die <-, -n> DRUCKW. *Maschine zum Falzen der Druckbogen*

Bo·gen·for·mat das <-(e)s, -e> (DRUCKW.: ≈ *Bogengröße*) *Format eines Druckbogens*

bo·gen·för·mig <nicht steig.> *Adj. so, dass es die Form eines Bogens*[2] *hat*

B

Bo·gen·füh·rung die <-> (*kein Plur.*) MUS. *Handhabung des Bogens beim Spielen von Streichinstrumenten*

Bo·gen·maß das <-es, -e> (MATH.: ≈ *Arkus*) *Quotient aus Kreisbogenlänge und Radius*

Bo·gen·mon·ta·ge die [...mɔn'taʒə] <-, -n> BAUW. *Montage eines Bogens*

Bo·gen·pfei·ler der <-s, -> BAUW. *Pfeiler, der einen Bogen stützt*

Bo·gen·schüt·ze, **Bo·gen·schüt·zin** der <-n, -n> SPORT *jmd., der mit einem Bogen*[4] *schießt*

Bo·heme die [bo'eːm/bo'ɛːm, bo'heːm/bo'hɛːm] <-> (*kein Plur.*) *ungebundenes Künstlerdasein*

Bo·he·mi·en der [boe'mi̯ɛ̃ː, bohe'mi̯ɛ̃ː] <-s, -s> *jmd., der eine ungebundene Künstlerexistenz führt*

Boh·le die <-, -n> *aus einem Baumstamm herausgeschnittenes Holz mit vier Kanten, das als Baumaterial verwendet wird* einen Weg mit Bohlen belegen ◆-nbrett, -nbrücke, -nholz

Böh·men -s <das> (*kein Plur.*) *Gebiet im Westteil der Tschechischen Republik*

Böh·mer, **Böh·min** der <-s, -> *Bewohner von Böhmen*

böh·misch *Adj. Böhmen oder die Böhmer betreffend*

Boh·ne die <-, -n> **1.** BOT. *zu den Schmetterlingsblütlern gehörende Gemüsepflanze, deren Samen in länglichen, fleischigen Hülsen sitzen* **2.** *die als Gemüse verwendete Frucht der Bohne*[1] grüne Bohnen als Beilage reichen ◆ Busch-, Feuer-, Stangen, -Wachs- **3.** *der Samenkern bei Kaffee- und Kakaopflanze* ■ **nicht die Bohne** (*umg.*): *überhaupt nicht*

Boh·nen·kaf·fee der <-s, -s> *Kaffee aus gemahlenen Kaffeebohnen*

Boh·nen·kraut das <-(e)s> (*kein Plur.*) BOT. *zu den Lippenblütlern gehörende Gewürzpflanze mit schmalen länglichen Blättern und kleinen weißen oder lila Blüten* den Bohneneintopf mit Bohnenkraut würzen

Boh·nen·sa·lat der <-(e)s, -e> KOCH. *aus gekochten Bohnen*[2] *zubereiteter Salat*

Boh·nen·stan·ge die <-, -n> **1.** *Stange, an der sich Bohnen*[1] *hochranken* **2.** (*umg. scherzh.*) *langer, dünner Mensch*

Boh·ner·ma·schi·ne die <-, -n> *elektrische Maschine zum Bohnern des Bodens*

boh·nern <bohnerst, bohnerte, hat gebohnert> *mit OBJ* ■ *jmd. bohnert etwas* (*mit etwas Dat.*) (*einen Parkettboden*) *mit Wachs polieren*

Boh·ner·wachs das <-es> (*kein Plur.*) *Wachs zum Bohnern*

boh·ren <bohrst, bohrte, hat gebohrt> **I.** *mit OBJ* **1.** ■ *jmd. bohrt ein Loch* (*mit etwas Dat.*) *mit einem Werkzeug ein Loch in einem festen Material erzeugen* Sie bohrt ein Loch in die Wand. **2.** ■ *jmd. bohrt etwas irgendwohin etwas mit Kraft in etwas hineintreiben* Er bohrte einen Pfahl in die Erde. **II.** *ohne OBJ* **1.** ■ *jmd. bohrt* (*in etwas Akk.*) *ein Loch machen* Die Nachbarn bohren schon seit zwei Stunden., Der Zahnarzt bohrt in einen Zahn. **2.** ■ *jmd. bohrt* (*nach etwas Akk.*) *auf der Suche nach Bodenschätzen in der Erde einen tiefen Schacht machen* Die Firma bohrt dort nach Öl. ▶Bohrung **3.** ■ *jmd. bohrt* (*umg.*) *drängend nachfragen* Du kannst so lange bohren, wie du willst, ich verrate nichts. **III.** *mit SICH* ■ *etwas bohrt sich in etwas Akk. etwas dringt mit Gewalt in etwas ein* Der Stachel bohrte sich in ihre Haut.

Boh·rer der <-s, -> TECHN. *spitzes, spiralförmiges Werkzeug zum Bohren I* ◆ Gewinde-, Metall-

Bohr·fut·ter das <-s> (*kein Plur.*) TECHN. *Vorrichtung an Bohrmaschinen zum Einspannen des Bohrers*

Bohr·ham·mer der <-s, Bohrhämmer> BERGB. *Drucklufthammer, der im Bergbau zum Einsatz kommt*

Bohr·in·sel die <-, -n> *zum Bohren III.1 nach Erdöl dienende Plattform im Meer*

Bohr·loch das <-(e)s, Bohrlöcher> *durch Bohren III.1 erzeugtes Loch*

Bohr·ma·schi·ne die <-, -n> (≈ *Schlagbohrer*) *ein elektrisches Gerät zum Bohren von Löchern, bei dem ein Motor eine Art Spindel in schnelle Rotation versetzt, auf die man verschiedene Bohrköpfe aufstecken kann* ◆ Gewinde-

Bohr·pro·be die <-, -n> *Gesteinsprobe aus Bohrlöchern* die Bohrprobe untersuchen

Bohr·turm der <-(e)s, Bohrtürme> *Konstruktion, in der ein großer Bohrer für das Bohren III.1 aufgehängt ist*

Bohr·win·de die <-, -n> *Handbohrgerät für Tischler, bei dem die Bohrbewegung durch eine Kurbel erzeugt wird*

bö·ig *Adj. mit Windböen einhergehend* ein böiger Wind

Boi·ler der <-s, -> (≈ *Warmwasserbereiter*) *ein elektrisches Gerät, in dem warmes Wasser bereitet wird* den Boiler entkalken

Bo·je die <-, -n> SEEW. *ein Gegenstand, der auf dem Meer schwimmt und mit einer Leine im Meeresboden verankert ist und ein Signal für Schiffe darstellt*

Bo·le·ro der <-s, -s> **1.** *spanischer Tanz mit Kastagnettenbegleitung* **2.** *kurze, offen getragene Damenjacke*

Bo·li·vi·a·ner, **Bo·li·vi·a·ne·rin** der <-s, -> *Einwohner Boliviens*

bo·li·vi·a·nisch <nicht steig.> *Adj. Bolivien oder die Bolivianer betreffend*

Bo·li·vi·en das <-s> *Staat in Südamerika*

Bo·li·vi·er, **Bo·li·vier·in** der <-s, -> (≈ *Bolivianer*)

bo·li·visch *Adj.* (≈ *bolivianisch*)

Böl·ler der <-s, -> **1.** *ein Feuerwerkskörper, der einen Lauten Knall* (*aber keinen Funkenregen*) *erzeugt* das Knallen der Böller in der Silvesternacht **2.** (MILIT.: *früher*) *ein kleines Geschütz*

böl·lern <böllerst, böllerte, hat geböllert> *mit OBJ/ohne OBJ* ■ *jmd. böllert* (*mit etwas Dat.*) (*mit dem Böller*) *laut krachend schießen*

Bol·ler·wa·gen der <-s, -> (*norddt.*) *Handkarre zum Ziehen*

Bol·let·te die <-, -n> (AMTSSPR.: *österr.*) *Zoll-, Steu-*

erbescheinigung

Boll·werk das <-(e)s, -e> (GESCH.: *geh.* ≈ *Befestigungsanlage*) *Bauwerk zur Verteidigung einer Stadt gegen Angriffe*

Bol·sche·wis·mus der <-> (*kein Plur.*) GESCH. *die Form des Kommunismus, die in der Sowjetunion unter Lenin die marxistische Lehre weiterentwickelt hat*

Bol·sche·wist, **Bol·sche·wis·tin** der <-en, -en> GESCH. *Anhänger des Bolschewismus*

bol·sche·wis·tisch <nicht steig.> *Adj. auf den Bolschewismus bezogen*

Bol·zen der <-s, -> *ein dicker Metall- oder Holzstift, der zum Verbinden von Metall- oder Holzteilen dient* Die Verbindung der beiden Stahlträger erfolgt mit dicken Bolzen.

Bolz·platz der <-es, Bolzplätze> (*umg.*) (*Spiel*)*platz, auf dem Kinder Fußball spielen können*

Bom·bar·de·ment das [bɔmbardəˈmãː, bɔmbardˈmãː] <-s, -s> MILIT. *das Bombardieren*

bom·bar·die·ren <bombardierst, bombardierte, hat bombardiert> *mit OBJ* ■ *jmd. bombardiert jmdn.* (*mit etwas Dat.*) **1.** *mit etwas beschießen* Die Angreifer von der Festung aus mit Kanonenkugeln bombardieren **2.** *mit Bomben angreifen* Flugzeuge bombardieren eine Stadt. **3.** (*umg.*) *eine sehr große Menge von etwas auf jmdn. einstürmen lassen* Die Redaktion wurde mit Briefen bombardiert.

Bom·bast der <-(e)s> (*kein Plur.*) (≈ *Prunk*) *übertriebener Aufwand* Die Feierlichkeit wurde mit viel Bombast angekündigt.

bom·bas·tisch *Adj.* (*oft abwert.* ≈ *prunkvoll*) *mit übertrieben viel Aufwand*

Bom·be die <-, -n> MILIT. *ein mit Sprengstoff gefüllter länglicher Hohlkörper aus Metall, der bei seiner Explosion schwere Zerstörungen hervorruft* ■ **wie eine Bombe einschlagen** (*umg.*): *große Verwirrung stiften* Die Nachricht schlug ein wie eine Bombe. **Die Bombe ist geplatzt.** (*umg.*): *Das gefürchtete Ereignis ist eingetreten.*

Bom·ben·an·griff der <-(e)s, -e> MILIT. *Angriff mit Bomben, die aus Flugzeugen* (*auf eine Stadt oder ein militärisches Ziel*) *abgeworfen werden*

Bom·ben·an·schlag der <-(e)s, Bombenanschläge> *Anschlag, der mittels einer Bombe ausgeführt wird* Terroristen haben einen Bombenanschlag verübt.

Bom·ben·at·ten·tat das <-s, -e> (≈ *Bombenanschlag*)

Bom·ben·er·folg der <-(e)s, -e> (*umg.*) *sehr großer Erfolg* Das neue Musical wurde ein Bombenerfolg.

Bom·ben·ex·plo·si·on die <-, -en> *Explosion einer Bombe* Bei der Bombenexplosion wurden mehrere Häuser zerstört.

Bom·ben·form die <-> (*kein Plur.*) (*umg.*) *gute körperliche Verfassung, besonders bei Sportlern* Der Sprinter war in einer Bombenform.

Bom·ben·ge·schäft das <-(e)s, -e> (*umg.*) *sehr lukratives Geschäft*

Bom·ben·ge·schwa·der das <-s, -> MILIT. *ein Verband von mehreren Bombenflugzeugen*

Bom·ben·kra·ter der <-s, -> *ein Krater, der durch Einschlagen einer Bombe entstanden ist*

Bom·ben·le·ger der (*umg.*) *jmd., der Bombenanschläge verübt*

Bom·ben·nacht die <-, Bombennächte> *die Nacht, in der ein schwerer Bombenangriff stattgefunden hat*

Bom·ben·rol·le die <-, -n> *eine Rolle, in der ein Schauspieler* (*im Theater oder Film*) *zeigen, kann, wie begabt er ist, weil sie besonders gut zu ihm passt*

Bom·ben·stim·mung die <-> (*kein Plur.*) (*umg.*) *sehr gute Stimmung*

Bom·ben·ter·ror der <-s> (*kein Plur.*) *Terror, der durch Bombenanschläge ausgeübt wird*

Bom·ber der <-s, -> (*milit.*) *ein Kampfflugzeug, das Bomben abwirft* ◆ -angriff, -pilot

Bom·ber·ja·cke die <-, -n> *Jacke, die nach dem Vorbild von Fliegerkleidung gearbeitet ist*

bom·bie·ren <bombierst, bombierte, hat bombiert> *mit OBJ* ■ *jmd. bombiert etwas* (*Blech oder Glas*) *biegen* Der Handwerker bombiert ein Blech.

bom·big *Adj.* (*umg.*) *großartig, außergewöhnlich gut* Auf der Party war eine bombige Stimmung.

Bom·mel die <-, -n> (*an Kleidungsstücken*) *kleine Wollkugel als Verzierung* ein Schal mit Bommeln

Bon der [bɔŋ, bõː] <-s, -s> **1.** (≈ *Beleg*) *Kassenzettel einer Registrierkasse* die Preise auf dem Bon nachprüfen ◆ Kassen- **2.** *Gutschein* den Bon für ein freies Getränk einlösen

Bon·bon der/das [bɔŋˈbɔŋ, bõˈbõ] <-s, -s> *eine Süßigkeit in der Form eines harten, kleinen Klumpens, den man lutscht* ◆ Frucht-, Husten-, Pfefferminz-, -dose, -tüte

Bon·bon·nie·re, *a.* **Bon·bo·nie·re** die [bɔŋbɔˈni̯eːrə] <-, -n> **1.** *dekoratives Gefäß zum Aufbewahren von Pralinen und Bonbons* **2.** *Geschenkpackung Pralinen oder Bonbons*

Bon·bon·pa·pier das [bɔŋˈbɔŋ..., bõˈbõ...] <-s, -e> (*meist buntes*) *Papier, in das die einzelnen Bonbons eingewickelt sind*

bon·bon·ro·sa [bɔŋˈbɔŋ..., bõˈbõ...] <nicht steig.> *Adj. als kitschig empfundener rosa Farbton*

Bond der <-s, -s> BANKW. *festverzinsliches, auf den Inhaber lautendes Wertpapier*

bon·gen <bongst, bongte, hat gebongt> *mit OBJ* ■ *jmd. bongt etwas an einer Registrierkasse einen Zahlbetrag eintippen* ■ (**Ist**) **gebongt!** (*umg.*): (*Das ist*) *abgemacht oder beschlossen !*

Bon·go das <-(s), -s> (*meist Plur.*) *Trommel kubanischen Ursprungs*

Bo·ni·tät die <-> (*kein Plur.*) WIRTSCH. (*finanzielle*) *Zuverlässigkeit einer Person oder Firma*

Bon·mot das [bõˈmoː] <-s, -s> *treffende geistreiche Wendung; witzige Bemerkung*

Bon·sai der <-(s), -s> *ein Baum* (*als Topfpflanze*), *der durch die Anwendung eines traditionellen japanischen Zuchtverfahrens nicht nur in der Höhe, sondern auch in Zweigen und Blättern so stark*

B

verkleinert ist, dass er eine Art Miniatur eines Baumes darstellt

Bo·nus der <-/-ses, -se/Boni> **1.** WIRTSCH. *etwas, das ein Kunde als eine Art Prämie beim Kauf von etwas zusätzlich als Vergünstigung erhält* ◆ -prämie **2.** (≈ *Plus, Vorteil*) *etwas, das jmdm. als Vorteil oder Vorsprung gegenüber den anderen angerechnet wird* Vor Spielbeginn erhielten die Kinder einen Bonus von drei Punkten., Es war ihr Bonus, dass sie zwei Fremdsprachen beherrschte.

Bon·ze der <-n, -n> (*umg. abwert.*) *hochrangiger Funktionär einer Partei oder Gewerkschaft, der große Privilegien genießt* Die Bonzen haben Luxusgüter, und den einfachen Leuten fehlt es am Nötigsten. ◆ Partei-

Bon·zo·kra·tie die <-, -n> (*abwert.*) *übermäßiger Einfluss der Bonzen in einem bestimmten Bereich*

Boo·gie-Woo·gie der ['bʊgi'vʊgi, 'bu:gɪˌwu:gɪ] <-/-s, -> **1.** MUS. *Klavierstil des Blues* **2.** *ein Gesellschaftstanz, der sich aus dem Boogie-Woogie entwickelte*

Bookmark die/das ['bukma:k] <-/-s, -s> EDV *Eintrag in einem persönlichen elektronischen Adressenverzeichnis zum schnellen Auffinden von bestimmten Websites*

Boom der [bu:m] <-s, -s> **1.** WIRTSCH. *plötzlicher wirtschaftlicher Aufschwung* ◆ Aktien-, Bau- **2.** *plötzliches Interesse an einer Sache* Altes Blechspielzeug erlebt momentan einen regelrechten Boom.

boo·men ['bu:mən] <boomt, boomte, hat geboomt> *ohne OBJ* ■ *etwas boomt* (*umg.*) *einen Boom erleben*

Boot das <-(e)s, -e> *ein kleines Wasserfahrzeug* mit einem Boot über den See fahren, ein Boot mit einem Außenbordmotor ■ **Wir sitzen alle in einem Boot.** (*umg.*): *Wir sind alle in der gleichen schwierigen Situation.* ◆ Gummi-, Motor-, Paddel-, Rettungs-, Ruder-, Schnell-, Segel-, Tret-

boo·ten ['bu:tn̩] <bootest, bootete, hat gebootet> *mit OBJ* ■ *jmd. bootet etwas* (*einen Computer*) *neu starten, wobei alle gespeicherten Anwenderprogramme neu geladen werden*

Boot·leg·ger der ['bu:tlɛgɐ] <-s, -> (*früher in den USA*) *Alkoholschmuggler; illegaler Schnapsbrenner*

Boots·an·ge·lei die <-> (*kein Plur.*) *das Angeln von einem Boot aus*

Boot-Sek·tor-Vi·rus der [bu:t...] <-, Boot-Sektor-Viren> EDV *Virus in dem Teil des Computers, in dem nach dem Einschalten das Betriebssystem geladen wird*

Boots·fahrt die <-, -en> *Fahrt mit einem Boot*

Boots·flücht·ling der <-s, -e> *s.* **Boatpeople**

Boots·ha·ken der <-s, -> *Stange mit Eisenhaken zum Festhalten oder Abstoßen von Booten*

Boots·haus das <-es, Bootshäuser> *Schuppen für Boote*

Boots·lie·ge·platz der <-es, Bootsliegeplätze> *Liegeplatz für ein Boot*

Boots·mann der <-(e)s, Bootsmänner/Bootsleute> SEEW. **1.** (*auf Handelsschiffen*) *Matrose, der dem Wachoffizier zugeordnet ist* **2.** (*bei der Bundesmarine*) *Dienstgrad, der dem eines Feldwebels entspricht*

Boots·ver·leih der <-(e)s, -e> *Betrieb, der Boote gegen Bezahlung ausleiht*

Bor das <-s> (*kein Plur.*) CHEM. *ein Halbmetall, das nur in bestimmten mineralischen Verbindungen auftritt, chemisches Zeichen: B*

Bord[1] das <-(e)s, -e> (≈ *Brett, Gestell, Regal*) *an einer Wand befestigtes Brett zur Ablage von Büchern oder Geschirr* ◆ Bücher-

Bord[2] das <-(e)s, -e> (*Plur. selten*) **1.** SEEW. *oberer Schiffsrand* **2.** ■ **an Bord**: *im Inneren eines Schiffs, Flugzeugs oder Raumschiffs* Alle Passagiere sind an Bord., An Bord der Raumstation ist auch ein japanischer Physiker. **über Bord gehen**: *vom Schiffsdeck ins Wasser fallen* **etwas über Bord werfen** (*geh.*): *aufgeben* Er warf seine ehrgeizigen Pläne über Bord.

Bord[3] das <-(e)s, -e/Börder> (*schweiz.*) *Rand, Böschung, Abhang*

Bord-Bo·den-Funk·ver·kehr der <-s> (*kein Plur.*) *Funkverkehr zwischen einem Flugzeug oder Raumschiff mit einer Station am Boden*

Bord-Bo·den-Ver·bin·dung die <-, -en> (*Kommunikations*)*verbindung zwischen einem Flugzeug oder einem Raumschiff mit einer Station am Boden*

Bord·case das/der ['bɔrtkeɪs] <-, -/-s> *eine Art kleiner Koffer, den man an Bord eines Flugzeugs als Handgepäck mitführen kann* Das Bordcase darf eine bestimmte Größe und ein bestimmtes Gewicht nicht überschreiten.

Bör·de die <-, -n> GEOGR. *fruchtbare Niederung, ebener Landstrich* die Magdeburger Börde

bor·deaux [bɔr'do:] <nicht steig.> *Adj. von der dunkelroten Farbe von rotem Wein*

Bor·deaux[1] [bɔr'do:] *Stadt in Frankreich*

Bor·deaux[2] der [bɔr'do:] <-, -> *Wein aus Bordeaux*

bor·deaux·far·ben [bɔr'do:...] <nicht steig.> *Adj.* (≈ *weinrot*) ein bordeauxfarbenes Kleid

bor·deaux·rot [bɔr'do:...] <nicht steig.> *Adj.* (≈ *bordeauxfarben*)

bord·ei·gen <nicht steig.> *Adj. so, dass es sich an Bord* (*eines Schiffes, Flugzeugs o.Ä.*) *befindet*

Bor·dell das <-s, -e> *ein Haus, in dem Prostitution betrieben wird*

Bord·em·pfän·ger der <-s, -> TECHN. *Gerät an Bord, mit dem Nachrichten vom Boden empfangen werden können*

Bord·fun·ker, **Bord·fun·ke·rin** der <-s, -> *Funker an Bord eines Schiffes oder Flugzeugs*

Bord·ge·rät das <-(e)s, -e> *Gerät, dass sich an Bord*[2] *befindet*

Bord·in·stru·men·t die <-(e)s, -e> (*meist Plur.*) LUFTF. *eines der Mess- und Anzeigegeräte, die in einem Flugzeug eingebaut sind*

Bord·kar·te die <-, -n> LUFTF. *Karte, die der Fluggast beim Einchecken bekommt und die er braucht, um an Bord des Flugzeugs gehen zu können*

Bord·kü·che die <-, -n> *Küche, die sich an Bord von Flugzeugen oder Schiffen befindet*

Bord·me·cha·ni·ker, **Bord·me·cha·ni·ke·rin** der <-s, -> *Mechaniker an Bord eines Flugzeugs oder Schiffes*

Bord·per·so·nal das <-s> (*kein Plur.*) *die Personen, die an Bord eines Flugzeugs oder Schiffes arbeiten*

Bord·ra·dar das <-s> (*kein Plur.*) *Gesamtheit der verschiedenen, an Bord von Schiffen oder Flugzeugen eingebauten Radaranlagen*

Bord·stein der <-(e)s, -e> (*selten Plur.*) *der mit Steinen befestigte Rand des Bürgersteigs, der ihn von der Fahrbahn abgrenzt* ◆-kante

Bor·dü·re die <-, -n> (≈ *Borte*) *schmückende Einfassung; Besatz für Kleider* eine Tischdecke mit einer handgestickten Bordüre

Bord·ver·pfle·gung die <-> (*kein Plur.*) *an Bord eines Schiffes oder Flugzeugs gereichte Verpflegung*

Bord·waf·fe die <-, -n> MILIT. *an Bord eines Luft- oder Wasserfahrzeuges fest eingebaute Waffe*

Bord·werk·zeug das <-(e)s, -e> *Werkzeug, das zur Ausstattung eines Schiffes oder Flugzeugs gehört*

bo·re·al <nicht steig.> *Adj.* GEOGR. *zum nördlichen Klima Europas, Asiens oder Amerikas gehörend* ein boreales Klima, boreale Pflanzen- und Tierarten

Bo·re·as der <-> (*kein Plur.*) **1.** GEOGR. *Nordwind im Gebiet des Ägäischen Meeres* **2.** (*dichter.*) *kalter Nordwind*

Borg ■ **jemandem etwas auf Borg geben** (*umg.*): *jmdm. etwas ausleihen* **etwas auf Borg kaufen** (*umg.*): *etwas auf Ratenzahlung kaufen*

bor·gen <borgst, borgte, hat geborgt> *mit OBJ* **1.** ■ *jmd. borgt jmdm. etwas* (≈ *leihen*) Kannst du mir dieses Buch bis zur nächsten Woche borgen? **2.** ■ *jmd. borgt sich etwas (von jmdm.) sich etwas von jmdm. ausleihen* Ich habe mir die Bohrmaschine vom Nachbarn geborgt.

Bor·ke die <-, -n> (≈ *Rinde*) *die äußere harte Schicht, die einen Baumstamm bedeckt*

Bor·ken·kä·fer der <-s, -> ZOOL. *Käfer, der überwiegend unter der Rinde von Bäumen lebt und sich von ihr ernährt* ◆-plage

bor·kig <nicht steig.> *Adj.* **1.** *wie eine Borke geformt* **2.** *mit Borke bedeckt*

Born der <-(e)s, -e> **1.** (*geh. veralt.*) *Brunnen, Wasserquelle* ein kühler Born **2.** (*geh. veralt.*) *Grund, Quelle* Seine Bücher waren ihm ein Born beständiger Inspiration.

Born·holm <-s> *dänische Insel in der Ostsee*

bor·niert *Adj.* (*abwert.*) *geistig so beschränkt, dass jmd. immer auf seinen Vorstellungen beharrt und nichts dazu lernen will* Sie verhält sich ausgesprochen borniert., Er hat bornierte Ansichten.

Bor·niert·heit die <-, -en> **1.** *eine bornierte Äußerung, Handlung* **2.** (*kein Plur.*) *eine bornierte Gesinnung*

Bor·re·lio·se die <-> (*kein Plur.*) MED. *eine Krankheit, die durch Zeckenbiss übertragen wird*

Bor·retsch der <-(e)s> (*kein Plur.*) (BOT.: ≈ *Gurkenkraut*) *ein blau blühendes Küchenkraut*

Bor·säu·re die <-> (*kein Plur.*) CHEM. *sehr schwache einbasige Säure*

Bör·se die <-, -n> **1.** (*veralt.* ≈ *Geldbeutel*) ◆Geld- **2.** WIRTSCH. *Markt für Aktien, Devisen und vertretbare Waren, für die nach bestimmten festen Bräuchen Preise ausgehandelt werden* die Börse in Frankfurt/New York, an der Börse handeln, Die Börse verlief heute lebhaft/ruhig. **3.** *Gebäude der Börse*[2]

Bör·sen·ba·ro·me·ter das <-s> (*kein Plur.*) (WIRTSCH.: *umg.*) *Stimmung an der Börse, die sich im Aktienkurs widerspiegelt*

Bör·sen·be·richt der <-(e)s, -e> WIRTSCH. *Mitteilungen über Ereignisse an der Börse*

bör·sen·fäh·ig <nicht steig.> *Adj.* (WIRTSCH.: ≈ *börsengängig*) *so, dass man zur Teilnahme an der Börse berechtigt ist* ▶Börsenfähigkeit

Bör·sen·fie·ber das <-s> (*kein Plur.*) WIRTSCH. *Ansturm auf Aktien, vermehrter Aktienkauf*

Bör·sen·gang der <-(e)s, Börsengänge> WIRTSCH. *der Vorgang, dass ein Unternehmen zur Börse zugelassen wird und dort zu handeln beginnt*

bör·sen·gän·gig <nicht steig.> *Adj.* WIRTSCH. *s.* **börsenfähig**

Bör·sen·kli·ma das <-s> (*kein Plur.*) WIRTSCH. *die spezifische Qualität, die der Aktienhandel zu einem gegebenen Zeitpunkt hat*

Bör·sen·krach der <-(e)s> (*kein Plur.*) WIRTSCH. *durch unerwartet hohe Kursverluste vieler Aktien verursachter Zusammenbruch der Börsengeschäfte*

Bör·sen·kurs der <-es, -e> WIRTSCH. *der Preis, zu dem Aktien an der Börse*[2] *gehandelt werden*

Bör·sen·mak·ler, **Bör·sen·mak·le·rin** der <-s, -> WIRTSCH. *jmd., der beruflich an der Börse*[2] *mit Aktien handelt*

Bör·sen·mit·glied das <-(e)s, -er> WIRTSCH. Mitglied an einer Börse[2]

bör·sen·no·tiert <nicht steig.> *Adj.* WIRTSCH. *so, dass der amtliche Börsenkurs festgestellt ist*

Bör·sen·platz der <-es, Börsenplätze> *Standort einer Börse*[2]

Bör·sen·rat·ge·ber der <-s, -> WIRTSCH. *Druckerzeugnis oder Sendung im Fernsehen oder Radio mit Informationen zum Thema Börse*

bör·sen·reif <nicht steig.> *Adj.* WIRTSCH. *so, dass eine Firma die Voraussetzungen dafür hat, an die Börse zu gehen*

Bör·sen·schwan·kung die <-, -en> WIRTSCH. *Schwankungen der Aktienkurse an der Börse*

Bör·sen·spe·ku·lant, **Bör·sen·spe·ku·lan·tin** der <-en, -en> WIRTSCH. *jmd., der an der Börse*[2] *aus Schwankungen der Börsenkurse Gewinne erzielt*

Bör·sen·start der <-(e)s, -s> WIRTSCH. *der Tag, an dem eine Firma mit ihren Aktien erstmalig an die Börse geht*

Bör·sen·sturz der <-es, Börsenstürze> WIRTSCH. *plötzliches und tiefes Fallen der Börsenkurse*

Bör·sen·ver·ein der <-s> (*kein Plur.*) *Spitzenver-*

band des deutschen Buchhandels

Bör·sen·zu·las·sung die <-, -en> WIRTSCH. *Zulassung eines Wertpapiers zum Handel an der Börse*

Bör·si·a·ner, **Bör·si·a·ne·rin** der <-s, -> (*umg.*) *jmd., der beruflich an der Börse tätig ist*

Bors·te die <-, -n> **1.** *eines der vielen steifen, dicken Haare bestimmter Säugetiere* die Borsten des Schweins ◆ Rücken-, Schwanz-, Schweine-, Wildschwein- **2.** (*nur Plur.*) *Teil einer Bürste, eines Pinsels o.Ä., der entweder aus gebündelten Borsten[1] oder aus Kunststoffborsten besteht* ▶borstig ◆ -npinsel

Bor·sten·tier das <-(e)s, -e> (*umg. scherzh.*) *Schwein*

Bor·te die <-, -n> *gewebtes, gemustertes Band, das als Verzierung auf Stoff aufgenäht wird* Die Tischdecke ist mit Borten besetzt.

bös·ar·tig *Adj.* **1.** *so, dass jmd. anderen Menschen vorsätzlich schaden will* ein bösartiger Nachbar **2.** *so, dass ein Tier leicht bereit ist zu beißen* Vorsicht, das ist ein bösartiger Hund! **3.** *so, dass eine Krankheit sehr gefährlich ist;* (↔ *gutartig*) ein bösartiger Tumor

Bös·ar·tig·keit die <-> (*kein Plur.*) **1.** *bösartiges Wesen eines Menschen oder Tieres* **2.** (MED.: ↔ *Gutartigkeit*) *bösartiger Verlauf einer Krankheit*

Bö·schung die <-, -en> *kleiner Abhang* Das Auto kam von der Straße ab und stürzte die Böschung hinunter.

Bö·schungs·win·kel der <-s, -> *Winkel zwischen Horizontale und Schrägfläche einer Böschung*

bö·se *Adj.* **1.** *so, dass jmd. moralisch schlecht ist, weil er die Absicht hat, anderen Menschen Schaden zuzufügen* **2.** *so, dass etwas schlecht, übel, schädlich ist* böse Erfahrungen, böse Zeiten erleben, eine böse Krankheit haben **3.** (≈ *ärgerlich*) Er hat sie sehr böse angesehen., Bist du immer noch böse auf mich? **4.** (*umg.*) *so, dass ein Kind ungezogen und unartig ist* Heute im Kindergarten war er böse. **5.** (*umg.*) *so, dass eine Verletzung entzündet ist* eine böse Wunde haben ■ **nichts Böses ahnend**: *nicht auf etwas Unangenehmes gefaßt* ◆ Kleinschreibung→R 3.20 jenseits von gut und böse; Großschreibung→R 3.7 das Gute und das Böse unterscheiden, im Guten wie im Bösen, der Böse, im Bösen auseinander gehen

Bö·se·wicht der <-(e)s, -er/-e> (*veralt.*) *böser Mensch, Schurke, Verbrecher*

bos·haft *Adj.* **1.** *so, dass jmd. absichtlich böse[1] handelt* ein boshafter Mensch, boshafte Absichten, eine boshafte Gesinnung **2.** (≈ *maliziös*) *auf eine verletzende Art spöttisch* eine boshafte Bemerkung, ein boshaftes Lächeln

Bos·haf·tig·keit die <-, -en> **1.** (*kein Plur.*) *Bösartigkeit, Gemeinheit* **2.** *gemeine Bemerkung oder Tat* Seine Boshaftigkeiten waren kaum mehr zu ertragen.

Bos·heit die <-, -en> **1.** (*kein Plur.*) *das Bösesein, die Schlechtigkeit* **2.** *boshafte Tat* **3.** (*umg.*) *spöttische Bemerkung* Ihre kleinen Bosheiten nahmen kein Ende.

Bos·kop der *Apfelsorte von säuerlichem Geschmack*

Bos·ni·en <-s> *Gebiet im Norden von Bosnien-Herzegowina*

Bos·ni·er, **Bos·ni·e·rin** der <-s, -> *Einwohner Bosniens*

bos·nisch <nicht steig.> *Adj. Bosnien, die Bosnier betreffend*

bos·nisch-her·ze·go·wi·nisch <nicht steig.> *Adj. Bosnien-Herzegowina, seine Bewohner betreffend*

Bos·po·rus der <-> (*kein Plur.*) *Meerenge zwischen Schwarzem Meer und Marmarameer*

Boss der <-es, -e> (*umg.* ≈ *Chef*)

Bos·sa-No·va der <-, -s> *aus Lateinamerika stammender Modetanz*

bös·wil·lig *Adj. so, dass man sich absichtlich böse und feindlich verhält* jmdm. böswillig einen Schaden zufügen ▶Böswilligkeit

Bo·ta·nik die <-> (*kein Plur.*) *Lehre von den Pflanzen*

Bo·ta·ni·ker, **Bo·ta·ni·ke·rin** der <-s, -> *Wissenschaftler auf dem Gebiet der Botanik*

bo·ta·nisch <nicht steig.> *Adj. die Botanik betreffend* ein botanisches Institut ◆ Großschreibung →R 3.17f. der Botanische Garten in München, das Botanische Institut der Universität

bo·ta·ni·sie·ren <botanisierst, botanisierte, hat botanisiert> *mit OBJ/ohne OBJ* ■ *jmd. botanisiert (etw.) Pflanzen zu Studienzwecken sammeln*

Böt·chen das <-s, -s> (≈ *Bötlein*) *kleines Boot*

Bo·te, **Bo·tin** der <-n, -n> **1.** *jmd., der in jmds. Auftrag Nachrichten oder Dinge überbringt* ein Dokument durch einen Boten zustellen lassen, einen Boten beauftragen/schicken, ein zuverlässiger Bote ◆ -ndienst, -nlohn, Büro-, Eil-, Gerichts-, Post-, Zeitungs- **2.** (*dichter.*) *Abgesandter, Verkünder* Schwalben sind die Boten des Sommers. ◆ Götter-, Todes-, Unglücks-

Bo·ten·gang der <-(e)s, Botengänge> *der Vorgang, dass jmd. in jmds. Auftrag eine Botschaft oder einen Gegenstand zu jmdm. transportiert*

bot·mä·ßig <nicht steig.> *Adj.* (*geh. veralt.*) *gehorsam, untertan* ein botmäßiges Verhalten

Bot·schaft die <-, -en> **1.** *eine (wichtige) Nachricht, die für jmdn. von Interesse ist* eine geheime/willkommene Botschaft, eine Botschaft senden/übermitteln ◆ Freuden-, Schreckens- **2.** *die diplomatische Vertretung eines Staates im Ausland, die von einem Botschafter geleitet wird* **3.** POL. *das Gebäude der Botschaft[2]* eine Botschaft mit Polizei bewachen

Bot·schaf·ter, **Bot·schaf·te·rin** der <-s, -> POL. *ranghöchster diplomatischer Vertreter eines Staates im Ausland* jmdn. zum Botschafter ernennen ◆ -konferenz, -posten

Bot·schafts·rat, **Bot·schafts·rä·tin** der <-(e)s, Botschafträte> *Mitarbeiter eines Botschafters*

Bot·schafts·se·kre·tär, **Bot·schafts·se·kre·tä·rin** der <-s, -e> *Beamter einer Botschaft*

Bot·su·a·na das <-s> *Staat in Afrika*

Bot·su·a·ner, **Bot·su·a·ne·rin** der <-s, -> *Einwohner Botsuanas*

bot·su·a·nisch <nicht steig.> *Adj. Botsuana, die Botsuaner betreffend*

Bots·wa·na das <-s> (*schweiz.*) *s.* **Botsuana**

Bots·wa·ner, **Bots·wa·ne·rin** der <-s, -> (*schweiz.*) *s.* **Botsuaner**

Bött·cher, **Bött·che·rin** der <-s, -> (*veralt.* ≈ *Fassbinder, Küfer*) *ein Handwerker, der Fässer und andere große Gefäße aus Holz herstellt*

Bött·che·rei die <-, -en> **1.** (*kein Plur.* ≈ *Fassbinderei*) *Gewerbe, Tätigkeit des Böttchers* **2.** (≈ *Böttcherwerkstatt*) *Werkstatt eines Böttchers*

Bot·tich der <-s, -e> *großes, wannenartiges Holzgefäß* ◆ Bier-, Brau-, Fisch-, Gär-, Holz-

Bot·tle·par·ty die ['bɔtlpa:tɪ, 'bɔtəlpa:ɐ̯ti] <-, -s> *eine Party, bei der jeder Gast eine Flasche eines (alkoholischen) Getränks mitbringen soll*

Bo·tu·lis·mus der <-> (*kein Plur.*) MED. *durch Bakterien verursachte Lebensmittelvergiftung, vor allem durch verdorbene Fleisch- und Wurstkonserven*

Bou·clé, *a.* **Bu·klee** das [bu'kle:] <-s, -s> *ungleichmäßiges, gekräuseltes Garn mit Knoten und Schlingen*

Bou·clé·wol·le die [bu'kle:...] <-> (*kein Plur.*) *ungleichmäßige Wolle mit Knoten und Schlingen*

Bou·doir das [bu'do̯a:ɐ̯] <-s, -s> (*geh. veralt.*) *elegantes Damenzimmer*

Bouil·la·baisse die [buja'bɛ:s] <-, -s> (*koch.*) *eine französische Fischsuppe*

Bouil·lon die [bʊl'jɔŋ, bʊl'jõ:/bu'jõ:] <-, -s> (KOCH.: ≈ *Fleischbrühe*)

Boule das/die [bu:l] <-(s)> (*kein Plur.*) *ein französisches Kugelspiel*

Bou·le·vard der [bulə'va:ɐ̯] <-s, -s> *breite Prachtstraße, die meist von Bäumen gesäumt ist*

Bou·le·vard·la·den der <-s, Boulevardläden> *Laden, Geschäft auf einem Boulevard*

Bou·le·vard·li·te·ra·tur die <-, -en> (*abwert.*) *Unterhaltungsliteratur*

Bou·le·vard·pres·se die <-> (*kein Plur.*) *Gesamtheit der auf Sensationen und Skandale ausgerichteten Presse*

Bou·le·vard·stück das <-(e)s, -e> *publikumswirksames, leichtes, unterhaltsames Theaterstück*

Bou·le·vard·zei·tung die <-, -en> (≈ *Boulevardblatt*) *sensationell aufgemachte Zeitung, die ihre Leser besonders mit Gesellschaftsklatsch unterhält*

Bou·quet [bu'ke:] *s.* **Bukett**

Bour·bon der ['bœ:bən] <-s, -s> *amerikanischer Whisky mit mildem Geschmack* (*nach Bourbon County in Kentucky, USA*)

bour·geois [bʊr'ʒo̯a] <nicht steig.> *Adj. so, dass es bürgerliche Konventionen betrifft oder zu ihnen gehört* bourgeoise Ansichten

Bour·geoi·sie die [bʊrʒo̯a'zi:] <-> (*kein Plur.*) **1.** (*geh. veralt.*) *wohlhabendes Bürgertum* **2.** GESCH. *herrschende Klasse im Kapitalismus* **3.** *selbstzufriedene bürgerliche Bevölkerung*

Bou·tique die [bu'ti:k, bu'tik] <-, -n> *kleiner Laden für Damenmode*

Bo·vist der <-(e)s, -e> BOT. *s.* **Bofist**

Bow·den·zug der ['baudn̩...] <-(e)s, Bowdenzüge> TECHN. *Kabel aus Draht zur Übertragung von Zugkräften, besonders an Kraftfahrzeugen*

Bow·le die ['bo:lə] <-, -n> *Mischgetränk aus Wein, Sekt und Früchten* für die Party eine Bowle ansetzen ◆ Erdbeer-

Bow·le·glas das <-es, Bowlegläser> *Glas, aus dem Bowle getrunken wird*

bow·len ['boʊlən] <bowlst, bowlte, hat gebowlt> *mit/ohne OBJ* ■ *jmd. bowlt (mit jmdm.) Bowling spielen*

Bow·ling das ['bo:lɪŋ] <-s> (*kein Plur.*) *amerikanische Art des Kegelspiels mit zehn Kegeln, die in einem gleichseitigen Dreieck angeordnet sind*

Bow·ling·bahn die <-, -en> *Bahn, auf der Bowling gespielt wird*

Box die <-, -en> **1.** *einer der beiden Lautsprecher einer Stereoanlage* die Boxen an den Verstärker anschließen ◆-enständer, Kompakt-, Lautsprecher-, Stand- **2.** *kastenförmiger Behälter* ◆ Brot-, Kosmetik- **3.** *Stallbereich eines Pferdes*

Box·calf das *s.* **Boxkalf**

bo·xen <boxt, boxte, hat geboxt> **I.** *mit OBJ* ■ *jmd. boxt jmdn. (in etwas Akk.) mit der Faust an eine bestimmte Stelle schlagen* Sie boxte mich in die Seite. **II.** *ohne OBJ* ■ *jmd. boxt mit jmdm.* SPORT (*nach festen Regeln*) *den Faustkampf ausüben* ■ **jemand boxt sich durchs Leben** (*umg.*): *jmd. kämpft im Leben rücksichtslos für sich allein*

Bo·xer, **Bo·xe·rin** der <-s, -> **1.** SPORT *jmd., der das Boxen als Sport betreibt* ◆ Amateur-, Profi-, Schwergewichts- **2.** (*nur im Maskulinum*) *eine doggenartige Hunderasse mit breiter Nase*

Bo·xer·auf·stand der <-(e)s> (*kein Plur.*) GESCH. *1900 in China ausgebrochene, vom Geheimbund der Boxer geführte Revolte, die sich gegen den Einfluss fremder Mächte richtete*

Bo·xer·mo·tor der <-s, -en> TECHN. *Verbrennungsmotor mit einander gegenüberliegenden Zylindern*

Box·hand·schuh der <-(e)s, -e> SPORT *beim Boxen II getragener gepolsterter Lederhandschuh*

Box·kalf/Box·calf das ['bɔkskalf, 'bɔkska:f] <-s> (*kein Plur.*) *chromgegerbtes, feinnarbiges Kalbsleder*

Box·kampf der <-(e)s, Boxkämpfe> SPORT *ein Faustkampf, bei dem zwei Athleten auf einem bestimmten Kampfplatz, dem Ring, unter Aufsicht eines Ringrichters boxen II*

Box·ver·ein der <-s, -e> *Verein, dem Boxsportler angehören und in dem sie trainieren*

Boy der [bɔy] <-s, -s> *Hotelbediensteter in Livree*

Boy·group die [bɔygru:p] <-, -s> *aus attraktiven jungen Männern bestehende Popgruppe, die in ihrer Bühnenshow sehr stark tänzerische Elemente einbringt*

Boy·kott der [bɔy'kɔt] <-(e)s, -s/-e> *Weigerung, bestimmte Waren zu kaufen, weil man aus politischen oder wirtschaftlichen Gründen Druck auf das produzierende Land ausüben will* Man rief zum Boykott dieser Waren auf., Diesem Land sollte man den Boykott erklären.

boy·kot·tie·ren [bɔykɔ'tiːrən] <boykottierst, boykottierte, hat boykottiert> *mit OBJ* ■ *jmd. boykottiert jmdn./etwas aus Protest die Beziehungen zu jmdm. einstellen oder bestimmte Waren nicht mehr kaufen*

BR der *Abkürzung von „Bayerischer Rundfunk"*

brab·beln <brabbelst, brabbelte, hat gebrabbelt> *mit OBJ* ■ *jmd. brabbelt etwas* (*umg. abwert.*) *undeutlich vor sich hinreden* Er brabbelt etwas in seinen Bart.

Bra·che die <-, -n> (≈ *Brachfeld*)

Brach·feld das <-(e)s, -er> *unbebauter, brachliegender Acker*

Brach·flä·che die <-, -n> *brachliegende, unbebaute Fläche*

bra·chi·al <nicht steig.> *Adj.* (*geh.*) *so, dass jmd. handgreiflich, roh oder gewalttätig ist* Er öffnete die Tür mit brachialer Gewalt.

Bra·chi·al·ge·walt die <-> (*kein Plur.*) (*geh.*) *rohe Körperkraft* eine Tür mit Brachialgewalt öffnen

brach·lie·gen <liegt brach, lag brach, hat brachgelegen> *ohne OBJ* ■ *etwas liegt brach nicht bebaut werden* Der Acker/das Feld liegt brach.

Bra·chse die <-, -n> ZOOL. *s.* **Brasse**

Brack·was·ser das <-s> (*kein Plur.*) *ungenießbare Mischung von Süß- und Salzwasser, die besonders in Flussmündungen vorkommt*

Brah·ma der <-s, -> (*kein Plur.*) *männliche Gottheit in den indischen Religionen, Personifizierung des Brahman*

Brah·man der <-s> (*kein Plur.*) *Weltseele; die absolute, göttliche Kraft in den indischen Religionen*

Brah·ma·ne der <-n, -> *Angehöriger der obersten Kaste des Hinduismus*

Braille·schrift die ['bra(ː)jə...] <-> (*kein Plur.*) *international gebräuchliche Blindenschrift*

Brain·drain, *a.* **Brain-Drain** der ['breɪndreɪn] <-s> (*kein Plur.*) *Abwanderung von Wissenschaftlern u.a. hoch qualifizierten Arbeitskräften ins Ausland*

Brain·stor·ming das ['breɪnstɔːmɪŋ] <-s> (*kein Plur.*) *Methode der Problemlösung durch Sammeln spontaner Einfälle in einer Arbeitsgruppe*

Bram die <-, -en> SEEW. *zweitoberste Verlängerung des Mastes und deren Takelung bei Segelschiffen*

Bram·se·gel das <-s, -> SEEW. *das vierte und fünfte Segel von unten am Mast eines Segelschiffes*

Bran·che die ['brãːʃə] <-, -n> WIRTSCH. **1.** *bestimmter Teilbereich der Wirtschaft* die Umsatzentwicklung einer Branche ◆ Wachstums-, Zukunfts- **2.** *berufliches Fachgebiet, Berufszweig* Er hat in vielen Branchen Erfahrungen gesammelt.

Bran·chen·be·o·b·ach·ter, **Bran·chen·be·o·b·ach·te·rin** der <-s, -> WIRTSCH. *jmd., der die Entwicklung innerhalb einer Branche genau beobachtet und analysiert*

Bran·chen·buch das <-(e)s, Branchenbücher> (≈ *Branchenverzeichnis*) *Telefon- und Adressbuch, in dem alle Branchen und die zu ihnen gehörenden Firmen aufgezeichnet sind* eine Glaserei im Branchenbuch suchen

Bran·chen·er·fah·rung die <-> (*kein Plur.*) *Erfahrung in einer bestimmten Branche*

Bran·chen·füh·rer der <-s, -> **1.** *jmd., der Marktführer in einer Branche ist* **2.** (≈ *Branchenverzeichnis*)

Bran·chen·ken·ner, **Bran·chen·ken·ne·rin** der <-s, -> *jmd., der gute Kenntnisse einer bestimmten Branche hat*

Bran·chen·kennt·nis die <-, -se> *Wissen, das jmd. über eine bestimmte Branche hat*

Bran·chen·rie·se der <-n, -n> *besonders große und umsatzstarke Firma innerhalb einer Branche*

bran·chen·üb·lich <nicht steig.> *Adj. in einer bestimmten Branche üblich*

Bran·chen·ver·zeich·nis das <-ses, -se> *Verzeichnis der* (*nach Branchen geordneten*) *Adressen von Firmen und Geschäften* Die „Gelben Seiten" sind das wohl bekannteste Branchenverzeichnis.

Brand der <-(e)s, Brände> **1.** *Feuer, das ein Gebäude erfasst hat und Schaden anrichtet* Ein Brand bricht aus/wird von der Feuerwehr gelöscht/ konnte gerade noch verhindert werden. **2.** BOT. *Pilzkrankheit bei Pflanzen* **3.** (*umg.*) *starker Durst nach übermäßigem Alkoholgenuss* Am Morgen nach der Party hatte er einen unglaublichen Brand. ■ **etwas in Brand stecken**: *etwas anzünden, und dadurch ein* (*großes*) *Feuer entstehen lassen*

brand·ak·tu·ell <nicht steig.> (*emotional verstärkend*) *sehr aktuell* ein brandaktueller Hit

Brand·an·schlag der <-(e)s, Brandanschläge> *Anschlag, bei dem Feuer gelegt wird*

Brand·be·kämpf·ung die <-> (*kein Plur.*) *die Bekämpfung eines Brandes* (*durch den Feuerlöscher und die Feuerwehr*)

Brand·bla·se die <-, -n> *durch Verbrennung hervorgerufene Schädigung der Haut, bei der sich Flüssigkeit im Gewebe sammelt*

Brand·bom·be die <-, -n> *Bombe, die mit einem leicht entzündlichen Stoff gefüllt ist* Beim Angriff auf die Stadt kamen Brandbomben zum Einsatz.

Brand·brief der <-(e)s, -e> (*umg.*) *dringender Mahnbrief*

Brand·di·rek·tor der <-s, -en> *Leiter der Feuerwehr*

brand·ei·lig <nicht steig.> *Adj.* (*emotional verstärkend*) *so, dass etwas sehr eilig ist* ein brandeiliger Auftrag

Brand·ei·sen das <-s, -> *stempelartiges Werkzeug zum Einbrennen von Brandzeichen, um z.B. die Rinder einer Farm zu kennzeichnen*

bran·den <brandet, brandete, hat gebrandet> *mit OBJ/ohne OBJ* ■ *etwas brandet* (*gegen etwas Akk.*) *verwendet, um auszudrücken, dass Meerwasser mit großer Kraft gegen das Ufer gespült wird und dabei aufspritzt und schäumt* Wellen branden gegen die Felsen., Die See brandet stark.

Bran·den·burg das <-s> *deutsches Bundesland*

Bran·den·bur·ger, **Bran·den·bur·ge·rin** der <-s, -> *Einwohner Brandenburgs*

bran·den·bur·gisch *Adj. Brandenburg, die Brandenburger betreffend*

B

Brand·fa·ckel die <-, -n> *brennende Fackel, die einen Brand entfachen soll*
brand·heiß <nicht steig.> *Adj.* (*emotional verstärkend*) *sehr neu und sehr aktuell* Der Journalist hat brandheiße Neuigkeiten.
Brand·herd der <-(e)s, -e> *Ausgangspunkt eines Brandes* Die Feuerwehr sucht noch immer den Brandherd.
bran·dig <nicht steig.> *Adj.* **1.** *so, dass es brenzlich, leicht angebrannt schmeckt oder riecht* **2.** BOT. *so, dass eine Pflanze von einem Brand verursachenden Pilz befallen ist* **3.** MED. *so, dass es von Gewebebrand befallen ist* brandiges Gewebe
Bran·ding das ['brændɪŋ] <-s, -s> **1.** (↔ *Piercing*) *das Einbrennen bestimmter Muster in die Haut* **2.** WIRTSCH. *die Entwicklung von Markennamen*
Brand·kas·se die <-, -n> (*umg.*) *kleinere Feuerversicherungsanstalt*
Brand·ka·ta·stro·phe die <-, -n> *Katastrophe, die durch einen Brand ausgelöst wurde*
Brand·le·gung die <-, -en> (*österr.*) *s.* **Brandstiftung**
Brand·mal das <-s, -e> **1.** GESCH. *Zeichen, das als Schandmal Verbrechern in die Haut gebrannt wird* **2.** *Zeichen, das Zuchtvieh in die Haut gebrannt wird, um seine Zugehörigkeit zu einem bestimmten Besitzer identifzieren zu können*
brand·mar·ken <brandmarkst, brandmarkte, hat gebrandmarkt> *mit OBJ* ■ *jmd. brandmarkt jmdn./etwas* (*öffentlich*) *bloßstellen, scharf kritisieren* Er brandmarkte die unhaltbaren Zustände in der Gesellschaft.
Brand·mar·kung die <-> (*kein Plur.*) *das Brandmarken*
Brand·mau·er die <-, -n> *Mauer, die verhindern soll, dass Feuer sich im Brandfall weiter auf andere Gebäude oder Gebäudeteile ausweitet*
Brand·nar·be die <-, -n> *Narbe, die von einer Brandwunde zurückgeblieben ist*
brand·neu <nicht steig.> *Adj.* (*emotional verstärkend*) *völlig neu* eine brandneue CD
Brand·ro·dung die <-, -en> *das Roden durch Abbrennen der Bäume*
Brand·sal·be die <-, -n> *Salbe zur Behandlung von Brandwunden*
Brand·satz der <-es, Brandsätze> *leicht entzündliches chemisches Gemisch* (*als Füllung von Brandbomben*)
Brand·scha·den der <-s, Brandschäden> *durch Brand entstandener Schaden* Die Versicherung schätzt die Höhe des Brandschadens.
Brand·schat·zung die <-, -en> (*hist.*) *der Vorgang, dass man Bewohner eines Gebietes oder einer Stadt erpresst, bestimmte Geldsummen zu zahlen, indem man droht, Feuer zu legen und sie auszuplündern*
Brand·schutz der <-es> (*kein Plur.*) *Gesamtheit der Maßnahmen zur Verhütung und Bekämfung von Bränden*
Brand·schutz·mat·te die <-, -n> *Matte aus feuerfestem Material, die der Ausbreitung eines Brandes entgegenwirken soll*
Brand·soh·le die <-, -n> *innere, aus Leder bestehende Sohle des Schuhs*
Brand·stel·le die <-, -n> *Stelle, an der es brennt oder gebrannt hat*
Brand·stif·ter, **Brand·stif·te·rin** der <-s, -> *jmd., der vorsetzlich einen Brand legt oder fahrlässig verursacht hat* Die Polizei ermittelte den Brandstifter.
Brand·stif·tung die <-, -en> *das vorsetzliche oder fahrlässige Verursachen eines Brandes* Die Feuerwehr schließt Brandstiftung nicht aus.
Bran·dung die <-> (*kein Plur.*) *Wellen, die sich am Strand oder an der Küste brechen* Die Brandung hat den Felsen ausgehöhlt., Die Brandung tost.
Bran·dungs·ero·si·on die <-> (*kein Plur.*) *durch Brandung bewirkte Erosion an der Küste*
Brand·wa·che die <-, -n> **1.** *Überwachung einer Brandstelle nach Beendigung der Löscharbeiten* **2.** *Posten, der die Brandwache*[1] *übernimmt*
Brand·wun·de die <-, -n> *durch Verbrennung entstandene Wunde*
Bran·dy der ['brɛndi] <-s, -s> *englische Bezeichnung für Weinbrand*
Brand·zei·chen das <-s, -> *Zeichen, das mit einem Brandeisen auf das Fell von Zuchttieren aufgebracht ist, um zu kennzeichnen, wer der Eigentümer ist* Die Rinder erhielten alle ein Brandzeichen.
Brannt·wein der <-(e)s, -e> *ein aus Wein hergestelltes starkes alkoholisches Getränk*
Brannt·wein·bren·ne·rei die <-, -e> **1.** *ein Betrieb, der Branntwein herstellt* **2.** (*kein Plur.*) *das Brennen von Branntwein*
Bra·si·li·a·ner, **Bra·si·li·a·ne·rin** der <-s, -> *Einwohner Brasiliens*
bra·si·li·a·nisch <nicht steig.> *Adj. Brasilien, die Brasilianer betreffend*
Bra·si·li·en das <-s> *Staat in Südamerika*
Bras·se die <-, -n> SEEW. *Tau zum Stellen der Segel*
Bras·se/Bra·chse die <-, -n> ZOOL. *eine Karpfenart*
Brat·ap·fel der <-s, Bratäpfel> KOCH. *im Backofen gegarter* (*und gewürzter*) *Apfel*
Bra·ten der <-s, -> KOCH. *ein größeres Stück Fleisch, das gebraten wurde oder zum Braten bestimmt ist* einen knusprigen Braten servieren, den Braten anschneiden ■ **den Braten riechen** (*umg.*): *eine Sache durchschauen* ◆ Enten-, Gänse-, Rinder-, Sauer-, Schmor-, Schweine-
bra·ten <brätst, briet, gebraten> **I.** *mit OBJ* ■ *jmd. brät etwas in heißem Fett in einer Pfanne garen* Der Koch brät den Fisch/das Schnitzel. **II.** *ohne OBJ* ■ *etwas brät in heißem Fett in einer Pfanne gegart werden* Die Schnitzel braten in der Pfanne.
Bra·ten·plat·te die <-, -n> *Platte zum Servieren eines Bratens*
Bra·ten·saft der <-(e)s, Bratensäfte> (*Plur. selten*) KOCH. *Saft, der beim Braten aus dem Fleisch austritt*
Brä·ter der <-s, -> *eine ovale, größere Pfanne mit hohem Rand und Deckel, die man zum Braten*

und Schmoren bennutzt die vorbereitete Gans in den Bräter legen

brat·fer·tig <nicht steig.> *Adj. so, dass es zum Braten fertig vorbereitet ist* ein bratfertiger Sauerbraten

Brat·fett das <-(e)s, -e> *zum Braten geeignetes Fett*

Brat·hähn·chen das <-s, -> KOCH. *gebratenes Hähnchen*

Brat·hen·dl das <-s, -> (KOCH.: *süddt.. österr.*) *Brathähnchen*

Brat·he·ring der <-s, -e> KOCH. *in eine saure Marinade eingelegter gebratener Hering*

Brat·huhn das <-(e)s, Brathühner> KOCH. *gebratenes Huhn*

Brat·kar·tof·feln die <-> (*nur Plur.*) KOCH. *Gericht aus in Scheiben oder Würfel geschnittenen und in Fett gebratenen Kartoffeln*

Brat·ling der <-s, -e> KOCH. *gebratener Kloß aus Gemüse, Kartoffeln oder Hülsenfrüchten* ◆ Gemüse-, Grünkern-

Brat·ofen der <-s, Bratöfen> (≈ *Backofen*) *schließbarer Ofenraum zum Braten oder Backen*

Brat·pfan·ne die <-, -n> *Pfanne zum Braten* eine beschichtete Bratpfanne

Brat·rost der <-(e)s, -e> (≈ *Grill*) *Rost, auf den Fleischstücke, Würste o.Ä. gelegt werden können, um sie dann über offenem Feuer zu braten*

Brat·sche die <-, -n> (≈ *Viola*) *Streichinstrument, das etwas größer als eine Violine und eine Quinte tiefer gestimmt ist*

Brat·spieß der <-es, -e> *Spieß zum Braten*

Brat·wurst die <-, Bratwürste> *gebratene oder zum Braten bestimmte Wurst, die überwiegend aus Schweinefleisch besteht*

Brauch der <-(e)s, Bräuche> *eine Gewohnheit oder Sitte, die sich innerhalb einer Gemeinschaft oder Kultur herausgebildet hat* ◆ Advents-, Fastnachts-, Hochzeits-, ländlicher Brauch

i Wissenswert Der Begriff **Brauch** bezeichnet ein bei gewissen Anlässen traditionelles Verhalten. In Deutschland werden folgende Feste und Bräuche gefeiert. Advent: Der Advent beginnt vier Sonntage vor dem Heiligen Abend. Er ist eine Zeit der Besinnung. Gebräuchlich sind Adventskränze, wobei an jedem der vier Sonntage eine weitere Kerze angezündet wird. Nikolaustag: Am 6. Dezember ist Nikolaustag. Er erinnert an die Ankunft des Bischofs Nikolaus von Myra im 6. Jahrhundert. In der Nikolausnacht stellen die Kinder ihre Schuhe vor die Türe, die am nächsten Morgen mit Schokolade und Geschenken gefüllt sind. Weihnachten: Weihnachten ist das bedeutendste Familienfest in Deutschland. Es beginnt am Abend des 24. Dezembers (Heiliger Abend) und schließt die beiden Weihnachtsfeiertage (25. und 26. Dezember) mit ein. Der Heilige Abend wird feierlich begangen: Es werden Weihnachtslieder gesungen und die Kinder bekommen Geschenke. Im Mittelpunkt steht ein Weihnachtsbaum, ein Brauch, der in der ganzen Welt Verbreitung gefunden hat. An den Weihnachtsfeiertagen wird etwas Besonderes gekocht. Traditionelle Weihnachtsgerichte sind gebratene Gans, Truthahn oder Karpfen. Silvester: Am Silvesterabend (31. Dezember) wird um Mitternacht ein Feuerwerk gezündet. Man wünscht einander ein „gutes neues Jahr". Fas(t)nacht: Fas(t)nacht ist ein Brauch, der in bestimmten Regionen Deutschlands gefeiert wird. Man spricht im Rheinland von Karneval, in Bayern von Fasching und in Süddeutschland von Fas(t)nacht. Mit diesem alten Brauch wollte man früher den Winter vertreiben. Ostern: Ostern ist ein christliches Fest. Es erinnert an den Tod und die Auferstehung Christi. Traditionell bekommen die Kinder kleine Geschenke, Eier und Hasen aus Schokolade, die im Freien versteckt werden.

brauch·bar *Adj.* **1.** (↔ *unbrauchbar*) *so, dass etwas für etwas* (*noch*) *benutzt werden kann oder tauglich ist* Das alte Fahrrad ist durchaus noch brauchbar. **2.** *nützlich,geeignet* brauchbare Ideen/Vorschläge **3.** (≈ *passabel*) *relativ gut* Seine Arbeit ist nicht hervorragend, aber immerhin brauchbar.

Brauch·bar·keit die <-> (*kein Plur.*) *von brauchbarer Beschaffenheit* ein Gerät auf seine Brauchbarkeit prüfen

brau·chen <brauchst, brauchte, hat gebraucht> *mit OBJ* **1.** ■ *jmd. braucht etwas* (*zu etwas Dat.*) (≈ *benötigen*) *als Werkzeug benötigen* Zum Malen braucht man Pinsel und Farben. **2.** ■ *jmd. braucht jmdn.* (*für etwas Akk.*) *jmd. ist auf jmdn. angewiesen* Für die Ausführung dieser Arbeit brauche ich fünf Leute. **3.** ■ *jmd. kann etwas brauchen Verwendung haben* Kannst du Äpfel brauchen? Wir haben besonders viele im Garten. **4.** ■ *jmd. braucht etwas* (*für etwas Akk.*) *in etwas investieren* Sie braucht ihre ganze Kraft für diese Arbeit., Er braucht viel Geld für sein Hobby. **5.** ■ *jmd. braucht nicht plus Inf. tun müssen* Er braucht nicht mehr zu kommen., Es ist Sonntag, ich brauche heute nicht zu arbeiten

Brauch·tum das <-(e)s, Brauchtümer> (*meist Sing.*) *Gesamtheit der Bräuche, die im Laufe der Zeit entstanden sind* das alte Brauchtum pflegen ◆ -sforschung

Brauch·was·ser das <-s> (*kein Plur.*) (↔ *Trinkwasser*) *Wasser, das schon einmal für etwas gebraucht worden ist und das man weiter verwenden kann* (*vor allem in der Industrie*)

Braue die <-, -n> *einer der beiden Bogen über den Augen, die aus feinen Haaren bestehen* ■ **die Brauen hochziehen**: *seinem Erstaunen Aus-*

druck verleihen ◆ Augen-

brau·en <braust, braute, hat gebraut> *mit OBJ* ■ *jmd. braut etwas Bier herstellen*

Brau·en·bürst·chen das <-s, -> *kleine Bürste zur kosmetischen Pflege der Augenbrauen*

Brau·e·rei die <-, -en> *Unternehmen, das Bier braut*

braun *Adj.* **1.** *von der Farbe, die wie feuchte Erde aussieht* Sie hat braune Augen., das braune Fell des Bären ◆ dunkel-, hell-, kaffee-, rot- **2.** (*umg.*) *so, dass durch längeren Aufenthalt im Freien jmds. Haut von der Sonnenstrahlung einen dunkleren Farbton angenommen hat* ganz braun aus dem Urlaub kommen ◆ -gebrannt

Braun·bär der <-en, -en> (*in Nordamerika und und in Teilen Europas vorkommender*) *Bär mit braunem Fell*

Bräu·ne die <-> (*kein Plur.*) *die braune Hautfarbe, die jmd. hat, weil er lange in der Sonne war* ◆ Sonnen-, Solariums-

Brau·nel·le[1] die <-, -n> ZOOL. *ein Singvogel, der ein grün-braunes Gefieder hat und dem Finken ähnlich ist*

Brau·nel·le[2] die <-, -n> BOT. *eine Wiesenblume mit blauvioletten Blüten*

bräu·nen <bräunst, bräunte, hat/ist gebräunt> (*haben*) **I.** *mit OBJ* ■ *jmd. bräunt etwas* KOCH. *etwas in zerlassener Butter kurz und mit geringer Hitze anbraten, damit es eine braune Färbung bekommt* Sie bräunt die Zwiebeln in der Pfanne. **II.** *mit SICH* ■ *jmd. bräunt sich* (≈ *sich sonnen*) *die Sonne auf den Körper scheinen lassen, damit die Haut braun wird* Sie bräunt sich in der Sonne. **III.** *ohne OBJ* (*sein*) ■ *etwas bräunt* KOCH. *braun werden* Der Braten ist schon gebräunt.

Braun·koh·le die <-> (*kein Plur.*) (↔ *Steinkohle*) *Kohle von brauner bis schwarzer Farbe, die in langen geologischen Zeiträumen aus abgestorbenen Wäldern entstanden ist* Braunkohle im Tagebau abbauen ◆ -nabbau, -nrevier

Braun·koh·le·ver·stro·mung die <-> (*kein Plur.*) *Erzeugung von elektrischem Strom aus Braunkohle*

bräun·lich <nicht steig.> *Adj. sich im Farbton dem Braun nähernd, ins Braune spielend* eine bräunliche Jacke

Bräu·nungs·lo·ti·on die <-, -en> *flüssige Creme, die vor dem Sonnenbad auf die Haut aufgetragen wird*

Bräu·nungs·mit·tel das <-s, -> (≈ *Selbstbräuner*) *Substanz, die auf die Haut aufgetragen wird und eine Bräunung der Haut bewirkt*

Braus ■ **in Saus und Braus leben**: *sorglos und ohne materielle Einschränkungen leben*

Brau·se die <-, -n> (*veralt.*) **1.** (≈ *Dusche*) **2.** *stark sprudelnde Limonade* ◆ -tablette

Brau·se·kopf der <-(e)s, Brauseköpfe> (≈ *Duschkopf*) *der Teil einer Dusche, aus dem das Wasser in vielen dünnen Strahlen austritt* einen neuen Brausekopf an die Dusche montieren

Brau·se·li·mo·na·de die <-, -n> (≈ *Brause*) *mit Kohlensäure versetzte, prickelnde und schäumende Limonade*

brau·sen <braus, brauste, hat gebraust> *ohne OBJ/mit OBJ* **1.** ■ *etwas braust um/über etwas Akk. das Geräusch von starkem Wind machen* Der Sturm braust um die Häuser/über die Felder. **2.** (≈ *rasen*) *schnell fahren* Er braust über die Autobahn. **3.** ■ *jmd. braust sich jmd. duscht sich*

brau·send <nicht steig.> *Adj. so, dass es sich wie das Geräusch von starkem Wind anhört* das brausende Geräusch des Sturmes

Brau·se·ta·b·let·te die <-, -n> *ein in Tablettenform gepresster Stoff, der nach Zugabe von Wasser ein sprudelndes Getränk ergibt* eine Brausetablette in einem Glas Wasser auflösen

Braut die <-, Bräute> **1.** *eine Frau in den Wochen vor der Hochzeit* Er stellte seine Braut den Verwandten vor. **2.** *eine Frau an ihrem Hochzeitstag* Das Foto zeigt Braut und Bräutigam vor der Kirche.

Braut·el·tern die <-> (*nur Plur.*) *die Eltern der Braut*

Bräu·ti·gam der <-s, -e> **1.** *ein Mann in den Wochen vor der Hochzeit* Sie stellte ihren Bräutigam ihren Eltern vor. **2.** *ein Mann am Tag seiner Hochzeit* Der Bräutigam sucht nach den Ringen.

Braut·jung·fer die <-, -n> (≈ *Brautführerin*) *meist unverheiratete Freundin oder Verwandte der Braut, die diese zur Trauung in die Kirche begleitet*

Braut·kleid das <-(e)s, -er> *das* (*weiße*) *Kleid, das die Braut am Tag der Hochzeit trägt* Die Braut trug ein langes Brautkleid aus weißer Spitze.

Braut·paar das <-(e)s, -e> **1.** *ein Paar, das verlobt ist und bald heiraten will* **2.** *Braut und Bräutigam am Hochzeitstag* Das Brautpaar tauscht die Ringe.

Braut·preis der <-e, -es> *der Preis, den* (*in bestimmten Kulturen*) *der Bräutigam den Eltern der Braut nach alter Tradition zahlen muss*

Braut·schlei·er der <-s, -> *der Schleier, den eine* (*traditionell gekleidete*) *Braut am Hochzeitstag trägt*

Braut·strauß der <-es, Brautsträuße> *Blumengebinde, das die Braut während der Trauungszeremonie in den Händen hält*

brav *Adj.* **1.** (≈ *artig*) *so, dass ein Kind Erwachsenen gegenüber gehorsam ist* ein braves Kind, Sei ein braver Junge! **2.** (*abwert.* ≈ *bieder*) *so, dass es zu schlicht und nicht besonders attraktiv ist* Das Kleid wirkt viel zu brav.

bra·vis·si·mo *Interj. Sehr gut! Ausgezeichnet!*

bra·vo *Interj. verwendet, um auszudrücken, dass man etwas gut findet* Bravo, das war genau die richtige Antwort! ◆ Klein- oder Großschreibung bravo/Bravo rufen

Bra·vo das <-s, -s> *Bravoruf, Beifallsruf* Diese ausgezeichnete Leistung hat ein Bravo verdient., Bravo rufen.

Bra·vour, a. **Bra·vur** [bra'vuːɐ̯] <-> (*kein Plur.*) *großes Geschick, Meisterschaft* Sie löste ihre Aufgabe mit Bravour., Er hat das Examen mit Bravour bestanden.

BRD die *Abkürzung von „Bundesrepublik Deutsch-*

land“

Break der/das [breɪk] <-s, -s> **1.** SPORT *Gewinn eines Tennisspiels bei gegnerischem Aufschlag* **2.** MUS. *Gesangs- oder Instrumentalsolo, das im Jazz das Spiel der anderen Musiker mit einem scharf entgegengesetzten Rhythmus unterbricht*

Break·dance der ['breɪkda:ns, 'breɪkdæns] <-> (*kein Plur.*) *moderner Tanzstil mit Bewegungselementen, die an die abgehackten Bewegungsabläufe von Robotern erinnern*

Brech·durch·fall der <-(e)s> (*kein Plur.*) MED. *Erkrankung mit gleichzeitigem Erbrechen und Durchfall*

Brech·ei·sen das <-s, -> *eine massive Eisenstange, mit der man Türen aufbrechen kann*

bre·chen <brichst, brach, hat/ist gebrochen> **I.** *mit OBJ* (*haben*) **1.** ■ *jmd. bricht etwas* (*von etwas Dat.*) *durch Anwendung von Kraft bewirken, dass ein fester Gegenstand in zwei oder mehrere Teile zerlegt wird* Er hat den Ast vom Baum gebrochen. **2.** ■ *jmd. bricht sich etwas jmd. zieht sich einen Knochenbruch zu* Er hat sich das Bein gebrochen. **3.** ■ *jmd. bricht etwas* (*geh.*) *ein Versprechen oder einen Vertrag nicht einhalten* Sie hat ihr Versprechen gebrochen. **4.** ■ *etwas bricht jmdn. den Widerstand von jmdm. überwinden* Die Torturen haben seinen Willen gebrochen. **5.** ■ *etwas bricht jmdn. ein Ereignis ist für jmdn. so schrecklich, dass er daran zerbricht* Das Schicksal hat ihn gebrochen. **6.** ■ *jmd. bricht etwas eine Grenze überschreiten* Diese Rudermannschaft hat alle bisherigen Rekorde gebrochen. **II.** *ohne OBJ* **1.** ■ *jmd. bricht erbrechen* Er hatte sich den Magen verdorben und musste den ganzen Tag brechen. **2.** ■ *jmd. bricht mit jmdm./etwas sich im Streit trennen* Sie hat schon vor Jahren mit ihm gebrochen. **3.** ■ *etwas bricht* (*sein*) *unter dem Einfluss einer Kraft* (*als fester Gegenstand*) *in zwei oder mehrere Teile zerlegt werden* Der Stab ist gebrochen., Das Eis ist gebrochen. **III.** *mit SICH* ■ *etwas bricht sich* (*an/in etwas Dat.*) *abprallen, abgelenkt werden* Die Wellen brechen sich an den Felsen., Das Licht bricht sich im Tautropfen. ■ **Streit vom Zaun brechen**: *plötzlich Streit anfangen*

Bre·cher der <-s, -> *sehr hohe Meereswelle*

Brech·mit·tel das <-s, -> *Mittel, das bewirkt, dass man erbrechen muss*

Brech·reiz der <-es, -e> *der Reiz, sich erbrechen zu müssen*

Bre·chung die <-, -en> PHYS. *Änderung der Richtung von Licht- und Schallwellen, wenn sie in ein anderes Medium eintreten* ◆-sgesetz, -skoeffizient

Bre·chungs·win·kel der <-s, -> PHYS. *Winkel, in dem die Brechung von Licht- und Schallwellen erfolgt*

Bre·douil·le die [bre'dʊljə] <-> (*kein Plur.*) (*umg.*) *eine unangenehme Lage,in die jmd. geraten ist* Durch den Ausfall der Zahlungen bin ich jetzt ganz schön in der Bredouille.

Brei der <-(e)s, -e> **1.** *eine zähflüssige Substanz* Der Klebstoff ähnelt einem dickflüssigen Brei. **2.** *eine dickflüssige Speise aus Hafer, Gries oder Gemüse* Das Baby bekommt seinen Brei ■ **um den heißen Brei herumreden** (*umg.*): *es nicht wagen, eine Sache direkt anzusprechen* ◆ Gries-, Milch-, Reis-

brei·ig <nicht steig.> *Adj. so zähflüssig wie Brei* Die Soße ist zu breiig geworden.

Breis·gau das <-s> *Landschaft am Oberrhein*

breit *Adj.* **1.** (*in Verbindung mit Maßangaben*) *die genannte Breite aufweisend* Der Fluss ist an dieser Stelle fünfzig Meter breit. **2.** (↔ *hoch, tief*) *in horizontaler Ebene und aus der Sicht des Betrachters von links nach rechts ausgedehnt* ein breiter Kleiderschrank, Der Schrank ist achtzig Zentimeter breit, aber nur vierzig Zentimeter tief. **3.** (↔ *schnal*) *von einer relativ großen Breite* Er hat breite Schultern. ■ **die breite Masse**: *die Mehrheit der Bevölkerung* **ein breites Echo finden**: *auf großes Interesse bei vielen Menschen stoßen* ◆ Kleinschreibung→R 3.20 weit und breit; Großschreibung→R 3.7 des Breiter(e)n darlegen, des Langen und Breiten; Getrenntschreibung→R 4.2, R 4.3 sich breit machen, breit gefächert; Zusammenschreibung→R 4.11 breitschlagen

Breit·band·an·ti·bio·ti·kum das <-s, Breitbandantibiotika> (MED.: ≈ *Breitspektrumantibiotikum*) *Antibiotikum, das gegen eine Vielzahl verschiedener Erreger wirksam ist*

Breit·band·ka·bel das <-s, -> TECHN. *Spezialkabel zur Übertragung von Frequenzen mit großer Bandbreite*

breit·bei·nig <nicht steig.> *Adj. mit gespreizten, weit auseinandergestellten Beinen*

Brei·te die <-, -n> **1.** (↔ *Höhe, Tiefe*) *die* (*aus der Sicht des Betrachters von links nach rechts reichende*) *horizontale Erstreckung von etwas* die Breite des Flusses/des Hauses/der Straße ◆ Schrank-, Zimmer- **2.** (GEOGR.: ↔ *Länge*) *die Entfernung eines Punktes der Erdoberfläche vom Äquator*

Brei·ten·grad der <-(e)s, -e> GEOGR. *Gebiet, das von bestimmten Breiten² begrenzt wird* Jede Hemisphäre der Erde hat 90 Breitengrade., Berlin liegt ziwschen dem 52. und 53. Breitengrad.

breit·ge·fä·chert <nicht steig.> *so, dass es vielfältig ist und eine große Auswahl bietet* eine breitgefächerte Ausbildung, ein breitgefächertes Sortiment

breit·ge·streift <nicht steig.> *Adj. mit breiten Streifen* eine breitgestreifte Kravatte

breit·schla·gen <schlägst breit, schlug breit, hat breitgeschlagen> *mit OBJ* ■ *jmd. schlägt jmdn. breit* (*etwas zu tun*) (*umg.*) *jmdn. überreden* Sie hat sich wieder breitschlagen lassen, die Festrede zu halten.

breit·schul·t(e)·rig <nicht steig.> *Adj. so, dass jmds. Schultern breit und kräftig sind* ein breitschultriger Mann

Breit·schwanz der <-es> (*kein Plur.*) *Persianerpelz vom Fell junger Karakulschafe*

Breit·sei·te die <-, -n> **1.** (↔ *Längsseite*) *die brei-*

tere Seite von etwas **2.** MILIT. *das Abfeuern aller Geschütze auf der Längsseite eines Kriegsschiffes*

Breit·wand·film der <-(e)s, -e> *Film mit einem breiteren Format als bei Normalfilmen üblich*

Breit·wand·for·mat das <-(e)s, -e> *Format (eines Films), das zur Projektion auf eine Breitwand geeignet ist*

Bre·men <-s> *Stadt und deutsches Bundesland*

Bre·mer, **Bre·me·rin** der <-s, -> *Einwohner Bremens*

Brems·as·sis·tent der <-en, -en> KFZ *techn. Hilfe beim Bremsen in Kraftfahrzeugen*

Brems·ba·cke die <-, -n> KFZ *der Teil einer Felgenbremse, der beim Bremsen an die Felge gepresst wird*

Brems·be·lag der <-(e)s, Bremsbeläge> KFZ *Gummibelag der Bremsbacke*

Brem·se die <-, -n> **1.** ZOOL. *großes, grauschwarzes bis braungelbes Insekt, das zu den Stechfliegen gehört* **2.** TECHN. *mechanische Vorrichtung zum Anhalten eines Fahrzeugs bzw. zum Verringern der Geschwindigkeit* Die Bremsen quietschten, als er plötzlich halten musste. ◆ Felgen-, Fuß-, Hand-, Not-, Rücktritt-, Scheiben-

brem·sen <bremst, bremste, hat gebremst> **I.** *mit OBJ* ■ *jmd. bremst etwas* **1.** *die Bremse betätigen und so etwas verlangsamen oder zum Stillstand bringen* Der Lokführer bremste den Zug., Er bremste den Wagen gerade noch vor der roten Ampel. **2.** ■ *jmd./etwas bremst jmdn./etwas (übertr.) eine Entwicklung verlangsamen* Man kann ihn in seinem Eifer kaum bremsen., Wenn sie ins Erzählen kommt, ist sie nicht mehr zu bremsen. **II.** *ohne OBJ* ■ *jmd./etwas bremst zum Halten kommen* Der Zug bremste plötzlich., Der Faher hat zu spät gebremst.

Brems·flüs·sig·keit die <-, -en> KFZ *Flüssigkeit in hydraulischen Bremsanlagen* die Bremsflüssigkeit kontrollieren

Brems·klotz der <-es, Bremsklötze> *ein Klotz, den man unter die Räder eines Fahrzeugs legt, um zu verhindern, dass es wegrollt*

Brems·kraft·ver·stär·ker der <-s, -> KFZ *Vorrichtung zum Verstärken der Bremsleistung*

Brems·leuch·te die <-, -n> (KFZ: ≈ *Bremslicht*)

Brems·licht das <-(e)s, -er> KFZ *Scheinwerfer am Fahrzeugheck, der beim Bremsen aufleuchet*

Brems·pe·dal das <-s, -e> KFZ *Pedal, mit dem man die Bremse eines Kraftfahrzeugs bedient*

Brems·pro·be die <-, -n> *das probeweise Betätigen der Bremse, um so ihre Funktionstüchtigkeit zu überprüfen*

Brems·ra·ke·te die <-, -n> *Rakete, die entgegen der Bewegungsrichtung eines Raumfahrzeugs abgefeuert wird, um eine Bremswirkung zu erzielen*

Brems·schei·be die <-, -n> KFZ *Teil einer Scheibenbremse*

Brems·schlauch der <-(e)s, Bremsschläuche> KFZ *Schlauch, in dem sich die Bremsflüssigkeit befindet*

Brems·spur die <-, -en> *durch scharfes Bremsen von einem Kraftfahrzeug auf der Straße erzeugte Spur*

Brems·trom·mel die <-, -n> KFZ *zylindrischer Körper, gegen den beim Bremsen die Bremsbacken gepresst werden*

Brems·weg der <-(e)s, -e> *die Strecke, die ein Fahrzeug nach Betätigen der Bremsen noch vor Erreichen des Stillstands rollt*

Brems·zy·lin·der der <-s, -> KFZ *Zylinder, der den hydraulischen oder pneumatischen Druck in Bremsdruck umwandelt*

brenn·bar <nicht steig.> *Adj. so, dass ein Material in Brand geraten kann* ein schwer brennbares Material

Brenn·dau·er die <-> (*kein Plur.*) *die Zeitdauer, während der eine elektrische Lampe brennt, bevor sie funktionsuntüchtig wird* eine Energiesparlampe mit einer sehr langen Brenndauer

Brenn·e·le·ment das <-(e)s, -e> PHYS. *Teil einer Reaktoranlage, in dem sich Kernspaltungsprozesse vollziehen*

bren·nen <brennst, brannte, hat gebrannt> **I.** *mit OBJ* **1.** ■ *jmd. brennt etwas (aus etwas Dat.) aus einem Rohstoff durch Hitzeeinwirkung ein Produkt entstehen lassen* Ziegeln aus Lehm brennen, In dieser Gegend brennen sich viele Leute ihren Schnaps selbst. **2.** ■ *jmd. brennt etwas (auf etwas Akk.)* EDV *Daten auf eine CD-ROM aufbringen* die Daten auf eine CD brennen **3.** ■ *jmd. brennt etwas (in etwas Akk.) durch Feuer oder Glut ein Loch in etwas entstehen lassen* Er brannte mit seiner Zigarette ein Loch in seinen Anzug. **II.** *ohne OBJ* **1.** ■ *etwas brennt Flammen oder Glut erzeugen und sich dabei verbrauchen* Die Zigarette brennt., Das trockene Holz brennt gut. **2.** ■ *etwas brennt in Brand stehen* Die Holzhütte brennt. **3.** ■ *etwas brennt vor Überanstrengung schmerzen* Die Augen/die Füße brennen. **4.** ■ *etwas brennt in den Augen die Augen stark reizen* Der Qualm brennt in den Augen. **5.** ■ *jmd. brennt auf etwas Akk. ein sehr starkes Verlangen nach etwas empfinden* Ich brenne auf ein Wiedersehen mit ihr. **6.** ■ *etwas brennt ein Leuchtkörper erzeugt Helligkeit* Die Lampe/die Kerze brennt. **7.** ■ *jmd. brennt vor etwas Dat. sehr erregt sein* Er brennt immer vor Ungeduld, wenn die Ferien bevorstehen.

bren·nend <nicht steig.> *Adj.* **1.** (*umg.* ≈ *sehr*) an der Aufklärung des Unfalls brennend interessiert sein **2.** (≈ *stark*) *in sehr hohem Maße* brennendes Verlangen, brennend an etwas interessiert sein

Bren·ner[1] der <-s> (*kein Plur.*) *Gebirgspass in Österreich*

Bren·ner[2] der <-s, -> *Gerät mit offener Flamme zum schnellen und starken Erhitzen von etwas* ◆ Gas-

Bren·ne·rei die <-, -en> **1.** (*kein Plur.*) *die Herstellung von Branntwein* **2.** *Betrieb, der Branntwein herstellt* ◆ Schnaps- **3.** (≈ *Kaffeerösterei*) ◆ Kaffee-

Brenn·glas das <-es, Brenngläser> (≈ *Konvexlinse*) *speziell geschliffene Glaslinse*

Brenn·holz das <-es> (*kein Plur.*) *zum Heizen dienendes trockenes Holz* Brennholz für den Kamin sammeln

Brẹnn·ma·te·rial das <-s, -ien> *zum Heizen in einem Kamin geignetes Material* für den Winter einen Vorrat an Brennmaterial anlegen

Brẹnn·nes·sel die <-, -n> BOT. *eine Pflanze, deren Blättern bei Berührung ein brennendes Gefühl auf der Haut erzeugen*

Brẹnn·punkt der <-(e)s, -e> **1.** (PHYS.: ≈ *Fokus*) *der Punkt, in dem sich die Strahlen brechen, die in eine Linse einfallen* den Brennpunkt einer Linse bestimmen **2.** MATH. *ein Punkt, um den Kegelschnitte konstruiert werden* **3.** (CHEM.: ≈ *Flammpunkt*) *die Temperatur, bei der sich ein Stoff entzündet und weiterbrennt* **4.** (*übertr.* ≈ *Blickpunkt, Mittelpunkt*) *zentraler Punkt oder Stelle, auf die die allgemeine Aufmerksamkeit gerichtet ist* Dieses Problem steht im Brennpunkt des Interesses.

Brẹnn·raum der <-(e)s, Brennräume> TECHN. *Raum, in dem etwas brennt oder gebrannt wird*

Brẹnn·spie·gel der <-s, -> PHYS. *Hohlspiegel, in dessen Brennpunkt eingefallene Sonnenstrahlen eine so starke Temperatur erzeugen, dass man daran etwas entzünden kann*

Brẹnn·spi·ri·tus der <-> (*kein Plur.*) *ungenießbar gemachter Spiritus, der für technische Zwecke oder im Haushalt verwendet wird*

Brẹnn·stab der <-(e)s, Brennstäbe> PHYS. *Einzelteil eines Brennelements, das in einen Kernreaktor eingebracht wird*

Brẹnn·stoff der <-(e)s, -e> *leicht entzündlicher Stoff, mit dem Wärme erzeugt wird* fossile Brennstoffe

Brẹnn·stoff·zel·le die <-, -n> PHYS. *ein technisches Gerät, das aus Wasserstoff und (dem in der Luft enthaltenen) Sauerstoff Wasser erzeugt, wobei bei diesem Prozess nutzbare elektrische Energie frei wird*

Brẹnn·stoff·zel·len·au·to das <-, -> KFZ *mit Brennstoffzellen betriebenes Auto*

Brẹnn·wei·te die <-, -n> FOTOGR. *Entfernung zwischen Objektiv und Film* die Brennweite einstellen

brẹnz·lig *Adj.* (*umg.* ≈ *gefährlich*) Wenn das Wasser weiter steigt, wird unsere Lage langsam brenzlig.

Brẹ·sche ■ **für jemanden in die Bresche springen** (*umg.*): *jmdm. helfen, indem man an seiner Stelle etwas tut* **für jmdn. eine Bresche schlagen** (*umg.*): *sich für jmdn. einsetzen*

Brẹs·lau <-s> *Stadt an der Oder*

Bre·ta·g·ne die [brəˈtanjə, breˈtanjə] <-> *französische Halbinsel*

Bre·tọ·ne, **Bre·tọ·nin** der <-n, -n> *Einwohner der Bretagne*

bre·tọ·nisch <nicht steig.> *Adj. die Bretagne die Bretonen betreffend*

Bre·tọ·nisch das <-> (*kein Plur.*) *die bretonische Sprache*

Brẹtt das <-(e)s, -er> **1.** *ein langes, flaches Stück Holz* aus Brettern einen Verschlag zimmern **2.** (≈ *Spielbrett*) *die Holzplatte, auf der man bei Brettspielen die Figuren bewegt* ■ **ein Brett vor dem Kopf haben** (*umg.*): *etwas nicht sofort verstehen* **schwarzes Brett**: *Tafel in einem öffentlichen Gebäude, an dem Mitteilungen ausgehängt sind* eine Anzeige ans schwarze Brett hängen

Brẹt·ter·bu·de die <-, -n> (*abwert.*) *aus Brettern gezimmerte* (*einfache*) *Hütte*

Brẹt·ter·wand die <-, Bretterwände> *aus Brettern gezimmerte Wand* die Bretterwand weiß anstreichen

Brẹt·ter·zaun der <-(e)s, Bretterzäune> *aus Brettern gezimmerter Zaun*

Brẹtt·spiel das <-(e)s, -e> *eines der Spiele, bei denen die Spieler Figuren über ein Brett[2] bewegen*

Bre·vet das [breˈveː] <-s, -s> (*schweiz.*) *Prüfungsausweis für Flieger, Bergführer, Skilehrer, Rettungsschwimmer o.Ä.; Ernennungsurkunde für Offiziere*

Bre·vier das <-s,-e> **1.** (*rel.*) *Gebetbuch mit Stundengebeten* **2.** *Sammlung mit einzelnen Textstellen eines Dichters* ein Goethe-Brevier

Brẹ·zel, *a.* **Brẹt·zel** die <-, -n> *ein Gebäck, das wie eine Acht geformt und mit groben Salzkörnern bestreut ist* ◆ Laugen-, Salz-, Zucker-

Brẹ·zen die <-, -> (*süddt. österr.* ≈ *Brezel*)

Bridge das [brɪtʃ] <-> (*kein Plur.*) *englisches Kartenspiel für vier Spieler*

Brief der <-(e)s, -e> *ein Text, der mit der Hand oder Maschine auf ein Blatt Papier geschrieben ist, sich an eine bestimmte Person richtet und per Post transportiert wird* einen geschäftlichen/privaten Brief schreiben, den Brief in den Umschlag stecken/zur Post bringen/in den Briefkasten einwerfen ■ **jemandem Brief und Siegel auf etwas geben** (*geh.*): *jmdm. etwas fest versprechen* ◆ Abschieds-, Dankes-, Express-, Geschäfts-, Liebes-

> **i Wissenswert** Ein **Brief** besteht in der formalen Gestaltung aus mehreren Teilen, dem Briefkopf mit Datumsangabe, der Betreffzeile, der Anrede und der Schlussformel. Die Adressierung auf dem Briefumschlag gestaltet man nach folgenden Vereinbarungen: Anrede, Name, Nennung des Berufs mit Titel oder die Firma und den Ansprechpartner in jeweils getrennten Zeilen: Herrn Walter Schmidt Rechtsanwalt Oder: An das Finanzamt Mitte Zu Hd. Peter Müller Die Abkürzung „zu Hd." bedeutet dabei: „zu Händen von ". Es gilt folgende Regel: steht der Personenname (mit oder ohne „zu Hd.") nach der Firmenadresse, so darf das betreffende Schreiben von einem anderen als dem genannten Firmenangehörigen geöffnet werden, steht der Name jedoch vor der Firmenangabe, so ist das Schreiben ausschließlich an diese Person adressiert. Bei der Datumsangabe sind folgende Variationen gebräuchlich: Hamburg, den 30. November, Hamburg, am 30.11.02, Hamburg, 30. Nov. 2002, Hamburg, (den) 30.11.2002, Hamburg, im November

2002 oder die amerikanische Schreibweise: 2002-11-30. Die Betreffszeile besteht aus einer stichwortartigen Inhaltsangabe, die über der Anrede platziert wird. Dabei wird üblicherweise das Wort „Betreff:“ weggelassen. Eine Anrede wird nach Grad der Vertraulichkeit gewählt: Ist die Person, an die man sich wendet, nicht vertraut oder sogar unbekannt, so entscheidet man sich für die allgemeine Wendung: „Sehr geehrter Herr Müller“ Ist kein Ansprechpartner bekannt, ist die Formel „Sehr geehrte Damen und Herren“ gebräuchlich. Ist die Person dagegen bekannt und vertraut, so schreibt man beispielsweise: „Liebe Frau Müller“. Nach der Anrede setzt man entweder ein Ausrufezeichen. In diesem Fall muss man die nächste Zeile mit Großbuchstaben beginnen. Oder man setzt ein Komma und schreibt klein weiter. Der Briefschluss variiert wiederum je nach Verhältnis zum Gesprächspartner zwischen distanzierter oder vertrauter Formel: Hochachtungsvoll, Mit freundlichen Grüßen, Mit den besten Grüßen, Freundliche Grüße, Liebe Grüße. Im Brief gilt die allgemeine Regel der Anrede: Spricht man den Gesprächspartner mit „du“ an, so wird jegliche Anrede klein geschrieben, „Sie“ dagegen schreibt man stets groß.

Brief·ab·la·ge die <-, -n> *Behälter, in dem man Briefe ablegt, die noch beantwortet werden müssen*

Brief·be·schwe·rer der <-s, -> *ein Gegenstand, den man auf Papier legt, damit es nicht vom Wind fortgeweht werden kann*

Brief·block der <-s, Briefblöcke> *Bock, von dem einzelne Briefbogen abgetrennt werden können*

Brief·bo·gen der <-s, -/Briefbögen> *ein Blatt Papier, auf das man einen Brief schreibt*

Brief·bom·be die <-, -n> *ein Brief mit Sprengstoff, der beim Öffnen explodiert*

Brief·freund, **Brief·freun·din** der <-(e)s, -e> *ein Briefpartner, mit dem man über persönliche Dinge oder Themen regelmäßig korrespondiert*

Brief·ge·heim·nis das <-ses, -se> RECHTSW. *ein Grundrecht, das zusammen mit dem Post- und Fernmeldegeheimnis garantiert, dass persönliche, schriftliche Mitteilungen nicht von staatlichen Institutionen geöffnet werden dürfen* eine Verletzung des Briefgeheimnisses

Brie·fing das <-s, -s> *eine kurze Besprechung, in der jmd., der eine bestimmte Aufgabe ausführen soll, Informationen darüber erhält, was dabei zu beachten ist* die Mitarbeiter zu einem Briefing zusammenrufen, der Werbeagentur ein Briefing für die neuen Anzeigen geben

Brief·kas·ten der <-s, Briefkästen> **1.** *speziell gekennzeichneter Sammelbehälter an Straßen, der regelmäßig geleert wird und in den man (frankierte) Briefe einwerfen kann, die man per Post schicken will* **2.** *eine Art Kasten an der Tür eines Hauses, in welchen eingehende Briefe (vom Briefträger) geworfen werden*

Brief·kas·ten·fir·ma die <-, Briefkastenfirmen> *(verhüll.) in betrügerischer Absicht gegründete Scheinfirma, die über keine echten Betriebsmittel verfügt, sondern lediglich über ihre Adresse und Bankverbindung (illegale) Geschäfte ablaufen lässt* Über die Konten einer Briefkastenfirma in Liechtenstein wurden die finanziellen Transaktionen abgewickelt.

Brief·kopf der <-(e)s, Briefköpfe> *Angaben über Absender und oder Adressaten im oberen Teil des Briefes*

Brief·ku·vert das [...ku'veːɐ̯] <-s, -s> (≈ *Briefumschlag*)

brief·lich <nicht steig.> *Adj. so, dass etwas durch einen Brief geschieht* sich brieflich an die Behörde wenden, auf eine briefliche Antwort warten

Brief·mar·ke die <-, -n> *ein Postwertzeichen zum Freimachen von Postsendungen, das man auf einen Briefumschlag klebt*

Brief·mar·ken·au·to·mat der <-en, -en> *Verkaufsautomat für Briefmarken*

Brief·mar·ken·samm·ler, **Brief·mar·ken·samm·le·rin** der <-s, -> (≈ *Philatelist*) *jmd., der Briefmarken (aus verschiedenen Ländern) sammelt*

Brief·mar·ken·samm·lung die <-, -en> *Sammlung von Briefmarken (aus verschiedenen Ländern)*

Brief·öff·ner der <-s, -> *eine Art Messer zum Aufschneiden von Briefumschlägen*

Brief·pa·pier das <-s> *(kein Plur.) Papier, auf das man Briefe schreibt*

Brief·part·ner, **Brief·part·ne·rin** der <-s, -> *jmd., mit dem man in regelmäßigem Briefwechsel steht*

Brief·post die <-> *(kein Plur.) Postsendung, die aus Briefen besteht*

Brief·ro·man der <-s, -e> LIT. *Roman, der ausschließlich oder überwiegend in Form von Briefen geschrieben wurde*

Brief·schrei·ber, **Brief·schrei·be·rin** der <-s, -> *jmd., der einen Brief schreibt*

Brief·sen·dung die <-, -en> *Sammelbezeichnung der Post für Sendungen in Form von Briefen, Drucksachen oder Päckchen*

Brief·ta·sche die <-, -n> *kleine Mappe (aus Leder) für Ausweise und Geldscheine*

Brief·tau·be die <-, -n> *Taube mit einem sehr guten Orientierungssinn, die zur Überbringung von Nachrichten eingesetzt werden kann*

Brief·te·le·gramm das <-s, -e> *Telegramm, das telegraphisch übermittelt und mit der Briefpost ausgetragen wird*

Brief·trä·ger, **Brief·trä·ge·rin** der <-s, -> *jmd., der beruflich Briefe austrägt*

Brief·um·schlag der <-(e)s, Briefumschläge> *Papierhülle für einen Brief, die man zukleben kann*

eine Briefmarke auf den Briefumschlag kleben

Brief·waa·ge die <-, -n> *Waage zum Bestimmen des Gewichts von Briefen*

Brief·wahl die <-> (*kein Plur.*) POL. *bei Wahlen die Stimmabgabe durch einen Brief (in dem Fall, dass der Wähler am Wahltag nicht persönlich anwesend sein kann)*

Brief·wahl·an·trag der <-(e)s, Briefwahlanträge> POL. *Antrag, bei einer Wahl per Brief abstimmen zu können* einen Briefwahlantrag stellen

Brief·wahl·un·ter·la·gen die <-> (*nur Plur.*) POL. *Unterlagen, die für die Briefwahl erforderlich sind*

Brief·wech·sel der <-s, -> **1.** (≈ *Korrespondenz*) *Austausch von Briefen* mit einem Freund in regelmäßigem Briefwechsel stehen **2.** *Sammlung gedruckter Briefe von zwei Briefpartnern* der Briefwechsel von Goethe und Schiller

Brief·wer·bung die <-> (*kein Plur.*) *der Vorgang, dass Firmen Briefe an Kunden schicken, in denen sie für ihre Produkte werben*

Bries das <-es, -e> KOCH. *innere Brustdrüse von Kälbern, die als Speise zubereitet werden kann* ◆ Kalbs-

Bries·chen/Brös·chen das <-s, -> KOCH. *gebratenes Klöschen aus Bries*

Bri·ga·de die <-, -n> **1.** MILIT. *selbstständiger Verband des Heeres, der aus Truppenteilen verschiedener Waffengattungen besteht* **2.** GESCH. *kleinste Arbeitsgruppe in einem Produktionsbetrieb der ehemaligen DDR*

Bri·ga·de·kom·man·deur der [...komandøːr] <-s, -e> (MILIT.: ≈ *Brigadekommandant*) *Kommandeur einer Brigade*[1]

Bri·ga·de·lei·ter der <-s, -> GESCH. *Leiter einer Brigade*[2]

Bri·ga·dier, **Bri·ga·die·rin** der [briga'di̯eː] <-s, -e> **1.** MILIT. *Befehlshaber einer Brigade*[1] **2.** (≈ *Brigadeleiter*)

Brigg die <-, -s> SEEW. *Segelschiff mit zwei Masten*

Bri·kett das <-s, -s/(-e)> *in die Form eines Quaders gepresste Braun- oder Steinkohle* den Ofen mit Briketts heizen

Bril·lant der [brɪl'jant] <-en, -en> *geschliffener Diamant* ◆ -kette, -ohrring, -ring

bril·lant [brɪl'jant] *Adj.* (≈ *glänzend*) *so, dass es vortrefflich oder hervorragend ist* ein brillanter Schauspieler, eine brillante Aufführung/Rede

Bril·lan·ti·ne die <-, -n> (*parfümierte*) *Haarpomade*

Bril·lant·ring der [brɪl'jant...] <-(e)s, -e> *mit Brillanten besetzter Ring*

Bril·lant·schliff der [brɪl'jant...] <-(e)s, -e> *besondere Form des Schliffs bei Edelsteinen*

Bril·lanz die <-> (*kein Plur.*) **1.** (FOTOGR.: ≈ *Bildschärfe*) *gestochene Schärfe einer Fotografie* **2.** *meisterhafte Technik bei der Darbietung von etwas* die Brillanz seines Violinspiels

Bril·le die <-, -n> *zwei Linsen aus Glas oder Kunststoff, die (in ein Gestell gefasst) so vor den Augen des Benutzers getragen werden, dass sie die Sehleistung seiner Augen verbessern oder die Augen schützen* eine elegante/goldene/randlose Brille, eine Brille mit dicken Gläsern, die Brille abnehmen/aufsetzen/putzen/ins Etui stecken/ verlegt haben ◆ Lese-, Schutz-, Sonnen-, Taucher-

Bril·len·e·tui das [...ɛt'viː ...etÿiː] <-s, -s> *eine aus Kunststoff oder Metall gefertigte Schutzhülle für Brillen*

Bril·len·ge·stell das <-(e)s, -e> *die tragenden Elemente einer Brille, an denen die Gläser befestigt sind* ein filigranes/elegantes Brillengestell

Bril·len·glas das <-es, Brillengläser> *eine der beiden Linsen aus Glas oder Kunststoff, die Teile einer Brille sind*

Bril·len·schlan·ge die <-, -n> **1.** ZOOL. *indische oder afrikanische Giftschlange, deren Biss tödlich sein kann* **2.** (*umg. abwert.*) *Brillenträger(in)*

Bril·len·trä·ger, **Bril·len·trä·ge·rin** der <-s, -> *jmd., der eine Brille trägt*

bril·lie·ren [brɪl'jiːrən] <brillierst, brillierte, hat brilliert> *mit OBJ* ■ *jmd. brilliert mit etwas Dat. durch besondere Fähigkeiten oder Leistungen herausragen* Der Pianist brilliert mit seinem virtuosen Spiel.

Brim·bo·ri·um das <-s, -> (*kein Plur.*) (*abwert.*) *unnützer Aufwand* das ganze Brimborium zu Weihnachten

brin·gen <bringst, brachte, hat gebracht> *mit OBJ* **1.** ■ *jmd. bringt etwas irgendwohin an einen bestimmten Ort transportieren* Der Briefträger bringt die Post., Bringe bitte den Mantel in die Reinigung! **2.** ■ *etwas bringt etwas als Folge nach sich ziehen* Das bringt nur Ärger!, etwas bringt viel Anerkennung/Geld/Ruhm **3.** ■ *etwas bringt etwas ein bestimmtes Ergebnis bewirken* Und was hat das jetzt gebracht?, Das bringt nichts. **4.** ■ *jmd. bringt es zu etwas Dat. durch Leistungen ein bestimmtes Ziel erreichen, das mit gesellschaftlichem Ansehen und materiellem Erfolg verbunden ist* Er hat es immerhin bis zum Hauptmann/zum Professor gebracht., Sie wollte es im Leben zu etwas bringen. **5.** ■ *jmd. bringt jmdn./etwas in etwas Akk. bewirken, dass jmd. oder etwas in eine bestimmte Situation gerät* Du bringst mich immer wieder in Schwierigkeiten., Nach dieser Aufregung konnte sie ihn kaum zur Ruhe bringen., Die heftige Auseinandersetzung brachte ihn richtig in Rage. **6.** ■ *jmd. bringt jmdn. irgendwo hin jmdn. an einen anderen Ort begleiten* Die Mutter bringt das Kind ins Bett., Nach dem Theaterbesuch brachte er sie nach Hause. **7.** ■ *jmd. bringt jmdn. um etwas Akk. jmd. handelt so, dass ein anderer Schaden erleidet* Diese öffentliche Mitteilung brachte seinen Partner um seinen guten Ruf. ■ **jemand/etwas bringt's (voll)** (*umg.*): *jmd. oder etwas ist sehr gut* Das Handy bringt's voll, damit kann ich sogar ins Internet!

Bring·schuld die <-, -en> (RECHTSW.: ↔ *Holschuld*) *Schuld, die am Wohnort des Gläubigers zu begleichen ist*

bri·sant *Adj.* (*geh.* ≈ *heikel*) *so, dass etwas großes Interesse erzeugt, weil es Anlass zu Diskussionen oder zu heftigen Kontroversen gibt* Er vertrat eine brisante These., Bei diesem brisanten Thema darf man sich auf heftige Diskussionen gefasst machen.

Bri·sanz die <-> (*kein Plur.*) (*geh.*) *der brisante Charakter von etwas* die Brisanz der aktuellen politischen Situation

Bri·se die <-, -n> *leichter Wind, besonders über dem Meer und an der Küste* Vom Meer her weht eine leichte Brise.

Bri·tan·nien das <-s> **1.** *kurz für „Großbritanien"* **2.** *alter Name für England und Schottland*

Bri·te, **Bri·tin** der <-n, -n> *jmd., der die britische Staatsbürgerschaft hat*

bri·tisch <nicht steig.> *Adj. Großbritannien, die Briten betreffend*

Broc·coli der *Plur. s.* **Brokkoli**

Bröck·chen das <-s, -> *kleiner Brocken* ein Bröckchen Brot

brö·ckeln <bröckelst, bröckelte, hat/ist gebröckelt> **I.** *mit OBJ* ■ *jmd. bröckelt etwas in/auf etwas Akk.* (*haben*) *in Form vieler kleiner Stücke fallen lassen* Er hat das Brot in die Suppe gebröckelt. **II.** *ohne OBJ* ■ *etwas bröckelt* (*von etwas Dat.*) (*sein*) *etwas fällt in vielen kleinen Stücken von etwas herunter* Der Putz bröckelt (von der Mauer).

Bro·cken der <-s, -> *ein größerer Klumpen von etwas* ein Brocken Fleisch/Lehm ■ **ein harter Brocken sein** (*umg.*): *eine schwierige Aufgabe sein*

bro·cken <brockst, brockte, hat gebrockt> *mit OBJ* ■ *jmd. brockt etwas in etwas Akk. etwa in Form von einzelnen Brocken in etwas fallen lassen* Er brockt das Brot in die Suppe.

bröck·lig, *a.* **bröcke·lig** *Adj. so, dass es in Brocken zerfällt oder zu zerfallen droht* eine bröcklige Mauer

bro·deln <brodelst, brodelte, hat gebrodelt> *ohne OBJ* ■ *etwas brodelt mit sehr großer Hitze kochen* Die Lava brodelt.

Bro·dem der <-s> (*kein Plur.*) (*geh.*) (*einen üblen Geruch verbreitender*) *Dunst*

Broi·ler der <-s, -> (*ostmdt.*) *gegrilltes Hähnchen*

Bro·kat der <-(e)s, -e> *schweres, gemustertes, meist mit Gold- oder Silberfäden gearbeitetes Gewebe* eine Kissenhülle aus Brokat ◆ Gold-, Silber-

Bro·ker der ['bro:kɐ, 'broʊkə] <-s, -> WIRTSCH. *jmd., der beruflich mit Wertpapieren handelt*

Brok·ko·li, *a.* **Broc·co·li** *Plur. blumenkohlähnliche Gemüseart*

Brom das <-s> (*kein Plur.*) CHEM. *chemisches Element, Zeichen Br*

Brom·bee·re die <-, -n> **1.** BOT. *zu den Rosengewächsen gehörende Pflanze, die in Ranken oder als Strauch wächst* **2.** *Frucht der Brombeere*[1] ◆ Brombeerkonfitüre, -likör, -marmelade, -saft

Brom·beer·strauch der <-(e)s, Brombeersträucher> *Brombeere*[1]

bron·chi·al <nicht steig.> *Adj.* MED. *so, dass es die Bronchien betrifft oder zu den Bronchien gehört*

Bron·chi·al·kar·zi·nom das <-s, -e> (*Plur. selten*) MED. *Krebserkrankung, die von den Schleimhäuten der Bronchien ausgeht*

Bron·chi·al·ka·tarrh, *a.* **Bron·chi·alka·tarr** der <-s, -e> (MED.: ≈ *Bronchitis*)

Bron·chie die <-, -n> (*meist Plur.*) ANAT. *einer der beiden Zweige der Luftröhre, welche sich immer feiner verästeln*

Bron·chi·tis die <-, Bronchitiden> MED. *Entzündung der Schleimhäute der Bronchien* akute/chronische Bronchitis

Bron·chos·ko·pie die <-, -n> MED. *direkte Betrachtung der Bronchien durch ein Spekulum mit elektrischer Lichtquelle*

Bron·to·sau·rus der <-, Brontosaurier> *riesiger Saurier, der bis zu dreißig Meter lang werden konnte*

Bron·ze die ['brɔŋsə, 'brõ:sə] <-, -n> **1.** (*kein Plur.*) *eine Mischung aus Kupfer und Zinn* **2.** *Kunstgegenstand aus Bronze*[1] Er hat seine Bronzen in einer Galerie ausgestellt. **3.** (SPORT: ↔ *Gold, Silber*) *Medaille aus Bronze*[1] *für den dritten Platz in einem Wettbewerb*

bron·ze·far·ben ['brɔŋsə..., 'brõ:sə...] <nicht steig.> *Adj.* (≈ *bronzefarbig*) *von der gelblichbraunen Farbe von Bronze*[1] ein bronzefarbener Bilderrahmen

Bron·ze·me·dail·le die ['brɔŋsə..., 'brõ:sə...] <-, -n> (↔ *Goldmedaille, Silbermedaille*) *Auszeichnung für den Dritten eines* (*meist sportlichen*) *Wettkampfes* die Bronzemedaille im Kugelstoßen

bron·zen ['brɔŋsən, 'brõ:sən] <nicht steig.> *Adj. aus Bronze*[1] eine bronzene Statue

Bron·ze·re·li·ef das ['brɔŋsə..., 'brõ:sə...] <-s, -s> KUNST *Relief aus Bronze*

Bron·ze·zeit die ['brɔŋsə..., 'brõ:sə...] <-> (*kein Plur.*) GESCH. *Zeit zwischen dem dritten und dem Beginn des ersten Jahrtausends vor Christus*

Bro·sa·me die <-n, -n> (*meist Plur.*) (*veralt.*) *kleiner Krümel von Brot oder anderem Gebäck*

Bro·sche die <-, -n> *Schmuckstück, das mit einer Nadel angesteckt wird*

Brös·chen das KOCH *s.* **Brieschen**

bro·schie·ren <broschierst, broschierte, hat broschiert> *mit OBJ* ■ *jmd. broschiert etwas* DRUCKW. *Druckbogen in einen Umschlag aus Karton heften oder leimen*

bro·schiert <nicht steig.> *Adj.* DRUCKW. *in einen Umschlag aus Karton geheftet oder geleimt* eine broschierte Ausgabe der Werke Kafkas

Bro·schur die <-, -en> DRUCKW. *Druckwerk mit einem Umschlag aus Papier ohne Einbanddeckel*

Bro·schü·re die <-, -n> *leicht geheftetes, kleineres Druckwerk, das über etwas informiert* ◆ Informations-, Werbe-

Bro·schur·ein·band der <-(e)s, Broschureinbände> DRUCKW. *Einband einer Broschur*

Brö·sel der <-s, -> (≈ *Krümel*) *ein kleines Stückchen von einer festen, trockenen Substanz* sich die Brösel von der Jacke klopfen ◆ Kuchen-, Semmel-

Brot das <-(e)s, -e> **1.** *das Grundnahrungsmittel, das aus Mehl, Salz, Wasser und Hefe gebacken wird* Die Gefangenen lebten von Wasser und Brot., Unser tägliches Brot gib uns heute! ◆ Grau-, Knäcke, Kümmel-, Roggen-, Schwarz-, Vollkorn-, Weiß- **2.** *ein gebackenes Stück von Brot*[1] das Brot in Scheiben schneiden, beim Bäcker ein Brot und fünf Brötchen kaufen ◆-laib **3.** *eine Scheibe von Brot*[2] ein Brot mit Käse/Wurst belegen, ein Brot mit Butter/Frischkäse/Marmelade bestreichen, für den Ausflug Brote machen ◆Butter-, Frühstücks-, Käse-, Wurst-

Brọt·be·ruf der <-(e)s, -e> (*umg.*) *ein Beruf, den man nur zum Geldverdienen ausübt* (*und der nichts mit dem eigentlichen Interesse oder den eigentlichen Neigungen einer Person zu tun hat*) Die Tätigkeit als Buchhalter blieb für den Dichter zeitlebens ein Brotberuf.

Brọ̈t·chen das <-s, -> (≈ *Semmel*) *ein meist rundes Gebäck, das aus Mehl, Salz, Wasser und Hefe gebacken wird* frische/knusprige Brötchen zum Frühstück, Brötchen beim Bäcker holen ■ **kleinere Brötchen backen** (*umg.*): *sich mit weniger zufrieden geben* **seine Brötchen verdienen mit ...** (*umg.*): *seinen Lebensunterhalt verdienen mit ...* ◆Mohn-, Rosinen-, Sesam-

Brọ̈t·chen·ge·ber der <-s, -> (*umg. scherzh.*) *Arbeitgeber*

Brọt·ein·heit die <-, -en> MED. *Einheit zur Berechnung der Menge an Kohlenhydraten, die für Diabetiker sehr wichtig ist*

Brọt·frucht·baum der <-(e)s, Brotfruchtbäume> BOT. *zur Familie der Maulbeergewächse gehörender Baum mit essbaren Früchten*

Brọt·kas·ten der <-s, Brotkästen> *kastenartiger Behälter zum Aufbewahren von Brot*[2]

Brọt·kru·me die <-, -n> *kleines Bröckchen vom Brot*

Brọt·laib der <-(e)s, -e> *ein ganzes Brot*[2]

brọt·los <nicht steig.> *Adj. so, dass das aus einer Tätigkeit resultierende Einkommen nicht ausreicht, um den Lebensunterhalt zu bestreiten* Ist die Malerei immer eine brotlose Kunst?

Brọt·neid der <-(e)s> (*kein Plur.*) (*geh.*) *Neid auf den Verdienst eines anderen*

Brọt·rin·de die <-, -n> *äußere Kruste von Brot*[2] eine knusprige Brotrinde

Brọt·schei·be die <-, -n> (≈ *Brotschnitte*) *eine Scheibe Brot* eine Brotscheibe mit Wurst belegen

Brọt·schnei·de·ma·schi·ne die <-, -n> *Maschine zum Schneiden von Brot*[2] *in einzelne Scheiben*

Brọt·schrift die <-, -en> DRUCKW. *Schriftart für Bücher und Zeitungen, die besonders häufig verwendet wird*

Brọt·zeit die <-, -en> **1.** *Pause, während der man etwas isst* (*und trinkt*) **2.** (*kein Plur.*) *das, was man zur Brotzeit*[1] *isst* (*und trinkt*) eine Brotzeit mit zur Arbeit nehmen

Browser der ['brau̯zə] <-s, -> EDV *Suchprogramm zur Suche von Dokumenten im Internet*

BRT *Abkürzung von „Bruttoregistertonne"*

Brụch der <-(e)s, Brüche> **1.** *das Brechen II.3 von etwas* ◆Achs-, Damm-, Rohr- **2.** (*kein Plur.*) *Missachtung einer Abmachung* ◆Ehe-, Friedens-, Vertrags- **3.** MATH. *kurz für „Bruchzahl"* **4.** MED. *kurz für „Knochenbruch" oder „Eingeweidebruch"* ◆Arm-, Bein-, Leisten- **5.** *Abreißen einer wichtigen Verbindung* der Bruch der Freundschaft, der Bruch mit der Tradition ■ **etwas geht in die Brüche** (*umg.*): *eine Verbindung zwischen Menschen reißt ab* Ihre Freundschaft ging in die Brüche. **6.** (*umg. abwert.*) *ein minderwertiger Gegenstand* Ihre so genannten Möbel hier – das ist doch alles Bruch! **7.** (*Jargon* ≈ *Einbruch*) Kaum aus dem Gefängnis entlassen hatte er schon wieder einen Bruch gemacht.

Brụch·band das <-(e)s, Bruchbänder> MED. *Bandage, mit der ein Eingeweidebruch gestützt werden soll*

Brụch·bu·de die <-, -n> (*umg. abwert.*) *baufälliges Haus*

brụch·fest <nicht steig.> *Adj. so, dass es nicht zerbrechen kann* Brillengläser aus bruchfestem Kunststoff

Brụch·fes·tig·keit die <-> (*kein Plur.*) *bruchfeste Beschaffenheit* die Bruchfestigkeit eines Werkstoffes prüfen

brụ̈·chig *Adj.* (≈ *morsch*) *so, dass es leicht brechen kann* ein brüchiger Knochen, eine brüchige Beziehung

Brụch·lan·dung die <-, -en> **1.** *Flugzeugunglück, das durch eine missglückte Landung verursacht wird* **2.** (*übertr.*) *Misserfolg* Mit seinem neuen Projekt erzielte er eine Bruchlandung.

Brụch·pi·lot der <-en, -en> (*umg. abwert.*) *jmd., der eine Bruchlandung hinter sich hat*

Brụch·rech·nung die <-, -en> MATH. *das Rechnen mit Bruchzahlen*

Brụch·scha·den der <-s, Bruchschäden> *Schaden, der durch das Zerbrechen von Waren entstanden ist*

Brụch·scho·ko·la·de die <-> (*kein Plur.*) *zerbrochene Schokolade, Schokoladenabfälle*

brụch·si·cher <nicht steig.> *Adj. so, dass es gegen Zerbrechen gesichert ist* Das Porzellan wird für den Transport bruchsicher verpackt.

Brụch·stein der <-(e)s, -e> *Naturstein, der aus dem Felsen gebrochen wurde und ohne weitere Bearbeitung verwendet wird* eine Mauer aus Bruchstein errichten

Brụch·stel·le die <-, -n> *Stelle, an der etwas gebrochen ist* die Bruchstelle kleben

Brụch·strich der <-(e)s, -e> MATH. *der kleine Strich innerhalb einer Bruchzahl, oberhalb dessen der Zähler*[1] *und unterhalb dessen der Nenner steht*

Brụch·stück das <-(e)s, -e> **1.** *Teil, das von etwas abgebrochen ist* das Bruchstück einer Vase, Er konnte nur einzelne Bruchstücke des Gesprächs verstehen. **2.** (≈ *Fragment*) *unvollendeter Teil eines Kunstwerks* Bisher wurden nur Bruchstücke seines literarischen Schaffens veröffentlicht.

brụch·stück·haft *Adj. so, dass nur Teile von etwas vorhanden sind* Ich kann mich nur noch bruchstückhaft an diesen Abend erinnern.

Brụch·teil der <-(e)s, -e> *sehr kleiner Teil von etwas* im Bruchteil einer Sekunde ◆Sekunden-

Brụch·zahl die <-, -en> MATH. *eine aus Zähler*[1] *und Nenner bestehende Zahl*

Brụ̈·cke die <-, -n> **1.** *ein Bauwerk, das es ermög-*

licht, einen Fluss, ein Tal oder eine Straße zu überqueren eine hölzerne/steinerne Brücke, eine Brücke über den Rhein ◆-nkonstruktion, Autobahn- Eisenbahn-, Hänge-, Holz-, Stein- **2.** *etwas, das eine verbindende Funktion hat* Die Kunst lässt Brücken zwischen Menschen verschiedener Nationen entstehen. ◆-nfunktion **3.** *eine Zahnprothese, die eine Zahnlücke überbrückt* **4.** SEEW. *Kommandozentrale auf einem Schiff* **5.** (≈ *Läufer*) *ein schmaler Teppich* **6.** SPORT *eine gymnastische Übung, bei der der Körper so weit zurückgebogen wird, bis die Hände den Boden erreichen*

Brü·cken·bau der <-(e)s> (*kein Plur.*) *das Bauen von Brücken*[1]

Brü·cken·ge·län·der das <-s, -> *Geländer am Rand einer Brücke*[1]

Brü·cken·kopf der <-(e)s, Brückenköpfe> MILIT. *Befestigung zur Sicherung eines Flussübergangs*

Brü·cken·pfei·ler der <-s, -> *Stützpfeiler einer Brücke*[1]

Brü·cken·ram·pe die <-, -n> *flach ansteigende Auffahrt zu einer Brücke*[1]

Brü·cken·tag der <-(e)s, -e> *Arbeitstag, der zwischen zwei freien Tagen liegt und sich deshalb als Urlaubstag anbietet*

Brü·cken·trä·ger der <-s, -> *etwas, das die Brücke*[1] *trägt, z.B. Beton- oder Eisenpfeiler*

Brü·cken·waa·ge die <-, -n> *Waage mit einer breiten Plattform (Brücke) für die Last und ungleicharmigen Hebeln*

Brü·cken·zoll der <-s, Brückenzölle> (*gesch.* ≈ *Brückenmaut*) *Abgabe für die Überquerung einer Brücke*

Bru·der der <-s, Brüder> **1.** *männlicher Verwandter, der von denselben Eltern abstammt* Mein Bruder ist älter als ich., Sie hat noch zwei Brüder und eine Schwester. ◆Zwillings- **2.** *Bezeichnung für einen Mönch oder Ordenspriester* ein geistlicher Bruder ◆Kloster-, Ordens- **3.** (*geh.*) *jmd., mit dem sich jmd. sehr verbunden fühlt* Sie waren Brüder im Geiste. ◆Bundes-, Glaubens-

Bru·der·krieg der <-(e)s, -e> *Krieg zwischen verwandten Völkern*

Bru·der·kuss der <-es, Brüderküsse> *Kuss, der die Freundschaft zwischen Politikern symbolisiert*

Bru·der·land das <-(e)s, Bruderländer> *ein verbündetes oder befreundetes Land*

brü·der·lich <nicht steig.> *Adj. so, wie es unter Brüdern üblich ist* sich etwas brüderlich teilen

Brü·der·lich·keit die <-> (*kein Plur.*) *brüderliche, liebevolle Gesinnung oder Haltung*

Bru·der·lie·be die <-> (*kein Plur.*) **1.** *Liebe zum Bruder* **2.** *christliche Nächstenliebe* sich in Bruderliebe um die Armen kümmern

Bru·der·mord der <-(e)s, -e> *Mord am eigenen Bruder*

Bru·der·schaft die <-, -en> REL. *katholische Vereinigung von Geistlichen und Laien*

Brü·der·schaft die <-, -en> (*Plur. selten*) *brüderliches Verhältnis, enge Freundschaft* ■ **Brüderschaft trinken**: *den Beginn einer Duzfreundschaft feiern, indem man gemeinsam Wein o.Ä. trinkt*

Bru·der·volk das <-(e)s, Brudervölker> *eng verwandtes, befreundetes Volk*

Brü·he die <-, -n> **1.** (KOCH.: ≈ *Boullion*) *eine klare Suppe, die durch das Kochen von Fleisch, Gemüse o.Ä. zubereitet wird* eine Tasse heiße Brühe trinken ◆Gemüse-, Hühner-, Rinder- **2.** (*abwert.*) *ein schlecht schmeckendes Getränk* Und diese Brühe nennt ihr „Kaffee"? **3.** (*abwert.*) *verschmutztes Wasser* In dieser schmutzigen Brühe kann man nicht baden.

brü·hen <brühst, brühte, hat gebrüht> *mit OBJ* ■ *jmd. brüht etwas auf mit heißem Wasser zubereiten* den Kaffee frisch brühen, frisch gebrühter Kaffee

brüh·heiß <nicht steig.> *Adj. kochend heiß* eine brühheiße Flüssigkeit

brüh·warm <nicht steig.> *Adv.* (*umg.*) *so, dass jmd. sofort etwas weitererzählt, was er gerade eben erst gehört hat* Natürlich musste sie die Neuigkeit brühwarm weitererzählen.

Brüh·wür·fel der <-s, -> *in Würfelform gepresster Extrakt aus Gemüse, Fleisch, Gewürzen o.Ä., der beim Auflösen in heißem Wasser eine Brühe*[1] *ergibt*

brül·len <brüllst, brüllte, hat gebrüllt> **I.** *mit OBJ* ■ *jmd. brüllt etwas* (≈ *schreien* ↔ *flüstern*) *sehr laut rufen* Er brüllte etwas über die Straße, was ich nicht verstand., Der Offizier brüllte die Kommandos über den Hof. **II.** *ohne OBJ* ■ *jmd. brüllt* (≈ *schreien*) *sehr laut schreien* Das Kind brüllt schon seit Stunden., Der Verletzte brüllte vor Schmerzen. ■ **zum Brüllen sein** (*umg.*): *sehr lustig sein* **Gut gebrüllt Löwe!** (*umg.*): *Das hast du gut gesagt!*

Brumm·bär der <-en, -en> (*umg. abwert.*) *schlecht gelaunter, unfreundlicher Mensch*

brum·men <brummst, brummte, hat gebrummt> **I.** *mit OBJ* ■ *jmd. brummt etwas* **1.** *einen langen tiefen Ton von sich geben* Der Sänger brummte die tiefsten Töne nur, statt sie zu singen. **2.** (≈ *murmeln*) *etwas unverständlich artikulieren* Er brummte eine Antwort vor sich hin, so dass ihn niemand verstehen konnte. **3.** *etwas in schlechter Laune äußern* „So geht das nicht", brummte er. **II.** *ohne OBJ* ■ *jmd./etwas brummt* **1.** *einen langen, tiefen Ton von sich geben* Der Motor brummt., Der Bär brummt. **2.** (*Jargon*) *eine Gefängnisstrafe verbüßen* Er brummt seit einem Jahr. **3.** ■ **jemandem brummt der Kopf**: *jmd. hat Kopfschmerzen* Mir brummt nach dem stundenlangen Lernen der Kopf.

Brum·mer der <-s, -> (*umg.*) **1.** *eine große, meist lästige Fliege* **2.** *ein schwerer Lastkraftwagen*

brum·mig *Adj.* (*umg.*) *mürrisch, übel gelaunt* ein brummiges Gesicht machen ▶Brummigkeit

Brumm·schä·del der <-s> (*kein Plur.*) (*umg.* ≈ *Kater*) *Kopfschmerzen nach übermäßigem Alkoholgenuss*

Brunch der [brantʃ, branʃ] <-(e)s, -(e)s> *ein am späteren Vormittag eingenommenes reichhaltiges Frühstück, welches das Mittagessen ersetzt*

brun·chen [brantʃən, branʃən] <brunchst, brunchte, hat gebruncht> *ohne OBJ* ■ *jmd. bruncht einen Brunch einnehmen*

Bru·nei <-s> *Staat auf Borneo*

Bru·nei·er, **Bru·nei·e·rin** der <-s, -> *Einwohner Bruneis*

bru·nei·isch <nicht steig.> *Adj. Brunei, die Bruneier betreffend*

Bru·nel·le die *s.* **Braunelle**

brü·nett <nicht steig.> *Adj. mit bräunlicher Haarfarbe* Sie ist ein brünetter Typ.

Brü·net·te die <-n, -n> *Frau mit bräunlichen Haaren und bräunlicher Hautfarbe*

Brunft die <-, Brünfte> *s.* **Brunst**

Brun·nen der <-s, -> *eine eingefasste Anlage, bei der man aus einem Loch, das tief in die Erde gebohrt ist, Grundwasser entnehmen kann* einen Brunnen bohren ◆ Dorf-, Heil-, Mineral-

Brun·nen·haus das <-es, Brunnenhäuser> *Schutzhäuschen über einem Brunnen*

Brun·nen·kres·se die <-> (*kein Plur.*) BOT. *eine in Bächen und Quellen wachsende Pflanze, die man essen kann* einen Salat mit Brunnenkresse zubereiten

Brun·nen·schacht der <-(e)s, Brunnenschächte> *Schacht eines Brunnens*

Brun·nen·was·ser das <-s> (*kein Plur.*) *aus einem Brunnen kommendes Wasser*

Brunst die <-, Brünste> (*meist im Sing.*) (ZOOL.: ≈ *Brunft, Brunstzeit*) *Paarungszeit bei vielen Säugetieren z.B. bei Rehen und Hirschen*

brüns·tig <nicht steig.> *Adj.* ZOOL. *so, dass ein Tier paarungsbereit ist* ein brünstiger Hirsch

brüsk *Adj.* (≈ *barsch, schroff*) *unerwartet unhöflich* eine brüske Antwort geben, jmdm. brüsk den Rücken kehren

brüs·kie·ren <brüskierst, brüskierte, hat brüskiert> *mit OBJ* ■ *jmd. brüskiert jmdn.*(*mit etwas Dat./durch etwas Akk.*), ■ *etwas brüskiert jmdn.* (*geh.*) *schroff und abweisend sein und damit jmdn. erschrecken und beleidigen* Er brüskiert sie mit seiner unfreundlichen Art., Sein Verhalten hat mich brüskiert.

Brüs·sel <-s> *Hauptstadt von Belgien*

Brust die <-, Brüste> **1.** (*kein Plur.*) *der vordere Teil des Oberkörpers* die behaarte Brust des Mannes, Die Pistolenkugel durchschlug die Brust., Bei diesem Eingriff muss der Chirurg die Brust öffnen. **2.** (≈ *Brusthöhle*) *Innenraum des Rumpfes* Das Herz schlägt ihm in der Brust. **3.** *eines der beiden Organe an der Vorderseite der Brust[1] der Frau* dem Kind die Brust geben ■ **einen zur Brust nehmen** (*umg.*): *Alkohol trinken* **jemanden an die Brust drücken**: *jmdn. umarmen* ◆ Mutter-

Brust·bein das <-(e)s, -e> ANAT. *der flache Knochen im oberen Bereich der Brust[1]*

Brust·beu·tel der <-s, -> *eine kleine Tasche, die an einem Band um den Hals unter der Kleidung getragen wird und vor der Brust[1] hängt und in der man meist Geld transportiert*

brüs·ten <brüstest, brüstete, hat gebrüstet> *mit SICH* ■ *jmd. brüstet sich* (*mit etwas Dat.*) (*vor jmdm.*) (*abwert.* ≈ *prahlen*) *zeigen, dass man sehr stolz auf sich ist, indem man immer wieder von seinem Erfolg spricht* Er brüstete sich schon wieder mit seiner Note.

Brust·ent·zün·dung die <-, -en> MED. *Entzündung der Brust[2]*

Brust·fell das <-(e)s, -e> (ANAT.: ≈ *Pleura*) *die Brusthöhle umgebende Haut*

Brust·fell·ent·zün·dung die <-, -en> (MED.: ≈ *Pleuritis*) *Entzündung des Brustfells*

Brust·haar das <-(e)s, -e> (*männliche*) *Behaarung auf der Brust*

Brust·kind das <-(e)s, -er> (↔ *Flaschenkind*) *Kind, das gestillt und so mit Muttermilch ernährt wird*

Brust·kno·ten der <-s, -> MED. (*krankhafter*) *Knoten in der Brust*

Brust·korb der <-(e)s, Brustkörbe> ANAT. *Herz und Lunge umschließender Teil des Skeletts*

Brust·krebs der <-es> (*kein Plur.*) (MED.: ≈ *Mammakarzinom*) *Befall einer Brust[3] mit Krebs[4]*

Brust·mus·kel der <-s, -n> ANAT. *Muskel im Bereich der Brust*

Brust·pan·zer der <s, -> (≈ *Brustharnisch*) *Brustschutz bei mittelalterlichen Ritterrüstungen*

Brust·plas·tik die <-, -en> *operative Korrektur der Form der Brust[3]*

Brust·schmerz der <-es, -en> *Schmerzen im Bereich der Brust[2 3]*

Brust·schwim·men das <-s> (*kein Plur.*) SPORT *eine Schwimmtechnik, bei der der Schwimmer mit der Brust auf dem Wasser liegt*

Brust·ta·sche die <-, -n> *an der Vordereite einer Jacke oder eines Hemds befindliche Tasche*

Brust·tee der <-s, -s> *Tee aus Heilkräutern zur Behandlung von Erkrankungen der Atemwege*

Brust·um·fang der <-s, Brustumfänge> (*Plur. selten*) (≈ *Brustweite*) *Umfang des Brustkorbes* den Brustumfang messen

Brüs·tung die <-, -en> *eine Schutzwand, ein Geländer an Balkonen und Brücken, die verhindern soll, dass jmd. abstürzt* Sie beugte sich über die Brüstung, um in den Hof hinunter zu sehen. ◆ Balkon-, Fenster-, Holz-, Marmor-

Brüs·tungs·wand die <-, -Brüstungswände> *Mauerstück zwischen Fußboden und Fenster*

Brust·war·ze die <-, -n> ANAT. *eine der beiden dunkel pigmentierten, warzenförmigen Erhebungen an der Brust[1]*

Brust·wi·ckel der <-s, -> (≈ *Brustumschlag*) *feuchter Umschlag um die Brust[1], der bei Erkrankungen der Atemwege angewendet wird*

Brut die <-> (*kein Plur.*) **1.** *aus Eiern geschlüpfte Jungtiere* Die Amsel füttert ihre Brut. **2.** *das Brüten[1]* ◆ -ei, -henne, -zeit, Vogel-, **3.** (*abwert.* ≈ *Gesindel, Pack*) *Gruppe von Personen, die man ablehnt*

bru·tal *Adj.* (*abwert.* ≈ *barbarisch*) *so, dass jmd. roh und gewalttätig ist* ein brutaler Mensch, Das Opfer wurde brutal misshandelt.

Bru·ta·li·sie·rung die <-> (*kein Plur.*) das Verrohen, Nimmt die Brutalisierung an den Schulen zu?

Bru·ta·li·tät die <-, -en> **1.** (*kein Plur.*) *Gewalttätigkeit, Rücksichtslosigkeit* **2.** *gewalttätige, rücksichtslose Tat*

brü·ten <brütest, brüstete, hat gebrütet> *ohne OBJ* **1.** ■ *ein Tier brütet als Vogel auf befruchteten Eiern sitzen* Die Vögel brüten in dieser Jahreszeit. **2.** ■ *jmd. brütet über etwas Dat.* (*umg.*) *über etwas angestrengt nachdenken* Seit Tagen schon brütete sie über dieser Aufgabe.

brü·tend <nicht steig.> *Adj.* ■ **brütend heiß**: *sehr heiß* **brütende Hitze**: *sehr große Hitze*

Brü·ter der <-s, -> PHYS. ■ **schneller Brüter**: *Kernreaktor zur Erzeugung von spaltbarem Material*

Brut·fisch·chen das <-s, -> *kleine, zur Zucht bestimmte Fische*

Brut·hen·ne die <-, -n> (≈ *Glucke*) *Henne, die brütet*[1] Die Bruthenne sitzt auf dem Nest mit den Eiern.

Brut·kas·ten der <-s, Brutkästen> MED. *ein Apparat zur Versorgung von Babys, die zu früh geboren wurden*

Brut·schrank der <-(e)s, Brutschränke> **1.** *beheizbarer Schrank, in dem Eier ausgebrütet werden* **2.** (BIOL. MED.: ≈ *Brutapparat*) *beheizbarer Laborschrank zur Aufzucht von Mikroorganismen*

Brut·stät·te die <-, -n> **1.** (≈ *Brutplatz*) *Ort, an dem die Eier ausgebrütet werden* **2.** (*abwert.*) *Ort, an dem sich Seuchen, Ungeziefer und Verbrechen besonders gut entwickeln* eine Brutstätte der Kriminalität

Brut·stoff der <-s, -e> PHYS. *Stoff, der durch Neutroneneinfang im Brutreaktor thermisch spaltbar geworden ist*

brut·to <nicht steig.> *Adv.* (↔ *netto*) **1.** *ohne Abzug von Steuern und Steuern* **2.** *Warengewicht mit Verpackung*

Brut·to·ein·kom·men das <-s, -> (↔ *Nettoeinkommen*) *das Einkommen, das man vor Abzug der Steuern hat*

Brut·to·ein·nah·me die <-, -n> (↔ *Nettoeinnahme*) *die Einnahme, die man vor Abzug der Steuern hat*

Brut·to·er·trag der <-(e)s, Bruttoertäge> (↔ *Nettoertrag*) *der Ertrag, den man vor Abzug der Steuern hat*

Brut·to·ge·wicht das <-s, -e> (↔ *Nettogewicht*) *das Gewicht einer Ware einschließlich ihrer Verpackung*

Brut·to·ge·winn der <-s, -e> (↔ *Nettogewinn*) *der Gewinn, den man vor Abzug der Steuern hat*

Brut·to·lohn der <-(e)s, Bruttolöhne> *s.* **Bruttoeinkommen**

Brut·to·mo·nats·ein·kom·men das <-s, -> (↔ *Nettomonatseinkommen*) *Einkommen während eines Monats vor Abzug der Steuern*

Brut·to·mo·nats·ent·geld das <-(e)s, -er> (↔ *Nettomonatsentgeld*) *s.* **Bruttolohn**

Brut·to·preis der <-es, -e> (↔ *Nettopreis*) *Gesamtpreis vor Abzug von Rabatt*

Brut·to·raum·zahl die <-, -en> SEEW. *Einheit, mit der der Rauminhalt eines Schiffes errechnet wird*

Brut·to·re·gis·ter·tonne die <-, -n> SEEW. *Maßzahl für das Volumen von Schiffen*

Brut·to·so·zi·al·pro·dukt das <-(e)s, -e> WIRTSCH. *die Gesamtheit aller Dienstleistungen und Wirtschaftsgüter eines bestimmten Wirtschaftsbereiches innerhalb eines bestimmen Zeitraumes*

Brut·to·wert·schöp·fung die <-> (*kein Plur.*) (↔ *Nettowertschöpfung*) *s.* **Bruttogewinn**

Brut·to·zu·wachs der <-e, Bruttozuwächse> (↔ *Nettozuwachs*) *der Zuwachs an etwas vor Abzug der Steuern und Abgaben*

brut·zeln <brutzelst, brutzelte, hat gebrutzelt> (*umg.*) **I.** *mit OBJ* ■ *jmd. brutzelt etwas etwas braten* Er brutzelt ein Schnitzel. **II.** *ohne/mit OBJ* ■ *etwas brutzelt (irgendwo) gebraten werden* Der Fisch brutzelt in der Pfanne.

BSE [beʔes'eː] <-> *kurz für „bovine spongiforme Enzephalopathie", Seuche, die vor allem bei Rindern zu unheilbaren Veränderungen im Gehirn führt* Sie isst aus Angst vor BSE kein Rindfleisch mehr.; (≈ *Rinderwahnsinn*)

BSP *Abkürzung von „Bruttosozialprodukt"*

Btx-Ge·rät das <-(e)s, -e> *(Fernseh)gerät mit Bildschirmtext*

Bu·b/Bu·be der <-n, -n> (*süddt. österr. schweiz.* ≈ *Junge*)

Büb·chen das <-s, -> (≈ *Büblein*) *kleiner Bub*

Bu·ben·streich der <-(e)s, -e> (≈ *Jungenstreich, Dummerjungenstreich*)

Bu·ben·stück das <-(e)s, -s> (*veralt.*) *üble Tat;* (≈ *Schurkerei*)

Bü·be·rei die <-, -en> (*geh.*) *s.* **Bubenstück**

Bu·bi der <-s, -s> **1.** *Koseform von „Bube"* **2.** (*abwert.*) *unreif wirkender junger Mann* Was willst du denn mit so einem Bubi?

Buch das <-(e)s, Bücher> **1.** *mehr oder minder viele bedruckte Bögen Papier, die zusammengeheftet sind und von einem festen Umschlag aus Pappe schützend umgeben werden* Das Buch hat 1200 Seiten., ein Buch lesen/aus dem Regal nehmen/wieder ins Regal stellen, das Impressum/der Klappentext/der Rücken/ die Seitenzahl/der Umschlag eines Buches, in einem Buch blättern **2.** *ein längerer Text in der Form eines Buches*[1] wissenschaftliche Bücher, ein informatives/lehrreiches/spannendes Buch, die Besprechung/die Leser/die Rezension/der Titel/ der Verlag eines Buches **3.** (WIRTSCH.: *nur Plur.*) *Verzeichnis der Einnahmen und Ausgaben eines Betriebes* Einsicht in die Bücher verlangen ■ **etwas ist jemandem ein Buch mit sieben Siegeln** (*umg.*): *jmd. kann etwas überhaupt nicht verstehen* **jemand redet wie ein Buch** (*umg. abwert.*): *jmd. redet andauernd*

Buch·auk·ti·on die <-, -en> *Versteigerung von Büchern*

Buch·aus·stat·tung die <-, -en> *Ausstattung eines Buches (Einband, Papier, Bilder usw.)* eine besonders schöne/wertvolle Buchausstattung

Buch·aus·stel·lung die <-, -en> *Ausstellung von (neu erschienenen) Büchern* Der Autor signiert sein neuestes Buch auf der Buchausstellung.

Buch·be·spre·chung die <-, -en> (≈ *Rezension*) *kritische Würdigung eines Buches in den Medien* eine Buchbesprechung in der Zeitung lesen

Buch·bin·den das <-s> (*kein Plur.*) *die Herstellung von Bucheinbänden und das Binden von Buchblöcken zu einem Buch*

Buch·bin·der, **Buch·bin·de·rin** der <-s, -> *jmd., der beruflich Druckbögen zu Büchern zusammenfügt*

Buch·bin·de·rei die <-> **1.** (*kein Plur.*) *Tätigkeit des Buchbindens* **2.** *Handwerksbetrieb des Buchbinders*

Buch·club, *a.* **Buch·klub** der <-s, -s> (≈ *Buchgemeinschaft*) (*verlagsähnliches*) *Unternehmen, dessen Mitglieder sich zum regelmäßigen Kauf von Büchern zu besonders günstigen Preisen verpflichten* einem Buchclub beitreten

Buch·de·cke die <-, -n> *s.* **Bucheinband**

Buch·de·ckel der <-s, -> (≈ *Einbanddeckel*) *einer der beiden Teile des Bucheinbandes, der die Vorder- und Rückseite des Buches bedeckt* ein Buchdeckel aus Leder

Buch·druck der <-(e)s> (*kein Plur.*) *das Drucken von Büchern*

Buch·dru·cker, **Buch·dru·cke·rin** der <-s, -> (≈ *Drucker*) *Handwerker im Druckereigewerbe*

Bu·che die <-, -n> BOT. *ein Laubbaum* ◆ Rot-

Buch·e·cker die <-, -n> BOT. *Frucht der Buche*

bu·chen <buchst, buchte, hat gebucht> *mit OBJ* **1.** ▪ *jmd. bucht etwas verbindlich im Voraus bestellen* Sie buchen die Reise stets schon im Herbst., Das ganze Hotel war belegt, zum Glück hatten wir gebucht. **2.** ▪ *jmd. bucht etwas* (*irgendwohin*) WIRTSCH. *innerhalb der Buchführung einoder ausgehende Geldbeträge bestimmten Konten zuweisen* Buchen Sie den Betrag auf das Konto für Nebenkosten! ▪ **etwas als Erfolg buchen**: *etwas als Erfolg ansehen* Er buchte seinen ersten Auftritt vor Publikum als Erfolg.

Bu·chen·holz das <-es> (*kein Plur.*) *Holz der Buche* ein Schrank aus Buchenholz

Bu·chen·wald der <-(e)s, Buchenwälder> *Wald, in dem hauptsächlich Buchen wachsen*

Bü·cher·brett das <-(e)s, -er> (≈ *Bücherbord*) *Ablagebrett für Bücher* das Bücherbrett an der Wand anbringen

Bü·cher·dienst der <-(e)s, -e> *Unternehmen, das Bücher versendet*

Bü·che·rei die <-, -en> *öffentliche Bibliothek* Bücher aus der Bücherei ausleihen

Bü·cher·freund, **Bü·cher·freun·din** der <-(e)s, -e> *jmd. der sich gern mit Büchern beschäftigt und gerne liest*

Bü·cher·gut·schein der <-(e)s, -e> *Geschenkgutschein, gegen dessen Vorlage man ein Buch eigener Wahl erhält* Zum Geburtstag bekam sie von ihrer Tante einen Büchergutschein geschenkt.

Bü·cher·markt der <-(e)s, Büchermärkte> (≈ *Buchmarkt*) *Angebot, Nachfrage und Absatz von Büchern*

Bü·cher·re·gal das <-(e)s, -e> (≈ *Bücherbord, Büchergestell*) *Regal zur Aufbewahrung von Büchern*

Bü·cher·schrank der <-(e)s, Bücherschränke> *Schrank zur Aufbewahrung von Büchern*

Bü·cher·stüt·ze die <-, -n> *ein relativ schwerer* (*dekorativer*) *Gegenstand, der verhindert, dass Bücher am Ende eines Regalbretts herunterfallen*

Bü·cher·weis·heit die <-, -en> (*meist abwert.* ≈ *Buchgelehrsamkeit*) *rein theoretisches Wissen, das man nur aus Büchern hat*

Bü·cher·wurm der <-(e)s, Bücherwürmer> (*umg.*) *jmd., der viel liest und Bücher liebt* Er ist ein richtiger Bücherwurm.

Buch·fa·den·heft·ma·schi·ne die <-, -n> *Maschine für die Fadenheftung von Büchern*

Buch·fink der <-en, -en> ZOOL. *ein Singvogel der zu den Finken gehört und gern in Buchenwäldern lebt*

Buch·for·mat das <-(e)s, -e> *Größe eines Buches, das abhängig ist von der Anzahl der Blätter, die auf einem Druckbogen sind*

Buch·füh·rung die <-, -en> (WIRTSCH.: ≈ *Buchhaltung*) *Aufzeichnung aller Geschäftseinnahmen und -ausgaben*

Buch·hal·ter, **Buch·hal·te·rin** der <-s, -> WIRTSCH. *jmd., der die Bücher[3] eines Unternehmens führt*

Buch·hal·ter·see·le die <-, -n> (*abwert.*) *Mensch, der übertrieben genau und kleinlich ist*

Buch·hal·tung die <-> (*kein Plur.*) WIRTSCH. *Abteilung, die die Bücher[3] eines Unternehmens führt*

Buch·han·del der <-s> (*kein Plur.*) (*die Herstellung*) *und der Vertrieb von Büchern, Zeitschriften, Noten und Bilddrucken*

Buch·händ·ler, **Buch·händ·le·rin** der <-s, -> *Berufsbezeichnung für jmdn., der Bücher verkauft*

Buch·hand·lung die <-, -en> *Geschäft, in dem man Bücher kaufen kann*

Buch·her·stel·lung die <-> (*kein Plur.*) *die Herstellung von Büchern*

Buch·hül·le die <-, -n> *s.* **Buchumschlag**

Buch·klub der *s.* **Buchclub**

Buch·kri·tik die <-, -en> *s.* **Buchbesprechung**

Buch·laden der <-s, Buchläden> *s.* **Buchhandlung**

Büch·lein das <-s, -> *kleines Buch*

Buch·ma·cher, **Buch·ma·che·rin** der <-s, -> (*umg.*) *jmd., der gewerblich Pferdewetten vermittelt*

Buch·markt der <-(e)s, Buchmärkte> *s.* **Büchermarkt**

Buch·preis der <-es, -e> **1.** *Preis, den man für ein Buch bezahlt* Die Buchpreise sind gestiegen. **2.** *Preis in Form eines Buches* Für ihre guten Leistungen erhielt die Schülerin einen Buchpreis.

Buch·preis·bin·dung die <-, -en> *verbindliche Regelung für den Buchhandel, nach der Bücher zu einem festgelegten Preis verkauft werden müssen und diesen nicht unterschreiten dürfen*

Buch·prü·fer, **Buch·prü·fe·rin** der <-s, -> (WIRTSCH.: ≈ *Bücherrevisor*) *öffentlich bestellter Sachverständiger für alle Fragen des betrieblichen Rechnungswesens*

Buch·prü·fung die <-, -en> (WIRTSCH.: ≈ *Bücherrevision*) *Überprüfung der Bücher*[3] *eines Unternehmens*

Buch·rei·he die <-, -n> *Reihe zusammengehöriger Bücher, die ein Thema oder eine Themengruppe behandeln* eine Buchreihe zur Exilliteratur

Buch·rü·cken der <-s, -> *Teil des Bucheinbandes, der beide Buchdeckel zusammenhält*

Buchs·baum der <-(e)s, Buchsbäume> (BOT.: ≈ *Buchs*) *immergrüner Zierstrauch oder Baum mit kleinen ledrigen Blättern*

Buch·se die <-, -n> (TECHN.: ≈ *Steckdose*) *die Anschlussstelle für einen Stecker* (*bei elektrischen Geräten*)

Büch·se die <-, -n> **1.** (≈ *Dose*) *kleiner Behälter aus Blech mit Deckel* eine Büchse mit Bonbons füllen **2.** (≈ *Jagdgewehr*) Der Jäger bekam ein Reh vor die Büchse.

Büch·sen·fleisch das <-es> (*kein Plur.*) (≈ *Dosenfleisch*) *in Büchsen konserviertes Fleisch*

Büch·sen·milch die <-> (*kein Plur.*) (≈ *Dosenmilch*) *in Dosen konservierte Milch*

Büch·sen·öff·ner der <-s, -> (≈ *Dosenöffner*) *Gerät zum Öffnen von Konservenbüchsen*

Buch·sta·be der <-ns, -n> *eines der einzelnen Zeichen eines Alphabets, das einen Laut oder eine Lautverbindung bezeichnet* ein kyrillischer/lateinischer Buchstabe, ein aus vier Buchstaben bestehendes Wort

Buch·sta·ben·schloss das <-es, Buchstabenschlösser> *Sicherheitsschloss mit verstellbaren Buchstaben, das nur geöffnet werden kann, wenn die richtige Buchstabenfolge eingestellt ist*

Buch·sta·bier·al·pha·bet das <-s, -e> *festgelegte Kennwörter für die einzelnen Buchstaben des Alphabets, Hilfsmittel beim Buchstabieren von Namen und schwierigen Wörtern* Im deutschen Buchstabieralphabet steht der Name „Ida" für den Buchstaben „I".

buch·sta·bie·ren <bustabierst, buchstabierte, hat buchstabiert> *mit OBJ* ■ *jmd. buchstabiert* (*jmdm.*) (*etwas*) *die einzelnen Buchstaben eines Wortes oder eines Namens einzeln aufsagen* Sie musste ihren Namen am Telefon buchstabieren.

buch·stäb·lich *Adv.* **1.** (↔ *übertragen*) *so, dass es dem Wortsinn entsprechend gemeint ist* Wenn man ins Theater geht und von „Bühne" spricht, so meint man das buchstäblich und nicht im übertragenen Sinne von „Öffentlichkeit". **2.** *wirklich, tatsächlich, regelrecht* Wir erreichten den Zug buchstäblich in der letzten Sekunde., Sein Gesicht war buchstäblich blau.

Bucht die <-, -en> *Teil des Meeres, der sich in das Land hinein erstreckt*

Buch·tel die <-, -n> (KOCH.: *österr.* ≈ *Dampfnudel*) *ein Hefegebäck*

Buch·um·schlag der <-s, Buchumschläge> *Schutzumschlag eines Buches*

Bu·chung die <-, -en> *das Buchen I, II*

Bu·chungs·be·leg der <-s, -e> *Beleg, Quittung über eine Buchung* den Buchungsbeleg sorgfältig aufbewahren

Bu·chungs·feh·ler der <-s, -> (≈ *Falschbuchung*) *Fehler in der Buchung*

Bu·chungs·ma·schi·ne die <-, -en> *Büromaschine zum Verbuchen von Geschäftsvorgängen*

Bu·chungs·num·mer die <-, -n> *Nummer einer Buchung*

Buch·ver·lag der <-s, -e> *Verlag, in dem Bücher herausgegeben werden*

Buch·ver·leih der <-(e)s, -e> **1.** (≈ *Bibliothek, Bücherei, Leihbücherei*) **2.** (*kein Plur.*) *das Verleihen von Büchern*

Buch·ver·sand der <-(e)s> (*kein Plur.*) (≈ *Büchersand*) **1.** *Unternehmen, das einen Buchversand betreibt* **2.** *das Versenden von Büchern*

Buch·wei·zen der <-s> (*kein Plur.*) BOT. *zu den Knöterichgewächsen gehörende Pflanze, deren Früchte zu Mehl vermahlen werden können* ◆-grütze, -pfannkuchen

Buch·wis·sen das <-s> (*kein Plur.*) *s.* **Bücherwissen**

Bu·ckel der <-s, -> **1.** (*umg.* ≈ *Rücken*) jmdm. den Buckel einreiben **2.** (MED.: ≈ *Kryphose*) *Wölbung der Wirbelsäule nach hinten als Folge der Deformierung einzelner Wirbelkörper* **3.** (*umg.*) *Hügel, kleine Erhebung* ■ **Er/sie ... kann mir den Buckel herunterrutschen!** (*umg.*): *er/sie ... möge mich in Ruhe lassen* **jemand hat einen breiten Buckel**: *jmd. hält viel aus und ist sehr belastbar* **Es läuft mir kalt den Buckel herunter.**: *Es schaudert mich.*

bu·ckeln <buckelst, buckelte, hat gebuckelt> **I.** *mit OBJ* ■ *jmd. buckelt etwas* (*umg.*) *etwas sehr Schweres* (*auf dem Rücken*) *tragen* Alle diese Schwierigkeiten hat er allein gebuckelt., Diese Pakete kann ich schon buckeln. **II.** *ohne OBJ* **1.** ■ *jmd. buckelt jmd. macht einen Buckel* **2.** ■ *jmd. buckelt vor jmdm.* (*umg. abwert.*) *jmd. verhält sich unterwürfig vor jmdm.* Er buckelte vor ihr und wagte nicht mehr, ihr Widerstand entgegenzusetzen.

Buck·(e)li·ge der/die <-n, -n> *Mensch mit einem Buckel*[2]

Bu·ckel·rind das <-(e)s, -er> ZOOL. *Rind mit einem Höcker*

bü·cken <bückst, bückte, hat gebückt> *mit SICH* ■ *jmd. bückt sich den Oberkörper nach unten beugen*

buck·lig *Adj. so, dass es einen einem Buckel*[2 3] *hat* ein buckliger Mensch, eine bucklige Landschaft

Bück·ling der <-s, -e> **1.** (≈ *Räucherhering*) **2.** (*veralt.*) *Verbeugung* Der Diener verabschiedete sich mit vielen Bücklingen.

Bud·del/But·tel die <-, -n> (*umg. norddt.*) *Flasche* eine Buddel Rum

bud·deln <buddelst, buddelte, hat gebuddelt> **I.** *mit OBJ* ■ *jmd. buddelt etwas* (*umg.* ≈ *graben*) Löcher buddeln **II.** *ohne OBJ* ■ *jmd. buddelt* (*umg.*) *zum Vergnügen in etwas graben* Die Kinder buddeln im Sand.

Bud·dhis·mus der <-> (*kein Plur.*) REL. *Lehre Buddhas*

B

Bud·dhist, **Bud·dhis·tin** der <-en, -en> REL. *Anhänger des Buddhismus* ▶bud·dhis·tisch

Bu·de die <-, -n> **1.** *einfacher Marktstand* Die Buden für den Markt werden aufgebaut. ◆Markt- **2.** (*abwert.* ≈ *Hütte*) *baufälliges Haus* **3.** (*umg.*) *kleines Zimmer* (*insbesondere von Studenten*) ■ **jemandem die Bude einrennen** (*umg.*): *sich jmdm. durch Besuche aufdrängen* **eine sturmfreie Bude** (*umg.*): *ein Zimmer, in dem man zu jeder Tages- und Nachtzeit Besuch empfangen darf*

Bu·den·zau·ber der <-s> (*kein Plur.*) (*umg.*) *ausgelassenes Fest, das jmd. in seinem eigenen Zimmer oder in seiner Wohnung feiert*

Bud·get das [by'dʒe:] <-s, -s> POL., WIRTSCH. *Haushaltsplan einer Gemeinde, eines Staates, einer Institution*

Bud·get·ab·wei·chung die [by'dʒe:...] <-, -en> WIRTSCH. *Abweichung vom Budget*

Bud·get·kür·zung die [by'dʒe:...] <-, -en> WIRTSCH. *Kürzung des Budgets* Wegen der schlechten wirtschaftlichen Situation wurden Budgetkürzungen beschlossen.

Bü·fett/Bu·ffet das [by'fe:/'byfe] <-(e)s, -s/-e> **1.** *Geschirrschrank, Anrichte* **2.** *Schanktisch einer Gaststätte* **3.** *zur Selbstbedienung angerichtete Speisen* ein kaltes/warmes Buffet

Büf·fel der <-s, -> ZOOL. *ein großes Rind* (*in Asien und Afrika*)

Büf·fel·le·der das <-s> (*kein Plur.*) *zu Leder verarbeitetes Büffelfell* eine Tasche aus Büffelleder ◆Wasser-

büf·feln <büffelst, büffelte, hat gebüffelt> *mit OBJ/ohne OBJ* ■ *jmd. büffelt* (*etwas/für etwas Akk.*) (*umg.* ≈ *pauken*) *sehr intensiv lernen* Ich habe den ganzen Abend (Vokabeln) gebüffelt.

Bug der <-s, -e/Büge> (*Plur. selten*) LUFTF. SEEW. *vorderster Teil eines Schiffes oder Flugzeugs*

Bü·gel der <-s, -> *kurz für „Kleiderbügel"* den Anzug auf einen Bügel hängen ◆Hosen-

Bü·gel·au·to·mat der <-en, -en> *s.* **Bügelmaschine**

Bü·gel-BH der <-s, -s> *Büstenhalter mit eingearbeiteten Bügeln*

Bü·gel·brett das <-(e)s, -er> *eine Art Tisch mit einklappbaren Beinen, den man aufstellt, um darauf Wäsche zu bügeln*

Bü·gel·ei·sen das <-s, -> *ein elektrisches Gerät, dessen Unterseite man aufheizen kann, um damit Wäsche zu bügeln* ◆Dampf-

Bü·gel·fal·te die <-, -n> *in eine Hose gebügelte Falte*

bü·gel·frei <nicht steig.> *Adj. so, dass man Kleidungsstücke nicht oder kaum bügeln muss*

Bü·gel·griff der <-s, -e> *Griff in der Form eines Bügels*

Bü·gel·ma·schi·ne die <-, -n> *Gerät zum maschinellen Bügeln*

bü·geln <bügelst, bügelte, hat gebügelt> *ohne OBJ* ■ *jmd. bügelt* (*etwas*) (*mit etwas Dat.*) *ein Bügeleisen über Kleidungsstücke führen, damit diese glatt werden*

Bü·gel·sä·ge die <-, -n> *Säge, die über dem Sägeblatt einen Bügel hat*

Bü·gel·tisch der <-es, -e> *Tisch mit einer weichen Auflage zum Bügeln*

bü·gel·tro·cken <nicht steig.> *so, dass es nicht ganz trocken ist und es sich leichter bügeln lässt*

Bü·gel·wä·sche die <-> (*kein Plur.*) *gebügelte oder zu bügelnde Wäsche*

Bug·gy der ['bagi] <-s, -s> **1.** *kleines Auto mit offener Karosserie* **2.** *zusammenklappbarer Kinderwagen*

Bü·gle·rin die <-, -nen> *eine Frau, die berufsmäßig bügelt*

bug·sie·ren <bugsierst, bugsierte, hat bugsiert> *mit OBJ* **1.** ■ *jmd. bugsiert etwas* (*mit etwas Dat.*) *irgendwohin* SEEW. *ein Schiff ins Schlepptau nehmen* Das Lotsenschiff bugsiert den Hochseefrachter in den Hafen. **2.** ■ *jmd. bugsiert jmdn. irgendwohin* (*umg.*) *an einen bestimmten Ort, an ein bestimmtes Ziel bringen* Er war so betrunken, dass sie ihn nach Hause bugsieren mussten.

bu·hen <buhst, buhte, hat gebuht> *ohne OBJ* ■ *jmd. buht Buhrufe von sich geben, um sein Missfallen auszudrücken* Nach dem Konzert buhten die Zuschauer.

Buh·le die <-, -n> (*dichter. oder veralt.*) *Geliebte, Liebste*

buh·len <buhlst, buhlte, hat gebuhlt> *mit OBJ* **1.** ■ *jmd. buhlt um etwas Akk.* (*geh. abwert.*) *eifern* Der ergraute Schauspieler buhlt um die Gunst des Publikums. **2.** ■ *jmd. buhlt mit jmdm./miteinander* (*veralt.*) *eine Liebesbeziehung mit jmdm. haben* Sie buhlt mit ihm.

Buh·ne die <-, -n> SEEW. *künstliche, zur Landgewinnung eingesetzte Uferbefestigung am Meer*

Büh·ne die <-, -n> **1.** *Spielfläche im Theater* Der Schauspieler betritt die Bühne. ◆-neingang, -nscheinwerfer **2.** (*nur Plur.* ≈ *Theater*) Die städtischen Bühnen haben die neue Spielsaison eröffnet. **3.** (KFZ: ≈ *Hebebühne*) **4.** (*süddt. schweiz.*) *Dachboden* Auf der Bühne bewahren wir Dinge auf, die wir gerade nicht brauchen. ■ **etwas über die Bühne bringen** (*umg.*): *etwas meist Unangenehmes erfolgreich erledigen*

Büh·nen·an·wei·sung die <-, -en> (THEAT.: ≈ *Regieanweisung*) *im Text enthaltene Anweisung des Autors für die szenische Gestaltung*

Büh·nen·ar·bei·ter, **Büh·nen·ar·bei·te·rin** der <-s, -> THEAT. *Arbeiter in einem Theater, der z.B. die Kulissen auf- und abbaut*

Büh·nen·aus·stat·tung der <-, -> THEAT. *Ausstattung der Bühne in einem Theaterstück*

Büh·nen·be·ar·bei·tung die <-, -en> (THEAT.: ≈ *Adaption, Dramatisierung*) *Bearbeitung eines literarischen Inhalts für die Aufführung auf der Bühne*[1]

Büh·nen·be·leuch·tung die <-, -en> THEAT. *Beleuchtung der Bühne durch Scheinwerfer und Rampenlicht*

Büh·nen·bild das <-(e)s, -er> (THEAT.: ≈ *Bühnendekoration, Szenerie*) *künstlerische Ausgestaltung einer Bühne*[1] *mit Vorhängen, Wänden, Mö-*

beln und anderen Gegenständen, die für die Aufführung gebraucht werden

Büh·nen·bild·ner, **Büh·nen·bild·ne·rin** der <-s, -> THEAT. *jmd., der beruflich Bühnenbilder entwirft, gestaltet und deren Anfertigung leitet*

Büh·nen·dar·stel·ler der <-s, -> THEAT. *Schauspieler an einem Theater*

Büh·nen·de·ko·ra·tion die <-, -en> THEAT. *s.* **Bühnenbild**

Büh·nen·dich·tung die <-, -en> (THEAT.: ≈ *Theaterstück*) *Dichtung für die Bühne*

Büh·nen·ef·fekt der <-(e)s, -e> THEAT. *Wirkung, die speziell für die Bühnenaufführung berechnet wurde*

Büh·nen·er·fah·rung die <-> (*kein Plur.*) THEAT. *Erfahrung im Spielen am Theater* Diese Schauspielerin verfügt über eine langjährige. Bühnenerfahrung.

Büh·nen·er·folg der <-(e)s, -e> THEAT. *Erfolg, den ein Theaterstück bei der Aufführung hat* Dieses Drama wurde zu einem großen Bühnenerfolg.

Büh·nen·fas·sung die <-, -en> (THEAT.: ≈ *Bühnenbearbeitung*) *Fassung eines Werks, die für die Aufführung auf der Bühne bestimmt ist* die Bühnenfassung einer Novelle

büh·nen·ge·recht <nicht steig.> *Adj.* THEAT. *so beschaffen, dass es für die Aufführung auf der Bühne geeignet ist* eine bühnengeeignete Neubearbeitung des Stoffes

Büh·nen·lauf·bahn die <-, -en> THEAT. *beruflicher Werdegang eines Schauspielers am Theater*

Büh·nen·ma·ler, **Büh·nen·ma·le·rin** der <-s, -> (THEAT.: ≈ *Theatermaler*) *Maler von Bühnendekorationen*

Büh·nen·meis·ter der <-s, -> (THEAT.: ≈ *Theatermeister*) *jmd., der für die Abwicklung des technischen Teils der Proben und Vorstellungen verantwortlich ist*

Büh·nen·mu·sik die <-> (*kein Plur.*) THEAT. *Musik, die eine Szene untermalt oder Teil der Handlung eines Stückes ist*

Büh·nen·spra·che die <-> (*kein Plur.*) THEAT. (*besonders artikulierte*) *Aussprache auf der Bühne*

Büh·nen·stück das <-(e)s, -e> (THEAT.: ≈ *Schauspiel, Theaterstück*)

büh·nen·tech·nisch <nicht steig.> THEAT. *so, dass es die Bühnentechnik betrifft*

Büh·nen·werk das <-(e)s, -e> THEAT. *zur Aufführung auf einer Bühne bestimmtes Werk*

Büh·nen·wir·kung die <-> (*kein Plur.*) THEAT. *Wirkung eines Bühnenstückes, die durch dramaturgische Handlungen, Effekte u.Ä. erzeugt wird*

Buh·ruf der <-(e)s, -e> *Missfallen bekundender Ausruf aus dem Publikum* Der Redner ging unter Buhrufen von der Tribüne ab.

Bu·ka·rest <-s> *Hauptstadt von Rumänien*

Bu·kett das <-(e)s, -s/e> **1.** (*geh.*) *großer Blumenstrauß* ◆ Blumen-, Hochzeits-, Rosen- **2.** (≈ *Bouquet*) *Duft, der einen Wein kennzeichnet* Der Weinkenner erkennt die Weinsorte am Bukett.

Bu·k·lee das <-s, -s> *s.* **Bouclé**

Bu·ko·lik die <-> (*kein Plur.*) LIT. *Hirten- und Schäferdichtung* (*besonders der Antike*)

Bu·let·te die <-, -n> (KOCH.: ≈ *Frikadelle*) *mit Ei, Semmelmehl und Zwiebeln vermengtes zu einem kleineren Klumpen geformtes und in der Pfanne gebratenes Hackfleisch*

Bul·ga·re, **Bul·ga·rin** der <-n, -n> *Einwohner Bulgariens*

Bul·ga·rien <-s> *Staat auf dem Balkan*

bul·ga·risch <nicht steig.> *Adj. Bulgarien, die Bulgaren betrefend*

Bul·ga·risch das <-s> (*kein Plur.; nur mit best. Artikel*) *die bulgarische Sprache*

Bu·li·mie die <-> (*kein Plur.*) MED. *krankhafte Störung des Essverhaltens, so dass sich übermäßiges Essen und Erbrechen abwechseln*

Bu·li·mie·kran·ke, **Bu·li·mie·kran·ke** der <-n, -n> MED. *jmd., der an Bulimie leidet*

Bu·li·mi·ker, **Bu·li·mi·ke·rin** der <-s, -> (≈ *Bulimiekranke*)

bu·li·misch <nicht steig.> *Adj. an Bulimie leidend*

Bull·au·ge das <-s, -n> SEEW. *rundes Fenster im Schiffsrumpf*

Bull·dog® der <-s-, -s> TECHN. *Zugmaschine mit Einzylindermotor*

Bull·dog·ge die <-, -n> ZOOL. *eine kurzhaarige, stämmige Hunderasse aus England*

Bull·do·zer der ['bʊldo:zɐ] <-s, -> (TECHN.: ≈ *Planierraupe*) *schweres Raupenfahrzeug für Erdbewegungen und zum Planieren*

Bul·le[1] der <-n, -n> **1.** ZOOL. *geschlechtsreifes männliches Rind* **2.** (*umg. abwert.*) *Polizist*

Bul·le[2] die <-, -n> GESCH. *mittelalterliche Urkunde des Papstes oder eines anderen Herrschers*

Bul·len·hit·ze die <-> (*kein Plur.*) (*umg.* ≈ *Affenhitze*) *sehr große Hitze*

bul·lern <bullert, bullerte, hat gebullert> *ohne OBJ* ■ *etw./jmd. bullert* (*irgendwo/irgendwie*) (*umg.*) *dumpfe und rhythmische Geräusche von sich geben* Das Feuer bullert im Ofen., Jemand bullert an der Tür.

Bulle·tin das [bʏl'tɛ̃:] <-s, -s> *amtlicher Bericht oder Krankenbericht* Die Ergebnisse der Sitzung wurden in dem Bulletin … veröffentlicht.

Bull·ter·ri·er der <-s, -> ZOOL. *ein aus Bulldoggen und Terriern gezüchteter, mittelgroßer, englischer Hund*

Bu·me·rang/Bu·me·rang der <-s, -e/-s> *Wurfholz der Ureinwohner Australiens*

Bu·me·rang·ef·fekt der <-(e)s, -e> (*übertr.*) *eine Entwicklung, die letztlich auf die Person, die sie ausgelöst hat,* (*mit ihren negativen Effekten*) *zurückwirkt*

Bum·mel der <-s, -> (*umg.*) *gemütlicher Spaziergang* ◆ Schaufenster-, Stadt-

Bum·me·lant, **Bum·me·lan·tin** der <-en, -en> (*abwert.*) *langsamer und träger Mensch*

Bum·me·lei die <-> (*kein Plur.*) (*abwert.*) *Trödelei, übermäßige Langsamkeit*

bumm(e)lig *Adj.* (*umg.* ≈ *langsam, nachlässig, träge*)

bum·meln <bummelst, bummelte, hat/ist gebummelt> *ohne OBJ* **1.** (*haben*) ■ *jmd. bummelt* (*bei etwas Dat.*) (*umg.*) *trödeln* Du hast ganz schön gebummelt. **2.** (*sein*) ■ *jmd. bummelt* (*irgendwo*) (*umg.*) *umherschlendern* Ich bin im Park gebummelt.

Bụm·mel·streik der <-(e)s, -s> *besonders langsames Verrichten der Arbeit als eine Form des Streiks*

Bụm·mel·zug der <-(e)s, Bummelzüge> (*abwert.*) *Nahverkehrszug, der langsam fährt und oft anhält*

bụm·mern <bummerst, bummerte, hat gebummert> *ohne OBJ* **1.** ■ *etwas bummert ein pochendes Geräusch von sich geben* Ihr Herz bummert laut. **2.** ■ *jmd. bummert an etwas Dat.* (*landsch.*) (*mit der Faust*) *gegen etwas schlagen* Er bummert gegen die Tür.

bụms *Interj. verwendet, um das Geräusch nachzuahmen, das bei einem Fall oder Stoß entsteht*

Bụms der <-es, -e> **1.** (*umg.*) *dumpfer Knall, Aufprall* Mit einem lauten Bums fiel die Vase zu Boden **2.** (*umg. abwert.*) *billige Tanzveranstaltung*

bụm·sen <bumst, bumste, hat gebumst> **I.** *mit OBJ* (*vulg.*) ■ *jmd. bumst jmdn. jmd. hat mit jmdm. Geschlechtsverkehr* **II.** *ohne OBJ* (*umg.*) ■ *jmd. bumst gegen etwas Akk.* **1.** *laut gegen etwas schlagen* Er hat vor Verzweiflung seinen Kopf gegen die Wand gebumst. **2.** *sich an etwas stark stoßen* In der Dunkelheit bumste er gegen den Schrank. **3.** ■ *jmd. bumst* (*vulg.*) *jmd. hat Geschlechtsverkehr mit jmdm.* ■ **Es hat gebumst!** (*umg.*): *Es hat einen Verkehrsunfall gegeben.*

Bụnd[1] der <-(e)s, -e> *etwas, das zusammengebunden ist* ein Bund Petersilie

Bụnd[2] der <-(e)s, Bünde> *offizieller Zusammenschluss einer bestimmten beruflichen oder sozialen Gruppe* ■ **den Bund fürs Leben schließen** (*geh.*): *heiraten* **Bund und Länder**: *die Regierung und die Bundesländer*

Bụnd[3] der <-(e)s, Bünde> *Abschluss einer Hose oder eines Rockes an der Taille*

Bụnd[4] ■ **beim Bund** (*umg.*): *bei der Bundeswehr*

Bụ̈n·del das <-s, -> *mehrere Dinge, die zusammengebunden sind*

bụ̈n·deln <bündelst, bündelte, hat gebündelt> *mit OBJ* ■ *jmd. bündelt etwas* **1.** *mehrere Dinge oder Ereignisse nach bestimmten Merkmalen zusammenfassen* Aktivitäten bündeln **2.** (≈ *zusammenbinden*) Altpapier bündeln

Bụn·des·an·walt der <-(e)s, -anwälte> **1.** RECHTSW. *Anwalt bei einem Bundesgericht* **2.** (RECHTSW.: *schweiz.*) *eidgenössischer Staatsanwalt in Bundesstrafsachen und Chef der politischen Polizei*

Bụn·des·ar·beits·ge·richt das <-(e)s, -e> (*kein Plur.*) *oberstes Bundesgericht für die Arbeitsgerichtbarkeit*

Bụn·des·ar·beits·mi·nis·ter der <-s> (*kein Plur.*) POL. *Minister, der für den Bereich Arbeit und Soziales zuständig ist*

Bụn·des·ar·chiv das <-s> (*kein Plur.*) *Bundesbehörde zur Sammlung und Auswertung von Archivmaterial aus den Ministerien*

Bụn·des·aus·bil·dungs·för·de·rungs·ge·setz das <-es> (*kein Plur.*) *s.* **BAföG**

Bụn·des·au·ßen·mi·nis·ter der <-s, -> (*kein Plur.*) POL. *Außenminister der Bundesrepublik Deutschland*

Bụn·des·bahn die <-, -en> (*kein Plur.*) *staatliches Eisenbahnunternehmen*

Bụn·des·bahn·di·rek·tion die <-> (*kein Plur.*) *oberste Direktion, Leitung der Bundesbahn*

Bụn·des·bank die <-> (*kein Plur.*) WIRTSCH. *zentrale Noten- und Währungsbank der Bundesrepublik Deutschland*

Bụn·des·be·am·te, **Bụn·des·be·am·tin** der <-n, -n> *Beamter des Bundes oder eines Bundesstaates*

Bụn·des·be·hör·de die <-, -n> *eine Behörde der Bundesrepublik Deutschland*

Bụn·des·bür·ger, **Bụn·des·bür·ge·rin** der <-s, -> *Bürger der Bundesrepublik Deutschland*

Bụn·des·durch·schnitt der <-(e)s> (*kein Plur.*) *auf die Bundesrepublik* (*Deutschland*) *bezogener Durchschnittswert von etwas*

Bụn·des·fi·nanz·hof der (*kein Plur.*) RECHTSW. *oberstes Bundesgericht für die Finanzgerichtsbarkeit*

Bụn·des·fi·nanz·mi·nis·ter, **Bụn·des·fi·nanz·mi·nis·te·rin** der <-s, -> (*kein Plur.*) POL. *der für den Bereich Finanzen zuständige Minister*

Bụn·des·fi·nanz·mi·nis·te·ri·um das <-s> (*kein Plur.*) *Ministerium, das für den Bereich der Finanzen im ganzen Bundesgebiet zuständig ist*

Bụn·des·ge·biet das <-(e)s> (*kein Plur.*) *Staatsgebiet der Bundesrepublik Deutschland*

Bụn·des·ge·richt das <-(e)s, -e> **1.** RECHTSW. *Gericht, das unabhängig von den Gerichten der einzelnen Bundesstaaten besteht* **2.** (RECHTSW.: *schweiz.*) *oberster Gerichtshof*

Bụn·des·ge·richts·hof der <-(e)s> (*kein Plur.*) *oberstes Gericht der Bundesrepublik Deutschland*

Bụn·des·ge·setz das <-es, -e> *ein Gesetz der Bundesrepublik Deutschland*

Bụn·des·ge·setz·blatt das <-(e)s> (*kein Plur.*) RECHTSW. *Gesetzblatt für Gesetze und Rechtsverordnungen, herausgegeben vom Ministerium für Justiz*

Bụn·des·ge·sund·heits·amt das <-(e)s> (*kein Plur.*) POL. *für das Gesundheitswesen zuständiges Amt der Bundesrepublik Deutschland*

Bụn·des·ge·sund·heits·mi·nis·ter, **Bụn·des·ge·sund·heits·mi·nis·te·rin** der <-s, -> (*kein Plur.*) *Minister, der für das Gesundheitswesen zuständig ist*

Bụn·des·grenz·schutz der <-es> (*kein Plur.*) *eine polizeiähnliche Institution der Bundesrepublik Deutschland, deren Aufgabe vor allem der Schutz der Grenzen ist*

Bụn·des·haupt·stadt die <-, Bundeshauptstädte> (*kein Plur.*) *Hauptstadt der Bundesrepublik Deutschland*

Bụn·des·haus das <-es> (*kein Plur.*) (POL.: *schweiz.*) *Parlamentsgebäude und zentrales Verwaltungsgebäude der Eidgenossenschaft in Bern*

Bun·des·haus·halt der <-(e)s, -e> WIRTSCH. POL. *Staatshaushalt der Bundesrepublik Deutschland*

Bun·des·heer das <-(e)s> (*kein Plur.*) MILIT. *Gesamtheit der Streitkräfte eines Bundesstaates*

Bun·des·in·nen·mi·nis·ter, **Bun·des·in·nen·mi·nis·te·rin** der <-s, -> (*kein Plur.*) POL. *Innenminister eines Bundesstaates*

Bun·des·kanz·ler, **Bun·des·kanz·ler·in** der <-s, -> (*kein Plur.*) POL. **1.** *in der Bundesrepublik Deutschland und in Österreich der Vorsitzende der Bundesregierung* **2.** *in der Schweiz der Leiter der Kanzlei des Bundesrats*

Bun·des·kar·tell·amt das <-(e)s> (*kein Plur*) RECHTSW. *Behörde, die die Beachtung der Wettbewerbsvorschriften überwacht*

Bun·des·la·de die <-> (*kein Plur.*) REL. *heiliger Schrein der Israeliten mit den Gesetzestafeln des Moses*

Bun·des·land das <-(e)s, Bundesländer> *ein Land, das zusammen mit anderen Teil eines Bundesstaats ist*

> **i Wissenswert** **Bundesländer** nennt man die „Länder" in Deutschland, die zusammen mit anderen einen Bundesstaat bilden. Die Bundesländer der Bundesrepublik Deutschland sind größtenteils nach 1945 entstanden. Bis zur Vereinigung Deutschlands im Jahre 1990 gehörten elf Länder zur BRD. Sie wurden aus den ehemals westlichen Besatzungszonen gebildet. Die sowjetische Besatzungszone, aus der später die DDR entstand, bildete fünf Länder. Heute gehören 16 Bundesländer zu Deutschland: Baden-Württemberg, Bayern, Berlin, Brandenburg, Bremen, Hamburg, Hessen, Mecklenburg-Vorpommern, Niedersachsen, Nordrhein-Westfalen, Rheinland-Pfalz, das Saarland, Sachsen, Sachsen-Anhalt, Schleswig-Holstein und Thüringen. Jedes Bundesland hat eine eigene Verfassung, eine eigene Geschichte, eine eigene Regierung und ein Parlament, den Landtag. Die einzelnen Länder regieren weitgehend selbstständig, müssen sich aber in fast allen Beschlüssen mit dem Bund einigen. Bestimmte Bereiche wie Außenpolitik oder Verteidigung hingegen werden auf nationaler Ebene geregelt. Darüber hinaus sind alle Länder im Bundesrat vertreten. Dieser stimmt Gesetzesentwürfen von Bundesregierung und Bundestag zu.

Bun·des·li·ga die <-, Bundesligen> (*kein Plur.*) SPORT *die höchste Spielklasse in einer (Ball-)sportart*

Bun·des·li·ga·klub der <-s, -s> (SPORT: ≈ *Bundesligist*) *Verein, der einer Bundesliga angehört*

Bun·des·li·ga·spiel das <-(e)s, -e> SPORT *Spiel innerhalb der Bundesliga*

Bun·des·li·ga·ver·ein der <-s, -e> SPORT *in der Bundesliga spielender Verein*

Bun·des·mi·nis·ter, **Bun·des·mi·nis·te·rin** der <-s, -> POL. *der Minister oder die Ministerin eines bestimmten Amtsbereichs in der deutschen oder österreichischen Bundesregierung*

Bun·des·nach·rich·ten·dienst der <-es> (*kein Plur.*) (*in Deutschland*) *Geheimdienst zur Beschaffung von Nachrichten aus dem Ausland*

Bun·des·o·b·li·ga·ti·on die <-, -en> WIRTSCH. *Wertpapier mit fester Verzinsung*

Bun·des·par·tei·tag der <-(e)s, -e> POL. *Parteitag auf Bundesebene*

Bun·des·post die <-> (*kein Plur.*) *staatliches Postunternehmen in Deutschland bis 1994*

Bun·des·prä·si·dent, **Bun·des·prä·si·den·tin** der <-en, -en> **1.** *in Deutschland und Österreich das Staatsoberhaupt das insbesondere repräsentative Aufgaben hat* **2.** *der Regierungschef der Schweiz*

Bun·des·pres·se·amt das <-(e)s> (*kein Plur.*) POL. *Bundesamt, das u.a. für die staatlichen Pressemitteilungen zuständig ist*

Bun·des·rat, **Bun·des·rä·tin** der <-(e)s> **1.** (*kein Plur.*) *in Deutschland und Österreich ein Parlament aus Vertretern der Bundesländer* **2.** (*schweiz.*) *die Regierung der Schweiz*

Bun·des·recht das <-(e)s> (*kein Plur.*) RECHTSW. *das in einem Bundesstaat geltende Recht des Gesamtstaates*

Bun·des·re·gie·rung die <-, -en> POL. *Regierung eines Bundesstaates*

Bun·des·re·pu·b·lik die <-> (*kein Plur.*) Abkürzung von „Bundesrepublik Deutschland"

> **i Wissenswert** **Die Bundesrepublik Deutschland** entstand als westdeutscher Teilstaat aus der amerikanischen, der britischen und der französischen Besatzungszone der Siegermächte des 2. Weltkriegs. Sie wurde am 23.05.1949 als demokratischer Rechtsstaat begründet. Ihre Verfassung ist das Grundgesetz. Während der Ära Adenauer (1949-1963) gelang ein Wiederaufbau, der die Demokratie festigte und die BRD zu einem geachteten Partner des Westens machte.

Bun·des·rich·ter, **Bun·des·rich·te·rin** der <-s, -> RECHTSW. *Richter an einem Bundesgericht*

Bun·des·schatz·brief der <-(e)s, -e> WIRTSCH. *ein käufliches Wertpapier*

Bun·des·so·zi·al·ge·richt das <-(e)s> (*kein Plur.*) RECHTSW. *oberstes Bundesgericht für die Sozialgerichtsbarkeit*

Bun·des·staat der <-(e)s, -en> **1.** *ein Staat, der aus mehreren Ländern besteht* **2.** *ein Staat, der einem Staatenbund angehört*

Bun·des·stra·ße die <-, -n> *öffentliche Straße in der Bundesrepublik Deutschland, die Teil des zusammenhängenden Verkehrsnetzes aus Bundesfernstraßen ist*

Bun·des·tag der <-(e)s> (*kein Plur.*) POL. *das Parlament der Bundesrepublik Deutschland*

Bun·des·tags·frak·ti·on die <-, -en> POL. *Fraktion einer Partei im Bundestag*

Bun·des·tags·mit·glied das <-(e)s, -er> POL. *jmd., der Mitglied im Bundestag ist*

Bun·des·tags·prä·si·dent, **Bun·des·tags·prä·si·den·tin** der <-en, -en> POL. *vom Bundestag gewählter Präsident, der die Sitzungen des Bundestages einberuft und leitet*

Bun·des·tags·wahl die <-, -en> POL. *Wahl der Abgeordneten des Bundestages durch die wahlberechtigten Bürger der Bundesrepublik Deutschland*

Bun·des·tags·wahl·kampf der <-s, Bundestagswahlkämpfe> *Wahlkampf der Parteien und Kandidaten vor einer Bundestagswahl*

Bun·des·trai·ner, **Bun·des·trai·ne·rin** der <-s, -> SPORT *Spitzentrainer einer Nationalmannschaft der Bundesrepublik Deutschland*

Bun·des·um·welt·mi·nis·ter, **Bun·des·um·welt·mi·ni·ste·rin** der <-s, -> (*kein Plur.*) POL. *der für den Umweltschutz zuständige Minister*

Bun·des·um·welt·mi·nis·te·ri·um das <-s> (*kein Plur.*) POL. *Ministerium, das für den Umweltschutz zuständig ist*

Bun·des·ver·band der <-(e)s, Bundesverbände> *Verband, der eine bestimmte Gruppe bundesweit repräsentiert*

Bun·des·ver·fas·sungs·ge·richt das <-(e)s> (*kein Plur.*) *oberstes Gericht der Bundesrepublik Deutschland, das für Fragen der Verfassung zuständig ist*

Bun·des·ver·kehrs·mi·nis·ter, **Bun·des·ver·kehrs·mi·nis·te·rin** der <-s, -> (*kein Plur.*) POL. *Minister, der für den Bereich Verkehrswesen zuständig ist*

Bun·des·ver·kehrs·mi·nis·te·ri·um der <-s> (*kein Plur.*) POL. *Ministerium, das für den Bereich Verkehr zuständig ist*

Bun·des·ver·samm·lung die <-, -en> POL. **1.** *in der Bundesrepublik Deutschland die Personen, die den Bundespräsidenten wählen* **2.** (*schweiz.*) *das Parlament der Schweiz*

Bun·des·ver·tei·di·gungs·mi·nis·ter, **Bun·des·ver·tei·di·gungs·mi·nis·te·rin** der <-, -> (*kein Plur.*) *Minister, der für die Bundeswehr zuständig ist*

Bun·des·ver·tei·di·gungs·mi·nis·te·ri·um der <-, -> (*kein Plur.*) *Ministerium, das für den Verteidigungsbereich zuständig ist*

Bun·des·vor·sit·zen·de der/die <-n, -n> *Vorsitzender einer als „Bund" bezeichneten Organisation*

Bun·des·vor·stand der <-(e)s, Bundesvorstände> *Vorstand einer als „Bund" bezeichneten Organisation*

Bun·des·wehr die <-> (*kein Plur.*) MILIT. *die Streitkräfte der Bundesrepublik Deutschland*

> **i Wissenswert** **Bundeswehr** nennt man die Streitkräfte der Bundesrepublik Deutschland. Sie wurde nach dem Beitritt der Bundesrepulik zur NATO (1955) aufgestellt und verfügte bald über circa eine halbe Million Soldaten. Als Folge einer wachsenden Zahl von Kriegsdienstverweigerern wurde sie nach der Wiedervereinigung geographisch zwar ausgedehnt, aber in der Truppenstärke drastisch reduziert.

Bun·des·wehr·sol·dat, **Bun·des·wehr·sol·da·tin** der <-en, -en> MILIT. *Soldat der Bundeswehr*

Bun·des·wirt·schafts·mi·nis·ter, **Bun·des·wirt·schafts·mi·nis·te·rin** der <-s, -> (*kein Plur.*) POL. *Minister, der für den Bereich Wirtschaft zuständig ist*

Bun·des·wirt·schafts·mi·nis·te·rium das <-s> (*kein Plur.*) POL. *Ministerium, das für den Bereich Wirtschaft zuständig ist*

Bund·fal·ten·ho·se die <-, -n> *relativ weit geschnittene Hose, in deren Bund Falten eingenäht sind*

bün·dig <nicht steig.> *Adj.* **1.** BAUW. *so, dass es sich auf der gleichen Ebene befindet* bündig liegende Dielenbretter **2.** *so, dass es treffend und überzeugend ist* ein bündiger Beweis **3.** *kurz und entschieden* Er antwortet kurz und bündig.

Bün·dig·keit die <-> (*kein Plur.*) *bündige Beschaffenheit*

Bünd·nis das <-ses, -se> **1.** *feste Verbindung zwischen gleichgesinnten Personen oder Gruppen* ein Bündnis eingehen **2.** (POL.: ≈ *Pakt, Bund*) *meist vertraglich abgesicherte Verbindung zwischen Staaten zur Verfolgung gemeinsamer Interessen* ein breites Bündnis gegen den Terrorismus

Bünd·nis·frei·heit die <-> (*kein Plur.*) POL. *der Sachverhalt, dass ein Staat keinem Bündnis[2] angehört*

Bünd·nis·grü·ne (*Plur.*) (*in Deutschland*) *Mitglieder der Partei „Bündnis 90/Die Grünen"*

Bünd·nis·part·ner der <-s, -> POL. *Partner in einem Bündnis[2]*

Bünd·nis·po·li·tik die <-> (*kein Plur.*) *gemeinsame Politik der Staaten, die in einem Bündnis[2] zusammengeschlossen sind*

Bun·ga·low der ['bʊŋgalo] <-s, -s> *einstöckiges Wohnhaus mit Flachdach* ◆ Ferien-

Bun·gee·jum·ping das ['bandzidzampiŋ] <-s> (*kein Plur.*) SPORT *das Springen aus großer Höhe von einem Turm o.Ä., wobei der Springer durch ein Gummisei gesichert ist*

Bun·gee·seil das ['bandzi...] <-s, -e> *Gummiseil für das Bungeejumping*

Bun·gee·sprin·gen das ['bandzi...] <-s> (*kein Plur.*) *s.* **Bungeejumping**

Bun·ker der <-s, -> MILIT. *Luftschutzkeller*

bun·kern <bunkerst, bunkerte, hat gebunkert> *mit OBJ* ■ *jmd. bunkert etwas* (*irgendwo*) **1.** *Massengüter in einem Bunker einlagern* **2.** SEEW. *Brennstoff an Bord nehmen* **3.** (*umg.*) *verstecken* Er hatte das Diebesgut in seinem Keller gebunkert.

Bun·sen·bren·ner der <-s, -> (CHEM.: ≈ *Gasbrenner*)

bunt *Adj.* (↔ *einfarbig*) *so, dass es viele verschiedene Farben hat* ein buntes Kleid, das bunte

Herbstlaub ■ **jemandem wird etwas zu bunt** (*umg.*): *jmd. hat genug von etwas* ◆ Getrenntschreibung→4.3 ein bunt gefiederter Vogel, ein bunt gemischtes Programm, eine bunt gescheckte Katze, bunt schillernde Fische, ein bunt gestreifter Schal

Bunt·far·ben·druck der <-(e)s, -e> (DRUCKW.: ≈ *Mehrfarbendruck*) ein im Buntfarbendruck gedrucktes Bild

bunt·ge·blümt <nicht steig.> *Adj. so, dass es mit einem bunten Blumenmuster versehen ist* ein buntgeblümtes Tuch

bunt·ge·färbt <nicht steig.> *Adj. so, dass es mit bunten Farben versehen ist* ein buntgefärbter Stoff

bunt·ge·fie·dert <nicht steig.> *Adj. so, dass es bunte Federn besitzt* ein buntgefiederter Vogel

bunt·ge·mus·tert <nicht steig.> *Adj. so, dass es mit einem bunten Muster versehen ist* buntgemusterte Bettwäsche

bunt·ka·riert <nicht steig.> *Adj. so, dass es mit bunten Karos versehen ist* ein buntkarierter Schal

Bunt·me·tall das <-s, -e> *ungenaue Bezeichnung für Schwermetalle (außer Eisen, die selbst farbig sind oder farbige Legierungen bilden (Kupfer, Blei, Zink, Nickel, Kobalt ...)*

Bunt·sand·stein der <-(e)s> (*kein Plur.*) *meist roter Sandstein*

Bunt·specht der <-(e)s, -e> ZOOL. *ein Vogel mit schwarz-weiß-rotem Gefieder*

Bunt·stift der <-(e)s, -e> *Stift mit farbiger Mine*

Bunt·wä·sche die <-> (*kein Plur.*) *farbige Textilien*

Bünz·li der <-s, -> (*schweiz.* ≈ *Spießer*)

Bür·de die <-, -n> (*geh.*) **1.** *schwere Traglast* Der Baum brach unter der Bürde der Schneemassen zusammen. **2.** *Mühe, Kummer* Er leidet unter der Bürde seines Amtes.

Bu·ren·krieg der <-s> (*kein Plur.*) GESCH. *Krieg (1899-1902) zwischen England und den südafrikanischen Staaten der Buren*

Bu·ren·wurst die <-,-e> (*österr.*) *grobe Bockwurst*

Bü·ret·te die <-, -n> CHEM. *geeichte zylindrische Glasröhre, die am unteren Ende meist mit einem Glashahn verschlossen ist und zum Abmessen von Flüssigkeiten in der Messanalyse dient*

Burg die <-, -en> *eine große, massiv befestigte Wohn- und Verteidigungsanlage des Mittelalters* die Mauern/Türme/Zinnen/Zugbrücke einer Burg, der Bau/die Belagerung/die Zerstörung einer Burg, Die Ruine der Burg Wieladingen ist ein beliebtes Ausflugsziel.

Burg·an·la·ge die <-, -n> *alle zu einer Burg gehörenden Gebäude und Mauern*

Bür·ge der <-n, -n> RECHTSW. *jmd., der eine Bürgschaft übernimmt oder der für etwas bürgt*

bür·gen <bürgst, bürgte, hat gebürgt> *mit OBJ* ■ *jmd. bürgt für jmdn./etwas für jmdn. oder etwas eine Sicherheit garantieren* Er wird das Geliehene zurückgeben–dafür bürge ich mit meinem Wort., Mit meinem Besitz bürge ich für die Sicherheit des Darlehens.

Bur·gen·land <-s> *Landschaft in Österreich*

Bür·ger, **Bür·ge·rin** der <-s, -> *jmd., der die Staatsbürgerschaft eines Landes besitzt*

Bür·ger·be·tei·li·gung die <-> (*kein Plur.*) *aktive Anteilnahme von Bürgern an politischen und gesellschaftlichen Fragen*

Bür·ger·ent·scheid der <-(e)s, -e> *Entscheidung der Bürger durch Abstimmung*

Bür·ger·fo·rum das <-s, Bürgerforum> *Forum, in dem Bürger organisiert sind, um politschen Einfluss zu nehmen*

Bür·ger·i·ni·tia·ti·ve die <-, -n> *eine von Bürgern ins Leben gerufene Gruppierung, die ein bestimmtes Problem kritisch angeht und öffentliches Bewusstsein dafür schafft*

Bür·ger·krieg der <-(e)s, -e> *kriegerische Handlungen zwischen verschiedenen Gruppen innerhalb eines Staates*

Bür·ger·kriegs·flücht·ling der <-s, -e> *jmd., der vor den Kampfhandlungen eines Bürgerkriegs geflohen ist*

bür·ger·lich <nicht steig.> *Adj.* **1.** *den Bürger betreffend* die bürgerlichen Pflichten/Rechte **2.** *dem Bürgertum entsprechend* einen bürgerlichen Beruf wählen **3.** (*abwert.*) (*sehr*) *konservativ* bürgerliche Anschauungen

Bür·ger·meis·ter, **Bür·ger·meis·te·rin** der <-s, -> *jmd., der an der Spitze einer Stadtverwaltung steht*

Bür·ger·meis·ter·amt das <-(e)s, Bürgermeisterämter> **1.** *Amt, Wirkungsbereich eines Bürgermeisters* **2.** *Gebäude der Stadt- und Gemeindeverwaltung*

bür·ger·nah <nicht steig.> *Adj. so, dass es an den tatsächlichen Bedürfnissen und Problemen der Bürger orientiert ist* eine bürgernahe Politik

Bür·ger·recht das <-(e)s, -e> RECHTSW., POL. *Gesamtheit der einem Staatsbürger oder Gemeindemitglied zustehenden Rechte*

Bür·ger·recht·ler, **Bür·ger·recht·le·rin** der <-s, -> POL. *jmd., der sich dafür einsetzt, dass die Bürgerrechte für alle Bürger eines Staates gelten*

Bür·ger·rechts·be·we·gung die <-, -en> POL. *eine Bewegung, in der die Bürgerrechtler zusammengeschlossen sind*

Bürgerrechtskämpfer der <-s, -> *jmd., der für die Verwirklichung von Bürger- und Menschenrechten kämpft*

Bür·ger·schaft die <-> (*kein Plur.*) **1.** *alle Bürger* **2.** POL. *das Parlament in Hamburg und Bremen*

Bür·ger·schafts·ab·ge·ord·ne·ter, **Bür·ger·schafts·ab·ge·ord·ne·te** der POL. *Abgeordneter einer Bürgerschaft*[2]

Bür·ger·schafts·frak·ti·on die <-, -en> POL. *Fraktion der Bürgerschaft*[2]

Bür·ger·sprech·stun·de die <-, -n> *öffentliche Sprechstunde von Politikern für die Bürger*

Bür·ger·steig der <-(e)s, -e> *Gehweg für Fußgänger*

Bür·ger·ver·samm·lung die <-, -en> *Versammlung der Bürger einer Gemeinde*

Bür·ger·wehr die <-, -en> GESCH. *militärischer Selbstschutz der Bürger einer Stadt*

Burg·fräu·lein das <-s, -> GESCH. *Tochter eines Burgherrn oder Ritters im Mittelalter*

Burg·fried der <-(e)s, -e> (≈ *Bergfried*) *Hauptturm einer mittelalterlichen Burg*

Burg·gra·ben der <-s, Burggräben> *Schutzgraben um eine Burg*

Burg·graf der <-en, -en> GESCH. (*im Mittelalter*) *militärische Befehlshaber einer Burg*

Burg·hof der <-(e)s, Burghöfe> *Hof innerhalb einer Burganlage*

Burg·ru·ine die <-, -n> *Ruine einer Burg*

Bürg·schaft die <-, -en> (≈ *Garantie*) für jmdn. eine Bürgschaft übernehmen

Burg·tor das <-(e)s, -e> *Tor einer Burg*

Bur·gund <-s> *französische Landschaft*

Bur·gun·der der <-s, -> **1.** *Einwohner Burgunds* **2.** *Wein aus Burgund* **3.** GESCH. *Angehöriger eines germanischen Volksstammes*

bur·gun·disch <nicht steig.> *Adj. Burgund, die Burgunder betreffend*

Burg·ver·lies das <-es, -e> *unterirdischer Kerker einer Burg*

Burg·vogt der <-(e)s, Burgvögte> GESCH. *Aufseher einer Burg*

Burg·wall der <-s, Burgwälle> (*Schutz*)*wall um eine Burg herum*

Bu·rin die <-, -nen> *weibliche Form zu Bure*

Bur·ki·na Fa·so das <-s> *Staat in Westafrika* (*ehemalige französische Kolonie Obervolta*)

Bur·ki·ner, **Bur·ki·ne·rin** der <-s, -> *Einwohner von Burkina Faso*

bur·ki·nisch <nicht steig.> *Adj. Burkina Faso oder die Burkiner betreffend*

bur·lesk *Adj. schwankhaft, possenhaft; auf derbe Art komisch* ein burlesker Humor

Bur·ma das <-s> *ein Staat in Hinterindien*

Bü·ro das <-s, -s> *Raum für Arbeiten wie Schreiben, Organisieren usw., die im Zusammenhang mit der Verwaltung, dem Betreiben einer Firma oder Institution stehen*

Bü·ro·an·ge·stell·te der/die <-n, -n> *Angestellte(r), der/die in einem Büro arbeitet*

Bü·ro·ar·beit die <-> (*kein Plur.*) *die in einem Büro anfallende Arbeit*

Bü·ro·ar·ti·kel der <-s, -> (≈ *Bürobedarf*) *in einem Büro benötigter Gegenstand*

Bü·ro·be·darf der <-(e)s> (*kein Plur.*) *Gegenstände wie Ordner, Mappen, Schreibpapier, Locher, Stifte usw., die für die Büroarbeit gebraucht werden*

Bü·ro·ein·rich·tung die <-, -en> *Gesamtheit der Einrichtungsgegenstände eines Büros*

Bü·ro·flä·che die <-, -n> *die von Büros genutzte Fläche*

Bü·ro·ge·bäu·de das <-s, -> (↔ *Wohnhaus*) (*größeres*) *Gebäude, in dem Büros untergebracht sind*

Bü·ro·ge·hil·fe, **Bü·ro·ge·hil·fin** der <-n, -n> *jmd., der einfache Bürotätigkeiten erledigt*

Bü·ro·hengst der <-es, -e> (*umg. abwert.*) *pedantischer, engstirniger Mensch*

Bü·ro·hoch·haus das <-es, Bürohochhäuser> *Hochhaus, in dem sich* (*hauptsächlich*) *Büros befinden*

Bü·ro·klam·mer die <-, -n> *Metallklammer, mit der einzelne Papierbögen zusammengehalten werden*

Bü·ro·kom·mu·ni·ka·ti·on die <-> (*kein Plur.*) *Gesamtheit der technischen Anlagen, die für den Nachrichtenaustausch zwischen den Mitarbeitern von Büros genutzt werden*

Bü·ro·kraft die <-, Bürokräfte> *jmd., der in einem Büro arbeitet*

Bü·ro·krat, **Bü·ro·kra·tin** der <-en, -en> (*abwert.*) *jmd., der in der Art der Bürokratie*[2] *handelt*

Bü·ro·kra·tie die <-, -n> **1.** *Beamten- und Verwaltungsapparat eines Landes* **2.** (*abwert.*) *engstirnige, umständliche Beamtenwirtschaft*

bü·ro·kra·tisch *Adj. so, dass es in der Art einer Bürokratie*[2] *ist*

Bü·ro·ma·schi·ne die <-, -n> *Sammelbezeichnung für die im Bürobetrieb eingesetzten Maschinen und Systeme* (*Computer, Kopiergeräte, Diktiergeräte ...*)

Bü·ro·ma·te·ri·al das <-s, Büromaterialien> *s.* **Büroartikel**

Bü·ro·mensch der <-en, -en> (*abwert.*) *pedantische, nüchterne Bürokraft*

Bü·ro·mö·bel das <-s, -> (*meist Plur.*) *die Einrichtungsgegenstände eines Büros*

Bü·ro·per·so·nal das <-s> (*kein Plur.*) *Personal eines Büros*

Bü·ro·raum der <-(e)s, Büroräume> *Raum, in dem sich ein Büro befindet*

Bü·ro·stuhl der <-(e)s, Bürostühle> *in Büros üblicher* (*verstellbarer*) *Drehstuhl*

Bü·ro·stun·den <-> *Plur. Zeit, während der in einem Büro gearbeitet wird*

Bur·sche der <-n, -n> **1.** *ein junger Mann; Jugendlicher* ein flinker/strammer Bursche **2.** (*abwert.*) *ein Mann* ein seltsamer Bursche

Bur·schen·schaft die <-, -en> *eine Studentenverbindung, die nur männliche Studenten aufnimmt und die bestimmte alte Traditionen pflegt*

bur·schi·kos *Adj. so, dass man* (*als Mädchen oder Frau*) *jungenhaft und ungezwungen wirkt* Ihr Benehmen war burschikos.

Bürs·te die <-, -n> *ein Gerät mit einem Handgriff und Borsten, das man über die Oberfläche von etwas bewegt, wobei die Borsten Staub, Haare oder Verunreinigungen entfernen* ◆ Haar-, Kleider-, Schuh-, Teppich-, Zahn-

bürs·ten <bürstest, bürstete, hat gebürstet> *mit OBJ* ■ *jmd. bürstet jmdn./etwas* (*mit etwas Dat.*) *mit einer Bürste behandeln, um es zu reinigen oder zu pflegen* Die Krankenkassen schlagen vor, sich nach jeder Mahlzeit die Zähne zu bürsten., Die Massage mit einer Bürste war sehr wohltuend. ■ **etwas gegen den Strich bürsten**: *mit etwas bewusst sehr anders als normal umgehen* Er spielte das Mozartstück wie eine Komposition von Bach und bürstete es damit richtig gegen den Strich.

Bürs·ten·bin·der der <-s, -> (≈ *Bürstenmacher*) *jmd., der Bürsten und Besen herstellt*

Bürs·ten·mas·sa·ge die <-, -n> *Massage mit einer speziellen Bürste*

Bürs·ten·schnitt der <-(e)s, -e> *sehr kurz geschnittene Haare*

Bu·run·di das <-s> *Staat in Afrika*

Bu·run·di·er, **Bu·run·di·e·rin** der <-s, -> *Einwohner von Burundi*

bu·run·disch <nicht steig.> *Adj. Burundi, die Burundier betreffend*

Bür·zel der <-s, -> ZOOL. *Schwanzwurzel der Vögel*

Bus der <-ses, -se> *kurz für „Autobus" oder „Omnibus"*

Bus·bahn·hof der <-(e)s, Busbahnhöfe> *ein zentraler Platz, an dem der Autobusverkehr einer Stadt oder Region zusammenläuft*

Busch der <-es, Büsche> **1.** *eine Pflanze, deren viele Äste direkt aus dem Boden wachsen* **2.** (*kein Plur.*) *Trockengebiet in Afrika und Australien* ■ **bei jemandem auf den Busch klopfen** (*umg.*): *unauffällig nachfragen* **im Busch sein** (*umg.*): *im Geheimen vorbereitet werden* Die Manager verhalten sich so merkwürdig zurückhaltend, da scheint etwas im Busch zu sein.

Busch·boh·ne die <-, -n> BOT. *als buschige, niedrige Pflanze wachsende Gartenbohne*

Bü·schel das <-s, -> *mehrere längliche Objekte, die zusammen eine Art Einheit bilden* ein Büschel Federn/Haare

bü·schel·wei·se <nicht steig.> *Adv. so, dass es in Büscheln ist* büschelweise Haare verlieren

Busch·hemd das <-(e)s, -en> *sportliches Hemd mit aufgesetzten Taschen, das meist über der Hose getragen wird*

Bu·sen der <-s, -> (*selten Plur.*) *beide Brüste einer Frau* ein großer/kleiner/straffer/üppiger/voller Busen

bu·sen·frei <nicht steig.> *Adj. so, dass der Busen unbedeckt ist*

Bu·sen·freund, **Bu·sen·freun·din** der <-(e)s, -e> (*veralt.*) *sehr enger Freund*

Bu·sen·star der <-s, -s> (*umg. abwert.*) *weiblicher (Film)star mit großem Busen*

Bus·fah·rer, **Bus·fah·re·rin** der <-s, -> *jmd., der beruflich einen Autobus fährt*

Bus·hal·te·stelle die <-, -n> *Haltestelle, die von einem Linienbus regelmäßig angefahren wird*

Busi·ness das ['bɪznɪs] <-> (*kein Plur.*) *Geschäftleben, profitorientiertes Geschäft*

Busi·ness-Class die ['bɪznɪz kla:s] <-> (*kein Plur.*) LUFTF. *gehobene Sitzplatzkategorie in Passagierflugzeugen*

Bus·li·nie die <-, -n> *Route, die ein Autobus im Linienverkehr regelmäßig befährt*

Bus·rei·se die <-, -n> *Reise mit einem Bus*

Bus·sard der <-s, -e> ZOOL. *ein Greifvogel*

Bus·schaff·ner, **Bus·schaff·ne·rin** der <-s> *jmd., der als Schaffner in einem Bus arbeitet*

Bu·ße die <-, -n> **1.** (*kein Plur.*) (REL.: ≈ *Reue*) Buße predigen **2.** RECHTSW. *Geldstrafe, die man für ein Rechtsvergehen zahlen muss*

bü·ßen <büßt, büßte, hat gebüßt> **I.** *mit OBJ* ■ *jmd. büßt etwas (mit etwas Dat.) die negativen Konsequenzen eines Fehlers, den man gemacht hat, tragen müssen* Er büßte alle seine Sünden., Sie musste ihre Unvorsichtigkeit büßen. **II.** *ohne OBJ* ■ *jmd. büßt für etwas Akk. die negativen Konsequenzen von etwas tragen müssen* Er büßte für seinen Leichtsinn., Im Alter hat sie für ihren Lebenswandel gebüßt.

Bü·ßer·hemd das <-(e)s, -en> GESCH. *zum Zeichen der Buße getragenes Gewand*

Bus·serl das <-s, -(n)> (*süddt. österr. umg.*) *Kuss* jmdm. ein Busserl geben

Buß·fer·tig·keit die <-> (*kein Plur.*) REL. *Bereitschaft zur Buße*

Buß·geld das <-(e)s, -er> RECHTSW. *eine Geldstrafe, die man wegen einer Ordnungswidrigkeit bezahlen muss*

Buß·geld·be·scheid der <-(e)s, -e> RECHTSW. *schriftlicher Bescheid über ein Bußgeld*

Buß·geld·ver·häng·ung die <-, -en> RECHTSW. *die Verpflichtung zur Zahlung eines Bußgeldes wegen einer Ordnungswidrigkeit*

Buß·got·tes·dienst der <-es, -e> REL. *katholischer Gottesdienst, in dem den Gläubigen nach dem gemeinsamen Sündenbekenntnis vom Priester eine generelle Absolution erteilt wird*

Bus·si der <-s, -s> *s.* **Busserl**

Buß- und Bet·tag der <-(e)s, -e> *der Buße gewidmeter Feiertag am Mittwoch vor Totensonntag*

Büs·te/Bus·te die <-, -n> **1.** *Skulptur, die Kopf und Brust eines Menschen zeigt* **2.** (*veralt.*) *Busen*

Büs·ten·hal·ter der <-s, -> *die Brüste stützendes Wäschestück für Frauen; abgekürzt „BH"*

Bus·ti·er das [bys'ti̯e:] <-a, -s> *miederartiges, nicht ganz taillenlanges Oberteil für Frauen*

Bus·ver·kehr der <-s> (*kein Plur.*) *Verkehr von Autobussen*

Bu·tan·gas das <-es> (*kein Plur.*) *als Brenngas verwendetes Butan*

But·ler der ['batlɐ] <-s, -> *Diener in einem gehobenen Haushalt*

Butt der <-(e)s, -e> (ZOOL.: *norddt.* ≈ *Scholle*)

Bütt die <-, -en> *Rednerpult im Karneval* in die Bütt gehen

But·te/Büt·te die <-, -n> *wannenförmiges Gefäß*

But·tel die *s.* **Buddel**

Büt·ten·kar·ton der <-s, -s> *handgeschöpfter Karton*

Büt·ten·pa·pier das <-(e)s> (*kein Plur.*) *von Hand geschöpftes Papier*

Büt·ten·red·ner der <-s, -> *jmd., der eine Karnevalsrede hält*

But·ter die <-> (*kein Plur.*) *ein aus Milch gewonnenes Fett als Brotaufstrich oder Bratfett* ein halbes Pfund Butter, Butter dick aufs Brot schmieren ■ **alles in Butter!** (*umg.*): *alles in Ordnung*

But·ter·berg der <-(e)s, -e> (*umg.*) *großer Butterüberschuss, der auf Lager liegt*

But·ter·blu·me die <-, -n> BOT. *eine gelb blühende Wiesenblume* einen Kranz aus Butterblumen flechten

But·ter·brot das <-(e)s, -e> *ein mit Butter bestrichenes Brot* ■ **jemandem etwas aufs Butter-**

brot schmieren (*umg. abwert.*): *jmdm. deutliche Vorhaltungen machen*

But·ter·brot·pa·pier das <-s> (*kein Plur.*) (≈ *Pergamentpapier*) *ein Papier, das kein Fett durchlässt und sich daher eignet, mit Butter bestrichene Brote zu verpacken*

But·ter·cre·me·tor·te die <-, -n> *Torte mit einer Füllung aus Buttercreme*

But·ter·fahrt die <-, -en> (*umg.*) **1.** *Schiffsfahrt mit der Möglichkeit, billig einzukaufen* **2.** ≈ *Kaffeefahrt*

But·ter·fass das <-es, Butterfässer> **1.** *Fass zum Aufbewahren von Butter* **2.** *Fass, das früher benutzt wurde, um aus Milch Butter herzustellen*

But·ter·milch die <-> (*kein Plur.*) *eine säuerliche Milch mit geringem Fettgehalt*

but·ter·weich <nicht steig.> *Adj. sehr weich*

But·ton der ['bʌtn] <-s, -s> **1.** *Anstecker mit einem Emblem oder einem aufgedruckten Text* **2.** EDV *Bedienelement einer Benutzeroberfläche*

But·ton-down-Kra·gen der ['bʌtn-daʊn...] <-s, -> *Kragen, dessen Enden festgeknöpft werden*

But·zen·schei·be die <-, -n> *kleine, runde, bleigefasste Fensterscheibe mit einer Verdickung in der Mitte*

bye-bye [baɪ'baɪ, baj'baj] *Adv.* (*umg.*) *Auf Wiedersehen!*

By·pass-O·pe·ra·ti·on die ['bajpas...] MED. *operative Überbrückung eines erkrankten Blutgefäßstückes am Herzen*

Byte das [baɪt] <-(s), -(s)> EDV *Informationseinheit von je acht Bit*

By·zanz <-> GESCH. *alter Name Istanbuls*

C c

C, c das <-, -> **1.** *der dritte Buchstabe des Alphabets* ein großes C, ein kleines c **2.** MUS. *erster Ton der Grund-(C-Dur-)Tonleiter*

Ca·ba·ret das [kaba're:] <-s, -s> *s.* **Kabarett**

Ca·b·ri·o·let das [kabrio'le:] <-s, -s> *s.* **Kabriolett**

Cache der [kæʃ] <-, -s> EDV *Pufferspeicher eines Computers*

CAD das [kæd] <-s> (*kein Plur.*) EDV *Abkürzung von „computer-aided design": Konstruieren mit dem Computer*

Cad·mi·um, *a.* **Kad·mi·um** das <-s> (*kein Plur.*) CHEM. *silberweiß glänzendes, leicht schneidbares Metall, chemisches Zeichen: Cd*

Cae·si·um, *a.* **Cä·si·um** das [tsɛ:zium] <-s> (*kein Plur.*) CHEM. *silberweißes, weiches Metall, chemisches Zeichen: Cs*

Ca·fé das [ka'fe:] <-s, -s> **1.** (≈ *Kaffeehaus*) *eine Gaststätte, in der vor allem Kaffee und Kuchen angeboten werden* ◆ Eis-, Garten-, Internet-, Steh-, Straßen- **2.** (*schweiz.*) *Kaffee*

Ca·fé com·plet der [kafekõ'plɛ] <- -, -s -s> (*schweiz.*) *Kaffee mit Milch, zu dem Brötchen mit Butter und Marmelade serviert werden*

Ca·fe·te·ria die <-, -s/Cafeterien> *eine Art Restaurant (als Teil einer Institution), in dem man sich das Essen und die Getränke selbst holt und an einer Kasse bezahlt* Zur Mensa der Universität gehört auch eine Cafeteria.

Cal·ci·um, *a.* **Kal·zi·um** das <-s> (*kein Plur.*) CHEM. *silberglänzendes, sehr weiches Leichtmetall, das nur in Verbindungen vorkommt, chemisches Zeichen : Ca*

Cal·de·ra das <-, Calderen> (GEOGR.: ≈ *Einsturzkrater, Explosionskrater*) *kesselartige Vertiefung an Vulkanen*

Call·boy der ['ko:lbɔy] <-s, -s> *ein (junger) Mann, der auf Anruf in jmds. Wohnung kommt, um gegen Bezahlung (homo-)sexuelle Wünsche zu befriedigen*

Call-Cen·ter, *a.* **Call·cen·ter** das ['kɔ:lsɛntɐ] <-s, -> TELEKOMM. *zentrale Stelle in einer Firma o.Ä., in der eingehende Anrufe entgegengenommen und bearbeitet oder weitergeleitet werden*

Call·girl das ['kɔ:lgə:l] <-s, -s> *eine Prostituierte, die auf Anruf in jmds. Wohnung kommt, um gegen Bezahlung sexuelle Wünsche zu befriedigen*

Callingcard, *a.* **Calling-Card** die ['kɔ:lɪŋkɑd] <-, -s> TELEKOMM. *eine Telefonkarte, mit der man ohne Bargeld internationale Telefongespräche führen kann*

Cal·va·dos der <-, -> *französischer Apfelbranntwein*

Cal·vi·nis·mus, *a.* **Kal·vi·nis·mus** der <-> (*kein Plur.*) REL. *evangelisch-reformierte Glaubenslehre*

Ca·lyp·so der [ka'lɪpso] <-(s), -s> MUS. **1.** *ein Tanz im Rumbarhythmus* **2.** *volkstümliche Musik Westindiens*

CAM das [kæm] <-s> (*kein Plur.*) EDV *Abkürzung von „computer-aided manufacturing": die auf Computern basierende Steuerung und Überwachung von Produktionsabläufen*

Ca·margue·pferd das [ka'marg...] <-(e)s, -e> ZOOL. *eine südfranzösische Pferderasse*

Cam·cor·der der ['kamkɔrdɐ] <-s, -> *Kurzform für „Kamerarekorder", eine tragbare Videokamera*

Ca·mem·bert der ['kaməmbe:ɐ̯, 'kaməmbɛ:ɐ, kamã'bɛ:ɐ̯] <-s, -s> *ein Weichkäse aus Frankreich mit einem dünnen, weißen Schimmelbelag*

Ca·mi·on der [kami̯ɔn] <-s, -s> (*schweiz.*) *Lastwagen*

Ca·mi·on·neur der [kami̯ɔ'nø:ɐ̯] <-s, -e> (*schweiz.*) *Spediteur*

Ca·mor·ra, *a.* **Ka·mor·ra** die <-> (*kein Plur.*) *eine kriminelle Geheimorganisation in Süditalien*

Camp das [kɛmp] <-s, -s> *ein größerer Platz mit Zelten oder kleinen, einfachen Häusern, wo man seine Ferien verbringen kann* mit den Pfadfindern in ein Camp fahren ◆ Ferien-

Cam·pag·ne die [kam'panjə] <-, -n> (*kein Plur.*) *s.* **Kampagne**

cam·pen ['kɛmpn̩] <campst, campte, hat gecampt> *ohne OBJ* ■ *jmd. campt (irgendwo) für ei-*

ne bestimmte Zeit in den Ferien oder am Wochenende in einem Zelt oder Wohnwagen wohnen Wir haben am Waldrand gecampt.

Cam·per, **Cam·pe·rin** der ['kɛmpɐ] <-s, -> *jmd., der campt*

cam·pie·ren <campierst, campierte, hat campiert> *ohne OBJ* ■ *jmd. campiert (irgendwo) (schweiz.) campen, zelten*

Cam·ping das ['kɛmpɪŋ] <-s> *(kein Plur.) während des Urlaubs oder am Wochenende in einem Zelt oder Wohnwagen leben* In diesem Sommer fahren wir zum Camping nach Italien.

Cam·ping·aus·rüs·tung die ['kɛmpɪŋ...] <-, -en> *Gesamtheit der Gegenstände, die man zum Camping braucht, z.B. Zelt, Schlafsack, Kocher, Geschirr usw.* Vor dem Urlaub müssen wir noch unsere Campingausrüstung vervollständigen.

Cam·ping·beu·tel der ['kɛmpɪŋ...] <-s, -> *ein leichter Beutel in der Art eines Rucksacks, den man über einer Schulter trägt*

Cam·ping·bus der ['kɛmpɪŋ...] <-ses, -se> *ein Kleinbus, der wie ein Wohnwagen ausgestattet ist*

Cam·ping·ge·schirr das ['kɛmpɪŋ...] <-s> *(kein Plur.) Geschirr für das Camping*

Cam·ping·platz der ['kɛmpɪŋ...] <-es, Campingplätze> *ein Platz zum Aufstellen von Zelten und Wohnwagen, der meist mit Wasser- und Stromanschlüssen und sanitären Einrichtungen ausgestattet ist*

Cam·pus der ['kampʊs] <-, -> *(≈ Universitätsgelände) Gelände, Gesamtanlage einer Universität*

Ca·nail·le die [ka'naljə/ka'najə] <-, -n> *s.* **Kanaille**

Ca·nas·ta das <-s> *(kein Plur.) ein Kartenspiel*

Can·ber·ra das ['kænbərə] <-s> *Hauptstadt von Australien*

Can·can der [kã'kã:] <-s, -s> *ein (Schau-)Tanz, bei dem die Tänzerinnen lange Röcke oder Kleider tragen und ihre Beine hochwerfen, so dass man ihre Unterwäsche sehen kann*

can·celn ['kɛntsl̩n] <cancelst, cancelte, hat gecancelt> *mit OBJ* ■ *jmd. cancelt etwas rückgängig machen, absagen, streichen* Ich habe den Flug gecancelt.

Can·na·bis der <-> *(kein Plur.)* **1.** BIOL. *Hanf* **2.** *(umg.) Haschisch*

Can·nel·lo·ni die <-> *Plur.* KOCH. *Röllchen aus Nudelteig, die mit Hackfleisch, Spinat o.Ä. gefüllt und mit Käse überbacken sind*

Ca·nos·sa·gang der <-(e)s> *(kein Plur.) s.* **Kanossagang**

Can·yo·ning das ['kɛnjənɪŋ] <-s> *(kein Plur.)* SPORT *eine Sportart, bei der man in engen Schluchten im Gebirge wandert oder klettert*

CAP das <-s> *(kein Plur.) Abkürzung von „computer-aided/assistend planning": computerunterstützte Arbeitsplanung oder für „computer aided/assistend printing": computerunterstütztes Drucken*

Cape das [ke:p] <-s, -s> *ein Umhang ohne Ärmel, der einem Mantel ähnlich ist und häufig eine Kapuze hat* ein weites Cape aus Samt ◆ Regen-

Cap·puc·ci·no der [kapʊ'tʃi:no] <-(s), -(s)> *Kaffee mit aufgeschäumter Milch*

Ca·p·ric·cio, *a.* **Ka·p·ric·cio** das [ka'prɪtʃo] <-s, -s> MUS. *heiteres, scherzhaftes Musikstück in freier Form mit unerwarteten rhythmischen und harmonischen Wendungen*

Ca·que·lon das ['kakəlɔŋ] <-s, -s> *(schweiz.) Topf mit Stiel aus Steingut oder Keramik, den man z.B. für Fondue benutzt*

ca·ra·mel, *a.* **ka·ra·mell** <nicht steig.> *Adj. so, dass es von bräunlich-gelber Farbe ist* ◆ -farben

Ca·ra·van der ['ka(:)ravan, kara'va:n] <-s, -s> **1.** *Kombiwagen* **2.** *Wohnwagen* **3.** *Verkaufswagen* ein Caravan für Obst und Gemüse

Ca·ra·van·spie·gel der <-s, -> KFZ *ein speziell für den Caravan konstruierter, verlängerter Rückspiegel*

Car·bid das <-(e)s, -e> *s.* **Karbid**

Car·bo·nat das <-(e)s, -e> *s.* **Karbonat**

Car·go der <-s, -s> *s.* **Kargo**

Car·go·ho·se die <-, -n> *eine Hose, bei der seitlich auf den Hosenbeinen Taschen aufgenäht sind*

Ca·ri·tas die <-> *(kein Plur.) katholischer Wohlfahrtsverband in Deutschland*

Ca·ro·tin das <-s> *(kein Plur.) s.* **Karotin**

Car·port der ['ka:pɔ:t] <-s, -s> *überdachter Abstellplatz für Autos, der an den Seiten offen ist* das Auto in einem Carport parken

Car·sha·ring, *a.* **Car-Sha·ring** das ['ka:ʃɛrɪŋ] <-s> *(kein Plur.) der Vorgang, dass ein Auto durch verschiedene Personen gegen Gebühr benutzt wird*

Car·toon der/das [kar'tu:n] <-s, -s> **1.** *Karikatur, satirische Zeichnung* **2.** *(≈ Comic Strip) gezeichnete oder gemalte, häufig satirische Geschichte in Bildern*

Car·too·nist der <-en, -en> *jmd., der Cartoons zeichnet*

Car·ving das ['ka:vɪŋ] SPORT *eine Technik beim Ski- oder Snowboardfahren, bei der man sehr enge Kurven auf der Kante des Skis fährt, ohne zu rutschen*

Car·ving-Ski der ['ka:vɪŋʃi:] <-s, -er> SPORT *spezielle Skier für das Carving*

Ca·sa·no·va der <-s, -s> *(umg. ≈ Frauenheld, Verführer) verwendet als Bezeichnung für einen Mann, dem es immer wieder gelingt, Frauen zu verführen und der bereits viele Frauen verführt hat (nach dem italienischen Abenteurer und Schriftsteller G. Casanova (1725-1798))*

Cash das [kæʃ] <-> *(kein Plur.) Bargeld, Barzahlung*

Ca·shew·nuss die ['kɛʃu...] <-, Cashewnüsse> *essbare Frucht eines Baumes der tropischen Gebiete Amerikas*

Cash·flow der ['kæʃflou] <-s> *(kein Plur.)* WIRTSCH. *Überschuss eines Unternehmens nach Abzug aller Unkosten, der zugleich die Kennziffer zur Beurteilung der finanziellen Struktur ergibt*

Cash·ge·schäft das ['kæʃ...] <-(e)s, -e> WIRTSCH. *Geschäft, bei dem bar bezahlt wird*

Cas·set·ten-Re·cor·der, *a.* **Kas·set·ten·re·cor·der** der <-s, -> *Kassettengerät, mit dem Kassetten abgespielt und bespielt werden können*

cas·ten ['ka:stən] <castest, castete, hat gecastet>

mit OBJ ■ *jmd. castet jmdn.* FILM *für eine bestimmte Rolle die geeignete Person (aus einer größeren Gruppe von Schauspielern, Tänzern o.Ä.) heraussuchen*

Cas·ting das ['ka:stɪŋ] <-s, -s> FILM *der Vorgang, dass jmd. für eine bestimmte Rolle in einem Film oder Bühnenstück aus einer größeren Gruppe von Schauspielern, Tänzern o.Ä. die geeignete Person heraussucht* ◆-agentur

Cas·tor® der <-s, -en> *ein spezieller Behälter, in dem radioaktives Material transportiert und gelagert werden kann*

Cas·tor·be·häl·ter der <-s, -> (≈ *Castor*) *Behälter zum Transportieren und Lagern von radioaktivem Material*

cat·chen ['kɛtʃn̩] <catchst, catchte, hat gecatcht> *ohne OBJ/mit OBJ* ■ *jmd. catcht (mit jmdm.)* SPORT *einen öffentlichen Ringkampf austragen, bei dem fast alle Griffe erlaubt sind*

Cat·cher, **Cat·che·rin** der ['kɛtʃɐ] <-s, -> *jmd., der catcht*

Ca·te·ring das ['keɪtərɪŋ] <-s> (*kein Plur.*) *die Versorgung mit Speisen und Getränken (im Rahmen bestimmter Anlässe)* ◆-firma

Cau·sa die <-, Causae> RECHTSW. *Grund oder Ursache eines Schadens oder eines anderen Rechtsfalles*

Ca·yenne·pfef·fer der [ka'jɛn...] <-s> (*kein Plur.*) *sehr scharfes Gewürz, das überwiegend aus Chili hergestellt wird*

CB-Funk der [tse:'be:...] <-(e)s> (*kein Plur.*) (*privater*) *Sprechfunkverkehr auf einer bestimmten Frequenz*

CB-Fun·ker, **CB-Fun·ke·rin** der <-s, -> *jmd., der CB-Funk betreibt*

cbm (*veralt.*) *Zeichen für Kubikmeter*

CC *Abkürzung von „Corps consulaire“: konsularisches Korps*

CCD *Abkürzung von „Conseil de Coopération Douanière“: europäischer Zollrat*

ccm (*veralt.*) *Zeichen für Kubikzentimeter*

CD die [tse:'de:] <-, -s> *Abkürzung von „Compactdisc“* ◆-hülle, -neuerscheinung, -ständer, Audio-, Doppel-

CD-Bren·ner der <-s, -> EDV *ein Gerät, mit dem man Daten auf spezielle CDs brennen[2] kann*

CD-Play·er der [tse:'de:ple:ɪɐ] <-s, -> *Abspielgerät für CDs* der Digitalausgang/das Display/die Fernbedienung/ das Laufwerk des CD-Players

CD-ROM die [tse:de'rɔm] <-s, -s> EDV *eine Art CD, deren Daten von einem Computer gelesen, aber nicht verändert werden können* Dieses Lexikon habe ich mir auf CD-ROM gekauft.

CD-ROM-Lauf·werk das <-(e)s, -s> EDV *Teil eines Computers, mit dem Daten oder Programme, die auf CD-ROM gespeichert sind, gelesen werden können*

CD-Spie·ler der <-s, -> (≈ *CD-Player*)

CE der *Abkürzung von „Council of Europe“: Europarat*

Cel·list, **Cel·lis·tin** der [tʃɛ'lɪst, ʃɛ'lɪst] <-en, -en> MUS. *Musiker, der auf einem Cello spielt*

Cel·lo das ['tʃɛlo, 'ʃɛlo] <-s, -i/-s> *kurz für „Violoncello“; ein Saiteninstrument* ein Konzert für Cello und Orchester

Cel·lo·phan®, *a.* **Zel·lo·phan** das <-s> (*kein Plur.*) *eine sehr dünne, durchsichtige Folie aus Viskose, die meist zum Verpacken von Lebensmitteln benutzt wird*

cel·lo·pha·nie·ren <cellophanierst, cellophanierte, hat cellophaniert> *mit OBJ* ■ *jmd. cellophaniert etwas* (*selten*) *eine Ware in Cellophan verpacken*

Cel·lu·li·te, *a.* **Cel·lu·li·tis** die <-> (*kein Plur.*) (MED.: ≈ *Orangenhaut*) (*bei Frauen auftretende*) *Veränderung des Bindegewebes der Unterhaut, besonders an den Oberschenkeln*

Cel·lu·loid das <-(e)s, -e> *s.* **Zelluloid**

Cel·lu·lo·se die <-, -n> *s.* **Zellulose**

Cel·si·us PHYS. *Gradeinheit auf der Celsiusskala, internationale Maßeinheit der Temperatur* Die Wassertemperatur an der Küste beträgt 23 Grad Celsius.

Cem·ba·lo das ['tʃɛmbalo] <-s, -li/-s> *Tasteninstrument, bei dem die Saiten nicht angeschlagen, sondern angerissen werden*

Cent der [sɛnt] <-(s), -(s)> **1.** *kleinste europäische Währungseinheit* Ein Euro hat einhundert Cent. **2.** *kleinste amerikanische Währungseinheit* Ein amerikanischer Dollar hat einhundert Cent.

Cen·ter das ['sɛntɐ] <-s, -> (*großes*) *Einkaufszentrum*

Cen·tre·court, *a.* **Cen·tre-Court** der ['sɛntə'kɔ:(r)t] <-s, -s> SPORT *Hauptspielplatz einer Tennisanlage*

Cer·be·rus der <-, -se> *s.* **Zerberus**

CERN das [sɛrn] <-s> (*kein Plur.*) *Abkürzung von „Conseil Européen pour la Recherche Nucléaire“: Europäische Organisation für Kernforschung*

Cer·ve·lat der ['sɛrvəla] <-s, -s> (*schweiz.*) *eine Brühwurst aus Rindfleisch s.* **Zervelatwurst**

Ce·vap·ci·ci [tʃe'vaptʃitʃi] <-> *Plur.* KOCH. *kleine Röllchen aus Hackfleisch, die sehr scharf gewürzt sind und gegrillt werden*

Cey·lon ['tsailɔn] <-s> (*kein Plur.*) *frühere Bezeichnung für Sri Lanka*

cf *Abkürzung von „cost and freight“: Kost und Fracht (im Preis eingeschlossen*

Cha-Cha-Cha der ['tʃa'tʃa'tʃa] <-(s), -s> *ein lateinamerikanischer Tanz*

Chair·man der ['tʃɛ:ɐmən] <-s, Chairmen> *Vorsitzender eines politischen Gremiums in England und Amerika*

Chai·se·longue die [ʃɛzə'lɔŋ, ʃɛzə'lõ:k] <-, -s/-n> *gepolsterte Liege mit Kopfstück*

Cha·let das [ʃa'le:, ʃa'lɛ] <-s, -s> **1.** *Landhaus* **2.** (*schweiz.*) *Sennhütte*

Chal·ko·li·thi·kum das <-> (*kein Plur.*) (≈ *Kupferzeit*) *Zeit des jüngeren Neolithikums, in der es schon Gegenstände aus Kupfer gab*

Cha·mä·le·on das [ka'mɛ:leɔn] <-s, -s> **1.** *eine Echse, deren Haut sich der Farbe ihrer Umgebung anpassen kann* **2.** (*umg. abwert.*) *jmd., der oft seine Überzeugungen wechselt*

Cham·pa·g·ner der [ʃam'panjɐ] <-s> (*kein Plur.*)

(≈ *Sekt, Schaumwein*) *ein in Frankreich hergestellter Schaumwein, der nach der französischen Landschaft Champagne benannt ist*

Cham·pi·g·non der ['ʃampɪnjɔŋ, 'ʃã:pɪnjõ] <-s, -s> (BOT.: ≈ *Egerling*) *ein weißer oder brauner Speisepilz, der zu der Gattung der Blätterpilze gehört* ◆-cremesuppe

Cham·pi·on der ['tʃɛmpi̯ən] <-, -> SPORT *Spitzensportler, Meister in einer Sportart*

Chan der [ka:n, xa:n] <-s, -e> *s.* **Khan**

Chan·ce die ['ʃã:s(e)] <-, -n> **1.** *dargebotene, günstige Möglichkeit, Gelegenheit* Ich habe die Chance, an eine andere Universität zu gehen., Er hat seine Chance verpasst/erkannt/wahrgenommen., Sie gab ihm eine letzte Chance. **2.** (*meist Plur.*) *Erfolgsaussichten* Der Radrennfahrer hat keine Chancen mehr auf den Gesamtsieg., Bei diesem Wetter haben sie keine Chancen, den Gipfel zu erreichen. ■ **bei jemandem Chancen haben** (*umg.*): *die Aussicht haben, mit jmdm.* (*sexuellen*) *Kontakt zu bekommen*

Chan·cen·gleich·heit die <-> (*kein Plur.*) *Gleichheit der beruflichen, rechtlichen und sozialen Möglichkeiten für alle, ohne Rücksicht auf Geschlecht oder Herkunft* die Forderung nach Chancengleichheit

chan·cen·los *Adj. so, dass jmd. ohne Chancen ist* Die gegnerische Mannschaft war chancenlos.

Chan·son das [ʃã'sõ:] <-s, -s> *ein Lied, das meist künstlerisch anspruchsvoll ist und einen gesellschaftskritischen, satirisch-politischen oder heiter-frivolen Text hat* Französische Chansons hört sie besonders gern. ◆-abend, -sänger

Chan·son·net·te, *a.* **Chan·so·net·te** die [ʃãsɔ'nɛtə] <-, -n> **1.** (≈ *Chansonniere*) *eine Sängerin von Chansons* **2.** *ein Lied mit komischem oder frivolem Inhalt*

Chan·son·nier, *a.* **Chan·so·nier** der [ʃãsɔ'ni̯e:] <-s, -s> **1.** *ein Sänger oder Dichter von Chansons* **2.** *Liedersammlung mit Troubadorliedern*

Cha·nuk·ka die [xanuka] <-> (*kein Plur.*) REL. *achttägiges jüdisches Lichterfest zur Erinnerung an die Neuweihe des Jerusalemer Tempels* (*165 oder 164 v.Chr.*)

Cha·os das ['ka:ɔs] <-> (*kein Plur.*) *heilloses Durcheinander, gänzlich fehlende Ordnung* Nach dem Umzug herrschte erst einmal ein heilloses Chaos. ◆Verkehrs-

Cha·os·the·o·rie die <-> (*kein Plur.*) MATH. *eine mathematische Methode, zufallsbedingte Vorgänge rechnerisch zu beschreiben*

Cha·ot, **Cha·o·tin** der [ka'o:t] <-en, -en> **1.** (*abwert.*) *radikaler Mensch, der seine politischen Ziele mit Gewalt erreichen will* **2.** (*umg., abwert.*) *unordentlicher Mensch, ausgeflippte Person*

cha·o·tisch [ka'o:tiʃ] *Adj. so, dass es ungeordnet und verworren ist* Wir lebten damals in chaotischen Verhältnissen., Der Urlaub war ziemlich chaotisch.

Cha·rak·ter der [ka'raktɐ] <-s, -e> **1.** *Wesensart* (*eines Menschen*) Er hat einen sehr schwierigen Charakter., Eine solche Erfahrung prägt den Charakter. **2.** *ein Mensch von ausgeprägter Eigenart* Ich habe selten zwei derart unterschiedliche Charaktere gesehen. **3.** (*kein Plur.*) *Eigenschaft, Merkmal* Sie liebt den unverwechselbaren Charakter dieser Landschaft.

Cha·rak·ter·dar·stel·ler, **Cha·rak·ter·dar·stel·le·rin** der <-s, -> THEAT. FILM *Schauspieler, der Charakterrollen darstellt*

Cha·rak·ter·ei·gen·schaft die <-, -en> (*meist Plur.*) *die charakterlichen Eigenschaften eines Menschen* Welche Charaktereigenschaften schätzt du besonders an ihm?

cha·rak·ter·fest *Adj.* (≈ *charakterstark*) *willenskräftig, standhaft* Er war stets ein charakterfester Mensch.

cha·rak·te·ri·sie·ren <charakterisierst, charakterisierte, hat charakterisiert> *mit OBJ* **1.** ■ *jmd. charakterisiert jmdn./etwas irgendwie treffend schildern* Er hat seinen neuen Chef als sehr umgänglich charakterisiert. **2.** ■ *etwas charakterisiert jmdn./etwas kennzeichnend sein* Leuchtende Farben charakterisieren den Stil dieses Malers.

Cha·rak·te·ri·sie·rung die <-, -en> *das Charakterisieren, Charakterisiertwerden*

Cha·rak·te·ris·tik die <-, -en> *präzise Schilderung von jmdm. oder etwas* eine treffende Charakteristik

Cha·rak·te·ris·ti·kum das <-s, Charakteristika> (*geh.*) *typisches Merkmal, typische Eigenschaft* Die Pinien sind ein Charakteristikum dieser Landschaft.

cha·rak·te·ris·tisch *Adj. so, dass es die spezifischen Eigenschaften erkennen lässt, für etwas/jmdn. kennzeichnend ist* Solche Kameraeinstellungen sind charakteristisch für diesen Regisseur.

cha·rak·ter·lich <nicht steig.> *Adj. so, dass es den Charakter betrifft* Er hat sich im Laufe der Zeit charakterlich verändert.

cha·rak·ter·los *Adj. so, dass jmd. mangelnde charakterliche Qualitäten aufweist* Genau das zeigt doch, was für ein charakterloser Mensch er ist.

Cha·rak·ter·lo·sig·keit die <-, -en> **1.** (*kein Plur.*) *persönliches charakterliches Defizit* **2.** *nicht gutzuheißende, taktlose Handlung* Das war eine ziemliche Charakterlosigkeit von ihr.

Cha·rak·ter·schau·spie·ler, **Cha·rak·ter·schau·spie·le·rin** der <-s, -> *s.* **Charakterdarsteller**

Cha·rak·ter·zug der <-(e)s, Charakterzüge> *charakterliche Eigenschaft, Wesenszug* Er versteht es, diesen Charakterzug zu betonen.

Char·ge die ['ʃarʒə] <-, -n> **1.** AMTSSPR. *Amt, Rang* **2.** MILIT. *Dienstgrad* **3.** *Person mit Dienstgrad* Die höheren Chargen saßen alle versammelt an einem Tisch. **4.** THEAT. *Nebenrolle* **5.** TECHN. *Ladung* **6.** CHEM. *Herstellungsserie eines Arzneimittels* ◆-nnummer

Cha·ris·ma das ['ça(:)rɪsma, ça(:)'rɪsma] <-s> (*kein Plur.*) **1.** (*geh.*) *persönliche Ausstrahlung* Die Schauspielerin besitzt Charisma. **2.** REL. *von Gott verliehene besondere Gabe*

cha·ris·ma·tisch *Adj.* **1.** *so, dass jmd. Charisma*[1] *besitzt* **2.** *so, dass es das Charisma*[2] *betrifft*

Charles·ton der ['tʃarlstn̩] <-, -s> *amerikanischer Modetanz der 1920er Jahre*

char·mant, *a.* **schar·mant** [ʃar'mant] *Adj. so, dass jmd. liebenswürdig, bezaubernd, von gewinnendem Wesen ist* Sie lächelte charmant.

Charme, *a.* **Scharm** der [ʃarm] <-s> (*kein Plur.*) *gewinnendes Wesen eines Menschen, Liebenswürdigkeit* Sie besitzt einen unwiderstehlichen Charme., Ich liebe den Charme dieser Stadt.

Chart der/das [tʃart] <-s, -s> **1.** *grafische Darstellung von Zahlen* Die neuen Umsatzzahlen wurden auf Charts der Öffentlichkeit präsentiert. **2.** (*nur Plur.*) MUS. *Hitliste* Dieser Titel ist neu in den Charts und gleich auf Platz fünf.

Char·ta die ['karta] <-, -s> POL. *wichtige Urkunde im Staats- und Völkerrecht* Genau dies steht in der Charta der Vereinten Nationen.

Char·ter der ['tʃartɐ, 'ʃartɐ] <-s, -s> WIRTSCH. *Miet- oder Pachtvertrag über ein Flugzeug oder ein Schiff*

Char·ter·flug der ['tʃartɐ..., 'ʃartɐ...] <-(e)s, Charterflüge> LUFTF. *Flug mit einem Charterflugzeug* einen Charterflug buchen

Char·ter·flug·zeug das ['tʃartɐ..., 'ʃartɐ...] <-es, -e> (≈ *Chartermaschine*) *gechartertes Flugzeug*

Char·ter·ma·schi·ne die ['tʃartɐ..., 'ʃartɐ...] <-, -n> LUFTF. *s.* **Charterflugzeug**

char·tern ['tʃartɐn] <charterst, charterte, hat gechartert> *mit OBJ* ■ *jmd. chartert etwas* LUFTF. SEEW. (*kurzfristig*) *mieten* Er hat ein Flugzeug/ein Schiff gechartert.

Chas·sis das [ʃa'siː] <-, -> **1.** KFZ *Fahrgestell bei Fahrzeugen* **2.** ELEKTROTECHN. *Rahmen von elektronischen Geräten*

Cha·su·ble das [ʃa'zybl] <-s, -s> *geknöpftes Überkleid für Damen, eine Art langer Weste ohne Ärmel und Seitennähte*

Chat der [tʃæt] <-s, -s> EDV **1.** *eine im Internet gebotene Funktion, die es ermöglicht, dass verschiedene Teilnehmer online miteinander einen Dialog führen* **2.** *Onlinekommunikation mithilfe des Chats*[1] im Chat sein ◆ -forum

Cha·teau/Châ·teau das [ʃa'toː] <-s, -s> **1.** *französische Bezeichnung für Schloss, Burg, Herrenhaus* **2.** (*Bezeichnung für*) *französische Weingüter, besonders im Gebiet der Bordeauxweine*

Chat·fo·rum das [tʃæt...] <-s, Chatforen> EDV *Personenkreis, der im Chat*[1] *über ein bestimmtes Thema miteinander kommuniziert*

Chat·room der [tʃæt'ruːm] <-s, -s> EDV *ein Bereich im Internet, in dem sich ein bestimmter Personenkreis trifft, um zu chatten*

chat·ten [tʃætn̩] *mit OBJ* ■ *jmd. chattet mit jmdm.* (*über etwas Akk.*) EDV *sich im Internet miteinander in einem Chat unterhalten*

Chauf·feur, **Chauf·feu·rin** der [ʃɔ'føːɐ] <-s, -e> *jmd., der beruflich andere Personen mit dem Auto befördert*

Chauf·feu·se die [ʃɔ'føːzə] <-, -n> (*schweiz.*) *Frau, die berufsmäßig Personen im Auto befördert*

chauf·fie·ren [ʃɔ'fiːrən] <chauffierst, chauffierte, hat chauffiert> *mit OBJ* ■ *jmd. chauffiert jmdn.* (*irgendwo hin*) *jmdn.* (*berufsmäßig*) *in einem Kraftfahrzeug befördern* Er ließ sich von einem Taxifahrer zum Bahnhof chauffieren.

Chaus·see die [ʃɔ'seː] <-, -n> *eine* (*ausgebaute*) *Landstraße*

Chau·vi der ['ʃoːvi] <-s, -s> (*umg. abwert.*) *s.* **Chauvinist**[2]

Chau·vi·nis·mus der [ʃovi'nɪsmʊs] <-, Chauvinismen> (*abwert.*) **1.** (*kein Plur.*) *übersteigerter Patriotismus, übertriebene Vaterlandsliebe* (*in Verbindung mit Verachtung anderer Völker*) **2.** (*kein Plur.*) *übertrieben männliches Verhalten gegenüber Frauen* **3.** (*geh.*) *chauvinistische Handlungen*

Chau·vi·nist der [ʃovi'nɪst] <-en, -en> (*abwert.*) **1.** *Vertreter des Chauvinismus*[1] **2.** *ein Mann, der sich Frauen überlegen fühlt, der ein übertriebenes Selbstwertgefühl besitzt und die Überzeugung vertritt, Frauen hätten kein Recht auf Gleichberechtigung*

chau·vi·nis·tisch [ʃovi'nɪstɪʃ] *Adj.* (*abwert.*) **1.** *so, dass jmd. den Chauvinismus*[1] *vertritt* Er verleugnet seine chauvinistische Gesinnung nicht. **2.** *so, dass es den Chauvinismus*[2] *betrifft* eine chauvinistische Äußerung

Check der [ʃɛk] <-s, -s> (*schweiz.*) *s.* **Scheck**

Check der [tʃɛk] <-s, -s> **1.** *Prüfung, Kontrolle* Wir führen gerade den letzten Check der Geräte vor dem Abflug durch. **2.** SPORT *Stoß gegen den Körper des Gegenspielers* Nach einem unerlaubten Check musste der Eishockeyspieler auf die Strafbank. ◆ Body-

che·cken ['tʃɛkn̩] <checkst, checkte, hat gecheckt> *mit OBJ* ■ *jmd. checkt etwas* (*umg.*) **1.** *überprüfen, kontrollieren* Das Flugzeug wird vor jedem Start gecheckt. **2.** (*umg.* ≈ *kapieren*) *begreifen* Hast du das noch immer nicht gecheckt?

Cheese·bur·ger der ['tʃiːzbəːgə] <-s, -> *eine mit Salat belegte und mit Käse überbackene Frikadelle in einem Brötchen*

Chef, **Che·fin** der [ʃɛf] <-s, -s> **1.** *Vorgesetzter, Leiter* Die Firma bekommt einen neuen Chef. **2.** (*umg.*) *lose Anrede an einen Unbekannten* Chef, haste mal 'nen Euro?

Chef·arzt, **Chef·ärz·tin** der [ʃɛf...] <-es, Chefärzte> *leitender Arzt* (*einer Abteilung*) *eines Krankenhauses* ◆ -visite

Chef·e·ta·ge die [ʃɛf...] <-, -n> **1.** *Stockwerk, in dem die Firmenleitung ihren Sitz hat* **2.** (*übertr.*) *Firmenleitung* Die Chefetage sieht das aber anders.

Chef·in·ge·ni·eur, **Chef·in·ge·ni·eu·rin** der [ʃɛfɪnʒe'ni̯øːɐ] <-s, -e> *leitender technischer Angestellter*

Chef·koch, **Chef·kö·chin** der [ʃɛf...] <-(e)s, Chefköche> (≈ *Küchenchef*) *erster Koch eines Restaurants oder einer Kantine*

Chef·re·dak·teur, **Chef·re·dak·teu·rin** der [ʃɛf...] <-s, -e> *Leiter einer Zeitungsredaktion*

Chef·sa·che die [ʃɛf...] <-> (*kein Plur.*) *Angelegenheit, die so wichtig ist, dass der Chef sich selbst*

darum kümmert Er erklärte den Fall zur Chefsache.

Chef·se·kre·tär, **Chef·se·kre·tä·rin** der [ʃɛf...] <-s, -e> *Sekretär des Chefs*

Chef·un·ter·händ·ler, **Chef·un·ter·händ·le·rin** der [ʃɛf...] <-s -> POL. *jmd. der die Unterhandlungen im Auftrag eines Staates, einer Interessengruppe o.Ä. leitet*

Chef·vi·si·te die [ʃɛf...] <-, -n> MED. *Visite des Chefarztes*

Chef·zim·mer das [ʃɛf...] <-s, -> *Büro des Chefs*

Che·mie die [çe'mi:, ke'mi:] <-> (*kein Plur.*) **1.** CHEM. *Wissenschaft von den (Grund-)Elementen, ihren Eigenschaften und ihren Verbindungen* **2.** (*umg.*) (*Zusatz von*) *Chemikalien* Das Eis schmeckt nach Chemie.

Che·mie·ar·bei·ter, **Che·mie·ar·bei·te·rin** der [çe'mi:..., ke'mi:...] <-s, -> *jmd., der in der chemischen Industrie arbeitet*

Che·mie·fa·ser die [çe'mi:..., ke'mi:...] <-, -n> *künstlich, chemisch hergestellte Faser*

Che·mie·in·ge·ni·eur, **Che·mie·in·ge·ni·eu·rin** der [çe'mi:ɪnʒe'ni̯ø:ɐ̯] <-s, -e> *in einem chemischen Industriebetrieb tätiger Ingenieur*

Che·mie·kon·zern der [çe'mi:..., ke'mi:...] <-s, -e> *Zusammenschluss von Betrieben der chemischen Industrie*

Che·mie·la·bo·rant, **Che·mie·la·bo·ran·tin** der [çe'mi:..., ke'mi:...] <-en, -en> *Facharbeiter in einem chemischen Labor*

Che·mie·müll der [çe'mi:..., ke'mi:...] <-s> (*kein Plur.*) *Sondermüll, der Chemikalien enthält*

Che·mie·un·fall der [çe'mi:..., ke'mi:...] <-(e)s, Chemieunfälle> *Unfall, bei dem Chemikalien freigesetzt werden*

Che·mie·waf·fe die [çe'mi:..., ke'mi:...] <-, -n> (*meist Plur.*) MILIT. *Waffen, deren Wirksamkeit aus der Reaktion chemischer Stoffe resultiert*

Che·mi·ka·lie die <-, -n> (*meist Plur.*) *industriell hergestellte chemische Stoffe*

Che·mi·ker, **Che·mi·ke·rin** der <-s, -> *Wissenschaftler auf dem Gebiet der Chemie*

Che·mi·née das ['ʃmɪne] <-s, -s> (*schweiz.*) *offener Kamin in einem Wohnraum*

che·misch ['çe:mɪʃ] <nicht steig.> *Adj.* **1.** *so, dass es die Chemie betrifft oder zu ihr gehört* Diese Gegend ist ein Zentrum der chemischen Industrie. **2.** *so, dass es nach den Gesetzen der Chemie erfolgt* Sie können die chemische Reaktion jetzt gleich beobachten.

che·mo·the·ra·peu·tisch ['ke:mo...] <nicht steig.> *Adj. so, dass nach den Erkenntnissen und Methoden der Chemotherapie vorgegangen wird*

Che·mo·the·ra·pie die ['ke:mo...] <-, -n> MED. *Behandlung von Infektionskrankheiten oder Krebserkrankungen mit einem aus chemischen Substanzen hergestellten Arzneimittel, das Infektionserreger und Tumorzellen abtötet*

Che·que der ['tʃek] <-s, -s> *s.* **Scheck**

Che·rub/**Ke·rub** der ['çe:rʊp, 'ke:rʊp] <-s, Cherubim> REL. *biblischer Engel (der das Paradies bewacht)*

Ches·ter·kä·se der ['tʃɛstɐ...] <-s, -> *gelblich-orange gefärbter Hartkäse*

Chi·an·ti der [ki̯'anti] <-s> (*kein Plur.*) *ein italienischer Rotwein*

Chi·as·mus der [çi̯'asmʊs] <-, Chiasmen> LIT. *eine Stilfigur: Aufeinanderfolge zweier Ausdrücke mit gleichen oder ähnlichen sprachlichen Einheiten, deren Reihenfolge im zweiten Ausdruck vertauscht wird* der Chiasmus „Kurz ist das Leben, die Kunst ist lang."

chic [ʃɪk] (*nur unflektiert*) *Adj. s.* **schick**

Chi·co·rée, *a.* **Schi·ko·ree** der/die ['ʃikore, ʃiko're:] <-s/-> (*kein Plur.*) *eine Pflanze mit gelblich-weißen Blättern, die man als Salat oder Gemüse essen kann* ◆-salat

Chiem·see der ['ki:m...] <-s> GEOGR. *See in Bayern*

Chif·fon der ['ʃɪ:fõ:] <-s, -s> *ein schleierartiges Seidengewebe* ein Abendkleid aus Chiffon

Chif·f·re die ['ʃɪfrə, 'ʃifɐ] <-s, -n> **1.** *Zeichen einer Geheimschrift* **2.** *Kennziffer in Zeitungsannoncen* ◆-anzeige

chif·f·rie·ren [ʃɪ'fri:rən] <chiffrierst, chiffrierte, hat chiffriert> *mit OBJ* ■ *jmd. chiffriert etwas* (≈ *verschlüsseln, codieren* ↔ *dechiffrieren*) *etwas in eine Geheimschrift übertragen* Wir haben die Nachricht chiffriert.

Chif·f·rier·ma·schi·ne die <-, -n> *ein Gerät zum Chiffrieren und Entziffern von Schriftstücken*

Chi·le ['tʃi:le, 'çi:le] <-s> *Staat in Südamerika*

Chi·le·ne, **Chi·le·nin** der <-n, -n> *Einwohner von Chile*

chi·le·nisch <nicht steig.> *Adj. so, dass es Chile oder die Chilenen betrifft, von den Chilenen stammt oder zu ihnen gehört*

Chi·li der ['tʃi:li] <-s, -s> *ein kleiner, sehr scharfer Paprika, der gemahlen als Gewürz verwendet wird* ◆-pfeffer

Chi·mä·re die [çi'mɛ:rə] <-, -en> *s.* **Schimäre**

Chi·na ['çi:na, 'ki:na] <-s> *Land in Ostasien*

Chi·na·kohl der ['çi:na..., 'ki:na...] <-(e)s> (*kein Plur.*) BOT. *aus Ostasien stammende längliche Kohlart, die man als Salat oder Gemüse essen kann*

Chi·na·res·tau·rant das ['çi:na..., 'ki:na...] <-s, -s> *Restaurant, in dem Gerichte angeboten werden, die für die chinesische Küche typisch sind*

Chin·chil·la die [tʃɪn'tʃɪla] <-, -s> ZOOL. *ein Nagetier aus Südamerika, dessen Pelz sehr wertvoll ist*

Chi·ne·se, **Chi·ne·sin** der <-n, -n> *jmd., der die chinesische Staatsbürgerschaft hat*

chi·ne·sisch <nicht steig.> *Adj. China oder die Chinesen betreffend*

Chi·nin das [çi'ni:n] <-s> (*kein Plur.*) CHEM. *ein Alkaloid der Chinarinde, das als Arznei gegen Fieber, besonders bei Malaria, verwendet wird*

Chip der [tʃɪp] <-s, -s> **1.** (*meist Plur.*) *dünne, gewürzte und geröstete Kartoffelscheibe* ◆ Kartoffel- **2.** *Spielmarke, die (beim Roulette) einen bestimmten Betrag repräsentiert* **3.** ELEKTROTECHN. *ein dünnes Halbleiterplättchen mit elektronischen Schaltelementen* ◆ Rechen-, Steuer-

Chip·fab·rik die [tʃɪp...] <-, -en> *Fabrik, die*

Chips[3] herstellt

Chip·kar·te die [tʃɪp...] <-, -n> *Karte mit einem Chip [3], die man als Ausweis, Zahlungsmittel o.Ä. verwenden kann*

Chip·pen·da·le das ['(t)ʃɪpəndeɪl] <-/-s> (*kein Plur.*) *ein Möbelstil, der um 1750 in England entstanden ist* ein Schrank in Chippendale

Chi·ro·prak·ti·ker, **Chi·ro·prak·ti·ke·rin** der [çiro'praktɪkɐ] <-s, -> *jmd., der mit seinen Händen verschobene Wirbelkörper und Bandscheiben einrenkt*

Chi·r·urg, **Chi·rur·gin** der [çi'rʊrk] <-en, -en> MED. *Facharzt für operative Medizin*

Chi·r·ur·gie die <-, -n> **1.** (*kein Plur.*) MED. (*Lehre von der*) *Behandlung von Krankheiten durch operative Eingriffe* Er ist Facharzt für Chirurgie. **2.** MED. *chirurgische Abteilung in einem Krankenhaus* Der Patient wurde in die Chirurgie eingeliefert.

chi·r·ur·gisch <nicht steig.> *Adj. so, dass es die Chirurgie betrifft* chirurgische Instrumente ■ **chirugischer Eingriff**: *Operation*

Chi·tin das [çi'ti:n] <-s> (*kein Plur.*) *Hauptbestandteil der Körperhülle von Weichtieren und Insekten*

Chlor das [klo:ɐ̯] <-s> (*kein Plur.*) CHEM. *ein Gas, das einen stechenden Geruch hat und sich schnell mit anderen Elementen verbindet; chemisches Zeichen: Cl*

Chlo·rat das [klo:'ra:t] <-s, -e> CHEM. *Salz der Chlorsäure*

chlo·ren ['klo:rn̩] <chlorst, chlorte, hat gechlort> (*meist im Passiv*) *mit OBJ* ■ *jmd. chlort etwas,* ■ *etwas wird gechlort etwas mit Chlor versetzen, um es dadurch keimfrei zu machen* Das Schwimmbad wurde gechlort.

chlor·frei ['klo:r...] <nicht steig.> *Adj. so, dass etwas kein Chlor enthält*

Chlor·gas das ['klo:r...] <-es> (*kein Plur.*) *s.* **Chlor**

chlor·hal·tig ['klo:r...] <nicht steig.> *Adj. so, dass etwas Chlor enthält* chlorhaltiges Wasser

Chlo·rid das [klo'rit] <-(e)s, -e> CHEM. *chemische Verbindung von Chlor mit Metallen oder Nichtmetallen*

Chlo·rit das [klo'rit] <-(e)s, -e> CHEM. **1.** *Salz der leicht zersetzlichen Chlorsauerstoffsäure, das zum Bleichen und Desinfizieren verwendet wird* **2.** *grünliches, glimmerähnliches Mineral*

Chlo·ro·form das [klo...] <-s> (*kein Plur.*) *früher als Betäubungsmittel (bei Operationen) eingesetzte Flüssigkeit*

Chlo·ro·phyll das [kloro'fʏl] <-s> (*kein Plur.*) (BIOL.: ≈ *Blattgrün*) *grüner Farbstoff in den Pflanzenzellen, der der Assimilation dient*

Chlor·was·ser das ['klo:r...] <-s> (*kein Plur.*) *gechlortes Wasser* Ich vertrage das Chlorwasser im Schwimmbad nicht.

Chlor·was·ser·stoff der ['klo:r...] <-(e)s, -e> (*kein Plur.*) CHEM. *Salzsäuregas, chemische Formel: HCl*

Choke/Cho·ker der [tʃoʊk(ɐ)] <-s, -s> KFZ *Starthilfe, mit der die Luftzufuhr des Motors reguliert wird* den Choke (heraus)ziehen

Cho·le·ra die ['ko:lera] <-> (*kein Plur.*) MED. *eine schwere Infektionskrankheit, bei der es zu starkem Brechdurchfall kommt*

Cho·le·ra·epi·de·mie die ['ko:lera...] <-, -n> MED. *Epidemie von Cholera*

Cho·le·ri·ker, **Cho·le·ri·ke·rin** der ['ko...] <-s, -> *reizbarer, jähzorniger Mensch* Er ist ein Choleriker.

cho·le·risch ['ko...] *Adj. so, dass jmd. aufbrausend, jähzornig ist* Er reagiert beim geringsten Anlass cholerisch.

Cho·les·te·rin das [çolɛste'ri:n, kolɛste'ri:n] <-s> (*kein Plur.*) MED. *in allen Körperzellen vorkommendes Fett*

Cho·les·te·rin·spie·gel der [çolɛste'ri:n..., kolɛste'ri:n...] <-s, -> MED. *die im Blut enthaltene Menge an Cholesterin* Sein Cholesterinspiegel ist stark erhöht.

Chop·su·ey das [tʃɔ'psu:ɪ] <-(s), -s> KOCH. *chinesisches Gericht aus verschiedenen Gemüsen, Reis und Hühner- oder Schweinefleisch*

Chor der [ko:ɐ] <-(e)s, Chöre> **1.** MUS. *eine Gruppe von Sängern, die gemeinsam singen* ◆-leiter, -probe, Gospel-, Kirchen- **2.** THEAT. *Gruppe von Schauspielern, die die Handlung auf der Bühne kommentiert* **3.** *meist nach Osten ausgerichteter Teil einer Kirche mit Hauptaltar*

Cho·ral der [ko...] <-s, Choräle> REL. MUS. *von der Gemeinde gesungenes Kirchenlied*

Cho·re·o·graf, *a.* **Cho·re·o·graph**, **Cho·re·o·graf·in** der [ko...] <-en, -en> THEAT. *jmd., der Balletttänze entwickelt, gestaltet und einstudiert; Regisseur eines Balletts*

Cho·re·o·gra·fie, *a.* **Cho·re·o·gra·phie** die [ko...] <-, -n> THEAT. *künstlerische Gestaltung, Einstudierung eines Ballets oder eines Tanzes*

Chor·kna·be der ['ko:r...] <-n, -n> *Junge, der in einem (Kirchen-)Chor singt*

Chor·sän·ger, **Chor·sän·ge·rin** der ['ko:r...] <-s, -> *Sänger in einem Chor*

Cho·se, *a.* **Scho·se** die ['ʃo:zə] <-, -n> (*Plur. selten*) (*umg.*) *Angelegenheit, Sache* Die ganze Chose muss bis morgen erledigt sein., Von dieser Chose spricht morgen kein Mensch mehr.

Chow-Chow der [tʃaʊ'tʃaʊ] <-s, -s> *in China gezüchteter Rassehund mit dichtem rotbraunem Pelz und blauer Zunge*

Christ, **Chris·tin** der [krɪst] <-en, -en> REL. *jmd., der sich als Getaufter zur christlichen Religion bekennt; Angehöriger des Christentums* Er ist ein gläubiger Christ.

Christ·baum der ['krɪst...] <-(e)s, -bäume> (≈ *Weihnachtsbaum*) *ein Tannenbaum, den man zu Weihnachten im Haus aufstellt und mit Kerzen, Kugeln, Figuren o.Ä. schmückt* ◆-kugel, -schmuck, -spitze, -ständer

Chris·ten·heit die ['krɪst...] <-> (*kein Plur.*) (≈ *Christengemeinde, Christenvolk*) *die Gesamtheit aller Christen* Die gesamte Christenheit feiert Ostern.

Chris·ten·tum das ['krɪst...] <-(e)s> (*kein Plur.*) REL. **1.** *Religion, die auf Jesus Christus, sein Leben und seine Lehre gegründet ist* sich zum Christentum bekennen **2.** *der individuelle christliche Glaube* ein weltoffenes, praktisches Christentum

Chris·ten·ver·fol·gung die ['krɪst...] <-, -en> GESCH. *die staatliche Verfolgung von Christen (im Römischen Reich)*

Christ·kind das ['krɪst...] <-(e)s> **1.** (*Plur. selten*) *eine plastische oder bildliche Darstellung von Jesus Christus als neugeborenes Kind* das Christkind in der Krippe verehren **2.** (*Plur. selten*) *engelhafte Kindergestalt, die zu Weihnachten die Geschenke bringt* Die Kinder warten schon aufs Christkind.

Christ·kindl·markt der ['krɪst...] <-(e)s, Christkindlmärkte> (*süddt. österr.*) *Weihnachtsmarkt*

christ·lich ['krɪst...] <nicht steig.> *Adj.* **1.** *auf Christus zurückgehend* die christliche Religion **2.** *der Lehre Christi entsprechend* Wie ist es um die christliche Nächstenliebe heutzutage bestellt? **3.** *sich zur Lehre Christi bekennend* Vertreter der christlichen Kirchen trafen sich zu einem Meinungsaustausch. **4.** *im Christentum verankert* die Kunst des christlichen Abendlands ■ **Christlicher Verein Junger Menschen (CVJM)**: *ein christlicher Jugendverband* **christliche Zeitrechnung**: *Zeitrechnung seit Christi Geburt*

Christ·met·te die ['krɪst...] <-, -n> REL. *weihnachtliche Mitternachtsmesse*

Christ·nacht die ['krɪst...] <-, Christnächte> *die Nacht von 24. zum 25. Dezember*

Chri·stoph der ['krɪst...] <-s, -s> *männlicher Vorname*

Christ·stol·len der ['krɪst...] <-s, -> (≈ *Christstolle, Stollen*) *ein Gebäck zur Weihnachtszeit*

Chris·tus der ['krɪst...] <-i> (*kein Plur.*) *kurz für Jesus Christus* ■ **vor Christi Geburt**: *vor unserer Zeitrechnung, vor dem Jahre Null* **nach Christi Geburt**: *nach unserer Zeitrechnung, nach dem Jahre Null*

Chrom das [kro:m] <-s> (*kein Plur.*) *ein sehr hartes, silberweiß glänzendes Metall, chemisches Zeichen: Cr*

Chro·ma·to·gra·phie die [kro:...] <-, -n> CHEM. *analytisches Verfahren zur Trennung organischer Stoffgemische*

Chro·mo·som das [kromo'zo:m] <-s, -en> (*meist Plur.*) BIOL. *fadenförmiges Gebilde, das das Erbgut eines Lebewesens trägt und in jedem Zellkern vorhanden ist* Die Körperzellen des Menschen enthalten 46 Chromosomen, die ihrerseits aus Genen bestehen.

Chrom·pfle·ge·mit·tel das [kro:m...] <-s, -> *Pflegemittel, das dazu dient, den Glanz von verchromten Teilen, z.B. an Fahrzeugen, zu erhalten*

Chrom·stahl der [kro:m...] <-(e)s> (*kein Plur.*) *mit Chrom legierter, besonders fester Stahl*

Chro·nik die ['kro:nɪk] <-, -en> *geschichtliche Darstellung, in der die Ereignisse in zeitlich genauer Reihenfolge aufgezeichnet werden* die Chronik einer Epoche/Familie

chro·nisch ['kro:nɪʃ] <nicht steig.> *Adj.* **1.** MED. *so, dass jmd. dauerhaft an einer Krankheit leidet* Sein Husten ist bereits chronisch. **2.** (*umg.*) *so, dass ein Zustand andauernd gegeben ist* Sie leidet unter chronischem Geldmangel.

Chro·nist, **Chro·nis·tin** der ['kro...] <-en, -en> *Verfasser einer Chronik* Er war ein bedeutender Chronist jener Epoche/jener Ereignisse.

Chro·no·graph der ['kro...] <-s, -en> TECHN. *Gerät zur Übertragung der Zeitangabe einer Uhr auf einen Papierstreifen*

chro·no·lo·gisch ['kro...] <nicht steig.> *Adj. so, dass die Ordnung einer Sache dem zeitlichen Ablauf von etwas oder der zeitlichen Abfolge von bestimmten Ereignissen entspricht* Die Ereignisse sind in chronologischer Reihenfolge zusammengefasst.

Chro·no·me·ter der ['kro...] <-s, -> ASTRON. SEEW. *ein exaktes Zeitmessgerät*

Chry·san·the·me die [kryzan'te:mə] <-, -n> BOT. *eine Zierpflanze mit meist großen, strahlenförmigen Blüten* ein Strauß gelber Chrysantemen

Chur [ku:ɐ̯] *Hauptstadt des schweizer Kantons Graubünden*

Chut·ney das ['tʃʌtnɪ] <-s, -s> *scharf gewürzte Paste aus zerkleinerten Früchten* ◆ Mango-, Tomaten-

CI die [tse?i:] *Abkürzung von „Corporate Identity"*

ciao/tschau [tʃau̯] *Interj. italienischer Abschieds- und Willkommensgruß* Ciao, wir sehen uns dann morgen., Giovanni begrüßte sie mit einem freundlichen „Ciao". ◆ Klein- oder Großschreibung: Zum Abschied sagte sie nur ciao/Ciao, tschau/Tschau.

Ci·dre der ['si:drə] <- (kein Plur.)> *französischer Apfelwein aus der Normandie oder Bretagne* im Bistro ein Glas Cidre bestellen

cif [tsɪf] *Abkürzung von „cost, insurance, freight": eine Rechtsklausel im Überseehandelsgeschäft, wonach im Warenpreis Verladekosten, Versicherung und Fracht bis zum Bestimmungshafen enthalten sind*

CIM *Abkürzung von „computer integrated manufacturing": computergestütztes Fertigen von der Projektentwicklung bis zur Produktauslieferung*

Ci·ne·ast, **Ci·ne·as·tin** der [sine'ast] <-en, -en> *begeisterter Kinogänger und Filmkenner* ▶ cineastisch

Ci·ne·ma·scope® das [sinema'sko:p] <-s> (*kein Plur.*) FILM *besonderes Verfahren zur Aufnahme und Projektion von Breitwandfilmen*

cir·ca ['tsɪrka] *Adv. s.* **zirka**

Cir·cus der ['tsɪrkʊs] <-, -se> *s.* **Zirkus**

cir·ka ['tsɪrka] *Adv. s.* **zirka**

Ci·t·rus·frucht die ['tsi:trʊs...] <-, Citrusfrüchte> *s.* **Zitrusfrucht**

Ci·ty die ['sɪti] <-, -s> *Innenstadt, Stadtkern, Geschäftsviertel einer Großstadt* Ein Teil der City ist Fußgängerzone.

Ci·ty·bike das ['sɪtibaɪk] <-s, -s> *ein kleines Motorrad, das für den Stadtverkehr geeignet ist*

Ci·ty-Trip der ['sɪti...] <-s, -> (≈ *Städtereise*)

cl *Abkürzung von „Zentiliter"*

Clan/Klan der [kla:n, klæn] <-s, -e/-s> **1.** (*in Schottland*) *größerer Familienverbund, Sippe* **2.** (*oft iron.*) *eine Gruppe von Menschen, die* *durch verwandtschaftliche Beziehungen oder gemeinsame Interessen verbunden sind*

Cla·queur der [kla'kø:ɐ] <-s, -e> *bezahlte Person, die Beifall klatscht*

clean [kli:n] <nicht steig.> (*nur prädikativ verwendet*) *Adj.* (*umg.*) *so, dass jmd. nicht länger süchtig ist; frei von Drogen* Er ist schon seit fünf Jahren clean.

Clea·ring das ['kli:rɪŋ] <-s, -s> WIRTSCH. *gegenseitige Verrechnung von Geldschulden*

Cle·men·ti·ne die <-, -n> *s.* **Klementine**

cle·ver ['klɛvɐ] *Adj.* (≈ *gerissen*) *so, dass jmd. raffiniert ist, taktisch geschickt vorgeht und geschickt alle Möglichkeiten nutzt* Er ist ein cleverer Geschäftsmann., Das war ein cleverer Plan.

Cle·ver·ness die ['klɛvɐnɛs] <-> (*kein Plur.*) *clevere Art, cleveres Verhalten* Für dieses Geschäft ist er nicht geeignet, denn ihm fehlt es an Cleverness.

Clinch der [klɪntʃ, klɪnʃ] <-(e)s, -e> ■ **mit jemandem im Clinch liegen** (*umg.*): *sich mit jmdm. streiten* **in den Clinch gehen** SPORT: *den Gegner beim Boxen umklammern*

Clip der <-s, -s> *s.* **Klipp**

Cli·que die ['klɪkə, 'kli:kə] <-, -n> **1.** (*umg. abwert.*) *Gruppe, Gemeinschaft, die sich nach ihren eigenen Regeln verhält und die nur ihre eigenen Interessen verfolgt* **2.** (*umg.*) *Freundeskreis* Wir waren gestern mit unserer ganzen Clique im Kino.

Cli·quen·wirt·schaft die <-> (*kein Plur.*) (*abwert.*) (*Bestreben nach*) *Machtausübung durch eine Clique*[1]

Clo·chard der [klɔ'ʃa:r] <-s, -s> *ein Obdachloser in Großstädten, Vagabund*

Clou der [klu:] <-s, -s> *zentraler Punkt einer Sache, Glanzpunkt* Der Clou dabei war, dass …, Dieser Auftritt war der Clou des Abends.

Clown, **Clow·nin** der [klaun] <-s, -s> *Spaßmacher im Zirkus oder Varieté* Im Zirkus hat mir der Clown mit seinen Späßen am besten gefallen.

Club der <-s, -s> *s.* **Klub**

Clus·ter der ['klastɐ] <-s, -> **1.** PHYS. *Einzelteilchen, die gemeinsam als Ganzes betrachtet werden* **2.** EDV. *Zuordnungseinheit einer Festplatte, eines Datenträgers, auf dem ein Teil einer Datei abgelegt, gespeichert wird*

Coach der [ko:tʃ] <-(e)s, -s> (SPORT: ≈ *Trainer*) *Betreuer eines Sportlers oder einer Sportmannschaft* Vor Spielbeginn gab der Coach der Mannschaft noch letzte Anweisungen. ►coachen

Co·balt das <-s> (*kein Plur.*) *s.* **Kobalt**

Co·ca-Co·la® die/das <-s> (*kein Plur.*) (≈ *Coke*) *eine koffeinhaltige, mit Kohlensäure versetzte Limonade*

Co·cker·spa·ni·el der ['kɔkɐʃpa:ni̯əl] <s-, -s> ZOOL. *einer englischen Rasse angehörender mittelgroßer Jagdhund mit langer Schnauze und großen Schlappohren*

Cock·pit das ['kɔkpɪt] <-s, -s> LUFTF. *der Teil des Flugzeugs, in dem die Piloten sitzen*

Cock·tail der ['kɔkte:l] <-s, -s> *meist alkoholisches Mischgetränk* einen Cocktail mixen, an der Bar einen Cocktail bestellen

Cock·tail·bar die ['kɔkte:l...] <-, -s> *Bar, an der Cocktails serviert werden*

Cock·tail·kleid das ['kɔkte:l...] <-(e)s, -er> *ein elegantes Kleid für kleinere festliche Anlässe*

Co·coo·ning das [kə'ku:nɪŋ] <-s> (*kein Plur.*) *der Sachverhalt, dass man sich ganz in die Privatsphäre zurückzieht und seine Freizeit zu Hause verbringt*

Co·da die <-, -s> *s.* **Koda**

Co·de der ['ko:t] *s.* **Kode**

Co·de·ver·schlüs·sel·ungs·sys·tem das ['ko:t...] <-s, -e> *Sicherheitssystem, das nur durch die Eingabe des richtigen Codes überwunden werden kann*

Co·dex der ['ko:deks] <-, Codices> *s.* **Kodex**

co·die·ren <codierst, codierte, hat codiert> *mit OBJ* ■ *jmd. codiert etwas s.* **kodieren**

Coeur das [kø:ɐ̯] <-/-s, -/-s> *eine Spielkarte im Kartenspiel, auf der ein rotes Herz ist*

Cof·fe·in das <-s> (*kein Plur.*) *s.* **Koffein**

Co·g·nac® der ['kɔnjak] <-s> (*kein Plur.*) *eine französische Branntweinsorte*

Coif·feur, **Coif·feu·se** der [ko̯a'fø:ɐ̯, ko̯a'fø:zə] <-s, -e> (*geh.* ≈ *Friseur*)

Co·i·tus der ['ko:itʊs] <-, -> *s.* **Koitus**

Co·la® die/das <-, -s> *kurz für „Coca-Cola®“*

Cold-Creme die ['kould'kri:m] <-, -s> *halbfette Hautcreme, die Feuchtigkeit enthält und dadurch kühlt*

Col·la·ge die [kɔ'la:ʒə] <-, -n> **1.** KUNST *ein Bild, das durch Aufkleben von verschiedenfarbigem Papier oder anderen Materialien hergestellt wurde* in der Schule eine Collage anfertigen **2.** LIT. MUS. THEAT. *aus Teilen unterschiedlicher Herkunft zusammengesetztes, komponiertes neues Ganzes*

Col·lege das ['kɔlɪdʒ] <-s, -s> **1.** *höhere Schule* (*mit Internat*) *in England* **2.** *Eingangsstufe der Universität in Amerika*

Col·lege-Map·pe die <-, -n> *mit einem Reißverschluss verschließbare, leichte, flache Tasche im Aktenformat*

Col·lie der [kɔli] <-s, -s> ZOOL. *langhaariger schottischer Schäferhund*

Col·li·er das [kɔ'li̯e:] <-s, -s> *s.* **Kollier**

Co·lor·film der [ko:'lo:ɐ...] <-(e)s, -e> FOTOGR. *Farbfilm*

Colt® der [kɔlt] <-s, -s> *ein Revolver* Der Colt wurde nach seinem Erfinder Samuel Colt benannt.

Com·bo die ['kɔmbo] <-, -s> MUS. *eine kleine Jazzband oder Tanzkapelle, in der jedes Instrument nur einmal vorkommt*

Come-back, *a.* **Comeback** das [kam'bɛk] <-s, -s> *das Wiedererlangen von Berühmtheit nach einer längeren Pause* Mit diesem Auftritt feierte der Sänger ein grandioses Come-back., Die Zeitungen berichteten vom späten Come-back des Politikers.

Co·mer See der ['ko:...] <-s> *See in Italien*

Co·mic der ['kɔmɪk] <-s, -s> *s.* **Comicstrip**

Co·mic·heft das ['kɔmɪk...] <-(e)s, -e> *Heft mit Comics*

Comicstrip der ['kɔmɪk 'strɪp] <-s, -s> (*meist Plur.*) **1.** *Bildergeschichten mit kurzen Texten* **2.** *ein Co-*

micheft

Co·ming-out das ['kʌmɪŋ'aʊt] <-(s), -s> *der Vorgang, dass jmd. sich zu etwas, das er bisher verheimlicht hat* (*besonders die eigene Homosexualität*) *öffentlich bekennt*

Com·mon·sense, *a.* **Com·mon Sense** der ['kɔmən sɛns] <-> (*kein Plur.*) *gesunder Menschenverstand*

Com·mon·wealth das ['kɔmənwɛlθ] <-s> (*kein Plur.*) POL. GESCH. *lockere Gemeinschaft der mit England verbundenen Völker* (*die einst zum britischen Weltreich gehörten*)

Com·pact·disc, *a.* **Com·pact Disc** die [kəm'pɛktdisk] <-, -s> *zur Speicherung von Musik oder Daten benutzter Datenträger in der Form einer kleinen Scheibe, die von einem Laserstrahl abgetastet wird, abgekürzt „CD"*

Com·pi·ler der [kɔm'pa̯ilɐ] <-s, -> EDV *Computerprogramm, das von einer Programmiersprache in eine andere übersetzen kann*

Com·pu·ter der [kɔm'pju:tɐ] <-s, -> (EDV: ≈ *Rechner*) *ein elektronisches Gerät, das Daten verarbeitet* ◆-experte, -fachmann, -hersteller, -magazin, -programm, -zeitalter

Com·pu·ter·ana·ly·se die [kɔm'pju:tɐ...] <-, -n> EDV *wissenschaftliche Untersuchung mithilfe des Computers*

Com·pu·ter·ani·ma·ti·on die [kɔm'pju:tɐ...] <-, -en> TECHN. *mit Hilfe von Computern erzeugte, dreidimensionale bewegte Bilder* Die Computeranimationen in dem Film waren sehr realistisch.

Com·pu·ter·ar·beits·platz der [kɔm'pju:tɐ...] <-es, Computerarbeitsplätze> *Arbeitsplatz, bei dem sich die Tätigkeit vornehmlich am Computer vollzieht*

Com·pu·ter·di·a·g·nos·tik die [kɔm'pju:tɐ...] <-> (*kein Plur.*) MED. *Teilgebiet der Diagnostik, das die Erstellung diagnostischer Befunde mithilfe von Computern erforscht und betreibt*

com·pu·ter·er·zeugt [kɔm'pju:tɐ...] <nicht steig.> *Adj.* EDV *so, dass etwas von einem Computer erstellt wurde* eine computererzeugte Grafik

Com·pu·ter·freak der [...fri:k] <-s, -s> (*umg.*) *jmd., der sich* (*auch in seiner Freizeit*) *sehr intensiv mit dem Computer und seiner Anwendung beschäftigt*

com·pu·ter·ge·steu·ert [kɔm'pju:tɐ...] <nicht steig.> *Adj.* EDV TECHN. *so, dass es von einem Computer gesteuert, kontrolliert und überwacht wird* Die ganze Anlage läuft computergesteuert.

com·pu·ter·ge·stützt [kɔm'pju:tɐ...] <nicht steig.> *Adj.* EDV *so, dass etwas mithilfe von Computern erfolgt* Wir haben schon vor Jahren auf eine computergestützte Produktion umgestellt.

Com·pu·ter·gra·fik die [kɔm'pju:tɐ...] <-, -en> EDV *eine Grafik, die mithilfe eines Computerprogramms erstellt wurde*

com·pu·te·ri·si̱e·ren [kɔm'pju:tɐ...] <computerisierst, computerisierte, hat computerisiert> *mit OBJ* ■ *jmd. computerisiert etwas* EDV **1.** *einen Arbeitsplatz mit Computern ausstatten* **2.** *Daten für den Computer aufbereiten oder lesbar machen* ▶Computerisierung

Com·pu·ter·kri·mi·na·li·tät die [kɔm'pju:tɐ...] <-> (*kein Plur.*) *alle Straftaten, die mithilfe eines Computers begangen werden*

com·pu·ter·les·bar [kɔm'pju:tɐ...] <nicht steig.> *Adj.* EDV *so, dass Daten von einem Computer gelesen werden können* Die neuen Ausweise sind computerlesbar.

Com·pu·ter·lin·gu·is·tik die [kɔm'pju:tɐ...] <-> (*kein Plur.*) *eine Teildisziplin der Sprachwissenschaft, die sich mit der maschinellen Verarbeitung von Sprache beschäftigt bzw. Computer benutzt, um das Wesen und die Funktion von Sprache zu erforschen* ▶Computerlinguist(in), computerlinguistisch

Com·pu·ter·netz·werk das [kɔm'pju:tɐ...] <-(e)s, -e> EDV *ein System mehrerer miteinander verbundener Computer*

Com·pu·ter·si·mu·la·ti·on die [kɔm'pju:tɐ...] <-, -en> *die Simulation eines bestimmten Vorgangs am Computer* Die Szene wurde in einer Computersimulation nachgestellt., Die Computersimulation zeigt die Auswirkungen der Klimaveränderung.

Com·pu·ter·spiel das [kɔm'pju:tɐ...] <-(e)s, -e> *ein Spiel, das man am Computer spielt, wobei auf dem Monitor das Spielfeld oder die Spielszenerie und die Akteure zu sehen sind und man Aktionen mithilfe der Tastatur, der Maus oder des Joysticks ausführt*

Com·pu·ter·strah·lung die [kɔm'pju:tɐ...] <-, -en> EDV (*unerwünschte*) *Strahlung, die von einem Computer ausgeht*

Com·pu·ter·sucht die [kɔm'pju:tɐ...] <-> (*kein Plur.*) *suchtmäßige, unkontrollierte Nutzung des Computers*

Com·pu·ter·ter·mi·nal der [...'tø:ɐ̯minəl] <-s, -s> EDV *Vorrichtung für die Ein- und Ausgabe von Daten an einer Datenverarbeitungsanlage*

Com·pu·ter·tisch der [kɔm'pju:tɐ...] <-(e)s, -e> *spezieller Tisch für den Computer*

Com·pu·ter·to·mo·gra·phie, *a.* **Com·pu·ter·to·mo·gra·fie** die [kɔm'pju:tɐ...] <-, -n> MED. *eine Untersuchungsmethode, bei der Ärzte mit dem Computer Bilder von der Struktur der inneren Organe gewinnen*

Com·pu·ter·vi·rus der [kɔm'pju:tɐ...] <-, Computerviren> EDV *ein Computerprogramm, das unbemerkt in einen Computer eindringt, um dort Störungen oder Schäden zu verursachen* ein Programm gegen Computerviren installieren

Com·pu·ter·we·sen das [kɔm'pju:tɐ...] <-s> (*kein Plur.*) *allgemeine Bezeichnung für alle Bereiche, die sich mit Computern beschäftigen*

Com·pu·ter·zeit·schrift die [kɔm'pju:tɐ...] <-, -en> *Zeitschrift, die alles, was den Computer betrifft, zum Thema hat*

Con·cept-Art die ['kɔnsɛpta:ɐ̯t] <-> (*kein Plur.*) KUNST *moderne Kunstrichtung, in der der Entwurf an die Stelle des fertigen Kunstwerkes tritt*

Con·ci·erge der/die [kõ'si̯ɛrʃ] <-, -s/-n> *Pförtner, Hausmeister, Portier*

Con·fe·ren·cier der [kõferã'si̯e:] <-s, -s> THEAT. *un-*

C

terhaltsamer Ansager bei einer Veranstaltung

Con·fi·se·rie die [kõfizəˈriː] <-, -n> *s.* **Konfiserie**

Con·nec·tion die [kəˈnekʃn] <-, -s> *Beziehungen, die für jmdn. nützlich sind und ihm Vorteile verschaffen* Seinen neuen Job hat er seinen Connections zu verdanken.

Con·sul·ting das [kənˈsʌltɪŋ] <-s> (*kein Plur.*) WIRTSCH. *Beratung, Beratertätigkeit*

Con·tai·ner der [kɔnˈteːnɐ] <-s, -> *ein großer (Transport-)Behälter*

Con·tai·ner·bahn·hof der [kɔnˈteːnɐ...] <-(e)s, Containerbahnhöfe> *ein Bahnhof, in dem Container umgeladen werden*

Con·tai·ner·dorf das [kɔnˈteːnɐ...] <-(e)s, Containerdörfer> *aus Containern bestehendes „Dorf", das der behelfsmäßigen Unterkunft von Menschen in Notsituationen dient* Nach dem Erdbeben wurde für die Bewohner des zerstörten Ortes ein Containerdorf eingerichtet.

Con·tai·ner·schiff das [kɔnˈteːnɐ...] <-(e)s, -e> *ein spezielles Frachtschiff, auf dem Waren oder Güter in Containern transportiert werden*

Con·tai·ner·ter·mi·nal der/das [kɔnˈteːnɐ...] <-s, -s> *ein Hafen zum Umladen von Containern*

Con·ter·gan® das [kɔ...] <-> (*kein Plur.*) *ein Schlaf- und Beruhigungsmittel, das aus dem Handel gezogen wurde, da es bei schwangeren Frauen Schädigungen des Kindes verursachte*

Con·ter·gan·kind das [kɔ...] <-(e)s, -er> (*umg.*) *Kind, das missgebildet ist, weil seine Mutter während der Schwangerschaft das Medikament Contergan eingenommen hat*

con·t·ra [ˈkɔntra] *s.* **kontra**

Con·ve·ni·ence-Foods [kənˈviːnjənsˌfuːdz] <-> *Plur.* WIRTSCH. *Lebensmittel, die schon weitgehend zubereitet sind und deshalb eine Arbeitserleichterung und Zeiteinsparung bedeuten, z.B. tiefgefrorene Fertiggerichte*

Coo·kie das [ˈkʊki] <-s, -s> EDV *Datengruppe, mit der der Benutzer einer Website identifiziert werden kann*

cool [ˈkuːl] *Adj.* **1.** (*umg.*) *so, dass jmd. gelassen, ruhig, lässig ist* Er ist ein ziemlich cooler Typ., Bleib doch cool! ▶Coolness **2.** (*umg.*) *so, dass es eine sehr positive Bewertung ausdrückt* Die Musik auf der Party war echt cool.

Cool·jazz, *a.* **Cool Jazz** der [ˈkuːl ˈdʒæz] (*kein Plur.*) MUS. *eine Jazzrichtung der 1950er Jahre*

Co·py·right das [ˈkɔpiraɪt] <-s, -s> *Urheberrecht*

Co·py·right·ver·merk der <-s, -e> *Vermerk über das Urheberrecht*

Co·py·shop der [ˈkɔpiʃɔp] <-s, -s> *Geschäft, in dem man kopieren kann*

Cord, *a.* **Kord** der [kɔrt] <-(e)s, -s/-e> *ein gerippter Baumwollstoff* ◆-hemd, -hose

Cor·don bleu das [kɔrdõ ˈblø] <-s, -s> KOCH. *ein paniertes und gebratenes Schnitzel, das mit Schinken und Käse gefüllt ist*

Cor·ned·beef, *a.* **Cor·ned Beef** das [ˈkɔːnd ˈbiːf] <-, -> *zerkleinertes, gepökeltes Rindfleisch in Dosen*

Cor·ner die [ˈkɔːnə] <-, -s> **1.** SPORT *Ecke im Boxring* **2.** (SPORT: *österr. schweiz.*) *Eckball, Ecke*[4]

Corn·flakes die [ˈkɔːnfleɪks] <-> *Plur. geröstete Maisflocken, die meist mit Zucker und Milch gegessen werden* eine Packung Cornflakes kaufen

Cor·po·rate Iden·ti·ty die [ˈkɔːpərɪtaɪˈdɛntətɪ] <-, ... Identities> (WIRTSCH.: ≈ *Unternehmensidentität*) *das Erscheinungsbild eines Unternehmens in der Öffentlichkeit, in dem sich die Philosophie des Unternehmens sowie das Leistungsangebot und die Arbeitsweise zeigen*

Corps das [koːɐ̯] <-, -> *s.* **Korps**

Cor·pus das [ˈkɔ...] <-, Corpora> *s.* **Korpus**

Cor·ti·son das [ko...] <-s, -e> *s.* **Kortison**

Cos·ta Ri·ca [ˈkɔ...] <-s> (*kein Plur.*) *ein Staat in Mittelamerika*

Cos·ta-Ri·ca·ner, **Cos·ta-Ri·ca·ne·rin** der [ˈkɔ...] <-s, -> *Einwohner von Costa Rica*

cos·ta-ri·ca·nisch [ˈkɔ...] *Adj. so, dass es Costa Rica oder die Costa-Ricaner betrifft, von den Costa-Ricanern stammt oder zu ihnen gehört*

Côte die [koːt] <-, -s> *französische Bezeichnung für Küste, Hang, Hochfläche (besonders in geographischen Namen)*

Cot·ton der/das [ˈkɔtn̩] <-s> (*kein Plur.*) *Baumwolle, Baumwollstoff* ein Kleid aus Cotton

Couch die [kaʊtʃ] <-, -s> *ein breites Sofa mit zwei seitlichen Lehnen, auf dem am auch liegen kann* Er lag auf der Couch und schaute Fernsehen.

Couch·de·cke die <-, -n> *auf der Couch liegende Decke*

Couch·gar·ni·tur die <-, -en> *Polstergarnitur, die meist aus einer Couch und zwei Sesseln besteht*

Couch·po·ta·to der [kaʊtʃpəˈteɪtəʊ] <-, -es> (*umg. abwert.*) *jmd., der in seiner Freizeit hauptsächlich auf der Couch liegt oder sitzt (und Fernsehen schaut)*

Couch·tisch der [kaʊtʃ...] <-(e)s, -e> *niedriger, oft länglicher Tisch, der für eine Couchgarnitur bestimmt ist*

Cou·leur die [kuˈløːɐ̯] <-, -s> **1.** (*Plur. selten*) (*Prägung eines Menschen hinsichtlich seiner*) *Weltanschauung, Einstellung* Auf dem Kongress waren Literaten verschiedenster Couleur. **2.** *in einer Studentenverbindung: Mütze und Band in einer bestimmten Farbe, durch die die Zugehörigkeit zu einer bestimmten Studentenverbindung angezeigt wird* Couleur tragen

Count-down, *a.* **Count·down** der [ˈkaʊntˈdaʊn] <-s> (*kein Plur.*) **1.** *das Rückwärtszählen bis Null, bevor der Start (einer Rakete) erfolgt* Der Countdown läuft. **2.** (*umg.*) *letzte Vorbereitungen, bevor man etwas macht* Der Count-down für die Prüfung hat begonnen.

Coun·t·ry·mu·s·ic die [ˈkʌntrɪ mjuːzɪk] <-> (*kein Plur.*) *Volksmusik in Teilen Amerikas*

Coup der [kuː] <-s, -s> *häufig illegale, freche Unternehmung, unerwarteter Schlag* Den Bankräubern war ein großer Coup gelungen.

Cou·pé, *a.* **Ku·pee** das [kuˈpeː] <-s, -s> **1.** KFZ *zweisitziger Sportwagen* **2.** (*veralt.*) *Eisenbahnabteil*

Cou·p·let das [kuˈpleː] <-s, -s> *scherzhaft-satirisches Strophengedicht mit Kehrreim*

Cou·pon, *a.* **Ku·pon** der [ku'põ:] <-s, -s> *abtrennbarer Zettel (als Gutschein, Beleg)* Coupons sammeln/ausschneiden/einlösen

Cou·ra·ge die [ku'ra:ʒə] <-> *(kein Plur.) (umg.) Mut, Unerschrockenheit* In dieser Situation hat sie Courage bewiesen.

cou·ra·giert [kura'ʒi:ɐ̯t] *Adj. so, dass jmd. mutig, beherzt ist* Sie hat sehr couragiert gehandelt.

Cou·sin der [ku'zɛ̃:] <-s, -s> *(≈ Vetter) Sohn des Onkels oder der Tante*

Cou·si·ne, *a.* **Ku·si·ne** die [ku'zi:nə] <-, -en> *Tochter des Onkels oder der Tante*

Cou·vert das [ku've:ɐ̯, ku'vɛ:ɐ̯] <-s, -s> *s.* **Kuvert**

Co·ver das ['kavɐ] <-s, -> **1.** *Schallplattenhülle* **2.** *Titelseite einer Illustrierten*

co·vern <coverst, coverte, hat gecovert> *mit OBJ* ■ *jmd. covert etwas* MUS. *jmd. nimmt ein Lied, mit dem in der Vergangenheit ein anderer Sänger oder eine andere Gruppe erfolgreich war, neu auf* ein Lied der Beatles covern

Cow·boy der ['kaubɔy] <-s, -s> *berittener Rinderhirte in Amerika*

Co·yo·te der [ko'jo:tə] <-n, -n> *s.* **Kojote**

CPU [tseʔpeʔu:] EDV *Abkürzung von „Central Processing Unit"*

Crab·ne·bel der ['kræb...] <-s> *(kein Plur.)* ASTRON. *optische Strahlen sowie Radio- und Röntgenstrahlen aussendender Nebel im Sternbild des Stiers, dessen Form an eine Krabbe erinnert*

Crack[1] der [krɛk] <-s, -s> *(umg.) besonders erfolgreicher Sportler; Könner* Im Eishockey ist er ein richtiger Crack.

Crack[2] das [krɛk] <-s> *(kein Plur.) Name eines synthetisch hergestellten Rauschgiftes*

Cra·cker der ['krɛkɐ] <-s, -> *leicht salziges, keksartiges Gebäck*

Crash der [krɛʃ] <-(e)s, -s> **1.** *heftiger Zusammenstoß, Unfall* Nach dem Crash hatte das Auto einen Totalschaden. **2.** WIRTSCH. *folgenreicher Zusammenbruch eines Unternehmens, einer Bank*

Crash·test der [krɛʃ...] <-(e)s, -s> *Test, in dem das Unfallverhalten von Fahrzeugen geprüft werden soll* Um die Sicherheit des Autos zu erhöhen, wurden zahlreiche Crashtests durchgeführt.

Crawl das [krɔ:l] <-/-s> *(kein Plur.) (meist ohne Artikel) s.* **Kraul**

Cre·do das ['kre:...] <-s, -s> *s.* **Kredo**

Creme, *a.* **Krem(e)** die [krɛ:m] <-, -s> **1.** *Salbe zur Hautpflege* nach dem Duschen eine Creme benutzen ◆ Bräunungs-, Feuchtigkeits-, Fett-, Nacht-, Sonnen- **2.** *eine Süßspeise als Füllung für Süßigkeiten und Torten* das Gebäck mit Creme füllen ■ **die Crème de la Crème** *(iron.): die oberste (und vornehmste) Schicht der Gesellschaft* Auf der Gala war nur die Crème de la Crème anwesend. ◆ Butter-, Sahne-, Kaffee-

cre·me·far·ben ['krɛ:m...] <nicht steig.> *Adj. so, dass etwas mattgelb, beige ist* ein cremefarbenes Kleid

Creme·mas·ke die ['krɛ:m...] <-, -n> *cremige Gesichtsmaske* eine Crememaske auftragen

Creme·spü·lung die ['krɛ:m...] <-, -en> *cremige Haarspülung* Die Cremespülung soll drei Minuten einwirken.

Creme·tor·te die ['krɛ:m...] <-, -n> *eine mit Creme gefüllte und verzierte Torte*

cre·mig ['kre:...] <nicht steig.> *Adj. (≈ cremeartig) so, dass etwas wie eine Creme beschaffen ist* Zuerst müssen Sie Butter und Zucker cremig rühren/schlagen.

Crêpe der [krɛp] <-, -s> KOCH. *feiner, sehr dünner Pfannkuchen*

Cre·scen·do das [krɛ'ʃɛndo] <-s, -s> MUS. *langsam lauter werdend, im Ton anschwellend*

Creuz·feldt-Ja·cob-Krank·heit die <-> *(kein Plur.)* MED. *Erkrankung des Nervensystems, die zu schweren Hirnschäden führt*

Cre·vet·te die [kre'vɛtə] <-, -n> *s.* **Krevette**

Crew die [kru:] <-, -s> **1.** SEEW. LUFTF. *Mannschaft, Besatzung* **2.** *Gruppe, die für eine bestimmte Aufgabe zusammengestellt wird* Die Crew zur Bergung der Verletzten stieg in den Hubschrauber.

Crois·sant das [krọa'sã] <-(e)s, -s> *Hörnchen aus Blätterteig* Ich habe zum Frühstück ein Croissant gegessen.

Cro·ma·gnon·ty·pus der [kroma'ɲõ:...] <-> *(kein Plur.) Menschentyp der Jüngeren Altsteinzeit (nach dem Fundort bei Cro-Magnon in Frankreich)*

Cross der [krɔs] <-, -> SPORT **1.** *beim Tennis die Technik, den Ball schräg über das Spielfeld ins gegnerische Feld zu spielen* **2.** *(kurz für „Crossrennen") Querfeldeinrennen* ◆ -rad

Crou·pi·er der [kru'pie:] <-s, -s> *Angestellter in einer Spielbank, der das Spiel betreut und überwacht*

Crux, *a.* **Krux** die <-> *(kein Plur.) (geh.)* **1.** *Leid, Kummer* Man hat schon seine Crux mit ihm. **2.** *Schwierigkeit, Last* Die Crux bei dieser Sache ist, dass ...

Csar·das der ['tʃardas] <-, -> MUS. *ungarischer Nationaltanz, der von Zigeunermusik begleitet wird*

c.t. *(Abkürzung von „cum tempore") in Verbindung mit Zeitangaben verwendet, um auszudrücken, dass eine Vorlesung an einer Universität mit dem so genannten „akademischen Viertel" beginnt, das heißt fünfzehn Minuten nach der genannten vollen Stunde* Die Vorlesung „Einführung in die deutsche Literatur" beginnt um vierzehn Uhr c.t., also um vierzehn Uhr fünfzehn.

Cup der [kap] <-s, -s> **1.** SPORT *Pokalwettbewerb* **2.** SPORT *Siegespokal* **3.** *Schale des Büstenhalters*

Cur·ling das ['kø:ɐ̯lɪŋ] <-s> *(kein Plur.)* SPORT *dem Eisstockschießen ähnliche Sportart*

Cur·ri·cu·lum das [ku...] <-s, Curricula> *Lehrplan* Welche Themen sieht das Curriculum für das nächste Schuljahr vor?

Cur·ry das ['kœri] <-s, -s> KOCH. **1.** *(≈ Currypulver) scharfe, dunkelgelbe Gewürzmischung aus Indien* **2.** *Gericht ostindischer Herkunft aus Fleisch, Fisch oder Gemüse in scharfer, mit Curry[1] gewürzter Soße*

Cur·ry·wurst die ['kœri...] <-, Currywürste> KOCH. *eine (meist in Scheiben geschnittene) Bratwurst,* *die mit Ketchup oder einer Currysoße übergossen und mit Currypulver bestreut wird*

Cur·sor der [kø:ɐ̯sɐ] <-s, -> EDV *eine blinkende Markierung auf dem Bildschirm, die anzeigt, an welcher Stelle die nächste Eingabe erscheinen wird*

cut·ten ['katn̩] <cuttest, cuttete, hat gecuttet> *mit OBJ* ■ *jmd. cuttet etwas* FILM *Film- und Tonbandaufnahmen für die endgültige Fassung schneiden, zusammenstellen und kleben*

Cut·ter, **Cut·te·rin** der ['katɐ] <-s, -> FILM *jmd. dessen Beruf es ist, Filme oder Musik zu ihrer Endfassung zurechtzuschneiden*

Cy·ber·space der ['sa͜ibɐspe:s] <-, -s> EDV *durch Computerprogramme geschaffene, dreidimensionale virtuelle Welt*

D d

D, d das <-, -> **1.** *der vierte Buchstabe des Alphabets* ein großes D, ein kleines d **2.** MUS. *zweiter Ton der Grund-(C-Dur-)Tonleiter*

da **I.** *Adv.* **1.** (≈ *dort* ↔ *hier*) *verwendet, um auf eine bestimmte Stelle, einen bestimmten Ort hinzuweisen* Ich wohne in dem Haus da drüben., Da ist sie ja!, Der Schrank bleibt jetzt da, wo ich ihn hingestellt habe. **2.** (*umg.* ≈ *zu dieser Zeit*) *verwendet, um auszudrücken, dass etwas zu einer bestimmten Zeit geschehen ist* Was habt ihr gestern gemacht? Da waren wir im Konzert., Zu Ostern, da fahre ich in den Urlaub!, Als er Schüler war, da gab es noch getrennte Schulen für Mädchen und Jungen. **3.** (*umg.* ≈ *deshalb*) *verwendet, um auszudrücken, dass etwas aus dem genannten Grund geschieht* Du hast ihm geholfen, da kann er sich ruhig mal bedanken! **4.** (*umg.*) *in diesem Zusammenhang* Da fällt mir übrigens noch etwas ein, ..., Wegen der Klassenarbeit? Da müsst ihr schon den Lehrer fragen! **5.** (≈ *hier*) *verwendet, um auszudrücken, dass jemand anwesend oder etwas vorhanden ist* Herr Krause ist schon da., Ist deine Mutter gerade da?, Ist noch Brot da?, Der Zug müsste eigentlich schon da sein. **6.** (*umg.*) *verwendet, um auszudrücken, dass jemand bei Sinnen oder bei Kräften ist* Morgens brauche ich immer etwas Zeit, bis ich richtig da bin., Ich frage mich wirklich, ob sie noch richtig da ist!, Er war lange krank, aber jetzt ist er wieder voll da. **7.** *verwendet, um auszudrücken, dass jemand eine bestimmte Aufgabe oder etwas einen bestimmten Zweck hat* Ich bin dazu da, dir zu helfen., Wozu ist dieses Gerät da? **II.** *Konj.* **1.** (≈ *weil*) *verwendet, um im Nebensatz den Grund für die im Hauptsatz genannte Sache auszudrücken* Da ich ihn gut kenne, habe ich zuerst ihn gefragt. **2.** (*geh.* ≈ *nachdem*) Jetzt, da die Buchmesse zu Ende ist, gibt es wieder freie Hotelzimmer. ◆ Getrenntschreibung→R Wirst du morgen da sein?, Sie möchte da bleiben, wo sie geboren und aufgewachsen ist., Ich will das Komma da haben, wo es hingehört., Ich will da sitzen/stehen, wo ich am besten sehen kann., Alles ist schon einmal da gewesen., ein noch nie da gewesener Erfolg, Die Ausstellung zeigt Sensationelles und nie da Gewesenes. *siehe aber auch* **Dagewesene**

DAAD der [de:ʔa:ʔa:'de:] <-> (*kein Plur.*) *Abkürzung von „Deutscher Akademischer Austauschdienst"; eine Institution, die deutschen Studenten einen Studienaufenthalt von einer bestimmten Dauer an einer ausländischen Universität ermöglicht*

da·bei, **da·bei** *Adv.* **1.** *verwendet, um auszudrücken, dass etwas nahe bei jmdm. oder etwas ist, einer Sache beigefügt ist oder in einem Preis inbegriffen ist* Er war dabei, als der Unfall passierte., Hast du deinen Fotoapparat dabei?, Da drüben wohnen wir, und ganz nahe dabei ist auch ein Schwimmbad., Ist die Beschreibung (bei dem Gerät) dabei?, Sind im Preis schon die Eintrittsgelder dabei? **2.** (*verwendet, um die Wiederholung eines bereits genannten Substantivs oder Satzglieds zu vermeiden*) *bei einer Angelegenheit oder Tätigkeit* Das Seminar ist sehr teuer und doch kommt nichts dabei (≈ bei dem Seminar) heraus., Was ist schon dabei?, Ich habe mir nichts dabei gedacht., Wir fahren gemeinsam in den Urlaub, soll es dabei (≈ bei dem gemeinsamen Urlaub)bleiben? **3.** (≈ *nebenbei*) *verwendet, um auszudrücken, dass sich etwas gleichzeitig mit einem anderen Vorgang vollzieht* Er macht Hausaufgaben und hört Musik dabei., Sie kann lesen und dabei auch noch stricken! **4.** (≈ *jedoch*) *verwendet, um auszudrücken, dass die genannte Sache eigentlich keine richtige Begründung hat* Ich kann das Rätsel nicht lösen, dabei ist es doch gar nicht so schwierig!, Sie ist mir böse, dabei habe ich ihr nie etwas getan. ◆ Getrenntschreibung→R Was soll da schon dabei sein!, Bei der Sendung werden wieder bekannte Stars dabei sein., Wir treffen uns morgen, falls es dabei bleibt., Du darfst keine Angst dabei haben, sonst misslingt es!, Du solltest dabei stehen, nicht sitzen.; Großschreibung→R Die dabei Gewesenen konnten sich noch gut erinnern. *siehe aber auch* **Dabeigewesene**

da·bei·blei·ben <bleibst dabei, blieb dabei, ist dabeigeblieben> *ohne OBJ* ■ *jmd. bleibt* (*bei etwas Dat.*) *dabei eine Sache weiterführen* Er hat eine Tischlerlehre angefangen und bleibt dabei. ◆ Zusammenschreibung→R Wenn man einmal eine Sache begonnen hat, sollte man auch dabeibleiben., Ich habe diese Meinung schon früher vertreten und bleibe auch dabei. *siehe aber auch* **dabei**

Da·bei·ge·we·se·ne der/die <-n, -n> *jmd., der irgendwo anwesend war, als etwas Bestimmtes geschah* Alle Dabeigewesenen können das bezeugen. ◆ Groß- und Zusammenschreibung einer der Dabeigewesenen *siehe aber auch* **dabei**

da·bei·ha·ben <hast dabei, hatte dabei, hat dabeigehabt> *mit OBJ* ■ *jmd. hat etwas/jmdn. dabei* (*umg.*) **1.** *mit sich führen, bei sich haben* Hast du einen Stift dabei?, Den Führerschein sollte man immer dabeihaben., Hat er immer seinen kleinen Bruder dabei? ◆ Zusammenschreibung→R **2.** *an etwas teilnehmen lassen* Er wollte seine Schwester nicht immer dabeihaben. *siehe aber auch* **dabei**

da·bei·sit·zen <sitzt dabei, saß dabei, hat/ist dabeigesessen> *ohne OBJ* ■ *jmd. sitzt* (*bei etwas/bei jmdm.*) *dabei sitzend* (*bei etwas oder jmdm.*) *anwesend sein* Er sitzt in jeder Versammlung dabei. ◆ Zusammenschreibung→R Sie hat sich nicht in das Gespräch eingemischt, sie hat/ist nur dabeigesessen. *siehe aber auch* **dabei**

da·bei·ste·hen <stehst dabei, stand dabei, hat/ist dabeigestanden> *ohne OBJ* ■ *jmd. steht* (*bei etwas/bei jmdm.*)*dabei stehend* (*bei etwas oder jmdm.*) *anwesend sein* Sie konnte nur dabeistehen und hilflos zusehen. ◆ Zusammenschreibung →R Sie haben/sind alle dabeigestanden und haben gehört, was ich gesagt habe.

da·blei·ben <bleibst da, blieb da, ist dageblieben> *ohne OBJ* ■ *jmd. bleibt* (*irgendwo*) *da an einem bestimmten Ort bleiben und nicht fortgehen* Wollen wir in den Urlaub fahren, oder wollen wir lieber dableiben? ◆ Zusammenschreibung→R Lasst uns noch etwas dableiben, es ist gerade so gemütlich! *siehe aber auch* **da**

da ca·po *Adv.* **1.** (MUS.: *als Anweisung*) *wieder von vorne zu spielen* **2.** *als Beifallsruf in Theater oder Konzert* Das Publikum will, dass das Stück noch einmal wiederholt wird, und ruft „da capo".

Dach das <-s, Dächer> **1.** *der Teil eines Gebäudes, der es nach oben hin abschließt* ein flaches/steiles Dach, ein Dach mit Stroh/Ziegeln decken, Der Sturm hat das Dach beschädigt., unter dem Dach wohnen ◆ Flach-, Haus-, Pult-, Sattel, Walm- **2.** *kurz für „Autodach"* Das Auto überschlug sich und landete auf dem Dach. ■ **kein Dach über dem Kopf haben**: (*vorübergehend*) *keine Unterkunft haben* **unter einem** (**gemeinsamen**) **Dach wohnen**: *zusammen in einem Haus oder einer Wohnung wohnen* **unter Dach und Fach** (*umg.*): *sicher* (*abgeschlossen*) einen Vertrag/die Ernte unter Dach und Fach haben **eins aufs Dach kriegen** (*umg.*): *Prügel oder eine strenge Zurechtweisung bekommen*

Dach·bal·ken der <-s, -> *einer der Stützbalken eines Daches* Die morschen Dachbalken müssen erneuert werden.

Dach·bo·den der <-s, Dachböden> (≈ *Boden, Speicher*) *der Raum, der sich direkt unter dem Dach eines Hauses befindet* (*und häufig zum Lagern ungebrauchter Gegenstände dient*) Auf dem Dachboden stehen Kartons mit alten Büchern.

Dach·de·cker, **Dach·de·cke·rin** der <-s, -> *jmd., der beruflich Dächer deckt und repariert* ▶Dachdeckerei

Dach·fens·ter das <-s, -> (*kleineres*) *Fenster in einem Hausdach* Weil es regnet, schließt sie das Dachfenster.

Dach·first der <-(e)s, -e> (BAUW.: ≈ *Dachsattel, First*) *die waagerechte Kante, die zwei Dachflächen, die gegeneinander geneigt sind, gemeinsam haben*

Dach·gar·ten der <-s, Dachgärten> *auf dem Flachdach eines Hauses angelegter Garten*

Dach·gau·be, *a.* **Dach·gau·pe** die <-, -n> BAUW. *aus einem Dach herausgebautes senkrechtes Fenster*

Dach·ge·bälk das <-(e)s> (*kein Plur.*) BAUW. *die Balkenkonstruktion, die ein Dach trägt*

Dach·ge·päck·trä·ger der <-s, -> KFZ *ein Gepäckträger, der auf dem Autodach befestigt wird*

Dach·ge·sell·schaft die <-, -en> WIRTSCH. *eine Gesellschaft, die einem Konzern übergeordnet ist und diesen leitet*

Dach·ge·sims das <-es, -e> BAUW. *untere, vorgezogene Dachkante*

Da·ch·glei·che die <-, -n> (*österr.*) *Richtfest* die Dachgleiche feiern

Dach·kam·mer die <-, -n> *kleiner Raum unter dem Dach* die Dachkammer ausbauen

Dach·kän·nel der <-s, -> (*schweiz.*) *Dachrinne*

Dach·kof·fer der <-s, -> KFZ *ein spezieller Koffer, der auf einem Autodach befestigt wird, um darin Dinge zu transportieren*

Dach·lu·ke die <-, -n> *kleines Fenster in einem Hausdach*

Dach·or·ga·ni·sa·ti·on die <-, -en> *eine Organisation, die mehreren Organisationen übergeordnet ist* Der Deutsche Gewerkschaftsbund ist die Dachorganisation vieler Einzelgewerkschaften.

Dach·pap·pe die <-> (*kein Plur.*) BAUW. *zum Isolieren von Hausdächern verwendete Pappe, die mit Teer oder Bitumen getränkt ist*

Dach·pfan·ne die <-, -n> BAUW. *gewellter Dachziegel*

Dach·rin·ne die <-, -n> *an der unteren Kante eines Daches angebrachtes* (*nach oben hin offenes*) *Rohr, durch das Regenwasser* (*in senkrecht nach unten führenden geschlossenen Rohren*) *ablaufen kann*

Dachs der [daks] <-es, -e> ZOOL. *zu den Mardern gehörendes Säugetier mit grauem Fell, schwarzweiß gezeichnetem Kopf und einer langen Schnauze, das in Wäldern lebt*

Dach·scha·den der <-s, Dachschäden> **1.** *Schaden an einem Dach* **2.** ■ **jemand hat** (**wohl**) **einen Dachschaden** (*umg. abwert.*): *jmd. ist* (*wohl*) *verrückt*

Dach·schie·fer der <-s, -> BAUW. *ein grauer oder dunkelblauer Stein, der sich in dünne Platten spalten lässt und zum Dachdecken verwendet wird*

Dach·schin·del die <-, -n> (BAUW.: ≈ *Schindel*) *dünnes, oft wie ein Dachziegel geformtes Holzbrettchen, das zum Decken von Hausdächern und zum Verkleiden der Außenwände benutzt wird*

Dach·schrä·ge die <-, -n> BAUW. *Neigung eines Daches*

Dachs·hund der <-es, -e> *s.* **Dackel**

Dach·stüb·chen das <-s, -> *kleine Dachkammer*

Dach·stuhl der <-(e)s, Dachstühle> (BAUW.: ≈ *Dachgestühl*) *tragendes Gerüst eines Daches (aus Holz), auf dem die Dachziegel befestigt werden*

Dach·trau·fe die <-, -n> (≈ *Dachrinne*)

Dach·woh·nung die <-, -en> *direkt unter dem Dach befindliche Wohnung*

Dach·zie·gel der <-s, -> *ein zum Decken von Hausdächern verwendeter gebrannter Ton- oder Lehmziegel*

Da·ckel der <-s, -> *ein meist brauner Haus- und Jagdhund mit lang gestrecktem Kopf und krummen Vorderbeinen* ◆ Kurzhaar-, Zwerg-

Da·da·is·mus der [dada'ɪsmʊs] <-> (*kein Plur.*) *eine internationale Kunst- und Literaturrichtung um 1920, die gegen künstlerische Ideale und für die Freiheit der Kunst eintrat und in der Kunst das Irrationale betonte* ▶dadaistisch, Dadaist

da·durch *Adv.* (≈ *da hindurch*) *verwendet, um auszudrücken, dass sich eine Bewegung durch die genannte Sache hindurch vollzieht* Die Stiefel haben Ösen. Dadurch werden die Schnürsenkel gezogen., Das Fenster ist viel zu klein. Dadurch können die Diebe nicht ins Haus gelangt sein! ■ **dadurch, dass ...** (*umg.* ≈ *weil*): Dadurch, dass er zwei Fremdsprachen spricht, hat er bessere Chancen.

da·durch *Adv.* (*verwendet, um die Wiederholung eines bereits genannten Substantivs oder Satzglieds zu vermeiden* ≈ *deshalb*) *durch diese Sache* Er hat mir seine Hilfe angeboten. Dadurch (≈ durch seine Hilfe) habe ich die Arbeit rechtzeitig geschafft., Ich habe mich ausgeruht und bin dadurch (≈ durch das Ausruhen) viel erholter.

da·für, da·für *Adv.* **1.** (*verwendet, um die Wiederholung eines bereits genannten Substantivs oder Satzglieds zu vermeiden*) *für die genannte Sache* Die Idee stammt von mir und ich habe mich jahrelang dafür (≈ für diese Idee) eingesetzt., Ich kenne diesen Vorschlag und ich bin dafür (≈ für diesen Vorschlag)., Er kann nichts dafür!, Sie ist keine Künstlerin, man könnte sie aber dafür (≈ für eine Künstlerin) halten. **2.** *verwendet, um auszudrücken, dass etwas als Gegenleistung für etwas gegeben wird* Ich habe ihr ein Buch gegeben und dafür eine CD bekommen., Er hat dafür 20 Euro bezahlt. **3.** *verwendet, um auszudrücken, dass etwas richtig erscheint, wenn man einen bestimmten Aspekt bedenkt* Der Anzug ist teuer, dafür passt er aber gut., Er hat eine Menge Zeit geopfert, dafür aber auch viel erreicht. **4.** (*umg.* ≈ *dagegen*) *verwendet, um auszudrücken, dass etwas als Mittel gegen etwas dient* Sie haben Fieber? Dafür verschreibe ich Ihnen Tabletten., Er leidet unter Verspannungen, aber dafür bekommt er Massagen. ◆ Getrennt-oder Zusammenschreibung→R Sie wird wohl nichts dafür können, dass sie sich verspätet., Es spricht einiges dafür, dass er von seinem Amt zurücktritt. *siehe aber auch* **dafürkönnen, dafürsprechen**

Da·für·hal·ten ■ **nach meinem Dafürhalten** (*geh.*): *meiner Meinung nach* Nach meinem Dafürhalten sollten wir die Direktion um Erlaubnis bitten.

da·für·kön·nen <kannst dafür, konnte dafür, hat dafürgekonnt> *mit OBJ* ■ *jmd. kann etwas dafür* (*umg.*) *schuld sein* Er kann nichts dafür, dass er häufig krank ist. ◆ Zusammenschreibung→R Niemand hat etwas dafürgekonnt, das es so gekommen ist.

da·für·spre·chen <sprichst dafür, sprach dafür, hat dafürgesprochen> *mit OBJ* ■ *etwas spricht dafür, dass ...* **1.** *ein Anzeichen für etwas sein* Es spricht einiges dafür, dass sie die neue Chefin wird. **2.** *ein Argument für etwas sein* Es spricht alles dafür, dass wir die Wohnung jetzt kaufen. ◆ Zusammenschreibung→R Was hat eigentlich dafürgesprochen, dass sie die Stelle bekam?

da·ge·gen, da·ge·gen *Adv.* **1.** *gegen die genannte Sache* Dagegen ist nichts einzuwenden., Sie stand neben dem Schrank und lehnte sich dagegen., Er schlug mit dem Stock dagegen. **2.** ■ *etwas/nichts dagegen haben gegen/nicht gegen etwas eingestellt sein* Ich habe nichts dagegen, dass er mitkommt. **3.** *im Vergleich zu jmdm. oder etwas* Sie ist unerträglich, dagegen ist ihr Bruder das liebste Kind. **4.** (≈ *jedoch*) Ich habe ihr oft geschrieben, sie dagegen nur selten., Sie ist blond, er dagegen schwarzhaarig. ◆ Getrenntschreibung →R Was kann man denn dagegen haben, dass er hier einzieht?, Ich denke, keiner wird dagegen sein, dass du mitkommst.

da·ge·gen·hal·ten <hältst dagegen, hielt dagegen, hat dagegengehalten> *mit OBJ* ■ *jmd. hält etwas dagegen* **1.** *etwas gegen oder neben etwas halten* Merkst du nicht, dass dieser Stoff eine andere Farbe hat als das Tuch? Halte ihn mal dagegen!, Siehst du das feine Muster im Stoff nicht? Nimm mal die Lampe und halte den Stoff dagegen! **2.** (*geh.* ≈ *entgegnen*) *als Gegenargument nennen* Sie hielt dagegen, dass diese Theorie veraltet sei. ◆ Zusammenschreibung→R Glaubst du, wir sollten dagegenhalten?

da·ge·gen·set·zen <setzt dagegen, setzte dagegen, hat dagegengesetzt> *mit OBJ* ■ *jmd. setzt etwas dagegen etwas gegen etwas sagen* Was können wir dagegensetzen, wenn wir so belogen werden? ◆ Zusammenschreibung→R Sie wurde heftig angegriffen und konnte nichts dagegensetzen.

da·ge·gen·stel·len <stellst dagegen, stellte dagegen, hat dagegengestellt> *mit SICH* ■ *jmd. stellt sich dagegen sich widersetzen* Er stellte sich mutig dagegen, als sein Freund angegriffen wurde. ◆ Zusammenschreibung→R Sie hat sein Vorgehen verurteilt und sich von Anfang an dagegengestellt.

Da·ge·we·se·ne das <-n> (*kein Plur.*) *das, was es bisher gegeben hat* Die Ausstellung zeigt Sensationelles, noch nie Dagewesenes. ◆ Zusammenschreibung→R alles bisher Dagewesene in denn Schatten stellen *siehe aber auch* **da**

da·ha·ben <hast da, hatte da, hat dagehabt> *mit OBJ* ■ *jmd. hat etwas da* (*umg.*) *zur Verfügung* *oder vorrätig haben* Hast du noch etwas Brot da?, Wir können nicht alle Produkte dahaben, auf Wunsch des Kunden bestellen wir die Sachen. ♦ Zusammenschreibung→R Ich sehe nach, ob ich das Buch noch dahabe.

da·heim *Adv. zu Hause* wieder daheim sein ♦ Getrenntschreibung→R Er wollte lieber daheim bleiben., Ich habe keine Lust, immer daheim zu sitzen.

da·heim·ge·blie·ben <nicht steig.> *Adj. so, dass man zu Hause geblieben und nicht an einen anderen Ort gereist ist* Sie schickt eine Urlaubskarte an die daheimgebliebene Freundin.

Da·heim·ge·blie·be·ne der/die <-n, -n> *jmd., der zu Hause geblieben ist (und nicht an einen (Urlaubs)ort gefahren ist)* an die Daheimgebliebenen denken ♦ Zusammenschreibung→R Er grüßte alle Daheimgebliebenen.

da·her, **da·her** *Adv.* **1.** *aus oder von einem bestimmten Ort; von dort* Du stammst aus Dresden? Von daher komme ich auch!, Ich sollte in die Stadt? Daher komme ich gerade! **2.** (≈ *deswegen*) *aus einem bestimmten Grund* Ihre Erkältung kommt daher, dass sie sich bei dem Wetter nicht warm genug anzieht., Er hat es mir gesagt, daher weiß ich es schon lange. ♦ Getrenntschreibung →R Seine Vorsicht wird wohl daher kommen, dass man ihn gewarnt hat., Das Missverständnis ist daher gekommen, dass wir uns nicht vorher abgesprochen haben.

da·her·brin·gen <bringst daher, brachte daher, hat dahergebracht> *mit OBJ* ■ *jmd. bringt etwas daher (süddt. österr.) von irgendwoher anschleppen* Was hast du denn wieder dahergebracht?

da·her·ge·lau·fen <nicht steig.> *Adj. (umg. abwert.) ohne Ansehen und von zweifelhafter Herkunft* Glaub doch nicht jedem dahergelaufenen Kerl, was er dir erzählt! ►Dahergelaufene

da·her·kom·men <kommst daher, kam daher, ist dahergekommen> *ohne OBJ* ■ *jmd. kommt irgendwie daher sich (auf bestimmte Weise) nähern* Wir sahen ihn mit schnellen Schritten daherkommen. ♦ Zusammenschreibung→R Dann ist sie wieder dahergekommen und hat uns gestört., Wie du wieder daherkommst, zieh dich doch mal ordentlich an! *siehe aber* **daher**

da·hin, **da·hin** *Adv.* **1.** *bis zu einem bestimmten Ort oder Zustand* Ist es noch weit bis dahin?, Leg das Buch bitte dahin (, wo du es weggenommen hast)!, Dahin hat ihn sein ewiges Lügen gebracht! **2.** (≈ *dann*) *bis zu einem bestimmten Zeitpunkt* Wie lange dauert es noch bis dahin?, Bis dahin will ich mit der Arbeit fertig sein. **3.** ■ *dahin, dass ... in eine bestimmte gedankliche Richtung* Meine Meinung geht dahin, dass ..., sich dahin gehend äußern/einigen, dass ... ■ **Mir steht's bis dahin!** *(umg.): ich habe keine Lust mehr* **dahin sein** *(geh.): verloren oder vergangen sein* All mein Geld ist dahin!, Die schöne Jugendzeit ist dahin! ♦ Getrenntschreibung→R Unsere Bestrebungen sollten dahin gehen, dass ..., Ich bin zu der Feier eingeladen, wollt ihr auch dahin gehen?, Ich habe die Tasche dahin gestellt.

da·hin·fal·len <fällst dahin, fiel dahin, ist dahingefallen> *ohne OBJ* ■ *etwas fällt (wegen etwas Dat.) dahin (schweiz.) entfallen, wegfallen* Seine Gründe dafür fallen dahin.

da·hin·flie·ßen <fließt dahin, floss dahin, ist dahingeflossen> *ohne OBJ* ■ *etwas fließt (irgendwie) dahin gleichmäßig in einer bestimmten Art fließen* Der Bach fließt gemächlich dahin., Seine Rede floss eintönig dahin.

da·hin·ge·hen <gehst dahin, ging dahin, ist dahingegangen> *ohne OBJ (geh.)* **1.** ■ *etwas geht (irgendwie) dahin in einer bestimmten Art vergehen* Der Tag ist ohne große Ereignisse dahingegangen. **2.** ■ *jmd. geht dahin (verhüll.) sterben* Er ist viel zu früh dahingegangen. ♦ Zusammenschreibung→R Er ließ ein paar Wochen dahingehen, ohne etwas zu unternehmen. *siehe* **dahin**

da·hin·ge·stellt <nicht steig.> ■ **etwas bleibt/ist/sei dahingestellt**: *etwas ist nicht sicher oder entschieden* Es sei einmal dahingestellt, ob Fortschritt immer ein Vorteil ist. ♦ Zusammenschreibung→R Ob er es wirklich getan hat, wollen wir einmal dahingestellt lassen. *siehe aber* **dahin**

da·hin·sa·gen <sagst dahin, sagte dahin, hat dahingesagt> *mit OBJ* ■ *jmd. sagt etwas dahin etwas sagen, ohne sich viel dabei zu denken* Das habe ich doch nur so dahingesagt, nimm es nicht so ernst!, Er hatte das leichtfertig dahingesagt, sie damit aber sehr gekränkt.

da·hin·schei·den <scheidest dahin, schied dahin, ist dahingeschieden> *ohne OBJ* ■ *jmd. scheidet dahin (geh. verhüll.) sterben* Er ist nach Jahren schwerer Krankheit dahingeschieden., Sie schied nach langem Leiden dahin.

da·hin·schlep·pen <schleppst dahin, schleppte dahin, hat dahingeschleppt> *mit SICH* **1.** ■ *jmd. schleppt sich dahin sich mühsam und mit großer Anstrengung bewegen* Nach einer Woche in der tropischen Hitze schleppten sich die Expeditionsteilnehmer nur noch dahin. **2.** *(übertr.) verwendet, um auszudrücken, dass etwas sehr viel Zeit benötigt, weil nur sehr kleine Fortschritte gemacht werden* Die Verhandlungen schleppen sich nun schon über Wochen dahin.

da·hin·schwin·den <schwindet dahin, schwand dahin, ist dahingeschwunden> *ohne OBJ* ■ *etwas schwindet dahin (geh.) weniger werden* Unsere Begeisterung/Der Vorrat an Lebensmitteln war schnell dahingeschwunden., Das harte Rennen fordert seinen Tribut. – Die Kräfte der Athleten schwinden dahin.

da·hin·sie·chen <siechst dahin, siechte dahin, ist dahingesiecht> *ohne OBJ* ■ *jmd. siecht dahin lange Zeit sehr krank und dem Tode nahe sein* Er starb, nachdem er viele Monate dahingesiecht war.

da·hin·ten, **da·hin·ten** *Adv.* (≈ *dort hinten*) Dahinten im Regal musst du nachschauen!

da·hin·ter, **da·hin·ter** *Adv.* (↔ *davor*) *hinter der genannten Sache* Wenn du genau wissen willst, was da ist, musst du mal dahinter schauen! ■ **je-**

D

mand klemmt sich dahinter (*umg.*): *jmd. fördert etwas mit aller Kraft* Das Projekt kam bisher nicht so recht voran, aber wenn jetzt der Schulze sich dahinter klemmt, gibt es bald Fortschritte. **jemand kommt dahinter** (*umg.*): *jmd. findet etwas heraus* Sie will nicht verraten, um was es geht, aber ich komme schon noch dahinter. **etwas steckt dahinter** (*umg.*): *im Zusammenhang mit etwas gibt es noch eine (noch nicht bekannte) wichtige Sache* Es werden noch mehr Mitarbeiter angestellt? Da könnte mehr dahinter stecken, vielleicht soll eine weitere neue Firma gegründet werden. **jemand steht dahinter** (*umg.*): *jmd. befürwortet etwas und bekennt sich auch öffentlich dazu* Das war ein mutiger Vorschlag, aber er wusste auch, dass die Geschäftsleitung dahinter steht. ♦ Getrenntschreibung→R Wenn er sich richtig dahinter klemmt, kann er sein Projekt noch verwirklichen., Ich konnte nicht dahinter kommen, was er wirklich meint., Was wohl dahinter steckt?, Wenn alle dahinter stehen, können wir auch etwas erreichen.

da·hi·nü·ber *Adv. an dieser Stelle, in dieser Richtung hinüber* Nach etwa 500 Metern erreichst du eine Brücke und dahinüber musst du fahren.

da·hin·ve·ge·tie·ren <vegetierst dahin, vegetierte dahin, ist dahinvegetiert> *ohne OBJ* ▪ *jmd. vegetiert dahin (oft abwert.) unter elenden Umständen leben* Viele Bewohner der Slums vegetieren in primitiven Hütten dahin.

da·hin·zie·hen <zieht dahin, zog dahin, ist dahingezogen> *ohne OBJ* ▪ *etwas zieht (irgendwie) dahin sich gleichmäßig vorwärts bewegen* Die Wolken zogen langsam/rasch am Himmel dahin

Dah·lie die <-, -n> *eine Gartenblume, die im Spätsommer und Herbst blüht*

DAK die [de:ʔa:ʔ'ka:] *Abkürzung von „Deutsche Angestellten-Krankenkasse"*

dak·ty·lisch <nicht steig.> *Adj.* LIT. *im Versmaß des Daktylus*

Dak·ty·lo·gra·phin die <-, -nen> (*schweiz.*) *Maschinenschreiberin*

Dak·ty·lo·sko·pie die <-> (*kein Plur.*) *Verfahren zum Abnehmen von Fingerabdrücken für kriminologische oder gerichtsmedizinische Untersuchungen*

Dak·ty·lus der <-, Daktylen> *Versmaß aus einer langen, betonten und zwei kurzen, unbetonten Silben* ein Gedicht in Daktylen

Da·lai-La·ma der <-(s), -s> *das politische und religiöse Oberhaupt des Buddhismus in Tibet*

dal·li *Interj.* (*umg.*) *verwendet, um auszudrücken, dass sich jmd. beeilen soll* ▪ **Nun mach mal dalli!**: *Beeile dich!*

Dal·ma·ti·en <-s> (*kein Plur.*) *Landschaft in Kroatien*

Dal·ma·ti·ner, **Dal·ma·ti·ne·rin** der <-s, -> **1.** *Einwohner von Dalmatien* **2.** *eine Weinsorte aus Dalmatien* **3.** *ein Jagdhund, für den das weiße Fell mit vielen schwarzen Flecken charakteristisch ist*

da·ma·lig <nicht steig.> *Adj. zu einem bestimmten Zeitpunkt in der Vergangenheit* In der damaligen Zeit war vieles anders., mein damaliger Lehrer, Die damaligen Verhältnisse erlaubten das nicht.

da·mals *Adv. zu einem bestimmten Zeitpunkt, der schon länger zurückliegt* Damals, als Großvater noch ein junger Mann war ..., Seit damals hat sich viel geändert, es liegt ja auch dreißig Jahre zurück., Damals stand die Kirche noch, später wurde sie zerstört.

Da·mas·kus *Hauptstadt von Syrien*

Da·mast der <-(e)s, -e> *ein einfarbiger feiner Stoff mit eingewebtem Muster* Bettwäsche aus Damast

Da·me die <-, -n> **1.** (↔ *Herr*) *höfliche Anrede und Bezeichnung für eine Frau* Gestatten Sie, meine Damen?, Die Dame war vor Ihnen an der Reihe., Meine sehr verehrten Damen und Herren! **2.** *eine vornehm wirkende Frau* sich benehmen/kleiden wie eine richtige Dame, Eine Dame tut so etwas nicht! **3.** *eine Karte beim Skat- oder Romméspiel* eine Dame ausspielen **4.** *die neben dem König wichtigste Schachfigur* **5.** (*kein Plur.*) *kurz für „Damespiel"* stundenlang Dame spielen

Da·men·be·kannt·schaft die <-, -en> (*veralt.*) *Bekanntschaft (eines Mannes) mit einer weiblichen Person*

Da·men·be·klei·dung die <-> (*kein Plur.*) *Oberbekleidung für Frauen*

Da·men·bin·de die <-, -n> *Binde*[3] *für die Zeit der Monatsblutung*

Da·men·fahr·rad das <-(e)s, Damenfahrräder> *Fahrrad für Frauen und Mädchen*

da·men·haft <nicht steig.> *Adj. wie eine Dame*[2] In dem eleganten Kostüm wirkt sie sehr damenhaft.

Da·men·mann·schaft die <-, -en> (↔ *Herrenmannschaft*) *aus Frauen bestehende Sportmannschaft*

Da·men·mo·de die <-> (*kein Plur.*) (↔ *Herrenmode*) *Mode für Frauen* die Abteilung/ein Geschäft für Damenmode

Da·men·ober·be·klei·dung die <-> (*kein Plur.*) (↔ *Herrenoberbekleidung*) *Oberbekleidung für Frauen*

Da·men·rad das <-(e)s, Damenräder> *kurz für „Damenfahrrad"*

Da·men·sa·lon der <-s, -s> *Friseurgeschäft, in dem nur Frauen und Mädchen bedient werden*

Da·men·sat·tel der <-s, -> **1.** *ein Reitsattel für Frauen, der so beschaffen ist, dass die Reiterin beide Beine auf einer Seite des Pferdes hält* **2.** *ein Fahrradsattel, der in seiner Form speziell auf die weibliche Anatomie abgestimmt ist*

Da·men·schuh der <-(e)s, -e> (↔ *Herrenschuh*) *Schuh für Frauen*

Da·men·sitz der <-es, -e> (↔ *Herrensitz*) *Reitsitz im Damensattel*

Da·men·strumpf der <-(e)s, Damenstrümpfe> *Strumpf für Frauen*

Da·men·un·ter·wä·sche die <-> (*kein Plur.*) *Unterwäsche für Frauen*

Da·men·wahl die <-> (*kein Plur.*) *der Vorgang,*

dass beim Tanz die Frauen die Männer zum Tanz auffordern Jetzt ist Damenwahl!

Da·men·welt die <-> (*kein Plur.*) (*umg. veralt.*) *Gesamtheit der Frauen*

Da·me·spiel das <-(e)s, -e> (≈ *Dame*) *ein Brettspiel für zwei Spieler, bei dem auf einem quadratischen Brett mit 12 schwarzen und 12 weißen runden, flachen Spielsteinen gespielt wird*

Dam·hirsch der <-(e)s, -e> ZOOL. *ein Hirsch mit einem breiten Geweih, welches wie eine Schaufel geformt ist*

da·mit, da·mit I. *Adv.* **1.** (*verwendet, um die Wiederholung eines bereits genannten Substantivs oder Satzglieds zu vermeiden*) *mit einer Sache* Was willst du damit?, Dieses Brecheisen hier, hat der Täter damit (≈ mit diesem Brecheisen) die Tür geöffnet?, Das hat damit gar nichts zu tun., Damit hatten wir nicht gerechnet., Weg/heraus damit! **2.** (≈ *demzufolge*) *verwendet, um eine Schlussfolgerung aus etwas einzuleiten* Er ist krank. Damit entfällt seine Teilnahme am Fußballturnier. **II.** *Konj. verwendet, um im Nebensatz den Zweck der Aussage des Hauptsatzes zu nennen* Ich sage dir das, damit du Bescheid weißt., Er wollte eine gute Ausbildung für seine Kinder, damit sie es im Leben leichter haben sollten.

Däm·lack der <-s, -e/-s> (*umg. abwert.*) *einfältiger, dummer Mensch*

däm·lich *Adj.* (*umg. abwert.*) **1.** *dumm und einfältig* ein selten dämlicher Kerl **2.** *ungeschickt* sich dämlich anstellen

Damm der <-(e)s, Dämme> **1.** *ein Erdwall, der dazu dient, dass das Wasser in einem Fluss nicht heraustreten und das Land neben dem Fluss überschwemmen kann* einen Damm aufschütten/errichten/mit Sandsäcken sichern, Die Dämme sind gebrochen., Das Wasser des Baches wird hinter einem Damm aufgestaut. ◆ Stau- **2.** *Unterbau einer Straße oder Schiene* Der Damm links und rechts der Schiene war von Unkraut überwuchert. ◆ Bahn- **3.** ANAT. *der Bereich zwischen After und äußeren Geschlechtsorganen beim Menschen* ■ **nicht auf dem Damm sein** (*umg.*): *nicht ganz gesund sein* **wieder auf dem Damm sein** (*umg.*): *nach einer Krankheit wieder gesund sein*

Damm·bruch der <-(e)s, Dammbrüche> *Bruch eines Dammes[1], z.B. durch Hochwasser*

däm·men *mit OBJ* ■ *jmd. dämmt etwas* **1.** (*Wasser*) *durch einen Damm stauen* den Fluss dämmen ▶ eindämmen **2.** *etwas gegen Schall oder Wärme bzw. Kälte isolieren* ▶ Dämmung

däm·me·rig <nicht steig.> *Adj. s.* **dämmrig**

Däm·mer·licht das <-(e)s> (*kein Plur.*) *das sehr schwache Licht in den ganz frühen Morgenstunden und den späten Abendstunden, bei dem man gerade noch etwas sehen kann* Im Dämmerlicht des Abends/Morgens konnte sie kaum etwas erkennen.

däm·mern <dämmert, dämmerte, hat gedämmert> **I.** *ohne OBJ* **1.** ■ *der Morgen dämmert es wird Tag* ■ *der Abend dämmert es wird Nacht* **2.** ■ *jmd. dämmert im Halbschlaf sein* Sie saß im Sessel und dämmerte ein wenig. **II.** *mit ES* ■ *es dämmert* **1.** *Morgen oder Abend werden* Es beginnt zu dämmern. **2.** ■ **jemandem dämmert es** (*umg.*): *jmd. versteht allmählich etwas* Jetzt dämmert's mir!, Es dämmerte nun endlich allen, dass das Spiel nicht mehr zu gewinnen war.

Däm·mer·schop·pen der <-s, -> (*veralt.* ≈ *Abendschoppen* ↔ *Frühschoppen*) *kleiner Trunk* (*in Gesellschaft*) *am frühen Abend* auf der Terrasse beim Dämmerschoppen sitzen

Däm·me·rung die <-> (*kein Plur.*) *die Übergangszeit zwischen Tag und Nacht, in der das Licht sehr schwach ist* Die Dämmerung brach herein., bei Anbruch der Dämmerung ◆ Abend-, Morgen-

Däm·mer·zu·stand der <-(e)s, Dämmerzustände> MED. *ein Zustand des Bewusstseins, in dem der Patient die Außenwelt nur sehr eingeschränkt wahrnehmen kann*

Dämm·plat·te die <-, -n> *eine der Platten, mit denen z.B. Hauswände verkleidet werden, um das Haus gegen Schall bzw. gegen Wärme und Kälte zu isolieren*

dämm·rig <nicht steig.> *Adj. so, dass es noch nicht oder nicht mehr ganz dunkel ist* Es war schon dämmrig, als wir nach Hause kamen., Der Morgen kündigt sich mit dämmrigem Licht an.

Däm·mung die <-, -en> TECHN. *eine Schicht zur Isolation gegen Schall oder Wärme bzw. Kälte* ◆ Schall-, Wärme-

Da·mo·kles·schwert das <-(e)s> (*kein Plur.*) (*geh.*) *eine drohende Gefahr, der jmd. dauernd ausgesetzt ist und die ihn jederzeit treffen kann* Die Entlassung schwebt wie ein Damoklesschwert über den achtzig Mitarbeitern des Kleinbetriebs.

Dä·mon der <-s, -en> *ein mächtiger böser Geist* Ein Talisman soll vor Dämonen schützen., von einem Dämon besessen sein ▶ Dämonismus

dä·mo·nisch *Adj. auf unheimliche Art fesselnd* ein dämonisches Lachen, eine dämonische Kraft ausüben

Dampf der <-(e)s, Dämpfe> **1.** (*kein Plur.*) (≈ *Dunst*) *die feinen Wassertropfen, die in die Luft aufsteigen, wenn Wasser auf eine höhere Temperatur als 100° erhitzt wird.* Der Dampf schlägt sich an den Fenstern nieder., Aus den Kühltürmen des Kraftwerks steigt Dampf auf. **2.** (*nur Plur.*) (CHEM.: ≈ *Ausdünstungen*) *Stoffe, die aus bestimmten Chemikalien austreten und sich mit der Luft vermischen* giftige Dämpfe einatmen ■ **Dampf ablassen** (*umg.*): *seinen Ärger deutlich äußern* Ich habe lange nichts dazu gesagt, aber heute musste ich mal Dampf ablassen und so richtig meine Meinung sagen. **jemandem Dampf machen** (*umg.*): *eine Person, die zu träge oder zu faul ist, antreiben*

Dampf·an·trieb der <-(e)s, -e> *Antrieb* (*einer Maschine*) *durch Dampfkraft*

Dampf·bad das <-(e)s, Dampfbäder> **1.** (≈ *Sauna*) *Schwitzbad in einem mit Wasserdampf gefüllten Raum* ein Dampfbad nehmen **2.** *Raum für das Dampfbad[1]* ins Dampfbad gehen

Dampf·boot das <-(e)s, -e> (≈ *Dampfer*) *durch*

eine Dampfmaschine angetriebenes Schiff einen Ausflug mit dem Dampfboot machen

Dampf·bü·gel·ei·sen das <-s, -> *ein Bügeleisen, das Dampf abgeben kann, welcher das Bügeln erleichtert*

Dampf·druck der <-(e)s, Dampfdrücke> TECHN. *der Druck, unter dem Dampf in einem Behälter steht*

damp·fen <dampft, dampfte, hat gedampft> *ohne OBJ* ■ *etwas dampft* **1.** *so heiß sein, dass Dampf aufsteigt* dampfend heiße Suppe, Die Klöße dampfen in der Schüssel. **2.** *Dunst aufsteigen lassen* Die Pferde dampfen., Nach dem Regen dampft die Straße in der Sonne.

dämp·fen <dämpfst, dämpfte, hat gedämpft> *mit OBJ* **1.** ■ *jmd./etwas dämpft etwas* (≈ *abschwächen*) *leiser machen* Er dämpfte seine Stimme., Der Teppich dämpft die Schritte., gedämpfte Geräusche **2.** ■ *etwas dämpft etwas bewirken, dass etwas schwächer oder weniger intensiv ist* die Erregung/die Freude/den Zorn dämpfen, die Schmerzen dämpfen, Medikamente mit einer dämpfenden Wirkung **3.** ■ *jmd. dämpft etwas* (KOCH.: ≈ *dünsten*) *in Dampf garen* Zwiebeln in der Pfanne dämpfen, gedämpfte Kartoffeln **4.** ■ *jmd. dämpft etwas mit Dampf glätten* die Wäsche dämpfen

Damp·fer der <-s, -> **1.** *kurz für „Dampfschiff"* ◆ Ausflugs-, Luxus-, Ozean-, Passagier- **2.** ■ **auf dem falschen Dampfer sein** (*umg.*): *falsche Vorstellungen von etwas haben* Wenn du glaubst, du kannst mich mit deinen Schmeicheleien einwickeln, bist du aber auf dem falschen Dampfer, ich durchschaue das.

Dämp·fer der <-s, -> **1.** MUS. *ein Teil, das man auf die Spitze bestimmter Instrumente setzt, um dem Klang eine bestimmte Färbung zu geben* die Trompete mit Dämpfer spielen **2.** ■ **jemand/etwas bekommt einen Dämpfer** (*umg. übertr.*): *durch etwas Negatives wird jmds. Stimmung oder eine Situation verschlechtert* Ihre Hoffnungen haben einen Dämpfer bekommen., Er hat vom Chef einen kräftigen Dämpfer bekommen.

Damp·fer·fahrt die <-, -en> *Fahrt mit einem Dampfschiff*

Dampf·hei·zung die <-, -en> *eine Zentralheizung, bei der heißer Dampf durch die Heizungsrohre strömt*

Dampf·kes·sel der <-s, -> TECHN. *eine Anlage zur Erzeugung von Wasserdampf, mit dem eine Dampfmaschine oder ein Heizungssystem betrieben wird*

Dampf·koch·topf der <-(e)s, Dampfkochtöpfe> (≈ *Schnellkochtopf*) *ein Kochtopf, in dem unter Dampfdruck ein schnelleres Garen der Speisen möglich ist als in herkömmlichen Töpfen*

Dampf·kraft die <-> (*kein Plur.*) PHYS. *die Kraft, die durch den Druck von Dampf entsteht*

Dampf·kraft·werk das <-(e)s, -e> TECHN. *ein Kraftwerk, in dem die Umwandlung von Wärme in Elektroenergie mittels Wasserdampf erfolgt*

Dampf·lok die <-, -s> *kurz für „Dampflokomotive"*

Dampf·lo·ko·mo·ti·ve die <-, -n> *eine Lokomotive, die von einer Dampfmaschine angetrieben wird*

Dampf·ma·schi·ne die <-, -n> TECHN. *eine Maschine, die den Druck des Dampfes in mechanische Energie umwandelt*

Dampf·schiff das <-(e)s, -e> *ein Schiff, das von einer Dampfmaschine angetrieben wird* ◆ -fahrt

Dampf·strahl der <-(e)s, -en> TECHN. *einzelner Strahl von Dampf, der an einer Stelle austritt*

Dampf·tur·bi·ne die <-, -n> *eine Maschine, bei der der Druck des Dampfes durch Düsen auf Turbinenräder übertragen und danach in mechanische bzw. elektrische Energie umgewandelt wird*

Dämp·fung die <-> (*kein Plur.*) **1.** *das Abschwächen von Schall* **2.** MED. *das Abschwächen von Krankheitssymptomen* ein Medikament zur Dämpfung des Hustenreizes/der psychischen Erregung

Dampf·ven·til das <-s, -e> TECHN. *Ventil zum Ablassen von Dampf bei Überdruck, z.B. an Dampfrohrleitungen*

Dampf·wal·ze die <-, -n> TECHN. (*mit einer Dampfmaschine betriebene*) *Straßenwalze zum Glätten von frischen Straßenbelägen*

Dampf·wol·ke die <-, -n> *Wolke aus Dampf* Über dem Kühlturm des Kraftwerkes stand eine riesige Dampfwolke.

Dan der SPORT *eine der zehn Rangstufen in den Budosportarten*

da·nach, da·nach *Adv.* **1.** (≈ *nachher*) *verwendet, um auszudrücken, dass etwas zeitlich nach der genannten Sache liegt* Erst waren wir im Kino, danach noch in einem Restaurant., Er kam als Sieger ins Ziel, lange danach kamen seine Verfolger., Zuerst muss man die Milch erhitzen, danach das Puddingpulver einrühren. **2.** (*verwendet, um die Wiederholung eines bereits genannten Substantivs oder Satzteils zu vermeiden*) *nach der genannten Sache* Erst sah er den Hebel an der Wand, dann griff er danach (≈ nach dem Hebel), Du magst die Arbeit wohl nicht besonders, aber du wirst dich noch danach (≈ nach der Arbeit) sehnen., Sie kennen jetzt die Vorschriften, richten Sie sich bitte danach (≈ nach den Vorschriften)!, Mir ist nicht danach zu Mute. **3.** (≈ *so*) *dem entsprechend* Er ist krank und sieht auch danach aus., Wahrscheinlich ist Zimt in dem Kuchen, jedenfalls schmeckt er danach.

Dance·floor der ['da:nsflɔ] <-s, -s> *Tanzfläche in einer Diskothek*

Dan·cing das ['dɑ:nsɪŋ] <-s, -s> (*österr.*) **1.** *Tanzlokal* **2.** *Tanzveranstaltung*

Dä·ne, Dä·nin der <-n, -n> *jmd., der die dänische Staatsbürgerschaft hat*

da·ne·ben *Adv.* **1.** *neben etwas* rechts daneben sein/stehen, Dicht daneben ist/befindet sich die Schule., Dort sehen Sie das Rathaus, daneben ist das Naturkundemuseum. **2.** *verwendet, um auszudrücken, dass etwas sein Ziel nicht erreicht* daneben schießen/treffen, Der Schuss ging knapp daneben., Daneben (geschossen/geraten)! **3.** (≈ *außerdem*) *nebenbei, zudem* Sie ist berufstätig. Daneben studiert sie noch. **4.** *im Vergleich zu jmdm. oder etwas* Er ist sehr gewandt, daneben wirkt sein Bruder richtig ungeschickt. ■ **jemand ist völlig daneben** (*umg.*): *jmd. fühlt sich unwohl* **etwas ist voll/völlig daneben** (*umg. abwert.*): *etwas ist in einer Situation überhaupt nicht angebracht* Sein dummes Grinsen war ja wohl voll daneben., Ich weiß nicht, was mit mir los ist, ich bin völlig daneben. ◆ Getrenntschreibung→R Der Schlag sollte daneben gehen., Der Weg war zu schlammig, wir mussten daneben gehen., Wenn man den Rock direkt daneben hält, sieht man, dass er dunkler ist als die Bluse., Im Regal liegt mein Buch, die Brille wird wohl direkt daneben liegen., morgens nach dem Aufstehen immer völlig daneben sein

da·ne·ben·be·neh·men <benimmst daneben, benahm daneben, hat danebenbenommen> *mit SICH* ■ *jmd. benimmt sich* (*bei etwas Dat.*) *daneben* (*umg.*) *sich schlecht benehmen* Musst du dich immer so danebenbenehmen?

da·ne·ben·ge·hen <gehst daneben, ging daneben, ist danebengegangen> *ohne OBJ* ■ *jmd. geht etwas daneben* (*umg.* ≈ *misslingen* ↔ *gelingen*) Der Versuch, die beiden verfeindeten Parteien zu versöhnen, ist gründlich danebengegangen. ◆ Zusammenschreibung→R Der Versuch, ihn umzustimmen, ist danebengegangen., Auch die Wiederholungsprüfung ist leider danebengegangen.

da·ne·ben·ge·ra·ten <gerätst daneben, gerät daneben, ist danebengeraten> *ohne OBJ* ■ *jmdm. gerät etwas daneben* (↔ *misslingen* ↔ *gelingen*) *etwas misslingt jmdm.* Das Essen ist mir heute danebengeraten.

da·ne·ben·hal·ten <hältst daneben, hielt daneben, hat danebengehalten> *mit OBJ* ■ *jmd. hält etwas daneben* (*umg.*) *zum Vergleich heranziehen* Wenn man seine bisherigen Leistungen danebenhält, ist doch eine drei in Mathematik gar nicht so schlecht. ◆ Zusammenschreibung→R Wenn man die Ergebnisse der anderen Teilnehmer danebenhält, können wir mit uns ganz zufrieden sein.

da·ne·ben·lie·gen <liegst daneben, lag daneben, hat danebengelegen> *ohne OBJ* ■ *jmd. liegt* (*bei etwas Dat.*) *daneben* (*umg.*) *sich in einer bestimmten Hinsicht irren, eine Sache unter einem bestimmten Aspekt falsch einschätzen* Die Entfernung beträgt 298 Kilometer. Ich habe 250 geschätzt. So weit habe ich gar nicht danebengelegen! ◆ Zusammenschreibung→R Du hast völlig danebengelegen, die Sache war ganz anders!

Dä·ne·mark <-s> *Staat in Nordeuropa*

da·nie·der·lie·gen <liegst danieder, lag danieder, hat/ist daniedergelegen> *ohne OBJ* ■ *jmd. liegt danieder* (*geh.*) **1.** *krank sein* Sie hat/ist mit einer Grippe mehrere Wochen daniedergelegen. **2.** *nicht gedeihen* Die Wirtschaft/die Kultur des Landes lag danieder. ◆ Zusammenschreibung→R Das Theater der Stadt hat/ist schon seit einiger Zeit daniedergelegen.

dä·nisch <nicht steig.> *Adj. zu Dänemark gehörend, daher stammend* die dänische Hauptstadt/Sprache ◆ Großschreibung Dänische Dogge

Dank der <-(e)s> *das Gefühl, dass man sich freut, weil jmd. etwas für einen getan hat oder jmd. einem etwas gegeben oder geschenkt hat* jemandem Dank sagen/schulden, Ich wollte Ihnen meinen Dank aussprechen., Ich bin Ihnen zu großem Dank verpflichtet., aufrichtigen/herzlichen/verbindlichen Dank sagen, Vielen (herzlichen) Dank für eure Hilfe!, Wir wollen allen, die geholfen haben, unseren Dank abstatten., ohne ein Wort des Dankes, keinen Dank erhalten/erwarten ■ **Gott sei Dank!** (*umg.*): *Ausruf der Erleichterung* ◆ Getrennt- oder Zusammenschreibung→R Wir wollen euch Dank sagen. *siehe aber auch* **danksagen**

dank *Präp. + Dat. verwendet, um auszudrücken, dass die genannte* (*positive*) *Sache der Grund für etwas ist* Er erreichte das Ziel dank seiner Geduld., Dank seiner Erfahrung stellt das für ihn kein Problem dar. ◆ Kleinschreibung→R Ich habe dank deiner Hilfe den Weg gefunden.

dank·bar *Adj.* **1.** (↔ *undankbar*) *so, dass jmd. von Dank erfüllt ist* jemandem für etwas dankbar sein, für jede Hilfe dankbar sein, ein dankbares Publikum **2.** (≈ *lohnend*) *so, dass es ein gutes Ergebnis einbringt, ohne dabei viel Aufwand zu verursachen* eine dankbare Aufgabe, Diese Grünpflanze ist sehr dankbar.

Dank·bar·keit die <-> (*kein Plur.*) (↔ *Undankbarkeit*) *das Bedürfnis, jmdm. für etwas zu danken* Sie half ihm aus reiner Dankbarkeit.

dan·ke *Interj.* **1.** *verwendet, um sich bei jmdm. für etwas zu bedanken* danke sagen, Ich möchte allen danke (schön) sagen. **2.** ■ **(Nein) danke!**: *verwendet, um ein Angebot höflich abzulehnen* Möchtest du noch Tee? (Nein) danke! ◆ Getrenntschreibung→R Wir sagen danke schön. *siehe* **Dankeschön**

dan·ken **I.** *mit OBJ* (*geh.*) **1.** ■ *jmd. dankt jmdm. etwas mit Dank vergelten* Ihre aufopferungsvolle Hilfe ist ihr schlecht gedankt worden., Deinen großen Aufwand wird dir niemand danken! **2.** ■ *jmd. dankt jmdm./etwas etwas verdanken, zuschreiben* Sie dankt diesem Arzt ihr Leben., Es war auch dem Wetter zu danken, dass der Urlaub schön war. ■ **nichts zu danken!**: *verwendet als höfliche Erwiderung auf einen Dank* Vielen Dank für Ihre Hilfe! Nichts zu danken, das war doch selbstverständlich! **II.** *ohne OBJ* ■ *jmd. dankt* (*jmdm.*)(*für etwas Akk.*) **1.** *seinen Dank aussprechen* jemandem für seine Hilfe/seine Einladung danken, Ich danke Ihnen für dieses Gespräch! **2.** *mit Dank ablehnen* Möchten Sie noch Tee ? Nein, ich danke!

Dan·ke·schön das <-s> (*kein Plur.*) *eine kleine Aufmerksamkeit, die man jmdm. als Dank für etwas gibt* Der Sekt ist ein Dankeschön für deine Hilfe. ◆ Zusammen- und Großschreibung→R Wir wollen euch heute ein Dankeschön sagen.

Dank·ge·bet das <-(e)s, -e> (REL.: ↔ *Bittgebet*) *ein Gebet, in dem Gott für etwas gedankt wird*

dank·sa·gen *ohne OBJ* (*geh. nur Inf.*) Wir wollen Gott loben und danksagen. ♦ Zusammen- oder Getrenntschreibung→R Lasst uns jetzt allen danksagen, die uns in der Not beigestanden haben. *siehe* **Dank**

Dank·sa·gung die <-, -en> *die Worte, mit denen man (mündlich oder schriftlich) seinen Dank ausdrückt, besonders für die Anteilnahme bei einem Todesfall*

dann *Adv.* **1.** *verwendet, um eine zeitliche, räumliche oder rangmäßige Folge von etwas auszudrücken* Wir verabschiedeten uns, dann gingen wir nach Hause., Am Zuganfang befinden sich die Wagen der 1.Klasse, dann folgen die der 2.Klasse., Anne ist die Beste der Klasse, dann folgen Peter und Frank. **2.** *in der Form „wenn …, dann …" oder „dann …, wenn …" verwendet, um eine Folge auszudrücken, die unter einer bestimmten Bedingung eintritt* Wenn du mir hilfst, dann helfe ich dir auch., Wenn es regnet, dann müssen wir zu Hause bleiben., Ich werde erst dann zustimmen, wenn …, Selbst dann würde ich es nicht tun, wenn die Lage anders wäre. **3.** (*umg.*) *verwendet, um auf einen Zeitpunkt in der (unmittelbaren) Zukunft hinzuweisen* Kommst du dann mal kurz vorbei?, Nächste Woche bin ich nicht da, dann habe ich schon Urlaub., Wir sehen uns, bis dann! **4.** (*umg.* ≈ *außerdem*) *verwendet, um auszudrücken, dass zusätzlich zu dem Genannten noch etwas dazukommt* Es war sehr kalt, und dann noch dieser eisige Wind! **5.** *verwendet, um eine Folgerung auszudrücken* (Sie ist nicht da.) Dann ist sie also doch krank?, (Du willst nicht bleiben?) Dann komm' doch einfach mit! **6.** (*umg.*) *verwendet, um sich (nicht formell) von jmdm. zu verabschieden* Ich muss jetzt gehen, bis dann!, Also dann, bis später!

dann·zu·mal *Adv.* (*schweiz.*) *dann, in jenem Augenblick*

da·ran, da·ran *Adv.* **1.** (*räumlich an etwas oder mit etwas verbunden*) ein Topf mit einem Henkel daran, Der Karton hat einen Griff. Daran kann man ihn hochheben. **2.** (*zeitlich*) *nahe an etwas* Zuerst sahen wir einen Film, daran anschließend fand eine Diskussion statt., Ich bin nahe daran, den Plan aufzugeben. **3.** (*verwendet, um die Wiederholung eines bereits genannten Substantivs oder Satzteils zu vermeiden*) *an diese(r) Sache* Er hat eine Narbe im Gesicht, daran (≈ an dieser Narbe) kann man ihn erkennen., Ich muss noch … anrufen, erinnere mich bitte daran (≈ dass ich anrufen muss)!, Daran liegt mir nicht viel, Daran glaube ich nicht., Denk nicht mehr daran!, Es ist nichts Wahres daran, dass … ♦ Getrenntschreibung→R Ihr kennt die Regeln und müsst euch daran halten., Das Radio ist kaputt, ich kann nichts mehr daran machen., Er ist nahe daran gewesen zu verzweifeln.

da·ran·ge·hen <gehst daran, ging daran, ist darangegangen> *ohne OBJ* ■ *jmd. geht (an etwas Akk.) daran mit etwas anfangen* Endlich darangehen, das Zimmer aufzuräumen. ♦ Zusammenschreibung→R Sie muss endlich darangehen, das Autofahren zu lernen. *siehe aber* **daran**

da·ran·hal·ten <hältst daran, hielt daran, hat darangehalten> *mit SICH* ■ *jmd. hält sich daran* (*umg.*) *sich bemühen oder beeilen* Wenn er die Prüfung schaffen will, muss er sich aber ordentlich daranhalten. ♦ Zusammenschreibung→R Wenn ihr pünktlich sein wollt, müsst ihr euch aber daranhalten! *siehe aber* **daran**

da·ran·ma·chen <machst daran, machte daran, hat darangemacht> *mit SICH* ■ *jmd. macht sich (an etwas Akk.) daran* (*umg.*) *mit etwas beginnen* sich daranmachen, etwas zu tun ♦ Zusammenschreibung→R Ich habe noch viel Arbeit, ich muss mich jetzt gleich daranmachen. *siehe aber* **daran**

da·ran··set·zen <setzt daran, setzte daran, hat darangesetzt> *mit OBJ* ■ *jmd. setzt etwas daran jmd. wagt etwas dafür, dass …* Er hat seine Ehe darangesetzt, um seine Karriere voranzubringen., Sie setzt ihre Gesundheit daran, diese Aufgabe allein zu bewältigen. ■ **jemand setzt alles daran, um …:** *jmd. unternimmt jede mögliche Anstrengung, um das Genannte zu erreichen* ♦ Zusammenschreibung→R Er hat alles darangesetzt, sie zu überzeugen. *siehe aber* **daran**

da·rauf, da·r·auf *Adv.* **1.** *verwendet, um auszudrücken, dass sich etwas (räumlich) auf der Oberfläche von etwas befindet* Im Zimmer steht ein Tisch, darauf liegen viele Zeitungen., Das Papier ist zu dünn. Darauf kann ich nicht schreiben. **2.** (≈ *danach*) *verwendet, um auszudrücken, dass etwas (zeitlich) danach folgt* gleich darauf folgen, am Tag darauf, Zuerst knurrte der Hund, darauf begann er zu bellen. **3.** (*hinweisend*) *verwendet, um einen Bezug herzustellen* Ich weise dich darauf hin, dass …, Darauf allein kommt es an!, Wir haben schon lange darauf gewartet., Darauf vertraust du?, Darauf gebe ich dir mein Wort! ♦ Getrenntschreibung→R am darauf folgenden Tag, In der Ecke steht ein Stuhl. Du kannst deine Sachen darauf legen.

da·rauf·fol·gend <nicht steig.> *Adj. so, dass es in einer Reihenfolge an nächster Stelle ist* am darauffolgenden Tag

da·rauf·hin, da·r·auf·hin *Adv.* **1.** *im Anschluss an (und als Folge von) etwas* Das Experiment misslang. Daraufhin versuchte er es noch einmal. **2.** *im Hinblick auf etwas* Wir müssen die Software daraufhin testen, ob sie für unsere Arbeit taugt.

da·raus, da·r·aus *Adv.* (*verwendet, um die Wiederholung eines bereits genannten Substantivs oder Satzteils zu vermeiden*) *aus der genannten Sache* Sie trug einen Korb. Daraus (≈ aus dem Korb) schaute ein Kätzchen hervor., Ich habe mir Stoff gekauft. Daraus (≈ aus dem Stoff) will ich mir ein Kleid nähen., Hier ist die Elbe noch ein kleiner Bach. Daraus (≈ aus dem kleinen Bach) wird später ein breiter Strom., Daraus wird nichts!, Daraus mache ich mir nichts.

dar·ben <darbst, darbte, hat gedarbt> *ohne OBJ* ■ *jmd. darbt* (*geh.*) *Not leiden* Der König lebte in Saus und Braus, aber sein Volk musste darben.

dar·bie·ten <bietest dar, bot dar, hat dargeboten> **I.** *mit OBJ* ■ *jmd. bietet etwas dar* **1.** (≈ *vorführen*) *vor Zuschauern aufführen* Kunststücke/ ein Theaterstück darbieten **2.** *in einer bestimmten Weise vermitteln oder vortragen* den Lehrstoff interessant darbieten, Die Sendung will Nachrichten unterhaltsam darbieten. **3.** (≈ *kredenzen*) *Speisen und Getränke* (*in edlem Rahmen*) *anbieten* Im Anschluss an die Vernissage wurden den Gästen feine Spezialitäten dargeboten. **II.** *mit SICH* ■ *etwas bietet sich dar* **1.** *sichtbar werden* Es bot sich ihnen eine herrliche Aussicht dar. **2.** *sich anbieten* eine sich darbietende Gelegenheit zur Flucht nutzen

Dar·bie·tung die <-, -en> (≈ *Vorführung*) *das Darbieten*[1] künstlerische/musikalische/tänzerische Darbietungen

dar·brin·gen <bringst dar, brachte dar, hat dargebracht> *mit OBJ* ■ *jmd. bringt etwas dar* (*geh.*) **1.** REL. *etwas als Opfer bringen* **2.** *geben* Glückwünsche darbringen

da·rein, da·rein *Adv.* **1.** (*räumlich*) *da hinein* Sie nahm einen Korb und setzte das Kätzchen darein. **2.** (*verwendet, um die Wiederholung eines bereits genannten Substantivs oder Satzglieds zu vermeiden*) *in die genannte Sache hinein* Ich kenne die Situation, ich kann mich gut darein (≈ in die Situation) versetzen. ◆ Getrenntschreibung→R Er gab ihr ein Mikrofon und ließ sie darein reden., Das Abteil ist noch frei, wir können uns darein setzen.

da·rein·fü·gen <fügst darein, fügte darein, hat dareingefügt> *mit SICH* ■ *jmd. fügt sich* (*in etwas*) *darein sich fügen, an etwas anpassen* Ihre Lebensumstände änderten sich, sie konnte sich aber gut dareinfügen.

da·rein·re·den <redest darein, redete darein, hat dareingeredet> *ohne OBJ* ■ *jmd. redet* (*jmdm.*) *darein* (*umg.*) *sich einmischen* Es nützt nichts, wenn du ihm ständig dareinredest. ◆ Zusammenschreibung→R Lass dir doch nicht immer von anderen dareinreden! *siehe aber* **darein**

da·rein·set·zen <setzt darein, setzte darein, hat dareingesetzt> *mit OBJ* ■ *jmd. setzt etwas darein* (*geh.* ≈ *daransetzen*) *einsetzen, dafür aufbieten* Sie hat viel Mühe dareingesetzt, den Titel zu gewinnen. ◆ Zusammenschreibung→R Wir müssen alles dareinsetzen, nicht zu verlieren. *siehe aber* **darein**

da·rin, da·rin *Adv.* **1.** (*verwendet, um die Wiederholung eines bereits genannten Substantivs oder Satzglieds zu vermeiden*) (*räumlich*) *in der genanten Sache* Dort steht eine Tasse. Darin (≈ in der Tasse) ist Milch., Der Boden war aufgeweicht. Das Auto blieb darin (≈ im Boden) stecken., Der Kinderwagen ist groß. Die Kinder können zu zweit darin ≈ in dem Kinderwagen) sitzen. **2.** (*in Bezug auf dieses*) *hierin* Darin ist sie ihm weit überlegen., Darin kann ich dir nicht zustimmen., Wir sind uns einig darin, dass … ◆ Getrenntschreibung→R Das Schloss ist kaputt. Der Schlüssel ist darin stecken geblieben., Der Stuhl ist unbequem, kannst du etwa gut darin sitzen?

dar·le·gen <legst dar, legte dar, hat dargelegt> *mit OBJ* ■ *jmd. legt* (*jmdm.*) *etwas dar ausführlich erläutern und erklären* jemandem seine Gründe ausführlich darlegen

Dar·le·h(e)n das <-s, -> (BANKW.: ≈ *Kredit*) *eine Geldsumme, die eine Bank einem Kunden für eine bestimmte Zeit leiht* ein Darlehen aufnehmen/ beantragen/bewilligen/ gewähren/tilgen/zurückzahlen, der Bereitstellungszins/der Effektivzins/ die Laufzeit/der Nominalzins/der Tilgungsplan eines Darlehens, den Hausbau/den Immobilienerwerb/den Wohnungskauf mit einem Darlehen finanzieren ◆-santrag, -sbetrag, -sgeber, -snehmer, -svertrag, -szins

Dar·le·hens·kas·se die <-, -n> BANKW. *eine Kreditanstalt, die Darlehen gewährt*

Darm der <-(e)s, Därme> **1.** ANAT. *beim Menschen und vielen Tieren das Verdauungsorgan, das die Gestalt eines sehr langen, in sehr viele Falten und Windungen gelegten Schlauches hat und dessen Aufgabe es ist, die im Magen vorverdaute Nahrung weiter zu verdauen und deren unverdauliche Bestandteile auszuscheiden* den Darm entleeren, eine Entzündung/Reizung des Darms ◆-ausgang, -entzündung, -erkrankung, Dick-, Dünn-, Mast- **2.** *Wursthaut aus tierischem Darm*[1] ◆ Kunst-, Natur-

Darm·blu·tung die <-, -en> MED. *Blutung, die vom Darm*[1] *ausgeht*

Darm·bruch der <-s, Darmbrüche> (MED.: ≈ *Darmperforation, Darmdurchbruch*) *Durchbruch des Darms*[1] *in die Bauchhöhle*

Darm·flo·ra die <-> (*kein Plur.*) MED. *die im Darm*[1] *lebenden Bakterien*

Darm·ge·schwür das <-s, -e> MED. *Geschwür im Bereich des Darms*[1]

Darm·in·fek·ti·on die <-, -en> MED. *Infektion des Darms*[1]

Darm·ka·tarr der <-s, -e> MED. *vorübergehende Störung der Magen-Darm-Tätigkeit mit Durchfall*

Darm·krebs der <-es> (*kein Plur.*) MED. *Krebserkrankung des Darms*[1]

Darm·sai·te die <-, -n> *aus Darm*[2] *hergestellte Saite für Streich- und Zupfinstrumente*

Darm·schlin·ge die <-, -n> ANAT. *einzelne Windung des Darms*[1]

Darm·ver·schluss der <-es, Darmverschlüsse> (MED.: ≈ *Ileus*) *lebensgefährlicher Verschluss in einem Teil des Darms*[1]

Darm·zot·te die <-, -n> (*meist Plur.*) ANAT. *kleine Erhebung auf den Falten der Schleimhaut des Dünndarms*

dar·nie·der·lie·gen <liegst darnieder, lag darnieder, hat darnieder gelegen> *ohne OBJ* ■ *jmd. liegt darnieder* (*veralt.*) *s.* **daniederliegen**

dar·rei·chen <reichst dar, reichte dar, hat dargereicht> *mit OBJ* ■ *jmd. reicht jmdm. etwas dar* (*geh.*) **1.** (≈ *anbieten*) den Gästen Speisen und Getränke darreichen **2.** (≈ *überreichen*) ein Ge-

D

schenk darreichen

dar·stel·len <stellst dar, stellte dar, hat dargestellt> *mit OBJ* ■ *jmd. stellt etwas/jmdn. irgendwie dar* **1.** *jmdn. oder etwas in einer bestimmten Weise beschreiben* etwas detailliert/einseitig/genau/mündlich/ richtig/schriftlich/unvollständig darstellen, Das hat der Zeuge X aber ganz anders dargestellt. **2.** ■ *jmd. stellt jmdn. irgendwie* THEAT. *eine Rolle spielen* Faust wird von einem Gastschauspieler dargestellt. ■ **die darstellende Kunst**: *Schauspielerei oder Tanzkunst* ▶darstellerisch **3.** ■ *etwas stellt jmdn./etwas dar* (≈ *zeigen, wiedergeben*) *eine Darstellung von jmdm. oder etwas sein* Das Bild stellt Christus mit seinen Jüngern dar., Was soll das Bild darstellen?, Wasser ist auf der Karte blau dargestellt. **4.** ■ *etwas stellt* (*für jmdn./etwas*) *etwas dar* (≈ *bedeuten*) Der Wiederaufbau des zerstörten Landes stellte eine enorme Leistung dar., Seine Krankheit stellt für die Familie ein großes Problem dar.

Dar·stel·ler, **Dar·stel·le·rin** der <-s, -> *jmd., der* (*z.B. als Schauspieler oder Opernsänger*) *auf der Bühne eine bestimmte Rolle verkörpert* Der Darsteller des Faust konnte in dieser Rolle nur wenig überzeugen. ◆ Charakter-, Laien-

Dar·stel·lung die <-, -en> **1.** (*kein Plur.*) *das Darstellen* **2.** *etwas, womit etwas dargestellt*[1] *wird* eine auführliche/schriftliche/ wissenschaftliche Darstellung, Deiner Darstellung muss ich entschieden widersprechen., Ich kann mich der Darstellung meines Kollegen nur anschließen.

Dar·stel·lungs·wei·se die <-, -n> *die Art und Weise, wie etwas dargestellt*[1] *wird* eine abstrakte/anschauliche/ drastische/plastische Darstellungsweise

Darts das [da:ts] <-> (*kein Plur.*) *ein Spiel, bei dem kleine Pfeile auf eine Scheibe geworfen werden* Darts spielen

Dart·schei·be die ['da:t...] <-, -n> *die Scheibe, auf die beim Dartspiel mit Pfeilen geworfen wird*

Dart·spiel das ['da:t...] <-(e)s, -e> *s.* **Darts**

da·rü·ber, **da·rü·ber** *Adv.* **1.** (↔ *darunter*) (*verwendet, um auszudrücken, dass sich etwas räumlich oberhalb von etwas befindet*) An der Wand steht ein Regal. Darüber hängt ein Bild., Die Adresse ist falsch. Kannst du die richtige darüber schreiben?, mit der Hand darüber fahren **2.** (≈ *mehr*) (*verwendet, um auszudrücken, dass etwas größer als eine bestimmte Menge oder ein bestimmtes Maß ist*) Er ist 40 Jahre oder darüber., alle, die 2000 Euro verdienen und darüber, Temperaturen von 30 Grad und darüber **3.** (*verwendet, um die Wiederholung eines bereits genannten Substantivs oder Satzglieds zu vermeiden*) *über die genannte Sache* Wir haben den Bericht im Fernsehen gesehen und uns dann darüber (≈ über den Bericht) unterhalten., Physik studiert haben und viel darüber (≈ über Physik) wissen **4.** *verwendet, um auszudrücken, dass viel Zeit vergangen ist* Sie redeten lange, und darüber ging der ganze Tag hin., Er wollte das Buch noch zuende schreiben, aber er ist darüber gestorben. ■ **darüber stehen**: *von etwas nicht berührt werden* Der Vorwurf trifft mich nicht, weil ich darüber stehe. **sich darüber machen** (*umg.*): *etwas beginnen* Ich habe noch viel Arbeit, ich werde mich gleich darüber machen. **darüber hinaus**: *außerdem* Darüber hinaus hat sie uns noch belogen! ◆ Getrenntschreibung→R mit einem Tuch darüber fahren, sich mit Eifer darüber machen, Wenn man darüber steht, erträgt man auch falsche Unterstellungen. *siehe aber* **drüberfahren/drübermachen/drüberstehen**

da·rü·ber·ma·chen <machst darüber, machte darüber, hat darübergemacht> *ohne OBJ* ■ *jmd. macht sich über etwas Akk. darüber* (≈ *drübermachen*) *sofort und eifrig mit einer Arbeit beginnen* Die Hausaufgaben sind immer noch nicht gemacht, sie soll sich sofort darübermachen.

da·rum, **da·rum** *Adv.* **1.** (≈ *herum*) (*verwendet, um auszudrücken, dass etwas eine Sache räumlich umschließt*) darum herum gehen, einen Kreis darum (herum) ziehen, Hier ist das Geschenk – ich wickle noch ein Geschenkpapier darum., Hinter dem Haus ist eine Wiese. Darum (herum) ist eine Hecke gepflanzt. **2.** (*verwendet, um die Wiederholung eines bereits genannten Substantivs oder Satzglieds zu vermeiden*) *um die genannte Sache* Er hat den Hund angeschafft, aber wollte sich dann nicht darum (≈ um den Hund) kümmern., sich darum drücken, etwas zu tun, nicht darum herumkommen, etwas zu tun, Uns geht es darum, Klarheit zu schaffen., Wir kämpfen darum, dass … **3.** (≈ *deshalb*) *aus diesem Grund* Sie ist meine Freundin, darum hilft sie mir., Ich habe darum widersprochen, weil ich deine Meinung nicht teile., Er hat seine Schwächen, darum kann man ihn aber nicht ganz verurteilen. ◆ Getrenntschreibung→R Ich bin nur darum gekommen, weil ich den Vortrag hören wollte., Wir haben darum gestanden, weil keine Plätze mehr frei waren.

da·rum·bin·den <bindest darum, band darum, hat darumgebunden> *mit OBJ* ■ *jmd. bindet etwas um etwas darum* (≈ *drumbinden*) *um etwas binden* Dein Rock ist sehr schön, du solltest aber noch einen Gürtel darumbinden.

da·rum·kom·men <kommst darum, kam darum, ist darumgekommen> *ohne OBJ* ■ *jmd. kommt* (*um etwas Akk.*) *darum* **1.** (*geh.*) *etwas verlieren* Sie hatte sich auf die Reise gefreut. Durch ihre Krankheit ist sie darumgekommen. **2.** *etwas vermeiden können* Heute haben wir einen Aufsatz geschrieben. Weil er krank war, ist Paul darumgekommen. ◆ Zusammenschreibung→R Du musst dich bei ihr entschuldigen, du wirst wohl nicht darumkommen. *siehe aber* **darum**

da·rum·le·gen <legst darum, legte darum, hat darumgelegt> *mit OBJ* ■ *jmd. legt etwas um etwas/jmdn. herum* (≈ *drumlegen*) Der Blumentopf sieht nicht besonders gut aus, ich würde eine Papiermanschette darumlegen.

da·rum·ste·hen <stehst herum, stand darum, hat/ist darumgestanden> *ohne OBJ* ■ *Leute stehen*(*irgendwo*) *darum um etwas herum stehen* Ein

Clown zeigte seine Kunststücke auf dem Markt, während die Menge staunend darumstand. ◆ Zusammenschreibung→R Dort ist wahrscheinlich ein Unfall passiert, wegen der vielen Leute, die darumstehen. *siehe aber* **darum**

da·run·ter, da·run·ter *Adv.* **1.** (*verwendet, um auszudrücken, dass sich etwas räumlich unterhalb von etwas befindet*) *unter diesem* Dort liegt meine Tasche, mein Schlüssel wird wohl darunter liegen., Dort ist ein Regendach, wir können uns darunter stellen. **2.** (*verwendet, um auszudrücken, dass etwas kleiner als eine bestimmte Menge oder ein bestimmtes Maß ist*) *weniger* Er ist 18 Jahre oder darunter., alle, die 1000 Euro verdienen und darunter, Temperaturen von -20 Grad und darunter, Unsere Schätzungen haben darunter gelegen. **3.** (≈ *dabei, dazwischen*) (*verwendet, um auszudrücken, dass etwas Teil von einer Gesamtheit ist*) Bei so vielen Äpfeln werden wohl auch ein paar schlechte darunter sein., Es gibt Gesetze dafür, aber dieses Vergehen wird wohl nicht darunter fallen. **4.** (*verwendet, um einen Bezug auszudrücken*) Was verstehst du darunter?, Darunter kann ich mir nichts vorstellen. ◆ Getrenntschreibung→R darunter gelegene Werte, darunter fallende Regelungen, darunter liegende Ortschaften *siehe aber* **drunterstellen**

da·run·ter·lie·gend <nicht steig.> *Adj. so, dass etwas* (*räumlich*) *unter etwas anderem liegt* Das darunterliegende Buch ist das richtige.

Dar·wi·nis·mus der <-> (*kein Plur.*) *die Lehre von der stammesgeschichtlichen Entwicklung der Lebewesen durch Auslese* (*begründet durch Charles Darwin* (*1809-1882*)) ►darwinistisch

das **I.** *Art. Nom. und Akk. von „das"* Das Kind schläft., Sie bereitet das Essen. **II.** *Pron.* **1.** *Nom. und Akk. von „das"* das Kind, das dort schläft, Ich meine das Haus, das dort gebaut wird. **2.** (*als Demonstrativpronomen*) Ich will das Kleid, nicht das andere. **3.** (*mit Relativpronomen oder Gliedsatz*) Wiederhole noch einmal das, was du eben gesagt hast., Er ist nicht zufrieden? Das war doch klar!, Das müssen wir eben einfach ausprobieren. ◆ Schreibung mit 's'→R das Buch, das er gerade liest

Da·sein das <-s> (*kein Plur.*) (≈ *Existenz*) *das Leben* ein kümmerliches Dasein fristen, der tägliche Kampf ums Dasein ◆ Erden-, Sklaven-

da·sein <bist da, war da, ist da gewesen> *ohne OBJ* ■ *jmd./etwas ist da* **1.** *vorhanden sein* Es müssten noch zwei Kilo Reis in der Küche sein. **2.** *wirklich sein* Lange hatte sie darauf gewartet, und jetzt war die Situation da. **3.** *anwesend sein* Gestern war er noch da, heute ist er schon in Italien. **4.** *leben* Es sind nicht mehr viele Verwandte da, die sie besuchen könnten.

da·selbst *Adv.* (*geh. veralt.*) *an diesem Ort, an dieser Stelle*

da·sit·zen <sitzt da, saß da, hat/ist dagesessen> *ohne OBJ* ■ *jmd. sitzt da an einem Platz sitzen* (*und nichts tun*) Wir können doch nicht einfach so dasitzen und nichts tun! ◆ Zusammenschreibung→R Wir haben/sind stundenlang dagesessen und haben gewartet. *siehe aber* **da**

das·je·ni·ge *s.* **derjenige**

dass *Konj.* **1.** *verwendet, um einen Nebensatz einzuleiten, der direktes Objekt des Hauptsatzes ist* Ich bin dagegen, dass wir jetzt gehen., Du sollst wissen, dass dich alle hier gern mögen. **2.** *verwendet, um einen Nebensatz einzuleiten, der Subjekt des Hauptsatzes ist* Dass du überhaupt nichts erwähnt hast, ärgert mich besonders., Dass du den Termin vergessen hast, ist gar nicht weiter schlimm. **3.** *verwendet, um einen Nebensatz einzuleiten, der eine Folge der im Hauptsatz gemachten Aussage bezeichnet* Er war so müde, dass er sofort einschlief. **4.** ■ *Dass* (*bloß*) *nichts/keiner/niemand ... an der Spitze von Sätzen mit einer Negation verwendet, um die Aussage zu verstärken* Dass bloß nichts verloren geht!, Dass mir bloß keiner mit Vorwürfen kommt! ◆ Schreibung mit 'ss'→R Ich glaube nicht, dass er lügt.; Getrenntschreibung→R Wir teilen den Kuchen so, dass jeder etwas bekommt. *siehe aber* **sodass**

das·sel·be *Pron. verwendet, um auszudrücken, dass etwas mit etwas identisch iste* Das ist genau dasselbe., Wir wohnen in demselben Hotel wie im vergangenen Jahr.

da·ste·hen <stehst da, stand da, hat dagestanden> *ohne OBJ* ■ *jmd. steht da* **1.** *an einem Platz stehen* Er stand da und wartete auf den Bus. **2.** *leben* Sie steht ohne Angehörige da., Er steht mittellos da. **3.** *vor anderen Geltung haben* Wie stehe ich denn vor den Leuten da, wenn ...

Date das [deɪt] <-s, -s> *Verabredung* Ich habe heute Abend ein Date (mit jemandem).

Da·tei die <-, -en> EDV *auf einem Datenträger unter einem Namen gespeicherte, abrufbare Informationen, die eine Einheit bilden* eine Datei abspeichern/anlegen/kopieren/löschen/ öffnen/schließen/verschieben ◆-anfang, -ende, -größe, -name, Grafik-, Text-

Da·tei·ma·na·ger der <-s, -> EDV *ein Programm zur Verwaltung von Anwendungen und Dateien*

Da·ten *Plur.* **1.** *Plur. von „Datum"* **2.** (*gemessene*) *Werte* Die Daten der verschiedenen Messstationen werden in einer Zentrale gesammelt und ausgewertet. **3.** EDV *jede Art von Information, die ein Computer verarbeitet* Daten in einen Rechner eingeben, Daten abrufen/kopieren/löschen/sichern/speichern/verarbeiten ◆ Personal- **4.** *technische Angaben zu einem Gerät* die technischen Daten des neuen Modells ◆ Getrenntschreibung →R Daten verarbeitende Maschinen

Da·ten·aus·tausch der <-(e)s, -e> EDV *Austausch von gesammelten Informationen* Datenaustausch zwischen Rechnern, die miteinander vernetzt sind

Da·ten·bank die <-, -en> EDV *eine große Menge von Daten, die in einem Computer nach bestimmten Kriterien organisiert sind und komplexe Abfragen zulassen* in verschiedenen Datenbanken recherchieren

Da·ten·ba·sis die <-, Datenbasen> EDV *Sammlung von Rohdaten zum Aufbau einer Datenbank*

Da·ten·be·stand der <-(e)s, Datenbestände> EDV *die vorhandenen Daten* Ein Virus hat den gesamten Datenbestand vernichtet., den Datenbestand konvertieren

Da·ten·er·fas·sung die <-, -en> EDV *die Eingabe oder das Einlesen von Daten auf einen Datenträger* Datenerfassung mittels Scanner/Tastatur

Da·ten·fern·über·tra·gung die <-, -en> (EDV: *abgekürzt „DFÜ"*) *Art der Datenübertragung, bei der mehrere Rechner über ein Datenübertragungsnetz miteinander verbunden sind*

Da·ten·klau der <-s> (*kein Plur.*) (*umg.*) *der Diebstahl von Daten*

Da·ten·satz der <-es, Datensätze> EDV *eine Gruppe von Daten in einer Datei, die in bestimmter Hinsicht zusammengehören*

Da·ten·schutz der <-es> (*kein Plur.*) EDV *Maßnahmen zum Schutz von Personen bei der Verarbeitung ihrer Daten* Der Datenschutz verbietet die Weitergabe dieser Informationen. ◆-gesetz

Da·ten·schutz·be·auf·trag·te der/die <-n, -n> *jmd., dessen Beruf es ist, die Einhaltung des Datenschutzes zu überwachen*

Da·ten·si·che·rung die <-> (*kein Plur.*) EDV *die Sicherung von gespeicherten Daten vor Verlust*

Da·ten·trä·ger der <-s, -> EDV *etwas, auf dem Daten gespeichert werden können* Disketten oder Magnetbänder dienen als Datenträger.

Da·ten·ty·pist, **Da·ten·ty·pis·tin** der <-en, -en> (≈ *Datenerfasser*) *jmd., der beruflich Daten über eine Tastatur in einen Rechner eingibt*

Da·ten·über·tra·gung die <-, -en> EDV *die Übertragung von gespeicherten Daten zwischen verschiedenen Rechnern*

Da·ten·über·tra·gungs·ra·te die <-, -n> EDV *Menge an übertragenen Daten in einer bestimmten Zeit*

Da·ten·ver·ar·bei·tung die <-> (*kein Plur.*) EDV *die maschinelle Verarbeitung von Informationen mit Computern*

Da·ten·ver·schlüs·se·lung die <-, -en> (EDV: ≈ *Datenchiffrierung*) *der Vorgang, dass Daten (zum Verhindern von Missbrauch durch Unbefugte) durch eine bestimmte Technik in eine Form gebracht werden, die nicht lesbar oder verstehbar ist, wenn man die benutzte Technik nicht kennt*

da·tie·ren <datierst, datierte, hat datiert> **I.** *mit OBJ* ■ *jmd. datiert etwas* **1.** *mit einem Datum versehen* einen Brief datieren **2.** *ein Entstehungsdatum bestimmen* einen Fund auf das 12. Jahrhundert datieren **II.** *ohne OBJ* ■ *etwas datiert aus einer Zeit stammen* Dieser Fund datiert aus dem frühen Mittelalter.

Da·tie·rung die <-, -en> *das Datieren*[12]

Da·tiv der <-s, -e> SPRACHWISS. *Wemfall, 3. Fall* In dem Satz „Hans schenkt seiner Schwester ein Buch" steht das Wort „Schwester" im Dativ.

da·to *Adv.* (*umg.*) *bis heute, bisher* Bis dato habe ich noch keine Antwort auf meine Bewerbung erhalten.

Dat·scha/Dat·sche die <-, -s/Datschen> *kleines Wochenendhaus*

Dat·tel die <-, -n> *die dunkelbraune Frucht der Dattelpalme*

Dat·tel·pal·me die <-, -n> BOT. *(sub)tropischer, süße Früchte tragender, hoher Baum*

Da·tum das <-s, Daten> **1.** *Zeitangabe eines bestimmten Tages (nach dem Kalender)* Das heutige Datum ist der 1. April 2003. ◆ Bestell-, Eingangs-, Geburts- **2.** *Zeitpunkt* ein historisches Datum, ein Bild jüngeren Datums

Da·tums·an·ga·be die <-, -n> *Angabe des Datums* ein Schreiben ohne Datumsangabe

Da·tum(s)·stem·pel der <-s, -> *einstellbarer Stempel zum Aufdrucken des (aktuellen) Datums*

Daube die <-, -n> **1.** *Seitenteil eines Holzfasses* **2.** *Zielstück beim Eisschießen*

Dau·er die <-> (*kein Plur.*) *die Zeit, die etwas benötigt* die Dauer der Ausbildung, für die gesamte Dauer ihres Aufenthalts ■ **auf (die) Dauer**: *für unbegrenzte Zeit* Der Lärm ist auf die Dauer unerträglich. **von Dauer sein**: *so, dass etwas längere Zeit besteht* Ihr Fleiß war leider nicht von Dauer. ◆ Aufenthalts-, Gültigkeits-, Reise-

Dau·er·ar·beits·platz der <-es, Dauerarbeitsplätze> *unbefristeter Arbeitsplatz*

Dau·er·auf·trag der <-(e)s, Daueraufträge> BANKW. *ein Auftrag, den jmd. einer Bank gibt, damit sie regelmäßig - z.B. immer am ersten Tag eines Monats - einen bestimmten Geldbetrag auf das Konto einer anderen Person überweist*

Dau·er·bren·ner der <-s, -> (*umg.*) *eine Sache oder ein Thema, das lange Zeit öffentliches Interesse erregt* Der Betrugsskandal entwickelte sich zum Dauerbrenner in den Medien.

Dau·er·frost der <-s, Dauerfröste> *permanent anhaltender Frost* in Sibirien und Alaska gibt es große Gebiete mit Dauerfrost. ◆-boden

dau·er·haft *Adj.* **1.** (≈ *beständig*) *einen langen Zeitraum anhaltend* eine dauerhafte Beziehung **2.** *widerstandsfähig* ein dauerhaftes Material ▶Dauerhaftigkeit

Dau·er·lauf der <-(e)s, Dauerläufe> SPORT *längerer Lauf mit gleichmäßiger Geschwindigkeit* Sie macht jeden Morgen einen Dauerlauf im Park., Statt „Jogging" sagte man früher Dauerlauf.

Dau·er·mie·ter, **Dau·er·mie·te·rin** der <-s, -> *ein Mieter, der eine Wohnung über einen längeren Zeitraum bewohnt*

dau·ern[1] <dauerst, dauerte, hat gedauert> *ohne OBJ* ■ *etwas dauert* **1.** (≈ *sich hinziehen*) *sich über eine bestimmte Zeit erstrecken* Die Versammlung dauert lange/bis zum Abend/zwei Stunden., Das dauert aber wieder!, Wie lange dauert das denn noch?, Dauert es noch lange? **2.** (*geh.*) *Bestand haben* Ihre Freundschaft wird dauern. ▶andauern

dau·ern[2] <dauert, dauerte, hat gedauert> *mit OBJ* ■ *jmd./etwas dauert jmdn.* (*geh.* ≈ *leid tun*) *Mitleid erregen* Die armen Kinder dauerten ihn.

dau·ernd <nicht steig.> *Adj.* **1.** (≈ *beständig*) *so, dass es fortwährend und regelmäßig ist* Ihr dauerndes Gerede störte ihn., eine dauernde Bedrohung darstellen **2.** *so, dass es häufig vorkommt* *und störend ist* dauernde Belästigungen, Ihr dauerndes Gerede störte ihn.

Dau·er·obst das <-(e)s> (*kein Plur.*) *Obst, das sich lange hält* Dauerobst im Keller einlagern

Dau·er·par·ker, **Dau·er·par·ke·rin** der <-s, -> (↔ *Kurzparker*) *jmd., der sein Fahrzeug über einen längeren Zeitraum am gleichen Ort parkt*

Dau·er·re·gen der <-s> (*kein Plur.*) (*umg.*) *lang anhaltender Regen*

Dau·er·scha·den der <-s, Dauerschäden> MED. *dauernder gesundheitlicher Schaden* Lärmbelastung kann zu Dauerschäden führen.

Dau·er·schlaf der <-(e)s> (*kein Plur.*) MED. *künstlich herbeigeführter Schlaf, der viele Tage lang dauern kann*

Dau·er·stel·lung die <-, -en> *eine berufliche Anstellung auf lange Zeit*

Dau·er·wel·le die <-, -n> *der Vorgang, dass durch bestimmte chemische Substanzen Haare für eine bestimmte Zeit lockig gemacht werden* sich vom Frisör eine Dauerwelle machen lassen

Dau·er·wir·kung die <-, -en> *lang anhaltende Wirkung*

Dau·er·wurst die <-, Dauerwürste> *lange haltbare, geräucherte Wurst*

Dau·er·zu·stand der <-(e)s> (*kein Plur.*) *eine* (*oft negative*) *Situation, die dauernd gegeben ist* Der Stress ist zum Dauerzustand geworden.

Dau·men der <-s, -> *der kräftigste Finger der Hand, der zum Körper hin weist* am Daumen lutschen ■ **jemandem die Daumen drücken/halten** (*umg.*): *jmdm. viel Glück wünschen* **über den Daumen gepeilt** (*umg.*): *grob geschätzt* Es werden über den Daumen gepeilt 5000 Zuschauer gewesen sein. ◆ -nagel

dau·men·breit <nicht steig.> *Adj. so breit wie ein Daumen* das Gemüse in daumenbreite Stücke schneiden

Dau·men·re·gis·ter das <-s, -> *bestimmte Stellen, die in den Buchblock eines Wörterbuchs so eingeschnitten sind, dass man einen bestimmten alphabetischen Abschnitt aufschlägt, wenn man an die entsprechende Stelle greift*

Dau·ne die <-, -n> (*meist Plur.*) *Flaumfeder der Gans oder Ente* ein Kissen mit Daunen füllen ▶ -nbett, -ndecke, -njacke

da·von, **da·von** *Adv.* **1.** *räumlich von etwas* (*weg*) Dort ist das Rathaus. Ich wohne nicht weit davon., Wir folgten dem Weg. Davon zweigten wieder zwei Wege ab. **2.** *aus diesem Grund* Es hatte geklingelt. Davon war er aufgewacht., Das kommt davon, dass du dich nicht warm angezogen hast. **3.** (*in Bezug auf etwas*) *von diesem* Ich gehe davon aus, dass ..., Ich habe ihn davon abgehalten, ..., Wir haben davon gesprochen, dass wir verreisen wollen., Das Gegenteil davon ist wahr! **4.** *verwendet, um auszudrücken, dass etwas ein Teil von einer Menge ist* die Hälfte davon, etwas davon essen/wegnehmen, Wir sind zu fünft in der Mannschaft, drei davon sind Frauen. **5.** *aus einem Material* Ich habe Stoff gekauft. Davon nähe ich mir ein Kleid. ■ **auf und davon**: *weg* Der Vogel ist auf und davon geflogen. ◆ Getrenntschreibung →R Das ist davon gekommen, dass er so viel raucht., Der Stoff ist schön. Ich kann mir eine Bluse davon machen; Getrenntschreibung →R auf und davon laufen/fliegen

da·von·blei·ben <bleibst davon, blieb davon, ist davongeblieben> *ohne OBJ* ■ *jmd. bleibt* (*von etwas*) *davon sich von etwas fernhalten, nicht berühren* Du sollst davonbleiben!

da·von·flie·gen <fliegst davon, flog davon, ist davongeflogen> *ohne OBJ* ■ *ein Tier fliegt davon wegfliegen* Die Zugvögel sind davongeflogen. ◆ Zusammenschreibung →R Der Vogel ist durch das offene Fenster davongeflogen.

da·von·ge·hen <gehst davon, ging davon, ist davongegangen> *ohne OBJ* ■ *jmd. geht davon* **1.** (≈ *weggehen*) *sich entfernen* Sie ging ohne ein Wort davon. **2.** (*übertr.*) *sterben* Er ist vor einigen Wochen davongegangen.

da·von··kom·men <kommst davon, kam davon, ist davongekommen> *ohne OBJ* ■ *jmd. kommt* (*mit/vor etwas*) *davon etwas ohne Schaden überstehen* Wir sind noch einmal davongekommen., mit dem Schrecken davonkommen ■ **mit dem Leben davonkommen**: *sein Leben retten können* ◆ Zusammenschreibung →R mit ein paar blauen Flecken davonkommen

da·von·lau·fen <läufst davon, lief davon, ist davongelaufen> *ohne OBJ* ■ *jmd. läuft* (*vor jmdm./etwas*) *davon vor einer Gefahr oder Bedrohung flüchten* Du musst dich den Problemen stellen, du kannst nicht immer einfach davonlaufen.

da·von·ma·chen <machst dich davon, machte sich davon, hat sich davongemacht> *mit SICH* ■ *jmd. macht sich davon* (*umg.*) *heimlich weglaufen* sich ohne Abschied einfach davonmachen ◆ Zusammenschreibung →R Er hat sich klammheimlich davongemacht.

da·von·tra·gen <trägst davon, trug davon, davongetragen> *mit OBJ* ■ *jmd. trägt etwas davon* **1.** *wegtragen* Die Diebe hatten ihre Beute schon davongetragen. **2.** (*geh.*) *erleiden* bei einem Unfall eine Verletzung davontragen **3.** (*geh.*) *erringen* bei einem Wettkampf den Sieg davontragen

da·vor, **da·vor** *Adv.* **1.** (↔ *dahinter*) (*räumlich*) *vor etwas* Dort hinten ist das Rathaus. Davor ist eine Bushaltestelle., ein Fenster mit Gardinen davor, Das Bild ist nicht zu sehen, weil jemand davor steht., Die Tür ließ sich nicht öffnen, weil jemand einen Sessel davor geschoben hatte. **2.** (*zeitlich*) *vorher* Wir müssen morgen eine Entscheidung treffen. Davor sollten wir uns noch einmal beraten., unmittelbar davor stattfinden **3.** (*in Bezug auf etwas*) *vor diesem* Ich habe Angst/Hochachtung davor., Er hat mich davor gewarnt. ◆ Getrenntschreibung →R eine Gardine davor hängen, Seine Augen schmerzten. Deshalb hat er seine Hände davor gehalten., Ich kann es nicht sehen, wenn du davor stehst., Ich bin erst in Hamburg aufgewacht. Die davor liegenden Haltestellen habe ich verschlafen.

da·vor le·gen <legst davor, legte davor, hat da-

vorgelegt> *mit OBJ* ■ *jmd. legt etwas (vor etwas) davor etwas vor etwas legen* eine Kette davorlegen

da·vor set·zen <setzt davor, setzte davor, hat davorgesetzt> *mit OBJ* ■ *jmd. setzt etwas/jmdn. vor etwas/jmdn. vor etwas setzen* Er machte den Fernseher an und setzte das Kind davor.

da·vor sit·zen <sitzt davor, saß davor, hat davorgesessen> *ohne OBJ* ■ *jmd. sitzt davor vor etwas sitzen* Ich konnte es nicht sehen, denn jemand saß davor.

da·vor ste·hen <stehst davor, stand davor, hat davorgestanden> *ohne OBJ* ■ *jmd. steht davor vor etwas stehen* Er sah es nicht, obwohl er davorgestanden hat.

DAX® der [daks] <-> (*kein Plur.*) WIRTSCH. *Abkürzung von „Deutscher Aktienindex"; eine Maßzahl, die den Durchschnittspreis der dreißig wichtigsten deutschen Aktien angibt* Der DAX fällt/steigt.

da·zu, da·zu *Adv.* **1.** *zu diesem Zweck* Was brauche ich dazu?, Dazu musst du dich aber etwas mehr anstrengen!, Du kannst ihn ruhig um Hilfe bitten. Dazu ist er ja da. **2.** *zusätzlich zu etwas* Sie sang und tanzte dazu., Er ist faul und auch noch frech dazu!, Ich nehme einen Kaffee und ein Stück Torte dazu. **3.** *in Bezug auf etwas* Dazu sage ich nichts., Er war nicht immer ein guter Redner, jahrelange Übung hat ihn erst dazu gemacht. ■ **dazu gehören**: *notwendig sein* Er sagte, dass einiges (Wissen) dazu gehört, den Test zu bestehen. **dazu kommen**: (*zusätzlich*) *ergänzt oder berücksichtigt werden* Sie ist nicht besonders gut in der Schule. Dazu kommt, dass sie lange krank war. (**nicht**) **dazu kommen**: (*keine*) *Zeit haben* Ich bin nicht dazu gekommen, die Vokabeln zu lernen. **dazu tun**: *beitragen* Was kann ich noch dazu tun? ◆ Getrenntschreibung→R Ich glaube, dass viel Ausdauer dazu gehört., Ich weiß noch nicht, ob ich heute dazu komme (, dich anzurufen)., Wir haben gestern die Fotosynthese behandelt. Wir wollen wiederholen, was wir dazu gelernt haben., Das Gerät kostet 3000 Euro. Dazu kommt noch Mehrwertsteuer., Sie hat nichts dazu getan, wir haben alles allein gemacht.

da·zu·ge·hö·ren <gehörst dazu, gehörte dazu, hat dazugehört> *ohne OBJ* ■ *jmd. gehört (zu etwas/jmdn.) dazu dabei sein, beteiligt sein* Das gehört mit (zu dem Gerät) dazu., Sie wollte auch gern dazugehören. ◆ Zusammenschreibung→R Ich möchte dieses Gerät kaufen. Können Sie mir zeigen, was (an Einzelteilen) dazugehört?, Er hat nie zu unserer Klasse richtig dazugehört. *siehe aber* **dazu**

da·zu·ge·sel·len <gesellst dich dazu, gesellte sich dazu, hat sich dazugesellt> *mit SICH* ■ *jmd. gesellt sich zu jmdm. dazu zu der genannten Person oder dem genannten Personenkreis gehen und in seiner Gesellschaft bleiben* Da sein Nachbar der einzige war, den er auf der Party kannte, gesellte er sich zu ihm.

da·zu·kom·men <kommst dazu, kam dazu, ist dazugekommen> *ohne OBJ* **1.** ■ *jmd. kommt dazu zusätzlich an einen Ort oder zu etwas hinzukommen* Ich weiß nicht, was ihr besprochen habt. Ich bin eben erst dazugekommen. **2.** ■ *etwas kommt zu etwas Dat. dazu zu einer Menge hinzukommen und die Menge noch größer machen* 15.000 Euro ist der Preis für die Grundausstattung, für Extras können leicht noch 10.000 Euro dazukommen. ◆ Zusammenschreibung→R Alle neu Dazugekommenen hören bitte gut zu! *siehe aber* **dazu**

da·zu·ler·nen <lernst dazu, lernte dazu, hat dazugelernt> *mit OBJ* ■ *jmd. lernt etwas dazu sein Wissen erweitern* Man muss sein Leben lang dazulernen. *siehe aber* **dazu**

Dazu·tun das <-s> (*kein Plur.*) *der Vorgang, dass jmd. durch sein Handeln zu etwas beiträgt* Das ist ohne mein Dazutun passiert.

da·zu·tun <tust dazu, tat dazu, hat dazugetan> *mit OBJ* ■ *jmd. tut etwas (zu etwas Dat.) dazu (≈ hinzutun) eine Sache/einen Geldbetrag zu einer Sache/einem Geldbetrag hinzufügen* Wenn du noch ein paar Euro dazutust, reicht es vielleicht. ◆ Zusammenschreibung→R Vielleicht müssen wir noch etwas Salz dazutun! *siehe aber* **dazu**

da·zu·zäh·len <zählst dazu, zählte dazu, hat dazugezählt> *mit OBJ* ■ *jmd. zählt etwas/jmdn. dazu zu etwas hinzurechnen, dazuaddieren* Hast du die Ausgaben von gestern dazugezählt?

da·zwi·schen *Adv.* **1.** *räumlich zwischen etwas* Da vorn sitzen Lisa und Marie. Dazwischen ist noch ein Platz frei. **2.** (*übertr.*) *so, dass es weder der einen noch der anderen von zwei Positionen entspricht* Ich kann mich nicht entscheiden. Meine Meinung liegt irgendwo dazwischen. **3.** *zeitlich zwischen etwas* Vormittags und nachmittags haben wir Unterricht. Dazwischen haben wir eine Stunde Mittagspause **4.** (≈ *darunter*) *unter einer Menge* Dort liegt die Post. Für dich ist leider kein Brief dazwischen. ◆ Getrenntschreibung→R Links und rechts von mir fuhren große LKWs. Ich musste dazwischen fahren., Ich glaube, dieses Teil muss hier dazwischen kommen., Erst spricht Herr Müller, später Frau Meyer. Ich werde (in der Zeit) dazwischen vortragen.

da·zwi·schen·fah·ren <fährst dazwischen, fuhr dazwischen, ist dazwischengefahren> *ohne OBJ* ■ *jmd. fährt (bei etwas) dazwischen (umg.) sich energisch einmischen* Wenn ihr euch dauernd streitet, muss ich doch dazwischenfahren., Er ist bei ihrem Vortrag einfach dazwischengefahren und hat sie unterbrochen. ◆ Zusammenschreibung→R Der Hund ist dazwischengefahren, als man seinen Herrn angriff. *siehe aber* **dazwischen**

da·zwi·schen·fun·ken <funkst dazwischen, funkte dazwischen, hat dazwischengefunkt> *ohne OBJ* ■ *jmd. funkt (bei etwas) dazwischen (umg.) sich einmischen und dadurch etwas stören* Warum kann er nicht einfach zuhören? Immer muss er dazwischenfunken!

da·zwi·schen·kom·men <kommst dazwischen, kam dazwischen, ist dazwischengekommen> *ohne OBJ* ■ *etwas kommt (jmdm.) dazwischen* **1.** *sich* *in der Zwischenzeit ereignen und dadurch etwas Geplantes verhindern oder aufhalten* Wenn nichts dazwischenkommt, gehen wir morgen ins Schwimmbad., Es kann natürlich immer etwas dazwischenkommen, aber man muss trotzdem planen! **2.** *sich einmischen und bei etwas stören* Wenn uns da nur keiner dazwischenkommt! ◆ Zusammenschreibung→R Er kommt heute nicht zum Training. Ihm ist wahrscheinlich etwas dazwischengekommen. *siehe aber* **dazwischen**

da·zwi·schen·lie·gen <liegst dazwischen, lag dazwischen , hat dazwischengelegen> *ohne OBJ* ■ *etwas liegt dazwischen zeitlich zwischen bestimmten Terminen sein* In den Tagen, die dazwischenliegen, werde ich verreisen.

da·zwi·schen·re·den <redest dazwischen, redete dazwischen, hat dazwischengeredet> *ohne OBJ* ■ *jmd. redet (jmdm.) dazwischen reden, während andere sprechen* Ihr sollt nicht immer dazwischenreden, wenn ich Radio höre. ◆ Zusammenschreibung→R Wenn du immer dazwischenredest, verstehe ich gar nichts! *siehe aber* **dazwischen**

da·zwi·schen·tre·ten <trittst dazwischen, trat dazwischen, ist dazwischengetreten> *ohne OBJ* ■ *jmd. tritt dazwischen* **1.** *zwischen zwei Dinge oder Personen treten, vermittelnd eingreifen* **2.** (≈ *einschreiten*) *sich einmischen* bei einem Streit mutig dazwischentreten, Das ist nur seinem beherzten Dazwischentreten zu verdanken. ◆ Zusammenschreibung→R Wenn er nicht dazwischengetreten wäre, hätte es eine Schlägerei gegeben. *siehe aber* **dazwischen**

dB *Abkürzung von „Dezibel"*

DB *Abkürzung von „Deutsche Bahn"*

DDR die <-> (*kein Plur.*) GESCH. *Abkürzung von „Deutsche Demokratische Republik"*

D-Dur das <-s> (*kein Plur.*) MUS. *eine Tonart*

Dead·line die ['dɛdlaɪn] <-, -s> (≈ *Termin*) *letztmöglicher Termin, bis zu dem eine Arbeit getan sein muss* Bis zur Deadline muss der Artikel fertig sein.

Deal der [di:l] <-s, -s> (*umg.*) *Handel; Geschäft* Der Deal ging von der Öffentlichkeit weitgehend unbemerkt über die Bühne., Er schlug einen Deal vor …

dea·len ['di:lən] <dealst, dealte, hat gedealt> *ohne OBJ* ■ *jmd. dealt (mit etwas Dat.) (umg.) mit Drogen handeln* Er wurde verhaftet, als er vor einer Schule dealte., Er soll mit Kokain gedealt und andere krumme Geschäfte gemacht haben., Es kommt vor, dass Süchtige auch dealen.

Dea·ler, **Dea·le·rin** der ['di:lɐ] <-s, -> (*umg.*) *Person, die mit Drogen handelt* Der Dealer wurde zu drei Jahren Gefängnis verurteilt., Nicht wenige Dealer sind selbst süchtig. ◆ Drogen-

De·ba·kel das <-s, -> (*geh.* ≈ *Desaster*) *ein völliger Misserfolg, der oft das Ende einer Sache bedeutet* Die misslungene Präsentation war ein Debakel, wegen ihr haben wir den Auftrag nicht bekommen.

De·bat·te die <-, -n> (≈ *Diskussion*) *ein (lebhaftes) Gespräch, in dem Personen mit unterschiedlichen Meinungen über etwas diskutieren* eine lebhafte Debatte über etwas führen, Ein Thema beherrscht die politische Debatte – die Arbeitslosigkeit. ■ **etwas zur Debatte stellen**: *vorschlagen, dass etwas besprochen wird* Ich stelle meinen Vorschlag zur Debatte. **zur Debatte stehen**: *Thema des Gesprächs sein* Das steht hier nicht zur Debatte. ◆ Grundsatz-, Parlaments-, Partei-, Regierungs-

de·bat·tie·ren <debattierst, debattierte, hat debattiert> *ohne OBJ* ■ *jmd. debattiert über etwas Akk. eine Debatte führen* mit jemandem über ein Thema debattieren

de·bil *Adj.* (*veralt.*) *durch eine Behinderung in den geistigen Fähigkeiten eingeschränkt* ein debiles Kind ▶Debilität

De·bi·tor der <-s, -en> (*meist Plur.*) (BANKW.: ↔ *Kreditor*) *Schuldner, der Waren oder Leistungen auf Kredit bezogen hat*

De·bi·to·ren·kon·to das <-s, -s/Debitorenkonten> BANKW. *Schuldnerkonto zum Verbuchen von Forderungen*

De·büt das [de'by:] <-s, -s> *jmds. erster öffentlicher Auftritt in einer bestimmten Rolle oder Eigenschaft* sein Debüt (als Schauspieler/Schriftsteller) geben

De·büt·al·bum das [de'by:...] <-s, Debütalben> *erste veröffentlichte Schallplatte oder CD eines Sängers oder einer Band* Bereits ihr Debütalbum war ein großer Erfolg.

De·bü·tant, **De·bü·tan·tin** der [deby'tant] <-en, -en> *Person, die ihr Debüt gibt*

de·chif·frie·ren <dechiffrierst, dechiffrierte, hat dechiffriert> *mit OBJ* ■ *jmd. dechiffriert etwas* (≈ *entschlüsseln* ↔ *chiffrieren*) *einen Code entziffern* Es gelang dem Geheimdienst, die Nachricht zu dechiffrieren.

Deck das <-(e)s, -s/(-e)> *die Fläche auf der Oberseite eines Schiffes* Alle Mann an Deck!, das Deck schrubben ◆ Ober-, Promenaden-, Zwischen-

Deck·blatt das <-(e)s, Deckblätter> **1.** *Titelblatt eines Buches oder Heftes* **2.** *äußeres Blatt einer Zigarre*

De·cke die <-, -n> **1.** (≈ *Tischdecke*) *ein größeres Stück Stoff, das man als Dekoration oder zum Schutz auf einen Tisch legt* eine Decke auf den Tisch legen **2.** (≈ *Bettdecke*) *ein größeres Stück (Woll)stoff, das man im Bett auf sich oder jmdn. legt* unter die Decke kriechen, wegen der Kälte sich mit einer zusätzlichen Decke zudecken ◆ Stepp-, Woll- **3.** *die Fläche, die einen Raum nach oben hin abschließt* auf einer Leiter stehen und die Decke streichen, die hohen Decken der Altbauwohnung ◆ Holz-, Zimmer- **4.** ■ **an die Decke gehen** (*umg.*): *sehr ärgerlich werden* **mit jemandem unter einer Decke stecken** (*umg. abwert.*): *mit jmdm. gemeinsam eine schlechte oder kriminelle Sache tun* **jemandem fällt die Decke auf den Kopf** (*umg.*): *jmd. hat Langeweile*

De·ckel der <-s, -> **1.** *das Teil eines Behältnisses,*

D

das es nach oben hin verschließt der stabile Deckel einer Truhe, den Deckel einer Flasche öffnen/fest verschließen/fest zuschrauben ◆ Kasten-, Kofferraum-, Topf- **2.** (≈ *Buchdeckel*) *eine der beiden harten Flächen, die die Seiten eines Buches oder einer Akte nach vorn und nach hinten begrenzen* **3.** (*umg. scherzh.* ≈ *Kopf*) ■ **jemandem was auf den Deckel geben**: *jmdn. zurechtweisen*

De·ckel·korb der <-(e)s, Deckelkörbe> *Korb mit einem Deckel*[1]

de·ckeln <deckelst, deckelte, hat gedeckelt> *mit OBJ* ■ *jmd. deckelt jmdn.* (*umg.*) *unfreundlich zurechtweisen* Der Vater hat den Sohn wegen seiner schlechten Noten gedeckelt.

de·cken <deckst, deckte, hat gedeckt> **I.** *mit OBJ* **1.** ■ *jmd. deckt etwas über etwas Akk.* (≈ *breiten*) *ein Tuch, eine Plane o.Ä. so über etwas legen, dass es ganz darunter verborgen ist* ein Tuch über etwas decken, eine Plane über den Holzstapel decken **2.** ■ *jmd. deckt etwas* (*mit etwas Dat.*) *Speisen und Geschirr auftragen* den Tisch decken, Ich habe für uns beide gedeckt. ▸Gedeck **3.** ■ *jmd. deckt jmdn. das Wissen über jmds. Verbrechen für sich behalten* Er begeht Steuerhinterziehung, und du deckst ihn auch noch. **4.** SPORT *als Verteidiger einen Stürmer unter Kontrolle halten* einen gegnerischen Spieler decken ▸Manndeckung **5.** ■ *jmd./etwas deckt etwas ausreichend Mittel bereitstellen* Wir können den Bedarf decken., Das Konto/der Scheck ist nicht gedeckt., Der Schaden ist durch die Versicherung gedeckt. **6.** ■ *ein Tier deckt ein Tier* (≈ *begatten*) Der Rüde deckt die Hündin., ein Pferd decken lassen **II.** *ohne OBJ* ■ *etwas deckt nichts hindurchscheinen lassen* Die Farbe deckt gut. **III.** *mit SICH* ■ *etwas deckt sich mit etwas Dat.* (≈ *übereinstimmen*) *den gleichen Inhalt haben* Seine Aussage deckte sich mit der ihren., Unsere Ansichten decken sich in diesem Punkt völlig.

De·cken·bal·ken der <-s, -> *Balken, der eine Decke stützt*

De·cken·be·leuch·tung die <-, -en> *an der Decke*[3] *angebrachte Lampen*

de·ckend <nicht steig.> *Adj. so, dass es nicht durchscheinend ist, nichts durchscheinen lässt* zum Malen eine deckende Farbe benutzen

De·cken·flu·ter der <-s, -> *eine Standleuchte, die zur Decke strahlt und eine indirekte Beleuchtung schafft*

De·cken·lam·pe die <-, -n> *eine Lampe, die von der Decke*[3] *herabhängt*

De·cken·leuch·te die <-, -n> *an der Decke*[3] *angebrachte* (*kleinere*) *Lampe*

De·cken·ma·le·rei die <-, -en> *Gemälde, das an die Decke*[3] *gemalt wurde*

Deck·fäh·ig·keit die <-> (*kein Plur.*) *Eigenschaft einer Farbe, deckend zu sein*

Deck·far·be die <-, -n> (↔ *Lasurfarbe*) *undurchsichtige Farbe, die gemalte Schichten überdeckt*

Deck·fe·der die <-, -n> (↔ *Flaumfeder*) *eine der Federn eines Vogels, die das Gefieder nach außen hin abschließen*

Deck·haar das <-s, -e> *die oberste Haarschicht auf dem Kopf*

Deck·lack der <-(e)s, -e> *undurchsichtiger Lack, der als letzte Schicht aufgetragen wird* den Decklack mit einer Spritzpistole auftragen

Deck·man·tel der <-s> (*kein Plur.*) (*abwert.*) *Vorwand* (*für ein schlechtes Verhalten*) Unter dem Deckmantel der Nächstenliebe betrügt er alte Menschen.

Deck·na·me der <-ns, -n> *vereinbarter Name, mit dem man sich auf etwas bezieht, das geheim bleiben soll* Das Projekt läuft unter dem Decknamen „Morgenstern".

Deck·of·fi·zier der <-s, -e> (MILIT.: *veralt.*) *Marine-Unteroffizier mit einer besonderen Fachausbildung und langer Dienstzeit*

Deck·plat·te die <-, -n> *Platte zum Ab- oder Zudecken von etwas*

Deck·schicht die <-, -en> *obere Schicht von etwas, Schutzschicht*

De·ckung die <-, -en> **1.** MILIT. SPORT *Schutz vor feindlichem Feuer oder vor einem gegnerischen Angriff* in Deckung gehen, jemandem Deckung geben, Volle Deckung! **2.** WIRTSCH. BANKW. *Bereitstellung von erforderlichen Mitteln* die Deckung des Bedarfs an Lebensmitteln, das Konto hat keine ausreichende Deckung **3.** *Übereinstimmung* die Ansichten der Gesprächspartner zur Deckung bringen

Deck·ungs·be·trag der <-(e)s, Deckungsbeträge> BANKW. *Betrag zur Deckung*[2] *von Schulden*

Deckungs·lü·cke die <-, -n> (≈ *Deckungsloch*) *geplante Ausgabe, für die es noch keine Deckung*[2] *gibt*

Deck·wort das <-(e)s, Deckwörter> (≈ *Codewort*) *ein Wort, das nur Eingeweihte verstehen und das etwas Geheimes bezeichnet*

De·co·der der [dɪˈkoʊdə] <-s, -> *Gerät zur Entschlüsselung kodierter Signale*

De·col·le·té das <-s, -s> (*schweiz.*) *Dekolleté*

De·duk·tion die <-, -en> (PHILOS.: ≈ *Schlussfolgerung* ↔ *Induktion*) *Ableitung des weniger Allgemeinen oder Besonderen aus dem Allgemeinen*

de·duk·tiv <nicht steig.> *Adj.* (≈ *induktiv*) *so, dass das Besondere aus dem Allgemeinen erschlossen wird* eine deduktive Herangehensweise

de·es·ka·lie·rend *Adj. so, dass es stufenweise abgeschwächt oder verringert wird* Die Maßnahme hatte eine deeskalierende Wirkung auf den Konflikt.

De-fac·to-An·er·ken·nung die <-> (*kein Plur.*) RECHTSW. *Anerkennung eines Sachverhalts aufgrund bestimmter Tatsachen, aber ohne rechtliche Begründung*

De·fä·tis·mus der <-> (*kein Plur.*) (≈ *Mutlosigkeit*) *Haltung, in der man nicht an einen Erfolg oder guten Ausgang von etwas glaubt* ▸defätistisch

De·fekt der <-(e)s, -e> *Schaden, Mangel* Das Gerät hat einen Defekt., einen Defekt beheben/haben ◆ Reifen-, Motor-

de·fekt <nicht steig.> *Adj.* (*nicht Adverb*) *schad-*

haft, mangelhaft, beschädigt Das Gerät ist defekt., ein defektes Bauteil

de·fek·tiv (*nicht Adverb*) *Adj. fehlerhaft, lückenhaft*

De·fek·ti·vum das <-s, Defektiva> SPRACHWISS. *ein Wort, bei dem Formen der Flektion fehlen* Die Wörter „Dank" und „Leute" sind Beispiele für Defektiva.

De·fekt·ur·sa·che die <-, -n> *Ursache, Grund für einen Defekt*

de·fen·siv, de·fen·siv *Adj.* **1.** (↔ *offensiv*) *so, dass es nur der Verteidigung dient* defensive Waffen, eine defensive Spielweise **2.** *so, dass man Gefahrensituationen durch bedachtes Handeln ausweicht* eine defensive Fahrweise

De·fen·si·ve die <-, -n> (↔ *Offensive*) *Position, aus der man sich verteidigen muss* in der Defensive sein, aus der Defensive heraus spielen

De·fi·lee das [defi'le:] <-s, -s> *feierliches Vorbeimaschieren oder Vorüberziehen* (*an einer hochgestellten Persönlichkeit*)

de·fi·nie·ren <definierst, definierte, hat definiert> **I.** *mit OBJ* ■ *jmd. definiert etwas* (*als etwas Akk.*) *den begrifflichen Gehalt eines Wortes genau bestimmen* Gerade einfache Begriffe wie „Haus" sind oft schwer zu definieren. **II.** *mit SICH* ■ *jmd. definiert sich über etwas Akk. den Sinn des eigenen Lebens durch etwas oder jmdn. bestimmt sehen* Er definiert sich nur über seinen Erfolg., Sie definiert sich am stärksten über ihre Kinder.

defi·niert <nicht steig.> *Adj.* (*fachspr.*) *so, dass es* (*begrifflich oder quantitativ*) *genau bestimmt oder festgelegt ist* Auf die Versuchsanordnung wirkt eine definierte Kraft …

De·fi·ni·ti·on die <-, -en> *die genaue Erklärung der Bedeutung eines Begriffs, die den Begriff von anderen Begriffen klar unterscheidet* Es gibt verschiedene Definitionen für diesen Begriff., Diese Definition ist nicht ausreichend/ist zu vage/ ist eindeutig.

de·fi·ni·tiv, de·fi·ni·tiv <nicht steig.> *Adj.* (*geh.* ≈ *endgültig*) Unsere Entscheidung ist definitiv.

de·fi·ni·to·risch <nicht steig.> *Adj. durch eine Definition*

de·fi·zi·ent <nicht steig.> *Adj. mangelhaft, untauglich*

De·fi·zit das <-(e)s, -e> **1.** (WIRTSCH.: ≈ *Fehlbetrag*) *Geld, das* (*gemessen an einer bestimmten Vorgabe*) *irgendwo fehlt* ein Defizit in der Kasse feststellen ◆ Haushalts- **2.** (*geh.* ≈ *Lücke, Mangel*) Sie hat noch Defizite auf diesem Gebiet/in ihrer Prüfungsvorbereitung. ◆ Informations-, Wissens- **3.** (*geh.* ≈ *Fehler*) Das Programm hat Defizite, die noch beseitigt werden müssen. ▶defizitär

De·fla·ti·on die <-, -en> (WIRTSCH.: ↔ *Inflation*) *Sinken des Preisniveaus* Wirtschaftsexperten sagten eine Deflation voraus.

de·fla·ti·o·nis·tisch <nicht steig.> *Adj.* (WIRTSCH.: ≈ *deflationär* ↔ *inflationär, inflationistisch*) *so, dass es eine Deflation auslöst oder auf ihr beruht* Die Regierung ergriff deflationistische Maßnahmen.

De·fla·ti·ons·po·li·tik die <-> (*kein Plur.*) WIRTSCH. *auf Deflation gerichtete Politik*

de·for·mie·ren <deformierst, deformierte, hat deformiert> *mit OBJ* ■ *jmd. deformiert etwas* **1.** TECHN. *etwas aus seiner ursprünglichen Form bringen* Nach dem Brand waren die Eisenträger durch die Hitze völlig deformiert. **2.** (*geh.*) *eine schädliche Wirkung auf etwas ausüben* jmds. Charakter deformieren ▶Deformierung

De·for·mi·tät die <-, -en> (≈ *Deformation*) *Abweichung vom normalen Körperbau durch Entwicklungsstörungen oder äußere Einflüsse*)

De·fros·ter der <-s, -> KFZ *Anlage zur Beheizung der Scheiben in Kraftfahrzeugen*

def·tig *Adj.* **1.** *so, dass Essen in Bezug auf die Zutaten relativ einfach, aber schmackhaft und sättigend ist* deftiges Essen, deftige Hausmannskost, die deftige bayerische Küche **2.** (*abwert.* ≈ *derb*) deftige Späße

De·gen der <-s, -> (↔ *Säbel, Schwert*) *eine Waffe mit einer langen, geraden, schmalen Klinge* mit dem Degen fechten, den Degen ziehen

De·ge·ne·ra·ti·on die <-, -en> (↔ *Regeneration*) **1.** (BIOL. MED.: ≈ *Verfall*) die Degeneration von Gewebe/Organen infolge einer Krankheit oder der natürlichen Alterung und Abnutzung **2.** (*geh.*) (*körperlicher oder kultureller*) *Abstieg im Laufe einer langen Entwicklung* Degeneration ist häufig die Folge von Inzucht., die Degeneration der Gesellschaft durch Überfluss und Wohlstand

de·ge·ne·ra·tiv <nicht steig.> *Adj.* MED. *auf Degeneration[1] beruhend* Arthrose ist eine degenerative Krankheit.

de·ge·ne·rie·ren <degenerierst, degenerierte, ist degeneriert> *ohne OBJ* ■ *jmd./etwas degeneriert* **1.** (MED.: ↔ *regenerieren*) *durch Degeneration verfallen* ein degeneriertes Organ **2.** (*körperlich oder geistig*) *im Laufe der Entwicklung entarten* Die Adelskultur ist im Laufe der Zeit immer mehr denegeriert.

De·gen·fech·ter, De·gen·fech·te·rin der <-s, -> *jmd., der das Fechten mit dem Degen als Sport betreibt*

de·gra·die·ren <degradierst, degradierte, hat degradiert> *mit OBJ* ■ *jmd. degradiert jmdn.* **1.** MILIT. *im Rang zurückstufen* einen Offizier wegen eines Vergehens degradieren **2.** (*übertr.*) *herabwürdigen, erniedrigen* Der Künstler fühlte sich zum Hobbymaler degradiert. ▶Degradierung

De·gres·si·on die <-, -en> (WIRTSCH.: ↔ *Progression*) *fortschreitende Senkung des Steuersatzes bei abnehmendem Einkommen*

De·gus·ta·ti·on die <-, -en> (*schweiz.*) *das Prüfen, Probieren, Kosten von Lebensmitteln*

de·gus·tie·ren <degustierst, degustierte, hat degustiert> *mit OBJ* ■ *jmd. degustiert etwas* (*schweiz.*) *Lebensmittel kosten, probieren*

dehn·bar <nicht steig.> *Adj.* **1.** (≈ *elastisch*) *so, dass man ein Gewebe etwas in die Länge ziehen kann, ohne einen Riss zu verursachen* ein dehnbarer Stoff **2.** (≈ *vage* ↔ *eindeutig*) *nicht klar be-*

D

stimmt ein dehnbarer Begriff ▶Dehnbarkeit

deh·nen <dehnst, dehnte, hat gedehnt> **I.** *mit OBJ* ■ *jmd. dehnt etwas* **1.** *in die Länge oder Breite ziehen* ein Gummiband dehnen **2.** *strecken* die Muskeln dehnen ▶Dehnübung **3.** *einen Laut langgezogen aussprechen* die Silben dehnen, die gedehnte Aussprache eines Lautes **II.** *mit SICH* **1.** ■ *etwas dehnt sich sich verlängern oder verbreitern* Die Schuhe dehnen sich noch beim Tragen. **2.** ■ *jmd. dehnt sich sich strecken* Nach dem Aufstehen dehnt sie sich ausgiebig. **3.** ■ *etwas dehnt sich viel Raum oder Zeit beanspruchen* Die Versammlung dehnte sich bis in den späten Abend., Eine weite Ebene dehnte sich vor ihnen. ▶Dehnung

Deh·nungs·fu·ge die <-, -n> BAUW. *Trennfuge zwischen Bauteilen mit unterschiedlicher Wärmeausdehneung*

Deh·nungs-h das <-, -> SPRACHWISS. *in deutschen Wörtern der Buchstabe h als Kennzeichen dafür, dass der vorhergehende Vokal lang ausgesprochen wird*

Deh·nungs·zei·chen das <-s, -> SPRACHWISS. *ein Schriftzeichen, das die Dehnung eines Lautes kennzeichnet*

de·hy·drie·ren <dehydrierst, dehydrierte, hat dehydriert> *mit OBJ* ■ *jmd. dehydriert etwas* CHEM. *Wasser aus einer Verbindung abspalten* ▶Dehydrierung

Deich der <-(e)s, -e> *ein Erddamm, den man zum Schutz gegen Hochwasser aufgeschüttet hat* Helfer sichern die Deiche mit Sandsäcken., Die Frage, die alle bewegt, lautet: Werden die Deiche halten? ◆Außen-, Fluss-, See-

Deich·bau der <-s> (*kein Plur.*) *Errichtung eines Schutzdammes gegen Hochwasser*

Deich·schleu·se die <-, -n> *Schleuse zum Durchleiten von Wasser durch einen Deich*

Deich·sel die <-, -n> *Stange zum Ziehen und Lenken eines Pferdewagens oder Handwagens* die Deichsel des Handwagens

deich·seln <deichselst, deichselte, hat gedeichselt> *mit OBJ* ■ *jmd. deichselt etwas* (*umg.*) *fertig bringen, geschickt durchführen* Er hat die schwierigen Verhandlungen geschickt gedeickselt.

dein *Pron.* (↔ *mein*) **1.** *verwendet, um auszudrücken, dass etwas der Besitz der angesprochenen Person ist* Ist der Wagen da drüben dein Auto? – Nein, der gehört meinem Bruder. **2.** *verwendet, um auszudrücken, dass etwas in einer bestimmten Weise zu der angesprochenen Person gehört* Wie geht es deinem Mann (≈ dem Mann, der als Ehemann zu dir gehört)?, Dein Zug (≈ der Zug, den du benutzt) fährt gleich!, Mein Hotelzimmer (≈ das Zimmer, das ich im Hotel bewohnt habe) war schön ruhig. **3.** *verwendet, um auszudrücken, dass etwas in einer bestimmten Weise von der angesprochenen Person Person ausgeht* Spare dir deine Ratschläge (≈ die Ratschläge, die du gibst)!, Wie sind deine Prüfungen (≈ die Prüfungen, die du absolviert hast) gelaufen? **4.** *am Ende von Briefen verwendet, um auszudrücken, dass der Schreiber sich in einer engen Beziehung zum Adressaten sieht* Viele Grüße, deine Petra ■ **Mein und Dein nicht unterscheiden können** (*verhüll.*): im Verdacht stehen, dass man stiehlt ◆Kleinschreibung →R Liebe Andrea, vielen Dank für deinen Brief!

dei·ne, dei·ner, dei·nes *Pron. Personalpronomen der 2. Pers.*(*du*) *Sing. Gen.*

dei·ner·seits *Adv. von dir aus* Gibt es deinerseits noch Bedenken?

dei·nes·glei·chen *Pron. alle, die so sind wie du* Für dich und deinesgleichen ist das doch kein Problem!

dei·net·we·gen *Adv. wegen dir* Wir sind nur deinetwegen zu spät gekommen!

dei·ni·ge der/die/das *Pron.* (*veralt. Possessivpronomen, das wie ein Substantiv verwendet wird*) *etwas, das dir gehört* Wessen Mantel ist das. Ist es der deinige?, Du hast das Deinige zu der Sache beigetragen. ■ **das deinige/Deinige**: *deinen Anteil* Du musst das deinige/Deinige dazu tun. **die deinigen/Deinigen**: deine Angehörigen ◆Groß- oder Kleinschreibung→R Grüße bitte die deinigen/Deinigen von mir!

de·in·stal·lie·ren ['de:ʔinstali:rən] <deinstallierst, deinstallierte, hat deinstalliert> *mit OBJ* ■ *jmd. deinstalliert etwas* (↔ *installieren*) *abbauen* Die Handwerker deinstallieren die alte Heizungsanlage.

De·is·mus der [de'ɪsmʊs] <-> (*kein Plur.*) REL. PHILOS. *die Vorstellung der Aufklärungszeit, dass man Gott aus Gründen der Vernunft als Schöpfer anerkennen, aber nicht an sein Wirken in der Geschichte glauben muss* ▶deistisch

De·ka das <-/s, -> (*österr.*) *kurz für Dekagramm*

De·ka·de die <-, -n> *Zeitraum von zehn Tagen, Wochen, Monaten oder Jahren*

de·ka·dent *Adj.* (*geh.*) *im kulturellen Verfall begriffen* eine dekadente Gesellschaft

De·ka·denz die <-> (*kein Plur.*) (*geh.*) *kultureller Niedergang* Anzeichen der Dekadenz in der Kunst zu erkennen glauben

de·ka·disch <nicht steig.> *Adj.* (*geh.*) *auf der Dekade beruhend, zur Dekade gehörig* ein dekadisches System

De·ka·gramm das <-s, -e> *zehn Gramm*

De·ka·li·ter der <-s, -> *zehn Liter*

De·ka·log der <-s> (*kein Plur.*) REL. *die zehn Gebote der Bibel*

De·ka·me·ter der <-s, -> *zehn Meter*

De·kan der <-s, -e> **1.** REL. (*in der christlichen Kirche*) *höherer* (*protestantischer*) *Geistlicher* **2.** *Vorsteher eines Fachbereichs einer Universität* der Dekan der philosophischen Fakultät, zum Dekan gewählt werden

De·ka·nat das <-s, -e> **1.** REL. *Amt oder Bezirk eines Dekans*[1] **2.** *Verwaltung eines Fachbereichs einer Universität*

de·kan·tie·ren <dekantierst, dekantierte, hat dekantiert> *mit OBJ* ■ *jmd. dekantiert etwas Wein so in eine Karaffe umfüllen, dass der Bodensatz in der Flasche zurückbleibt* Der Kellner dekantiert den Wein.

De·kla·ma·ti·on die <-, -en> LIT. THEAT. **1.** *das künstlerisch gestaltete Sprechen eines Textes* **2.** (*abwert.*) *übertriebene Art, einen Text vorzutragen*

de·kla·ma·to·risch *Adj. so, dass der Vortrag eines Textes ausdrucksvoll und auf Wirkung bedacht ist* Seine Rede erschien allzu deklamatorisch.

de·kla·mie·ren <deklamierst, deklamierte, hat deklamiert> *mit OBJ* ■ *jmd. deklamiert etwas* **1.** *einen Text kunstvoll vortragen* ein Gedicht deklamieren, Dann deklamierte er die noch berühmteren Verse … **2.** *auf übertriebene Weise einen Text vortragen* Sie hat das Gedicht pathetisch deklamiert.

De·kla·ra·ti·on die <-, -en> **1.** POL. *feierliche öffentliche Verkündung* die Deklaration der Menschenrechte/der Republik **2.** WIRTSCH. *offizielle Angabe über den Inhalt von etwas, die man beim Zoll oder der Steuerbehörde macht* **3.** *Auflistung der Inhaltsstoffe eines Arzneimittels oder Kosmetikums*

de·kla·rie·ren <deklarierst, deklarierte, hat deklariert> *mit OBJ* ■ *jmd. deklariert etwas* **1.** POL. *öffentlich verkünden* **2.** WIRTSCH. *beim Grenzübertritt für den Zoll angeben* Waren beim Zoll deklarieren, Haben Sie etwas zu deklarieren? **3.** ■ *jmd. deklariert jmd./etwas als etwas jmdn. oder etwas feierlich als etwas bezeichnen* jemanden als seinen Freund deklarieren

de·kla·riert <nicht steig.> *Adj. so, dass es erklärt oder offenkundig ist* Er ist ein deklarierter Kriegsgegner.

de·klas·sie·ren <deklassierst, deklassierte, hat deklassiert> *mit OBJ* ■ *jmd. deklassiert jmdn.* **1.** *jmdn. sozial herabsetzen* Er fühlte sich durch ihre Äußerung deklassiert. **2.** SPORT *überlegen besiegen* den Gegner deklassieren ▶Deklassierung

De·kli·na·ti·on die <-, -en> **1.** SPRACHWISS. *Beugung der Substantive, Adjektive, Pronomina und Numeralia* **2.** PHYS. *Abweichung der Magnetnadel von der Nordrichtung* **3.** ASTRON. *Abweichung eines Gestirns vom Himmelsäquator*

> **i Wissenswert** Substantive, Artikel, Adjektive und Pronomen werden im Deutschen dekliniert. Die Deklination hängt von der grammatischen (syntaktischen) Funktion des Wortes im Satz ab. Es gibt vier Fälle (Kasus): Nominativ, Genitiv, Dativ, Akkusativ. Im Nominativ steht das Subjekt des Satzes. Der Genitiv drückt in der Regel Besitz oder Zugehörigkeit zu etwas aus. Die Objekte stehen im Dativ und Akkusativ. Auch Präpositionen bewirken eine Deklination des auf sie folgenden Substantivs, Artikels usw. Jede Präposition fordert in der Regel einen bestimmten Fall (Kasus), z.B.: Der Garten liegt hinter dem Haus (Dativ), Er hängt das Bild an die Wand (Akkusativ).

de·kli·nie·ren <deklinierst, deklinierte, hat dekliniert> *mit OBJ* ■ *jmd. dekliniert etwas* SPRACHWISS. **1.** (≈ *flektieren*) *die Form eines Substantivs, Adjektivs, Artikels oder Pronomens bilden, die von seiner syntaktischen Funktion im Satz gefordert wird* **2.** (≈ *durchdeklinieren*) *alle Formen eines Substantivs, Adjektivs, Artikels oder Pronomens nennen*

de·kli·nier·bar <nicht steig.> *Adj.* SPRACHWISS. *so, dass es dekliniert werden kann*

de·ko·die·ren <dekodierst, dekodierte, hat dekodiert> *mit OBJ* ■ *jmd. dekodiert etwas* (≈ *entschlüsseln* ↔ *kodieren*) eine verschlüsselte Nachricht dekodieren

De·kolle·tee, *a.* **De·kolle·té** das [dekɔl'te:] <-s, -s> *tiefer Ausschnitt an Damenkleidern* ein Abendkleid mit einem gewagten Dekolletee

De·kom·pen·sa·ti·on die <-, -en> (MED.: ↔ *Kompensation*) *die deutlich erkennbare Verringerung der Leistungsfähigkeit eines Organs, das durch Kompensation überlastet wurde* ▶dekompensieren

De·kom·po·si·ti·on die <-, -en> (↔ *Komposition*) *das Auflösen von etwas in seine Bestandteile* ▶dekomponieren

de·kom·pri·mie·ren <dekomprimierst, dekomprimierte, hat dekomprimiert> *mit OBJ* ■ *jmd. dekomprimiert etwas* (TECHN.: ↔ *komprimieren*) *den Druck von etwas verringern* ▶Dekomprimierung

De·kon·ta·mi·na·ti·on die <-, -en> (PHYS.: ↔ *Kontamination*) *das Entgiften von radioaktiv verseuchten Geräten und Kleidern* ▶dekontaminieren

De·kon·zen·tra·ti·on die <-, -en> (≈ *Entflechtung* ↔ *Konzentration*) *das Aufheben einer konzentrischen Ordnung oder Verteilung* die Dekonzentration der Verwaltung

De·kor der/das <-s, -s/-e> *etwas, z.B. ein Muster, das zur Verzierung auf einen Gegenstand gemalt oder gedruckt ist* Porzellan mit handgemaltem Dekor

De·ko·ra·teur, **De·ko·ra·teu·rin** der [dekora'tø:ɐ̯] <-s, -e> *jmd., der beruflich Schaufenster oder Kulissen gestaltet*

De·ko·ra·ti·on die <-, -en> **1.** (*kein Plur.*) *das Gestalten von Schaufenstern oder Kulissen* **2.** *das, womit etwas ausgestaltet ist* die Dekoration auf der Bühne/im Schaufenster/im Zimmer ◆-smalerei, -sstoff, Fest-, Innen-, Tisch-, Wand-

De·ko·ra·ti·ons·stück das <-(e)s, -e> *ein Gegenstand, der nur zur Dekoration dient und nicht für den Gebrauch oder Verkauf bestimmt ist*

de·ko·ra·tiv *Adj. so, dass es etwas in wirkungsvoller Weise schmückt* ein dekoratives Muster, Blumen dekorativ im Zimmer verteilen

de·ko·rie·ren <dekorierst, dekorierte, hat dekoriert> *mit OBJ* **1.** ■ *jmd. dekoriert etwas kunstvoll gestalten* einen Raum dekorieren **2.** ■ *jmd. dekoriert jmdn. mit etwas Dat.* (≈ *auszeichnen*) *einen Orden verleihen* jemanden (mit dem Verdienstkreuz) dekorieren, ein hoch dekorierter Wissenschaftler ▶Dekorierung

De·kret das <-(e)s, -e> *Verordnung durch eine Behörde* ein Dekret erlassen

de·kre·tie·ren <dekretierst, dekretierte, hat dekretiert> *mit OBJ* ■ *jmd. dekretiert ewas* (*geh.*) *verfügen, bestimmen, anordnen* eine Maßnahme dekretieren

De·le·ga·ti·on die <-, -en> **1.** (≈ *Abordnung*) *eine Gruppe von Personen, die im Auftrag einer Institution, in ein Land oder an einen Ort reisen und diese Institution offiziell vertreten* Die Delegation aus Russland wurde vom Außenminister empfangen. ◆-sleiter, Regierungs- **2.** RECHTSW. *das Übertragen einer Vollmacht oder Befugnis auf eine andere Person*

de·le·gie·ren <delegierst, delegierte, hat delegiert> *mit OBJ* **1.** ■ *jmd. delegiert jmdn.* (≈ *abordnen*) *sagen, dass jmd. eine bestimmte Aufgabe übernehmen soll und ihn dafür freistellen* jemanden zu einem Kongress/in einen Ausschuss delegieren **2.** ■ *jmd. delegiert etwas an jmdn. eine Aufgabe übertragen oder weitergeben* Aufgaben/Kompetenzen/Rechte an einen Mitarbeiter delegieren

De·le·gier·te der/die <-n, -n> *Abgesandte(r)* als Delegierte am Parteitag teilnehmen

de·lek·tie·ren <delektierst, delektierte, hat delektiert> *mit SICH* ■ *jmd. delektiert sich an etwas Dat.* (*geh.*) *genießen* Im Verlauf der Festspiele konnten sich die Opernliebhaber an drei verschiedenen Werken delektieren.

Del·fin der <-s, -e> *s.* **Delphin**

Del·hi <-s> *Hauptstadt Indiens*

de·li·kat *Adj.* (*geh.*) **1.** (≈ *wohlschmeckend*) *sehr erlesen und gut* ein delikater Wein, Das Festessen begann mit einer Reihe delikater Vorspeisen. **2.** (≈ *heikel*) *so, dass es leicht Schwierigkeiten oder Konflikte hervorrufen kann und daher mit besonderer Vorsicht behandelt werden muss* eine delikate Angelegenheit, ein delikates Problem **3.** (*geh.* ≈ *taktvoll*) *ein Problem delikat behandeln*

De·li·ka·tes·se die <-, -n> (*geh.*) **1.** *eine besonders erlesene und wohlschmeckende Speise, die meist besonders teuer ist* Räucherlachs ist eine Delikatesse., ein Geschäft für Delikatessen **2.** (*kein Plur.*) (*geh.*) *Takt, Feingefühl* Diese Angelegenheit erfordert viel Delikatesse.

De·likt das <-(e)s, -e> (RECHTSW.: ≈ *Straftat*) *eine Handlung, die gegen das Gesetz verstößt und strafbar ist* Er steht wegen eines schweren Delikts vor Gericht. ◆ Eigentums-, Verkehrs-

De·lin·quent, **De·lin·quen·tin** der <-en, -en> (*geh.* ≈ *Verbrecher*) *jmd., der eine Straftat begangen hat*

De·lin·quenz die <-> (*kein Plur.*) (*geh.*) *Straffälligkeit*

De·li·ri·um das <-, Delirien> (*geh.*) *der Zustand, dass die Tätigkeit des Verstands eingeschränkt und das Bewusstsein nicht klar ist, z.B. als Folge einer Krankheit oder von Drogenkonsum* im Delirium sein

Del·le die <-, -n> (*umg.*) *kleine Vertiefung* Das Auto hat nur eine kleine Delle bekommen., Der Rodelhang ist voller gefährlicher Dellen.

de·lo·gie·ren [delo'ʒi:rən] <delogierst, delogierte, hat delogiert> *mit OBJ* ■ *jmd. delogiert jmdn.* (*österr.*) *zum Ausziehen aus der Wohnung zwingen* jemanden delogieren, weil er die Miete nicht mehr zahlen kann ▶Delogierung

Del·phin, *a.* **Del·fin** der <-s, -e> **1.** ZOOL. *ein Meeressäugetier, das wie ein großer Fisch mit silbriggrauer Haut aussieht und sehr intelligent ist* ▶Delphinarium **2.** SPORT *kurz für „Delphinschwimmen"*

Del·phin·schwim·men, *a.* **Del·fin·schwim·men** das <-s> (*kein Plur.*) SPORT *ein Schwimmstil, bei dem beide Arme gleichzeitig in einer kreisförmigen Bewegung aus dem Wasser bewegt werden, während der Unterkörper eine Art Wellenbewegung ausführt*

del·phisch <nicht steig.> *Adj.* **1.** *zu der altgriechischen Kultstätte Delphi gehörend* das Delphische Orakel **2.** (*geh.*) *rätselhaft und nicht eindeutig* ein delphischer Spruch

Del·ta[1] das <-(s), -s> *der vierte Buchstabe des griechischen Alphabets*

Del·ta[2] das <-s, -s/Delten> *Mündung eines (großen) Flusses, die sich wie ein Fächer in kleinere Flußarme aufteilt* das Delta der Donau/des Nil

del·ta·för·mig <nicht steig.> *Adj. so geformt, dass es ausieht wie der griechische Buchstabe Delta* (*etwa dreieckig*)

de Luxe [dəl'yks] (*häufig nachgestellt*) *mit allem Luxus ausgestattet* ◆-Ausstattung

dem *Pron., Art. Dat. von „der", „das"* Ich gebe dem Freund, dem ich Geld schulde, den Betrag zurück., Ich singe dem Kind, dem ich etwas vorgelesen habe, ein Lied vor.

De·ma·go·ge, **De·ma·go·gin** der <-n, -n> (*abwert.* ≈ *Volksverführer*) *jmd., der mit seinen politischen Reden die Bevölkerung aufhetzt* ein von skrupellosen Demagogen aufgehetztes Volk ▶demagogisch

Dem·a·go·gie die <-> (*kein Plur.*) (*abwert.* ≈ *Volksverführung*) *das Aufhetzen der Bevölkerung, z.B. durch politische Reden* Was er sagt, ist doch pure Demagogie!

De·mar·che die [de'marʃ(ə)] <-, -n> POL. *diplomatischer Einspruch* eine Demarche an einen anderen Staat richten

De·mar·ka·ti·ons·li·nie die <-, -n> POL. (*vorläufige*) *Grenzlinie zwischen Staaten*

de·mas·kie·ren <demaskierst, demaskierte, hat demaskiert> (*geh.*) **I.** *mit OBJ* ■ *jmd. demaskiert jmdn./etwas* (≈ *entlarven*) *bewirken, dass jmds. vorgetäuschte gute Identität als falsch erkannt wird und seine wahre Identität sichtbar wird* jemanden als skrupellosen Verbrecher demaskieren **II.** *mit SICH* ■ *jmd. demaskiert sich* (*durch etwas Akk.*) *sich* (*als etwas Schlechtes*) *offenbaren* Durch sein Verhalten hat er sich als hinterhältiger Betrüger demaskiert. ▶Demaskierung

De·men·ti das <-s, -s> (*geh.*) *der Vorgang, dass man* (*offiziell*) *sagt, dass eine bestimmte* (*öffentlich gemachte*) *Behauptung falsch ist* Nach den Rücktrittsgerüchten gab der Minister ein Dementi (≈ sagte, dass diese Gerüchte falsch seien und er nicht zurücktreten werde).

de·men·tie·ren <dementierst, dementierte, hat dementiert> *mit OBJ* ■ *jmd. dementiert etwas* (*geh.*) (*offiziell*) *sagen, dass eine bestimmte* (*öffentlich gemachte*) *Behauptung falsch ist* Die Regierung ließ die Meldung nicht dementieren., Das ist bereits offiziell dementiert worden.

dem·ent·spre·chend <nicht steig.> *Adj.* (≈ *demgemäß*) *so, dass etwas bestimmten anderen Tatsachen entspricht bzw. auf diese abgestimmt ist* Sie hatte ihre Pflichten vernachlässigt und erhielt eine dementsprechend scharfe Rüge., Ihr seid hier zu Gast, benehmt euch bitte auch dementsprechend!, Meine Tochter räumt ja nie ihr Zimmer auf, dementsprechend sieht es hier auch aus.

De·menz die <-, -en> (MED.: ≈ *Dementia*) *eine geistige Behinderung, deren Ursache erworbene organische Hirnschädigungen sind* an Demenz leiden

de·mi·li·ta·ri·sie·ren <demilitarisierst, demilitarisierte, hat demilitarisiert> *mit OBJ* ■ *jmd. demilitarisiert etwas* POL. MILIT. *entmilitarisieren* ▶Demilitarisierung

De·mis·si·on die <-, -en> (*geh.*) *Rücktritt von einem Amt* die Demission des Ministers

de·mis·si·o·nie·ren <demissionierst, demissionierte, hat demissioniert> *ohne OBJ* ■ *jmd. demissioniert* (*schweiz.*) *zurücktreten, seinen Rücktritt erklären* ▶Demissionär

dem·nach *Adv.* (≈ *folglich*) *verwendet, um auszudrücken, dass eine Aussage aus dem vorher Gesagten folgt* Die Leute warten noch am Bahnsteig, demnach ist der Zug noch nicht angekommen.

dem·nächst *Adv.* (≈ *bald*) *in der näheren Zukunft* Demnächst (sehen Sie) in diesem Kino …

De·mo die <-, -s> (*umg.*) *kurz für „Demonstration"*

De·mo·bi·li·sie·rung die <-> (*kein Plur.*) (↔ *Mobilisierung*) *Abrüstung*

De·mo·gra·phie die <-> (*kein Plur.*) *Wissenschaft von der* (*zahlenmäßigen*) *Bevölkerungsentwicklung* ▶demographisch

De·mo·krat, **De·mo·kra·tin** der <-en, -en> **1.** *Person mit demokratischer Gesinnung* Er ist auch in Zeiten der Diktatur ein Demokrat geblieben. **2.** *Mitglied einer demokratischen Partei* die Kandidatin der Freien Demokraten ◆ Christ-, Sozial-

De·mo·kra·tie die <-, -n> POL. **1.** (*kein Plur.*) *die Regierungsform, bei der eine gewählte Volksvertretung die politische Macht ausübt* eine parlamentarische Demokratie, in einem Land für die Demokratie eintreten **2.** *Land mit einer Demokratie*[1] *als Staatsform* die jungen Demokratien in Afrika **3.** (*kein Plur.*) *das Prinzip, Entscheidungen durch die Mehrheit treffen zu lassen* innerbetriebliche Demokratie, der Ruf nach mehr Demokratie in der Unternehmenskultur ◆ Basis-

De·mo·kra·tie·be·we·gung die <-, -en> POL. *eine Bewegung, die in einem Land für die Etablierung einer Demokratie*[1] *kämpft*

De·mo·kra·tie·ver·ständ·nis das <-es> (*kein Plur.*) POL. *Vorstellungen und Einstellungen zur Demokratie*[1]

de·mo·kra·tisch <nicht steig.> *Adj.* **1.** *den Prinzipien der Demokratie*[1 3] *folgend* eine demokratische Verfassung, eine demokratische Entscheidung **2.** *zur Partei der Demokraten gehörend* der demokratische Präsidentschaftskandidat

Demokratische Volksrepublik Korea die *s.* **Nordkorea**

Demokratische Volksrepublik Laos die *s.* **Laos**

de·mo·kra·ti·sie·ren <demokratisierst, demokratisierte, hat demokratisiert> *mit OBJ* ■ *jmd. demokratisiert etwas* (POL.: *geh.*) *etwas nach demokratischen Grundsätzen umgestalten* ein Land demokratisieren

de·mo·lie·ren <demolierst, demolierte, hat demoliert> *mit OBJ* ■ *jmd. demoliert etwas* (*geh.*) (*absichtlich*) *beschädigen* Betrunkene Jugendliche haben die Telefonzellen demoliert. ▶Demolierung

De·monst·rant, **De·monst·ran·tin** der <-en, -en> *jmd., der an einer Demonstration teilnimmt*

De·mons·tra·ti·on die <-, -en> **1.** *der Vorgang, dass sehr viele Menschen sich auf einem öffentlichen Platz versammeln oder durch die Straßen einer Stadt ziehen und dabei mit Sprechchören und Plakaten ihre politische Meinung zeigen oder zeigen, dass sie gegen etwas eingestellt sind* ◆ Friedens-, Massen-, Protest- **2.** *der Vorgang, dass jmd. etwas deutlich zeigt* Der Aufmarsch der Flotte wird als eine Demonstration der Stärke gewertet. ◆ Macht- **3.** (≈ *Vorführung*) *der Vorgang, dass jmd. vor einem Publikum eine bestimmte Handlung ausführt, um damit einen Sachverhalt vorzuführen* Nach dieser Demonstration durch den Leiter des Workshops zweifelten die Teilnehmer nicht mehr an der Richtigkeit dieser These.

De·mons·tra·ti·ons·ver·bot das <-(e)s, -e> *Verbot, eine Demonstration*[1] *durchzuführen*

de·monst·ra·tiv *Adj. so, dass etwas offen zur Schau gestellt wird* sich demonstrativ von jemandem abwenden

De·monst·ra·tiv·pro·no·men das <-s, Demonstrativpronomina> SPRACHWISS. *ein Wort, mit dem der Sprecher auf etwas hinweist* Das Wort „dieser" ist ein Demonstrativpronomen.

de·monst·rie·ren <demonstrierst, demonstrierte, hat demonstriert> **I.** *mit OBJ* **1.** ■ *jmd. demonstriert etwas zur Schau stellen* Sie demonstrierte Gelassenheit/guten Willen/Stärke. **2.** ■ *jmd. demonstriert* (*jmdm.*) *etwas zum besseren Verständnis vorführen* (jemandem) die Benutzung eines Gerätes demonstrieren, Darf ich Ihnen demonstrieren, wie man das macht? **II.** *ohne OBJ* ■ *jmd. demonstriert* (*für/gegen etwas Akk.*) *an einer Demonstration*[1] *teilnehmen* Sie demonstrierten für/gegen das neue Gesetz.

De·mon·ta·ge die [demɔnˈtaːʒə] <-, -n> **1.** (*kein Plur.*) *der Vorgang, dass eine Anlage in ihre einzelnen Bestandteile zerlegt und abgebaut wird* die Demontage einer Fabrikanlage **2.** (*geh. abwert.*) *der Vorgang, dass jmd. oder etwas schrittweise in* *seiner Macht, Bedeutung oder seinem Ansehen geringer gemacht wird* eine Demontage der demokratischen Grundrechte, die Demontage einer Führungsperson

de·mon·tie·ren <demontierst, demontierte, hat demontiert> *mit OBJ* **1.** ■ *jmd. demontiert etwas in seine Bestandteile zerlegen und abbauen* eine Anlage demontieren **2.** ■ *jmd. demontiert jmdn.* (*geh. abwert.*) *schrittweise die Macht, Bedeutung oder das Ansehen einer Person geringer machen* den politischen Gegner demontieren

de·mo·ra·li·sie·ren <demoralisierst, demoralisierte, hat demoralisiert> *mit OBJ* ■ *jmd./etwas demoralisiert jmdn.* (≈ *entmutigen*) *bewirken, dass jmd. seinen Mut und seine Zuversicht verliert* Der ständige Misserfolg hat ihn völlig demoralisiert. ▶Demoralisierung

De·mo·sko·pie die <-> (*kein Plur.*) (≈ *Meinungsforschung*) *der Vorgang, dass man mit bestimmten Untersuchungsmethoden, z.B. gezielten Befragungen, herausfindet, welche Meinungen in der Bevölkerung zu einem bestimmten Thema bestehen* ▶demoskopisch

de·mo·ti·viert *Adj.* (≈ *motiviert*) *so, dass jmd. ohne Motivation ist* ein demotivierter Schüler

De·mut die <-> (*kein Plur.*) *die Bereitschaft, etwas als Gegebenheit hinzunehmen, nicht darüber zu klagen und sich selbst als eher unwichtig zu betrachten* etwas in Demut ertragen

de·mü·tig *Adj. so, dass jmd. bereit ist, etwas in Demut hinzunehmen* Er nahm demütig alle Schicksalsschläge hin.

de·mü·ti·gen **I.** *mit OBJ* ■ *jmd. demütigt jmdn. in erniedrigender Weise kränken* jemanden durch eine herablassende Behandlung demütigen **II.** *mit SICH* ■ *jmd. demütigt sich sich erniedrigen* Man zwang ihn, sich vor allen Anwesenden zu demütigen. ▶Demütigung

de·muts·voll <nicht steig.> *Adj. s.* **demütig**

den **I.** *Pron., Art. Akk. von „der"* Er mag den Hund, den ich ihm geschenkt habe. **II.** *Art. Dat. von Plur. „die"* Sie singt den Kindern ein Lied vor.

De·na·tu·ra·li·sa·ti·on die <-> (*kein Plur.*) (≈ *Ausbürgerung* ↔ *Naturalisation*) *das Entziehen der Staatsbürgerschaft*

de·na·tu·ra·li·sie·ren <denaturalisierst, denaturalisierte, hat denaturalisiert> *mit OBJ* ■ *jmd. denaturalisiert jmdn.* (≈ *ausbürgern* ↔ *naturalisieren*) *jmdm. die Staatsbürgerschaft entziehen*

de·na·tu·rie·ren <denaturierst, denaturierte, hat denaturiert> *mit OBJ* ■ *jmd. denaturiert etwas* CHEM. *etwas durch chemische Umwandlung so verändern, dass es seine ursprüngliche Qualität und wichtige Inhaltsstoffe verliert* Denaturierte Lebensmittel haben deutlich weniger Vitamine als naturbelassene Lebensmittel. ▶Denaturierung

Den·dro·lo·gie die <-> (*kein Plur.*) *die wissenschaftliche Erforschung der Bäume, Sträucher und Gehölze*

de·nen *Pron. Dat. Plur. von „die"* die Freunde, denen ich vertraut habe

Deng·lisch das <-(s)> (*scherzh. zu „Deutsch" und „Englisch"*) *verwendet, um auszudrücken, dass jmds. Deutsch mit zu vielen und größtenteils überflüssigen oder vermeidbaren englischen Ausdrücken durchsetzt ist*

Denk·an·stoß der <-es, Denkanstöße> *etwas, das dazu anregt, über etwas nachzudenken* Die Zusammenarbeit mit Informatikern hat Linguisten wertvolle Denkanstöße beschert.

Denk·art die <-, -en> (≈ *Denkweise*) *die typische Art und Weise, wie jmd. denkt* eine typisch kleinbürgerliche Denkart

denk·bar <nicht steig.> **I.** *Adj.* (≈ *vorstellbar*) *so, dass es sich denken lässt oder dass es möglich ist* eine denkbare Lösung, Es ist denkbar, dass er noch kommt. **II.** *Adv.* (≈ *sehr*) *mit intensivierender Wirkung vor Adjektiven verwendet* Das war aber denkbar knapp!, Damit haben wir die denkbar beste Lösung des Problems.

Den·ke die <-> (*kein Plur.*) (*umg.*) *persönlich bestimmte Denkart* Der junge Professor hat eine flotte Denke.

den·ken <denkst, dachte, hat gedacht> **I.** *mit OBJ* **1.** *etwas als Gegenstand seiner Gedanken haben* Was denkst du gerade? **2.** ■ *jmd. denkt etwas* (≈ *annehmen, glauben*) Ich denke, du hast das schon erledigt!, Er hatte gedacht, man würde ihm helfen. **3.** ■ *jmd. denkt etwas von jmdm. über jmdn. eine bestimmte Meinung haben* Das habe ich nicht von dir gedacht!, Schlechtes von jemandem/über jemanden denken **4.** ■ *jmd. denkt sich etwas* (*bei etwas Dat.*) *mit etwas eine bestimmte Absicht verfolgen* Was hast du dir dabei gedacht? **II.** *ohne OBJ* **1.** ■ *jmd. denkt* (≈ *überlegen*) *durch die Aktivität des Verstands zu Aussagen, Gedanken und Schlussfolgerungen gelangen* klar/logisch/wissenschaftlich denken, Er war so müde, dass er kaum denken konnte., Störe mich nicht beim Denken! ▶Denkleistung, Denkmodell, Denkmuster, Denkvermögen, Denkvorgang **2.** ■ *jmd. denkt irgendwie eine bestimmte Gesinnung haben* Er denkt ziemlich bürokratisch/politisch/pragmatisch/technokratisch. **3.** ■ *jmd. denkt* (*über etwas Dat.*) *urteilen, meinen* Wie denkst du darüber? **4.** ■ *jmd. denkt* (*an etwas Akk.*) *in seiner Erinnerung behalten und nicht vergessen* Hast du an unseren Hochzeitstag gedacht?, Ich werde immer daran denken. ▶Andenken **5.** ■ *jmd. denkt* (*an etwas Akk.*) *an etwas Interesse haben* Er denkt nur an sich., Ich muss auch an die Zukunft denken. ◆ Anspruchs-, Konkurrenz-, Prestige-, Profit- **6.** ■ *jmd. denkt* (*an etwas Akk.*) *eine Absicht haben, planen* Wir denken daran, bald umzuziehen. ■ (**überhaupt**) **nicht an etwas denken** (*umg.*): *nicht die Absicht haben, etwas zu tun* Ich denke überhaupt nicht daran, ihr zu helfen! **etwas gibt jemandem zu denken**: *etwas macht jmdn. auf etwas aufmerksam* **Wer hätte das gedacht!** (*umg.*): *Ausdruck der Überraschung*

Den·ker, **Den·ke·rin** der <-s, -> (≈ *Philosoph*) *jmd., der über Grundprobleme der Wissenschaft und des Lebens intensiv nachdenkt* (*und darüber schreibt*) eine Buchreihe über die großen Denker unseres Jahrhunderts

Denk·fa·brik die <-, -en> (*umg.*) *ein Zentrum der Forschung und Entwicklung* Forschungszentren sind die Denkfabriken eines Landes.

Denk·fäh·ig·keit die <-> (*kein Plur.*) (*≈ Denkvermögen*) *die Fähigkeit, klar und logisch zu denken*

denk·faul *Adj.* (*abwert.*) *so, dass sich jmd. nicht gern geistig anstrengt* ein denkfauler Mensch

Denk·ge·wohn·heit die <-, -en> (*meist Plur.*) *die Gewohnheit, auf eine bestimmte Weise zu denken* Unsere Kultur ist von bestimmten festen Denkmodellen und Denkmodellen geprägt., mit alten Denkgewohnheiten brechen

Denk·mal das <-s, Denkmäler/(Denkmale)> **1.** *ein Kunstwerk, das zur Erinnerung an Personen oder Ereignisse geschaffen worden ist* ein Denkmal für die Opfer des Nationalsozialismus ◆ Goethe-, Krieger-, Schiller- **2.** *ein Gegenstand der Geschichte, der Kunst oder Natur, der unbedingt erhalten werden soll, weil er eine bleibende Bedeutung hat* Diese Kirche ist ein Denkmal der Baukunst des Mittelalters., Dieser über 500 Jahre alte Baum ist ein Denkmal und darf nicht gefällt werden. ■ **jemand hat sich ein Denkmal gesetzt** (*geh.*): *jmd. hat etwas Großes geschaffen, das von bleibendem Wert ist und seinen Tod überdauern wird* ◆ -kunde, -pflege, Bau-, Industrie-, Kultur-, Natur-

denk·mal·ge·schützt <nicht steig.> *Adj. so, dass etwas unter Denkmalschutz steht* die denkmalgeschützte historische Innenstadt

Denk·mal·schutz der <-es> (*kein Plur.*) *staatliche Maßnahmen zur Bewahrung erhaltenswerter* (*alter*) *Gebäude* Dieses Gebäude steht unter Denkmalschutz.

Denk·mal·schüt·zer, Denk·mal·schüt·ze·rin der <-s, -> *jmd., der sich beruflich mit Denkmalschutz befasst*

denk·not·wen·dig <nicht steig.> *Adj. logisch*

Denk·schrift die <-, -en> *schriftliche Äußerung zu wichtigen öffentlichen Themen, die an eine offizielle Stelle gerichtet ist*

Denk·sport der <-s> (*kein Plur.*) *das Lösen von kniffligen Rätseln* ◆ -aufgabe

Denk·spruch der <-(e)s, Denksprüche> (*≈ Sinnspruch*)

Den·kungs·art die <-, -en> *s.* **Denkart**

Denk·ver·mö·gen das <-s> (*kein Plur.*) (*≈ Verstand*) *die Fähigkeit zu denken*

Denk·wei·se die <-, -n> (*≈ Mentalität*) *Denkart*

denk·wür·dig *Adj. so bedeutend, dass es wert ist, in Erinnerung zu bleiben* ein denkwürdiges Datum/Ereignis

Denk·zet·tel ■ **jemandem einen Denkzettel geben/verpassen** (*umg.*): *jmdn. so strafen, dass er noch lange daran denkt* Dem Meier habe ich einen Denkzettel verpasst, der führt so schnell keine Privatgespräche mehr auf Firmenkosten!

denn **I.** *Konj.* **1.** *verwendet, um im Nebensatz eine* (*bekannte*) *Ursache der Aussage des Hauptsatzes zu nennen* Zieh dich warm an, denn es ist kalt!, Ich verzeihe ihm, denn er wusste nicht, was er tat. **2.** (*geh. in Verbindung mit einem Komparativ*) Sie ist heute schöner denn je., Er ist als Manager erfolgreicher denn als Arzt. **II.** *Partikel* (*umg.*) **1.** *verwendet, um Überraschung oder Zweifel auszudrücken* Kannst du denn schon lesen?, Kann man das denn in einem Tag schaffen? **2.** *verwendet, um Verärgerung auszudrücken* Was soll das denn schon wieder heißen?, Ja hat man denn nie genug getan? **3.** *verwendet, um eine Frage weniger gezielt, sondern eher beiläufig klingen zu lassen* Wie läuft denn so die Arbeit?, Geht es dir denn wenigstens besser? ■ **es sei denn, ...** (*geh.*): *außer, wenn ...* Ich rede nicht mehr mit dir, es sei denn, du entschuldigst dich. **geschweige denn** (*geh.*): *verwendet, um auszudrücken, dass etwas noch viel weniger erwartet werden kann als etwas anderes* Sie hat keine Zeit für einen kurzen Besuch, geschweige denn für eine ganze Woche Ferien.

den·noch *Adv.* (*≈ trotzdem*) *verwendet, um auszudrücken, das etwas der Fall ist, obwohl es Gründe gibt, die es theoretisch verhindern könnten* Sie hat selbst wenig Geld, dennoch leiht sie uns etwas.

De·no·tat das <-s, -e> SPRACHWISS. **1.** *begrifflicher Inhalt eines sprachlichen Zeichens* **2.** *vom Sprecher bezeichneter Gegenstand oder Sachverhalt in der außersprachlichen Wirklichkeit*

De·no·ta·ti·on die <-, -en> (SPRACHWISS.: ↔ *Konnotation*) *die konstante, sich nicht verändernde Bedeutung eines Wortes* (*im Hinblick auf die genannte Klasse von Personen, Gegenständen oder Sachverhalten*)

den·tal <nicht steig.> *Adj.* ANAT. *zu den Zähnen gehörig* ▶Dentalhygiene, Dentallabor

Den·tal·laut der <-(e)s, -e> (SPRACHWISS.: *≈ Dental, Zahnlaut*) *Konsonant, der mit der Zungenspitze an den Schneidezähnen gebildet wird* Zu den Dentallauten gehören beispielsweise „d" und „t"

Den·tist, Den·tis·tin der <-en, -en> (*veralt.*) *Zahnarzt ohne Hochschulprüfung*

de·nu·kle·a·ri·sie·ren <denuklearisierst, denuklearisierte, hat denuklearisiert> *mit OBJ* ■ *jmd. denuklearisiert etwas von Atomwaffen befreien* ▶Denuklearisierung

De·nun·zi·ant, De·nun·zi·an·tin der <-en, -en> (*abwert.*) *jmd., der andere aus niederen Beweggründen anzeigt*

De·nun·zi·a·ti·on die <-, -en> (*abwert.*) *eine Anzeige durch einen Denunzianten*

de·nun·zie·ren <denunzierst, denunzierte, hat denunziert> *mit OBJ* **1.** ■ *jmd. denunziert jmdn. bei etwas Dat.* (*abwert.*) *jmdn. aus niederen Beweggründen bei einer Behörde anzeigen* jemanden bei der Polizei denunzieren **2.** ■ *jmd. denunziert etwas als etwas* (*abwert.*) *etwas öffentlich als negativ beurteilen oderkritisieren, so dass dadurch zugleich eine Person angegriffen wird* eine Rede des politischen Gegners als ideologisches Programm denunzieren

Deo das <-s, -s> (*umg.*) *kurz für „De(s)odorant"*

De·o·do·rant das [de?odo'rant] <-s, -s> *ein kosme-*

tisches Mittel gegen Körpergeruch, das auf die Achselhöhlen aufgetragen oder aufgesprüht wird

de·o·do·rie·ren [deʔodo'ri:rən] <deodorierst, deodorierte, hat deodoriert> mit OBJ ■ jmd. deodoriert etwas (geh.) den Körpergeruch hemmen

De·o·rol·ler der <-s, -> ein Deodorant in der Form einer Flasche, an deren Ende sich eine Kugel befindet, welche eine kleine Menge des Inhalts gleichmäßig austreten lässt, wenn man damit über die Haut streicht

De·o·spray der/das <-s, -s> Deodorant, das aus einer Dose aufgesprüht wird

De·o·stift der <-(e)s, -e> Deodorant in der Form einer festen Substanz, die in die Form eines Stifts gepresst ist

De·par·te·ment[1] das [departə'mã:] <-s, -s> Verwaltungsbezirk in Frankreich

De·par·te·ment[2] das [departə'mɛnt] <-(e)s, -e> (schweiz.) **1.** Teil der Bundes- oder Kantonsverwaltung **2.** Ministerium

De·pen·dan·ce die [depã'dã:s] <-, -n> **1.** (≈ Niederlassung) Zweigstelle einer Firma **2.** Nebengebäude eines Hotels

De·per·so·na·li·sa·ti·on die <-, -en> MED. PSYCH. eine psychische Störung, bei der sich jmd. nicht mehr als Person fühlt und seinen Körper als fremd und nicht zu ihm gehörig empfindet

de·pla·ciert, a. **de·plat·ziert** [depla'tsi:ɐ̯t] Adj. (geh.) so, dass es in einer bestimmten Umgebung unpassend und unangemessen ist Seine dauernden Kommentare während des Festvortrags waren völlig deplatziert.

De·po·la·ri·sa·ti·on die <-, -en> **1.** CHEM. Aufhebung der elektrochemischen Polarisation in galvanischen Elementen **2.** PHYS. teilweise oder völlige Aufhebung des Polarisationszustandes von Licht ▶depolarisieren

De·po·nie die <-, -n> Platz, auf dem Müll (endgültig) gelagert wird ◆Atommüll-, Müll-, Sondermüll-

de·po·nie·ren <deponierst, deponierte, hat deponiert> mit OBJ ■ jmd. deponiert etwas irgendwo **1.** (≈ hinterlegen) etwas für eine bestimmte Zeit jmdm. geben oder an einem bestimmten Ort lagern, damit es sicher verwahrt ist Er hat das Geld in einem Safe deponiert., Wir haben einen Hausschlüssel beim Nachbarn deponiert. **2.** (umg. scherzh.) etwas irgendwo hinlegen Wo hast du die Autoschlüssel deponiert?

De·por·ta·ti·on die <-, -en> der Vorgang, dass einzelne Menschen oder ganze Volksgruppen aus ihrem Lebensraum zwangsweise an einen anderen Ort verschleppt werden die Deportation von Juden in die Konzentrationslager zur Zeit des Nationalsozialismus

de·por·tie·ren <deportierst, deportierte, hat deportiert> mit OBJ ■ jmd. deportiert jmdn. (≈ verschleppen) jmdn. zwangsweise an einen anderen Ort bringen Die Häftlinge sind deportiert worden. ▶Deportierung

De·po·si·tar, a. **De·po·si·tär** der <-s, -e> WIRTSCH. jmd., der Wertgegenstände oder Wertpapiere verwahrt

De·po·si·ten <-> (Plur.) (BANKW.: ≈ Bankeinlagen) Gelder, die für einen mehr oder minder langen Zeitraum bei einer Bank eingelegt werden

De·po·si·ten·bank die <-, -en> (BANKW.: ↔ Effektenbank) Kreditbank, deren Tätigkeit häufig auf die Annahme von Depositen und die Gewährung kurzfristiger Kredite beschränkt ist

De·po·si·ten·kon·to das <-s, -s/Depositenkonten> BANKW. Konto, das über Depositen geführt wird

De·pot das [de'po:] <-s, -s> **1.** eine (staatliche) Stelle zur Aufbewahrung oder Lagerung von Gegenständen oder Stoffen (in großen Mengen) **2.** BANKW. eine Abteilung einer Bank, in der Wertsachen gelagert werden **3.** eine Art große Garage für Straßenbahnen, Busse oder Lokomotiven die Straßenbahn ins Depot fahren **4.** MED. eine Ablagerung einer Substanz in einem Organ **5.** (schweiz.) Pfand für Entliehenes

De·pot·ge·bühr die <-, -en> BANKW. Entgelt für die Aufbewahrung und Verwaltung von Wertpapieren und Wertsachen

De·pot·prä·pa·rat das <-(e)s, -e> MED. ein Medikament, das langsam vom Organismus aufgenommen wird und deshalb über einen längeren Zeitraum wirkt

Depp der <-en, -en> (süddt. österr. abwert.) Dummkopf

dep·pert <nicht steig.> (süddt. österr. abwert. ≈ blöd, dumm)

De·pres·si·on die <-, -en> **1.** MED. PSYCH. eine psychische Störung, bei der man sich sehr traurig, lustlos und ohne Hoffnung fühlt und oft keine Aktivität mehr zeigt an schweren Depressionen leiden, in eine Depression fallen, eine Depression medikamentös behandeln **2.** (WIRTSCH.: ↔ Boom) Phase des wirtschaftlichen Niedergangs

de·pres·siv <nicht steig.> Adj. **1.** so, dass jmd. an Depressionen leidet Er ist schon seit vier Monaten depressiv. **2.** von Depression hervorgerufen, zur Depression gehörig eine depressive Phase/Verstimmung haben, depressive Schuldgefühle haben ▶Depressivität

de·pri·mie·ren <deprimierst, deprimierte, hat deprimiert> mit OBJ ■ etwas deprimiert jmdn. (≈ niederdrücken) bewirken, dass jmd. entmutigt und niedergeschlagen wird Diese schlechten Aussichten deprimieren mich., Bei trübem Wetter ist sie immer deprimiert.

De·pri·va·ti·on die <-, -en> PSYCH. Mangel oder Verlust an Zuwendung; fehlende Zuwendung die Deprivationen, unter denen Kinder von Suchtkranken leiden

De·pu·tat das <-(e)s, -e> **1.** eine Sachleistung, die zusätzlich zum Lohn oder Gehalt erbracht wird Ein Schullehrer auf dem Dorf bekam früher zusätzlich zum Gehalt noch ein Deputat an Holz, Kohlen und Lebensmitteln. **2.** die Anzahl der Unterrichtsstunden einer Lehrkraft Sie unterrichtet mit einem halben Deputat.

De·pu·ta·ti·on die <-, -en> eine Gruppe von Ab-

gesandten einer Regierung oder einer anderen offiziellen politischen Institution

de·pu·tie·ren <deputierst, deputierte, hat deputiert> *mit OBJ* ■ *jmd. deputiert jmdn. einen Bevollmächtigten abordnen*

De·pu·tier·te der/die <-n, -n> *ein Teilnehmer einer Deputation*

der **I.** *Art.* (*der bestimmte Artikel in der maskulinen Form; die Form des Femininums lautet „die“, die Form des Neutrums „das“*) **1.** *verwendet, um auszudrücken, dass es die durch das Substantiv bezeichnete Person oder Sache nur einmal gibt* das Universum, die Regierung der Bundesrepublik Deutschland, der Maler Paul Klee **2.** *verwendet, um auszudrücken, dass die durch das Substantiv bezeichnete Person oder Sache in einer gegebenen Situation dem Sprecher und dem Hörer gleichermaßen bekannt sind und es völlig eindeutig ist, wer oder was gemeint ist* Ist der Computer da überhaupt angeschlossen?, Das Regal reicht fast nicht mehr aus. **3.** *verwendet, um auszudrücken, dass die durch das Substantiv bezeichnete Person oder Sache die gleiche ist, die in einem vorangegangenen Satz schon erwähnt wurde* Die Firma hatte zwei Geschäftsführer und einen Prokuristen. Der Prokurist hat vor zwei Jahren gekündigt. **4.** *verwendet vor Substantiven, die weiter modifiziert werden* Er hatte das Gefühl, dass niemand ihn mochte., Beschreiben Sie bitte den Traum, den Sie hatten! **5.** *verwendet vor Substantiven, die Eigennamen darstellen* der Daimler-Chrysler-Konzern, das Radsport- Magazin „tour“, die Zeitschrift „Stereo“ **6.** (*umg.*) *verwendet vor Personennamen, wenn die Person(en) eindeutig bekannt ist (sind)* Die Schulzes aus dem Nachbarhaus ziehen weg., Heute kommt noch der Robert vorbei. **7.** *verwendet vor Personennamen, wenn die Person eine prominente Frau ist, die weithin bekannt ist* die Monroe (≈ die (berühmte) Marilyn Monroe), die Dietrich (≈ die (berühmte) Marlene Dietrich) **8.** (*umg.* ≈ *pro*) Salatköpfe zu einem Euro das Stück, bei Zigarettenpreisen von drei Euro die Packung … **9.** *verwendet, um auszudrücken, das die durch das Substantiv bezeichnete Sache als Gattungsbezeichnung gemeint ist* Der Computer hat die Arbeitswelt verändert (≈ der Computer als Phänomen; jeder einzelne Computer hat zu dieser Veränderung beigetragen). **II.** *Pron.* (*Demonstrativpronomen in der maskulinen Form; die Form des Femininums lautet „die“, die Form des Neutrums „das“*) *verwendet, um auf die durch das Substantiv bezeichnete Person oder Sache hinzuweisen, die in einer gegebenen Situation dem Sprecher und dem Hörer gleichermaßen gegenwärtig sind und es völlig eindeutig ist, wer oder was gemeint ist* Der Koffer (und nicht der andere) war es., Wir haben einen Arzt gerufen. Hoffentlich kann der ihr helfen! **III.** *Pron.* (*Relativpronomen in der maskulinen Form; die Form des Femininums lautet „die“, die Form des Neutrums „das“*)

der·art *Adv.* (≈ *dermaßen*) *so, in solchem Maße, auf solche Weise* Er hat sich derart aufgeregt, dass er lange nicht einschlafen konnte.

der·ar·tig <nicht steig.> *Adj. so beschaffen, so geartet* Derartige Vorkommnisse dürfen sich nicht wiederholen., etwas Derartiges ◆ Großschreibung→R Hast du Derartiges schon einmal erlebt?

derb *Adj.* **1.** (≈ *grob, unsanft*) *so, dass man im Umgang mit jmdm. oder etwas nicht feinfühlig ist und z.B.nicht darauf achtet, dass es dem anderen nicht Schmerzen zufügt* jemanden derb anfassen **2.** (≈ *rau, grob*) *so, dass die Oberfläche von etwas relativ wenig bearbeitet und daher rau und uneben ist* ein derber Stoff **3.** *so, dass Worte oder ein Verhalten zweideutig und ein wenig obszön sind* derbe Späße/Witze

Der·by das ['dɛrbi] <-(s), -s> **1.** *Pferderennen* **2.** *sportliche Begegnung, Wettkampf* das heutige Derby zwischen den beiden lokalen Vereinen

de·re·gu·lie·ren <deregulierst, deregulierte, hat dereguliert> *mit OBJ* ■ *jmd. dereguliert etwas* (↔ *regulieren*) *regelnde Maßnahmen aufheben*

de·ren *Pron. Gen. Sing. und Plur. von „die“* Die Schülerin, deren Heft ich hier habe …, Die Häuser, deren Dächer man von hier aus sehen kann …

de·rent·we·gen *Adv. wegen dieser* Die Frau, derentwegen er sie verlassen hat …

der·glei·chen *Pron.* (*geh.*) *so etwas* Er hatte dergleichen noch nie erlebt., Dergleichen hatte man noch nie gesehen.

De·ri·vat das <-(e)s, -e> **1.** CHEM. *abgeleitete chemische Verbindung* **2.** (SPRACHWISS.: ≈ *Ableitung*) *ein Wort, das von einem anderen Wort abgeleitet ist* ▶derivativ

De·ri·va·ti·on die <-, -en> (SPRACHWISS.: ≈ *Ableitung*) *Bildung eines neuen Wortes aus einem Ursprungswort* ▶derivativ

der·je·ni·ge *Pron., Pron.* (*Demonstrativpronomen in der maskulinen Form; die Form des Femininums lautet „diejenige“, die Form des Neutrums „dasjenige“*) **1.** *verwendet mit einem Substantiv, an das ein Relativsatz angeschlossen ist, welcher eine Eigenschaft der durch das Substantiv bezeichneten Person oder Sache bezeichnet* Diejenigen Kursteilnehmer, die Computergrundkenntnisse haben, können diese Einführung überspringen. **2.** *verwendet wie ein Substantiv, um (intensiv) auf die bezeichnete Person oder Sache hinzuweisen, die ansonsten nicht näher bezeichnet ist* Derjenige, der keine Fahrkarte hat, muss Strafe zahlen.

der·lei *Pron.* **1.** (≈ *dergleichen*) *von solcher Art* Derlei Bemerkungen finde ich unfair. **2.** *so etwas* Derlei kommt öfter vor.

der·ma·ßen *Adv. derart, so sehr* Musst du dich dermaßen aufregen?, Der Hörsaal war dermaßen überfüllt, dass niemand auf den eintretenden Professor achtete.

Der·ma·to·lo·gie die <-> (*kein Plur.*) MED. *Lehre von den Hautkrankheiten* ▶dermatologisch

der·sel·be *Pron. verwendet, um auszudrücken, dass zwischen zwei Dingen oder Zuständen einer Sache Identität besteht* Er ist derselbe geblieben wie früher., Sie sitzen immer auf demselben Platz im Theater.

der·weil *Adv.* (*geh.* ≈ *inzwischen*) Sie begann derweil zu arbeiten.

Der·wisch der <-(e)s, -e> REL. *Mitglied eines islamischen mystischen Ordens, zu dessen Riten Musik und Tänze gehören*

der·zeit *Adv.* (≈ *gegenwärtig*) *zum momentanen Zeitpunkt* Dieses Buch ist derzeit vergriffen., der derzeit schnellste Einhundertmeterläufer der Welt

der·zei·tig <nicht steig.> *Adj.* (≈ *gegenwärtig*) Seine derzeitige Freundin arbeitet bei der Zeitung., die derzeitige Lage am Arbeitsmarkt

Des das <-, -> MUS. um einen Halbton erniedrigtes D

des *Art. Gen. Sing. von „der" und „das"* das Bild des des Kindes/des Vaters

De·sas·ter das <-s, -> (*geh.* ≈ *Katastrophe*) *ein großes Unglück mit verhängnisvollen Folgen* Niemand konnte dieses Desaster vorhersehen., Der Flug des Luftschiffes endete mit einer Brandkatastrophe – ein Desaster, von dem sich die Luftschifffahrt nie mehr erholen sollte.

de·sas·trös *Adj.* (*geh*) *katastrophal, verhängnisvoll* Die Expedition endete desaströs mit dem Tod aller Bergsteiger.

de·sa·vou·ie·ren [dɛsavu'i:rən] <desavouierst, desavouierte, hat desavouiert> *mit OBJ* (*geh.*) **1.** ■ *jmd. desavouiert jmdn.* POLIT. *in der Öffentlichkeit bloßstellen* **2.** ■ *jmd. desavouiert etwas* POLIT. *etwas, das offiziell gilt, nicht anerkennen* ▶Desavouierung

De·sen·si·bi·li·sie·rung die <-> (*kein Plur.*) MED. *der Vorgang, dass man den Organismus gegen bestimmte Allergene unempfindlich macht, indem man ihn an sie allmählich gewöhnt* Ziel der Behandlung war die Desensibilisierung der Patientin gegen Pollen.

De·ser·teur der [dezɛr'tø:ɐ̯] <-s, -e> MILIT. *ein Soldat, der sich unerlaubt von der Truppe entfernt* Auf Deserteure wartete die Verurteilung vor dem Kriegsgericht und der Tod durch Erschießen.

de·ser·tie·ren <desertierst, desertierte, ist desertiert> *ohne OBJ* ■ *jmd. desertiert* MILIT. *sich unerlaubt von der Truppe entfernen* Viele Soldaten sind gegen Kriegsende desertiert.

De·ser·ti·fi·ka·ti·on die <-> (*kein Plur.*) GEOGR. *das Vordringen der Wüste auf zuvor fruchtbares Land*

des·glei·chen *Adv.* (*geh.* ≈ *ebenfalls*) Die Reisegruppe wartete vor dem Museum, desgleichen der Reiseleiter.

des·halb *Adv.* (≈ *darum*) *aus diesem Grunde* Seid ihr nur deshalb gekommen?, Er ist krank, deshalb fehlt er heute.

De·si·de·rat das <-(e)s, -e> (*geh.*) *etwas, dessen Erforschung notwendig oder mindestens wünschenswert ist* Die Klärung der tieferen Beziehungen zwischen Syntax und Semantik bleibt ein Desiderat der modernen Linguistik.

De·sign das [di'zain] <-s, -s> **1.** *die Gestaltung eines Produkts hinsichtlich seines optischen Erscheinungsbildes und seiner Benutzbarkeit* ein Gerät in modernem/zeitgemäßem Design ◆Auto-, Industrie-, Möbel- **2.** (*kein Plur.*) *die Kunst und Wissenschaft der Produktgestaltung* Sie studiert Design., die Stars des italienischen Designs

De·sig·ner, **De·sig·ne·rin** der [di'zainɐ] <-s, -> *jmd., der sich beruflich mit der Gestaltung von (industriellen) Produkten beschäftigt* Das Sofa wurde von einem bekannten Designer entworfen.

De·sig·ner-Dro·ge die [di'zainɐ...] <-, -n> *synthetisch hergestelltes Rauschgift*

De·sig·ner·mö·bel die [di'zainɐ...] <-> *Plur. von einem namhaften Designer entworfene Möbel*

De·sig·ner·mode die [di'zainɐ...] <-> (*kein Plur.*) *von Modedesignern entworfene Mode*

de·sig·nie·ren <designierst, designierte hat designiert> *mit OBJ* ■ *jmd. designiert jmdn.* (≈ *bestimmen*) *für ein Amt vorsehen* der designierte Nachfolger des Ministers

de·sig·niert <nicht steig.> *Adj.* (*geh.*) *so, dass jmd. für ein Amt vorgesehen ist* der designierte Nachfolger des Präsidenten

des·il·lu·si·o·nie·ren <desillusionierst, desillusionierte, hat desillusioniert> *mit OBJ* ■ *jmd./etwas desilluioniert jmdn.* (*geh.*) *jmdn., der sich falsche Vorstellungen macht, dadurch enttäuschen, dass man ihm die tatsächliche Realität vor Augen führt* Zahlreiche Abenteurer kehrten vom so genannten „Goldrausch" desillusioniert zurück.

Des·in·fek·ti·on die <-, -en> (MED.: ≈ *Desinfizierung*) *Abtöten von Keimen und Bakterien* die Desinfektion der Operationsinstrumente

Des·in·fek·ti·ons·mit·tel das <-s, -> *Mittel zur Desinfektion* ein chemisches Desinfektionsmittel verwenden

Des·in·fek·ti·ons·spray das <-s, -s> *Spray zum Desinfizieren* Desinfektionsspray auf die Schürfwunde sprühen

des·in·fi·zie·ren <desinfizierst, desinfizierte, hat desinfiziert> *mit OBJ* ■ *jmd. desinfiziert etwas* MED. *etwas von Keimen oder Bakterien befreien* chirurgische Instrumente desinfizieren

Des·in·te·gra·ti·on die <-> (*kein Plur.*) (*geh.* ↔ *Integration*) *Mangel an Integration; schrittweise Auflösung von etwas, das ein integriertes Ganzes ist* die Desintegration einer Gesellschaft nach Kriegsende

Des·in·te·res·se das <-s> (*kein Plur.*) (*geh.* ≈ *Gleichgültigkeit*) *der Sachverhalt, dass jmd. keinerlei Interesse an etwas zeigt* mit einem Vorschlag bei den Kollegen auf völliges Desinteresse stoßen

de·skrip·tiv <nicht steig.> *Adj.* (*fachspr.* ↔ *präskriptiv*) *so, dass es nur den Zustand von etwas beschreibt, aber nicht sagt, wie es sein sollte* eine rein deskriptive Darstellung ▶Deskription

Desk·top·pub·li·shing, *a.* **Desk·top-Pub·li·shing** das ['dɛsktɔp'pablɪʃɪŋ] <-> (*kein Plur.*) EDV *Erstellung von Satz und Layout von Texten mit Hilfe des Computers*

Des·o·do·rant das [dɛsʔodo'rant] <-s, -s> (≈ *Deodorant*) *Mittel gegen Körpergeruch* ◆-spray, -stift

des·o·do·rie·ren [dɛsʔodo'ri:rən] <desodorierst,

desodorierte, hat desodoriert> *mit OBJ* ■ *jmd. desodoriert etwas den Körpergeruch hemmen*

de·so·lat *Adj.* (*geh.*) *so heruntergekommen, dass es trostlos und hoffnungslos erscheint* Das Haus befand sich in einem desolaten Zustand.

des·ori·en·tie·ren <desorientierst, desorientierte, hat desorientiert> *mit OBJ* ■ *jmd./etwas desorientiert jmdn.* (↔ *orientieren*) *falsch unterrichten, verwirren* Mit gezielten Fehlinformationen sollte die Bevölkerung im Kriegsgebiet desorientiert werden. ▶Desorientierung

des·ori·en·tiert, **des·ori·en·tiert** *Adj.* (*geh.*) *unzureichend oder falsch informiert* (*und deshalb verwirrt*) Wir waren in der fremden Umgebung völlig desorientiert.

Des·oxi·da·ti·on die <-> (*kein Plur.*) CHEM. *Entzug von Sauerstoff aus einer chemischen Verbindung*

des·oxi·die·ren <desoxidierst, desoxidierte, hat desoxidiert> *mit OBJ* ■ *jmd. desoxidiert etwas einer chemischen Verbindung Sauerstoff entziehen*

Des·oxy·ri·bo·nuk·le·in·säu·re die <-> (*kein Plur.*) (BIOL.: ≈ *DNS*) *die chemische Verbindung, die Träger der Erbinformation ist*

des·pek·tier·lich *Adj.* (*geh.* ≈ *abfällig*) *ohne den nötigen Respekt* Sie machte sehr despektierliche Bemerkungen über ihren Chef.

Des·pe·ra·do der <-s, -s> **1.** POL. *jmd., der zu verzweifelten, gewalttätigen politischen Aktionen entschlossen ist* **2.** (≈ *Bandit, Abenteurer*)

des·pe·rat *Adj.* (*geh.*) *so, dass jmd. verzweifelt und hoffnungslos ist* sich in einer desperaten Lage befinden

Des·pot, **Des·po·tin** der <-en, -en> **1.** (POL.: ≈ *Tyrann*) *Person, die eine unumschränkte Gewaltherrschaft ausübt* ein grausamer Despot **2.** (*abwert.*) *herrische Person* Die Abteilungsleiterin hatte den Ruf, eine Despotin zu sein.

des·po·tisch *Adj.* **1.** POL. *so, dass jmd. eine unumschränkte Macht* (*mit Gewalt*) *ausübt* ein despotischer Fürst **2.** (*abwert.*) *so, dass jmd.* (*in einer Machtposition*) *herrisch und rücksichtslos* (*zu seinen Untergebenen*) *ist* von einem despotischen Chef unterdrückt werden

Des·po·tis·mus der <-> (*kein Plur.*) *System der Gewaltherrschaft*

des·sen *Pron. Gen. von „der", „das"* der Junge/das Kind und dessen Eltern ■ **dessen ungeachtet** (*geh.*): *trotzdem* ◆ Getrenntschreibung→R Sie war krank, dessen ungeachtet ging sie zur Arbeit.

Des·sert das [dɛ'seːɐ̯] <-s, -s> (≈ *Nachspeise*) Eis zum Dessert anbieten

Des·sert·löf·fel der [dɛ'seːɐ̯...] <-s, -> *kleiner Löffel, mit dem man z.B. das Dessert isst*

Des·sert·tel·ler der [dɛ'seːɐ̯...] <-s, -> *kleiner Teller für das Dessert*

Des·sert·wein der [dɛ'seːɐ̯...] <-(e)s, -e> *süßer Wein, der meist zum Dessert gereicht wird*

Des·sous das [dɛ'suː] <-, -> (*meist im Plur.*) (*geh.*) *elegante Damenunterwäsche*

de·sta·bi·li·sie·ren <destabilisierst, destabilisierte, hat destabilisiert> *mit OBJ* ■ *jmd. destabilisiert etwas* (*geh.*) *aus dem Gleichgewicht bringen* die politische Lage destabilisieren ▶Destabilisierung

Des·til·lat·bren·ner, **Des·til·lat·bren·ne·rin** der <-s, -> *s.* **Destillateur**

De·stil·la·teur, **De·stil·la·teu·rin** der [destila'tøːr] <-s, -e> *jmd., der Branntwein herstellt*

De·stil·lier·ap·pa·rat der <-(e)s, -e> *Apparat zum Destillieren*

des·til·lie·ren <destillierst, destillierte, hat destilliert> *mit OBJ* ■ *jmd. destilliert etwas* CHEM. *eine Flüssigkeit verdampfen und den Dampf wieder eine Flüssigkeit werden lassen* Alkohol destillieren, destilliertes Wasser ▶Destillierung

des·to *Konj.* (≈ *um so*) je mehr, desto besser

des·truk·tiv *Adj.* (*geh.*) **1.** (≈ *zerstörerisch*) *so, dass es Dinge zerstört* die destruktive Kraft einer Bombe **2.** (↔ *konstruktiv*) *so, dass jmd. oder etwas nicht dazu beiträgt, dass Situationen besser gemacht und Probleme gelöst werden* Durch ihre destruktive Haltung hat sie jeden Versuch, das Problem zu lösen, vereitelt.

des·we·gen *Adv.* (≈ *aus diesem Grunde*) Der Zug hatte Verspätung. Deswegen war ich fünf Minuten später im Büro.

Des·zen·denz die <-, -en> **1.** *Verwandtschaft in absteigender Linie* **2.** ASTRON. *Untergang eines Gestirns*

Des·zen·denz·the·o·rie die <-, -en> (BIOL.: ≈ *Abstammungslehre*) *die Lehre, nach der die höheren Lebewesen aus den niederen hervorgegangen sind*

De·tail das [de'taj] <-s, -s> (*geh.* ≈ *Einzelheit*) etwas bis ins kleinste Detail beschreiben, ein Automodell mit vielen realistischen Details ■ **ins Detail gehen**: *Einzelheiten erklären oder diskutieren* Wir können später noch ins Detail gehen, sollten jetzt aber über die allgemeinen Fakten sprechen.

de·tail·ge·nau [de'taj...] *Adj. so, dass es bis ins Detail übereinstimmt* eine detailgenaue Kopie

de·tail·lie·ren [deta'jiːrən] <detaillierst, detaillierte, hat detailliert> *mit OBJ* ■ *jmd. detailliert etwas bis ins Detail erklären, darstellen* Er detailliert seine Vorgehensweise.

de·tail·liert [deta'jiːrt] *Adj.* (*geh.*) *sehr genau* etwas detailliert beschreiben

De·tail·list der [deta'jiːst] <-en, -en> (*schweiz.*) *Einzelhändler*

De·tek·tei die <-, -en> *Detektivbüro*

De·tek·tiv, **De·tek·ti·vin** der <-s, -e> *jmd., der beruflich Personen beobachtet oder Verbrechen aufklärt* ◆ -roman, Privat-, Polizei-

De·tek·tiv·ge·schich·te die <-, -n> *eine Geschichte, die von einem Detektiv handelt, der ein Verbrechen aufklärt*

De·tek·tor der <-s, -en> PHYS. TECHN. *ein Gerät, mit dem man bestimmte Stoffe oder Vorgänge nachweisen kann* ◆ Lügen-, Metall-

De·ter·mi·nan·te die <-, -n> **1.** (*geh*) *etwas, das einen Sachverhalt oder eine Entwicklung* (*mit*) *bestimmt* Das Buch analysiert die Determinanten der derzeitigen gesellschaftlichen Entwicklung und diskutiert Lösungsvorschläge namhafter Wissenschaftler. **2.** MATH. *Rechenhilfsmittel der Algebra* **3.** BIOL. *noch ungeklärter Faktor in der Keimentwicklung, der für die Vererbung und Entwicklung bestimmend ist*

De·ter·mi·na·ti·on die <-, -en> **1.** (*fachspr. ≈ Abgrenzung, Bestimmung*) *Bestimmung eines Begriffs durch einen untergeordneten Begriff, der ihn eingrenzt* **2.** BIOL. *die Festlegung, durch die eine Keimzelle darauf ausgerichtet ist, ein bestimmtes Organ in einer bestimmten Weise auszubilden* **3.** PSYCH. *der Sachverhalt, dass alle psychischen Phänomene durch angeborene oder durch erworbene Faktoren bedingt sind*

de·ter·mi·nie·ren <determinierst, determinierte, hat determiniert> *mit OBJ* ■ *jmd. determiniert etwas* (*geh.*) *im Voraus festlegen, bestimmen*

De·ter·mi·nis·mus der <-> PHILOS. *die Anschauung, dass alle Ereignisse im Voraus festgelegt sind und es keinen freien Willen gibt* ▸Determinist, deterministisch

De·to·na·ti·on die <-, -en> *starke, laute Explosion* Bei der Sprengung hörte man mehrere Detonationen.

de·to·nie·ren <detoniert, detonierte, ist detoniert> *ohne OBJ* ■ *etwas detoniert* (*geh.*) *lautstark explodieren* Die Bombe detonierte.

Deu·te·lei die <-, -en> (*abwert.*) *eine übertriebene Art, etwas zu deuten* / ◆ Stern-

deu·ten **I.** *mit OBJ* ■ *jmd. deutet etwas* (≈ *interpretieren*) *den Sinn von etwas erklären* Ich kann seine Worte nicht deuten., einen Traum deuten **II.** *ohne OBJ* **1.** ■ *jmd. deutet auf etwas Akk. / irgendwo hin mit dem Finger oder einem Gegenstand eine Geste machen, die jmds. Blick auf eine Person, einen Gegenstand oder in eine bestimmte Richtung lenkt* Er deutete zur Tür., Sie deutet mit dem Finger auf ihren Nachbarn. **2.** ■ *etwas deutet auf etwas Akk. vermuten lassen; ein Anzeichen für etwas sein* Ihre Beschwerden deuten auf eine Grippe.

Deu·ter, **Deu·te·rin** der <-s, -> *jmd., der eine Sache interpretiert oder auslegt* ◆ Stern-

Deu·te·ri·um das <-s> (*kein Plur.*) CHEM. *schwerer Wasserstoff*

deut·lich *Adj.* **1.** *so, dass man es gut, klar und genau wahrnehmen kann* Der Leuchtturm ist in der Ferne deutlich zu sehen., laut und deutlich sprechen **2.** (≈ *explizit*) *so, dass es eindeutig und unmissverständlich ist* jemandem etwas ganz deutlich sagen, Muss ich erst deutlich werden?

Deut·lich·keit die <-> (*kein Plur.*) **1.** *Klarheit; gute Wahrnehmbarkeit* die Deutlichkeit, mit der man ein Bild/ein Geräusch wahrnimmt **2.** (≈ *Explizitheit*) *Unmissverständlichkeit* jemandem etwas in aller Deutlichkeit sagen

deutsch <nicht steig.> *Adj.* **1.** *zu Deutschland und seinen Bürgern gehörend* die deutsche Geschichte, die deutsche Regierung, das deutsche Volk **2.** *in der Sprache, die in Deutschland, in Österreich und in* (*Teilen*) *der Schweiz gesprochen wird* die deutsche Sprache, Der Kursleiter spricht mit den Lernern deutsch. ■ **Deutsche Demokratische Republik** GESCH.: *einer der beiden deutschen Staaten* (*von 1949 bis 1990*) ◆ Kleinschreibung Geschichte wird französisch und alle anderen Fächer werden deutsch unterrichtet., den Unterricht deutsch halten; Großschreibung der Deutsche Schäferhund, der Deutsch-Französische Krieg

Deutsch (das) <-(s)> **1.** (*ohne Artikel*) *die deutsche Sprache* Sie lernt seit vier Jahren Deutsch., Er hat es auf Deutsch gesagt. ◆ -kenntnisse, -kurs, -lehrwerk, -lerner(in), -unterricht **2.** (*mit Artikel*) *die deutsche Sprache in ihrer besonderen Verwendung durch eine Gruppe oder Person* der eigentümliche Tonfall seines Deutsch, das Deutsch der Beamten ◆ Amts-, Beamten-, Juristen- **3.** (SCHULE: *ohne Artikel*) *die deutsche Sprache und Literatur als Schulfach* Sie ist Lehrerin für Deutsch und Französisch., Er unterrichtet Deutsch und Latein am Gymnasium., in Deutsch immer gute Noten haben ■ **auf gut Deutsch** (*umg.*): *in direkter Weise und ohne Umschweife ausgedrückt* (**Oder**) **verstehst du kein Deutsch?** (*umg.*): *verwendet, um auszudrücken, dass man sich über jmds. Verhalten ziemlich ärgert, weil dieser* (*vor allem eine Aufforderung oder Anweisung*) *ignoriert oder nicht zu verstehen scheint* ◆ Großschreibung→R Deutsch als Muttersprache sprechen, Deutsch und Mathematik unterrichten

Deutsch·ar·beit die <-, -en> SCHUL. *eine schriftliche Arbeit im Fach Deutsch* Morgen schreiben wir in der Schule eine Deutscharbeit.

deutsch-deutsch <nicht steig.> *Adj.* (GESCH.: *nur attr.*) *die Beziehungen zwischen der Bundesrepublik und der DDR betreffend* ein Stück deutsch-deutscher Geschichte

Deut·sche[1] das <-n> *die Deutsche Sprache* des Deutschen mächtig sein *siehe auch* **Austriazismus**, **Helvetismus**, **Österreich**, **Schweiz**

> **i Wissenswert** **Deutsch** ist Landessprache in Deutschland, Österreich und der Schweiz, in Liechtenstein und Luxemburg. Als Minderheitensprache spielt Deutsch ferner eine Rolle in Südtirol, in Ostbelgien und im südlichen Dänemark. In ihrer geschichtlichen Entwicklung besitzt die deutsche Sprache bestimmte Abschnitte, die man üblicherweise wie folgt datiert: Althochdeutsch (8. Jahrhundert bis 1050), Mittelhochdeutsch (1050 bis 1350), Neuhochdeutsch (seit dem 14. Jahrhundert).

Deut·sche[2] der/die <-n, -n> *jmd., der die deutsche Staatsangehörigkeit hat*

Deutsch·herr der <-> (*nur Plur.*) GESCH. *Ritter des Deutschen Ordens*

Deutsch·land das <-s> *der Staat in Mitteleuropa, in dem die Deutschen leben* die Bevölkerung/die Geschichte/die Grenzen/ die Hauptstadt Deutschlands, die Teilung/die Wiedervereinigung Deutschlands ◆ Nord-, Ost-, Süd-, West-

Deutsch·land·rei·se die <-, -n> *eine Reise durch Deutschland* Auf seiner Deutschlandreise machte er in vielen Städten Station.

deutsch·land·weit <nicht steig.> *Adj. so, dass es ganz Deutschland betrifft oder für ganz Deutschland gilt* eine deutschlandweite Werbekampagne

deutsch·spra·chig <nicht steig.> *Adj.* **1.** *so, dass dort die deutsche Sprache gesprochen wird* im deutschsprachigen Ausland **2.** *so, dass es in deutscher Sprache geschrieben ist oder die deutsche Sprache darin benutzt wird* deutschsprachige Rundfunksendungen im Ausland empfangen können, eine deutschsprachige Zeitung

Deutsch·tü·me·lei die <-> *(kein Plur.) (abwert.) übertriebene Betonung der deutschen Wesensart*

Deutsch·un·ter·richt der <-(e)s> *(kein Plur.) Schulunterricht in deutscher Sprache und Literatur*

Deu·tung die <-, -en> *(≈ Interpretation) die Handlung, dass man versucht, in einer Sache einen bestimmten Sinn zu erkennen, der in ihr (in verschlüsselter Form) enthalten ist* die Deutung eines Traums, Dieses späte Werk des Dichters scheint sich Deutungen immer wieder zu entziehen. ◆-sansatz, -sversuch

De·vi·se die <-, -n> *(≈ Motto, Wahlspruch) ein kurzer Satz oder eine kurze Wendung, in der eine Leitlinie enthalten ist, gemäß der jmd. immer handelt oder zu handeln versucht* „Niemals aufgeben!" ist seine Devise.

De·vi·sen <-> *Plur.* WIRTSCH. *Zahlungsmittel in fremder Währung* Waren in Devisen bezahlen ◆-bestimmung, -sperre

De·vi·sen·ab·kom·men das <-s, -> POL. *Abkommen zwischen Staaten, in dem der Devisenverkehr geregelt ist*

De·vi·sen·ab·tei·lung die <-, -en> BANKW. *Abteilung einer Bank, die für die Devisen zuständig ist*

De·vi·sen·be·darf der <-s> *(kein Plur.)* WIRTSCH. *Bedarf an Devisen*

De·vi·sen·be·schaf·fer der <-s, -> WIRTSCH. *jmd., der für die Beschaffung von Devisen zuständig ist*

De·vi·sen·bi·lanz die <-, -en> WIRTSCH. *Bilanz, die aus der Gesamtheit der Devisengeschäfte berechnet wird*

De·vi·sen·bör·se die <-, -n> WIRTSCH. *Börse, an der mit Devisen gehandelt wird*

De·vi·sen·han·del der <-> *(kein Plur.)* WIRTSCH. *An- und Verkauf von Devisen*

De·vi·sen·händ·ler, **De·vi·sen·händ·le·rin** der <-s, -> *jmd., der mit Devisen handelt*

De·vi·sen·kurs der <-es, -e> WIRTSCH. *Marktpreis, zu dem Devisen gekauft oder verkauft werden*

De·vi·sen·markt der <-(e)s, Devisenmärkte> WIRTSCH. *Gesamtheit des Devisenhandels einer Wirtschaftsregion*

De·vi·sen·re·ser·ve die <-, -n> WIRTSCH. *Bestand an ausländischen Zahlungsmitteln*

De·vi·sen·schmug·gel der <-s> *(kein Plur.) Schmuggel von Devisen*

De·vi·sen·spe·ku·la·ti·on der <-> *(kein Plur.) Spekulation mit Devisen*

De·vi·sen·ver·ge·hen das <-s, -> RECHTSW. *Vergehen gegen Bestimmungen zur Ein- oder Ausfuhr von Devisen*

de·vot *Adj. (geh. abwert.) so, dass sich jmd. übertrieben unterwürfig verhält und seinen eigenen Wert völlig unterordnet* eine devote Haltung einnehmen

De·vo·ti·o·na·li·en die <-> *Plur. Gegenstände, die eine religiöse Bedeutung haben (und die man kaufen kann, z.B. Kreuze, Heiligenbilder usw.)*

De·zem·ber der <-(s), -> *der zwölfte Monat des Jahres*

de·zent *Adj. so, dass es zurückhaltend und unaufdringlich ist* dezente Farben/Farbtöne/Muster, Mode von einer dezenten Eleganz, sich dezent im Hintergrund halten

de·zen·tral, **de·zen·tral** <nicht steig.> *Adj. (geh. ↔ zentral) so, dass etwas auf verschiedene Stellen aufgeteilt ist und nicht nur von einer einzigen Stelle aus gelenkt wird* eine dezentrale Energieversorgung mit vielen kleinen Kraftwerken

De·zen·tra·li·sa·ti·on die <-> *(kein Plur.) das Dezentralisieren; Übertragung von Aufgaben oder Funktionen an verschiedene Stellen*

de·zen·tra·li·sie·ren <dezentralisierst, dezentralisierte, hat dezentralisiert> *mit OBJ* ■ *jmd. dezentralisiert etwas (geh. ↔ zentralisieren) Aufgaben oder Funktionen auf verschiedene Stellen aufteilen* die Verwaltung dezentralisieren, indem man Aufgaben und Veranwortung an untergeordnete Stellen weitergibt

De·zer·nat das <-(e)s, -e> AMTSSPR. *Geschäftsbereich einer Behörde*

De·zer·nent, **De·zer·nen·tin** der <-en, -en> AMTSSPR. *Person, die ein Dezernat leitet* ◆Kultur-

De·zi·bel das <-s> *(kein Plur.)* PHYS. *Einheit der Lautstärke*

de·zi·diert *Adj. (geh.) so, dass jmd. bestimmt, entschieden und energisch ist* Er ist dafür bekannt, dass er immer sehr dezidiert seine Meinung sagt.

de·zi·mal <nicht steig.> *Adj.* MATH. *so, dass es auf die Grundzahl 10 bezogen ist*

De·zi·mal·bruch der <-(e)s, Dezimalbrüche> MATH. *Bruchzahl, die dezimal ausgedrückt ist und mit einem Komma geschrieben wird* einen gemeinen Bruch in einen Dezimalbruch umwandeln, Einen Bruch mit dem Zähler drei und dem Nenner vier kann man als Dezimalbruch 0,75 (gesprochen: „nullkommasiebenfünf" oder „nullkommafünfundsiebzig") darstellen.

De·zi·mal·klas·si·fi·ka·ti·on die <-, -en> MATH. *eine Klassifikation, die sich auf die Grundzahl 10 bezieht*

De·zi·mal·rech·nung die <-> *(kein Plur.)* MATH. *Rechnung mit Dezimalbrüchen*

De·zi·mal·stel·le die <-, -n> MATH. *bei Dezimalbrüche eine Stelle rechts des Kommas* die erste/zweite Dezimalstelle

de·zi·mie·ren <dezimierst, dezimierte, hat dezimiert> *mit OBJ* ■ *jmd. dezimiert etwas verringern, reduzieren* Die Zahl der in Freiheit lebenden Tiger ist erheblich dezimiert worden., Schonungsloses Jagen dezimierte die Büffelherden Nordamerikas.

DFB der [de:ʔɛfˈbe:] <-s> (*kein Plur.*) *Abkürzung von „Deutscher Fußball-Bund“*

DFÜ die [de:ʔefˈy:] <-> (*kein Plur.*) EDV *Abkürzung von „Datenfernübertragung“*

DGB der [de:ge:ˈbe:] <-s> (*kein Plur.*) *Abkürzung von „Deutscher Gewerkschaftsbund“*

Dha·ka das <-s> *Hauptstadt von Bangladesch*

Dia das <-s, -s> *kurz für „Diapositiv“*

Di·a·be·tes der <-> (*kein Plur.*) (MED.: ≈ *Zuckerkrankheit*) *kurz für „Diabetes mellitus“; eine Krankheit, bei der der Blutzuckerspiegel erhöht ist* ◆-patient-, -therapie

Di·a·be·ti·ker, Di·a·be·ti·ke·rin der <-s, -> MED. *Person, die an der Zuckerkrankheit leidet*

Di·a·be·ti·ker·kost die <-> (*kein Plur.*) *spezielle Kost für Diabetiker*

Dia·be·trach·ter der <-s, -> *optisches Gerät, mit dem Diapositive vergrößert betrachtet werden können*

di·a·bo·lisch *Adj.* (*geh.*) *teuflisch und boshaft* ein diabolisches Lachen

di·a·chron *Adj.* (*geh.* ↔ *synchron*) *im geschichtlichen Verlauf betrachtet* diachrone Motivforschung, diachrone Sprachwissenschaft

Di·a·dem das <-s, -e> *kostbarer Kopf- oder Stirnschmuck* ein mit Diamanten besetztes Diadem

Di·a·gno·se die <-, -n> MED. *der Vorgang, dass ein Arzt durch eine Untersuchung bei einem Patienten eine Krankheit feststellt* Der Arzt stellt eine Diagnose. ◆-verfahren, -zentrum, Fehl-

Di·a·gnos·ti·ker der <-s, -> *jmd., der eine Diagnose stellt* Es hat sich herumgesprochen, dass dieser Arzt ein guter Diagnostiker ist. ▸Diagnostik

di·ag·nos·ti·zie·ren <diagnostizierst, diagnostizierte, hat diagnostiziert> *mit OBJ* ■ *jmd. diagnostiziert etwas* MED. *eine Krankheit feststellen* Bei ihm wurde eine Verkrümmung der Wirbelsäule diagnostiziert.

di·a·go·nal <nicht steig.> *Adj. so, dass eine Gerade in einem Viereck von links unten nach rechts oben oder von rechts unten nach links oben verläuft* diagonale Streifen

Di·a·go·na·le die <-, -n> MATH. *eine Gerade, die zwei nicht nebeneinander liegende Ecken eines Vielecks verbindet*

Di·a·go·nal·schritt der <-(e)s, -e> SPORT *Gleitschritt beim Skifahren*

Di·a·gramm das <-(e)s, -e> *grafische Darstellung von Größenverhältnissen oder Zahlenwerten* ◆Säulen-, Torten-

Di·a·kon, *a.* **Di·a·kon** der <-s, -e/-en> REL. *kirchlicher Amtsträger oder Geistlicher*

Di·a·ko·nat das <-(e)s, -e> **1.** *Amt eines Diakons* **2.** *Wohnung eines Diakons* **3.** *Pflegedienst an Hilfsbedürftigen* (*besonders im Krankenhaus*)

Di·a·ko·nie die <-> (*kein Plur.*) *sozialer Dienst der evangelischen Kirche im Bereich Krankenpflege und soziale Fürsorge*

di·a·ko·nisch <nicht steig.> *Adj. so, dass es den kirchlichen Sozialdienst betrifft*

Di·a·ko·nis·se/Di·a·ko·nis·sin die <-, -n/-nen> REL. *Krankenschwester im Sozialdienst der evangelischen Kirche*

Di·a·lekt der <-(e)s, -e> (≈ *Mundart*) *eine regionale Variante einer Sprache, die in einem bestimmten Gebiet gesprochen wird* Man kann ihn nur schwer verstehen, weil er (starken) Dialekt spricht. ◆-geographie, -sprecher

Di·a·lekt·for·schung die <-> (SPRACHWISS.: (*kein Plur.*)) *Erforschung der Dialekte einer Sprache*

Di·a·lek·tik die <-> (*kein Plur.*) **1.** PHILOS. *eine Methode, bei der Erkenntnis durch das Denken in gegensätzlichen Begriffen ohne Erfahrung gesucht wird* **2.** *rhetorische Kunst der Diskussion in Rede und Gegenrede* **3.** (*geh.*) *die einer Sache innewohnende Gegensätzlichkeit* objektive Dialektik ▸Dialektiker

di·a·lek·tisch <nicht steig.> *Adj. zur Dialektik gehörig*

Di·a·log der <-(e)s, -e> **1.** (*geh.* ↔ *Monolog*) *Gespräch zwischen zwei oder mehreren Personen* einen angeregten Dialog führen **2.** *Gespräch zwischen Vertretern verschiedener Gruppen, die sich um gegenseitiges Verständnis bemühen* der interreligiöse/interkulturelle Dialog **3.** (*geh.* ≈ *Austausch*) *den Dialog zwischen Hochschulen und Wirtschaft intensivieren*

Di·a·log·form die <-> (*kein Plur.*) *literarische Form, bei der Dialoge als wesentliches Gestaltungsmittel eingesetzt werden* eine Erzählung in Dialogform

di·a·lo·gisch <nicht steig.> *Adj. so, dass es in Dialogform verfasst ist*

Di·a·ly·se die <-, -n> **1.** (MED.: ≈ *Blutwäsche*) *das regelmäßige Reinigen von Blut bei nierenkranken Patienten* ◆-apparat, -station **2.** CHEM. PHYS. *Verfahren zur Trennung von Flüssigkeiten* ▸dialytisch

Di·a·ly·se·zen·trum das <-s, Dialysezentren> *Spezialklinik für die Anwendung der Dialyse*[1]

Di·a·mant der <-en, -en> *ein sehr harter Edelstein* ein mit Diamanten besetzter Ring

di·a·man·ten <nicht steig.> *Adj.* **1.** *so, dass es aus oder mit Diamant(en) gefertigt ist* ein diamantener Ring **2.** *so, dass es einem Diamanten ähnlich, mit ihm vergleichbar ist* diamantener Glanz, ein Stein von diamantener Härte ■ **diamantene Hochzeit**: *60. Hochzeitstag*

Di·a·man·ten·händ·ler der <-s, -> *jmd., der mit Diamanten handelt*

Di·a·man·ten·kol·li·er das [...kɔlˈje:] <-s, -s> (≈ *Diamantkollier*) *ein mit Diamanten besetztes Kollier*

Di·a·mant·na·del die <-, -n> *mit Diamanten besetzte Anstecknadel*

Di·a·mant·ring der <-(e)s, -e> *mit Diamanten besetzter Ring*

Di·a·mant·schliff der <-(e)s> *die bestimmte Art, in der ein Diamant geschliffen ist*

Di·a·mant·schmuck der <-(e)s, -e> (*Plur. selten*) *Schmuck, der aus Diamanten besteht oder mit Diamanten besetzt ist*

di·a·met·ral <nicht steig.> *Adj.* **1.** MATH. *auf einem Durchmesser gelegen* **2.** *(geh.) einander genau entgegengesetzt* diametral entgegengesetzte Ansichten haben

Di·a·po·si·tiv das <-s, -e> *(geh.) durchsichtige Fotografie, die auf eine Leinwand projiziert werden kann*

Di·ar·rhö die <-> *(kein Plur.)* (MED.: ≈ *Durchfall*)

Di·as·po·ra die <-> *(kein Plur.)* **1.** REL. *ein Gebiet, in dem eine religiöse Minderheit lebt und von einer Mehrheit mit anderer Konfession umgeben ist* in der Diaspora leben **2.** *die religiöse Minderheit, die in der Diaspora[1] lebt*

di·as·to·lisch <nicht steig.> *Adj.* (MED.: ↔ *systolisch*) *so, dass es den Blutdruck im Augenblick der Erschlaffung des Herzmuskels betrifft*

Di·ät die <-, -en> (≈ *Schonkost*) *eine bestimmte Art der Ernährung für Kranke oder Übergewichtige* Diät halten/verordnet bekommen, eine eiweißreiche/strenge Diät ◆ Großschreibung→R Er muss Diät leben. ◆-assistent, -koch, -kur, -plan, Reduktions-

Di·ä·ten die <-> *Plur.* POL. *Bezüge der Abgeordneten eines Parlaments* die Diäten erhöhen ◆-erhöhung

di·ä·te·tisch <nicht steig.> MED. *so, dass es der Diät entspricht oder sie betrifft*

Di·ät·jo·ghurt der <-s, -s> *Joghurt mit reduziertem Fettgehalt und Zuckeraustauschstoffen*

Di·a·to·nik die <-> *(kein Plur.)* MUS. **1.** *das Dur-Moll-System* **2.** (↔ *Chromatik*) *das Fortschreiten einer Tonfolge in der Tonleiter, die sieben Stufen hat*

Di·ät·scho·ko·la·de die <-> *(kein Plur.) Schokolade mit reduziertem Fettgehalt und Zuckeraustauschstoffen*

Di·a·vor·trag die <-(e)s, Diavorträge> *durch das Zeigen von Dias begleiteter Vortrag*

dich *Pron. Akk. von „du"*

Di·cho·to·mie die <-, -n> **1.** (PHILOS. SPRACHWISS.: ≈ *Zweiteilung*) *Gliederung nach zwei Gesichtspunkten* **2.** BOT. *die Zweiteilung als die Grundform, in der sich viele Pflanzen verzweigen* ▶dichotomisch

dicht *Adj.* **1.** *von einer großen Dichte[1]* Die Bäume stehen zu dicht (beieinander)., Es herrschte dichter Verkehr., dicht bevölkerte Landstriche ◆-gedrängt, -besiedelt **2.** (≈ *undurchdringlich*) *so, dass man nicht sehen kann, was dahinter ist* dichte Bewölkung, dichter Nebel **3.** *undurchlässig* Das Fass/der Reifen ist nicht dicht., das Dach dicht machen ◆luft-, wasser- **4.** ■ **nicht (ganz) dicht sein** *(umg. abwert.)*: *verrückt sein* ◆ Getrenntschreibung→R eine dicht behaarte Brust, dicht gedrängt am Eingang warten, die (Fugen am) Fenster dicht machen

Dich·te die <-, (-n)> **1.** *das Ausmaß, in dem gleichartige Dinge irgendwo verteilt sind* die Dichte der Besiedlung, die Dichte des Verkehrs ◆Bevölkerungs-, Einwohner-, Verkehrs- **2.** PHYS. *das Verhältnis zwischen Masse und Volumen* die Dichte der Luft

dich·ten[1] *mit OBJ/ohne OBJ* ■ *jmd. dichtet (etwas) ein Gedicht verfassen* Verse dichten, In seiner Freizeit dichtet er. ▶Dichtkunst

dich·ten[2] *mit OBJ* ■ *jmd. dichtet etwas* (≈ *abdichten*) *dicht machen* ein Leck dichten

Dich·ter, Dich·te·rin der <-s, -> **1.** *jmd., der Gedichte schreibt* **2.** *(veralt.) Person, die literarische Werke verfasst*

dich·te·risch *Adj. auf die Dichtkunst bezogen* das dichterische Werk Heinrich Heines ■ **dichterische Freiheit**: *die Freiheit des Dichters, aus künstlerischen Gründen vom alltäglichen Realismus abzuweichen*

Dich·ter·le·sung die <-, -en> *(öffentliche) Lesung eines Dichters aus seinen Werken*

Dich·ter·ling der <-s, -e> *(abwert.* ≈ *Versemacher) unbegabter, schlechter Dichter*

dicht·hal·ten <hältst dicht, hielt dicht, hat dichtgehalten> *ohne OBJ* ■ *jmd. hält dicht (umg.) nichts verraten* Ich hoffe, du kannst dichthalten!

Dicht·kunst die <-> *(kein Plur.)* **1.** *dichterisches Schaffen* **2.** (≈ *Poesie*) *Dichtung als Kunstgattung*

dicht·ma·chen <machst dicht, machte dicht, hat dichtgemacht> **I.** *mit OBJ* ■ *jmd. macht etwas dicht* **1.** *(umg.) jmd. dichtet etwas ab* die Fugen am Fenster dichtmachen **2.** *jmd. schließt etwas* den Laden um achtzehn Uhr dichtmachen **II.** *ohne OBJ* ■ *jmd. macht dicht (umg.) schließen* Wenn das Geschäft nicht bald besser geht, können wir in einem halben Jahr dichtmachen. *siehe aber* **dicht**

Dich·tung[1] die <-, -en> (LIT.: *kein Plur.*) **1.** (≈ *Lyrik*) *die Gedichte* die Dichtung des achtzehnten Jahrhunderts **2.** *Gesamtheit der Literatur (einer Zeit oder eines Autors)* die Dichtung der Klassik, die deutsche Dichtung des Barockzeitalters

Dich·tung[2] die <-, -en> TECHN. *Werkstück zur Abdichtung zwischen zwei Geräteteilen* eine defekte/poröse Dichtung auswechseln

Dich·tungs·bahn die <-, -en> BAUW. *undurchlässiges Material zur Abdichtung eines Raumes, das in einer bestimmten Breite aufgelegt wird*

Dich·tungs·gum·mi der <-s, -s> TECHN. *ringförmige Dichtung aus Gummi*

Dich·tungs·schei·be die <-, -n> TECHN. *scheibenförmige Dichtung*

dick *Adj.* **1.** *(umg.* ≈ *korpulent, übergewichtig* ↔ *schlank) so, dass jmd. im Verhältnis zu seiner Körpergröße ein zu hohes Körpergewicht hat* Sie ist dick geworden., Sind Dicke wirklich gemütlicher? **2.** *von relativ großem Umfang oder Durchmesser* ein dicker Baumstamm, ein dickes Seil **3.** *zäh und dickflüssig* den Saft so lange kochen, bis er dick wird, eine dicke Soße ▶eindicken **4.** *(umg.) dicht und undurchdringlich* im dicksten Gewühl/Nebel **5.** *so, dass relativ viel von einer Substanz auf etwas gebracht wird* das Brett dick mit Farbe bestreichen, dick Butter aufs Brot streichen ■ **dicke Freunde** *(umg.)*: *eng vertraute Freunde* **es dick(e) haben** *(umg.)*: *es satt haben* Jetzt habe ich es aber dick(e)!, durch dick und dünn; *(umg.) durch alle Freuden und Schwierigkeiten* mit jemandem durch dick und dünn gehen

dick·bau·chig *Adj. so, dass es stark nach außen gewölbt ist* eine dickbauchige Flasche

Dick·darm der <-(e)s, Dickdärme> ANAT. der auf den Dünndarm folgende Darmabschnitt

Dick·darm·ent·zün·dung die <-, -en> MED. *Entzündung des Dickdarms*

Di·cke die <-, -n> *der Abstand zwischen den äußeren Begrenzungsflächen eines Körpers* Bretter mit einer Dicke von zwei Zentimetern

di·cke *Adv.* (*umg.*) *reichlich, vollauf* (*genug*) Davon haben wir dicke.

dick·fel·lig *Adj.* (*umg. abwert.*) *die Eigenschaft, dass jmd. unempfindlich gegen Ermahnungen und Missbilligungen ist* Bei ihm wirst du wohl nichts erreichen, er ist ziemlich dickfellig.

dick·flüs·sig *Adj.* (≈ *zähflüssig*) ein dickflüssiger Saft

Dick·häu·ter der <-s, -> *Bezeichnung für verschiedene Tiere, die groß sind und eine relativ dicke Haut haben, z.B. Elefanten, Nashörner*

Di·ckicht das <-(e)s, -e> **1.** *dicht wachsendes Gebüsch* sich im Dickicht verstecken **2.** (*umg.* ≈ *Dschungel*) *etwas, das kompliziert und undurchschaubar ist* das Dickicht der Paragraphen und Verordnungen

Dick·kopf der <-(e)s, Dickköpfe> (*umg.*) **1.** *eigensinnige Person* Sie wird sich schon durchsetzen, sie ist ein ziemlicher Dickkopf. **2.** *eigensinniges Wesen* einen Dickkopf haben, seinen Dickkopf durchsetzen ▶dickköpfig

Dick·köp·fig·keit die <-> (*kein Plur.*) (*umg.*) *dickköpfiges, eigensinniges Wesen* Seine Dickköpfigkeit nervt mich, er will einfach keinen Rat annehmen.

dick·lip·pig *Adj. so, dass jmd. relativ dicke Lippen hat* ein dicklippiger Mund

Dick·ma·cher der <-s, -> (*umg.*) *Nahrungsmittel mit vielen Kalorien, dessen* (*häufiger*) *Genuss übergewichtig macht*

Dick·milch die <-> (*kein Plur.*) *saure Milch*

Dick·mit·tel das <-s, -> KOCH. *Mittel zum Andicken, z.B. einer Soße*

Dick·wanst der <-(e)s, -e> (*umg. abwert.*) *dicke Person*

Di·dak·tik die <-> (*kein Plur.*) (*fachspr.*) *die Methode des Unterrichtens, der Vermittlung von Lehrstoff* ▶didaktisch

Di·dak·ti·ker, **Di·dak·ti·ke·rin** der <-s, -> *jmd., der auf dem Gebiet der Didaktik arbeitet*

die *Pron., Art. Nom. Sing. und Plur. und Akk. Sing. und Plur. von „die“* die Katze, die dort sitzt, Ich pflege die Katze, die ich gefunden habe., die Katzen, die dort sitzen, Ich pflege die Katzen, die ich gefunden habe.

Dieb, **Die·bin** der <-(e)s, -e> *jmd., der etwas gestohlen hat* Der Dieb konnte gefasst werden., den Dieb auf frischer Tat ertappen

Die·bes·beu·te die <-, -n> (≈ *Diebesgut*) *von einem Dieb gestohlene Beute*

die·bes·si·cher <nicht steig.> *Adj. so, dass etwas vor Dieben gesichert ist* die diebessichere Aufbewahrung der Wertsachen in einem Tresor

die·bisch *Adj.* **1.** *so, dass jmd. dazu neigt, häufig zu stehlen* die diebische Elster **2.** *so, dass man es mit heimlicher Freude tut* sich diebisch die Hände reiben/über etwas freuen

Dieb·stahl der <-(e)s, Diebstähle> *der Vorgang, dass jmd. etwas stiehlt* der Polizei einen Diebstahl melden

Dieb·stahls·de·likt das <-(e)s, -e> RECHTSW. *die unrechtmäßige Aneignung von fremden Eigentum* Er wurde wegen eines Diebstahlsdeliktes angeklagt.

Dieb·stahl·si·che·rung die <-, -en> *technische Sicherung gegen Diebstahl*

die·je·ni·ge *s.* **derjenige**

Die·le die <-, -n> **1.** *einzelnes Brett eines Holzfußbodens* die Dielen streichen **2.** (≈ *Flur*) *ein meist kleinerer Vorraum, in den man nach dem Betreten eines Hauses oder einer Wohnung als erstes gelangt und von dem aus man die einzelnen Zimmer betritt* den Mantel in der Diele ablegen

Die·len·schrank der <-(e)s, Dielenschränke> *Schrank, der in der Diele*[2] *steht* (*und als Garderobe dient*) den Mantel in den Dielenschrank hängen

die·nen *ohne OBJ* **1.** ▪ *jmd. dient bei etwas Dat. in abhängiger Stellung seine Pflicht erfüllen* Er hat viele Jahre bei seinem Herrn gedient., beim Militär dienen **2.** ▪ *jmd./etwas dient etwas Dat.* (*aus eigenem Wunsch*) *für etwas tätig sein oder sich für etwas einsetzen* jmd./etwas dient der Allgemeinheit/ dem Fortschritt/einer guten Sache **3.** ▪ *jmd. kann mit etwas Dat. dienen helfen* Womit kann ich dienen? **4.** ▪ *jmd./etwas dient* (*jmdm./etwas*)(*zu etwas Dat.*) *für etwas nützlich sein oder für einen bestimmten Zweck gebraucht werden* Wozu dient das?, einem guten Zweck dienen, Damit ist mir nicht gedient., Der Tisch dient (uns) als Unterlage.

Die·ner, **Die·ne·rin** der <-s, -> **1.** (*gesch.*) *jmd., der bei jmdm. angestellt ist, um in dessen Haushalt alle anfallenden Arbeiten zu verrichten* Der Diener des Grafen sollte verschiedene Besorgungen machen. ◆-schaft, Haus-, Kammer- **2.** ▪ **einen Diener machen** (*veralt.*): *eine Verbeugung machen*

dien·lich *Adj.* (*geh.*) *so, dass es einer Sache förderlich und für diese nützlich ist* Ich würde es für dienlich halten, wenn …, Sein Verhalten war seiner Beförderung wenig/sehr dienlich. ▶Dienlichkeit

Dienst der <-(e)s, -e> **1.** (*kein Plur.*) *berufliche Arbeit* (*bei einer öffentlichen Einrichtung*) morgens seinen Dienst antreten, Der Arzt ist seit vierundzwanzig Stunden im Dienst., Morgen habe ich Dienst., der Dienst habende Arzt, die Dienst tuenden Beamten **2.** (*kein Plur.*) *Tätigkeit als Diener(in)* beim König/bei einem Fürsten im Dienst stehen **3.** (*kein Plur.*) *Tätigkeitsbereich in einer Behörde* im gehobenen Dienst tätig sein, der diplomatische/öffentliche Dienst **4.** *Hilfe* jemandem einen Dienst erweisen ▪ **im Dienst(e) einer Sache**: *zum Nutzen einer Sache* **jemand ist außer Dienst**: *jmd. ist im Ruhestand* im Dienst(e) der

Wahrheit **in/außer Dienst stellen:** *in Betrieb nehmen/stilllegen* **jemandem gute Dienste leisten:** *jmdm. nützlich sein* **jemandem einen schlechten Dienst erweisen:** *jmdm. trotz guter Absichten schaden* ◆ Getrenntschreibung→R der Dienst habende/tuende Wachmann

Diens·tag der <-(e)s, -e> *der zweite Tag der Woche*

Diens·tag·a·bend der <-s, -e> am Dienstagabend ◆ Zusammenschreibung→R Jeden Dienstagabend gehe ich zum Sport.

diens·tag·a·bends *Adv.* Wir treffen uns immer dienstagabends. ◆ Zusammenschreibung→R Die Versammlung ist immer dienstagabends.

diens·tä·gig <nicht steig.> *Adj. so, dass es an einem Dienstag stattfindet* unser gewohntes dienstägiges Treffen

diens·täg·lich <nicht steig.> *Adj. so, dass es jeden Dienstag stattfindet* das diensttägliche Training

diens·tags *Adv. an jedem Dienstag* Dienstags haben wir Sport. ◆ Getrenntschreibung Wir treffen uns immer dienstags abends. *siehe aber auch* **dienstagabends**

Dienst·äl·tes·te der/die <-n, -n> *diejenige Person einer Gruppe mit den meisten Dienstjahren*

Dienst·an·wei·sung die <-, -en> (≈ *Dienstvorschrift*) *die Gesamtheit der Vorschriften, die die dienstlichen Belange in einem bestimmten Bereich betreffen* eine Dienstanweisung befolgen

Dienst·auf·sichts·be·schwer·de die <-, -n> RECHTSW. *formlose Beschwerde (gegen einen Verwaltungsakt) bei der übergeordneten Behörde*

Dienst·be·reich der <-(e)s, -e> *Bereich, für den jmd. aufgrund seiner beruflichen Stellung zuständig ist*

Dienst·ent·he·bung die <-, -en> RECHTSW. *vorläufiges Verbot von Amtshandlungen bei gleichzeitiger Einleitung eines Disziplinarverfahrens*

Dienst·fahrt die <-, -en> *Fahrt im dienstlichen Auftrag*

dienst·frei <nicht steig.> *Adj. in Bezug auf den Dienst[1] arbeitsfrei* einen dienstfreien Tag haben

Dienst·ge·ber der (*österr.*) *Arbeitgeber*

Dienst·grad der <-(e)s, -e> *beim Militär oder bei der Polizei der bestimmte Rang, den jmd. innerhalb der Hierarchie einnimmt* ◆ Mannschafts-, Offiziers-

Dienst·herr, **Dienst·her·rin** der <-(e)n, -en> **1.** (*veralt.*) *Arbeitgeber* mehrfach den Dienstherren wechseln **2.** *vorgesetzte Behörde* Das Innenministerium ist der Dienstherr der Polizei.

Dienst·ju·bi·lä·um das <-s, Dienstjubiläen> *Jubiläum anlässlich einer bestimmten Zahl von Dienstjahren*

Dienst·leis·ter der <-s, -> WIRTSCH. *Firma, die Dienstleistungen erbringt* ◆ EDV-, Finanz-,

Dienst·leis·tung die <-, -en> WIRTSCH. *Arbeit oder Leistung in der Wirtschaft, die nicht direkt der Herstellung von Waren dient, sondern mit der für den Kunden ein Problem gelöst oder eine Aufgabe abgenommen wird* Geschäfte, Banken oder Hotels bieten Dienstleistungen an. ◆ -sgesellschaft

Dienst·leis·tungs·an·ge·bot das <-(e)s, -e> *Angebot aus dem Bereich der Dienstleisungen*

Dienst·leis·tungs·be·reich der <-(e)s, -e> *Bereich der Wirtschaft, zu dem alle Firmen und Einrichtungen gehören, die Dienstleistungen anbieten*

Dienst·leis·tungs·be·trieb der <-(e)s, -e> *Firma, die Dienstleistungen anbietet*

Dienst·leis·tungs·ge·sell·schaft die <-> (*kein Plur.*) (↔ *Industriegesellschaft*) *eine Gesellschaft, in der Dienstleistungsbetriebe eine bestimmende Rolle spielen*

Dienst·leis·tungs·ge·werk·schaft die <-, -en> *Gewerkschaft für die Arbeitnehmer, die im Dienstleistungssektor tätig sind*

Dienst·leis·tungs·sek·tor der <-s> (*kein Plur.*) WIRTSCH. *die Gesamtheit der Dienstleistungsbetriebe* den Dienstleistungssektor in einer Region stärken

Dienst·leis·tungs·un·ter·neh·men das <-s, -> WIRTSCH. *Unternehmen, das Dienstleistungen erbringt*

dienst·lich <nicht steig.> *Adj.* **1.** (≈ *geschäftlich* ↔ *privat*) *so, dass es die Ausübung des Berufes betrifft* Ich bin dienstlich hier., Er muss dienstlich verreisen., eine dienstliche Angelegenheit, Möchten Sie ihn dienstlich oder privat sprechen?, seinen dienstlichen Verpflichtungen nachkommen **2.** *so, dass es einen formellen, unpersönlichen Charakter hat* in dienstlichem Ton mit jemandem reden, Erst war er sehr freundlich, dann jedoch wurde er dienstlich …

Dienst·mar·ke die <-, -n> *eine Plakette, mit der sich Kriminalbeamte und Polizisten in Zivil ausweisen können* ◆ Polizei-

Dienst·neh·mer der <-s, -> (*österr.*) *Arbeitnehmer*

Dienst·ord·nung die <-, -en> *Gesamtheit der Dienstvorschriften*

Dienst·per·so·nal das <-s> (*kein Plur.*) *Personal, das Dienste verrichtet, besonders in Haushalten und in Hotels*

Dienst·pis·to·le die <-, n> (≈ *Dienstwaffe*) *Pistole, die im Dienst getragen wird, besonders von Polizeibeamten*

Dienst·raum der <-(e)s, Diensträume> (≈ *Dienstzimmer*) *Raum, der ausschließlich von den Bediensteten einer bestimmten Dienststelle genutzt wird* ein Dienstraum für Busfahrer

Dienst·rei·se die <-, -n> *eine Reise in dienstlichem Auftrag*

Dienst·sa·che die <-, -n> *amtliche Angelegenheit* etwas zur Dienstsache erklären

Dienst·stel·le die <-, -n> *Behörde, Amt* Wenden Sie sich an die zuständige Dienststelle!

Dienst·taug·lich·keit die <-> (*kein Plur.*) MILIT. *Tauglichkeit (für den Wehrdienst) aufgrund der allgemeinen gesundheitlichen Verfassung*

Dienst·un·taug·lich·keit die <-> (*kein Plur.*) (RECHTSW.: ≈ *Dienstunfähigkeit*)

Dienst·ver·hält·nis das <-ses, -se> *Angestellten-*

verhältnis (*im öffentlichen Dienst*) ein Dienstverhältnis eingehen

Dienst·vil·la die <-, Dienstvillen> *Villa, in der jmd. wohnen kann, solange er eine bestimmte* (*politische*) *Position hat*

Dienst·wa·gen der <-s, -> *Personenwagen für dienstliche Fahrten*

Dienst·weg der <-(e)s> (*kein Plur.*) AMTSSPR. *vorgeschriebener Ablauf der Bearbeitung einer Angelegenheit* auf dem Dienstweg, den Dienstweg einhalten

Dienst·woh·nung die <-, -en> *einem Beamten zur Verfügung gestellte Wohnung*

dies·be·züg·lich <nicht steig.> *Adj.* (*geh., nicht präd.*) *so, dass es sich auf diese Sache bezieht* Haben Sie diesbezüglich noch Fragen?

Die·sel der <-s, -> **1.** *kurz für „Dieselkraftstoff"* Diesel tanken **2.** (*umg.*) *Motor oder Fahrzeug mit Dieselantrieb* einen Diesel fahren

Die·sel·an·trieb der <-(e)s> (*kein Plur.*) *Antrieb mit einem Dieselmotor*

die·sel·be *Pron.* Sie ist dieselbe geblieben wie früher., Sie setzen sich immer auf dieselbe Seite. *s.* **derselbe**

Die·sel·kraft·stoff der <-, -e> *Kraftstoff für Dieselmotoren*

Diesel·lok die <-, -s> *kurz für „Diesellokomotive"*

Die·sel·lo·ko·mo·ti·ve die <-, -n> *Lokomotive mit Dieselantrieb*

Die·sel·mo·tor der <-s, -en> *Verbrennungsmotor, der Dieselkraftstoff benötigt*

die·ser, die·se, die·ses *Pron.* (*Pronomen*) **1.** *verwendet, um auf jmdn. oder etwas deutlich hinzuweisen, der oder das in der Situation unmittelbar anwesend ist* Diese Hose passt nicht mehr., Dieser Brief kam gestern., Dieses Haus wird abgerissen. **2.** *verwendet, um sich auf einen Zeitraum zu beziehen, der noch andauert* Die Arbeit muss diesen Monat fertig werden. **3.** *mit einem Substantiv oder Eigennamen verwendet, um eine bestimmte Wertung folgen zu lassen* Diese neuen Bildschirme sind ganz hervorragend., Besonders fleißig scheint dieser Herr Schmitz nicht zu sein. **4.** (≈ *dies*) *verwendet, um sich auf den Inhalt eines ganzen Textes oder Textabschnitts zu beziehen* Er erklärte alle Begriff und die Zusammenhänge. Dies versetzte uns in die Lage ..., Er war in guter Form. Dies(es) war ausschlaggebend für seinen Sieg. **5.** (↔ *jene, jener, jenes*) *verwendet, um in Bezug auf zwei Personen oder Dinge sich auf die eine Person oder Sache* (*im Gegensatz zur anderen*) *zu beziehen* So unterschiedlich können Brüder sein. Dieser ist extrem fleißig, jener regelrecht arbeitsscheu.

die·sig *Adj. so, dass es dunstig oder* (*leicht*) *regnerisch ist* diesiges Wetter

dies·jäh·rig <nicht steig.> *Adj.* (↔ *letztjährig*) *so, dass es in diesem Jahr stattfindet* unser diesjähriger Urlaub

dies·mal *Adv. dieses Mal* Diesmal helfe ich dir noch, beim nächsten Mal machst du es allein! ◆Zusammenschreibung→R Hat es diesmal geklappt? *siehe aber* **Mal**

dies·sei·tig <nicht steig.> *Adj.* (*geh.* ↔ *jenseitig*) *so, dass es auf dieser Seite gelegen ist* am diesseitigen Ufer

Dies·seits das <-> (*kein Plur.*) (*geh.* ↔ *Jenseits*) *die Welt; das irdische Leben, in dem man an einen materiellen Körper gebunden ist*

dies·seits *Präp.* + *Gen.* (*geh.* ↔ *jenseits*) *auf meiner/unserer Seite* diesseits der Grenze

Diet·rich der <-s, -e> *ein Werkzeug, mit dem man Schlösser öffnen kann, ohne den dazu gehörigen Schlüssel zu haben* Der Einbrecher hat mit einem Dietrich die Tür geöffnet.

dif·fa·mie·ren <diffamierst, diffamierte, hat diffamiert> *mit OBJ* ■ *jmd. diffamiert jmdn.* (*geh. abwert.* ≈ *verleumden*) *jmdn. öffentlich durch falsche Behauptungen in einen schlechten Ruf bringen* jemanden als Lügner diffamieren, diffamierende Äußerungen ▶Diffamierung

Dif·fe·ren·ti·al, *a.* **Dif·fe·ren·zi·al** das <-(e)s, -e> **1.** MATH. *Zuwachs einer Funktion bei einer Änderung ihres Arguments* **2.** KFZ *kurz für „Differenzialgetriebe"*

Dif·fe·ren·ti·al·glei·chung, *a.* **Dif·fe·ren·zi·al·glei·chung** die <-, -en> MATH. *Gleichung für eine Funktion, in der die gesuchte Funktion und mindestens eine ihrer Ableitungen vorkommen*

Dif·fe·ren·ti·a·ti·on, *a.* **Dif·fe·ren·zi·a·ti·on** die <-, -en> MATH. *Berechnung des Differenzialquotienten einer Funktion*

Dif·fe·renz die <-, -en> **1.** (*geh.*) *feststellbarer Unterschied zwischen Zahlen oder Werten* Die Messungen ergaben eine Differenz von 20 cm., eine unerhebliche Differenz zwischen Einnahmen und Ausgaben ◆-betrag, Höhen-, Preis-, Temperatur- **2.** MATH. *Ergebnis einer Subtraktion* Die Differenz von 10 und 8 ist 2. **3.** (*meist Plur.*) (*geh.* ≈ *Meinungsverschiedenheit*) *kleine Streitigkeiten* Zwischen den beiden Kollegen gab es oft Differenzen.

Dif·fe·ren·zi·al das <-(e)s, -e> *s.* **Differential**

Dif·fe·ren·zi·al·ge·trie·be das <-s, -> KFZ *Getriebe, das bei der Fahrt in Kurven die unterschiedlichen Drehzahlen der Räder ausgleicht*

Dif·fer·en·zi·al·glei·chung die <-, -en> *s.* **Differentialgleichung**

Dif·fe·ren·zi·al·rech·nung die <-, -en> MATH. *Rechnung mit Differenzialen*[1]

dif·fe·ren·zie·ren <differenzierst, differenzierte, hat differenziert> **I.** *ohne OBJ* ■ *jmd. differenziert etwas etwas durch präzisere Unterscheidungen genauer oder einem Sachverhalt angemessener machen* Können Sie die Frage etwas differenzieren? **II.** *ohne OBJ* ■ *jmd. differenziert zwischen etwas Dat.* (*geh.*) *genau zwischen etwas unterscheiden* Zwischen diesen beiden Aspekten/Begriffen/ Konzepten/Punkten muss man genau differenzieren., Er differenziert bei seinen Behauptungen zu wenig. **III.** *mit SICH* ■ *etwas differenziert sich* (*fachspr.*) *sich vom Einfachen zum Komplizierten entwickeln* Die einfachen Lebewesen der Urzeit haben sich im Laufe der Entwicklungsgeschichte immer weiter differenziert.

Dif·fer·en·zi̲ert·heit die <-> (*kein Plur.*) *die Eigenschaft, dass etwas von differenzierter Beschaffenheit ist* die innere Differenziertheit eines literarischen Werkes, die Differenziertheit der von der Firma angebotenen Arbeitszeitmodelle

dif·fe·ri̲e·ren <differierst, differierte, hat differiert> *ohne OBJ* ■ *etwas differiert (um etwas Akk.)* (*geh.*) *sich unterscheiden* Unsere Ergebnisse differieren erheblich/um einen gewissen Betrag., differierende Ansichten zu einem Problem haben

dif·fi·zi̲l *Adj.* (*geh.*) *schwierig und kompliziert* eine diffizile Frage

Dif·frak·ti·o̲n die <-, -en> PHYS. *Beugung von Wellen, z.B. Lichtwellen*

dif·fu̲s *Adj.* (*geh.*) **1.** PHYS. *unregelmäßig ausgebreitet* diffuses Licht **2.** (*geh.* ≈ *verschwommen*) *undeutlich und nicht klar abgegrenzt* von etwas nur eine diffuse Vorstellung haben, diffuse Schmerzen

Dif·fu·si·o̲n die <-, -en> **1.** PHYS. *Streuung des Lichts an rauhen Oberflächen* **2.** CHEM. BIOL. *selbständige Vermischung von Gasen, Lösungen oder mischbaren Flüssigkeiten aufgrund der Wärmebewegung der Moleküle*

di·gi·ta̲l <nicht steig.> *Adj.* **1.** TECHN. *so, dass es in Ziffern dargestellt ist* eine digitale Anzeige/Uhr **2.** (↔ *analog*) *so, dass es im binären System erfolgt* digitale Informationsverarbeitung

Di·gi·ta̲l·fern·se·hen das <-s, -> TECHN. *Fernsehsystem, bei dem die Bildübertragung durch digitalisierte Signale erfolgt, die durch einen Decoder entschlüsselt werden*

di·gi·ta·li·si̲e·ren <digitalisierst, digitalisierte, hat digitalisiert> *mit OBJ* ■ *jmd. digitalisiert etwas* **1.** TECHN. *in Ziffern darstellen* **2.** EDV *ein analoges Signal in einen digitalen Datenstrom umwandeln* ▶Digitalisierung

Di·gi·ta̲l·ka·me·ra die <-, -s> *Kamera, die im Digitalverfahren arbeitet*

Di·gi·ta̲l·uhr die <-, -en> *eine Uhr, die die Zeit nicht mit Zeigern, sondern mit Ziffern anzeigt*

Di·gi·ta̲l·zeit·al·ter das <-s> (*kein Plur.*) *Zeitalter, in dem die Digitaltechnik in vielen Bereichen angewendet wird*

Di·glos·si̲e die <-, -n> SPRACHWISS. **1.** *das Vorkommen von zwei Sprachen in einem Land* **2.** *das Vorkommen von zwei ausgebildeten Varianten der Schriftsprache in einem Land*

Dik·ta·pho̲n, *a.* **Dik·ta·fo̲n** das <-s, -e> (≈ *Diktiergerät*) *Gerät zur Aufnahme und Wiedergabe eines gesprochenen Textes*

Dik·ta̲t das <-(e)s, -e> **1.** *ein Text, der die Niederschrift eines mündlich vorgelesenen Textes ist* Heute schreiben wir ein Diktat. **2.** (*kein Plur.*) *das Diktieren[1] zur schriftlichen Aufzeichnung* Er sprach das Diktat sehr undeutlich., nach Diktat schreiben, die Sekretärin zum Diktat rufen **3.** (*geh.*) *etwas von außen Aufgezwungenes* sich dem Diktat der Mode unterwerfen

Dik·ta̲·tor, **Dik·ta·to̲·rin** der <-s, -en> POL. *Staatschef, der seine unumschränkte politische Macht mit Gewalt ausübt*

dik·ta·to̲·risch <nicht steig.> *Adj.* **1.** *so, dass jmd. mit uneingeschränkter Macht ausgestattet ist* ein diktatorisches Regime **2.** (*übertr.*) *in der Art eines Diktators* Die Chefin griff bisweilen zu diktatorischen Maßnahmen.

Dik·ta·tu̲r die <-, -en> POL. **1.** (*kein Plur.*) *eine totalitäre Staatsform, in der für einen Einzelnen oder eine Gruppierung eine nahezu uneingeschränkte Macht besteht und es keine (nennenswerte) Opposition gibt* eine Diktatur errichten/stürzen, das Leiden des Volkes unter der Diktatur ◆Militär-, Partei- **2.** *ein Land, in dem eine Diktatur[1] herrscht* die Umwandlung von Diktaturen in Demokratien

dik·ti̲e·ren <diktierst, diktierte, hat diktiert> *mit OBJ* ■ *jmd. diktiert (jmdm.) etwas* **1.** *einen Text vorsprechen, damit eine andere Person ihn aufschreibt* jemandem einen Text diktieren **2.** (*geh.*) *Vorschriften machen; etwas in einer bestimmen Weise bestimmen* die Mode/die Preise diktieren

Dik·ti̲er·ge·rät die <-(e)s, -e> *eine Art sehr kleiner Kassettenrekorder zur Aufnahme und Wiedergabe eines gesprochenen Textes*

Dik·ti·o̲n die <-, -en> (*geh.*) **1.** (≈ *Stil*) *die individuelle sprachliche Eigenart einer Person, einen bestimmten Wortschatz zu verwenden* eine differenzierte/gehobene/klare Diktion **2.** (≈ *Artikulation*) *bestimmte Art der Aussprache* eine ausdrucksvolle/deutliche Diktion

Di·le̲m·ma das <-s, -s/Dilemmata> **1.** (*geh.* ≈ *Zwickmühle*) *eine Situation, in der man zwischen zwei unangenehmen Dingen wählen muss* einen Ausweg aus einem Dilemma suchen **2.** (*fachspr.*) *ein (scheinbar) unlösbares theoretisches Problem* das Dilemma der Vorstellung, dass Licht aus Teilchen oder nicht aus Teilchen, sondern aus Wellen besteht

Di·let·ta̲nt, **Di·let·ta̲n·tin** der <-en, -en> (*geh.* ≈ *Amateur*) **1.** *jmd., der sich nicht nicht als Fachmann, sondern als Laie mit einer Sache beschäftigt* Ich bin nur eine Dilettantin auf diesem Gebiet. **2.** (*abwert.* ≈ *Stümper*) *jmd., der etwas nicht gut kann, es aber trotzdem tut* Das ist das Werk eines hoffnungslosen Dilettanten!

di·let·ta̲n·tisch *Adj.* **1.** *wie ein Dilettan[1]* eine Sache dilettantisch betreiben **2.** (*umg. abwert.*) *wie ein Dilettant[2]* Durch sein völlig dilettantisches Vorgehen hatte er den Verdächtigen gewarnt.

Di·let·tan·ti̲s·mus der <-> (*kein Plur.*) **1.** (↔ *Professionalismus*) *Beschäftigung mit einer Sache als Dilettant[1]* Sie sind weit über bloßen Dilettantismus hinaus. **2.** (*umg. abwert.* ≈ *Stümperhaftigkeit*) *Verhalten als Dilettant[2]* Sein Dilettantismus hat uns wieder einen guten Kunden gekostet.

Di̲ll der <-(e)s> (*kein Plur.*) *eine Gewürzpflanze* den Gurkensalat mit Dill würzen

Di·men·si·o̲n die <-, -en> **1.** (*nur Plur.*) *räumliche oder zeitliche Abmessungen einer Sache* Die Explosion hat einen Krater von gewaltigen Dimensionen hinterlassen. ◆Raum-, Zeit- **2.** MATH. PHYS. *Länge, Breite oder Höhe von etwas* Eine Fläche hat zwei, ein Körper hat drei Dimensionen. **3.** (*nur Plur.*) (*geh.*) *das Ausmaß, die Intensität* *von etwas* ein Unglück von verheerenden Dimensionen

Di·mi·nu·tiv der <-s, -e> (SPRACHWISS.: ≈ *Verkleinerungsform*) *eine sprachliche Form, mit der man ausdrückt, dass ein Gegenstand ein relativ kleiner Vertreter seiner Kategorie ist (z.B. „Häuschen" im Sinne von „kleines Haus") oder mit der man ausdrückt, dass der Sprecher eine positive emotionale Einstellung hat („Kindchen",„Häschen")*

dim·men <dimmst, dimmte, hat gedimmt> *mit OBJ* ■ *jmd. dimmt etwas (das Licht) mithilfe eines Dimmers regulieren* das Licht der Stehlampe dimmen

Dim·mer der <-s, -> ELEKTROTECHN. *stufenloser Helligkeitsregler* eine Lampe mit Dimmer

DIN die [di:n] <-> (*kein Plur.*) *Abkürzung von „Deutsche Industrienorm"*

DIN-A4-Blatt das <-(e)s, DIN-A4-Blätter> *ein Blatt Papier im genormten Format DIN A4*

Di·ner das [di'ne:] <-s, -s> (*geh.*) *festliches Essen* zu einem offiziellen Diner eingeladen sein

Ding das <-(e)s, -e> **1.** *ein nicht genau bezeichneter Gegenstand* Ich muss meine Dinge noch vom Tisch wegräumen. **2.** (*nur Plur.*) *eine nicht genau bezeichnete Angelegenheit oder Tatsache* Wir haben einige Dinge besprochen., Dort geschehen angeblich sonderbare Dinge. ◆ Gefühls-, Glaubens-, Privat- **3.** (*Plur.: <-er>*) (*umg. abwert.*) *ein Gegenstand, den man nicht mag oder dessen Namen man nicht kennt* Was sind denn das für komische Dinger? ■ **ein Ding drehen** (*umg.*): *eine Straftat begehen*

ding·fest ■ **jemanden dingfest machen**: *verhaften* Die Polizei konnte den Verbrecher dingfest machen.

ding·lich <nicht steig.> *Adj. gegenständlich und real*

Dings(·da) das <-> (*kein Plur.*) (*umg.*) *verwendet, um auszudrücken, dass der Sprecher den Namen einer Sache nicht kennt oder ihn nicht für wichtig hält* Gib mir mal bitte das Dings(da) zum Schreiben!

Ding·wort das <-(e)s, Dingwörter> (≈ *Substantiv*)

di·nie·ren <dinierst, dinierte, hat diniert> *ohne OBJ* ■ *jmd. diniert (geh.) festlich speisen* Die Konferenzteilnehmer dinierten am Abend in einem französischen Restaurant.

Din·kel der <-s> (*kein Plur.*) (≈ *Spelt, Spelzweizen*) *eine Weizenart* ◆ -bier, -brei, -brot

Din·ner das ['dɪnɐ] <-s, -s> (*festliches*) *Abendessen* zum Dinner eingeladen sein

Di·no der <-s, -s> (*umg. scherzh.*) *kurz für „Dinosaurier"*

Di·no·sau·ri·er der <-s, -> *eine der Riesenechsen, die in der Urzeit gelebt haben und ausgestorben sind*

Di·o·de die <-, -n> TECHN. *Elektronenröhre mit zwei Elektroden (Anode und Kathode)*

Di·o·len® das <-s> (*kein Plur.*) *eine Kunstfaser aus Polyester*

di·o·ny·sisch <nicht steig.> *Adj.* **1.** *zum altgriechischen Gott Dionysos gehörend* **2.** (*geh.*) *wild und rauschhaft* ein dyonysisches Fest

Di·opt·rie die <-, -n> PHYS. MED. *Maßeinheit für den Brechwert von Linsen*

Di·o·ra·ma das <-s, Dioramen> KUNST *dreidimensionales Schaubild*

Di·ox·an das <-s, -e> CHEM. *Lösungsmitte für Lacke, Fette u.Ä.*

Di·oxid, *a.* **Di·oxyd** das <-s, -e> CHEM. *Oxid, das zwei Sauerstoffatome enthält*

Di·o·xin das <-s, -e> CHEM. *giftige Verbindung von Chlor und Kohlenwasserstoff*

di·o·xin·hal·tig *Adj. so, dass es Dioxin enthält* dioxinhaltige Abgase

Di·oxyd das *s.* **Dioxid**

di·ö·ze·san <nicht steig.> *Adj.* REL. *so, dass es die Diözese betrifft oder zu einer Diözese gehört*

Di·ö·ze·san der <-en, -en> REL. *Angehöriger einer Diözese*

Di·ö·ze·se die <-, -n> (REL.: ≈ *Bistum*) *Amtsgebiet eines katholischen Bischofs*

Dip der <-s, -s> KOCH. *würzige, kalte, dickflüssige Soße zum Eintauchen kleiner Häppchen* Zu den Gemüsesticks wurde ein Dip gereicht.

Diph·the·rie die [dif...] <-> (*kein Plur.*) MED. *eine gefährliche Infektionskrankheit der Mandeln und des Kehlkopfes*

Diph·thong der [dif...] <-(e)s, -e> SPRACHWISS. *Doppelvokal* „Ei", „au" und „eu" sind Diphthonge.

diph·thon·gie·ren [dif...] <diphthongierst, diphthongierte, hat diphthongiert> *mit OBJ* ■ *jmd. diphthongiert etwas* SPRACHWISS. *einen Vokal in einen Diphthong umbilden* ▶ Diphthongierung

di·plo·id <nicht steig.> *Adj.* BIOL. *so, dass es einen doppelten Chromosomensatz hat*

Di·plom das <-(e)s, -e> **1.** *amtliche Urkunde über den Abschluss einer Ausbildung an einer Fachschule* ◆ Meister-, Übersetzer- **2.** *amtliche Urkunde über den Abschluss des Studiums an einer Universität oder Fachhochschule* sein Diplom als Ingenieur/Pharmazeut/Psychologe machen ◆ -urkunde

Di·plo·mand, **Di·plo·man·din** der <-en, -en> *jmd., der vor einer Diplomprüfung steht*

Di·plom·ar·beit die <-, -en> *schriftliche wissenschaftliche Arbeit zur Erlangung eines Diploms*[2] seine Diplomarbeit mit dem Professor besprechen/einreichen/schreiben

Di·plo·mat, **Di·plo·ma·tin** der <-en, -en> **1.** POL. *jmd., der als Beamter im auswärtigen Dienst sein Land offiziell vertritt* als Diplomat im Ausland arbeiten **2.** (*übertr.*) *jmd., der geschickt zu verhandeln versteht* Er ist kein Diplomat, er sagt immer ohne Umschweife, was er denkt.

Di·plo·ma·ten·kof·fer der <-s, -> *eleganter (schwarzer) Aktenkoffer*

Di·plo·ma·ten·lauf·bahn die <-, -en> *berufliche Laufbahn eines Diplomaten*

Di·plo·ma·tie die <-> (*kein Plur.*) **1.** POL. *Interessensvertretung eines Staates im Ausland* **2.** *Verhandlungsgeschick* Mit viel Diplomatie kam er schließlich doch zum Ziel. ◆ Geheim-, Reise-

di·plo·ma·tisch *Adj.* **1.** POL. *die zwischenstaatlichen Beziehungen betreffend* die diplomatische Vertretung eines Landes im Ausland, die diplomatischen Beziehungen zu einem Land abbrechen **2.** *so, dass man sich dezent und taktvoll verhält, aber für das eigene Ziel arbeitet* bei etwas sehr diplomatisch vorgehen

di·plo·mie·ren <diplomierst, diplomierte, hat diplomiert> *mit OBJ* ■ *jmd. diplomiert jmdn. jmdm. ein Diplom erteilen*

Di·plo·mier·te der/die <-n, -n> *jmd., der ein Diplom hat*

Di·plom·in·ge·nieur, **Di·plom·in·ge·nieu·rin** der [...inʒenjøːr] <-s, -e> *Ingenieur, der sein Studium mit einem Diplom abgeschlossen hat*

Di·pol der <-s, -e> PHYS. *Einheit von zwei gleich großen elektrischen oder magnetischen Ladungen, die einander entgegengesetzt sind* ◆ -dichte, -kraft, -molekül, -moment, -strahlung

Di·pol·an·ten·ne die <-, -n> TECHN. *Antenne, die aus paarweise aufeinander abgestimmten elektrischen Leitern besteht*

dir *Pron. Dat. von „du"*

di·rekt **I.** *Adj.* **1.** *so, dass die Bewegung zu einem Ziel hin auf kürzestem Wege und ohne Umweg erfolgt* Fahrt ihr direkt ins Theater? – Nein, wir fahren erst bei Hans vorbei., Das Mädchen ist nach der Schule direkt nach Hause gegangen (und nicht erst zu ihrer Freundin). **2.** (≈ *sofort*) *unverzüglich; ohne, dass eine Pause dazwischen ist* Direkt nach der Besprechung der Abteilungsleiter folgt um vierzehn Uhr die Besprechung der Gebietsleiter. **3.** (*nicht steig.*) *nahe bei etwas* Wir wohnten direkt am Meer., Wir haben unseren Garten direkt am Haus. **4.** (*nicht steig.*) *ohne Vermittlung* Ich möchte direkt mit dem Vorgesetzten sprechen., etwas direkt beim Hersteller (ohne Zwischenhandel) kaufen **5.** (*nicht steig.*) (*umg.* ↔ *indirekt*) *ohne Umschweife, klar und deutlich* eine sehr direkte Frage, eine offene, direkte Art haben **II.** *Adv.* (*umg.* ≈ *geradezu*) *verwendet, um auszudrücken, dass man von etwas leicht überrascht ist* Du bist ja direkt braun geworden!, Heute morgen hat sie mich direkt mal angelächelt.

Di·rekt·bank die <-, -en> BANKW. *Bank, bei der man seine Geschäfte direkt abwickelt*

Di·rekt·flug der <-(e)s, Direktflüge> LUFTF. *Flug zu einem bestimmten Ziel ohne Zwischenlandung* einen Direktflug nach Toronto buchen

Di·rekt·heit die <-> (*kein Plur.*) *direkte Art, direkte Beschaffenheit* die Direktheit ihrer Äußerungen

Di·rekt·in·ves·ti·ti·on die <-, -en> (WIRTSCH.: ↔ *Portfolioinvestition*) *langfristige Kapitalanlage im Ausland, die direkt vorgenommen wird* (*ohne Inanspruchnahme des Kapitalmarktes*)

Di·rek·ti·on die <-, -en> **1.** *Leitung eines Unternehmens* Dem Prokuristen wurde die Direktion der Firma übertragen. **2.** *Gesamtheit der Personen, die ein Unternehmen leiten* **3.** *Gesamtheit der Büroräume, in denen die Geschäftsleitung untergebracht ist* **4.** (*schweiz.*) *kantonales Ministerium*

Di·rek·ti·ons·as·sis·tent, **Di·rek·ti·ons·as·sis·ten·tin** der <-en, -en> *Assistent der Direktion*[2]

Di·rek·ti·ons·sek·re·tä·rin die <-, -nen> *Sekretärin der Direktion*[2]

Di·rek·ti·ve die <-, -n> *eine Anweisung, die von einer übergeodneten Stelle gegeben wird* ▸ direktiv

Di·rekt·kan·di·dat der <-en, -en> POL. *jmd., der in einem Wahlkreis persönlich kandidiert*

Di·rekt·man·dat das <-(e)s, -e> POL. *Mandat, das ein Kandidat in einem Wahlkreis persönlich erringt*

Di·rek·tor, **Di·rek·to·rin** der <-s, -en> *jmd., der eine Firma oder Institution leitet* ◆ -posten, Bank-, Fabrik-, Schul-, Zoo-

Di·rek·to·ri·um das <-s, Direktorien> *aus mehreren Personen bestehende Leitung eines Unternehmens* das Direktorium einer Versicherungsgesellschaft

Di·rekt·re·por·ta·ge die <-, -n> (TV: ≈ *Livereportage*) *Reportage, die unmittelbar vom Ort des Geschehens übertragen wird*

Di·rekt·saft der <-(e)s, Direktsäfte> *Fruchtsaft, der direkt hergestellt wird* (*ohne zuerst ein Konzentrat herzustellen*)

Di·rekt·über·tra·gung die <-, -en> (TV: ≈ *Livesendung*) *Sendung, die direkt vom Aufnahmeort übertragen wird*

Di·rekt·ver·trieb der <-(e)s, -e> WIRTSCH. *Verkauf direkt vom Hersteller an den Verbraucher* (*ohne Zwischenhandel*) landwirtschaftliche Erzeugnisse im Direktvertrieb vermarkten, Durch die Einsparung einer Handelsstufe können Waren im Direktvertrieb billiger angeboten werden.

Di·rekt·wahl die <-, -en> POL. *Wahlsystem, bei dem der Kandidat vom Wähler direkt gewählt wird*

Di·rekt·wer·bung die <-> (*kein Plur.*) WIRTSCH. *Werbung, die direkt auf einen möglichen Käufer zielt*

Di·rekt·zu·griffs·spei·cher der <-s, -> EDV *Speicher, der Daten nur über kurze Zeiten speichert und zur Zwischenablage von Daten dient*

Di·ri·gent, **Di·ri·gen·tin** der <-en, -en> *Person, die ein Orchester oder einen Chor dirigiert; Leiter eines Orchesters* ◆ Chor-, Gast-, Orchester-

Di·ri·gen·ten·pult das <-(e)s, -e> *Pult, auf dem der Dirigent seine Partitur ablegt*

di·ri·gie·ren <dirigierst, dirigierte, hat dirigiert> *mit OBJ* ■ *jmd. dirigiert etwas* **1.** MUS. *eine Orchester- oder Choraufführung leiten und dabei mit den Händen und dem Dirigentenstab anzeigen, wann welche Musiker in welcher Weise spielen müssen* ein Konzert/ein Orchester/eine Sinfonie von Beethoven dirigieren **2.** *führen; leiten* den Verkehr/die Wirtschaft dirigieren, Sie dirigierte alle zur Tür hinaus.

Di·ri·gis·mus der <-> (*kein Plur.*) WIRTSCH. POL. *staatliche Lenkung der Wirtschaft*

di·ri·gis·tisch <nicht steig.> *Adj.* WIRTSCH. POL. *so, dass es staatlich gelenkt wird* mit dirigistischen

Maßnahmen in die Wirtschaft eingreifen

Dirndl das <-s, -> **1.** (*südd. österr.*) *eine für Bayern, Österreich und die Schweiz typische Art von Trachtenkleid, zu dem insbesondere eine weiße Bluse und eine Schürze gehören* Die Sängerinnen traten im Dirndl auf. **2.** (*österr.*) *junges Mädchen*

Dir·ne die <-, -n> (*abwert.* ≈ *Nutte*) *Prostituierte*

Dis das <-, -> MUS. *ein um einen halben Ton erhöhtes D*

Disco die *s.* **Disko**

Dis·count der [dɪs'ka͜unt] <-s, -s> WIRTSCH. **1.** *Möglichkeit, die Waren in Selbstbedienung verbilligt zu erwerben* **2.** *s.* **Discountgeschäft**

Dis·coun·ter der [dɪs'ka͜untɐ] <-s, -> WIRTSCH. *Discountgeschäft*

Dis·count·ge·schäft das [dɪs'ka͜unt...] <-(e)s, -e> *Geschäft des Einzelhandels, in dem Produkte, die nicht preisgebunden sind, mit hohen Rabatten (und in Selbstbedienung) verkauft werden*

Dis·har·mo·nie die <-, -n> (*geh.* ↔ *Harmonie*) **1.** *die Tatsache, dass etwas nicht zusammenpasst* die Disharmonie der Farben **2.** *Unstimmigkeit, Streit* Die Disharmonie in dieser Familie ist offensichtlich.

dis·har·mo·nie·ren <disharmonierst, disharmonierte, hat disharmoniert> *ohne OBJ* ■ *etwas disharmoniert* (*geh.*) *nicht oder schlecht zusammenpassen* Die Farben dieses Bildes disharmonieren., Die Töne dieses Musikstückes disharmonieren., Leider disharmonieren diese beiden Kollegen.

dis·har·mo·nisch, dis·har·mo·nisch *Adj.* (*geh.*) *so, dass es schlecht zusammenpasst* eine disharmonische Farbzusammenstellung/Komposition

dis·junkt <nicht steig.> *Adj.* **1.** (*in der Logik*) *so, dass Begriffe einander ausschließen, jedoch in einer höheren Gattung zusammengehören* „Frau" und „Mann" sind disjunkte Begriffe. **2.** (MATH.: ≈ *elementefremd*) *so, dass Mengen kein gemeinsames Element besitzen* disjunkte Mengen

Dis·kant der <-s, -e> MUS. *hohe Stimmlage*

Dis·ken *Plural von Diskus*

Dis·ket·te die <-, -n> EDV *ein Datenträger in Form einer flachen Kunststoffscheibe* eine Datei auf Diskette speichern, die Diskette ins Diskettenlaufwerk einführen

Dis·ket·ten·lauf·werk das <-(e)s, -e> EDV *in einem Computer fest eingebautes Schreib- und Lesegerät für Disketten*

Disk·jo·ckei, *a.* **Disk·jo·ckey** der <-s, -s> *Person, die bei Tanzveranstaltungen oder im Radio Musik auf Schallplatten oder CDs auswählt und präsentiert*

Dis·ko, *a.* **Dis·co** die <-, -s> (*umg.*) (*Lokal für*) *Jugendtanzveranstaltung(en) mit Musik von Schallplatten oder CDs*

Dis·ko·gra·fie die <-, -n> *Schallplattenverzeichnis mit den genauen Daten eines Komponisten oder Interpreten*

Dis·ko·mu·sik die <-> (*kein Plur.*) MUS. (*als Musikstil der populären Musik*) *die Tanzmusik, die in Diskotheken gespielt wird*

Dis·kont der <-(e)s, -e> WIRTSCH. *Vorzinsen*

Dis·kont·er·höh·ung die <-, -en> WIRTSCH. *Erhöhung der Vorzinsen*

dis·kon·ti·nu·ier·lich *Adj.* (↔ *kontinuierlich*) *geh. so, dass es nicht zusammenhängend ist, sondern Unterbrechungen aufweist* eine diskontinuierliche Entwicklung

Dis·kont·la·den der <-s, Diskontläden> *s.* **Discountgeschäft**

Dis·kont·satz der <-es, Diskontsätze> WIRTSCH. *Zinssatz für Vorzinsen*

Dis·kont·sen·kung die <-, -en> WIRTSCH. *Senkung des Diskontsatzes*

Dis·ko·thek die <-, -en> (*Lokal für*) *Jugendtanzveranstaltung(en) mit Musik von Schallplatten oder CDs*

dis·kre·di·tie·ren <diskreditierst, diskreditierte, hat diskreditiert> *mit OBJ* ■ *jmd. diskreditiert jmdn.* (*geh.*) *in einen schlechten Ruf bringen* einen Politiker diskreditieren

Dis·kre·panz die <-, -en> (*geh.*) *Missverhältnis zwischen zwei Dingen oder Personen* Die Diskrepanz zwischen Worten und Taten des Politikers war unübersehbar.

dis·kret *Adj.* **1.** *so, dass jmd. rücksichtsvoll ist* sich sehr diskret verhalten, sich nach dem Besuch am Krankenbett diskret zurückziehen **2.** *so, dass es unauffällig ist und von niemandem bemerkt wird* ein diskreter Hinweis **3.** (PHYS. MATH.: ↔ *kontinuierlich*) *so, dass es aus einzelnen abgegrenzten Elementen besteht und nicht ein fortlaufendes Kontinuum ist* diskrete Werte

Dis·kre·ti·on die <-> (*kein Plur.*) (*geh.*) *Verschwiegenheit, die man über vertrauliche Dinge wahrt* Bitte behandeln Sie diese Informationen mit absoluter Diskretion., Ich bin mir deiner Diskretion sicher.

dis·kri·mi·nie·ren <diskriminierst, diskriminierte, hat diskriminiert> *mit OBJ* ■ *jmd. diskriminiert jmdn.* **1.** *einen Menschen aus bestimmten Gründen (meist wegen seiner Zugehörigkeit zu einer bestimmten Gruppe) benachteiligen und herabsetzen, indem man ihn schlechter als andere Menschen behandelt* jemanden wegen seiner Hautfarbe/Religion diskriminieren **2.** *durch negative Äußerungen jmds. Ansehen schaden*

Dis·kri·mi·nie·rung die <-, -en> **1.** (*kein Plur.*) *Herabsetzung durch Benachteiligung* die Diskriminierung ethnischer Minderheiten **2.** *diskriminierende Handlung*

Dis·kurs der <-es, -e> (*geh.*) *mündliche oder schriftliche Erörterung eines Themas* einen lebhaften Diskurs über etwas führen, der philosophische/politische Diskurs

dis·kur·siv <nicht steig.> *Adj.* **1.** PHILOS. *so, dass etwas von Begriff zu Begriff logisch fortschreitet* dikursive Logik **2.** (*geh.*) *so, dass es gesprächsweise, erörternd erfolgt* die diskursive Herangehensweise an ein Problem

Dis·kus der <-/-ses, -se/Disken> SPORT *eine flache runde Wurfscheibe*

Dis·kus·si·on die <-, -en> **1.** *lebhaftes (oft kontrovers geführtes) Gespräch über ein Thema oder*

Problem ◆ Fernseh-, Podiums- **2.** *die öffentliche Meinungsbildung und Berichterstattung über ein Thema* die Diskussion in den Medien über das Thema … verfolgen

Dis·kus·si·ons·fo·rum das <-s, Diskussionsforen> *Gruppe von Personen, die vor Zuschauern und Zuhörern diskutieren*

Dis·kus·si·ons·ge·gen·stand der <-(e)> (*kein Plur.*) *Gegenstand, Thema einer Diskussion* ein aktueller/interessanter/ kontroverser Diskussionsgegenstand

Dis·kus·si·ons·grund·la·ge die <-> (*Plur. selten*) *Grundlage, Ausgangspunkt für eine Diskussion*

Dis·kus·si·ons·run·de die <-, -n> **1.** *Gruppe von Personen, die ein Thema (öffentlich) diskutiert* **2.** *Runde, in der (regelmäßig) diskutiert wird*

Dis·kus·si·ons·ver·an·stal·tung die <-, -en> *Veranstaltung, auf der öffentlich ein bestimmtes Thema diskutiert wird*

Dis·kus·wer·fen das <-s> (*kein Plur.*) SPORT *eine Disziplin der Leichtathletik, bei der ein Diskus möglichst weit geworfen wird*

Dis·kus·wer·fer, **Dis·kus·wer·fe·rin** der <-s, -> SPORT *jmd., der Diskuswerfen betreibt*

dis·ku·ta·bel <nicht steig.> *Adj.* (↔ *indiskutabel*) *so, dass man es in Erwägung ziehen kann*

dis·ku·tie·ren <diskutierst, diskutierte, hat diskutiert> **I.** *mit OBJ* ■ *jmd. diskutiert etwas in einer Diskussion über etwas seine Meinungen austauschen* Wir haben lange über diese Frage diskutiert. **II.** *ohne OBJ* ■ *jmd. diskutiert mit jmdm. (über etwas Akk.) in einer Diskussion erörtern* ein Problem/einen Vorschlag diskutieren

dis·pa·rat <nicht steig.> *Adj.* (*geh.*) *so, dass es nicht zueinander passt oder sich widerspricht* zwei disparate Aussagen

Dis·pat·cher, **Dis·pat·che·rin** der [dɪsˈpɛtʃɐ] <-s, -s> *leitender Angestellter zur Überwachung (industrieller) Produktionsabläufe*

Dis·pens der <-es, -e> REL. *Befreiung von den geltenden Vorschriften*

dis·pen·sie·ren <dispensierst, dispensierte, hat dispensiert> *mit OBJ* ■ *jmd. dispensiert jmdn. von etwas Dat.* (*geh.*) *eine Verpflichtung aufheben* einen Schüler vom Unterricht dispensieren

Dis·per·si·on die <-> (*kein Plur.*) (*fachspr.*) *Zerstreuung, Verbreitung*

Dis·play das [dɪsˈpleː] <-s, -s> **1.** EDV *digitales Anzeigefeld für bestimmte Daten* die Telefonnummer vom Display des Telefons ablesen **2.** WIRTSCH. *Aufsteller zur Warenpräsentation*

Dis·po·nent, **Dis·po·nen·tin** der <-en, -en> *leitender kaufmännischer Angestellter*

dis·po·ni·bel <nicht steig.> *Adj. so beschaffen, dass man darüber (sofort frei) verfügen kann* disponible Gelder

dis·po·nie·ren <disponierst, disponierte, hat disponiert> *mit OBJ* ■ *jmd. disponiert (irgendwie)(über etwas Akk.)* **1.** *im Voraus planen* Sie hatte gut disponiert und alle Termine eingehalten. **2.** (≈ *verfügen*) *die Entscheidungsbefugnis haben und sagen können, was mit etwas geschehen soll* über sein Geld jederzeit disponieren können

dis·po·niert <nicht steig.> *Adj.* (*geh., nicht attr.*) *so, dass man zu etwas veranlagt ist, dazu neigt* Er ist zu Erkältungen besonders disponiert.

Dis·po·si·ti·on die <-, -en> (*geh.*) **1.** *Planung in Bezug auf Mengen, Kapazitäten o.Ä.* seine Dispositionen ändern **2.** *gegliederter Entwurf eines Textes* **3.** ■ **zur Disposition**: *zur freien Verfügung* Mein Auto steht zu eurer Disposition., einen bestimmten Betrag zur Disposition haben **4.** MED. *Veranlagung* eine Disposition zu allergischen Erkrankungen haben

dis·pro·por·ti·o·niert *Adj.* (*geh.*) *so, dass es sich nicht in einem ausgewogenen Verhältnis befindet*

Dis·put der <-(e)s, -e> (*geh.* ≈ *Auseinandersetzung*) *Streitgespräch über ein bestimmtes Thema* in einen Disput eingreifen

dis·pu·tie·ren <disputierst, disputierte, hat disputiert> *ohne OBJ* ■ *jmd, disputiert (mit jmdm.) (über etwas Akk.)* (*veralt. oder fachspr.*) *eine gelehrte Diskussion führen*

dis·qua·li·fi·zie·ren <disqualifizierst, disqualifizierte, hat disqualifiziert> **I.** *mit OBJ* ■ *jmdn. wegen etwas Dat. (von etwas Dat.) disqualifizieren* (SPORT: ↔ *qualifizieren*) *wegen Regelverletzung von einem Wettkampf ausschließen* Wer des Dopings überführt wird, wird disqualifiziert. **II.** *mit sich* ■ *jmd. disqualifiziert sich mit etwas Dat.* (*geh.* ↔ *qualifizieren*) *sich als ungeeignet erweisen* Mit ihrem Verhalten hat sie sich als Erzieherin disqualifiziert.

Dis·sens der <-es, -e> (*geh.*) *Meinungsverschiedenheit* In diesem Punkt des Vertrages gibt es noch Dissens zwischen beiden Parteien.

Dis·ser·ta·ti·on die <-, -en> (≈ *Doktorarbeit*) *wissenschaftliche Arbeit zur Erlangung der Doktorwürde*

Dis·si·dent, **Dis·si·den·tin** der <-en, -en> *jmd., dessen politische Ansichten grundlegend vom herrrschenden System seines Staates abweichen (und der als Folge dessen oft verfolgt wird)* Das Regime verfolgt alle Dissidenten gnadenlos.

Dis·si·mi·la·ti·on die <-, -en> (↔ *Assimilation*) **1.** SPRACHWISS. *das Unähnlichwerden zweier benachbarter gleicher oder ähnlicher Konsonanten durch Ersatz oder durch Ausfall eines Konsonanten* **2.** BIOL. *Abbau und Verbrauch von Körpersubstanz bei gleichzeitiger Gewinnung von Energie*

dis·so·nant *Adj. so, dass es unschön und missgestimmt klingt* dissonante Töne

Dis·so·nanz die <-, -en> **1.** MUS. *nicht harmonischer Klang* Das Musikstück ist voller Dissonanzen. **2.** (*geh. übertr.*) *Unstimmigkeiten* Zwischen den beiden Kollegen gibt es Dissonanzen.

Dis·tanz die <-, -en> **1.** (*geh.*) *eine (größere) räumliche oder zeitliche Entfernung* Etwas schon aus großer Distanz erkennen können., ein Rennen über eine Distanz von 15 km **2.** (*geh.*) *persönliche Zurückhaltung* Distanz wahren, auf Distanz gehen **3.** SPORT *vorgesehene Rundenzahl beim Boxkampf* ein Kampf über die Distanz von zwölf Runden

dis·tan·zie·ren <distanzierst, distanzierte, hat

D

distanziert> **I.** *mit OBJ* ■ *jmd. distanziert jmdn.* SPORT *überlegen besiegen* In Rennen vom letzten Sonntag distanzierte er seine wichtigsten Konkurrenten um zehn Sekunden. **II.** *mit SICH* ■ *jmd. distanziert sich (von jmdm./etwas) (geh.)* **1.** *seine Ablehnung von etwas offen erklären* Der Minister distanzierte sich von den Äußerungen des Regierungssprechers. **2.** *die Beziehungen zu jmdm. abbrechen* Nach seiner Scheidung distanzierten sich viele Freunde von ihm.

dis·tan·ziert *Adj. (geh.) so, dass sich jmd. zurückhaltend verhält und keinen persönlichen Kontakt sucht* sich distanziert verhalten, Seine distanzierte Art kann ihm leicht als Arroganz ausgelegt werden. ▶Distanziertheit

Dis·tan·zie·rung die <-, -en> *das Distanzieren*

Dis·tel die <-, -n> *krautig blühende Pflanze mit stacheligen Blättern und Stengeln*

Dis·ti·chon das <-s, Distichen> LIT. *Verseinheit, die aus einem Hexameter und einem Pentameter zusammengesetzt ist*

dis·tin·guiert [dɪstɪŋ'gi:rt] *Adj. (geh.) so, dass sich jmd. in Aussehen und Verhalten betont vornehm gibt* Sie wirkt im schwarzen Kostüm sehr distinguiert.

Dis·tri·bu·ti·on das <-, -en> *(fachspr.)* **1.** *die Art, in der bestimmte Elemente verteilt sind* eine komplementäre Distribution **2.** WIRTSCH. *einer der Kanäle, mit denen Waren vertrieblich an die Kunden gebracht werden* ◆-skanal

Dis·tri·bu·ti·o·na·lis·mus der <-> *(kein Plur.)* SPRACHWISS. *eine Richtung innerhalb der Linguistik, die durch die Untersuchung der Distribution[1] sprachlicher Elemente zu einer objektiven und vollständigen Beschreibung der Struktur einer Sprache gelangen möchte*

dis·tri·bu·tiv <nicht steig.> *Adj.* **1.** SPRACHWISS. *so, dass es in bestimmten Lautumgebungen vorkommt* **2.** MATH. *so, dass es nach dem Distributivgesetz verknüpft ist*

Dis·trikt der <-(e)s, -e> *Verwaltungsbezirk*

Dis·zi·p·lin die <-, -en> **1.** *die (konsequente) Einhaltung von Regeln* in der Schule Disziplin halten ◆Schul-, Selbst- **2.** *Teilgebiet im Sport oder in der Wissenschaft* die leichtathletischen Disziplinen, die verschiedenen Disziplinen innerhalb der Medizin ▶interdisziplinär ◆Fach-, Sport-

dis·zi·pli·när <nicht steig.> *Adj. (österr.) s.* **disziplinarisch**

dis·zi·pli·na·risch <nicht steig.> *Adj.* AMTSSPR. *so, dass es die Einhaltung von Regeln betrifft* disziplinarische Maßnahmen

Dis·zi·pli·nar·maß·nah·me die <-, -n> RECHTSW. *rechtliche Maßnahme gegen ein dienstliches Vergehen eines Beamten* Gegen den Studiendirektor wird eine Disziplinarmaßnahme eingeleitet.

dis·zi·pli·nie·ren <disziplinierst, disziplinierte, hat diszipliniert> *mit OBJ* **1.** ■ *jmd. diszipliniert jmdn. (geh.) zur Einhaltung der Regeln veranlassen* Diese Klasse ist schwer zu disziplinieren. **2.** ■ *jmd. diszipliniert etwas in eine strengere Form bringen* Sie versucht, ihren Arbeitsstil zu disziplinieren.

dis·zi·pli·niert *Adj. so, dass man die Regeln einhält* disziplinierte Schüler, sich diszipliniert verhalten

Dis·zi·pli·niert·heit die <-> *(kein Plur.) diszipliniertes Verhalten oder Wesen*

Dis·zi·pli·nie·rung die <-, -en> *das Disziplinieren*

di·to *Adv. dasselbe; ebenso*

Di·u·re·ti·kum das <-s, Diuretika> MED. *harntreibendes Mittel*

Di·va die <-, -s/Diven> *gefeierte Schauspielerin oder Sängerin* ◆Film-, Opern-

di·ver·gent *Adj.* **1.** *(geh.) so, dass es entgegengesetzt ist, unterschiedlich verläuft* Ihre Ansichten waren sehr divergent. **2.** MATH. *so, dass es keinen Grenzwert gibt* Die Folge der natürlichen Zahlen ist divergent.

Di·ver·genz die <-, -en> **1.** *(geh.) Meinungsverschiedenheit* mit jemandem Divergenzen haben **2.** MATH. ↔ KONVERGENZ *das Nichtvorhandensein von Grenzwerten*

di·ver·gie·ren <divergierst, divergierte, ist divergiert> *ohne OBJ* ■ *etwas divergiert (geh.) voneinander abweichen* Unsere Meinungen divergieren in diesem Punkt., divergierende Auffassungen

di·vers <nicht steig.> *Adj. (geh.) mehreres, verschiedene Dinge* Wir konnten zwischen diversen Angeboten wählen.

Di·ver·ti·men·to das <-s, Divertimenti> MUS. *heiteres Musikstück*

Di·vi·dend der <-en, -en> MATH. ↔ DIVISOR *die zu teilende Zahl in einer Division; Zähler eines Bruches*

Di·vi·den·de die <-, -n> WIRTSCH. *Gewinnanteile einer Aktie*

Di·vi·den·den·fäh·ig·keit der <-, -en> WIRTSCH. *Fähigkeit einer Aktie, einen Gewinn zu erzielen*

di·vi·die·ren <dividierst, dividierte, hat dividiert> *mit OBJ* ■ *jmd. dividiert etwas* (MATH.: ≈ *teilen* ↔ *multiplizieren*) *eine Zahl durch eine andere teilen* 10 dividiert durch 2 ergibt 5.

Di·vi·si·on die <-, -en> **1.** MATH. *Teilung einer Zahl durch eine andere* **2.** MILIT. *Abteilung eines Heeres*

Di·vi·si·o·när der <-s, -e> *(schweiz.)* **1.** *Befehlshaber einer Division* **2.** *zweithöchster Offiziersgrad (in Friedenszeiten)*

Di·vi·sor der <-s, -en> (MATH.: ↔ *Dividend*) *die Zahl, durch die bei einer Division[1] geteilt wird; Nenner eines Bruches*

Di·wan der <-s, -e/-s> *(veralt.) niedriges Sofa*

DJ der ['di:dʒeɪ] <-(s), -s> *(umg.) kurz für „Diskjockey"*

dji·bou·tisch *Adj. (schweiz) s.* **dschibutisch**

DJing das ['di:dʒeɪŋ] *(Jargon) das Plattenauflegen eines DJs*

dl *Abkürzung von „Deziliter"*

DLRG *Abkürzung von „Deutsche Lebens-Rettungs-Gesellschaft"*

DM [de:'ʔɛm] **1.** GESCH. *Abkürzung von „Deutsche Mark"* **2.** (SPORT: ↔ *EM, WM*) *Abkürzung von „Deutsche Meisterschaft"*

dm *Abkürzung von „Dezimeter"*

d-Moll das <-s> (*kein Plur.*) MUS. *Tonart mit einem B*

DNS die <-> (*kein Plur.*) BIOL. *Abkürzung von „Desoxyribonukleinsäure"*

do. *Abkürzung von „dito"*

Do·ber·mann der <-s, Dobermänner> ZOOL. *eine Hunderasse*

doch **I.** *Konj.* (≈ *aber*) *drückt im Nebensatz etwas aus, das im Gegensatz zur Aussage des Hauptsatzes steht* Sie wäre gern gekommen, doch sie hatte keine Zeit., Der Geist ist willig, doch das Fleisch ist schwach. **II.** *Adv.* **1.** (≈ *trotzdem*) *trotz der genannten Sache* Ich habe es ihm verboten, aber er hat es doch gemacht. **2.** (≈ *aber ja*) *betont als Antwort verwendet, um auszudrücken, dass gerade das, was in einer Frage verneint oder als fraglich angesehen wird, der Fall ist* Du hast die Prüfung nicht bestanden? Doch!, Du hast das nicht etwa so hingenommen? Doch! Was hätte ich denn machen sollen? **III.** *Partikel* **1.** *unbetont verwendet, um eine Frage beiläufiger klingen zu lassen* Wie war das doch gleich? **2.** *unbetont verwendet, um eine Aussage zu intensivieren* Das konnte er doch nicht wissen!, Das ist doch nicht dein Ernst!, Wenn er doch käme!

Docht der <-(e)s, -e> *die dünne Schnur in einer Kerze, deren oberes Ende angezündet wird*

Dock das <-(e)s, -s> SEEW. *Anlage zum Bau oder zur Reparatur von Schiffen* Das Schiff liegt im Dock.

Dock·ar·bei·ter der <-s, -> *jmd., der im Dock arbeitet*

Do·cke die <-, -n> **1.** *Garn, das lose zu einem Bündel zusammengedreht ist* **2.** *walzenförmiges Holz- oder Metallstück* **3.** (*süddt.*) *Puppe*

Dock·ha·fen der <-s, Dockhäfen> *Hafen zum Überholen und Warten von Schiffen*

Do·ge der ['doːʒə] <-n, -n> GESCH. *Staatsoberhaupt in den Republiken Genua und Venedig*

Do·gen·pa·last der ['doːʒən...] <-(e)s, Dogenpaläste> *Palast der Dogen von Venedig*

Dog·ge die <-, -n> ZOOL. *eine Hunderasse*

Dog·ma das <-s, Dogmen> **1.** (*geh. abwert.*) *eine Lehre mit dem Anspruch auf absolute Gültigkeit* eine Meinung zum Dogma erheben **2.** REL. *ein Glaubenssatz, dessen Gültigkeit als absolut betrachet wird* das Dogma von der Unfehlbarkeit des Papstes

Dog·ma·tik die <-> (*kein Plur.*) **1.** (*geh. abwert.*) *eine dogmatische[1] Haltung* **2.** REL. *wissenschaftliche Darstellung der christlichen Glaubenslehre*

Dog·ma·ti·ker, **Dog·ma·ti·ke·rin** der <-s, -> **1.** (*geh. abwert.*) *unkritischer Verfechter einer Lehrmeinung* **2.** REL. *Lehrer der Dogmatik[2]*

dog·ma·tisch <nicht steig.> *Adj.* **1.** (*geh. abwert.*) *so, dass man starr an einmal gefassten Meinungen festhält* ein dogmatischer Führungsstil **2.** REL. *ein Dogma[2] betreffend*

Dog·ma·tis·mus der <-> (*kein Plur.*) **1.** *unkritische Durchsetzung eines Standpunktes* der Dogmatismus seiner Weltanschauung **2.** REL. *unvermeidliche Voraussetzungen für fundamentale Glaubenswahrheiten*

Dog·men *Plur. von „Dogma"*

Doh·le die <-, -n> ZOOL. *ein Rabenvogel*

Dok·tor, **Dok·to·rin** der **1.** *ein akademischer Grad, für dessen Erlangung man ein abgeschlossenes Hochschulstudium als Voraussetzung haben muss und den man durch das Schreiben und Veröffentlichen einer (umfangreichen) wissenschaftlichen Arbeit und das Absolvieren einer mündlichen Prüfung erlangt* seinen Doktor (in Theologie) machen, Sie ist Doktor/Doktorin der Naturwissenschaften/der Philosophie. **2.** (*umg.*) *Arzt; Ärztin* zum Doktor gehen, Mein Kind lässt sich nicht gerne von einem Doktor untersuchen.

Dok·to·rand, **Dok·to·ran·din** der <-en, -en> *jmd., der an einer Doktorarbeit schreibt*

Dok·tor·ar·beit die <-, -en> (≈ *Dissertation*) *wissenschaftliche Arbeit zur Erlangung des Doktortitels*

Dok·tor·spiel das <-s, -e> (*meist Plur.*) *Kinderspiel, in dem (oft aus sexueller Neugier) eine ärztliche Untersuchung nachgeahmt wird*

Dok·tor·va·ter, **Dok·tor·mut·ter** der <-s, Doktorväter> *Professor(in), der/die einen Doktoranden oder eine Doktorandin wissenschaftlich betreut und berät*

Dokt·rin die <-, -en> **1.** (*geh.*) *eine als absolut gültig erklärte Lehrmeinung* unverändert an einer Doktrin festhalten **2.** *politischer (programmatischer) Grundsatz* die Doktrin von der Gewaltenteilung

Do·ku·ment das <-(e)s, -e> **1.** *amtliches Schriftstück oder Urkunde* Können Sie die geforderten Dokumente vorlegen?, Wir benötigen beglaubigte Kopien aller Dokumente. **2.** *Beleg für Ereignisse oder Lebenszusammenhänge (der Vergangenheit)* Die ausgestellten Schiffe sind eindrucksvolle Dokumente der Schiffbaukunst der Wikinger.

Do·ku·men·tar·be·richt der <-(e)s, -e> *Bericht, der reale Begebenheiten mit dokumentarischem Material darstellt*

Do·ku·men·tar·film der <-(e)s, -e> (↔ *Spielfilm*) *ein Film, der über Tatsachen berichtet* ein Dokumentarfilm über eine Polarexpedition

Do·ku·men·tar·fil·mer, **Do·ku·men·tar·fil·me·rin** der <-s, -> (*umg.*) *jmd., der Dokumentarfilme dreht*

do·ku·men·ta·risch <nicht steig.> *Adj.* (↔ *fiktional*) *so, dass es Tatsachen berichtet oder belegt* dokumentarische Aufnahmen/Fotos

Do·ku·men·ta·ti·on die <-, -en> (*geh.*) **1.** *eine geordnete Sammlung von sprachlichen, fotografischen oder gegenständlichen Belegen, die die Entwicklung von etwas darstellt* eine Dokumentation über die Geschichte des alten Schlosses, eine wissenschaftliche Dokumentation zum Thema „Gentechnik" **2.** *Beweis, Beispiel* eine Dokumentation unserer Hilfsbereitschaft **3.** *dokumentarische Sendung im Radio oder Fernsehen*

Do·ku·men·ta·ti·ons·zen·trum das <-s, Dokumentationszentren> *zentrale Einrichtung zur Do-*

kumentation[1] eines Gegenstands- oder Themenbereichs

do·ku·men·ten·echt <nicht steig.> *Adj. so, dass eine Schreibflüssigkeit oder Druckfarbe beständig ist und von einem Dokument[1] nicht wieder entfernt werden kann* dokumentenechte Tinte verwenden

Do·ku·men·ten·map·pe die <-, -n> *Mappe zum Aufbewahren von Dokumenten[1]*

do·ku·men·tie·ren <dokumentierst, dokumentierte, hat dokumentiert> *(geh.)* **I.** *mit OBJ* ■ *jmd. dokumentiert etwas* **1.** *durch Dokumente[2] belegen* Der Film dokumentiert die Leiden der Bevölkerung im Krieg. **2.** *(≈ bekunden) etwas für andere deutlich zeigen* seinen guten Willen dokumentieren **II.** *mit SICH* ■ *etwas dokumentiert sich (durch Akk. / in etwas Dat.) sich offenbaren* Darin dokumentiert sich seine demokratische Gesinnung.

Dol·by® das ['dɔlbi] <-, -s> TECHN. *kurz für „Dolby-System"*

Dol·by-Sys·tem das <-s, -e> TECHN. *ein von R.M. Dolby entwickeltes Verfahren zur Verminderung des Rauschens bei Tonaufzeichnungen und der Tonwiedergabe*

Dolch der <-(e)s, -e> *ein Messer (als Waffe), dessen Klinge auf beiden Seiten scharf geschliffen ist* den Dolch ziehen ◆-klinge, -spitze, -stich, -stoß

Dol·de die <-, -n> BOT. *schirmähnlicher Blütenstand* ◆ Blüten-

Dol·den·blüt·ler der <-s, -> BOT. *s.* **Doldengewächs**

Dol·den·ge·wächs das <-es, -e> BOT. *Pflanze mit einem doldenförmigen Blütenstand und gefiederten Blättern*

Dol·den·trau·be die <-, -n> BOT. *die Dolde in Form einer Traube*

Dol·lar der <-(s), -s> *eine Währungseinheit* der amerikanische/australische/neuseeländische Dollar ◆ im Zusammenhang mit Zahlenangaben endungsloser Plur. 500 Dollar kosten

Dol·lar·kurs der <-es, -e> WIRTSCH. *der Marktpreis des amerikanischen Dollars*

Dol·lar·re·ser·ve die <-, -n> WIRTSCH. *Dollarbestände eines Landes, die als Reserve dienen*

Dol·men der <-s, -> GESCH. *prähistorische große Grabkammer aus Stein (besonders in West- und Nordeuropa)*

Dol·metsch der <-(e)s, -e> *(österr.) s.* **Dolmetscher**

dol·met·schen <dolmetschst, dolmetschte, hat gedolmetscht> *mit OBJ/ohne OBJ* ■ *jmd. dolmetscht (etwas) in einer Situation von jmdm. gemachte mündliche Äußerungen sofort in eine andere Sprache übersetzen* ein Gespräch dolmetschen, Er dolmetscht für den Außenminister., bei einer Konferenz dolmetschen

Dol·met·scher, Dol·met·sche·rin der <-s, -> *jmd., der beruflich dolmetscht* als Dolmetscher und Übersetzer beim Europäischen Parlament arbeiten

Do·lo·mit der <-s, -e> *eine Gesteinsart*

Do·lo·mi·ten <-> *Plur. Gebirgszug in den italienischen Alpen*

Dom der <-(e)s, -e> **1.** *ursprünglich die Bezeichnung für eine Kirche an einem Bischofssitz, heute oft allgemein Bezeichnung einer großen Kirche* der Mailänder Dom, der Dom von Sankt Blasien **2.** *drehbare Kuppel einer Sternwarte*

Do·main die [dɔ'meːn] <-, -s> *logisches Teilnetz in einem internationalen Netzwerk (Internet), das über einen bestimmten Domain-Namen angesprochen wird* länderspezifische Domains wie „de" für Deutschland, „bg" für Belgien, „fr" für Frankreich, öffentliche bzw. kommerzielle Namen wie „edu" für „educational", „net" für „Netz" (Internetprovider und Organisationen)

Do·mä·ne die <-, -n> **1.** *(≈ Spezialgebiet) ein Wirkungsgebiet, auf dem jmd. besondere Fähigkeiten hat* Der Film ist nicht seine Domäne, er ist ein ausgesprochener Theaterschauspieler. **2.** GESCH. *Landgut, das dem Staat gehört*

Do·mes·ti·ka·ti·on die <-, -en> *(Plur. selten) das Domestizieren*

do·mes·ti·zie·ren <domestizierst, domestizierte, hat domestiziert> *mit OBJ* ■ *jmd. domestiziert ein Tier/etwas aus wilden Tieren und Pflanzen Haustiere und Kulturpflanzen machen* domestizierte Rassen

Do·mes·ti·zie·rung die <-> *(kein Plur.) s.* **Domestikation**

do·mi·nant *Adj.* **1.** BIOL. *so, dass ein Merkmal vorherrschend ist und andere Merkmale verdrängt* dominant vererbte Merkmale **2.** *(fachspr.) so, dass man andere zwingt, sich unterzuordnen* das dominante Männchen in der Affengruppe **3.** *so, dass eine Charakterstruktur an jmdm. besonders auffällt* ein dominanter Charakterzug

Do·mi·nanz die <-> *(kein Plur.)* **1.** BIOL. *die Fähigkeit, andere Erbmerkmale zu verdrängen* die Dominanz eines Merkmals **2.** *(fachspr.) die Fähigkeit, andere zur Unterordnung zu zwingen* die Dominanz eines Einzelnen in einer Gruppe **3.** *das Vorherrschen eines Merkmals in der Charakterstruktur einer Person* die Dominanz seiner Intelligenz

Do·mi·ni·ca das <-s> *Inselstaat im Karibischen Meer*

do·mi·nie·ren <dominierst, dominierte, hat dominiert> **I.** *mit OBJ* ■ *jmd. dominiert jmdn./etwas jmdn. oder etwas so beherrschen, dass man die eigenen Eigenschaften und Vorlieben aufprägt und diejenigen anderer nicht gelten lässt* Sie dominiert die Klasse/ihren Ehemann. **II.** *ohne OBJ* ■ *jmd./etwas dominiert vorherrschen* Diese Meinung dominiert in der Klasse., jemand nimmt eine dominierende Stellung ein

Do·mi·ni·ka·ner, Do·mi·ni·ka·ne·rin der <-s, -> **1.** REL. *Angehöriger des Dominikanerordens* **2.** *Einwohner der Dominikanischen Republik*

do·mi·ni·ka·nisch <nicht steig.> *Adj. so, dass es die Dominikaner oder die Dominikanische Republik betrifft*

Do·mi·ni·ka·ni·sche Re·pu·blik die <-> *Inselstaat im Karibischen Meer*

Do·mi·no der <-s, -s> **1.** *ein Spiel mit Spielsteinen, die nach bestimmten Regeln aneinander gelegt werden müssen* **2.** *ein schwarzes Maskenkostüm* zum Kostümball im Domino erscheinen

Do·mi·zil das <-s, -e> (*geh.*) *das Zuhause* Wir besichtigten unser neues Domizil.

do·mi·zi·lie·ren <domizilierst, domizilierte, ist domiziliert> *ohne OBJ* ■ *jmd. domiziliert irgendwo* (*geh. oder scherzh.*) *seinen Wonsitz haben, ansässig sein* Er domiziliert in einer alten Villa.

Dom·pfaff der <-s/-en, -en> *ein Singvogel*

Dom·probst der <-(e)s, Dompröpste> REL. *Vorsteher, erster Würdenträger des Domkapitels*

Domp·teur, **Domp·teu·se** der [dɔmp'tøːɐ̯] <-s, -e> *jmd., der Tiere dressiert und vorführt* Eine Gruppe Löwen wurde von ihrer Dompteuse vorgeführt.

Do·na·tor der <-s, -en> (*schweiz.*) *Geber, Spender, Stifter*

Do·nau die <-> *zweitgrößter Strom Europas, der bei Donaueschingen entspringt und in Rumänien ins Schwarze Meer mündet*

Do·nau·län·der die <-> *Plur. die Länder, durch die die Donau fließt*

Dö·ner der <-s, -> *kurz für „Dönerkebab"* ◆-bude, -teller

Dö·ner·ke·bab der [dønɛrke'bap] <-(s), -s> *am Drehspieß gegartes und in kleine Stücke geschnittenes Hammelfleisch, das mit Joghurtsoße und Salat in einem Stück Fladenbrot serviert wird*

Don Ju·an der [dɔn'xu̯an] <- -s, - -s> (*geh.*) *ein Frauenheld* Dieser Mann ist wahrlich kein Don Juan!

Don·ner der <-s, -> **1.** *das laute Krachen, das man während eines Gewitters hört und das auf einen Blitz folgt* Der Donner grollt/kracht/rollt. **2.** *lautes dumpfes Geräusch* der Donner der Geschütze/der Wellen ◆Geschütz- **3.** ■ **wie vom Donner gerührt sein** (*umg.*): *vor Schrecken starr sein*

Don·ner·bal·ken der <-s, -> (*umg.*) (*primitive*) *Toilette* (*in einem militärischen Feldlager*)

Don·ner·büch·se die <-, -n> (*umg. scherzh.*) *Gewehr, Pistole*

Don·ner·keil der <-(e)s, -e> **1.** (*umg. ≈ Donnerstein*) *versteinertes, kegelförmiges Gehäuse eines Kopffüßlers* **2.** GESCH. *prähistorisches Werkzeug*

Don·ner·litt·chen, *a.* **Don·ner·lütt·chen** (*umg. norddt. ≈ Donnerwetter*) *Ausruf des Erstaunens*

don·nern <donnert, donnerte, hat/ist gedonnert> **I.** *ohne OBJ* **1.** ■ *etwas donnert ein lautes Geräusch verursachen* Die Geschütze donnern. **2.** ■ *jmd. donnert an etwas Akk.* (*umg.*) *heftig anstoßen* Er hat/ist mit dem Kopf an die Tür gedonnert. **3.** ■ *etwas donnert durch/über etwas Akk. sich mit lautem Geräusch bewegen* Der Lastwagen ist durch die Ortschaft gedonnert., Die Flugzeuge donnerten über unsere Köpfe hinweg. **4.** ■ *jmd. donnert gegen etwas Akk. mit lautem Geräusch gegen etwas schlagen* mit Fäusten gegen die Tür donnern **II.** *mit ES* ■ *es donnert das Geräusch des Donners*[1] *ist zu hören* Es blitzt und donnert.

Don·ners·tag der <-s, -e> *der vierte Tag der Woche*

Don·ners·tag·abend der <-s, -e> am Donnerstagabend ◆Zusammenschreibung→R Jeden Donnerstagabend gehe ich zum Sport.

don·ners·tag·abends *Adv. an jedem Donnerstagabend* Wir treffen uns immer donnerstagabends. ◆Zusammenschreibung→R Die Versammlung ist immer donnerstagabends.

don·ners·tä·gig *Adv. an jedem Donnerstag* das donnerstägige Treffen des Sportvereins

don·ners·tags *Adv. an jedem Donnerstag* Donnerstags haben wir Sport. ◆Getrenntschreibung →R Wir treffen uns immer donnerstags abends. *siehe aber auch* **donnerstagabends**

Don·ner·stim·me die <-, -n> *gewaltige, laut dröhnende Stimme* Seine Donnerstimme war im ganzen Haus zu hören.

Don·ner·wet·ter **I.** (*umg.*) *heftige Schelte* Du kannst dich auf ein großes Donnerwetter gefasst machen! **II.** *Interj. verwendet, um großes Erstaunen auszudrücken* Donnerwetter! Das hätte ich nicht gedacht.

doof <doofer, am doofsten> *Adj.* (*umg. abwert.*) *so, dass jmd. dumm und einfältig ist* Wie kann man nur so doof sein!

Doof·heit die <-, -en> **1.** (*umg. abwert. kein Plur.*) *Dummheit, beschränkte, einfältige Art* **2.** *doofe Bemerkung, doofe Handlung* Hör doch endlich mit deinen Doofheiten auf!

do·pen <dopst, dopte, hat gedopt> *mit OBJ* ■ *jmd. dopt jmdn.* (*mit etwas Dat.*) SPORT (*sich*) *verbotene leistungssteigernde Mittel verabreichen* Dem Läufer wurde die Silbermedaille aberkannt, weil er sich gedopt hatte., Der Rennfahrer behauptete, er sei gegen seinen Willen gedopt worden.

Do·ping das <-s> (*kein Plur.*) SPORT *Einnahme verbotener Mittel zur Leistungssteigerung* Die Sportlerin wurde wegen Dopings gesperrt., Wie verbreitet ist das Doping im Hochleistungssport? ◆-fall, -mittel, -probe, -skandal, -sperre, -substanz

Dop·pel das <-s, -> **1.** (≈ *Duplikat*) Ich habe hier noch ein Doppel des Briefes. **2.** SPORT (*bei Tennis und Tischtennis*) *Spiel zu viert* ein gemischtes Doppel beim Tischtennis

Dop·pel·a·gent, **Dop·pel·a·gen·tin** der <-en, -en> *Person, die für zwei Länder gleichzeitig als Spion arbeitet*

Dop·pel·al·bum das <-s, Doppelalben> *CD- oder Schallplattenalbum, das aus zwei zusammengehörenden CDs oder Schallplatten besteht*

Dop·pel·be·ga·bung die <-, -en> *die Eigenschaft, dass jmd. gleichermaßen zwei Begabungen hat*

Dop·pel·be·lich·tung die <-, -en> FOTOGR. *doppelte Belichtung desselben Negativs*

Dop·pel·bett das <-s, -en> *Bett für zwei Personen*

Dop·pel·bild das <-, -er> (*nur Plur.*) MED. *fehlerhafte Wahrnehmung, so dass die Bilder beim Wahrnehmen eines Gegenstandes mit beiden Au-*

gen nicht miteinander verschmelzen

Dop·pel·bo·den der <-s, Doppelböden> *doppelter Boden eines Gefäßes, Schrankes, eines Koffers …*

dop·pel·bö·dig <nicht steig.> *Adj.* (*verhüll.*) *so, dass etwas vordergründig akzeptabel und auf den zweiten Blick problematisch ist* Ihre Moral ist doppelbödig.

Dop·pel-CD die <-, -s> *s.* **Doppelalbum**

Dop·pel·de·cker der <-s, -> **1.** LUFTF. *Flugzeug mit zwei übereinander liegenden Tragflächen* **2.** (*umg.*) *doppelstöckiger Autobus*

dop·pel·deu·tig <nicht steig.> *Adj. so, dass man es auf zweierlei Arten deuten kann* eine doppeldeutige Bemerkung

Dop·pel·fens·ter das <-s, -> *ein Fenster, das aus zwei hintereinander angebrachten Einzelfenstern besteht*

Dop·pel·flin·te die <-, -n> *Flinte mit zwei Läufen*

Dop·pel·gän·ger, **Dop·pel·gän·ge·rin** der *Person, die einer anderen sehr ähnelt* Entweder er war es selbst, oder es war sein Doppelgänger.

dop·pel·glei·sig <nicht steig.> *Adj. so, dass zwei Gleise nebeneinander liegen* Die Strecke ist doppelgleisig befahrbar.

Dop·pel·griff der <-(e)s, -e> MUS. **1.** *gleichzeitiges Greifen zweier Tasten mit einem Finger auf einem Klavier, einer Orgel oder einem Cembalo* **2.** *gleichzeitiges Streichen zweier Saiten auf einem Streichinstrument*

Dop·pel·haus das <-es, Doppelhäuser> *zwei Häuser, die eine gemeinsame Giebelwand haben, aber auf verschiedenen Grundstücken stehen* die Hälfte eines Doppelhauses bewohnen ◆ -hälfte

Dop·pel·haus·halt der <-(e)s, -e> *zwei Haushalte, die von einer Person oder einer Familie geführt werden* Berufsbedingt führt sie einen Doppelhaushalt.

Dop·pel·he·lix die <-> (*kein Plur.*) BIOL. *Struktur des Moleküls der Desoxyribonukleinsäure*

Dop·pel·hoch·zeit die <-, -en> *gemeinsame Hochzeit von zwei Paaren*

Dop·pel·ka·bi·ne die <-, -n> *Kabine auf einem Schiff, die von zwei Personen genutzt wird*

Dop·pel·kinn das <-s, -e> Fettwulst unter dem Kinn

Dop·pel·klick der <-s, -s> EDV *zweimaliges Anklicken mit der Maustaste* Führen Sie auf das Symbol einen Doppelklick aus!

Dop·pel·le·ben das <-s> (*kein Plur.*) ■ **jemand führt ein Doppelleben**: *jmd. hat eine bestimmte Existenz und daneben heimlich noch eine andere*

Dop·pel·mo·ral die <-> (*kein Plur.*) *ein moralisches Doppelleben* Die 68er haben die bürgerliche Moral als Doppelmoral beschimpft., Jemand, der vor anderen als Asket auftritt aber heimlich ausschweifend lebt, muss sich schon den Vorwurf der Doppelmoral gefallen lassen.

doppeln <doppelst, doppelte, hat gedoppelt> *mit OBJ* ■ *jmd. doppelt etwas* **1.** *ein Duplikat herstellen* **2.** (*österr.*) (*Schuhe*) *besohlen*

Dop·pel·naht die <-, Doppelnähte> *doppelte Naht*

Dop·pel·pack der <-s, -s> *eine Packung, die zwei Einheiten der gleichen Ware enthält* Den Doppelpack gibt es zu einem günstigen Preis., T-Shirts im Doppelpack zu zehn Euro

Dop·pel·pass der <-es, Doppelpässe> **1.** (*umg.*) *doppelte Staatsbürgerschaft* **2.** SPORT *im Fußball schneller, direkter Ballwechsel zwischen zwei Spielern derselben Mannschaft mit dem Ziel, die gegnerische Verteidigung zu umspielen*

Dop·pel·punkt der <-(e)s, -e> *das Interpunktionszeichen von zwei übereinander gesetzten Punkten „:"* vor der direkten Rede einen Doppelpunkt setzen

Dop·pel·rei·m der <-(e)s, -e> LIT. *Endreim mit der folgenden Zeile, der zwei Hebungen hat und sich auf drei oder vier Silben erstreckt* „Klinggeister" bildet mit „Singmeister" einen Doppelreim.

Dop·pel·sei·te die <-, -n> *zwei Blätter eines Buches oder einer Zeitschrift* Der Artikel füllt eine ganze Doppelseite der heutigen Ausgabe.

Dop·pel·sieg der <-(e)s, -e> SPORT *Sieg eines Sportlers in zwei Disziplinen innerhalb eines Wettkampfes*

Dop·pel·sinn der <-s> (*kein Plur.*) *der Sachverhalt, dass etwas zwei Bedeutungen hat* Erst später bemerkte er den Doppelsinn ihrer Bemerkung.

Dop·pel·stern der <-(e)s, -e> ASTRON. *zwei Sterne, die nahe beieinander stehen*

Dop·pel·stock·bus der <-ses, -se> (≈ *Doppeldecker Doppelstockomnibus*) *ein Bus, der zwei Etagen hat*

dop·pelt <nicht steig.> **I.** *Adj.* **1.** *so, dass es die zweifache Menge von etwas ist* die doppelte Menge, ein doppelter Espresso/Wodka **2.** (≈ *zweifach*) *so, dass es in zwei Exemplaren existiert oder vorkommt* doppelt sehen/vorkommen **3.** (*abwert.*) *unehrlich* eine doppelte Moral, ein doppeltes Spiel mit jemandem treiben **II.** *Adv. sehr viel mehr* doppelt aufpassen müssen, doppelt so viel/schnell/schön

Dop·pel·tür die <-, -en> *Tür, die aus zwei hintereinander angebrachten Türen besteht*

Dop·pe·lung die <-, -en> *das Doppeltnehmen*

Dop·pel·ver·die·ner, **Dop·pel·ver·die·ne·rin** der <-s, -> (*meist Plur.*) **1.** *Ehepaar, bei dem beide Partner berufstätig sind* **2.** *jmd., der zwei Einkommen hat*

Dop·pel·zent·ner der <-s, -> *zwei Zentner; hundert Kilogramm*

Dop·pel·zim·mer das <-s, -> *Zweibettzimmer im Hotel* Wir haben ein Doppelzimmer gebucht.

Dopp·ler·ef·fekt der <-(e)s> (*kein Plur.*) PHYS. *bei der Ausbreitung von Schall- oder Lichtwellen die Erscheinung, dass sich die Frequenz ändert, wenn sich der Abstand zwischen Sender und Empfänger verändert*

Dopp·lung die <-, -en> *s.* **Doppelung**

Do·ra·do das <-s, -s> (*geh.*) *ein Ort, der sehr gute Bedingungen für etwas bietet* Das Gebiet ist ein Dorado für Mountainbiker.

Dorf das <-(e)s, Dörfer> **1.** *eine Siedlung auf dem*

Land, die kleiner als eine Stadt ist in einem Dorf in Thüringen wohnen, An das Leben auf dem Dorf haben wir uns schnell gewöhnt., Die jungen Leute zieht es vom Dorf in die Stadt., Seine Verlobte war vom Dorf, eine Bauerntochter. ◆-platz, Bauern-, Berg-, Fischer- **2.** (*kein Plur.*) (↔ *Stadt*) *ländliche Umgebung* auf dem Dorf(e) aufwachsen/wohnen **3.** (*kein Plur.*) *die Einwohnerschaft eines Dorfes* Das ganze Dorf war auf den Beinen., Bei der Ernte hilft das ganze Dorf (≈ alle Einwohner des Dorfes) mit. **4.** ■ **Das sind für mich böhmische Dörfer!** (*umg.*): *davon verstehe ich überhaupt nichts* **Potemkinsche Dörfer zeigen** (*geh.*): *Blendwerke vorführen, falsche Tatsachen vortäuschen* **die Kirche im Dorf lassen** (*umg.*): *sich ans Gegebene halten, an Gebräuchen nichts ändern*

Dorf·an·ger der <-s, -> (*veralt.*) *zentraler Platz im Dorf*

Dorf·be·woh·ner, Dorf·be·woh·ne·rin der <-s, -> *jmd., der in einem Dorf wohnt*

Dorf·ge·mein·de die <-, -n> *Gemeinde, die aus einem oder mehreren Dörfern besteht*

Dorf·pfar·rer der <-s, -> *Pfarrer in einem Dorf*

Dorf·schen·ke die <-, -n> (*veralt.*) *Gasthaus eines Dorfes*

Dorf·schu·le die <-, -n> *Schule eines Dorfes*

Dorf·trot·tel der <-s, -> (*umg. abwert.*) *Person, die im Dorf für ihre Dummheit bekannt ist und deshalb verspottet wird*

Dorn der <-(e)s, -en/-e> **1.** (*Plur.* <-en>) BOT. *ein (kleinerer) scharfer und spitzer Auswuchs an manchen Pflanzen* sich an den scharfen/spitzen Dornen der Rose verletzen ■ **keine Rose ohne Dornen** (*Sprichwort*): *es gibt keine gute Sache, die nicht auch ihre Nachteile hat* **jemandem ein Dorn im Auge sein**: *für jmdn. ein Ärgernis sein* **2.** (*Plur.* <-e>) TECHN. *spitzer Metallstift als Werkzeug zum Erweitern von Löchern*

dor·nen·reich <nicht steig.> *Adj.* (≈ *dornenvoll*) **1.** *so, dass es voller Dornen*[1] *ist* ein dornenreicher Strauch **2.** (*geh.*) *so, dass es voller Leiden und Schwierigkeiten ist* ein dornenreiches Leben

Dorn·fort·satz der <-es, Dornfortsätze> ANAT. *nach hinten gerichteter Fortsatz eines Wirbels*

dor·nig *Adj.* **1.** *so, dass es voller Dornen*[1] *ist* ein dorniges Gestrüpp **2.** (*geh. übertr.*) *so, dass es voller Schwierigkeiten und Leiden ist* einen dornigen Weg vor sich haben

Dorn·rös·chen das <-s> (*kein Plur.*) *eine Märchenfigur* ■ **im Dornröschenschlaf liegen**: *vor sich hinträumen, über lange Zeit unverändert bleiben*

dör·ren <dörrst, dörrte, hat/ist gedörrt> **I.** *mit OBJ* ■ *jmd./etwas dörrt etwas* (⟨*haben*⟩) *etwas trocknen* Man hat das Fleisch gedörrt, um es haltbar zu machen. ▶Dörrfleisch **II.** *ohne OBJ* ■ *etwas dörrt* (⟨*sein*⟩) *etwas trocknet* Der Fisch ist an der Luft gedörrt.

Dörr·obst das <-(e)s> (*kein Plur.*) *getrocknetes Obst* im Backofen gedörrtes Obst

dor·sal <nicht steig.> *Adj.* **1.** MED. *so, dass es zum Rücken gehört oder an der Rückseite liegt* **2.** (SPRACHWISS.: ↔ *apikal*) *so, dass ein Laut mit dem Zungenrücken gebildet wird* Das „ch“ in „ich“ ist ein dorsaler Laut.

Dorsch der <-(e)s, -e> ZOOL. *ein essbarer Seefisch*

dort *Adv.* **1.** *an einer bestimmten, vom Sprecher weiter weg liegenden Stelle* Dort (drüben/hinten) steht meine Tasche., Bist du schon einmal dort gewesen? **2.** *verwendet, um sich auf etwas vorher Erwähntes zu beziehen* Ich war heute morgen im Café. Dort (≈ im Café) habe ich Zeitung gelesen., Wir sind gestern bis Seite 5 gekommen. Dort (≈ auf Seite 5) machen wir jetzt weiter. **3.** ■ **da und dort**: *verwendet, um auszudrücken, dass etwas an verschiedenen Stellen oder Orten vorkommt, es aber kein systematisches Muster gibt* Da und dort findet man auf der Insel noch völlig unberührte Bauerndörfer. ◆ Getrenntschreibung→R Könnt ihr sie noch ein paar Tage dort behalten?, Wie lange seid ihr dort geblieben?

dort·her *Adv.* (↔ *dorthin*) *von dem erwähnten Ort her; von da; von dort* Wollt ihr in die Stadt gehen? Ich komme von dorther.

dort·hin *Adv.* (↔ *dorther*) *an den erwähnten Ort hin; nach dort* Du gehst ins Kino? Kannst du mich dorthin mitnehmen?

dor·tig <nicht steig.> *Adj.* **1.** *so, dass es sich an einem entfernten Ort, der schon genannt worden ist, befindet* Wir waren in Leipzig. Das dortige Theater … **2.** *so, dass es dort geschieht, sich dort ereignet oder dort der Fall ist* Die dortigen Ereignisse beherrschten heute alle Tageszeitungen., Wir kennen die dortigen Verhältnisse nicht genügend.

Dor·tmund <-s> *Stadt im Ruhrgebiet*

dort·zu·lan·de *Adv. dort in dem erwähnten Land* Ist das dortzulande so üblich? ◆ Zusammenschreibung→R Dortzulande feiert man kein Weihnachten. *siehe aber auch* **Lande**

DOS [dos] EDV *Abkürzung von „Disc Operating System“; ein Betriebssystem*

Do·se die <-, -n> **1.** *kleinerer Behälter aus Metall, Glas oder Keramik mit einem Deckel* eine Dose für Kekse/Schmuck/Zucker **2.** *kurz für „Konservendose“* Fisch aus der Dose ◆ Bier-, Fisch-, Konserven- **3.** (*umg.*) *Steckdose*

dö·sen <döst, döste, hat gedöst> *ohne OBJ* ■ *jmd. döst* (*umg.*) **1.** *im Halbschlaf sein* Ich habe nur ein wenig gedöst. **2.** *unaufmerksam sein* Hör auf zu dösen und pass endlich auf! ■ **jemand döst vor sich hin**: *jmd. befindet sich in einem geistigen Dämmerzustand*

Do·sen·öff·ner der <-s, -> *Werkzeug zum Öffnen von Konservendosen*

Do·sen·pfand das <-s> (*kein Plur.*) (*in Deutschland*) *auf Getränkedosen und bestimmte Flaschen erhobenes Pfand*

do·sie·ren <dosierst, dosierte, hat dosiert> *mit OBJ* ■ *jmd. dosiert etwas bestimmte Mengen eines Stoffes zum Gebrauch abmessen* ein Medikament richtig/zu hoch dosieren

Do·sie·rung die <-, -en> **1.** (*kein Plur.*) *das Abmessen einer bestimmten Menge eines Stoffes zum Gebrauch* Auf die richtige Dosierung des Medikaments kommt es an! **2.** (≈ *Dosis*)

Do·sis die <-, Dosen> *abgemessene Menge* Diese Dosis des Medikaments/Rauschgifts ist tödlich., eine hohe Dosis an Strahlung abbekommen

Dos·sier das [dɔ'si̯eː] <-s, -s> *zusammengehöriges (umfangreiches) Aktenmaterial* ein Dossier anlegen

do·tiert <nicht steig.> *Adj.* (*geh.*) *so, dass es mit Geldmitteln ausgestattet ist* einen gut dotierten Posten suchen, Die Stelle ist mit 5000 Euro dotiert., Der Schriftsteller nimmt heute den mit 10.000 Euro dotierten Preis der XY Stiftung entgegen.

Dotie·rung die <-, -en> *das Ausstatten mit Sach- und Geldwerten*

Dot·ter der <-s, -> (≈ *Eidotter, Eigelb*) *das Gelbe im Ei* das Eiweiß vom Dotter trennen

dot·ter·gelb <nicht steig.> *Adj. so gelb wie ein Eidotter ist* eine dottergelbe Blume

Dot·ter·sack der <-(e)s, Dottersäcke> ZOOL. *mit Dotter gefülltes Ernährungsorgan der Embryonen von Wirbeltieren*

dou·beln ['duːbl̩n] <doubelst, doubelte, hat gedoubelt> *mit OBJ* ■ *jmd. doubelt jmdn.* FILM *beim Drehen eines Films einen Schauspieler in gefährlichen Situationen durch ein Double ersetzen* In dieser Szene ist der Star gedoubelt worden.

Dou·ble das ['duːbl̩] <-s, -s> FILM *Person, die beim Drehen eines Films in gefährlichen Situationen einen Schauspieler ersetzt*

Dow-Jones-Ak·ti·en·in·dex der [daʊ'dʒoʊnz...] <-/-es> (*kein Plur.*) WIRTSCH. *s.* **Dow-Jones-Index**

Dow-Jones-In·dex der [daʊ'dʒoʊnz'...] <-es> (*kein Plur.*) WIRTSCH. *errechneter Durchschnittskurs der dreißig wichtigsten Aktien in den USA*

down [daʊn] *Adj.* (*umg.*) *erschöpft und niedergeschlagen* völlig down sein

Down·load der ['daʊnloʊd] <-s, -s> EDV *das Herunterladen von Daten aus dem Internet auf einen PC* ein kostenloser Download

down·load·bar ['daʊnloʊd...] <nicht steig.> *Adj.* EDV *so, dass man es herunterladen kann* ein downloadbares Programm

down·loa·den ['daʊnloʊdn̩] <downloadest, downloadete, hat downgeloadet> *mit OBJ* ■ *jmd. downloadet etwas* (EDV: ≈ *herunterladen*) Daten *aus dem Internet auf einen PC herunterladen* Er will ein paar Musiktitel downloaden.

Down·syn·drom das ['daʊn...] <-s> (*kein Plural*) MED. *genetisch bedingte Erkrankung des Menschen*

Do·zent, **Do·zen·tin** der <-en, -en> *jmd., der an einer Universität lehrt und nicht Professor(in) ist*

do·zie·ren <dozierst, dozierte, hat doziert> *ohne OBJ* **1.** ■ *jmd. doziert über etwas Akk.* (*geh. abwert.*) *arrogant und in belehrender Weise vortragen* Sie doziert gern über Erziehung., in einem dozierenden Ton sprechen **2.** ■ *jmd. doziert an einer Universität lehren*

Dr. *Abkürzung des akademischen Grads „Doktor"* Frau/Herr Dr. Müller

DR GESCH. *Abkürzung von „Deutsche Reichsbahn"*

Dra·che der <-n, -n> *ein Fabelwesen in der Art eines großen Ungeheuers, das von einem Helden besiegt werden muss*

Dra·chen der <-s, -> **1.** *aus Papier oder Kunststoff und leichten Holmen gebaute Konstruktion an einer langen Schnur, die man (als Spielzeug) vom Wind in die Höhe tragen lässt* Die Kinder lassen im Herbst Drachen steigen. **2.** SPORT *aus großen Stoffbahnen und leichten Holmen konstruiertes Fluggerät* **3.** (*umg. abwert.*) *zänkische Frau* Sie ist ein richtiger Drachen.

Dra·chen·flie·gen das <-s> (*kein Plur.*) SPORT *das Gleiten in der Luft an einem Drachen*[2]

Dra·gee, *a.* **Dra·geé** das [dra'ʒeː] <-s, -s> **1.** (MED.: ≈ *Pille*) ein Dragee täglich einnehmen **2.** *eine Art Bonbon* ein Dragee mit Himbeergeschmack

Draht der <-(e)s, Drähte> *eine sehr dünne Schnur aus Metall oder Kunststoff* Draht auf eine Rolle wickeln ■ **ein heißer Draht** (*umg.*): *eine direkte (telefonische) Verbindung* **einen/keinen guten Draht zu etwas/jemandem haben** (*umg.*): *eine/keine gute Beziehung zu etwas oder jmdm. haben* **auf Draht sein** (*umg.*): *geistig rege sein* ◆ Form-, Kunststoff-, Walz-

Draht·aus·lö·ser der <-s, -> FOTOGR. *Vorrichtung an Fotoapparaten zur Betätigung des Verschlusses*

Draht·be·span·nung die <-, -en> *Bespannung mit Draht*

Draht·bürs·te die <-, -n> *Bürste, deren Borsten aus Draht sind*

Draht·e·sel der <-s, -> (*umg. scherzh.*) *Fahrrad*

Draht·funk der <-(e)s> (*kein Plur.*) *Übertragung von Rundfunksendungen über Leitungen*

Draht·glas das <-es, Drahtgläser> (*Plur. selten*) *Sicherheitsglas, in das Drahtgewebe eingelegt ist*

Draht·hef·tung die <-, -en> *Heftung der Druckbogen eines Buches mit Draht*

drah·tig *Adj. schlank und durchtrainiert* ein drahtiger junger Mann ▶Drahtigkeit

draht·los <nicht steig.> *Adj.* TELEKOMM. *so, dass es über Funk funktioniert und nicht an Leitungen gebunden ist* ein drahtloses Telefon, drahtlos telefonieren

Draht·seil das <-(e)s, -e> *Seil aus zusammengedrehten Stahldrähten* etwas mit einem Drahtseil sichern ■ **Nerven wie Drahtseile haben** (*umg.*): *sehr starke Nerven haben, nervlich stark belastbar sein*

Draht·seil·akt der <-(e)s, -e> **1.** *Vorführung (im Zirkus), bei der ein Akrobat auf einem quer über die Manege gespannten Seil balanciert* **2.** (*übertr.*) *eine sehr schwierige Angelegenheit* Die Vermittlung zwischen den feindlichen Regierungen entpuppte sich als Drahtseilakt, der jederzeit scheitern konnte.

Draht·stift der <-(e)s, -e> (≈ *Drahtnagel*) *kleiner Nagel, der aus Stahl-, Eisen- oder Kupferdraht hergestellt ist*

Draht·zan·ge die <-, -n> *Zange zum Schneiden von Draht*

Draht·zie·her, **Draht·zie·he·rin** der (*abwert.*)

Person, die eine Sache aus dem Hintergrund in ihrem Sinne steuert Die wirklichen Drahtzieher blieben unbekannt.

Drai·na·ge die [drɛ'naːʒə] <-, -n> *s.* **Dränage**

drai·nie·ren *s.* **dränieren**

Drai·si·ne die [draj'ziːnə/drɛ'ziːnə] <-, -n> *kleines Schienenfahrzeug zur Kontrolle von Eisenbahnschienen*

dra·ko·nisch <nichtg steig.> *Adj.* (*geh.*) *so, dass jmd. sehr streng und rücksichtslos ist* eine drakonische Strafe verhängen

Drall der <-(e)s> (*kein Plur.*) **1.** PHYS. *Drehung eines fliegenden Körpers um die eigene Achse* dem Ball/dem Geschoss Drall geben **2.** (*umg. abwert.*) *Drang in eine bestimmte Richtung* Diese Partei hat einen deutlichen Drall nach rechts.

drall *Adj. so, dass jmd. einen rundlichen, kräftigen Körperbau hat* ein dralles junges Mädchen ▶Drallheit

Dra·ma das <-s, Dramen> **1.** (THEAT.: ↔ *Komödie*) *ein Bühnenstück mit verhängnisvollem Ausgang* ein Drama von Shakespeare, ein fünfaktiges Drama **2.** *bewegendes, verhängnisvolles Geschehen* Das Drama der Flugzeugentführung nahm eine überraschende Wendung., Niemand konnte diesem Drama unbeteiligt zusehen. ■ **ein Drama aus etwas machen** (*umg. abwert.*): *aus einer Kleinigkeit eine schwierige Situation werden lassen* Mach' doch nicht gleich ein Drama, wenn du mal fünf Minuten warten musst. ◆ Geisel-

Dra·ma·ti·ker, **Dra·ma·ti·ke·rin** der <-s, -> *Person, die Dramen[1] verfasst*

dra·ma·tisch *Adj.* **1.** THEAT. *so, dass es zu den Dramen[1] gehört* das dramatische Werk Brechts **2.** *so, dass es spannend und aufregend ist* dramatische Ereignisse, Das Spiel wurde erst zum Schluss dramatisch.

dra·ma·ti·sie·ren <dramatisierst, dramatisierte, hat dramatisiert> *mit OBJ* ■ *jmd. dramatisiert etwas* **1.** LIT. *etwas in der Form eines Dramas[1] darstellen* einen Roman/einen Stoff dramatisieren **2.** (*geh. abwert.*) *einer Sache mehr Bedeutung beimessen als ihr zukommt* Du solltest das Ganze nicht dramatisieren, so schlimm ist es doch gar nicht!

dran *Adv.* (*umg.*) **1.** (≈ *daran*) *an etwas* Dort steht mein Glas, stoß nicht dran! **2.** *an der Reihe* Jetzt bist du dran!, Ich bin heute in Englisch dran gewesen. **3.** ■ *jmd. ist irgendwie dran in einer bestimmten Situation sein* Er ist arbeitslos und arm dran, da ist sein Bruder als Inhaber eines florierenden Geschäfts besser dran. **4.** ■ *etwas ist an etwas Dat. dran verwendet, um auszudrücken, dass etwas der Wahrheit bis zu dem genannten Grade entspricht* Da wird schon was dran sein., An dem Gerücht ist absolut nichts dran. ◆ Getrenntschreibung→R *s.* **daran**

Drä·na·ge, *a.* **Drai·na·ge** die [drɛ'naːʒə] <-, -n> **1.** (*Anlage zur*) *Entwässerung des Bodens* **2.** MED. *Ableitung von Wundabsonderungen* ◆ Wund-

dran·blei·ben <bleibst dran, blieb dran, ist drangeblieben> *ohne OBJ* ■ *jmd. bleibt* (*an jmdm./etwas*) *dran* (*umg.*) *hartnäckig verfolgen* an einem Ausreißer/Ziel dranbleiben ◆ Zusammenschreibung→R Wenn ihr das schaffen wollt, müsst ihr aber dranbleiben.

Drang der <-(e)s> (*kein Plur.*) *starkes inneres Begehren* der Drang nach Emanzipation/ Freiheit/ Selbstverwirklichung, Dieser Drang musste ausgelebt werden/war kaum zu zügeln/war stärker als jede Vernunft.

drän·geln <drängelst, drängelte, hat gedrängelt> **I.** *mit OBJ/ohne OBJ* ■ *jmd. drängelt* (*jmdn.*) (*umg.*) **1.** (*andere*) *beiseite schieben* jemanden zur Tür drängeln, Drängle nicht so! **2.** *zur Eile antreiben* Man muss ihn immer drängeln, sonst macht er überhaupt nichts., Drängle nicht, ich bin ja schon fertig! **II.** *mit SICH* ■ *jmd. drängelt sich irgendwohin jmd. schiebt andere vor sich her oder zur Seite, um schneller an sein Ziel zu kommen* sich zur Konzertkasse drängeln, sich in der Warteschlange nach vorne drängeln ▶Drängler

drän·gen <drängst, drängte, hat gedrängt> **I.** *mit OBJ* ■ *jmd. drängt jmdn. irgendwohin* **1.** *beiseite schieben* jemanden in die Ecke/von seinem Platz drängen **2.** ■ *jmd. drängt jmdn. zu etwas Dat. dazu bewegen, etwas zu tun* jemanden zur Teilnahme an einem Lehrgang/zu einer Entscheidung drängen **3.** ■ *jmd. drängt jmdn.* (*zu etwas Dat.*) *schnelles Handeln verlangen* jemanden zum Aufbruch drängen, Dränge mich nicht, ich brauche Zeit! **II.** *ohne OBJ* ■ *jmd. drängt irgendwohin versuchen, irgendwohin zu gelangen* Die Menge drängte zum Ausgang., Die Firma drängt mit ihren neuen Angeboten auf den Markt. **III.** *mit SICH* ■ *jmd. drängt sich um etwas Akk./nach etwas Dat./auf etwas Akk.* **1.** *eng beieinander stehen* Die Neugierigen drängten sich am Fenster. **2.** *sich um etwas bemühen* Die Fans drängten sich danach, ihrem Idol die Hand schütteln zu dürfen., Sie drängten auf Abgabe der Arbeit.

Drang·sal die <-> (*kein Plur.*) (*geh.*) *Leid, Not, bedrängte Lage* Wie konnte ein Mensch diese Drangsal, diese Not nur so lange erdulden?

drang·sa·lie·ren <drangsalierst, drangsalierte, hat drangsaliert> *mit OBJ* ■ *jmd. drangsaliert jmdn./ein Tier* (*mit etwas Dat.*) (*umg. abwert.*) *quälen, peinigen* jemanden mit Fragen drangsalieren, sein Pferd mit Sporen drangsalieren

dran·hal·ten <hälst dich dran, hielt sich dran, hat sich drangehalten> *mit SICH* ■ *jmd. hält sich dran siehe* **daranhalten**

dran·kom·men <kommst dran, kam dran, ist drangekommen> *ohne OBJ* (*umg.*) **1.** ■ *jmd. kommt* (*mit etwas Dat.*) *dran mit etwas an der Reihe sein* Du kommst zuerst dran. **2.** ■ *jmd. kommt dran* SCHULE *vom Lehrer aufgerufen werden* Ich bin heute in Mathematik drangekommen. **3.** ■ *jmd. kommt dran erreichen können* Kannst du mir die Vase heruntergeben? Ich komme nicht dran., Ich habe keine Karten für das Konzert, aber er weiß, wie wir drankommen. ◆ Zusammenschreibung→R Kann ich auch mal drankommen?

dran·krie·gen <kriegst dran, kriegte dran, hat

drangekriegt> *mit OBJ* ■ *jmd. kriegt jmdn. dran* (*umg.*) *jmdn. überlisten, reinlegen* Da habt ihr mich aber mächtig drangekriegt!

dran·neh·men <nimmst dran, nahm dran, hat drangenommen> *mit OBJ* ■ *jmd. nimmt jmdn. dran* (*umg.*) *nacheinander befragen oder bedienen, bearbeiten, behandeln o.Ä.* Der Lehrer hat mich heute in Physik drangenommen., den nächsten Patienten drannehmen

dran·wa·gen <wagst dran, wagte dran, hat drangewagt> *mit SICH* ■ *jmd. wagt sich an jmdn./etwas dran* (*umg.*) *sich herantrauen* Wagen wir uns an die Aufgabe dran!

dra·pie·ren <drapierst, drapierte, hat drapiert> *mit OBJ* ■ *jmd. drapiert etwas* (*geh.*) **1.** *kunstvoll in Falten legen* ein Tuch wirkungsvoll um die Schultern drapieren **2.** *schmücken* einen Raum drapieren

Drä·si·ne die <-, -n> *s.* **Draisine**

dras·tisch *Adj.* (*abwert.*) **1.** *so, dass es in einer negativen Art und Weise deutlich ist* ein drastisches Beispiel von Umweltkriminalität **2.** *so, dass es sehr wirksam und spürbar ist* eine drastische Erhöhung der Preise, eine drastische Strafe

drauf *Adv.* (*umg.* ≈ *darauf*) **1.** *auf die Oberseite von etwas* Dort ist meine Tasche. Lege bitte das Buch drauf! **2.** *zusätzlich* noch eins drauf geben ■ **drauf und dran sein, etwas zu tun** (*umg.*): *im Begriff sein, etwas zu tun* **gut/schlecht drauf sein** (*umg.*): *gut/schlecht gelaunt sein siehe* **darauf**

Drauf·ga·be die <-, -n> (*österr.*) *Zugabe* Das Orchester spielte noch eine Draufgabe.

Drauf·gän·ger, **Drauf·gän·ge·rin** der <-s, -> *Person, die ohne viel Überlegung oder ohne Rücksicht auf Gefahren handelt* Man kann ihn nicht bremsen, er ist eben ein richtiger Draufgänger.

drauf·ge·hen <gehst drauf, ging drauf, ist draufgegangen> *ohne OBJ* **1.** ■ *etwas geht für etwas Akk. drauf* (*umg.*) *verbraucht werden* Dafür ist mein ganzes Geld draufgegangen. **2.** ■ *jmd. geht bei etwas Dat. drauf* (*vulg.*) *sterben* Sie hätte bei diesem Unfall draufgehen können!

drauf·ha·ben <hast drauf, hatte drauf, hat draufgehabt> *mit OBJ* ■ *jmd. hat etwas drauf* (*umg.*) *für etwas sehr begabt sein* Sie hat ganz schön was drauf in Physik!

drauf·le·gen <legst drauf, legte drauf, hat draufgelegt> *mit OBJ* ■ *jmd. legt etwas drauf* (*umg.*) *zusätzlich bezahlen* Unser Geld reicht noch nicht, du musst noch etwas drauflegen. ◆ Zusammenschreibung→R Oma hat auf unser Erspartes noch etwas draufgelegt.

drauf·los *Adv.* (*umg.*) *ohne lange nachzudenken* Einfach drauflos, es wird schon klappen!

drauf·los·ge·hen <gehst drauflos, ging drauflos, ist drauflosgegangen> *ohne OBJ* ■ *jmd. geht drauflos* (*umg.*) *stürmisch und ohne festes Ziel vorwärtsgehen* Sie hatten kein Ziel und sind einfach drauflosgegangen. ◆ Zusammenschreibung →R Lasst uns einfach drauflosgehen, …

drauf·los·re·den <redest drauflos, redete drauflos, hat drauflosgeredet> *ohne OBJ* ■ *jmd. redet drauflos* (*umg.*) *schnell und ohne Überlegung reden* Sie hat ohne nachzudenken einfach drauflosgeredet. ◆ Zusammenschreibung→R Er war nicht vorbereitet und hat in der Vorlesung einfach so drauflosgeredet.

drauf·los·schla·gen <schlägst drauflos, schlug drauflos, hat drauflosgeschlagen> *ohne OBJ* ■ *jmd. schlägt drauflos* (*umg.*) *ohne Besinnung zuschlagen* Er war betrunken und hat drauflosgeschlagen.

drauf·los·stür·zen <stürzt drauflos, stürzte drauflos, ist drauflosgestürzt> *ohne OBJ* ■ *jmd. stürzt drauflos* (*umg.*) *eilig auf etwas losrennen* Als das Geschäft öffnete, stürzte er drauflos

drauf·los·wirt·schaf·ten <wirtschaftest drauf los, wirtschaftete drauflos, hat drauflosgewirtschaftet> *ohne OBJ* ■ *jmd. wirtschaftet drauflos* (*umg.*) *ohne Überlegung wirtschaften* Sie ist pleite, denn sie hat einfach drauflosgewirtschaftet.

drauf·ma·chen <machst drauf, machte drauf, hat draufgemacht> *mit OBJ* ■ *jmd. macht einen drauf* (*umg.*) *lange und ausgiebig* (*meist in Verbindung mit viel Alkohol*) *feiern* Nach der bestandenen Prüfung haben sie einen draufgemacht.

drauf·ste·hen <stehst drauf, stand drauf, hat draufgestanden> *mit OBJ* ■ *etwas steht auf etwas Dat. drauf* (*umg.*) *darauf geschrieben stehen* Sieh mal nach, ob mein Name auch mit draufsteht! ◆ Zusammenschreibung→R Ich denke, das muss auf der Gebrauchsanleitung draufstehen.

drauf·zah·len <zahlst drauf, zahlte drauf, hat draufgezahlt> *mit OBJ/ohne OBJ* ■ *jmd. zahlt* (*bei etwas Dat.*) *drauf* (*umg.*) *bei etwas einen Verlust machen* bei einem Geschäft draufzahlen müssen ▸Draufzahlgeschäft

drau·ßen *Adv.* **1.** (↔ *drinnen*) *außerhalb eines Raumes* nach draußen gehen, lieber draußen warten, Wer ist da draußen? **2.** *vom Sprecher weit weg* draußen auf dem Meer, die Schiffe draußen, draußen an der Front **3.** ■ **jemand ist draußen** (*umg.*): *jmd. hat die Übung in etwas verloren* Ich habe zwei Jahre kein Französisch gesprochen, ich bin ganz draußen.

drech·seln <drechselst, drechselte, hat gedrechselt> *mit OBJ/ohne OBJ* **1.** ■ *jmd. drechselt* (*etwas*) (*auf etwas Dat.*) *Holz auf einer Drehbank bearbeiten* gedrechseltes Holzspielzeug **2.** ■ *jmd. drechselt etwas etwas sprachlich kunstvoll und zugleich steif formulieren* Reime/Sätze drechseln

Drechs·ler, **Drechs·le·rin** der <-s, -> *jmd., der beruflich drechselt*[1]

Dreck der <-(e)s> (*kein Plur.*) **1.** (≈ *Schmutz*) Meine Schuhe waren nach der Wanderung voller Dreck., Die Ecken sind schwer zu reinigen, da kann sich Dreck ansammeln. ◆-spritzer **2.** (*vulg. abwert.*) *minderwertige Sache* Kümmere dich um deinen eigenen Dreck!, Was hast du denn da für einen Dreck gekauft? ■ **jemanden aus dem Dreck ziehen** (*umg.*): *jmdm. aus Schwierigkeiten heraushelfen* **etwas in den Dreck ziehen** (*umg.*): *über etwas sehr abfällig und verächtlich* *sprechen* **Dreck am Stecken haben** (*umg.*): *Schuld auf sich geladen haben* **jemanden wie den letzten Dreck behandeln** (*umg.*): *jmdn. sehr schlecht behandeln* **Das geht dich einen Dreck an!** (*vulg.*): *das geht dich gar nichts an* **die Karre aus dem Dreck ziehen** (*umg.*): *eine scheinbar hoffnungslos missratene Sache wieder in Ordnung bringen*

Dreck·fink der <-en, -en> (*umg.* ≈ *Schmutzfink*) *jmd., der sehr schmutzig ist* (*oder dazu neigt, sich immer wieder schmutzig zu machen*) Mensch, Peter, du bist ein kleiner Dreckfink, gerade habe ich dir ein frisches Hemd angezogen!

Dreck·hau·fen der <-s, -> (*umg.*) *ein Haufen von Schmutz*

dre·ckig *Adj.* **1.** (≈ *schmutzig*) dreckige Hände/Schuhe haben, Laufe mit deinen dreckigen Schuhsohlen bloß nicht über den Wohnzimmerteppich. **2.** (*umg. abwert.*) *so, dass jmd. gemein und unverschämt ist* ein dreckiges Grinsen, Seine dreckige Lache ist abstoßend. ■ **es geht jemandem dreckig** (*umg.*): *es geht jmdm. schlecht*

Dreck·sack der <-(e)s, Drecksäcke> (*vulg. abwert.*) *gemeiner Kerl* (*Schimpfwort*)

Dreck·schwein das <-(e)s, -e> (*vulg. abwert.*) **1.** *Person, die schmutzig ist* Das Dreckschwein hat hier alles schmutzig gemacht! **2.** *niederträchtige Person* Das Dreckschwein hat uns alle ausgenutzt und dann verraten.

Dreck·stall der <-(e)s, Dreckställe> (*vulg. abwert.*) *sehr schmutzige und unordentliche Wohnung; sehr vernachlässigter Raum*

Dreck·wet·ter das <-s> (*kein Plur.*) (*umg. abwert.*) *sehr schlechtes Wetter mit Regen oder Schneematsch* So ein Dreckwetter!

Dreh der <-(e)s, -s/-e> (*umg.*) **1.** *Trick, Kunstgriff* Kannst du mir diesen Dreh mal zeigen? **2.** ■ **den Dreh heraushaben** (*umg.*): *verstanden haben, wie man etwas machen muss* **so um den Dreh** (**herum**): *ungefähr um diese Zeit; ungefähr so viel, so weit, so hoch/so schnell* Die Höchstgeschwindigkeit liegt bei 120 km/h oder so um den Dreh herum., Der Anteil liegt bei drei Prozent, oder so um den Dreh.

Dreh·ach·se die <-, -n> *Achse, um die eine Drehung erfolgt*

Dreh·ar·beit die <-, -en> (*meist Plur.*) FILM *das Drehen eines Films*

Dreh·bank die <-, Drehbänke> *Maschine, in der ein eingespanntes Werkstück rotiert und mit einem Werkzeug bearbeitet wird*

dreh·bar <nicht steig.> *Adj. so, dass man es drehen kann* eine drehbare Bühne

Dreh·buch das <-(e)s, Drehbücher> FILM *die schriftliche Vorlage für einen Film, die die Figuren und den Verlauf der Handlung beschreibt*

Dreh·buch·au·tor, **Dreh·buch·au·to·rin** der <-s, -en> FILM *jmd., der beruflich Drehbücher schreibt*

dre·hen <drehst, drehte, hat gedreht> **I.** *mit OBJ* ■ *jmd. dreht etwas* **1.** *etwas um die eigene Achse bewegen* ein Rad/eine Schraube drehen **2.** *wenden* etwas hin und her drehen, den Kopf drehen **3.** (*bestimmte Produkte*) *mit kreisenden Bewegungen mit den Händen oder maschinell formen* Papierkügelchen/Zigaretten drehen, Granaten/Seile drehen **4.** (*umg. abwert.*) *im eigenen Interesse beeinflussen* etwas so drehen, dass man davon den größten Nutzen hat **II.** *mit OBJ/ohne OBJ* ■ *jmd. dreht* (*etwas*) (*irgendwo*) FILM *einen Film machen* einen Film drehen, Hier wird gerade gedreht., Sie dreht gerade in Hollywood. ▶Drehpause **III.** *ohne OBJ* **1.** ■ *etwas dreht die Bewegungsrichtung ändern* Der Wind drehte plötzlich., Das Schiff dreht. **2.** ■ *jmd./etwas dreht* (*an etwas Dat.*) *eine Kreisbewegung mit etwas ausführen* jemand dreht an einem Schalter/Knopf/Rad **IV.** *mit SICH* **1.** ■ *jmd./etwas dreht sich sich um die eigene Achse bewegen* sich im Kreis drehen, Die Schallplatte dreht sich. **2.** ■ *etwas dreht sich um etwas Akk.* (*umg.*) *sich um etwas handeln* Um was dreht es sich?, es dreht sich darum, dass … ■ **ein Ding drehen** (*umg.*): *ein Verbrechen begehen* **alles dreht sich nur um …** (*umg.*): *es geht bei jmdm. oder etwas nur um …*

Dre·her, **Dre·he·rin** der <-s, -> *jmd., der beruflich an einer Drehbank arbeitet*

Dreh·er·laub·nis die <-> (*kein Plur.*) FILM *die Genehmigung, an einem bestimmten Ort zu filmen* eine Dreherlaubnis erteilen

Dreh·feld das <-(e)s, -er> PHYS. *magnetisches oder elektrisches Feld, das sich mit gleichbleibender Geschwindigkeit um seine Achse dreht*

Dreh·ge·stell das <-s, -e> *drehbares Fahrgestell für Eisenbahnwagen*

Dreh·kar·tei die <-, -en> *ein Karteikartensystem, bei dem die einzelnen Karteikarten beweglich sind und um eine Achse gedreht werden können*

Dreh·kipp·fen·ster das <-s, -> *ein Fenster, das man entweder seitlich ganz öffnen oder oben ein Stück weit in den Raum kippen kann*

Dreh·kol·ben·mo·tor der <-s, -en> (TECHN.: ≈ *Kreiskolbenmotor, Wankelmotor*) *Verbrennungsmotor, dessen Kolben eine drehende Bewegung ausführt*

Dreh·kreuz das <-es, -e> *an Durchgängen* (*als Sperre*) *befindliches drehbares Metallkreuz, das jeweils nur eine Person hindurchlässt* Am Eingang zum Werksgelände muss man ein Drehkreuz passieren.

Dreh·mo·ment das <-s, -e> PHYS. *Maß für die Drehwirkung der einen drehbaren Körper angreifenden Kräfte*

Dreh·or·gel die <-, -n> *ein mit einer Kurbel betriebenes orgelähnliches* (*fahrbares*) *Musikinstrument*

Dreh·ort der <-(e)s, -e> FILM *Ort, an dem ein Film gedreht wird*

Dreh·punkt der <-(e)s, -e> *Punkt, um den eine Drehung stattfindet*

Dreh·rie·gel·ver·schluss der <-es, Drehriegelverschlüsse> *Verschluss mit einem drehbaren Riegel*

Dreh·schal·ter der <-s, -> *Schalter, den man durch Drehen betätigt*

D

Dreh·schalt·griff der <-(e)s, -e> *der Bedienungsgriff einer Gangschaltung, durch dessen Drehen man die einzelnen Gänge wählt* Bei diesem Motorrad legt man die Gänge mit einem Drehschaltgriff ein.

Dreh·schei·be die <-, -n> **1.** (≈ *Töpferscheibe*) **2.** *drehbare Plattform zum Umsetzen von Lokomotiven* **3.** (*übertr.*) *wichtiger Handels- oder Verkehrsknotenpunkt* Der Hafen ist eine Drehscheibe für den Ost-West-Handel.

Dreh·ses·sel der <-s, -> *Sessel mit einer drehbaren Sitzfläche*

Dreh·spieß der <-es, -e> (*elektrisch*) *drehbarer Spieß zum Grillen von Fleisch*

Dreh·stän·der der <-s, -> *ein drehbares Gestell, auf dem meist Ansichtskarten, Taschenbücher o.Ä. ausgestellt sind*

Dreh·stan·gen·schloss das <-es, Drehstangenschlösser> *Schloss, das meist zur Sicherung von Fahrrädern verwendet wird*

Dreh·strom der <-(e)s> (*kein Plur.*) (ELEKTROTECHN.: ≈ *Dreiphasenstrom*) *Strom, bei dem drei Wechselströme miteinander verbunden sind*

Dreh·strom·ge·ne·ra·tor der <-s, -en> ELEKTROTECHN. *Generator, der mit Drehstrom arbeitet*

Dreh·stuhl der <-(e)s, Drehstühle> *Stuhl, dessen Sitzfläche drehbar ist*

Dreh·tag der <-(e)s, -e> FILM *Tag, an dem Aufnahmen zu einem Film gemacht werden* Nach zwanzig Drehtagen war der Film fertig.

Dreh·tür die <-, -en> *drehbare Tür, die jeweils nur eine Person hindurchlässt*

Dre·hung die <-, -en> *das Drehen I, III, IV.1* eine ganze/halbe Drehung machen

Dreh·zahl die <-, -en> KFZ. *Anzahl der Umdrehungen in einer bestimmten Zeit*

Dreh·zahl·mes·ser der <-s, -> KFZ *Gerät zur Messung der Drehzahl*

Dreh·zeit die <-, -en> FILM *die Zeit, die zum Drehen eines Films nötig ist*

drei *Num. die Zahl 3* drei Kilometer, Wir nehmen die (ersten) drei., Einer von uns dreien muss gehen., Das Glas ist drei viertel voll., Wir treffen uns um drei., Wir treffen uns um drei viertel sieben., ein drei viertel Liter ■ **nicht bis drei zählen können** (*umg. abwert.*): *nicht besonders klug sein* ◆ Kleinschreibung→R Die drei haben uns geholfen., Die Besprechung ist um drei (≈ findet um drei statt)., drei Komma fünf; Getrenntschreibung→R Es ist drei viertel drei., Ich nehme einen drei viertel Liter Bier. *siehe aber auch* **Viertel**

Drei die <-, -en> die Zahl Drei, eine Drei würfeln, Die (Nummer) Drei ist an der Reihe., in Mathematik eine Drei (≈ die Schulnote Drei) haben ◆ Großschreibung→R Er hat eine Drei geschrieben/mit Drei bestanden., eine Drei ziehen

Drei·ach·ser der <-s, -> (*Last*) *Wagen mit drei Achsen*

Drei·ak·ter der <-s, -> THEAT. *Bühnenstück mit drei Akten*

Drei·bett·zim·mer das <-s, -> *Zimmer in einem Hotel oder Krankenhaus mit drei Betten* ein Dreibettzimmer reservieren

Drei·eck das <-(e)s, -e> *eine geometrische Figur mit drei Ecken* ein gleichschenkliges Dreieck, den Flächeninhalt eines Dreiecks berechnen

drei·e·ckig <nicht steig.> *Adj. so, dass es die Form eines Dreiecks hat*

Dreiecks·be·zie·hung die <-, -en> (≈ *Dreiecksverhältnis*) *intimes Verhältnis zwischen drei Pesonen*

Dreiecks·ko·mö·die die <-, -n> THEAT. *Komödie, die von einer Dreiecksbeziehung handelt*

Drei·ei·nig·keit die <-> (*kein Plur.*) (REL.: ≈ *Dreifaltigkeit*) *in der christlichen Religion die Einigkeit von Vater, Sohn und Heiligem Geist*

drei·er·lei <nicht steig.> *Adj. von drei Arten oder Sorten* Dazu habe ich dreierlei zu bemerken ..., Ich muss heute noch dreierlei erledigen., dreierlei verschiedene Bedeutungen

drei·fach <nicht steig.> *Adj.* so, dass es dreimal so viel ist, Er verdient das Dreifache., um das Dreifache größer sein ◆ Großschreibung→R Es kostet das Dreifache.

Drei·fach·steck·do·se die <-, -n> *Steckdose für drei Stecker*

Drei·fal·tig·keits·fest das <-(e)s, -e> (REL.: ≈ *Trinitatis*) *Fest der Dreieinigkeit* (*am ersten Sonntag nach Pfingsten*)

Drei·fa·mi·li·en·haus das <-es, Dreifamilienhäuser> *Haus mit drei Wohnungen* (*für drei Familien*)

Drei·ge·stirn das <-(e)s, -e> (*übertr.*) **1.** *drei Sterne* **2.** *drei Personen, die durch Freundschaft oder Arbeit eng miteinander verbunden sind*

Drei·gro·schen·o·per die <-> (*kein Plur.*) *Titel eines musikalischen Werkes mit dem Text von Bertolt Brecht und der Musik von Kurt Weill*

Drei·heit die <-> (*kein Plur.*) *die Einheit von drei Wesen, die zusammengehören*

drei·hun·dert *Num. Kardinalzahl „300"*

drei·jäh·rig <nicht steig.> *Adj. so, dass jmd. oder etwas drei Jahre alt ist* ein dreijähriges Kind, ein dreijähriger Baum, Beim Pferderennen gehen heute die Dreijährigen an den Start. ◆ Großschreibung→R Das wissen doch schon die Dreijährigen!

drei·jähr·lich <nicht steig.> *Adj. so, dass es sich alle drei Jahre wiederholt* Dieses Musikfestival findet dreijährlich statt.

Drei·kampf der <-(e)s> (*kein Plur.*) SPORT *eine Mehrkampfdisziplin, die aus 100-m-Lauf, Weitsprung und Kugelstoßen besteht*

Drei·klang der <-(e)s, Dreiklänge> MUS. *ein Akkord aus drei Tönen*

Drei·kö·nigs·fest das <-(e)s, -e> REL. *Fest der Heiligen Drei Könige* (*am 6. Januar*)

Drei·kö·nigs·tag der <-(e)s> (*kein Plur.*) *christliches Fest am 6. Januar*

drei·köp·fig <nicht steig.> *Adj. so, dass es aus drei Personen besteht* eine dreiköpfige Familie, ein dreiköpfiges Team

Drei·mäch·te·pakt der <-(e)s> (*kein Plur.*) (≈ *Dreierpakt*) *zwischen drei Staaten geschlossener*

Pakt

drei·mo·na·tig <nicht steig.> *Adj.* **1.** *so, dass es drei Monate dauert* ein dreimonatiges Praktikum **2.** *so, dass es drei Monate alt ist* ein dreimonatiges Baby

Drei·pha·sen·strom der <-(e)s> (*kein Plur.*) *s.* **Drehstrom**

Drei·rad das <-(e)s, Dreiräder> (*kleines*) *Kinderfahrrad mit drei Rädern*

Drei·raum·woh·nung die <-, -en> (≈ *Dreizimmerwohnung*) *Wohnung mit drei Zimmern*

Drei·satz der <-es> (*kein Plur.*) MATH. *ein Rechenverfahren, bei dem man aus drei bekannten eine vierte unbekannte Größe bestimmt*

Drei·satz·rech·nung die <-, -en> MATH. *eine Berechnung in Form des Dreisatzes s.* **Dreisatz**

Drei·sil·bler der <-s, -> *Wort, das aus drei Silben besteht*

drei·spra·chig <nicht steig.> *Adj.* **1.** *so, dass es in drei Sprachen abgefasst wurde* ein dreisprachiger Gedichtband **2.** *so, dass jmd. drei Sprachen spricht* Das Kind wächst dreisprachig auf.

drei·ßig *Num. Kardinalzahl „30"* über dreißig (Jahre alt) sein, die dreißiger Jahre ♦ Großschreibung →R Das Möbelstück stammt aus den Dreißigern., Er ist in den Dreißigern.

Drei·ßi·ger·ja·hre die <-> *Plur. die Jahre 30 bis 39 eines jeden Jahrhunderts* die Mode der Dreißigerjahre

drei·ßig·jäh·rig <nicht steig.> *Adj. so, dass jmd. oder etwas dreißig Jahre alt ist* eine dreißigjährige Zusammenarbeit, Sie ist bereits dreißigjährig an einer schweren Krankheit gestorben. ♦ Großschreibung→R der Dreißigjährige Krieg, alle (über) Dreißigjährigen

Drei·ßigs·tel das <-s, -> *der dreißigste Teil von etwas* ein Dreißigstel

dreist *Adj. so, dass jmd. unverschämt, frech und anmaßend ist* eine dreiste Lüge

drei·stel·lig <nicht steig.> *Adj. so, dass die Zahlenangabe aus drei hintereinanderfolgenden Ziffern besteht* eine dreistellige Summe zahlen

Drei·ster·ne·ho·tel das <-s, -s> *Hotel, das der Kategorie „drei Sterne" angehört und ein gehobenes Niveau bietet*

Dreis·tig·keit die <-, -en> *Unverschämtheit, Frechheit* Er besaß die Dreistigkeit, uns zu belügen.

drei·stu·fig <nicht steig.> *Adj. so, dass es aus drei Stufen besteht* ein dreistufiges Verfahren

drei·stün·dig <nicht steig.> *Adj. so, dass es drei Stunden dauert* ein dreistündiger Vortrag

Drei·ta·ge·fie·ber das <-s, -> MED. *Infektionskrankheit mit hohem Fieber*

drei·tä·gig <nicht steig.> *Adj. so, dass es drei Tage dauert* eine dreitägige Reise

drei·tei·lig <nicht steig.> *Adj. so, dass es aus drei Teilen besteht* ein dreiteiliges Kostüm

Drei·vier·tel·är·mel der <-s, -> *Ärmel, der knapp über den Ellenbogen reicht* eine Bluse mit Dreiviertelärmeln

drei·vier·tel·lang <nicht steig.> *Adj. so, dass die Länge drei Viertel der normalen Länge beträgt* ein dreiviertellanger Rock

Drei·vier·tel·li·ter·fla·sche die <-, -n> *Flasche, in die dreiviertel Liter Flüssigkeit hineinpasst* eine Dreiviertelliterflasche Wein

Drei·vier·tel·mehr·heit die <-, -en> *Mehheit von mindestens 75 Prozent der abgegebenen Stimmen* Der Kandidat erhielt die Dreiviertelmehrheit.

Drei·vier·tel·stun·de die <-, -n> *Zeitraum von 45 Minuten* Die Fahrt mit dem Zug dauerte eine Dreiviertelstunde.

drei·wö·chig <nicht steig.> *Adj. drei Wochen dauernd* ein dreiwöchiger Lehrgang

drei·zehn *Num. Kardinalzahl „13"*

drei·zehn·jäh·rig <nicht steig.> *Adj. so, dass jmd. oder etwas dreizehn Jahre alt ist* ein dreizehnjähriges Mädchen, die dreizehnjährige Kooperation der beiden Firmen

drei·zei·lig <nicht steig.> *Adj. so, dass ein Text drei Zeilen lang ist* ein dreizeiliger Vers

Drei·zim·mer·woh·nung die <-, -en> *s.* **Dreiraumwohnung**

Drell der <-s, -e> (≈ *Drillich*) *dreifädiges Gewebe*

Dres. *Abkürzung von „Doktores"* Dres. Müller, Schmidt und Meyer

Dre·sche die <-> (*kein Plur.*) (*umg.*) *Prügel, Schläge* Dresche kriegen

dre·schen <drischst, drosch, hat gedroschen> *mit OBJ/ohne OBJ* **1.** ■ *jmd. drischt* (*etwas*) LANDW. *Getreide so bearbeiten, dass die Körner herausfallen* Getreide/Korn dreschen, Nach dem Ernten wird gedroschen. **2.** ■ *jmd. drischt jmdn.*, ■ *jmd. drischt auf etwas Akk.* (*vulg.*) *heftig schlagen* jemanden windelweich dreschen, mit einem Stock auf etwas dreschen

Dre·scher der <-s, -> *jmd. der drischt* [1]

Dresch·fle·gel der <-s, -> LANDW. *Gerät zum manuellen Dreschen*[1]

Dresch·ma·schi·ne die <-, -n> LANDW. *Maschine zum Dreschen*[1]

Dress das <-es, -e> *eine Sportbekleidung, die aus Trikot und passender Sporthose besteht* Die Mannschaft spielt im gelben Dress.

Dres·seur, **Dres·seu·rin** der [drɛ'søːɐ̯] <-s, -e> *jmd., der Tiere dressiert* Der Dresseur trainiert mit seinen Hunden.

dres·sie·ren <dressierst, dressierte, hat dressiert> *mit OBJ* ■ *jmd. dressiert ein Tier einem Tier bestimmte Fähigkeiten oder Kunststücke antrainieren* einen Hund dressieren, ein dressierter Affe

Dres·sing das <-s, -s> KOCH. *Salatsoße, Marinade* ♦ Joghurt-, Kräuter-

Dress·man der ['drɛsmən] <-s, Dressmen> *männliches Model*

Dres·sur die <-, -en> **1.** (*kein Plur.*) *das Abrichten eines Tieres* die Dressur von Tigern **2.** *durch Abrichten erworbene Fertigkeit* Die Löwen führten eine schwierige Dressur vor. ♦ -akt, -halsband, -kunststück

Dres·sur·rei·ten das <-s> (*kein Plur.*) SPORT *Reiten in der Art, dass die einzelnen Gangarten des Pferdes exakt herausgearbeitet werden*

drib·beln <dribbelst, dribbelte, hat gedribbelt> *ohne OBJ* ■ *jmd. dribbelt* SPORT *den Ball durch kurze Stöße vorantreiben* am gegnerischen Spieler vorbei dribbeln

Drib·bling das <-s, -s> SPORT *das Dribbeln*

Drift die <-, -en> **1.** *Strömung an der Meeresoberfläche* **2.** *unkontrolliertes Treiben auf dem Wasser*

drif·ten <dreiftest, driftete, ist gedriftet> *ohne OBJ* ■ *etwas driftet irgendwohin etwas treibt schwimmend ohne bestimmte Richtung auf dem Wasser* Das Floß driftet über das Wasser.

Drill der <-(e)s> (*kein Plur.*) MILIT. *hartes* (*mechanisches*) *Training von Fertigkeiten* der tägliche Drill

dril·len <drillst, drillte, hat gedrillt> *mit OBJ* ■ *jmd. drillt jmdn.* **1.** MILIT. *hart trainieren* die Soldaten im Exerzieren drillen **2.** (*abwert.*) *durch ständiges Wiederholen üben* die Schüler in Grammatik drillen, Er war auf diese Fragen gedrillt.

Dril·ling der <-s, -e> *eines von drei gleichzeitig von derselben Mutter geborenen Kindern*

drin *Adv.* (*umg.*) *innerhalb eines Raumes oder Gefäßes* Wir warten drin., In der Flasche ist gar nichts mehr drin!, Sie ist eben noch drin gewesen. ■ **das ist nichts mehr/noch etwas drin** (*umg.*): *da ist nichts mehr/noch etwas zu machen* **etwas ist bei/mit jemandem nicht drin** (*umg.*): *mit jmdm. nicht zu machen sein* Betrug ist bei ihm nicht drin. ◆ Getrenntschreibung→R Die anderen werden wohl noch drin sein.

drin·gen <dringst, drang, ist gedrungen> *ohne OBJ* **1.** ■ *jmd. dringt auf etwas Akk. nachdrücklich fordern, dass etwas geschieht* Der Kunde dringt auf pünktliche Lieferung. **2.** ■ *etwas dringt irgendwohin an eine Stelle gelangen* Die Nachricht ist an die Öffentlichkeit gedrungen., Das Sonnenlicht dringt durch die Wolken., Das Geschoss ist bis in die Lunge gedrungen.

drin·gend *Adj.* **1.** *so wichtig und eilig, dass es keinen Aufschub duldet* die dringendsten Reparaturen sofort erledigen, ein dringendes Anliegen haben, Wir können nicht länger warten, die Sache ist viel zu dringend! **2.** (≈ *akut*) *so konkret, dass sofort eine Maßnahme erfolgen muss* Es besteht dringender Tatverdacht. **3.** (≈ *nachdrücklich*) *so, dass man keinen Zweifel daran lässt, dass die eigenen Worte wichtig und ernst sind* eine dringende Warnung aussprechen

dring·lich *Adj. siehe* **dringend**

Dring·lich·keit die <-> (*kein Plur.*) **1.** (≈ *Wichtigkeit*) *der Umstand, dass etwas dringend*[1] *ist* die Dringlichkeit des Antrags **2.** *Nachdrücklichkeit* jemanden mit aller Dringlichkeit zu etwas auffordern/vor etwas warnen

Dring·lich·keits·stu·fe die <-, -n> *Grad der Dringlichkeit*[1] *einer bestimmten Maßnahme* die höchste Dringlichkeitsstufe

Drink der <-(s), -s> *ein* (*alkoholisches*) *Getränk* jemandem einen Drink anbieten

drin·nen *Adv.* (↔ *draußen*) *innerhalb eines Raumes* drinnen und draußen, sich lieber drinnen aufhalten

drit·te <nicht steig.> *Adj.* am dritten Tag, wir waren zu dritt, Jeder Dritte ist unter dreißig., der Dritte im Bunde sein, die Dritte Welt ■ **aus dritter Hand**: *gebraucht* etwas aus dritter Hand kaufen **der lachende Dritte** (*umg.*): *derjenige, der bei etwas als Unbeteiligter gewinnt* Bei ihrem Streit war ich der lachende Dritte. ◆ Großschreibung →R das Dritte Reich

Drit·tel das <-s, -> *der dritte Teil von etwas* Jeder bekommt ein Drittel.

drit·tens *Adv. an dritter Stelle* ... und drittens fehlt es uns an dem nötigen Personal.

Drit·te-Welt-La·den der <-s, Dritte-Welt-Läden> *ein Geschäft, in dem Waren aus Entwicklungsländern verkauft werden*

Dritt·land das <-(e)s, Drittländer> POL. *Land, das außerhalb einer bestimmten vertraglichen Beziehung steht* Es wurde vereinbart, diese Technik nicht an Drittländer weiterzuverkaufen.

dritt·letz·te <nicht steig.> *Adj. so, dass es vom Ende her gesehen an dritter Stelle ist* der drittletzte Punkt auf der Tagesordnung, als Drittletzter ins Ziel kommen

Dritt·mit·tel *Plur.* AMTSSPR. *Gelder, die Hochschulen aus Stiftungen oder aus der Wirtschaft für Projekte erhalten* ein Forschungsprojekt aus Drittmitteln finanzieren

Dritt·staat der <-(e)s, -en> POL. RECHTSW. *ein Staat, in den Asylbewerber abgeschoben werden dürfen* sichere Drittstaaten

Drive der [draɪf] <-s, -s> **1.** (*umg.*) *Schwung* Die Party hatte richtig Drive. **2.** (*umg.*) *Neigung* Ich würde ja gern mitkommen, aber mir fehlt der richtige Drive. **3.** MUS. *treibender Rhythmus in Rock- oder Jazzmusik*

Drive-in... [draɪfˈin] (*als Erstglied in Zusammensetzungen*) *eine aus den USA stammende Art, mit dem Auto so in ein Gebäude hineinfahren zu können, dass man die genannte Sache tun kann, ohne aus dem Auto auszusteigen* ins Drive-in-Kino fahren und den Film im Auto sitzend sehen ◆ -Lokal, -Restaurant

DRK das <-> (*kein Plur.*) *Abkürzung von „Deutsches Rotes Kreuz“*

Dro·ge die <-, -n> (≈ *Rauschgift*) *eine der Substanzen, die in verschiedenen Weisen konsumiert* (*getrunken, geraucht, in die Blutbahn gespritzt*) *werden, die den Konsumenten in einen stark euphorischen Zustand versetzen, eine körperliche und psychische Abhängigkeit erzeugen und oft langfristig die Gesundheit und die sozialen Bindungen des Konsumenten zerstören* ■ **harte/weiche Drogen**: *Drogen, die sehr schnell/weniger schnell abhängig machen* unter dem Einfluss von Drogen stehen/immer wieder zu Drogen greifen/nicht von der Droge loskommen/immer öfter Drogen konsumieren, Die Droge macht sehr schnell abhängig/verändert die Persönlichkeit/kann tödlich sein., Der Gitarrist starb an einer Überdosis der Droge., die Dealer/das Einstiegsalter/die Erstkonsumenten einer Droge ◆ Designer-, Mode-, Party-, -ndealer, -nfahndung, -nrazzia, -nstrich

Drö·ge·ler der <-s, -> (*schweiz.*) *Drogenabhängiger*

dro·gen·ab·hän·gig <nicht steig.> *Adj. so, dass jmd. von Rauschgift abhängig ist* ein drogenabhängiger Jugendlicher

Dro·gen·ab·hän·gi·ge der/die <-n, -n> *Person, die rauschgiftsüchtig ist*

Dro·gen·be·ra·tungs·stel·le die <-, -n> *Beratungsstelle für Drogenabhängige*

Dro·gen·dea·ler der <-s, -> *jmd., der mit illegalen Drogen handelt* Der Drogendealer wurde von der Polizei festgenommen.

Dro·gen·ent·zug der <-(e)s> (*kein Plur.*) *Entwöhnungsbehandlung für Drogenabhängige*

Dro·gen·ge·schäft das <-(e)s, -e> *Handel mit illegalen Drogen*

Dro·gen·han·del der <-s> (*kein Plur.*) *Kauf und Verkauf von Rauschgift*

Dro·gen·händ·ler der <-s, -> *jmd., der mit illegalen Drogen handelt*

Dro·gen·hil·fe die <-, -n> *organisierte Hilfe für Drogenabhängige und Drogengefährdete*

Dro·gen·kon·sum der <-s> (*kein Plur.*) *die Einnahme von Drogen* Der Drogenkonsum in dieser Altersgruppe ist gestiegen.

Dro·gen·ma·fia die <-s> (*kein Plur.*) *Verbrecherorganisation, die mit Drogen handelt*

Dro·gen·miss·brauch der <-(e)s, Drogenmissbräuche> *Missbrauch von Drogen* Der Drogenmissbrauch hat in den letzten Jahren zugenommen.

Dro·gen·po·li·tik die <-> (*kein Plur.*) *Politik einer Regierung im Hinblick auf Drogenabhängige und Drogenhändler*

Dro·gen·pro·blem das <-s, -e> **1.** *Abhängigkeit von Drogen* Ich glaube, sie hat ein Drogenproblem. **2.** (*kein Plur.*) *die Schwierigkeiten, die sich für Gesellschaft und Politik aus dem Umgang mit Drogen ergibt* das Drogenproblem diskutieren

Dro·gen·sucht die <-> (*kein Plur.*) *s.* **Drogenabhängigkeit**

dro·gen·süch·tig <nicht steig.> *Adj. s.* **drogenabhängig**

Dro·gen·sze·ne die <-> (*kein Plur.*) *Personengruppe, die im Zusammenhang mit Drogensucht und Drogenhandel in einem Gebiet auftritt* Im Bahnhofsviertel der Stadt gibt es eine offene Drogenszene.

dro·gen·the·ra·peu·tisch <nicht steig.> *Adj. die Therapie von Drogenabhängigen betreffend*

Dro·gen·the·ra·pie die <-, -n> *Therapie für Drogenabhängige*

Dro·gen·to·te der/die <-n, -n> *Person, die infolge der Einnahme von Rauschgift gestorben ist*

Dro·ge·rie die <-, -n> *ein Geschäft, in dem man vor allem Körperpflegemittel, Reinigungsmittel und bestimmte Heilmittel kaufen kann* ◆-artikel, -kette, -markt, -waren

Dro·gist, Dro·gis·tin der <-en, -en> *jmd., der beruflich in einer Drogerie arbeitet*

Droh·brief der <-(e)s, -e> *ein Brief, in dem Drohungen gegen den Empfänger ausgesprochen werden*

dro·hen <drohst, drohte, hat gedroht> *ohne OBJ* **1.** ■ *jmd. droht (jmdm.) (mit etwas Dat.) jmdm. etwas Unangenehmes so ankündigen, dass es ihn ängstigt* jemandem mit der Faust drohen, eine drohende Geste mit der Hand, Man drohte ihr, sie zu entlassen/mit Entlassung., Du kannst mir nicht drohen! **2.** ■ *etwas droht sich unheilvoll ankündigen* Uns droht Gefahr., Am Horizont droht ein Gewitter/Sturm., sich vor der drohenden Gefahr in Sicherheit bringen **3.** ■ *jmd./etwas droht plus Inf. verwendet, um auszudrücken, dass etwas Negatives unmittelbar bevorsteht* Der Kranke droht zu sterben., Das Haus droht einzustürzen.

Droh·ne die <-, -n> **1.** ZOOL. *männliche Biene* **2.** (*übertr. abwert.*) *Person, die auf Kosten anderer lebt* **3.** MILIT. *unbemannter militärischer Flugkörper, der fern- oder programmgesteuert zu seinem Ausgangspunkt zurückkehren kann*

dröh·nen <dröhnst, dröhnte, hat gedröhnt> *ohne OBJ* **1.** ■ *etwas dröhnt ein dumpfes, lautes Geräusch verursachen* Die Motoren dröhnen., eine dröhnende Stimme, dröhnender Beifall **2.** ■ *etwas dröhnt von etwas Dat. von einem dumpfen, lauten Geräusch erfüllt sein* Die Luft dröhnt von den Motoren der Hubschrauber. ■ **jemandem dröhnt der Kopf**: *jmd. hat starke Kopfschmerzen*

Dröh·nen das <-s> (*kein Plur.*) *ein dröhnendes Geräusch* das Dröhnen der Motoren

Dröh·nung die <-, -en> (*umg.*) **1.** (*Jargon*) *Rauschgiftdosis* eine (volle) Dröhnung **2.** *Rauschzustand*

Dro·hung die <-, -en> *die Worte oder Gesten, mit denen jmd. jmdm. droht; das Drohen*[1] seine Drohung wahr machen, wilde Drohungen ausstoßen ■ **leere Drohungen**: *nicht ernst gemeinte Drohungen*

drol·lig *Adj. so, dass es nett und rührend ist* ein drolliges Kätzchen, Das ist ja eine drollige Geschichte!

Dro·me·dar, Dro·me·dar das <-s, -e> ZOOL. *eine Kamelart mit nur einem Höcker*

Drop-out der [...aut] <-s, -s> **1.** *jmd., der aus einer sozialen Gruppe herausgefallen ist* **2.** TECHN. *durch Materialfehler oder Verschmutzung verursachter Aussetzer in der Schallaufzeichnung*

Drops der/das <-, -> (*meist Plur.*) *Bonbon mit Fruchtgeschmack* dem Kind eine Rolle Drops schenken ◆ Frucht-, Pfefferminz-

Drosch·ke die <-, -n> GESCH. *leichte Pferdekutsche zur Personenbeförderung*

Drosch·ken·platz der <-es, Droschkenplätze> GESCH. *Platz, an dem die Droschken (wartend) stehen*

Drosch·ken·stand der <-(e)s, Droschkenstände> *s.* **Droschkenplatz**

Dros·sel die <-, -n> ZOOL. *ein Singvogel*

dros·seln <drosselst, drosselte, hat gedrosselt> *mit OBJ* ■ *jmd. drosselt etwas* **1.** *die Leistung oder die Zufuhr von etwas verringern* die Heizung/den Motor drosseln, in gedrosseltem Tempo fahren **2.** (*übertr.*) *jmdn. in einer bestimmten Weise ein-*

schränken ihren Eifer drosseln, Er drosselte ihn, bei dem Versuch, noch mehr zu arbeiten., die Lautstärke der Stimme drosseln

drü·ben *Adv. auf der gegenüberliegenden Seite von etwas* Wir wohnen auf dieser Seite der Straße, unsere Freunde wohnen da drüben., Auf dieser Seite des Flusses ist die Altstadt, dort drüben beginnt die Neustadt.

drü·ber *Adv.* (*umg.* ≈ *darüber*) *über etwas* Hier ist unsere Wohnung, das Büro ist drüber., Ich habe schon viel drüber gelesen. *s.* **darüber**

drü·ber·fah·ren <fährst drüber, fuhr drüber, ist drübergefahren> *ohne OBJ* ■ *jmd. fährt drüber* (*umg.*) **1.** *über etwas streichen* mit der Hand drüberfahren **2.** (*umg.*) *mit einem Fahrzeug über etwas fahren* Da ist eine alte Brücke – können wir da drüberfahren? ◆ Zusammenschreibung→R mit einem Tuch drüberfahren

drü·ber·ma·chen <machst drüber, machte drüber, hat drübergemacht> *mit SICH* ■ *jmd. macht sich* (*über etwas Akk.*) *drüber* (*umg.*) *mit etwas beginnen* sich mit Eifer drübermachen ◆ Zusammenschreibung→R Wir haben noch viel Arbeit. Wollen wir uns gleich drübermachen?

drü·ber·ste·hen <stehst drüber, stand drüber, hat drübergestanden> *ohne OBJ* ■ *jmd. steht* (*über etwas Akk.*) *drüber* (*umg.*) *so überlegen sein, dass man von etwas Unangenehmem nicht berührt wird* Du kannst mich ruhig beschimpfen! Da stehe ich doch drüber! ◆ Zusammenschreibung→R Wenn man drübersteht, erträgt man auch böse Unterstellungen.

Druck¹ der <-s, Drücke> **1.** PHYS. *die Kraft, die auf eine Fläche wirkt* hoher/niedriger Druck, enormen Drücken ausgesetzt sein, den Druck erhöhen/messen/senken ◆ Luft-, Wasser-, Erd-, Über-, Unter- **2.** (*kein Plur.*) *das Drücken* etwas durch Druck auf eine Taste in Gang setzen, mit Druck auf eine Ader den Blutstrom unterbrechen ◆ Hände-, Knopf- **3.** (*kein Plur.*) (≈ *Zwang*) Druck auf jemanden ausüben, jemanden unter Druck setzen, (hinter eine Sache) Druck machen ■ **jemanden unter Druck setzen**: *jmdn. bedrohen, ihn einschüchtern, ihm unter Drohung etwas abnötigen* ◆ Erfolgs-, Leistungs-, Zeit-, **4.** (*Jargon*) *Heroininjektion* sich einen Druck setzen (≈ sich Heroin spritzen)

Druck² der <-s, -e> **1.** (*kein Plur.*) DRUCKW. *das Drucken* Das Buch befindet sich/ist noch im Druck. ◆-erlaubnis, -industrie, -maschine, -papier, -verbot **2.** KUNST *ein gedrucktes Bild* eine Ausstellung alter Drucke ◆-grafik, -muster, -vorlage **3.** (*kein Plur.*) DRUCKW. *die Art, wie gedruckt worden ist* ◆ Farb-, Schwarzweiß-, Stoff-

Druck·ab·fall der <-(e)s, Druckabfälle> TECHN. *Rückgang des Druckes*

Druck·an·stieg der <-(e)s, -e> TECHN. *Anstieg des Druckes¹*

Druck·auf·la·ge die <-, -n> DRUCKW. *die Anzahl der Exemplare* (*eines Buches*), *die von einem Verlag gedruckt wurden* Die Druckauflage wurde erhöht.

Druck·auf·trag der <-(e)s, Druckaufträge> DRUCKW. *Auftrag an eine Druckerei, etwas zu drucken*

Druck·aus·gleich der <-(e)s> (*kein Plur.*) PHYS. *Ausgleich von Unterschieden im Druck*

Druck·bo·gen der <-s, -/Druckbögen> DRUCKW. *Papierbogen der aus 16 Buchseiten besteht*

Druck·buch·sta·be der <-n/-ns, -n> *gedruckter oder die Druckschrift nachahmender Buchstabe* Für das Formular bitte Druckbuchstaben verwenden!

Drü·cke·ber·ger der <-s, -> (*umg. abwert.*) *Person, die alles versucht, um nicht arbeiten zu müssen*

dru·cken <druckst, druckte, hat gedruckt> *mit OBJ/ohne OBJ* ■ *jmd. druckt* (*etwas*) (*auf etwas Akk.*) *maschinell Texte in einer großen Zahl von Exemplaren auf Papier aufbringen* Bücher/einen Text/ein Muster/Zeitungen drucken, eine fett/halbfett/kursiv gedruckte Überschrift ■ **lügen wie gedruckt** (*umg. abwert.*): *in unverschämter Weise lügen*

drü·cken <drückst, drückte, hat gedrückt> **I.** *mit OBJ* ■ *jmd. drückt etwas/jmdn.* **1.** (≈ *pressen*) *eine bestimmte Kraft* (*großflächig*) *auf etwas einwirken lassen* eine Zitrone drücken, bis der Saft herausläuft, jemandem die Hand drücken, jemanden (ans Herz) drücken **2.** (≈ *belasten*) Die Sorge um seine Kinder drückt ihn. **II.** *mit OBJ/ohne OBJ* **1.** ■ *jmd. drückt* (*etwas*), ■ *jmd. drückt* (*auf etwas Akk.*) *durch Druck betätigen* einen Knopf/Schalter drücken, auf eine Taste drücken, Wenn du drückst, geht die Türe auf. **2.** ■ *etwas drückt* (*jmdn.*) *zu eng sein* Die Schuhe drücken mich., Der Verband drückt. **3.** ■ *etwas drückt etwas bewirken, dass etwas geringer oder schlechter wird* die Löhne/Preise drücken, auf die Stimmung/das Niveau drücken, eine gedrückte Stimmung **III.** *mit SICH* **1.** ■ *jmd. drückt sich in etwas Akk. sich mit Kraft in etwas hineinpressen* jmd. drückt sich in die Ecke/Kabine/in den Stuhl **2.** ■ *jmd. drückt sich vor etwas Dat.* (*umg. abwert.*) *jmd. entzieht sich einer Aufgabe oder einer Verantwortung* sich vor einer Arbeit/Pflicht drücken, Er drückt sich vor dem Militärdienst. ■ **jemanden an die Wand drücken** (*umg.*): *jmdn. in seiner Existenz vernichten* **jemanden drückt irgendwo der Schuh** (*umg.*): *jmd. hat Sorgen* (*wegen einer Sache*) **die Schulbank drücken** (*umg.*): *zur Schule gehen*

drü·ckend *Adj. so stark, dass es sehr belastend ist* drückende Hitze/Sorgen

Dru·cker, Dru·cke·rin¹ der <-s, -> *jmd., der beruflich druckt*

Dru·cker² der <-s, -> EDV *Gerät zum Ausdrucken von Daten* ◆-kabel, Laser-, Tintenstrahl-

Drü·cker der <-s, -> *Knopf zum Anschalten oder Öffnen* den Drücker an der Tür betätigen ■ **am Drücker sein** (*umg.*): *die Entscheidungsgewalt haben* **auf den letzten Drücker** (*umg.*): *im letzten Moment*

Dru·cke·rei die <-, -en> *Betrieb, in dem Bücher oder Zeitungen gedruckt werden*

Drụ·cker·pres·se die <-, -n> DRUCKW. *Maschine zum Drucken*

Drụck·er·zei·chen das <-s, -> (DRUCKW.: ≈ *Buchdruckerzeichen, Druckermarke*) *Haus- oder Firmenmarke eines Druckers, besonders in alten Büchern und frühen Drucken*

Drụck·er·zeug·nis das <-ses, -se> DRUCKW. *etwas, das gedruckt worden ist* Tageszeitungen, Magazine und andere Druckerzeugnisse

Drụck·fah·ne die <-, -n> (DRUCKW.: ≈ *Fahne*) *zum Zweck der Korrektur hergestellter Abzug eines gesetzten Druckes, der noch nicht auf Seitenformat gebracht wurde*

Drụck·feh·ler der <-s, -> DRUCKW. *etwas falsch oder unsauber Gedrucktes*

drụck·fest *Adj.* TECHN. *so, dass es widerstandsfähig gegen einen bestimmten Druck ist* druckfestes Material

Drụck·form die <-, -en> DRUCKW. *Form, mit der auf den Druckträger gedruckt wird*

drụck·frei <nicht steig.> *Adj.* DRUCKW. *so, dass es zum Druck freigegeben wurde*

Drụck·in·dust·rie die <-> (*kein Plur.*) *die Gesamtheit der Betriebe, die sich mit dem Druck von Büchern und Zeitungen beschäftigen*

Drụck·kal·ku·la·ti·on die <-, -en> DRUCKW. *Kalkulation darüber, welche Kosten das Drucken von etwas verursacht*

Drụck·kes·sel der <-s, -> TECHN. *ein Kessel, in dem hoher Druck erzeugt werden kann*

Drụck·knopf der <-(e)s, Druckknöpfe> **1.** *Knopf an Kleidungsstücken, der durch Drücken geschlossen wird* **2.** TECHN. *Knopf zum Ein- oder Ausschalten, der durch Drücken II.1 betätigt wird*

Drụck·knopf·ver·schluss der <-es, Druckknopfverschlüsse> *ein Druckknopf[1] als Verschluss an einem Kleidungsstück*

Drụck·koch·topf der <-(e)s, Druckkochtöpfe> (≈ *Dampfkochtopf*) *Kochtopf, in dem mit Dampfüberdruck gekocht wird, so dass die Speisen schneller gar werden*

Drụck·kor·rek·tur die <-> (*kein Plur.*) DRUCKW. *Korrektur der Druckfahnen*

Drụck·le·gung die <-, -en> DRUCKW. *das Drucken* die Drucklegung eines Buches

Drụck·luft die <-> (*kein Plur.*) TECHN. PHYS. *zusammengepresste Luft*

Drụck·luft·boh·rer der <-s, -> TECHN. *Bohrer, der mit Druckluft arbeitet*

Drụck·mit·tel das <-s, -> *etwas, mit dem auf jmdn. Zwang ausgeübt werden kann* die hohe Arbeitslosigkeit als Druckmittel für Lohnkürzungen benutzen

Drụck·pa·pier das <-s, -e> DRUCKW. *Papier, auf das gedruckt wird*

Drụck·pro·be die <-, -n> **1.** (DRUCKW.: ≈ *Probedruck*) *Probeabzug eines Textes, der gedruckt werden soll* **2.** TECHN. *Feststellung, ob ein Stoff oder ein System einem bestimmtem physikalischen Druck[1] standhält*

Drụck·pum·pe die <-, -n> (TECHN.: ≈ *Kompressionspumpe* ↔ *Saugpumpe*) *Pumpe, die mit Überdruck pumpt*

Drụck·reg·ler der <-s, -> TECHN. *Vorrichtung, mit der der Druck in Rohrleitungen geregelt wird*

drụck·reif <nicht steig.> *Adj.* **1.** DRUCKW. *so, dass es ohne weitere Bearbeitung gedruckt werden kann* ein druckreifes Manuskript **2.** *so, dass es sprachlich perfekt ausgedrückt ist* Sie formuliert nahezu druckreif.

Drụck·schrift die <-> **1.** (*kein Plur.*) *Schrift in Druckbuchstaben* Das Formular bitte in Druckschrift ausfüllen! **2.** *ein gedruckter* (*nicht gebundener*) *Text*

Drụck·sor·te die <-, -n> (*österr.*) *Formblatt, Formular*

Drụck·stock der <-(e)s, Druckstöcke> (DRUCKW.: ≈ *Klischee*) *Druckplatte für den Hochdruck*

Drụck·ven·til das <-s, -e> TECHN. *Ventil zur Beeinflussung der Höhe des Drucks in einer Leitung oder in einem Kessel*

Drụck·ver·fah·ren das <-s, -> DRUCKW. *Verfahren, nach dem Bilder oder Texte vervielfältigt werden* Hochdruck, Tiefdruck und Offsetdruck sind Druckverfahren.

Drụck·ver·merk der <-(e)s, -e> (DRUCKW.: ≈ *Impressum*) *Vermerk des Verlages in einem gedruckten Werk* Im Druckvermerk eines Buches findet man Angaben darüber, wann und wo es erschienen ist.

Drụck·wel·le die <-, -n> PHYS. *eine Menge zusammengepresster Luft, die sich wie eine Welle nach allen Seiten ausbreitet* Die Explosion/Lawine verursachte eine starke Druckwelle.

drụm *Adv. kurz für „darum"* ■ **sei's drum** (*umg.*): *das macht nichts, wir nehmen das in Kauf* **mit allem Drum und Dran** (*umg.*): *mit allem, was dazugehört*

Drum·he·rụm das <-s> (*kein Plur.*) (*umg.*) *alles, was zu einer Sache dazugehört* Ich würde mich auf die Feier freuen, wenn das ganze Drumherum nicht wäre.

Drum·mer, Drum·me·rin der ['drame] <-s, -s> *jmd., der in einer Band Schlagzeug spielt*

drum·rụm *Adv. kurz für „drumherum"*

Drums [drams] (MUS.: *im Zusammenhang mit Rock- und Jazzmusik*) *Schlagzeug*

drụn·ten *Adv.* (*süddt. österr.* ≈ *dort unten*) drunten im Tal

drụn·ter *Adv.* (*umg.* ≈ *darunter*) *unter etwas* Er hebt den Deckel, um zu sehen, was drunter ist., Er trägt einen Bademantel und nichts drunter. ■ **drunter und drüber gehen** (*umg.*): *durcheinander gehen s.* **darunter**

drụn·ter·stel·len <stellst drunter, stellte drunter, hat druntergestellt> *mit OBJ* ■ *jmd. stellt etwas/sich* (*unter etwas Akk.*) *drunter* (*umg.*) Hier ist ein Dach, da können wir uns drunterstellen., Das Rohr ist hier undicht und tropft, da muss man einen Eimer drunterstellen. ◆ Zusammenschreibung→R Wo hast du das druntergestellt?

Drụsch der <-(e)s, -e> LANDW. **1.** (*kein Plur.*) *der Ertrag des Dreschens* ◆ Gersten-, Weizen- **2.** *das Dreschen*

Drü·se die <-, -n> ANAT. *ein Organ, das Körpersäfte bildet und absondert*

Drü·sen·ent·zün·dung die <-, -en> MED. *Entzündung einer Drüse*

Dschel·la·ba die <-, -s> *weite arabische Kleidung für Männer*

Dschi·bu·ti das <-s> *Staat in Afrika*

Dschi·bu·ti·er der <-s, -> *Einwohner von Dschibuti*

dschi·bu·tisch <nicht steig.> *Adj. zum Staat Dschibuti gehörend*

Dschi·had der <-> (*kein Plur.*) REL. *heiliger Krieg der Muslime zur Verteidigung und Ausbreitung des Islams*

Dschun·gel der <-s, -> **1.** *tropischer Regenwald* das Leben im Dschungel **2.** (*übertr.*) *etwas Undurchdringliches oder Verwirrendes* der Dschungel der Großstadt/von Paragraphen ◆Paragraphen-

Dschun·gel·fie·ber das <-s> (*kein Plur.*) (MED.: ≈ *Gelbfieber*)

Dschun·gel·pfad der <-(e)s, e> *primitiver Weg im Dschungel*

DSG *Abkürzung von „Deutsche Schlafwagen- und Speisewagen-Gesellschaft"*

dto. *kurz für „dito"*

DTP *Abkürzung von „Desktoppublishing"*

du *Pron.* **1.** *als Personalpronomen der zweiten Person verwendet, um sich als Sprecher auf die angesprochene Person zu beziehen* Kannst du das verstehen?, Du hast jetzt Urlaub, ich muss noch zwei Wochen arbeiten., Du, schau mal, was ist das hier? **2.** (*umg.* ≈ *man*) *als Indefinitpronomen verwendet, um auszudrücken, dass das Subjekt eine nicht näher bezeichnete Person ist und die Aussage allgemeine Gültigkeit hat* Da freust du dich auf den Urlaub, und dann regnet es!, Da kannst du einfach nichts machen, das kann niemand ändern. ■ **Leute wie du und ich** (*umg.*): *ganz normale Menschen* ◆Kleinschreibung→R Liebe Anne, kannst du meinen Brief schnell beantworten?

Du das <-(s), -(s)> *die Anrede mit „du" (im Gegensatz zur Anrede mit „Sie")* das vertraute Du, jemandem das Du anbieten, jemanden mit Du anreden, mit der Natur auf Du und Du leben (≈ sehr naturverbunden leben) ◆Großschreibung→R mit etwas/jemandem auf Du und Du stehen

du·al <nicht steig.> *Adj.* (*fachspr.*) *so, dass es aus zwei Elementen besteht* ein duales Ausbildungssystem

Du·al der <-s, -e> SPRACHWISS. *ein Numerus, der ausdrückt, dass es sich um zwei Personen oder Dinge handelt oder eine Verbform für (zwei) zusammengehörende Tätigkeiten oder Vorgänge* Duale finden sich im Slawischen und im Baltischen.

Du·a·lis·mus der <-> (*kein Plur.*) (PHILOS.: ≈ *Monismus*) *eine Lehre, die zwei Grundprinzipien des Seins annimmt, die sich ergänzen oder sich widersprechen*

du·a·lis·tisch <nicht steig.> (*geh.*) *den Dualismus betreffend, auf ihm beruhend* eine dualistische Religion, ein dualistischer Ansatz

Du·a·li·tät die <-> (*kein Plur.*) *Zweiheit, Doppelheit, Wechselseitigkeit* eine Dualität von Axiomen

Dub·bing das ['dabiŋ] <-s, -s> *das Überspielen oder Kopieren von Video- und Tonaufnahmen*

Dü·bel der <-s, -> TECHN. *eine Kunststoffhülse, die fest in einer Mauer verankert wird und in die dann eine Schraube hineingedreht wird* ▶dübeln

du·bi·os *Adj.* (*geh. abwert.*) *so zweifelhaft und ungewiss, dass es Verdacht erregt* dubiose Geschäfte/Machenschaften

Dub·let·te die <-, -n> **1.** *doppelt vorhandenes Stück (einer Sammlung)* die Dubletten einer Briefmarkensammlung tauschen **2.** *Nachahmung eines Edelsteins* **3.** *zwei übereinander gepresste Schmucksteine*

du·b·lie·ren <dublierst, dublierte, hat dubliert> *mit OBJ* ■ *jmd. dubliert etwas* **1.** *verdoppeln; eine Dublette*[1] *herstellen* **2.** *Garne aus mehreren Fäden zusammendrehen* Garne dublieren ▶Dubliermaschine **3.** *mit einem Edelmetall überziehen* Schmuck dublieren

du·cken <duckst, duckte, hat geduckt> **I.** *mit OBJ* ■ *jmd. duckt jmdn. erniedrigen* Er ist von seinem Vorgesetzten immer geduckt worden. **II.** *mit SICH* **1.** ■ *jmd. duckt sich sich bücken* sich ducken, um einem Schlag auszuweichen, sich unter den Tisch ducken, in geduckter Haltung durch eine Tür gehen **2.** ■ *jmd. duckt sich vor jmdm. klein beigeben* sich vor dem Chef ducken

Duck·mäu·ser, **Duck·mäu·se·rin** der <-s, -> (*umg. abwert.*) *Person, die nicht aufzubegehren wagt und sich duckt II.2* Sie hat nicht widersprochen, die Duckmäuserin!

du·deln <dudelst, dudelte, hat gedudelt> *ohne OBJ/mit OBJ* ■ *etwas dudelt (etwas)* (*umg. abwert.*) *eintönige Musik machen* In der Küche dudelte das Radio Schlagermusik., Muss diese Musik/das Radio den ganzen Tag dudeln? ▶Gedudel

Du·del·sack der <-(e)s, Dudelsäcke> *ein für Schottland und Irland typisches Blasinstrument, das einen relativ hohen, durchdringenden Grundton erzeugt* den Dudelsack blasen

Du·ell das <-s, -e> **1.** GESCH. *ein Kampf zwischen zwei Personen, der geführt wird, um einen Streit zu entscheiden oder um die Ehre einer der beiden Personen wieder herzustellen* jemanden zum Duell fordern ▶duellieren **2.** *sportlicher Zweikampf* Es läuft alles auf ein Duell zwischen den beiden Tabellenersten hinaus. **3.** (*geh.*) *Wortgefecht* Die beiden Diskussionsteilnehmer lieferten sich ein heftiges Duell.

Du·ett das <-(e)s, -e> MUS. *Singstück für zwei Stimmen*

Duft der <-(e)s, Düfte> *angenehmer Geruch* der Duft von Blumen/Parfüm, ein berauschender/betörender/sinnlicher/süßer/ süßlicher/überwältigender/würziger Duft, Der Duft ihres Parfums erfüllte den Raum/weckte angenehme Erinnerungen/verzauberte ihn. ■ **sich den Duft der großen weiten Welt um die Nase wehen lassen** (*umg.*): *in ferne Länder reisen, um diese kennen* *zu lernen*

duf·te *Interj.* (*umg. veralt., nicht Adverb*) *verwendet, um Begeisterung und Zustimmung auszudrücken* ein attraktives Mädchen eine „dufte Biene" nennen, Das ist ja dufte!

duf·ten <duftest, duftete, hat geduftet> *ohne OBJ* ■ *jmd./etwas duftet* (*nach etwas Dat./irgendwie*) *einen bestimmten Duft abgeben* Die Rose/Seife duftet herrlich., In der Küche duftet es nach Sonntagsbraten., herrlich duftende Blumen, frisch aufgebrühter, aromatisch duftender Kaffee

duf·tig *Adj. so, dass ein Textil zart, leicht und fein ist* ein duftiges Sommerkleid

Duft·ker·ze die <-, -en> *aromatisierte Kerze, die beim Brennen duftet*

Duft·mi·schung die <-, -en> *Mischung verschiedener Duftaromen*

Duft·no·te die <-, -n> *eine typische Art von Duft* die feminine/frische/herbe/ maskuline/würzige Duftnote eines Parfüms

Duft·was·ser das <-s, Duftwässer> **1.** (*scherz.* ≈ *Parfüm*) **2.** *duftend gemachtes Wasser, z.B. Rosenwasser*

Duft·wol·ke die <-, -n> *Wolke von Duft* Sie ist in eine Duftwolke von Parfüm gehüllt.

Duis·burg das ['dy:s...] <-s> *Stadt im Ruhrgebiet*

Du·ka·ten der <-s, -> GESCH. *eine Goldmünze* ■ **Dukaten haben**: *reich sein*

dul·den <duldest, duldete, hat geduldet> **I.** *mit OBJ* **1.** ■ *jmd. duldet etwas zulassen, dass etwas geschieht* keine Einmischung dulden, Das kann ich keinesfalls dulden!, Die Sache duldet keinen Aufschub! **2.** ■ *jmd. duldet jmdn./etwas erlauben, dass jmd. oder etwas irgendwo ist* In meinem Garten dulde ich keine Hunde!, Er duldet keine Fremden in seinem Haus., Asylanten werden oft nur geduldet. **II.** *mit OBJ/ohne OBJ* ■ *jmd. duldet* (*etwas*) (*geh.*) (*Unangenehmes*) *ertragen* still und ohne Widerspruch dulden, Was sie alles dulden mussten!

Dul·der·mie·ne die <-, -n> (*umg. iron.*) *absichtlich aufgesetzter Gesichtsausdruck, der Mitleid erregen soll*

duld·sam *Adj. so nachsichtig, dass man viel erträgt* duldsam gegenüber den Fehlern anderer sein, ein duldsamer Mensch

Dult die <-, -en> (*süddt. österr.*) *Jahrmarkt*

Du·ma die <-> (*kein Plur.*) POL. *das russische Parlament*

dumm <dümmer, am dümmsten> *Adj.* (*abwert.*) **1.** (↔ *klug, schlau*) *so, dass es unklug und ohne Verstand ist* dummes Zeug reden, So ein dummer Kerl, dass er das nicht begreift!, Du bist doch nicht dumm!, Das war dumm von dir., sich dumm stellen **2.** *so, dass es unangenehm ist oder jmdn. irritiert* eine dumme Sache, Das wird mir jetzt zu dumm., Das hätte dumm ausgehen können!, Lass doch mal dein dummes Räuspern! **3.** (*umg.*) *so, dass es jmdm. schwindelig ist* Mir wurde ganz dumm im Kopf. **4.** (*vulg. abwert.*) *Gebrauch in Schimpfwörtern* Du dumme Kuh!, Das dumme Schwein hat es nicht einmal gemerkt! ■ **jemandem dumm kommen** (*umg.*): *unverschämt zu jmdm. sein* **dumm wie Bohnenstroh**: *sehr dumm*[1] **jmanden dumm machen**: *jmdn. übervorteilen* **jemandem wird etwas zu dumm**: *jmdm. wird etwas lästig, jmd. wird einer Sache überdrüssig* **jemanden für dumm verkaufen**: *jmdn. überlisten oder betrügen wollen* **sich dumm stellen**: *so tun, als ob man nichts wüsste oder verstehen würde*

dumm·dreist *Adj.* (*abwert.*) *so, dass jmd. in einer plumpen Art frech ist* eine dummdreiste Frage

Dum·me der/die <-n, -n> (*umg.*) **1.** *jmd., der dumm ist* Du bist doch kein Dummer/keine Dumme! **2.** *jmd., der* (*durch seine Naivität*) *das Opfer von jmdm. oder der Geschädigte eines Betrugs ist* ■ **für etwas einen Dummen/eine Dumme finden**: *eine(n) Gutmütige(n)/Hilfsbereite(n) ausnützen* **immer der/die Dumme sein**: *der/die Betrogene/Benachteiligte sein*

Dum·mer·jan der <-s, -e> (*umg., meist von einem Erwachsenen gegenüber einem Kind verwendet*) *Dummkopf, dummer Kerl* Nun habe keine Angst, du kleiner Dummerjan, der Hund tut dir doch nichts!

dum·mer·wei·se <nicht steig.> *Adj.* (*umg.*) *so, dass etwas durch einen unglücklichen Zufall geschehen ist und nun lästig ist* Meinen Ausweis habe ich dummerweise vergessen.

Dumm·heit die <-, -en> (*abwert.*) **1.** (*kein Plur.*) *mangelnder Verstand* Ihre Dummheit bringt uns am Ende noch Schaden ein. **2.** *dumme Handlung* eine Dummheit begehen/bereuen, Macht bitte keine Dummheiten! ◆ Riesen-

Dumm·kopf der <-(e)s, Dummköpfe> (*umg. abwert.*) *Schimpfwort für eine Person* So ein Dummkopf!, Dieser Dummkopf hat nicht nur seinen Ausweis verloren, sondern auch die Geldbörse.

Dumm·schwät·zer der <-s, -> (*umg. abwert.*) *jmd., der dummes Zeug redet*

Dum·my der ['dami] <-s, -s> *eine der Puppen, die beim Testen des Unfallverhaltens von Autos, auf die Sitzplätze gesetzt werden*

düm·peln <dümpelt, dümpelte, hat gedümpelt> *ohne OBJ* ■ *etwas dümpelt irgendwo* (*norddt.*) *auf dem Wasser liegen und leicht schaukeln* Der Kahn dümpelt auf dem Wasser.

dumpf *Adj.* **1.** (↔ *hell*) *so, dass es gedämpft und tief klingt* ein dumpfes Geräusch, Die Musik/das Radio klingt dumpf. **2.** (↔ *frisch*) *so, dass es feucht und muffig ist* Im Keller riecht es dumpf., Eine dumpfe Schwüle lastet auf der Stadt. **3.** (*abwert.* ↔ *aufgeschlossen, wach*) *so, dass es stumpfsinnig ist* dumpf vor sich hinstarren, die dumpfe Enge der kleinbürgerlichen Welt **4.** (≈ *diffus, vage*) *so, dass es undeutlich ist* ein dumpfes Gefühl haben, etwas dumpf ahnen, einen dumpfen Schmerz verspüren ▶ Dumpfheit

Dumpf·ba·cke die <-, -n> (*umg. abwert.*) *einfältiger, törichter Mensch*

Dum·ping das ['dampɪŋ] <-s> (*kein Plur.*) WIRTSCH. *der Vorgang, dass ein Unternehmen viel geringe-*

re Preise für seine Produkte verlangt als die Konkurrenz und damit das Ziel verfolgt, die Konkurrenz auszuschalten ◆-preis

dun *Adj.* (*niederdt.*) *betrunken* Er ist jeden Abend dun.

Dü·ne die <-, -n> *Sandhügel am Meer oder in der Wüste*

Dung der <-(e)s> (*kein Plur.*) *als Dünger verwendete Ausscheidungen von Tieren*

dün·gen <düngst, düngte, hat gedüngt> *mit OBJ* ■ *jmd. düngt etwas Pflanzen mit Dünger versorgen* ein Beet/Pflanzen düngen

Dün·ger der <-s, -> *eine Substanz, die man Pflanzen gibt, die zusätzliche Nährstoffe enthält und dafür sorgt, dass die Pflanzen schneller und besser wachsen* mineralischer/organischer Dünger

Dun·kel das <-s> (*kein Plur.*) (*geh.* ≈ *Dunkelheit*) im Dunkel der Nacht ■ **etwas liegt im Dunkeln**: *etwas Zukünftiges ist ganz ungewiss* Die Zukunft liegt im Dunkeln.

dun·kel <dunkler, am dunkelsten> *Adj.* **1.** *so, dass sehr wenig oder kein Licht da ist und man nicht sehen kann* die dunkle Nacht, Es wird langsam dunkel., Im Zimmer ist es dunkel. **2.** *so, dass es von einer Farbe mit viel Schwarzanteil ist* ein dunkler Anzug, ein dunkles Rot **3.** *so, dass es einen tiefen Klang hat* eine dunkle Stimme, dunkel klingen, Der Laut wird eher dunkel ausgesprochen. **4.** *so, dass es sehr unerfreulich ist und man nicht gern darüber spricht* das dunkelste Kapitel in seinem Leben **5.** *so, dass es ziemlich unklar und unverständlich ist und man nur ahnen kann, was es bedeuten soll* etwas dunkel ahnen, der dunkle Sinn der Rede/des Textes/der Verse **6.** (*abwert.*) *undurchschaubar und daher verdächtig* dunkle Geschäfte machen, Im Lokal trafen sich öfters auch dunkle Gestalten aus dem Rotlichtmilieu. ■ **im Dunkeln tappen**: *noch keine Anhaltspunkte haben und die Zusammenhänge von etwas noch nicht kennen* Bei der Fahndung nach dem Sexualverbrecher tappt die Polizei noch völlig im Dunkeln. ◆ Großschreibung→R Die Spur verlor sich im Dunkeln.

Dün·kel der <-s> (*kein Plur.*) (*geh. abwert.*) *Hochmut* Er ist klug und doch völlig ohne jeden Dünkel.

dun·kel·braun <nicht steig.> *Adj. von einem dunklen Braun* ein dunkelbrauner Anzug

dun·kel·grün <nicht steig.> *Adj. von einem dunkle Grün* Dunkelgrüne Tannen bedecken die Schwarzwaldhügel.

dun·kel·haa·rig <nicht steig.> *Adj. so, dass jmd. schwarze oder braune Haare hat* ein dunkelhaariges Mädchen

dun·kel·häu·tig <nicht steig.> *Adj. so, dass jmd. eine dunkle Hautfarbe hat* Er verträgt die Sonne besser, da er dunkelhäutig ist.

Dun·kel·heit die <-> (*kein Plur.*) **1.** (≈ *Finsternis*) *der Zustand, dass etwas dunkel[1] ist* bei Einbruch der Dunkelheit, sich in der Dunkelheit fürchten, wegen der Dunkelheit nichts sehen können **2.** (≈ *Rätselhaftigkeit*) *der Zustand, dass etwas dunkel[5], nicht interpretierbar oder erklärbar ist* die Dunkelheit dieser Textstelle/vieler Gedichte dieses Lyrikers

Dun·kel·kam·mer die <-, -n> FOTOGR. *Entwicklungsraum für Filmnegative*

dun·keln <dunkelt, dunkelte, hat gedunkelt> *mit ES* ■ *es dunkelt* (*geh.*) *dunkel[1] werden* Der Abend kommt. Es dunkelt allmählich.

Dun·kel·zif·fer die <-> (*kein Plur.*) *die Zahl der Fälle* (*einer negativen Sache*), *die nicht öffentlich oder polizeilich bekannt werden* Bei Gewalt in der Familie muss man mit einer hohen Dunkelziffer rechnen.

dün·ken <dir dünkt, ihm dünkte, ihm hat gedünkt> (*geh.*) **I.** *mit SICH* ■ *jmd. dünkt sich irgendwie sich selbst irrigerweise für etwas halten* Du dünkst dich besser als die andern. **II.** *mit ES* ■ *es dünkt jmdn. scheinen; so vorkommen* Mich dünkt, er kommt nicht mehr.

dünn *Adj.* **1.** (↔ *dick*) *von relativ kleinem Umfang oder Durchmesser* ein dünner Faden, ein dünner Baumstamm, junge Bäume mit dünnen Ästen **2.** (*umg.* ≈ *mager*) *sehr schlank* Er ist aber sehr dünn geworden. **3.** (↔ *zähflüssig*) *so, dass es mit wenig Gehalt an festen Stoffen ausgestattet, ist* eine dünne Brühe, Der Honig/Sirup ist sehr dünn geraten., Ich habe die Soße dünn gemacht. **4.** (↔ *dicht*) *so, dass auf einer bestimmten Fläche eine relativ geringe Anzahl von etwas ist* ein dünn besiedeltes Land, Seine Haare werden dünn. **5.** *kraftlos, leise* eine dünne Stimme ■ **sich dünne machen** (*umg.*): *verschwinden, sich davonmachen* Wir klingelten an seiner Haustür und machten uns dünne. **dünn gesät sein**: *selten vorkommen* Wirklich kompetente Muttersprachler sind dünn gesät. ◆ Getrenntschreibung→R in einer dünn besiedelten Gegend wohnen, Du solltest die Suppe nicht dünn/dünner machen., Kannst du dich nicht ein bisschen dünner machen?

Dünn·darm der <-(e)s, Dünndärme> ANAT. *der Teil des Darmes, der zwischen Magen und Dickdarm liegt*

Dünn·darm·ent·zün·dung die <-, -en> MED. *Entzündung des Dünndarms*

Dünn·druck·pa·pier das <-s, -e> (*druckw.*) *sehr dünnes Druckpapier*

dün·ne·ma·chen <machst dünne, machte dünne, hat dünnegemacht> *mit SICH* ■ *jmd. macht sich dünne* (*umg.*) *heimlich oder rasch verschwinden*

dünn·ge·sät <nicht steig.> *Adj.* (*umg.* ≈ *rar*) *so, dass es selten vorkommt* Die Arbeitsplätze in diesem Bereich sind heutzutage dünngesät.

dünn·ma·chen *mit SICH* ■ *jmd. macht sich dünn* (*umg.*) *heimlich weggehen* Wo ist der Paul schon wieder? Er hat sich wahrscheinlich wieder dünn(e)gemacht! ◆ Zusammenschreibung→R Hier wird es brenzlig, wollen wir uns nicht lieber dünnmachen?

Dünn·pfiff der <-s> (*kein Plur.*) (*umg.* ≈ *Durchfall*)

Dunst der <-(e)s, Dünste> **1.** (*stickige*) *nach ir-*

gendetwas riechende Luft feuchte/giftige/warme Dünste ausströmen, Der Dunst von Zigaretten erfüllte den Raum. **2.** (*kein Plur.*) *neblige Luft* Das Tal liegt im Dunst., Abendlicher Dunst breitet sich aus. ■ **blauer Dunst** (*umg.*): *Zigarettenrauch* **keinen blassen Dunst haben** (*umg.*): *keine Ahnung haben*

Dunst·ab·zugs·hau·be die <-, -n> *ein Gerät, das in der Küche die Dünste*[1] *vom Herd ableitet*

düns·ten <dünstest, dünstete, hat gedünstet> **I.** *mit OBJ* ■ *jmd. dünstet etwas* KOCH. *bei geschlossenem Deckel in wenig Flüssigkeit gar werden lassen* den Fisch/das Gemüse dünsten, gedünstetes Fleisch **II.** *ohne OBJ* ■ *etwas dünstet* KOCH. *etwas gart* Während das Gemüse dünstet, kann ich den Fisch zubereiten.

Dunst·glo·cke die <-, -n> *Dunst*[1] *2, der geschlossen über einem Gebiet liegt* Die Stadt liegt unter einer Dunstglocke.

duns·tig <nicht steig.> *Adj.* **1.** (≈ *verhangen* ↔ *klar*) *so, dass es leicht neblig ist* Am Morgen war es noch etwas dunstig, dann wurde es schön., dunstiges Wetter **2.** *so, dass es voller stickiger Luft ist* In der Kneipe war es dunstig., in einem dunstigen Zimmer sitzen

Dunst·wol·ke die <-, -n> *Schwall von Dunst, Ausdünstungen* Als er die Kellertür öffnete, schlug ihm eine Dunstwolke entgegen.

Dü·nung die <-> (*kein Plur.*) SEEW. *durch Wind erzeugter Seegang*

Duo das <-s, -s> **1.** *Musikstück für zwei Instrumente* **2.** *zwei Musiker, die gemeinsam musizieren* **3.** (*umg.*) *zwei Personen, die häufig zusammen aufteten* ein räuberisches Duo, ein fröhliches Duo

Du·p·li·kat das <-(e)s, -e> (*geh.* ≈ *Abschrift, Zweitschrift*) *eine zweite Ausfertigung eines Dokuments, die mit dem Original identisch ist* von einer Urkunde ein Duplikat anfertigen lassen

dup·li·zie·ren <duplizierst, duplizierte, hat dupliziert> *mit OBJ* ■ *jmd. dupliziert etwas* (*geh.*) *verdoppeln*

Du·pli·zi·tät die <-, -en> (*geh.*) *doppeltes Vorkommen von etwas* die Duplizität der Ereignisse

Dur das <-> (*kein Plur.*) (MUS.: ↔ *Moll*) *Tongeschlecht mit großer Terz im Grunddreiklang* eine Sinfonie in Dur ◆ -akkord, -tonleiter

durch **I.** *Präp.* + *Akk.* **1.** *verwendet, um auszudrücken, dass eine Bewegung quer zu etwas verläuft* durch den Fluss schwimmen, durch die Tür gehen, durch die Finger/Gardinen sehen, Die Kälte dringt durch die Kleidung. **2.** *verwendet, um auszudrücken, dass ein physischer Gegenstand oder eine Substanz kein Hindernis für etwas ist* durch die Gardinen sehen können, Die Kälte dringt durch die Kleidung., Die Lichtstrahlen dringen durch das Wasser. **3.** (≈ *während*) *verwendet, um auszudrücken, dass ein Prozess über die gesamte Zeitdauer von etwas wirksam ist* Der Kalender mit seinen aufregenden Sportfotos soll den Fan durch das ganze Jahr begleiten., Sie weinte die ganze Nacht durch. **4.** *verwendet, um auszudrücken, dass etwas der Begleitumstand oder das Mittel ist, das zu etwas führt* etwas durch Zufall erfahren, durch einen Unfall ums Leben kommen, durch Fleiß viel erreichen **5.** MATH. *verwendet, um auszudrücken, dass die nach „durch" genannte Zahl der Divisor einer Division ist.* eine Zahl durch eine andere teilen, Sechs (geteilt) durch zwei ist drei. **II.** *Adv.* (*umg.*) **1.** *verwendet, um auszudrücken, dass nach einer bestimmten Uhrzeit ein wenig Zeit vergangen ist* Es ist schon fünf (Uhr) durch (≈ es ist wenige Minuten nach fünf Uhr). **2.** (≈ *vorbei*) *verwendet, um auszudrücken, dass jmd./etwas eine bestimmte Stelle passiert und sich dann in Richtung auf ein Ziel weiter bewegt* Du darfst hier nicht durch., Der Zug ist schon durch. **3.** (KOCH: *umg.* ≈ *gar*) Ist das Fleisch gut durch?, Ich hätte mein Steak gern gut durch. ■ **durch und durch**: *vollkommen* durch und durch nass sein **bei jemandem unten durch sein**: *jmds. Zuneigung* (*dauerhaft*) *verloren haben* **durch etwas hindurch müssen**: *Schwierigkeiten, Leiden, eine schwere Zeit überwinden müsssen* Er hat die Scheidung beantragt – da muss ich jetzt durch. ◆ Getrenntschreibung→R Der Bus wird schon lange durch sein., Es wird schon fünf Uhr durch sein., Bei dem bin ich jetzt unten durch!, Ich habe die ganze Nacht durch getanzt/ gearbeitet/Musik gehört.

durch·ar·bei·ten <arbeitest durch, arbeitete durch, hat durchgearbeitet> **I.** *ohne OBJ* ■ *jmd. arbeitet durch* (*umg.*) *ohne Unterbrechung arbeiten* Ich habe seit gestern Abend durchgearbeitet., Ich habe den ganzen Tag über ohne Mittagspause durchgearbeitet. **II.** *mit OBJ* **1.** ■ *jmd. arbeitet etwas durch intensiv bearbeiten* einen Entwurf/einen Text durcharbeiten **2.** ■ *jmd. arbeitet etwas durch* (KOCH.: ≈ *durchkneten*) *mit* (*kräftigen*) *Handbewegungen dafür sorgen, dass eine Masse gleichmäßig verrührt wird* einen Teig ordentlich durcharbeiten **III.** *mit SICH* ■ *jmd. arbeitet sich* (*durch etwas Akk.*) *durch* (*umg.*) *sich den Weg bahnen* sich durch dichtes Gestrüpp durcharbeiten, Hier haben sie die Akte zurück – ich habe mich durchgearbeitet. ◆ Zusammenschreibung →R Machen wir eine Pause, oder wollen wir durcharbeiten?

durch·at·men <atmest durch, atmete durch, hat durchgeatmet> *ohne OBJ* ■ *jmd. atmet durch* (*besonders nach einer körperlichen oder psychischen Anspannung oder einem Schreck*) *tief Luft holen* erst einmal kräftig durchatmen

durch·aus *Adv.* **1.** *verwendet, um auszudrücken, dass die genannte Sache in der Tat passieren könnte, dass mit einer tatsächlichen Wahrscheinlichkeit mit ihr zu rechnen ist* Solche Fehler können durchaus vorkommen., Ein sehr gutes Rennrad kann durchaus 5000 Euro kosten., Das ist durchaus möglich. **2.** (≈ *bestimmt*) *verwendet, um zu betonen, dass es absolut keinen Grund gibt, die genannte Sache zu bezweifeln* Hast du das vergessen? Nein, durchaus nicht! **3.** (≈ *unbedingt*) *verwendet, um auszudrücken, dass jmd. sich durch nichts von etwas abhalten lässt* Wenn du das durchaus willst, sollst du es haben., Sie wollte das durchaus selbst tmn.

durch·bie·gen <biegst durch, bog durch, hat durchgebogen> **I.** *mit OBJ* ■ *jmd. biegt etwas durch mit Kraft bewirken, dass etwas eine gebogene Form bekommt* einen Stab so durchbiegen, dass er bricht **II.** *mit SICH* ■ *jmd. biegt sich durch unter der Einwirkung einer Kraft eine gebogene Form bekommen* Das Brett hat sich unter der Last durchgebogen.

durch·blät·tern <blätterst durch, blätterte durch, hat durchgeblättert> *mit OBJ* ■ *jmd. blättert etwas durch etwas nur oberflächlich beim Blättern lesen* einen Katalog durchblättern

Durch·blick der <-(e)s, -e> **1.** (*umg., kein Plur.*) *Verständnis* Mir fehlt der Durchblick., einen besseren Durchblick in Mathematik bekommen **2.** *Blick durch eine Öffnung oder Lücke* Der Wald gewährte an einigen Stellen einen Durchblick ins Tal.

durch·bli·cken <blickst durch, blickte durch, hat durchgeblickt> *ohne OBJ* ■ *jmd. blickt (bei etwas Dat.) durch* **1.** (*umg.*) *verstehen* Ich blicke (da) nicht durch., Blickst du in Chemie noch durch? **2.** *durch eine kleine Öffnung sehen* Hier ist ein kleiner Spalt in der Mauer, da können wir durchblicken.

Durch·blutung die <-> (*kein Plur.*) MED. Versorgung des Gewebes mit Blut, mit Massagen für eine bessere Durchblutung der Haut sorgen

durch·boh·ren <durchbohrst, durchbohrte, hat durchbohrt> *mit OBJ* ■ *jmd./etwas durchbohrt etwas (bohrend) durch etwas dringen* ein Brett mit Nägeln/Schrauben durchbohren, Die Tür ist von Schüssen durchbohrt worden., Die Kugel hat sein Herz durchbohrt., Mehrere Tunnel durchbohren den Berg. ■ **jemanden mit Blicken durchbohren** (*übertr.*): *jmdn. durchdringend ansehen siehe aber* **durchbohren**

durch·boh·ren <bohrst durch, bohrte duch, hat durchgebohrt> **I.** *mit OBJ* ■ *jmd./etwas bohrt etwas durch* **1.** *ein durchgehendes Loch (in etwas) machen* das Brett vollständig durchbohren, Ich habe die Wand ganz durchgebohrt. **2.** *etwas ganz durch etwas hinduchstecken* den Finger durch etwas durchbohren, Er hat den Korkenzieher ganz durch den Korken durchgebohrt. **II.** *mit SICH* ■ *jmd. bohrte sich durch bohrend erreichen* Die Keime/die Regenwürmer haben sich bis an die Erdoberfläche durchgebohrt., Die Tunnelbauer haben sich bis ans andere Ende des Berges durchgebohrt. *siehe aber* **durchbohren**

durch·bra·ten <brätst durch, briet durch, hat durchgebraten> *mit OBJ/ohne OBJ* ■ *jmd. brät etwas durch/etwas brät durch etwas gar braten* Ich brate den Fisch durch., Während das Fleisch durchbrät, kann man das Gemüse zubereiten., gut durchgebraten sein

durch·bre·chen <brichst durch, brach durch, hat/ist durchgebrochen> **I.** *mit OBJ* ■ *jmd. bricht etwas durch ((haben))* **1.** *zerteilen* Kannst du das Brot/den Stab durchbrechen? **2.** BAUW. *einen Durchbruch[1] machen* eine Öffnung (durch die Wand) durchbrechen, Es ist am besten, du brichst die Wand hier durch. **II.** *ohne OBJ* ■ *etwas bricht durch ((sein))* **1.** *in zwei Teile brechen* Das Brett ist durchgebrochen. **2.** *in etwas einsinken* Die Dielen sind morsch, deshalb bist du durchgebrochen. **3.** *durch etwas hindurchdringen* Die Sonne ist (durch die Wolken) durchgebrochen., Der Feind ist durch unsere Linien durchgebrochen., Der erste Zahn bricht durch. *siehe aber* **durchbrechen**

durch·bre·chen <durchbrichst, durchbrach, hat durchbrochen> *mit OBJ* ■ *jmd. durchbricht etwas* **1.** *mit Gewalt durchdringen* die gegnerischen Linien durchbrechen, Das Flugzeug hat die Schallmauer durchbrochen. **2.** *mit Zwischenräumen versehen* die Fassade wird von Fenstern durchbrochen, durchbrochene Strümpfe *siehe aber* **durchbrechen**

durch·bren·nen <brennst durch, brannte durch, ist durchgebrannt> *ohne OBJ* **1.** ■ *etwas brennt durch schmelzen und entzweigehen* Die Glühbirne/Sicherung ist durchgebrannt. **2.** ■ *jmd. brennt (mit jmdm.) durch (umg.) heimlich weglaufen* Unser Hund ist (uns) schon wieder durchgebrannt., Er ist mit seiner Geliebten durchgebrannt.

durch·brin·gen <bringst durch, brachte durch, hat durchgebracht> *mit OBJ* **1.** ■ *jmd. bring jmdn. durch durch intensives Pflegen bewirken, dass jmd. eine sehr schwere Krankheit übersteht und wieder gesund wird* Die Ärzte hatten ihn aufgegeben, aber sie hat ihn durchgebracht. **2.** ■ *jmd. bring jmdn. durch (in einer schweren Zeit) für jmds. Unterhalt sorgen* Die Mutter hat die Kinder in der schweren Zeit allein durchbringen müssen. **3.** ■ *jmd. bring etwas durch (umg. abwert.) durch Verschwenden eine Geldsumme vollständig aufbrauchen* Er hat sein gesamtes Erbe in wenigen Jahren durchgebracht. **4.** ■ *jmd. bring etwas durch erreichen, dass es genehmigt wird* einen Antrag/Gesetzesvorschlag durchbringen **5.** ■ *jmd. bring etwas durch (umg.) durch eine Öffnung bringen* Ich habe den Faden nicht durch die Öse durchgebracht.

Durch·bruch der <-(e)s, Durchbrüche> **1.** BAUW. *Öffnung im Mauerwerk* einen Durchbruch für eine Tür machen **2.** *ein mühevoll erarbeiteter Erfolg* Mit diesem Film gelang ihm der Durchbruch als Schauspieler. **3.** MILIT. *ein punktueller Sieg über den Gegner, durch den dessen Aufstellung unterbrochen wird* ein Durchbruch durch die gegnerischen Linien

durch·den·ken <durchdenkst, durchdachte, hat durchdacht> *mit OBJ* ■ *jmd. durchdenkt etwas in Gedanken eine präzise Konstruktion von etwas machen* eine Sache gut durchdenken, bevor man sie beginnt, ein wohl durchdachter Plan *siehe aber* **durchdenken**

durch·den·ken <denkst durch, dachte durch, hat durchgedacht> *mit OBJ* ■ *jmd. denkt etwas durch etwas gründlich bis in jede Einzelheit in Gedanken durchgehen, in allen Einzelheiten vorstellen siehe aber* **durchdenken**

durch·drän·ge(l)n <dräng(el)st durch, dräng(el)te durch, hat durchgedräng(el)t> *mit SICH* ■ *jmd. drängelt sich (durch etwas Akk.) durch (umg.) durch etwas mit leichter Gewalt zu gelangen versuchen* sich durch die Menge/durch eine enge Tür durchdrängeln

durch·dre·hen <drehst durch, drehte durch, hat/ist durchgedreht> **I.** *mit OBJ* ■ *jmd. dreht etwas durch ((haben)) mit einem Fleischwolf zerkleinern* Ich habe das Fleisch (mit dem Fleischwolf) durchgedreht. **II.** *ohne OBJ* **1.** ■ *jmd./etwas dreht durch (umg. (sein)) die Ruhe oder den Verstand verlieren* Dreh' doch nicht gleich durch, du schaffst das schon!, Ich glaube, jetzt ist sie vollkommen durchgedreht! **2.** ■ *jmd./etwas dreht durch* (KFZ: *haben*) *auf dem Untergrund keinen Halt finden und daher keinen Vortrieb erzeugen* Die Räder haben im Schnee durchgedreht.

durch·drin·gen <dringst durch, drang durch, ist durchgedrungen> *ohne OBJ* ■ *jmd./etwas dringt (irgendwohin) durch hindurchgelangen* Die Feuchtigkeit ist durch ihre Kleider durchgedrungen., Durch die Rolladen kann kein Sonnenstrahl durchdringen., Die Nachricht ist bis zu uns durchgedrungen. *siehe aber* **durchdringen**

durch·drin·gen <durchdringst, durchdrang, hat durchdrungen> *mit OBJ* ■ *etwas durchdringt etwas/jmdn.* **1.** *hindurchkommen* Die Feuchtigkeit durchdringt unsere Kleider., Die Strahlung kann die Bleihülle nicht durchdringen. **2.** *ganz erfüllen* Ein Gefühl der Freude durchdrang uns., ganz von einem Gefühl durchdrungen sein *siehe aber* **durchdringen**

durch·drin·gend *Adj. so, dass es stark und intensiv ist* durchdringende Kälte, ein durchdringender Schmerz/Schrei, jemanden durchdringend ansehen

Durch·drin·g·ung die <-> *(kein Plur.) (geh.) das vollständige Verstehen von etwas* von einer Durchdringung der Gedanken Kants noch weit entfernt sein

durch·drü·cken <drückst durch, drückte durch, hat durchgedrückt> *mit OBJ* **1.** ■ *jmd. drückt etwas (durch etwas Akk.) durch (≈ durchpressen) mit Druck bewirken, dass etwas durch ein Sieb o.Ä. hindurchgelangt* gekochte Kartoffeln (durch ein Sieb) durchdrücken **2.** ■ *jmd. drückt etwas durch eine gerade Haltung einnehmen lassen* die Knie/den Rücken durchdrücken **3.** ■ *jmd. drückt etwas durch (umg. ≈ durchsetzen) mit energischem Auftreten bewirken, dass den eigenen Wünschen entsprochen wird* seine Meinung durchdrücken, Sie hat (es) durchgedrückt, dass sie mehr Geld bekommt. **4.** ■ *jmd. drückt etwas durch (umg.) Wäsche im Waschbecken mit der Hand waschen*

Durch·ein·an·der das <-s> *(kein Plur.) (Zustand der) Unordnung* In seinem Zimmer herrscht ein großes Durcheinander., Nach dem Feueralarm entstand ein großes Durcheinander unter den Anwesenden.

durch·ei·nan·der *Adv. so, dass es keine Ordnung (mehr) aufweist* Die Bücher liegen alle durcheinander. ◆ Getrenntschreibung→R Du darfst die beiden Sachen nicht durcheinander bringen., Wenn es so durcheinander geht, verstehe ich gar nichts., Jetzt sind mir deine und meine Fotos durcheinander geraten., Die Kinder sind wild durcheinander gelaufen., Ihr dürft nicht alle durcheinander reden., Der Wind hat meine Notizen durcheinander gewirbelt.

durch·ein·an·der·kom·men <kommst durcheinander, kam durcheinander, ist durcheinandergekommen> *ohne OBJ* ■ *jmd. kommt (bei etwas Dat.) durcheinander die Übersicht verlieren und verwirrt werden* Sie kam bei den Prüfungsfragen völlig durcheinander.

durch·ein·an·der·wer·fen <wirfst durcheinander, warf durcheinander, hat durcheinandergeworfen> *mit OBJ* ■ *jmd. wirft etwas durcheinander (umg.) so umherwerfen, dass es in Unordnung gerät* Kleidungsstücke durcheinanderwerfen

durch·fah·ren <fährst durch, fuhr durch, ist durchgefahren> *ohne OBJ* ■ *jmd./etwas fährt (irgendwo) durch* **1.** *fahrend durch etwas hindurchgelangen* Wir sind/der Zug ist gerade durch einen Tunnel durchgefahren., Wir sind gerade durch Nürnberg durchgefahren. **2.** *ununterbrochen fahren* Fährt der Zug in Fürth durch oder hält er?, Wir sind ohne Zwischenhalt bis an die Ostsee durchgefahren., Wir sind fünf Stunden/bis zum nächsten Morgen durchgefahren., an der Ampel bei Rot durchfahren *siehe aber* **durchfahren**

durch·fah·ren <durchfährst, durchfuhr, hat durchfahren> *mit OBJ* **1.** ■ *jmd./etwas durchfährt etwas fahrend durchqueren* Wir haben gerade einen Tunnel durchfahren., Wir haben Berlin/die ganze Schweiz im Bus durchfahren. **2.** ■ *etwas durchfährt jmdn. (übertr.) als plötzliche Idee über jmdn. kommen* Plötzlich durchfuhr mich ein Gedanke. *siehe aber* **durchfahren**

Durch·fahrt die <-, -en> **1.** *eine Stelle zum Hindurchfahren* Hier kommt eine enge Durchfahrt. **2.** *(kein Plur.) das Durchfahren* Durchfahrt verboten!, an der Grenze freie Durchfahrt haben **3.** *Durchreise* Wir sind nur auf der Durchfahrt, wir wollen nicht bleiben.

Durch·fahrts·stra·ße die <-, -n> *Straße, die durch eine Ortschaft führt*

Durch·fall der <-(e)s> *(kein Plur.)* MED. *(als Folge einer Erkrankung oder des Genusses unbekömmlicher Nahrungsmittel) schnelle und häufige Ausscheidung von dünnflüssigem Stuhl* Durchfall haben

durch·fal·len <fällst durch, fiel durch, ist durchgefallen> *ohne OBJ* ■ *jmd./etwas fällt (durch etwas Akk.) durch* **1.** *durch eine Öffnung fallen* Das Geldstück ist hier durch das Gitter durchgefallen, ich bekomme es nicht wieder heraus. **2.** SCHULE *eine Prüfung nicht bestehen* Sie ist in Geschichte durchgefallen.

durch·fau·len <fault durch, faulte durch, ist durchgefault> *ohne OBJ* ■ *etwas fault durch bis ins Innerste faulen, durch Fäulnis zerstört werden*

Der Holzboden fault langsam durch.

durch·fe·gen <fegst durch, fegte durch, hat/ist durchgefegt> *jmd./etwas fegt etwas durch durch Fegen säubern* die Straße durchfegen

durch·feuch·ten <durchfeuchtest, durchfeuchtete, hat durchfeuchtet> *mit OBJ* ■ *jmd./etwas durchfeuchtet etwas ganz feucht machen, völlig mit Feuchtigkeit durchdringen* den Stoff durchfeuchten

durch·fin·den <findest durch, fand durch, hat durchgefunden> *mit SICH* ■ *jmd. findet sich (durch etwas Akk.) durch den Weg durch etwas hindurch finden* Wir haben nicht bis zu dir/durch die Stadt durchgefunden., Sie konnten sich nicht durch den Wald/zu uns durchfinden.

Durch·fluss·be·gren·zer der <-s, -> TECHN. *Vorrichtung, die den Durchfluss (von Wasser) in der Leitung begrenzt (um Wasser zu sparen)*

durch·for·schen <durchforschst, durchforschte, hat durchforscht> *mit OBJ* ■ *jmd. durchforscht etwas gründlich durchsuchen* Die Polizei hat die Gegend gründlich nach dem Täter durchforscht., Ich habe meine Aufzeichnungen durchforscht und nichts gefunden. ▸Durchforschung

durch·fors·ten <durchforstest, durchforstete, hat durchforstet> *mit OBJ* ■ *jmd. durchforstet etwas* **1.** *durchsuchen* Sie haben die Unterlagen/das Gebiet nach etwas Verdächtigem durchforstet. **2.** LANDW. *ausholzen* Der Wald wird regelmäßig durchforstet.

durch·fra·gen <fragst durch, fragte durch, hat durchgefragt> *mit SICH* ■ *jmd. fragt sich (irgendwo) durch durch Fragen irgendwohin finden* Ich habe mich zu euch/zum Bahnhof durchgefragt.

durch·frie·ren <durchfrierst, durchfror, ist durch(ge)froren> *ohne OBJ* **1.** ■ *jmd./etwas friert durch bis ins Innerste kalt werden, auskühlen* Meine Füße sind ganz durchfroren. **2.** ■ *jmd. friert durch vollständig gefrieren* Die Eiswürfel sind durchgefroren.

Durch·fuhr die <-, -en> (≈ *Transit*) *der Transport von Waren von einem Staat in einen anderen durch einen dritten hindurch* ◆-bestimmungen, -zoll

durch·führ·bar <nicht steig.> *Adj. so, dass man es durchführen, realisieren kann* Unser Plan ist nicht durchführbar.

Durch·führ·bar·keit die <-> (*kein Plur.*) (≈ *Realisierbarkeit*) *die Tatsache, dass etwas durchgeführt werden kann* die Durchführbarkeit eines Projektes

durch·füh·ren <führst durch, führte durch, hat durchgeführt> *mit OBJ* ■ *jmd. führt etwas durch* **1.** *in die Tat umsetzen* etwas so durchführen, wie es geplant ist, Wir haben das Sportfest erfolgreich durchgeführt., Dieses Mitarbeiterteam hat zahllose Projekte durchgeführt., Das Gelände ist für zwei Tage vollständig gesperrt, weil Physiker der Universität hier ein Experiment durchführen. **2.** (≈ *machen*) Die Reparaturen werden noch diese Woche durchgeführt., Die Polizei hat eine Untersuchung durchgeführt. **3.** *auf dem Weg durch etwas begleiten* Besucher durch alle Räume des Schlosses durchführen

Durch·füh·rung die <-> (*kein Plur.*) *Umsetzung, Realisierung* Der Plan war gut, aber seine Durchführung bereitete Schwierigkeiten., Die Durchführung eines solchen Projekts sollte man nur erfahrenen Leuten anvertrauen.

Durch·füh·rungs·be·stim·mung die <-, -en> AMTSSPR. *Bestimmung, die vorschreibt, wie etwas durchzuführen ist*

Durch·füh·rungs·ver·ord·nung die <-, -en> *s.* **Durchführungsbestimmung**

Durch·gang der <-(e)s, Durchgänge> **1.** *eine Stelle zum Hindurchgehen* In dieser Mauer gibt es keinen Durchgang. **2.** (*kein Plur.*) *das Durchgehen* Durchgang verboten! **3.** *ein (in sich geschlossener) Teil eines Ablaufs oder Prozesses, der mehrere Teile umfasst* Wir waren im ersten Durchgang dran., Die Wahl erfolgt in mehreren Durchgängen.

durch·gän·gig <nicht steig.> *Adj. so, dass etwas ständig der Fall ist oder ohne Ausnahme und ganz allgemein geschieht* Das Telefon ist durchgängig besetzt., Wir haben durchgängig geöffnet., Das ist kein Einzelfall, der Fehler wurde durchgängig gemacht.

Durch·gangs·bahn·hof der <-(e)s, Durchgangsbahnhöfe> (↔ *Kopfbahnhof, Sackbahnhof*) *Bahnhof, durch den die Gleise hindurchlaufen*

Durch·gangs·la·ger das <-s, -> *Lager zur vorübergehenden Unterbringung von Flüchtlingen oder Vertriebenen*

Durch·gangs·stra·ße die <-, -n> *Straße, die einen Ort vollständig durchquert*

Durch·gangs·ver·kehr der <-s> (*kein Plur.*) *Verkehr, der eine Stadt oder Gegend durchquert* Diese Straße ist für den Durchgangsverkehr gesperrt, aber für Anlieger frei.

durch·ge·ben <gibst durch, gab durch, hat durchgegeben> *mit OBJ* ■ *jmd. gibt etwas durch* **1.** *durch eine schmale Öffnung hindurchreichen* Mach bitte die Tür auf, damit ich dir die Tasche durchgeben kann! **2.** *herumreichen (und verteilen)* Würden Sie die Anwesenheitsliste bitte durchgeben? **3.** *weiterleiten* Diese Meldung wurde soeben im Radio durchgegeben., anrufen und kurz eine Nachricht durchgeben

durch·ge·hen <gehst durch, ging durch, hat/ist durchgegangen> **I.** *mit OBJ* ■ *jmd. geht etwas durch (unter einem bestimmten Aspekt) prüfen* Ich habe/bin die Arbeit noch einmal auf Fehler durchgegangen. **II.** *ohne OBJ* **1.** ■ *jmd./etwas geht (durch etwas Akk.) durch durch etwas gehen oder laufen* Hier müssen wir durchgehen., Seid ihr hier durchgegangen? **2.** ■ *etwas geht (durch etwas Akk.) durch durch etwas verlaufen* Die Autobahn wird hier/durch dieses Gebiet durchgehen. **3.** ■ *etwas geht (durch etwas Akk.) durch (umg.) sich durch etwas bringen lassen* Meinst du, dass der Schrank hier durchgeht?, Der Faden will hier einfach nicht durchgehen. **4.** ■ *jmd./ein Tier geht durch (umg.) ausbrechen* Die Pferde sind durchgegangen., Sein Frau ist (ihm) mit einem anderen durchgegangen.

■ **die Nerven gehen mit jmdm. durch** (*umg.*): *jmd. wird sehr wütend, weil er unter großer nervlicher Anspannung steht* **5.** ■ *etwas geht (bei jmdm./etwas) durch (umg.) hingenommen werden* Meinst du, das geht so durch?, Kann man das so durchgehen lassen?, Diese Frechheit kann ich (ihm) nicht einfach so durchgehen lassen. **6.** ■ *etwas geht bis zu etwas Dat. durch (umg.) andauern* Die Feier ist bis zum nächsten Morgen durchgegangen., Wir haben durchgehend geöffnet.

durch·grei·fen <greifst durch, griff durch, hat durchgegriffen> *ohne OBJ* **1.** ■ *jmd. greift (durch etwas Akk.) durch durch etwas hindurch fassen* Er hat hier (durch den Zaun) durchgegriffen. **2.** ■ *jmd. greift (gegen jmdn.) durch energisch für Ordnung sorgen* Hier muss mal richtig durchgegriffen werden., Die Polizei hat gegen die Randalierer durchgegriffen.

durch·grei·fend *Adj. so, dass jmd. drastische Maßnahmen ergreift oder es zu einschneidenden Änderungen kommt* eine durchgreifende Änderung

durch·hal·ten <hältst durch, hielt durch, hat durchgehalten> *mit OBJ/ohne OBJ* ■ *jmd. hält (etwas/bei etwas Dat.) durch Erschöpfung oder Müdigkeit überwinden und bis zum Erreichen eines bestimmten Ziels aushalten* Trotz ihrer Erschöpfung hat sie den Wettkampf bis zum Schluss durchgehalten., Wenn ich jetzt keinen Kaffee bekomme, halte ich nicht mehr lange durch.

durch·hän·gen <hängst durch, hing durch, hat durchgehangen> *ohne OBJ* **1.** ■ *etwas hängt durch etwas ist nicht straff gespannt* Die Wäscheleine hängt durch. **2.** ■ *jmd. hängt durch (umg. übertr. abwert.) müde, erschöpft sein und nichts tun können* Nach Abgabe meiner Arbeit habe ich zwei Tage durchgehangen.

durch·hau·en <haust durch, haute/hieb durch, hat durchgehauen> *mrt OBJ* **1.** ■ *jmd. haut etwas durch mit einem Schlag zerteilen* Er haute/hieb das Seil mit einer Axt durch. **2.** ■ *jmd. haut jmdn. durch (Prät. nur: „haute durch") verprügeln* Die Jungen hauten ihn richtig durch.

durch·ja·gen <durchjagst, durchjagte, hat durchjagt> *mit OBJ* **1.** ■ *jmd./etwas durchjagt etwas jagend, rasend durchqueren* Mit seinen Auto durchjagte er das Gebiet. **2.** ■ *etwas durchjagt jmdn. als Idee oder Gefühl plötzlich über jmdn. kommen* Sie wurde von einem Schreck durchjagt. *vergleiche aber* **durchjagen**

durch·ja·gen <jagst durch, jagte durch ,ist durchgejagt> *ohne OBJ* **1.** ■ *jmd. jagt durch sich jagend, rasend durch etwas hindurchbewegen* Gerade eben ist er hier durchgejagt. **2.** ■ *jmd. jagt jmdn./ein Tier durch etwas Akk. (Menschen, Tiere) durch etwas treiben, jagen* Die Treiber jagten die Füchse durch den Wald. **3.** ■ *jmd. jagt etwas durch etwas Akk. (umg.) etwas sehr schnell bearbeiten* ein Werkstück durch die Maschine jagen *vergleiche aber* **durchjagen**

durch·käm·men <kämmst durch, kämmte durch, hat durchgekämmt> *mit OBJ* ■ *jmd. kämmt etwas durch* **1.** mit dem Kamm glätten, Sie hat ihr Haar mit einer Bürste durchgekämmt. **2.** *gründlich durchsuchen* Die Polizei hat den ganzen Wald durchgekämmt. *siehe auch* **durchkämmen**

durch·käm·men <durchkämmst, durchkämmte, hat durchkämmt> *mit OBJ* ■ *jmd. durchkämmt etwas durchsuchen* Die Polizei hat den ganzen Wald durchkämmt. *siehe auch* **durchkämmen**

durch·knöp·fen <knöpfst durch, knöpfte durch, hat durchgeknöpft> *mit OBJ* ■ *jmd. knöpft etwas durch von oben bis unten knöpfen* ein durchgeknöpftes Kleid

durch·kom·men <kommst durch, kam durch, ist durchgekommen> *ohne OBJ* **1.** ■ *jmd. kommt (durch etwas Akk.) durch hindurchgelangen* Ob wir durch diesen kleinen Felsspalt durchkommen? **2.** ■ *jmd. kommt (durch etwas Akk.) durch (als Teilabschnitt einer Reise) durchfahren* Auf unserer Reise sind wir auch durch das Erzgebirge/durch Waldshut durchgekommen. **3.** ■ *jmd. kommt (zu jmdm./etwas) durch Dat. (umg.) mit Mühe irgendwohin gelangen* Wir sind nicht bis zu dir durchgekommen, es waren zu viele Leute da. **4.** ■ *jmd. kommt durch* TELEKOMM. *eine telefonische Verbindung zu jmdm. erhalten* Ich bin nicht durchgekommen, es war andauernd besetzt. **5.** ■ *jmd. kommt (mit etwas Dat.)(bei etwas Dat.) durch (umg.) Erfolg haben* Er ist mit seinem Vorschlag (bei der Kommission) durchgekommen., Sie ist bei der Prüfung durchgekommen. **6.** ■ *jmd. kommt durch (umg.) eine Krankheit oder einen Unfall überleben* Hoffentlich wird er durchkommen!

durch·kreu·zen <durchkreuzt, durchkreuzte, hat durchkreuzt> *mit OBJ* ■ *jmd. durchkreuzt etwas zum Scheitern bringen* Der Chef hat ihre Urlaubspläne durchkreuzt.

durch·las·sen <lässt durch, ließ durch, hat durchgelassen> *mit OBJ* ■ *jmd. lässt jmdn./etwas durch erlauben, dass jmd. oder etwas an jmdm. oder etwas vorbeikommt oder durch etwas hindurchkommt* Das Sieb lässt nur ganz feinen Staub durch., Der Pförtner hat uns nicht durchgelassen., Lassen Sie mich bitte durch?

durch·läs·sig *Adj.* (↔ *undurchlässig) so, dass es Stoffe, Strahlen oder Wärme hindurchdringen lässt* ein durchlässiges Netz, Die Fenster sind nur teilweise durchlässig. ◆ feuchtigkeits-, kälte-, licht-, luft-, wärme-, wasser-

Durch·laucht, Durch·laucht die <-, -en> *Anrede für Adelige* Ihre Durchlaucht, gestatten Sie!

Durch·lauf der <-(e)s, Durchläufe> **1.** (≈ *Durchgang) ein (in sich geschlossener) Teil eines Gesamtablaufs* Die Werkstücke werden in mehreren Durchläufen bearbeitet., Er ist vorläufiger Sieger nach dem ersten Duchlauf des Wettkampfes. **2.** *eine Stelle, an der etwas durchlaufen kann* Zwischen den beiden Wasserbecken befindet sich ein schmaler Durchlauf.

durch·lau·fen <läufst durch, lief durch, ist/hat durchgelaufen> **I.** *mit OBJ* ■ *jmd. läuft etwas durch ((haben)) durch Laufen abnutzen* Schuhe/

einen Teppich durchlaufen **II.** *ohne OBJ* ■ *jmd./etwas läuft* (*durch etwas Akk.*) *durch* ((*sein*)) **1.** *hindurchgehen* Durch dieses Tor sind wir durchgelaufen., Hier können wir nicht durchlaufen. **2.** *durchqueren* Wir sind durch ganz Berlin durchgelaufen. **3.** (*durch etwas*) *hindurchfließen* Hier ist Regenwasser durchgelaufen., Der Kaffee ist noch nicht durchgelaufen. **4.** *ohne Unterbrechung laufen* Wir sind bis zum Nachmittag durchgelaufen. **5.** *nicht unterbrochen werden* eine durchlaufende Mauer *siehe auch* **durchlaufen**

durch·lau·fen <durchläufst, durchlief, hat durchlaufen> *mit OBJ* **1.** ■ *jmd. durchläuft etwas sich einem Prozess unterwerfen oder einem Prozess unterworfen werden* Sie durchläuft eine Ausbildung zur Bankkauffrau., Der Antrag muss noch die Verwaltung durchlaufen. **2.** ■ *etwas durchläuft jmdn.* (*geh.*) (*als meist angenehmes Gefühl*) *plötzlich und intensiv über jmdn. kommen* Ein wohliges Gefühl durchlief ihn., Ein Zittern durchlief ihren Körper. **3.** ■ *jmd. durchläuft etwas laufend durchqueren* Auf der Suche nach diesem Laden haben wir die ganze Stadt durchlaufen. *siehe auch* **durchlaufen**

Durch·lauf·er·hit·zer der <-s, -> *ein Gerät, das hindurchlaufendes Wasser erhitzt*

durch·lei·ten <leitest durch, leitete durch, hat durchgeleitet> *mit OBJ* ■ *jmd. leitet etwas durch etwas durch etwas fließen lassen* Wasser durch ein Rohr leiten

durch·le·sen <liest durch, las durch, hat durchgelesen> *mit OBJ* ■ *jmd. liest etwas durch von Anfang bis Ende lesen* Ich habe das Buch/den Text gründlich durchgelesen.

durch·leuch·ten <durchleuchtest, durchleuchtete, hat durchleuchtet> *mit OBJ* **1.** ■ *jmd. durchleuchtet etwas/jmdn.* (MED.: ≈ *röntgen*) sich die Lungen durchleuchten lassen **2.** ■ *jmd. durchleuchtet etwas untersuchen* Das Problem sollte mal gründlich durchleuchtet werden.

durch·lö·chern <durchlöcherst, durchlöcherte, hat durchlöchert> *mit OBJ* ■ *jmd. durchlöchert etwas* **1.** *viele Löcher in etwas machen* Die Schüsse durchlöcherten die Tür. **2.** (*übertr.*) *unwirksam machen* ein Gesetz durch viele Ausnahmeregelungen durchlöchern

Durch·lüf·tung die <-, -en> (*Plur. selten*) *der Sachverhalt, dass frische Luft in etwas hineingelangen kann* Nur regelmäßige Durchlüftung verhindert Schimmelbildung.

durch·ma·chen <machst durch, machte durch, hat durchgemacht> **I.** *mit OBJ* ■ *jmd. macht etwas durch* **1.** *etwas Negatives erleben* Sie hat in/während ihrer Kindheit viel durchmachen müssen., Er hat eine schlimme Krankheit durchgemacht. **2.** *hinter sich bringen* Danach hat er eine Ausbildung zum Schlosser durchgemacht. **II.** *mit OBJ/ohne OBJ* ■ *jmd. macht* (*etwas*) *durch* (*umg.*) *ohne Unterbrechung feiern oder arbeiten* Wir haben die ganze Nacht durchgemacht, dann war die Arbeit fertig., Wir machen durch bis Morgen früh.

Durch·marsch der <-(e)s, Durchmärsche> **1.** *das Marschieren durch ein Gebiet* Die Truppen befinden sich auf dem Durchmarsch zur Grenze. **2.** (*umg. scherzh.* ≈ *Durchfall*) Sie ist krank, sie hat einen schlimmen Durchmarsch.

durch·men·gen <mengst durch, mengte durch, hat durchgemengt> *mit OBJ* ■ *jmd. mengt etwas durch gründlich miteinander vermischen* den Teig durchmengen

Durch·mes·ser der <-s, -> *das Doppelte des Radius* der Durchmesser eines Kreises/einer Kugel

durch·mo·geln <mogelst durch, mogelte durch, hat durchgemogelt> *mit SICH* ■ *jmd. mogelt sich* (*durch etwas Akk.*) *durch* mit Tricks Erfolg haben, Er hat sich bei der Prüfung ohne zu lernen durchgemogelt.

durch·müs·sen <musst durch, musste durch, hat durchgemusst> *ohne OBJ* ■ *jmd. muss* (*durch etwas Akk.*) *durch* (*umg.*) **1.** *irgendwo hindurchgelangen müssen* Wo muss das Kabel durch?, Durch diesen Bach werden wir wohl durchmüssen. **2.** *etwas Schwieriges ertragen müssen* Da gibt es keine Ausreden, da musst du durch!

durch·näs·sen <durchnässt, durchnässte, hat durchnässt> *mit OBJ* ■ *etwas durchnässt jmdn./etwas vollständig nass machen* Der Regen hatte uns völlig durchnässt., ganz durchnässt sein

durch·neh·men <nimmst durch, nahm durch, hat durchgenommen> *mit OBJ* ■ *jmd. nimmt etwas durch* SCHULE *als Unterrichtsthema behandeln* Was habt ihr heute in Deutsch durchgenommen?

durch·pau·sen <paust durch, pauste durch, hat durchgepaust> *mit OBJ* ■ *jmd. paust etwas durch eine Zeichnung oder ein Bild mit Hilfe von durchsichtigem Papier kopieren* Das Bild hast du sicher durchgepaust!

durch·peit·schen <peitschst durch, peitschte durch, hat durchgepeitscht> *mit OBJ* **1.** ■ *jmd. peitscht jmdn. durch auspeitschen* einen Sklaven durchpeitschen lassen **2.** ■ *jmd. peitscht etwas durch* (*umg. abwert.*) *mit Macht und Schnelligkeit durchsetzen* ein Gesetz/einen Plan durchpeitschen

durch·pres·sen <presst durch, presste durch, hat durchgepresse> *mit OBJ* ■ *jmd. presst etwas* (*durch etwas Akk.*) *durch etwas mit Druck durch etwas hindurchdrücken* gekochtes Obst durch ein Sieb drücken, Wasser durch enge Rohre durchpressen

durch·prü·geln <prügelst durch, prügelte durch, hat durchgeprügelt> *mit OBJ* ■ *jmd. prügelt jmdn. durch* (*umg.*) *verprügeln, verhauen* Er prügelte seinen Gegner durch.

durch·que·ren <durchquerst, durchquerte, hat durchquert> *mit OBJ* ■ *jmd./etwas durchquert etwas die Strecke von einem bis zum anderen Ende von etwas zurücklegen* ein Gebiet/ein Tal/eine Wüste durchqueren

Durch·que·rung die <-, -en> *das Durchqueren* die Durchquerung der Wüste

durch·rech·nen <rechnest durch, rechnete durch, hat durchgerechnet> *mit OBJ* ■ *jmd. rechnet etwas durch etwas rechnend prüfen* eine Aufgabe noch einmal durchrechnen, Wir haben das Angebot durchgerechnet und müssen es leider ablehnen.

durch·reg·nen <regnet durch, regnete durch, hat durchgeregnet> *mit ES* **1.** ■ *es regnet durch es hört nicht auf zu regnen* Es regnet jetzt schon seit zwei Tagen (ununterbrochen) durch. **2.** ■ *es regnet (durch etwas Akk.) durch Regenwasser dringt durch eine normalerweise wasserdichte Schicht durch* Seit einiger Zeit regnet es (durch unser Dach) durch.

Durch·rei·se ■ **jemand ist auf der Durchreise:** *jmds. Aufenthalt an einem Ort ist nicht von Dauer, sondern nur die Folge einer Reiseunterbrechung* Wir wollen nicht länger bleiben, wir sind auf der Durchreise.

durch·rei·sen <reist durch, reiste durch, ist durchgereist> *ohne OBJ* ■ *jmd. reist (irgendwo) durch ohne längeren Aufenthalt durch ein Gebiet oder einen Ort reisen* Wir sind dort auf dem Weg in unseren Urlaub nur durchgereist, und haben die Stadt nicht ausführlich anschauen können.

Durch·rei·sen·de der/die <-n, -n> *jmd., der auf der Durchreise ist*

durch·rei·ßen <reißt durch, riss durch, hat/ist durchgerissen> **I.** *mit OBJ* ■ *jmd. reißt etwas durch ((haben)) durch Reißen zertrennen* Er hat das Stück Papier/Stoff durchgerissen., Der Kontrolleur hat die Eintrittskarte in der Mitte durchgerissen. **II.** *ohne OBJ* ■ *etwas reißt durch ((sein)) durch Reißen zertrennt werden* Der Stoff/das Papier ist durchgerissen.

durch·ros·ten <rostet durch, rostete durch, ist durchgerostet> *ohne OBJ* ■ *etwas rostet durch durch Rost löchrig oder brüchig werden* Das Fass/die Karosserie ist durchgerostet.

Durch·ros·tung die <-> *(kein Plur.) das Durchrosten*

durch·rüh·ren <rührst durch, rührte durch, hat durchgerührt> *mit OBJ* ■ *jmd. rührt etwas durch eine Masse durch Rühren kräftig durchmischen* Hast du den Teig gut durchgerührt?

Durch·sa·ge die <-, -n> *Mitteilung über Lautsprecher, Radio oder Fersehen* Bitte achten Sie auf die Durchsage(n) am Bahnsteig., Über eine Durchsage im Radio haben wir gerade erfahren, dass unser Gebiet evakuiert werden soll.

durch·sa·gen <sagst durch, sagte durch, hat durchgesagt> *mit OBJ* **1.** ■ *jmd. sagt etwas durch über Lautsprecher mitteilen* Die Zugverspätung ist durchgesagt worden. **2.** ■ *jmd. sagt jmdm. etwas durch etwas weitersagen* Heute fällt die zweite Schulstunde aus, sag' es bitte den anderen durch.

durch·sä·gen <sägst durch, sägte durch, hat durchgesägt> *mit OBJ* ■ *jmd. sägt etwas durch mit einer Säge durchtrennen* Ich habe den Ast/das Brett durchgesägt.

Durch·satz der <-es, Durchsätze> *die Menge eines Stoffes, die eine Produktionsanlage in einer bestimmten Zeit durchläuft*

durch·schau·en <durchschaust, durchschaute, hat durchschaut> *ohne OBJ* ■ *jmd. durchschaut jmdn./etwas die wahren Zusammenhänge erkennen, die hinter einer bestimmten äußeren Erscheinung verborgen sind* Er hat deinen Betrug durchschaut., Es hat keinen Sinn, sie durchschaut dich!

durch·schei·nen <scheint durch, schien durch, hat durchgeschienen> *ohne OBJ* ■ *etwas scheint (durch etwas Akk.) durch etwas wird durch etwas anderes hindurch sichtbar* Es ist noch bewölkt, aber hier und da hat schon die Sonne durchgeschienen., Die Sonne hat durch die Vorhänge durchgeschienen., Das Papier ist so dünn, dass die Tinte auf der Rückseite des Blattes durchscheint., Die bunte Unterwäsche scheint durch das Oberhemd durch.

durch·schei·nend *Adj. so dünn, dass man hindurchblicken kann* ein durchscheinender Stoff

Durch·schlag der <-(e)s, Durchschläge> **1.** KOCH. *siebähnliches Küchengerät* die gekochten Spaghetti durch einen Durchschlag gießen **2.** *mit Kohlepapier angefertigte Durchschrift* Den Durchschlag des Formulars bekommen Sie.

durch·schla·gen <schlägt durch, schlug durch, hat/ist durchgeschlagen> **I.** *mit OBJ ((haben))* **1.** ■ *jmd. schlägt etwas durch mit einem Schlag in zwei Teile zerlegen* Er hat das Seil mit einer Axt durchgeschlagen. **2.** ■ *jmd. schlägt etwas (durch etwas Akk.) durch mit Schlägen durch etwas treiben* Ich habe den Nagel ganz (durch das Brett) durchgeschlagen. **II.** *ohne OBJ* **1.** ■ *etwas schlägt durch ((sein)) weiter vordringen* Die Nässe ist an einigen Stellen durchgeschlagen. **2.** ■ *etwas schlägt auf jmdn. durch als Eigenschaft vererbt werden* Das Temperament des Vaters ist auf den Sohn durchgeschlagen. **III.** *mit SICH* **1.** ■ *jmd. schlägt sich irgendwohin durch irgendwohin gelangen* Sie konnten sich mit Mühe zur nächsten Stadt durchschlagen. **2.** ■ *jmd. schlägt sich irgendwie durch auf eine bestimmte Weise Schwierigkeiten meistern* Es war eine schwere Zeit, aber wir haben uns immer irgendwie durchgeschlagen.

durch·schla·gen <durchschlägst, durchschlug, hat durchschlagen> *mit OBJ* ■ *etwas durchschlägt etwas gewaltsam durchdringen* Das Geschoss hat das Dach durchschlagen.

durch·schla·gend *Adj. von großer Wirkung* ein durchschlagender Beweis, durchschlagenden Erfolg haben

durch·schlän·geln <schlängelst durch, schlängelte durch, hat durchgeschlängelt> *mit SICH* ■ *jmd. schlängelt sich (durch etwas Akk.) durch sich geschickt durch etwas hindurchbewegen* Er hat sich durch die Wartenden durchgeschlängelt.

durch·schlüp·fen <schlüpfst durch, schlüpfte durch, ist durchgeschlüpft> *ohne OBJ* **1.** ■ *jmd./ein Tier schlüpft (durch etwas Akk.) hindurch sich geschickt durch etwas hindurchbewegen* Durch diese Öffnung muss die Katze durchgeschlüpft sein! **2.** ■ *jmd. schlüpft (durch etwas Akk.) hindurch sich geschickt dem Zugriff von jmdm. entziehen* Die Einbrecher sind der plötzlich erschienenen Polizei doch noch durch die Finger geschlüpft.

durch·schmo·ren <schmorst durch, schmorte durch, ist durchgeschmort> *ohne OBJ* ■ *etwas schmort durch etwas geht durch übermäßige Hitzeentwicklung kaputt* Die elektrische Leitung ist durchgeschort.

durch·schnei·den <schneidest durch, schnitt durch, hat durchgeschnitten> *mit OBJ* ■ *jmd. schneidet etwas (mit etwas Dat.) durch in zwei Teile schneiden* Ich habe den Faden durchgeschnitten., Man hat ihm die Kehle durchgeschnitten.

durch·schnei·den <durchschneidest, durchschnitt, hat durchschnitten> *mit OBJ* **1.** ■ *jmd. durchschneidet etwas (mit etwas Dat.) in zwei Teile schneiden* Ich habe den Faden (mit einer Schere) durchschnitten. **2.** ■ *etwas durchschneidet etwas (geh.) zerteilen* Das Schiff durchschnitt die Wellen.

Durch·schnitt der <-(e)s, -e> (≈ *Mittelwert*) *der Betrag, der sich ergibt, wenn man mehrere Beträge addiert und das Ergebnis durch die Anzahl der Beträge dividiert* Der Durchschnitt beträgt/liegt bei 2,8., im Durchschnitt, über/unter dem Durchschnitt liegen ◆-swert

durch·schnitt·lich <nicht steig.> *Adj.* **1.** *so, dass es im Durchschnitt liegt* ein durchschnittliches Einkommen von 2000 Euro haben **2.** *so, dass es nicht herausragend ist* Er ist in der Schule weder schlecht noch gut, sondern durchschnittlich.

Durch·schnitts·ein·kom·men das <-s, -> *Mittelwert des Einkommens einer Personengruppe* Ihr Gehalt liegt unter dem Durchschnittseinkommen., In der Branche lag das Durchschnittseinkommen in den vergangenen fünf Jahren bei ... Euro.

Durch·schnitts·ge·schwin·dig·keit die <-, -en> *Mittelwert der Geschwindigkeit*

Durch·schnitts·lohn der <-(e)s, Durchschnittslöhne> *s.* **Durchschnittseinkommen**

Durch·schnitts·no·te die <-, -n> *Note, die als Mittelwert (aus allen Noten) errechnet wurde* Mit einer Durchschnittsnote von 1,3 ist die Schülerin die beste des diesjährigen Abiturjahrgangs.

Durch·schnitts·preis der <-es, -e> **1.** *allgemein üblicher Preis* **2.** *durchschnittlicher Preis, Preis im Mittelwert*

Durch·schnitts·wert der <-(e)s, -e> *Mittelwert* den Durchschnittswert von etwas ermitteln

durch·schrei·ben <schreibst durch, schrieb durch, hat durchgeschrieben> **I.** *mit OBJ* ■ *jmd. schreibt etwas durch eine Durchschrift von etwas herstellen, z.B. mithilfe von Kopierpapier* **II.** *ohne OBJ* ■ *jmd. schreibt durch jmd. schreibt ohne Unterbrechung* Ich konnte gestern die Arbeit an meinem Roman nicht beenden und habe die ganze Nacht durchgeschrieben.

Durch·schrift die <-, -en> *mit Kohlepapier hergestellte Kopie* Die Durchschrift des Formulars ist für Sie.

Durch·schuss der <-es, Durchschüsse> **1.** DRUCKW. *Zwischenraum zwischen den Zeilen* **2.** *der Vorgang, dass eine Kugel etwas durchdringt* Im Krieg erlitt er mehrere Durchschüsse am Bein.

durch·se·hen <siehst durch, sah durch, hat durchgesehen> *mit OBJ* ■ *jmd. sieht etwas durch* **1.** *schnell und oberflächlich prüfen* Ich habe die Arbeit/das Manuskript schon durchgesehen. **2.** *durchsuchen* Ich habe meine Sachen durchgesehen und deine Schlüssel nicht gefunden.

durch·setz·bar <nicht steig.> *Adj. so beschaffen, dass es durchgesetzt werden kann* Dieser Beschluss ist nur schwer durchsetzbar.

Durch·setz·bar·keit die <-> (*kein Plur.*) *die Möglichkeit der Durchsetzung* die Durchsetzung eines Beschlusses

durch·set·zen <setzt durch, setzte durch, hat durchgesetzt> **I.** *mit OBJ* ■ *jmd. setzt etwas durch durch Entschiedenheit erreichen, dass etwas geschieht* Er hat seinen Plan durchgesetzt. **II.** *mit SICH* **1.** ■ *jmd. setzt sich (gegen jmdn./etwas) durch bewirken, dass andere sich dem eigenen Willen unterordnen* Er kann sich einfach nicht durchsetzen., Sie hat dies sogar gegen den Willen der Direktion durchgesetzt. **2.** ■ *etwas setzt sich durch allmählich anerkannt werden* Diese Auffassung hat sich endlich durchgesetzt. ■ **seinen Kopf durchsetzen** (*umg.*): *erreichen, das die eigenen Vorstellungen verwirklicht werden siehe aber* **durchsetzen**

durch·set·zen <durchsetzt, durchsetzte, hat durchsetzt> *mit OBJ* ■ *jmd. setzt etwas mit jmdm./etwas unter etwas mischen* eine Gruppe mit Spionen durchsetzen, Der Aufsatz war mit Fehlern durchsetzt. *siehe aber* **durchsetzen**

durch·seu·chen <durchseucht, durchseuchte, hat durchseucht> *mit OBJ* ■ *etwas ist/wird mit etwas Dat. durchseucht vollständig verseuchen* Der Viehbestand ist mit dem BSE-Virus durchseucht.

Durch·sicht die <-> (*kein Plur.*) **1.** *schnelles und oberflächliches Durchlesen eines Textes* die Durchsicht der Manuskripte **2.** *rasche Kenntnisnahme von etwas* bei Durchsicht der Bücher **3.** (≈ *Inspektion*) (*technische*) *Überprüfung* ein Auto zur Durchsicht bringen

durch·sich·tig *Adj.* (≈ *transparent* ↔ *undurchsichtig*) **1.** *so, dass man hindurchsehen kann* ein durchsichtiger Stoff **2.** (*umg. abwert.* ≈ *durchschaubar*) *so, dass man davon nicht getäuscht werden kann* ein durchsichtiger Plan, ein durchsichtiges Argument

Durch·sich·tig·keit die <-> (*kein Plur.*) (≈ *Transparenz* ↔ *Undurchsichtigkeit*) *durchsichtige Beschaffenheit*

durch·si·ckern <sickert durch, sickerte durch, ist durchgesickert> *ohne OBJ* **1.** ■ *etwas sickert (durch etwas Akk.) durch hindurchdringen* Das Blut ist durch den Verband durchgesickert. **2.** ■ *etwas sickert (bis zu jmdm.) durch allmählich bekannt werden* Diese Neuigkeit ist auch bis zu uns durchgesickert.

durch·spre·chen <sprichst durch, sprach durch, hat durchgesprochen> *mit OBJ* ■ *jmd. spricht etwas durch mit jmdm. etwas ausführlich besprechen* Wir haben den Plan in allen Einzelheiten durchgesprochen.

durch·sprin·gen <durchspringst, durchsprang, ist durchgesprungen> *mit OBJ* ■ *jmd. durchspringt etwas* (*geh.*) *mit einem Sprung durchqueren* Der Löwe durchsprang den brennenden Reifen.

durch·ste·hen <stehst durch, stand durch, hat durchgestanden> *mit OBJ* ■ *jmd. steht etwas durch* (*umg.*) *bis zum Ende ertragen* Wir haben die schwere Zeit gemeinsam durchgestanden.

durch·stei·gen <steigst durch, stieg durch, ist durchgestiegen> *ohne OBJ* **1.** ■ *jmd. steigt* (*durch etwas Akk.*) *durch durch etwas hindurchklettern* Er ist hier (durch das Kellerfenster) durchgestiegen. **2.** ■ *jmd. steigt durch* (*umg.* ≈ *mitkommen*) *verstehen* Dieses Thema war mir zu schwierig, da bin ich nicht durchgestiegen.

Durch·stich der <-s, -e> *Herstellung einer direkten Verbindung* (*durch Graben oder Sprengen*) der Durchstich eines Tunnels durch den Berg

durch·stö·bern <durchstöberst, durchstöberte, hat durchstöbert> *mit OBJ* ■ *jmd. durchstöbert etwas* (*umg.* ≈ *durchsuchen*) Wir haben die Bodenkammer nach alten Kleidern durchstöbert.

durch·sto·ßen <durchstößt, durchstieß, hat durchstoßen> *mit OBJ* ■ *jmd./etwas durchstößt etwas durch eine feste Schicht stoßen* Das Küken durchstößt die Schale mit dem Schnabel.

durch·sto·ßen <stößt durch, stieß durch, hat/ist durchgestoßen> **I.** *mit OBJ* ■ *jmd. stößt etwas durch* ((*haben*)) **1.** *ein Loch in etwas stoßen* Ich habe mit dem Bohrhammer die Wand durchgestoßen. **2.** *durchscheuern* Er hat die Ärmel seiner Jacke durchgestoßen. **II.** *ohne OBJ* ■ *jmd. stößt* (*zu jmdm./etwas*) *durch* ((*sein*)) (*gegen einen Widerstand oder unter schwierigen Umständen*) *an einen Ort gelangen* Die feindlichen Truppen sind bis zur nächsten Stadt durchgestoßen., Endlich sind wir bis zu euch durchgestoßen!

durch·strei·chen <streichst durch, strich durch, hat durchgestrichen> *mit OBJ* ■ *jmd. streicht etwas durch einen Strich durch ein geschriebenes Wort machen, um es als falsch zu kennzeichnen* Alle falsch geschriebenen Wörter habe ich durchgestrichen.

durch·strei·fen <durchstreifst, durchstreifte, hat durchstreift> *mit OBJ* ■ *jmd. durchstreift etwas ziellos durchwandern* Er hat die Stadt ohne ein festes Ziel durchstreift.

durch·sty·len ['dʊrçstajlən] <stylst durch, stylte durch, hat durchgestylt> *mit OBJ* ■ *jmd. stylt etwas/jmdn. durch* (*umg.*) *etwas ganz nach einem bestimmten Stil einheitlich gestalten* eine durchgestylte Wohnung

durch·su·chen <durchsuchst, durchsuchte, hat durchsucht> *mit OBJ* ■ *jmd. durchsucht etwas/jmdn. eine gründliche Suche an einem Ort durchführen* Seine Wohnung ist durchsucht worden.

Durch·su·chung die <-, -en> *das Durchsuchen* die Durchsuchung einer Wohnung durch die Polizei, Bei der polizeilichen Durchsuchung der Büroräume/ des Lagers/des Kellers/der Privatwohnung/der Redaktion wurde belastendes Material sichergestellt.

durch·tre·ten <trittst durch, trat durch, hat/ist durchgetreten> **I.** *mit OBJ* ■ *jmd. tritt etwas durch* ((*haben*)) *auf ein Pedal bis zum Anschlag treten* Sie hat das Gaspedal voll durchgetreten. **II.** *ohne OBJ* **1.** ■ *jmd. tritt* (*durch etwas Akk.*) *durch* ((*sein*)) *nach außen durchdringen* Die Feuchtigkeit ist durch die Wand durchgetreten. **2.** ■ *jmd. tritt durch irgendwohin rücken* Die Fahrgäste waren nach hinten durchgetreten, um für die anderen Platz zu machen.

durch·trie·ben *Adj.* (*abwert.*) *so, dass jmd. schlau und hinterhältig ist* ein durchtriebener Bursche

durch·wach·sen <nicht steig.> *Adj.* **1.** KOCH. *so, dass Speck Streifen von Fleisch bzw. Fleisch Streifen von Fett enthält* durchwachsener Speck **2.** (*umg. scherzh.*) *so, dass es gerade leidlich, nicht ungetrübt ist* Das Wetter/die Stimmung war durchwachsen.

durch·wa·gen <wagst durch, wagte durch, hat durchgewagt> *mit SICH* ■ *jmd. wagt sich durch etwas Akk. durch wagen, durch etwas hindurchzugehen* Sie wagte sich nicht allein durch den dunklen Wald.

Durch·wahl die <-> (*kein Plur.*) TELEKOMM. *die direkte Telefonnummer, durch deren Wählen man die gewünschte Person ohne Vermittlung erreicht* Können Sie mir die Durchwahl von Herrn Dr. Kunz geben?

durch·wär·men <durchwärmst, durchwärmte, hat durchwärmt> *mit OBJ* ■ *etwas durchwärmt etwas/jmdn. gründlich erwärmen* Der Tee hat uns wieder durchwärmt., Der Ofen durchwärmt das Zimmer.

durch·weg(s), durch·weg(s) *Adv. ohne Ausnahme* Seine Haare sind mittlerweile durchweg grau.

durch·wer·fen <wirfst durch, warf durch, hat durchgeworfen> *mit OBJ* ■ *jmd. wirft etwas* (*durch etwas Akk.*) *durch etwas* (*durch eine Öffnung*) *hindurchwerfen*

durch·wüh·len <wühlst durch, wühlte durch, hat durchgewühlt> *mit OBJ* ■ *jmd. durchwühlt etwas rücksichtslos durchsuchen* Wir haben alles durchgewühlt und nichts gefunden. *siehe auch* **durchwühlen**

durch·wüh·len <durchwühlst, durchwühlte, hat durchwühlt> *mit OBJ* ■ *jmd./etwas durchwühlt etwas sich wühlend durch etwas hindurcharbeiten* Der Maulwurf durchwühlt die Erde. *siehe auch* **durchwühlen**

durch·wursch·teln, *a.* **durch·wurs·teln** <wurschtelst durch, wurschtelte durch, hat durchgewurschtelt> *mit SICH* ■ *jmd. wurstelt sich* (*durch etwas*) *durch* (*umg.*) *mit Mühe zurechtkommen* Wir haben nicht viel zum Leben, aber wir wurschteln uns so durch.

durch·zäh·len <zählst durch, zählte durch, hat durchgezählt> *mit OBJ/ohne OBJ* **1.** ■ *jmd. zählt etwas durch durch Zählen überprüfen* Sie haben das Geld mehrfach durchgezählt., Wir müssen noch einmal durchzählen, ob alles stimmt.

2. ■ *jmd. zählt durch eine Gruppe (von Personen) dadurch abzählen, dass man jeden einzelnen in genauer Abfolge die nächste ganze Zahl sagen lässt* Sind wir alle wieder beisammen? Bevor wir losfahren bitte einmal durchzählen. – „Eins!" „Zwei!" …

durch·zie·hen <ziehst durch, zog durch, hat/ist durchgezogen> **I.** *mit OBJ* ■ *jmd. zieht etwas (durch etwas Akk.) durch ((haben))* **1.** *durch etwas hindurchziehen* Ich habe den Faden durch die Nadel durchgezogen. **2.** *(umg.) (mit einer gewissen Energie und Schnelligkeit) erledigen* Sie haben das gemeinsam durchgezogen., Das müssen wir noch durchziehen, dann haben wir alles geschafft. **II.** *ohne OBJ* ■ *jmd. zieht (irgendwo) durch ((sein)) durchmarschieren* Die Truppen sind durch diese Stadt durchgezogen., Hier ist eine Herde Elefanten durchgezogen. **III.** *mit SICH* ■ *etwas zieht sich (durch etwas Akk.) durch ((haben)) durchgängig vorhanden sein* Dieser Fehler hat sich durch die gesamte Arbeit durchgezogen.

durch·zie·hen <durchziehst, durchzog, hat durchzogen> *mit OBJ* ■ *etwas durchzieht etwas in verschiedenen Richtungen durch etwas laufen* Adern durchziehen das Gewebe., Die Ebene ist von Flüssen durchzogen., Schulkinder durchziehen die ganze Stadt.

Durch·zug der <-(e)s> *(kein Plur.) starker Luftzug in einem Raum* im Zimmer Durchzug machen

Durch·zugs·recht das <-(e)s, -e> RECHTSW. *Erlaubnis, das Gebiet eines fremden Staates mit militärischen Einheiten friedlich zu durchqueren*

durch·zugs·stark <nicht steig.> *Adj. so, dass es einen guten Durchzug hat* ein durchzugsstarker Kamin

durch·zwän·gen <zwängst durch, zwängte durch, hat durchgezwängt> *mit OBJ* ■ *jmd. zwängt etwas/sich (durch etwas Akk.) durch hindurchdrängen, hindurchschieben* Sie zwängten sich durch die Menschenmenge., Der Einbrecher zwängte sich durch das kleine, offene Fenster.

dür·fen <darfst, durfte, hat dürfen/gedurft> *ohne OBJ* ■ *jmd. darf (etwas)* **1.** *die Erlaubnis haben* Darf man hier rauchen?, Er hat nicht kommen dürfen., Er hat nicht ins Kino gedurft. **2.** *verwendet, um eine höfliche Bitte auszusprechen* Darf ich Sie um einen Gefallen bitten? **3.** *das Recht haben* Tiere darf man nicht quälen., Er darf sich mit gutem Gewissen zur Ruhe setzen. **4.** *in die Lage versetzt sein* Sie dürfen sich wohlhabend nennen., Ihr dürft euch freuen! ■ **das dürfte wohl das … sein**: *das ist wahrscheinlich das …* **Das darf doch (wohl) nicht wahr sein!** *(umg.): Das ist ja unglaublich!*

dürf·tig *Adj.* **1.** *(≈ armselig) so arm, dass es Mitleid erregt* eine dürftige Behausung **2.** *mit so wenig Ergebnissen, Fakten o.Ä., dass es unzulänglich ist* Für ein Jahr Arbeit ist das ein sehr dürftiges Ergebnis!

dürr *Adj.* **1.** *(≈ trocken) so, dass Pflanzen oder Teile von Pflanzen ohne Saft sind* dürre Äste/Blätter/Zweige **2.** *sehr mager* Sie ist richtig dürr. **3.** *so karg, dass Boden unfruchtbar ist* dürrer Boden

Dür·re die <-, -n> *eine bestimmte (längere) Zeit ohne Regen* In dem Land herrschte eine große Dürre., von einer verheerenden Dürre heimgesucht werden

Durst der <-(e)s> *(kein Plur.)* **1.** *(↔ Hunger) das Verlangen nach Flüssigkeit* Durst haben, seinen Durst löschen, Der Durst war schlimmer als der Hunger. **2.** ■ *Durst auf … das Verlangen nach einem bestimmten Getränk* Durst auf ein Bier haben **3.** *(übertr.) intensives Verlangen nach etwas* der Durst nach Freiheit/nach Rache ■ **einen über den Durst trinken** *(umg.): mehr Alkohol trinken, als man vertragen kann* ▶durstlöschend, durststillend ◆-löscher, Kaffee-,

durs·ten <durstest, durstete, hat gedurstet> *ohne OBJ* ■ *jmd. durstet (geh.) Durst[1] verspüren* Wir mussten lange dursten.

dürs·ten <dürstest, dürstete, hat gedürstet> *(geh.)* **I.** *ohne OBJ* ■ *jmd. dürstet (nach etwas Dat.) sich nach etwas sehnen* Das Land dürstet nach Freiheit., Sie dürsteten richtig nach guter Literatur., Er dürstete nach Rache. **II.** *mit ES* ■ *Es dürstet jmdn. (nach etwas Dat.)* **1.** *jmd. hat ein starkes Verlangen nach etwas* Es dürstete ihn nach Gerechtigkeit. **2.** *(veralt.) Durst haben* Mich dürstet (es)., Es dürstet mich.

durs·tig *Adj. so, dass man Durst[1] verspürt* Nach der langen Wanderung waren wir durstig.

durst·lö·schend <nicht steig.> *Adj. so, dass ein Getränk den Durst[1] besonders gut löscht* ein durstlöschendes Getränk

durst·stil·lend <nicht steig.> *Adj. s.* **durstlöschend**

Durst·stre·cke die <-, -n> *eine entbehrungsreiche Zeit* eine finanzielle Durststrecke hinter sich haben

Du·sche die <-, -n> **1.** *eine Vorrichtung zur Reinigung des Körpers, die Wasser in dünnen Strahlen auf den Benutzer fließen lässt* in die/unter die Dusche gehen, Sie stand gerade unter der Dusche, als das Telefon klingelte. **2.** *der Raum, in dem sich eine Dusche[1] befindet* **3.** *das Duschen* eine kalte/warme Dusche nehmen ■ **eine kalte Dusche** *(umg.): eine unerwartete starke Enttäuschung* Die Worte des Chefs waren eine kalte Dusche für ihn.

du·schen <duschst, duschte, hat geduscht> *mit OBJ/ohne OBJ* ■ *jmd. duscht (jmdn.) unter der Dusche reinigen* Ich habe die Kinder geduscht., Duschen Sie täglich?

Dusch·gel das ['dʊʃge:l] <-s, -e/-s> *flüssige Seife zum Duschen*

Dusch·hau·be die <-, -n> *eine wasserundurchlässige Kopfbedeckung, die man benutzt, damit beim Duschen die Haare nicht nass werden*

Dusch·ka·bi·ne die <-, -n> *eine kleine Zelle mit Kunststoffwänden und einer Schiebetür, in der sich eine Dusche[1] befindet*

Dusch·vor·hang der <-(e)s, Duschvorhänge> *ein Kunststoffvorhang, den man um eine Badewanne ziehen kann, um zu verhindern, dass Spritzwassers beim Duschen außerhalb der Wanne gelan-*

gen kann

Dusch·vor·lage die <-, -n> (≈ *Duschmatte*) *Matte, die vor der Dusche liegt*

Dusch·wan·ne die <-, -n> *Wanne, in der man duschen und baden kann*

Dusch·zel·le die <-, -n> *s.* **Duschkabine**

Dü·se die <-, -n> TECHN. *ein sich nach vorn verengendes Rohr, das die Fließgeschwindigkeit von austretenden Gasen oder Flüssigkeiten erhöht* die Düsen eines Flugzeuges

Du·sel der <-s (o. Pl.)> **1.** (*schweiz.*) *leichter Rausch* **2.** (*umg.*) *Gefühl der leichten Betäubung* nach dem Schlafen noch im Dusel sein, im Dusel etwas umwerfen **3.** (*umg.*) *unverhofftes Glück* Da hast du aber Dusel gehabt.

dü·sen <düst, düste, ist gedüst> *ohne OBJ* ■ *jmd./etwas düst* (*umg.*) (*schnell*) *fahren* Wir sind am Wochenende mal schnell nach Hamburg gedüst.

Dü·sen·an·trieb der <-(e)s, Düsenantriebe> *Flugzeugantrieb mit Düsen*

Dü·sen·flug·zeug das <-(e)s, -e> *Flugzeug mit Düsenantrieb*

Düsseldorf <-s> *Stadt am Rhein; Landeshauptstadt von Nordrhein-Westfalen*

duss·lig, *a.* **dus·se·lig** *Adj.* (*umg.*) **1.** (*abwert.* ≈ *begriffsstutzig*) ein dussliger Kerl, Steh nicht so dusslig herum, hilf mir lieber! **2.** *leicht benommen* Vom Karusselfahren wird mir immer ganz dusslig., Ich werde von dem Medikament ganz dusslig im Kopf.

dus·ter, *a.* **düs·ter** *Adj.* **1.** *dunkel und unheimlich* ein düsteres Haus, Der Maler malt sehr düstere Bilder/mit sehr düsteren Farben. **2.** *so, dass es nichts Gutes verheißt* düstere Aussichten, ein düsteres Gesicht machen

Düs·ter·heit die <-> (*kein Plur.*) (≈ *Düsterkeit*) *düstere Beschaffenheit* Die Düsterheit des Raumes war bedrückend.

Dutt der <-(e)s, -s/e> *langes Haar, das zu einem Knoten aufgesteckt ist* einen Dutt tragen

Du·ty·free·shop, *a.* **Duty-free-Shop** der ['dju:tɪ'fri:ʃɔp] <-s, -s> (*in Flughäfen*) *ein Laden, in dem man bestimmte Waren zollfrei kaufen kann*

Dut·zend das <-s, -/-e> **1.** (*Plur.: Dutzend*) (*veralt.*) *eine Menge von 12 Stück* ein/drei Dutzend Eier kaufen, Ich habe gleich ein ganzes Dutzend bestellt., Ich habe das jetzt schon ein paar dutzend/Dutzend Mal wiederholt. **2.** (*Plur.*) (*umg.*) *sehr viele* Dutzende Schaulustige waren gekommen., Es meldeten sich viele dutzend(e)/Dutzend(e) Bewerber., Die Geräte gingen zu dutzenden/Dutzenden kaputt. ◆ Groß- oder Kleinschreibung viele dutzend(e)/Dutzend(e) Versuche machen, etwas einige dutzend(e)/Dutzend(e) Male üben

dut·zend·fach <nicht steig.> *Adv.* (*umg.*) *sehr häufig* Wir haben es dutzendfach umsonst versucht.

dut·zend·mal *Adv.* (*umg.*) *sehr häufig* Das habe ich dir doch schon dutzendmal gesagt!, Sie ist bestimmt schon dutzendmal zu spät gekommen.

dut·zend·wei·se <nicht steig.> *Adj.* **1.** (*umg.*) *in großen Mengen* Sie hat dieses Buch gleich dutzendweise gekauft, um es an ihre Freunde zu verschenken., Die Geräte haben dutzendweise versagt. **2.** *in einer Anzahl zu je zwölf Stück* Wir verkaufen die Eier nur dutzendweise.

du·zen <duzt, duzte, hat geduzt> *mit OBJ* ■ *jmd. duzt jmdn.* (↔ *siezen*) *jmdn./einander mit „du" anreden* Sie duzt ihre Kollegen., Wir duzen uns/einander schon lange. ▶Duzfreund

DVD die [de:fau̯'de:] <-, -s> EDV *Abkürzung von „Digital Versatile Disc"; eine Art CD, die eine besonders große Menge von Daten speichern kann und auf der* (*meistens*) *ein Film, manchmal aber auch Musik gespeichert ist*

DVD-Laufwerk das <-s, -e> EDV *Laufwerk zum Abspielen von DVDs*

DVD-Player der [...pleɪɐ] <-s, -> *Gerät zum Abspielen von DVDs*

Dy·na·mik die <-> (*kein Plur.*) **1.** PHYS. *Lehre von der Bewegung von Körpern unter dem Einfluss von Kräften* **2.** *Bewegung, Fortentwicklung* die Dynamik der wirtschaftlichen Entwicklung

Dy·na·mis·mus der <-> (*kein Plur.*) REL. *weltweit verbreiteter Glaube, dass alles eine Erscheinung großer, unpersönlicher Kräfte ist*

Dy·na·mit das <-s> (*kein Plur.*) *Sprengstoff* (*aus Nitroglyzerin*)

Dy·na·mo der <-s, -s> TECHN. *Maschine zur Erzeugung von elektrischer aus mechanischer Energie* ◆ -meter

Dy·nas·tie die <-, -en> GEH. *Herrscherhaus; fürstliches, hochadeliges Geschlecht* die Dynastie der Wittelsbacher ▶Dynast, dynastisch

Dys·te·le·o·lo·gie die <-, -en> (GEH.: ↔ *Teleologie*) *die von Ernst Haeckel aufgestellte Lehre, dass die Entwicklungsvorgänge in der Natur nicht durch einen bestimmten Zweck gesteuert sind*

dz *Abkürzung von „Doppelzentner"*

D-Zug der <-s, D-Züge> *Abkürzung von „Durchgangszug"; Schnellzug, der nicht überall hält* ◆ -wagen

E e

E, e das <-, -> *der fünfte Buchstabe des Alphabets* ein großes E, ein kleines e

EAN-Code der [e:a:'ɛn ko:t] <-s, -s> *kurz für „Europäischer Artikelnummer-Code" : Strichcode auf Waren*

ea·sy ['i:zi] <easier, (am easiesten)> *Adj.* (*umg.*) *einfach, leicht zu tun* Das lernst du ohne Probleme, das ist doch total easy !

Eau de Toi·lette das ['o: də to̯a'lɛt] <-, Eaux de Toilette> *ein Duftwasser* (*eine Art Parfüm*)

Eb·be die <-, -n> (*meist Sing.*) (↔ *Flut*) *der Zu-*

stand, dass der Wasserspiegel des Meeres den niedrigsten Stand hat Wenn Ebbe ist, bewegt sich das Wasser vom Strand weg, und bei Flut kehrt es wenige Stunden später wieder zurück. ■ **in der Kasse/ im Geldbeutel ist Ebbe** (*umg. scherzh.*): *es ist kein Geld vorhanden*

e·ben <ebener, am ebensten> **I.** *Adj.* **1.** (≈ *flach*) *so, dass es keine Hügel oder Berge gibt* Wir fuhren durch völlig ebenes Land. **2.** *glatt, gleichmäßig* Der Weg hat keine Steigungen, er ist ganz eben. **II.** *Adv.* **1.** *in diesem Moment, gerade jetzt* Eben kommt er. **2.** *gerade vorhin* Sie ist eben gefahren. **3.** *gerade noch, mit Müh und Not* Sie haben den Zug eben (noch) erreicht. **4.** (*umg. landsch.* ≈ *schnell, kurz*) Kannst du eben (mal) kommen?, Ich gehe (mal) eben einkaufen. **III.** *Partikel* **1.** *verwendet, um eine Aussage zu verstärken* Er ist eben ein Langweiler., Dann gehe ich eben zu Fuß., Eben jetzt brauchen wir die Wohnung., Dann müssen wir den Ausflug eben verschieben. **2.** (≈ *genau*) *verwendet, um eine Aussage zu bestätigen* Ach, deshalb hast Du vorhin so leise gesprochen! – Eben! **3.** *verwendet, um die Verneinung einer Aussage zu verstärken* Ich dachte, er hat in dem Bereich schon gearbeitet. – Eben nicht! **4.** (≈ *nicht gerade, nicht besonders*) *in Verneinungen* Er war nicht eben entgegenkommend.

E·ben·bild das <-(e)s, -er> (*geh.* ≈ *Abbild*) *jmd., der jmdm. sehr ähnlich sieht* Dein Sohn ist wirklich dein Ebenbild.

e·ben·bür·tig <nicht steig.> *Adj.* (≈ *gleichwertig*) *so, dass man die gleichen Fähigkeit wie jmd. anderer hat* Er war seinem Freund ein ebenbürtiger Schachpartner.

e·ben·da, e·ben·da *Adv. gerade dort* Ebenda wollte er nicht wohnen. ◆ Zusammenschreibung →R Wir sind von ebendaher gekommen., Ebendahin gehen wir jetzt auch., Ebendarum/ebendeshalb/ebendeswegen will ich sie nicht fragen., Ebendas(selbe) hat er zu mir auch gesagt., Ebender(selbe)/ebendie(selbe)wollte mich neulich sprechen.

E·be·ne die <-, -n> **1.** *eine flache Landschaft ohne größere Erhebungen* ◆ Hoch-, Tief- **2.** (≈ *Etage, Niveau*) *der gleiche Rang /mit gleichen Aufgaben und Rechten*), *den Personen in einem hierarchischen System haben* Der Antrag wurde auf höchster Ebene beraten/entschieden ◆ Landes-, Minister-, Regierungs-

e·ben·er·dig <nicht steig.> *Adj. im Erdgeschoss* Wir wohnen ebenerdig.

e·ben·falls *Adv. auch, gleichfalls* Sie war ebenfalls nicht für den Preis nominiert. ■ **(danke,) ebenfalls!**: *Dasselbe wünsche ich Ihnen/dir/euch auch.* Guten Appetit! – Danke, ebenfalls!

E·ben·holz das <-es> (*kein Plur.*) *ein schwarzes, hartes Edelholz*

E·ben·maß das <-es> (*kein Plur.*) (*geh.* ≈ *Harmonie*) *die Eigenschaft, dass etwas harmonisch und regelmäßig geformt, gestaltet o.Ä. ist*

e·ben·mä·ßig <ebenmäßiger, am ebenmäßigsten> *Adj.* (*geh.* ≈ *gleichmäßig*) *wohlgeformt und harmonisch proportioniert* Dieser Baum ist von ebenmäßigem Wuchs., Sie hat ebenmäßige Gesichtszüge.

e·ben·so *Adv.* (≈ *genauso*) *in gleicher Weise, im gleichen Maße* ◆ Getrenntschreibung→R 4.3 Ich hätte ebenso gut früher kommen können., Ich bin davon ebenso sehr begeistert wie er., Ich habe gestern ebenso viel Applaus wie er erhalten., Er isst ebenso wenig wie sie., Er hört ebenso gern Musik wie ich., Sie sind ebenso lange im Urlaub gewesen wie wir., Du hast ebenso viel(e) Mal(e)/ebenso oft gefehlt wie ich.; Zusammenschreibung→R Das ist ebensolch ein Schirm, wie ich ihn verloren habe.

E·ber der <-s, -> ZOOL. *männliches Schwein*

E·ber·esche die <-, -n> (BOT.: ≈ *Vogelbeerbaum*) *Baum, der im Herbst hellrote Beeren bekommt, die den Vögeln als Nahrung dienen*

eb·nen *mit OBJ* ■ *jmd. ebnet* (*jmdm.*) *etwas Akk* (≈ *glätten*) *bewirken, dass etwas eben ist* Vor der Aussaat ebnet der Gärtner den Boden. ■ **jemandem den Weg ebnen**: *jmdm. Schwierigkeiten aus dem Weg räumen* Der Vater hat dem Sohn den Weg geebnet.

E·bo·la das <-s> (*kein Plur.*) MED. *eine sehr schwere ansteckende Krankheit, die mehrmals in Gegenden Afrikas ausgebrochen ist und die fast immer zum Tod führt*

E-Business das ['i: biznis] <-> (*kein Plur.*) EDV *alle* (*elektronisch ausgeführten*) *Vorgänge wie Bestellungen, Abbuchungen usw., mit denen Geschäfte über das Internet gemacht werden*

EC der [e:'tse:] <-, -s> *kurz für „Eurocity(zug)"*

E-Cash das ['i: kɛʃ] <-> (*kein Plur.*) EDV *elektronischer Zahlungsverkehr im Internet*

e·chauf·fie·ren [eʃɔ'fi:rən] <echauffierst, echauffierte, hat echauffiert> *mit SICH* ■ *jmd. echauffiert sich* (*über jmdn./etwas*) (*veralt. geh.*) *sich aufregen* Der ältere Herr echauffierte sich über die Manieren der Jugendlichen.

E·cho das <-s, -s> **1.** (≈ *Widerhall*) *der Vorgang, dass Schall von einer Wand reflektiert wird* Sie riefen laut und lauschten dem Echo. **2.** *das Echo*[1], *das in den Bergen auftritt, wenn Schall von Felswänden reflektiert wird* **3.** (*übertr.* ≈ *Resonanz, Anklang*) *der Anklang, den etwas bei bestimmten Personen findet* Sein Vorschlag fand ein lebhaftes Echo. ▶echoen

E·cho·lot das <-(e)s, -e> SEEW. *ein Gerät, mit dem man die Tiefe von Wasser messen kann*

Ech·se die <-, -n> (ZOOL.: ≈ *Reptil*) *ein Kriechtier* ▶Eidechse

echt (*Steigerung nur umg.*) **I.** *Adj.* **1.** (≈ *original*) *so, dass es nicht künstlich oder gefälscht ist* Sind das echte Perlen?, Ist das echtes Gold?, Ist die Unterschrift auch echt? **2.** (≈ *aufrichtig*) *so, dass es nicht vorgetäuscht ist* Seine Freude war echt., echte Betroffenheit **3.** *typisch* ein echter Münchner **4.** CHEM. *so, dass es sich nicht mehr löst* Die Farbe ist echt. **II.** *Partikel* (*umg.* ≈ *wirklich*) *verwendet, um eine Aussage zu verstärken* Würdest du das echt für mich tun?, Das ist echt klasse!

Echt·heit die <-> (*kein Plur.*) *das Echtsein I.1, I.2*

Eck das <-(e)s, -e(n)> (*süddt. österr.*) *Ecke* ■ **über Eck** (≈ *diagonal*): *schräg gegenüber* Dieses Tuch wird über Eck gefaltet und um die Schultern gelegt.

EC-Kar·te die [ɛ'tsekarte] <-, -n> WIRTSCH. *kurz für „Eurochequekarte"* Sie bezahlte mit ihrer EC-Karte.

Eck·ball der <-(e)s, Eckbälle> SPORT *im Fußball, der Schuss von der Ecke*[1] *des Spielfelds, der ausgeführt wird, um den Ball wieder ins Spiel zu bringen*

Eck·bank die <-, Eckbänke> *Sitzbank mit zwei Hälften, die in einer Zimmerecke stehen*

Eck·chen das <-s, -> (≈ *Winkel*) *kleine Ecke*[3] ■ **sich ein ruhiges/stilles Eckchen suchen:** *sich irgendwohin zurückziehen, wo man ungestört ist*

Eck·da·tum das <-s, Eckdaten> (*meist Plur.*) *Daten, nach denen man sich bei einer Planung richten soll*

E·cke die <-, -n> **1.** *der Punkt, an dem zwei Linien oder Kanten zusammenstoßen* Ich habe mich an der Ecke des Tisches gestoßen. **2.** *Stelle, an der sich zwei Wände, zwei Häuserzeilen, zwei Straßen treffen* Du kannst das Paket dort in die Ecke stellen., Der Hund kam wedelnd um die Ecke., Der Laden ist an der Ecke Königstraße/Kaiserstraße. ◆ Haus-, Straßen- **3.** (*umg.*) *Gegend* Diese Ecke Deutschlands ist bei Touristen besonders beliebt., Wir wohnen ja noch in einer halbwegs sicheren Ecke. **4.** SPORT *Eckball* **5.** ■ **(gleich) um die Ecke sein** (*umg.*): (*gleich*) *in der Nähe sein* **jemanden um die Ecke bringen** (*umg.*): *jmdn. umbringen* **an allen Ecken und Enden sparen** (*umg.*): *überall sparen* **bis irgendwohin ist es (noch)'ne ganze Ecke** (*umg.*): *bis irgendwohin ist es* (*noch*) *ziemlich weit* **mit jemandem um/über ein paar/sieben Ecken (herum) verwandt sein** (*umg.*): *mit jmdm. entfernt verwandt sein* **nicht an jeder Ecke zu haben sein** (*umg.*): *nicht überall angeboten werden* Der Fachhandel betont, dass guter Service auch nach dem Kauf nicht an jeder Ecke zu haben ist.

E·cker die <-, -n> BOT. *Buchecker*

Eck·haus das <-es, Eckhäuser> *an einer Ecke*[2] *stehendes Haus*

e·ckig *Adj.* **1.** (↔ *rund*) *so, dass es Ecken hat* **2.** (≈ *ungelenk* ↔ *fließend*) *so, dass Bewegungen nicht fließend und harmonisch, sondern abrupt und zackig sind* eckige Bewegungen

Eck·wert der <-(e)s, -e> (≈ *Richtwert*) *Preis, den etwas mindestens haben muss*

Eck·zahn der <-(e)s, Eckzähne> ANAT. *zwischen Schneide- und Backenzähnen befindlicher relativ spitzer Zahn*

Eck·zim·mer das <-s, -> *Zimmer mit zwei Außenwänden*

E·c·lair das [e'klɛ:ɐ] <-s, -s> *ein Gebäck*

E-Com·merce der ['i:'kɔmᵊ:s] <-> (*kein Plur.*) EDV *der Vertrieb von Waren und Dienstleistungen über das Internet*

E·co·no·my·class die [i'kɔnəmikla:s] <-> (*kein Plur.*) LUFTF. *eine Tarifklasse in Passagierflugzeugen*

Ec·s·ta·sy das ['ɛkstəzi] <-> (*kein Pl.*) *eine synthetische Droge*

E·cu, *a.* **E·CU** der/die [e'ky:] <-(s), -(s)> WIRTSCH. *Abkürzung von „European currency unit": europäische Währungs- und Verrechnungseinheit*

E·cua·dor [ekua'do:ɐ] <-s> *Staat in Südamerika*

E·cua·do·ri·a·ner, **E·cua·do·ri·a·ne·rin** der <-s, -> *jmd., der die ecuadorianische Staatsbürgerschaft hat*

e·del *Adj.* **1.** (*veralt.*) *adlig, vornehm* Sie stammt von einem edlen Geschlecht ab. **2.** (≈ *kostbar, teuer*) *wertvoll* ein edler Pelzmantel **3.** (*geh.*) *gütig, selbstlos* ein edler Mensch ▸veredeln

E·del·frau die <-, -en> GESCH. VERALT. *Adlige*

E·del·fräu·lein das <-s, -> GESCH. VERALT. *unverheiratete adlige Frau*

E·del·gas das <-es, -e> CHEM. *ein chemisches Element* (*in Gasform*), *das normalerweise keine chemischen Verbindungen eingeht* Helium und Neon sind Edelgase.

E·del·kas·ta·nie die <-, -n> BOT. **1.** *Kastanienbaum, dessen Früchte man essen kann* **2.** *Frucht der Edelkastanie*[1]

E·del·kitsch der <-(e)s> (*kein Plur.*) (*umg. abwert.*) *Dinge, die teuer und hochwertig, aber dennoch künstlerisch wertlos sind*

E·del·kna·be der <-n, -n> GESCH. VERALT. *adliger Knabe im Hofdienst*

E·del·mann der <-s, Edelleute> GESCH. VERALT. *Adliger*

E·del·me·tall das <-s, -e> *ein wertvolles Metall, das nicht rostet* Gold, Silber und Platin sind Edelmetalle.

E·del·mut der <-(e)s> (*kein Plur.*) (*geh. veralt.*) *edle Gesinnung, Anständigkeit* Sie besaß wahren Edelmut.

e·del·mü·tig <edelmütiger, am edelmütigsten> *Adj. voller Edelmut*

E·del·nut·te die <-, -n> (*abwert.*) *Prostituierte, die exklusive, wohlhabende Kunden hat*

E·del·stahl der <-(e)s> (*kein Plur.*) *rostfreier Stahl* Töpfe aus hochwertigem Edelstahl

E·del·stein der <-(e)s, -e> *ein kleines Stück eines Minerals, das selten und daher wertvoll ist* Ein Diamant ist ein geschliffener Edelstein. ◆ Halb-

E·del·tan·ne die <-, -n> BOT. *eine Tannenart mit dichten, kräftigen Nadeln*

E·del·weiß das <-(es), -(e)> BOT. *eine seltene Blume mit weißen, sternförmigen Blüten, die im Gebirge wächst*

E·del·zwi·cker der <-s, -> *ein trockener elsässischer Weißwein*

E·den ■ **der Garten Eden** REL.: *das Paradies*

e·die·ren <edierst, edierte, hat ediert> *mit OBJ* ■ *jmd. ediert etwas Akk.* (*wissenschaftlich*) *herausgeben, veröffentlichen* eine mittelalterliche Handschrift edieren

E·dikt das <-(e)s, -e> GESCH. *Erlass, Verordnung* Der Fürst hatte ein Edikt erlassen.

e·di·tie·ren <editierst, editierte, hat editiert> *mit OBJ* ■ *jmd. editiert etwas Akk.* EDV *Daten bearbeiten und verändern* ▶Editor

E·di·ti·on die <-, -en> **1.** *die Herausgabe von Druckerzeugnissen* **2.** *(kritische) Ausgabe, Auflage* eine Edition der Werke Hegels

E·di·tor, E·di·tor, E·di·tor, E·di·to·rin der <-s, -en> **1.** *Herausgeber (eines Buches)* **2.** EDV *ein Programm zur Textbearbeitung* ▶editorisch

E-Dur, E-Dur das <-> *(kein Plur.) (mus.) eine Tonart* ◆-Tonleiter

EDV die [eːdeːˈfau̯] <-> *(kein Plur.) Abkürzung von „elektronische Datenverarbeitung"*

EDV-Bran·che die <-, -n> WIRTSCH. *alle Unternehmen, die mit EDV zu tun haben, indem sie z.B. Computer und Software herstellen*

E·feu der <-s> *(kein Plur.)* BOT. *eine Pflanze, die an Häusern und Bäumen emporklettert*

Eff·eff ■ **etwas aus dem Effeff können/beherrschen** *(umg.)*: *etwas sehr gut können* Sie konnte alle neuen Vokabeln aus dem Effeff.

Ef·fekt der <-(e)s, -e> **1.** *(≈ Erfolg) die Wirkung, die etwas auf jmdn. hat* Der Verkäufer redete und redete, doch der gewünschte Effekt blieb aus. **2.** *(≈ Eindruck) etwas, das eine bestimmte Wahrnehmung hervorruft* Die optischen Effekte der Bühnenshow waren überwältigend. ◆Farb-, Klang-, Licht-, Überraschungs-

Ef·fek·ten <-> *Plur.* WIRTSCH. *Wertpapiere, z.B. Aktien* ◆-bank, -geschäft

Ef·fekt·ha·sche·rei die <-> *(kein Plur.) (umg. abwert.) übertriebenes Bemühen, Eindruck zu machen* Seine dauernde Effekthascherei geht mir auf die Nerven.

ef·fek·tiv *Adj.* **1.** *(≈ wirkungsvoll, effektvoll) so, dass die eingesetzte Arbeit eine möglichst große Wirkung hat* eine besonders effektive Vorgehensweise **2.** *tatsächlich* Sie haben effektiv nichts erreicht.

Ef·fek·ti·vi·tät die <-> *(kein Plur.)* **1.** *das Verhältnis zwischen der eingesetzten Arbeit und dem durch sie bewirkten Ergebnis* **2.** *ein gutes/nützliches/lohnendes Verhältnis zwischen Arbeit und Ergebnis* Die Effektivität der geplanten Maßnahmen wurde bezweifelt.

Ef·fek·tiv·lohn der <-(e)s, Effektivlöhne> *Tariflohn inklusive aller zusätzlichen Zahlungen*

ef·fekt·voll *Adj. wirkungsvoll, beeindruckend* Sie liebt den effektvollen Auftritt.

ef·fi·zi·ent *Adj. (≈ ökonomisch, rationell, ↔ ineffizient) so, dass mit möglichst wenig Aufwand ein möglichst großes Resultat erzielt wird* eine effiziente Arbeitsweise ▶Effizienz

e·gal <nicht steig.> *(nur präd.) Adj. (umg. ≈ einerlei) nebensächlich, unwichtig* Es ist mir ganz egal, ob wir mit dem Auto fahren oder mit der Bahn.

e·ga·li·tär *Adj. so, dass politische und soziale Gleichheit für alle Menschen angestrebt werden* egalitäre Prinzipien ▶Egalitarismus

E·ga·li·tät die <-> *(kein Plur.) Gleichheit von Personen (vor allem in Bezug auf ihre Rechte)* ▶egalisieren

E·gel der <-s, -> ZOOL. *ein Wurm, der Blut saugt* ◆Blut-

E·ger·ling der <-(e)s, -e> *(BOT.: landsch.) Champignon*

Eg·ge die <-, -n> LANDWIRTSCH. *ein Ackergerät, das zum Auflockern des Bodens benutzt wird*

eg·gen <eggst, eggte, hat geeggt> *mit OBJ/ohne OBJ* ■ *jmd. eggt etwas Akk.* LANDWIRTSCH. *den Boden mit einer Egge lockern* Der Bauer eggt die Felder., Der Bauer eggt.

E·go das <-s> *(kein Plur.)* PSYCH. *das Ich* ■ **jemand ist das Alter Ego von jemandem**: *jmd. ist wie ein Teil der Person des anderen*

E·go·is·mus der <-> *(kein Plur.) (oft abwert. ≈ Selbstsucht ↔ Altruismus) die Haltung, das eigene Ich, die eigenen Wünsche in den Mittelpunkt zu stellen*

E·go·ist, E·go·is·tin der <-en, -en> *jmd., der egoistisch ist* ein rücksichtsloser Egoist

e·go·is·tisch *Adj. dem Egoismus zuneigend* Sie handelt zutiefst egoistisch.

e·go·zen·t·risch *Adj. (geh.) so, dass man die eigene Person als Mittelpunkt betrachtet und alles auf das eigene Ich bezieht* ▶Egozentriker

eh ■ **seit eh und je**: *schon immer*

eh *Adv. (süddt. österr.) sowieso, ohnehin* Heute schaffen wir es eh nicht mehr.

e·he *Konj. bevor* Ruf mich bitte an ehe du gehst.

E·he die <-, -n> *die Gemeinschaft von Mann und Frau, die durch die Heirat entsteht* Sie gingen schließlich die Ehe ein., Es blieb eine kinderlose Ehe., Sie führten eine glückliche/harmonische Ehe., Er hatte Kinder aus erster Ehe. ■ **in wilder Ehe leben** *(veralt.)*: *unverheiratet zusammenleben* **im Hafen der Ehe landen** *(umg. scherzh.)*: *heiraten* ◆Liebes-, Schein-, Vernunft-

E·he·an·bah·nungs·in·s·ti·tut das <-(e)s, -e> *Institut für Heiratsvermittlungen*

E·he·be·ra·ter, E·he·be·ra·te·rin der *Person, die beruflich Ehepaare bei Partnerschaftsproblemen berät*

E·he·be·ra·tung die <-, (-en)> *(meist Sing.) die Beratung von Ehepaaren bei Partnerschaftsproblemen*

E·he·be·ra·tungs·stel·le die <-, -n> *Beratungsstelle für Ehepaare*

E·he·bett das <-(e)s, -en> *Doppelbett für Ehepaare*

E·he·bre·cher, E·he·bre·che·rin der <-s, -> *jmd., der Ehebruch begeht*

E·he·bruch der <-(e)s> *(kein Plur.) der Vorgang, dass eine verheiratete Person eine sexuelle Beziehung mit einer anderen Person als dem Ehepartner eingeht* Er hatte eine Affäre; damit hat er Ehebruch begangen.

E·he·frau die <-, -en> *die Frau, mit der ein Mann verheiratet ist*

E·he·gat·te, E·he·gat·tin der <-n, -n> *(geh. ≈ Ehepartner) Ehemann, Ehefrau*

E·he·ge·mahl, E·he·ge·mah·lin der <-(e)s, -e> *(geh.) Ehemann, (Ehefrau)*

E·he·krach der <-(e)s, Ehekräche> *(meist Sing.)*

(umg.) Streit zwischen Eheleuten

E·he·le·ben <-s> *(kein Plur.)* das *(geschlechtliche) Leben in der Ehe*

E·he·leu·te <-> *Plur. (geh.) Ehemann und Ehefrau*

e·he·lich <nicht steig.> *Adj.* eine eheliche Gemeinschaft **1.** *(↔ unehelich) aus einer Ehe stammend* Das Kind ist ehelich (geboren). **2.** *(nur attr.) die Ehe betreffend* Sie diskutierten über die ehelichen Rechte und Pflichten. ■ **seinen ehelichen Pflichten nachkommen** *(scherzh.): den sexuellen Teil der Ehe erfüllen*

e·he·los <nicht steig.> *Adj. (≈ ledig) nicht verheiratet*

E·he·lo·sig·keit die <-> *(kein Plur.) der Zustand, dass jmd. nicht verheiratet ist*

e·he·ma·lig <nicht steig.> *(nur attr.) Adj. einstig, früher* Auf diesem Foto siehst du auch meinen ehemaligen Freund.

E·he·mann der <-(e)s, Ehemänner> *der Mann, mit dem eine Frau verheiratet ist*

E·he·mün·dig·keit die <-> *(kein Plur.)* RECHTSW. *Mindestalter für die Eheschließung*

E·he·paar das <-(e)s, -e> *ein Mann und eine Frau, die verheiratet sind*

E·he·part·ner, **E·he·part·ne·rin** der <-s, -> *der Mann oder die Frau in einer Ehe*

e·her *Adv.* **1.** *(≈ früher)* Kannst du nicht ein bisschen eher kommen? **2.** *(≈ lieber)* Ich würde eher ins Kino als ins Theater gehen., Ich würde eher sterben, als zu ihm zurückzugehen. ■ **etwas ist schon eher möglich**: *etwas ist wahrscheinlicher*

E·he·recht das <-(e)s> *(kein Plur.)* RECHTSW. *die Gesamtheit der juristischen Bestimmungen über die Ehe*

E·he·ring der <-(e)s, -e> *der Ring, den man als verheiratete Person am Finger trägt*

e·hern <nicht steig.> *Adj. (geh.)* **1.** *nicht zu beugen; fest* Dies ist ein ehernes Gesetz., Sie verfolgt ihre Ziele mit ehernem Willen. **2.** *aus Eisen* eine eherne Rüstung

E·he·schei·dung die <-, -en> *Aufhebung der Ehe durch ein Gericht*

E·he·schlie·ßung die <-, -en> *(≈ Trauung, Heirat) Erklärung eines Paares vor dem Standesbeamten, die Ehe miteinander eingehen zu wollen*

E·he·stand der <-(e)s> *(kein Plur.)* AMTSSPR. *das Verheiratetsein* Sie treten morgen in den Ehestand.

e·hes·te *(Superl. zu „eher") Adj.* **1.** *am leichtesten* Sie kann dir am ehesten helfen. **2.** *am liebsten* Am ehesten möchte ich nach Italien fahren.

e·hes·tens *Adv.* **1.** *frühestens* Wir sehen uns ehestens am Samstag. **2.** *(österr.) baldmöglichst*

E·he·streit der <-(e)s, -e> *Streit zwischen Ehepartnern*

E·he·tra·gö·die die <-, -n> *Ehestreit mit tragischem Ausgang*

E·he·ver·spre·chen das <-s, -> RECHTSW. *(mündliches) Versprechen gegenüber jmdm., die Ehe mit ihm/ihr einzugehen*

E·he·ver·trag der <-(e)s, Eheverträge> AMTSSPR. *ein Vertrag, der zwischen Ehepartnern geschlossen werden kann und der ihre Besitzverhältnisse regelt*

ehr·bar <ehrbarer, am ehrbarsten> *Adj. (geh. ≈ achtbar) anständig und rechtschaffen* Ihr Großvater war ein ehrbarer Mensch.

Ehr·bar·keit die <-> *(kein Plur.) das Ehrbarsein*

Ehr·be·griff der <-(e)s, -e> *die Auffassung von Ehre[1]*

Eh·re die <-, -n> **1.** *(kein Plur.) (≈ Würde) das öffentliche Ansehen, das jmd. aufgrund der Werte seiner Person und seines Handelns besitzt* Er wollte sich rechtfertigen, da seine Ehre auf dem Spiel stand. **2.** *(kein Sing.) Wertschätzung, Respekt* Wir haben uns heute zu Ehren seines Geburtstags versammelt., Ihr zu Ehren wurde ein großes Fest ausgerichtet. ■ **jemandem die letzte Ehre erweisen**: *zu jmds. Beerdigung gehen* **Mit wem habe ich die Ehre?**: *mit wem spreche ich?* **Was verschafft mir die Ehre (deines/Ihres Besuches)?** *(iron.): Was ist der Grund deines/Ihres Besuches?* **etwas auf Ehre und Gewissen behaupten/versichern** *(geh.): behaupten oder versichern, dass etwas wirklich stimmt* **etwas in Ehren halten** *(umg.): etwas achten und aufbewahren* **jemanden bei seiner Ehre packen** *(umg.): jmdn. an sein Ehrgefühl erinnern* **jemanden mit Ehren überhäufen** *(umg.): jmdm. öffentliche Auszeichnungen oder Ehrungen geben*
◆ Berufs-, Familien-, Ganoven-, Standes-

eh·ren *mit OBJ* ■ *jmd./etwas ehrt jmdn. Ehre[2] erweisen* Der Jubilar wird mit einer Feierstunde geehrt.

Eh·ren·amt das <-(e)s, Ehrenämter> *eine Aufgabe, die man ohne Bezahlung in einer Institution ausübt* Sie übernahm schließlich doch ein Ehrenamt im Verein.

eh·ren·amt·lich <nicht steig.> *Adj. so, dass man eine Aufgabe als Ehrenamt übernimmt* Seine ehrenamtliche Tätigkeit kostet ihn viel Zeit.

Eh·ren·bür·ger, **Eh·ren·bür·ge·rin** der <-s, -> *Person, der eine Stadt einen Ehrentitel verliehen hat*

Eh·ren·dok·tor der <-s, -en> *Doktortitel, den eine Universität jmdm. aufgrund großer Leistungen auf einem Gebiet verliehen hat, obwohl er keine reguläre Promotion abgeschlossen hat*

Eh·ren·fried·hof der <-(e)s, Ehrenfriedhöfe> *Friedhof für Soldaten, die im Krieg ihr Leben verloren haben*

Eh·ren·gast der <-(e)s, Ehrengäste> *jmd., der an einer Veranstaltung als besonders wichtiger Gast teilnimmt*

Eh·ren·ge·leit das <-(e)s, -e> *(Plur. selten) (geh.) feierliche Begleitung für einen Ehrengast*

eh·ren·haft *Adj. (↔ unehrenhaft) redlich; rechtschaffen* Zunächst schien es, als hätte er ehrenhafte Absichten.

eh·ren·hal·ber *Adv. so, dass man etwas als Ehrung verliehen bekommt* Der Doktortitel wurde ihm ehrenhalber verliehen.

Eh·ren·ko·dex der <-es/-, -e/Ehrenkodizes> *gesellschaftliche Normen, die Anstand, Ehre usw.*

betreffen

Eh·ren·mal das <-(e)s, Ehrenmäler/(-e)> *Denkmal* Für den berühmten Komponisten errichtete man ein Ehrenmal.

Eh·ren·mann der <-es, Ehrenmänner> *jmd., auf dessen Wort man sich verlassen kann*

Eh·ren·mit·glied das <-(e)s, -er> *jmd., der ehrenhalber Mitglied einer Institution ist*

Eh·ren·platz der <-es, Ehrenplätze> *Sitzplatz für den Ehrengast*

eh·ren·rüh·rig <ehrenrühriger, am ehrenrührigsten> *Adj.* (*geh. veralt.* ≈ *beleidigend*) *so, dass es die Ehre*[1] *verletzt*

Eh·ren·run·de die <-, -n> SPORT *bei einem Laufwettbewerb in einem Stadion eine zusätzliche Runde, die der Gewinner nach dem Rennen läuft* ■ **eine Ehrenrunde drehen (müssen)** (SCHULE: *umg.* ≈ *sitzen bleiben*): *eine Klasse wiederholen (müssen)*

Eh·ren·sa·che ■ **etwas ist für jmdn. Ehrensache**: *etwas wird von jmdm. als selbstverständliche Pflicht empfunden* Das ist doch Ehrensache, dass ich dir beim Umzug helfe.

Eh·ren·ti·tel der <-s, -> *Titel, den jmd. wegen besonderer Verdienste verliehen bekommt*

eh·ren·voll *Adj. so, dass es Ehre*[2] *einbringt* eine ehrenvolle Aufgabe

eh·ren·wert *Adj.* (*geh.* ≈ *ehrbar, anständig*) *so, dass man es respektieren muss* ein ehrenwerter Beruf

Eh·ren·wort das <-(e)s, -e> *ein Versprechen, das man jmdm. gibt und bei dem man sich auf die eigene Ehre beruft* Sie hat ihr Ehrenwort gebrochen/gegeben.

ehr·er·bie·tig <ehrerbietiger, am ehrerbietigsten> *Adj.* (*geh.* ≈ *respektvoll*) *so, dass man seinen Respekt deutlich zeigt* Man grüßte den Chefarzt ehrerbietig.

Ehr·er·bie·tig·keit die <-, en> *ehrerbietiges Verhalten*

Ehr·er·bie·tung die <-> (*kein Plur.*) *Respekt, Achtung*

Ehr·furcht die <-> (*kein Plur.*) (≈ *Respekt, Hochachtung*) *große Achtung vor der Würde einer Person oder eines göttlichen Wesens oder vor einem großen Wert* Ihre majestätische Erscheinung hat uns Ehrfurcht eingeflößt., Wir hatten stets Ehrfurcht vor dem alten Mann., Ehrfurcht vor dem Leben ♦ Getrenntschreibung→R 4.3, R 4.12 ein Ehrfurcht gebietendes Schauspiel

ehr·fürch·tig *Adj. voller Ehrfurcht* ehrfürchtiges Schweigen, ehrfürchtige Haltung, Wir lauschten ehrfürchtig der wundervollen Musik.

ehr·furchts·voll *Adj. ehrfürchtig*

Ehr·ge·fühl das <-(e)s> (*kein Plur.*) *Bewusstsein der eigenen Ehre*[1] Sie hat ein stark ausgeprägtes Ehrgefühl., Mit dieser Unterstellung hat sie sein Ehrgefühl verletzt.

Ehr·geiz der <-es> (*kein Plur.*) (≈ *Ambitionen*) *die Eigenschaft, dass man sich sehr anstrengt, um viel zu leisten und dafür Anerkennung zu erhalten* Er ist von Ehrgeiz besessen., Aus übertriebenem Ehrgeiz will sie besser sein als alle Kollegen.

ehr·gei·zig *Adj. voller Ehrgeiz* ehrgeizige Pläne, ein ehrgeiziges Projekt, ein ehrgeiziger Mitarbeiter ▸Ehrgeizling

ehr·lich *Adj.* **1.** (≈ *anständig, redlich*) *so, dass andere Menschen einem vertrauen können* Diebe sind keine ehrlichen Leute., ein ehrlicher Handwerker/ Kassierer **2.** (≈ *aufrichtig*) *so, dass man die Wahrheit sagt und nicht lügt* Er hat es doch ehrlich mit ihr gemeint., Sag mir ehrlich: hast du den Teller zerbrochen? ■ **Ehrlich währt am längsten.**: *Man soll immer ehrlich sein, das ist auf die Dauer am besten.* **Ehrlich gesagt, glaube ich nicht mehr daran.**

Ehr·lich·keit die <-> (*kein Plur.*) (≈ *Aufrichtigkeit*) *die Eigenschaft ehrlich zu sein*

ehr·los *Adj. ohne Ehre*[1]*, unanständig*

Ehr·lo·sig·keit die <-> (*kein Plur.*) *Mangel an Ehre*[1]

Eh·rung die <-, -en> *der Vorgang, dass man jmdm. für eine bestimmte Leistung offiziell und öffentlich seine Anerkennung ausspricht* Die Ehrung der Sportler findet nach dem Wettkampf statt.

Ehr·ver·let·zung die <-, -en> *Beleidigung, Kränkung*

Ehr·wür·den (*veralt. geh.*) *respektvolle Bezeichnung und Anrede katholischer Geistlicher* ■ **Ehrwürden!**

ehr·wür·dig *Adj.* (≈ *verehrungswürdig*) *so, dass man Ehrfurcht erregt* die ehrwürdigen Professoren der Akademie

Ei das <-(e)s, -er> **1.** *das ovale Gebilde, in dem sich bei der Fortpflanzung von Vögeln und bestimmten anderen Tieren das Junge entwickelt* Hühner und Enten legen Eier., Wenn das Ei ausgebrütet ist, schlüpft der junge Vogel aus der Schale. **2.** *ein Hühnerei als Nahrungsmittel* Wünschen Sie ein Ei zum Frühstück? **3.** BIOL. *die weibliche Keimzelle bei Mensch und Tier* Aus einem befruchteten Ei entwickelt sich ein neues Lebewesen. ■ **das Ei des Kolumbus** (*umg.*): *eine erstaunlich einfache Lösung* **einander wie ein Ei dem andern gleichen** (*umg.*): *sich zum Verwechseln ähnlich sein* **wie aus dem Ei gepellt aussehen** (*umg.*): *besonders akkurat gekleidet sein*

Ei·be die <-, -n> (BOT.: ≈ *Taxus*) *ein Nadelbaum mit roten Beeren*

Eich·amt das <-(e)s, Eichämter> *Amt, das Maße und Gewichte prüft oder eicht*

Ei·che die <-, -n> BOT. *ein Laubbaum mit länglichrunden Früchten*

Ei·chel die <-, -n> **1.** BOT. *Frucht der Eiche* im Herbst Eicheln sammeln **2.** ANAT. *vorderster Teil des männlichen Gliedes oder des weiblichen Kitzlers*

ei·chel·för·mig <nicht steig.> *Adj. geformt wie eine Eichel*[1]

Ei·chel·hä·her der <-s, -> ZOOL. *ein Vogel*

ei·chen *mit OBJ* ■ *jmd. eicht etwas Akk. Maße und Gewichte amtlich prüfen und normieren* die Waage eichen, Die Gewichte sind geeicht. ■ **Jmd. ist**

auf etwas geeicht: *jmd. kann etwas sehr gut oder präzis* Sie ist darauf geeicht, kritische Fragen schnell zu beantworten.

Ei·chen·blatt das <-es, Eichenblätter> BOT. *Blatt[1] einer Eiche*

Ei·chen·wald der <-(e)s, Eichenwälder> *überwiegend aus Eichen bestehender Wald*

Eich·hörn·chen das <-s, -> ZOOL. *ein kleines Nagetier mit rotbraunem Fell und buschigem Schwanz, das sehr gut auf Bäumen klettern kann*

Eich·kätz·chen das <-s, -> ZOOL. *Eichhörnchen*

Eich·maß das <-es, -e> *bei der Eichung verwendetes Maß*

Ei·chung die <-, -en> *amtliches Prüfen und Normieren von Maßen und Gewichten*

Eid der <-(e)s, -e> (≈ *Schwur*) *der Vorgang, dass man vor Gericht feierlich verspricht, dass man die Wahrheit sagen wird* Er hat einen Eid abgelegt/geleistet/geschworen., Sie musste vor Gericht unter Eid aussagen. ◆ Getrenntschreibung an Eides statt ▸beeiden, eidesfähig, Vereidigung ◆ Amts-, Dienst-, Fahnen-, Mein-

Eid·bruch der <-(e)s, Eidbrüche> (*geh.*) *der Vorgang, dass man einen Eid oder Versprechen nicht einhält*

eid·brü·chig <nicht steig.> *Adj.* (*geh.*) *so, dass man einen Eid gebrochen hat* Er wurde eidbrüchig.

Ei·dech·se die ['ajdɛksə] <-, -n> ZOOL. *ein kleines Reptil mit langem Schwanz*

Ei·des·be·leh·rung die <-, -en> RECHTSW. *der Vorgang, dass man vor einer Vereidigung vor Gericht über die Bedeutung des Eides informiert wird*

Ei·des·for·mel die <-, -n> *die Worte, die man sagt, um einen Eid zu leisten* Sprechen Sie mir die Eidesformel nach!, Die Eidesformel beginnt mit „ich schwöre".

ei·des·statt·lich <nicht steig.> *Adj.* (RECHTSW.: ≈ *an Eides statt*) *so dass etwas die Funktion eines Eides erfüllt* Er gab eine eidesstattliche Erklärung ab.

Ei·de·tik die <-, -en> *die Fähigkeit, dass man etwas, das man gelernt hat, als inneres Bild vor sich sieht* ▸Eidetiker

ei·de·tisch <nicht steig.> *Adj. auf Eidetik bezogen* Er hat ein eidetisches Gedächtnis.

Eid·ge·nos·se, **Eid·ge·nos·sin** der <-n, -n> POL. *Bezeichnung für einen Staatsbürger oder eine Staatsbürgerin der Schweiz*

Eid·ge·nos·sen·schaft die <-> (*kein Plur.*) POL. ■ **die Schweizerische Eidgenossenschaft**

eid·ge·nös·sisch <nicht steig.> (*nur attr.*) *Adj.* POL. *zur Schweiz gehörig* die eidgenössische Verfassung

Ei·dot·ter der/das <-s, -> *das Eigelb im Hühnerei*

Ei·er·be·cher der <-s, -> *ein kleines Gefäß zum Aufstellen gekochter Eier bei Tisch*

Ei·er·frau die <-, -en> *Eierverkäuferin*

Ei·er·frucht die <-, Eierfrüchte> (BOT.: ≈ *Aubergine*) *Frucht der Eierpflanze*

Ei·er·kopf der <-(e)s, Eierköpfe> (*umg. oft abwert.*) **1.** *eiförmiger Kopf* **2.** *Bezeichnung für einen Intellektuellen*

Ei·er·ku·chen der <-s, -> *Pfannkuchen* ■ **Friede, Freude, Eierkuchen**: *formelhafter Ausdruck dafür, dass etwas übertrieben harmonisch ist*

Ei·er·lau·fen das <-s> (*kein Plur.*) *ein Kinderspiel, bei dem man mit einem rohen Ei eine bestimmte Strecke laufen muss*

Ei·er·li·kör der <-s, -e> *mit Eigelb und Zucker hergestellter Likör von intensiv gelber Farbe*

ei·ern <eiert, eierte, hat geeiert> *ohne OBJ* ■ *etwas eiert* (*umg.*) *sich nicht gleichmäßig drehen* Mein Vorderrad eiert.

Ei·er·nu·del die <-, -n> (*meist Plur.*) *mit Eiern[2] hergestellte Nudel*

Ei·er·pfann·ku·chen der <-s, -> *Eierkuchen*

Ei·er·scha·le die <-, -n> *die Schale eines Eis* Du kannst die Eierschalen auf den Kompost werfen.

ei·er·scha·len·far·ben <nicht steig.> *Adj. von der gelbweißen Farbe von Eierschalen*

Ei·er·schwam·merl das <-s, -n> (BOT.: *österr.*) *Pfifferling*

Ei·er·spei·se die <-, -n> **1.** *vornehmlich aus Eiern[2] zubereitete Speise* **2.** (*österr.*) *Rührei*

Ei·er·stich der <-(e)s> (*kein Plur.*) *Suppeneinlage, die aus einer im Wasserbad gekochten Mischung aus Eiern und Milch besteht*

Ei·er·stock der <-(e)s, Eierstöcke> ANAT. *Geschlechtsorgan der Frau, in dem die Eier[3] heranreifen*

Ei·er·tätsch der <-es, -e> (*schweiz.*) *Eierkuchen*

Ei·er·uhr die <-, -en> *kleine Uhr, die man beim Eierkochen verwendet*

Ei·er·wär·mer der <-s, -> *Behälter, um gekochte Eier warmzuhalten*

Ei·fer der <-s> (*kein Plur.*) *starkes Bemühen, Streben, Fleiß* Alle waren mit großem Eifer bei der Sache. ■ **im Eifer des Gefechts** (*umg.*): *vor Aufregung* Das habe ich im Eifer des Gefechts ganz vergessen. **blinder Eifer**: *Eifer ohne Überlegung*

Ei·fe·rer, **Ei·fe·rin** der <-s, -> (*veralt. abwert.*) *fanatische Person* ein religiöser/politischer Eiferer

ei·fern <eiferst, eiferte, hat geeifert> *ohne OBJ* ■ *jmd. eifert* (*für oder gegen jmdn./etwas*) *heftig für oder gegen jmdn. oder etwas sprechen* gegen die Abtreibung eifern

Ei·fer·sucht die <-> (*kein Plur.*) *die Angst, jmds. Liebe an einen anderen Menschen zu verlieren* Ihr Handeln entspringt blinder/krankhafter/rasender Eifersucht., Seine Eifersucht war unbegründet.

ei·fer·süch·tig *Adj. voller Eifersucht*

Ei·fer·suchts·drama das <-s, Eifersuchtsdramen> *aus Eifersucht resultierendes, dramatisches Geschehen*

ei·för·mig <nicht steig.> *Adj.* (*oval*) *wie ein Ei[1] geformt*

eif·rig <eifriger, am eifrigsten> *Adj.* (*fleißig*) *so, dass man viel arbeitet und sich anstrengt* Sie ist eine eifrige Schülerin., Er war eifrig bei der Sache.

Ei·gelb das <-(e)s, -e> (≈ *Eidotter* ↔ *Eiweiß*) *der gelbe Teil des Hühnereis*

ei·gen <nicht steig.> *Adj.* **1.** *so, dass es einem selbst gehört* Er kauft sich ein eigenes Auto., Sie

E

hatte den Unfall mit eigenen Augen gesehen., Du solltest dir eine eigene Meinung bilden **2.** (≈ *bezeichnend*) *typisch* Er arbeitete mit der ihm eigenen Sorgfalt. **3.** (*veralt.*) *wunderlich, merkwürdig* In manchen Angelegenheiten ist sie sehr eigen. ■ **in eigener Sache**: *so, dass es einen selbst betrifft* Sie ist in eigener Sache unterwegs. **auf eigenen Füßen stehen**: *von niemandem abhängig sein* **sein eigener Herr sein**: *von niemandem Befehle erhalten* **Eigener Herd ist Goldes wert.**: *Ein eigenes Haus zu besitzen ist das Wichtigste.* ◆ Großschreibung→R 3.7 sich eine Idee zu Eigen machen, etwas sein Eigen nennen, Das ist mein Eigen. ►aneignen, Eignung, enteignen, zueignen ◆ betriebs-, verlags-, volks-, werks-

Ei·gen·art die <-, -en> **1.** (≈ *Eigentümlichkeit*) *eine besondere Eigenschaft, die für einen Menschen oder eine Sache typisch ist* Die Mimose hat die Eigenart, ihre Blätter einzurollen, wenn man sie berührt. **2.** (≈ *Gewohnheit*) (*meist negative*) *Angewohnheit* Er hat die Eigenart, eine Tasse immer nur halb auszutrinken., Er kennt ihre Eigenarten; trotzdem will er sie heiraten.

ei·gen·ar·tig <eigenartiger, am eigenartigsten> *Adj.* (≈ *merkwürdig*) *so, dass es sonderbar und ein wenig rätselhaft ist* Das ist schon eine eigenartige Angelegenheit., Der Sinn dieser eigenartigen Maschine war völlig unklar.

Ei·gen·ar·tig·keit die <-, -en> *das Eigenartigsein*

Ei·gen·bau der <-(e)s> (*kein Plur.*) **1.** *der Vorgang, dass jmd. etwas selbst baut* Unsere Garage ist in Eigenbau entstanden. **2.** *etwas, das jmd. selbst gebaut hat* Bei den Lautsprechern handelt es sich um Eigenbau.

Ei·gen·be·darf der <-(e)s> (*kein Plur.*) *der Bedarf an etwas, den jmd. für die eigene Person hat* Der Garten deckt unseren Eigenbedarf an Gemüse. ■ **Eigenbedarf geltend machen**: *als Vermieter dem Mieter kündigen, weil die Wohnung vom Vermieter oder dessen Familienangehörigen benötigt wird*

Ei·gen·bröt·ler der <-s, -> (*abwert.* ≈ *Einzelgänger, Sonderling*) *jmd., der am liebsten für sich allein ist und der auch ganz eigene Ansichten hat*

Ei·gen·fi·nan·zie·rung die <-, -en> *Finanzierung durch eigenes Kapital*

ei·gen·ge·setz·lich <nicht steig.> *Adj. so, dass etwas seine eigenen Gesetze und Regeln hat* ►Eigengesetzlichkeit

Ei·gen·ge·wicht das <-(e)s, -e> **1.** TECHN. *das Gewicht, das ein Fahrzeug ohne Ladung hat* **2.** WIRTSCH. *das Gewicht, das eine Ware ohne Verpackung hat*

ei·gen·hän·dig <nicht steig.> (*nur attr.*) *Adj. von jmdm. selbst geleistet* Wir benötigen dazu Ihre eigenhändige Unterschrift., Ich habe die Arbeit eigenhändig erledigt.

Ei·gen·heim das <-(e)s, -e> *ein Wohnhaus, das dem Bewohner selbst gehört*

Ei·gen·heit die <-, -en> *Eigenart* Er hat so seine Eigenheiten.

Ei·gen·i·ni·tia·ti·ve die <-, -n> *Initiative, die jmd. von sich aus aufbringt, um etwas zu tun, was für die Öffentlichkeit nützlich ist* Eine kleine Gruppe hat in Eigeninitiative begonnen,den Bach zu reinigen.

Ei·gen·le·ben ■ **etwas führt ein Eigenleben**: *etwas ist relativ selbständig und verhält sich nach seinen eigenen Gesetzen*

Ei·gen·lie·be die <-> (*kein Plur.*) (≈ *Selbstliebe*) *die Liebe, die man für die eigene Person empfindet*

Ei·gen·lob das <-(e)s> (*kein Plur.*) *Selbstlob* ■ **Eigenlob stinkt.** (*umg.*): *verwendet, um auszudrücken, dass es meist unberechtigt ist, wenn sich jmd. selbst lobt*

ei·gen·mäch·tig <eigenmächtiger, am eigenmächtigsten> *Adj.* (≈ *auf eigene Faust*) *so, dass jmd. in einer Situation, in der man um Erlaubnis fragen müsste, nur nach seinen eigenen Ansichten handelt und nicht um Erlaubnis fragt* Sie hat völlig eigenmächtig gehandelt., Er musste die Entscheidung eigenmächtig treffen.

Ei·gen·na·me der <-ns, -n> (↔ *Gattungsname*) *Name einer einzelnen Person oder eines einzelnen Ortes* Im Lexikon stehen auch Eigennamen von Personen und Orten.

Ei·gen·nutz der <-es> (*kein Plur.*) (≈ *Egoismus*) *Streben nach dem eigenen Vorteil* Lass dich nicht täuschen, er handelt aus purem Eigennutz.

ei·gen·nüt·zig <eigennütziger, am eigennützigsten> *Adj.* (≈ *berechnend, egoistisch*) *auf den eigenen Vorteil ausgerichtet, selbstsüchtig*

Ei·gen·nüt·zig·keit die <-> (*kein Plur.*) *das Handeln aus Eigennutz*

ei·gens *Adv.* (≈ *extra, vor allem*) *aus gerade diesem Grund* Er ist eigens dafür etwas früher gekommen., Der Wein wurde eigens für das Fest aus Frankreich importiert.

Ei·gen·schaft die <-, -en> **1.** (≈ *Qualität*) *Merkmal, Besonderheit* Er besitzt viele gute Eigenschaften., Geringes Gewicht und Haltbarkeit sind die wichtigsten Eigenschaften dieses Materials. **2.** ■ **in jmds. Eigenschaft als …**: *mit der Autorität, den Befugnissen o.Ä., die mit jmds. Rolle als … verbunden sind* Er sprach in seiner Eigenschaft als Vereinsvorsitzender.

Ei·gen·schafts·wort das <-(e)s, Eigenschaftswörter> SPRACHWISS. *Adjektiv*

Ei·gen·sinn der <-s> (*kein Plur.*) (≈ *Dickköpfigkei, Starrsinn*) *die Eigenschaft, das man auf seinem eigenen Willen und seiner Meinung beharrt und keinen Rat eines anderen annimmt*

ei·gen·sin·nig <eigensinniger, am eigensinnigsten> *Adj.* (≈ *dickköpfig, starrsinnig*) *voller Eigensinn* Er vertritt eigensinnig seine Meinung.

ei·gen·stän·dig <eingenständiger, am eigenständigsten> *Adj.* (≈ *selbstständig, souverän*) *von sich selbst bestimmt und nicht von anderen abhängig* eine eigenständige Entwicklung ►Eigenständigkeit

Ei·gen·sucht die <-> (*kein Plur.*) (*abwert.*) *Egoismus*

ei·gen·süch·tig <eigensüchtiger, am eigensüch-

tigsten> *Adj.* (*abwert.*) *egoistisch*

ei·gent·lich <nicht steig.> **I.** *Adj.* (*nur attr.* ≈ *tatsächlich, wirklich*) *so, dass es der wichtigste Teil von etwas ist* Die eigentliche Enttäuschung war seine Unzuverlässigkeit., Seine eigentliche Aufgabe ist die Wartung der Computer. **II.** *Adv. in Wirklichkeit, im Grunde* Eigentlich ist sie älter., Du hast eigentlich Recht, aber... **III.** *Partikel überhaupt* Was tust du da eigentlich?, Kennst du sie eigentlich näher?

Ei·gen·tor das <-(e)s, -e> **1.** SPORT *der Vorgang, dass ein Spieler den Ball versehentlich in das Tor der eigenen Mannschaft schießt* Der Verteidiger schoss ein Eigentor. **2.** (*umg.*) ■ **ein Eigentor schießen**: *sich selbst schaden durch Handlungen, mit denen man anderen schaden wollte* Der Abgeordnete forderte eine genaue Untersuchung des Vorfalls, aber das war wohl ein Eigentor – jetzt wird er selbst beschuldigt.

Ei·gen·tum das <-s> (*kein Plur.*) *das, was jmdm. rechtmäßig gehört* Die Wohnung ist ihr Eigentum., Das ist Eigentum des Staates., Fremdes Eigentum sollte man achten. ◆ Privat-, Staats-

Ei·gen·tü·mer, Ei·gen·tü·me·rin der <-s, -> (≈ *Besitzer*) *jmd., der etwas als Eigentum besitzt* ◆ Haus-, Mit-

ei·gen·tüm·lich, ei·gen·tüm·lich *Adj.* **1.** (≈ *eigenartig*) *sonderbar, merkwürdig* Sie ist ein eigentümlicher Mensch. **2.** (≈ *bezeichnend, typisch*) *charakteristisch für jmdn. oder etwas* mit dem ihm eigentümlichen Sinn für Humor

Ei·gen·tüm·lich·keit, Ei·gen·tüm·lich·keit die <-, -en> *eigentümliches Merkmal*

Ei·gen·tums·de·likt das <-(e)s, -e> RECHTSW. *Vergehen gegen jmds. Eigentum* Diebstahl ist ein Eigentumsdelikt.

Ei·gen·tums·ver·hält·nis das <-ses, -se> (*meist Plur.*) RECHTSW. *die Frage, was wessen Eigentum ist* Die Eigentumsverhältnisse sind nach wie vor ungeklärt.

Ei·gen·tums·vor·be·halt der <-(e)s, -e> RECHTSW. *die Festlegung, dass eine gekaufte Ware bis zur Bezahlung dem Eigentümer gehört* etwas unter Eigentumsvorbehalt liefern

Ei·gen·tums·woh·nung die <-, -en> *Wohnung in einem Mehrparteienhaus, die der Eigentümer selbst bewohnt oder vermietet*

ei·gen·ver·ant·wort·lich <eigenverantwortlicher, am eigenverantwortlichsten> *Adj. so, dass man in eigener Verantwortung handelt* etwas eigenverantwortlich entscheiden ▸Eigenverantwortlichkeit

Ei·gen·ver·brauch der <-(e)s, Eigenverbräuche> (*meist Sing.*) *der eigene Verbrauch*

Ei·gen·wär·me die <-> (*kein Plur.*) *die von jmdm. oder etwas selbst erzeugte Wärme*

ei·gen·wil·lig <eigenwilliger, am eigenwilligsten> *Adj.* **1.** (≈ *eigensinnig*) *so, dass man auf seinem eigenen Willen beharrt* **2.** (≈ *unkonventionell*) *so, dass man nach eigenen Maßstäben denkent und handelt und dabei auch den Mut hat, von der Mehrheit abzuweichen*

eig·nen <eignest, eignete, hat geeignet> *mit SICH* ■ *jmd./etwas eignet sich (irgendwie) als/für etwas Akk. die nötigen Fähigkeiten und Eigenschaften für etwas besitzen* Sie eignet sich besonders gut für diesen Beruf., Die Vase eignet sich als Geschenk.

Eig·nung die <-> (*kein Plur.*) *Qualifikation, Befähigung* Er muss seine Eignung als Führungspersönlichkeit erst beweisen. ◆ Eignungstest

Ei·klar das <-s, -> (*österr.*) *flüssiges Eiweiß*

Eiland das <-(e)s, -e> (*dichter.*) *Insel*

Eil·bo·te der <-n, -n> (≈ *Kurier*) *jmd., der etwas sehr schnell an seinen Bestimmungsort befördert* Wir schicken den Brief besser per Eilboten.

Eil·brief der <-(e)s, -e> (≈ *Expressbrief*) *Brief, der besonders schnell befördert wird*

Ei·le die <-> (*kein Plur.*) (≈ *Hast, Hektik*) *der Umstand, dass Handlungen unter Zeitdruck geschehen (müssen)* Tut mir Leid, ich bin in Eile., Sie treibt die Kollegen zur Eile an., Das hat keine Eile., Nur keine Eile!, Ich habe in der Eile das Geschenk vergessen., Wir haben dann in aller Eile die Koffer gepackt. ■ **Eile mit Weile!**: *Sei schnell, aber mache Pausen !*

Ei·lei·ter der <-s, -> ANAT. *Organ, das Eierstock und Gebärmutter verbindet*

Ei·lei·ter·schwan·ger·schaft die <-, -en> MED. *eine Schwangerschaft, bei der sich der Fötus im Eileiter (und nicht in der Gebärmutter) entwickelt*

ei·len <eilst, eilte, hat/ist geeilt> **I.** *ohne OBJ* ■ *etwas eilt ((haben) ≈ etwas drängt) schnell erledigt werden müssen* Die Sache hat nicht geeilt. **II.** *ohne OBJ* ■ *jmd. eilt irgendwohin ((sein)) jmd. bewegt sich schnell irgendwohin* Als sie davon hörte, ist sie mir zu Hilfe geeilt. ▸beeilen

ei·lends *Adv.* (*geh.* ≈ *unverzüglich*) *sehr schnell, rasch* einer Sache eilends nachkommen

eil·fer·tig <eilfertiger, am eilfertigsten> *Adj.* (*geh.* ≈ *devot*) *so, dass man (allzu) eifrig darum bemüht ist, einen Auftrag möglichst schnell zu erledigen*

Eil·gut das <-(e)s> (*kein Plur.*) *Güter, die besonders schnell befördert werden müssen*

ei·lig <eiliger, am eiligsten> *Adj.* **1.** *so, dass jmd. keine oder wenig Zeit hat* mit eiligen Schritten, ein eiliges Gespräch, Trödel nicht so, ich habe es eilig! **2.** (≈ *dringlich*) *so dringend, dass es schnell erledigt werden muss* Sie müssen sofort damit beginnen, es handelt sich um eine eilige Angelegenheit. ◆ Großschreibung→R 3.7 nichts Eiligeres zu tun haben, als …

Eil·marsch der <-es, Eilmärsche> *Marsch, bei dem Soldaten in sehr schnellem Tempo gehen müssen*

Eil·schritt ■ **im Eilschritt**: *in schnellem Gang*

Eil·zug der <-(e)s, Eilzüge> *Zug, der auch an den Bahnhöfen kleinerer Orte hält*

Eil·zu·stel·lung die <-, -en> *besonders schnelle Zustellung von Briefen oder Waren*

Ei·mer der <-s, -> (≈ *Kübel*) *ein größeres Gefäß, das meist aus Kunststoff oder Metall besteht, einen kreisförmigem Boden und einen Henkel hat* ein Eimer Wasser ■ **im Eimer sein** (*umg.*): *kaputt* *oder zerstört sein* ◆ Abfall-, Putz-

eimer·wei·se *Adv. so viel von etwas, dass man die Menge in Eimer füllen kann bzw. könnte* Dieses Jahr haben wir eimerweise Blaubeeren geerntet.

ein[1] *Adv.* ■ **bei jemandem ein und aus gehen** (*umg.*): *bei jmdm. häufiger Gast sein* **nicht mehr ein noch aus wissen**: *völlig ratlos sein*

ein[2] **I.** *Num.* Ein Euro ist zu wenig., In einem Monat habe ich die Prüfung. **II.** *Pron. verwendet, um eine unbestimmte Person zu bezeichnen* Einer nach dem anderen kam an die Reihe., Einer muss es ja gewesen sein!, Das muss einem doch gesagt werden! **III.** *Art. unbestimmter Artikel* Dort stand ein Schild, auf dem war zu lesen, dass ... ■ **ein für alle Mal(e)** (*umg.*): *endgültig* Das sage ich dir jetzt ein für alle Mal! **in einem fort** (*umg.*): *ständig* **jemands Ein und Alles sein** (*umg.*): *jmds. Wichtigstes* Du bist doch mein Ein und Alles. **Das ist mir alles eins!** (*umg.*): *Das ist mir alles egal!* **sich einen genehmigen** (*umg.*): *ein Gläschen Schnaps trinken* **jemandem eine runterhauen** (*umg.*): *jmdm. eine Ohrfeige geben* ◆ Kleinschreibung→R 3.15 die einen lachten, die anderen weinten, von einem/vom einen zum and(e)ren; Großschreibung→R 3.4, R 3.7 Du bist mein Ein und Alles!

ein·ach·sig <nicht steig.> *Adj. so, dass ein Fahrzeug nur eine Achse hat* ein einachsiger Anhänger

Ein·ak·ter der <-s, -> THEAT. *Schauspiel in nur einem Akt*

ei·n·an·der *Pron.* (*geh.* ≈ *sich/euch/uns* (*gegenseitig*)) *verwendet, um auszudrücken, dass die genannte Handlung oder Beziehung wechselseitig ist* ■ **X und Y haben stets einander geholfen**: *X hat Y geholfen und Y hat X geholfen* **A und B können einander nicht leiden**: *A mag B nicht und B mag A nicht*

ein·ar·bei·ten <arbeitest ein, arbeitete ein, hat eingearbeitet> **I.** *mit OBJ* ■ *jmd. arbeitet jmdn. ein* **1.** (≈ *anlernen*) *jmdm. die nötigen Erklärungen und Hinweise geben, damit er eine bestimmte Arbeit tun kann* Der Meister arbeitet den Lehrling ein. **2.** (*integrieren, einbauen*) *in etwas, vor allem in einen Text, als Teil hineinbringen* Wir haben viele neue Stichwörter in das Wörterbuch eingearbeitet. **II.** *mit SICH* ■ *jmd. arbeitet sich* (*in etwas Akk.*) *ein sich mit einem Aufgabengebiet vertraut machen* Sie hat sich in der neuen Firma gut eingearbeitet. **III.** *mit OBJ* ■ *jmd. arbeitet etwas Akk. ein* (*österr.*) *Arbeitszeit nacharbeiten oder vorarbeiten* Gestern hatte ich einen freien Tag, jetzt muss ich die acht Stunden einarbeiten.

Ein·ar·bei·tung die <-, -en> *das Einarbeiten*

Ein·ar·bei·tungs·zeit die <-> (*kein Plur.*) *Zeit, die man zum Einarbeiten*[2] *braucht*

ein·ar·mig <nicht steig.> *Adj. mit nur einem Arm*

ein·ä·schern <äscherst ein, äscherte ein, hat eingeäschert> *mit OBJ* ■ *jmd. äschert jmdn./etwas ein zu Asche verbrennen* Der Leichnam wurde gestern eingeäschert., Durch den Brand wurden mehrere Häuser eingeäschert. ▸Einäscherung

ein·at·men <atmest ein, atmete ein, hat eingeatmet> *mit OBJ/ohne OBJ* ■ *jmd. atmet* (*etwas Akk.*) *ein* (↔ *ausatmen*) *in die Lunge einsaugen* Das Unfallopfer hat Giftgase eingeatmet., Er atmete tief ein. ▸Einatmung

ein·äu·gig <nicht steig.> *Adj. mit nur einem Auge*

Ein·äu·gi·ge der <-n, -n> *Person mit nur einem gesunden Auge*

Ein·bahn·stra·ße die <-, -n> *Straße, die nur in einer Richtung befahren werden darf*

ein·bal·sa·mie·ren <balsamierst ein, balsamierte ein, hat einbalsamiert> *mit OBJ* ■ *jmd. balsamiert jmdn./etwas ein bestimmte Mittel auf einen toten Körper auftragen, um ihn vor Verwesung zu bewahren* Die alten Ägypter haben ihre Mumien einbalsamiert.

Ein·band der <-(e)s, Einbände> *das feste Material, das um die Seiten eines Buches herum ist und sie schützt* Das kostbare Buch besitzt einen ledernen Einband.

ein·bän·dig <nicht steig.> *Adj.* (↔ *mehrbändig*) *so, dass ein Inhalt in nur einem Buch gedruckt ist* ein einbändiges Lexikon/Wörterbuch

Ein·bau der <-s, Einbauten> **1.** (*kein Plur.*) *das Einbauen*[1 2] **2.** *ein Gerät o.Ä., das irgendwo eingebaut ist*

ein·bau·en <baust ein, baute ein, hat eingebaut> *mit OBJ* ■ *jmd. baut etwas Akk. ein* **1.** (↔ *ausbauen*) *installieren* Die Handwerker benötigten einen Tag, um die neue Küche einzubauen. **2.** (≈ *einarbeiten*) (*nachträglich*) *hinzufügen* Ich habe in meine Diplomarbeit jede Menge Zitate eingebaut.

Ein·bau·kü·che die <-, -n> *eingebaute Kücheneinrichtung, die aus mehreren Schränken und darin integrierten Elektrogeräten besteht*

Ein·baum der <-(e)s, Einbäume> *Boot aus einem ausgehöhlten Baumstamm*

Ein·bau·mö·bel das <-s, -> (*meist Plur.*) *Möbelstück, das fest eingebaut ist*

Ein·bau·schrank der <-(e)s, Einbauschränke> *eingebauter Schrank*

ein·be·grif·fen <nicht steig.> *Adj.* (≈ *inbegriffen, inklusive* ↔ *ausgenommen*) *so, dass es in etwas mit enthalten ist* Sind Unterkunft und Verpflegung im Preis einbegriffen?

ein·be·hal·ten <behältst ein, behielt ein, hat einbehalten> *mit OBJ* ■ *jmd. behält etwas Akk. ein* (↔ *auszahlen*) *einen bestimmten Teil eines Geldbetrags nicht ausbezahlen, sondern zurückhalten* Der Lohn wurde einbehalten.

ein·bei·nig <nicht steig.> *Adj. mit nur einem Bein*

ein·be·ru·fen <berufst ein, berief ein, hat einberufen> *mit OBJ* ■ *jmd. beruft etwas Akk. ein* **1.** *dazu aufrufen, dass mehrere Personen sich an einem Ort versammeln* eine Versammlung einberufen **2.** (MILIT.: ≈ *einziehen* ↔ *entlassen*) *die Rekruten auffordern, ihren Wehrdienst abzuleisten*

Ein·be·ru·fung die <-, -en> **1.** *das Einberufen*[1] **2.** MILIT. (*schriftliche*) *Aufforderung zur Ableistung des Wehrdienstes* ◆ -sbescheid

Ein·be·ru·fungs·be·fehl der <-(e)s, -e> MILIT. *der Befehl zur Einberufung*[2]

ein·be·to·nie·ren <betonierst ein, betonierte ein, hat einbetoniert> *mit OBJ* ■ *jmd. betoniert etwas Akk.* (*in etwas Akk.*) *ein etwas in einer Betonmasse befestigen* Der Pfeiler wurde in den Boden einbetoniert.

ein·bet·ten <bettest ein, bettete ein, hat eingebettet> *mit OBJ* ■ *jmd. bettet etwas Akk. ein etwas so legen, dass es von einer Substanz umschlossen wird* Die Rohre sind in Sand eingebettet.

Ein·bett·zim·mer das <-s, -> (↔ *Doppelzimmer, Zweibettzimmer*) *Zimmer in einem Hotel oder Krankenhaus mit nur einem Bett*

ein·beu·len <beulst ein, beulte ein, hat eingebeult> *mit OBJ* ■ *jmd. beult etwas Akk. ein bewirken, dass etwas eine Beule bekommt* Er hat mit einem Tritt den Kotflügel eingebeult.

ein·be·zie·hen <beziehst ein, bezog ein, hat einbezogen> *mit OBJ* ■ *jmd. bezieht jmdn./etwas mit ein bei etwas berücksichtigen* Sie hat die ganze Familie in die Planung mit einbezogen. ▸Einbeziehung

Ein·be·zug der <-(e)s> (*meist Sing.*) (*schweiz.*) *Einbeziehung*

ein·bie·gen <biegst ein, bog ein, ist eingebogen> *ohne OBJ* ■ *jmd./etwas biegt irgendwo ein links oder rechts von der ursprünglichen Richtung abbiegen* Ich bin in die falsche Straße eingebogen., Du musst (nach) links/rechts einbiegen!

ein·bil·den <bildest ein, bildete ein, hat eingebildet> *mit SICH* **1.** ■ *jmd. bildet sich etwas Akk. ein etwas glauben, was nicht der Realität entspricht* Ich hatte mir eingebildet, dass sie mich mag. **2.** ■ *jmd. bildet sich etwas Akk. auf etwas Akk. ein eingebildet, stolz sein* Worauf bildet der sich bloß was ein? **3.** (*landsch.*) ■ *jmd. bildet sich etwas Akk. ein unbedingt haben wollen* Musste es denn ein so teures Auto sein? Na ja, er hat es sich eingebildet.

Ein·bil·dung die <-> **1.** (*kein Plur.*) (≈ *Vorstellung, Illusion*) *der Vorgang, dass sich jdm. etwas einbildet*[1] Dieser Zustand existiert doch nur in seiner Einbildung. **2.** (*kein Plur.*) (≈ *Arroganz*) *die Eigenschaft, dass jmd. sich selbst für zu wichtig nimmt und die eigene Bedeutung überschätzt* Seine Einbildung kennt keine Grenzen.

Ein·bil·dungs·kraft die <-> (*kein Plur.*) (≈ *Fantasie*) *die Fähigkeit, sich etwas vorstellen zu können*

ein·bim·sen <bimst ein, bimste ein, hat eingebimst> *mit OBJ* ■ *jmd. bimst jmdm. etwas Akk. ein* (*umg.* ≈ *einpauken*) *durch ständiges mechanisches Wiederholen bewirken, dass jmd. etwas lernt*

ein·bin·den <bindest ein, band ein, hat eingebunden> *mit OBJ* ■ *jmd. bindet jmdn./etwas* (*in etwas Akk.*) *ein* **1.** *einen Umschlag um etwas legen* Du solltest das Buch einbinden. **2.** *teilhaben lassen;* (≈ *integrieren*) Die Firmenleitung versuchte, alle Mitarbeiter in den Entwicklungsprozess einzubinden.

Ein·bin·dung die <-> (*kein Plur.*) *das Einbinden*[2]

ein·bläu·en <bläust ein, bläute ein, hat eingebläut> *mit OBJ* ■ *jmd. bläut jmdm. etwas Akk. ein* (*umg.*) *einschärfen, einprägen* Wir haben ihr eingebläut, nicht bei Rot über die Straße zu gehen.

ein·blen·den <blendest ein, blendete ein, hat eingeblendet> *mit OBJ* ■ *jmd. blendet etwas Akk. ein* (↔ *ausblenden*) *in einem Film erscheinen lassen* In den Pausen wurden Werbespots eingeblendet.

Ein·blick der <-(e)s, -e> **1.** (≈ *Überblick*) *der Zustand, dass man die wesentlichen Merkmale einer Sachlage oder einer Situation erfasst hat* Durch zahlreiche Gespräche versuchte sie, sich einen Einblick in die Lage der Firma zu verschaffen. **2.** *prüfendes Hineinsehen* Einblick in die Akten nehmen

E

ein·bre·chen[1] <brichst ein, brach ein, ist eingebrochen> *ohne OBJ* **1.** ■ *etwas bricht ein* (≈ *zusammenbrechen*) *in einzelne Teile brechen und zusammenfallen* Vorsicht, der Steg bricht ein! **2.** ■ *jmd. bricht ein durch etwas hindurchbrechen* Er ist auf dem Eis eingebrochen. **3.** ■ *etwas bricht ein* (≈ *hereinbrechen*) *einsetzen, beginnen* Die Nacht bricht ein.

ein·bre·chen[2] <brichst ein, brach ein, hat/ist eingebrochen> *mit OBJ* ■ *jmd. bricht in etwas Akk. ein* **1.** (*sein*) (MILIT.: ≈ *einfallen* (*sein*)) *feindliches Gebiet betreten* Die Rebellen sind ins gegnerische Lager eingebrochen. **2.** (*haben/sein*) *einen Einbruch*[2] *begehen* Er hat/ist gestern im Kaufhaus eingebrochen.

Ein·bre·cher, **Ein·bre·che·rin** der <-s, -> *jmd., der einen Einbruch*[2] *begeht* Die Polizei ertappte den Einbrecher auf frischer Tat.

Ein·brenn die <-, -en> (*süddt. österr.*) *Mehlschwitze*

Ein·bren·ne *siehe auch* **Einbrenn**

ein·bren·nen <brennst ein, brannte ein, hat eingebrannt> **I.** *mit OBJ* ■ *jmd. brennt jmdm. etwas Akk. ein mit einem Brenneisen aufbringen* Man hatte allen Rindern ein Zeichen eingebrannt. **II.** *mit SICH* ■ *etwas brennt sich in etwas Akk. ein* (*übertr.*) *sich einprägen* Dieses Erlebnis hat sich ihm ins Gedächtnis eingebrannt.

ein·brin·gen <bringst ein, brachte ein, hat eingebracht> **I.** *mit OBJ* ■ *jmd./etwas bringt etwas ein* **1.** *hineinschaffen* Im Herbst bringen die Bauern ihre Ernte ein. **2.** POL. *offiziell vorlegen* Der Gesetzentwurf wurde im Parlament eingebracht. **3.** (*eintragen, erzielen*) *als Ergebnis bringen* Diese Geldanlage bringt hohe Zinsen ein., Die Rede hatte ihr viel Beifall eingebracht. **4.** (≈ *beitragen*) *Wissen und Ideen, die man hat, irgendwo zur Verfügung stellen* Er hat eine ganze Reihe neuer Ideen eingebracht. **II.** *mit SICH* ■ *jmd. bringt sich* (*in etwas Akk.*) *ein aktiv bei etwas mitwirken* sich in die Diskussion einbringen

ein·bro·cken <brockst ein, brockte ein, hat eingebrockt> *mit OBJ* ■ *jmd. brockt jmdm. etwas Akk. ein* (*umg.*) *etwas verursachen, was für einen selbst oder für eine andere Person unangenehm ist* Was hast du dir denn da wieder eingebrockt?, Da hast du mir aber was Schönes eingebrockt!

Ein·bruch[1] der <-(e)s> (*kein Plur.*) (≈ *Anbruch*)

Beginn Wir fahren bei Einbruch der Dunkelheit/der Nacht. ◆ Kälte-, Winter-

Ein·bruch² der <-(e)s, Einbrüche> *das gewaltsame Eindringen in ein Haus, eine Wohnung oder ein Gebiet* Der Einbruch in die Villa konnte in letzter Sekunde vereitelt werden. ◆ -sdiebstahl, Bank-

ein·bruch·si·cher <einbruchsicherer, am einbruchsichersten> *Adj. so, dass es schwer oder unmöglich ist, in ein Haus einzubrechen*

ein·buch·ten <buchtest ein, buchtete ein, hat eingebuchtet> *mit OBJ* ■ *jmd. buchtet jmdn. ein* (*umg.*) *im Gefängnis einsperren* Dieser Verbrecher gehört doch längst schon eingebuchtet!

Ein·buch·tung die <-, -en> **1.** (*umg.*) *das Einsperren* **2.** *Vertiefung, Delle*

ein·bud·deln <buddelst ein, buddelte ein, hat eingebuddelt> *mit OBJ* ■ *jmd. buddelt jmdn./etwas* (*in etwas Akk.*) *ein* (*umg.*) *vergraben*

ein·bun·kern *mit OBJ* ■ *jmd. bunkert jmdn. ein* (*umg. übertr.*) *einsperren*

ein·bür·gern <bürgerst ein, bürgerte ein, hat eingebürgert> **I.** *mit OBJ* ■ *jmd. bürgert jmdn. ein* (↔ *ausbürgern*) *die Staatsangehörigkeit verleihen* Er wurde schließlich in den/die Vereinigten Staaten eingebürgert. **II.** *mit SICH* ■ *etwas bürgert sich ein zur Gewohnheit werden* Hier bürgern sich schlechte Umgangsformen ein.

Ein·bür·ge·rung die <-, -en> *das Einbürgern¹*

Ein·bu·ße die <-, -n> (≈ *Abnahme*) *Verlust dadurch, dass etwas schwindet* Einbuße an Ansehen/Einfluß/Gesundheit, Bei dem Geschäft hatte er schwere finanzielle Einbußen erlitten. ◆ Lohn-, Wert-

ein·bü·ßen <büßt ein, büßte ein, hat eingebüßt> *mit OBJ* ■ *jmd. büßt jmdn./etwas ein verlieren* Sie hat ihren guten Ruf eingebüßt.

ein·che·cken <checkst ein, checkte ein, hat eingecheckt> **I.** *mit OBJ* ■ *jmd. checkt jmdn./etwas ein* LUFTF. *am Flughafenschalter abfertigen* Hast du schon das Gepäck eingecheckt? **II.** *ohne OBJ* ■ *jmd. checkt ein den Beginn der Flugreise antreten* Wir müssen jetzt einchecken!

ein·cre·men, a. **ein·kre·men** <cremst ein, cremte ein, hat eingecremt> *mit OBJ* ■ *jmd. cremt jmdn./etwas ein Creme auf jmdn. oder etwas auftragen* sich mit Körperlotion/Sonnencreme eincremen, Ich creme mir die Hände ein.

ein·däm·men <dämmst ein, dämmte ein, hat eingedämmt> *mit OBJ* ■ *jmd. dämmt etwas ein* (≈ *begrenzen*) *unter Kontrolle bringen* Die Feuerwehr konnte den Brand glücklicherweise eindämmen.

ein·damp·fen <dampft ein, dampfte ein, hat eingedampft> *mit OBJ* ■ *jmd. dampft etwas ein Flüssigkeit* (*teilweise*) *verdampfen lassen*

ein·de·cken <deckst ein, deckte ein, hat eingedeckt> **I.** *mit OBJ* (*umg.* ≈ *überhäufen*) ■ *jmd. deckt jmdn.* (*mit etwas Dat.*) *ein jmdm. von etwas im Übermaß geben* Mein Chef deckt mich ständig mit Arbeit ein. **II.** *mit SICH* ■ *jmd. deckt sich mit etwas Dat. ein* (≈ *sich versorgen*) *Vorräte von etwas anlegen* Wir decken uns mit Lebensmitteln für das verlängerte Wochenende ein.

ein·deu·tig <eindeutiger, am eindeutigsten> *Adj.* **1.** (↔ *mehrdeutig, vieldeutig, zweideutig*) *so, dass man es nur in einer Weise interpretieren kann* Das war eine eindeutige Aussage., Dieses Gesetz ist nicht eindeutig formuliert. **2.** (≈ *deutlich*) *genau zu erkennen* Sie arbeitet eindeutig schneller als ihre Kollegin., Die Flaschen müssen eindeutig gekennzeichnet sein.

ein·deut·schen <deutschst ein, deutschte ein, hat eingedeutscht> *mit OBJ* ■ *jmd. deutscht etwas ein Wörter aus fremden Sprachen der deutschen Sprache anpassen* Diese Begriffe/Schreibungen sind eingedeutscht worden., Das lateinische Wort „fenestra" ist zu dem Wort „Fenster" eingedeutscht worden.

ein·di·cken <dickst ein, dickte ein, hat eingedickt> *mit OBJ* ■ *jmd. dickt etwas ein dickflüssiger machen* Sie dickt die Soße noch etwas ein.

ein·drin·gen <dringst ein, drang ein, ist eingedrungen> *ohne OBJ* ■ *jmd./etwas dringt* (*in etwas Akk.*) *ein* (*gewaltsam*) *in etwas gelangen* Die giftigen Dämpfe sind in die Fabrikhalle eingedrungen., Die Einbrecher drangen durch die Hintertür in das Gebäude ein.

ein·dring·lich <eindringlicher, am eindringlichsten> *Adj.* (≈ *nachdrücklich*) *energisch und mit großem Ernst* Es wurde eindringlich vor der Ansteckungsgefahr gewarnt.

Ein·dring·ling der <-s, -e> *jmd., der irgendwo eingedrungen ist* Der nächtliche Eindringling konnte unerkannt entkommen.

Ein·druck der <-(e)s, Eindrücke> **1.** *die Art, wie jmd. oder etwas auf jmdn. wirkt* Es könnte der Eindruck von Interesselosigkeit entstehen., Man sollte um jeden Preis den Eindruck von Voreingenommenheit vermeiden., Ich habe den Eindruck, dass …, Seine Worte können leicht einen ganz falschen Eindruck erwecken., Bei vielen Fans ist der Eindruck entstanden, dass … **2.** *eine positive Wirkung, die jmd. oder etwas auf jmdn. macht* Sie hat großen Eindruck auf mich gemacht., So eine Leistung wird Eindruck machen. ■ **Eindruck schinden** (*umg. abwert.*): *jmdn. beeindrucken* (*wollen*) ◆ Gesamt-, Sinnes-

ein·drü·cken <drückst ein, drückte ein, hat eingedrückt> **I.** *mit OBJ* ■ *jmd./etwas drückt etwas ein durch Drücken bewirken, dass etwas eingebeult wird oder zerbricht* Der Sturm drückte die Fenster ein., Der Einbrecher hat die Tür eingedrückt. **II.** *mit SICH* ■ *etwas drückt sich in etwas Akk. ein irgendwo einen Abdruck hinterlassen* Das Profil der Schuhe hatte sich tief in den Schnee eingedrückt.

ein·drück·lich <eindrücklicher, am eindrücklichsten> *Adj.* (*schweiz.* ≈ *nachdrücklich*) *tief und nachhaltig ins Bewusstsein dringend, eindrucksvoll*

ein·drucks·voll <eindrucksvoller, am eindrucksvollsten> *Adj. so, dass es Eindruck² macht* Dies war eine wirklich eindrucksvolle Präsentation.

ein·dun·keln <dunkelt ein, dunkelte ein, hat eingedunkelt> *mit ES* ■ *es dunkelt ein* (*schweiz.*) *dunkel werden*

ein·eb·nen <ebnest ein, ebnete ein, hat eingeebnet> *mit OBJ* ■ *jmd. ebnet etwas ein eben machen* Ich werde die Blumenbeete nächstes Jahr einebnen.

Ein·eb·nung die <-, -en> *das Einebnen*

Ein·ehe die <-> (*kein Plur.*) (≈ *Monogamie* ↔ *Vielehe, Bigamie*) *der Zustand, dass in einer Gesellschaft ein Mann nur eine Ehefrau haben kann*

ein·ei·ig <nicht steig.> (*nur attr.*) *Adj. aus einem Ei entstanden* eineiige Zwillinge

ein·ein·halb, ein·ein·halb *Num. eins Ganzes plus die Hälfte davon* Wir sehen uns dann in eineinhalb Wochen. *siehe auch* **anderthalb**

ein·en·gen <engst ein, engte ein, hat eingeengt> *mit OBJ* ■ *jmd./etwas engt jmdn. ein jmdn. sehr stark durch Vorschriften und Überwachung daran hindern, selbstständig zu handeln* Sie hatten ihren Sohn in seiner Freiheit stark eingeengt.

Ei·ner der <-s, -> SPORT *Ruderboot für eine Person* Er ist amtierender Deutscher Meister im Einer.

Ei·ner·lei das <-s> (*kein Plur.*) (*abwert.*) ■ **das ewige Einerlei**: *als öde empfundene Monotonie*

ei·ner·lei <nicht steig.> *Adj.* (≈ *egal*) *gleichgült* Es ist mir alles einerlei.

ei·ner·seits *Adv. auf der einen Seite* Einerseits bin ich froh darüber, andererseits …

Ei·ner·zim·mer das <-s, -> (*schweiz.*) *Einzelzimmer*

ei·nes·teils *Adv.* (*geh.*) *einerseits* Einesteils mag er keine Parties, ander(e)nteils möchte er auch nicht allein zuhause bleiben.

ein·fach <einfacher, am einfachsten> **I.** *Adj.* **1.** (↔ *schwierig*) *so, dass die Lösung eines Problems nicht schwer ist* Die Prüfungsaufgaben waren eher einfach. **2.** (≈ *anspruchslos*) *so, dass es nicht sehr teuer oder besonders geschmackvoll ist* Sie trug einfache Kleidung. **3.** *so, dass eine Fahrkarte nur für eine Richtung gilt* Ich brauche eine einfache Fahrkarte nach München. **4.** *nicht doppelt* ein einfacher Knoten **II.** *Partikel verwendet, um eine Aussage zu verstärken* Das ist einfach unerträglich., So etwas tut man einfach nicht., Erik ist einfach super! ◆ Groß- oder Kleinschreibung →R 3.9 Das hat er auf das einfachste/Einfachste gelöst.; Großschreibung→R 3.7 Es ist das Einfachste, wenn du mich später anrufst.

Ein·fach·heit die <-> (*kein Plur.*) *einfache Art zu leben* ein von Einfachheit und Bescheidenheit geprägtes Leben

ein·fä·deln <fädelst ein, fädelte ein, hat eingefädelt> **I.** *mit OBJ* **1.** ■ *jmd. fädelt etwas* (*in etwas Akk.*) *ein den Faden in das Nadelöhr einführen* **2.** ■ *jmd. fädelt etwas ein* (*umg.*) *mit List vorbereiten* Dieses Treffen hast du geschickt eingefädelt. **II.** *mit SICH* ■ *jmd. fädelt sich* (*in etwas Akk.*) *ein* (*Verkehr*) *sich in die Wagenkolonne einer Fahrbahn einordnen* sich in den laufenden Verkehr einfädeln

ein·fah·ren <fährst ein, fuhr ein, hat/ist eingefahren> **I.** *mit OBJ* ■ *jmd. fährt etwas ein* ((*haben*)) **1.** *ein neues Fahrzeug fahren, um sich daran zu gewöhnen* Wir haben das neue Auto eingefahren. **2.** (*sein*) (TECHN.: ↔ *ausfahren*) *ein mechanisches Bauteil in das Innere einer Konstruktion hineinziehen* Siehst du, wie das Flugzeug nach dem Start das Fahrgestell einfährt? **3.** (*haben*) (≈ *einbringen*) *als Resultat erzielen* Wir haben eine gute Ernte/hohe Gewinne/mit dieser Firma nur Verluste eingefahren. **II.** *ohne OBJ* ■ *etwas fährt irgendwo ein* ((*sein*)) *als Eisenbahnzug in einen Bahnhof fahren* Der Zug aus Magdeburg ist heute auf Gleis 4 eingefahren. **III.** *mit SICH* ■ *etwas fährt sich ein* ((*haben*)) *etwas wird üblich* eingefahrene Gewohnheiten/ Strukturen

Ein·fahrt die <-, -en> **1.** (↔ *Ausfahrt*) *Stelle, Weg zum Hineinfahren* Einfahrt freihalten! ◆ Tor- **2.** *das Einfahren II* Der Zug erhält Einfahrt auf Gleis 3.

Ein·fall der <-(e)s, Einfälle> **1.** (≈ *Idee*) *plötzlicher Gedanke* Da hattest du mal einen guten Einfall! **2.** (*kein Plur.*) *das Einfallen*[2] **3.** (MILIT.: ≈ *Angriff*) *das Einfallen*[3] Der Einfall der feindlichen Truppen stand kurz bevor.

ein·fal·len <fällst ein, fiel ein, ist eingefallen> *ohne OBJ* ■ *jmd./etwas fällt* (*in etwas Akk.*) *ein* **1.** (≈ *einstürzen*) *in einzelne Teile zerfallen und einstürzen* Die alte Hütte fällt bald ein. **2.** *hereindringen* Das Licht fällt schräg ein. **3.** MILIT. *eindringen* Die Truppen fielen in das feindliche Territorium ein. **4.** *in den Sinn kommen* Ich kann mich nicht daran erinnern, es fällt mir nichts dazu ein., Da fällt mir gerade ein, dass … ■ **Was fällt dir ein!**: *Was erlaubst du dir!* **Das fällt mir nicht im Traum(e) ein!**: *Ich denke gar nicht daran* (*das zu tun*)!

ein·falls·los *Adj.* (*abwert.*) *gewöhnlich, banal, ohne besondere Einfälle*[1] ▶Einfallslosigkeit

ein·falls·reich <einfallsreicher, am einfallsreichsten> *Adj.* (≈ *originell*) *so, dass man viele neue Ideen hat* eine einfallsreiche Mitarbeiterin

Ein·falls·reich·tum der <-s> (*kein Plur.*) *reiche Fülle an* (*guten*) *Einfällen*

Ein·fall·stra·ße die <-, -n> (*viel befahrene*) *Straße, die in eine größere Ortschaft hineinführt*

Ein·falls·win·kel der <-s, -> PHYS. *der Winkel, unter dem ein Strahl auf eine Fläche trifft*

Ein·falt die <-> (*kein Plur.*) **1.** (≈ *Naivität*) *Mangel an der Fähigkeit, etwas zu beurteilen* In seiner Einfalt hat er den Betrug nicht durchschaut. **2.** (≈ *Schlichtheit*) *einfache, aufrichtige Gesinnung* kindliche Einfalt

ein·fäl·tig <einfältiger, am einfältigsten> *Adj.* (≈ *naiv*) *so, dass man sehr unkritisch ist und alles bedenkenlos glaubt oder ernst nimmt*

Ein·falts·pin·sel der <-s, -> (*umg. abwert.*) *einfältiger Mensch*

Ein·fa·mi·li·en·haus das <-es, Einfamilienhäuser> (↔ *Mehrfamilienhaus*) *Wohnhaus für nur eine Familie*

ein·fan·gen <fängst ein, fing ein, hat eingefangen> **I.** *mit OBJ* **1.** ■ *jmd. fängt jmdn./ein Tier ein* (↔ *freilassen*) *einen Mensch oder ein Tier fangen und irgendwo festhalten* Der ausgebrochene Stier konnte wieder eingefangen werden.

2. ■ *jmd./etwas fängt etwas ein einen Eindruck festhalten und (künstlerisch) wiedergeben* In dem Gemälde ist die Abendstimmung meisterhaft eingefangen. **II.** *mit SICH* ■ *jmd. fängt sich etwas Akk. ein* **1.** *(umg.) eine Krankheit (durch Ansteckung) bekommen* ich habe mir eine schlimme Grippe eingefangen. **2.** *(umg.) geschlagen werden* Wenn du weiter so frech bist, fängst du dir gleich eine (Ohrfeige)/Prügel ein.

ein·fär·ben <färbt ein, färbte ein, hat eingefärbt> *mit OBJ* ■ *jmd. färbt etwas ein auf etwas einen Farbstoff auftragen und dadurch bewirken, dass es eine andere Farbe bekommt*

ein·far·big <nicht steig.> *Adj.* (↔ *mehrfarbig, bunt*) *von nur einer Farbe*

ein·fas·sen <fasst ein, fasste ein, hat eingefasst> *mit OBJ* ■ *jmd. fasst etwas ein* **1.** *einen Saum um etwas herumnähen* Knopflöcher einfassen **2.** *mit einer Einrahmung versehen* Ich lasse den Edelstein in Silber einfassen.

Ein·fas·sung die <-, -en> **1.** *das Einfassen* **2.** *das Material, mit dem etwas eingefasst[2] ist*

ein·fet·ten <fettest ein, fettete ein, hat eingefettet> *mit OBJ* ■ *jmd. fettet etwas ein mit Fett einreiben* Hast du die Kuchenform schon eingefettet?

ein·fin·den <findest ein, fand ein, hat eingefunden> *mit SICH* ■ *jmd. findet sich irgendwo ein an einen Ort kommen* Bitte finden Sie sich 15 Minuten vor Veranstaltungsbeginn hier wieder ein.

ein·flech·ten <flichtst ein, flocht ein, hat eingeflochten> *mit OBJ* ■ *jmd. flicht etwas (in etwas Akk.) ein* **1.** *beim Flechten einfügen* sich ein Band ins Haar einflechten **2.** *etwas während einer Unterhaltung beiläufig erwähnen* In ihren Vortrag pflegt sie klassische Zitate einzuflechten.

ein·flie·gen <fliegst ein, flog ein, ist eingeflogen> **I.** *mit OBJ* ■ *jmd. fliegt jmdn./etwas irgendwo ein jmdn. oder etwas mit dem Flugzeug irgendwohin bringen* In das Katastrophengebiet mussten Medikamente eingeflogen werden. **II.** *ohne OBJ* ■ *etwas fliegt irgendwohin/-woher ein* Das Flugzeug ist nach Frankreich eingeflogen., Die Hubschrauber fliegen soeben in feindliches Territorium ein., Der Staatschef ist extra aus London eingeflogen.

ein·flie·ßen <fließt ein, floss ein, ist eingeflossen> *ohne OBJ* **1.** ■ *etwas fließt in etwas Akk. ein etwas (Flüssiges) fließt in eine Flüssigkeit hinein* Das Abwasser fließt in die unterirdischen Kanäle ein. **2.** ■ *etwas fließt (irgendwo) ein hinzukommen, eindringen* Es fließt von Osten (her) Kaltluft nach Deutschland ein **3.** ■ **etwas einfließen lassen**: *etwas beiläufig erwähnen*

ein·flö·ßen <flößt ein, flößte ein, hat eingeflößt> *mit OBJ* ■ *jmd. flößt jmdm. etwas ein* **1.** *(umg.) durch sein Auftreten und Aussehen bewirken, dass jmd. eine bestimmte (meist negative) Empfindung hat* Er flößt der kleinen Schwester mit seinen Grimassen Angst ein., Er flößt mir nicht gerade Vertrauen ein. **2.** *eine Flüssigkeit in jmds. Mund geben und herunterschlucken lassen* Die Krankenschwester hat ihm gerade die Medizin eingeflößt.

Ein·flug·schnei·se die <-, -n> LUFTF. *Schneise zum Einfliegen auf einen Flugplatz*

Ein·fluss der <-es, Einflüsse> **1.** *die Wirkung, die jmd. oder etwas auf jmdn. hat* Er übt einen schlechten Einfluss auf seinen Bruder aus., Im Werk des Künstlers lassen sich verschiedene Einflüsse nachweisen. **2.** *Ansehen, das jmd. genießt und das mit einer gewissen Macht verbunden ist* Er war ein Mann mit großem Einfluss. ▶beeinflussen

Ein·fluss·be·reich der <-(e)s, -e> *Bereich, innerhalb dessen jmds. Einfluss[2] wirkt* Sein Einflussbereich erstreckt sich bis in Regierungskreise.

Ein·fluss·ge·biet das <-(e)s, -e> *Einflussbereich*

Ein·fluss·nah·me die <-> (*kein Plur.*) *der Versuch, dass jmd. in ein Geschehen eingreifen und seinen Verlauf mitbestimmen will* Wir werden Ihre ständigen Versuche der Einflussnahme nicht weiter hinnehmen.

ein·fluss·reich *Adj. mit viel Einfluss[2]* Sie hatte einflussreiche Freunde.

ein·flüs·tern <flüsterst ein, flüsterte ein, hat eingeflüstert> *mit OBJ* ■ *jmd. flüstert jmdm. etwas ein* **1.** *jmdm. etwas heimlich und leise (ins Ohr) sagen* Sein Mitschüler hat ihm die Antwort eingeflüstert. **2.** *jmdn. (aus Missgunst) (gegen jmdn.) aufhetzen, beeinflussen* Ich weiss schon, wer dir diesen Unsinn eingeflüstert hat!

ein·för·mig <einförmiger, am einförmigsten> *Adj. (abwert.) gleichförmig, eintönig*

Ein·för·mig·keit die <-> (*kein Plur.*) *Gleichförmigkeit, Eintönigkeit*

ein·frie·den <friedest ein, friedete ein, hat eingefriedet> *mit OBJ* ■ *jmd. friedet etwas ein einzäunen* ein Grundstück einfrieden

Ein·frie·dung die <-, -en> **1.** *(kein Plur.) das Einfrieden* **2.** *eine Mauer, eine Hecke oder ein Zaun, die ein Grundstück abgrenzen*

ein·frie·ren <frierst ein, fror ein, hat/ist eingefroren> **I.** *mit OBJ* ■ *jmd. friert etwas ein* **1.** *(haben)* (↔ *auftauen*) *durch starkes Abkühlen haltbar machen* Das übrige Gemüse frieren wir ein. **2.** *(übertr.) Kontakte unterbrechen* Die diplomatischen Beziehungen wurden eingefroren. **II.** *ohne OBJ* ■ *etwas friert ein ((sein) ≈ zufrieren ↔ auftauen) aufgrund großer Kälte sich so mit Eis füllen, dass keine Flüssigkeit mehr hindurchfließen kann* Die Wasserrohre sind eingefroren.

ein·fü·gen <fügst ein, fügte ein, hat eingefügt> **I.** *mit OBJ* ■ *jmd. fügt etwas (in etwas Akk.) ein etwas irgendwo als neuen Bestandteil einsetzen* Zur Sicherheit fügte man zusätzliche Stahlträger in das Gerüst ein. **II.** *mit SICH* ■ *jmd. fügt sich irgendwie (in etwas Akk.) ein (≈ anpassen) sich so verhalten, dass man als Teil einer Gemeinschaft oder einer bestimmten Umgebung gelten kann* Die neue Schülerin fügt sich gut in die Klasse ein.

Ein·fü·gung die <-, -en> **1.** *das Einfügen* **2.** *etwas, das irgendwo eingefügt[1] worden ist*

ein·füh·len *mit SICH* ■ *jmd. fühlt sich (irgendwie) in jmdn./etwas ein ((haben)) die Gefühle eines anderen verstehen oder nachvollziehen können* Die

Ärztin kann sich gut in die Patienten einfühlen.

ein·fühl·sam <einfühlsamer, am einfühlsamsten> *Adj. so, dass man sich in die Gefühle anderer Menschen hineinversetzen kann* ▶Einfühlsamkeit

Ein·füh·lungs·ver·mö·gen das <-s> (*kein Plur.*) (≈ *Empathie*) *die Fähigkeit, die Gefühle anderer Menschen verstehen oder nachvollziehen zu können* Sie litt unter mangelndem Einfühlungsvermögen.

Ein·fuhr die <-, -en> (WIRTSCH.: ≈ *Import* ↔ *Ausfuhr, Export*) *der Vorgang, dass Waren aus dem Ausland in ein Land hineintransportiert und dort verkauft werden* ◆-zoll

Ein·fuhr·be·schrän·kung die <-, -en> WIRTSCH. *die Beschränkung der Einfuhr*

Ein·fuhr·be·stim·mung die <-, -en> (*meist Plur.*) WIRTSCH. *die Bestimmung(en), die die Einfuhr von Waren regeln*

ein·füh·ren <führst ein, führte ein, hat eingeführt> *mit OBJ* **1.** ■ *jmd. führt (jmdm.)etwas (irgendwohin) ein in eine Öffnung hineinstecken* Die Mutter führt ihrem kranken Kind ein Fieberzäpfchen ein. **2.** ■ *jmd. führt etwas ein* (WIRTSCH.: ↔ *ausführen*) *importieren* Güter im Wert von vielen Millionen Euro einführen **3.** ■ *jmd. führt etwas ein* WIRTSCH. *auf den Markt bringen* Im Frühjahr will der Konzern gleich vier neue Modelle in der Luxusklasse einführen. **4.** ■ *jmd. führt jmdn. irgendwo ein in einer gesellschaftlichen Gruppe bekannt machen* Sie führte ihren neuen Freund in ihren Freundeskreis ein. **5.** ■ *jmd. führt jmdn. in etwas Akk. ein vertraut machen* Der Meister führt den Lehrling (in die neue Arbeit) ein. **6.** ■ *jmd. führt (irgendwo) etwas ein eine Neuerung etablieren* Warum haben wir diese Regelung nicht schon früher eingeführt?

Ein·fuhr·ge·neh·mi·gung die <-, -en> (WIRTSCH.: ≈ *Einfuhrlizenz*) *Genehmigung für die Einfuhr einer bestimmter Ware*

Ein·fuhr·ha·fen der <-s, Einfuhrhäfen> WIRTSCH. *Hafen, in dem importierte Waren ankommen*

Ein·fuhr·sper·re die <-, -n> POL. WIRTSCH. *staatliches Verbot von Importen*

Ein·füh·rung die <-, -en> **1.** WIRTSCH. *das Einführen[3] von etwas Neuem* **2.** *das Einführen[4] einer Person in die Gesellschaft* **3.** (≈ *Anleitung*) *ein Text, der die Grundlagen eines Gebiets erklärt* Dieses Buch bietet eine gute Einführung in die Verhaltensbiologie.

Ein·fuhr·zoll der <-(e)s, Einfuhrzölle> POL. WIRTSCH. *auf Importwaren erhobener Zoll*

ein·fül·len <füllst ein, füllte ein, hat eingefüllt> *mit OBJ* ■ *jmd. füllt etwas in etwas Akk. ein in etwas füllen* Wir haben die Marmelade in Gläser eingefüllt.

Ein·ga·be die <-, -n> **1.** AMTSSPR. *Gesuch oder Beschwerde in schriftlicher Form* Wir haben deswegen schon einige Eingaben bei der zuständigen Behörde gemacht. **2.** EDV *das Eingeben von Daten*

Ein·ga·be·feh·ler der <-s, -> EDV *Fehler bei der Dateneingabe*

Ein·ga·be·tas·te die <-, -n> EDV *die Taste, mit der man einen Befehl bestätigt*

Ein·gang der <-(e)s, Eingänge> **1.** (↔ *Ausgang*) *die Tür, durch die man ein Gebäude betritt* **2.** WIRTSCH. *das Eingehen von Waren oder Bestellungen* Nach Eingang der Ware werden sie sofort benachrichtigt., Die Bestellung wurde sofort nach Eingang bearbeitet.

ein·gän·gig <eingängiger, am eingängigsten> *Adj. so, dass man etwas leicht verstehen und behalten kann* eine eingängige Melodiem ein eingängiger Slogan ▶Eingängigkeit

ein·gangs *Adv.* (*geh.*) *am Anfang* (*eines Textes*) Wie bereits eingangs erwähnt, …

Ein·gangs·be·stä·ti·gung die <-, -en> (AMTSSPR.: ≈ *Empfangsbestätigung*) *der Vorgang, dass jmd. sagt, dass er eine bestimmte* (*schriftliche*) *Nachricht erhalten hat*

Ein·gangs·buch das <-(e)s, Eingangsbücher> AMTSSPR. *Buch zum Eintragen der eingegangenen[2] Waren*

Ein·gangs·da·tum das <-s, Eingangsdaten> AMTSSPR. *Datum der Postzustellung*

Ein·gangs·tor das <-(e)s, -e> *das Tor, durch das man eine Anlage betritt*

ein·ge·ben <gibst ein, gab ein, hat eingegeben> *mit OBJ* **1.** ■ *jmd. gibt etwas in etwas Akk. ein* EDV *Informationen durch Bedienen der Tasten in einen Computer hineingelangen lassen* Daten eingeben **2.** ■ *jmd. gibt jmdm. etwas ein* (≈ *einflößen[2]*) *jmdm. etwas zuführen, damit er es schlucken kann*

ein·ge·bil·det <eingebildeter, am eingebildetsten> *Adj.* (*abwert.* ≈ *arrogant, hochmütig*) *so, dass man übertrieben stolz auf die eigene Person ist* Der eingebildete Junge findet natürlich keine Freunde.

Ein·ge·bo·re·ne der/die <-n, -n> *in Bezug auf Naturvölker verwendet, um die Menschen zu bezeichnen, die ursprünglich in einem bestimmten Gebiet leben* ◆-nstamm

Ein·ge·bung die <-, -en> (≈ *Inspiration, Idee*) *plötzlicher* (*entscheidender oder wichtiger*) *Gedanke* Es war wie eine göttliche Eingebung., Plötzlich schien es, als hätte er eine Eingebung.

ein·ge·fal·len *Part. Perf.* **einfallen**

ein·ge·fal·len <eingefallener, am eingefallensten> *Adj. so mager, dass die Wangenknochen hervortreten* Nach wochenlanger Krankheit hatte sie eingefallene Wangen.

ein·ge·fleischt <nicht steig.> (*nur attr.*) *Adj. unveränderlich* eingefleischte Gewohnheiten ■ **ein eingefleischter Junggeselle**: *ein Junggeselle aus Überzeugung*

ein·ge·gos·sen *Part. Perf. von* **eingießen**

ein·ge·hen <gehst ein, ging ein, ist eingegangen> **I.** *mit OBJ* ■ *jmd. geht etwas ein sich auf etwas einlassen* Sie ist dieses Risiko/diese Wette tatsächlich eingegangen. **II.** *ohne OBJ* **1.** ■ *etwas geht ein* (≈ *einlaufen*) *beim Waschvorgang an Größe verlieren* Die Hose ist beim Waschen eingegangen. **2.** ■ *eine Pflanze/ein Tier geht ein verküm-*

mern, sterben Die Palme ist mir eingegangen. ■ **etwas ist zum Eingehen** (*umg.*): *etwas ist extrem belastend* Diese Hitze ist zum Eingehen! **3.** ■ *etwas geht ein* AMTSSPR. *zugestellt werden* Wie viele Briefe sind in dieser Sache eingegangen? **4.** ■ *etwas geht ein verstanden werden* Es will mir einfach nicht eingehen, warum ... **5.** ■ *jmd. geht auf etwas/jmdn. Akk. ein sich befassen mit etwas* Auf meine Fragen ist er überhaupt nicht eingegangen., Er sollte mehr auf sie eingehen. **6.** ■ *etwas geht in etwas Akk. ein Beachtung finden* Der Stil geht ebenfalls in die Bewertung ein.

ein·ge·hend <eingehender, am eingehendsten> (*nur attr.*) *Adj.* (≈ *ausführlich, gründlich*) *so, dass es mit großer Sorgfalt geschieht und alle Details beachtet werden* Nach eingehender Prüfung sind wir zu dem Schluss gekommen, dass ... ◆ Groß- und Kleinschreibung→R 3.9 auf das Eingehendste/auf das eingehendste

ein·ge·legt <nicht steig.> *Adj. so, dass Nahrungsmittel in eine Flüssigkeit gelegt sind, die sie haltbar macht* eingelegte Gurken

Ein·ge·mach·te das <-n> (*kein Plur.*) *Obst oder Gemüse, das haltbar gemacht wurde, indem man es in luftdicht verschlossenen Gläsern gekocht hat* ■ **etwas geht ans Eingemachte** (*umg.*): *etwas erfordert alle Kraft* Der Aufstieg ging ganz schön ans Eingemachte.

ein·ge·mein·den *mit OBJ* ■ *jmd. gemeindet etwas in etwas Akk. ein einen Ort verwaltungstechnisch in einen anderen (größeren) eingliedern*

Ein·ge·mein·dung die <-, -en> *das Eingemeinden* Die Stadt hat mit den Eingemeindungen jetzt knapp 30.000 Bürger.

ein·ge·nom·men *Part. Perf.* **einnehmen**

ein·ge·schnappt *Adj.* (*umg. abwert.*) *beleidigt*

ein·ge·schneit <nicht steig.> *Adj. so von Schnee bedeckt oder umschlossen, dass man nicht fort kann* Letzten Winter waren wir eine Woche lang eingeschneit.

ein·ge·schos·sig <nicht steig.> *Adj. so, dass es nur ein Geschoss hat*

ein·ge·schrie·ben <nicht steig.> *Adj. offiziell als Mitglied registriert* Er hat sich heute bei der Universität eingeschrieben.

ein·ge·schwo·ren <eingeschworener, am eingeschworensten> *Adj. so, dass man fest zu jmdm. oder etwas steht* Sie bildeten ein eingeschworenes Team.

ein·ge·stan·de·ner·ma·ßen *Adv.* (*geh*) *wie zugegeben wird*

Ein·ge·ständ·nis das <-ses, -se> (≈ *Bekenntnis*) *Geständnis*

ein·ge·ste·hen <gestehst ein, gestand ein, hat eingestanden> *mit OBJ* ■ *jmd. gesteht (jmdm.) etwas ein* (≈ *bekennen*) *gestehen* Sie hatte ihre Mitschuld eingestanden.

ein·ge·stellt <nicht steig.> *Adj. so, dass man eine bestimmte Einstellung zu jmdm. oder etwas hat* Sie ist eine äußerst modern eingestellte Person.

ein·ge·stri·chen <nicht steig.> *Adj.* MUS. *von einer mittleren Tonlage, die im Notenblatt durch einen senkrechten Strich gekennzeichnet ist* das eingestrichene A

ein·ge·wach·sen <nicht steig.> *Adj. in etwas festgewachsen* ein eingewachsener Zehennagel

Ein·ge·wei·de <-> *Plur. die inneren Organe*

ein·ge·weiht <nicht steig.> *Adj. so, dass man über eine geheime Sache informiert ist*

Ein·ge·weih·te der/die <-n, -n> *jmd., der eingeweiht ist* Nur die Eingeweihten wussten von seinen Plänen.

ein·ge·wöh·nen <gewöhnst ein, gewöhnte ein, hat eingewöhnt> *mit SICH* ■ *jmd. gewöhnt sich irgendwo ein* (≈ *sich einleben*) *sich an eine Umgebung gewöhnen*

Ein·ge·wöh·nung die <-> (*kein Plur.*) *das Eingewöhnen* ◆ -szeit

ein·ge·zo·gen *Part. Perf.* **einziehen**

ein·gie·ßen <gießt ein, goss ein, hat eingegossen> *mit OBJ* ■ *jmd. gießt (jmdm.) etwas ein ein Getränk aus einer Flasche oder Kanne in ein Trinkglas gießen* Gieß mir bitte noch ein Glas Wein ein.

ein·gip·sen <gipst ein, gipste ein, hat eingegipst> *mit OBJ* ■ *jmd. gipst etwas ein mit Gips umhüllen* Der Arzt hat mir gleich das gebrochene Bein eingegipst.

ein·glei·sig <nicht steig.> *Adj.* **1.** *nur aus einem Gleis bestehend* Die eingleisige Bahnstrecke wird kaum noch befahren. **2.** (≈ *einseitig*) *so, dass man in seinem Denken oder Handeln keine Alternativen berücksichtigt* eine eingleisige Argumentation

ein·glie·dern <gliederst ein, gliederte ein, hat eingegliedert> *mit OBJ/mit SICH* ■ *jmd. gliedert jmdn./etwas/sich (in etwas Akk.) ein* (≈ *integrieren, einfügen*) *ein Teil von etwas werden (lassen)* Der Trainer gliederte die neuen Spieler geschickt in die Mannschaft ein., Sie musste lernen, sich einzugliedern.

Ein·glie·de·rung die <-, -en> *das Eingliedern*

ein·gra·ben <gräbst ein, grub ein, hat eingegraben> *mit OBJ/mit SICH* ■ *jmd. gräbt jmdn./etwas/sich (in etwas Akk.) ein in der Erde vergraben* Wir haben die Knollen eingegraben., Der Käfer hat sich eingegraben.

ein·gra·vie·ren <gravierst ein, gravierte ein, hat eingraviert> *mit OBJ* ■ *jmd. graviert etwas (in etwas Akk.)ein durch Ritzen eine Schrift oder ein Muster in eine harte Oberfläche aus Stein oder Metall prägen* Sie ließ ihren Namen in den Ring eingravieren.

ein·grei·fen <greifst ein, griff ein, hat eingegriffen> *ohne OBJ* ■ *jmd. greift (in etwas Akk.) ein* (≈ *einschreiten*) *sich mit einer Maßnahme irgendwo einmischen* Die Polizei konnte noch rechtzeitig eingreifen, bevor der Streit eskalierte.

Ein·greif·trup·pe die <-, -n> MILIT. *für den Einsatz in Krisengebieten geschulte Truppe*

Ein·griff der <-(e)s, -e> **1.** MED. *Operation* Der Eingriff wurde unter örtlicher Betäubung vorgenommen. **2.** (≈ *Übergriff*) *Einmischung* Er sah in der Frage gleich einen Eingriff in seine Privatsphäre.

ein·grup·pie·ren <gruppierst ein, gruppierte ein, hat eingruppiert> *mit OBJ* ■ *jmd. gruppiert jmdn./etwas (in etwas Akk.) ein einer bestimmten Kategorie zuweisen* Die Angestellten sind nach Lohngruppen eingruppiert.

Ein·grup·pie·rung die <-, -en> *das Eingruppieren*

ein·ha·ken <hakst ein, hakte ein, hat eingehakt> **I.** *mit OBJ* ■ *jmd. hakt etwas ein eine Verbindung mit einem Haken herstellen* Kannst du mir helfen, den Verschluss einzuhaken? **II.** *ohne OBJ* ■ *jmd. hakt irgendwo ein (umg.) etwas aufgreifen, sich einmischen* Da muss ich mal einhaken. **III.** *mit SICH* ■ *jmd. hakt sich (bei jmdm.) ein den eigenen Arm mit dem Arm einer anderen Person verschränken* Er hakte sich bei mir ein.

Ein·halt ■ **einer Sache Einhalt gebieten** *(geh.)*: *eine negative Entwicklung*

ein·hal·ten <hältst ein, hielt ein, hat eingehalten> *mit OBJ* ■ *jmd. hält etwas Akk. ein (≈ beachten) so handeln, wie es die Regeln oder Bestimmungen verlangen* Haben Sie die Regeln nicht eingehalten? ■ **eine Frist/einen Termin einhalten**: *eine Aufgabe bis zu dem Zeitpunkt erfüllt haben, der durch eine Frist/einen Termin vorgegeben ist*

Ein·hal·tung die <-> *(kein Plur.) (≈ Beachtung) das Einhalten* Er forderte die strikte Einhaltung der Regeln.

ein·han·deln <handelst ein, handelte ein, hat eingehandelt> *mit SICH* ■ *jmd. handelt sich etwas Akk. ein (umg.) als Konsequenz des eigenen Handelns mit etwas konfrontiert werden* Für mein Verhalten habe ich mir schwere Vorwürfe eingehandelt.

ein·hän·gen <hängst ein, hing ein, hat eingehängt> **I.** *mit OBJ* ■ *jmd. hängt etwas Akk. ein an einer Stelle durch Hängen befestigen* den Fensterladen einhängen **II.** *mit OBJ/ohne OBJ* ■ *jmd. hängt (etwas) ein Akk. (≈ auflegen) (den Telefonhörer) auf den Apparat legen* **III.** *mit SICH* ■ *jd. hängt sich bei jmdm. ein (umg.) sich bei jmdm. einhaken*

ein·he·ben <hebst ein, hob ein, hat eingehoben> *mit OBJ* ■ *jmd. hebt etwas ein (österr.) kassieren*

ein·hef·ten <heftest ein, heftete ein, hat eingeheftet> *mit OBJ* ■ *jmd. heftet etwas irgendwo ein durch Heften in etwas befestigen* ein Blatt Papier in einen Ordner einheften

ein·hei·misch <nicht steig.> *Adj. von Natur aus in einer bestimmten Region beheimatet* Die Sendung beschäftigte sich vor allem mit einheimischen Tieren und Pflanzen. ▶Einheimische/r

ein·heim·sen <heimst ein, heimste ein, hat eingeheimst> *mit OBJ* ■ *jmd. heimst etwas ein (umg.) erlangen, erhalten* Sie hat viel Beifall eingeheimst.

ein·hei·ra·ten <heiratest ein, heiratete ein, hat eingeheiratet> *ohne OBJ* ■ *jmd. heiratet in etwas Akk. ein durch Heirat Zugang zu einer (wohlhabenderen) Gesellschaftsschicht erlangen* Er hat in eine reiche Bankiersfamilie eingeheiratet.

Ein·heit die <-, -en> **1.** *(kein Plur.) (≈ Zusammenhang) der Umstand, dass eine Sache einen einheitlichen Charakter hat, von einem Leitprinzip durchdrungen ist und dadurch von anderen (vergleichbaren) Sachen unterschieden und abgegrenzt ist* Die staatliche Einheit war ernsthaft gefährdet., Die drei Stücke bilden eine Einheit. **2.** (MILIT.: ≈ *Abteilung*) *ein Truppenverband* Schwer bewaffnete Einheiten stießen in dieses Gebiet vor. **3.** *(fachspr.) Maßeinheit* Die Einheit zum Messen der Länge ist der Meter. ◆-sgröße, -snorm

ein·heit·lich <einheitlicher, am einheitlichsten> *Adj. (≈ gleichartig) von einer Art, von einem Leitprinzip geprägt* einheitliche Gestaltung der Büroräume, einheitliche Kleidung ▶vereinheitlichen

Ein·heit·lich·keit die <-> *(kein Plur.) das Einheitlichsein*

Ein·heits·ge·bühr die <-, -en> *einheitliche Gebühr*

Ein·heits·lis·te die <-, -n> POL. *Liste mit allen zur Wahl stehenden Parteikandidaten*

Ein·heits·par·tei die <-, -en> POL. *durch Zusammenschluss zweier Parteien gebildete Partei*

Ein·heits·preis der <-es, -e> *einheitlicher Preis*

Ein·heits·staat der <-es, -en> POL. *von einer Zentralgewalt geleiteter Staat*

Ein·heits·wäh·rung die <-, -en> *einheitliche Währung*

ein·hei·zen <heizt ein, heizte ein, hat eingeheizt> *ohne OBJ* ■ *jmd. heizt (irgendwie) ein heizen* Bei der Kälte müssen wir ordentlich einheizen. ■ **jemandem tüchtig einheizen** *(umg.)*: *jmdm. Vorwürfe machen oder jmdn. ermahnen*

ein·hel·lig <nicht steig.> *Adj. (geh.) übereinstimmend* Wir sind einhellig der Meinung, dass …

ein·her·ge·hen <geht einher, ging einher, ist einhergegangen> *mit OBJ* ■ *etwas geht mit etwas Dat. einher (geh.) gleichzeitig mit etwas vorkommen* Migräne geht oft mit Übelkeit und Lichtempfindlichkeit einher.

ein·ho·len <holst ein, holte ein, hat eingeholt> *mit OBJ* ■ *jmd. holt jmdn./etwas ein* **1.** SEEW. *etwas, das irgendwo aufgehängt war, herunterholen* die Flagge/die Segel einholen **2.** *(≈ erreichen) beim Laufen oder Fahren auf gleiche Höhe mit jmdm. gelangen, der vor einem gelaufen oder gefahren war* Endlich konnten wir das Auto einholen., Sie holte ihn beim Laufen ein. **3.** *(einen zeitlichen Abstand) aufholen* Der Zug hat die Verspätung wieder eingeholt. **4.** *(umg.) einkaufen* **5.** *anfordern* ■ **bei jemandem Rat einholen**: *jmdn. um Rat bitten*

Ein·horn das <-(e)s, Einhörner> *ein Fabeltier in der Gestalt eines Pferdes mit einem Horn auf der Stirn*

Ein·hu·fer der <-s, -> (ZOOL.: ↔ *Paarhufer*) *Tier, dessen Huf aus nur einem Zeh besteht*

ein·hül·len <hüllst ein, hüllte ein, hat eingehüllt> *mit OBJ/mit SICH* **1.** ■ *jmd./ hüllt jmdn./sich (in etwas Akk.) ein als Hülle um etwas legen* Sie hatte das Baby/sich in eine Decke eingehüllt. **2.** ■ *etwas hüllt etwas/sich (in etwas Akk.) ein etwas wie eine*

Decke umgeben Wolken hatten die Gipfel eingehüllt., Die Gipfel hatten sich in Wolken eingehüllt.

ein·hun·dert *Num. 100 s.* **hundert**

ei·nig <nicht steig.> *Adj.* **1.** *so, dass mehrere Personen einer Meinung sind* Alle Parteien sind sich in diesem Punkt einig. **2.** *so, dass mehrere Personen einen gemeinsamen Beschluß fassen* Sie wurden sich über die Konditionen einig., Die Interessenvertreter sind über den Vertrag miteinander einig geworden.

ei·ni·ge *Pron.* **1.** *verwendet, um eine unbestimmte Menge von etwas zu bezeichnen* Es gibt in einiger Entfernung eine Hütte., In einigen Tagen kommt er zurück., Ich habe bereits einige Mal(e) nachgefragt. ◆ Kleinschreibung→R 3.15 **2.** *ziemlich wenig* Einiges Geld habe ich noch. **3.** *ziemlich viel* Er hat darin einige Erfahrung., Ich weiß einiges über sie.

ein·i·geln <igelst ein, igelte ein, hat eingeigelt> *mit SICH* ■ *jmd. igelt sich irgendwo ein* (*übertr.*) *sich* (*wie ein Igel*) *zurückziehen, von anderen isolieren* Er igelt sich in letzter Zeit in seinem Zimmer ein.

ei·ni·gen <einigst, einigte, hat geeinigt> *mit SICH* ■ *jmd. einigt sich* (*mit jmdm.*) (*auf/über etwas Akk.*) *eine gemeinsame Lösung finden* Wir haben uns auf einen neuen Termin geeinigt., Sie haben sich über den Preis geeinigt.

ei·ni·ger·ma·ßen *Adv.* **1.** *ein wenig;* (≈ *ziemlich*) Die Fahrt war einigermaßen anstrengend. **2.** *verwendet, um auszudrücken, dass etwas nicht schlecht, aber auch nicht wirklich gut ist* Gestern war ich krank, heute geht es mir einigermaßen.

Ei·nig·keit die <-> (*kein Plur.*) *der Zustand, dass die Meinungen verschiedener Personen übereinstimmen* Es herrschte große Einigkeit in diesem Punkt. ■ **Einigkeit macht stark.**: *verwendet, um auszudrücken, dass eine Gruppe von Menschen viel erreichen kann, wenn unter ihnen Einigkeit besteht*

Ei·ni·gung die <-, -en> *das Herstellen von Einigkeit* Die Tarifparteien konnten über die strittigen Fragen keine Einigung erzielen.

Ei·ni·gungs·be·stre·ben das <-s> (*kein Plur.*) *Streben nach Herbeiführung einer Einigung*

Ei·ni·gungs·ver·such der <-(e)s, -e> *der Versuch, sich zu einigen*

Ei·ni·gungs·vor·schlag der <-(e)s, Einigungsvorschläge> *Vorschlag, der zu einer Einigung führen soll*

ein·imp·fen <impfst ein, impfte ein, hat eingeimpft> *mit OBJ* ■ *jmd. impft jmdm. etwas ein* **1.** MED. *einen Impfstoff in den Körper spritzen* **2.** (*umg. übertr.*) *mit großem Nachdruck sagen* Wir haben den Kindern immer wieder eingeimpft, dass …

ein·ja·gen <jagst ein, jagte ein, hat eingejagt> *mit OBJ* ■ *jmd. jagt jmdm. etwas ein bewirken, dass jmd. plötzlich eine* (*negative*) *Empfindung bekommt* Sie hatte mir einen ziemlichen Schrecken eingejagt., Er hat mir richtig Angst eingejagt.

ein·jäh·rig <nicht steig.> *Adj.* **1.** *ein Jahr alt* ein einjähriges Kind **2.** *ein Jahr dauernd* eine einjährige Belagerung der Burg **3.** (*von Pflanzen*) *nur ein Jahr lebend*

Ein·jäh·ri·ge das <-n> (*kein Plur.*) (SCHULE: *veralt.* ≈ *mittlere Reife*) *Schulabschluß nach der 10. Klasse*

ein·kal·ku·lie·ren <kalkulierst ein, kalkulierte ein, hat einkalkuliert> *mit OBJ* ■ *jmd. kalkuliert etwas* (*in etwas Akk.*) *ein* (≈ *berücksichtigen*) *in eine Rechnung einbeziehen* Die Kosten für die Fahrt habe ich bereits einkalkuliert.

ein·kas·sie·ren <kassierst ein, kassierte ein, hat einkassiert> *mit OBJ* **1.** ■ *jmd. kassiert* (*bei jmdm.*) *etwas ein jmdm. einen bestimmten Geldbetrag für eine Sache oder eine Leistung abnehmen* Der Beitrag wird jeweils am Monatsende einkassiert. **2.** ■ *jmd. kassiert etwas ein* (*umg.*) *jmdm. etwas wegnehmen* Sie hat unseren Ball einfach einkassiert.

Ein·kauf der <-(e)s, Einkäufe> **1.** *das Einkaufen* Kannst du heute den Einkauf erledigen/machen? **2.** (*meist Plur.*) *die Waren, die man eingekauft hat* Hilfst du mir, die Einkäufe die Treppe hochzutragen?

ein·kau·fen <kaufst ein, kaufte ein, hat eingekauft> *mit OBJ/ohne OBJ* ■ *jmd. kauft etwas ein* (*verschiedene*) *Waren in den Geschäften kaufen* Kannst du noch (etwas) Obst einkaufen?, Ich muss nach der Arbeit noch einkaufen.

Ein·käu·fer, Ein·käu·fe·rin der <-s, -> WIRTSCH. *jmd., der in einer Firma die Aufgabe hat, bestimmte Waren einzukaufen*

Ein·kaufs·bum·mel der <-s, -> *zwangloser Gang durch die Läden, bei dem man Einkäufe macht* Am Samstag wollen wir einen Einkaufsbummel machen.

Ein·kaufs·cen·ter das <-s, -> *s.* **Einkaufszentrum**

Ein·kaufs·ge·nos·sen·schaft die <-, -en> WIRTSCH. (*betriebliche*) *Genossenschaft zum gemeinsamen Einkauf*

Ein·kaufs·korb der <-(e)s, Einkaufskörbe> *Korb zum Tragen der Einkäufe*

Ein·kaufs·pas·sa·ge die <-, -n> (*meist überdachte*) *Zone mit vielen Geschäften*

Ein·kaufs·preis der <-es, -e> (WIRTSCH.: ≈ *Bezugspreis*) *Preis, den ein Händler für die Ware, die er verkauft, bezahlt hat*

Ein·kaufs·ta·sche die <-, -n> *Tasche für den Transport von Einkäufen*

Ein·kaufs·wa·gen der <-s, -> *ein Wagen, in den Kunden beim Einkauf in Supermärkten die Waren legen und zur Kasse transportieren*

Ein·kaufs·zei·le die <-, -n> *Haupteinkaufsstraße*

Ein·kaufs·zen·t·rum das <-s, Einkaufszentren> *großer Gebäudekomplex, der einen Supermarkt und meist weitere Geschäfte und Restaurants umfasst* Hier entsteht ein Einkaufszentrum mit einem Fastfood-Restaurant.

Ein·kehr die <-> (*kein Plur.*) **1.** (*veralt.*) *Rast* Sollen wir wieder in diesem Gasthof Einkehr halten? **2.** (*geh.*) *Nachdenken über sich selbst* Nach all der Aufregung wollte er erst einmal etwas innere Einkehr halten.

ein·keh·ren <kehrst ein, kehrte ein, ist eingekehrt> *ohne OBJ* **1.** ■ *jmd. kehrt (in etwas Akk.) ein (veralt.) eine Rast oder einen kurzen Besuch machen* Im nächsten Gasthof werden wir einkehren., Wir wollen unterwegs bei Freunden einkehren. **2.** ■ *etwas kehrt (in etwas Dat.) ein kommen* Endlich kehrt hier wieder Ruhe ein.

ein·kel·lern <kellerst ein, kellerte ein, hat eingekellert> *mit OBJ* ■ *jmd. kellert etwas ein (als Vorrat) im Keller lagern* Wir haben einen Zentner Kartoffeln eingekellert. ►Einkellerung

ein·ker·kern <kerkerst ein, kerkerte ein, hat eingekerkert> *mit OBJ* ■ *jmd. kerkert jmdn. ein (umg.) jmdn. in einem Kerker einsperren* ►Einkerkerung

ein·kes·seln <kesselt ein, kesselte ein, hat eingekesselt> *mit OBJ* ■ *jmd. kesselt jmdn./etwas ein in einer gewaltsamen Auseinandersetzung die Gegner an einem Ort zusammentreiben, wo sie nicht flüchten können* Die Armee wurde eingekesselt und besiegt.

ein·kla·gen <klagst ein, klagte ein, hat eingeklagt> *mit OBJ* ■ *jmd. klagt etwas (bei jmdm.) ein vor Gericht klagen, um sein Recht zu bekommen* Schulden einklagen ►einklagbar

ein·klam·mern <klammerst ein, klammerte ein, hat eingeklammert> *mit OBJ* ■ *jmd. klammert etwas ein in Klammern setzen* ►Einklammerung

Ein·klang der <-(e)s> *(kein Plur.)* **1.** *(geh.) Übereinstimmung* Er war bemüht, Familie und Beruf in Einklang zu bringen. **2.** MUS. *Zusammenklang zweier oder mehrerer Stimmen auf dem gleichen Ton oder im Oktavabstand*

ein·kle·ben <klebst ein, klebte ein, hat eingeklebt> *mit OBJ* ■ *jmd. klebt etwas in etwas Akk. ein in etwas kleben* die Urlaubsfotos (in das Album) einkleben

ein·klei·den <kleidest ein, kleidete ein, hat eingekleidet> *mit OBJ* ■ *jmd. kleidet jmdn./sich (neu) ein (viele) neue Kleidungsstücke für jmdn. kaufen* Sie hat ihre Kinder ganz neu eingekleidet., Sie hat sich für den neuen Job völlig neu eingekleidet.

ein·klem·men <klemmst ein, klemmte ein, hat eingeklemmt> *mit OBJ* **1.** ■ *jmd. klemmt (jmdm./sich) etwas ein bewirken, dass etwas von zwei Seiten gedrückt und dabei verletzt wird* Er hatte sich/ihm den kleinen Finger in der Tür eingeklemmt. **2.** ■ *jmd. klemmt etwas in etwas Akk. ein (≈ einspannen) bewirken, dass etwas in einer Halterung festen Halt hat* Du musst das Werkstück fest in den Schraubstock einklemmen.

ein·kni·cken <knickst ein, knickte ein, hat/ist eingeknickt> *ohne OBJ* **1.** ■ *etwas knickt ein einen Knick bekommen* **2.** ■ *jmd. knickt etwas ein einen Knick in etwas machen* Knick nicht die Ecken in deinem Buch ein ! **3.** ■ *jmd. knickt (in sich) ein durch Knicken der Knie zusammensinken* ■ **jemand knickt vor jemandem ein**: *jmd. verliert seine innere Haltung vor jmdm.* Selbst die amerikanische Landwirtschaft knickt vor der Marktmacht der europäischen Verbraucher ein

ein·ko·chen <kochst ein, kochte ein, hat eingekocht> *mit OBJ/ohne OBJ* ■ *jmd. kocht (etwas) ein (≈ einmachen) Speisen durch Kochen und luftdichtes Verschließen haltbar machen* Sie kocht Obst und Gemüse/Marmelade ein.

Ein·kom·men das <-s, -> (≈ *Gehalt*) *das Geld, das man als Entlohnung für seine Arbeit erhält* Als ... hat sie ein durchschnittliches/hervorragendes/hohes/niedriges Einkommen., das zu versteuernde Einkommen ◆-sniveau, Jahres-, Monats-

Ein·kom·mens·gren·ze die <-, -n> AMTSSPR. *Grenze des Einkommens, die für bestimmte Fragen der Besteuerung wichtig ist* Sie hat keinen Anspruch auf den Zuschuss, weil sie knapp über der Einkommensgrenze liegt.

Ein·kom·men(s)·steu·er die <-, -n> *die Steuer, die ein Bürger für sein Einkommen bezahlen muss*

Ein·kom·men(s)·steu·er·er·klä·rung die <-, -en> AMTSSPR. *Formular, in das man alle wichtigen Daten seines Einkommens und seiner Abgaben einträgt und einmal jährlich beim Finanzamt abgibt*

ein·krei·sen <kreist ein, kreiste ein, hat eingekreist> *mit OBJ* **1.** ■ *jmd. kreist jmdn./etwas ein (≈ umstellen) einen Kreis um jmdn. oder etwas bilden, um ihn/es in die Enge zu treiben* Die feindlichen Truppen wurden eingekreist. **2.** ■ *jmd. kreist etwas ein (übertr.) durch Diskutieren herausfinden, wo der Kern eines Problems ist* Im Verlauf der Aussprache gelang es, das Problem einzukreisen.

Ein·künf·te <-> *Plur.* (≈ *Bezüge*) *das Geld, das jmd. erhält* Wie hoch sind Ihre monatlichen Einkünfte?, Einkünfte aus Kapitalvermögen

ein·la·den <lädst ein, lud ein, hat eingeladen> *mit OBJ* **1.** ■ *jmd. lädt etwas (in etwas Akk.) ein Dinge in ein Fahrzeug hineintun* Kannst du die Koffer in den Kofferraum einladen? **2.** ■ *jmd. lädt jmdn. (zu etwas Dat.) ein sagen, dass jmd. zu einem Fest kommen soll* Wir hatten all unsere Freunde zu seinem Geburtstag eingeladen.

ein·la·dend <nicht steig.> *Adj.* (≈ *verlockend*) *so, dass etwas sehr attraktiv ist und man es gern haben oder tun will* Ich konnte diesem einladenden Angebot einfach nicht widerstehen.

Ein·la·dung die <-, -en> *die Worte, mit denen man jmdn. bittet, an einem Fest oder einer Veranstaltung teilzunehmen* Wir erhielten eine Einladung zur Hochzeit. ◆-sschreiben, -karte, Geburtstags-, Hochzeits-

Ein·la·ge die <-, -n> **1.** *ein kleinerer Teil eines künstlerischen Programms, der zwischen den Hauptteilen kommt* Mir gefielen besonders die musikalischen Einlagen. **2.** KOCH. *Nudeln, Knödel oder Fleischstückchen, die man in eine dünne Suppe gibt* **3.** *Sohle zum Einlegen in einen Schuh* Sie benötigt dringend orthopädische Einlagen. **4.** BANKW. *Sparguthaben* Die Einlagen bei den Banken sind gesunken.

ein·la·gern <lagerst ein, lagerte ein, hat eingelagert> *mit OBJ* ■ *jmd. lagert etwas (irgendwo) ein in* *einen Keller oder Speicher bringen und dort aufbewahren* Sollen wir Kartoffeln einlagern?

ein·lan·gen <langst ein, langte ein, ist eingelangt> *ohne OBJ* ■ *jmd. langt (irgendwo) ein (österr.) eintreffen* Wir konnten gerade noch rechtzeitig einlangen.

Ein·lass der <-es, Einlässe> **1.** *(kein Plur.) Zutritt (bei öffentlichen Veranstaltungen)* Einlass erst ab 18 Jahren!, Das Konzert beginnt um 20 Uhr, Einlass ist ab 19 Uhr. **2.** *(veralt.) Eingangstür* Alle Einlässe waren versperrt.

ein·las·sen <lässt ein, ließ ein, hat eingelassen> **I.** *mit OBJ* **1.** ■ *jmd. lässt jmdn. ein hereinlassen* **2.** ■ *jmd. lässt etwas (irgendwohin) ein einsetzen, einfügen* in die Decke eingelassene Strahler **3.** ■ *jmd. lässt etwas ein (↔ ablassen) Wasser einfüllen* das Badewasser einlassen **4.** ■ *jmd. lässt etwas ein (süddt. österr.) mit Wachs einreiben oder mit Farbe streichen* Wir sollten das Holz (mit Farbe) einlassen. **II.** *mit SICH* **1.** *jmd. macht bei etwas mit* Er hat sich auf riskante Geschäfte eingelassen. **2.** ■ *jmd. lässt sich auf etwas Akk. ein einer Sache zustimmen* Darauf lasse ich mich nicht ein! **3.** ■ *jmd. lässt sich mit jmdm. ein (umg. abwert.) mit jmdm. Kontakt haben* Er hat sich mit Kriminellen eingelassen. ■ **ein Mann lässt sich mit einer Frau ein**: *ein Mann hat intimen Kontakt mit einer Frau* Sie bereut es, dass sie sich so schnell mit ihm eingelassen hat.

ein·läss·lich <einlässlicher, am einlässlichsten> *Adj. (schweiz.) gründlich, eingehend, ausführlich* ◆ Großschreibung→R 3.7

Ein·lauf der <-es, Einläufe> **1.** (MED.: ≈ *Klistier*) *Einführung von Flüssigkeit in den Darm, um ihn zu reinigen* Die Krankenschwester musste dem Patienten einen Einlauf machen. **2.** SPORT *die Reihenfolge, in der die Sportler das Ziel erreichen*

ein·lau·fen <läufst ein, lief ein, ist eingelaufen> **I.** *ohne OBJ* **1.** ■ *jmd./etwas läuft (irgendwohin) ein ankommen* Wer ist zuerst ins Ziel eingelaufen? **2.** ■ *etwas läuft ein (≈ eingehen) der Vorgang, dass Textilien kleiner werden, wenn sie zu heiß gewaschen werden* Die neue Hose ist bei der Wäsche eingelaufen. **II.** *mit OBJ* ■ *jmd. läuft etwas ein Schuhe durch Tragen bequemer werden lassen* Ich muss die Schuhe erst einlaufen.

ein·le·ben <lebst ein, lebte ein, hat eingelebt> *mit SICH* ■ *jmd. lebt sich in etwas Dat. ein sich an einen neuen Ort gewöhnen* Sie hat sich gut in Berlin eingelebt.

ein·le·gen <legst ein, legte ein, hat eingelegt> *mit OBJ* **1.** ■ *jmd. legt etwas (in etwas Dat.) ein in Essig legen und dadurch haltbar machen* Wir legen die Gurken immer in Essig ein. **2.** ■ *jmd. legt etwas ein* KFZ-W. *an einem Getriebe einen bestimmten Gang wählen* den ersten Gang einlegen **3.** ■ *jmd. legt etwas ein* FOTOGR. Warte, ich muss erst einen neuen Film einlegen. **4.** ■ *jmd. legt etwas gegen etwas Akk. ein* AMTSSPR. *offiziell oder bei Gericht erklären, dass man gegen etwas protestiert* Sie hat Widerspruch/ihr Veto eingelegt. ■ **eine Pause einlegen**: *eine Pause machen* **ein gutes Wort für jemanden einlegen**: *für jmdn. sprechen oder für jmdn. um etwas bitten*

Ein·le·ge·soh·le die <-, -n> *ein Stück Leder oder Fell in der Form eines Fußes, das in einen Schuh eingelegt wird*

ein·lei·ten <leitest ein, leitete ein, hat eingeleitet> *mit OBJ* **1.** ■ *jmd. leitet etwas (mit etwas Dat.) ein beginnen, eröffnen* Das Fest wurde durch eine Rede eingeleitet., Er hat seinen Aufsatz mit einem geschickt gewählten Zitat eingeleitet. **2.** ■ *jmd. leitet etwas (mit etwas Dat.) ein* MED. *die Geburt (durch Medikamente) einleiten* Wenn die Wehen zu lange dauern, warten manche Ärzte nicht länger, sondern leiten ein.; *bewirken, dass die Geburt beginnt* **3.** ■ *jmd. leitet etwas (gegen jmdn.) ein* AMTSSPR. *(bei Behörden oder Gericht) veranlassen* Wir werden wohl rechtliche Schritte gegen sie einleiten.

ein·lei·tend <nicht steig.> *(nur attr.) Adj. (geh.) als Einleitung* Einleitend möchte ich sagen, dass …

Ein·lei·tung die <-, -en> **1.** *(↔ Nachwort) ein Text, der vor einem anderen Text steht* Das Buch hat eine lange Einleitung. **2.** (MED.: *kein. Plur.*) *das Einleiten*[1]

ein·len·ken <lenkst ein, lenkte ein, hat eingelenkt> *ohne OBJ* ■ *jmd. lenkt ein in einem Konflikt nachgeben* Nach heftigem Streit lenkte er endlich doch ein.

ein·ler·nen <lernst ein, lernte ein, hat eingelernt> *mit OBJ* ■ *jmd. lernt jmdn. ein jmd. führt jmdn. in seine Arbeit ein, indem er ihm Informationen und einfache Aufgaben gibt* Sie hat ihre Kollegin gut eingelernt.; (≈ *anlernen*)

ein·le·sen <liest ein, las ein, hat eingelesen> **I.** *mit OBJ* ■ *jmd. liest etwas (mit etwas Dat.) ein* EDV *Daten in einen Computer gelangen lassen* Wir können die Daten bis morgen mit dem Scanner einlesen. **II.** *mit SICH* ■ *jmd. liest sich (in etwas Akk.) ein durch Lesen sich Kenntnisse über ein Gebiet aneignen* In dieses Gebiet muss ich mich erst einlesen.

ein·leuch·ten <leuchtet ein, leuchtete ein, hat eingeleuchtet> *mit ES* ■ *etwas leuchtet jmdm. ein etwas erscheint jmdm. verständlich und sinnvoll* Seine Argumente wollen mir einfach nicht einleuchten.

ein·lie·fern <lieferst ein, lieferte ein, hat eingeliefert> *mit OBJ* ■ *jmd. liefert jmdn. (in etwas Akk.) ein jmdn. in eine Institution bringen, wo er eine Zeit lang bleibt* ins Krankenhaus/ins Gefängnis einliefern

Ein·lie·fe·rung die <-, -en> *das Einliefern*

Ein·lie·ger·woh·nung die <-, -en> *(Miet)Wohnung innerhalb eines Privathauses*

ein·lo·chen <lochst ein, lochte ein, hat eingelocht> *mit OBJ* ■ *jmd. locht jmdn. ein (umg. abwert. ≈ einbuchten) jmdn. ins Gefängnis sperren*

ein·log·gen <loggst ein, loggte ein, hat eingeloggt> *mit SICH* ■ *jmd. loggt sich in etwas Akk. ein* (EDV: ↔ *ausloggen*) *durch Eingeben von Benutzername und Passwort bewirken, dass man Zu-*

griff auf ein Computernetzwerk hat

ein·lö·sen <löst ein, löste ein, hat eingelöst> *mit OBJ* ■ *jmd. löst etwas ein* **1.** *zurückkaufen* Er hatte wieder genügend Geld, um sein Pfand einzulösen. **2.** WIRTSCH. *sich auszahlen lassen* Sie löste den Scheck/den Wechsel ein. **3.** (≈ *erfüllen*) *das tun, was man zuvor versprochen oder angekündigt hat* Er konnte sein Versprechen nicht einlösen.

ein·lul·len <lullst ein, lullte ein, hat eingelullt> *mit OBJ* ■ *jmd./etwas lullt jmdn. ein* **1.** *schläfrig machen* Das monotone Geräusch der Wellen lullte sie allmählich ein. **2.** *in Sicherheit wiegen* Versuch nicht, mich einzulullen – ich weiss, was du vor hast!

ein·ma·chen <machst ein, machte ein, hat eingemacht> *mit OBJ* ■ *jmd. macht etwas ein* (≈ *einkochen*) *durch Kochen und luftdichtes Verschließen haltbar machen* Marmelade einmachen

Ein·mach·glas das <-es, Einmachgläser> *beim Einmachen verwendetes Glas*

ein·mal **I.** *Adv.* **1.** ■ **auf einmal**: *plötzlich* Auf einmal tauchte er aus der Dunkelheit auf. **2.** ■ **auf einmal**: *zugleich* Sie kamen alle auf einmal. **3.** *zu irgendeiner Zeit* Hier bin ich schon einmal gewesen., Wirst du mich später einmal besuchen **4.** *ein einziges Mal* Ich habe ihn erst einmal gesehen. **II.** *Partikel* **1.** *verstärkend* Darf ich auch einmal fahren? **2.** *eingrenzend* Wir wollen erst einmal schlafen. ■ **Einmal ist keinmal.**: *Ein einziger Versuch zählt nicht oder ist nicht so schlimm.* ♦ Schreibung mit Ziffer und Bindestrich→4.15 1-mal, 1- bis 2-mal

Ein·mal·eins das <-> (*kein Plur.*) **1.** MATH. ■ **das kleine Einmaleins**: *das Multiplizieren der Zahlen 1 - 10* **das große Einmaleins**: *das Multiplizieren der Zahlen 1 - 20* **2.** (*umg.*) *das Grundwissen über etwas*

ein·ma·lig <nicht steig.> *Adj.* **1.** (*nicht steig.*) (↔ *mehrmalig*) *so, dass es nur einmal erfolgt* Er erhielt eine einmalige Abfindung. **2.** *so, dass es nur einmal existiert* Es bot sich mir eine einmalige Chance/Gelegenheit. **3.** (≈ *einzigartig*) *von besonders guter Qualität* Diese Reise war ein einmaliges Erlebnis ! ►Einmaligkeit

Ein·mal·lin·se die <-, -n> *Kontaktlinse für den einmaligen Gebrauch*

Ein·mal·zah·lung die <-, -en> *nur einmal erfolgende Zahlung*

Ein·mann·be·trieb der <-(e)s, -e> *Betrieb, der nur aus einer Person besteht*

Ein·mann·ka·pel·le die <-, -n> *ein Musiker, der gleichzeitig eine Reihe von Instrumenten bedient*

Ein·mann·wa·gen der <-s, -> VERKEHR *Straßenbahnwagen ohne Schaffner, der nur vom Fahrer bedient wird*

Ein·marsch der <-es, Einmärsche> *das Einmarschieren* Am Beginn der Wettkämpfe stand der feierliche Einmarsch der Sportler ins Stadion., Der Einmarsch der Truppen (in das feindliche Gebiet) stand unmittelbar bevor.

ein·mar·schie·ren <marschierst ein, marschierte ein, ist einmarschiert> *ohne OBJ* ■ *jmd. marschiert irgendwo ein als eine große Gruppe von Menschen in einer festen Ordnung marschieren und an einem Ort ankommen* Die Sportler sind ins Stadion einmarschiert., Die Truppen sind in feindliches Gebiet einmarschiert.

ein·mei·ßeln <meißelst ein, meißelte ein, hat eingemeißelt> *mit OBJ* ■ *jmd. meißelt etwas* (*in etwas Akk.*) *ein etwas mit einem Meißel in einen Stein eingravieren*

ein·men·gen <mengst ein, mengte ein, hat eingemengt> **I.** *mit OBJ* ■ *jmd. mengt etwas* (*in etwas Akk.*) *ein* (*geh.*) *hinzufügen, unterrühren* Mehl in den Teig einmengen **II.** *mit SICH* ■ *jmd. mengt sich* (*in etwas Akk.*) *ein* (*umg.* ≈ *einmischen*) *sich um Dinge kümmern, die einen nichts angehen* Er hat sich schon wieder in unseren Streit eingemengt.

ein·mi·schen <mischst ein, mischte ein, hat eingemischt> *mit SICH* ■ *jmd. mischt sich* (*in etwas Akk.*) *ein in die Angelegenheit eines anderen Menschen eingreifen* Misch dich nicht in meine Angelegenheiten ein! ►Einmischung

ein·mo·to·rig <nicht steig.> *Adj. mit nur einem Motor* ein einmotoriges Flugzeug

ein·mot·ten <mottest ein, mottete ein, hat eingemottet> *mit OBJ* ■ *jmd. mottet etwas ein* **1.** (*mit einem Mittel gegen Motten*) *wegpacken* Ich habe die Sommerkleidung bereits eingemottet. **2.** (*umg.*) *etwas längere Zeit nicht mehr gebrauchen* ■ **Lass dich doch einmotten mit deinen Ideen !**: *Deine Ideen sind nutzlos.*

ein·mum·me(l)n <mummelst ein, mummelte ein, hat eingemummelt> *mit OBJ* ■ *jmd. mummelt jmdn./etwas ein* (*umg.*) *warm anziehen*

ein·mün·den <mündet ein, mündete ein, ist eingemündet> *ohne OBJ* ■ *etwas mündet in etwas Akk. ein* **1.** *hineinfließen* Der Rhein mündet in die Nordsee ein. **2.** *in etwas anderes übergehen* Die Straße mündet in einen Kreisverkehr ein.

Ein·mün·dung die <-, -en> **1.** *das Einmünden* **2.** *Stelle, an der ein Fluss oder eine Straße einmündet*

ein·mü·tig <nicht steig.> *Adj.* (*geh.*) *einstimmig* ein einmütiger Beschluss

Ein·mü·tig·keit die <-> (*kein Plur.*) (*geh.*) *Einigkeit* Es herrschte große Einmütigkeit.

ein·nach·ten <nachtet ein, nachtete ein, hat eingenachtet> *mit ES* (*schweiz.*) ■ *es nachtet ein Nacht werden*

Ein·nah·me die <-, -n> **1.** (*kein Plur.*) (≈ *Eroberung*) *das Einnehmen*[4] Die Einnahme der feindlichen Festung erwies sich als schwierig. **2.** (*meist Plur.*) *Einkommen* Heute hatten wir hohe Einnahmen., Die öffentlichen Einnahmen gehen weiter zurück.

Ein·nah·me·aus·fall der <-(e)s, Einnahmeausfälle> *das Ausfallen von Einnahmen*[2]

Ein·nah·me·quel·le die <-, -n> *etwas, das jmdm. Geld einbringt* Sie besaß mehrere Einnahmequellen.

ein·ne·beln <nebelt ein, nebelte ein, hat eingenebelt> *mit* (*künstlichem*) *Nebel einhüllen* Der Zigarettenrauch nebelt uns ein.

ein·neh·men <nimmst ein, nahm ein, hat eingenommen> *mit OBJ* **1.** ■ *jmd. nimmt etwas ein* (*geh.*) *Essen zu sich nehmen* Wir nehmen jeden Tag pünktlich um 12 Uhr das Mittagessen ein. **2.** ■ *jmd. nimmt etwas ein Geld in die Kasse bekommen* Heute habe ich relativ viel Geld eingenommen. **3.** ■ *jmd. nimmt etwas ein sich auf einen Sitzplatz begeben* Bitte nehmen Sie Ihre Plätze ein! **4.** ■ *jmd. nimmt etwas ein* MILIT. *erobern* Sie nahmen nach erbittertem Kampf das feindliche Gebiet ein. **5.** ■ *etwas nimmt etwas ein* (*räumlich*) *ausfüllen* Allein das Sofa nimmt schon die Hälfte des Zimmers ein. ■ **jemanden für etwas/sich einnehmen**: *jmdn. von etwas oder sich überzeugen oder begeistern*

ein·neh·mend <einnehmender, am einnehmendsten> *Adj.* (≈ *anziehend*) *so sympathisch, dass man jmdn. mögen muss* Sie hatte ein einnehmendes Wesen.

ein·ni·cken <nickst ein, nickte ein, ist eingenickt> *ohne OBJ* ■ *jmd. nickt ein* (*umg.*) *in leichten Schlaf fallen* Sie nickt häufig vor dem Fernseher ein., Im Publikum waren viele nach einer Stunde eingenickt.

ein·nis·ten <nistest ein, nistete ein, hat eingenistet> *mit SICH* **1.** ■ *ein Tier nistet sich irgendwo ein an einem Ort ein Nest bauen und dann dort leben* Ich glaube, im Schuppen hat sich ein Vogelpärchen eingenistet. **2.** ■ *jmd. nistet sich irgendwo ein* (*umg. abwert.*) *sich niederlassen, für längere Zeit bleiben* Glaubt sie, sie kann sich jetzt hier einnisten?

Ein·öde die <-, -n> *verlassene Gegend*

Ein·öd·hof der <-(e)s, Einödhöfe> LANDW. *abgelegener Bauernhof*

ein·ö·len <ölst ein, ölte ein, hat eingeölt> *mit OBJ* ■ *jmd. ölt jmdn./etwas* (*mit etwas Dat.*) *ein mit Öl einreiben* Sie ölt ihre Haut vor dem Sonnenbad mit Öl ein., Du könntest mal wieder die Fahrradkette einölen.

ein·ord·nen **I.** *mit OBJ* ■ *jmd. ordnet jdn./etwas in etwas Akk. ein in einer bestimmten Ordnung unterbringen* Er ordnet gerade die neuen Bücher ins Regal ein. **II.** *mit SICH* ■ *jmd. ordnet sich* (*in etwas Akk.*) *ein* **1.** *sich anpassen* Die Schülerin ordnet sich gut in den Klassenverband ein. **2.** KFZ *eine bestimmte Fahrspur aufsuchen* Du musst dich vor der nächsten Kreuzung rechts/links einordnen.

Ein·ord·nung die <-, -en> *das Einordnen I*

ein·pa·cken <packst ein, packte ein, hat eingepackt> *mit OBJ/ohne OBJ* **1.** ■ *jmd. packt etwas* (*in etwas Akk.*) *ein* (≈ *einwickeln*) *eine Hülle aus Papier, Plastikfolie o.Ä. als Schutz um etwas tun* Würden Sie bitte das Buch in Geschenkpapier einpacken? **2.** ■ *jmd. packt etwas ein in ein Gepäckstück geben* Ich packe für die Reise warme Kleidung ein. ■ **einpacken können** (*umg.*): *aufgeben müssen* Mit deinen schlechten Kenntnissen in Mathematik kannst du einpacken.

ein·par·ken <parkst ein, parkte ein, hat eingeparkt> *ohne OBJ* ■ *jmd. parkt irgendwo ein ein Auto in einer Parklücke abstellen*

ein·pas·sen <passt ein, passte ein, hat eingepasst> *mit OBJ* ■ *jmd. passt etwas* (*in etwas Akk.*) *ein passend machen, maßgerecht einfügen* Die Handwerker passen gerade die neuen Fenster ein.

ein·pau·ken <paukst ein, paukte ein, hat eingepaukt> **I.** *mit OBJ* ■ *jmd. paukt* (*jmdm.*) *etwas ein* (*umg. abwert.* ≈ *eintrichtern*) *jmdm. schnell und mit vielen Wiederholungen einen Wissensstoff vermitteln* Früher haben die Lehrer ihren Schülern eine Lektion nach der anderen eingepaukt. **II.** *mit SICH* ■ *jmd. paukt sich etwas ein etwas angestrengt lernen und sich durch Wiederholen einprägen* Vor dem Test hat er sich die Vokabeln eingepaukt.

ein·pen·deln <pendelst ein, pendelte ein, hat eingependelt> *mit SICH* ■ *etwas pendelt sich* (*auf etwas Akk.*)*ein einen Durchschnittswert erreichen* Zum Börsenschluss hatten sich die Aktienkurse wieder eingependelt.

ein·pfer·chen <pferchst ein, pferchte ein, hat eingepfercht> *mit OBJ* ■ *jmd. pfercht jmdn./Tiere* (*irgendwo*) *ein auf* (*zu*) *kleinem Raum zusammendrängen* Die Hühner waren in einem Stall eingepfercht., Die Gefangenen waren auf engstem Raum eingepfercht.

ein·pflan·zen <pflanzt ein, pflanzte ein, hat eingepflanzt> *mit OBJ* **1.** ■ *jmd. pflanzt etwas* (*in etwas Akk.*) *ein Pflanzen in die Erde einsetzen, damit sie dort wachsen* **2.** ■ *jmd. pflanzt jmdm. etwas ein* (MED.: ≈ *implantieren*) Das neunköpfige Ärzteteam pflanzte dem Patienten in einer achtstündigen Operation ein neues Herz ein.

ein·pin·seln <pinselst ein, pinselte ein, hat eingepinselt> *mit OBJ* ■ *jmd. pinselt etwas* (*mit etwas Dat.*) *ein etwas mit Hilfe eines Pinsels mit einer Flüssigkeit bestreichen* Sie hat die Wunde mit Jod eingepinselt.

ein·pla·nen <planst ein, plante ein, hat eingeplant> *mit OBJ* ■ *jmd. plant jmdn./etwas ein von vornherein berücksichtigen* Deinen Besuch habe ich jetzt gar nicht eingeplant.

ein·po·lig <nicht steig.> *Adj.* PHYS. *mit nur einem Pol* Diese elektrische Leitung ist nur einpolig.

ein·prä·gen <prägst ein, prägte ein, hat eingeprägt> **I.** *mit OBJ* ■ *jmd. prägt etwas in etwas Akk. ein eindrücken* Sie ließ ihre Initialen in den Ring einprägen. **II.** *mit SICH* ■ *jmd. prägt sich etwas ein etwas im Gedächtnis festhalten, so dass man es sich merken kann* Ich kann mir die Vokabeln einfach nicht einprägen., Diese Melodie hat sich mir eingeprägt.

ein·präg·sam <einprägsamer, am einprägsamsten> *Adj.* (≈ *markant, eindrucksvoll*) *so, dass man es nicht mehr vergisst* ein einprägsames Gesicht

ein·quar·tie·ren <quartierst ein, quartierte ein, hat einquartiert> *mit OBJ/mit SICH* ■ *jmd. quartiert jdn./sich irgendwo ein jmdn. oder sich in einem Quartier unterbringen* Sie hatten ihre Gäste im Hotel einquartiert., Wir haben uns bei seinen Eltern einquartiert., Die Truppen wurden in Kasernen einquartiert.

Ein·quar·tie·rung die <-, -en> *das Einquartieren*

Ein·rad das <-(e)s, Einräder> SPORT *ein Fahrrad, das nur über ein Laufrad verfügt*

ein·rah·men <rahmst ein, rahmte ein, hat eingerahmt> *mit OBJ* ■ *jmd. rahmt etwas ein Akk. in einen Rahmen geben* Bilder/Fotos einrahmen

Ein·rah·mung die <-, -en> *das Einrahmen*

ein·ram·men <rammst ein, rammte ein, hat eingerammt> *mit OBJ* ■ *jmd. rammt etwas in etwas Akk. ein mit großer Kraft (in den Boden) hineinstoßen* Sie rammten die Zaunpfähle tief in den Boden ein.

ein·ras·ten <rastet ein, rastete ein, ist eingerastet> *ohne OBJ* ■ *etwas rastet irgendwo ein (meist mit einem knackenden Geräusch) mechanisch ineinander greifen, so dass etwas fest verbunden wird* Der Verschluß am Koffer ist eingerastet., Der Schlüssel passt, denn das Schloß ist eingerastet. ■ **jemand ist eingerastet** (*umg.*): *jmd. ist beleidigt* Seit ich ihm das gesagt habe, ist er eingerastet.

ein·räu·chern <räucherst ein, räucherte ein, hat eingeräuchert> *mit OBJ* ■ *jmd. räuchert etwas ein mit Rauch erfüllen* Du räucherst die ganze Wohnung ein mit deinem Zigarettenqualm!

ein·räu·men <räumst ein, räumte ein, hat eingeräumt> *mit OBJ* **1.** ■ *jmd. räumt etwas in etwas Akk. ein hineinlegen, einordnen* Ich will noch die Wäsche in den Schrank einräumen. **2.** ■ *jmd. räumt etwas ein einrichten* Sie räumt gerade ihre neue Wohnung ein. **3.** ■ *jmd. räumt etwas ein (≈ zugeben) sagen, dass ein Vorwurf berechtigt ist* Der Minister hat Fehler bei der Abwicklung des Falles eingeräumt.

Ein·räu·mung die <-> (*kein Plur.*) *das Einräumen*

ein·rech·nen <rechnest ein, rechnete ein, hat eingerechnet> *mit OBJ* ■ *jmd. rechnet etwas (in etwas Akk.)ein in einer Rechnung berücksichtigen* Er hat sämtliche Kosten schon eingerechnet.

ein·re·den <redest ein, redete ein, hat eingeredet> **I.** *mit OBJ* ■ *jmd. redet jmdm. etwas ein durch Äußerungen bewirken, dass jmd. etwas glaubt* Diese Werbung will mir einreden, dass ich diese Ware unbedingt brauche., Hat dir das dein neuer Freund eingeredet? **II.** *ohne OBJ* ■ *jmd. redet auf jmdn. ein eindringlich mit jmdm. reden* Sie redete stundenlang auf ihn ein, aber er blieb bei seiner Meinung.

Ein·rei·be·mit·tel das <-s, -> *Mittel zum Einreiben (der Haut)*

ein·rei·ben <reibst ein, rieb ein, hat eingerieben> *mit OBJ* ■ *jmd. reibt etwas (mit etwas Dat.) ein durch Reiben eine Substanz auf etwas verteilen* die Freundin mit Sonnenöl einreiben, Schuhe mit Fett einreiben

Ein·rei·bung die <-, -en> *das Einreiben*

ein·rei·chen <reichst ein, reichte ein, hat eingereicht> *mit OBJ* ■ *jmd. reicht etwas (bei etwas Dat.) ein offiziell Dokumente bei einer Behörde oder Dienststelle vorlegen* Er wird seine Bewerbungsunterlagen/den Antrag gleich morgen einreichen.

ein·rei·hen <reihst ein, reihte ein, hat eingereiht> **I.** *mit OBJ* ■ *jmd. reiht etwas unter etwas Akk. ein einordnen* Man reiht ihn unter die größten Komponisten dieses Jahrhunderts ein. **II.** *mit SICH* ■ *jmd. reiht sich in etwas Akk. ein sich in eine Reihe stellen* Ich reihte mich in die lange Schlange der Wartenden ein.

Ein·rei·her der <-s, -> (↔ *Zweireiher*) *Anzug mit nur einer Knopfreihe am Jackett*

ein·rei·hig <nicht steig.> *Adj.* (↔ *zweireihig*) *in oder mit nur einer Reihe von Knöpfen* ein einreihiges Jackett

Ein·rei·se die <-, -n> (↔ *Ausreise*) *der Vorgang, dass jmd. die Grenze zu einem anderen Land überschreitet*

Ein·rei·se·be·stim·mung die <-, -en> (*meist Plur.*) AMTSSPR. *behördliche Bestimmung über die Einreise*

Ein·rei·se·er·laub·nis die <-, -se> (*meist Sing.*) (AMTSSPR.: ≈ *Einreisegenehmigung*) Die Einreiseerlaubnis wurde in letzter Minute erteilt.

Ein·rei·se·ge·neh·mi·gung die <-, -en> (AMTSSPR.: ≈ *Einreiseerlaubnis*)

ein·rei·sen <reist ein, reiste ein, ist eingereist> *ohne OBJ* ■ *jmd. reist irgendwo ein über die Grenze in ein anderes Land kommen;* (↔ *ausreisen*) Sie durfte nach England einreisen.

Ein·rei·se·ver·bot das <-(e)s, -e> AMTSSPR. *Verbot der Einreise*

ein·rei·ßen <reißt ein, riss ein, hat/ist eingerissen> **I.** *mit OBJ* ■ *jmd. reißt etwas ein* **1.** (*haben*) *niederreißen* das alte Haus einreißen **2.** *einen Riss hineinbringen* Sie hat das Foto leider etwas eingerissen. **II.** *ohne OBJ* **1.** ■ *etwas reißt ein (sein) an einer Stelle einen Riss haben* Diese Buchseite ist eingerissen. **2.** ■ *etwas reißt irgendwo ein (umg. (sein)) zur Gewohnheit werden* Was reißt denn hier ein?

ein·ren·ken <renkst ein, renkte ein, hat eingerenkt> **I.** *mit OBJ* ■ *jmd. renkt (jmdm.) etwas ein* **1.** (MED.: ↔ *ausrenken*) *in die ursprüngliche (richtige) Lage zurückführen* Der Arzt konnte ihren Arm/Wirbel wieder einrenken. **2.** ■ *jmd. renkt etwas ein (umg. übertr.) wieder in Ordnung bringen* Das werden wir schon wieder einrenken. **II.** *mit SICH* ■ *etwas renkt sich ein ein schlechtes Verhältnis bessert sich von selbst wieder* Sie hatten Streit, aber jetzt hat sich ihr Verhältnis wieder eingerenkt.

ein·ren·nen <rennst ein, rannte ein, hat eingerannt> *mit OBJ* ■ *jmd. rennt (jmdm.) etwas ein* ■ **bei jemandem offene Türen einrennen** (*umg.*): *versuchen, jmdn. von etwas zu überzeugen, wovon er bereits überzeugt ist* **jemandem die Bude einrennen** (*umg.*): *jmdn. häufig aufsuchen, um etwas zu erreichen*

ein·rich·ten <richtest ein, richtete ein, hat eingerichtet> **I.** *mit OBJ* **1.** ■ *jmd. richtet etwas ein anlegen* Wir müssen ein Bankkonto/ein neues Adressenverzeichnis einrichten. **2.** ■ *jmd. richtet etwas mit etwas Dat. ein eine Wohnung mit Möbeln, Vorhängen, Teppichen usw. ausstatten* Wie werden wir die neue Wohnung einrichten? **3.** ■ *jmd. richtet etwas ein (geh.) möglich machen* Können Sie es einrichten, mich um sechs Uhr zu treffen? **4.** ■ *jmd. richtet etwas ein neu schaffen* Das Büro wurde eben erst eingerichtet. **II.** *mit SICH* **1.** ■ *jmd. richtet sich (auf jmdn./etwas) ein (geh.) sich vorbereiten* Ihr müsst euch auf einige Schwierigkeiten einrichten. **2.** ■ *jmd. richtet sich irgendwie ein seine Wohnung in bestimmter Weise möblieren* Sie haben sich im französischen Stil/luxuriös eingerichtet.

Ein·rich·tung die <-, -en> **1.** *(kein Plur.) das Einrichten I.1, I.2, II.2* Es geht um die Einrichtung eines Sparkontos., Die Einrichtung des Wohnzimmers kostete uns viel Geld. **2.** *alle Möbel einer Wohnung; (≈ Ausstattung)* eine Wohnung mit einer einfachen/ eleganten/hochwertigen/modernen/ nüchternen/sachlichen Einrichtung, Die Einrichtungen aus beiden Wohnungen werden wir größtenteils mitnehmen. ◆ Wohnungs- **3.** *Institution* Die Sparmaßnahmen betrafen kulturelle/ öffentliche/soziale/staatliche Einrichtungen.

ein·rit·zen <ritzt ein, ritzte ein, hat eingeritzt> *mit OBJ* ■ *jmd. ritzt etwas in etwas Akk. ein in etwas ritzen* Er ritzte seine Initialen in die Holzbank/die Rinde des Baumes.

ein·rol·len <rollst ein, rollte ein, hat eingerollt> **I.** *mit OBJ* ■ *jmd. rollt etwas ein etwas so wickeln, dass es zur Rolle wird* Wir rollen den Teppich für den Transport ein. **II.** *mit SICH* ■ *jmd./etwas rollt sich ein sich zusammenrollen* Das Blatt rollt sich wegen der Schädlinge/vor Trockenheit ein.

ein·ros·ten <rostest ein, rostete ein, ist eingerostet> *ohne OBJ* ■ *jmd./etwas rostet ein* **1.** *Rost ansetzen* Das alte Fahrrad ist völlig eingerostet. **2.** *(umg.) (wegen mangelnder Übung) ungelenkig oder steif sein* Er sollte sich mehr bewegen, er ist total eingerostet.

ein·rü·cken <rückst ein, rückte ein, hat/ist eingerückt> **I.** *ohne OBJ* ■ *jmd. rückt (in etwas Akk.) ein* (MILIT.: *sein) einmarschieren* Die Truppen rückten in feindliches Gebiet ein. **II.** *mit OBJ* ■ *jmd. rückt etwas ein (haben) eine Textzeile etwas weiter rechts vom Rand beginnen lassen* Die Zitate habe ich eingerückt.

Eins die <-, -en> **1.** *die Ziffer 1* Sie hat eine Eins gewürfelt., Das Fußballspiel steht gerade bei eins zu null. **2.** *(im deutschen Schulsystem) die beste Schulnote* Er wollte unbedingt eine Eins schreiben., in Mathematik und Sport eine Eins haben **3.** *sehr gute Bewertung* das ist eins A (Ia) Qualität!

eins **I.** *Num. verwendet, um die Uhrzeit von dreizehn Uhr zu bezeichnen* Es ist schon halb eins. **II.** *Adj.* **1.** *(↔ uneins) einig, gleicher Meinung* wir sind darin eins, dass ... **2.** *dasselbe* Das macht keinen Unterschied, das ist doch alles eins! ■ **jemandem eins sein** *(umg.): gleichgültig (sein)* Sie war ihm völlig eins geworden. **III.** *Pron. etwas* Sie wollte ihm eigentlich eins auswischen., Eins möchte ich dir noch sagen *siehe auch* **acht**

Ein·saat die <-, -en> **1.** *(meist Sing.) Saatgut* **2.** *(kein Plur.) das Einsäen*

ein·sa·cken[1] <sackst ein, sackte ein, hat eingesackt> *mit OBJ* ■ *jmd. sackt etwas ein* **1.** *in Säcke packen* Hilf mir bitte, die Kartoffeln einzusacken. **2.** *(umg. abwert.) kassieren* Sie hat dort ganz schön viel Geld eingesackt.

ein·sa·cken[2] <sackst ein, sackte ein, ist eingesackt> *ohne OBJ* ■ *jmd. sackt (in etwas Akk.) ein versinken* Wir kamen nur langsam voran, da wir ständig im Schnee einsackten.

ein·sä·en <säst ein, säte ein, hat eingesät> *mit OBJ* ■ *jmd. sät etwas ein Saatgut in den Boden stecken* Er hat diesmal auf dem Feld Weizen eingesät.

ein·sal·zen <salzt ein, salzte ein, hat eingesalzen/ eingesalzt> *mit OBJ* ■ *jmd. salzt etwas ein (≈ pökeln) Nahrungsmittel in Salz einlegen und dadurch haltbar machen* Fisch einsalzen

ein·sam <einsamer, am einsamsten> *Adj.* **1.** *so, dass man wenig soziale Kontakte hat und viel allein ist* Alte Menschen sind oft einsam. **2.** *(≈ abgelegen) so, dass in der Umgebung keine anderen Gebäude sind* ein einsames Haus am Waldrand **3.** *menschenleer, wenig bewohnt* Dort gibt es weite, einsame Strände., eine einsame Gegend

Ein·sam·keit die <-> *(kein Plur.)* **1.** *das Alleinsein* Sie liebt die Einsamkeit. **2.** *Abgeschiedenheit* Das Ferienhäuschen liegt in absoluter Einsamkeit.

ein·sam·meln <sammelst ein, sammelte ein, hat eingesammelt> *mit OBJ* ■ *jmd. sammelt etwas ein von jedem Mitglied einer Gruppe eine bestimmte Sache nehmen* Wer sammelt das Geld für die Klassenfahrt ein?, Der Lehrer sammelt die Hefte der Schüler ein.

Ein·satz der <-es, Einsätze> **1.** *(≈ Engagement) die Anstrengung, die man für eine Sache erbringt* Sie arbeiteten mit großem Einsatz/unter Einsatz aller Kräfte für das Projekt. **2.** *das Verwenden von Geräten* Erst der Einsatz von Computern macht diese Arbeit möglich. **3.** *der Vorgang, dass jmd. die mit seinem Beruf verbundene Funktion oder Tätigkeit ausübt* Über den Einsatz des angeschlagenen Spielers wird morgen entschieden., Man diskutiert über den Einsatz von Bodentruppen. **4.** *die Geldsumme, die man bei einem Glücksspiel oder einer Wette gibt oder nennt* Er hat einen hohen Einsatz gegeben und damit viel riskiert. **5.** MUS. *der Vorgang, dass zu einem bestimmten Zeitpunkt ein Musiker zu spielen beginnt* Der Pianist hat seinen Einsatz verpasst., Der Dirigent gab dem Orchester den Einsatz. ■ **unter Einsatz ihres Lebens**: *unter Lebensgefahr* **6.** *ein Behälter, den man in einen anderen Behälter einsetzt* Zu diesem Kochtopf gehört ein Einsatz zum Dämpfen ◆ -truppe, -wagen, Feuerwehr-, Polizei-

ein·satz·be·reit <nicht steig.> *Adj. bereit zum Einsatz*[2,3,4,5] Der Computer/Der Spieler/Die Einheit ist einsatzbereit.

Ein·satz·be·reit·schaft die <-> *(kein Plur.) (≈ Engagement) der Wille, sich für etwas einzusetzen* Seine Einsatzbereitschaft überraschte mich.

ein·satz·freu·dig <einsatzfreudiger, am einsatzfreudigsten> *Adj. gern bereit, sich einzusetzen*

Ein·satz·ge·biet das <-(e)s, -e> *Gebiet, in dem ein Einsatz*[3] *stattfindet*

Ein·satz·plan der <-s, Einsatzpläne> *Plan für ei-*

nen Einsatz³

ein·sau·en <saust ein, saute ein, hat eingesaut> *mit SICH* ■ *jmd. saut sich (mit etwas Dat.) ein* (*umg.*) *schmutzig machen* Schau dich mal an – du hast dich ja total (mit Tomatensoße) eingesaut!

ein·sau·gen <saugst ein, saugte ein, hat eingesaugt> *mit OBJ* ■ *jmd./etwas saugt etwas Akk. ein durch Saugen aufnehmen* den Duft von Blumen einsaugen

ein·säu·men <säumst ein, säumte ein, hat eingesäumt> *mit OBJ* ■ *jmd./etwas säumt etwas ein* **1.** *ein Kleidungsstück mit einem Saum versehen* **2.** *einfassen* Eine Allee ist eine von Bäumen eingesäumte Straße.

ein·schal·ten <schaltest ein, schaltete ein, hat eingeschaltet> **I.** *mit OBJ* ■ *jmd. schaltet etwas ein* **1.** *in Betrieb setzen* Schalte doch bitte das Licht/den Fernseher ein. **2.** *bewirken, dass jmd. aktiv wird* Wir werden wohl die Polizei einschalten müssen. **II.** *mit SICH* ■ *jmd. schaltet sich (in etwas Akk.) ein eingreifen, sich einmischen* Nach wiederholten Fouls schaltete sich endlich der Schiedsrichter ein.

Ein·schalt·he·bel der <-s, -> *Hebel zum Einschalten einer Maschine*

Ein·schalt·quo·te die <-, -n> TV *Zahl der Fernsehzuschauer einer bestimmten Sendung* Zur Hauptsendezeit erreicht man natürlich eine hohe Einschaltquote.

ein·schär·fen <schärfst ein, schärfte ein, hat eingeschärft> *mit OBJ* ■ *jmd. schärft jmdm. etwas ein jmdn. nachdrücklich dazu auffordern, eine Regel einzuhalten* Wir haben den Kindern Vorsicht im Straßenverkehr eingeschärft.

ein·schät·zen <schätzt ein, schätzte ein, hat eingeschätzt> *mit OBJ* ■ *jmd. schätzt jmdn./etwas irgendwie ein* (≈ *bewerten*) *in bestimmter Weise beurteilen* Sie hatten die Situation falsch/genau richtig/realistisch/zu pessimistisch eingeschätzt., Er hatte seine Fähigkeiten/sich falsch eingeschätzt und war der Aufgabe dann doch nicht gewachsen.

ein·schen·ken <schenkst ein, schenkte ein, hat eingeschenkt> *mit OBJ* ■ *jmd. schenkt jmdm. (etwas) ein* (≈ *eingießen*) *aus einer Flasche oder Kanne Flüssigkeit in ein Glas gießen* Sie schenkte dem Gast ein Glas Wein ein.

ein·sche·ren <scherst ein, scherte ein, ist eingeschert> *ohne OBJ* ■ *jmd. schert irgendwo ein* VERKEHR *sich wieder in die richtige Fahrspur einordnen*

ein·schi·cken <schickst ein, schickte ein, hat eingeschickt> *mit OBJ* ■ *jmd. schickt etwas irgendwo ein* (≈ *einsenden*) *irgendwohin schicken* Wir werden die Blutproben zur Analyse ins Labor einschicken.

ein·schie·ben <schiebst ein, schob ein, hat eingeschoben> *mit OBJ* ■ *jmd. schiebt etwas (in etwas Akk.) ein* (*umg.* ≈ *dazwischenschieben*) *etwas, das sich über einen gewissen Zeitraum erstreckt, an einer Stelle unterbrechen, um etwas anderes zu tun* Nächste Woche muss ich mal einen Urlaubstag einschieben.

ein·schie·ßen <schießt ein, schoss ein, hat eingeschossen> **I.** *mit OBJ* ■ *jmd. schießt etwas ein Akk. durch Schüsse zerstören* Die Soldaten hatten alle Fenster und Türen eingeschossen. **II.** *mit SICH* ■ *jmd. schießt sich ein sich im Schießen üben und immer treffsicherer werden* ■ **sich auf jmdn. einschießen**: *jmdn. immer wieder kritisieren* Diese Zeitung hat sich darauf eingeschossen, den Bürgermeister zu kritisieren.

ein·schif·fen <schiffst ein, schiffte ein, hat eingeschifft> **I.** *mit OBJ* ■ *jmd. schifft jmdn./etwas irgendwo ein* SEEW. *an Bord eines Schiffes bringen* **II.** *mit SICH* ■ *jmd. schifft sich irgendwo ein* SEEW. *eine Reise an Bord eines Schiffes beginnen*

Ein·schif·fung die <-, -en> SEEW. *das Einschiffen*

ein·schla·fen <schläfst ein, schlief ein, ist eingeschlafen> *ohne OBJ* **1.** ■ *jmd./ein Tier schläft ein in Schlaf fallen* Nach dem anstrengenden Tag bin ich schon früh eingeschlafen. **2.** ■ *etwas schläft ein (von Arm/Bein) gefühllos werden und kribbeln* Mein rechter Arm ist eingeschlafen. **3.** ■ *etwas schläft ein langsam weniger werden und schließlich ganz enden* Unser Kontakt schlief mit der Zeit ein. **4.** ■ *jmd. schläft ein* (*verhüll.* ≈ *entschlafen*) (*ohne Qualen*) *sterben*

ein·schlä·fern <schläferst ein, schläferte ein, hat eingeschläfert> *mit OBJ* **1.** ■ *etwas schläfert jmdn. ein in Schlaf versetzen* Diese Musik schläfert mich ein. **2.** ■ *etwas schläfert jmdn. ein* (≈ *beschwichtigen*) *sorglos machen, in falsche Sicherheit bringen* Sie wollen uns von der Ölpest ablenken und unsere Aufmerksamkeit einschläfern. **3.** ■ *jmd. schläfert ein Tier ein ein Tier durch eine Injektion töten* Unser Hund musste leider eingeschläfert werden

ein·schlä·fernd <einschläfernder, am einschläferndsten> *Adj.* (*umg.* ≈ *monoton*) *so gleichförmig und langweilig, dass man dabei einschlafen könnte* Stell doch bitte diese einschläfernde Musik ab!

Ein·schlä·fe·rung die <-, -en> *das Einschläfern ³*

Ein·schlaf·stö·rung die <-, -en> (*meist Plur.*) *Schwierigkeiten beim Einschlafen*

Ein·schlag der <-(e)s, Einschläge> **1.** *das Einschlagen II.1* Der Einschlag des Meteoriten war verheerend. **2.** *eine Tendenz zu etwas* Seine dunklen Haare verraten südländischen Einschlag., Das Fell war dunkelbraun mit einem Einschlag ins Rötliche.

ein·schla·gen <schlägst ein, schlug ein, hat eingeschlagen> **I.** *mit OBJ* **1.** ■ *jmd. schlägt etwas in etwas Akk. ein durch Schlagen mit dem Hammer bewirken, dass etwas in etwas steckt* Könntest du einen Nagel in die Wand einschlagen? **2.** ■ *jmd. schlägt etwas ein durch Schlagen zerstören* Der Junge hat eine Fensterscheibe eingeschlagen. **3.** ■ *jmd. schlägt etwas in etwas Akk. ein* (≈ *einwickeln*) *um etwas Papier, Folie o.Ä. wickeln* Das Buch ist in Packpapier eingeschlagen. **4.** ■ *jmd. schlägt etwas ein mit einem Saum oder Umschlag versehen* Der Saum ist 5 cm eingeschlagen. **5.** ■ *jmd. schlägt etwas ein* KFZ *herumdrehen* Du musst jetzt das Lenkrad stark nach rechts einschlagen. **6.** ■ *jmd. schlägt etwas ein in einer bestimmten Richtung gehen* Wir werden einen neuen Weg einschlagen., Er hat eine recht erfolgreiche Laufbahn eingeschlagen. **II.** *ohne OBJ* ■ *etwas schlägt in etwas Akk. ein* **1.** *in einen Gegenstand gewaltsam hineindringen* Der Blitz schlug in den Kirchturm ein. **2.** ■ *etwas schlägt (bei jmdm.) ein (umg.) gut ankommen, Anklang finden* Dieser Film hat total eingeschlagen. **3.** ■ *jmd. schlägt auf jmdn. ein prügeln* Sie haben auf ihn eingeschlagen, bis er sich nicht mehr bewegte.

ein·schlä·gig <nicht steig.> *Adj.* **1.** AMTSSPR. *dazugehörig* Das geht aus den einschlägigen Bestimmungen hervor. **2.** ■ **einschlägig vorbestraft sein** RECHTSW.: *bereits wegen eines ähnlichen Vergehens bestraft sein*

ein·schlei·chen <schleichst ein, schlich ein, hat eingeschlichen> *mit SICH* **1.** ■ *jmd. schleicht sich (in etwas Akk.) ein heimlich hineinkommen* Der Einbrecher hatte sich nachts in das Büro eingeschlichen **2.** ■ *etwas schleicht sich (in etwas Akk.) ein versehentlich geschehen* Hier haben sich schon wieder Fehler eingeschlichen.

ein·schlep·pen <schleppst ein, schleppte ein, hat eingeschleppt> *mit OBJ* ■ *jmd. schleppt etwas in etwas Akk. ein (als erkrankte Person) bewirken, dass sich andere Menschen anstecken und sich eine Krankheit ausbreitet* Wer hat hier die Grippe eingeschleppt?

ein·schleu·sen <schleust ein, schleuste ein, hat eingeschleust> *mit OBJ* ■ *jmd. schleust jmdn./etwas in etwas Akk. ein unbemerkt in etwas hineingelangen lassen* Die Agenten wurden eingeschleust.

ein·schlie·ßen <schließt ein, schloss ein, hat eingeschlossen> *mit OBJ* **1.** ■ *jmd. schließt etwas in etwas Akk. ein (≈ wegschließen) etwas in einen Schrank tun und diesen abschließen* Wir haben die Medikamente (für Kinder unzugänglich) im Schrank eingeschlossen. **2.** ■ *etwas schließt etwas ein vollständig umgeben* Eine hohe Hecke schloss das Grundstück ein.

ein·schließ·lich **I.** *Präp. + Gen. (≈ inklusive ↔ zuzüglich) so, dass die genannte Sache einen Geldbetrag enthält* Dies wäre der Preis einschließlich (der) Mehrwertsteuer. **II.** *Adv.* ■ **von X bis einschließlich Y**: *verwendet, um auszudrücken, dass das Gesagte von X bis Y gilt und auch noch für Y zutrifft* Wir haben von Mittwoch bis einschließlich Freitag geschlossen (≈ auch Freitag ist geschlossen).

ein·schmei·cheln <schmeichelst ein, schmeichelte ein, hat eingeschmeichelt> *mit SICH* ■ *jmd. schmeichelt sich (bei jmdm.) ein (abwert.) sich durch entsprechendes Verhalten bei jmdm. beliebt machen* Sie schmeichelte sich bei ihrem Lehrer ein.

ein·schmei·chelnd <einschmeichelnder, am einschmeichelndsten> *Adj. (≈ sanft) in einer so angenehmen Art, dass man es mögen muss* Sie besaß eine einschmeichelnde Stimme.

ein·schmie·ren <schmierst ein, schmierte ein, hat eingeschmiert> *mit OBJ* ■ *jmd. schmiert etwas (mit etwas Dat.) ein eine fettige oder ölige Substanz auf etwas auftragen*

ein·schmug·geln <schmuggelst ein, schmuggelte ein, hat eingeschmuggelt> *mit OBJ* ■ *jmd. schmuggelt jmdn./etwas (in etwas Akk.) ein heimlich (und illegal) durch eine Kontrolle oder Grenze bringen* Sie wussten nicht, wer die Drogen ins Land eingeschmuggelt hatte.

ein·schnap·pen <schnappst ein, schnappte ein, ist eingeschnappt> *ohne OBJ* **1.** ■ *etwas schnappt ein ins Schloss fallen* Die Tür schnappte ein. **2.** ■ *jmd. schnappt ein beleidigt sein* Er ist furchtbar schnell eingeschnappt.

ein·schnei·den <schneidest ein, schnitt ein, hat eingeschnitten> **I.** *mit OBJ* ■ *jmd. schneidet etwas ein einen Schnitt in etwas machen* Hast du den Stoff an der Seite eingeschnitten? **II.** *ohne OBJ* ■ *etwas schneidet (in etwas Akk.) ein so eng anliegen, dass es schmerzt* Der Gürtel schneidet (in die Haut) ein.

ein·schnei·dend <einschneidender, am einschneidendsten> *Adj. (≈ folgenschwer, drastisch) so, dass es große Konsequenzen hat* ein einschneidendes Ereignis, Die Regierung beschloss einschneidende Maßnahmen im Gesundheitswesen.

Ein·schnitt der <-(e)s, -e> **1.** *(≈ Kerbe) Stelle, an der ein Schnitt in etwas gemacht ist* **2.** *(≈ Wendepunkt, Zäsur) ein Ereignis, das etwas nachhaltig verändert* Diese Begegnung war ein bedeutsamer Einschnitt in seinem Leben.

ein·schnü·ren <schnürst ein, schnürte ein, hat eingeschnürt> *mit OBJ* ■ *etwas schnürt (in etwas Akk.) ein einschneiden II*

ein·schrän·ken <schränkst ein, schränkte ein, hat eingeschränkt> **I.** *mit OBJ* ■ *jmd. schränkt etwas ein (≈ reduzieren, vermindern) weniger von etwas konsumieren oder etwas seltener tun* Sie sollten das Rauchen einschränken. **II.** *mit SICH* ■ *jmd. schränkt sich ein sparen* Seit Vater arbeitslos ist, müssen wir uns (finanziell) ziemlich einschränken.

Ein·schrän·kung die <-, -en> **1.** *das Einschränken II* Wir hatten vor dem Umzug verschiedene Einschränkungen hinnehmen müssen. **2.** *(≈ Vorbehalt) etwas, das von einer Aussage ausgenommen bleibt* Ich stimme Ihnen ohne Einschränkung zu.

Ein·schrei·be·brief der <-(e)s, -e> *Brief, der dem Empfänger persönlich und gegen Unterschrift ausgehändigt wird*

Ein·schrei·ben das <-s, -> *s.* **Einschreibebrief**

ein·schrei·ben <schreibst ein, schrieb ein, hat eingeschrieben> **I.** *mit OBJ* ■ *jmd. schreibt etwas (in etwas Akk.) ein (≈ eintragen) irgendwo hineinschreiben* ▶Inschrift **II.** *mit SICH* ■ *jmd. schreibt sich (irgendwo) (in etwas Akk.) ein (≈ immatrikulieren) jmd. meldet sich irgendwo an, indem er seinen Namen in eine Liste schreibt* Sie wollte sich an der Universität einschreiben., Hast du dich schon in die Kursliste eingeschrieben? ▸Einschreibegebühr

Ein·schrei·bung die <-, -en> *das Einschreiben II*

ein·schrei·ten <schreitest ein, schritt ein, ist eingeschritten> *ohne OBJ* ■ *jmd. schreitet gegen jmdn. ein* (≈ *eingreifen*) *eine Autorität greift in ein bestimmtes Geschehen ein, um es zu beenden* Die Polizei schritt gegen die Demonstranten ein.

ein·schrump·fen <schrumpft ein, schrumpfte ein, ist eingeschrumpft> *ohne OBJ* ■ *etwas schrumpft ein sich zusammenziehen und dadurch kleiner werden* Die Äpfel haben lange gelegen und sind eingeschrumpft.

ein·schüch·tern <schüchterst ein, schüchterte ein, hat eingeschüchtert> *mit OBJ* ■ *jmd. schüchtert jmdn. ein* (≈ *entmutigen, erschrecken*) *jmdm. Angst machen oder jmdn. unsicher machen* Er wollte sie durch sein barsches Auftreten einschüchtern., Ich lasse mich von deinen Drohungen nicht einschüchtern.

Ein·schüch·te·rungs·ver·such der <-(e)s, -e> *ein Verhalten, mit dem jmd. jmdn. einschüchtern will*

ein·schu·len <schulst ein, schulte ein, hat eingeschult> *mit OBJ* ■ *jmd. schult jmdn. ein ein Kind zum ersten Mal in einer Schule aufnehmen* Das Mädchen wurde im Alter von sechs Jahren eingeschult.

Ein·schu·lung die <-, -en> *das Einschulen*

Ein·schuss der <-es, Einschüsse> *Stelle, wo die Kugel aus einer Schusswaffe eingedrungen ist* ◆-stelle, -winkel

ein·schüt·ten <schüttest ein, schüttete ein, hat eingeschüttet> *mit OBJ* ■ *jmd. schüttet etwas (in etwas Akk.) ein eine Flüssigkeit in etwas gießen*

ein·schwei·ßen <schweißt ein, schweißte ein, hat eingeschweißt> *mit OBJ* ■ *jmd. schweißt etwas in etwas Akk.ein* TECHN. *etwas mit Hilfe einer Verpackungsmaschine (zum Schutz) mit einer eng anliegenden Plastikfolie überziehen* War das Fleisch eingeschweißt?

ein·seg·nen <segnest ein, segnete ein, hat eingesegnet> *mit OBJ* ■ *jmd. segnet jmdn./etwas ein* REL. **1.** (≈ *einweihen*) *den kirchlichen Segen über etwas sprechen* **2.** (≈ *konfirmieren*) *den kirchlichen Segen über die Konfirmanden sprechen* Mit 14 Jahren werden die Jugendlichen eingesegnet.

ein·seh·bar <nicht steig.> *Adj.* **1.** *so, dass man in etwas hineinsehen kann* Mich stört, dass unser Balkon so leicht einsehbar ist. **2.** *so, dass etwas verständlich ist* Er hat aus einsehbaren Gründen so gehandelt.

ein·se·hen <siehst ein, sah ein, hat eingesehen> *mit OBJ* **1.** ■ *jmd. sieht etwas ein (prüfend) hineinsehen* Können wir die Akten/Unterlagen einsehen. **2.** ■ *jmd. sieht etwas ein* (≈ *verstehen*) *zur Erkenntnis kommen* Ich habe seine Argumente eingesehen. **3.** ■ *jmd. sieht etwas ein etwas als negativ erkennen* Er hat seinen Fehler/ sein Unrecht eingesehen. **4.** ■ *jmd. sieht etwas ein weit blicken können* Von hier aus ist das Gelände gut einzusehen. ■ **ein Einsehen haben**: *merken, dass etwas nicht geht* Als das Gewitter schon ganz nahe war, hatten die Bergsteiger endlich ein Einsehen und kehrten um. ▸Einsicht, einsichtig, so dass man nachgibt

ein·sei·fen <seifst ein, seifte ein, hat eingeseift> *mit OBJ* **1.** ■ *jmd. seift jmdn./etwas ein mit Seife einschäumen* Sie seifte das kleine Kind von oben bis unten ein. **2.** ■ *jmd. seift jmdn. ein (umg.* ≈ *anschmieren) mit vielen Worten zu etwas überreden, was wenig wert ist* Da habt ihr mich aber tüchtig eingeseift!

ein·sei·tig <einseitiger, am einseitigsten> *Adj.* **1.** (*nicht steig.*) (↔ *beidseitig*) *so, dass es nur eine Seite betrifft* Das Papier ist einseig beschrieben., Eine einseitige Lähmung blieb nach dem Unfall zurück. **2.** (↔ *ausgewogen*) *so, dass es in übertriebener Weise nur einen Aspekt herausgreift* Die Berichterstattung in den Medien war völlig einseitig. **3.** (≈ *unausgewogen*) *so, dass ein Bestandteil einen zu großen Anteil an etwas hat* Lauter Fleisch und kaum Gemüse – Diese einseitige Ernährung ist nicht gesund!

Ein·sei·tig·keit die <-, -en> *der Zustand, dass etwas einseitig² ³ ist*

ein·sen·den <sendest ein, sendete/sandte ein, hat eingesendet/eingesandt> *mit OBJ* ■ *jmd. sendet etwas ein* (≈ *einschicken*) *irgendwohin schicken* Hast du den Leserbrief schon eingesandt?

Ein·sen·der, Ein·sen·de·rin der <-s, -> *jmd., der etwas eingeschickt hat* Bei diesem Preisausschreiben gab es nur wenige Einsender.

Ein·sen·de·schluss der <-es> (*kein Plur.*) *Termin, bis zu dem jmd. etwas irgendwohin schicken muss* Einsendeschluss ist der …

Ein·sen·dung die <-, -en> *etwas, das jmd. irgendwohin geschickt hat* Jede richtige Einsendung gewinnt einen Preis.

ein·setz·bar <nicht steig.> *Adj. so, dass man etwas einsetzen I.2 kann* Das Gerät ist vielseitig einsetzbar.

ein·set·zen <setzt ein, setzte ein, hat eingesetzt> **I.** *mit OBJ* **1.** ■ *jmd. setzt etwas (in etwas Akk.) ein* (≈ *einfügen*) *bewirken, dass etwas Teil von etwas ist* Sollen wir nicht ein Fenster in das Dach einsetzen lassen? ■ *jmd. setzt etwas ein* **2.** ■ *jmd. setzt etwas ein jmd. verwendet etwas* Vor Weihnachten werden Sonderzüge eingesetzt., Zur Überwachung der Demonstration wurden viele Polizisten eingesetzt. **3.** ■ *jmd. setzt etwas ein jmd. bringt etwas in Aktion* Sie setzte alle Kräfte ein, um das Rennen zu gewinnen. **4.** ■ *jmd. setzt etwas bei etwas Dat. ein jmd. gibt Geld zum Einsatz (im Glücksspiel oder bei einer Wette)* Er hat viel Geld (beim Spiel) eingesetzt. **5.** ■ *jmd. setzt etwas ein jmd. riskiert etwas* Er hat sein Leben eingesetzt. **6.** ■ *jmd. setzt jmdn. in etwas Akk. ein* (≈ *ernennen, einstellen*) *bewirken, dass jmd. ein bestimmtes Amt bekommt* Sie haben einen neuen Vorstand eingesetzt. **II.** *ohne OBJ* ■ *etwas setzt irgendwann ein (geh.) anfangen* Der Winter setzte dieses Jahr relativ spät ein. **III.** *mit SICH* ■ *jmd. setzt sich (für jmdn./etwas) ein* **1.** (≈ *sich bemü-*

hen, engagieren) sich sehr anstrengen, damit etwas Fortschritte macht Sie hatte sich sehr für das Projekt eingesetzt. **2.** (*geh.* ≈ *sich verwenden*) *sich sehr anstrengen, damit es jmdm. gut geht* Er setzt sich stets für jeden seiner Schüler ein.

Ein·set·zung die <-, -en> (≈ *Ernennung*) *das Einsetzen I.6* Die Einsetzung der Kommission ist für Montag geplant. ◆ Amts-

Ein·sicht die <-, -en> **1.** (≈ *Erkenntnis*) *etwas, das bisher unklar war und das man nun als das Ergebnis von Nachdenken verstanden hat* Ich bin zu der Einsicht gekommen, dass ... **2.** (*kein Plur.*) AMTSSPR. *die Erlaubnis, etwas einsehen zu dürfen* Wir werden Einsicht in die Akten beantragen., Wurde Ihnen Einsicht in die Verträge gewährt?

ein·sich·tig <einsichtiger, am einsichtigsten> *Adj.* **1.** (*geh.* ≈ *vernünftig* ↔ *uneinsichtig*) *so, dass man Argumenten gegenüber zugänglich ist und die Sachlage richtig beurteilt* Er war einsichtig und versprach, seinen Arbeitsstil zu verändern. **2.** (≈ *plausibel, verständlich* ↔ *unverständlich*) *so, dass etwas leicht zu verstehen ist* Das sind einsichtige Argumente/Gründe.

Ein·sicht·nah·me die <-> (*kein Plur.*) AMTSSPR. *der Vorgang, dass man Einsicht[2] nimmt* Diese Dokumente sind nur zur Einsichtnahme bestimmt.

ein·si·ckern <sickert ein, sickerte ein, ist eingesickert> *ohne OBJ* ■ *etwas sickert (in etwas Akk.) ein* (≈ *versickern*) *in kleinen Flüssigkeitsmengen in eine feste Substanz hineinlaufen und in ihr verschwinden* Das Öl ist in den Boden eingesickert.

Ein·sie·de·lei die <-, -en> *Wohnort eines Einsiedlers*

Ein·sied·ler, **Ein·sied·le·rin** der <-s, -> (≈ *Eremit*) *jmd., der an einem einsamen Ort freiwillig allein lebt* ► einsiedlerisch

ein·sil·big <einsilbiger, am einsilbigsten> *Adj.* **1.** (*nicht steig.*) (SPRACHWISS.: ↔ *mehrsilbig*) *so, dass es aus einer Silbe besteht* „Rad" ist ein einsilbiges Wort. **2.** (*umg.* ≈ *wortkarg*) *so, dass man nur ungern spricht* Sie ist eine einsilbige Person. ► Einsilbigkeit

Ein·sil·b(l)er der <-s, -> SPRACHWISS. *Wort mit nur einer Silbe*

ein·sin·ken <sinkst ein, sank ein, ist eingesunken> *ohne OBJ* ■ *jmd./etwas sinkt (in etwas Akk.) ein in etwas sinken* Der Wagen ist im Morast eingesunken.

ein·sit·zen <sitzt ein, saß ein, hat eingesessen> *ohne OBJ* ■ *jmd. sitzt (in etwas Dat.) ein* RECHTSW. *inhaftiert sein* ► Insasse

ein·span·nen <spannst ein, spannte ein, hat eingespannt> *mit OBJ* **1.** ■ *jmd. spannt etwas (in etwas Akk.) ein* TECHN. *bewirken, dass etwas in einer Halterung festen Halt hat* Zuerst musst du das Werkstück in den Schraubstock/ein Blatt Papier in die Schreibmaschine einspannen. **2.** ■ *jmd. spannt ein Tier ein Pferde vor einen Wagen spannen* Hast du die Pferde schon eingespannt? **3.** ■ *jmd. spannt jmdn. für etwas Akk. ein* (*umg.*) *zur Arbeit heranziehen; belasten* In seinem neuen Job wird er für viele Arbeiten eingespannt.

Ein·spän·ner der <-s, -> **1.** (*fachspr.*) *Kutsche, die von einem Pferd gezogen wird* **2.** (*österr.*) *Kaffee mit Sahnehaube*

ein·spa·ren <sparst ein, sparte ein, hat eingespart> *mit OBJ* ■ *jmd. spart jmdn./etwas ein jmdn. oder etwas nicht mehr verwenden, weil man spart* Überall werden Arbeitskräfte/Kosten eingespart.

Ein·spa·rung die <-, -en> *das Einsparen* Es sollen weitere Einsparungen im Gesundheitswesen vorgenommen werden.

ein·spei·sen <speist ein, speiste ein, hat eingespeist> *mit OBJ* ■ *jmd. speist etwas in etwas Akk. ein* TECHN. *einem System zuführen* Seit gestern kann das neue Kraftwerk Strom ins öffentliche Netz einspeisen.

ein·sper·ren <sperrst ein, sperrte ein, hat eingesperrt> *mit OBJ* **1.** ■ *jmd. sperrt jmdn./ein Tier (in etwas Dat./Akk.) ein in etwas sperren* Wer hat die Katze in der/die Garage eingesperrt? **2.** ■ *jmd. sperrt jmdn. ein* (*umg.* ≈ *inhaftieren*) *ins Gefängnis bringen*

ein·spie·len <spielst ein, spielte ein, hat eingespielt> **I.** *mit OBJ* **1.** ■ *etwas spielt etwas ein Akk.* THEAT. FILM *Gewinn erzielen* Der neue Film spielte unerwartet viel Geld ein. **2.** ■ *jmd. spielt etwas ein* (*von Band oder Schallplatte oder CD*) *abspielen* Bei der Siegerehrung wurde die Nationalhymne eingespielt. **3.** ■ *jmd. spielt etwas ein in einem Studio eine Plattenaufnahme machen* Die Band hat das neue Album in nur drei Tagen eingespielt. **II.** *mit SICH* **1.** ■ *jmd. spielt sich ein* SPORT *vor dem eigentlichen Wettkampf als Vorbereitung mit noch geringem Einsatz spielen, um die Muskeln zu lockern* Die Fußballer spielen sich gerade ein. **2.** ■ *etwas spielt sich ein* (*umg.*) *immer besser funktionieren* Die Zusammenarbeit wird sich schon noch einspielen.

Ein·spra·che die <-, -n> (*österr. schweiz.*) *Einspruch*

ein·spra·chig <nicht steig.> *Adj.* **1.** (↔ *mehrsprachig*) *so, dass man (nur) eine Sprache spricht* ■ **einsprachig (aufgewachsen) sein**: *mit (nur) einer Muttersprache aufgewachsen sein* **2.** (≈ *monolingual* ↔ *bilingual, zweisprachig*) *so, dass es in nur einer Sprache verfasst ist* ein einsprachiges Wörterbuch

ein·sprin·gen <springst ein, sprang ein, ist eingesprungen> *ohne OBJ* ■ *jmd. springt (für jmdn.) ein* (*umg.* ≈ *vertreten*) *etwas stellvertretend für jmdn. tun, der ausfällt* Er sprang sofort für seinen Kollegen ein, als er hörte, dass dieser einen Unfall gehabt hatte.

ein·sprit·zen <spritzt ein, spritzte ein, hat eingespritzt> *mit OBJ* ■ *jmd. spritzt jmdm. etwas ein* (≈ *injizieren*) *mit einer Spritze in jmds. Körper gelangen lassen* Dem Patienten wurde ein Impfstoff eingespritzt. ► Einspritznadel, Einspritzung

Ein·spritz·mo·tor der <-s, -en> KFZ. *ein Verbrennungsmotor, bei dem der Kraftstoff eingespritzt wird*

Ein·spruch der <-(e)s, Einsprüche> RECHTSW. *Wi-*

derspruch gegen das Urteil oder den Beschluss eines Gerichts/ einer Behörde Der Angeklagte hat gegen das Urteil Einspruch erhoben., Ich erhebe Einspruch!, Dem Einspruch wird stattgegeben! ◆-sfrist, -srecht

ein·sprü·hen <sprühst ein, sprühte ein, hat eingesprüht> *mit OBJ* ■ *jmd. sprüht etwas (mit etwas Dat.) ein eine Substanz durch Sprühen auf etwas auftragen* die neuen Stiefel mit Imprägnierspray einsprühen

ein·spu·rig <nicht steig.> *Adj.* (↔ *mehrspurig*) *mit nur einer Fahrspur* Auf der einspurigen Fahrbahn bildete sich ein Stau., Wegen einer Baustelle ist die Autobahn hier nur einspurig zu befahren.

einst·(mals) *Adv.* **1.** (*geh. veralt.* ≈ *damals*) *früher* Einst(mals) haben wir uns gut verstanden. ◆ Großschreibung→R 3.4 das Einst und das Jetzt **2.** (≈ *später*) *in ferner Zukunft* Einst wirst du an meine Worte zurückdenken.

ein·stamp·fen <stampfst ein, stampfte ein, hat eingestampft> *mit OBJ* ■ *jmd. stampft etwas ein etwas durch Stampfen zerkleinern und als Rohstoff verarbeiten* Die alten Zeitschriften werden eingestampft.

Ein·stand[1] ■ **seinen Einstand geben** (↔ *seinen Ausstand geben*): *für die Arbeitskollegen eine kleine Feier geben, weil man an einem neuen Arbeitsplatz die Arbeit begonnen hat*

Ein·stand[2] der <-(e)s, Einstände> (*österr.*) *Dienstantritt*

ein·stau·ben <staubt ein, staubte ein, ist eingestaubt> *mit OBJ* ■ *etwas staubt ein staubig werden* Unsere Glasvitrine staubt immer so schnell ein.

ein·ste·cken <steckst ein, steckte ein, hat eingesteckt> *mit OBJ* ■ *jmd. steckt etwas ein* **1.** *in die Tasche stecken* Hast du dein Feuerzeug eingesteckt? **2.** *etwas Negatives hinnehmen* Er musste viele Kränkungen/Niederlagen einstecken.

Ein·steck·kamm der <-(e)s, Einsteckkämme> *Kamm, mit dem man das Haar befestigt*

Ein·steck·tuch das <-(e)s, Einstecktücher> *Tuch, das (teilweise sichtbar) in der Brusttasche eines Jacketts getragen wird*

ein·ste·hen <stehst ein, stand ein, ist eingestanden> *ohne OBJ* ■ *jmd. steht für jmdn./etwas ein* **1.** (≈ *garantieren*) *sich zu jmdm. oder einer Sache bekennen* Dies ist ein erstklassiges Produkt, dafür stehe ich ein ! **2.** (≈ *eintreten*) *für etwas Verantwortung übernehmen* Für die Folgen dieser Entscheidung stehe ich ein. **3.** (≈ *haften*) *Schaden ersetzen* Für den Schaden steht der Verursacher ein.

ein·stei·gen <steigst ein, stieg ein, ist eingestiegen> *ohne OBJ* ■ *jmd. steigt (in etwas Akk.) ein* **1.** *in ein Haus steigen* Die Diebe sind über den Balkon eingestiegen. **2.** *in ein Fahrzeug steigen* Bitte einsteigen, Türen schließen selbsttätig, Vorsicht bei der Abfahrt! **3.** (*umg.*) *irgendwo eine Tätigkeit beginnen* Er ist in die Politik/in die Firma seines Freundes eingestiegen.

Ein·stei·ger, Ein·stei·ge·rin der <-s, -> (≈ *Anfänger* ↔ *Fortgeschrittener*) *jmd., der gerade erst mit eine Sache begonnen hat* Das Buch liefert wertvolle Tipps für Einsteiger und Fortgeschrittene.

ein·stel·len <stellst ein, stellte ein, hat eingestellt> **I.** *mit OBJ* **1.** ■ *jmd. stellt etwas ein (beenden) bewirken, dass etwas aufhört* Wegen Sturmwarnung wird der Schiffsverkehr eingestellt., Die Angriffe wurden zeitweilig eingestellt. **2.** ■ *jmd. stellt jmdn. ein (≈ anstellen ↔ entlassen) eine Arbeitsstelle besetzen* Man plant, neue Arbeiter/Aushilfen/Techniker/ DV-Fachleute/Führungskräfte einzustellen. **3.** ■ *jmd. stellt (an/bei etwas Dat.) etwas ein an der Skala eines technischen Geräts einen Wert wählen* beim Fernseher den Kontrast/am Radio einen anderen Sender einstellen **II.** *mit SICH* **1.** ■ *jmd.stellt sich (irgendwo) ein erscheinen, kommen* Es hatten sich unerwartet viele Menschen eingestellt. **2.** ■ *jmd. stellt sich (auf etwas Akk.) ein sich bereit machen* Flugreisende müssen sich auf längere Wartezeiten einstellen. **3.** ■ *jmd. stellt sich (auf etwas Akk.) ein anpassen* Er hatte sich auf fremde Gewohnheiten einzustellen.

ein·stel·lig <nicht steig.> *Adj.* (*als Zahl* ↔ *mehrstellig*) *mit nur einer Ziffer* Das Kennzeichen hatte eine einstellige Zahl.

Ein·stel·lung die <-, -en> **1.** (≈ *Haltung, Gesinnung*) *die Ansichten, die jmd. zu einem bestimmten Thema hat* eine politische/religiöse Einstellung **2.** (≈ *Anstellung*) *der Vorgang, dass eine Firma jmdm. einen Arbeitsplatz gibt* Die Einstellung von neuen Arbeitskräften ist bereits geplant. **3.** (*kein Plur.*) (AMTSSPR.: ≈ *Beendigung*) *das Einstellen I.1* Die Einstellung des Verfahrens war die Folge.

Ein·stel·lungs·sa·che ■ **Das ist Einstellungssache:** *Das ist je nach Einstellung*[1] *(individuell) verschieden*

Ein·stieg der <-(e)s, -e> **1.** *Öffnung zum Einsteigen* Die Höhle hat nur einen schmalen Einstieg. **2.** (*kein Plur.*) *das Beginnen mit etwas* Die Firma plant den Einstieg ins Exportgeschäft.

Ein·stiegs·dro·ge die <-, -n> *eine Droge, mit der jmd. seinen Drogenkonsum beginnt und dann immer härtere Drogen konsumiert*

ein·stim·men <stimmst ein, stimmte ein, hat eingestimmt> **I.** *mit OBJ* **1.** ■ *jmd. stimmt jmdn./etwas auf etwas Akk. ein jmdn. auf etwas vorbereiten* Der Redner hat das Publikum mit einer kleinen Geschichte auf das Thema eingestimmt. **2.** ■ *jmd. stimmt etwas ein etwas in Einklang bringen* Die Musiker haben ihre Instrumente eingestimmt. **II.** *ohne OBJ* ■ *jmd. stimmt ein* **1.** (≈ *zustimmen*) *einwilligen* Er hat einen Vorschlag gemacht, und alle haben eingestimmt. **2.** (MUS.: ≈ *einsetzen*) *anfangen, mitzusingen oder mitzuspielen* Nach dem Solo stimmten die anderen Instrumente ein. **III.** *mit SICH* ■ *jmd. stimmt sich ein sich in eine Gefühlsstimmung bringen* Wir haben uns auf das Fest eingestimmt. ▶Einstimmung

ein·stim·mig <nicht steig.> *Adj.* **1.** *ohne eine Gegenstimme* Der Kandidat wurde einstimmig zum Präsidenten gewählt. **2.** (MUS.: ↔ *mehrstimmig*)

E

ohne eine Begleitstimme Sie singen das Lied einstimmig. ► Einstimmigkeit

ein·strah·len <strahlt ein, strahlte ein, hat eingestrahlt> *ohne OBJ* ■ *etwas strahlt (irgendwo) ein als Lichtstrahl auf etwas treffen*

Ein·strah·lung die <-, -en> *das Einstrahlen* ◆ Licht-, Sonnen-

ein·strei·chen <streichst ein, strich ein, hat eingestrichen> *mit OBJ* **1.** ■ *jmd. streicht etwas (mit etwas Dat.) ein etwas Breiiges auf etwas auftragen* Streich die Tapeten schon mal mit Kleister ein. **2.** ■ *jmd. streicht etwas ein (umg. abwert.) an sich nehmen* Sie strich eilig das Geld ein. **3.** ■ *jmd. streicht etwas ein (abwert.) als Bezahlung erhalten* Er hat ein stattliches Honorar eingestrichen.

Ein·streu die <-> (*kein Plur.*) LANDWIRTSCH. *eingestreutes Stroh in Ställen*

ein·streu·en <streust ein, streute ein, hat eingestreut> *mit OBJ* ■ *jmd. streut etwas (in etwas Akk.) ein* **1.** *etwas in kleinen Teilen in etwas hineinwerfen* Sie hat die Kräuter in die Suppe eingestreut. **2.** (*übertr.*) *etwas in einem Text erwähnen* Er hat in seine Rede einige Zitate eingestreut.

ein·stu·die·ren <studierst ein, studierte ein, hat einstudiert> *mit OBJ* ■ *jmd. studiert etwas ein etwas so lange üben bis man es perfekt kann* Wir haben ein neues Stück einstudiert.

ein·stu·fen <stufst ein, stufte ein, hat eingestuft> *mit OBJ* ■ *jmd. stuft jmdn./etwas (irgendwie) ein einordnen* Man hat sie in eine höhere Steuerklasse eingestuft.

Ein·stu·fung die <-, -en> *das Einstufen*

ein·stün·dig <nicht steig.> *Adj. so, dass es eine Stunde dauert*

ein·stür·men <stürmst ein, stürmte ein, hat eingestürmt> *ohne OBJ* ■ *jmd./etwas stürmt auf jmdn. (mit etwas Dat.) ein jmdn. heftig mit etwas konfrontieren* Die Leute stürmten mit ihren Fragen auf ihn ein., Viele Erinnerungen stürmten auf ihn ein.

Ein·sturz der <-es, Einstürze> *das Einstürzen* Das Haus ist vom Einsturz bedroht. ◆ -gefahr

ein·stür·zen <stürzt ein, stürzte ein, ist eingestürzt> *ohne OBJ* ■ *etwas stürzt ein zusammenfallen, zusammenbrechen* Vorsicht, die Decke stürzt ein!

einst·wei·len *Adv.* **1.** (*geh.* ≈ *vorerst*) *im Moment* Einstweilen können wir nur abwarten. **2.** (≈ *inzwischen*) *in der Zwischenzeit* Putz du den Salat, ich kümmere mich einstweilen um die Soße.

einst·wei·lig <nicht steig.> *Adj.* (AMTSSPR.: ≈ *vorläufig*) *so, dass es Gültigkeit hat, bis eine neue Entscheidung getroffen ist* Das Gericht hat eine einstweilige Verfügung erlassen.

ein·tä·gig <nicht steig.> *Adj.* (↔ *mehrtägig*) *so, dass es einen Tag dauert* ein eintägiges Seminar

Ein·tags·flie·ge die <-, -n> **1.** ZOOL. *ein Insekt, das (meist) nur einen Tag lang lebt* **2.** (*umg. übertr.*) *kurzlebige Idee oder Sache, der schon nach kurzer Zeit nicht mehr beachtet wird*

ein·tau·chen <tauchst ein, tauchte ein, hat/ist eingetaucht> **I.** *mit OBJ* ■ *jmd. taucht etwas in etwas Akk. ein (haben) in etwas tauchen* Sie hat die Angewohnheit, Croissants in Milch einzutauchen. **II.** *ohne OBJ* ■ *jmd. taucht in etwas Akk. ein (sein) sich in eine Flüssigkeit begeben* Der Vogel tauchte ins Wasser ein, um Fische zu jagen.

ein·tau·schen <tauschst ein, tauschte ein, hat eingetauscht> *mit OBJ* ■ *jmd. tauscht etwas (für/gegen etwas Akk.) ein etwas durch Tausch bekommen* Er hat seine Briefmarken gegen Münzen eingetauscht.

ein·tei·len <teilst ein, teilte ein, hat eingeteilt> *mit OBJ* **1.** ■ *jmd. teilt etwas ein etwas mit einer bestimmten Absicht in sinnvolle Teile aufgliedern* seine Kräfte/Nahrungsmittel/den Proviant/Zeit einteilen **2.** ■ *jmd. teilt jmdn. (in/für etwas Akk.) ein mit einer bestimmten Funktion ausstatten* Er ist für die Organisation eingeteilt.

Ein·tei·ler der <-s, -> (↔ *Bikini*) einteiliger Badeanzug

ein·tei·lig <nicht steig.> *Adj.* (↔ *mehrteilig*) *so, dass es aus nur einem Teil besteht*

Ein·tei·lung die <-, -en> **1.** (*kein Plur.*) *das Einteilen* **2.** *die Art, wie etwas eingeteilt ist*

ein·tö·nig <eintöniger, am eintönigsten> *Adj.* (≈ *gleichförmig, monoton* ↔ *abwechslungsreich*) *so, dass es keine Abwechslung bietet*

Ein·tö·nig·keit die <-> (*kein Plur.*) (≈ *Gleichförmigkeit, Monotonie*) *der Zustand, dass etwas eintönig ist*

Ein·topf der <-es, Eintöpfe> KOCH. *eine kräftige, dicke Suppe mit mehreren Gemüsesorten, die meist als Hauptmahlzeit gegessen wird* ein Eintopf mit Erbsen und Wurst ◆ -essen, -gericht, Erbsen-, Kartoffel-, Nudel-

ein·top·fen <topfst ein, topfte ein, hat eingetopft> *mit OBJ* ■ *jmd. topft etwas ein in einen Blumentopf pflanzen*

Ein·tracht die <-> (*kein Plur.*) (≈ *Harmonie* ↔ *Zwietracht*) *der Zustand, dass Menschen harmonisch zusammenleben* Sie vertragen sich gut und leben in Eintracht.

ein·träch·tig <einträchtiger, am einträchtigsten> *Adj.* (≈ *friedlich, harmonisch*) *so, dass Eintracht herrscht* Menschen und Tiere leben hier einträchtig nebeneinander.

Ein·trag der <-(e)s, Einträge> **1.** *eine Notiz, die irgendwo eingetragen ist* Sein Verhalten hatte einen Eintrag ins Klassenbuch zu Folge. **2.** *die Informationen, die in einem Wörterbuch zu einem bestimmten Stichwort stehen* ◆ Wörterbuch-

ein·tra·gen <trägst ein, trug ein, hat eingetragen> *mit OBJ* **1.** ■ *jmd. trägt etwas/sich in etwas Akk. ein etwas in etwas hineinschreiben* Alle Teilnehmer mussten ihren Namen/sich in die Liste eintragen. **2.** ■ *etwas trägt jmdm. etwas Akk. ein* (≈ *einbringen*) *jmdm. als Ergebnis seines Handelns zukommen* Diese Arbeit hat ihm wenig Lob/ Gewinn eingetragen.

ein·träg·lich <einträglicher, am einträglichsten> *Adj.* (≈ *lukrativ, rentabel*) *so, dass es viel Gewinn bringt* ein einträgliches Geschäft

Ein·träg·lich·keit die <-> (*kein Plur.*) *das Erträg-*

lichsein

Ein·tra·gung die <-, -en> eine Notiz, die irgendwo eingetragen[1] ist oder wird Die Eintragung im Grundbuch/im Familienbuch muss geändert werden.

ein·trai·niert <nicht steig.> Adj. (≈ einstudiert) so, dass man etwas perfekt kann, weil man es viel geübt hat Er hat eine gut eintrainierte Übung vorgeführt.

ein·träu·feln <träufelst ein, träufelte ein, hat eingeträufelt> mit OBJ ■ jmd. träufelt jmdm. etwas ein als einzelne Tropfen in etwas fallen lassen Die Krankenschwester träufelt dem Patienten vorsichtig Augentropfen ein.

ein·tref·fen <triffst ein, traf ein, ist eingetroffen> ohne OBJ **1.** ■ jmd./etwas trifft (irgendwo) ein ankommen Die Ware ist noch nicht eingetroffen., Ich treffe am Freitag um 14 Uhr dreißig ein. **2.** ■ etwas trifft ein sich bestätigen, sich verwirklichen Es ist alles eingetroffen, was du vorhergesagt hast., Meine Hoffnungen/Befürchtungen/Erwartungen sind eingetroffen.

Ein·tref·fen das <-s> (kein Plur.) **1.** (≈ Ankunft) das Ankommen **2.** der Vorgang, dass etwas eintrifft[2] Niemand hat mit dem Eintreffen dieser Vorhersage gerechnet.

ein·trei·ben <treibst ein, trieb ein, hat eingetrieben> mit OBJ ■ jmd. treibt etwas (von jmdm.) ein (abwert.) von jmdm. geschuldetes Geld (zurück)fordern Vereinsbeiträge/ Steuern eintreiben, Er versuchte vergeblich, seine Schulden einzutreiben.

ein·tre·ten <trittst ein, trat ein, hat/ist eingetreten> **I.** mit OBJ ■ jmd. tritt etwas ein ((haben)) durch Treten zerstören Vor Wut hat er die Tür eingetreten. **II.** ohne OBJ (sein) **1.** ■ jmd. tritt (in etwas Akk.) ein in einen Raum gehen Treten Sie ein!, Er trat leise in das Zimmer ein. **2.** ■ jmd. tritt (in etwas Akk.) ein (≈ beitreten) sich irgendwo als Mitglied aufnehmen lassen Sie ist in ein Kloster/ in eine Partei eingetreten. **3.** ■ jmd. tritt für etwas Akk. ein jmdn. in Schutz nehmen oder für jmdn. sprechen Sie ist immer für ihn eingetreten. **4.** ■ etwas tritt ein (≈ geschehen) sich ereignen Das Unglaubliche trat ein., Sollte der Fall eintreten, dass …

ein·trich·tern <trichterst ein, trichterte ein, hat eingetrichtert> mit OBJ ■ jmd. trichtert jmdm. etwas ein (umg.) mühsam beibringen Er versuchte, dem Nachhilfeschüler die englischen Vokabeln einzutrichtern.

Ein·tritt der <-(e)s, -e> **1.** (≈ Zutritt) das Eintreten II.1 Eintritt verboten! **2.** (≈ Start) der Vorgang, dass jmd. eine bestimmte Sache beginnt Beim Eintritt ins Berufsleben sollte man bestimmte Dinge beachten. **3.** (≈ Beitritt) der Vorgang, dass sich jmd. irgendwo als Mitglied aufnehmen lässt Sie entschloss sich für den Eintritt in den Verein. **4.** Eintrittsgeld Für die Ausstellung wird wenig Eintritt verlangt. ■ **Eintritt frei !**: es wird kein Eintrittsgeld verlangt

Ein·tritts·geld das <-(e)s, -er> (≈ Eintritt) das Geld, das man bezahlen muss, um irgendwo Eintritt[1] zu erhalten

Ein·tritts·kar·te die <-, -n> (≈ Billett) ein Stück Papier, das beweist, dass man sein Eintrittsgeld bezahlt hat

ein·trock·nen <trocknet ein, trocknete ein, ist eingetrocknet> ohne OBJ ■ etwas trocknet ein **1.** etwas Flüssiges wird trocken Der Milchfleck ist inzwischen eingetrocknet **2.** (≈ vertrocknen) wegen Mangel an Wasser sterben (von Pflanzen) Die Pflanzen sind bei der Dürre eingetrocknet.

ein·trü·ben <trübt ein, trübte ein, hat eingetrübt> mit SICH ■ etwas trübt sich ein trüb werden Gegen Abend trübt sich das Wetter ein., Der Himmel hat sich eingetrübt, es gibt Regen.

ein·tru·deln <trudelst ein, trudelte ein, ist eingetrudelt> ohne OBJ ■ jmd. trudelt (irgendwo) ein (umg.) (verspätet und nacheinander) ankommen So langsam trudelten alle Gäste ein.

ein·tun·ken <tunkst ein, tunkte ein, hat eingetunkt> mit OBJ ■ jmd. tunkt etwas in etwas Akk. ein (landsch.) eintauchen I Sie tunkte das Brot in die Suppe ein.

ein·tü·ten <tütest ein, tütete ein, hat eingetütet> mit OBJ ■ jmd. tütet etwas ein (umg.) in Tüten einpacken

ein·ü·ben <übst ein, übte ein, hat eingeübt> mit OBJ ■ jmd. übt etwas ein (≈ einstudieren) etwas so lange üben bis man es perfekt kann Wir üben gerade einen neuen Tanz ein.

ein·und·ein·halb siehe auch **eineinhalb**

Ein·ver·nah·me die <-, -n> (RECHTSW.: österr. schweiz. ≈ Verhör) Vernehmung vor Gericht

Ein·ver·neh·men das <-s> (kein Plur.) (≈ Übereinstimmung) der Zustand, dass mehrere Personen die gleiche Meinung haben und das Verhältnis zwischen ihnen gut ist Sie haben in gegenseitigem Einvernehmen den Vertrag gekündigt., Sie trennten sich schließlich in gutem Einvernehmen. ►einvernehmlich

ein·ver·neh·men <vernimmst ein, vernahm ein, hat einvernommen> mit OBJ ■ jmd. vernimmt jmdn. ein (schweiz.) verhören, vernehmen

ein·ver·stan·den <nicht steig.> (nur präd.) Adj. so, dass man in etwas einwilligt Ich bin damit einverstanden. ■ **sich mit etwas einverstanden erklären**: einer Sache zustimmen

Ein·ver·ständ·nis das <-ses, -se> (meist Sing.) (≈ Einwilligung) der Vorgang, dass jmd. sagt, dass er mit etwas einverstanden ist Die Tochter bat die Eltern um ihr Einverständnis für die Reise., Die Eltern gaben der Tochter ihr Einverständnis. ♦-erklärung

ein·wach·sen[1] <wächst ein, wuchs ein, ist eingewachsen> ohne OBJ ■ etwas wächst ein **1.** in Erde wachsen und dann dort verwurzelt sein Die Sträucher sind noch nicht eingewachsen. **2.** MED. im Gewebe festwachsen Der Zehennagel ist eingewachsen.

ein·wach·sen[2] <wachst ein, wachste ein, hat eingewachst> mit OBJ ■ jmd. wachst etwas ein Wachs auf etwas auftragen Er hat seine Ski frisch eingewachst.

Ein·wand der <-(e)s, Einwände> (≈ *Protest, Widerspruch*) *der Vorgang, dass jmd. sagt, dass er gegen etwas ist* ein berechtigter/unerwarteter Einwand, Es erhob sich kein Einwand gegen den Beschluss.

Ein·wan·de·rer, **Ein·wan·de·rin** der <-s, -> (≈ *Immigrant* ↔ *Auswanderer*) *jmd., der in einem fremden Land lebt und dort auf Dauer bleiben will*

ein·wan·dern <wanderst ein, wanderte ein, ist eingewandert> *ohne OBJ* ■ *jmd. wandert in etwas Akk. ein* (≈ *immigrieren*) *in ein fremdes Land kommen, um dort auf Dauer zu leben* Wir wollen nach Kanada/in die USA einwandern.

Ein·wan·de·rung die <-, -en> (≈ *Immigration* ↔ *Auswanderung*) *der Vorgang, dass jmd. in ein Land einwandert* ◆-sbehörde, -bestimmung, -sgesetz

Ein·wan·de·rungs·po·li·tik die <-> (*kein Plur.*) POL. *Politik, die sich mit der Einwanderung befasst*

ein·wand·frei <nicht steig.> *Adj.* **1.** (≈ *fehlerfrei*) *so, dass es keine Fehler hat* Das ist ein einwandfreies Produkt. **2.** (≈ *vorbildlich*) *so, dass es nichts daran auszusetzen gibt* Ausnahmsweise legte er ein einwandfreies Benehmen an den Tag.

ein·wärts *Adv.* (↔ *auswärts*) *nach innen* Die Stäbe waren (nach) einwärts gebogen., die Hände/ Füße einwärts drehen

ein·wech·seln <wechselst ein, wechselte ein, hat eingewechselt> *mit OBJ* ■ *jmd. wechselt jmdn. (gegen jmdn.)ein* SPORT *einen Spieler aus dem Spiel nehmen und für ihn einen Ersatzspieler ins Spiel schicken* Der Trainer wechselte in der achtundsechzigsten Minute einen neuen Spieler ein.

ein·we·cken <weckst ein, weckte ein, hat eingeweckt> *mit OBJ* ■ *jmd. weckt etwas ein* (≈ *einkochen*) Wir haben den ganzen Tag Kirschen eingeweckt.

Ein·weck·glas das <-es, Einweckgläser> (≈ *Einmachglas*) *Glas zum Einwecken*

Ein·weg·fla·sche die <-, -n> (↔ *Mehrwegflasche, Pfandflasche*) *Flasche, die nach dem Gebrauch als Altglas entsorgt wird*

Ein·weg·ge·schirr das <-(e)s, -e> *Geschirr* (*aus Pappe*), *das nach Verwendung weggeworfen wird*

ein·wei·chen <weichst ein, weichte ein, hat eingeweicht> *mit OBJ* ■ *jmd. weicht etwas ein* **1.** *Wäsche vor dem eigentlichen Waschen in Seifenlauge legen, um den Schmutz zu lösen* Er weichte die stark verschmutzte Wäsche ein. **2.** *zum Weichwerden in Wasser legen* Hülsenfrüchte/ trockene Brötchen einweichen

ein·wei·hen <weihst ein, weihte ein, hat eingeweiht> *mit OBJ* **1.** ■ *jmd. weiht etwas ein feierlich und öffentlich zum ersten Mal gebrauchen* Das neue Schauspielhaus wurde feierlich eingeweiht. **2.** ■ *jmd. weiht jmdn./etwas (in etwas Akk.) ein* (*umg.*) *in eine geheime Sache einführen* Er weihte sie in seinen Plan ein.

Ein·wei·hung die <-, -en> *das Eröffnen einer Institution oder eines Gebäudes mit einer Feier* Die offizielle Einweihung findet morgen statt.

ein·wei·sen <weist ein, wies ein, hat eingewiesen> *mit OBJ* ■ *jmd. weist jmdn. in etwas Akk. ein* **1.** (≈ *instruieren*) *jmdm. die notwendigen Erklärungen geben, damit er eine bestimmte Arbeit tun kann* Er wies die Aushilfe in die Arbeit ein. **2.** *anordnen, dass jmd. eingeliefert wird* Der Arzt hat sie ins Krankenhaus eingewiesen.

Ein·wei·sung die <-, -en> *das Einweisen*

Ein·wei·sungs·schein der <-(e)s, -e> *Bescheinigung zur Einweisung*[2]

ein·wen·den <wendest ein, wendete/wandte ein, hat eingewendet/eingewandt> *mit OBJ* ■ *jmd. wendet etwas (gegen jmdn./etwas) ein einen Einwand vorbringen* Dagegen habe ich nichts einzuwenden.

ein·wer·fen <wirfst ein, warf ein, hat eingeworfen> *mit OBJ* **1.** ■ *jmd. wirft etwas (mit etwas Dat.) ein durch Werfen zerstören* Er hat die Fensterscheibe mit einem Stein eingeworfen. **2.** ■ *jmd. wirft etwas in etwas Akk. ein in den Briefkasten werfen* Kannst du den Brief bei der Post einwerfen? **3.** ■ *jmd. wirft etwas ein* (*umg.*) *in die Diskussion einbringen* „Das habt ihr doch die ganze Zeit gewusst!“, warf er wütend ein.

ein·wer·tig <nicht steig.> *Adj.* CHEM. *mit nur einer Wertigkeit*

ein·wi·ckeln <wickelst ein, wickelte ein, hat eingewickelt> *mit OBJ* ■ *jmd. wickelt jmdn./etwas (in etwas Akk.) ein* **1.** ■ *jmd. wickelt etwas (in etwas Akk.) ein Papier, Folie o.Ä. um etwas herumlegen, um es zu schützen* Würdest du die Brote in Butterbrotpapier einwickeln? **2.** ■ *jmd. wickelt jmdn. ein* (*umg. abwert.*) *jmdn. mit List für etwas oder sich gewinnen* Er hat sie mit seinen Versprechungen ganz schön eingewickelt.

ein·wil·li·gen <willigst ein, willigte ein, hat eingewilligt> *ohne OBJ* ■ *jmd. willigt (in etwas Akk.) ein* (≈ *zustimmen*) *sagen, dass man mit etwas einverstanden ist* Sie willigte schließlich in den Vertrag ein.

Ein·wil·li·gung die <-, -en> (≈ *Zustimmung*) *der Vorgang, dass jmd. in etwas einwilligt* Ich habe meine Einwilligung noch nicht gegeben.

ein·wir·ken <wirkst ein, wirkte ein, hat eingewirkt> *ohne OBJ* **1.** ■ *etwas wirkt (auf etwas Akk.) ein seine Wirkung auf etwas entfalten* Die Salbe muss einige Zeit einwirken., Wie lange soll man das Fleckenmittel einwirken lassen? **2.** ■ *jmd. wirkt (auf jmdn.) ein* (≈ *beeinflussen*) *versuchen, jmdn. zu etwas zu bewegen* Mir hört er kaum zu, kannst du in dieser Sache nicht etwas auf ihn einwirken? ►Einwirkung

Ein·woh·ner, **Ein·woh·ne·rin** der <-s, -> *jmd., der irgendwo dauerhaft wohnt* ►Einwohnerschaft

Ein·woh·ner·mel·de·amt das <-(e)s, Einwohnermeldeämter> (*in Deutschland*) *Amt, das An- und Abmeldungen der Bürger registriert*

Ein·woh·ner·schwund der <-(e)s> (*kein Plur.*) *Rückgang der Einwohnerzahl* (*eines Ortes*)

Ein·woh·ner·zahl die <-, -en> *die Zahl der Menschen, die irgendwo leben*

Ein·wurf der <-(e)s, Einwürfe> **1.** *das Einwerfen*[2]

2. *Einwand, Bemerkung* Sie reagierte überhaupt nicht auf seinen Einwurf. **3.** SPORT *im Fußball der Vorgang, dass ein Spieler den Ball mit den Händen von außerhalb des Spielfelds in das Spielfeld hineinwirft* Die gegnerische Mannschaft hat Einwurf.

Ein·zahl die <-> (*kein Plur.*) (SPRACHWISS.: ↔ *Mehrzahl*) *Singular*

ein·zah·len <zahlst ein, zahlte ein, hat eingezahlt> *mit OBJ* ■ *jmd. zahlt etwas (auf/in etwas Akk.) ein* (↔ *abheben*) *auf ein Konto geben* Sie hat regelmäßig Geld auf ihr Sparkonto eingezahlt., Ein Arbeitnehmer hat 40 Jahre lang in die Rentenkasse eingezahlt.

Ein·zah·ler, **Ein·zah·le·rin** der <-s, -> *jmd., der (Geld) einzahlt*

Ein·zah·lung die <-, -en> (↔ *Abhebung*) *der Vorgang, dass jmd. Geld auf ein Konto einzahlt*

Ein·zah·lungs·schein der <-(e)s, -e> (*schweiz.*) *Zahlschein*

ein·zäu·nen <zäunst ein, zäunte ein, hat eingezäunt> *mit OBJ* ■ *jmd. zäunt etwas ein mit einem Zaun umgeben* Wir werden das Gartengrundstück noch einzäunen.

ein·zeich·nen <zeichnest ein, zeichnete ein, hat eingezeichnet> *mit OBJ* ■ *jmd. zeichnet etwas (in etwas Akk.) ein durch Zeichnen markieren* Die Lage des Hauses war in dem Plan rot eingezeichnet.

Ein·zei·ler der <-s, -> *einzeiliges Gedicht*

Ein·zel·(spiel) das <-(e)s, -e> **1.** (SPORT: ↔ *Doppel(spiel)*) *Spiel nur eines Spielers gegen einen anderen* **2.** MUS. *Solo(spiel)*

Ein·zel·ab·teil das <-(e)s, -e> *einzelnes Zugabteil*

Ein·zel·bett das <-(e)s, -en> (↔ *Doppelbett*) *Bett für eine Person*

Ein·zel·er·schei·nung die <-, -en> (≈ *Einzelfall*) *etwas, das nicht öfter vorkommt*

Ein·zel·e·xemp·lar das <-s, -e> *einzige Anfertigung, Sonderausgabe (eines Gegenstandes)*

Ein·zel·fahr·schein der <-s, -e> (↔ *Mehrfahrtenfahrschein*) *Fahrschein, der zu nur einer Fahrt berechtigt*

Ein·zel·fall der <-(e)s, Einzelfälle> **1.** (≈ *Singularität*) *etwas, das nur einzeln vorkommt* **2.** (≈ *Sonderfall*) *etwas, das nur als einzelnes Ereignis angesehen wird* ◆ -prüfung

Ein·zel·ga·be die <-, -n> MED. *Einzeldosis (eines Medikaments)*

Ein·zel·gän·ger, **Ein·zel·gän·ge·rin** der <-s, -> **1.** *jmd., der den Kontakt mit anderen meidet* Sie zog sich mehr und mehr zurück, bis sie schließlich eine richtige Einzelgängerin wurde. **2.** *ein Tier, das nicht im Rudel lebt* Katzen sind Einzelgänger.

Ein·zel·ge·spräch das <-(e)s, -e> (↔ *Gruppengespräch*) *Gespräch mit nur einer Person*

Ein·zel·haft die <-> (*kein Plur.*) *der Zustand, dass jmd. im Gefängnis allein in einer Zelle ist* Der Gefangene erhielt Einzelhaft.

Ein·zel·han·del der <-s> (*kein Plur.*) (WIRTSCH.: ↔ *Großhandel*) *Verkauf von Waren direkt an den Verbraucher* ◆ -skaufmann

Ein·zel·händ·ler, **Ein·zel·händ·le·rin** der <-s, -> (WIRTSCH.: ↔ *Großhändler*) *jmd., der einen Laden betreibt*

Ein·zel·heit die <-, -en> (≈ *Detail*) *ein einzelner Aspekt von etwas, der zusammen mit vielen anderen die Gesamtheit von etwas ausmacht* Das musst du mir in allen Einzelheiten erzählen., Auf die Einzelheiten werde ich später eingehen.

Ein·zel·kind das <-(e)s, -er> *ein Kind, das keine Geschwister hat*

ein·zel·lig <nicht steig.> *Adj.* BIOL. *so, dass es nur aus einer Zelle besteht* ▶ Einzeller

ein·zeln <nicht steig.> *Adj.* (↔ *zusammen*) *jeder/jede/jedes für sich allein* Sie kamen alle einzeln., Wir mussten einzeln (herein)kommen., Ich habe einen einzelnen Handschuh gefunden. ◆ Großschreibung→R 3.7 der/die/das Einzelne, jeder Einzelne, alles im Einzelnen aufführen, Einzelne werden sich vielleicht wundern.

Ein·zel·rich·ter, **Ein·zel·rich·te·rin** der <-s, -> RECHTSW. *Richter, der eine Gerichtsverhandlung ohne Kollegen führt*

Ein·zel·stück das <-(e)s, Einzelstücke> *etwas, wovon es nur (noch) ein Exemplar gibt* Diese Vase ist ein Einzelstück.

Ein·zel·stun·de die <-, -en> (≈ *Privatstunde*) *Unterrichtsstunde für nur einen Schüler*

Ein·zel·tä·ter, **Ein·zel·tä·te·rin** der <-s, -> RECHTSW. *Täter, der eine Tat ohne Komplizen begangen hat*

Ein·zel·teil das <-(e)s, -e> *einzelnes Teil von etwas* Er zerlegte die Maschine in ihre Einzelteile.

Ein·zel·the·ra·pie die <-, -en> (PSYCH.: ↔ *Gruppentherapie*) *Therapieform mit nur einem Patienten*

Ein·zel·ver·kauf der <-(e)s, Einzelverkäufe> *Verkauf im Einzelhandel*

Ein·zel·wett·be·werb der <-(e)s, -e> SPORT *Einzelkampf*

Ein·zel·zim·mer das <-s, -> (↔ *Doppelzimmer*) *Zimmer im Hotel oder Krankenhaus mit nur einem Bett* Ich habe im Hotel ein Einzelzimmer gebucht.

ein·zie·hen <ziehst ein, zog ein, hat/ist eingezogen> **I.** *mit OBJ (haben)* **1.** ■ *jmd. zieht etwas ein durch Anspannung der Muskeln ein Körperteil bewegen* Er zog den Bauch/den Kopf ein. **2.** ■ *jmd. zieht etwas ein* AMTSSPR. *einkassieren* Wie viel Steuergelder wurden in diesem Zeitraum eingezogen?, Die Miete wird monatlich eingezogen. **3.** ■ *jmd. zieht etwas ein* (≈ *konfiszieren*) *aus dem Verkehr ziehen* Die Polizei hat seinen Führerschein eingezogen., Die alten Geldscheine wurden eingezogen. **4.** ■ *jmd. zieht jmdn. ein* (MILIT.: ≈ *einberufen* ↔ *entlassen*) *zum Militärdienst holen* Man zog alle Wehrpflichtigen ein. **5.** ■ *jmd. zieht etwas ein* TECHN. *einbauen* Wir wollen eine Zwischenwand einziehen. **II.** *ohne OBJ (sein)* **1.** ■ *jmd. zieht (in etwas Akk.) ein seine Möbel und seinen sonstigen Hausrat in eine Wohnung oder ein Haus bringen, um dort zu wohnen* Nächste Woche ziehen wir in die neue Wohnung ein. **2.** ■ *etwas zieht (in etwas Akk.) ein in Haut, Haar* *oder eine Oberfläche aufgenommen werden* Die Sonnencreme zieht schnell ein., Das Pflegemittel muss in das Leder einziehen. ■ **Erkundigungen über jemanden/etwas einziehen**: *sich über jmdn. oder etwas erkundigen*

ein·zig <nicht steig.> **I.** *Adj. so, dass es außer der genannten Person oder Sache nichts oder niemanden anderes gibt* Sie ist meine einzige Freundin. **II.** *Adv.* (≈ *alleinig*) *ganz* Das war das einzig Richtige. ■ **einzig und allein**: *nur* Dies war einzig und allein deine Schuld ◆ Großschreibung→R 3.7, R 3.15 der/die/das Einzige, als Einziges, ein/kein Einziger, er als Einziger/sie als Einzige ▶Einzigkeit

ein·zig·ar·tig <einzigartiger, am einzigartigsten> *Adj. einmalig, sehr gut* eine einzigartige Leistung

Ein·zim·mer·woh·nung die <-, -en> *Wohnung, die* (*außer Bad und Küche oder Kochnische*) *nur aus einem Zimmer besteht*

ein·zu·ckern <zuckerst ein, zuckerte ein, hat eingezuckert> *mit OBJ* ■ *jmd. zuckert etwas ein Zucker zu etwas geben* Die Johannisbeeren sind sehr sauer, wir sollten sie einzuckern.

Ein·zug der <-(e)s, Einzüge> (*meist Sing.*) **1.** (↔ *Auszug*) *der Vorgang, dass jmd. irgendwo einzieht II. 1* Wir veranstalten zum Einzug in die neue Wohnung ein Fest. **2.** *das Einziehen I. 2-4* **3.** EDV *in einem Textdokument der Abstand vom linken Seitenrand*

Ein·zugs·be·reich der <-(e)s, -e> (≈ *Einzugsgebiet*) *das Gebiet, aus dem Menschen in eine* (*Groß*)*stadt zur Arbeit, zum Einkaufen oder zu Veranstaltungen kommen*

Ein·zugs·er·mäch·ti·gung die <-, -en> (AMTSSPR.: ≈ *Vollmacht*) *die* (*schriftliche*) *Erlaubnis, von jmds. Bankkonto Geld abzuheben*

Ein·zugs·ge·biet das <-(e)s, -e> (≈ *Einzugsbereich*)

Ein·zugs·ver·fah·ren das <-s, -> *bargeldloses Bezahlen, bei dem das Geld per Bankeinzug vom Konto des Kunden abgebucht wird*

Eis das <-es> (*kein Plur.*) **1.** *Wasser in gefrorenem Zustand* Das Eis schmilzt/taut., auf dem Eis ausrutschen **2.** *eine Süßspeise aus Milch, Zucker und verschiedenen Aromen, die kalt genossen wird* Ich hätte gern ein Eis mit Schlagsahne/mit heißen Himbeeren. ■ **etwas auf Eis legen** (*umg.*): *etwas verschieben* **das Eis ist zwischen ihnen gebrochen** (*übertr.*): *zwei fremde Personen sind sich näher gekommen* ◆ Getrenntschreibung→R 4.1 Eis laufen, Ich laufe Eis., Sie ist Eis gelaufen., Wir fahren gleich zum See, um dort Eis zu laufen.

Eis·bahn die <-, -en> (≈ *Schlittschuhbahn*) *Bahn zum Eislaufen*

Eis·bär der <-en, -en> ZOOL. *in der Arktis lebender Bär mit weißem Fell*

Eis·be·cher der <-s, -> *in einem Becher servierte Speise aus Eis[2], verschiedenen Früchten, Likör und Schlagsahne*

Eis·bein das <-(e)s> (*kein Plur.*) KOCH. *gepökeltes und gekochtes Bein vom Schwein*

Eis·berg der <-(e)s, -e> *ein sehr großes Stück vom polaren Eis, das im Meer schwimmt* Das Schiff rammte einen Eisberg. ■ **Das ist nur die Spitze des Eisbergs!**: *Das ist nur ein Teil des Problems* (*ein anderer Teil ist noch gar nicht sichtbar*)

Eis·berg·sa·lat der <-(e)s, -e> (≈ *Krachsalat*) *grüner Salat mit relativ festen Blättern*

Eis·beu·tel der <-s, -> MED. *mit Eis gefüllter Beutel zum Kühlen von Körperteilen*

Eis·blu·me die <-, -n> (*meist Plur.*) *kristallisiertes Eis an Glasflächen* Auf dem Fenster hatten sich Eisblumen gebildet.

Eis·bre·cher der <-s, -> **1.** SEEW. *Schiff zum Aufbrechen zugefrorener Fahrrinnen auf Flüssen und dem Meer* **2.** TECHN. *Vorbauten an Brücken zum Schutz gegen antreibendes Eis*

Eis·creme, *a.* **Eis·krem(e)** die <-, -s> (≈ *Speiseeis*)

Eis·die·le die <-, -n> (≈ *Eiscafé*) *eine Art Café, wo man besonders Eis[2] essen kann*

Ei·sen das <-s, -> **1.** (*kein Plur.*) CHEM. *ein chemisches Element, Zeichen: Fe* **2.** *ein Stück aus Eisen[1]* ■ **zum alten Eisen gehören** (*umg. abwert.*): *alt und unbrauchbar sein* **ein heißes Eisen** (*umg.*): *eine heikle Angelegenheit oder ein schwieriges Problem* **mehrere Eisen im Feuer haben** (*umg.*): *sich alternative Möglichkeiten offenhalten* ◆ Getrenntschreibung→R 4.3, R 4.12 Eisen verarbeitende Industrie ▶eisenhaltig, eisenhart ◆-gehalt, -gerüst, -gießerei, -händler, -industrie

Ei·sen·bahn die <-, -en> **1.** *das öffentliche Verkehrsmittel, das Menschen und Güter mit Zügen auf der Schiene tranportiert* Wir fahren mit der Eisenbahn. **2.** *kurz für „Modelleisenbahn"* Vater und Sohn spielen mit der Eisenbahn. ■ **es ist (aller)höchste Eisenbahn** (*umg.*): *es ist höchste Zeit*

Ei·sen·bahn·be·am·te, **Ei·sen·bahn·be·am·tin** der <-n, -n> *jmd., der bei der Eisenbahn[1] arbeitet*

Ei·sen·bahn·brü·cke die <-, -n> *eine Brücke, über die Züge fahren*

Ei·sen·bahn·damm der <-(e)s, Eisenbahndämme> *eine erhöhte Gleisanlage*

Ei·sen·bah·ner, **Ei·sen·bah·ne·rin** der <-s, -> (*umg.*) *jmd., der bei der Eisenbahn[1] arbeitet*

Ei·sen·bahn·fahrt die <-, -en> *Fahrt mit der Eisenbahn[1]*

Ei·sen·bahn·ge·sell·schaft die <-, -en> *private Gesellschaft, die Eisenbahnlinien verwaltet*

Ei·sen·bahn·gleis das <-es, -e> *aus Schienen bestehende Fahrspur für Eisenbahnen[1]*

Ei·sen·bahn·kno·ten·punkt der <-es, -e> *eine* (*größere*) *Ortschaft, an deren Bahnhof sich mehrere Eisenbahnlinien schneiden*

Ei·sen·bahn·li·nie die <-, -n> *eine Eisenbahnstrecke, die verschiedene Orte verbindet*

Ei·sen·bahn·netz das <-es, -e> *das Schienennetz der Eisenbahn[1]*

Ei·sen·bahn·schaff·ner, **Ei·sen·bahn·schaff·ne·rin** der <-s, -> *jmd., der bei der Eisenbahn[1] arbeitet und in Zügen die Fahrkarten kontrolliert und verkauft*

Ei·sen·bahn·schie·ne die <-, -n> *Schiene der Ei-*

senbahn[1]

Ei·sen·bahn·schran·ke die <-, -n> *Schranke an einem Bahnübergang*

Ei·sen·bahn·schwel·le die <-, -n> *Verbindungsstück der Eisenbahnschienen*

Ei·sen·bahn·sig·nal das <-s, -e> *Signal, das Teil einer Eisenbahnanlage ist*

Ei·sen·bahn·sta·tion die <-, -en> *Haltestelle der Eisenbahn*[1]

Ei·sen·bahn·über·füh·rung die <-, -en> (↔ *Eisenbahnunterführung*) *Brücke, die über eine Eisenbahnlinie führt*

Ei·sen·bahn·wa·gen der <-s, -> *einer der Wagen, die einen Zug bilden*

Ei·sen·bahn·zug der <-(e)s, Eisenbahnzüge> *Zug der Eisenbahn*[1]

Ei·sen·berg·werk das <-(e)s, -e> *Bergwerk, in dem Eisenerz abgebaut wird*

Ei·sen·be·ton der <-> (*kein Plur.*) (≈ *Stahlbeton*)

Ei·sen·draht der <-(e)s, Eisendrähte> *Draht aus Stahl*

Ei·sen·erz das <-es, -e> *ein Mineral, das Eisen enthält*

Ei·sen·hüt·te die <-, -n> BERGB. *Anlage zur Eisengewinnung*

Ei·sen·kraut das <-(e)s, Eisenkräuter> (BOT.: ≈ *Verbena*) *Pflanze mit harten Stängeln*

Ei·sen·lack der <-(e)s, -e> *Lack zum Anstreichen von Eisen*

Ei·sen·man·gel der <-s> (*kein Plur.*) MED. *Mangel an Eisen im Körper*

Ei·sen·prä·pa·rat das <-(e)s, -e> MED. *eisenhaltiges Medikament*

Ei·sen·trä·ger der <-s, -> TECHN. *tragende Konstruktion aus Eisen*

Ei·sen·ver·hüt·tung die <-, -en> BERGB. *Gewinnung und Weiterverarbeitung von Eisen*

Ei·sen·wa·ren <-> *Plur. kleine Eisengegenstände, zum Beispiel Nägel, Schrauben oder Drähte*

Ei·sen·zeit die <-> (*kein Plur.*) GESCH. *die Zeit vom achten bis zum ersten Jahrhundert vor Christus, in der Menschen erstmals Eisen für Werkzeuge und Waffen verwendet haben*

ei·sern <eiserner, am eisernsten> *Adj.* **1.** (*nicht steig.*) *aus Eisen gefertigt* ein eisernes Tor **2.** (≈ *zäh*) *sehr stabil und fest* Er besaß offenbar eine eiserne Gesundheit. **3.** (*übertr.* ≈ *unerbittlich, unbeugsam*) *streng und unnachgiebig* Sie trainierte mit eiserner Disziplin., Er hat einen eisernen Willen.

Ei·ses·käl·te die <-> (*kein Plur.*) *große Kälte*

Eis·fach das <-(e)s, Eisfächer> (≈ *Tiefkühlfach*) *ein Fach im Kühlschrank, in dem es sehr kalt ist und in dem man Tiefkühlkost lagert*

Eis·feld das <-(e)s, -er> *eine große vereiste Fläche*

Eis·fi·sche·rei die <-> (*kein Plur.*) (*im Winter betriebener*) *Fischfang unter dem Eis*

eis·ge·kühlt <nicht steig.> *Adj. so, dass es* (*mit Eiswürfeln*) *stark gekühlt ist* eisgekühlte Getränke

Eis·glät·te die <-> (*kein Plur.*) *der Zustand, dass Straßen wegen Eis glatt sind* Im Radio warnte man vor möglicher Eisglätte auf den Straßen.

eis·grau <nicht steig.> *Adj. von dem hellen Grau von Eis* eisgraues Haar

Eis·ha·ken der <-s, -> SPORT *gebogenes Gerät zum Sichern beim Bergsteigen*

Eis·hei·li·gen <-> *Plur. die Tage zwischen dem 11. und dem 15. Mai, an denen oft sehr kaltes Wetter herrscht*

Eis·ho·ckey das <-s> (*kein Plur.*) SPORT *ein Mannschaftssport, bei dem sich die Spieler auf Schlittschuhen bewegen und versuchen, eine kleine Gummischeibe, den Puck, ins gegnerische Tor zu schießen* ◆-mannschaft, -schläger, -spieler, -torwart

ei·sig <eisiger, am eisigsten> *Adj.* **1.** *sehr kalt* Bei der eisigen Kälte bleibe ich am liebsten zu Hause. **2.** (≈ *frostig*) *unfreundlich und ohne menschliche Wärme* Nach seiner Ansprache herrschte eisiges Schweigen im Saal.

Eis·kaf·fee der <-s, -s> *kalt genossener Bohnenkaffee mit Eis und Schlagsahne*

eis·kalt <nicht steig.> **I.** *Adj.* **1.** (≈ *eisig*) *von sehr geringer Temperatur* Gestern wehte ein eiskalter Wind. **2.** (*abwert.* ≈ *kaltblütig*) *brutal, ohne jedes Mitgefühl* Das war ein eiskalter Mord. **II.** *Adv.* (*umg. abwert.*) *unverschämt* Die hat mich eiskalt angelogen!

Eis·kas·ten der <-s, -> (*österr.*) *Kühlschrank*

Eis·klet·tern das <-s> (*kein Plur.*) SPORT *Klettern im Eis*

Eis·kris·tall der <-s, -e> (*meist Plur.*) *ein einzelnes der Kristalle, die Eis*[1] *bilden*

Eis·kü·bel der <-s, -> *mit Eisstückchen gefüllter Behälter, um Getränke zu kühlen*

Eis·kunst·lauf der <-(e)s> (*kein Plur.*) SPORT *ein Sport, bei dem man auf Schlittschuhen bestimmte Figuren ausführen muss*

Eis·kunst·lau·fen das <-s> (*kein Plur.*) (SPORT: ≈ *Eiskunstlauf*)

Eis·lauf der <-(e)s> (*kein Plur.*) (SPORT: ≈ *Eiskunstlauf*)

Eis·läu·fer, Eis·läu·fe·rin der <-s, -> SPORT *jmd., der Eislauf betreibt*

Eis·mann der <-es, Eismänner> **1.** *Eisverkäufer* **2.** (*kein Sing.*) (*österr.*) *die Eisheiligen*

Eis·ma·schi·ne die <-, -en> Gerät zum Herstellen von Eis[2]

Eis·meer das <-(e)s, -e> (GEOGR.: ≈ *Polarmeer*) das nördliche/südliche Eismeer

Eis·prinz, Eis·prin·zes·sin der <-en, -en> (SPORT: *umg.*) *populärer Eiskunstläufer*

Ei·sprung der <-(e)s, Eisprünge> *Plur. selten* (BIOL. MED.: ≈ *Follikelsprung, Ovulation*) *der Vorgang im Körper der Frau, dass jeden Monat ein Ei den Eierstock verlässt und dann bereit ist zur Befruchtung*

Eis·re·gen der <-s> (*kein Plur.*) *Regen, der auf den Boden fällt und dort gleich gefriert*

Eis·sa·lat der <-(e)s, -e> (≈ *Eisbergsalat*)

Eis·sa·lon der <-s, -s> (*österr.*) *Eisdiele*

Eis·schicht die <-, -en> *Überzug aus Eis*[1]

Eis·schmel·ze die <-, -n> *das Schmelzen des Eises*[1] *bei Tauwetter*

Eis·schnell·lauf der <-(e)s> (*kein Plur.*) SPORT *ein Sport, bei dem die Athleten auf Schlittschuhen ein Wettrennen auf einer Eisbahn austragen*

Eis·schnell·lauf·bahn die <-, -en> SPORT *Bahn für den Eisschnelllauf*

Eis·schnell·lau·fen das <-s> (*kein Plur.*) (SPORT: ≈ *Eisschnelllauf*)

Eis·schnell·läu·fer, Eis·schnell·läu·fe·rin der <-s, -> SPORT *jmd., der Eisschnelllauf betreibt*

Eis·scho·ko·la·de die <-, -n> *kalt genossener Kakao mit Eis und Schlagsahne*

Eis·schol·le die <-, -n> *sehr großes Eisstück, das im Wasser treibt*

Eis·schrank der <-(e)s, Eisschränke> (*veralt.* ≈ *Kühlschrank*)

Eis·sta·di·on das <-s, Eisstadien> SPORT *Stadion für Eiskunstlauf*

Eis·stand der <-(e)s, Eisstände> *Verkaufsstand für Eis*[2]

Eis·stock·schie·ßen das <-s> (*kein Plur.*) SPORT

Eis·tee der <-s, -s> *gekühlter Tee* (*mit Eis*[2])

Eis·tü·te die <-, -n> *tütenförmige Waffel* (*mit Eiskugel/n darin*)

Eis·vo·gel der <-s, Eisvögel> ZOOL. *ein Vogel mit metallisch-grünem Gefieder*

Eis·waf·fel die <-, -n> *Waffel, die man zu Eis*[2] *isst*

Eis·wür·fel der <-s, -> *zu einem Würfel geformtes Eis, das zur Kühlung von Getränken benutzt wird*

Eis·wüs·te die <-, -n> *mit Eis bedeckte Land- oder Wasserfläche*

Eis·zap·fen der <-s, -> *Wasser, das zu Eis in der Form eines länglichen Zapfens gefroren ist* An der Dachrinne hängen Eiszapfen.

Eis·zeit die <-> (*kein Plur.*) (≈ *Glazialzeit*) *ein Zeitalter der Erdgeschichte, in dem die Temperatur sehr stark zurückging und sich sehr große Gletscher bildeten, die das Aussehen der Erdoberfläche veränderten*

ei·tel <eitler, am eitelsten> *Adj.* **1.** (*abwert.* ≈ *selbstgefällig*) *so, dass man übertrieben viel Wert auf sein Äußeres legt* Er ist ein eitler Tropf. **2.** (*dichter.* ≈ *nichtig*) *wertlos* eitle Dinge

Ei·tel·keit die <-, -en> (*meist Sing.*) *das Eitelsein* [1] [2]

Ei·ter der <-s> (*kein Plur.*) MED. *die gelbliche Flüssigkeit, die aus einer infizierten Wunde austritt* ◆-bakterien, -pickel

Ei·ter·ge·schwür das <-(e)s, -e> (MED.: ≈ *Furunkel*)

Ei·ter·herd der <-(e)s, -e> MED. *eine Entzündung, bei der sich Eiter bildet*

ei·te·rig *Adj. voller Eiter s.* **eitrig**

ei·tern <eitert, eiterte, hat geeitert> *ohne OBJ* ■ *eine Wunde eitert Eiter bildet sich in einer Wunde* Wenn du die Wunde nicht sauber machst, eitert sie womöglich noch.

Ei·te·rung die <-, -en> *das Eitern*

eit·rig, *a.* **eite·rig** <eit(e)riger, am eit(e)rigsten> *Adj. voller Eiter* Die eit(e)rige Wunde muss schnellstens behandelt werden.

Ei·weiß das <-es, -e> **1.** (↔ *Eidotter, Eigelb*) *der klare Teil der Eisubstanz* **2.** BIOL. CHEM. *die äußerst komplexe chemische Verbindung, die der Grundstoff der Zellen und der organischen Stoffe ist*

Ei·weiß·kör·per der <-s, -> BIOL. CHEM. *Eiweißstoff*

Ei·weiß·man·gel der <-s,> (*kein Plur.*) MED. *Mangel an Eiweiß im Körper*

Ei·weiß·prä·pa·rat das <-(e)s, -e> MED. *Medikament, das Eiweiß enthält*

ei·weiß·reich <eiweißreicher, am eiweißreichsten> *Adj. reich an Eiweiß* Sportler sollten eiweißreiche Nahrung zu sich nehmen.

Ei·zel·le die <-, -n> BIOL. *die weibliche Keimzelle*

E·ja·ku·lat das [ejaku'la:t] <-(e)s, -e> MED. *die Samenflüssigkeit, die beim Orgasmus des Mannes ausgespritzt wird*

E·ja·ku·la·ti·on die [ejakula'tsjo:n] <-, -en> (MED.: ≈ *Samenerguss*)

e·ja·ku·lie·ren <ejakulierst, ejakulierte, hat ejakuliert> *ohne OBJ* ■ *jmd. ejakuliert einen Samenerguss haben*

E·kel[1] der <-s> (*kein Plur.*) (≈ *Abscheu*) *das Gefühl, dass man gegen etwas großen Widerwillen hat* Vor Ekel musste sie sich übergeben., Er hat einen Ekel vor Spinnen. ◆ Getrenntschreibung→R 4.3, R 4.12 Ekel erregend, großen Ekel erregend; Zusammenschreibung→R 4.12 sehr ekelerregend, am ekelerregendsten

E·kel[2] das <-s, -> (*umg. abwert.*) *widerliche Person* Er ist ein richtiges Ekel!

e·kel·haft *Adj.* **1.** *so, dass man Ekel empfindet* Was ist das für ein ekelhafter Gestank? **2.** (≈ *widerwärtig*) *sehr unangenehm* Wir hatten ekelhaftes Wetter.

e·ke·lig *Adj. sehr unangenehm s.* **eklig**

e·keln <ekelst, ekelte, hat geekelt> **I.** *ohne OBJ* ■ *jmdm./jmdn. ekelt vor jmdm./etwas jmd. empfindet Ekel vor jmdm. oder etwas* Mich/Mir ekelt vor dir. **II.** *mit SICH* ■ *jmd. ekelt sich vor jmdm./etwas jmd. empfindet Ekel vor jmdm. oder etwas* Sie ekelt sich vor ihm.

E·kel·pa·ket das <-s, -e> (*umg. abwert.*) *ekelhafte Person*

E·k·lat der [e'kla:] <-s, -s> (*geh.* ≈ *Skandal*) *etwas, das großes Aufsehen hervorruft und Anstoß erregt* Ihr Auftritt verursachte einen Eklat.

e·k·la·tant <nicht steig.> *Adj.* (*geh.* ≈ *offenkundig*) *so, dass es sehr deutlich und leicht zu sehen ist* Das ist ein eklatanter Unterschied!

E·k·lek·ti·ker, E·k·lek·ti·ke·rin der [ɛk'lɛktikɐ] <-s, -> (*geh.*) *jmd., der sich aus verschiedenen Theorien das ihm jeweils Passende auswählt* ▶Eklektizismus

e·k·lek·tisch <nicht steig.> *Adj.* (*geh.*) *in der Art eines Eklektikers*

ek·lig, *a.* **e·ke·lig** <ekliger, am ekligsten> *Adj.* **1.** *so, dass es Ekel erregt* Sie findet Würmer eklig. **2.** (*umg.*) *sehr unangenehm* Sie war gestern ganz schön eklig.

E·k·lip·se die <-, -n> ASTRON. *Sonnenfinsternis* ▶Ekliptik

Ek·s·ta·se die <-, -n> (≈ *Rausch*) *der Zustand, dass jmd. ein sehr starkes Hochgefühl und sehr angenehme Empfindungen hat* Die Raver gerieten in

Ekstase.

E·kua·dor [ekua'doːɐ] <-s> *Staat in Südamerika* ▶ekuadorianisch

E·kua·do·ri·a·ner, **E·kua·do·ri·a·ne·rin** <-s, -> *jmd., der die ekuadorianische Staatsbürgerschaft hat*

Ek·zem das [ɛk'tseːm] <-s, -e> MED. *ein (entzündlicher) Ausschlag auf trockener Haut*

E·la·bo·rat das <-(e)s, -e> **1.** (*geh.*) *schriftliche Ausarbeitung* **2.** (*abwert.*) *Machwerk* Dieses Elaborat kann man doch nicht lesen.

e·la·bo·riert <nicht steig.> *Adj.* **1.** FACHSPR. *sehr gut ausgearbeitet* Das war ein sehr elaborierter Vortrag. **2.** (SPRACHWISS.: ↔ *restringiert*) *so, dass man in seinem sprachlichen Ausdruck über viele Mittel verfügt und diese differenziert einsetzt*

E·lan der <-> (*kein Plur.*) (≈ *Schwung*) *die große Energie, mit der jmd. eine Aufgabe bewältigt* Sie ging voller Elan ans Werk.

e·las·tisch <elastischer, am elastischsten> *Adj.* (≈ *dehnbar, flexibel*) *so, dass es länger wird, wenn man daran zieht* Der Arzt hat das verstauchte Gelenk mit einer elastischen Binde umwickelt.

E·las·ti·zi·tät die [elastitsi'tɛːθ] <-, -en> (*meist Sing.*) *das Elastischsein* die Elastizität des Materials

E·la·tiv der <-s, -e> SPRACHWISS. *absoluter Superlativ*

Elb·kahn der <-(e)s, Elbkähne> **1.** *Kahn auf der Elbe* **2.** (*nur Plur.*) (*scherzh.*) *sehr große Schuhe*

Elch der <-(e)s, -e> ZOOL. *eine nordische Hirschart*

El·do·ra·do das <-s, -s> *ein für eine bestimmte Sache sehr günstiges Gebiet* Die Inseln sind ein Eldorado für Sporttaucher.

E·le·fant der <-en, -en> ZOOL. *großes Säugetier in Afrika und Indien, für das der Rüssel, die graue Haut und die großen Ohren charakteristisch sind* ■ **sich wie ein Elefant im Porzellanladen benehmen** (*umg.*): *sich in einer Situation sehr ungeschickt verhalten siehe auch* **Elfenbein**

E·le·fan·ten·haut ■ **eine Elefantenhaut haben** (*scherzh. übertr.*≈ *ein dickes Fell haben*): *gegen Spott, Kritik unempfindlich sein*

E·le·fan·ten·her·de die <-, -n> *Herde von Elefanten*

E·le·fan·ten·hoch·zeit die <-, -en> (*umg.*) *Fusion zweier großer Konzerne*

E·le·fan·ten·rüs·sel der <-s, -> *Rüssel eines Elefanten*

E·le·fan·ten·schild·krö·te die <-, -n> ZOOL. *eine Landschildkröte*

e·le·gant *Adj.* **1.** (≈ *geschmackvoll*) *so, dass es in seiner Gestaltung von erlesenem Geschmack ist* Sie trug ein elegantes Abendkleid., die elegante Linienführung der Limousine **2.** (≈ *gewandt*) *fein in der Bewegung* elegante Schritte, elegante Formulierungen

E·le·ganz die <-> (*kein Plur.*) *elegante Art* Kreationen von edler Eleganz

E·le·gie die <-, -n> LIT. *wehmütiges Gedicht, Klagelied*

e·le·gisch <nicht steig.> *Adj.* (*geh.*) *wehmütig*

e·lek·t·ri·fi·zie·ren <elektrifiziert, elektrifizierte, hat elektrifiziert> *mit OBJ* ■ *jmd. elektrifiziert etwas auf den Betrieb mit elektrischem Strom umstellen* Die Eisenbahnstrecke wird elektrifiziert.

E·lek·t·ri·fi·zie·rung die <-> (*kein Plur.*) *das Elektrifizieren*

E·lek·t·ri·ker, **E·lek·t·ri·ke·rin** der <-s, -> *jmd., der berufsmäßig elektrische Anlagen und Leitungen installiert*

e·lek·t·risch <nicht steig.> *Adj.* **1.** *mit elektrischem Strom betrieben* Wir sollten die elektrische Geräte/Schaltkreise überprüfen. **2.** *auf das Phänomen der Elektrizität bezogen*

e·lek·t·ri·sie·ren <elektrisierst, elektrisierte, hat elektrisiert> *mit OBJ* **1.** ■ *jmd. elektrisiert etwas jmd. erzeugt elektrische Ladung in etwas* Er hat den Metallstab durch Reibung elektrisiert. **2.** ■ *jmd. elektrisiert jmdn. jmd. begeistert jmdn.* Die Rolling Stones elektrisieren auch heute noch ihr Publikum. ■ **wie elektrisiert sein** (*umg.*): *erschrocken oder aufgerüttelt sein* Sie sprang wie elektrisiert auf, als das Telefon läutete.

E·lek·t·ri·sie·rung die <-> (*kein Plur.*) *das Elektrisieren*[1]

E·lek·t·ri·zi·tät die <-> (*kein Plur.*) **1.** *elektrischer Strom* Das Kraftwerk versorgt die ganze Stadt mit Elektrizität. **2.** PHYS. *die Kraft zwischen Elementarteilchen mit positiver und negativer Ladung*

E·lek·t·ri·zi·täts·werk das <-(e)s, -e> *Unternehmen, das Haushalte mit Elektrizität*[1] *versorgt*

E·lek·t·ro·an·trieb der <-(e)s, -e> *Antrieb mit Elektromotor* Der Bus fährt mit Elektroantrieb.

E·lek·t·ro·au·to das <-s, -s> KFZ. *Automobil mit Elektroantrieb*

E·lek·t·ro·de die <-, -n> PHYS. *Metallstab, der elektrischen Strom an Wasser oder Gase abgibt oder von ihnen aufnimmt*

E·lek·t·ro·dy·na·mik die <-, -en> (PHYS.: ↔ *Elektrostatik*) *Lehre von der mechanischen Wirkung der Elektrizität*

e·lek·t·ro·dy·na·misch <nicht steig.> *Adj.* PHYS. *die Elektrodynamik betreffend*

E·lek·t·ro·grill der <-s, -s> *mit elektrischem Strom betriebener Grill*

E·lek·t·ro·herd der <-(e)s, -e> *mit elektrischem Strom betriebener Herd*

E·lek·t·ro·in·dus·t·rie die <-, -n> *Industriebetriebe, die Elektrogeräte herstellen*

E·lek·t·ro·in·ge·ni·eur, **E·lek·t·ro·in·ge·ni·eu·rin** der <-s, -e> *Ingenieur der Elektrotechnik*

E·lek·t·ro·in·stal·la·teur, **E·lek·t·ro·in·stal·la·teu·rin** der <-s, -e> *jmd., der beruflich elektrische Anlagen installiert*

E·lek·t·ro·kar·di·o·gramm das <-(e)s, -e> MED. *Aufzeichnung der Herzmuskelströme, abgekürzt „EKG“*

E·lek·t·ro·ly·se die <-, -n> CHEM. PHYS. *Zerlegung chemischer Verbindungen in ihre Bestandteile durch elektrischen Strom*

E·lek·t·ro·lyt das <-(e)s, -e> CHEM. PHYS. *elektrischen Strom leitende Flüssigkeit, deren chemische Verbindung sich durch Elektrolyse aufspalten lässt*

e·lek·t·ro·ma·g·ne·tisch <nicht steig.> *Adj.* PHYS. *durch Elektromagnetismus bedingt* elektromagnetische Wellen, ein elektromagnetisches Feld

E·lek·t·ro·mas·sa·ge die <-, -n> *Massage mit einem elektrischen Gerät*

E·lek·t·ro·mo·bil das <-s, -e> KFZ.-W. *elektrisch betriebenes Fahrzeug*

E·lek·t·ro·mo·tor der <-s, -en> KFZ.-W. *Motor, der elektrischen Strom in Bewegung umwandelt*

E·lek·t·ron das <-s, -en> PHYS. CHEM. *elektrisch negativ geladenes Elementarteilchen*

E·lek·t·ro·nen·mi·k·ro·s·kop das <-(e)s, -e> PHYS. CHEM. *ein Mikroskop, dessen Vergrößerungsleistung so groß ist, dass damit kleinste Teilchen beobachtet werden können*

E·lek·t·ro·nen·the·o·rie die <-, -en> PHYS. *Theorie, dass sich in Metallen Elektronen frei bewegen*

E·lek·t·ro·nik die <-> (*kein Plur.*) ELEKTROTECHN. *der Zweig der Elektrotechnik, der sich mit integrierten Schaltkreisen, Halbleitern usw. befasst*

E·lek·t·ro·ni·ker, **E·lek·t·ro·ni·ke·rin** der <-s, -> *Elektrotechniker*

E·lek·t·ro·nik·in·dus·t·rie die <-> (*kein Plur.*) *die Industriebetriebe, die elektronische Bauteile herstellen*

e·lek·t·ro·nisch <nicht steig.> *Adj. auf die Elektronik bezogen*

E·lek·t·ro·o·fen der <-s, Elektroöfen> *elektrisch betriebener Ofen*

E·lek·t·ro·schock der <-(e)s, -s> (*med.*) *zur Behandlung psychischer Krankheiten eingesetzte Schocktherapie mittels elektrischer Stromstöße*

E·lek·t·ro·skop das <-s, -e> PHYS. *Instrument zum Nachweis elektrischer Spannung*

E·lek·t·ro·smog der <-s> (*kein Plur.*) *die Strahlung, die von elektrischen Leitungen und Geräten ausgeht*

E·lek·tro·stat der <-en, -en> TECHN. *ein nach dem elektrostatischen Prinzip arbeitender Lautsprecher, bei dem Töne erzeugt werden, indem eine fast masselose Folie zwischen Elektroden beschleunigt wird*

E·lek·t·ro·sta·tik die <-, -en> (PHYS.: ↔ *Elektrodynamik*) *Lehre von den ruhenden elektrischen Ladungen*

E·lek·t·ro·tech·nik die <-> (*kein Plur.*) ELEKTROTECHN. *die Lehre von der Konstruktion elektrischer Geräte und Maschinen*

E·lek·t·ro·tech·ni·ker, **E·lek·t·ro·tech·ni·ke·rin** der <-s, -> ELEKTROTECHN. *Techniker auf dem Gebiet der Elektrotechnik*

E·lek·t·ro·the·ra·pie die <-, -en> MED. *Heilverfahren mittels elektrischen Stroms siehe auch* **Elektroschock**

E·le·ment das <-(e)s, -e> **1.** CHEM. *einer der chemischen Grundstoffe* Wir behandeln gerade das Periodensystem der chemischen Elemente. **2.** (≈ *Bestandteil*) *etwas, das (zusammen mit anderen Teilen) Teil von etwas ist* Die einzelnen Elemente dieser Theorie sind …, Er vereinigt in seiner Musik Elemente des Jazz mit Elementen des Rock. **3.** MATH. *ein Objekt, das Teil einer Menge*[4] *ist* A, B und C sind Elemente der Menge M. ■ **in seinem Element sein** (*umg.*): *entsprechend des eigenen Wesens oder der eigenen Vorlieben handeln* Im Sportunterricht ist sie in ihrem Element.

e·le·men·tar <nicht steig.> *Adj.* **1.** (≈ *grundlegend*) *so, dass es ganz wesentlich ist und zu den Grundlagen einer Sache gehört* elementare Begriffe/ Kenntnisse/ Pflichten/ Voraussetzungen **2.** (≈ *mächtig*) *so, dass (Natur)kräfte von sehr großer Gewalt sind* Das Gewitter brach mit elementarer Gewalt herein., Hier wirken elementare Naturkräfte. ▶Elementargewalt, Elementarkraft

E·le·men·tar·klas·se die <-, -n> (*veralt.*) *Grundschulklasse*

E·le·men·tar·la·dung die <-, -en> PHYS. *elektrische Ladung der Elementarteilchen*

E·le·men·tar·teil·chen das <-s, -> PHYS. *einer der Bausteine der Materie*

E·le·ment·bau der <-(e)s, -ten> (TECHN.: *schweiz.*) *Fertigbau*

E·len der <-s, -> ZOOL. *Elch*

E·lend das <-(e)s> (*kein Plur.*) *der Zustand großen Unglücks oder großer Not* Wir helfen, wo das Elend am größten ist., das Elend der Armen zu lindern versuchen ■ **ein Häufchen Elend sein**: *in einem elenden Zustand ein*

e·lend <elender, am elendsten> *Adj.* **1.** (≈ *übel*) *so, dass man sich sehr schlecht fühlt, weil man krank oder sehr deprimiert ist ist* Sie fühlt sich elend., Mir ist elend (zumute). **2.** (≈ *armselig*) *so, dass die Lebensbedingungen sehr schlecht und ärmlich sind* Sie wohnen in einer elenden Behausung., Er führt ein elendes Leben. **3.** (*umg.* ≈ *furchtbar*) *verwendet, um eine Aussage zu verstärken* Das ist eine elende Arbeit/eine elende Hitze heute.

e·len·dig <elendiger, am elendigsten> *Adj.* (*landsch.*) *elend*

e·len·dig·lich, **e·len·dig·lich** <elendiglicher, am elendiglichsten> *Adv.* (*geh.*) *in elender*[2] *Weise* elendiglich zugrunde gehen

E·lends·vier·tel das <-s, -> (≈ *Slum, Elendsquartier*) *Gebiet (einer Großstadt), in dem Menschen in großer Armut und unter menschenunwürdigen Bedingungen leben*

E·le·ve, **E·le·vin** der <-n, -n> (*geh.*) *Schüler, Lehrling*

elf *Num.* Wir sind zu elfen/elft. *siehe auch* **acht**

Elf die <-, -en> **1.** *die Zahl 11* **2.** SPORT *Fußballmannschaft* Die Elf betritt das Spielfeld.

El·fe die <-, -n> *in Märchen und Sagen ein weibliches Wesen mit Zauberkraft*

El·fen·bein das <-(e)s> (*kein Plur.*) *die Substanz, aus der die Stoßzähne von Elefanten bestehen* Um Schmuck aus Elfenbein herzustellen, werden immer noch Elefanten abgeschlachtet.

el·fen·bei·nern <nicht steig.> (*nur attr.*) *Adj. aus Elfenbein* eine elfenbeinerne Schale

el·fen·bein·far·ben <nicht steig.> *Adj. von der gelbweißen Farbe von Elfenbein*

El·fen·bein·küs·te die <-> (*kein Plur.*) (GEOGR.: ≈ *Côte d'Ivoire*) *ein Staat in Westafrika*

El·fen·bein·schnit·zer, El·fen·bein·schnit·ze·rin der <-s, -> *jmd., der aus Elfenbein Schnitzereien anfertigt*

El·fen·bein·turm ■ **in seinem Elfenbeinturm sitzen** (*umg.*): *als Künstler oder Gelehrter abgekapselt und weltfremd sein und sich nur seiner geistigen Beschäftigung widmen*

Elf·me·ter der <-s, -> SPORT *im Fußball der als Bestrafung für ein Foul vollzogene, direkte Schuss auf das Tor* Der Schiedsrichter müsste einen Elfmeter geben., Wer hat den Elfmeter geschossen/verwandelt?, Der Torwart hat den Elfmeter gehalten.

Elf·me·ter·tor das <-(e)s, -e> SPORT *im Fußball beim Elfmeterschießen erzieltes Tor*

elf·te *Num.* Sein Name stand an elfter Stelle. *siehe auch* **achte**

elf·tel *Num. siehe auch* **achtel**

Elf·tel das <-s, -> *der elfte Teil von etwas siehe auch* **Achtel**

E·li·mi·na·tion die <-, -en> (*geh.*) *das Eliminieren*

e·li·mi·nie·ren <eliminierst, eliminierte, hat eliminiert> *mit OBJ* ■ *jmd. eliminiert etwas* (*geh.*) *beseitigen* Fehlerquellen/Störfaktoren eliminieren

e·li·sa·be·tha·nisch <nicht steig.> *Adj.* GESCH. *auf das Zeitalter Elisabeths I. von England bezogen*

E·li·sion die <-, -en> SPRACHWISS. *Ausstoßung eines unbetonten Vokals im Wortinneren oder -ende*

e·li·tär <elitärer, am elitärsten> *Adj.* **1.** (*nicht steig.*) *zur Elite gehörend* Er gehört auch zu diesem elitären Kreis. **2.** (*abwert.*) *hochnäsig, weil man sich zu einer Elite gehörig fühlt* Sein elitäres Benehmen geht mir langsam auf die Nerven.

E·li·te die <-, -n> *die* (*in Bezug auf ein bestimmtes Kriterium*) *besten Personen* (*einer Gruppe oder Gesellschaft*) Die hier versammelten Personen gehören zweifellos zur geistigen/intellektuellen/politischen Elite des Landes. ◆-förderung, - mannschaft, Kultur-, Sport-

E·li·xier das <-s, -e> *eine Substanz, der man eine heilende Wirkung oder sogar Zauberkraft zuspricht*

Ell·bo·gen der <-s, -> ANAT. *das Gelenk zwischen Oberarm und Unterarm* ■ **seine Ellbogen gebrauchen** (*umg.*): *rücksichtslos handeln* **keine Ellbogen haben** (*umg.*): *sich nicht durchsetzen können*

Ell·bo·gen·frei·heit die <-> (*kein Plur.*) (*übertr.*) *Bewegungsfreiheit*

Ell·bo·gen·ge·lenk das <-(e)s, -e> ANAT. *Gelenk zwischen Ober- und Unterarm*

Ell·bo·gen·ge·sell·schaft die <-> (*kein Plur.*) (*abwert. übertr.*) *eine Gesellschaft, in der man sich nur mit egoistischem und rücksichtslosem Verhalten durchsetzt*

Ell·bo·gen·mensch der <-en, -en> (*abwert.*) *jmd., der sich rücksichtslos durchsetzt*

Ell·bo·gen·schüt·zer der <-s, -> SPORT *eine Art Polster für den Ellbogen, das man in bestimmten Sportarten zum Schutz trägt*

El·le die <-, -n> **1.** ANAT. ↔ SPEICHE *einer der beiden Unterarmknochen* **2.** (*veralt.*) *ein Längenmaß*

El·len·bo·gen *siehe auch* **Ellbogen**

el·len·lang <nicht steig.> *Adj. übermäßig lang* Sie schreibt immer ellenlange Briefe an ihren Bruder.

El·lip·se die <-, -n> **1.** MATH. *ein Kegelschnitt* **2.** LIT. *eine Stilfigur: Auslassung von Wörtern in Sätzen*

el·lip·sen·för·mig <nicht steig.> *Adj.* (≈ *oval*) *in der Form einer Ellipse*[1]

el·lip·tisch <nicht steig.> *Adj.* **1.** MATH. *in der Form einer Ellipse* **2.** SPRACHWISS. *von der Art einer Ellipse*[2] eine elliptische Konstruktion

e·lo·quent *Adj.* (*geh.* ≈ *redegewandt*) *so, dass man sich sehr gut sprachlich ausdrücken kann* Es war ein Genuss, ihrem eloquenten Vortrag zu lauschen.

E·lo·quenz die <-> (*kein Plur.*) (*geh.* ≈ *Redegewandtheit*) *die Eigenschaft, eloquent zu sein*

El Sal·va·dor <-s> *Staat in Mittelamerika*

Els·ter die <-, -n> ZOOL. *ein Rabenvogel* ■ (**eine**) **diebische Elster** (**sein**) (*umg.*): *die Neigung haben zu stehlen*

el·ter·lich <nicht steig.> (*nur attr.*) *Adj. so, dass es von den Eltern gehört oder von ihnen ausgeht* Sie wohnen jetzt im elterlichen Haus., die elterliche Fürsorge

El·tern <-> *Plur. Vater und Mutter* Sie hat ihren Eltern viel Freude gemacht., Alle Eltern wollen das Beste für ihr Kind. ■ **etwas ist nicht von schlechten Eltern**: *etwas ist kräftig und gut beschaffen* Dieser Wein ist nicht von schlechten Eltern. ▶Großeltern, Urgroßeltern ◆-initiative, -liebe, -paar

El·tern·abend der <-s, -e> SCHULE *Informationsabend, bei dem die Eltern der Schüler einer Schule den Lehrern Fragen stellen können*

El·tern·bei·rat der <-es, Elternbeiräte> SCHULE *die gewählten Vertreter der Eltern der Schüler einer Schule*

El·tern·haus das <-es, Elternhäuser> *das Haus der Eltern, in dem man aufgewachsen ist*

El·tern·recht das <-(e)s, -e> RECHTSW. *Rechte der Eltern ihren Kindern gegenüber*

El·tern·schlaf·zim·mer das <-s, -> (↔ *Kinderzimmer*) *Schlafzimmer der Eltern*

El·tern·sprech·tag der <-(e)s, -e> SCHULE *Elternabend*

El·tern·teil der <-(e)s, -> *Vater oder Mutter*

E·lysi·um das <-s, Elysien> (*dichter.* ≈ *Paradies*) *das vollkommene Glück*

EM [eːˈʔɛm] (SPORT: ↔ *DM, WM*) *Abkürzung von „Europameisterschaft“*

E-Mail die/das [ˈiːmeɪl] <-, -s> EDV *elektronische Botschaft, die über Computernetze verschickt wird* Ich habe eine E-Mail erhalten/geschrieben/verschickt/ abgespeichert/ausgedruckt. ◆-Programm, -Software

E·mail(**·le**) das [eˈmaj, eˈmaljə,] <-, -n> *Schmelzüberzug auf metallischen Oberflächen*

e·mail·lie·ren [emaˈjiːrən, emalˈjiːrən] <emaillierst, emaillierte, hat emailliert> *mit OBK* ■ *jmd. emailliert etwas Akk.* (*fachspr.*) *mit einer Schicht aus Emaille überziehen*

E·mail·lier·ofen der <-s, Emaillieröfen> (*fachspr.*)

E

Brennofen zum Emaillieren

E·man·ze die <-, -n> (umg. abwert.) selbstbewusste Frau, deren (Einsatz für die) Gleichberechtigung als übertrieben empfunden wird

E·man·zi·pa·ti·on die <-> (kein Plur.) **1.** der Vorgang, dass sich jmd. aus seiner bisherigen Abhängigkeit von jmdm. befreit **2.** gesellschaftliche Gleichstellung und Gleichberechtigung der Frau mit dem Mann

E·man·zi·pa·ti·ons·be·we·gung die <-, -en> Bewegung, die zur Emanzipation führen soll

e·man·zi·pa·to·risch <nicht steig.> Adj. so, dass es Emanzipation als Ziel hat

e·man·zi·pie·ren <emanzipierst, emanzipierte, hat emanzipiert> mit SICH ■ jmd. emanzipiert sich (von jmdm./etwas) sich von einer Abhängigkeit befreien Die moderne Frau hat sich längst emanzipiert., Es dauerte lange, bis sich die Lohnarbeiter emanzipiert hatten.

e·man·zi·piert Adj. selbstbewusst und unabhängig eine emanzipierte junge Frau

Em·bar·go das <-s, -s> (POL.: ≈ Ausfuhrsperre) ein Verbot, bestimmte Waren in ein Land zu liefern Man verhängte ein Waffenembargo.

Em·b·lem das <-s, -e> (geh. ≈ Sinnbild) (die Abbildung von) etwas, das als Symbol für eine bestimmte Eigenschaft gilt Der Löwe wird traditionell als Emblem der Stärke betrachtet.

Em·bo·lie die <-s, -n> MED. der Vorgang, dass ein Blutpfropfen eine Ader verstopft

Em·b·ryo der/das <-s, -s/-nen> ein noch nicht geborenes Lebewesen im Mutterleib

Em·bryo·nal·ent·wick·lung die <-> (kein Plur.) die Entwicklung des Embryos

e·me·ri·tie·ren <emeritierst, emeritierte, hat emeritiert> mit OBJ ■ jmd. emeritiert jmdn. (fachspr.) einen Hochschullehrer in den Ruhestand entlassen Der Professor ist vor zwei Jahren emeritiert worden.

E·me·ri·tus der <-, Emeriti> (fachspr.) emeritierter Hochschulprofessor

E·mi·g·rant, **E·mi·g·ran·tin** der <-en, -en> (↔ Immigrant) jmd., der in ein anderes Land geflüchtet ist, um dort zu leben. ◆ -enschicksal

E·mi·g·ran·ten·li·te·ra·tur die <-, -en> (LIT.: ≈ Exilliteratur) Literatur, die von Emigranten geschaffen wurde

E·mi·g·ra·ti·on die <-, -en> (↔ Immigration) Auswanderung aus dem eigenen Land, weil man dort aus politischen oder religiösen Gründen nicht mehr leben kann ■ **die innere Emigration**: der Vorgang, dass besonders Intellektuelle ihre Opposition gegen eine Diktatur nur passiv ausdrücken

e·mi·g·rie·ren <emigrierst, emigrierte, ist emigriert> ohne OBJ ■ jmd. emigriert irgendwohin (↔ immigrieren) aus dem eigenen Land auswandern, weil man dort aus politischen oder religiösen Gründen nicht mehr leben kann. Sie emigrierte 1933 nach Italien/in die USA.

e·mi·nent <nicht steig.> Adj. (geh. ≈ bedeutend) außerordentlich Die Besprechung ist von eminenter Wichtigkeit.

E·mi·nenz die <-, -en> REL. Anrede für Kardinäle

E·mir, **E·mir** der <-s, -e> ein arabischer Fürstentitel

E·mi·rat das <-(e)s, -e> ein arabisches Fürstentum

E·mis·si·on die <-, -en> **1.** PHYS. das Abgeben von Strahlung **2.** (fachspr.) Ausströmen von Stoffen in die Atmosphäre Das Ziel war, die Emission von Schadstoffen drastisch zu verringern. **3.** WIRTSCH. Ausgabe von Wertpapieren

E·mit·tent der <-en, -en> **1.** WIRTSCH. jmd., der Wertpapiere ausgibt **2.** (fachspr.) jmd., der Emissionen[2] verursacht

e·mit·tie·ren <emittierst, emittierte, hat emittiert> mit OBJ ■ jmd. emittiert etwas WIRTSCH. Wertpapiere in Umlauf setzen

E-Moll, **E-Moll** das <-> (kein Plur.) MUS. eine Tonart ◆ -Tonleiter

E·mo·ti·con das <-s, -s> EDV eine Kombination von Zeichen, mit der der Verfasser einer E-Mail einen Gefühlszustand andeuten kann; z.B. wird durch die Zeichen:-) ein lachendes Gesicht angedeutet

E·mo·ti·on die <-, -en> (geh. ≈ Gefühlsregung) der Vorgang, dass jmd. ein bestimmtes Gefühl hat Emotionen wie Wut, Ärger, Freude ..., Er zeigte bei der Preisverleihung keinerlei Emotionen.

e·mo·ti·o·nal <emotionaler, am emotionalsten> Adj. **1.** (≈ gefühlsmäßig) so, dass es von Emotionen gelenkt wird oder mit ihnen zu tun hat Sie handelt meist emotional. **2.** (abwert.) erregt Ihre emotionale Reaktion war verständlich.

e·mo·ti·o·na·li·sie·ren [emotsi̯onaliˈziːrən] <emotionalisierst, emotionalisierte, hat emotionalisiert> mit OBJ ■ jmd. emotionalisiert etwas Akk. (geh.) bewirken, dass ein Thema nicht mehr nur sachlich diskutiert wird, sondern dass auch Emotionen wichtig werden eine Diskussion emotionalisieren

E·mo·ti·o·na·li·tät die <-, -en> emotionales Verhalten

e·mo·ti·o·nell Adj. s. **emotional**

e·mo·ti·ons·ge·la·den <nicht steig.> Adj. voller starker Emotionen Nach dem Spiel herrschte eine emotionsgeladene Atmosphäre.

Em·pa·thie die [ɛmpaˈtiː] <-, -n> (meist Sing.) (≈ Einfühlung) die Haltung, in der man sich in die Gefühle eines anderen einfühlt In einem psychologischen Gespräch ist Empathie sehr wichtig.

em·pfahl Prät. von **empfehlen**

em·pfand Prät. von **empfinden**

Emp·fang der <-(e)s, Empfänge> **1.** (kein Plur.) der Vorgang, dass man etwas erhält Wir haben die Lieferung bereits in Empfang genommen., Der Empfang der Lieferung wurde bestätigt. **2.** (feierliche) Begrüßung Am Sonntag findet ein großer Empfang für alle Konferenzteilnehmer statt. ◆ Sekt-, Steh- **3.** TECHN. die Qualität, mit der man Signale empfängt[2] Der Empfang ist gestört.

emp·fan·gen <empfängst, empfing, hat empfangen> mit OBJ **1.** ■ jmd. empfängt jmdn. als Gäste im Rahmen eines Festaktes begrüßen Der Botschafter empfängt die Diplomaten (mit einem Festakt). **2.** ■ *jmd. empfängt etwas (mit etwas Dat.)* ELEKTROTECHN. *mit einem technischen Gerät registrieren oder auffangen* mit dem Teleskop Signale aus dem All empfangen, Er empfängt diesen Sender nicht.

Emp·fän·ger, **Emp·fän·ge·rin** der **1.** *jmd., der etwas erhält oder erhalten soll* Der Empfänger des Briefes ist unbekannt verzogen. **2.** ELEKTROTECHN. *Empfangsgerät*

emp·fäng·lich <empfänglicher, am empfänglichsten> *Adj.* (≈ *offen*) *bereit, etwas entgegen zu nehmen* Ich bin für gute Ratschläge durchaus empfänglich., Ich wusste, dass der Professor sehr empfänglich für Schmeicheleien war.

Emp·fäng·lich·keit die <-> (*kein Plur.*) *das Empfänglichsein*

Emp·fang·nah·me die <-> (*kein Plur.*) AMTSSPR. *das Entgegennehmen*

Emp·fäng·nis die <-, -se> *Befruchtung einer Eizelle durch eine Samenzelle*

emp·fäng·nis·ver·hü·tend <nicht steig.> *Adj. so, dass es bewirkt, dass es nicht zur Empfängnis kommt* empfängnisverhütende Mittel

Emp·fäng·nis·ver·hü·tung die <-> (*kein Plur.*) *alle Maßnahmen wie Antibabypille, Kondome usw., die dafür sorgen, dass eine Frau nach dem Geschlechtsverkehr mit einem Mann nicht schwanger wird*

Emp·fäng·nis·zeit die <-, -en> RECHTSW. *Zeit, in der die Empfängnis eines Kindes stattgefunden haben muss*

Emp·fangs·an·ten·ne die <-, -n> ELEKTROTECHN. *Antenne für den Empfang[3] von Sendern*

Emp·fangs·be·reich der <-(e)s, -e> *Bereich, in dem man Empfang[3] hat*

Emp·fangs·be·schei·ni·gung die <-, -en> (AMTSSPR.: ≈ *Empfangsbestätigung*) *Bescheinigung über den Empfang[1]*

Emp·fangs·chef der <-s, -s> *Hotelangestellter, der Kunden und Gäste empfängt*

Emp·fangs·da·me die <-, -n> *Hotelangestellte, die Kunden und Gäste empfängt*

Emp·fangs·hal·le die <-, -n> *großer Raum, in dem Empfänge[2] stattfinden*

Emp·fangs·raum der <-es, Empfangsräume> *Raum, in dem Empfänge[2] stattfinden*

Emp·fangs·sta·ti·on die <-, -en> ELEKTROTECHN. *Ort, an dem Sendungen empfangen werden*

Emp·fangs·stö·rung die <-, -en> (*meist Plur.*) ELEKTROTECHN. *Störung beim Empfang[3]*

Emp·fangs·zim·mer das <-s, -> *Zimmer, in dem man Gäste empfängt*

emp·feh·len <empfiehlst, empfahl, hat empfohlen> **I.** *mit OBJ* **1.** ■ *jmd. empfiehlt (jmdm.) etwas jmdm. sagen, dass etwas sehr gut ist und dass man es benutzen soll* Dieses Restaurant kann ich nur empfehlen. **2.** ■ *jmd. empfiehlt (jmdm.) jmdn. jmdm. sagen, dass jmd. sehr kompetent ist und dass man seine Dienste in Anspruch nehmen kann* Kannst du mir einen guten Arzt empfehlen? **II.** *mit SICH* ■ *jmd./etwas empfiehlt sich* **1.** (*geh.* ≈ *sich anbieten*) *von Vorteil sein* Bei Schwierigkeiten empfiehlt es sich, Folgendes zu tun: … **2.** (*geh. veralt.*) *sich verabschieden* Ich empfehle mich!

emp·feh·lens·wert *Adj. so, dass man es empfehlen I kann* ein empfehlenswertes Lokal

Emp·feh·lung die <-, -en> *der Vorgang, dass jmd. etwas ampfiehlt* Ich komme auf Empfehlung von …

Emp·feh·lungs·schrei·ben das <-s, -> *ein Brief, in dem jmd. eine Empfehlung ausspricht*

emp·fin·den <empfindest, empfand, hat empfunden> *mit OBJ* **1.** ■ *jmd. empfindet etwas (für jmdn./etwas) ein positives Gefühl verspüren* Er empfand tiefe Gefühle für sie., Sie empfindet doch etwas für ihn, auch wenn sie es nicht zugeben will. **2.** ■ *jmd. empfindet etwas (als etwas Akk.) etwas (in einer bestimmten Weise) wahrnehmen, fühlen* Hunger/Durst/Kälte empfinden, Freude/ Reue/ Scham empfinden, Die Gäste könnten das als Beleidigung empfinden.

emp·find·lich <empfindlicher, am empfindlichsten> *Adj.* **1.** (≈ *sensibel*) *so, dass man schnell gekränkt ist* Sie ist eine empfindliche Person., Bei solchen Bemerkungen ist er sehr empfindlich. **2.** (≈ *sensitiv, reizbar*) *so, dass ein Körperorgan leicht gereizt wird* empfindliche Augen/Haut **3.** *schmerzlich* Sein Ausscheiden war ein empfindlicher Verlust für das ganze Team. ■ **empfindliche Kälte** (*umg.*): *große Kälte*

Emp·find·lich·keit die <-> (*kein Plur.*) *das Empfindlichsein[1,2]*

emp·find·sam <empfindsamer, am empfindsamsten> *Adj.* (*geh.* ≈ *sensibel*) *so, dass man auf seine Umwelt sehr schnell mit ausgeprägten Gefühlen reagiert*

Emp·find·sam·keit die <-> (*kein Plur.*) **1.** (*geh.* ≈ *Sensibilität*) *Aufnahmefähigkeit für Reize und Eindrücke* **2.** LIT. *Bezeichnung für eine Epoche der Literatur im 18. Jahrhundert, die sehr gefühlsbetont war*

Emp·fin·dung die <-, -en> (≈ *Gefühl, Wahrnehmung*) *etwas, das jmd. empfindet* ◆ -snerv

Emp·fin·dungs·lo·sig·keit die <-> (*kein Plur.*) (≈ *Gefühllosigkeit*) *der Zustand, dass jmd. oder etwas ohne Empfindung ist*

emp·fing *Prät. von* **empfangen**

emp·foh·len *Part. Perf. von* **empfehlen**

emp·fun·den *Part. Perf. von* **empfinden**

Em·pha·se die <-, -n> (*meist Sing.*) (*geh.* ≈ *Nachdruck*) *besondere (gefühlsmäßige) Betonung, die jmd. auf etwas legt* ▶ emphatisch

Em·phy·sem das [ɛmfy'zeːm] <-s, -e>

Em·pi·rie der <-> (*kein Plur.*) (*geh.*) (*wissenschaftliche*) *Erkenntnis, die nicht auf theoretischer Ableitung aus abstrakten Regeln beruht, sondern auf Fakten, die aus der Erfahrung gewonnen werden*

Em·pi·ri·ker, **Em·pi·ri·ke·rin** der <-s, -> (*geh.*) *jmd., der empirisch arbeitet*

em·pi·risch <nicht steig.> *Adj.* (*geh.*) *so, dass es auf konkreten Fakten und nicht nur auf theoretischen Annahmen beruht* Die Ergebnisse meiner Arbeit basieren auf empirischen Untersuchungen.

Em·pi·ris·mus der <-> (*kein Plur.*) PHILOS. *Lehre der Empirie*

em·por·ar·bei·ten <arbeitest empor, arbeitete empor, hat emporgearbeitet> *mit SICH* ■ *jmd. arbeitet sich (zu etwas Dat.) empor beruflich durch ehrgeiziges Verhalten vorankommen* Er hat sich zum Abteilungsleiter emporgearbeitet.

Em·po·re die <-, -n> (*zum Altar oder zur Bühne*) *offenes Obergeschoss (in einer Kirche oder einem Theater)*

em·pö·ren <empörst, empörte, hat empört> (*geh.*) **I.** *mit OBJ* ■ *jmd./etwas empört jmdn. zornig machen* Seine unverschämte Bemerkung empörte sie. **II.** *mit SICH* ■ *jmd. empört sich (über jmdn./etwas) sich ärgern* Alle empörten sich über sein Verhalten.

em·pö·rend <empörender, am empörendsten> *Adj. so ärgerlich, dass man sich darüber aufregen muss* ein empörendes Verhalten

Em·por·kömm·ling der <-s, -e> (*abwert.*) *jmd., dessen schneller (beruflicher oder politischer) Aufstieg als ungerechtfertigt empfunden wird*

em·por·ra·gen <ragt empor, ragte empor, ist emporgeragt> *ohne OBJ* ■ *etwas ragt empor nach oben ragen* Es scheint, als würden die Berge bis in den Himmel emporragen.

em·por·schau·en <schaust empor, schaute empor, hat emporgeschaut> *ohne OBJ* **1.** ■ *jmd. schaut (zu jmdm./etwas) empor nach oben schauen* **2.** ■ *jmd. schaut zu jmdm. empor* (≈ *verehren*) *sehr viel Respekt für jmdn. empfinden*

em·por·schwin·gen <schwingst empor, schwang empor, hat emporgeschwungen> *mit SICH* **1.** ■ *jmd. schwingt sich empor den eigenen Körper durch eine schwungvolle Bewegung in die Höhe bewegen* **2.** ■ *jmd. schwingt sich zu etwas Akk. empor* (*geh.*) *eine große Leistung vollbringen* sich zu großen Taten/Leistungen emporschwingen

em·pört *Adj. sehr verärgert und aufgeregt* Ich war zutiefst empört über ihr Auftreten.

Em·pö·rung die <-, -en> (≈ *Entrüstung*) Sie brachten laut ihre Empörung zum Ausdruck.

em·sig <emsiger, am emsigsten> *Adj.* (≈ *fleißig*) *so, dass man sich sehr anstrengt und viel arbeitet* Sie lernt emsig für die Klausur.

E·mul·ga·tor der <-s, -en> CHEM. *Stoff, mit dem man Emulsionen[1] herstellt* ►emulgieren

E·mul·si·on die <-, -en> **1.** CHEM. *der Zustand, dass zwei Flüssigkeiten, die man an sich nicht mischen kann, als ganz feine Tropfen in einander verteilt sind* **2.** FOTOGR. *lichtempfindliche Schicht*

End·aus·schei·dung die <-, -en> (SPORT: ≈ *Endrunde*) *die letzte Station in einem (mehrstufigen) Wettbewerb* Ich kam bis in die Endausscheidung, wurde dann aber doch nur Zweite.

End·be·scheid der <-(e)s, -e> AMTSSPR. *letzter, endgültiger Bescheid*

End·buch·sta·be der <-n, -n> (↔ *Anfangsbuchstabe*) *letzter Buchstabe (eines Wortes)*

End·darm der <-(e)s, Enddärme> (ANAT.: ≈ *Dickdarm*)

En·de das <-s, -n> **1.** (*kein Plur.*) *der Punkt, der in zeitlicher Hinsicht etwas abschließt* Dies war dann das Ende des Gesprächs., (Am) Ende des Monats geben wir eine Party., Die Arbeit muss bis zum Ende der Woche fertig sein. **2.** *der Punkt, an dem etwas räumlich aufhört* Fahren Sie bis zum Ende der Straße, dann … ■ **zu Ende sein**: *vorbei sein* **mit seiner Weisheit am Ende sein** (*umg.*): *nicht mehr weiter wissen* **das Ende vom Lied** (*umg.*): *das enttäuschende Resultat* **am Ende der Welt sein**: *ganz weit weg sein* Dieses Dorf liegt ja am Ende der Welt! **das dicke Ende** (*umg.*): *das Unangenehme* Das dicke Ende kommt erst noch.

End·ef·fekt ■ **im Endeffekt**: *letztlich* Im Endeffekt hat sich nichts geändert.

En·de·mie die <-, -n> MED. *örtlich begrenztes Auftreten von Infektionskrankheiten*

en·de·misch <nicht steig.> *Adj.* **1.** MED. *auf die Endemie bezogen* **2.** BIOL. (*als Tier- oder Pflanzenart*) *nur in begrenzten Gebieten vorkommend* Auf dieser Insel findet man viele endemische Pflanzen.

en·den <endest, endete, hat geendet> *ohne OBJ* ■ *jmd./etwas endet* **1.** ■ *etwas endet (irgendwann) zeitlich aufhören* Das Semester endet am 28. Februar., Diese Arbeit endet nie. **2.** ■ *etwas endet (irgendwo) räumlich aufhören* Die Straße endet nach 500 Metern. **3.** ■ *etwas endet (irgendwie) einen bestimmten Ausgang haben* Die Partie endete (mit einem) 2:0. **4.** ■ *jmd. endet mit etwas Dat. eine Handlung mit einer bestimmten Sache beenden* Der Redner endete mit einem Zitat.

End·er·geb·nis das <-ses, -se> (≈ *Resultat* ↔ *Zwischenergebnis*) *endgültiges Ergebnis, das sich nicht mehr ändert* das Endergebnis einer Wahl

end·gül·tig <nicht steig.> *Adj.* (↔ *vorläufig*) *so, dass es sich nicht mehr ändert* Meine Entscheidung ist endgültig.

End·hal·te·stel·le die <-, n> *Endstation[1]*

En·di·vie die <-, -n> BOT. *eine Salatpflanze*

End·la·ger das <-s, -> *endgültiger Lagerplatz von radioaktiven Abfällen* ►endlagern, Endlagerung ◆-stätte

End·lauf der <-(e)s, Endläufe> SPORT *letzter, über Sieg und Niederlage entscheidender Lauf*

end·lich *Adv. verwendet, um auszudrücken, dass man sich das Eintreten von etwas sehr wünscht* Das Projekt ist nach fünf Jahren endlich fertig geworden., Wann kommst du endlich?, Können wir jetzt endlich losfahren?, Höre endlich mit dem Gejammer auf!

End·lich·keit die <-> (*kein Plur.*) (↔ *Unendlichkeit*) (*zeitliche oder räumliche*) *Begrenztheit*

end·los <nicht steig.> *Adj.* (*umg.*) *sehr lang* Dieses endlose Warten macht mich fertig!

End·lo·sig·keit die <-> (*kein Plur.*) *der Zustand, dass etwas kein Ende zu haben scheint* die Endlosigkeit der Wüste

en·do·gen <nicht steig.> *Adj.* (MED.: ↔ *exogen*) *der Zustand, dass etwas von innen her entsteht* Sie ist an einer endogenen Depression erkrankt.

En·do·kri·no·lo·gie - (*kein Plur.*) MED. *Lehre von*

der Funktion der Drüsen ▶endokrin

En·do·s·ko·pie die <-, -n> MED. *der Vorgang, dass der Arzt Organe und Innenräume des Körpers untersucht, indem er eine sehr kleine Kamera einführt* ▶Endoskop, endoskopieren

End·pro·dukt das <-(e)s, -e> *fertiges Produkt*

End·reim der <-(e)s, -e> (SPRACHWISS.: ↔ *Anfangsreim*) *Reim am Ende der Zeile*

End·re·sul·tat das <-(e)s, -e> *endgültiges Ergebnis von etwas*

End·sil·be die <-, -n> (SPRACHWISS.: ↔ *Anfangssilbe*) *die letzte Silbe eines Wortes*

End·spiel das <-s, -e> SPORT *Entscheidungsspiel eines Turniers*

End·spurt der <-(e)s, -s/-e> **1.** (SPORT: ≈ *Sprint*) *der Vorgang, dass zum Ende eines Rennens die Sportler mit maximaler Geschwindigkeit auf die Ziellinie zustreben* Das Rennen wurde im Endspurt entschieden. **2.** (*übertr.*) *der Vorgang, dass man vor einem entscheidenden Ziel nochmals alle Kräfte aufbietet* In der Prüfungsvorbereitung hat der Endspurt begonnen.

End·stand der <-es> (*kein Plur.*) SPORT *letzter Spielstand, der den Ausgang eines Wettbewerbs bestimmt*

End·sta·ti·on die <-, -en> **1.** *letzte Station einer Eisenbahn- oder Straßenbahnstrecke* **2.** (*übertr.*) *das, wo eine negative Entwicklung letztlich endet* Endstation für viele Raser ist oft das Krankenhaus.

End·stück das <-(e)s, -e> *letztes Stück*

En·dung die <-, -en> SPRACHWISS. *veränderbarer letzter Wortbestandteil* Welche Endung hat dieses Wort im Genitiv?

End·ver·brau·cher, **End·ver·brau·che·rin** der <-s, -> (WIRTSCH.: ≈ *Endkunde*) *Konsument*

End·zei·le die <-, -n> (↔ *Anfangszeile*) *letzte Zeile eines Gedichts*

End·zu·stand der <-(e)s, Endzustände> *letzter, endgültiger Zustand*

E·ner·ge·tik die <-, -en> PHYS. *Lehre von der Umwandlung der Energie* ▶energetisch

E·ner·gie die <-, -n> **1.** (*kein Plur.*) PHYS. *eine physikalische Grundgröße* die Beziehung von Energie und Materie, Energie wird benötigt, um eine chemische Reaktion in Gang zu setzen. **2.** TECHN. *mechanische oder elektrische Kraft* In einer Turbine wird Wasserkraft in elektrische Energie umgewandelt. **3.** (*kein Plur.*) (≈ *Tatkraft, Vitalität*) Nach dem Urlaub ging sie mit neuer Energie an die Arbeit. ◆Atom-, Bewegungs-, Solar-

e·ner·gie·arm <energieärmer, energieärmsten> *Adj.* (↔ *energiereich*) *arm an Energie*

e·ner·gie·be·wusst *Adj. so, dass man darauf achtet, dass keine Energie*[2] *verschwendet wird* (*zum Beispiel durch eine schadhafte Heizung*)

E·ner·gie·bün·del das <-s, -> (*umg.*) *Person mit viel Energie*[3]

E·ner·gie·er·zeu·gung die <-> (*kein Plur.*) *Erzeugung von Energie*[2]

E·ner·gie·form die <-, -en> *Art der Energie*[2]

e·ner·gie·ge·la·den <nicht steig.> *Adj. voller Energie*[3]

E·ner·gie·ge·win·nung die <-> (*kein Plur.*) *das Erzeugen von elektrischem Strom* alternative Formen der Energiegewinnung

E·ner·gie·kri·se die <-, -n> *ein großer Mangel an Energie*[2], *der viele wirtschaftliche Probleme erzeugt.*

E·ner·gie·lie·fe·rant der <-en, -en> *etwas, das Energie liefert* Zucker ist ein guter Energielieferant.

E·ner·gie·lie·fer·ver·trag der <-(e)s, Energielieferverträge> *Vertrag über die Lieferung von Energie*[2]

e·ner·gie·los <nicht steig.> *ohne Energie*[3]

E·ner·gie·lo·sig·keit die <-> (*kein Plur.*) *der Zustand, dass man sich ohne Energie*[3] *fühlt*

E·ner·gie·po·li·tik die <-> (*kein Plur.*) POL. *politische Maßnahmen, die die Gewinnung von Energie, z. B. den Bau von Kraftwerken, betreffen*

e·ner·gie·po·li·tisch <nicht steig.> (*nur attr.*) *Adj.* POL. *die Energiepolitik betreffend*

E·ner·gie·quel·le die <-, -n> **1.** *ein Rohstoff, aus dem man Energie*[2] *gewinnen kann* **2.** *etwas, woraus Energie*[3] *entstehen kann* Freude ist eine gute Energiequelle.

e·ner·gie·reich <energiereicher, am energiereichsten> *Adj. reich an Energie*

E·ner·gie·re·ser·ve die <-, -n> (*meist Plur.*) *aufgesparte Energie*

E·ner·gie·spar·maß·nah·me die <-, -n> *ein Verhalten, mit dem man erreichen will, dass weniger Energie*[2] *verbraucht wird*

E·ner·gie·spar·pro·gramm das <-s, -e> *Programm, mit dem man das Einsparen von Energie erreichen will*

E·ner·gie·spen·der der <-s, -> *etwas, das Energie spendet* Zucker ist ein guter Energiespender.

E·ner·gie·steu·er die <-, -n> *Steuern, die man wegen Energieverbrauchs bezahlen muss*

E·ner·gie·trä·ger der <-s, -> *etwas, dessen Energie genutzt werden kann* Kohle, Gas und Öl sind gängige Energieträger.

E·ner·gie·um·wand·lung die <-, -en> PHYS. *Umwandlung einer Energieart in eine andere*

E·ner·gie·ver·brauch der <-(e)s> (*kein Plur.*) *die Menge an Energie*[2], *die von jmdm. oder etwas verbraucht wird* Das Auto hat einen hohen Energieverbrauch. ▶Energieverbraucher

E·ner·gie·ver·geu·dung die <-> (*kein Plur.*) (≈ *Energieverschwendung*)

E·ner·gie·ver·lust der <-(e)s, -e> (↔ *Energiezufuhr*) *Verlust an Energie*

E·ner·gie·ver·schwen·dung die <-> (*kein Plur.*) *der unnötige Verbrauch von Energie*[2] Sie lässt stundenlang die Lampe brennen, obwohl sie nicht zuhause ist – das ist Energieverschwendung!

E·ner·gie·ver·sor·gung die <-> (*kein Plur.*) *das Versorgen mit Energie*[2] ▶Energieversorger

e·ner·gisch <energischer, am energischsten> *Adj.* (≈ *entschlossen*) *so, dass man eine Aufgabe tatkräftig bewältigt und sich nicht aufhalten lässt* Die Ordner griffen energisch durch.

Energy-Drink der ['ɛnədʒɪdrɪŋk] <-s, -s> *anregen-*

E

des Getränk, das Koffein und eine Reihe von energiespendenden Stoffen enthält

En·fant ter·ri·ble das [ãfãtɛ'ri:bl̩] <-/-s, -/-s> (*geh.*) *unkonventioneller Mensch, der dazu neigt, andere Menschen durch sein Verhalten zu provozieren und zu schockieren* ein Enfant terrible der klassischen Musik/der Kunstszene/des Tennissports

eng <enger, am engsten> *Adj.* **1.** (↔ *breit*) *so, dass es im Vergleich zu seiner Länge relativ schmal ist* ein enges Tal **2.** (↔ *geräumig*) *so, dass relativ wenig Raum zur Verfügung steht* in dem engen Büro kaum Platz für die Bücher haben **3.** *so, dass sich ein Kleidungsstück* (*zu*) *dicht an den Körper anschmiegt* Die Hose ist viel zu eng. **4.** (≈ *dicht*) *mit sehr wenig Zwischenraum* Die Pflanzen stehen noch zu eng. **5.** (≈ *innig*) *so, dass man sich menschlich sehr nahe ist* Sie waren enge Freunde. ■ **jemand sieht etwas nicht so eng**: *jmd. ist tolerant eingestellt* Was ist denn schon dabei, wenn sie sich die Haare grün färbt ? Das muss man doch nicht so eng sehen ! ◆ Getrenntschreibung→R 4.3, R 4.12 ein eng anliegendes Kleid, eng befreundet sein, eng verwandte Personen; Groß- oder Kleinschreibung→R 3.9 aufs/auf das Engste, aufs/auf das engste

En·ga·ge·ment das [ãgaʒə'mã:] <-s, -s> **1.** GEH. *die Anstellung eines Künstlers* Sie erhielt ein Engagement an der Staatsoper. **2.** *energischer Einsatz* Zunächst gingen sie die Aufgabe mit viel Engagement an.

en·ga·gie·ren [ãga'ʒi:rən] <engagierst, engagierte, hat engagiert> **I.** *mit OBJ* ■ *jmd. engagiert jmdn. verpflichten* Der Intendant engagierte den Künstler. **II.** *mit SICH* ■ *jmd. engagiert sich* (*für jmdn./etwas*) *sich einsetzen* Obwohl ich mich ziemlich für ihn engagiert hatte, nutzte es nichts.

en·ga·giert *Adj. mit viel Engagement[2]* Sie ist eine engagierte Lehrerin/Politikerin.

En·ge die <-> (*kein Plur.*) *der Zustand, dass etwas eng[2] ist* Die Enge des Zimmers wirkte bedrückend. ■ **jemanden in die Enge treiben** (*umg.*): *jmdn. in Bedrängnis bringen*

En·gel der <-s, -> **1.** REL. *in der christlichen Religion ein überirdisches Wesen, das nahe bei Gott ist und als Bote Gottes zu den Menschen kommen kann* die Heerscharen der Engel **2.** (*umg.*) *sanfter, liebevoller Mensch* Diese Frau ist ein wahrer Engel. ◆ Schutz-

en·gel·haft *Adj. engel*(*s*)*gleich*

En·gels·ge·duld die <-> (*kein Plur.*) (*umg.*) *sehr große Geduld*

en·gel(s)·gleich <nicht steig.> *Adj.* (*geh.*) *wie ein Engel[1]*

En·gels·zun·gen ■ **mit Engelszungen reden**: *mit großem Einsatz reden, um jmdn. von etwas zu überzeugen*

En·ger·ling der <-(e)s, -e> ZOOL. *Larve des Maikäfers*

Eng·land <-s> *europäisches Land, dessen Hauptstadt London ist*

Eng·län·der, **Eng·län·de·rin[1]** der <-s, -> *jmd., der die englische Staatsbürgerschaft hat*

Eng·län·der[2] der (*österr.*) *eine* (*österreichische*) *Süßspeise*

Eng·län·der[3] der <-s, -> TECHN. *ein Schraubenschlüssel*

eng·lisch <nicht steig.> *Adj. zu England gehörig* Er versucht, einen englischen Garten anzulegen., Sie sprach englisch (in englischer Sprache) bei ihrem Vortrag, nicht deutsch. ■ **das ist nicht die feine englische Art**: *das ist nicht sehr höflich* ◆ Großschreibung→R 3.7, R 3.17 das Englische, Sie lernt Englisch (die englische Sprache)., Sie spricht gut Englisch., der Englische Garten in München *siehe auch* **deutsch**

eng·lisch·spra·chig <nicht steig.> *Adj.* **1.** *auf Englisch* **2.** *Englisch sprechend* die englischsprachige Bevölkerung

eng·ma·schig <nicht steig.> *Adj.* (↔ *grobmaschig*) *mit engen Maschen* ein engmaschiger Zaun

Eng·pass der <-es, Engpässe> **1.** *Stelle, wo sich eine Straße verengt* **2.** (*übertr.* ≈ *Mangel*) *etwas, wovon es zu einem bestimmten Zeitpunkt zu wenig gibt* Bei Rohöl gibt es gerade einen Engpass.

En·gramm das <-s, -e> MED. *die Spur, die im Gehirn bleibt, wenn ein Gedanke gedacht worden ist*

en gros [ã:'gro] *Adv.* WIRTSCH. *in großen Mengen*

eng·stir·nig <engstirniger, am engstirnigsten> *Adj.* (*abwert.* ≈ *beschränkt*) *so, dass man außer seiner eigenen Meinung nichts gelten lässt*

Eng·stir·nig·keit die <-> (*kein Plur.*) *engstirnige Haltung*

en·har·mo·nisch <nicht steig.> *Adj.* MUS. *die Eigenschaft, dass ein Ton im Klang gleich ist, aber nach der Harmonie verschieden heissen kann* ▶Enharmonik

e·nig·ma·tisch *Adj.* (*geh. fachspr.*) *rätselhaft*

En·jam·be·ment das [ãʒãbə'mã:] <-s, -s> (SPRACHWISS.: ≈ *Zeilensprung*)

En·kel, **En·ke·lin** der <-s, -> *Enkelkind*

En·kel·kind das <-(e)s, -er> *das Kind von jmds. Sohn oder Tochter* Die Großeltern haben ihre Enkelkinder besucht., Sie ist erst 40 und hat schon ein Enkelkind.

En·kla·ve die <-, -n> (POL.: ↔ *Exklave*) *vom eigenen Staatsgebiet umschlossenes Fremdgebiet*

en masse [ã:'mas] *Adv.* (*geh.* ≈ *massenhaft*) *in sehr großer Menge*

en mi·nia·ture [ã:mini̯a'ty:ɐ̯] *Adv.*

e·norm <nicht steig.> *Adj. außerordentlich, ungeheuer* enorme Anstrengungen/Kräfte/Schwierigkeiten

en pas·sant [ã:pa'sã] *Adv.*

En·quete die [ã'kɛ:t] <-, -n> **1.** AMTSSPR. *amtliche Erhebung, Untersuchung* **2.** (*österr.*) *Arbeitstagung*

En·sem·b·le das [ã'sã:bl̩] <-s, -s> KUNST THEAT. *eine Gruppe von Künstlern* ◆ -mitglied

ent·ar·ten <entartet, entartete, ist entartet> *ohne OBJ* ■ *etwas entartet* (*zu etwas Dat.*) (*abwert.*) *sich von seinem ursprünglichen Charakter entfer-*

nen und etwas ganz anderes werden Die Veranstaltung entartet allmählich zu einer Bühne für die Eitelkeiten der Teilnehmer. ►entartet, Entartung

ent·äu·ßern <entäußerst, entäußerte, hat entäußert> *mit SICH* ■ *jmd. entäußert sich jmds./etwas* (*geh.* ≈ *entsagen*) *ohne etwas auskommen, auf etwas verzichten und es deshalb weggeben* Er hat sich seines ganzen Besitzes entäußert und ist Einsiedler geworden.

Ent·äu·ße·rung die <-> (*kein Plur.*) (*geh.*) *das Entäußern*

ent·band *Prät. von* **entbinden**

ent·beh·ren <entbehrst, entbehrte, hat entbehrt> **I.** *mit OBJ* **1.** ■ *jmd. entbehrt jmdn./etwas ohne* (*jmdn. oder etwas*) *auskommen* Ich kann meine Sekretärin nicht entbehren. **2.** ■ *jmd. entbehrt jmdn. vermissen* Sie entbehrte ihren Mann schrecklich, als er im Krankenhaus lag. **II.** *ohne OBJ* ■ *jmd. entbehrt etwas Gen.* (*geh.*) *nicht besitzen* Diese Behauptung entbehrt jeglicher Grundlage.

ent·behr·lich <entbehrlicher, am entbehrlichsten> *Adj.* (≈ *überflüssig* ↔ *unentbehrlich*) *so, dass man gut ohne es auskommen kann* Viele moderne Haushaltsgeräte sind entbehrlich.

Ent·beh·rung die <-, -en> (*geh.*) *die Notwendigkeit, auf etwas Verzichten zu müssen, weil man arm ist oder weil eine Situation es erfordert* In jener Zeit mussten wir viele Entbehrungen auf uns nehmen., Die Expeditionsteilnehmer mussten viele Entbehrungen auf sich nehmen.

ent·beinen <entbeinst, entbeinte, hat entbeint> *mit OBJ* ■ *jmd. entbeint etwas Akk. die Knochen entfernen* ein Stück Fleisch entbeinen

ent·bin·den <entbindest, entband, hat entbunden> *mit OBJ/ohne OBJ* **1.** ■ *eine Frau entbindet eine Frau bringt ein Kind zur Welt* Seine Frau hat gestern entbunden. ■ **eine Frau wird von einem Kind entbunden**: *eine Frau bringt ein Kind zur Welt* Sie wurde von einem gesunden Jungen entbunden. **2.** ■ *jmd. entbindet jmdn. von etwas Akk.* (≈ *lossprechen*) *sagen, dass jmd. sein bisheriges Amt nicht mehr ausüben soll* Man hat ihn von allen Pflichten entbunden.

Ent·bin·dung die <-, -en> (≈ *Geburt*)

ent·blö·ßen <entblößt, entblößte, hat entblößt> **I.** *mit OBJ* ■ *jmd. entblößt etwas die Kleidung, die ein Körperteil bedeckt, entfernen* Er entblößt seinen Arm. **II.** *mit SICH* ■ *jmd. entblößt sich* (*übertr.*) *zeigen, was man wirklich denkt oder fühlt* Durch ihr schlechtes Benehmen haben sie sich vor uns entblößt.

ent·brannt *Prät. von* **entbrennen**

ent·brann·te *Prät. von* **entbrennen**

ent·bren·nen <entbrennt, entbrannte, ist entbrannt> *ohne OBJ* ■ *etwas entbrennt* (*geh.*) *sich leidenschaftlich oder erregt entwickeln* Zwischen den beiden Kontrahenten entbrannte ein heftiger Streit., Sie entbrannte in heftiger Liebe zu ihm.

ent·bun·den *Part. Perf. von* **entbinden**

ent·bü·ro·kra·ti·sie·ren <entbürokratisierst, entbürokratisierte, hat entbürokratisiert> *mit OBJ* ■ *jmd. entbürokratisiert etwas unbürokratisch(er) machen*

Ent·bü·ro·kra·ti·sie·rung die <-> (*kein Plur.*) *das Entbürokratisieren*

ent·de·cken <entdeckst, entdeckte, hat entdeckt> *mit OBJ* ■ *jmd. entdeckt jmdn./etwas* **1.** *auf etwas stoßen, was bisher noch unbekannt war* Das Phänomen wurde erstmals 1920 entdeckt., eine neue Pflanzenart entdecken **2.** (*heraus*)*finden* Wir haben das Versteck entdeckt., Er konnte keine Fehler entdecken. **3.** *erkennen können* Schon aus der Ferne entdeckte ich die Kirchtürme der Stadt., Wir entdeckten ihn unter den Zuschauern.

Ent·de·cker, **Ent·de·cke·rin** der <-s, -> *jmd., der etwas entdeckt*[1] *hat* Kolumbus ist der Entdecker Amerikas.

Ent·de·cker·freu·de die <-, -n> *die Freude am Entdecken*[1]

Ent·de·ckung die <-, -en> *der Vorgang, dass etwas entdeckt*[1] *wird* Dem Forscherteam gelang eine große Entdeckung.

Ent·de·ckungs·rei·se die <-, -n> *eine Reise, die jmd. unternimmt, um etwas zu entdecken*[1]

En·te die <-, -n> **1.** ZOOL. *ein Schwimmvogel mit relativ breitem Schnabel* **2.** (*umg.*) *eine Zeitungsmeldung, der man nicht glauben kann*

ent·eh·ren <entehrst, entehrte, hat entehrt> *mit OBJ* ■ *jmd. entehrt jmdn./etwas* (*geh. veralt.*) *jmds. Ehre schädigen oder zerstören* Er hat sie entehrt, indem er ihre Liebesbriefe anderen gezeigt hat.

Ent·eh·rung die <-, -en> *das Entehren*

ent·eig·nen <enteignest, enteignete, hat enteignet> *mit OBJ* ■ *jmd. enteignet jmdn./etwas einer Person ihr Eigentum wegnehmen, um es zu staatlichem Eigentum zu machen* Der Staat enteignete die damalige Besitzerin nach dem Krieg.

Ent·eig·nung die <-, -en> *das Enteignen*

ent·ei·len <enteilst, enteilte, ist enteilt> *jmd. enteilt jmdm./etwas* (*geh.*) *davoneilen*

ent·ei·sen <enteist, enteiste, hat enteist> *mit OBJ* ■ *jmd. enteist etwas Eis entfernen* Heute musste ich zum ersten Mal in diesem Winter die Autoscheiben enteisen.

En·te·le·chie die <-, -en> PHILOS. *die Kraft in einem Organismus, die seine Entwicklung lenkt*

En·ten·bra·ten der <-s, -> *eine gebratene Ente*

En·ten·jagd die <-, -en> *die Jagd auf Enten*

En·tente die [ã'tã:t] <-, -n> POL. VERALT. *Staatenbündnis*

ent·er·ben <enterbst, enterbte, hat enterbt> *mit OBJ* ■ *jmd. enterbt jmdn. im Testament festhalten, dass der eigene Sohn oder die eigene Tochter kein Erbe erhalten soll* Sie hat ihre Tochter enterbt.

Ent·erb·te der/die <-n, -n> *jmd., der enterbt worden ist*

Ent·er·bung die <-, -en> *das Enterben*

En·te·rich der <-s, -e> (≈ *Erpel*) *männliche Ente*

en·tern <enterst, enterte, hat geentert> *mit OBJ* ■ *jmd. entert etwas* SEEW. *mit Gewalt ein Schiff unter sein Kommando bringen* Die Piraten entern das Schiff. ▶Enterer, Enterhaken

En·te·ro·sko·pie die <-, -n> (MED.: ≈ *Darmspiegelung*) *die Untersuchung des Darms mit Hilfe einer Sonde, die in den Enddarm eingeführt wird*

En·ter·tai·ner, **En·ter·tai·ne·rin** der [ˈɛntɐteːnɐ] <-s, -> THEAT. TV *jmd., der ein Publikum (allein) unterhält*

ent·fa·chen <entfachst, entfachte, hat entfacht> *mit OBJ* ■ *jmd./etwas entfacht etwas* **1.** (*geh.*) *in Brand stecken* Man vermutet, dass der Wind das Feuer entfacht hat. **2.** (*übertr.*) *bewirken, dass ein heftiges Gefühl oder ein heftiges Geschehen entsteht* einen Streit/Hass/Streit/ einen Krieg entfachen

ent·fal·len <entfällt, entfiel, ist entfallen> *ohne OBJ* **1.** ■ *etwas entfällt jmdm. nicht mehr erinnert werden* Der Name ist mir leider entfallen. **2.** ■ *etwas entfällt* (≈ *ausfallen*) *nicht stattfinden* Wegen Erkrankung des Dozenten entfallen alle Deutschkurse **3.** ■ *etwas entfällt* (≈ *wegfallen*) Bei manchen Formen entfällt die Endung. **4.** ■ *etwas entfällt auf jmdn. als Anteil auf jmdn. kommen* Auf jedes Vereinsmitglied entfällt ein Unkostenbeitrag von zehn Euro.

ent·fal·ten <entfaltest, entfaltete, hat entfaltet> **I.** *mit OBJ* ■ *jmd. entfaltet etwas Akk.* **1.** *auseinander falten* eine Landkarte entfalten **2.** (*übertr.* ≈ *zeigen, entwickeln*) *erkennen lassen* In solchen Momenten entfaltete sie ihre Talente., Er entfaltete plötzlich eine fieberhafte Tätigkeit. **II.** *mit SICH* **1.** ■ *etwas entfaltet sich sich öffnen* Die Blüte hat sich entfaltet. **2.** ■ *jmd. entfaltet sich* (*übertr.*) *sich entwickeln* Sie konnte sich in diesem Beruf frei entfalten.

Ent·fal·tung die <-> (*kein Plur.*) (*übertr.*) *Entwicklung* die Entfaltung der Persönlichkeit ◆-smöglichkeit, -sspielraum

ent·fär·ben <entfärbst, entfärbte, hat entfärbt> **I.** *mit OBJ* ■ *jmd. entfärbt etwas bewirken, dass die unerwünschte Farbe aus verfärbten Textilien herausgeht* verfärbte Wäsche entfärben. **II.** *mit SICH* **1.** ■ *etwas entfärbt sich etwas verliert an Farbe* Blüten/Blätter/Stoffe entfärben sich ▶Entfärber **2.** ■ *jmd. entfärbt sich* (*veralt.*) *jmd. wird blass*

Ent·fär·bung die <-, -en> *das Entfärben I* ◆-smittel

ent·fer·nen <entfernst, entfernte, hat entfernt> **I.** *mit SICH* **1.** ■ *jmd. entfernt sich (von jmdm./etwas)* (≈ *fortgehen*) *irgendwo weggehen* Langsam entfernten sich die Gestalten. **2.** ■ *jmd. entfernt sich von etwas Dat.* (≈ *abweichen*) Der Redner hatte sich vom eigentlichen Thema enfernt. **II.** *mit OBJ* ■ *jmd. entfernt etwas* (≈ *beseitigen*) *bewirken, dass etwas nicht mehr da ist* Kannst du den Fleck (auf der Tischdecke) entfernen?

ent·fernt <entfernter, am entferntesten> *Adj.* **1.** *in einer bestimmten Entfernung* Die nächste Raststätte ist noch einige Kilometer (weit/von hier) entfernt. **2.** (*nur attr.*) *nicht direkt; nicht unmittelbar* Wir sind entfernte Verwandte., Sie haben eine entfernte Ähnlichkeit. ■ **nicht im Entferntesten**: *keineswegs*

Ent·fer·nung die <-, -en> (≈ *Distanz*) *die Wegstrecke, die zwischen zwei Dingen liegt* Wir pflanzen den nächsten Baum in fünf Metern Entfernung., Sie traf aus einer Entfernung von dreißig Metern das Ziel. ◆-smesser

ent·fes·seln <entfesselst, entfesselte, hat entfesselt> *mit OBJ* **1.** ■ *jmd. entfesselt jmdn.* (*selten*) *von den Fesseln befreien* **2.** ■ *jmd. entfesselt etwas* (≈ *auslösen*) *bewirken, dass etwas beginnt, das durch große Intensität und Leidenschaft gekennzeichnet ist* Mit dieser Behauptung entfesselte sie einen heftigen Streit., Aufruhr/Leidenschaft/Kampf/Krieg entfesseln

Ent·fes·se·lung die <-, -en> *das Entfesseln* die Entfesselung der Naturgewalten

ent·fetten <entfettest, entfettete, hat entfettet> *mit OBJ* ■ *jmd. entfettet etwas etwas von Fett befreien*

Ent·fettung die <-, -en> *das Entfetten*

ent·fiel *Prät. von* **entfallen**

ent·flamm·bar <nicht steig.> *Adj. so, dass es in Brand geraten kann* leicht entflammbare Materialien

ent·flam·men <entflammst, entflammte, hat/ist entflammt> *mit OBJ* ■ *jmd./etwas entflammt jmdn./etwas (für etwas Akk.)* (*geh.* ≈ *entfachen*) *bewirken, dass ein Gefühl entsteht und sehr stark wird* Der Vortrag entflammte die Begeisterung der Zuhörer. ■ **in Liebe/Zorn entflammt sein** (*geh.*): *sehr verliebt oder sehr zornig sein*

ent·flie·gen <entfliegst, entflog, ist entflogen> *ohne OBJ* ■ *ein Tier entfliegt (jmdm.) wegfliegen* Wellensittich entflogen!

ent·flie·hen <entfliehst, entfloh, ist entflohen> *ohne OBJ* ■ *jmd. entflieht (aus etwas Dat.) fliehen* Die Verbrecher konnten aus dem Gefängnis entfliehen.

ent·flog *Prät. von* **entfliegen**

ent·flo·gen *Part. Perf. von* **entfliegen**

ent·floh *Prät. von* **entfliehen**

ent·flo·hen *Part. Perf. von* **entfliehen**

ent·frem·den <entfremdest, entfremdete, hat entfremdet> **I.** *mit OBJ* ■ *jmd./etwas entfremdet jmdn./etwas (von jmdm./etwas) nicht dem eigentlichen Zweck entsprechend verwenden* Man hatte den Saal seinem eigentlichen Zweck entfremdet. **II.** *mit SICH* ■ *jmd. entfremdet sich (von jmdm.) einander fremd werden* Die beiden Ehepartner haben sich völlig (voneinander) entfremdet.

Ent·frem·dung die <-> (*kein Plur.*) *das Entfremden II* Die zunehmende Entfremdung wurde für beide Partner zur Belastung. ▶Selbstentfremdung

ent·füh·ren <entführst, entführte, hat entführt> *mit OBJ* ■ *jmd. entführt jmdn./etwas* (≈ *kidnappen*) *eine oder mehrere Personen in seine Gewalt bringen und irgendwo festhalten, um die Durchsetzung bestimmter Ziele oder ein Lösegeld zu erpressen* Die Luftpiraten haben ein Flugzeug entführt., Die Täter fordern ein hohes Lösegeld für den Entführten.

Ent·füh·rer, **Ent·füh·re·rin** der <-s, -> (≈ *Kidnap-*

per) jmd., der jmdn. entführt

Ent·füh·rung die <-, -en> *das Entführen* ◆ -versuch

ent·gan·gen *Part. Perf. von* **entgehen**

ent·ge·gen *Präp. + Dat.* (≈ *gegen*) Entgegen meinen Erwartungen kam er doch noch., Das ist entgegen unserer Abmachung.

ent·ge·gen·brin·gen <bringst entgegen, brachte entgegen, hat entgegengebracht> *mit OBJ* ■ *jmd. bringt jmdm. etwas entgegen gegenüber jmdm. als innere Einstellung haben* Sie brachte ihrem Partner viel Vertrauen entgegen.

ent·ge·gen·ge·hen <gehst entgegen, ging entgegen, ist entgegengegangen> *ohne OBJ* ■ *jmd. geht jmdm. entgegen in jmds. Richtung gehen* Er ging ihr ein Stück entgegen.

ent·ge·gen·ge·setzt <nicht steig.> *Adj. so, dass es das genaue Gegenteil von etwas ist* Sie vertraten völlig entgegengesetzte Meinungen/Interessen.

ent·ge·gen·hal·ten <hältst entgegen, hielt entgegen, hat entgegengehalten> *mit OBJ* ■ *jmd. hält jmdm. etwas entgegen* (*geh.*) *als Gegenargument anführen* Dieser Argumentation ist entgegenzuhalten, dass …

ent·ge·gen·kom·men <kommst entgegen, kam entgegen, ist entgegengekommen> *ohne OBJ* ■ *jmd. kommt jmdm. entgegen* **1.** (≈ *entgegengehen*) Sie ist uns auf halbem Weg entgegengekommen. **2.** (*übertr.*) *jmdm. Zugeständnisse machen* Weiter können wir Ihnen mit unserem Angebot nicht entgegenkommen.

ent·ge·gen·kom·mend <entgegenkommender, am entgegenkommendsten> *Adj. so, dass man zu Zugeständnissen bereit ist* Sie machten uns einen entgegenkommenden Vorschlag., Ich habe ihnen nachgegeben und bin Ihren Wünschen entgegengekommen.

ent·ge·gen·neh·men <nimmst entgegen, nahm entgegen, hat entgegengenommen> *mit OBJ* ■ *jmd. nimmt etwas entgegen* (≈ *annehmen*) *etwas, das jmd. bringt, an sich nehmen* Können Sie diesen Brief entgegennehmen?, Die Schauspieler nahmen den Applaus gerne entgegen.

ent·ge·gen·se·hen <siehst entgegen, sah entgegen, hat entgegengesehen> *ohne OBJ* ■ *jmd. sieht etwas Dat. entgegen* (*geh.*) *mit einer bestimmten gefühlsmäßigen Einstellung auf etwas warten* Wir sehen Ihrer baldigen Antwort gelassen entgegen., Wir sahen den Ereignissen mit Spannung entgegen.

ent·ge·gen·set·zen <setzt entgegen, setzte entgegen, hat entgegengesetzt> *mit OBJ* ■ *jmd. setzt etwas Dat. etwas entgegen* (*geh.*) *jmd. verwendet etwas als Gegenargument* Können Sie diesen Beweisen etwas entgegensetzen?

ent·ge·gen·ste·hen <stehst entgegen, stand entgegen, hat/ist entgegengestanden> *ohne OBJ* ■ *etwas steht etwas Dat. entgegen ein Grund sein, der gegen etwas spricht;* (*geh.*) Was steht dem entgegen?, Dem steht allerdings entgegen, dass …

ent·ge·gen·tre·ten <trittst entgegen, trat entgegen, ist entgegengetreten> *ohne OBJ* ■ *jmd. tritt jmdm./etwas* (*irgendwie*) *entgegen* **1.** (*geh.*) *sich jmdm. entgegenstellen* Er ist seinem Gegner furchtlos entgegengetreten. **2.** (*übertr.*) *sich gegen etwas wenden* Solchen Vorurteilen muss man entgegentreten.

ent·geg·nen <entgegnest, entgegnete, hat entgegnet> *mit OBJ* ■ *jmd. entgegnet jmdm. etwas* (≈ *erwidern*) *als Antwort geben* Sie entgegnete ihm daraufhin, dass …

ent·ge·hen <entgehst, entging, ist entgangen> *ohne OBJ* ■ *jmdm. entgeht etwas* (*geh.*) *unbemerkt bleiben* Das ist mir wohl entgangen., Mir ist (durchaus) nicht entgangen, dass …

ent·geis·tert <entgeisterter, am entgeistertsten> *Adj. so, dass man über etwas sehr überrascht und ziemlich erschrocken ist* Sie machte ein völlig entgeistertes Gesicht.

Ent·gelt das <-(e)s, -e> (*meist Sing.*) *finanzielle Gegenleistung* Sie können sich das Gerät gegen ein geringes Entgelt borgen.

ent·gelt·lich <nicht steig.> (AMTSSPR.: ↔ *unentgeltlich*) *gegen Entgelt*

ent·gif·ten <entgiftest, entgiftete, hat entgiftet> *mit OBJ* ■ *jmd. entgiftet jmdn./etwas von Giftstoffen befreien*

Ent·gif·tung die <-> (*kein Plur.*) *das Entgiften*

Ent·gif·tungs·an·la·ge die <-, -n> *Anlage zum Entgiften*

ent·ging *Prät. von* **entgehen**

ent·glei·sen <entgleist, entgleiste, ist entgleist> *ohne OBJ* **1.** ■ *etwas entgleist aus den Geleisen springen* Der Zug ist bei hoher Geschwindigkeit/an einer Baustelle/beim Rangieren entgleist. **2.** ■ *jmd. entgleist* (*umg. übertr.*) *sich taktlos benehmen* Nachdem er etwas zu viel getrunken hatte, ist er völlig entgleist.

Ent·glei·sung die <-, -en> **1.** *der Vorgang, dass ein Zug aus den Geleisen springt* Zu hohe Geschwindigkeit war angeblich die Ursache für die Entgleisung. **2.** (*umg. übertr.*) *taktloses Benehmen* Eine derartige Entgleisung hatte es bei der Abschlussfeier noch nie gegeben.

ent·glei·ten <entgleitest, entglitt, ist entglitten> *ohne OBJ* ■ *jmdm. entgleitet etwas* (*geh.*) *aus der Kontrolle von jmdm. geraten* Die Situation ist mir völlig entglitten.

ent·glitt *Prät. von* **entgleiten**

ent·glit·ten *Part. Perf. von* **entgleiten**

ent·gol·ten *Part. Perf. von* **entgelten**

ent·grä·ten <entgrätest, entgrätete, hat entgrätet> *mit OBJ* ■ *jmd. entgrätet etwas aus einem Fisch die Gräten entfernen* bereits entgrätete Filetstücke

ent·haa·ren <enthaarst, enthaarte, hat enthaart> *mit OBJ* ■ *jmd. enthaart etwas Haare entfernen* Wir müssen das Sofa enthaaren., Sie ließ sich die Beine enthaaren.

Ent·haa·rung die <-> (*kein Plur.*) (≈ *Epilation*) *das Enthaaren* ◆ -screme

Ent·haa·rungs·mit·tel das <-s, -> *Mittel zur Enthaarung*

E

ent·hal·ten <enthältst, enthielt, hat enthalten> **I.** *mit OBJ* ■ *etwas enthält etwas* **1.** *als Teil des Inhalts haben* Das Buch enthält umfangreiche Literaturhinweise. **2.** (≈ *fassen*) *als Inhalt haben* Die Flasche enthält einen Liter Saft. **II.** *mit SICH* ■ *jmd. enthält sich etwas Gen. bei einer Abstimmung keine Meinung äußern* 17 Abgeordnete enthielten sich der Stimme.

ent·halt·sam <enthaltsamer, am enthaltsamsten> *Adj.* **1.** *so, dass man auf etwas verzichtet* In Bezug auf Alkohol und Zigaretten blieb er enthaltsam. **2.** (≈ *keusch*) *so, dass man auf sexuelle Beziehungen verzichtet* Ein Mönch/eine Nonne lebt enthaltsam.

Ent·halt·sam·keit die <-> (*kein Plur.*) **1.** (≈ *Mäßigkeit*) *das Enthaltsamsein* Ich übe mich zur Zeit in Enthaltsamkeit, was Alkohol betrifft. **2.** (≈ *Keuschheit*) *Verzicht auf sexuelle Beziehungen* Wer im Kloster leben will, muss Enthaltsamkeit geloben.

Ent·hal·tung die <-, -en> *das Enthalten II* Bei der Abstimmung gab es 50 Stimmen für und 42 Stimmen gegen den Vorschlag sowie 3 Enthaltungen.

ent·här·ten <enthärtest, enthärtete, hat enthärtet> *mit OBJ* ■ *jmd. enthärtet etwas den Kalk aus Wasser entfernen* Wir enthärten das Wasser, bevor wir Tee damit zubereiten.

Ent·här·ter der <-s, -> *Mittel zum Enthärten (von Wasser)*

ent·haup·ten <enthauptest, enthauptete, hat enthauptet> *mit OBJ* ■ *jmd. enthauptet jmdn.* (≈ *köpfen*) *jmdm.* (*als Strafe*) *den Kopf abschlagen*

Ent·haup·tung die <-, -en> *das Enthaupten*

ent·häu·ten <enthäutest, enthäutete, hat enthäutet> *mit OBJ* ■ *jmd. enthäutet ein Tier Akk. die Haut abziehen*

ent·he·ben <enthebst, enthob, hat enthoben> *mit OBJ* ■ *jmd. enthebt jmdn. etwas Gen.* **1.** *aus einem Amt entlassen* Wegen seiner Affäre hat man ihn des Amtes enthoben. **2.** (*geh.*) *befreien* Das enthebt dich nicht von deiner Verantwortung.

Ent·he·bung die <-, -en> *das Entheben* ◆ Amts-

ent·hei·li·gen <entheiligst, entheiligte, hat entheiligt> *mit OBJ* ■ *jmd./etwas entheiligt jmdn./etwas* (REL.: ≈ *entweihen*) ▶Entheiligung

ent·hem·men <enthemmst, enthemmte, hat enthemmt> *mit OBJ* ■ *etwas enthemmt jmdn. von seelischen Hemmungen befreien* Alkohol enthemmt viele Menschen, so dass sie sich unkontrolliert verhalten.

Ent·hem·mung die <-, -en> *das Enthemmen* ▶Enthemmtheit

ent·hielt *Prät. von* **enthalten**

ent·hob *Prät. von* **entheben**

ent·ho·ben *Part. Perf. von* **entheben**

ent·hül·len <enthüllst, enthüllte, hat enthüllt> *mit OBJ* ■ *jmd. enthüllt etwas* (*geh.*) **1.** *die Umhüllung von etwas wegnehmen* Das Denkmal wurde feierlich enthüllt. **2.** (*übertr.* ≈ *verraten, offenlegen*) *etwas, das lange geheimgehalten wurde, öffentlich bekannt machen* Er hat seine Pläne/sein Geheimnis endlich enthüllt, Die Presse enthüllte den Skandal.

Ent·hül·lung die <-, -en> **1.** (*kein Plur.*) *das Enthüllen*[1] Die Enthüllung der Büste findet morgen statt. **2.** (*übertr.*) *das Enthüllen*[2] Alle Zeitungen berichteten über die Enthüllung des Finanzskandals.

Ent·hül·lungs·jour·na·lis·mus der <-> (*kein Plur.*) (*abwert.*) *Journalismus, der sich mit dem Enthüllen*[2] *von Skandalen befasst*

En·thu·si·as·mus der <-> (*kein Plur.*) *große Begeisterung* Sie ging mit großem Enthusiasmus an die Arbeit.

En·thu·si·ast, **En·thu·si·as·tin** der <-en, -en> *jmd., der enthusiastisch ist*

en·thu·si·as·tisch <enthusiastischer, am enthusiastischsten> *Adj. voller Enthusiasmus* Diese positive Nachricht ließ ihn die Dinge enthusiastisch angehen.

En·ti·tät die <-, -en> PHILOS. *ein existierendes Ding*

ent·jung·fern <entjungferst, entjungferte, hat entjungfert> *mit OBJ* ■ *jmd. entjungfert jmdn.* (≈ *deflorieren*) *mit einer weiblichen Person den für sie ersten Geschlechtsverkehr vollziehen*

Ent·jung·fe·rung die <-, -en> (≈ *Defloration*) *das Entjungfern*

ent·kal·ken <entkalkst, entkalkte, hat entkalkt> *mit OBJ* ■ *jmd. entkalkt etwas Kalkrückstände entfernen* regelmäßig die Kaffeemaschine entkalken

ent·kam *Prät. von* **entkommen**

ent·ker·nen <entkernst, entkernte, hat entkernt> *mit OBJ* ■ *jmd. entkernt etwas den Kern herauslösen* Wir entkernen die Sauerkirschen, bevor wir sie weiterverarbeiten.

Ent·ker·ner der <-s, -> *Gerät zum Entkernen*

ent·klei·den <entkleidest, entkleidete, hat entkleidet> *mit OBJ/ mit SICH* ■ *jmd. entkleidet jmdn./sich* (*geh.* ≈ *ausziehen*) *die Kleidung ausziehen* Die Krankenschwester entkleidet den Patienten., Er entkleidete sich.

Ent·klei·dung die <-, -en> *das Entkleiden*

ent·kof·fe·i·nie·ren <entkoffeinierst, entkoffeinierte, hat entkoffeiniert> *mit OBJ* ■ *jmd. entkoffeiniert etwas das Koffein aus etwas entfernen*

ent·kof·fe·i·niert <nicht steig.> *Adj. so, dass das Koffein daraus entfernt worden ist* entkoffeinierter Kaffee

ent·kom·men <entkommst, entkam, ist entkommen> *ohne OBJ* ■ *jmd. entkommt jmdm./etwas vor etwas flüchten können* Der Polizist war der Diebin auf den Fersen, aber sie ist trotzdem entkommen., Wir sind der Gefahr mit knapper Not entkommen.

ent·kor·ken <entkorkst, entkorkte, hat entkorkt> *mit OBJ* ■ *jmd. entkorkt etwas den Korken herausziehen* die Weinflasche entkorken

ent·kräf·ten <entkräftet, entkräftete, hat entkräftet> *mit OBJ* **1.** ■ *etwas entkräftet jmdn.* (*geh.* ≈ *schwächen*) *die Kräfte rauben* Die Krankheit hat ihn total entkräftet. **2.** ■ *jmd. entkräftet etwas* (*übertr.* ≈ *widerlegen*) *beweisen, dass etwas nicht wahr ist oder keine Gültigkeit hat* Diese Argumente sind nicht zu entkräften., Er konnte ihre Vorwürfe entkräften.

Ent·kräf·tung die <-> (*kein Plur.*) **1.** *das Entkräften*[1] **2.** *völlige Erschöpfung* Er starb schließlich an Entkräftung.

ent·kri·mi·na·li·sie·ren <entkriminalisierst, entkriminalisierte, hat entkriminalisiert> *mit OBJ* ■ *jmd. entkriminalisiert jmdn./etwas von dem Vorwurf der Kriminalität befreien*

Ent·kri·mi·na·li·sie·rung die <-, -en> *das Entkriminalisieren*

ent·la·den <entlädst, entlud, hat entladen> **I.** *mit OBJ* ■ *jmd. entlädt etwas* (≈ *abladen, ausladen*) *den Inhalt eines Fahrzeugs aus dem Laderaum holen* Sie entladen noch den Anhänger. **II.** *mit SICH* ■ *etwas entlädt sich* **1.** ELEKTROTECHN. *die elektrische Ladung abgeben* Die Batterie hat sich entladen. **2.** (*umg.*) *heftig zum Ausbruch kommen* Sein ganzer Ärger hat sich bei mir entladen.

Ent·la·dung die <-, -en> **1.** *das Ausladen* die Entladung der Container **2.** ELEKTROTECHN. *das Abgeben elektrischer Ladung* die Entladung der Batterie

ent·lang **I.** *Präp. + Dat./Akk./Gen. parallel zu etwas* Entlang dem Ufer/des Ufers gibt es einen Weg., Die ganze Straße entlang standen große Kübel mit Blumen. **II.** *Adv.* Die Zuschauer stellten sich der Strecke entlang auf, um das Radrennen zu beobachten. ◆ Zusammenschreibung→R 4.8f. entlangfliegen, entlanggehen, entlanglaufen, entlangschwimmen, entlangspazieren

ent·lang·fah·ren <fährst entlang, fuhr entlang, ist entlanggefahren> *ohne OBJ* ■ *jmd. fährt* (*an etwas Dat.*) *entlang neben etwas* (*her*)*fahren*

ent·lar·ven <entlarvst, entlarvte, hat entlarvt> *mit OBJ* ■ *jmd. entlarvt jmdn./etwas* (*umg.* ≈ *aufdecken, enthüllen*) *etwas Negatives, das verborgen war, erkennbar werden lassen* Sie entlarvten den Lügner/die Argumente als reinen Vorwand.

ent·las·sen <entlässt, entließ, hat entlassen> *mit OBJ* **1.** ■ *jmd. entlässt jmdn. als Arbeitgeber das Arbeitsverhältnis kündigen* Man hatte 200 Arbeiter entlassen. **2.** ■ *jmd. entlässt jmdn. aus etwas Dat./in etwas Akk.* (≈ *freilassen*) *gehen lassen* jmdn. aus dem Gefängnis/Schule/Krankenhaus entlassen, Er wurde aus der Verantwortung entlassen., Die junge Demokratie wurde in eine ungewisse Zukunft entlassen.

Ent·las·sung die <-, -en> (≈ *Kündigung*) *der Vorgang, dass jmd. entlassen wird* ◆ Dienst-, Haft-, Massen-, Schul-

Ent·las·sungs·fei·er die <-, -n> *Feier anlässlich einer Entlassung*[2]

Ent·las·sungs·pa·pie·re <-> *Plur. Papiere, die die Entlassung*[2] *bestätigen*

Ent·las·sungs·schein der <-(e)s, -e> *Bescheinigung, die die Entlassung*[2] *bestätigt*

Ent·las·sungs·schrei·ben das <-s, -> (≈ *Entlassungsschein*)

ent·las·ten <entlastest, entlastete, hat entlastet> *mit OBJ* ■ *jmd. entlastet jmdn.* (*von/ bei etwas Dat.*) **1.** (*umg.*) *jmd. nimmt jmdm. etwas Mühevolles ganz oder teilweise ab* Entlastet er seine Frau nicht bei der Hausarbeit?, Der neue Assistent hat den Professor von der Korrekturarbeit entlastet. **2.** (*übertr.*) *von einem Verdacht oder einer Anschuldigung befreien* Der Zeuge entlastete den Angeklagten.

Ent·las·tung die <-, -en> *das Entlasten*

Ent·las·tungs·zeu·ge, **Ent·las·tungs·zeu·gin** der <-n, -n> RECHTSW. *Zeuge, der mit seiner Aussage den Angeklagten entlastet*[2]

ent·lau·ben <entlaubst, entlaubte, hat entlaubt> **I.** *mit OBJ* ■ *jmd. entlaubt etwas das Laub* (*von einem Baum*) *entfernen* Man kann Bäume mit Chemikalien besprühen und sie so entlauben. **II.** *mit SICH* ■ *ein Baum entlaubt sich das Laub abwerfen* Im Herbst entlauben sich die Bäume.

Ent·lau·bung die <-> (*kein Plur.*) *das Entlauben*

Ent·lau·bungs·mit·tel das <-s, -> *Mittel zum Entlauben*

ent·lau·fen <entläufst, entlief, ist entlaufen> *ohne OBJ* ■ *jmd./ein Tier entläuft* (≈ *ausreissen*) *weglaufen* Unsere Katze ist entlaufen.

ent·lau·sen <entlaust, entlauste, hat entlaust> *mit OBJ* ■ *jmd. entlaust jmdn./ein Tier von Läusen befreien*

Ent·lau·sung die <-, -en> *das Entlausen*

ent·le·di·gen <entledigst, entledigte, hat entledigt> *mit SICH* ■ *jmd. entledigt sich jmds./etwas* (*geh.* ≈ *loswerden*) *sich von jmdm. oder etwas befreien* Er entledigte sich seiner Kleider., Sie entledigte sich ihrer vermeintlichen Freundin.

ent·lee·ren <entleerst, entleerte, hat entleert> *mit OBJ* ■ *jmd. entleert etwas* (↔ *füllen*) *leeren* Wir entleeren jeden Tag den Mülleimer., Er musste seine Blase entleeren.

ent·le·gen <entlegener, am entlegensten> *Adj.* (≈ *abgelegen*) *so, dass es einsam und fern von Siedlungen ist* Er lebt allein auf einem entlegenen Bauernhof.

ent·leh·nen <entlehnst, entlehnte, hat entlehnt> *mit OBJ* **1.** ■ *jmd. entlehnt etwas* (*aus etwas Dat.*) (*veralt.* ≈ *entleihen*) *etwas aus einem anderen Bereich übernehmen* Er hat die Gewohnheit, Gäste mit einer tiefen Verbeugung zu begrüßen – das hat er aus der japanischen Kultur entlehnt. **2.** ■ *etwas entlehnt etwas* (*aus etwas Dat.*) SPRACHWISS. *aus einer anderen Sprache übernehmen* Das Deutsche hat viele Wörter aus dem Lateinischen entlehnt.

Ent·leh·nung die <-, -en> **1.** *das Entlehnen*[1] **2.** (SPRACHWISS.: ≈ *Lehnwort*) *Das Wort „Fenster" ist aus dem Lateinischen entlehnt.*

ent·lei·hen <entleihst, entlieh, hat entliehen> *mit OBJ* ■ *jmd. entleiht etwas* (*irgendwo*) (≈ *ausleihen* ↔ *verleihen*) *etwas, das einem anderen gehört, sich geben lassen, um es für eine bestimmte Zeit zu benutzen* Er hat das Buch aus der Bibliothek entliehen.

Ent·lei·hung die <-, -en> *das Entleihen*

ent·lief *Prät. von* **entlaufen**

ent·lieh *Prät. von* **entleihen**

ent·lie·hen *Part. Perf. von* **entleihen**

ent·ließ *Prät. von* **entlassen**

ent·lo·ben <entlobst, entlobte, hat entlobt> *mit SICH* ■ *jmd. entlobt sich* (*selten* ↔ *verloben*) *die*

Verlobung auflösen, rückgängig machen

Ent·lo·ben das <-s> (*kein Plur.*) *das Lösen der Verlobung*

ent·lo·cken <entlockst, entlockte, hat entlockt> *mit OBJ* ■ *jmd. entlockt jmdm. etwas Akk.* (*geh.*) *durch geschickte Methoden bewirken, dass jmd. etwas sagt oder tut* Sie entlockte ihm das Geheimnis/ein Lächeln.

ent·loh·nen <entlohnst, entlohnte, hat entlohnt> *mit OBJ* ■ *jmd. entlohnt jmdn. jmdm. Lohn geben* Die Arbeiter wurden stets pünktlich entlohnt.

ent·löh·nen <entlöhnst, entlöhnte, hat entlöhnt> *mit OBJ* ■ *jmd.entlöhnt jmdn.* (*schweiz.*) *s.* **entlohnen**

Ent·loh·nung die <-, -en> (≈ *Bezahlung*) *das Geld, das man als Lohn erhält*

Ent·löh·nung die <-, -en> (*schweiz.*) *s.* **Entlohnung**

ent·lud *Prät. von* **entladen**

ent·lüf·ten <entlüftest, entlüftete, hat entlüftet> *mit OBJ* ■ *jmd. entlüftet etwas Akk. die Luft aus etwas lassen* Nach dem Sommer entlüften wir alle Heizungen im Haus.

Ent·lüf·ter der <-s, -> TECHN. (*elektrisches*) *Gerät zum Absaugen und Austauschen von Luft*

Ent·lüf·tung die <-, -en> *das Entlüften*

Ent·lüf·tungs·an·la·ge die <-, -n> TECHN. *Anlage zum Entlüften*

Ent·lüf·tungs·hau·be die <-, -n> TECHN. *über dem Herd befindliche Haube zum Absaugen von Küchengerüchen*

Ent·lüf·tungs·ven·til das <-s, -e> TECHN. *Ventil, mit dem man Druckluft ablässt*

ent·mach·ten <entmachtest, entmachtete, hat entmachtet> *mit OBJ* ■ *jmd. entmachtet jmdn. die Macht nehmen* Der Herrscher/ die Regierung wurde entmachtet.

ent·men·schen <entmenschst, entmenschte, hat entmenscht> *mit OBJ* ■ *jmd. entmenscht jmdn. jmdn. seiner Menschlichkeit/menschlichen Würde berauben;* (*geh.*) Der Krieg entmenscht viele. ►Entmenschung

ent·mensch·li·chen <entmenschlichst, entmenschlichte, hat entmenschlicht> *mit OBJ* ■ *jmd. entmenschlicht jmdn. s.* **entmenschen**

ent·mi·li·ta·ri·sie·ren <entmilitarisierst, entmilitarisierte, hat entmilitarisiert> *mit OBJ* ■ *jmd. entmilitarisiert etwas Akk.* MILIT. *Truppen und militärische Anlagen aus einem Gebiet entfernen* Man schuf eine entmilitarisierte Zone.

Ent·mi·li·ta·ri·sie·rung die <-> (*kein Plur.*) MILIT. *das Entmilitarisieren*

ent·mi·nen <entminst, entminte, hat entmint> *mit OBJ* ■ *jmd. entmint etwas Akk.* (*milit.*) *von Minen befreien*

ent·mi·schen <entmischst, entmischte, hat entmischt> *mit OBJ* ■ *jmd. entmischt etwas Akk.* (*fachspr.*) *eine Mischung in ihre Bestandteile auflösen*

ent·mis·ten <entmistest, entmistete, hat entmistet> *mit OBJ* ■ *jmd. entmistet etwas* **1.** (LANDWIRTSCH.: ≈ *ausmisten*) *von Mist befreien* einen Stall entmisten **2.** (*umg. übertr.*) *in Ordnung bringen* Ich müsste dringend meinen Schreibtisch entmisten.

ent·mün·di·gen <entmündigst, entmündigte, hat entmündigt> *mit OBJ* ■ *jmd. entmündigt jmdn.* **1.** RECHTSW. *beschließen, dass jmd. nicht mehr als mündig gilt , weil er nicht* (*mehr*) *frei über sich bestimmen kann und daher einen Vormund/ Betreuer braucht* Der geistig schwer behinderte Mann wurde entmündigt. **2.** (*umg.*) *mit jmdm. so umgehen, als ob er nicht selbst über sich bestimmen könnte* Und ich gehe doch heute abend weg – ich lasse mich von dir nicht entündigen ! *siehe auch* **Vormundschaft**

Ent·mün·dig·te der/die <-n, -n> RECHTSW. *jmd., der entmündigt wurde*

Ent·mün·di·gung die <-, -en> *das Entmündigen*

ent·mu·ti·gen <entmutigst, entmutigte, hat entmutigt> *mit OBJ* ■ *jmd./ etwas entmutigt jmdn. den Mut nehmen* Er ließ sich durch seinen Chef nicht entmutigen, sondern beantragte die Versetzung ein zweites Mal., Sie ließ sich auch von einem Misserfolg nicht entmutigen.

ent·mu·ti·gend <entmutigender, am entmutigendsten> *Adj. so, dass es jmdn. entmutigt* eine entmutigende Nachricht

ent·nahm *Prät. von* **entnehmen**

Ent·nah·me die <-, -n> *das Entnehmen* [1]

ent·na·zi·fi·zie·ren <entnazifizierst, entnazifizierte, hat entnazifiziert> *mit OBJ* ■ *jmd. entnazifiziert jmdn./etwas* (POL.: ≈ *denazifizieren*) *von nationalsozialistischen Einflüssen befreien*

Ent·na·zi·fi·zie·rung die <-, -en> POL. *der Vorgang, dass nach 1945 in Deutschland versucht wurde, die nationalsozialistischen Einflüsse in den wichtigen öffentlichen Bereichen zu beseitigen*

ent·neh·men <entnimmst, entnahm, hat entnommen> *mit OBJ* ■ *jmd. entnimmt etwas* (*aus*) *etwas Dat.* **1.** (*geh.*) *herausnehmen* Er hat unerlaubt der Kasse Geld entnommen. **2.** (*geh.* ≈ *folgern*) *aus etwas einen Schluss ziehen* Ihren Worten entnahm ich, dass …, Sie entnahm (aus) seinem Brief, dass …, Weitere Hinweise entnehmen Sie bitte der Gebrauchsanweisung.

ent·ner·ven <entnervst, entnervte, hat entnervt> *mit OBJ* ■ *jmd./etwas entnervt jmdn. nervös machen* Sie war ganz entnervt nach der langen Wartezeit. *siehe auch* **nerven**

ent·nervt <nicht steig.> *Adj. so, dass die Nerven strapaziert sind siehe auch* **genervt**

Ent·ner·vung die <-> (*kein Plur.*) *das Entnervtsein*

ent·nom·men *Part. Perf. von* **entnehmen**

ent·ö·len <entölst, entölte, hat entölt> *mit OBJ* ■ *jmd. entölt jmdn./etwas von Öl befreien* entöltes Kakaopulver

Ent·ö·lung die <-, -en> *das Entölen*

ent·pa·cken <entpackst, entpackte, hat entpackt> *mit OBJ* ■ *jmd. entpackt etwas* **1.** (≈ *auspacken*) *die Packung entfernen* **2.** EDV *die ursprüngliche Größe einer komprimierten Datei wieder-*

herstellen eine Zip-Datei entpacken

ent·pflich·ten <entpflichtest, entpflichtete, hat entpflichtet> *mit OBJ* ■ *jmd. entpflichtet jmdn.* (*von etwas Dat.*) (*geh.* ≈ *entbinden*) *jmdn. von einer Pflicht oder einem Amt befreien* einen Hochschulprofessor entpflichten

Ent·pflich·tung die <-, -en> (*geh.*) das Entpflichten

ent·po·li·ti·sie·ren <entpolitisierst, entpolitisierte, hat entpolitisiert> *mit OBJ* ■ *jmd. entpolitisiert etwas das Politische aus etwas entfernen* eine Rede entpolitisieren

Ent·po·li·ti·sie·rung -, -en <die> *das Entpolitisieren*

ent·pri·va·ti·sie·ren <entprivatisierst, entprivatisierte, hat entprivatisiert> *mit OBJ* ■ *jmd. entprivatisiert etwas* (≈ *verstaatlichen*) ein Unternehmen entprivatisieren

Ent·pri·va·ti·sie·rung die <-, -en> das Entprivatisieren

ent·pup·pen <entpuppst, entpuppte, hat entpuppt> *mit SICH* ■ *jmd./etwas entpuppt sich* (*als etwas*) (*übertr.* ≈ *sich erweisen*) *sich anders zeigen als erwartet* Die Sache entpuppte sich schwieriger als zuvor angenommen., Sie entpuppte sich als gemeine Lügnerin.

ent·rah·men <entrahmst, entrahmte, hat entrahmt> *mit OBJ* ■ *jmd. entrahmt etwas den Rahm entfernen* Magermilch ist entrahmte Milch.

Ent·rah·mer der <-s, -> TECHN. *Maschine zum Entrahmen*

Ent·rah·mung die <-, -en> *das Entrahmen*

ent·rang *Prät. von* **entringen**

ent·rann *Prät. von* **entrinnen**

En·t·re·cote, *a.* **En·tre·cote** das [ã'trəko:t] <-(s), -s> (KOCH.: *geh.*) *das Zwischenrippenstück vom Rind*

En·t·ree das [ã'tre:] <-(s), -s> **1.** (*geh.*) *Eingangsraum* **2.** (*geh.*) *Eintrittsgeld* **3.** (*geh.*) *Vorspeise* **4.** MUS. *Eröffnungsmusik, Auftrittslied*

ent·rei·ßen <entreißt, entriss, hat entrissen> *mit OBJ* ■ *jmd. entreißt jmdm. etwas von jmdm. wegreißen* Der Dieb entriss der alten Dame die Handtasche.

ent·rich·ten <entrichtest, entrichtete, hat entrichtet> *mit OBJ* ■ *jmd. entrichtet etwas* AMTSSPR. *bezahlen* Es sind monatliche Mitgliedsbeiträge zu entrichten.

ent·rie·geln <entriegelst, entriegelte, hat entriegelt> *mit OBJ* ■ *jmd. entriegelt etwas* (≈ *aufsperren*) *den Riegel lösen* das Gartentor entriegeln

ent·rin·gen <entringst, entrang, hat entrungen> **I.** *mit OBJ* ■ *jmd. entringt jmdm. etwas* (*geh.*) *jmdm. eine Sache im Kampf wegnehmen* Es gelang ihm, dem Verbrecher die Waffe zu entringen. **II.** *mit SICH* ■ *etwas entringt sich jmdm.* (*geh.*) *etwas kommt ohne Absicht, aber mühsam heraus* Ein Seufzer/Schrei entrang sich seiner Brust.

ent·rin·nen <entrinnst, entrann, ist entronnen> *ohne OBJ* ■ *jmd./etwas entrinnt jmdm./etwas* **1.** (*geh.*) *schnell vergehen* Die Zeit entrinnt mir. **2.** (*geh.*) *mit Mühe entkommen* er ist dem Tode entronnen **3.** (*geh.*) *herausfließen* Tränen entrannen ihren Augen.

Ent·rin·nen das <-s> (*kein Plur.*) (*geh.*) *Flucht*(*möglichkeit*) *aus einer Situation* Es gibt kein Entrinnen!

ent·riss *Prät. von* **entreißen**

ent·ris·sen *Part. Perf. von* **entreißen**

ent·ron·nen *Part. Perf. von* **entrinnen**

En·tro·pie die <-, -n> PHYS. *Tendenz in der unbelebten Welt zu immer größerer Unordnung*

ent·ros·ten <entrostest, entrostete, hat entrostet> *mit OBJ* ■ *jmd. entrostet etwas von Rost befreien* die Fahrradkette entrosten

ent·rü·cken <entrückst, entrückte, hat entrückt> *mit OBJ* ■ *etwas entrückt jmdn. jmdn.* (*geistig*) *an einen anderen oder überirdischen Ort, in einen anderen Zustand, in eine andere Zeit versetzen*

ent·rückt <nicht steig.> *Adj.* (*geh.*) *in einen geistigen Zustand versetzt, in dem man sich so fühlt, als wäre man woanders* Sie hatte einen ganz entrückten Blick, als sie von ihm sprach.

Ent·rückt·heit die <-> (*kein Plur.*) *das Entrücktsein*

Ent·rückung die <-, -en> (*geh.*) *das Entrücken*

ent·rüm·peln <entrümpelst, entrümpelte, hat entrümpelt> *mit OBJ* ■ *jmd. entrümpelt etwas von unnützen Dingen befreien* den Dachboden entrümpeln *siehe auch* **Gerümpel**

ent·run·gen *Part. Perf. von* **entringen**

ent·rüs·ten <entrüstest, entrüstete, hat entrüstet> **I.** *mit OBJ* ■ *jmd./etwas entrüstet jmdn.* (*geh.* ≈ *empören*) *jmdn. ärgern* Diese Bemerkung entrüstete sie. **II.** *mit SICH* ■ *jmd. entrüstet sich* (*über jmdn./etwas*) (*geh.* ≈ *sich empören*) *sich über etwas ärgern* Die Lehrerin entrüstet sich über die Unverschämtheiten ihrer Schüler.

Ent·rüs·tung die <-> (*kein Plur.*) (*geh.* ≈ *Empörung*) *das Entrüsten*

ent·saf·ten <entsaftest, entsaftete, hat entsaftet> *mit OBJ* ■ *jmd. entsaftet etwas Akk. den Saft herauspressen* Wie viele Orangen soll ich für die Bowle entsaften?

Ent·saf·ter der <-s, -> TECHN. (*elektrisches*) *Gerät zum Entsaften*

ent·sa·gen <entsagst, entsagte, hat entsagt> *ohne OBJ* ■ *jmd. entsagt jmdm./etwas Dat.* (*geh.*) *zukünftig auf etwas verzichten* Der König hat dem Thron entsagt., Als Mönch musste er den weltlichen Dingen entsagen.

Ent·sa·gung die <-> (*kein Plur.*) (*geh.* ≈ *Entbehrung*)

ent·sandt *Part. Perf. von* **entsenden**

ent·sand·te *Prät. von* **entsenden**

ent·sann *Prät. von* **entsinnen**

ent·schä·di·gen <entschädigst, entschädigte, hat entschädigt> *mit OBJ* ■ *jmd. entschädigt jmdn.* (*für etwas Akk.*) **1.** *jmdm. für seine Mühe oder Kosten einen Ersatz geben* Die Freude über das gelungene Resultat hat ihn für seine Mühen entschädigt., Wir haben ihn für seine Unkosten entschädigt **2.** *jmdm. eine Geldsumme geben, um einen Schaden auszugleichen, den er erlitten hat*

E

Das Unfallopfer wurde angemessen entschädigt.

Ent·schä·di·gung die <-, -en> **1.** *etwas, das jmdm. zum Ausgleich für seine Mühe oder Kosten gegeben wird* **2.** (≈ *Schadensersatz*) *eine Geldsumme, die jmd. für einen ihm zugefügten Schaden erhält* Er hat eine hohe Entschädigung gezahlt., Sie hat eine angemessene Entschädigung erhalten ◆ Aufwands-,

Ent·schä·di·gungs·fonds der <-, -> *Fonds, der für eine Entschädigung*[2] *verwendet wird*

ent·schär·fen <entschärfst, entschärfte, hat entschärft> *mit OBJ* ■ *jmd. entschärft etwas* **1.** *einen Sprengkörper so behandeln, dass er nicht mehr explodieren kann* Spezialisten gelang es, die Bombe zu entschärfen. **2.** (*übertr.*) *beschwichtigend wirken* Sie entschärfte die heikle Situation, indem sie das Thema wechselte.

Ent·schär·fung die <-, -en> *das Entschärfen*

Ent·scheid der <-(e)s, -e> AMTSSPR. (*offizielle*) *Entscheidung* Der Entscheid des Schiedsrichters ist nicht mehr anfechtbar.

ent·schei·den <entscheidest, entschied, hat entschieden> **I.** *mit OBJ* ■ *jmd. entscheidet etwas* (*durch seine Autorität*) *einer Angelegenheit eine bestimmte Richtung geben* Die Geschäftsleitung hat entschieden, dass das Werk gebaut wird. **II.** *ohne OBJ* ■ *jmd. entscheidet über etwas Akk. eine Entscheidung treffen* Wir entscheiden morgen über das weitere Vorgehen. **III.** *mit SICH* ■ *jmd. entscheidet sich für jmdn./etwas eine von mehreren Möglichkeiten wählen* Wie habt ihr euch entschieden?, Ich denke, ich entscheide mich für das teurere Modell.

ent·schei·dend <entscheidender, am entscheidendsten> *Adj.* (≈ *ausschlaggebend*) *so, dass es wesentlich beeinflusst, wie etwas sich weiter entwickelt* Dies war ein entscheidender Fehler/Fortschritt.

Ent·schei·dung die <-, -en> **1.** *das* (*auf der Basis von jmds. Autorität*) *erfolgende Festlegen des Willens, um eine Sache in eine bestimmte Richtung zu bringen* Die Entscheidung der Geschäftsleitung steht fest: Das Werk wird gebaut. **2.** (≈ *Entschluss*) *das, was jmd. beschlossen hat* Die Entscheidung des Ausschusses besagt, dass … **3.** *die Wahl einer von mehreren Möglichkeiten* Die Entscheidung fällt zugunsten des teureren Modells.

Ent·schei·dungs·fin·dung die <-, -en> (*geh.*) *das Finden einer Entscheidung*

ent·schei·dungs·freu·dig <entcheidungsfreudiger, am entscheidungsfreudigsten> *Adj. so, dass man selbstbewusst ist und wenig Mühe habent, Entscheidungen zu treffen* Er ist ein entscheidungsfreudiger Chef.

Ent·schei·dungs·pro·zess der <-es, -e> (*längerer*) *Vorgang des Abwägens, der zu einer Entscheidung führt*

Ent·schei·dungs·schlacht die <-, -en> *Schlacht, die um die* (*endgültige*) *Entscheidung einer Sache geführt wird*

Ent·schei·dungs·spiel das <-(e)s, -e> SPORT *das Spiel in einem Turnier, das über den Gesamtsieg entscheidet*

Ent·schei·dungs·spiel·raum der <-(e)s, Entscheidungsspielräume> *Ausmaß der Möglichkeit, sich* (*frei*) *zu entscheiden*

Ent·schei·dungs·trä·ger der <-s, -> *Institution oder Person, die für das Entscheiden einer Sache zuständig ist*

ent·schied *Prät. von* **entscheiden**

ent·schie·den <entschiedener, am entschiedensten> (*nur attr.*) *Adj.* (≈ *entschlossen*) *so, dass man eine sehr feste Meinung zu etwas hat und sich nicht leicht abbringen lässt* Er ist ein entschiedener Gegner dieses Gesetzesvorschlags., Sie trat entschieden für den Frieden ein. ◆ Groß- oder Kleinschreibung→R 3.9 auf das Entschiedenste, auf das entschiedenste

Ent·schie·den·heit die <-> (*kein Plur.*) *entschlossene Haltung* Er trat mit aller Entschiedenheit für das Verbot des Walfangs ein.

ent·schla·cken <entschlackst, entschlackte, hat entschlackt> *mit OBJ* ■ *jmd. entschlackt etwas* MED. *den Körper von Rückständen des Stoffwechsels befreien, indem man bestimmte Maßnahmen macht*

Ent·schla·ckungs·kur die <-, -en> MED. *dem Entschlacken dienende Kur*

ent·schla·fen <entschläfst, entschlief, ist entschlafen> *ohne OBJ* ■ *jmd. entschläft* (*verhüll.* ≈ *verscheiden*) *sterben* Die Patientin ist gestern friedlich entschlafen.

ent·schlief *Prät. von* **entschlafen**

ent·schlie·ßen <entschließt, entschloss, hat entschlossen> *mit SICH* ■ *jmd. entschließt sich zu etwas Dat.* (≈ *entscheiden*) *einen Entschluss fassen* Wozu hast du dich entschlossen?, Ich habe mich anders entschlossen.

Ent·schlie·ßung die <-, -en> AMTSSPR. *Beschluss*

ent·schloss *Prät. von* **entschließen**

ent·schlos·sen <entschlossener, am entschlossensten> *Adj. energisch, tatkräftig* Sie legte ein entschlossenes Handeln an den Tag. ■ **kurz entschlossen**: *kurzfristig entschieden* Wir sind kurz entschlossen ins Kino gegangen. **fest entschlossen sein etwas zu tun**: *etwas unbedingt tun wollen* Sie ist fest entschlossen, sich bei ihm zu beschweren.

ent·schlüs·seln <entschlüsselst, entschlüsselte, hat entschlüsselt> *mit OBJ* ■ *jmd. entschlüsselt etwas* (≈ *dechiffrieren, dekodieren* ↔ *verschlüsseln*) *den verborgenen Sinn oder die in etwas versteckte Bedeutung herausfinden* Den Forschern gelang es, die Geheimschrift zu entschlüsseln. ▶Entschlüsselung

ent·schluss·fä·hig <nicht steig.> *Adj. fähig zu Entschlüssen siehe aber* **beschlussfähig**

Ent·schluss·fä·hig·keit die <-> (*kein Plur.*) *die Fähigkeit, Entschlüsse zu fassen*

ent·schluss·freu·dig <entschlussfreudiger, am entschlussfreudigsten> *Adj.* (≈ *entscheidungsfreudig*) *so, dass es einem leicht fällt, Entscheidungen zu treffen* ein entscheidungsfreudiger Chef

ent·schuld·bar <entschuldbarer, am entschuldbarsten> *Adj.* (*geh.*) *so, dass es entschuldigt werden kann* Das war eine entschuldbarer Fehler., Tut mir Leid, aber das war ein nicht entschuldbares Verhalten.

ent·schul·den <entschuldest, entschuldete, hat entschuldet> *mit OBJ* ■ *jmd. entschuldet etwas von Schulden befreien* ein Grundstück entschulden

ent·schul·di·gen <entschuldigst, entschuldigte, hat entschuldigt> **I.** *mit OBJ* ■ *jmd. entschuldigt jmdn./etwas* (*mit etwas Dat.*) *Gründe nennen, die jmds.* (*negatives*) *Verhalten erklären* Sie entschuldigte ihre schlechten Schulleistungen mit der familiären Situation. **II.** *mit SICH* ■ *jmd. entschuldigt sich* (*bei jmdm.*) (*für etwas*) *sagen, dass das eigene negative Handeln einem Leid tut* Er entschuldigt sich bei der Lehrerin (für sein wiederholtes Zuspätkommen).

Ent·schul·di·gung die <-, -en> **1.** *der Akt des Entschuldigens* Er wollte eine Entschuldigung vorbringen., Ihre Entschuldigung nehme ich an/lasse ich nicht gelten. **2.** SCHULE *eine schriftliche Entschuldigung*[1] Die Eltern schrieben dem Sohn eine Entschuldigung für die Schule. **3.** *die sprachliche Formel, mit der man die Bitte um Entschuldigung*[1] *einleitet oder einen Fremden anspricht* Entschuldigung, wo geht es hier zum Bahnhof?, Entschuldigung, das war nicht böse gemeint.

Ent·schul·di·gungs·brief der <-(e)s, -e> SCHULE *Entschuldigung*[2]

Ent·schul·di·gungs·grund der <-(e)s, Entschuldigungsgründe> *Begründung einer Entschuldigung*[1 2] Das ist kein Entschuldigungsgrund!

Ent·schul·di·gungs·schrei·ben das <-s, -> *Entschuldigungsbrief*

Ent·schul·dung die <-, -en> *das Entschulden*

ent·schwand *Prät. von* **entschwinden**

ent·schwe·feln <entschwefelst, entschwefelte, hat entschwefelt> *mit OBJ* ■ *jmd. entschwefelt etwas* CHEM. *von Schwefel befreien*

ent·schwin·den <entschwindest, entschwand, ist entschwunden> *ohne OBJ* ■ *jmd./etwas entschwindet jmds. Blicken/irgendwo(hin)* (*geh.*) *verschwinden* Am Horizont entschwand das Schiff den Blicken.

ent·schwun·den *Part. Perf. von* **entschwinden**

ent·seelt <nicht steig.> *Adj.* (*geh.*) *tot* Sie sank entseelt zu Boden.

ent·sen·den <entsendest, entsendete/entsandte, hat entsendet/entsandt> *mit OBJ* ■ *jmd. entsendet jmdn.* (*irgendwohin*) (*geh.*) *an einen Ort senden* Man entsandte Unterhändler, um die Verträge vorzubereiten.

Ent·set·zen das <-s> (*kein Plur.*) *großer Schrecken* Namenloses Entsetzen machte sich breit.

ent·set·zen <entsetzt, entsetzte, hat entsetzt> **I.** *mit OBJ* ■ *jmd./etwas entsetzt jmdn. sehr stark erschrecken* Diese Äußerung hat manchen Zuhörer entsetzt. **II.** *mit SICH* ■ *jmd. entsetzt sich* (*über etwas Akk.*) Sie entsetzte sich über den Zustand des Hauses.

ent·setz·lich <entsetzlicher, am entsetzlichsten> *Adj.* (≈ *grässlich, furchtbar*) *sehr schlimm* Wir hatten entsetzliche Angst., Diese entsetzliche Hitze bringt mich noch um.

ent·si·chern <entsicherst, entsicherte, hat entsichert> *mit OBJ* ■ *jmd. entsichert etwas die Sicherung*[3] *einer Schusswaffe lösen* Er entsicherte die Pistole und gab einen Warnschuss ab.

ent·sin·nen <entsinnst, entsann, hat entsonnen> *mit SICH* ■ *jmd. entsinnt sich jmds./etwas Gen./plus Inf.* (*geh.*) *sich erinnern* Ich kann mich nicht entsinnen, dir das erlaubt zu haben., Soweit ich mich entsinnen kann, wohnt er in München.

ent·son·nen *Part. Perf. von* **entsinnen**

ent·sor·gen <entsorgst, entsorgte, hat entsorgt> *mit OBJ* ■ *jmd. entsorgt etwas Müll abtransportieren* Hast du das Altglas/den Müll schon entsorgt?

Ent·sor·gung die <-> (*kein Plur.*) *das Entsorgen* die korrekte Entsorgung von Altglas

ent·span·nen <entspannst, entspannte, hat entspannt> **I.** *mit OBJ/ohne OBJ* Alle Beteiligten waren bemüht, die Lage im Krisengebiet zu entspannen. **II.** *mit SICH* ■ *jmd./etwas entspannt sich* **1.** *sich ausruhen, erholen* Nach den Prüfungen musste ich mich erst mal entspannen. **2.** *glätten* Ihre Gesichtszüge entspannten sich langsam. **3.** *an Gefährlichkeit abnehmen* Die Lage im Krisengebiet hat sich entspannt.

ent·spannt *Adj. im Zustand der Entspannung* eine entspannte Atmosphäre

Ent·span·nung die <-> (*kein Plur.*) **1.** *das Entspannen* Es geht darum, in diesem Krisengebiet Entspannung zu erreichen. **2.** *das Gefühl, entspannt zu sein*

Ent·span·nungs·po·li·tik die <-> (*kein Plur.*) POL. *Politik, deren Ziel es ist, Spannungen und Konflikte zwischen Ländern abzubauen*

Ent·span·nungs·the·ra·pie die <-, -n> MED. *Therapie, deren Ziel es ist, psychische oder körperliche Spannungen abzubauen*

Ent·span·nungs·ü·bung die <-, -en> *Übung, die der psychischen und körperlichen Entspannung dienen soll*

ent·spie·geln <entspiegelst, entspiegelte, hat entspiegelt> *mit OBJ* ■ *jmd. entspiegelt etwas Akk.* TECHN. *mit einer Schicht zur Verminderung von Lichtreflexen überziehen* eine Brille entspiegeln lassen

ent·sprach *Prät. von* **entsprechen**

ent·sprang *Prät. von* **entspringen**

ent·spre·chen <entsprichst, entsprach, hat entsprochen> *ohne OBJ* ■ *jmd./etwas entspricht etwas Dat.* **1.** *die Eigenschaften besitzen, die irgendwo gefordert werden* Sie entsprach den Anforderungen und wurde eingestellt. **2.** *mit etwas übereinstimmen* Seine Aussage entspricht der Wahrheit.

ent·spre·chend <nicht steig.> *Adj.* **1.** *einem Sachverhalt in einer bestimmten Weise angemessen* Du musst dich durch entsprechendes Training auf den Wettkampf vorbereiten. **2.** *passend, zuständig* Du musst dich bei der entsprechenden Be-

E

hörde melden. **3.** *gemäß* den Umständen entsprechend, den Aufgaben entsprechend

Ent·spre·chung die <-, -en> *etwas, das einer anderen Sache in einer bestimmten Weise entspricht* Könnt ihr mir die deutsche Entsprechung dieses englischen Begriff nennen?, Dieses russische Wort hat keine Entsprechung im Deutschen.

ent·sprin·gen <entspringst, entsprang, ist entsprungen> *ohne OBJ* **1.** ■ *ein Fluss entspringt irgendwo seine Quelle haben* Die Elbe entspringt im Riesengebirge. **2.** ■ *etwas entspringt irgendwo* (*geh.*) *herrühren* Aus solchem Denken entspringt auch leicht die Vorstellung, dass … **3.** ■ *jmd. entspringt irgendwoher* (*umg.*) *entfliehen* der entsprungene Häftling

ent·spro·chen *Part. Perf. von* **entsprechen**

ent·sprun·gen *Part. Perf. von* **entspringen**

ent·stam·men <entstammst, entstammte, -> (*kein Part. Perf.*) *ohne OBJ* ■ *jmd.etwas entstammt* (*aus*) *etwas Dat.* (*geh.*) *aus etwas stammen* Er entstammt einer reichen Kaufmannsfamilie., Diese Vorstellung entstammt der Mythologie.

ent·stand *Prät. von* **entstehen**

ent·stan·den *Part. Perf. von* **entstehen**

ent·ste·hen <entstehst, entstand, ist entstanden> *ohne OBJ* ■ *etwas entsteht* **1.** *zu existieren beginnen* Das Leben entsteht mit der Befruchtung einer Eizelle. **2.** *hervorgerufen werden* Weiterer Schaden ist nicht entstanden., Es sollte nicht der Eindruck entstehen, dass …, Sind Ihnen dadurch Kosten entstanden? **3.** *gebaut werden* Hier entsteht ein neues Einkaufszentrum.

Ent·ste·hung die <-, -en> (*meist Sing.*) *das Entstehen*[1] Wasser ist die Voraussetzung für die Entstehung von Leben.

Ent·ste·hungs·ge·schich·te die <-> (*kein Plur.*) *die Geschichte der Entstehung oder des Ursprungs einer Sache* die Entstehungsgeschichte der Erde

Ent·ste·hungs·ort der <-(e)s, -e> *Ort, an dem etwas entstanden ist*

Ent·ste·hungs·zeit die <-, -en> *Zeit, in der etwas entstanden ist*

ent·stei·gen <entsteigst, entstieg, ist entstiegen> *ohne OBJ* ■ *jmd. entsteigt etwas Dat.* (*geh.*) *aus etwas steigen* Die Göttin ist der Legende nach dem Meer entstiegen.

ent·stei·nen <entsteinst, entsteinte, hat entsteint> *mit OBJ* ■ *jmd. entsteint etwas Akk. den Kern entfernen* Wir müssen die Kirschen erst entsteinen.

ent·stel·len <entstellst, entstellte, hat entstellt> *mit OBJ* ■ *jmdn. entstellt etwas* **1.** *verunstalten* Die Verbrennungen/Narben haben sein ganzes Gesicht entstellt. **2.** (*übertr.*) *verzerrt wiedergeben* Seine Worte wurden von der Presse völlig entstellt.

ent·stel·lend <entstellender, am entstellendsten> *Adj. so, dass es etwas entstellt*[1] eine entstellende Narbe im Gesicht haben

Ent·stel·lung die <-, -en> *das Entstellen*

ent·stieg *Prät. von* **entsteigen**

ent·stie·gen *Part. Perf. von* **entsteigen**

ent·stö·ren <entstörst, entstörte, hat entstört> *mit OBJ* ■ *jmd. entstört etwas Akk.* TECHN. (*technische*) *Störfaktoren beseitigen* Wir ließen die Leitungen/das Gerät durch einen Fachmann entstören.

Ent·stö·rungs·stel·le die <-, -n> TELEKOMM. Wenn es beim Telefonieren weiterhin derart rauscht, sollten wir die Entstörungsstelle anrufen.

ent·strö·men <entströmt, entströmte, ist entströmt> *ohne OBJ* ■ *etwas entströmt etwas Dat. aus etwas strömen* Das Rohr ist undicht, ihm entströmt Gas.

ent·ta·bu·i·sie·ren <enttabuisierst, enttabuisierte, hat enttabuisiert> *mit OBJ* ■ *jmd. entabuisiert etwas Akk. von Tabus befreien* Das Thema Sexualität wurde seit den sechziger Jahren immmer mehr enttabuisiert.

ent·tar·nen <enttarnst, enttarnte, hat enttarnt> *mit OBJ* ■ *jmd. enttarnt jmdn./etwas* (≈ *aufdecken*) *die wahre Identität von jmdm., der sich als ein anderer ausgegeben hat, herausfinden* Der Spion wurde schließlich doch enttarnt.

Ent·tar·nung die <-, -en> *das Enttarnen*

ent·täu·schen <enttäuschst, enttäuschte, hat enttäuscht> *mit OBJ* ■ *jmd./etwas enttäuscht jmdn. traurig machen, weil man Erwartungen nicht erfüllt* Sie wollte ihre Eltern nicht enttäuschen., Der mit Spannung erwartete Film enttäuschte.

ent·täuscht <nicht steig.> *Adj. traurig, weil Erwartungen nicht erfüllt wurden* Ich bin enttäuscht, dass ich das Geschenk nicht bekommen habe.

Ent·täu·schung die <-, -en> *etwas, das jmdn. traurig macht, weil es seine Erwartungen nicht erfüllt* Er musste die herbe Enttäuschung erst überwinden., Der Urlaub war eine einzige Enttäuschung – vierzehn Tage Dauerregen und ein schlechtes Hotel.

ent·thro·nen <entthronst, entthronte, hat entthront> *mit OBJ* ■ *jmd. entthront jmdn.* (≈ *absetzen*) *Der König wurde entthront.*

Ent·thro·nung die <-, -en> *das Entthronen*

ent·völ·kern <entvölkerst, entvölkerte, hat entvölkert> *mit OBJ* ■ *jmd./etwas entvölkert etwas Akk. die Bevölkerung fast vernichten* Die Hungersnot hatte ganze Landstriche entvölkert.

Ent·völ·ke·rung die <-> (*kein Plur.*) *das Entvölkern*

ent·waff·nen <entwaffnest, entwaffnete, hat entwaffnet> *mit OBJ* ■ *jmd. entwaffnet jmdn.* **1.** *die Waffen abnehmen* ▶Entwaffnung **2.** *jmdm. so positiv begegnen, dass er keinen Grund mehr hat, etwas Negatives zu sagen* Seine Ehrlichkeit entwaffnete sie – sie verschwieg, was sie ihm hatte sagen wollen.

ent·waff·nend <entwaffnender, am entwaffnendsten> *Adj. so charmant, dass eine andere Person nicht mehr negativ gestimmt sein kann* Sie besaß ein entwaffnendes Lächeln., Ich war erstaunt über ihre entwaffnende Offenheit.

ent·wa̩l·den <entwaldest, entwaldete, hat entwaldet> *mit OBJ* ■ *jmd. entwaldet etwas auf einer Fläche den Wald zerstören* entwaldete Landstriche

Ent·wa̩l·dung die <-, -en> *das Entwalden*

ent·wa̩rf *Prät. von* **entwerfen**

Ent·wa̩r·nung die <-, -en> *Beendigung eines Alarmzustands* In den Hochwassergebieten konnte endlich Entwarnung gegeben werden.

ent·wä̩s·sern <entwässerst, entwässerte, hat entwässert> *mit OBJ* ■ *jmd. entwässert etwas Wasser aus etwas entfernen* Der Sumpf wurde entwässert.

Ent·wä̩s·se·rung die <-> *(kein Plur.) das Entwässern*

Ent·wä̩s·se·rungs·an·la·ge die <-, -n> *(≈ Kanalisation)*

Ent·wä̩s·se·rungs·mit·tel das <-s, -> MED. ≈ DIURETIKUM *Mittel, das überschüssiges Wasser aus den Körperzellen ableitet*

Ent·wä̩s·se·rungs·rohr das <-(e)s, -e> *Rohr, das Wasser ableitet*

e̩nt·we·der *Konj.* ■ **entweder … oder …:** *verwendet, um zwei alternative Möglichkeiten zu beschreiben* Entweder ruft er mich an oder ich schicke ihm ein Fax. ◆ Großschreibung→R 3.4 das Entweder-oder

ent·we̲i̲·chen <entweichst, entwich, ist entwichen> *ohne OBJ* ■ *jmd./etwas entweicht (aus etwas Dat.)* **1.** *aus etwas ausströmen* Eine Leitung ist undicht. Gas entweicht., Das Gas entweicht aus der Leitung. **2.** *(geh.) entfliehen* Der Gefangene ist aus dem Gefängnis entwichen.

ent·we̲i̲·hen <entweihst, entweihte, hat entweiht> *mit OBJ* ■ *jmd./etwas entweiht etwas* REL. **1.** *einen heiligen Gegenstand in böser Absicht so behandeln, dass er beschmutzt oder zerstört wird* eine Kirche/ einen Altar/ ein religiöses Symbol entweihen **2.** *einen heiligen Ort durch unpassendes Verhalten stören* Durch ihr lautes Schreien in der Kirche haben sie die heilige Stille entweiht. *siehe auch* **Weihe**

ent·we̩n·den <entwendest, entwendete, hat entwendet> *mit OBJ* ■ *jmd. entwendet etwas (geh. ≈ stehlen) heimlich wegnehmen* Der Prokurist hat aus der Kasse einen größeren Geldbetrag entwendet.

ent·we̩r·fen <entwirfst, entwarf, hat entworfen> *mit OBJ* ■ *jmd. entwirft etwas Akk.* **1.** *als Vision skizzieren* Der Autor entwirft in seinem Roman das Bild einer Zukunft, in der … **2.** *(≈ erarbeiten) einen technischen Gegenstand konstruieren* Entworfen wurde auch dieses neue Modell von Chefentwickler Prof. Dr. Ulrich. **3.** *als Künstler kreativ gestalten* Die Inneneinrichtung des Restaurants wurde von einem bekannten Modeschöpfer entworfen.

ent·we̩r·ten <entwertest, entwertete, hat entwertet> *mit OBJ* **1.** ■ *jmd. entwertet etwas eine Fahrkarte lochen oder stempeln(wenn man die Fahrt beginnt), damit sie gültig wird* **2.** ■ *jmd. entwertet etwas (≈ entkräften) bewirken, dass etwas keine Gültigkeit oder keinen Wert mehr hat* Das entwertet meine Aussage noch lange nicht. **3.** *(≈ abwerten) über jmdn. negative Bemerkungen machen, so dass er sich nicht mehr wertvoll fühlt* Er hat sie immer wieder durch Kritik und Ironie entwertet.

Ent·we̩r·ter der <-s, -> *Gerät zum Entwerten*[1]

ent·wi̩ch *Prät. von* **entweichen**

ent·wi̩·chen *Part. Perf. von* **entweichen**

ent·wi̩·ckeln <entwickelst, entwickelte, hat entwickelt> **I.** *mit OBJ* ■ *jmd. entwickelt etwas* **1.** *(≈ bauen) durch gezielte Überlegungen, Versuche und Konstruktionen einen (technischen) Gegenstand schaffen* Wer hat den ersten Mikrochip entwickelt? **2.** *wirksam und sichtbar werden lassen* Sie entwickelte viel Fantasie. **3.** *eine Gedankenfolge schaffen* Der Redner entwickelte diesen Gedanken mit viel Überzeugungskraft., Der Physiker entwickelt in diesem Buch eine interessante Theorie. **4.** FOTOGR. *einen Film so behandeln, dass Fotos daraus entstehen* Ich lasse die Filme gleich morgen entwickeln. **II.** *mit SICH* ■ *jmd. entwickelt sich (zu etwas Dat.) (≈ heranreifen)* Das Mädchen hat sich zu einer jungen Frau entwickelt.

Ent·wi̩ck·ler, **Ent·wi̩ck·le·rin** der <-s, -> *jmd., der beruflich mit dem Entwickeln*[1] *von Dingen befasst ist* ◆ Software-

Ent·wi̩ck·lung die <-, -en> **1.** *die Schaffung von (technischen) Gegenständen durch gezielte Überlegungen, Versuche und Konstruktionen* Die Entwicklung des Transistors verdrängte die Röhrentechnik., Der Physiker beschäftigt sich mit der Entwicklung einer völlig neuen Theorie des Supraleiters. **2.** FOTOGR. *Verfahren, welches aus Filmen Fotos entstehen lässt* **3.** *Reifungsprozess* Sie ist noch jung, ihre Entwicklung ist noch lange nicht abgeschlossen.

Ent·wi̩ck·lungs·ab·schnitt der <-(e)s, -e> *(≈ Entwicklungsstufe)*

Ent·wi̩ck·lungs·al·ter das <-s> *(kein Plur.) (≈ Entwicklungsjahre) Alter, in dem sich ein Kind (zum Erwachsenen) entwickelt*

ent·wi̩ck·lungs·fä·hig <entwicklungsfähiger, am entwicklungsfähigsten> *Adj. so, dass eine Entwicklung stattfinden kann* ein entwicklungsfähiges Verfahren ▶Entwicklungsfähigkeit

Ent·wi̩ck·lungs·ge·schich·te die <-> *(kein Plur.) Geschichte der Entwicklung (des Lebens auf der Erde)*

Ent·wi̩ck·lungs·hil·fe die <-> *(kein Plur.) systematische Hilfeleistungen, die Länder der Dritten Welt von den Industriestaaten erhalten*

Ent·wi̩ck·lungs·jah·re <-> *Plur. (≈ Pubertät)*

Ent·wi̩ck·lungs·land das <-(e)s, Entwicklungsländer> *Land, das im Vergleich mit den Industriestaaten unterentwickelt ist*

Ent·wi̩ck·lungs·po·li·tik die <-> *(kein Plur.)* POL. *Politik, die die Entwicklung der Dritten Welt zum Ziel hat*

ent·wi̩ck·lungs·po·li·tisch <nicht steig.> *(nur attr.) Adj. auf die Entwicklungspolitik bezogen*

Ent·wi̩ck·lungs·pro·zess der <-es, -e> *der Prozess, in dem eine Entwicklung stattfindet* einen

Entwicklungsprozess durchmachen

Ent·wick·lungs·ro·man der <-s, -e> LIT. *Roman, der von der (geistigen) Entwicklung eines (unreifen) Menschen handelt* Goethes „Wilhelm Meister" ist ein Entwicklungsroman.

Ent·wick·lungs·rück·stand der <-(e)s, Entwicklungsrückstände> *der Zustand, dass etwas nicht so weit entwickelt ist wie es sein sollte*

Ent·wick·lungs·sta·di·um das <-s, Entwicklungsstadien> *Abschnitt einer Entwicklung*[3]

Ent·wick·lungs·stand der <-(e)s> (*kein Plur.*) *Stadium, das jmd. oder etwas in seiner Entwicklung erreicht hat*

Ent·wick·lungs·stö·rung die <-, -en> *Störung in der Entwicklung*[3]

ent·wir·ren <entwirrst, entwirrte, hat entwirrt> *mit OBJ* ■ *jmd. entwirrt etwas etwas, das ungeordnet und wirr ist, wieder ordnen* ein Telefonkabel entwirren

ent·wi·schen <entwischst, entwischte, ist entwischt> *ohne OBJ* ■ *jmd. entwischt (jmdm./etwas) (umg.) fliehen* Der Dieb konnte entwischen.

ent·wöh·nen <entwöhnst, entwöhnte, hat entwöhnt> *mit OBJ* **1.** ■ *jmd. entwöhnt jmdn. (von etwas Dat.) durch bestimmte Maßnahmen bewirken, dass sich jmd. von einer Gewohnheit oder Sucht befreien kann* Der Drogenabhängige wurde in der Klinik von seiner Sucht entwöhnt. **2.** ■ *jmd. entwöhnt jmdn. ein Baby daran gewöhnen, dass es immer weniger Muttermilch bekommt und immer mehr andere Nahrung*

Ent·wöh·nung die <-> (*kein Plur.*) *das Entwöhnen*

ent·wor·fen *Part. Perf. von* **entwerfen**

ent·wür·di·gen <entwürdigst, entwürdigte, hat entwürdigt> *mit OBJ* ■ *jmd./etwas entwürdigt jmdn. die Würde rauben* entwürdigende Zustände

Ent·wü·r·di·gung die <-, -en> *das Entwürdigen*

Ent·wurf der <-(e)s, Entwürfe> **1.** *eine vorläufig ausgearbeiteter Text, der als Grundlage für etwas dient* Bis wann ist der schriftliche Entwurf fertig? ◆ Gesetz-, Haushalts-, Vertrags- **2.** (≈ *Skizze*) *eine Zeichnung, die jmd. (z.B. ein Architekt) als Plan gemacht hat, um danach etwas zu schaffen (z.B. bauen)* ▶Rohentwurf ◆ Haus-, Mode-

ent·wur·zeln <entwurzelst, entwurzelte, hat entwurzelt> *mit OBJ* ■ *jmd./etwas entwurzelt jmdn./etwas* **1.** *die Wurzeln herausreißen* Der Orkan entwurzelte viele Bäume. **2.** (*übertr.*) *jmdn. der vertrauten Umgebung berauben* Seit seiner Ausweisung fühlt er sich entwurzelt.

ent·zau·bern <entzauberst, entzauberte, hat entzaubert> *mit OBJ* ■ *jmd./etwas entzaubert jmdn./etwas* (↔ *verzaubern*) *den Zauber*[2] *nehmen* Er hat mit seiner ironischen Äußerung die Stimmung entzaubert.

Ent·zau·be·rung die <-, -en> *das Entzaubern*

ent·zer·ren <entzerrt, entzerrte, hat entzerrt> *mit OBJ* ■ *jmd. entzerrt etwas* **1.** TECHN. *die Verzerrung aus einer fotografischen Aufnahme beseitigen* **2.** *eine konflikthafte Situation bearbeiten* Ist die Lage im Krisengebiet inzwischen entzerrt ?

Ent·zer·rer der <-s, -> *Gerät, das Aufnahmen entzerrt*[1]

Ent·zer·rung die <-, -en> *das Entzerren*[1]

ent·zie·hen <entziehst, entzog, hat entzogen> **I.** *mit OBJ* ■ *jmd. entzieht jmdm. etwas fortnehmen* Sie entzogen den Eltern ihre Kinder., Die Polizei hat mir den Führerschein entzogen., Er entzog ihr seine Hilfe/sein Vertrauen. **II.** *mit SICH* ■ *jmd. entzieht sich jmdm./etwas (geh.) so handeln, dass man sich einer Verantwortung nicht mehr stellen muss* Sie hat sich ihrer Verantwortung geschickt entzogen. ■ **etwas entzieht sich jemandes Kenntnis** (*geh.*): *jmd. weiß nichts davon* **einer Sache den Boden entziehen**: *verhindern, dass etwas weitergeht* Seit Jahren versucht die Regierung in Kolumbien, dem Drogenhandel den Boden zu entziehen.

Ent·zie·hungs·kur die <-, -en> MED. *eine Therapie, um jmdn. von einer Sucht zu heilen (Abhängigkeit von Alkohol oder Tabletten)*

ent·zif·fern <entzifferst, entzifferte, hat entziffert> *mit OBJ* ■ *jmd. entziffert etwas* **1.** (≈ *lesen*) *schwer lesbare Schriftzeichen erkennen* Seine Handschrift ist nicht zu entziffern. **2.** (≈ *entschlüsseln*) *den geheimen Sinn von Zeichen verstehen* Die Bilderschrift der Ägypter (Hieroglyphen) ist vor 200 Jahren entziffert worden.

Ent·zif·fe·rung die <-> (*kein Plur.*) *das Entziffern*

ent·zip·pen <entzippst, entzippte, hat entzippt> *mit OBJ* ■ *jmd. entzippt etwas* EDV *eine (Zip-)Datei entpacken*

ent·zog *Prät. von* **entziehen**

ent·zo·gen *Part. Perf. von* **entziehen**

Ent·zü·cken das <-s> (*kein Plur.*) *große Begeisterung und Freude* Sie geriet in Entzücken., Sein Vorschlag versetzte sie in Entzücken.

ent·zü·cken <entzückst, entzückte, hat entzückt> *mit OBJ* ■ *etwas entzückt jmdn. begeistern* Sein Charm entzückte sie., Ich bin entzückt von ihr.

ent·zü·ckend <entzückender, am entzückendsten> *Adj. so, dass jmd. bei jmdm. Entzücken erregt* Das Kind sieht in seinem Kleid entzückend aus

ent·zü·ckt *Adj. begeistert*

Ent·zug der <-(e)s> (*kein Plur.*) **1.** *Wegnahme* Der Entzug des Führerscheins traf ihn hart. ◆ Freiheits-, Schlaf- **2.** MED. *Entziehungskur* Er ist auf Entzug, bitte biete ihm keinen Alkohol an!

Ent·zugs·er·schei·nung die <-, -en> MED. *körperliches und seelisches Unwohlsein eines Suchtkranken, das sich bei Entzug des Alkohols bzw. der Drogen einstellt*

Ent·zugs·schmerz der <-es, -en> (*meist Plur.*) *Schmerzen, die jmd. beim Entzug*[2] *hat*

ent·zünd·bar <nicht steig.> *Adj.* (≈ *entflammbar*) *so, dass es leicht brennt* leicht entzündbares Material

Ent·zünd·bar·keit die <-> (*kein Plur.*) *Entflammbarkeit*

ent·zün·den <entzündest, entzündete, hat entzündet> **I.** *mit OBJ* ■ *jmd. entzündet etwas (geh.) in Brand setzen* Wir entzündeten das Feuer. **II.** *mit*

SICH **1.** ■ *etwas entzündet sich zu brennen anfangen* Das Gemisch entzündet sich schon bei geringer Temperatur. **2.** ■ *etwas entzündet sich (an etwas Dat.) (übertr.) entstehen* An dieser Behauptung entzündete sich eine heftige Diskussion. **3.** ■ *etwas entzündet sich* (MED.: ≈ *infizieren*) Die Wunde hat sich entzündet.

ent·zün·det <entzündeter, am entzündetsten> *Adj.* (MED.: ≈ *infiziert*) Die entzündete Wunde sollte rasch behandelt werden.

ent·zünd·lich <nicht steig.> *Adj.* **1.** (≈ *entflammbar*) Vorsicht, dieses Gemisch ist leicht entzündlich! **2.** MED. *so, dass eine Infektion vorliegt* eine entzündliche Erkrankung

Ent·zün·dung die <-, -en> **1.** *das Entzünden I* **2.** MED. *das Entzündetsein* ◆ Blinddarm-, Hals-, Lungen-

ent·zün·dungs·hem·mend <nicht steig.> *Adj.* MED. *so, dass es eine Entzündung[2] hemmt* eine entzündungshemmende Salbe

Ent·zün·dungs·herd der <-(e)s, -e> MED. *Körperstelle, an der eine Entzündung[2] angefangen hat*

ent·zwei <nicht steig.> (*nur präd.*) *Adj. kaputt*

ent·zwei·en <entzweit, entzweite, hat entzweit> **I.** *mit OBJ* ■ *jmd./etwas entzweit jmdn./etwas (geh.) jmd. oder etwas zerstört die Partnerschaft oder Freundschaft zwischen zwei Personen* Die unterschiedlichen Lebensauffassungen entzweiten das Paar. **II.** *mit SICH* ■ *jmd. entzweit sich (mit jmdm.) (geh.) zwei Partner oder Freunde werden zu Gegnern oder Feinden* Wegen des Streits um das Erbe haben sich die Geschwister entzweit.

ent·zwei·ge·hen <geht enzwei, ging entzwei, ist entzweigegangen> *ohne OBJ* ■ *etwas geht entzwei kaputt gehen*

ent·zwei·schla·gen <schlägst enzwei, schlug entzwei, hat entzweigeschlagen> *mit OBJ* ■ *jmd. schlägt etwas Akk. enzwei in Stücke schlagen*

Ent·zwei·ung die <-, -en> *das Ergebnis des Entzweihens*

en vogue [ɑ̃'vo:k] *Adv.* (*geh.*) *jetzt gerade in Mode* Solche Schuhe sind jetzt en vogue.

En·ze·pha·lo·gramm das <-s, -e> MED. *Messung und Aufzeichnung der Gehirnströme (EEG)*

En·zi·an der <-s, -e> **1.** BOT. *eine Alpenblume* **2.** (*kein Plur.*) *ein Likör*

En·zy·k·li·ka die <-, Enzykliken> REL. *ein Schreiben mit einer Stellungnahme des Papstes zu einem bestimmten Thema*

en·zy·klisch <nicht steig.> (*nur attr.*) *Adj.* (*geh.*) *einen Kreis durchlaufend*

En·zy·k·lo·pä·die die <-, -n> *ein großes (mehrbändiges) Nachschlagewerk, das Sachwissen enthält*

En·zy·k·lo·pä·di·ker, **En·zy·k·lo·pä·di·ke·rin** der <-s, -> *jmd., der Enzyklopädien verfasst*

En·zym das <-(e)s, -e> BIOL. *Ferment*

en·zy·ma·tisch <nicht steig.> *Adj.* (BIOL.: *nur attr.*) *durch Enzyme bewirkt*

E·pi·de·mie die <-, -n> MED. *ansteckende Massenerkrankung*

E·pi·de·mi·o·lo·ge, **E·pi·de·mi·o·lo·gin** der <-n, -n> MED. *Wissenschaftler auf dem Gebiet der Epidemiologie*

E·pi·de·mi·o·lo·gie der <nicht steig.> MED. *Lehre von den Epidemien*

e·pi·de·mi·o·lo·gisch <nicht steig.> (*nur attr.*) *Adj.* MED. *auf die Epidemiologie bezogen*

e·pi·de·misch <nicht steig.> *Adj.* **1.** *in der Art einer Epidemie* eine epidemisch auftretende Krankheit **2.** (*übertr.* ≈ *seuchenartig*) ■ **sich epidemisch verbreiten**

E·pi·der·mis die <-, -men> (MED.: ≈ *Oberhaut*) *äußerste Hautschicht*

e·pi·der·misch <nicht steig.> (*nur attr.*) *Adj.* MED. *auf die Epidermis bezogen*

e·pi·go·nal <nicht steig.> *Adj.* (*geh.* ↔ *kreativ*) *nachahmend*

E·pi·go·ne der <-n, -n> (*geh. abwert.*) *jmd., der andere nachahmt, die schöpferisch tätig sind*

e·pi·go·nen·haft <nicht steig.> *Adj.* (*geh. abwert.* ≈ *epigonal*)

E·pi·gramm das <-s, -e> LIT. *kurzes Gedicht*

E·pik die <-> (*kein Plur.*) LIT. *erzählende Dichtkunst, zum Beispiel Romane und Novellen*

E·pi·ker, **E·pi·ke·rin** der <-s, -> LIT. *Dichter von epischen Werken*

E·pi·ku·re·er, **E·pi·ku·re·e·rin** der <-s, -> (*geh.* ≈ *Genussmensch*) *jmd., der den Lebensgenuss für das wichtigste im Leben hält*

e·pi·ku·re·isch <epikureischer, am epikureischsten> *Adj.* (*geh.*) genießerisch

E·pi·la·ti·on die <-, -en> (*fachspr.*) *das Entfernen von Körperhaaren*

E·pi·lep·sie die <-, -n> (MED.: ≈ *Fallsucht*) *eine Krankheit, bei der Krämpfe den ganzen Körper ergreifen*

E·pi·lep·ti·ker, **E·pi·lep·ti·ke·rin** der <nicht steig.> MED. *jmd., der an Epilepsie leidet*

e·pi·lep·tisch <nicht steig.> *Adj.* MED. *auf die Epilepsie bezogen* ein epileptischer Anfall

e·pi·lie·ren <epilierst, epilierte, hat epiliert> *mit OBJ* ■ *jmd. epiliert etwas (fachspr.) Körperhaare entfernen*

E·pi·lier·ge·rät das <-(e)s, -e> (*fachspr.*) *elektrisches Gerät zum Entfernen der Körperhaare*

E·pi·log der <-s, -e> (LIT.: ↔ *Prolog*) *Nachwort*

E·pi·pha·ni·as das <-> (*kein Plur.*) REL. *Fest der Epiphanie, Dreikönigstag (6.Januar)*

E·pi·pha·nie die <-, -n> REL. *die Erscheinung (eines) Gottes unter den Menschen*

e·pisch <nicht steig.> *Adj.* **1.** *in der Art eines Epos* ein episches Werk **2.** (*geh. übertr.*) *so, dass sehr weitschweifig erzählt oder dargestellt wird* Sie schilderte den Vorfall in epischer Breite.

e·pi·s·ko·pal <nicht steig.> (*nur attr.*) *Adj.* REL. *bischöflich*

E·pi·s·ko·pal·kir·che die <-, -n> REL. *Kirche mit bischöflicher Leitung*

E·pi·s·ko·pat das <-(e)s, -e> REL. **1.** *ein Bischofsamt, Würde eines Bischofs* **2.** *Gesamtheit der Bischöfe*

E·pi·so·de die <-, -n> **1.** LIT. *eingeschobene Nebenhandlung im Roman* **2.** *nebensächliches Er-*

eignis eine kurze Episode im Leben des Künstlers

e·pi·so·den·haft <nicht steig.> *Adj. kurz, nebensächlich*

e·pi·so·disch <nicht steig.> *Adj.* (≈ *episodenhaft*)

E·pis·tel die <-, -n> **1.** REL. *Apostelbrief im Neuen Testament* **2.** REL. *kirchliche Lesung aus den Apostelbriefen* **3.** (*umg. scherzh.*) *längerer Brief* **4.** ■ **jemandem die Episteln lesen** (*veralt.* ≈ *jmdm. die Leviten lesen*): *jmdm. eine Strafpredigt halten*

E·pi·ste·mo·lo·gie die <-> (*kein Plur.*) (PHILOS.: ≈ *Erkenntnistheorie*)

e·pi·ste·mo·lo·gisch <nicht steig.> *Adj.* (PHILOS.: (*nur attr.*) ≈ *erkenntnistheoretisch*) *die Epistemologie betreffend*

E·pi·the·ton das <-s, Epitheta> **1.** SPRACHWISS. *attributiv gebrauchtes Adjektiv oder Partizip* **2.** LIT. *schmückendes Beiwort*

E·pi·zen·t·rum das <-s, Epizentren> (*fachspr.*) *Zentrum eines Erdbebens*

e·po·chal <nicht steig.> *Adj.* (*geh.*) *so, dass es eine Epoche bestimmt oder bedeutsam für sie ist* eine epochale Erfindung

E·po·che die <-, -n> *ein geschichtliches Zeitalter* Es war die Epoche der großen Entdeckungen. ◆ Getrenntschreibung→R 4.3, R 4.12 eine Epoche machende Erfindung

E·pos das <-, Epen> LIT. *langes Gedicht, das meist von Helden erzählt*

E·quip·ment das [ˈkvipmənt] <-s, -s> *Ausrüstung*

er *Pron.* Ich kenne ihn schon lange; er ist mit mir in die Schule gegangen.

Er·ach·ten ■ **meines Erachtens/meinem Erachten nach** (*geh.*): *meiner Meinung nach*

er·ah·nen <erahnst, erahnte, hat erahnt> *mit OBJ* ■ *jmd. erahnt etwas* (*geh.* ≈ *ahnen*) Schon lange vor Ende des Films konnte man das Ende bereits erahnen.

er·ar·bei·ten <erarbeitest, erarbeitete, hat erarbeitet> *mit OBJ/mit SICH* ■ *jmd. erarbeitet sich etwas durch Arbeit erreichen* Ihm wurde nichts geschenkt, er hat sein Vermögen hart erarbeitet., Ihren Erfolg hat sie sich allein erarbeitet., Das Referat haben wir gemeinsam erarbeitet., Wir sollten einen Plan erarbeiten.

Er·ar·bei·tung die <-> (*kein Plur.*) *das Erarbeiten*

Erb·an·la·ge die <-, -n> BIOL. *Eigenschaft, die von einer Generation zur nächsten vererbt wird*

Erb·an·spruch der <-(e)s, Erbansprüche> RECHTSW. *Anspruch auf ein Erbe* ■ **einen Erbanspruch geltend machen**: *Anspruch auf ein Erbe erheben*

Erb·an·teil der <-s, -e> *Anteil am Erbe*

Er·bar·men das <-s> (*kein Plur.*) (≈ *Mitleid*) Sie hatte Erbarmen mit ihm., Er kannte kein Erbarmen mehr.

er·bar·men <erbarmst, erbarmte, hat erbarmt> *mit SICH* ■ *jmd. erbarmt sich jmds./etwas Gen.* (*geh.* ≈ *helfen*) *Mitleid haben und helfen* Sie erbarmte sich seiner/des Tieres.

er·barmens·wert <nicht steig.> *Adj. der Zustand, dass jmd. oder etwas bei jmdm. Mitleid erregt* Die Kinder in dem Elendsviertel sehen erbarmenswert aus.

er·bärm·lich <erbärmlicher, am erbärmlichsten> *Adj.* **1.** *erbarmenswert* **2.** (*umg.* ≈ *miserabel*) *schlecht* Die Bezahlung ist erbärmlich., erbärmliches Wetter **3.** (≈ *schändlich*) *so, dass man Verachtung dafür haben muss* Was ist er für ein erbärmlicher Lügner! **4.** (*umg.* ≈ *furchtbar*) *verwendet, um negative Adjektive oder Verben zu verstärken* Wie hast du geschlafen? – Erbärmlich schlecht!

er·bar·mungs·los *Adj.* (≈ *hartherzig*) *so, dass man kein Erbarmen hat*

Er·bar·mungs·lo·sig·keit die <-> (*kein Plur.*) *Unbarmherzigkeit*

er·bat *Prät. von* **erbitten**

er·bau·en <erbaust, erbaute, hat erbaut> **I.** *mit OBJ* ■ *jmd. erbaut etwas* (*geh., meist im Passiv* ≈ *bauen*) *errichten* Die Kirche wurde im 18. Jahrhundert erbaut. **II.** *mit SICH* ■ *jmd. erbaut sich an etwas Dat.* (*geh.*) *sich erfreuen* Er konnte sich an einem gelungenen Kunstwerk/einer schönen Lektüre erbauen.

Er·bau·er, Er·bau·e·rin der <-s, -> *jmd., der etwas erbaut I*

er·baut <nicht steig.> *Adj.* ■ **von/über etwas nicht** (**gerade, unbedingt**) **erbaut sein**: *nicht erfreut sein*

Er·bau·ung die <-> (*kein Plur.*) *innerliche Stärkung* Sie las die Gedichte zu ihrer Erbauuung.

Er·bau·ungs·li·te·ra·tur die <-> (*kein Plur.*) LIT. *Literatur, die der Erbauung dienen soll*

Erb·bau·er, Erb·bäu·e·rin der <-s, -> LANDWIRTSCH. *Bauer, der ein Gut* (*zur Erbleihe*) *besitzt*

Erb·bau·recht das <-(e)s, -e> RECHTSW. *erbliches Recht, auf einem Grundstück zu bauen*

erb·be·rech·tigt <nicht steig.> *Adj.* (RECHTSW.: ≈ *erbfähig*) *berechtigt, ein Erbe anzutreten*

Erb·be·sitz der <-es, -e> RECHTSW. *erblicher Besitz*

Erb·bi·o·lo·gie die <-> (*kein Plur.*) (≈ *Genetik*)

Er·be, Er·bin[1] der <-n, -n> *jmd., der erbt* ▶Alleinerbe, Haupterbe, Miterbe ◆Thron-

Er·be[2] das <-s> (*kein Plur.*) **1.** (≈ *Erbteil*) *der Besitz, den jmd. erbt* das mütterliche Erbe **2.** *Tradition* Noch heute fasziniert das kulturelle Erbe jener Epoche. ◆Weltkultur-

er·be·ben <erbebst, erbebte, hat erbebt> *ohne OBJ* ■ *jmd./etwas erbebt* **1.** (*geh.*) *kurz beben* Das ganze Haus erbebte, als der schwere LKW vorbeifuhr. **2.** *sich stark innerlich erregen* Sie erbebte vor Zorn.

Erb·ei·gen·schaft die <-, -en> *vererbte Eigenschaft*

Erb·ei·gen·tum das <-s, Erbeigentümer> RECHTSW. *erbliches oder ererbtes Eigentum*

Erb·ein·set·zung die <-, -en> RECHTSW. *Einsetzung zum Erben*

er·ben <erbst, erbte, hat geerbt> *mit OBJ/ohne OBJ* ■ *jmd. erbt* (*etwas*) (*von jmdm.*) (↔ *vererben*) *als Erbe erhalten* Er würde das Haus einmal von seinen Eltern erben., Sie hatte geerbt.

er·bet·teln <erbettelst, erbettelte, hat erbettelt>

mit OBJ ■ *jmd. erbettelt etwas durch Betteln erhalten*

er·beu·ten <erbeutest, erbeutete, hat erbeutet> *mit OBJ* ■ *jmd. erbeutet etwas als Beute nehmen* Die feindlichen Truppen erbeuteten eine große Anzahl von Kunstschätzen.

erb·fä·hig *siehe auch* **erbberechtigt**

Erb·fall der <-es, Erbfälle> RECHTSW. *Todesfall, durch den jmd. zum Erben wird*

Erb·feh·ler der <-s, -> MED. *Defekt im Erbgut*

Erb·feind der <-es, -e> *jmd., der seit Generationen jmds. Feind ist*

Erb·feind·schaft die <-, -en> *seit Generationen bestehende Feindschaft*

Erb·fol·ge die <-, -n> GESCH. *die gesetzlich bestimmte Rangfolge aller Personen, die Anspruch auf ein Erbe haben*

Erb·fol·ge·krieg der <-(e)s, -e> GESCH. *Krieg, der infolge von Streitigkeiten um die Erbfolge entstanden ist*

Erb·fol·ge·recht das <-(e)s> (*kein Plur.*) RECHTSW. *die Erbfolge betreffendes Recht*

Erb·gang der <-(e)s> (*kein Plur.*) **1.** BIOL. *Vererbung eines Merkmals* **2.** RECHTSW. *Erbfolge*

Erb·gut das <-(e)s> (*kein Plur.*) BIOL. *Gesamtheit der Erbanlagen*

er·bie·ten <erbietest, erbot, hat erboten> *mit SICH* ■ *jmd. erbietet sich* ■ **sich erbieten etwas zu tun** (*geh.*): *sich bereit erklären, etwas zu tun*

Erb·in·for·ma·ti·on die <-, -en> BIOL. *die in den Erbanlagen genetisch festgelegte Information*

er·bit·ten <erbittest, erbat, hat erboten> *mit OBJ* ■ *jmd. erbittet etwas* (*geh.*) *um etwas bitten* Gnade erbitten, Ich erbitte Ihren Rat in dieser Angelegenheit.

er·bit·tern <erbitterst, erbitterte, hat erbittert> *mit OBJ* ■ *etwas erbittert jmdn.* (*geh.*) *sehr zornig machen* Die Ungerechtigkeit erbitterte sie.

er·bit·tert <erbitterter, am erbittertsten> *Adj. so, dass es sehr heftig und voller Hass ist* Der erbitterte Kampf dauerte mehrere Stunden.

Er·bit·te·rung die <-> (*kein Plur.*) *Zorn, Groll*

Erb·krank·heit die <-, -en> MED. *Krankheit, die vererbt wird*

er·blas·sen <erblasst, erblasste, ist erblasst> *ohne OBJ* ■ *jmd. erblasst* (*geh.*) *blass werden* vor Neid/Schreck/Wut erblassen

Erb·las·ser, Erb·las·se·rin der <-s, -> RECHTSW. *Person, die ein Erbe hinterlässt*

er·blei·chen <erbleichst, erbleichte/erblich, ist erbleicht/erblichen> *ohne OBJ* ■ *jmd. erbleicht* (*geh.*) *bleich werden*

er·blich *Prät. von* **erbleichen**

erb·lich <nicht steig.> *Adj. so, dass es vererbt wird* Die Krankheit ist erblich bedingt. ■ **erblich belastet sein**: *bestimmte negative Erbanlagen haben*

er·bli·chen *Part. Perf. von* **erbleichen**

Erb·lich·keit der <-> (*kein Plur.*) *das Erblichsein*

er·bli·cken <erblickst, erblickte, hat erblickt> *mit OBJ* ■ *jmd. erblickt jmdn./etwas sehen* ■ **das Licht der Welt erblicken** (*geh.*): *geboren werden*

er·blin·den <erblindest, erblindete, ist erblindet> *ohne OBJ* ■ *jmd. erblindet das Augenlicht verlieren*

Er·blin·dung die <-> (*kein Plur.*) *das Erblinden*

er·blü·hen <erblühst, erblühte, ist erblüht> *ohne OBJ* ■ *etwas erblüht* (*geh.* ≈ *aufblühen*)

Erb·mas·se die <-, -n> (*meist Sing.*) **1.** BIOL. MED. *Gesamtheit der (biologischen) Erbanlagen* **2.** RECHTSW. *alles an Vermögen und Gütern, was vererbt wird*

Erb·mo·nar·chie die <-, -n> POL. *Monarchie, die auf der Erbfolge begründet ist*

er·bo·sen <erbost, erboste, hat erbost> (*veralt.*) **I.** *mit OBJ* ■ *jmd./etwas erbost jmdn. böse machen* Ihr Verhalten erboste ihn. **II.** *mit SICH* ■ *jmd. erbost sich über etwas Akk. böse werden* Darüber habe ich mich sehr erbost.

er·bost *Adj. wütend, böse*

er·bot *Prät. von* **erbieten**

er·bo·ten *Part. Perf. von* **erbieten, erbitten**

Erb·pacht die <-, -en> RECHTSW. *erbliches Recht, ein Grundstück zu pachten*

Erb·prinz der <-en, -en> (GESCH.: ≈ *Thronfolger*) *der Prinz, der den Königsthron erben wird*

er·brach *Prät. von* **erbrechen**

er·bracht *Part. Perf. von* **erbringen**

er·brach·te *Prät. von* **erbringen**

Er·bre·chen das <-s> (*kein Plur.*) *der Vorgang, dass sich jmd. erbricht*

er·bre·chen <erbrichst, erbrach, hat erbrochen> **I.** *mit OBJ* ■ *jmd. erbricht etwas Nahrung aus dem Magen unverdaut wieder durch den Mund abgeben, weil man Übelkeit verspürt* Er hat sein Essen erbrochen. **II.** *mit SICH* ■ *jmd. erbricht sich* (≈ *sich übergeben*) *Nahrung erbrechen* Ihr wurde schlecht, sie musste sich erbrechen. ■ **bis zum Erbrechen**: *bis zum Überdruß* Er hat dieses Musikstück bis zum Erbrechen gespielt.

Erb·recht das <-(e)s> (*kein Plur.*) RECHTSW. *die rechtlichen Bestimmungen über alles, was sich auf das Erben bezieht*

er·brin·gen <erbringst, erbrachte, hat erbracht> *mit OBJ* ■ *jmd. erbringt etwas* (≈ *liefern*) Den Beweis/die Leistung solltest du erst mal erbringen.

er·bro·chen *Part. Perf. von* **erbrechen**

Erb·scha·den der <-s, Erbschäden> MED. *Defekt im Erbgut*

Erb·schaft die <-, -en> *das, was jmd. geerbt hat*

Erb·schafts·an·spruch der <-(e)s, Erbschaftsansprüche> RECHTSW. *Anspruch, den jmd. auf eine Erbschaft erhebt*

Erb·schafts·steu·er die <-, -n> *auf eine Erbschaft erhobene Steuer*

Erb·schlei·cher, Erb·schlei·che·rin der <-s, -> (*abwert.*) *eine Person, die sich durch Täuschung oder Schmeichelei ein Erbe verschaffen will*

Erb·schlei·che·rei die <-, -en> (*abwert.*) *die Handlungsweise eines Erbschleichers*

Erb·se die <-, -n> BOT. *eine Hülsenfrucht*

Erb·sen·ein·topf der <-es, Erbseneintöpfe> *dicke Erbsensuppe*

Erb·sen·pü·ree der <-s, -s> *Püree aus Erbsen*

Erb·sen·scho·te die <-, -n> *Hülse der Erbse*

Erb·sen·sup·pe die <-, -n> *Suppe aus Erbsen*

Erb·sen·zäh·ler, **Erb·sen·zäh·le·rin** der <-s, -> (*umg. abwert.*) *jmd., der Erbsenzählerei betreibt*

Erb·sen·zäh·le·rei die <-> (*kein Plur.*) (*abwert.*) *kleinliches Verhalten*

Erbs·pü·ree *siehe auch* **Erbsenpüree**

Erb·stück das <-(e)s, -e> *Gegenstand, den jmd. geerbt hat*

Erb·sün·de die <-> (*kein Plur.*) REL. *die nach christlicher Vorstellung dem Menschen seit dem Sündenfall angeborene Sündhaftigkeit*

Erbs·wurst die <-, Erbswürste> *in Wurstform gepresstes Erbsenmehl*

Erb·ver·trag der <-(e)s, Erbverträge> RECHTSW. *Vertrag, der zwischen Erben und Erblasser geschlossen wird*

Erb·ver·zicht der <-(e)s, -e> RECHTSW. *Verzicht auf eine Erbschaft*

Erd·ach·se die <-> (*kein Plur.*) GEOGR. *als durch den Nord- und den Südpol verlaufend gedachte Achse, um die sich die Erde dreht*

er·dacht *Part. Perf. von* **erdenken**

er·dach·te *Prät. von* **erdenken**

Erd·an·zie·hung die <-> (*kein Plur.*) (PHYS.: ≈ *Gravitation*) *Schwerkraft*

Erd·ap·fel der <-s, Erdäpfel> (*süddt.*) *Kartoffel*

Erd·at·mo·s·phä·re die <-> (*kein Plur.*) *Lufthülle, die die Erde* [1] *umgibt*

Erd·aus·hub der <-(e)s, Erdaushübe> *die Menge von Erde* [2]*, die man ausgehoben hat*

Erd·bahn die <-> (*kein Plur.*) *die Bahn der Erde*[1] *um die Sonne*

Erd·ball der <-s> (*kein Plur.*) (≈ *Erdkugel*) *die Erde*[1] Wenn sie in Rente ist, will sie um den ganzen Erdball reisen.

Erd·be·ben das <-s, -> *der Vorgang, dass durch die im Erdinneren wirkenden Kräfte in einer bestimmten Region die Erde bebt* ein leichtes/schweres Erdbeben, ein Erdbeben der Stärke ... auf der Richterskala, Das Erdbeben brachte viele Häuser zum Einsturz.

Erd·be·ben·ge·biet das <-(e)s, -e> *Gebiet, in dem Erdbeben vorkommen oder in dem sich ein Erdbeben ereignet hat*

Erd·be·ben·herd der <-(e)s, -e> *Ausgangspunkt eines Erdbebens*

Erd·be·ben·mes·ser der <-s, -> (≈ *Seismograph*) *Messgerät zum Bestimmen der Stärke eines Erdbebens*

Erd·be·ben·vor·her·sa·ge die <-, -n> *Vorhersage eines Erdbebens*

Erd·be·ben·war·te die <-, -n> *Station, wo Erdbeben aufgezeichnet werden*

Erd·bee·re die <-, -n> **1.** BOT. *eine Pflanze mit weißen Blüten und roten Früchten* **2.** *die süß schmeckende Frucht der Erdbeere*[1]

Erd·beer·eis das <-es> (*kein Plur.*) *mit Erdbeeren(geschmack) hergestelltes Speiseeis*

Erd·beer·kon·fi·tü·re die <-, -n> *Konfitüre aus Erdbeeren*

Erd·beer·mar·me·la·de die <-, -n> *Marmelade aus Erdbeeren*

Erd·beer·tor·te die <-, -n> *Torte, die mit Erdbeeren belegt ist*

Erd·be·schleu·ni·gung die <-> (*kein Plur.*) PHYS. *die Beschleunigung, die auf einen zu Boden fallenden Gegenstand wirkt*

Erd·be·völ·ke·rung die <-> (*kein Plur.*) *alle Menschen, die auf der Erde*[1] *leben*

Erd·bo·den der <-s> (*kein Plur.*) *der Boden*[3]*, auf dem man steht* ■ **etwas dem Erdboden gleichmachen**: *etwas völlig zerstören* **wie vom Erdboden verschluckt/verschwunden sein** (*umg.*): *plötzlich nicht mehr auffindbar sein* **jemand möchte vor Scham im Erdboden versinken**: *jmd. schämt sich so sehr, dass er nicht mehr sichtbar sein will*

Er·de die <-, -n> **1.** (*kein Plur.*) (≈ *Welt*) *der vom Menschen bewohnte Planet* Wie lange lebten die Dinosaurier auf der Erde?, Er träumte davon, die Erde einmal vom Weltraum aus zu sehen., Wie groß ist der Abstand zwischen Erde und Mond? ■ **Mutter Erde**: *die Natur, der wir alle angehören* Mutter Erde ernährt uns alle. **2.** (*kein Plur.*) (≈ *Erdboden*) *Boden*[3] Die Vase ist mir auf die Erde gefallen. **3.** *Blumenerde* Man benötigt verschiedene Erden für diese Spezialmischung. ◆ Blumen-, Garten-, Humus-, Heil-, Torf- **4.** (*umg.*) *ein bestimmtes Stück Land* ein nettes Fleckchen Erde **5.** ELEKTROTECHN. *eine Leitung, mit der man etwas erdet* ■ **etwas aus de Boden stampfen**: *etwas sehr schnell schaffen oder beschaffen* Dieser Stadtteil ist in wenigen Jahren aus dem Boden gestampft worden. **jemanden unter die Erde bringen**: *daran schuld sein, dass jmd. vorzeitig stirbt* Der jahrelange Streit mit den Verwandten hat sie unter die Erde gebracht. **unter der Erde liegen**: *tot und beerdigt sein* Ihr Mann liegt schon seit 3 Jahren unter der Erde. ▶Beerdigung, Erdung

er·den <erdest, erdete, hat geerdet> *mit OBJ* ■ *jmd. erdet etwas* ELEKTROTECHN. *eine Verbindung zwischen einem elektrischen Gerät und der Erde herstellen* Ist die Antenne geerdet?

Er·den·bür·ger der <-s, -> *Mensch in dieser Welt* ■ **ein neuer Erdenbürger**: *ein neugeborenes Kind*

er·den·ken <erdenkst, erdachte, hat erdacht> *mit OBJ* ■ *jmd. erdenkt etwas* (*geh.*) *sich ausdenken*

Er·den·kind das <-(e)s, -er> (*geh.*) *ein dem Diesseits zugewandter Mensch*

er·denk·lich <nicht steig.> *Adj. so, dass man es sich vorstellen kann* Ich wünsche Ihnen alles erdenklich Gute. ◆ Großschreibung→R 3.7 alles Erdenkliche tun

Er·den·le·ben das <-s> (*kein Plur.*) (*dichter.* ≈ *Diesseits*) *das irdische Leben*

Er·den·rund das <-(e)s> (*kein Plur.*) (*dichter.*) *alle Gegenden der Erde*

Erd·er·schüt·te·rung die <-, -en> (≈ *Erdbeben, Erdstoß*)

Erd·er·wär·mung die <-> (*kein Plur.*) *die Erwärmung der Erde durch den Treibhauseffekt*

Erd·gas das <-es> (*kein Plur.*) *brennbares Gasgemisch, das als Rohstoff in der Erde vorkommt*

Erd·gas·vor·kom·men das <-s, -> *Vorkommen an Erdgas*

Erd·geist der <-es, -er> *in der Erde wohnender Dämon*

Erd·ge·schich·te die <-> (*kein Plur.*) *die Entwicklungsgeschichte der Erde*[1]

Erd·ge·schoss das <-es, -e> *zu ebener Erde liegendes Geschoss eines Gebäudes*

Erd·hörn·chen das <-s, -> ZOOL. *ein Nagetier*

Erd·hü·gel der <-s, -> *Hügel aus Erde*[2]

er·dich·ten <erdichtest, erdichtete, hat erdichtet> *mit OBJ* ■ *jmd. erdichtet etwas frei erfinden* Das ist doch alles nur erdichtet und erlogen.

er·dig <erdiger, am erdigsten> *Adj.* **1.** *wie Erde* Hier riecht es so erdig. **2.** (*übertr.*) *kraftvoll und atmosphärisch* Sein erdiger Blues ist auf dieser Platte meisterhaft eingefangen.

Erd·ka·bel das <-s, -> ELEKTROTECHN. *in der Erde verlegtes Kabel*

Erd·kreis der <-es> (*kein Plur.*) (*geh.*) *die Welt*

Erd·krö·te die <-, -n> ZOOL. *eine Krötenart*

Erd·krüm·mung die <-> (*kein Plur.*) *die Krümmung der Erde*[1]

Erd·kru·ste die (*kein Plur.*) *die oberste geologische Schicht der Erde*[1]

Erd·ku·gel die <-, -n> **1.** (*kein Plur.*) *die Erde*[1] **2.** (≈ *Globus*)

Erd·kun·de die <-> (*kein Plur.*) SCHULE *das Schulfach, das die Grundlagen der Geografie vermittelt*

Erd·lei·tung die <-, -en> ELEKTROTECHN. *Leitung zum Erden*

Erd·ma·gne·tis·mus der <-> (*kein Plur.*) PHYS. *Anziehungskraft der Erde*

Erd·mit·tel·punkt der <-(e)s, -e> *Mittelpunkt der Erde*[1]

erd·nah <erdnäher, am erdnächsten> *Adj.* ASTRON. *der Erde*[1] *nah* ein erdnaher Planet

Erd·nä·he die <-> (*kein Plur.*) ASTRON. *Punkt der geringsten Entfernung des Mondes von der Sonne*

Erd·nuss die <-, Erdnüsse> BOT. *eine Nussart*

Erd·nuss·öl das <-s, -e> *aus Erdnüssen gewonnenes Öl*

Erd·öl das <-s> (*kein Plur.*) *in der Erde vorkommender Rohstoff, aus dem z.B. Benzin und Heizöl hergestellt werden* Die Preise für Erdöl steigen., Erdöl fördern/verarbeiten ◆ Getrenntschreibung →R 4.3, R 4.12 Erdöl exportierend, Erdöl fördernd

Erd·öl·che·mie die <-> (*kein Plur.*) (≈ *Petrolchemie*) *der Bereich der Chemie, der sich mit der Wissenschaft und Technologie der Erdölproduktion beschäftigt*

er·dol·chen <erdolchst, erdolchte, hat erdolcht> *mit OBJ* ■ *jmd. erdolcht jmdn.* (*geh.*) *mit einem Dolch erstechen*

Erd·öl·feld das <-(e)s, -er> (≈ *Ölfeld*)

Erd·öl·för·de·rung die <-, -en> *die Förderung von Erdöl*

Erd·öl·ge·win·nung die <-, -en> *Erdölförderung*

erd·öl·hal·tig <erdölhaltiger, am erdölhaltigsten> *Adj. so, dass Erdöl darin enthalten ist*

Erd·öl·pro·duk·tion die <-, -en> *die Förderung von Erdöl*

Erd·öl·pro·du·zent, **Erd·öl·pro·du·zen·tin** der <-en, -en> *Land, das Erdöl fördert und exportiert*

Erd·öl·raf·fi·ne·rie die <-, -n> *Raffinerie, die Rohöl zu verschiedenen Produkten verarbeitet*

Erd·öl·ver·ar·bei·tung die <-> (*kein Plur.*) *das Verarbeiten von Rohöl zu verschiedenen Produkten*

Erd·öl·vor·kom·men das <-s, -> *das Vorkommen an Erdöl in einer bestimmten Gegend*

Erd·reich das <-s> (*kein Plur.*) (≈ *Erdboden*) Das Wasser versickert im Erdreich.

er·dreis·ten <erdreistest, erdreistete, hat erdreistet> *mit SICH* ■ *jmd. erdreistet sich* (*geh.*) *es wagen* Er wird sich doch wohl nicht erdreisten, mich nachts anzurufen !

er·dros·seln <erdrosselst, erdrosselte, hat erdrosselt> *mit OBJ* ■ *jmd. erdrosselt jmdn.* (≈ *erwürgen*) *jmdn. durch Zuschnüren der Kehle töten*

er·drü·cken <erdrückst, erdrückte, hat erdrückt> *mit OBJ* ■ *jmd./etwas erdrückt jmdn.* **1.** *zu Tode drücken* Die Tunnelarbeiter wurden durch einbrechende Erdmassen erdrückt. **2.** (*übertr.*) *fast unerträglich belasten* Er fühlte sich von so viel Liebe fast erdrückt.

er·drü·ckend <nicht steig.> *Adj.* (AMTSSPR.: ≈ *schwerwiegend, gravierend*) *so, dass etwas bei einer Beurteilung sehr viel wiegt* Es gibt erdrückende Beweise dafür, dass er die Tat begangen hat.

Erd·rutsch der <-es, -e> *der Vorgang, dass Erdmassen einen Abhang herabrutschen* Infolge der starken Regenfälle der letzten Wochen kam es zu einem Erdrutsch, der das halbe Dorf verschüttet hat.

Erd·sa·tel·lit der <-en, -en> (ASTRON.: ≈ *Erdtrabant*) *die Erde umkreisender Satellit*

Erd·schat·ten der <-s, -> (*durch die Sonne hervorgerufener*) *Schatten, den die Erde* (*auf den Mond*) *wirft*

Erd·schluss der <-es, Erdschlüsse> ELEKTROTECHN. (*unerwünschte*) *Erdleitung eines elektrischen Gerätes*

Erd·schol·le die <-, -n> (≈ *Erdklumpen, Erdbrocken*)

Erd·stoß der <-es, Erdstöße> *Erschütterung der Erde*

Erd·strö·me *Plur.* PHYS. ELEKTROTECHN. *durch den Erdboden fließende elektrische Ströme*

Erd·teil der <-, -e> (≈ *Kontinent*) *einer der großen Teile, aus denen die Landmasse der Erde*[1] *besteht* Australien ist ein Erdteil.

Erd·tra·bant der <-en, -en> (ASTRON.: ≈ *Mond*) *Erdsatellit* Es gibt einen Erdtrabanten, den Mond, aber mehrere Trabanten des Planeten Jupiter.

er·dul·den <erduldest, erduldete, hat erduldet> *mit OBJ* ■ *jmd. erduldet etwas* (*geh.* ≈ *ertragen*) *mit Geduld aushalten*

Erd·um·lauf·bahn die <-, -en> *Bahn, auf der ein Satellit die Erde umkreisen*

Erd·um·se·ge·lung die <-, -en> *die Umsegelung der Erde*[1]

Er·dung die <-, -en> ELEKTROTECHN. *das Erden eines elektrischen Geräts*

erd·ver·bund·den <erdverbundener, am erdverbundensten> *Adj. so, dass man sich mit der Natur verbunden fühlt*

er·ei·fern <ereiferst, ereiferte, hat ereifert> *mit SICH* ■ *jmd. ereifert sich (über jmdn.) (wegen etwas Gen.) (geh.) sich aufregen* Sie konnte sich über ihn/den Vorfall stundenlang ereifern.

Er·ei·fe·rung die <-, -en> *(geh.) das Sichereifern*

er·eig·nen <ereignet, ereignete, hat ereignet> *mit SICH* ■ *etwas ereignet sich (≈ passieren) etwas geschieht* Gestern hat sich ein Unfall ereignet.

Er·eig·nis das <-ses, -se> *Vorfall, Geschehen* ■ **ein freudiges Ereignis** *(umg.): eine Geburt* **große Ereignisse werfen ihren Schatten voraus**: *es gibt Anzeichen, dass ein großes Ereignis bevorsteht* ◆ Kriegs-, Natur-

er·eig·nis·reich <ereignisreicher, am ereignisreichsten> *Adj. mit vielen Ereignissen* Das waren wirklich ereignisreiche Tage!

er·ei·len <ereilt, ereilte, hat ereilt> *mit OBJ* ■ *jmdn./etwas ereilt etwas (geh. ≈ treffen) erreichen, überraschen* Das Schicksal hat sie ereilt.

E·rek·ti·on die <-, -en> *der Vorgang, dass sich der Penis infolge sexueller Erregung aufrichtet und vergrößert*

E·rek·ti·ons·stö·rung die <-, -en> MED. *Probleme, eine Erektion zu bekommen*

E·re·mit, **E·re·mi·tin** der <-en, -en> *(fachspr.) Einsiedler*

er·fah·ren <erfährst, erfuhr, hat erfahren> *mit OBJ* **1.** ■ *jmd. erfährt etwas von jmdm./durch jmdn. gesagt bekommen* Wie ich von ihr erfahren habe, ..., Sie erfuhr in den Gesprächen einige interessante Neuigkeiten. **2.** ■ *jmd. erfährt etwas (geh. ≈ erleben) selbst die Erfahrung von etwas machen* Er hat nie wirklichen Kummer erfahren.

er·fah·ren <erfahrener, am erfahrensten> *Adj. so, dass man viel erlebt hat und daher viel Wissen hat* ein erfahrener Lehrer

Er·fah·rung die <-, -en> **1.** *(kein Plur.) das auf eigenen Erlebnissen beruhende Wissen einer Person* Alle Kollegen schätzen seine große Erfahrung., Die Erfahrung lehrt, dass ..., Ich weiß dies aus eigener Erfahrung. **2.** *(geh.) ein bestimmtes Erlebnis* Die Gastfreundschaft dieser Menschen war eine wunderbare Erfahrung.

Er·fah·rungs·aus·tausch der <-(e)s> *(kein Plur.) gegenseitiges Mitteilen von Erfahrungen*

Er·fah·rungs·be·richt der <-(e)s, -e> *Bericht darüber, welche Erfahrungen man (auf einem bestimmten Gebiet) gemacht hat*

er·fah·rungs·ge·mäß *Adv. so, dass es aus der Erfahrung*[1] *heraus bekannt ist* Zu dieser Jahreszeit ist es dort erfahrungsgemäß sehr kühl.

er·fah·rungs·mä·ßig <nicht steig.> *Adj. auf Erfahrung beruhend*

Er·fah·rungs·schatz der <-es, Erfahrungsschätze> *Summe der Erfahrungen, die jmd. auf einem bestimmten Gebiet gemacht hat* Er kann in diesem Bereich auf einen reichen Erfahrungsschatz zurückblicken.

Er·fah·rungs·welt die <-, -en> *(geh.) die Welt, die sich dem Betrachter gemäß seiner individuellen Erfahrung zeigt*

Er·fah·rungs·wert der <-es, -e> *(↔ Messwert) durch Erfahrung gewonnener Wert*

er·fand *Prät. von* **erfinden**

er·fas·sen <erfasst, erfasste, hat erfasst> *mit OBJ* **1.** ■ *jmd. erfasst etwas (geh. ≈ begreifen) sehen und geistig verarbeiten* Er hat die neue Situation sofort erfasst. **2.** ■ *jmd./etwas erfasst etwas (≈ registrieren) sehen und in einer bestimmten Form dokumentieren* Bei der Inventur wurden alle Artikel erfasst. **3.** ■ *etwas erfasst jmdn. (meist Passiv) mit sich reißen* Der Motorradfahrer wurde von dem Lastwagen erfasst.

er·fin·den <erfindest, erfand, hat erfunden> *mit OBJ* ■ *jmd. erfindet etwas* **1.** *eine Erfindung machen* Wer hat eigentlich das Telefon erfunden? **2.** *sich ausdenken* Wie erfindest du nur immer neue Geschichten?

Er·fin·der, **Er·fin·de·rin** der <-s, -> *jmd., der erfindet*[1]

Er·fin·der·geist der <-(e)s> *(kein Plur.) die Mentalität, dass man Erfindungen macht* Sein Erfindungsgeist hat ihm schon mehrere Patente eingebracht.

er·fin·de·risch <erfinderischer, am erfinderischsten> *Adj. so, dass man Einfälle hat und sich Lösungen ausdenkt* ■ **Not macht erfinderisch.**: *in einer schwierigen Situation findet man oft gute Lösungen*

Er·fin·der·schutz der <-es> *(kein Plur.) Schutz des Erfinders vor unberechtigter Nutzung seiner Erfindung*

Er·fin·dung die <-, -en> **1.** *die erstmalige Schaffung von etwas* Die Erfindung des Rades/des Telefons hatte weit reichende Folgen. **2.** *etwas, das jmd. erfunden hat* Die Erfindung wurde der Öffentlichkeit bereits 1917 vorgestellt.

Er·fin·dungs·ga·be die <-> *(kein Plur.) (≈ Einfallsreichtum)*

er·fin·dungs·reich <erfindungsreicher, am erfindungsreichsten> *Adj. erfinderisch*

Er·fin·dungs·reich·tum der <-s> *(kein Plur.) das Erfinderischsein*

Er·folg der <-(e)s, -e> **1.** *(kein Plur.) (↔ Misserfolg) die Tatsache, dass eine Anstrengung zu einem guten Ergebnis führt und Anerkennung findet* Der Erfolg der Mannschaft bestätigt die Methoden des Trainers., Das Theaterstück war ein voller Erfolg. **2.** *eine einzelne Leistung, die mit Erfolg*[1] *verbunden ist.* Die Siege in diesen Rennen sind bedeutende Erfolge. ■ **von Erfolg gekrönt werden/sein**: *erfolgreich sein* Ihre Versuche, die Prüfungen zu bestehen, waren nicht von Erfolg gekrönt. ◆ Getrenntschreibung→R 4.3, R 4.12 Erfolg versprechend, viel Erfolg versprechend; Zusammeschreibung→R 4.12 erfolgversprechender, sehr erfolgversprechend, am erfolgversprechendsten

er·fol·gen <erfolgt, erfolgte, ist erfolgt> *ohne OBJ* ■ *etwas efolgt (irgendwann/irgendwo) (≈ geschehen)* Daraufhin erfolgte ein lauter Knall.

er·folg·los <nicht steig.> *Adj. (≈ erfolgreich) ohne Erfolg*[1]

Er·folg·lo·sig·keit die <-> *(kein Plur.) der Zustand, dass jmd. keinen Erfolg hat*

er·folg·reich <erfolgreicher, am erfolgreichsten> *Adj. so, dass man Erfolg*[1] *hat*

Er·folgs·aus·sicht die <-, -en> *(meist Plur.) die Aussicht auf Erfolg*[1]

Er·folgs·be·tei·li·gung die <-, -en> *finanzielle Beteiligung an einer erfolgreichen Unternehmung*

Er·folgs·den·ken das <-s> *(kein Plur.) das auf Erfolg*[1] *gerichtete Denken*

Er·folgs·er·leb·nis das <-ses, -se> *Situation, in der man sich als erfolgreich erlebt und die daher motivierend wirkt*

Er·folgs·ge·heim·nis das <-ses, -se> *ein bestimmtes Wissen oder eine bestimmte Fertigkeit, die jmdm. zum Erfolg verhilft* Was ist nur sein Erfolgsgeheimnis?

Er·folgs·ge·schich·te ■ **jemandes Werdegang ist eine (einzige) Erfolgsgeschichte:** *jmd. hat immer nur Erfolg gehabt*

Er·folgs·ho·no·rar das <-s, -e> *Honorar, das je nach Erfolg einer Sache unterschiedlich ausfällt*

Er·folgs·kon·trol·le die <-, -n> *Kontrolle des Erfolgs*[1]

Er·folgs·kur·ve die <-, -n> *Kurve, die den Erfolg (optisch) abbildet* Seine Erfolgskurve verläuft steil nach oben.

Er·folgs·mensch der <-en, -en> *(umg.) jmd., der (beruflich) erfolgreich ist*

Er·folgs·prä·mie die <-, -n> *Prämie, die man beim erfolgreichen Abschluss einer Sache bekommt*

Er·folgs·quo·te der <-, -n> *der Anteil derjenigen, die eine Sache erfolgreich abschließen*

Er·folgs·re·zept das <-(e)s, -e> *(≈ Erfolgsgeheimnis)*

er·for·der·lich <erforderlicher, am erforderlichsten> *Adj. (≈ nötig) so, dass man es haben muss* Die Bewerberin wies alle erforderlichen Qualifikationen auf. ◆ Großschreibung→R 3.7 das Erforderliche tun

er·for·der·li·chen·falls *Adv.* AMTSSPR. *wenn es erforderlich sein sollte*

er·for·dern <erforderst, erforderte, hat erfordert> *mit OBJ* ■ *etwas erfordert etwas nötig machen* Diese Tätigkeit erfordert viel Geduld., Das erfordert große Sorgfalt.

Er·for·der·nis das <-ses, -se> *(≈ Notwendigkeit) etwas, das notwendig ist*

er·for·schen <erforschst, erforschte, hat erforscht> *mit OBJ* ■ *jmd. erforscht etwas (wissenschaftlich) genau untersuchen*

Er·for·scher, **Er·for·sche·rin** der <-s, -> *Wissenschaftler, der etwas erforscht hat*

Er·for·schung die <-, -en> *das Erforschen* Zu dieser Zeit begann man mit der Erforschung Afrikas/des Weltalls.

er·fra·gen <erfragst, erfragte, hat erfragt> *mit OBJ* ■ *jmd. erfragt etwas durch Fragen in Erfahrung bringen* Ich musste den genauen Weg erfragen.

er·freu·en <erfreust, erfreute, hat erfreut> **I.** *mit OBJ* ■ *jmd. erfreut jmdn. (mit/ durch etwas Dat.)* Sie erfreute die Eltern mit einem Besuch/durch gute Noten. **II.** *mit SICH* ■ *jmd. erfreut sich (an jmdm./etwas) Freude haben* Er erfreut sich an Büchern. ■ **sich großer Beliebtheit erfreuen:** *sehr beliebt sein* **sich bester Gesundheit erfreuen:** *sehr gesund sein*

er·freu·lich <erfreulicher, am erfreulichsten> *Adj. so positiv, dass man sich darüber freuen kann* Es ist erfreulich zu erfahren, dass …

er·freu·li·cher·wei·se *Adv.* Erfreulicherweise ging dann alles gut.

er·frie·ren <erfrierst, erfror, hat/ist erfroren> **I.** *ohne OBJ* ■ *jmd./etwas erfriert (sein)* **1.** *sterben, weil man zu großer Kälte ausgesetzt war* Die Bergsteiger erfroren., Die Blumen sind bei dem plötzlichen Frost erfroren. **2.** *unter der Einwirkung sehr großer Kälte als Körperteil absterben* Seine Füße sind erfroren. **II.** *mit SICH* ■ *jmd. erfriert sich etwas Akk. (haben) in die Lage geraten, dass unter der Einwirkung sehr großer Kälte ein Körperteil abstirbt* Sie hätte sich beinahe die Zehen erfroren.

er·fri·schen <erfrischst, erfrischte, hat erfrischt> **I.** *mit OBJ* ■ *etwas erfrischt jmdn. wieder frisch und wach machen* Die Cola hat mich zum Glück sofort erfrischt. **II.** *mit SICH* ■ *jmd. erfrischt sich mit etwas Dat. sich wieder frisch machen* Er erfrischt sich nach dem Sport mit einem Bad/einer kalten Dusche/einem kühlen Bier.

er·fri·schend <erfrischender, am erfrischendsten> *Adj.* **1.** *so, dass es erfrischt* Er freute sich jetzt auf ein erfrischendes Getränk. **2.** *(übertr.) so, dass es andere Menschen positiv stimmt* Sie war bekannt für ihren erfrischenden Humor.

Er·fri·schung die <-, -en> **1.** *(≈ erfrischendes Getränk)* Sie nahmen erst mal eine Erfrischung zu sich. **2.** *das Erfrischen* Die Erfrischung durch ein Bad/eine kalte Dusche tat mir gut.

Er·fri·schungs·ge·tränk das <-s, -e> *kaltes, nichtalkoholisches Getränk*

er·fror *Prät. von* **erfrieren**

er·fro·ren *Part. Perf. von* **erfrieren**

er·fuhr *Prät. von* **erfahren**

er·fül·len <erfüllst, erfüllte, hat erfüllt> **I.** *mit OBJ* **1.** ■ *jmd./etwas erfüllt etwas völlig entsprechen* Er konnte ihre Erwartungen nicht erfüllen., Leider erfüllen Sie nicht unsere Bedingungen. **2.** ■ *jmd./etwas erfüllt etwas Anforderungen gerecht werden* Er sollte besser seine Verpflichtungen erfüllen. **3.** ■ *etwas erfüllt jmdn. stark beschäftigen und daher ausfüllen* Ihr neues Hobby erfüllt sie voll und ganz. **4.** ■ *etwas erfüllt etwas in einem Raum verteilt sein und deutlich wahrgenommen werden können* Der Duft von Weihrauch erfüllte die ganze Kirche. **II.** *mit SICH* ■ *jmd./etwas erfüllt sich* *wahr werden; sich verwirklichen* Endlich erfüllte sich ihr Wunsch.

Er·fül·lung die <-> (*kein Plur.*) (*geh.*) *Befriedigung* Sie sehnte sich nach Erfüllung., Er fand Erfüllung in dieser Aufgabe. ■ **etwas geht (für jemanden) in Erfüllung**: *für jmdn. erfüllt sich ein bestimmter Wunsch*

er·fun·den *Part. Perf. von* **erfinden**

er·gab *Prät. von* **ergeben**

er·gan·gen *Part. Perf. von* **ergehen**

er·gän·zen <ergänzt, ergänzte, hat ergänzt> **I.** *mit OBJ* **1.** ■ *jmd. ergänzt etwas* (*durch etwas Akk.*) *eine Sache hinzufügen, die fehlt* Hast du schon die Vorräte ergänzt? **2.** ■ *jmd. ergänzt etwas eine Anmerkung machen* Darf ich an dieser Stelle noch ergänzen, dass ... **II.** *mit SICH* (*in Bezug auf zwei Dinge oder Personen*) *Eigenschaften haben, die gut harmonieren und die zusammen eine stimmige Einheit ergeben* Die beiden ergänzen sich prima.

Er·gän·zung die <-, -en> **1.** *das Ergänzen* Die fortlaufende Ergänzung der Sammlung kostete ihn viel Geld. **2.** *etwas, das etwas ergänzt* Der Essay stellt eine Art Ergänzung zu seinem Buch ... dar.

er·gat·tern <ergatterst, ergatterte, hat ergattert> *mit OBJ* ■ *jmd. ergattert etwas* (*umg.*) (*mit List*) *bekommen* Diese seltene Schallplatte habe ich auf dem Flohmarkt ergattert., Wo hast du denn die Eintrittskarten noch ergattert?

er·gau·nern <ergaunerst, ergaunerte, hat ergaunert> *mit OBJ* ■ *jmd. ergaunert etwas* (*umg.*) *sich etwas durch Betrug aneignen* Der Betrüger hat Millionen ergaunert.

er·ge·ben <ergibst, ergab, hat ergeben> **I.** *mit OBJ* ■ *etwas ergibt etwas* (*zeigen*) *erkennbar werden lassen* Die genaue Prüfung hat ergeben, dass ... **II.** *mit SICH* **1.** ■ *etwas ergibt sich* (*aus etwas Dat.*) *etwas kann man aus etwas ableiten* **2.** ■ *jmd. ergibt sich aufgeben* Der Feind hat sich ergeben. ■ **jemand ergibt sich in sein Schicksal**: *jmd. versucht nicht mehr, eine Entwicklung aufzuhalten* **3.** (≈ *resultieren*) *das Ergebnis sein* Hieraus ergibt sich, dass ...

er·ge·ben <ergebener, am ergebensten> *Adj. so, dass man demütig und ohne Widerspruch eine Sache akzeptiert* Ergeben sah sie ihrem Schicksal entgegen. ■ **jemandem (treu) ergeben sein**: *sich jmdm.* (*bedingungslos*) *unterordnen*

Er·geb·nis das <-ses, -se> *Resultat, das bei oder aus etwas entsteht* Das Gespräch führt doch zu keinem Ergebnis., ein unerwartetes/ überraschendes/positives/ erwartbares/enttäuschendes Ergebnis, Wir sind zu dem Ergebnis gekommen, dass ...

er·geb·nis·los <nicht steig.> *Adj. ohne Ergebnis* Die Suche wurde ergebnislos abgebrochen.

Er·geb·nis·lo·sig·keit die <-> (*kein Plur.*) *der Zustand, dass etwas kein Ergebnis hat*

Er·geb·nis·rech·nung die <-, -en> *Gewinn-und-Verlust-Rechnung*

er·ge·hen <ergehst, erging, ist ergangen> **I.** *ohne OBJ* ■ *etwas ergeht an jmdn.* (AMTSSPR.: *geh.*) *offiziell erteilt werden* In wenigen Tagen ergeht eine Nachricht an Sie. **II.** *mit SICH* ■ *jmd. ergeht sich in etwas Dat.* (*geh.*) *jmd. bringt etwas ausführlich zur Sprache* Sie erging sich in endlosen Vorwürfen. **III.** *mit ES* ■ **jemandem ergeht es irgendwie**: *jmd. macht eine Erfahrung von der genannten Art* Es ist ihr schlecht/nicht schlecht ergangen. **etwas über sich ergehen lassen**: *etwas geduldig ertragen*

er·gie·big <ergiebiger, am ergiebigsten> *Adj.* **1.** *so, dass es viel von etwas abgibt* eine ergiebige Quelle **2.** (≈ *sparsam*) *so, dass man relativ wenig von etwas benötigt* Die Lotion ist sehr ergiebig, man braucht nur ein paar Tropfen.

er·gie·ßen <ergießt, ergoss, hat ergossen> *mit SICH* ■ *etwas ergießt sich in/auf/über jmdn./etwas* **1.** *als Flüssigkeit plötzlich und sehr heftig auf jmdn. fallen* Ein Platzregen ergoss sich über die Passanten. **2.** (*übertr.*) Ein Strom von Touristen ergoss sich auf die Straße., Eine Flut wüster Beschimpfungen ergoss sich über ihn.

er·ging *Prät. von* **ergehen**

er·glü·hen <erglühst, erglühte, ist erglüht> *ohne OBJ* ■ *etwas erglüht* (*geh.*) *plötzlich aufglühen* Ihre Augen erglühten vor Zorn.

er·go *Adv.* (*geh.*) *also, folglich*

Er·go·me·ter das <-s, -> MED. *Gerät zur Messung der körperlichen Leistungsfähigkeit*

Er·go·no·mie die <-> (*kein Plur.*) FACHSPR. *Erforschung der Leistungsmöglichkeiten und optimalen Arbeitsbedingungen des Menschen*

Er·go·no·mik die <-> (*kein Plur.*) (*fachspr.*) *die Lehre von der Ergonomie*

er·go·no·misch <ergonomischer, am ergonomischsten> *Adj.* (*fachspr.*) *nach den Gesetzen der Ergonomie gestaltet* Du solltest deinen Arbeitsplatz ergonomischer gestalten., Ein ergonomisch geformter Schreibtischstuhl.

er·goss *Prät. von* **ergießen**

er·gos·sen *Part. Perf. von* **ergießen**

Er·go·the·ra·peut, Er·go·the·ra·peu·tin der <-en, -en> (*fachspr.*) *jmd., der Ergotherapie betreibt*

Er·go·the·ra·pie die <-, -n> (*fachspr.*) *Beschäftigungs- und Arbeitstherapie*

er·göt·zen <ergötzt, ergötzte, hat ergötzt> *mit SICH* ■ *jmd. ergötzt sich an etwas Dat.* (*geh.*) *Freude haben* Er ergötzte sich an ihrem Anblick.

er·götz·lich <ergötzlicher, am ergötzlichsten> *Adj.* (*geh.*) *so, dass es jmdn. ergötzt*

er·grau·en <ergraust, ergraute, ist ergraut> *ohne OBJ* ■ *jmd./etwas ergraut grau werden* Sein Haar war offensichtlich vorzeitig ergraut., Sie ist spät ergraut.

er·grei·fen <ergreifst, ergriff, hat ergriffen> *mit OBJ* **1.** ■ *jmd. ergreift etwas mit der Hand fassen und festhalten* Er ergriff seinen Krug und prostete mir zu. **2.** ■ *jmd. ergreift jmdn.* (≈ *festnehmen*) Der Täter konnte kurze Zeit später ergriffen werden. ▶Ergreifung **3.** ■ *etwas ergreift jmdn.* (*geh.* ≈ *bewegen*) *starke Gefühle in jmdm. erwecken* Der Film hatte sie zutiefst ergriffen. ▶Ergriffenheit

4. ▪ *etwas ergreift jmdn. (geh.) plötzlich empfinden lassen* Ein Gefühl des Zorns ergriff sie. ▪ **einen Beruf ergreifen** *(geh.)*: *einen Beruf wählen und auszuüben beginnen* **die Initiative/Flucht ergreifen**: *aktiv werden* **die Macht ergreifen**: *die Macht übernehmen*

er·grei·fend <ergreifender, am ergreifendsten> *Adj. (geh. ≈ bewegend) so, dass es gefühlsmäßig stark berührt* War das nicht ein ergreifender Film? ▪ **schlicht und ergreifend (gesagt)**: *ganz einfach (gesagt)* Was du da behauptest, ist schlicht und ergreifend nicht wahr !

Er·grei·fung die <-> *(kein Plur.) das Ergreifen*[2] Für die Ergreifung des Täters ist eine Belohnung ausgesetzt.

er·griff *Prät. von* **ergreifen**

er·grif·fen <ergriffener, am ergriffensten> *Adj. (geh. ≈bewegt) so, dass man wegen etwas von starken Gefühlen bewegt wird*

er·grün·den <ergründest, ergründete, hat ergründet> *mit OBJ* ▪ *jmd. ergründet etwas Akk. untersuchen* Man wollte die genaueren Ursachen noch ergründen.

Er·guss der <-es, Ergüsse> **1.** *Bluterguss* **2.** *Samenerguss* **3.** *(abwert. iron.) wortreicher Ausbruch einer Gefühlsregung (bezüglich einer Sache)* Ich habe mir wieder seine neuesten lyrischen Ergüsse anhören müssen!

er·ha·ben <erhabener, am erhabensten> *Adj. (geh.)* **1.** *würdig, feierlich* ein erhabener Augenblick, ein erhabenes Gefühl **2.** *der Zustand, dass eine Person sich so überlegen fühlt, dass sie durch Kritik oder Probleme nicht gestört wird* ▪ **jemand ist über etwas erhaben**: *etwas berührt jmdn. nicht* Sie war über seine Vorwürfe erhaben.

Er·ha·ben·heit die <-> *(kein Plur.) (geh. ≈ Würde) der Zustand, dass jmd. oder etwas große Würde hat und Eindruck macht.* die Erhabenheit der Natur/eines Kunstwerks

Er·halt der <-(e)s> *(kein Plur.)* **1.** *der Vorgang, dass jmd. etwas erhält* Sie müssen den Erhalt des Pakets bestätigen. **2.** *das Bewahren von Gegenständen oder Werten* Für den Erhalt des alten Gebäudes muss viel getan werden.

er·hal·ten <erhältst, erhielt, hat erhalten> *mit OBJ* ▪ *jmd. erhält etwas* **1.** *bekommen* Ich habe einen Brief/ein Geschenk/einen Auftrag/einen Schlag auf den Arm erhalten. **2.** *bewahren* Man wollte möglichst viel alte Bausubstanz erhalten. ►erhaltenswert

er·hal·ten *Part. Perf. zu* **erhalten**

er·hält·lich <nicht steig.> *Adj. so, dass man es bekommen oder kaufen kann* Dieser Artikel ist jetzt überall im guten Fachhandel erhältlich.

Er·hal·tung die <-> *(kein Plur.) das Bewahren* Der Verein setzt sich für die Erhaltung des kulturellen Erbes ein.

er·hän·gen <erhängst, erhängte, hat erhängt> **I.** *mit OBJ* ▪ *jmd. erhängt jmdn. als Form der Hinrichtung jmdn. töten, indem man einen Strick um seinen Hals bindet und ihn irgendwo aufhängt* Der Sheriff ließ den Mörder erhängen. **II.** *mit SICH* ▪ *jmd. erhängt sich sich töten, indem man einen Strick um den eigenen Hals bindet, diesen an einem erhöhten Punkt festbindet und dann von etwas herunterspringt* Sie hat sich auf dem Dachboden erhängt.

er·här·ten <erhärtest, erhärtete, hat erhärtet> **I.** *mit OBJ* ▪ *jmd./etwas erhärtet etwas (durch etwas Akk.) (geh.) bekräftigen, bestätigen* Er konnte seine Theorie durch weitere Forschungen erhärten. **II.** *ohne OBJ* ▪ *etwas erhärtet hart werden* Die flüssige Lava erhärtet in wenigen Tagen. **III.** *mit SICH* ▪ *etwas erhärtet sich (geh.) sich verstärken* Die Beweise haben sich erhärtet.

er·ha·schen <erhaschst, erhaschte, hat erhascht> *mit OBJ* ▪ *jmd. erhascht etwas (geh.)* Er konnte nicht mal einen kurzen Blick erhaschen.

er·he·ben <erhebst, erhob, hat erhoben> **I.** *mit OBJ* ▪ *jmd. erhebt etwas* **1.** *(geh.) hochheben* Ich erhebe das Glas auf dein Wohl! **2.** WIRTSCH. *Abgaben einfordern* Die Regierung will schon wieder neue Steuern erheben., Sollen wir einen Unkostenbeitrag erheben? **II.** *mit SICH* **1.** ▪ *jmd. erhebt sich (geh. ≈ aufstehen) die sitzende Position verlassen* Er erhob sich nur sehr langsam aus dem Sessel. **2.** ▪ *jmd. erhebt sich (übertr.) sich auflehnen* Das Volk erhob sich gegen den Diktator. ▪ **gegen jemanden Anklage erheben**: *jmdn. vor Gericht anklagen* **3.** ▪ *etwas erhebt sich (geh.) zeitlich aufkommen* Es erhebt sich die Frage, ob ..., Plötzlich erhob sich lautes Geschrei/stürmischer Applaus., Es erhob sich ein starker Wind. **4.** ▪ *etwas erhebt sich räumlich auftreten* Das Gebirge erhob sich vor unseren Augen.

er·he·ben <erhebst, erhob, hat erhoben> *mit OBJ* ▪ *jmd. erhebt etwas* AMTSSPR. *(behördlich) feststellen*

er·he·bend <erhebender, am erhebendsten> *Adj. so, dass etwas sehr befriedigend ist und jmdm. ein sehr feierliches Gefühl gibt* ein erhebendes Gefühl

er·heb·lich <erheblicher, am erheblichsten> *Adj. (≈ beträchtlich) ziemlich viel* Sie hatten eine erhebliche Menge Alkohol getrunken.

Er·he·bung die <-, -en> **1.** *kleiner Hügel* Nur kleine Erhebungen verweisen auf die Gräber aus keltischer Zeit. **2.** AMTSSPR. *Einziehung von Gebühren* die Erhebung von Steuern **3.** *offizielle Untersuchung* gemäß einer Erhebung des Bundesministeriums für ... **4.** *(≈ Aufstand) der Vorgang, dass ein Volk den Kampf gegen die herrschende Schicht beginnt* die Erhebung der germanischen Stämme gegen die Römer

Er·he·bungs·bo·gen der <-s, Erhebungsbögen> *Fragebogen zu einer (statistisch auszuwertenden) Umfrage*

er·hei·tern <erheiterst, erheiterte, hat erheitert> *mit OBJ* ▪ *jmd./etwas erheitert jmdn. fröhlich stimmen* Seine Witze konnten sie nicht erheitern.

er·hei·ternd <erheiternder, am erheiterndsten> *Adj. so, dass es jmdn. erheitert*

Er·hei·te·rung ▪ **etwas trägt zur Erheiterung**

E

bei: *Belustigung* Solche Schreckensmeldungen tragen nicht gerade zur Erheiterung der Leser bei.

er·hel·len <erhellst, erhellte, hat erhellt> *mit OBJ* **1.** ■ *etwas erhellt etwas hell machen* Die einfallende Sonne erhellt den Saal. **2.** ■ *etwas/jmdm. erhellt etwas* (*übertr.*) *etwas klarer erscheinen lassen* Die Aussage des Zeugen erhellte die Angelegenheit.

er·hielt *Prät. zu* **erhalten**

er·hit·zen <erhitzt, erhitzte, hat erhitzt> **I.** *mit OBJ* ■ *jmd. erhitzt etwas bewirken, dass etwas heiß wird* den Backofen auf 180 Grad erhitzen **II.** *mit SICH* **1.** ■ *etwas erhitzt sich heiß werden* Das Gasgemisch hatte sich sehr stark erhitzt. **2.** ■ *jmd. erhitzt sich* (*geh.*) *in Eifer oder Zorn geraten* Die Gemüter hatten sich bei der Auseinandersetzung stark erhitzt.

er·hob *Prät. zu* **erheben**

er·ho·ben *Part. Perf. zu* **erheben**

er·hof·fen <erhoffst, erhoffte, hat erhofft> *mit OBJ* ■ *jmd. erhofft etwas (von jmdm./etwas) in Bezug auf etwas bestimmte Hoffnungen haben* Ich habe mir einiges von dem neuen System/Programm erhofft.

er·hö·hen <erhöhst, erhöhte, hat erhöht> **I.** *mit OBJ* ■ *jmd. erhöht etwas* (≈ *steigern*) Man erhöhte die Steuern. **II.** *mit SICH* ■ *etwas erhöht sich (um/auf etwas Akk.)* (≈ *ansteigen*) *größer werden* Die Preise haben sich schon wieder erhöht. ■ **erhöhte Temperatur haben**: *leichtes Fieber haben*

Er·hö·hung die <-, -en> **1.** *das Erhöhen* **2.** (*selten*) *Hügel*

er·ho·len <erholst, erholte, hat erholt> *mit SICH* ■ *jmd. erholt sich (von etwas Dat.) sich nach Anstrengungen ausruhen und wieder neue Kräfte sammeln* Wir wollen uns im Urlaub so richtig erholen.

er·hol·sam <erholsamer, am erholsamsten> *Adj. so, dass man sich gut erholt* Sie verlebten einige erholsame Tage auf dem Land.

Er·ho·lung die <-> (*kein Plur.*) *der Vorgang, dass sich jmd. erholt* ♦ Getrennt- oder Zusammenschreibung→R 4.3, R 4.12 Erholung suchende/erholungsuchende Schüler, die Erholung Suchenden/Erholungsuchenden; Großschreibung→R 3.4, die Erholung Suchenden/die Erholungsuchenden

er·ho·lungs·be·dürf·tig <erholungsbedürftiger, am erholungsbedürftigsten> *Adj. so, dass man Erholung braucht*

Er·ho·lungs·ge·biet das <-(e)s, -e> *Gebiet, das viele Menschen aufsuchen, um dort einen Erholungsurlaub zu verbringen* ▶Naherholungsgebiet

Er·ho·lungs·ort der <-(e)s, -e> (≈ *Kurort*) *Ort, an dem man sich erholen kann*

Er·ho·lungs·ur·laub der <-s, -e> *Urlaub, in dem man sich vor allem erholen will*

Er·ho·lungs·zen·trum das <-s, Erholungszentren> *Ort oder Einrichtung, der der Erholung dient*

er·hö·ren <erhörst, erhörte, hat erhört> *mit OBJ* ■ *jmd. erhört jmdn.* (*geh.*) *jmds. Bitten entsprechen* Er erhörte ihr Flehen.

er·in·nern <erinnerst, erinnerte, hat erinnert> **I.** *mit OBJ* ■ *jmd./etwas erinnert jmdn. an etwas Akk. dafür sorgen, dass er oder sie sich an etwas erinnert* Seine Gegenwart erinnerte mich an … **II.** *mit SICH* ■ *jmd. erinnert sich an jmdn./etwas eine bestimmte Erinnerung haben* Ich erinnere mich noch gut an unser letztes Treffen.

Er·in·ne·rung die <-, -en> **1.** *das, was man von einem Ereignis in der Vergangenheit oder von einer vergangenen Zeit im Bewußtsein hat* Daran habe ich schöne/schreckliche/tröstliche Erinnerungen., Wir schwelgten in Erinnerungen. **2.** (*kein Plur.*) *das Erinnern I* Ich schicke dir einige Fotos zur Erinnerung an vergangene Zeiten.

Er·in·ne·rungs·ver·mö·gen das <-s> (*kein Plur.*) *die Fähigkeit, sich an Dinge zu erinnern* Sie besitzt ein gutes Erinnerungsvermögen.

Er·in·ne·rungs·wert der <-(e)s, -e> *Wert, den man einer Sache aufgrund von Erinnerungen beimisst* Diese Brosche hat für mich Erinnerungswert.

E·rin·ny·e die <-, -n> (*meist Plur.*) (*geh.*) *griechische Rachegöttin*

E·rit·rea <-s> GEOGR. *Staat in Nordostafrika* ▶eritreisch

E·ri·treer, **E·ri·tre·e·rin** der <-s, -> *jmd., der die eritreische Staatsbürgerschaft hat*

er·ja·gen <erjagst, erjagte, hat erjagt> *mit OBJ* ■ *jmd. erjagt etwas etwas durch Jagen erbeuten*

er·kal·ten <erkaltet, erkaltete, ist erkaltet> *ohne OBJ* ■ *etwas erkaltet* **1.** *kalt werden* Die Lava ist erkaltet. **2.** (*geh.*) *an Intensität verlieren* Ihre Gefühle für ihn sind erkaltet.

er·käl·ten <erkältest, erkältete, hat erkältet> *mit OBJ/mit SICH* ■ *jmd. erkältet sich sich eine Erkältung zuziehen* Ich habe mich erkältet.

Er·käl·tung die <-, -en> *leichtere Erkrankung, die meist mit Husten, Halsschmerzen und Mattigkeit verbunden ist* eine beginnende/fiebrige/leichte/schwere Erkältung

er·kämp·fen <erkämpfst, erkämpfte, hat erkämpft> *mit OBJ* ■ *jmd. erkämpft (sich) etwas durch kämpferischen Einsatz erreichen* In der Nachspielzeit erkämpfte (sich) das Team noch den Einzug ins Finale.

er·kannt *Part. Perf. von* **erkennen**

er·kann·te *Prät. von* **erkennen**

er·kau·fen <erkaufst, erkaufte, hat erkauft> *mit OBJ* ■ *jmd. erkauft sich etwas etwas erreichen, indem man dafür etwas Bestimmtes gibt* Du kannst dir ihre Liebe nicht erkaufen., Vielfach wird der Fortschritt um den Preis der Umweltzerstörung erkauft.

er·kenn·bar <nicht steig.> *Adj. so, dass man es erkennen kann* Hätte es erkennbare Vorzeichen gegeben, dann …

er·ken·nen <erkennst, erkannte, hat erkannt> *mit OBJ* **1.** ■ *jmd. erkennt jmdn./etwas wiedererkennen* An seinen roten Haaren habe ich ihn sofort erkannt., Erkennen Sie die Melodie? **2.** ■ *jmd. erkennt jmdn./etwas klar sehen* Ich kann den Kirchturm in der Ferne kaum erkennen. **3.** ■ *jmd. erkennt etwas bemerken* Ich erkannte nur zu deutlich, dass ..., Sie erkannte die böse Absicht dahinter nicht. **4.** ■ *jmd. erkennt etwas wahrnehmen, ausmachen* Es bestehen gute Heilungschancen, wenn man die Krankheit frühzeitig erkennt.

er·kẹnnt·lich <nicht steig.> *Adj.* (*geh.*) ■ **sich jemandem für etwas erkenntlich zeigen** (*geh.*): *sich jmdm. für etwas dankbar zeigen, indem man ein Geschenk gibt oder eine Gefälligkeit erweist* Er hat oft Pakete für mich angenommen, dafür habe ich mich heute mit einer Flasche Wein erkenntlich gezeigt,

Er·kẹnnt·nis die <-, -se> **1.** (*meist Plur.*) *Einsicht in etwas, die den wissenschaftlichen oder administrativen Kenntnisstand erweitert* Durch ihre Forschungen gelang es den Wissenschaftlern, zu einer Reihe neuer Erkenntnisse zu kommen., das philosophische Streben nach Erkenntnis, Es liegen der Polizei neue Erkenntnisse über den Täter vor. **2.** *persönliche Einsicht* Ich bin schließlich zu der Erkenntnis gekommen, dass ...

Er·kẹnnt·nis·stand der <-(e)s> (*kein Plur.*) *alle Erkenntnisse, die es aktuell zu einem Sachverhalt gibt*

er·kẹnnt·nis·the·o·re·tisch <nicht steig.> (*nur attr.*) *Adj.* PHILOS. *die Erkenntnistheorie betreffend*

Er·kẹnnt·nis·the·o·rie die <-, -n> PHILOS. *Lehre von der Erkenntnis*

Er·kẹn·nungs·dienst der <-es, -e> *kriminalpolizeiliche Dienststelle, die die Aufgabe hat, Personen/Sachen zu identifizieren und dafür technische und wissenschaftliche Methoden einsetzt*

er·kẹn·nungs·dienst·lich <nicht steig.> (*nur attr.*) *Adj. den Erkennungsdienst betreffend*

Er·kẹn·nungs·me·lo·die die <-, -n> *Melodie, die als Erkennungszeichen dient* Die Fernsehserie „Bonanza“ hatte eine eingängige Erkennungsmelodie.

Er·kẹn·nungs·zei·chen das <-s, -> **1.** *etwas, woran zwei Personen sich erkennen können, wenn sie sich an einem Ort treffen* als Erkennungszeichen eine Zeitung in der Hand halten **2.** *etwas, woran etwas anderes wiedererkannt werden kann*

Ẹr·ker der <-s, -> (*geh.*) *mit Fenstern versehener Vorbau an Gebäuden*

er·klạng *Prät. von* **erklingen**

er·klär·bar <nicht steig.> *Adj. so, dass man es erklären kann* nur schwer erklärbare Vorgänge

er·klä·ren <erklärst, erklärte, hat erklärt> **I.** *mit OBJ* ■ *jmd./etwas erklärt (jmdm.) etwas* **1.** *sagen, wie etwas funktioniert oder aufgebaut ist* Kannst du mir das Computerspiel erklären? **2.** (≈ *begründen*) *den Grund für etwas sagen* Erkläre mir bitte, weshalb du schon wieder zu spät bist. **3.** *offiziell sagen, bekannt geben* Er erklärte ihr seine Liebe., Man erklärte dem Nachbarstaat den Krieg., Der Minister erklärte seinen Rücktritt. ■ **jemanden für tot erklären (lassen)**: einen Vermissten offiziell als tot bezeichnen (lassen) **II.** *mit SICH* ■ *etwas erklärt sich zu einer Erklärung gelangen* Das wird sich nach einiger Zeit von selbst erklären. ■ **jemand erklärt sich einverstanden**: *jmd. sagt, dass er oder sie einverstanden ist*

er·klär·lich <nicht steig.> *Adj.* (≈ *begreiflich, verständlich* ↔ *unerklärlich*) Mir ist einfach nicht erklärlich, wie ...

er·klär·li·cher·wei·se *Adv. so, dass es erklärliche Gründe hat*

er·klärt <nicht steig.> *Adj.* (*geh.*) *so, dass es die feste Absicht von jmdm. ist* Es war sein erklärtes Ziel, diese Prüfung zu bestehen.

er·klär·ter·ma·ßen, **er·klär·ter·ma·ßen** *Adv.* (≈ *erklärterweise, ausdrücklich*) *wie bereits in einer (schriftlichen) Erklärung zum Ausdruck gebracht* Sie hat erklärtermaßen auf jegliche Ansprüche verzichtet.

Er·klä·rung die <-, -en> **1.** (≈ *Erläuterung*) *die Worte, mit denen jmd. sagt, wie etwas funktioniert oder aufgebaut ist* Ich kann den Erklärungen des Lehrers nicht folgen. **2.** (≈ *Begründung*) *die Worte, mit denen jmd. einen Grund angibt* Sie hat doch für alles eine Erklärung. **3.** (≈ *Verlautbarung*) *die Worte, mit denen jmd. etwas offiziell verkündet* Er gab vor der Presse eine Erklärung ab.

Er·klä·rungs·ver·such der <-(e)s, -e> *Versuch einer Erklärung*[2]

er·klẹck·lich <erklecklicher, am erklecklichsten> *Adj.* (*geh.* ≈ *beträchtlich*) *ziemlich groß* eine erkleckliche Summe

er·klẹt·tern <erkletterst, erkletterte, hat erklettert> *mit OBJ* ■ *jmd. erklettert etwas* (≈ *besteigen*) *auf etwas klettern*

er·klịm·men <erklimmst, erklomm, hat erklommen> *mit OBJ* ■ *jmd. erklimmt etwas* (*geh.*) *erklettern*

er·klịn·gen <erklingt, erklang, ist erklungen> *ohne OBJ* ■ *etwas erklingt* (≈ *ertönen*) *gehört werden können*

er·klọmm *Prät. von* **erklimmen**

er·klọm·men *Part. Perf. von* **erklimmen**

er·klụn·gen *Part. Perf. von* **erklingen**

er·krạn·ken <erkrankst, erkrankte, ist erkrankt> *ohne OBJ* ■ *jmd./ein Tier erkrankt (an etwas Dat.) krank werden* Sie erkrankte plötzlich an einer Grippe.

Er·krạn·kung die <-, -en> *Krankheit* eine ansteckende/plötzliche Erkrankung

Er·krạn·kungs·fall der <-(e)s, Erkrankungsfälle> (≈ *Krankheitsfall*) *im Falle einer Erkrankung*

er·kụn·den <erkundest, erkundete, hat erkundet> *mit OBJ* ■ *jmd. erkundet etwas* (≈ *auskundschaften*) *sich eine bestimmte Gegend genau ansehen und dann die Einzelheiten kennen* Wir erkundeten erst mal die nähere Umgebung.

er·kụn·di·gen <erkundigst, erkundigte, hat erkundigt> *mit SICH* ■ *jmd. erkundigt sich nach jmdm./etwas* (≈ *fragen*) *gezielt nach einer bestimmten Sache fragen* Ich werde mich erst noch am Schalter nach den neuen Fahrpreisen erkundigen.

Er·kụn·di·gung die <-, -en> (*meist Plur.*) (≈ *Nachforschung*) *der Vorgang, dass jmd. gezielt*

Informationen über jmdn./etwas sammelt Hat man über ihn Erkundigungen eingezogen?

Er·kun·dung die <-, -en> *das Auskundschaften* Die eingehende Erkundung des Geländes dauerte mehrere Stunden.

Er·kun·dungs·fahrt die <-, -en> *Fahrt, die der Erkundung einer Sache dient*

er·lag *Prät. von* **erliegen**

Er·lag·schein der <-s, -e> (*österr.*) *Einzahlungsschein*

er·lah·men <erlahmst, erlahmte, ist erlahmt> *ohne OBJ* ■ *jmd./etwas erlahmt* **1.** *lahm[2] werden* Die Hand ist mir vom vielen Schreiben völlig erlahmt. **2.** (*geh.* ≈ *nachlassen*) *geringer werden* Das Interesse an der Ausstellung ist ziemlich erlahmt.

er·lan·gen <erlangst, erlangte, ist erlangt> *mit OBJ* ■ *jmd. erlangt etwas* (*geh.*) *erreichen, bekommen* Endlich erlangte sie den Doktortitel/den inneren Frieden.

Er·lan·gung die <-> (*kein Plur.*) *das Erlangen*

Er·lass der <-es, -e> AMTSSPR. *Verordnung oder Bekanntmachung einer Behörde*

er·las·sen <erlässt, erließ, hat erlassen> *mit OBJ* ■ *jmd. erlässt* (*jmdm.*) *etwas* **1.** AMTSSPR. *offiziell anordnen* Man erließ ein Gesetz/eine hohe Strafe. **2.** *freistellen; von einer Zahlung entbinden* Man hatte ihm die restliche Strafe erlassen.

er·lau·ben <erlaubst, erlaubte, hat erlaubt> **I.** *mit OBJ* (↔ *verbieten*) **1.** ■ *jmd. erlaubt* (*jmdm.*) *etwas* (≈ *gestatten*) *die Erlaubnis geben* Ihre Eltern erlauben ihr nicht, dass sie bei ihrem Freund übernachtet. **2.** ■ *etwas erlaubt* (*jmdm.*) *etwas* (*geh.*) *möglich machen* Die Straße erlaubt keine höhere Geschwindigkeit., Mein Terminkalender erlaubt es (mir) nicht, morgen nach Hamburg zu fliegen. **II.** *mit SICH* ■ *jmd. erlaubt sich etwas sich das Recht oder die Freiheit nehmen* Er denkt wohl, er könne sich hier alles erlauben. ■ **Was erlauben Sie sich ?**: *drückt aus, dass man sich über jmds. Verhalten sehr ärgert* Sie haben sich an der Kasse zweimal vorgedrängelt – was erlauben Sie sich ?

Er·laub·nis die <-, -se> (*meist Sing.*) (≈ *Genehmigung*) Er bat sie um Erlaubnis., Sie erteilte/gab ihm die Erlaubnis.

er·laubt <nicht steig.> *Adj.* (↔ *verboten*)

er·laucht *Adj.* (*geh. iron.*) *aus wichtigen Persönlichkeiten bestehend* Eine erlauchte Gesellschaft hatte sich zur Filmpremiere versammelt.

er·läu·tern <erläuterst, erläuterte, hat erläutert> *mit OBJ* ■ *jmd. erläutert* (*jmdm.*) *etwas ausführlich erklären*

Er·läu·te·rung die <-, -en> *Erklärung*

Er·le die <-, -n> BOT. *ein Laubbaum*

er·le·ben <erlebst, erlebte, hat erlebt> *mit OBJ* **1.** ■ *jmd. erlebt etwas noch am Leben sein und daher Zeuge von etwas sein können* Hätte das mein Vater noch erlebt! **2.** ■ *jmd. erlebt etwas* (*sinnlich*) *erfahren; durch- oder mitmachen* Diejenigen, die den Krieg erlebt haben, ..., Wir erlebten eine große Freude. **3.** ■ *jmd. erlebt etwas/jmdn. etwas oder jmdn. kennen lernen und auf sich wirken lassen* Wir haben ihn noch ganz anders erlebt., Sie erlebten zum ersten Mal die Liebe., Wir haben ein wundervolles Konzert erlebt., Sie wollen in die Großstadt, um etwas zu erleben. **4.** ■ *jmd./etwas erlebt etwas eine bestimmte Phase durchmachen* Die Wirtschaft erlebt momentan einen ungeheuren Aufschwung. ■ **du kannst gleich was erleben !** (*umg.*): *verwendet, um auszudrücken, dass man jmdn. bestrafen wird* Wenn du nicht sofort aufhörst, deine kleine Schwester zu ärgern, dann kannst du was erleben!

Er·leb·nis das <-ses, -se> **1.** *eine bestimmte Erfahrung* Es war das Erlebnis der ersten Liebe. **2.** *eine besonders aufregende Erfahrung* Der Urlaub wurde zu einem unvergesslichen Erlebnis.

Er·leb·nis·park der <-s, -s> *Freizeitpark*

Er·leb·nis·welt die <-, -en> PSYCH *die Welt, wie sie sich dem einzelnen Menschen in seinen Erlebnissen darstellt* ■ **die Erlebniswelt eines Kindes**

er·le·di·gen <erledigst, erledigte, hat erledigt> *mit OBJ* **1.** ■ *jmd. erledigt etwas* (≈ *tun*) *Aufgaben erfüllen* Ich habe noch einiges zu erledigen. **2.** ■ *jmd. erledigt jmdn.* (*umg.*) *töten* ■ **für jemanden erledigt sein** (*umg.*): *sich um jmdn. oder etwas nicht mehr kümmern* Er ist ab sofort für mich erledigt.

er·le·gen <erlegst, erlegte, hat erlegt> *mit OBJ* ■ *jmd. erlegt ein Tier ein Tier töten*

er·le·gen *Part. Perf. von* **erliegen**

er·le·gen <erlegst, erlegte, hat erlegt> *mit OBJ* ■ *jmd. erlegt etwas* (*österr.*) (*einen Geldbetrag*) *zahlen*

er·leich·tern <erleichterst, erleichterte, hat erleichtert> *mit OBJ* **1.** ■ *jmd./etwas erleichtert* (*jmdm.*) *etwas leichter und bequemer machen* Die neue Maschine erleichtert (ihm) die Arbeit., Die Medikamente erleichtern ihm das Leben. **2.** ■ *etwas erleichtert jmdn. innerlich befreien* Der Anruf hatte sie sehr erleichtert. ■ **jemanden um seine Geldbörse erleichtern** (*umg. iron.*): *jmds. Geldbörse stehlen*

er·leich·tert <erleichterter, am erleichtertsten> *Adj. mit einem Gefühl von Erleichterung* Sie verließ erleichtert die Arztpraxis.

Er·leich·te·rung die <-, -en> *das Erleichtern[1] [2]* ◆ Arbeits-

er·lei·den <erleidest, erlitt, hat erlitten> *mit OBJ* ■ *jmd. erleidet etwas* (*geh.*) *Opfer eines Unglücks werden* Er hat großes Unrecht erlitten.

er·ler·nen <erlernst, erlernte, hat erlernt> *mit OBJ* ■ *jmd. erlernt etwas eine bestimmte Fähigkeit erwerben* Willst du kein Musikinstrument erlernen?

er·le·sen <erlesener, am erlesensten> *Adj.* (*geh.* ≈ *exquisit*) *von höchster Qualität* erlesene Weine anbieten

er·leuch·ten <erleuchtest, erleuchtete, hat erleuchtet> *mit OBJ* **1.** ■ *etwas erleuchtet etwas hell machen* Grelle Blitze erleuchteten den nächtlichen Himmel. **2.** ■ *etwas erleuchtet jmdn.* (*geh.*) *spirituell durchdringen und zu höherem Bewusstsein führen*

Er·leuch·tung die <-, -en> **1.** (*umg.*) *plötzlicher*

Einfall, Erkenntnis Die Erleuchtung kam ihm beim Baden. **2.** REL. *spirituelle Durchdringung, die zu höherem Bewusstsein führt* die Erleuchtung durch den Heiligen Geist

er·lie·gen <erliegst, erlag, ist erlegen> *ohne OBJ* ■ *jmd. erliegt jmdm./etwas (geh.) nicht mehr widerstehen können, besiegt werden* Er erlag schließlich ihrem Charme., Sie erlagen der feindlichen Übermacht und ergaben sich. ■ **einem Irrtum/einer Täuschung erliegen**: *sich irren oder täuschen (lassen)* **einer Krankheit erliegen** *(verhüll.)*: *sterben*

Er·lie·gen ■ **zum Erliegen kommen**: *zum Stillstand kommen* Der Berufsverkehr kam völlig zum Erliegen.

er·ließ *Prät. von* **erlassen**

er·litt *Prät. von* **erleiden**

er·lit·ten *Part. Perf. von* **erleiden**

er·lo·gen *Part. Perf. von* **erlügen**

Er·lös der <-es, -e> *eingenommener Geldbetrag für einen gemeinnützigen Zweck* Der Erlös wird für wohltätige Zwecke gespendet.

er·losch *Prät. von* **erlöschen**

er·lo·schen *Part. Perf. von* **erlöschen**

er·lö·schen <erlischt, erlosch, ist erloschen> *ohne OBJ* ■ *etwas erlöscht* **1.** *(geh. ≈ ausgehen) aufhören zu brennen* Die Kerze ist erloschen. **2.** *(übertr.) nachlassen* Ihre anfängliche Leidenschaft ist erloschen. **3.** RECHTSW. *aufhören zu bestehen* Der Anspruch auf das Erbe ist erloschen.

er·lö·sen <erlöst, erlöste, hat erlöst> *mit OBJ* ■ *jmd./etwas erlöst jmdn. (von etwas Dat.) befreien, retten* Sie konnte ihn schließlich aus dieser peinlichen Situation erlösen. ■ **von seinen Leiden erlöst werden** *(verhüll.)*: *sterben*

Er·lö·ser der <-s> *(kein Plur.)* REL. *Im Christentum ist der Sohn Gottes, Jesus Christus, der Erlöser (der Menschheit).*

Er·lö·sung die <-, -en> *(meist Sing.) das Erlösen*

er·mäch·ti·gen <ermächtigst, ermächtigte, hat ermächtigt> **I.** *mit OBJ* ■ *jmd. ermächtigt jmdn. zu etwas Dat.* AMTSSPR. *die Erlaubnis oder Vollmacht geben* Ich habe ihn ermächtigt, das Geld von meinem Konto abzuheben. **II.** *mit SICH* ■ *etwas ermächtigt sich jmds. (geh. übertr.) ergreifen* Eine große Erregung ermächtigte sich seiner.

Er·mäch·ti·gungs·ge·setz das <-es, -e> RECHTSW. *Gesetz, das der Exekutive (in Notzeiten) legislative Befugnisse überträgt, damit ein Ausnahmezustand bewältigt werden kann*

er·mah·nen <ermahnst, ermahnte, hat ermahnt> *mit OBJ* ■ *jmd. ermahnt jmdn. (zu etwas Dat.) zu etwas mahnen* Die Lehrerin ermahnte die Schüler zur Vorsicht.

Er·mah·nung die <-, -en> **1.** *das Ermahnen* **2.** *die Worte, mit denen man jmdn. ermahnt*

er·man·geln <ermangelst, ermangelte, hat ermangelt> *ohne OBJ* ■ *jmd./etwas ermangelt etwas Gen. (geh.) Mangel haben* Dieser Vorwurf ermangelt jeglicher Begründung. *siehe auch* **entbehren**

Er·man·ge·lung ■ **in Ermangelung des/eines/von ...**: *weil ... nicht existiert* In Ermangelung eines Besseren mussten wir ..., In Ermangelung besserer Vorschläge wurde alles beim Alten belassen.

er·man·nen <ermannst, ermannte, hat ermannt> *mit SICH* ■ *jmd. ermannt sich (geh.) seinen Mut zusammennehmen, sich zusammenreißen* Ermanne dich!

Er·man·nung die <-> *(kein Plur.) das Sichermannen*

er·maß *Prät. von* **ermessen**

er·mä·ßi·gen <ermäßigst, ermäßigte, hat ermäßigt> *mit OBJ* ■ *jmd. ermäßigt etwas den Preis reduzieren* Im Schlussverkauf wurden die Preise um ein Drittel ermäßigt., Am Wochenende gelten ermäßigte Tarife.

er·mä·ßigt <nicht steig.> *Adj. im Preis reduziert*

Er·mä·ßi·gung die <-, -en> *Preisnachlass* Schüler und Studenten erhalten eine Ermäßigung.

er·mat·ten <ermattest, ermattete, ist/hat ermattet> **I.** *mit OBJ* ■ *etwas ermattet jmdn. (haben geh.) matt machen, ermüden* Die lange Reise hat ihn ermattet. **II.** *ohne OBJ* ■ *jmd./etwas ermattet (sein geh.) müde werden und deshalb in einer Anstrengung nachlassen* Langsam ermattete ihre Gegenwehr.

er·mat·tet <ermatteter, am ermattetsten> *Adj. (geh.) erschöpft*

er·mes·sen <ermisst, ermaß, hat ermessen> *mit OBJ* ■ *jmd. ermisst etwas (geh.) (in seiner Bedeutung) erfassen* Das Ausmaß des Unfalls konnte niemand vorher ermessen.

Er·mes·sen das <-s> *(kein Plur.) (geh.)* ■ **etwas liegt in jemandes Ermessen**: *jmd. kann verantwortlich über etwas entscheiden* Die Entscheidung liegt nicht in meinem Ermessen. **nach menschlichem Ermessen**: *mit größter Wahrscheinlichkeit*

Er·mes·sens·fra·ge ■ **das ist eine Ermessensfrage**: *das ist eine Frage, die nur subjektiv beantwortet werden kann* Aufklärung des Patienten – das ist eine Ermessensfrage.

Er·mes·sens·spiel·raum der <-(e)s, Ermessensspielräume> *Spielraum, der sich je nach persönlichem Ermessen (einer Sache) ergibt*

er·mit·teln <ermittelst, ermittelte, hat ermittelt> **I.** *mit OBJ* ■ *jmd. ermittelt etwas feststellen* einen Durchschnittswert ermitteln, Die Polizei konnte die Identität des Opfers ermitteln. **II.** *ohne OBJ* ■ *jmd. ermittelt in etwas Dat. polizeilich untersuchen* Die Polizei ermittelt in diesem Fall.

Er·mitt·lung die <-, -en> Die polizeilichen Ermittlungen wurden eingeleitet/eingestellt.

Er·mitt·lungs·aus·schuss der <-es, Ermittlungsausschüsse> RECHTSW. *Ausschuss, der zur Ermittlung einer Sache eingesetzt ist*

Er·mitt·lungs·be·am·te, **Er·mitt·lungs·be·am·tin** der <-n, -n> *(≈ Ermittler) Beamter, der mit der Ermittlung in einer Sache beschäftigt ist*

Er·mitt·lungs·be·hör·de die <-, -n> *Behörde, die für die Ermittlung in einer Sache zuständig ist*

Er·mitt·lungs·ver·fa·hren das <-s, -> RECHTSW. *Verfahren einer Rechtsbehörde, um festzustellen,* *ob öffentliche Anklage jmdn. erhoben werden soll.*

er·mög·li·chen <ermöglichst, ermöglichte, hat ermöglicht> *mit OBJ* ■ *jmd./etwas ermöglicht (jmdm.) etwas möglich machen* Das feuchte Klima ermöglicht das schnelle Wachstum der Pilze., Die Eltern versuchten mit allen Mitteln, ihren Kindern eine gute Ausbildung zu ermöglichen.

er·mor·den <ermordest, ermordete, hat ermordet> *mit OBJ* ■ *jmd. ermordet jmdn. einen Mord begehen* Wer hat Kennedy ermordet ?

Er·mor·dung die <-, -en>

er·mü·den <ermüdest, ermüdete, hat/ist ermüdet> **I.** *mit OBJ* ■ *jmd./etwas ermüdet (jmdn.) (haben) müde machen* Diese Arbeit hat mich sehr ermüdet. **II.** *ohne OBJ* ■ *jmd./etwas ermüdet (sein) müde werden* Die sehnigen Beine der Rennfahrer scheinen nie zu ermüden.

er·mü·dend <ermüdender, am ermüdendsten> *Adj. so, dass man davon müde wird* eine ermüdende Diskussion

Er·mü·dung die <-> *(kein Plur.)* Er schlief vor Ermüdung ein.

er·mun·tern <ermunterst, ermunterte, hat ermuntert> *mit OBJ* ■ *jmd./etwas ermuntert jmdn. (zu etwas Dat.) freundlich auffordern; ermutigen* Sie ermunterte ihn, die Prüfung zu wiederholen.

er·mu·ti·gen <ermutigst, ermutigte, hat ermutigt> *mit OBJ* ■ *jmd./etwas ermutigt jmdn. (zu etwas Dat.) positiv bestärken; Mut geben* Er ermutigte sie immer wieder, Klavier zu spielen. ▶Ermutigung

er·näh·ren <ernährst, ernährte, hat ernährt> **I.** *mit OBJ* ■ *jmd./ etwas ernährt jmdn. versorgen, für den Unterhalt sorgen* Ich habe eine Familie zu ernähren., Seine Malerei hat ihn viele Jahre ernährt. **II.** *mit SICH* ■ *jmd. ernährt sich (irgendwie) (von etwas Dat.) von einer bestimmten Art von Nahrung leben* Wir ernähren uns vegetarisch., Pandabären ernähren sich von Bambus. ▶Ernährer

Er·näh·rung die <-> *(kein Plur.) die Nahrung, von der sich jmd. ernährt II* Wir bevorzugen eine ausgewogene/fleischlose/vegetarische Ernährung.

Er·näh·rungs·wis·sen·schaft·ler, **Er·näh·rungs·wis·sen·schaft·le·rin** der <-s, -> *Wissenschaftler, der sich mit der Erforschung der Nahrunsmittel beschäftigt*

er·nannt *Part. Perf. von* **ernennen**

er·nann·te *Prät. von* **ernennen**

er·nen·nen <ernennst, ernannte, hat ernannt> *mit OBJ* ■ *jmd. ernennt jmdn. (zu etwas Dat.) jmdn. offiziell mit einem bestimmten Amt versehen* Man ernannte sie zur Parteivorsitzenden.

Er·nen·nung die <-, -en> *das Ernennen* Morgen findet seine feierliche Ernennung zum Rektor statt.

er·neu·er·bar <nicht steig.> *Adj. so, dass es erneuert werden kann* erneuerbare Energien

er·neu·ern <erneuerst, erneuerte, hat erneuert> **I.** *mit OBJ* ■ *jmd. erneuert etwas ein Teil gegen ein neues Teil auswechseln* Wir mussten das Dach erneuern. **II.** *mit SICH etwas wird aus sich selbst wieder neu* Durch Selbstkritik erneuert sich eine Gesellschaft immer wieder.

er·nied·ri·gen <erniedrigst, erniedrigte, hat erniedrigt> *mit OBJ* ■ *jmd./etwas erniedrigt jmdn. jmdn. durch Worte oder Taten demütigen*

er·nied·ri·gend <erniedrigender, am erniedrigendsten> *Adj. demütigend*

Ernst der <-es> *(kein Plur.)* **1.** *die ernste Natur von etwas* Man hatte den Ernst der Lage nicht erkannt. **2.** ■ **allen Ernstes**: *tatsächlich* **jemand macht mit etwas Ernst**: *jmd. tut etwas, das er oder sie vorher angekündigt hat* Jetzt hat er mit seinen Drohungen wirklich Ernst gemacht. **Das kann nicht dein Ernst sein!**: *es kann doch nicht sein, dass du das wirklich meinst* **der Ernst des Lebens**: *der harte Alltag* Bald kommst du aus der Schule, dann beginnt für dich der Ernst des Lebens !

ernst *Adj.* **1.** *nicht sorglos, nicht heiter* Als sie vom Arzt kam, machte sie eine ernste Miene., Er scheint ein ernster Mensch zu sein. **2.** *bedeutungsvoll* Es war ihm ein ernstes Anliegen, ernste Musik **3.** *aufrichtig* Ich gebe dir jetzt einen ernst gemeinten Rat. **4.** *bedrohlich* Es war eine sehr ernste Situation. ◆ Getrenntschreibung→R 4.3 ein ernst gemeinter Rat, ein ernst genommener Hinweis ▶ernstnehmen

Ernst·fall der <-(e)s> *(kein Plur.) der Fall, dass eine bestimmte (negative) Situation tatsächlich eintritt* Hat man denn schon einmal den Ernstfall geprobt?, Im Ernstfall muss das schneller gehen.

ernst·haft *Adj.* **1.** *(ernst[1]) so, dass man nur wenig lacht* Sind in seiner Familie alle so ernsthaft? **2.** *(≈ gewichtig) wesentlich und von großer Bedeutung* Ich habe ernsthafte Mängel an dem Gerät festgestellt. **3.** *(≈ aufrichtig)* Er hat mir ein ernsthaftes Angebot gemacht. **4.** *(≈ gefährlich) so, dass es die Gesundheit von jmdm. bedroht* Die Verletzungen sind doch ernsthafter, als wir dachten.

Ernst·haf·tig·keit die <-> *(kein Plur.)*

ernst·lich <nicht steig.> *Adj.* **1.** *wirklich* Ich werde gleich ernstlich wütend! **2.** *bedrohlich* Er ist ernstlich krank.

Ern·te die <-, -n> **1.** LANDWIRTSCH. *das Ernten[1]* **2.** LANDWIRTSCH. *das, was man erntet[1]* Die Bauern bringen die Ernte ein., Der Sturm hat einen Teil der Ernte vernichtet. **3.** *Resultat einer Tätigkeit oder Arbeit* Die Ernte unserer langen Forschungsarbeit war nicht groß.

Ern·te·ar·beit die <-, -en> LANDWIRTSCH. *Arbeit zur Erntezeit*

Ern·te·ar·bei·ter, **Ern·te·ar·bei·te·rin** der <-s, -> (LANDWIRTSCH.: ≈ *Erntehelfer) Arbeiter, der (nur) für die Ernte eingestellt ist*

Ern·te·aus·fall der <-(e)s, Ernteausfälle> LANDWIRTSCH. *(durch widrige Umstände) schlecht ausgefallene Ernte* Wir mussten dieses Jahr erhebliche Ernteausfälle hinnehmen.

Ern·te·dank·fest das <-(e)s, -e> REL. *kirchliches, meist am ersten Sonntag im Oktober gefeiertes Fest nach der Ernte*

Ern·te·hel·fer, **Ern·te·hel·fe·rin** der <-s, -> LAND-

WIRTSCH. *jmd., der bei der Ernte[1] hilft*

ern·ten <erntest, erntete, hat geerntet> *mit OBJ* ■ *jmd. erntet etwas* **1.** *Getreide, Obst und Gemüse, die man angebaut hat, vom Feld bzw. aus dem Garten sammeln* Wir werden morgen die Äpfel ernten., Die Bauern ernten den Weizen. **2.** (*umg. übertr.*) *bekommen, erhalten* Dafür erntete ich nichts als Undank.

Ern·te·scha·den der <-s, Ernteschäden> (*meist Plur.*) LANDWIRTSCH. (*durch widrige Umstände hervorgerufene*) *Einbußen in der Ernte*

Ern·te·zeit die <-, -en> LANDWIRTSCH. *die Zeit des Jahres, in der die Bauern ernten[1]*

er·nüch·tern <ernüchterst, ernüchterte, ist ernüchtert> *mit OBJ* ■ *etwas ernüchtert jmdn. jmdm. Illusionen nehmen* Das Prüfungsergebnis ernüchterte ihn.

er·nüch·ternd <ernüchternder, am ernüchterndsten> *Adj.* (≈ *desillusionierend*) *so, dass es die Hoffnungen oder Ideale von jmdm.* (*teilweise*) *zerstört* eine ernüchternde Erfahrung

Er·nüch·te·rung die <-, -en> *der Vorgang, dass etwas jmdn. ernüchtert*

Er·o·be·rer der <-s, -> *Angehöriger einer Gruppe, die ein Land oder Gebiet erobert haben* die Eroberer Amerikas

er·o·bern <eroberst, eroberte, hat erobert> *mit OBJ* **1.** ■ *jmd. erobert etwas* MILIT. *ein Gebiet unter seine Kontrolle bringen* Die Stadt wurde schließlich erobert. **2.** ■ *jmd. erobert etwas* (≈ *erringen*) Sie eroberte doch noch den ersten Platz. **3.** ■ *jmd. erobert jmdn.* (*übertr.*) *jmdn. für sich gewinnen, so dass eine Liebesbeziehung daraus entsteht*

Er·o·be·rung die <-, -en> **1.** *das Erobern[1 2]* **2.** (*übertr.*) *Person, die man erobert[2] hat* Er wollte mir seine neue Eroberung vorstellen.

Er·o·be·rungs·krieg der <-(e)s, -> MILIT. *Angriffskrieg*

er·öff·nen <eröffnest, eröffnete, hat eröffnet> **I.** *mit OBJ* **1.** ■ *jmd. eröffnet etwas* (*geh.*) *offiziell sagen, dass etwas für die Menschen zugänglich ist* Morgen wird die Ausstellung/die Straße eröffnet. **2.** ■ *jmd. eröffnet etwas* (↔ *schließen*) *seinen Geschäftbetrieb aufnehmen* Hier eröffnet mein Bekannter demnächst ein Friseursalon. **3.** ■ *jmd. eröffnet etwas* AMTSSPR. *offiziell erklären, dass etwas begonnen hat* Ich eröffne hiermit die Sitzung., Die Theatersaison wird nächste Woche eröffnet. **4.** ■ *jmd. eröffnet etwas bei etwas Dat.* (↔ *auflösen*) *einrichten* Hast du schon ein Konto bei der Bank eröffnet? **5.** ■ *jmd. eröffnet jmdm. etwas* (*geh.*) *offenbaren, jmdm. zu erkennen geben* Sie eröffnete ihm, dass sie einen anderen liebt. **II.** *mit SICH* ■ *etwas eröffnet sich jmdm.* (*geh.*) *zugänglich werden* Durch das Studium eröffneten sich mir völlig neue Möglichkeiten.

Er·öff·nung die <-, -en> **1.** *Erklärung, dass etwas der Öffentlichkeit zugänglich ist* Die Eröffnung der Ausstellung erfolgte durch den Minister. **2.** *Aufnahme des Geschäftbetriebs* Bei der Eröffnung gibt es Freibier. **3.** *Erklärung, dass etwas begonnen hat* Was machen wir bis zur Eröffnung der Sitzung? **4.** *das Einrichten* Bei Eröffnung des Kontos habe ich gleich 100 Euro eingezahlt. **5.** (*geh.*) *Offenbarung* Ihre Eröffnungen machten ihn sprachlos.

Er·öff·nungs·fei·er die <-, -n> *Feier zur Eröffnung[1]*

Er·öff·nungs·re·de die <-, -n> *Rede anlässlich einer Eröffnung[1]*

Er·öff·nungs·spiel das <-(e)s, -e> (SPORT: ↔ *Endspiel*) *erstes Spiel in einem Turnier*

e·ro·gen <erogener, am erogensten> *Adj. sexuell erregbar* die erogenen Zonen von Mann und Frau

er·ör·tern <erörterst, erörterte, hat erörtert> *mit OBJ* ■ *jmd. erörtert etwas Akk. die verschiedenen Aspekte von etwas abwägen und diskutieren* Habt ihr die Lage/die Probleme/das Für und Wider schon erörtert?

Er·ör·te·rung die <-, -en> **1.** *das Erörtern* **2.** *wissenschaftliche Abhandlung, die ein Thema erörtert*

E·ros der <-> (*kein Plur.*) **1.** (*geh.*) *die sexuelle Liebe* Das Buch beschäftigt sich mit dem Eros in Malerei und Literatur. **2.** *in der griechischen Mythologie der Gott der Liebe*

E·ro·si·on die <-, -en> (*fachspr.*) *Abtragung, Abschürfung von Boden und Gestein durch Wasser, Eis und Wind* Die bizarren Gesteinsformationen sind durch Erosion entstanden.

E·ro·si·ons·schutz der <-es> (*kein Plur.*) *Schutz vor Erosion*

E·ro·tik die <-> (*kein Plur.*) **1.** *die Kunst oder Lehre vom Gefühl der Liebe* **2.** *die geschlechtliche Liebe und Sexualität* Die vor Erotik knisternde Atmosphäre des Films lässt sich mit Worten kaum beschreiben., Über Erotik wird heute viel freier gesprochen als früher.

E·ro·tik·blatt das <-es, Erotikblätter> (*iron.*) *erotisches Journal*

E·ro·tik·ka·nal der <-s, Erotikkanäle> (*iron.*) *Fernsehkanal, der* (*vorwiegend*) *Filme mit erotischem Inhalt sendet*

e·ro·tisch <erotischer, am erotischsten> *Adj.* (≈ *sinnlich*) *die Erotik betreffend* Sie unterhielten sich über die erotische Ausstrahlung dieser Frau/dieses Mannes.

e·ro·ti·sie·rend <erotisierender, am erotisierendsten> *Adj. so, dass es erotisch wirkt* die erotisierende Wirkung eines Parfums

E·ro·to·ma·ne, **E·ro·to·ma·nin** der <-n, -n> MED. PSYCH. *jmd., der an Erotomanie leidet*

E·ro·to·ma·nie die <-> (*kein Plur.*) MED. PSYCH. *krankhaft übersteigerter Geschlechtstrieb*

e·ro·to·ma·nisch <nicht steig.> *Adj.* MED. PSYCH. *auf die Erotomanie bezogen*

Er·pel der <-s, -> (ZOOL.: ≈ *Enterich*) *männliche Ente*

er·picht *Adj.* ■ **auf etwas erpicht sein** (*umg.*): *auf etwas versessen oder begierig sein*

er·pres·sen <erpresst, erpresste, hat erpresst> *mit OBJ* ■ *jmd. erpresst jmdn.* (*mit etwas Dat.*) **1.** *durch Drohung zu etwas zwingen* Man erpresste ihn mit den entwendeten Geschäftsunterlagen. **2.** *durch*

Drohung erlangen Sie versuchten, seine Unterschrift zu erpressen.

Er·pres·ser, **Er·pres·se·rin** der <-s, -> *jmd., der jmdn. erpresst*

er·pres·se·risch <erpresserischer, am erpresserischsten> *Adj. mit der Absicht der Erpressung*

Er·pres·sung die <-, -en> *das Erpressen*

er·pro·ben <erprobst, erprobte, hat erprobt> *mit OBJ* ■ *jmd. erprobt etwas gründlich prüfen* Wir müssen die neuen Werkstoffe erst noch genau erproben.

er·probt <nicht steig.> *Adj. geprüft und für zuverlässig befunden* Dies ist ein erprobtes Arzneimittel., Er ist ein erprobter Torwart.

Er·pro·bung die <-, -en> *das Erproben*

er·qui·cken <erquickst, erquickte, hat erquickt> *mit OBJ* ■ *jmd./etwas erquickt jmdn./sich (mit etwas Dat.) (geh.) sich laben* sich nach einem heißen Tag mit einem kühlen Bad und einem erfrischendem Getränk erquicken

er·quick·lich <erquicklicher, am erquicklichsten> *Adj. (geh. iron.) erfreulich* Der Ausgang der Geschichte war leider nicht so erquicklich.

er·rang *Prät. von* **erringen**

er·ra·ten <errätst, erriet, hat erraten> *mit OBJ* ■ *jmd. errät etwas durch Raten auf etwas kommen* Hast du das Lösungswort erraten?, Soll ich deine Gefühle erraten?

er·ra·tisch <nicht steig.> *(nur attr.) Adj. (übertr.) verstreut, verirrt* erratische Steinblöcke

Er·ra·tum das <-s, Errata> *(geh.) Druckfehler*

er·rech·nen <errechnest, errechnete, hat errechnet> *mit OBJ* ■ *jmd. errechnet etwas durch Rechnen zu einem bestimmten Ergebnis kommen* Sie hatte errechnet, dass die Ausgaben zu hoch sein würden.

er·reg·bar <erregbarer, am erregbarsten> *Adj.* **1.** *so, dass man sich leicht aufregt* Pass auf, was du sagst, er ist ein leicht erregbarer Mensch. **2.** *(≈ erogen)*

er·re·gen <erregst, erregte, hat erregt> **I.** *mit OBJ* ■ *jmd./etwas erregt jmdn.* **1.** *bewirken* Ihr Auftritt erregte großes Aufsehen/einigen Ärger., Er hatte bereits ihren Verdacht erregt. **2.** *emotional bewegen* Der Streit hatte sie erregt. **3.** *in sexuelle Erregung versetzen* Ihr Anblick erregte ihn. **II.** *mit SICH* ■ *jmd. erregt sich (über etwas Akk.) sich aufregen* Sie erregt sich ständig über die Nachbarn.

Er·re·ger der <-s, -> MED. *Auslöser einer Krankheit* Der Erreger ist gut erforscht.

Er·regt·heit die <-> *(kein Plur.) das Erregtsein*

Er·re·gung die <-, -en> **1.** *Aufregung* Die Erregung ist inzwischen wieder einer nüchternen Betrachtung gewichen. **2.** *sexuelle Reizung*

er·reich·bar <nicht steig.> *Adj. so, dass man oder etwas erreicht werden kann* Ich bin telefonisch momentan nicht/über Handy erreichbar., Unser Hotel ist gut erreichbar.

Er·reich·bar·keit die <-> *(kein Plur.) das Erreichbarsein*

er·rei·chen <erreichst, erreichte, hat erreicht> *mit OBJ* **1.** ■ *jmd. erreicht etwas an etwas gelangen, um es zu fassen* Ich kann die Lampe nicht erreichen, hole mir bitte ein Leiter. **2.** ■ *jmd. erreicht etwas durchsetzen* Endlich hatte sie ihr Ziel erreicht. **3.** ■ *jmd. erreicht etwas zu jmdm. oder etwas gelangen* Er erreichte ein biblisches Alter., Wir haben den Bus gerade noch erreicht. **4.** ■ *jmd. erreicht jmdn. unter etwas Dat.* TELEKOMM. *mit jmdm. in Verbindung treten* Unter welcher Nummer kann ich Sie telefonisch erreichen?

er·ret·ten <errettest, errettete, hat errettet> *mit OBJ* ■ *jmd./etwas errettet jmdn. (aus/von/vor etwas Dat.) (geh.) retten* Er hat das Kind vor dem Ertrinken errettet.

er·rich·ten <errichtest, errichtete, hat errichtet> *mit OBJ* ■ *jmd. errichtet (jmdm.) etwas* **1.** *(geh.) (auf) bauen* Dort errichtet man einen Schornstein/ein Gerüst/ein Denkmal. **2.** *offiziell gründen* Auf diesem Gebiet wurde schließlich der neue Staat errichtet.

Er·rich·tung die <-> *(kein Plur.)* **1.** *das Bauen* **2.** *die Gründung*

er·riet *Prät. von* **erraten**

er·rin·gen <erringst, errang, hat errungen> *mit OBJ* ■ *jmd. erringt etwas etwas durch hohen Einsatz erreichen* Die Mannschaft konnte in letzter Minute den Sieg erringen.

er·rö·ten <errötest, errötete, ist errötet> *ohne OBJ* ■ *jmd. errötet (vor/aus etwas) rot werden* Sie errötete vor Scham/Verlegenheit.

er·run·gen *Part. Perf. von* **erringen**

Er·run·gen·schaft die <-, -en> *ein bedeutendes Ergebnis* Die technischen Errungenschaften jener Zeit beeindrucken noch heute.

er·sah *Prät. von* **ersehen**

er·sann *Prät. von* **ersinnen**

Er·satz der <-es> *(kein Plur.) etwas oder jmd., das etwas oder jmdn. ersetzt* Wir konnten für den verletzten Spieler noch keinen vollwertigen Ersatz finden.

Er·satz·an·spruch der <-(e)s, Ersatzansprüche> *Anspruch auf Ersatz*

Er·satz·bank die <-, -en> SPORT *Reservebank für die zu ersetzenden Spieler*

Er·satz·be·frie·di·gung die <-, -en> *(meist Sing.)* PSYCH. *durch eine Ersatzhandlung erreichte Triebbefriedigung*

Er·satz·dienst der <-es> *(kein Plur.) Zivildienst, der anstelle von Wehrdienst geleistet wird*

Er·satz·hand·lung die <-, -en> PSYCH. *Handlung anstelle der eigentlich angestrebten (aber nicht durchführbaren) Handlung*

Er·satz·kas·se die <-, -n> *eine Krankenkasse, die von den Arbeitnehmern im Rahmen der gesetzlichen Versicherungspflicht gewählt werden kann*

er·satz·los <nicht steig.> *Adj. so, dass es keinen Ersatz dafür gibt* Die Sendung wird ersatzlos aus dem Programm gestrichen.

Er·satz·mann der <-s, -leute> SPORT *Ersatzspieler*

Er·satz·mit·tel das <-s, -> (MED.: *≈ Surrogat) ersatzweise verabreichtes Mittel*

er·satz·pflich·tig <nicht steig.> *Adj. verpflichtet, einen Schaden zu ersetzen*

Er·satz·prä·pa·rat das <nicht steig.> MED. *Ersatzmittel*
Er·satz·rad das <-(e)s, Ersatzräder> KFZ-W. *Ersatzreifen*
Er·satz·rei·fen der <-s, -> (KFZ-W.: ≈ *Reserverad*) *im Fahrzeug mitgeführter Reifen zum Auswechseln*
Er·satz·schlüs·sel der <-s, -> (≈ *Reserveschlüssel*)
Er·satz·spie·ler, **Er·satz·spie·le·rin** der <-s, -> SPORT *Spieler, der einen anderen (im Spiel aktiven Spieler) ersetzen kann*
Er·satz·teil das <-s, -e> *Teil eines Geräts, das ein defektes Teil ersetzen kann* Ersatzteile können jahrelang nachgekauft werden. ◆-lager
Er·satz·trup·pe die <-, -n> MILIT. **1.** (≈ *Reservetruppe*) **2.** MILIT. *Truppe, die Rekruten ausbildet*
er·satz·wei·se *Adv. als Ersatz*
er·sau·fen <ersäufst, ersoff, ist ersoffen> *ohne OBJ* ■ *jmd./ein Tier ersäuft (in etwas Dat.)* (*vulg.*) **1.** *ertrinken* **2.** (*ein Tier*) *ertränken*
er·schaf·fen <erschaffst, erschuf, hat erschaffen> *mit OBJ* ■ *jmd. erschafft jmdn./etwas* **1.** REL. *jdn. oder etwas zum Leben erwecken* Gott hat den Menschen erschaffen **2.** (*geh.*) *eine kreative Leistung vollbringen, die sich in einer literarischen Figur/einem Werk der bildenden Kunst darstellt* Mit dem Faust hat Goethe eine Figur erschaffen, die …
Er·schaf·fung die <-> (*kein Plur.*) *das Erschaffen*
er·schal·len <erschallt, erscholl/erschallte, ist erschollen/erschallt> *ohne OBJ* ■ *etwas erschallt* **1.** (*geh.*) *widerhallen* Im Korridor erschallten Schritte. **2.** (*geh.*) *ertönen* Ein Lied erschallt.
er·schau·ern <erschauerst, erschauerte, ist erschauert> *ohne OBJ* ■ *jmd. erschauert (vor etwas Dat.)* (*geh.*) *schaudern* Ich erschauerte aus Angst vor ihm.
Er·schei·nen das <-s> (*kein Plur.*) **1.** *der Vorgang, dass sich jmd. irgendwo einfindet* Es wird um pünktliches Erscheinen gebeten. **2.** *der Vorgang, dass ein Druckwerk veröffentlicht wird*
er·schei·nen <erscheinst, erschien, ist erschienen> *ohne OBJ* ■ *jmd./etwas erscheint irgendwann/irgendwo/irgendwie* **1.** *als Druckwerk publiziert werden* Das Buch erscheint im nächsten Jahr/später als geplant., Die Zeitschrift erscheint monatlich/vierteljährlich. **2.** *sichtbar werden* Auf dem Foto erscheinen Streifen, die man als Spuren von Elementarteilchen deuten kann. **3.** *sich einfinden, kommen* Er musste vor Gericht erscheinen., Erscheint bitte pünktlich! **4.** *irgendwie wirken* Seine Art erscheint manchmal (als) arrogant, dabei ist er nett., Seine Ausführungen erschienen (mir) ganz logisch.
Er·schei·nung die <-, -en> *das äußere Bild von jmdm.* ■ **eine angenehme äußere Erscheinung**: *ein angenehmes Äußeres* **in Erscheinung treten**: *sichtbar oder wirksam werden* ◆-sdatum, -sjahr, Alters-, Ermüdungs-,
Er·schei·nungs·fest das <-(e)s> (*kein Plur.*) REL. *Epiphanias*
Er·schei·nungs·form die <-, -en> *Form, die eine Erscheinung hat oder annimmt* Eine Erscheinungsform von Wasser ist Eis.
Er·schei·nungs·wei·se die <-, -n> *Art (und Weise), wie etwas erscheint*
Er·schei·nungs·welt die <-> (*kein Plur.*) *die sinnlich wahrgenommene Welt siehe auch* **Erfahrungswelt**
er·schien *Prät. von* **erscheinen**
er·schie·nen *Part. Perf. von* **erscheinen**
er·schie·ßen <erschießt, erschoss, hat erschossen> *mit OBJ* ■ *jmd. erschießt jmdn. (mit etwas Dat.) mit einer Schusswaffe töten* Man musste das angefahrene Reh erschießen., Er hatte sich erschossen. ■ **ganz erschossen sein** (*umg.*): *völlig erschöpft sein*
Er·schie·ßung die <-, -en> *Hinrichtung durch Erschießen*
Er·schie·ßungs·kom·man·do das <-s, -s> MILIT. *die Mannschaft, die den Befehl hat, jmdn. zu erschießen*
er·schlaf·fen <erschlaffst, erschlaffte, ist erschlafft> *ohne OBJ* ■ *jmd./etwas erschlafft schlaff werden* ▶Erschlaffung
er·schla·gen[1] <erschlägst, erschlug, hat erschlagen> *mit OBJ* ■ *jmd./etwas erschlägt jmdn. durch Schläge töten* ■ **vom Blitz erschlagen werden**: *durch Blitzschlag getötet werden* **Das erschlägt mich (förmlich)!**: *Das überrascht mich sehr!*
er·schla·gen[2] <erschlagener, am erschlagensten> (*nur präd.*) *Adj.* (*umg.*) *erschöpft* Nach der langen Autofahrt war ich völlig erschlagen.
er·schlei·chen <erschleichst, erschlich, hat erschlichen> *mit OBJ* ■ *jmd. erschleicht (sich) etwas* (*abwert.*) *unrechtmäßig erwerben* Das Erbe haben sie (sich) doch erschlichen.
er·schlich *Prät. von* **erschleichen**
er·schli·chen *Part. Perf. von* **erschleichen**
er·schlie·ßen <erschließt, erschloss, hat erschlossen> **I.** *mit OBJ* ■ *jmd. erschließt etwas (aus etwas Dat.)* **1.** (*fachspr.*) *nutzbar machen* Man erschloss dort Bauland/neue Rohstoffquellen/neue Märkte. **2.** *Schlussfolgerungen über die Bedeutung anstellen* Ich erschloss die Bedeutung dieses Wortes aus dem Kontext. **II.** *mit SICH* ■ *etwas erschließt sich jmdm.* (*geh.*) *in seiner Bedeutung für jmdn. erfassbar werden* Diese Komposition/die abstrakte Malerei erschließt sich nicht jedem.
Er·schlie·ßung die <-> (*kein Plur.*) *das Erschließen*
er·schloss *Prät. von* **erschließen**
er·schlos·sen *Part. Perf. von* **erschließen**
er·schlug *Prät. von* **erschlagen**
er·scholl *Prät. von* **erschallen**
er·schol·len *Part. Perf. von* **erschallen**
er·schöp·fen <erschöpfst, erschöpfte, hat erschöpft> **I.** *mit OBJ* **1.** ■ *etwas erschöpft jmdn. müde machen* Die Hitze erschöpfte ihn völlig. **2.** ■ *etwas erschöpft etwas* (*übertr.*) *aufbrauchen, nachlassen* Seine finanziellen Möglichkeiten waren erschöpft., Meine Geduld ist langsam erschöpft. **II.** *mit SICH* ■ *etwas erschöpft sich in etwas Dat.* (*geh.*) *nicht über eine bestimmte Sache hinausge-*

E

langen Der Vortrag erschöpfte sich in der Auflistung vieler Fragen, ohne mögliche Antworten auch nur anzudeuten.

er·schöp·fend <erschöpfender, am erschöpfendsten> *Adj.* (*geh.*) *so, dass alle Faktoren berücksichtigt werden* Dies war eine wirklich erschöpfende Darstellung des Themas.

Er·schöp·fung die <-> (*kein Plur.*) *sehr große Schwäche und Müdigkeit als Folge großer Anstrengung* Wir arbeiteten bis zur Erschöpfung.

er·schoss *Prät. von* **erschießen**

er·schos·sen[1] *Part. Perf. von* **erschießen**

er·schos·sen[2] <nicht steig.> *Adj.* (*umg.*) *sehr müde, erschöpft* Nach der anstrengenden Bergtour kamen sie abend total erschossen zurück. *siehe auch* **erschlagen**

er·schrak *Prät. von* **erschrecken**[2]

er·schre·cken[1] <erschreckst, erschreckte, hat erschreckt> *mit OBJ* ■ *jmd. erschreckt jmdn. bewirken, dass jmd. in Schrecken gerät* Sie hat mich zu Tode erschreckt., Musst du deinen Bruder immer so erschrecken?

er·schre·cken[2] <erschrickst, erschrak, hat/ist erschrocken> **I.** *ohne OBJ* ■ *jmd. erschrickt* (*vor jmdm./etwas*) (*sein*) *in Schrecken geraten* Ich erschrecke sehr leicht. **II.** *mit SICH* ■ *jmd. erschrickt sich* (*vor jmdm./etwas*) (*haben umg.*) *in Schrecken geraten* Ich habe mich zunächst fürchterlich erschrocken.

er·schro·cken *Part. Perf. von* **erschrecken**[2]

er·schuf *Prät. von* **erschaffen**

er·schüt·tern <erschütterst, erschütterte, hat erschüttert> *mit OBJ* **1.** ■ *etwas erschüttert etwas in Schwingung versetzen* Als der schwere Lastwagen vorbeifuhr, erschütterte er das Haus. **2.** ■ *etwas erschüttert etwas* (*übertr.*) *erzittern lassen* Ein Krieg erschütterte das Land. **3.** ■ *etwas erschüttert jmdn. aus der Fassung bringen* Diese Nachricht hat mich erschüttert. **4.** ■ *etwas erschüttert etwas* (*übertr.*) *infrage stellen* Mein Vertrauen in sie ist erschüttert.

er·schüt·ternd *Adj. so, dass etwas die Gefühle sehr stark schockiert* erschütternde Bilder/Berichte/Ereignisse, Ich habe einen erschütternden Bericht über die Katastrophe von Tschernobyl gehört.

Er·schüt·te·rung die <-, -en> **1.** (*starke*) *Vibration* Mehrere Erdstöße erschütterten das Land. **2.** (*kein Plur.*) (*übertr.*) *Ergriffenheit* Ihr war die Erschütterung anzusehen.

er·schwe·ren <erschwerst, erschwerte, hat erschwert> *mit OBJ* ■ *jmd./etwas erschwert jmdm. etwas bewirken, dass etwas schwierig wird* Die heftigen Regenfälle erschwerten die Rettungsarbeiten., Ihm wurde der Zugang zur Universität erschwert.

er·schwe·rend <nicht steig.> ■ **erschwerend kommt hinzu, dass ...**: *was noch schlimmer ist, ...*

Er·schwer·nis die <-, -se> (*geh.*) *Hindernis , Belastung* Ihre finanziellen Engpässe sind eine zusätzliche Erschwernis.

Er·schwer·nis·zu·la·ge die <-, -n> *zusätzlicher Lohn bei besonders schwerer Arbeit*

er·schwing·lich <erschwinglicher, am erschwinglichsten> *Adj. so preisgünstig, dass man es sich noch leisten kann* Qualität zu erschwinglichen Preisen

er·se·hen <ersiehst, ersah, hat ersehen> *mit OBJ* ■ *jmd. ersieht etwas aus etwas Dat.* (*geh.*) *entnehmen können* Er konnte aus den Bewerbungsunterlagen ersehen, dass ..., Aus den Zeilen lässt sich nicht ersehen, was der Schreiber wollte.

er·seh·nen <ersehnst, ersehnte, hat ersehnt> *mit OBJ* ■ *jmd. ersehnt jmdn./etwas* (*geh.*) *sich nach etwas sehnen* Sie ersehnten ein Kind., Der Frieden war lang ersehnt.

er·set·zen <ersetzt, ersetzte, hat ersetzt> *mit OBJ* ■ *jmd. ersetzt* (*jmdm.*) *etwas einen Ersatz leisten* Du musst mir den Schaden ersetzen., Ihre Auslagen werden (Ihnen) selbstverständlich ersetzt., ein defektes Teil ersetzen

Er·set·zung die <-> (*kein Plur.*) *das Ersetzen*

er·sicht·lich <ersichtlicher, am ersichtlichsten> *Adj. so, dass man daraus etwas ersehen kann* Hieraus ist ersichtlich, dass ...

er·sin·nen <ersinnst, ersann, hat ersonnen> *mit OBJ* ■ *jmd. ersinnt etwas* (*geh.*) *sich ausdenken* eine List ersinnen

er·soff *Prät. von* **ersaufen**

er·sof·fen *Part. Perf. von* **ersaufen**

er·son·nen *Part. Perf. von* **ersinnen**

er·spä·hen <erspähst, erspähte, hat erspäht> *mit OBJ* ■ *jmd. erspäht jmdn./etwas* (*irgendwo*) (*geh.*) *angestrengt nach etwas schauen* Wir versuchten das Wild zu erspähen.

er·spa·ren <ersparst, ersparte, hat erspart> *mit OBJ* ■ *jmd. erspart* (*jmdm.*) *etwas* **1.** *Geld zurücklegen; sparen* **2.** (*umg.*) *jmdn. mit etwas verschonen* Erspar dir die Mühe!, Es erspart uns sehr viel Arbeit, wenn wir ...

Er·spar·nis die <-, -se> (*meist Plur.*) *das, was man erspart*[1] *hat* Ich habe keine Ersparnisse mehr., Meine Ersparnisse sind fast aufgebraucht. ◆ Kosten-, Kraft-, Platz-, Zeit-

er·sprieß·lich <ersprießlicher, am ersprießlichsten> *Adj.* (*geh.*) *günstig, vorteilhaft, nützlich* ein nicht gerade ersprießlicher Anblick

erst **I.** *Adv.* **1.** *zuerst* Ich muss das erst fertig machen, dann komme ich., Erst regnete es, dann begann es zu schneien. **2.** *nicht früher als* Der nächste Bus fährt erst in zehn Minuten., Ich habe ihn erst letzte Woche gesehen., Ich habe mir erst die halbe CD angehört. **II.** *Partikel* **1.** *nur schon* Hätten wir doch erst Ferien! **2.** *gerade, noch mehr* Da war er erst recht beleidigt.

er·stach *Prät. von* **erstechen**

er·stand *Prät. von* **erstehen**

er·stan·den *Part. Perf. von* **erstehen**

er·star·ren <erstarrst, erstarrte, ist erstarrt> *ohne OBJ* ■ *jmd./etwas erstarrt* (*zu etwas Dat.*) **1.** *hart werden* Die Lava erstarrte sehr bald. **2.** *unbeweglich werden* Ihre Zehen waren vor Kälte ganz erstarrt. **3.** *plötzlich eine unbewegte Haltung einnehmen.* Ich erstarrte vor Entsetzen/Schreck.

Er·sta̤r·rung die <-> (*kein Plur.*) *das Erstarren*[1 2 3]
er·sta̤t·ten <erstattest, erstattete, hat erstattet> *mit OBJ* ■ *jmd. erstattet (jmdm.) etwas bezahlen, ersetzen* Diese Ausgaben werden (Ihnen) natürlich erstattet.
Er·sta̤t·tung die <-, -en> *Kostenerstattung*
Er·sta̤t·tungs·be·trag der <-(e)s, Erstattungsbeträge> *Geldbetrag, der erstattet wird*
E̲rst·auf·füh·rung die <-, -en> (THEAT. FILM: ≈ *Uraufführung*)
Er·stau̲·nen das <-s> (*kein Plur.*) Sie versetzt mich immer wieder in Erstaunen., Zu meinem großen Erstaunen sind wirklich alle gekommen.
er·stau̲·nen <erstaunst, erstaunte, hat/ist erstaunt> **I.** *mit OBJ* ■ *jmd./etwas erstaunt jmdn.* (*haben*) *bewirken, dass andere Menschen staunen* Sein Verhalten erstaunte alle. **II.** *ohne OBJ* ■ *jmd. erstaunt (über etwas Akk.)* (*sein*) *in Erstaunen geraten* Ich erstaune über deine Ausdauer.
er·stau̲n·lich <erstaunlicher, am erstaunlichsten> *Adj. so ungewöhnlich oder unerwartet, dass man staunt* Er ist mit 80 Jahren erstaunlich vital.
er·stau̲n·li·cher·wei·se *Adv.*
E̲rst·aus·ga·be die <-, -n> **1.** *Die erste Veröffentlichung eines Buches* Die Erstausgabe dieses Buches/dieser Briefmarke ist schon vergriffen. **2.** *ein Exemplar der ersten Auflage eines Buchs*
E̲rst·aus·stat·tung die <-, -en> *Ausstattung am Anfang* Meine Schwiegermutter steuerte damals das Geld für unsere Erstausstattung bei.
e̲rst·bes·te <nicht steig.> *Adj.* (*abwert.*) *der/die/das erste , worauf man stößt* Kauf nicht gleich die erstbeste Spülmaschine, es gibt da große Unterschiede in der Qualität!
E̲rst·be·stei·gung die <-, -en> *die erste Besteigung* Die Erstbesteigung des Berges gelang 1951.
E̲rst·druck der <-(e)s, -e> (≈ *Erstausgabe*)
e̲rs·te *Num.* **1.** *das zeitlich früheste* Es war wirklich das erste Mal, dass ich zu spät kam., Sie war die Erste, die das gemacht hat., Als Erstes werde ich duschen., Karl der Erste, der Erste Weltkrieg, der Erste Mai ■ **der erste beste**: *der, der zufällig als erster erscheint* (*und meist nicht der beste ist*) Sie hat in vielen Läden nach einem passenden Mantel gesucht – und schließlich hat sie den ersten besten gekauft! ◆ Kleinschreibung→R 3.20 **2.** *das qualitativ beste* die erste Geige spielen, erster Klasse fahren ■ **erste Sahne !**: *ausgezeichnet!* Wie der neue Chef seine Ideen dargestellt hat, das war erste Sahne! ◆ Großschreibung→R 3.4, R 3.7, R 3.15,R 3.18 **3.** *das höchste* (*in der Rangfolge*) der Erste Vorsitzende, die Erste Bundesliga
er·ste̲·chen <erstichst, erstach, hat erstochen> *mit OBJ* ■ *jmd. ersticht jmdn.* (*mit etwas Dat.*) *durch Stechen mit einem Messer töten* Der Täter hat das Opfer mit einem Dolch erstochen.
er·ste̲·hen <erstehst, erstand, hat erstanden> *mit OBJ* ■ *jmd. ersteht etwas* (*geh.*) (*unter schwierigen Umständen*) *erwerben* Wir konnten das Haus doch noch erstehen.
E̲rs·te (-) Hi̤l·fe die <-> (*kein Plur.*) *Sofortmaßnahmen bei der Behandlung von Verletzten* Erste Hilfe leisten ◆-Ausrüstung, -Kasten, -Kurs, -Leistung
er·stei̲·gen <ersteigst, erstieg, hat erstiegen> *mit OBJ* ■ *jmd. ersteigt etwas* (*geh.*) *besteigen* Morgen werden wir diesen Berg ersteigen.
er·stei̲·gern <ersteigerst, ersteigerte, hat ersteigert> *mit OBJ* ■ *jmd. ersteigert etwas bei einer Versteigerung am meisten Geld für eine Sache bieten und sie dadurch erwerben* Ein japanischer Sammler hat das Bild (für eine riesige Summe) ersteigert. ▶Ersteigerung
e̲rs·tens *Adv.* (*bei einer Aufzählung verwendet*) Erstens habe ich keine Zeit und zweitens keine Lust.
e̲rst·ge·bo·ren <nicht steig.> *Adj. so, dass man als erste/r geboren wurde*
E̲rst·ge·bo·re·ne der/die <-n, -n> (≈ *Älteste/r*) *jmd., der als erster geboren wurde*
E̲rst·ge·burts·recht das <-(e)s> (*kein Plur.*) (*veralt.*) *Recht des Erstgeborenen*
E̲rst·ge·nann·te das <-n> (*kein Plur.*) (↔ *Letztgenannte*) *das zuerst Genannte*
er·sti̤·cken <erstickst, erstickte, hat erstickt> **I.** *mit OBJ* ■ *jmd. erstickt jmdn./etwas* (*haben*) **1.** ■ *jmd. erstickt jmdn. bewirken, dass jmd. erstickt II* Sie erstickte ihr eigenes Kind mit einem Kissen. **2.** ■ *jmd. erstickt etwas bewirken, dass etwas keine Luft mehr bekommt* Er erstickte das Feuer mit einer Decke. **II.** *ohne OBJ* ■ *jmd. erstickt (an etwas Dat.)* (*sein*) *sterben, weil man keine Atemluft mehr bekommt* Der Patient ist qualvoll erstickt.
Er·sti̤·ckung die <-> (*kein Plur.*) Der Gerichtsmediziner stellte Tod durch Erstickung fest.
Er·sti̤·ckungs·an·fall der <-(e)s, Erstickungsanfälle> *Anfall, der zur Erstickung zu führen droht*
Er·sti̤·ckungs·ge·fahr die <-> (*kein Plur.*) *Gefahr, zu ersticken*
Er·sti̤·ckungs·tod der <-es> (*kein Plur.*) *Tod durch Ersticken*
er·stie̲g *Prät. von* **ersteigen**
er·stie̲·gen *Part. Perf. von* **ersteigen**
e̲rst·klas·sig <nicht steig.> *Adj. von bester Qualität* eine erstklassige Leistung
E̲rst·kläss·ler, E̲rst·kläss·le·rin der <-s, -> (SCHULE: *süddt. österr. schweiz.*) *Schüler, der die erste Klasse der Grundschule besucht*
E̲rst·kom·mu·ni·kant, E̲rst·kom·mu·ni·kan·tin der <-en, -en> REL. *jmd., der die Erstkommunion empfängt*
E̲rst·kom·mu·ni·on die <-, -en> REL. *Fest des erstmaligen Empfangs der Kommunion* (*in der katholischen Kirche*)
E̲rst·kon·su·ment, E̲rst·kon·su·men·tin der <-en, -en> *jmd., der zum ersten Mal Drogen konsumiert*
E̲rst·ling der <-s, -e> *das erste Kind* Das ist mein ältester Sohn, mein Erstling
E̲rst·lings·ar·beit die <-, -en> KUNST *das erste Werk eines Künstlers*
E̲rst·lings·werk das <-(e)s, -e> LIT. *das erste Werk, das ein Schriftsteller verfasst hat* War das nicht das Erstlingswerk dieses Autors?
e̲rst·ma·lig <nicht steig.> (*nur attr.*) *Adj. so, dass*

es das erste Mal ist Wir wohnten der erstmaligen Aufführung dieses Stückes bei.

erst·mals *Adv. zum ersten Mal* Ich sah ihn erstmals in München.

er·sto·chen *Part. Perf. von* **erstechen**

erst·ran·gig <nicht steig.> (*nur attr.*) *Adj. von höchster Qualität, so dass jmd. den ersten Platz einnimmt.* Er ist ein erstrangiger Sportler.

er·stre·ben <erstrebst, erstrebte, hat erstrebt> *mit OBJ* ■ *jmd. erstrebt etwas Akk.* (*geh.*) *intensiv danach streben, etwas zu erreichen*

er·stre·cken <erstreckt, erstreckte, hat erstreckt> *mit SICH* ■ *etwas erstreckt sich über/auf etwas Akk.* **1.** *sich räumlich ausdehnen* Das Grundstück erstreckt sich über ein Gebiet von fast 100 Hektar. **2.** (≈ *sich hinziehen*) *sich zeitlich ausdehnen* Die Verhandlungen erstreckten sich über mehrere Jahre. **3.** (*geh.*) *sich beziehen* Meine Kritik erstreckt sich vor allem auf die beiden ersten Kapitel.

er·stre·cken <erstreckt, erstreckte, hat erstreckt> *mit OBJ* ■ *jmd. erstreckt etwas* (*schweiz.*) (*Frist, Termin*) *verlängern, hinausschieben*

er·strei·ten <erstreitest, erstritt, hat erstritten> *mit OBJ* ■ *jmd. erstreitet (sich) etwas* (*geh.* ≈ *erkämpfen*) *durch Kampf erringen*

er·stritt *Prät. von* **erstreiten**

er·strit·ten *Part. Perf. von* **erstreiten**

Erst·schlag der <-es, Erstschläge> MILIT. (*atomarer*) *Angriff, bevor der Gegner als Erster zuschlagen kann*

Erst·se·mes·t(l)er der/die <-s, -> *Student/in im ersten Semester* ◆-beratung

Erst·stim·me die <-, -n> POL. *Erste Stimme, die der Wähler einem Kandidaten aus seinem Wahlkreis gibt siehe auch* **Zweitstimme**

er·stun·ken ■ **erstunken und erlogen sein** (*umg. abwert.*): *eine gemeine Lüge sein*

er·stür·men <erstürmst, erstürmte, hat erstürmt> *mit OBJ* ■ *jmd. erstürmt etwas* MILIT. *im Sturm einnehmen* Die Festung konnte erstürmt werden.

Er·stür·mung die <-, -en> *das Erstürmen*

Erst·ver·öf·fent·li·chung die <-(e)s, -e> KUNST *erstmalige Veröffentlichung* (*eines Werkes oder Buches*)

Erst·wäh·ler, **Erst·wäh·le·rin** der <-s, -> POL. *jmd., der zum ersten Mal wählt*

Erst·zu·las·sung die <-, -en> VERKEHR *erstmalige Zulassung* (*eines Fahrzeugs*)

er·su·chen <ersuchst, ersuchte, hat ersucht> *mit OBJ* ■ *jmd. ersucht jmdn. um etwas Akk.* (*geh.*) *höflich oder offiziell eine Bitte äußern* Ich hatte sie höflich ersucht, mir zu helfen., das Amt um eine Auskunft ersuchen

Er·su·chen das <-s, -> (AMTSSPR.: *geh.*) *Anfrage, Bitte* auf Ersuchen von …

er·tap·pen <ertappst, ertappte, hat ertappt> *mit OBJ/ mit SICH* ■ *jmd. ertappt jmdn.* (*bei etwas Dat.*) *erwischen* Die Polizei ertappte den Dieb auf frischer Tat., Ich habe mich dabei ertappt, dass ich schon wieder Schokolade gegessen habe.

er·tas·ten <ertastest, ertastete, hat ertastet> *mit OBJ* ■ *jmd. ertastet jmdn./etwas durch Tasten etwas herausfinden* Er ertastete im Dunkeln den Lichtschalter.

er·tei·len <erteilst, erteilte, hat erteilt> *mit OBJ* ■ *jmd. erteilt jmdm. etwas* (*geh.*) *geben* Sie erteilt ihm Klavierunterricht., Ich erteile Ihnen die Erlaubnis, früher zu gehen.

Er·tei·lung die <-> (*kein Plur.*) *das Erteilen*

er·tö·nen <ertönt, ertönte, ist ertönt> *ohne OBJ* ■ *etwas ertönt hörbar werden* Musik ertönte. ◆ Großschreibung→R 3.4, R 3.5 bei Ertönen des Signals …

Er·trag der <-(e)s, Erträge> **1.** *finanzieller Gewinn* **2.** LANDWIRTSCH. *Ernte*[2] ◆-sminderung, -ssteigerung, Netto-, Rein-

er·tra·gen <erträgst, ertrug, hat ertragen> *mit OBJ* ■ *jmd. erträgt jmdn./etwas aushalten, erdulden* Ich kann diesen Lärm nicht mehr ertragen., die Schmerzen tapfer ertragen

er·trag·fä·hig <nicht steig.> *Adj. so, dass es Ertrag bringen kann* ertragfähiges Startkapital

Er·trag·fä·hig·keit die <-> (*kein Plur.*) *das Ertragfähigsein*

er·träg·lich <erträglicher, am erträglichsten> *Adj. so, dass man es noch aushalten kann* Die Schmerzen sind mittlerweile (einigermaßen) erträglich.

er·trag·los <nicht steig.> *Adj. ohne Ertrag*

er·trag·reich <ertragreicher, am ertragreichsten> *Adj.* (↔ *ertragarm*) *so, dass es viel Ertrag abwirft* ein ertragreicher Boden

Er·trags·aus·sich·ten *Plur. die Aussichten auf Ertrag*

Er·trags·la·ge die <-> (*kein Plur.*) WIRTSCH. *die Lage bezüglich eines Ertrages* Die Ertragslage der Firma hat sich inzwischen wieder verbessert.

Er·trags·min·de·rung die <-, -en> (↔ *Ertragssteigerung*) *die Verminderung eines Ertrages*

Er·trags·steu·er die <-, -n> *Steuer, die man auf* (*bestimmte*) *Erträge zu entrichten hat*

Er·trags·wert der <-(e)s, -e> *der* (*errechnete*) *Wert der* (*erwarteten*) *Erträge*

er·trank *Prät. von* **ertrinken**

er·trän·ken <ertränkst, ertränkte, hat ertränkt> *mit OBJ* **1.** ■ *jmd. ertränkt jmdn./ein Tier jmdn. oder ein Tier lange genug ins Wasser tauchen, um das Ertrinken zu verursachen* Hat er die Katze etwa ertränkt? **2.** ■ *jmd. ertränkt etwas in etwas Dat. soviel Alkohol trinken, dass man etwas* (*vorübergehend*) *vergisst* Er hat seinen Kummer in Alkohol ertränkt.

er·träu·men <erträumst, erträumte, hat erträumt> *mit OBJ* ■ *jmd. erträumt (sich) etwas* (≈ *ersehnen*) *etwas intensiv wünschen. was man schon lange haben möchte* Er hatte sich ein solches Haus stets erträumt.

er·trin·ken <ertrinkst, ertrank, ist ertrunken> *ohne OBJ* ■ *jmd./ein Tier ertrinkt sterben, weil Wasser in die Lunge gerät*

er·trot·zen <ertrotzst, ertrotzte, hat ertrotzt> *mit OBJ* ■ *jmd. ertrotzt etwas jmd. bekommt etwas, nachdem er es trotzig gefordert hat* Der 16 jährige Sohn hat ertrotzt, dass er jetzt von zuhause ausziehen darf.

er·trug *Prät. von* **ertragen**

er·trun·ken *Part. Perf. von* **ertrinken**

er·tüch·ti·gen <ertüchtigst, ertüchtigte, hat ertüchtigt> *mit SICH* ■ *jmd. ertüchtigt sich (in etwas Dat.) (geh.) sich betätigen, aktiv sein* Er sollte sich häufiger körperlich ertüchtigen.

er·üb·ri·gen <erübrigt, erübrigte, hat erübrigt> **I.** *mit OBJ* ■ *jmd. erübrigt etwas übrig lassen, frei halten* Könnten Sie etwas Zeit für mich erübrigen?, Wir können das Geld erübrigen. **II.** *mit SICH* ■ *etwas erübrigt sich überflüssig sein* Es erübrigt sich zu sagen …

e·ru·ie·ren <eruierst, eruierte, hat eruiert> *mit OBJ* ■ *jmd. eruiert etwas (geh.) herausfinden*

e·ru·ie·ren <eruierst, eruierte, hat eruiert> *mit OBJ* ■ *jmd. eruiert jmdn./etwas (schweiz.) jmdn. ermitteln, ausfindig machen*

E·rup·ti·on die <-, -en> FACHSPR. *Ausbruch eines Vulkans*

E·rup·tiv·ge·stein das <-(e)s, -e> FACHSPR. *(aufgrund einer vorausgegangenen Eruption) erstarrtes Gestein*

er·wa·chen <erwachst, erwachte, ist erwacht> *ohne OBJ* ■ *jmd./etwas erwacht (aus etwas)* **1.** *aufwachen* Er erwachte aus einem Traum/ einer Illusion. **2.** *entstehen* Seine Neugierde erwachte. ■ **ein böses Erwachen geben**: *eine schlimme Überraschung sein*

er·wach·sen[1] <erwächst, erwuchs, ist erwachsen> *ohne OBJ* ■ *etwas erwächst aus etwas Dat. (geh.) entstehen* Daraus werden Ihnen einige Kosten erwachsen.

er·wach·sen[2] <erwachsener, am erwachsensten> *Adj. so, dass man kein Kind und kein Jugendlicher mehr ist* Sie hat zwei erwachsene Söhne., Du musst endlich erwachsen werden!

Er·wach·se·ne der/die <-n, -n> *jmd., der erwachsen[2] ist*

Er·wach·se·nen·bil·dung die <-> *(kein Plur.) Bildungsmaßnahmen für Erwachsene*

er·wä·gen <erwägst, erwog, hat erwogen> *mit OBJ* ■ *jmd. erwägt etwas* **1.** *sorgfältig durchdenken, prüfen* Wir hatten die Vor- und Nachteile des Plans sorgfältig erwogen. **2.** *(geh.) in Betracht ziehen* Wir erwägen, nächstes Jahr nach Italien in den Urlaub zu fahren.

Er·wä·gung die <-, -en> *(geh.) sorgfältige Überlegung* Wir haben natürlich auch diese Möglichkeit in Erwägung gezogen.

er·wäh·len <erwählst, erwählte, hat erwählt> *mit OBJ* ■ *jmd. erwählt jmdn./etwas (geh.) mit Bedacht (aus)wählen, aussuchen* sich eine Frau erwählen

er·wäh·nen <erwähnst, erwähnte, hat erwähnt> *mit OBJ* ■ *jmd. erwähnt jmdn./etwas nennen* Sie hat ihn mehrfach lobend erwähnt., Sie hat beiläufig erwähnt, dass …

er·warb *Prät. von* **erwerben**

er·wär·men <erwärmst, erwärmte, hat erwärmt> *mit OBJ* ■ *jmd. erwärmt etwas Akk. warm machen* ■ **sich für jmdn./etwas erwärmen** *(umg. übertr.): sich für jmdn. oder etwas begeistern*

Er·wär·mung die <-> *(kein Plur.) das Erwärmen*

er·war·ten <erwartest, erwartete, hat erwartet> *mit OBJ* **1.** ■ *jmd. erwartet etwas rechnen mit* Ich erwarte Post., Ich erwarte deinen Anruf vor neun Uhr., Das das passieren würde, war schon lange zu erwarten. **2.** ■ *jmd. erwartet etwas hoffen auf* Wir hatten erwartet, dass die neue CD besser ist. **3.** ■ *jmd. erwartet etwas von jmdm./etwas (geh.) sich versprechen* Ich erwarte (mir) bessere Leistungen von dir. ■ **ein Kind erwarten**: *schwanger sein*

Er·war·tung die <-, -en> *etwas, das jmd. erwartet* Er hatte die (in ihn gesetzten) Erwartungen enttäuscht., Das neue Tätigkeitsfeld entsprach nicht gerade ihren Erwartungen., Sie sah sich in ihren Erwartungen getäuscht.

er·war·tungs·ge·mäß <nicht steig.> *Adj. wie zu erwarten war* Sie hatte erwartungsgemäß keine Zeit.

Er·war·tungs·hal·tung die <-> *(kein Plur.) von einer bestimmten Erwartung geprägte (innere) Einstellung, Haltung* Er ging mit einer zu hohen Erwartungshaltung an die Sache heran.

Er·war·tungs·ho·ri·zont der <-(e)s> *(kein Plur.) (übertr.) Ausmaß der Erwartungen, die jmd. (bezüglich einer Sache) hat*

er·war·tungs·voll <erwartungsvoller, am erwartungsvollsten> *Adj. voller Erwartung* Er sah sie erwartungsvoll an.

er·we·cken <erweckst, erweckte, hat erweckt> *mit OBJ* ■ *jmd./etwas erweckt etwas (in jmdm.) (geh.) hervorrufen* Dieses Buch erweckte sein Interesse., Sie erweckte den Eindruck, als ob sie noch müde wäre.

er·weh·ren <erwehrst, erwehrte, hat erwehrt> *mit SICH* ■ *jmd. erwehrt sich jmds./etwas (geh.) sich zur Wehr setzen, mit Mühe abwehren* Sie konnte sich seiner nicht länger erwehren., Er konnte sich des Eindrucks nicht erwehren, dass …

er·wei·chen <erweichst, erweichte, hat erweicht> *mit OBJ* ■ *jmd./etwas erweicht jmdn. (durch etwas Akk.) milde stimmen* Er ließ sich durch ihre Tränen nicht erweichen.

er·wei·sen <erweist, erwies, hat erwiesen> **I.** *mit OBJ* **1.** ■ *jmd. erweist etwas beweisen* Das muss erst noch erwiesen werden. **2.** ■ *jmd. erweist jmdm. etwas (geh.) zuteil werden lassen* Du könntest deinen Eltern etwas mehr Respekt erweisen!, Alle seine Freunde erwiesen ihm die letzte Ehre. **II.** *mit SICH* ■ *jmd./etwas erweist sich als jmd./etwas/irgendwie (geh.) sich zeigen, sich herausstellen* Er erwies sich als unfähig., Das neue Werkzeug erwies sich als sehr nützlich., Das Gemälde erwies sich als Fälschung.

er·wei·ter·bar <nicht steig.> *Adj. so, dass man es erweitern kann*

er·wei·tern <erweiterst, erweiterte, hat erweitert> **I.** *mit OBJ* ■ *jmd. erweitert etwas (durch etwas Akk.) vergrößern* Man musste die Sportanlage erweitern., Er versuchte, durch Lesen seinen Horizont zu erweitern. **II.** *mit SICH* ■ *etwas erweitert*

E

sich sich ausdehnen Die Pupillen erweiterten sich.

Er·wei·te·rung die <-, -en> *das Erweitern*

Er·wei·te·rungs·bau der <-(e)s, -s/-ten> *Bau, der ein (schon vorhandenes) Gebäude erweitert*

er·wei·te·rungs·fä·hig <nicht steig.> *Adj. so, dass man es erweitern kann*

Er·werb der <-(e)s, -e> *das Erwerben* ◆Geld-, Neben-, Sprach-

er·wer·ben <erwirbst, erwarb, hat erworben> *mit OBJ* ■ *jmd. erwirbt etwas* **1.** *zu Eigen machen* Sie hatte erhebliches Ansehen/ beträchtliches Wissen erworben. **2.** *kaufen* Sie haben das Haus (käuflich) erworben.

Er·wer·ber, **Er·wer·be·rin** der <-s, -> *jmd., der etwas erwirbt*

er·werbs·be·schränkt <nicht steig.> *Adj.* (*nur*) *eingeschränkt erwerbsfähig*

Er·werbs·be·schrän·kung die <-, -en> (≈ *Erwerbsminderung*)

er·werbs·fä·hig <nicht steig.> *Adj. in der Lage, durch Arbeit ein Einkommen zu erzielen* Ist er noch voll erwerbsfähig?

Er·werbs·fä·hig·keit die <-> (*kein Plur.*) *das Erwerbsfähigsein*

Er·werbs·le·ben das <-s> (*kein Plur.*) *Berufsleben*

er·werbs·los <nicht steig.> *Adj.* (≈ *arbeitslos*)

Er·werbs·min·de·rung die <-, -en> *Minderung der Erwerbsfähigkeit*

Er·werbs·min·de·rungs·ren·te die <-, -n> *Rente, die man im Falle einer Erwerbsminderung bekommt*

Er·werbs·mög·lich·keit die <-, -en> *Möglichkeit, seinen Lebensunterhalt zu verdienen*

Er·werbs·quel·le die <-, -n> (≈ *Einnahmequelle*) Verfügt er noch über andere Erwerbsquellen?, Die Schriftstellerei ist seine einzige Erwerbsquelle.

er·werbs·tä·tig <nicht steig.> *Adj.* (≈ *berufstätig*) die erwerbstätige Bevölkerung

Er·werbs·tä·ti·ge der/die <-n, -n> *jmd., der erwerbstätig ist*

Er·werbs·tä·tig·keit die <-> (*kein Plur.*) (↔ *Arbeitslosigkeit*) *das Erwerbstätigsein*

er·werbs·un·fä·hig <nicht steig.> *Adj. nicht erwerbsfähig* Nach seinem Unfall war er erwerbsunfähig.

Er·werbs·un·fä·hig·keit die <-> (*kein Plur.*) *das Erwerbsunfähigsein*

Er·werbs·un·fä·hig·keits·ren·te die <-, -n> *Rente, die jmd. im Falle einer Erwerbsunfähigkeit bekommt*

Er·werbs·zweig der <-(e)s, -e> *Berufszweig*

er·wi·dern <erwiderst, erwiderte, hat erwidert> *mit OBJ* ■ *jmd. erwidert (jmdm.) etwas (auf etwas Akk.)* **1.** *antworten* Darauf erwiderte sie, dass … **2.** (*geh.*) *auf eine Empfindung mit der gleichen Empfindung reagieren* Hat sie deine Liebe nicht erwidert?

Er·wi·de·rung die <-, -en> **1.** *die Worte, die jmd. erwidert*[1] **2.** (*kein Plur.*) *das Erwidern*[2] Seine Liebe fand keine Erwiderung.

er·wies *Prät. von* **erweisen**

er·wie·sen *Part. Perf. von* **erweisen**

er·wir·ken <erwirkst, erwirkte, hat erwirkt> *mit OBJ* ■ *jmd. erwirkt etwas* AMTSSPR. *erreichen* Der Anwalt erwirkte eine einstweilige Verfügung.

er·wirt·schaf·ten <erwirtschaftest, erwirtschaftete, hat erwirtschaftet> *mit OBJ* ■ *jmd. erwirtschaftet etwas als Ergebnis der wirtschaftlichen Tätigkeit erzielen* Das Unternehmen hat im letzten Geschäftsjahr einen hohen Gewinn erwirtschaftet.

er·wi·schen <erwischst, erwischte, hat erwischt> *mit OBJ* ■ *jmd. erwischt jmdn./etwas* **1.** (*umg.*) *jmdn. dabei antreffen, dass er etwas Verbotenes tut* Er wurde im Kaufhaus beim Stehlen erwischt. **2.** (*umg.*) *zufällig bekommen* Er erwischte gerade noch den letzten Bus., Sie erwischte das größte Stück Kuchen.

er·wog *Prät. von* **erwägen**

er·wo·gen *Part. Perf. von* **erwägen**

er·wor·ben *Part. Perf. von* **erwerben**

er·wuchs *Prät. von* **erwachsen**

er·wünscht *Adj. willkommen* Angeberei ist hier nicht erwünscht.

er·wür·gen <erwürgst, erwürgte, hat erwürgt> *mit OBJ* ■ *jmd. erwürgt jmdn./ein Tier durch Würgen töten*

Erz das <-es, -e> *ein metallhaltiges Gestein*

er·zäh·len <erzählst, erzählte, hat erzählt> *mit OBJ* **1.** ■ *jmd. erzählt (jmdm.) etwas Akk. von etwas berichten* Sie erzählt ein Urlaubserlebnis. **2.** ■ *jmd. erzählt etwas eine Erzählung vortragen* Sei still, er erzählt gerade eine Geschichte. **3.** ■ *jmd. erzählt etwas sagen* Er erzählt nur Lügen., Du darfst es niemandem erzählen! ■ **Du kannst mir viel erzählen!**: *Das glaube ich dir nicht!* Er soll schon einmal mit der Queen dinniert haben ? Du kannst mir viel erzählen!

er·zäh·lens·wert *Adj. so, dass es wert ist, erzählt zu werden*

Er·zäh·ler, **Er·zäh·le·rin** der <-s, -> **1.** *jmd., der erzählt*[2] Sie ist eine gute Erzählerin (von Märchen). **2.** LIT. *vom Autor erfundene Figur, die erzählt*[2] ◆Geschichten-, Märchen-

er·zäh·le·risch <nicht steig.> (*nur attr.*) *Adj. auf das Erzählen oder die Erzählkunst bezogen* Sie besitzt ein großes erzählerisches Talent.

Er·zähl·kunst die <-, Erzählkünste> *die Kunst des Erzählens*

Er·zäh·lung die <-, -en> **1.** *das Erzählte* **2.** LIT. *ein kleinerer Prosatext*

Erz·bi·schof der <-s, Erzbischöfe> REL. *Titel eines katholischen Geistlichen, der einer Erzdiözese vorsteht*

Erz·bis·tum das <-s, Erzbistümer> REL. *Diözese eines Erzbischofs*

Erz·en·gel der <-s, -> REL. (*in der Bibel*) *einer der vier ranghöchsten Engel* der Erzengel Gabriel

er·zeu·gen <erzeugst, erzeugte, hat erzeugt> *mit OBJ* ■ *jmd./etwas erzeugt etwas* **1.** *verursachen, bewirken* Der Film erzeugte eine knisternde Spannung im Publikum. **2.** *produzieren* Solarzellen erzeugen Strom aus Sonnenenergie.

Er·zeu·ger, **Er·zeu·ge·rin** der <-s, -> **1.** *jmd., der* *etwas oder eine Ware produziert* Wir kaufen das Gemüse direkt beim Erzeuger. **2.** (*iron.*) *leiblicher Vater*

Er·zeu·ger, **Er·zeu·ge·rin** der <-s, -> (*österr.*) *Hersteller*

Er·zeu·ger·land das <-es, Erzeugerländer> WIRTSCH. *Land, in dem eine Ware hergestellt wird*

Er·zeu·ger·preis der <-es, -e> (WIRTSCH.: ≈ *Fabrikpreis*) *vom Hersteller verlangter Preis für eine Ware*

Er·zeug·nis das <-se, -se> (≈ *Produkt*) *etwas, das als Ware hergestellt worden ist* Die landwirtschaftlichen Erzeugnisse dieser Region werden direkt vermarktet. ◆ Druck-, Fabrik-, Natur-, Spitzen-

Er·zeu·gung die <-> (*kein Plur.*) *das Erzeugen*[2] Fachleute diskutierten alternative Möglichkeiten zur Erzeugung von Strom.

Erz·feind der <-(e)s, -e> **1.** *erbitterter, langjähriger Feind* **2.** (*verhüll.*) *Teufel*

Erz·feind·schaft die <-, -en> *besonders erbitterte Feindschaft*

Erz·gau·ner der <-s, -> (*scherzh.*) *besonders gerissener Gauner*

Erz·gru·be die <-, -n> *Bergwerk, in dem Erz abgebaut wird*

erz·hal·tig <erzhaltiger, am erzhaltigsten> *Adj. Erz enthaltend* erzhaltiges Gestein

Erz·ha·lun·ke der <-en, -en> (*abwert.*) *Erzgauner*

Erz·her·zog·tum das <-s, Erzherzogtümer>

er·zieh·bar <nicht steig.> *Adj. so, dass jmd. erzogen werden kann* ◆ Getrenntschreibung→R 4.3 ein Heim für schwer erziehbare Kinder

er·zie·hen <erziehst, erzog, hat erzogen> *mit OBJ* ■ *jmd. erzieht jmdn.* (*zu etwas Dat.*) *Kindern eine Erziehung geben* Die Eltern erzogen ihre Kinder zur Höflichkeit., Sie wurde in einem Heim erzogen.

Er·zie·her, **Er·zie·he·rin** der <-s, -> **1.** *jmd., der erzieht* Hier haben die Eltern als Erzieher versagt. **2.** *jmd., der beruflich Kinder betreut* Sie ist Erzieherin im Kindergarten.

er·zie·he·risch <nicht steig.> (*nur attr.*) *Adj. die Erziehung betreffend* erzieherische Aufgaben, zu erzieherischen Maßnahmen greifen

Er·zie·hung die <-> (*kein Plur.*) *alle Maßnahmen, die Kindern die Fähigkeiten vermitteln sollen, die sie im Leben brauchen* Sie genoss eine gute/liberale/strenge Erziehung. ◆ Kinder-, Kunst-, Musik-

Er·zie·hungs·an·stalt die <-, -en> (≈ *Erziehungsheim*)

Er·zie·hungs·bei·hil·fe die <-, -n> *Geld, das den erziehenden Erwachsenen vom Staat gegeben wird für die Versorgung der Kinder*

Er·zie·hungs·be·ra·ter, **Er·zie·hungs·be·ra·te·rin** der <-s, -> *jmd., der in Erziehungsfragen berät*

Er·zie·hungs·be·ra·tungs·stel·le die <-, -n> *Beratungsstelle, die für Erziehungsfragen zuständig ist*

Er·zie·hungs·be·rech·tig·te der/die <-n, -n> AMTSSPR. *die Eltern oder ein Vormund*

Er·zie·hungs·geld das <-(e)s> (*kein Plur.*) *Geld, das eine Mutter nach der Geburt ihres Kindes vom Staat bekommt* (*bis zu 12 Monate lang*), *solange sie im Erziehungsurlaub ist.* Nach der Geburt ihres Kindes erhielt sie Erziehungsgeld.

Er·zie·hungs·heim das <-(e)s, -e> *Heim für Jugendliche, deren Erziehung der Staat zu übernehmen hat*

Er·zie·hungs·maß·nah·me die <-, -n> *erzieherische Maßnahme*

Er·zie·hungs·ro·man der <-(e)s, -e> (LIT.: ≈ *Initiationsroman, Entwicklungsroman*) *Roman, der vom* (*geistigen*) *Reifeprozess der Hauptfigur handelt*

Er·zie·hungs·schwie·rig·kei·ten *Plur. Probleme bei der Erziehung*

Er·zie·hungs·ur·laub der <-(e)s, -e> *die Zeit, in der die Mutter nach der Geburt ihres Kindes beim Arbeitgeber beurlaubt ist* Wie lange hatte sie nach der Geburt Erziehungsurlaub beansprucht?

Er·zie·hungs·wis·sen·schaft die <-, -en> (≈ *Pädagogik*) *Wissenschaft von der Erziehung von Menschen*

Er·zie·hungs·wis·sen·schaft·ler, **Er·zie·hungs·wis·sen·schaft·le·rin** der <-s, -> (≈ *Pädagoge*)

er·zie·len <erzielst, erzielte, hat erzielt> *mit OBJ* ■ *jmd. erzielt etwas erreichen* Die Firma erzielte großen Erfolg mit dem neuen Produkt., Das Unternehmen erzielte einen hohen Gewinn.

Er·zie·lung die <-> (*kein Plur.*) *das Erzielen*

er·zit·tern <erzitterst, erzitterte, hat erzittert> *ohne OBJ* ■ *jmd./etwas erzittert vibrieren* Der Boden erzitterte unter den Hufen der Pferde.

erz·kon·ser·va·tiv <nicht steig.> *Adj.* (*abwert.*) *sehr konservativ*

Erz·la·ger das <-s, -> *Ort, an dem Erz vorkommt*

er·zog *Prät. von* **erziehen**

er·zo·gen *Part. Perf. von* **erziehen**

Erz·ri·va·le, **Erz·ri·va·lin** der <-n, -n> *besonders schlimmer Rivale*

Erz·schur·ke, **Erz·schur·kin** der <-n, -n> (*abwert.*) *besonders schlimmer Schurke*

er·zür·nen <erzürnst, erzürnte, hat erzürnt> **I.** *mit OBJ* ■ *etwas erzürnt jmdn.* (*geh.*) *zornig machen* Ihr Verhalten erzürnte die Mitarbeiter. **II.** *mit SICH* ■ *jmd. erzürnt sich* (*über jmdn./etwas*) (*geh.*) *zornig werden* Sie erzürnten sich über die frechen Bemerkungen.

er·zwang *Prät. von* **erzwingen**

er·zwin·gen <erzwingst, erzwang, hat erzwungen> *mit OBJ* ■ *jmd. erzwingt etwas* (*von jmdm.*) *zwingen* Man hatte seine Unterschrift erzwungen., Er erzwang sich den Zutritt zum Büro des Chefs.

er·zwun·gen *Part. Perf. von* **erzwingen**

er·zwun·ge·ner·ma·ßen *Adv. unter Zwang*

es[1] *Pron.* (*Personalpronomen der 3. Pers. Sing. Neutrum*) **1.** *verwendet, um sich auf ein Substantiv zu beziehen, dass bereits genannt wurde und dessen Genus Neutrum ist* Wo ist das Buch? Es liegt auf dem Tisch., Das Kind ist sechs Jahre alt. Es kommt demnächst in die Schule. **2.** *verwendet, um den Inhalt eines vorangegangenen Satzes auf-*

E

zugreifen Er hat die Prüfung nicht bestanden. – Ich habe es ja vorausgesehen (≈ Ich habe vorausgesehen, dass er die Prüfung nicht bestehen würde). **3.** ■ *es plus „sein" verwendet mit einem Substantiv anstelle von „er" oder „sie"* Am Waldrand sah man zwei Gestalten. Es waren Bauer Schulze und der Förster.

es² *Pron.* (*unpersönliches Pronomen; in unpersönlichen Konstruktionen verwendet, um die grammatische Funktion des Subjekts zu besetzen …*) **1.** *mit einigen Verben, die die Beschaffenheit des Wetters ausdrücken* Es regnet., Es schneit. **2.** *mit einigen Verben, die ein solches unpersönliches Objekt verlangen* Es gehört sich einfach, dass man ehrlich ist., Es geht um viel mehr als nur um Geld., Es kommt darauf an, … **3.** *in einigen Wendungen, die ein rein formales Objekt verlangen* Ich meine es nur gut., Sie hat es eilig., Jetzt hat er es auch noch an der Bandscheibe. **4.** *mit Zeitangaben* Es ist jetzt vierzehn Uhr. **5.** *als Platzhalter für ein Substantiv oder einen Nebensatz, der später folgt* Es ist fraglich, ob das stimmt (≈ Ob das stimmt, ist fraglich). **6.** *als formales Subjekt einer Passivkonstruktion* Es wurde getanzt und gesungen.

E·sche die <-, -n> BOT. *ein Laubbaum*

E·sel der <-s, -> ZOOL. *eine Art kleines Pferd, für das das graue Fell und die langen Ohren charakteristisch sind* Früher hat der Bauer die Getreidesäcke dem Esel aufgeladen und ihn zur Mühle getrieben. ■ **du Esel!**: *du dummer Mensch !* Pass doch auf, du Esel ! **er ist ein geduldiger Esel**: *er lässt sich von anderen alles aufladen, ohne zu protestieren* **er ist störrisch wie ein Esel**: *er tut nicht, was man ihm rät* Ich habe ihm schon lange geraten, ein besseres Fahrrad zu kaufen – aber er ist störrisch wie ein Esel ! **Der Esel nennt sich selbst zuerst.**: *drückt aus, dass jmd. unbescheiden ist und den ersten Platz einnehmen will* ◆ Last-, Reit-

E·se·lei die <-, -en> (*übertr.*) *Dummheit, Torheit*

E·sels·brü·cke die <-, -n> (*übertr.*) *ein Wort, das man gebraucht, um sich ein anderes Wort besser merken zu können* eine Eselsbrücke bilden

E·sels·ohr das <-s, -en> (*umg. übertr.*) *eine umgeknickte Ecke an einer Buchseite* Mach bloß keine Eselsohren in das Buch - ich habe es aus der Bibliothek.

Es·ka·la·ti·on die <-, -en> (*geh.*) *der Vorgang, dass etwas eskaliert*

es·ka·lie·ren <eskaliert, eskalierte, ist eskaliert> *mit OBJ* ■ *etwas eskaliert* (*zu etwas Dat.*) (*geh.*) *langsam anwachsen, sich stufenweise steigern* Die Auseinandersetzungen zwischen der Polizei und den Demonstranten eskalierten., Der Streit eskalierte und endete in einer Schlägerei. ▶deeskalieren

Es·ka·pa·de die <-, -n> (*geh.*) *eigenwillige, oft unüberlegte Handlung; Streich* Man kannte ja seine nächtlichen Eskapaden.

Es·ki·mo der/die <-s, -s> *Angehöriger eines im hohen Norden Kanadas und Alaskas lebenden Volkes*

Es·kor·te die <-, -n> (*fachspr.*) *Begleitung, Geleit* Für die Sicherheit des Politikers sorgte eine Eskorte.

es·kor·tie·ren <eskortierst, eskortierte, hat eskortiert> *mit OBJ* ■ *jmd. eskortiert jmdn./etwas* (*fachspr.*) *begleiten* Polizisten auf Motorrädern eskortierten den Wagen des Präsidenten.

E·so·te·rik die <-> (*kein Plur.*) **1.** (*fachspr.*) (*eine Art*) *Geheimlehre* **2.** (*fachspr.*) *bestimmte religiöse, mystische oder philosophische Riten, Ideen und Gebräuche, die nur für Eingeweihte* (*geistig*) *zugänglich sind*

e·so·te·risch <nicht steig.> *Adj.* (*fachspr.*) *auf die Esoterik bezogen*

Es·pa·dril·le die <-, -s> *Stoffschuh mit geflochtener Sohle*

Es·pe die <nicht steig.> (BOT.: ≈ *Zitterpappel*) *ein Laubbaum*

Es·pen·laub ■ **zittern wie Espenlaub** (*umg.*): *stark zittern*

Es·pe·ran·to das <-(s)> *eine künstlich geschaffene Sprache, die Elemente verschiedener Sprachen aufgreift und als Weltsprache dienen soll*

> **i Wissenswert** Im Jahre 1887 veröffentlichte der polnische Arzt Ludwig L. Zamenhof unter dem Pseudonym Dr. Esperanto die Idee zur Kunstsprache **Esperanto**. Diese sollte zur internationalen Verständigung zwischen Sprechern verschiedenster Muttersprachen beitragen. Esperanto basiert v. a. auf Grundlagen der germanischen und romanischen Sprachen, immer nach dem Prinzip einfacher Strukturen in Aussprache, Wortbildung und Flexion. 56 nationale und internationale Verbände setzen sich für die Verbreitung des Esperantos ein. Im deutschen Sprachraum kam der Esperanto-Bewegung nach dem 2. Weltkrieg keine große Bedeutung mehr zu.

Es·pres·so der <-s, -s/Espressi> (*italienischer*) *Kaffee mit sehr kräftigem Geschmack, der nach Zubereitung in einer speziellen Maschine aus kleinen Tassen getrunken wird* ◆-maschine, -tasse

Es·prit der [ɛs'pri:] <-s> (*kein Plur.*) (*geh.*) *Fähigkeit, sich elegant und feinsinnig auszudrücken* Sie sprühte förmlich vor Esprit.

Es·say, Es·sai der das ['ɛse/ɛ'se:] <-s, -s> LIT. *kürzere, anspruchsvollere, subjektiv gefärbte Abhandlung über ein bestimmtes Thema aus Kunst, Wissenschaft oder Philosophie* Kennst du die Essays von Montaigne?

Es·say·ist, Es·say·is·tin der [ɛse'ist] <-en, -en> LIT. *Verfasser von Essays*

es·say·is·tisch [ɛse'istiʃ] <nicht steig.> *Adj.* LIT. *in der Art eines Essays*

ess·bar <nicht steig.> *Adj.* (≈ *genießbar* ↔ *ungenießbar*) *so, dass es für den Genuss durch den Menschen geeignet ist* ein essbarer Pilz

Ess·bar·keit das <-> (*kein Plur.*) *das Essbarsein*

Ess·be·steck das <-(e)s, -e> *zum Essen benötigte Gabel, Messer, Löffel*

Es·se die <-, -n> **1.** (*landsch. ostmdt.*) *Schornstein* **2.** *Rauchabzug über offenem Feuer*

Es·sen das <-s, -> **1.** (*kein Plur.*) *Nahrung* Das Einkommen reicht gerade für Miete und Essen. **2.** (*kein Plur.*) *Mahlzeit*[2] Wir sitzen gerade beim Essen., Wir haben Gäste zum Essen eingeladen. **3.** *ein Gericht, eine bestimmte Mahlzeit*[1] Das Essen schmeckt/bekommt mir gut/ist mir schlecht bekommen/reicht für alle., Das Essen ist fertig., Es gibt warmes Essen. **4.** *eine Mahlzeit als gesellschaftliches Ereignis* Der Senator gibt heute Abend ein Essen (für einhundert Gäste). ◆ Abend-, Abschieds-, Arbeits-, Fest-, Mittag-

es·sen <isst, aß, hat gegessen> **I.** *mit OBJ/ohne OBJ* ■ *jmd. isst etwas durch Kauen und Schlucken Nahrung aufnehmen* Sie essen gern Gemüse/kein Fleisch., Er aß genussvoll/hastig/im Stehen/unregelmäßig. **II.** *ohne OBJ* ■ *jmd. isst irgendwie eine Mahlzeit zu sich nehmen, die nach einer genannten Zubereitungsart gekocht ist* Wollen wir französisch/italienisch/griechisch/vegetarisch/mittags warm/abends kalt essen? ■ **essen wie ein Spatz**: *sehr wenig essen* **Es wird nichts so heiß gegessen, wie es gekocht wird.**: *Man stellt sich etwas viel schlimmer vor, als es ist.* **Essen und Trinken hält Leib und Seele zusammen.**: *Man muss essen, wenn man bei Kräften bleiben will.*

Es·sen·keh·rer, **Es·sen·keh·re·rin** der <-s, -> (*landsch. ostmdt.*) *Schornsteinfeger*

Es·sens·mar·ke die <-, -n> *ein kleiner Gutschein, den man an einer Kasse kauft und mit dem man z.B. in einer Kantine sein Essen bezahlen kann* Die Essensmarken werden Anfang des Monats ausgegeben.

Es·sens·zeit die <-, -en> *Zeit, zu der normalerweise gegessen wird*

es·sen·t·i·ell <nicht steig.> *Adj.* (*geh.*) *wesentlich, das Wesen einer Sache betreffend* die essentiellen Dinge des Lebens

Es·senz die <-, -en> **1.** (*kein Plur.*) (*geh.*) *Auszug des Wesentlichen* Die Essenz seines Vortrags lässt sich in wenigen Worten zusammenfassen. **2.** (*fachspr.*) *Extrakt, konzentrierte Lösung* ◆ Essig-, Rosen-

es·sen·zi·ell, *a.* **es·sen·ti·ell** <nicht steig.> *Adj.* (*geh.*) *wichtig, wesentlich*

Es·ser, **Es·se·rin** der <-s, -> *jmd., der isst* ■ **ein guter/schlechter Esser sein**: (*gewöhnlich*) *viel/wenig essen*

Ess·ge·schirr das <-s, -e> *transportables Geschirr aus Metall, das besonders Arbeiter und Soldaten verwenden*

Es·sig der <-s, -e> *eine aus Wein gewonnene Flüssigkeit, die sauer schmeckt und zum Würzen und Konservieren verwendet wird* Salat mit Essig und Öl anmachen, Wir haben verschiedene Essige (Essigsorten) angesetzt., in Essig eingelegte Gurken ■ **mit etwas ist es Essig** (*umg.*): *aus etwas wird nichts* Unser Auto ist kaputt – mit dem Urlaub ist es Essig!

Es·sig·baum der <-(e)s, Essigbäume> BOT. *Baum mit behaarten Zweigen, dessen Blätter im Herbst leuchtend rot werden*

Es·sig·es·senz die <-, -en> *konzentrierter Essig*

Es·sig·frucht die <-, Essigfrüchte> *in Essig eingelegte Frucht*

Es·sig·gur·ke die <-, -n> *in Essig eingelegte Gurke*

Es·sig·säu·re die <-, -n> CHEM. *organische Fettsäure, die im Essig enthalten ist*

Ess·ka·sta·nie die <-, -n> *essbare Kastanie*

Ess·kü·che die <-, -n> *Küche, in der auch gegessen wird*

Ess·kul·tur die <-> (*kein Plur.*) *Kultur des Essens und der Art, wie Speisen zubereitet und serviert werden*

Ess·löf·fel der <-s, -> *größerer Löffel, mit dem man z.B. Suppe isst*

ess·löf·fel·wei·se *Adv.* *in Esslöffeln abgemessen* jmdm. esslöffelweise Essen reichen

Ess·stäb·chen das <-s, -> *aus zwei Stäbchen bestehendes chinesisches Essbesteck*

Ess·stö·rung die <-, -en> MED. *krankhafte Störung im Essverhalten*

Ess·sucht die <-> (*kein Plur.*) MED. *suchthaftes Essverhalten*

Ess·tisch der <-(e)s, -e> *Tisch, an dem gegessen wird*

Ess·zim·mer das <-s, -> *Zimmer, in dem die Mahlzeiten eingenommen werden*

Es·ta·b·lish·ment das [is'tɛbliʃmənt] <-s> (*kein Plur.*) (*abwert.*) *die soziale Schicht in einer Gesellschaft, die sich etabliert hat und gegenwärtig die Macht hat* siehe auch **etablieren**

Es·te, **Es·tin** der <-n, -n> *jmd., der die estische Staatsbürgerschaft hat*

Est·land <-s> GEOGR. *Staat in Nordosteuropa*

Est·län·der, **Est·län·de·rin** der <-s, -> *jmd., der die estländische Staatsbürgerschaft hat*

est·län·disch <nicht steig.> *Adj.*

est·nisch <nicht steig.> *Adj.* *estländisch*

Est·ni·sche das <-n> (*kein Plur.*) *die estnische Sprache*

Es·t·ra·gon der <-> (*kein Plur.*) BOT. *eine Gewürzpflanze*

Es·t·rich der <-s, -e> **1.** (*fachspr.*) (*Zement-*)*Fußboden* **2.** (*schweiz.*) *Dachboden*

e·ta·b·lie·ren <etablierst, etablierte, hat etabliert> **I.** *mit OBJ* ■ *jmd. etabliert etwas* (*geh.*) *einrichten, gründen* mit der Gründung eines Lehrstuhls einen Forschungszweig an einer Universität etablieren **II.** *mit SICH* ■ *jmd./etwas etabliert sich* (*irgendwo*) (*als etwas*) **1.** *niederlassen* Er etablierte sich als Geschäftsmann. **2.** *eine sozial sichere Position einnehmen* (*und sich darin festsetzen*) Das Lokal hat sich etabliert, jeden Abend herrscht Hochbetrieb., Er hat sich als Großhändler etabliert.

E·ta·b·lis·se·ment das [etablɪs(ə)'mã] <-s, -s> **1.** (*geh.*) *Betrieb, Niederlassung* **2.** (*verhüll.*) *Bordell*

E·ta·ge die [e'taːʒə] <-, -n> *Stockwerk* Er wohnt in/auf der 3. Etage.

E·ta·gen·woh·nung die <-, -en> *Mietwohnung in einer Etage*

E·tap·pe die [e'tapə] <-, -n> **1.** SPORT *Teilabschnitt* *eines Rennens* Die Rundfahrt geht über achtzehn Etappen., Erik hat drei Etappen und das Trikot des des besten Sprinters gewonnen. **2.** *ein Abschnitt von etwas* Die zweite Etappe unserer Reise führte uns durchs Voralpenland., Das ist eine neue Etappe in der Entwicklung unseres Unternehmens.

E·tap·pen·sieg der <-(e)s, -e> SPORT *Sieg auf einer Teilstrecke (eines Rennens)*

E·tap·pen·ziel das <-(e)s, -e> *Ziel einer Etappe*

E·tat der [e'ta:] <-s, -s> WIRTSCH. *Haushaltsplan*

E·tat·auf·stel·lung die <-, -en> *Aufstellung eines Etats*

E·tat·jahr das <-(e)s> *(kein Plur.) Haushaltsjahr*

E·tat·kür·zung die <-, -en> *Kürzung des Etats*

E·tat·ü·ber·schrei·tung die <-, -en> (↔ *Etatunterschreitung) die Überschreitung des Etats*

e·te·pe·te·te ['e:təpə'te:tə] <nicht steig.> *(nur präd.) Adj. (umg. abwert.) verwöhnt, zimperlich, übertrieben fein* Sie ist sehr etepetete.

E·ter·nit® das [etɛr'ni:t] <-s> *(kein Plur.) (fachspr.) Faserzement*

E·thik die **1.** PHILOS. *Sittenlehre* **2.** *(kein Plur.) (geh.) alle sittlichen Normen, auf denen verantwortungsbewusstes Handeln fußt* ◆ Bio-, Sozial-

E·thik·kom·mis·si·on die <-, -en> POL. *Kommission, die sich mit Fragen der Ethik beschäftigt*

E·thik·un·ter·richt der <-(e)s> *(kein Plur.)* SCHULE *alternativ zum Religionsunterricht eingesetztes Schulfach, das Werte und Normen des menschlichen Lebens zum Thema hat*

e·thisch <nicht steig.> *(nur attr.) Adj.* **1.** *die Ethik betreffend* Die neuesten Entdeckungen der Biologie und Medizin schaffen viele neue ethische Probleme **2.** *unter ethischem Aspekt gut* eine ethische Grundeinstellung haben/ ethisch einwandfrei sein

eth·nisch <nicht steig.> *Adj. (fachspr.) eine bestimmte Volksgruppe betreffend*

Eth·no·lo·ge, **Eth·no·lo·gin** der <-n, -n> *(fachspr.) Völkerkundler*

Eth·no·lo·gie die <-> *(kein Plur.) (fachspr.) Völkerkunde*

eth·no·lo·gisch <nicht steig.> *(nur attr.) Adj. (fachspr.) die Ethnologie betreffend*

Eth·no·pop der <-s> *(kein Plur.)* MUS. *Popmusik, die Elemente der traditionellen Musik (besonders) aus Afrika, Asien und Südamerika enthält*

E·tho·lo·ge, **E·tho·lo·gin** <-n, -n> (≈ *Verhaltensforscher) Wissenschaftler auf dem Gebiet der Ethologie*

E·tho·lo·gie die <-, -n> (≈ *Verhaltensforschung)*

e·tho·lo·gisch <nicht steig.> *Adj. die Ethologie betreffend*

E·thos der <-> *(kein Plur.) (geh.) ethisch-moralische Gesinnung* Er folgt in seinem Leben einem strengen Ethos. ◆ Arbeits-

E·ti·kett das <-(e)s, -e(n)/-s> **1.** *kleines Schild* **2.** *Preisschild*

E·ti·ket·te die [eti'kɛtə] <-> *(kein Plur.) (geh.) Gesamtheit der Umgangsformen* ein Verstoß gegen die Etikette, Sie wahrte die Etikette.

e·ti·ket·tie·ren <etikettierst, etikettierte, hat etikettiert> *mit OBJ* ■ *jmd. etikettiert etwas/ jmdn. Akk.* **1.** *beschildern* **2.** *Waren auszeichnen* **3.** *eine Eigenschaft zuschreiben* Die Gegner des amerikanischen Präsidenten etikettieren ihn als Cowboy.

et·li·che *Pron. (geh.) einige* Wir sind etliche Tage dort geblieben., Ich hatte etliche Mal(e) bei ihr angerufen.

E·tü·de die <-, -n> MUS. *Übungs-, Vortrags-, Konzertstück mit besonderen Schwierigkeiten*

E·tui das [ɛt'vi:, e'tÿi:] <-s, -s> *Gehäuse, Futteral* die Brille ins Etui legen

E·tui·kleid das <-(e)s, -er> *schmal geschnittenes Kleid*

et·wa **I.** *Adv.* **1.** *ungefähr* Die Reparatur kostet etwa 700 Euro. **2.** *beispielsweise* Dieter etwa kauft sich nicht alle zwei Jahre ein neues Auto. **II.** *Partikel* **1.** *möglicherweise, gar* Hat sie etwa einen Unfall gehabt? **2.** *eine Verneinung verstärkend* Affen sind nicht etwa andere Menschen. **3.** *einen Imperativ verstärkend* Glaube nicht etwa, du könntest mich belügen ! **4.** *einen Frage verstärkend* Meinst du etwa, es war mein Fehler ?

et·wa *Adv. (schweiz.) bisweilen, manchmal*

et·wa·ig ['ɛtva(:)ɪç] <nicht steig.> *(nur attr.) Adj. (geh.) vorhanden, eventuell* Etwaige Fragen beantworte ich später.

et·was¹ *Pron. (Indefinitpronomen)* **1.** *verwendet, um eine nicht näher bestimmte Sache zu bezeichnen* Gibt es etwas Neues?, Es gibt da etwas Neues ..., Ich weiß etwas, das ..., Sie hat kaum etwas gesehen., Hat er dir etwas getan? **2.** *verwendet, um eine nicht näher bestimmte Sache zu bezeichnen, die erst später genauer ausgeführt wird* Du musst uns etwas erklären. Wie hast du es geschafft ...?, Etwas freut mich besonders, nämlich das Lob meines Kollegen. **3.** *verwendet, um eine kleine Menge von etwas zu bezeichnen, das bereits genannt wurde* Ist noch etwas von der Torte da? ■ **das gewisse Etwas haben** *(umg.): einen nicht genau identifizierbaren Reiz besitzen* Manche Experten glauben, dass nur italienische Rennräder das gewisse Etwas haben.

et·was² *Partikel* (≈ *ein bisschen) verwendet, um eine kleine Menge oder einen geringen Grad von etwas auszudrücken* nach dem Joggen noch etwas außer Atem sein, Wir wollen noch etwas spazieren gehen.

E·ty·mo·lo·ge, **E·ty·mo·lo·gin** der <-n, -n> SPRACHWISS. *jmd., der Etymologie betreibt*

E·ty·mo·lo·gie die <-, -n> SPRACHWISS. **1.** *(kein Plur.) Lehre von der Herkunft und Geschichte der Wörter* **2.** *einzelner etymologischer Zusammenhang* Der Professor verblüffte die Zuhörer mit den erstaunlichsten Etymologien. *siehe auch* **Volksetymologie**

i Wissenswert Mit dem Begriff **Etymologie** bezeichnet man die Lehre von der Herkunft und sprachgeschichtlichen Entwicklung der Wörter und ihrer Verwandtschaft mit den herkunftsgleichen Wörtern in anderen Sprachen.

e·ty·mo·lo·gisch <nicht steig.> (*nur attr.*) *Adj.* SPRACHWISS. *auf die Etymologie bezogen* etymologische Zusammenhänge

EU die [eːˈuː] <-> (*kein Plur.*) POL. *Abkürzung von „Europäische Union"*

EU-Be·stim·mung die <-, -en> (*meist Plur.*) POL. *Bestimmungen, die die EU(-Mitgliedsstaaten) betreffen*

EU-Bin·nen·markt der <-(e)s> (*kein Plur.*) WIRTSCH. *freier Verkehr von Waren, Dienstleistungen, Personen und Kapital innerhalb der EU-Länder*

EU-Bür·ger der <nicht steig.> *Bürger der EU*

EU-Bür·ger·schaft der <nicht steig.> POL. *Gesamtheit der EU-Bürger*

euch *Pron.* ◆ Kleinschreibung→R 3.23 Kennt ihr euch schon länger?

Eu·cha·ris·tie die <-, -n> REL. *das Abendmahl in der christlichen Kirche*

eu·cha·ris·tisch <nicht steig.> (*nur attr.*) *Adj.* REL. *die Eucharistie betreffend*

EU-ein·heit·lich <nicht steig.> *Adj. so, dass es innerhalb der EU einheitlich geregelt ist*

euer/euerige/eurige *Pron.* ◆ Groß- oder Kleinschreibung→R 3.15 Grüßt mir die Eueren/Euren/Eurigen., Grüßt mir die eueren/euren/eurigen., Ihr müsst das Euere/Euerige/Eurige tun., Ihr müsst das euere/euerige/eurige tun.; Kleinschreibung→R 3.8 Unser Haus steht dicht bei dem euren/euerigen/eurigen.

EU-Er·wei·te·rung die <-> (*kein Plur.*) POL. *Ausdehnung der EU-Mitgliedschaft auf weitere Länder (im Osten)*

EU-Füh·rer·schein der <-(e)s, -e> *innerhalb der EU (einheitlich) gültiger Führerschein*

Eu·ge·nik die <-, -en> MED. *Teil der Humangenetik, die die Ausbreitung von Genen mit ungünstigen Eigenschaften einschränken soll*

Eu·ka·lyp·tus der <-> (*kein Plur.*) BOT. *ein tropischer Laubbaum*

eu·kli·disch <nicht steig.> *Adj.* MATH. *auf die Lehre des Mathematikers Euklid bezogen* Die euklidische Geometrie arbeitet mit dem dreidimensionalen Raum.

EU-Kom·mis·sar, **EU-Kom·mis·sa·rin** der <-s, -e> POL. *Mitglied der EU-Kommission*

EU-Kom·mis·si·on die <-, -en> POL. *Exekutivorgan der EU*

Eu·le die <-, -n> ZOOL. *ein Nachtvogel* ■ **Eulen nach Athen tragen**: *etwas schon (längst) allgemein bekanntes/übliches sagen/tun wollen*

Eu·len·spie·gel der <-s> (*kein Plur.*) LIT. *närrischer Held eines deutschen Volksbuches aus dem 16. Jahrhundert*

Eu·len·spie·ge·lei die <-s, -en> (*übertr.*) *Streich*

EU-Mi·nis·ter·rat der <-es, EU-Ministerräte> POL. *Legislative der EU*

Eu·nuch der [ɔyˈnuːx] <-en, - en> *Kastrat*

Eu·phe·mis·mus der [ɔyfeˈmismus] <-, Euphemismen> SPRACHWISS. *beschönigender Ausdruck* „Freudenhaus" ist ein Euphemismus für „Bordell".

eu·phe·mis·tisch <euphemistischer, am euphemistischsten> *Adj.* SPRACHWISS. (*als sprachlicher Ausdruck*) *beschönigend, verhüllend*

Eu·pho·rie die <-> (*kein Plur.*) (*geh.*) *Hochstimmung*

eu·pho·risch <euphorischer, am euphorischsten> *Adj.* (*geh.*) *so, dass man ohne Grund und in übertriebener Weise sehr gut gelaunt ist* Die Nachricht versetzte sie in euphorische Stimmung.

eu·pho·ri·sie·ren <euphorisiert, euphorisierte, hat euphorisiert> *mit OBJ* ■ *jmd./etwas euphorisiert jmdn.* MED. *in Euphorie versetzen* Rauschmittel euphorisieren.

Eu·ra·si·en <-s> GEOGR. *Europa und Asien umfassendes Landgebiet*

Eu·ra·si·er, **Eu·ra·si·e·rin** der <-s, -> *jmd., der das Kind je eines europäischen und eines asiatischen Elternteils ist*

eu·ra·sisch <nicht steig.> (*nur attr.*) *Adj. Eurasien betreffend*

eu·re *Pron.* Habt ihr eure Hausaufgaben schon gemacht?, Ich würde gern mit eurem Vater sprechen., Ist eure Mutter zu Hause? *siehe auch* **euer**

eu·rer·seits *Pron. von eurer Seite, von euch aus* Habt ihr eurerseits einen anderen Vorschlag?

eu·res·glei·chen *Pron. Leute wie ihr* Hier seid ihr unter euresgleichen.

eu·ret·we·gen *Adv. euch zuliebe, wegen euch* Ich habe extra euretwegen gewartet.

eu·ret·wil·len *Adv.* (*veralt.*) *euretwegen* Ihr solltet es um euretwillen tun.

eu·ri·ge *Pron. s.* **euer**

Eu·ro der <-s, -s> *die europäische Währungseinheit*

i Wissenswert Am 1. Januar 2002 wurden in zwölf Mitgliedstaaten der EU acht verschiedene Münzen und sieben Banknoten eingeführt. Mit ihnen kann überall im gesamten Euro-Währungsgebiet gezahlt werden. Den Grundstein für diese einheitliche Währung legte der Vertrag zur Gründung der Europäischen Gemeinschaft im Jahre 1957, der einen europäischen Binnenmarkt erklärte. Die Einheitliche Europäische Akte (1986) und der Vertrag über die Europäische Union (1992) stützten dieses Fundament. Sie führten zur Wirtschafts- und Währungsunion. Seit 1999 betreiben die Teilnehmer eine gemeinsame Geldpolitik, am 1. Januar 2002 wurden die Euro-Banknoten und Euro-Münzen in 12 Mitgliedstaaten der EU eingeführt. Auf der Vorderseite der Banknoten symbolisieren Fenster und Tore den Geist der Offenheit und Zusammenarbeit in Europa, auf der Rückseite stellen die Brücken die Verbindung zwischen den Völkern Europas und zwischen Europa und der übrigen Welt dar. Die zwölf Sterne stehen für Dynamik und Harmonie.

E

Eu·ro·cent der <-s, -s> *EU-Währungseinheit siehe auch* **Cent**

Eu·ro·cheque der [...ʃɛk] <-s, -s> *bei den Banken fast aller europäischen Länder einlösbarer Scheck*

Eu·ro·cheque·kar·te die <-, -n>

Eu·ro·ci·ty·zug der <-(e)s, Eurocityzüge>

Eu·ro·land das <-(e)s> (*kein Plur.*) POL. *Gesamtgebiet der EU-Länder*

Eu·ro·norm die <-, -en> *innerhalb der EU gültige Norm*

Eu·ro·pa das <-s> (*kein Plur.*) *aus dem westlichen Teil Eurasiens bestehender Staatenkomplex*

Eu·ro·pa·ab·ge·ord·ne·te der/die <-n, -> POL. *Abgeordneter Europas*

Eu·ro·pä·er, **Eu·ro·pä·e·rin** der <-s, -> *jmd., der Bürger eines europäischen Staates ist*

Eu·ro·pa·fan der <-s, -s> *Anhänger der europäischen Einigung*

Eu·ro·pa·flag·ge die <-, -n> *die Flagge Europas*

Eu·ro·pa·geg·ner, **Eu·ro·pa·geg·ne·rin** der <-s, -> POL. *Gegner einer (als zu weit gehend empfundenen) Einigung Europas*

eu·ro·pä·isch <nicht steig.> (*nur attr.*) *Adj. auf Europa bezogen; zu Europa gehörend* der europäische Gedanke ◆ Großschreibung→R 3.17 Die Außenminister der Europäischen Gemeinschaft trafen zusammen., Wo tagt das Europäische Parlament?

i Wissenswert Die **Europäische Union** (EU) wurde nach dem 2.Weltkrieg gegründet. Sie entstand aus der Europäischen Wirtschaftsgemeinschaft (EWG). Die Europäische Union besteht aus 15 Mitgliedstaaten: Belgien, Deutschland, Frankreich, Italien, Luxemburg, den Niederlanden, Dänemark, Irland, Großbritannien, Griechenland, Spanien, Portugal, Österreich, Finnland und Schweden. Sie bereitet den Beitritt von 13 ost- und südeuropäischen Ländern vor. Die Mitgliedstaaten übertragen einen Teil ihrer Hoheitsrechte unabhängigen Organen, die sowohl das Interesse der Einzelstaaten als auch das Interesse der Gemeinschaft vertreten. Diese Organe bilden die 5 Institutionen: Das Europäische Parlament: Vertretung der Völker der zusammengeschlossenen Staaten. Rat der Europäischen Union: Zentrales Entscheidungsorgan. Europäische Kommission: Ausführendes Organ. Europäischer Gerichtshof: Sicherung der Wahrung des Rechts Der Rechnungshof: Prüft Haushaltsführung. Ziele der Europäischen Union sind die Wahrung von Grund- und Bürgerrechten, die Gewährleistung von Freiheit, Sicherheit und Recht, die Förderung des wirtschaftlichen und sozialen Fortschritts und die Ausarbeitung einer gemeinsamen Außen- und Sicherheitspolitik.

eu·ro·pä·i·sie·ren <europäisierst, europäisierte, hat europäisiert> *mit OBJ* ■ *jmd./etwas europäisiert jmdn./etwas* POL. (*politisch, kulturell*) *dem europäischen Vorbild angleichen* europäisierte Staaten

Eu·ro·pä·i·sie·rung die <-> (*kein Plur.*) POL. *das Europäisieren*

Eu·ro·pa·li·ga die <-, Europaligen> SPORT *Liga der besten europäischen Mannschaften in einer bestimmten Sportart*

Eu·ro·pa·meis·ter·schaft die <-, -en> SPORT *Meisterschaft, durch die die beste Mannschaft Europas oder der beste europäische Sportler in einer bestimmten Disziplin bestimmt werden*

Eu·ro·pa·mi·nis·ter, **Eu·ro·pa·mi·nis·te·rin** der <-s, -> POL. *Minister für europäische Angelegenheiten*

Eu·ro·pa·par·la·ment das <-(e)s> POL. *Kurzform für „Europäisches Parlament": Parlament der EU*

Eu·ro·pa·pass der <-es, Europapässe> *Kurzform für „Europäischer Pass"*

Eu·ro·pa·po·kal der <-s, -e> SPORT *Pokal für den Sieger in der Europameisterschaft*

Eu·ro·pa·po·li·tik die <-> (*kein Plur.*) POL. *Politik, die Fragen der europäischen Einigung betrifft*

Eu·ro·pa·wah·len <-> *Plur.* POL. *Wahlen zum europäischen Parlament*

Eu·ro·pol der <-s> (*kein Plur.*) *Kurzform für „Europäisches Polizeiamt": europäisches Kriminalamt*

Eu·ro·skep·sis die <-> (*kein Plur.*) POL. *Skepsis in Bezug auf den Zusammenschluss Europas zu einer wirtschaftlichen Einheit*

Eu·ro·skep·ti·ker, **Eu·ro·skep·ti·ke·rin** der <-s, -> POL. *jmd., der skeptisch in Bezug auf den Zusammenschluss Europas ist*

Eu·ro-Stoxx der <-> (*kein Plur.*) WIRTSCH. *Gruppe der wichtigsten europäischen Aktien*

Eu·ro·vi·si·on die <-> (*kein Plur.*) TV *kurz für „europäisch" und „Television"*

eu·ro·zent·risch <nicht steig.> (*nur attr.*) *Adj.* POL. *auf Europa als Mittelpunkt bezogen* Er vertritt eine stark eurozentrische Meinung.

Eu·ro·zent·ris·mus der <-> (*kein Plur.*) POL. *Bezug auf Europa als Mittelpunkt*

Eu·ter das <-s, -> *das Organ des weiblichen Rinds, in dem die Milch gebildet wird*

Eu·tha·na·sie die <-s> (*kein Plur.*) MED. *Sterbehilfe, die man unheilbar Kranken leistet, um ihnen einen qualvollen Tod zu ersparen*

e·va·ku·ie·ren <evakuierst, evakuierte, hat evakuiert> *mit OBJ* ■ *jmd. evakuiert jmdn./etwas* (*fachspr.*) *Menschen aus einem Gebiet bringen, weil dort eine drohende Gefahr, z. B. wegen einer Naturkatastrophe, besteht* Die Bevölkerung wird aus ihren Häusern evakuiert., Die gesamte Stadt musste wegen eines Vulkanausbruchs evakuiert werden.

E·va·ku·ie·rung die <-, -en> (*fachspr.*)

E·va·lu·a·ti·on die <-, -en> (*geh.*) *Beurteilung, Bewertung, kritische Einschätzung*

e·va·lu·ie·ren <evaluierst, evaluierte, hat evaluiert> *mit OBJ* ■ *jmd. evaluiert jmdn./etwas* (*geh.*) *sach- und fachgerecht beurteilen*

e·van·ge·lisch <nicht steig.> *(nur attr.) Adj.* (REL.: *≈ protestantisch*) Er ging in die evangelische Kirche. ◆ Großschreibung→R 3.17 die Evangelische Kirche in Deutschland

e·van·ge·li·sie·ren <evangelisierst, evangelisierte, hat evangelisiert> *mit OBJ* ■ *jmd. evangelisiert jmdn.* REL. *jmdn. zum Evangelium bekehren, mit dem Evangelium bekannt machen*

E·van·ge·li·sie·rung die <-, -en> REL. *das Evangelisieren*

E·van·ge·list der <-en, -en> REL. *Verfasser der Evangelien: Matthäus, Lukas, Markus und Johannes*

E·van·ge·li·um das <-s, -n> REL. **1.** *(kein Plur.)* REL. *Die Heilsbotschaft von Jesus Christus* **2.** REL. *die von den Evangelisten überlieferte Lebensgeschichte Jesu*

E·va·po·ra·ti·on die <-> *(kein Plur.) (fachspr.) Verdunstung* ▶evaporieren

E·vent der/das [ɪ'vɛnt] <-s, -s> *(umg.) besondere Veranstaltung, Ereignis* Das Popkonzert war ein Event.

E·vent·ma·na·ger, **E·vent·ma·na·ge·rin** der <-s, -> *jmd., der (beruflich) Events organisiert und leitet*

E·ven·tu·a·li·tät die <-, -en> *(geh.) Möglichkeit; Fall, der eintreten könnte* für alle Eventualitäten gerüstet sein

e·ven·tu·ell <nicht steig.> *(nur attr.)* **I.** *Adj. so, dass es möglicherweise auftreten kann* Ich habe versucht, eventuelle Probleme zu berücksichtigen. **II.** *Adv. (umg.) vielleicht* Ich komme eventuell ein bisschen später.

E·ver·green der ['ɛvɛgri:n] <-s, -s> *(umg.) Melodie, die lange Zeit populär ist*

e·vi·dent <nicht steig.> *Adj. (geh.) offenkundig* Es besteht ein evidenter Zusammenhang zwischen …

E·vi·denz die <-> *(kein Plur.) (geh.) das Evidentsein*

E·vo·ka·ti·on die <-, -en> **1.** *das Evozieren* **2.** RECHTSW. *Vorladung vor ein höheres Gericht*

E·vo·lu·ti·on die <-> *(kein Plur.)* **1.** BIOL. *die durch Mutation und Selektion geprägte fortschreitende Entwicklung der Lebensformen in der Natur* **2.** *(≈ Fortschritt ↔ Revolution) friedliche Entwicklung in der menschlichen Gesellschaft*

e·vo·lu·ti·o·när <nicht steig.> *(nur attr.) Adj. auf die Evolution bezogen*

E·vo·lu·ti·ons·the·o·rie die <-> *(kein Plur.)* (BIOL.: *≈ Abstammungslehre) Theorie der Evolution* ▶Evolutionismus, Evolutionist

e·vo·zie·ren <evozierst, evozierte, hat evoziert> *mit OBJ* ■ *jmd. evoziert etwas (geh.) hervorrufen, vor dem geistigen Auge entstehen lassen* Erinnerungen, Bilder evozieren

e·wig <nicht steig.> *Adj.* **1.** *von unbegrenzter zeitlicher Ausdehnung, zeitlos* Christen glauben an die Auferstehung und das ewige Leben., ewiges Licht, ewige Stadt (Rom) **2.** *sich ständig wiederholend* Der ewige Wechsel von Ebbe und Flut wird vom Mond verursacht. **3.** *(umg.) sehr lange dauernd* Ich habe die ewigen Diskussionen satt! ■ **ewig und drei Tage**: *sehr lang* Das dauert ja mal wieder ewig und drei Tage, bis du fertig bist ! **ein ewiger Student**: *Ein Student, der schon sehr lange studiert und noch keinen Studienabschluss hat*

E·wig·ges·tri·ge der/die <-n, -n> *(abwert.) Mensch, dessen Ansichten veraltet und rückständig sind*

E·wig·keit die <-, -en> **1.** *(kein Plur.) unbegrenzte zeitliche Erstreckung* **2.** *(umg.) sehr lange Zeit* Die Prüfung schien eine Ewigkeit zu dauern., Wir hatten uns Ewigkeiten nicht mehr gesehen.

Ex der/die <-, -> *(umg.) ehemalige/r Partner/in* ◆-frau, -freund/in, -mann

e·x·akt *Adj.* **1.** *genau* Können Sie exakte Angaben über den Unfallhergang machen? **2.** *so, dass es sich mathematisch oder naturwissenschaftlich darstellen lässt* Er studiert die exakten Wissenschaften.

E·x·akt·heit die <-> *(kein Plur.) Genauigkeit, Sorgfalt*

e·x·al·tiert *Adj. (geh. abwert.≈ überspannt) künstlich aufgeregt, übertrieben begeistert* Er lacht immer so exaltiert, eine exaltierte Person

E·x·a·men das <-s, -/Examina> *Prüfung (insbesondere zum Abschluss eines Studiums)* Ich habe letztes Frühjahr das Examen abgelegt/gemacht., Der Bewerber ist zum Examen zugelassen., Alle Kandidaten haben das schriftliche Examen bestanden. ◆ Doktor-, Magister-, Staats-

E·x·a·mens·angst die <-, Examensängste> (*≈ Prüfungsangst) Angst vor dem Examen*

E·x·a·mens·ar·beit die <-, -en> *im Rahmen eines Examens angefertigte schriftliche Arbeit*

E·x·a·mens·no·te die <-, -n> *in einem Examen erzielte Gesamtnote*

e·x·a·mi·nie·ren <examinierst, examinierte, hat examiniert> *mit OBJ* ■ *jmd. examiniert jmdn. (in etwas Dat.) (geh.) jmdn. prüfen* **1.** Der Professor hat den Studenten examiniert. **2.** *jmdn. auf eine prüfende Art befragen* „Warum kommst du so spät?“– „Das sage ich dir nicht, ich will nicht von dir examiniert werden“.

Ex·change das [ɪks'tʃe:ntʃ] <-, -s> *Raum oder Geschäft, in dem man ausländisches Geld gegen deutsches Geld tauschen kann (und umgekehrt)*

E·xe·ge·se die <-, -n> *(meist Sing.)* REL. *die Deutung von heiligen Schriften nach ihrem Sinn (mit Blick auf ihren geschichtlichen Ursprung und ihre bleibende Botschaft)* ▶Bibel-

E·xe·get, **E·xe·ge·tin** der <-en, -en> REL. *jmd., der Exegese betreibt*

e·xe·ge·tisch <nicht steig.> *(nur attr.) Adj.* REL. *auf die Exegese bezogen*

e·x·e·ku·tie·ren <exekutierst, exekutierte, hat exekutiert> *mit OBJ* ■ *jmd. exekutiert jmdn. hinrichten; die Todesstrafe vollstrecken* Der Verurteilte wurde in den Morgenstunden exekutiert.

e·x·e·ku·tie·ren <exekutierst, exekutierte, hat exekutiert> *mit OBJ* ■ *jmd. exekutiert etwas Akk. (österr.) pfänden*

E·x·e·ku·ti·on die <-, -en> **1.** *Hinrichtung; Voll-*

streckung eines Todesurteils **2.** (RECHTSW.: *österr.*) *Pfändung*

e·x·e·ku·tiv <nicht steig.> (*nur attr.*) *Adj.* POL. *auf der Exekutive beruhend*

E·x·e·ku·ti·ve die <-, -n> POL. *die vollziehende Staatsgewalt*

E·x·e·ku·tiv·or·gan das <-s, -e> POL. *Organ der Exekutive*

E·x·em·pel das <-s, -> (*geh. veralt.*) (*vorbildhaftes*) *Beispiel* **die Probe aufs Exempel machen**: *die Richtigkeit einer Annahme durch Probieren nachweisen* **ein Exempel statuieren**: *ein warnendes Beispiel geben*

E·x·em·p·lar das <-s, -e> *ein einzelnes Stück aus einer Menge gleichartiger Stücke* ein Exemplar eines Buches

e·x·em·p·la·risch <nicht steig.> *Adj.* (*geh.*) *beispielhaft* Ich möchte dies an einem Fall exemplarisch verdeutlichen.

Ex·em·pli·fi·ka·ti·on die <-> (*kein Plur.*) (*geh.*) *das Exemplifizieren*

e·x·em·pli·fi·zie·ren <exemplifizierst, exemplifizierte, hat exemplifiziert> *mit OBJ* *jmd. exemplifiziert etwas* (*an etwas Dat.*) (*geh.*) *anhand eines Beispiels erklären*

e·x·er·zie·ren <exerzierst, exerzierte, hat exerziert> *ohne OBJ* *jmd. exerziert* MILIT. *das Marschieren üben* Der Soldat exerziert. durchexerzieren

Ex·hi·bi·ti·o·nis·mus der <-> (*kein Plur.*) **1.** PSYCH. *der krankhafte Zwang, als Mann sein Geschlechtsteil in der Öffentlichkeit zu entblößen* **2.** (*geh. oft abwert.*) *lustvolle Zurschaustellung* (*des eigenen Körpers*)

Ex·hi·bi·ti·o·nist der <-en, -en> PSYCH. *ein Mann, der unter dem krankhaften Zwang steht, sein Geschlechtsteil in der Öffentlichkeit zu entblößen*

ex·hu·mie·ren <exhumierst, exhumierte, hat exhumiert> *mit OBJ* *jmd. exhumiert jmdn.* AMTSSPR. *einen Leichnam mit behördlicher Genehmigung aus dem Grab nehmen*

E·xil das <-s, -e> *durch die untragbar gewordenen politischen Verhältnisse oder durch Verbannung begründete Auswanderung, der Auswanderungsort* Er musste während des Krieges ins Exil gehen.

E·xil·li·te·ra·tur die <-, -en> LIT. *im Exil* (*zum Beispiel während des Nationalsozialismus*) *verfasste Literatur*

E·xil·re·gie·rung die <-, -en> POL. *aus dem Exil heraus agierende Regierung*

E·xis·ten·ti·a·l·is·mus der *s.* **Existenzialismus**

e·xis·ten·ti·ell *Adj. s.* **existenziell**

E·xis·tenz die <-, -en> **1.** (*kein Plur.*) *das Dasein oder Vorhandensein* Die Existenz von Leben außerhalb unseres Sonnensystems ist umstritten., Ich wusste nichts von der Existenz dieses Fotos. **2.** *das menschliche Leben* Die menschliche Existenz bleibt ein Rätsel. **3.** *das menschliche Leben unter dem Aspekt des finanziellen Abgesichertseins und des ökonomischen Auskommens* Er wollte sich eine gesicherte Existenz aufbauen., Die Rezession hatte eine ganze Reihe von Existenzen vernichtet. **eine verkrachte Existenz** (*umg. abwert.*): *eine im Leben gescheiterte Person*

E·xis·tenz·angst die <-, Existenzängste> (*geh.*) *auf die Existenz^2 bezogene Angst* Er litt häufig unter Existenzangst.

e·xis·tenz·be·dro·hend <existenzbedrohender, am existenzbedrohendsten> *Adj. so, dass es eine Bedrohung für die Existenz^2 darstellt*

E·xis·tenz·be·rech·ti·gung die <-, -en> (*meist Sing.*) (≈ *Daseinsberechtigung*) *Berechtigung, vorhanden zu sein*

e·xis·tenz·fä·hig <nicht steig.> *Adj.* ≈ LEBENSFÄHIG *fähig zu existieren*

E·xis·tenz·fä·hig·keit die <-> (*kein Plur.*) *Fähigkeit zu existieren*

E·xis·tenz·grün·der, **E·xis·tenz·grün·de·rin** der <-s, -> WIRTSCH. *jmd., der eine eigene Firma gründet oder sich auf andere Weise selbständig macht*

E·xis·tenz·grün·dungs·be·ra·tung die <-, -en> *Beratung, wie man eine Existenzgründung vornimmt*

E·xis·tenz·grün·dungs·se·mi·nar das <-s, -e> *Seminar, wie man eine Existenzgründung vornimmt*

E·xis·ten·zi·a·l·is·mus, *a.* **E·xis·ten·ti·a·l·is·mus** der <-> (*kein Plur.*) PHILOS. *philosophische Strömung, die sich auf existentielle Erfahrungen im menschlichen Leben bezieht* (*Tod, Angst,Freiheit, Leiden*)

e·xis·ten·zi·ell, *a.* **e·xis·ten·ti·ell** <existenzieller, am existenziellsten> *Adj. mit dem menschlichen Leben verbunden, lebenswichtig* existenzielle Fragen

E·xis·tenz·kampf der <-(e)s, Existenzkämpfe> *der Kampf um die Existenz^3*

E·xis·tenz·mi·ni·mum das <-, Existenzminima> *die unbedingt erforderlichen finanziellen Mittel, die man benötigt, um seine Existenz^3 zu sichern benötigt* Das Einkommen liegt unter dem Existenzminimum.

E·xis·tenz·phi·lo·so·phie die <-> (*kein Plur.*) (PHILOS.: ≈ *Existentialismus*)

e·xis·tie·ren <existierst, existierte, hat existiert> *ohne OBJ* *jmd./etwas existiert* **1.** *bestehen* Das Geschäft existiert erst seit wenigen Monaten., Es existieren keinerlei Beweise. **2.** *in finanzieller Hinsicht leben* Von diesem Gehalt kann doch kein Mensch existieren.

E·x·i·tus der <-> (*kein Plur.*) MED. *Tod*

ex·klu·siv <exklusiver, am exklusivsten> *Adj.* (*geh.*) **1.** *gesellschaftlich abgehoben; vornehm* Er ist einem exklusiven Golfklub beigetreten. **2.** (*geh.*) *anspruchsvoll, erlesen* Wir waren gestern in einem exklusiven Restaurant.

ex·klu·si·ve *Präp. + Gen.* (↔ *inklusive*) *unter Ausschluß von* exklusive aller Versandkosten, exklusive Getränken, exklusive Porto

Ex·klu·siv·in·ter·view das <-s, -s> *Interview, das jmd. außer der Reihe* (*in einer Zeitschrift oder in Rundfunk oder Fernsehen*) *gibt*

Ex·klu·siv·recht das <-(e)s, -e> *besonderes*

Recht, etwas zu veröffentlichen (so, dass niemand anders es gleichfalls veröffentlichen darf)

Ex·kom·mu·ni·ka·ti·on die <-, -en> REL. *das Exkommunizieren*

ex·kom·mu·ni·zie·ren <exkommunizierst, exkommunizierte, hat exkommuniziert> *mit OBJ* ■ *jmd. exkommuniziert jmdn.* (REL.: ≈ *Kirchenbann*) *jmdn. aus der (katholischen) Kirche ausschließen*

Ex·kre·ment das <-(e)s, -e> (*meist Plur.*) (*geh.*) *Kot, Ausscheidung*

Ex·kurs der <-es, -e> (*geh.*) *bewußte Abschweifung, Behandlung eines nebensächlichen Themas in einem Vortrag oder einem Text* Ich möchte darauf in einem kleinen Exkurs genauer eingehen.

Ex·kur·si·on die <-, -en> (*geh.*) *Ausflug, Lehrfahrt*

Ex·ma·t·ri·ku·la·ti·on die <-, -en> (*fachspr.* ≈ *Exmatrikulierung*)

ex·ma·t·ri·ku·lie·ren <exmatrikulierst, exmatrikulierte, hat exmatrikuliert> *mit OBJ/mit SICH* ■ *jmd. exmatrikuliert jmdn./sich* (*fachspr.* ↔ *immatrikulieren*) *aus der Matrikel einer Universität streichen* Man hat ihn zum Wintersemester exmatrikuliert., Ich habe mich zum Sommersemester exmatrikuliert.

Ex·ma·t·ri·ku·lie·rung die <-, -en> (*fachspr.* ↔ *das Immatrikulieren*) *das Exmatrikulieren*

E·x·o·dus der <-> (*kein Plur.*) (*geh.*) **1.** *massenhafte Auswanderung, Auszug* **2.** REL. *Name des 2. Buchs Mose, das sich auf den Auszug des Volkes Israel aus Ägypten bezieht*

e·x·or·bi·tant <nicht steig.> *Adj.* (*geh.*) *außergewöhnlich, enorm*

E·x·or·zis·mus der <-> (*kein Plur.*) REL. *das Anwenden bestimmter Praktiken (in vielen Religionen), um böse Geister bzw. den Teufel auszutreiben*

E·x·or·zist der <-en, -en> (*fachspr.*) *jmd., der Exorzismus betreibt*

E·xot, **E·xo·tin** der <-en, -en> *Mensch, Tier, Pflanze fremdartigen Aussehens oder fremdländischer Herkunft*

E·xo·te, **E·xo·tin** *siehe auch* **Exot**

E·xo·tik die <-> (*kein Plur.*) (*geh.*) **1.** *fremdartiges Aussehen oder Wesen* **2.** *die Eigenschaft, dass etwas anziehend wirkt, weil es fremdartig ist* ein Hauch/ der Reiz der Exotik, Diese Insel mit ihrer geheimnisvollen Exotik lockt uns schon lange.

e·xo·tisch <exotischer, am exotischsten> *Adj. fremdartig; fremdartigen Zauber ausstrahlend* exotische Düfte/Fische/Früchte/Länder

Ex·pan·der der <-s, -> SPORT *ein Gerät zum Trainieren der Arm- und Brustmuskeln*

ex·pan·die·ren <expandierst, expandierte, hat expandiert> *ohne OBJ* ■ *etwas expandiert* WIRTSCH. POL. *sich ausdehnen* Durch die großen Exportaufträge expandiert das Unternehmen stark.

Ex·pan·si·on die <-, -en> WIRTSCH. POL. *Ausdehnung* Die Wirtschaft ist auf Expansion angewiesen.

Ex·pan·si·ons·po·li·tik die <-> (*kein Plur.*) POL. *Politik, die darauf zielt, ihren Machtbereich auszudehnen.*

Ex·pan·si·ons·stra·te·gie die <-, -n> *Strategie der Expansion*

ex·pan·siv <nicht steig.> (*nur attr.*) *Adj. auf Expansion gerichtet* eine expansive Unternehmensstrategie

Ex·pe·di·ent, **Ex·pe·di·en·tin** der <-en, -en> **1.** (*fachspr.*) *kaufmännischer Angestellter im Versand* **2.** (*fachspr.*) *Reisebürokaufmann*

ex·pe·die·ren <expedierst, expedierte, hat expediert> *mit OBJ* ■ *jmd. expediert etwas* (*fachspr.* ≈ *versenden, ausgeben*) *das Befördern von Versandgütern*

Ex·pe·dit das <-(e)s, -e> (*österr.*) *Versandabteilung*

Ex·pe·di·ti·on die <-, -en> **1.** *Forschungsreise in ein bestimmtes Gebiet* eine Expedition in die Arktis **2.** *Gesamtheit der Teilnehmer an einer Expedition[1]* **3.** *Versandabteilung eines Unternehmens*

Ex·pe·ri·ment das <-(e)s, -e> **1.** *ein naturwissenschaftlicher Versuch, durch den man etwas entdecken oder beweisen will* Die Forscher wagten das Experiment., Der Physiklehrer hat ein Experiment aufgebaut. **2.** *ein Versuch, etwas anders zu machen, der ein gewisses Risiko hat* Vorsicht, bloß keine Experimente !

Ex·pe·ri·men·tal·film der <-(e)s, -e> (FILM: ≈ *Studiofilm*)

Ex·pe·ri·men·tal·phy·sik die <-> (*kein Plur.*) PHYS. *experimentelle Physik*

ex·pe·ri·men·tell <nicht steig.> *Adj.* **1.** (*fachspr.*) *auf Experimenten beruhend* Nach dem theoretischen Teil gehe ich jetzt an den experimentellen Teil meiner Arbeit. **2.** THEAT. *mit besonderen, verfremdend wirkenden künstlerischen Mitteln frei gestaltet* ein experimentelles Theaterstück

Ex·pe·ri·men·tier·büh·ne die <-, -n> THEAT. *Bühne für experimentelles Theater*

ex·pe·ri·men·tie·ren <experimentierst, experimentierte, hat experimentiert> *ohne OBJ* ■ *jmd. experimentiert (mit/an jmdm./etwas) Versuche anstellen*

Ex·pe·ri·men·tier·freu·de die <-> (*kein Plur.*) *Freude am Experimentieren*

ex·pe·ri·men·tier·freu·dig <experimentierfreudiger, am experimentierfreudigsten> *Adj. so, dass man gerne experimentiert*

Ex·per·te, **Ex·per·tin** der <-n, -n> (↔ *Laie*) *jmd., der auf einem bestimmten Fachgebiet ein fundiertes Wissen hat* Das Gericht will mehrere Experten anhören., Nch Meinung von Experten wird ..., den Rat eines Experten einholen ◆ Finanz-, Steuer-

Ex·per·ten·gut·ach·ten das <-s, -> *von einem Experten erstelltes Gutachten*

Ex·per·ten·rat der <nicht steig.> (≈ *Expertengremium, Expertenstab*) *aus Experten zusammengesetzter Rat*

Ex·per·ti·se die <-, -en> (*geh.*) *Gutachten eines Experten*

Ex·pli·ka·ti·on die <-, -en> (*geh.*) *Erläuterung, Er-*

klärung

ex·pli·zie·ren <explizierst, explizierte, hat expliziert> *mit OBJ* ■ *jmd. expliziert (jmdm.) etwas (geh.) erläutern* eine These explizieren

ex·pli·zit *Adj.* (↔ *implizit*) *ausdrücklich; deutlich*

ex·plo·die·ren <explodierst, explodierte, ist explodiert> *ohne OBJ* ■ *jmd./etwas explodiert* **1.** (↔ *implodieren*) *durch sehr großen inneren Druck zerbersten* Der Kessel explodiert. **2.** (*umg. übertr.*) *einen Wutausbruch haben*

Ex·plo·si·on die <-, -en> *Sprengung* Sie brachten die Bombe auf dem Versuchsgelände zur Explosion.

ex·plo·si·ons·ar·tig <nicht steig.> *Adj. wie eine Explosion* Die Kosten stiegen explosionsartig.

Ex·plo·si·ons·ge·fahr die <-> (*kein Plur.*) *Gefahr, dass etwas explodiert*[1]

ex·plo·siv <explosiver, am explosivsten> *Adj. so, dass es leicht explodieren kann* ein explosives Gasgemisch

Ex·plo·si·vi·tät die <-> (*kein Plur.*) *das Explosivsein*

Ex·po·nat das <-(e)s, -e> (*fachspr.*) *Ausstellungsstück (eines Museums)*

Ex·po·nent der <-en, -en> **1.** MATH. *Hochzahl* **2.** (*geh.*) (*bedeutender*) *Vertreter eines Faches, einer Disziplin oder einer Denkrichtung*

Ex·po·nen·ti·al·funk·ti·on die <-, -en> MATH. *mathematische Funktion, bei der die Veränderliche x als Exponent auftritt*

Ex·po·nen·ti·al·glei·chung die <-, -en> MATH. *mathematische Gleichung*

ex·po·nie·ren <exponierst, exponierte, hat exponiert> *mit SICH* ■ *jmd. exponiert sich (mit etwas Dat.) (geh.) sich vor anderen hervortun (und so besonders der Kritik aussetzen)* Sie exponierte sich mit kritischen Beiträgen.

ex·po·niert *Adj.* (*geh.*) *herausgehoben (und dadurch besonders angreifbar)* eine exponierte Stellung einnehmen

Ex·port der <-(e)s, -e> (WIRTSCH.: ↔ *Import*) *Ausfuhr von Waren ins Ausland*

Ex·port·ar·ti·kel der <-s, -> WIRTSCH. *zu exportierender Artikel*

Ex·port·be·schrän·kung die <-, -en> *die Beschränkung der Exporte*

Ex·port·bier das <-(e)s, -e> *helle Biersorte*

Ex·port·bo·nus der <-/-ses, -se> WIRTSCH. *staatliche Förderung des Exports*

Ex·por·teur der <-s, -e> (WIRTSCH.: ↔ *Importeur*) *Unternehmen, das Waren exportiert*

Ex·port·fir·ma die <-, Exportfirmen> *Firma, die mit Exportwaren handelt*

Ex·port·ge·neh·mi·gung die <-, -en> WIRTSCH. *Genehmigung zum Export*

Ex·port·ge·schäft das <-(e)s, -e> (WIRTSCH.: ↔ *Importgeschäft*) *Exportfirma*

Ex·port·han·del der <-> (*kein Plur.*) WIRTSCH. *Handel mit Exportgütern*

ex·por·tie·ren <exportierst, exportierte, hat exportiert> *mit OBJ* ■ *jmd. exportiert etwas (irgendwohin)* (WIRTSCH.: ↔ *importieren*) *Waren ins Ausland ausführen*

Ex·port·in·du·strie die <-, -en> (WIRTSCH.: ↔ *Importindustrie*) *für den Export produzierende Industrie*

Ex·port·kauf·mann, **Ex·port·kauf·frau** der <-(e)s, Kaufleute> (≈ *Außenhandelskaufmann*)

Ex·port·land das <-(e)s, Exportländer> (WIRTSCH.: ↔ *Importland*) *exportierendes Land*

Ex·port·markt der <-es, Exportmärkte> WIRTSCH. *Markt für Exportgüter*

Ex·port·na·ti·on die <-, -en> (↔ *Importnation*) *exportierende Nation*

Ex·port·rück·gang der <-(e)s, Exportrückgänge> WIRTSCH. *Rückgang im Exporthandel*

Ex·port·ü·ber·schuss der <-es, Exportüberschüsse> WIRTSCH. *Überschuss des Exporthandels (über den Importhandel)*

Ex·port·ver·bot das <-(e)s, -e> *Verbot, zu exportieren*

Ex·port·ver·si·che·rung die <-, -en> *Versicherung für Exportgüter*

Ex·port·wa·re die <-, -n> WIRTSCH. *Exportgüter*

Ex·po·sé, *a.* **Ex·po·see** das <-s, -s> **1.** (*geh.*) *erläuternder Bericht* **2.** *Übersicht, Plan* **3.** FILM LIT. *Handlungsskizze, Kurzfassung für ein Drehbuch*

Ex·po·si·ti·on die <-, -en> LIT. MUS. *vorbereitender, einleitender Teil*

ex·press *Adv. eilig* Der Brief wurde express zugestellt.

Ex·press der <-es> (*kein Plur.*) (VERKEHR: *österr.*) *Schnellzug*

Ex·press·ab·fer·ti·gung die <-> (*kein Plur.*) *schnelle Abfertigung*

Ex·press·bo·te, **Ex·press·bo·tin** der <-, -n> (≈ *Eilbote*)

Ex·press·gut das <-es, Expressgüter> VERKEHR *auf schnellstem Wege (per Eisenbahn) befördertes Transportgut*

Ex·pres·si·o·nis·mus der <-> (*kein Plur.*) KUNST *Kunstrichtung zu Beginn des 20. Jahrhunderts*

ex·pres·si·o·nis·tisch <nicht steig.> *Adj.* KUNST *in der Art des Expressionismus*

ex·pres·siv <expressiver, am expressivsten> *Adj.* (KUNST: *geh.*) *ausdrucksvoll* Das Publikum war vom expressiven Stil der Autorin begeistert.

Ex·pres·si·vi·tät die <-> (*kein Plur.*) (*geh.*) *das Expressivsein*

Ex·press·sen·dung die <-, -en> (≈ *Expressbrief*)

Ex·press·stra·ße die <-, -n> (VERKEHR: *schweiz.*) *Schnellstraße*

ex·qui·sit *Adj.* (*geh.*) *erlesen, vorzüglich* Es gab exquisite Weine.

Ex·ten·si·on die <-, -en> (*geh.* ↔ *Intension*) *Ausdehnung, Umfang*

ex·ten·siv <extensiver, am extensivsten> *Adj.* (*geh.*) *ausgedehnt, umfassend*

ex·tern <nicht steig.> *Adj.* **1.** (*geh.* ↔ *intern*) *außerhalb* Ich lasse diese Arbeiten extern erledigen. **2.** SCHULE *an einer anderen Schule* Er darf die Prüfung extern ablegen.

ex·t·ra <nicht steig.> *Adj.* **1.** *gesondert* Er wollte die Getränke extra bezahlen. **2.** *zusätzlich* auf einem extra Blatt Papier Notizen machen **3.** *speziell, ausschließlich* Das habe ich extra für dich gekauft.

Ex·t·ra·blatt das <-(e)s, Extrablätter> *Sonderausgabe einer Zeitung*

Ex·t·ra·fahrt die <-s, -en> (VERKEHR: *schweiz.*) *Sonderfahrt*

ex·tra·hie·ren <extrahierst, extrahierte, hat extrahiert> *mit OBJ* ■ *jmd. extrahiert etwas* **1.** (*fachspr.*) *einen Teil von etwas aus etwas herausziehen* aus den Daten alle Einträge mit einem bestimmten Merkmal extrahieren **2.** MED. *einen Zahn ziehen*

Ex·trakt der <-(e)s, -e> **1.** (*fachspr.*) *Auszug, Konzentrat* **2.** (*übertr.*) *Zusammenfassung* der Extrakt eines Vortrags

Ex·trak·ti·on die <-, -en> **1.** (*fachspr.*) *das Extrahieren* **2.** MED. *das Ziehen eines Zahnes*

Ex·tra·net das <-s, -s> (EDV: ↔ *Intranet*) *Computervernetzung zwischen Firmen*

ex·tra·or·di·när <nicht steig.> *Adj.* (*geh.*) *außergewöhnlich*

Ex·t·ra·por·ti·on die <-, -en> *eine Portion zusätzlich* Als Belohnung bekommst du heute eine Extraportion Schokolade.

ex·tra·ter·res·trisch <nicht steig.> (*nur attr.*) *Adj.* ASTRON. PHYS. *außerirdisch* Gibt es extraterrestrisches Leben?

ex·t·ra·va·gant, ex·t·ra·va·gant *Adj.* (*geh.*) *ausgefallen, überspannt* extravagante Kleidung/Mode/Schuhe

ex·t·ra·ver·tiert *Adj.* PSYCH. *nach außen gerichtet*

Ex·t·ra·wurst ■ **immer eine Extrawurst gebraten haben wollen** (*umg. abwert.*): *immer eine Ausnahme beanspruchen*

Ex·t·ra·zug der <-(e)s, -züge> (VERKEHR: *schweiz.*) *Sonderzug*

Ex·t·rem das <-s, -e> **1.** *etwas, das auf einer* (*gedachten*) *Skala den höchsten Grad erreicht hat* In diesem Winter hatten wir in der Temperatur das Extrem von 20 Grad Minus. **2.** (*umg. abwert.*) *äußerster Standpunkt* ■ **jemand fällt von einem Extrem ins andere**: *jmd. verhält sich widersprüchlich* Er fiel von einem Extrem ins andere – erst bat er freundlich um die Auskunft, dann brüllte er los.

ex·t·rem <extremer, am extremsten> *Adj. äußerst …, an die Grenzen gehend* extreme Belastungen/Temperaturen

Ex·t·rem·fall der <-(e)s, Extremfälle> *außergewöhnlicher Fall*

Ex·t·re·mis·mus der <-> (*kein Plur.*) *radikale Haltung in weltanschaulichen oder religiösen Fragen*

Ex·t·re·mist, Ex·t·re·mis·tin der <-en, -en> *radikaler Mensch*

Ex·t·re·mi·tä·ten <-> *Plur.* (*geh.*) *Arme und Beine*

Ex·t·rem·si·tu·a·ti·on die <-, -en> *extreme Situation* Für diesen Job muss man auch in Extremsituationen einen kühlen Kopf bewahren.

Ex·t·rem·sport der <-(e)s> (*kein Plur.*) SPORT *besonders gefährlicher und/oder strapaziöser Sport*

Ex·t·rem·sport·art die <-, -en> SPORT *Sportart, zu der extreme Belastungen und/oder Risiken gehören*

ex·t·ro·ver·tiert *Adj.* (PSYCH.: ↔ *introvertiert*) *auf den Kontakt mit anderen Menschen hin orientiert* Sie ist ein sehr extrovertierter Mensch.

Ex·t·ro·ver·tiert·heit die <-> (*kein Plur.*) (PSYCH.: ↔ *Introvertiertheit*) *das Extrovertiertsein*

ex·zel·lent <nicht steig.> *Adj.* (*geh.*) *ausgezeichnet*

Ex·zel·lenz die <-, -en> **1.** *Anrede* **2.** *hoher Titel* Eure Exzellenz …

Ex·zen·t·rik die <-> (*kein Plur.*) (*geh.* ≈ *Überspanntheit/-sein*) *das Exzentrischsein*

Ex·zen·t·ri·ker, Ex·zen·t·ri·ke·rin der <-s, -> (*geh.*) *jmd., der exzentrisch ist*

ex·zen·t·risch <exzentrischer, am exzentrischsten> *Adj.* (*geh.* ≈ *überspannt*)

ex·zep·ti·o·nell <nicht steig.> *Adj.* (*geh.*) *ausnahmsweise* (*eintretend*), *außergewöhnlich gut* eine exzeptionelle Aufführung

ex·zer·pie·ren <exzerpierst, exzerpierte, hat exzerpiert> *mit OBJ* ■ *jmd. exzerpiert etwas Akk.* (*geh.*) *herausschreiben und zusammenfassen* wichtige Textstellen exzerpieren

Ex·zerpt das <-(e)s, -e> (*geh.*) *Auszug* (*aus einem Buch oder einem Text*) ◆ Prüfungs-

Ex·zess der <-es, -e> *maßlose Handlung* etwas bis zum Exzess (be)treiben

ex·zes·siv *Adj.* (*geh.*) *übermäßig, maßlos, ausschweifend* einen exzessiven Lebensstil pflegen

Eye·li·ner der ['ailainɐ] *kosmetischer Stift, den eine Frau benützt, um ihre Augen zu umranden*

Ff

F, f das <-, -> *der sechste Buchstabe des Alphabets* ein großes F, ein kleines f

Fa·bel die <-, -n> LIT. *eine kurze Geschichte, in der meist Tiere die Hauptrolle spielen, und die den Leser moralisch belehren will* ◆-buch, -dichter, -wesen, Tier-

fa·bel·haft <nicht steig.> *Adj.* (*umg.*) *großartig, sehr gut* fabelhaftes Urlaubswetter, fabelhafte Leistungen/Noten, Sie kann fabelhaft singen/tanzen.

Fa·bel·we·sen das <-(e)s, -e> *ein Tier, das nicht wirklich existiert, sondern als Figur in der Mythologie vorkommt* Das Einhorn ist ein Fabelwesen.

Fa·b·rik die <-, -en> *ein Industriebetrieb, der bestimmte Produkte in großen Mengen mit Hilfe von Maschinen herstellt* die Arbeiter/das Gelände/die Schornsteine/die Werkshallen einer Fabrik, in einer Fabrik arbeiten/morgens in die Fabrik gehen/ abends aus der Fabrik kommen/in der Fabrik in der Spätschicht arbeiten, Die Fabrik stellt neue Arbeiter ein/kauft modernere Maschinen/entlässt einen Teil der Belegschaft/ rationalisiert die Produktion., Die Fabrik stellt Elektromotoren/

Haushaltsgeräte/ Spielwaren/Textilien her. ◆-besitzer, -schornstein, -tor, -ware, Eisenwaren-, Fahrrad-

Fa·b·ri·kant, **Fa·b·ri·kan·tin** der <-en, -en> **1.** *jmd., der eine Fabrik besitzt* (*und leitet*) Er wuchs als Sohn eines Fabrikanten auf. **2.** (≈ *Hersteller*) *eine Firma, die etwas herstellt* ein Fabrikant von Rüstungsgütern

Fa·b·rik·ar·bei·ter, **Fa·b·rik·ar·bei·te·rin** der <-s, -> *jmd., der in einer Fabrik arbeitet*

Fa·b·ri·kat das <-(e)s, -e> **1.** *ein Erzeugnis einer bestimmten Marke oder Herkunft* Dieses Auto ist ein britisches Fabrikat., Soll es ein bestimmtes Fabrikat sein? **2.** (≈ *Erzeugnis*) das neueste Fabrikat unserer Firma

Fa·b·ri·ka·ti·on die [fabrika'tsi̯o:n] <-, -en> (*geh.*) *die fabrikmäßige Herstellung von etwas* Das Werk hat die Fabrikation von Elektromotoren schon Anfang der neunziger Jahre eingestellt.

Fa·b·ri·ka·ti·ons·feh·ler der [fabrika'tsi̯o:nsfe:lɐ] <-s, -> (≈ *Herstellungsfehler*) Die Modellreihe 5 wurde vom Hersteller wegen angeblicher Fabrikationsfehler zurückgerufen.

Fa·b·rik·be·sit·zer, **Fa·b·rik·be·sit·ze·rin** der <-s, -> (≈ *Fabrikant*[1]) *jmd., der eine Fabrik besitzt* (*und leitet*)

Fa·b·rik·ge·län·de/Fa·b·riks·ge·län·de das <-s, -> *das Werksgelände einer Fabrik* Das Betreten des Fabrikgeländes ist Unbefugten verboten!

Fa·b·rik·hal·le/Fa·b·riks·hal·le die <-, -n> *eine Halle einer Fabrik, in der produziert wird* Einhundert Fahrzeuge verlassen täglich die Fabrikhallen.

fa·b·rik·mä·ßig/fa·b·riks·mä·ßig <nicht steig.> *Adj.* (*wie*) *in einer Fabrik; serienmäßig* die fabrikmäßige Herstellung eines Produktes

fa·b·rik·neu/fa·b·riks·neu <nicht steig.> *Adj. noch ungebraucht; frisch aus der Fabrik* ein fabrikneues Fahrrad

fa·b·ri·zie·ren <fabrizierst, fabrizierte, hat fabriziert> *mit OBJ* ■ *jmd. fabriziert etwas* **1.** (*umg.*) *mühsam mit einfachen Mitteln herstellen* aus Ästen und Blättern notdürftig eine kleine Hütte fabrizieren **2.** (*umg. abwert.*) (*etwas Dummes*) *machen* Sie hat schon wieder einen Unfall fabriziert. **3.** (*veralt.*) *herstellen, produzieren* In dieser Gegend werden seit einhundert Jahren Uhren fabriziert.

fa·bu·lie·ren *ohne OBJ* ■ *jmd. fabuliert mit viel Fantasie Geschichten erfinden* Sie kann wunderschön fabulieren, deshalb lieben Kinder ihre Bücher so sehr., ins Fabulieren geraten

Fa·cet·te, *a.* **Fas·set·te** die [fa'sɛtə] <-, -n> **1.** TECHN. *eine der geschliffenen Flächen auf Edelsteinen* **2.** (*geh. übertr.*) *eine von mehreren Eigenschaften einer Sache, die sich bei einer bestimmten Betrachtungsweise offenbart* ein Problem in all seinen Facetten beleuchten, die verschiedenen Facetten einer interessanten Persönlichkeit

Fach das <-(e)s, Fächer> **1.** *ein abgetrennter Teil in einem Möbelstück oder in einer Tasche* ein Fach im Schreibtisch öffnen, alle Fächer der Brieftasche nach etwas durchsuchen ◆Besteck-, Geheim-, Schub- **2.** (≈ *Gebiet*) *das Arbeitsgebiet, auf dem jmd. tätig ist* eine Kapazität in seinem Fach sein, Welches Fach haben Sie studiert?, sich auf ein Fach spezialisieren **3.** SCHULE *ein Unterrichtsfach* in drei Fächern eine Eins erhalten ◆Haupt-, Lieblings-, Neben- **4.** *die Eignung von Sängern oder Darstellern für bestimmte Rollen* das dramatische/komische/lyrische Fach ■ **vom Fach sein** (*umg.*): *in einem Fachgebiet ausgebildet oder darin Experte sein* Sie müsste es eigentlich wissen, sie ist schließlich vom Fach.

Fach·a·bi·tur das <-s> (*kein Pur.*) *ein Abitur, das zum Studium an einer Fachhochschule, aber nicht zum Studium an einer Universität berechtigt*

Fach·ar·bei·ter, **Fach·ar·bei·te·rin** der <-s, -> *jmd., der eine Lehre in einem bestimmten Beruf abgeschlossen hat* sich zum Facharbeiter qualifizieren ■ **seinen Facharbeiter haben** (*umg.*): *seine Ausbildung zum Facharbeiter erfolgreich abgeschlossen haben*

Fach·arzt, **Fach·ärz·tin** der <-es, Fachärzte> *ein Arzt, der sich auf ein bestimmtes medizinisches Teilgebiet spezialisiert hat* eine Überweisung zum Facharzt ausstellen, eine Weiterbildung zum Facharzt machen, ein Facharzt für Radiologie/Psychiatrie

Fach·aus·druck der <-(e)s, Fachausdrücke> (≈ *Terminus*) *in einem Fachgebiet verwendetes Wort* Medizinische Fachausdrücke sind für den Laien oft schwer verständlich.

Fach·be·griff der <-(e)s, -e> (≈ *Fachausdruck*)

Fach·blatt das <-(e)s, -blätter> (≈ *Fachzeitschrift*)

Fach·buch das <-(e)s, Fachbücher> *ein Buch mit einem zu einem Fachgebiet gehörenden Inhalt, das man nicht zur Unterhaltung, sondern zur Weiterbildung liest* Das ist ein Fachbuch, das nicht für den allgemein interessierten Laien geschrieben ist.

Fach·chi·ne·sisch das <-> (*kein Plur.*) (*umg. abwert.*) *Fachsprache bzw. Fachjargon, die bzw. der außerhalb von Fachkreisen nicht verstanden wird*

fä·cheln <fächelst, fächelte, hat gefächelt> *ohne OBJ* ■ *jmd. fächelt* (*mit etwas Dat.*) *sich einen erfrischenden Luftzug verschaffen, indem man etwas hin- und herschwenkt* dem Kranken/sich die Stirn mit einem Blatt fächeln

Fä·cher der <-s, -> *eine Art Halbkreis aus Stoff oder Papier, mit dem man sich einen erfrischenden Luftzug verschaffen kann, indem man ihn hin- und herschwenkt* einen Fächer schwenken

fä·cher·ar·tig <nicht steig.> *Adj. wie ein Fächer geformt*

fä·cher·ü·ber·grei·fend <nicht steig.> *Adj.* (≈ *interdisziplinär*) *so, dass verschiedene Fachgebiete oder Wissenschaften daran beteiligt sind*

Fach·frau die <-, -en> *weibliche Form zu „Fachmann“*

Fach·ge·biet das <-(e)s, -e> *ein bestimmtes* (*wissenschaftliches*) *Arbeitsgebiet* naturwissenschaftliche Fachgebiete, Das fällt nicht in mein Fachgebiet.

Fach·ge·lehr·te der/die <-n, -n> *Wissenschaftler*

in einem bestimmten Fachgebiet

fach·ge·recht <nicht steig.> *Adj. so, wie es Fachleute machen* eine fachgerecht durchgeführte Reparatur

Fach·ge·schäft das <-(e)s, -e> *ein Einzelhandelsgeschäft, das auf den Handel mit bestimmten Waren spezialisiert ist* ein Fachgeschäft für Bürobedarf/Elektronik, etwas im Fachgeschäft kaufen

Fach·händ·ler, **Fach·händ·le·rin** der <-s, -> *jmd., der ein Fachgeschäft betreibt*

Fach·hoch·schu·le die <-, -n> *eine Bildungseinrichtung, auf der man einen akademischen Abschluss in bestimmten (technischen) Disziplinen erwerben kann* Design/Druckereiwesen/Elektrotechnik/Mediengestaltung an der Fachhochschule studieren

Fach·i·di·ot der <-en, -en> (*umg. abwert.*) *jmd., der nur etwas von seinem Fach versteht und nichts darüber hinaus kennt* So eine enge Spezialausbildung bringt nur Fachidioten hervor.

Fach·kennt·nis die <-, -se> (*meist Plur.*) *Kenntnis auf einem Fachgebiet* hervorragende Fachkenntnisse besitzen

Fach·kraft die <-, -kräfte> (*meist Plur.*) *jmd., der eine Ausbildung in einem bestimmten Fachgebiet besitzt*

fach·kun·dig *Adj.* (≈ *sachkundig*) *mit viel Fachkenntnis* Die fachkundige Montage setzt einen Fachmann voraus., eine fachkundige Beratung in Versicherungsfragen

Fach·leu·te <-> *Plur. s.* **Fachmann**

fach·lich <nicht steig.> *Adj. auf ein Fach*[2] *bezogen* Seine fachliche Qualifikation ist hervorragend.

Fach·li·te·ra·tur die <-, -en> *zu einem Fachgebiet gehörende Literatur* die Fachliteratur zu einem Thema studieren

Fach·mann, **Fach·frau** der <-(e)s, Fachleute/Fachmänner> (≈ *Experte*) *eine Person, die Spezialkenntnisse auf einem bestimmten Fachgebiet hat* ein erfahrener/geschätzter/hervorragender/routinierter Fachmann

fach·män·nisch *Adj.* (↔ *amateurhaft*) *in der Art von Fachleuten* eine fachmännisch ausgeführte Arbeit, Es sieht sehr fachmännisch aus, wie sie das macht.

Fach·mes·se die <-, -n> *Messe für ein bestimmtes Fachgebiet* die Fachmesse für Computertechnik/für Zweiräder

Fach·o·ber·schu·le die <-,- n> *eine höhere Schule, an der man ein Fachabitur erwerben kann*

Fach·per·so·nal das <-s> (*kein Plur.*) *Personal, das in einem bestimmten Fach ausgebildet ist*

Fach·pres·se die <-> (*kein Plur.*) *die Gesamtheit der Fachzeitschriften zu einem bestimmten Gebiet* Das Gerät ist in der Fachpresse sehr gut beurteilt worden.

Fach·schu·le die <-, -n> *eine Ausbildungsstätte, die berufliche Kenntnisse auf einem bestimmten Fachgebiet vermittelt* eine Fachschule für soziale und Pflegeberufe

fach·sim·peln <fachsimpelst, fachsimpelte, hat gefachsimpelt> *ohne OBJ* ■ *jmd. fachsimpelt* (*über etwas Akk.*) *sich über ein Thema unterhalten, von dem man viel versteht* lange über Autos/den Beruf/Fußball/den Radsport fachsimpeln, Nun hört mal auf zu fachsimpeln, wir wollen auch mitreden! ▶Fachsimpelei

Fach·spra·che die <-, -n> *die zu einem Fachgebiet gehörende Sprache, die vor allem durch den Gebrauch besonderer Ausdrücke gekennzeichnet ist* die Fachsprache der Chemie/Mathematik/Rechtswissenschaft

> **i Wissenswert** Fachgebiete und die damit verbundenen Berufe entwickeln eigene Formen der Sprachverwendung, die man üblicherweise als **Fachsprachen** bezeichnet. Auffälligstes Kennzeichen von Fachsprachen sind ihre eigenen Begriffe, in denen sich das zu einem Gebiet gehörende Fachwissen spiegelt, und die man als Terminologie bezeichnet. Außer den Termini können sich fachsprachliche Texte aber auch durch eigene Textsorten und manchmal Eigenarten der Satzkonstruktion von der so genannten Gemeinsprache abgrenzen. Häufig gibt es Abweichungen in der Schreibung, z.B. Cellulose (Fachsprache), Zellulose (Gemeinsprache).

fach·sprach·lich <nicht steig.> *Adj. auf eine Fachsprache bezogen; zu ihr gehörend* ein fachsprachlicher Ausdruck/Text, der fachsprachliche Gebrauch eines Wortes

Fach·ta·gung die <-, -en> *eine Tagung von Fachleuten eines bestimmten Gebietes*

Fach·text der <-es, -e> *ein Text, der in einer bestimmten Fachsprache verfasst ist* juristische/medizinische Fachtexte übersetzen

Fach·welt die <-> (*kein Plur.*) *die Gesamtheit aller Fachleute auf einem bestimmten Gebiet* großes Ansehen in der wissenschaftlichen Fachwelt genießen, Die Entdeckung erregte weltweit Aufsehen in der linguistischen/medizinischen Fachwelt.

Fach·werk das <-(e)s> (*kein Plur.*) *eine Art zu bauen, bei der die Wände aus von außen sichtbaren Balken bestehen, die mit Mauerwerk gefüllt sind* ◆-bau, -konstruktion

Fach·werk·haus das <-es, Fachwerkhäuser> *ein Haus mit Fachwerk*

Fach·wis·sen das <-s> (*kein Plur.*) *Wissen auf einem bestimmten Fachgebiet* ein beeindruckendes/großes/hervorragendes/umfassendes Fachwissen besitzen

Fach·wort das <-(e)s, Fachwörter> (≈ *Terminus*) *in einem Fachgebiet verwendetes Wort* ein Fachwort aus der Geologie/Medizin

Fach·zeit·schrift die <-, -en> *eine Zeitschrift, in der Themen eines bestimmten Fachgebiets behandelt werden*

Fa·ckel die <-, -n> *ein langes Holzscheit, das am oberen Ende mit einem leicht brennbaren Material überzogen ist* eine Fackel anzünden, Das Gewölbe wurde von Fackeln erhellt.

F

fa·ckeln <fackelst, fackelte, hat gefackelt> *ohne OBJ* ■ *jmd. fackelt nicht lange* (*umg.*) *nicht zögern oder nachdenken* Mit denen würde ich gar nicht so lange fackeln, die würde ich gleich rauswerfen!

Fa·ckel·trä·ger der <-s, -> *jmd., der bei öffentlichen Veranstaltungen eine Fackel trägt*

fad(e) <fader, am fad(e)sten> *Adj.* (*abwert.*) **1.** *so, dass es nur schwach gewürzt ist und keinen starken Geschmack hat* ein fade schmeckendes Essen, die fade Krankenhauskost **2.** (*süddt. österr.*) *langweilig* eine fade Veranstaltung, Mir ist fad! ■ **ein fader Beigeschmack**: *das Gefühl, dass eine Sache nicht ganz richtig abgelaufen ist* Wir haben unsere Vorstellungen verwirklichen können, aber bei allem ist ein fader Beigeschmack geblieben.

Fa·den der <-s, Fäden> *eine Art sehr dünne Schnur, mit der man etwas näht oder zubindet* das Paket mit einem Faden verschnüren, etwas mit einem Faden festbinden, den Faden in eine Nähnadel einfädeln, Der Chirurg vernäht die Wunde mit einem speziellen Faden. ■ **der rote Faden** (*umg.*): *ein Grundgedanke, der immer wieder aufgegriffen wird* **alle Fäden in der Hand halten** (*umg.*): *alles kontrollieren* **den Faden verlieren** (*umg.*): *nicht mehr genau wissen, worüber man spricht* **etwas hängt am seidenen Faden** (*geh.*): *etwas ist in Gefahr* Nach dem Unfall hing sein Leben am seidenen Faden. ◆ Baumwoll-, Nylon-

Fa·den·nu·deln <-> *Plur. sehr dünne Nudeln*

fa·den·schei·nig *Adj.* **1.** (*abwert.*) *so, dass man gleich erkennt, dass es unwahr ist* den fadenscheinigen Ausreden keinen Glauben schenken **2.** (*veralt.*) *so abgenutzt, dass der Stoff ganz dünn geworden ist* Der Anzug/der Stoff ist an vielen Stellen fadenscheinig geworden.

Fad·heit die <-> (*kein Plur.*) (*süddt. österr.*) *die Eigenschaft, langweilig und uninteressant zu sein*

fa·di·sie·ren *mit SICH* ■ *jmd. fadisiert sich* (*umg. österr.*) *sich langweilen* Ich habe mich auf der Party schrecklich fadisiert.

Fa·gott das <-(e)s, -e> MUS. *ein Holzblasinstrument*

fä·hig *Adj.* **1.** *so, dass man in der Lage ist, etwas zu tun* Sie ist nicht fähig zu lügen., Nach dem Unfall war er nicht fähig, seine Beine zu bewegen., Ich glaube, er ist zu allem fähig! **2.** (≈ *kompetent*) *so, dass man sein Fach sehr gut beherrscht* ein fähiger Mitarbeiter, eine fähige Ärztin/Wissenschaftlerin

Fä·hig·keit die <-, -en> **1.** (*meist Plur.*) (≈ *Begabung*) *das Können auf einem bestimmten Gebiet* sich bestimmte Fähigkeiten aneignen/erwerben, bestimmte Fähigkeiten haben/trainieren/vermitteln, schauspielerische Fähigkeiten haben, an jemandes Fähigkeiten (nicht) zweifeln ◆ Denk-, Lern- **2.** (*kein Plur.*) (≈ *Vermögen*) *die Eigenschaft, etwas zu können* Sie besitzt die Fähigkeit, andere zu überzeugen. ◆ Anpassungs-

fahl *Adj.* **1.** (≈ *blass*) *so, dass die Haut matt und weiß aussieht* eine fahle Haut haben, vor Schreck ganz fahl aussehen ◆ asch- **2.** (≈ *trüb*) *nicht hell* im fahlen Schein der Laterne, das fahle Licht der Dämmerung

fahn·den <fahndest, fahndete, hat gefahndet> *ohne OBJ* ■ *jmd. fahndet nach jmdm. polizeilich suchen* Die Polizei fahndet nach dem Täter/nach dem Diebesgut., Nach dem entflohenen Sträfling wird seit dem Wochenende landesweit gefahndet.

Fahn·der, **Fahn·de·rin** der <-s, -> *ein Polizist, der systematisch nach jmdm./etwas sucht* Die Fahnder stießen auf ein Rauschgiftlager.

Fahn·dung die <-, -en> *das gezielte Suchen der Polizei nach Personen oder Dingen* Die Fahndung nach dem Täter/dem Diebesgut verlief erfolgreich., jemanden zur Fahndung ausschreiben

Fahn·dungs·lis·te die <-, -n> AMTSSPR. *eine Liste aller polizeilich gesuchten Personen* jemanden auf die Fahndungsliste setzen

Fah·ne die <-, -n> **1.** *ein großes* (*rechteckiges*) *Tuch, das die Farben und Zeichen eines Landes bzw. einer Vereinigung trägt und als ihr Symbol gilt* die amerikanische/deutsche/italienische Fahne, die Fahne eines Fußballvereins, Die Fahne wird gehisst/flattert im Wind/weht auf Halbmast/wird eingeholt. **2.** DRUCKW. *der Ausdruck eines gesetzten, noch nicht auf Seitenformat umbrochenen Textes* Fahnen korrigieren/lesen **3.** (*umg. abwert.*) *jmds. Atem, der stark nach Alkohol riecht* eine Fahne haben ■ **seine Fahne nach dem Wind hängen** (*abwert.*): *sich immer der gerade herrschenden Meinung anschließen* **sich etwas auf seine Fahnen schreiben**: *sich etwas zum Ziel setzen* **mit fliegenden Fahnen zum Gegner überwechseln**: *seine Meinung plötzlich und ohne Not ins Gegenteil verkehren*

Fah·nen·ab·zug der <-(e)s, Fahnenabzüge> DRUCKW. *Fahne*[2]

Fah·nen·eid der <-(e)s, -e> MILIT. *auf die Fahne*[1] *geleisteter Eid* Die Rekruten leisteten den Fahneneid.

Fah·nen·flucht die <-> (*kein Plur.*) MILIT. *der Vorgang, dass im Krieg ein Soldat von der eigenen Truppe wegläuft* wegen Fahnenflucht zum Tode verurteilt werden ▸ Fahnenflüchtige

Fah·nen·stan·ge die <-, -n> *ein hoher Mast zum Aufhängen einer Fahne* ■ **das ist** (**dann aber**) **das Ende der Fahnenstange** (*umg.*): *das ist die größte Menge von etwas* 4000 Euro willst du für dein altes Auto? Also, ich würde mal sagen 1500, das ist dann aber das Ende der Fahnenstange!

Fähn·rich der <-s, -e> **1.** MILIT. *ein militärischer Dienstgrad unterhalb des Offiziersranges* **2.** MILIT. *jmd. mit dem Dienstgrad eines Fähnrichs*[1]

Fahr·aus·weis der <-es, -e> **1.** AMTSSPR. *Fahrkarte* im Besitz eines gültigen Fahrausweises sein, Die Fahrausweise bitte! **2.** (*schweiz.*) *Führerschein*

Fahr·bahn die <-, -en> *der Teil der Straße, der für die Fahrzeuge bestimmt ist* Unebenheiten der Fahrbahn, von der Fahrbahn abkommen ◆ -belag, -markierung, Gegen-

fahr·bar <nicht steig.> *Adj. so, dass man es fahren kann* ein fahrbarer Tisch ■ **ein fahrbarer Untersatz** (*umg. scherzh.*): *ein Auto*

Fahr·dienst·lei·ter, **Fahr·dienst·lei·te·rin** der <-s, -> EISENB. *jmd., der innerhalb eines bestimmten Streckenabschnitts den Zugverkehr regelt*

Fäh·re die <-, -n> *ein Schiff, das Personen und Fahrzeuge regelmäßig auf einer bestimmten Strecke über ein Gewässer befördert* mit der Fähre nach England fahren, Die Fähre setzt an das andere Ufer über.

Fahr·ei·gen·schaf·ten - (*meist Plur.*) *die technischen Eigenschaften eines Fahrzeugs, die sich beim Fahren in einer bestimmten Weise zeigen*

fah·ren <fährst, fuhr, hat/ist gefahren> **I.** *mit OBJ* ■ *jmd. fährt etwas* **1.** (*haben*) *ein Fahrzeug lenken* Haben Sie den Wagen gefahren?, Sie lernt Auto fahren. **2.** (*umg.*) *als Fahrzeug* (*besitzen und*) *regelmäßig verwenden* Wir fahren einen Kleinbus/Sportwagen/ein Cabrio., Mancher träumt davon, einen schnellen Sportwagen zu fahren., Was für einen Wagen fahrt ihr? **3.** (*fachspr.*) *betreiben oder leisten* einen Hochofen/eine technische Anlage fahren, volle Leistung fahren, eine Schicht fahren **4.** ■ *jmd. fährt etwas* ((*sein*)) *ein Fahrzeug oder Gerät zur Fortbewegung benutzen* Auto/Bahn/Ballon/Rad/Schlittschuhe fahren **5.** *mit einem Fahrzeug eine Strecke bewältigen* Wir mussten einen Umweg fahren., Welche Strecke seid ihr gefahren? **6.** ■ *jmd. fährt jmdn./etwas irgendwohin* ((*haben*)) *jmdn. oder etwas mit einem Fahrzeug an einen Ort befördern* Sie hat ihre Mutter zum Bahnhof gefahren. **II.** *ohne OBJ* ■ *jmd. fährt* (*mit etwas Dat.*)(*irgendwohin*) **1.** + *Dat.* (*sein*) *sich mit einem Fahrzeug irgendwohin begeben* Ich bin mit dem Auto/dem Rad/dem Schiff gefahren., Heute fahren wir nach Berlin/in den Urlaub., Fährst du heute oder soll ich fahren? **2.** ■ *jmd. fährt irgendwie* ((*sein*)) *ein Fahrzeug in bestimmter Weise bewegen* rücksichtslos/schnell/vorsichtig fahren **3.** ■ *jmd. fährt mit etwas Dat. irgendwohin* ((*sein*)) *in oder aus etwas gleiten* mit der Hand über die Stirn fahren, mit den Beinen in den Schlafsack fahren, mit der Hand aus dem Ärmel fahren **4.** ■ *jmd. fährt mit etwas Dat. über etwas Akk.* ((*haben/sein*)) *über etwas gleiten lassen* mit dem Tuch über den Tisch fahren, sich/jemandem mit der Hand über die Stirn fahren **5.** ■ *etwas fährt* ((*sein*)) *sich* (*als Fahrzeug*) *fortbewegen* Das Auto fährt über die Kreuzung., Der Zug fährt durch den Tunnel., ein schnell fahrendes Fahrzeug **6.** ■ *etwas fährt* (*als Verkehrsmittel*) *regelmäßig auf einer Strecke verkehren* Der Bus fährt täglich/viertelstündlich., Der Zug fährt nach Hamburg., Der ICE fährt im Stundentakt. **7.** ■ *etwas fährt irgendwohin* ((*sein*)) *etwas bewegt sich plötzlich in eine Richtung* Der Schrecken ist mir in die Glieder gefahren., Ein Windstoß fuhr durch die Blätter ■ **etwas fahren lassen** (*geh.*): *etwas aufgeben* Sie ließ alle Hoffnung fahren. **in die Höhe fahren** (*umg.*): *aufschrecken* **aus der Haut fahren**: *plötzlich wütend werden* **einen fahren lassen** (*umg.*): *einen Darmwind entweichen lassen* ◆ Getrenntschreibung→R 4.1 Wollen wir heute Rad fahren?, Wann willst du fahren lernen?, Wir müssen noch nicht alle Hoffnung fahren lassen., Wir könnten heute ein wenig spazieren fahren.

Fah·rer, **Fah·re·rin** der <-s, -> *jmd., der ein Fahrzeug lenkt* Der Fahrer konnte gerade noch bremsen. ◆ Auto-, Bus-, Fahrrad-, Motorrad-, Rad-

Fah·re·rei die <-, -en> (*umg. abwert.*) **1.** *ungeschicktes Fahren* Jetzt bremst der schon wieder ganz plötzlich und grundlos, was ist denn das für eine Fahrerei? **2.** *häufiges, als lästig empfundenes Fahren* nach acht Jahren Wochenendbeziehung die Fahrerei satt haben

Fah·rer·flucht die <-> (*kein Plur.*) RECHTSW. *der Vorgang, dass jmd., der einen Unfall verursacht hat, von der Unfallstelle wegläuft oder wegfährt, sich nicht um das Unfallopfer kümmert und auch nicht die Polizei verständigt* Fahrerflucht begehen, Fahrerflucht ist eine strafbare Handlung. ▶fahrerflüchtig

Fah·rer·la·ger das SPORT *bei einem Auto- oder Motorradrennen der Bereich, in dem die* (*Teams der*) *Rennfahrer ihre Materialwagen und Wohnmobile aufgestellt haben*

Fahr·er·laub·nis die <-> (*kein Plur.*) **1.** (≈ *Führerschein*) *die amtliche Genehmigung, ein Auto zu fahren* die Fahrerlaubnis haben/machen **2.** *die Bescheinigung, die zum Fahren eines Autos berechtigt* die Fahrerlaubnis bei sich haben/mitführen

Fah·rer·sitz der <-es, -e> *für den Fahrer eines Kraftfahrzeugs bestimmter Sitz*

Fähr·frau die <-, -en> *s.* **Fährmann**

Fahr·gast der <-(e)s, Fahrgäste> *ein Person, die von einem öffentlichen Verkehrsmittel befördert wird* Die neuen Züge bieten den Fahrgästen deutlich mehr Komfort.

Fahr·geld das <-(e)s> (*kein Plur.*) *das Geld, das man für die Beförderung in einem öffentlichen Verkehrsmittel bezahlen muss* Ich habe zwei Euro Fahrgeld bezahlen müssen.

Fahr·ge·le·gen·heit die <-, -en> *die Möglichkeit, irgendwo mitfahren zu können* Ich suche für Sonntag eine Fahrgelegenheit nach München.

Fahr·ge·mein·schaft die <-, -en> *eine Gruppe von Personen, die regelmäßig die gleiche Wegstrecke zurücklegen und sich die Fahrtkosten teilen* eine Fahrgemeinschaft bilden, um die Kinder zur Schule zu bringen/um zur Arbeit zu kommen

Fahr·ge·stell das <-(e)s, -e> KFZ *der Teil des Autos, an dem die Achsen und Räder aufgehängt sind*

fah·rig *Adj. so, dass jmd. sich schnell und unkontrolliert bewegt, weil er nervös ist* fahrige Bewegungen machen ▶Fahrigkeit, zerfahren

Fahr·kar·te die <-, -n> (≈ *Ticket*) *eine Art Ausweis, der zum Mitfahren in einem öffentlichen Verkehrsmittel berechtigt* eine Fahrkarte kaufen/lösen, eine einfache Fahrkarte nach Basel ◆-nentwerter, -nkontrolleur, Rück-

Fahr·kar·ten·au·to·mat der <-en, -en> *ein Automat, der gegen Geldeinwurf Fahrkarten ausgibt*

Fahr·kar·ten·schal·ter der <-s, -> *am Bahnhof eine Art Theke, an der man Fahrkarten kaufen kann*

Fahr·kos·ten/**Fahrt·kos·ten** <-> *Plur. die für ei-*

ne Fahrt anfallende Kosten die Fahrtkosten abrechnen/erstattet bekommen ◆-erstattung

fahr·läs·sig *Adj.* (*abwert.*) *ohne die notwendige Vorsicht oder Aufmerksamkeit, zu der man verpflichtet ist* Sein fahrlässiges Verhalten hat zu dem Unfall geführt. ■ **fahrlässige Tötung/Körperverletzung** RECHTSW.: *unbeabsichtigte Tötung oder Körperverletzung*

Fahr·läs·sig·keit die <-, -en> **1.** (*kein Plur.*) *die Eigenschaft, fahrlässig zu sein* Das ist aus Fahrlässigkeit geschehen, nicht mit Absicht. **2.** *eine fahrlässige Handlung* Das war eine grobe Fahrlässigkeit von dir.

Fahr·leh·rer, **Fahr·leh·re·rin** der <-s, -> *jmd., der beruflich Menschen das Autofahren beibringt*

Fähr·li·nie die <-, -n> *eine Strecke, die von Fähren im Linienverkehr befahren wird* die Fährlinie zwischen Calais und Dover

Fähr·mann, **Fähr·frau** der <-(e)s, Fährmänner/Fährleute> *jmd., der eine kleinere Fähre führt* Der Fährmann setzte uns in seinem Boot über den Fluss/See.

Fahr·plan der <-(e)s, Fahrpläne> *eine Art Tabelle, in der steht, zu welchen Zeiten Eisenbahnzüge oder Autobusse von einem Ort zu verschiedenen Zielen fahren* den Fahrplan studieren, Laut Fahrplan müsste der Bus/Zug jetzt kommen. ◆-auskunft, -wechsel, Sommer-, Winter-

fahr·plan·mä·ßig <nicht steig.> *Adj. entsprechend der im Fahrplan angegebenen Zeit* Fahrplanmäßige Ankunft ist sechzehn Uhr zwölf.

Fahr·pra·xis die <-> (*kein Plur.*) ■ **jemand hat Fahrpraxis**: *jmd. hat Erfahrung im Fahren* Sie hat schon zehn Jahre Fahrpraxis.

Fahr·preis der <-es, -e> *für den Transport mit einem öffentlichen Verkehrsmittel zu bezahlender Preis* ◆-erhöhung , -erstattung

Fahr·preis·er·mä·ßi·gung die <-, -en> *Ermäßigung des Fahrpreises* Rentner/Schüler/Inhaber einer Kundenkarte erhalten eine Fahrpreisermäßigung von fünfzig Prozent.

Fahr·prü·fung die <-, -en> *eine Prüfung, die man machen muss, um den Führerschein zu erhalten* die Fahrprüfung ablegen

Fahr·rad das <-(e)s, Fahrräder> (≈ *Rad*) *ein Fahrzeug, das zwei Räder hat, auf dem man sitzt und mit den Beinen eine Art Zahnrad in Bewegung hält, das über eine Kette das Hinterrad antreibt* ein altes/defektes/gebrauchtes/neues/rostiges Fahrrad, das Fahrrad an eine Hauswand lehnen/putzen/reparieren/ schieben, täglich Fahrrad fahren ◆ Getrenntschreibung→R 4.1 Wollen wir Fahrrad fahren oder nehmen wir das Auto? ◆-anhänger, -händler, -sattel, -ständer, Damen-, Herren-, Kinder-

Fahr·rad·com·pu·ter der <-s, -> *ein kleines elektronisches Gerät für das Fahrrad, das die Geschwindigkeit und die gefahrenen Kilometer anzeigt*

Fahr·rad·ket·te die <-, -n> *die Kette, die bei einem Fahrrad die Kraft vom vorderen Kettenblatt auf eines der Zahnräder am Hinterrad überträgt*

Fahr·rad·klin·gel die <-, -n> (≈ *Fahrradglocke*) *eine Vorrichtung am Lenker eines Fahrrads, mit der der Fahrer einen hellen Signalton erzeugen kann, um Fußgänger oder andere Radfahrer auf sich aufmerksam zu machen*

Fahr·rad·ku·rier der <-s, -e> *jmd., der in einer Großstadt beruflich Briefe oder Pakete, die nicht auf dem üblichen Postweg befördert werden, mit dem Fahrrad transportiert*

Fahr·rad·stän·der der <-s, -> *eine Vorrichtung zum Abstellen von Fahrrädern*

Fahr·rad·weg der <-es, -e> *ein Verkehrsweg, auf dem nur Radfahrer, aber keine Autos fahren dürfen*

Fahr·rin·ne die <-, -n> SEEW. *eine markierte Strecke in Gewässern, die die erforderliche Wassertiefe für die dort verkehrenden Schiffe besitzt*

Fahr·schein der <-(e)s, -e> (AMTSSPR.: ≈ *Fahrkarte*) ◆-kontrolle

Fahr·schu·le die <-, -n> *ein Unternehmen, in dem man lernen kann, wie man ein Auto oder Motorrad fährt und in dem man den Führerschein erwerben kann*

Fahr·schü·ler, **Fahr·schü·le·rin** der <-s, -> *jmd., der in einer Fahrschule lernt, wie man ein Auto oder Motorrad fährt*

Fahr·si·cher·heit die <-> (*kein Plur.*) *die technischen Voraussetzungen eines Fahrzeugs, die für Sicherheit sorgen*

Fahr·si·mu·la·tor der <-s, -en> *eine Vorrichtung, die dem Benutzer die gleichen Eindrücke vermittelt, wie sie beim Fahren eines Kraftfahrzeugs entstehen*

Fahr·spur die <-, -en> *eine von mehreren Spuren einer Straße* die Fahrspur wechseln, eine Autobahn mit drei Fahrspuren in jeder Richtung

Fahr·stil der <-s, -e> *die individuelle Art, wie jmd. Auto fährt* ein aggressiver/defensiver/vorsichtiger Fahrstil

Fahr·stre·cke die <-, -n> *die Strecke, die jmd. mit einem Fahrzeug zurücklegt*

Fahr·strei·fen der (*österr.*) *Fahrspur*

Fahr·stuhl der <-(e)s, Fahrstühle> (≈ *Aufzug, Lift*) *eine Kabine, die sich in einem Schacht auf- und abbewegt und Personen von einem Stockwerk zum anderen transportiert* mit dem Fahrstuhl fahren, im Fahrstuhl stecken bleiben ◆-kabine, -schacht

Fahrt die <-, -en> **1.** (*kein Plur.*) *das Fahren* die Fahrt des Autos bremsen/verlangsamen, nach mehreren Stunden Fahrt, in voller Fahrt (≈ mit maximaler Geschwindigkeit), Der Schlitten kam langsam in Fahrt (≈ wurde langsam schneller). ◆ Heim-, Rück-, Weiter- **2.** *eine Reise mit einem Fahrzeug* verschiedene Fahrten unternehmen, Die Fahrt führt uns zunächst zum Bodensee., eine erlebnisreiche/herrliche/zweistündige Fahrt, eine Fahrt zum Mond ■ **in Fahrt sein** (*umg.*): *wütend sein oder nicht aufhören zu reden* **in Fahrt kommen** (*umg.*): *wütend werden oder anfangen, viel zu reden* ◆ Entdeckungs-, Studien-, Urlaubs-

Fähr·te die <-, -n> **1.** *die Spur, die ein Tier hinter-*

lässt die Fährte eines Fuchses, eine Fährte aufnehmen/verfolgen **2.** (*übertr.*) *die Spur eines Verbrechers* die Fährte eines Verbrechers verfolgen ■ **jemanden auf eine falsche Fährte locken** (*umg.*): *jmdn. in die Irre führen*

Fahr·tech·nik die <-> (*kein Plur.*) *die bestimmten Kenntnisse (und ihre Umsetzung), wie man ein Fahrzeug (sicher) fährt*

Fahr·ten·buch das <-(e)s, Fahrtenbücher> *ein Buch, in dem die Fahrten mit einem Auto zu Kontrollzwecken eingetragen werden* ein Fahrtenbuch führen

Fahr·ten·schrei·ber der <-s, -> *ein Gerät in einem Lastwagen oder Autobus, das Geschwindigkeit, Fahrtdauer und Fahrpausen zu Kontrollzwecken aufzeichnet*

Fahrt·kos·ten *s.* **Fahrkosten**

Fahrt·rich·tung die <-, -en> *die Richtung, in die ein Fahrzeug fährt* in Fahrtrichtung/entgegen der Fahrtrichtung sitzen, Aussteigen in Fahrtrichtung links!

fahr·tüch·tig <nicht steig.> *Adj.* **1.** *so, dass man ein Auto sicher fahren kann* Nach Einnahme des Medikaments ist man nur noch bedingt fahrtüchtig. **2.** *so, dass es sicher gefahren werden kann* Das Auto ist wieder fahrtüchtig.

Fahr·tüch·tig·keit die <-> (*kein Plur.*) **1.** *die Fähigkeit, ein Fahrzeug sicher zu fahren* Alkoholische Getränke/manche Medikamente beeinträchtigen die Fahrtüchtigkeit. **2.** *die technische Verkehrssicherheit eines Fahrzeugs* ein Fahrzeug auf seine Fahrtüchtigkeit hin überprüfen

Fahrt·wind der <-(e)s> (*kein Plur.*) *durch die Bewegung eines Fahrzeugs erzeugter Luftstrom* Die Plane flattert im Fahrtwind.

fahr·un·tüch·tig <nicht steig.> *Adj.* (↔ *fahrtüchtig*) **1.** *so, dass jmd. ein Fahrzeug nicht mehr sicher lenken kann* Nach dem Genuss von Alkohol/Drogen ist man fahruntüchtig. **2.** *so, dass ein Fahrzeug technische Mängel hat und deshalb nicht mehr fahrsicher ist* ein fahruntüchtiges Fahrzeug

Fahr·ver·bot das <-(e)s, -e> *das Verbot, ein Kraftfahrzeug zu führen* ein vierwöchiges Fahrverbot aussprechen/erhalten

Fahr·ver·hal·ten das <-s> (*kein Plur.*) (*geh.*) **1.** *die Art, wie sich ein Fahrzeug fährt* Der Wagen hat ein sportliches/träges Fahrverhalten. **2.** *die Art, wie jmd. ein Kraftfahrzeug fährt* Er zeigt ein aggressives/defensives/rücksichtsvolles Fahrverhalten.

Fahr·was·ser das <-s> (*kein Plur.*) SEEW. *eine markierte Strecke in Gewässern, die die erforderliche Wassertiefe für die dort verkehrenden Schiffe besitzt* das Fahrwasser eines Flusses ■ **in jemandes Fahrwasser mitschwimmen** (*umg. abwert.*): *unkritisch jmds. Meinungen übernehmen* **im richtigen Fahrwasser sein**: *etwas sagen oder tun, worin man sich sicher fühlt, weil man es gut kann*

Fahr·wei·se die <-, -n> (≈ *Fahrstil*)

Fahr·werk das <-(e)s, -e> LUFTF. *die Räder eines Flugzeugs und deren Aufhängung* nach dem Start das Fahrwerk einziehen, vor der Landung das Fahrwerk ausfahren

Fahr·zeit die <-, -en> *die für eine bestimmte Fahrt benötigte Zeit* Die Fahrzeit nach Rostock beträgt fünf Stunden.

Fahr·zeug das <-s, -e> *ein technisches Gerät, das der Fortbewegung dient* ein mit Muskelkraft/mit Benzin betriebenes Fahrzeug, ein Fahrzeug mit Elektromotor/Kettenantrieb, Im Winter ist der Pferdeschlitten ein beliebtes Fahrzeug., ein Fahrzeug, das sich im Wasser und auf dem Land fortbewegen kann, Manche Experten meinen, dass das Fahrzeug der Zukunft über Brennstoffzellen verfügen wird.

Fahr·zeug·bau der <-s> (*kein Plur.*) *die industrielle Herstellung von Fahrzeugen*

Fahr·zeug·füh·rer der <-s, -> AMTSSPR. *jmd., der ein Fahrzeug lenkt*

Fahr·zeug·hal·ter, **Fahr·zeug·hal·te·rin** der <-s, -> AMTSSPR. *ein Person, die ein Kraftfahrzeug besitzt* den Fahrzeughalter eines PKW ermitteln

Fahr·zeug·ko·lon·ne die <-, -n> *viele Fahrzeuge, die hintereinander fahren*

Fahr·zeug·len·ker der <-s, -> (*schweiz.*) *Fahrzeugführer*

Fai·b·le das ['fɛːbl̩] <-s, -s> *Vorliebe; Neigung* Sie hat ein Faible für Jazzmusik., Er hat eben ein Faible für alte, wertvolle Bücher., Die Lehrerin hat ein Faible für bestimmte Schüler.

fair [fɛːɐ̯] *Adj.* **1.** (≈ *anständig*) *so, dass man in seinem Handeln gerecht, ehrlich und anständig ist* ein faires Urteil, Das war nicht fair von ihr!, Wenn du ihn kritisierst, solltest du aber fair bleiben. **2.** SPORT *den sportlichen Regeln entsprechend* ein fairer Wettkampf

Fair·ness die ['fɛːɐ̯nɛs] <-> (*kein Plur.*) **1.** *gerechtes und anständiges Verhalten* Es ist ein Gebot der Fairness, dass du auch seine Argumente anhörst. **2.** *den sportlichen Regeln entsprechendes Verhalten*

Fair·play, *a.* **Fair Play** das ['fɛːɐ̯'pleː] <-s> (*kein Plur.*) *anständiges oder den (sportlichen) Regeln entsprechendes (Verhalten im) Spiel*

fä·kal <nicht steig.> *Adj.* (*geh.*) *Fäkalien betreffend*

Fä·ka·li·en <-> *Plur.* (*geh.*) *Urin und Kot*

Fa·kir der <-s, -e> **1.** *ein Angehöriger einer religiösen Sekte (besonders in Indien), der asketisch lebt und den Körper durch geistige Übungen unempfindlich gegen Schmerz machen kann* Der Fakir kann auf einem Nagelbrett liegen. **2.** *ein Zauberkünstler, der ähnliche Dinge wie ein Fakir*[1] *tun kann* als Fakir im Zirkus auftreten

Fak·si·mi·le das [fak'ziːmile] <-s, -s> DRUCKW. *eine exakte Nachbildung eines Druckerzeugnisses oder Bildes* das Faksimile einer alten Handschrift, ein altes Buch in Faksimile herausgeben

Fakt der/das <-(e)s, -en/-s> (*geh.*) *eine (bewiesene) Tatsache* sich bei der Bewertung einer Sache an die Fakten halten, Die Fakten sind uns schon längst bekannt., Unsere Leser wollen Fakten, Fak-

F

ten, Fakten ... ■ **Fakt ist, dass ...** (*umg.*): *es steht fest, dass ...*

fak·tisch <nicht steig.> *Adj.* (≈ *effektiv*) *tatsächlich* Der faktische Nutzen ist gering., Die Kleinbetriebe sind die faktischen Verlierer der Reform., Es ist faktisch alles beim Alten geblieben.

Fak·ti·zi·tät die <-, -en> (PHILOS.: ↔ *Logizität*) *sinnlich erfahrbare Gegenständlichkeit, Tatsächlichkeit*

Fak·tor der <-s, -en> **1.** *eine Ursache, die (zusammen mit anderen) ein Ergebnis beeinflusst* ein bestimmender/entscheidender/wesentlicher/wichtiger Faktor, verschiedene Faktoren in Betracht ziehen, Das Wetter wird von sehr unterschiedlichen Faktoren bestimmt. ◆ Unsicherheits-, Wirtschafts-, Zeit- **2.** MATH. *die Zahl, mit der eine andere Zahl multipliziert wird* mit Faktor 3 multiplizieren ■ **der menschliche Faktor**: *menschliches Versagen als mögliche Ursache von Unfällen* ▶faktoriell ◆-enanalyse

Fak·to·tum das <-s, -s/Faktoten> *eine Person, die schon lange Zeit in demselben Unternehmen oder Haushalt beschäftigt ist und alle anfallenden Arbeiten erledigt*

Fak·tum das <-s, Fakten/Fakta> (*geh.* ≈ *Fakt*) *eine (bewiesene) Tatsache* ein längst bekanntes Faktum ◆ Faktenmaterial, Faktenwissen

Fa·kul·tas die <-> (*kein Plur.*) *die wissenschaftliche Lehrbefähigung für den Unterricht an Gymnasien* große/kleine Fakultas, Er kann mit der großen Fakultas in Geschichte am Gymnasium bis zur Abiturklasse unterrichten.

Fa·kul·tät die <-, -en> **1.** *eine Abteilung an einer Universität, an der mehrere verwandte Fächer zusammengefasst sind* die juristische/medizinische/ neuphilologische/philosophische/theologische Fakultät ◆-sbeschluss, -sordnung, -ssitzung **2.** MATH. *das Produkt aus allen vorkommenden natürlichen Zahlen, von eins beginnend, bis zu einer angegebenen Zahl* Vier Fakultät ist das Produkt aus eins, zwei, drei und vier, also vierundzwanzig.

fa·kul·ta·tiv <nicht steig.> *Adj.* (*geh.* ↔ *obligatorisch*) *so, dass es freigestellt ist, ob man etwas tut oder nicht* fakultativer Unterricht, Die Teilnahme an diesem Kurs ist fakultativ.

Fal·bel die <-, -n> *ein gekräuselter Zierbesatz an Kleidungsstücken* ein Rock mit Falbeln

Fal·ke der <-n, -n> *ein kleinerer Raubvogel* einen Falken zur Jagd abrichten ▶Falknerei ◆-nhorst

Fal·ken·jagd die <-> (*kein Plur.*) *die Jagd mit abgerichteten Falken*

Fall¹ der <-(e)s> (*kein Plur.*) **1.** *die senkrechte Bewegung von oben nach unten* der Fall aus 2000 Metern Höhe, der freie Fall eines Körpers, der lautlose Fall der Schneeflocken **2.** (≈ *Sturz*) sich beim Fall vom Gerüst schwer verletzen **3.** *die Art, wie ein Stoff herabhängt* der Fall des Kleides/der Gardinen **4.** *das Scheitern oder der Untergang* der Fall einer Stadt nach langer Belagerung, der Fall der Berliner Mauer ■ **zu Fall kommen** (*geh.*): *stürzen oder scheitern* auf der Treppe zu Fall kommen, Der Präsident ist durch eine Intrige zu Fall gekommen. **jemanden zu Fall bringen** (*geh.*): *bewirken, dass jmd. stürzt oder scheitert*

Fall² der <-(e)s, Fälle> **1.** *eine Situation, die eintreten kann* im günstigsten/schlimmsten Fall(e), auf jeden Fall/auf alle Fälle, für den Fall/gesetzt den Fall, dass wir verlieren, ..., Wenn das der Fall sein sollte/In diesem Fall, ... **2.** *ein Sachverhalt, mit dem man sich unter einem bestimmten Aspekt beschäftigen muss* ein juristischer/medizinischer Fall, ein akuter Fall von Blinddarmentzündung, ein alltäglicher/komplizierter/ hoffnungsloser/besonders schwerer Fall, Das ist ein ganz klarer Fall., Jeder Fall hat seine Besonderheiten., Wir entscheiden von Fall zu Fall, wie wir vorgehen. **3.** (SPRACHWISS.: ≈ *Kasus*) der erste/dritte Fall, ein Adjektiv/ Pronomen/Substantiv in den zweiten Fall setzen ■ **jemand ist ein hoffnungsloser Fall** (*umg.*): *jmd. ist unverbesserlich und will sich nicht ändern* **jemand/etwas ist nicht mein Fall** (*umg.*): *jmd. oder etwas gefällt mir nicht* **auf jeden Fall**: *ganz bestimmt* **auf alle Fälle**: *unbedingt* **auf keinen Fall**: *absolut nicht* **gesetzt den Fall, dass ...** (*geh.*): *angenommen, dass ...*

Fall·beil das <-(e)s, -e> *eine scharfe, schwere Klinge, die in einer Schiene nach unten fällt und bei Hinrichtungen den Kopf des Verurteilten vom Rumpf abtrennt*

Fall·bei·spiel das <-(e)s, -e> *ein Fall², der als Beispiel für etwas dient*

Fall·be·schleu·ni·gung die <-> (*kein Plur.*) PHYS. *die Beschleunigung, die auf einen Körper im freien Fall einwirkt*

Fal·le die <-, -n> **1.** *ein Trick, mit dem jmd. jmdn. täuschen will* jemandem eine Falle stellen, in eine Falle geraten, Vorsicht bei dieser Frage! Das ist eine Falle! **2.** (*umg.* ≈ *Bett*) sich in die Falle hauen **3.** *eine Vorrichtung zum Fangen von Tieren* Fallen im Wald aufstellen ◆ Fuchs-, Mause- **4.** (*schweiz.*) (*Tür-*)*Klinke*

fal·len <fällst, fiel, ist gefallen> *ohne OBJ* ■ *jmd./etwas fällt (von etwas Dat.)* **1.** *sich von oben nach unten bewegen* Die Äpfel fallen vom Baum., Regen/Schnee fällt vom Himmel., Mir ist das Glas aus der Hand gefallen., Du hast den Ball fallen lassen., Der Arbeiter ist vom Gerüst gefallen. **2.** ■ *jmd./etwas fällt zu Grunde gehen; vernichtet werden* Viele Soldaten fielen in dieser Schlacht., Nach langer Belagerung ist die Festung gefallen., Grenzen/trennende Schranken/Regierungen fallen. **3.** ■ *jmd. fällt stürzen oder sich schnell irgendwohin bewegen* Sie ist gefallen und hat sich das Bein gebrochen., Sie fielen todmüde ins Bett., auf die Knie fallen, jemandem um den Hals fallen **4.** ■ *etwas fällt* (≈ *sinken* ↔ *steigen*) *geringer werden* Die Temperatur fällt., Der Wasserspiegel fällt. **5.** ■ *etwas fällt* (*übertr.* ↔ *steigen*) *an Wert verlieren* Die Aktien/Börsenkurse fallen., Das Niveau der Sendung ist sehr gefallen., Die Preise fallen. **6.** ■ *etwas fällt sich irgendwie ereignen* Es fiel ein Schuss., Ist so eine Bemerkung/der Name wirklich gefallen?, Das Urteil ist gefallen. **7.** ■ *jmd. fällt in/unter etwas Akk.* (*plötzlich*) *in einen Zu-*

stand geraten in Ohnmacht/in tiefen Schlaf fallen, beim König in Ungnade fallen, Die Pferde fallen in Galopp., unter die Räuber fallen **8.** ▪ *etwas fällt auf jmdn./etwas treffen* Das Los ist auf dich gefallen., Licht fällt auf ihr Gesicht., Ein Schatten fiel auf den Weg., Ihr Geburtstag fällt auf einen Freitag., Die Konferenz fällt in die Urlaubszeit. **9.** ▪ *etwas fällt in/auf etwas Akk. zu etwas gehören* Das fällt nicht in meinen Bereich., unter ein Gesetz fallen, Dieses Tier fällt in die Gruppe der Beuteltiere. ▪ **etwas fallen lassen** (*übertr.*): (*Pläne*) *aufgeben, auf etwas verzichten* **mit der Tür ins Haus fallen** (*umg. abwert.*): *sofort auf ein Thema zu sprechen kommen* **jemandem in den Rücken fallen** (*abwert.*): *jmdn. verraten* **nicht auf den Mund gefallen sein** (*umg.*): *gut reden können* **nicht auf den Kopf gefallen sein**: *nicht dumm sein* ◆ Getrenntschreibung→R 4.1 Sie hat die Tasse fallen (ge)lassen., Er hat eine Bemerkung fallen (ge)lassen., Wir haben unseren Plan fallen lassen müssen.

fäl·len <fällst, fällte, hat gefällt> *mit OBJ* ▪ *jmd. fällt etwas* **1.** *den Stamm (eines Baumes) oberhalb der Erde abtrennen* einen Baum fällen **2.** (*geh.*) *als gültig verkünden* eine Entscheidung/ein Urteil fällen

Fall·ge·schwin·dig·keit die <-, -en> PHYS. *die Geschwindigkeit, mit der ein Körper zu Boden fällt*

Fall·ge·setz das <-es> (*kein Plur.*) PHYS. *das physikalische Gesetz der Schwerkraft*

Fall·gru·be die <-, -n> *eine getarnte Grube, die dazu bestimmt ist, dass jmd./ein Tier hineinfällt* ein Tier in einer Fallgrube fangen

Fall·hö·he die <-, -n> *die Höhe, aus der etwas herabfällt*

fäl·lig <nicht steig.> *Adj.* **1.** (≈ *zahlbar*) *so, dass es gezahlt werden muss* Die Miete ist zum Monatsersten fällig., einen fälligen Betrag zahlen **2.** *notwendig oder angebracht* Nach jeder Fahrt sind Wartungsarbeiten fällig., Jetzt wäre aber eine Entschuldigung fällig!

Fäl·lig·keit die <-> (*kein Plur.*) *der Zeitpunkt, an dem etwas gezahlt werden muss* einen Betrag bei Fälligkeit bezahlen ◆-sklausel, -stermin

Fall·obst das <-(e)s> (*kein Plur.*) *das Obst, das vor der Ernte vom Baum fällt* Fallobst zu Marmelade/Saft verarbeiten

Fall-out, *a.* **Fall·out** der [fɔːlˈaut] <-s, -s> PHYS. *der radioaktive Niederschlag nach einer Kernexplosion*

Fall·reep das [ˈfaleːp] <-(e)s, -e> SEEW. *eine Treppe, die außen an einem Schiff angebracht ist und über die man auf das Schiff gehen kann*

Fall·rück·zie·her der <-s, -> (SPORT: *Fußball*) *eine bestimmte Art den Ball zu spielen, bei der der Spieler sich nach dem Ballkontakt rücklings zu Boden fallen lässt*

falls *Konj. für den Fall, dass ...* Falls es regnet, verschieben wir das Fest.

Fall·schirm der <-(e)s, -e> *ein großer Schirm aus Stoff, der dazu dient, Personen oder Gegenstände, die aus einem Flugzeug springen oder abgeworfen werden, langsam zu Boden gleiten zu lassen*

Fall·schirm·ab·sprung der <-(e)s, Fallschirmabsprünge> *Sprung mit einem Fallschirm*

Fall·schirm·jä·ger der <-s, -> MILIT. **1.** *ein Soldat, der dazu ausgebildet ist, mit dem Fallschirm hinter den gegnerischen Linien abzuspringen* **2.** (*Plur.*) *der militärische Truppenteil, der Fallschirmjäger[1] ausbildet* bei den Fallschirmjägern sein

Fall·schirm·sprin·ger, **Fall·schirm·sprin·ge·rin** der <-s, -> *jmd., der mit einem Fallschirm abspringt*

Fall·strick der <-(e)s, -e> (*umg.*) *eine List, mit der jmdm. geschadet werden soll* eine Prüfungsarbeit voller Fallstricke

Fall·stu·die die <-, -n> (*fachspr.*) *eine wissenschaftliche Untersuchung eines einzelnen Sachverhalts, die beispielhaft Probleme aufzeigen soll* eine These anhand mehrerer Fallstudien belegen

Fall·sucht die <-> (*kein Plur.*) (*veralt.*) *Epilepsie* ▸fallsüchtig

Fall·tür die <-, -en> *eine versteckt angebrachte Klappe im Boden, durch die man eine Person in einen Schacht fallen lassen kann*

fall·wei·se *Adv.* (*österr.*) *gelegentlich, in einzelnen Fällen*

falsch *Adj.* **1.** (↔ *richtig*) *so, dass es nicht dem entspricht, was zutreffend oder erforderlich ist* an die falsche Tür klopfen, sich falsch ausdrücken, jemandem die falsche Adresse/Telefonnummer geben, Du hast falsch gesungen., Er hat beim Schach falsch gespielt., Deine Entscheidung war falsch., Er hat genau das Falsche getan. **2.** (*umg.* ↔ *echt*) *so, dass es nachgemacht ist oder nicht der Wirklichkeit entspricht* falsche Banknoten/Zähne, ein falscher Stein, Die Kette ist nicht aus echtem Gold, sie ist falsch., Der Dieb hat unter falschem Namen im Hotel übernachtet. **3.** (↔ *ehrlich*) *so, dass es nicht dem entspricht, was man tatsächlich denkt oder will* ein falsches Lächeln, jemandem falsche Versprechungen machen **4.** *unpassend; unangebracht* etwas im falschen Moment sagen, Habe ich etwas Falsches gesagt? ▪ **jemand gerät (mit einer Bitte) an den Falschen**: *jmd. wird mit einer Bitte abgewiesen* Mit seiner erneuten Bitte um Gehaltserhöhung ist er bei seinem Chef aber an den Falschen geraten! **falsch liegen** (*umg.*): *sich irren* **falsch spielen** (*umg.*): *betrügen* **ohne Falsch sein** (*geh.*): *offen und ehrlich sein* **jemand ist ein falscher Fuffziger** (*umg. abwert.*): *jmd. ist unehrlich* ◆ Getrenntschreibung→R 4.2 Mit mir solltet ihr lieber nicht falsch spielen, ich merke das sofort!, Du wirst mit deiner Schätzung/Vermutung gar nicht so falsch liegen!; Großschreibung→R 3.7 Du hast das Falsche gekauft!, Wir haben den Falschen/die Falsche verdächtigt., Sie ist freundlich und völlig ohne Falsch.

Falsch·aus·sa·ge die <-, -n> RECHTSW. *unrichtige Aussage vor Gericht* eidliche/uneidliche Falschaussage

fäl·schen <fälschst, fälschte, hat gefälscht> *mit*

F

OBJ ■ *jmd. fälscht etwas in betrügerischer Absicht Kopien von etwas herstellen* Banknoten/Bilder/Dokumente/Kunstwerke/ Urkunden fälschen, mit gefälschten Papieren reisen, jemands Unterschrift fälschen

Fäl·scher, **Fäl·sche·rin** der <-s, -> *jmd., der etwas fälscht* ◆ -bande, Kunst-

Falsch·geld das <-(e)s> (*kein Plur.*) *gefälschte Banknoten*

Falsch·heit die <-> (*kein Plur.*) **1.** (↔ *Richtigkeit*) *die Eigenschaft, dass etwas falsch[1] ist* die Falschheit einer Aussage/einer Behauptung/eines Urteils **2.** (*abwert.* ↔ *Ehrlichkeit*) *die Eigenschaft, unehrlich oder betrügerisch zu sein* Er hat ihre Falschheit gleich durchschaut.

fälsch·lich <nicht steig.> *Adj.* (*geh.*) *zu Unrecht; irrtümlich* ein fälschlicher Verdacht, Er wurde fälschlich des Diebstahls beschuldigt.

fälsch·li·cher·wei·se *Adv.* (*geh.*) *zu Unrecht* jemanden fälschlicherweise verdächtigen/verhaften

Falsch·par·ker, **Falsch·par·ke·rin** der <-s, -> *jmd., der sein Auto im Parkverbot abstellt*

Falsch·spie·ler, **Falsch·spie·le·rin** der <-s, -> *jmd., der gewohnheitsmäßig beim Spiel betrügt* jemanden als Falschspieler entlarven

Fäl·schung die <-, -en> **1.** (*kein Plur.*) *das Fälschen* Die Fälschung von Geld/Unterschriften/Urkunden ist strafbar. **2.** *ein gefälschter Gegenstand* Nur ein Fachmann kann die Fälschung vom Original unterscheiden.

fäl·schungs·si·cher <nicht steig.> *Adj. so, dass es nicht gefälscht werden kann* fälschungssichere Ausweise/Geldscheine

Fal·sett das <-(e)s, -e> MUS. *Kopfstimme* (im) Falsett singen

Fal·si·fi·kat das <-(e)s, -e> (*geh.*) *ein gefälschter Gegenstand* Bei diesem Kunstwerk handelt es sich leider um ein Falsifikat.

falt·bar <nicht steig.> *Adj. so, dass man es zusammenfalten kann*

Falt·blatt das <-(e)s, Faltblätter> (≈ *Broschüre*) *ein Text auf einem gefalteten Blatt Papier, der Informationen über etwas enthält* auf einem Faltblatt über die Tarife/geplanten Veranstaltungen/neuesten Angebote informieren

Falt·boot das <-(e)s, -e> *ein kleineres Boot, das man zum Transport zusammenlegen kann*

Falt·dach das <-(e)s, Faltdächer> KFZ *faltbares Dach* ein Auto mit zurückgeschlagenem Faltdach

Fal·te die <-, -n> **1.** *eine absichtlich dort angebrachte Stelle in einem Stoff, wo der Stoff gefaltet ist* Der Mantel ist weit und bequem, denn er hat im Rücken eingenähte Falten., eine Hose mit korrekt gebügelten Falten ◆ Bügel-, Bund-, Keller- **2.** *ein ungewollter Knitter im Stoff* Das Hemd hat nach dem Waschen viele Falten, ich muss es noch bügeln. **3.** *eine der Linien, an denen die Haut nicht glatt ist, sondern eine schmale Furche aufweist* Falten haben, das Gesicht eines alten Mannes mit vielen Falten, Sie ist dick geworden und hat viele Falten unter dem Kinn. ◆ Lach-, Sorgen-, Stirn-

fal·ten *mit OBJ* ■ *jmd. faltet etwas* **1.** *Papier oder Stoff entlang einer Linie umlegen und damit in eine bestimmte Form bringen* Er faltete den Brief und steckte ihn in den Umschlag., ein Hemd/ein Tischtuch falten und in den Schrank legen **2.** *ineinander verschränken* die Hände falten, mit gefalteten Händen beten **3.** (*fachspr.*) *wellenförmig zusammenpressen* Gesteinsschichten falten

Fal·ten·ge·bir·ge das <-s, -> (*fachspr.*) *ein Gebirge, das durch das Falten von Gesteinsschichten entstanden ist*

fal·ten·los <nicht steig.> *Adj. so, dass es keine Falten aufweist* ein glattes, faltenloses Gesicht, ein faltenloses Gewand

Fal·ten·rock der <-(e)s, Faltenröcke> *Damenrock mit eingenähten Zierfalten*

Fal·ten·wurf der <-(e)s, Faltenwürfe> *die Art, in der die Falten eines Stoffes fallen* der Faltenwurf eines Gewandes/Schleiers

Fal·ter der <-s, -> (≈ *Schmetterling*) Ein bunter Falter saß auf der Blume. ◆ Nacht-, Tag-

fal·tig *Adj.* (≈ *runzlig*) *mit vielen Falten* faltige Haut

Fal·tung die <-> (*kein Plur.*) *die bestimmte Art, wie etwas gefaltet ist*

Falz der <-es, -e> **1.** *die Linie, an der ein Papier gefaltet ist* ein Papierbogen mit einem Falz ►gefalzt **2.** DRUCKW. *die Rille zwischen dem Buchrücken und dem Buchdeckel* **3.** TECHN. *eine Verbindungsnaht zwischen zwei Blechteilen* eine Konservendose am Falz öffnen ◆ -maschine

fal·zen <falzt, falzte, hat gefalzt> *mit OBJ* ■ *jmd. falzt etwas mit einem Falz[1] [3]versehen*

fa·mi·li·är *Adj.* **1.** *im Bezug auf die Familie* aus familiären Gründen nicht teilnehmen können, Das ist eine rein familiäre Angelegenheit., die familiären Bande **2.** (≈ *zwanglos*) *so, dass es irgendwo locker und ungezwungen zugeht* Hier herrscht eine familiäre Atmosphäre. ►Familiarität

Fa·mi·lie die <-, -n> **1.** *Eltern und ihr(e) Kind(er)* eine kinderreiche Familie, Wir bieten Urlaub für die ganze Familie., eine Familie ernähren, Familie Mayer ist verreist. ◆ -nausflug, -nberatungsstelle, -nbuch, -ndrama, -ngericht, -nglück, nstammbuch, -npolitik, - nrecht **2.** *alle miteinander verwandten Personen* Zur Geburtstagsfeier der Großmutter traf sich die ganze Familie., aus guter/reicher/wohlhabender Familie stammen ◆ -nähnlichkeit, -nanlass, -nangehöriger, -nanhang, -nbande, -nbegräbnis, -nbild, -nchronik, -nehre, -nereignis, -ngeheimnis, -ngeschichte, -nroman **3.** BIOL. *eine Kategorie in der Einteilung der Lebewesen* Eine Ordnung gliedert sich in Familien und zu einer Familie gehören verschiedene Gattungen., die Familie der Katzenartigen ■ **Das bleibt in der Familie.** (*umg.*): *das bleibt geheim* **Das kommt in den besten Familien vor.** (*umg.*): *Das ist nicht so schlimm, das kann vorkommen.*

Fa·mi·li·en·al·bum das <-s, -alben> *ein Fotoalbum mit Fotos der Mitglieder einer Familie und Aufnahmen von Familienfesten*

Fa·mi·li·en·an·ge·le·gen·heit die <-, -en> *et-*

was, das nur die Familie und niemanden sonst angeht

Fa·mi·li·en·be·trieb der <-(e)s, -e> *ein Betrieb, bei dem die Mitarbeiter miteinander verwandt sind*

Fa·mi·li·en·fei·er die <-, -n> *eine Feier innerhalb der Verwandtschaft*

fa·mi·li·en·feind·lich <nicht steig.> *Adj.* (↔ *familienfreundlich*) *so, dass die gesellschaftlichen Verhältnisse nicht günstig für Familien und ihre Bedürfnisse sind, z.B. weil es zu wenig preiswerte Wohnungen oder zu wenig Kinderbetreuung gibt*

Fa·mi·li·en·gruft die <-, -en> *ein großes, vornehmes Grabmal, in dem mehrere Mitglieder einer Familie bestattet sind*

Fa·mi·li·en·krach der <-s> (*kein Plur.*) *Streit innerhalb einer Familie*

Fa·mi·li·en·kreis ■ **im (engsten) Familienkreis:** *unter denjenigen, die (nahe) miteinander verwandt sind* Die Feier findet im engsten Familienkreis statt.

Fa·mi·lien·le·ben das <-s> (*kein Plur.*) *das Zusammenleben von Eltern und Kind(ern)* Das Familienleben leidet unter der großen Arbeitsbelastung des Vaters.

Fa·mi·li·en·mit·glied das <-(e)s, -er> *Vater, Mutter oder Kind(er) einer bestimmten Familie* ein erkranktes Familienmitglied pflegen

Fa·mi·li·en·na·me der <-ns, -n> *der Name, der im Unterschied zum Vornamen die Zugehörigkeit zu einer bestimmten Familie angibt* Bitte mit dem Familiennamen unterschreiben!, Bei der Heirat haben sie sich entschieden, den Namen der Frau als Familiennamen anzunehmen.

Fa·mi·li·en·pass der <-es, Familienpässe> *ein Pass, der einer ganzen Familie verbilligten Eintritt bei öffentlichen Veranstaltungen oder andere Vergünstigungen ermöglicht*

Fa·mi·li·en·pfle·ge die <-> (*kein Plur.*) *Betreuung einer Familie[1] durch eine Person, die beim Jugendamt angestellt ist und die regelmäßig zur Unterstützung, Beratung und Betreuung der Kinder die Familie aufsucht* ▶Familienpfleger(in)

Fa·mi·li·en·pla·nung die <-> (*kein Plur.*) *Empfängnisverhütung (und Planung der Geburt von Kindern in einer Familie)* Kondom oder Pille als Mittel zur Familienplanung benutzen

Fa·mi·li·en·stand der <-(e)s> (*kein Plur.*) AMTSSPR. *der Umstand, ob jmd. verheiratet oder ledig ist* Bitte geben Sie Ihren Familienstand an!

Fa·mi·li·en·va·ter der <-s, Familienväter> *ein Ehemann, der Vater von Kindern ist*

Fa·mi·li·en·ver·band der <-(e)s> (*kein Plur.*) AMTSSPR. *alle in einem Haushalt lebenden Familienmitglieder*

Fa·mi·li·en·ver·hält·nis·se die <-> *Plur.* AMTSSPR. *alles, was zu den Lebensbedingungen einer Familie gehört* Sie leben in chaotischen/geordneten Familienverhältnissen., Das Kind lebt durch den Alkoholismus beider Eltern in sehr problematischen Familienverhältnissen.

Fa·mi·li·en·zu·sam·men·füh·rung die <-, -en> AMTSSPR. *die Zusammenführung von (bisher getrennt lebenden) Mitgliedern einer Familie durch Zuzug aus dem Ausland* im Rahmen der Familienzusammenführung die Einreise für Ehefrau und Kinder beantragen

Fa·mi·li·en·zu·wachs der <-es> (*kein Plur.*) (*umg. scherzh.*) ■ **Familienzuwachs bekommen:** *ein Baby bekommen*

fa·mos *Adj.* (*veralt. umg.*) *ausgezeichnet; großartig*

Fa·mu·la·tur die <-, -en> MED. *ein Praktikum, das ein Mediziner im Rahmen seiner klinischen Ausbildung als Arzt machen muss* ▶famulieren

Fan der [fɛn] <-s, -s> (≈ *Anhänger*) *jmd., der sich sehr für etwas begeistert* die Fans einer Fußballmannschaft, Sie ist ein Fan dieses Sängers., Die begeisterten Fans stürmten den Platz. ◆-club, -magazin, -shop, Fußball-, Jazz-, Musik-, Radsport-

Fa·nal das <-s, -e> (*geh.*) *ein Zeichen, das etwas Kommendes ankündigt* ein Fanal setzen, zum Fanal für eine neue Zeit werden

Fa·na·ti·ker, Fa·na·ti·ke·rin der <-s, -> (*abwert.*) *jmd., der sich in blindem Eifer und völlig unkritisch für eine Sache oder Idee einsetzt* Er ist ein Fanatiker, sachliche Argumente lässt er nicht gelten.

fa·na·tisch *Adj.* (*abwert.*) *einer Sache leidenschaftlich und in blindem Eifer ergeben* fanatisch für etwas eintreten, ein fanatischer Eiferer, ein fanatischer Glaube an etwas ▶Fanatismus

fa·na·ti·sie·ren *mit OBJ* ■ *jmd./etwas fanatisiert jmdn. jmdn. fanatisch machen* die fanatisierten Volksmassen

Fan·fa·re die <-, -n> **1.** MUS. *ein Blechblasinstrument* ein Musikzug mit Fanfaren und Trommeln **2.** MUS. *ein mit der Fanfare geblasenes Signal* eine Fanfare erklang

Fang der <-(e)s, Fänge> **1.** *gefangene Tiere* ein magerer/reicher Fang, seinen Fang präsentieren, Die Fischer hoffen auf reichen Fang. **2.** (*kein Plur.*) *das Fangen von Tieren* Die Fischkutter kehren vom Fang heim., der Fang von wild lebenden Tieren **3.** (*fachspr.*) (*die Reißzähne im*) *Gebiss von Fleischfressern* der Fang eines Hundes/einer Raubkatze **4.** (*im Plur.*) (*fachspr.*) *Krallen von Raubvögeln* ■ **in jemands Fänge geraten** (*übertr.*): *unter den Einfluss von jmdm. geraten, der böse und gefährlich ist*

Fang·arm der <-(e)s, -e> (ZOOL.: ≈ *Tentakel*) *beweglicher armartiger Körperteil zum Fangen von Beutetieren* die Fangarme eines Kraken

Fan·ge·mein·de die ['fɛngəˈmaində] <-, -n> *die Gesamtheit der Fans einer Person oder Sache* eine große Fangemeinde haben

fan·gen <fängst, fing, hat gefangen> **I.** *mit OBJ/ohne OBJ* **1.** ■ *jmd. fängt jmdn./ein Tier eine Person oder ein Tier in seine Gewalt bringen und festhalten* den Dieb verfolgen und fangen, Fische fangen, Der Hund hat ein Kaninchen gefangen. **2.** ■ *jmd. fängt etwas etwas, das in der Luft fliegt, ergreifen* einen Ball (mit den Händen) fangen, Sie kann gut fangen. **II.** *mit SICH* **1.** ■ *jmd./ein Tier*

F

fängt sich von etwas festgehalten werden Der Schmetterling hat sich im Spinnennetz gefangen., Sein Fuß hatte sich in einer Schlinge gefangen. **2.** ■ *jmd. fängt sich sich unter Kontrolle bringen* Er stolperte, konnte sich aber noch rechtzeitig (vor dem Sturz) fangen., Der Schmerz überwältigte ihn, doch bald hatte er sich wieder gefangen.

Fang·flot·te die <-, -n> *alle Schiffe, die für den Fischfang bestimmt sind* die Fangflotte eines Landes/eines Unternehmens

Fang·fra·ge die <-, -n> *eine listige Frage, mit der man erreichen will, dass der Befragte ungewollt etwas preisgibt* Diese Fangfrage des Prüfers war nicht fair. – Aber jetzt war klar, dass die Studentin das Gebiet nicht vorbereitet hatte.

Fang·ge·biet das <-(e)s, -e> *ein Gebiet, in dem bestimmte Tiere gefangen I werden*

Fan·go der ['faŋgo] <-s> (*kein Plur.*) *Mineralschlamm, der bei bestimmten Krankheiten als Packung oder Bad heilend wirkt* ◆-bad, -packung, -therapie

Fan·klub der ['fɛnklʊb] <-s, -s> *ein Verein, in dem sich Fans organisiert haben*

Fan·ta·sie, *a.* **Phan·ta·sie** die <-, -n> **1.** (*kein Plur.*) *die Fähigkeit, sich Dinge ausdenken und vorstellen zu können* viel/wenig/eine blühende/eine schmutzige Fantasie haben, die Fantasie anregen **2.** (≈ *Einbildung*) *etwas Vorgestelltes oder Erträumtes* Das ist doch bloße Fantasie und hat nichts mit der Wirklichkeit zu tun!, die Fantasien eines Künstlers/Träumers, sexuelle Fantasien **3.** MUS. *ein frei gestaltetes Musikstück*

Fan·ta·sie·ge·bil·de, *a.* **Phan·ta·sie·ge·bil·de** das <-s, -> (*geh. abwert.*) *ein Produkt der Einbildung* Das sind doch reine Fantasiegebilde, die nichts mit der Wirklichkeit gemein haben!

fan·ta·sie·los, *a.* **phan·ta·sie·los** *Adj.* (*abwert.*) *ohne Fantasie*[1] ein fantasieloser Mensch, eine fantasielose Gestaltung

Fan·ta·sie·preis der <-es, -e> (*meist Plur.*) (*umg. abwert.*) *ein völlig überhöhter Preis* 25 Euro für eine Pizza? Das sind ja hier wohl Fantasiepreise!

fan·ta·siereich <nicht steig.> *Adj.* (↔ *fantasielos*) *mit viel Fantasie*[1]

fan·ta·sie·ren, *a.* **phan·ta·sie·ren** *ohne OBJ* **1.** ■ *jmd. fantasiert (über etwas Akk.) von seinen Vorstellungen sprechen* über die Zukunft fantasieren **2.** ■ *jmd. fantasiert* MED. *im Traum oder im Fieber wirre Dinge sagen* Er hat die ganze Nacht fantasiert.

fan·ta·sie·voll, *a.* **phan·ta·sie·voll** *Adj.* (↔ *fantasielos*) *mit viel Fantasie*[1] eine fantasievolle Ausgestaltung, ein fantasievoller Mensch

Fan·tast, *a.* **Phan·tast**, **Fan·tas·tin** der <-en, -en> (*geh. abwert.* ↔ *Realist*) *jmd., der seinen Träumen nachhängt und sich nicht an der Wirklichkeit orientiert* ein wirklichkeitsfremder Fantast

Fan·tas·te·rei, *a.* **Phan·tas·te·rei** die <-, -en> (*geh. abwert.*) *eine Träumerei, die nichts mit der Wirklichkeit zu tun hat* Mit solchen Fantastereien können wir uns nicht beschäftigen, dazu fehlt uns die Zeit.

fan·tas·tisch, *a.* **phan·tas·tisch** *Adj.* **1.** (*geh.*) *so, dass es der Fantasie*[1] *entstammt und nicht glaubwürdig ist* fantastische Vorstellungen haben, Es klang ziemlich fantastisch, was er uns da erzählte. **2.** (*umg.*) *hervorragend; sehr gut* ein fantastisches Ergebnis, sich fantastisch verstehen, Der Läufer erreichte eine fantastische Zeit.

Fanzine das ['fɛnzɪn] <-s, -s> *eine Zeitschrift für die Mitglieder eines Fanclubs*

FAQ <-, -s> (*kurz für „Frequently Asked Question“*) *in einem bestimmten Zusammenhang häufig gestellte Frage*

Fa·rad das <-s> (*kein Plur.*) PHYS. *nach dem Physiker Faraday benannte Maßeinheit der elektrischen Kapazität*

Farb·auf·nah·me die <-, -n> *ein Foto, das die natürlichen Farben (annähernd) wiedergibt*

Farb·band das <-(e)s, Farbbänder> *ein mit Farbe versehenes Textilband für eine Schreibmaschine*

Farb·bild das <-(e)s, -er> (≈ *Farbfoto*) *eine farbige Fotografie*

Far·be die <-, -n> **1.** *die vom Auge wahrgenommene unterschiedliche Reflexion des Lichtes durch verschiedene Oberflächen* verschiedene Farben wahrnehmen, Nagellack/ein Kleid/ein Auto in/von roter Farbe, Welche Farbe hast du am liebsten/steht dir am besten?, Welche Farbe haben ihre Haare?, Manche Tiere können ihre Farbe wechseln., Der Film/Das Foto ist in Farbe., eine gelbe/grüne/rote Farbe haben ◆Grund-, Leucht-, Pastell- **2.** *eine zum Anstreichen, Färben oder Malen verwendete Substanz von einer bestimmten Farbe*[1] Die Maler haben fünf Kübel weiße Farbe verbraucht., Die Farbe ist stark deckend/kann mit Wasser verdünnt werden., Der Maler mischt Farben auf der Palette/trägt die Farbe in dicken Schichten auf., blaue Farbe zum Färben eines Stoffes kaufen ◆Acryl-, Aquarell-, Öl-, Rostschutz-, Tempera-, Wand-, Wasser- **3.** (*kein Plur.*) *das frische, gesunde Erscheinungsbild von jmds. Haut* Er hat in den zwei Urlaubswochen in den Bergen Farbe bekommen. **4.** *eine Einteilung von Spielkarten in Serien* die Farbe Rot/Herz ausspielen ■ **in Farbe** (↔ *schwarzweiß*): *so, dass es die natürlichen Farben (annähernd) wiedergibt* **die Farben eines Landes**: *die Farben der Nationalflagge eines Landes* **Farbe bekennen**: *sagen, was man wirklich denkt*

farb·echt <nicht steig.> *Adj. so, dass es keine Farbe verliert* farbechte Stoffe

fär·ben **I.** *mit OBJ* ■ *jmd./etwas färbt etwas bewirken, dass etwas eine bestimmte Farbe bekommt* Haare/Leder/Stoffe/Textilien färben, Die untergehende Sonne färbt den Himmel rot., Sie hat sich die Haare gefärbt. **II.** *ohne OBJ* ■ *etwas färbt* (*umg.*) *Farbe entweichen lassen* Der Stoff/Die neuen Hosen färben beim Waschen. **III.** *mit SICH* ■ *etwas färbt sich irgendwie einen bestimmten Farbton annehmen* Das Wasser färbte sich blutrot., Der Himmel färbte sich rot.

far·ben·blind <nicht steig.> *Adj.* MED. *so, dass man Farben mit den Augen nicht oder nur unzu-*

reichend unterscheiden kann ▸Farbenblindheit

far·ben·froh *Adj. mit vielen bunten Farben* sich farbenfroh kleiden, ein farbenfrohes Bild

Far·ben·kas·ten der *s.* **Farbkasten**

Far·ben·leh·re die <-> (*kein Plur.*) PHYS. PSYCH. *das Wissensgebiet, das sich mit der Natur der Farben, ihrer Entstehung, ihrer Wirkung und ihrem Zusammenspiel beschäftigt*

Far·ben·pracht die <-> (*kein Plur.*) *großer Reichtum an Farben* die Farbenpracht der Blüten/des herbstlichen Waldes

Fär·ber, **Fär·be·rin** der <-s, -> *jmd., der beruflich Stoffe oder Leder färbt*

Fär·be·rei die <-, -en> *ein Betrieb, in dem Stoffe oder Leder gefärbt werden*

Farb·fern·se·hen das <-s> (*kein Plur.*) (↔ *Schwarzweißfernsehen*) *Fernsehen mit Bildern, die die natürlichen Farben (annähernd) wiedergeben*

Farb·fern·se·her der <-s, -> (↔ *Schwarzweißfernseher*) *ein Fernsehgerät, das Bilder überträgt, die die natürlichen Farben (annähernd) wiedergeben*

Farb·film der <-(e)s, -e> (FOTOGR.: ↔ *Schwarzweißfilm*) *ein Film, der das Herstellen von Fotos erlaubt, die die natürlichen Farben (annähernd) wiedergeben*

Farb·fo·to das <-s, -s> (↔ *Schwarzweißfoto*) *ein Foto, das die natürlichen Farben (annähernd) wiedergibt*

far·big *Adj.* **1.** *sehr bunt* farbige Kostüme tragen, ein farbiges Bild abgeben ▸Farbigkeit **2.** (*nicht steig.*) (↔ *schwarzweiß*) *so, dass es die natürlichen Farben (annähernd) wiedergibt* ein farbiges Foto, farbige Fernsehbilder **3.** (*nicht steig.*) (↔ *farblos*) *getönt* farbige Brillengläser, eine farbige Flüssigkeit **4.** (*nicht steig.*) (↔ *weiß*) *dunkelhäutig* farbige Menschen **5.** (*übertr.* ≈ *lebhaft*) *so, dass man sich etwas gut vorstellen kann* eine farbige Schilderung

Far·bi·ge der/die <-n, -n> *ein Mensch mit dunkler Hautfarbe*

Far·b·kas·ten, *a.* **Far·ben·kas·ten** der <-s, Farbkästen> *ein Kasten mit Farben[2] zum Malen (von Bildern)*

Farb·ko·pie die <-, -n> *eine farbige Fotokopie*

Farb·ko·pie·rer der <-s, -> *ein Kopiergerät, das das Herstellen mehrfarbiger Kopien erlaubt*

farb·los <nicht steig.> *Adj.* **1.** *so, dass etwas keine Farbe hat* eine geruchlose und farblose Substanz, farbloses Glas **2.** (*abwert.*) *so, dass jmd. unauffällig und langweilig wirkt* ein farbloser Redner

Farb·ska·la die <-, Farbskalen> *eine Reihe verschiedener Farbtöne* eine Farbskala von Orange bis Violett

Farb·stift der <-(e)s, -e> *ein farbiger Schreib- oder Malstift*

Farb·stoff der <-(e)s, -e> *eine Substanz zum Färben einer Sache* Wurst enthält Farbstoffe und Konservierungsstoffe., Die Algen besitzen einen roten Farbstoff., natürliche und synthetische Farbstoffe

Farb·ton der <-(e)s, Farbtöne> *eine bestimmte von mehreren Schattierungen einer Farbe* Rot in verschiedenen Farbtönen, warme, erdige Farbtöne

Fär·bung die <-, -en> **1.** (*kein Plur.*) *der Vorgang des Färbens* das Leder zur Färbung vorbereiten **2.** *die Art, wie etwas gefärbt ist* eine rote Färbung annehmen, die verschiedenen Färbungen des abendlichen Himmels

Far·ce die ['farsə] <-, -n> **1.** (*geh. abwert.*) *eine Sache, die als wichtig dargestellt wird, im Verhältnis zu diesem Anspruch aber lächerlich wirkt* Die Höhe dieser Spende ist eine Farce, wenn man bedenkt, was die Firma für Gewinne macht. **2.** THEAT. *ein Lustspiel* **3.** KOCH. eine Füllung aus Fleisch oder Fisch und anderen Zutaten

Farm die <-, -en> **1.** *ein landwirtschaftlicher Betrieb (in Nordamerika und Australien)* **2.** *ein landwirtschaftlicher Betrieb, in dem bestimmte Tiere gezüchtet werden* ◆ Geflügel-

Far·mer, **Far·me·rin** der <-s, -> *jmd., der eine Farm[1] besitzt und betreibt*

Farn der <-(e)s, -e> BOT. *eine Pflanze mit gefiederten Blättern, die in Schatten und Feuchtigkeit wächst* ◆ -kraut

Fär·se die <-, -n> ZOOL. *eine Kuh, die noch kein Kalb zur Welt gebracht hat*

Fa·san der <-(e)s, -e(n)> *ein wild lebender Hühnervogel* ◆ -enjagd, -enzucht

Fa·sche die <-, -n> (*österr.*) *Binde (für verletzte Gliedmaßen)*

fa·schie·ren *mit OBJ* (*österr.*) *durch den Fleischwolf drehen*

Fa·schier·te das <-n> (*kein Plur.*) (*österr.*) *Hackfleisch*

Fa·sching der <-s, -e/-s> (*süddt. österr.* ≈ *Fastnacht*) *Karneval(szeit)* Fasching feiern

Fa·schings·diens·tag der <-(e)s, -e> (*süddt. österr.*) *der letzte Tag der Karnevalszeit*

Fa·schis·mus der <-> (*kein Plur.*) GESCH. *nach einem Führerprinzip organisierte, undemokratische, rassistische, nationalistische Ideologie bzw. Staatsform* der deutsche Faschismus unter Hitler, der italienische Faschismus unter Mussolini, in der Zeit des Faschismus

Fa·schist, **Fa·schis·tin** der <-en, -en> *jmd., der die faschistische Ideologie vertritt*

fa·schis·tisch *Adj. auf den Faschismus bezogen, zu ihm gehörend* faschistisches Gedankengut verbreiten, ein faschistisches Regime

fa·schi·sto·id *Adj. so, dass es noch nicht im vollen Sinne faschistisch ist, aber sehr starke Züge des Faschismus trägt*

Fa·se·lei die <-, -en> (*umg. abwert.*) *unsinniges, zusammenhangloses Geschwätz* Was soll denn diese Faselei, komm doch mal zur Sache!

fa·seln <faselst, faselte, hat gefaselt> *mit OBJ/ohne OBJ* ■ *jmd. faselt (etwas),* ■ *jmd. fasel über etwas Akk.* (*umg. abwert.*) *weitschweifig über etwas reden, das man nicht gut kennt* Unsinn faseln, stundenlang über/von etwas faseln, Was faselt er da bloß?, Genug gefaselt!

Fa·ser die <-, -n> **1.** *ein einzelner, relativ langer und dünner Strang eines Gewebes* die Fasern eines Stoffes, ein Stoff aus synthetischen Fasern ◆-holz, -platte, -struktur, Textil- **2.** *ein langer Strang eines organischen Materials* die Fasern der Muskulatur/einer Pflanze ◆ Muskel-

fa·se·rig *Adj. aus Fasern bestehend, mit Fasern* faseriges Fleisch/Papier

fa·sern <faserte, hat gefasert> *ohne OBJ* ■ *etwas fasert Fasern verlieren* Das Papier fasert an den Rändern.

Fa·shion die ['fɛʃən] <-> (*kein Plur.*) (*Jargon*) *Mode*

Fas·nacht (*süddt. schweiz.*) *Fastnacht*

Fass das <-es, Fässer> **1.** *ein aus Holz oder Metall bestehendes annähernd zylindrisches Gefäß* (*zur Aufbewahrung von Flüssigkeiten*) ein Fass Bier/Öl/Wein, ein hölzernes Fass, Bier vom Fass zapfen, ein Fass über den Hof rollen ◆-bier, -wein, Bier-, Öl-, Wein- **2.** *die Menge einer Flüssigkeit, die in ein Fass[1] passt* zwei Fässer/Fass Wein leeren ■ **ein Fass aufmachen** (*umg.*): *etwas feiern* **ein Fass ohne Boden** (*abwert.*): *eine Sache, in die man viel Geld oder Arbeit steckt, ohne einen Erfolg zu sehen* **der Tropfen, der das Fass zum Überlaufen bringt** (*übertr.*): *etwas, das zu einer langen Reihe ärgerlicher Dinge hinzukommt und etwas ins Unerträgliche steigert* **Das schlägt dem Fass den Boden aus!** (*umg.*): *das ist eine große Unverschämtheit*

Fas·sa·de die <-, -n> **1.** *die* (*zur Straße weisende*) *Vorderansicht eines Gebäudes* ein Hotel mit einer reich verzierten Fassade ◆-ngestaltung, -nklettern, -npflege **2.** *das äußere Erscheinungsbild von etwas, das etwas verbergen soll* Hinter dieser intellektuellen Fassade herrschte in Wirklichkeit Geistlosigkeit. ■ **etwas ist nur Fassade** (*umg. abwert.*): *etwas ist nur da, um einen bestimmten Eindruck zu erwecken* Ihre Freundlichkeit ist nur Fassade, in Wirklichkeit kann sie dich gar nicht leiden.

fas·sen **I.** *mit OBJ* **1.** ■ *jmd./etwas fasst etwas* (≈ *ergreifen*) (*mit der Hand*) *einen festen Kontakt zu etwas herstellen* Fassen Sie die Stange mit beiden Händen!, jemanden am Ärmel fassen, die Beute mit den Klauen/Zähnen fassen, Eine Windbö fasste den Drachen und trug ihn in die Höhe. **2.** ■ *jmd. fasst jmdn. gefangen nehmen* Der Dieb konnte schnell gefasst werden. **3.** ■ *jmd. fasst etwas* (≈ *begreifen*) Ich kann es einfach nicht fassen., Er fasst das Gelernte schnell., Es ist nicht zu fassen, was da geschehen ist. **4.** ■ *jmd. fasst etwas* (≈ *schöpfen*) *zustande bringen* Mut fassen, Vertrauen zu jemandem fassen **5.** ■ *jmd. fasst etwas formulieren* ein Gesetz neu fassen, seine Gedanken in Worte fassen, ein Schreiben kurz fassen **6.** ■ *jmd. fasst etwas in etwas Akk./mit etwas Dat. mit einem Rahmen versehen* ein in Silber gefasster Diamant, das Glas in Blei fassen, den Brunnen mit Feldsteinen fassen ►Fassung **7.** ■ *etwas fasst etwas aufnehmen können* Der Tank fasst tausend Liter., Das Stadion fasst zehntausend Zuschauer. ►Fassungsvermögen **II.** *ohne OBJ* **1.** ■ *jmd. fasst an etwas Akk. nach etwas greifen* mit der Hand an die Decke fassen, sich/jemandem an die Stirn fassen **2.** ■ *etwas fasst irgendwo Halt finden; greifen* Die Reifen fassen nicht richtig auf diesem Boden, Die Schraube fasst nicht richtig im Gewinde. **III.** *mit SICH* ■ *jmd. fasst sich wieder zur Ruhe kommen* Er war sehr aufgeregt, hat sich aber wieder gefasst. ■ **sich kurz fassen**: *kurz das Wesentliche sagen* **jemand fasst sich ein Herz** (*umg.*): *jmd. traut sich, etwas zu tun* ►Fassung

Fas·set·te die *s.* **Facette**

fass·lich <nicht steig.> *Adj.* ■ *... fasslich so, dass es gut zu begreifen ist* Die Lektionen sind gut/leicht fasslich gestaltet.

Fas·son die [fa'sɔŋ/fa'sõ:/fa'so:n] <-, -s/-en> **1.** *die Machart eines Kleidungsstücks* ein Mantel nach neuester Fasson **2.** *die Form, die etwas normalerweise hat* ein aus der Fasson geratenes Kleidungsstück, Er isst gern Süßes, deshalb ist er etwas aus der Fasson geraten. ■ **Jeder soll nach seiner Fasson selig werden.**: *jeder soll so leben, wie er es für richtig hält* ◆-schnitt

Fas·sung die <-, -en> **1.** *die Einrahmung von etwas* ein Diamant mit silberner Fassung, ein Brunnen mit einer Fassung aus Feldsteinen **2.** *das zum Einschrauben einer Glühbirne vorgesehene Gewinde* Die Birne passt nicht in die Fassung. **3.** (*kein Plur.*) *inneres Gleichgewicht; Beherrschtheit* die Fassung bewahren/verlieren **4.** *die sprachliche Form eines Textes* den Text in eine bessere/straffere Fassung bringen **5.** *Version, Bearbeitung* Von diesem Gedicht gibt es verschiedene Fassungen., die neue Fassung eines Stücks ◆ Spät-, Ur-

fas·sungs·los <nicht steig.> *Adj.* (≈ *entsetzt*) *ohne jedes Verständnis* jemanden fassungslos anstarren, Sie war fassungslos über so viel Frechheit.

Fas·sungs·ver·mö·gen das <-s, -> **1.** (≈ *Kapazität*) *die Fähigkeit, etwas aufzunehmen* Das Fass hat ein Fassungsvermögen von tausend Litern., das Fassungsvermögen eines Stadions durch einen Umbau vergrößern **2.** (≈ *Verständnis*) *die Fähigkeit, etwas zu verstehen* Das übersteigt mein Fassungsvermögen!

fast *Adv.* (≈ *beinahe*) *nahe an einem bestimmten Zustand oder einer bestimmten Maßzahl* fast zehn Stunden gearbeitet haben, fast einhundert Kilogramm wiegen

fas·ten *ohne OBJ* ■ *jmd. fastet* **1.** *aus religiösen Gründen kein Fleisch oder* (*fast*) *keine Nahrung zu sich nehmen* **2.** (*umg.*) *weniger oder nichts essen, um den Körper zu entschlacken und an Gewicht zu verlieren* mehrere Tage fasten

Fas·ten das <-s> *kein Plur. das Fasten[1 2]* ◆-gebot, -monat, -predigt, -speise, -tag, Heil-

Fas·ten·kur die <-, -en> *eine Kur, bei der man aus medizinischen Gründen fastet*

Fas·ten·zeit die <-, -en> **1.** *eine Zeit, in der aus religiösen Gründen gefastet wird* **2.** REL. *in der katholischen Religion die Zeit von Aschermittwoch bis Ostern*

Fast·food, *a.* **Fast Food** das ['fa:st'fu:d] <-(s)> *bestimmte Speisen, z.B. Hamburger, die in speziellen Imbisslokalen schnell zubereitet und dort*

oder gleich auf der Straße gegessen werden Es ist sehr ungesund, sich nur von Fastfood zu ernähren.

Fast·nacht die <-> (*kein Plur.*) *die letzten Tage vor der Fastenzeit, in denen ausgelassen nach bestimmten Traditionen (in Kostümen) gefeiert wird* Fastnacht feiern, zu Fastnacht Urlaub nehmen ◆-sbrauch, -sdienstag, -smaske, -streiben, -sumzug

Fas·zi·na·ti·on die <-> (*kein Plur.*) *eine große Anziehungskraft, die von etwas ausgeht* Der Sport übt auf viele Menschen eine große Faszination aus.

fas·zi·nie·ren *mit OBJ* ■ *jmd./etwas fasziniert jmdn. auf jmdn. sehr anziehend wirken* Der Sport fasziniert ihn., Sie war völlig fasziniert von dem Anblick., Ein faszinierendes Schauspiel bot sich den staunenden Zuschauern.

fa·tal *Adj. so, dass etwas sehr schlimme Folgen hat* ein fataler Fehler/Irrtum

Fa·ta·lis·mus der <-> (*kein Plur.*) (*geh.*) *ein passives Verhalten, das durch den Glauben bewirkt wird, das eigene (schlimme) Schicksal sei nicht zu verändern oder zu vermeiden* in Fatalismus verfallen ▸fatalistisch, Fatalist

Fa·ta Mor·ga·na die <-, Fata Morganen/-s> *eine (über Wüsten vorkommende) durch Luftspiegelung verursachte optische Sinnestäuschung* Er glaubte, Wasser in der Ferne zu sehen, aber es war nur eine Fata Morgana.

Fatz·ke der <-n/-s, -n/-s> (*umg. abwert.*) *eitler, dummer Mensch*

fau·chen *ohne OBJ* ■ *ein Tier/etwas faucht ein zischendes Geräusch (als Drohung) von sich geben* Der Löwe/Die Katze fauchte böse., das Fauchen der Dampflokomotive

faul *Adj.* **1.** *von Bakterien zersetzt und daher verdorben* faules Obst/Wasser ▸Faulgas, Faulschlamm **2.** (*abwert.* ↔ *fleißig*) *so, dass man träge ist und nicht gerne arbeitet* nur faul herumsitzen, ein fauler Bursche **3.** (*umg. abwert.*) *irgendwie verdächtig* An der Sache ist doch etwas faul., Was sind denn das für faule Ausreden? ■ **fauler Zauber** (*umg. abwert.*): *Schwindel, Gaukelei* **faule Witze machen** (*umg. abwert.*): *schlechte und primitive Witze machen*

Fäu·le die <-> (*kein Plur.*) *der Zustand, dass etwas faul[1] ist*

fau·len <fault, faulte, ist gefault> *ohne OBJ* ■ *etwas fault von Bakterien zersetzt werden und dadurch verderben* Das Obst/Wasser fault.

fau·len·zen <faulenzt, faulenzte, hat gefaulenzt> *ohne OBJ* ■ *jmd. faulenzt* (*umg. abwert.*) *faul[2], untätig sein* Während ihr hier faulenzt, müssen wir hart arbeiten!, im Urlaub in der Sonne liegen und faulenzen

Fau·len·zer, **Fau·len·ze·rin** der <-s, -> (*umg. abwert.*) *jmd., der gern faulenzt* ◆-leben

Fau·len·ze·rei die <-> (*kein Plur.*) (*umg. abwert.*) *das Faulenzen* Jetzt ist Schluss mit der Faulenzerei!

Faul·heit die <-> (*kein Plur.*) (↔ *Fleiß*) *die Eigenschaft, dass man sich nicht gern anstrengt und nicht gern arbeitet* die Faulheit eines Schülers, Deine Faulheit wird dir noch schaden!

fau·lig <nicht steig.> *Adj. faul[1]* fauliges Obst/Wasser

Fäul·nis die <-> (*kein Plur.*) *der Prozess des Faulens* Im Wald roch es nach Fäulnis., von Fäulnis in Verwesung übergehen ◆-bakterien, -erreger, -prozess

Faul·pelz der <-es, -e> (*umg. abwert.*) (*harmlose Bezeichnung für*) *eine Person, die träge ist und keine Lust zum Arbeiten hat* Na, ihr Faulpelze, wollt ihr nicht auch einmal mithelfen?

Faul·tier das <-(e)s, -e> *ein in Südamerika lebendes Säugetier, das sich sehr langsam bewegt und auf Bäumen lebt*

Faun der <-(e)s, -e> *ein altrömischer Waldgeist, der besonders eine starke sexuelle Triebhaftigkeit verkörpert* ein bocksfüßiger/gehörnter/Flöte spielender Faun

Fau·na die <-, Faunen> (↔ *Flora*) *Tierwelt* die reiche Fauna des Regenwaldes

Faust die <-, Fäuste> *die zu einer geschlossenen Form nach innen gekrümmten Finger einer Hand* vor Wut die Fäuste ballen, die Hand zur Faust ballen ■ **mit der Faust auf den Tisch hauen**: *energisch dafür sorgen, dass die eigene Meinung beachtet wird* **auf eigene Faust**: *ohne fremde Hilfe* auf eigene Faust eine Lehrstelle suchen **die Faust im Nacken spüren**: *sich gezwungen fühlen*

Faust·ball <-(e)s> (*kein Plur.*) SPORT *ein Ballspiel für zwei Mannschaften, bei dem der Ball mit der Faust geschlagen wird*

Fäust·chen ■ **sich ins Fäustchen lachen** (*umg.*): *heimlich Schadenfreude empfinden*

faust·dick ■ **es faustdick hinter den Ohren haben** (*umg.*): *gewitzt sein*

Faust·hand·schuh der <-s, -e> (↔ *Fingerhandschuh*) *ein Handschuh, der die Hand (außer dem Daumen) als Ganzes umhüllt*

Faust·pfand das <-(e)s, Faustpfänder> (*geh.*) *ein Gegenstand, der als Sicherheit für eine Forderung dient* jemandem etwas als Faustpfand überlassen

Faust·recht das <-(e)s> (*kein Plur.*) *ein gesetzloser Zustand, in dem jeder das, was er für Recht hält, (mit Gewalt) selbst durchzusetzen versucht*

Faust·re·gel die <-, -n> (*umg.*) *eine einfach anzuwendende, ungefähre Regel* Das kann als Faustregel etwa so gelten.

Faust·schlag der <-(e)s, Faustschläge> *ein Schlag mit der Faust* den Gegner mit einem Faustschlag niederstrecken

Fauteuil der (*österr.*) *Sessel*

Faux·pas der [fo'pa] <-s> (*kein Plur.*) *ein Verstoß gegen die guten Umgangsformen* einen Fauxpas begehen

Fa·ve·la die <-, -s> (*meist Plur.*) *Slum in südamerikanischen Großstädten*

Fa·vo·rit, **Fa·vo·ri·tin** der <-en, -en> **1.** (≈ *Liebling*) *jmd., der besonders begünstigt oder gemocht wird* der Favorit des Chefs **2.** SPORT *wahrscheinlicher Gewinner* Die beiden Favoriten treffen in diesem Wettkampf aufeinander.

Fax das <-, -(e)> **1.** *kurz für „Telefax(gerät)“* ◆-anschluss, -gerät, -nummer **2.** *eine durch ein Fax[1] gesendete Nachricht* jemandem ein Fax schicken

Faxen <-> *Plur.* (*umg.*) **1.** (≈ *Grimassen*) Die Kinder machten Faxen hinter dem Rücken des Lehrers. **2.** (*abwert.*) *ein dummer Scherz* Was sind denn das für Faxen?, Macht keine Faxen!

fa·xen <faxt, faxte, hat gefaxt> *mit OBJ/ohne OBJ* ■ *jmd. faxt jmdm. etwas* (*umg.*) *ein Fax schicken* jemandem eine Nachricht/ein Dokument faxen, Während ich telefoniere, kannst du faxen.

Fax·ge·rät das <-(e)s, -e> *ein Gerät zum Versenden von Telefaxen*

Fa·yence die [fa'jɑ̃:s/fa'jaŋs] <-, -n> *feine, weiß glasierte Töpferware*

Fa·zit das <-s, -s> *Schlussfolgerung* ein Fazit ziehen

FCKW das [ɛft͡seːka'veː] <-(s), -s> *Abkürzung von „Fluorchlorkohlenwasserstoff“*

FCKW-frei <nicht steig.> *Adj. ohne Zusatz von FCKW* ein FCKW-freies Treibmittel

F-Dur das <-s> (*kein Plur.*) MUS. *auf dem Grundton F basierende Durtonart*

Fea·ture das ['fiːt͡ʃɐ] <-s, -s> *ein Dokumentarbericht* (*mit Reportagen und Kommentaren*) *für das Fernsehen oder den Rundfunk*

Fe·ber der <-s, -> (*österr.*) *Februar*

Feb·ru·ar der <-(s), -e> *der zweite Monat des Jahres*

fech·ten <fichtst, focht, hat gefochten> *ohne OBJ* ■ *jmd. ficht mit Florett, Degen oder Säbel im Zweikampf* (*sportlich*) *gegeneinander kämpfen* miteinander fechten, gegen jemanden mit dem Degen fechten ■ **mit Worten fechten** (*geh.*): *miteinander hart diskutieren* **für jemanden/etwas fechten** (*geh.*): *sich für jmdn. oder etwas einsetzen* ▶Fechtanzug, Fechtausrüstung, Fechtboden, Fechtkunst, Fechtsport, Fechtturnier, Fechtunterricht

Fech·ter, Fech·te·rin der <-s, -> SPORT *jmd., der das Fechten als Sport betreibt* ◆-abstand, -gruß, -handschuh

Fecht·mas·ke die <-, -n> *beim Fechten getragene Schutzmaske für das Gesicht*

Fe·der die <-, -n> **1.** *eines der vielen Gebilde, mit denen die Körper von Vögeln bedeckt sind* Die Federn bilden das Gefieder des Vogels., ein Vogel mit vielen bunten Federn, Früher benutzte man eine angespitzte Feder zum Schreiben. ◆-kiel, Flaum-, Schwanz-, Schwung- **2.** *ein spitzes Metallstück, das, in eine Halterung gesteckt, zum Schreiben oder Zeichnen dient* die Feder des Füllfederhalters, eine Zeichnung mit einer Feder anfertigen ◆-strich, -zeichnung, Schreib- **3.** TECHN. *eine Metallspirale, die dazu dient, Druck oder Stöße abzufangen oder eine Kraft zu speichern und abzugeben* die Federn in einer Matratze, die Feder einer Spieluhr aufziehen/spannen ■ **sich mit fremden Federn schmücken** (*umg.*): *einen Erfolg, zu dem man nicht beigetragen hat, für sich in Anspruch nehmen* **Federn lassen müssen** (*umg.*): *Nachteile hinnehmen müssen* **zur Feder greifen**: *etwas schreiben* ◆-antrieb, -kernmatratze, -klemme, -kraft, -spirale, Spiral-, Sprung-

Fe·der·ball der <-(e)s, Federbälle> **1.** *ein kleiner Gummiball, an dem kreisförmig Gebilde befestigt sind, die wie Federn[1] aussehen* **2.** (*kein Plur.*) SPORT *ein Spiel, bei dem sich zwei Spieler mit Schlägern einen Federball[1] zuspielen* ◆-schläger, -spiel

Fe·der·bett das <-(e)s, -en> *eine mit den Federn[1] von Gänsen gefüllte Bettdecke*

fe·der·füh·rend <nicht steig.> *Adj. hauptverantwortlich; maßgeblich* bei einem Projekt federführend sein

Fe·der·ga·bel <-, -n> *die gefederte Gabel[2] eines Mountainbikes*

Fe·der·ge·wicht das <-s, -e> SPORT **1.** (*kein Plur.*) *eine niedrige Gewichtsklasse bei bestimmten Sportarten* **2.** *jmd., der in dieser Gewichtsklasse eine von bestimmten Sportarten betreibt* Er boxt im Federgewicht. ◆-klasse

Fe·der·hal·ter der <-s, -> **1.** *ein Holzgriff zur Befestigung einer Schreibfeder* die Feder in einen Federhalter stecken **2.** *kurz für „Füllfederhalter“*

Fe·der·kleid das <-(e)s, -er> (*fachspr.*) *die Federn eines Vogels* ein braunes/buntes/voll entwickeltes Federkleid haben

fe·der·leicht <nicht steig.> *Adj.* (*umg.*) *sehr leicht* ein federleichter Stoff

Fe·der·le·sen ■ **nicht viel Federlesen(s) mit jemandem/etwas machen** (*umg.*): *in Bezug auf jmdn. oder etwas schnell und entschlossen handeln*

fe·dern <federst, federte, hat gefedert> **I.** *mit OBJ* ■ *jmd. federt etwas mit federnden Dämpfungselementen ausstatten* ein gut gefederter Sitz, ein Auto ausreichend federn **II.** *ohne OBJ* ■ *etwas federt elastisch auf Druck und Stoß reagieren* Das Sprungbrett federt., eine federnde Unterlage, bei der Landung nach einem Sprung in den Knien federn

Fe·der·schmuck der <-(e)s> (*kein Plur.*) *ein Kopfschmuck aus Federn[1] wie er bei Naturvölkern und besonders den nordamerikanischen Indianern getragen wird*

Fe·de·rung die <-, -en> *die Ausstattung mit federnden Dämpfungselementen* die Federung eines Autos/eines Sofas

Fe·der·vieh das <-s> (*kein Plur.*) (*umg. scherzh.*) *Geflügel* Er hält etwas Federvieh auf seinem Hof.

Fe·der·zeich·nung die <-, -en> *mit einer Zeichenfeder angefertigte Zeichnung*

Fee die <-, -n> *eine weibliche Märchenfigur, die über Zauberkräfte verfügt* eine böse/gute/schöne Fee ▶feenhaft ◆-nmärchen, -nschloss

Feed-back, a. **Feed·back** das ['fiːdbæk] <-s, -s> *Reaktion, Rückmeldung* jemandem ein Feedback geben, Wir haben noch kein Feedback auf unsere Anfrage erhalten.

Fee·ling das ['fiːlɪŋ] <-s, -s> **1.** (*umg.* ≈ *Gefühl*) Es muss ein tolles Feeling sein, auf den Wellen zu surfen. **2.** (*Jargon* ≈ *Einfühlungsvermögen*) ein Feeling für das Publikum haben

Fe·ge·feu·er das <-s> (*kein Plur.*) REL. *der Ort, an dem nach katholischem Glauben die Bestrafung für kleinere Sünden erfolgt* durch das Fegefeuer gehen

fe·gen <fegst, fegte, hat/ist gefegt> **I.** *mit OBJ/ohne OBJ* ■ *jmd. fegt etwas* ((*haben*)) **1.** *mit dem Besen säubern* Er fegt gerade den Hof., Hast du schon gefegt? **2.** (*südd. schweiz.* ≈ *wischen*) *mit dem Lappen säubern* die Spüle fegen, Ich muss nur noch fegen, dann ist alles sauber. **II.** *mit OBJ* ■ *jmd. fegt etwas von etwas Dat.* ((*haben*)) *etwas mit einer raschen Bewegung irgendwo entfernen* die Papiere mit einer Handbewegung vom Tisch fegen, die Blätter vom Weg fegen **III.** *ohne OBJ* ■ *etwas fegt irgendwohin/über etwas Akk.* ((*sein*) *umg.*) *sich schnell bewegen* Der Wagen fegt um die Ecke., Sie fegte aus dem Zimmer., Ein Sturm fegte über das Feld., Im Herbst fegen starke Winde über die Hochflächen.

Feh·de die <-, -n> (*geh.*) *ein lang anhaltender* (*ernster*) *Streit* mit jemandem in Fehde liegen

Fehl ■ **ohne Fehl und Tadel** (*veralt. geh.*): *ohne Fehler oder Makel*

fehl ■ **fehl am Platze sein**: *irgendwo nicht passen oder nicht angemessen sein* Schadenfreude ist hier völlig fehl am Platze!, Ich fühle mich hier fehl am Platze.

Fehl- *als Erstglied in Komposita verwendet, um auszudrücken, dass die im Zweitglied genannte Sache nicht richtig ist oder nicht richtig gehandhabt wird* ◆ -besetzung, -deutung, -entwicklung, -ernährung, -haltung, -information, -spekulation

Fehl·a·larm der <-s, -e> *ein Alarm, der ohne Grund ausgelöst wurde*

Fehl·an·zei·ge ■ **Fehlanzeige!** (*umg.*): *verwendet, um auszudrücken, dass etwas doch nicht so ist wie angenommen* Du hast geglaubt, der Computer funktioniert wieder? Fehlanzeige, er ist gerade wieder abgestürzt!

Fehl·be·stand der <-(e)s, -bestände> *eine bestimmte Menge von etwas, die an einer bestimmten Stelle fehlt*

Fehl·be·trag der <-(e)s, Fehlbeträge> (WIRTSCH.: ≈ *Manko*[2]) *bei einer Abrechnung fehlender Geldbetrag* einen Fehlbetrag aus eigener Tasche ausgleichen

Fehl·ein·schät·zung die <-, -en> *die falsche Beurteilung von jmdm. oder etwas*

feh·len I. *ohne OBJ* **1.** ■ *jmd./etwas fehlt nicht vorhanden oder anwesend sein* Im Medikamentenschrank standen alle Fläschchen, nur eines fehlte., Er will sich das fehlende Geld leihen. **2.** ■ *etwas fehlt jmdm. zu einem bestimmten Geldbetrag noch eine Differenz bilden* Mir fehlen noch zehn Euro, dann kann ich mir die Hose kaufen. **3.** ■ *jmd./etwas fehlt jmdm.* (*umg.*) (*schmerzlich*) *vermisst werden* Du fehlst mir sehr, wann kommst du wieder? **4.** ■ *jmd. fehlt* (*geh.*) *etwas Unrechtes tun* Er hatte gefehlt und musste dafür büßen. ▸Verfehlung **5.** ■ *jmd. fehlt nicht an seinem Arbeitsplatz oder seinem üblichen Aufenthaltsort sein* Der Schüler fehlt heute wegen Krankheit., Im Büro fehlten während der Grippewelle einige. **II.** *mit ES* ■ *es fehlt jmdm. an etwas nicht ausreichend vorhanden sein* Es fehlte uns am Allernötigsten., Bei der Feier fehlte es an nichts., Wir wollen es an nichts fehlen lassen. ■ **jemandem fehlt etwas** (*umg.*): *jmd. leidet an etwas* Du siehst schlecht aus. Fehlt dir etwas? **Das hat gerade noch gefehlt!** (*umg.*): *das können wir jetzt überhaupt nicht gebrauchen* **Weit gefehlt!** (*geh.*): *das ist völlig falsch* **es fehlte nicht viel, und … wäre geschehen**: *beinahe wäre … geschehen*

Fehl·ent·schei·dung die <-, -en> *eine falsche Entscheidung*

Fehl·ent·wick·lung die <-, -en> *eine ungünstige Entwicklung*

Feh·ler der <-s, -> **1.** *ein falsches Verhalten* Ich glaube, es war ein Fehler, ihm zu vertrauen., einen Fehler begehen/bereuen/wieder gutmachen, jemandem seine Fehler vorhalten **2.** *etwas, das falsch ist* viele Fehler im Diktat haben, einen Fehler korrigieren/machen, den Fehler im Computerprogramm suchen, Ein technischer Fehler hat zu dem Unglück geführt. **3.** (≈ *Mangel*) *eine kleine Stelle in etwas, an der es nicht perfekt oder beschädigt ist* Der Stoff hat einige kleine Fehler im Muster., Der Lack hat kleine Fehler., Ware mit kleinen Fehlern verbilligt abgeben **4.** (≈ *Schwäche* ↔ *Stärke*) *eine schlechte Charaktereigenschaft* Jeder Mensch hat seine Fehler!, die Fehler des anderen tolerieren können, an seinen Fehlern arbeiten

feh·ler·an·fäl·lig <nicht steig.> *Adj. so, dass es häufig nicht so funktioniert, wie es sollte* ein fehleranfälliges Gerät/Programm

feh·ler·frei <nicht steig.> *Adj.* (↔ *fehlerhaft*) *ohne Fehler*[2] eine fehlerfreie Arbeit

feh·ler·haft <nicht steig.> *Adj.* (↔ *fehlerfrei*) *mit Fehlern*[2 3] eine fehlerhafte Arbeit, eine fehlerhafte Ware zurückgeben

feh·ler·los <nicht steig.> *Adj.* (↔ *fehlerhaft*) *ohne Fehler* Kein Mensch ist fehlerlos., fehlerlos schreiben

Feh·ler·mel·dung die <-, -en> EDV *von einem Computerprogramm ausgegebene Meldung, dass ein Fehler aufgetreten ist*

Feh·ler·quel·le die <-, -n> *etwas, woraus sich Fehler ergeben können* Diese schwierige Regel ist immer wieder eine Fehlerquelle.

Feh·ler·quo·te die <-, -n> *die Anzahl von Fehlern in einer gegebenen Zahl untersuchter Fälle* eine hohe Fehlerquote aufweisen

Fehl·ge·burt die <-, -en> MED. *der Abgang eines noch nicht lebensfähigen Embryos* eine Fehlgeburt haben

fehl·ge·hen <gehst fehl, ging fehl, ist fehlgegangen> *ohne OBJ* (*geh.*) **1.** ■ *jmd. geht fehl sich verirren* Wir sind einige Male fehlgegangen, ehe wir das gesuchte Haus gefunden haben. **2.** ■ *jmd. geht fehl in etwas Dat. sich irren* Ich gehe wohl nicht fehl in der Annahme, dass … **3.** ■ *etwas geht fehl nicht gelingen* Der dritte Schuss/der erste Versuch ging fehl. ◆ Zusammenschreibung→R 4.11

F

Von da aus könnt ihr gar nicht mehr fehlgehen!, … und wenn wir in unserem Urteil fehlgehen?

Fehl·griff der <-(e)s, -e> *eine falsche Entscheidung* Dieses Kostüm war ein Fehlgriff, es steht mir nicht., Es war ein Fehlgriff, diesen Mitarbeiter einzustellen.

Fehl·kauf der <-(e)s, -käufe> (*abwert.* ≈ *Fehlgriff*) *ein Kauf, den man bereut, weil die Ware nicht gut ist oder nicht gefällt*

Fehl·kon·s·t·ruk·ti·on die <-, -en> (*abwert.*) *eine Konstruktion, die den Anforderungen nicht gerecht wird* Das Gerät ist eine Fehlkonstruktion, man kann es nicht benutzen.

Fehl·leis·tung die <-, -en> PSYCH. *Störung einer Leistung, die unter normalen Umständen fehlerfrei erbracht werden kann* Sein häufiges Versprechen ist eine Fehlleistung infolge seiner Erschöpfung.

Fehl·pass der <-es, -pässe> SPORT *der Vorgang, dass im Fußball ein Spieler den Ball versehentlich an einen Spieler der gegnerischen Mannschaft abspielt*

Fehl·schlag der <-(e)s, Fehlschläge> (≈ *Misserfolg*) Die Investition erwies sich als Fehlschlag.

fehl·schla·gen <schlägt fehl, schlug fehl, ist fehlgeschlagen> *ohne OBJ* ■ *etwas schlägt fehl* (≈ *misslingen*) Das Vorhaben ist fehlgeschlagen. ♦ Zusammenschreibung→R 4.11 Das kann gar nicht fehlschlagen, wir haben alles bedacht!

Fehl·schluss der <-es, Fehlschlüsse> *falsche Schlussfolgerung* Aus ihrem Entgegenkommen solltest du keine Fehlschlüsse ziehen.

Fehl·start der <-s, -s> SPORT *der Vorgang, dass bei einem Wettkampf ein Läufer startet, bevor der Startschuss gefallen ist* einen Fehlstart beim 100-Meter-Lauf verursachen

fehl·tre·ten <trittst fehl, trat fehl, ist fehlgetreten> *ohne OBJ* ■ *jmd. tritt fehl* (*mit dem Fuß*) *falsch auftreten* Ich bin fehlgetreten und habe mir den Fuß verstaucht. ♦ Zusammenschreibung→R 4.11 Pass auf, dass du nicht fehltrittst!

Fehl·tritt der <-(e)s, -e> **1.** *der Vorgang, dass jmd. beim Gehen mit dem Fuß so ungünstig aufkommt, dass er sich verletzt* sich durch einen Fehltritt auf steinigem Gelände den Fuß brechen **2.** *eine moralisch zu verurteilende Tat* Sie würde ihm diesen Fehltritt nie verzeihen, wenn sie davon erführe.

Fehl·ur·teil das <-(e)s, -e> (*geh.*) **1.** *eine falsche Beurteilung von jmdm. oder etwas* Es ist ein Fehlurteil, wenn du ihn für unehrlich hältst. **2.** *ein ungerechtes Gerichtsurteil* Durch ein Fehlurteil kam ein Unschuldiger ins Gefängnis.

Fehl·ver·such der <-(e)s, -e> SPORT *ungültiger Versuch*

Fei·er die <-, -n> *eine Veranstaltung, bei der Menschen zusammenkommen, um in einem formellen oder einem lockeren Rahmen gemeinsam ihre Freude darüber zum Ausdruck zu bringen, dass es ein positives Geschehen, z.B. einen Erfolg, ein Jubiläum, eine bestandene Prüfung o.Ä. gibt* die Feier zu seinem achtzigsten Geburtstag, eine Feier im engsten Familienkreis/im Kollegenkreis, Zu dieser Feier sind alle recht herzlich eingeladen. ■ **zur Feier des Tages** (*umg.*): *um diesen Anlass zu würdigen* Zur Feier des Tages wurde Champagner bestellt. ♦ -stunde, Abschieds-, Jubiläums-, Sieges-

Fei·er·a·bend der <-s, -e> **1.** *der nach der Arbeitszeit verbleibende Rest des Tages* Was machst du heute am Feierabend?, Ich wünsche Ihnen einen schönen Feierabend! **2.** (*kein Plur.*) *das Ende der Dienstzeit* Wir machen um fünf Uhr Feierabend., Wir haben jetzt Feierabend. ■ **Jetzt ist aber Feierabend (damit)!** (*umg.*): *das dulde ich nicht länger*

fei·er·lich *Adj.* **1.** (≈ *festlich*) ein feierlicher Anlass, Es herrschte eine feierliche Stimmung., das Jubiläum feierlich begehen **2.** *ernst und in würdiger Form* etwas feierlich geloben/versprechen, etwas mit feierlichem Ernst sagen ■ **Das ist nicht mehr feierlich!** (*umg.*): *Das ist unerträglich!*

Fei·er·lich·keit die <-, -en> **1.** (*kein Plur.*) *die Eigenschaft, feierlich zu sein* die Feierlichkeit des Augenblicks **2.** *eine feierliche Veranstaltung* Freunde zu einer kleinen Feierlichkeit einladen, die Feierlichkeiten zum Geburtstag der Königin

fei·ern <feierst, feierte, hat gefeiert> *mit OBJ/ohne OBJ* **1.** ■ *jmd. feiert* (*etwas*) *einen als positiv empfundenen Anlass festlich mit einer Feier begehen* den Geburtstag im engsten Familienkreis feiern, Im Mai feiern sie Hochzeit., Das muss gefeiert werden., Heute wird nicht gearbeitet, heute wird gefeiert!, Mit einem Festessen, Musik und Tanz wurde bis in die Nacht gefeiert. **2.** ■ *jmd. feiert jmdn. jmdn. ehren oder bejubeln* Das Publikum feierte den Dirigenten mit langem Beifall., Der Olympiasieger wurde nach seiner Rückkehr gefeiert.

Fei·er·tag der <-(e)s, -e> *ein Tag, an dem aus kirchlichem oder weltlichem Anlass nicht gearbeitet wird* An Sonn- und Feiertagen bleibt die Behörde geschlossen. ▶feiertäglich ♦ -sruhe, Weihnachts-

fei·er·tags *Adv. an einem Feiertag* Sonn- und feiertags verkehrt kein Bus auf dieser Strecke.

feig(e) *Adj.* **1.** (↔ *mutig*) *so, dass man Gefahren und Herausforderungen ausweicht* Es war feige, dass er einfach davongelaufen ist., So ein feiger Kerl, warum hat er dir nicht geholfen? **2.** (*abwert.* ≈ *gemein*) *hinterhältig und böse* ein feiges Attentat, ein feiger Mörder/Verräter

Fei·ge die <-, -n> *die Frucht des Feigenbaumes* frische/getrocknete Feigen essen

Fei·gen·baum der <-(e)s, Feigenbäume> *ein Laubbaum der subtropischen und tropischen Klimazonen, der süße, essbare Früchte von grüner oder violetter Farbe trägt*

Feig·heit die <-> (*kein Plur.*) (↔ *Mut*) *die Eigenschaft, feige zu sein* Aus Feigheit hat sie alles verraten.

Feig·ling der <-s, -e> (*abwert.*) *jmd., der feige ist* Sie ist ein Feigling, warum hat sie nicht ehrlich ihre Meinung gesagt?

feil·bie·ten <bietest feil, bot feil, hat feilgeboten> *mit OBJ* ■ *jmd. bietet etwas feil* (*geh.*) *zum Kauf anbieten* Auf dem Markt wurden herrliche Früchte feilgeboten.

Fei·le die <-, -n> *ein Eisenstab mit einer rauen Oberfläche, der dazu dient, die Oberfläche von Gegenständen zu glätten* Holz/Metall mit einer Feile bearbeiten ◆ Nagel-

fei·len **I.** *mit OBJ/ohne OBJ* ■ *jmd. feilt etwas mit einer Feile bearbeiten* sich/jemandem die Fingernägel feilen, lange an einem Werkstück feilen **II.** *ohne OBJ* ■ *jmd. feilt an etwas Akk.* (*übertr.*) *etwas sorgfältig überarbeiten* Er feilte lange an seinem Vortrag.

feil·schen <feilschst, feilschte, hat gefeilscht> *ohne OBJ* ■ *jmd. feilscht um etwas Akk.* (≈ *handeln*) *mit jmdm., der etwas anbietet, lange sprechen, um ihn dazu zu bewegen, den Preis zu senken* lange mit jemandem um eine Ware/den Preis feilschen, Ich lasse nicht mit mir feilschen, entweder du stimmst zu oder du lässt es!

Feil·staub der <-s> (*kein Plur.*) *der* (*Metall*)*staub, der beim Feilen von etwas abfällt*

fein **I.** *Adj.* **1.** (↔ *grob*) *so, dass es aus relativ kleinen oder relativ dünnen Bestandteilen besteht* ein feines Gewebe, die feinen Verästelungen eines Blattes, feiner Sand/Staub, eine feine Schicht Reif, die Farbe/Salbe fein auftragen, ein fein geädertes Blatt, fein gemahlenes Korn, ein fein gesponnenes Netz **2.** (↔ *eklatant, krass*) *von geringer Intensität* ein feiner Unterschied **3.** *so, dass es hohen Ansprüchen gerecht wird* vorzügliches Essen und dazu feine Weine, fein riechen/schmecken, Ich habe euch etwas Feines mitgebracht. **4.** (≈ *schön*) *sehr gut* Fein, dass du mitkommst, Das habt ihr wirklich fein gemacht! **5.** *fähig, alles gut wahrzunehmen und zu unterscheiden* ein feines Gespür für etwas haben, ein feines Gehör/eine feine Nase haben **6.** *sehr vornehm* die feinen Leute, eine feine Gesellschaft, feine Manieren haben, sich fein anziehen/machen **7.** (*umg. abwert.*) *verwendet, um auf ironische Weise auszudrücken,dass man es verurteilt* Da bist du ja in feine Gesellschaft geraten!, Du bist mir ja ein feiner Freund!, Das hat er ja fein eingefädelt! **II.** *Adv.* (*umg.*) *schön, hübsch* etwas fein säuberlich abschreiben, Du musst jetzt fein still sitzen!, Komm fein pünktlich heim! ■ **vom Feinsten** (*umg.*): *auserlesen* In diesem Hotel ist alles vom Feinsten! **fein heraus sein** (*umg.*): *nicht* (*wie die anderen*) *in Schwierigkeiten sein* ◆ Großschreibung→R 3.7 Weine und Speisen vom Feinsten; Getrenntschreibung→R 4.2, 4.12 fein gestreifter Stoff, fein geschnittene Wurst, Du hast dich aber heute fein gemacht!, eine Oberfläche ganz fein schleifen *siehe aber auch* **feinschleifen**

Fein·ab·stim·mung die <-> (*kein Plur.*) *die genaue Abstimmung der Details von etwas*

Fein·bä·cke·rei die <-> (≈ *Konditorei*) *das Herstellen von Torten und feinem Gebäck* (*im Gegensatz zum Backen von Brot*)

Feind, **Fein·din** der <-(e)s, -e> **1.** (↔ *Freund*) *jmd., der gegen jmdn. oder etwas eingestellt ist und diese Person oder Sache aktiv bekämpft* sich jemanden zum Feind machen, Sie sind erbitterte Feinde., Er war ein erklärter Feind des Kaisers., die Feinde der Demokratie, Er ist ein Feind solcher Politik. ◆ Erz-, Tod- **2.** (*kein Plur.*) MILIT. *die gegnerischen Truppen* den Feind im Morgengrauen angreifen, zum Feind überlaufen

Feind·bild das <-(e)s, -er> *die* (*meist bewusst aufgebaute*) *Vorstellung, dass eine bestimmte Personengruppe jmds. Feind ist* ein klares Feindbild haben, (sich) über viele Jahre ein Feindbild aufbauen

feind·lich *Adj.* **1.** (≈ *freundlich*) *so, dass man jmdn. oder etwas ablehnt oder aktiv bekämpft* der Kollegin feindliche Blicke zuwerfen, sich feindlich gegenüberstehen, dem Nachbarstaat feindlich gesonnen sein, feindliche Angriffe auf die Hauptstadt starten, Hier herrscht eine feindliche Atmosphäre. **2.** (MILIT.: ≈ *gegnerisch*) feindliche Truppen, ein feindlicher Angriff/Überfall **3.** (*übertr.*) *so, dass es keine guten Bedingungen bietet* feindliche Lebensbedingungen, eine feindliche Umwelt

Feind·schaft die <-, -en> (↔ *Freundschaft*) *der Zustand, dass Menschen Feinde sind* eine erbitterte/jahrelange Feindschaft

feind·se·lig <nicht steig.> *Adj.* (↔ *freundlich*) *so, dass man jmdn. oder etwas ablehnt und dies deutlich zu erkennen gibt* feindselige Blicke, eine feindselige Atmosphäre

Feind·se·lig·keit die <-, -en> **1.** (*kein Plur.*) *feindliche Einstellung* eine lang gehegte Feindseligkeit zu seinem Kollegen **2.** (*meist Plur.*) (*verhüll.*) *kriegerische Handlungen* die Feindseligkeiten eröffnen, die Einstellung der gegenseitigen Feindseligkeiten

fein·füh·lig *Adj.* (≈ *sensibel* ↔ *grob*) *in der Lage, die Gefühle anderer gut wahrzunehmen* ein feinfühliger Mensch, feinfühlig mit einem Problem umgehen, eine feinfühlige Art haben

Fein·füh·lig·keit die <-> (*kein Plur.*) (≈ *Sensibilität* ↔ *Grobheit*) *feines Empfinden und einfühlsame Art einer Person*

Fein·ge·fühl das <-s> (*kein Plur.*) (≈ *Sensibilität*) *die Fähigkeit, auf die Gefühle anderer einzugehen*

Fein·gold das <-(e)s> (*kein Plur.*) (*fachspr.*) *Gold von sehr hohem Reinheitsgrad*

Fein·heit die <-, -en> **1.** (*kein Plur.*) *feine Beschaffenheit* die Feinheit eines Stoffes/ihrer Haare, die Feinheit eines Musters/der Linien/ihrer Stimme **2.** (*kein Plur.*) *Vornehmheit* Er wusste vor lauter Feinheit nicht, wie er sich ausdrücken sollte. **3.** (*meist Plur.*) *Einzelheit; Detail* Die Feinheiten besprechen wir später., alles bis in die kleinsten Feinheiten planen

fein·kör·nig *Adj.* (↔ *grobkörnig*) *aus sehr kleinen Körnern bestehend* ein feinkörniges Mehl, feinkörniger Sand

Fein·kost die <-> (*kein Plur.*) (≈ *Delikatessen*) *erlesene Lebensmittel* ein Geschäft für Feinkost

fein·ma·schig *Adj.* (↔ *grobmaschig*) *aus sehr engen Maschen bestehen* ein feinmaschiges Netz

Fein·me·cha·nik die <-> (*kein Plur.*) *ein Gebiet*

der Technik, das sich mit der Herstellung sehr präziser mechanischer Geräte befasst

fein·schlei·fen <schleifst fein, schliff fein, hat feingeschliffen> *mit OBJ* TECHN. (*Präzisionsgeräte*) *abschließend schleifend bearbeiten* den Hohlspiegel eines Teleskops feinschleifen

Fein·schme·cker, **Fein·schme·cke·rin** der <-s, -> *jmd., der eine Vorliebe für sehr gute und teure Speisen hat* ◆-lokal

Fein·sil·ber das <-s> (*kein Plur.*) (*fachspr.*) *Silber von sehr hohem Reinheitsgrad*

Fein·strumpf·ho·se die <-, -n> *eine Damenstrumpfhose aus dünnem Gewebe*

Fein·un·ze die <-, -n> (*fachspr.*) *eine Gewichtseinheit für Feingold und Feinsilber* Eine Feinunze beträgt 31,10 Gramm.

Fein·wä·sche die <-, -n> **1.** (*kein Plur.*) *Wäschestücke, die besonders schonend gewaschen werden müssen* Feinwäsche waschen, ein Waschgang/Waschmittel für Feinwäsche **2.** *der Vorgang des Waschens von Feinwäsche* Ich wasche heute zwei Feinwäschen.

Fein·wasch·mit·tel das <-s, -> *Waschmittel für die Feinwäsche*[2]

feist *Adj.* (*abwert.*) *auf unschöne Art fett* ein feistes Gesicht

fei·xen <feixt, feixte, hat gefeixt> *ohne OBJ* ■ *jmd. feixt* (*umg. abwert.*) *über das ganze Gesicht höhnisch lachen* Da gibt es gar nichts zu feixen!, Warum feixt du so schadenfroh?

Feld das <-(e)s, -er> **1.** *ein abgegrenztes Stück Ackerland, auf dem etwas angebaut wird* Der Bauer bestellt/pflügt das Feld., Auf den Feldern wächst Gerste/Roggen/Weizen. ◆-rand, Getreide-, Kartoffel-, Roggen-, Weizen- **2.** (≈ *Gebiet*) *ein bestimmtes* (*wissenschaftliches*) *Arbeitsgebiet* ein großer Erfolg auf dem Feld der Genforschung, auf verschiedenen Feldern forschen, einen großen Themenbereich in einzelne Felder unterteilen, das weite Feld der Psychologie ◆ Forschungs- **3.** *eine abgegrenzte geometrische Fläche* Die Linien unterteilen das Brett in vierundsechzig Felder., einzelne Felder einer Tabelle/eines Formulars ausfüllen **4.** (SPORT: ≈ *Spielfeld*) Die Spieler kommen auf das Feld gelaufen., einen Spieler vom Feld stellen **5.** SPORT *die geschlossene Gruppe der Teilnehmer eines Rennens* Die Ausreißer haben fünf Minuten Vorsprung auf das Feld. **6.** (MILIT.: *veralt.*) *Schlachtfeld* im Feld fallen, ins Feld ziehen **7.** PHYS. *ein Raum, in dem bestimmte Kräfte wirken* ein elektrisches/magnetisches Feld ■ **das freie/weite Feld** (*geh.*): *ein offenes, nicht abgegrenztes Gelände* sich im freien Feld bewegen **etwas ins Feld führen** (*geh.*): *etwas als Argument verwenden* **gegen jemanden/etwas zu Felde ziehen**: *jmdn. oder etwas bekämpfen* **jemanden aus dem Feld schlagen**: *jmdn. besiegen* **das Feld räumen**: *seinen Platz freigeben; vor jmdm. zurückweichen*

Feld·ar·beit die <-> (*kein Plur.*) *die Arbeit auf dem Feld*[1] ►Feldarbeiter

Feld·bett das <-(e)s, -en> *ein einfaches, zusammenklappbares Bett*

Feld·blu·me die <-, -n> *eine am Rand von Äckern wachsende Blume*

Feld·fla·sche die <-, -n> MILIT. *eine zur militärischen Marschausrüstung gehörende Wasserflasche*

Feldgeistliche(r) der <-n, -n> *ein Militärgeistlicher, der Truppen im Feld*[6] *betreut*

Feld·hand·ball <-s> (*kein Plur.*) (SPORT: ↔ *Hallenhandball*) *das Handballspiel, das im Freien und nicht in der Halle betrieben wird*

Feld·herr der <-en, -en> (*veralt.*) *Oberbefehlshaber über Krieg führende Truppen*

Feld·hockey das <-s> (*kein Plur.*) *auf Rasen betriebenes Ballspiel für zwei Mannschaften, deren Spieler den Ball mit Schlägern über dem Boden ins gegnerische Tor zu spielen versuchen*

Feld·kü·che die <-, -n> MILIT. *mobile Militärküche*

Feld·la·ger das <-s, -> (MILIT.: *veralt.*) *ein Lager von Soldaten, die im Einsatz sind* sich im Feldlager befinden

Feld·la·za·rett das <-s, -e> MILIT. *mobiles Lazarett zur Versorgung der Verwundeten im Krieg*

Feld·mar·schall der <-s, Feldmarschälle> **1.** (*kein Plur.*) *ein hoher militärischer Dienstgrad* **2.** *Träger des Dienstgrads eines Feldmarschalls*[1]

Feld·maus die <-, Feldmäuse> *eine kleine, auf Äckern verbreitete Wühlmaus*

Feld·post die <-> (*kein Plur.*) MILIT. *die Post, die im Krieg zwischen den Truppen an der Front und der Heimat hin- und hergeschickt wird* etwas mit Feldpost schicken

Feld·sa·lat der <-(e)s, -e> *eine Salatart mit kleinen grünen Blättern*

Feld·spat der <-(e)s> (*kein Plur.*) *ein farbloses Mineral*

Feld·stär·ke die <-, -n> PHYS. *die Stärke einer in einem Kraftfeld wirkenden Kraft* die elektrische Feldstärke messen

Feld·ste·cher der <-s, -> *ein Fernglas mit starker Vergrößerungswirkung*

Feld·ver·weis der <-es, -e> (SPORT: *Platzverweis*) *der Vorgang, dass der Schiedsrichter einen Spieler wegen Foulspiels vom Platz schickt*

Feld·we·bel der <-s, -> MILIT. **1.** (*kein Plur.*) *ein unterer militärischer Dienstgrad* **2.** *Träger des Dienstgrads eines Feldwebels*[1]

Feld·weg der <-(e)s, -e> *ein unbefestigter Fußweg zwischen Äckern*

Feld·zug der <-(e)s, Feldzüge> **1.** *eine große militärische Aktion* **2.** (*übertr.*) *eine Kampagne gegen etwas* ein Feldzug gegen das Rauchen

Fel·ge die <-, -n> *der Teil des Rades, der den Reifen trägt* ◆Aluminium-, Auto-, Carbon-, Hochprofil-

Fel·gen·brem·se die <-, -n> TECHN. *eine Bremse, bei der die Bremsbacken von einer mechanischen oder hydraulischen Vorrichtung gegen die Felge des Rades gedrückt werden*

Fell das <-(e)s, -e> **1.** (*Plur. selten*) *die Haut von Tieren mit den darauf wachsenden Haaren* ein dichtes/gescheckte/glänzendes Fell haben, das

Fell eines Bären/einer Kuh **2.** *die abgezogene behaarte Haut eines Tieres zur Weiterverarbeitung* Felle zu Kleidung verarbeiten, eine mit Fell bespannte Trommel ■ **jemandem das Fell über die Ohren ziehen** (*umg.*): *jmdn. betrügen* **ein dickes Fell haben** (*umg.*): *viel ertragen können, ohne beleidigt zu sein* **seine Felle davonschwimmen sehen** (*umg.*): *sehen, dass man immer schlechtere Chancen hat, seine Vorstellungen zu verwirklichen*

Fel·la·che der <-n, -n> *Bauer des Vorderen Orients*

Fels[1] der <-> (*kein Plur.*) *hartes Gestein* eine Schicht aus hartem Fels, In diesen Höhen gibt es nur noch nackten Fels. ◆-sbrocken, -masse, -spalte

Fels[2] der <-ens/-en, -en> (*geh.* ≈ *Felsen*) Ein Fels ragte aus dem Wasser. ■ **ein Fels in der Brandung** (*geh.*): *jmd., auf dessen Zuverlässigkeit man auch unter schwierigen Umständen vertrauen kann*

Fels·block der <-(e)s, Felsblöcke> *ein größerer Gesteinsblock*

Fel·sen der <-s, -> *eine großer* (*aufragender*) *Gesteinsblock* Ein Felsen ragte aus der Ebene auf., einen Felsen erklettern, ein hoher/glatter/schroffer Felsen, eine Landschaft aus bizarren Felsen

fel·sen·fest <nicht steig.> *Adj.* (*umg.*) *unerschütterlich* felsenfest von etwas überzeugt sein, ein felsenfester Entschluss

fel·sig *Adj. mit vielen Felsen*

Fels·mas·siv das <-s, -e> *ein großer Gebirgsstock aus Fels*

Fels·wand die <-, Felswände> *eine steil aufragende Gesteinswand*

Fe·me·ge·richt das <-s, -e> GESCH. *eine geheime gerichtliche Versammlung, bei der die Ermordung eines politischen Gegners beschlossen wurde* ►verfemt

fe·mi·nin *Adj.* **1.** (↔ *maskulin, viril*) *mit einer sehr weibliche Ausstrahlung* sehr feminin wirken, ein feminine Ausstrahlung/Frisur **2.** *nicht steig.* (SPRACHWISS.: ↔ *maskulin*) *von weiblichem Genus* ein feminines Substantiv

Fe·mi·nin·form die <-, -en> SPRACHWISS. *die zu einem Substantiv gehörende feminine*[2] *Form* „Lehrerin" ist die Femininform zu „Lehrer".

Fe·mi·nis·mus der <-> (*kein Plur.*) *eine Ideologie und gesellschaftliche Bewegung, die die Gleichberechtigung der Frau in allen Lebensbereichen und eine Veränderung der gesellschaftlichen Rollen von Frauen anstrebt*

Fe·mi·nist, **Fe·mi·nis·tin** der <-en, -en> *jmd., der den Feminismus vertritt* eine streitbare Feministin

fe·mi·nis·tisch <nicht steig.> *Adj. auf den Feminismus bezogen, zu ihm gehörend* die feministische Literatur

Fen·chel der <-s, -> **1.** BOT. *eine Arznei-, Gewürz- und Gemüsepflanze* **2.** *der als Arznei oder Gewürz verwendete Samen des Fenchels*[1] aus Fenchel Tee kochen ◆-öl, -tee

Feng-Shui <-> (*kein Plur.*) *aus der fernöstlichen Geisteswelt stammendes Prinzip, nach dem z.B. beim Bau von Häusern oder der Einrichtung von Räumen die Kräfte der fünf Naturelemente und ihre Wirkung auf den Menschen zu berücksichtigen sind*

Fens·ter das <-s, -> **1.** *eine mit* (*gerahmten*) *Glasscheiben versehene Öffnung in einer Mauer* die Fenster putzen, ein Fenster kippen/öffnen/schließen, neue Fenster einbauen lassen, durch das Fenster aus dem/in das Zimmer schauen, ein Fenster zum Hof/zur Straße, sich aus dem Fenster lehnen ◆-sims, Dach-, Doppel-, Keller- **2.** *eine mit* (*gerahmten*) *Glasscheiben versehene Öffnung in einem Fahrzeug* die Fenster eines Autos herunterkurbeln, aus den Fenstern des Flugzeugs die Tragflächen sehen ◆-heber, Seiten- **3.** EDV *in grafischen Benutzeroberflächen ein abgegrenzter Bildschirmbereich mit einem bestimmten Inhalt* ein Fenster öffnen/schließen/verkleinern, ein aktives Fenster ■ **weg vom Fenster sein** (*umg.*): *keine Chancen oder keinen Einfluss mehr haben* **sich zu weit aus dem Fenster lehnen** (*übertr.*): *sich zu weit vorwagen*

Fens·ter·bank die <-, Fensterbänke> *eine hölzerne oder steinerne Platte unter einem Fenster im Gebäudeinneren* Blumentöpfe auf die Fensterbank stellen

Fens·ter·brett das <-(e)s, -er> (≈ *Fensterbank*)

Fens·ter·brief·um·schlag die <-(e)s, Fensterbriefumschläge> *ein Briefumschlag mit einer* (*mit transparenter Folie abgedeckten*) *Aussparung für die auf dem Briefbogen stehende Adresse*

Fens·ter·flü·gel der <-s, -> *einer der beiden Teile eines Fensterrahmens* beide Fensterflügel weit öffnen

Fens·ter·he·ber der <-s, -> KFZ *eine Vorrichtung zum Öffnen und Schließen der Autofenster* elektrische Fensterheber

Fens·ter·kitt der <-s> (*kein Plur.*) *eine Masse, die zwischen Fensterrahmen und Fensterglas aufgetragen wird und dort eine harte, dicht schließende Schicht ergibt*

Fens·ter·kur·bel die <-, -n> *eine Kurbel, mit der ein Fenster nach oben und unten bewegt werden kann*

Fens·ter·la·den der <-s, Fensterläden> *ein Holzladen, der als Sichtschutz vor ein Fenster geklappt werden kann* die Fensterläden schließen

Fens·ter·le·der das <-s, -> *ein Lederlappen zum Reinigen von Fensterscheiben*

Fens·ter·platz der <-es, Fensterplätze> *der Sitzplatz auf der Fensterseite* (*in öffentlichen Verkehrsmitteln*) einen Fensterplatz bevorzugen

Fens·ter·put·zer, **Fens·ter·put·ze·rin** der <-s, -> *jmd., der beruflich Fenster*[1] *reinigt*

Fens·ter·rah·men der <-s, -> *aus Holz, Metall oder Kunststoff bestehender Rahmen für ein Fenster*[1] den Fensterrahmen reparieren/streichen

Fens·ter·schei·be die <-, -n> *die Glasscheibe eines Fensters*[1]

Fe·ri·al·ar·beit die <-> (*kein Plur.*) (*österr.*) *Ferienjob*

Fe·ri·en *Plur.* **1.** *die Tage im Jahr, in denen kein Schulunterricht stattfindet* die Ferien zu Ostern, zu Pfingsten und zu Weihnachten, In zwei Wochen sind/haben wir Ferien!, in den Ferien verreisen/nichts Besonderes vorhaben ◆-beginn, -ende, Oster-, Pfingst- Weihnachts- **2.** *die Tage im Jahr, in denen Behörden und große Betriebe nicht arbeiten* Die Firma/die Behörde macht über Weihnachten Ferien. **3.** (*umg.*) *Urlaubsreise* in die Ferien fahren, seine Ferien planen, seine Ferien im Ausland verbringen ■ **die großen Ferien**: *die unterrichtsfreie Zeit im Sommer*

Fe·ri·en·haus das <-es, Ferienhäuser> *ein Haus, in dem man während eines Urlaubsaufenthaltes wohnt* ein Ferienhaus mieten

Fe·ri·en·heim das <-(e)s, -e> *ein Wohnheim, in dem Kinder ihre Ferien verbringen können*

Fe·ri·en·la·ger das <-s, -> *eine Freizeitveranstaltung für Schulkinder während der schulfreien Zeit* ins Ferienlager an die Ostsee fahren

Fe·ri·en·woh·nung die <-, -en> *eine Wohnung, in der man während eines Urlaubsaufenthaltes wohnt* eine Ferienwohnung mieten

Fe·ri·en·zeit die <-, -en> *die Zeit, in der keine Schule stattfindet* Die schöne Ferienzeit geht bald zu Ende.

Fer·kel das <-s, -> **1.** *das Junge des Schweins* Die Sau hat acht Ferkel geworfen. **2.** (*umg. abwert.*) *eine schmutzige Person* Er ist ein Ferkel, immer muss er so anzügliche Witze erzählen!, Müsst ihr Ferkel euch denn immer so bekleckern?

fer·keln <ferkelst, ferkelte, hat geferkelt> *ohne OBJ* **1.** ■ *ein Tier ferkelt* (*fachspr.*) (*als Sau*) *Junge bekommen* Die Sau hat geferkelt. **2.** ■ *jmd. ferkelt* (*umg. abwert.*) *sich unanständig benehmen* Müsst ihr denn immer so ferkeln? **3.** ■ *jmd. ferkelt* (*umg. abwert.*) *sich oder etwas schmutzig machen* Wer hat denn hier wieder so geferkelt?

Fer·ment das <-(e)s, -e> (CHEM.: *veralt.* ≈ *Enzym*)

fern **I.** *Adj.* **1.** (↔ *nahe*[1]) *in großem räumlichen Abstand gelegen* von fernen Ländern träumen, etwas von fern beobachten, sich von einem Ort/einer Person fern halten, die am fernsten liegenden Berge **2.** (↔ *nahe*[2]) *in großem zeitlichen Abstand* die ferne/fernere Zukunft, Dieser Tag ist nicht mehr fern. **II.** *Präp. + Dat.* (*geh.*) *in großem räumlichen Abstand* fern der Heimat/der Küste, fern jeder menschlichen Siedlung ■ **jemandem fern liegen**: *für jmdn. nicht in Betracht kommen* Es liegt mir fern, ihn zu verdächtigen. **jemandem fern stehen**: *zu jmdm. keine nähere Beziehung haben* fern stehende Bekannte **sich von jemandem fern halten**: *mit jmdm. keine persönlichen Beziehungen aufbauen* Von diesen Leuten solltest du dich lieber fern halten. ◆ Getrenntschreibung →R 4.2, R 4.3 Es hat mir völlig fern gelegen, dich zu beleidigen., Das sind mir ziemlich fern stehende Gedanken., Ich würde mich von dieser Gegend/diesen Leuten fern halten.; Großschreibung →R 3.17f. der Ferne Osten

fern·be·dien·bar <nicht steig.> *Adj. so, dass man ein Gerät mit einer Fernbedienung steuern kann*

Fern·be·die·nung die <-, -en> **1.** (*kein Plur.*) *das Steuern von elektrischen Geräten aus der Ferne* ein Gerät auf Fernbedienung umschalten **2.** *ein kleines Gerät, mit dem man elektrische Geräte aus der Entfernung steuern kann* die Fernbedienung des Fernsehers nicht finden können

fern·blei·ben <bleibst fern, blieb fern, ist ferngeblieben> *ohne OBJ* ■ *jmd. bleibt* (*von*) *etwas Dat. fern an einem Ort nicht erscheinen* Er ist der Veranstaltung ferngeblieben., Niemandem ist unser Fernbleiben aufgefallen.

Fern·blick der <-(e)s> (*kein Plur.*) *die weite Sicht in die Ferne* vom Gipfel des Berges den Fernblick genießen

Fer·ne die <-, -en> **1.** (*kein Plur.*) (↔ *Nähe*) *ein großer räumlicher Abstand* etwas aus der Ferne beobachten, eine Brille für die Ferne, in weiter Ferne etwas erkennen **2.** (*kein Plur.*) *großer zeitlicher Abstand* Die Lösung dieses Problems liegt noch in weiter Ferne., Die Vergangenheit rückt in immer größere Ferne. **3.** (*geh.*) *entfernte Gegenden* einen Gruß aus der Ferne schicken, Es zog ihn in die Ferne., die Fernen des Weltalls erkunden

fer·ner **I.** *Adv.* (*geh.*) *in Zukunft* Diese Regel wollen wir auch ferner berücksichtigen., Wir wollen seiner auch ferner gedenken. **II.** *Konj.* (*geh.* ≈ *außerdem*) Wir brauchen Mehl, Zucker und Butter, ferner Rosinen und Zitronat. ■ **unter „ferner liefen"** (*umg.*): *auf einem unbedeutenden Rang* Er hat sie nur unter „ferner liefen" erwähnt.

Fern·fah·rer, **Fern·fah·re·rin** der <-s, -> *jmd., der beruflich Güter mit Lastkraftwagen über große Entfernungen transportiert* als Fernfahrer arbeiten

Fern·flug der <-(e)s, Fernflüge> (↔ *Inlandsflug*) *ein Flug über eine große Entfernung*

fern·ge·lenkt <nicht steig.> *Adj.* (≈ *ferngesteuert*) *durch Fernsteuerung gelenkt* ein ferngelenktes Modellflugzeug

Fern·ge·spräch das <-(e)s, -e> (↔ *Ortsgespräch*) *eine Telefongespräch über eine größere Distanz*

fern·ge·steu·ert <nicht steig.> *Adj.* (≈ *ferngelenkt*) *mit einer vom Gerät räumlich getrennten Steuerung ausgestattet* Die Rakete erreicht ferngesteuert ihr Ziel.

Fern·glas das <-es, Ferngläser> *ein optisches Gerät, mit dem weit entfernt liegende Objekte durch zwei Linsen scharf und vergrößert gesehen werden können*

fern·gu·cken *ohne OBJ* ■ *jmd. guckt fern* (*umg.* ≈ *fernsehen*)

Fern·hei·zung die <-, -en> *eine Heizungsanlage, bei der die Wärme in einem Heizwerk zentral erzeugt und über Rohrleitungen zu den Häusern bzw. Wohnungen transportiert wird*

Fern·ko·pie die <-, -n> (≈ *Fax*) *ein mit einem Fernkopierer übertragenes Dokument*

fern·ko·pie·ren <fernkopierst, fernkopierte, hat fernkopiert> *mit OBJ* (*nur Inf.* ≈ *faxen*) *mit einem Fernkopierer übertragen*

Fern·ko·pie·rer der <-s, -> (≈ *Fax*) *ein Gerät, mit*

dem man Texte oder Bilder einlesen, telefonisch übertragen und beim Empfänger als Kopie ausdrucken kann

Fẹrn·kurs der <-es, -e> *ein Kurs, bei dem Lernende ohne persönlichen Kontakt mit dem Lehrenden durch Briefe, Fernseh- und/oder Rundfunksendungen unterrichtet werden*

Fẹrn·las·ter der <-s, -> (*umg.*) *im Fernverkehr fahrender Lastzug*

Fẹrn·lehr·in·sti·tut das <-(e)s, -e> *ein Institut, das Fernkurse anbietet*

Fẹrn·licht das <-es, -er> KFZ *aufgeblendetes Scheinwerferlicht* mit Fernlicht fahren

Fẹrn·mel·de·sa·tel·lit der <-en, -en> *ein Satellit zur Übertragung von Telefonsignalen*

Fẹrn·mel·de·tech·nik die <-> (*kein Plur.*) *der Zweig der Elektrotechnik, die sich mit der Nachrichtenübermittlung über Telefon und Funk beschäftigt*

fẹrn·münd·lich <nicht steig.> *Adj.* (*veralt.*) *telefonisch* jemandem etwas fernmündlich mitteilen

Fẹrn·ọst (*unveränderlich*) *Ostasien* aus/in/nach Fernost

Fẹrn·rei·se die <-, -n> *eine Reise über eine große Entfernung zu einem weit entfernten Ziel*

Fẹrn·rohr das <-s, -e> *ein zylindrisches optisches Gerät, mit dem weit entfernt liegende Objekte durch zwei Linsen scharf und vergrößert gesehen werden können* den Mond durch ein Fernrohr betrachten

Fẹrn·schrei·ben das <-s, -> *mit einem Fernschreiber übermittelter Text*

Fẹrn·schrei·ber der <-s, -> *ein Gerät zur telegrafischen Übermittlung von Texten, das einer Schreibmaschine ähnelt* eine Nachricht mit dem Fernschreiber übermitteln

Fẹrn·seh·an·sa·ger, **Fẹrn·seh·an·sa·ge·rin** der <-s, -> *jmd., der beruflich im Fernsehen Ansagen spricht*

Fẹrn·seh·an·ten·ne die <-, -n> *eine Antenne für den Empfang von Fernsehsendungen*

Fẹrn·seh·ap·pa·rat der <-(e)s, -e> *ein Gerät zur Wiedergabe von Fernsehsendungen*

Fẹrn·seh·emp·fang der <-(e)s> (*kein Plur.*) *das Empfangen von Fernsehprogrammen*

Fẹrn·se·hen das <-s> (*kein Plur.*) **1.** TECHN. *eine Technologie, mit der man über große Entfernungen drahtlos bewegte Bilder und Ton von einem Sender zu einem Empfangsgerät übertragen und in einem Gerät sicht- und hörbar machen kann* die Erfindung des Fernsehens **2.** *die von Fernsehsendern ausgestrahlten Programme* Was gibt es heute im Fernsehen? **3.** *die Fernsehsender und alle mit ihnen zusammenhängenden Personen und Aktivitäten* Er arbeitet als Journalist/Kameramann beim Fernsehen., Das Fernsehen überträgt ab 21 Uhr das Konzert in voller Länge.

fẹrn·se·hen <siehst fern, sah fern, hat ferngesehen> *ohne OBJ* ■ *jmd. sieht fern Sendungen im Fernsehgerät anschauen* Wir haben den ganzen Abend ferngesehen., Er braucht sein tägliches Fernsehen.

Fẹrn·se·her der <-s, -> (*umg.*) *ein Gerät zur Wiedergabe von Fernsehsendungen* einen neuen Fernseher kaufen, den Fernseher reparieren lassen, viele Stunden vor dem Fernseher verbringen, die Bildröhre/die Fernbedienung des Fernsehers

Fẹrn·seh·fas·sung die <-, -en> *für das Fernsehen[2] geschaffene Fassung eines Films*

Fẹrn·seh·film der <-s, -e> *im Fernsehen ausgestrahlter Film*

Fẹrn·seh·ge·bühr die <-, -en> (*meist Plur.*) *das Geld, das man an die Rundfunkanstalt bezahlen muss, wenn man einen Fernseher betreibt*

Fẹrn·seh·ge·rät das <-(e)s, -e> *ein Gerät zur Wiedergabe von Fernsehsendungen*

Fẹrn·seh·in·ter·view das <-s, -s> *im Fernsehen[2] ausgestrahltes Interview*

Fẹrn·seh·ka·me·ra die <-, -s> *Kamera zur Aufzeichnung von Fernsehbildern*

Fẹrn·seh·ka·nal der <-s, Fernsehkanäle> *bestimmter Frequenzbereich eines Fernsehsenders*

Fẹrn·seh·pro·gramm das <-s, -e> **1.** *alle von einem Fernsehsender ausgestrahlten Sendungen* ein ausgewogenes Fernsehprogramm **2.** *eine gedruckte Übersicht über alle Sendungen der Fernsehsender* ein Fernsehprogramm kaufen, ins Fernsehprogramm schauen

Fẹrn·seh·sen·der der <-s, -> *eine Station, die Fernsehprogramme ausstrahlt*

Fẹrn·seh·sen·dung die <-, -en> *eine einzelne im Fernsehen ausgestrahlte Sendung*

Fẹrn·seh·se·rie die <-, -n> *eine Folge von mehreren thematisch zusammenhängenden Fernsehfilmen*

Fẹrn·seh·stu·di·o das <-s, -s> *ein Studio, in dem Fernsehsendungen aufgezeichnet werden*

Fẹrn·seh·tech·ni·ker, **Fẹrn·seh·tech·ni·ke·rin** der <-s, -> *jmd., der beruflich Fernsehgeräte installiert und repariert*

Fẹrn·seh·ü·ber·tra·gung die <-, -en> *die Übertragung eines Ereignisses im Fernsehen*

Fẹrn·seh·wer·bung die <-> (*kein Plur.*) (≈ *Werbefernsehen*) *im Fernsehen ausgestrahlte Werbespots*

Fẹrn·seh·zeit·schrift die <-, -en> *eine Programmzeitschrift für das Fernsehen*

Fẹrn·sicht die <-> (*kein Plur.*) *die Sicht über große Entfernungen* Im Herbst herrscht in den Bergen oft sehr gute Fernsicht.

Fẹrn·sprech·an·la·ge die <-, -n> (AMTSSPR.: ≈ *Telefonanlage*)

Fẹrn·sprech·an·schluss der <-es, Fernsprechanschlüsse> AMTSSPR. *Telefonanschluss*

Fẹrn·sprech·ge·büh·ren <-> *Plur.* (AMTSSPR.: ≈ *Telefongebühren*)

Fẹrn·sprech·netz das <-es, -e> (AMTSSPR.: ≈ *Telefonnetz*)

Fẹrn·sprech·num·mer die <-, -n> (AMTSSPR.: ≈ *Telefonnummer*)

Fẹrn·sprech·ver·kehr der <-s> (*kein Plur.*) AMTSSPR. *die Gesamtheit der in einer bestimmten Zeit in einem Bereich geführten Telefonate* den Fernsprechverkehr zwischen zwei Teilnehmern überwachen

Fern·steu·e·rung die <-, -en> **1.** (*kein Plur.*) *eine vom zu steuernden Gerät räumlich getrennte Steuerung* mittels Fernsteuerung ins Ziel gelenkt werden, mit Fernsteuerung ausgestattet sein **2.** (≈ *Fernbedienung*) *das Gerät, mit dem etwas ferngesteuert wird*

Fern·stu·di·um das <-s> (*kein Plur.*) *ein Studium, bei dem Lernende und Lehrende Unterrichtsmaterialien auf elektronischem oder postalischem Weg austauschen*

Fern·ver·kehr der <-s> (*kein Plur.*) *der Verkehr zum Transport von Gütern oder Personen über große Entfernungen* Der Fernverkehr nimmt stetig zu., Er arbeitet als LKW-Fahrer im Fernverkehr., im Fernverkehr verkehrende Züge

Fern·ver·kehrs·stra·ße die <-, -n> *eine große, gut ausgebaute Straße, die für den Verkehr über größere Entfernungen dient* von der Autobahn abbiegen und auf einer Fernverkehrsstraße weiterfahren

Fern·wär·me die <-> (*kein Plur.*) *Heizungswärme, die in einem Heizwerk zentral erzeugt und über Rohrleitungen zu den Häusern bzw. Wohnungen transportiert wird* mit Fernwärme heizen ◆-versorgung

Fern·weh das <-s> (*kein Plur.*) (↔ *Heimweh*) *die Sehnsucht nach fernen Ländern* Fernweh (nach fremden Ländern) haben

Fer·se die <-, -n> **1.** ANAT. *der hintere Teil des Fußes* Blasen an den Fersen haben **2.** *der Teil an Strümpfen, der die Ferse[1] bedeckt* Der Strumpf hat ein Loch in der Ferse. **3.** (*umg.*) *Absatz am Schuh* Der Schuh ist an den Fersen abgetreten. ■ **jemandem auf den Fersen sein/bleiben** (*umg.*): *nicht aufhören, jmdn. zu verfolgen* **sich an jemandes Fersen heften** (*umg.*): *jmdn. fortwährend verfolgen*

Fer·sen·geld ■ **Fersengeld geben** (*umg. scherzh.*): *flüchten* Als sie sahen, dass sie bedroht wurden, gaben sie schleunigst Fersengeld.

fer·tig <nicht steig.> *Adj.* **1.** *vollendet; abgeschlossen* die Lagerung der fertigen Produkte, ein fertiges Manuskript, Habt ihr das rechtzeitig fertig bekommen?, Ich konnte die Arbeit nicht fertig bringen., Kannst du das Essen fertig kochen? **2.** (≈ *bereit*) *so, dass alles Nötige für etwas getan ist* Wir sind fertig zur Abreise., Bist du endlich fertig?, Wir müssen alles/uns für die Abreise fertig machen. **3.** (*umg.*) *am Ende seiner Kräfte oder Mittel* von der Anstrengung/Hitze/Schwüle völlig fertig sein, Er ist finanziell und gesundheitlich völlig fertig., jemanden völlig fertig machen ■ **etwas fertig bringen**: *zu etwas in der Lage sein* Ich bringe es nicht fertig, ihn zu belügen. **mit etwas fertig werden** (*umg.*): *etwas bewältigen* Sie ist mit den schrecklichen Erlebnissen nie ganz fertig geworden. **mit jemandem fertig werden** (*umg.*): *jmdm. körperlich oder geistig in einer Auseinandersetzung überlegen sein* **mit jemandem fertig sein** (*umg.*): *keine Beziehung mehr zu jmdm. haben (wollen)* ◆ Getrenntschreibung→R 4.2 Wann werden wir die Arbeit fertig haben/bekommen?, einen Bericht/eine Arbeit fertig stellen, Wann werden Sie fertig sein?, Mit ihrer ständigen Fragerei hat sie mich völlig fertig gemacht.

Fer·tig·bau der <-s, Fertigbauten> **1.** (*kein Plur.*) *Fertigbauweise* die Technologie des Fertigbaus **2.** *ein Haus, das aus vorgefertigten Bauteilen gebaut wurde*

Fer·tig·bau·wei·se die <-> *kein Plur. das Bauen von Häusern mit vorgefertigten Bauteilen* Häuser in Fertigbauweise bauen

fer·tig brin·gen <bringst fertig, brachte fertig, hat fertiggebracht> *mit OBJ* ■ *jmd. bringt etwas fertig* **1.** *zustandebringen, erreichen* Sie brachte es fertig, den Streit zu beenden. **2.** *zum Abschluss bringen* Kannst du die Arbeit bis morgen fertigbringen ?

fer·ti·gen *mit OBJ* ■ *jmd. fertigt etwas* (*geh.*) *herstellen* Das Werk fertigt Halbleiter und Mikrochips.

Fer·tig·er·zeug·nis das <-ses, -se> (*meist Plur.*) (WIRTSCH.: ≈ *Fertigfabrikat*) *Erzeugnis, das alle Stufen der Herstellung durchlaufen hat* Das Land importiert Rohstoffe und exportiert Fertigerzeugnisse.

Fer·tig·fa·bri·kat das <-(e)s, -e> (≈ *Fertigerzeugnis*)

Fer·tig·ge·richt das <-(e)s, -e> *ein industriell hergestelltes Gericht, das nur noch erwärmt werden muss und dann genussfertig ist*

Fer·tig·haus das <-es, Fertighäuser> *in Fertigbauweise gebautes Haus*

Fer·tig·keit die <-, -en> (*geh.*) **1.** (*kein Plur.*) *die Fähigkeit zu etwas Bestimmtem* eine große Fertigkeit im Malen/Nähen haben ◆ Finger-, Lese-, Rede- **2.** (*nur Plur.*) *berufliches Können* seine Fertigkeiten einsetzen/unter Beweis stellen, die für diesen Beruf erforderlichen Fertigkeiten

Fer·tig·stel·lung die <-> (*kein Plur.*) *die Vollendung einer Arbeit* die Fertigstellung eines Berichts/eines Gebäudes

Fer·tig·teil das <-(e)s, -e> *ein vorgefertigtes Bauteil* ein Haus aus Fertigteilen bauen

Fer·ti·gung die <-, -en> (*selten Plur.*) (*geh.*) *die Herstellung* die Fertigung eines Gerätes aufnehmen/einstellen ◆-skosten, -sstandort

Fes der [fe:s] <-(es), -(e)> *die traditionelle Filzkappe türkischer Männer*

fesch [fɛʃ/fe:ʃ] *Adj.* (*süddt. österr.*) *gut aussehend* ein fescher Kerl, einen feschen Hut tragen, fesch aussehen

Fes·sel[1] die <-, -n> (*meist Plur.*) *Kette, Riemen oder Strick, mit denen man jmdn. oder ein Tier festbindet* jemanden in Fesseln legen, die Fesseln lockern/lösen/sprengen, schwere Fesseln an den Füßen tragen

Fes·sel[2] die <-, -n> **1.** (*bei Huftieren*) *der schmale Teil zwischen Huf und Bein* **2.** ANAT. *der schmale Teil des Beines oberhalb der Fußgelenke* schlanke Fesseln haben

Fes·sel·bal·lon der <-s, -s/-e> *ein mit einem Seil in der Erde verankerter Gasballon* die unteren

Schichten der Atmosphäre mit einem Fesselballon erkunden

fes·seln <fesselst, fesselte, hat gefesselt> *mit OBJ* **1.** ■ *jmd. fesselt jmdn.* (*an etwas Akk.*) *jmdn. oder etwas an etwas festbinden* Er fesselte ihm (die) Arme und (die) Beine., Er fesselte ihn an den Händen., Sie fesselten die Geisel an einen Stuhl., Die Gefangenen waren mit Ketten gefesselt. **2.** ■ *jmd. fesselt jmdn.* (*mit etwas Dat.*) *die Aufmerksamkeit auf sich lenken* Der Magier fesselt die Zuschauer mit seiner Darbietung., ein fesselndes Buch, fesselnd erzählen können ■ **ans Bett/den Rollstuhl gefesselt sein**: (*wegen einer Krankheit*) *im Bett liegen müssen oder auf den Rollstuhl angewiesen sein*

Fest das <-(e)s, -e> **1.** (≈ *Feier*) *eine Veranstaltung, bei der mehrere Menschen miteinander* (*aus irgendeinem Anlass*) *feiern* ein Fest feiern/geben/veranstalten, zu einem Fest eingeladen sein, ein ausgelassenes/fröhliches/rauschendes Fest ◆ -besucher, -gast, -gelände, Abschiedsfest-, Garten-, Hochzeits-, Sommer-, Stadt-, Straßen-, Volks- **2.** *ein Feiertag aus kirchlichem oder weltlichem Anlass* Weihnachten ist ein kirchliches Fest. ◆ Oster-, Pfingst-

fest *Adj.* **1.** *nicht flüssig oder gasförmig* feste Stoffe/Körper, feste Nahrungsmittel zu sich nehmen **2.** *hart und stabil* ein festes Material, ein sehr festes Holz, eine feste Schale haben, ein festes Dach über dem Kopf haben, festen Boden unter den Füßen haben **3.** (↔ *locker*) *so, dass etwas nur mit relativ viel Kraft aus etwas herausgelöst werden kann* ein fester Verband, eine Schraube fest anziehen, Der Zahn sitzt noch ganz fest im Kiefer., ein im Boden fest verwurzelter Baum **4.** (≈ *energisch*) *kräftig und mit Bestimmtheit* die Lippen fest aufeinander pressen, ein fester Händedruck, fest mit dem Fuß auftreten, mit fester Stimme sprechen, fest zuschlagen/zutreten **5.** *so stabil, dass es nur schwer verändert werden kann* einen festen Glauben/Willen haben, der festen Überzeugung sein, fest an etwas glauben, etwas fest vereinbaren/versprechen, sich fest auf etwas verlassen, etwas steif und fest behaupten, feste Grundsätze haben, ein festes Honorar/einen festen Preis vereinbaren, einen festen Berufswunsch haben, fest auf etwas bestehen, eine feste Zeit vereinbaren, tief und fest schlafen ◆ feuer-, kratz-, wetter- **6.** (≈ *ständig*) *so, dass die genannte Sache beständig und dauerhaft ist* ihr fester Freund, ein fester Wohnsitz, eine feste Anstellung haben, einen festen Freundeskreis haben, für zwei Jahre fest angelegtes Geld **7.** (*schweiz.*) *beleibt, rundlich* ◆ Getrenntschreibung→R 4.2/4.12 jemanden (ganz) fest (im Arm) halten, Wenn die Tür aufgehen soll, musst du fest/fester treten., fest kochende Kartoffeln, ein fest geschnürter Stiefel, eine fest gefügte Verbindung, eine fest sitzende Schraube, ein in der Tradition fest verwurzelter Glaube, fest umrissene Vorstellungen von etwas haben, ein fest besoldeter Beamter

Fest·aus·schuss der <-es> *eine Gruppe von Personen, die ein Fest organisieren*

fest·bei·ßen <beißt fest, biss fest, hat festgebissen> *mit SICH* **1.** ■ *ein Tier beißt sich an etwas Akk. fest zubeißen und nicht wieder loslassen* Der Hund hat sich an meiner Jacke festgebissen. **2.** ■ *jmd. beißt sich an etwas Akk. fest* (*umg. übertr.*) *sich mit etwas sehr intensiv beschäftigen* Sie hat sich an dieser Idee richtig festgebissen.

fest·bin·den <bindest fest, band fest, hat festgebunden> *mit OBJ* ■ *jmd. bindet ein Tier/etwas* (*an etwas Dat.*) *fest so anbinden, dass es eine feste Verbindung hat* einen Hund mit einer Leine am Zaun festbinden

fest·blei·ben <bleibst fest, blieb fest, ist festgeblieben> *ohne OBJ* ■ *jmd. bleibt fest* (↔ *nachgeben*) *nicht von seiner Meinung abrücken* Sie wollte ihn überreden, aber er ist festgeblieben., Ihr müsst festbleiben und dürft nicht nachgeben!

fest·dre·hen *mit OBK* ■ *jmd. dreht etwas fest so drehen, dass etwas eine feste Verbindung bekommt* die Schraube festdrehen

fes·te *Adv.* (*umg.*) *sehr, stark* jemanden feste verhauen, Wir haben feste mitgeholfen., Immer feste, du schaffst es!

fes·ten *mit OBJ* ■ *jmd. festet* (*schweiz.*) *ein Fest feiern*

Fest·es·sen das <-s, -> *ein schmackhaftes und üppiges Essen* (*anlässlich eines Festes*) Du hast gut gekocht. Das war ja wieder ein Festessen heute!, Der Bürgermeister gibt zum Empfang der Gäste ein Festessen.

fest·fah·ren <fährst fest, fuhr fest, hat festgefahren> *mit SICH* ■ *jmd./etwas fährt sich fest* **1.** *nicht weiterfahren können* Wir haben uns mit dem Auto im Schlamm festgefahren., Das Auto hat sich im Sand festgefahren. **2.** (*umg. übertr.*) *nicht weiterkommen* Die Gespräche/Verhandlungen haben sich festgefahren.

fest·fres·sen <frisst fest, fraß fest, hat festgefressen> *mit SICH* ■ *etwas frisst sich fest* TECHN. *blockieren, sich nicht mehr bewegen lassen* Der Kolben/die Schrauben haben sich festgefressen.

fest·hal·ten <hältst fest, hielt fest, hat festgehalten> **I.** *mit OBJ* ■ *jmd. hält etwas fest* **1.** (↔ *loslassen*) (*mit den Händen*) *ergreifen und halten* Kannst du mal kurz die Leine festhalten?, Während ich das Bild festhalte, kannst du den Nagel einschlagen., Sie hatte die Angewohnheit, die Stecknadeln beim Anprobieren mit den Lippen festzuhalten. **2.** (≈ *aufzeichnen*) *in Bild, Ton oder Schrift dokumentieren* die wichtigsten Beschlüsse im Protokoll festhalten, Die Rede ist auf Tonband festgehalten worden., ein Ereignis in Ton und Bild festhalten **3.** ■ *jmd. hält jmdn. fest nicht weggehen lassen* Die Polizei hat den Dieb mehrere Stunden auf dem Revier festgehalten., Ich bin noch im Büro festgehalten worden, deshalb komme ich zu spät. **II.** *ohne OBJ* ■ *jmd. hält an etwas Akk. fest beibehalten, auf etwas bestehen* an einer Auffassung/Gewohnheit festhalten, An dieser Tradition haben wir seither festgehalten., Wollen sie noch immer an ihrer Meinung festhalten? **III.** *mit SICH* ■ *jmd. hält sich an etwas Akk. fest mit den Händen etwas* *greifen, um nicht zu fallen* Halte dich fest, sonst fällst du um., sich am Geländer festhalten

fes·ti·gen I. *mit OBJ* ■ *jmd./etwas festigt etwas* 1. *fest oder stabil machen* Das Mittel festigt die Haare., ein Gerüst mit einigen Stützstreben festigen 2. *dauerhaft machen* eine Freundschaft/seine Macht festigen II. *mit SICH* ■ *etwas festigt sich* 1. *fest oder stabil werden* Die Haare haben sich durch das Mittel gefestigt. 2. *dauerhaft werden* Die Beziehung der beiden hat sich gefestigt.

Fes·ti·ger der <-s, -> (≈ *Haarfestiger*) *ein Mittel, das den Haaren mehr Halt geben soll*

Fes·tig·keit die <-> (*kein Plur.*) 1. (≈ *Härte, Stabilität*) *die Eigenschaft, dass etwas unter Einwirkung von Kräften hält und nicht bricht* die Festigkeit einer Brücke/eines Gerüsts, die Festigkeit eines Materials testen 2. (≈ *Beständigkeit*) *die Eigenschaft, dass jmd. äußeren Einflüssen widersteht* die Festigkeit einer Beziehung, die Festigkeit eines Gesellschaftssystems 3. *standhaftes, entschlossenes Verhalten* Er vertritt seine Meinung mit Festigkeit.

Fes·ti·gung die <-> (*kein Plur.*) 1. *der Vorgang, dass etwas stabil und hart wird* Zur Festigung erhält die Brücke einen weiteren Stützpfeiler. 2. *der Vorgang, dass etwas dauerhaft wird* die Festigung der gegenseitigen Beziehungen/einer Freundschaft

Fes·ti·val das <-s, -s> *eine große, meist mehrtägige Veranstaltung, die einer bestimmten Sache gewidmet ist* ein Festival der modernen Musik/des zeitgenössischen Films ◆-besucher, -gelände, Film-, Jazz-, Rock-

fest·klam·mern <klammerst fest, klammerte fest, hat festgeklammert> *mit SICH* ■ *jmd. klammert sich an etwas Dat. fest mit den Händen etwas greifen und nicht loslassen* sich am Geländer festklammern, um nicht zu fallen, Das Kind klammerte sich ängstlich am Ärmel der Mutter fest.

fest·kle·ben <klebst fest, klebte fest, hat/ist festgeklebt> I. *mit OBJ* ■ *jmd. klebt etwas (an etwas Dat.) fest* ((*haben*)) *etwas mit Klebstoff befestigen* Er hat das Plakat an der Wand festgeklebt. II. *ohne OBJ* ■ *etwas klebt an etwas Dat. fest* ((*sein*) *umg.*) *an etwas haften* Das Einschlagpapier ist am Kuchen festgeklebt., Der Kaugummi ist an der Schuhsohle festgeklebt.

Fest·klei·dung die <-> (*kein Plur.*) *elegante Kleidung, die zu einem festlichen Anlass getragen wird*

Fest·kör·per·phy·sik die <-> (*kein Plur.*) *das Teilgebiet der Physik, dass den Aufbau der Materie untersucht*

Fest·land das <-(e)s> (*kein Plur.*) 1. (≈ *Kontinent*) *eine große zusammenhängende Landmasse* die dem asiatischen Festland vorgelagerten Inseln 2. (*kein Plur.*) (↔ *Meer*) *das Land im Gegensatz zum Meer* nach wochenlanger Fahrt endlich Festland erreichen

fest·le·gen <legst fest, legte fest, hat festgelegt> *mit OBJ* 1. ■ *jmd. legt etwas fest bestimmen; verordnen* Regeln für ein Spiel festlegen, den Preis/einen Zeitpunkt/die Gebühren/eine Strafe festlegen, Wer hat das eigentlich festgelegt?, Das ist so festgelegt worden, daran müssen wir uns halten. 2. ■ *jmd. legt etwas fest* BANKW. *Geld fest anlegen* sein Geld für zwei Jahre festlegen 3. ■ *jmd. legt jmdn. auf etwas Akk. fest verpflichten* jemanden auf etwas festlegen, Bitte legen Sie mich nicht auf meine Äußerungen fest., Ich will mich nicht festlegen, vielleicht ändere ich meine Ansicht doch noch.

Fest·le·gung die <-, -en> *Bestimmung; Verordnung* sich genau an die Festlegungen halten, eine neue Festlegung treffen

fest·lich *Adj. wie bei einem Fest; zu einem Fest gehörend* ein festlicher Umzug, festliche Stimmung verbreiten, festlich gekleidet sein

Fest·lich·keit die <-, -en> 1. (≈ *Feier*) *eine festliche Veranstaltung* eine Festlichkeit/die Festlichkeiten zum fünfhundertjährigen Stadtjubiläum 2. (*kein Plur.*) *Feststimmung* die Festlichkeit der Veranstaltung/des Augenblicks

fest·lie·gen <liegst fest, lag fest, hat festgelegen> *ohne OBJ* 1. ■ *etwas liegt fest festgesetzt sein* Der Zeitpunkt liegt seit längerer Zeit fest. 2. ■ *etwas liegt für etwas Akk. fest* BANKW. *fest angelegt sein* Das Geld liegt für mehrere Jahre fest. 3. ■ *etwas liegt irgendwo fest* SEEW. *auf Grund gelaufen sein* Das Schiff liegt auf der Sandbank fest.

fest·ma·chen I. *mit OBJ* 1. ■ *jmd. macht etwas (an etwas Dat.) fest* (≈ *befestigen*) *bewirken, dass etwas eine feste Verbindung mit etwas hat* ein Plakat an der Wand festmachen, das Fahrrad am Zaun festmachen, ein Abzeichen an der Jacke festmachen 2. ■ *jmd. macht etwas (an etwas Dat.) fest* (*umg.*) *feststellen* Diese Entwicklung lässt sich an statistischen Werten festmachen. 3. ■ *jmd. macht etwas (mit jmdm.) fest* (*umg.*) *vereinbaren* einen Termin mit jemandem festmachen II. *ohne OBJ* ■ *ein Schiff macht irgendwo fest* SEEW. *anlegen* Das Schiff hat im Hafen festgemacht.

Fest·mahl das <-(e)s, Festmähler/-e> (*geh.* ≈ *Festessen*) *ein üppiges Essen (anlässlich eines Festes)*

fest·na·geln <nagelst fest, nagelte fest, hat festgenagelt> *mit OBJ* 1. ■ *jmd. nagelt etwas an etwas Dat. fest mit einem Nagel befestigen* ein Bild an der Wand festnageln 2. ■ *jmd. nagelt jmdn. auf etwas Akk. fest* (*umg. übertr.* ≈ *verpflichten*) *jmdn. zwingen, bei dem, was er gesagt hat zu bleiben* jemanden auf seine Äußerungen festnageln, Ich lasse mich von dir nicht auf das festnageln, was ich gesagt habe.

fest·nä·hen *mit OBJ* ■ *jmd. näht etwas an etwas Dat. fest durch Nähen bewirken, dass etwas fest mit etwas verbunden ist*

Fest·nah·me die <-, -n> *der Vorgang, dass die Polizei jmdn. festnimmt* Hinweise geben, die zur Festnahme der Täter führen

fest·neh·men <nimmst fest, nahm fest, hat festgenommen> *mit OBJ* ■ *jmd. nimmt jmdn. fest in Haft nehmen* Die Polizei konnte den Täter wenige Stunden nach der Tat festnehmen.

Fest·netz das <-es> (*kein Plur.*) (↔ *Mobilnetz*) *das System von fest installierten Telefonleitungen* ◆-anschluss

Fest·plat·te die <-, -n> EDV *ein in einen Computer eingebautes Speichermedium* Dateien auf (der) Festplatte speichern, sich etwas auf die Festplatte herunterladen

Fest·preis der <-es, -e> WIRTSCH. *ein festgelegter Preis* für eine Dienstleistung einen Festpreis vereinbaren

Fest·red·ner, **Fest·red·ne·rin** der <-s, -> *jmd., der bei einer Festveranstaltung eine Rede hält*

fest·schnal·len <schnallst fest, schnallte fest, hat festgeschnallt> *mit OBJ* ■ *jmd. schnallt jmdn./etwas mit etwas Dat. fest* (*mit einem Gurt*) *anbinden* sich/die Kinder im Auto mit dem Gurt festschnallen

fest·schrau·ben <schraubst fest, schraubte fest, hat festgeschraubt> *mit OBJ* ■ *jmd. schraubt etwas an etwas Dat. fest durch Anschrauben eine feste Verbindung herstellen* ein Schild an der Tür festschrauben

fest·schrei·ben <schreibst fest, schrieb fest, hat festgeschrieben> *mit OBJ* ■ *jmd. schreibt etwas fest etwas als gültig festlegen* eine Regelung vertraglich festschreiben ▶Festschreibung

fest·set·zen <setzt fest, setzte fest, hat festgesetzt> **I.** *mit OBJ* **1.** ■ *jmd. setzt etwas fest bestimmen* einen Termin festsetzen **2.** ■ *jmd. setzt jmdn. fest* (*umg.*) *in Haft nehmen* einen Täter festsetzen **II.** *mit SICH* ■ *etwas setzt sich irgendwo fest* **1.** *sich ansammeln und haften bleiben* Der Schmutz hatte sich in den Ecken festgesetzt. **2.** (*übertr.*) *im Gedächtnis bleiben* Diese Idee hat sich in seinem Kopf festgesetzt.

fest·sit·zen <sitzt fest, saß fest, hat festgesessen> *ohne OBJ* ■ *jmd. sitzt irgendwo fest* (*umg.*) *irgendwo nicht wegkommen* Aufgrund eines Motorschadens sitzen sie fest.

Fest·spiel das <-(e)s, -e> (*meist Plur.*) *eine Reihe von thematisch zusammenhängenden Veranstaltungen* die Festspiele des modernen Theaters ◆-haus

fest·ste·hen <stehst fest, stand fest, hat festgestanden> *ohne OBJ* ■ *etwas steht fest endgültig* (*beschlossen*) *sein* Unsere Entscheidung steht unverrückbar fest., einen bereits feststehenden Termin nochmals verschieben

fest·stell·bar <nicht steig.> *Adj.* **1.** *so, dass man es feststellen[1] kann* ein deutlich feststellbarer Unterschied **2.** TECHN. *so, dass es in in einer Position festgestellt[4] werden kann* Der Hebel ist feststellbar.

fest·stel·len *mit OBJ* **1.** ■ *jmd. stellt etwas fest ermitteln* jemandes Personalien feststellen, feststellen, ob noch genügend Vorräte vorhanden sind, Die Wissenschaftler haben festgestellt, dass ... **2.** ■ *jmd. stellt etwas fest entdecken, bemerken* Ich habe festgestellt, dass mein Schlüssel weg ist., feststellen, dass die Kinder groß geworden sind **3.** ■ *jmd. stellt etwas fest ausdrücklich vor anderen sagen* Ich möchte feststellen, dass ich nicht einverstanden bin. **4.** ■ *jmd. stellt etwas fest* TECHN. *bewirken, dass etwas nicht verstellt werden kann* den Hebel in einer Position feststellen

Fest·stel·lung die <-, -en> **1.** (*kein Plur.*) *das Feststellen* die Feststellung der Personalien, die Feststellung der Krankheitsursache **2.** *das, was man festgestellt hat* die Feststellung machen, dass der Schlüssel weg ist **3.** *etwas, das man ausdrücklich äußert* Ich beziehe mich auf die Feststellungen meines Vorredners.

Fest·tag der <-(e)s, -e> *ein Tag, an dem ein Fest begangen wird*

fest·tre·ten <trittst fest, trat fest, hat festgetreten> *mit OBJ* ■ *jmd. tritt etwas fest durch Treten fest machen* den Boden festtreten

Fes·tung die <-, -en> GESCH. *eine Burganlage, die zur Verteidigung gut befestigt ist* ◆-sanlage, -sgraben-, -swall

fest·ver·zins·lich <nicht steig.> *Adj.* BANKW. *mit fest vereinbarten Zinsen* festverzinsliche Wertpapiere

Fest·wo·che die <-, -n> *sich über eine Woche erstreckende Festlichkeiten*

fest·zie·hen <ziehst fest, zog fest, hat festgezogen> *mit OBJ* ■ *jmd. zieht etwas fest durch Ziehen bewirken, dass etwas straff oder eng wird* eine Schnur/einen Knoten festziehen

Fest·zug der <-(e)s, Festzüge> *im Rahmen eines Festes stattfindender Umzug*

Fe·ta der <-s> (*kein Plur.*) *in Salzlake gereifter Käse* (*aus Kuhmilch*)

Fe·te die <-, -n> (*umg. jugendspr.*) (*privates*) *Fest mit Musik und Tanz* eine Fete zum Geburtstag veranstalten

Fe·tisch der <-(e)s, -e> *ein Gegenstand, dem man magische Kräfte zuschreibt* einen Fetisch verehren

Fe·ti·schist, **Fe·ti·schis·tin** der <-en, -en> *jmd., der durch bestimmte Gegenstände sexuell erregt wird* ◆ Gummi-, Leder-

Fett das <-(e)s, -e> **1.** (*kein Plur.*) *ein Bestandteil menschlichen und tierischen Körpergewebes* Fett ansetzen, viel Fett auf den Hüften haben, Das Fett verhindert, dass sich die Tiere im kalten Wasser unterkühlen. **2.** *festes oder flüssiges Nahrungsmittel, das aus pflanzlichem oder tierischem Fett[1] gewonnen wird* Fleisch in viel Fett braten, pflanzliche Fette den tierischen Fetten vorziehen ◆ Brat-, Kokos-, Pflanzen- **3.** *ein Schmiermittel* eine Achse mit Fett schmieren ■ **sein Fett abbekommen/abkriegen** (*umg.*): *bestraft oder kritisiert werden* **jemand sitzt im Fett** (*umg.*): *jmd. lebt in materiell guten Verhältnissen*

fett *Adj.* **1.** (↔ *mager*) *reich an Fett[2]* fettes Essen, zu fett essen/kochen **2.** (*umg. abwert.* ↔ *dünn*) *sehr dick* Er ist nicht mehr korpulent, sondern regelrecht fett., ein fettes Gesicht haben, Sie ist ziemlich fett geworden. **3.** (DRUCKW.: ↔ *mager*) *als Buchstabe mit besonders dicken Linien gestaltet* ein fett gedruckter Buchstabe, eine fette Überschrift, eine fette Linie ziehen **4.** *fruchtbar; ergiebig* fetter Boden, eine fette Ernte, Auf sieben fette Jahre folgten sieben magere Jahre., fette Beute machen, fette Gewinne einstreichen **5.** (*Jugendsprache*) *verwendet, um auszudrücken, dass jmd. oder etwas als sehr positiv eingeschätzt wird* Mann, die neue CD ist echt fett!, Die Fete war voll fett. ◆ Getrenntschreibung→R 4.2, R 4.12 einen Text fett drucken, fett gedruckte Buchstaben

Fett·ab·sau·gung die <-, -en> (MED.: ≈ *Liposuktion*) *ein Verfahren der kosmetischen Chirurgie, bei dem überflüssiges Fett aus dem Gewebe durch Absaugen entfernt wird*

fett·arm *Adj.* (*als Speise*) *wenig Fett enthaltend;* (↔ *fettreich*) fettarme Kost, sich fettarm ernähren

Fett·au·ge das <-s, -n> *an der Oberfläche einer Flüssigkeit schwimmendes Fett* Auf der Suppe schwimmen Fettaugen.

Fett·druck der <-s, -e> DRUCKW. *das Drucken in Buchstaben, die fett[3] sind*

fet·ten **I.** *mit OBJ* ■ *jmd. fettet etwas mit Fett[3] schmieren* die Lager/Naben fetten **II.** *ohne OBJ* ■ *etwas fettet Fett[1] absondern* Die Haare fetten schnell., eine fettende Creme

Fett·fleck der <-(e)s, -e> *ein von Fett verursachter Fleck*

Fett·ge·halt der <-(e)s, -e> *der Anteil an Fett in etwas* der Fettgehalt im Käse/in der Wurst

Fett·ge·we·be das <-s, -> ANAT. *Gewebe aus Fettzellen* das Fettgewebe unter der Haut ◆ Unterhaut-

fet·tig *Adj.* **1.** *so, dass viel Fett darin enthalten ist* fettiges Fleisch, fettiges Essen **2.** *so, dass es besonders viel Fett absondert* fettige Haare, fettige Haut **3.** *so, dass Fett daran haftet* fettiges Geschirr

fett·lei·big *Adj. stark übergewichtig* fettleibig sein, ein fettleibiger Mensch

Fett·lei·big·keit die <-> (*kein Plur.*) *die Eigenschaft, fettleibig zu sein* Fettleibigkeit ist eine häufige Krankheitsursache.

Fett·näpf·chen ■ **ins Fettnäpfchen treten** (*umg.*): *etwas Ungeschicktes oder Unpassendes sagen*

Fett·pols·ter das <-s, -> (*umg.*) *Fettansammlung im Körper* Fettpolster auf den Hüften haben

Fett·sack der <-s, -säcke> (*abwert.*) *Schimpfwort für einen korpulenten Menschen*

Fett·säu·re die <-, -n> CHEM. *eine organische Säure, die Hauptbestandteil des Fettes ist* tierische Fettsäuren

Fett·sucht die <-> (*kein Plur.*) MED. *krankhafte Neigung zu Übergewicht*

Fe·tus/Fö·tus der <-/-ses, -se/Föten> MED. *ein Embryo ab dem dritten Monat der Schwangerschaft* ▸fötal

Fet·zen der <-s, -> **1.** *ein unregelmäßig abgerissenes Stück Stoff oder Papier* ein Fetzen Papier, einen Fetzen Stoff abreißen ◆ Papier-, Stoff- **2.** *einzelne, unzusammenhängende Teile von etwas* die Fetzen einer Melodie/eines Gesprächs **3.** (*umg. abwert.*) (*hässliches*) *Kleidungsstück* Diesen Fetzen willst du in die Oper anziehen? ■ **sich streiten, dass die Fetzen fliegen** (*umg.*): *sich heftig streiten*

fet·zen <fetzt, fetzte, hat gefetzt> (*umg.*) **I.** *mit OBJ* ■ *jmd. fetzt etwas aus/von etwas Dat.* (*umg.*) *reißen* die Bilder aus dem Album fetzen, die Tapete von der Wand fetzen **II.** *ohne OBJ* ■ *etwas fetzt* (*jugendspr.*) *begeisternd sein* Die Musik der Band fetzt wirklich., Die Schuhe fetzen, die muss ich haben! **III.** *mit SICH* ■ *jmd. fetzt sich mit jmdm.* (*umg.*) *sich streiten* Sie fetzt sich mit ihrer Freundin.

fet·zig *Adj.* (*jugendspr.*) *so, dass es mitreißt und begeistert* fetzige Musik

feucht *Adj.* **1.** (↔ *trocken*) *voll Wasser, aber noch nicht völlig nass* den Tisch mit einem feuchten Lappen abwischen, eine feuchte Oberfläche, Die Wände der Wohnung sind feucht., feuchtes Toilettenpapier, feuchte Luft **2.** *so, dass es häufig regnet* ein feuchtes Klima, feuchtes Wetter

Feucht·bi·o·top der <-(e)s, -e> (*fachspr.*) *ein Biotop, dessen Lebensgemeinschaft auf Gewässer angewiesen ist*

Feucht·ge·biet das <-(e)s, -e> (*fachspr.*) *Wiese, Moor oder Sumpfgebiet, das ständig oder zeitweise mit Wasser bedeckt ist* Feuchtgebiete unter Naturschutz stellen

Feuch·tig·keit die <-, -en> (*kein Plur.*) (↔ *Trockenheit*) *der Zustand, dass etwas Wasser enthält* Feuchtigkeit führt häufig zu Schimmel an den Wänden., Die in der Luft enthaltene Feuchtigkeit reicht diesem Tier zum Leben. ◆ Luft-

Feuch·tig·keits·cre·me die <-, -s> *eine Creme zur Erhaltung des Feuchtigkeitsgehalts der Haut*

Feuch·tig·keits·ge·halt der <-(e)s> (*kein Plur.*) *der Gehalt an Flüssigkeit in etwas* der Feuchtigkeitsgehalt der Luft

feucht·warm <nicht steig.> *Adj.* (≈ *schwül*) *gleichzeitig feucht und warm* ein feuchtwarmes Klima, eine feuchtwarme Hitze

feu·dal <nicht steig.> *Adj.* **1.** GESCH. *auf den Feudalismus bezogen, zu ihm gehörend* eine feudale Gesellschaftsordnung **2.** *den Adel betreffend* ein feudales Schloss, feudale Kreise der Gesellschaft **3.** *vornehm; prachtvoll* ein feudales Essen, eine feudal eingerichtete Wohnung

Feu·dal·herr der <-en, -en> GESCH. (*im Mittelalter*) *ein Adliger, der* (*großen*) *Grundbesitz hat*

Feu·da·lis·mus der *eine Gesellschaftsordnung, in der die Herrschaft vom Grund und Boden besitzenden Adel ausgeübt wird* der Feudalismus im mittelalterlichen Europa

Feu·er das <-s, -> **1.** (*kein Plur.*) *die Flammen, durch die etwas brennt und Licht und Wärme erzeugt* Feuer machen, Feuer an etwas legen, Das Dach hat Feuer gefangen. ◆ Herd-, Kamin-, Kohlen-, Lager- **2.** (≈ *Brand*) *der Vorgang, dass etwas brennt* Ein Feuer brach aus., ein glimmendes/loderndes/wärmendes Feuer, ein Feuer anzünden/löschen, sich um ein Feuer versammeln, ein Feuer speiender Drache, Haben Sie vielleicht eine Zigarette für mich und auch Feuer? **3.** *Herd; Kochstelle* den Topf vom Feuer nehmen, etwas auf kleinem Feuer kochen **4.** (*kein Plur.*) MILIT. *das Abfeuern von Schusswaffen* das Feuer einstellen/eröffnen **5.** (*kein Plur.*) (≈ *Temperament*) *leidenschaftliche*

Begeisterung Man spürt das innere Feuer dieses Musikers., Diese Frau hat aber Feuer! **6.** (*kein Plur.*) *Glanz* das Feuer der Farben, das Feuer in ihren Augen, das Feuer eines Diamanten ■ **Feuer und Flamme für etwas sein** (*umg.*): *begeistert für etwas sein* Sie ist Feuer und Flamme für deinen Vorschlag. **für jemanden durchs Feuer gehen**: *alles für jmdn. tun* **für etwas keine Hand ins Feuer legen**: *für etwas nicht garantieren* **jemand spielt mit dem Feuer**: *jmd. ist leichtsinnig und fordert eine Gefahr heraus* **jemand fängt Feuer**: *jmd. verliebt sich* ◆ Getrenntschreibung→R 4.3 Feuer speiend

Feu·er·a·larm der <-(e)s, -e> *Alarm bei Ausbruch eines Feuers* Feueralarm auslösen

Feu·er·be·fehl der <-s, -e> MILIT. *Befehl zum Schießen*

Feu·er·be·stat·tung die <-, -en> *die Art der Bestattung, bei der der Tote erst verbrannt wird und dann die Asche in einer Urne beigesetzt wird*

Feu·er·ei·fer der <-s> (*kein Plur.*) (*umg.*) *großer Eifer* mit Feuereifer bei der Sache sein

feu·er·fest <nicht steig.> *Adj. so, dass es von Feuer nicht zerstört wird* feuerfestes Geschirr/Material

feu·er·ge·fähr·lich <nicht steig.> *Adj. so, dass es leicht in Brand gerät* feuergefährliche Stoffe sicher lagern

Feu·er·ge·fecht das <-(e)s, -e> MILIT. *ein Gefecht mit Schusswaffen*

Feu·er·lei·ter die <-, -n> *eine Leiter für die Flucht im Brandfall*

Feu·er·lö·scher der <-s, -> *ein Gerät, das in den meisten öffentlichen Gebäuden hängt und mit dem man Schaum auf ein (kleineres) Feuer sprühen kann, um es zu löschen*

Feu·er·lösch·fahr·zeug das <-(e)s, -e> *ein Einsatzfahrzeug der Feuerwehr, das über Geräte zur Brandbekämpfung verfügt*

Feuer·mal das <-s, -e> (*med.*) *eine Stelle, an der die Haut eines Menschen dauerhaft eine rote Verfärbung hat*

Feu·er·mel·der der <-s, -> *ein Gerät, über das Alarm ausgelöst werden kann, wenn ein Feuer ausgebrochen ist* den Feuermelder betätigen

feu·ern <feuerst, feuerte, hat gefeuert> **I.** *mit OBJ* **1.** ■ *jmd. feuert (etwas) heizen* einen Ofen feuern, Holz/Kohle/Öl feuern **2.** ■ *jmd. feuert etwas irgendwohin* (*umg.*) *mit Schwung irgendwohin werfen* die Tasche in die Ecke feuern **3.** ■ *jmd. feuert jmdn.* (*umg.*) *entlassen* Nach zwanzig Jahren in der Firma haben sie ihn einfach gefeuert! **II.** *ohne OBJ* **1.** ■ *jmd. feuert irgendwie* Es wird kalt, da müssen wir tüchtig feuern!, Wir feuern noch mit Kohle. **2.** ■ *jmd. feuert (auf etwas Akk.)* MILIT. *schießen* aus allen Rohren feuern, auf ein Ziel feuern ■ **jemandem eine feuern** (*umg.*): *jmdm. eine Ohrfeige geben*

Feu·er·pau·se die <-, -n> MILIT. *Unterbrechung des Schießens* eine Feuerpause zur Flucht nutzen

feu·er·rot <nicht steig.> *Adj.* (*umg.*) *von hellem, strahlendem Rot* vor Wut feuerrot anlaufen

Feu·ers·brunst die <-, Feuersbrünste> (*selten Plur.*) (*geh.*) *ein verheerender Brand, der viele Gebäude oder gar Stadtteile vernichtet*

Feu·er·schlu·cker, **Feu·er·schlu·cke·rin** der <-s, -> *ein Artist, der brennende Fackeln mit dem Mund löscht*

Feu·er·stein der <-(e)s, -e> *ein fester Stein, der scharfe Bruchkanten bildet* Funken aus einem Feuerstein schlagen, Faustkeile aus Feuerstein herstellen

Feu·er·stel·le die <-, -n> *eine Stelle, an der ein Feuer entzündet wird bzw. wurde* eine verlassene Feuerstelle finden

Feuer·stuhl der <-s> (*umg.*) *ein schweres Motorrad*

Feu·er·tau·fe die <-, -n> *ein Anlass, bei dem jmd. oder etwas seine Tauglichkeit unter Beweis stellen muss* Unser selbst gebautes Boot hat in dem Sturm auf dem See seine Feuertaufe bestanden.

Feu·er·trep·pe die <-, -n> *eine auf der Außenseite eines Gebäudes angebrachte Treppe, über die man fliehen kann, wenn es brennt*

Feu·e·rung die <-> (*kein Plur.*) **1.** *das Heizen* Die Feuerung einer Dampflokomotive erfolgt von Hand. **2.** *Brennmaterial* Es wird noch mehr Feuerung benötigt.

Feu·er·wa·che die <-, -n> *das Gebäude, in dem die einsatzbereiten Feuerwehrleute und die Löschtechnik untergebracht sind*

Feu·er·waf·fe die <-, -n> (≈ *Schusswaffe*)

Feu·er·wehr die <-, -en> *die Institution, deren Mitglieder Brände löschen, Verletzte bergen und bei Katastrophen Hilfe leisten* bei der freiwilligen Feuerwehr arbeiten, die Feuerwehr alarmieren/rufen, Die Feuerwehr rückt aus.

Feu·er·wehr·au·to das <-s, -s> *ein Löschfahrzeug der Feuerwehr*

Feu·er·wehr·lei·ter die <-, -n> *von der Feuerwehr zur Rettung von Personen eingesetzte ausfahrbare Drehleiter*

Feu·er·wehr·mann, **Feu·er·wehr·frau** der <-(e)s, Feuerwehrmänner/Feuerwehrleute> *ein aktives Mitglied der Feuerwehr*

Feu·er·werk das <-(e)s, -e> **1.** *eine Veranstaltung, bei der Feuerwerkskörper abgefeuert werden* ein Feuerwerk veranstalten **2.** (*umg.*) *Feuerwerkskörper* Feuerwerk für Silvester kaufen

Feu·er·werks·kör·per der <-s, -> *ein Gegenstand, der nach dem Anzünden in die Höhe steigt, explodiert und durch Funken farbenprächtige Effekte am dunklen Nachthimmel erzeugt* einen Feuerwerkskörper abbrennen

Feu·er·zeug das <-(e)s, -e> *ein kleines, mit Benzin oder Gas arbeitendes Gerät, mit dem man eine Flamme erzeugen kann* eine Zigarette mit einem Feuerzeug anzünden ◆ Gas-, Sturm-

Feuil·le·ton das [fœjəˈtõː/ˈfœjətõ] <-s, -s> **1.** *unterhaltender Teil einer Zeitung, der sich mit Themen aus Kultur und Literatur beschäftigt* **2.** *ein literarischer Artikel* ein Feuilleton schreiben ▶ Feuilletonist, feuilletonistisch

feu·rig *Adj.* **1.** *temperamentvoll* feurige Rhythmen spielen, ein feuriger junger Hengst **2.** (*geh.*) *wie Feuer leuchtend* das feurige Rot der untergehenden Sonne **3.** *scharf* eine feurige Soße, ein feurig gewürztes Steak

Fex der <-es/-en, -e/-en> (*süddt. österr.*) *Narr*

Fez der *s.* **Fes**

FH *Abkürzung von „Fachhochschule“*

Fi·a·ker der <-s, -> (*österr.*) **1.** *Pferdekutsche zur Personenbeförderung* im Fiaker fahren **2.** *jmd., der beruflich Personen in einer Pferdekutsche befördert* als Fiaker arbeiten

Fi·as·ko das <-s, -s> (*abwert.*) *ein großer Misserfolg* Die Veranstaltung war schlecht organisiert und endete in einem Fiasko., ein peinliches Fiasko erleiden

Fi·bel die <-, -n> (*veralt.*) *erstes Lesebuch in der Grundschule* in der Fibel lesen

Fi·ber die <-, -n> (*geh.*) *eine Muskel- oder Pflanzenfaser* Jede Fiber seines Körpers war angespannt.

Fi·bro·se die <-, -n> MED. *eine Lungenkrankheit*

Fiche die [fi:ʃ] <-, -n> (*schweiz.*) *Karteikarte*

Fich·te die <-, -n> BOT. **1.** *ein Nadelbaum* **2.** *Holz der Fichte*[1] Der Schreibtisch ist aus Fichte.

Fick der <-s, -s> (*vulg.*) *Geschlechtsverkehr*

fi·cken *mit OBJ/ohne OBJ* ■ *jmd. fickt (jmdn.)* (*vulg.*) *Geschlechtsverkehr haben* Sie haben (miteinander) gefickt., Er hat sie gefickt.

fi·del *Adj.* (*umg.* ≈ *fröhlich*) *lustig; heiter* ein fideler Mensch, Du bist ja so fidel heute!

Fi·del die <-, -n> MUS. *ein (mittelalterliches) einer Geige ähnliches Streichinstrument* die Fidel spielen

Fi·di·bus der <-/-ses, -/-se> *aus einem Papierstreifen gefalteter Anzünder für Feuer oder die Tabakpfeife*

Fi·d·schi·in·seln <-> *Plur. eine Inselgruppe im Südwestpazifik*

Fie·ber das <-s, -> (*Plur. selten*) **1.** MED. (*stark*) *erhöhte Körpertemperatur* hohes/leichtes Fieber haben/bekommen **2.** (*geh.*) *Leidenschaft; Besessenheit* Die Computerhacker verfielen in ein regelrechtes Fieber auf der Suche nach dem Geheimcode. ◆ Zusammenschreibung→R 4.5 Das Mittel wirkt stark fiebersenkend.

Fie·ber·an·fall der <-s, Fieberanfälle> MED. *eine anfallartige Erhöhung der Körpertemperatur* einen Fieberanfall bekommen/haben

Fie·ber·fan·ta·sie, *a.* **Fie·ber·phan·ta·sie** die <-, -n> *eine im Fieber*[1] *erlebte Halluzination* Fieberfantasien haben

fie·ber·frei <nicht steig.> *Adj. ohne Fieber*[1] Der Patient ist seit drei Tagen fieberfrei.

fie·ber·haft <nicht steig.> *Adj.* **1.** MED. *mit Fieber*[1] *verbunden* eine fieberhafte Erkrankung der Atemwege **2.** *aufgeregt; hektisch* fieberhaft nach etwas suchen, etwas in fieberhafter Eile tun

Fie·ber·kur·ve die <-, -n> *eine grafische Darstellung der gemessenen Körpertemperatur*

Fie·ber·mit·tel das <-s, -> (*med.*) *ein Medikament, das das Fieber*[1] *senkt*

fie·bern <fieberst, fieberte, hat gefiebert> *ohne OBJ* **1.** ■ *jmd. fiebert Fieber haben* Der Patient fiebert wieder. **2.** ■ *jmd. fiebert vor etwas Dat.* (*geh.*) *aufgeregt und nervös sein* vor Spannung fiebern **3.** ■ *jemand fiebert nach etwas etwas unbedingt haben wollen* Sie fiebert danach, endlich zu verreisen.

fie·ber·sen·kend <nicht steig.> *Adj.* MED. *so, dass es bewirkt, dass Fieber*[1] *zurückgeht* ein fiebersenkendes Medikament

Fie·ber·ther·mo·me·ter das <-s, -> *Thermometer zum Messen der Körpertemperatur*

fieb·rig <nicht steig.> *Adj.* **1.** *mit Fieber*[1] *verbunden* eine fiebrige Erkältung haben **2.** *Fieber*[1] *habend* Seit wann ist das Kind so fiebrig?

Fie·del die <-, -n> (*umg. veralt.*) *Geige*

fie·deln <fiedelst, fiedelte, hat gefiedelt> *mit OBJ/ohne OBJ* ■ *jmd. fiedelt (etwas)* (*auf der*) *Geige spielen* Er fiedelt ein fröhliches Lied., Er fiedelt den ganzen Tag auf seiner Geige.

fie·pen *ohne OBJ* ■ *ein Tier fiept einen leisen, hohen Ton von sich geben* Der kleine Hund fiepte sehnsüchtig, um auf den Arm genommen zu werden.

fies *Adj.* (*umg. abwert.* ≈ *gemein*) *abstoßend, widerwärtig* ein fieser Kerl, eine fiese Visage haben, Wie kannst du nur so fies sein!, Sie waren ganz schön fies zu mir!

Fi·es·ta die ['fi̯esta] <-, -s> (*spanisches*) *Volksfest*

fif·ty-fif·ty ['fɪfti'fɪfti] *Adv.* (*umg.*) *zur Hälfte* (*zwischen zwei Personen*) *geteilt* Komm, wir nehmen das Geld und machen fifty-fifty.

Fight der [fai̯t] <-s, -s> *Nahkampf beim Boxen* sich einen harten Fight liefern

figh·ten ['fai̯tn̩] <fightest, fightete, hat gefightet> *ohne OBJ* ■ *jmd. fightet* SPORT *ehrgeizig kämpfen* Die Mannschaft hat gefightet, aber sie hatte keine Chance zu gewinnen.

Fi·gur die <-, -en> **1.** (≈ *Statur*) *Gestalt; Körperform* eine drahtige/kräftige/rundliche/schlanke/sportliche stämmige Figur **2.** (*umg. abwert.* ≈ *Gestalt*) *zwielichtige Person* Was sind denn das für Figuren, die sich so etwas ausdenken?, Seltsame Figuren schlichen durch die dunklen Straßen. **3.** *eine (bedeutende) Persönlichkeit* eine bedeutende Figur der Geschichte ◆ Identifikations-, Leit-, Vater- **4.** KUNST *ein Charakter in einem Roman oder einem Drama* die Figuren in einem Film/Roman/Theaterstück, die Figur des Hamlet darstellen/verkörpern ◆ Märchen-, Roman- **5.** *eine (künstlerisch gestaltete plastische Nachbildung eines Menschen oder eines Tieres* Die kleine griechische Figur stellt den Liebesgott Amor dar., die Figur eines kleinen Elefanten aus Porzellan **6.** (≈ *Spielfigur*) die Figuren auf einem Schachbrett **7.** SPORT *eine Folge von (tänzerischen) Bewegungen* eine schwierige Figur beim Eiskunstlauf ■ **eine gute/schlechte Figur bei etwas machen** (*umg.*): *einen guten/schlechten Eindruck bei etwas machen*

fi·gur·be·tont *Adj. so, dass ein Kleidungsstück die Figur*[1] *gut zur Geltung bringt*

fi·gür·lich <nicht steig.> *Adj.* **1.** (KUNST: ↔ *abs-*

trakt) Figuren darstellend eine figürliche Abbildung/Zeichnung **2.** (SPRACHWISS.: ≈ *wörtlich*) *übertragen* Das ist figürlich, nicht wörtlich gemeint.

Fik·ti·on die [fɪkˈtsi̯oːn] <-, -en> (*geh.*) *etwas Erfundenes bzw. Erdachtes* Das alles ist pure Fiktion und hat nichts mit der Wirklichkeit zu tun.

fik·tiv <nicht steig.> *Adj.* (*geh.*) *erfunden; erdacht; angenommen* Die Geschichte spielt in einem fiktiven Land., Wir müssen unseren Berechnungen einen fiktiven Betrag zugrunde legen, da wir die genaue Summe nicht kennen.

File das [fail] <-s, -s> (EDV: ≈ *Datei*) ein File öffnen/schließen/speichern

Fi·let das [fiˈleː] <-s, -s> KOCH. *ein zartes Stück Fleisch ohne Knochen bzw. ein Stück Fisch ohne Gräten* ◆-braten, -stück, Schweine-, Rinder-

Fi·let·steak das [fiˈleː...] <-s, -s> KOCH. *ein Steak aus der Lende eines Rindes oder Schweines*

Fi·li·a·le die <-, -n> *Zweiggeschäftsstelle* die Filiale eines Geschäfts/eines Unternehmens/einer Bank ▶Filialnetz

Fi·li·al·lei·ter, **Fi·li·al·lei·te·rin** der <-s, -> *jmd., der eine Filiale leitet*

fi·li·g·ran *Adj.* (*geh.*) *zart; dünn; fein* ein filigranes Geflecht aus dünnen Fäden

Fi·li·pi·no, **Fi·li·pi·na** der <-s, -s> *Einwohner(in) der Philippinen*

Fi·li·us der <-, -se> (*scherzh.*) *Sohn* Was macht denn Ihr Filius?

Film der <-(e)s, -e> **1.** *eine Rolle aus beschichtetem, lichtempfindlichen Kunststoff, auf den Bilder aufgenommen werden können* einen neuen Film in die Kamera einlegen, einen Film belichten/entwickeln, ein Film für Röntgenaufnahmen, die Lichtempfindlichkeit eines Films **2.** *eine Folge von bewegten Bildern, die wirkliche Begebenheiten oder eine erdachte Geschichte darstellen* einen Film drehen, in einem Film mitspielen, sich einen Film im Kino ansehen, die Filme dieses Regisseurs ▶Verfilmung ◆Dokumentar-, Fernseh-, Kriminal-, Porno-, Spiel- **3.** (*kein Plur.*) (*umg.*) *die Gesamtheit der Personen und Firmen, die Filme*[2] *drehen* beim Film arbeiten, Sie wollte schon immer zum Film., den deutschen Film fördern **4.** *eine dünne Schicht von etwas* Ein dünner Film aus Öl lag auf dem Wasser. ■ **im falschen Film sein** (*umg.*): *sich sehr über etwas wundern* Ich dachte, ich wäre im falschen Film, aber es war wirklich ernst gemeint! ◆Öl-, Schmutz-

Film·a·te·li·er das <-s, -s> *ein Studio, in dem Spielfilme gedreht werden*

Fil·me·ma·cher, **Fil·me·ma·che·rin** der <-s, -> *jmd., der beruflich Filme*[2] *produziert*

fil·men *mit OBJ/ohne OBJ* ■ *jmd. filmt (etwas) auf Film*[1] *aufnehmen* eine Szene filmen, Morgen filmen wir weiter.

Fil·mer, **Fil·me·rin** der <-s, -> (*umg.*) *Person, die etwas filmt* Der Filmer hat mit seiner Kamera alles genau dokumentiert.

Film·er·folg der <-(e)s, -e> *erfolgreicher Film*[2] Der Roman war auch ein Filmerfolg.

Film·fes·ti·val das <-s, -s> *ein Festival, bei dem Filme*[2] *vorgestellt und prämiert werden*

Film·fest·spie·le die <-> *Plur.* ≈ *Filmfestival*

Film·in·dus·t·rie die <-> (*kein Plur.*) *die Industrie, die Filme*[2] *produziert*

fil·misch <nicht steig.> *Adj. mit Hilfe des Films*[2] die filmische Darstellung, Nicht immer gelingt dem Regisseur die filmische Umsetzung der geheimnisvollen Atmosphäre des Romans.

Film·ka·me·ra die <-, -s> *eine Kamera zum Aufnehmen von Filmen*[1]

Film·kri·tik die <-, -en> *ein Text, in dem der Autor sagt, worum es in einem Film*[2] *geht und ob der Film seiner Meinung nach gut oder schlecht ist* ▶Filmkritiker

Film·mu·sik die <-, -en> (≈ *Soundtrack*) *musikalische Untermalung von Filmen*[2] die Filmmusik zu etwas schreiben

Film·preis der <-es, -e> *einem Film*[2] *verliehener Preis*

Film·pro·duk·ti·on die <-, -en> *die Gesamtheit der Maßnahmen, die zum Drehen eines Films*[2] *gehören* eine Filmproduktion leiten

Film·pro·jek·tor der <-s, -en> *ein Gerät zum Vorführen von Filmaufzeichnungen*

Film·re·gis·seur, **Film·re·gis·seu·rin** der <-s, -e> *jmd., der Dreharbeiten an Filmen*[2] *künstlerisch leitet*

Film·riss der <-es, -e> **1.** *das Reißen eines Films*[1] einen Filmriss kleben **2.** (*umg.*) *eine Gedächtnislücke* Ich kann mich an nichts mehr erinnern, ich glaube, ich hatte gestern einen Filmriss.

Film·schau·spie·ler, **Film·schau·spie·le·rin** der <-s, -> *jmd., der als Darsteller in Spielfilmen mitwirkt*

Film·star der <-s, -s> *jmd., der als Filmschauspieler(in) sehr populär ist*

Film·stern·chen das <-s, -> (*abwert.*) *weiblicher Filmstar*

Film·ver·leih der <-(e)s, -e> **1.** (*kein Plur.*) *das professionelle Verleihen von Filmen*[2] *an Kinos* **2.** *eine Firma, die professionell Filme*[2] *an Kinos verleiht*

Film·vor·schau die <-> (*kein Plur.*) (≈ *Trailer*) *einige Szenen aus einem neuen Film*[2]*, die zusammen mit einem Text eine Art Werbefilm für jenen ergeben*

Film·vor·stel·lung die <-, -en> *die Aufführung eines Films*[2] Die Filmvorstellung hat schon begonnen.

Film·wirt·schaft die <-> (*kein Plur.*) *alle Unternehmen, die mit Kinofilmen Geld verdienen*

Fi·lou der [fiˈluː] <-s, -s> (*scherzh.*) *eine Person, die andere geschickt zu betrügen versteht* Du bist schon ein Filou! Ich habe gar nicht gemerkt, dass ich betrogen worden bin.

Fil·ter der <-s, -> **1.** *eine Vorrichtung, durch die man Flüssigkeiten oder Gase passieren lässt, um darin enthaltene Bestandteile auszusondern* einen Filter für Schadstoffe in den Schornstein einbauen, den Kaffee durch den Filter laufen lassen ◆Kaffee-, Luft-, Papier- **2.** *der Teil einer Zigarette, der einen Teil der Giftstoffe aus dem Rauch ent-*

fernen soll Zigaretten mit/ohne Filter ▶filterlos ◆ Filter- **3.** FOTOGR. PHYS. *eine Vorrichtung, die bestimmte Bestandteile des Lichtes zurückhält* einen Filter vor das Objektiv setzen ◆ Farb-

Fil·ter·kaf·fee der <-s> (*kein Plur.*) *unter Benutzung eines Filters*[1] *zubereiteter Bohnenkaffee*

fil·tern <filterst, filterte, hat gefiltert> *mit OBJ* ■ *jmd. filtert etwas durch einen Filter*[1] *passieren lassen* den Kaffee filtern, die Abgase filtern ▶Filterung

Fil·ter·pa·pier das <-(e)s, -e> *ein Einsatz aus Papier für Filter*[1]

Fil·ter·zi·ga·ret·te die <-, -n> *eine Zigarette mit einem Filter*[2]

filt·rie·ren *mit OBJ* ■ *jmd. filtriert etwas* (*fachspr.*) *filtern* ▶Filtrierpapier

Filz der <-es, -e> **1.** *ein aus Wolle in einem bestimmten Press- und Walkverfahren hergestellter dichter Stoff* ein Hut/Pantoffeln aus Filz ◆-hut, -pantoffeln **2.** *ein Gewirr von Fäden oder Haaren* Ihre Haare waren ein einziger Filz und ließen sich nicht kämmen. **3.** (*umg. abwert.* ≈ *Klüngel*) *ein System gegenseitiger unrechtmäßiger Vergünstigungen unter Inhabern öffentlicher Ämter* Das ist doch alles ein Filz. ◆ Parteien-

fil·zen <filzt, filzte, hat/ist gefilzt> **I.** *mit OBJ* **1.** ■ *jmd. filzt etwas* ((*haben*)) (*aus*) *Filz herstellen* Hüte filzen, Frau Müller führt uns vor, wie man filzt. **2.** ■ *jmd. filzt jmdn./etwas* ((*haben*) *umg.*) *durchsuchen* Fahrzeuge/Gepäckstücke/Personen filzen, Er ist an der Grenze gefilzt worden. **II.** *ohne OBJ* ■ *etwas filzt* ((*haben/sein*)) *zu Filz werden* Die Wolle filzt, wenn man sie in der Maschine wäscht.

Filz·laus die <-, Filzläuse> *ein Ungeziefer, das bevorzugt im menschlichen Schamhaar vorkommt*

Fil·zo·kra·tie die <-, -n> (*umg. abwert.*) *ein politisches System, das von gegenseitigen unrechtmäßigen Vergünstigungen unter Machthabern gekennzeichnet ist*

Filz·pan·tof·fel der <-s, -n> *ein Hausschuh mit einem Oberteil aus Filz*[1]

Filz·stift der <-es, -e> *ein Tintenstift mit einer Spitze aus Filz*[1] mit Filzstiften malen/schreiben

Fim·mel der <-s, -> (*umg. abwert.* ≈ *Tick*) *eine seltsame Angewohnheit oder Vorliebe* Das ist ein Fimmel von ihm, dass immer alles aufgeräumt sein muss., Die hat doch einen Fimmel!

Fi·na·le das <-s, -/Finals> **1.** (*Plur.: <Finale>*) *Ende einer Veranstaltung oder Aufführung* Zum Finale des Stadtfestes gibt es ein großes Feuerwerk., das Finale einer Sinfonie **2.** (*Plur.: <Finals>*) SPORT *Endspiel* sich für das Finale qualifizieren, Die Finals der Weltmeisterschaften finden in der nächsten Woche statt. ◆ Achtel-, Halb-, Viertel-

Fi·nan·ci·er der *s.* **Finanzier**

Fi·nanz·amt das <-(e)s, Finanzämter> *die Behörde, die für die Erhebung der Steuern zuständig ist*

Fi·nanz·be·am·te, **Fi·nanz·be·am·tin** der <-n, -n> *jmd., der in der Finanzverwaltung arbeitet*

Fi·nanz·be·darf der <-s> (*kein Plur.*) AMTSSPR. *das Geld, das man für etwas benötigt*

Fi·nanz·be·ra·ter der <-s, -> *jmd., der Personen darin berät, wie sie ihr Geld anlegen oder ein Geschäft finanzieren sollen*

Fi·nanz·dienst·leis·tun·gen <-> *Plur.* WIRTSCH. *Dienstleistungen auf dem Gebiet der Verwaltung und Bereitstellung von Geldern* Banken und Sparkassen bieten Finanzdienstleistungen an.

Fi·nan·zen <-> *Plur.* **1.** WIRTSCH. *die in einem Bereich eingenommenen und ausgegebenen Gelder* die Finanzen einer Firma verwalten, die Finanzen einer Behörde prüfen ◆ Staatsfinanzen **2.** (*umg.*) *das Geld, das man zur Verfügung hat* Meine Finanzen sind etwas knapp.

Fi·nanz·ex·per·te, **Fi·nanz·ex·per·tin** der <-n, -n> *jmd., der auf dem Gebiet der Finanzverwaltung große Fachkenntnisse hat* Die Finanzexperten der Parteien äußern sich zur Steuerreform.

fi·nan·zi·ell <nicht steig.> *Adj.* **1.** *auf die Finanzen bezogen* die finanziellen Verhältnisse, finanzielle Probleme/Sorgen haben **2.** *mit Geld* den Sohn finanziell unterstützen, finanzielle Hilfe gewähren, sich finanziell an einem Unternehmen beteiligen

Fi·nan·zi·er, *a.* **Fi·nan·ci·er** der [finan'tsi̯e:] <-s, -s> *eine Person oder Firma, die Geld für etwas gibt* für ein Projekt/ein Festival einen Finanzier finden

fi·nan·zier·bar <nicht steig.> *Adj. so, dass genügend Geld dafür zur Verfügung steht* Der Bau ist teuer, aber finanzierbar., Diese Rentenerhöhung ist im Moment nicht finanzierbar.

fi·nan·zie·ren *mit OBJ* ■ *jmd. finanziert etwas das Geld für etwas bereitstellen* ein Projekt finanzieren, ein privat finanzierter Bau, sein Studium mit Gelegenheitsarbeiten finanzieren

Fi·nan·zie·rung die <-, -en> *die Bereitstellung von Geld für etwas* Die Finanzierung des Projekts ist sichergestellt.

Fi·nanz·la·ge die <-> (*kein Plur.*) *die finanzielle Situation* Das Unternehmen befindet sich in einer schwierigen Finanzlage.

Fi·nanz·markt der <-(e)s, Finanzmärkte> WIRTSCH. *der Markt, auf dem Geld angelegt und verliehen werden kann* die Finanzmärkte der Welt

Fi·nanz·mi·nis·te·ri·um das <-s, Finanzministerien> *das Ministerium, das für die öffentlichen Einnahmen und Ausgaben eines Landes zuständig ist*

Fi·nanz·mit·tel <-> *Plur.* AMTSSPR. *Geld für etwas* Für diese Reform fehlen dem Land die Finanzmittel.

Fi·nanz·not die <-> (*kein Plur.*) *Mangel an Geld*

Fi·nanz·platz der <-es, -plätze> *eine Stadt, in der es wichtige Unternehmen der Finanzbranche, große Banken usw. gibt* wichtige Finanzplätze wie Frankfurt am Main

Fi·nanz·po·li·tik die <-> (*kein Plur.*) *die Politik im Hinblick auf die öffentlichen Einnahmen und Ausgaben eines Landes* die Finanzpolitik der Regierung kritisieren ▶finanzpolitisch

Fi·nanz·sprit·ze die <-, -n> (*umg.*) *eine* (*zusätzliche*) *finanzielle Hilfe* eine Finanzspritze für ein

Projekt, das sich in wirtschaftlichen Schwierigkeiten befindet

Fin·del·kind das <-(e)s, -er> *ein ausgesetztes Kleinkind, das von jmdm. gefunden wird*

fin·den <findest, fand, hat gefunden> **I.** *mit OBJ* **1.** ■ *jmd. findet etwas durch Suchen oder zufällig auf etwas stoßen* Hast du deine Schlüssel gefunden?, Ich kann meine Brille nirgends finden., Ich habe im Regal mein altes Lieblingsbuch gefunden., In Alaska hatte man Gold gefunden., Ich habe in ihm einen Freund gefunden., Hast du eine Arbeit gefunden?, Wer findet die Lösung des Rätsels?, Ich habe den Bahnhof schlecht finden können., Wo finde ich das Ägyptische Museum?, Ich habe dich in der Menge nicht gefunden. **2.** ■ *jmd. findet etwas* (*geh.*) *in verblasster Bedeutung: bekommen* Anerkennung/Beachtung/reißenden Absatz finden, Sie hat an der Sache Gefallen gefunden., Ich habe noch keine Gelegenheit gefunden, ihm zu danken. **3.** ■ *jmd. findet jmdn./etwas irgendwie eine bestimmte Einschätzung von etwas haben* Wie findest du diesen Roman?, Ich fand die Vorstellung sehr spannend., Er findet sie langweilig., Ich finde, er ist sehr nett. So, findest du? **II.** *ohne OBJ* ■ *jmd. findet irgendwohin irgendwohin gelangen* Ich habe nicht nach Hause gefunden., Wie finde ich zum Bahnhof? **III.** *mit SICH* **1.** ■ *etwas findet sich sich irgendwie einstellen* Alles Weitere wird sich finden. **2.** ■ *jmd. findet sich sein inneres Gleichgewicht herstellen* Nach dem Schreck brauchte sie etwas Zeit, um sich wieder zu finden.

Fin·der, **Fin·de·rin** der <-s, -> (↔ *Verlierer*) *eine Person, die etwas gefunden hat, was ein anderer verloren hat* Der ehrliche Finder erhält eine Belohnung.

Fin·der·lohn der <-(e)s> (*kein Plur.*) *das Geld, das ein Finder erhält, der das Gefundene beim Eigentümer abgibt*

fin·dig *Adj. so, dass man gute Einfälle hat und schlau ist* ein findiges Kerlchen, Sie ist doch immer sehr findig, vielleicht weiß sie einen Rat. ▶Findigkeit

Find·ling der <-s, -e> **1.** *ein Felsblock, der von eiszeitlichen Gletschern aus seinem Ursprungsgebiet transportiert wurde* ein Findling aus Granit **2.** (≈ *Findelkind*)

Fi·nes·se die <-, -n> (*meist Plur.*) (*geh.*) **1.** *ein raffiniertes* (*technisches*) *Detail* ein Badezimmer mit allen Finessen, ein mit allen Finessen ausgestatteter Wagen **2.** (≈ *Trick*) Deine Finessen kenne ich schon!, mit allen Finessen versuchen, jemanden hinters Licht zu führen

Fin·ger der <-s, -> **1.** *eines der fünf Glieder einer Hand* der kleine Finger, einen Ring an jedem Finger tragen, mit dem Finger auf jemanden zeigen, einen Ring an den Finger stecken ◆ Mittel-, Ring-, Zeige- **2.** *der Teil eines Handschuhs, der einen Finger[1] umschließt* ein Handschuh mit abgeschnittenen Fingern ■ **lange Finger machen** (*umg.*): *stehlen* **jemandem auf die Finger sehen** (*umg.*): *jmdn. kontrollieren* **sich etwas aus den Fingern saugen** (*umg.*): *etwas frei erfinden* **jemandem auf die Finger klopfen** (*umg.*): *jmdn. ermahnen oder kontrollieren* **den Finger auf die Wunde legen**: *auf ein Problem oder Übel deutlich hinweisen* **jemanden um den kleinen Finger wickeln**: *jmdn. sehr leicht beeinflussen können* **überall seine Finger im Spiel haben** (*umg.*): *an allem beteiligt sein* **sich die Finger nach etwas lecken** (*umg.*): *begierig auf etwas sein* **keinen Finger für etwas krumm machen**: *für etwas nichts tun* **sich die Finger verbrennen an etwas**: *bei etwas Schaden erleiden* **die Finger von jmdm./etwas lassen**: *auf jmdn. oder etwas verzichten*

Fin·ger·ab·druck der <-(e)s, Fingerabdrücke> *der Abdruck, den die Linien auf der Haut der Fingerkuppe beim Berühren eines Gegenstandes hinterlassen* Der Mörder wurde anhand der Fingerabdrücke überführt, die man auf der Tatwaffe fand., Die Polizei nimmt die Fingerabdrücke von dem Verdächtigen.

Fin·ger·breit der *ein Abstand von der Breite eines Fingers[1]* einen/zwei Fingerbreit frei lassen, keinen Fingerbreit zurückweichen

fin·ger·breit <nicht steig.> *Adj. etwa so breit wie ein Finger[1]* ein fingerbreiter Spalt

fin·ger·dick <nicht steig.> *Adj. etwa so dick wie ein Finger[1]* eine fingerdicke Schicht

fin·ger·fer·tig *Adj. sehr geschickt mit den Fingern[1]*

Fin·ger·fer·tig·keit die <-> (*kein Plur.*) *Geschick bei Arbeiten, die mit den Fingern[1] ausgeführt werden* eine große Fingerfertigkeit an den Tag legen

Fin·ger·glied das <-(e)s, -er> *einzelner Abschnitt eines Fingers[1]*

Fin·ger·hut der <-(e)s, Fingerhüte> **1.** *eine kleine Kappe aus Kunststoff oder Metall, die beim Nähen zum Schutz auf der Fingerkuppe getragen wird* **2.** BOT. *eine im Wald und auf Wiesen wachsende Pflanze, deren Blüten, die an einem langen Stängel hängen, Fingerhüten ähneln*

Fin·ger·kup·pe die <-, -n> *die Rundung an der Fingerspitze*

fin·gern <fingerst, fingerte, hat gefingert> (*umg.*) **I.** *mit OBJ* ■ *jmd. fingert etwas aus etwas Dat. mit den Fingern herausziehen* Er fingerte seinen Ausweis aus der Brusttasche. **II.** *ohne OBJ* ■ *jmd. fingert an etwas sich an etwas zu schaffen machen* Sie fingerte nervös an ihrem Armband.

Fin·ger·na·gel der <-s, Fingernägel> *die relativ harte, kleine Platte, die den vordersten Teil des Fingers bedeckt* sich die Fingernägel feilen/schneiden/ sauber machen/lackieren

Fin·ger·spit·ze die <-, -n> *der vorderste Teil des Fingers* etwas vorsichtig mit den Fingerspitzen berühren

Fin·ger·spit·zen·ge·fühl das <-s> (*kein Plur.*) **1.** (≈ *Fingerfertigkeit*) *Geschick im Umgang mit Dingen* Um Uhren zu reparieren, braucht man viel Geduld und Fingerspitzengefühl. **2.** (≈ *Taktgefühl*) *Einfühlungsvermögen* Sie hat das nötige Fingerspitzengefühl, um mit schwierigen Kollegen gut auszukommen.

Fin·ger·zeig der <-(e)s, -e> (≈ *Hinweis*) jemandem einen (kleinen) Fingerzeig geben

fin·gie·ren [fɪŋ'gi:rən] *mit OBJ* ■ *jmd. fingiert etwas* (*geh.*) *vortäuschen oder fälschen* eine fingierte Rechnung, Sie hat diesen Schwächeanfall nur fingiert.

Finish das ['fɪnɪʃ] <-s, -s> **1.** (SPORT: ≈ *Endspurt*) ein spannendes Finish, ein großartiges Finish hinlegen **2.** TECH. *die Qualität, in der die Oberfläche (von Metallen) gearbeitet ist* Auch die Gehäuse der Geräte wissen mit dem makellosen Finish polierten Aluminiums zu gefallen.

Fink der <-en, -en> *ein Singvogel*

Fin·ken der <-, -> (*schweiz.*) *Hausschuh*

Fin·ne, Fin·nin der <-n, -n> *jmd., der die finnische Staatsbürgerschaft hat*

fin·nisch <nicht steig.> *Adj. auf Finnland bezogen, daher stammend* die finnische Sprache, Finnisch sprechen/lernen, auf Finnisch *siehe auch* **deutsch**

Finn·land <-s> *Staat in Skandinavien*

fins·ter <finst(e)rer, am finstersten> *Adj.* **1.** (↔ *hell*) *ganz ohne Licht; sehr dunkel* in finst(e)rer Nacht, Hänsel und Gretel verirrten sich im finsteren Wald., Es wurde sehr schnell finster., Im Zimmer war es völlig finster., Finstere Wolken zogen am Himmel auf. **2.** (≈ *mürrisch*) *mit einem Gesichtsausdruck, der jmds. schlechte Laune deutlich zu erkennen gibt* ein finsteres Gesicht machen, jemanden finster ansehen, finster vor sich hinstarren **3.** (*abwert.* ↔ *vertrauenerweckend*) *unheimlich, anrüchig* ein finsterer Geselle, finstere Gestalten, in einer finsteren Gegend wohnen **4.** (*abwert.*) *mit böser Gesinnung* finstere Absichten/Pläne hegen **5.** (*abwert.*) *rückständig und von Unwissenheit gekennzeichnet* im finsteren Mittelalter, Es herrschten finstere Zustände in diesem Land. **6.** *unbestimmt Böses ahnend* finstere Vorahnungen haben, einen finsteren Verdacht haben

Fins·ter·nis die <-, -se> **1.** (*kein Plur.*) *das (völlige) Fehlen von Licht* Im Zimmer herrschte völlige Finsternis., Bei dieser Finsternis kann man nichts sehen. **2.** ASTRON. *kurz für „Sonnenfinsternis" oder „Mondfinsternis"*

Fin·te die <-, -n> **1.** (*geh. abwert.* ≈ *Bluff*) *Täuschung* jemanden mit einer Finte täuschen **2.** SPORT *eine Bewegung zur Täuschung des Gegners*

Fir·le·fanz der <-es> (*kein Plur.*) (*umg. abwert.*) *überflüssiges Zeug* Diesen Firlefanz können wir getrost weglassen!

firm *Adj. erfahren und sicher auf einem Gebiet oder in einer Sache* Er ist firm auf seinem Gebiet.

Fir·ma die <-, Firmen> *ein (privates) Unternehmen, das Waren produziert, mit ihnen handelt oder Dienstleistungen anbietet* ◆ Computer-, Internet-, Vertriebs-

Fir·ma·ment das <-(e)s> (*kein Plur.*) (*geh.* ≈ *Himmel*) Die Sterne funkeln am Firmament.

fir·men *mit OBJ* ■ *jmd. firmt jmdn.* REL. *das katholische Sakrament der Firmung verleihen* Er ist gefirmt worden.

Fir·men·grün·der, Fir·men·grün·de·rin der <-s, -> *die Person, die ein privates Unternehmen gründet oder gegründet hat*

Fir·men·grün·dung die <-, -en> *die Gründung eines privaten Unternehmens*

Fir·men·grup·pe die <-, -n> *mehrere Firmen, die zu einer wirtschaftlichen Einheit zusammengeschlossen sind*

Fir·men·lei·tung die <-, -en> **1.** (*kein Plur.*) *die Leitung einer Firma* die Firmenleitung an den Nachfolger übergeben **2.** *die Personen, die eine Firma leiten* Die Firmenleitung ist zu einer Beratung zusammengekommen.

Fir·men·na·me der <-ns, -n> *der Name, unter dem eine Firma auf dem Markt auftritt*

Fir·men·schild das <-(e)s, -er> (*an einem Gebäude angebrachtes*) *Schild mit dem Namen der Firma, die ihre Räume in dem Gebäude hat*

Fir·men·spre·cher der <-s, -> *jmd., der offizielle Erklärungen einer (großen) Firma an die Öffentlichkeit übermittelt*

Fir·men·wa·gen der <-s, -> *ein Auto, das eine Firma einem Mitarbeiter zur Verfügung stellt*

Fir·men·zei·chen das <-s, -> (≈ *Logo, Markenzeichen*) *ein wiedererkennbares Zeichen, mit dem eine Firma seine Produkte versieht*

Fir·men·zu·ge·hö·rig·keit die *die Zeit, die jmd. in einer Firma gearbeitet hat* in seiner zwölfjährigen Firmenzugehörigkeit

Firm·ling der <-s, -e> REL. *jmd., der das Sakrament der Firmung erhalten hat oder erhält*

Fir·mung die <-, -en> REL. *ein Sakrament der katholischen Kirche, das jmdn. im Glauben festigen soll*

Firn der <-s, -e> *körniger Altschnee im Hochgebirge* ◆ -feld

Fir·nis der <-ses, -se> *ein farbloser Anstrich, der als Schutzschicht auf etwas aufgetragen wird* der Firnis auf einem altem Ölgemälde

First der <-es, -e> BAUW. *die waagerechte Kante, die ein spitzes Dach nach oben hin abschließt* ◆ -balken

Fis das <-, -> MUS. *um einen Halbton erhöhtes F*

Fisch der <-(e)s, -e> **1.** *ein im Wasser lebendes Wirbeltier, das eine mit Schuppen bedeckte Haut hat, mit Kiemen atmet und Flossen zum Schwimmen besitzt* Karpfen und Hecht sind bekannte Fische., Fische fangen, ein Schwarm Fische, Im Aquarium schwimmen Fische. ◆ See-, Süßwasser-, -laich, -schuppe, -schwanz, -schwarm **2.** KOCH. *Fisch[1] als Speise* gebratener/gekochter/geräucherter/panierter Fisch ◆ -brötchen, -filet, -gericht, -semmel, -suppe **3.** ■ **Fische**: *Name eines Tierkreiszeichens* **4.** *jmd., der im Zeichen der Fische[3] geboren ist* Er/Sie ist Fische. ■ **kleine Fische** (*umg.*): *unbedeutende Kleinigkeiten* **stumm wie ein Fisch sein** (*umg.*): *nichts sagen* **ein dicker Fisch** (*umg.*): *eine Person, die schwerer Verbrechen verdächtigt wird* Der Polizei ist ein dicker Fisch ins Netz gegangen. **weder Fisch noch Fleisch sein** (*umg. abwert.*): *nicht richtig einzuordnen sein* ◆ Getrenntschreibung→R

4.3/4.12 die Fisch verarbeitende Industrie

Fisch·be·steck das <-(e)s, -e> *zum Essen von Fisch² benutztes Besteck*

Fisch·damp·fer der <-s, -> *ein Hochseeschiff für den Fischfang*

fi·schen <fischst, fischte, hat gefischt> **I.** *mit OBJ/ohne OBJ* ■ *jmd. fischt (etwas) Fischfang betreiben* Er geht Aale fischen., Sonntags geht er immer fischen. **II.** *mit OBJ* ■ *jmd. fischt etwas aus etwas Dat. (umg.) irgendwo herausholen* eine saure Gurke aus dem Glas fischen ■ **im Trüben fischen** *(umg. abwert.): aus unklaren Verhältnissen Vorteile gewinnen*

Fi·scher, Fi·sche·rin der <-s, -> *jmd., der beruflich Fischfang betreibt* ◆ Hochsee-, Küsten-

Fi·sche·rei die <-> *(kein Plur.) der als Beruf betriebene Fischfang* ◆-erlaubnis, -recht, Hochsee-, Küsten-

Fisch·fang der <-(e)s> *(kein Plur.) das (gewerbsmäßige) Fangen von Fischen* Die Menschen in dieser Region leben überwiegend vom Fischfang.

Fisch·ge·schäft das <-(e)s, -e> *ein Geschäft, das Fisch (und Meeresfrüchte) verkauft*

Fisch·händ·ler, Fisch·händ·le·rin der <-s, -> *jmd., der beruflich mit Speisefischen handelt*

Fisch·kon·ser·ve die <-, -n> *in einer Konservendose haltbar aufbewahrter Fisch²*

Fisch·kut·ter der <-s, -> *für den Fischfang benutztes (kleineres) Schiff*

Fisch·mehl das <-s> *(kein Plur.) aus zermahlenen Fischresten hergestelltes Pulver*

Fisch·ot·ter der <-s, -> *am und im Wasser lebendes kleines Säugetier, das überwiegend Fische frisst*

fisch·reich *Adj. so, dass darin viele Fische vorhanden sind* ein fischreiches Gewässer ▸Fischreichtum

Fisch·stäb·chen das <-s, -> KOCH. *eine Speise aus zu kleinen Stäben gepresstem und paniertem Fisch*

Fisch·ster·ben das <-s> *(kein Plur.) das massenhafte Sterben von Fischen* Das Fischsterben wurde durch die Einleitung von giftigen Stoffen in das Wasser verursacht.

Fisch·ver·gif·tung die <-, -en> *eine Lebensmittelvergiftung, die nach dem Genuss von (verdorbenem) Fisch auftritt*

Fisch·zucht die <-> *(kein Plur.) das gewerbsmäßige Züchten von Speisefischen* Fischzucht betreiben

Fisch·zug der <-(e)s, Fischzüge> **1.** *das Auswerfen und Einholen des Fischernetzes* zu einem Fischzug auslaufen **2.** *(übertr.) eine ertragreiche Unternehmung* einen großen Fischzug machen/planen

Fi·si·ma·ten·ten *(umg.)* ■ **Fisimatenten machen**: *Ausflüchte machen, um einer Sache auszuweichen* Nun mach mal keine Fisimatenten!

fis·ka·lisch <nicht steig.> *Adj. (geh.) den Fiskus betreffend*

Fis·kus der <-> *(kein Plur.) (geh.) der Staat als Eigentümer des öffentlichen Vermögens* Steuern an den Fiskus abführen

Fi·so·le die <-, -n> *(österr.) grüne Bohne*

Fis·tel die <-, -n> MED. *durch Krankheit entstandener oder künstlicher Kanal, der ein Organ mit der Körperoberfläche oder einem anderen Organ verbindet*

Fis·tel·stim·me die <-, -n> *(selten Plur.)* **1.** MUS. *männliche Kopfstimme* **2.** *(umg. abwert.) eine unangenehm hohe Stimme bei Männern* mit Fistelstimme sprechen

fit <fitter, am fittesten> *Adj. (körperlich) leistungsfähig* sich mit Sport fit halten, körperlich und geistig fit bleiben/sein

Fit·ness die <-> *(kein Plur.) eine gute körperliche (und geistige) Verfassung* ◆-gerät, -training

Fit·ness·cen·ter das <-s, -> *eine Einrichtung, in der man (gegen Bezahlung) an speziellen Geräten seinen Körper trainieren kann*

Fit·tich der <-s, -e> *(geh.) Flügel* Der Vogel breitete seine Fittiche aus. ■ **jemanden unter seine Fittiche nehmen** *(umg.): sich um jmdn. kümmern, ihm Schutz gewähren*

fix <fixer, am fixesten> *Adj.* **1.** *nicht steig. feststehend; unveränderlich* eine fixe Größe, eine fixe Idee haben, einen fixen Termin vereinbaren, die fixen Kosten mit berücksichtigen **2.** *(umg.) flink* etwas ganz fix erledigen, Das ist aber fix gegangen! **3.** *(umg.) fähig, schnell zu verstehen* ein fixes Kerlchen, Du musst etwas Geduld haben, sie ist nicht ganz so fix. ■ **fix und fertig** *(umg.): ganz fertig* Die Arbeit ist fix und fertig. **fix und fertig**: *völlig erschöpft* Nach dieser Schufterei war sie vollkommen fix und fertig., Die Hitze macht mich fix und fertig!

fi·xen <fixt, fixte, hat gefixt> *ohne OBJ* ■ *jmd. fixt* **1.** *(umg.) sich Rauschgift spritzen* Er fixt schon seit einigen Jahren. **2.** WIRTSCH. *an der Börse Leerverkäufe tätigen*

Fi·xer, Fi·xe·rin der <-s, -> **1.** *(umg.) jmd., der sich (regelmäßig) Rauschgift spritzt* **2.** WIRTSCH. *Person, die an der Börse spekuliert*

Fixer·stube die <-, -n> *ein betreuter Raum, in dem Personen, die schwer heroinabhängig sind, Drogen konsumieren können*

fix·fer·tig *Adj. (schweiz.) fix und fertig*

fi·xie·ren <fixierst, fixierte, hat fixiert> *mit OBJ* **1.** ■ *jmd. fixiert etwas* AMTSSPR. *schriftlich festhalten* eine Vereinbarung schriftlich fixieren **2.** ■ *jmd. fixiert etwas* AMTSSPR. *festlegen* etwas vertraglich fixieren **3.** ■ *jmd. fixiert etwas (mit etwas Dat.) befestigen* ein Plakat mit Klebeband an der Wand fixieren, einen gebrochenen Arm mit einem Verband fixieren **4.** ■ *jmd. fixiert etwas starr ansehen* einen Punkt mit den Augen fixieren, jemanden mit seinen Blicken fixieren

Fi·xum das <-s, Fixa> *(geh. ↔ Provision) ein festgesetztes Grundgehalt* zusätzlich zu einem Fixum noch leistungsbezogene Zuschläge bekommen

Fjord der <-(e)s, -e> *ein tief ins Landesinnere hinein reichender Meeresarm* die Fjorde Norwegens

FKK [ɛfka:'ka:] *Abkürzung von „Freikörperkultur“*

FKK-Strand der <-(e)s, FKK-Strände> *ein Strand, an dem man unbekleidet baden und sich nackt aufhalten kann*

flach *Adj.* **1.** (≈ *eben* ↔ *bergig, hügelig*) *so, dass es keine größere Erhebungen wie Hügel oder Berge gibt* ein flaches Gelände, das flache Land **2.** *so, dass jmd. oder etwas parallel zum Erdboden liegt und mit dem ganzen Körper einen möglichst geringen Abstand zum Boden hat* sich flach auf den Boden legen, sich ganz flach machen **3.** (≈ *seicht* ↔ *tief*) *so, dass Wasser eine geringe Tiefe hat* (*und man darin noch stehen kann*) ein flaches Gewässer, An dieser Stelle ist der Fluss ganz flach., Nichtschwimmer sollten sich im Flachen aufhalten. **4.** (*als Erhebung*) *nicht hoch* ein flacher Hügel, sich flach über den Boden erheben **5.** *so, dass es nicht aus einer* (*gedachten*) *Ebene heraussteht oder sich über diese erhebt* flache Schuhe, einen flachen Bauch/eine flache Brust haben **6.** (≈ *niedrig*) ein flacher Tisch, Die Decke des Ganges wurde immer flacher. **7.** (*abwert.* ≈ *oberflächlich*) *geistig nicht besonders anspruchsvoll* Das war nur flache Unterhaltung ohne jeden Anspruch., Das Buch/Das Gespräch ist mir zu flach. **8.** (*fachspr.* ↔ *tief*) *so, dass Strukturen wenige Hierarchieebenen aufweisen* Die Daten besitzen relativ flache Strukturen. **9.** ■ **das flache Land** (*umg.*): *das Gebiet außerhalb der Stadt* auf das flache Land ziehen **flach atmen**: *nicht tief Luft holen* ◆ Getrenntschreibung→R 4.2 Es ist besser, wenn du im Bett flach/etwas flacher liegst., Der Patient muss sich flach/flacher legen., Der Patient muss flach/flacher gelegt werden., ein flach gedrückter Karton *siehe aber* **flachliegen**

Flach·bild·schirm der <-(e)s, -e> TECHN. *ein Computer- oder Fernsehbildschirm, der in der Tiefe geringe Abmessungen hat* Ein Computer mit Flachbildschirm braucht weniger Platz auf dem Schreibtisch.

Flach·dach das <-(e)s, Flachdächer> BAUW. *ein Dach in flacher Bauform* Das Flachdach der Klinik dient auch als Landeplatz für Hubschrauber.

Flä·che die <-, -n> **1.** MATH. eine geometrische Figur, die eine Ausdehnung in Länge und Breite hat, Ein Würfel hat sechs Flächen., eine rechteckige/runde Fläche, den Inhalt/die Größe einer Fläche berechnen **2.** *ein Stück Land mit einer bestimmten Ausdehnung* Weite Flächen sind überschwemmt., Diese Flächen gehören der Stadt., eine Fläche bebauen/verpachten ◆ Acker- Gewerbe-

Flä·chen·in·halt der <-(e)s, -e> MATH. *die Größe einer geometrischen Figur* den Flächeninhalt eines Kreises berechnen

Flä·chen·maß das <-es, -e> MATH. *eine Maßeinheit für den Flächeninhalt*

flach·fal·len <fällt flach, fiel flach, ist flachgefallen> *ohne OBJ* ■ *etwas fällt flach* (*umg.* ≈ *ausfallen*) *nicht stattfinden* Die heutige Veranstaltung muss leider flachfallen, weil der Künstler erkrankt ist. ◆ Zusammenschreibung→R 4.11 Meine diesjährige Geburtstagsfeier ist flachgefallen.

Flach·land das <-(e)s> (*kein Plur.*) (↔ *Bergland, Gebirge*) *eine flache Landschaft ohne größere Erhebungen* Das Gebirge geht unvermittelt ins Flachland über.

flach·lie·gen <liegst flach, lag flach, hat flachgelegen> *ohne OBJ* ■ *jmd. liegt flach* (*umg.*) *krank sein* Sie liegt schon seit drei Tagen flach. ◆ Zusammenschreibung→R 4.11 Wenn du dich bei dem Wetter nicht wärmer anziehst, wirst du nächste Woche bestimmt flachliegen.

Flach·mann der <-(e)s, Flachmänner> (*umg.*) *eine kleine Flasche, die man in der Tasche tragen kann* (*und die meist ein alkoholisches Getränk enthält*)

Flachs der <-es> (*kein Plur.*) **1.** BOT. *eine Nutzpflanze, aus der man Fasern und Öl gewinnen kann* Flachs anbauen/ernten **2.** *die aus der Flachspflanze gewonnene Faser* Flachs spinnen, Flachs zu Leinen verarbeiten **3.** (*umg.*) *Scherz* Mach keinen Flachs!, Das habe ich nur aus Flachs gesagt.

flachs·blond <nicht steig.> *Adj. von sehr hellem Blond* flachsblonde Haare haben

flach·sen <flachst, flachste, hat geflachst> *ohne OBJ* ■ *jmd. flachst* (*umg.*) *Scherze machen; etwas nicht ernst meinen* Flachst du oder ist das dein Ernst?

flach·sig *Adj.* (*österr.*) *zäh, sehnig* (*Fleisch*)

fla·ckern <flackerst, flackerte, hat geflackert> *ohne OBJ* ■ *etwas flackert unruhig brennen oder leuchten* Das Feuer/die Taschenlampe flackert.

Fla·den der <-s, -> **1.** *ein flaches, rundes Stück Brot* Fladen backen ◆ -brot **2.** *ein flacher Haufen aus dickflüssigem Material* ein Fladen Kuhmist ◆ Kuh-

Flag·ge die <-, -n> *eine Fahne als Symbol eines Landes* die Flagge eines Landes, die Flagge hissen, Das Schiff fährt unter deutscher Flagge. ■ **Flagge zeigen**: *sich öffentlich zu etwas bekennen*

flag·gen *ohne OBJ* ■ *jmd. flaggt Flagge(n) aufziehen* Das Schiff/Die Botschaft hat geflaggt., halbmast flaggen

Flagg·schiff das <-(e)s, -e> **1.** SEEW. *das wichtigste Schiff einer Flotte* **2.** (*übertr.*) *das wichtigste Produkt eines Unternehmens* Das auf der Messe gezeigte Modell ist das Flaggschiff unter den Produkten dieser Firma.

Flair das [flɛːɐ̯] <-s> (*kein Plur.*) (*geh.*) *die besondere Ausstrahlung eines Ortes oder einer Veranstaltung* Die Stadt hat ein fast südliches Flair., Dem Festival fehlte es am nötigen Flair.

Flak die <-, -/-s> MILIT. **1.** *Abkürzung von „Flugabwehrkanone“* **2.** (*kein Plur.*) *eine mit Flugabwehrkanonen ausgestattete militärische Einheit* Er war im Zweiten Weltkrieg bei der Flak.

Fla·kon der/das [fla'kõː] <-s, -s> *ein kleines Gefäß für Parfüm*

flam·bie·ren *mit OBJ* ■ *jmd. flambiert etwas* KOCH. *eine Speise mit Alkohol übergießen und anzünden* Eis mit flambierten Pfirsichen

Fla·me, Flä·min der <-n, -n> *Einwohner(in) von Flandern*

Fla·men·co der [fla'mɛŋko] <-(s), -s> *eine Lied-*

form bzw. ein Tanz aus Andalusien einen Flamenco tanzen ◆-musik, -tänzer

Fla·min·go der <-s, -s> *ein Wasservogel mit rosafarbenem Gefieder und stelzenartigen Beinen*

flä·misch <nicht steig.> *Adj. auf Flandern bezogen, aus Flandern stammend* die flämische Sprache, das Flämische als Muttersprache sprechen *siehe auch* **deutsch**

Flam·me die <-, -n> **1.** *der sichtbare Lichteffekt des Feuers* mit blauer/roter Flamme brennen, lodernde Flammen ◆Gas- **2.** (*veralt. umg.*) *Freundin* Na, hast du mal wieder eine neue Flamme? **3.** *Kochstelle* ein Herd mit vier Flammen, etwas auf kleiner Flamme kochen ■ **in Flammen stehen**: *brennen* **ein Raub der Flammen werden** (*geh.*): *verbrennen* **etwas den Flammen übergeben** (*geh.*): *etwas verbrennen*

flam·mend <nicht steig.> *Adj.* **1.** *intensiv leuchtend* ein flammendes Rot **2.** *leidenschaftlich* eine flammende Rede halten

Flam·men·wer·fer der <-s, -> *eine Waffe, die einen starken Feuerstrahl erzeugt*

Flan·dern <-s> *eine Landschaft in Belgien*

Fla·nell der <-s, -e> *ein leichter, wärmender Wollstoff* Bettwäsche/Nachtwäsche aus Flanell ◆-hemd, -hose

fla·nie·ren <flanierst, flanierte, hat/ist flaniert> *ohne OBJ* ■ *jmd. flaniert irgendwo* (*geh.*) *irgendwo zum Zeitvertreib langsam spazierengehen* Wir haben ein bisschen im Park flaniert., Wir sind durch die Straßen der Stadt flaniert.

Flan·ke die <-, -n> **1.** *eine der beiden Seiten eines Pferdes* die Sporen in die Flanken des Pferdes drücken **2.** MILIT. *die Seite einer Kampfformation* Die Flanken der Truppe waren ungeschützt. **3.** SPORT *beim Fußball ein Schuss von der Seite des Spielfelds vor das gegnerische Tor* eine Flanke schlagen **4.** SPORT *der seitliche Sprung von einem Turngerät* Er ging mit einer Flanke vom Barren ab.

flan·ken SPORT **I.** *mit OBJ/ohne OBJ* ■ *jmd. flankt (etwas) einen Ball seitlich schlagen* einen Ball ins Tor flanken, Müller flankt, dann Pass von Maier – und Tor! **II.** *ohne OBJ* ■ *jmd. flankt von etwas Dat. mit einem seitlichen Sprung von etwas abgehen* vom Gerät flanken

flan·kie·ren *mit OBJ* ■ *etwas flankiert etwas* (*geh.*) **1.** *zu beiden Seiten von etwas stehen oder gehen* Das Tor wurde von zwei Wachposten flankiert., Bäume flankieren den Weg. **2.** (*übertr.*) *unterstützen* ein Projekt mit finanziellen Mitteln flankieren, flankierende Maßnahmen ▶Flankierung

Flansch der <-(e)s, -e> **1.** TECHN. *eine ringförmige Verbreiterung am Ende eines Rohres* **2.** *das in einer Art Verdickung auslaufende Ende einer Nabe, in dem die Speichennippel eingelassen sind* ◆Hochflanschnabe, Niederflanschnabe

Fla·sche die <-, -n> **1.** *ein Gefäß (meist aus Glas), in dem man Flüssigkeiten aufbewahrt, das meist einen wie ein Zylinder geformten Körper und einen länglichen Hals hat und das man mit einem Korken oder einer Schraubkappe verschließt* eine Flasche Bier/Cognac/Mineralwasser/Saft/Wein, eine Flasche Öl/Spülmittel, eine Flasche entkorken/öffnen/verschließen ◆-nautomat, -nhals, -npfand, Bier-, Einweg-, Milch-, Pfand-, Wasser-, Wein- **2.** *die Menge von etwas, die in eine Flasche*[1] *passt* eine ganze Flasche Wein austrinken **3.** (*umg. abwert.* ≈ *Pfeife*) *Schwächling; Versager* Du bist mir vielleicht eine Flasche!, Diese Flasche hat doch nicht den Mut, sich zu wehren!

Fla·schen·bier das <-(e)s, -e> (↔ *Fassbier*) *in Flaschen abgefülltes Bier*

fla·schen·grün <nicht steig.> *Adj. von dem Grün, das an Weinflaschen erinnert*

Fla·schen·hals der <-es, Flaschenhälse> *der längliche obere Teil einer Flasche*

Fla·schen·kind das <-(e)s, -er> (↔ *Brustkind*) *eim Kleinkind, das mit der Milchflasche ernährt wird* Man nimmt an, dass Flaschenkinder krankheitsanfälliger sind als Brustkinder.

Fla·schen·öff·ner der <-s, -> *ein Werkzeug, mit dem man von Flaschen den Verschluss entfernen kann*

Fla·schen·pfand das <-(e)s, Flaschenpfänder> *bei der Rückgabe leerer Mehrwegflaschen erhaltenes Pfandgeld*

Fla·schen·post die <-> (*kein Plur.*) *eine auf Papier geschriebene Nachricht, die man in eine leere Flasche steckt, um diese auf dem Wasser irgendwohin treiben zu lassen*

Fla·schen·zug der <-(e)s, Flaschenzüge> TECHN. *eine Vorrichtung zum Heben von Lasten, bei der ein Seil über Rollen bzw. über eine Rolle läuft*

Flasch·ner der <-s, -> (*süddt.*) *Klempner*

flat·ter·haft *Adj.* (*abwert.*) *schnell und häufig bereit, seine Prinzipien zu ändern* ein flatterhaftes Wesen haben

Flat·ter·haf·tig·keit die <-> (*kein Plur.*) (*abwert.*) *die Bereitschaft, seine Prinzipien schnell und häufig zu ändern* Seine Flatterhaftigkeit kostete ihn viele gute Freunde.

flat·tern <flatterst, flatterte, hat/ist geflattert> *ohne OBJ* **1.** ■ *ein Tier flattert mit den Flügeln* ((*haben*)) *mit den Flügeln schnelle Bewegungen machen* Der Vogel flatterte aufgeregt (mit den Flügeln). **2.** ■ *ein Tier flattert irgendwo/irgendwohin* ((*sein*)) *mit schnellen Bewegungen der Fügel fliegen* Der Schmetterling flattert von Blume zu Blume. **3.** ■ *etwas flattert irgendwo* ((*haben*)) *vom Wind bewegt werden* Die Fahnen flatterten im Wind., Die Wäsche hat auf der Leine geflattert., Die Blätter sind zu Boden geflattert. **4.** ■ *etwas flattert* ((*haben*)) *sich ungleichmäßig bewegen* Der Puls flattert., Seine Hände flattern vor Aufregung.

flau *Adj.* **1.** *schwach; unwohl* ein flaues Gefühl haben, Mir wird ganz flau im Magen. **2.** *langweilig; lustlos* eine flaue Stimmung, Die Börse verzeichnet einen flauen Handel., Die Geschäfte gehen flau. ▶Flauheit

Flaum der <-(e)s> (*kein Plur.*) **1.** *die ganz dünnen weichen Federn, die direkt auf der Haut von Vögeln unter den Deckfedern wachsen* Die Altvögel polstern das Nest mit ihrem Flaum. ◆-feder, Enten-, Gänse- **2.** (*umg. scherzh.*) *leichte Behaarung* Ein leichter Flaum bedeckt sein Kinn. ◆ Bart-

flau·mig *Adj.* **1.** *aus Flaum bestehend* das flaumige Gefieder der Küken **2.** (*süddt. österr.*) *weich und zart* ein flaumig weicher Stoff, flaumige Kissen

Flausch der <-(e)s, -e> *ein weicher Wollstoff* ▶flauschig

Flau·sen <-> *Plur.* (*umg. abwert.*) *dumme oder unnütze Einfälle* Der Junge hat nur Flausen im Kopf.

Flau·te die <-, -n> **1.** SEEW. *Windstille* Die Segelregatta musste wegen der anhaltenden Flaute ausfallen. **2.** WIRTSCH. *sehr schwache Konjunktur* Momentan herrscht Flaute in der Bauwirtschaft. **3.** (*übertr.*) *Lustlosigkeit; Leistungsschwäche* Gegen Ende des Schuljahres hatte sie eine Flaute.

Flech·te die <-, -n> **1.** (*nur Plur.*) (*geh.*) *geflochtenes Haar* Sie hat ihre blonden Flechten zur Frisur gesteckt. **2.** BOT. *eine Pflanze aus Algen und Pilzfäden* Die Felsen waren mit gelben Flechten bewachsen. ◆ Moos-, Pilz- **3.** MED. ≈ EKZEM *ein Hautausschlag* eine Flechte an den Händen haben ◆ Schuppen-

flech·ten <flichst, flocht, hat geflochten> *mit OBJ* ■ *jmd. flicht etwas* **1.** (*mehrere Stränge von etwas*) *miteinander verschlingen*, Haare/Weidenzweige/Wollfäden flechten **2.** *durch Flechten herstellen* Körbe flechten, einen Zopf flechten

Fleck der <-(e)s, -e> **1.** *eine schmutzige Stelle, die entstanden ist, weil eine* (*meist flüssige*) *Substanz darauf gekommen ist* Das Hemd/Die Tischdecke hat Flecken., sich einen Fleck auf das Hemd machen, Der Fleck ist beim Waschen nicht (he)rausgegangen. ◆ Blut-, Fett-, Schmutz-, Tinten- **2.** *eine Stelle, die sich in der Farbe von der Umgebung unterscheidet* Die Katze hat ein schwarzes Fell und kleine weiße Flecken über den Augen. **3.** (*umg.*) *Ort; Stelle* sich nicht vom Fleck rühren, Der Stein lässt sich nicht vom Fleck bewegen., Das ist ein schöner Fleck, wo ihr Urlaub machen wollt. ■ **ein blauer Fleck** (*umg.*): *ein Bluterguss unter der Haut* **vom Fleck weg** (*umg.*): *sofort* **nicht vom Fleck kommen** (*umg.*): *nicht weiterkommen*

Fle·cken der <-s, -> **1.** *Schmutzfleck* **2.** *eine Stelle, an der etwas eine andere Farbe aufweist* ein weißes Fell mit braunen Flecken **3.** (*veralt.*) *eine kleinere Ortschaft* in einem kleinen Flecken wohnen

fle·cken·los <nicht steig.> *Adj. so, dass sich keine schmutzigen Stellen darauf befinden* Die Wäsche ist fleckenlos rein geworden.

Fleck·ent·fer·ner, *a.* **Fle·cken·ent·fer·ner** der <-s, -> *ein chemisches Mittel zum Entfernen von Flecken*[1] *aus Textilien*

Fle·cken·was·ser das <-s, -> (≈ *Fleckentferner*)

Fle·ckerl·tep·pich der <-s, -e> (*süddt. österr.*) *ein Teppich aus Stoffresten*

fle·ckig *Adj. so, dass es* (*viele*) *schmutzige Stellen hat* ein fleckiges Hemd

fled·dern <fledderst, fledderte, hat gefleddert> *mit OBJ/ohne OBJ* (*umg.*) **1.** ■ *jmd. fleddert* (*jmdn.*) (*abwert.*) (*Wehrlose*) *ausplündern* Leichen fleddern **2.** ■ *jmd. fleddert etwas* (*scherzh.*) *nach Verwertbarem durchsuchen* Ich habe den Schreibtisch/den Sperrmüll gefleddert.

Fle·der·maus die <-, Fledermäuse> *ein kleines Säugetier, das fliegen und sich besonders gut auch im Dunkeln orientieren kann, das oft in Höhlen lebt und sich von Insekten ernährt* Die Höhle/das alte Gemäuer wird von Fledermäusen bewohnt.

Fleece das [fliːs] <-> (*kein Plur.*) *ein stark wärmendes, winddichtes Gewebe, das oft für Sportbekleidung verwendet wird* ◆ -jacke

Fle·gel der <-s, -> (*abwert.* ≈ *Lümmel, Rüpel*) *ein junger Mann, der sich ungezogen benimmt* Dieser Flegel hat mir doch die Tür vor der Nase zugeschlagen!

Fle·ge·lei die <-, -n> (*abwert.*) *ungezogenes Verhalten* Deine Flegeleien habe ich satt!

fle·gel·haft *Adj.* (*abwert.* ≈ *rüpelhaft*) *ungezogen* flegelhaftes Benehmen

Fle·gel·jah·re <-> *Plur.* (*umg. scherzh.*) *der Entwicklungsabschnitt, in dem ein junger Mensch zu flegelhaftem Benehmen neigt* in die Flegeljahre kommen

Fle·hen das <-s> (*kein Plur.*) *inständiges Bitten* sich aufs Flehen verlegen, All sein Flehen war umsonst.

fle·hen *ohne OBJ* ■ *jmd. fleht um etwas Akk.* (*geh.*) *inständig bitten* Die Gefangenen flehen um Gnade., jemandem einen flehenden Blick zuwerfen

fle·hent·lich <nicht steig.> *Adj.* (*geh.* ≈ *inständig*) *so, dass man fast verzweifelt um etwas bittet* flehentliches Bitten

Fleisch das <-(e)s> (*kein Plur.*) **1.** *das die Knochen umgebende Muskelgewebe von Tieren und Menschen* Die Wunde ging tief ins Fleisch. **2.** KOCH. *das Fleisch*[1] *von Tieren als Nahrung* fettes/mageres/sehniges Fleisch, das Fleisch braten/garen/ kochen/panieren/würzen ◆-gericht, -saft, Kalb-, Rind-, Schweine- **3.** (≈ *Fruchtfleisch*) *die feste Substanz, die das Innere von Früchten bildet* ein Pfirsich mit festem Fleisch **4.** (*veralt. geh.*) *der menschliche Körper im Hinblick auf seine Sexualität* die Bedürfnisse des Fleisches, Der Geist ist willig, doch das Fleisch ist schwach. ■ **jemand schneidet sich ins eigene Fleisch** (*umg.*): *jmd. fügt sich selbst einen Schaden zu* **jemandem in Fleisch und Blut übergehen** (*umg.*): *jmdm. zur Gewohnheit werden und deshalb nicht viel Nachdenken erfordern* **vom Fleisch(e) fallen** (*umg.*): *sehr abmagern* **sein eigen Fleisch und Blut** (*veralt. geh.*): *die eigenen Kinder* ◆ Getrenntschreibung→R 4.3/4.12 Fleisch fressende Pflanzen, die Fleisch verarbeitende Industrie

Fleisch·be·schau die <-> (*kein Plur.*) **1.** *die amtliche Untersuchung von zum Verzehr bestimmten Fleisch*[2] **2.** (*abwert.*) *das lustvolle Betrachten wenig bekleideter Frauen durch Männer*

Fleisch·brü·he die <-, -n> KOCH. *aus Fleisch*[2] *oder Fleischextrakt gekochte klare Brühe*

Flei·scher, **Flei·sche·rin** der <-s, -> (≈ *süddt. Metzger, norddt. Schlachter*) *jmd., der beruflich Tiere schlachtet und Fleisch*[2] *verarbeitet bzw. ver-*

kauft ◆-geschäft, -geselle, -handwerk, -meister

Fleisch·ex·t·rakt der <-(e)s, -e> KOCH. *eine aus Fleischbrühe gewonnene Paste, die zum Würzen und Zubereiten von Speisen verwendet wird*

fleisch·far·ben <nicht steig.> *Adj. von der Farbe (weißer) menschlicher Haut* Die Tänzerin trug ein fleischfarbenes Kostüm.

Fleisch·fres·ser der <-s, -> (BIOL.: ↔ *Pflanzenfresser*) *ein Tier, das sich vom Fleisch anderer Tiere ernährt*

Fleisch·ga·bel die <-, -n> *eine Gabel mit langem Stiel und zwei Zacken, mit der man Bratenfleisch festhält, wenn man es schneiden will*

Fleisch·hau·er der (*österr.*) *Metzger, Fleischer*

flei·schig *Adj. so, dass viel Fleisch*[1] [3] *daran ist* fleischige Lippen haben, die fleischigen Blätter eines Kaktus

Fleisch·küch·le das <-s, -> (KOCH.: ≈ *Bulette, Frikadelle*) *Hackfleisch, das zu einer Art kleinen Kugel geformt ist, die man in der Pfanne brät und warm oder kalt isst*

fleisch·lich <nicht steig.> *Adj.* (*veralt. geh.*) *körperlich; sexuell* fleischliches Verlangen, den fleischlichen Freuden entsagen

fleisch·los <nicht steig.> *Adj. so, dass es kein Fleisch enthält* die fleischlose Kost des Vegetariers

Fleisch·spieß der <-es, -e> KOCH. *kleinere Fleischstücke, die meist zusammen mit Zwiebel-, Gurken- und Paprikascheiben auf einem Spieß angeordnet sind*

Fleisch·to·ma·te die <-, -n> *eine Tomatenart mit besonders festem Fruchtfleisch*

Fleisch·ver·gif·tung die <-, -en> MED. *eine durch den Verzehr von verdorbenem Fleisch*[2] *hervorgerufene Vergiftung*

Fleisch·wa·ren <-> *Plur. Sammelbegriff für Fleisch und Wurst* die Abteilung/die Theke für Fleischwaren

Fleisch·wolf der <-(e)s, Fleischwölfe> *ein Gerät zum Zerkleinern von Fleisch* Fleisch durch den Fleischwolf drehen

Fleisch·wun·de die <-, -n> MED. *eine Wunde, die tief ins Fleisch*[1] *geht*

Fleisch·wurst die <-, Fleischwürste> KOCH. eine Wurst, die aus Blut, zerkleinertem Fleisch[2] und Gewürzen hergestellt wird

Fleiß der <-es> (*kein Plur.*) (↔ *Faulheit*) *die Eigenschaft, viel und eifrig zu arbeiten* voller Fleiß arbeiten, Der Mitarbeiter zeigt wenig Fleiß. ■ **mit Fleiß** (*süddt.*): *absichtlich*

flei·ßig *Adj.* **1.** (↔ *faul*) *voller Fleiß* ein fleißiger Schüler, die fleißigen Bienen, es mit fleißiger Arbeit zu etwas bringen wollen **2.** *intensiv und regelmäßig* fleißig lernen/Sport treiben, fleißig im Garten arbeiten

flek·tie·ren *mit OBJ* ■ *jmd. flektiert etwas* SPRACHWISS. *ein Wort in seinen grammatischen Formen beugen* Das Flektieren von Substantiven heißt Deklinieren, das Flektieren von Verben heißt Konjugieren. ▸flektierbar

flen·nen *ohne OBJ* ■ *jmd. flennt* (*umg. abwert.*) *lautstark weinen* Hör endlich auf zu flennen!

flet·schen <fletschtst, fletschte, hat gefletscht> *mit OBJ* ■ *ein Tier fletscht die Zähne drohend zeigen* Der Hund fletscht die Zähne.

fle·xi·bel <flexibler, am flexibelsten> *Adj.* **1.** (≈ *biegsam, elastisch*) *so, dass man es leicht biegen kann* ein flexibles Material, Die Angelrute ist sehr flexibel. **2.** (*übertr.* ≈ *anpassungsfähig*) *so, dass jmd. oder etwas sich leicht an verschiedene Situationen und Aufgaben anpasst* ein flexibler Mitarbeiter, ein flexibel einsetzbares Gerät, den Ablauf flexibel gestalten

fle·xi·bi·li·sie·ren *mit OBJ* ■ *jmd. flexibilisiert etwas* (*geh.*) *flexibel gestalten* die Arbeitszeiten flexibilisieren

Fle·xi·bi·li·sie·rung die <-, -en> (*selten Plur.*) (*geh.*) *die flexible Gestaltung* die Flexibilisierung der Arbeitszeiten

Fle·xi·bi·li·tät die <-> (*kein Plur.*) **1.** (≈ *Biegsamkeit*) *die Eigenschaft, dass etwas sich leicht bewegen lässt* **2.** (≈ *Anpassungsfähigkeit*) *die Eigenschaft, dass jmd. sich leicht an verschiedene Situationen und Aufgaben anpasst* von seinen Mitarbeitern große Flexibilität verlangen

Fle·xi·on die <-, -en> SPRACHWISS. *die Beugung eines Wortes in seinen grammatischen Formen*

Fli·cken der <-s, -> *ein kleineres Stück Stoff, das zur Ausbesserung von Textilien dient*

fli·cken *mit OBJ* ■ *jmd. flickt etwas* (≈ *ausbessern*) *zerrissenen Stoff reparieren* einen Reifen flicken, Socken flicken, eine Hose flicken

Fli·cken·tep·pich der <-s, -e> *aus vielen kleinen Stoffstücken zusammengenähter Teppich*

Flick·schus·te·rei die <-, -en> (*abwert.*) *eine schlechte Arbeit, die zahlreiche Mängel und Nachbesserungen aufweist*

Flick·zeug das <-s> (*kein Plur.*) *Werkzeug und Material zum Flicken* Flickzeug für Fahrradreifen, Flickzeug für Kleidung

Flie·der der <-s> (*kein Plur.*) **1.** *ein Strauch, der duftende, doldenförmige Blüten trägt* blauer/roter/weißer Flieder ◆-strauch **2.** *blühende Zweige des Flieders*[1] Er brachte ihr weißen Flieder mit.

Flie·ge die <-, -n> **1.** ZOOL. *ein kleines, schwarzes, flugfähiges Insekt mit durchsichtigen Flügeln* Fliegen schwirren um das Obst herum. ◆Frucht-, Obst-, Schmeiß- **2.** *eine Schleife, die man anstelle einer Krawatte trägt* eine Fliege umbinden ■ **keiner Fliege etwas zuleide tun** (*umg.*): *friedfertig sein* **zwei Fliegen mit einer Klappe schlagen** (*umg.*): *zwei Dinge zugleich erledigen* **umfallen wie die Fliegen** (*umg.*): (*von Personen*) *in großer Zahl krank werden oder sterben* **die Fliege machen** (*umg.*): *schnell von einem Ort weggehen*

flie·gen <fliegst, flog, hat/ist geflogen> **I.** *mit OBJ* (*haben*) **1.** ■ *jmd. fliegt etwas irgendwohin ein Luftfahrzeug steuern* Der Pilot fliegt die Maschine nach München. **2.** ■ *jmd. fliegt etwas irgendwohin mit dem Flugzeug transportieren* Er hat die Fracht/die Passagiere nach Venezuela geflogen. **II.** *ohne OBJ* (*sein*) **1.** ■ *ein Tier fliegt sich selbstständig durch die Luft bewegen* Die Bienen/die

Schmetterlinge/die Vögel fliegen. **2.** ■ *jmd. fliegt irgendwohin mit dem Flugzeug reisen* Er ist nach Spanien/von Frankfurt nach London geflogen. **3.** ■ *etwas fliegt irgendwohin durch die Luft getrieben werden* Die Blätter fliegen durch die Luft., Eine Feder fliegt zu Boden., Ein Ball fliegt durch das Fenster. **4.** (*umg.*) *sich schnell bewegen; eilen* Sie flog in seine Arme., Ich fliege!, in fliegender Eile angerannt kommen **5.** (*umg.*) *hinfallen* Er flog auf die Nase. **6.** ■ *jmd. fliegt aus etwas Dat.* (*umg.*) *entlassen werden* Er ist aus der Firma geflogen. ■ **auf jemanden/etwas fliegen** (*umg.*): *von jmdm. oder etwas spontan sehr begeistert sein* Sie fliegt auf den Filmstar. **eine fliegende Untertasse** (*scherzh.*): *ein unbekanntes Flugobjekt* **ein fliegender Händler**: *ein Händler, der keinen festen Verkaufsstand hat* ◆ Großschreibung→R 3.18 der Fliegende Holländer, Fliegende Fische

Flie·gen·ge·wicht das <-(e)s, -e> SPORT **1.** (*kein Plur.*) (↔ *Schwergewicht*) *die leichteste Gewichtsklasse in bestimmten Sportarten* im Fliegengewicht antreten **2.** *ein Sportler der Gewichtsklasse Fliegengewicht*[1] Er ist ein Fliegengewicht.

Flie·gen·klat·sche die <-, -n> *ein Gegenstand, mit dem man nach Fliegen schlägt*

Flie·gen·pilz der <-es, -e> *ein giftiger Pilz, der eine rote Kappe mit weißen Punkten hat*

Flie·ger der <-s, -> **1.** (*umg.* ≈ *Flugzeug*) Mein Flieger geht schon um acht Uhr morgens., sich in den Flieger nach London setzen **2.** (≈ *Pilot*) ein erfahrener Flieger **3.** MILIT. *ein* (*einfacher*) *Soldat der Luftwaffe*

Flie·ger·ab·wehr die <-> (*kein Plur.*) (≈ *Flugabwehr*)

Flie·ger·a·larm der <-(e)s, -e> *eine von Sirenen gegebene Warnung vor einem Luftangriff* Fliegeralarm geben

Flie·ger·an·griff der <-s, -e> MILIT. *ein Angriff durch Kampfflugzeuge*

Flie·ger·horst der <-es, -e> MILIT. *ein militärischer Flugplatz*

flie·hen <fliehst, floh, ist geflohen> *ohne OBJ* ■ *jmd. flieht vor etwas Dat.* (≈ *flüchten*) *von einem Ort weglaufen, weil dort eine Gefahr ist* ins Ausland/aus dem Gefängnis fliehen, vor einem Unwetter fliehen, Tausende Menschen flohen vor den herannahenden Truppen.

Flieh·kraft die <-> (*kein Plur.*) (PHYS.: ≈ *Zentrifugalkraft*)

Flie·se die <-, -n> BAUW. *eine von vielen kleinen Keramikplatten, mit denen man Fußböden oder Wände in Küche und Badezimmer bedecken kann* gelbe Fliesen für das Bad auswählen ◆ -nboden

Flie·sen·le·ger, **Flie·sen·le·ge·rin** der <-s, -> *jmd., der beruflich Fußböden und Wände mit Fliesen bedeckt*

Fließ·band das <-(e)s, Fließbänder> *ein maschinell vorwärtsbewegtes Band, auf dem Werkstücke von einem Arbeitsplatz zum nächsten transportiert und stufenweise bearbeitet werden* am Fließband arbeiten

Fließ·band·ar·beit die <-> (*kein Plur.*) *die Arbeit an einem Fließband* ▶Fließbandarbeiter

Fließ·band·fer·ti·gung die <-> (*kein Plur.*) *die industrielle Fertigung am Fließband*

flie·ßen <fließt, floss, ist geflossen> *ohne OBJ* **1.** ■ *etwas fließt irgendwohin sich als Flüssigkeit irgendwohin bewegen* Die Elbe fließt in die Nordsee., Der Fluss/Strom fließt träge dahin., Das Regenwasser fließt in die Tonne., Das Wasser fließt in das Becken/über den Beckenrand., Das Blut fließt in den Adern., ein zäh fließender Brei, Weißt du, wo Moldau und Elbe ineinander fließen? **2.** ■ *etwas fließt sich gleichmäßig* (*irgendwo*) *bewegen* In den Leitungen fließt Strom., Der Verkehr fließt wieder ungehindert. **3.** ■ *etwas fließt Flüssigkeit abgeben* Der Wasserhahn fließt., Meine Nase fließt dauernd. **4.** ■ *etwas fließt in etwas Akk.* (*übertr.*) *in größeren Mengen irgendwohin gelangen* Erhebliche Geldmittel sind über die Jahre in diesen Bau geflossen., Es ist viel Arbeit in dieses Projekt geflossen. ■ **ein Zimmer mit fließendem Wasser**: *ein Zimmer mit Anschluss an die Wasserleitung* ◆ Getrenntschreibung→R 4.1 ineinander fließende Farben

flie·ßend <nicht steig.> *Adj.* **1.** *so, dass es ineinander übergeht und es keine scharfe Grenze gibt* ein fließender Übergang, fließende Grenzen **2.** *ohne Stockungen* eine Sprache fließend sprechen, seine Rede in fließendem Englisch halten

Fließ·heck das <-s, -s> KFZ *ein nach hinten flach abfallendes Heck eines PKW*

flim·mer·frei <nicht steig.> *Adj. so, dass ein Bildschirm nicht flimmert*

flim·mern <flimmerst, flimmerte, hat geflimmert> *ohne OBJ* ■ *etwas flimmert* **1.** *in unregelmäßigem Wechsel heller und dunkler werden* Das Fernsehbild flimmert., Die Luft flimmert vor Hitze., Die Sterne flimmern am Himmel. **2.** *einen unregelmäßige Wechsel in seiner Tätigkeit aufweisen* Das Herz flimmert.

flink <flinker, am flink(e)sten> *Adj. schnell und geschickt* flinke Bewegungen machen, flink klettern/rechnen können, flink wie ein Wiesel sein ▶Flinkheit

Flin·te die <-, -n> (≈ *Jagdgewehr*) Der Jäger legt mit der Flinte auf den Hasen an. ■ **die Flinte ins Korn werfen** (*umg.*): *zu früh aufgeben*

Flip·chart, *a.* **Flip-Chart** das ['flɪptʃaːt] <-s, -s> *ein auf einem Gestell befestigter großer Papierblock, der anstelle einer Wandtafel verwendet wird*

Flip·per der <-s, -> **1.** *ein am Spielautomaten gespieltes Geschicklichkeitsspiel* Flipper spielen **2.** *ein Spielautomat zum Flipperspielen* stundenlang am Flipper stehen ◆ -automat

flip·pern <flipperst, flipperte, hat geflippert> *ohne OBJ* ■ *jmd. flippert* (*umg.*) *Flipper spielen*

flip·pig *Adj.* (*jugendspr.*) *flott und irgendwie auffällig* flippige Klamotten tragen, ein flippiger Typ

flir·ren *ohne OBJ* ■ *etwas flirrt in unregelmäßigem Wechsel heller und dunkler werden* Die Luft flirrt vor Hitze., Er starrte auf den Computer bis der Bildschirm zu flirren schien.

Flirt der [flœrt] <-(e)s, -s> *das Flirten* Hatten die beiden ein Verhältnis oder war es nur ein harmloser Flirt?

flir·ten ['flœrtn̩] *ohne OBJ* ■ *jmd. flirtet mit jmdm. auf nette, unverbindliche Art jmdm. sein erotisches Interesse zeigen* Die beiden haben nur ein wenig miteinander geflirtet.

Flitt·chen das <-s, -> (*umg. abwert.*) *eine Frau, die häufig mit wechselnden Partnern sexuellen Kontakt sucht* (*und sich dafür bezahlen lässt*)

Flit·ter der <-s, -> **1.** *glitzernde Metallplättchen zum Aufnähen* ein Kleid mit viel Flitter tragen **2.** (*kein Plur.*) (*abwert.*) *billiger oder unechter Schmuck* Das ist doch alles nur Flitter!

Flit·ter·wo·chen <-> *Plur. die ersten Wochen nach der Hochzeit* (*in denen ein Paar üblicherweise verreist*) in den Flitterwochen sein, in die Flitterwochen fahren, die Flitterwochen in Venedig verbringen

flit·zen <flitzt, flitzte, ist geflitzt> *ohne OBJ* ■ *etwas/ein Tier flitzt irgendwohin* (*umg.*) *sich sehr schnell* (*irgendwohin*) *bewegen* Ein Auto flitzte um die Ecke., Die Maus flitzt in ihr Loch.

Flit·zer der <-s, -> (*umg.*) *ein schnelles Auto* Er fährt irgendeinen roten Flitzer.

floa·ten ['flo:tn̩] *ohne OBJ* ■ *etwas floatet* WIRTSCH. *durch Freigabe des Wechselkurses schwanken*

Flo·cke die <-, -n> **1.** *kurz für „Schneeflocke"* Der Schnee fällt in dichten Flocken. **2.** *ein kleines Stück von einem leichten Material* Das Ei bildet Flocken in der kochenden Brühe., Auf dem Wasser schwimmen weiße Flocken von Schaum., einzelne Flocken von der Watte abreißen ◆ Staub- **3.** KOCH. *zu kleinen Plättchen verarbeitete Getreidekörner* Hafer zu Flocken verarbeiten ◆ Hafer-

flo·ckig <nicht steig.> *Adj. in Flocken*[2] Die Milch wird flockig, sie ist wahrscheinlich sauer.

Floh der <-(e)s, Flöhe> **1.** ZOOL. *ein Blut saugendes Insekt, das Tiere und Menschen befällt* Der Hund hat Flöhe., Mich hat ein Floh gebissen. **2.** (*umg. scherzh.*) *eine kleine, lebhafte Person* Ihre kleine Tochter ist ein richtiger Floh. ■ **jemandem einen Floh ins Ohr setzen** (*umg.*): *in jmdm. unerfüllbare Wünsche wecken* **die Flöhe husten hören** (*umg.*): *besonders vorsichtig und etwas misstrauisch sein*

Floh·markt der <-(e)s, Flohmärkte> *ein Markt, auf dem mit alten oder gebrauchten Gegenständen gehandelt wird*

Flop der <-s, -s> (*umg.*) *ein Misserfolg* Das ganze Fest war ein riesengroßer Flop., Das Buch sollte ein Verkaufsschlager werden, wurde aber ein Flop.

flop·pen *ohne OBJ* ■ *etwas floppt* (*umg.*) *ein Flop werden*

Flop·py·disk, *a.* **Flop·py Disk** die ['flɔpi'dɪsk] <-, -s> EDV *eine flexible Kunststoffscheibe zum Speichern von Daten* eine Floppydisk in das Laufwerk einlegen

Flor[1] der <-s,-e/Flöre> **1.** *ein dünnes Gewebe* eine Bluse aus Flor **2.** *Fasern bei samtartigen Geweben* der Flor eines Teppichs

Flor[2] der <-s,-e> (*Plur. selten*) (*geh.* ≈ *Blütenpracht*) *eine große Menge blühender Blumen* ein Flor duftender Rosen ◆ Blütenflor

Flo·ra die <-> (*kein Plur.*) (↔ *Fauna*) *die Gesamtheit aller Pflanzen* (*eines Gebietes*) die Flora der Alpen/der Steppengebiete

Flo·rett das <-(e)s, -e> *eine Stoßwaffe mit vierkantiger Klinge* mit dem Florett fechten ◆ -fechten

flo·rie·ren *ohne OBJ* ■ *etwas floriert prächtig gedeihen* Das Geschäft/Die Wirtschaft floriert.

Flo·rist, **Flo·ris·tin** der <-en, -en> *jmd., der beruflich in der Floristik arbeitet* Sie ist gelernte Floristin.

Flo·ris·tik die <-> (≈ *Blumenbinderei*) *das Handwerk, Blumen* (*und Pflanzen*) *zu kunstvollen Gestecken, Gebinden, Sträußen usw. zu arrangieren*

Flos·kel die <-, -n> (*abwert.*) *eine nichtssagende Redewendung, die man meist nur aus Höflichkeit gebraucht* eine abgedroschene/nichtssagende Floskel ► floskelhaft

Floß das <-es, Flöße> *ein aus zusammengebundenen Holzstämmen bestehendes einfaches Wasserfahrzeug* auf Flößen den Fluss hinunterfahren

Flos·se die <-, -n> **1.** ZOOL. *ein Körperteil von Fischen, das ähnlich wie ein Fächer oder Segel aussieht und mit dem ein Fisch seine Bewegung im Wasser steuert* die Flossen eines Fisches ◆ Schwanz- **2.** (≈ *Schwimmflosse*) *eine Art Schuh für Taucher oder Schwimmer, dessen Oberfläche groß ist und mit dem man sich gut im Wasser fortbewegen kann* mit Flossen schwimmen/tauchen ◆ Schwimm- **3.** (*umg. abwert.*) *Hand* Nimm gefälligst deine Flossen von meiner Schulter!

flö·ßen <flößt, flößte, hat geflößt> *mit OBJ* **1.** ■ *jmd. flößt etwas irgendwohin Baumstämme als Floß transportieren* Baumstämme den Fluss hinunter flößen **2.** ■ *jmd. flößt jmdm. etwas irgendwohin* (*Flüssigkeit*) *vorsichtig verabreichen* dem Kranken die Medizin in den Mund flößen ► einflößen

Flö·ßer, **Flö·ße·rin** der <-s, -> *jmd., der beruflich Holz flößt*[1] das alte Handwerk des Flößers ► Flößerei

Flö·te die <-, -n> *ein Blasinstrument, das aus einem* (*dünnen*) *Rohr aus Holz oder Metall besteht, in dem sich auf einer Seite kleine Löcher befinden* Flöte spielen, eine Komposition für Gitarre und Flöte ◆ -nmusik, -nsolo, -nspiel, Block-, Quer-, Pan-

flö·ten *mit OBJ/ohne OBJ* ■ *jmd. flötet* (*etwas*) **1.** *auf einer Flöte spielen* Sie kann schon einfache Melodien flöten., Wer flötet da so schön? **2.** (*umg.*) *mit einschmeichelnder Stimme sprechen* Sie flötete ihm etwas ins Ohr., Wenn du so flötest, weiß ich, dass du irgendetwas willst. **3.** (*Vogel*) *singen* Die Nachtigall flötet (ihr Lied). ■ **flöten gehen** (*umg.*): *verloren gehen*

Flö·tist, **Flö·tis·tin** der <-en, -en> *jmd., der* (*beruflich*) *Flöte spielt* als Flötistin in einem Orchester spielen

flott *Adj.* **1.** *schnell* (*und geschickt*) die Arbeit flott erledigen, eine flotte Bedienung, ein flotter Tänzer, Jetzt müssen wir aber flott machen! **2.** *modern* *und elegant* flott gekleidet sein, ein flottes Auto **3.** *nicht langweilig; leichtlebig* Er scheint dort ein flottes Leben geführt zu haben., flotte Unterhaltung bieten **4.** SEEW. *seetüchtig* Das Boot ist nicht flott. ◆ Getrenntschreibung→R 4.2 Wenn wir nicht flott/etwas flotter machen, kommen wir zu spät. *siehe aber* **flottmachen**

flott·be·kom·men <bekommst flott, bekam flott, hat flottbekommen> *mit OBJ* ■ *jmd. bekommt etwas flott* **1.** SEEW. *seetüchtig machen* ein Schiff wieder flottbekommen **2.** (*umg.*) *fahrbereit machen* Hast du dein altes Auto wieder flottbekommen?

Flot·te die <-, -n> *mehrere zusammengehörige militärische oder zivile Schiffe* die Flotte eines Landes ◆ -nverband, Handels-, Kriegs-

flott·ma·chen *mit OBJ* ■ *jmd. macht etwas flott* **1.** SEEW. *seetüchtig machen* ein Schiff wieder flottmachen **2.** (*umg.*) *fahrbereit machen* ein altes Motorrad wieder flottmachen

Flöz das <-es, -e> BERGB. *zum Abbau nutzbare Schicht im Gestein* ◆ Kohle-

Fluch der <-(e)s, Flüche> **1.** *ein magischer Spruch, mit dem man Böses wünscht* Angeblich lag ein Fluch auf diesem Schloss., Die böse Fee hatte einen Fluch gegen das Mädchen ausgesprochen. **2.** *in Wut geäußerte Worte* einen derben Fluch ausstoßen **3.** (*kein Plur.*) *etwas, das großes Unglück bringt* Hunger und Krankheit sind ein Fluch für die Menschheit.

flu·chen *ohne OBJ* ■ *jmd. flucht Flüche*[2] *ausstoßen* über/auf jemanden fürchterlich fluchen, Laut fluchend trottete er davon.

Flucht[1] die <-> (*kein Plur.*) *das Fliehen* die Flucht vor den Verfolgern, seine Flucht aus dem Gefängnis vorbereiten, Tausende befanden sich auf der Flucht., auf der Flucht erschossen werden ■ **die Flucht ergreifen**: *fliehen* **jemanden in die Flucht schlagen**: *jmdn. veranlassen zu fliehen* **die Flucht nach vorn antreten**: *etwas Gefährliches angreifen* ◆ -gefahr, -plan, -reaktion

Flucht[2] die <-, -en> *etwas, das in einer geraden Linie angeordnet ist* Die Häuser stehen in einer Flucht. ◆ Häuser-, Zimmer-

flucht·ar·tig <nicht steig.> *Adj. sehr schnell* Die Zuschauer verließen fluchtartig die Halle.

flüch·ten <flüchtest, flüchtete, ist/hat geflüchtet> **I.** *ohne OBJ* ■ *jmd. flüchtet vor jmdm./etwas* ((*sein*)) *vor jmdm. oder etwas weglaufen; sich in Sicherheit bringen* Alle flüchteten, als der Sturm losbrach., Es ist niemand mehr da, alle Bewohner sind geflüchtet., vor dem Terror im Land flüchten, Sie sind zu Verwandten ins Ausland geflüchtet. **II.** *mit SICH* ■ *jmd. flüchtet sich irgendwohin* ((*haben*)) *seine Zuflucht in etwas suchen* Das Tier hat sich in seine Höhle geflüchtet., sich in Tagträume flüchten

Flucht·hel·fer, **Flucht·hel·fe·rin** der <-s, -> *jmd., der anderen bei der Flucht hilft*

Flucht·hil·fe die <-> (*kein Plur.*) *die Hilfe, die man jmdm. bei seiner Flucht leistet*

flüch·tig *Adj.* **1.** *auf der Flucht* Der Täter ist noch flüchtig, aber die Polizei ist ihm auf der Spur. **2.** (≈ *oberflächlich* ↔ *gründlich*) *nicht genau und gründlich, sondern nur schnell* die Akten flüchtig durchsehen, eine sehr flüchtige Arbeit, eine flüchtige Bekanntschaft, Bereits ein flüchtiger Blick zeigt … **3.** (*geh.*) *von kurzer Dauer* ein flüchtiger Blick/Kuss, nur einen flüchtigen Augenblick lang etwas sehen **4.** CHEM. *so, dass es schnell verdunstet* Äther ist eine flüchtige Substanz.

Flüch·tig·keit die <-, -en> (*selten Plur.*) **1.** *oberflächliches Arbeiten* aufgrund seiner Flüchtigkeit einen Fehler übersehen **2.** (*geh.*) *Vergänglichkeit* die Flüchtigkeit des Augenblicks

Flüch·tig·keits·feh·ler der <-s, -> *ein Fehler, der aufgrund von oberflächlichem, schnellem Arbeiten entsteht* viele Flüchtigkeitsfehler machen

Flücht·ling der <-s, -e> *jmd., der vor etwas flüchtet oder geflüchtet ist* ein politischer Flüchtling, Flüchtlinge aufnehmen/unterbringen ◆ -sschicksal, -schiff, -swelle, Kriegs-

Flücht·lings·camp das [-kæmp] <-s, -s> (≈ *Flüchtlingslager*) *ein Lager, in dem Flüchtlinge vorübergehend untergebracht sind*

Flücht·lings·e·lend das <-s> (*kein Plur.*) *die im Zusammenhang mit einer großen Zahl von Flüchtlingen auftretenden humanitären Probleme wie Hungersnot, Krankheiten und Seuchengefahr*

Flücht·lings·heim das <-(e)s, -e> *ein Heim zur vorübergehenden Unterbringung von Flüchtlingen*

Flücht·lings·hilfs·werk das <-(e)s, -e> *eine humanitäre Organisation, die versucht, die Not von (Kriegs)flüchtlingen durch Bereitstellung von Nahrung, Zelten, Medikamenten o.Ä. zu lindern*

Flücht·lings·la·ger das <-s, -> (≈ *Flüchtlingscamp*) *ein Lager zur vorübergehenden Unterbringung von Flüchtlingen*

Flücht·lings·strom der <-(e)s, Flüchtlingsströme> *eine große Zahl von Flüchtlingen, die gemeinsam ein Gebiet verlassen*

Flucht·ver·such der <-(e)s, -e> *der Versuch, irgendwo zu fliehen* einen Fluchtversuch unternehmen/vereiteln

Flucht·weg der <-(e)s, -e> **1.** AMTSSPR. *der Weg, auf dem man im Katastrophenfall ein Gebäude verlässt* Der Fluchtweg ist ausgeschildert/darf nicht verstellt werden. **2.** *der Weg, auf dem jmd. flüchtet oder geflüchtet ist* Sein Fluchtweg führte ihn über Frankreich nach Amerika.

Flug der <-(e)s, Flüge> **1.** (*kein Plur.*) *die Fortbewegung durch die Luft* den Flug der Vögel studieren, Der Raubvogel schlägt seine Beute im Flug., der Flug eines Flugzeugs/einer Kanonenkugel/einer Rakete ◆ Vogel- **2.** *eine Reise auf dem Luftweg* einen Flug buchen, Hatten Sie einen angenehmen Flug?, Der Flug nach Hamburg dauert etwa eine Stunde., Die Vögel sammeln sich zu ihrem Flug in den Süden. ◆ -angst, -aufnahme, -betrieb, -erfahrung, -lehrer, -linie, -personal, -route, -wetter, Inlands-, Transatlantik- **3.** (*umg.*) *eine bestimmte Linienmaschine im Flugverkehr* Der Flug aus London verspätet sich um eine Stunde., Der nächste Flug nach Paris geht in sechs Stunden.

■ **Die Zeit vergeht wie im Fluge.**: *Die Zeit vergeht sehr schnell.*

Flug·ab·wehr die <-> (*kein Plur.*) MILIT. *das Abwehren von angreifenden Flugzeugen* ◆-kanone, -rakete

Flug·ab·wehr·ka·no·ne die <-, -en> MILIT. *am Boden eingesetztes Geschütz zur Abwehr angreifender Flugzeuge*

Flug·a·sche die <-> (*kein Plur.*) *Asche, die bei Verbrennungsvorgängen entsteht und vom Rauch weggetragen wird* die Flugasche eines Kraftwerks

Flug·auf·kom·men das <-s, -> AMTSSPR. *die Zahl der auf einem Flughafen startenden und landenden Flugzeuge*

Flug·bahn die <-, -en> *die Bahn, die ein Geschoss auf seinem Weg zum Ziel beschreibt* die Flugbahn einer Rakete vorausberechnen

Flug·be·glei·ter, **Flug·be·glei·te·rin** der <-s, -> (LUFTF.: ≈ *Steward(ess)*) *jmd., der beruflich in Flugzeugen die Passagiere betreut*

Flug·blatt das <-(e)s, Flugblätter> *ein bedrucktes Blatt Papier (mit einem Text, der sich auf Aktuelles bezieht), das kostenlos in großen Mengen verteilt wird* in der Fußgängerzone Flugblätter verteilen, mit Flugblättern Werbung machen/politische Ideen verbreiten/zu einer Demonstration aufrufen

Flug·blatt·ak·ti·on die <-, -en> *eine Aktion, bei der die Öffentlichkeit durch das Verteilen von Flugblättern über etwas informiert wird*

Flug·da·ten·schrei·ber der <-s, -> LUFTF. *ein Gerät, das in einem Flugzeug technische Daten eines Fluges aufzeichnet* Anhand des Flugdatenschreibers konnte die Unfallursache ermittelt werden.

Flug·dau·er die <-> (*kein Plur.*) *die Dauer einer Reise im Flugzeug* Die Flugdauer nach Delhi beträgt fünf Stunden.

Flug·dra·chen der <-s, -> SPORT *ein motorloses Fluggerät in Form eines mit Stoff bespannten Gestells*

Flü·gel der <-s, -> **1.** *eines der beiden Körperteile bei Vögeln und Insekten, mit deren Hilfe sie (meist) fliegen können* die Flügel eines Insekts/Vogels, Der Pinguin hat Flügel, aber er kann nicht fliegen., Das Huhn flattert mit den Flügeln., Engel werden häufig mit Flügeln dargestellt. **2.** (*umg.* ≈ *Tragfläche*) *eine der beiden Tragflächen eines Flugzeugs* der linke/rechte Flügel eines Flugzeugs **3.** TECHN. *das Blatt eines rotierenden Geräteteils* die Flügel einer Schiffsschraube/eines Ventilators/einer Windmühle **4.** *eine Seite einer zweigeteilten Fläche, Sache oder Gruppe* der rechte Flügel eines Gebäudes, den rechten Flügel einer Doppeltür/des Fensters öffnen, die beiden Flügel eines Altars, der linke Flügel der Lunge/der Nase, den Gegner im Kampf/auf dem Spielfeld über die Flügel angreifen, der linke Flügel einer Partei ◆ Haupt-, Seiten- **5.** MUS. *ein dem Klavier ähnliches Tasteninstrument mit einem sehr großen Resonanzkörper* auf dem Flügel spielen ■ **etwas verleiht jemandem Flügel**: *etwas ermutigt jmdn.* **jemand lässt die Flügel hängen** (*umg.*): *jmd. ist mutlos*

flü·gel·lahm <nicht steig.> *Adj.* **1.** *mit verletzten Flügeln*[1] ein flügellahmer Vogel **2.** *kraftlos; kränkelnd* Nach der Anstrengung waren wir alle ziemlich flügellahm., Was ist mit dir? Du siehst recht flügellahm aus!

Flü·gel·mut·ter die <-, -n> TECHN. *eine Schraubenmutter mit zwei Griffen, die das Drehen mit bloßer Hand erleichtern*

Flü·gel·tür die <-, -en> *eine Doppeltür mit zwei Flügeln*[4]

flug·fä·hig <nicht steig.> *Adj. so, dass es fliegen kann* ein flugfähiges Flugzeugmodell

Flug·gast der <-es, Fluggäste> *eine Person, die in einem Passagierflugzeug befördert wird* ◆-aufkommen, -kapazität

flüg·ge <nicht steig.> *Adj.* **1.** (*von Vögeln*) *in dem Alter, dass ein Jungvogel fliegen kann* Die Vogeljungen sind schon/werden bald flügge. **2.** (*umg. übertr.*) (*als Jugendlicher*) *selbstständig* Die Kinder werden langsam flügge.

Flug·ge·schwin·dig·keit die <-, -en> *die Geschwindigkeit, mit der sich ein Flugzeug durch die Luft bewegt*

Flug·ge·sell·schaft die <-, -en> *ein Unternehmen der Luftfahrt, das mit Verkehrsflugzeugen Passagiere transportiert*

Flug·ha·fen der <-s, Flughäfen> *ein Gelände für das Starten und Landen von Flugzeugen mit Gebäuden zur Abfertigung von Passagieren* ◆-gebäude, -halle, -restaurant

Flug·ha·fen·bus der <-ses, -se> *ein Autobus, der Flugreisende zum Flughafen transportiert*

Flug·hö·he die <-, -n> *die Höhe, in der ein Flugzeug fliegt* eine Flughöhe von 10000 Metern erreichen

Flug·ka·pi·tän der <-s, -e> *der Chefpilot eines Verkehrsflugzeugs*

Flug·kör·per der <-s, -> *ein Objekt, das fliegt* ein militärischer Flugkörper

Flug·lärm der <-(e)s> (*kein Plur.*) *durch Flugzeuge erzeugter Lärm* Die Anwohner des Flughafens leiden unter dem Fluglärm.

Flug·lot·se, **Flug·lot·sin** der <-n, -n> *jmd., der in einem Flughafen den Start- und Landebetrieb überwacht und regelt*

Flug·platz der <-es, Flugplätze> *ein (kleineres) Gelände zum Starten und Landen von Flugzeugen* ein militärischer/ziviler Flugplatz, ein Flugplatz für Segelflieger

Flug·rei·se die <-, -n> *eine Reise mit einem Flugzeug*

flugs *Adv.* (*veralt.*) *schnell* Flugs kam er herbeigelaufen.

Flug·sau·ri·er der <-s, -> *ein Saurier, der fliegen kann*

Flug·schein der <-(e)s, -e> **1.** *ein Dokument, das zum Führen eines Flugzeugs berechtigt* seinen Flugschein machen **2.** (≈ *Flugticket*)

Flug·schrei·ber der <-s, -> *kurz für „Flugdatenschreiber"*

Flug·si·cher·heit die <-> (*kein Plur.*) *Sicherheit beim Betrieb von Flugzeugen*

Flug·ti·cket das <-s, -s> ein Ausweis, der zum Mitfliegen in einem Passagierflugzeug berechtigt ein Flugticket ausstellen/kaufen/stornieren

flug·tüchtig <nicht steig.> Adj. so, dass ein Flugzeug die technischen Voraussetzuungen hat, dass es (sicher) fliegen kann ▶Flugtüchtigkeit

Flug·ver·kehr der <-s> (kein Plur.) die Gesamtheit der Flüge in einem bestimmten Bereich zu einer bestimmten Zeit Der Flugverkehr hat zugenommen., den Flugverkehr regeln/überwachen

Flug·waf·fe die <- (o. Pl.)> (schweiz.) Luftwaffe

Flug·we·sen das <-s> (kein Plur.) AMTSSPR. die Gesamtheit der Institutionen, Unternehmen und Bestimmungen, die mit dem Luftverkehr zusammenhängen

Flug·wet·ter·war·te die <-, -n> eine Wetterstation, die das Wetter besonders unter dem Aspekt seiner Bedeutung für die Fliegerei beobachtet

Flug·zeit die <-, -en> die Zeit, die man in einem Flugzeug fliegt Nach einer Flugzeit von zwei Stunden erreichen wir Paris.

Flug·zet·tel der <-s, -> (österr.) Flugblatt

Flug·zeug das <-(e)s, -e> ein Luftfahrzeug mit Tragflächen, das über einen eigenen Antrieb verfügt militärische und zivile Flugzeuge, sich an Bord eines Flugzeuges befinden, Ein Flugzeugt rollt an den Start/hebt vom Boden ab/startet/ erreicht eine bestimmte Flughöhe/gerät in Turbulenzen/ stürzt ab/setzt zur Landung an/landet. ◆-besatzung, -führer, -modell, -rumpf, -technik, -typ, Düsen-, Kampf-,Passagier-, Rettungs-, Segel-, Sport-, Verkehrs-

Flug·zeug·ab·sturz der <-es, Flugzeugabstürze> das Abstürzen eines Flugzeugs einen Flugzeugabsturz überleben

Flug·zeug·bau der <-(e)s> (kein Plur.) die Herstellung von Flugzeugen

Flug·zeug·bau·er der <-s, -> ein Unternehmen, das Flugzeuge herstellt

Flug·zeug·be·sat·zung die <-, -en> (≈ Crew) die Mannschaft eines Flugzeugs

Flug·zeug·ent·füh·rung die <-, -en> der Vorgang, dass jmd. ein Flugzeug und dessen Insassen in seine Gewalt bringt, um damit seine (politischen oder persönlichen) Ziele durchzusetzen

Flug·zeug·trä·ger der <-s, -> MILIT. ein großes Kriegsschiff, auf dessen Oberdeck Kampfflugzeuge starten und landen können

Flug·zeug·un·glück das <-(e)s, -e> (≈ Flugzeugabsturz)

Flu·i·dum das <-s, Fluida> (geh. ≈ Aura) die besondere Ausstrahlung einer Sache oder Person das Fluidum eines Künstlers, Die Stadt hat ein ganz besonderes Fluidum.

Fluk·tu·a·ti·on die <-, -en> (geh.) der Vorgang, dass die Teilnehmer oder Mitarbeiter von etwas ständig wechseln In der Firma herrscht seit einiger Zeit eine hohe Fluktuation., Da die Fluktuation hoch ist, haben wir zu wenige erfahrene Mitarbeiter.

fluk·tu·ie·ren ohne OBJ ■ etwas fluktuiert (geh.) schnell wechseln; unterschiedlich sein Die Seminarteilnehmer fluktuieren sehr stark., Die Unfallzahlen fluktuieren.

Flun·der die <-, -n> 1. ZOOL. ein in Salz-und Brackwasser lebender Speisefisch mit einem abgeplatteten Körper geräucherte Flundern essen 2. (Jargon) etwas (besonders ein Sportwagen), das sehr flach und aerodynamisch gebaut ist ■ **platt wie eine Flunder sein** (umg. scherzh.): sehr erstaunt sein

Flun·ke·rei die <-, -en> (umg.) 1. (kein Plur.) das Flunkern Lass deine Flunkerei! 2. eine kleine, zum Scherz gesagte Unwahrheit Glaubst du seine Flunkereien?

flun·kern <flunkerst, flunkerte, hat geflunkert> ohne OBJ ■ jmd. flunkert (umg.) zum Scherz die Unwahrheit sagen Hör auf zu flunkern!, Du flunkerst doch nur!

Flunsch ■ **einen Flunsch ziehen** (umg.): sein Gesicht weinerlich verziehen Musst du solch einen Flunsch ziehen?

Flu·or das <-s> (kein Plur.) CHEM. ein chemisches Element

Flu·or·chlor·koh·len·was·ser·stoff der <-(e)s, -e> CHEM. eine giftige chemische Verbindung, die die Ozonschicht der Erdatmosphäre schädigt ein Kühlmittel/Treibgas ohne Fluorchlorkohlenwasserstoff

Flu·o·res·zenz die <-> (kein Plur.) (fachspr.) die Eigenschaft bestimmter Stoffe zu fluoreszieren

flu·o·res·zie·ren ohne OBJ ■ etwas fluoresziert (fachspr.) bei Bestrahlung mit Licht oder Röntgenstrahlen von selbst leuchten

Flur[1] der <-(e)s, -e> 1. ein (langer) Gang mit verschiedenen Türen aus dem Klassenzimmer auf/in den Flur gehen, jemanden im/auf dem Flur warten lassen, ein langer, dunkler Flur ◆ Krankenhaus- 2. (≈ Diele) ◆-garderobe

Flur[2] die <-, -en> 1. (geh.) unbewaldetes Land durch Wald und Flur streifen, die grüne Flur 2. (fachspr.) nutzbares, vermessenes Land Das Grundstück gehört zur Flur der Gemeinde, die Flur neu ordnen/vermessen lassen

Flur·scha·den der <-s, Flurschäden> Schaden an landwirtschaftlichen Nutzflächen Das Unwetter/ Das Wild hat großen Flurschaden angerichtet.

Flu·se die <-, -n> (norddt.) abgelöste Fasern oder Partikel von einem Textil, die sich zu einer Art Flocke zusammengeballt haben

Fluss der <-es, Flüsse> 1. ein größeres fließendes Gewässer Der Lech ist ein Fluss in Bayern., Der Fluss bildet die Grenze zwischen beiden Ländern., Ein Fluss entspringt irgendwo/mündet irgendwo ins Meer/führt viel Wasser/erreicht einen bestimmten Pegelstand ◆-gabelung, -gebiet, -hafen, -mündung, Grenz- 2. (kein Plur.) (geh.) der (ununterbrochene) Ablauf einer Sache der Fluss der Zeit, den Fluss einer Rede unterbrechen, Die Verhandlungen kommen/geraten langsam in Fluss., Die Ermittlungen sind in Fluss.

fluss·ab·wärts Adv. (↔ flussaufwärts) in Richtung der Flussmündung flussabwärts fahren

Fluss·arm der <-(e)s, -e> ein einzelner Teil eines

sich verzweigenden Flusses Eine Insel teilt die Elbe an dieser Stelle in zwei Flussarme., Im Mündungsgebiet teilt sich die Donau in viele Flussarme.

fluss·auf·wärts *Adv.* (↔ *flussabwärts*) *in Richtung der Quelle eines Flusses* flussaufwärts rudern

Fluss·be·gra·di·gung die <-, -en> *der Vorgang, dass man einen Fluss nicht in seinem im Laufe der Zeit entstandenen Bett fließen lässt, sondern dieses durch Baumaßnahmen so gestaltet, dass es einer geraden Linie folgt*

Fluss·bett das <-(e)s, -en/-e> *eine Rinne in der Erdoberfläche, durch die ein Fluss fließt* ein Flussbett verlegen, das alte/neue Flussbett, Das Flussbett ist ausgetrocknet.

Fluss·damp·fer der <-s, -> *ein Dampfschiff, das auf (großen) Flüssen verkehrt*

flüs·sig *Adj.* **1.** (↔ *fest, gasförmig*) *weder fest noch gasförmig, sondern von der Eigenschaft des Wassers* flüssiger Honig, flüssige Seife, flüssiger Sauerstoff, flüssige Nahrung zu sich nehmen, das Fett durch Erhitzen flüssig machen **2.** (↔ *stockend*) *ohne Stockung* flüssig schreiben/sprechen, ein flüssiger Vortrag, Der Verkehr auf der Autobahn läuft/ist flüssig. **3.** (*Geld*) *verfügbar* flüssige Mittel, flüssiges Kapital, Geld für etwas flüssig machen ◆ Getrenntschreibung→R 4.2 die Schokolade durch Erhitzen flüssig machen, Kannst du noch etwas Geld für den Urlaub flüssig machen?

Flüs·sig·keit die <-, -en> **1.** *eine Substanz, die nicht fest und nicht gasförmig, sondern von der Eigenschaft des Wassers ist* eine farb- und geruchlose Flüssigkeit, Der Körper scheidet verschiedene Flüssigkeiten aus. **2.** (*kein Plur.*) *alles, was flüssig ist* In der Sauna verliert der Körper viel Flüssigkeit., viel Flüssigkeit zu sich nehmen, Die Flüssigkeit verdunstet an der Oberfläche der Blätter. **3.** (*kein Plur.*) *der flüssige Ablauf einer Sache* die Flüssigkeit des Verkehrs beeinträchtigen

Flüs·sig·kris·tall·an·zei·ge die <-, -n> (TECHN.: ≈ *LCD-Anzeige*) *eine bei elektronischen Geräten häufig zur Wiedergabe von Ziffern, Buchstaben und Zeichen benutzte Anzeige aus flüssigen Kristallen* eine Quarzuhr mit Flüssigkristallanzeige

Fluss·krebs der <-es, -e> *ein Süßwasserkrebs*

Fluss·lauf der <-(e)s, Flussläufe> *der Verlauf eines Flusses* Der Radwanderweg folgt dem Flusslauf.

Fluss·mün·dung die <-, -en> *die Stelle, an der ein Fluss in ein Meer oder einen See mündet*

Fluss·nie·de·rung die <-, -en> *das feuchte Ufergebiet eines Flusses*

Fluss·pferd das <-(e)s, -e> ZOOL. *ein in den Gewässern Afrikas lebendes, Pflanzen fressendes Säugetier mit massivem Körperbau, breitem Maul und dicker Lederhaut*

Fluss·schiff das <-es, -e> *ein auf (großen) Flüssen verkehrendes Last- oder Personenschiff* ◆-fahrt

Fluss·u·fer das <-s, -> *das Gelände an den Rändern eines Flusses* am Flussufer spazieren gehen, von einem Flussufer zum anderen mit der Fähre übersetzen

flüs·tern <flüsterst, flüsterte, hat geflüstert> *mit OBJ/ohne OBJ* ■ *jmd. flüstert (etwas) in sehr leisem Ton sprechen* jemandem etwas ins Ohr flüstern, Ihr müsst nicht so flüstern! ■ **jemandem (et)was flüstern** (*umg.*): *jmdm. gehörig die Meinung sagen* Dir werde ich was flüstern!

Flüs·ter·pro·pa·gan·da die <-> (*kein Plur.*) (*umg.*) *etwas, das man sich heimlich weitererzählt*

Flüs·ter·ton ■ **im Flüsterton**: *sehr leise* etwas im Flüsterton sagen

Flut die <-, -en> **1.** (↔ *Ebbe*) *das regelmäßige Ansteigen des Wasserspiegels im Meer* die Flut kommt, bei Flut **2.** (*nur Plur.*) (*geh.*) *große Mengen von Wasser* die Fluten des Amazonas, sich in die kühlen Fluten stürzen ■ **eine Flut von ...**: *eine unerwartet große Menge von ...* Bei der Redaktion ging eine Flut von Leserzuschriften ein.

flu·ten <flutest, flutete, hat/ist geflutet> **I.** *mit OBJ* ■ *jmd. flutet etwas* ((*haben*)) *mit Wasser füllen* eine Schleuse fluten **II.** *ohne OBJ* ■ *jmd./etwas flutet irgendwohin* ((*sein*)) *in großen Mengen hereinströmen* Das Wasser flutet über die Dämme., Die Zuschauer fluteten in das Stadion., Licht flutet durch das offene Fenster.

Flut·ka·ta·s·t·ro·phe die <-, -n> *eine durch Überflutung mit Wasser ausgelöste Katastrophe*

Flut·licht das <-(e)s> (*kein Plur.*) *das von starken Scheinwerfern erzeugte sehr helle Licht, das in Sportstadien eingesetzt wird* Das Fußballspiel fand bei Flutlicht statt.

Flut·wel·le die <-, -n> *eine große Welle* Die Flutwelle des Hochwassers bewegt sich auf Koblenz zu.

Fly·er der [flaiər] <-s, -> (*fachspr.*) *ein Faltblatt mit Werbung* Flyer drucken/gestalten/verteilen

f-Moll das <-> (*kein Plur.*) *auf dem Grundton f beruhende Molltonart*

fö·de·ral <nicht steig.> *Adj.* POL. *auf einer Föderation beruhend* eine föderale Staatsform

Fö·de·ra·lis·mus der <-> (*kein Plur.*) (POL.: ↔ *Zentralismus*) *ein politischer Grundsatz, bei dem den einzelnen Gliedern eines Bundesstaates größtmögliche Eigenständigkeit zugestanden wird*

fö·de·ra·lis·tisch <nicht steig.> *Adj.* (POL.: ↔ *zentralistisch*) *zum Föderalismus gehörend oder ihn betreffend* eine föderalistische Verfassung, Die Vereinigten Staaten von Amerika sind ein föderalistischer Staat.

Fö·de·ra·tion die [føderaˈtsi̯oːn] <-, -en> POL. *ein Zusammenschluss von gleichberechtigten Staaten oder Organisationen*

fö·de·ra·tiv <nicht steig.> *Adj.* POL. *auf einer Föderation beruhend* eine föderative Staatsform

Foh·len das <-s, -> *ein junges Pferd*

foh·len *ohne OBJ* ■ *ein Pferd fohlt* (*fachspr.*) (*als Pferd*) *ein Junges bekommen* Das Pferd hat gefohlt.

Föhn der <-(e)s, -e> **1.** METEOR. *ein warmer Fallwind* ▸föhnig ◆-wetter **2.** *ein elektrischer Haartrockner, der einen warmen Luftstrom erzeugt* die Haare mit einem Föhn trocknen

F

föh·nen *mit OBJ* ■ *jmd. föhnt etwas mit einem Föhn[2] trocknen* sich/jemandem die Haare föhnen

Föh·re die <-, -n> BOT. *Kiefer*

Fo·kus der <-, -se> PHYS. *Brennpunkt* der Fokus einer Linse

Fol·ge die <-, -n> **1.** (*meist Plur.*) (≈ *Konsequenz*) *etwas, das als Ergebnis von etwas geschieht* die Folgen der Umweltverschmutzung/einer Krankheit, die verheerenden Folgen des Wirbelsturms, Du wirst die Folgen deiner Entscheidung selbst tragen müssen. ◆ Rechts-, Todes-, Unfall- **2.** (≈ *Reihe*) *eine Reihe von zeitlich oder räumlich nacheinander auftretenden Dingen* eine Folge von Tönen/Zahlen, eine Folge von Besprechungen/Fernsehsendungen/Konzerten/Unfällen **3.** *ein einzelner Bestandteil einer Serie* Sie will keine Folge ihrer Lieblingsserie im Fernsehen verpassen., die erste Folge von mehreren Teillieferungen ■ **in der Folge** (*geh.*): *danach* In der Folge will man auch die anderen Gebäude restaurieren. **Folge leisten** (*geh.*): *befolgen; gehorchen* einer Aufforderung/einem Befehl Folge leisten *siehe aber* **infolge**, **infolgedessen**, **zufolge**

Fol·ge·er·schei·nung die <-, -en> *etwas, das als Ergebnis von etwas geschieht* Die Klimaveränderungen sind Folgeerscheinungen der Erwärmung der Erdatmosphäre.

Fol·ge·kos·ten <-> *Plur. als Ergebnis von etwas entstehende Kosten* die Folgekosten einer Investition bedenken

fol·gen <folgst, folgte, hat/ist gefolgt> *ohne OBJ* **1.** ■ *jmd./etwas folgt jmdm./etwas* (*sein*) *sich hinter jmdm. oder etwas herbewegen* Der Wagen folgte ihnen unauffällig., Folgen Sie mir!, jemandem auf Schritt und Tritt folgen, Der Weg folgt dem Lauf des Baches., Sie folgten dem Weg, der nach Süden führte. **2.** ■ *etwas folgt etwas* ((*sein*)) *zeitlich oder räumlich als Nächstes kommen* Als Nächstes folgt (im Programm) eine Sonate von Mozart., Er folgte seinem Vorgänger im Amt des Präsidenten., den Worten auch Taten folgen lassen, Auf die sanfte Hügellandschaft folgte eine hohe Gebirgskette., Erst kommen die Fußballer, dann folgen die Leichtathleten. **3.** ■ *jmd. folgt jmdm./etwas* (*geh.; sein*) *geistig erfassen; verstehen* Ich kann Ihnen nicht ganz folgen., Der Vorlesung konnten nur noch wenige Studenten folgen. **4.** (*sein*) *aufmerksam beobachten* einer Vorstellung/einem Geschehen gespannt folgen **5.** ■ *etwas folgt aus etwas Dat.* ((*sein*)) *sich* (*logisch*) *ergeben* Aus einer Erkenntnis folgt eine neue., Aus diesem Schreiben folgt, dass er uns kündigt. **6.** ■ *jmd. folgt etwas Dat.* ((*sein*)) *einer Sache gemäß handeln oder sein* einer Aufforderung/einem Beispiel folgen, Ihre Kleidung folgt immer der Mode. **7.** ■ *jmd. folgt jmdm.* ((*haben*)) *gehorchen* Die Kinder folgen nicht., Die Schüler haben dem Lehrer nicht gefolgt., Der Hund folgt (ihr) aufs Wort.

fol·gend *Adj.* **1.** *so, dass es auf etwas folgt* Auf den folgenden Seiten erläutert der Autor … **2.** *verwendet, um auszudrücken, dass im anschließenden Teil des Textes bestimmte Dinge oder Personen genannt werden* Uns sind folgende Kosten entstanden: …, Folgende Teilnehmer haben gewonnen: … ◆ Großschreibung→R 3.7 Ich möchte Folgendes bemerken: …, Bitte beachten Sie das Folgende: …, Unsere Auffassung beruht auf Folgendem: …, Das gilt für Absatz drei und alle (darauf) Folgenden., Das werde ich im Folgenden noch weiter ausführen.

fol·gen·der·ma·ßen *Adv. auf die anschließend beschriebene Weise* Das machen wir folgendermaßen: …

fol·gen·reich *Adj. mit bedeutenden Folgen* ein folgenreicher Entschluss

fol·gen·schwer *Adj. mit schweren* (*negativen*) *Folgen* ein folgenschwerer Verkehrsunfall

fol·ge·rich·tig <nicht steig.> *Adj.* (≈ *konsequent*) *so, wie es sich logisch ergibt* folgerichtig handeln, Das war eine folgerichtige Entscheidung.

Fol·ge·rich·tig·keit die <-> (*kein Plur.*) (≈ *Konsequenz*) *die Tatsache, dass etwas sich logisch aus etwas ergibt* die Folgerichtigkeit einer Entscheidung

fol·gern <folgerst, folgerte, hat gefolgert> *mit OBJ* ■ *jmd. folgert etwas aus etwas Dat.* (*geh.*) *eine Schlussfolgerung ziehen* Was folgerst du aus seinem Verhalten?

Fol·ge·rung die <-, -en> (≈ *Schlussfolgerung*) *das Ergebnis einer logischen Überlegung* aus etwas eine bestimmte Folgerung ziehen

Fol·ge·zeit die <-> (*kein Plur.*) *die sich an etwas anschließende Zeit* In der Folgezeit war sie oft krank.

folg·lich *Konj.* (≈ *daher; deshalb*) *verwendet, um auszudrücken, dass etwas aus dem Genannten gefolgert werden kann* Er war gar nicht zu Hause, folglich kannst du auch nicht mit ihm gesprochen haben.

folg·sam *Adj.* (≈ *artig, fügsam, gehorsam*) *so, dass man Anweisungen sofort ausführt* folgsame Kinder, Der Hund legte sich folgsam hin.

Folg·sam·keit die <-> (*kein Plur.*) *die Eigenschaft, folgsam zu sein* die Folgsamkeit eines Kindes

Fo·li·ant der <-en, -en> *ein* (*altes*) *großformatiges Buch* In den Regalen der Schlossbibliothek standen dicke Folianten aus dem vergangenen Jahrhundert.

Fo·lie die <-, -n> *Kunststoff oder Metall von sehr geringer Dicke und großer Fläche* etwas in Folie verpacken, eine hauchdünne Folie aus Metall, in Folie eingeschweißte Waren ◆ Alu-, Klarsicht-, Plastik-

Fo·li·en·kar·tof·fel die <-, -n> *eine in Aluminiumfolie gebackene Kartoffel*

Folk der [foʊk] <-s> (*kein Plur.*) *eine Musikrichtung, die von der Rockmusik und regionalen Musiktraditionen verschiedener* (*englischsprachiger*) *Länder beeinflusst ist und oft balladenhafte Texte verarbeitet* Bob Dylan ist ein bekannter Vertreter des Folks.

Folk·lo·re die [fɔlk'lo:rə] <-> (*kein Plur.*) **1.** *volkstümliche Überlieferung* Zur Folklore gehören Bräuche, Feste, Trachten, aber auch besondere

Formen der Gestaltung von Alltagsgegenständen **2.** MUS. *traditionelle volkstümliche Musik* Volkslieder und Volkstänze gehören zur Folklore., Die Sinfonie enthält Elemente der heimischen Folklore.

Folk·lo·rist, **Folk·lo·ris·tin** der [fɔlklo'rɪst] <-en, -en> *jmd., der sich (wissenschaftlich) mit volkstümlicher Überlieferung beschäftigt*

folk·lo·ris·tisch <nicht steig.> *Adj.* **1.** *das Wissen über volkstümliche Überlieferungen betreffend* folkloristisches Interesse, folkloristische Informationen **2.** *auf volkstümlicher Überlieferung beruhend* Diese traditionelle Kunst/Musik enthält viele folkloristische Elemente.

Folk·sän·ger, **Folk·sän·ge·rin** der ['foʊk...] <-s, -> *jmd., der Folksongs (öffentlich) vorträgt*

Folk·song der ['foʊksɔŋ] <-s, -s> *traditionelles englisches, schottisches, irisches oder nordamerikanisches Volkslied*

Fol·li·kel der <-s, -> BIOL. *die Hülle der reifenden Eizelle im Eierstock*

Fol·säu·re die <-> (*kein Plur.*) CHEM. *ein Vitamin*

Fol·ter die <-, -n> **1.** *das bewusste Quälen eines Menschen, um diesen zu zwingen, eine Aussage zu machen* Amnesty International ist eine Organisation, die weltweit gegen Folter protestiert., unter der Folter ein Geständnis ablegen ◆-knecht, -methode, -qual **2.** (*geh. übertr.*) *etwas, das jmdn. quält* die Folter des langen Wartens ■ **jemanden auf die Folter spannen** (*umg.*): *jmdm. bewusst Informationen vorenthalten* Spannt mich doch nicht so lange auf die Folter, redet schon!

Fol·ter·bank die <-, Folterbänke> GESCH. *ein Gerät zum Foltern in Form einer Bank, auf der das Opfer gestreckt wird*

fol·tern <folterst, folterte, hat gefoltert> *mit OBJ* ■ *jmd. foltert jmdn. jmdn. quälen, um bestimmte Informationen oder Geständnisse von ihm zu erzwingen* einen Gefangenen foltern

Fol·te·rung die <-, -en> *das Foltern* die Folterung von Gefangenen

Fon das *s.* **Phon**

Fön® der <-(e)s, -e> *eine bestimmte Marke eines elektrischen Haartrockners siehe auch* **Föhn**

Fond der [fɔ̃:] <-s, -s> **1.** (*Plur. selten*) KFZ *der hintere Teil des Wageninnern* im Fond eines Wagens sitzen **2.** KUNST *der Hintergrund (eines Bildes oder Musters)* Der Fond des Gemäldes ist grün., weiße Punkte auf blauem Fond **3.** KOCH. *Bratensatz als Grundlage für Soßen* den Fond mit Wasser angießen

Fonds der/das [fɔ̃:] <-, -> WIRTSCH. *Geldreserve für einen bestimmten Zweck* Geld in einem Fonds anlegen, Gelder für ein Projekt aus dem Fonds einer Stiftung erhalten ◆-manager, Aktien-, Investment-

Fon·due das [fõ'dy:] <-s, -s> KOCH. *ein schweizerisches Gericht, bei dem bei Tisch Fleischstücke in heißem Öl gegart bzw. Brotstücke in geschmolzenen Käse getaucht werden* ◆-gabel, -set, Fleisch-, Käse-

Fo·no·tech·nik die *s.* **Phonotechnik**

Fo·no·ty·pistin die *s.* **Phonotypistin**

Font der <-s, -s> EDV *eine Schriftart, die man am Computer einstellen kann*

Fon·tä·ne die <-, -n> **1.** *ein großer Wasserstrahl* Eine Fontäne schoss aus der defekten Wasserleitung., In der Mitte des Sees befindet sich eine große Fontäne. **2.** *ein Springbrunnen mit einem großen Wasserstrahl* In der Mitte des Platzes steht eine Fontäne.

Fon·ta·nel·le die <-, -n> MED. *am Schädel Neugeborener auftretende Knochenlücke*

Foot·ball der ['fʊtbɔ:l] <-s> (*kein Plur.*) *dem Rugby ähnliches, aus Nordamerika stammendes Mannschaftsspiel* ◆-liga, -mannschaft, -star

fop·pen *mit OBJ* ■ *jmd. foppt jmdn.* (*umg.*) *jmdm. zum Scherz die Unwahrheit sagen* Ihr wollt mich foppen, ihr seid doch nicht wirklich den ganzen Weg gelaufen! ▶Fopperei

for·cie·ren [fɔr'si:rən] *mit OBJ* ■ *jmd. forciert etwas* (*geh.*) **1.** *seine Anstrengungen verstärken, damit etwas stärker oder besser wird* eine Entwicklung/das Tempo forcieren **2.** *erzwingen* Das Vertrauen eines Kindes kann man nicht forcieren, das muss von selbst kommen.

För·de die <-, -n> (*norddt.*) *eine weit ins Landesinnere reichende Meeresbucht* die Kieler Förde

För·der·an·la·ge die <-, -n> BERGB. *eine Anlage, mit der Bodenschätze abgebaut werden* eine Förderanlage für Braunkohle/Erdöl

För·der·band das <-(e)s, Förderbänder> TECHN. *ein Endlosband, das über Rollen läuft und zum Transport von Schüttgut verwendet wird* den Sand mit einem Förderband nach oben transportieren

För·de·rer, **För·de·rin** der <-s, -> *eine Person, die etwas mit ihrem Geld oder Einfluss unterstützt* ein Förderer der Kunst

För·der·korb der <-(e)s, Förderkörbe> BERGB. *eine Kabine aus Draht, in der Personen oder Lasten im Bergwerk nach oben oder unten befördert werden*

för·der·lich <nicht steig.> *Adj.* (*geh.* ↔ *abträglich*) *für eine bestimmte Sache günstig* Das Rauchen ist deiner Gesundheit nicht förderlich., Die Geldmittel sind unserem Projekt förderlich.

För·der·men·ge die <-, -n> BERGB. *die Menge von Bodenschätzen, die in einer bestimmten Zeit in einem bestimmten Bereich abgebaut werden*

För·der·mit·tel <-> *Plur.* AMTSSPR. *Geldmittel, mit denen etwas (zusätzlich) finanziert wird* den Bau einer Schule/ein Forschungsprojekt mit Fördermitteln unterstützen, Fördermittel beantragen/beziehen

for·dern <forderst, forderte, hat gefordert> *mit OBJ* **1.** ■ *jmd. fordert etwas (von jmdm.) energisch verlangen* mehr Geld/höhere Gehälter/mehr Arbeitsplätze fordern, Ich fordere von dir eine Entschuldigung/, dass du dich entschuldigst., Die Entführer forderten ein hohes Lösegeld. **2.** ■ *etwas fordert jmdn. anstrengen; herausfordern* Die neue Arbeit fordert ihn sehr., In der Schule ist sie nicht ausreichend gefordert. **3.** ■ *etwas fordert etwas* (*geh.*) (*Todesopfer*) *kosten* Das Flugzeugunglück forderte 200 Menschenleben/Opfer/Tote.

F

för·dern <förderst, förderte, hat gefördert> *mit OBJ* **1.** ■ *jmd. fördert jmdn./etwas mit Geld oder mit seinem Einfluss unterstützen* besonders begabte Studenten fördern, die Jugendarbeit finanziell fördern, Sie ist von ihrem Chef immer gefördert worden. **2.** ■ *jmd. fördert etwas* (≈ *voranbringen*) *bewirken, dass etwas immer besser wird* den technischen Fortschritt fördern **3.** ■ *jmd. fördert etwas* BERGB. *Bodenschätze abbauen* Erdgas/Erdöl/Kohle fördern

För·der·pro·gramm das <-s, -e> *ein Programm zur (finanziellen) Unterstützung von etwas* ein Förderprogramm für eine wirtschaftlich benachteiligte Region

För·der·schacht der <-(e)s, Förderschächte> BERGB. *ein Schacht zum Abbau von Bodenschätzen* in den Förderschacht einfahren

För·der·turm der <-(e)s, Fördertürme> BERGB. *ein turmartiger Aufbau über einem Förderschacht, in dem die Anlage zum Auf- und Abbewegen des Förderkorbes untergebracht ist*

For·de·rung die <-, -en> **1.** (≈ *Anspruch*) *etwas, das jmd. nachdrücklich verlangt* auf einer Forderung bestehen, eine Forderung ablehnen/stellen, die Forderungen, die von den Gewerkschaften an die Arbeitgeber gestellt werden ◆ -skatalog, Lohn- **2.** WIRTSCH. BANKW. *eine offene Rechnung* eine Forderung in Höhe von 500 Euro geltend machen ◆ Rest-

För·de·rung die <-, -en> **1.** (*kein Plur.*) (≈ *Unterstützung*) *das Fördern* die Förderung junger Talente **2.** *ein Programm zur (finanziellen) Unterstützung* für ein Vorhaben verschiedene Förderungen nutzen **3.** (*kein Plur.*) BERGB. *der Abbau* die Förderung von Kohle einstellen **4.** BERGB. *die abgebaute Menge von etwas* Die tägliche Förderung in diesem Schacht beträgt …

För·der·ver·ein der <-(e)s, -e> *ein Verein zur (finanziellen) Unterstützung bestimmter Zwecke oder Personen* einen Förderverein für eine Schule/den Zoo gründen

Fo·rel·le die <-, -n> *ein in schnell fließenden, klaren Gewässern lebender Speisefisch*

For·ke die <-, -n> (*norddt.*) *Mistgabel*

Form die <-, -en> **1.** *ein vorgeformtes Gefäß, in das man eine Masse gibt, die darin dann fest wird* Das flüssige Eisen wird in Formen gegossen., Teig mit Formen ausstechen, den Teig in eine runde Form gießen, Die Kinder spielen im Sandkasten mit bunten Formen. ◆ Back-, Guss-, Kuchen- **2.** *die äußere Gestalt von Gegenständen* eine längliche/quadratische/rechteckige/runde/unregelmäßige Form haben ◆ Gesichts-, Kopf- **3.** (*nur Plur.*) (*verhüll.*) *Brust und Po (bei Frauen)* eine Frau mit üppigen Formen **4.** *die Sauberkeit der Gestaltung von Schriftstücken* bei einem Schulaufsatz die Form bewerten, Bei einem Bewerbungsschreiben sollte man auf eine gute Form achten. **5.** (≈ *Gestalt*) *die Art und Weise, wie etwas vorkommt oder verwirklicht ist* die verschiedenen Formen menschlichen Zusammenlebens, etwas in Form eines Vertrages festhalten, die Lehrveranstaltung in Form eines Seminars abhalten, Unser Plan nimmt langsam Form an. **6.** *die spezifische Ausprägung von etwas* Die Natur hat viele Formen solcher Kristalle hervorgebracht., eine heute lebende Form eines urzeitlichen Lebewesens **7.** KUNST. LIT. *die Art und Weise, wie ein Inhalt gestaltet ist* Für seine literarische Arbeit hat er sich für die Form des Romans entschieden., Die gewählte Form sollte dem Inhalt entsprechen. ◆ Balladen-, Gedicht-, Roman- **8.** (≈ *Umgangsform*) *gutes gesellschaftliches Benehmen* die Regeln der guten Form, Du solltest bei deiner berechtigten Kritik die Form wahren., sich in aller Form entschuldigen **9.** (*kein Plur.*) (*gute*) *körperliche und geistige Verfassung* gut/schlecht in Form sein, die Form eines Athleten vor einem Wettkampf, Die Mannschaft lässt Mängel in der Form erkennen., Max ist ja heute richtig in Form! ■ **aus der Form gehen/geraten**: *dick werden* **zu großer Form auflaufen**: *sich zu einer großen Leistung steigern* ◆ -krise, -tief, Hoch-, Tages-, Top-

for·mal <nicht steig.> *Adj.* **1.** *auf die äußere Gestaltung bezogen* der formale Aufbau, die formale Gestaltung **2.** *die Vorschriften betreffend* formale Mängel aufweisen, Der Vertrag ist wegen eines formalen Fehlers ungültig. **3.** *der Form nach, aber nicht wirklich* Der Lehrstuhl ist zwar formal Teil des Instituts, arbeitet aber völlig selbstständig., Die Gleichberechtigung ist zwar formal auf dem Papier, aber nicht tatsächlich verwirklicht.

Form·al·de·hyd der <-s> (*kein Plur.*) CHEM. *ein farbloses, giftiges Gas, das (in Flüssigkeit gelöst) zur Desinfektion und in Kunststoffen verwendet wird* Manche Möbel enthalten Formaldehyd.

For·ma·li·tät die <-, -en> (*meist Plur.*) *etwas, das auf Grund von (bürokratischen) Vorschriften erledigt werden muss* Das ist eine reine Formalität., die bei der Einreise in ein Land notwendigen Formalitäten

For·mat das <-(e)s, -e> **1.** *die genormten Abmessungen von Papier* ein Blatt Papier im Format DIN A4, Fotos im Format 9 x 13 Zentimeter entwickeln lassen **2.** EDV *eine bestimme Form der Speicherung von Dateien* eine Datei von einem Format in ein anderes konvertieren **3.** (*geh.*) *jmds. große Bedeutung als Persönlichkeit* ein Künstler/Wissenschaftler von Format, Diese Schauspielerin hat Format.

for·ma·tie·ren *mit OBJ* ■ *jmd. formatiert etwas* EDV *einen Datenträger so vorbereiten, dass darauf neue Daten gespeichert werden können* Die Festplatte formatieren heißt, alle darauf befindlichen Daten zu löschen., formatierte Disketten kaufen

For·ma·tie·rung die <-, -en> EDV **1.** (*kein Plur.*) *das Formatieren* eine Formatierung der Festplatte vornehmen **2.** *Format* Die Formatierung ist wichtig für die Übermittlung der Daten.

For·ma·ti·on die [fɔrma'tsi̯oːn] <-, -en> **1.** *eine Gruppe von Dingen oder Personen, die eine bestimmte Struktur hat* eine militärische/tänzerische Formation **2.** *eine bestimmte Anordnung von Dingen oder Personen* in geschlossener Formation fliegen, sich in einer Formation aufstellen **3.** (*kein Plur.*) (*fachspr.*) *der Prozess der Herausbildung* die Formation gesellschaftlicher Schichten **4.** (*Gesteinsschichten aus einem bestimmten*) *Erdzeitalter* eine geologische Formation

form·bar <nicht steig.> *Adj.* **1.** *so, dass die äußere Form verändert werden kann* eine formbare Masse **2.** *so, dass der Charakter verändert werden kann* ein formbarer junger Mensch ▶Formbarkeit

form·be·stän·dig *Adj. so, dass es seine Form behält* ein formbeständiges Material

Form·blatt das <-(e)s, Formblätter> AMTSSPR. *Formular* ein Formblatt ausfüllen

For·mel die <-, -n> **1.** MATH. PHYS. *eine Gleichung, die ein allgemein gültiges Gesetz ausdrückt* die Formel zur Berechnung des Kreisumfangs, Der Mathematiklehrer füllt die Tafel mit Formeln. ◆-sammlung **2.** CHEM. *eine Kurzschreibweise, die die Struktur einer chemischen Verbindung beschreibt* **3.** *ein fester, immer wieder verwendeter sprachlicher Ausdruck* die Formel eines Eides/eines Glaubensbekenntnisses/für die Begrüßung, eine gebräuchliche/stereotype/nichtssagende Formel **4.** *eine vereinfachte Beschreibung* das, was man sagen will, auf eine einfache Formel bringen, eine verständliche Formel für etwas finden **5.** SPORT *eine Klasse von Rennfahrzeugen mit festgelegten technischen Eigenschaften* ein Rennen der Formel 1 ◇ Schreibung mit Bindestrich bei Zusammensetzungen→R 4.15 Formel-1-Pilot ◆ Formel-1-Rennen

for·mell *Adj.* **1.** *so, wie es den Vorschriften entspricht* den Vertrag formell durch die Unterschrift besiegeln **2.** *so, dass es den Umgangsformen entspricht* einen formellen Antrittsbesuch machen **3.** *dem äußeren Anschein nach* Rein formell gesehen ist sie im Recht, aber eigentlich ist ihr Handeln doch nicht richtig. **4.** *distanziert, kühl* Er hat sich sehr formell betragen.

for·men **I.** *mit OBJ* ■ *jmd. formt etwas* **1.** *eine bestimmte äußere Form*[2] *geben* Lehm zu einer Kugel formen, mit den Händen einen Trichter formen, aus Knetmasse Figuren formen **2.** (*charakterlich*) *bilden* jemanden zu einem großen Künstler formen **II.** *mit SICH* ■ *etwas formt sich eine bestimmte Form bekommen* Der Ton formte sich unter seinen Händen zu einer Vase.

for·mie·ren **I.** *mit OBJ* ■ *jmd. formiert jmdn.* (*Menschen*) *in bestimmter Weise aufstellen* Personen in Zweierreihen formieren, die Mannschaft für ein Spiel formieren **II.** *mit SICH* ■ *jmd./etwas formiert sich sich in bestimmter Weise anordnen* Atome formieren sich zu Gitterstrukturen., Der Festumzug formierte sich., Die Wartenden formieren sich zu einer Zweierreihe.

-för·mig *drückt als Zweitelement von Adjektivbildungen aus, dass die genannte Sache* (*ungefähr*) *die Form dessen hat, das im Erstelement genannt wird* hufeisenförmig, L-förmig, trapezförmig

förm·lich *Adj.* **1.** *der Vorschrift entsprechend* die förmliche Übergabe der Urkunden/Zeugnisse, etwas förmlich beantragen **2.** (*abwert.* ≈ *formell*) *nur den Regeln der Höflichkeit entsprechend* eine sehr förmliche Begrüßung, Warum bist du so förmlich? **3.** (*umg.*) *regelrecht; geradezu* Er explodierte förmlich vor Wut.

Förm·lich·keit die <-, -en> **1.** (*kein Plur.*) *förmliches, steifes Verhalten* Er ist kein Freund der Förmlichkeit. **2.** *eine förmliche, steife Handlung* Lassen wir doch die Förmlichkeiten!

form·los <nicht steig.> *Adj.* **1.** *ohne feste Form* eine formlose Masse **2.** AMTSSPR. *ohne vorgeschriebene Form* ein formloses Schreiben aufsetzen, einen formlosen Antrag stellen

Form·sa·che ■ **etwas ist eine (reine) Formsache:** *etwas geschieht, um den Vorschriften zu genügen*

For·mu·lar das <-s, -e> (*amtlicher*) *Vordruck mit Feldern, in die bestimmte Informationen eingetragen werden sollen* ein Formular ausfüllen ◆ Anmelde-, Antrags-

for·mu·lie·ren *mit OBJ* ■ *jmd. formuliert etwas in bestimmter Weise sprachlich ausdrücken* etwas elegant/geschickt/ präzise/umständlich formulieren, eine Frage/einen Gedanken formulieren

For·mu·lie·rung die <-, -en> **1.** (*kein Plur.*) *das Formulieren* die Formulierung eines grammatisch richtigen Satzes, die Formulierung von Erkenntnissen/Gedanken **2.** *ein formulierter Text* eine elegante/geschickte/ präzise/umständliche Formulierung, eine bestimmte/andere Formulierung zitieren

form·voll·en·det <nicht steig.> *Adj. perfekt in der Ausführung* eine formvollendete Verbeugung, ein formvollendetes Bild

forsch *Adj.* (*allzu*) *selbstbewusst und entschlossen* forsch auftreten, eine forsche Art haben, sehr forsch Auto fahren ▶Forschheit

for·schen <forschst, forschte, hat geforscht> *ohne OBJ* **1.** ■ *jmd. forscht irgendwo mit wissenschaftlichen Methoden untersuchen* auf einem Gebiet/an einem Problem forschen **2.** ■ *jmd. forscht nach jmdm./etwas intensiv suchen* nach einem Vermissten forschen **3.** ■ *jmd. forscht nach etwas Dat. nach etwas intensiv fragen* nach den Ursachen für etwas forschen ▶nachforschen

For·scher, **For·sche·rin** der <-s, -> *eine Person, die etwas mit wissenschaftlichen Methoden untersucht* ein namhafter/unermüdlicher Forscher, als Forscher in einem Institut/Unternehmen arbeiten ◆-geist, Gen-, Markt-

For·schung die <-, -en> **1.** *das Untersuchen mit wissenschaftlichen Methoden* neueste Forschungen auf dem Gebiet der Genetik, die Forschungen eines Teams von Wissenschaftlern ▶Erforschung **2.** (*kein Plur.*) (≈ *Wissenschaft*) *die forschende Tätigkeit auf einem Gebiet* die Forschung auf dem Gebiet der Medizin/Physik/Sprachwissenschaft, der neueste Stand der Forschung, Berichte über neueste Erkenntnisse aus der Forschung, Unsummen in die Forschung investieren **3.** (*kein Plur.*) *die Gesamtheit der Forscher auf einem Gebiet* Die Forschung strebt noch für dieses Jahrzehnt eine plausible Theorie dieser Erscheinung an.

For·schungs·ab·tei·lung die <-, -en> *eine Abteilung eines Großunternehmens, in der mit wissenschaftlichen Methoden an Problemlösungen gearbeitet wird*

For·schungs·ein·rich·tung die <-, -en> *eine Institution/ein Unternehmen, in dem wissenschaftliche Untersuchungen durchgeführt werden*

For·schungs·er·geb·nis das <-ses, -se> *durch wissenschaftliche Untersuchungen erzieltes Ergebnis*

Forschungs·in·s·ti·tut das <-(e)s, -e> *ein Institut, an dem wissenschaftliche Untersuchungen durchgeführt werden*

For·schungs·zen·t·rum das <-s, Forschungszentren> *eine Einrichtung, in der wissenschaftliche Untersuchungen durchgeführt werden*

Forst der <-(e)s, -e(n)> *die Gesamtheit der wirtschaftlich genutzten Waldflächen in einem Gebiet* ein privater/staatlicher Forst

Forst·ar·bei·ter, **Forst·ar·bei·te·rin** der <-s, -> *jmd., der beruflich im Wald Bäume fällt*

Förs·ter, **Förs·te·rin** der <-s, -> *jmd., der beruflich für das Hegen des Waldbestands und des Wilds in einem Forst zuständig ist*

Forst·haus das <-es, Forsthäuser> *Wohnhaus und Dienststelle des Försters*

Forst·wirt, **Forst·wir·tin** der <-(e)s, -e> *jmd., der auf dem Gebiet der Forstwirtschaft eine akademische Ausbildung hat und beruflich einen Forst betreut* Sie ist eine studierte Forstwirtin.

Forst·wirt·schaft die <-> (*kein Plur.*) *die Wissenschaft von der Pflege und Bewirtschaftung des Waldes* ►forstwirtschaftlich

For·sy·thie die [fɔrˈzyːt̯i̯ə/fɔrˈzyːt̮si̯ə/fɔrˈziːt̮si̯ə] <-, -n> (*bot.*) *ein im Frühling gelb blühender Busch*

Fort das [foːr] <-s, -s> MILIT. *ein befestigtes Lager* ein Fort errichten/stürmen

fort *Adv.* **1.** (≈ *weg*) *verschwunden; nicht mehr vorhanden* Meine Brille ist fort., Jetzt ist alles Geld fort., Die Schlüssel können doch nicht einfach fort sein! **2.** *an einem entfernten Ort* Wir sind im August für drei Wochen fort., Sie wohnte weit fort von ihrer Heimat. **3.** *zu irgendeinem entfernten Ort* Mach dich fort!, Fort (in den Müll) mit diesem ganzen nutzlosen Kram! **4.** *fortlaufend; ohne Unterbrechung* Und so ging das in einem fort., Ihr stellt euch bitte in alphabetischer Reihenfolge auf. Erst kommt Anton, dann Britta, dann Conrad und so fort.

Fort·be·stand der <-(e)s> (*kein Plur.*) (*geh.*) *das weitere Bestehen* Der Fortbestand vieler Arten ist gefährdet.

fort·be·ste·hen <bestehst fort, bestand fort, hat fortbestanden> *ohne OBJ* ■ *etwas besteht fort* (*geh.*) *weiterhin existieren* Diese Bestimmungen bestehen fort., Unsere Freundschaft wird immer fortbestehen.

fort·be·we·gen <bewegst fort, bewegte fort, hat fortbewegt> **I.** *mit OBJ* ■ *jmd. bewegt etwas fort von einem Platz an einen anderen bewegen* Der Schrank war so schwer, dass ich ihn kaum fortbewegen konnte. **II.** *mit SICH* ■ *jmd./etwas/ein Tier bewegt sich fort sich von einem Ort zum anderen bewegen* sich nur mühsam fortbewegen können, Dieses Tier bewegt sich auf vier Beinen fort.

Fort·be·we·gung die <-> (*kein Plur.*) (*geh.*) *der Vorgang, dass jmd. oder etwas seine Position verändert und von einem Ort irgendwie an einen anderen gelangt* eine langsame/schnelle Fortbewegung, die Fortbewegung im Wasser/in der Luft ◆-sart

Fort·be·we·gungs·mit·tel das <-s, -> *ein technisches Hilfsmittel zur Fortbewegung* Flugzeug, Auto, Eisenbahn, Schiff oder Fahrrad sind Fortbewegungsmittel, umweltschonende Fortbewegungsmittel, auf den Rollstuhl als Fortbewegungsmittel angewiesen sein

fort·bil·den <bildest fort, bildete fort, hat fortgebildet> **I.** *mit OBJ* ■ *jmd. bildet jmdn. fort* (≈ *schulen*) *zusätzliches Wissen* (*für den Beruf*) *vermitteln* Der Trainer bildet die Mitarbeiter in Zeitmanagement fort. **II.** *mit SICH* ■ *jmd. bildet sich fort zusätzliches Wissen* (*für seinen Beruf*) *erwerben* Heute muss man sich ständig fortbilden., Er hat sich in Abendkursen auf eigene Kosten fortgebildet.

Fort·bil·dung die <-, -en> (≈ *Weiterbildung*) *ein Lehrgang, in dem man sich fortbildet* eine Fortbildung besuchen/machen ◆ Lehrer-, -skurs-, -slehrgang, -smaßnahme, -sprogramm

fort·blei·ben <bleibst fort, blieb fort, ist fortgeblieben> *ohne OBJ* ■ *jmd. bleibt* (*von etwas Dat.*) *fort* (≈ *wegbleiben*) **1.** *zeitweise nicht an einem Ort sein* Ihr seid aber lange fortgeblieben – ich warte schon seit zwei Stunden auf euch! **2.** *zeitweise nicht an etwas teilnehmen* Wie lange/oft sind sie (vom Unterricht) fortgeblieben?

fort·brin·gen <bringst fort, brachte fort, hat fortgebracht> *mit OBJ* (≈ *wegbringen*) **1.** ■ *jmd. bringt jmdn./etwas fort an einen anderen Ort bringen* Die Verletzten wurden schnell fortgebracht. **2.** ■ *jmd. bringt etwas fort von der Stelle bewegen* Sie konnte die schwere Truhe kaum fortbringen.

Fort·dau·er die <-> (*kein Plur.*) (*geh.*) *das Weiterbestehen* die Fortdauer der Dürreperiode, Die Fortdauer des Projekts ist gefährdet/gesichert.

fort·dau·ern <dauerst fort, dauerte fort, hat fortgedauert> *ohne OBJ* ■ *etwas dauert fort* (*geh.* ≈ *andauern*) *nicht aufhören* Die Hitze/die Kälteperiode dauert fort., An der Grenze kommt es fortdauernd zu Auseinandersetzungen., Ich kann deine fortdauernden Nörgeleien nicht mehr hören!

fort·dür·fen *ohne OBJ* ■ *jmd. darf fort* (≈ *wegdürfen*) *die Erlaubnis haben, von irgendwo wegzugehen* Die Kinder dürfen heute nachmittag fort.

forte *Adv.* **1.** MUS. *sehr laut* **2.** (MED.: *in Verbindung mit Medikamentennamen*) *stark wirkend*

fort·exis·tie·ren <existierst,fort, existierte fort, hat fortexistiert> *ohne OBJ* ■ *jmd./etwas existiert fort weiterhin existieren* Die Firma wird unter einem anderen Namen fortexistieren., Die meisten Menschen glauben, dass sie nach ihrem Tode fortexistieren. ►Fortexistenz

fort·fah·ren <fährst fort, fuhr fort, hat/ist fortgefahren> I. *mit OBJ* ■ *jmd. fährt etwas fort* ((*haben*) ≈ *fortbringen*) *mit einem Fahrzeug an einen anderen Ort bringen* Wir haben den Müll fortgefahren. II. *ohne OBJ* (*sein*) 1. ■ *jmd. fährt fort* (≈ *wegfahren*) *an einen anderen Ort fahren* Er ist gestern fortgefahren. 2. ■ *jmd. fährt mit etwas Dat. fort* (*geh.* ≈ *fortsetzen*) *weitermachen* Der Redner ist mit dem Vortrag fortgefahren., Sie fuhr fort, ihr Lied zu singen., Gestatten Sie, dass ich fortfahre?

fort·fal·len <fällst fort, fiel fort, ist fortgefallen> *ohne OBJ* ■ *etwas fällt fort* (*geh.* ≈ *wegfallen*) *nicht mehr gültig sein oder weggelassen werden* Diese Bestimmung ist in dem neuen Gesetz fortgefallen., Dieser Satz kann fortfallen, er ist überflüssig. ►Fortfall

fort·flie·gen <fliegst fort, flog fort, ist fortgeflogen> *ohne OBJ* ■ *ein Tier fliegt fort* (≈ *wegfliegen*) *an einen anderen Ort fliegen* Der Vogel ist fortgeflogen.

fort·füh·ren <führst fort, führte fort, hat fortgeführt> *mit OBJ* 1. ■ *jmd. führt etwas fort* (≈ *weiterführen*) *von jmdm. übernehmen und weiterhin betreiben* Sein Werk wurde von seinem Nachfolger fortgeführt., Diese Tradition wird bis auf den heutigen Tag fortgeführt. 2. ■ *jmd. führt jmdn. fort* (≈ *wegführen*) *an einen anderen Ort führen* Man führte die Gefangenen fort.

Fort·füh·rung die <-> (*kein Plur.*) (≈ *Weiterführung*) *die Übernahme und das Weiterbetreiben* die Fortführung des väterlichen Betriebes

Fort·gang der <-(e)s> (*kein Plur.*) 1. (≈ *Weggang*) *die Tatsache, dass jmd. weggeht* nach dem Fortgang der wichtigsten Wissenschaftler 2. (*geh.*) *der weitere Verlauf* Wir sind gespannt auf den Fortgang der Ereignisse., Die Verhandlung nimmt ihren Fortgang.

fort·ge·hen <gehst fort, ging fort, ist fortgegangen> *ohne OBJ* ■ *jmd. geht fort* 1. (≈ *weggehen*) *sich von einem Ort entfernen* Sie ist ohne Abschied einfach fortgegangen. 2. (≈ *ausgehen*) *zum Vergnügen außer Haus gehen* Ich bin schon lange nicht mehr fortgegangen. 3. (*umg.* ≈ *weitergehen*) *ununterbrochen andauern* Der Urlaub mit dem herrlichen Wetter könnte noch ein paar Wochen so fortgehen.

fort·ge·schrit·ten <fortgeschrittener, am fortgeschrittensten> *Adj.* 1. *so, dass jmd. Fortschritte gemacht hat* 2. ■ **eine Krankheit im fortgeschrittenen Stadium**: *eine Krankheit, die sich schon sehr weit entwickelt hat*

fort·ge·setzt <nicht steig.> *Adj. so, dass etwas auf ärgerliche Weise andauert* fortgesetzter Lärm, fortgesetzte Störungen

for·tis·si·mo *Adv.* MUS. *sehr laut*

fort·ja·gen <jagst fort, jagte fort, hat/ist fortgejagt> I. *mit OBJ* ■ *jmd. jagt jmdn./ein Tier fort* 1. (*haben*) *von einem Ort wegjagen* Er hat den Hund fortgejagt. 2. (*haben*) *plötzlich aus Verärgerung entlassen* Das Dienstmädchen wurde verdächtigt, gestohlen zu haben und auf der Stelle fortgejagt. II. *ohne OBJ* ■ *jmd. jagt fort* (*umg.* (*sein*)) *schnell weglaufen oder wegfahren* Er ist wie ein Wilder fortgejagt.

Fort·kom·men das <-s> (*kein Plur.*) 1. *das Weiterkommen auf einem Weg* Unser Fortkommen wurde durch ein Unwetter/eine Reifenpanne erschwert. 2. *beruflicher Aufstieg* Die Eltern sorgten sich sehr um das Fortkommen ihres einzigen Kindes.

fort·kom·men <kommst fort, kam fort, ist fortgekommen> *ohne OBJ* 1. ■ *jmd. kommt fort sich von einem Ort entfernen können* Vor fünfzehn Uhr wird er kaum fortkommen., Ich bin einfach nicht fortgekommen, das Gespräch war so interessant. 2. ■ *jmd. kommt fort sich vorwärts bewegen können* Im Sand wirst du mit dem Fahrrad nicht gut fortkommen. 3. ■ *jmd. kommt fort* (*beruflich*) *vorankommen* mit der Arbeit fortkommen, im Leben gut fortkommen 4. ■ *etwas kommt fort abhanden kommen* Unser ganzes Gepäck ist fortgekommen. 5. ■ *etwas kommt fort weggeworfen werden* Die alten, aussortierten Sachen können fortkommen!

fort·lau·fen <läufst fort, lief fort, ist fortgelaufen> *ohne OBJ* 1. ■ *jmd. läuft* (*von jmdm./etwas*) *fort* (≈ *weglaufen*) *sich von einem Ort entfernen* Sie lief von der Gruppe fort und stellte sich in eine Ecke des Hofes. 2. ■ *jmd. läuft fort etwas oder jmdn. verlassen* Er ist von zu Hause fortgelaufen., Ihm ist die Frau fortgelaufen.

fort·lau·fend <nicht steig.> *Adj. ohne Unterbrechung* Die Seiten sind fortlaufend nummeriert., Sie werden fortlaufend über die Ereignisse informiert.

fort·le·ben <lebst fort, lebte fort, hat fortgelebt> *ohne OBJ* ■ *jmd./etwas lebt* (*in etwas Dat.*) *fort* (*geh.*) *in lebendiger Erinnerung bleiben* Die Schriftstellerin lebt in ihren Werken fort., Der Geist dieser Zeit lebt in der Architektur fort.

fort·ma·chen *mit SICH* ■ *jmd. macht sich fort* (*umg.* ≈ *sich davonmachen*) *jmd. geht schnell und unauffällig weg* Er hat sich nach dem Diebstahl gleich davongemacht.

fort·pflan·zen <pflanzt fort, pflanzte fort, hat fortgepflanzt> *mit SICH* 1. ■ *jmd./ein Tier/etwas pflanzt sich fort* (≈ *sich vermehren*) *Nachkommen hervorbringen* Pflanzen/Tiere/Menschen pflanzen sich fort., sich geschlechtlich/durch Teilung fortpflanzen 2. ■ *etwas pflanzt sich fort* (*geh.* ≈ *sich verbreiten*) *sich ausbreiten* Die Schwingungen pflanzen sich im Wasser fort., Das Echo pflanzt sich in den Bergen fort.

Fort·pflan·zung die <-> (*kein Plur.*) 1. *das Hervorbringen von Nachkommen* geschlechtliche/ungeschlechtliche Fortpflanzung, der Fortpflanzung dienen ◆-svorgang, -szyklus 2. (*geh.*) *die Ausbreitung* die Fortpflanzung der Schallwellen in verschiedenen Medien untersuchen

fort·pflan·zungs·fä·hig <nicht steig.> *Adj. in der Lage, Nachkommen hervorzubringen* im fortpflanzungsfähigen Alter sein

Fort·pflan·zungs·or·gan das <-(e)s, -e> BIOL. *ein Organ, das der Hervorbringung von Nachkom-*

men dient

Fort·pflan·zungs·trieb der <-(e)s, -e> BIOL. *der Trieb zum Hervorbringen eigener Nachkommen* Der Fortpflanzungstrieb dient der Erhaltung der eigenen Art.

fort·schaf·fen <schaffst fort, schaffte fort, hat fortgeschafft> *mit OBJ* ■ *jmd. schafft jmdn./etwas fort* (≈ *wegschaffen*) *von einem Ort an einen anderen bringen* Die Kunstschätze wurden angeblich noch vor dem Krieg fortgeschafft., die Verletzten auf einer Bahre fortschaffen

fort·schi·cken <schickst fort, schickte fort, hat fortgeschickt> *mit OBJ* ■ *jmd. schickt jmdn. fort* (≈ *wegschicken*) *an einen anderen Ort schicken* Er hat die Kinder für den Nachmittag fortgeschickt.

fort·schlei·chen *mit SICH* ■ *jmd. schleicht sich fort* (≈ *wegschleichen*) *sich unauffällig, leise entfernen*

fort·schrei·ten <schreitest fort, schritt fort, ist fortgeschritten> *ohne OBJ* ■ *etwas schreitet fort* (*geh.*) **1.** *sich zum Guten weiterentwickeln* Wie schreiten die Arbeiten fort?, Der Bau der Brücke schreitet weiter fort., eine fortgeschrittene Technologie **2.** *in derselben Weise weitergehen* Die Krankheit schreitet weiter fort., das fortgeschrittene Stadium einer Krankheit, die fortschreitende Zerstörung der Ozonschicht

Fort·schritt der <-(e)s, -e> **1.** (*kein Plur.*) *die Gesamtentwicklung hin zu einer höheren Stufe* der soziale/technische/wissenschaftliche Fortschritt, der rasche Fortschritt in der Gentechnik, an den Fortschritt glauben, Das ist der Preis für den technischen Fortschritt. **2.** *ein einzelner Entwicklungsschritt zum Besseren* Das Projekt hat große Fortschritte gemacht., Das stellt einen riesigen Fortschritt dar., Der Heilungsprozess macht Fortschritte., Die Schülerin hat im vergangenen Jahr große Fortschritte gemacht.

fort·schritt·lich *Adj.* **1.** *so, dass es dem neuesten Entwicklungsstand entspricht* eine fortschrittliche Methode/Technologie, fortschrittliche Auffassungen haben **2.** *dem Fortschritt gegenüber positiv eingestellt* ein fortschrittlicher Mensch/Politiker

fort·schwem·men *mit OBJ* ■ *etwas schwemmt etwas fort* (≈ *wegschwemmen*) *etwas durch die Strömung im Wasser wegbewegen*

fort·set·zen <setzt fort, setzte fort, hat fortgesetzt> **I.** *mit OBJ* ■ *jmd. setzt etwas fort aufnehmen, weiterführen* die Verhandlungen fortsetzen, den Weg allein fortsetzen, ein Gespräch am nächsten Tag fortsetzen, eine Fernsehserie fortsetzen **II.** *mit SICH* ■ *etwas setzt sich fort* **1.** *sich räumlich weiter ausbreiten* Die Mauer setzt sich hinter der Straße fort., Seine Schwierigkeiten setzten sich auch in höheren Klassenstufen fort. **2.** *weiter andauern* Dieses Problem setzte sich im letzten Jahr fort.

Fort·set·zung die <-, -en> **1.** (*kein Plur.*) *das Weiterführen* die Fortsetzung der Verhandlungen **2.** (≈ *Serie*) *etwas, das fortgesetzt wird* die Reportage wird als Fortsetzung gesendet **3.** *einzelne Folge einer Serie* Die nächste Fortsetzung sehen Sie morgen.

Fort·set·zungs·ro·man der <-s, -e> *ein Roman, der in Fortsetzungen*[3] *erscheint*

For·tu·na <-s> (*kein Plur.*) *römische Glücksgöttin*

fort·wäh·rend <nicht steig.> *Adj.* (≈ *ständig, permanent*) *so, dass es sich in lästiger Weise oft wiederholt* Fortwährend klingelt das Telefon., Musst du uns fortwährend stören?

fort·wir·ken <wirkst fort, wirkte fort, hat fortgewirkt> *ohne OBJ* ■ *etwas wirkt fort* (*geh.* ≈ *weiterwirken*) *weiterhin wirken* Die tiefen Eindrücke der Reise wirkten noch lange in uns fort.

fort·zer·ren *mit OBJ* ■ *jmd. zerrt jmdn. fort* (≈ *wegzerren*) *mit Gewalt an jmdm. zerren, um zu bewirken, dass er von einer Stelle weggeht*

Fo·rum das <-s, Foren/Fora> (*geh.*) **1.** (*Plur.: Foren*) *eine öffentliche Diskussion* zu einem politischen Forum einladen, auf einem Forum zur Stadtentwicklung sprechen **2.** (*Plur.: Foren*) *geeigneter Ort oder Personenkreis, um etwas zu erörtern* das richtige Forum für ein Thema/für die Erörterung eines Problems finden **3.** GESCH. *ein Platz für öffentliche Versammlungen im alten Rom*

fos·sil <nicht steig.> *Adj. aus der Urzeit* (*als Versteinerung erhalten*) fossile Brennstoffe, fossile Pflanzen und Tiere ▸Fossilie

Fo·to das <-s, -s> *kurz für „Fotografie"* ein Foto machen ◆ Erinnerungs-, Familien-, Farb-, Kinder-, Pass-, Urlaubs-

Fo·to·a·ma·teur der [...amaˈtøːɐ] <-s, -e> *Amateur auf dem Gebiet der Fotografie*

Fo·to·ap·pa·rat, *a.* **Pho·to·ap·pa·rat** der <-(e)s, -e> (≈ *Kamera*) *Gerät zur Herstellung von dauerhaften Lichtbildern auf Filmen oder anderen Speichermedien* einen Film in den Fotoapparat einlegen, Bilder mit dem Fotoapparat machen

Fo·to·aus·rüs·tung die <-, -en> *ein Fotoapparat mit verschiedenen Zusatzgeräten, wie Stativ, Blitzgerät, verschiedene Objektive/Filter und anderes*

Fo·to·aus·stel·lung die <-, -en> *Ausstellung von* (*künstlerischen*) *Fotografien*

Fo·to-CD die <-, -s> EDV *CD zur Speicherung von Lichtbildern*

Fo·to·de·sign das <-s, -s> *die formgerechte Gestaltung von Fotografien*

fo·to·gen, *a.* **pho·to·gen** *Adj. so, dass jmd. auf Fotografien vorteilhaft zur Geltung kommt* Kleine Kinder sind immer fotogen.

Fo·to·ge·schäft das <-s, -e> *Geschäft, in dem man Fotoapparate und Fotozubehör kaufen und wo man Filme entwickeln und abziehen lassen kann*

Fo·to·graf, **Fo·to·gra·fin** der <-en, -en> *jmd., der beruflich fotografiert* Die Passbilder habe ich von einem Fotografen machen lassen.

Fo·to·gra·fie, *a.* **Pho·to·gra·phie** die <-, -n> **1.** *mit einem Fotoapparat hergestelltes Lichtbild* sich alte Fotografien ansehen **2.** (*kein Plur.*) *die Kunst und das Verfahren des Fotografierens* die Erfindung der Fotografie, Ihr Hobby ist die Fotografie.

fo·to·gra·fie·ren <fotografierst, fotografierte, hat fotografiert> **I.** *mit OBJ* ■ *jmd. fotografiert jmdn./ etwas durch Fotografie aufnehmen und abbilden* Sie fotografiert hauptsächlich Menschen und Landschaften. **II.** *ohne OBJ* ■ *jmd. fotografiert irgendwie dauerhafte Lichtbilder auf Filmen oder anderen Speichermedien herstellen* Er kann gut fotografieren.

fo·to·gra·fisch <nicht steig.> *Adj.* **1.** *auf das Fotografieren bezogen, zu ihm gehörend* den Text mit fotografischen Abbildungen ergänzen **2.** *so detailgetreu wie eine Fotografie* ein fotografisches Gedächtnis haben, die Einzelheiten auf einem Bild fotografisch genau malen

Fo·to·ko·pie die <-, -n> (≈ *Kopie*) *ein Lichtbildabzug eines Dokuments* eine Fotokopie einer Rechnung für die Akten anfertigen

fo·to·ko·pie·ren *mit OBJ* ■ *jmd. fotokopiert etwas einen Lichtbildabzug herstellen* ein Schriftstück fotokopieren

Fo·to·ko·pie·rer der <-s, -> *kurz für „Fotokopiergerät“*

Fo·to·ko·pier·ge·rät das <-(e)s, -e> *Gerät zum Herstellen von Lichtbildabzügen*

Fo·to·me·t·rie die *s.* **Photometrie**

Foto·mo·dell das <-s, -e> *eine Person, die sich gegen Entgelt fotografieren lässt* Sie/Er arbeitet als Fotomodell für eine Werbeagentur.

Fo·to·mon·ta·ge die ['fo:tomɔn'ta:ʒə] <-, -n> **1.** (*kein Plur.*) *das Herstellen eines (künstlerischen) Bildes aus einzelnen Teilen mehrerer Fotos* **2.** *ein durch Fotomontage entstandenes Bild*

Fo·to·pa·pier das <-s, -e> *spezielles Papier mit einer licht empfindlichen Schicht zur Herstellung von Fotografien*

fo·to·re·a·lis·tisch <nicht steig.> *Adj. als gemalte künstlerische Darstellung so reich an Details wie eine Fotografie*

Fo·to·satz der <-es> (*kein Plur.*) (DRUCKW.: ≈ *Lichtsatz, Filmsatz*) *fotografisch hergestellter Satz*

Fo·to·syn·the·se, *a.* **Pho·to·syn·the·se** die <-> (*kein Plur.*) BIOL. CHEM. *Aufbau organischer aus anorganischen Stoffen mit Hilfe von Licht* Grüne Pflanzen führen Fotosynthese durch.

Fo·to·ta·sche die <-, -n> *Tasche für den Fotoapparat*

Fo·to·vol·ta·ik die TECHN. *s.* **Photovoltaik**

Foto·zel·le die *s.* **Photozelle**

Fö·tus der *s.* **Fetus**

Fot·ze die <-, -n> **1.** (*vulg.* ≈ *Vulva*) **2.** (*umg. südd. österr.*) *Mund* **3.** (*umg. südd. österr.*) *Ohrfeige*

Foul das [faul] <-s, -s> SPORT *Regelverstoß* das Foul mit einem Elfmeter ahnden, In der zweiten Halbzeit häuften sich die Fouls. ◆ -spiel

foul [faul] <nicht steig.> *Adj.* SPORT *regelwidrig* foul spielen

fou·len ['faulən] *mit OBJ* ■ *jmd. foult jmdn.* SPORT *einen Regelverstoß begehen* Der Spieler ist gefoult worden.

fou·tie·ren *mit OBJ* ■ *jmd. foutiert etwas* (*schweiz.*) *sich um etw. nicht kümmern*

Fox·ter·rier der <-s, -> ZOOL. *eine Jagdhunderasse*

Fox·trott der <-(e)s, -e> *ein Gesellschaftstanz*

Fo·yer das [foa'je:] <-s, -s> *Vorraum eines Theaters*

Fracht die <-, -en> **1.** *die Ladung, die zu befördern ist* die Fracht einladen/ausladen/an Bord nehmen ◆ Schiffs-,-flugzeug, -liste, -verkehr, -versicherung **2.** *die Gebühr, die für die Beförderung einer Ladung zu zahlen ist* 300 Euro Fracht zahlen

Fracht·brief der <-(e)s, -e> *ein Begleitpapier, das mit einer Fracht mitgeschickt wird*

Frach·ter der <-s, -> *ein Schiff für den Transport von Frachten*

Frach·ter, **Frach·te·rin** der <-s,-> (*österr.*) *Spediteur*

Fracht·gut das <-(e)s, Frachtgüter> *Güter, die transportiert werden (sollen)* das Frachtgut verladen

Fracht·kos·ten <-> *Plur. die Kosten, die für die Beförderung einer Ladung anfallen*

Fracht·raum der <-(e)s, Frachträume> **1.** (*kein Plur.*) der zur Verfügung stehende Transportraum, Für die Hilfstransporte wird zusätzlicher Frachtraum benötigt. **2.** *Laderaum in Fahrzeugen* im Frachtraum eines Schiffes als blinder Passagier mitfahren

Fracht·schiff das <-(e)s, -e> *ein Schiff für den Transport von Frachten*

Fracht·ta·rif der <-s, -e> *Verzeichnis der Gebühren im Frachtverkehr*

Frack der <-(e)s, -s/Fräcke> *ein eleganter schwarzer Abendanzug mit langen Schößen, der von Orchestermusikern als Berufskleidung getragen wird* Der Zauberkünstler trat in Frack und Zylinder auf.

Fra·ge die <-, -n> **1.** *eine sprachliche Äußerung, mit der sich jmd. an eine Person wendet und auf die er eine Antwort erwartet, die ihm eine Information gibt oder eine Entscheidung mitteilt* jemandem/an jemanden neugierige Fragen stellen, Fragen zur Person beantworten, War das eine Frage oder eine Aussage?, Habe ich damit Ihre Frage beantworten können? ◆ Informations-, Prüfungs-, Scherz- **2.** *Thema; ungelöstes Problem* die Frage der Einwanderung diskutieren, neue/schwierige Fragen aufwerfen, wichtige Fragen zu entscheiden haben, Politische Fragen interessieren ihn besonders. ■ **eine rhetorische Frage**: *eine Frage, deren Antwort der Fragesteller bereits kennt* **Das ist eine Frage des/der ...**: es hängt alles von ... ab, Das ist eine Frage der Geduld/des Geldes/der Zeit. **in Frage stellen**: *Zweifel an jmdm. oder etwas haben* **etwas in Frage/infrage stellen**: *gefährden oder unsicher machen* Deine Krankheit stellt unsere Planung in Frage/infrage. **in Frage/ infrage kommen**: *erlaubt oder möglich sein* Das kommt überhaupt nicht in Frage/infrage! **außer Frage stehen** (*geh.*): *ganz sicher sein* Es steht außer Frage, dass er mitkommt. **ohne Frage** (*geh.*): *ganz bestimmt* Sie ist ohne Frage eine große Künstlerin. **keine Frage**: *ganz bestimmt oder sicher* Sie hat es gewusst, keine Frage! ◆ Getrennt- oder Zusammenschreibung→R 4.14 Das fehlende Geld stellt das Projekt in Frage/infrage., Es kommt überhaupt nicht in Frage/infrage, dass du mitkommst!, die in Frage/infrage kommenden Personen ◆ Ermessens-, Geschmacks-, Glaubens-, Kosten-, Lebens-, Schicksals- *siehe auch* **infrage**

Fra·ge·bo·gen der <-s, -> *ein Formular mit bestimmten vorgegebenen Fragen, die man schriftlich beantworten soll* einen Fragebogen ausfüllen ◆ -aktion

fra·gen **I.** *mit OBJ* ■ *jmd. fragt jmdn. (etwas) das Wort an jmdn. richten, um etwas zu erfahren* jemanden nach dem Weg/nach der Zeit/nach seinem Namen fragen, Darf ich Sie fragen, wie spät es ist?, Fragen Sie nur!, Die Kinder haben viel gefragt., Ich könnte Sie noch vieles fragen., Mich hat ja keiner gefragt!, Jemand hat nach dir gefragt., Sie fragt nicht (danach), ob es erlaubt ist. **II.** *mit SICH* ■ *jmd. fragt sich etwas über etwas nachdenken oder sich über etwas unsicher sein* Ich frage mich, ob er wohl noch kommt. **III.** *mit ES* ■ *es fragt sich, ob ... unsicher oder zweifelhaft sein* Es fragt sich, ob wir Recht haben., Sie ruft dich an, es fragt sich nur, wann.

Fra·ge·pro·no·men das <-s, -pronomina> (SPRACHWISS.: ≈ *Interrogativpronomen*) *ein Pronomen, das einen Fragesatz einleitet* „Wer" ist ein Fragepronomen.

Fra·ge·rei die <-, -en> (*umg. abwert.*) (*als lästig empfundenes*) *dauerndes Fragen* Lasst doch die dauernde Fragerei! Ihr werdet es schon rechtzeitig erfahren.

Fra·ge·satz der <-es, Fragesätze> SPRACHWISS. *ein Satz mit einer bestimmten Wortstellung, die eine Frage[1] zum Ausdruck bringt*

Fra·ge·stel·ler, **Fra·ge·stel·le·rin** der <-s, -> *jmd., der eine Frage[1] stellt*

Fra·ge·stel·lung die <-, -en> **1.** *die Art und Weise, wie eine Frage formuliert ist* eine unklare Fragestellung **2.** *ein zu erörtendes Problem* das Interesse an politischen/medizinischen Fragestellungen wecken

Fra·ge·stun·de die <-, -n> POL. *ein festgelegter Zeitraum, in dem Personen die Möglichkeit haben, einem Gremium Fragen zu stellen* Die Partei hat eine Fragestunde zu diesem Thema beantragt.

Fra·ge-und-Ant·wort-Spiel das <-s, -e> **1.** *ein Gesellschaftsspiel, bei dem fertige Antworten vorgegebenen Fragen zugeordnet werden* **2.** (*abwert.*) *ein Gespräch, in der nur bereits bekannte Antworten gegeben werden* das Interview geriet zu einem langweiligen Frage-und-Antwort-Spiel ◆ Schreibung mit Bindestrich→R 4.15 Wir spielen am liebsten Frage-und-Antwort-Spiele.

Fra·ge·wort das <-(e)s, Fragewörter> SPRACHWISS. *ein Wort, das einen Fragesatz einleitet*

Fra·ge·zei·chen das <-s, -> *das Satzzeichen „?", das an das Ende von Fragesätzen gesetzt wird*

fra·gil *Adj.* (*geh.*) *zerbrechlich; zart* eine fragile Konstruktion, eine fragile Gesundheit haben

frag·lich <nicht steig.> *Adj.* **1.** (*geh.* ≈ *betreffend*) *schon erwähnt* Bitte zahlen Sie den fraglichen Betrag bis morgen!, Die Polizei hat das fragliche Auto gefunden. **2.** (≈ *ungewiss*) *so, dass noch nicht sicher ist, was geschehen wird* Es ist äußerst fraglich, ob wir erreichen, was wir wollen.

frag·los <nicht steig.> *Adj.* (*geh.* ≈ *zweifellos*) *so, dass kein Zweifel daran besteht* Sie ist fraglos eine der besten Sängerinnen., Er hat fraglos Recht mit seinem Einwand.

Frag·ment das <-(e)s, -e> **1.** (*geh.* ≈ *Bruchstück*) *etwas, das ein (losgelöster) Teil von einer Sache ist* Bei den Ausgrabungen fand man Fragmente alter Malereien/einer alten Siedlung. **2.** *ein unvollendetes Kunstwerk* Das Buch/die Oper ist ein Fragment geblieben.

frag·men·ta·risch <nicht steig.> *Adj.* (*geh.*) *bruchstückhaft* Er konnte das Erlebte nur fragmentarisch wiedergeben.

frag·wür·dig *Adj.* (*abwert.*) *so, dass eine Person oder eine Verhaltensweise keinen guten Eindruck macht und moralische Bedenken und Zweifel weckt* ein moralisch äußerst fragwürdiges Vorgehen, in fragwürdige Gesellschaft geraten

Frai·sen ['fraizn̩] <-> *Plur.* (*süddt. österr.*) *Krämpfe* (*bei Kindern*) die Fraisen kriegen

Frak·ti·on die [frak'ts̮i̯o:n] <-, -en> POL. *die Gruppe der Abgeordneten einer Partei im Parlament* die Fraktionen im Bundestag, Die Fraktion stimmt geschlossen gegen den Vorschlag. ◆ -sbeschluss, -sgeschäftsführer, -svorstand

Frak·ti·ons·chef, **Frak·ti·ons·che·fin** der <-s, -s> *Person, die einer Fraktion vorsteht* einen neuen Fraktionschef wählen

Frak·ti·ons·spre·cher, **Frak·ti·ons·spre·cher·in** der <-s, -> *Person, die eine Fraktion gegenüber der Presse bzw. der Öffentlichkeit vertritt*

Frak·tur die <-, -en> **1.** MED. *Knochenbruch* eine Fraktur des Oberschenkels **2.** DRUCKW. *eine Schriftart beim Druck* ■ **mit jemandem Fraktur reden**: *jmdm. deutlich die Meinung oder die Wahrheit sagen*

Fran·chi·sing das ['fræntʃaɪzɪŋ] <-s> (*kein Plur.*) WIRTSCH. *eine Vertriebsform im Einzelhandel, bei der ein Unternehmer seine Produkte über eigene Lizenzvertragspartner absetzt*

frank ■ **frank und frei** (*umg.*): *ohne Hemmungen* jemandem frank und frei seine Meinung sagen

Fran·ke, **Frän·kin** <-n, -n> *Einwohner Frankens[1]*

Fran·ken[1] <-s> *Region im Norden Bayerns und Baden-Württembergs* ◆ -wein

Fran·ken[2] der <-s, -> WIRTSCH. *die Währungseinheit der Schweiz* ein Schweizer Franken

fran·kie·ren *mit OBJ* ■ *jmd. frankiert etwas eine Postsendung mit Briefmarken versehen* einen Brief/ein Paket ausreichend frankieren, Die Sendung war nicht frankiert.

frän·kisch <nicht steig.> *Adj. auf die Region Franken bezogen, aus ihr stammend* fränkischer Wein

Fran·ko·pho·nie die <-> (*kein Plur.*) *alle Gebiete, in denen das Französische Landessprache ist*

Frank·reich <-s> *Staat in Westeuropa*

Fran·se die <-, -n> *Faden, der mit vielen anderen am Rand eines Gewebes herabhängt* eine Bluse/ein Teppich mit Fransen

Fran·zo·se, **Fran·zö·sin** der <-n, -n> *jmd., der die französische Staatsbürgerschaft hat*

fran·zö·sisch <nicht steig.> *Adj. auf Frankreich bezogen, daher stammend* die französische Küche, die französische Sprache lernen, Er sprach während der Diskussion französisch (in französischer Sprache), nicht englisch., die französische Schweiz, Sie spricht gut Französisch., Er lernt Französisch., etwas auf Französisch sagen, die Französische Revolution *siehe auch* **deutsch**

frap·pie·ren *mit OBJ* ■ *etwas frappiert jmdn.* (*geh.*) *überraschen; verblüffen* Deine Antwort frappiert mich wirklich., Sie hat eine frappierende Ähnlichkeit mit einer bekannten Schauspielerin.

Frä·se die <-, -n> *eine Maschine, mit der man Oberflächen (von Werkstücken) schneidend bearbeiten kann* den Straßenbelag mit einer Fräse bearbeiten

frä·sen *mit OBJ* ■ *jmd. fräst etwas mit einer Fräse bearbeiten* ein Werkstück fräsen, ein Gewinde fräsen

Fraß der <-es> (*kein Plur.*) (*umg. abwert.*) *schlechtes Essen* Was ist das wieder für ein Fraß!

Frat·ze die <-, -n> **1.** (≈ *Grimasse*) *ein absichtlich verzerrtes Gesicht* Fratzen schneiden **2.** (*abwert.*) *hässliches, Furcht erregendes Gesicht* die Fratze eines Dämons **3.** (*umg. abwert.*) *ein (Mensch und sein) Gesicht* Ich kann seine Fratze nicht mehr sehen!, Was will die Fratze schon wieder hier? ►fratzenhaft

Frau die <-, -en> **1.** *eine erwachsene, weibliche Person* eine alte/attraktive/berufstätige/erfolgreiche/ gebildete/schöne Frau, Aus dem kleinen Mädchen ist eine Frau geworden., Er kennt viele Frauen., Das Thema interessiert Frauen und Männer gleichermaßen. **2.** (≈ *Ehefrau*) eine Frau finden/heiraten, Seine Frau ist Spanierin., sich von seiner Frau scheiden lassen, seine Frau verlieren, Er hat sie zu seiner Frau gemacht. **3.** *verwendet als Anrede für erwachsene weibliche Personen* Spreche ich mit Frau Müller?, Frau Schulze, ist Ihr Mann gerade zu sprechen?

Frau·chen das <-s, -> (↔ *Herrchen*) *Besitzerin eines Hundes*

Frau·en·arzt, **Frau·en·ärz·tin** der <-es, Frauenärzte> (≈ *Gynäkologe*) *ein Arzt oder eine Ärztin, der/die auf Frauenkrankheiten und Geburtshilfe spezialisiert ist*

Frau·en·be·auf·trag·te der/die <-n, -n> *eine Person, die beauftragt ist, sich für die Gleichberechtigung und Förderung von Frauen in einer Institution einzusetzen*

frau·en·be·wegt <nicht steig.> *Adj.* (*scherzh.*) *in der Frauenbewegung aktiv oder mit den Zielen der Frauenbewegung einverstanden*

Frau·en·be·we·gung die <-> (*kein Plur.*) *eine gesellschaftliche Bewegung, die die Gleichberechtigung der Frau in allen Lebensbereichen anstrebt*

Frau·en·för·de·rung die <-> (*kein Plur.*) *Förderung von Frauen in Bildung, Beruf und Gesellschaft* einen Plan zur Frauenförderung aufstellen

Frau·en·haus das <-es, Frauenhäuser> *ein Haus, in dem Frauen (und ihre Kinder) Zuflucht finden, die von ihren Partnern misshandelt worden sind*

Frau·en·kli·nik die <-, -en> *auf Frauenheilkunde und Geburtshilfe spezialisierte Klinik*

Frau·en·quo·te die <-, -n> *der (angestrebte bzw. vorgeschriebene) Anteil von Frauen in bestimmten Funktionen und Arbeitsbereichen* die Frauenquote erhöhen

Frau·en·recht·le·rin die <-s, -> (≈ *Feministin*) *Person, die für die Gleichberechtigung der Frau in allen Lebensbereichen eintritt*

Frauen·sa·che ■ **etwas ist Frauensache** (↔ *Männersache*): *verwendet, um auszudrücken, das der Sprecher glaubt, die genannte Sache sei nur für Frauen relevant oder betreffe nur Frauen* Manche Männer glauben, der Haushalt sei reine Frauensache.

Frau·en·zeit·schrift die <-, -en> *eine speziell für Frauen herausgegebene Zeitschrift*

Frau·en·zim·mer das <-s, -> (*umg. abwert.*) *abwertende Bezeichnung für eine Frau* ein unverschämtes Frauenzimmer

Fräu·lein das <-s, -s> **1.** (*veralt.*) *eine unverheiratete Frau* ein junges Fräulein, Sie ist noch Fräulein. **2.** *die nicht mehr gebräuchliche Anrede für unverheiratete Frauen* Fräulein Schmidt **3.** (*veralt.*) *Anrede für eine Kellnerin* Fräulein, die Rechnung bitte!

frau·lich *Adj.* (↔ *mädchenhaft*) *im Verhalten und Aussehen wie eine erwachsene, reife Frau* eine frauliche Figur haben

Freak der [fri:k] <-s, -s> **1.** *eine Person, deren Lebensweise von dem als normal Empfundenen abweicht* Er ist ein richtiger Freak. **2.** *eine Person, die sich in übertriebener Weise für etwas begeistert* die Freaks des Rennsports, Dieses Computerspiel ist nur etwas für Freaks. ◆Computer-, Musik-, Sport-

frea·kig ['fri:kɪç] *Adj.* (*Jargon*) *außerhalb des als normal Empfundenen stehend* sich freakig kleiden, freakige Musik

frech *Adj.* **1.** *nicht gehorsam* ein freches Kind, freche Antworten geben, frech grinsen **2.** *auffällig und ein bisschen provozierend* eine freche Frisur, sich jung und frech kleiden, freche Zeichnungen

Frech·dachs der <-es, -e> (*umg.*) *ein vorlautes Kind*

Frech·heit die <-, -en> **1.** (*kein Plur.*) (≈ *unverschämtheit*) *freches Verhalten* Mit seiner Frechheit hat er einiges erreicht. **2.** *eine freche Bemerkung oder Handlung* Diese Frechheiten lassen wir uns nicht länger bieten!

Freeclimber der [fri:klaimbə] <-s , -> SPORT *jmd., der ohne größere Hilfsmittel in steilen Felswänden klettert*

Free·jazz, *a.* **Free Jazz** der ['fri:'dʒɛs] <-> (*kein Plur.*) MUS. *eine Stilrichtung des Jazz*

Free·sie die <-, -n> BOT. *eine duftende, lilienähnliche Frühlingsblume*

Fre·gat·te die <-, -n> **1.** MILIT. SEEW. *schneller Bootstyp der Marine* ◆-nkapitän **2.** (*umg. abwert.*) *eine auffällig gekleidete (ältere) Frau* eine alte Fregatte

frei *Adj.* **1.** *so, dass man in politischer oder per-*

sönlicher Hinsicht unabhängig und nicht gefangen ist oder unter Zwängen steht ein freies Land, ein freier Mitarbeiter, eine freie Reichsstadt, ein freies Leben führen, Die Gefangenen sind seit gestern wieder frei., Der Täter läuft noch frei herum., einen Hund frei laufen lassen, sich von einer Fremdherrschaft frei machen, eine frei werdende Wohnung wieder vermieten **2.** *an keine Form oder Vorschrift gebunden* die freie Rede, eine freie Versform, in der Musik/im Theater frei improvisieren, eine freie Übersetzung/Auslegung eines Textes, Der Film wurde frei nach einem Märchen von Andersen gedreht. **3.** (*nicht steig.*) *ohne* (*dienstliche*) *Verpflichtungen* Heute haben wir frei., ein freier Nachmittag **4.** (*nicht steig.*) *ungehindert* eine freie Meinungsäußerung, die freie Wahl des Berufes, der freie Wettbewerb, etwas frei entscheiden können, Sie können über alles frei verfügen., Der Zug hat freie Fahrt., Die Medikamente sind frei verkäuflich/erhältlich., Vom Aussichtsturm aus hat man einen freien Blick auf die Stadt. **5.** (*nicht steig.*) *so, dass es offen ist und nichts daran angrenzt* ein freies Feld/Gelände, unter freiem Himmel schlafen, ein völlig frei (im Gelände) stehendes Haus, bei schönem Wetter ins Freie gehen **6.** (*nicht steig.*) *ohne Hilfsmittel* (ohne Manuskript) frei sprechen, frei auf einem wackeligen Balken balancieren, Unser Kind kann seit einigen Tagen frei laufen. **7.** (*nicht steig.*) (*leer, unbesetzt*) *so, dass niemand oder nichts den Platz beansprucht* eine freie Stelle wieder besetzen, Ist dieser Platz noch frei?, Die Wohnung/das Haus ist schon lange frei., fünf Zentimeter Rand frei lassen, eine Gasse für die Rettungsfahrzeuge frei machen **8.** (*nicht steig.*) (≈ *kostenlos*) *so, dass man nichts dafür bezahlen muss* freier Eintritt, Kinder unter fünf Jahren sind frei., freie Verpflegung haben, freie Fahrt auf allen öffentlichen Verkehrsmitteln haben ■ **frei Haus** WIRTSCH.: *ohne Transportkosten bis ins Haus* etwas frei Haus liefern **frei von etwas** (*geh.*): *ohne etwas* frei von Krankheit/Schuld **auf freiem Fuß sein**: *nicht in Haft sein* Der Täter ist noch/wieder auf freiem Fuß. **aus freien Stücken**: *freiwillig* Sie hat das aus freien Stücken getan. **freie Hand haben**: *frei entscheiden können* Sie haben völlig freie Hand bei der Planung. ◆ Großschreibung→R 3.7 Die Kinder spielen im Freien.; Großschreibung→R 3.17 die Freie Reichsstadt Bremen; Getrenntschreibung →R 4.2, R 4.3 Kann man dieses Modell auch frei (im Handel) bekommen?, einen Gegenstand frei (auf der Hand) halten, frei laufende Hunde, frei lebende Elefanten, einige Felder im Formular ganz/teilweise frei lassen, Würden Sie bitte den Oberkörper frei machen?, Sie konnte sich von ihren Vorurteilen nicht frei machen., Er war bemüht, bei seinem Vortrag frei zu sprechen., ein einzelner, frei (auf dem Feld) stehender Baum, Sie versuchte, auf dem Schwebebalken frei zu stehen., die bei einer Reaktion frei werdende Energie *siehe aber* **freibekommen**, **freigeben**, **freihalten**, **freilassen**, **freimachen**, **freisprechen**, **freistehen**, **freistellen**

Frei·bad das <-(e)s, Freibäder> *ein Schwimmbad unter freiem Himmel* im Sommer öffnen die Freibäder

frei·be·kom·men <bekommst frei, bekam frei, hat freibekommen> **I.** *mit OBJ* ■ *jmd. bekommt jmdn./etwas frei erreichen, dass jmd. oder etwas frei wird* einen Gefangenen freibekommen, Ich kann meinen eingeklemmten Fuß nicht freibekommen. **II.** *ohne OBJ* ■ *jmd. bekommt frei erreichen, dass man von der Arbeit frei ist* Ich habe einige Tage freibekommen. *siehe aber auch* **frei**

frei·be·ruf·lich <nicht steig.> *Adj.* (↔ *angestellt*) *so, dass man beruflich arbeitet, ohne irgendwo angestellt zu sein* freiberuflich arbeiten, ein freiberuflicher Journalist

Frei·be·trag der <-(e)s, Freibeträge> WIRTSCH. *der Teil der Einkünfte, auf die keine Steuern oder Abgaben zu zahlen sind* ◆ Kinder-

Frei·bier das <-(e)s> (*kein Plur.*) *kostenlos ausgeschenktes Bier* Zum Fest gab es Freibier.

Frei·brief der <-(e)s> (*kein Plur.*) (*geh.*) ■ **etwas ist kein Freibrief für etwas**: *etwas gibt keine Erlaubnis für etwas, das sonst verboten ist* Du darfst nicht denken, dass deine Krankheit ein Freibrief ist, uns herumzukommandieren.

Frei·den·ker, **Frei·den·ke·rin** der <-s, -> *eine Person, die sich keiner* (*bestimmten*) *Religion zugehörig fühlt* ▶Freidenkertum

Frei·er der <-s, -> **1.** (*verhüll.*) *Kunde einer Prostituierten* **2.** (*veralt.*) *ein Mann, der einer Frau die Ehe versprochen hat*

Frei·e·x·em·p·lar das <-s, -e> *ein Buch, das jmd. vom Verlag kostenlos erhält* Der Autor erhält fünf Freiexemplare jeder Auflage.

Frei·fahrt die <-, -en> *die Erlaubnis, mit einem Verkehrsmittel kostenlos mitfahren zu dürfen*

frei·ge·ben <gibst frei, gab frei, hat freigegeben> **I.** *mit OBJ* ■ *jmd. gibt etwas frei den Gebrauch von etwas gestatten* Die Straße/das Gebäude wird zur Nutzung freigegeben., ein Manuskript zur Veröffentlichung freigeben, Wild zum Abschuss freigeben **II.** *ohne OBJ* ■ *jmd. gibt jmdm. frei sagen, dass jmd. an einem bestimmten Tag nicht arbeiten muss* Der Chef hat ihr heute freigegeben.

frei·ge·big *Adj.* (≈ *großzügig* ↔ *geizig*) *so, dass man anderen gern und reichlich vom eigenen Besitz abgibt* ein freigebiger Mensch, Ihr seid aber heute freigebig!

Frei·ge·big·keit die <-> (*kein Plur.*) (↔ *Geiz*) *die Eigenschaft, freigebig zu sein*

frei·gie·big *Adj.* (≈ *freigebig*)

frei·ha·ben <hast frei, hatte frei, hat freigehabt> *ohne OBJ* ■ *jmd. hat irgendwann frei* (*umg.*) *arbeitsfrei haben* Im August werde ich ein paar Tage freihaben., Hast du heute frei?

frei·hal·ten <hältst frei, hielt frei, hat freigehalten> *mit OBJ* **1.** ■ *jmd. hält etwas frei etwas reservieren oder nicht besetzen* Kannst du mir meinen Platz freihalten?, Kannst du den Nachmittag für mich freihalten?, Einfahrt freihalten! **2.** ■ *jmd. hält jmdn. frei für jmdn. in einem Lokal bezahlen* Sie hat zu ihrem Geburtstag alle freigehalten. *siehe aber auch* **frei**

Frei·han·del der <-s> (*kein Plur.*) WIRTSCH. *Handel, der durch keine Zölle und Bestimmungen eingeschränkt ist* ◆-sabkommen

frei·hän·dig <nicht steig.> *Adj. ohne die Hände zu gebrauchen* freihändig balancieren, freihändig Fahrrad fahren

Frei·heit die <-, -en> **1.** (*kein Plur.*) *der Zustand, unabhängig, nicht unterdrückt oder gefangen zu sein* in Freiheit leben, die Freiheit lieben, wieder in Freiheit sein, einem Tier die Freiheit schenken, die Freiheit des Denkens/Geistes/der Wissenschaft **2.** (*kein Plur.*) *Handlungsfreiheit* Wir haben die Freiheit zu tun, was wir für richtig halten., Sie haben die Freiheit zu gehen! ◆Gedanken-, Meinungs-, Presse-, Rede- **3.** (*meist Plur.*) *Vorrecht* seinen Kindern/Mitarbeitern viele Freiheiten lassen, sich einige Freiheiten erlauben, Das sind dichterische Freiheiten. **4.** (*nur Plur.*) POL. *Grundrechte* die bürgerlichen/demokratischen Freiheiten

frei·heit·lich <nicht steig.> *Adj. auf die Freiheit ausgerichtet, vor Freiheit bestimmt* eine freiheitliche Gesinnung, eine freiheitliche Verfassung

Frei·heits·be·rau·bung die <-> (*kein Plur.*) RECHTSW. *die Tatsache, dass jmd. widerrechtlich irgendwo festgehalten wird*

Frei·heits·stra·fe die <-, -n> (RECHTSW.: ≈ *Gefängnisstrafe*) eine Freiheitsstrafe von drei Jahren ohne Bewährung aussprechen/verbüßen

Frei·kar·te die <-, -n> *kostenlose Eintrittskarte* Wir verlosen zehn Freikarten für das Konzert.

frei·kau·fen *mit OBJ* ■ *jmd. kauft jmdn. frei Geld bezahlen und damit bewirken, dass jmd. freigelassen wird* die Geiseln/Gefangenen freikaufen

Frei·kör·per·kul·tur die <-> (*kein Plur.*) (≈ *Nudismus*) *eine Bewegung, deren Mitglieder sich an bestimmten Orten, z.B. Stränden, nackt aufhalten und nackt baden* ein Strand für Freikörperkultur, Sie sind Anhänger der Freikörperkultur.

Frei·land·hal·tung die <-> (*kein Plur.*) LANDW. *das Halten von Nutztieren im freien*[5] *Gelände* Hühner/Eier aus Freilandhaltung

Frei·land·huhn das <-(e)s, -hühner> *Huhn, das in freiem Gelände (und nicht in einer Legebatterie) gehalten wird*

frei·las·sen <lässt frei, ließ frei, hat freigelassen> *mit OBJ* ■ *jmd. lässt jmdn./ein Tier frei aus der Gefangenschaft entlassen* Gefangene freilassen, ein gefangenes Tier wieder freilassen *siehe aber auch* **frei**

Frei·las·sung die <-, -en> *Entlassung aus der Gefangenschaft* Mit der Freilassung der Geiseln ist bald zu rechnen.

frei·le·gen *mit OBJ* ■ *jmd. legt etwas frei bewirken, dass etwas nicht mehr bedeckt ist* die tieferen Gesteinsschichten freilegen, ein wertvolles Wandgemälde freilegen

frei·lich *Adv.* **1.** (≈ *allerdings*) (*einschränkend*) *jedoch* Ich hatte freilich nicht angenommen, dass es so teuer werden würde. **2.** (*umg.*) (*zur Bekräftigung einer bejahenden Antwort*) *gewiss, bestimmt* Weißt du das auch schon? Ja, freilich!, Freilich will ich helfen, ich weiß nur nicht, wie.

Frei·licht·büh·ne die <-, -n> *nicht überdachte, im Freien befindliche Bühne für Theateraufführungen*

Frei·los das <-es, -e> *ein kostenloses Los*

frei·ma·chen **I.** *mit OBJ* **1.** ■ *jmd. macht etwas frei* (≈ *frankieren*) *eine Postsendung mit Briefmarken versehen* Bitte legen Sie einen ausreichend freigemachten Briefumschlag bei! **2.** ■ *jmd. macht sich frei* (MED.: ≈ *entkleiden*) *verwendet als Aufforderung des Arztes an den Patienten, für eine Untersuchung die Kleider auszuziehen* Sie können sich schon mal freimachen! **II.** *mit SICH* ■ *jmd. macht sich frei* (*für etwas Akk.*) (*umg.*) *jmd. nimmt sich Zeit für etwas siehe aber auch* **frei**

Frei·mau·rer der <-s, -> GESCH. *ein Anhänger eines geschlossenen, in Logen organisierten Bundes mit aufklärerischen und humanistischen Zielen (und geheim gehaltenen Ritualen) im 18. Jahrhundert* ▶freimaurerisch

Frei·mut der <-s> (*kein Plur.*) *Offenheit* etwas mit großem Freimut bekennen

frei·mü·tig *Adj. so, dass man etwas offen sagt oder zeigt* ein freimütiges Bekenntnis, freimütig zu jemandem sprechen

frei·neh·men *mit OBJ/ ohne OBJ* ■ *jmd. nimmt sich Dat. (etwas) frei eine bestimmte Zeit Urlaub nehmen und nicht arbeiten* Ich habe mir heute/den Nachmittag freigenommen.

frei·set·zen <setzt frei, setzte frei, hat freigesetzt> *mit OBJ* **1.** ■ *etwas setzt etwas frei* CHEM. PHYS. *aus einer Verbindung lösen* Energie/Sauerstoff freisetzen, giftige Dämpfe freisetzen **2.** ■ *jmd. setzt jmdn. frei* (*verhüll.*) *entlassen* Arbeitskräfte freisetzen

frei·spie·len <spielst frei, spielte frei, hat freigespielt> *mit SICH* ■ *jmd. spielt sich Akk. frei* SPORT *so spielen, dass man nicht mehr vom Gegner gedeckt ist* Der Stürmer hat sich freigespielt.

Frei·sprech·an·la·ge die <-, -n> *eine Vorrichtung, mit der man telefonieren kann ohne den Telefonhörer in der Hand halten zu müssen*

frei·spre·chen <sprichst frei, sprach frei, hat freigesprochen> *mit OBJ* ■ *jmd. spricht jmdn. frei (durch einen Richterspruch) feststellen, dass ein Angeklagter nicht schuldig ist oder ihm seine Schuld nicht nachgewiesen werden kann* Ich kann ihn von einer Mitschuld an dem Unfall nicht freisprechen., Er wurde wegen Mangels an Beweisen freigesprochen. ▶Freisprechung

Frei·spruch der <-s, Freisprüche> RECHTSW. *der Vorgang, dass der Richter dazu kommt, den Angeklagten freizusprechen* Der Verteidiger plädierte auf Freispruch., Freispruch mangels Beweisen

Frei·staat der <-(e)s, -en> (*veralt.*) *Republik* ■ **der Freistaat Bayern/Sachsen**: Das Bundesland Bayern nennt sich aus Tradition noch heute „Freistaat"

frei·ste·hen <steht frei, stand frei, hat freigestanden> **I.** *ohne OBJ* ■ *etwas steht frei nicht vermietet oder besetzt sein* Die Wohnung steht schon lange frei. **II.** *mit ES* ■ *es steht jmdm. frei etwas zu* *tun im eigenen Ermessen liegen* Es steht dir frei zu kommen und zu gehen, wann du willst. *siehe aber auch* **frei**

frei·ste·hend <nicht steig.> *Adj. so, dass keine anderen Häuser direkt danebenstehen*

frei·stel·len <stellst frei, stellte frei, hat freigestellt> *mit OBJ* **1.** ■ *jmd. stellt jmdn. von etwas frei von einer Pflicht befreien* Er wurde vom Wehrdienst (aus gesundheitlichen Gründen) freigestellt., Ich kann nicht mehr als drei Mitarbeiter einen Monat lang freistellen. **2.** ■ *jmd. stellt jmdm. etwas frei anheim stellen oder überlassen* Ich stelle es dir frei, ob du mitkommst.

Frei·stel·lung die <-, -en> *das Befreien von einer Pflicht* eine Freistellung vom Unterricht

Frei·stil der <-s> (*kein Plur.*) SPORT eine Disziplin beim Ringen und Schwimmen ◆-ringer

Frei·stoß der <-es, Freistöße> SPORT *Strafstoß im Fußball* Der Schiedsrichter verhängte einen Freistoß.

Frei·tag[1] der <-(e)s, -e> *der fünfte Tag der Woche* am Freitagabend *siehe auch* **Dienstag**, **freitagabends**, **freitags**

Frei·tag[2] der <-(e)s, -e> (*schweiz.*) (*arbeits*)*freier Tag*

frei·tag·a·bends *Adv. immer freitags am Abend* ◆ Kleinschreibung→R 3.10 Wir treffen uns immer freitagabends. *siehe aber auch* **freitags**

freitags *Adv. immer an Freitagen* Wir treffen uns regelmäßig freitags. ◆ Kleinschreibung→R 3.10 Der Film kommt immer freitags abends. *siehe aber auch* **freitagabends**

Frei·tod der <-(e)s, -e> (*geh.*) *Selbstmord* den Freitod wählen

Frei·trep·pe die <-, -n> BAUW. *eine breite Treppe, die außen vor einem Gebäude hinaufführt*

Frei·wild ■ **jemanden als Freiwild betrachten**: *denken, dass man mit jmdm. machen kann, was man will*

frei·wil·lig <nicht steig.> *Adj. nur nach eigenem Willen und ohne äußeren Zwang* Er hat sich freiwillig für diese Aufgabe gemeldet.

Frei·wil·li·ge der/die <-n, -n> *Person, die etwas freiwillig tut* Für diesen Katastropheneinsatz werden noch Freiwillige gesucht., als Freiwilliger an die Front gehen

Frei·wil·lig·keit die <-> (*kein Plur.*) *die Tatsache, dass etwas freiwillig erfolgt* auf Freiwilligkeit beruhen

Frei·zei·chen das <-s, -> TELEKOMM. *Signal, das anzeigt, dass eine Leitung unbesetzt ist*

Frei·zeit die <-> (*kein Plur.*) *die Zeit, die einem außerhalb der Arbeitszeit zur freien Gestaltung verbleibt* In seiner Freizeit treibt er Sport. ◆-aktivitäten

Frei·zeit·be·klei·dung die <-> *in der Freizeit getragene bequeme Kleidung*

Frei·zeit·be·schäf·ti·gung die <-, -en> (≈ *Hobby*) *etwas, das jmd. in seiner Freizeit tut* eine sinnvolle Freizeitbeschäftigung

Frei·zeit·ge·sell·schaft die <-, -en> *eine Gesellschaft, die davon bestimmt ist, dass die Freizeit einen immer größeren Raum einnimmt*

Frei·zeit·in·dus·t·rie die <-, -n> *der Wirtschaftszweig, der Waren und Dienstleistungen für die Gestaltung der Freizeit produziert*

Frei·zeit·zen·t·rum das <-s, Freizeitzentren> *eine Einrichtung, in der für die Freizeit verschiedene Aktivitäten angeboten werden* ein Freizeitzentrum für Jugendliche/Kinder

frei·zü·gig *Adj.* **1.** *nicht streng den Vorschriften folgend* eine freizügige Erziehung, Bestimmungen freizügig auslegen **2.** (*verhüll.*) *so, dass es Sexualität und körperliche Reize offen zeigt* ein ziemlich freizügiger Film, freizügig gekleidet sein **3.** *frei in der Wahl seines Aufenthaltsortes* freizügig reisen können, ein freizügiges Leben führen

Frei·zü·gig·keit die <-> (*kein Plur.*) **1.** *freizügige Einstellung* mehr Freizügigkeit in der Erziehung fordern **2.** *das Recht, seinen Aufenthaltsort frei zu wählen* den Bürgern des Landes volle Freizügigkeit gewähren/zusichern

fremd *Adj.* **1.** (↔ *vertraut*) *unbekannt; nicht vertraut* Auf dem Fest sah sie nur fremde Gesichter/Menschen., Die Umgebung war ihm fremd., Deine Stimme klingt ganz fremd!, Angst vor allem Fremden haben, Ich bin fremd hier, können Sie mir den Weg zeigen?, Diese Musik ist mir nicht ganz fremd. **2.** *einem anderen Land angehörend, aus ihm kommend* fremde Kulturen/Menschen/Religionen/Sprachen/Völker, fremde Länder kennen lernen **3.** (↔ *eigen*) *von anderen; anderen gehörend* Das ist fremdes Eigentum., ein fremdes Kind annehmen, ein fremdes Grundstück betreten, Fremdes Leid kümmert ihn nicht., etwas ohne fremde Hilfe schaffen, Das Geschäft in fremde Hände abgeben., Das ist nichts für fremde Ohren.

fremd·ar·tig *Adj.* (≈ *exotisch*) *ungewöhnlich; wenig vertraut* ein fremdartiges Aussehen haben, fremdartige Sitten und Gebräuche

Fremd·ar·tig·keit die <-> (*kein Plur.*) *die Eigenschaft, fremdartig zu sein*

fremd·be·stimmt <nicht steig.> *Adj.* PSYCH. *so, dass ein Mensch sein Handeln nicht selbst bestimmt, sondern dies von anderen getan wird*

Frem·de[1] die <-> (*kein Plur.*) *Land, das jmdm. fremd ist* Was willst du in der Fremde?

Frem·de[2] der/die <-n, -n> **1.** *jmd., den man nicht kennt* ein Fremder stand vor der Tür **2.** *jmd., der nicht zu einer bestimmten Gruppe gehört* Das ist unsere Angelegenheit, das geht Fremde gar nichts an. **3.** *Person, die aus einem anderen Land kommt* Der Fremde wurde neugierig bestaunt., Selten kamen Fremde in diese Gegend.

frem·deln <fremdelst, fremdelte, hat gefremdelt> *ohne OBJ* ■ *jmd. fremdelt als Kind Fremden gegenüber Scheu zeigen* Das Kind fremdelt.

frem·den *ohne OBJ* ■ *jmd. fremdet* (*schweiz.*) *fremdeln*

Frem·den·füh·rer, **Frem·den·füh·re·rin** der <-s, -> *Person, die beruflich Touristen Sehenswürdigkeiten zeigt* sich von einem Fremdenführer die Stadt zeigen lassen

Frem·den·hass der <-es> (*kein Plur.*) (≈ *Xenopho-*

bie) Hass auf Menschen aus anderen Ländern Die Täter gaben Fremdenhass als Motiv an.

Frem·den·le·gi·on die <-> (*kein Plur.*) MILIT. *eine französische Militäreinheit, die aus ausländischen bezahlten Soldaten besteht* zur Fremdenlegion gehen

Frem·den·ver·kehr der <-s> (*kein Plur.*) (≈ *Tourismus*) *der Vorgang, dass Menschen als Urlauber an einen Ort bzw. in ein Land reisen und sich dort aufhalten* Die Region lebt vom Fremdenverkehr., Ein Rückgang des Fremdenverkehrs würde einen Verlust an Arbeitsplätzen bedeuten. ◆-samt, -sbüro, -sverein

Frem·den·zim·mer das <-s, -> *zur Übernachtung angebotenes Zimmer in einem Gasthaus*

fremd·ge·hen <gehst fremd, ging fremd, ist fremdgegangen> *ohne OBJ* ■ *jmd. geht fremd seinem Partner (sexuell) untreu sein* Sie ist fremdgegangen.

Fremd·herr·schaft die <-, -en> POL. *die Herrschaft eines Volkes über ein anderes* Das Land hat unter der jahrelangen Fremdherrschaft gelitten.

Fremd·kör·per der <-s, -> **1.** MED. *ein Gegenstand, der in den Körper eingedrungen ist* einen Fremdkörper im Auge haben **2.** *Person, die nicht an einen Ort passt* Sie fühlte sich wie ein Fremdkörper in dieser Gesellschaft.

fremd·län·disch <nicht steig.> *Adj. aus einem anderen Land* fremdländisch aussehen, fremdländische Pflanzen

Fremd·ling der <-s, -e> **1.** *eine Person, die sich irgendwo fremd fühlt* Sie fühlte sich als Fremdling in der Klasse. **2.** *eine Person, die aus einem anderen Land kommt* Die Inselbewohner begrüßten die Fremdlinge.

Fremd·spra·che die <-, -n> *eine Sprache, die nicht die eigene Muttersprache ist* mehrere Fremdsprachen beherrschen, ein Lehrbuch für Deutsch als Fremdsprache

fremd·spra·chig <nicht steig.> *Adj.* **1.** *eine fremde Sprache sprechend* fremdsprachige Gäste **2.** *in einer fremden Sprache abgefasst* fremdsprachige Literatur, Teile des Fachunterrichts werden fremdsprachig gehalten

fremd·sprach·lich <nicht steig.> *Adj.* **1.** *eine fremde Sprache betreffend* im fremdsprachlichen Unterricht Englisch/Französisch lernen **2.** *aus einer fremden Sprache kommend* fremdsprachliche Wörter

Fremd·wäh·rung die <-, -en> WIRTSCH. *Währung eines anderen Landes* der Umtausch von einer Fremdwährung in die Landeswährung

Fremd·wort das <-(e)s, Fremdwörter> *ein aus einer fremden Sprache stammendes Wort* Fremdwörter richtig benutzen, Viele Fremdwörter stammen aus dem Lateinischen oder Griechischen. ■ **etwas ist für jemanden ein Fremdwort**: *etwas ist jmdm. völlig fremd und nicht von ihm zu erwarten* Höflichkeit ist wohl ein Fremdwort für Dich!

fre·ne·tisch <nicht steig.> *Adj. stürmisch* frenetischer Beifall

fre·quen·tie·ren *mit OBJ* ■ *jmd. frequentiert etwas* (*geh.*) *häufig besuchen* eine sehr frequentierte Straße, ein gut frequentiertes Lokal

Fre·quenz die <-, -en> **1.** PHYS. *Schwingungszahl* Der Radiosender sendet auf der Frequenz ..., Licht einer bestimmten Frequenz, Ein Subwoofer übernimmt die Frequenzen unterhalb von 20 Hz. ◆-bereich **2.** (*geh. österr.*) *Besucherzahl* die Frequenz eines Konzertes **3.** (*fachspr.*) *Häufigkeit des Vorkommens* die Frequenz eines Wortes im Sprachgebrauch

Fres·ko das <-s, Fresken> KUNST *auf frischem, noch feuchtem Putz aufgetragene Wandmalerei* eine mit Fresken geschmückte Kapelle, eine mit Fresken ausgemalte Villa in der Toskana ◆-maler, -malerei

Fres·sa·li·en <-> *Plur.* (*umg. scherzh.*) *Nahrungsmittel* Ich sorge für die Getränke und du kümmerst dich um die Fressalien.

Fres·se die <-, -n> (*vulg. abwert.*) **1.** *Mund* Sie hat eine Fresse wie ein Pferd. **2.** *Gesicht* Ich will deine dumme Fresse nicht mehr sehen! ■ **jemandem eine in die Fresse hauen**: *jmdn. verprügeln* **die Fresse halten**: *schweigen* Halt endlich die Fresse! **die/eine große Fresse haben**: *angeben; prahlen*

Fres·sen das <-s> (*kein Plur.*) (*umg.*) *Nahrung für Tiere* einem Hund sein Fressen geben ■ **ein gefundenes Fressen** (*umg.*): *etwas, das jmdm. sehr willkommen ist* Sein Fehler war ein gefundenes Fressen für seinen missgünstigen Kollegen.

fres·sen <frisst, fraß, hat gefressen> **I.** *mit OBJ/ohne OBJ* ■ *ein Tier frisst (etwas)* **1.** *als Tier Nahrung aufnehmen* Die Katze frisst ihr Futter., Unser Hund frisst nicht mehr., Der Vogel frisst ihr aus der Hand., Ziegen fressen gerne Äpfel. **2.** (*vulg.*) *essen* Wer hat denn wieder meine Pralinen gefressen?, Friss nicht immer so gierig!, Der Kerl frisst wie ein Schwein. **II.** *mit OBJ* **1.** ■ *etwas frisst etwas in großen Mengen verbrauchen* Die Arbeit frisst viel Zeit., Der Bau hat sein ganzes Erspartes gefressen., Der Kühlschrank frisst viel Strom. **2.** ■ *etwas frisst etwas in etwas Akk. durch Zerstörung erzeugen* die Säure hat ein Loch in das Material gefressen, Der Rost hat ein Loch in das Blech gefressen., Die Raupen haben Löcher in die Blätter gefressen. **3.** ■ *jmd. frisst etwas* (*umg.*) *begreifen* Hast du es endlich gefressen?, Sie kommt nicht mehr zurück, wann frisst er das endlich? **III.** *ohne OBJ* ■ *etwas frisst an etwas Dat. allmählich zerstören* Der Rost frisst an der Karosserie., Das Feuer frisst um sich., Die Brandung frisst an der Küste. **IV.** *mit SICH* ■ *etwas frisst sich in etwas Akk. in etwas allmählich eindringen* Der Bohrer frisst sich in das Holz., Der Wurm frisst sich durch den Stamm., Die Bagger fraßen sich in die Erde. ■ **jemanden gefressen haben** (*umg.*): *jmdn. nicht leiden können* **jemanden zum Fressen gern haben** (*umg.*): *jmdn. sehr gern haben*

Fress·napf der <-(e)s, Fressnäpfe> *Gefäß, aus dem ein Tier frisst*

Frett·chen das <-s, -> ZOOL. *eine Art Marder, der*

als Haustier gehalten wird

Freu·de die <-, -n> **1.** (*kein Plur.*) *das intensive, positive Gefühl, dass man über etwas Gutes empfindet* Sein Sohn macht ihm viel Freude., jemandem eine/wenig Freude bereiten, die Freude über einen Gewinn, die Freude an der Natur, Es ist mir eine große Freude, Sie begrüßen zu dürfen., aus Freude einen Luftsprung machen ◆ Entdecker-, Lebens- **2.** (*nur Plur.*) (*geh.*) *freudige Erlebnisse bzw. Ereignisse* die Freuden des Lebens/des Winters, die kleinen Freuden des Alltags

Freu·den·ge·schrei das <-s> (*kein Plur.*) *Geschrei aus Freude*[1] ein Freudengeschrei anstimmen

Freu·den·haus das <-es, Freudenhäuser> (*verhüll.*) *Bordell*

Freu·den·mäd·chen das <-s, -> (*verhüll.*) *Prostituierte*

Freudentanz ■ **einen Freudentanz aufführen**: *sich sehr freuen*

Freu·den·trä·nen <-> *Plur. aus Freude vergossene Tränen*

freu·de·strah·lend <nicht steig.> *Adj. strahlend vor Freude* ◆ Zusammenschreibung→R 4.5 jemanden mit freudestrahlenden Augen ansehen

Freu·di·a·ner der <-s, -> *jmd., der ein Anhänger der Lehre Sigmund Freuds ist* ▸freudianisch

freu·dig *Adj.* **1.** *so, dass es jmdn. erfreut* eine freudige Nachricht **2.** *voller Freude* freudig gestimmt sein, jemanden freudig begrüßen ■ **ein freudiges Ereignis**: *die Geburt eines Kindes*

freud·los *Adj.* (*geh. abwert.*) *ohne Freude; trist* ein freudloses Dasein, eine freudlose Gegend ▸Freudlosigkeit

freu·en **I.** *mit OBJ* ■ *etwas freut jmdn. Freude*[1] *bereiten* Ihr Geschenk freute ihn sehr. **II.** *mit SICH* **1.** ■ *jmd. freut sich über etwas Akk.*, ■ *jmd. freut sich, dass … Freude empfinden* Ich freue mich, dass das klappt., Er freut sich über das Geschenk., Die ganze Mannschaft freute sich mit Jan über den Sieg im Zeitfahren. **2.** *gepannt und mit Freude*[1] *erwarten* Wir freuen uns auf die Ferien., Sie freuen sich auf ihr erstes Kind. **III.** *mit ES* ■ *es freut jmdn., dass … es bereitet jmdm. Freude*[1]*, dass …* Es freut mich, dass Sie daran gedacht haben.

Freund, **Freun·din** der <-(e)s, -e> **1.** *eine Person, mit der man eine gegenseitige vertrauensvolle Beziehung hat* ein guter/langjähriger/treuer/wahrer Freund, Uli ist mein bester Freund., Ich habe in ihm einen guten Freund gefunden., gemeinsame Freunde haben, mit Freunden in den Urlaub fahren, Lass uns Freunde bleiben! ◆ Jugend-, Partei-, Schul-, Studien- **2.** *eine Person, zu der man eine (dauerhafte) sexuelle Beziehung hat* Ist das der neue Freund deiner Tochter?, Er hat noch keine feste Freundin. **3.** (*keine weibliche Form*) (↔ *Feind*) *Mitstreiter* unter Freunden sein, die politischen Freunde um sich versammeln, Freund und Feind nicht unterscheiden können **4.** (≈ *Liebhaber*) *jmd., der etwas Bestimmtes mag* Er ist ein großer/kein großer/überhaupt kein Freund des Boxsports., Er ist ein Freund der modernen Musik., kein Freund der Wahrheit sein (≈ öfters lügen) ◆ Kunst-, Tier- **5.** (≈ *Förderer*) *jmd., der etwas fördert* der Verein der Freunde der Universität **6.** (*übertr.*) *verwendet, um auszudrücken, dass eine gefühlsmäßige Beziehung zwischen etwas und dem Menschen besteht* Der Hund ist der beste Freund des Menschen., unsere gefiederten Freunde, der Baum, der Freund des Menschen ■ **jemandem Freund sein** (*veralt. geh.*): *jmdm. freundlich gesinnt sein*

> **i Wissenswert** Als **falsche Freunde** (engl. false friends, franz. faux amis) bezeichnet man Wörter oder Wendungen verschiedener Sprachen mit ähnlicher oder identischer Form, aber unterschiedlicher Bedeutung, z.B. ital. caldo = warm (nicht kalt), franz. figure = Gesicht (nicht Figur), engl. eventually = gelegentlich (nicht eventuell), engl. to become = werden (nicht bekommen).

freund·lich *Adj.* **1.** *entgegenkommend und aufmerksam (im Umgang)* ein freundliches Lächeln, freundlich bedient/empfangen werden, Eine freundliche Frau hat uns weitergeholfen., Wären Sie so freundlich, mir zu helfen?, Das ist sehr freundlich von Ihnen! **2.** *so, dass es angenehme Gefühle hervorruft* freundliches Wetter, die Räume in freundlichen Farben streichen, Die Stimmung an der Börse war freundlich. **3.** *wohlwollend* jemandem freundlich gesinnt sein, ein freundliches Urteil über jemanden abgeben

Freund·lich·keit die <-, -en> **1.** (*kein Plur.*) *die Eigenschaft, freundlich zu sein* Freundlichkeit gegenüber den Kunden, jemanden mit großer Freundlichkeit willkommen heißen, Die Freundlichkeit der Räume gefällt mir. **2.** *eine freundliche Tat* Kann ich Sie um eine Freundlichkeit bitten?

Freund·schaft die <-, -en> *eine Beziehung zwischen Menschen, die auf gegenseitiger vertrauensvoller Zuneigung beruht* mit jemandem Freundschaft schließen, Die beiden verbindet eine jahrelange herzliche Freundschaft. ■ **in aller Freundschaft**: *ohne Streit zu beabsichtigen; wohlwollend* Er hat es ihm in aller Freundschaft gesagt.

freund·schaft·lich <nicht steig.> *Adj. in der Art von Freunden* eine freundschaftliche Beziehung zu jemandem haben, freundschaftliche Bande knüpfen, jemandem einen freundschaftlichen Rat geben

Freund·schafts·spiel das <-(e)s, -e> SPORT *ein Spiel, bei dem es nicht um den Sieg in einem Wettbewerb geht*

Fre·vel der <-s, -> **1.** (*geh.*) *ein Verstoß gegen religiöse bzw. moralische Regeln* sich eines Frevels schuldig bekennen, Es ist kein dummer Streich, sondern grober Frevel, wenn man hilflose Tiere quält. **2.** *eine Handlung, der man Unverständnis entgegenbringt* Es war Frevel, die alten Grammophonplatten wegzuwerfen!

fre·vel·haft *Adj.* (*geh.*) *sehr zu verurteilen* frevelhafter Leichtsinn, jemandem das Frevelhafte seines Tuns klar machen

fre·veln <frevelst, frevelte, hat gefrevelt> *ohne OBJ* ■ *jmd. frevelt* (*veralt. geh.*) *etwas Verwerfliches tun* Er sah ein, dass er gefrevelt hatte., gegen das Gesetz/religiöse Gebote freveln

Frev·ler, **Frev·le·rin** der <-s, -> (*geh.*) *eine Person, die Verwerfliches tut* ein Frevler gegen das Gesetz/Gott, Man konnte den Frevler dingfest machen.

Frie·den der <-s, -> **1.** (*kein Plur.*) *der Zustand, dass kein Krieg herrscht* den Frieden erhalten/ersehnen/gefährden/sichern, Die Menschen sehnen sich nach dem jahrelangen Krieg nach Frieden., Es geht um Krieg oder Frieden., Endlich herrscht wieder Frieden. **2.** POL. *Friedensvertrag* einen Frieden abschließen/aushandeln, den Frieden verkünden, der Westfälische Friede(n) **3.** (*kein Plur.*) *Eintracht; Abwesenheit von Streit* Wollt ihr endlich Frieden geben!, Lass mich in Frieden!, in Frieden auseinander gehen **4.** (*kein Plur.*) *der Zustand innerer Gelassenheit und Ruhe* Der Pater strahlt inneren Frieden aus., Er konnte keinen Frieden finden., in Ruhe und Frieden leben, in Frieden sterben können ■ **Friede sei mit euch!** REL.: *christlicher Segensspruch* **Ruhe in Frieden** REL.: *christlicher Grabspruch* **jemand traut dem Frieden nicht**: *jmd. glaubt nicht, dass ein friedlicher Zustand andauert* Die Kinder sind plötzlich so leide – aber ich traue dem Frieden nicht! **um des lieben Friedens willen**: *um Streit zu vermeiden* **es ist alles Friede, Freude, Eierkuchen**: *es wirkt alles so harmonisch, ist es aber in Wirklichkeit nicht*

Frie·dens·ab·kom·men das <-s, -> POL. *Abkommen zwischen zwei Staaten, das einen Krieg beendet* ein Friedensabkommen aushandeln/schließen/unterzeichnen

Frie·dens·be·mü·hun·gen <-> (*kein Plur.*) *diplomatische Gespräche, die bewirken sollen, dass zwei Staaten einen Krieg beenden*

Frie·dens·be·we·gung die <-> (*kein Plur.*) *eine Bürgerbewegung, die sich für Abrüstung und gegen Kriege einsetzt*

Frie·dens·for·schungs·in·s·ti·tut das <-(e)s, -e> *ein wissenschaftliches Institut, das sich mit den Bedingungen von Krieg und Frieden mit dem Ziel beschäftigt, Kriege zu verhindern*

Frie·dens·mis·si·on die <-, -en> *diplomatische Mission mit dem Ziel der Beendigung eines militärischen Konflikts* Der Botschafter reist zu einer Friedensmission in das Kriegsgebiet.

Frie·dens·pfei·fe ■ **mit jemandem die Friedenspfeife rauchen** (*umg. scherzh.*): *einen Streit mit jmdm. beenden*

Frie·dens·po·li·tik die <-> (*kein Plur.*) *Politik, die der Erhaltung des Friedens dient* eine konsequente Friedenspolitik betreiben

Frie·dens·rich·ter der <-s> (*schweiz.*) *Laienrichter, der bei kleineren Streitigkeiten einen Vergleich zwischen den Parteien zustande bringen soll*

Frie·dens·stif·ter der <-s, -> *jmd., der bewirkt, dass irgendwo der Frieden wiederhergestellt wird*

Frie·dens·tau·be die <-, -n> *die weiße Taube als Symbol des Friedens*

Frie·dens·ver·hand·lun·gen <-> *Plur. Verhandlungen zum Abschluss eines Friedensvertrages*

Frie·dens·ver·trag der <-(e)s, Friedensverträge> *Vertrag, der nach einem Krieg die Bedingungen für den Frieden festhält* einen Friedensvertrag aushandeln/abschließen/unterschreiben

Frie·dens·zeit die <-, -en> *Zeit, in der Frieden herrscht* eine lange Friedenszeit, in Friedenszeiten

fried·fer·tig *Adj. so, dass man immer bereit ist, sich ohne Streit zu einigen* ein friedfertiger Charakter/Mensch

Fried·hof der <-(e)s, Friedhöfe> *abgegrenztes Gelände, auf dem sich Gräber befinden* jemanden auf dem Friedhof beisetzen/begraben/bestatten ◆ -sgärtnerei, -kapelle, -mauer

fried·lich *Adj.* **1.** *nicht auf Krieg ausgerichtet; dem Frieden dienend* eine friedliche Lösung des Konflikts anstreben, die friedliche Nutzung der Kernenergie, einen Streit mit friedlichen Mitteln beilegen, friedlich zusammenleben/miteinander arbeiten **2.** (*umg.*) *nicht streitsüchtig* Eigentlich bin ich ein friedlicher Mensch, aber … **3.** *ruhig und ungestört* eine friedliche Landschaft, ein friedliches Bild, Sie saßen friedlich beieinander. ▶Friedlichkeit

fried·lie·bend *Adj. den Frieden liebend* ein friedliebender Mensch, ein friedliebendes Volk

frie·ren <frierst, fror, hat/ist gefroren> **I.** *ohne OBJ* **1.** ■ *jmd. friert* ((*haben*)) *Kälte verspüren* Mir ist kalt, ich friere., Ich friere an den Füßen. **2.** ■ *etwas friert* ((*sein*)) *bei Frost erstarren* Das Wasser ist zu Eis gefroren. **II.** *mit ES* **1.** ■ *es friert* ((*haben*)) (*Temperatur*) *unter den Gefrierpunkt sinken* Heute Nacht wird es frieren. **2.** ■ *es friert jmdn.* (*umg.* (*haben*)) *jmd. verspürt Kälte* Es friert mich entsetzlich.

Fries der <-es, -e> KUNST *ein schmückender waagerechter Streifen an einer Wand* ein Fries aus bunten Kacheln

Fries·land *Landschaft in Norddeutschland*

fri·gid/**fri·gi·de** *Adj.* (*als Frau*) *nicht in der Lage, sexuelle Befriedigung zu erlangen*

Fri·gi·di·tät die <-> (*kein Plur.*) *die Eigenschaft, frigide zu sein*

Fri·ka·del·le die <-, -n> (KOCH.: *Bulette*) *zu einem größeren Kloß geformte und gebratene Masse aus Hackfleisch, Ei, Paniermehl und gehackten Zwiebeln*

Fri·kas·see das <-s, -s> KOCH. *Gericht aus gekochtem Fleisch in einer hellen Soße*

Fri·ka·tiv der <-s, -e> (SPRACHWISS.: ≈ *Reibelaut*)

Fris·bee® das [ˈfrɪzbɪ] <-, -s> SPORT *eine runde Wurfscheibe, die zwei Spieler einander zuwerfen* Frisbee spielen

frisch *Adj.* **1.** *noch nicht alt, verdorben oder welk* der Duft von frischem Kaffee, frische Brötchen vom Bäcker holen, frisch gebackenen Kuchen essen, Das Fleisch/Gemüse/Obst ist nicht mehr

F

ganz frisch., frisches Gras/Laub **2.** *nicht in irgendeiner Form haltbar gemacht* frische Milch kaufen, mit frisch geschnittenen Kräutern würzen, Ich esse frisches Obst lieber als konserviertes., Wir servieren nur frischen, keinen gefrorenen Fisch. **3.** (≈ *sauber*) *neu und nicht benutzt* Ich ziehe mir mal ein frisches Hemd an., ein frisches Blatt Papier nehmen, Bringen Sie mir bitte ein frisches Glas!, zum Spülen frisches Wasser nehmen, frische Luft ins Zimmer lassen, Ich gehe mich ein wenig frisch machen. **4.** *so, dass es erst kürzlich erfolgt ist* frisch von der Schule/Universität kommen, Vorsicht, frisch gestrichen!, eine frische Erinnerung/Spur/Wunde **5.** *kraftvoll; nicht matt* mit frischen Kräften, wieder ganz frisch aussehen, frische Farben, Es weht eine frische Brise. **6.** *kühl* Heute ist es frisch draußen., Das Wasser im See ist noch ganz schön frisch. ■ **ein frisch gebackenes Ehepaar** (*umg. scherzh.*): *ein Ehepaar, das gerade erst geheiratet hat* **jemanden auf frischer Tat ertappen** (*umg.*): *jmdn. bei etwas überraschen* Die Einbrecher wurden auf frischer Tat ertappt. ♦ Getrenntschreibung→R 4.2, R 4.3 Das frisch gebackene Ehepaar fährt in die Flitterwochen., frisch gebackenes Brot, sich frisch machen, bevor man ausgeht, die Blumen/das Gemüse frisch halten

Fri·sche die <-> (*kein Plur.*) **1.** *die Eigenschaft, nicht alt zu sein* Qualität und Frische zeichnen unsere Backwaren aus. **2.** *die Eigenschaft, kraftvoll und nicht matt zu sein* geistige/körperliche Frische, voll jugendlicher Frische sein, Nächste Woche sehen wir uns in alter Frische wieder!, die Frische der Farben **3.** *Sauberkeit* die Frische der Wäsche, ein Duft voller Frische **4.** (≈ *Kühle*) die Frische des frühen Morgens

Frisch·fleisch das <-es> (*kein Plur.*) *Fleisch von frisch geschlachteten Tieren*

Frisch·hal·te·box die <-, -en> *eine Art kleine Kiste aus Kunststoff, deren Deckel fest schließt und in der Nahrungsmittel (im Kühlschrank) lange frisch[1] bleiben*

Frisch·hal·te·fo·lie die <-, -n> *dünne Plastikfolie, mit der man Speisen abdecken kann, damit diese länger frisch bleiben*

Frisch·kä·se der <-s, -> *ein noch nicht gereifter, quarkähnlicher Käse*

Frisch·ling der <-s, -e> ZOOL. *ein junges Wildschwein* eine Bache mit Frischlingen

Fri·seur, *a.* **Fri·sör**, **Fri·seu·rin** der [fri'zø:r] <-s, -e> *jmd., der beruflich anderen Menschen die Haare schneidet und frisiert* Der Friseur färbt einer Kundin die Haare/legt eine Dauerwelle/föhnt die Haare/pflegt einem Kunden den Vollbart/macht einem Kunden einen modischen Kurzhaarschnitt.

Fri·seu·se die [fri'zø:zə] <-, -n> (≈ *Friseurin*)

fri·sie·ren *mit OBJ* **1.** ■ *jmd. frisiert jmdn. das Haar in bestimmter Weise gestalten* Die Models müssen vor dem Fototermin noch frisiert werden., immer gut frisiert sein, jemandem/sich die Haare frisieren ■ *jmd. frisiert etwas* **2.** (WIRTSCH.: *umg. abwert.*) *fälschen* eine Bilanz/Statistik frisieren **3.** (KFZ: *umg.*) *durch bestimmte Manipulationen einen Motor leistungsfähiger machen*

Fri·sier·sa·lon der <-s, -s> *Geschäft, in dem den Kunden die Haare geschnitten und frisiert werden*

Fri·sör *s.* **Friseur**

Frist die <-, -en> *ein Zeitraum bis zu einem bestimmten Zeitpunkt, innerhalb dessen etwas erledigt werden muss* jemandem für die Erledigung einer Sache eine vierwöchige Frist setzen, eine Frist einhalten/überschreiten/verlängern, sich an die vorgegebenen Fristen halten, Wir geben Ihnen eine Frist von zwei Wochen, um den Betrag zu bezahlen.

fris·ten *mit OBJ* ■ *jmd. fristet sein Leben* (*geh.*) *verbringen* sein Leben in ärmlichen Verhältnissen fristen

frist·ge·recht <nicht steig.> *Adj. so, dass eine Frist eingehalten wird* die fristgerechte Anlieferung der Waren

frist·los <nicht steig.> *Adj. ohne, dass eine Frist gewährt wird* eine fristlose Kündigung aussprechen, Der Buchhalter wurde fristlos gekündigt.

Fri·sur die <-, -en> *eine bestimmte Art, die Haare zu gestalten* Er hat eine ganz neue Frisur., eine freche/moderne Frisur tragen

Frit·teu·se die [fri'tø:zə] <-, -n> KOCH. *Gerät zum Frittieren*

frit·tie·ren *mit OBJ* ■ *jmd. frittiert etwas* KOCH. *Speisen in heißem Fett schwimmend garen*

fri·vol *Adj. so, dass es offen auf sexuelle Dinge anspielt* frivole Bemerkungen machen, Lieder mit frivolen Texten

froh *Adj.* **1.** (↔ *traurig*) *von Freude erfüllt* viele frohe Menschen kamen zum Fest, froh gelaunt zur Arbeit kommen, froh über/um den Ausgang einer Sache sein, seines Lebens nicht mehr froh werden, Sie können noch froh sein, dass nicht mehr passiert ist. **2.** (≈ *freudig*) *so, dass es Freude auslöst* eine frohe Botschaft/Nachricht überbringen, Die Geburt eines Kindes ist ein frohes Ereignis. ♦ Getrenntschreibung→R 4.3 eine froh gelaunte/gestimmte Gesellschaft

froh·ge·mut *Adj.* (*veralt. geh.*) *guter Laune* frohgemut an die Arbeit gehen ♦ Zusammenschreibung→R 4.5 Hans nahm seine Gans unter dem Arm und machte sich frohgemut auf den Weg nach Hause.

fröh·lich *Adj.* **1.** (↔ *traurig*) *ausgelassen und vergnügt* eine fröhliche Stimmung, ein fröhliches Lachen, fröhlich und ausgelassen feiern **2.** *heiter und optimistisch* Er ist überhaupt ein fröhlicher Mensch.

Fröh·lich·keit die <-> (*kein Plur.*) (↔ *Traurigkeit*) *der Zustand, vergnügt zu sein* Ihre Fröhlichkeit steckte alle anderen an.

froh·lo·cken <frohlockst, frohlockte, hat frohlockt> *ohne OBJ* ■ *jmd. frohlockt* (*geh.*) *sich (heimlich) freuen* Er frohlockte über seinen Sieg., über den Misserfolg anderer frohlocken

Froh·na·tur die <-, -en> *jmd., der meist gut gelaunt ist* Sie ist eine richtige Frohnatur, der nichts so leicht die gute Laune verderben kann.

Froh·sinn der <-s> (*kein Plur.*) (*geh.*) *heitere Stimmung* Frohsinn um sich verbreiten

fromm <frommer/frömmer, frommste/frömmste> *Adj.* **1.** *sehr religiös* ein frommer Mensch, sehr fromm erzogen sein, ein frommes Leben führen **2.** (*abwert.*) *voll gespielter Unschuld* einen frommen Augenaufschlag haben, Deine frommen Sprüche kannst du dir sparen!, Er kann der schlimmste Rüpel sein und danach wieder ganz fromm tun.

Fröm·me·lei die <-, -en> (*abwert.*) *das Frömmeln*

fröm·meln <frömmelst, frömmelte, hat gefrömmelt> *ohne OBJ* ■ *jmd. frömmelt* (*abwert.*) *nach außen hin übertrieben fromm tun* eine frömmelnde Haltung

Fröm·mig·keit die <-> (*kein Plur.*) *die Eigenschaft, fromm zu sein* ein Leben voller Frömmigkeit führen

Frömm·ler der <-s, -> (*abwert.*) *jmd., der frömmelt*

Fron die <-> (*kein Plur.*) **1.** GESCH. *körperliche Arbeit als Dienstleistung für den Lehnsherrn* **2.** (*geh. übertr. abwert.*) *eine als Last empfundene Arbeit* Wenn man keine freie Zeit mehr hat, wird die Arbeit zur Fron.

Fron·ar·beit die <-, -en> (*schweiz.*) *freiwillige unbezahlte Arbeit für eine Gemeinde, eine Genossenschaft oder einen Verein*

frö·nen *ohne OBJ* ■ *jmd. frönt etwas Dat.* (*geh.*) *eine Sache genussvoll tun* seinem Hobby/einem Laster frönen

Fron·leich·nam der <-s> (*kein Plur.*) REL. *ein katholischer Feiertag am zweiten Donnerstag nach Pfingsten*

Front die <-, -en> **1.** *die vordere Seite* die Front eines Gebäudes, Die Front des Fahrzeugs war völlig demoliert., Die Front der Truppen abschreiten. ◆ Seite- **2.** METEOR. *Luftmasse* Eine Front subtropischer Warmluft nähert sich unserem Gebiet. ◆ Kalt-, Warm- **3.** MILIT. *die Kampflinie, an der Truppen direkt auf den Feind treffen* der Verlauf der Front, an die Front müssen, eine zweite Front eröffnen ◆-bericht, -einsatz, -verlauf **4.** *Menschen, die sich gemeinsam gegen etwas einsetzen* Die Front der Gegner dieses Projekts wächst täglich. ■ **Front gegen etwas machen**: *sich einer Sache widersetzen* **an vorderster Front** (*übertr.*): *maßgeblich; in einer wichtigen Position* **in Front gehen** SPORT: *die Spitzenposition einnehmen*

fron·tal <nicht steig.> *Adj.* *direkt von vorn* frontal zusammenstoßen, den Gegner frontal angreifen ▶Frontalzusammenstoß

Front·schei·be die <-, -n> KFZ *vordere Scheibe eines Autos* durch die Frontscheibe eine klare Sicht haben

Frosch der <-(e)s, Frösche> ZOOL. *ein zu der Familie der Lurche gehörendes, im und am Wasser lebendes Tier* Die Frösche quaken im Teich. ■ **einen Frosch im Hals haben** (*umg.*): *heiser sein* **Sei kein Frosch!** (*umg.*): *sei nicht ängstlich/sei kein Spielverderber!* ◆-teich

Frosch·laich der <-(e)s, -e> ZOOL. *befruchtete Froscheier*

Frosch·mann der <-(e)s, Froschmänner> *Taucher mit Spezialausrüstung für bestimmte Arbeiten unter Wasser* Das Wrack wurde von Froschmännern untersucht.

Frosch·per·s·pek·ti·ve die <-> (*kein Plur.*) (*umg.*) *Blickwinkel von unten nach oben* Wir beobachteten aus der Froschperpektive, was sich über uns abspielte.

Frost der <-(e)s, Fröste> *Temperaturen unter null Grad Celsius* Es herrschte bitterer/strenger Frost., Bei Frost müssen die Pflanzen abgedeckt werden. ◆-nacht, -periode

Frost·beu·le die <-, -n> MED. *Schwellung, die jmd. aufgrund von Erfrierungen auf der Haut bekommt*

frös·teln <fröstelst, fröstelte, hat gefröstelt> **I.** *ohne OBJ* ■ *jmd. fröstelt* (*leicht*) *frieren* Sie fröstelte in der kühlen Abendluft. **II.** *mit ES* ■ *es fröstelt jmdn. von einem leichten Gefühl der Kälte befallen werden* Mich fröstelt jetzt doch ein wenig.

frost·frei <nicht steig.> *Adj.* *mit Temperaturen über dem Gefrierpunkt* eine frostfreie Nacht

fros·tig <nicht steig.> *Adj.* **1.** *sehr kalt* eine frostige Nacht **2.** (*abwert.*) *unfreundlich; nicht herzlich* ein frostiges Lächeln, ein frostiger Empfang

Frost·nacht die <-, -nächte> *eine Nacht, während der die Temperatur unter den Gefrierpunkt fällt*

Frot·tee, *a.* **Frot·té** das/der [frɔ'teː/'frɔteː] <-(s), -s> *ein Stoff mit rauer Oberfläche, der sich gut zum Abtrocknen eignet* ein Bademantel/ein Handtuch/Socken aus Frottee ◆-handtuch, -schlafanzug, -socken

frot·tie·ren *mit OBJ* ■ *jmd. frottiert jmdn. mit einem Handtuch trockenreiben* jemanden/sich mit einem Handtuch frottieren, (jemandem/sich) die Haare frottieren

frot·zeln <frotzelst, frotzelte, hat gefrotzelt> *ohne OBJ* ■ *jmd. frotzelt über jmdn./etwas* (*umg.*) *leicht spotten* Er frotzelte gern über sie/ihr Hobby.

Frucht die <-, Früchte> **1.** *bestimmte essbare, reife, fleischige Samen von Pflanzen* Der Apfel ist die Frucht des Apfelbaums., eine Schale mit frischen Früchten auf den Tisch stellen, eingekochte/einheimische/exotische/kandierte Früchte **2.** BIOL. *die reifen Samen von Pflanzen* Die Kastanie ist die Frucht des Kastanienbaumes. **3.** (*fachspr.*) *das im Mutterleib heranwachsende Kind bzw. Junge* die Frucht ihres Leibes **4.** (*geh. übertr.*) *Ergebnis* die Frucht seiner Bemühungen, Unser Fleiß hat reiche Früchte getragen. **5.** (*schweiz.*) *Getreide* ■ **verbotene Früchte**: *verlockende, aber verborene Genüsse* ◆ Getrennt- oder Zusammenschreibung →R 4.12 Frucht bringende/fruchtbringende Gespräche, Frucht tragende/fruchttragende Bäume *siehe aber auch* **fruchtbringend**, **fruchttragend**

frucht·bar *Adj.* **1.** *so, dass es viel Frucht hervorbringt* fruchtbares Land, ein fruchtbares Jahr **2.** *sehr vermehrungsfreudig* Mäuse sind überaus fruchtbare Tiere. **3.** *so, dass es gute Ergebnisse bringt* eine fruchtbare Zusammenarbeit, eine

F

fruchtbare Fantasie haben ■ **nicht fruchtbar sein**: *keine Nachkommen hervorbringen können*

Frucht·bar·keit die <-> (*kein Plur.*) *die Eigenschaft, fruchtbar zu sein* die Fruchtbarkeit des Bodens, die Fruchtbarkeit der Diskussion

Frucht·bla·se die <-, -n> ANAT. *die das Ungeborene im Mutterleib einschließende, mit Fruchtwasser gefüllte Eihülle*

frucht·brin·gend *Adj.* (*geh.*) *nützlich* eine äußerst fruchtbringende Zusammenarbeit ◆ Zusammenschreibung→R 4.12 Das Gespräch verlief sehr fruchtbringend/hätte nicht fruchtbringender sein können. *siehe aber auch* **Frucht**

Frücht·chen das <-s, -> (*umg. abwert.*) *ungezogenes Kind* Du bist mir ja ein Früchtchen!

fruch·ten <fruchtet, fruchtete, hat gefruchtet> *ohne OBJ* ■ *etwas fruchtet* zum Erfolg führen, Unsere Ermahnungen fruchteten bei ihr nicht.

Frucht·fleisch das <-es> (*kein Plur.*) *das saftige, weiche Gewebe einer Frucht* ein Apfel mit festem Fruchtfleisch

Frucht·fol·ge die <-, -n> LANDW. *eine bestimmte Abfolge des Anbaus verschiedener Nutzpflanzen auf einem Feld*

frucht·los <nicht steig.> *Adj.* (*abwert.*) *so, dass es keinen Erfolg hat* fruchtlose Bemühungen, eine lange, fruchtlose Diskussion ▶Fruchtlosigkeit

Frucht·saft der <-(e)s, Fruchtsäfte> *in einer Frucht gespeicherter Saft* den Fruchtsaft aus einer Apfelsine pressen, verschiedene Fruchtsäfte im Angebot haben ◆-getränk

Frucht·säu·re die <-> (*kein Plur.*) *in Obst enthaltene natürliche Säure*

frucht·tra·gend <nicht steig.> *Adj.* ◆ Zusammen- oder Getrenntschreibung→4.12 fruchttragende/Frucht tragende Bäume *siehe auch* **Frucht**

Frucht·was·ser das <-s> (*kein Plur.*) MED. *die Flüssigkeit, die das Ungeborene in der Gebärmutter umgibt* das Fruchtwasser untersuchen lassen ◆-untersuchung

Frucht·zu·cker der <-s> (*kein Plur.*) *in einer Frucht enthaltener Zucker*

Fruc·to·se die <-> (*kein Plur.*) *Fruchtzucker*

fru·gal *Adj.* (*geh.*) *karg; nicht reichlich* ein frugales Mahl

früh I. *Adj.* 1. *relativ zeitig am Tag* am frühen Morgen, Es ist noch früh, noch nicht mal sechs Uhr., sehr früh aufstehen/zu Bett gehen 2. *relativ zeitig im Jahr* ein früher Winter, eine frühe Ernte/Obstsorte 3. *zeitig im Bezug auf einen Zeitpunkt* Die Bahn kommt aber früh heute!, Wir müssen heute früh/früher schließen, da ich noch einen anderen Termin habe., Ich komme eine Stunde früher als du. 4. *am Beginn einer Entwicklung* seit frühester Kindheit, ein früher Picasso, ein frühes Werk des Künstlers, seine leider früh verstobene Mutter 5. *am Beginn eines Zeitabschnitts* das frühe Mittelalter, die frühen siebziger Jahre II. *Adv. am Morgen* Wir sehen uns morgen früh/Früh!, am Montag früh/Früh ■ **früher oder später**: *ganz bestimmt* ◆ Getrenntschreibung→R 4.3/4.12 die (viel zu) früh verstorbene Schauspielerin …, ein früh vollendetes Kunstwerk; Groß- oder Kleinschreibung→R 3.10 Ich habe sie heute früh/Früh getroffen.

Früh·auf·ste·her, **Früh·auf·ste·he·rin** der <-s, -> *eine Person, die gewohnheitsmäßig sehr früh am Tag aufsteht*

Früh·chen das <-s, -> *ein Baby, das zu früh geboren wurde und im Brutkasten liegt*

Frü·he die <-> (*kein Plur.*) (*geh.*) *der frühe Morgen* Wir brachen in aller Frühe auf.

Früh·e·he die <-, -n> *eine Ehe, bei der beide Eheleute sehr viel jünger als üblich sind*

frü·her I. *Adj.* 1. *vor einem gegebenen Zeitpunkt liegend* seine frühere Freundin, unsere früheren Mitarbeiter, deine früheren Aussagen, Früher oder später erfährst du es ja doch! 2. *relativ lange Zeit zurückliegend* in früheren Zeiten II. *Adv. in der Vergangenheit* Früher war alles anders., Ich kenne ihn von früher (her).

Früh·er·ken·nung die <-, -en> MED. *das Erkennen von Krankheiten in einem sehr frühen Stadium* Die Früherkennung von Krebs erhöht die Heilungschancen.

frü·hes·tens *Adv.* (↔ *spätestens*) *nicht eher als* Ich komme frühestens um acht nach Hause., Diese Äpfel werden frühestens im August reif.

frü·hest·mög·lich <nicht steig.> *Adj.* (↔ *spätestmöglich*) *so früh, wie es möglich ist* zum frühestmöglichen Zeitpunkt beginnen

Früh·ge·burt die <-, -en> 1. *zu frühe Geburt* eine Frühgeburt haben 2. *ein zu früh geborenes Kind* eine Station zur Betreuung von Frühgeburten

Früh·jahr das <-(e)s, -e> (≈ *Frühling*)

Früh·jahrs·mü·dig·keit die <-> (*kein Plur.*) *im Frühjahr bei manchen Menschen auftretende Abgespanntheit*

Früh·ling der <-s, -e> 1. *die Jahreszeit zwischen dem Ende des Winters und dem Beginn des Sommers* die ersten sonnigen Tage des Frühlings, Im Frühling öffnen wieder die Straßencafés. ◆-sabend, -sluft, -smonat, -ssonne, -stag 2. (*geh. übertr.*) *Jugendzeit* der Frühling des Lebens, mit fünfzig Jahren einen zweiten Frühling erleben

Früh·lings·ge·füh·le ■ **jemand bekommt Frühlingsgefühle**: *jmd. ist* (*durch den Frühling*) *sehr gut gestimmt und flirtet ein wenig*

Früh·lings·rol·le die <-, -n> KOCH. *ein chinesisches Gericht in Form einer mit Bambussprossen und Gemüse gefüllten und frittierten Teigtasche*

früh·mor·gens *Adv. am frühen Morgen* Frühmorgens lag noch Tau auf den Wiesen.

Früh·pen·si·o·nie·rung die <-, -en> *der Vorgang, dass jmd.* (*aus gesundheitlichen Gründen*) *früher als üblich in den Ruhestand geht*

früh·reif <nicht steig.> *Adj. in der geistigen und körperlichen Entwicklung dem eigentlichen Alter voraus* ein sehr frühreifes Kind ▶Frühreife

Früh·schicht die <-, -en> (↔ *Spätschicht*) *in den frühen Morgenstunden beginnende Arbeitsschicht* zur Frühschicht gehen, Frühschicht haben

Früh·schop·pen der <-s, -> *eine Zusammenkunft* (*in einer Gaststätte*) *am Vormittag, bei der Alko-*

hol getrunken wird zum Frühschoppen gehen

Früh·stück das <-s, -e> *die erste Mahlzeit des Tages* Wünschen Sie ein Ei zum Frühstück?, ein leckeres/reichhaltiges Frühstück, zum Frühstück frische Brötchen/ein Ei/Kaffee/Marmelade/Müsli/ein Spiegelei/Tee/Toast servieren, Frühstück gibt es zwischen sieben und neun Uhr, an Wochenenden bis zehn Uhr. ■ **das zweite Frühstück**: *am späteren Vormittag eingenommene Zwischenmahlzeit* ◆ -sfernsehen, -stisch, -szeit

früh·stü·cken *mit OBJ/ohne OBJ* ■ *jmd. frühstückt (etwas) (zum) Frühstück essen* Ich frühstücke nur eine Tasse Kaffee und ein Brötchen., Sonntags frühstücken wir immer sehr spät.

Früh·warn·sys·tem das <-s, -e> MILIT. *ein System, mit dem militärische Angriffe zu einem sehr frühen Zeitpunkt erkannt werden können*

Früh·werk das <-s, -e> (↔ *Spätwerk*) *ein Kunstwerk, das ein Künstler am Anfang seines Schaffens kreiert hat*

früh·zei·tig *Adj.* (↔ *spät*) *zu einem frühen Zeitpunkt* eine Veränderung frühzeitig bemerken, frühzeitig in Rente gehen ▸Frühzeitigkeit

Fruk·to·se, *a.* **Fruc·to·se** die <-> (*kein Plur.*) *Fruchtzucker*

Frust der <-(e)s> (*kein Plur.*) (*umg.*) *kurz für „Frustration"* großen Frust haben

frus·ten *mit OBJ* ■ *etwas frustet jmdn.* (*jugendspr.*) *enttäuscht und niedergeschlagen machen* Das frustet mich ziemlich!, Nach der nicht bestandenen Prüfung war ich ziemlich gefrustet.

Frus·t·ra·ti·on die [frʊstraˈtsi̯oːn] <-, -en> (*geh.*) *Enttäuschung über ein vergebliches Bemühen* Als das Vorhaben nicht richtig gelingen wollte, verspürten sie eine große Frustration., seine Frustrationen abreagieren

frus·t·rie·ren *mit OBJ* ■ *etwas frustriert jmdn.* (*geh.*) *enttäuscht und niedergeschlagen machen* Der Misserfolg hat alle sehr frustriert.

FTP EDV *Abkürzung von „File Transfer Protocol"*

Fuchs, **Füch·sin** der <-es, Füchse> **1.** ZOOL. *ein kleines Raubtier, das einem Hund ähnelt und (meist) ein rotbraunes Fell hat* Der Fuchs lebt in einem Bau/geht auf die Jagd. **2.** (*keine weibliche Form*) *Person, die sehr klug und geschickt ist* Sie ist ein Fuchs, sie hat den Fehler gleich gefunden! **3.** (*keine weibliche Form*) *ein Pferd mit braunem Fell* ■ **dort, wo sich Fuchs und Hase gute Nacht sagen** (*umg. abwert.*): *in einer sehr einsamen, schlecht erreichbaren Gegend* **jemand ist ein (schlauer) Fuchs** (*umg.*): *jmd. ist schlau*

Fuchs·bau der <-s, -e> *die Höhle eines Fuchses[1]*

fuch·sen <fuchst, fuchste, hat gefuchst> *mit OBJ* ■ *etwas fuchst jmdn.* (*umg.*) *ärgern* Dieser dumme Fehler hat mich aber sehr gefuchst!

Fuch·sie die <-, -n> BOT. *ein Zierstrauch mit hängenden rot-violetten Blüten*

fuch·sig *Adj.* (*umg.*) *wütend* Jetzt werde ich aber langsam fuchsig!

fuchs·rot <nicht steig.> *Adj. leuchtend rotbraun* fuchsrote Haare haben

Fuchs·schwanz der <-es, Fuchsschwänze> **1.** *der Schwanz eines Fuchses[1]* **2.** TECHN. *eine Säge mit einem spitz zulaufenden Sägeblatt, das an nur einem Griff befestigt ist*

fuchs·teu·fels·wild <nicht steig.> *Adj.* (*umg.*) *sehr verärgert* fuchsteufelswild werden

Fuch·tel die <-, -n> **1.** (*kein Plur.*) (*umg. abwert.*) *strenge Zucht oder Bevormundung* jemanden unter seine Fuchtel nehmen, bei jemandem unter der Fuchtel/unter jemandes Fuchtel stehen **2.** (*umg. österr.*) *zänkische Frau*

Fu·der das <-s, -> *die Ladung eines Ackerwagens* ein Fuder Heu ■ **das Fuder überladen** (*schweiz.*): *zu viel des Guten tun, zu viel auf einmal wollen*

fuff·zig *Adj.* (*umg.*) *fünfzig*

Fug ■ **mit Fug und Recht** (*geh.*): *mit vollem Recht* Das darf ich mit Fug und Recht sagen.

Fu·ge[1] die <-, -n> *eine schmale Spalte* Wo beide Teile aufeinander stoßen, bleibt immer eine Fuge., schmale Fugen im Mauerwerk abdichten ■ **aus den Fugen gehen**: *den Zusammenhalt verlieren*

Fu·ge[2] die <-, -n> MUS. *ein streng aufgebautes mehrstimmiges Musikstück* eine Fuge von Bach spielen

fü·gen **I.** *mit OBJ* ■ *jmd. fügt etwas (zu etwas Dat./an etwas Akk.) miteinander verbinden oder hineinbauen* Stein an Stein fügen, zwei/viele Teile zu einem Ganzen fügen, ein Teil des Puzzles in eine Lücke fügen **II.** *mit SICH* **1.** ■ *jmd. fügt sich nachgeben* Wir prostestieren nicht mehr und fügen uns jetzt eben. **2.** ■ *etwas fügt sich (so), dass …* (*geh.*) *zufällig geschehen* Es fügte sich (so), dass beide das Gleiche wollten. **3.** ■ *etwas fügt sich zu etwas Dat. etwas (Ganzes) ergeben* die Teile fügen sich zu einem Ganzen, die einzelnen Punkte fügen sich zu einem Bild **4.** ■ *etwas fügt sich in etwas Akk.* (*geh.*) *passen* Das fügt sich in das ganze Bild, das ich von ihm habe., Sie fügt sich gut in die Klasse ein., Das Gebäude fügt sich gut in die Landschaft., Es fügt sich gut, dass wir den gleichen Weg haben.

Fu·gen·e·le·ment das <-s, -e> *siehe auch* **Wortbildung**

> **i Wissenswert** Als **Fugenelement** bezeichnet man einen Laut, der zur leichteren Aussprache zwischen zwei Silben oder Wörter einer Zusammensetzung eingefügt ist, z.B. laienhaft, Amtssprache. Manche Wörter sind sowohl mit als auch ohne Fugenelement gebräuchlich, z.B. beitrag(s)zahlend. Es gibt auch regionale Unterschiede, z.B. norddt. Schweinebraten, süddt. Schweinsbraten.

füg·sam *Adj.* (≈ *folgsam*) *so, dass man widerspruchslos gehorcht* ein fügsames Kind ▸Fügsamkeit

Fü·gung die <-> (*kein Plur.*) **1.** (*geh.*) *ein (günstiges) Schicksal* eine glückliche Fügung **2.** (SPRACHWISS.: ≈ *Wendung*)

fühl·bar <nicht steig.> *Adj.* **1.** *so, dass man es ir-*

F

gendwie wahrnehmen kann eine fühlbare Spannung zwischen zwei Menschen, ein fühlbarer Unterschied **2.** *so, dass man es ertasten kann* fühlbare Unebenheiten in der Oberfläche, Der Puls ist kaum noch fühlbar.

füh·len **I.** *mit OBJ* ■ *jmd. fühlt etwas* **1.** *als körperliche Empfindung wahrnehmen* Er fühlte den Schmerz kaum., Hitze/Kälte fühlen, einen Druck im Magen fühlen, Er fühlte, wie jemand ihn an der Schulter berührte. **2.** *innerlich empfinden* Mitleid/Trauer/Glück fühlen, Hass gegen jemanden fühlen, Sie fühlte, dass sie beobachtet wurde. **3.** *mit den Händen ertasten* jemandem den Puls fühlen **II.** *ohne OBJ* ■ *jmd. fühlt nach etwas* (≈ *tasten*) *mit den Händen suchen* im Dunkeln nach dem Lichtschalter fühlen, in der Tasche nach dem Schlüssel fühlen **III.** *mit SICH* ■ *jmd. fühlt sich irgendwie* **1.** *seinen Körper irgendwie wahrnehmen* sich krank/jung/fiebrig fühlen, Fühlst du dich besser heute? **2.** *seinen seelischen Zustand irgendwie wahrnehmen* sich betrogen/glücklich/überflüssig/schuldig fühlen, sich jemandem überlegen fühlen, Sie fühlte sich für ihn verantwortlich., Er fühlt sich schon als Arzt, obwohl er noch in der Ausbildung ist., sich als freier Mensch/Betrogener fühlen ■ **sich fühlen** (*umg. abwert.*): *eingebildet sein* Sie fühlt sich aber wieder heute! **sich wie neugeboren fühlen**: *sich sehr gut erholt fühlen*

Füh·ler der <-s, -> **1.** ZOOL. *ein paariges, längliches Tastorgan bei Insekten, Schnecken und Krebsen* Der Krebs bewegt seine langen Fühler., Die Schnecke zieht ihre Fühler ein. **2.** (TECHN.: ≈ *Sensor*) *eine Vorrichtung, die Messdaten aus der Umgebung aufnimmt und weiterleitet* ■ **seine Fühler (nach etwas) ausstrecken** (*umg. übertr.*): *vorsichtig (eine Situation) erkunden*

Fuh·re die <-, -n> *die Menge, die ein Transportmittel fasst* eine Fuhre Kohle (vom LKW) abladen, zwei Fuhren Sand (mit der Schubkarre) bringen

füh·ren **I.** *mit OBJ* **1.** ■ *jmd. führt etwas irgendwie* (*geh.*) *handhaben* den Pinsel geschickt führen, die Säge/den Geigenbogen mit der linken Hand führen **2.** ■ *jmd. führt etwas* AMTSSPR. *bedienen oder steuern* ein Kraftfahrzeug/Segelflugzeug/eine technische Anlage führen **3.** ■ *jmd. führt etwas im Sortiment oder auf einer Liste haben* Wir führen alle namhaften Marken., Diesen Artikel führen wir nicht., jemanden als vermisst führen, Er wird in unserer Statistik nicht geführt. **4.** ■ *jmd. führt etwas leiten* einen Staat/eine Organisation/die Ermittlungen führen, ein Geschäft/Unternehmen führen, Die Lehrerin führt die Klasse seit zwei Schuljahren. **5.** ■ *jmd. führt etwas verwalten* die Bücher/ein Konto führen **6.** ■ *jmd. führt etwas* (*geh.*) *in verblasster Bedeutung: machen* ein Gespräch/einen Prozess führen, den Beweis für etwas führen, Krieg führen **7.** ■ *jmd. führt jmdn. irgendwohin* (*Personen*) *irgendwohin geleiten* Er führt Touristen durch die Stadt/Burganlage., Er führte die Gäste zum Tor., Hunde sind an der Leine zu führen!, jemanden in die Irre führen **8.** ■ *jmd. führt etwas irgendwohin* (*Dinge*) *dazu bringen, sich in einer Richtung zu bewegen* den Löffel zum Mund führen, die Hand an die Stirn führen, die verbrauchte Luft ins Freie führen, jemandem (beim Schreiben) die Hand/die Feder führen **9.** ■ *etwas führt zu etwas Dat. etwas zum Ergebnis haben* Das führt ihn zu einer neuen Erkenntnis., Das hat uns zur Einsicht geführt., Das hat sie auf eine falsche Fährte geführt., Wohin soll uns das noch führen? **10.** ■ *jmd./etwas führt etwas mit sich haben* den Ausweis mit sich führen, einen Namen/Titel führen, Der Fluss führt Hochwasser. **II.** *ohne OBJ* ■ *etwas führt zu etwas Dat.* **1.** *bewirken* Alle Versuche führten zu nichts., Das führt zur Verarmung der Bevölkerung., Diese Politik führt in den Ruin., Wohin soll das alles noch führen? **2.** *in einer Richtung verlaufen* Der Weg führt zum Rathaus., Diese Wasserleitung führt ins Badezimmer., Die Buslinie führt zum Stadion. **3.** *an der Spitze oder am besten sein* Er führt mit zweiundachtzig Punkten., die führende Mannschaft, die führenden Softwareanbieter, die führenden Industrienationen, Führende Wissenschaftler haben das bestätigt. **III.** *mit SICH* ■ *jmd. führt sich irgendwie sich benehmen* Der Häftling führt sich gut. ■ **zu weit führen**: *so sein, dass man damit nicht einverstanden sein kann* Das führt aber wirklich zu weit! ◆ Getrenntschreibung→R 4.1 einen Hund spazieren führen

Füh·rer, Füh·re·rin der <-s, -> **1.** *eine Person, die sehr gute Ortskennnis hat und andere auf ihrem Weg begleitet* Die Reisegruppe folgte ihrer Führerin durch die Stadt., für eine Bergtour einen Führer engagieren, von einem Führer durch das Werksgelände begleitet werden **2.** *das geistiges oder politisches Oberhaupt einer bestimmten Gruppe* die Führerin einer Partei/Organisation/Sekte, der Führer der Opposition **3.** AMTSSPR. *eine Person, die ein Fahrzeug steuert* der Führer eines Kraftfahrzeugs/Flugzeugs/Krans **4.** (*keine weibliche Form*) *ein Buch mit praktischen Informationen über einen bestimmten Sachbereich* einen Führer für Paris/die Bretagne kaufen ■ **der Führer** GESCH.: (*im Nationalsozialismus*) *Bezeichnung für Adolf Hitler*

Füh·rer·aus·weis der <-es, -e> (*schweiz.*) *Führerschein*

Füh·rer·haus das <-es, Führerhäuser> *die Kabine für den Fahrer in schweren Fahrzeugen*

füh·rer·los <nicht steig.> *Adj.* **1.** *ohne eine Person, die steuert* ein führerloses Fahrzeug **2.** *ohne eine Person, die leitet* Die Partei war führerlos.

Füh·rer·schein der <-(e)s, -e> *die amtliche Erlaubnis, ein Fahrzeug zu fahren* einen Führerschein haben

Fuhr·mann der <-(e)s, Fuhrleute/Fuhrmänner> *Person, die einen Pferdewagen lenkt*

Fuhr·park der <-s, -s> *alle Kraftfahrzeuge, die zu einem bestimmten Unternehmen gehören* der Fuhrpark einer Spedition, der Fuhrpark der städtischen Verkehrsbetriebe

Füh·rung die <-, -en> **1.** (*kein Plur.*) *die Gruppe von Personen, die etwas leitet* Die Führung des

Unternehmens ist geschlossen zurückgetreten. **2.** (*kein Plur.*) *das* (*verantwortliche*) *Leiten* jemandem die Führung einer Abteilung/Partei/Verhandlung übertragen **3.** (*kein Plur.*) *Vorsprung im Wettbewerb* mit zwei Sekunden in Führung (vor dem Hauptfeld) liegen, Das Unternehmen liegt im Softwarebereich in Führung. **4.** (*kein Plur.*) *Verhalten* Bei guter Führung kann ihm ein Teil der Strafe erlassen werden. **5.** *geführte Besichtigung* Führungen durch die Burganlage finden alle zwei Stunden statt. **6.** (*kein Plur.*) (*geh.*) *Handhabung* die richtige Führung des Pinsels/des Werkzeugs erlernen **7.** (*kein Plur.*) (*geh.*) *in verblasster Bedeutung: Durchführung* die Führung eines Beweises/eines Prozesses, die Führung eines Gesprächs/einer Diskussion/der Verhandlungen

Füh·rungs·ebe·ne die <-, -n> *die Personen, die ein Unternehmen leiten* Entscheidungen, die auf der Führungsebene getroffen werden

Füh·rungs·kraft die <-, Führungskräfte> *Person, die in einem Unternehmen andere Mitarbeiter führt* Wir suchen Führungskräfte für unser Unternehmen.

Füh·rungs·po·si·ti·on die <-, -en> **1.** *führende Position in einem Unternehmen* mehr Frauen in Führungspositionen beschäftigen **2.** *führende Position im Wettbewerb* Die Mannschaft/der Rennfahrer liegt in Führungsposition., eine Führungsposition auf dem Weltmarkt innehaben

Füh·rungs·spit·ze die <-, -n> *die Gruppe von Personen, die ein Unternehmen oder eine Organisation führen* ein Wechsel an der Führungsspitze des Unternehmens

Füh·rungs·stil der <-s, -e> *die Art und Weise, wie jmd. ein Unternehmen oder eine Organisation führt* Sie hat einen autoritären/liberalen Führungsstil.

Füh·rungs·zeug·nis das <-ses, -se> *eine schriftliche Beurteilung darüber, wie sich jmd. geführt III hat* ein polizeiliches Führungszeugnis vorlegen

Fuhr·un·ter·neh·men das <-s, -> (≈ *Spedition*) *Unternehmen, das im Auftrag anderer Güter befördert*

Fuhr·un·ter·neh·mer, **Fuhr·un·ter·neh·me·rin** der <-s, -> *Person, die ein Fuhrunternehmen besitzt und führt*

Fül·le die <-, -n> **1.** (*kein Plur.*) (*geh.*) *große Menge* eine riesige/enorme Fülle von Daten/Eindrücken, Bei der Polizei ging eine große Fülle von Hinweisen ein. **2.** (*kein Plur.*) (*geh.*) *üppige Beschaffenheit* die Fülle ihres Haares/des Klanges, seine große körperliche Fülle **3.** KOCH. *Masse zum Füllen* für den Entenbraten eine Fülle aus Äpfeln und anderen Zutaten bereiten

Fül·len das <-s, -> (ZOOL.: *geh.* ≈ *Fohlen*) *Jungtier von Pferden/Eseln/Kamelen*

fül·len **I.** *mit OBJ* **1.** ■ *jmd. füllt etwas mit etwas Dat. mit etwas voll machen* Er füllt die Badewanne mit Wasser., die Gläser nur halb mit Saft füllen, einen Riss in der Mauer mit Gips füllen, ein Regal mit Büchern füllen **2.** ■ *jmd. füllt etwas in etwas Akk. etwas in etwas hineintun* Wasser in das Becken füllen, Federn in das Kissen füllen, den Kaffee in die Tassen füllen, ein Gebäck mit Marmelade füllen, gefüllte Pfannkuchen **3.** ■ *etwas füllt etwas* (*geh.*) *einen Raum* (*ganz*) *einnehmen* Die Zuschauer füllen den halben Saal., Die Möbel füllen den Raum nicht., Das Essen füllt den Magen., Der Bericht füllt mehrere Seiten., eine Lücke im Angebot füllen, ein halb gefüllter Tank **II.** *mit SICH* ■ *etwas füllt sich voll werden* Der Saal füllte sich allmählich., Ihre Augen füllten sich mit Tränen.

Fül·ler der <-s, -> (*umg.*) *kurz für „Füllfederhalter"*

Füll·fe·der die (*österr.*) *Füller, Füllfederhalter*

Füll·fe·der·hal·ter der <-s, -> *Schreibgerät mit einem Behälter für Tinte, der nachgefüllt/ausgewechselt werden kann*

fül·lig *Adj.* **1.** (*verhüll.*) *dick* Sie ist etwas füllig geworden. **2.** *reichlich/üppig* fülliges Haar haben

Full·time·job, *a.* **Full-Time-Job** der ['fultaimdʒɔp] <-s, -s> **1.** *Ganztagsarbeit* einen Fulltimejob in einem Unternehmen haben **2.** (*umg.*) *Tätigkeit, die jmdn. sehr in Anspruch nimmt* Die Betreuung meines Kindes ist zur Zeit ein Fulltimejob.

Fül·lung die <-, -en> **1.** *Material, mit dem etwas gefüllt ist* ein Kissen mit einer Füllung aus Daunen, die Füllung ist aus dem Zahn gefallen, für die Pasteten eine Füllung aus Fleisch bereiten **2.** (*kein Plur.*) *der Vorgang des Füllens* Was wird zur Füllung der Matratzen verwendet?, zur Füllung eines Zahnes Gold verwenden

Fum·mel der <-s, -> (*umg. abwert.*) *Kleid*

fum·meln <fummelst, fummelte, hat gefummelt> *ohne OBJ* (*umg.*) **1.** ■ *jmd. fummelt an etwas Dat.* (*abwert.*) *sich irgendwo mit den Händen zu schaffen machen* Irgendwer hat an meinem Computer gefummelt., in der Tasche nach dem Schlüssel fummeln ■ *jmd. fummelt* **2.** *etwas Schwieriges mit den Händen tun* Ich musste lange fummeln, bis ich den Faden durch das Nadelöhr bekommen hatte. **3.** *in sexueller Absicht berühren* Hör auf zu fummeln!

Fun der [fan] <-s> (*kein Plur.*) (*Werbesprache*) *Spaß* der Urlaubsort für Action, Fun und Lebensfreude

Fund der <-(e)s, -e> **1.** *das Auffinden von etwas* einen Fund/mehrere Funde machen, Der Fund dieser Lagerstätte ist lange geheim gehalten worden. **2.** *gefundene Sache* einen Fund bergen/heben/sichern, Aufsehen erregende Funde aus der Altsteinzeit sind im Museum zu bewundern.

Fun·da·ment das <-(e)s, -e> **1.** *Unterbau eines Gebäudes oder einer schweren Maschine* das Fundament graben/gießen/mauern, ein Gebäude bis auf die Fundamente abreißen **2.** (*übertr.*) *Grundlage oder Basis* Seine Thesen beruhen auf einem soliden wissenschaftlichen Fundament., in der Schule das Fundament für die spätere Berufsausbildung legen, eine Gesellschaft/ein Land bis in die Fundamente erschüttern

fun·da·men·tal <nicht steig> *Adj.* (*geh.*) *grundlegend* ein fundamentaler Unterschied, von fundamentaler Bedeutung für etwas/jemanden sein

Fun·da·men·ta·lis·mus der <-> (*kein Plur.*) POL.

REL. *eine politische Anschauung oder Religion, die sich dogmatisch an die ursprünglichen Inhalte ihrer Lehre hält* religiöser/politischer Fundamentalismus

Fun·da·men·ta·list, **Fun·da·men·ta·lis·tin** der <-en, -en> POL./REL. *Person, die fundamentalistische Anschauungen hat*

fun·da·men·ta·lis·tisch <nicht steig.> *Adj. auf den Fundamentalismus bezogen, zu ihm gehörig* fundamentalistische Anschauungen haben, fundamentalistische Eiferer

Fund·amt das <-(e)s, Fundämter> (*österr.*) *Fundbüro*

Fund·bü·ro das <-s, -s> *Stelle, wo gefundene Gegenstände abgegeben werden können*

Fund·gru·be die <-, -n> (*umg.*) *eine Stelle, wo etwas reichlich zu finden ist* Antiquariate sind (wahre) Fundgruben für die Liebhaber alter Bücher.

fun·diert *Adj.* (*geh.*) *gut begründet* eine fundierte Meinung zu etwas haben, fundierte Kritik an etwas üben

Fund·sa·che die <-, -n> *Sache, die jmd. gefunden hat* eine Fundsache im Fundbüro abgeben

Fun·dus der <-, -> **1.** THEAT. FILM *der vorhandene Bestand an Kulissen, Requisiten und Kostümen* etwas im Fundus haben, der Fundus eines Theaters **2.** (*geh. übertr.*) *Bestand* einen reichen Fundus an Erfahrungen haben

Fünf die <-, -en> *die Zahl Fünf* eine Fünf schreiben/würfeln, Die (Linie) Fünf hatte wieder Verspätung., Die Nummer Fünf ist an der Reihe. ◆ Großschreibung→R 3.3 Er hat in Deutsch eine Fünf bekommen.

fünf *Num.* fünf Personen, Wir nehmen die ersten fünf., Eine von uns fünfen muss gehen., Wir treffen uns um fünf., Wir sind zu fünft. ■ **seine fünf Sinne beieinander haben** (*umg.*): *völlig normal sein* **fünf (Minuten) vor zwölf** (*umg.*): *so, dass man schnell handeln muss* **fünf gerade sein lassen** (*umg.*): *etwas nicht so genau nehmen* **etwas an fünf Fingern ausrechnen können**: *etwas leicht vorherberechnen können* ◆ Kleinschreibung→R 3.16 Die fünf bekommen einen Preis, Es ist um fünf., fünf Komma fünf *siehe auch* **acht**

Fünf·eck das <-(e)s, -e> *geometrische Figur mit fünf Ecken*

fünf·e·ckig <nicht steig.> *Adj. mit fünf Ecken* ein fünfeckiger Raum ◆ Schreibung mit Ziffer und Bindestrich→R 4.15 5-eckig

Fün·fer der <-s, -> **1.** (*umg.*) *ein Geldstück oder -schein im Wert von Fünf* Hast du mal einen Fünfer? **2.** *ein Gewinn mit fünf Richtigen* einen Fünfer im Lotto haben

fün·fer·lei <nicht steig.> *Adj. von fünf verschiedenen Arten* Zum Grillfleisch gab es fünferlei verschiedene Soßen.

fünf·fach <nicht steig.> *Adj. fünfmal so viel* die fünffache Summe, Sie verdient das Fünffache., um das Fünffache größer sein ◆ Großschreibung→R 3.4 Das kostet das Fünffache.; Schreibung mit Ziffer 5fach, das 5fache

fünf·hun·dert *Num. 500*

fünf·jäh·rig <nicht steig.> *Adj. fünf Jahre alt oder andauernd* ein fünfjähriges Kind, einen fünfjährigen Arbeitsvertrag haben ◆ Großschreibung→R 3.4 Die Fünfjährigen müssen keinen Eintritt zahlen.; Schreibung mit Ziffer und Bindestrich→R 4.15 5-jährig, der/die 5-Jährige

Fünf·kampf der <-es> (*kein Plur.*) SPORT *Wettkampf in fünf verschiedenen Disziplinen*

fünf·mal *Adv. fünf Male* Ich habe das Buch schon fünfmal gelesen., Ihr Garten ist fünfmal so groß wie unserer., Das Buch ist fünfmal teurer als das andere. *siehe auch* **Mal**

Fünf·ster·ne·ho·tel das <-s, -s> *Hotel der Luxusklasse*

Fünf·ta·ge·wo·che die <-, -n> *Arbeitswoche mit fünf Arbeitstagen* die Einführung der Fünftagewoche

fünf·te(r, -s) *Num.* die fünfte Kolonne *siehe auch* **achte**

fünf·tel *Num.* ein fünftel Liter *siehe auch* **achtel**

Fünf·tel das <-s, -> *der fünfte Teil von etwas* Jeder bekommt ein Fünftel.

fünf·tens *Adv. an fünfter Stelle* … Und fünftens muss ich Ihnen noch etwas Wichtiges mitteilen.

fünf·zehn *Num.*

fünf·zig *Num.* über fünfzig (Jahre alt) sein, Sie ist Mitte fünfzig.

Fünf·zi·ger der <-s, -> (*umg.*) *Geldstück oder -schein im Wert von fünfzig* mit einem Fünfziger zahlen ■ **falscher Fünfziger** (*umg. abwert.*): *ein Mensch, dem man nicht trauen kann*

fünf·zi·ger (*unveränderlich*) *Adj.* die fünfziger Jahre/die Fünfzigerjahre ◆ Großschreibung→R 3.4 die Musik der Fünfziger, Er ist in den Fünfzigern.; Schreibung mit Ziffer 50er Jahre/50er-Jahre

fünf·zig·jäh·rig <nicht steig.> *Adj. fünfzig Jahre andauernd oder alt* eine fünfzigjährige Zusammenarbeit, Er ist fünfzigjährig gestorben.

fünf·zigs·te <nicht steig.> *Adj.* Jeder fünfzigste Anrufer gewinnt., Jeder Fünfzigste hat eine Gewinnchance.

fun·gie·ren *ohne OBJ* ■ *jmd./etwas fungiert als etwas* (*geh.*) *etwas Bestimmtes tun* als Schiedsrichter fungieren

Fun·gi·zid das <-(e)s, -e> CHEM. *Mittel zur Pilzbekämpfung*

Funk der <-s> (*kein Plur.*) **1.** *die drahtlose Übermittlung von Informationen durch elektromagnetische Wellen* über Funk die Polizei rufen, etwas mittels Funk übertragen **2.** *eine Anlage zum Funken I* Das Auto ist mit Funk ausgestattet. **3.** (*umg.*) *kurz für „Rundfunk(anstalt)"* Sie arbeitet beim Funk.

Funk·a·ma·teur, **Funk·a·ma·teu·rin** der [...ama'tøːɐ] <-s, -e> *jmd., der das Funken I als Hobby betreibt*

Fun·ke der <-ns,-n> **1.** *ein kleines glühendes Teilchen* mit/aus einem Stein Funken schlagen, Die Räder schleifen auf den Schienen und sprühen Funken., Der Rauch trägt Funken des Feuers in die Luft. **2.** (*umg.*) *ein ganz klein wenig* keinen Funken Verstand im Kopf haben ◆ Getrenntschreibung→R 4.3/4.12 ein Funken sprühendes Feuer

fun·keln <funkelst, funkelte, hat gefunkelt> *ohne OBJ* ■ *etwas funkelt verschieden hell leuchten oder glänzen* An ihrem Ring funkelte ein Diamant., Die Sterne funkeln am Himmel. ■ **jemands Augen funkeln** (*übertr.*): *jmds. Augen lassen innere Erregung erkennen* Seine Augen funkeln vor Zorn/Freude.

fun·kel·na·gel·neu <nicht steig.> *Adj.* (*umg.*) *völlig neu* ein funkelnagelneues Fahrrad zum Geburtstag bekommen

Fun·ken der <-s, -> (≈ *Funke*)

fun·ken I. *mit OBJ* ■ *jmd. funkt (etwas) durch elektromagnetische Wellen drahtlos (Informationen) übermitteln* jemandem eine Nachricht funken, einen Notruf/SOS funken, Er funkt gerade. **II.** *mit ES* ■ *es funkt* (*umg.*) **1.** *Funken schlagen* Im Lichtschalter hat es gefunkt. **2.** *jmdm. bewusst werden* Bei ihm hat es endlich gefunkt! **3.** *Ärger oder Streit geben* Wenn ihr nicht folgt, dann funkt's aber!

Fun·ker, **Fun·ke·rin** der <-s, -> *jmd., der mit einem Funkgerät Nachrichten übermittelt*

Funk·ge·rät das <-(e)s, -e> *Gerät zur Übermittlung von Nachrichten mittels elektromagnetischer Wellen*

funk·ge·steu·ert <nicht steig.> *Adj. so, dass die steuernden Signale durch Funk auf das Gerät übertragen werden*

Funk·netz das <-es, -e> *ein System von mehreren Geräten, die über Funk miteinander verbunden sind*

Funk·si·gnal das <-(e)s, -e> *ein Zeichen, das in der drahtlosen Nachrichtenübermittlung verwendet wird*

Funk·sprech·ge·rät das <-(e)s, -e> *ein kleines Gerät zur drahtlosen Nachrichtenübermittlung über kurze Entfernungen* sich auf der Baustelle mit Funksprechgeräten verständigen

Funk·spruch der <-(e)s, Funksprüche> *eine per Funk übermittelte Nachricht* einen Funkspruch senden

Funk·sta·ti·on die <-, -en> *eine Sendestation, die mit einer Funkanlage ausgestattet ist*

Funk·stil·le die <-> (*kein Plur.*) **1.** *Zeit, in der kein Funkverkehr herrscht* Zur Zeit herrscht Funkstille. **2.** (*umg. übertr.*) *Situation, in der (zerstrittene) Parteien nicht miteinander reden* Zwischen den beiden herrscht zur Zeit Funkstille.

Funk·te·le·fon das <-s, -e> (≈ *Handy*) *ein Telefon, das auf drahtloser Basis mittels elektromagnetischer Wellen arbeitet*

Funk·ti·on die [fʊŋk'tsi̯oːn] <-, -en> **1.** (*kein Plur.*) *das Funktionieren; die Tätigkeit* Eine regelmäßige Wartung sichert die einwandfreie Funktion der Gerätes., die Funktion des menschlichen Verdauungssystems erläutern, die Funktion des Herzens unterstützen **2.** *Amt* eine leitende/untergeordnete Funktion, eine Funktion vom Vorgänger übernehmen, die Funktion des Kassenwarts innehaben/ausüben, mehrere Funktionen gleichzeitig bekleiden **3.** *Aufgabe; Zweck* die Funktion des Erzählers in einem Theaterstück, Welche Funktion hat der Blinddarm eigentlich?, Die Farben am Gerät haben keine bestimmte Funktion, sie sind nur Verzierung. **4.** MATH. *eine Größe, die von einer oder mehreren anderen abhängt und als Kurve in einem Koordinatensystem dargestellt werden kann* eine lineare Funktion, eine Funktion mit zwei Variablen ■ **in Funktion treten** (*geh.*): *tätig werden* Das Notaggregat tritt bei Stromausfall in Funktion. **außer Funktion sein** (*geh.*): *nicht mehr tätig oder gültig sein* Die Anlage ist außer Funktion., Diese Bestimmung ist außer Funktion.

funk·ti·o·nal [fʊŋktsi̯o'naːl] <-, -> *Adj.* (*geh.*) **1.** *auf die Funktion bezogen* eine funktionale Einheit bilden **2.** *zweckmäßig* eine Wohnung funktional einrichten

Funk·ti·o·na·lis·mus der <-> (*kein Plur.*) **1.** BAUW. *eine Richtung der Architektur, bei der die Gestaltung eines Bauwerkes dessen Zweck berücksichtigt* **2.** PSYCH. *eine Theorie, die die menschliche Psyche in Zusammenhang mit und in Abhängigkeit von den biologischen Funktionen des Körpers sieht*

Funk·ti·o·när, **Funk·ti·o·nä·rin** der [fʊŋktsi̯o'nɛːɐ̯] <-s, -e> *Person, die in einer Organisation ein Amt innehat* die Funktionäre des Fußballverbandes/einer Partei/der Gewerkschaft

funk·ti·o·nell [fʊŋktsi̯o'nɛl] <-, -> *Adj.* **1.** *dem Zweck entsprechend* etwas nach funktionellen Gesichtspunkten gestalten **2.** MED. *auf das richtige Funktionieren bezogen* funktionelle Erkrankungen eines Organs

funk·ti·o·nie·ren [fʊŋktsi̯o'niːrən] *ohne OBJ* ■ *etwas funktioniert (irgendwie) (störungsfrei) arbeiten* Das Gerät funktioniert jetzt wieder einwandfrei., Das Radio funktioniert nicht richtig., Mein Gedächtnis funktioniert noch ganz gut., Wie funktioniert das eigentlich?

funk·ti·ons·ge·recht <nicht steig.> *Adj. so, dass etwas seiner Funktion entsprechend beschaffen ist*

Funk·ti·ons·tas·te die <-, -n> EDV *eine von mehreren Tasten auf einer Computertastatur, die mit einer bestimmten Funktion belegt sind*

funk·ti·ons·tüch·tig <nicht steig.> *Adj. so, dass es (störungsfrei) funktioniert* ein funktionstüchtiges Gerät

funk·ti·ons·un·fä·hig <nicht steig.> *Adj. so, dass etwas nicht (mehr) funktioniert*

Funk·ti·ons·wei·se die <-, -n> *die Art und Weise, wie etwas funktioniert* die Funktionsweise des Gehirns

Funk·turm der <-(e)s, Funktürme> *ein Turm, auf dem Antennen zum Senden, Empfangen oder Weiterleiten von Signalen über elektromagnetische Wellen angebracht sind*

Funk·uhr die <-, -en> *eine Uhr, die über Funk ein Signal empfängt und deshalb immer die exakte Zeit anzeigt*

Funk·ver·bin·dung die <-, -en> *eine Verbindung über Funk* eine Funkverbindung herstellen, Die Funkverbindung ist abgebrochen.

Funk·ver·kehr der <-(e)s> (*kein Plur.*) *der Austausch von Informationen über Funk* Der Funkverkehr ist zusammengebrochen., mit jemandem in Funkverkehr treten

Fun·zel/Fun·sel die <-, -n> (*umg. abwert.*) *Lampe, die nur trübes Licht abgibt* Im Zimmer brannte nur eine trübe Funzel.

für *Präp. + Akk.* **1.** (↔ *gegen*) *verwendet, um auszudrücken, dass eine Handlung geschieht, damit die genannte Sache getan oder begünstigt oder realisiert wird* für ein Gesetz stimmen, für seine politische Meinung eintreten/demonstrieren, Werbung für etwas machen, für höhere Löhne streiken, für die Prüfung lernen, für einen guten Zweck spenden **2.** *verwendet, um auszudrücken, dass die genannte Sache der Lohn oder der Gegenwert von etwas ist* für Geld arbeiten, Für diese Anerkennung lohnt sich unsere Anstrengung., Wie viel hast du für das Kleid bezahlt? **3.** *verwendet, um auszudrücken, dass die genannte Sache speziell für jmdn., etwas oder ein Tier gedacht oder geeignet ist* ein Buch für Kinder, Käfige für Vögel sollten nicht zu klein bemessen sein., ein spezielles Regal für Weinflaschen **4.** *verwendet, um die Zugehörigkeit oder das Betroffensein von jmdm. oder etwas anzugeben* ein Brief/ein Geschenk/eine Nachricht/Post für dich, Das gilt auch für dich!, Das ist interessant/klar/schrecklich/ eine Beleidigung für mich., ein Vorbild für die Jugend, ein großer Verlust für alle, der Grund für ihr Versagen, für etwas verantwortlich sein, sich für etwas begeistern/interessieren, die Vorliebe für etwas **5.** *verwendet, um auszudrücken, dass jmd. oder etwas anstelle oder im Austausch für jmdn. oder etwas steht* Kannst du nicht für mich hingehen?, Ich habe ihm für das Buch zwei CDs gegeben., Ich schäme mich für dich! **6.** *verwendet, um eine Zeitspanne auszudrücken;* (≈ *während*) für zwei Jahre ins Ausland gehen, für die nächsten zwei Stunden nicht gestört werden wollen **7.** *verwendet, um eine Abfolge zu beschreiben* Punkt für Punkt miteinander durchgehen, seinem Ziel Stück für Stück näher kommen **8.** *verwendet, um auszudrücken, dass jmd. als etwas betrachtet wird bzw. eine bestimmte Eigenschaft besitzt* sich für einen Künstler halten, Er galt allen für einen Lügner., Sie gab ihn für ihren Bruder aus., Er wurde für tot erklärt. **9.** *im Vergleich zu anderen seiner Art* Für einen Siebzigjährigen ist er noch sehr rüstig., Für die Jahreszeit ist es zu kühl., Für einen Luxuswagen ist das Auto preiswert. ■ **was für ein/eine/einen** (*umg.*): *welches/welche/welcher* Was für ein Kleid ziehe ich heute an?, Was habt ihr für ein Glück! **für sich**: *allein/abgeschieden/getrennt von anderen* Sie will für sich leben/bleiben., Für sich genommen, ist die Sache nicht so schwierig., Das musst du für dich behalten! **das Für und Wider abwägen**: *prüfen, was für und was gegen etwas spricht* ♦ Großschreibung→R 3.4 das Für und Wider von etwas abwägen

Fur·che die <-, -n> **1.** *eine Rille im Boden* mit dem Pflug eine Furche ziehen, Die Räder des Wagens haben Furchen im Waldweg hinterlassen. **2.** (*geh.*) *Falte im Gesicht* tiefe Furchen auf der Stirn haben

fur·chen <furchst, furchte, hat gefurcht> *mit OBJ* ■ *jmd. furcht etwas* (*geh.*) **1.** *Furchen machen* Der Pflug furcht den Boden., Das Schiff furcht die Wellen. **2.** *in Falten legen* sorgenvoll die Stirn furchen

fur·chig *Adj. so, dass etwas viele Furchen hat*

Furcht die <-> (*kein Plur.*) (*geh.*) *große Angst vor etwas* Furcht vor etwas haben, vor Furcht zittern, jemandem Furcht einjagen/in Furcht versetzen ■ **keine Furcht kennen**: *mutig sein* ♦ Getrennt- oder Zusammenschreibung→R 4.3, R 4.12 ein Furcht erregender/furchterregender Anblick, Der Löwe brüllte Furcht einflößend/furchteinflößend.; Getrenntschreibung→R 4.3 ein große Furcht erregender Anblick, eine große Furcht einflößende Vorstellung; Zusammenschreibung→R 4.12 Dieser Anblick war noch furchterregender, am furchterregendsten., eine höchst furchteinflößende Vorstellung, eine noch furchteinflößendere Vorstellung

furcht·bar *Adj.* **1.** *so, dass es Furcht oder Entsetzen verursacht* ein furchtbarer Traum, Sie hat Furchtbares erleben müssen., ein furchtbares Unglück **2.** (*umg. abwert.*) *sehr stark/groß/intensiv* ein furchtbarer Sturm/Lärm, ein furchtbarer Husten, eine furchtbare Hitze **3.** (*umg.*) *sehr* Sie war furchtbar traurig., Gestern war es furchtbar kalt., Sie musste furchtbar husten/lachen., Wir haben furchtbar viele Himbeeren im Garten.

furcht·ein·flö·ßend <nicht steig.> *Adj.* Der Löwe gab eine furchteinflößende Vorstellung von sich. *siehe auch* **Furcht**

fürch·ten **I.** *mit OBJ* ■ *jmd. fürchtet etwas* **1.** (*geh.*) *Angst haben* Er fürchtet nichts so sehr wie Streit., Sie fürchtet die Einsamkeit/Wahrheit., weder Tod noch Teufel fürchten, ein gefürchteter Verbrecher **2.** (*veralt. geh.*) *achten oder Respekt haben* Gott/seine Eltern fürchten **3.** (*geh.*) *etwas Unangenehmes erwarten* Er fürchtet den Verlust seines Erbes., Sie fürchtet, kritisiert zu werden., Ich fürchte, du hast Recht. **II.** *ohne OBJ* ■ *jmd. fürchtet um etwas Akk.* (*geh.*) *sich Sorgen machen* Sie fürchtet um ihre Gesundheit/Schönheit., Sie mussten um ihr Leben fürchten. **III.** *mit SICH* ■ *jmd. fürchtet sich (vor etwas) Furcht empfinden* Er fürchtet sich in der Dunkelheit., Sie fürchtet sich vor Spinnen., Wir fürchten uns davor, etwas zu verlieren.

fürch·ter·lich *Adj.* **1.** *so, dass es Furcht oder Entsetzen verursacht* ein fürchterlicher Anblick, eine fürchterliche Drohung **2.** (*umg. abwert.*) *so, dass es sehr stark/groß/intensiv ist* ein fürchterlicher Sturm, fürchterlicher Lärm, einen fürchterlichen Spaß haben **3.** (*umg. abwert.*) *so, dass es sehr schlecht ist* ein fürchterlicher Film, eine fürchterliche Darbietung, Es war ein fürchterlicher Abend. **4.** (*umg.*) *sehr* fürchterlich viel wissen, fürchterlich dick sein, sich ganz fürchterlich freuen

furcht·er·re·gend <-er, am furchterregendsten> *Adj. so, dass es Furcht auslöst* Der Film/Ihr Anblick war furchterregend. *siehe auch* **Furcht**

furcht·los *Adj. ohne Furcht* ein furchtloser Mensch, eine furchtlose Tat

Furcht·lo·sig·keit die <-> *(kein Plur.) die Eigenschaft, furchtlos zu sein* Er beeindruckte alle durch die Furchtlosigkeit seiner Tat.

furcht·sam *Adj. voller Furcht* ein furchtsamer Mensch, jemandem einen furchtsamen Blick zuwerfen

Furcht·sam·keit die <-> *(kein Plur.) die Eigenschaft, furchtsam zu sein* gegen seine eigene Furchtsamkeit ankämpfen

für·ei·n·an·der *Adv. der eine für den anderen* Wir werden immer füreinander da sein.

Fu·rie die <-, -n> **1.** *Rachegöttin der römischen Mythologie* **2.** *(geh. abwert.) Frau, die (häufig) wütend ist* Sie ist eine richtige Furie., Sie tobte wie eine Furie.

fu·ri·os *Adj. (geh.) mitreißend, begeisternd* ein furioses Finale hinlegen, ein furioses Spiel auf der Gitarre

Fur·nier das <-s, -e> *eine dünne Deckschicht (auf Möbeln oder Musikinstrumenten) aus wertvollem Holz* ein Schrank mit einem Furnier aus Kirschbaumholz

fur·nie·ren *mit OBJ* ■ *jmd. furniert etwas mit einem Furnier versehen*

Fu·ro·re die <-> *(kein Plur.)* ■ **jemand macht Furore**: *Aufsehen durch Erfolg erregen* Die Schauspielerin hat mit diesem Film Furore gemacht., Diese Erfindung machte schnell Furore.

fürs *Präp. + Akk. (umg.) Kurzform für „für das"* ■ **fürs Erste**: *vorläufig* Das muss fürs Erste reichen.

Für·sor·ge die <-> *(kein Plur.)* **1.** *das Bemühen um Personen oder Sachen, die Hilfe benötigen* die elterliche Fürsorge für ihr Kind, den Grünpflanzen viel Fürsorge angedeihen lassen, Unsere Katze vertrauen wir im Urlaub der Fürsorge der Nachbarin an. **2.** *eine öffentliche Einrichtung, die für die Betreuung Hilfsbedürftiger zuständig ist* bei der Fürsorge arbeiten, Unterstützung bei der Fürsorge beantragen, Um diesen Fall muss sich die Fürsorge kümmern. **3.** *(umg.) Geld, das an Bedürftige als Unterstützung gezahlt wird* von der Fürsorge leben

Für·sor·ge·amt das <-(e)s, -ämter> *(schweiz.) Sozialamt*

Für·sor·ge·ein·rich·tung die <-, -en> *Einrichtung, die für die Betreuung Hilfsbedürftiger zuständig ist*

Für·sor·ger, **Für·sor·ger·in** der <-s, -> *Person, die beruflich (in einer Fürsorgeeinrichtung) Hilfsbedürftige unterstützt*

für·sorg·lich *Adj. so, dass jmd. liebevoll um jmds. Wohl bemüht ist* Sie hat sehr fürsorgliche Eltern.

Für·spra·che die <-> *(kein Plur.) das Ausüben des eigenen Einflusses zu Gunsten von jmdm./etwas* bei jemandem Fürsprache für jemanden einlegen, Dank ihrer Fürsprache hat er die Stelle doch bekommen.

Für·sprech der <-s, -e> *(schweiz.) Rechtsanwalt*

Für·spre·cher, **Für·spre·che·rin** der <-s, -> **1.** *Person, die ihren Einfluss zu Gunsten von jmdm. oder etwas ausübt* Mit dem Fraktionschef hatte man einen mächtigen Fürsprecher für die Sache gewonnen., In mir hast du einen Fürsprecher für deine Pläne. **2.** *(schweiz.) Rechtsanwalt*

Fürst, **Fürs·tin** der <-en, -en> **1.** GESCH. *Person, die dem hohen Adel angehört und ein Territorium beherrscht* weltliche/geistliche Fürsten, der regierende Fürst eines Landes, Der König rief seine Fürsten zu sich. ◆-endienst, -engruft, -enschloss, -enschule **2.** *Adelstitel zwischen Graf und Herzog* jemanden zum Fürsten ernennen, Hermann Fürst von Pückler-Muskau **3.** *Herrscher* Der Zar/König war Fürst über ein großes Reich., der Fürst der Hölle/Unterwelt ■ **wie ein Fürst leben**: *im Überfluss leben*

Fürs·ten·tum das <-(e)s, Fürstentümer> *von einem Fürsten oder einer Fürstin regiertes Staatswesen* das Fürstentum Liechtenstein/Monaco

fürst·lich *Adj.* **1.** *zu einem Fürsten oder einer Fürstin gehörend, von ihm/ihr stammend* die fürstliche Kutsche/Residenz, die fürstliche Familie **2.** *so gut und üppig, wie man es bei einem Fürsten erwartet* fürstlich speisen, jemanden fürstlich bewirten

Fürst·lich·keit die <-, -en> *Angehöriger des Fürstenadels*

Furt die <-, -en> *ein Durchgang durch einen Fluss, an dem das Wasser sehr niedrig ist* den Fluss an einer Furt durchqueren

Fu·run·kel der/das <-s, -> MED. *eitriges Geschwür*

Für·wort das <-s, -er> (SPRACHW.: ≈ *Pronomen*) Ein Possessivpronomen ist ein besitzanzeigendes Fürwort.

Furz der <-es, Fürze> *(vulg.)* **1.** *Gase, die aus dem Darm entweichen* einen Furz lassen **2.** *(abwert.) unbedeutende Kleinigkeit* Wegen jedem Furz rennt er gleich zum Lehrer!

fur·zen <furzt, furzte, hat gefurzt> *ohne OBJ* ■ *jmd. furzt (vulg.) Gase aus dem Darm entweichen lassen*

Fu·sel der <-s, -> *(umg. abwert.) billiger, minderwertiger Schnaps*

Fu·si·on die <-, -en> **1.** CHEM. PHYS. *Verschmelzung von Atomkernen* die bei der Fusion frei werdende Energie ◆ Kern- **2.** WIRTSCH. *Zusammenschluss von Unternehmen* die Fusion zweier Großbanken

fu·si·o·nie·ren *ohne OBJ* ■ *etwas fusioniert mit etwas Dat.* WIRTSCH. *sich zusammenschließen* Die beiden Automobilkonzerne haben fusioniert., Die Bank fusioniert mit einer anderen.

Fu·si·ons·re·ak·tor der <-s, -en> *Reaktor, in dem Energie durch die Verschmelzung von Atomkernen gewonnen wird*

Fu·si·ons·wel·le die <-, -n> *der Vorgang, dass es innerhalb von kurzer Zeit zu mehreren Fusionen[2] kommt*

Fuß der <-es, Füße> **1.** ANAT. *der unterste Teil des Beines bei Menschen und (manchen) Tieren, der in sich in Zehen, Ferse usw. gliedert und dessen Sohle den Boden berührt* kalte Füße haben, Blasen an den Füßen haben, auf beiden Füßen stehen, den Fuß auf die erste Treppenstufe setzen, Das Pferd ist am linken hinteren Fuß verletzt. **2.** (*umg. süddt.*) *das Bein bei Menschen und kurzbeinigen Tieren* Nimm die Füße von Tisch!, Das Krokodil hob einen Fuß in die Höhe. **3.** *das, worauf ein Möbelstück oder ein Gegenstand steht* der Fuß eines Leuchters/einer Lampe/eines Glases, ein Sessel mit vier Füßen **4.** (*kein Plur.*) (≈ *Sockel*) der Fuß des Denkmals **5.** (*kein Plur.*) *der untere Teil von etwas Hohem* der Fuß des Berges, am Fuß(e) des Fernsehturms, am Fuß(e) der Treppe warten **6.** GESCH. *ein (altes) Längenmaß* eine fünf Fuß breite Mauer ■ **Bei Fuß!**: *Befehl an Hunde, neben dem Herrchen oder Frauchen zu gehen* **zu Fuß gehen**: *laufen* Fahren wir oder gehen wir zu Fuß? **gut/schlecht zu Fuß sein**: *gut/schlecht laufen können* **mit jemandem auf gutem/vertrautem Fuß stehen**: *ein gutes/vertrauliches Verhältnis zu jmdm. haben* **auf freiem Fuß**: *frei/nicht gefangen* Die Täter befinden sich noch auf freiem Fuß. **auf großem Fuß(e) leben**: *viel Geld ausgeben* **auf eigenen Füßen stehen**: *selbstständig sein* **irgendwo Fuß fassen**: *irgendwo heimisch werden* Sie hat in der neuen Umgebung schnell Fuß gefasst. **immer auf die Füße fallen**: *bei Schwierigkeiten immer wieder Glück haben* **kalte Füße bekommen/kriegen** (*umg. übertr.*): *etwas Geplantes nicht tun, weil man Angst bekommen hat* **jemandem zu Füßen liegen**: *jmdn. sehr verehren* **etwas/jemanden mit Füßen treten**: *etwas oder jmdn. mit Missachtung behandeln* die Rechte eines Volkes mit Füßen treten **jemandem auf die Füße treten**: *jmdn. kränken oder beleidigen* **nicht Hand noch Fuß haben**: *nicht realistisch sein* ◆ Getrenntschreibung Der Weg war keinen/kaum einen Fuß breit., ein etwa einen Fuß breiter Spalt im Felsen *siehe aber auch* **Fußbreit/fußbreit**

Fuß·ab·druck der <-(e)s, Fußabdrücke> *auf dem Erdboden zurückbleibender Abdruck eines Fußes* Der Täter hatte Fußabdrücke hinterlassen.

Fuß·ab·strei·fer der <-s, -> (≈ *Fußabtreter*)

Fuß·ab·tre·ter der <-s, -> *eine Matte vor einer Tür, die zum Reinigen der Schuhsohlen von Straßenschmutz dient*

Fuß·am·pu·ta·ti·on die <-, -en> *das Entfernen eines Fußes durch Operation*

Fuß·an·gel die <-, -n> **1.** *eine Vorrichtung, die so am Boden angebracht ist, dass jmd. darüber stolpern und zu Fall kommen soll* Fußangeln auslegen **2.** (*übertr.*) *versteckte Schwierigkeiten* Seine Fragen waren voller Fußangeln.

Fuß·bad das <-(e)s, Fußbäder> **1.** *das Baden der Füße* jeden Tag ein Fußbad nehmen **2.** *ein Badezusatz zum Baden der Füße* ein Fußbad in der Apotheke kaufen

Fuß·ball der <-s, Fußbälle> **1.** (*kein Plur.*) SPORT *ein Ballspiel für zwei Mannschaften, bei dem die Spieler den Ball nur mit dem Fuß (und mit dem Kopf), aber nicht mit der Hand berühren dürfen und bei dem es darum geht, möglichst viele Tore zu schießen* sich für Fußball begeistern, gern Fußball spielen, Fußball ist ein Volkssport und dominiert die Sportberichterstattung in den Medien. ◆-club, -platz, -spiel, -spieler, -star, -trikot, Damen-, Hallen- **2.** *der beim Fußball[1] benutzte Lederball* einen neuen Fußball kaufen

Fuß·ball·club der <-s, -s> *ein Sportverein, in dem Fußball gespielt wird*

Fuß·bal·len der <-s, -> *das Muskelpolster, das sich an der Unterseite des Fußes am Zehenansatz befindet* auf den Fußballen gehen, Dieser Tanzschritt wird auf dem Fußballen, und nicht auf der Ferse getanzt.

Fuß·bal·ler, **Fuß·bal·le·rin** der <-s, -> (*umg.*) *jmd., der (regelmäßig) Fußball spielt*

Fuß·ball·klub der <-s, -s> *s.* **Fußballclub**

Fuß·ball·mann·schaft die <-, -en> *eine der beiden aus elf Spielern bestehenden Mannschaften beim Fußball*

Fuß·ball·meis·ter der <-s, -> *die Fußballmannschaft, die die beste Mannschaft in einem Land ist* ▶Fußballmeisterschaft

Fuß·ball·platz der <-es, Fußballplätze> *das Spielfeld für das Fußballspiel*

Fuß·ball·schuh der <-(e)s, -e> *ein besonderer Schuh für das Fußballspiel*

Fuß·ball·spiel das <-(e)s, -e> (≈ *Fußball[1]*)

Fuß·ball·spie·ler, **Fuß·ball·spie·le·rin** der <-s, -> *jmd., der (regelmäßig) Fußball spielt*

Fuß·ball·sta·di·on das <-s, Fußballstadien> *eine große, ovale Sportanlage mit einem Spielfeld, auf dem Fußball gespielt wird, und Tribünen für die Zuschauer*

Fuß·ball·tor das <-(e)s, -e> *das Tor beim Fußballspiel, in das der Ball gespielt werden muss*

Fuß·ball·ü·ber·tra·gung die <-, -en> *der Vorgang, dass ein Fußballspiel live im Radio oder Fernsehen gesendet wird*

Fuß·ball·ü·ber·tra·gungs·rech·te die <-> *Plur. das Recht einer Fernseh- oder Radioanstalt, Fußballspiele senden zu dürfen* Der Sender hat die Fußballübertragungsrechte für die Bundesliga gekauft.

Fuß·ball·ver·band der <-(e)s, Fußballverbände> *eine Organisation, in der die Fußballvereine auf regionaler, nationaler oder internationaler Ebene zusammengefasst sind*

Fuß·ball·ver·ein der <-(e)s, -e> *ein Sportverein für Personen, die regelmäßig Fußball spielen*

Fuß·ball·welt·meis·ter·schaft die <-, -en> *das alle vier Jahre stattfindende internationale Turnier, bei dem die Fußballnationalmannschaften der weltweit besten Nationen gegeneinander spielen, um so den Weltmeister zu ermitteln*

Fuß·bank die <-, Fußbänke> *niedrige, für die Füße gedachte Bank* Das Kind stellte sich auf eine Fußbank, um sich im Spiegel zu betrachten., die Füße zur Entspannung auf eine Fußbank legen

Fuß·bett das <-(e)s> (*kein Plur.*) *die innere Sohle eines Schuhs, die besonders weich ist und in der Form dem Fuß angepasst ist* Schuhe mit Fußbett kaufen

Fuß·bo·den der <-s, Fußböden> *der Boden eines*

Raumes in einem Gebäude den Fußboden wischen

Fuß·bo·den·be·lag der <-(e)s, Fußbodenbeläge> *Material, mit dem ein Fußboden ausgelegt ist*

Fuß·bo·den·hei·zung die <-, -en> *ein System von Heizungsrohren, die unter dem Fußboden verlegt sind*

Fuß·breit der <-, -> *Abstand oder Fläche, die so breit ist wie ein Fuß* keinen Fußbreit zurückweichen ♦ Zusammenschreibung→R 4.5 jeden Fußbreit Land verteidigen *siehe aber auch* **Fuß**

fuß·breit <nicht steig.> *Adj. etwa so breit wie ein Fuß* Die Mauer war etwa fußbreit., ein fußbreiter Spalt im Felsen *siehe aber auch* **Fuß**

Fus·sel der/die <-s/-, -n> *ein kleines Stück Faser oder Wolle* die Fusseln vom Anzug bürsten

fus·se·lig *Adj.* (*umg.*) **1.** *voller Fusseln* Dein Jackett ist ganz fusselig. **2.** *so, dass es fusselt* ein fusseliger Pullover ■ **sich den Mund fusselig reden**: *viel reden, ohne dabei etwas zu erreichen*

fus·seln <fusselst, fusselte, hat gefusselt> *ohne OBJ* ■ *etwas fusselt* (*umg.*) *Fäden verlieren* Der Stoff fusselt.

fu·ßen <fußt, fußte, hat gefußt> *ohne OBJ* ■ *etwas fußt auf etwas Dat.* (*geh.*) *auf etwas beruhen* Der Film fußt auf einer wirklichen Begebenheit., Unser Verdacht fußt auf Beobachtungen.

Fuß·en·de das <-s, -n> (↔ *Kopfende*) *die Seite, auf der* (*gewöhnlich*) *die Füße liegen* das Fußende eines Bettes, Der Sanitäter stand am Fußende des am Boden Liegenden.

Fuß·gän·ger, Fuß·gän·ge·rin der <-s, -> *Person, die zu Fuß geht* ♦ -ampel, -brücke

Fuß·gän·ger·in·sel die <-, -n> *Fläche in der Mitte einer Straße, auf der Fußgänger stehen könnenm, wenn sie die Straße überqueren wollen* Eine Fußgängerinsel erleichtert das Überqueren der verkehrsreichen Straße.

Fuss·gän·ger·strei·fen der <-s, -> (*schweiz.*) *Zebrastreifen*

Fuß·gän·ger·ü·ber·gang der <-(e)s, Fußgängerübergänge> *eine Stelle auf der Straße, die in besonderer Weise markiert ist und an der Fußgänger die Straße überqueren dürfen*

Fuß·gän·ger·ü·ber·weg der <-(e)s, -e> *speziell gekennzeichnete Stelle, an der Fußgänger eine Straße überqueren können, während Kraftfahrzeuge warten müssen*

Fuß·gän·ger·zo·ne die <-, -n> *für den Autoverkehr gesperrter Bereich, meist in der Innenstadt von Städten* in der Innenstadt mehrere Fußgängerzonen einrichten

Fuß·ge·lenk das <-(e)s, -e> ANAT. *das Gelenk zwischen Fuß und Unterschenkel*

Fuß·he·bel der <-s, -> *ein Hebel, der mit dem Fuß bedient wird*

Fuß·kett·chen das <-s, -> *eine kleine Kette, die Frauen als Schmuck um das Fußgelenk tragen*

Fuß·knö·chel der <-s, -> *der Knochen am Fußgelenk, der etwas vorsteht*

fuß·krank <nicht steig.> *Adj.* **1.** *so, dass man an den Füßen Schmerzen hat, weil man z.B. zu viel gelaufen ist* **2.** (*umg. scherzh.*) *verwendet um auszudrücken, dass jmd. nicht gerne läuft*

Fuß·lei·den das <-s, -> *eine Krankheit oder Beschwerden am Fuß* Aufgrund ihres Fußleidens konnte sie nicht an der Wanderung teilnehmen.

Fuß·leis·te die <-, -n> *eine Leiste, die am Übergang vom Fußboden zur Wand angebracht wird und dazu dient, die Fuge zwischen Fußboden und Wand zu verdecken*

Fuß·na·gel der <-s, Fußnägel> (↔ *Zehennagel*) *die Hornplatte, die den vordersten Teil der Zehen bedeckt* sich die Fußnägel lackieren/schneiden/feilen ♦ Fußnagelschere

Fuß·no·te die <-, -n> **1.** *eine Anmerkung zu einem bestimmten Begriff oder Textabschnitt am unteren Seitenrand* einen Begriff in einer Fußnote erklären, die Fußnoten mit hochgestellten Zahlen/Buchstaben kenntlich machen **2.** (*übertr.*) *eine ergänzende Bemerkung* zu dem Gesagten noch eine Fußnote machen

Fuß·pfle·ge die <-> (*kein Plur.*) (≈ *Pediküre*) *die kosmetische und medizinische Pflege der Füße*

Fuß·pfle·ger, Fuß·pfle·ge·rin der <-s, -> *jmd., der beruflich bei anderen Personen Fußpflege macht*

Fuß·pilz der <-es, -e> MED. *eine Hautpilzerkrankung im Bereich der Zehen* einen Fußpilz haben ♦ -erkrankung

Fuß·punkt der <-(e)s, -e> **1.** MATH. *der Punkt, auf dem eine Senkrechte als Lot auf einer Geraden oder einer Ebene steht* **2.** ASTRON. *der Punkt, der dem höchsten Punkt der Himmelskugel* (*dem Zenit*) *gegenüberliegt*

Fuß·ras·te die <-, -n> *eine Fußstütze an Motorrädern*

Fuß·ring der <-(e)s, -e> *ein Ring, den Vögel als Erkennungszeichen am Fuß tragen*

Fuß·sack der <-(e)s, Fußsäcke> *eine Art kleiner Sack oder Beutel aus einem wärmenden Material, in den man die Füße stecken kann, um sie zu wärmen*

Fuß·schal·tung die <-, -en> *eine Schaltung, die mit dem Fuß bedient wird*

Fuß·sche·mel der <-s, -> *eine Art kleiner Hocker, auf den man die Füße legen kann*

Fuß·soh·le die <-, -n> *der untere Teil des Fußes* Mir tun die Fußsohlen weh.

Fuß·spit·ze die <-, -n> *die Spitze des Fußes* sich auf die Fußspitzen stellen

Fuß·spur die <-, -en> *die Spur, die jmd. beim Laufen hinterlässt* einer Fußspur folgen

Fuß·stap·fe die <-, -n> *der Abdruck, den ein Fuß im weichen Untergrund hinterlässt* Fußstapfen im frischen Schnee hinterlassen ■ **in jemandes Fußstapfen treten**: *jmdm. als Vorbild nacheifern* Sie ist in die Fußstapfen ihrer Mutter getreten und auch Schauspielerin geworden.

Fuß·stap·fen der <-s, -> *s.* **Fußstapfe**

Fuß·tritt der <-(e)s, -e> **1.** *absichtliches Stoßen mit dem Fuß* jemandem/einem Tier Fußtritte geben **2.** (*übertr. abwert.*) *eine verletzende Behandlung* Die Kollegen haben ihm immer wieder Fußtritte versetzt, bis er sein Vorhaben aufgab.

Fuß·trup·pe die <-, -n> (≈ *Infanterie*) *der Teil einer Armee, der nicht mit Fahrzeugen oder Pferden ausgestattet ist und der für den Nahkampf ausgebildet ist*

Fuß·volk das <-s> (*kein Plur.*) **1.** (*umg. abwert.*) *die in einem Machtgefüge ganz unten stehenden Personen* Ich habe hier nichts zu sagen, ich gehöre doch nur zum Fußvolk! **2.** MILIT. GESCH. *die Soldaten der Infanterie*

Fuß·wan·de·rung die <-, -en> *eine Art längerer Spaziergang in der Natur*

Fuß·wa·schung die <-, -en> *ein altorientalischer Brauch, bei dem die Füße eines Besuchers als Zeichen der Gastfreundschaft gewaschen werden*

Fuß·weg der <-(e)s, -e> **1.** *die Zeit, die man für einen Weg zu Fuß braucht* Es sind ungefähr zehn Minuten Fußweg bis zum Strand. **2.** *ein Weg für Fußgänger* Der Fußweg verläuft beiderseits der Straße., Auf der Autobrücke gibt es keinen Fußweg.

Fuß·wur·zel die <-, -n> *ein Knochen am Fuß, der sich zwischen dem Unterschenkelknochen und dem Mittelfußknochen befindet*

Fu·ton der ['fu:tɔn] <-s, -s> *eine japanische Schlafmatratze* ◆-bett, -gestell

futsch <nicht steig.> *Adj.* (*umg.*) *weg oder kaputt* Ich habe meinen verlorenen Ring nicht wieder gefunden, er wird wohl futsch sein!, Meine Uhr ist futsch!

Fut·ter[1] das <-s> (*kein Plur.*) **1.** *Nahrung für Tiere* den Schweinen Futter geben, Futter für die Tiere schneiden/einlagern, Futter für die Katze/den Hund kaufen ◆Kraft-, Vogel- **2.** (*umg.*) *Essen* **3.** (*umg. übertr.*) *etwas zum Verarbeiten* Bücher sind Futter für die Fantasie., Das Material ist alle, die Maschine braucht neues Futter.

Fut·ter[2] das <-s, -> **1.** *textiles Material, mit dem ein Kleidungsstück oder ein Gegenstand innen ausgeschlagen ist* ein Mantel mit einem Futter aus Pelz, das Futter aus einer Jacke heraustrennen, ein Briefumschlag mit rosa Futter, eine Schachtel mit einem Futter aus Samt **2.** BAUW. *Füllmaterial von Türen*

Fut·te·ral das <-s, -e> *eine Hülle zum Schutz empfindlicher Gegenstände* ein Futteral für eine Brille/ein Fernglas/einen Schirm

Fut·ter·ge·trei·de das <-> (*kein Plur.*) *Getreide, das als Futter für das Vieh angebaut wird*

Fut·ter·mais der <-> (*kein Plur.*) *Mais, der als Tierfutter angebaut wird*

Fut·ter·mit·tel das <-s, -> *Tierfutter*

fut·tern <futterst, futterte, hat gefuttert> *mit OBJ/ohne OBJ* ■ *jmd. futtert (etwas)* (*umg.*) *viel und mit Appetit essen* Heute haben die Kinder aber richtig gefuttert., Futtere doch nicht so viel Schokolade!

füt·tern[1] <fütterst, fütterte, hat gefüttert> **I.** *mit OBJ/ohne OBJ* ■ *jmd. füttert jmdn. mit etwas Dat.* **1.** *Nahrung verabreichen* ein Kleinkind mit Brei füttern, einen Hund mit Fleisch füttern, Der Storch füttert gerade seine Jungen., Der Landwirt füttert gerade/morgens und abends. **2.** *etwas zum Verabreichen der Nahrung benutzen* Sie füttert das Kind/das Rehkitz mit einer Flasche., Ich füttere mit einem Löffel. **II.** *mit OBJ* ■ *jmd. füttert etwas mit etwas Dat.* (*umg. übertr.*) *mit Material versorgen* den Computer mit Daten füttern, den Ofen mit Kohle füttern

füt·tern[2] <fütterst, fütterte, hat gefüttert> *mit OBJ* ■ *jmd. füttert etwas (mit etwas) etwas innen mit Stoff oder einem anderen Material ausschlagen* eine warm gefütterte Jacke, einen Mantel mit Pelz füttern

Fut·ter·napf der <-(e)s, Futternäpfe> *ein Napf, aus dem Tiere ihr Futter fressen können*

Fut·ter·neid der <-(e)s> (*kein Plur.*) **1.** *Neid auf die Nahrung, die andere erhalten* Das Tier hat einen ausgeprägten Futterneid. **2.** (*umg. abwert.*) *Missgunst gegenüber jmdm., der im Vorteil zu sein scheint*

Fut·ter·rü·be die <-, -n> *eine Rübe, die ausschließlich als Tierfutter dient*

Fut·ter·si·lo der/das <-s, -s> *eine Art großer Behälter in Form eines Turms, in dem Futtermittel aufbewahrt werden*

Füt·te·rung[1] die <-, -en> *das Verabreichen von Nahrung an Tiere* bei der Fütterung der Raubtiere zusehen

Füt·te·rung[2] die <-, -en> *Material, mit dem etwas innen ausgeschlagen ist* ein Briefumschlag mit einer Fütterung aus buntem Papier

Fu·tur das <-s, -e> (*meist Sing.*) SPRACHWISS. *Zeitform des Verbs zum Ausdruck von Zukünftigem*

Fu·tu·ris·mus der <-s> (*kein Plur.*) KUNST *eine künstlerische Bewegung zu Beginn des 20. Jahrhunderts, die wie der Expressionismus den Bruch mit der Tradition forderte*

Fu·tu·rist, **Fu·tu·ris·tin** der <-en, -en> *Vertreter des Futurismus*

fu·tu·ris·tisch <nicht steig.> *Adj.* KUNST *den Futurismus betreffend* ein futuristisches Bauwerk/Gemälde

Fu·tu·ro·lo·gie die <-> (*kein Plur.*) *Zukunftsforschung*

Fu·zel/Fus·sel der <-s, -> (*umg. österr.*) *Fussel*

Fuz·zi der <-s, -s> (*umg. abwert.*) *eine nicht ganz ernst zu nehmende Person (als Vertreter eines bestimmten Berufsstands)* Was war denn das für ein Fuzzi eben? ◆Design-, Versicherungs-, Werbe-

G g

G, g das <-, -> *der siebte Buchstabe des Alphabets* ein großes G, ein kleines g

G-8 die <-, -> POL. *kurz für „Gemeinschaft führender Industrienationen"* ►-Gipfel, -Treffen

gab *Prät. von* **geben**

Ga·bar·dine, **Ga·bar·dine** der ['gabardi:n/gabar'di:n(ə)] <-s> *(kein Plur.) ein Kammgarngewebe*

Ga·be die <-, -n> **1.** *(geh.) Geschenk* Gold, Myrrhe und Weihrauch waren die Gaben der Heiligen Drei Könige. **2.** *(geh.) Spende* Man bat um eine milde Gabe für die Armen. **3.** *Begabung* Er hat die Gabe eines guten Sprachgefühls. **4.** *(kein Plur.)* MED. *das Verabreichen eines Medikaments* **5.** *(schweiz.) Gewinn, Preis*

Ga·bel die <-, -n> **1.** *ein Gegenstand mit einem längeren Stiel und mehreren parallelen Zacken am vorderen Ende, den man zum Aufnehmen von Speisen benutzt* Er legte Löffel, Messer und Gabel neben den Teller. **2.** LANDW. *landwirtschaftliches Gerät mit langem Stiel und mehreren Zinken* ◆ Heu-, Mist- **3.** *das drehbare Bauteil eines Fahrrads, an dem das Vorderrad befestigt ist*

Ga·bel·bis·sen der <-s, -> *zusammengerolltes Häppchen aus Fischfilet*

ga·bel·för·mig <nicht steig.> *Adj. geformt wie eine Gabel* Der Weg teilte sich in zwei gabelförmig auseinander strebende Pfade.

Ga·bel·früh·stück das <-s, -e> *(veralt.) (herzhaftes) zweites Frühstück bei festlichen Anlässen*

Ga·bel·kreuz das <-es, -e> *Kreuz in Form eines „Y"*

ga·beln <gabelt, gabelte, hat gegabelt> *mit SICH* ■ *etwas gabelt sich (in etwas Akk.) (von Wegen, Straßen o.Ä.) sich teilen und auseinander streben*

Ga·bel·stap·ler der <-s, -> *ein kleines Fahrzeug mit einer vorn angebrachten Hebevorrichtung, mit dessen Hilfe man schwere Lasten aufnehmen, transportieren und beispielsweise auf einen LKW laden kann* ◆ -fahrer

Ga·be·lung die <-, -en> *Stelle, an der sich ein Weg bzw. eine Straße gabelt*

Ga·bel·wei·he die <-n, -n> *eine Vogelart*

Ga·ben·tisch der <-(e)s, -e> *Tisch, auf dem z.B. Weihnachts- oder Geburtstagsgeschenke liegen* den Gabentisch aufbauen

Ga·bun <-s> *Staat in Afrika*

Ga·bu·ner, **Ga·bu·ne·rin** der <-s, -> *jmd., der die gabunische Staatsbürgerschaft hat*

ga·bu·nisch *Adj. so, dass es Gabun oder die Gabuner betrifft oder von ihnen stammt*

ga·ckern <gackert, gackerte, hat gegackert> *ohne OBJ* ■ *ein Tier gackert die für Hühner typischen Laute von sich geben* Die Hühner gackern.

Gad·get das ['gɛdʒɪt] <-s, -s> *kleine Warenprobe*

Gad·get·brief der <-(e)s, -e> *Werbesendung mit aufgeklebter Warenprobe*

gaf·fen <gaffst, gaffte, hat gegafft> *ohne OBJ* ■ *jmd. gafft (abwert.) neugierig und sensationslüstern schauen, etwas anstarren* An der Unfallstelle standen zahllose Schaulustige und gafften.

Gaf·fer, **Gaf·fe·rin** der <-s, -> *(abwert.) jmd., der gafft*

Gaf·fe·rei die <-, -en> *(meist Sing.) (abwert.) das Gaffen*

Gag der ['gɛk] <-s, -s> **1.** *(≈ Sketch) witzige Einlage, kleine humorvolle, komische Darbietung im Theater, im Kabarett, in einem Film* einen Gag präsentieren **2.** *(umg.) Besonderheit* Der Gag bei der Sache war, dass …

ga·ga <nicht steig.> *nur präd. Adj. (umg.) verrückt*

Ga·ge die ['ga:ʒə] <-, -n> *das Honorar, das ein Künstler für einen Auftritt erhält* Der Manager des Schauspielers handelt die Gage aus.

Ga·gist, **Ga·gis·tin** die [ga:ʒ'ist] <-en, -en> *jmd., der Gage bekommt*

gäh·nen <gähnst, gähnte, hat gegähnt> *ohne OBJ* ■ *jmd. gähnt als Zeichen von Müdigkeit oder Langeweile geräuschvoll durch den weit geöffneten Mund einatmen* Sie gähnte herzhaft/vor Müdigkeit.

Ga·la die <-, -s> **1.** *festliche Kleidung für besondere Anlässe* ■ **in Gala erscheinen** **2.** *festliche Veranstaltung, zu der die Besucher in Gala[1] erscheinen*

Ga·la·a·bend der <-s, -e> *festliche Abendveranstaltung (bei der beispielsweise prominente Persönlichkeiten auftreten)*

Ga·la·an·zug der <-(e)s> *(kein Plur.) Kleidung, die man zu festlichen Anlässen trägt*

ga·lak·tisch <nicht steig.> *Adj.* **1.** (ASTRON.: *nur attr.) zur Galaxis gehörend* **2.** *(umg.) besonders gut*

Ga·lan der <-s, -e> **1.** *(iron.) (den Frauen gegenüber) vornehm auftretender Mann* **2.** *(umg. abwert.) Liebhaber*

ga·lant *Adj. (geh. veralt.) (als Mann gegenüber Frauen) betont höflich, aufmerksam und liebenswürdig* Er half ihr galant aus dem Mantel.

Ga·lan·te·rie die <-> *(kein Plur.) (geh. veralt.) galantes Benehmen*

Ga·la·pa·gos·in·seln <-> *Plur. Inselgruppe im Pazifik*

Ga·la·uni·form die <-, -en> *Uniform, die man zu festlichen Anlässen trägt*

Ga·la·xie die <-, -n> ASTRON. *ein großes Sternensystem außerhalb der Milchstraße*

Ga·la·xis die <-, Galaxien> ASTRON. **1.** *(kein Plur.) die Milchstraße* **2.** *(selten) Galaxie*

Ga·lee·re die [ga'le:rə] <-, -n> GESCH. *in der Antike und im Mittelalter eingesetztes (Kriegs-)Schiff, auf dem Sklaven oder Sträflinge rudern mussten* ◆ -nsklave

Ga·lee·ren·stra·fe die <-, -n> *Rudern auf einer Galeere als Strafe für ein Verbrechen*

Ga·lee·ren·sträf·ling der <-s, -e> *Sträfling, der auf einer Galeere rudern musste*

Ga·le·rie[1] die <-, -n> **1.** *Geschäft oder großer Raum, in dem Kunstwerke ausgestellt und verkauft werden* **2.** *auf der Innenhofseite eines Schlosses um das Obergeschoss führender Gang* **3.** *prunkvoller, durch lange Fensterfronten hell gestalteter Festsaal in Schlössern* **4.** *schmaler Laufgang an der Fassade romanischer Kirchen*

Ga·le·rie[2] die <-, -n> *(österr.) Halbtunnel*

Ga·le·rie[3] die <-, -n> *(schweiz.) Tunnel mit fensterartigen Öffnungen auf der Talseite*

Ga·le·rist, **Ga·le·ris·tin** der <-en, -en> *jmd., der*

eine Galerie besitzt und mit Kunstwerken handelt

Gal·gen der <-s, -> *eine Vorrichtung, an der Menschen durch Erhängen hingerichtet werden* Der Mörder wurde zum Tod am Galgen verurteilt.

Gal·gen·frist die <-, -en> (*meist Sing.*) (*umg. übertr.*) *der kurze Zeitraum, der jmdm. bis zu einem unangenehmen Termin oder Ereignis noch bleibt oder gewährt wird* Zum Glück hat mein Professor mir noch eine Galgenfrist bis nächsten Montag gewährt/eingeräumt.

Gal·gen·hu·mor der <-s> (*kein Plur.*) (*umg.*) (*bitterer*) *Humor, den man sich bewahrt, obwohl man sich in einer unangenehmen oder verzweifelten Lage befindet*

Gal·gen·strick der <-(e)s, -e> (*umg. scherzh.* ≈ *Schlitzohr*) *Gauner, gerissener Mensch*

Gal·gen·vo·gel der <-s, Galgenvögel> (*umg. abwert.*) *ein verbrecherischer Mensch*

Ga·li·ci·en <-> *Gebiet in Spanien* ►Galicier(in), galicisch

Ga·li·lä·a <-> GEOGR. *Gebiet in Palästina* ►Galiläer(in), galiläisch

Ga·li·ons·fi·gur die <-, -en> **1.** *geschnitzte Figur an der Spitze alter Schiffe* **2.** (*übertr.*) *ein beliebter, bekannter Mensch, der zu Werbezwecken in den Vordergrund gerückt wird* Man machte ihn zur Galionsfigur der Partei.

gä·lisch <nicht steig.> *nur attr. Adj. die Kelten betreffend* die gälische Sprache

Ga·li·zi·en *s.* **Galicien**

Gal·le die <-, -n> **1.** ANAT. *kurz für „Gallenblase"* **2.** *bitteres, von der Leber gebildetes Sekret, das bei der Fettverdauung hilft* ■ **jemandem steigt, kommt die Galle hoch/schwillt die Galle/läuft die Galle über**: *jmd. wird erkennbar wütend*

gal·le(n)·bit·ter <nicht steig.> *Adj. bitter wie Galle[2]*

Gal·len·bla·se die <-, -n> ANAT. *mit der Leber verbundenes Organ, das die Galle[2] speichert* ◆-entzündung

Gal·len·ko·lik die <-, -en> MED. *durch Gallensteine ausgelöste Kolik*

Gal·len·lei·den das <-s, -> MED. *Erkrankung der Gallenblase*

Gal·len·stein der <-(e)s, -e> MED. *Ablagerungen, die in der Galle eine Art Stein bilden*

Gal·len·weg der <-(e)s, -e> (*meist Plur.*) ANAT. *zur Galle[1] gehörendes Gefäß*

Gal·lert, Gal·lert das <-(e)s> (*kein Plur.*) (*beispielsweise nach dem Einkochen und Erkaltenlassen von Knochenbrühe entstehende*) *zähe, durchsichtige Masse*

gal·lert·ar·tig, gal·lert·ar·tig <nicht steig.> *Adj. so zäh wie Gallert*

Gal·ler·te *s.* **Gallert**

gal·ler·tig <nicht steig.> *Adj. aus Gallert(e) bestehend*

Gal·lert·mas·se die <-, -n> *Masse aus Gallert(e)*

Gal·li·en <-> *lateinischer Name Frankreichs*

Gal·li·er, Gal·li·e·rin der <-s, -> *Bewohner Galliens*

gal·lig *Adj.* **1.** *sehr bitter* (*im Geschmack*) **2.** *boshaft* galliger Humor

Gal·lig·keit die <-> (*kein Plur.*) *das Galligsein*

gal·lisch <nicht steig.> *nur attr. Adj. zu Gallien gehörig* die gallische Sprache

Gal·li·um das <-s> (*kein Plur.*) CHEM. *ein chemisches Element*

Gal·li·zis·mus der <-, Gallizismen> *siehe auch* **Anglizismus, Austriazismus, Helvetismus**

> **i Wissenswert** Ein **Gallizismus** ist ein aus dem Französischen in eine andere Sprache übernommenes Wort oder eine sprachliche Einheit, z.B. Portmonee, vis-à-vis, Trottoir, Jalousie, Tournee, Milieu, galant, Chicorée, Cognac, Clou, Chiffre, Chaussee. Die Bezeichnung „Gallizismus" hängt mit Gallien, dem römischen Namen für Frankreich, zusammen. Gallizismen werden in diesem Wörterbuch durch die Herkunftsangabe franz. gekennzeichnet.

Gal·lo·ne die <-, -n> *ein in Großbritannien und Amerika verwendetes Hohlmaß* Eine englische Gallone entspricht 4,55 Liter, eine amerikanische Gallone entspricht 3,79 Liter.

gal·lo·phil *Adj.* (≈ *frankophil* ↔ *frankophob*)

Gal·lo·phi·lie die <-> (*kein Plur.*) (≈ *Frankophilie* ↔ *Frankophobie*)

gal·lo·phob *Adj.* (≈ *frankophob* ↔ *frankophil*)

Gal·lo·pho·bie die <-> (*kein Plur.*) (≈ *Frankophobie* ↔ *Frankophilie*)

Ga·lopp der <-s, -s/-e> *die schnellste Gangart eines Pferdes* ■ **im Galopp** (*umg.* ≈ *im Eiltempo*): *sehr schnell* Ich musste meine Besorgungen heute im Galopp erledigen.

Ga·lopp·bahn die <-, -en> SPORT *Bahn für Pferderennen im Galopp*

ga·lop·pie·ren <galoppierst, galoppierte, hat/ist galoppiert> *ohne OBJ* ■ *jmd. galoppiert* (*irgendwohin*) *im Galopp reiten*

Ga·lopp·renn·bahn die <-, -en> SPORT *Galoppbahn*

Ga·lopp·ren·nen das <-s, -> SPORT *Pferderennen im Galopp*

Ga·lo·sche die <-, -n> **1.** (*veralt.*) *Überschuhe aus Gummi* **2.** (*landsch. umg.*) (*Haus-*)*Schuhe*

galt *Prät. von* **gelten**

gal·va·ni·sie·ren <galvanisierst, galvanisierte, hat galvanisiert> *mit OBJ* ■ *jmd. galvanisiert etwas* TECHN. *eine dünne Metallschicht mit Hilfe von elektrischem Strom auftragen* ►Galvanisierung

Ga·ma·sche die <-, -n> (*meist Plur.*) *vom Fuß bis zum Knie reichende Beinbekleidung aus Stoff oder Leder*

Gam·be die <-, -n> MUS. *ein Streichinstrument*

Gam·bia <-> *Staat in Westafrika*

Gam·bi·er, Gam·bi·e·rin der <-s, -> *jmd., der die gambische Staatsbürgerschaft besitzt*

gam·bisch <nicht steig.> *nur attr. Adj. zu Gambia gehörend*

Gam·bist, Gam·bis·tin der <-en, -en> MUS. *jmd.*

der Gambe spielt

Gam·bit das ['gæmbɪt] <-s, -s> SPORT *ein bestimmter Zug im Schachspiel*

Game·boy® der ['ge:mbɔy] <-s, -s> *ein tragbares elektronisches Spielgerät*

Game·port® der ['ge:mbɔy] <-s, -s> *ein tragbares elektronisches Spielgerät*

Game·show die ['ge:mʃoʊ] <-, -s> TV *Spiel- oder Quizsendung*

Gam·ma das <-(s), -s> *der dritte Buchstabe des griechischen Alphabets*

Gam·ma·strah·len <-> *Plur. radioaktive Strahlen, die in der Werkstoffprüfung und Strahlentherapie eingesetzt werden*

Gam·me·lei die <-> (*kein Plur.*) (*umg. abwert.*) *das Gammeln*

gam·me·lig/gamm·lig *Adj.* **1.** *verdorben, ungenießbar* Wirf endlich mal das gammelige Gemüse im Kühlschrank weg! **2.** (*oft abwert.*) *unordentlich, ungepflegt, vernachlässigt* gammelig angezogen sein

Gam·mel·le·ben das <-s, -> (*umg. abwert.*) *gammelige Lebensweise*

Gam·mel·look der <-s, -s> (*umg.*) *gammeliger Kleidungsstil*

gam·meln <gammelst, gammelte, hat gegammelt> *ohne OBJ* ■ *jmd. gammelt* **1.** (*umg. abwert.*) *ohne feste Arbeit und ohne Zukunftspläne ziellos in den Tag hineinleben* Nachdem er sein Studium abgebrochen hatte, begann er zu gammeln. **2.** *die Zeit mit Nichtstun verbringen* Gammel nicht rum, hilf mir lieber!

Gamm·ler, **Gamm·le·rin** der <-s, -> (*umg. abwert.*) *jmd., der gammelt*[2]

Gamm·ler·tum das <-s> (*kein Plur.*) (*umg. abwert.*) *die Gammelei*

gamm·lig *Adj. s.* **gammelig**

Gams die <-, -/-en> (*landsch.*) *Gämse*

Gams·bart der <-(e)s, Gamsbärte> *Schmuck an (Trachten-)Hüten*

Gäms·bart *s.* **Gamsbart**

Gams·bock der <-(e)s, Gamsböcke> ZOOL. *männliche Gämse*

Gäms·bock ZOOL. *s.* **Gamsbock**

Gäm·se die <-, -n> ZOOL. *in den Gebirgen Europas lebendes Tier, das ungefähr wie eine Ziege aussieht*

Ga·neff der <-(s), -e/-s> (*österr.*) *Ganove*

Gang der <-(e)s, Gänge> **1.** *die Art und Weise, wie jmd. läuft* Das Kleinkind hat noch einen unsicheren Gang., Mit schwankendem Gang verließ der Betrunkene das Lokal. **2.** *das Gehen (zu einem bestimmten Zweck, mit einem bestimmten Ziel)* Mir graut vor dem Gang zum Zahnarzt., Nach dem Mittagessen macht der Chef einen Gang durch die neue Fabrikhalle., Bevor wir in den Urlaub fahren, muss ich noch einige Gänge erledigen. **3.** (≈ *Korridor*) *ein Flur, der Zimmer verbindet* Würdest du bitte die Schuhe im Gang ausziehen? **4.** *einer der aufeinander folgenden Teile einer Mahlzeit* Das Menü bestand aus drei Gängen. ▶mehrgängig ◆ Fisch-, Fleisch-, Haupt- **5.** *eines der an einem Getriebe wählbaren Übersetzungsverhältnisse* Er schaltete vom ersten in den zweiten Gang., Das Fahrrad verfügt über achtzehn Gänge. ■ **in Gang bringen/in Gang setzen**: *bewirken, dass etwas in Bewegung gerät oder zu funktionieren beginnt* **im Gange sein**: *als gegen jmdn. oder etwas gerichtete Aktion (heimlich) vorbereitet werden* Es hat den Anschein, als sei eine Verschwörung im Gange. **seinen (geordneten) Gang gehen**: *sich so entwickeln, wie es zu erwarten ist* **einen Gang zulegen** (*umg.*): *sein Tempo bei etwas steigern*

Gang die [gæŋ] <-, -s> **1.** *organisierte Gruppe von Verbrechern* **2.** *Bande von (verwahrlosten) Jugendlichen*

Gang·art die <-, -en> **1.** *eine der Arten, in die man den Laufstil von Pferden einteilt* Trab ist eine der Gangarten des Pferdes. **2.** *die Art und Weise, wie sich beispielsweise eine Sportmannschaft gegenüber ihrem Gegner oder ein Vorgesetzter gegenüber seinen Mitarbeitern verhält* Der Chef/die Mannschaft hatte eine härtere Gangart angeschlagen.

gang·bar *Adj.* **1.** (≈ *gängig*) *gebräuchlich, allgemein üblich* **2.** *begehbar* ein gangbarer Pfad

Gang·bar·keit die <-> (*kein Plur.*) *das Gangbarsein*

Gän·gel·band (*abwert.*) ■ **jemanden am Gängelband führen/haben/halten**: *jmdn. gängeln*

Gän·ge·lei die <-, (-en)> (*abwert.*) *das Gängeln*

gän·geln <gängelst, gängelte, hat gegängelt> *mit OBJ* ■ *jmd. gängelt jmdn./etwas* (*abwert.* ≈ *bevormunden*) *jmdm. keine Handlungsfreiheit lassen, sondern ihm (dauernd) sagen, was er tun soll*

gän·gig *Adj.* **1.** *gebräuchlich, allgemein üblich* Seine Ansicht/seine Meinung weicht erheblich von der gängigen ab. **2.** *viel gekauft, handelsüblich* Wir führen alle gängigen Fabrikate/Marken. ▶Gängigkeit

Gan·gli·on das <-s, Ganglien> (*meist Plur.*) MED. **1.** *Nervenknoten* **2.** *Überbein*

Gang·schal·tung die <-, -en> TECHN. *eine Vorrichtung, mit deren Hilfe man einen bestimmten Gang*[5] *wählen kann* Hat dein Fahrrad eine Gangschaltung?

Gang·steig der <-(e)s, -e> (*österr.*) *Bürgersteig, Gehsteig*

Gangs·ter der ['gæŋstɐ] <-s, -> (*abwert.*) *Schwerverbrecher* Die Polizisten lieferten sich mit dem berüchtigten/gefürchteten Gangster eine Schießerei. ▶Gangstertum

Gangs·ter·ban·de die <-, -n> *Bande von Gangstern*

Gangs·ter·boss der <-es, -e> *Boss einer Gang(sterbande)*

Gangs·ter·braut die <-, Gangsterbräute> (*abwert.*) *Frau oder Freundin eines Gangsters*

Gangs·ter·me·tho·de die <-, -n> (*meist Plur.*) (*abwert.*) *verbrecherische Handlungs- oder Verhaltensweisen* Das Unternehmen ging mit Gangstermethoden gegen die Konkurrenz vor.

Gang·way die ['gæŋweɪ] <-, -s> LUFTF. SEEW. *eine Art fahrbare Treppe zum Besteigen oder Verlassen eines Flugzeuges oder Schiffes*

Ga·no·ve, **Ga·no·vin** der <-n, -n> (*umg. abwert.*) *Betrüger, Dieb*

Ga·no·ven·eh·re die <-> (*kein Plur.*) *Ehrgefühl eines Ganoven* jemanden bei seiner Ganovenehre packen

Ga·no·ven·spra·che die <-, -n> *Sprache, die (nur) unter Ganoven benutzt wird*

Gans die <-, Gänse> **1.** *ein Wasservogel mit grauen oder weißen Federn, der größer ist als eine Ente und wegen seines Fleisches und seiner Federn als Nutztier gehalten wird* Gänse schnattern/werden gemästet/werden gerupft/werden gebraten. **2.** (≈ *Gänsebraten*) Zu Weihnachten gab es bei uns immer Gans. **3.** (*umg. abwert.*) *als Schimpfwort für eine Frau verwendet* Diese dumme Gans!

Gän·se·blüm·chen das <-s, -> *eine kleine Wiesenblume mit weißen Blütenblättern*

Gän·se·bra·ten der <-s, -> *Braten vom Fleisch der Gans*

Gän·se·brust die <-, Gänsebrüste> *Bruststück einer (gebratenen) Gans*

Gän·se·ei das <-(e)s, -er> *das Ei einer Gans*

Gän·se·fe·der die <-, -n> *die Feder einer Gans*

Gän·se·füß·chen das <-s, -> (*umg.*) *Anführungszeichen* ein Wort in Gänsefüßchen setzen

Gän·se·haut die <-> (*kein Plur.*) *Bezeichnung für die durch Frieren oder durch Erschrecken ausgelöste Veränderung der Hautoberfläche, wobei sich die Haare aufstellen, so dass viele kleine Erhebungen entstehen*

Gän·se·keu·le die <-, -n> *Keule einer gebratenen Gans*

Gän·se·kiel der <-(e)s, -e> *Kiel der Gänsefeder*

Gän·se·klein das <-s> (*kein Plur.*) **1.** *gekochte Innereien und Füße einer Gans* **2.** *Gericht aus Gänseklein*[1]

Gän·se·le·ber die <-, -n> *Leber einer Gans* ◆ -pastete

Gän·se·marsch ■ **im Gänsemarsch** (*umg.*): *so, dass mehrere Personen in einer Reihe hintereinander laufen* Die Kinder gingen im Gänsemarsch über den Hof.

Gän·se·rich der <-s, -e> (≈ *Ganter*) *eine männliche Gans*

Gän·se·schmalz das <-es> (*kein Plur.*) *Schmalz aus Gänsefett*

Gan·ter der <-s, -> (*norddt.* ≈ *Gänserich*)

ganz <nicht steig.> **I.** *Adj.* **1.** (*umg., nur präd.*) *unbeschädigt* Du solltest die Gläser vor dem Umzug gut verpacken, damit sie ganz bleiben. **2.** *verwendet, um auszudrücken, dass die Gesamtheit der genannten Sache betroffen ist* Er hatte seinen ganzen Bekanntenkreis zu der Party eingeladen – niemand fehlte., Sie hat ganz Amerika bereist, nicht nur den Norden., Sie müssen die Gebrauchsanweisung erst ganz lesen. **3.** *alle, alles* Er hat das ganze Geld ausgegeben. **4.** (*umg.*) *verwendet, um eine Mengen-, Zahlenangabe zu verstärken* Er hat eine ganze Menge CDs., Das Flugzeug hatte ganze zwei Stunden Verspätung. **5.** (*umg.*) *nicht mehr als* Die Lampe hat ganze 10 Euro gekostet. **II.** *Adv.* **1.** *vollständig* Wir haben die Torte ganz aufgegessen., Ich musste die Arbeit ganz allein machen., Da bin ich ganz deiner Meinung. **2.** *sehr, überaus* Er war ganz begeistert., Sie wurde vor Schreck ganz blass. **3.** *ziemlich, relativ* Die CD ist ganz gut. ■ **ganz und gar**: *vollständig* ◆ Großschreibung →R 3.4 das Ganze (bleiben lassen), ein (harmonisches) Ganzes (bilden), als Ganzes, das (große) Ganze, aufs Ganze gehen, im Ganzen (gesehen), im Großen und Ganzen, nichts Ganzes und nichts Halbes sein, ums Ganze (gehen)

Gän·ze ■ **zur Gänze**: *vollständig*

Ganz·heit die <-> (*kein Plur.*) (≈ *Ungeteiltheit, Vollständigkeit*) *das Ganzsein* etwas in seiner/ihrer Ganzheit betrachten/erfassen

ganz·heit·lich <nicht steig.> *Adj. so, dass alle Aspekte einer Sache berücksichtigt und größere Zusammenhänge erkannt werden* Wir sollten mit einer ganzheitlichen Betrachtungsweise an dieses Problem herangehen., ganzheitliche Medizin ▶Ganzheitlichkeit

Ganz·heits·kos·me·tik die <-, -a> *ganzheitliche Kosmetik*

Ganz·heits·me·di·zin die <-> (*kein Plur.*) *ganzheitliche Medizin*

Ganz·heits·me·tho·de die <-, -n> (≈ *Ganzwortmethode*) *Methode des Lesenlernens, bei der die Wörter als ganzheitliche Einheiten gelernt werden*

Ganz·heits·psy·cho·lo·gie die <-> (*kein Plur.*) *ganzheitliche Psychologie*

ganz·jäh·rig <nicht steig.> *Adj. das ganze Jahr über* Das Hotel ist ganzjährig geöffnet.

gänz·lich *Adv.* (≈ *völlig*) Diese Idee erscheint mir gänzlich undurchführbar.

ganz·sei·tig <nicht steig.> *nur attr. Adj. so, dass es eine ganze (Zeitungs-)Seite ausfüllt* eine ganzseitige Anzeige

ganz·tä·gig <nicht steig.> *Adj. den ganzen Tag über* Das Café ist ganztägig geöffnet.

ganz·tags *Adv.* (↔ *halbtags*) *so, dass es den ganzen (Arbeits-)Tag dauert* Sie will wieder ganztags arbeiten.

Ganz·tags·ar·beit die <-> (*kein Plur.*) *Arbeit, die man ganztags ausübt*

Ganz·tags·be·schäf·ti·gung die <-, -en> (≈ *Ganztagsarbeit*)

Ganz·tags·schu·le die <-, -n> *Schule, die die Schüler ganztags besuchen*

Ganz·ton der <-(e)s, Ganztöne> (MUS.: ↔ *Halbton*)

Ganz·ton·lei·ter die <-, -n> MUS. *aus Ganztönen bestehende Tonleiter*

ganz·zah·lig <nicht steig.> *Adj.* MATH. *aus einer ganzen Zahl bestehend*

gar[1] <nicht steig.> *meist präd. Adj. so lange gekocht oder gebraten, dass es weich und bekömmlich ist* Das Fleisch/Das Gemüse ist noch nicht gar.

gar[2] *Adj.* (*österr.*) *zu Ende* Das Geld ist bald gar.

gar[3] **I.** *Adv.* (≈ *überhaupt*) *in Verbindung mit*

„nicht" und „kein" verwendet, um die Aussage zu verstärken Wir hatten damit gar kein Problem., Das ist gar nicht wahr., Natürlich konntest du das Buch nicht finden, es existiert gar nicht! **II.** *Partikel* **1.** (≈ *etwa*) *verwendet zum Ausdruck einer Verstärkung bei Vermutungen* Er wird doch nicht gar einen Unfall gehabt haben? **2.** *verwendet zur Verstärkung eines steigernden „zu" oder „so"* Das hätte ich gar zu gerne gesehen., Sie ist gar so schnell beleidigt. **3.** (≈ *wohl*) Er dachte gar, ich würde ihm das geliehene Geld schenken.

Ga·ra·ge die [ga'ra:ʒə] <-, -n> **1.** *ein einfacher Bau, in dem man ein Auto abstellt* Ich stelle noch schnell das Auto/das Motorrad in die Garage. ◆-neinfahrt, -stellplatz, -tor **2.** (*schweiz.*) (*Auto-*) *Werkstatt*

Ga·ra·gen·wa·gen der <-s, -> *ein Auto, das immer in einer Garage abgestellt worden ist, und daher gut erhalten ist*

ga·ra·gie·ren [gara'ʒi:rən] <garagierst, garagierte, hat garagiert> *mit OBJ* ■ *jmd. garagiert etwas* (*österr. schweiz.*) *das Auto in die Garage stellen*

Ga·ra·gist, **Ga·ra·gis·tin** der <-en, -en> (*schweiz.*) *Inhaber einer Autoreparaturwerkstätte*

Ga·rant, **Ga·ran·tin** der <-en, -en> *eine Person, eine Institution, eine Firma o.Ä., die für die Sicherung oder Erhaltung von etwas bürgt* Dieses Unternehmen gilt seit Jahrzehnten als Garant innovativer, hochwertiger Produkte.

Ga·ran·tie die <-, -n> **1.** (≈ *Gewähr*) *etwas, das die Sicherheit gibt, dass in der Zukunft irgendetwas der Fall sein wird* Natürlich gibt es keine Garantie, dass wir an diesem Tag auch noch schönes Wetter haben werden. **2.** *schriftliche Zusicherung des Herstellers, dass er für eine bestimmte Zeit nach dem Kauf eines Produkts die Kosten für die Behebung eventueller Mängel übernimmt* Der Fernseher hat noch ein halbes Jahr Garantie. ◆-karte **3.** (*meist Plur.*) BANKW. *Bürgschaft*

Ga·ran·tie·an·spruch der <-(e)s, Garantieansprüche> *Anspruch, der aus einer Garantie*[2] *erwächst* Hast du noch Garantieanspruch auf den Fernseher?

Ga·ran·tie·frist die <-, -en> *die Frist, innerhalb der eine Garantie*[2] *gültig ist* Die Garantiefrist ist schon abgelaufen.

Ga·ran·tie·leis·tung die <-, -en> **1.** (*kein Plur.*) *das Leisten von Garantie*[2] **2.** *Leistung, die in der Garantie*[2] *inbegriffen ist* Zu den Garantieleistungen dieses Produkts gehört auch der Reparaturservice.

ga·ran·tie·ren <garantierst, garantierte, hat garantiert> *mit OBJ* ■ *jmd./etwas garantiert etwas* **1.** *zusichern* Ich garantiere Ihnen, dass Sie für dieses Gerät auch in zehn Jahren noch Ersatzteile bekommen., Wenn du so weitermachst, garantiere ich für nichts! **2.** (≈ *gewährleisten*) *dafür sorgen, dass etwas sicher ist* Das Grundgesetz garantiert die Rechte des Bürgers.

ga·ran·tiert (*Part. Perf. zu „garantieren"*) *Adv.* (≈ *bestimmt*) *verwendet, um auszudrücken, dass man sich über die genannte Sache ganz sicher ist* Das hat er garantiert wieder vergessen.

Ga·ran·tie·zeit die <-, -en> (≈ *Garantiefrist*) *Zeit, innerhalb der eine Garantie*[2] *gilt*

Gar·aus ■ **jemandem/etwas den Garaus machen**: *dafür sorgen, dass jmd. oder etwas irgendwo nicht mehr ist/nicht mehr existiert* Ich werde dem Ungeziefer den Garaus machen!

Gar·be die <-, -n> **1.** LANDW. *zusammengebundene, zum Trocknen aufgestellte Bündel geschnittener Getreidehalme* **2.** MILIT. *mehrere, rasch aufeinander abgefeuerte Schüsse*

Gar·çon der [gar'sɔ̃] <-s, -s> **1.** (*veralt.*) *Junggeselle* **2.** *Kellner*

Gar·çonne die [gar'sɔn] <-, -n> **1.** (*veralt.*) *Junggesellin* **2.** *knabenhafte Frau*

Gar·çon·nière die [garsɔni'ɛr] (*österr.*) *Einzimmerwohnung*

Gar·da·see der <-s> *See in Oberitalien*

Gar·de die <-, -n> **1.** *Leibwache* **2.** *eine Gruppe eines Karnevalsvereins, die zur Karnevalszeit in farbenprächtigen Uniformen auftritt*

Gar·de·of·fi·zier der <-s, -e> MILIT. *Offizier der Garde*[1]

Gar·de·ro·be die <-, -n> **1.** (*kein Plur.*) *die Gesamtheit der Oberbekleidung, die eine Person besitzt oder gerade trägt* Sie besitzt eine sehr elegante Garderobe. **2.** *ein Möbelstück zum Aufhängen bzw. Ablegen von Hüten, Mänteln und Jacken* **3.** *ein Raum* (*beispielsweise in einem Theater oder Museum*), *in dem Besucher ihre Jacken und Mäntel abgeben können*

Gar·de·ro·ben·frau die <-, -en> *Frau, die in Theatern oder Museen die Mäntel, Jacken usw. der Besucher zur Aufbewahrung entgegennimmt*

Gar·de·ro·ben·ha·ken der <-s, -> *Haken in der Garderobe*[3] *zum Aufhängen von Kleidung*

Gar·de·ro·ben·mar·ke die <-, -n> (*nummerierte*) *Marke, die man beim Abgeben der Jacken und Mäntel an der Garderobe*[3] *erhält*

Gar·de·ro·ben·stän·der der <-s, -> *ein Gestell mit Haken, das dazu dient, Kleidung und Hüte aufzuhängen*

Gar·di·ne die <-, -n> (≈ *Store*) *ein durchscheinender Vorhang, der eine Fensterfläche in ganzer Breite bedeckt* Würdest du bitte die Gardinen aufziehen/zuziehen? ■ **hinter schwedischen Gardinen** (*umg. scherzh.*): *im Gefängnis*

Gar·di·nen·leis·te die <-, -n> *über dem Fenster befestigte Leiste, an der man Gardinen aufhängt*

Gar·di·nen·pre·digt die <-, -en> (*umg. scherzh.*) *Vorhaltungen in strafendem Ton* Der Vater hielt dem Sohn eine Gardinenpredigt.

Gar·di·nen·ring der <-(e)s, -e> *Ringe, an denen man Gardinen aufhängt*

Gar·di·nen·stan·ge die <-, -en> *über einem Fenster angebrachte Stange, an der man Gardinen aufhängt*

Gar·di·nen·stoff der <-(e)s, -e> *Stoff, aus dem Gardinen hergestellt werden*

Gar·dist der <-en, -en> *Angehöriger einer Garde*[1]

ga·ren <garst, garte, hat gegart> **I.** *mit OBJ* ■ *jmd. gart etwas so lange kochen, bis es gar wird* Ich ha-

G

be den Braten drei Stunden gegart. **II.** *ohne OBJ* ■ *etwas gart gar werden* Während das Fleisch gart, können Sie die Beilagen herrichten.

gä·ren <gärte/gor, hat/ist gegärt/gegoren> *ohne OBJ* ■ *etwas gärt (zu etwas Dat.) (haben)* **1.** *sich (teilweise) unter Bildung von Säure oder Alkohol zersetzen* Der Most gärt. **2.** *(sein) durch Gären[1] zu etwas anderem werden* Der Wein ist zu Essig gegoren. **3.** *(übertr. (haben)) entstehen und allmählich stärker werden* Die Wut gärte in ihm.

gar·ge·kocht <nicht steig.> *Adj. gar[1]*

gä·rig <gäriger, am gärigsten> *Adj. (veralt.) durch Gären[1] ungenießbar geworden* gäriger Apfelsaft

Gar·koch, **Gar·kö·chin** der <-(e)s, Garköche> *Koch in einer Garküche*

Gar·kü·che die <-, -n> (≈ *Speisegastwirtschaft*)

Gär·mit·tel das <-s, -> *Mittel zum Gären[1] einer Flüssigkeit*

Garn das <-(e)s, -e> *Nähfaden* ■ **jemandem ins Garn gehen** *(umg.)*: *von jmdm. gestellt, gefasst werden* **jemanden ins Garn locken**: *jmdn. mit etwas anlocken und ihn so überlisten* ◆ -rolle, Häkel-, Näh-, Stopf-

Gar·ne·le die <-, -n> ZOOL. *ein Krebs*

gar·ni <nicht steig.> *Adj. s.* **Hotel garni**

gar·nie·ren <garnierst, garnierte, hat garniert> *mit OBJ* ■ *jmd. garniert etwas (mit etwas Dat.) Speisen mit Dekorationen versehen* einen Salatteller mit Tomatenscheiben garnieren ▶Garnierung

Gar·ni·son die <-, -en> MILIT. **1.** *Truppenstandort* **2.** *alle an einem Standort stationierten Truppen* ◆ -(s)kirche, -(s)stadt

Gar·ni·tur die <-, -en> **1.** *eine Reihe verschiedener, zusammengehörender, aufeinander abgestimmter Gegenstände, die einem bestimmten Zweck dienen* eine Garnitur Unterwäsche **2.** *(umg.) die besten oder die weniger guten Vertreter aus einer Gruppe* Die Mannschaft spielt heute mit der ersten/zweiten Garnitur. **3.** KOCH. *das, womit eine Speise garniert ist*

Garn·knäu·el der/das <-s, -> *zu einem Knäuel aufgewickeltes Garn*

Garn·rol·le die <-, -n> *Rolle mit aufgewickeltem Garn*

Garn·spu·le die <-, -n> *Spule, auf die Garn aufgewickelt wird*

gars·tig *Adj.* **1.** *(veralt.) ungezogen, unfreundlich* Zu wem gehört dieses garstige Kind? **2.** *hässlich und böse* In dem Märchen kommt eine garstige Hexe vor. **3.** *unangenehm, abscheulich* Was für ein garstiges Wetter! ▶Garstigkeit

Gär·stoff der <-(e)s, -e> (≈ *Gärmittel*)

Gar·ten der <-s, Gärten> **1.** *ein durch Zaun oder Hecke abgegrenztes (oft an ein Haus anschließendes oder zu ihm gehörendes) Grundstück, in dem Pflanzen wachsen, Blumenbeete angelegt sind und oft auch Bäume stehen* Zum Haus gehört ein gepflegter/verwilderter Garten., Bei schönem Wetter verlegen wir das Fest in den Garten., Ich arbeite zur Entspannung gern im Garten. ◆ -arbeit, -beet, -blume, Gemüse-, Obst- **2.** *großflächige, parkähnliche Anlage* Wir waren am Wochenende im botanischen/zoologischen Garten. ■ **der Garten Eden** REL.: *das Paradies*

Gar·ten·amt das <-(e)s, Gartenämter> *für Grünanlagen zuständiges Amt*

Gar·ten·an·la·ge die <-, -n> *angelegte (und bepflanzte) Grünfläche*

Gar·ten·ar·chi·tekt, **Gar·ten·ar·chi·tek·tin** der <-en, -en> *jmd., der beruflich Gärten plant und gestaltet*

Gar·ten·bank die <-, Gartenbänke> *im Garten aufgestellte Sitzbank*

Gar·ten·bau der <-(e)s> *(kein Plur.) intensiver Anbau von Gemüse, Obst oder Blumen*

Gar·ten·bau·aus·stel·lung die <-, -en> *Ausstellung, auf der gartenbauliche Erzeugnisse zur Schau gestellt werden*

Gar·ten·cen·ter das <-s, -> *Einkaufszentrum für Garten(bau)produkte*

Gar·ten·er·de die <-> *(kein Plur.) für den Gartenbau geeignete oder verwendete Erde*

Gar·ten·fest das <-(e)s, -e> *(Sommer-)Fest, das in einem Garten stattfindet*

Gar·ten·ge·mü·se das <-s, -> *im Garten gezogenes Gemüse*

Gar·ten·ge·rät das <-(e)s, -e> *(meist Plur.) eines der Werkzeuge, die für die Arbeit im Garten benötigt werden wie z.B. Rechen, Heckenschere usw.*

Gar·ten·grill der <-s, -s> *Grill, der im Garten aufgestellt oder benutzt wird*

Gar·ten·hag der <-s, -häge> *(schweiz. ≈ Hag) Gartenzaun, Gartenhecke*

Gar·ten·haus das <-es, Gartenhäuser> *kleines Haus in einem Garten*

Gar·ten·häus·chen das <-s, -> *kleines Gartenhaus*

Gar·ten·kräu·ter <-> *Plur.* (≈ *Küchenkräuter*) *im Garten gezogene Kräuter*

Gar·ten·lau·be die <-, -n> *kleines, an der Seite offenes Gartenhaus*

Gar·ten·lo·kal das <-s, -e> (≈ *Biergarten*) *Gaststätte, in der man im Freien sitzt*

Gar·ten·par·ty die <-, Gartenparties> (≈ *Gartenfest*)

Gar·ten·schau die <-, -en> (≈ *Gartenbauausstellung*)

Gar·ten·schlauch der <-(e)s, Gartenschläuche> *Schlauch mit Spritzdüse, mit dem man den Garten wässert*

Gar·ten·sitz·platz der <-es, -plätze> *(schweiz.) mit Platten belegte Fläche bei einem Haus für den Aufenthalt im Freien*

Gar·ten·sprit·ze die <-, -n> (≈ *Gartenschlauch*)

Gar·ten·stadt die <-, Gartenstädte> *Stadt mit vielen Grünflächen, die nahe einer Großstadt liegt*

Gar·ten·wirt·schaft die <-, -en> (≈ *Gartenlokal*)

Gar·ten·zaun der <-(e)s, Gartenzäune> *zur Abgrenzung eines Gartens dienender Zaun*

Gar·ten·zwerg der <-(e)s, -e> *eine bunte Figur, die eine Art kleines Männchen mit Bart und Zipfelmütze darstellt und die oft als Dekoration in*

Gärten aufgestellt wird

Gär·tner, **Gär·tne·rin** der <-s, -> *jmd., der beruflich Pflanzen für den Verkauf anbaut* ◆-handwerk

Gärt·ne·rei die <-, -en> *Betrieb, in dem Pflanzen für den Verkauf angebaut werden*

Gär·tne·rin·art ▪ **auf/nach Gärtnerinart** KOCH.: *mit bunter Gemüsebeilage*

gärt·ne·risch <nicht steig.> *nur attr. Adj. die Gärtnerei betreffend*

gärt·nern <gärtnerst, gärtnerte, hat gegärtnert> *ohne OBJ* ▪ *jmd. gärtnert (als Hobby) im Garten arbeiten*

Gä·rung die <-, -en> *das Gären*[1,2]

Gä·rungs·pro·zess der <-es, -e> *Prozess des Gärens*[1,2]

Gä·rungs·ver·fah·ren das <-s, -> *Verfahren der Gärung*

Gar·zeit die <-, -en> *die Zeit(dauer), in der ein Nahrungsmittel beim Kochen oder Braten gar*[1] *wird*

Gas das <-es, -e> **1.** *ein Stoff, der nicht in fester und nicht in flüssiger Form existiert und meist farblos ist* Unter den Gasen gibt es so genannte Edelgase., Bei dieser chemischen Reaktion wird ein Gas frei. **2.** *ein Gas*[1]*, das man zum Kochen und Heizen verwendet* **3.** (KFZ: *umg.*) *kurz für „Gaspedal“* ▪ **Gas geben**: *(ein Fahrzeug) beschleunigen*

Gas·ab·le·ser, **Gas·ab·le·se·rin** der <-s, -> (*veralt.*) *jmd., der beruflich die Gasanzeige in Haushalten abliest (und das Geld dafür einnimmt)*

Gas·an·griff der <-(e)s, -e> MILIT. *Angriff mit Giftgas*

Gas·an·schluss der <-es, Gasanschlüsse> *Anschluss an das örtliche Gasversorgungswerk*

Gas·an·stalt die <-, -en> (≈ *Gaswerk*)

Gas·an·zün·der der <-s, -> *Gerät zum Anzünden der Flamme auf dem Gasherd*

Gas·aus·tritt der <-(e)s> (*kein Plur.*) *Austreten oder -strömen von Gas*[1,2]

Gas·au·to·mat der <-en, -en> *mit Münzen betriebener Gaszähler*

Gas·be·häl·ter der <-s, -> *Behälter für Gas*[1,2]

gas·be·heizt <nicht steig.> *Adj. mit Gas*[2] *beheizt* eine gasbeheizte Wohnung

Gas·be·leuch·tung die <-, -en> *Beleuchtung mithilfe von Gas*[1]

gas·be·trie·ben <nicht steig.> *Adj. mit Gas*[1] *betrieben* ein gasbetriebenes Auto

Gas·bil·dung die <-, -en> *Bildung von Gas*[1,2]

Gas·boi·ler der <-s, -> *mit Gas*[2] *beheizter Boiler*

Gas·bren·ner der <-s, -> *Gerät, das zur Energiegewinnung Gas*[1,2] *verbrennt*

Gas·druck der <-(e)s, Gasdrücke> (*meist Sing.*) *von Gas*[1] *erzeugter Druck*

Gas·ent·wick·lung die <-, -en> *Entwicklung von Gas*[1,2]

Gas·ex·plo·si·on die <-, -en> *durch Gas(entwicklung oder -austritt) ausgelöste Explosion*

Gas·feu·e·rung die <-> (*kein Plur.*) *das Heizen mit Gas*[2]

Gas·feu·er·zeug das <-(e)s, -e> *mit Gas*[1] *betriebenes Feuerzeug*

Gas·flam·me die <-, -n> *durch Gas*[1,2] *entstehende Flamme*

Gas·fla·sche die <-, -n> *Stahlbehälter zum Transport von Gasen*[1]

gas·för·mig <nicht steig.> *Adj. aus oder wie Gas*[1]

Gas·fuß der <-es> (*kein Plur.*) (*umg.*) *Fuß eines Autofahrers, mit dem das Gaspedal gedrückt wird*

Gas·ge·misch das <-(e)s, -e> *Gemisch aus Gasen*[1]

Gas·ge·ruch der <-(e)s> (*kein Plur.*) *Geruch nach Gas*[1]

Gas·hahn der <-s, Gashähne> *Hahn, mit dem man die Gaszufuhr regelt* den Gashahn auf-/abdrehen

Gas·he·bel der <-s, -> *Hebel, mit dem man die Gaszufuhr regelt*

Gas·hei·zung die <-, -en> *mit Gas*[2] *betriebene Heizungsanlage*

Gas·herd der <-(e)s, -e> *mit Gas*[2] *betriebener Kochherd*

Gas·kam·mer die <-, -n> GESCH. (*im Nationalsozialismus*) *Raum zur Tötung von Menschen durch Giftgas*

Gas·kes·sel der <-s, -> *Gasbehälter*

Gas·ko·cher der <-s, -> *mit Gas*[2] *betriebenes kleines Gerät zum Kochen*

Gas·lam·pe die <-, -n> *mit Gas*[1] *betriebene Lampe*

Gas·la·ter·ne die <-, -n> *mit Gas*[1] *betriebene (Straßen-)Laterne*

Gas·lei·tung die <-, -en> *Leitungsröhre zum Transport von Gas*[1,2]

Gas·licht das <-(e)s, -er> **1.** *durch Gas*[1] *erzeugtes Licht* **2.** *Flamme einer Gaslaterne*

Gas·mann der <-(e)s, Gasmänner> (*umg. veralt.* ≈ *Gasableser*) *jmd., der von Zählern den Gasverbrauch der privaten Haushalte abliest*

Gas·mas·ke die <-, -n> *Atemschutzmaske zum Schutz vor giftigen Gasen*

Gas·mo·tor der <-s, -en> *mit Gas*[1] *betriebener Motor*

Gas·o·fen der <-s, Gasöfen> *mit Gas*[2] *beheizter Ofen*

Ga·so·lin das <-s> (*kein Plur.*) CHEM. *Zwischenprodukt bei der Destillation von Rohöl, ein Leichtbenzin*

Gas·pa·tro·ne die <-, -n> *mit Gas*[1] *gefüllte Patrone*

Gas·pe·dal das <-s, -e> *Pedal im Auto, mit dem man die Kraftstoffzufuhr regelt*

Gas·pis·to·le die <-, -n> *Pistole, die mit gasgefüllter Munition geladen wird*

Gas·rech·nung die <-, -en> *Rechnung für den Gasverbrauch*

Gas·rohr das <-(e)s, -e> *Rohr, in dem Gas (weiter)geleitet wird*

Gäss·chen das <-s, -> *kleine Gasse*

Gas·se die <-, -n> **1.** *kleine, enge Straße (zwischen zwei Häuserreihen)* Wir schlenderten durch die engen Gassen der Altstadt. **2.** (*übertr.*) *ein freier Weg, auf dem man ungehindert laufen kann* Man bahnte dem bekannten Musiker eine Gasse durch

G

die Menschenmenge.

Gas·sen·bub der <-en, -en> (*süddt. österr. schweiz.*) *Gassenjunge*

Gas·sen·hau·er der <-s, -> (*umg. veralt.*) *ein sehr bekanntes, einfaches Lied* einen Gassenhauer grölen

Gas·sen·jun·ge der <-n, -n> (*abwert.* ≈ *Straßenjunge*) *Junge, der sich auf der Straße herumtreibt*

gas·sen·sei·tig <nicht steig.> *Adj.* (*österr.*) *zur Straße hin gelegen* das gassenseitige Fenster

Gas·sen·witz der <-es, -e> *derber Witz*

Gas·sen·wort das <-(e)s, Gassenwörter> *derbes Wort* Wo hat das Kind nur diese Gassenwörter her?

Gas·si ■ **Gassi gehen** (*umg.*): *mit einem Hund auf die Straße oder spazieren gehen*

Gast der <-(e)s, Gäste> **1.** *jmd., der jmdm. einen Besuch macht und sich für eine gewisse Zeit in dessen Wohnung oder Haus aufhält* Übers Wochenende sind bei uns Freunde zu Gast., Biete den Gästen schon mal einen Aperitif an. **2.** *jmd., der in einem Restaurant speist* Der Gast an Tisch fünf hat nach der Weinkarte verlangt. **3.** *jmd., der in einem Hotel oder einer Pension übernachtet* Unser Haus bietet dem Gast jeden erdenklichen Komfort. **4.** *Persönlichkeit* (*aus Kunst oder Politik*), *die an einer Veranstaltung teilnimmt* Zur Einweihung des Museums erwartet man Gäste aus dem In- und Ausland., Bei der Filmpremiere werden der Regisseur und die Hauptdarsteller zu Gast sein. **5.** SPORT *bei Ballspielen im Rahmen einer Liga die Mannschaft, die irgendwo ein Auswärtsspiel bestreitet* Und damit steht es 3:2 für die Gäste.

Gas·tan·ker der <-s, -> *Tanker mit Gasladung*

Gast·ar·bei·ter, **Gast·ar·bei·te·rin** der <-s, -> *frühere Bezeichnung für einen ausländischen Arbeitnehmer*

Gast·do·zent, **Gast·do·zen·tin** der <-en, -en> *Dozent, der als Gast an einer ausländischen Hochschule* (*zeitweise*) *tätig ist*

Gäs·te·bett das <-(e)s, -en> *Bett für das Übernachten von Gästen*[1]

Gäs·te·buch das <-(e)s, Gästebücher> *ein Buch des Gastgebers, in das* (*meist prominente*) *Personen ihre Unterschrift und eine Widmung hineinschreiben, wenn sie irgendwo zu Gast waren*

Gäs·te·zim·mer das <-s, -> *ein Raum in einem Haus oder einer Wohnung, in dem Gäste*[1] *übernachten können*

Gast·fa·mi·lie die <-, -n> *Familie, die* (*im Rahmen eines Austausches*) *einen ausländischen Gast*(*schüler oder -studenten*) *aufnimmt*

gast·frei <nicht steig.> *gastfreundlich* ein gastfreies Haus haben/führen

Gast·frei·heit die <-> (*kein Plur.*) *Gastfreundschaft* In unserem Haus genießt jeder Gastfreiheit.

gast·freund·lich *Adj. so, dass man gerne Gäste einlädt und ihnen gegenüber sehr zuvorkommend ist*

Gast·freund·schaft die <-> (*kein Plur.*) *die Eigenschaft, dass man bereitwillig Gäste bei sich aufnimmt und sie zuvorkommend behandelt*

Gast·ge·ber, **Gast·ge·be·rin** der <-s, -> **1.** (↔ *Gast*) *jmd., der in seinem Haus Gäste beherbergt* **2.** SPORT *bei Ballspielen im Rahmen einer Liga die Mannschaft, die ein Heimspiel bestreitet* Und damit steht es 2:1 für den/die Gastgeber.

Gast·ge·schenk das <-(e)s, -e> *Geschenk, das ein Gast seinen Gastgebern als Dank überreicht* ein Gastgeschenk mitbringen

Gast·haus das <-es, Gasthäuser> *Lokal, in dem man essen, trinken* (*und übernachten*) *kann* Wir wollen in einem einfachen Gasthaus auf dem Land einkehren., Unser Gasthaus bietet auch Fremdenzimmer an.

Gast·hof der <-(e)s, Gasthöfe> (≈ *Gasthaus*)

Gast·hö·rer, **Gast·hö·re·rin** der <-s, -> *jmd., der nicht an einer Universität immatrikuliert* (*eingeschrieben*) *ist und nur an bestimmten Lehrveranstaltungen teilnimmt*

gas·tie·ren <gastierst, gastierte, hat gastiert> *ohne OBJ* ■ *jmd. gastiert irgendwo* (*als Künstler*) *in einer fremden Stadt eine Vorstellung geben* Das Anglistentheater der Universität gastierte mit Shakespeares Hamlet in einundzwanzig Städten.

Gast·kon·zert das <-(e)s, -e> *Konzert, das auf einer fremden Bühne stattfindet* Wir geben nächste Woche ein Gastkonzert in Hamburg.

Gast·land das <-(e)s, Gastländer> *Land, in dem sich ein Ausländer als Besucher aufhält*

gast·lich *Adj.* (≈ *gastfreundlich*) *so, dass Gäste sich dort wohlfühlen können* Wir wurden gastlich empfangen/aufgenommen/bewirtet. ▶Gastlichkeit

Gast·mahl das <-(e)s, -e/Gastmähler> (*geh.*) (*gehobenes*) *Festessen für Gäste* ein Gastmahl geben/veranstalten

Gast·mann·schaft die <-, -en> SPORT *die Mannschaft, die* (*als Gast*) *auf gegnerischem Boden spielt*

Gast·pro·fes·sor, **Gast·pro·fes·so·rin** der <-s, -en> *Professor, der als Gast an einer ausländischen Hochschule* (*zeitweise*) *lehrt*

Gast·pro·fes·sur die <-, -en> *Stelle eines Gastprofessors*

Gast·red·ner, **Gast·red·ne·rin** der <-s, -> *jmd., der als Gast irgendwo eine Rede hält* Als Gastrednerin spricht beim Apothekerkongress die Gesundheitsministerin.

gas·trisch <nicht steig.> *Adj.* MED. **1.** *den Magen betreffend* **2.** ■ **gastrische Krise**: *krampfartige Schmerzen im Unterbauch*

Gas·t·ri·tis die <-, Gastritiden> MED. *Magenschleimhautentzündung*

Gast·rol·le die <-, -n> FILM. THEAT. TV *von einem Künstler als Gast übernommene Rolle* Sie hatte eine Gastrolle in dem TV-Krimi (übernommen).

Gas·tro·nom, **Gas·tro·no·min** der <-en, -en> *Gastwirt eines* (*Feinschmecker-*)*Restaurants* Der Vierssternekoch gehört zu den führenden Gastronomen Deutschlands.

Gas·tro·no·mie die <-> (*kein Plur.*) *das Gewerbe, das die Unterbringung und Bewirtung von Gästen in Hotels oder Restaurants betreibt* sinkende Gästezahlen in der Gastronomie, das in der gehobenen Gastronomie übliche Preisniveau

gas·tro·no·misch <nicht steig.> *nur attr. Adj. auf die Gastronomie bezogen, zu ihr gehörend*

Gast·schü·ler, **Gast·schü·le·rin** der <-s, -> *Schüler, der im Rahmen eines Austauschs die Schule eines anderen Landes besucht*

Gast·spiel das <-(e)s, -e> *Vorführung, Auftritt auf einer fremden Bühne, in einer fremden Stadt als Gast* Der russische Zirkus gibt mehrere Gastspiele in deutschen Städten.

Gast·spiel·rei·se die <-, -n> *Reise zu Gastspielen an verschiedenen Orten* eine Gastspielreise unternehmen

Gast·stät·te die <-, -n> (≈ *Gasthaus, Lokal*) ◆-ngewerbe

> **i Wissenswert** In Deutschland gibt es eine große Anzahl sehr verschiedener **Gaststätten.** Ein Restaurant beispielsweise ist ein Speiselokal, in dem man mittags und abends warme Mahlzeiten bekommen kann. Im Café dagegen kann unter zahlreichen alkoholfreien und besonders heißen Getränken gewählt werden, es werden aber auch Weine und Spirituosen angeboten. Dazu wählt man aus einem reichhaltigen Kuchen- und Tortenangebot. Immer häufiger kann man auch kleine warme Mahlzeiten zu sich nehmen. Die typischsten Torten und Kuchen sind: Schwarzwälder Kirschtorte, Käsekuchen, Apfelkuchen, Marmorkuchen, Biskuitrolle und Erdbeer- oder Himbeertorte. Ein Biergarten wiederum schenkt vornehmlich alkoholische Getränke aus, vor allem aber Bier. Einen Biergarten gibt es lediglich in der warmen Jahreszeit, da man im Freien, an schattigen Plätzen oder unter Bäumen sitzt. Das Pendant zum Biergarten ist die Weinstube, in der insbesondere Wein getrunken wird. Dieser stammt gewöhnlich aus der Region. Die Pizzeria wird zumeist von italienischen Besitzern geführt, die italienische Spezialitäten, von Nudelgerichten über Fleisch- und Fischgerichte, aber auch sehr bekannte italienische Nachspeisen und selbstgemachtes Eis anbieten. Pizzerien verfügen, wie der Name bereits andeutet, im Besonderen über ein vielfältiges Angebot an Pizzen.

Gast·stu·be die <-, -n> *für die Gäste vorgesehener größerer Raum in einem Gasthaus*

Gast·vor·le·sung die <-, -en> *Vorlesung, die ein Gastdozent oder -professor hält*

Gast·wirt, **Gast·wir·tin** der <-(e)s, -e> *jmd., der ein Gasthaus als Pächter oder Inhaber betreibt*

Gast·wirt·schaft die <-, -en> (≈ *Gasthaus*)

Gas·uhr die <-, -en> (≈ *Gaszähler*) die Gasuhr ablesen

Gas·ver·brauch der <-(e)s> (*kein Plur.*) *Verbrauch von Gas*[2] Unser Gasverbrauch ist im Vergleich zum Vorjahr gestiegen.

Gas·ver·gif·tung die <-, -en> *Vergiftung durch* (*irgendwo austretendes*) *Gas*

Gas·werk das <-(e)s, -e> *Betrieb, der die Haushalte mit Erdgas beliefert*

Gas·zäh·ler der <-s, -> *Gerät, mit dem man den Gasverbrauch misst*

Gas·zu·fuhr die <-, -en> (*meist Sing.*) *Zufuhr von Gas*[1 2]

Gatsch der <-es> (*kein Plur.*) (*österr.*) *Schlamm*

Gat·te der <-n, -n> (*geh.*) *Ehemann*

Gat·ten·lie·be die <-> (*kein Plur.*) (*geh.*) *Liebe der Ehepartner zueinander*

Gat·ten·mord der <-(e)s, -e> (RECHTSW.: *geh.*) *Mord am Ehepartner*

Gat·ter das <-s, -> **1.** *ein einfacher Holzzaun* **2.** *ein aus Holzlatten gebautes Tor* ◆-tor

Gat·tin die <-, -nen> (*geh.*) *Ehefrau*

Gat·tung die <-, -en> **1.** *Tier- oder Pflanzenart* Diese Gattung von Tieren/von Pflanzen ist vom Aussterben bedroht. **2.** *Gesamtheit von Dingen, die in ihren wesentlichen Merkmalen übereinstimmen* In der Literaturwissenschaft unterscheidet man die Gattungen Epik, Lyrik und Dramatik.

Gat·tungs·be·griff der <-(e)s, -e> *Begriff für mehrere Arten* Unter den Gattungsbegriff der Säugetiere fallen auch wir Menschen.

GAU der [gau̯] <-(s), -s> (*meist Sing.*) *kurz für „größter anzunehmender Unfall"; der schwerste Störfall, der in einem Kernkraftwerk auftreten kann*

Gau·be die <-, -n> (*landsch.*) *Erker* ◆-nfenster, Dach-

Gau·cho der ['gau̯tʃo] <-(s), -s> *südamerikanischer Rinderhirte*

Gau·di die/das <-, -s> (*umg. süddt.*) *Vergnügen, Spaß*

Gau·kel·bild das <-(e)s, -er> (*geh.*) *trügerisches* (*auf Sinnestäuschung beruhendes*) *Bild*

Gau·ke·lei die <-, -en> (*geh.*) *Vortäuschung, Vorspiegelung*

gau·kel·haft *Adj.* (*geh. abwert.*) *gauklerisch*

gau·keln <gaukelst, gaukelte, hat gegaukelt> *ohne OBJ* **1.** ■ *jmd./etwas gaukelt* (*dichter. geh.*) *schwankend fliegen, schweben* ein Schmetterling gaukelt in der Luft **2.** ■ *jmd. gaukelt* (*veralt. geh.*) *Gaukelei treiben*

Gau·kel·spiel das <-(e)s, -e> (*geh. abwert.*) *Gaukelei* Er treibt ein Gaukelspiel mit dir.

Gauk·ler, **Gauk·le·rin** der <-s, -> (*veralt. geh.*) *jmd., der auf Jahrmärkten oder im Zirkus* (*akrobatische*) *Kunststücke vorführt*

Gauk·le·rei die <-, -en> (*geh. abwert.*) *Gaukelei* Gauklerei (mit jemandem) treiben

gauk·le·risch *Adj.* (*veralt. geh.*) *trügerisch*

Gaul der <-(e)s, Gäule> **1.** (*abwert.*) *schlechtes Pferd* Ein edles Rennpferd ist dieser alte Gaul wohl nicht! **2.** (*landsch.*) *Pferd*

Gau·men der <-s, -> ANAT. *der obere Teil der Mundhöhle*

Gau·men·freu·de die <-, -n> (*meist Plur.*) *gute Speise, gutes Getränk* Erlesene Gaumenfreuden erwarten die Gäste.

Gau·men·kit·zel der <-s, -> (*geh.*) *Gaumenfreude*

Gau·men-R das <-s, -s> SPRACHWISS. *am Gaumenzäpfchen, der Uvula, artikulierter R-Laut*

Gau·men·se·gel das <-s, -> (ANAT.: ≈ *Velum*) *hinterer* (*weicher*) *Teil des Gaumens*

Gau·ner, **Gau·ne·rin** der <-s, -> (*abwert.*) **1.** *Schwindler, Betrüger,* (*harmloserer*) *Verbrecher* **2.** (*umg.*) *schlauer, durchtriebener Mensch*

Gau·ner·ban·de die <-, -n> *Bande von Gaunern*

gau·ne·risch *Adj.* (≈ *betrügerisch*) *nach Art eines Gauners*

gau·nern <gaunerst, gaunerte, hat gegaunert> *ohne OBJ* ■ *jmd. gaunert Gaunereien verüben*

Gau·ner·spra·che die <-, -n> (*nur*) *unter Gaunern gesprochene* (*Geheim-*)*Sprache*

gau·ner·sprach·lich <nicht steig.> *Adj. die Gaunersprache*(*n*) *betreffend*

Gau·pe die <-, -n> (≈ *Gaube*)

Ga·ze die ['ga:zə] <-, -n> *ein dünnes Gewebe mit Maschen, die wie ein Gitter aussehen*

Ga·zel·le die <-, -n> *eine Antilopenart*

Ga·zet·te die <-, -n> (*veralt.*) Zeitung

ge·ach·tet *Adj.* (≈ *respektiert*) *so, dass man Achtung genießt* Er ist ein von allen Mitarbeitern geachteter Vorgesetzter.

ge·äch·tet *Adj.* (*aus einer Gemeinschaft oder der Gesellschaft*) *ausgestoßen, weil man ein Verbrechen oder eine moralisch sehr schlechte Tat begangen hat*

Ge·äch·te·te(r) der/die <-n, -n> *jmd., der geächtet* (*worden*) *ist*

Ge·äch·ze das <-s> (*kein Plur.*) (*abwert.*) *ständiges Ächzen*

ge·a·dert <nicht steig.> *Adj.* (≈ *geädert*) *mit langen dünnen Strukturen, die an Adern erinnern* geadertes Gestein

ge·ä·dert <nicht steig.> *Adj.* (≈ *geadert*)

Ge·al·ber das <-s> (*kein Plur.*) (*umg.*) *albernes Verhalten*

Ge·al·be·re das <-s> (*kein Plur.*) (*umg. abwert.*) *Gealber*

ge·ar·tet <nicht steig.> *Adj.* ■ *irgendwie geartet von der genannten Art oder Beschaffenheit* wie auch immer geartet ▶Geartetheit

Ge·äst das <-(e)s> (*kein Plur.*) (*geh.*) *die Äste eines Baumes*

Ge·bäck das <-(e)s> (*kein Plur.*) *Nahrungsmittel wie Kuchen, Kekse usw., die man durch Backen hergestellt hat* Sie servierte Gebäck zum Kaffee. ◆-schale, -stück, -zange

Ge·bal·ge das <-s> (*kein Plur.*) (*umg. abwert.*) *ständiges Balgen*

Ge·bälk das <-(e)s> (*kein Plur.*) *Balkengefüge* (*im Dach eines Hauses*)

Ge·bal·ler(e) das <-s> (*kein Plur.*) (*umg. abwert.*) *ständiges Ballern* So langsam geht mir dieses Geballere an Fastnacht auf die Nerven!

ge·ballt *Part. Perf. zu* **ballen**

ge·bar *Prät. von* **gebären**

Ge·bär·de die <-, -n> (≈ *Geste*) *eine Körperbewegung, die etwas Bestimmtes ausdrückt* Er machte eine abweisende/drohende/einladende Gebärde.

ge·bär·den <gebärdest, gebärdete, hat gebärdet> *mit SICH* ■ *jmd. gebärdet sich irgendwie sich auffällig, in der genannten Weise verhalten* Es ist lächerlich, wie er sich gebärdet., Sie hat sich wie eine Wahnsinnige gebärdet.

Ge·bär·den·spiel das <-(e)s> (*kein Plur.*) *Gestik und Mimik*

Ge·bär·den·spra·che die <-, -n> *eine Art Sprache, die gehörlosen Menschen zur Verfügung steht und bei der Gebärden, Mimik und Körperhaltung dazu dienen, sprachliche Inhalte auszudrücken*

ge·bä·ren <gebärst, gebar, hat geboren> *mit OBJ* ■ *eine Frau gebärt ein Kind ein Kind zur Welt bringen*

ge·bär·fä·hig <nicht steig.> *Adj. so, dass eine Frau gebären kann* eine Frau im gebärfähigen Alter

Ge·bär·mut·ter die <-, Gebärmütter> (≈ *Uterus*) *Hohlorgan* (*bei Frauen und weiblichen Säugetieren*), *in dem sich die befruchtete Eizelle fortentwickelt*

ge·bauch·pin·selt ■ **sich gebauchpinselt fühlen** (*umg. scherzh.*): *sich geschmeichelt oder geehrt fühlen*

Ge·bäu·de das <-s, -> *großes Haus*

Ge·bäu·de·kom·plex der <-es, -e> *mehrere Gebäude, die zusammen eine Einheit bilden*

Ge·bäu·de·rei·ni·gung die <-, -en> **1.** *das Reinigen von Gebäuden* **2.** *Betrieb, der Gebäude reinigt*

Ge·bei·ne <-> *Plur.* (*geh.*) *Skelett* (*eines Toten*)

Ge·bell/Ge·bel·le das <-(e)s> (*kein Plur.*) (*umg. abwert.*) *anhaltendes Bellen*

ge·ben <gibst, gab, hat gegeben> **I.** *mit OBJ* **1.** ■ *jmd. gibt* (*jmdm.*) *etwas etwas, das man selbst hat, in die Hand eines anderen legen* Wortlos gab er mir den Zettel., Ich gebe Ihnen die Unterlagen morgen. **2.** ■ *jmd. gibt* (*jmdm.*) *etwas* (≈ *schenken*) Hast du der Bedienung kein Trinkgeld gegeben?, Seine Mutter gibt ihm hin und wieder Geld. **3.** ■ *jmd. gibt jmdm. etwas für etwas Akk.* (≈ *bezahlen*) Sie haben mir für das alte Auto noch 500 Euro gegeben. **4.** ■ *jmd. gibt etwas irgendwohin etwas irgendwohin bringen* Ich muss den Computer zur Reparatur geben., Kleider in die Reinigung geben **5.** ■ *jmd. gibt etwas bieten, gewähren* Der Politiker hat ein Interview gegeben. **6.** ■ *jmd. gibt jmdm. etwas* (≈ *verleihen*) *bewirken, dass jmd. etwas hat* Ihre Worte haben mir neue Hoffnung/neuen Mut gegeben. **7.** ■ **ein Tier gibt Milch**: *ein weibliches Säugetier produziert Milch* **8.** ■ *etwas gibt etwas* (≈ *ergeben*) *zum Ergebnis haben* Drei mal drei gibt neun. **9.** ■ *jmd. gibt etwas aufführen* Die Rockband gibt mehrere Konzerte in Deutschland. **10.** ■ *jmd. gibt etwas* (≈ *veranstalten*) Wir geben morgen eine große Party. **11.** ■ *jmd. gibt etwas* (*veralt.*) *unterrichten* Der Lehrer gibt neben Mathematik auch Physik. **12.** ■ *jmd. gibt etwas* (*umg.* ≈ *spielen*) Er gibt hier den starken Mann, dabei ist ihm zum Weinen zumute. **II.** *ohne OBJ* ■ *jmd. gibt zu Beginn eines Kartenspiels die Karten an die einzelnen Spieler austeilen* Wer gibt? **III.** *mit SICH* **1.** ■ *jmd. gibt sich (irgendwie) sich in bestimmter Weise verhalten* Er hat sich stets als verständiger Freund gegeben. **2.** ■ *etwas gibt sich nachlassen (und aufhören)* Anfangs drückten mich die neuen Schuhe ein wenig, aber das hat sich inzwischen gegeben. **IV.** *mit ES* ■ *es gibt jmdn./etwas* **1.** *existieren* Es gibt verschiedene Arten von Wörterbüchern. **2.** *angeboten werden* Es gab allerlei Speisen und Getränke. **3.** *eintreten, kommen* Es soll Regen geben.

ge·be·ne·deit <nicht steig.> *nur präd. Adj.* REL. *(nur in Verbindung mit Maria, der Gottesmutter) gesegnet*

Ge·ber, Ge·be·rin der <-s, -> *jmd., der (jmdm.) etwas gibt*

Ge·ber·land das <-(e)s, Geberländer> *Land, das ein anderes Land (finanziell) unterstützt*

Ge·ber·lau·ne ■ **jemand ist in Geberlaune**: *jmd. ist in einer Stimmung, in der man großzügig ist*

Ge·bet das <-(e)s, -e> *die Worte, mit denen man zu Gott spricht* Der Priester spricht ein Gebet., Möge der Herr unsere Gebete erhören!, jemanden in seine Gebete einschließen ■ **jemanden ins Gebet nehmen** *(umg.)*: *jmdn. eindringlich ermahnen, etwas zu tun oder etwas zu unterlassen* ◆ Bitt-, Dank-, Stoß-

Ge·bet·buch das <-(e)s, Gebetbücher> *ein Buch, in dem Gebete gesammelt sind*

ge·be·ten *Part. Perf. von* **bitten**

ge·bets·müh·len·ar·tig <nicht steig.> *Adj. (umg. abwert.) so, dass jmd. etwas ständig und mechanisch wiederholt*

Ge·biet das <-(e)s, -e> **1.** *großer Landschaftsteil, geografische Region* Weite Gebiete des Landes waren überschwemmt., Dieses Gebiet steht unter Naturschutz. **2.** *Sach-, Fachgebiet* ein Fachmann auf dem Gebiet der Raumfahrttechnik, Das fällt nicht in mein Gebiet, da müssen Sie sich an meine Kollegin wenden.

ge·bie·ten <gebietest, gebot, hat geboten> **I.** *mit OBJ* ■ *jmd./etwas gebietet (jmdm.) etwas (geh.) dringend erfordern* Die Situation gebietet schnelles Eingreifen/rasches Handeln/äußerste Vorsicht., Deine Klugheit gebietet (es) dir, eine solche Chance zu nutzen. **II.** *ohne OBJ* ■ *jmd. gebietet über jmdn./etwas Herrschaft ausüben, Befehlsgewalt haben* Der König gebietet über sein Land/über seine Armee.

Ge·bie·ter, Ge·bie·te·rin der <-s, -> *Herrscher, Herr*

ge·bie·te·risch *Adj. (≈ herrisch) so, dass man keinen Widerspruch duldet* in gebieterischem Ton sprechen

Ge·biets·ab·tre·tung die <-, -en> *das Abtreten eines Gebietes (an einen anderen Staat)*

Ge·biets·an·spruch der <-(e)s, Gebietsansprüche> *Anspruch, den ein Staat auf ein Gebiet erhebt* Gebietsansprüche erheben/geltend machen

Ge·biets·ho·heit die <-> *(kein Plur.) (≈ Territorialhoheit)* die Gebietshoheit innehaben

Ge·biets·kran·ken·kas·se die <-, -n> *(österr.) Ortskrankenkasse*

Ge·biets·re·form die <-, -en> *Reform der Gliederungsgebiete einer regionalen Verwaltung* eine Gebietsreform auf Länderebene durchführen

ge·biets·wei·se <nicht steig.> *nur attr. Adj. auf gewisse Gebiete bezogen* Für morgen wurde gebietsweise Regen vorhergesagt.

Ge·bil·de das <-s, -> *etwas, das irgendwie gebildet, geformt ist* Ein Molekül/Ein Staat ist ein kompliziertes Gebilde.

ge·bil·det *(Part. Perf. zu „bilden") Adj. (↔ ungebildet) durch die Ausbildung (in der Schule, im Studium) mit einem relativ umfassenden Wissen ausgestattet* ein sehr gebildeter Mensch

Ge·bil·de·te(r) der/die <-n, -n> *jmd., der gebildet ist*

Ge·bin·de das <-s, -> *verschiedene Blumen, die zu Dekorationszwecken zusammengebunden sind*

Ge·bir·ge das <-s, -> **1.** *viele hohe Berge, die zusammen eine Gruppe mit einem einheitlichen Namen bilden* Die Alpen sind das bekannteste Gebirge Europas. ◆ Hoch-, Mittel- **2.** *die Region eines Gebirge[1]* Wir fahren dieses Jahr nicht ans Meer, sondern ins Gebirge.

ge·bir·gig *Adj. so, dass sich irgendwo Berge befinden* Wir fuhren durch den gebirgigen Süden des Landes.

Ge·birgs·bach der <-(e)s, Gebirgsbäche> *Bach im Gebirge[1]*

Ge·birgs·be·woh·ner, Ge·birgs·be·woh·ne·rin der <-s, -> *(≈ Bergbewohner) Bewohner einer Ortschaft im Gebirge[1]*

Ge·birgs·dorf das <-(e)s, Gebirgsdörfer> *Dorf im Gebirge[1]*

Ge·birgs·jä·ger der <-s, -> MILIT. **1.** *Soldat, der speziell für den Einsatz im Gebirge ausgebildet ist* **2.** *(kein Sing.) Kampftruppe von Gebirgsjägern[1]*

Ge·birgs·ket·te die <-, -n> *(≈ Gebirgszug) Aneinanderreihung von Bergen oder Gebirgen*

Ge·birgs·kli·ma das <-s, -ta/(-s)> *Klima im Gebirge[1]*

Ge·birgs·la·ge die <-> *(kein Plur.) Lage im Gebirge[1]* Das Dorf ist aufgrund seiner Gebirgslage nur schwer zugänglich.

Ge·birgs·luft die <-> *(kein Plur.) die für das Gebirge[1] typische frische und klare Luft*

Ge·birgs·mas·siv das <-s, -e> *(≈ Gebirgsstock) einzelnes Gebirge[1]*

Ge·birgs·pass der <-es, Gebirgspässe> *Pass quer durch einen Gebirgszug*

Ge·birgs·pflan·ze die <-, -en> *im Gebirge[1] wachsende Pflanze*

Ge·birgs·rü·cken der <-s, -> *(linienförmiger) oberster Teil oder Kamm eines Gebirgszuges*

Ge·birgs·see der <-s, -n> *See im Gebirge[1]*

Ge·birgs·stock der <-(e)s, Gebirgsstöcke> *Gebirgsmassiv*

Ge·birgs·tal das <-(e)s, Gebirgstäler> *Tal im Gebirge[1]*

Ge·birgs·volk das <-(e)s, Gebirgsvölker> *im Ge-*

birge[1] *lebendes Volk*

Ge·birgs·zug der <-(e)s, Gebirgszüge> *lang gestrecktes (Teil-)Gebirge*

Ge·biss das <-es, -e> **1.** *die Gesamtheit der Zähne, die zusammen den Kauapparat eines Menschen oder eines Tieres bilden* **2.** *eine Zahnprothese, die ein Gebiss*[1] *ersetzt* ein Gebiss tragen

Ge·blä·se das <-s, -> *ein Gerät, das einen Luftstrom erzeugt, der etwas kühlen, erwärmen oder belüften soll*

ge·bla·sen *Part. Perf. von* **blasen**

ge·blümt <nicht steig.> *Adj. mit einem Blumenmuster* ein geblümtes Kleid

Ge·blüt das <-(e)s> (*kein Plur.*) (*geh. veralt.*) *Herkunft, Abstammung* eine Dame von edlem/vornehmem Geblüt

ge·bo·gen *Part. Perf. von* **biegen**

ge·bongt *Adj.* (*umg., nur präd.*) *verwendet, um auszudrücken, dass man irgendetwas als in Ordnung oder erledigt ansieht oder dass man etwas verstanden hat* Ist gebongt, ich komme dann so gegen vier bei dir vorbei und bringe die Bohrmaschine mit!

ge·bo·ren (*Part. Perf. zu „gebären“*) *Adj.* **1.** *verwendet, um den Mädchennamen einer verheirateten Frau anzugeben* Sie ist eine geborene Müller. **2.** (≈ *gebürtig*) *so, dass man an dem genannten Ort geboren wurde* Er ist ein geborener Münchner. **3.** *so, dass man für die genannte Tätigkeit besonders talentiert ist* Sie ist die geborene Schauspielerin.

ge·bor·gen *Adj. so, dass man sich bei jmdm. oder an einem Ort sicher und beschützt fühlt* Sie fühlte sich bei ihm geborgen. ▶Geborgenheit

Ge·bot das <-(e)s, -e> *ein Grundsatz für das Handeln, den die Moral, die Religion oder die Vernunft vorschreibt* Sie folgte stets dem Gebot der Menschlichkeit/dem Gebot der Nächstenliebe., im Religionsunterrricht die Zehn Gebote besprechen ■ **etwas ist das Gebot der Stunde**: *etwas ist aktuell besonders notwendig*

ge·bot *Prät. von* **gebieten**

ge·bo·ten **1.** *Part. Perf. von* **bieten** **2.** *Part. Perf. von* **gebieten**

Ge·bots·schild das <-(e)s, -er> (↔ *Verbotsschild*) *ein Verkehrsschild, das zu einem bestimmten Handeln auffordert*

ge·bracht *Part. Perf. von* **bringen**

ge·brannt *Part. Perf. von* **brennen**

Ge·bräu das <-(e)s, -e> (*abwert.*) *Bezeichnung für ein schlecht schmeckendes Getränk* Dieses Gebräu soll Kaffee sein?

Ge·brauch der <-(e)s, Gebräuche> **1.** (*kein Plur.*) (≈ *Anwendung, Benutzung, Verwendung*) *der Vorgang, dass man etwas zu einem bestimmten Zweck (als Werkzeug) benutzt* Der zu häufige Gebrauch dieses Medikaments kann zu Gesundheitsschäden führen., Den Gebrauch von zu vielen Fremdwörtern sollte man vermeiden., Ich musste den Gebrauch eines Wörterbuches erst üben., Vor Gebrauch schütteln!, Solche Maschinen sind schon lange nicht mehr in/im Gebrauch., Weshalb hast du von deinem Recht keinen Gebrauch gemacht? **2.** (*meist Plur.*) (≈ *Brauch*) *eine bestimmte Handlung, die irgendwo traditionell überliefert ist und mit der eine bestimmte (rituelle) Bedeutung verbunden ist* Sie hat sich lange Zeit mit den Sitten und Gebräuchen der Naturvölker beschäftigt.

ge·brau·chen <gebrauchst, gebrauchte, hat gebraucht> *mit OBJ* ■ *jmd. gebraucht etwas (irgendwie)* **1.** (≈ *anwenden, benutzen, verwenden*) *zu einem bestimmten Zweck (als Werkzeug) benutzen* Man sollte das Medikament nur entsprechend den Vorschriften des Beipackzettels gebrauchen., Solche Dinge sind zu vielem zu gebrauchen., Kannst du diese Werkzeuge gebrauchen? **2.** ■ **etwas gebrauchen können** (*umg.*): *benötigen* Du könntest eine Mütze gebrauchen., Ich könnte jetzt (gut) eine Tasse Kaffee gebrauchen.

ge·bräuch·lich *Adj.* (≈ *üblich*) *so, dass es normalerweise gebraucht wird* Dieses Wort ist heute nicht mehr gebräuchlich. ▶Gebräuchlichkeit

Ge·brauchs·an·lei·tung die <-, -en> (≈ *Gebrauchsanweisung*)

Ge·brauchs·an·wei·sung die <-, -en> *ein schriftlicher Text, der mit einem Gerät mitgeliefert wird und in dem erklärt wird, wie man das Gerät korrekt benutzt*

Ge·brauchs·ar·ti·kel der <-s, -> (↔ *Luxusartikel*) *Artikel, den man (täglich) braucht*

ge·brauchs·fä·hig <nicht steig.> *Adj. so, dass man es gebrauchen oder benutzen kann* Ist dein Staubsauger wieder gebrauchsfähig?

ge·brauchs·fer·tig <nicht steig.> *Adj. so, dass ein Produkt bereit für den Gebrauch ist* eine gebrauchsfertige Wandfarbe

Ge·brauchs·ge·gen·stand der <-(e)s, Gebrauchsgegenstände> *etwas, das zum täglichen Gebrauch gedacht ist (und das man nicht besonders schonen muss)*

Ge·bräuchs·gü·ter <-> *Plur.* (≈ *Gebrauchsgegenstände*) *Güter für den (täglichen) Gebrauch*

ge·braucht (*Part. Perf. zu „gebrauchen“*) *Adj. so, dass etwas schon einen Vorbesitzer hatte* Da mir eine neue Kamera zu teuer war, habe ich mir eine gebrauchte gekauft.

Ge·braucht·wa·gen der <-s, -> *ein Kraftfahrzeug, das bereits einen Vorbesitzer hatte* ◆-händler, -markt

Ge·bre·chen das <-s, -> (*geh.*) *eine Krankheit, die einen Menschen dauerhaft körperlich oder geistig beeinträchtigt*

ge·brech·lich *Adj.* (≈ *altersschwach*) *mit einem Gebrechen behaftet* Sie war zu jenem Zeitpunkt bereits alt und gebrechlich. ▶Gebrechlichkeit

ge·bro·chen <nicht steig.> *Adj.* **1.** *tief getroffen und deprimiert* Seit dem Tod ihres Mannes war sie ein gebrochener Mensch. **2.** *so, dass man eine Fremdsprache mit starkem Akzent spricht und relativ viele Fehler macht* Der Mann beschrieb mir in gebrochenem Englisch den Weg.

Ge·brü·der <-> *Plur.* (*als Teil von Firmenbezeichnungen, veralt.*) *Brüder* Gebrüder Schulze: Metallwaren

Ge·brüll das <-(e)s> (*kein Plur.*) (*abwert.*) *anhaltendes Brüllen*

Ge·bühr die <-, -en> *Geldbetrag, der als Entgelt für eine Dienstleistung bezahlt werden muss* eine Gebühr (für etwas) entrichten (müssen), Die Bank hat die Gebühren für die Kontoführung erhöht/gesenkt. ■ **nach Gebühr** (*geh.*): *angemessen* **über Gebühr** (*geh.*): *mehr als nötig* jemandes Geduld über Gebühr strapazieren

ge·büh·ren <gebührt, gebührte, hat gebührt> **I.** *ohne OBJ* ■ *etwas gebührt jmdm.* (*geh.* ≈ *zustehen*) *der angemessene Lohn für jmds. Einsatz sein* Für seine uneigennützige Hilfe gebührt ihm unser Dank. **II.** *mit SICH* ■ *etwas gebührt sich* (*geh.*) *sich gehören* Es gebührt sich nicht, in Kirchen laut zu sprechen.

Ge·büh·ren·an·zei·ger der <-s, -> *Gerät* (*am Telefon*), *das die Anzahl der Gebühreneinheiten anzeigt*

ge·büh·rend <nicht steig.> *Adj. so, wie man es verdient hat* Die siegreiche Mannschaft wurde am Flughafen gebührend empfangen/begrüßt.

ge·büh·ren·der·ma·ßen *Adv. so wie es sich für jmdn. oder etwas gebührt* Sein Abschluss wurde gebührendermaßen gefeiert.

ge·büh·ren·der·wei·se *Adv.* (≈ *gebührendermaßen*)

Ge·büh·ren·ein·heit die <-, -en> TELEKOMM. *Zeiteinheit im Fernsprechverkehr, für die eine bestimmte Menge Geld zu bezahlen ist*

Ge·büh·ren·er·hö·hung die <-, -en> (↔ *Gebührenermäßigung*) *Erhöhung von Gebühren*

Ge·büh·ren·er·mä·ßi·gung die <-, -en> (↔ *Gebührenerhöhung*) *der Vorgang, dass Gebühren niedriger gemacht werden*

ge·büh·ren·frei <nicht steig.> *Adj.* (↔ *gebührenpflichtig*) *so, dass für etwas keine Gebühren zu entrichten sind* ►Gebührenfreiheit

Ge·büh·ren·ord·nung die <-, -en> *amtliche Tabelle, nach der in einem bestimmten Dienstleistungsbereich/Berufszweig die Gebühren zu berechnen sind*

ge·büh·ren·pflich·tig <nicht steig.> *Adj.* (↔ *gebührenfrei*) *so, dass für etwas Gebühren zu entrichten sind*

Ge·büh·ren·zäh·ler der <-s, -> (≈ *Gebührenanzeiger*)

ge·bühr·lich *Adj.* (*veralt.* ≈ *gebührend* ↔ *ungebührlich*) *so, wie es für etwas angemessen ist* etwas gebührlich bewundern

ge·bun·den (*Part. Perf. zu „binden"*) *Adj.* **1.** (≈ *abhängig*) *so, dass man in einer dauerhaften Beziehung zu etwas steht und davon abhängig ist* Das können wir nicht selbst entscheiden, wir sind da an unsere Lieferanten gebunden. **2.** *so, dass man einen festen Partner hat* Ab einem bestimmten Alter sind die meisten gebunden. ►Gebundenheit

Ge·burt die <-, -en> *der Vorgang, dass beim Menschen und bei Säugetieren das Kind/das Jungtier aus dem Körper der Mutter kommt* Das Paar freut sich auf die Geburt seines Kindes.

Ge·bur·ten·an·stieg der <-(e)s> (*kein Plur.*) (↔ *Geburtenrückgang*) *der Zustand, dass mehr Kinder geboren werden* (*als in einem Vergleichszeitraum*) Im Vorjahr verzeichnete man einen rapiden Geburtenanstieg.

Ge·bur·ten·kon·trol·le die <-> (*kein Plur.*) *Planung und Steuerung von Geburten* Empfängnisverhütung ist ein Mittel zur Geburtenkontrolle.

Ge·bur·ten·ra·te die <-, -n> (*statistisch berechnete*) *Häufigkeit der Geburten* (*in einem bestimmten Zeitraum*) Die Geburtenrate ist seit ein paar Jahren rückläufig.

Ge·bur·ten·rück·gang der <-(e)s, Geburtenrückgänge> (*meist Sing.*) (↔ *Geburtenanstieg*)

ge·bur·ten·schwach <geburtenschwächer, am geburtenschwächsten> *Adj.* (↔ *geburtenstark*) *so, dass relativ wenig Kinder geboren wurden* In diesem Jahr wird ein besonders geburtenschwacher Jahrgang eingeschult.

ge·bur·ten·stark <geburtenstärker, am geburtenstärksten> *Adj.* (↔ *geburtenschwach*) *so, dass relativ viele Kinder geboren wurden* Vor zwei Jahren wurde ein besonders geburtenstarker Jahrgang eingeschult.

Ge·bur·ten·sta·tis·tik die <-, -en> *Statistik über die Entwicklung der Geburtenrate*

Ge·bur·ten·über·schuss der <-es, Geburtenüberschüsse> *Überwiegen der Geburten gegenüber den Sterbefällen*

Ge·bur·ten·zahl die <-> (*kein Plur.*) (≈ *Geburtenziffer*)

Ge·bur·ten·zif·fer die <-> (*kein Plur.*) (≈ *Geburtenzahl*) *Anzahl der Geburten, die pro Jahr auf 1000 Personen kommen*

ge·bür·tig <nicht steig.> *Adj. verwendet, um anzugeben, dass man in dem genannten Ort oder in der genannten Region geboren wurde* Sie ist eine gebürtige Münchnerin/Sächsin.

Ge·burts·a·del der <-s> (*kein Plur.*) *vererbte Adelszugehörigkeit*

Ge·burts·an·zei·ge die <-, -n> *Anzeige einer Geburt* (*in einer Zeitung oder beim Standesamt*)

Ge·burts·da·tum das <-s, Geburtsdaten> *der Tag, an dem jmd. geboren worden ist*

Ge·burts·feh·ler der <-s, -> *körperliche oder geistige Behinderung, die jmd. schon seit seiner Geburt hat*

Ge·burts·ge·wicht das <-(e)s> (*kein Plur.*) *das Gewicht, das ein Kind oder Tier zum Zeitpunkt seiner Geburt hat*

Ge·burts·haus das <-(e)s, Geburtshäuser> *das Haus, in dem jmd. geboren worden ist* Schillers Geburtshaus in Marbach besichtigen

Ge·burts·hel·fer, **Ge·burts·hel·fe·rin** der <-s, -> *jmd., der beruflich Geburtshilfe leistet*

Ge·burts·hil·fe die <-> (*kein Plur.*) *die* (*medizinische*) *Hilfe, die einer gebärenden Frau bei der Geburt vom Geburtshelfer geleistet wird*

Ge·burts·jahr das <-(e)s, -e> *das Jahr, in dem jmd. geboren worden ist*

Ge·burts·land das <-(e)s, Geburtsländer> *das Land, in dem jmd. geboren worden ist*

Ge·burts·mal das <-(e)s, Geburtsmäler> (≈ *Mut-*

termal)

Ge·burts·na·me der <-ns, -n> *der (Familien-)Name, den man von Geburt an trägt* Sie will ihren Geburtsnamen nach der Heirat (bei)behalten.

Ge·burts·ort der <-(e)s, -e> *der Ort, an dem jmd. geboren worden ist*

Ge·burts·schein der <-(e)s, -e> (≈ *Geburtsurkunde*)

Ge·burts·stadt die <-, Geburtsstädte> *die Stadt, in der jmd. geboren worden ist*

Ge·burts·tag der <-(e)s, -e> *der Jahrestag von jmds. Geburt, den man feiert* Herzlichen Glückwunsch zum Geburtstag!, Er feierte am Wochenende seinen achtzigsten Geburtstag.

Ge·burts·tags·fei·er die <-, -n> *Feier anlässlich jmds. Geburtstags*

Ge·burts·tags·fest das <-(e)s, -e> (≈ *Geburtstagsfeier*)

Ge·burts·tags·ge·schenk das <-(e)s, -e> *Geschenk, das man jmdm. zum Geburtstag überreicht*

Ge·burts·tags·kar·te die <-, -n> (*bebilderte und mit einer Glückwunschformel versehene*) *Karte, die man jmdm. zum Geburtstag schickt*

Ge·burts·tags·kind das <-(e)s, -er> (*scherzh.*) *jmd., der Geburtstag hat*

Ge·burts·tags·ku·chen der <-s, -> (*mit Kerzen versehener*) *Kuchen, den man* (*jmdm.*) *zum Geburtstag backt*

Ge·burts·tags·tor·te die <-, -n> *Torte, die man* (*jmdm.*) *zum Geburtstag backt*

Ge·burts·tags·über·ra·schung die <-, -en> *Überraschung, die man jmdm. anlässlich seines Geburtstages bereitet* Verrat ihm nichts – die Feier soll eine Geburtstagsüberraschung werden.

Ge·burts·tags·wün·sche <-> *Plur.* (*gute*) *Wünsche zum Geburtstag*

Ge·burts·ur·kun·de die <-, -n> *amtliches Dokument, das jmds. Geburt beurkundet*

Ge·burts·vor·be·rei·tungs·kurs der <-es, -e> *Kurs für werdende Eltern, der sie auf die Geburt vorbereitet*

Ge·burts·we·he die <-, -n> (*meist Plur.*) (*die Geburt oder Entbindung einleitende*) *Wehe* Die Geburtswehen setzen ein/haben begonnen., in den Geburtswehen liegen

Ge·burts·zan·ge die <-, -n> MED. *Zange, mit deren Hilfe man das Neugeborene herauszieht*

Ge·büsch das <-(e)s, -e> *Gruppe von Büschen, Sträuchern*

Geck der <-en, -en> (*abwert.*) *eitler, sich übertrieben modisch kleidender Mann*

ge·cken·haft *Adj.* (*abwert.*) *wie ein Geck* sich geckenhaft kleiden ►Geckenhaftigkeit

Ge·cko der <-s, -s/Geckonen> ZOOL. *ein kleines, zu den Echsen gehörendes Kriechtier*

ge·dacht (*Part. Perf. zu „denken“*) *Adj.* **1.** ■ **etwas ist irgendwie gedacht**: *etwas ist als etwas gemeint* Das Buch war eigentlich als Geschenk gedacht., So war das nicht gedacht! **2.** *so, dass es nicht real, sondern nur in der Vorstellung existiert* Geht man entlang einer gedachten Linie zwischen Eingangstor und Hauptverwaltung …

ge·dach·te *Prät. von* **gedenken**

Ge·dächt·nis das <-ses, -se> **1.** (*meist Sing.*) *die Fähigkeit, sich an Dinge zu erinnern* Sie hat ein gutes Gedächtnis., Im Alter lässt das Gedächtnis oft nach., Ich muss mir die Ereignisse von damals erst wieder ins Gedächtnis rufen., Das habe ich völlig aus dem Gedächtnis verloren. **2.** (*kein Plur.*) (*geh.*) *ehrendes Andenken, das man jmdm. bewahrt* Zum Gedächtnis an den Wohltäter veranstaltete man eine große Feier.

Ge·dächt·nis·fei·er die <-, -n> *Feier zu jmds. Gedächtnis*[2]

Ge·dächt·nis·got·tes·dienst der <-(e)s, -e> *Gottesdienst zu jmds. Gedächtnis*[2]

Ge·dächt·nis·lü·cke die <-, -n> *fehlende Erinnerung an einen Vorgang*

Ge·dächt·nis·pro·to·koll das <-s, -e> *aus dem Gedächtnis gefertigtes Protokoll*

Ge·dächt·nis·schwä·che die <-> (*kein Plur.*) MED. (*teilweiser oder vorübergehender*) *Gedächtnisverlust*

Ge·dächt·nis·schwund der <-(e)s> (*kein Plur.*) *eine Krankheit, bei der man allmählich sein Gedächtnis verliert*

Ge·dächt·nis·stüt·ze die <-, -n> (*umg.*) *etwas, das dabei hilft, dass man sich etwas Bestimmtes merken kann*

Ge·dächt·nis·trai·ning das <-s> (*kein Plur.*) *systematisches Training, das das Gedächtnis*[1] *verbessern soll*

Ge·dächt·nis·ver·lust der (*kein Plur.*) MED. (*teilweiser*) *Verlust von Gedächtnisinhalten*

ge·dämpft *Adj.* (≈ *schumm(e)rig* ↔ *grell*) *so, dass die Beleuchtung nicht stark und hell, sondern eher schwach und diskret ist* am Essplatz gedämpftes Licht bevorzugen

Ge·dan·ke der <-ns, -n> **1.** *ein bestimmter geistiger Inhalt, der als zusammenhängende Einheit gedacht wird* Wir haben schon eine Reihe guter/vernünftiger Gedanken für das Projekt gesammelt., seine Gedanken in einem Tagebuch festhalten **2.** (≈ *Einfall, Idee*) Plötzlich kam mir der rettende Gedanke., bei einem Brainstorming die Gedanken aller Teilnehmer sammeln **3.** ■ **in Gedanken**: *in dem Zustand, in dem man konzentriert über etwas nachdenkt und nicht auf seine Umwelt achtet* Sie war ganz/tief in Gedanken. **4.** (≈ *Vorstellung*) Allein der Gedanke an diese Prüfung macht mich nervös. **5.** (≈ *Begriff*) Wir diskutierten über den Gedanken der Freiheit. ■ **sich Gedanken (über jemanden/etwas) machen**: *sich (um jmdn. oder um etwas) sorgen* **jemandes Gedanken lesen können**: *erraten, was jmd. denkt*

Ge·dan·ken·aus·tausch der <-es> (*kein Plur.*) *ein Treffen, bei dem die Teilnehmer ihre Meinungen zu etwas äußern und sich die Meinungen der anderen Teilnehmer anhören* Professoren aus vier Universität treffen sich am Rande der Konferenz zu einem Gedankenaustausch zum Thema „Universität und Berufsleben“.

Ge·dan·ken·blitz der <-es, -e> (*umg. scherzh.*) *plötzlicher Einfall*

Ge·dan·ken·flug der <-(e)s, Gedankenflüge> (*übertr.*) (*geistig*) *hochfliegende, phantastische Gedanken* Er konnte ihrem Gedankenflug nicht folgen.

Ge·dan·ken·gang der <-(e)s, Gedankengänge> *eine Folge zusammenhängender Gedanken, die zu einem bestimmten Ziel führt* einem Gedankengang nicht ganz folgen können

Ge·dan·ken·gut das <-(e)s> (*kein Plur.*) *Gesamtheit von jmds. Gedanken* das Gedankengut der Spätantike/Hegels

ge·dan·ken·los *Adj.* (*abwert.* ≈ *unüberlegt*) *so, dass man nicht sorgfältig genug überlegt, welche Konsequenzen etwas haben kann* Durch sein gedankenloses Handeln hätte er beinahe einen Unfall ausgelöst.

Ge·dan·ken·sprung der <-(e)s, Gedankensprünge> *der Vorgang, dass* (*in einem Gespräch*) *sehr plötzlich das Thema gewechselt wird*

Ge·dan·ken·strich der <-(e)s, -e> *ein Satzzeichen in der Form eines waagerechten Strichs, das dazu dient, einen gedanklichen Einschub in einem Satz kenntlich zu machen*

Ge·dan·ken·ü·ber·tra·gung die <-> (*kein Plur.*) (≈ *Telepathie*) *Fähigkeit, Gedanken oder Gefühle einer anderen Person unmittelbar wahrzunehmen*

ge·dan·ken·ver·lo·ren *Adj.* (≈ *gedankenversunken*) *so tief in Gedanken, dass man seine Umwelt nicht wahrnimmt* gedankenverloren ins Weite/vor sich hin starren

ge·dan·ken·ver·sun·ken *Adj.* (≈ *gedankenverloren*)

Ge·dan·ken·welt die <-> (*kein Plur.*) (≈ *Gedankengut*)

ge·dank·lich <nicht steig.> *nur attr. Adj.* **1.** *auf Überlegungen beruhend* Ihre Aussage steht doch in keinem gedanklichen Zusammenhang mit den Problemen, die wir hier erörtern. **2.** *in Gedanken* Ich habe das Problem gedanklich erfasst/durchdrungen.

Ge·deck das <-(e)s, -e> *alle Gegenstände, die man beim Essen braucht* Soll ich noch ein Gedeck mehr auflegen?

ge·deckt (*Part. Perf. zu „decken"*) *Adj.* **1.** *so, dass Farben nicht grell und strahlend, sondern eher matt und ruhig sind* eine in gedeckten Farben gehaltene Wohnungseinrichtung **2.** *so, dass einem Scheck die entsprechende Menge Geld auf einem Bankkonto entspricht* Der Scheck war nicht gedeckt.

Ge·deih ■ **auf Gedeih und Verderb**: *bedingungslos* Die Geiseln waren den Kidnappern auf Gedeih und Verderb ausgeliefert.

ge·dei·hen <gedeihst, gedieh, ist gediehen> *ohne OBJ* ■ *etwas gedeiht irgendwie* **1.** *sich in positiver Weise entwickeln* Die im Frühjahr eingesetzten Pflanzen gedeihen prächtig. **2.** (*gut*) *voranschreiten* Wie weit ist deine Doktorarbeit inzwischen gediehen?

ge·den·ken <gedenkst, gedachte, hat gedacht> *ohne OBJ* (*geh.*) **1.** ■ *jmd. gedenkt jmds./einer Sache an jmdn. oder etwas ehrend zurückdenken* In einer Schweigeminute gedachte man des verstorbenen Präsidenten. **2.** ■ *jmd. gedenkt plus Inf.* (*geh.* ≈ *beabsichtigen*) *die Absicht haben* Was gedenkt die Stadtverwaltung gegen die Missstände zu tun?

Ge·denk·fei·er die <-, -n> *Feier zum Gedenken*[1] *an eine verstorbene Persönlichkeit oder an ein historisches Ereignis*

Ge·denk·got·tes·dienst der <-(e)s, -e> *Gottesdienst zum Gedenken*[1] *an jmdn. oder etwas*

Ge·denk·mar·ke die <-, -n> *Briefmarke zum Gedenken*[1] *an jmdn. oder etwas*

Ge·denk·mi·nu·te die <-, -n> (≈ *Schweigeminute*) eine Gedenkminute (für jmdn.) einlegen

Ge·denk·stät·te die <-, -n> *zum Gedenken*[1] *angelegter Ort*

Ge·denk·stein der <-(e)s, -e> *zum Gedenken*[1] *an jmdn. oder etwas errichtetes Denkmal aus Stein*

Ge·denk·tag der <-(e)s, -e> *bestimmter Tag, an dem man bestimmter Personen, Ereignisse gedenkt*[1]

Ge·denk·ver·an·stal·tung die <-, -en> *Veranstaltung, die zum Gedenken an jmdn. oder etwas stattfindet*

Ge·dicht das <-(e)s, -e> *ein relativ kurzer literarischer Text, in dem die Sprache gereimt und in Versen organisiert oder auch völlig frei eingesetzt wird, um eine künstlerische Aussage zu machen oder eine bestimmte ästhetische Wirkung zu erzielen* Er hat ein Gedicht auswendig gelernt/aufgesagt/rezitiert., Neben Romanen und Essays hat die Autorin auch zahlreiche Gedichte geschrieben/verfasst., Gedichte expressionistischer Autoren ■ **ein Gedicht sein** (*umg.*): *hervorragend sein* Der Wein/Das Essen war ein Gedicht. ◆-band, -interpretation, -sammlung, -zyklus, Liebes-, Helden-

Ge·dicht·in·ter·pre·ta·ti·on die <-, -en> *das Interpretieren eines Gedichts* (*als literaturwissenschaftliche Arbeitsform*)

ge·die·gen *Adj.* **1.** (≈ *rein*) *so, dass es ausschließlich aus dem genannten Edelmetall besteht* Der Ring ist aus gediegenem Gold. **2.** *qualitativ gut verarbeitet* Die Kommode ist sehr gediegen. **3.** *gründlich, solide* Sie hat gediegene Kenntnisse in Literaturwissenschaft. ▶Gediegensein

ge·dieh *Prät. von* **gedeihen**

ge·die·hen *Part. Perf. von* **gedeihen**

Ge·döns das <-es> (*kein Plur.*) (*landsch. abwert.*) *Getue* Nun mach doch kein solches Gedöns wegen dieser Kleinigkeit!

Ge·drän·ge das <-s> (*kein Plur.*) *der Zustand, dass viele Menschen gleichzeitig an einem bestimmten Ort sind und sich dort bewegen* Vor Weihnachten herrscht in der Fußgängerzone/in den Kaufhäusern ein furchtbares Gedränge. ■ **ins Gedränge geraten/kommen**: *in* (*zeitliche*) *Schwierigkeiten kommen*

ge·drängt *Adj. so, dass sehr viel von etwas auf re-*

lativ engem raum ist ▸Gedrängtheit

ge·drückt (*Part. Perf. zu „drücken"*) *Adj. niedergeschlagen, deprimiert* Weshalb war sie so gedrückter Stimmung? ▸Gedrücktheit

ge·drun·gen (*Part. Perf. zu „dringen"*) *Adj.* (≈ *untersetzt*) *so, dass jmd. nicht sehr groß, aber ziemlich kräftig und korpulent ist* von gedrungener Gestalt.

Ge·du·del das <-s> (*kein Plur.*) (*abwert.*) *andauernd laufende Musik, die als störend empfunden wird* Wie hältst du nur das ständige Gedudel aus dem Radio aus?

Ge·duld die <-> (*kein Plur.*) *die Fähigkeit oder Bereitschaft, etwas ruhig und beherrscht abzuwarten oder zu ertragen* Diese Warterei stellt die Geduld auf eine harte Probe., Meine Geduld ist am Ende!, sich in Geduld fassen/üben

ge·dul·den <geduldest, geduldete, hat geduldet> *mit SICH* ■ *jmd. geduldet sich Geduld haben und weiter warten* Bitte gedulden Sie sich noch einen Augenblick!

ge·dul·dig *Adj.* (↔ *ungeduldig*) *so, dass man Geduld hat* Sie ist eine geduldige Zuhörerin., Er hat die Untersuchung geduldig über sich ergehen lassen.

Ge·dulds·fa·den ■ **jemandem reißt der Geduldsfaden** (*umg.*): *jmd. verliert die Geduld*

Ge·dulds·pro·be die <-, -n> (*Bewährungs-*)*Probe für die Geduld* Ihre Trödelei hat mich auf eine harte Geduldsprobe gestellt.

Ge·dulds·spiel das <-(e)s, -e> *Spiel, für das man viel Konzentration und Geschicklichkeit braucht*

ge·dun·sen *Adj.* (≈ *aufgedunsen*) *so, dass es leicht angeschwollen ist* ein vom Alkohol gedunsenes Gesicht ▸Gedunsenheit

ge·eig·net *Adj.* (↔ *ungeeignet*) *für einen bestimmten Zweck passend oder angemessen* Er ist der geeignete Mann für diese Aufgabe: fleißig und willensstark., Wir werden geeignete Maßnahmen ergreifen.

Ge·eig·net·heit die <-> (*kein Plur.*) (≈ *Eignung*) *das Geeignetsein*

Geest die <-, -en> (FACHSPR.: ↔ *Marsch*(*land*)) *höher gelegenes, trockenes Küstenland* ◆-land

Ge·fahr die <-, -en> *eine Situation, in der jmd. oder jmds. Leben oder Gesundheit/etwas bedroht wird* Die Bergsteiger gerieten in akute/ernste/tödliche Gefahr., Die Geiseln sind inzwischen außer Gefahr., Rauchen ist eine Gefahr für die Gesundheit., Brandrodung stellt eine ernsthafte Gefahr für den Urwald dar. ■ (**auch**) **auf die Gefahr hin, dass ...**: *selbst wenn die Gefahr besteht, dass ...* **jemand läuft Gefahr, etwas zu tun**: *es besteht die Gefahr, dass jmd. etwas tut*

ge·fähr·den <gefährdest, gefährdete, hat gefährdet> *mit OBJ* ■ *jmd./etwas gefährdet jmdn./etwas in Gefahr bringen* Mit deiner leichtsinnigen Art gefährdest du nicht nur dich selbst. ▸Gefährdung

Ge·fah·ren·herd der <-(e)s, -e> *Stelle, von der aus sich* (*immer wieder*) *Gefahren ergeben* Die Region ist ein ausgesprochener Gefahrenherd: In den letzten drei Jahren gab es hier fünf Terroranschläge.

Ge·fah·ren·quel·le die <-, -n> *Ursache einer Gefahr*

Ge·fah·ren·zo·ne die <-, -n> *Bereich, in dem man bestimmten Gefahren ausgesetzt ist*

Ge·fah·ren·zu·la·ge die <-, -n> *finanzielle Vergütung, die ein Arbeitnehmer erhält, weil mit seiner Arbeit bestimmte Gefahren verbunden sind*

Ge·fahr·gut das <-(e)s, Gefahrgüter> AMTSSPR. (*für die Allgemeinheit*) *gefährliches* (*Transport-*)*Gut* ◆-transport

ge·fähr·lich *Adj. voller Gefahr für jmdn. oder etwas* Viele der frühen Expeditionen waren gefährliche Unternehmen., Das ist eine gefährliche Krankheit., Gefährliche neue Krankheiten wie SARS werden zu einer globalen Bedrohung. ▸Gefährlichkeit

ge·fahr·los *Adj. ohne Gefahr* An der Ampel können Fußgänger gefahrlos die Straße überqueren. ▸Gefahrlosigkeit

Ge·fährt das <-(e)s, -e> (*scherzh.*) *Fahrzeug* Hast du für dieses klapprige Gefährt wirklich noch 3000 Euro bezahlt?

Ge·fähr·te, **Ge·fähr·tin** der <-n, -n> *jmd., der jmds. Freund und Begleiter ist und mit ihm Erlebnisse teilt* ◆ Lebens-

Ge·fäl·le das <-s, -> **1.** *der Grad, den die Neigung von etwas hat* Die Straße hat ein starkes Gefälle. **2.** (≈ *Unterschied*) *das Ausmaß, in dem sich verschiedene soziale Gruppen unterscheiden* Das soziale Gefälle in diesem Stadtteil ist besonders ausgeprägt.

ge·fal·len <gefällst, gefiel, hat gefallen> **I.** *ohne OBJ* ■ *jmd./etwas gefällt jmdm.* (*irgendwie*) Gefällt dir das Geschenk?, Es gefällt mir gar nicht, dass ..., Die Ausstellung hat mir hervorragend gefallen **II.** *mit SICH* ■ *jmd. gefällt sich irgendwie jmd. mag es, wenn er in einer bestimmten Rolle ist* Er gefällt sich in der Rolle des großzügigen Gastgebers. ■ **sich etwas gefallen lassen** (*umg.*): *etwas geduldig ertragen und hinnehmen*

ge·fal·len *Part. Perf. von* **fallen**

Ge·fal·len[1] der <-s, -> (≈ *Gefälligkeit*) *etwas, das man tut, um jmdm. eine kleine Hilfe zu geben* Sie würden mir einen großen Gefallen tun, wenn ..., Darf ich Sie um einen kleinen Gefallen bitten?

Ge·fal·len[2] das <-s> (*kein Plur.*) *der Zustand, dass man jmdn. oder etwas mag und sympathisch findet* Sie hat offenbar Gefallen an ihm gefunden.

Ge·fal·le·ne der/die <-n, -n> *Soldat, der im Krieg gestorben ist*

ge·fäl·lig *Adj.* **1.** (≈ *ansprechend*) *so, dass es für viele attraktiv ist* Sie achtet stets auf ein gefälliges Äußeres. **2.** (≈ *hilfsbereit*) *so, dass man anderen gern hilft* Er hat sich mir damals gefällig erwiesen/gezeigt.

Ge·fäl·lig·keit die <-, -en> **1.** (≈ *Gefallen*) *etwas, das man aus Freundschaft oder Hilfsbereitschaft tut* Könntest du mir die Gefälligkeit erweisen, nach meiner Katze zu sehen, solange ich nicht hier bin? **2.** (*kein Plur.*) *Hilfsbereitschaft* Sie hat das damals aus reiner Gefälligkeit getan.

ge·fạl·lig·keits·hal·ber *Adv.* (*umg.*) *so, dass es als Gefälligkeit gedacht ist*

ge·fạl·ligst *Adv.* (*umg.*) *bei Aufforderungen verwendet, um auszudrücken, dass man ziemlich verärgert ist* Mach gefälligst die Tür zu!, Lass mich gefälligst in Ruhe!

Ge·fạll·sucht die <-> (*kein Plur.*) (*abwert.* ≈ *Eitelkeit*) *übermäßiges Bedürfnis, anderen zu gefallen*

ge·fạll·süch·tig *Adj.* (*abwert.* ≈ *eitel*)

ge·fạlscht <nicht steig.> *Adj.* (↔ *original, echt*) *so, dass es in betrügerischer oder unerlaubter Weise nachgemacht ist* Seine Papiere waren gefälscht.

ge·fạn·gen (*Part. Perf. zu „fangen"*) *Adj.* ◆ Getrenntschreibung→R 4.1 jemanden gefangen halten, jemanden gefangen nehmen

Ge·fạn·ge·ne der/die <-n, -n> **1.** *Häftling, Sträfling* Die Gefangenen wurden abgeführt/in ihre Zellen gesperrt/gut behandelt/freigelassen. **2.** (≈ *Kriegsgefangener*)

Ge·fạn·ge·nen·la·ger das <-s, -> *Lager, in dem Gefangene untergebracht sind*

Ge·fạn·ge·nen·trans·port der <-(e)s, -e> *Transport von Gefangenen*

Ge·fạn·gen·schaft die <-> (*kein Plur.*) **1.** *der Umstand, dass jmd. von jmdm. gefangen gehalten wird* Der Soldat geriet in Gefangenschaft/wurde aus der Gefangenschaft entlassen. **2.** *der Zustand, dass ein Tier nicht in freier Wildbahn, sondern in einem Zoo o.Ä. lebt* Erstmals gelang es, diese Tiere in Gefangenschaft zu züchten.

Ge·fạ̈ng·nis das <-ses, -se> **1.** (≈ *Haftanstalt, Strafanstalt*) *ein stark gesichertes Bauwerk, in dem Verurteilte Freiheitsstrafen verbüßen* Der Verbrecher sitzt seit mehreren Jahren im Gefängnis., Sie wurde frühzeitig aus dem Gefängnis entlassen. ◆-kleidung, -mauer, -wärter, -zelle **2.** *kurz für „Gefängnisstrafe"* mit zehn Jahren Gefängnis bestraft werden

Ge·fạ̈ng·nis·arzt, **Ge·fạ̈ng·nis·ärz·tin** der <-es, Gefängnisärzte> *Arzt, der in einem Gefängnis für die medizinische Betreuung der Gefangenen zuständig ist*

Ge·fạ̈ng·nis·auf·se·her, **Ge·fạ̈ng·nis·auf·se·he·rin** der <-s, -> *Aufseher für Gefangene*

Ge·fạ̈ng·nis·be·am·te, **Ge·fạ̈ng·nis·be·am·tin** der <-n, -n> *Strafvollzugsbeamte*

Ge·fạ̈ng·nis·geist·li·che(r) der <-n, -n> *Geistlicher, der in einem Gefängnis die Gefangenen betreut*

Ge·fạ̈ng·nis·in·sas·se, **Ge·fạ̈ng·nis·in·sas·sin** der <-n, -n> *jmd., der in einem Gefängnis eine Haftstrafe verbüßt*

Ge·fạ̈ng·nis·seel·sor·ge die <-> (*kein Plur.*) *Seelsorge für Gefangene*

Ge·fạ̈ng·nis·stra·fe die <-, -n> *Freiheitsstrafe, die man im Gefängnis verbüßt* Er wurde zu fünf Jahren Gefängnisstrafe verurteilt.

Ge·fa·sel das <-s> (*kein Plur.*) (*umg. abwert.*) *dauerndes unsinniges Gerede*

Ge·fäß das <-es, -e> **1.** *kleiner Behälter* (*für Flüssigkeiten*) unter den tropfenden Wasserhahn ein Gefäß stellen **2.** (ANAT.: ≈ *Ader*) *eine der Leitungsbahnen im Körper von Menschen und Tieren, in denen Blut transportiert wird* Rauchen schädigt die Gefäße. ◆-erkrankung, -leiden, -system, -wand

Ge·fäß·chi·rur·gie die <-> (*kein Plur.*) MED. *chirurgisches Teilgebiet, das sich mit Krankheiten der Gefäße[2] beschäftigt*

ge·fäß·er·wei·ternd *Adj.* (↔ *gefäßverengend*) *so, dass es eine Erweiterung der Blutgefäße bewirkt* Dieses Medikament wirkt gefäßerweiternd.

Ge·fäß·krank·heit die <-, -en> *Erkrankung der Gefäße[2]*

ge·fạsst (*Part. Perf. zu „fassen"*) *Adj.* (*beherrscht, ruhig*) *so, dass man nicht aufgeregt ist und sich unter Kontrolle hat* Er nahm die Nachricht vom Tod seines Großvaters sehr gefasst entgegen. ■ **auf etwas gefasst sein**: *mit dem Eintreten eines bestimmten Ereignisses rechnen und darauf vorbereitet sein* **sich auf etwas gefasst machen**: *mit etwas Unangenehmen rechnen* Der kann sich auf etwas gefasst machen!

ge·fäß·ver·en·ge(r)nd *Adj.* (↔ *gefäßerweiternd*) *so, dass es eine Verengung der Blutgefäße bewirkt* Dieses Medikament wirkt gefäßverengend.

Ge·fäß·ver·kal·kung die <-, -en> (≈ *Arteriosklerose*) *der Vorgang, dass sich in den Blutgefäßen Kalk ablagert*

Ge·fẹcht das <-(e)s, -e> **1.** MILIT. *kurze bewaffnete Auseinandersetzung feindlicher militärischer Truppen oder feindlicher bewaffneter Gruppen* **2.** (*übertr.*) *Auseinandersetzung* Vertreter der Regierung und der Opposition lieferten sich während der Debatte hitzige Gefechte. ■ **jemanden außer Gefecht setzen** (*umg.*): *jmdn. daran hindern, wirksam zu handeln*

Ge·fẹchts·ab·schnitt der <-(e)s, -e> *Abschnitt, in welchem ein Gefecht[1] ausgetragen wird*

Ge·fẹchts·be·reit·schaft die <-> (*kein Plur.*) *der Zustand, dass Truppen bereit zum Gefecht[1] sind*

Ge·fẹchts·li·nie die <-, -n> *Frontlinie*

ge·fẹchts·mä·ßig <nicht steig.> *nur attr. Adj. zum Gefecht bereit* gefechtsmäßig ausgerüstete Truppen

Ge·fẹchts·pau·se die <-, -n> *Pause innerhalb eines Gefechts* eine Gefechtspause einlegen

ge·fehlt <nicht steig.> *Adj.* (*schweiz.*) *missraten*

Ge·feil·sch(e) das <-s> *kein Plur.* (*abwert.*) *ständiges Feilschen*

ge·feit ■ **gegen etwas gefeit sein** (*geh.*): *vor etwas sicher oder geschützt sein*

Ge·fie·der das <-s, -> (≈ *Federkleid*) *alle Federn eines Vogels* Der Vogel putzt/plustert sein Gefieder.

ge·fie·dert <nicht steig.> *Adj. mit Federn versehen* ein gefiederter Pfeil

ge·fiel *Prät. von* **gefallen**

Ge·fil·de das <-s, -> (*geh.*) *Landschaft, Gegend*

ge·fịn·kelt *Adj.* (*österr.*) *schlau, durchtrieben*

Ge·flẹcht das <-(e)s, -e> **1.** (≈ *Flechtwerk*) *etwas, das geflochten ist* **2.** (≈ *Gewirr*) *ein dichtes Netz von Linien oder Strängen* Die Forscher drangen durch das Geflecht der Kletterpflanzen in die Höhle vor., Unter der Haut schimmert das Geflecht der Adern.

ge·fleckt <nicht steig.> *Adj.* (*von Tieren*) *mit einem Fell, das einzelne Flecken einer anderen Farbe als der Rest des Fells aufweist* gefleckte Kühe

ge·flis·sent·lich <nicht steig.> *nur attr. Adj. absichtlich* Die Rednerin hat den Zwischenruf geflissentlich überhört.

Ge·flü·gel das <-s> (*kein Plur.*) **1.** *Sammelbegriff für Hühner, Enten und Gänse* **2.** *Fleisch von Geflügel*[1] *als Speise* Fisch und Geflügel spielen in der Küche dieses Landes eine wichtige Rolle.

Ge·flü·gel·farm die <-, -en> LANDW. (*größerer*) *Betrieb für die Aufzucht von Geflügel*[1]

Ge·flü·gel·hal·tung die <-> (*kein Plur.*) *das Halten von Geflügel*[1]

Ge·flü·gel·hof der <-(e)s, Geflügelhöfe> LANDW. (*kleinerer*) *Betrieb für die Aufzucht von Geflügel*[1]

Ge·flü·gel·zucht die <-> (*kein Plur.*)

Ge·flü·gel·züch·ter, **Ge·flü·gel·züch·te·rin** der <-s, -> *Züchter von Geflügel*[1]

Ge·flüs·ter das <-s> (*kein Plur.*) *dauerndes Flüstern*

Ge·fol·ge das <-s, -> (*meist Sing.*) *Personen, die eine* (*bedeutende*) *Persönlichkeit begleiten* Der König zog mit seinem Gefolge in die Stadt ein.

Ge·folg·schaft die <-> (*kein Plur.*) **1.** (*im Mittelalter*) *die treuen Anhänger einer* (*adligen*) *Person* **2.** (*kein Plur.*) *Gehorsam* Sie hatten ihm die Gefolgschaft verweigert/aufgekündigt.

Ge·folgs·mann der <-(e)s, Gefolgsmänner/-leute> (≈ *Anhänger*) *jmd., der zur Gefolgschaft gehört* Der Revolutionär hatte viele Gefolgsmänner um sich geschart.

ge·formt <nicht steig.> *Adj. mit einer bestimmten Form ausgestattet* geformt wie … ▶Geformtheit

Ge·fra·ge das <-s> (*kein Plur.*) (*abwert.*) *dauerndes Fragen*

ge·fragt *Adj. beliebt, begehrt* ein gefragter Star

ge·frä·ßig *Adj.* (*abwert.*) *so, dass man zu gern und zu viel isst* ▶Gefräßigkeit

Ge·frei·te der/die <-n, -n> MILIT. **1.** *ein* (*niedriger*) *militärischer Dienstgrad* **2.** *Person mit diesem Dienstgrad*

Ge·frier·brand der <-(e)s, Gefrierbrände> *Schäden an nicht sachgemäß tiefgefrorenen Lebensmitteln*

ge·frie·ren <gefriert, gefror, ist gefroren> *ohne OBJ* ■ *etwas gefriert so stark abgekühlt werden, dass festes Material sehr hart und Wasser zu Eis wird* Die Pfützen sind gefroren., Der Boden ist gefroren.

Ge·frier·fach das <-(e)s, Gefrierfächer> *in einem Kühlschrank ein Fach mit sehr niedriger Temperatur, in dem man tiefgekühlte Nahrungsmittel aufbewahrt*

ge·frier·ge·trock·net <nicht steig.> *Adj. durch Gefriertrocknung haltbar gemacht* gefriergetrocknete Küchenkräuter

Ge·frier·gut das <-(e)s, Gefriergüter> *durch Gefrieren haltbar gemachte Lebensmittel*

Ge·frier·punkt der <-(e)s> (*kein Plur.*) *die Temperatur, bei der Wasser gefriert*

Ge·frier·schrank der <-(e)s, Gefrierschränke> *Kühlschrank zur Aufbewahrung von tiefgefrorenen Lebensmitteln*

Ge·frier·schutz·mit·tel das <-s, -> (≈ *Frostschutzmittel*)

Ge·frier·trock·nung die <-> (*kein Plur.*) *Trocknungsverfahren, bei dem einem Lebensmittel Wasser als Eis entzogen wird*

Ge·frier·tru·he die <-, -n> *eine Art Kühlschrank, der besonders stark kühlt und in dem man tiegefrorene Nahrungsmittel aufbewahrt*

Ge·fro·r(e)·ne(s) das <-n/(-)> (*kein Plur.*) (*veralt. süddt. österr.*) *Speiseeis*

Ge·frot·zel das <-s> (*kein Plur.*) (*umg. abwert.*) *ständiges Frotzeln*

Ge·fuch·tel(e) das <-s> (*kein Plur.*) (*umg. abwert.*) *ständiges Fuchteln*

Ge·fü·ge das <-s, -> **1.** *eine Konstruktion aus verschiedenen Elementen* Die Dachbalken bilden ein stabiles Gefüge. **2.** (≈ *Struktur*) *der genaue Aufbau von etwas* das syntaktische Gefüge eines Satzes analysieren

ge·fü·gig *Adj.* (*abwert.*) *widerstandslos gehorsam* Er wollte sie unter Androhung von Gewalt gefügig machen. ▶Gefügigkeit

Ge·fühl das <-(e)s, -e> **1.** (≈ *Empfindung*) *der Vorgang, dass man über den Zustand seines Körpers eine bestimmte Wahrnehmung hat* man verspürt ein Gefühl von Kälte/von brennender Hitze auf der Haut/von Schwere in Armen und Beinen, Ich habe bei der Prüfung so viel geschrieben, dass ich gar kein Gefühl mehr in den Fingern habe. **2.** (≈ *Emotion*) *eine seelische Regung* Sie überkam ein Gefühl der Angst/der Freude/ der Panik/Wut., Er konnte seine Gefühle nicht verbergen., Sie ließ ihren Gefühlen freien Lauf., Sie müssen Ihre Gefühle besser unter Kontrolle haben! **3.** (*kein Plur.*) (≈ *Ahnung*) *der Vorgang, dass man etwas zwar nicht genau weiß, aber dass man instinktiv spürt, dass etwas der Fall sein oder geschehen wird* Mein Gefühl sollte mich nicht täuschen., Ich hatte von vornherein so ein mulmiges/ungutes Gefühl bei der Sache. **4.** (≈ *Gespür*) *die Fähigkeit, etwas souverän zu handhaben, weil man es sehr gut kennt oder viel Erfahrung hat* Die Fahrpraxis wird ihm im Laufe der Zeit ein Gefühl für das Fahrzeug geben/verleihen., Sie hat ein Gefühl für Musik. ■ **das Höchste der Gefühle** (*umg.*): *das Äußerste, was man erwarten oder sich vorstellen kann; die Obergrenze* **etwas im Gefühl haben** (*umg.*): *etwas ahnen* **mit gemischten Gefühlen** (*umg.*): *so, dass man gleichzeitig Freude und Unbehagen spürt*

ge·fühl·los <nicht steig.> *Adj.* **1.** (≈ *taub*) *ohne Gefühl*[1]; *so, dass man an einem Körperteil nichts empfindet* Meine Finger sind ganz gefühllos vor Kälte. **2.** (≈ *kalt*) *ohne Gefühl*[2] Wie konnte sie ihn nur so gefühllos behandeln? ▶Gefühllosigkeit

ge·fühls·arm *Adj.* (≈ *emotionslos*) *so, dass man*

nur selten starke Gefühle[2] hat ▸Gefühlsarmut

Ge·fühls·aus·bruch der <-(e)s, Gefühlsausbrüche> *der Vorgang, dass jmd. sehr heftig und ohne Hemmungen zeigt, welche Gefühle ihn bewegen* Er nahm ihren Gefühlsausbruch gelassen hin.

ge·fühls·be·tont *Adj. so, dass man sich stark von seinen Gefühlen leiten lässt*

Ge·fühls·du·se·lei die <-, -en> (*umg. abwert.*) *ein Denken und Handeln, bei dem sich jmd. viel zu stark von Gefühlen leiten lässt und zu wenig von der Vernunft*

ge·fühls·du·s(e)·lig *Adj.* (*umg. abwert.*) *von Gefühlsduselei bestimmt* Sei bloß nicht so gefühlsduselig; er spielt nur mit deinen Gefühlen!

ge·fühls·kalt *Adj.* (≈ *gefühllos*) ▸Gefühlskälte

Ge·fühls·la·ge die <-> (*kein Plur.*) *die Situation, in der man sich hinsichtlich der eigenen Gefühle befindet* In welcher Gefühlslage hat der Autor wohl dieses Gedicht geschrieben?, Existenzangst und Sorge um die Zukunft – sieht so die Gefühlslage der Nation aus?

Ge·fühls·le·ben das <-s> (*kein Plur.*) *Gesamtheit aller Gefühle, die eine Person hat* ein reges/starkes Gefühlsleben besitzen

ge·fühls·mä·ßig <nicht steig.> *Adj. die Gefühle betreffend* Sie hat sich gefühlsmäßig sehr stark in die Sache eingebracht.

Ge·fühls·mensch der <-en, -en> (↔ *Verstandesmensch*) *jmd., der in seinem Verhalten hauptsächlich vom Gefühl bestimmt wird*

Ge·fühls·re·gung die <-, -en> (≈ *Emotion*) *ein bestimmtes Gefühl[2], das von jmdm. erlebt oder wahrgenommen wird* Er hat die Tat offensichtlich ohne jede Gefühlsregung verübt.

Ge·fühls·sa·che ■ **etwas ist (reine) Gefühlssache**: *etwas wird ausschließlich dem Gefühl nach beurteilt* Also erlernen kann man das Komponieren eigentlich nicht, es ist mehr oder weniger Gefühlssache!

Ge·fühls·über·schwang der <-(e)s, Gefühlsüberschwänge> *Übermaß der Gefühle*

Ge·fühls·wal·lung die <-, -en> *der Vorgang, dass ein bestimmtes Gefühl plötzlich sehr stark (und unkontrollierbar) wird* In einer plötzlichen Gefühlswallung ergriff er ihre Hände.

Ge·fühls·welt die <-> (*kein Plur.*) (≈ *Gefühlsleben*) Sie hat seine Gefühlswelt ganz schön durcheinander gebracht.

ge·fühl·voll *Adj. mit viel Gefühl* ein gefühlvoller Film

ge·fun·den *Part. Perf. von* **finden**

ge·furcht *Adj. mit Furchen* ein gefurchtes Gesicht

ge·fürch·tet *Adj. so, dass man Angst vor jmdm. oder etwas hat* ein gefürchteter Verbrecher

ge·füt·tert <nicht steig.> *Adj.* (≈ *wattiert*) *mit einem Futter versehen* gefütterte Stiefel, ein gefütterter Briefumschlag

ge·ga·belt <nicht steig.> *Adj. mit einer Gabelung versehen*

ge·gan·gen *Part. Perf. von* **gehen**

ge·ge·ben[1] *Part. Perf. von* **geben**

ge·ge·ben[2] <nicht steig.> *Adj.* **1.** *so, dass es vorhanden ist* Wir werden aus gegebenem Anlass eine Party veranstalten., Ich hatte diese Kenntnisse als gegeben vorausgesetzt. **2.** *passend, günstig* Ich werde zu gegebener Zeit darauf zurückkommen.

ge·ge·be·nen·falls *Adv.* (*abgekürzt: ggf.*) *in dem Fall, dass bestimmte Voraussetzungen dafür erfüllt sind*

Ge·ge·ben·heit die <-, -en> (*meist Plur.*) *die bestimmten Umstände, die irgendwo herrschen* Man muss die jeweiligen Gegebenheiten der Länder berücksichtigen.

ge·gelt *Adj. mit Haargel versehen* eine gegelte Frisur

ge·gen **I.** *Präp. + Akk.* **1.** (≈ *an*) *verwendet, um auszudrücken, dass etwas in Richtung einer Sache weist* Sie lehnte sich gegen das Auto., Er lehnte die Leiter gegen die Wand. **2.** (≈ *entgegen*) *verwendet, um auszudrücken, dass etwas einer anderen Sache entgegenwirkt und sie zu überwinden versucht* Der Schwimmer kämpfte gegen die Strömung an., Man musste förmlich gegen den Lärm anschreien. **3.** *verwendet, um auszudrücken, dass etwas ungefähr im Bereich der genannten Sache ist* Wir wollen gegen Abend ankommen., Gegen Ende des Konzerts verließen die ersten Zuhörer den Saal. **4.** (↔ *für*) *drückt aus, dass jmd. die genannte Sache ablehnt, bekämpft oder verhindert* Ich bin gegen jede Form von Gewalt., Sind Sie für oder gegen die Atomkraft?, Gegen Sonnenbrand gibt es hochwirksame Sonnencremes. **5.** *im Austausch für* Dieses Medikament gibt es nur gegen Rezept. **6.** (*umg.*) *im Vergleich* Gegen ihn bist du ein Zwerg. **7.** SPORT *verwendet, um auszudrücken, dass die genannten Parteien Gegner in einem sportlichen Wettkampf sind* Das Spiel Brasilien gegen Italien wird im Fernsehen übertragen. **II.** *Adv.* (≈ *ungefähr*) Es waren gegen 500 Besucher auf dem Konzert.

Ge·gen·an·griff der <-(e)s, -e> *ein Angriff, der als Reaktion auf einen erfolgten Angriff geführt wird* zum Gegenangriff übergehen

Ge·gen·an·trag der <-(e)s, Gegenanträge> POL. *ein Antrag, der als Reaktion auf einen (von der gegnerischen Partei) erfolgten Antrag eingebracht wird* einen Gegenantrag stellen

Ge·gen·an·zei·ge die <-, -n> (*meist Plur.*) (*med.*) *ein Umstand, der die Anwendung eines bestimmten Medikamentes verbietet*

Ge·gen·ar·gu·ment das <-(e)s, -e> *ein Argument gegen etwas* ein Gegenargument vorbringen

Ge·gen·bei·spiel das <-(e)s, -e> *ein Beispiel, das genau das Gegenteil von etwas demonstriert* ein Gegenbeispiel anführen

Ge·gen·be·such der <-(e)s, -e> *ein Besuch, den man als Erwiderung eines erfolgten Besuches macht* Letztes Jahr war unser Chor in Frankreich, dieses Jahr erhalten wir einen Gegenbesuch vom Chor der französischen Partnerstadt.

Ge·gen·be·we·gung die <-, -en> *eine organisierte Gruppe, die in Opposition zu etwas steht*

Ge·gend die <-, -en> **1.** *ein bestimmter (kleinerer) Teil einer Landschaft* Wir kamen durch eine einsame/gebirgige/verlassene Gegend. **2.** (≈ *Stadtviertel*) Er wohnt in einer vornehmen Gegend. **3.** (≈ *Umland*) *der Bereich in der Nähe einer Stadt* Sie ist in die Gegend um München gezogen. **4.** *nicht näher bestimmbarer Körperbereich* Schmerzen in der Gegend des Magens

Ge·gen·dar·stel·lung die <-, -en> *ein Text in einer Zeitung, in dem jmd. aus seiner Sicht etwas ganz anders beschreibt als es die Zeitung in einem früheren Artikel über ihn getan hat*

Ge·gen·dienst der <-(e)s, -e> (≈ *Gegenleistung*) *Gefälligkeit als Reaktion auf eine erwiesene Gefälligkeit* jemandem einen Gegendienst schulden

Ge·gen·druck der <-(e)s> (*kein Plur.*) *Druck, der (als Reaktion) gegen einen Druck gerichtet ist*

ge·gen·ei·nan·der *Adv. verwendet, um auszudrücken dass zwischen zwei Dingen oder Personen (A und B) wechselseitig eine Kraft wirkt, d.h. wie A auf B einwirkt, wirkt auch B auf A ein* ◆ Getrenntschreibung→R 4.1 gegeneinander drücken, gegeneinander prallen, gegeneinander pressen, gegeneinander stellen, gegeneinander stoßen

Ge·gen·ent·wurf der <-(e)s, Gegenentwürfe> (≈ *Gegenantrag*)

Ge·gen·fahr·bahn die <-, -en> *Fahrbahn für die in entgegengesetzter Richtung fahrenden Fahrzeuge*

Ge·gen·fi·gur die <-, -en> (≈ *Gegenpart*) *jmd., dessen Wesen im Gegensatz zu dem einer anderen Person steht* Der Kriminalroman lebt von der Spannung zwischen dem hartgesottenen Kommissar und seiner Gegenfigur, dem zurückhaltenden Detektiv.

Ge·gen·for·de·rung die <-, -en> *eine Forderung, die jmd. als Reaktion auf eine gestellte Forderung seinerseits stellt* Gegenforderungen stellen

Ge·gen·fra·ge die <-, -n> *Frage als Reaktion auf eine gestellte Frage* Lassen Sie mich mit einer Gegenfrage antworten!

Ge·gen·ge·schenk das <-(e)s, -e> *Geschenk als Reaktion auf ein erhaltenes Geschenk*

Ge·gen·ge·walt die <-> (*kein Plur.*) *Gewalt, die als Reaktion auf das gewaltsame Handeln anderer erfolgt* Auf Gewalt mit Gegengewalt zu antworten ist keine Lösung.

Ge·gen·ge·wicht das <-(e)s, -e> *etwas, das eine bestimmte Sache ausgleicht oder ihr eine annähernd gleiche Kraft entgegensetzt* Sein soziales Engagement bildet eine Art Gegengewicht zu seiner Tätigkeit als Unternehmer.

Ge·gen·gift das <-(e)s, -e> *ein Gift, das ein anderes Gift ausgleicht und unschädlich macht* nach dem Biss der Giftschlange ein Gegengift verabreichen

Ge·gen·kan·di·dat, **Ge·gen·kan·di·da·tin** der <-en, -en> *jmd., der gegen jmdn. kandidiert* einen Gegenkandidaten aufstellen

Ge·gen·kla·ge die <-, -n> RECHTSW. *Klage, die der Beklagte gegen den Kläger erhebt* eine Gegenklage einreichen ▶Gegenkläger

ge·gen·läu·fig <nicht steig.> *Adj. so, dass es die entgegengesetzte Tendenz von etwas hat* Nachdem die Wahlbeteiligung lange Zeit zurückging, ist jetzt eine gegenläufige Tendenz auszumachen – sie steigt wieder.

Ge·gen·leis·tung die <-, -en> (≈ *Gegendienst*) *etwas, das man für jmdn. tut, weil dieser einem geholfen hat* Wenn ihr mir beim Umziehen helft, repariere ich als Gegenleistung euer Auto.

Ge·gen·lie·be ■ **Gegenliebe finden/auf Gegenliebe stoßen**: *Anklang, Zustimmung finden* Sein Vorschlag stieß auf wenig Gegenliebe.

Ge·gen·maß·nah·me die <-, -n> *etwas, das man bewusst tut, um gegen ein Geschehen vorzugehen* Wir dürfen uns das nicht gefallen lassen, sondern müssen geeignete Gegenmaßnahmen ergreifen.

Ge·gen·mit·tel das <-s, -> (≈ *Gegengift*) *ein Mittel, das gegen Krankheiten oder ein Gift wirkt*

Ge·gen·part der <-s, -e> *gegnerische Seite* (*im Wettkampf*) Sein Gegenpart konnte ihm in dieser Disziplin wenig entgegensetzen.

Ge·gen·par·tei die <-, -en> *gegnerische Partei*

Ge·gen·pol der <-s, -e> **1.** GEOGR. *entgegengesetzte Pole* Nord- und Südpol sind Gegenpole **2.** (*übertr.*) *ein Gegengewicht zu etwas* einen Gegenpol zu etwas bilden

Ge·gen·pro·be die <-, -n> (≈ *Umkehrprobe*) *der Vorgang, dass man die Richtigkeit eines Sachverhalts dadurch zusätzlich prüft, indem man sich davon überzeugt, dass der entgegengesetzte Sachverhalt nicht zutrifft*

Ge·gen·re·ak·ti·on die <-, -en> *Ereignis oder Handlung als Reaktion gegen oder auf etwas* Ihre Gegenreaktion fiel heftiger aus als erwartet.

Ge·gen·re·for·ma·ti·on die <-> *kein Plur.* GESCH. *Gegenbewegung der katholischen Kirche gegen die Reformation* (*im 16. und 17. Jahrhundert*) ▶gegenreformatorisch

Ge·gen·re·vo·lu·ti·on die <-, -en> (≈ *Konterrevolution*) *gegen eine erfolgte Revolution gerichtete Bewegung, die es als Ziel hat, den vorrevolutionären Zustand wiederherzustellen*

Ge·gen·rich·tung die <-, -en> *die Richtung* (*B nach A*), *die einer bestimmten Richtung* (*A nach B*) *genau entgegengesetzt ist* Achtung, in der Gegenrichtung kommt Ihnen ein Fahrzeug entgegen!

Ge·gen·satz der <-es, Gegensätze> (≈ *Kontrast*) (*großer*) *Unterschied zwischen zwei Personen oder Dingen*, Der Gegensatz von Arm und Reich ist nicht zu übersehen., Die beiden Aussagen stehen in einem eklatanten (offenkundigen) Gegensatz zueinander., Unsere Gesellschaft ist voller Gegensätze. ■ **im Gegensatz**: *im Unterschied* Im Gegensatz zu seinem Bruder ist er völlig unsportlich.

ge·gen·sätz·lich *Adj. völlig unterschiedlich, einander entgegengesetzt* Diesbezüglich vertreten wir wohl gegensätzliche Meinungen/Standpunkte., Die beiden Wetterberichte lieferten völlig gegensätzliche Vorhersagen. ▶Gegensätzlichkeit

Ge·gen·satz·paar das <-(e)s, -e> *zwei Begriffe oder Dinge, die im Gegensatz zueinander stehen* „Warm“ und „kalt“ bilden ein Gegensatzpaar.

Ge·gen·sei·te die <-, -n> **1.** *die gegenüberliegende Seite* **2.** (≈ *Gegenpartei*)

ge·gen·sei·tig <nicht steig.> *Adj.* (≈ *wechselseitig*) *verwendet, um auszudrücken, dass zwischen zwei Dingen oder Personen (A und B) ein wechselseitiges Geschehen erfolgt, d.h. was A mit B tut, tut auch B mit A* Sie provozieren sich gegenseitig mit Unfreundlichkeiten., Die elektronischen Bauteile können sich gegenseitig beeinflussen.

Ge·gen·sei·tig·keit die <-> (*kein Plur.*) *wechselseitiges Verhältnis* Ihre Antipathie beruht auf Gegenseitigkeit.

Ge·gen·spie·ler, **Ge·gen·spie·le·rin** der <-s, -> (≈ *Widersacher*) *jmd., der genau die entgegengesetzten Ziele verfolgt wie man selbst*

Ge·gen·sprech·an·la·ge die <-, -n> *Sprechanlage, mit der von beiden Seiten (gleichzeitig) gesprochen werden kann*

Ge·gen·stand der <-(e)s, Gegenstände> **1.** *ein (nicht näher beschriebenes) Ding, das eine bestimmte physische Ausdehnung und eine bestimmte Form hat* ein quaderförmiger/schwerer/scharfkantiger/elegant geformter Gegenstand **2.** (*meist Sing.*) (≈ *Thema*) *etwas, das irgendwo behandelt wird* Die Dramen Schillers sind Gegenstand meiner mündlichen Prüfung. **3.** (≈ *Objekt*) *etwas, das Ziel von etwas wird* Die Neuinszenierung des Theaterstücks wurde zum Gegenstand heftiger Kritik., Der Skandal war Gegenstand zahlreicher Fernsehberichte.

ge·gen·ständ·lich *Adj.* (≈ *dinglich, konkret* ↔ *gegenstandslos, abstrakt*) *so, dass es konkrete Dinge darstellt* gegenständliche Malerei, Seine frühen Bilder waren noch gegenständlich, die späteren abstrakt. ►Gegenständlichkeit

Ge·gen·stands·be·reich der <-(e)s, -e> *Bereich, zu dem etwas zuzuordnen ist*

ge·gen·stands·los <nicht steig.> *Adj.* **1.** (≈ *hinfällig*) *so, dass es keine Begründung mehr hat und ungültig ist* Im Falle eines Irrtums meinerseits betrachten Sie mein Schreiben bitte als gegenstandslos! **2.** (KUNST: ↔ *gegenständlich*) *abstrakt* gegenstandslose Malerei

ge·gen·steu·ern <steuerst gegen, steuerte gegen, hat gegengesteuert> *ohne OBJ* ■ *jmd. steuert gegen* **1.** (≈ *gegenlenken*) *durch Lenken die Abweichung korrigieren, die entsteht, weil eine Kraft auf ein Fahrzeug wirkt* Als das Auto aus dem Tunnel kam und vom Seitenwind erfasst wurde, musste der Fahrer gegensteuern. **2.** (*übertr.*) *Gegenmaßnahmen ergreifen* Wir müssen gemeinsam versuchen gegenzusteuern, die Entwicklung selbst können wir wohl nicht aufhalten.

Ge·gen·stim·me die <-, -n> *bei einer Abstimmung gegen einen Kandidaten/einen Vorschlag abgegebene Stimme* Es gab fünfundzwanzig Gegenstimmen und eine Enthaltung.

Ge·gen·strö·mung die <-, -en> (*übertr.*) *in Opposition zu jmdm. oder etwas verlaufende Entwicklung* Schon bald sollte eine Gegenströmung zur derzeitigen Politik einsetzen.

Ge·gen·stück das <-(e)s, -e> (≈ *Pendant*) *etwas, das in einem anderen Umfeld jmdm./einer Sache funktional entspricht* Er ist Personalchef bei der Firma Müller und Schulze, also sozusagen das Gegenstück von unserem Herrn Meier.

Ge·gen·teil das <-s> (*kein Plur.*) *etwas, das zu einer Sache die genau entgegengesetzten Eigenschaften aufweist* Er ist faul und unzuverlässig, das genaue Gegenteil seiner fleißigen und strebsamen Schwester., Gestern hat er gerade das Gegenteil behauptet., Ich bin nicht verärgert, ganz im Gegenteil!

ge·gen·tei·lig <nicht steig.> *Adj. so, dass es das Gegenteil von etwas ist* Ich habe mit ihr darüber gesprochen, aber sie sieht das nicht so, sie ist gegenteiliger Meinung/Auffassung.

Ge·gen·tor das <-(e)s, -e> (SPORT: ≈ *Ausgleich*) *ein Tor der gegnerischen Mannschaft, das erzielt wird, nachdem man selbst bereits ein Tor erzielt hat* Die Mannnschaft erzielte kurz darauf ein Gegentor.

Ge·gen·ü·ber das <-s, -> (*meist Sing.*) *Person, mit der man ein Gespräch führt* Sein Gegenüber schien von seinen Argumenten völlig unbeeindruckt.

ge·gen·ü·ber **I.** *Präp. + Dat.* **1.** *bezeichnet eine frontal entgegengesetzte Lage* Gegenüber dem Krankenhaus gibt es eine Apotheke. **2.** *in Bezug auf die genannte Person oder Sache* Mir gegenüber ist sie immer höflich. **II.** *Adv. auf der entgegengesetzten Seite* Er wohnt direkt/schräg gegenüber. ◆ Zusammenschreibung→R 4.9 gegenüberliegen(d), gegenüberstehen, gegenüberstellen

ge·gen·ü·ber·lie·gend <nicht steig.> *Adj. so, dass es sich auf der anderen Seite befindet* Wir kamen mit einer Fähre ans gegenüberliegende Ufer.

ge·gen·ü·ber·sit·zen <sitzst gegenüber, saß gegenüber, hat gegenübergesessen> *ohne OBJ* ■ *jmd. sitzt jmdm./etwas gegenüber auf der gegenüberliegenden Seite von jmdm. sitzen*

ge·gen·ü·ber·ste·hen <stehst gegenüber, stand gegenüber, hat gegenübergestanden> *ohne OBJ* **1.** ■ *jmd. steht jmdm./etwas gegenüber jmdm. zugewandt stehen* Im Bus stand ich plötzlich meinem alten Schulfreund gegenüber. **2.** ■ *jmd. steht jmdm. gegenüber gegeneinander spielen* Die beiden Mannschaften standen sich im Finale zum ersten Mal gegenüber. **3.** ■ *jmd. steht etwas gegenüber mit etwas konfrontiert werden* Wir standen großen Schwierigkeiten gegenüber. **4.** ■ *jmd. steht jmdm./etwas irgendwie gegenüber eine bestimmte Einstellung zu jmdm. oder etwas haben* Ich stand diesem Plan zunächst skeptisch gegenüber.

ge·gen·ü·ber·stel·len <stellst gegenüber, stellte gegenüber, hat gegenübergestellt> *mit OBJ* **1.** ■ *jmd. stellt jmdn. jmdm. gegenüber* (≈ *konfrontieren*) *zwei Menschen im gleichen Raum unmittelbar zusammenkommen lassen* Täter und Opfer wurden einander gegenübergestellt. **2.** ■ *jmd. stellt etwas etwas gegenüber* (≈ *vergleichen*) *zwei Dinge betrachten und sehen, an welchen Stellen sie gleich bzw. verschieden sind* Wenn man die erste und die zweite Fassung des Textes gegenüberstellt, fällt auf, dass ... ▶Gegenüberstellung

ge·gen·ü·ber·tre·ten <trittst gegenüber, trat gegenüber, ist gegenübergetreten> *ohne OBJ* ■ *jmd. tritt jmdm./etwas gegenüber vor jmdn. oder etwas (hin)treten* Es fällt mir schwer, ihr nach diesen peinlichen Vorfällen gegenüberzutreten.

Ge·gen·ver·kehr der <-s> (*kein Plur.*) *der Verkehr auf der Gegenfahrbahn* Es herrschte starker Gegenverkehr, so dass ich den Lastwagen nicht überholen konnte.

Ge·gen·vor·schlag der <-(e)s, Gegenvorschläge> *Vorschlag, der als Reaktion auf einen bereits gemachten Vorschlag gemacht wird* Man schlug vor, beim Betriebsausflug ein Museum zu besuchen. Unser Gegenvorschlag war, im „Goldenen Bären" essen zu gehen.

Ge·gen·wart die <-> (*kein Plur.*) *die jetzige Zeit im Gegensatz zur Vergangenheit und zur Zukunft* Es dürfte sich um einen der bedeutendsten Romane der Gegenwart handeln., Welche Strömungen finden sich in der amerikanischen Literatur/Kunst der Gegenwart? ■ **in jemandes Gegenwart**: *in jmds. Anwesenheit* In Gegenwart des Kollegen wollte er keine Kritik üben.

ge·gen·wär·tig <nicht steig.> *Adj.* (≈ *derzeit(ig)*) *so, wie es zum Zeitpunkt des Sprechens oder Schreibens der Fall ist* Die gegenwärtige politische Lage in dem vom Bürgerkrieg heimgesuchten Land lässt sich nur schwer beurteilen.

ge·gen·warts·be·zo·gen *Adj. so, dass es an der Gegenwart (und ihren Problemen und Gegebenheiten) ausgerichtet ist (und nicht an Vergangenheit oder Zukunft)*

Ge·gen·warts·be·zug der <-(e)s, Gegenwartsbezüge> *Bezug zur Gegenwart* Historische Ereignisse haben oft nach vielen Jahren noch einen Gegenwartsbezug.

ge·gen·warts·fern *Adj.* (↔ *gegenwartsnah*) *nicht im Einklang mit der Gegenwart* Er hat völlig gegenwartsferne Vorstellungen. ▶Gegenwartsferne

Ge·gen·warts·kunst die <-> (*kein Plur.*) *gegenwärtige Kunst*

Ge·gen·warts·li·te·ra·tur die <-> (*kein Plur.*) *gegenwärtige Literatur*

ge·gen·warts·nah *Adj.* (↔ *gegenwartsfern*) *im Einklang mit der Gegenwart* ein gegenwartsnahes Geschichtsverständnis ▶Gegenwartsnähe

Ge·gen·warts·spra·che die <-, -n> *Sprache der Gegenwart*

Ge·gen·wert der <-(e)s> (*kein Plur.*) *ein Wert, der einem anderen Wert entspricht* Bei der Tombola gab es Preise im Gegenwert von 1000 Euro zu gewinnen.

Ge·gen·wind der <-(e)s> (*kein Plur.*) (↔ *Rückenwind*) *Wind, der der Fahrtrichtung eines Fahrzeugs entgegengesetzt ist* Der starke Gegenwind macht das Radfahren an der Küste ziemlich anstrengend.

ge·gen·zeich·nen <zeichnest gegen, zeichnete gegen, hat gegengezeichnet> *mit OBJ* ■ *jmd. zeichnet etwas gegen* AMTSSPR. *seine Unterschrift ebenfalls unter ein Schriftstück setzen, das bereits von jmdm. unterschrieben worden ist* Den gegengezeichneten Vertrag reichen Sie bitte an uns zurück!

ge·gli·chen *Part. Perf. von* **gleichen**

ge·glie·dert *Adj.* (*Part. Perf. von „gliedern"*) *so, dass etwas eine Gliederung aufweist* ein gut gegliederter Aufsatz

ge·glit·ten *Part. Perf. von* **gleiten**

ge·glom·men *Part. Perf. von* **glimmen**

ge·glückt *Adj.* (*Part. Perf. von „glücken"*) *so, dass etwas gut gelungen ist* Sie hat in ihrer Arbeit eine geglückte Verbindung zwischen den Themengebieten hergestellt.

Geg·ner, **Geg·ne·rin** der <-s, -> **1.** (≈ *Widersacher*) *jmd., der jmdn. oder etwas bekämpft* Sie war ihm in der Diskussion eine ebenbürtige/unerbittliche Gegnerin., Die Gegner und Befürworter dieses Planes trafen am Verhandlungstisch zusammen. **2.** SPORT *der oder die anderen Spieler oder Teilnehmer in einem Spiel oder Wettkampf* Wir haben Stärken und Schwächen des Gegners genau analysiert., Momentan hat er kaum einen ernst zu nehmenden Gegner. **3.** (≈ *Feind*) *in einer militärischen Auseinandersetzung die Armee, gegen die man kämpft* Der Feldherr plante, den Gegner im Morgengrauen mit einem Angriff zu überraschen.

geg·ne·risch <nicht steig.> *nur attr. Adj. den Gegner betreffend, zu ihm gehörend, von ihm ausgehend* den Ball ins gegnerische Tor schießen

Geg·ner·schaft die <-> (*kein Plur.*) **1.** *gegnerische Haltung* Sie hat ihre Gegnerschaft offen zum Ausdruck gebracht. **2.** *Gesamtheit der Gegner* Nun gehört auch noch der gesamte Aufsichtsrat zu seiner Gegnerschaft.

ge·gol·ten *Part. Perf. von* **gelten**

ge·go·ren *Part. Perf. von* **gären**

ge·gos·sen *Part. Perf. von* **gießen**

gegr. *Adj. Abkürzung von „gegründet"*

ge·gra·ben *Part. Perf. von* **graben**

ge·grif·fen *Part. Perf. von* **greifen**

ge·grün·det *Part. Perf. von* **gründen**

Ge·ha·be das <-s> (*kein Plur.*) (*umg. abwert.* ≈ *Getue*) *ein Verhalten, das künstlich und unecht wirkt*

ge·habt ■ **wie gehabt**: *so wie bisher (üblich)* Sein Zustand ist wie gehabt, weder besser noch schlechter.

Ge·hack·te das <-n> (*kein Plur.*) *Hackfleisch*

Ge·halt¹ das <-(e)s, Gehälter> (↔ *Lohn*) *das Geld, das ein Angestellter oder Beamter für seine berufliche Arbeit regelmäßig bekommt* Sie bezieht ein durchschnittliches/geringes/hohes Gehalt. ◆-sliste, -sbuchhaltung, -szettel, Durchschnitts-, Spitzen-

Ge·halt² der <-(e)s, -e> **1.** *der geistige Inhalt von etwas und der Wert, der diesem beigemessen wird* Experten streiten über den künstlerischen/literarischen Gehalt des Romans. **2.** *die Menge eines Stoffes, die in einem Gemisch ist* Wie hoch ist der Gehalt an Gold bei diesen Münzen? ◆ Alkohol-, Fett- , Sauerstoff-, Säure-

ge·hal·ten *Part. Perf. von* **halten**

ge·hal·ten ■ **gehalten sein, etwas zu tun**: *zu etwas verpflichtet sein* Sie sind gehalten, mir diesbezüglich Rechenschaft abzulegen.

ge·halt·los <nicht steig.> *Adj.* (↔ *gehaltvoll*) *ohne inhaltlichen Gehalt²* ▶Gehaltlosigkeit

Ge·halts·ab·rech·nung die <-, -en> *ein Dokument, auf dem steht, welches Gehalt jmd. bekommt, welche Abgaben davon abgeführt werden und welchen Betrag er ausgezahlt bekommt* die Gehaltsabrechnung ausgehändigt bekommen

Ge·halts·ab·zug der <-(e)s, Gehaltsabzüge> *Abzug einer bestimmten Geldsumme vom Gehalt*

Ge·halts·er·hö·hung die <-, -en> (↔ *Gehaltskürzung*) *Erhöhung des Gehalts* eine Gehaltserhöhung bekommen/fordern

Ge·halts·grup·pe die <-, -n> *die Kategorie, in der man sich aufgrund seines Gehalts befindet*

Ge·halts·kon·to das <-s, Gehaltskonten> *Konto, auf welches das Gehalt überwiesen wird*

Ge·halts·kür·zung die <-, -en> (↔ *Gehaltserhöhung*) *Kürzung des Gehalts*

Ge·halts·nach·zah·lung die <-, -en> *ein Geldbetrag, den man nachträglich zu seinem Gehalt bezahlt bekommt*

Ge·halts·stu·fe die <-, -n> *Gehaltsgruppe*

Ge·halts·ver·hand·lung die <-, -en> (*meist Plur.*) *Verhandlung, die über Gehaltsfragen geführt wird*

Ge·halts·vor·stel·lung die <-, -en> *Vorstellung, die sich jmd. über die Höhe seines Gehalts macht* Meine Gehaltsvorstellungen bewegen sich zwischen ... und ... Euro.

Ge·halts·wunsch der <-es, Gehaltswünsche> *Wunsch(vorstellung) bezüglich der Höhe des Gehalts* die Gehaltswünsche bei der Bewerbung angeben

ge·halt·voll *Adj.* (↔ *gehaltlos*) *reich an inhaltlichem Gehalt²* ein gehaltvoller Essay

ge·han·di·kapt [gəˈhɛndikɛpt] <nicht steig.> *Adj. behindert, benachteiligt* Nach einem Schlag auf den Knöchel war der Stürmer sichtlich gehandikapt., Durch den Ausfall wichtiger Spieler war die Mannschaft im Finale gehandikapt.

Ge·hän·ge das <-s, -> *etwas, das (herunter)hängt* ◆ Ohr-

ge·häs·sig *Adj.* (*abwert.*) *boshaft und missgünstig* Mit seinen gehässigen Bemerkungen verdarb er uns den ganzen Abend.

Ge·häs·sig·keit die <-, -en> **1.** (*kein Plur.*) *Boshaftigkeit* **2.** *gehässige Bemerkung*

ge·häuft (*Part. Perf. zu „häufen"*) *Adj.* **1.** *wiederholt* In der Nacht kam es gehäuft zu Zwischenfällen. **2.** ■ **ein gehäufter Löffel** (KOCH: ↔ *gestrichen*): *so, dass das Pulver (von Kaffee, Mehl, Zucker o.Ä.), das sich in einem Löffel befindet, eine Art kleinen Berg bildet* Danach gebe man einen gehäuften Teelöffel Backpulver in den Teig.

Ge·häu·se das <-s, -> **1.** *das feste Gebilde, das bestimmte Schnecken auf ihrem Rücken tragen* das Gehäuse einer Schnecke **2.** *die feste Hülle, die eine Apparatur oder ein Gerät von allen Seiten umgibt* Das Gehäuse der Uhr ist vergoldet. **3.** *der innere Teil von Äpfeln und Birnen, der die Samenkerne enthält*

geh·be·hin·dert *Adj. so, dass man nicht normal gehen kann, weil man durch eine Krankheit ein Problem mit den Beinen oder den Gelenken hat* ▶Gehbehinderte

Ge·he·ge das <-s, -> *in einem Wald oder einem Zoo ein Gelände, das mit einem Zaun abgesperrt ist und in dem bestimmte Tiere leben* Im Zoo wird das Gehege der Zebras neu gestaltet. ■ **jemandem ins Gehege kommen** (*umg.*): *jmds. Absichten oder Pläne stören* ◆ Wild-

ge·heim *Adj.* **1.** *so, dass nur bestimmte Personen davon wissen (dürfen/sollen)* Man hatte eine geheime Abmachung getroffen., Im Tresor befinden sich streng geheime Unterlagen., Sollte es vor dem Spiel etwa geheime Absprachen gegeben haben?, Sie kennt meine geheimsten Gedanken/Wünsche. **2.** (≈ *mysteriös*) *so rätselhaft, dass man es nur mit dem Verstand nicht erklären kann* Es schien, als seien hier geheime Kräfte im Spiel gewesen. ■ **im Geheimen**: *im Verborgenen, heimlich* ◆ Getrenntschreibung→R 4.2 etwas vor jmdm. geheim halten, geheim tun; Großschreibung→R 3.4, R 3.7 im Geheimen

Ge·heim·ab·kom·men das <-s, -> *geheimes Abkommen*

Ge·heim·ab·spra·che die <-, -n> *geheime Absprache*

Ge·heim·a·gent, **Ge·heim·a·gen·tin** der <-en, -en> *Mitarbeiter eines Geheimdienstes*

Ge·heim·bund der <-(e)s, -bünde> *eine Organisation, deren Mitglieder sich nicht offen zu ihr bekennen und die gemeinsam heimlich für ein bestimmtes Ziel arbeiten*

Ge·heim·dienst der <-(e)s, -e> *die Organisation eines Staates, die versucht, in geheimer Mission Informationen beispielsweise über militärische und strategisch relevante Daten anderer Länder zu bekommen* ▶geheimdienstlich ◆ -chef, -mitarbeiter, -zentrale

Ge·heim·di·plo·ma·tie die <-> (*kein Plur.*) *Diplomatie, die geheim ist und über die in der Öffentlichkeit nicht berichtet wird*

Ge·heim·fach das <-(e)s, Geheimfächer> *geheimes Fach* Im Aktenschrank gibt es ein Geheimfach für wichtige Dokumente.

Ge·heim·gang der <-(e)s, Geheimgänge> *geheimer (unterirdischer) Gang*

Ge·heim·hal·tung die <-> (*kein Plur.*) *der Umstand, dass etwas geheim gehalten wird* Er ist zur absoluten/strikten Geheimhaltung verpflichtet.

Ge·heim·kon·to das <-s, Geheimkonten> *Bankkonto, das geheim ist* Er hat ein Geheimkonto bei einer ausländischen Bank.

Ge·heim·leh·re die <-, -n> *geheimes Wissen, das nur einem bestimmten Kreis von Personen bekannt ist* Die Geheimlehre der (schwarzen) Magie beschäftigt sich mit Geisterbeschwörung.

Ge·heim·nis das <-ses, -se> *etwas, das geheim ist*

G

Sie vertraute mir ein Geheimnis an., Hast du das Geheimnis verraten?, Ich habe nie ein Geheimnis daraus gemacht, dass … ◆ Betriebs-, Staats-

Ge·heim·nis·krä·mer, **Ge·heim·nis·krä·me·rin** der <-, -> (*meist Sing.*) *jmd., der über seine Angelegenheiten zu anderen nicht offen spricht, sondern gern Geheimnisse hat* ▸Geheimniskrämerei

Ge·heim·nis·trä·ger, **Ge·heim·nis·trä·ge·rin** der <-s, -> *jmd., der* (*beruflich*) *Zugang zu geheimen Sachverhalten hat*

Ge·heim·nis·tu·er, **Ge·heim·nis·tu·e·rin** der <-s, -> (≈ *Geheimniskrämer*) ▸Geheimnistuerei

ge·heim·nis·um·wit·tert <nicht steig.> *Adj. so, dass man dort etwas Geheimnisvolles vermutet* eine geheimnisumwitterte Insel

ge·heim·nis·um·wo·ben <nicht steig.> *Adj.* (≈ *geheimnisumwittert*)

ge·heim·nis·voll *Adj.* (≈ *mysteriös*) *so, dass es keine Erklärung dafür gibt und viele Rätsel damit verbunden sind* Die geheimnisvollen Vorgänge wurden nie ganz aufgeklärt.

Ge·heim·num·mer die <-, -n> *geheime* (*Telefon-*)*Nummer* Wegen der vielen anonymen Anrufe haben wir jetzt eine Geheimnummer beantragt.

Ge·heim·or·ga·ni·sa·ti·on die <-, -en> (≈ *Geheimbund*)

Ge·heim·rats·e·cken <-> *Plur.* (*umg. scherzh.*) *die kahlen Stellen, die manche Männer durch Haarausfall oberhalb der Schläfen bekommen*

Ge·heim·sa·che die <-> (*kein Plur.*) *geheime Angelegenheit* etwas zur Geheimsache erklären

Ge·heim·schrift die <-, -en> *eine geheime Schrift, die nur von Eingeweihten gelesen werden kann*

Ge·heim·sen·der der <-s, -> *geheimer* (*Rundfunk-*)*Sender*

Ge·heim·sit·zung die <-, -en> *im Geheimen abgehaltene Sitzung*

Ge·heim·spra·che die <-, -n> *eine geheime Sprache, die nur von Eingeweihten verstanden wird*

Ge·heim·tipp der <-s, -s> *etwas noch relativ Unbekanntes, das aber sehr empfehlenswert ist* Dieses Lokal/Diese Internetadresse ist ein echter Geheimtipp.

Ge·heim·tür die <-, -en> *geheime Tür* Es gibt irgendwo eine Geheimtür zu diesem Zimmer.

Ge·heim·wis·sen·schaft die <-, -en> (≈ *Geheimlehre*)

Ge·heim·zahl die <-, -en> *ein Zahlencode, den man für die Benutzung von etwas* (*beispielsweise von Schlössern, Tresoren, Scheckkarten*) *kennen muss*

Ge·heim·zei·chen das <-s, -> *geheimes, nur für Eingeweihte verständliches Zeichen* Sie verständigten sich hinter seinem Rücken mit Geheimzeichen.

Ge·heiß ■ **auf jemandes Geheiß**: *auf jmds. Anordnung hin*

ge·hemmt *Adj. so, dass man Hemmungen hat* Er verhält sich immer so gehemmt mir gegenüber.

Ge·hemmt·heit die <-> (*kein Plur.*) *das Gehemmtsein*

ge·hen <gehst, ging, ist gegangen> **I.** *ohne OBJ* **1.** ■ *jmd. geht sich aufrecht in mittlerem Tempo so fortbewegen, dass immer ein Fuß Kontakt mit dem Erdboden hat* Er geht gebückt/langsam/schnell/zu Fuß., Ich brauche keinen Aufzug, ich gehe lieber. **2.** ■ *jmd. geht irgendwohin gehen[1] und dabei ein bestimmtes Ziel anstreben oder einen bestimmten Zweck verfolgen* Ich gehe baden/einkaufen/nach Hause/schlafen/spazieren. **3.** ■ *jmd. geht* (≈ *weggehen*) *einen Ort verlassen* Wollt ihr etwa schon gehen?, Der Kollege ist bereits gegangen (= nicht mehr am Arbeitsplatz). **4.** ■ *jmd. geht irgendwohin sich irgendwohin begeben, um dort eine Ausbildung zu machen, zu arbeiten, sich zu erholen* Sie geht noch in die Schule/auf die Universität., Er geht ins Ausland., Ich gehe nächste Woche in Urlaub. **5.** ■ *jmd. geht … einen neuen Lebensabschnitt, ein bestimmtes Alter erreichen* Wann gehst du in Rente?, Er geht auf die 60 zu. **6.** ■ *jmd. geht als etwas eine bestimmte Verkleidung tragen* Er geht zum Fasching als Clown. **7.** ■ *jmd. geht an etwas etwas unerlaubterweise benutzen* Geh bloß nicht an meine Stereoanlage! **8.** ■ *etwas geht in etwas* (*umg.*) *Platz haben* Geht meine Reisetasche noch in den Kofferraum? **9.** ■ *jmd. geht mit jmdm.* (*als Jugendliche*) *eine Beziehung miteinander haben* Seit wann geht sie mit ihm? **10.** ■ *etwas geht jmdm. irgendwohin reichen* Das Wasser geht ihm bis zum Bauch. **11.** ■ *etwas geht irgendwohin fahrplanmäßig fahren oder fliegen* Der Zug geht noch bis München. **12.** ■ *etwas geht auf etwas in eine Richtung zeigen* Der Eingang geht auf die Straße., Die Zimmer gehen auf Süden. **13.** *treffen* ■ *etwas geht irgendwohin* Der Ball ging ins Tor. **14.** ■ *etwas geht* (*irgendwie*) *funktionieren* Das Radio geht nicht mehr., Die Uhr geht falsch. **15.** ■ *etwas geht irgendwie ablaufen, verlaufen* Ist bei der Prüfung alles gut gegangen?. **16.** ■ *etwas geht läuten, klingeln* Das Telefon geht. **17.** ■ *etwas geht gegen jmdn./etwas gerichtet sein* Seine Anspielungen gehen eindeutig gegen mich. **18.** ■ *etwas geht über etwas übersteigen* Das geht über meine Möglichkeiten. **19.** ■ *etwas geht in etwas in eine neue Phase, ein neues Stadium eintreten* Das Spiel geht in die Verlängerung. **20.** ■ *etwas geht irgendwie sich verkaufen lassen* Dieses Produkt geht gut/überhaupt nicht. **21.** ■ **ein Wunsch geht in Erfüllung**: *ein Wunsch wird erfüllt* Mein Wunsch ging endlich in Erfüllung. **etwas geht zu Bruch**: *etwas zerbricht* **etwas geht in Druck/Produktion**: *etwas wird gedruckt oder produziert* Das Manuskript geht nächste Woche in Druck. **II.** *mit ES* **1.** ■ *jmdm. geht es irgendwie sich in der genannten körperlichen Verfassung befinden* Es geht ihm gut/hervorragend/miserabel/schlecht., Nie ging es mir besser als heute., Ihr ist es vor zehn Jahren noch nicht so gut gegangen. **2.** ■ *es geht* (*in/bei etwas Dat.*) *um etwas etwas ist irgendwo das Thema* Worum geht es in diesem Film? ■ **wo jemand geht und steht**: *immerzu, überall* **in sich gehen**: *über sein Verhalten nachdenken, um es zu än-*

dern **sich gehen lassen**: *sich nicht beherrschen, sich keine Selbstdisziplin auferlegen* **gegangen werden** (*umg. scherzh.*): *entlassen werden* ◆ Getrenntschreibung→R 4.1 baden/schlafen/ spazieren gehen, sich gehen lassen, vorwärts gehen

Ge·hẹt·ze das <-s> (*kein Plur.*) (*abwert.*) **1.** *ständiges Hetzen* Dieses dauernde Gehetze nach Geld ist unerträglich. **2.** (≈ *Hetzerei*) *Aufwiegelei*

ge·hẹtzt *Adj. so, dass man hetzen muss(te)* Sie kam immer total gehetzt an. ▶Gehetztheit

ge·heu·er <nicht steig.> (*nur präd.*) *Adj.* ■ **etwas ist jemandem nicht (ganz) geheuer**: *etwas ist jmdm. unheimlich oder verdächtig*

Geh·gips der <-es, -e> *Gipsverband am Bein, mit dem man gehen kann*

Ge·hịl·fe, Ge·hịl·fin der <-n, -n> **1.** (*geh.* ≈ *Helfer*) *jmd., der jmdm. bei etwas hilft* **2.** RECHTSW. *Komplize*

Ge·hịl·fen·schaft die <-> (*kein Plur.*) (*schweiz.*) *Beihilfe*

Ge·hịrn das <-(e)s, -e> *das Organ von Mensch und höheren Tieren, das Sitz des Gedächtnisses und des Bewusstseins ist und alle Funktionen des Organismus steuert*

Ge·hịrn·blu·tung die <-, -en> MED. *Blutung im Gehirn*

Ge·hịrn·er·schüt·te·rung die <-, -en> MED. *durch Schlag oder Stoß hervorgerufene vorübergehende Schädigung des Gehirns*

Ge·hịrn·hälf·te die <-, -n> *eine der beiden Hälften des Gehirns* die rechte/linke Gehirnhälfte

Ge·hịrn·haut die <-> (*kein Plur.*) MED. *s.* **Hirnhaut**

Ge·hịrn·haut·ent·zün·dung die <-, -en> MED. *s.* **Hirnhautentzündung**

Ge·hịrn·ope·ra·ti·on die <-, -en> *Operation am Gehirn*

Ge·hịrn·schlag der <-(e)s, Gehirnschläge> MED. *Schlaganfall*

Ge·hịrn·tu·mor der <-s, -en> MED. *Hirntumor*

Ge·hịrn·wä·sche die <-> (*kein Plur.*) *der Versuch, durch bestimmte Maßnahmen und psychischen Druck jmds. Urteilskraft und (politische) Einstellung gewaltsam zu verändern*

Ge·hịrn·win·dung die <-, -en> MED. *Windungen in der Hirnrinde*

Ge·hịrn·zel·le die <-, -n> *Nervenzelle des Gehirns*

Geh·mi·nu·te die <-, -n> *in Minuten gemessene Strecke, die man zu Fuß zurücklegt* Der Bahnhof ist nur drei Gehminuten von hier entfernt.

ge·ho·ben (*Part. Perf. zu „heben“*) *Adj.* **1.** (*sozial*) *höher stehend* ein gehobenes Viertel **2.** (≈ *gewählt*) Er bediente sich einer gehobenen Ausdrucksweise. **3.** ■ **in gehobener Stimmung**: *in froher Stimmung und guter Laune* **4.** ■ **gehobene Ansprüche**: *Ansprüche, die mehr verlangen als das Alltägliche oder Durchschnittliche* Der Wagen stellt auch gehobene Ansprüche zufrieden.

Ge·họ̈ft, Ge·hö̱ft das <-(e)s, -e> (*abgelegener*) *Bauernhof*

Ge·họ̈lz das <-es, -e> **1.** *kleines Wäldchen* sich in einem Gehölz verstecken **2.** (*kein Sing.*) *Bäume und Sträucher* Förster kümmern sich um die verschiedensten Arten von Gehölzen.

Ge·hö̱r das <-(e)s> (*kein Plur.*) *die Fähigkeit, hören zu können* Im Alter lässt das Gehör nach. ■ **nach dem Gehör spielen**: *ein Instrument spielen, ohne dabei die Melodie von Noten abzulesen* **(kein) Gehör finden**: (*nicht*) *beachtet werden* **jemandem/einer Sache (kein) Gehör schenken**: *jmdn. oder etwas (nicht) anhören* **sich Gehör verschaffen**: *dafür sorgen, dass man angehört wird*

ge·họr·chen <gehorchst, gehorchte, hat gehorcht> *ohne OBJ* **1.** ■ *jmd./ein Tier gehorcht jmdm. jmds. Anweisungen Folge leisten* Der Hund gehorcht aufs Wort. **2.** ■ *etwas gehorcht etwas etwas wird durch bestimmte Gesetzmäßigkeiten gesteuert* Es ist noch wenig erforscht, welchen Gesetzen diese Systeme gehorchen.

ge·hö̱·ren **I.** *ohne OBJ* **1.** ■ *etwas gehört jmdm. jmds. Eigentum sein* Das Buch gehört mir., Wem gehört die Jacke da? **2.** ■ *etwas gehört zu etwas Dat. erforderlich sein* Es gehört Mut dazu, seine Meinung so offen zu sagen. **3.** ■ *jmd. gehört zu etwas Dat. Teil sein von* Du gehörst jetzt zur Familie., Er hat viele Jahre zu dieser Abteilung gehört. **4.** ■ *etwas gehört zu etwas Dat. an einer bestimmten Stelle passend sein* Das gehört jetzt aber nicht zum Thema. **II.** *mit SICH* ■ *etwas gehört sich (nicht) sich (nicht) ziemen, (un)angebracht sein* Ein solches Verhalten gehört sich einfach nicht.

Ge·hö̱r·feh·ler der <-s, -> *Schädigung des Hörvermögens*

ge·hö̱r·ge·schä·digt <nicht steig.> *Adj. so, dass man einen Gehörfehler hat*

ge·hö̱·rig <nicht steig.> *Adj.* (*umg.* ≈ *gründlich*) *so, dass es ziemlich heftig ist und eine starke Wirkung hat* Ich habe ihr gehörig die Meinung gesagt., Du hast mir einen gehörigen Schrecken eingejagt.

ge·hö̱r·los <nicht steig.> *Adj. so, dass jmd. nicht über die Fähigkeit des Hörens verfügt* ▶Gehörlose, Gehörlosigkeit

Ge·họ̈rn das <-(e)s, -e> *die Hörner eines Tieres*

Ge·hö̱r·nerv der <-s, -en> *Hörnerv*

Ge·ho̱r·sam der <-(e)s> (*kein Plur.*) *das Verhalten, dass man Befehlen oder Aufforderungen sofort Folge leistet* In der Ausbildung der Soldaten wurde unbedingter Gehorsam verlangt.

ge·ho̱r·sam *Adj. so, dass man Befehlen oder Aufforderungen sofort Folge leistet* ▶Gehorsamkeit

Ge·ho̱r·sams·pflicht die <-> (*kein Plur.*) *die Pflicht, jmds. Befehlen Folge zu leisten* die Gehorsamspflicht des Soldaten gegenüber dem Vorgesetzten

Ge·hö̱r·scha·den der <-s, Gehörschäden> (≈ *Gehörfehler*)

Ge·hö̱r·schutz der <-es> (*kein Plur.*) *etwas, das man sich in die Ohren steckt oder auf den Ohren trägt, um bei großem Lärm das Gehör zu schützen*

Geh·steig der <-(e)s, -e> (≈ *Bürgersteig*)

Geht·nicht·mehr ■ **bis zum Gehtnichtmehr** (*umg.*): *bis zum Überdruss* Wir haben das Stück bis zum Gehtnichtmehr geübt.

Ge·hu·pe das <-s> (*kein Plur.*) (*umg. abwert.*) *dauerndes Hupen*

Geh·ver·band der <-s, Gehverbände> MED. *ein Verband, der nicht beim Gehen hindert*

Geh·weg der <-(e)s, -e> **1.** (≈ *Bürgersteig*) **2.** *Fußweg*

Gei·er der <-s, -> ZOOL. *ein Greifvogel*

Gei·fer der <-s> (*kein Plur.*) *aus dem Maul von Tieren (oder dem Mund von Menschen) rinnender Speichel*

gei·fern <geiferst, geiferte, hat gegeifert> *ohne OBJ* **1.** ■ *ein Tier geifert Speichel aus dem Mund laufen lassen* Der Hund geifert. **2.** ■ *jmd. geifert über jmdn./etwas* (*umg. abwert.*) *bösartig über jmdn. schimpfen*

Gei·ge die <-, -n> *ein kleineres Saiteninstrument, dessen Saiten vom Spieler mit einem Bogen gestrichen werden* ■ **die erste Geige spielen** (*umg.*): *die führende Rolle spielen* **die zweite Geige spielen** (*umg.*): *wenig zu sagen haben* **nach jemandes Geige tanzen** (*umg.*): *ohne zu widersprechen das tun, was ein anderer von jmdm. verlangt* Ich kann nicht verstehen, dass sie immer nach seiner Geige tanzt.

gei·gen <geigst, geigte, hat gegeigt> *mit OBJ/ohne OBJ* ■ *jmd. geigt (etwas)* (*umg.*) *Geige spielen* Sie geigt ein Stück von Beethoven., Sie geigt gerade. ■ **jemandem etwas geigen** (*umg.*): *jmdm. heftig die Meinung sagen*

Gei·gen·bau·er, **Gei·gen·bau·e·rin** der <-s, -> *jmd., der beruflich Geigen (und andere Streichinstrumente) herstellt*

Gei·gen·spiel das <-(e)s> (*kein Plur.*) *Spielen auf der Geige*

Gei·gen·spie·ler, **Gei·gen·spie·le·rin** der <-s, -> *jmd., der Geige spielt*

Gei·ger, **Gei·ge·rin** der <-s, -> *Geigenspieler*

Gei·ger·zäh·ler der <-s, -> PHYS. *ein Gerät, das die Stärke von radioaktiver Strahlung misst*

geil *Adj.* **1.** (*jugendspr.*) *verwendet, um auszudrücken, dass man etwas sehr gut findet* Wir haben geile Musik gehört., Das war ein geiles Konzert/Video. **2.** ■ **geil auf ...** (*jugendspr.*): *so, dass man etwas sehr gern haben will* Er ist ganz geil auf dieses Motorrad. **3.** (*vulg.*) *gierig nach Sex* Was wollte der geile Bock?

Gei·sel die <-, -n> *eine Person, die von jmdm. entführt und mit Gewalt irgendwo festgehalten wird, um dadurch ein Lösegeld oder die Durchsetzung bestimmter Forderungen zu erpressen* Die Bankräuber haben den Kassierer als Geisel genommen., Es heißt, die Geiseln seien noch am Leben.

Gei·sel·be·frei·ung die <-, -en> *Befreiung einer oder mehrerer Geiseln*

Gei·sel·dra·ma das <-s, Geiseldramen> *dramatisch verlaufende Geiselnahme*

Gei·sel·nah·me die <-, -n> *Gefangennahme einer oder mehrerer Geiseln*

Gei·sel·neh·mer, **Gei·sel·neh·me·rin** der <-s, -> *Krimineller, der Geiseln in seine Gewalt bringt*

Gei·sha die ['ge:ʃa, 'gaiʃa] <-, -s> *eine Frau, die zur Unterhaltung der Gäste in japanischen Teehäusern tanzt und singt*

Geiß die <-, -en> (ZOOL.: *süddt. österr. schweiz.*) *weibliche Ziege*

Gei·ßel die <-, -n> **1.** (≈ *Plage*) *etwas, das für viele Menschen sehr schlimm ist* Die Pest war eine Geißel der Menschheit. **2.** *ein Stab, an dessen Ende Riemen oder Schnüre befestigt sind und der als Peitsche verwendet wird*

gei·ßeln <geißelst, geißelte, hat gegeißelt> *mit OBJ* ■ *jmd. geißelt jmdn./etwas* (≈ *anprangern*) *sehr heftig anklagen oder verurteilen* Der Minister geißelte insbesondere die Missachtung der Menschenrechte in diesem Land. ►Geißelung

Geiß·fuß der <-es, Geißfüße> *eine (Heil-)Pflanze*

Geiß·lein das <-s, -> *kleine Geiß* das Märchen vom Wolf und den sieben Geißlein

Geist[1] der <-(e)s> (*kein Plur.*) **1.** (≈ *Intellekt, Verstand*) *die Fähigkeit des Menschen, (logisch) zu denken, Schlüsse zu ziehen und Urteile zu bilden und ein (sich entwickelndes) Bewusstsein zu bilden* die erstaunlichen Fähigkeiten des Geistes, Körper, Geist und Seele bilden eine Einheit., Sein Geist ist verwirrt. **2.** (≈ *Gesinnung*) *die zentrale Idee, die für das Wesen einer Sache charakteristisch ist* Mit seinem Dopingvergehen hat der Sportler gegen den olympischen Geist verstoßen., Heiterkeit und Fairness machen den Geist dieser Wettkämpfe aus. **3.** ■ **im Geiste**: *in der Fantasie, in der Vorstellung* Im Geiste sah er das neue Haus/Auto schon vor sich. **4.** (*geh.*) *Sinn* Du hast ganz in meinem Geist(e) gehandelt., der Geist der Aufklärung/des achtzehnten Jahrhunderts ■ **den/seinen Geist aufgeben** (*umg. scherzh.*): *kaputtgehen*

Geist[2] der <-(e)s, -er> **1.** *der Mensch im Hinblick auf seine verstandesmäßigen Fähigkeiten* Kleinere Geister lehnten die Ideen des Denkers ab. **2.** *ein Wesen, das man sich als überirdisch vorstellt und das nicht an einen Körper oder eine materielle Form gebunden ist* Der Medizinmann beschwört die Geister., Der Heilige Geist kam über die Apostel. **3.** (≈ *Gespenst*) *eine Spukgestalt* In dem alten Schloss soll es Geister geben., Der Geist des Toten erscheint angeblich immer um Mitternacht. ■ **von allen guten Geistern verlassen sein** (*umg.*): *etwas völlig Unvernünftiges tun* ◆-erbeschwörer, -erbeschwörung, -mererscheinung

Geis·ter·bahn die <-, -en> *eine auf Jahrmärkten aufgebaute Anlage, bei der man in kleinen Wagen durch abgedunkelte Räume fährt, wobei einen veschiedene unheimliche Geräusche und Erscheinungen erschrecken (sollen)*

Geis·ter·fah·rer, **Geis·ter·fah·re·rin** der <-s, -> (*umg.*) *jmd., der auf der Autobahn in der falschen Richtung fährt*

Geis·ter·ge·schich·te die <-, -n> (≈ *Gespenstergeschichte*) *eine Geschichte, in der Geister vorkommen*

Geis·ter·hand ■ **wie von/durch Geisterhand**:

so, als würde es durch eine unsichtbare Hand oder Kraft getan oder bewegt

geis·tern <geisterst, geisterte, ist gegeistert> *ohne OBJ* **1.** ■ *jmd. geistert irgendwo* (*umg.*) *irgendwo ziellos umherlaufen* Sie konnte nicht schlafen und geisterte die ganze Nacht durchs Haus. **2.** ■ *etwas geistert irgendwo als Idee irgendwo präsent sein* Geistert diese Idee immer noch durch seinen Kopf?

Geis·ter·stadt die <-, Geisterstädte> *eine Stadt, die wie ausgestorben ist, weil keine Menschen zu sehen sind*

Geis·ter·stun·de die <-> (*kein Plur.*) *die Stunde nach Mitternacht, in der die Geister erscheinen sollen*

geis·tes·ab·we·send *Adj.* (≈ *zerstreut*) *so unkonzentriert, dass man nicht bei der Sache ist und dauernd an etwas anderes denkt*

Geis·tes·ar·bei·ter, **Geis·tes·ar·bei·te·rin** der <-s, -> *jmd., der geistig arbeitet*

Geis·tes·blitz der <-(e)s, -e> (*umg.*) *plötzlicher (guter) Einfall*

Geis·tes·ga·be die <-, -n> (*meist Plur.*) *geistige Fähigkeit*

geis·tes·ge·gen·wär·tig *Adj. schnell und besonnen* Er handelte sehr geistesgegenwärtig und verhinderte so größeres Unheil.

Geis·tes·ge·schich·te die <-> (*kein Plur.*) *die Geschichte der politischen, wissenschaftlichen und philosophischen Strömungen einer Epoche oder eines Landes* ▶geistesgeschichtlich

geis·tes·ge·stört *Adj. so, dass jmd. an einer Krankheit des Geistes oder der Psyche leidet* ▶Geistesgestörte, Geistesgestörtheit

Geis·tes·grö·ße die <-> (*kein Plur.*) (≈ *Genialität*) *die Eigenschaft, dass jmd. hervorragende geistige Fähigkeiten besitzt* Sein Artikel war nicht gerade ein Zeichen von Geistesgröße.

Geis·tes·hal·tung die <-, -en> *die grundsätzliche innere Einstellung, die jmd. gegenüber etwas besitzt*

geis·tes·krank <nicht steig.> *Adj.* (≈ *geistesgestört*) Der Attentäter war offensichtlich geisteskrank. ▶Geisteskranke, Geisteskrankheit

Geis·tes·le·ben das <-s> (*kein Plur.*) *alles, was irgendwo auf wissenschaftlichem und kulturellem Gebiet geschieht* das Geistesleben in Nachkriegsdeutschland

geis·tes·schwach *Adj.* (*veralt.*) *geistig behindert*

Geis·tes·schwä·che die <-> (*kein Plur.*) (*veralt.*) *geistige Behinderung*

Geis·tes·ver·fas·sung die <-> (*kein Plur.*) *die bestimmte geistige Verfassung, in der sich jmd. gerade befindet* Ich bin jetzt nicht in der Geistesverfassung, diese Person zu sehen.

geis·tes·ver·wandt <nicht steig.> *Adj. so, dass man ähnliche Anschauungen und Meinungen besitzt* ▶Geistesverwandtschaft

Geis·tes·wis·sen·schaf·t <-, -en> (*meist Plur.*) (↔ *Naturwissenschaft*) *eine derjenigen Wissenschaften, die sich mit Sprache, Literatur und Kultur beschäftigen* ▶Geisteswissenschaftler, geisteswissenschaftlich

geis·tig <nicht steig.> (*nur attr.*) *Adj. in Bezug auf das Denkvermögen, den Verstand* Die körperliche Tätigkeit im Garten ist ein Ausgleich zu seiner geistigen Arbeit im Beruf., geistig minderbemittelt/rege/träge

geist·lich <nicht steig.> (*nur attr.*) *Adj. die Religion oder die Kirche betreffend* der geistliche Würdenträger der katholischen Kirche

Geist·li·che der <-n, -n> (≈ *Priester*)

geist·los *Adj.* (*abwert.*) *mit so wenig neuen oder reizvollen Ideen, dass es langweilig und nichtssagend ist* Er fand die geistlosen Gespräche auf der Party einfach furchtbar.

geist·reich *Adj. intelligent und witzig* Er fiel in der Diskussion durch mehrere geistreiche Bemerkungen auf.

G

Geiz der <-es> (*kein Plur.*) *die Eigenschaft, dass man zwanghaft und übertrieben sparsam ist* Er würde niemals Geld spenden, das lässt sein Geiz nicht zu., Das ist keine Sparsamkeit mehr, das ist schon Geiz! ▶geizig

gei·zen <geizt, geizte, hat gegeizt> *ohne OBJ* ■ *jmd. geizt* (*mit etwas Dat.*) *etwas nur sparsam einsetzen* Die Entwickler haben mit pfiffigen Detaillösungen nicht gegeizt.

Geiz·hals der <-es, Geizhälse> (*abwert.*) *geizige Person*

Geiz·kra·gen der <-s, -> (*umg. abwert.* ≈ *Geizhals*)

Ge·jam·mer das <-s> (*kein Plur.*) (*umg. abwert.*) *dauerndes Jammern* Höre mit dem Gejammer auf und tue endlich was!

Ge·kei·fe das <-s> (*kein Plur.*) (*umg. abwert.*) *dauerndes Schimpfen*

Ge·ki·cher das <-s> (*kein Plur.*) (*umg. abwert.*) *dauerndes Kichern* Das Gekicher in der Klasse geht dem Lehrer auf die Nerven.

Ge·kläff/Ge·kläf·fe das <-(e)s> (*kein Plur.*) (*umg. abwert.*) *dauerndes Bellen* Vom Hof hört man das Gekläff der Hunde.

Ge·klap·per das <-s> (*kein Plur.*) (*umg.*) (*dauerndes*) *Klappern* Aus der Küche dringt das Geklapper von Geschirr.

Ge·klim·per das <-s> (*kein Plur.*) (*umg. abwert.*) *dauerndes Klimpern* Ich weiß, dass er dieses Klavierstück üben muss, aber ich kann das Geklimper nicht mehr hören!

Ge·klin·gel das <-s> (*kein Plur.*) (*umg. abwert.*) *anhaltendes Klingeln*

Ge·klirr(e) das <-(e)s> (*kein Plur.*) (*umg. abwert.*) *ständiges Klirren*

Ge·klop·fe das <-s> (*kein Plur.*) (*umg. abwert.*) *dauerndes Klopfen*

ge·knickt (*Part. Perf. zu „knicken"*) *Adj. niedergeschlagen, enttäuscht*

ge·kocht <nicht steig.> *Adj.* (≈ *gar* ↔ *roh*) gekochtes Gemüse

ge·konnt (*Part. Perf. zu „können"*) *Adj. meisterhaft* Der Stürmer passte den Ball gekonnt in den Strafraum.

Ge·kräch·ze das <-s> (*kein Plur.*) (*umg. abwert.*)

dauerndes Krächzen Dein Gekrächze neulich am Telefon war kaum zu verstehen.

Ge·kreisch(e) das <-s> (*kein Plur.*) (*umg. abwert.*) *anhaltendes Kreischen* Kannst du mal dafür sorgen, dass die Kinder mit ihrem Gekreisch aufhören?

Ge·krit·zel das <-s> (*kein Plur.*) (*umg. abwert.*) *unleserliche (Hand-)Schrift*

Ge·krö·se das <-s, -> (≈ *Eingeweide*) *Gedärm*

ge·krümmt *Adj.* (↔ *gerade*) *so, dass es nicht (mehr) gerade, sondern bogenförmig verläuft* Ihr Rücken war von der vielen Arbeit ganz gekrümmt.

ge·küns·telt *Adj.* (*abwert.*) *so, dass es nicht echt und natürlich wirkt* Sie lachte etwas gekünstelt.

Gel das <-s, -e/-s> **1.** *zähflüssige Substanz* Mit einem speziellen Gel gefüllte Polster sollen diesen Fahrradsattel bequemer machen. **2.** *ein Kosmetikum in der Form eines Gels[1]* Das Präparat gibt es als Creme oder als Gel. ◆ Haar-

Ge·la·ber das <-s> (*kein Plur.*) (*umg. abwert.*) *nichtssagendes, dummes Gerede*

Ge·läch·ter das <-s, -> *lautes Lachen* Als er das hörte, brach er in schallendes Gelächter aus.

ge·lack·mei·ert <nicht steig.> *Adj.* (*umg. scherzh.*) *hintergangen, betrogen* Ich fühlte mich gelackmeiert. ►Gelackmeierte

Ge·la·ge das <-s, -> *ein Fest, bei dem im Übermaß gegessen und getrunken wird*

Ge·lähm·te der/die <-n, -n> *jmd., der seinen Körper oder einzelne Gliedmaßen nicht bewegen kann*

Ge·län·de das <-s, -> **1.** *ein Stück Landschaft in seiner natürlichen Beschaffenheit* Mountainbikes eignen sich auch für hügeliges/unwegsames Gelände., Das Gelände macht den Wettkampf zu einer echten Herausforderung., Die Soldaten machen im Gelände militärische Übungen. ◆-abschnitt, -formen **2.** *ein Stück abgegrenztes Land* Auf diesem Gelände werden Messehallen errichtet. ◆ Ausstellungs-, Firmen-, Messe-

ge·län·de·gän·gig *Adj. so, dass ein Fahrzeug in unwegsamem Gelände fahren kann* ►Geländegängigkeit

Ge·län·der das <-s, -> *eine Stange, die entlang einer Treppe angebracht ist, und an der man sich festhalten kann*

Ge·län·de·spiel das <-(e)s, -e> *ein Spiel, das im (freien) Gelände stattfindet* Die Jugendfreizeit hat ein Geländespiel vorbereitet.

Ge·län·de·wa·gen der <-s, -> *für das Fahren abseits der Straße konstruiertes Kraftfahrzeug*

ge·lang *Prät. von* **gelingen**

ge·lan·gen <gelangst, gelangte, ist gelangt> *ohne OBJ* **1.** ■ *jmd. gelangt irgendwohin an einen bestimmten Ort kommen* Er konnte aus eigener Kraft nicht mehr ans rettende Ufer gelangen. **2.** ■ *etwas gelangt irgendwohin irgendwohin geraten (ohne dass dies von jmdm. gewollt ist)* Die vertraulichen Informationen gelangten an die Öffentlichkeit., Die Chipfertigung erfolgt in einem Raum, in den keinerlei Staub gelangen darf., Gelangen Erreger in die Wunde, kommt es zu einer Infektion. **3.** ■ *jmd. gelangt zu etwas Dat. zu etwas kommen, etwas erreichen* Er gelangte zu Ruhm und Ehre., Ich gelangte schließlich zu der Überzeugung/zu der Erkenntnis, dass …

ge·las·sen (*Part. Perf. zu „lassen"*) *Adj. so ruhig und beherrscht, dass man jmdm. seine Gefühle nicht anmerkt* Was auch passierte, er blieb stets gelassen. ►Gelassenheit

Ge·la·ti·ne die [ʒela'tiːnə] <-> (*kein Plur.*) *eine Substanz, die man zum Eindicken und Binden von Speisen sowie zur Herstellung von Sülze verwendet*

ge·läu·fig *Adj. so, dass es oft vorkommt und daher allgemein bekannt ist* Er hat einen ganz geläufigen Namen, aber er ist mir im Augenblick entfallen., Dieses Wort/Diese Redensart ist mir nicht geläufig. ►Geläufigkeit

ge·launt <nicht steig.> *Adj.* ■ *jmd. ist irgendwie gelaunt jmd. hat die genannte Stimmung* Er war an diesem Morgen bestens/gut/hervorragend/miserabel/unglaublich schlecht gelaunt. ◆ Getrenntschreibung→R 4.3, R 4.12 gut gelaunt, schlecht gelaunt

Gelb das <-s, -/-s> **1.** *gelber Farbton* Gibt es diesen Pullover auch in einem zarteren/kräftigeren Gelb?, ein in leuchtendem Gelb lackiertes Fahrrad **2.** *die Stellung der Verkehrsampel, bei der gelbes Licht leuchtet* Er fuhr bei Gelb noch schnell über die Kreuzung.

gelb *Adj. von der Farbe der Zitronenschale* die gelben Flaumfedern eines Kükens, das rote, gelbe oder grüne Licht der Verkehrsampel, gelbe Wiesenblumen ■ **das gelbe Trikot** SPORT: *das Trikot des Führenden in einem Etappenradrennen* ◆ Großschreibung→R 3.17 Gelbe Rüben; Kleinschreibung→R 3.20 die gelbe Karte, das gelbe Trikot, die gelben Seiten

gelb·braun <nicht steig.> *Adj.* (≈ *ocker(farben)*) *von der Farbe von Sand*

Gel·be ■ **das Gelbe vom Ei sein** (*umg.*): *das Beste, Vorteilhafteste sein* Dieser Vorschlag ist nicht gerade das Gelbe vom Ei.

Gelb·fie·ber das <-s> (*kein Plur.*) MED. *eine ansteckende Tropenkrankheit*

gelb·lich *Adj. nicht von reinem gelben Farbton, sondern mit einem Anteil von Gelb* ◆ Getrenntschreibung→R 4.3 gelblich grün, gelblich rot

Gelb·sucht die <-> (*kein Plur.*) MED. *eine Lebererkrankung*

Gelb·wurst die <-, Gelbwürste> *eine mild gewürzte Fleischwurst von heller Farbe*

Gelb·wur·zel die <-, -n> (BOT.: ≈ *Kurkuma*) *eine Gewürzpflanze*

Geld das <-(e)s, -er> **1.** (*kein Plur.*) *die vom Staat hergestellten Münzen und Banknoten, die als Zahlungsmittel verwendet werden* Er hat viel Geld ausgegeben/ benötigt/auf seinem Konto eingezahlt/gespart/ überwiesen/verdient/verschwendet., Hier kann man bares Geld sparen., Das kostet mich eine beträchtliche Menge/schöne Stange Geld., Geld macht nicht unbedingt glücklich., Bei der Sache geht es doch nur ums Geld.

2. (*meist Plur.*) *viel Geld[1]* Sie hat ihre Gelder angelegt/investiert., Es sollen beträchtliche Gelder in die Parteikasse geflossen sein. ■ **im Geld schwimmen** (*umg.*): *viel Geld haben* **Geld wie Heu haben** (*umg.*): *sehr reich sein* **Geld unter die Leute bringen** (*umg.*): *Geld ausgeben* **sein Geld zum Fenster hinauswerfen/zum Schornstein hinausjagen** (*umg.*): *sein Geld verschwenden* **sein Geld arbeiten lassen**: *Geld so anlegen, dass man Zinsen bekommt* **zu Geld kommen**: *reich werden* **etwas zu Geld machen**: *verkaufen* ◆ Spenden-

Geld·au·to·mat der <-en, -en> *ein Automat, an dem man mithilfe seiner Scheckkarte Geld von seinem Konto abheben kann*

Geld·be·trag der <-(e)s, Geldbeträge> (≈ *Geldsumme*) *eine bestimmte Menge Geld, deren Größe mit einer Zahlenangabe ausgedrückt wird*

Geld·beu·tel der <-s, -> (≈ *Portmonee*) *eine (kleine) Tasche aus Leder oder Kunststoff, in der man sein Bargeld mit sich trägt*

Geld·bör·se die <-, -n> (*geh.* ≈ *Geldbeutel*)

Geld·brief·trä·ger der <-s, -> *ein Briefträger, der Geldsendungen überbringt*

Geld·bu·ße die <-, -n> (≈ *Geldstrafe*)

Geld·ent·wer·tung die <-> (*kein Plur.*) *der Vorgang, dass man für eine bestimmte Menge Geld immer weniger Gegenwert erhält*

Geld·for·de·rung die <-, -en> *Forderung nach Geld* Seine ständigen Geldforderungen werden mir langsam zuviel.

Geld·fra·ge ■ **etwas ist nur eine Geldfrage**: *ob etwas gemacht werden kann, hängt nur davon ab, ob man genügend Geld hat*

Geld·ge·schenk das <-(e)s, -e> *ein bestimmter Geldbetrag, den man jmdm. als Geschenk gibt* Geldgeschenke finde ich ziemlich unoriginell.

Geld·gier die <-> (*kein Plur.*) *Gier nach Geld* ▶geldgierig

Geld·gür·tel der <-s, -> *ein Gürtel, in dem man Geld mit sich trägt (um es besonders sicher am Körper zu verwahren)*

Geld·hahn ■ **jemandem den Geldhahn zudrehen**: *jmdm. kein Geld mehr geben*

Geld·hei·rat die <-> (*kein Plur.*) *der Vorgang, dass jmd. einen Partner geheiratet hat und der Grund dafür vor allem der war, dass der Partner (viel) Geld hat*

Geld·in·sti·tut das <-s, -e> *Bank, Sparkasse*

Geld·kas·set·te die <-, -n> *ein Behälter aus Metall, in dem man Geld aufbewahrt*

geld·lich <nicht steig.> *nur attr. Adj.* (≈ *finanziell*) *das Geld, die Finanzen betreffend*

Geld·men·ge die <-, -n> WIRTSCH. *die Menge an Geld, die im Umlauf ist*

Geld·mit·tel <-> *Plur. das Geld, das irgendwo zur Verfügung steht* Meine Geldmittel sind inzwischen erschöpft.

Geld·not die <-, Geldnöte> (≈ *Geldmangel*) (plötzlich) in Geldnot geraten

Geld·quel·le die <-, -n> *eine Möglichkeit, Geld zu bekommen* Sein Job bei der Agentur ist zur Zeit seine einzige Geldquelle.

Geld·rol·le die <-, -n> *eine feste Papierrolle, in die Münzen eingepackt sind* Die Kassiererin musste eine neue Geldrolle aufmachen, um das Wechselgeld ausbezahlen zu können.

Geld·sa·che die <-, -n> (*meist Plur.*) *eine Geld betreffende Angelegenheit* In Geldsachen versteht er keinen Spaß.

Geld·sack der <-(e)s, Geldsäcke> **1.** *ein Sack, der (Münz)Geld enthält* **2.** (*umg. abwert.*) *jmd., der reich (und gleichzeitig geldgierig) ist*

Geld·schein der <-(e)s, -e> (≈ *Banknote*)

Geld·schrank der <-(e)s, Geldschränke> (≈ *Tresor*)

Geld·se·gen der <-s> (*kein Plur.*) *eine (größere) Menge Geld, die jmdm. (überraschend) zuteil wird* Der frisch gebackene Lottogewinner weiß noch gar nicht, dass ihm ein Geldsegen ins Haus steht.

Geld·sor·gen <-> *Plur. Sorgen, die jmd. sich macht, weil er nicht genügend Geld hat* Viele junge Paare streiten sich wegen ihrer Geldsorgen.

Geld·sor·te die <-, -n> BANK. *(ausländische) Währungseinheit*

Geld·spen·de die <-, -n> *Geld, das man jmdm. spendet*

Geld·stra·fe die <-, -n> *eine Strafe, die darin besteht, dass jmd. einen bestimmten Geldbetrag bezahlen muss* jemanden mit einer Geldstrafe belegen

Geld·stück das <-(e)s, -e> (≈ *Münze*)

Geld·sum·me die <-, -n> (≈ *Geldbetrag*) *eine bestimmte Menge an Geld* Mein Bruder schuldet mir noch eine beträchtliche Geldsumme.

Geld·trans·port der <-(e)s, -e> *der Transport von Geld (in einem speziell gesicherten Fahrzeug)* Im Zusammenhang mit dem Überfall auf einen Geldtransport sucht die Polizei …

Geld·um·tausch der <-(e)s, -e> (*meist Sing.*) *das Umtauschen von einer Währungseinheit in eine andere*

Geld·ver·schwen·dung die <-, -en> (*meist Sing.*) *das vermeidbare und sinnlose Ausgeben von Geld* Der letzte Kinobesuch war die reinste Geldverschwendung.

Geld·wä·sche die <-> (*kein Plur.*) (*umg. abwert.*) *der Vorgang, dass jmd. illegal erworbenes Geld (z.B. aus Drogenhandel und Prostitution) in einem anderen (unbedenklichen) Geschäft anlegt* ▶Geldwäscher

Geld·wech·sel der <-s> (*kein Plur.*) (≈ *Geldumtausch*)

Geld·zu·wen·dung die <-, -en> *finanzielle Unterstützung* Sie erhielt eine einmalige Geldzuwendung von ihrem Arbeitgeber.

Ge·lee der/das [ʒeˈleː] <-s, -s> *mit Zucker gekochter, stark eingedickter Fruchtsaft, den man als Brotaufstrich isst*

Ge·le·ge das <-s, -> *von Vögeln und Reptilien an einem Ort abgelegte Eier*

ge·le·gen (*Part. Perf. zu „liegen"*) *Adj.* ■ **etwas kommt jemandem gelegen**: *etwas ist günstig* *für jmdn.* Dein Besuch kommt mir momentan gar nicht gelegen, da ich sehr beschäftigt bin.

Ge·le·gen·heit die <-, -en> **1.** *eine Situation, die günstig für jmdn. ist und die Möglichkeit bietet, dass er etwas Bestimmtes tun kann* Ich musste lange auf diese Gelegenheit warten., Ich habe diese einmalige/seltene Gelegenheit verpasst., Sie haben anschließend die Gelegenheit, dem Referenten Fragen zu stellen., Diese Gelegenheit lasse ich mir nicht entgehen., Bei der Gelegenheit wollte ich fragen, ob … **2.** (≈ *Anlass*) Diesen Anzug trage ich nur zu besonderen Gelegenheiten ■ **die Gelegenheit beim Schopf(e) fassen/ergreifen/packen/nehmen**: *einen einmaligen, günstigen Augenblick schnell ausnutzen*

Ge·le·gen·heits·ar·beit die <-, -en> *kurzfristige (und vorübergehende) Beschäftigung*

Ge·le·gen·heits·ar·bei·ter, **Ge·le·gen·heits·ar·bei·te·rin** der <-s, -> *jmd., der ohne feste Anstellung immer nur für kurze Zeit arbeitet*

Ge·le·gen·heits·dich·tung die <-, -en> *Dichtung, die zu einem bestimmten Anlass verfasst worden ist*

Ge·le·gen·heits·job der <-s, -s> (≈ *Gelegenheitsarbeit*)

Ge·le·gen·heits·kauf der <-(e)s, Gelegenheitskäufe> **1.** *ein Kauf, zu dem man sich aufgrund eines günstigen Preises spontan entschließt* **2.** *bei einem Gelegenheitskauf[1] erworbener Gegenstand*

ge·le·gent·lich <nicht steig.> *Adj.* **1.** (≈ *manchmal*) *so, dass es nur ab und zu und nicht regelmäßig geschieht* Ich fahre nur gelegentlich mit dem Auto, meist benutze ich die Straßenbahn oder das Rad. **2.** *zu einem Zeitpunkt, an dem es günstig ist* Wir sollten gelegentlich den Keller aufräumen.

ge·leh·rig *Adj. so, dass jmd. schnell lernt* ein gelehriger Schüler

ge·lehrt (*Part. Perf. zu „lehren"*) *Adj. von großer (akademischer) Bildung* gelehrte Frauen des Mittelalters wie Hildegard von Bingen

Ge·lehr·te der/die <-n, -n> *jmd., der gelehrt ist*

Ge·lehr·ten·streit der <-(e)s, -e> (*meist Sing.*) *(wissenschaftlicher) (Meinungs)Streit unter Gelehrten*

Ge·lehrt·heit die <-> (*kein Plur.*) *das Gelehrtsein* Die mittelalterlichen Mönche waren oft von umfassender Gelehrtheit.

Ge·lei·se das <-s, -> (*schweiz.*) *Gleis*

Ge·leit das <-(e)s, -e> (*geh.*) *eine Begleitung, die man jmdm. zum Schutz oder als Ehrung mitgibt* ■ **freies/sicheres Geleit** RECHTSW.: *die Garantie, jmdn. weder anzugreifen noch gefangen zu nehmen, während er etwas Bestimmtes tut* **jemandem das letzte Geleit geben** (*geh. verhüll.*): *an jmds. Beerdigung teilnehmen*

ge·lei·ten <geleitest, geleitete, hat geleitet> *mit OBJ* ■ *jmd. geleitet jmdn. (irgendwohin)* (*geh.* ≈ *begleiten*) *jmdn. zum Schutz oder als Ehrung begleiten*

Ge·leit·wort das <-(e)s, -e> (*geh.* ≈ *Vorwort*) *ein einleitender Text, der vor dem eigentlichen Inhalt (eines Buches) steht* eine Publikation mit einem Geleitwort versehen

Ge·lenk das <-(e)s, -e> **1.** ANAT. *ein Körperteil, das eine bewegliche Verbindung zwischen Knochen bildet* ◆ Arm-, Fuß-, Schulter-, Sprung- **2.** TECHN. *bewegliche Verbindung zwischen Teilen einer Konstruktion*

Ge·lenk·ent·zün·dung die <-, -en> (≈ *Arthritis*) *(chronische) Entzündung eines Gelenks[1]*

ge·len·kig *Adj. so, dass jmds. Körper sehr beweglich ist* Turner und Artisten müssen gelenkig sein. ▶Gelenkigkeit

Ge·lenk·kap·sel die <-, -n> ANAT. *Kapsel eines Gelenks[1]* ◆ -entzündung

Ge·lenk·kopf der <-(e)s, Gelenkköpfe> ANAT. *(runder) Teil eines Gelenks[1]*

Ge·lenk·pfan·ne die <-, -n> ANAT. *(schalenförmiger) Teil eines Gelenks[1], der den Gelenkkopf aufnimmt*

Ge·lenk·rheu·ma·tis·mus <-, Gelenkrheumatismen> MED. *schmerzhafte Erkrankung der Gelenke[1]*

ge·lernt (*Part. Perf. zu „lernen"*) *Adj. so, dass man die genannte Sache im Rahmen einer Lehre erlernt hat* Er ist gelernter Elektriker.

Ge·lieb·te der/die <-n, -n> *eine Person, mit der man als verheiratete Person eine außereheliche sexuelle Beziehung unterhält* Seine Frau hat herausgefunden, dass er eine Geliebte hat.

ge·lie·fert <nicht steig.> *Adj.* ■ **geliefert sein** (*umg.* ≈ *erledigt, verloren*): Wenn sie ihn erwischen, ist er geliefert.

Ge·lier·mit·tel das <-s, -> *eine Substanz, die man zur Herstellung von Gelee verwendet und die dafür sorgt, dass Fruchtsaft dick wird*

Ge·lier·zu·cker der <-s, -> *Zucker, der mit Geliermittel vermischt ist*

ge·lin·de <nicht steig.> *Adj. vorsichtig (formuliert)* Das ist – gelinde gesagt – eine Frechheit.

ge·lin·gen <gelingt, gelang, ist gelungen> *ohne OBJ* ■ *jmdm. gelingt etwas Nom. zu einem positiven Ausgang, einem guten Ergebnis kommen* Der Kuchen ist dir gut gelungen., Es gibt Tage, an denen einem nichts gelingt., Manchen Menschen scheint alles zu gelingen.

gell *Partikel* (*umg. süddt.* ≈ *nicht wahr?*) *verwendet, um auszudrücken, dass der Sprecher eine Bestätigung seiner Aussage vom Hörer wünscht* Du kommst doch auch, gell?

gel·len <gellt, gellte, hat gegellt> *ohne OBJ* ■ *etwas gellt hell und durchdringend schallen* Schreie gellten durch die Nacht.

ge·lo·ben <gelobst, gelobte, hat gelobt> *mit OBJ* ■ *jmd. gelobt (jmdm.) etwas Akk.* (*geh.*) *feierlich versprechen oder schwören* Der Minister gelobt Treue gegenüber der Verfassung.

Ge·löb·nis das <-ses, -se> (*geh.*) *das öffentlich gegebene, feierliche Versprechen, dass man etwas Bestimmtes tun wird* Die Rekruten legen ein Gelöbnis ab.

ge·löst (*Part. Perf. zu „lösen"*) *Adj.* (≈ *entspannt*) *so, dass man sich frei von Stress und Problemen* *fühlt* Nach der bestandenen Prüfung wirkte er sehr gelöst. ▸Gelöstheit

Gel·se die <-, -n> (*österr.*) *Stechmücke*

gel·ten <giltst, galt, hat gegolten> **I.** *ohne OBJ* **1.** ■ *etwas gilt (für jmdn./etwas) Gültigkeit haben* Diese Fahrkarte gilt nicht in ICE-Zügen!, Die Regeln gelten für alle., Das gilt auch für dich!, Es gelten unsere Geschäftsbedingungen. **2.** ■ *jmd./etwas gilt (als) etwas Nom. irgendwie beurteilt, eingeschätzt werden* Er gilt als kompetenter Fachmann auf diesem Gebiet., Italienische Schuhe gelten als besonders elegant. **3.** ■ *etwas gilt jmdm. für jmdn. bestimmt oder an jmdn. gerichtet sein* Die Bemerkung/Der Gruß galt dir. **4.** ■ *etwas gilt etwas Dat. (geh.) auf ein Ziel hin gerichtet sein* In dieser Zeit galt mein alleiniges Interesse der Fertigstellung meiner Doktorarbeit. **II.** *mit ES* ■ *es gilt (etwas zu tun) es kommt auf etwas an* Es gilt, jetzt keine Zeit mehr zu verlieren. ■ **etwas geltend machen**: *auf berechtigte Ansprüche hinweisen und sie durchsetzen wollen*

Gel·tung die <-> (*kein Plur.*) (≈ *Gültigkeit*) ■ **an Geltung verlieren**: *bedeutungslos werden* **zur Geltung bringen**: *vorteilhaft wirken lassen* **zur Geltung kommen**: *durch etwas vorteilhaft wirken*

Gel·tungs·be·dürf·nis das <-ses> (*kein Plur.*) (≈ *Geltungsdrang*) *das Bedürfnis, von anderen beachtet und für seine Leistungen anerkannt zu werden*

Gel·tungs·be·reich der <-(e)s, -e> *der Bereich, in dem oder für den etwas Bestimmtes Gültigkeit hat*

Gel·tungs·dau·er die <-> (*kein Plur.*) *die Zeit, für die etwas Bestimmtes Gültigkeit hat*

Gel·tungs·drang der <-(e)s> (*kein Plur.*) (≈ *Geltungsbedürfnis*)

Gel·tungs·sucht die <-> (*kein Plur.*) *das übermäßige Bedürfnis, von anderen beachtet und anerkannt zu werden*

Ge·lüb·de das <-s, -> *feierliches Versprechen* Der Priester hat ein Gelübde abgelegt.

ge·lun·gen (*Part. Perf. zu „gelingen"*) *Adj.* (*umg.*) *witzig, originell* Das war eine gelungene Idee!

ge·lüs·ten *mit ES* ■ *jmdn. gelüstet es nach etwas Dat.* (*geh. oder scherzh.*) *jmd. spürt ein starkes Verlangen nach etwas* Es gelüstet mich nach Schokolade.

Ge·mach das <-(e)s, Gemächer> (*geh.*) *großer, vornehmer Wohnraum* Im linken Flügel des Schlosses befinden sich die Gemächer der Gräfin.

ge·mäch·lich *Adj.* (↔ *hastig*) *langsam und ohne Hast* Er kam gemächlichen Schrittes auf mich zu. ▸Gemächlichkeit

Ge·mächt das <-(e)s, -e> (*scherzh.*) *das männliche Geschlechtsteil*

Ge·mahl der <-(e)s, -e> (*meist Sing.*) (*geh.*) *Ehemann*

Ge·mah·lin die <-, -nen> (*geh.*) *Ehefrau*

Ge·mäl·de das <-s, -> (*von einem Maler geschaffenes*) *Bild* Das ist ein Gemälde von van Gogh. ◆Öl-

Ge·mäl·de·aus·stel·lung die <-, -en> *Ausstellung von (bestimmten) Gemälden*

Ge·mäl·de·ga·le·rie die <-, -n> *eine Galerie, in der Gemälde ausgestellt sind*

ge·mäß <nicht steig.> **I.** *Adj. jmdm. oder etwas entsprechend* Er suchte eine seinen Fähigkeiten gemäße Stellung. **II.** *Präp. + Dat. entsprechend, laut* Seinem Wunsch gemäß übernahm sein Sohn das Geschäft., Gemäß Paragraph 198 kam das Gericht zu der Auffassung, dass ...

ge·mä·ßigt (*Part. Perf. zu „mäßigen"*) *Adj.* **1.** *politisch nicht extrem* Er vertritt gemäßigte Ansichten. **2.** *so, dass es nicht extrem ist* Diese Tiere leben weder in den Tropen, noch in den Polarregionen, sondern nur in den gemäßigten Zonen unserer Erde.

Ge·mäu·er das <-s, -> (*abwert.*) (*altes*) *Bauwerk*

Ge·mau·le das <-s> (*kein Plur.*) (*umg. abwert.*) (*ständiges*) *Maulen* Ich habe dieses ewige Gemaule ums Essen satt!

Ge·mau·schel das <-s> (*kein Plur.*) (*umg. abwert.*) (*ständiges*) *Mauscheln*

Ge·me·cker das <-s> (*kein Plur.*) (*umg. abwert.*) *dauerndes Meckern*

ge·mein *Adj.* **1.** (≈ *niederträchtig*) *hinterhältig und voller Bosheit* Die gemeine Bemerkung hat sie tief verletzt., Seine Mitschüler hatten ihn gemein behandelt. **2.** (*umg.* ≈ *ärgerlich*) *unerfreulich* Ich finde es gemein, dass ich die bessere Note nur um einen Punkt verpasst habe. **3.** (*umg.*) *sehr intensiv* Ich hatte gemeine Kopfschmerzen. **4.** (*umg.*) *sehr* Das hat gemein weh getan. **5.** BOT. ZOOL. *ohne besondere Merkmale* die gemeine Stubenfliege **6.** ■ *etwas mit jmdm./etwas gemein haben mit jmdm. oder etwas eine gemeinsame Eigenschaft haben* Er hat nichts mit seinem Bruder gemein. ◆Großschreibung→R 3.17 die Gemeine Stubenfliege

Ge·mein·de die <-, -n> **1.** (*in Deutschland*) *kleinste Verwaltungseinheit eines Staates* Die Gemeinden sind zu einem Zweckverband zusammengeschlossen., Bund, Länder und Gemeinden ◆-behörde, -bezirk, -eigentum, -verwaltung **2.** (≈ *Pfarrei*) *die Menschen (in einer Stadt), für die ein Priester zuständig ist* Die Gemeinde bekommt einen neuen Priester., die evangelische/katholische Gemeinde ◆-mitglied, -pfarrer, Pfarr- **3.** *die Menschen, die in einer Gemeinde[1] leben* Die Gemeinde wählt einen neuen Bürgermeister. **4.** *die Menschen, die in einer Gemeinde[2] leben* Die ganze Gemeinde hatte gespendet, um eine neue Kirchturmglocke zu finanzieren. **5.** *alle Besucher eines Gottesdienstes* Der Pfarrer sprach zur versammelten Gemeinde. **6.** *Verwaltungsgebäude einer Gemeinde[1]* Ich muss den Antrag noch zur Gemeinde bringen. **7.** *eine Gruppe von Menschen, die etwas verbindet* Die Gemeinde der treuesten Fans hat bereits die Plätze unmittelbar vor der Bühne eingenommen.

Ge·mein·de·am·man der <-(e)s, -männer> (*schweiz.*) *Gemeindevorsteher*

Ge·mein·de·bann der <-(e)s> (*kein Plur.*) (*schweiz.*) *Gemeindegebiet*

Ge·mein·de·haus das <-es, Gemeindehäuser> *der (Kirchen-) Gemeinde gehörendes Gebäude für Versammlungen und amtliche Angelegenheiten*

Ge·mein·de·hel·fer, **Ge·mein·de·hel·fe·rin** der <-s, -> *Angestellter der (evangelischen) Kirchengemeinde* Die neue Gemeindehelferin engagiert sich besonders in der Jugendarbeit.

Ge·mein·de·pfle·ge die <-> (*kein Plur.*) *soziale Fürsorge der (evangelischen) Kirchengemeinde*

Ge·mein·de·prä·si·dent der <-en, -en> (*schweiz.*) *Gemeindevorsteher*

Ge·mein·de·rat, **Ge·mein·de·rä·tin** der <-(e)s, Gemeinderäte> **1.** *Gremium der gewählten Vertreter einer Gemeinde*[1] **2.** *ein Mitglied des Gemeinderates*[1]

Ge·mein·de·ver·samm·lung die <-, -en> (*schweiz.*) *Versammlung aller Stimmberechtigten einer Gemeinde, um über wichtige Angelegenheiten zu beschließen und zu wählen*

Ge·mein·de·woh·nung die <-, -en> (*österr.*) *Sozialwohnung*

ge·mein·ge·fähr·lich *Adj.* (*für andere Menschen*) *sehr gefährlich* Die Fahndung nach dem gemeingefährlichen Verbrecher läuft bereits.

Ge·mein·gut das <-(e)s> (*kein Plur.*) (*geh.*) *etwas, das der Allgemeinheit gehört* ■ **zum Gemeingut werden**: *allgemein bekannt werden* Dieses Lied ist längst Gemeingut geworden.

Ge·mein·heit die <-, -en> **1.** (*kein Plur.*) (≈ *Schlechtigkeit*) *gemeine*[1] *Art* Das hat er doch aus purer Gemeinheit getan. **2.** *gemeine*[1] *Handlung* Ich traue ihm jede Gemeinheit zu. **3.** (*umg.*) *etwas Unerfreuliches, Ärgerliches* Ich hatte mich so auf dieses Konzert gefreut, und jetzt fällt es aus – so eine Gemeinheit!

ge·mein·hin *Adv.* (*geh.* ≈ *gewöhnlich*) *normalerweise* Man geht gemeinhin davon aus, dass …

ge·mein·nüt·zig *Adj. so, dass es nicht auf Gewinn ausgerichtet ist, sondern dem allgemeinen Wohl dient* ein gemeinnütziger Verein

Ge·mein·platz der <-es, Gemeinplätze> (*abwert.* ≈ *Binsenweisheit*) *eine allgemein bekannte Redensart, die aber nichtssagend ist und keine echte Bedeutung (mehr) hat* nur Gemeinplätze von sich geben

ge·mein·sam <nicht steig.> *Adj.* **1.** *so, dass es gleichzeitig mehreren Personen gehört* Er zog aus ihrer gemeinsamen Wohnung aus. **2.** *so, dass bestimmte Dinge oder Eigenschaften (bei zwei oder mehreren Personen) übereinstimmen* Die Liebe zu guter Literatur war ihnen gemeinsam., Die beiden Brüder haben nichts (miteinander) gemeinsam. **3.** *so, dass mehrere Personen etwas zusammen tun* Wir haben einen gemeinsamen Ausflug unternommen., Wir sollten gemeinsam versuchen, eine Lösung zu finden.

Ge·mein·schaft die <-, -en> **1.** *eine Gruppe von Menschen, die zusammenleben (und zusammenarbeiten)* Die Einwohner des Dorfes bilden eine verschworene Gemeinschaft., Er schätzt das Leben und Arbeiten in der Gemeinschaft. **2.** (POL.: *in bestimmten Wendungen*) *mehrere Staaten, die in einer bestimmten Weise ein organisiertes Ganzes bilden* die Europäische Gemeinschaft, die Gemeinschaft Unabhängiger Staaten (GUS) **3.** ■ *in Gemeinschaft mit jmdm./etwas in Zusammenarbeit mit jmdm. oder etwas* Das Konzert wurde in Gemeinschaft mit einem privaten Rundfunksender veranstaltet.

ge·mein·schaft·lich <nicht steig.> *Adj.* **1.** *einer Gemeinschaft*[1] *gehörend oder sie betreffend* Sie vertritt die gemeinschaftlichen Interessen der Schüler. **2.** (≈ *gemeinsam*) *so, dass es von allen zusammen geleistet wird* Die gemeinschaftlichen Anstrengungen führen schließlich zum Ziel.

Ge·mein·schafts·an·schluss der <-es, Gemeinschaftsanschlüsse> TELKOM. *ein Hauptanschluss, der sich auf verschiedene Fernsprechanschlüsse aufteilt*

Ge·mein·schafts·be·sitz der <-es> (*kein Plur.*) *etwas, das mehreren Personen gleichzeitig gehört*

Ge·mein·schafts·ge·fühl das <-(e)s> (*kein Plur.*) *das Bewusstsein, zu einer Gruppe von Menschen zu gehören*

Ge·mein·schafts·geist der <-es> (*kein Plur.*) *die Bereitschaft, sich für andere Menschen in der Gemeinschaft einzusetzen* Mit diesem Alleingang hat er nicht gerade Gemeinschaftsgeist bewiesen.

Ge·mein·schafts·kü·che die <-, -n> *von mehreren Mietern (oder Bewohnern einer Wohngemeinschaft) gemeinsam genutzte Küche*

Ge·mein·schafts·le·ben das <-s> (*kein Plur.*) *das Leben in einer Gemeinschaft* In meiner früheren WG konnte von Gemeinschaftsleben keine Rede sein – jeder kümmerte sich nur um sich selbst.

Ge·mein·schafts·pra·xis die <-, Gemeinschaftspraxen> *von mehreren Ärzten geführte Praxis*

Ge·mein·schafts·schu·le die <-, -n> *Schule für Kinder aller Konfessionen*

Ge·mein·schafts·sinn der <-(e)s> (*kein Plur.*) (≈ *Gemeinschaftsgeist*)

ge·mein·ver·ständ·lich <nicht steig.> *Adj. für alle verständlich* Der Wissenschaftler gab eine gemeinverständliche Einführung in sein Fachgebiet.

Ge·mein·wohl das <-(e)s> (*kein Plur.*) *das Wohlergehen der Allgemeinheit* etwas dient dem Gemeinwohl

Ge·men·ge das <-s, -> (≈ *Gemisch*)

ge·mes·sen (*Part. Perf. zu „messen"*) *Adj.* ■ **gemessenen Schrittes** (*geh.*): *ruhig und würdevoll* Gemessenen Schrittes trat das Hochzeitspaar vor den Altar.

Ge·met·zel das <-s, -> (≈ *Blutbad, Massaker*) *der Vorgang, dass gleichzeitig sehr viele Menschen getötet werden* Regierungstruppen haben ein Gemetzel unter den Dorfbewohnern angerichtet.

Ge·misch das <-(e)s, -e> *etwas, das aus zwei oder mehreren Substanzen besteht*

ge·mischt (*Part. Perf. zu „mischen"*) *Adj. so, dass Männer und Frauen dazu Zutritt haben* Sie singt in einem gemischten Chor., Er geht in die gemischte Sauna.

Ge·mun·kel das <-s> (*kein Plur.*) (*umg.*) (*heimliches*) *Gerede*

Ge·mur·mel das <-s> (*kein Plur.*) *dauerndes Murmeln* Im Publikum erhob sich ein Gemurmel.

Ge·mü·se das <-s, -> *Pflanzen wie Bohnen, Erbsen, Karotten, Spargel usw., die man meist in gegarter Form als (warme) Mahlzeit bzw. als Beilage zu Mahlzeiten isst* Möchtest du Salat oder Gemüse zum Braten?, Er baut sein Gemüse selbst an. ◆-anbau, -beet, -eintopf, -garten, -gärtner, -handlung

Ge·mü·se·bei·la·ge die <-, -n> *aus Gemüse bestehende Beilage zu einem Fleisch- oder Fischgericht*

Ge·mü·se·frau die <-, -en> (*umg.* ≈*Gemüsehändlerin*) *eine Frau, die (auf einem Markt oder in einem Laden) Gemüse verkauft*

Ge·mü·se·kon·ser·ve die <-, -n> *mit Gemüse gefüllte Konserve(ndose)*

Ge·mü·se·saft der <-(e)s, Gemüsesäfte> *aus Gemüse gepresster Saft*

ge·mus·tert <nicht steig.> *Adj. mit einem bestimmten Muster versehen* eine bunt gemusterte Krawatte

Ge·müt das <-(e)s, -er> (*kein Plur.*) (≈ *Psyche*) *alle seelischen und vom Gefühl ausgehenden Kräfte und Empfindungen eines Menschen* Das Kind hat ein fröhliches/sonniges/zartes Gemüt., Er ist zwar körperlich ein Riese, er hat jedoch ein sanftes Gemüt. ■ **etwas erhitzt die Gemüter**: *etwas versetzt Menschen in Aufregung* Die Diskussion erhitzte die Gemüter. **jemandem aufs Gemüt schlagen**: *deprimierend auf jmdn. wirken* **sich etwas zu Gemüte führen**: *sich Kenntnisse aneignen, z.B. durch Lesen* Vor der Prüfung solltest du dir dieses Buch noch einmal zu Gemüte führen.

ge·müt·lich *Adj.* **1.** (≈ *behaglich*) *mit einer angenehmen Atmosphäre, in der man sich wohl und entspannt fühlt* Das Lokal besitzt eine gemütliche Atmosphäre., Manche gehen abends aus, aber viele lieben es am Feierabend gemütlich., ein gemütlicher Abend vor dem Fernseher **2.** *zwanglos und gesellig* Wir saßen gemütlich beisammen. **3.** *freundlich und umgänglich* Er ist ein gemütlicher älterer Herr. **4.** (≈ *gemächlich*) *so langsam, dass es nicht allzu anstrengend ist* Nach dem Essen haben wir einen gemütlichen Spaziergang gemacht. ►Gemütlichkeit

Ge·müts·art die <-, -en> (≈ *Temperament*) Er ist von ruhiger Gemütsart.

Ge·müts·be·we·gung die <-, -en> (≈ *Emotion*) *sichtbare Regung des Gefühls (als Reaktion auf etwas)*

ge·müts·krank <nicht steig.> *Adj.* MED. PSYCH. *an Depressionen leidend*

Ge·müts·la·ge die <-, -n> (*momentaner*) *Zustand des Gemüts*

Ge·müts·mensch der <-en, -en> (*umg.*) *ein freundlicher Mensch, der sich nicht aus der Ruhe bringen lässt*

Ge·müts·ru·he ■ **in aller Gemütsruhe**: *so, dass man etwas ruhig und gelassen tut und sich durch niemanden nervös machen lässt* Wir warteten schon, während er noch in aller Gemütsruhe seinen Koffer packte.

Ge·müts·zu·stand der <-es, Gemütszustände> (≈ *Gemütslage*) Sein Gemütszustand ist momentan sehr instabil.

Gen das <-s, -e> (*meist Plur.*) *Erbfaktor, Erbanlage*

ge·nau <genauer, am genau(e)sten> *Adj.* **1.** (≈ *exakt* ↔ *ungefähr*) *so, dass es nicht nur ungefähr oder geschätzt ist, sondern präzise dem tatsächlichen Wert entspricht* Können Sie mir die genaue Uhrzeit sagen?, Die genauen Zahlen liegen noch nicht vor. **2.** (≈ *sorgfältig*) *so, dass alle Details berücksichtigt werden* Wir werden den Vorfall genau untersuchen., Können Sie uns eine genaue Beschreibung des Täters geben? **3.** *sehr gut* Ich kenne ihn genau. **4.** *besonders aufmerksam* Ihr müsst jetzt genau aufpassen. **5.** (*umg.*) *verwendet, um auszudrücken, dass man derselben Meinung ist* „So kann es nicht weitergehen!" „Genau!" **6.** (*umg.* ≈ *endgültig*) Ich kann dir noch nicht genau sagen, ob ich das bis zum Wochenende erledigen kann. ◆ Getrenntschreibung→R 4.2f., R 4.12 genau nehmen, genau genommen, die Karten werden genau so verteilt, dass jeder Spieler …; Großschreibung→R 3.4, R 3.7 etwas des Genaueren erläutern, nichts Genaues wissen; Groß- oder Kleinschreibung→R 3.9 aufs Genau(e)ste/genau(e)ste

Ge·nau·ig·keit die <-> (*kein Plur.*) **1.** (≈ *Präzision*) *die Eigenschaft, dass etwas seine Aufgabe mit großer Exaktheit ausführt und es keine Abweichungen gibt* Die Waage funktioniert mit großer Genauigkeit. **2.** (≈ *Sorgfalt*) Die Arbeit erfordert Fleiß und Genauigkeit.

ge·nau·so *Adv. im gleichen Maße* ◆ Getrenntschreibung Du kannst genauso gut den Bus nehmen., Sie arbeitet genauso viel., Das stört mich genauso wenig., Das dauert genauso lang(e)., Sie war genauso oft krank wie ich.

Gen·darm der [ʒan'darm, ʒã'darm] <-en, -en> (*österr. schweiz.*) *Polizist*

Gen·dar·me·rie die [ʒandarmə'ri:, ʒãndarməri:] <-, -n> (*österr. schweiz.*) **1.** *Einheit der Polizei auf dem Land* **2.** *Gesamtheit der Gendarmen*

ge·nehm *Adj.* ■ **jemandem genehm sein** (*geh.*): *jmdm. angenehm und willkommen sein* Dieser Termin ist mir sehr genehm.

ge·neh·mi·gen <genehmigst, genehmigte, hat genehmigt> **I.** *mit OBJ* ■ *jmd. genehmigt (jmdm.) etwas die Erlaubnis zu etwas geben* Der Antrag wurde genehmigt. **II.** *mit SICH* ■ *jmd. genehmigt sich etwas* (*umg. scherzh.*) *etwas zu sich nehmen* Soll ich mir noch ein Gläschen Wein genehmigen?

Ge·neh·mi·gung die <-, -en> (*offizielle*) *Erlaubnis* Ich muss erst beim Amt eine Genehmigung einholen.

Ge·neh·mi·gungs·pflicht die <-> (*kein Plur.*) (*amtsspr.*) *die gesetzliche Verpflichtung, etwas genehmigen zu lassen* ►genehmigungspflichtig

ge·neigt *Adj.* ■ **zu etwas geneigt sein**: *bereit sein, etwas zu tun* **jemandem geneigt sein** (*geh.*): *jmdm. wohlgesinnt sein*

Ge·ne·ra <-> (*Plur. zu „Genus"*)

Ge·ne·ral der <-(e)s, -e/Generäle> **1.** (*kein Plur.*) MILIT. *ein hoher militärischer Dienstgrad* **2.** MILIT. *Träger dieses Dienstgrads* ◆ -leutnant, Brigade- , Luftwaffen-

Ge·ne·ral·bun·des·an·walt, **Ge·ne·ral·bun·des·an·wäl·tin** der <-(e)s, -anwälte> *oberster Staatsanwalt beim Bundesgerichtshof*

Ge·ne·ral·di·rek·tor, **Ge·ne·ral·di·rek·to·rin** der <-s, -en> **1.** (*kein Plur.*) *Position des obersten Leiters eines großen Wirtschaftsunternehmens* **2.** *jmd., der Generaldirektor[1] ist* ▶Generaldirektion

ge·ne·ra·li·sie·ren <generalisierst, generalisierte, hat generalisiert> *mit OBJ/ohne OBJ* ■ *jmd. generalisiert* (*etwas Akk.*) (*geh.*) *verallgemeinern* Es gibt zu viele verschiedene Fälle, das kann man nicht generalisieren., Er generalisiert gern. ▶Generalisierung

Ge·ne·ra·list, **Ge·ne·ra·lis·tin** der <-en, -en> (↔ *Spezialist*) *jmd., dessen Interessen breit gefächert sind und der Kenntnisse auf vielen Gebieten hat*

Ge·ne·ral·kon·su·lat das <-(e)s, -e> *Amtssitz eines hochrangigen Konsuls*

Ge·ne·ral·pau·se die <-, -n> MUS. *Pause für alle Instrumente* eine Generalpause einlegen

Ge·ne·ral·pro·be die <-, -n> *letzte* (*Theater-*)*Probe vor der Premiere*

Ge·ne·ral·se·k·re·tär, **Ge·ne·ral·se·k·re·tä·rin** der <-s, -e> *Leiter der Verwaltung einer großen Organisation oder Partei*

Ge·ne·ral·staats·an·walt, **Ge·ne·ral·staats·an·wäl·tin** der <-(e)s, Generalstaatsanwälte> *oberster Staatsanwalt beim Oberlandesgericht*

Ge·ne·ral·stab der <-(e)s, Generalstäbe> MILIT. *ein Kreis von hohen Offizieren, der den obersten Befehlshaber und die Heeresleitung berät* ◆ -schef, -soffizier

Ge·ne·ral·streik der <-s, -s> *Streik aller Berufstätigen* (*ohne Rücksicht auf ihren Berufszweig*) Die Gewerkschaften rufen zum Generalstreik auf.

ge·ne·ral·ü·ber·ho·len *mit OBJ* (*nur im Inf. und im Part. Perf. verwendet*) *einer sehr gründlichen technischen Überprüfung und Wartung unterziehen* Das Flugzeug wird generalüberholt. ▶Generalüberholung

Ge·ne·ral·ver·samm·lung die <-, -en> *Versammlung aller Beteiligten*

Ge·ne·ra·t·i·on die <-, -en> **1.** *diejenigen Menschen, die ungefähr im gleichen Jahr geboren sind* Man befragte die jüngere/die ältere Generation nach ihren Wünschen für die Zukunft., Meine Generation hat den Krieg erlebt. **2.** *einzelne Stufe der Geschlechterfolge* Das Geschäft ist seit vier Generationen in Familienbesitz. **3.** *ein Zeitraum von ungefähr dreißig Jahren* Das kann noch Generationen dauern. **4.** *Geräte und Maschinen, die ungefähr den gleichen Entwicklungsstand haben* Nächstes Jahr kommt eine neue Generation von Computern auf den Markt.

Ge·ne·ra·ti·o·nen·ver·trag der <-(e)s> (*kein Plur.*) *das soziale System, in dem jeweils die im Berufsleben stehende Generation die Renten der Rentner bezahlt*

Ge·ne·ra·ti·ons·kon·flikt der <-(e)s, -e> *der Konflikt, der sich aus der Tatsache ergeben kann, dass ältere und jüngere Menschen teilweise sehr unterschiedliche Ansichten über viele Dinge haben* Wenn Kinder, Eltern und Großeltern zusammen in einem Haus wohnen, kann der Generationskonflikt spürbar werden.

Ge·ne·ra·ti·ons·un·ter·schied der <-(e)s, -e> *Unterschied in Anschauung und Verhaltensweise zwischen den unterschiedlichen Generationen*

ge·ne·ra·tiv <nicht steig.> (*nur attr.*) *Adj.* **1.** BIOL. *auf die Fortpflanzung bezogen* **2.** SPRACHWISS. *so, dass es der linguistischen Theorie der generativen Grammatik verpflichtet ist* generative Semantik/Wortbildung

Ge·ne·ra·tor der <-s, -en> *eine Maschine, die mechanische Energie in elektrischen Strom umwandelt*

ge·ne·rell <nicht steig.> *Adj. so, dass es allgemein gültig ist oder angewendet werden kann* Es geht hier um die Frage, wie man generell in solchen Fällen verfahren soll., Es gibt keine generelle Lösung für das Problem.

ge·ne·rös *Adj.* (*geh.*) *großzügig* ▶Generosität

ge·nervt *Adj. so, dass jmd. durch etwas irritiert oder gestört wird und deshalb ärgerlich wird*

Ge·ne·se die <-, -n> (*fachspr.*) *Entstehung, Entwicklung* die Genese einer Krankheit

ge·ne·sen <genest, genas, ist genesen> *ohne OBJ* ■ *jmd. genest* (*von etwas Dat.*) (*geh.*) *gesund werden* ▶Genesende(r)

Ge·ne·sis, **Ge·ne·sis** die <-> (*kein Plur.*) (REL.: ≈ *Schöpfungsgeschichte*) *der biblische Bericht über die Erschaffung der Welt*

Ge·ne·sung die <-, -en> (*meist Sing.*) (*geh.*) *das Gesundwerden* Die Genesung des Patienten macht gute Fortschritte. ◆ -sprozess, -surlaub, -swünsche

Ge·ne·sungs·heim das <-(e)s, -e> *Erholungsheim, Sanatorium*

Ge·ne·tik die <-> (*kein Plur.*) BIOL. *das Teilgebiet der Biologie, das sich mit der Vererbung befasst*

Ge·ne·ti·ker, **Ge·ne·ti·ke·rin** der <-s, -> BIOL. *jmd., der sich* (*beruflich*) *mit Genetik beschäftigt*

ge·ne·tisch <nicht steig.> (*nur attr.*) *Adj. auf die Genetik bezogen, zu ihr gehörend* die genetische Disposition eines Menschen

Genf <-s> *Kanton oder Stadt in der Schweiz*

Gen·fer See der <-s> *ein See in der Schweiz, an dem u.a. die Städte Genf und Lausanne liegen*

Gen·for·scher, **Gen·for·sche·rin** der <-s, -> *jmd., der sich* (*beruflich*) *mit Genforschung beschäftigt*

Gen·for·schung die <-> (*kein Plur.*) *die Erforschung menschlicher, tierischer und pflanzlicher Gene* (*und der Möglichkeiten ihrer Manipulation zu bestimmten Zwecken*)

ge·ni·al *Adj.* **1.** *so, dass man überdurchschnittlich begabt ist und* (*auf einem bestimmten Gebiet*) *über sehr große Fähigkeiten verfügt* geniale Komponisten wie Mozart **2.** (*umg.*) *sehr gut, hervorragend* eine geniale CD/Fete, Es war eine geniale Idee von dir, auf diese Party zu gehen.

ge·ni·a·lisch <nicht steig.> *Adj.* (*geh.*) *in der Art eines Genies* eine genialische Ader besitzen

Ge·ni·a·li·tät die <-> (*kein Plur.*) *große Begabung mit außergewöhnlichen geistigen, vor allem schöpferischen Fähigkeiten* Die Konstruktion verrät die Genialität des Erfinders.

Ge·nick das <-(e)s, -e> *der untere, hintere Teil des Halses* ■ **jemandem/einer Sache das Genick brechen** (*umg.*): *jmdn. oder etwas scheitern lassen, zugrunde richten*

Ge·nick·schlag der <-(e)s, Genickschläge> *Schlag ins Genick*

Ge·nick·star·re die <-> (*kein Plur.*) **1.** *Steifheit in der Nackengegend* **2.** (MED.: *veralt.* ≈ *Meningitis*)

Ge·nie das [ʒeˈniː] <-s, -s> **1.** (*kein Plur.*) *überdurchschnittliche schöpferische, geistige Begabung* das Genie eines Künstlers **2.** *ein Mensch, der über Genie*[1] *verfügt*

ge·nie·ren [ʒeˈniːrən] <genierst, genierte, hat geniert> *mit SICH* ■ *jmd. geniert sich (vor jmdm.)* *in der Gegenwart anderer Menschen gehemmt sein, weil man sich wegen etwas schämt* Beim Umkleiden genierte sie sich als einzige vor ihren Mitschülerinnen.

ge·nieß·bar *Adj.* (↔ *ungenießbar*) *so, dass man etwas als Nahrungsmittel verzehren kann*

ge·nie·ßen <genießt, genoss, hat genossen> *mit OBJ* ■ *jmd. genießt etwas* **1.** *aus einer Sache für sich Freude, Genuss und Wohlbehagen ableiten* Er genoss sein Leben in vollen Zügen., Ich habe dieses Konzert sehr genossen., die angeregte Unterhaltung mit einem Freund/ das köstliche Essen/die schönen Urlaubstage am Meer/die spannende Lektüre genießen ■ **jemand ist (nur) mit Vorsicht zu genießen**: *jmd. ist eher unfreundlich und schnell gereizt* **2.** (*geh.*) *erhalten* Er genoss eine gute Ausbildung., Sie genießt hohes Ansehen bei ihren Freunden.

Ge·nie·ßer, Ge·nie·ße·rin der <-s, -> *jmd., der gern bestimmte Dinge, vor allem gutes Essen, guten Wein usw., genießt* ▶genießerisch

Ge·nie·streich der <-(e)s, -e> (*umg.*) *eine besonders originelle Tat, mit der jmd. einen Erfolg erzielt*

Ge·nie·trup·pe die <-, -n> (MILIT.: *schweiz.*) *Pioniertruppe*

ge·ni·tal <nicht steig.> (*nur attr.*) *Adj. die Genitalien betreffend*

Ge·ni·tal *s.* **Genitale**

Ge·ni·ta·le das <-s, Genitalien> (*meist Plur.*) MED. *Geschlechtsorgan*

Ge·ni·ta·li·en <-> *Plur.* MED. *Geschlechtsorgane*

Ge·ni·tiv der <-s, -e> SPRACHWISS. *zweiter Fall, Wes-Fall* Der Genitiv von „Haus" lautet „Hauses"., Das Attribut/Objekt steht im Genitiv.

Ge·ni·us der <-, Genien> (*geh.* ≈ *Genie*) Der Genius Shakespeares ist bislang unerreicht.

Gen·la·bor das <-s, -s/-e> *Labor, in dem Genforschung betrieben wird*

Gen·le·bens·mit·tel das <-s, -> (*umg.*) *Lebensmittel aus genetisch veränderten Pflanzen*

Gen·ma·ni·pu·la·ti·on die <-, -en> BIOL. *der Eingriff in das genetische Material von Lebewesen mit der Absicht, gezielte Veränderungen herbeizuführen*

gen·ma·ni·pu·liert <nicht steig.> *Adj. genetisch verändert*

Ge·nom das <-s, -e> BIOL. *im Chromosomensatz gespeicherte Erbanlage*

Ge·nom·a·na·ly·se die <-, -n> BIOL. *Analyse des (menschlichen) Genoms*

Ge·nör·gel das <-s> (*kein Plur.*) (*abwert.*) *ständiges Nörgeln* Dein ewiges Genörgel über das Essen reicht mir jetzt!

ge·noss *Prät. von* **genießen**

Ge·nos·se, Ge·nos·sin der <-n, -n> (*Partei-*)*Kamerad* ◆ Partei-, Zimmer-

ge·nos·sen *Part. Perf. von* **genießen**

Ge·nos·sen·schaft die <-, -en> *ein Zusammenschluss mehrerer Personen, beispielsweise Handwerker oder Bauern, mit dem Ziel, ihre gleichen wirtschaftlichen Interessen durch gemeinschaftlichen Geschäftsbetrieb zu fördern* ▶genossenschaftlich ◆-smitglied

Gen·re das [ˈʒãrə] <-s, -s> *künstlerische (insbesondere literarische) Gattung* Das Buch lässt sich nur schwer einem literarischen Genre zuordnen.

Gen·re·bild das <-(e)s, -er> KUNST *im Stil der Genremalerei gehaltenes Bild*

Gen·re·ma·le·rei die <-> (*kein Plur.*) KUNST *Malerei von alltäglichen Szenen*

Gen·tech·nik die <-> (*kein Plur.*) BIOL. *auf der Gentechnologie basierende Manipulation von Genen zu bestimmten Zwecken* ▶gentechnisch

Gen·t·le·man der [ˈdʒɛntlmən] <-s, Gentlemen> *ein gebildeteter Mann, der sich durch Charakter und Anstand auszeichnet*

gen·t·le·man·like [ˈdʒɛntlmənlaik] <nicht steig.> *Adv. nach Art eines Gentlemans* sich gentlemanlike verhalten, Ganz gentlemanlike half er ihr aus dem Mantel.

Gen·trans·fer der <-s, -s> BIOL. *Übertragung fremden Erbguts in eine befruchtete Eizelle*

Ge·nua <-s> *Hafenstadt in Norditalien*

ge·nug *Adv.* **1.** (≈ *ausreichend*) *so, dass die vorhandene Menge ausreicht, um alle Bedürfnisse zu befriedigen* Du brauchst dich nicht zu beeilen, wir haben noch genug Zeit., Es ist genug Essen für alle da., Er bekommt nie genug. **2.** (*nachgestellt*) *angemessen* Er ist schon alt genug, um das zu entscheiden., Ist die Wohnung groß genug?

Ge·nü·ge ■ **einer Sache Genüge tun/leisten** (*geh.*): *eine Sache gebührend berücksichtigen* **zur Genüge** (*oft abwert.*): *in ausreichendem Maß*

ge·nü·gen <genügst, genügte, hat genügt> *ohne OBJ* **1.** ■ *etwas genügt für etwas Akk.* (≈ *(aus)reichen*) *genug sein* Für diese Prüfung genügt eine Woche Vorbereitung., Das genügt fürs Erste., Hast du genügend Geld dabei? **2.** ■ *jmd./etwas genügt* *etwas Dat.* (≈ *gerecht werden*) *die Fähigkeiten oder Eigenschaften haben, die irgendwo erwartet werden* Der Bewerber genügt den Anforderungen., Das Gerät gehört zur Luxusklasse und genügt höchsten Ansprüchen.

ge·nüg·sam *Adj.* **1.** (≈ *bescheiden*) *so, dass man mit wenig zufrieden ist* Ein genügsamer Mensch stellt keine großen Ansprüche. **2.** *so, dass ein Tier wenig Nahrung braucht* Die genügsamen Maulesel sind gute Lastentiere. ▶Genügsamkeit

Ge·nug·tu·ung die <-> (*kein Plur.*) *die innere Befriedigung, die jmd. hat, weil er etwas bekommt, was ihm seiner Meinung nach zusteht* Seine Beförderung war ihm eine große Genugtuung.

ge·nu·in <nicht steig.> *Adj.* (*geh.*) *echt* eine genuine Frage

Ge·nus, Ge·nus das <-, Genera> SPRACHWISS. *grammatisches Geschlecht* Im Deutschen gibt es drei Genera, nämlich Maskulinum, Femininum und Neutrum.

> **i Wissenswert** Die Angabe des **Genus** der Substantive/Nomen erfolgt über den bestimmten Artikel mit der, die, das. Angaben mit Schrägstrich wie die/der sollen bedeuten, dass beide Möglichkeiten existieren, z.B. beim Stichwort Joghurt (der Joghurt/das Joghurt). Einige Wörter wie Eltern, Kosten usw. besitzen keinen Singular, weshalb sich diesen Stichwörtern kein Genus zuweisen lässt. Diese Wörter sind entsprechend gekennzeichnet. Die Genusangabe ist farbig hervorgehoben.

Ge·nu·schel das <-s> (*kein Plur.*) (*abwert.*) *dauerndes Nuscheln* Bei deinem Genuschel kann man dich ja kaum verstehen!

Ge·nuss der <-es, Genüsse> **1.** (*kein Plur.*) *das Genießen*[1] Vor dem Genuss von Alkohol/von Zigaretten wird immer wieder gewarnt. **2.** *Freude, Annehmlichkeit* Die perfekte Akustik ließ das Konzert zu einem echten Genuss werden. ■ **in den Genuss von etwas kommen**: *etwas erhalten, das man haben will oder das einem zusteht*

ge·nuss·fä·hig *Adj. fähig, etwas zu genießen*

ge·nuss·freu·dig *Adj. so, dass man gern und häufig genießt*

Ge·nuss·gift das <-(e)s, -e> *ein Genussmittel, das unter Umständen schädliche Wirkungen haben kann* Während dieser Diät sollte man Genussgifte wie Alkohol, Zigaretten und Kaffee vermeiden.

ge·nüss·lich *Adj. so, dass man etwas bewusst genießt*[1]

Ge·nuss·mensch der <-en, -en> *jmd., der genussfreudig ist*

Ge·nuss·mit·tel das <-s, -> *etwas, das man nicht wegen seines Nährwertes genießt, sondern weil es gut schmeckt oder anregt, zum Beispiel Schokolade, Kaffee oder Tabak*

ge·nuss·voll *Adj. genüsslich*

gen·ver·än·dert <nicht steig.> *Adj. so, dass eine Pflanze gentechnisch manipuliert wurde, um deren Frucht bestimmte Eigenschaften zu geben* Sind genveränderte Tomaten immer als solche gekennzeichnet?

ge·öff·net <nicht steig.> *Adj.* (≈ *offen*) *so, dass Geschäftsstunden sind und man einen Laden o.Ä. betreten kann* Wir haben morgen nur bis 19 Uhr geöffnet.

Ge·o·graf, *a.* **Ge·o·graph, Ge·o·gra·fin** der <-en, -en> *Wissenschaftler auf dem Gebiet der Geografie*

Ge·o·gra·fie, *a.* **Ge·o·gra·phie** die <-> (*kein Plur.*) **1.** *die Wissenschaft von der Erde und ihrem Aufbau, von den Erscheinungen der Erdoberfläche, von der Wechselwirkung zwischen Erde und Mensch* **2.** (≈ *Erdkunde*) *das Schulfach, in dem Geografie*[1] *unterrichtet wird*

ge·o·gra·fisch, *a.* **ge·o·gra·phisch** <nicht steig.> (*nur attr.*) *Adj. auf die Geografie bezogen*

Ge·o·lo·ge, Ge·o·lo·gin der <-en, -en> *Wissenschaftler auf dem Gebiet der Geologie*

Ge·o·lo·gie die <-> (*kein Plur.*) *die Wissenschaft von der Entstehung, Entwicklung und Veränderung der Erde*

ge·o·lo·gisch <nicht steig.> (*nur attr.*) *Adj. die Geologie betreffend*

Ge·o·me·t·rie die <-> (*kein Plur.*) MATH. *das Teilgebiet der Mathematik, das sich mit ebenen und räumlichen Gebilden beschäftigt*

ge·o·me·t·risch <nicht steig.> (*nur attr.*) *Adj. die Geometrie betreffend*

ge·ord·net *Adj. so, dass eine bestimmter Ordnung herrscht* in geordneten Verhältnissen leben

George·town ['dʒɔːdʒtaʊn] <-s> *Hauptstadt von Guyana*

Ge·or·gi·en <-s> *Republik in Transkaukasien*

Ge·or·gi·er, Ge·or·gi·e·rin der <-s, -> *jmd., der die georgische Staatsbürgerschaft besitzt*

ge·or·gisch <nicht steig.> (*nur attr.*) *Adj. zu Georgien gehörend*

Ge·o·wis·sen·schaft die <-, -en> (*meist Plur.*) *Wissenschaft von der Erde*

ge·o·zen·trisch <nicht steig.> *Adj. die Erde als Mittelpunkt betreffend* eine geozentrische Vorstellung vom Universum haben

Ge·päck das <-(e)s> (*kein Plur.*) *die Taschen und Koffer, die jmd. auf einer Reise mit sich führt* Ich muss noch mein Gepäck am Gepäckschalter aufgeben., Sie reist mit leichtem Gepäck., das Gepäck in den Kofferraum laden

Ge·päck·ab·fer·ti·gung die <-, -en> **1.** *das Abfertigen des* (*Reise-*)*Gepäcks* Die Gepäckabfertigung dauert sicher noch eine Weile. **2.** *Schalter zur Gepäckabfertigung*[1]

Ge·päck·an·hän·ger der <-s, -> *ein kleines Schild, das man an Taschen oder Koffern anbringt und auf dem Name und Adresse des Besitzers stehen*

Ge·päck·auf·be·wah·rung die <-, -en> *eine Abteilung an einem Bahnhof, in der Gepäckstücke für eine bestimmte Zeit aufbewahrt werden*

Ge·päck·kon·trol·le die <-, -n> *Kontrolle des Gepäcks durch Zollbeamte beim Grenzübertritt*

Ge·päck·netz das <-es, -e> *in Zügen oder Autobussen eine Art Gitter, das über den Sitzen angebracht ist und auf dem man Gepäck ablegen kann*

Ge·päck·schließ·fach das <-(e)s, Gepäckschließfächer> *ein Schließfach, in dem man an einem Bahnhof sein Gepäck deponieren kann*

Ge·päck·stück das <-(e)s, Gepäckstücke> *ein Koffer oder eine Tasche, die jmd. als Gepäck auf einer Reise mit sich führt*

Ge·päck·trä·ger der <-s, -> **1.** *eine einfache Vorrichtung an einem Fahrrad, auf der Gepäckstücke befestigt werden können* **2.** *jmd., der Reisenden auf Bahnhöfen gegen Bezahlung das Gepäck trägt*

Ge·päck·ver·si·che·rung die <-, -en> *Versicherung von Reisegepäck* eine Gepäckversicherung abschließen

Ge·päck·wa·gen der <-s, -> *Eisenbahnwagen für den Transport von Gepäck*

Ge·pard, Ge·pard der <-en/-s, -en/-e> *eine Raubkatze*

ge·pfef·fert *Adj.* (*umg.*) *übertrieben hoch* In dem Lokal haben sie gepfefferte Preise.

ge·pflegt (*Part. Perf. zu „pflegen"*) *Adj.* **1.** *so, dass es durch sorgfältige Pflege in einem guten Zustand ist* Der Garten wirkt sehr gepflegt. **2.** *so, dass jmd. ein korrektes Erscheinungsbild hat* Wer im Beruf viel mit Kunden zu tun hat, muss auf ein gepflegtes Äußeres achten. **3.** *niveauvoll und kultiviert* In dem Restaurant kann man sehr gepflegt essen., Entspannen Sie in unserer Hotelbar bei Spitzenweinen oder einem gepflegten Pils. ►Gepflegtheit

Ge·pflo·gen·heit die <-, -en> (*geh.*) *Gewohnheit*

ge·pierct <nicht steig.> *Adj. mit einem Piercing versehen* ein gepiercter Bauchnabel

Ge·plän·kel das <-s, -> *harmloser Streit, scherzhaftes Wortgefecht* ◆ Wort-

ge·plant <nicht steig.> *Adj. so, dass man etwas gewollt und bewusst auf seine Realisierung hingearbeitet hat* Das Umsatzplus im zweiten Halbjahr war geplant., Unser zweites Kind war eigentlich nicht geplant.

Ge·plap·per das <-s> (*kein Plur.*) (*umg. oft abwert.*) *dauerndes Plappern*

Ge·plät·scher das <-s> (*kein Plur.*) *das von fließendem Wasser erzeugte Geräusch*

Ge·pol·ter das <-s> (*kein Plur.*) (*dauerndes*) *Poltern, lautes Rumpeln*

Ge·prän·ge das <-s, -> (*geh.*) *Prunk*

Ge·qua·ke das <-> (*kein Plur.*) *ständiges Quaken* (*von Fröschen*)

Ge·quat·sche das <-s> (*umg. abwert.*) *dauerndes Quatschen* Ihr Gequatsche hält ja kein Mensch aus!

Ge·quen·gel das <-s> (*kein Plur.*) (*abwert.*) *ständiges Quengeln* Das Gequengel der Kinder geht mir auf die Nerven!

Ge·ra·de die <-n, -n> MATH. *eine Linie von unendlicher Ausdehnung*

ge·ra·de **I.** *Adj.* **1.** *nicht gekrümmt* eine gerade Linie zeichnen, Kannst du den Draht wieder gerade biegen? **2.** *nicht schräg* Die Mauer ist völlig gerade. **3.** (≈ *aufrichtig*) Sie ist ein gerader Mensch, der immer offen seine Meinung sagt. **4.** (≈ *genau*) Eben hast du das gerade Gegenteil behauptet. **II.** *Adv.* **1.** (≈ *momentan*) *in diesem Moment* Ich kann nicht mitkommen, weil ich gerade zu tun habe. **2.** (≈ *soeben*) Er ist gerade gegangen. **III.** *Partikel* **1.** (≈ *ausgerechnet*) *verwendet, um auszudrücken, dass man das Genannte im Zusammenhang mit einer bestimmten Person oder Sache für besonders unpassend oder unerwartet hält* Gerade du musst dich darüber beklagen!, Weshalb darf gerade er diese Rolle spielen?, Muss der Zug gerade heute so viel Verspätung haben? **2.** ■ *nicht gerade … verwendet, um eine Verneinung abzuschwächen* Ich verdiene nicht gerade viel in diesem Beruf., Das hast du nicht gerade toll gemacht. **3.** *verwendet, um auszudrücken, dass jmd. etwas mit Mühe und Not erreicht hat* Sie hat die Prüfung gerade noch geschafft., Wir haben den Bus gerade noch erreicht. ◆ Getrenntschreibung→R 4.2 den Draht gerade biegen, eine Kerze gerade halten, ein Tischtuch gerade richten, sie soll gerade sitzen/gerade stehen; Zusammenschreibung→R 4.11 eine unangenehme Geschichte geradebiegen, für etwas geradestehen

ge·ra·d(e)·aus *Adv. in gerader Linie und ohne nach links oder rechts abzubiegen* Wenn Sie zum Bahnhof wollen, müssen Sie einfach nur geradeaus fahren.

ge·ra·de·bie·gen <biegst gerade, bog gerade, hat geradegebogen> *mit OBJ* ■ *jmd. biegt etwas gerade* (*umg.*) *in Ordnung bringen* Er hat die Sache wieder geradegebogen.

ge·ra·de·her·aus *Adv.* (≈ *direkt, freimütig, offen*) *so, dass man nicht viele Umschweife macht und klar seine Meinung sagt* Sie sagt stets geradeheraus ihre Meinung.

ge·rä·dert *Adj.* (*umg. übertr.*) *sehr erschöpft* Nach der Bergtour waren wir völlig gerädert., Ich fühle mich heute wie gerädert.

ge·ra·de·so *Adv.* (≈ *ebenso*) ◆ Getrenntschreibung geradeso gut, geradeso viel

ge·ra·de·ste·hen <stehst gerade, stand gerade, hat/ist geradegestanden> *ohne OBJ* ■ *jmd. steht für etwas Akk. gerade* (*umg.*) *die Folgen tragen, sich verantworten* Als Manager muss er für die wirtschaftliche Entwicklung der Firma geradestehen.

ge·ra·de·wegs *Adv.* **1.** (≈ *direkt*) *ohne einen Umweg zu machen* Er ging nach der Schule geradewegs nach Hause. **2.** *ohne Umschweife* Sie kam geradewegs auf dieses Thema zu sprechen.

ge·ra·de·zu, ge·ra·de·zu *Adv. beinahe, wirklich* Das ist geradezu unmöglich!, Das ist ein geradezu idealer Termin.

Ge·rad·heit die <-> (*kein Plur.*) *das Geradesein*

ge·rad·li·nig *Adj.* **1.** *in gerader Richtung* **2.** (≈ *aufrichtig*) Er ist eine geradlinig denkende Persönlichkeit. ►Geradlinigkeit

ge·ram·melt <nicht steig.> *Adj.* ■ **gerammelt voll** (*umg.*): *so voll, dass niemand mehr hineinpasst* Der Konzertsaal war in Kürze gerammelt

G

voll.

ge·rän·dert <nicht steig.> *Adj. mit einem Rand versehen* vor Müdigkeit geränderte Augen haben

Ge·ran·gel das <-s> (*kein Plur.*) (*umg.*) **1.** (*harmlose*) *Rauferei* **2.** *der Vorgang, dass mehrere Personen* (*in harmloser Weise*) *um etwas kämpfen* Es lohnt sich, früh zu kommen, nachher geht wieder das Gerangel um die besten Sitzplätze los.

Ge·ra·nie die <-, -n> BOT. *eine* (*als Balkonblume beliebte*) *Blume*

ge·rann *Prät. von* **gerinnen**

Ge·rant der <-en, -en> (*schweiz.*) *Geschäftsführer eines Gastwirtschaftsbetriebs*

Ge·ra·schel das <-s> (*kein Plur.*) (*umg.*) *dauerndes Rascheln*

Ge·rät das <-(e)s, -e> **1.** *ein Werkzeug, ein Apparat, eine Maschine, die zu einem bestimmten Zweck dient* Zum Umgraben ist nicht eine Schaufel, sondern ein Spaten das richtige Gerät., Aus technischer Sicht ist das teuerste Gerät nicht unbedingt das beste. **2.** SPORT *eine Vorrichtung, an der bestimmte Turnübungen ausgeführt werden* Er turnt am liebsten an den Geräten, besonders an Reck oder Barren. **3.** (*kein Plur.*) (≈ *Ausrüstung*) *Gesamtheit von Geräten*[1] Die Feuerwehr prüft regelmäßig ihr Gerät.

ge·ra·ten <gerätst, geriet, ist geraten> *ohne OBJ* **1.** ■ *jmd./etwas gerät irgendwohin zufällig irgendwohin gelangen* Das Auto geriet auf die falsche Fahrbahn. **2.** ■ *jmd./etwas gerät in etwas Akk. in einen unangenehmen Zustand, eine unangenehme Situation kommen* Unverhofft geriet die Expedition in Schwierigkeiten., Das Schiff geriet in einen Sturm. **3.** ■ *etwas gerät irgendwie ausfallen, gelingen* Der Kuchen ist gut/schlecht geraten. **4.** ■ *jmd. gerät nach jmdm.* (*veralt.*) *ähnlich werden* Das Kind ist nach dem Vater/nach der Mutter geraten.

Ge·rä·te·schup·pen der <-s, -> *Schuppen für Geräte*[1]

Ge·rä·te·tur·nen das <-s> (*kein Plur.*) SPORT *das Turnen an Geräten*[2]

Ge·rä·te·ü·bung die <-, -en> SPORT *Turnübung an Geräten*[2]

Ge·ra·te·wohl ■ **aufs Geratewohl** (*umg.*): *auf gut Glück* Wir haben unsere Räder aus dem Keller geholt und sind aufs Geratewohl losgefahren.

ge·räu·chert <nicht steig.> *Adj. so dass ein Nahrungsmittel durch Rauch haltbar gemacht worden ist* geräucherter Aal/Schinken

ge·raum <nicht steig.> (*nur attr.*) *Adj.* (*geh.*) *beträchtlich* Ich habe das Buch vor geraumer Zeit gelesen.

ge·räu·mig *Adj. so, dass viel Platz zur Verfügung steht* Sie hat eine geräumige Wohnung. ►**Geräumigkeit**

Ge·rau·ne das <-s> (*kein Plur.*) (*geh.*) *ständiges Raunen* Ein beifälliges Geraune erhob sich, als der Pianist auf die Bühne trat.

Ge·räusch das <-(e)s, -e> *ein hörbarer Klang, der von etwas erzeugt wird* In der Hotelküche hört man das Klappern von Geschirr und viele andere Geräusche., Ich habe ein dumpfes/verdächtiges Geräusch im Keller gehört.

ge·räusch·arm *Adj. so, dass es wenig Geräusche erzeugt* Die neue Generation von Motoren ist sehr geräuscharm.

ge·räusch·däm·mend <nicht steig.> *Adj. als Material so dick und absorbierend, dass Geräusche gedämpft werden*

ge·räusch·em·pfind·lich *Adj. so, dass man* (*sehr*) *empfindlich auf Geräusche reagiert*

Ge·räusch·ku·lis·se die <-> (*kein Plur.*) *ständig im Hintergrund vorhandene, nicht bewusst wahrgenommene Geräusche*

ge·räusch·los <nicht steig.> *Adj. so, dass es kein Geräusch verursacht* Die Katze nähert sich geräuschlos dem Mauseloch. ►**Geräuschlosigkeit**

Ge·räusch·pe·gel der <-s, -> *Stärke von Geräuschen* den Geräuschpegel senken

ge·räusch·voll *Adj. laut* sich geräuschvoll die Nase putzen

ger·ben <gerbst, gerbte, hat gegerbt> *mit OBJ* ■ *jmd. gerbt etwas* Häute und Felle zu Leder verarbeiten

Ger·ber, **Ger·be·rin** der <-s, -> *jmd., der beruflich in der Gerberei tätig ist*

Ger·be·ra die <-, -(s)> BOT. *eine Schnittblume*

Ger·be·rei die <-, -en> *ein Betrieb, in dem Leder gegerbt wird*

Gerb·säu·re die <-, -n> *organischer Gerbstoff*

Gerb·stoff der <-(e)s, -e> *zum Gerben verwendeter Stoff*

ge·recht *Adj.* **1.** *so, dass es moralisch angemessen ist und dem geltenden Recht und den allgemeinen Wertmaßstäben entspricht* ein gerechtes Urteil/eine gerechte Strafe, Ich finde es nicht gerecht, dass ..., Es wäre viel gerechter, wenn alle das Gleiche bekämen. **2.** *so, dass jmd. gerecht*[1] *entscheidet* Er war stets ein gerechter Richter. **3.** *so, dass niemand bevorzugt wird* Das Kind hat die Bonbons gerecht verteilt. ■ **jemandem/einer Sache gerecht werden**: *jmdn. oder eine Sache angemessen beurteilen*

ge·rech·ter·wei·se *Adv. richtigerweise* Man muss gerechterweise sagen, dass ...

ge·recht·fer·tigt *Adj. so, dass es eine Rechtfertigung für etwas gibt* Seine Befürchtungen sind absolut gerechtfertigt.

Ge·rech·tig·keit die <-> (*kein Plur.*) **1.** *das Gerechtsein* (*als Prinzip*) Ein solches Gesetz würde die soziale Gerechtigkeit gefährden. **2.** *etwas, das als gerecht*[1] *angesehen wird* Ihm ist schließlich doch noch Gerechtigkeit widerfahren., Die Gerechtigkeit nimmt ihren Lauf.

Ge·rech·tig·keits·ge·fühl das <-s> (*kein Plur.*) *Gefühl für Recht und Unrecht* Ihr Verhalten widerstrebte seinem Gerechtigkeitsgefühl.

Ge·rech·tig·keits·sinn der <-es> (*kein Plur.*) (≈ *Gerechtigkeitsgefühl*)

Ge·re·de das <-s> (*kein Plur.*) (*umg. abwert.*) **1.** (≈ *Geschwätz*) *jmds. Worte, die als inhaltslos oder überflüssig empfunden werden* **2.** *abfälliges Reden über eine nicht anwesende Person* ■ **ins Ge-**

rede kommen: *Gegenstand des Klatsches, eines Gerüchts werden*

ge·re·gelt *Adj.* (≈ *geordnet*) *so, dass etwas eine bestimmte Ordnung hat* einen geregelten Tagesablauf haben

ge·reift *Adj. so, dass jmd. oder etwas Reife besitzt* eine gereifte Persönlichkeit, Ein gereifter Käse hat mehr Aroma.

ge·reizt (*Part. Perf. zu „reizen"*) *Adj. überempfindlich, aggressiv* Weshalb hat er so gereizt reagiert? ►Gereiztheit

Ge·ren·ne das <-s> (*kein Plur.*) (*umg. abwert.*) *das Zurücklegen vieler Wege, um ein bestimmtes Ziel zu erreichen* Ich war in vier Läden und habe doch keinen Anzug gefunden, soviel Gerenne für nichts!

Ge·richt[1] das <-(e)s, -e> RECHTSW. **1.** *die Institution, die im Falle eines Rechtsstreits das Urteil fällt und die Strafen verhängen kann* Das Gericht lädt Zeugen vor/tagt/vertagte sich., Der Streit wurde vor Gericht entschieden., Das Gericht kommt zu folgendem Urteil: ... ◆-sbeschluss, -sentscheid, -sreporter, -ssaal, -sverhandlung **2.** *ein Gebäude, in dem ein Gericht[1] untergebracht ist* ■ **hart mit jemandem ins Gericht gehen**: *jmdn. energisch zurechtweisen*

Ge·richt[2] das <-(e)s, -e> *auf eine bestimmte Weise zubereitete Nahrungsmittel, die in einer bestimmten Weise kombiniert werde* Er kocht deftige/schmackhafte/typisch italienische Gerichte.

ge·richt·lich <nicht steig.> (*nur attr.*) *Adj. von einem Gericht[1], mithilfe des Gerichts[1] durchgeführt* Die gerichtliche Untersuchung des Falles ist abgeschlossen., Ich überlege noch, ob ich gegen ihn gerichtlich vorgehen soll.

Ge·richts·ak·te die <-, -n> *Akte des Gerichts[1] über einen bestimmten Fall*

Ge·richts·arzt, **Ge·richts·ärz·tin** der <-es, Gerichtsärzte> (≈ *Gerichtsmediziner*) *Arzt für Gerichtsmedizin*

ge·richts·ärzt·lich <nicht steig.> (*nur attr.*) *Adj. auf die Gerichtsmedizin bezogen* ein gerichtsärztliches Gutachten anfordern

Ge·richts·bar·keit die <-> (*kein Plur.*) **1.** *Befugnis zur Rechtsprechung* **2.** *alle Gerichte[1]*

ge·richts·be·kannt *Adj. dem Gericht[1] bekannt* ein gerichtsbekannter Straftäter

Ge·richts·dol·met·scher, **Ge·richts·dol·met·sche·rin** der <-s, -> *vom Gericht[1] angestellter Dolmetscher*

Ge·richts·hof der <-es, Gerichtshöfe> *Gericht[1] höherer Instanz*

Ge·richts·kos·ten <-> *Plur. Kosten eines Gerichtsverfahrens*

Ge·richts·me·di·zin die <-> (*kein Plur.*) *die Abteilung eines Gerichts[1], in der speziell ausgebildete Ärzte beispielsweise die Leichen getöteter Personen hinsichtlich der Todesursache untersuchen* ►Gerichtsmediziner, gerichtsmedizinisch

ge·richts·no·to·risch <nicht steig.> (*nur attr.*) *Adj. vom Gericht[1] zur Kenntnis genommen* ein gerichtsnotorischer Straftäter

Ge·richts·ord·nung die <-> (*kein Plur.*) *die Gerichtsbarkeit regelnde Ordnung*

Ge·richts·re·fe·ren·dar, **Ge·richts·re·fe·ren·da·rin** der <-s, -e> *Rechtsreferendar*

Ge·richts·sach·ver·stän·di·ge(r) der/die <-n, -n> *vom Gericht[1] (für ein Gutachten) beauftragter Sachverständiger*

Ge·richts·schrei·ber, **Ge·richts·schrei·be·rin** der <-s, -> (*schweiz.*) *Jurist, der für die Kanzleigeschäfte eines Gerichtes[1] verantwortlich ist, das Protokoll führt und die Urteile redigiert (hat beratende Stimme in den Gerichtssitzungen)*

Ge·richts·ter·min der <-s, -e> *der Termin, an dem eine Gerichtsverhandlung stattfindet*

Ge·richts·ur·teil das <-s, -e> *vom Gericht[1] ergehendes Urteil*

Ge·richts·ver·fah·ren das <-s, -> *die Untersuchung eines Falles vor Gericht[1] mit abschließender Urteilsverkündung* Gegen den mutmaßlichen Täter wurde bereits ein Gerichtsverfahren eingeleitet.

Ge·richts·voll·zie·her, **Ge·richts·voll·zie·he·rin** der <-s, -> *Beamter, der Vorladungen zustellt oder Pfändungen vornimmt*

Ge·richts·vor·sit·zen·de(r) der <-n, -> *Vorsitzender des Gerichts[1]*

Ge·richts·weg ■ **auf dem Gerichtsweg**: *mithilfe des Gerichts[1]* auf dem Gerichtsweg gegen jemanden vorgehen

ge·rie·ben (*Part. Perf. zu „reiben"*) *Adj.* (≈ *durchtrieben*) *schlau, gerissen* Der Kleine ist schon jetzt ein geriebener Schlingel.

ge·ring *Adj.* **1.** *so, dass es in Bezug auf die Menge, das Ausmaß oder die Größe nicht sehr groß, unbeträchtlich oder klein ist* Eine geringe Menge Rotwein verfeinert die Soße., Wir haben auf der heutigen Etappe nur eine geringe Entfernung zurückgelegt. **2.** *so, dass es in Bezug auf den Grad, die Intensität oder das Maß minimal, niedrig oder unbedeutend ist* Diese Aspekte sind nur von geringer Bedeutung., Er hat sich nicht die geringste Mühe gegeben! ◆ Getrenntschreibung→R 4.2 gering achten, gering schätzen; Großschreibung→R 3.4, R 3.7 ein Geringes tun, um ein Geringes erhöhen, nichts Geringeres als ..., es geht sie nicht das Geringste an, es ist das Geringste, was er tun kann, es stört mich nicht im Geringsten, auch der Geringste hat Anspruch auf ..., kein Geringerer als ...

Ge·ring·ach·tung die <-> (*kein Plur.*) (≈ *Geringschätzung*)

ge·rin·gelt <nicht steig.> *Adj. mit ringförmig verlaufenden Streifen* ein geringeltes T-Shirt

ge·ring·fü·gig *Adj. in sehr geringem, nicht nennenswertem Maße* Die neueste Version des Computerspiels wurde nur geringfügig verbessert. ►Geringfügigkeit

ge·ring·schät·zig *Adj. voller Geringschätzung* Sie lächelte geringschätzig., Er sah mich mit einem geringschätzigen Blick an.

Ge·ring·schät·zung die <-> (*kein Plur.*) *die Art, eine Person oder Sache mit einer gewissen Verachtung und Herablassung zu betrachten*

ge·rings·ten·falls *Adv.* (*geh.* ≈ *zumindest*) Du hast geringstenfalls den entstandenen Schaden zu ersetzen.

ge·ringst·mög·lich <nicht steig.> *Adj. so gering wie möglich* Der Schaden ist geringstmöglich zu halten.

ge·rin·nen <gerinnt, gerann, ist geronnen> *ohne OBJ* ■ *etwas gerinnt den Vorgang durchlaufen, bei dem eine Flüssigkeit Klümpchen bildet und fest wird* Die Milch ist geronnen., Bei Menschen, die an der Bluterkrankheit leiden, gerinnt das Blut nicht.

Ge·rin·nung die <-> (*kein Plur.*) *das Gerinnen*

ge·rin·nungs·fä·hig <nicht steig.> *Adj. so, dass etwas gerinnt oder gerinnen kann* ▶Gerinnungsfähigkeit

ge·rin·nungs·hem·mend <nicht steig.> *Adj.* MED. *so, dass etwas die Gerinnung des Blutes hemmt* gerinnungshemmende Medikamente

Ge·rin·nungs·mit·tel das <-s, -> MED. *die Gerinnung des Blutes hemmendes Medikament*

Ge·rip·pe das <-s, -> (≈ *Skelett*)

ge·rippt <nicht steig.> *Adj. mit Rippenmuster* ein gerippter Stoff

ge·ris·sen (*Part. Perf. zu „reißen"*) *Adj.* (*umg.*) (*auf eine gemeine Art*) *schlau und auf den eigenen Vorteil bedacht* Er ist ein äußerst gerissener Geschäftsmann.

Germ die <-> (*kein Plur.*) (*österr.*) *Backhefe* ◆-knödel

Ger·ma·ne, **Ger·ma·nin** der <-n, -n> *Angehöriger eines nordeuropäischen Volksstammes*

ger·ma·nisch <nicht steig.> (*nur attr.*) *Adj. die Germanen betreffend, zu ihnen gehörend, von ihnen stammend* Er erforscht die germanischen Sprachen.

ger·ma·ni·sie·ren <germanisierst, germanisierte, hat germanisiert> *mit OBJ* ■ *jmd. germanisiert etwas* **1.** SPRACHWISS. *eindeutschen* ein Fremdwort germanisieren **2.** GESCH. *der deutschen Sprache oder Kultur angleichen* ▶Germanisierung

Ger·ma·nis·mus der <-, Germanismen> SPRACHWISS. **1.** *sprachliche Eigentümlichkeit des Deutschen* **2.** *Entlehnung aus dem Deutschen*

Ger·ma·nist, **Ger·ma·nis·tin** der <-en, -en> *Wissenschaftler auf dem Gebiet der Germanistik*

Ger·ma·nis·tik die <-> (*kein Plur.*) *Wissenschaft von der deutschen Sprache und Literatur*

gern/ger·ne <lieber, am liebsten> *Adv.* **1.** *so, dass man ein positives Gefühl dabei hat und es mit Vergnügen tut* Ich komme gern mit ins Kino., Er ist ein gern gesehener Gast. **2.** *ohne weiteres* Das will ich dir gern glauben. **3.** *nach Möglichkeit* Ich würde gern noch den Brief zu Ende lesen, dann komme ich mit. **4.** (*umg.*) *leicht, schnell* In Ecken bilden sich gern Spinnweben. **5.** ■ **gern haben**: (*sehr*) *mögen* „Liebst du sie?" „Nein, ich habe sie einfach gern." **der kann/die kann/du kannst mich gern haben** (*umg. iron.*): *mit dem/mit der/mit dir will ich nichts mehr zu tun haben* ◆ Getrenntschreibung→R 4.12 gern gesehen, allzu gern

Ge·röll das <-(e)s> (*kein Plur.*) *viele Gesteinsbrocken* Bei Hochwasser führt der Fluss viel Geröll mit sich. ◆-halde

ge·ron·nen *Part. Perf. von* **gerinnen**

Gers·te die <-> (*kein Plur.*) *eine Getreideart*

Gers·ten·korn das <-(e)s, Gerstenkörner> **1.** *Frucht der Gerste* **2.** MED. *eitrige Entzündung am Augenlid*

Gers·ten·saft der <-(e)s> (*kein Plur.*) (*scherzh.*) *Bier*

Ger·te die <-, -n> *biegsamer, dünner Stock*

ger·ten·schlank <nicht steig.> *Adj. sehr schlank* Als Model muss man gertenschlank sein.

Ge·ruch der <-(e)s, Gerüche> *das, was mit der Nase wahrgenommen werden kann* In der Luft lag ein scharfer/stechender/süßlicher/würziger Geruch., In der Bibliothek herrschte ein Geruch nach Staub und Papier.

ge·ruch·los <nicht steig.> *Adj. so, dass es keinen Geruch hat* ein geruchloses Gas

ge·ruchs·emp·find·lich *Adj. empfindlich gegenüber Geruch* eine geruchsempfindliche Nase besitzen

ge·ruchs·frei <nicht steig.> *Adj.* (≈ *geruchlos*)

Ge·ruchs·sinn der <-(e)s> (*kein Plur.*) *die Fähigkeit, Gerüche wahrzunehmen*

Ge·rücht das <-(e)s, -e> *etwas, das im Gespräch als Behauptung weitergetragen wird, aber unbestätigt ist* Es geht das Gerücht um, dass ..., Gerüchten zufolge soll er sich in Berlin aufhalten.

Ge·rüch·te·kü·che die <-> (*kein Plur.*) (*umg. abwert.*) *Ort, an dem viele Gerüchte entstehen*

ge·rüch·te·wei·se *Adv. nur als Gerücht* etwas gerüchteweise erfahren

ge·ru·hen <geruhst, geruhte, hat geruht> *ohne OBJ* ■ *jmd. geruht etwas zu tun* (*geh. veralt. oder iron.*) *sich herablassen* Geruht der Herr Sohn auch endlich aufzustehen?

ge·rührt *Adj.* (≈ *ergriffen*) *so, dass man Rührung empfindet* Gerührt nahm er die Glückwünsche entgegen.

ge·ruh·sam *Adj.* (≈ *behaglich*) Eigentlich sollte es ein geruhsamer Abend werden. ▶Geruhsamkeit

Ge·rüm·pel das <-s> (*kein Plur.*) (*abwert.*) *alte, nicht mehr brauchbare Gegenstände* Wir müssen inzwischen das Auto im Hof parken, weil die ganze Garage voller Gerümpel ist.

Ge·rum·pel das <-s> (*kein Plur.*) (*oft abwert.*) *ständiges Rumpeln* Kannst du mal mit dem Gerumpel aufhören, ich verstehe sonst kein Wort!

Ge·run·di·um das <-s, Gerundien> SPRACHWISS. *gebeugter Infinitiv des lateinischen Verbs*

Ge·rüst das <-(e)s, -e> **1.** *ein Gestell, das an Hauswänden aufgestellt wird, wenn die Wände gestrichen werden oder Reparaturen gemacht werden müssen* Für die Malerarbeiten am Haus wurde ein Gerüst aufgestellt. ◆ Bau- **2.** *die grobe Gliederung eines Textes, die noch nicht in den Details ausgearbeitet ist* Das Gerüst für meine Diplomarbeit steht bereits.

Ge·sab·ber das <-s> (*kein Plur.*) *ständiges Sabbern*

ge·sal·zen (*Part. Perf. zu „salzen"*) *Adj.* (*umg.*) **1.** (*von Preisen* ≈ *gepfeffert*) *sehr hoch* In diesem Lokal haben sie gesalzene Preise. **2.** *grob* Dem werde ich einen gesalzenen Brief schreiben!

ge·samt <nicht steig.> (*nur attr.*) *Adj. so, dass es in Bezug auf die genannte Sache alles einschließt* Die gesamten Arbeiten wurden in nur zwei Jahren geleistet., Die Firma trägt die gesamten Kosten., Das Unwetter hat die gesamte Ernte vernichtet. ►Gesamtbetrag, Gesamtbevölkerung, Gesamtsumme

Ge·samt·ar·beits·ver·trag der <-(e)s, Gesamtarbeitsverträge> (*schweiz.*) *Tarifvertrag*

Ge·samt·aus·ga·be die <-, -n> *eine Buchausgabe, die alle Werke eines Schriftstellers umfasst* eine Gesamtausgabe der Werke Shakespeares

ge·samt·deutsch <nicht steig.> (*nur attr.*) *Adj. Gesamtdeutschland betreffend*

Ge·samt·deutsch·land das <-s> (*kein Plur.*) *ganz Deutschland* (*insbesondere hinsichtlich der Einheit der westlichen und der östlichen Bundesländer*)

Ge·samt·ein·druck der <-(e)s, Gesamteindrücke> *der Eindruck, den man unter Berücksichtigung aller Aspekte von einer Sache hat*

ge·samt·eu·ro·pä·isch <nicht steig.> *Adj. ganz Europa betreffend*

ge·samt·ge·sell·schaft·lich <nicht steig.> *Adj. die gesamte Gesellschaft betreffend* ein gesamtgesellschaftliches Phänomen

ge·samt·haft *Adv.* (*schweiz.*) *insgesamt*

Ge·samt·heit die <-> (*kein Plur.*) *alle beteiligten Personen, Sachen, Vorgänge oder Erscheinungen, die zusammengehören* Noch kann man die Probleme in ihrer Gesamtheit nicht abschätzen.

Ge·samt·kos·ten <-> *Plur. alle Kosten, die im Zusammenhang mit einer Sache anfallen* Die Gesamtkosten belaufen sich auf … Euro.

Ge·samt·kunst·werk das <-(e)s, -e> *die Vereinigung von Dichtung, Musik, Tanzkunst und bildender Kunst in der Oper*

Ge·samt·la·ge die <-> (*kein Plur.*) *die allgemeine Lage, die* (*vor allem unter einem bestimmten Aspekt*) *irgendwo herrscht* Die wirtschaftliche Gesamtlage ist als kritisch einzuschätzen.

Ge·samt·schuld die <-> (*kein Plur.*) *gesamte Schuld* die Gesamtschuld an etwas tragen

Ge·samt·schu·le die <-, -n> *eine Schule, die einen Grund-, Haupt-, Realschul- und Gymnasialzweig in sich vereint*

Ge·samt·sieg der <-(e)s, -e> SPORT *der Sieg bei einem sportlichen Wettbewerb, der aus mehreren Disziplinen oder Etappen besteht*

Ge·samt·ü·ber·sicht die <-, -en> *die gesamte Übersicht, die alle Aspekte von etwas berücksichtigt*

Ge·samt·um·satz der <-es, Gesamtumsätze> *der gesamte Umsatz, den ein Unternehmen* (*in einem bestimmten Zeitraum*) *gemacht hat*

Ge·samt·werk das <-(e)s, -e> *alle Werke, die ein Künsteler geschaffen hat* das Gesamtwerk Goethes

Ge·samt·wert der <-(e)s> (*kein Plur.*) *der gesamte Wert, den etwas hat* Diebesgut im Gesamtwert von … Euro

Ge·samt·wirt·schaft die <-> (*kein Plur.*) *alle Wirtschaftsunternehmen eines Landes* ►gesamtwirtschaftlich

Ge·samt·zahl die <-, -en> *die Summe aller beteiligten Personen oder Dinge* Die Gesamtzahl der Messebesucher überstieg die vom Vorjahr beträchtlich.

Ge·samt·zu·sam·men·hang der <-(e)s, Gesamtzusammenhänge> *der übergreifende Zusammenhang, in den sich alle Aspekte von etwas einordnen lassen* etwas in den Gesamtzusammenhang einordnen

Ge·sand·te, Ge·sand·tin der/die <-n, -n> *diplomatischer Vertreter eines Staates in einem anderen Staat*

Ge·sandt·schaft die <-> (*kein Plur.*) *Gruppe mehrerer Gesandter*

Ge·sang der <-(e)s, Gesänge> **1.** (*kein Plur.*) *das Singen* Er hat meinen Gesang auf der Gitarre begleitet., Sie erkennt die Vögel am Gesang. **2.** (*nur Plur.*) *Lied* Der Chor singt gregorianische Gesänge., Ich habe mir eine CD mit den Gesängen der heimischen Vogelarten gekauft. **3.** (*kein Plur.*) *das Singen als Kunstform und* (*Studien-*)*fach* Sie hat am Konservatorium Gesang studiert. ◆-sausbildung, -slehrer

Ge·sang·buch das <-(e)s, Gesangbücher> *ein Buch mit Text und Noten von* (*Kirchen*)*Liedern*

ge·sang·lich <nicht steig.> (*nur attr.*) *Adj. den Gesang betreffend* eine gesangliche Darbietung

Ge·sangs·leh·rer, Ge·sangs·leh·re·rin der <-s, -> *jmd., der Unterricht im Singen gibt*

Ge·säß das <-es, -e> *der Teil des Körpers, auf dem man sitzt*

Ge·säß·ta·sche die <-, -n> *Tasche am Gesäßteil einer Hose*

ge·schä·digt *Adj. so, dass jmd./etwas einen Schaden davongetragen hat* ein geschädigtes Gehör

Ge·schä·dig·te der/die <-n, -n> *jmd., der geschädigt worden ist*

ge·schafft *Adj.* (*umg.*) *müde, erschöpft*

Ge·schäft das <-(e)s, -e> **1.** (≈ *Handel*) *der Vorgang, dass jmd. eine Sache zum Kauf anbietet und ein anderer sie zu einem bestimmten Preis kauft* Die Geschäfte gehen gut/stocken., Das Geschäft kommt zustande/ist perfekt., Sie haben ein Geschäft abgeschlossen. **2.** (*kein Plur.*) *Verkauf, Absatz* Zu Saisonbeginn wird sich das Geschäft wieder beleben. **3.** (*kein Plur.*) *Gewinn* Damit hast du ein gutes Geschäft gemacht. **4.** *Betrieb, Unternehmen, Firma* Er übernimmt das Geschäft seines Vaters. **5.** *Laden* Wann öffnen die Geschäfte? ◆-sgründung, -sinhaber **6.** *zu erledigende Aufgabe* Das ist ein ziemlich undankbares Geschäft! ■ **sein Geschäft erledigen/machen/verrichten** (*umg.*): *den Darm oder die Blase entleeren* **7.** (*schweiz.*) *Verhandlungs-, Abstimmungsgegenstand*

i Wissenswert Der Begriff **Geschäft** bezeichnet das Kaufen oder Verkaufen von Waren oder Leistungen mit dem Ziel, einen Gewinn zu erzielen. Umgangssprachlich spricht man von einem Handel oder einem Deal. Redewendungen: Ich bin mit ihm ins Geschäft gekommen.(Ich habe ihn als Geschäftspartner gewonnen.); Willst du mit uns ins Geschäft einsteigen? (Möchtest du an unseren Geschäften beteiligt sein?); ich muss dieses Geschäft tätigen/ abwickeln (ich muss diesen Handel zu Ende bringen); Wie gehen/ laufen die Geschäfte? – Die Geschäfte gehen gut. In einem weiteren Sinne bezeichnet „Geschäft" einen Betrieb, einen Laden oder eine Firma. Wendungen: Sie hat letzten Monat in der Hauptstraße ein Geschäft eröffnet. Jeden Tag kommt er müde aus dem Geschäft nach Hause.

Ge·schäf·te·ma·cher, **Ge·schäf·te·ma·che·rin** der <-s, -> (*abwert.*) *jmd., der aus allem ein Geschäft*[1] *machen will, um möglichst viel Gewinn zu erzielen* ▶Geschäftemacherei

ge·schäf·ten <geschäftest, geschäftete, hat geschäftet> *ohne OBJ* ■ *jmd. geschäftet Akk.* (*schweiz.*) **1.** *ein Geschäft oder Gewerbe betreiben* **2.** *mit jmdm. Geschäfte machen, geschäftlich verkehren*

ge·schäf·tig *Adj.* (≈ *betriebsam*) *so, dass irgendwo sehr viele Menschen sehr aktiv sind* In der Fußgängerzone herrschte geschäftiges Treiben. ▶Geschäftigkeit

ge·schäft·lich <nicht steig.> (*nur attr.*) *Adj.* **1.** (≈ *beruflich* ↔ *privat*) Er ist zurzeit geschäftlich unterwegs. **2.** *die Geschäfte*[1] *betreffend* Die Firma besitzt geschäftliche Kontakte nach Amerika.

Ge·schäfts·ab·schluss der <-es, Geschäftsabschlüsse> *Abschluss eines Geschäfts*[1] Der Geschäftsabschluss gestaltete sich als schwieriger als erwartet.

Ge·schäfts·a·d·res·se die <-, -n> (↔ *Privatadresse*) *geschäftliche Adresse*

Ge·schäfts·an·teil der <-(e)s, -e> (*finanzieller*) *Anteil an einem Geschäft*

Ge·schäfts·auf·ga·be die <-, -n> *der Vorgang, dass ein Laden aufgelöst wird*

Ge·schäfts·auf·lö·sung die <-, -en> *Auflösung eines Geschäfts* Nach dem Konkurs stand die Geschäftsauflösung kurz bevor.

Ge·schäfts·au·to das <-s, -s> (≈ *Firmenwagen*)

Ge·schäfts·be·din·gun·gen <-> *Plur. vertraglich und im Voraus festgelegte Bedingungen für den Abschluss eines Geschäfts*

Ge·schäfts·be·richt der <-(e)s, -e> *Bericht über die geschäftliche Entwicklung eines Unternehmens* (*innerhalb eines bestimmten Zeitraums*)

Ge·schäfts·bü·cher <-> *Plur. Bücher, in denen die geschäftlichen Ereignisse* (*eines Unternehmens*) *eingetragen werden* Einblick in die Geschäftsbücher nehmen/erhalten

ge·schäfts·fä·hig <nicht steig.> *Adj.* (RECHTSW.: ↔ *geschäftsunfähig*) *so, dass eine Person* (*rechtlich gesehen*) *Geschäfte abschließen kann* Der Junge ist noch nicht volljährig, also nur beschränkt geschäftsfähig. ▶Geschäftsfähigkeit

Ge·schäfts·feld das <-(e)s, -er> *ein Bereich, in dem ein Unternehmen tätig ist* neue Geschäftsfelder erschließen

Ge·schäfts·frau die <-, -en> *s.* **Geschäftsmann**

Ge·schäfts·füh·rer, **Ge·schäfts·füh·re·rin** der <-s, -> *Mitglied der Geschäftsführung*

Ge·schäfts·füh·rung die <-, -en> (≈ *Geschäftsleitung*) *die in der Hierarchie eines Unternehmens oberste Abteilung, die die Unternehmensziele vorgibt und alle Vorgänge steuert*

Ge·schäfts·ge·heim·nis das <-ses, -se> *s.* **Betriebsgeheimnis**

Ge·schäfts·jahr das <-es, -e> (≈ *Wirtschaftsjahr*) *ein Kalenderjahr unter dem Aspekt der wirtschaftlichen Aktivität und vor allem der Gewinne* Das letzte Geschäftsjahr war nicht so ertragreich, wie wir es erwarteten.

Ge·schäfts·ju·bi·lä·um das <-s, Geschäftsjubiläen> *Jubiläum eines Geschäfts* das 20-jährige Geschäftsjubiläum begehen/feiern

Ge·schäfts·ka·pi·tal das <-s, -e> *Kapital eines Geschäfts* Wir gründeten die Firma mit einem Geschäftskapital von nur ... Euro.

Ge·schäfts·la·ge die <-> (*kein Plur.*) **1.** *die wirtschaftliche Situation eines Unternehmens* Die Geschäftslage ist momentan kritisch. **2.** *die Lage eines Unternehmens als* (*Wirtschafts-*) *Standort* Wir eröffnen den Laden in guter Geschäftslage, nämlich genau im Stadtzentrum.

Ge·schäfts·lei·tung die <-, -en> **1.** (*kein Plur.*) *Leitung eines Unternehmens* **2.** *die Personen, die ein Unternehmen leiten*

Ge·schäfts·leu·te <-> *Plur.* **1.** *Plural von: Geschäftsmann* **2.** *alle Geschäftsmänner und Geschäftsfrauen*

Ge·schäfts·mann, **Ge·schäfts·frau** der <-(e)s, Geschäftsmänner/Geschäftsleute> *jmd., der ein Geschäft*[4] *leitet oder Geschäfte*[1] *tätigt*

ge·schäfts·mä·ßig <nicht steig.> *Adj.* **1.** *auf Geschäftliches bezogen* **2.** *sehr sachlich und daher unpersönlich wirkend* etwas in geschäftsmäßigem Tonfall sagen

Ge·schäfts·me·tho·de die <-, -n> (*meist Plur.*) *eine bestimmte Methode, Geschäftliches zu handhaben*

Ge·schäfts·ord·nung die <-, -en> *die Vorschriften, die das Funktionieren eines Parlaments, eines Amts oder eines Vereins regeln*

Ge·schäfts·part·ner, **Ge·schäfts·part·ne·rin** der <-s, -> *Beteiligte(r) an einem Geschäft*[1]

Ge·schäfts·prak·tik die <-, -en> (*meist Plur.*) (≈ *Geschäftsmethode*) Das sind ja regelrecht kriminelle Geschäftspraktiken bei euch!

Ge·schäfts·raum der <-(e)s, Geschäftsräume> (≈ *Büro*) *für geschäftliche Angelegenheiten benutzter Raum* Unsere Geschäftsräume befinden sich in der ersten Etage.

Ge·schäfts·rei·se die <-, -n> *aus Geschäftsgründen unternommene Reise* auf Geschäftsreise sein

Ge·schäfts·rück·gang der <-(e)s, Geschäftsrückgänge> *Rückgang im Umsatz eines Unternehmens*

ge·schäfts·schä·di·gend *Adj. so, dass etwas dem geschäftlichen Ansehen schadet* geschäftsschädigendes Verhalten

Ge·schäfts·schluss der <-es> (*kein Plur.*) nach Geschäftsschluss

Ge·schäfts·sinn der <-(e)s> (*kein Plur.*) *Gespür für gute Geschäfte*[1]

Ge·schäfts·sitz der <-es, -e> *Ort, wo sich ein Geschäft*[1] *befindet* Die Firma hat ihren Geschäftssitz in München.

Ge·schäfts·stel·le die <-, -n> (*eine Art*) *Zweigstelle oder externes Büro einer Institution*

Ge·schäfts·stra·ße die <-, -n> *eine Straße, in der sich viele Geschäfte*[5] *befinden*

Ge·schäfts·stra·te·gie die <-, -n> *Art und Weise des Vorgehens in geschäftlichen Dingen* Unsere Firma verfolgt eine konservative Geschäftsstrategie.

Ge·schäfts·tä·tig·keit die <-> (*kein Plur.*) *geschäftliche Tätigkeit* eine rege Geschäftstätigkeit entwickeln

ge·schäfts·tüch·tig *Adj. geschickt im Anbahnen und Abschließen guter Geschäfte*[1] ein geschäftstüchtiger Lehrling ►Geschäftstüchtigkeit

ge·schäfts·un·fä·hig <nicht steig.> *Adj.* (RECHTSW.: ↔ *geschäftsfähig*) *nicht geschäftsfähig* ►Geschäftsunfähigkeit

Ge·schäfts·ver·kehr der <-s> (*kein Plur.*) *das Abwickeln von Geschäften*[1] reger/lauer Geschäftsverkehr

Ge·schäfts·vier·tel das <-s, -> (↔ *Wohnviertel*) *ein Stadtteil, in dem sich vor allem Geschäfte*[4 5] *befinden*

Ge·schäfts·vor·gang der <-(e)s, Geschäftsvorgänge> (*in die Geschäftsbücher einzutragendes*) *geschäftliches Ereignis*

Ge·schäfts·wa·gen der <-s, -> (≈ *Firmenwagen*)

Ge·schäfts·welt die <-> (*kein Plur.*) **1.** *alle Geschäftsleute* **2.** *der Lebensbereich, zu dem die Geschäfte*[4] *gehören*

Ge·schäfts·zeit die <-, -en> (*meist Plur.*) *die Zeit, in der ein Laden oder eine Geschäftsstelle für Kunden geöffnet ist*

Ge·schäfts·zim·mer das <-s, -> (≈ *Büro*) *Zimmer für die Abwicklung geschäftlicher Angelegenheiten*

Ge·schäfts·zweig der <-(e)s, -e> (≈ *Branche*)

ge·schah *Prät. von* **geschehen**

Ge·schä·ker das <-s, -> (*oft abwert.*) *dauerndes Schäkern* Ihr Geschäker mit dem neuen Mitarbeiter gefällt mir überhaupt nicht.

ge·schätzt *Adj. so, dass jmdm. Wertschätzung entgegengebracht wird* ein von allen geschätzter Kollege

ge·scheckt <nicht steig.> *Adj.* (*von Tierfell* ≈ *scheckig*) *gefleckt* ein geschecktes Fell

Ge·sche·hen das <-s> (*kein Plur.*) (≈ *Vorgang*) *etwas, das sich ereignet*

ge·sche·hen <geschieht, geschah, ist geschehen> *ohne OBJ* **1.** ■ *etwas geschieht* (≈ *sich ereignen, passieren*) *sich als Handlung oder Vorgang in der Realität vollziehen* Was ist geschehen?, Erst geschieht tagelang nichts, dann jagen sich die Ereignisse., Wann geschah das Unglück? **2.** ■ *etwas geschieht ausgeführt werden* Das Verbrechen geschah bereits letzte Woche. **3.** ■ *etwas geschieht jmdm. widerfahren, zustoßen* Wenn du aufpasst, kann dir nichts geschehen. ■ **es ist um jemandem geschehen**: *jmd. ist verloren, finanziell oder gesundheitlich ruiniert* **es ist um etwas geschehen**: *ein Vorfall beendet die Existenz von etwas* **etwas geschieht jemandem recht**: *jmd. verdient etwas* Es geschieht ihm recht, dass sie ihn beim Abschreiben erwischt hat.

ge·scheit *Adj.* **1.** *klug, intelligent* Er ist ein gescheiter Bursche. **2.** *kluge Gedanken enthaltend* der gescheite Plan **3.** (*umg.* ≈ *vernünftig*) Sei doch gescheit und lass es bleiben!

Ge·schenk das <-(e)s, -e> *etwas, das man jmdm. zu einem bestimmten Anlass gibt, um der Person eine Freude zu machen* Er hat seiner Freundin zum Geburtstag ein teures Geschenk gemacht., Unter dem Weihnachtsbaum stapelten sich die Geschenke., Das lange Wochenende in Paris ist ein Geschenk meines Mannes. ■ **ein Geschenk des Himmels**: *etwas, das einen völlig unerwartet aus einer bestimmten Situation befreit oder erlöst*

Ge·schenk·ar·ti·kel der <-s, -> *ein Produkt, das eigens für den Zweck hergestellt wird, als Geschenk gekauft zu werden* Abteilung für Geschenkartikel

Ge·schenk·bou·tique die <-, -n> *Boutique für Geschenkartikel*

Ge·schenk·pa·ckung die <-, -en> *eine ansprechende Verpackung für etwas, das als Geschenk dienen soll*

Ge·schenk·pa·pier das <-s> (*kein Plur.*) *bunt gemustertes Papier zum Einwickeln von Geschenken*

Ge·schich·te die <-, -n> **1.** (≈ *Erzählung*) *die Worte bzw. der* (*längere*) *Text, in dem jmd. über ein* (*vergangenes*) *Geschehen berichtet* Die Großmutter erzählt den Kindern Geschichten., Die Geschichte spielt im alten Russland. ■ **etwas ist eine lange Geschichte**: *etwas ist so kompliziert, dass man es nicht mit wenigen Worten erklären kann* **2.** (*kein Plur.*) *die politische, kulturelle und gesellschaftliche Entwicklung einer bestimmten Region* Er interessiert sich für die Geschichte Deutschlands., ein Buch über die Geschichte der Stadt Augsburg **3.** *Wissenschaft von der Geschichte*[2] Er studiert Alte/Mittlere/Neue Geschichte und Germanistik., Ein Historiker ist ein Wissenschaftler auf dem Gebiet der Geschichte. **4.** (*umg.*) *Angelegenheit* Kannst du dich an diese merkwürdige/seltsame Geschichte von damals noch erinnern? ■ **Geschichte machen**: *etwas Entscheidendes für die Entwicklung der Menschheit leis-*

ten

ge·schicht·lich <nicht steig.> (*nur attr.*) *Adj.* **1.** *auf die Geschichte*[2] *bezogen* **2.** *so, dass es den historischen Tatsachen entspricht* Aufgrund der wenigen schriftlichen Quellen kann über die geschichtlichen Ereignisse nur spekuliert werden. ▶Geschichtlichkeit

Ge·schichts·be·wusst·sein das <-s> (*kein Plur.*) *die Eigenschaft, dass man sich dessen bewusst ist, dass Menschen und ihr Leben immer Teil von geschichtlichen Prozessen bzw. der Geschichte*[2] *sind*

Ge·schichts·buch das <-(e)s, Geschichtsbücher> SCHULE *Lehrbuch für Geschichte*[2]

Ge·schichts·dra·ma das <-s, Geschichtsdramen> *eine Form des Dramas, die historische Stoffe behandelt* die Geschichtsdramen Schillers

Ge·schichts·for·schung die <-, -en> *wissenschaftliche Erforschung der Geschichte*[2]

Ge·schichts·klit·te·rung die <-> (*kein Plur.*) *die mit einer bestimmten Absicht verfälschte Darstellung oder Deutung geschichtlicher Ereignisse*

Ge·schichts·leh·rer, **Ge·schichts·leh·re·rin** der <-s, -> SCHULE *Lehrer für Geschichte*[2]

ge·schichts·los <nicht steig.> *Adj. ohne Bewusstsein für die Geschichtlichkeit von Ereignissen* ▶Geschichtslosigkeit

Ge·schichts·schrei·ber, **Ge·schichts·schrei·be·rin** der <-s, -> (*veralt.*) *Historiker*

Ge·schichts·schrei·bung die <-, -en> (*meist Sing.*) *schriftliche Darstellung der Geschichte*[2]

Ge·schichts·stu·di·um das <-s, Geschichtsstudien> *Studium der Geschichte*[3]

Ge·schichts·stun·de die <-, -n> SCHULE *Schulstunde im Unterrichtsfach Geschichte*

ge·schichts·träch·tig *Adj. so, dass die Geschichtlichkeit eines Ereignisses oder Ortes zum Ausdruck kommt* ein geschichtsträchtiger Moment

Ge·schichts·un·ter·richt der <-s> (*kein Plur.*) SCHULE *Unterricht im Schulfach Geschichte*

Ge·schichts·werk das <-(e)s, -e> (*umfangreiche*) *Abhandlung über Geschichte*[2]

Ge·schichts·wis·sen·schaft die <-, -en> *Wissenschaft von der Geschichte*[2]

Ge·schick[1] das <-(e)s, -e> **1.** (*geh.*) *Schicksal* **2.** (*meist Plur.*) *die politischen und wirtschaftlichen Verhältnisse* Der Seniorchef wachte fast zwei Jahrzehnte über die Geschicke der Firma.

Ge·schick[2] das <-(e)s> (*kein Plur.*) (*geh.*) *die Fähigkeit, etwas schnell und gekonnt auszuführen* Er hat Geschick zum Schnitzen., Sie hat Talent und Geschick.

Ge·schick·lich·keit die <-> (*kein Plur.*) *Geschick*[2] Ich musste seine handwerkliche Geschicklichkeit bewundern.

Ge·schick·lich·keits·prü·fung die <-, -en> SPORT (*im Motorsport*) *eine Prüfung, bei der es besonders auf die Fahrtechnik und Geschicklichkeit des Fahrers ankommt*

ge·schickt *Adj.* **1.** *mit großem Geschick*[2] Er ist ein geschickter Bastler. **2.** *gewandt und klug* Er stellt geschickte Fragen., Sie hat sich geschickt verteidigt.

Ge·schie·be das <-s> (*kein Plur.*) (*umg. abwert.*) *dauerndes Schieben*

Ge·schimp·fe das <-s> (*kein Plur.*) (*umg. abwert.*) *ständiges Schimpfen*

Ge·schirr das <-(e)s, -e> **1.** *Dinge aus Porzellan und Glas, die man zum Essen und Trinken benutzt* Sie besitzen elegantes/wertvolles Geschirr. **2.** (*kein Plur.*) *alle Dinge, die man zum Kochen und Essen benutzt* Wer wäscht heute das Geschirr ab? **3.** *die Riemen, mit denen ein Pferd oder ein anderes Zugtier vor den Wagen gespannt wird*

Ge·schirr·spü·ler der <-s, -> (*umg.*) *Maschine zum Spülen des Geschirrs*[2]

Ge·schirr·spül·ma·schi·ne die <-, -n> (≈ *Geschirrspüler*)

Ge·schirr·tuch das <-(e)s, Geschirrtücher> *Tuch zum Trocknen des gespülten Geschirrs*[2]

Ge·schirr·wasch·ma·schi·ne die <-, -n> (*schweiz.*) *Geschirrspülmaschine*

Ge·schiss das <-es> (*kein Plur.*) (*umg.*) *unnötiges Getue* Mach doch kein Geschiss wegen einer solch kleinen Sache!

ge·schlän·gelt <nicht steig.> *Adj. so, dass etwas in Schlangenlinien verläuft* eine geschlängelte Wegstrecke

ge·schlaucht *Adj.* (*umg.*) *müde, erschöpft*

Ge·schlecht das <-(e)s, -er> **1.** (*kein Plur.*) *die Merkmale, aufgrund derer Lebewesen als männlich oder weiblich bestimmt werden* Welches Geschlecht hat der Hund? **2.** *alle Lebewesen, die ein gleiches Geschlecht haben* das männliche und das weibliche Geschlecht **3.** *kurz für „Geschlechtsteil"* **4.** (*geh.*) *Familie, Sippe* Er stammt aus einem alten/vornehmen Geschlecht. **5.** SPRACHWISS. *Genus* ■ **das starke Geschlecht** (*umg. scherzh.*): *die Männer* **das schwache/schöne Geschlecht** (*umg. scherzh.*): *die Frauen*

Ge·schlech·ter·fol·ge die <-, -n> *Abfolge der Generationen*

Ge·schlech·ter·kampf der <-(e)s, Geschlechterkämpfe> (*oft scherzh.*) *Kampf der Geschlechter*[2] *untereinander* Trotz der Emanzipationsbewegung tobt der Geschlechterkampf weiter.

Ge·schlech·ter·rol·le die <-, -n> *die* (*soziale*) *Rolle, die das jeweilige Geschlecht*[2] *einnimmt* Heutzutage sind die Geschlechterrollen nicht mehr so eindeutig zu definieren wie früher.

Ge·schlech·ter·ver·hält·nis das <-ses, -se> *das Verhältnis der Geschlechter*[2] *zueinander*

ge·schlecht·lich <nicht steig.> (*nur attr.*) *Adj.* **1.** (≈ *sexuell*) mit jemandem geschlechtlich verkehren **2.** (BIOL.: ↔ *ungeschlechtlich*) *das Geschlecht*[1] *betreffend* Das Buch beschreibt die biologischen Vorgänge bei der geschlechtlichen Fortpflanzung. ▶Geschlechtlichkeit

Ge·schlechts·akt der <-(e)s, -e> (≈ *Geschlechtsverkehr, Koitus*) *der Vorgang, dass sich Mann und Frau sexuell vereinigen* den Geschlechtsakt vollziehen

Ge·schlechts·be·stim·mung die <-, -en> *Bestimmung der Geschlechtszugehörigkeit*

Ge·schlẹchts·ge·nos·se, **Ge·schlẹchts·ge·nos·sin** der <-n, -n> *Vertreter des eigenen Geschlechts*[2]

Ge·schlẹchts·krank·heit die <-, -en> *eine Erkrankung, die durch den Geschlechtsverkehr übertragen wird und besonders die Geschlechtsorgane befällt*

ge·schlẹcht(s)·los <nicht steig.> *Adj.* (≈ *asexuell*) *so, dass ein Lebewesen keine Geschlechtszugehörigkeit hat* ein geschlechtsloses Wesen

Ge·schlẹchts·merk·mal das <-(e)s, -e> *eines der Merkmale, die männliche und weibliche Lebewesen voneinander unterscheiden*

ge·schlẹchts·neu·tral <nicht steig.> *Adj. weder männlich noch weiblich* eine geschlechtsneutrale Anredeformel

Ge·schlẹchts·or·gan das <-(e)s, -e> *Organ, das der geschlechtlichen Befriedigung und der Fortpflanzung dient*

Ge·schlẹchts·part·ner, **Ge·schlẹchts·part·ne·rin** der <-s, -> (≈ *Sexualpartner*)

ge·schlẹchts·reif <nicht steig.> *Adj. so alt und so weit körperlich entwickelt, dass sich ein Lebewesen fortpflanzen kann* ein geschlechtsreifes Weibchen ▶Geschlechtsreife

ge·schlẹchts·spe·zi·fisch <nicht steig.> *Adj. speziell zu einem Geschlecht*[2] *gehörig* sich geschlechtsspezifisch verhalten

Ge·schlẹchts·teil das <-(e)s, -e> *äußerlich sichtbares Geschlechtsorgan*

Ge·schlẹchts·trieb der <-(e)s> (*kein Plur.*) (≈ *Sexualtrieb*)

Ge·schlẹchts·um·wand·lung die <-, -en> (*operative*) *Umwandlung des biologischen Geschlechts* eine Geschlechtsumwandlung vornehmen (lassen)

Ge·schlẹchts·un·ter·schied der <-(e)s, -e> *einer der Unterschiede zwischen Individuen, der auf die jeweilige Geschlechtszugehörigkeit zurückzuführen ist*

Ge·schlẹchts·ver·kehr der <-s> (*kein Plur.*) (≈ *Geschlechtsakt*) Sie sagte aus, es sei in dieser Nacht zum Geschlechtsverkehr mit dem Angeklagten gekommen.

Ge·schlẹchts·wort das <-(e)s, -e> SPRACHWISS. *Artikel*

ge·schlịf·fen (*Part. Perf. zu „schleifen"*) *Adj.* (*in Bezug auf die äußere Form und das Verhalten*) *perfekt, tadellos* Sie hat geschliffene Manieren. ▶Geschliffenheit

ge·schlọs·sen <nicht steig.> (*Part. Perf. zu „schließen"*) *Adj.* **1.** (≈ *vollzählig*) *so, dass alle Personen, die zu einer Gruppe gehören, anwesend sind* Die Familie kam geschlossen zu dieser Feier. **2.** *so, dass nur Eingeladene dazugehören* Im Nebenzimmer des Gasthauses feiert eine geschlossene Gesellschaft. **3.** *in sich zusammenhängend* Er ist zu schnell durch die geschlossene Ortschaft gefahren.

Ge·schmạck der <-(e)s, Geschmäcke/Geschmäcker> **1.** *das, was man beim Essen und Trinken wahrnimmt* Er lobte besonders den süßen/scharfen/süß-sauren/exotischen/fruchtigen/frischen Geschmack des Essens., Die Erdbeeren sind ganz frisch und ausgezeichnet im Geschmack., der unvergleichliche Geschmack frischer Trüffel **2.** *die Fähigkeit, Schönes von Hässlichem zu unterscheiden und seine Umgebung mit schönen und passenden Dingen zu gestalten* Er hat viel/wenig/keinen/einen guten/einen schlechten Geschmack., Sie hat ihre Wohnung mit viel Geschmack eingerichtet. **3.** (*geh.*) *die Mode, die zu einer bestimmten Zeit oder in einer bestimmten Epoche am wichtigsten ist* In dem Haus ist ein Zimmer, das ganz im Geschmack des Biedermeiers eingerichtet ist. ◆Zeit- **4.** *persönliche Vorliebe* Das ist nicht mein/nach meinem Geschmack., Die CD trifft genau meinen Geschmack. ■ **an etwas Geschmack finden**: *an etwas Freude oder Spaß finden* **an etwas Geschmack gewinnen/einer Sache Geschmack abgewinnen/auf den Geschmack kommen**: *die angenehmen Seiten einer Sache langsam entdecken*

ge·schmạck·lich <nicht steig.> (*nur attr.*) *Adj. den Geschmack*[1 2] *betreffend* eine geschmackliche Verirrung

ge·schmạck·los *Adj.* **1.** *ohne Geschmack*[1] Das Essen war nicht würzig, sondern völlig geschmacklos. **2.** *ohne Geschmack*[2] Wie kann man seine Wohnung derart geschmacklos einrichten? **3.** *taktlos und unverschämt* Er kränkte sie mit dieser geschmacklosen Bemerkung.

Ge·schmạck·lo·sig·keit die <-, -en> **1.** (*kein Plur.*) *Taktlosigkeit* **2.** *geschmacklose*[3] *Äußerung oder Handlung*

Ge·schmạck·sa·che die <-> (*kein Plur.*) *eine Frage des Geschmacks*[4] Mir gefällt diese Musik nicht, aber das ist Geschmackssache.

Ge·schmạcks·emp·fin·dung die <-> (*kein Plur.*) (≈ *Geschmackssinn*)

Ge·schmạcks·fra·ge die <-, -n> *Frage des Geschmacks*[4]

Ge·schmạcks·nerv der <-s, -en> *für die Geschmacksempfindung zuständiger Nerv*

ge·schmạcks·neu·tral <nicht steig.> *Adj. so, dass etwas keinen spezifischen Geschmack*[1] *aufweist* eine geschmacksneutrale Gemüsesorte

Ge·schmạcks·rich·tung die <-, -en> **1.** *eine der verschiedenen Varianten eines Geschmacks*[1] Es gibt Whiskys in vielen unterschiedlichen Geschmacksrichtungen. **2.** *eine der verschiedenen Varianten eines Geschmacks*[4] Das Einrichtungshaus führt Möbel in ganz verschiedenen Geschmacksrichtungen.

Ge·schmạcks·sache *s.* **Geschmacksache**

Ge·schmạcks·sinn der <-(e)s> (*kein Plur.*) *die Fähigkeit, den Geschmack*[1] *wahrzunehmen*

Ge·schmạcks·stoff der <-(e)s, -e> CHEM. *ein Stoff, der den Geschmackssinn anspricht* ohne künstliche Geschmacksstoffe

Ge·schmạcks·ver·ir·rung die <-, -en> (*abwert.*) *Abweichung vom guten Geschmack*[2] Was für ein unmöglicher Lampenschirm – dein Bruder leidet wohl an Geschmacksverirrung!

G

Ge·schmacks·ver·stär·ker der <-s, -> CHEM. *ein Stoff, der den Eigengeschmack von etwas verstärkt*

ge·schmack·voll *Adj.* (↔ *geschmacklos*) *mit Geschmack*[2] Sie ist stets geschmackvoll gekleidet., eine geschmackvoll eingerichtete Wohnung

Ge·schmat·ze das <-s> (*kein Plur.*) (*umg. abwert.*) (*dauerndes*) *Schmatzen*

Ge·schmei·de das <-s, -> (*geh.*) (*wertvoller*) *Schmuck*

ge·schmei·dig *Adj.* **1.** *weich* Das Leder ist sehr geschmeidig. **2.** *anmutig und kraftvoll* Sie bewegt sich geschmeidig wie eine Katze.

Ge·schmeiß das <-es> (*kein Plur.*) **1.** (*geh.*) *Ungeziefer* **2.** (*abwert.*) *Gesindel*

Ge·schmier(e) das <-(e)s> (*kein Plur.*) (*umg. abwert.*) **1.** *ein Text, der unsauber* (*mit der Hand*) *geschrieben ist und den man nur schwer lesen kann* Dein Geschmier kann doch kein Mensch lesen! **2.** *niveauloser Text*

Ge·schnet·zel·te das <-n> (*kein Plur.*) (*landsch.*) *Gericht aus dünnen, kleinen Fleischstücken in Soße* ◆ Puten-, Schweine-

ge·schnie·gelt *Adj.* (*oft abwert.* ≈ *herausgeputzt*) *so, dass man auf sein äußeres Erscheinungsbild* (*übertrieben*) *viel Mühe verwendet hat* ein geschniegelter Typ ■ **geschniegelt und gebügelt**: *sorgfältig zurechtgemacht*

Ge·schöpf das <-(e)s, -e> **1.** (*von Gott geschaffenes*) *Lebewesen* **2.** *eine literarische Figur, die ein Autor erfunden und ausgestaltet hat* Dr. Hannibal Lecter ist das Geschöpf des amerikanischen Schriftstellers Thomas Harris.

Ge·schoss[1] das <-es, -e> *etwas, das aus einer Schusswaffe abgefeuert wird* Das Geschoss hinterließ ein Loch von drei Zentimetern Durchmesser.

Ge·schoss[2] das <-es, -e> (≈ *Stockwerk*) Wir wohnen im obersten Geschoss. ◆ Ober-, Unter-

ge·schraubt (*Part. Perf. zu „schrauben"*) *Adj.* (*abwert.* ≈ *gestelzt*) *so, dass jmds. sprachliche Ausdrucksweise nicht natürlich klingt, sondern übertrieben geschliffen ist* Seine Ausdrucksweise war ziemlich geschraubt. ►Geschraubtheit

Ge·schrei das <-s> (*kein Plur.*) **1.** (*umg. oft abwert.*) *dauerndes Schreien* **2.** (*umg.*) *lautes Jammern wegen Kleinigkeiten* Deswegen brauchst du doch kein solches Geschrei zu machen.

Ge·schreib·sel das <-s> (*kein Plur.*) (*umg. abwert.*) *minderwertig Geschriebenes*

ge·schult *Adj.* (≈ *geübt*) *so, dass man etwas sofort erkennt, weil man viel Erfahrung hat* ein geschultes Auge besitzen

Ge·schütz das <-es, -e> *schwere Feuerwaffe* ■ **schweres Geschütz auffahren** (*umg.*): *jmdm. sehr scharf entgegentreten, sehr energisch kritisieren*

Ge·schütz·feu·er das <-s, -> MILIT. *das Feuern von Geschützen* sich im Geschützfeuer befinden

Ge·schwa·der das <-s, -> MILIT. *Verband von Schiffen oder Flugzeugen*

Ge·schwa·fel das <-s> (*kein Plur.*) (*umg. abwert.*) *langes, dummes Reden, dauerndes Schwafeln*

Ge·schwätz das <-es> (*kein Plur.*) **1.** *anhaltendes, dummes Reden* **2.** (*umg. abwert.*) *Unsinn, Klatsch* Ich gebe nichts auf das Geschwätz anderer Leute.

ge·schwät·zig *Adj.* (*umg. abwert.*) *so, dass man allzu gern redet* eine geschwätzige Art haben/besitzen ►Geschwätzigeit

ge·schweift <nicht steig.> *Adj.* **1.** *so, dass es einen Schweif hat* **2.** ■ **geschweifte Klammern** (↔ *eckige, runde, spitze Klammern*): *so, dass Klammern eine bogenförmig runde Form haben, bei der eine kleine Spitze nach außen zeigt* einen Ausdruck in geschweifte Klammern setzen

ge·schwei·ge *Adv.* ■ **nicht A, geschweige denn B**: *nicht A und erst recht nicht B* Sie wollte ihm nicht zuhören, geschweige denn seine Entschuldigung annehmen.

ge·schwind *Adj.* (*süddt.*) *schnell* Ich gehe geschwind zum Einkaufen.

Ge·schwin·dig·keit die <-, -en> **1.** (≈ *Tempo*) *die Eigenschaft bewegter Körper, pro Zeiteinheit eine bestimmte Wegstrecke zurückzulegen* Der Wagen kam mit hoher Geschwindigkeit von der Fahrbahn ab., Die Geschwindigkeit beträgt 45 Kilometer pro Stunde. **2.** *das Verhältnis der geleisteten Arbeit zur benötigten Zeit* Das System verarbeitet Daten mit rasender Geschwindigkeit.

Ge·schwin·dig·keits·be·gren·zung die <-, -en> *die Bestimmung, dass man auf einem bestimmten Abschnitt einer Straße mit einem Kraftfahrzeug maximal mit einer bestimmten Geschwindigkeit*[1] *fahren darf*

Ge·schwin·dig·keits·mes·ser der <-s, -> (≈ *Tachometer*)

Ge·schwin·dig·keits·über·schrei·tung die <-, -en> *der Vorgang, dass jmd. schneller fährt als es der zulässigen Höchstgeschwindigkeit entspricht*

Ge·schwis·ter <-> *Plur. zwei oder mehrere Personen, die Brüder und/oder Schwestern sind*

ge·schwol·len (*Part. Perf. zu „schwellen"*) *Adj.* (*abwert.*) *affektiert, hochtrabend, schwülstig* eine geschwollene Ausdrucksweise

Ge·schwo·re·ne der/die <-n, -n> RECHTSW. *Laienrichter*

Ge·schwo·re·nen·ge·richt das <-(e)s, -e> **1.** (RECHTSW.: *veralt.*) *Schwurgericht* **2.** RECHTSW. *für schwerwiegendere Verbrechen zuständiges Gericht*[1], *dem auch Geschworene angehören*

Ge·schwulst die <-, Geschwülste> (≈ *Tumor*) *ein Gebilde, das sich in einem Organ durch krankhaftes Zellwachstum gebildet hat*

Ge·schwür das <-(e)s, -e> (*meist eitrige*) *Entzündung*

Ge·selch·te das <-n> (*kein Plur.*) (*süddt. österr.*) *Rauchfleisch*

Ge·sel·le, Ge·sel·lin der <-n, -n> **1.** *ein Handwerker, der seine Lehrzeit mit einer Prüfung beendet hat* **2.** (*veralt.*) *Bursche*

ge·sel·len <gesellst, gesellte, hat gesellt> *mit SICH* **1.** ■ *jmd. gesellt sich zu jmdm. sich jmdm. anschließen* Nachdem es eine Weile allein gespielt hatte, gesellte sich das Kind zu den anderen.

2. ■ *etwas gesellt sich zu etwas hinzukommen* Zu seinen privaten Problemen gesellte sich die Sorge um den Arbeitsplatz.

ge·sel·lig *Adj.* **1.** *so, dass man gern in Gesellschaft anderer Menschen ist* Er ist ein geselliger Typ, der sich in der Gemeinschaft wohl fühlt. **2.** *zwanglos und unterhaltsam* Wir wollen uns morgen zu einem geselligen Beisammensein treffen.

Ge·sel·lig·keit die <-> (*kein Plur.*) *das Geselligsein*

Ge·sell·schaft die <-, -en> **1.** *die Menschen, die in einem Land zu einer bestimmten Zeit unter bestimmten Verhältnissen zusammenleben* Welche Werte bestimmen die heutige Gesellschaft? **2.** (*kein Plur.*) *Umgang* Sie ist in schlechte Gesellschaft geraten., Er legte keinen Wert auf meine Gesellschaft. **3.** (*kein Plur.*) *soziale Oberschicht* Er wurde bei dieser Gelegenheit in die Gesellschaft eingeführt. **4.** *Gruppe von Menschen, die beisammen sind* Im Nebenraum des Gasthauses feiert eine fröhliche/ausgelassene/geschlossene Gesellschaft. **5.** *Zusammenschluss von Menschen mit gemeinsamen Interessen oder Zielen* Damals wurde diese literarische Gesellschaft gegründet. **6.** WIRTSCH. *Handels-, Industrieunternehmen, Firma* ■ **jemandem Gesellschaft leisten**: *bei jmdm. sein*

Ge·sell·schaf·ter, **Ge·sell·schaf·te·rin** der <-s, -> WIRTSCH. *Teilhaber an einer Gesellschaft*[6]

ge·sell·schaft·lich <nicht steig.> (*nur attr.*) *Adj.* **1.** *die Gesellschaft*[1] *betreffend, sozial* Die gesellschaftlichen Verhältnisse haben sich in den vergangenen Jahrzehnten stark gewandelt. **2.** *in der Gesellschaft*[1] Er hat sich gesellschaftlich verbessert. **3.** *in der Gesellschaft*[3] *üblich* Er beherrscht die gesellschaftlichen Umgangsformen.

Ge·sell·schafts·an·zug der <-(e)s, Gesellschaftsanzüge> *Anzug für eine festliche Abendgesellschaft*

ge·sell·schafts·fä·hig *Adj. so, dass jmd. oder etwas den Maßstäben der Gesellschaft*[3] *entspricht* Seit der Geburt ihres unehelichen Kindes scheint sie in manchen Kreisen nicht mehr gesellschaftsfähig zu sein.

Ge·sell·schafts·kri·tik die <-, -en> *Kritik an der Gesellschaft*[1]

Ge·sell·schafts·kri·ti·ker, **Ge·sell·schafts·kri·ti·ke·rin** der <-s, -> *jmd., der die Gesellschaft*[1] *kritisiert*

ge·sell·schafts·kri·tisch *Adj. der Gesellschaft*[1] *gegenüber kritisch eingestellt* ein gesellschaftskritisches Buch

Ge·sell·schafts·leh·re die <-> (*kein Plur.*) **1.** (SCHULE: ≈ *Gemeinschaftskunde*) *Schulfach, das Geographie, Geschichte und Sozialkunde umfasst* **2.** *Soziologie*

Ge·sell·schafts·ord·nung die <-, -en> *bestimmte Art, wie eine Gesellschaft*[1] *strukturiert ist*

Ge·sell·schafts·po·li·tik die <-> (*kein Plur.*) *Sozialpolitik*

ge·sell·schafts·po·li·tisch <nicht steig.> *die Gesellschaftspolitik betreffend*

Ge·sell·schafts·raum der <-(e)s, Gesellschaftsräume> *Raum für Gesellschaften*[4]

Ge·sell·schafts·rei·se die <-, -n> *von einer Gruppe organisierte Reise*

Ge·sell·schafts·schicht die <-, -en> *bestimmte soziale Schicht der Gesellschaft*[1]

Ge·sell·schafts·spiel das <-(e)s, -e> *ein unterhaltsames Spiel für mehrere Personen*

Ge·sell·schafts·stück das <-(e)s, -e> THEAT. *Theaterstück, dessen Thematik in der höheren Gesellschaft anzusiedeln ist*

Ge·sell·schafts·tanz der <-es, Gesellschaftstänze> *ein Paartanz, dessen Schritte festgelegt sind* Der Walzer ist ein Gesellschaftstanz.

Ge·sell·schafts·wis·sen·schaft die <-, -en> **1.** (*kein Sing.*) *Soziologie* **2.** (*meist Plur.*) *Wissenschaften, die die Gesellschaft*[1] *als Untersuchungsgegenstand haben*

ge·sell·schafts·wis·sen·schaft·lich <nicht steig.> (*nur attr.*) *Adj. die Gesellschaftswissenschaft(en) betreffend*

Ge·sell·schafts·zim·mer das <-s, -> (≈ *Gesellschaftsraum*)

ge·sengt ■ **wie eine gesengte Sau fahren** (*umg.*): *zu schnell fahren*

Ge·setz das <-es, -e> **1.** *vom Staat festgesetzte, rechtlich bindende Vorschrift* Das neue Gesetz wurde im Parlament eingebracht/beraten/verabschiedet. **2.** *eine Grundregel, die bestimmte Vorgänge und Phänomene erklärt* Wie lautet das Gesetz der Gravitation/das Gesetz von Angebot und Nachfrage?

Ge·setz·ent·wurf der <-(e)s, Gesetzentwürfe> POL. *Entwurf eines Gesetzes* dem Parlament einen Gesetzentwurf vorlegen

Ge·set·zes·än·de·rung die <-, -en> POL. *Änderung eines bestehenden Gesetzes*[1]

Ge·set·zes·bre·cher, **Ge·set·zes·bre·che·rin** der <-s, -> *jmd., der gegen das Gesetz oder gegen das geltende Recht verstoßen hat*

Ge·set·zes·bruch der <-(e)s, Gesetzesbrüche> (*geh.*) *Bruch eines Gesetzes*[1]

Ge·set·zes·ent·wurf der <-(e)s, Gesetzesentwürfe> (POL.: *schweiz.*) *Gesetzentwurf*

Ge·set·zes·hü·ter, **Ge·set·zes·hü·te·rin** der <-s, -> (*scherzh.*) *Polizist*

ge·set·zes·kun·dig *Adj. so, dass man sich in den Gesetzen*[1] *auskennt*

Ge·set·zes·lü·cke die <-, -n> *Lücke in der Gesetzgebung* eine Gesetzteslücke ausnutzen

Ge·set·zes·no·vel·le die <-, -n> POL. *Ergänzung oder Nachtrag zu einem bestehenden Gesetz*[1] eine Gesetzesnovelle einbringen

Ge·set·zes·samm·lung die <-, -en> *Sammlung von Gesetzen*[1]

Ge·set·zes·ta·fel die <-, -n> (*meist Plur.*) REL. (*in der Bibel*) *die steinernen Tafeln, auf denen die Zehn Gebote stehen*

ge·set·zes·treu *Adj. so, dass man die Gesetze*[1] *befolgt* ein gesetzestreuer Bürger

Ge·set·zes·treu·e die <-> (*kein Plur.*) *die Einstellung, Gesetze zu befolgen*

G

Ge·setz·es·über·tre·tung die <-, -en> *Übertreten eines Gesetzes[1]*

Ge·setz·es·vor·la·ge die <-, -n> POL. *Gesetzentwurf*

Ge·setz·ge·ber der <-s, -> POL. *staatliche Instanz (meist das Parlament), die Gesetze[1] verabschiedet*

ge·setz·ge·be·risch <nicht steig.> *(nur attr.) Adj.* POL. *die Gesetzgebung betreffend* das gesetzgeberische Verfahren

Ge·setz·ge·bungs·ver·fah·ren das <-s, -> *Verfahren der Gesetzgebung*

ge·setz·lich <nicht steig.> *(nur attr.) Adj. durch ein Gesetz[1] festgelegt* Du hättest dich an die gesetzlichen Bestimmungen halten sollen.

Ge·setz·lich·keit die <-> *(kein Plur.) das Gesetzlichsein*

ge·setz·los *Adj. ohne Gesetz[1] oder Gesetze[1] missachtend* In dieser Stadt herrschen seit geraumer Zeit gesetzlose Zustände.

Ge·setz·lo·sig·keit die <-> *(kein Plur.) das Gesetzlossein*

ge·setz·mä·ßig <nicht steig.> *Adj.* **1.** *rechtmäßig, legal* Sie ist zweifelsfrei die rechtmäßige Besitzerin. **2.** *durch ein Gesetz[2] geregelt, regelmäßig (ablaufend)* Wir haben es hier mit einer gesetzmäßigen Entwicklung zu tun.

Ge·setz·mä·ßig·keit die <-, -en> *gesetzmäßige Beschaffenheit*

ge·setzt *Adj. reif, besonnen, fest in seinen Ansichten* Auch du wirst im Alter gesetzter werden.

Ge·setzt·heit die <-> *(kein Plur.) das Gesetztsein*

ge·setz·wid·rig *Adj. so, dass etwas gegen das Gesetz verstößt* eine gesetzwidrige Tat verüben

Ge·setz·wid·rig·keit die <-, -en> *etwas, das gegen das Gesetz verstößt*

Ge·seuf·ze das <-s> *(kein Plur.) (umg.) ständiges Seufzen* Lass doch das Geseufze - ruf ihn einfach an.

ge·si·chert *Adj. so, dass etwas sicher oder geschützt ist* etwas aus gesicherter Quelle erfahren haben

Ge·sicht das <-(e)s, -er> **1.** *vordere Seite des Kopfes* **2.** *Miene, Gesichtsausdruck* ■ **jemandem etwas offen ins Gesicht sagen**: *jmdm. deutlich die Meinung sagen* **sein wahres Gesicht zeigen**: *sein wahres Wesen zeigen* **ein langes Gesicht machen**: *enttäuscht blicken* **den Tatsachen ins Gesicht sehen**: *vor der Realität nicht zurückschrecken* **jemanden zu Gesicht bekommen**: *jmdn. sehen* **das Gesicht verlieren**: *durch sein Verhalten Ansehen und Respekt verlieren* **das Gesicht wahren**: *in einer schwierigen Situation so tun, als ob alles in Ordnung wäre*

Ge·sichts·aus·druck der <-(e)s, Gesichtsausdrücke> (≈ *Miene*) *Ausdruck des Gesichts*

Ge·sichts·cre·me die <-, -s> *Creme für die Gesichtshaut*

Ge·sichts·er·ker der <-s, -> *(scherzh.) Nase*

Ge·sichts·far·be die <-, -n> (≈ *Teint*) *Farbe, Tönung der Gesichtshaut* eine gesunde/rosige Gesichtsfarbe haben

Ge·sichts·feld das <-(e)s> *(kein Plur.) das, was man mit unbewegtem Auge erfassen kann* ein eingeschränktes Gesichtsfeld haben/besitzen

Ge·sichts·form die <-, -en> *Form des Gesichts* eine ovale/längliche Gesichtsform haben

Ge·sichts·hälf·te die <-, -n> *eine der beiden Hälften des Gesichts* eine Lähmung der linken/rechten Gesichtshälfte

Ge·sichts·kon·trol·le die <-, -n> *(oft scherzh.) Kontrolle, bei der jmd. nach dem äußeren Eindruck beurteilt wird* Wir müssen erst noch die Gesichtskontrolle des Türstehers überstehen.

Ge·sichts·läh·mung die <-, -en> *Lähmung der Gesichtsmuskulatur* halbseitige Gesichtslähmung

Ge·sichts·mas·ke die <-, -n> **1.** *eine Maske, die man (z.B. im Karneval) vor dem Gesicht trägt* **2.** *ein kosmetisches Präparat, das auf das Gesicht aufgetragen wird und dort eine bestimmte Zeit einwirkt*

Ge·sichts·mus·kel der <-s, -n> *Muskel im Gesichtsbereich*

Ge·sichts·nerv der <-s, -en> *für die Bewegung oder Empfindung der Gesichtsmuskulatur zuständiger Nerv*

Ge·sichts·pee·ling das <-s, -s> *Peeling der Gesichtshaut*

Ge·sichts·pfle·ge die <-> *(kein Plur.) Pflege der Gesichtshaut* ◆ -serie

Ge·sichts·punkt der <-(e)s, -e> *Aspekt, Blickwinkel* Derartige Produktionsverfahren sind unter wirtschaftlichen Gesichtspunkten heute nicht mehr rentabel.

Ge·sichts·ro·se die <-, -n> MED. *Wundrose im Gesichtsbereich*

Ge·sichts·schlei·er der <-s, -> *das Gesicht bedeckender Schleier*

Ge·sichts·straf·fung die <-, -en> *(operative) Straffung der Gesichtshaut* eine Gesichtsstraffung vornehmen lassen *siehe auch* **Lifting**

Ge·sichts·ver·lust der <-(e)s, -e> *(übertr. ↔ Gesichtswahrung) Verlust von Ansehen, Respekt*

Ge·sichts·wah·rung die <-> *(kein Plur.) (↔ Gesichtsverlust)*

Ge·sichts·win·kel der <-s, -> *Perspektive* Es kommt darauf an, aus welchem Gesichtswinkel man die Sache betrachtet.

Ge·sichts·zug der <-(e)s, Gesichtszüge> *(meist Plur.) typische, charakteristische Ausprägung eines Gesichts[1]* Sie hat edle/feine/harte/ebenmäßige Gesichtszüge.

Ge·sims das <-es, -e> *fensterbrettartiger Mauervorsprung*

Ge·sims·brett das <-(e)s, -er> *zum Gesims gehöriges Brett*

Ge·sin·del das <-s> *(kein Plur.) (abwert. ≈ Pack) heruntergekommene, arme, zur Kriminalität neigende Menschen*

ge·sinnt <nicht steig.> *Adj. eine Meinung vertretend* Ich war ihm durchaus freundlich gesinnt. ◆ Getrenntschreibung→R 4.3 gut gesinnt, gleich gesinnt sein, anders gesinnt sein

Ge·sin·nung die <-, -en> *grundsätzliche Art, in*

der jmd. denkt Ich kenne seine politische Gesinnung nicht.

Ge·sin·nungs·ge·nos·se, **Ge·sin·nungs·ge·nos·sin** der <-n, -n> *jmd., der die gleiche (politische) Gesinnung hat*

ge·sin·nungs·los *Adj. so, dass man keine (positive) Gesinnung, Haltung aufweist* ein gesinnungsloser Machtmensch

Ge·sin·nungs·lo·sig·keit die <-> (*kein Plur.*) *ohne positive oder moralische Haltung*

Ge·sin·nungs·lump der <-en, -en> (*abwert.*) *jmd., der gesinnungslos ist oder seine Gesinnung opportunistisch ändert*

Ge·sin·nungs·schnüf·fe·lei die <-, -en> (*abwert.*) (*als aufdringlich empfundenes*) *Ausforschen der Gesinnung von jmdm.*

ge·sin·nungs·treu *Adj. so, dass man seinen Gesinnungen treu ist oder bleibt*

Ge·sin·nungs·treue die <-> (*kein Plur.*) *die Einstellung, seiner Gesinnung treu zu sein*

Ge·sin·nungs·wech·sel der <-s, -> *Wechsel der Gesinnung*

ge·sit·tet *Adj. mit guten Manieren, wohlerzogen* ein gesittetes Wesen haben

Ge·socks das <-> (*kein Plur.*) (*abwert.*) *Gesindel, Pack*

Ge·söff das <-s, (-e)> (*umg. abwert.*) *schlecht schmeckendes Getränk*

ge·son·dert <nicht steig.> *Adj. einzeln, extra* Die Geräte werden gesondert verpackt.

Ge·sot·te·ne(s) das <-n> (*kein Plur.*) (*landsch.*) *gekochtes Fleischgericht*

Ge·spann das <-(e)s, -e> **1.** *zwei Menschen, die gut zueinander passen* Die zwei sind/bilden ein gutes Gespann. **2.** *Zugtiere, die gemeinsam einen Wagen ziehen* **3.** *ein Wagen mit einem Gespann*[1]

ge·spannt (*Part. Perf. zu „spannen"*) *Adj.* **1.** *neugierig, erwartungsvoll* Da bin ich aber mal gespannt!, Sie öffnete gespannt ihr Geschenk. **2.** *angespannt; so, dass es einen unterschwelligen Konflikt gibt* Die Lage im Krisengebiet ist nach wie vor gespannt.

Ge·spannt·heit die <-> (*kein Plur.*) *das Gespanntsein*

Ge·spenst das <-(e)s, -er> **1.** (≈ *Geist*) *ein spukendes Wesen in Menschengestalt, das Furcht verbreitet* (*das jedoch nicht wirklich existiert*) In der alten Burg soll es Gespenster geben. **2.** *Gefahr* Man sollte jetzt nicht das Gespenst eines neuen Krieges heraufbeschwören. ■ **Gespenster sehen** (*umg.*): *sich etwas einbilden*

Ge·spens·ter·ge·schich·te die <-, -n> *Geschichte, in der Gespenster vorkommen*

Ge·spens·ter·glau·be der <-n> (*kein Plur.*) *Glaube an Gespenster*

Ge·spens·ter·stun·de die <-, -n> *Geisterstunde*

ge·spens·tisch *Adj.* (≈ *unheimlich*) *sehr unheimlich* Vor dem Unwetter herrschte gespenstische Stille.

ge·sperrt <nicht steig.> *Adj.* **1.** *nicht zugänglich, abgeschlossen* eine gesperrte Zufahrt, ein gesperrtes Konto **2.** (*vom Schriftsatz her*) *mit größeren Abständen zwischen den Buchstaben gedruckt*

Ge·spie·le, **Ge·spie·lin** der <-n, -n> **1.** *Spielkamerad, Freund* **2.** (*scherzh.*) *Geliebte(r)*

ge·spielt <nicht steig.> *Adj.* (≈ *vorgetäuscht*) *nicht echt* etwas mit gespieltem Entsetzen/Erstaunen sagen

Ge·spons der <-es, -e> (*scherzh.*) *Ehemann* ◆ Ehe-

Ge·spött ■ **jemanden zum Gespött machen**: *jmdn. lächerlich machen* **zum Gespött** (**der Leute**) **werden**: *sich lächerlich machen und verspottet werden*

Ge·spräch das <-(e)s, -e> **1.** (≈ *Unterhaltung*) *der Vorgang, dass zwei oder mehrere Menschen eine bestimmte Zeit miteinander sprechen und ihre Gedanken über etwas austauschen* Wir führten ein gutes/langes/intensives/offenes/vertrauliches/fachliches/dienstliches Gespräch. **2.** (≈ *Telefonat*) *kurz für „Telefongespräch"* Legen Sie das Gespräch bitte auf mein Zimmer. ◆ Fern-, Nah-, Orts-

ge·sprä·chig *Adj. so, dass man sich gern mit anderen Menschen unterhält* ▶Gesprächigkeit

ge·sprächs·be·reit *Adj. bereit zum Gespräch*

Ge·sprächs·be·reit·schaft die <-> (*kein Plur.*) *Bereitschaft zum Gespräch* Gesprächsbereitschaft zeigen/signalisieren

Ge·sprächs·ge·gen·stand der <-(e)s, Gesprächsgegenstände> *Gegenstand, Thema eines Gesprächs*

Ge·sprächs·kreis der <-es, -e> *Gruppe von Leuten, die Gespräche miteinander führen*

Ge·sprächs·lei·ter, **Ge·sprächs·lei·te·rin** der <-s, -> (≈ *Diskussionsleiter, Moderator*) *jmd., der das Gespräch leitet*

Ge·sprächs·pau·se die <-, -n> *Pause im Gespräch* eine Gesprächspause zu überbrücken versuchen

Ge·sprächs·run·de die <-, -n> *Diskussionsrunde*

Ge·sprächs·the·ma das <-s, Gesprächsthemen> *Thema eines Gesprächs* etwas ist Gesprächsthema Nummer eins

ge·sprächs·wei·se <nicht steig.> *Adj. durch oder im Gespräch* etwas gesprächsweise anklingen lassen

Ge·sprächs·zeit die <-, -en> *Sprechzeit*

ge·spreizt (*Part. Perf. zu „spreizen"*) *Adj.* (*abwert.*) *geziert, gekünstelt, unnatürlich* Sie hat sich sehr gespreizt ausgedrückt. ▶Gespreiztheit

ge·spren·kelt <nicht steig.> *Adj. mit kleinen Punkten versehen* Die Eier dieses Vogels sind gesprenkelt.

Ge·spritz·te der <-n, -n> (*österr.*) *Weinschorle*

Ge·spür das <-s> (*kein Plur.*) *die Fähigkeit, etwas gefühlsmäßig und instinktiv zu erfassen* Für so etwas hat er überhaupt kein/ein feines /gutes Gespür.

Ge·stalt die <-, -en> **1.** *die äußere Erscheinung des Menschen bezüglich seines Körperbaus* Er ist von gedrungener/hagerer/schmächtiger Gestalt., ein Mann von der Gestalt eines Hünen **2.** *eine Person, die man nur undeutlich erkennen kann* am Ende der Straße gerade noch schemenhaft eine

Gestalt erkennen können **3.** *bedeutende Persönlichkeit der Geschichte* Cicero und Seneca, Gestalten der römischen Geschichte **4.** (≈ *Figur*) *literarische Figur* die zentrale Gestalt eines Romans **5.** *die sichtbare äußere Form von etwas* Das Sternbild hat die Gestalt eines Wagens. ■ **in Gestalt von etwas/in Gestalt einer Sache**: *erscheinend, vorhanden seiend als* **Gestalt annehmen/gewinnen**: *langsam Wirklichkeit werden*

ge·stal·ten <gestaltest, gestaltete, hat gestaltet> **I.** *mit OBJ* ■ *jmd. gestaltet etwas einer Sache eine bestimmte Form geben* Die Dozenten sind bemüht, die Workshops abwechslungsreich zu gestalten., Schüler des Leistungskurses Kunst haben das Mosaik im Innenhof des Gymnasiums gestaltet., Es gibt viele Möglichkeiten, die Freizeit zu gestalten. **II.** *mit SICH* ■ *etwas gestaltet sich irgendwie sich in einer bestimmten Art und Weise entwickeln* Die Bergungsarbeiten gestalten sich äußerst schwierig.

ge·stalt·los <nicht steig.> *Adj.* (≈ *formlos*) *so, dass es keine (erkennbare) Gestalt hat* ►Gestaltlosigkeit

Ge·stal·tung die <-, -en> (*meist Sing.*) *das Gestalten I, Gestaltetsein*

Ge·stal·tungs·kraft die <-, Gestaltungskräfte> *die Kraft, etwas kreativ zu gestalten*

Ge·stal·tungs·wil·le der <-n, -n> *der Wille, etwas (kreativ) zu gestalten*

Ge·stam·mel das <-s> (*kein Plur.*) (*abwert.*) *undeutlich hervorgebrachte, gestotterte Worte, Sätze* Sein Gestammel war kaum zu verstehen.

ge·stand *Prät. von* **gestehen**

ge·stan·den *Part. Perf. von* **gestehen**

ge·stän·dig <nicht steig.> *Adj. so, dass man eine kriminelle Tat gesteht* Sein inzwischen geständiger Komplize hat auch verraten, dass weitere Überfälle geplant waren.

Ge·stän·dig·keit die <-> (*kein Plur.*) *das Geständigsein*

Ge·ständ·nis das <-ses, -se> *eine Äußerung, in der jmd. sagt, dass er ein Verbrechen begangen hat* Der Festgenommene hat überraschend ein Geständnis abgelegt.

Ge·stän·ge das <-s, -> *mehrere Stangen, die zusammen eine Konstruktion bilden* Das Zelt besteht aus Zeltleinwand, Spannseilen und einem Gestänge.

Ge·stank der <-(e)s> (*kein Plur.*) (*abwert.*) *übler Geruch* Im Stall herrschte ein unbeschreiblicher Gestank.

ge·stat·ten <gestattest, gestattete, hat gestattet> **I.** *mit OBJ* ■ *jmd./etwas gestattet jmdm./etwas etwas Akk.* (*förmlich*) *genehmigen, erlauben* Der Arzt gestattete ihm einen kurzen Besuch auf der Intensivstation., Der Zutritt zu diesen Räumen ist nur den Mitarbeitern gestattet., Gestatten Sie mir eine Erklärung! **II.** *mit SICH* ■ *jmd. gestattet sich etwas* (*umg.*) *sich die Freiheit nehmen, sich gönnen* Er gestattete sich eine ausgiebige Pause.

ge·stat·tet <nicht steig.> *Adj.* (≈ *erlaubt*) Rauchen ist nicht gestattet.

Ges·te, Ges·te die <-, -n> **1.** *Bewegung von Körperteilen (besonders der Arme und Hände), durch die man etwas Bestimmtes zum Ausdruck bringt* Sie machte eine einladende/entschuldigende Geste., Er begleitete seinen Vortrag mit lebhaften Gesten. **2.** *Handlung, die etwas indirekt zum Ausdruck bringt* Es war eine nette Geste von ihm, dass er mir zum Dank Blumen geschenkt hat.

Ge·steck das <-(e)s, -e> *kunstvoll angeordnete Blumen, Zweige*

ge·ste·hen <gestehst, gestand, hat gestanden> **I.** *mit OBJ/ohne OBJ* ■ *jmd. gesteht* (*jmdm.*) (*etwas Akk.*) *eine kriminelle Tat zugeben* Er gestand den Einbruch., Sie hat nach einem langen Verhör gestanden. **II.** *mit OBJ etwas zugeben, offen aussprechen* Ich gestehe ganz offen, dass ich daran überhaupt nicht gedacht habe., Sie gestand ihm ihre Liebe.

Ge·stein das <-(e)s, -e> *die festen mineralischen Bestandteile der Erde* Die gesamte Insel besteht aus vulkanischem Gestein.

Ge·steins·ader die <-, -n> *Ader im Gestein*

Ge·steins·art die <-, -en> *Art von Gestein*

Ge·steins·block der <-s, Gesteinsblöcke> *Gesteinsmasse*

Ge·steins·bro·cken der <-s, -> *Brocken von Gestein*

Ge·steins·for·ma·tion die <-, -en> GEOL. *bestimmte Zusammensetzung von Gesteinsschichten*

Ge·steins·kun·de die <-> (*kein Plur.*) (GEOL.: ≈ *Petrologie, Petrographie*) *die Lehre oder Wissenschaft von den Gesteinen*

Ge·steins·mas·se die <-, -n> (*zusammenhängende*) *Masse von Gestein*

Ge·stell das <-(e)s, -e> *eine meist aus Holz- oder Metallteilen bestehende Konstruktion, die etwas trägt oder die zur Aufbewahrung von etwas dient* Im Raum standen lediglich ein Tisch und ein paar einfache Gestelle mit Büchern und Aktenordnern.

ge·stellt (*Part. Perf. zu „stellen"*) *Adj. unnatürlich* Gebt euch einfach ganz natürlich – das Foto soll ja nicht gestellt wirken.

ge·stelzt (*Part. Perf. zu „stelzen"*) *Adj.* (*abwert.*) *unnatürlich, gekünstelt* Sie sprach sehr gestelzt.

ges·tern *Adv. am Tage vor dem heutigen* Gestern früh hätte ich beinahe verschlafen., Was ist gestern Abend/Mittag/Morgen/Nachmittag/Früh passiert?, Er hat mich erst gestern angerufen. ■ (**nicht**) **von gestern sein** (*umg.*): (*nicht*) *altmodisch, rückständig sein*

Ge·stik die <-> (*kein Plur.*) *Gesamtheit der Gesten, die das Sprechen begleiten*

ges·ti·ku·lie·ren <gestikulierst, gestikulierte, hat gestikuliert> *ohne OBJ* ■ *jmd. gestikuliert heftige Bewegungen mit den Armen und Händen ausführen, um auf sich aufmerksam zu machen oder um das, was man sagt, zu unterstreichen* Da ich sie von der anderen Straßenseite aus nicht hören konnte, begann sie wild/lebhaft zu gestikulieren.

Ge·stirn das <-(e)s, -e> (*hell*) *leuchtender Himmelskörper*

ge·stirnt <nicht steig.> *Adj. mit Sternen* der gestirnte Himmel

ges·tisch <nicht steig.> (*nur attr.*) *Adj. mithilfe von Gesten* ein gestisch ausdrucksvolles Spiel

Ge·stö·ber das <-s, -> *Schneeflocken, die vom Wind in eine Richtung getrieben werden* ◆ Schnee-

Ge·stöhn/Ge·stöh·ne das <-(e)s> (*umg. abwert.*) *dauerndes Stöhnen*

Ge·stot·ter das <-s> (*kein Plur.*) (*umg. meist abwert.*) (*dauerndes*) *Stottern*

Ge·stram·pel das <-s> (*kein Plur.*) *ständiges Strampeln* Hör auf mit dem Gestrampel, sonst fällst du noch herunter!

ge·streckt ■ **in gestrecktem Galopp**: *in schnellem Galopp*

ge·streift <nicht steig.> *Adj. mit Streifen versehen* ◆ Getrenntschreibung→R 4.3 quer/längs gestreift

ge·stri·chelt <nicht steig.> *Adj. mit* (*vielen feinen*) *Strichen versehen* eine gestrichelte Linie

ge·stri·chen <nicht steig.> (*Part. Perf. zu „streichen"*) *Adj. so, dass etwas nicht stattfindet* Der Flug wurde gestrichen., gestrichene Vergünstigungen

ge·strickt <nicht steig.> *Adj.* **1.** *durch Stricken hergestellt* ein selbst gestrickter Pullover **2.** ■ **einfach gestrickt sein** (*umg. abwert.*): *ein schlichtes Gemüt besitzen*

ges·trig <nicht steig.> *Adj.* **1.** *zu dem Tag gehörend, der vor dem Tag der Äußerung liegt* Was habt ihr am gestrigen Abend gemacht? **2.** (≈ *altmodisch*) *rückständig* ◆ Großschreibung→R 3.7 eine reichlich gestrige Auffassung vertreten

Ge·strüpp das <-(e)s, -e> *wild wachsendes, dichtes Gebüsch*

Ge·stüt das <-(e)s, -e> *ein Betrieb, in dem Pferde gezüchtet werden*

Ge·such das <-(e)s, -e> (AMTSSPR.: ≈ *Eingabe*) *eine offizielle schriftliche Bitte, die jmd. an eine Behörde richtet* ein Gesuch einreichen

Ge·su·del das <-s> (*kein Plur.*) (*umg. abwert.* ≈ *Sudelei*) *unordentlich Geschriebenes oder Gezeichnetes*

ge·sund <gesünder, am gesündesten> *Adj.* **1.** (↔ *krank*) *so, dass alle Teile und Organe des Körpers intakt sind und funktionieren* Das Kind ist körperlich und geistig gesund., Nach der Kur fühlt sie sich viel gesünder. **2.** *so, dass man daran die Gesundheit von jmd. ablesen kann* Ihr Gesicht hat eine gesunde Farbe. **3.** *so, dass es gut für jmds. Gesundheit ist* Rauchen ist nicht gesund. **4.** *so, dass es auf einer soliden wirtschaftlichen Basis beruht* Er ist Chef eines gesunden Betriebes. **5.** *natürlich, normal* Das sagt einem doch der gesunde Menschenverstand., Ein wenig gesunder Ehrgeiz dürfte dir nicht schaden. ◆ Getrenntschreibung→R 4.2 gesund machen, gesund pflegen; Zusammenschreibung→R 4.11 gesundbeten, gesundschreiben, gesundschrumpfen, gesundstoßen

ge·sun·den <gesundest, gesundete, ist gesundet> *ohne OBJ* ■ *jmd. gesundet* (*geh.* ≈ *genesen*) *gesund werden*

Ge·sund·heit die <-> (*kein Plur.*) *der Zustand des körperlichen und geistigen Wohlbefindens, in dem alle Teile und Organe des Körpers intakt sind und funktionieren* Er ist bei bester Gesundheit., Sie hat eine eiserne/robuste Gesundheit., Wir wünschen dem Jubilar Gesundheit und ein langes Leben., Gesundheit kann man nicht kaufen., In seinem Alter sollte er mehr auf seine Gesundheit achten.

ge·sund·heit·lich <nicht steig.> (*nur attr.*) *Adj. auf die Gesundheit bezogen* Seit wann hast du gesundheitliche Probleme?, Wie geht es dir gesundheitlich?

Ge·sund·heits·amt das <-(e)s, Gesundheitsämter> *die staatliche Behörde in einer Stadt oder in einem Landkreis, die für die Gesundheit der Einwohner zuständig ist*

Ge·sund·heits·a·pos·tel der <-s, -> (*scherzh.*) *jmd., der in übertriebener Weise auf eine gesunde Lebensführung achtet*

Ge·sund·heits·be·hör·de die <-, -n> (≈ *Gesundheitsamt*)

ge·sund·heits·be·wusst *Adj. so, dass man auf seine Gesundheit achtet* auf eine gesundheitsbewusste Ernährung achten

Ge·sund·heits·ex·per·te, Ge·sund·heits·ex·per·tin der <-n, -n> *Experte in Fragen der Gesundheit*

ge·sund·heits·för·dernd *Adj. förderlich für die Gesundheit* gesundheitsfördernde Aufbaustoffe zu sich nehmen

Ge·sund·heits·für·sor·ge die <-, -n> *staatliche Institution, die in Fällen gesundheitlicher Not Fürsorge leistet*

ge·sund·heits·ge·fähr·dend *Adj. gefährlich für die Gesundheit* Rauchen ist gesundheitsgefährdend.

Ge·sund·heits·ge·fähr·dung die <-, -en> *Gefährdung der Gesundheit*

Ge·sund·heits·pfle·ge die <-> (*kein Plur.*) *der Gesundheit dienliche* (*Körper-*)*Pflege* Gesundheitspflege betreiben

Ge·sund·heits·po·li·tik die <-> (*kein Plur.*) POL. *öffentliche Gesundheitsfragen betreffende Politik* ▶gesundheitspolitisch

Ge·sund·heits·re·form die <-, -en> POL. *Reform im Gesundheitswesen*

Ge·sund·heits·ri·si·ko das <-s, Gesundheitsrisiken> *etwas, das potenziell dazu führen kann, dass jmds. Gesundheit Schaden nimmt* Rauchen stellt ein ernstzunehmendes Gesundheitsrisiko dar.

ge·sund·heits·schä·di·gend *Adj.* (≈ *gesundheitsschädlich*)

ge·sund·heits·schäd·lich *Adj. so, dass es die Gesundheit schädigt* gesundheitsschädliche Dämpfe einatmen

Ge·sund·heits·schutz der <-es> (*kein Plur.*) *Schutz*(*vorrichtungen oder -maßnahmen*) *für die Erhaltung der Gesundheit*

Ge·sund·heits·we·sen das <-s> (*kein Plur.*) *die*

Gesamtheit aller Personen und Institutionen, die sich um die medizinische Versorgung in einem Land kümmern Man diskutiert schon lange eine Reform des Gesundheitswesens.

Ge·sund·heits·zeug·nis das <-ses, -se> (*von einem Arzt ausgestelltes*) *Schriftstück, das bescheinigt, dass jmd. gesund ist* (*und nicht an einer ansteckenden Krankheit leidet*)

ge·sund·schrei·ben <schreibst gesund, schrieb gesund, hat gesundgeschrieben> *mit OBJ* ■ *jmd. schreibt jmdn. gesund* (↔ *krankschreiben*) *als Arzt bescheinigen, dass jmd.* (*wieder*) *gesund und arbeitsfähig ist*

ge·sund·schrump·fen <schrumpfst gesund, schrumpfte gesund, hat gesundgeschrumpft> *mit OBJ* ■ *jmd. schrumpft etwas gesund etwas, das zu groß geworden ist, auf eine Größe verkleinern, die wieder rentabel und wirtschaftlich erfolgreich ist* Man muss die Firma gesundschrumpfen., Der Konzern hatte sich gesundgeschrumpft.

ge·sund·sto·ßen <stößt gesund, stieß gesund, hat gesundgestoßen> *mit SICH* ■ *jmd. stößt sich* (*bei etwas Dat.*) *gesund bei einem Geschäft sehr viel Geld verdienen*

Ge·tier das <-(e)s> (*kein Plur.*) *nicht näher bestimmte Tiere*

ge·tönt <nicht steig.> *Adj. mit einer Tönung versehen* eine getönte Sonnenbrille, getönte Haare

Ge·tö·se das <-s> (*kein Plur.*) (*oft abwert.*) *lautes Tosen, Lärm* Mach doch nicht solch ein Getöse um nichts!

ge·tra·gen (*Part. Perf. zu „tragen"*) *Adj. langsam und feierlich* Aus dem Radio erklang eine getragene Melodie.

Ge·tram·pel das <-s> (*kein Plur.*) (*umg. abwert.*) *dauerndes Trampeln* Was ist das für ein Getrampel auf dem Gang?

Ge·tränk das <-(e)s, -e> *zum Trinken bestimmte Flüssigkeit* (*mit der man z.B. den Durst stillt*) Auf der Party gab es alkoholische und alkoholfreie Getränke. ◆-eautomat

Ge·trän·ke·aus·schank der <-(e)s, Getränkeausschänke> (*meist Sing.*) *das Ausschenken von Getränken*

Ge·trän·ke·markt der <-(e)s, Getränkemärkte> *ein Geschäft, in dem nur Getränke verkauft werden*

ge·trau·en <getraust, getraute, hat getraut> *mit SICH* ■ *jmd. getraut sich* (*etwas zu tun*) (*geh.*) *sich etwas trauen* Sie getraute sich nicht, ihn anzusprechen.

Ge·trei·de das <-s, -> *eine Pflanze, die über lange Halme verfügt und deren Frucht aus Körnern besteht, die man zu Mehl verarbeitet* Welche Sorten von Getreide kennst du? ◆-anbau, -brei, -feld, -sorte

Ge·trei·de·bau der <-s> (*kein Plur.*) *der Anbau von Getreide*

Ge·trei·de·ein·fuhr die <-, -en> *Import von Getreide*

Ge·trei·de·ern·te der <-, -n> **1.** *Ernten von Getreide* **2.** *geerntetes Getreide* Die letztjährige Getreideernte ist besser ausgefallen als diesmal.

Ge·trei·de·feld das <-(e)s, -er> *Feld, auf dem Getreide angebaut wird*

Ge·trei·de·han·del der <-s> (*kein Plur.*) *Handel mit Getreide*

Ge·trei·de·korn das <-(e)s, Getreidekörner> *Frucht der Getreidepflanze*

ge·treu **I.** *Adj.* (*geh.*) *so, dass es einer gegebenen Sache genau entspricht* Das war eine getreue Wiedergabe des Unfallhergangs. **II.** *Präp. + Dat.* (*geh.* ≈ *entsprechend*) Alles wurde getreu seinem letzten Willen ausgeführt.

ge·treu·lich (*nur attr.*) *Adj.* (*geh.*) *treu, gemäß einer Vorgabe* jemandem getreulich zur Seite stehen, einen Tathergang getreulich wiedergeben

Ge·trie·be das <-s, -> *der Teil einer Maschine, der die vom Motor erzeugte Bewegung überträgt* Das Auto hat einen Schaden am Getriebe.

ge·trost *Adv. gerne, ohne Umschweife* Sollten Sie Probleme haben, können Sie sich getrost an mich wenden.

Get·to, *a.* **Ghet·to** das <-s, -s> **1.** (*meist abwert.*) *abgetrennter Wohnbezirk einer Stadt, in dem eine bestimmte Gruppe von Menschen lebt* **2.** GESCH. *abgetrenntes Stadtviertel, in dem die jüdische Bevölkerung leben musste*

Get·to·blas·ter der <-s, -> (*umg.*) (*tragbarer*) *Radiorekorder*

Get·to·i·sie·rung, *a.* **Ghet·to·i·sie·rung** die <-, -en> (*geh. oft abwert.*) *Isolierung oder Isoliertheit einer* (*zu einer Minderheit gehörenden*) *Bevölkerungsgruppe*

Ge·tue das <-s> (*kein Plur.*) (*umg. abwert.*) *übertrieben unecht, gekünstelt wirkendes Verhalten* Soviel Getue wegen solch einer Kleinigkeit!

Ge·tüm·mel das <-s, -> *lautes Durcheinander vieler Menschen* sich (mitten) ins Getümmel stürzen

ge·tupft <nicht steig.> *Adj. mit Tupfen* eine getupfte Bluse

Ge·vat·ter, Ge·vat·te·rin der <-s, -> **1.** (*veralt.*) *Taufpate* **2.** (*veralt. oft scherzh.*) *nahestehende Person* Gevatter Tod

Ge·viert das <-(e)s, -e> **1.** *Viereck, Quadrat* **2.** *umschlossener Platz, Hof*

Ge·wächs das <-es, -e> **1.** *Pflanze* **2.** *Geschwulst, Tumor*

ge·wach·sen (*Part. Perf. zu „wachsen"*) *Adj.* ■ **jemandem/einer Sache gewachsen sein**: *einem Überlegenen standhalten, eine schwierige Aufgabe bewältigen*

Ge·wächs·haus das <-es, Gewächshäuser> *Treibhaus*

ge·wagt (*Part. Perf. zu „wagen"*) *Adj.* **1.** *riskant, kühn* Das ist ein gewagter Plan. **2.** *so, dass man aufgrund der gängigen Moralvorstellungen daran Anstoß nehmen könnte* Der Ausschnitt ihres Kleides ist sehr gewagt.

ge·wählt (*Part. Perf. zu „wählen"*) *Adj. nicht alltäglich, bewusst vornehm* Sie drückt sich sehr gewählt aus.

Ge·wählt·heit die <-> (*kein Plur.*) *das Gewähltsein*

Ge·währ die <-> (*kein Plur.*) *Garantie, Sicherheit, Bürgschaft* Ich übernehme keine Gewähr dafür, dass ..., Diese Angaben erfolgten wie immer ohne Gewähr., Ich leiste Gewähr dafür. *siehe auch* **gewährleisten**

ge·wahr *Adv.* ■ **jemandes/einer Sache gewahr werden** (*geh.*): *jmdn. oder etwas wahrnehmen, erkennen*

ge·wäh·ren <gewährst, gewährte, hat gewährt> *mit OBJ* ■ *jmd. gewährt (jmdm.) etwas Akk.* **1.** *bewilligen* Man gewährte den Flüchtlingen Schutz/Asyl. **2.** *erfüllen* Sie gewährte mir einen Wunsch/eine Bitte. ■ **jemanden gewähren lassen**: *jmdm. keine Vorschriften machen*

ge·währ·leis·ten <gewährleistest, gewährleistete, hat gewährleistet> *mit OBJ* ■ *jmd. gewährleistet (jmdm.) etwas Akk. sicherstellen* Die Sicherheit der Passagiere war zu jedem Zeitpunkt gewährleistet., Wir haben einen glatten Übergang gewährleistet. *siehe aber auch* **Gewähr**

Ge·währ·leis·tung die <-, -en> **1.** *das Gewährleisten* **2.** *Mängelhaftung* **3.** (*schweiz.*) *Genehmigung, Bestätigung von kantonalen Verfassungen durch den Bund*

Ge·währ·leis·tungs·frist die <-, -en> *Frist, innerhalb der ein Verkäufer dem Käufer gegenüber für eventuelle Mängel an der Ware haftet*

Ge·währ·leis·tungs·pflicht die <-, -en> *gesetzliche Verpflichtung (des Verkäufers) zur Gewährleistung²*

Ge·wahr·sam der <-s> (*kein Plur.*) ■ **jemanden in (polizeilichen) Gewahrsam nehmen/in (polizeilichem) Gewahrsam sein**: *jmdn. verhaften oder in Haft sein*

Ge·währs·frau die <-, -en> *s.* **Gewährsmann**

Ge·währs·mann, Ge·währs·frau der <-(e)s, Gewährsmänner/Gewährsleute> *zuverlässige Person, auf dessen Aussage man sich stützt*

Ge·währs·per·son die <-, -en> *Gewährsmann oder -frau*

Ge·walt die <-, -en> **1.** (*kein Plur.*) *Macht* Der Diktator missbrauchte die staatliche Gewalt., Die Verschwörer haben die Gewalt an sich gerissen., Die Terroristen brachten mehrere Geiseln in ihre Gewalt. **2.** (*kein Plur.*) *das Einsetzen von körperlicher Stärke mit dem Ziel, jmdn. zu etwas zu zwingen, jmdn. zu verletzen; brutales Vorgehen* Ich bin gegen jede Art von Gewalt., Die Täter wendeten brutale/rohe Gewalt an. **3.** (*kein Plur.*) *körperliche Kraft, mit der etwas erreicht wird* Die Tür ließ sich nur mit Gewalt öffnen. **4.** *große Kraft eines Naturphänomens* Mit unvorstellbarer Gewalt stürzen die Schneemassen ins Tal. ■ **sich/etwas in der Gewalt haben**: *sich oder etwas beherrschen* **mit (aller) Gewalt**: *unbedingt*

Ge·walt·akt der <-(e)s, -e> **1.** *anstrengende Handlung, mit der in kurzer Zeit viel erreicht wird* **2.** *Anwendung von Gewalt²*

Ge·walt·an·dro·hung die <-, -en> *Androhung von Gewalt* von jemandem unter Gewaltandrohung ein Geständnis erzwingen

ge·walt·be·reit *Adj. bereit, Gewalt anzuwenden* gewaltbereite Jugendliche

Ge·walt·be·reit·schaft die <-> (*kein Plur.*) *Bereitschaft, Gewalt anzuwenden* Gewaltbereitschaft signalisieren

Ge·walt·de·likt das <-(e)s, -e> *unter Gewaltanwendung verübte Straftat*

Ge·wal·ten·tei·lung die <-> (*kein Plur.*) POL. *Trennung der staatlichen Obrigkeit in Gesetzgebung, Rechtsprechung und Verwaltung*

ge·walt·frei <nicht steig.> *Adj. ohne Anwendung von Gewalt²* eine gewaltfreie Demonstration

ge·wal·tig *Adj.* **1.** (*umg.*) *eindrucksvoll (aufgrund der Größe)* In Nordamerika gibt es einzigartige Wälder mit uralten, gewaltigen Mammutbäumen., Die Pyramiden sind gewaltige Bauwerke. **2.** *sehr stark, sehr intensiv* Bei der Kernspaltung werden gewaltige Kräfte freigesetzt., Wir litten unter der gewaltigen Hitze/Kälte. **3.** *sehr groß (in Menge, Anzahl)* Eine gewaltige Zahl von Heuschrecken fiel über die Felder her. **4.** *sehr beeindruckend* Der Sportler vollbrachte eine gewaltige Leistung., Der Komponist hat ein gewaltiges Werk hinterlassen. **5.** *sehr* Solltest du das glauben, dann hast du dich gewaltig getäuscht.

Ge·walt·kur die <-, -en> *Radikalkur*

ge·walt·los <nicht steig.> *Adj. gewaltfrei, ohne Anwendung von Gewalt* einen Konflikt gewaltlos lösen ▶Gewaltlosigkeit

Ge·walt·marsch der <-es, Gewaltmärsche> *anstrengender, langer Marsch* einen Gewaltmarsch auf sich nehmen

Ge·walt·maß·nah·me die <-, -n> *mit Gewalt ergriffene oder angewendete Maßnahme*

Ge·walt·mensch der <-en, -en> *jmd., der dazu neigt, Gewalt anzuwenden*

ge·walt·sam *Adj.* (↔ *friedlich*) Nach dem gewaltsamen Umsturz herrscht Chaos in diesem Land. ▶Gewaltsamkeit

Ge·walt·tat die <-, -en> *unter Anwendung von Gewalt² begangene Straftat*

Ge·walt·tä·ter, Ge·walt·tä·te·rin der <-s, -> *jmd., der eine Gewalttat begeht*

ge·walt·tä·tig *Adj. so, dass sich jmd. rücksichtslos mit Gewalt² durchsetzt* ein gewalttätiger Ehemann ▶Gewalttätigkeit

Ge·walt·ver·bre·chen das <-s, -> *unter Gewaltanwendung begangenes Verbrechen*

Ge·walt·ver·bre·cher, Ge·walt·ver·bre·che·rin der <-s, -> *jmd., der ein Gewaltverbrechen verübt*

ge·walt·ver·herr·li·chend *Adj. so, dass Gewalt darin als positiv und richtig dargestellt wird* ein gewaltverherrlichender Film ▶Gewaltverherrlichung

Ge·walt·ver·zicht der <-(e)s> (*kein Plur.*) POL. *Verzicht auf die Anwendung militärischer Mittel, der von zwei oder mehreren Staaten vertraglich geregelt ist*

Ge·wand das <-(e)s, Gewänder> **1.** (*geh.*) *festliches Kleidungsstück* **2.** (*süddt. österr. schweiz.*) *Kleidung*

ge·wan·det <nicht steig.> (*geh.*) *ein Gewand tragend* eine prunkvoll gewandete Statue

ge·wandt (*Part. Perf. zu „wenden"*) *Adj. geschickt und sicher* Er ist ein gewandter Tänzer.

ge·wann *Prät. von* **gewinnen**

Ge·wäsch das <-es> (*kein Plur.*) (*umg. abwert.*) *leeres Gerede* Das Gewäsch der Nachbarn interessiert mich nicht.

Ge·wäs·ser das <-s, -> *eine größere, natürliche Ansammlung von Wasser, wie z.B. ein See oder ein Fluss* Die Wasserqualität der stehenden und der fließenden Gewässer hat sich wieder verbessert.

Ge·wäs·ser·ana·ly·se die <-, -n> *Analyse der Wasserqualität* eine Gewässeranalyse durchführen/vornehmen (lassen)

Ge·wäs·ser·be·las·tung die <-, -en> (*durch Umweltverschmutzung verursachte*) *Belastung der Gewässer*

Ge·wäs·ser·schutz der <-es> (*kein Plur.*) *Schutzmaßnahmen zur Reinhaltung der Gewässer*

Ge·we·be das <-s, -> **1.** BIOL. *Struktur aus gleichartigen Zellen* **2.** *Stoff*

Ge·we·bs·flüs·sig·keit die <-, -en> *Lymphe*

Ge·we·bs·trans·plan·ta·ti·on die <-, -en> *Transplantation von Gewebe*

Ge·wehr das <-(e)s, -e> *eine Feuerwaffe mit relativ langem Lauf* Der Schuss wurde aus einem Gewehr abgegeben. ◆ Jagd-

Ge·wehr·kol·ben der <-s, -> (≈ *Schaft*) *hinterer Teil des Gewehrs*

Ge·wehr·ku·gel die <-, -n> *eine Kugel als Teil der Munition eines Gewehrs* von einer Gewehrkugel tödlich getroffen werden

Ge·wehr·lauf der <-(e)s, Gewehrläufe> *Lauf eines Gewehrs* den Gewehrlauf auf jemanden richten

Ge·wehr·mün·dung die <-, -en> *Mündung eines Gewehrs* Öffnung des Gewehrlaufs

Ge·wehr·schuss der <-es, Gewehrschüsse> *Schuss mit oder aus einem Gewehr* Aus Versehen löste sich ein Gewehrschuss.

Ge·weih das <-(e)s, -e> *die Hörner, die bei bestimmten Wildtieren die erwachsenen männlichen Tiere haben* Hirsche und Rehböcke haben ein Geweih.

ge·weiht <nicht steig.> (*Part. Perf. zu „weihen"*) *Adj.* REL. *gesegnet* eine geweihte Hostie

ge·wellt *Adj. mit Wellen oder Locken* gewelltes Haar, eine gewellte Linie

Ge·wer·be das <-s, -> *selbstständige berufliche Tätigkeit in bestimmten Berufszweigen*

Ge·wer·be·amt das <-(e)s, Gewerbeämter> *Gewerbeaufsichtsamt*

Ge·wer·be·auf·sichts·amt das <-(e)s, Gewerbeaufsichtsämter> *Amt, welches den Arbeitsschutz in Betrieben überwacht*

Ge·wer·be·be·trieb der <-s, -e> *gewerblicher Betrieb*

Ge·wer·be·flä·che die <-, -n> *Fläche, die gewerblich genutzt werden soll*

Ge·wer·be·frei·heit die <-> (*kein Plur.*) *Freiheit, ein Gewerbe nach Wahl ausüben zu dürfen*

Ge·wer·be·ge·biet das <-(e)s, -e> *Bereich einer Stadt, in dem Firmen und Industriebetriebe angesiedelt sind*

Ge·wer·be·schein der <-(e)s, -e> *Schein, der zur Ausübung eines Gewerbes berechtigt*

Ge·wer·be·steu·er die <-, -n> *auf ein Gewerbe zu entrichtende Steuer*

ge·wer·be·trei·bend <nicht steig.> *Adj.* (*nur attr.*) *ein Gewerbe ausübend*

Ge·wer·be·zweig der <-(e)s, -e> *Sparte innerhalb eines bestimmten Gewerbes*

ge·werb·lich <nicht steig.> (*nur attr.*) *Adj. das Gewerbe betreffend* Diese Räume sind ausschließlich für die gewerbliche Nutzung bestimmt.

Ge·werk·schaft die <-, -en> *Zusammenschluss der Arbeitnehmer zur Durchsetzung ihrer Interessen*

Ge·werk·schaft·(l)er, **Ge·werk·schaft·(l)e·rin** der <-s, -> *Mitglied oder Funktionär einer Gewerkschaft*

Ge·werk·schafts·bund der <-(e)s, Gewerkschaftsbünde> *Vereinigung verschiedener Gewerkschaften* Deutscher Gewerkschaftsbund

Ge·werk·schafts·füh·rer, **Ge·werk·schafts·füh·re·rin** der <-s, -> *führender Repräsentant einer Gewerkschaft*

Ge·werk·schafts·funk·ti·o·när, **Ge·werk·schafts·funk·ti·o·nä·rin** der <-s, -e> *Funktionär einer Gewerkschaft*

ge·werk·schafts·nah <gewerkschaftsnäher, am gewerkschaftsnächsten> *Adj. einer Gewerkschaft* (*politisch*) *nahestehend* eine gewerkschaftsnahe Partei

Ge·werk·schafts·ver·band der <-(e)s, Gewerkschaftsverbände> *Gewerkschaftsbund*

Ge·werk·schafts·ver·samm·lung die <-, -en> *Versammlung der Mitglieder einer Gewerkschaft*

Ge·werk·schafts·vor·sit·zen·de der/die <-n, -n> *Vorsitzender einer Gewerkschaft*

Ge·wicht das <-(e)s, -e> **1.** (*kein Plur.*) (*wiegbare*) *Schwere eines Körpers* Voll beladen beträgt das Gewicht des Fahrzeugs mehr als vier Tonnen., Sie sollten besser auf Ihr Gewicht achten! **2.** (*kein Plur.*) PHYS. *Kraft, mit der ein Körper nach unten zieht* **3.** *Gegenstände mit einer bestimmten Schwere* (*die man beispielsweise zum Wiegen benutzt*) **4.** (*kein Plur.*) *Bedeutung* Du solltest dieser Angelegenheit nicht so viel Gewicht beimessen. ■ **ins Gewicht fallen**: *Bedeutung haben*

Ge·wicht·he·ben das <-s> (*kein Plur.*) SPORT *eine Sportart, in der Gewichte gehoben oder gestemmt werden* ►Gewichtheber, Gewichtheberin

ge·wich·tig *Adj. sehr bedeutend* Sie hat dabei ein gewichtiges Wort mitzureden.

Ge·wich·tig·keit die <-> (*kein Plur.*) *das Gewichtigsein*

Ge·wichts·an·ga·be die <-, -n> *Angabe des Gewichts von etwas*

Ge·wichts·ein·heit die <-, -en> *Maßeinheit, in der das Gewicht von etwas bestimmt wird*

Ge·wichts·ver·la·ge·rung die <-> (*kein Plur.*) *Verlagerung des* (*eigenen*) *Gewichts*

ge·wieft *Adj.* (*umg.*) (*aus Erfahrung*) *schlau, geris-*

sen ein gewiefter Halunke

Ge·wie·her das <-s> (*kein Plur.*) *dauerndes Wiehern*

ge·willt <nicht steig.> *Adj.* (*geh.*) *bereit* Bist du gewillt, das zu tun?, Ich bin nicht gewillt, deine Launen länger zu ertragen.

Ge·wim·mel das <-s> (*kein Plur.*) *Durcheinander von vielen kleinen Lebewesen*

Ge·win·de das <-s, -> *ein Rille in Form einer Spirale an einer Schraube oder einer Mutter* Schrauben und Muttern haben ein Gewinde.

Ge·winn der <-(e)s, -e> **1.** (WIRTSCH.: ↔ *Verlust*) *das Geld, das jmd. bei einem Geschäft* (*nach Abzug aller Kosten*) *verdient* Im vergangenen Jahr verzeichnete das Unternehmen Gewinne in Millionenhöhe. **2.** *Preis, den man irgendwo gewinnen kann* Den Siegern winken Gewinne im Wert von über zehntausend Euro. **3.** *Bereicherung* Der neue Spieler ist ein Gewinn für den Verein. ◆ Getrennt- oder Zusammenschreibung→R 4.12 eine Gewinn bringende/gewinnbringende Investition; Getrenntschreibung→R 4.3, R 4.12 großen Gewinn bringend *siehe auch* **gewinnbringend**

Ge·winn·ab·füh·rung die <-, -en> (*amtsspr.*) *Ablieferung von Steueranteilen eines Gewinns an das Finanzamt*

Ge·winn·aus·schüt·tung die <-, -en> WIRTSCH. *Auszahlung von Anteilen an einem Gewinn*

Ge·winn·be·tei·li·gung die <-, -en> *Beteiligung der Arbeitnehmer am betrieblichen Gewinn*

ge·winn·brin·gend *Adj. so, dass es einen Gewinn bringt* ein gewinnbringendes Geschäft ◆ Zusammen- oder Getrenntschreibung→R 4.3, R 4.12 gewinnbringend/Gewinn bringend; Zusammenschreibung→R 4.12 höchst gewinnbringend, gewinnbringender, am gewinnbringendsten *siehe auch* **Gewinn**

ge·win·nen <gewinnst, gewann, hat gewonnen> **I.** *mit OBJ/ohne OBJ* ■ *jmd. gewinnt* (*etwas Akk.*) *in einem Kampf, einem Wettkampf, einem Wettstreit, einem Spiel, einer Auseinandersetzung siegen* Die Gäste gewannen mit 2:0., Wer hat gewonnen?, Der Exweltmeister gewinnt diese Etappe überlegen mit einem Vorsprung von zwei Minuten. **II.** *mit OBJ* ■ *jmd. gewinnt etwas Akk.* (*aus etwas Dat.*) **1.** *aufgrund eigener Anstrengungen erlangen* Er gewann hohes Ansehen/großen Einfluss. **2.** *herstellen* Gummi gewinnt man aus Kautschuk. **III.** *ohne OBJ* ■ *jmd./etwas gewinnt an etwas Dat. mehr bekommen* Das Flugzeug gewinnt wieder an Höhe.

ge·win·nend (*Part. Perf. zu „gewinnen"*) *Adj. sympathisch* Sie hat ein gewinnendes Lächeln.

Ge·win·ner, **Ge·win·ne·rin** der <-s, -> (≈ *Sieger*) Dem Gewinner winkt eine Siegprämie in Höhe von zehntausend Euro.

Ge·winn·los das <-es, -e> *Los eines Gewinnspiels* ein Gewinnlos ziehen

Ge·winn·mar·ge die <-, -n> WIRTSCH. *Gewinnspanne*

Ge·winn·ma·xi·mie·rung die <-, -en> WIRTSCH. *Streben nach größtmöglichem Gewinn*

Ge·winn·quo·te die <-, -n> *Anteil am Gesamtgewinn*

Ge·winn·span·ne die <-, -n> WIRTSCH. *Unterschied zwischen dem Einkaufs- oder Herstellungspreis einer Ware und ihrem Verkaufspreis*

Ge·winn·stre·ben das <-s> (*kein Plur.*) *Streben nach Gewinn*

Ge·win·nung die <-, -en> (*meist Sing.*) *Erzeugung, Förderung* ◆ Erdöl-

Ge·winn·zahl die <-, -en> *eine Zahl, z.B. in einer Lotterie, die ausgelost wurde und mit der ein Gewinn verbunden ist* Bei sechs richtigen Gewinnzahlen kann man eine Million Euro gewinnen.

Ge·win·sel das <-s> (*kein Plur.*) (*abwert.*) **1.** *dauerndes Winseln* **2.** *unwürdiges Bitten*

Ge·wirr das <-(s)> **1.** *wirres Knäuel* **2.** *Durcheinander* Wie soll man sich in diesem Gewirr von Gassen zurechtfinden?, In diesem Gewirr von Stimmen kann ich nichts verstehen.

ge·wiss <nicht steig.> *Adj.* **1.** *ganz sicher* (*eintretend*) Gewiss ist das keineswegs, es ist im Gegenteil höchst unsicher. **2.** *sicherlich* Die Vorstellung hat gewiss schon begonnen. ◆ Großschreibung →R 3.4, R 3.7 etwas/nichts Gewisses

Ge·wis·sen das <-s, -> *Bewusstsein von Gut und Böse des eigenen Handelns* Sein Gewissen regte sich., Sie plagte ihr Gewissen., Ich hatte ein gutes/schlechtes Gewissen. ■ **jemanden auf dem Gewissen haben**: *an jmds. Tod oder Untergang* (*mit*)*schuldig sein* **etwas auf dem Gewissen haben**: *etwas verschuldet haben* **jemandem ins Gewissen reden**: *auf jmdn. wohlwollend einreden*

ge·wis·sen·haft *Adj.* (≈ *sorgfältig*) *so, dass man sehr genau jedes Detail überprüft* Alles ist gewissenhaft überprüft worden. ▶Gewissenhaftigkeit

ge·wis·sen·los *Adj. kalt und skrupellos* Die Bevölkerung ist entsetzt über das gewissenlose Vorgehen der Betrüger. ▶Gewissenlosigkeit

Ge·wis·sens·bis·se <-> *Plur. die Schuldgefühle, die man bekommt, weil einem bewusst ist, dass das eigene Handeln falsch ist*

Ge·wis·sens·ent·schei·dung die <-, -en> *eine Entscheidung, bei der das Gewissen ausschlaggebend ist* eine Gewissensentscheidung fällen

Ge·wis·sens·fra·ge die <-, -n> (*meist Sing.*) *eine Frage, bei deren Beantwortung das Gewissen* (*und nicht so sehr rationale Gründe*) *ausschlaggebend ist* eine Gewissensfrage stellen

Ge·wis·sens·grün·de <-> *Plur. Gründe, für die das Gewissen entscheidende Bedeutung hat* den Kriegsdienst aus Gewissensgründen ablehnen

Ge·wis·sens·kon·flikt der <-(e)s, -e> *aus widerstreitenden Gewissensgründen resultierender Konflikt* in einen Gewissenskonflikt geraten

Ge·wis·sens·not die <-, Gewissensnöte> *starker Gewissenskonflikt* in Gewissensnöte geraten

ge·wis·ser·ma·ßen *Adv. sozusagen* Er ist gewissermaßen ein Seelenverwandter von mir.

Ge·wiss·heit die <-> (*kein Plur.*) *Sicherheit* Das kann ich nicht mit Gewissheit sagen., Ich musste mir darüber Gewissheit verschaffen, dass …

Ge·wit·ter das <-s, -> *ein Unwetter mit Blitz und Donner und meist sehr starkem Regen* In den nächsten Tagen bestimmen Schauer und Gewitter unser Wetter., Ein Gewitter zieht auf/braut sich zusammen/richtet schwere Schäden an. ◆-wolke, Sommer-, Wärme-, Winter-

Ge·wit·ter·front die <-, -en> Gegen Abend zieht eine Gewitterfront vom Westen heran.

ge·wit·tern <gewittert, gewitterte, hat gewittert> *mit ES* ■ *es gewittert es blitzt und donnert* Es gewitterte mehrere Stunden lang.

Ge·wit·ter·nei·gung die <-, -en> *Wahrscheinlichkeit eines Gewitters* Die Gewitterneigung verstärkt sich im Laufe des Tages.

Ge·wit·ter·stim·mung die <-> (*kein Plur.*) (*oft übertr.*) *allgemeine Stimmung vor einem Gewitter* Bei uns zu Hause herrscht zur Zeit Gewitterstimmung.

Ge·wit·ter·zie·ge die <-, -n> (*abwert.*) *streitlustige Frau*

ge·witt·rig *Adj. mit der Neigung zu Gewittern* gewittrige Schauer

ge·witzt *Adj. schlau* Er ist ein gewitzter Geschäftsmann.

ge·wöh·nen **I.** *mit OBJ* ■ *jmd. gewöhnt jmdn. an jmdn./etwas vertraut machen* Er musste die Katze erst an sich gewöhnen., Der Trainer gewöhnt die Athleten an höhere Belastungen. **II.** *mit SICH* ■ *jmd./etwas gewöhnt sich an jmdn./etwas vertraut werden* Die Augen müssen sich erst an die Dunkelheit gewöhnen., Nach dem Umzug ins Ausland musste er sich erst an die neuen Sitten und an die neue Umgebung gewöhnen.

Ge·wohn·heit die <-, -en> (*unbewusst*) *automatisch ablaufende Handlung, Selbstverständlichkeit* Unsere Spielabende sind längst zur Gewohnheit geworden., Das ist eine schlechte Gewohnheit von ihm., Er tut dies aus reiner Gewohnheit., Ich musste damals meine Gewohnheiten ändern., Das ist die Macht der Gewohnheit!

ge·wohn·heits·ge·mäß <nicht steig.> *Adj. einer bestimmten Gewohnheit gemäß* Er wollte gewohnheitsgemäß die Tür hinter sich ins Schloss fallen lassen.

ge·wohn·heits·mä·ßig <nicht steig.> *Adj. aus Gewohnheit* etwas schon ganz gewohnheitsmäßig tun

Ge·wohn·heits·mensch der <-en, -en> *jmd., dessen Leben von festen Gewohnheiten bestimmt, geprägt wird siehe auch* **Gewohnheitstier**

Ge·wohn·heits·recht das <-(e)s> (*kein Plur.*) RECHTSW. *nicht schriftlich festgelegtes, aber durch Gewohnheit festgelegtes Recht*

Ge·wohn·heits·sa·che die <-> (*kein Plur.*) *etwas, war für jmdn. eine Gewohnheit ist* Das ist alles nur Gewohnheitssache.

Ge·wohn·heits·tier das <-(e)s, -e> (*scherzh.*) *Gewohnheitsmensch*

ge·wöhn·lich *Adj.* **1.** *normal* Heute ist nichts Besonderes passiert, es war ein ganz gewöhnlicher Tag. **2.** *üblich* Ich ging zur gewönlichen Zeit ins Bett. **3.** (*abwert.*) *unfein, von niedrigem Niveau, ordinär* Er ist ein ziemlich gewöhnlicher Mensch.

Ge·wöhn·lich·keit die <-> (*kein Plur.*) *das Gewöhnlichsein*

ge·wohnt <nicht steig.> *Adj. üblich, vertraut* Wir werden in gewohnter Weise vorgehen., Nachdem er lange fort war, genoss er es, wieder in der gewohnten Umgebung zu sein. ■ **etwas gewohnt sein**: *etwas als Selbstverständlichkeit betrachten*

ge·wöhnt *Adj. so, dass man an etwas gewohnt ist* Ich bin es gewöhnt, morgens früh aufzustehen.

Ge·wöh·nung die <-> (*kein Plur.*) *das Sichgewöhnen*

ge·wöh·nungs·be·dürf·tig *Adj. so, dass man sich* (*erst*) *daran gewöhnen muss* Dieses neue Spaghettigericht ist gewöhnungsbedürftig.

Ge·wöh·nungs·sa·che die <-> (*kein Plur.*) *Gewohnheitssache*

Ge·wöl·be das <-s, -> *gekrümmte Steindecke* (*in Kirchen, Sälen, Kellern*)

Ge·wöl·be·bo·gen der <-s, -bögen> *Bogen im Gewölbe*

ge·wölbt *Adj. mit einer Wölbung versehen* eine gewölbte Decke

Ge·wühl das <-(e)s> (*kein Plur.*) **1.** (*dauerndes*) *Wühlen, Herumsuchen* **2.** *lebhaftes Durcheinander* (*vieler Menschen, Tiere*) Am Beginn des Schlussverkaufes stürzten sich auch diesmal wieder viele Schnäppchenjäger ins Gewühl.

ge·wür·felt <nicht steig.> *Adj. mit einem Würfelmuster versehen* eine gewürfelte Tagesdecke

Ge·würm das <-s, -e> (*meist Sing.*) *Würmer, Reptilien*

Ge·würz das <-es, -e> *ein Mittel, mit dem man Speisen würzt und das entweder aus Pflanzen oder künstlich hergestellt wird* Das Gewürz ist mir zu scharf.

Ge·würz·bord das <-(e)s, -e> (*an der Wand befestigte*) *Haltevorrichtung für Gewürze, die meist in kleinen Dosen oder Gläsern aufbewahrt werden*

Ge·würz·gur·ke die <-, -n> *Essiggurke*

Ge·würz·han·del der <-s> (*kein Plur.*) *Handel mit Gewürzen*

Ge·würz·müh·le die <-, -n> *Mühle für Gewürze*

Ge·würz·nel·ke die <-, -n> *die Knospe des Nelkenbaumes, die man als Gewürz verwenden kann*

Ge·würz·pflan·ze die <-, -n> *eine Pflanze, die aromatisch ist und die man entweder ganz oder nur Teile von ihr* (*wie z.B. die Blätter*) *trocknen kann, um sie als Gewürz zu benutzen*

ge·würzt <nicht steig.> *Adj. so, dass Gewürz daran ist* ein scharf gewürztes Gericht

Ge·würz·tra·mi·ner der <-s, -> *eine Weinsorte*

Gey·sir der ['gaizi:ɐ] <-s, -e> *Quelle, die in bestimmten Abständen heißes Wasser in Fontänen ausstößt*

gez. *Adj. kurz für „gezeichnet“*

Ge·zänk das <-(e)s> (*kein Plur.*) (*abwert.*) *dauerndes Zanken*

ge·zeich·net <nicht steig.> *Adj. Vermerk unter Schriftstücken, dass man es selbst unterschrieben hat*

Ge·zei·ten <-> *Plur. Wechsel von Ebbe und Flut*

◆-wechsel

Ge·zei·ten·kraft·werk das <-(e)s, -e> *mithilfe von Gezeitenstrom betriebenes Kraftwerk*

Ge·zei·ten·strom der <-(e)s, Gezeitenströme> *durch den Gezeitenwechsel verursachte Meeresströmung*

Ge·zei·ten·strom·an·la·ge die <-, -n> *Gezeitenkraftwerk*

Ge·ze·ter das <-s> (*kein Plur.*) (*abwert.*) *dauerndes Schimpfen, Jammern mit schriller Stimme*

ge·zielt (*Part. Perf. zu „zielen"*) *Adj. auf einen bestimmten Zweck ausgerichtet* Der Kriminalbeamte stellte gezielte Fragen.

ge·zie·men <geziemt, geziemte, hat geziemt> *mit SICH* ■ *etwas geziemt sich (nicht)* (*veralt.*) *sich gehören* Hör auf damit, das geziemt sich nicht bei Tisch.

ge·ziert (*Part. Perf. zu „zieren"*) *Adj. affektiert, nicht natürlich, gekünstelt* Sie hat eine entsetzlich gezierte Ausdrucksweise.

Ge·ziert·heit die <-> (*kein Plur.*) *das Geziertsein*

Ge·zirp(e) das <-s> (*kein Plur.*) *dauerndes Zirpen* das Gezirp der Grillen

Ge·zweig das <-(e)s> (*kein Plur.*) (*geh.*) *Zweige*

Ge·zwit·scher das <-s> (*kein Plur.*) *dauerndes Zwitschern* Hörst du das Gezwitscher der Vögel?

ge·zwun·gen (*Part. Perf. zu „zwingen"*) *Adj. nicht aus freiem Willen und deshalb unnatürlich wirkend* Sie lachte gezwungen.

ge·zwun·ge·ner·ma·ßen *Adv. so, dass es unter einem Zwang oder aus einer Notwendigkeit heraus geschieht* Wir mussten den Urlaub gezwungenermaßen abbrechen.

GG *kurz für „Grundgesetz"*

ggfs. *Adv. kurz für „gegebenenfalls"*

Gha·na <-s> *Staat in Afrika*

Gha·na·er, Gha·na·e·rin der <-s, -> *jmd., der die ghanaische Staatsbürgerschaft hat*

gha·na·isch <nicht steig.> (*nur attr.*) *Adj. zu Ghana gehörend*

Ghet·to das <-s, -s> *s.* **Getto**

Ghet·to·i·sie·rung die *s.* **Gettoisierung**

Ghost·wri·ter, Ghost·wri·te·rin der ['goʊstraɪtə] <-s, -> (*geh.*) *ein Autor, der beispielsweise für Prominente Reden, Memoiren usw. schreibt und selbst nicht als Verfasser in Erscheinung tritt*

Gi·bral·tar <-s> *Insel bei Spanien*

Gi·bral·ta·rer, Gi·bral·ta·re·rin der <-s, -> *Ein-/Bewohner Gibraltars*

gi·bral·ta·risch <nicht steig.> (*nur attr.*) *Adj. zu Gibraltar gehörend*

Gicht die <-> (*kein Plur.*) MED. *durch eine Stoffwechselstörung verursachte Erkrankung der Gelenke*

Gicht·an·fall der <-s, Gichtanfälle> *Anfall von Gicht* einen (plötzlichen) Gichtanfall bekommen

Gie·bel der <-s, -> *dreieckige Abschlusswand eines (Sattel-)Daches an den Schmalseiten*
◆ Dach-, -fenster

Gier die <-> (*kein Plur.*) *heftiges, maßloses Verlangen* Sein ganzes Tun wurde von einer hemmungslosen/unersättlichen Gier nach Macht und Reichtum bestimmt.

gie·rig *Adj. voller Gier* Er aß gierig den ganzen Teller leer.

gie·ßen <gießt, goss, hat gegossen> **I.** *mit OBJ/ohne OBJ* ■ *jmd. gießt (etwas Akk.)* **1.** *Pflanzen mit Wasser versorgen* Hast du die Blumen schon gegossen?, Während der heißen Sommertage muss man jeden Abend gießen. **2.** *etwas herstellen, indem man flüssiges Metall in eine Hohlform füllt und darin erstarren lässt* In diesem Betrieb gießt man Glocken., Sie sind in der Werkstatt und gießen. **II.** *mit OBJ* ■ *jmd. gießt etwas in etwas Akk. eine Flüssigkeit aus einem Gefäß irgendwohin fließen lassen* Der Kellner goss den Wein in die Gläser. **III.** *mit ES* ■ *es gießt (irgendwie)* (*umg.*) *stark regnen* Es gießt (in Strömen).

Gie·ße·rei die <-, -en> *ein Betrieb, in dem Gegenstände aus Metall durch Gießen I.2 hergestellt werden*

Gieß·kan·ne die <-, -n> *Wasserkanne zum Gießen I.1*

Gieß·kan·nen·prin·zip das <-s> (*kein Plur.*) *gleichmäßige Verteilung von staatlichen Geldmitteln, ohne die unterschiedlichen Verhältnisse der Empfänger zu berücksichtigen*

Gift das <-(e)s, -e> *eine Substanz, die schädliche oder tödliche Auswirkungen für einen Organismus hat* Das Gift hat seinen Körper zerstört. ■ **auf etwas Gift nehmen können** (*umg.*): *etwas als ganz sicher betrachten können* **Gift und Galle speien/spucken** (*umg.*): *sehr wütend sein* **Gift für jemanden/etwas sein**: *sehr schädlich für jmdn. oder etwas sein*

gif·ten <giftest, giftete, hat gegiftet> **I.** *mit OBJ* ■ *etwas giftet jmdn. sehr ärgerlich machen* Ihr Verhalten giftete ihn. **II.** *mit SICH* ■ *jmd. giftet sich (über etwas Akk.) sehr ärgerlich werden* Als sie davon erfuhr, giftete sie sich gewaltig.

Gift·gas das <-es, -e> *giftiges Gas*

gif·tig *Adj.* **1.** *Gift enthaltend* Im Labor sind die giftigen Chemikalien mit einem Totenkopf gekennzeichnet. **2.** (*umg.*) *boshaft* Er warf ihr einen giftigen Blick zu.

Gif·tig·keit die <-> (*kein Plur.*) *das Giftigsein*

Gift·müll der <-s> (*kein Plur.*) *Müll, der giftige Stoffe enthält*

Gift·müll·de·po·nie die <-, -n> *Deponie für Giftmüll*

Gift·müll·trans·port der <-(e)s, -e> *Transport von Giftmüll*

Gift·nu·del die <-, -n> (*abwert.*) *giftige, missgünstige Frau*

Gift·pilz der <-es, -e> *Pilz, der giftige Stoffe enthält*

Gift·schlan·ge die <-, -n> *Schlange, die beim Zubeißen giftige Stoffe absondert*

Gift·spin·ne die <-, -n> (*für den Menschen*) *giftige Spinne*

Gift·sprit·ze die <-, -n> **1.** *Spritze, mit der zum Tode verurteilte Menschen hingerichtet werden* **2.** (*abwert.*) *Giftnudel*

Gift·wol·ke die <-, -n> *aus giftiger Substanz beste-*

G

hende Wolke

Gift·zwerg der <-(e)s, -e> (*umg. abwert.*) *Schimpfwort für einen kleinen, boshaften Menschen*

Gi·gant der <-en, -en> **1.** (*geh.*) *Riese* **2.** *Person, die in einem bestimmten Bereich große Bedeutung erlangt hat* Er ist ein Gigant des Radsports.

gi·gan·tisch *Adj. riesig, imposant* Das ist ein gigantisches Bauwerk/Schiff.

Gim·mick der <-s, -s> *Werbegag*

Gim·pel der <-s, -> ZOOL. *ein Singvogel*

Gin der [dʒɪn] <-s, -s> *englischer Wachholderbranntwein*

ging *Prät. von* **gehen**

Gink·go der ['gɪŋko] <-s, -s> BOT. *ein Baum*

Gin·seng der ['gɪnzɛŋ] <-, -s> BOT. *eine Pflanze, aus deren Wurzel man ein Anregungsmittel herstellt*

Gins·ter der <-s, -> BOT. *ein Strauch*

Gip·fel der <-s, -> **1.** *der höchste Punkt eines Berges* Morgen wird die Expedition den Gipfel erreichen. **2.** (*umg.*) *das Äußerste der genannten Sache* Das ist doch der Gipfel der Frechheit!

Gip·fe·li das <-s, -> (*schweiz.*) *mundartlich: Hörnchen*

gip·feln <gipfelt, gipfelte, hat gegipfelt> *ohne OBJ* ■ *etwas gipfelt in etwas Dat. in etwas seinen Höhepunkt erreichen* Ihre Rede gipfelte in einem Aufruf zur Solidarität.

Gip·fel·tref·fen das <-s, -> POL. *Treffen führender (politischer) Persönlichkeiten*

Gips der <-es, -e> **1.** *eine Kalkart* **2.** *Pulver aus Gips[1], das man mit Wasser anrühren kann, um damit beispielsweise Löcher in der Wand auszufüllen oder Figuren oder Büsten herzustellen*

Gips·bein das <-(e)s, -e> *wegen eines Knochenbruchs mit einem festen Gipsverband umgebenes Bein*

Gips·büs·te die <-, -n> *Büste aus Gips*

gip·sen <gipst, gipste, hat gegipst> *mit OBJ* ■ *jmd. gipst etwas Akk.* **1.** *mit Gips ausbessern* Wir müssen vor dem Streichen die Wand gipsen. **2.** (*umg.*) *einen Gipsverband anlegen* Der Arzt hatte das gebrochene Bein gegipst.

Gips·fi·gur die <-, -en> *Figur aus Gips*

Gips·ver·band der <-(e)s, Gipsverbände> *aus in Gips[2] getränkten Binden hergestellter Verband, der hart wird und beispielsweise zum Ruhigstellen gebrochener Gliedmaßen dient* einen Gipsverband anlegen/erneuern

Gi·raf·fe die <-, -n> ZOOL. *ein Steppentier mit einem sehr langen Hals*

Girl das ['gɜːl] <-s, -s> (*umg.*) *Mädchen*

Gir·lan·de die <-, -n> *eine Art langer Streifen aus buntem Papier oder verschiedenen Pflanzen, den man zur Dekoration bei Festen aufhängt* Die Decke des Festsaals war mit Girlanden geschmückt.

Girl-Group die ['gɜːl gruːp] <-, -s> (↔ *Boy-Group*) *Mädchenband*

Gir·lie das ['gɜːli] <-s, -s> (*umg.*) *mädchenhaft-frech auftretende (junge) Frau*

Gi·ro das <-s, -s/Giri> *bargeldloser Zahlungsverkehr*

Gi·ro·bank die <-, -en> *Bank mit Giroverkehr*

Gi·ro·kon·to das <-s, Girokonten> *Bankkonto, über das der laufende Zahlungsverkehr (durch Überweisung) abgewickelt wird*

Gi·ro·scheck der <-s, -s> *Scheck, dessen Zahlungsverkehr über Giro abgewickelt wird*

Gi·ro·ver·kehr der <-s> (*kein Plur.*) *über Girokonten abgewickelte Zahlungsweise*

Gischt die <-, -en> (*Plur. selten*) *das schaumige, spritzende Wasser bei starkem Wellengang*

Gi·tar·re die <-, -n> *ein Musikinstrument mit einem langen Hals und meist sechs Saiten* der Hals/die Saiten einer akustischen/elektrischen Gitarre, die Gitarre an den Verstärker anschließen/spielen/stimmen

Gi·tar·ren·sai·te die <-, -n> *Saite an einer Gitarre*

Git·ter das <-s, -> *eine Absperrung, die aus sich waagerecht und senkrecht kreuzenden Stäben aus Holz oder Metall besteht* Vor den Fenstern befinden sich massive Gitter aus Eisen. ■ **hinter Gittern** (*umg.*): *ins oder im Gefängnis*

git·ter·ar·tig <nicht steig.> *Adj. einem Gitter ähnlich* ein gitterartiges Geflecht

Git·ter·bett(chen) das <-s, -en/(-)> (*kleines*) *Bett für Kleinkinder, das (als Schutzvorrichtung) von einem Gitter umgeben ist*

git·ter·för·mig <nicht steig.> *Adj. geformt wie ein Gitter*

Git·ter·rost der <-(e)s, -e> *mit Gitter verkleidete Abdeckung von Öffnungen*

Git·ter·werk das <-(e)s, -e> *Gebilde aus Gitter* sämtliches Gitterwerk an einem Gebäude erneuern

Git·ter·zaun der <-(e)s, Gitterzäune> *Zaun aus gitterförmigem Geflecht*

Gla·ce die <-, -n> (*schweiz.*) *Speiseeis*

Gla·cé·hand·schuh, a. **Gla·cee·hand·schuh** ■ **jemanden mit Glacéhandschuhen anfassen** (*umg.*): *jmdn. überaus vorsichtig behandeln*

Gla·cé·le·der das <-s, -> (*meist Sing.*) *weiches Leder aus Ziegen- oder Lammfell*

Gla·di·a·tor der <-s, -en> GESCH. *Schaukämpfer im antiken Rom*

Gla·di·o·le die <-, -n> *eine Gartenblume*

Glanz der <-es> (*kein Plur.*) **1.** *die Eigenschaft, dass etwas glänzt[1]* Der Silberschmuck hatte seinen Glanz verloren und musste poliert werden. **2.** *einer Sache innewohnender, bewunderter großer Vorzug* Der Glanz der Jugend/der Schönheit war längst verblasst.

glän·zen[1] <glänzt, glänzte, hat geglänzt> *ohne OBJ* ■ *jmd./etwas glänzt* **1.** (*aufgrund einer sehr glatten oder sehr sauberen Oberfläche*) *Licht reflektieren, leuchten* Das Auto glänzt vor Sauberkeit. **2.** (*übertr.*) *hervorragen, hervorstechen, sich auszeichnen* Der Sportler glänzte durch gute Leistungen.

glän·zen[2] <glänzt, glänzte, hat geglänzt> *mit OBJ* ■ *jmd. glänzt etwas Akk.* (*schweiz.*) *zum Glänzen bringen, polieren*

glän·zend (*Part. Perf. zu „glänzen"*) *Adj.* (*umg.*)

hervorragend Die Athletin hat bei den letzten Wettkämpfen glänzende Ergebnisse erzielt., Das war ein glänzender Einfall.

Glanz·idee die <-, -n> (*umg. oft iron.*) *sehr gute Idee*

Glanz·leis·tung die <-, -en> (*oft iron.*) *sehr gute Leistung*

glanz·los *Adj.* **1.** *ohne Glanz*[1], *matt, trübe* glanzloses Haar **2.** *ohne Glanz*[2], *mittelmäßig* ein glanzloses Abschlusszeugnis

Glanz·punkt der <-es, -e> (*übertr.*) *Höhepunkt* Der Glanzpunkt der Vorstellung war das Geigensolo.

Glanz·rol·le die <-, -n> THEAT. FILM TV *von einem Schauspieler besonders gut ausgefüllte Rolle* Sein letzter Auftritt war unbestreitbar seine Glanzrolle.

Glanz·stück das <-(e)s, -e> **1.** *sehr gute Leistung* **2.** *sehr wertvoller Gegenstand* Dieses Gemälde ist das Glanzstück des Museums.

glanz·voll *Adj.* **1.** *sehr gut, hervorragend* eine glanzvolle Leistung **2.** *festlich, prunkvoll* einen glanzvollen Auftritt haben

Glas das <-es, Gläser> **1.** (*kein Plur.*) *ein lichtdurchlässiges, leicht zerbrechliches Material* Man kann optische Linsen aus Glas oder aus Kunststoff anfertigen., Der Architekt entwirft überwiegend Bürohochhäuser aus Stahl, Beton und Glas. **2.** *Trinkgefäß aus Glas*[1] Dieses Glas ist für den Weißwein, das andere für das Mineralwasser., Er hob sein Glas und prostete mir zu. **3.** *verwendet als Maßangabe* Er hat schon drei Gläser Bier getrunken. **4.** *Behälter aus Glas*[1] Wir haben noch einige Gläser mit Marmelade im Vorratsraum. **5.** *kurz für „Brillenglas"* Die Gläser beschlagen. **6.** *kurz für „Fernglas"*

Glas·au·ge das <-s, -n> MED. *künstliches Auge aus Glas*[1]

Glas·blä·ser, **Glas·blä·se·rin** der <-s, -> *jmd., der beruflich Glasgegenstände aus flüssigem Glas*[1] *herstellt*

Gla·ser, **Gla·se·rin** der <-s, -> *jmd., der beruflich Glasscheiben zuschneidet und einsetzt*

Gla·se·rei die <-, -en> *Betrieb eines Glasers*

glä·sern <nicht steig.> *Adj. aus Glas*[1] *bestehend* ein gläsernes Gefäß *siehe aber auch* **glasig**

Gla·ser·werk·statt die <-, Glaserwerkstätten> *Werkstätte eines Glasers*

Glas·fa·ser·ka·bel das <-s, -> *Kabel, das aus einem fadenförmigen Glaserzeugnis hergestellt wird*

Glas·fens·ter das <-s, -> *Fenster aus Glas*[1]

Glas·fla·sche die <-, -n> *Flasche aus Glas*[1]

Glas·ge·fäß das <-es, -e> *Gefäß aus Glas*[1]

Glas·ge·schirr das <-(e)s, -e> *Geschirr aus Glas*[1]

Glas·glo·cke die <-, -n> **1.** *Glocke aus Glas* **2.** *glockenförmige Haube aus Glas*[1] Käse unter einer Glasglocke aufbewahren

Glas·haus das <-es, Glashäuser> *Gewächshaus, Treibhaus*

gla·sig *Adj.* **1.** *durchsichtig wie Glas* Du musst die Zwiebeln braten, bis sie glasig sind. **2.** *starr, ausdruckslos* Sie hatte glasige Augen.

Glas·kas·ten der <-s, Glaskästen> *kastenförmiger Behälter mit Glaswänden*

glas·klar, **glas·klar** <nicht steig.> *Adj.* **1.** *klar und durchsichtig wie Glas*[1] Das Wasser des Gebirgsbaches ist glasklar. **2.** (*umg.*) *völlig klar und deutlich* Er hat sich doch glasklar ausgedrückt.

Glas·kör·per der <-s, -> ANAT. *Teil des menschlichen Auges*

Glas·nost die <-> (*kein Plur.*) POL. (*vor allem in Bezug auf die Regierung der ehemaligen Sowjetunion*) *das Offenlegen der politischen Ziele der Regierung*

Glas·nu·del die <-, -n> *asiatische, durchsichtige Nudelsorte aus Reismehl*

Glas·rei·ni·ger der <-s, -> *Reinigungsmittel für Glas*[1]

Glas·schei·be die <-, -n> *Scheibe aus Glas*[1]

Glas·scher·be die <-, -n> *Stück eines zerbrochenen Gegenstandes aus Glas*[1]

Glas·tür die <-, -en> *aus Glas*[1] *hergestellte Tür*

Gla·sur die <-, -en> **1.** *dünne, glasartige Schicht auf Keramik- oder Porzellanwaren* **2.** *dünner Überzug aus Zucker oder Schokolade auf Gebäck*

Glas·vi·tri·ne die <-, -n> *Vitrine aus Glas*[1]

Glas·wa·re die <-, -n> (*meist Plur.*) (*zum Verkauf gedachte*) *Gegenstände aus Glas*[1]

glatt <glatter/glätter, am glattesten/glättesten> *Adj.* **1.** *ohne Unebenheiten* Der Tisch hat eine glatte Oberfläche. **2.** *rutschig* Die Straßen waren glatt. **3.** *ohne Schwierigkeiten* Die Landung des Flugzeuges/Die Fahrt verlief glatt. **4.** (*umg.*) *eindeutig, klar erkennbar* Das ist glatter Wahnsinn/eine glatte Lüge! ♦ Getrenntschreibung→R 4.2 glatt bügeln, glatt hobeln, glatt kämmen, glatt machen, glatt polieren, glatt rasieren, glatt schleifen, glatt streichen, Eigentlich müsste bei der Operation alles glatt gehen/laufen/ablaufen.

Glät·te die <-> (*kein Plur.*) *das Glattsein*[1 2]

Glatt·eis das <-es> (*kein Plur.*) *nach Frost* (*auf dem Boden*) *entstehende Eisschicht* ■ **jemanden aufs Glatteis führen** (*umg.*): *jmdn. überlisten wollen*

Glätt·ei·sen das <-s, -> (*schweiz.*) *Bügeleisen*

Glatt·eis·ge·fahr die <-, -en> *Gefahr, dass sich Glatteis bildet* Fahr vorsichtig - im Radio war heute von Glatteisgefahr die Rede.

glät·ten[1] <glättest, glättete, hat geglättet> *mit OBJ* ■ *jmd. glättet etwas Akk. glatt machen, ebnen* Sie glättete Falten ihres Rocks.

glät·ten[2] <glättest, glättete, hat geglättet> *mit OBJ* ■ *jmd. glättet etwas Akk.* (*schweiz.*) *bügeln*

glatt·weg *Adv.* (*umg.*) **1.** *ohne zu zögern, kurzerhand* Sie hat meine Bitte glattweg abgelehnt. **2.** *eindeutig* Das ist glattweg gelogen.

Glat·ze die <-, -n> (*umg.*) *haarloser, kahler Kopf* eine Glatze haben/bekommen

Glatz·kopf der <-es, Glatzköpfe> (*umg. oft abwert.*) *Mann mit Glatze*

glatz·köp·fig <nicht steig.> *Adj. mit einer Glatze*

Glau·be der <-ns> (*kein Plur.*) **1.** *feste Überzeugung, die nicht auf Fakten, Beweisen, sondern auf dem Gefühl beruht* Sein Glaube an die Zukunft ist

G

unerschütterlich., Er wurde von einem blinden/ fanatischen/ unerschütterlichen Glauben getrieben., Du solltest seinen Worten keinen Glauben schenken. **2.** *religiöse Überzeugung* Ein fester Glaube bestimmte ihr Leben. **3.** *Religion* Sie trat zum christlichen Glauben über.

glau·ben <glaubst, glaubte, hat geglaubt> **I.** *mit OBJ/ohne OBJ* ■ *jmd. glaubt (an) etwas Akk. etwas für wahr, richtig oder möglich halten* Sie glaubte ihm kein Wort mehr., Ich kann einfach nicht glauben, dass ..., Man glaubte dem Angeklagten nicht., Ich glaube nicht an Wunder. **II.** *mit OBJ* ■ *jmd. glaubt etwas Akk. meinen, der Ansicht sein* Ich glaube, dass dieser Plan gut ist., Glaubst du, wir schaffen das bis morgen? **III.** *ohne OBJ* ■ *jmd. glaubt an etwas Akk.* **1.** *vertrauen* Glaubst du noch an seine Ehrlichkeit? **2.** *aufgrund seiner religiösen Einstellung von der Existenz einer Person, Sache überzeugt sein* Sie glaubt an die Auferstehung Christi. ■ **dran glauben müssen** (*umg.*): *sterben*

Glau·bens·ar·ti·kel der <-s, -> REL. (*Teil-*)*Abschnitt aus dem Glaubensbekenntnis*

Glau·bens·be·kennt·nis das <-ses, -se> **1.** *Zugehörigkeit zu einer Religionsgemeinschaft, Konfession* **2.** (*kein Plur.*) REL. *die (in einem Gebet zusammengefassten) wichtigsten Grundsätze der christlichen Religion* **3.** *Überzeugung* Der Politiker legte in einer Rede sein politisches Glaubensbekenntnis ab.

Glau·bens·bru·der, **Glau·bens·schwes·ter** der <-s, Glaubensbrüder> *jmd., der den gleichen (religiösen) Glauben hat*

Glau·bens·din·ge <-> *Plur.* (*Gesamtheit der*) *den Glauben betreffende Angelegenheiten* in Glaubensdingen keinen Spaß verstehen

Glau·bens·ei·fer der <-s> (*kein Plur.*) *im Zusammenhang mit Glaubensdingen stehender Eifer* Sie entwickelte einen regelrechten Glaubenseifer nach ihrer Bekehrung.

Glau·bens·frei·heit die <-> (*kein Plur.*) *Religionsfreiheit* jemandem Glaubensfreiheit gewähren

Glau·bens·ge·mein·schaft die <-, -en> *alle Angehörigen einer Konfession, einer religiösen Gruppe*

Glau·bens·kri·se die <-, -n> *Krise in Bezug auf den (eigenen) Glauben* eine Glaubenskrise durchmachen

Glau·bens·rich·tung die <-, -en> *Richtung innerhalb des Glaubens* Welche Glaubensrichtung vertrittst du?

Glau·bens·sa·che die <-, -n> *etwas, das nicht auf Beweisen, sondern auf dem Glauben beruht* Das kann man nicht nachweisen, das muss man als Glaubenssache akzeptieren.

Glau·bens·satz der <-es, Glaubenssätze> **1.** *als absolut vertretene religiöse These* **2.** (≈ *Glaubensartikel*)

Glau·bens·schwes·ter die <-, -n> *s.* **Glaubensbruder**

Glau·bens·streit der <-(e)s, -e> (*meist Sing.*) *Streit um Glaubensdinge* einen Glaubensstreit anzetteln/anfangen

Glau·ber·salz das <-es, -e> CHEM. *ein Abführmittel*

glaub·haft *Adj. überzeugend* Er konnte mir glaubhaft versichern, dass ...

Glaub·haf·tig·keit die <-> (*kein Plur.*) *die Eigenschaft, glaubhaft zu sein*

gläu·big *Adj.* (*im christlichen Sinne oder im Sinne anderer Religionen*) *von der Existenz Gottes überzeugt, fromm* Er ist gläubiger Christ/Moslem.

Gläu·bi·ge der/die <-n, -n> *jmd., der gläubig ist*

Gläu·bi·ger, **Gläu·bi·ge·rin** der <-s, -> (↔ *Schuldner*) *jmd., der einem anderen Geld geliehen hat*

Gläu·big·keit die <-> (*kein Plur.*) *das Gläubigsein*

glaub·wür·dig *Adj. verlässlich, glaubhaft* Du kannst ihm vertrauen - er hat mir glaubwürdig versichert, nichts damit zu tun zu haben.

Glaub·wür·dig·keit die <-> (*kein Plur.*) *die Eigenschaft oder der Zustand, dass man etwas oder jmdm. glauben kann*

gleich <nicht steig.> **I.** *Adj.* **1.** *völlig identisch* Man forderte gleichen Lohn für gleiche Arbeit., Es sollte gleiches Recht für alle gelten. **2.** *sehr ähnlich, vergleichbar* Alle Geschwister haben die gleiche Figur. **3.** *unverändert* Die Preise sind seit Jahren gleich geblieben. **II.** *Adv.* **1.** *sofort* Einen Moment, ich komme gleich. **2.** *unmittelbar daneben* Er wohnt gleich am Bahnhof. **3.** *zugleich* Er hat sich gleich drei Hemden gekauft. **III.** *Partikel* **1.** *doch, noch* Wie war gleich Ihr Name? **2.** *verwendet, um seinen Unmut auszudrücken* Wenn wir jetzt nicht anfangen, können wir es gleich bleiben lassen. **IV.** *Präp.* + *Dat.* (*geh.*) *wie* Er stolzierte gleich einem Pfau. ♦ Großschreibung→R 3.4, R 3.7 das Gleiche tun, Es kommt aufs Gleiche hinaus., Gleiches mit Gleichem vergelten; Getrenntschreibung→R 4.3 gleich alt, gleich groß, gleich lang, gleich schnell, gleich weit, gleich bleiben(d), gleich denkend, ein gleich lautender Name, gleich geartete Verhältnisse, ein gleich gelagerter Fall, zwei gleich gesinnte Freunde, zwei gleich gestimmte Seelen, zwei gleich geschriebene Namen; Zusammenschreibung→R 4.12 gleichgeschlechtlich, gleichkommen, gleichmachen, gleichschalten, gleichsetzen, gleichstellen, gleichtun, gleichziehen

gleich·alt·rig, *a.* **gleich·al·te·rig** <nicht steig.> *Adj. im gleichen Alter* Wir sind fast gleichaltrig.

gleich·ar·tig <nicht steig.> *Adj. von der gleichen Art* Sie haben mit gleichartigen Problemen zu kämpfen.

Gleich·ar·tig·keit die <-> (*kein Plur.*) *das Gleichartigsein*

gleich·be·deu·tend <nicht steig.> *Adj. so, dass etwas das Gleiche bedeutet wie etwas anderes* Das Schweigen war gleichbedeutend mit einer Absage.

Gleich·be·hand·lung die <-, -en> *gleiche Behandlung* Von Gleichbehandlung kann in dieser Firma nicht die Rede sein!

gleich·be·rech·tigt <nicht steig.> *Adj. so, dass man über die gleichen Rechte verfügt* Sie sind gleichberechtigte Geschäftspartner.

Gleich·be·rech·ti·gung die <-> (*kein Plur.*) *der Zustand, dass auf bestimmten Gebieten gleiche Rechte für bestimmte Personengruppen herrschen* Ist die Gleichberechtigung der Frau überall durchgesetzt?

glei·chen <gleichst, glich, hat geglichen> *ohne OBJ* ■ *jmd./etwas gleicht jmdm./etwas* (*irgendwie*) *ähnlich sein* Sie gleicht ihrer Mutter., Die Zwillinge gleichen sich wie ein Ei dem anderen.

glei·chen·tags *Adv.* (*schweiz.*) *am gleichen Tag*

glei·cher·ma·ßen *Adv. in gleicher Weise, ebenso* Der Lehrer ist bei seinen Schülern wie bei seinen Kollegen gleichermaßen beliebt.

glei·cher·wei·se *Adv. gleichermaßen*

gleich·falls *Adv. ebenfalls, auch* „Viel Glück!" „Danke, gleichfalls!", Wir hatten gleichfalls Pech.

gleich·för·mig *Adj. ohne Veränderung* (*ablaufend*), *eintönig* Diese gleichförmige Arbeit macht wahrlich kein Vergnügen., Die Tage im Krankenhaus verliefen gleichförmig.

Gleich·för·mig·keit die <-> (*kein Plur.*) *das Gleichförmigsein*

gleich·ge·stellt <nicht steig.> *Adj. den gleichen Rang, die gleiche Stellung einnehmend* Was das Finanzielle betrifft, so sind wir gleichgestellt.

Gleich·ge·wicht das <-(e)s, -e> **1.** *der Zustand, dass ein Körper ausbalanciert ist* Der Seiltänzer verlor das Gleichgewicht und wäre beinahe verunglückt. **2.** *innere Ausgeglichenheit* Er lässt sich durch nichts aus dem Gleichgewicht bringen. **3.** *ausgeglichener Zustand* Solche Eingriffe in die Natur stören das ökologische Gleichgewicht.

gleich·gül·tig *Adj.* **1.** *ohne Interesse, ohne Anteilnahme* Er steht dieser Sache völlig gleichgültig gegenüber. **2.** *egal, unwichtig* Es ist gleichgültig, wie die Mannschaft heute spielt, sie ist in jedem Falle bereits abgestiegen.

Gleich·gül·tig·keit die <-> (*kein Plur.*) *Teilnahmslosigkeit*

Gleich·heit die <-> (*kein Plur.*) **1.** *sehr große Übereinstimmung, Ähnlichkeit* Nachdem wir uns eine Weile unterhalten haben, stellten wir die Gleichheit unseres Musikgeschmackes fest. **2.** (*kein Plur.*) *das Gleichsein bezüglich der Stellung, der Rechte* Es geht uns um die Gleichheit aller vor dem Gesetz.

Gleich·heits·(grund)·satz der <-es, Gleichheits(grund)sätze> *Grundsatz/-prinzip/-recht der Gleichheit*

Gleich·heits·prin·zip das <-s, -ien/-e> *Gleichheits(grund)satz*

Gleich·heits·zei·chen das <-s, -> MATH. *Zeichen zur Kennzeichnung der absoluten Gleichheit[1] zweier Zahlen, Größen*

Gleich·klang der <-(e)s> (*kein Plur.*) *Harmonie, Übereinstimmung* Beiden wurde an diesem Abend der Gleichklang ihrer Seelen bewusst.

gleich·kom·men <kommst gleich, kam gleich, ist gleichgekommen> *ohne OBJ* ■ *jmd./etwas kommt jmdm./etwas gleich* **1.** *entsprechen* Eine solche Unterstellung kommt einer Beleidigung gleich. **2.** *jmdn. erreichen, jmdm. gleichwertig sein* An Ausdauer und Disziplin kommt ihm so schnell niemand gleich.

gleich·lau·fend <nicht steig.> *Adj.* (*oft übertr.*) *in die gleiche Richtung* (*ver*)*laufend* gleichlaufende Tendenzen aufweisen

gleich·ma·chen <machst gleich, machte gleich, hat gleichgemacht> *mit OBJ* ■ *jmd./etwas macht etwas Akk. gleich bestehende Unterschiede beseitigen* man kann nicht alle Menschen gleichmachen

Gleich·ma·che·rei die <-> (*kein Plur.*) (*abwert.*) *das Verhalten, verschiedene Sachverhalte oder Menschen in unangemessener Weise gleichzusetzen* In diesem Fall hat es keinen Sinn, Gleichmacherei betreiben zu wollen.

gleich·mä·ßig *Adj.* **1.** *zu gleichen Teilen, im gleichen Ausmaß, ausgewogen* Tragen Sie die Salbe gleichmäßig auf den betreffenden Stellen auf. **2.** *ausgeglichen, ohne Schwankungen* Der Patient atmet gleichmäßig.

Gleich·mä·ßig·keit die <-> (*kein Plur.*) *der Zustand, dass etwas gleichmäßig ist oder verläuft*

Gleich·mut der/die <-(e)s> (*kein Plur.*) *ausgeglichener Gemütszustand, Gelassenheit* Er nahm die Nachricht mit scheinbarem Gleichmut entgegen.

gleich·mü·tig *Adj. mit Gleichmut* eine Sache gleichmütig ertragen

Gleich·mü·tig·keit die <-> (*kein Plur.*) *das Gleichmütigsein*

gleich·na·mig <nicht steig.> (*nur attr.*) *Adj. mit demselben Namen* Der Film basiert auf dem gleichnamigen Drama von Shakespeare.

Gleich·nis das <-ses, -se> LIT. *kurze Erzählung, die eine* (*abstrakte*) *Vorstellung durch den Vergleich mit einer zweiten aus einem anderen, meist sinnlich-gegenständlichen Bereich anschaulicher oder eindringlicher macht, wobei beide Vorstellungen in einem wesentlichen Moment zusammenfallen; Parabel*

gleich·nis·haft <nicht steig.> *Adj. in der Art oder wie ein Gleichnis* eine gleichnishafte Geschichte erzählen

gleich·ran·gig <nicht steig.> *Adj. auf oder von gleichem Rang* Was ihre Mathematikleistungen betrifft, so sind sie fast gleichrangig.

Gleich·ran·gig·keit die <-> (*kein Plur.*) *das Gleichrangigsein*

gleich·sam *Adv.* (*geh.*) *sozusagen, gewissermaßen* Sie hatte etwas gleichsam Unwirkliches, wie sie da auf einmal stand.

gleich·schal·ten <schaltest gleich, schaltete gleich, hat gleichgeschaltet> *mit OBJ* ■ *jmd. schaltet jmdn./etwas gleich* (*abwert.*) (*in Diktaturen*) *dafür sorgen, dass alle* (*politischen, wirtschaftlichen, kulturellen*) *Institutionen auf eine einheitliche Linie gebracht und der herrschenden Denkweise angepasst werden*

Gleich·schal·tung die <-> (*kein Plur.*) *das Gleichschalten* die Gleichschaltung der Kirche im Nationalsozialismus

gleich·schen·ke·lig/gleich·schenk·lig <nicht steig.> *Adj.* MATH. *so, dass ein Dreieck zwei gleich lange Seiten hat*

Gleich·schritt der <-(e)s> (*kein Plur.*) MILIT. *eine Art des Gehens oder Marschierens, bei der alle Beteiligten zur gleichen Zeit denselben Fuß nach vorne setzen und so im selben Rhythmus gehen* Die Soldaten marschieren im Gleichschritt.

gleich·sei·tig <nicht steig.> *Adj.* MATH. *so, dass eine geometrische Figur gleich lange Seiten hat*

gleich·set·zen <setzt gleich, setzte gleich, hat gleichgesetzt> *mit OBJ* ■ *jmd. setzt jmdn./etwas jmdm./etwas gleich als vergleichbar, gleich(wertig) betrachten* Du kannst doch die damaligen Verhältnisse nicht mit den heutigen gleichsetzen.

Gleich·set·zung die <-> (*kein Plur.*) *das Gleichsetzen*

Gleich·stand der <-(e)s> (*kein Plur.*) SPORT *gleiche Punktzahl bzw. Zahl von Toren* Bei Gleichstand nach der Verlängerung wird das Spiel im Elfmeterschießen entschieden.

gleich·stel·len <stellst gleich, stellte gleich, hat gleichgestellt> *mit OBJ* ■ *jmd. stellt jmdn./etwas (mit) jmdm./etwas gleich auf die gleiche Stufe stellen* Die Arbeiter wurden (mit) den Angestellten gleichgestellt.

Gleich·stel·lung die <-, -en> (*meist Sing.*) *das Gleichstellen* Die Gleichstellung von Mann und Frau

Gleich·stel·lungs·be·auf·trag·te der/die <-n, -n> *jmd., der sich beruflich mit der Gleichstellung (von Mann und Frau) beschäftigt*

Gleich·stel·lungs·ge·setz das <-es, -e> RECHTSW. *Gesetz, das die Gleichstellung (von Mann und Frau) sichert*

Gleich·strom der <-(e)s> (*kein Plur.*) (ELEKTROTECHN.: ↔ *Wechselstrom*) *elektrischer Strom, der immer in die gleiche Richtung fließt*

gleich·tun <tust gleich, tat gleich, hat gleichgetan> *mit OBJ* ■ *jmd. tut es jmdm. (an/in etwas Dat.) gleich jmdn. nachahmen oder versuchen, die gleiche Leistung wie ein anderer zu erbringen* Sie wollte es ihren älteren Geschwistern gleichtun und ebenfalls Artistin werden.

Glei·chung die <-, -en> MATH. *das Gleichsetzen zweier mathematischer Größen* eine Gleichung aufstellen/lösen

Glei·chungs·sys·tem das <-s, -e> MATH. *System von Gleichungen*

gleich·viel, gleich·viel *Adv. gleichgültig, wie dem auch sei* Gleichviel, wir müssen trotzdem auf die anderen warten.

gleich·wer·tig <nicht steig.> *Adj. von gleichem Wert* Die Mannschaft war ein gleichwertiger Gegner.

gleich·wie *Konj.* (*ebenso*) *wie*

gleich·win·ke·lig/gleich·wink·lig <nicht steig.> *Adj.* MATH. *so, dass ein Dreieck zwei gleiche Winkel hat*

gleich·wohl, gleich·wohl *Adv. dennoch, trotzdem* Ich muss gleichwohl darauf bestehen, dass ...

gleich·zei·tig <nicht steig.> *Adj. zur gleichen Zeit* Wenn alle gleichzeitig sprechen, verstehe ich überhaupt nichts.

gleich·zie·hen <ziehst gleich, zog gleich, hat gleichgezogen> *ohne OBJ* ■ *jmd. zieht mit jmdm./etwas gleich eine ähnliche Leistung wie eine andere Person erbringen* Sie hat mit der Rekordhalterin gleichgezogen und dieses Turnier nun ebenfalls acht Mal gewonnen.

Gleis das <-es, -e> **1.** *der Fahrweg für Schienenfahrzeuge, der aus Holz- oder Betonschwellen und Schienen besteht* ◆ Abstell-, Rangier- **2.** *Bahnsteig* Der Zug fährt in wenigen Minuten auf Gleis 8 ein. ■ **aus dem Gleis bringen/werfen**: *aus dem gewohnten Lebensrhythmus geraten*

Gleis·ab·schnitt der <-s, -e> *Abschnitt eines Gleises* Wegen Bauarbeiten an einem Gleisabschnitt musste der Zug umgeleitet werden.

Gleis·ar·bei·ten <-> *Plur. Bauarbeiten an den Gleisen* Gleisarbeiten verrichten

Gleis·ar·bei·ter der <-s, -> *jmd., der Gleisarbeiten verrichtet*

Gleis·bau der <-s> (*kein Plur.*) *die Herstellung und das Verlegen von Gleisen*

glei·ßend *Adj. sehr hell glänzend* Er wurde vom gleißenden Licht eines Scheinwerfers geblendet.

Gleis·über·gang der <-(e)s, Gleisübergänge> *Übergang von einem Gleis zum anderen*

Gleis·ver·le·gung die <-, -en> *Verlegung eines Gleises*

glei·ten <gleitest, glitt, ist geglitten> *ohne OBJ* ■ *jmd./etwas gleitet irgendwohin* **1.** *sich leicht und gleichmäßig bewegen* Sie gleiten mit ihren Inlineskates über den glatten Asphalt. **2.** *schwebend fliegen* Der Adler gleitet durch die Lüfte. **3.** *herabgleiten* Die Schwimmerin gleitet vom Rand des Schwimmbeckens ins Wasser.

gleit·fä·hig *Adj. so, dass etwas gleitet*

Gleit·fä·hig·keit die <-> (*kein Plur.*) *die Eigenschaft, gleitfähig zu sein*

Gleit·flug·zeug das <-(e)s, -e> *Segelflugzeug*

Gleit·schirm der <-(e)s, -e> *eine Art Fallschirm, den man benutzt, um von Bergen herab ins Tal zu segeln* ◆ Getrenntschreibung→R 4.1 Gleitschirm fliegen

Gleit·se·geln das <-s> (*kein Plur.*) SPORT *Paragliding*

Gleit·zeit die <-> (*kein Plur.*) *Arbeitszeitregelung, bei der Anfang und Ende der Arbeitszeit innerhalb bestimmter Grenzen frei gewählt werden können*

Glet·scher der <-s, -> *sehr große zusammenhängende Eismasse im Hochgebirge*

Glet·scher·bach der <-(e)s, Gletscherbäche> *ein Bach, dessen Wasser aus geschmolzenem Gletschereis stammt*

Glet·scher·see der <-s, -n> *See aus geschmolzenem Gletschereis*

Glet·scher·tour die <-, -en> *Wanderung zu einem Gletscher* eine Gletschertour unternehmen

Glet·scher·zun·ge die <-, -n> *das vordere, schmal zulaufende Ende eines Gletschers*

glich *Prät. von* **gleichen**

Glied das <-(e)s, -er> **1.** *ein Arm oder ein Bein* Das Kind zitterte vor Kälte an allen Gliedern., Sie streckte ihre Glieder. **2.** (≈ *Penis*) das männliche Glied, ein steifes Glied **3.** *eines der Teile einer Kette* Eine Kette ist so stark wie ihr schwächstes Glied. **4.** (*übertr.*) *einzelnes Verbindungselement* Das ist ein wichtiges Glied in der Beweiskette.

Glie·der·ket·te die <-, -n> *aus einzelnen Gliedern[3] bzw. Segmenten bestehende Halskette*

glie·dern <gliederst, gliederte, hat gegliedert> **I.** *mit OBJ* ■ *jmd. gliedert etwas Akk. in eine bestimmte Ordnung bringen* Er hat seine Diplomarbeit in zehn Kapitel gegliedert. **II.** *mit SICH* ■ *etwas gliedert sich in etwas Akk. eine bestimmte Gliederung aufweisen* Das Bauprojekt gliedert sich in vier Phasen.

Glie·der·pup·pe die <-, -n> *Puppe mit beweglichen Gliedern[1]*

Glie·der·rei·ßen das <-s> (*kein Plur.*) (≈ *Gliederschmerz*) *siehe auch* **Rheuma**

Glie·der·schmerz der <-es, -en> (*meist Plur.*) *Schmerz in einem oder mehreren Gliedern*

Glie·de·rung die <-, -en> **1.** (*kein Plur.*) *das Gliedern, Strukturieren* Ich bin noch mit der Gliederung meines Aufsatzes beschäftigt. **2.** (≈ *Aufbau, Struktur*) *die Art, wie etwas gegliedert ist* Das Deckengemälde weist eine klare Gliederung auf.

Glied·ma·ße die <-, -n> (*meist Plur.*) *ein Arm oder ein Bein*

Glied·satz der <-es, Gliedsätze> SPRACHWISS. *Nebensatz in der Rolle eines Satzgliedes*

glim·men <glimmt, glomm/glimmte, hat geglommen/geglimmt> *ohne OBJ* ■ *etwas glimmt schwach und ohne Flamme brennen, glühen* Die Reste des Lagerfeuers glimmen noch., das Glimmen einer Zigarette auf weite Entfernung sehen können

Glimm·stän·gel der <-s, -> (*umg. scherzh.*) *Zigarette*

glimpf·lich *Adj. ohne größeren Schaden* Wir sind bei dem Hochwasser glimpflich davongekommen., Das ist ja noch mal glimpflich ausgegangen.

glit·schig *Adj.* (*umg.*) *feucht und glatt* Der glitschige Fisch glitt ihm aus den Händen.

glitt *Prät. von* **gleiten**

Glit·ter der <-s> (*kein Plur.*) *Flitter*

glit·zern <glitzert, glitzerte, hat geglitzert> *ohne OBJ* ■ *etwas glitzert immer wieder hell aufblitzen und im Licht funkeln* Das Meer/Der Schnee glitzert in der Sonne.

glo·bal <nicht steig.> *Adj.* **1.** *so, dass die gesamte Erde und alle Menschen davon betroffen sind* Stehen Naturkatastrophen im Zusammenhang mit der globalen Klimaveränderung? **2.** (≈ *umfassend*) über ein globales Wissen verfügen **3.** *allgemein und ohne große Tiefe* Ich habe von diesen Problemen nur eine sehr globale Vorstellung.

glo·ba·li·sie·rt <nicht steig.> *Adj. mit den Merkmalen der Globalisierung* die globalisierte Finanzwelt

Glo·ba·li·sie·rung die <-> (*kein Plur.*) *der Vorgang, dass vor allem wirtschaftliche Fragen nicht mehr nur innerhalb eines Landes relevant sind, sondern ein weltweite Ausdehnung bekommen* In der Diskussion ging es um Gefahren und Chancen der zunehmenden Globalisierung der Wirtschaft/der Märkte. ◆ -sgegner

Glo·be·trot·ter, **Glo·be·trot·te·rin** der <-s, -> *jmd., der die ganze Welt bereist (hat)*

Glo·bus der <-ses, Globen/-se> **1.** (*kein Plur.*) *die Erde* Sie ist schon um den ganzen Globus gereist. **2.** *kleines Modell der Erdkugel* ein beleuchteter Globus

Glo·cke die <-, -n> **1.** *eine Art großer (beweglich und mit nach unten weisender Öffnung aufgehängter) Topf aus Metall, der an der Unterseite weiter ist als an der Oberseite; ein Stab aus Metall, der Klöppel, schlägt beim Bewegen der Glocke gegen deren Wände und erzeugt einen (lauten) Ton* Die Glocken läuten. ◆ Kirchen-, Turm- **2.** (*landsch.* ≈ *Türklingel*) **3.** *ein Gerät, das ein akustisches Signal erzeugt, das auf etwas hinweist* Die Glocke läutet zum Stundenwechsel/zur großen Pause., Für den Läufer ertönte die Glocke zur letzten Runde. ■ **etwas an die große Glocke hängen** (*umg. abwert.*): *etwas überall erzählen*

Glo·cken·blu·me die <-, -n> *eine Garten- und Wiesenblume*

glo·cken·hell <nicht steig.> *Adj. klar und hell (wie eine Glocke klingend)* eine glockenhelle Stimme besitzen

Glo·cken·schlag der <-(e)s, Glockenschläge> *Schlag einer Glocke[1], welcher die Zeit angibt* Beim Glockenschlag war es zehn Uhr.

Glo·cken·spiel das <-(e)s, -e> **1.** *mehrere Glocken[1], die meist an einem öffentlichen Gebäude angebracht sind und mit einer Uhr verbunden sind und die zu bestimmten Uhrzeiten eine Melodie spielen* Zu jeder vollen Stunde ertönt das Glockenspiel im Rathaus. **2.** *ein Musikinstrumentt mit mehreren Plättchen aus Metall, auf die man mit einer Art kleinem Hammer schlägt, um so den Klang zu erzeugen*

Glo·cken·stuhl der <-(e)s, Glockenstühle> *die Balkenkonstruktion in einem Kirchturm, an der die Glocken[1] hängen*

Glo·cken·turm der <-(e)s, Glockentürme> *der Turm, der zu einer Kirche gehört und in dem die Glocken[1] hängen*

Glo·cken·zei·chen das <-s, -> (≈ *Glockenschlag*) Beim Glockenzeichen ist es genau zwölf Uhr.

Glöck·ner der <-s, -> GESCH. *jmd., der die Kirchenglocken läutet* der Glöckner von Notre Dame

glomm *Prät. von* **glimmen**

Glo·ria das <-s> (*kein Plur.*) **1.** (*oft iron.*) *Ruhm, Glanz* **2.** REL. *Lobgesang im christlichen Gottesdienst*

Glo·rie die <-> (*kein Plur.*) (*geh.*) *Ruhm, Glanz*

Glo·ri·fi·ka·ti·on die <-> (*kein Plur.*) *das Glorifizieren*

glo·ri·fi·zie·ren <glorifizierst, glorifizierte, hat glorifiziert> *mit OBJ* ■ *jmd. glorifiziert jmdn./etwas (geh.) verherrlichen* Er wurde von der Bevölkerung als Held glorifiziert.

Glo·ri·fi·zie·rung die <-> (*kein Plur.*) *das Glorifizieren*

glor·reich *Adj.* (*meist iron.*) *herrlich, großartig* Das war wirklich eine glorreiche Idee!

Glos·sar das <-s, -e> *alphabetisches Wörterverzeichnis* (*mit Erklärungen*)

Glos·se die <-, -n> **1.** *knapper, polemischer Presse-, Rundfunk- oder Fernsehkommentar zu einem aktuellen Ereignis* **2.** LIT. SPRACHWISS. *Bedeutungserklärung eines Ausdrucks in alten Handschriften*

Glot·ze die <-, -n> (*umg.*) *Fernseher* Sitzt du schon wieder vor der Glotze?

glot·zen <glotzt, glotzte, hat geglotzt> *ohne OBJ* ■ *jmd. glotzt* (*irgendwie*) (*umg. abwert.*) *starr und dümmlich blicken* Was glotzt ihr so blöde?

Glück das <-(e)s> (*kein Plur.*) **1.** *besonders günstiger Zufall, erfreuliche Fügung des Schicksals* Er hat bei dem Unfall unverschämtes Glück gehabt, dass ihm nichts Schlimmeres passiert ist. **2.** *das personifizierte Glück* Ihr winkt/lacht das Glück. **3.** *angenehme, freudige Gemütsverfassung* Manche Leute muss man zu ihrem Glück zwingen., Was fehlt dir noch zu deinem Glück? ■ **sein Glück versuchen/probieren**: *etwas mit der Hoffnung auf Erfolg tun* **sein Glück machen**: *erfolgreich sein* **auf gut Glück**: *ohne die Gewissheit eines Erfolges* ◆ Getrenntschreibung→R 4.3, R 4.12 Glück bringend, Glück verheißend

Glu·cke die <-, -n> *Henne*

glü·cken <glückt, glückte, ist geglückt> *ohne OBJ* ■ *etwas glückt jmdm. gelingen* Die Notlandung glückte., Der Versuch wollte einfach nicht glücken.

glu·ckern <gluckert, gluckerte, hat gegluckert> *ohne OBJ* ■ *etwas gluckert ein Geräusch von fließendem Wasser abgeben* Das Wasser gluckert in der Zentralheizung.

glück·lich *Adj.* **1.** *erfolgreich* Der glückliche Gewinner erhält einen Preis im Wert von 10.000 Euro. **2.** *günstig, vorteilhaft* Du hast keinen glücklichen Zeitpunkt für deinen Besuch gewählt. **3.** *von Zufriedenheit erfüllt* Sie ist ein glücklicher Mensch., Ich bin wunschlos glücklich.

Glück·li·che der/die <-n, -n> *jmd., der* (*in den Augen anderer*) *Glück*[1] *bei etwas* (*gehabt*) *hat* Du Glücklicher hast deine Prüfungen schon hinter dir!

glück·li·cher·wei·se *Adv. zum Glück* Glücklicherweise gab es bei dem Unfall keine Verletzten.

Glücks·brin·ger der <-s, -> *ein Gegenstand, den man immer mit sich führt, weil man glaubt, er bringe Glück*[1]

glück·se·lig *Adj. sehr glücklich*[3] Ein glückseliges Lächeln umspielte ihre Lippen.

Glück·se·lig·keit die <-> (*kein Plur.*) *der Zustand, in dem man glückselig ist*

gluck·sen <gluckst, gluckste, hat gegluckst> *ohne OBJ* ■ *jmd./etwas gluckst* **1.** *gluckern* **2.** *ein dunkel klingendes Geräusch von sich geben, während man ein Lachen unterdrückt*

Glücks·fall der <-(e)s, Glücksfälle> *ein zufälliges Ereignis, das sehr erfreulich ist* Es war ein Glücksfall, dass ich diese seltene CD noch bekommen habe.

Glücks·fee die <-, -n> (*scherzh.*) *eine weibliche Person, die bei Glücksspielen die Lose zieht und die Gewinner bekanntgibt*

Glücks·kä·fer der <-s, -> (*landsch.*) *Marienkäfer*

Glücks·kind das <-(e)s, -er> (*umg.*) *jmd., der oft Glück*[1] *hat*

Glücks·pilz der <-(e)s, -e> (*umg.*) *Glückskind*

Glücks·rit·ter, **Glücks·rit·te·rin** der <-s, -> *leichtsinniger Mensch, der sorglos auf sein Glück vertraut*

Glücks·sa·che ■ **etwas ist** (**reine**) **Glückssache**: *etwas hängt nur von einem günstigen Umstand oder Zufall ab*

Glücks·spiel das <-(e)s, -e> *ein Spiel, bei dem das Glück* (*und nicht das Können*) *der Spieler über den Ausgang des Spiels entscheidet* Roulette ist ein Glücksspiel.

Glücks·spie·ler, **Glücks·spie·le·rin** der <-s, -> *jmd., der sich* (*regelmäßig*) *im Glücksspiel versucht*

glück(**s**)**·strah·lend** <nicht steig.> *Adj. vor Glück strahlend* die glücksstrahlende Siegerin

Glücks·sträh·ne die <-, -n> *längere Reihe von glücklichen Zufällen* eine Glückssträhne haben

Glück·wunsch der <-es, Glückwünsche> *Gratulation* Herzlichen Glückwunsch zum Geburtstag!, Glückwünsche entgegennehmen

Glüh·bir·ne die <-, -en> *Glühlampe*

glü·hen <glühst, glühte, hat geglüht> *ohne OBJ* ■ *jmd./etwas glüht* **1.** *ohne Flamme brennen, vor Hitze rot leuchten* Die Kohlen im Gartengrill glühen noch. **2.** (*übertr.*) *ein rotes Gesicht haben* Ihr Gesicht/Ihre Stirn glühte aus Nervosität vor der Prüfung. **3.** *einen sehr heißen Kopf oder Körper haben, weil man Fieber hat*

glü·hend (*Part. Präs. „zu glühen"*) *Adj.* **1.** *sehr stark* Sie wurde von glühendem Hass/von einem glühenden Verlangen angetrieben. **2.** *leidenschaftlich* Sie ist eine glühende Verehrerin dieses Schauspielers. ◆ Getrenntschreibung→R 4.3 glühend rot, glühend heiß

Glüh·lam·pe die <-, -en> *der Gegenstand aus Glas in einer Lampe, der leuchtet*

Glüh·wein der <-(e)s, -e> *erhitzter, gewürzter Rotwein, den man besonders im Winter trinkt*

Glüh·würm·chen das <-s, -> ZOOL. *ein Leuchtkäfer*

Glut die <-, -en> **1.** *Masse, die glüht*[1] Bevor sie aufbrachen, traten sie noch die Glut des erloschenen Lagerfeuers aus. **2.** (*kein Plur.*) *sehr große Hitze* Diese Pflanzen haben besondere Strategien entwickelt, um in der sengenden Glut der Sonne überleben zu können. **3.** (*kein Plur.*) (*geh.*) *Leidenschaftlichkeit* Sie entfachte erneut die Glut seiner Liebe.

glut·äu·gig <nicht steig.> *Adj.* (*übertr.*) *dunkle, feurige Augen besitzend* eine glutäugige südamerikanische Schönheit

Glut·hauch der <-(e)s> (*kein Plur.*) (*oft übertr. geh.*) *heißer Wind*

glut·rot <nicht steig.> *Adj.* (*geh. oft übertr.*) *rot wie Glut* Glutrot ging die Sonne unter.

Gly·kol das <-s, -e> CHEM. *ein Frostschutz- und Lösungsmittel*

Gly·ze·rin das <-> (*kein Plur.*) CHEM. *Substanz, die man beispielsweise zur Herstellung von Cremes, Salben, Farbstoffen und Sprengstoff verwendet*

GmbH die <-, -s> *kurz für „Gesellschaft mit beschränkter Haftung"*

Gna·de die <-, -n> **1.** (*kein Plur.*) *Gunst, Wohlwollen gegenüber einem sozial oder beruflich Tieferstehendem* Er hängt von der Gnade seines Vorgesetzten ab. **2.** *eine Tat aus Gnade*[1] Er hat mir eine Gnade erwiesen. **3.** *Milderung einer verdienten Strafe* Der Verurteilte bat/flehte um Gnade. **4.** REL. *Vergebung der Sünden durch Gott* ■ **die Gnade haben** (*iron.*): *sich herablassen* Hättest du vielleicht die Gnade, endlich aufzustehen? **Gnade vor Recht ergehen lassen**: *nachsichtig sein* **Euer Gnaden** (*veralt.*): *Anrede für hochrangige Personen*

Gna·den·be·weis der <-es, -e> *Beweis der Gnade*[1]

Gna·den·brot das <-es> (*kein Plur.*) *die Versorgung von einem alten Tier oder einem alten Menschen, das/der nicht mehr arbeiten kann, aus Mitleid oder als Dank* Auf diesem Bauernhof gewährt man alten Pferden das Gnadenbrot.

Gna·den·frist die <-> (*kein Plur.*) *die letzte Möglichkeit, die man jmdm. gibt, um endlich etwas zu erledigen bzw. einer Pflicht nachzukommen* Ich gewähre/gebe dir noch eine Gnadenfrist von zwei Tagen.

gna·den·los *Adj. ohne Nachsicht, ohne Mitleid, ohne Erbarmen* jmdn. gnadenlos verfolgen

gna·den·reich *Adj.* (*meist rel.*) *reich an Gnade*[1] ein gnadenreiches Jahr

Gna·den·schuss der <-es> (*kein Plur.*) ■ **jemand gibt einem Tier den Gnadenschuss**: *jmd. tötet ein verletztes Tier, um es von seinem Leiden zu erlösen*

Gna·den·tod der <-es, -e> (*geh.*) *Euthanasie* jmdn. den Gnadentod sterben lassen

gna·den·voll *Adj.* MEIST REL. *voller Gnade*

gnä·dig *Adj.* **1.** (*oft iron.*) *gütig, wohlwollend* Sie war so gnädig, mir ihren Wagen zu leihen. **2.** REL. *voller Gnade* **3.** *nachsichtig, milde* ein gnädiger Richter

Gnom der <-en, -en> *Kobold, Zwerg*

gno·men·haft *Adj. in der Art eines Gnomen* ein gnomenhaftes Aussehen besitzen

Gnu das <-s, -s> ZOOL. *eine Antilopenart*

Goal das ['go:l] <-s, -s> (*österr. schweiz.*) *Tor*

Goal·get·ter der ['go:l gɛtɚ] <-s, -> (*österr. schweiz.*) *Torschütze*

Goal·kee·per der ['go:l ki:pɚ] <-s, -> (*österr. schweiz.*) *Torwart*

Go·be·lin der [gobə'lɛ̃:] <-s, -s> *Bildteppich für die Wand*

Go·ckel der <-s, -> (*süddt. österr.*) *Hahn*

Go·der der <-s, -> (*österr.*) *Doppelkinn*

Go-go-Girl das ['go:go: gɜ:l] <-s, -s> *Go-Go-Tänzerin*

Go-go-Tän·ze·rin die <-, -nen> *Vortänzerin in Nachtlokalen, Diskotheken*

Go·kart das <-s, -s> **1.** SPORT *niedriger, kleiner Rennwagen* **2.** *einem Gokart*[1] *nachgebautes Tretauto für Kinder*

Go·kart·ren·nen das <-s, -> SPORT *Rennen mit Gokarts*

Gold das <-(e)s> (*kein Plur.*) **1.** *ein wertvolles Edelmetall* Der Kelch ist aus echtem/massivem/purem/reinem Gold., In dieser Gegend hat man früher Gold gesucht/gewaschen. **2.** *Gegenstand aus Gold*[1]*, beispielsweise ein Schmuckstück, eine Münze* ■ **Gold in der Kehle haben**: *eine sehr schöne Singstimme haben* **etwas ist nicht mit Gold zu bezahlen/aufzuwiegen**: *etwas ist überaus kostbar, unersetzlich*

Gold·bar·ren der <-s, -> *Barren aus Gold*

Gold·barsch der <-(e)s, -e> ZOOL. *ein Speisefisch* ◆-filet

gold·blond <nicht steig.> *Adj. goldfarbenes Blond* goldblonde Locken haben

Gold·bras·se die <-, -n> ZOOL. *ein Speisefisch*

gold·braun <nicht steig.> *Adj. ins Goldfarbene übergehendes Braun* ein goldbraun gebratenes Hähnchen

Gold·broi·ler der <-s, -> (*landsch.*) *goldbraunes Grillhähnchen*

Gold·bro·kat der <-(e)s, -e> *Brokatstoff mit eingewebten Goldfäden*

gol·den <nicht steig.> *Adj.* **1.** *aus Gold bestehend* Er kaufte sich eine goldene Uhr. **2.** *wie Gold* Ihr Haar schimmerte golden. **3.** *erfolgreich und schön* Er träumte von einer goldenen Zukunft. ◆ Großschreibung→R 3.17f. Prag bezeichnet man auch als die Goldene Stadt., Die berühmte Persönlichkeit hat sich in das Goldene Buch der Stadt eingetragen., Der Pfarrer predigte über die Geschichte vom Goldenen Kalb.; Kleinschreibung→R 3.20 Sie feierten goldene Hochzeit.

Gol·den Goal das ['goʊldən gəʊl] <-s, -s> SPORT *Spielentscheidung durch das erste Tor in der Nachspielzeit* ein Golden Goal erzielen

gold·far·ben <nicht steig.> *Adj. mit einer goldenen Farbe* eine goldfarbene Handtasche

Gold·fie·ber das <-s> (*kein Plur.*) *Goldrausch, Goldgier*

Gold·fisch der <-(e)s, -e> ZOOL. *ein Zierfisch, der eine rote oder rot-goldene Farbe hat* ein Aquarium mit Goldfischen besitzen ■ **einen Goldfisch an der Angel haben** (*übertr. scherzh.*): *eine vermögende Person heiratswillig gemacht haben*

Gold·fül·lung die <-, -en> (*Zahn-*)*Füllung aus Gold* beim Zahnarzt eine Goldfüllung bekommen

gold·gelb <nicht steig.> *Adj. von kräftigem Gelb* einen Pfannkuchen von beiden Seiten goldgelb backen

Gold·grä·ber, **Gold·grä·be·rin** der <-s, -> *jmd., der irgendwo in der Erde nach Gold sucht* Goldgräber in Alaska/Australien

Gold·grä·ber·stim·mung die <-> (*kein Plur.*) (*übertr.*) (*plötzlich*) *Gewinnaussichten haben* irgendwo herrscht Goldgräberstimmung

Gold·gru·be die <-, -n> (*umg.*) *sehr einträgliches Geschäft* Dieser Laden ist eine wahre Goldgrube.

Gold·haar das <-s> (*kein Plur.*) (*übertr.*) *goldblondes Haar*

Gold·hams·ter der <-s, -> ZOOL. *ein Nagetier* ◆ -käfig

gol·dig *Adj.* (*umg.*) *niedlich* Sie hat ein goldiges Kind.

Gold·ket·te die <-, -n> *Kette aus Gold*

Gold·kind das <-es, -er> *sehr liebes Kind*

Gold·kro·ne die <-, -n> **1.** *goldene Krone* **2.** (*Zahn-*)*Krone aus Gold* beim Zahnarzt eine Goldkrone gemacht bekommen

Gold·le·gie·rung die <-, -en> CHEM. *Legierung aus Gold und anderen Metallen*

Gold·me·dail·le die <-, -n> SPORT *für den ersten Platz in einem Wettkampf verliehene Auszeichnung*

Gold·mün·ze die <-, -n> *Münze aus Gold*

Gold·plom·be die <-, -n> (*Zahn-*)*Plombe aus Gold*

Gold·preis der <-es, -e> WIRTSCH. *Preis von Gold* (*an der Börse*) Der Goldpreis ist schon wieder gefallen.

Gold·rausch der <-es> (*kein Plur.*) *der Zustand, dass die Entdeckung von Goldvorkommen in einer Gegend dazu führt, dass viele Menschen als Goldgräber dorthin gehen*

Gold·re·gen der <-s, -> BOT. *ein Strauch oder Baum mit gelben Blüten*

gold·rich·tig <nicht steig.> *Adj.* (*umg.*) *absolut richtig* Das war eine goldrichtige Entscheidung.

Gold·schatz der <-es, Goldschätze> **1.** *Schatz aus Goldmünzen* Der Bauer hat beim Pflügen einen Goldschatz gefunden. **2.** *verwendet als Kosewort für jmdn., den man sehr mag oder dem man für etwas dankt* Du bist ein echter Goldschatz!

Gold·schmied, **Gold·schmie·din** der <-(e)s, -e> *jmd., der beruflich Schmuckstücke aus Gold* (*oder anderen Edelmetallen*) *anfertigt*

Gold·staub der <-es> (*kein Plur.*) *sehr feines Goldpulver*

Gold·su·cher, **Gold·su·che·rin** der <-s, -> *jdm., der beruflich nach Gold sucht* siehe auch **Goldgräber**

Gold·ton der <-(e)s, Goldtöne> *Tönung ins Goldene* etwas weist einen warmen Goldton auf

Gold·waa·ge ■ **alles/jedes Wort auf die Goldwaage legen** (*umg.*): *alles wortwörtlich bzw. übergenau nehmen*

Gold·wäh·rung die <-, -en> WIRTSCH. *Währung in Form von Gold*(*münzen*)

Gold·zahn der <-(e)s, Goldzähne> *Zahn*(*krone*) *aus Gold*

Go·lem der <-s> (*kein Plur.*) (*nach jüdischen Sagen*) *eine große, menschenähnliche, zeitweise zum Leben erwachende, künstlich geschaffene Tonfigur*

Golf[1] der <-(e)s, -e> GEOL. *große Meeresbucht, Meerbusen* der Golf von Mexiko

Golf[2] das <-s> (*kein Plur.*) SPORT *ein Rasenspiel, bei dem Spieler versuchen, einen kleinen Ball mithilfe eines Schlägers über eine relativ große Distanz mit möglichst wenig Schlägen in ein Loch zu spielen* ◆ Mini-

Golf·ball der <-(e)s, Golfbälle> *Ball, mit dem Golf gespielt wird*

Golf·platz der <-(e)s, Golfplätze> *Anlage, auf der Golf gespielt wird*

Golf·staat der <-(e)s, -en> GEOGR. *Staat am Persischen Golf*

Golf·strom der <-(e)s> (*kein Plur.*) GEOGR. *eine warme Meeresströmung im Nordatlantik*

Go·li·ath der <-s, -s> **1.** (*kein Plur.*) REL. *ein im alten Testament vorkommender Riese* **2.** *ein sehr großer Mann*

Go·mor·rha ■ (**wie bei**) **Sodom und Gomorrah** (*übertr.*): *Zustand oder Ort, wo Dekadenz und Laster vorherrschen*

Gon·del die <-, -n> **1.** *ein langes, schmales, venezianisches Boot* **2.** *Seilbahnkabine* **3.** *der große Korb an einem Ballon*

Gon·del·bahn die <-, -en> (*schweiz.*) *Seilbahn*

Gong der <-s, -s> *ein Schlaginstrument* (*mit dem man beispielsweise ein Signal geben kann*)

gön·nen <gönnst, gönnte, hat gegönnt> *mit OBJ* ■ *jmd. gönnt jmdm. etwas Akk.* **1.** *das Glück, den Erfolg eines anderen neidlos sehen, anerkennen* Ich gönne ihm sein gutes Zeugnis, denn er hat sehr viel dafür gearbeitet., Er hat mir die Freude nicht gegönnt. **2.** *sich oder jmdm. etwas zukommen lassen* Ich gönne mir jetzt eine kleine Pause., Das Gewissen wird ihnen keine Ruhe gönnen.

Gön·ner, **Gön·ne·rin** der <-s, -> *jmd., der andere, besonders Künstler, finanziell unterstützt; Mäzen*

gön·ner·haft *Adj.* (*abwert.*) *in arroganter Weise freundlich, wohlwollend* Er antwortete mit gönnerhafter Miene.

gor *Prät. von* **gären**

Gör das <-(e)s, -en> (*norddt. oft abwert.*) **1.** (*meist Plur.*) *Kind* **2.** (*unartiges*) *kleines Mädchen*

gor·disch <nicht steig.> (*nur attr.*) *Adj.* ■ **ein gordischer Knoten** (*übertr.*): *ein unlösbares Rätsel oder Problem* **den/einen gordischen Knoten durchhauen** (*übertr.*): *mit einer* (*scheinbar unüberwindlichen*) *Schwierigkeit fertig werden*

Gö·re die <-, -n> *Gör*

Gor·gon·zo·la der <-s, -s> *eine Käsesorte*

Go·ril·la der <-s, -s> ZOOL. *ein großer Menschenaffe*

Go·sche die <-, -n> (*oft abwert. landsch.*) *Mund* die Gosche halten

go·schert *Adj.* (*österr.*) *vorlaut*

Gos·pel das/der <-s, -s> REL. *religiöses Lied der nordamerikanischen Schwarzen*

Gos·pel·sän·ger, **Gos·pel·sän·ge·rin** der <-s, -> *jmd., der* (*beruflich*) *Gospels singt*

Gos·se die <-, -n> **1.** *Rinnstein* **2.** (*abwert.*) *die unterste, als moralisch verkommen betrachtete Schicht der Gesellschaft* Er ist in der Gosse aufgewachsen/gelandet.

Gös·sel das <-s, -> (*norddt.* ≈ *Gänseküken*)

Go·tik die <-> (*kein Plur.*) *Stilepoche der europäi-*

schen Kunst von der Mitte des 12. bis zum Ende des 15. Jahrhunderts

go·tisch <nicht steig.> *Adj. die Gotik betreffend, zu ihr gehörend, aus ihr stammend* eine gotische Kathedrale

Gott der <-es/(-s), Götter> **1.** (*kein Plur.*) REL. *höchstes übernatürliches Wesen im Christentum, Islam, Judentum als Schöpfer der Welt und Lenker des Schicksals* Sie beteten/vertrauten auf Gott., Möge Gott ihm verzeihen!, ein gütiger/verzeihender Gott **2.** *eines von mehreren überirdischen, kultisch verehrten Wesen* die griechischen/germanischen/römischen Götter ■ **(großer, allmächtiger, guter, mein) Gott!/o, ach (du lieber, mein) Gott**: *verwendet als Ausrufe des Bedauerns, der Verwunderung* **grüß (dich, euch, Sie) Gott!** (*landsch.*): *verwendet als Grußformel* **weiß Gott**: *wahrhaftig, wirklich* Das wäre weiß Gott nicht nötig gewesen. **so Gott will** (*umg.*): *wenn nichts dazwischen kommt* **leben wie Gott in Frankreich** (*umg.*): *im Überfluss leben* **Gott und die Welt**: *alles Mögliche, alle möglichen Leute* **Gott sei Dank!**: *verwendet als Ausruf der Erleichterung* **um Gottes willen**: *verwendet als Ausruf des Entsetzens, des Bedauerns, der Überraschung* **leider Gottes** (*umg.*): *bedauerlicherweise* **wie ein junger Gott**: *sehr schön* Er singt/tanzt wie ein junger Gott.

gott·be·gna·det <nicht steig.> *Adj. mit viel Talent und außerordentlichen Fähigkeiten* Sie ist eine gottbegnadete Sängerin.

Gott·er·bar·men ■ **zum Gotterbarmen** (*umg.*) **1.** *sehr schlecht* Die Kapelle spielte zum Gotterbarmen. **2.** *jämmerlich* Das Kind weinte zum Gotterbarmen.

Göt·ter·bo·te, **Göt·ter·bo·tin** der <-n, -n> *Bote einer Gottheit* In der griechischen Mythologie ist Hermes der Götterbote.

Göt·ter·gat·te der <-n, -n> (*umg. scherzh.*) *Ehemann* Was hat sich denn mein Göttergatte da wieder einfallen lassen?

gott·er·ge·ben <nicht steig.> *Adj.* (*übertrieben*) *demütig* ottergeben auf die Verurteilung warten

Göt·ter·ge·schlecht das <-(e)s, -er> *Geschlecht von Göttern* das Göttergeschlecht der Titanen in der griechischen Mythologie

göt·ter·gleich <nicht steig.> *Adj. Gott/einer Gottheit gleich/ähnlich* eine göttergleiche Stimme besitzen

Göt·ter·sa·ge die <-, -n> LIT. *von Göttern handelnde Sage*

Göt·ter·spei·se die <-, -n> *eine Süßspeise*

Göt·ter·trank der <-(e)s, Göttertränke> (*meist Sing.*) (*übertr. scherzh.*) *sehr wohlschmeckendes Getränk*

Got·tes·a·cker der <-s, Gottesäcker> (*landsch. geh.*) *Friedhof*

Got·tes·an·be·te·rin die <-, -nen> ZOOL. *eine Heuschreckenart*

Got·tes·dienst der <-(e)s, -e> (REL.: ≈ *Messe*) *eine gemeinsame Feier zur Ehre Gottes, die meist in einer Kirche stattfindet, und bei der man betet und singt* Am nächsten Sonntag wird ein ökumenischer Gottesdienst abgehalten., ein katholischer/evangelischer Gottesdienst

Got·tes·furcht die <-> (*kein Plur.*) *achtungsvolle Demut gegenüber Gott*

got·tes·fürch·tig *Adj. Gottesfurcht besitzend*

Got·tes·ga·be die <-, -n> (*wie von Gott gegebene*) *wunderbare Gabe*

Got·tes·gna·den·tum das <-s> POL. *Verständnis, dass der Herrscher von Gottes Gnaden eingesetzt wurde* Im Absolutismus war das Gottesgnadentum vorherrschend.

Got·tes·haus das <-es, Gotteshäuser> REL. *Kirche*

Got·tes·lamm das <-(e)s> (*kein Plur.*) REL. *Bezeichnung für Jesus*

Got·tes·läs·te·rer, **Got·tes·läs·te·rin** der <-s, -> *jmd., der Gotteslästerung betreibt*

Got·tes·läs·te·rung die <-, -en> *Blasphemie*

Got·tes·mann der <-(e)s, Gottesmänner> (*geh. oft scherzh.*) (*eifriger*) *Geistlicher*

Got·tes·mut·ter die <-> (*kein Plur.*) REL. *Maria, die Mutter von Jesus*

Got·tes·sohn der <-(e)s> (*kein Plur.*) REL. *Jesus*

Got·tes·ur·teil das <-(e)s, -e> GESCH. (*im Mittelalter*) *ein Urteil in Rechtsstreitigkeiten oder über Schuld und Unschuld, das durch ein* (*vermeintliches*) *Zeichen Gottes herbeigeführt wird*

gott·ge·fäl·lig *Adj. so, dass es Gott gefällt; so, wie Gott es haben will* ein gottgefälliges Leben führen

gott·ge·ge·ben <nicht steig.> *Adj. von Gott gegeben* etwas als gottgegeben hinnehmen

gott·ge·sandt <nicht steig.> *Adj.* REL. *von Gott gesandt*

gott·ge·weiht <nicht steig.> *Adj.* REL. *für Gott bestimmt* ein gottgeweihtes Leben führen wollen

gott·ge·wollt <nicht steig.> *Adj.* REL. *von Gott beabsichtigt, geplant* etwas als gottgewollt akzeptieren

Gott·heit die <-, -en> *ein Gott*[2] Ich habe mir ein Buch über heidnische Gottheiten gekauft.

Göt·ti der <-s, -> (*schweiz.*) *Pate*

Göt·tin die <-, -nen> *eine weibliche Göttin* Die griechische Göttin der Liebe heißt Aphrodite. ◆ Liebes-, Sieges-

gött·lich *Adj.* **1.** *zu Gott*[1] *gehörend* Die Gläubigen priesen die göttliche Allmacht. **2.** *von Gott*[1] *kommend* Sie vertraute auf eine göttliche Eingebung. **3.** *sehr gut, sehr schön* Wir lauschten der göttlichen Musik.

gott·lob *Adv.* (*als Ausdruck der Erleichterung gebraucht*) *zum Glück* Gottlob hat wenigstens einer daran gedacht.

gott·los *Adj.* **1.** *unmoralisch, verrucht* gottlose Reden führen **2.** *ohne Gott* ein gottloses Leben führen

Gott·lo·se der/die <-n, -n> *jmd., der nicht an Gott glaubt*

Gott·lo·sig·keit die <-> (*kein Plur.*) *das Gottlossein*

gotts·er·bärm·lich <nicht steig.> *Adj.* (*umg.*) *sehr erbärmlich* gottserbärmlich schluchzen

gotts·jäm·mer·lich <nicht steig.> *Adj.* (*umg.*) *gottserbärmlich, sehr stark* gottsjämmerlich frieren

Gott·va·ter der <-s> (*kein Plur.*) REL. *Gott[1] als Vater von Jesus*

gott·ver·dammt <nicht steig.> *nur attr. Adj.* (*vulg.*) *verflucht* Das ist eine gottverdammte Schweinerei!

gott·ver·las·sen *Adj.* (*umg. abwert.*) *so abseits und einsam gelegen, dass man es als trostlos, bedrückend empfindet* In diesem gottverlassenen Dorf langweile ich mich zu Tode!

Gott·ver·trau·en das <-s> (*kein Plur.*) *Vertrauen in Gott* Nach diesem Schicksalsschlag war sein Gottvertrauen erschüttert.

Göt·ze der <-n, -n> **1.** *etwas* (*ein Mensch, ein Tier, ein Ding*)*, das als Gott verehrt und angebetet wird* **2.** *etwas oder jmd., von dem man sich abhängig macht und dem gegenüber man unkritisch ist* Fernsehen und Computer sind die Götzen unserer Zeit.

Göt·zen·die·ner, **Göt·zen·die·ne·rin** der <-s, -> *jmd., der Götzendienst leistet*

Göt·zen·dienst der <-es, -e> *Verehrung, Anbetung eines Götzen*

Götz·zi·tat das <-(e)s> *die Worte „Leck mich am Arsch"* Die Stimmung in der Mannschaft war ziemlich gereizt, da und dort soll man da schon mal das Götzzitat vernommen haben.

Gou·da der ['gaʊda] <-s, -s> *eine Käsesorte*

Gour·met der [gʊr'me:] <-s, -s> *Feinschmecker*

Gour·met·lo·kal das <-s, -e> *Feinschmeckerlokal*

Gour·met·tem·pel der <-s, -> (*oft iron.*) *in Fachkreisen geschätztes Feinschmeckerlokal*

Gou·ver·neur der [guvɛr'nø:ɐ̯] <-s, -e> **1.** POL. *höchster Regierungsvertreter eines Bundesstaates in den USA* **2.** GESCH. *Verwalter einer Kolonie*

Grab das <-(e)s, Gräber> **1.** *für die Beerdigung eines Toten ausgehobene Grube* Die Angehörigen und Freunde nahmen am offenen Grab Abschied von dem Toten. **2.** *Platz auf einem Friedhof, an dem ein Toter beerdigt ist* Vor Allerheiligen werden die Gräber geschmückt. ■ **jemanden zu Grabe tragen** (*geh.*): *jmdn. beerdigen* **sich sein eigenes Grab schaufeln** (*umg.*): *sich durch sein leichtsinniges Verhalten selbst schaden* **verschwiegen wie ein Grab sein** (*umg.*): *sehr verschwiegen sein*

Grab·bel·tisch der <-(e)s, -e> (*umg. oft abwert.*) *großer Verkaufstisch mit Billigwaren in Kaufhäusern*

Gra·ben der <-s, Gräben> **1.** *lange, schmale Vertiefung im Erdreich* Zur Bewässerung der Felder wurden Gräben ausgehoben., Das Auto kam von der Straße ab und landete im Graben. **2.** MILIT. *kurz für „Schützengraben"*

gra·ben <gräbst, grub, hat gegraben> **I.** *mit OBJ* ■ *jmd. gräbt etwas Akk. Erdreich wegbewegen und so eine Vertiefung, einen Gang in der Erde entstehen lassen* Bevor wir den Baum einpflanzen können, müssen wir ein Loch graben., Der Fuchs hat sich einen Bau gegraben., Die Arbeiter mussten tief graben, um an die Leitungen/Rohre zu gelangen. **II.** *ohne OBJ* ■ *jmd. gräbt nach etwas Dat. grabend suchen* In dieser Gegend hat man früher nach Gold/nach Kohle gegraben. **III.** *mit SICH* ■ *jmd. gräbt sich in etwas Akk.* (*geh.*) *mit großer Kraft oder Gewalt eindringen, einsinken* Ihre Fingernägel gruben sich in seinen Arm., Die Räder des Autos gruben sich in den Sand.

Gra·ben·krieg der <-(e)s, -e> MILIT. *Krieg, der vor allem in der gegenseitigen Beschießung der in Gräben positionierten Gegner besteht*

Grä·ber·feld das <-(e)s, -er> *Feld mit Gräbern*

Gra·bes·ru·he die <-> (*kein Plur.*) (*oft übertr.*) *tiefe Ruhe* (*wie im Grab*) es herrschte Grabesruhe

Gra·bes·stil·le die <-> (*kein Plur.*) (*oft übertr.*) *tiefe Stille* (*wie im Grab*) es herrschte Grabesstille

Gra·bes·stim·me die <-> (*kein Plur.*) *dunkle, unheimlich anmutende Stimme* Das sagte er mit Grabesstimme, so dass es mir kalt den Rücken herunterlief.

Grab·ge·sang der <-(e)s, Grabgesänge> **1.** *Gesang bei der Beerdigung* **2.** (*übertr.*) *Auftakt des Endes* (*von etwas*) Diese Rückschläge waren der Grabgesang der Revolution.

Grab·le·gung die <-, -en> *Begräbnis* die Grablegung Christi

Grab·licht das <-(e)s, -er> *Licht, das man auf Gräber stellt*

Grab·mal das <-(e)s, Grabmäler> *prunkvolles Grab*

Grab·räu·ber der <-s, -> *Grabschänder*

Grab·re·de die <-, -n> (*von einem Geistlichen gehaltene*) *Rede oder Predigt bei der Beerdigung*

Grab·schän·der, **Grab·schän·de·rin** der <-s, -> *jmd., der ein Grab schändet*

grab·schen *s.* **grapschen**

Grab·scher der <-s, -> (*umg. abwert.*) *jmd., der grabscht*

Grab·stein der <-(e)s, -e> *auf einem Grab stehender Gedenkstein mit Namen und Geburts- und Todesdatum des Toten*

Grab·tuch das <-(e)s, Grabtücher> (≈ *Leichentuch*) *Tuch, mit dem der Leichnam eingehüllt wird* das berühmte Grabtuch von Turin

Gra·bung die <-, -en> *das Graben nach Funden, die historisch und archäologisch wertvoll sein könnten* Die Studenten nehmen an einer archäologischen Grabung teil. *siehe auch* **Ausgrabung**

Grad der/das <-(e)s, -/-e> **1.** (*Plur. „Grad"*) *Maßeinheit der Temperatur* Gestern waren fünfzehn Grad (Celsius) über/unter Null., Er wäscht die Wäsche bei sechzig Grad. **2.** (*Plur. „Grad"*) *Maßeinheit für Winkel* Die Geraden bilden einen Winkel von fünfundvierzig Grad. **3.** (*Plur. „Grade"*) *Ausmaß* Der Grad der Wasserverschmutzung in den Seen hat erfreulicherweise abgenommen. **4.** (*Plur. „Grade"*) *Rang* Er hat den Grad eines Doktors in Philosophie erworben. ■ **sich um hundertachtzig Grad drehen/ändern** (*umg.*): *sich oder seine Ansichten völlig verändern*

grad·aus *Adv.* (*umg.*) *s.* **gerad(e)aus**

gra·die·ren <gradierst, gradierte, hat gradiert> *mit OBJ* ■ *jmd. gradiert etwas Akk. eine Gradein-*

teilung vornehmen

Gra·di̲e·rung die <-, -en> *das Gradieren*

gra·du·e̩ll <nicht steig.> *Adj.* **1.** *fein, gerade noch erkennbar* Die graduellen Unterschiede kann man leicht übersehen. **2.** *allmählich* Man konnte eine graduelle Verbesserung seines Gesundheitszustandes erkennen.

gra·du·i̲e·ren <graduierst, graduierte, hat graduiert> *mit OBJ/ohne OBJ* ■ *jmd. graduiert (jmdn.) einen akademischen Grad erwerben oder verleihen*

gra·du·i̲ert <nicht steig.> *Adj. einen akademischen Grad, Titel besitzend*

Gra·du·i̲er·te der/die <-n, -n> *jmd., der graduiert hat*

Gra·du·i̲e·rung die <-, -en> *das Graduieren*

Gra̲d·un·ter·schied der <-(e)s, -e> *in Grad gemessener Unterschied* der Gradunterschied beträgt …

gra̲d·wei·se *Adv. allmählich, graduell sich ändernd* eine gradweise Veränderung an jemandes Wesen wahrnehmen

Gra̲e·cum das <-s> (*kein Plur.*) *amtliche Prüfung im Altgriechischen siehe auch* **Latinum**

Gra̲f, **Grä̲·fin** der <-en, -en> *ein Adelstitel*

Gra·fi̲e die *s.* **Graphie**

Gra·fik, *a.* **Gra̲·phik** die <-, -en> **1.** (*kein Plur.*) *Sammelbezeichnung für künstlerische Zeichen- und Vervielfältigungstechniken* **2.** *künstlerische Zeichnung, mithilfe eines künstlerischen Verfahrens hergestellter Druck* Morgen werden Grafiken von Picasso versteigert. **3.** *Diagramm, Schaubild* Eine Grafik veranschaulicht den Verlauf der Aktienkurse im letzten halben Jahr.

Gra̲·fi·ker, *a.* **Gra̲·phi·ker**, **Gra̲·fi·ke·rin** der <-s, -> *jmd., der beruflich Grafiken[2] herstellt*

Gra̲·fik·kar·te die <-, -n> EDV *Bauteil eines Computers, das den Monitor steuert und das Monitorbild erzeugt*

Grä̲·fin die <-, -nen> *s.* **Graf**

gra̲·fisch, *a.* **gra̲·phisch** <nicht steig.> (*nur attr.*) *Adj.* **1.** *zur Grafik[1] gehörend* **2.** *schematisch, mit einem Diagramm dargestellt* Der Verlauf der Aktienkurse im vergangenen halben Jahr lässt sich natürlich auch grafisch darstellen.

Gra·fi̲t der *s.* **Graphit**

Gra·fi̩t·to das <-s, Grafitti>

> **i Wissenswert** Der aus dem Italienischen stammende Begriff des **Grafitto** (Plur.: Grafitti) bedeutet eigentlich Kritzelei. Gemeint sind von anonymen Verfassern stammende Aufschriften an Wänden, Mauern, heute auch Eisenbahnwagen und -anlagen, Bussen und allgemein allen öffentlich zugänglichen Flächen. Was manchem heute oft als reine Schmiererei anmutet, hat interessanterweise auch eine historische Dimension. Bereits im Altertum gab es Grafitti. Diese geben in den Altertumswissenschaften heute gute Hinweise auf antikes Alltagsleben.

Gra̲f·schaft die <-, -en> **1.** GESCH. *Amts-, Herrschaftsgebiet eines Grafen* **2.** *ein Verwaltungsbezirk (besonders in Großbritannien)*

Gra̲l der <-s> (*kein Plur.*) **1.** GESCH. *in der mittelalterlichen Literatur vorkommender wundertätiger Stein* **2.** REL. *heilige Schale, in der das Blut Jesu aufgefangen wurde*

Gra̲ls·rit·ter der <-s, -> GESCH. *im Dienste des Grals stehender Ritter*

Gra̲ls·sa·ge die <-, -n> *Sage um den Gral*

Gra̲ls·su·che die <-> (*kein Plur.*) *Suche nach dem Gral*

Gra̲m der <-(e)s> (*kein Plur.*) (*geh.*) *dauernder Kummer* Sie ist von tiefem Gram gezeichnet.

grä̲·men <grämst, grämte, hat gegrämt> **I.** *mit OBJ* ■ *etwas grämt jmdn.* (*geh.*) *traurig machen* Es grämte ihn, dass … **II.** *mit SICH* ■ *jmd. grämt sich (wegen jmdm./etwas) (über jmdn./etwas) wegen etwas traurig sein* Er grämte sich über diesen Verlust.

grä̲m·lich *Adj. missmutig, verdrossen* Er setzte eine grämliche Miene auf.

Gra̩mm das <-s, (-e)> *eine Gewichtseinheit* Tausend Gramm bilden ein Kilogramm.

Gram·ma̩·tik die <-, -en> **1.** *Lehre vom Bau und von den Regeln einer Sprache* Sie beherrscht die deutsche Grammatik. **2.** *Lehrbuch der Grammatik[1]* Ich muss mir eine englische/französische Grammatik kaufen.

> **i Wissenswert** Das Wort **Grammatik** kommt vom griechischen Wort „gramma", das „Buchstabe" bedeutet. Unter dem Begriff Grammatik wurde ursprünglich alles zusammengefasst, was mit dem Verfassen oder Interpretieren von Texten zu tun hat. Heute wird mit dem Begriff üblicherweise eine der folgenden Bedeutungen verbunden: (a) die Regeln, die das System einer Sprache ausmachen, (b) eine in sich geschlossene Beschreibung dieser Regeln oder (c) eine Sprachtheorie.

gram·ma·ti·ka̲·lisch <nicht steig.> *Adj.* SPRACHWISS. *grammatisch*

Gram·ma̩·ti·ker, **Gram·ma̩·ti·ke·rin** der <-s, -> *Wissenschaftler der Grammatik*

Gram·ma̩·tik·re·gel die <-, -n> *Regel der Grammatik*

gram·ma̩·tisch <nicht steig.> *Adj.* SPRACHWISS. **1.** *die Grammatik betreffend* Wir mussten eine grammatische Analyse mehrerer Sätze vornehmen. **2.** *den Regeln der Grammatik entsprechend* Der Satz ist grammatisch richtig/falsch.

Gra̩m·mel die <-, -n> (*österr.*) *Griebe*

Gram·mo·fo̲n, *a.* **Gram·mo·pho̲n**® das <-s, -e> GESCH. *mechanisches Gerät zum Abspielen von Schallplatten*

Gra·na̲·da <-s> *Stadt und Provinz in Südspanien*

Gra·na̲t der <-(e)s, -e> *ein Halbedelstein*

Gra·na̲t·ap·fel der <-s, Granatäpfel> *eine Frucht*

Gra·na̲·te die <-, -n> *mit einer Sprengladung ge-*

fülltes Geschoss (das mit einem Geschütz abgeschossen wird) ◆ Hand-

Gra·nat·en·ha·gel der <-s, -> *ständiger Einschlag von oder Beschuss mit Granaten* im Granatenhagel umkommen

gra·na·ten·voll <nicht steig.> *Adj.* (*umg.*) *stark betrunken*

Gra·nat·split·ter der <-s, -> *Splitter einer Granate*

Gran Ca·na·ria <-s> *eine Kanarische Insel*

Gran·dez·za die <-> (*kein Plur.*) (*bei Männern*) *elegantes, würdevolles Auftreten* Er verbeugte sich mit Grandezza.

Grand·ho·tel das ['grã...] <-s, -s> *großes Luxushotel*

gran·di·os *Adj. großartig* ein grandioser Auftritt

Grand·prix, *a.* **Grand Prix** der [grã'pri:] <-, -> SPORT *französische Bezeichnung für „Großer Preis"*

Grand·slam, *a.* **Grand Slam** das ['grænd'slæm] <-s, -s> SPORT *der Gewinn der internationalen Tennismeisterschaften in den USA, in Großbritannien, Frankreich und Australien innerhalb eines Jahres*

Gra·nit, **Gra·nit** der <-s, -e> *ein sehr hartes Gestein* ■ **bei jemandem auf Granit beißen**: *bei jmdm. nichts erreichen können, auf absolute Ablehnung stoßen* Mit dieser Forderung beißt er bei mir auf Granit.

gra·ni·ten <nicht steig.> *Adj.* (*oft übertr.*) *aus oder hart wie Granit* auf granitenen Widerstand stoßen

Gra·nit·fel·sen der <-s, -> *Felsen aus Granit*

Gra·nit·ge·stein das <-(e)s, -e> *aus Granit bestehendes Gestein*

Gran·ne die <-, -n> BOT. *Borste an den Spelzen von Gräsern und Getreide*

gran·teln <grantelst, grantelte, hat gegrantelt> *ohne OBJ* ■ *jmd. grantelt* (*umg. süddt.*) *grantig sein*

gran·tig *Adj.* (*umg. süddt. österr.*) *schlecht gelaunt, mürrisch*

Gra·nu·lat das <-(e)s, -e> *eine Substanz in Form von Körnchen*

gra·nu·lie·ren <granulierst, granulierte, hat granuliert> *mit OBJ* ■ *jmd. granuliert etwas Akk. zu feinem Granulat verarbeiten oder mahlen*

Grape·fruit die ['gre:pfru:t] <-s, -s> (≈ *Pampelmuse*) *eine große, gelbe Zitrusfrucht*

Grape·fruit·saft der <-(e)s, Grapefruitsäfte> *Saft der Grapefruit*

Graph der <-en, -en> MATH. *grafische Darstellung von Relationen, Funktionen in Form von Punktmengen, bei denen gewisse Punktpaare durch Kurven verbunden sind*

Gra·phem das <-s, -e> SPRACHWISS. *kleinstes, bedeutungsunterscheidendes Element in einem Schriftsystem siehe auch* **Phonem**

Gra·phie die <-, -n> SPRACHWISS. *Schreibweise*

Gra·phik die *s.* **Grafik**

Gra·phi·ker, **Gra·phi·ke·rin** der *s.* **Grafiker**

gra·phisch <nicht steig.> *Adj. s.* **grafisch**

Gra·phit, *a.* **Gra·fit** der <-(e)s> (*kein Plur.*) CHEM. *Kohlenstoff*

Gra·pho·lo·gie die <-> (*kein Plur.*) *Handschriftendeutung*

gra·pho·lo·gisch <nicht steig.> (*nur attr.*) *Adj. die Handschriftendeutung betreffend* ein graphologisches Gutachten erstellen

Grap·pa der <-s/-, -/-s> *italienischer Tresterbranntwein*

grap·schen, *a.* **grab·schen** <grapschst, grapschte, hat gegrapscht> *ohne OBJ* ■ *jmd. grapscht nach jmdm./etwas* (*umg.*) *nach jmdm., etwas fassen, greifen* Er grapschte nach meiner Tasche., Er grapschte nach mir.

Grap·scher der <-s, -> (*umg. abwert.*) *jmd., der grapscht*

Gras das <-es, Gräser> **1.** BOT. *in vielen Arten vorkommende Pflanze mit hohen Halmen und langen schmalen Blättern* Kannst du diese Gräser bestimmen? **2.** (*kein Plur.*) *alle Gräser und sonstigen dicht wachsenden grünen Pflanzen, die auf einem Rasen/einer Weide wachsen* Du solltest Gras mähen., Hier werden die Kühe noch mit saftigem Gras gefüttert. **3.** (*verhüll.*) *Haschisch, Marihuana* ■ **ins Gras beißen** (*umg.*): *sterben* **über etwas Gras wachsen lassen** (*umg.*): *warten, bis eine unangenehme Sache vergessen wird* ◆ Zusammenschreibung→R 4.5 grasbewachsen

Gras·bo·den der <-s, Grasböden> (≈ *Rasen*) *mit Gras bewachsener Boden*

Gras·bü·schel das <-s, -> *Büschel (mit) Gras*

Gras·de·cke die <-, -n> *Rasen*

gra·sen <grast, graste, hat gegrast> *ohne OBJ* ■ *ein Tier grast ein Tier frisst Gras* Die Kühe grasen auf der Weide.

Gras·fleck der <-(e)s, -en> **1.** *mit Gras bewachsenes Stück Boden* **2.** *durch zerriebenes Gras (auf Kleidung) verursachter Fleck*

Gras·fres·ser der <-s, -> ZOOL. *Gras fressendes Tier* Kühe gehören zur Klasse der Grasfresser.

gras·grün <nicht steig.> *Adj. von sattem kräftigem Grün*

Gras·halm der <-(e)s, -e> *einzelner Stängel des Grases*

Gras·hüp·fer der <-s, -> (ZOOL.: *umg.*) *Heuschrecke*

gra·sig *Adj. wie Gras* grasig schmeckend

Gras·nar·be die <-, -n> *oberste, grasbewachsene Schicht des Erdbodens*

gras·sie·ren <grassiert, grassierte, hat grassiert> *ohne OBJ* ■ *etwas grassiert irgendwo sich schnell verbreiten* Momentan grassiert eine gefährliche Virusgrippe in Deutschland.

gräss·lich *Adj.* **1.** *grauenvoll, abscheulich* Das grässliche Verbrechen konnte aufgeklärt werden. **2.** (*umg.*) *sehr unangenehm* Wir hatten grässliches Wetter. **3.** *sehr groß, sehr intensiv* Ich hatte grässliche Kopfschmerzen. **4.** (*umg.*) *überaus* Es war grässlich kalt.

Gras·tep·pich der <-s, -e> (*dichtbewachsene*) *Grasdecke*

Grat der <-(e)s, -e> *oberste Kante eines Bergrü-*

ckens

Grä·te die <-, -n> *schmaler, dünner Teil des Fischskeletts*

gräten·frei <nicht steig.> *Adj. ohne Gräten* Dieser Fisch ist nahezu grätenfrei.

grä·ten·los <nicht steig.> *Adj. ohne Gräten*

Gra·ti·fi·ka·ti·on die <-, -en> *finanzielle Sonderzuwendung, die ein Arbeitnehmer beispielsweise an Weihnachten erhält*

Gra·tin das/der [gra'tɛ̃] <-s, -s> *überbackenes Gericht* ◆ Kartoffel-

gra·ti·nie·ren <gratinierst, gratinierte, hat gratiniert> *mit OBJ* ■ *jmd. gratiniert etwas überbacken*

gra·tis *Adv. kostenlos, umsonst*

Gra·tis·an·zei·ger der <-s, -> (*schweiz.*) *regelmässig erscheinendes Inseratenblatt*

Gra·tis·bei·la·ge die <-, -n> *kostenlose Beilage*

Gra·tis·exem·plar das <-s, -e> *kostenloses Exemplar* ein Gratisexemplar von etwas bekommen

Gra·tis·mus·ter das <-s, -> *Gratisprobe*

Gra·tis·pro·be die <-, -n> *kostenlose Warenprobe*

Grät·sche die <-, -n> SPORT **1.** *Sprung mit seitwärts gespreizten Beinen* **2.** *Stellung mit seitwärts gespreizten Beinen* Der Turner ging in die Grätsche.

grät·schen <grätschst, grätschte, hat gegrätscht> *ohne OBJ* ■ *jmd. grätscht (über etwas Akk.) (im Sprung) die Beine seitwärts spreizen*

Gra·tu·lant, **Gra·tu·lan·tin** der <-en, -en> *jmd., der jmdm. gratuliert*

Gra·tu·la·ti·on die <-, -en> **1.** *das Gratulieren* Zahlreiche Freunde und Bekannte erschienen zur Gratulation. **2.** *Glückwunsch* Meine Gratulation zur bestandenen Führerscheinprüfung!

Gra·tu·la·ti·ons·schrei·ben das <-s, -> (≈ *Glückwunschschreiben*) *Schreiben, um jmdm. zu gratulieren*

gra·tu·lie·ren <gratulierst, gratulierte, hat gratuliert> *ohne OBJ* ■ *jmd. gratuliert jmdm. (zu etwas Dat.) jmdn. aus einem bestimmten Anlass beglückwünschen* Ich gratuliere dir zum Geburtstag/zur bestandenen Prüfung.

Grat·wan·de·rung die <-, -en> (*übertr.*) *riskantes Vorgehen* Das Vorstellungsgespräch kam einer Gratwanderung gleich.

grau <grauer, am grau(e)sten> *Adj.* **1.** *Farbton zwischen schwarz und weiß* Ich bekomme langsam graue Haare., Der Himmel hing voller grauer Wolken. **2.** (≈ *trist*) *trostlos, langweilig* Er wollte dem grauen Alltag entfliehen. **3.** *zeitlich sehr weit entfernt und unbestimmt* Das passierte doch in grauer Vorzeit. ◆ Getrenntschreibung→R 4.3 grau gestreift, grau meliert

Grau·bart der <-(e)s, Graubärte> (*umg.*) *Mann mit einem grauen Bart*

grau·braun <nicht steig.> *Adj. Farbton zwischen grau und braun*

Grau·brot das <-(e)s, -e> (*landsch.*) *Mischbrot aus Roggen- und Weizenmehl*

Grau·bün·den <-s> *Kanton in der Schweiz*

Gräu·el der <-s, -> (*meist Plur.*) (*geh.*) *grauenhafte, entsetzliche, abstoßende Gewalttat* Die Gräuel des Krieges sind unbeschreiblich. ■ **jemandem ein Gräuel sein**: *von jmdm. als höchst widerwärtig angesehen werden*

Gräu·el·tat die <-, -en> *grauenhafte, entsetzliche, abstoßende Gewalttat* Im Krieg kommt es immer wieder zu Gräueltaten.

Grau·en das <-s, -> **1.** (*kein Plur.*) *Entsetzen* Sie wurde von einem eisigen/leisen Grauen erfasst. **2.** *ein Entsetzen hervorrufendes Ereignis* Die Flüchtlinge schilderten das Grauen/die Grauen des Bürgerkriegs. ◆ Getrennt- oder Zusammenschreibung→R 4.12 Grauen erregend/grauenerregend; Getrenntschreibung→R 4.12 großes Grauen erregend; Zusammenschreibung→R 4.12 überaus grauenerregend, grauenerregender, am grauenerregendsten

grau·en[1] <graut, graute, hat gegraut> *mit ES* ■ *jmdm./jmdn. graut es (vor jmdm./etwas) sich fürchten* Mir/Mich graut es vor der Prüfung.

grau·en[2] <graut, graute, hat gegraut> *ohne OBJ* ■ *etwas graut* (*geh.*) *dämmern* Der Tag graut schon.

grau·en·er·re·gend *Adj. so, dass es jmdm. graut* ein grauenerregendes Ereignis

grau·en·haft *Adj.* **1.** *Angst und Schrecken hervorrufend* Das grauenhafte Unglück ereignete sich vergangene Nacht. **2.** (*umg.*) *sehr groß, sehr intensiv* Ich hatte grauenhafte Kopfschmerzen. **3.** (*umg.*) *sehr schlecht* Das Essen/Das Konzert war grauenhaft. **4.** (*umg.*) *sehr* Die Musik war grauenhaft laut.

grau·en·voll *Adj. grauenhaft*

Grau·gans die <-, Graugänse> *eine Gänseart von kleinem bis mittelgroßem Körperbau und grauem Gefieder*

Grau·pe die <-, -n> (*meist Plur.*) *Gersten- oder Weizenkorn ohne Hülse* ◆ -nsuppe

Grau·pel die <-, -n> (*meist Plur.*) *kleines, weiches Hagelkorn* ◆ -schauer

grau·peln <graupelt, graupelte, hat gegraupelt> *mit ES* ■ *es graupelt Graupel fällt vom Himmel* Es hat gegraupelt.

Graus der <-es> (*kein Plur.*) ■ **O Graus!** (*umg. scherzh.*.): *verwendet als Ausdruck des Erschreckens*

grau·sam *Adj.* **1.** *rücksichtslos, gefühllos* Er war ein grausamer Herrscher., Man verhängte eine grausame Strafe., Die Geiselnehmer waren sehr grausam zu/gegenüber ihrem Opfer. **2.** *sehr unangenehm, qualvoll* Wir litten unter der grausamen Hitze/Kälte., Es war eine grausame Enttäuschung, dass … **3.** *sehr, überaus* Es ist grausam kalt.

Grau·sam·keit die <-, -en> **1.** (*kein Plur.*) *grausame Art* **2.** *grausame Handlung*

Grau·schim·mel der <-s, -> ZOOL. *graues Pferd*

grau·sen <graust, grauste, hat gegraust> **I.** *mit SICH* ■ *jmd. graust sich (vor etwas Dat.) ekeln und fürchten* Sie graust sich vor Spinnen. **II.** *mit ES* ■ *jmdm./jmdn. graust es (vor jmdm./etwas) Ekel, Furcht empfinden* Es graust mir/mich allein bei dem Gedanken, dass …

Grau·sen das <-s> (*kein Plur.*) *Furcht und Ekel* Ihn packte das kalte Grausen.

grau·sig *Adj. Grauen erregend, schrecklich* Spaziergänger machten im Wald eine grausige Entdeckung.

graus·lich *Adj.* (*süddt. österr. umg.*) *grässlich, hässlich*

Grau·tier das <-(e)s, -e> (*scherzh.*) *Esel*

Grau·zo·ne die <-, -n> *Übergangsbereich* Juristisch gesehen spielt sich das in einer Grauzone ab.

Gra·veur, **Gra·veu·rin** der [gra'vøːɐ] <-s, -e> *Handwerker, der graviert*

gra·vie·ren <gravierst, gravierte, gravierte> *mit OBJ* ■ *jmd. graviert etwas Akk. Schrift oder Verzierungen in hartes Material verschiedenster Art schneiden, ritzen oder stechen*

gra·vierend (*Part. Präs. zu „gravieren"*) *Adj. schwer wiegend* Das ist doch ein gravierender Unterschied.

Gra·vie·rung die <-, -en> **1.** *das Gravieren* **2.** *eingravierte Schrift, Verzierung siehe auch* **Gravur**

Gra·vi·ta·ti·on die <-> (*kein Plur.*) *Anziehungskraft* (*der Erde*), *Schwerkraft*

Gra·vi·ta·ti·ons·kraft die <-, Gravitationskräfte> PHYS. ASTRON. *Gravitation*

gra·vi·tä·tisch *Adj. feierlich, würdevoll, gemessen* Sie schritt gravitätisch die Treppe herunter.

Gra·vur die <-, -en> *eingravierte Schrift, Verzierung* etwas mit einer Gravur versehen

Graz <-> GEOGR. *Hauptstadt der Steiermark*

Gra·zie die <-, -n> **1.** (*kein Plur.*) *Anmut* **2.** (*scherzh.*) *eine schöne junge Frau*

gra·zil *Adj. schlank und zierlich, zartgliedrig* Sie hat eine grazile Figur.

Gra·zi·li·tät die <-> (*kein Plur.*) *Grazilsein, graziler Körperbau*

gra·zi·ös *Adj. anmutig, leicht* Sie tanzt sehr graziös.

Grä·zist, **Grä·zis·tin** der <-en, -en> *Wissenschaftler der altgriechischen Sprache und Kultur*

Green·card die ['griːnkɑd] <-, -s> (*zeitlich befristete*) *Aufenthalts- und Arbeitsgenehmigung für Nicht-EU-Bürger*

Green·peace die ['griːnpiːs] <-> (*kein Plur.*) *internationale Umweltorganisation*

Greif·arm der <-(e)s, -e> *Teil eines technischen Geräts, mit dem Gegenstände erfasst und aufgenommen werden können*

greif·bar *Adj.* **1.** *sich in nächster Nähe befindend* Ich habe die Unterlagen momentan nicht greifbar. **2.** *konkret* Die Pläne haben bereits greifbare Formen angenommen. **3.** *in zeitlicher Nähe* Das Abitur ist in greifbare Nähe gerückt.

grei·fen <greifst, griff, hat gegriffen> **I.** *mit OBJ* ■ *jmd. greift etwas Akk. nehmen* Er griff sich eine Tüte Chips und setzte sich vor den Fernseher. **II.** *ohne OBJ* ■ *jmd./etwas greift* (*nach/zu etwas Dat.*) **1.** *die Hand ausstrecken* (*um etwas zu fassen*) Das Kind griff nach der Hand der Mutter. **2.** (*geh.*) *in bestimmter Absicht nehmen* Sie greift nach Feierabend gern zu einem guten Buch. **3.** TECHN. *festen Kontakt haben; fest aufliegen* Auf der vereisten Fahrbahn griffen die Räder nicht mehr. **4.** *wirksam sein, werden* Die Fördermaßnahmen greifen allmählich. ■ **zum Greifen nah(e)**: *sehr nah* **um sich greifen**: *sich ausbreiten* Das Feuer hatte um sich gegriffen.

Greif·vo·gel der <-s, Greifvögel> ZOOL. *ein Raubvogel mit kräftigen Krallen* Der Adler ist ein Greifvogel.

Greif·zan·ge die <-, -n> *Zange, mit der man etwas fassen, greifen kann*

grei·nen <greinst, greinte, hat gegreint> *ohne OBJ* ■ *jmd. greint* (*oft abwert.*) *weinen, jammern* Ein Kind greint. Hör auf zu greinen, ich kaufe dir den Pulli ja!

Greis, **Grei·sin** der <-es, -e> *alter, gebrechlicher Mensch*

greis (*nur attr.*) *Adj. sehr alt* Ihr Großvater ist ein greiser Mann.

greisen·haft *Adj. wie ein Greis* ein greisenhaftes Aussehen besitzen

Greisen·haf·tig·keit die <-> (*kein Plur.*) *das Greisenhaftsein*

Grei·sin die <-, -nen> *s.* **Greis**

Greiß·ler, **Greiß·le·rin** der <-s, -> (*österr.*) *Krämer(in)*

grell *Adj.* **1.** *so hell, dass es blendet oder stört* Grelle Blitze machten die Nacht zum Tage. **2.** *schrill* Sie hat eine grelle Stimme. **3.** (*unangenehm*) *intensiv* Der Künstler hat dieses Bild bewusst in grellen Farben gemalt. ◆ Getrenntschreibung→R 4.3 grell beleuchtet; Zusammenschreibung→R 4.5 grellrot

Gre·mi·um das <-s, Gremien> *Expertengruppe, die eine bestimmte Aufgabe erfüllen soll; Ausschuss, Kommission*

Gre·na·da <-s> GEOGR. *Insel in der Karibik*

Gre·na·der, **Gre·na·de·rin** der <-s, -> *jmd., der die grenadische Staatsbürgerschaft besitzt*

Gre·na·dier der <-s, -e> MILIT. *Infanterist*

grenadisch <nicht steig.> (*nur attr.*) *Adj. zu Grenada gehörig*

Grenz·ab·fer·ti·gung die <-, -en> *durch die Zollbeamten erledigte Formalitäten beim Grenzübergang*

Grenz·be·am·te, **Grenz·be·am·tin** der <-n, -n> *Beamter, der an der Grenze[1] Dienst tut*

Grenz·be·reich der <-(e)s, -e> (*kein Plur.*) **1.** *Bereich in der Umgebung einer Grenze[1]* **2.** *Bereich, in dem keine Steigerungen mehr möglich sind* **3.** *Bereich, in dem sich zwei benachbarte Wissenschaften überschneiden*

Grenz·be·woh·ner, **Grenz·be·woh·ne·rin** der <-s, -> *jmd., der an einer Grenze[1] wohnt*

Grenz·be·zirk der <-(e)s, -e> **1.** *Zollbezirk an einer Grenze[1]* **2.** *Grenzgebiet*

Gren·ze die <-, -n> **1.** *Staatsgrenze* 1989 kam es zur Öffnung der deutsch-deutschen Grenze. **2.** *Trennungslinie, die zwei unterschiedliche geographische oder politische Gebiete voneinander trennt* Das Gebirge/Der Fluss bildet eine natürliche Grenze. **3.** *Trennungslinie zwischen Gebieten, die im Besitz verschiedener Eigentümer sind* Wir haben an der Grenze zum Nachbargrundstück eine Hecke gepflanzt. **4.** *das äußerste Maß* Die

Grenzen meiner Geduld sind erreicht. ■ **sich (noch) in Grenzen halten**: *noch in erträglichem Ausmaß sein* **seine Grenzen kennen**: *wissen, was man leisten kann*

grẹn·zen <grenzt, grenzte, hat gegrenzt> *ohne OBJ* ■ *etwas grenzt an etwas Akk. eine gemeinsame Grenze*[1,2,3] *haben* An das Nachbargrundstück grenzt ein Fabrikgelände.

grẹn·zen·los <nicht steig.> *Adj.* **1.** *unendlich* Sie blickte hinaus auf das grenzenlose Meer. **2.** *uneingeschränkt* Ihre Liebe war grenzenlos. **3.** *sehr groß, intensiv* Er war von grenzenlosem Hass/Ehrgeiz besessen.

Grẹnz·fall der <-(e)s, Grenzfälle> *nicht eindeutig zu klärender Problemfall*

Grẹnz·ge·biet das <-(e)s, -e> *Gebiet, durch das eine Grenze*[1] *verläuft*

Grẹnz·pfahl der <-(e)s, Grenzpfähle> *eine Grenze*[1] *absteckender Pfahl*

Grẹnz·po·li·zei die <-> (*kein Plur.*) *eine Grenze*[1] *überwachende Polizei*

Grẹnz·po·li·zist, **Grẹnz·po·li·zis·tin** der <-en, -en> *im Grenzschutz tätiger Polizist*

Grẹnz·pos·ten der <-s, -> *eine Grenze*[1] *überwachender Wachtposten*

Grẹnz·si·che·rung die <-> (*kein Plur.*) *Sicherung einer Grenze*[1]

Grẹnz·sol·dat, **Grẹnz·sol·da·tin** der <-en, -en> *im Grenzschutz eingesetzter Soldat*

Grẹnz·stadt die <-, Grenzstädte> *an einer Grenze*[1] *gelegene Stadt*

Grẹnz·streit der <-(e)s, -e> (*meist Sing.*) *Streit um eine Grenze*[1]

Grẹnz·strei·tig·keit die <-, -en> (*meist Plur.*) *Streitigkeit um eine Grenze*[1] alte Grenzstreitigkeiten austragen

Grẹnz·über·gang der <-(e)s, Grenzübergänge> *Stelle, an der man über eine Grenze*[1] *gelangen kann*

grẹnz·über·schrei·tend <nicht steig.> *Adj. über Grenzen*[1] *hinausgehend* Der grenzüberschreitende Handel/Verkehr wird zunehmen.

Grẹnz·über·schrei·tung die <-, -en> *Grenzübertritt*

Grẹnz·über·tritt der <-(e)s, -e> **1.** *Übertreten einer Grenze*[1] **2.** *Grenzübergang*

Grẹnz·ver·let·zung die <-, -en> *illegales Überschreiten einer Grenze*[1] *durch militärische Truppen*

Grẹnz·ver·trag der <-(e)s, Grenzverträge> *eine Grenzregulierung behandelnder Vertrag*

Grẹnz·wall der <-(e)s, Grenzwälle> *Wall, der eine Grenze*[1] *sichert*

Grẹnz·wert der <-(e)s, -e> *äußerster, extremer, nicht zu überschreitender Wert*

grẹnz·wer·tig <nicht steig.> *Adj. so, dass etwas einen Grenzwert bildet oder darstellt*

Grẹt·chen·fra·ge die <-> (*kein Plur.*) (*umg.*) *entscheidende Frage, Gewissensfrage* jemandem die Gretchenfrage stellen

Grie·be die <-, -n> *ausgelassener Speck(würfel)*

Grie·ben·schmalz das <-es> (*kein Plur.*) *Schmalz mit Grieben* ◆ -brot

Grie·ben·wurst die <-, Griebenwürste> *Wurst mit Grieben*

Grie·che, **Grie·chin** der <-n, -n> *jmd., der die griechische Staatsbürgerschaft hat*

Grie·chen·land <-s> GEOGR. *südeuropäischer Staat*

grie·chisch <nicht steig.> (*nur attr.*) *Adj. Griechenland, die Griechen oder ihre Sprache betreffend* das griechische Volk, Der Redner sprach griechisch (in griechischer Sprache), nicht englisch., Er lernt gerade Griechisch., Sie spricht gut Griechisch., Das heißt auf Griechisch ... *siehe auch* **deutsch**

Grieß der <-es> (*kein Plur.*) *geschälte und geschrotete Getreidekörner*

Grieß·brei der <-(e)s, -e> *Brei aus Grieß*

Grieß·klöß·chen das <-s, -> *kleine Klöße aus Grieß* ◆ -suppe

Grieß·pud·ding der <-s, -e/-s> *Pudding aus Grieß*

Grịff der <-(e)s, -e> **1.** *das Greifen* Beim Griff in die Manteltasche merkte er, dass er den Schlüssel verloren hatte. **2.** *Teil eines Gegenstandes, woran man ihn festhalten, tragen kann* Das Messer hat einen hölzernen Griff., Diese Koffer haben stabile Griffe. ■ **etwas/alles im Griff haben**: *etwas oder alles beherrschen, unter Kontrolle haben* **etwas in den Griff bekommen/kriegen** (*umg.*): *etwas meistern* **der Griff zur Droge/Flasche/Zigarette** (*verhüll.*): *regelmäßiger, suchtbedingter Drogen-, Alkohol-, Zigarettenkonsum*

grịff *Prät. von* **greifen**

grịff·be·reit <nicht steig.> *Adj. zum Gebrauch bereitliegend* Ich habe die Unterlagen momentan nicht griffbereit.

Grịf·fel der <-s, -> **1.** (*umg.*) *Schreibgerät für Schiefertafeln* **2.** BOT. *stielartiger Fortsatz des Fruchtknotens* **3.** (*meist Plur.*) (*umg.*) *Finger* Nimm gefälligst deine Griffel da weg!

Grịf·fel·kas·ten der <-s, Griffelkästen> (*veralt.*) *Behälter für Griffel*[1]

grịf·fig[1] *Adj.* **1.** *einfach und prägnant* Wir suchen noch nach einem griffigen Werbespruch für das neue Produkt. **2.** *so beschaffen, dass etwas darauf nicht rutscht* Der Schnee auf den Pisten war sehr griffig.

grịf·fig[2] *Adj.* (*österr.*) *grobkörnig* griffiges Mehl

Grịf·fig·keit die <-> (*kein Plur.*) *das Griffigsein*

Grịll der <-s, -s> **1.** *ein Gerät mit einem Rost, das entweder mit Holzkohle oder elektrisch erhitzt wird, um darauf Fleisch und Würstchen zu braten* Wir haben uns einen neuen Grill für den Garten gekauft. **2.** KFZ *kurz für „Kühlergrill"*

Grịll·bri·kett das <-s, -s/(-e)> *zum Grillen verwendetes Brikett*

Grịl·le die <-, -n> **1.** *ein den Heuschrecken ähnliches Insekt* Die Grillen zirpen. **2.** (*meist Sing.*) (*veralt.*) *sonderbarer Gedanke* Er hat nichts als Grillen im Kopf.

grịl·len <grillst, grillte, hat gegrillt> *mit OBJ/ohne OBJ* ■ *jmd. grillt (etwas) Speisen auf einem Grill zubereiten* Wir wollen heute Abend Würstchen und Steaks im Garten grillen.

Grill·fest das <-(e)s, -e> *Fest (im Freien), bei dem gegrillt wird*

Grill·gut das <-(e)s> *(kein Plur.) zum Grillen verwendete Esswaren*

gril·lie·ren <grillierst, grillierte, hat grilliert> *mit OBJ* ■ *jmd. grilliert etwas Akk. (schweiz.) grillen*

Grill·rost der <-(e)s, -e> *(≈ Grill[1]) Rost zum Grillen*

Grill·spieß der <-es, -e> *Spieß für Grillgut*

Grill·zeit die <-, -en> *(Sommer-)Zeit, in der gegrillt wird* Jetzt fängt wieder die Grillzeit an.

Gri·mas·se die <-, -n> *ein zu einem bestimmten Ausdruck verzerrtes Gesicht* Hör doch auf, ständig Grimassen zu schneiden!

gri·mas·sie·ren <grimassierst, grimassierte, hat grimassiert> *ohne OBJ* ■ *jmd. grimassiert Grimassen schneiden*

Grimm der <-(e)s> *(kein Plur.) (geh. veralt.) heftiger Zorn, Wut* Sie war voller Grimm.

Grimm·darm der <-s, Grimmdärme> *Teil des Darms*

Grim·men das <-s> *(kein Plur.) (umg.) Magengrimmen*

grim·mig *Adj.* **1.** *zornig, wütend* Weshalb macht sie ein derart grimmiges Gesicht? **2.** *sehr groß* Sie flüchteten vor der grimmigen Kälte ins Haus.

Grind[1] der <-(e)s, -e> *Schorf*

Grind[2] der <-(e)s, -e> *(schweiz.) Kopf*

grin·sen <grinst, grinste, hat gegrinst> *ohne OBJ* ■ *jmd. grinst (irgendwie) in einer bestimmten Weise lächeln* Sie grinste frech/höhnisch/schadenfroh/spöttisch.

grip·pal <nicht steig.> *(nur attr.) Adj.* MED. *die Grippe betreffend, von einer Grippe ausgelöst* Sie konnte wegen eines grippalen Infektes nicht zur Schule gehen.

Grip·pe die <-, -n> **1.** MED. *(vor allem im Frühjahr und im Herbst) auftretende ansteckende Viruserkrankung mit hohem Fieber* **2.** *(umg.) (stärkere) Erkältungskrankheit*

Grip·pe·impf·stoff der <-(e)s, -e> *Impfstoff gegen Grippe[1]*

grip·pe·krank <nicht steig.> *Adj. an Grippe erkrankt*

Grip·pe·mit·tel das <-s, -> *Arzneimittel gegen Grippe*

Grip·pe·schutz·imp·fung die <-, -en> *Grippeimpfung*

Grip·pe·wel·le die <-, -n> *epidemisch auftretende Grippe[1]* Nun hat die Grippewelle auch unsere Region erfasst.

Grips der <-es> *(kein Plur.) (umg.) Verstand* Streng doch mal deinen Grips an!

Gris·li·bär, *a.* **Grizz·ly·bär** der <-en, -en> ZOOL. *großer nordamerikanischer Braunbär*

grob <gröber, am gröbsten> *Adj.* **1.** *rau, nicht glatt* Dafür benötigen wir einen groben Stoff **2.** *nicht fein* Für diesen Teig benötigen wir grob gemahlenes Mehl. **3.** *derb wirkend* Er hat grobe Hände/Gesichtszüge. **4.** *nicht ganz genau, ungefähr* Ich kann Ihnen das in groben Umrissen/Zügen erklären. **5.** *schlimm* Es war ein grober Fehler/Irrtum, dass ... **6.** *(abwert.) unhöflich, barsch* Er ist ein grober Mensch., Sie hat meine höfliche Bitte grob zurückgewiesen. **7.** *nicht sanft, nicht behutsam* Sei doch nicht so grob! ■ **aus dem Gröbsten heraus sein** *(umg.): das Schlimmste überstanden haben* ◆ Getrenntschreibung→R 4.3 grob gemahlen, grob gestrickt; Großschreibung→R 3.4, R 3.8 aus dem Gröbsten heraus sein; Groß- oder Kleinschreibung→R 3.9 jemanden aufs Gröbste/aufs gröbste beleidigen

Grob·ein·stel·lung die <-, -en> *grobe[4] Einstellung eines technischen Geräts*

grob·ge·mah·len <nicht steig.> *Adj.* grobgemahlenes Mehl

Grob·heit die <-> **1.** *(kein Plur.) unhöfliche Wesensart* **2.** *(meist Plur.) unhöfliche Worte* Er warf ihr Grobheiten an den Kopf.

Gro·bi·an der <-s, -e> *(umg. abwert.) Mann, der grob[6] und rücksichtslos ist*

grob·schläch·tig *Adj. (abwert.) von großer und kräftiger, aber plumper Gestalt*

Grog der <-s, -s> *heißes Getränk aus Rum, Zucker und Wasser*

grog·gy ['grɔgi] <nicht steig.> *(nur präd.) Adj. (umg.) erschöpft, müde* Er war nach dem anstrengenden Arbeitstag völlig groggy.

grö·len <grölst, grölte, hat gegrölt> *mit OBJ/ohne OBJ* ■ *jmd. grölt (etwas) (umg. abwert.) laut und nicht schön singen, schreien* Der Betrunkene grölte auf dem Nachhauseweg.

Grö·le·rei die <-> *(kein Plur.) (abwert.) dauerndes Grölen*

Groll der <-(e)s> *(kein Plur.) (verborgener, starker) Ärger, Hass* Weshalb hegst du einen Groll gegen ihn?

grol·len <grollst, grollte, hat gegrollt> *ohne OBJ* **1.** ■ *jmd. grollt (mit jmdm.) (wegen jmdm./etwas) verärgert sein* **2.** ■ *etwas grollt ein dumpfes Geräusch machen, verursachen* Der Donner grollt in der Ferne.

Grön·land <-s> GEOGR. *große Insel im Atlantik*

Groove der ['gru:v] <-s, -s> MUS. *moderne Musikrichtung* ▶groovig, grooven

Gros das [gro:/gro:s] <-, -> *(geh.) Mehrheit* Das Gros der Abiturienten und Abiturientinnen studiert.

Gro·schen·blatt das <-(e)s, Groschenblätter> *(abwert.) billige, reißerische Zeitung auf geistig niedrigem Niveau*

Gro·schen·ro·man der <-s, -e> (LIT.: *abwert.) billiger (Heft-)Roman auf geistig niedrigem Niveau*

groß <größer, am größten> *Adj.* **1.** *(↔ klein) in Bezug auf die Länge, Breite, Höhe, den Umfang, das Volumen, den Durchschnitt, den Vergleichswert übertreffend* Sie haben ein großes Haus/ein großes Auto. **2.** *eine bestimmte Länge, Höhe aufweisend* Die Frau war fast zwei Meter groß., Die Schuhe sind mir zwei Nummern zu groß. **3.** *älter* Er hat eine größere Schwester. **4.** *von relativ langer Dauer* Es gab keine größeren Verzögerungen. **5.** *von beträchtlicher Anzahl, Menge* Der Laden hat eine große Auswahl an Schuhen. **6.** *heftig* Ich hatte große Angst., Das war ein großer Irrtum. **7.** *gewichtig, bedeutungsvoll* Der große Augenblick ist nun gekommen. **8.** *bedeutend, berühmt* Sie war eine große Künstlerin. **9.** *großartig, glanzvoll* Es war eine große Premierenfeier. **10.** (*umg.*) *mit viel Aufwand* Wir wollen morgen ganz groß ausgehen. ■ **im Großen und Ganzen**: *im Allgemeinen* **Groß und Klein**: *jeder, alle* ◆ Großschreibung→R 3.4, R 3.7, R 3.17f. im Großen und Ganzen, Groß und Klein, es wäre das Größte, wenn …, der Große Teich; Getrenntschreibung→R 4.2f. gute Umgangsformen groß schreiben, groß gemustert, groß kariert, groß gewachsen, ein groß angelegter Plan; Zusammenschreibung→R 4.11 ein Wort großschreiben, die Kinder großziehen

Groß·ab·neh·mer der <-s, -> WIRTSCH. *jmd., der Waren in großen Mengen (für den Zwischenhandel) einkauft*

Groß·ak·ti·on die <-, -en> *groß*[10] *angelegte Aktion* eine Großaktion starten

Groß·a·larm der <-(e)s, -e> *Alarm in einem großen Bereich* Die Bombendrohung löste einen Großalarm aus.

groß·an·ge·legt <nicht steig.> *Adj. groß*[10] Die Polizei startete eine großangelegte Suchaktion nach den vermissten Kindern.

Groß·an·griff der <-(e)s, -e> (MILIT.: ≈ *Generalangriff*) *großangelegter Angriff* zum Großangriff blasen/übergehen

groß·ar·tig *Adj. wunderbar, hervorragend* eine großartige Leistung vollbringen

Groß·auf·nah·me die <-, -n> FOTOGR. *eine Aufnahme, bei der das Objekt, das fotografiert werden soll, sehr nah herangeholt wird und daher auf dem Foto sehr groß aussieht* von einem Objekt eine Großaufnahme machen

Groß·be·trieb der <-(e)s, -e> **1.** (↔ *Kleinbetrieb*) *großes Unternehmen, große Firma* **2.** (*umg.*) *rege Betriebsamkeit* Seit der neue Auftrag hereinkam, herrscht in unserer Firma Großbetrieb.

Groß·bild·lein·wand die <-, Großbildleinwände> *große Leinwand, auf die etwas projiziert wird*

Groß·bild·schirm der <-(e)s, -e> (*besonders*) *großer Bildschirm*

Groß·bri·tan·nien <-s> *England, Schottland, Nordirland und Wales umfassende staatliche Einheit*

Groß·buch·sta·be der <-ns, -n> (↔ *Kleinbuchstabe*) *groß geschriebener Buchstabe*

Groß·bür·ger, **Groß·bür·ge·rin** der <-s, -> (↔ *Kleinbürger*) (*vermögender*) *Bürger der oberen Gesellschaftsschicht*

groß·bür·ger·lich <nicht steig.> (*nur attr.*) *Adj.* (↔ *kleinbürgerlich*) *zum Großbürgertum gehörend* einen großbürgerlichen Lebensstil haben

Groß·bür·ger·tum das <-s> (*kein Plur.*) (↔ *Kleinbürgertum*) *Gesamtheit der Großbürger*

Grö·ße die <-, -n> **1.** *Breite, Länge, Höfe, Tiefe, Umfang, Volumen von etwas* Die Größe des Grundstücks beträgt 2.000 Quadratmeter., Wir können Ihnen Abzüge der Fotos in unterschiedlichen Größen anbieten. **2.** (*meist Sing.*) *Körpergröße* Der Täter war von mittlerer Größe. **3.** *Maß für die Größe von Kleidungsstücken, Schuhen* **4.** (*meist Sing.*) *zahlen- oder mengenmäßiger Umfang* Welche Größe haben die Schulklassen zurzeit im Durchschnitt? **5.** (*meist Sing.*) *besondere Bedeutsamkeit* Man wird sich wohl erst später der Größe dieses Augenblicks bewusst werden. **6.** *bedeutende Persönlichkeit* Er ist eine Größe auf dem Gebiet der Kunst/der Musik/der Wissenschaft.

Groß·ein·kauf der <-(e)s, Großeinkäufe> *Einkauf in großem Umfang* Früher machten wir jeden Samstag einen Großeinkauf mit der ganzen Familie.

Groß·el·tern <-> *Plur. die Eltern der Eltern*

Grö·ßen·ord·nung die <-, -en> *Umfang, Ausmaß von etwas* Die Renovierungskosten in der Größenordnung von mehreren Millionen Mark trägt der Staat.

gro·ßen·teils *Adv. überwiegend* Es waren großenteils Leute in meinem Alter auf der Party.

Grö·ßen·ver·hält·nis das <-ses, -se> **1.** *vergleichender Maßstab zwischen* (*zwei*) *verschiedenen Dingen* im Größenverhältnis von eins zu zwanzig zueinander stehen **2.** *Proportion* Bei diesem Bild muss man von den eigentlichen Größenverhältnissen abstrahieren.

grö·ßen·ver·stell·bar <nicht steig.> *Adj. so, dass man die Größe von etwas individuell anpassen oder verstellen kann* Dieser Sicherheitsgurt ist größenverstellbar.

Grö·ßen·wahn der <-(e)s> (*kein Plur.*) (*abwert.*) *krankhafte, maßlose Selbstüberschätzung*

grö·ßen·wahn·sin·nig <nicht steig.> *Adj.* (*abwert.*) *unter Größenwahn leiden*

Groß·fahn·dung die <-, -en> *Fahndung mit großem Polizeiaufgebot* eine Großfahndung (nach jemandem) einleiten

Groß·fa·mi·lie die <-, -n> *aus sehr vielen Personen bestehende Familie*

gro·ß·flä·chig *Adj. eine große Fläche betreffend* Er hat sich großflächige Verbrennungen zugezogen.

Groß·flug·ha·fen der <-s, Großflughäfen> LUFTF. *großer Flughafen*

Groß·for·mat das <-(e)s, -e> (↔ *Kleinformat*) *großes Format* Ich lasse die Fotos dieses Mal im Großformat entwickeln. ▶großformatig

Groß·grund·be·sit·zer, **Groß·grund·be·sit·ze·rin** der <-s, -> *jmd., der sehr viel Grund besitzt*

Groß·han·del der <-s> (*kein Plur.*) (WIRTSCH.: ↔ *Einzelhandel*) *Handel mit Waren in großem Ausmaß*

Groß·händ·ler, **Groß·händ·le·rin** der <-s, -> (↔ *Einzelhändler*) *jmd., der beruflich Großhandel betreibt*

groß·her·zig *Adj. selbstlos* eine großherzige Tat vollbringen

Groß·hirn das <-(e)s ,-e> ANAT. *vorderer Teil des Gehirns* Das Großhirn besteht aus zwei Hälften mit unterschiedlichen Funktionen.

Groß·in·dus·trie die <-, -n> WIRTSCH. *in großem Umfang produzierende Industrie* die großindustrielle Massenproduktion

Groß·in·dus·t·ri·el·le der/die <-n, -n> WIRTSCH. *jmd., dem ein oder mehrere Industrieunternehmen gehören*

Gros·sist, **Gros·sis·tin** der <-en, -en> WIRTSCH. *Großhändler*

Groß·ka·pi·tal das <-s> (*kein Plur.*) WIRTSCH. *Gesamtheit der Großbetriebe*

Groß·ka·pi·ta·lis·mus der <-ses> (*kein Plur.*) WIRTSCH. *Herrschaft des Großkapitals*

Groß·ka·pi·ta·list, **Groß·ka·pi·ta·lis·tin** der <-en, -en> WIRTSCH. *jmd., der dem Großkapitalismus angehört*

Gross·kind das <-(e)s, -er> (*schweiz.*) *Enkelkind*

Groß·kon·zern der <-s, -e> WIRTSCH. *großer Konzern* Die Macht der Großkonzerne sollte eingeschränkt werden.

groß·kot·zig *Adj.* (*umg. abwert.*) *prahlerisch, protzig* Er hat ziemlich großkotzig dahergeredet.

Groß·kot·zig·keit die <-> (*kein Plur.*) *das Großkotzigsein*

Groß·kraft·werk das <-(e)s, -e> (↔ *Kleinkraftwerk*) *Kraftwerk, das Energie in großem Umfang gewinnt*

Groß·macht die <-, Großmächte> *ein Staat, der über eine große wirtschaftliche Bedeutung und militärische Stärke verfügt und die internationale Politik erheblich beeinflusst*

Groß·macht·stel·lung die <-> (*kein Plur.*) *vorrangige Stellung oder Bedeutung einer Großmacht* seine Großmachtstellung behaupten/verlieren

Groß·markt der <-(e)s, Großmärkte> *großes Einkaufszentrum*

Groß·maul das <-(e)s, Großmäuler> (*umg. abwert.*) *Angeber*

groß·mäu·lig *Adj.* (*umg. abwert.*) *in der Art eines Großmauls* eine großmäulige Art besitzen

gross·mehr·heit·lich <nicht steig.> *Adj.* (*schweiz.*) *mit großer Mehrheit*

Groß·meis·ter, **Groß·meis·te·rin** der <-s, -> *jmd., der auf seinem Gebiet Großes leistet oder geleistet hat* die Großmeister der abendländischen Kunst

Groß·mut die <-> (*kein Plur.*) *Toleranz und Großzügigkeit*

groß·mü·tig *Adj.* *Großmut besitzend, zeigend* großmütig einen Fehler verzeihen

Groß·mut·ter die <-, Großmütter> (≈ *Oma*) *Mutter des Vaters oder der Mutter*

Groß·of·fen·si·ve die <-, -n> MILIT. *groß angelegte Offensive* eine Großoffensive starten

Groß·on·kel der <-s, -> *Bruder der Großmutter oder des Großvaters*

Groß·pa·ckung die <-, -en> (*besonders*) *große Packung* Cornflakes in Großpackungen kaufen

groß·po·rig *Adj.* *mit großen Poren* eine großporige Haut besitzen

Groß·pro·jekt das <-(e)s, -e> *Projekt von großem Ausmaß* Unser Firmenchef will demnächst ein Großprojekt starten.

Gross·rat der <-(e)s, -räte> (*schweiz.*) *Mitglied eines Kantonsparlaments*

Groß·raum·bü·ro das <-s, -s> *aus mehreren, in einem Raum zusammengefassten Büros bestehendes Büro*

groß·räu·mig <nicht steig.> *Adj.* *sich weit erstreckend* Die Polizei riegelte die Unfallstelle großräumig ab.

Groß·raum·wa·gen der <-s, -> **1.** *aus mehreren zusammenhängenden Segmenten bestehender Straßenbahnwagen* **2.** (↔ *Abteil*) *Zugwaggon mit Sitzreihen* **3.** *großer Güterwagen*

Groß·rei·n(e)·ma·chen das <-s> (*kein Plur.*) (*umg.*) *gründliche Säuberung* (*im Haus*) *siehe auch* **Frühjahrsputz**

groß·schnau·zig *Adj.* (*abwert.*) *angeberisch* eine großschnauzige Art besitzen

groß·schrei·ben <schreibst groß, schrieb groß, hat großgeschrieben> *mit OBJ* ■ *jmd. schreibt etwas Akk. groß* **1.** *mit einem großen Anfangsbuchstaben schreiben* Im Deutschen werden Substantive großgeschrieben. **2.** *sehr wichtig sein* In der Gastronomie wird Höflichkeit großgeschrieben.

i Wissenswert Steht vor dem Nomen ein (bestimmter oder unbestimmter) Artikel oder ein Pronomen, so wird das dahinterstehende Nomen großgeschrieben. Manchmal handelt es sich auch um einen versteckten Artikel, wie „zum", „vom", „am", „beim" oder „im". Bei Wendungen, die eine Zeitangabe zum Ausdruck bringen, werden die Nomen innerhalb der Ausdrücke groß geschrieben: am Nachmittag aber nachmittags, jeden Mittwoch aber mittwochs. Insbesondere sollen Bezeichnungen für Tageszeiten groß geschrieben werden, wenn sie in Verbindung mit heute, gestern, (über)morgen etc. stehen: heute Abend, gestern Mittag. Farb- und Sprachbezeichnungen in Verbindung mit Präpositionen werden groß geschrieben: Der Brief war auf Deutsch. Er ist bei Rot über die Kreuzung gefahren. Adjektive und Partizipien werden vor allem dann groß geschrieben, wenn sie mit den Wörtern „alles", „etwas", „nichts",„viel", „wenig" und ähnlichen in Verbindung stehen: etwas Wichtiges, nichts Besonderes. Adjektive und Partizipien, die durch einen Artikel der Form nach substantiviert sind, werden groß geschrieben: des Weiteren, aufs Neue, im Allgemeinen. Adjektive und Partizipien, die in festen Verbindungen mit Verben stehen, werden groß geschrieben, weil sie der Form nach substantiviert sind: den Kürzeren ziehen, auf dem Laufenden bleiben, ins Schwarze treffen. Adjektive in unveränderlichen Wortpaaren werden groß geschrieben: Alt und Jung, Groß und Klein, durch Dick und

> Dünn. Substantivisch gebrauchte Pronomen und Zahlwörter werden groß geschrieben. Die Acht, ein Dritter. Substantivisch gebrauchte Adverbien, Präpositionen, Konjunktionen und Interjektionen werden groß geschrieben. Ohne Wenn und Aber, das Ja und Nein, das Für und Wider. Substantivisch gebrauchte Infinitive werden groß geschrieben. Das Lesen, das Schreiben, im Sitzen und Liegen. In substantivischen Aneinanderreihungen wird das erste Wort auch dann groß geschrieben, wenn es kein Substantiv ist. Pro-Kopf-Verbrauch. Bei fremdsprachigen Wortgruppen, die für einen substantivischen Begriff stehen, schreibt man in deutschen Texten das erste Wort groß. Möchten Sie einen Irish coffee? Das Anredepronomen in Briefen wird nur noch in der Höflichkeitsform groß geschrieben (Sie, Ihr). Die vertraulichen Anredepronomina „du“ und „ihr“ werden klein geschrieben.

groß·spu·rig *Adj.* (*abwert.*) *eingebildet, arrogant, überheblich* ▶Großspurigkeit

Groß·stadt die <-, Großstädte> (↔ *Kleinstadt*) *Stadt mit großer Einwohnerzahl, großer Stadtfläche, dichtem Verkehrsnetz und regem kulturellem und wirtschaftlichem Leben*

Groß·städ·ter, **Groß·städ·te·rin** der <-s, -> (↔ *Kleinstädter*) *jmd., der in einer Großstadt lebt*

groß·städ·tisch <nicht steig.> (*nur attr.*) *Adj.* (↔ *kleinstädtisch*) *für eine Großstadt typisch* Ein Ort mit großstädtischem Flair.

Groß·stadt·luft die <-> (*kein Plur.*) (*umg.*) *großstädtische Atmosphäre* Er hat schon als Kind Großstadtluft geschnuppert.

Groß·stadt·ver·kehr der <-s> (*kein Plur.*) *in einer Großstadt herrschender Verkehr* Als Fahranfänger bin ich dem Großstadtverkehr noch nicht gewachsen.

Groß·tan·te die <-, -n> *Schwester der Großmutter oder des Großvaters*

Groß·teil der <-s> (*kein Plur.*) *der größte Teil von etwas* Ich verbringe den Großteil meiner Freizeit mit Lesen., Zum Großteil hast du dir die Konsequenzen selbst zuzuschreiben.

größ·ten·teils *Adv. hauptsächlich* Es waren größtenteils Leute in meinem Alter auf der Party.

größt·mög·lich <nicht steig.> (*nur attr.*) *Adj. höchstmöglich* sich (die) größtmögliche Mühe geben

groß·tun <tust groß, tat groß, hat großgetan> *ohne OBJ* ■ *jmd. tut (sich) groß (mit etwas Dat.)* (*geh.*) *sich brüsten, angeben* Immer muss sie sich mit ihrer vornehmen Abstammung großtun! ▶Großtuer, Großtuerei, großtuerisch

Groß·un·ter·neh·men das <-s, -> (WIRTSCH.: ↔ *Kleinbetrieb*) *Großbetrieb*

Groß·un·ter·neh·mer, **Groß·un·ter·neh·me·rin** der <-s, -> WIRTSCH. *jmd., der beruflich ein Großunternehmen leitet*

Groß·va·ter der <-s, Großväter> (≈ *Opa*) *Vater des Vaters oder der Mutter*

Groß·ver·an·stal·tung die <-, -en> *Veranstaltung, die sehr große Zuschauerzahlen anzieht*

Groß·ver·brau·cher, **Groß·ver·brau·che·rin** der <-s, -> *jmd. oder ein Betrieb, der Waren in großem Umfang verbraucht*

Groß·vieh das <-(e)s> (*kein Plur.*) (↔ *Kleinvieh*) *große Nutztiere wie Pferde und Rinder*

Groß·wet·ter·la·ge die <-, -n> *die Wetterlage in einem größeren Gebiet*

Groß·wild das <-(e)s> (*kein Plur.*) (*tropisches*) *Raubwild*

Groß·wild·jagd die <-, -en> *Jagd auf Großwild*

Groß·wild·jä·ger, **Groß·wild·jä·ge·rin** der <-s, -> *jmd., der Großwild jagt*

groß·zie·hen <ziehst groß, zog groß, hat großgezogen> *mit OBJ* ■ *jmd. zieht jmdn./ein Tier groß* (*umg.*) *aufziehen* Sie hat mehrere Kinder großgezogen.

groß·zü·gig *Adj.* **1.** *tolerant* etwas großzügig übergehen, großzügig über etwas hinwegsehen **2.** (↔ *geizig*) *spendabel, freigebig* **3.** *weiträumig* Wir sind auf der Suche nach einer etwas großzügigeren Wohnung.

Groß·zü·gig·keit die <-> (*kein Plur.*) **1.** *Toleranz* **2.** *Freigebigkeit* **3.** *Weiträumigkeit*

gro·tesk *Adj. merkwürdig, absonderlich, lächerlich wirkend* Die Situation/Seine Aufmachung war grotesk.

Gro·tes·ke die <-, -n> KUNST LIT. *Darstellung einer verzerrten Wirklichkeit*

gro·tes·ker·wei·se *Adv. so, dass etwas grotesk anmutet*

Grot·te die <-, -n> *Felsenhöhle*

grot·ten·schlecht <nicht steig.> *Adj.* (*umg.*) *besonders schlecht* eine grottenschlechte Aufführung

Grou·pie das ['gru:pi] <-s, -s> (*umg.*) *weiblicher Fan, der sexuellen Kontakt zu seinem Idol sucht*

grub *Prät. von* **graben**

Grüb·chen das <-s, -> *kleine Vertiefung im Kinn oder in der Wange* Beim Lächeln hat sie ein Grübchen.

Gru·be die <-, -n> **1.** *Vertiefung im Erdboden* In der Grube sammelt sich Wasser. **2.** BERGB. *ein Bergwerk unter der Erde, in dem mineralische Rohstoffe und Bodenschätze abgebaut werden* ◆-narbeiter, Kohlen-

Grü·be·lei die <-, -en> *dauerndes Grübeln*

grü·beln <grübelst, grübelte, hat gegrübelt> *ohne OBJ* ■ *jmd. grübelt (über jmdn./etwas) intensiv nachdenken* Sie grübelt schon tagelang über einem Problem.

Gru·ben·ar·bei·ter der <-s, -> (≈ *Bergarbeiter*) *jmd., der unter Tage in einem Bergwerk arbeitet*

Gru·ben·bahn die <-, -en> *kleine, auf Schienen fahrende Bahn, die in ein Bergwerk führt*

Gru·ben·brand der <-(e)s, Grubenbrände> *Brand in einem Bergwerk*

Gru·ben·ex·plo·sion die <-, -en> *Explosion in ei-*

nem Bergwerk

Gru·ben·gas das <-es, -e> *Methangas*

Gru·ben·lam·pe der <-, -n> (*tragbare*) *Lampe, die Teil der Ausrüstung für Grubenarbeiter ist*

Gru·ben·un·glück das <-(e)s, -e> *Unglück, das sich in einem Bergwerk ereignet*

Grüb·ler, **Grüb·le·rin** der <-s, -> *jmd., der viel grübelt*

grüe·zi ['gryətsi] *Interj.* (*schweiz.*) *eine Grußformel*

Gruft die <-, Grüfte> *Grabgewölbe, Krypta*

Gruf·ti der <-s, -s> (*jugendspr.*) *Bezeichnung für einen älteren, etablierten Menschen*

grum·meln <grummelst, grummelte, hat gegrummelt> *ohne OBJ* ■ *jmd. grummelt (wegen/über etwas Akk.) murren* Was grummelst du schon wieder?

grün <nicht steig.> *Adj.* **1.** *von der Farbe frischen Grases* das grüne Gras, grüne Blätter **2.** *noch nicht reif* Die Äpfel sind noch grün. **3.** (*oft abwert.*) *jung und ohne Erfahrung* Der Junge ist doch noch grün. **4.** POL. (*von Ideen, Politik*) *so, dass der Umweltschutz in den Vordergrund gestellt wird* ■ **jemanden grün und blau schlagen** (*umg.*): *jmdn. sehr verprügeln* **sich grün und blau ärgern** (*umg.*): *sich sehr ärgern* **jemandem nicht grün sein** (*umg.*): *jmdn. nicht leiden können*

Grün das <-s, -s> **1.** *grüne Farbe, grünes Aussehen* Die Ampel zeigt Grün/steht auf Grün. **2.** (*kein Plur.*) *grüne Pflanzen(teile)* Ich freue mich schon darauf, wenn sich im Frühjahr das erste Grün zeigt. ■ **(das ist) dasselbe in Grün** (*umg.*): (*das ist*) *das Gleiche, nichts anderes*

Grün·al·ge die <-, -n> (*meist Plur.*) BOT. *eine Wasserpflanze*

Grün·an·la·ge die <-, -n> *öffentliche Parkanlage*

grün·blau <nicht steig.> *Adj. Farbton zwischen grün und blau*

Grund[1] der <-(e)s, Gründe> (*Anlass, Motiv, Ursache*) *etwas, das eine Handlung auslöst* nicht auf den Grund seines merkwürdigen Verhaltens kommen, Aus welchem Grund bist du hier?, Das ist ein triftiger/schwer wiegender/einleuchtender/stichhaltiger/zwingender Grund., Ich muss leider aus beruflichen/privaten Gründen absagen. ◆ Beweg-, Haupt-

Grund[2] der <-(e)s, Gründe> **1.** *Erdboden* Das Haus steht auf festem/felsigen Grund. **2.** *der Boden eines Gewässers* Das Schiff ist auf Grund gelaufen. ◆ Meeres- **3.** ■ **sich in Grund und Boden schämen** (*umg.*): *sich sehr schämen* **von Grund auf/aus**: *völlig, ganz und gar* **einer Sache auf den Grund gehen**: *versuchen, etwas zu klären* ◆ Getrennt- oder Zusammenschreibung →R 4.14 auf Grund/aufgrund, etwas zu Grunde/zugrunde legen, zu Grunde/zugrunde liegen, etwas zu Grunde/zugrunde richten, zu Grunde/zugrunde gehen

Grund·an·schau·ung die <-, -en> *grundsätzliche Anschauung* Wir stimmen in unseren politischen Grundanschauungen überein.

grund·an·stän·dig <nicht steig.> *Adj. durch und durch anständig*

Grund·be·deu·tung die <-, -en> **1.** (*kein Plur.*) *grundsätzliche Bedeutung* der Grundbedeutung einer Sache nachgehen **2.** SPRACHWISS. *ursprüngliche Bedeutung* Die Grundbedeutung dieses Worts hat sich im Laufe der Jahrhunderte geändert.

Grund·be·din·gung die <-, -en> *grundlegende, unerlässliche Bedingung* Eine Grundbedingung für unsere Beziehung ist, dass ...

Grund·be·griff der <-(e)s, -e> **1.** (*meist Plur.*) *das elementare Wissen auf einem (Fach-)Gebiet* In den kommenden Wochen werde ich Sie mit den Grundbegriffen der Chemie vertraut machen. **2.** *sehr wichtiges Wort in einem Wissenschaftsbereich* Er hat noch nicht einmal die Grundbegriffe auf seinem Fachgebiet parat.

Grund·be·sitz der <-es> (*kein Plur.*) *Grundeigentum*

Grund·be·stand·teil der <-(e)s, -e> *wichtigster Bestandteil* Grundbestandteil dieser Creme ist ...

Grund·buch das <-(e)s, Grundbücher> AMTSSPR. RECHTSW. *amtliches Verzeichnis eines Bezirks über alle Grundstücke und deren Eigentümer* sich ins Grundbuch eintragen lassen ◆ -eintrag

Grund·buch·amt das <-(e)s, Grundbuchämter> AMTSSPR. *die Behörde, die das Grundbuch führt*

grund·ehr·lich <nicht steig.> *Adj. von Grund auf ehrlich*

Grund·ei·gen·tum das <-s> (*kein Plur.*) (≈ *Grundbesitz*)

Grund·ein·stel·lung die <-, -en> (≈ *Grundanschauung*) *grundsätzliche Einstellung* Du musst etwas an deiner Grundeinstellung ändern.

Grund·eis das <-es> (*nicht steig.*) *Eis am Grund von Gewässern*

grün·den <gründest, gründete, hat gegründet> **I.** *mit OBJ* ■ *jmd. gründet etwas ins Leben rufen, neu schaffen* Die Stadt wurde vor 800 Jahren gegründet. **II.** *ohne OBJ* ■ *etwas gründet auf etwas Akk. sich auf etwas stützen, auf etwas beruhen* Meine Hoffnungen gründen auf der Annahme, dass ...

Grün·der, **Grün·de·rin** <-s, -> *jmd., der etwas neu schafft* Der Großvater des jetzigen Inhabers war der Gründer des Unternehmens. ◆ Firmen-, Unternehmens-

Grün·der·jah·re <-> *Plur.* GESCH. *Zeit des wirtschaftlichen Aufschwungs in Deutschland im letzten Drittel des 19. Jahrhunderts*

grund·falsch <nicht steig.> *Adj. vollkommen falsch* eine Sache grundfalsch anpacken

Grund·far·be die <-, -n> *eine der Farben Gelb, Rot und Blau, aus denen man alle anderen Farben mischen kann*

Grund·fes·ten <-> ■ **an den Grundfesten von etwas rütteln** (*geh.*): *etwas Grundsätzliches in Frage stellen oder ändern wollen* **etwas (bis) in die Grundfesten erschüttern** (*geh.*): *die elementarsten inneren Einstellungen ins Wanken bringen* Die Intrige hatte seinen Glauben an die Menschheit bis in die Grundfesten erschüttert.

Grund·flä·che die <-, -n> *Fläche eines Raumes;*

Fläche, auf der ein Körper steht

Grụnd·fra·ge die <-, -n> *wesentliche Dinge betreffende Frage* die Grundfragen des Lebens

Grụnd·ge·bühr die <-, -en> *die für eine Leistung (beispielsweise einen Telefonanschluss) grundsätzlich zu bezahlende Gebühr* die Grundgebühr entrichten

Grụnd·ge·dan·ke der <-n, -n> *einer Sache oder Idee zugrunde liegender Gedanke* Bei dieser Sache wurde ich von dem Grundgedanken geleitet, dass …

Grụnd·ge·halt das <-(e)s, Grundgehälter> *das Gehalt, das jmd. jeden Monat bekommt, ohne dass Zuschläge, Prämien etc. mitgerechnet werden*

grụnd·ge·scheit <nicht steig.> *Adj.* (*umg.*) *besonders gescheit* Er ist ein grundgescheiter Junge, nur fehlt es ihm an Ausdauer.

Grụnd·ge·setz das <-es> (*kein Plur.*) POL. *die bundesdeutsche Verfassung*

> **i Wissenswert** Das **Grundgesetz** ist die Verfassung der Bundesrepublik Deutschland. Es wurde am 24. Mai 1949 verabschiedet und regelt das politische Leben. Die einzelnen Bestimmungen werden in „Artikeln" zusammengefasst. Sie beinhalten u.a. die Grundrechte der Bürger und die Aufgaben des Staates. Darüber hinaus sind im Grundgesetz Grundlagen der staatlichen Ordnung festgelegt: Die BRD ist Republik, Demokratie, Sozialstaat, Bundesstaat und Rechtsstaat. Sie ist eine Republik, da es einen Präsidenten gibt, der an der Spitze des Staates steht. Sie ist eine Demokratie, in der alle Staatsgewalt vom Volk ausgeht. Das Volk wählt seine Vertreter, die Repräsentanten, in freien, gleichen und geheimen Wahlen (dies nennt man eine „repräsentative Demokratie"). Außerdem ist sie ein Sozialstaat,denn der einzelne Bürger und der Staat haben nicht nur Rechte sondern auch Pflichten. Der Staat ist für Erziehung und Bildung zuständig und muss sich gegen soziale Diskriminierung einsetzen. Der Bürger muss z.B. Steuern zahlen. Darüber hinaus besteht die BRD aus Bundesländern mit eigenen Verfassungen. Die Aufgaben zwischen der BRD und den Bundesländern werden verteilt. Sie ist ein Bundesstaat. Schließlich wird sie als Rechtsstaat definiert, da die Gewalt des Staates in die drei Gewalten Gesetzgebung (Legislative), vollziehende Gewalt (Exekutive) und Rechtsprechung (Judikative) aufgeteilt ist, die sich gegenseitig kontrollieren.

Grụnd·ge·setz·än·de·rung die <-, -en> POL. *Änderung am Grundgesetz*

grụnd·gü·tig <nicht steig.> (*nur attr.*) *durch und durch gütig* Sie ist eine grundgütige alte Dame. ■ **grundgütiger Himmel!**: *um Himmels willen!*

Grụnd·hal·tung die <-, -en> *grundsätzliche Einstellung* eine merkwürdige Grundhaltung besitzen

Grụnd·herr, Grụnd·her·rin der <-en, -en> (*veralt.*) *Grundbesitzer*

Grụnd·idee die <-, -n> *einer Sache zugrunde liegende Idee* Die Grundidee war gut, nur …

grun·di̲e·ren <grundierst, grundierte, hat grundiert> *mit OBJ* ■ *jmd. grundiert etwas (mit etwas Dat.) zum ersten Mal streichen* Wir haben gestern unseren Zaun grundiert.

Grun·di̲er·far·be die <-, -n> *zum Grundieren verwendete Farbe*

Grun·di̲e·rung die <-, -en> **1.** (*kein Plur.*) *das Grundieren* **2.** *erste Farbschicht* Warte mit dem Übermalen, bis die Grundierung getrocknet ist.

Grụnd·kennt·nis die <-, -se> (*meist Plur.*) *grundlegendes Wissen* Grundkenntnisse auf einem Gebiet besitzen

Grụnd·kon·sens der <-es, -e> (*meist Sing.*) POL. *grundlegende Übereinkunft* einen Grundkonsens erreicht haben

Grụnd·kurs der <-es, -e> (↔ *Aufbaukurs*) *der Unterricht, der die wichtigsten Kenntnisse in einem Fach vermittelt*

Grụnd·la·ge die <-, -n> (*Basis*) *etwas, das die unerlässliche Voraussetzung für etwas ist* Lebenslanges Lernen ist eine Grundlage für den Erfolg., Gesunde Ernährung ist die Grundlage für den sportlichen Erfolg., Diese Vorwürfe entbehren jeglicher Grundlagen.

Grụnd·la·gen·for·schung die <-> (*kein Plur.*) *nicht zweckgerichtete, sich mit den allgemeinen Grundlagen einer Wissenschaft beschäftigende Forschung*

grụnd·le·gend <nicht steig.> *Adj.* **1.** (≈ *fundamental*) *sehr wesentlich und für den Charakter von etwas entscheidend* Es ist doch ein grundlegender Unterschied, ob … **2.** *völlig* Wir wollen diese Dinge in Zukunft grundlegend ändern.

Grụnd·le·gung die <-, -en> **1.** *Bildung einer Grundlage* **2.** *Herstellung eines Fundaments* Die Arbeiter haben mit der Grundlegung des Baus angefangen.

gründ·lich *Adj.* **1.** (↔ *oberflächlich*) *genau und sorgfältig* Sie hat sich auf die Prüfung gründlich vorbereitet. **2.** (*umg.*) *sehr* Da hast du dich gründlich geirrt!

Gründ·lich·keit die <-> (*kein Plur.*) (↔ *Oberflächlichkeit*) *Sorgfalt, Gewissenhaftigkeit*

Grụnd·li·nie die <-, -n> (SPORT: *Tennis*) *den hinteren Teil des Spielfelds abgrenzende Linie* hauptsächlich von der Grundlinie aus spielen

Grụnd·lohn der <-s, Grundlöhne> *Lohn abzüglich der Zuschläge siehe auch* **Grundgehalt**

grụnd·los <nicht steig.> *Adj. keine Ursache habend, unbegründet* jemanden grundlos verdächtigen

Grụnd·mus·ter das <-s, -> (*oft übertr.*) *grundsätzlich vorherrschendes Muster* Ihre Vehaltensweisen sind vom Grundmuster her ähnlich.

Grụnd·nah·rungs·mit·tel das <-s, -> *ein Nahrungsmittel, das für die Lebenserhaltung notwen-*

dig ist Reis, Kartoffeln und Brot sind Grundnahrungsmittel.

Grün·don·ners·tag der <-(e)s, -e> *der Donnerstag vor Ostern*

Grund·pfei·ler der <-s, -> (*oft übertr.*) *Stützpfeiler* die Grundpfeiler einer Autobahnbrücke, die Grundpfeiler unserer Gesellschaft

Grund·preis der <-es, -e> (↔ *Aufschlag, Zuzahlung*) *Preis ohne* (*eventuelle*) *Aufschläge* nur den Grundpreis bezahlen müssen

Grund·prin·zip das <-s, -ien/(-e)> *grundlegendes Prinzip* sich von moralischen Grundprinzipien leiten lassen

Grund·re·chen·art die <-, -en> MATH. *eine der vier Rechenarten Addition, Subtraktion, Multiplikation und Division*

Grund·rech·nungs·art die <-, -en> (≈ *Grundrechenart*)

Grund·recht das <-(e)s, -e> (*meist Plur.*) RECHTSW. *unantastbares Recht des Einzelnen gegenüber dem Staat*

Grund·re·gel die <-, -n> *grundsätzlich geltende, wichtigste Regel* die Grundregeln des Zusammenlebens

Grund·riss der <-es, -e> **1.** *Plan, der den waagerechten Schnitt eines Gebäudes wiedergibt* **2.** (*in ein bestimmtes Thema oder Fachgebiet einführende*) *kurze Überblicksdarstellung*

Grund·satz der <-es, Grundsätze> **1.** *feste* (*Verhaltens-*) *Regel* Er ist stets seinen Grundsätzen treu geblieben. **2.** *allgemein verbindliche Regel, Norm, Grundprinzip* Er hat die rechtsstaatlichen Grundsätze verletzt.

Grund·satz·de·bat·te die <-, -n> *Debatte um grundsätzliche Angelegenheiten* eine Grundsatzdebatte über etwas führen

Grund·satz·ent·schei·dung die <-, -en> *Entscheidung, durch die etwas über den Einzelfall hinausgehend festgelegt wird*

Grund·satz·er·klä·rung die <-, -en> *Erklärung, die grundsätzliche Dinge betrifft* eine Grundsatzerklärung abgeben

Grund·satz·fra·ge die <-, -n> *Frage, die grundsätzliche Dinge betrifft* eine Grundsatzfrage stellen

grund·sätz·lich *Adj.* **1.** *einen Grundsatz[2] betreffend* (*und daher wichtig*) Wir müssen noch einige grundsätzliche Fragen diskutieren. **2.** *einem Grundsatz[1] folgend, aus Prinzip, ohne Ausnahme* Ich lehne den Einsatz von Gewalt grundsätzlich ab. **3.** *eigentlich, im Prinzip* Ich bin grundsätzlich mit dieser Lösung einverstanden, obgleich ich noch einige Verbesserungsvorschläge hätte.

Grund·satz·pro·gramm das <-s, -e> *grundsätzliche Dinge regelndes Programm* ein Grundsatzprogramm aufstellen

Grund·satz·re·de die <-, -n> *Rede, in der Grundsätzliches angesprochen wird* eine Grundsatzrede halten

grund·schlecht <nicht steig.> *Adj. durch und durch schlecht* einen grundschlechten Charakter haben

Grund·schu·le die <-, -n> *die ersten vier Klassen umfassende Schule*

Grund·schü·ler, **Grund·schü·le·rin** der <-s, -> *Schüler, der die Grundschule besucht*

Grund·schul·leh·rer, **Grund·schul·leh·re·rin** der <-s, -> *Lehrer, der in einer Grundschule unterrichtet*

Grund·stein der <-(e)s, -e> *erster Stein, der beim Beginn eines Baues oft im Rahmen einer feierlichen Zeremonie gelegt bzw. gesetzt wird* ■ **der Grundstein zu etwas sein**: *der entscheidende Anfang von etwas sein* **den Grundstein zu etwas legen**: *die Grundlage für die Entwicklung von etwas schaffen*

Grund·stein·le·gung die <-, -en> *der Vorgang, dass ein Grundstein gesetzt wird*

Grund·stim·mung die <-, -en> *vorwiegend vorhandene Stimmung* Es herrschte an diesem Abend eine bedrückte Grundstimmung.

Grund·stück das <-(e)s, -e> *ein Stück Land, das jmd. besitzt* Wir haben uns in einem Neubaugebiet ein Grundstück gekauft.

Grund·stücks·besit·zer, **Grund·stücks·besit·ze·rin** der <-s, -> *jmd., der ein oder mehrere Grundstücke besitzt*

Grund·stücks·makler, **Grund·stücks·mak·le·rin** der <-s, -> *jmd., der beruflich Grundstücke verkauft oder vermittelt*

Grund·stücks·preis der <-es, -e> *Preis für ein Grundstück* Die Grundstückspreise sind besonders in Großstädten enorm hoch.

Grund·stu·di·um das <-s> (*kein Plur.*) (↔ *Hauptstudium*) *erster Teil eines Hochschulstudiums*

Grund·ten·denz die <-, -en> *das Wesentliche bestimmende Tendenz*

Grund·ü·bel das <-s, -> *grundsätzlicher Fehler oder Missstand, der Ursache für andere Fehler oder Missstände ist* Eines der Grundübel der heutigen Gesellschaft ist die Profitgier.

Grund·über·zeu·gung die <-, -en> *Überzeugung in grundsätzlichen Dingen* Zu seinen Grundüberzeugungen stehen.

Grund·um·satz der <-es, Grundumsätze> MED. *der Kalorienverbrauch, den ein Mensch im Ruhezustand innerhalb eines Tages hat* Der Grundumsatz lässt sich durch regelmäßigen Sport erhöhen.

Grün·dung die <-, -en> *Neuschaffung; der Vorgang, dass etwas gegründet wird* Sie entschlossen sich zur Gründung einer Firma/einer Partei/eines Vereins.

Grün·dungs·ka·pi·tal das <-s> (*kein Plur.*) (WIRTSCH.: ≈ *Anfangskapital*) *für die Gründung eines Unternehmens nötiges Kapital*

Grün·dungs·mit·glied das <-(e)s, -er> *an der Gründung von etwas beteiligte Person*

Grün·dungs·ver·samm·lung die <-, -en> *Versammlung anlässlich der Gründung von etwas*

Grund·ur·sa·che die <-, -n> *grundlegende, wesentliche Ursache* der Grundursache von etwas nachgehen

grund·ver·kehrt <nicht steig.> *Adj. völlig verkehrt, falsch* eine grundverkehrte Ansicht vertreten

Grụnd·ver·mö·gen das <-s, -> *Vermögen an Grundbesitz und Wohnraum*

grụnd·ver·schie·den <nicht steig.> *Adj. völlig verschieden* Die beiden Brüder sind grundverschieden.

Grụnd·ver·sor·gung die <-> (*kein Plur.*) *Versorgung mit dem Notwendigsten* Zuerst einmal muss ihre Grundversorgung mit Lebensmitteln sichergestellt werden.

Grụnd·vo·raus·set·zung die <-, -en> *wesentliche, unerläßliche Voraussetzung* Grundvoraussetzung für unsere Zusammenarbeit ist, dass …

Grụnd·was·ser das <-s> (*kein Plur.*) *sich im Erdboden sammelndes Wasser*

Grụnd·was·ser·spie·gel der <-s, -> (≈ *Grundwasserstand*) *Höhe des Grundwassers* Der Grundwasserspiegel hat sich mit der Zeit erhöht/gesenkt.

Grụnd·was·ser·stand der <-(e)s> (*kein Plur.*) (≈ *Grundwasserspiegel*)

Grụnd·wehr·dienst der <-(e)s, -e> *der im Rahmen der allgemeinen Wehrpflicht von einem Wehrpflichtigen abzuleistende Wehrdienst* den/seinen Grundwehrdienst ableisten

Grụnd·wert der <-(e)s, -e> (*meist Plur.*) *grundlegender, unerlässlicher Wert* die Grundwerte unserer Gesellschaft

Grụnd·wis·sen das <-s> (*kein Plur.*) *Wissen über die Grundlagen von etwas* sich das Grundwissen eines Fachgebiets aneignen

Grụnd·wis·sen·schaft die <-, -en> *die Grundlage für andere Wissenschaften bildende Wissenschaft*

Grụnd·wort·schatz der <-es> (*kein Plur.*) (SPRACHWISS.: ↔ *Aufbauwortschatz, Fachwortschatz*) *nach bestimmten Kriterien ausgewählte häufige, wichtige Wörter, die man beispielsweise lernen muss, um sich in einer Fremdsprache verständlich machen zu können*

Grụnd·zahl die <-, -en> (↔ *Ordnungszahl*) *Kardinalzahl*

Grü̱·ne[1] das <-n> (*kein Plur.*) ■ **im Grünen/ins Grüne**: *in der freien Natur oder in die freie Natur*

Grü̱·ne[2] der/die <-n, -n> *Angehöriger oder Anhänger einer Partei, die besonders für den Umweltschutz eintritt*

grü̱·nen <grünt, grünte, hat gegrünt> *mit ES* ■ *es grünt (irgendwo) die Bäume bekommen Blätter oder beginnen zu blühen* Ich mag das Frühjahr, wenn es überall wieder grünt und blüht.

Grü̱n·fink der <-(e)s, -en> ZOOL. *ein Singvogel*

Grü̱n·flä·che die <-, -n> **1.** *Grünanlage* **2.** (*meist Plur.*) *alle Parks, Gärten, Wiesen, die zu einer Stadt gehören* ◆-namt

Grü̱n·fut·ter das <-s> (*kein Plur.*) **1.** LANDW. *frisches Gras als Viehfutter* **2.** (*umg. abwert.*) *Gemüse, Salat* Gibt es heute etwa schon wieder Grünfutter?

Grunge der [grandʒ] <-> (*kein Plur.*) **1.** *ein Stil der Rockmusik, der durch treibende Rhythmen, die dominante Stellung der Gitarre und exaltierten Gesang gekennzeichnet ist* **2.** *Rockmusik im Stil des Grunge*[1] **3.** *eine Moderichtung, die das Fehlen jeglicher Eleganz oder Wertigkeit der Kleidung zum Stilmittel macht* **4.** *Kleidung im Stil des Grunge*[3]

grü̱n·gelb <nicht steig.> *Adj. von zwischen Grün und Gelb gelegenem Farbton*

Grü̱n·kern der <-s> (*kein Plur.*) *unreifes Dinkelkorn* ◆-suppe

Grü̱n·kohl der <-s> (*kein Plur.*) *ein Gemüse*

Grü̱n·land das <-(e)s> (*kein Plur.*) LANDW. *Weidefläche*

grü̱n·lich <nicht steig.> *Adj. von zart grüner Farbe*

Grü̱n·li·lie die <-, -n> BOT. *eine Pflanze*

Grü̱n·schna·bel der <-s, Grünschnäbel> (*oft abwert.*) *junger, unerfahrener (häufig vorlauter) Mensch, Neuling*

Grü̱n·span der <-(e)s> (*kein Plur.*) *sich auf Kupfer und Messing bildender blaugrüner Überzug*

Grü̱n·specht der <-s, -e> ZOOL. *eine Vogelart siehe auch* **Specht**

Grü̱n·stich der <-(e)s> (*kein Plur.*) *Stich ins Grüne* Die Fotos haben einen leichten Grünstich.

grü̱n·sti·chig <nicht steig.> *Adj. Grünstich aufweisend*

grun·zen <grunzt, grunzte, hat gegrunzt> *ohne OBJ* ■ *jmd./ein Tier grunzt die dunklen, kehligen Laute von sich geben, die typisch für ein Schwein sind* Das Schwein grunzt.

Grü̱n·zeug das (*österr.*) *Suppengrün*

Grụp·pe die <-, -n> **1.** *mehrere sich gleichzeitig an einem Ort befindliche, zusammengehörende Menschen, Tiere oder Dinge* Jeweils fünf Schüler bilden eine Gruppe., Siehst du da vorn die Gruppe von Bäumen? **2.** *Menschen, die sich zu bestimmten Zwecken regelmäßig treffen* Unsere Gruppe setzt sich für den Umweltschutz ein. **3.** WIRTSCH. *mehrere Firmen, die eine Einheit bilden* **4.** *kurz für „Rockgruppe“*

Grụp·pen·auf·nah·me die <-, -n> (≈ *Gruppenfoto*) *eine Fotografie, die eine Gruppe*[1] *von Personen zeigt* eine Gruppenaufnahme machen

Grụp·pen·bild das <-(e)s, -er> (≈ *Gruppenaufnahme*)

Grụp·pen·bil·dung die <-> (*kein Plur.*) *Bildung einer Gruppe*

Grụp·pen·dy·na·mik die <-> (*nicht steig.*) PSYCH. *das jeweilige soziale Verhalten oder Verhältnis von Mitgliedern einer Gruppe*[1] *zueinander*

grụp·pen·dy·na·misch <nicht steig.> (*nur attr.*) *Adj.* PSYCH. *auf die Gruppendynamik bezogen*

Grụp·pen·fo·to das <-s, -s> (≈ *Gruppenaufnahme*) sich zum Gruppenfoto aufstellen

Grụp·pen·in·te·res·se das <-s, -n> *Interesse einer Gruppe* die Gruppeninteressen wahren

Grụp·pen·sex der <-> (*kein Plur.*) *Sex zwischen mehreren Personen*

grụp·pen·spe·zi·fisch <nicht steig.> *Adj. eine Gruppe betreffend* das gruppenspezifische Verhalten von Schülern

Grụp·pen·the·ra·pie die <-, -n> (PSYCH.: ↔ *Einzeltherapie*) *eine Therapie, bei der mehrere Pa-*

tienten zusammen behandelt werden und sich so auch gegenseitig helfen können an einer Gruppentherapie teilnehmen

grup·pen·wei·se *Adv. in Gruppen* sich gruppenweise aufstellen

grup·pie·ren <gruppierst, gruppierte, hat gruppiert> **I.** *mit OBJ* ■ *jmd. gruppiert etwas (irgendwie/irgendwo) als Gruppe anordnen* Der Regisseur gruppiert die Statisten auf der Bühne., Wir haben die Möbel im Wohnzimmer neu gruppiert. **II.** *mit SICH* ■ *jmd. gruppiert sich (irgendwie/irgendwo) sich als Gruppe[1] in einer bestimmten Ordnung formieren* Vor dem zweiten Akt müssen sich die Statisten auf der Bühne neu gruppieren.

Grup·pie·rung die <-, -en> **1.** *das Gruppieren I; die Anordnung* **2.** *Gruppe von Personen mit einer bestimmten ideologischen Einstellung* eine Gruppierung innerhalb einer Partei

Gru·sel der <-s> (*kein Plur.*) (≈ *das Gruseln*) Grusel empfinden

gru·se·lig/grus·lig *Adj. schaurig, unheimlich, Angst hervorrufend* Der Film/Die Geschichte war ziemlich gruselig.

Gru·sel·mär·chen das <-s, -> *gruseliges Märchen*

gru·seln <gruselst, gruselte, hat gegruselt> **I.** *mit SICH* ■ *jmd. gruselt sich (vor jmdm./etwas) sich vor etwas Unheimlichem fürchten* Ich gruselte mich ein wenig vor der unheimlichen alten Dame. **II.** *mit ES* ■ *jmdn./jmdm. gruselt es (vor etwas Dat.) jmd. empfindet Furcht* Es gruselte ihr/sie vor der Dunkelheit.

Gruß der <-es, Grüße> **1.** *bestimmte Worte und Gebärden, die man üblicherweise austauscht, wenn man jmdm. begegnet oder wenn man sich von jmdm. verabschiedet* **2.** *eine kleine Botschaft, die man jmdm. überbringen lässt* Bestelle Uli einen herzlichen Gruß von mir!, Ich soll euch auch Grüße von Andreas ausrichten.

grü·ßen <grüßt, grüßte, hat gegrüßt> **I.** *mit OBJ/ohne OBJ* ■ *jmd. grüßt (jmdn.) jmdn. mit einem Gruß einen guten Tag wünschen oder willkommen heißen oder verabschieden* Seit dem Streit grüßt er seinen Nachbarn nicht mehr., Sie grüßt stets freundlich/höflich., Kannst du nicht grüßen? **II.** *mit OBJ* ■ *jmd. grüßt jmdn. (von jmdm.) jmdm. einen Gruß[2] übermitteln* Grüße bitte deine Freundin von mir. ■ **Grüß dich!** (*umg.*): *verwendet als Grußformel*

gruß·los <nicht steig.> *Adj. ohne zu grüßen* Er ging grußlos an mir vorüber.

Gruß·wort das <-(e)s, -e> *eine kurze Ansprache, mit der jmd. beispielsweise die Teilnehmer einer Tagung begrüßt* Nach einem kurzen Grußwort ging er zur Besprechung der Themen über.

Grüt·ze die <-, -n> **1.** *eine Süßspeise aus Beeren* **2.** *Getreidebrei*

Grüt·z·wurst die <-, Grützwürste> (*landsch.*) *Wurst mit einer Füllung aus Grütze[2]*

Gu·a·te·ma·la <-s> *Staat in Mittelamerika*

Gu·a·te·mal·te·ke, **Gu·a·te·mal·te·kin** der <-n, -n> *jmd., der die guatemaltekische Staatsbürgerschaft hat*

gu·a·te·mal·te·kisch <nicht steig.> (*nur attr.*) *Adj. auf Guatemala bezogen*

Gu·a·ya·na <-> *Gebiet in Südamerika*

gu·cken <guckst, guckte, hat geguckt> *ohne OBJ* (*umg.*) **1.** ■ *jmd. guckt irgendwohin den Blick in eine bestimmte Richtung wenden* Eine Frau guckt aus dem Fenster. **2.** ■ *jmd. guckt irgendwie einen bestimmten Gesichtsausdruck haben* Er guckt fröhlich/grimmig/unfreundlich/verärgert.

Guck·fens·ter das <-s, -> *kleines Fenster (in der Haustür) siehe auch* **Guckloch**

Guck·in·die·luft der <-> (*nicht steig.*) (*umg.*) *jmd., der beim Gehen unachtsam ist* Hans Guckindieluft

Guck·loch das <-(e)s, Gucklöcher> (≈ *Türspion*) *eine kleines Sichtfernster (in einer Tür), durch das man unbemerkt jmdn. sehen kann, der vor der Tür steht*

Gue·ril·la der [ge'rɪlja] <-s, -s> (*meist Plur.*) **1.** (*bewaffneter*) *Untergrundkämpfer, Partisan, Freischärler* **2.** *Einheit, die einen Guerillakrieg führt*

Gue·ril·la·kämp·fer, **Gue·ril·la·kämp·fe·rin** der [ge'rɪlja...] <-s, -> *jmd., der in einem Guerillakrieg kämpft*

Gue·ril·la·krieg der [ge'rɪlja...] <-(e)s, -e> (*aus dem Hinterhalt geführter*) *Kleinkrieg, den Einheiten der einheimischen Bevölkerung gegen eine Besatzungsmacht oder im Rahmen eines Bürgerkrieges führen*

Gue·ril·le·ro der [gerɪl'je:ro] <-s, -s> *Guerillakämpfer*

Gu·gel·hopf der <-(e)s, -e> (*schweiz.*) *Gugelhupf*

Gu·gel·hupf der <-(e)s, -e> (*süddt. österr.*) *Napfkuchen*

Güg·ge·li das <-s, -> (*schweiz.*) *Brathähnchen*

Guil·lo·ti·ne die [gɪljo'ti:nə/gijo'ti:nə] <-, -n> GESCH. (*vor allem während der Französischen Revolution eingesetztes*) *Fallbeil zur Enthauptung von Menschen*

Gui·nea, *a.* **Gui·nee** die ['gini:] <-, -s> GESCH. *englische Goldmünze*

Gui·nea [gi'ne:a] <-s> GEOGR. *Staat in Westafrika*

Gui·nea-Bis·sau [gi'ne:a...] <-s> GEOGR. *Staat in Westafrika*

Gui·nea-Bis·sau·er, **Gui·nea-Bis·sau·e·rin** der [gi'ne:a...] <-s, -> *jmd., der die guinea-bissauische Staatsbürgerschaft hat*

gui·nea-bis·sau·isch [gi'ne:a...] <nicht steig.> (*nur attr.*) *Adj. zu Guinea-Bissau gehörig*

Gui·ne·er, **Gui·ne·e·rin** der [gi'ne:ɐ] <-s, -> *jmd., der die guineische Staatsbürgerschaft hat*

gui·ne·isch [gi'ne:ɪʃ] <nicht steig.> (*nur attr.*) *Adj. zu Guinea gehörig*

Gu·lag der <-s, -s> GESCH. (*Arbeits-*) *Lager für Strafgefangene der früheren UdSSR*

Gu·lasch, **Gu·lasch** das/der <-(e)s, -s/-e> *ein scharf gewürztes Gericht aus (gröberen) Fleischstücken, Paprika und Tomaten*

Gu·lasch·ka·no·ne die <-, -n> (*umg. scherzh.*) *fahrbare Feldküche*

Gul·den der <-s, -> GESCH. *eine Goldmünze*

gül·den <nicht steig.> *Adj.* (*geh.*) *golden* güldenes Haar

Gül·le die <-, -n> (*meist Sing.*) (LANDW.: *landsch.*) *eine als Dünger verwendete Mischung aus Jauche und Tierkot* Gülle als Düngemittel verwenden

Gul·ly der/das <-s, -s> *in die Straßendecke eingelassener, vergitterter Schacht, durch den das Regenwasser in die Kanalisation abfließt*

gül·tig <nicht steig.> *Adj. so, dass es zu einem bestimmten Zeitpunkt rechtlich, gesetzlich anerkannt und wirksam ist* Ist dein Personalausweis noch gültig oder schon abgelaufen?, Besitzen Sie eine gültige Fahrkarte?

Gül·tig·keit die <-> (*kein Plur.*) *das Gültigsein* Gültigkeit besitzen

Gül·tig·keits·be·reich der <-(e)s, -e> *Bereich, in dem etwas Gültigkeit besitzt*

Gum·mi der/das <-s, -(s)> **1.** *elastisches Kautschukprodukt* **2.** *kurz für „Radiergummi“* **3.** (*umg.*) *Kondom*

gum·mi·ar·tig <nicht steig.> *Adj. wie Gummi* eine gummiartige Masse

Gum·mi·ball der <-(e)s, Gummibälle> (*kleiner*) *Ball aus Gummi*

Gum·mi·band das <-(e)s, Gummibänder> *elastisches Band aus Gummi*[1] Wir sollen zur nächsten Gymnastikstunde ein Gummiband mitbringen.

Gum·mi·bär·chen das <-s, -> *eine Süßigkeit*

Gum·mi·baum der <-(e)s, Gummibäume> BOT. *eine Zimmerpflanze*

Gum·mi·boot das <-(e)s, -e> (≈ *Schlauchboot*)

gum·mie·ren <gummierst, gummierte, hat gummiert> *mit OBJ* ■ *jmd. gummiert etwas eine klebende Gummischicht auftragen* gummierte Briefumschläge

Gum·mie·rung die <-, -en> *eine klebende Gummischicht*

Gum·mi·hand·schuh der <-s, -e> *Handschuh aus Gummi*[1]

Gum·mi·hös·chen das <-s, -> *Windel aus Gummi*[1]

Gum·mi·knüp·pel der <-s, -> (*von Polizisten verwendeter*) *Schlagstock aus Gummi*[1] Die Polizei ging mit Gummiknüppeln auf die Demonstranten los.

Gum·mi·man·tel der <-s, Gummimäntel> *Regenmantel aus Gummi*[1] *oder mit Gummibeschichtung*

Gum·mi·pup·pe die <-, -n> *Puppe aus Gummi*[1]

Gum·mi·rei·fen der <-s, -> *Reifen aus Gummi*[1]

Gum·mi·ring der <-(e)s, -e> *dünner Ring aus Gummi*[1]*, den man beispielsweise verwendet, um gerollte Zeitschriften zusammenzuhalten*

Gum·mi·soh·le die <-, -n> (↔ *Ledersohle*) *Schuhsohle aus Gummi*[1]

Gum·mi·stie·fel der <-s, -> *Stiefel aus Gummi*[1]

Gum·mi·tier das <-(e)s, -e> (*aufblasbares*) *Wasserspielzeug aus Gummi*[1] *für kleine Kinder*

Gum·mi·tuch das <-(e)s, Gummitücher> *als Unterlage von etwas verwendetes Tuch aus Gummi*[1]

Gum·mi·zel·le die <-, -n> *mit Gummi*[1] *ausgekleidete Zelle für an Tobsucht leidende Patienten*

Gunst die <-> (*kein Plur.*) (*geh.*) **1.** *wohlwollende, freundliche Haltung gegenüber einer Person* Er erlangte/verlor ihre Gunst. **2.** *bestimmte Auszeichnung als Zeichen der Gunst*[1] Er gewährte mir eine Gunst. ■ **zu jemandes Gunsten**: *zu jmds. Vorteil, Nutzen* ◆ Getrennt- oder Zusammenschreibung→R 4.14 zu Gunsten/zugunsten

Gunst·be·weis der <-es, -e> (*geh.*) *Beweis von jmds. Gunst*[1]

Gunst·be·zei·gung die <-, -en> (*geh.*) *sichtbares Zeichen von jmds. Gunst*[1] Mit Gunstbezeigungen dir gegenüber geht sie ja nicht gerade sparsam um!

Gunst·ge·werb·ler, **Gunst·ge·werb·le·rin** der <-s, -> (*umg. scherzh.*) *Prostituierte(r)*

güns·tig *Adj.* **1.** *von Vorteil, gut geeignet, förderlich* Wir sollten die günstige Gelegenheit nicht verstreichen lassen., Die Wetterverhältnise waren günstig für die Besteigung des Gipfels., ein besonders günstiges Angebot **2.** (*umg.* ≈ *preiswert*) Äpfel sind derzeit besonders günstig.

güns·ti·gen·falls/güns·tigs·ten·falls *Adv. bestenfalls* Sie können günstigenfalls in zwei Monaten in die neue Wohnung einziehen.

Günst·ling der <-s, -e> (*oft abwert.*) *jmd., der von einer einflussreichen Person bevorzugt und gefördert wird*

Gur·gel die <-, -n> (*umg.* ≈ *Kehle*) jemandem (vor Wut) an die Gurgel gehen

gur·geln <gurgelst, gurgelte, hat gegurgelt> *ohne OBJ* ■ *jmd. gurgelt* (*mit etwas Dat.*) *den Rachen spülen, indem man den Kopf nach hinten neigt und dabei eine Flüssigkeit, die man im Mund hat, durch Ausatmen der Luft bewegt, wobei ein gluckerndes Geräusch entsteht* Er gurgelt jeden Tag mit Mundwasser.

Gur·ke die <-, -n> *eine Frucht* (*,die man roh als Salat isst*)

gur·ken <gurkst, gurkte, hat/ist gegurkt> *ohne OBJ* ■ *jmd. gurkt irgendwohin* (*umg.*) *fahren, gehen*

Gur·ken·ge·würz das <-es, -e> *zum Einlegen oder Einmachen von Gurken verwendetes Gewürz*

Gur·ken·glas das <-es, Gurkengläser> *Einmachglas für Gurken*

Gur·ken·kraut das <-(e)s> (*kein Plur.*) (≈ *Borretsch*) *Dill*

Gur·ken·sa·lat der <-s, -e> *Salat aus Gurken*

gur·ren <gurrst, gurrte, hat gegurrt> *ohne OBJ* ■ *jmd./ein Tier gurrt weich rollende, kehlig-dumpfe Töne von sich geben* **1.** Die Tauben gurren. **2.** (*als Frau*) *gurrende Laute zum Zweck der Schmeichelei von sich geben* „Du willst doch noch nicht gehen, oder?“ gurrte sie.

Gurt der <-(e)s, -e> **1.** *ein starkes, breites Band zum Tragen oder Halten von etwas* Der Deckel der Kiste war mit Ledergurten gesichert. **2.** *kurz für „Sicherheitsgurt“*

Gür·tel der <-s, -> *ein Lederriemen, der in Schlaufen am Hosenbund getragen wird und der das Rutschen der Hose verhindert* Während ich einen Gürtel trage, bevorzugt er Hosenträger. ■ **den Gürtel enger schnallen müssen** (*umg.*): *sich* *einschränken, sparen müssen* ◆ Leder-

Gür·tel·flech·te die <-, -n> (MED.: ≈ *Gürtelrose*)

Gür·tel·li·nie ■ **unterhalb der Gürtellinie**: *unanständig, obszön* Der Witz lag bereits unterhalb der Gürtellinie. **ein Schlag unter die Gürtellinie** (*umg.*): *eine unfaire, sehr verletzende Bemerkung oder Handlung* Seine Bemerkung war ein Schlag unter die Gürtellinie.

Gür·tel·ro·se die <-> (*kein Plur.*) MED. *eine schmerzhafte Infektionskrankheit*

Gür·tel·schnal·le die <-, -n> *Schnalle am Gürtel(ende)*

Gür·tel·ta·sche die <-, -n> *kleine, am Gürtel befestigte Tasche* Die Papiere bewahrst du am besten in der Gürteltasche auf.

gür·ten <gürtest, gürtete, hat gegürtet> *mit OBJ* ■ *jmd. gürtet sich* (*mit etwas Dat.*) (*veralt.*) *sich einen Gurt oder Gürtel umschnallen*

Gurt·muf·fel der <-s, -> (*umg.*) *jmd., der beim Autofahren ungern den Sicherheitsgurt anlegt*

Gurt·pflicht die <-> (*kein Plur.*) (≈ *Anschnallpflicht*) *gesetzliche Vorschrift, den Sicherheitsgurt beim Fahren anzulegen*

Gu·ru der <-s, -s> **1.** *religiöser Lehrer des Hinduismus und Buddhismus* **2.** (*umg.*) *jmd., der in einem bestimmten Bereich große Kenntnisse hat und dessen Meinung als maßgeblich anerkannt ist*

Guss der <-es, Güsse> **1.** *das Gießen eines Gegenstandes* (*aus Metall*) Das ist eine Glocke aus gutem Guss. **2.** (*umg.*) *kurzer Regenschauer* **3.** *dünner Zucker- oder Schokoladenüberzug an Gebäck* ■ (**wie**) **aus einem Guss**: *einheitlich, vollkommen in Bezug auf die Gestaltung*

Guss·ei·sen das <-s> (*kein Plur.*) *Eisen, das nicht durch Schmieden, sondern nur durch Gießen geformt werden kann*

guss·ei·sern <nicht steig.> *Adj. aus Gusseisen* ein gusseiserner Stuhl

Gus·to der <-s, -s> (*meist Sing.*) (*süddt. österr.*) *Lust* Das kannst du ganz nach deinem Gusto machen.

Gut das <-(e)s, Güter> **1.** (*materieller*) *Besitz* Der Täter hatte sich an fremdem Gut vergriffen. **2.** (*geistiger, ideeller*) *Wert, Besitz* Freiheit/Gesundheit ist ein kostbares Gut. **3.** (*meist Plur.*) *Ware* Die Spedition hat sich auf den Transport sperriger Güter spezialisiert. **4.** *ein großer landwirtschaftlicher Besitz* Der Sohn bewirtschaftet inzwischen das väterliche Gut.

gut <besser, am besten> *Adj.* **1.** *von zufrieden stellender* (*etwas über dem Durchschnitt liegender*) *Qualität, ohne nachteilige Eigenschaften, Mängel* Das war ein guter Film/Witz., Er hat gute Ohren/Augen/ein gutes Gedächtnis. **2.** *seine Aufgaben gewissenhaft erfüllend* Sie ist eine gute Schülerin/Studentin/Ärztin. **3.** *wirksam, nützlich* Das raue Nordseeklima ist gut für die Bronchien. **4.** *günstig, passend, geeignet* Uns bot sich eine gute Gelegenheit. **5.** *sich erfreulich auswirkend, angenehm* Das ist eine gute Nachricht!, Wir hatten während des gesamten Urlaubs gutes Wetter. **6.** *relativ reichlich* Die Bauern freuten sich über eine gute Ernte. **7.** *tadellos* Der Arzt/Anwalt hat einen guten Ruf. **8.** *sittlich einwandfrei, wertvoll* Sie ist ein guter Mensch., Sie kämpfen für eine gute Sache. **9.** *freundlich gesinnt* Er war stets ein guter Freund. **10.** *mindestens, wenn nicht noch mehr als* Die Kiste wiegt gute zwanzig Kilo. **11.** *besonderen Anlässen vorbehalten* Sonntags zog er stets den guten Anzug an. **12.** *leicht, mühelos geschehend* Der Roman liest sich nicht so schwer wie der letzte, sondern ausgesprochen gut., Du hast gut reden! ■ **es gut sein lassen** (*umg.*): *etwas mit etwas erledigt sein lassen* **es gut getroffen haben**: *Glück mit etwas haben* **gut daran tun**: *in Bezug auf etwas richtig handeln* **gut und gerne** (*umg.*): *bestimmt; wenn nicht mehr* Auf der Feier waren gut und gerne 80 Gäste. **so gut wie** (*umg.*): *einer Aufgabe fast völlig entsprechend, so dass Fehlendes kaum von Belang ist* **im Guten wie im Bösen**: *mit Güte und mit Strenge* ◆ Getrenntschreibung→R 4.2f. gut gehen, gut tun, gut aussehend, gut besucht, gut bezahlt, gut dotiert, gut gehen, gut gelaunt, gut gemeint, gut informiert, gut situiert, gut sitzend, gut unterrichtet, gut verdienend; Zusammenschreibung→R 4.11 gutheißen, gutschreiben; Großschreibung→R 3.4, R 3.7 jemandem etwas im Guten sagen, im Guten wie im Bösen, Gut und Böse unterscheiden können, Gutes und Böses, sein Gutes haben, des Guten zu viel tun, zum Guten lenken/wenden, etwas/nichts/viel/wenig Gutes, alles Gute; Kleinschreibung →R 3.13 jenseits von gut und böse sein

Gut·ach·ten das <-s, -> *Urteil, Aussage, Bericht eines Sachverständigen, Experten* Wir sollten ein ärztliches/juristisches/psychiatrisches Gutachten anfordern.

Gut·ach·ter, **Gut·ach·te·rin** der <-s, -> *jmd., der* (*beruflich*) *Gutachten erstellt* einen Gutachter zu Rate ziehen

gut·ach·ter·lich <nicht steig.> (*nur attr.*) *Adj.* eine gutachterliche Stellungnahme

gut·ar·tig <nicht steig.> *Adj.* **1.** (↔ *bösartig*) *nicht aggressiv* Keine Angst, der Hund ist gutartig. **2.** MED. *keine Metastasen bildend* Die gutartige Geschwulst muss glücklicherweise nicht operiert werden.

Gut·ar·tig·keit die <-> (*kein Plur.*) *das Gutartigsein*

gut·be·tucht <nicht steig.> *Adj.* (≈ *gutsituiert*) *so, dass jmd. viel Geld besitzt* sich einen gutbetuchten Junggesellen angeln

gut·bür·ger·lich <nicht steig.> (*nur attr.*) *Adj. so, dass es in der Qualität, Lebensart dem Bürgertum entspricht* Unser Landgasthof bietet gutbürgerliche Küche.

Gut·dün·ken das <-s> (*kein Plur.*) *Belieben, Ermessen* Du kannst mit deinen Ersparnissen nach deinem/eigenem Gutdünken verfahren.

Gü·te die <-> (*kein Plur.*) **1.** *freundliche, nachsichtige Einstellung* Seine Güte kannte kaum Grenzen., Hättest du die Güte, mir die Einkaufstaschen abzunehmen? **2.** (*gute*) *Qualität* Die Güte dieser

Ware wird von vielen Kunden geschätzt. ■ **(ach) du meine/liebe Güte!** (*umg.*): *verwendet als Ausruf des Erschreckens, Erstaunens*

Gü·te·klas·se die <-, -n> *Klasse, in die eine Ware je nach ihrer Qualität eingeordnet wird* Eier der Güteklasse eins

Gu·te·nacht·kuss der <-es, Gutenachküsse> *Kuss vor dem Schlafengehen (in der Familie)* Bekomme ich heute abend keinen Gutenachtkuss?

Gü·ter·aus·tausch der <-(e)s> (*kein Plur.*) WIRTSCH. *Austausch von Gütern (mit dem Ausland)*

Gü·ter·bahn·hof der <-(e)s, Güterbahnhöfe> *Bahnhof, auf dem Güter³ verladen werden*

Gü·ter·be·för·de·rung die <-> (*kein Plur.*) *Beförderung von Gütern³*

Gü·ter·ge·mein·schaft die <-> (RECHTSW.: ↔ *Gütertrennung*) *gemeinsames Vermögen von Ehepartnern* in Gütergemeinschaft leben

Gü·ter·hal·le die <-, -n> *Halle zum Lagern von Gütern³*

gut·er·hal·ten <nicht steig.> *Adj. immer noch in gutem Zustand* ein guterhaltenes Jugendstilsofa

Gü·ter·recht das <-(e)s> (*kein Plur.*) RECHTSW. *eine gesetzliche Regelung, die das Vermögen von Ehepartnern betrifft*

gü·ter·recht·lich <nicht steig.> *Adj. das Güterrecht betreffend*

Gü·ter·ta·rif der <-s, -e> *Tarif bei Gütersendungen*

Gü·ter·trans·port der <-(e)s, -e> *Transport von Gütern*

Gü·ter·tren·nung die <-> (*kein Plur.*) RECHTSW. *vertraglich vereinbarte Trennung des Eigentums zweier Ehepartner*

Gü·ter·um·schlag der <-(e)s> (*kein Plur.*) *Umladen von Gütern*

Gü·ter·ver·kehr der <-s> (*kein Plur.*) *Verkehr von Gütern* Güterverkehr per Bahn, Schiff ...

Gü·ter·wa·gen der <-s, -> *Eisenbahnwagen für die Beförderung von Gütern*

Gü·ter·wag·gon der <-s, -s> *Eisenbahnwagen für die Beförderung von Gütern*

Gü·ter·zug der <-(e)s, Güterzüge> (↔ *Personenzug*) *Eisenbahnzug für den Transport von Gütern³*

gut·ge·baut <nicht steig.> *Adj. (Mann) von ansprechender Körperform* Siehst du den gutgebauten Typen da hinten?

gut·ge·klei·det <nicht steig.> *Adj.* Zum Vorstellungsgespräch musst du auf alle Fälle gutgekleidet erscheinen.

gut·gläu·big *Adj. so, dass ein ehrlicher Mensch auch bei anderen (stets) Ehrlichkeit und gute Absichten voraussetzt* Mit dieser Masche hat der Betrüger schon viele allzu gutgläubige Menschen um ihr Geld gebracht.

Gut·gläu·big·keit die <-> (*kein Plur.*) *das Gutgläubigsein*

Gut·ha·ben das <-s, -> *auf einem Bankkonto deponiertes Geld* über ein ansehnliches Guthaben verfügen

gut·hei·ßen <heißt gut, hieß gut, hat gutgeheißen> *mit OBJ* ■ *jmd. heißt etwas gut billigen, für richtig halten* Ich kann euren Plan/diese Entwicklung nicht gutheißen.

gut·her·zig *Adj. anderen gegenüber wohlwollend eingestellt* Sie ist eine gutherzige alte Seele.

Gut·her·zig·keit die <-> (*kein Plur.*) *das Gutherzigsein*

gü·tig *Adj. nachsichtig, wohlwollend, freundlich* ein gütiges Wesen besitzen

güt·lich <nicht steig.> *Adj. in freundlichem Einvernehmen, ohne Streit* Im Tarifkonflikt kam es doch noch zu einer gütlichen Einigung. ■ **sich an etwas gütlich tun**: *mit Genuss essen, trinken*

gut·mü·tig *Adj. sehr geduldig und friedlich* Sei nicht immer so gutmütig allen gegenüber!

Gut·mü·tig·keit die <-> (*kein Plur.*) gutmütige Art

gut·nach·bar·lich <nicht steig.> *Adj. so, dass man sich gut mit dem oder den Nachbar(n) versteht* auf gutnachbarlichem Fuß(e) miteinander stehen

Guts·be·sit·zer, **Guts·be·sit·ze·rin** der <-s, -> *Besitzer eines Gutes⁴*

Gut·schein der <-(e)s, -e> *Dokument, das dem Inhaber ein Anrecht auf etwas gibt* Gegen Vorlage dieses Gutscheins erhalten Sie verbilligte Eintrittskarten.

gut·schrei·ben <schreibst gut, schrieb gut, hat gutgeschrieben> *mit OBJ* ■ *jmd. schreibt (jmdm.) etwas gut als Guthaben eintragen, anrechnen* Der Betrag wird Ihrem Konto gutgeschrieben.

Gut·schrift die <-, -en> (BANKW.: ↔ *Lastschrift*) *auf einem Konto positiv verbuchter Betrag*

Guts·hof der <-(e)s, Gutshöfe> *großer Bauernhof*

gut·si·tu·iert <nicht steig.> *Adj.* (≈ *gutbetucht*)

gut·tu·ral *Adj. mit kehliger Stimme sprechen* eine gutturale Aussprache haben

gut·wil·lig *Adj. bereitwillig* Sie ist eine gutwillige Schülerin.

Gut·wil·lig·keit die <-> (*kein Plur.*) *das Gutwilligsein*

Gu·ya·na <-s> GEOGR. *Staat in Südamerika*

Gu·ya·ner, **Gu·ya·ne·rin** der <-s, -> *jmd., der die guyanische Staatsbürgerschaft besitzt*

gu·ya·nisch <nicht steig.> (*nur attr.*) *Adj. zu Guyana gehörig*

Gym·na·si·al·bil·dung die <-> (*kein Plur.*) SCHULE *gymnasiale Bildung*

Gym·na·si·al·un·ter·richt der <-(e)s, -e> (*meist Sing.*) SCHULE *Unterricht im Gymnasium*

Gym·na·si·ast, **Gym·na·si·as·tin** der <-en, -en> SCHULE *Schüler eines Gymnasiums*

Gym·na·si·um das <-s, Gymnasien> SCHULE **1.** *bis zum Abitur führende Schule* **2.** *Gebäude, in dem sich ein Gymnasium¹ befindet*

Gym·nas·tik die <-> (*kein Plur.*) SPORT *als Sportart oder zu medizinischen Zwecken durchgeführte körperliche Übungen* Sie macht morgens stets zehn Minuten Gymnastik., Er macht Gymnastik zur Stärkung der Rückenmuskulatur. ◆-anzug, -band, -halle, -stunde

Gym·nas·tik·leh·rer, **Gym·nas·tik·leh·re·rin**

G

der <-s, -> *Lehrer für Gymnastik*

gym·nas·tisch <nicht steig.> (*nur attr.*) *Adj. die Gymnastik betreffend* gymnastische Übungen machen

Gy·nä·ko·lo·ge, **Gy·nä·ko·lo·gin** der <-n, -n> MED. *Frauenarzt*

Gy·nä·ko·lo·gie die <-> (*kein Plur.*) (MED.: ≈ *Frauenheilkunde* ↔ *Andrologie*) *Teilgebiet der Medizin, das sich mit den spezifischen Erkrankungen des weiblichen Körpers beschäftigt*

gy·nä·ko·lo·gisch <nicht steig.> (*nur attr.*) *Adj.* MED. *die Gynäkologie betreffend* eine gynäkologische Untersuchung durchführen

Gy·ros das <-> (*kein Plur.*) *Gericht aus am Drehspieß gebratenem, kräftig gewürztem und in kleine Stücke geschnittenem Fleisch* ◆-spieß, -teller

H h

H, h das <-, -> *der achte Buchstabe des Alphabets* ein großes H, ein kleines h

ha *Interj. verwendet, um auszudrücken, dass man eine (negative) Situation bereits vorausgesehen hat* Ha, was sagst du nun?, Ha, ich habe es doch gewusst!

Haar das <-(e)s, -e> **1.** *eines der vielen feinen Gebilde, die aus der Haut des Menschen und aus der Haut von Tieren wachsen* blonde/braune/dunkelblonde/graue/schwarze Haare, das erste graue Haar, Haare an den Beinen/auf der Brust haben **2.** (*kein Plur.*) (*geh.*) *alle Haare*[1] sich das Haar kämmen, dichtes/feines/kräftiges/ krauses/lockiges Haar haben **3.** *das Fell einiger Tiere* ein Hund/ eine Katze mit kurzem Haar **4.** ■ **Haare auf den Zähnen haben** (*umg. abwert.*): *streitsüchtig und rechthaberisch sein* **etwas an/bei den Haaren herbeiziehen** (*umg. abwert.*): *etwas anführen, was kaum mit der Sache zu tun hat* Diese Begründung ist aber wirklich an den Haaren herbeigezogen! **um ein Haar** (*umg.*): *beinahe* **jemandem kein Haar krümmen** (*umg.*): *jmdm. nichts zu Leide tun* **kein gutes Haar an jemandem/etwas lassen**: *jmdn. oder etwas schlecht machen* **jemandem stehen die Haare zu Berge** (*umg.*): *jmd. ist entsetzt* **sich in die Haare geraten** (*umg.*): *sich streiten* **sich über etwas keine grauen Haare wachsen lassen** (*umg.*): *sich über etwas keine Sorgen machen* **ein Haar in der Suppe finden** (*umg.*): *an einer Sache etwas auszusetzen haben*

i Wissenswert Redewendungen: Ich habe mich so über dein Missgeschick geärgert, mir standen alle Haare zu Berge (ich habe mich so darüber aufgeregt); du kannst dich noch so anstrengen, sie wird immer ein Haar in der Suppe finden (sie wird immer etwas zu beanstanden haben); hat einen so guten Charakter, sie würde niemanden ein Haar krümmen (sie ist sehr friedliebend); darüber würde ich mir jetzt keine grauen Haare wachsen lassen (darüber würde ich mir keine Sorgen machen); die beiden Jungen gleichen einander bis aufs Haar (sind einander sehr ähnlich); obwohl sie Freundinnen sind, geraten sie sich immer in die Haare, wenn sie sich sehen (verstreiten sie sich immer); mit Haut und Haaren (ganz, vollständig).

Haar·aus·fall der <-s> (*kein Plur.*) *der Vorgang, dass die Haare*[1] *ausfallen*

Haar·bürs·te die <-, -n> *eine Bürste zum Kämmen des Haars*[2]

haa·ren *ohne OBJ/refl.* ■ *ein Tier/etwas haart Haare verlieren* Die Katze haart (sich) im Frühjahr., Die alte Pelzmütze haart.

Haa·res·brei·te ■ **um Haaresbreite** (≈ *beinahe*): *so, dass zu der genannten Sache nicht mehr viel gefehlt hätte* Um Haaresbreite wäre ich überfahren worden. **nicht um Haaresbreite weichen**: *kein Stück nachgeben*

Haar·far·be die <-, -n> *Farbe des Haars*[2]

Haar·fär·be·mit·tel das <-s, -> (≈ *Tönung*) *eine Substanz, die verwendet wird, um dem Haar*[2] *eine andere Farbe zu geben*

haar·fein <nicht steig.> *so fein und dünn wie ein Haar* ein haarfeiner Riss in der Mauer

Haar·fes·ti·ger der <-s, -> *ein Kosmetikum, das feinen Haaren*[1] *mehr Fülle verleihen soll*

Haar·gel das <-s, -s> *eine farblose Creme, die man benutzt, um der Frisur eine bestimmte Form zu geben*

haar·ge·nau <nicht steig.> *Adj.* (*umg.*) *sehr genau* Das stimmt haargenau!

haa·rig *Adj.* **1.** (≈ *behaart*) *so, dass Haare darauf wachsen* haarige Beine **2.** (*umg.*) *heikel; schwierig* eine haarige Angelegenheit, eine haarige Kletterpartie

Haar·klam·mer die <-, -n> *eine Klammer, die das Haar*[2] *in einer bestimmten Form hält*

haar·klein *Adv.* (*umg.*) *sehr genau, in allen Details* Er schilderte uns den Unfall haarklein.

Haar·kranz der <-es, Haarkränze> *ein schmaler Streifen Haare, der hinten an einem ansonsten kahlen Kopf geblieben ist*

Haar·lack der <-s> (*kein Plur.*) *siehe* **Haarfestiger**

Haar·mo·de die <-, -n> *die Art von Frisuren, die zu einer bestimmten Zeit modern sind*

Haar·na·del die <-, -n> *ein gebogenes Stück Draht zum Hochstecken oder Verzieren der Haare*

Haar·na·del·ku·rve die <-, -n> *eine sehr enge Kurve*

Haar·netz das <-es, -e> *ein Netz zum Zusammen-*

halten der Haare[1]

Haar·pracht die <-> (*kein Plur.*) (*als schön empfundene*) *kräftige lange Haare*

haar·scharf <nicht steig.> *Adj.* (*umg.*) **1.** *sehr knapp* Der Ball flog haarscharf am Tor vorbei. **2.** *sehr genau* etwas haarscharf schlussfolgern

Haar·schmuck der <-(e)s> (*kein Plur.*) *Kämme, Spangen u.Ä., die sich Frauen ins Haar stecken*

Haar·schnei·der der <-s, -> **1.** *ein* (*elektrisches*) *Gerät zum Schneiden der Haare* **2.** (*veralt. umg.*) *Friseur* zum Haarschneider gehen

Haar·schnitt der <-(e)s, -e> *die Art, wie die Haare*[1] *geschnitten und frisiert sind* einen frechen/modischen Haarschnitt haben

Haar·sieb das <-(e)s, -e> *ein kleines Sieb, das man in den Abfluss einer Bade- oder Duschwanne legt, um zu verhindern, dass Haare hineingeraten*

Haar·spal·ter der <-s, -> (*abwert.*) *jmd., der Haarspalterei betreibt*

Haar·spal·te·rei die <-, -en> (*umg. abwert.*) *Streit um unwichtige Kleinigkeiten*

haar·spal·terisch <nicht steig.> (*abwert.*) *in der Art eines Haarspalters*

Haar·span·ge die <-, -n> *siehe* **Haarklammer**

Haar·spray der/das ['haːɐ̯ʃpreː/'haːɐ̯spreː] <-s, -s> *Haarfestiger in Form eines Sprays*

Haar·spü·lung die <-, -en> *ein Pflegemittel, das man nach dem Waschen ins Haar gibt und wieder ausspült*

haar·sträu·bend *Adj.* (*umg. abwert.*) *so, dass es Entsetzen erregt* eine haarsträubende Geschichte, Die Prüfungsergebnisse waren haarsträubend!

Haar·teil das <-(e)s, -e> *ein ins Haar gesteckter Ersatz für eigene Haare* ein Haarteil aus echten/künstlichen Haaren tragen

Haar·trock·ner der <-s, -> (≈ *Föhn*) *ein elektrisches Gerät zum Trocknen der Haare*

Haar·wasch·mit·tel das <-s, -> (≈ *Shampoo*) *eine flüssige Seife zum Waschen der Haare*

Haar·was·ser das <-s, -> *eine kosmetische Flüssigkeit zur Pflege von Haaren und Kopfhaut*

Haar·wild das <-(e)s> (*kein Plur.*) (*fachspr.*) *alles Wild, das ein Fell hat* Rehe, Hirsche und Hasen gehören zum Haarwild.

Haar·wuchs der <-es> (*kein Plur.*) *die Art, wie die Haare wachsen* einen dichten/spärlichen Haarwuchs haben

Haar·wur·zel die <-, -n> *der Teil, mit dem das Haar in der Haut festgewachsen ist*

Hab ■ **Hab und Gut** (*geh.*): *der gesamte Besitz eines Menschen* Im Krieg hatte er all sein Hab und Gut verloren.

Ha·be die <-> (*kein Plur.*) (*geh.* ≈ *Besitz*) seine einzige/letzte Habe verlieren

Ha·ben das <-s> (*kein Plur.*) **1.** WIRTSCH. *die Gesamtheit der Einnahmen bzw. des Besitzes* **2.** (BANKW.: ↔ *Soll*) *die Seite des Kontos, auf der das vorhandene Geld und die Zugänge gebucht werden* Soll und Haben

ha·ben[1] <hast, hatte, hat gehabt> *ohne Objekt* ■ *jmd. hat/hatte plus Inf. als Hilfsverb verwendet zur Bildung der zusammengesetzten Zeiten* Ich habe/hatte das Buch schon gelesen., Nächsten Monat werde ich das Buch dann wohl schon gelesen haben.

ha·ben[2] <hast, hatte, hat gehabt> **I.** *mit OBJ* **1.** ■ *jmd. hat etwas/ein Tier* (≈ *besitzen*) *verwendet, um auszudrücken, dass jmd. im Besitz von etwas ist* Wir haben ein Haus/einen Hund/viele Bücher. **2.** ■ *jmd./etwas hat/hatte plus zu plus Inf.* (≈ *müssen*) Die Kinder haben zu gehorchen. **3.** ■ *jmd. hat etwas/jmdn.* (*als relativ inhaltsleereres Verb*) *verwendet, um auszudrücken, dass zwischen jmdm. und jmdm. oder etwas eine bestimmte Relation besteht* Er hat einen großen Freundeskreis/zwei Kinder., Sie hat keine Erfahrung/Mut. **4.** ■ *jmd. hat etwas verwendet, um auszudrücken, dass jmd. in einer Situation über etwas verfügt* Er hat keinerlei Hilfe., Hast du noch Geld, das du mir leihen kannst?, Kann ich mal dein Handy haben? **5.** ■ *jmd. hat etwas verwendet, um auszudrücken, dass jmd. etwas als Ware anbietet* Haben Sie frisches Obst?, Dieses Modell ist nicht mehr zu haben. **6.** ■ *jmd. hat etwas* (≈ *innehaben*) *verwendet, um auszudrücken, dass jmd. jmdm. etwas verliehen oder als Aufgabe gegeben hat* Er hat einen Doktortitel., Wer hat die Leitung des Projekts?, Wir haben eine große Verantwortung. **7.** ■ *jmd. hat etwas von etwas Dat. in bestimmter Weise von etwas profitieren oder in den Genuss von etwas kommen* Was habe ich davon?, Wir haben wenig voneinander gehabt. **8.** ■ *jmd. hat etwas an etwas leiden* Sie hat Lungenentzündung/hohes Fieber., Er hat es mit dem Herzen. **9.** ■ *jmd. hat etwas mit einer Zeitangabe verwendet, um auszudrücken, dass es eine bestimmte Uhrzeit ist* Wir haben ein Uhr. **10.** ■ *jmd. hat etwas plus Inf. zur Umschreibung eines Zustandes* Ihr habt die Verpflichtung zu schweigen., Ich habe den Wunsch, Urlaub zu machen., Er hat kalte Hände/viel Arbeit., eine Arbeit fertig haben, Ich habe es satt zu warten., Du hast es gut!, Wie hätten Sie's denn gern? **11.** ■ *jmd. hat plus Inf. berechtigt sein* Wer hat hier zu bestimmen?, Du hast mir nichts zu sagen! **12.** ■ *jmd./etwas hat etwas … jmd. oder etwas besitzt in einem gewissen Maße die genannte Sache.* Seine Ausstrahlung hat etwas Weltmännisches., Ihr Stil hat etwas Poetisches. **II.** *mit SICH* ■ *jmd. hat sich so* (*umg. abwert.*) *sich übertrieben aufregen; sich zieren* Hab dich doch nicht so, wegen dieser Nichtigkeit!, Habt euch nicht so, nehmt die Einladung einfach an! ■ **Ich hab's!** (*umg.*): *ich habe* (*heraus*)*gefunden, wonach ich gesucht habe* **noch zu haben sein** (*umg.*): *unverheiratet sein* **für etwas zu haben sein** (*umg.*): *sich für etwas begeistern lassen* **etwas nicht haben können** (*umg.*): *etwas nicht ausstehen können* **etwas gegen jemanden haben**: *jmdn. nicht leiden können* **jemanden/etwas unter sich haben**: *jmdn. oder etwas führen oder anleiten* **Es hat sich** (**damit**)! (*umg.*): *es ist erledigt* Jeder bekommt ein Stück Schokolade und damit hat es sich! **Haste was, biste was.** (*umg.*):

wer reich ist, gilt auch als wichtig

Ha·be·nichts der <-(es), -e> (*veralt. abwert.*) *jmd., der nichts bzw. nur wenig besitzt*

Ha·be·rer der <-s,-> (*österr.*) *Kumpel*

hab·gie·rig *Adj. sehr gierig nach materiellem Besitz*

hab·haft ■ **jemandes/einer Sache habhaft werden** (*geh.*): *jmdn. oder etwas zu fassen bekommen* Die Polizei konnte der Täter schnell habhaft werden., Ich hätte ihn gern einmal gesprochen, aber ich konnte seiner nicht habhaft werden.

Ha·bicht der <-s, -e> ZOOL. *eine Greifvogelart*

Ha·bichts·na·se die <-, -n> *eine stark gekrümmte Nase*

Ha·bi·li·tand, **Ha·bi·li·tan·din** der <-en, -en> *jmd., der an einer Habilitation arbeitet*

Ha·bi·li·ta·ti·on die <-, -en> *der Erwerb der Lehrberechtigung an Hochschulen (als Professor) durch Anfertigung einer wissenschaftlichen Arbeit* ◆ -sschrift, -verfahren

ha·bi·li·tiert <nicht steig.> *Adj. so, dass man die Lehrberechtigung an einer Hochschule (als Professor) besitzt* ein habilitierter Doktor, Sie ist habilitiert.

Ha·bit, **Ha·bit** das/der <-s, -e> *Amtskleidung; Ordenstracht* im Habit einer Nonne/eines Priesters erscheinen

Ha·bi·tus der <-> (*kein Plur.*) (*geh.*) *das Erscheinungsbild einer Person* An ihrem Habitus erkennt man sie als Schauspielerin., Er ist schon über dreißig, aber in seinem Habitus noch ein junger Bursche.

Hab·se·lig·keit <-, -en> (*meist Plur.*) (*abwert.*) *die wenigen Dinge, die jmd. besitzt* Die Flüchtlinge trugen ihre wenigen Habseligkeiten auf dem Rücken.

Hab·sucht die <-> (*kein Plur.*) (*abwert.*) *der übertriebene Drang, ständig seinen Reichtum zu mehren*

hab·süch·tig *Adj.* (*abwert.*) *so, dass man in übertriebener Weise versucht, seinen Reichtum zu mehren*

Hach·se, *a.* **Ha·xe** die <-, -n> KOCH. *der untere Teil des Beines beim Rind oder Schwein* ◆ Schweins-

Hack das <-s> (*kein Plur.*) *kurz für „Hackfleisch"* ◆ Rinder-, Schweine-

Hack·bra·ten der <-s, -> KOCH. *Hackfleisch, das in die Form eines Bratens gebracht und gegart wurde*

Ha·cke[1] die <-, -n> (*norddt.*) **1.** (≈ *Ferse*) Mir tun die Hacken weh., sich die Hacken wund laufen **2.** *der Absatz des Schuhs* schief gelaufene Hacken, Schuhe mit hohen Hacken ■ **jemandem nicht von den Hacken gehen** (*umg.*): *jmdn. verfolgen*

Ha·cke[2] die <-, -n> **1.** LANDW. *ein einfaches Gerät zur Auflockerung des Bodens* **2.** (*süddt. österr.*) *Beil* Holz mit der Hacke zerkleinern

ha·cken **I.** *mit OBJ* **1.** ■ *jmd. hackt etwas zerkleinern* Hast du schon Holz gehackt?, Ich muss noch Petersilie hacken., einen alten Schrank in Stücke hacken **2.** ■ *jmd. hackt etwas in etwas Akk. mit einem spitzen Gegenstand erzeugen* ein Loch ins Eis hacken, eine Öffnung in die Bretterwand hacken, mit dem Schnabel ein Loch in das Ei hacken **II.** *mit OBJ/ohne OBJ* ■ *jmd. hackt etwas* LANDW. *mit einer Hacke (be)arbeiten* Sie muss noch ein Beet/Rüben hacken., Er hat stundenlang im Garten gehackt. **III.** *ohne OBJ* ■ *ein Tier hackt (nach jmdm.)* **1.** (≈ *picken*) *mit dem Schnabel zubeißen* Vorsicht, der Hahn hackt!, Der Vogel hackt immer nach mir. **2.** ■ *jmd. hackt auf etwas Akk.* (*umg.*) *Tasten (hart) anschlagen* auf dem Klavier/der Tastatur hacken **3.** ■ *jmd. hackt (sich in etwas Akk.)* EDV *ohne Erlaubnis in ein fremdes Computersystem eindringen*

Ha·cke·pe·ter der <-s> (*kein Plur.*) (*umg.*) *Hackfleisch*

Ha·cker, **Ha·cke·rin** der ['hakɐ, 'hækə] <-s, -> EDV *jmd., der sich unberechtigten Zugriff auf fremde Computer verschafft*

Ha·cker·szene die <-> (*kein Plur.*) *als Hacker bekannte Personen*

Hack·fleisch das <-(e)s> (*kein Plur.*) KOCH. *klein gehacktes Fleisch von Rind und/oder Schwein* Hackfleisch zu Frikadellen verarbeiten, gemischtes Hackfleisch (≈ aus Rindfleisch und Schweinefleisch) ■ **Hackfleisch aus jemandem machen** (*umg. scherzh.*): *jmdm. gehörig die Meinung sagen*

Hack·klotz der <-es, Hackklötze> *ein Holzblock, auf dem man Holz oder Fleisch klein hackt*

Hack·messer das <-s, -> *ein Messer zum Hacken*

Hack·ord·nung die <-, -en> **1.** (*fachspr.*) *die Rangordnung in einer Gruppe von Vögeln* die Hackordnung auf einem Hühnerhof **2.** (*übertr.*) *die Rangordnung in einer Gruppe von Menschen* gegen die Hackordnung in der Klasse aufbegehren

Häck·sel der/das <-s> (*kein Plur.*) *klein geschnittenes Stroh*

häck·seln *mit OBJ/ohne OBJ* ■ *jmd. häckselt (etwas) zu kleinen Stücken schneiden*

Häck·sler der <-s, -> (≈ *Häckselmaschine*)

Ha·der der <-s> (*kein Plur.*) (*veralt. geh.*) *Streit* mit jemandem in Hader liegen/Hader suchen

ha·dern <haderst, haderte, hat gehadert> *ohne OBJ* (*veralt. geh.*) **1.** ■ *jmd. hadert mit jmdm./etwas streiten* mit jemandem wegen einer Sache hadern **2.** ■ *jmd. hadert mit etwas unzufrieden sein* mit seinem Schicksal hadern

Ha·des der <-> (*kein Plur.*) (*griechischer Gott der*) *Unterwelt*

Ha·dri·ans·wall der <-s> (*kein Plur.*) *von den Römern im Norden Englands errichteter Schutzwall gegen die Germanen*

Ha·fen[1] der <-s, Häfen> SEEW. *befestigter und geschützter Anlegeplatz (zum Be- und Entladen) von Schiffen* einen Hafen anlaufen, in einen Hafen einlaufen, im Hafen liegen ■ **im Hafen der Ehe landen/in den Hafen der Ehe eintreten** (*umg. übertr.*): *heiraten*

Ha·fen[2] der <-s, -> (*österr.*) *Topf, Gefäß*

Ha·fen·an·la·gen <-> *Plur. die Gesamtheit der zu einem Hafen gehörenden (technischen) Anlagen*

Ha·fen·ar·bei·ter, **Ha·fen·ar·bei·te·rin** der <-s, -> *jmd., der beruflich im Hafen arbeitet*

Ha·fen·be·cken das <-s, -> *das Wasserbecken eines Hafens*

Ha·fen·be·hör·de die <-, -n> (*meist Plur.*) *die Behörde, die einen Hafen verwaltet*

Ha·fen·ein·fahrt die <-, -en> *die Fahrrinne, in der die Schiffe in den Hafen einlaufen*

Ha·fen·ge·bühr die <-, -en> *eine Gebühr, die gezahlt werden muss, wenn ein Schiff in einem Hafen liegt und dessen Anlagen nutzt*

Ha·fen·rund·fahrt die <-, -en> *eine für Touristen veranstaltete Rundfahrt durch einen (größeren) Hafen*

Ha·fen·stadt die <-, Hafenstädte> *eine Stadt, die einen Hafen besitzt*

Ha·fer der <-s> (*kein Plur.*) *eine Getreidesorte* Der Hafer ist reif/wird geerntet. ■ **jemanden sticht der Hafer** (*umg.*): *jmd. ist sehr übermütig*

Ha·fer·flo·cken <-> *Plur.* KOCH. *zu Flocken verarbeitete Haferkörner*

Ha·ferl/Hä·ferl das <-s, -n> (*österr. umg.*) *Tasse* ein Häferl Kaffee

Haff das <-(e)s, -s/-e> SEEW. *vom offenen Meer durch einen Landstreifen abgetrennte Küstenbucht*

Haf·ner, **Haf·ne·rin** der <-s,-> (*österr.*) *Ofensetzer(in)*

Haft die <-> (*kein Plur.*) (≈ *Haftstrafe*) *eine Gefängnisstrafe* jemanden in Haft nehmen, seine Haft verbüßen, zu fünf Jahren Haft verurteilt werden

haft·bar <nicht steig.> *Adj.* RECHTSW. *für die Folgen (von etwas) verantwortlich* jemanden für entstandene Schäden haftbar machen, für einen entstandenen Schaden haftbar sein

Haft·be·fehl der <-(e)s, -e> RECHTSW. *eine richterliche Anordnung zur Verhaftung einer Person* Die Polizei sucht die Täter mit Haftbefehl.

haf·ten[1] *ohne OBJ* **1.** ■ *etwas haftet auf etwas Dat./an etwas Dat.* (≈ *festkleben*) *eine relativ feste Verbindung mit einer Oberfläche eingehen* Die Farbe haftet schlecht auf der Oberfläche., Der Teig haftet am Löffel. **2.** ■ *etwas haftet auf etwas Dat. nicht abrutschen* Die neuen Reifen haften auch auf nasser Fahrbahn., gut haftende Sohlen ■ **an jemandem haften bleiben** (*übertr.*): *immer zu jmdm. gehören* Dieser Makel wird immer an ihr haften bleiben. ◆ Getrenntschreibung→R 4.1 Der Schmutz ist an den Schuhen haften geblieben., Dieses Image ist immer an ihm haften geblieben.

haf·ten[2] *ohne OBJ* ■ *jmd. haftet für jmdn./etwas für (die Folgen von) etwas verantwortlich sein* Eltern haften für ihre Kinder!, Für entstandene Schäden haften Sie selbst., Sie haften mir dafür, dass alles rechtzeitig fertig wird.

Häft·ling der <-s, -e> *jmd., der eine Haftstrafe absitzt*

Haft·no·tiz die <-, -en> (*meist Plur.*) *ein Klebezettel für Notizen*

Haft·pflicht die <-> (*kein Plur.*) RECHTSW. *die gesetzlich vorgeschriebene Pflicht zur Wiedergutmachung eines Schadens, der anderen zugefügt wurde*

Haft·pflicht·ver·si·che·rung die <-, -en> *eine Versicherung für Kosten, die aus der Haftpflicht entstehen können*

Haft·pul·ver das <-s, -> *ein Pulver zur besseren Haftung von Zahnprothesen*

Haft·scha·le die <-, -n> (*meist Plur.*) (≈ *Kontaktlinse*)

Haft·stra·fe die <-, -n> RECHTSW. *eine Gefängnisstrafe* eine Haftstrafe zur Bewährung aussetzen

Haf·tung[1] die <-, -en> (*Plur. selten*) RECHTSW. *die Verantwortung für Personen und deren Handlungen* keine Haftung für jemanden/etwas übernehmen, Die Haftung für die Kinder tragen die Eltern. ■ **Gesellschaft mit beschränkter Haftung** (**kurz: „GmbH“**) WIRTSCH. RECHTSW.: *ein Unternehmen, bei dem die Eigentümer nur begrenzt für Verluste haften*

Haf·tung[2] die <-, -en> (*Plur. selten*) PHYS. TECHN. *Fähigkeit eines Körpers, an einem anderen festzuhalten* die Haftung mit dem Boden verlieren, die Haftung eines Reifens auf der Straße ◆ Boden-, Straßen-

Hag der <-(e)s, -e/Häge> (*schweiz.*) *Hecke; Zaun*

Ha·ge·but·te die <-, -n> *die beerenartige, rote Frucht der Heckenrose* ◆ -ntee

Ha·gel der <-s> (*kein Plur.*) **1.** *zu Eis gefrorener Niederschlag, der in Form relativ großer Kugeln fällt, die schwere Schäden an Dächern und Autos anrichten können* Die Ernte war vom Hagel zerstört worden. ◆ -schaden **2.** (*übertr.*) *eine große Menge von etwas* ein Hagel von Geschossen/Steinen/Vorwürfen

Ha·gel·korn das <-(e)s, Hagelkörner> **1.** *einzelnes, kleines Eiskorn des Hagels[1]* Hagelkörner trommelten an die Scheiben. **2.** MED. *eine Schwellung in der Größe eines Hagelkorns unter der Haut des Augenlides*

ha·geln <hagelt, hagelte, hat gehagelt> *mit ES* **1.** ■ *es hagelt* METEOR. *Hagel fällt* **2.** (*übertr.*) ■ **es hagelt etwas**: *etwas kommt in großer Zahl über jmdn.* Es hagelte Vorwürfe.

Ha·gel·schau·er der <-s, -> *ein Schauer von Hagel[1]*

ha·ger *Adj.* (↔ *korpulent*) *mager und groß gewachsen* Er war von hagerer Gestalt., ein hageres Gesicht haben

Ha·ger·keit die <-> (*kein Plur.*) (↔ *Korpulenz*) *das Hagersein*

ha·ha *Interj. verwendet, um ein Lachen anzudeuten* Haha, dass ich nicht lache!

Hä·her der <-s, -> *ein bunter, im Wald lebender, europäischer Rabenvogel*

Hahn der <-(e)s, Hähne> **1.** ZOOL. *ein männliches Huhn* ein Hühnerhof mit zwanzig Hennen und einem Hahn **2.** TECHN. *eine Vorrichtung zum Öffnen und Schließen von Rohrleitungen* den Hahn öffnen/schließen/zudrehen, Im Bad tropft der Hahn., Das Bier aus dem Hahn zapfen. **3.** *der Abzug an einer Schusswaffe* den Hahn einer Waffe spannen ■ **der Hahn im Korb(e) sein** (*umg.*):

H

der einzige Mann unter vielen Frauen sein **danach kräht kein Hahn (mehr)** (*umg. abwert.*): *das interessiert niemanden (mehr)*

Hah·nen·fuß der <-es> (*kein Plur.*) BOT. *eine Wiesenblumenart*

Hah·nen·schrei ■ **beim ersten Hahnenschrei** (*geh.*): *ganz früh am Morgen*

Hah·nen·tritt·mus·ter das <-s, -> *ein (meist schwarzweißes) Stoffmuster*

Hahn·rei der <-(e)s, -e> (*geh.*) *ein betrogener Ehemann*

Hai der <-(e)s, -e> *ein gefährlicher Meeresraubfisch*

Hai·fisch der <-es, -> (≈ *Hai*)

Hain der <-(e)s, -e> (*geh.*) *ein kleiner Wald*

Hair·sty·list, **Hair·sty·lis·tin** der ['heəːɐ̯staɪlɪst] <-en, -en> *ein Friseur, der besonders modische, kunstvolle Frisuren gestaltet*

Ha·i·ti <-s> *Inselstaat in Mittelamerika*

Ha·i·ti·a·ner, **Ha·i·ti·a·ne·rin** der <-s, -> *jmd., der die haitianische Staatsbürgerschaft hat*

ha·i·ti·a·nisch <nicht steig.> *Adj. zu Haiti gehörend, daher stammend*

haitisch <nicht steig.> *Adj. s.* **haitianisch**

Hä·kel·de·cke die <-, -n> *eine gehäkelte Decke*

hä·keln <häkelst, häkelte, hat gehäkelt> *mit OBJ/ohne OBJ* ■ *jmd. häkelt (etwas) mit Hilfe einer Häkelnadel aus Garn herstellen* Topflappen/Spitzendeckchen häkeln, In ihrer Freizeit häkelt sie gern.

Hä·kel·na·del die <-, -n> *Nadel zum Häkeln*

ha·ken **I.** *mit OBJ* ■ *jmd. hakt etwas an etwas Dat. /in etwas Akk. etwas in etwas einhängen* eine Strickleiter an einen Baum haken, die Daumen in den Gürtel haken **II.** *ohne OBJ* ■ *etwas hakt* (*umg.*) *festhängen* Mein Fahrrad ist kaputt, das Tretlager hakt irgendwo.

Ha·ken der <-s, -> **1.** *ein gekrümmtes Stück Metall, Holz oder Plastik, mit dem man etwas befestigen kann* das Bild/den Mantel an einen Haken hängen **2.** *etwas, das die gekrümmte Form eines Hakens[1] hat* hinter jede richtige Antwort einen Haken machen, Der Hase schlägt Haken, um seine Verfolger abzuschütteln. **3.** (*umg.*) *verdeckter Nachteil* Die Sache hat doch sicher einen Haken! **4.** SPORT *nach oben geführter Boxhieb* einen linken Haken beim Gegner landen

Ha·ken·kreuz das <-es, -e> GESCH. *das Emblem der Nationalsozialisten in Form eines Kreuzes, an dessen Endpunkten kurze Linien rechte Winkel zu den Balken des Kreuzes bilden*

Ha·ken·na·se die <-, -n> *eine hakenförmige Nase*

halb *Adj.* **1.** *zur Hälfte* Das Glas ist halb leer., auf halben Weg kehrtmachen, ein halbes Brot kaufen, um halb acht, nach einer halben Stunde, Es ist schon halb (neun)., Wir nehmen zwei Halbe. **2.** *teilweise; nicht ganz* halb angezogen/nackt, halb reif, sein Essen halb aufgegessen haben, sich halb rechts/links halten **3.** (*umg.*) *nicht so stark* nur mit halber Kraft arbeiten **4.** (*umg.*) *fast ganz* halb erfroren sein, halb tot vor Angst sein, sich halb totlachen, Die halbe Stadt weiß das schon., Damit hatten wir schon halb gewonnen. ■ **jemandem auf halbem Wege entgegenkommen** (*umg.*): *mit jmdm. einen Kompromiss eingehen* **noch ein halbes Kind sein** (*umg.*): *noch nicht völlig erwachsen sein* **sich wie ein halber Mensch fühlen** (*umg.*): *sich sehr unwohl fühlen* ◆ Kleinschreibung→R 3.3 um halb neun, Die Uhr steht auf halb zwölf.; Großschreibung→R 3.4, R 3.7 nichts Halbes und nichts Ganzes, einen Halben trinken; Getrenntschreibung→R 3.3 halb angezogen, halb aufgegessen, halb nackt, die Tür halb offen lassen, halb verhungert sein, halb wach sein, halb sitzend, halb tot, halb totlachen, halb totschlagen, halb verhungert, halb wach; Getrennt- oder Zusammenschreibung halb blind/halb blind, halb fertig/halbfertig, halb fest/halbfest, halb gar/halbgar, halblinks/halb links, halbrechts/halb rechts, halbreif/halb reif; Zusammenschreibung halbgebildet, halbleinen, halbmatt, halbtrocken, halbwild *siehe auch* **halbamtlich**, **halbautomatisch**, **halbdunkel**, **halbfertig**, **halbfett**, **halblang**, **halblaut**, **halbrund**, **halbtrocken**

halb·amt·lich <nicht steig.> *Adj. nicht ganz offiziell* eine halbamtliche Nachricht ◆ Getrenntschreibung Er kam zu mir halb amtlich, halb persönlich.

halb·au·to·ma·tisch <nicht steig.> *Adj.* (↔ *vollautomatisch*) *teilweise automatisch arbeitend* eine halbautomatische Waschmaschine, eine halbautomatische Fertigungsanlage

halb·blind <nicht steig.> *Adj. fast blind* ◆ Zusammen- oder Getrenntschreibung ein halbblinder/halb blinder alter Mann, durch das Wasser in den Augen halbblind/halb blind sein

Halb·bru·der der <-s, Halbbrüder> *ein Bruder, der nur den Vater oder die Mutter mit jmdm. gemeinsam hat*

Halb·dun·kel das <-s> (*kein Plur.*) *der Zustand der Dämmerung, in dem es fast schon dunkel ist* Im Halbdunkel des Abends konnte man kaum noch etwas erkennen.

halb·dun·kel <nicht steig.> *Adj. nicht ganz dunkel* ein halbdunkles Zimmer ◆ Getrenntschreibung halb dunkel, halb hell (teils … teils)

halb·durch·sich·tig <nicht steig.> *so, dass man fast erkennen kann, was darunter oder dahinter ist* halbdurchsichtige Gardinen/Kleidung/Strümpfe

Hal·be die <-, -> (↔ *Maß*) *ein halber Liter Bier* eine Halbe bestellen

hal·ber *Präp. + Gen.* (*veralt. geh.*) **1.** *um einer Sache willen* Der Ordnung halber wurde er eingesperrt., etwas der Vollständigkeit halber erwähnen **2.** *aufgrund von, wegen* Der Aufregung halber erlitt er einen Herzinfarkt., Er ist seiner dienstlichen Verpflichtungen halber verreist.

halb·er·fro·ren <nicht steig.> *Adj.* (*umg.*) *so, dass jmd. sehr friert* Halberfroren kamen die Kinder vom Schlittenfahren nach Hause.

Halb·er·zeug·nis das <-ses, -se> WIRTSCH. *ein Produkt, das halb fertig gestellt ist*

Halb·fa·b·ri·kat das <-(e)s, -e> (WIRTSCH.: ≈ *Halb-*

erzeugnis)

halb·fer·tig/halb fertig <nicht steig.> *Adj.* ◆ Zusammen- oder Getrenntschreibung die Arbeit halbfertig/halb fertig liegen lassen, ein halbfertiges/halb fertiges Haus

halb·fett <nicht steig.> *Adj.* **1.** *mit verringertem Fettanteil* halbfetter Käse/Quark **2.** DRUCKW. *als Schrift mit etwas dicker gedruckten Buchstaben als in der Grundschrift* ein halbfette Schrift ◆ Zusammenschreibung die Überschrift halbfett drucken; Getrenntschreibung halb fett, halb mager (teils ... teils)

Halb·fi·na·le das <-s, -/Halbfinals> (SPORT: ↔ *Finale, Viertelfinale*) *der Abschnitt eines Turniers in dem aus vier Teilnehmern oder Mannschaften die Finalteilnehmer ermittelt werden*

halb·gar <nicht steig.> (↔ *gar*) *so, dass es nur zur Hälfte gegart ist* halbgare Kartoffeln

halb·ge·bil·det *Adj.* (*abwert.*) *so, dass man keine echte Bildung besitzt* (*,obwohl man sich gebildet gibt*) halbgebildete Banausen

Halb·ge·fro·re·ne das <-n, -n> KOCH. *eine Eisspeise* Wir bestellten für jeden ein Halbgefrorenes.

Halb·gott der <-(e)s, Halbgötter> **1.** *eine Sagengestalt, die halb Gott, halb Mensch ist* **2.** (*übertr.*) *eine Person, die sehr bewundert wird* ■ **die Halbgötter in Weiß** (*umg. iron.*): *die Ärzte*

Halb·heit die <-, -en> (*abwert.*) *eine Sache oder Aufgabe, die nur unvollkommen erledigt ist* keine Halbheiten lieben

hal·bie·ren *mit OBJ* ■ *jmd. halbiert etwas* **1.** *in zwei Hälften teilen* einen Apfel mit dem Messer halbieren **2.** (↔ *verdoppeln*) *auf die Hälfte verringern* den Arbeitsaufwand mit Hilfe des Computers halbieren

Halb·in·sel die <-, -n> *eine Landzunge, die auf drei Seiten von Wasser umgeben ist* die Iberische Halbinsel

Halb·jahr das <-(e)s, -e> (↔ *Jahr, Vierteljahr*) *die Hälfte eines Jahres* im ersten Halbjahr des Jahres 2004

Halb·jah·res·bericht der <-(e)s, -e> (↔ *Jahresbericht*) *Bericht über die Entwicklungen und Ergebnisse, die es irgendwo im Zeitraum eines bestimmten Halbjahres gegeben hat*

Halb·jah·res·zeug·nis das <-ses, -se> SCHULE *das Zeugnis, das nach der ersten Hälfte des Schuljahres erteilt wird*

halb·jäh·rig <nicht steig.> *Adj.* **1.** *ein halbes Jahr alt* eine halbjährige Tochter haben **2.** *ein halbes Jahr dauernd* einen halbjährigen Kurs besuchen

halb·jähr·lich <nicht steig.> *Adj. jeweils nach einem halben Jahr stattfindend* Die Versammlungen finden halbjährlich statt., halbjährlich Bericht erstatten

Halb·kanton der <-s, -e> (*schweiz.*) *ein Kanton, der aus einer Kantonsteilung hervorgegangen ist und über alle Rechte eines Kantons verfügt; dieser schickt aber in den Ständerat nur einen statt zwei Vertreter und hat bei eidgenössischen Abstimmungen nur eine Standesstimme*

Halb·kreis der <-es, -e> *die Hälfte eines Kreises* sich im Halbkreis aufstellen

halb·kreis·för·mig <nicht steig.> *in der Form eines Halbkreises*

Halb·ku·gel die <-, -n> *die Hälfte einer Kugel*

halb·ku·gel·för·mig <nicht steig.> *in der Form einer Halbkugel*

halb·lang <nicht steig.> *Adj.* (*von längeren Haaren*) *nicht ganz bis auf die Schultern reichend* halblange Haare haben, die Haare halblang tragen ■ **Nun mach aber/mal halblang!** (*umg.*): *übertreibe nicht so* ◆ Zusammenschreibung Halblange Röcke sind wieder Mode.; Getrenntschreibung halb lang, halb kurz (teils ... teils)

halb·laut <nicht steig.> *Adj. in gedämpfter Lautstärke* etwas nur halblaut sagen ◆ Zusammenschreibung aus dem Zimmer klang halblaute Musik; Getrenntschreibung halb laut, halb leise (teils ... teils)

halb·leer <nicht steig.> *so, dass nicht alle Sitzplätze besetzt sind* eine halbleere Konzerthalle

halb·lei·nen <nicht steig.> *Adj. so, dass es zur Hälfte aus Leinen hergestellt ist* eine halbleinene Bluse

Halb·lei·ter der <-s, -> PHYS. *ein Stoff, dessen elektrische Leitfähigkeit sich bei Temperaturschwankungen stark verändert*

halb·mast *Adv.* (*als Flagge*) *in halber Höhe aufgezogen* Bei Staatstrauer werden die Fahnen halbmast gehisst/gesetzt.

Halb·mond der <-(e)s, -e> **1.** (ASTRON.: ↔ *Vollmond*) *der Mond in der Phase, in der er nur zur Hälfte sichtbar ist* Heute haben wir Halbmond. **2.** REL. *das Wahrzeichen des Islam* der islamische Halbmond

Halb·pen·si·on die <-> (*kein Plur.*) (↔ *Vollpension*) *eine Unterkunft mit Frühstück und warmem Abendbrot oder Mittagessen* Wir haben eine Woche Halbpension gebucht.

halb·roh <nicht steig.> *so, dass es noch zur Hälfte roh ist* noch halbrohes Fleisch

halb·rund <nicht steig.> *Adj. so, dass eine Hälfte rund ist und die Form eines Halbkreises oder einer Halbkugel hat* ein halbrundes Zimmer ◆ Zusammenschreibung eine halbrunde Kuppel; Getrenntschreibung halb rund, halb eckig (teils ... teils)

Halb·schat·ten der <-s> (*kein Plur.*) *nicht ganz im Schatten* unter einem Baum im Halbschatten sitzen

Halb·schuh der <-s, -e> (↔ *Stiefel*) *ein geschlossener Schuh, der den Knöchel nicht bedeckt*

Halb·schwer·ge·wicht das <-s, -e> SPORT **1.** (*kein Plur.*) (↔ *Schwergewicht*) *eine Gewichtsklasse bei bestimmten Sportarten* Er boxt im Halbschwergewicht. **2.** *ein Sportler(in) der Gewichtsklasse des Halbschwergewichts*[1]

Halb·schwes·ter die <-, -n> *eine Schwester, die nur den Vater oder die Mutter gemeinsam hat*

halb·sei·den <nicht steig.> *Adj.* (*abwert.*) *nicht seriös* eine halbseidene Person ◆ Getrenntschreibung ein halb seidenes, halb wollenes Tuch

halb·staat·lich <nicht steig.> *Adj.* (↔ *staatlich*)

H

so, dass es zur Hälfte vom Staat getragen wird eine halbstaatliche Schule

halb·stark <nicht steig.> *Adj.* (*umg. abwert.*) *gewollt auffällig und rüpelhaft* eine Gruppe halbstarker Jugendlicher

Halb·stie·fel der <-s, -> *ein bis knapp über die Knöchel reichender Stiefel*

halb·tags <nicht steig.> *Adj.* (↔ *ganztags*) *so, dass es den halben Tag über andauert* Er arbeitet wegen der Kinder nur halbtags., Ihre Tochter geht halbtags in den Kindergarten

Halb·tags·ar·beit die <-> (*kein Plur.*) (↔ *Vollzeitarbeit*) *Berufstätigkeit für halbe Arbeitstage* eine Halbtagsarbeit annehmen, die Halbtagsarbeit fördern

Halb·ton der <-(e)s, Halbtöne> MUS. *kleinster Tonschritt* Das Gis ist der Halbton zwischen dem G und dem A.

halb·tro·cken <nicht steig.> *Adj. von der Geschmacksnote des Weines zwischen trocken und lieblich* ein halbtrockener Wein ◆ Zusammenschreibung Er liebt den Sekt halbtrocken.

halb·ver·daut <nicht steig.> *Adj. so, dass es nur zur Hälfte verdaut ist*

halb·ver·hun·gert <nicht steig.> *Adj.* (*umg.*) *sehr hungrig*

halb·wegs *Adv.* (*umg.* ≈ *einigermaßen*) Sie waren halbwegs zufrieden mit uns., Könnt ihr wenigstens halbwegs freundlich sein?

Halb·welt die <-> (*kein Plur.*) (*umg. abwert.*) *elegant auftretende Gesellschaft, die aber von zweifelhaftem Ruf ist* ◆ -milieu

Halb·welt·dame die <-, -n> *eine Frau, die sich in der Halbwelt bewegt*

Halb·werts·zeit die <-, -en> PHYS. *die Zeitspanne, in der die Hälfte der Atome eines radioaktiven Stoffes zerfällt* eine kurze/lange Halbwertszeit haben

halb·wild <nicht steig.> *Adj. so, dass ein Tier weder ganz wild, noch ganz gezähmt ist* ein halbwildes Pferd

Halb·wüch·si·ge der/die <-n, -n> *ein Jugendlicher, der noch nicht erwachsen ist* Halbwüchsige haben zu dieser Veranstaltung keinen Zutritt.

Halb·wüs·te die <-, -n> (↔ *Wüste*) *ein Gebiet mit sehr wenig Vegetation, das fast wie eine Wüste ist*

Halb·zeit die <-> (*kein Plur.*) **1.** (SPORT: *Fußball*) *eine der beiden Hälften der gesamten Spielzeit* In der ersten Halbzeit fiel ein Tor. **2.** SPORT *die Unterbrechung nach der ersten Spielhälfte* der Spielstand zur Halbzeit

Halb·zeit·pfiff der (*kein Plur.*) (SPORT: *Fußball* ↔ *Schlusspfiff*) *der Pfiff des Schiedsrichters, der das Ende der ersten Halbzeit markiert*

Hal·de die <-, -n> *zu einem Berg aufgeschüttetes Material* eine Halde aus Abraum/Geröll/Kohle/Müll, eine alte Halde begrünen ■ **auf Halde produzieren**: *große Mengen unverkäuflicher Waren herstellen*

Hälf·te die <-, -n> **1.** *der halbe Teil von etwas* Jeder bekommt die Hälfte des Geldes., Er bebaut nur die Hälfte seines Landes, die andere lässt er brachliegen., eine Arbeit erst zur Hälfte fertig haben **2.** (≈ *Mitte*) auf der Hälfte des Weges umkehren ■ **jemandes bessere Hälfte** (*umg. scherzh.*): *jmds. Ehepartner(in)*

Half·ter[1] der/das <-s, -> *ein Kopfgeschirr für Pferde*

Half·ter[2] das/die <-s/-, -/-n> *eine Pistolentasche* ◆ Pistolen-

Hall der <-s, -e> (*selten Plur.*) (*geh.*) *Schall, der reflektiert wird* der Hall seiner Schritte in dem langen Gang, der ferne Hall des Donners

Hal·le die <-, -n> **1.** (≈ *Fabrikhalle, Lagerhalle*) *ein großes Gebäude mit einem meist nicht weiter unterteilten Innenraum, in dem gearbeitet oder etwas gelagertg wird* ◆ -nmeister, Fabrik-, Lager-, Produktions- **2.** *kurz für „Turnhalle“* Die Wettkämpfe finden bei schlechtem Wetter in der Halle statt. ◆ -nsprecher, Sport-, Turn- **3.** *kurz für „Veranstaltungshalle“* für eine Großveranstaltung eine Halle mieten ◆ -nmiete, Mehrzweck-

hal·le·lu·ja *Interj.* REL. *Ausruf zur Lobpreisung Gottes in christlichen Gottesdiensten* Halleluja und Amen!

hal·len *ohne OBJ* **1.** ■ *etwas hallt einen Hall erzeugen* Seine Schritte hallen im leeren Gang., Eine Stimme hallt durch die Nacht. **2.** ■ *etwas hallt von etwas Dat. mit einem lauten Klang erfüllt sein* Der Saal hallt vom Gelächter der Zuschauer.

Hal·len·bad das <-(e)s, Hallenbäder> *ein Schwimmbad, das sich in einer Halle befindet*

Hal·len·sai·son die <-> (*kein Plur.*) SPORT *der Teil des Jahres, in dem man bestimmte Sportarten (witterungsbedingt) in der Halle*[2] *ausübt*

Hal·li·masch der <-(e)s, -e> BOT. *eine Pilzart*

hal·lo *Interj.* **1.** *verwendet , um Aufmerksamkeit auf sich zu lenken* Hallo, ist da jemand?, Hallo, hört mal alle zu! **2.** *Ausruf, um am Telefon den Gesprächspartner anzusprechen* Hallo!, Hallo, wer spricht da? **3.** (*umg. jugendspr.*) *Ausruf zur Begrüßung* Hallo Leute! **4.** *Ausdruck freudiger Überraschung* Hallo, da seid ihr ja! ◆ Großschreibung→R 3.4 Es gab ein großes Hallo zum Wiedersehen.

Hal·lu·zi·na·ti·on die <-, -en> (≈ *Sinnestäuschung*) *der Vorgang, dass man glaubt, etwas zu sehen, das in Wirklichkeit nicht da ist* Ist das eine Halluzination oder sehe ich dort hinten das Meer?, Halluzinationen haben

hal·lu·zi·nie·ren *ohne OBJ* ■ *jmd. halluziniert* (*geh.*) *Halluzinationen haben*

Halm der <-(e)s, -e> *der dünne Stängel von bestimmten Pflanzen* Die Halme des Getreides wiegen sich im Wind.

Ha·lo·gen das <-s, -e> CHEM. *eine Gruppe von chemischen Elementen, die ohne Beteiligung von Sauerstoff mit Metallen Salze bilden*

Ha·lo·gen·schein·wer·fer der <-s, -> *eine Lampe, die mit Edelgas und Halogen gefüllt ist*

Ha·lo·gen·stra·hler der <-s, -> *eine kleine Halogenlampe zur Wohnungsbeleuchtung*

Hals der <-es, Hälse> **1.** ANAT. *der Teil des Körpers von Menschen und Tieren, der Kopf und Rumpf* *verbindet* eine Kette um den Hals tragen, Die Giraffe hat einen langen Hals., sich den Hals verdrehen/verrenken **2.** *der Rachen und die Kehle* einen rauen/entzündeten Hals haben, Der Arzt schaute ihm in den Hals., Der Bissen blieb mir im Hals stecken. **3.** *etwas, das an den Hals[1] erinnert, weil es schmal und relativ weit oben ist* der Hals einer Flasche, der Hals der Gitarre ■ **einen langen Hals machen** (*umg.*): *sich in die Höhe recken* (*um besser sehen zu können*) **aus vollem Halse** (*umg.*): *sehr laut* aus vollem Halse lachen/schreien **sich den Hals brechen** (*umg.*): *schwer verunglücken* Du hättest dir dabei den Hals brechen können! **sich etwas auf den Hals laden** (*umg.*): *eine unangenehme Arbeit übernehmen* **sich den Hals (nach etwas/jemandem) verdrehen** (*umg.*): *auffällig etwas oder jmdm. nachblicken* **jemanden auf dem Hals haben** (*umg. abwert.*): *jmdn. nicht mehr loswerden* **jemandem zum Hals(e) heraushängen** (*umg.*): *für jmdn. unerträglich sein* Er/sein Gerede hängt mir langsam zum Hals(e) heraus. **etwas in den falschen Hals bekommen** (*umg.*): *etwas missverstehen und deshalb übel nehmen* **sich jemanden/etwas vom Hals schaffen** (*umg.*): *jmdn. oder etwas loswerden* **den Hals nicht voll kriegen können** (*umg. abwert.*): *nicht genug bekommen können* **Hals über Kopf** (*umg.*): *schnell und ohne nachzudenken* **Hals- und Beinbruch!** (*umg.*): *Ausspruch, mit dem man jmdm. alles Gute wünscht*

> **i Wissenswert** Redewendungen: Er konnte sich nicht mehr verabschieden, er ist Hals über Kopf abgereist (er ist sehr schnell abgereist); ihr könnt nie den Hals voll genug bekommen/kriegen (ihr seid sehr habgierig); er lachte aus vollem Hals (er lachte äußerst laut); er konnte nicht sprechen, er hatte einen Frosch im Hals (er war so heiser, dass man ihn nicht verstehen konnte); sie hat das bestimmt nicht so gesagt, das hast du sicher in den falschen Hals bekommen (sie hat das nicht so gemeint, du brauchst ihr das nicht übelzunehmen); er kann sich gar nichts leisten, er steckt über den Hals in Schulden (er ist sehr verschuldet); ich bin so aufgeregt, mir schlägt das Herz bis zum Hals (ich bin sehr nervös vor Aufregung).

Hals·ab·schnei·der, **Hals·ab·schnei·de·rin** der <-s, -> (*umg. abwert.*) *jmd., der bei Geschäften skrupellos auf den eigenen Vorteil bedacht ist* Er ist ein richtiger Halsabschneider, mit ihm würde ich keine Geschäfte machen.

hals·ab·schnei·de·risch <nicht steig.> *Adj.* (*abwert.* ≈ *betrügerisch*)

Hals·band das <-(e)s, Halsbänder> *ein Band, das man einem Hund um den Hals legt, um die Leine daran zu befestigen*

hals·bre·che·risch <nicht steig.> *Adj. so gewagt, dass es lebensgefährlich ist* in halsbrecherischem Tempo um die Kurve fahren, halsbrecherische Klettertouren machen

Hals·ent·zün·dung die <-, -en> MED. *eine Entzündung des Rachens* mit einer fiebrigen Halsentzündung im Bett liegen

Hals·ket·te <-, -n> *eine Kette[2], die man um den Hals trägt*

Hals·krau·se die <-, -n> **1.** (*gesch.*) *ein gefältelter Kragen* die weiße Halskrause eines spanischen Edelmannes **2.** ZOOL. *der ausgeprägte Federschmuck am Hals mancher Vögel*

Hals-Na·sen-Oh·ren-Arzt, **Hals-Na-·sen-Oh·ren-Ärz·tin** der <-es, Hals-Nasen-Ohren-Ärzte> *Spezialist(in) für Krankheiten des Rachens, der Nase und der Ohren, abgekürzt „HNO-Arzt"*

Hals·schlag·a·der die <-, -n> *die Hauptschlagader am Hals*

Hals·schmer·zen <-> *Plur.* MED. *Schmerzen im Rachen oder in der Kehle* Tabletten gegen Halsschmerzen nehmen

hals·star·rig *Adj.* (*abwert.*) *eigensinnig und unnachgiebig* Sie beharrte halsstarrig auf ihrer Meinung, obwohl ich ihr das Gegenteil beweisen konnte.

Hals·star·rig·keit die <-> (*kein Plur.*) (*abwert.*) *Eigensinn*

Hals·tuch das <-(e)s, Halstücher> *ein dekoratives Tuch, das vor allem Frauen als Schmuck um den Hals tragen*

Hals·wir·bel der <-s, -> ANAT. *ein Wirbel im oberen Teil der Wirbelsäule*

Halt der <-(e)s, -e> **1.** *etwas, das das Abrutschen verhindert* keinen Halt finden, an einem Ast Halt suchen, sich Halt suchend umblicken **2.** *seelische Unterstützung* Sie war ihm ein Halt in schweren Zeiten., ein Angebot für Halt suchende Jugendliche **3.** *Anhalten; Aufenthalt* einen kurzen Halt einlegen, Nächster Halt ist der Rathausplatz., an einer Raststätte Halt machen ◆ Getrenntschreibung→R 4.1 In Freiburg haben wir kurz Halt gemacht.; Großschreibung→R 3.4 Plötzlich hatte jemand laut/ein lautes Halt gerufen. *siehe auch* **halt**

halt I. *Interj. verwendet, um jmdn. dazu aufzufordern, nicht weiterzugehen bzw. eine Tätigkeit sofort zu beenden* Halt! Bleiben Sie stehen!, Halt! Hier spricht die Polizei!, halt/Halt rufen **II.** *Adv.* (*süddt. schweiz. österr.*) *eben* Das ist halt so!, Ich kann es halt nicht besser! ◆ Klein- oder Großschreibung Wer hat da eben halt/Halt gerufen? *siehe auch* **Halt**

halt·bar <nicht steig.> *Adj.* **1.** *so, dass es lange Zeit zu gebrauchen ist* haltbare Lebensmittel, eine Tasche aus haltbarem Material **2.** *so, dass es (gegen Widerstand) aufrechtzuerhalten ist* Deine Behauptung ist so nicht haltbar., Unser Platz an der Tabellenspitze ist nicht haltbar., Unsere Stellungen waren gegen den feindlichen Ansturm nicht haltbar.

Halt·bar·keit die <-> (*kein Plur.*) *die Eigenschaft, lange gebrauchsfähig zu sein* Der Stoff ist aufgrund seiner guten Haltbarkeit für Arbeitskleidung geeignet., die Haltbarkeit der Milch durch Erhitzen erhöhen

Halt·bar·keits·da·tum das <-s, Haltbarkeitsdaten> *ein aufgedrucktes Datum, bis zu dem garantiert ist, dass man ein Lebensmittel oder Medikament verwenden kann* Medikamente nach Ablauf des Haltbarkeitsdatums nicht mehr verwenden!

Halt·bar·ma·chung die <-> (*kein Plur.*) *der Vorgang, dass man ein Lebensmittel haltbar macht*

Hal·te·griff der <-(e)s, -e> *s.* **Halteschlaufe**

hal·ten <hältst, hielt, hat gehalten> **I.** *mit OBJ* **1.** ■ *jmd. hält etwas mit der Hand gefasst haben; nicht loslassen* eine Schaufel in der Hand halten, Kannst du mal den Schirm halten? **2.** ■ *jmd. hält etwas irgendwo irgendwohin nehmen und dort lassen* die Hand vor den Mund halten, ein Schild in die Höhe halten, den Kopf gesenkt halten **3.** ■ *jmd./etwas hält jmdn. vor dem Fallen bewahren* Halt mich!, Ein Seil hält den Kletterer., Die Hose wird von einem Gürtel gehalten., Ihre Haare werden von einer Spange gehalten. **4.** ■ *jmd./etwas hält jmdn .(irgendwo) zurückhalten* Wenn du gehen willst, kann ich dich nicht halten., Was hält uns noch in dieser Stadt? **5.** ■ *jmd. hält etwas behalten; innehaben* Er hielt den Rekord im Brustschwimmen., Der Konzern hält die Aktienmehrheit. **6.** ■ *jmd. hält jmdn./etwas für jmdn./etwas erachten für* Ich halte ihn nicht für einen Betrüger., Er hält ihn/sich für einen großen Schauspieler., Ich halte sie für klug. **7.** ■ *jmd. hält etwas durchführen; abhalten* Audienz/Ausschau/Mittagsschlaf/Wache halten **8.** ■ *jmd. hält es mit jmdm./etwas sein Verhältnis zu jmdm. oder etwas irgendwie gestalten* Wie willst du es mit deinen Eltern halten?, Das Zimmer war in einem dunklen Rot gehalten., Wie hältst du es mit dem Alkohol? **9.** ■ *jmd. hält etwas einhalten* ein Versprechen halten **10.** ■ *jmd. hält etwas nicht verändern* das Tempo/den Ton halten **11.** ■ *jmd. hält ein Tier ein Tier im eigenen Haushalt leben lassen* (sich) einen Hamster/einen Hund/eine Katze/ einen Kanarienvogel/einen Wellensittich halten **II.** *mit OBJ/ohne OBJ* **1.** ■ *jmd. hält (einen Ball)* SPORT *als Tormann einen Ball nicht ins Tor lassen* einen Ball/ einen Schuss auf das Tor halten, Der Torwart hat gehalten/hält gut. **2.** ■ *jmd./etwas hält etwas (etwas) nicht entweichen lassen* Das Fass hält das Wasser., Er kann den Urin/das Wasser nicht mehr halten., Mal sehen, ob die Dichtung/das Fass jetzt hält., Der Reifen/das Ventil hat nicht gehalten. **III.** *ohne OBJ* ■ *etwas hält* **1.** *Bestand haben; nicht kaputtgehen* Mal sehen, ob der Knoten/das Papier/die Tüte hält., Die Frisur hält., Das schöne Wetter hat nicht gehalten. **2.** (≈ *stoppen*) *anhalten* Der Bus hält an der Haltestelle., Plötzlich hielt der Zug auf freier Strecke. **IV.** *mit SICH* **1.** ■ *etwas hält sich nicht verderben* Die Nahrungsmittel/die Blumen halten sich noch einige Zeit. **2.** ■ *jmd. hält sich sich behaupten* Sie wird sich als Vorsitzende nicht halten können., Er hält sich gut! **3.** ■ *jmd. hält sich an etwas Dat. irgendwo festen Halt haben* Kannst du dich noch auf der Leiter halten?, Er konnte sich nicht mehr halten und fiel in die Tiefe. **4.** ■ *jmd. hält sich irgendwo sich aufhalten* sich abseits/im Hintergrund halten **5.** ■ *jmd. hält sich irgendwie eine bestimmte Haltung einnehmen* sich gerade halten ■ **sich an jemanden halten** (*umg.*): *sich an jmdn. wenden* Sie können sich an den Abteilungsleiter halten. **sich an etwas halten**: *etwas befolgen* Halten Sie sich an die Anweisungen! **an sich halten müssen**: *sich beherrschen müssen* **auf etwas halten**: *Wert auf etwas legen* **auf sich halten**: *auf sein Aussehen bzw. seinen Ruf achten* **gehalten sein, etwas zu tun**: *etwas tun müssen* Wir sind gehalten, alle zu informieren.

Hal·te·platz der <-es, -plätze> *eine Stelle zum Anhalten*

Hal·te·schild das <-(e)s, -er> *ein Schild, das auf eine Haltestelle hinweist*

Halte·schlau·fe die <-, -n> *eine Art Schlinge, an der man sich (in Fahrzeugen) festhalten kann*

Hal·te·stel·le die <-, -n> *ein mit einem Hinweisschild, Sitzbänken usw. ausgestatteter Punkt, an dem ein öffentliches Verkehrsmittel regelmäßig hält* An der Haltestelle standen bereits um die fünfzig Leute., Bitte beachten Sie, dass die Linie 10 die Haltestelle „Forsthaus“ nicht mehr bedient.

Hal·te·ver·bot das <-(e)s, -e> **1.** *ein Bereich der Straße, auf dem nicht gehalten werden darf* Sie stehen im Halteverbot! **2.** *das Verbot, mit einem Fahrzeug zu halten* In diesem Bereich besteht absolutes Halteverbot.

halt·los *Adj.* **1.** *moralisch schwach* Der Alkohol hat ihn zu einem haltlosen Menschen gemacht. **2.** (↔ *begründet, gerechtfertigt*) *unbegründet* völlig haltlose Vorwürfe gegen jemanden richten

Halt·lo·sig·keit die <-> (*kein Plur.*) **1.** *moralische Schwäche* Seine Haltlosigkeit wurde für alle zum Problem. **2.** *Unbegründetheit* Die Haltlosigkeit ihrer Behauptungen war ihr nicht bewusst.

Hal·tung die <-, -en> **1.** *kurz für „Körperhaltung“* eine aufrechte/gebeugte/gute/schlechte Haltung haben **2.** *jmds. inneres Gleichgewicht* Sie versuchte verzweifelt, angesichts der schrecklichen Nachricht, Haltung zu bewahren. **3.** *eine bestimmte Einstellung gegenüber einer Person oder Sache* eine ablehnende/zögerliche Haltung einnehmen, eine fortschrittliche Haltung haben **4.** (*kein Plur.*) *das Halten (von Tieren)* Die Haltung von Schlangen erfordert viel Erfahrung.

Ha·lun·ke der <-n, -n> **1.** (*abwert.* ≈ *Gauner*) Der Halunke hat uns doch betrogen! **2.** (*umg. scherzh.* ≈ *Schlingel*) Na, ihr kleinen Halunken!

Hä·ma·to·lo·gie die <-> (*kein Plur.*) MED. *das Teilgebiet der Medizin, das sich mit dem Blut und seinen Erkrankungen befasst*

Hä·ma·tom das <-s, -e> (MED.: ≈ *Bluterguss*)

Ham·burg <-s> *Stadt im Norden Deutschlands*

Ham·bur·ger, **Ham·bur·ge·rin** <-s, -> *Einwohner Hamburgs*

Ham·bur·ger der ['hɛmbøːɐ̯gɐ] <-s, -> KOCH. *ein Brötchen, das mit einer Frikadelle und Salat belegt ist siehe auch* **Cheeseburger**

Hä·me die <-> (*kein Plur.*) (*geh. abwert.*) *Gehässigkeit* Etwas mit viel Häme in der Stimme sagen., Du kannst dir deine Häme sparen!

hä·misch *Adj.* (*abwert.*) eine hämische Bemerkung machen, ein hämisches Lachen

Ham·mel der <-s, -> **1.** ZOOL. *kastriertes männliches Schaf* **2.** (KOCH.: *umg.*) *Fleisch vom Hammel*[1] Bohnensuppe mit Hammel **3.** (*umg. abwert.*) *sturer Dummkopf* So ein alter Hammel!

Ham·mel·bra·ten der <-s, -> *Braten aus Hammelfleisch*

Ham·mel·fleisch das <-(e)s> (*kein Plur.*) *Fleisch vom Hammel*[1]

Ham·mel·ko·te·lett das <-s, -s> *Kotelett vom Hammel*[2]

Ham·mer der <-s, Hämmer> **1.** *ein Werkzeug zum Schlagen und Klopfen, das aus einem hölzernen Stiel und einem schweren Stück Metall an einem Ende besteht* mit dem Hammer Nägel in die Wand schlagen **2.** (*umg.*) *etwas unglaublich Schlechtes oder Gutes* Du hast dir ja gestern einen Hammer geleistet!, Das ist ja wohl ein Hammer, was du da behauptest!, Das Konzert gestern war wirklich der Hammer! **3.** SPORT *ein Wurfgerät, das man möglichst weit zu werfen versucht* ■ **einen Hammer haben** (*umg.*): *nicht ganz normal sein* Du hast wohl 'nen Hammer? **unter den Hammer kommen** (*umg.*): *versteigert werden*

häm·mern <hämmerst, hämmerte, hat gehämmert> **I.** *mit OBJ* **1.** ■ *jmd. hämmert etwas mit dem Hammer bearbeiten* Kupfer/ein Muster in eine Schale hämmern, gehämmertes Metall **2.** ■ *jmd. hämmert jmdm. etwas irgendwohin* (*übertr.*) *einprägen* jemandem etwas ins Gedächtnis hämmern **II.** *ohne OBJ* **1.** ■ *jmd. hämmert (an etwas Akk.) mit etwas klopfen oder schlagen* mit dem Stock an die Wand hämmern, mit den Fäusten an die Tür hämmern, mit den Fingern auf die Tasten hämmern, Der Specht hämmert den ganzen Tag. **2.** ■ *etwas hämmert ein heftig klopfendes Geräusch verursachen* sein Herz hämmerte, ein hämmernder Rhythmus/Takt

Ham·mer·wer·fen das <-s> (*kein Plur.*) SPORT *eine Sportart, bei der man versucht, einen Hammer*[3] *möglichst weit zu werfen*

Hä·mo·glo·bin das <-s> (*kein Plur.*) MED. *roter Blutfarbstoff*

Hä·mor·rho·i·de, *a.* **Hä·mor·ri·de** die <-, -n> (*meist Plur.*) MED. *zum Bluten neigender Venenknoten des Mastdarmes*

Ham·pel·mann der <-(e)s, Hampelmänner> **1.** *eine Spielzeugpuppe, die mit Armen und Beinen wackelt, wenn man an einer Schnur zieht* An der Wand hing ein bunter Hampelmann. **2.** (*umg. abwert.*) *eine willensschwache, nicht ernst zu nehmende Person, die immer nur tut, was andere ihr sagen* sich von jemandem zum Hampelmann machen lassen

ham·peln <hampelst, hampelte, hat/ist gehampelt> *ohne OBJ* ■ *jmd. hampelt* (*umg.* ≈ *zappeln*) *sehr unruhig und dauernd in Bewegung sein* Hör endlich auf zu hampeln!, Der Clown ist über die Bühne gehampelt.

Hams·ter der <-s, -> ZOOL. *ein Nagetier, das oft als Haustier gehalten wird*

hams·tern <hamsterst, hamsterte, hat gehamstert> *mit OBJ/ohne OBJ* ■ *jmd. hamstert etwas* (*umg. abwert.*) *mehr kaufen oder nehmen, als man braucht, weil man einen Vorrat anlegen will* Die Bevölkerung hatte Mehl und Brot gehamstert., Als bekannt wurde, dass die Preise steigen würden, wurde gehamstert. ▶Hamsterkäufe

Hand die <-, Hände> **1.** *einer der beiden Körperteile des Menschen, die sich am Ende der Arme befinden, mit denen man greift und Dinge hält* etwas in der Hand halten, jemandem die Hand geben, eiskalte/feuchte/warme Hände haben, die Hände mit einer Handcreme pflegen **2.** (*geh. übertr.*) *eine Person, die etwas tut* helfende Hände waren zur Stelle, Wir brauchen jede Hand zur Vorbereitung des Festes., Er ist die rechte Hand seiner Chefin. **3.** (*in bestimmten Wendungen*) *Besitzer* die öffentliche Hand, ein Unternehmen in privater Hand, etwas aus zweiter Hand kaufen **4.** *Seite* zur linken Hand sitzen, Rechter Hand sehen Sie das Opernhaus. **5.** *Mengen- oder Größenmaß* eine Hand voll Reis, eine Hand breit offen stehen **6.** ■ **(bei etwas) mit Hand anlegen** (*umg.*): *helfen* **auf der Hand liegen** (*umg.*): *offensichtlich sein* **etwas unter der Hand kaufen** (*umg.*): *etwas auf nicht rechtmäßigem Weg kaufen* **mit leeren Händen dastehen** (*umg.*): *ohne etwas zu besitzen (oder mitgebracht zu haben) dastehen* **jemandem freie Hand lassen** (*umg.*): *jmdn. nach seinem Belieben entscheiden lassen* **bei etwas die Hand im Spiel haben** (*umg.*): *an etwas beteiligt sein* **etwas in die Hand nehmen** (*umg.*): *sich um etwas kümmern* **alle Hände voll zu tun haben** (*umg.*): *sehr beschäftigt sein* **Eine Hand wäscht die andere.** (*umg.*): *wer mir hilft, dem helfe ich auch* **seine Hände in Unschuld waschen** (*umg.*): *für etwas nicht die Verantwortung übernehmen wollen* **die Hände über dem Kopf zusammenschlagen** (*umg.*): *über etwas entsetzt sein* **von der Hand in den Mund leben** (*umg.*): *alles Geld für den täglichen Bedarf ausgeben müssen* **in festen Händen sein** (*umg.*): *einen festen Lebenspartner haben* **etwas aus erster Hand wissen** (*umg.*): *etwas direkt vom Urheber erfahren* **etwas von langer Hand vorbereiten** (*umg.*): *etwas sehr gründlich vorbereiten* **Hand und Fuß haben** (*umg.*): *gründlich vorbereitet oder durchdacht sein* **sich mit Händen und Füßen gegen etwas wehren** (*umg.*): *sich mit aller Entschlossenheit gegen etwas wehren* **von Hand** (*geh.*): *mit der Hand* Die Arbeit wird hier noch von Hand gemacht. **zu Händen von ...**: (*bei Briefen*) *an ... persönlich* ◆ Getrenntschreibung eine Hand voll Kirschen, Das habe ich unter der Hand gekauft., zu Händen von Herrn Müller

i Wissenswert Gebräuchliche Redewendungen: Mir sind die Hände gebunden (ich kann nichts für dich tun, denn ich habe auf diese Angelegenheit keinen Einfluss, ich bin in diesem Punkt machtlos); bei der diesjährigen Feier hat er mir die Hand geschüttelt (diesmal hat er mich begrüßt); darauf gebe ich dir meine Hand (ich verspreche dir das); Er hat zwei linke Hände (er ist sehr ungeschickt); er hat doch überall seine Hände im Spiel (er ist auch an jeder Angelegenheit beteiligt); im Augenblick habe ich alle Hände voll zu tun (im Augenblick bin ich sehr beschäftigt); für ihn lege ich meine Hände ins Feuer (für ihn stehe ich ein); es ist so dunkel, man kann die Hand nicht vor den Augen sehen (es ist stockdunkel); er trägt seine Frau auf Händen (er verwöhnt seine Frau sehr); das sage ich dir nur hinter vorgehaltener Hand (das sage ich dir nur in Verschwiegenheit); Hand in Hand (gemeinsam).

Hand·än·de·rung die <-, -en> (RECHTSW.: *schweiz.*) *der Übergang von Eigentum* (*besonders von Grundbesitz oder Wertpapieren*) *von einer Person auf eine andere*

Hand·ar·beit die <-, -en> **1.** (*kein Plur.*) *Arbeit, die mit der Hand und nicht mit Maschinen ausgeführt wird* in Handarbeit hergestellt werden, Das ist alles reine Handarbeit., Das erfordert viel Handarbeit., Eine Manufaktur ist eine Fabrik, in der Produkte weitgehend in Handarbeit hergestellt werden. **2.** *ein mit der Hand gearbeitetes Stück* Das Möbelstück ist eine wertvolle alte Handarbeit. **3.** *Sammelbegriff für verschiedene Formen der Herstellung von Kleidung und Textilien in Handarbeit[1] wie z.B. Stricken, Häkeln usw.* Großmutter saß über einer Handarbeit.

Hand·ball der <-(e)s, Handbälle> **1.** (*kein Plur.*) *eine Ballsportart für zwei Mannschaften, bei der die Spieler den Ball mit den Händen werfen und versuchen, ihn ins gegnerische Tor zu spielen* **2.** *der Ball, mit dem man Handball[1] spielt*

Hand·be·we·gung die <-, -en> *eine mit der Hand ausgeführte Bewegung oder Geste* etwas mit einer Handbewegung abtun

Hand·bi·b·li·o·thek die <-, -en> (*selten Plur.*) *eine größere Zahl frei zugänglicher Bücher, die im Lesesaal einer Bibliothek genutzt werden können* Dieses Buch müssen Sie nicht bestellen, es steht in der Handbibliothek.

Hand·brem·se die <-, -n> KFZ *die Bremse in einem Fahrzeug, die nicht mit den Füßen, sondern mit der Hand betätigt wird* die Handbremse anziehen/lösen

Hand·buch das <-(e)s, Handbücher> *ein kompaktes Nachschlagewerk zu einem bestimmten Fachgebiet* ein Handbuch der Botanik

Händ·chen das <-s, -> *eine kleine Hand* die kleinen Händchen des Kindes ■ **mit jemandem Händchen halten** (*umg.*): *sich zärtlich an den Händen fassen, weil man verliebt ist* **ein Händchen für etwas haben** (*umg.*): *bei etwas sehr geschickt sein* Sie hat ein Händchen für Blumen. ◆ Getrenntschreibung→R 4.1 Händchen haltend auf einer Parkbank sitzen

Hän·de·druck der <-(e)s, Händedrücke> *das Drücken der Hand einer Person als Geste der Begrüßung oder des Abschieds* einen festen/kräftigen Händedruck haben, jemanden mit Händedruck begrüßen

Han·del der <-s> (*kein Plur.*) **1.** *das Kaufen und Verkaufen von Waren* der Handel mit Lebensmitteln/Rohstoffen, Handel treibend, den Handel beleben **2.** *eine geschäftliche Abmachung in Bezug auf den Handel[1]* einen Handel abschließen, Das ist ein guter/schlechter Handel. **3.** *die Gesamtheit der Unternehmen, die Waren kaufen und verkaufen* Der Handel in der Kleinstadt hat sich gut entwickelt., Der Handel befürwortet eine Erweiterung der Ladenöffnungszeiten. ◆ Getrenntschreibung→R 4.1 die Handel treibenden Bewohner der Küstenstädte ◆ Einzel-, Groß-, Zwischen-

Hän·del der <-s, -> (*veralt. geh.*) *Streit* ständig Händel mit den Nachbarn suchen

Hand·elf·me·ter der <-s, -> (SPORT: *Fußball*) *wegen Handspiels gegebener Elfmeter*

Han·deln das <-s> (*kein Plur.*) **1.** (≈ *Feilschen*) durch Handeln einen besseren Preis herausschlagen; *als Käufer gegenüber dem Verkäufer einen immer niedrigeren Preis bieten und als Verkäufer versuchen, den Preis zu erhöhen, bis Käufer und Verkäufer sich auf einen für beide akzeptablen Preis geeinigt haben* **2.** *das Tätigwerden* Jetzt ist unser Handeln gefragt! **3.** *jmds. Verhalten* Ich kann euer Handeln nicht gutheißen.

han·deln <handelst, handelte, hat gehandelt> **I.** *mit OBJ* ■ *jmd. handelt etwas* (*meist im Passiv*) *kaufen und verkaufen* Aktien werden an der Börse gehandelt., Schweinefleisch wird gegenwärtig zu günstigen Preisen gehandelt. **II.** *ohne OBJ* **1.** ■ *jmd. handelt mit etwas Dat. kaufen und verkaufen* mit Aktien/Gebrauchtwagen handeln **2.** ■ *jmd. handelt mit jmdm. verhandeln* mit jemandem um etwas handeln, Ich habe mit dem Verkäufer gehandelt, um einen günstigeren Preis zu erzielen. **3.** ■ *jmd. handelt* (*irgendwie*) *etwas tun* Wir müssen endlich handeln!, in Notwehr handeln, Ich finde, ihr habt richtig/verantwortungsvoll gehandelt. **4.** ■ *etwas handelt von etwas Dat. etwas zum Gegenstand haben* Das Buch handelt vom Dreißigjährigen Krieg. **III.** *mit SICH/mit ES* **1.** ■ *es handelt sich um etwas Akk. um etwas gehen* Worum handelt es sich denn?, Es handelt sich darum, dass wir möglichst gut vorbereitet sein müssen. **2.** ■ *bei jmdm. handelt es sich um jmdn. jmd. ist jmd.* Bei ihm handelt es sich um einen bekannten Fachmann., Bei der Anruferin handelte es sich um meine Schwester.

Han·dels·ab·kom·men das <-s, -> *den Warenverkehr betreffendes Abkommen* (*zwischen Staaten*)

Han·dels·a·ka·de·mie die <-, -n> (*österr.*) *eine höhere Handelsschule*

Han·dels·be·zie·hun·gen <-> *Plur. den Handel[1] betreffende Beziehungen zwischen Staaten*

Han·dels·bi·lanz die <-, -en> WIRTSCH. *die Gegen-*

überstellung der gesamten Wareneinfuhr und Warenausfuhr der Volkswirtschaft eines Landes

han·dels·ei·nig <nicht steig.> *Adj. einig über ein gemeinsames Geschäft* Nach längeren Verhandlungen wurden die Geschäftspartner sich endlich handelseinig., So, jetzt sind wir wohl handelseinig!

Han·dels·em·bar·go das <-s, -s> RECHTSW. *ein staatliches Verbot, mit einem anderen Staat Handel zu treiben*

Han·dels·flot·te die <-, -n> *die Gesamtheit der Handelsschiffe eines Landes*

Han·dels·ge·richt das <-s, -e> RECHTSW. *ein Gericht, das für die Verhandlung handelsrechtlicher Streitigkeiten zuständig ist*

Han·dels·ge·sell·schaft die <-, -en> WIRTSCH. RECHTSW. *ein Unternehmen, das auf das Betreiben von Handelsgeschäften gerichtet ist*

Han·dels·ge·setz das <-es, -e> RECHTSW. *ein Gesetz, das die Rechte im Zusammenhang mit Handelsgeschäften regelt*

Han·dels·hafen der <-, -> (↔ *Kriegshafen*) *ein Hafen für den Verkehr von Handelsschiffen*

Han·dels·haus das <-es, Handelshäuser> (*veralt.*) *ein größeres Handelsunternehmen* ein altes, traditionsreiches Handelshaus

Han·dels·kam·mer die <-, -n> AMTSSPR. *die öffentliche Vertretung der Handelsunternehmen einer Region*

Han·dels·ket·te die <-, -n> *ein großes Handelsunternehmen, das mehrere Märkte an verschiedenen Orten betreibt*

Han·dels·mar·ke die <-, -n> RECHTSW. *der rechtlich geschützte Name einer Ware*

Han·dels·mi·nis·te·ri·um das <-s, Handelsministerien> *das Ministerium, das für den Handel zuständig ist*

Han·dels·mo·no·pol das <-s, -e> *das Monopol des Handels mit einer bestimmten Ware*

Han·dels·name der <-ns, -n> *der Name, unter dem etwas, besonders ein Medikament, verkauft wird*

Han·dels·part·ner der <-s, -> *ein Land oder Unternehmen, mit dem man Handel treibt*

Han·dels·platz der <-es, -plätze> *ein Ort, an dem Handel getrieben wird*

Han·dels·po·li·tik die <-> (*kein Plur.*) *der Teilbereich der Politik, der sich mit dem Handel beschäftigt*

han·dels·po·li·tisch <nicht steig.> *Adj. die Handelspolitik betreffend*

Han·dels·recht das <-s, -e> RECHTSW. *die Gesamtheit der Rechtsvorschriften im Zusammenhang mit dem Handel*

han·dels·recht·lich <nicht steig.> *Adj. das Handelsrecht betreffend*

Han·dels·re·gis·ter das <-s, -> RECHTSW. *ein vom Amtsgericht geführtes Verzeichnis aller Gewerbebetriebe* eine Firma ins Handelsregister eintragen lassen

Handelsreisende(r) der/die <-n, -n> (*veralt.* ≈ *Vertreter(in)*)

Han·dels·schie·ne die <-, -n> (≈ *Vertriebsweg*)

Han·dels·schiff das <-(e)s, -e> (↔ *Kriegsschiff*) *ein Schiff, das Waren transportiert*

Han·dels·schu·le die <-, -n> *eine Fachschule, die in kaufmännischen Berufen ausbildet*

Han·dels·sper·re die <-, -n> (≈ *Embargo*)

Han·dels·spra·che die <-, -n> *die Sprache, in der der Handel zwischen zwei Ländern abgewickelt wird*

Han·dels·stadt die <-, -> *eine für den Handel wichtige Stadt*

han·dels·üb·lich <nicht steig.> *Adj. so, wie es im Handel üblich ist* Eier in handelsüblicher Verpackung

Han·dels·un·ter·neh·men das <-s, -> *ein Unternehmen, das mit etwas Handel treibt*

Han·dels·ver·tre·ter, **Han·dels·ver·tre·te·rin** der <-s, -> *jmd., der beruflich für ein oder mehrere Unternehmen Geschäfte vermittelt*

Han·dels·vo·lu·men das <-s> (*kein Plur.*) WIRTSCH. *der Gesamtumfang der Handelsgeschäfte zweier Länder in einem bestimmten Zeitraum*

Han·dels·wa·re die <-, -n> *eine Ware, die gehandelt wird*

hän·de·rin·gend *Adv. sehr dringend* händeringend ausgebildete Fachleute suchen

Hand·fe·ger der <-s, -> *eine Art kleiner Besen, mit dem man kleinere Verschmutzungen beseitigt*

Hand·fer·tig·keit die <-, -en> (≈ *Geschicklichkeit*)

hand·fest <nicht steig.> *Adj.* **1.** *kräftig; robust* Einen handfesten Kerl wie dich können wir beim Umzug gut gebrauchen. **2.** *deftig und nahrhaft* ein handfestes Essen, Ich muss erst einmal etwas Handfestes zu mir nehmen. **3.** *ernst zu nehmen* eine handfeste Drohung, ein handfester Streit

Hand·feu·er·waf·fe die <-, -n> *eine Waffe, die von einer Person getragen und mit der Hand betätigt werden kann*

Hand·flä·che die <-, -n> (↔ *Handrücken*) *die Innenseite der Hand*

Hand·funk·ge·rät das <-(e)s, -e> *ein kleines tragbares Funkgerät*

hand·ge·ar·bei·tet <nicht steig.> *Adj. so, dass es in Handarbeit[1] hergestellt ist* ein handgearbeitetes Kostüm

hand·ge·fer·tigt <nicht steig.> *Adj.* (≈ *handgearbeitet*)

hand·ge·knüpft <nicht steig.> *Adj. so, dass ein Teppich in Handarbeit[1] hergestellt ist*

Hand·ge·lenk das <-(e)s, -e> *das Gelenk, das Hand und Unterarm verbindet*

Hand·ge·men·ge das <-s, -> (*Plur. selten*) *eine Streitigkeit, bei der es zu einer Schlägerei kommt* In der Kneipe kam es zu einem Handgemenge zwischen mehreren angetrunkenen Gästen.

Hand·ge·päck das <-s> (*kein Plur.*) *ein kleineres Gepäckstück, das man während der Reise bei sich trägt und nicht von einem Transportdienst befördern lässt*

hand·ge·schrie·ben <nicht steig.> *Adj. von Hand geschrieben* ein handgeschriebener Brief

hand·ge·strickt <nicht steig.> *Adj. mit der Hand*

(*und nicht von einer Maschine*) *gestrickt* ein handgestrickter Pullover

Hạnd·gra·na·te die <-, -n> *eine Granate, die mit der Hand ins Ziel geschleudert wird*

hạnd·greif·lich <nicht steig.> *Adj.* **1.** *gewalttätig* (gegen jemanden) handgreiflich werden, eine handgreifliche Auseinandersetzung **2.** *deutlich sichtbar oder einsehbar* ein handgreiflicher Beweis, jemandem etwas handgreiflich vor Augen führen

Hạnd·griff der <-(e)s, -e> **1.** (*meist Plur.*) *etwas, das man ohne viel Mühe machen kann* Das sind doch nur ein paar Handgriffe!, Das ist mit wenigen Handgriffen zusammengebaut. **2.** *ein Griff an Gegenständen zum Halten, Öffnen oder Tragen* eine Heckenschere mit zwei Handgriffen

Hạnd·ha·be die <-, -n> *eine* (*rechtliche*) *Möglichkeit, etwas zu tun* Wir haben keine Handhabe, hier einzuschreiten, da die Frage nie vertraglich geregelt wurde.

hạnd·ha·ben *mit OBJ* ■ *jmd. handhabt etwas* (*irgendwie*) **1.** (*richtig*) *benutzen* Weißt du, wie man dieses Gerät handhabt?, Der Staubsauger lässt sich schlecht handhaben. **2.** *in bestimmter Weise anwenden* Diese Regelung wird bei uns anders gehandhabt als bei euch., Man war sich nicht sicher, wie man den Fall handhaben sollte.

Hạnd·ha·bung die <-> (*kein Plur.*) **1.** *die Bedienung von etwas* jemandem die Handhabung eines Gerätes erklären **2.** *Anwendung* die unterschiedliche Handhabung einer Regelung

Handheld der ['hɛntheld] <-s, -s> EDV *ein sehr kleiner Computer, den man in der Hand halten kann und der z.B. als Notizbuch dient*

Han·di·kap, *a.* **Han·di·cap** das ['hɛndikɛp] <-s, -s> **1.** SPORT *eine Punktvorgabe für die leistungsschwächeren Teilnehmer als Ausgleich gegenüber den Stärkeren* ein Handikap festsetzen **2.** *ein Nachteil oder eine Behinderung* Das Fehlen gut ausgebildeter Fachleute ist ein Handikap für die Wirtschaft., Seine Beinverletzung ist natürlich ein Handikap für ihn.

hạ̈n·disch <nicht steig.> *Adj.* (*umg. österr. schweiz.*) *mit der Hand; manuell* eine Arbeit händisch tun

Hạnd·kar·re die <-, -> *ein kleine Karre, die man mit der Hand schiebt oder zieht*

hạnd·ko·lo·riert <nicht steig.> *Adj. so, dass etwas in Handarbeit farbig ausgemalt ist* ein handkolorierter Stich

Hạnd·kur·bel die <-, -n> *eine mit der Hand zu bedienende Kurbel*

Hạnd·kuss der <-es, Handküsse> *der Vorgang, dass ein Mann als Begrüßung die Hand einer Frau in Form einer bestimmten eleganten Geste küsst bzw. einen Kuss andeutet* eine Dame mit Handkuss begrüßen ■ **etwas mit Handkuss tun** (*umg.*): *etwas mit Freuden oder sehr gern tun*

Hạnd·lan·ger, **Hạnd·lan·ge·rin** der <-s, -> **1.** *jmd., der als ungelernter Arbeiter Hilfsarbeiten verrichtet* Er hat einen Job als Handlanger beim Bau gefunden. **2.** (*abwert.*) *eine Person, die bereitwillig verwerfliche Dinge unterstützt* sich zum Handlanger der Mafia machen, die Handlanger eines verbrecherischen Regimes

Hạ̈nd·ler, **Hạ̈nd·le·rin** der <-s, -> *jmd., der beruflich ein Handelsgeschäft betreibt* etwas beim Händler an der Ecke kaufen, Beschädigte Waren werden vom Händler zurückgenommen.

hạnd·lich *Adj. so kompakt oder so gestaltet, dass es gut zu benutzen ist* eine handliche, leichte Kamera, Das neue Format dieser Zeitschrift ist nicht gerade sehr handlich!

Hand·ling das ['hændlɪŋ] <-s> (≈ *Handhabung*) Bei dem neuen Auto lässt das Handling zu wünschen übrig.

Hạnd·lung die <-, -en> **1.** *eine bestimmte Tat* eine unbedachte Handlung, Du bist für deine Handlungen selbst verantwortlich. **2.** FILM LIT. THEAT. *das in einem Werk dargestellte Geschehen* ein Film/Buch/Theaterstück mit einer spannenden Handlung, Die Handlung des Romans ist fesselnd/spannend/nimmt einen überraschenden Verlauf.

Hạnd·lungs·be·voll·mäch·tig·te der/die <-n, -n> WIRTSCH. RECHTSW. *eine Person, die für ein Unternehmen rechtsverbindliche Verträge abschließen darf*

hạnd·lungs·fä·hig <nicht steig.> *Adj. in der Lage, eigenverantwortlich zu handeln* Die Regierung war nicht mehr handlungsfähig., Er war geistig verwirrt und nur noch eingeschränkt handlungsfähig.

Hạnd·lungs·frei·heit die <-> (*kein Plur.*) *die Erlaubnis, eigenverantwortlich zu handeln* jemandes Handlungsfreiheit durch bestimmte Vorgaben einschränken

Hạnd·lungs·wei·se die <-, -n> *die Art und Weise des Handelns* Ich kann eure Handlungsweise nicht gutheißen/ nachvollzihen/verstehen.

Hạnd·mehr das <-s> (*kein Plur.*) (*schweiz.*) *eine Mehrheit, die durch einfaches Handheben angezeigt wird* etwas durch freies/offenes Handmehr beschließen

Hạnd·müh·le die <-, -n> *mit der Hand zu bedienende Mühle*

Hạnd·or·gel die <-, -n> (*schweiz.*) **1.** *Drehorgel* **2.** *Ziehharmonika*

Hand-out, *a.* **Hand·out** das ['hɛnd?a̱ut] <-s, -s> *Informationsmaterial, das an die Teilnehmer einer Versammlung oder eines Seminars verteilt wird* Das Wichtigste habe ich für Sie in einem Handout zusammengefasst., das Handout erst nach dem Vortrag verteilen

Hạnd·pup·pe die <-, -n> *eine Puppe, in die man eine Hand stecken kann*

Hạnd·rü·cken der <-s, -> (↔ *Handteller*) *die Außenfläche der Hand* Jeder Besucher des Jazzkonzerts bekam am Einlass einen Stempel auf den Handrücken.

Hạnd·satz der <-es> (*kein Plur.*) DRUCKW. *von Hand durchgeführter Satz beim Drucken*

Hạnd·scan·ner der <-s, -> EDV *ein Beleglesegerät, das mit der Hand über den Beleg geführt wird* Die Kassen des Supermarktes sind mit Handscannern ausgestattet.

Hand·schel·le die <-, -n> (*meist Plur.*) *ein Fessel für die Handgelenke, die Polizisten benutzen, wenn sie jmdn. festnehmen* Der Angeklagte wurde in Handschellen vorgeführt.

Hand·schlag der <-(e)s, Handschläge> (*Plur. selten*) (≈ *Händedruck*) jemanden mit Handschlag begrüßen, ein Geschäft mit Handschlag besiegeln ■ **keinen Handschlag tun** (*umg. abwert.*): *sehr faul sein*

Hand·schrift die <-, -en> **1.** *persönlicher Schriftzug* eine leserliche/unleserliche Handschrift haben **2.** *das wiedererkennbares* (*persönliches*) *Gepräge von jmdm. oder etwas* Das Bild/die Inszenierung trägt die Handschrift des Künstlers., Das Verbrechen trägt die Handschrift der Mafia. **3.** *ein handgeschriebener alter Text* alte Handschriften aus dem 13. Jahrhundert entdecken

hand·schrift·lich <nicht steig.> *Adj. von Hand geschrieben* eine handschriftliche Notiz, einen Lebenslauf handschriftlich anfertigen

Hand·schuh der <-s, -e> *eine Art Hülle aus Stoff oder Leder, die die Hand schützt oder wärmt* ◆ Faust-, Finger-, Leder-, Schutz-

Hand·schuh·fach das <-(e)s, Handschuhfächer> *ein kleines Aufbewahrungsfach im Armaturenbrett eines Autos* Die Papiere sind im Handschuhfach.

Hand·spie·gel der <-s, -> (↔ *Wandspiegel*) *ein kleiner Spiegel, den man in der Hand halten kann*

Hand·stand der <-s, Handstände> SPORT *eine Gymnastikübung, bei der man auf den Händen steht* einen Handstand machen

Hand·ta·sche die <-, -n> *eine* (*kleinere*) *Tasche, in der Frauen Utensilien wie Geldbörse, Lippenstift usw. mit sich tragen*

Hand·ta·schen·raub der <-s> (*kein Plur.*) *der Vorgang, dass jmd.* (*auf der Straße*) *einer Frau die Handtasche entreißt*

Hand·tel·ler der <-s, -> (↔ *Handrücken*) *die Innenfläche der Hand*

Hand·tuch das <-(e)s, Handtücher> *ein größeres Tuch aus saugfähigem Stoff, mit dem man sich abtrocknet* sich mit einem Handtuch abtrocknen, frische Handtücher ins Badezimmer legen ■ **das Handtuch werfen** (*umg.*): *aufgeben*

Hand·tuch·hal·ter der <-s, -> *eine waagerecht angebrachte Stange, über die man Handtücher legen kann*

Hand·um·dre·hen ■ **im Handumdrehen**: *mühelos und schnell* Im Handumdrehen war alles fertig.

Hand·werk das <-(e)s, -e> **1.** *eine als Beruf ausgübte Arbeit, die vorwiegend mit der Hand und ohne große industrielle Anlagen ausgeübt wird* das Handwerk des Schneiders/Schusters/Tischlers ◆-sberuf **2.** *die Gesamtheit der Handwerksbetriebe* **3.** ■ **jemandem das Handwerk legen** (*umg.*): *einen Übeltäter am Weitermachen hindern* **sein Handwerk verstehen** (*umg.*): *auf seinem Gebiet sehr gut sein* **Handwerk hat goldenen Boden** (*Sprichwort*): *an Handwerk besteht immer Bedarf und damit immer auch eine Gewinnmöglichkeit*

Hand·wer·ker, **Hand·wer·ke·rin** der <-s, -> *eine Person, die einen Handwerksberuf ausübt*

Hand·werks·meis·ter der <-s, -> *jmd., der in einem Handwerk einen Meistertitel hat*

Hand·werks·zeug das <-s> (*kein Plur.*) **1.** (≈ *Werkzeug*) eine Tasche mit dem wichtigsten Handwerkszeug **2.** (*umg. übertr.*) *das notwendige Wissen für etwas* Auf der Universität hat sie das wichtigste Handwerkszeug für das Lernen und Forschen bekommen.

Hand·wör·ter·buch das <-(e)s, -bücher> *ein handliches* (*einbändiges*) *Wörterbuch*

Han·dy das ['hændɪ] <-s, -s> (TELEKOMM.: ≈ *Mobiltelefon*) *ein schnurloses Funktelefon* das Handy aufladen, neue Klingeltöne für das Handy aus dem Internet herunterladen, jemanden auf dem Handy anrufen ◆-fach, -mast, -nummer, -tasche, -vertrag

Hand·zei·chen das <-s, -> *ein Zeichen, das man mit der Hand gibt* jemanden mit einem Handzeichen auf sich aufmerksam machen, mit Handzeichen abstimmen

Hand·zet·tel der <-s, -> *ein kleiner Zettel, auf dem ein kurzer Text steht, der auf etwas hinweist* in der Fußgängerzone Handzettel verteilen, mit Handzetteln über eine Veranstaltung informieren

ha·ne·bü·chen <nicht steig.> *Adj.* (*veralt. geh. abwert.*) *so schlecht oder unverschämt, dass man es kaum glauben kann* eine hanebüchene Lügengeschichte, Die Prüfungsergebnisse waren ja hanebüchen!

Hanf der <-(e)s> (*kein Plur.*) **1.** *eine Pflanze, aus der Fasern und Marihuana hergestellt werden können* Hanf anbauen/verarbeiten ◆-pflanze **2.** *aus der Hanfpflanze hergestellte Fasern oder Stoffe* ein Seil aus Hanf ◆-seil

Hanf·seil das <-(e)s, -e> *Seil aus Hanf²*

Hang der <-(e)s, Hänge> **1.** (≈ *Abhang*) *eine Stelle, an der der Erdboden leicht abfällt* das Haus an einen Hang bauen, ein grüner/sanfter/steiler Hang **2.** *eine Neigung oder Vorliebe für etwas* einen Hang zur Übertreibung haben, Sie hatte schon immer einen Hang zur Schauspielerei.

Han·gar der <-s, -s> LUFTF. *eine Halle, in der Flugzeuge abgestellt werden*

Hän·ge·bauch der <-(e)s, Hängebäuche> *herabhängender* (*dicker*) *Bauch* ◆-schwein

Hän·ge·brü·cke die <-, -n> *eine Brücke, die durch Ketten oder Seile befestigt ist*

Hän·ge·brüs·te die <-> *Plur. herabhängende weibliche Brüste*

Hän·ge·lam·pe die <-, -n> *eine Lampe, die von der Decke herabhängt*

Hän·ge·mat·te die <-, -n> *ein größeres Stück Stoff oder ein Netz, das man an zwei Seiten aufhängt, um sich hineinzulegen* eine Hängematte zwischen zwei Bäumen aufhängen, in der Hängematte schlafen

hän·gen¹ <hängst, hängte, hat gehängt> **I.** *mit OBJ* **1.** ■ *jmd. hängt etwas an etwas Akk.* (≈ *auf-*

H

hängen) *etwas in* (*meist*) *einem Punkt oder an einer Stelle an etwas so befestigen, dass es nach unten weist* Wir haben das Bild an die Wand gehängt., Ich habe die Wäsche auf die Leine gehängt. **2.** ■ *jmd. hängt etwas an etwas Akk. irgendwo befestigen* die Uhr an die Kette hängen, Er hat den Anhänger an das Auto gehängt. **3.** ■ *jmd. hängt etwas aus etwas Dat. irgendwo hinaushalten* Sie hat ihren Kopf zu weit aus dem Fenster gehängt. **4.** ■ *jmd. hängt jmdn. durch Aufhängen hinrichten* Der zum Tode Verurteilte soll gehängt werden. **II.** *mit ES* **1.** ■ *jmd. hängt sich an jmdn. jmdm. folgen* Sie hängte sich an die Gruppe. **2.** ■ *jmd. hängt sich an etwas Akk. sich irgendwo festhalten* Er hängte sich (mit den Händen) an einen Ast. ■ **sich ans Telefon hängen** (*umg.*): (*für längere Zeit*) *telefonieren* ◆ Konjugation im Imperfekt und Perfekt beachten Die Mutter hängte die Wäsche auf die Leine., Die Mutter hat die Wäsche auf die Leine gehängt. *siehe aber auch* **hängen²**

hän·gen² <hängst, hing, hat/ist gehangen> *ohne OBJ* **1.** ■ *jmd./etwas hängt an etwas Dat. irgendwo aufgehängt sein* Das Bild hing an der Wand., Die Decke hat/ist auf der Leine gehangen., Der Verbrecher hat/ist am Galgen gehangen., die Kleidung im Schrank hängend aufbewahren **2.** ■ *etwas hängt an etwas Dat. irgendwo befestigt sein* Der Hund hing an der Leine., An der Lok haben/sind nur drei Wagen gehangen. **3.** ■ *etwas hängt an etwas Dat. irgendwie hinunterhängen* Ihre Arme hingen leblos am Körper., Die vollen Zweige des Apfelbaumes hingen am/zu Boden. **4.** ■ *etwas hängt in etwas Dat. festkleben/nicht weggehen* Der Gestank/der Rauch hängt in den Kleidern., Zäher Nebel hängt im Tal. **5.** ■ *jmd. hängt an jmdm./etwas Dat. eine starke emotionale Bindung zu jmdm. oder etas haben und sich nicht trennen wollen* Sie hat/ist schon immer sehr an ihrer Mutter gehangen., Er hängt an seiner Heimatstadt. **6.** ■ *etwas hängt* (*umg.*) *blockieren* Der Mechanismus hängt, irgendwo ist etwas kaputt., Ihr seid ja immer noch nicht fertig. Woran hängt es denn noch? **7.** ■ *jmd. hängt irgendwo* (*umg. abwert.*) *irgendwo herumlungern* stundenlang vor dem Fernseher hängen, Sie haben/sind wieder den ganzen Abend in der Kneipe gehangen. **8.** ■ *etwas hängt voll mit etwas Dat. mit etwas behängt sein* Die Leine hängt voller Wäsche., Im Herbst hat der Baum voller Äpfel gehangen. ■ **an jemandes Lippen hängen** (*geh.*): *jmdm. gespannt lauschen* **hängen bleiben** (SCHULE: *umg. abwert.*): *eine Klasse wiederholen müssen* **an der Strippe/am Telefon hängen** (*umg.*): (*längere Zeit*) *telefonieren* Sie hat/ist immer stundenlang an der Strippe gehangen. ◆ Konjugation im Imperfekt und Perfekt beachten Die Wäsche hing auf der Leine., Die Wäsche hat/ist auf der Leine gehangen. *siehe aber auch* **hängen¹**

hän·gig <nicht steig.> *Adj.* (*schweiz.*) *noch nicht entschieden, unerledigt*

Han·sa die *s.* **Hanse**

Hans·dampf ■ **ein Hansdampf in allen Gassen** (*umg. abwert.*): *eine Person, die sich überall ein bisschen, aber nirgendwo richtig auskennt*

Han·se, *a.* **Han·sa** die <-> (*kein Plur.*) (GESCH.: *im Mittelalter*) *ein Bund norddeutscher Handelsstädte* ◆ -stadt

hän·seln <hänselst, hänselte, hat gehänselt> *mit OBJ* ■ *jmd. hänselt jmdn.* (*wegen etwas Gen.*) *verspotten* Er wurde wegen seines Sprachfehlers immer wieder von seinen Mitschülern gehänselt.

Hans·wurst der <-(e)s, -e> **1.** (*veralt.* ≈ *Clown*) **2.** (*umg. abwert.*) *ein dummer, nicht ernst zu nehmender Mensch* Vor dem habt ihr Angst? Der ist doch nur ein Hanswurst!, sich vor den anderen zum Hanswurst machen

Han·tel die <-, -n> SPORT *zwei Gewichte aus Eisen, die mit einer Stange verbunden sind* die Armmuskeln mit der Hantel trainieren, Der Gewichtheber hob die Hantel nur bis in Brusthöhe.

han·tie·ren *ohne OBJ* **1.** ■ *jmd. hantiert* (*umg.*) *irgendetwas tun* Er hantiert schon seit Stunden im Keller. **2.** ■ *jmd. hantiert mit etwas Dat. an etwas Dat. mit etwas umgehen und sich in einer Weise an etwas zu schaffen machen* mit einem Schraubenschlüssel (am Fahrrad) hantieren

han·tig *Adj.* (*süddt. österr.*) **1.** *bitter* hantiges Bier **2.** *unfreundlich* eine hantige Bedienung

ha·pern <hapert, haperte, hat gehapert> *mit ES.* **1.** ■ *bei jmdm. hapert es mit etwas Dat. in Bezug auf etwas besitzt jmd. nicht ausreichende Kenntnisse* Mit der Grammatik hapert es bei ihr. **2.** ■ *bei jmdm. hapert es an etwas Dat. nicht zur Verfügung stehen* Bei ihm hapert es immer am Geld.

Hap·pen der <-s, -> (*umg.* ≈ *Bissen*) *eine kleine Menge von einer Speise* schnell noch einen Happen essen, Nimm dir doch noch einen Happen!

Hap·pe·ning das ['hɛpənɪŋ] <-s, -s> *eine Veranstaltung von Aktionskünstlern mit Einbeziehung des Publikums*

hap·pig *Adj.* (*umg.*) *so teuer, anspruchsvoll o.Ä., dass es nicht mehr zumutbar ist* Die Preise sind ja ganz schön happig hier!

hap·py ['hɛpi] <nicht steig.> *Adj.* (*umg. jugendspr.*) *glücklich* Ich bin total happy, weil ich ab morgen Urlaub habe.

Hap·py·end, *a.* **Hap·py End** das ['hɛpi'ʔɛnt] <-s, -s> *der glückliche Ausgang einer schwierigen Situation* Der Film/der Roman hat kein Happyend., Trotz aller Probleme gab es für die beiden doch noch ein Happyend.

Happy-Hour die ['hɛpi'...] <-> (*kein Plur.*) *eine bestimmte Zeit des Tages, in der in einem Lokal Getränke verbilligt sind*

Ha·ra·ki·ri das <-(s), -s> *japanische Form des rituellen Selbstmords durch Aufschlitzen des Bauches*

Ha·rass der <-es, -e> (*schweiz.*) *eine Lattenkiste zum Verpacken von Obst, Gemüse oder Getränkeflaschen*

Hard·co·ver, *a.* **Hard Co·ver** das ['hɑːdkʌvə] <-s, -s> (↔ *Broschur*) *mit einem festen Einband versehenes Buch* Haben Sie diesen Roman auch als Hardcover?

Hard·disk die ['hɑːddɪsk] <-, -s> EDV *die Festplatte eines Computers*

Hard·li·ner der ['hɑːd'laɪnə] <-s, -> POL. *Vertreter eines harten politischen Kurses*

Hard·ware die ['hɑːdwɛːə] <-, -s> (EDV: ↔ *Software*) *die Geräte, die zu einer Datenverarbeitungsanlage gehören*

Ha·rem der <-s, -s> **1.** GESCH. *im Orient: der Teil eines Hauses, der nur von Frauen bewohnt wird* in einem Harem leben **2.** GESCH. *im Orient: alle Frauen, die in einem Harem[1] leben* der Harem des Sultans **3.** (*umg. scherzh.*) *alle Frauen, mit denen ein Mann Beziehungen pflegt* Herr Müller kam mit seinem ganzen Harem zum Fest.

Ha·rems·da·me die <-, -n> *Frau in einem Harem[1]*

Hä·re·sie die <-, -n> (REL.: *geh.* ≈ *Ketzerei*) *von der offiziellen Kirchenlehre abweichende Glaubensauffassung*

Har·fe die <-, -n> *ein großes Saiteninstrument, dessen Saiten in eine Art Bogen eingespannt sind und das man im Sitzen spielt* ◆-nmusik, -nspieler(in)

Har·ke die <-, -n> (*norddt.*) *Rechen*

har·ken *mit OBJ/ohne OBJ* ■ *jmd. harkt etwas* (*norddt.*) *rechen* die Wiese/den Weg/das Laub harken, Nachdem du den Rasen gemäht hast, kannst du gleich noch harken.

Har·le·kin der <-s, -e> THEAT. *ein Spaßmacher in einem bunten Kostüm*

här·men *mit SICH* ■ *jmd. härmt sich um jmdn./etwas* (*geh.*) *sich sorgen* sich um den Kranken härmen

harm·los *Adj.* **1.** *so, dass es nicht schadet oder gefährlich ist* Diese Medizin ist harmlos., ein völlig harmloser Hund **2.** *ohne Hintergedanken* ein harmloser Witz, Ich habe nur ganz harmlos gefragt., Der Vorschlag war ganz harmlos gemeint.

Harm·lo·sig·keit die <-, -en> **1.** *die Eigenschaft, dass etwas harmlos[1] ist, wenig Gefahren birgt* nicht an die Harmlosigkeit einer Krankheit glauben **2.** (≈ *Gutmütigkeit*) etwas in aller Harmlosigkeit vorschlagen

Har·mo·nie die <-, en> **1.** (*kein Plur.*) (*geh.*) *ein ausgewogene Verhältnis zwischen Personen oder Dingen* die Harmonie der Eheleute beeinträchtigen, die Harmonie der Farben **2.** MUS. *der melodische Zusammenklang mehrerer Einzeltöne* ◆-lehre

har·mo·nie·ren *ohne OBJ* ■ *jmd./etwas harmoniert mit jmdm./etwas gut zusammenpassen* Die Farben/die beiden Freunde/die Instrumente harmonieren miteinander.

Har·mo·ni·ka die <-, -s/Harmoniken> *ein Musikinstrument, bei dem Metallzungen durch einen Luftstrom zum Klingen gebracht werden*

har·mo·nisch *Adj.* **1.** (↔ *disharmonisch*) *wohlklingend* ein harmonischer Klang **2.** *gut zusammenpassend und ausgewogen* eine harmonische Farbgestaltung, ein harmonisches Paar

Har·mo·ni·um das <-s, Harmonien> *ein Musikinstrument, das einem Klavier ähnelt, bei dem die Töne durch Metallzungen erzeugt werden, auf die mit einem Blasebalg Luft geblasen wird*

Harn der <-(e)s> (*kein Plur.*) (≈ *Urin*) *die gelbliche Flüssigkeit, die als Stoffwechselprodukt vom Körper ausgeschieden wird* ◆-drang

Harn·bla·se die <-, -n> ANAT. *das Organ, in dem sich der Harn im Körper sammelt*

Har·nisch der <-(e)s, -e> GESCH. *der Brustpanzer eines Ritters* den Harnisch anlegen ■ **wegen etwas in Harnisch geraten** (*geh.*): *wegen etwas in Wut geraten*

Harn·lei·ter der <-s, -> ANAT. *die schlauchförmige Verbindung zwischen Niere und Harnblase*

Harn·röh·re die <-, -n> ANAT. *der schlauchförmige Ausgang aus der Harnblase*

Har·pu·ne die <-, -n> *eine Art großer Pfeil für den Walfang, der an einer Leine befestigt ist*

har·pu·nie·ren *mit OBJ/intr.* ■ *jmd. harpuniert ein Tier* (*einen Wal*) *mit der Harpune schießen* einen Wal harpunieren, Als der Wal nahe genug war, begannen die Jäger zu harpunieren.

har·ren *ohne OBJ* ■ *jmd. harrt etwas Gen.* (*geh.*) *warten* Er harrte der Dinge, die da kommen sollten.

Harsch der <-es> (*kein Plur.*) *gefrorener, eisverkrusteter Schnee*

harsch *Adj.* (*geh.* ≈ *schroff*) *sehr unfreundlich* eine harsche Antwort/Reaktion, Das sind harsche Worte!

hart <härter, am härtesten> **I.** *Adj.* **1.** (↔ *weich*) *so fest, dass es sich nicht oder nur wenig verformt, wenn eine Kraft darauf wirkt* Hartes Holz lässt sich schlecht schnitzen., ein harter Bleistift, eine harte Matratze, Ich habe den Ball aufgepumpt, er ist ganz hart., Die Erbsen/die Kartoffeln sind noch hart (≈ noch nicht gar)., ein hart gekochtes Ei (≈ ein gekochtes Ei, dessen Eiweiß und Eigelb fest sind) **2.** *so stark, dass es kaum zu erschüttern ist* eine harte Währung, ein harter Bursche **3.** *schwer* (*zu ertragen*) harte Arbeit/Zeiten, hart arbeiten müssen, Es ist hart für ihn, dass er seine Familie verloren hat. **4.** *wenig mitfühlend* ein hartes Herz haben, jemanden mit harten Worten tadeln, Die schrecklichen Erlebnisse haben ihn hart werden lassen., Sie fasst die Kinder zu hart an., Die Polizei ging hart gegen die Demonstranten vor. **5.** *so intensiv oder stark, dass es als schlecht empfunden wird* ein harter Winter, harte Drogen, hartes Licht, ein harter Kontrast **6.** *heftig; ungebremst* eine harte Landung, hart zuschlagen, ein harter Konsonant **II.** *Adv. ganz nahe* hart an der Grenze, hart an der Pleite vorbei ■ **harte Drinks** (*umg.*): (*viel*) *Alkohol enthaltende Drinks* **hartes Wasser** (*umg.*): *stark kalkhaltiges Wasser* **hart gesotten** (*umg.*): *kaum zum Einlenken zu bewegen oder kaum zu beeindrucken* ein hart gesottener Bursche/Gauner **jetzt geht es hart auf hart** (*umg.*): *jetzt kann auf nichts mehr Rücksicht genommen werden* ◆ Getrenntschreibung→R 4.2, R 4.3 Willst du das Ei hart gekocht?, Der Boden ist hart gefroren., Das hart gewordene Brot bekommen die Kaninchen. *siehe aber* **hartgesotten**

Här·te die <-, -n> **1.** (↔ *Weichheit*) *die Festigkeit* *eines Materials gegenüber äußerer Krafteinwirkung* die Härte eines Diamanten/des Gesteins/des Metalls, die Härte des gefrorenen Bodens, Bleistiftminen in verschiedenen Härten **2.** (*fachspr.*) *der Kalkgehalt* die Härte des Wassers **3.** *etwas schwer Erträgliches* Der Verlust ihrer Eltern ist eine große Härte für sie., in seinem Leben viele Härten ertragen müssen ◆-fall **4.** (*kein Plur.*) *die Eigenschaft einer Sache, schwer erträglich zu sein* die Härte ihres Schicksals **5.** (*kein Plur.*) *unerbittliche Strenge* mit äußerster Härte vorgehen, Jetzt müssen wir Härte zeigen., von der ganzen Härte des Gesetzes getroffen werden **6.** (*kein Plur.*) (≈ *Dauerhaftigkeit*) die Härte einer Währung **7.** (*kein Plur.*) *eine Heftigkeit bzw. Intensität, die als unangenehm empfunden wird* die Härte des Aufpralls/Schlages, die Härte der Farben/eines Gegensatzes/des Lichts

Här·te·fall der <-(e)s, Härtefälle> **1.** *eine Notlage, die als Begründung für das Machen einer Ausnahme gesehen wird* In Härtefällen finden wir eine Sonderregelung. **2.** (*umg.*) *jmd., der in großer Not ist und für den (von einer Regelung oder einem Gesetz) eine Ausnahme gemacht wird.* Er ist ein Härtefall.

här·ten **I.** *mit OBJ* ■ *jmd. härtet etwas bewirken, dass etwas hart wird* den Stahl härten **II.** *ohne OBJ* ■ *etwas härtet* Der Beton/der Kleber härtet über Nacht. **III.** *mit SICH* ■ *jmd. härtet sich* (*selten*) Er härtete sich durch Sport.

Här·te·test der <-s, -s> *ein Test unter sehr schweren Bedingungen, der zeigen soll, ob ein Gerät oder eine Person belastbar ist* Der Einsatz unter extremen Bedingungen ist ein Härtetest für das Gerät., Das war der Härtetest für unsere Freundschaft.

Hart·fa·ser·plat·te die <-, -n> *eine Platte aus gepressten Holzfasern*

Hart·geld das <-(e)s> (*kein Plur.*) (↔ *Papiergeld*) *Münzen* Der Automat nimmt nur Hartgeld.

hart·ge·sot·ten *Adj. ohne Skrupel* Er ist ein hartgesottener Verhandlungspartner.

hart·her·zig *Adj.* (↔ *weichherzig*) mitleidlos, Seinen alten Eltern gegenüber war er sehr hartherzig., eine hartherzige Entscheidung

Hart·her·zig·keit die <-> (*kein Plur.*) (↔ *Weichherzigkeit*) *Mitleidlosigkeit*

hart·näckig *Adj.* **1.** (≈ *beharrlich*) *so, dass jmd. oder etwas lange Zeit jedem Änderungsversuch widersteht* ein hartnäckiger Verfolger/Widerstand, hartnäckig an einer einmal gefassten Meinung festhalten, sich hartnäckig weigern, etwas zu tun **2.** *lang andauernd (und daher lästig)* ein hartnäckiger Schnupfen

Hart·nä·ckig·keit die <-> (*kein Plur.*) (≈ *Beharrlichkeit*) ein Ziel mit großer Hartnäckigkeit verfolgen

Harz[1] das <-es, -e> *eine klebrige Absonderung von Bäumen* Harz von Nadelbäumen gewinnen ◆ Baum-

Harz[2] der <-es> (*kein Plur.*) *ein deutsches Mittelgebirge*

har·zig <nicht steig.> *Adj.* **1.** *voller Harz* ein harziger Baumstamm **2.** *wie Harz riechend* ein harziger Duft **3.** (*schweiz.*) *schwierig, mühsam, zähflüssig, schleppend*

Ha·sard [ha'zart] ■ **Hasard spielen**: *leichtfertig alles aufs Spiel setzen*

Hasch das <-s> (*kein Plur.*) (*umg.*) *kurz für „Haschisch"*

Ha·schee das <-s, -s> KOCH. *ein Hackfleischgericht*

ha·schen[1] **I.** *mit OBJ* ■ *jmd. hascht etwas* (*veralt.*) *zu fassen versuchen* einen Schmetterling haschen **II.** *ohne OBJ* ■ *jmd. hascht nach etwas Dat. zu fassen versuchen* Die Katze hascht nach der Maus/nach ihrem Schwanz. **III.** *mit SICH* ■ *jmd. hascht sich* (*veralt.*) *sich zu fangen versuchen* Die Kinder haschen sich im Garten.

ha·schen[2] *ohne OBJ* ■ *jmd. hascht* (*umg.* ≈ *kiffen*) *Haschisch rauchen*

Hä·scher der <-s, -> (*geh. abwert.*) *eine Person, die beauftragt ist, jmdn. zu ergreifen* Die Häscher waren ihm auf den Fersen., Er ist den Häschern mit knapper Not entkommen.

Ha·scherl das <-s, -n> (*süddt. österr.*) *eine bedauernswerte Person* nur ein armes Hascherl sein

Ha·schisch das/der <-(s)> (*kein Plur.*) *ein Rauschgift, das (als Zigarette) geraucht wird* Haschisch rauchen

Ha·se der <-n, -n> **1.** *ein wild lebendes Nagetier mit braunem Fell und langen Ohren* Ein Hase hoppelt über das Feld. **2.** *ein männlicher Hase*[1] ein Hase und eine Häsin **3.** KOCH. *Fleisch vom Hasen*[1] ◆-nbraten **4.** ■ **ein alter Hase sein** (*umg.*): *langjährige, große Erfahrung in etwas haben* **falscher Hase** (KOCH.: *umg.*): *Hackbraten* **sehen, wie der Hase läuft** (*umg.*): *sich ansehen, wie eine Sache sich entwickelt* **da liegt der Hase im Pfeffer** (*umg.*): *dort ist die eigentliche oder entscheidende Ursache*

Ha·sel der <-s, -> ZOOL. *eine Fischart*

Ha·sel·nuss die <-s, Haselnüsse> *eine kleine, braune Nuss, die fast rund ist*

Ha·sel·nuss·strauch der <-(e)s, Haselnusssträucher> *ein Strauch mit Kätzchenblüten, an dem Haselnüsse wachsen*

Ha·sen·bra·ten der <-s, -> *ein Gericht aus gebratenem Hasenfleisch*

Ha·sen·fuß der <-es, Hasenfüße> (*umg. abwert.*) *Feigling* Sei doch nicht solch ein Hasenfuß!

Ha·sen·herz das (≈ *Hasenfuß*)

Ha·sen·pfef·fer der <-s> (*kein Plur.*) KOCH. *in einer pikanten Soße geschmortes klein gehacktes Hasenfleisch*

Ha·sen·schar·te die <-, -n> MED. *eine angeborene, vererbbare Spaltung der Oberlippe*

Hä·sin die <-, -nen> *ein weiblicher Hase*

Has·pel die <-, -n> **1.** TECHN. *ein zylinderförmiger Körper zum Auf- und Abwickeln von Garnen* **2.** TECHN. *eine Seilwinde zum Heben und Senken von Lasten*

Hass der <-es> (*kein Plur.*) **1.** *eine sehr starke und tiefe Abneigung gegen Menschen oder bestimmte Zustände* von tiefem Hass erfüllt sein, Der Hass auf beiden Seiten behindert den Friedensprozess., mit seinen Reden den Hass schüren **2.** (*umg.* ≈ *Wut*) einen richtigen Hass auf jemanden kriegen

has·sen *mit OBJ/intr.* ■ *jmd. hasst jmdn./etwas* **1.** *Hass[1] empfinden* Sie sagt, sie hasse die Mörder ihres Sohnes. **2.** (*umg.*) *etwas nicht mögen* Meine Tochter hasst Klassenarbeiten., Ich hasse es, gestört zu werden.

has·sens·wert *Adj. so, dass man es hassen[1] muss* hassenswerte Arroganz/Gefühlskälte/Grausamkeit

hass·er·füllt *Adj. voller Hass* jemanden hasserfüllt ansehen

Hass·ge·füh·le <-> *Plur. das Gefühl, dass man jmdn. hasst*

häs·sig *Adj.* (*schweiz.*) *mürrisch, verdriesslich*

häss·lich *Adj.* **1.** (↔ *hübsch*) *von unschönem Äußeren* ein hässliches Gesicht, ein hässliches Haus **2.** (↔ *angenehm*) *unangenehm* hässliches Wetter **3.** (≈ *gemein*) eine hässliche Art haben, Seid doch nicht so hässlich zu ihr!

Häss·lich·keit die <-, -en> **1.** (*kein Plur.*) *unschönes Äußeres* ein Anblick von abstoßender Hässlichkeit **2.** (*kein Plur.*) (≈ *Gemeinheit*) So viel Hässlichkeit mir gegenüber hätte ich dir nicht zugetraut! **3.** (*selten*) *eine Handlung voller Gemeinheit* Ich habe genug von deinen Hässlichkeiten!

Hast die <-> (*kein Plur.*) *große Eile* etwas mit/in großer Hast tun

has·ten <hastest, hastete, ist gehastet> *ohne OBJ* ■ *jmd. hastet irgendwohin schnell laufen* schnell nach Hause hasten, von einem Termin zum nächsten hasten

ha·stig *Adj.* (↔ *gemächlich*) *sehr eilig* Nicht so hastig, wir haben viel Zeit!, hastige Bewegungen, hastig essen, das essen hastig herunterschlingen

hät·scheln <hätschelst, hätschelte, hat gehätschelt> *mit OBJ* ■ *jmd. hätschelt jmdn.* **1.** *streicheln; liebkosen* Sie sitzt im Sessel und hätschelt ihr Kind. **2.** (*abwert.*) *verwöhnen* Der jüngste Sohn wurde von der ganzen Familie gehätschelt.

hat·schen <hatschst, hatschte, ist gehatscht> *ohne OBJ* ■ *jmd. hatscht* **1.** (*süddt. österr.*) *hinken* Die alte Frau hatscht an einem Stock über die Straße. **2.** (*süddt. österr.*) *lässig schlendern* Musst du so hatschen? Heb doch die Füße!

Hat·trick der ['hɛtrik] <-s, -s> SPORT **1.** *ein dreimaliger unmittelbar aufeinander folgender Torerfolg durch denselben Spieler* **2.** *ein dreimaliger Erfolg in einem sportlichen Wettbewerb* Wird dem Skispringer ein Hattrick gelingen?

Hatz die <-, -en> **1.** (*kein Plur.*) (*süddt.*) *Eile* **2.** *Hetzjagd auf Wild*

Hau·be die <-, -n> **1.** (*gesch.*) *eine Kopfbedeckung für Frauen* Zum Trachtenkleid trug sie eine bestickte Haube. **2.** *ein Gegenstand, der dazu dient, etwas abzudecken oder nach oben hin abzuschließen* eine Haube über den Käse setzen, Eine Haube bedeckt den Turm. **3.** *Schnee, der wie eine Haube[2] auf etwas liegt* eine Haube aus Schnee **4.** *kurz für „Motorhaube"* **5.** ZOOL. *das Kopfgefieder bei bestimmten Vogelarten* ■ **jemanden unter die Haube bringen** (*umg. veralt.*): *jmdn. verheiraten* **unter die Haube kommen** (*umg. veralt.*): *sich verheiraten*

Hau·ben·tau·cher der <-s, -> *ein Vogel*

Hau·bit·ze die <-, -n> MILIT. *eine Kanone mit kurzem Rohr* ■ **voll wie eine Haubitze** (*umg.*): *stark betrunken*

Hauch der <-(e)s, -e> **1.** *ausgeatmete Luft* der letzte Hauch des Sterbenden **2.** *ein leichter Luftzug* ein kühler/warmer Hauch **3.** *ein leichter Anflug oder eine geringe Menge von etwas* einen Hauch von Puder auf die Wangen auftragen, Ein Hauch von Frühling liegt in der Luft., nicht den Hauch einer Ahnung haben

hauch·dünn <nicht steig.> *Adj. sehr dünn* eine hauchdünne Schicht

hau·chen **I.** *mit OBJ* ■ *jmd. haucht etwas* **1.** *durch Hauchen erzeugen* ein Loch in den Schnee/das Eis hauchen **2.** *leise flüstern* Er hauchte leise ihren Namen. **II.** *ohne OBJ* ■ *jmd. haucht auf/in etwas Akk. Atemluft auf etwas strömen lassen* auf das Brillenglas hauchen, in seine kalten Hände hauchen

hauch·fein <nicht steig.> *Adj.* (≈ *hauchdünn*)

hauch·zart <nicht steig.> *Adj. sehr dünn* ein hauchzarter Nebelschleier/Stoff

Hau·de·gen der <-s, -> *ein älterer erfahrener Kämpfer* Die Truppe bestand aus lauter alten Haudegen.

Haue die <-, -n> **1.** (*süddt. österr. schweiz.*) *Hacke* **2.** (*nur im Sing.*) (*umg., gegenüber Kindern*) *Prügel* Na warte, es gibt gleich Haue!

hau·en <haust, haute/hieb, hat gehauen> **I.** *mit OBJ* **1.** ■ *jmd. haut jmdn.* ((*haute*) *umg.*) *schlagen* Meine Schwester hat mich gehauen! **2.** ■ *jmd. haut etwas in etwas Akk.* ((*hieb*)) *in etwas schlagen* eine Inschrift in einen Stein hauen, ein in Stein gehauenes Bildnis **3.** ■ *jmd. haut etwas* ((*haute/hieb*)) *abtrennen; zerstückeln* Gras hauen, Fleisch/Knochen hauen, etwas in Stücke/kurz und klein hauen **4.** ■ *jmd. haut etwas irgendwohin* ((*haute*) *umg.*) *mit Schwung werfen* die Tasche in die Ecke hauen **II.** *ohne OBJ* ■ *jmd. haut auf etwas Akk.* ((*haute/hieb*)) *irgendwohin schlagen* mit der Faust auf den Tisch hauen, mit der Zeitung nach einer Fliege hauen **III.** *mit SICH* **1.** ■ *jmd. haut sich* ((*haute*) *umg.*) *sich prügeln* Müsst ihr euch immer hauen? **2.** ■ *jmd. haut sich irgendwohin* ((*haute*) *umg.*) *sich mit Schwung irgendwohin fallen lassen* sich in einen Sessel/ins Bett hauen ■ **sein Geld auf den Kopf hauen** (*umg.*): *alles Geld* (*schnell*) *ausgeben*

Hau·er der <-s, -> **1.** ZOOL. *einer der vorstehende Eckzähne des männlichen Wildschweins* **2.** (BERGB.: ≈ *Bergmann*)

Häuf·chen das <-s, -> **1.** *ein kleiner Haufen von etwas* **2.** *eine Gruppe von wenigen Personen* der Fürst und ein Häufchen Getreuer ■ **jemand steht da/sieht aus wie ein Häufchen Elend/Unglück** (*umg.*): *jmd. sieht sehr traurig aus* **jemand ist nur noch ein Häufchen Elend** (*umg.*): *jmd. ist sehr krank oder alt und deshalb sehr schwach*

H

Hau·fen der <-s, -> **1.** *eine ungeordnete Anhäufung oder eine formlose Masse von etwas* ein Haufen Sand/Steine, ein Haufen schmutziger Wäsche, Ein Haufen Spielzeug lag in der Mitte des Zimmers., alles auf einen großen Haufen werfen **2.** (*umg.*) *eine große Menge von etwas* So ein Haufen Geschenke!, Das muss doch einen Haufen Geld gekostet haben., ein ganzer Haufen Leute ■ **etwas über den Haufen werfen** (*umg.*): *seine Absichten ändern* **jemanden über den Haufen rennen** (*umg.*): *jmdn. umrennen* **jemanden über den Haufen schießen** (*umg.*): *jmdn. erschießen*

hau·fen·wei·se *Adv.* (*umg.*) *in großen Mengen* Ich habe haufenweise Post bekommen., Wir haben noch haufenweise Arbeit.

häu·fig *Adj.* (↔ *selten*) *so, dass es in einem bestimmten Zeitraum raltiv oft vorkommt* ein häufiger Besucher, Diese Frage ist mir schon häufig gestellt worden.

Häu·fig·keit die <-, -en> (*selten Plur.*) **1.** (↔ *Seltenheit*) *das häufige Vorkommen* die zunehmende Häufigkeit von Erkrankungen dieser Art **2.** (≈ *Frequenz*) *die Anzahl von etwas bezogen auf einen bestimmten Zeitraum* In welcher Häufigkeit treten diese Anfälle auf?

Häuf·lein das <-s, -> (*umg.*) *kleine Gruppe von Menschen* Er führt das kleine Häuflein an., Ein kleines Häuflein wagte sich bis auf den Gipfel des Berges.

Häu·fung die <-, -en> *das häufige Vorkommen von etwas* Uns beunruhigt die Häufung der Diebstähle in unserer Gegend.

Haupt das <-(e)s, Häupter> **1.** (*geh.* ≈ *Kopf*) sein Haupt bedecken, sich nachdenklich über das Haupt streichen, Der Löwe hob sein stolzes Haupt. ■ **erhobenen Hauptes**: *stolz* **2.** (*umg.*) *Anführer* das Haupt der Familie, Er ist das Haupt der Verschwörung ■ **ein gekröntes Haupt** (*geh.*): *König(in)*

Haupt·ab·nehmer der <-s, -> *der hauptsächliche Kunde in Bezug auf eine bestimmte Ware*

Haupt·ak·ti·o·när der <-s, -e> *Inhaber der meisten Aktien*

Haupt·al·tar der <-(e)s, Hauptaltäre> REL. *im Chor der Kirche stehender Altar*

haupt·amt·lich <nicht steig.> *Adj.* (↔ *nebenamtlich*) *so, dass ein Amt als Beruf ausgeübt wird* hauptamtlicher Bürgermeister

Haupt·an·lie·gen das <-s, -> *das wichtigste Anliegen* Es war unser Hauptanliegen, euch zu helfen.

Haupt·an·schluss der <-es, Hauptanschlüsse> (TELEKOMM.: ↔ *Nebenanschluss*) *die Telefonleitung einer Telefonanlage, die direkt mit dem Netz verbunden ist* Vom Hauptanschluss aus kann ich Sie weiterverbinden.

Haupt·an·teil der <-s, -e> *der größte Anteil von etwas*

Haupt·ar·gu·ment das <-(e)s, -e> *wichtigstes Argument* jemandes Hauptargument entkräften

Haupt·auf·ga·be die <-, -n> (↔ *Nebenaufgabe*) *wichtigste Aufgabe*

Haupt·au·gen·merk das <-(e)s, -e> *hauptsächliche Aufmerksamkeit* das Hauptaugenmerk auf etwas legen

Haupt·bahn·hof der <-(e)s, Hauptbahnhöfe> *der wichtigste Bahnhof in einer (Groß)stadt*

Haupt·be·ruf der <-(e)s, -e> (↔ *Nebenberuf*) *hauptsächlich ausgeübter Beruf* Er ist im Hauptberuf Facharbeiter und im Nebenberuf betreibt er eine kleine Landwirtschaft.

haupt·be·ruf·lich <nicht steig.> *Adj. im hauptsächlich ausgeübten Beruf* hauptberuflich Lehrer sein

Haupt·be·schäf·ti·gung die <-> (↔ *Nebenbeschäftigung*) *hauptsächlich ausgeübte Beschäftigung*

Haupt·be·stand·teil der <-(e)s, -e> *wesentlichster Bestandteil* Reis ist der Hauptbestandteil seiner Nahrung.

Haupt·dar·stel·ler, **Haupt·dar·stel·le·rin** der <-s, -> (THEAT. FILM: ↔ *Nebendarsteller*) *Person, die die wichtigste Rolle in einem Stück spielt*

Haupt·ein·fahrt die <- , -en> *wichtigste Zufahrt zu einem (großen) Gelände*

Haupt·ein·gang der <-s, Haupteingänge> (↔ *Nebeneingang*) *wichtigster Zugang zu einem (großen) Gebäude* Wir treffen uns am Haupteingang.

Haupt·ein·nah·me·quel·le das <-, -n> (↔ *Nebeneinnahmequelle*) *das, womit jmd. hauptsächlich sein Geld verdient* Der Tourismus ist auf den Inseln die Haupteinnahmequelle.

Häup·tel das <-s, -> (*süddt. österr.*) *der Kopf einer Gemüsepflanze*

Haupt·er·werbs·bau·er der <-s, -n> (↔ *Nebenerwerbsbauer*) *jmd., für den die Landwirtschaft der Hauptberuf ist*

Haupt·fach das <-(e)s, Hauptfächer> (↔ *Nebenfach*) **1.** (*an der Universität*) *das Fach, das im Vollstudium studiert wird* Anglistik im Hauptfach studieren **2.** *ein wichtiges Unterrichtsfach in der Schule* Mathematik, Deutsch und Englisch sind Hauptfächer.

Haupt·feld das <-s> (*kein Plur.*) (SPORT: ↔ *Ausreißergruppe*) *bei einem Rennen die Masse der Läufer oder Fahrer* Der schnellste Läufer konnte sich bald vom Hauptfeld absetzen.

Haupt·feld·we·bel der <-s, -> MILIT. **1.** *ein Unteroffiziersdienstgrad* **2.** *jmd., der den Dienstgrad eines Hauptfeldwebels*[1] *hat*

Haupt·fi·gur die <-, -en> **1.** (LIT. FILM THEAT.: ↔ *Nebenfigur*) *wichtigste Person in einem Stück* **2.** (*übertr.*) *die wichtigste Person in einem Geschehen* Er ist die Hauptfigur in diesem Skandal.

Haupt·film der <-s, -e> (↔ *Vorfilm*) *der angekündigte Spielfilm der Vorstellung* Vor dem Hauptfilm läuft noch ein kleiner Vorfilm und die Werbung.

Haupt·for·de·rung die <-, -en> (↔ *Nebenforderung*) *die wichtigste Forderung* Die Hauptforderung der Gewerkschaften ist die Verhinderung von Kündigungen.

Haupt·fried·hof der <-(e)s, Hauptfriedhöfe> *der*

größte Friedhof in einer (Groß)Stadt

Haupt·ge·bäu·de das <-s, -> (↔ *Nebengebäude*) *in einem Komplex von mehreren Gebäuden das größte und wichtigste Gebäude* An das Hauptgebäude des Krankenhauses schließen sich mehrere Nebengebäude an.

Haupt·ge·richt das <-(e)s, -e> (↔ *Nachspeise, Vorspeise*) *das wichtigste Gericht bei einem Menü mit mehreren Gängen* Als Hauptgericht gibt es Rinderfilet.

Haupt·ge·schäft das <-(e)s, -e> (↔ *Filiale*) *das wichtigste Geschäftshaus eines Einzelhändlers mit mehreren Filialen*

Haupt·ge·schäfts·stra·ße die <-, -n> *die Straße mit den meisten und wichtigsten Geschäften in einer Stadt*

Haupt·ge·schäfts·zeit die <-, -en> *die Zeit, zu der die meisten Leute ihre Einkäufe erledigen* Die Stadt ist nachmittags zur Hauptgeschäftszeit sehr belebt.

Haupt·ge·winn der <-s, -e> *der größte Gewinn bei einer Lotterie oder einem Preisausschreiben* Du hast den Hauptgewinn gezogen!, Der Hauptgewinn ist eine Reise in die Karibik.

Haupt·kom·mis·sar, Haupt·kom·mis·sa·rin der <-s, -e> *ein Dienstrang bei der Polizei*

Häupt·ling der <-s, -e> *das Stammesoberhaupt bei Naturvölkern* der Häuptling eines Indianerstammes

Haupt·mahl·zeit die <-, -en> (↔ *Zwischenmahlzeit*) *die wichtigste oder reichlichste Mahlzeit des Tages*

Haupt·mann der <-(e)s, Hauptmänner> MILIT. **1.** *ein Offiziersdienstgrad beim Militär* **2.** *jmd., der den Dienstgrad eines Hauptmanns[1] innehat*

Haupt·merk·mal das <-s, -e> *wesentlichstes Merkmal*

Haupt·nen·ner der <-s> (*kein Plur.*) MATH. *kleinstes gemeinsames Vielfaches der Nenner verschiedener Brüche*

Haupt·per·son die <-, -en> *jmd., der im Mittelpunkt eines Ereignisses steht* An deinem Geburtstag bist du die Hauptperson.

Haupt·post·amt das <-(e)s, -ämter> *das wichtigste Postamt in einer (Groß)Stadt*

Haupt·preis der <-es, -e> (≈ *Hauptgewinn*)

Haupt·pro·be die <-, -n> THEAT. *die wichtigste Probe vor der Premiere eines Stückes*

Haupt·pro·b·lem das <-s, -e> *wichtigstes Problem*

Haupt·quar·tier das <-s, -e> MILIT. *der Sitz des Oberbefehlshabers einer Armee im Krieg*

Haupt·red·ner der <-s, -> *der wichtigste Redner bei einer Veranstaltung mit mehreren Rednern*

Haupt·rol·le die <-, -n> **1.** (↔ *Nebenrolle*) *die wichtigste Rolle in einem Stück oder Film* In den Hauptrollen sehen Sie … **2.** (*kein Plur.*) (*übertr.*) *eine Sache oder Person von größter Wichtigkeit* Das spielt für uns die Hauptrolle., Sie will immer und überall die Hauptrolle spielen.

Haupt·sa·che die <-, -n> (↔ *Nebensache*) *das Wichtigste* Die Lehre ist für sie im Moment die Hauptsache., (Die) Hauptsache (ist), du wirst wieder gesund. ■ **in der Hauptsache**: *vor allem* In der Hauptsache wurden Geldprobleme besprochen.

haupt·säch·lich <nicht steig.> **I.** *Adj. wesentlich* Unser hauptsächliches Anliegen ist …, Das hauptsächliche Problem in dieser Region ist der Wassermangel. **II.** *Adv. vor allem* Es wurden hauptsächlich Reparaturen durchgeführt.

Haupt·sai·son die <-, -s> (↔ *Nachsaison, Nebensaison*) *die Zeit, in der die meisten Menschen verreisen* In der Hauptsaison sind alle Zimmer restlos ausgebucht.

Haupt·satz der <-es, Hauptsätze> (SPRACHWISS.: ↔ *Nebensatz*) *ein selbstständiger Satz oder übergeordneter Satz in einem Satzgefüge*

Haupt·schlüs·sel der <-s, -> *der Schlüssel eines Schließsystems, der zu allen Schlössern passt*

Haupt·schul·ab·schluss der <-es, Hauptschulabschlüsse> *der Schulabschluss, der an einer Hauptschule erworben werden kann*

Haupt·schuld die <-> (*kein Plur.*) *die größte Schuld an etwas* die Hauptschuld an etwas tragen

Haupt·schul·di·ge der/die <-n, -n> *jmd., der die Hauptschuld an etwas trägt* Die Hauptschuldigen wurden zu zehn Jahren Gefängnis verurteilt.

Haupt·schu·le die <-, -n> *an die Grundschule anschließende Schule, die mit der 9. Klasse abschließt*

Haupt·sen·de·zeit die <-, -en> *die Zeit, zu der die meisten Zuschauer fernsehen* Die Serie läuft zur Hauptsendezeit.

Haupt·sor·ge die <-, -n> *etwas, das jmdm. am meisten Sorgen macht*

Haupt·spei·cher der <-s, -> EDV *der Arbeitsspeicher eines Computers*

Haupt·spei·se die <-, -n> (*österr.* ≈ *Hauptgericht*)

Haupt·spon·sor der <-s, -en> (SPORT: ↔ *Cosponsor*) *der wichtigste Sponsor*

Haupt·stadt die <-, Hauptstädte> *die Stadt, in der sich der Regierungssitz eines Landes befindet* Wien ist die Hauptstadt von Österreich.

Haupt·städ·ter der <-s, -> *Einwohner einer Hauptstadt*

haupt·städ·tisch <nicht steig.> *Adj.* **1.** *zur Hauptstadt gehörend* die hauptstädtische Verkehrspolitik **2.** *wie in einer Hauptstadt* Die Stadt besitzt ein fast hauptstädtisches Flair.

Haupt·stra·ße die <-, -n> **1.** *die wichtigste Geschäfts- oder Verkehrsstraße eines Ortes* Sie wohnt an einer/der Hauptstraße. **2.** (↔ *Nebenstraße*) *eine Vorfahrtsstraße* Wir befinden uns auf der Hauptstraße, wir haben Vorfahrt.

Haupt·stu·di·um das <-s> (*kein Plur.*) *der Abschnitt des Studiums zwischen Zwischenprüfung und Examen*

Haupt·sturm·füh·rer der <-s, -> GESCH. *ein militärischer Rang in der SA und SS im Nationalsozialismus*

Haupt·ur·sa·che die <-, -n> *die wichtigste Ursache von etwas* Die Hauptursache für diese Katastrophe ist noch nicht bekannt.

Haupt·va·ri·an·te *siehe auch* **Nebenvariante**, **Rechtschreibreform**

> **i Wissenswert** Die Rechtschreibung eröffnet dem Schreibenden bei vielen Wörtern eine Wahl zwischen zwei gleichermaßen gültigen Schreibweisen, z.B. aufwändig/aufwendig. In einer Reihe von Fällen wird allerdings eine der beiden Schreibungen als die bevorzugte Form, als **Hauptvariante** (oder Hauptform) ausgewiesen. Dennoch ist auch die Nebenvariante (oder Nebenform) eine korrekte Schreibweise, z.B. Bravour (Hauptvariante), auch Bravur (Nebenvariante).

haupt·ver·ant·wort·lich <nicht steig.> *Adj. so, dass man die wesentliche Verantwortung für etwas trägt* Er ist hauptverantwortlich für die Durchführung des Projekts.

Haupt·ver·die·ner, **Haupt·ver·die·ne·rin** der <-s, -> *die Person, die in einer Familie am meisten verdient* Es ist in vielen Familien noch immer so, dass der Vater der Hauptverdiener ist.

Haupt·ver·fah·ren das <-s, -> (RECHTSW.: ≈ *Hauptverhandlung*)

Haupt·ver·hand·lung die <-, -en> RECHTSW. *die Verhandlung in einem Gerichtsprozess, in der das Urteil verkündet wird*

Haupt·ver·kehrs·stra·ße die <-, -n> *eine wichtige, stark befahrene Straße* Durch Bauarbeiten sind mehrere Hauptverkehrsstraßen gleichzeitig gesperrt.

Haupt·ver·kehrs·zeit die <-, -en> *die Tageszeit mit dem stärksten Straßenverkehr* In der Hauptverkehrszeit kommt es häufig zu Staus.

Haupt·ver·samm·lung die <-, -en> WIRTSCH. RECHTSW. *die jährlich stattfindende Zusammenkunft der Aktionäre einer Aktiengesellschaft*

Haupt·wasch·gang der <-(e)s, Hauptwaschgänge> (↔ *Vorwaschgang*) *der Waschgang innerhalb eines Waschprogramms, bei dem die Wäsche intensiv gewaschen wird* Auf die Vorwäsche folgt der Hauptwaschgang.

Haupt·wohn·sitz der <-es, -e> (AMTSSPR.: ↔ *Nebenwohnsitz*) *derjenige von mehreren Wohnorten, an dem man seinen Lebensmittelpunkt hat* Er hat seinen Hauptwohnsitz in Leipzig, und eine Nebenwohnung an seiner Arbeitsstelle in Hamburg.

Haupt·wort das <-es, Hauptwörter> (SPRACHWISS.: ≈ *Substantiv*)

Haupt·ziel das <-(e)s, -e> *wichtigstes Ziel*

Haus das <-es, Häuser> **1.** *ein aus Beton, Steinen, Ziegeln usw. gebautes Gebäude mit meist rechteckigem Grundriss, das in verschiedene Räume und Stockwerke aufgeteilt ist und das Menschen als Wohnung oder Arbeitsraum dient* ein Haus abreißen/bauen/bewohnen/kaufen/planen/renovieren, ein altes/baufälliges/neues/verfallenes Haus, Das Haus steht direkt an der Kreuzung/hat zwei Stockwerke/ wurde renoviert/verfügt über einen großen Garten. ◆ Geschäfts-, Wohn- **2.** *verwendet, um ein Unternehmen, eine Institution oder Spielstätte zu bezeichnen* Unser Haus bietet Ihnen einen umfangreichen Service., Ein Schreiben aus dem Hause des Umweltministers., Bei der Uraufführung war das Haus bis auf den letzten Platz ausverkauft. **3.** *die Bewohner oder Besucher eines Hauses/einer Spielstätte* Das ganze Haus war schon früh auf den Beinen., Das ganze Haus spendete ihnen Applaus. **4.** (*geh.*) *Adelsfamilie* das Haus Habsburg/der Grimaldis ■ **altes Haus** (*umg. veralt.*): *Anrede für einen langjährigen, guten Freund* **außer Haus essen** (*umg.*): *in einem Restaurant oder bei Freunden essen* **von Haus(e) aus** (*umg.*): *ursprünglich* Er ist von Haus(e) aus Chemiker/ein ruhiger Mensch. **nach Hause**: *in die eigene Wohnung oder Heimat* nach Hause gehen **zu Hause**: *in der eigenen Wohnung oder Heimat* Bist du heute Abend zu Hause? **mit der Tür ins Haus fallen** (*umg.*): *ohne Umschweife zur Sache kommen* **in einer Sache zu Hause sein** (*umg.*): *sich in einer Sache sehr gut auskennen* **ins Haus stehen** (*umg.*): *bevorstehen* **Haus halten**: *sparsam wirtschaften* ◆ Groß- und Getrenntschreibung oder Klein- und Zusammenschreibung→4.14 Sie verstand es schon immer, gut Haus zu halten/hauszuhalten., Wann fahren wir endlich nach Hause/nachhause?, Endlich sind wir wieder zu Hause/zuhause! *siehe auch* **nachhause/zuhause**

Haus·an·ge·stell·te der/die <-n, -n> *eine Person, die gegen Bezahlung im Haushalt hilft*

Haus·an·zug der <-(e)s, Hausanzüge> *ein bequemer Anzug, den man zu Hause trägt*

Haus·a·po·the·ke die <-, -n> *Medizin und Verbandsmaterial, das man für Notfälle zu Hause aufbewahrt*

Haus·ar·beit die <-, -en> **1.** *die Arbeit im Haushalt* Auf mich wartet noch viel Hausarbeit., Sie sind beide berufstätig und teilen sich die Hausarbeit. **2.** (SCHUL.: ≈ *Hausaufgaben*) Habt ihr eure Hausarbeiten schon erledigt? **3.** *eine schriftliche, zu Hause angefertigte Arbeit eines Studenten, die bewertet wird* eine Hausarbeit schreiben

Haus·ar·rest der <-(e)s, -e> RECHTSW. *ein Strafe, bei der es der oder dem Bestraften verboten ist, das Haus zu verlassen* jemanden unter Hausarrest stellen

Haus·arzt, **Haus·ärz·tin** der <-es, Hausärzte> *ein Arzt für Allgemeinmedizin, der erster Anlaufpunkt bei Erkrankungen ist und der auch Hausbesuche macht* Der Hausarzt macht einen Hausbesuch/schreibt eine Überweisung an einen Facharzt.

Haus·auf·ga·be die <-, -n> *eine schriftliche oder mündliche Schulaufgabe, die zu Hause gemacht werden soll* seine Hausaufgaben erledigen/machen/vergessen haben ■ **seine Hausaufgaben machen** (*umg. übertr.*): *sich auf eine Sache gründlich vorbereiten*

Haus·auf·ga·ben·hil·fe die <-> (*kein Plur.*) *eine Institution, die gegen Bezahlung Schülern beim*

Erledigen der Hausaufgaben hilft

haus·ba·cken <nicht steig.> *Adj.* (*umg. abwert.*) *langweilig und schlicht* Dieses Kostüm sieht ziemlich hausbacken aus.

Haus·bank die <-, -en> BANKW. *die Bank, bei der man ein Konto hat und mit der man seine wichtigsten Geldgeschäfte abwickelt* sich bei/von seiner Hausbank beraten lassen

Haus·bar die <-, -s> *ein Raum oder ein Schrank in einem privaten Wohnhaus, der als Bar eingerichtet ist* jemandem einen Drink aus der Hausbar anbieten

Haus·be·set·zer, **Haus·be·set·ze·rin** der <-s, -> *eine Person, die ohne Mieter oder Eigentümer zu sein, in ein leer stehendes Haus[1] einzieht und es besetzt hält*

Haus·be·set·zung die <-, -en> *der Einzug in ein Haus[1], dessen Mieter oder Eigentümer man nicht ist* mit Hausbesetzungen gegen überhöhte Mieten protestieren

Haus·be·sit·zer, **Haus·be·sit·ze·rin** der <-s, -> *jmd., dem ein Haus[1] gehört*

Haus·be·sor·ger, **Haus·be·sor·ge·rin** der (*österr.*) *Hausmeister(in)*

Haus·be·such der <-(e)s, -e> *der Besuch eines Hausarztes oder eines Vertreters in jmds. Privatwohnung zu dienstlichen Zwecken*

Haus·be·woh·ner, **Haus·be·woh·ne·rin** der <-s, -> *jmd., der in einem Haus[1] wohnt, weil er es gemietet hat oder weil es ihm gehört*

Häus·chen das <-s, -> **1.** *ein kleines Haus[1]* ein Häuschen im Grünen haben ■ **ganz aus dem Häuschen sein** (*umg.*): *ganz aufgeregt sein* **2.** (*schweiz.*) *WC*

Haus·dra·chen der <-s, -> (*abwert. veralt.*) *zänkische Ehefrau*

Haus·ein·gang der <-es, Hauseingänge> (*überdachte*) *Eingangstür eines Hauses[1]*

hau·sen *ohne OBJ* (*umg. abwert.*) **1.** ■ *jmd. haust irgendwo unter schlechten Bedingungen wohnen* in Wellblechhütten hausen, zu viert in einem Zimmer hausen müssen **2.** ■ *jmd./etwas haust irgendwo irgendwie große Schäden anrichten* Der Sturm hat in manchen Gegenden furchtbar gehaust., Die Soldaten haben in der Stadt fürchterlich gehaust.

Hau·sen der <-s, -> ZOOL. *eine Fischart*

Häu·ser·block der <-(e)s, Häuserblöcke> *mehrere Mehrfamilienhäuser, die aneinander gebaut sind* mit dem Hund einmal um den Häuserblock gehen

Häuser·ma·kler der <-s, -> (≈ *Immobilienmakler*)

Häu·ser·meer das <-(e)s> (*kein Plur.*) *die vielen Häuser einer Großstadt* Es ist wirklich schwer, sich in diesem Häusermeer zurechtzufinden!

Haus·flur der <-(e)s, -e> *Vorraum oder Treppenhaus* Bitte keine Fahrräder im Hausflur abstellen!

Haus·frau die <-, -en> **1.** *eine* (*verheiratete*) *Frau, die für die eigene Familie den Haushalt führt* Die Arbeit einer Hausfrau wird viel zu häufig gering geschätzt. **2.** *eine Frau, die nicht berufstätig ist* Sind Sie berufstätig? Nein, ich bin Hausfrau. **3.** (*österr.*) *Vermieterin eines möblierten Zimmers*

Haus·freund der <-es, -e> **1.** (*selten*) *Freund der Familie* **2.** (*umg. scherzh. oder verhüll.*) *Geliebter der Ehefrau*

Haus·frie·dens·bruch der <-(e)s> (*kein Plur.*) RECHTSW. *unerlaubtes Betreten eines fremden Grundstücks oder Hauses*

Haus·ge·brauch ■ **nur für den Hausgebrauch** (*umg.*): *so, dass es für den eigenen Bedarf genügt* Er kann nicht sehr gut Englisch, aber für den Hausgebrauch reicht es.

Haus·ge·burt die <-, -en> *Entbindung zu Hause* Als Hebamme betreut sie auch Frauen bei einer Hausgeburt.

Haus·ge·hil·fin die <-, -nen> *ein Mädchen oder eine Frau, die jmdm. im Haushalt hilft*

haus·ge·macht <nicht steig.> *Adj.* **1.** *selbst hergestellt* hausgemachter Honig **2.** (*übertr. abwert.*) *selbst verschuldet* Viele Probleme, die die Regierung beklagt, sind hausgemacht.

Haus·halt der <-(e)s, -e> **1.** *die wirtschaftliche Einheit einer Person oder mehrerer zusammenlebender Personen* ein Haushalt mit vier Personen, jemandem den Haushalt führen, die Versorgung der privaten Haushalte mit Strom, Mein erwachsener Sohn gehört nicht mehr zum Haushalt. ◆ Einpersonen-, Mehrpersonen-, Single- **2.** (*kein Plur.*) *die häusliche Arbeit, die in einem Haushalt[1] anfällt* den Haushalt machen ◆-sarbeit **3.** WIRTSCH. POL. *die Gesamtheit der öffentlichen Ausgaben und Einnahmen* der Haushalt des Landes/der Stadt, etwas aus dem laufenden Haushalt bezahlen, den Haushalt beschließen/verabschieden

haus·hal·ten *ohne OBJ* **1.** ■ *jmd. haushaltet mit etwas Dat. sparsam wirtschaften* mit seinen Kräften haushalten **2.** ■ *jmd. haushaltet* (*veralt.*) *den privaten Haushalt führen*

Haus·häl·ter, **Haus·häl·te·rin** der <-s, -> *eine Person, die gegen Bezahlung für andere den Haushalt führt* Er beschäftigt für alle zu Hause anfallenden Arbeiten eine Haushälterin.

haus·häl·te·risch <nicht steig.> *Adj.* (≈ *sparsam*)

Haus·halts·ab·fäl·le <-> *Plur.* (↔ *Industrieabfälle*) *im Haushalt entstehende Abfälle*

Haus·halt(s)·aus·schuss der <-es, Haushalt(s)ausschüsse> POL. *eine Gruppe von Abgeordneten, die für den öffentlichen Haushalt zuständig ist*

Haus·halt(s)·be·ra·tung die <-, -en> POL. *Beratung des Haushaltsplanes*

Haus·halts·buch das <-(e)s, -bücher> *ein Notizbuch, in das jmd. seine Haushaltsausgaben hineinschreibt*

Haus·halt(s)·geld das <-(e)s, -er> *das Geld, das für den privaten Haushalt zur Verfügung steht* Das Haushalt(s)geld muss für einen ganzen Monat reichen.

Haus·halt(s)·ge·rät das <-es, -e> *ein* (*elektrisches*) *Gerät für Arbeiten im privaten Haushalt* Kühlschränke, Waschmaschinen und Staubsauger gibt es in der Abteilung für Haushalt(s)geräte.

Haus·halt(s)·jahr das <-(e)s, -e> POL. AMTSSPR. *Planungs- und Abrechnungszeitraum für die öffentli-*

chen Einnahmen und Ausgaben Im kommenden Haushalt(s)jahr stehen weniger Mittel für den Straßenbau zur Verfügung.

Haus·halt(s)·mit·tel <-> *Plur.* AMTSSPR. *Gelder, die in einem öffentlichen Haushalt zur Verfügung stehen* für einen Schulneubau Haushalt(s)mittel zur Verfügung stellen, Er wurde verdächtigt, private Anschaffungen aus Haushalt(s)mitteln bezahlt zu haben.

Haus·halt(s)·plan der <-(e)s, Haushalt(s)pläne> POL. AMTSSPR. *Planung der öffentlichen Einnahmen und Ausgaben für einen bestimmten Zeitraum* Im Haushalt(s)plan für das kommende Jahr werden diese Ausgaben berücksichtigt.

Haus·halt(s)·wa·ren <-> *Plur. die Gesamtheit aller Geräte oder Dinge, die in einem privaten Haushalt verwendet werden können* Bestecke, Pfannen und Töpfe gibt es in der Abteilung für Haushalt(s)waren.

Haus·herr, **Haus·her·rin** der <-en, -en> **1.** (≈ *Gastgeber(in)*) Die Gäste wurden an der Tür vom Hausherren begrüßt. **2.** (*veralt.* ≈ *Familienoberhaupt*) Wenn der Hausherr etwas sagte, durfte es keinen Widerspuch geben. **3.** (*süddt. österr.*) *Eigentümer(in) eines Mietshauses* vom Hausherren eine Kündigung erhalten

haus·hoch <nicht steig.> *Adj.* **1.** (≈ *riesig*) eine haushohe Flutwelle, Die Flammen loderten haushoch. **2.** (*umg.*) *unübertroffen* der gegnerischen Mannschaft haushoch überlegen sein, Wir haben haushoch gewonnen, die anderen hatten keine Chance.

hau·sie·ren *ohne OBJ* ■ *jmd. hausiert mit etwas Dat.* **1.** (*veralt.*) *Waren an der Haustür verkaufen* mit Bürsten hausieren, Betteln und Hausieren verboten! **2.** (*umg. abwert.*) *etwas aufdringlich weitererzählen* mit einer Neuigkeit überall hausieren gehen

Hau·sie·rer, **Hau·sie·re·rin** der <-s, -> (*veralt.*) *eine Person, die Waren an der Haustür verkauft*

haus·in·tern <nicht steig.> *Adj. so, dass es nur innerhalb eines Unternehmens oder eines Hotels gilt* hausinterne Angelegenheiten/Regelungen, Die Essenbons gelten nur hausintern.

Haus·ju·rist der <-en, -en> (≈ *Justitiar*)

Haus·kon·zert das <-(e)s, -e> *in einem Privathaus gegebenes Konzert*

Haus·leh·rer, **Haus·leh·re·rin** der <-s, -> (≈ *Privatlehrer*) *eine Person, die (einen) Schüler privat zu Hause unterrichtet* Die Prinzen werden von einem Hauslehrer unterrichtet.

häus·lich *Adj.* **1.** *im oder am eigenen Haus* häusliches Glück, häusliche Krankenpflege **2.** *so, dass man gern zu Hause ist* Er ist ein häuslicher Typ und verreist nicht gern.

Haus·mann der <-(e)s, Hausmänner> *ein Mann, der nicht berufstätig ist und den Haushalt der eigenen Familie besorgt* Er ist Hausmann und seine Frau verdient den Lebensunterhalt.

Haus·manns·kost die <-> (*kein Plur.*) *einfaches kräftiges Essen* Die Gaststätte bietet außer solider Hausmannskost auch die eine oder andere Delikatesse.

Haus·mar·ke die <-, -n> *eine bestimmte Marke von etwas, die in einem Lokal grundsätzlich geführt wird*

Haus·meis·ter, **Haus·meis·te·rin** der <-s, -> **1.** *eine Person, die Reparatur- und Reinigungsarbeiten in einem größeren Gebäude durchführen, überwachen oder veranlassen muss* der Hausmeister einer Schule/eines großen Wohnhauses **2.** (*schweiz. veralt.*) *Hausbesitzer*

Haus·mit·tel das <-s, -> *ein selbst gefertigtes Mittel gegen eine Krankheit* Bei Erkältungen helfen häufig schon erprobte und bewährte Hausmittel, es muss nicht immer Medizin aus der Apotheke sein.

Haus·müll der <-s> (*kein Plur.*) *der Müll, der in privaten Haushalten entsteht* eine Deponie für Hausmüll *s.* **Müll**

Haus·num·mer die <-, -n> *die Zahl, mit der die Häuser in einer Straße gekennzeichnet sind und die am Haus sichtbar angebracht ist.* Welche Hausnummer habt ihr?

Haus·ord·nung die <-, -en> **1.** *die Vorschriften, die das Leben in einem Haus regeln* die Hausordnung unseres Mietshauses/unserer Schule **2.** *der schriftliche Text, in dem die Hausordnung[1] dargestellt ist*

Haus·par·tei die <-, -en> (*österr.*) *Hausbewohner*

Haus·rat der <-(e)s> (*kein Plur.*) *die Gesamtheit der Gegegnstände, die zu einem Haushalt[1] gehören* alten Hausrat verkaufen

Haus·samm·lung die <-, -en> *der Vorgang, dass jmd. im Namen einer Sache von Haus zu Haus geht und Geld für einen (wohltätigen) Zweck sammelt*

Haus·schuh der <-s, -e> (*meist Plur.*) *ein Schuh, der in der Wohnung getragen wird*

Haus·schwein das <-s, -e> (↔ *Wildschwein*) *als Nutztier gehaltenes Schwein*

Hausse die ['ho:sə/o:s] <-, -n> (WIRTSCH.: ↔ *Baisse*) *Ansteigen der Börsenkurse*

Haus·su·chung die <-, -en> RECHTSW. *die polizeiliche Durchsuchung einer Wohnung oder Firma zur Sicherung von Beweismaterial oder zum Auffinden gesuchter Personen* bei jemandem eine Haussuchung durchführen

Haus·tier das <-(e)s, -e> **1.** *ein Nutztier, das zur wirtschaftlichen Nutzung (im Haus) gehalten wird* Kühe, Schweine, Schafe und Hühner sind Haustiere. **2.** *ein Heimtier, das zur Freude (im Haus) gehalten wird* sich einen Hund/eine Katze als Haustier halten

Haus·tür die <-, -en> *die Tür am Eingang eines Hauses, die meist verschlossen ist*

Haus·ty·rann der <-en, -en> (*umg.*) *ein herrischer Ehemann*

Haus·ver·bot das <-(e)s, -e> *das Verbot, ein Haus oder eine Firma zu betreten* Nach diesem Vorfall erteilte ihm der Chef Hausverbot., in einer Gaststätte Hausverbot haben

Haus·ver·wal·ter, **Haus·ver·wal·te·rin** der <-s, -> *eine Person, die vom Eigentümer mit der Ver-*

waltung eines Hauses beauftragt ist

Haus·wand die <-, Hauswände> *die Außenwand eines Hauses* eine Hauswand mit Efeu begrünen

Haus·wart der <-s, -e> (*österr.*) *Hausmeister*

Haus·wirt, **Haus·wir·tin** der <-(e)s, -e> *die Person, der das Haus gehört, in dem man eine Wohnung gemietet hat* Den Schaden müssen wir unserem Hauswirt melden.

Haus·wirt·schaft die <-> (*kein Plur.*) SCHUL. *ein Schulfach, in dem Haushaltsführung unterrichtet wird*

Haus·zeit·schrift die <-, -en> (↔ *Kundenmagazin*) *die firmeninterne Zeitschrift eines (großen) Unternehmens*

Haut die <-, Häute> **1.** (*kein Plur.*) *das Organ, das die gesamte Körperoberfläche beim Menschen und bei Tieren bedeckt* eine dunkle/helle/rosige Haut haben, die glitschige, schuppige Haut eines Fisches, sich die Haut eincremen/verbrennen, eine empfindliche Haut haben **2.** *eine Tierhaut, die zur Weiterverarbeitung zu Leder bestimmt ist* Aus den Häuten der Rehe machten die Indianer Mokassins., die Häute von Kühen/Schlangen/Schweinen zu Leder verarbeiten **3.** *die Schale bestimmter Früchte und Gemüse* die Haut eines Pfirsichs, Zwiebeln haben viele Häute. **4.** *eine dünne Schicht, die etwas bedeckt oder umgibt* Wenn man Milch kocht, entsteht eine Haut., die Haut einer Wurst abziehen, Der See hatte eine dünne Haut aus Eis., Die äußere Haut eines Flugzeugs besteht aus Aluminium. **5.** *hautartige Gebilde* Häute an den Vordergliedmaßen dienen den Fledermäusen zum Fliegen. ■ **eine gute/ehrliche Haut** (*umg.*): *ein guter/ehrlicher Mensch* **eine dicke Haut haben** (*umg.*): *nicht übermäßig empfindlich sein* **mit Haut und Haaren** (*umg.*): *völlig* **nur Haut und Knochen sein** (*umg.*): *völlig abgemagert sein* **mit heiler Haut davonkommen** (*umg.*): *bei etwas Gefährlichem (glücklicherweise) keinen Schaden nehmen* **wegen etwas aus der Haut fahren** (*umg.*): *sich über etwas aufregen* **auf der faulen Haut liegen** (*umg. abwert.*): *nichts tun* **nass bis auf die Haut sein** (*umg.*): *völlig durchnässt sein* **sich seiner Haut wehren** (*umg.*): *sich wehren* **jemandem unter die Haut gehen** (*umg.*): *bei jmdm. starke Empfindungen auslösen*

Haut·al·te·rung die <-> (*kein Plur.*) *der Alterungsprozess der Haut*[1]

Haut·arzt, **Haut·ärz·tin** der <-es, Hautärzte> *ein Arzt, der auf die Behandlung von Hautkrankheiten spezialisiert ist*

Haut·aus·schlag der <-(e)s, Hautausschläge> MED. *sichtbare Erkrankung der Haut*[1]

Häut·chen das <-s, -> ANAT. BOT. *ein hautartiges Gebilde oder eine Membran* Das Trommelfell ist ein kleines Häutchen im Ohr.

Haut·creme die <-, -s> *Creme zur kosmetischen Pflege der Haut*[1]

häu·ten **I.** *mit OBJ* ■ *jmd. häutet ein Tier die Haut abziehen* eine Kuh häuten **II.** *mit SICH* ■ *ein Tier häutet sich seine Haut abwerfen* Die Schlange hat sich gehäutet.

haut·eng <nicht steig.> *Adj.* (↔ *weit*) *sehr eng am Körper anliegend* ein hautenges Kleid

Haute·vo·lee die [(h)o:tvo'le:] <-> (*kein Plur.*) (*geh. abwert.*) *vornehme Gesellschaft* zur Hautevolee gehören

Haut·far·be die <-, -n> *grundsätzliche Färbung der menschlichen Haut*[1] eine blasse Hautfarbe haben, Menschen dunkler Hautfarbe

Haut·fet·zen der <-s, -> *ein kleines Stück der Haut*[1]

Haut·krank·heit die <-, -en> MED. *eine Erkrankung der Haut*[1]

Haut·pfle·ge die <-> (*kein Plur.*) **1.** (*kein Plur.*) *die (kosmetische) Pflege der Haut* der Hautpflege dienen **2.** *ein bestimmtes Mittel zur Pflege der Haut*[1] Welche Hautpflege verwendest du?

Haut·rei·zung die <-, -en> *Reizung der Haut*[1]

haut·scho·nend <nicht steig.> *Adj. so, dass Kosmetika die Haut nicht reizen*

Haut·talg der <-(e)s> (*kein Plur.*) *das natürliche Fett der Haut*

Haut·ü·ber·tra·gung die <-, -en> (MED.: ≈ *Hauttransplantation*) *der Vorgang, dass (ein Stück) Haut*[1] *von einem Körper(teil) auf ein anderes verpflanzt wird*

Haut·un·rein·hei·ten <-> *Plur. entzündliche Pickel, die sich in der Haut*[1] *bilden*

haut·ver·trä·glich <nicht steig.> *Adj. so, dass es gesund für die Haut*[1] *ist und nicht zu Irritationen führt* besonders hautverträgliche Duschgels/ Seifen/Spülmittel

Ha·va·rie die <-, -n> **1.** SEEW. LUFTF. *ein Unfall, bei dem ein Schiff oder Flugzeug involviert ist* Vor der französischen Küste kam es zur Havarie eines Tankers. **2.** *ein Schaden an einer größeren technischen Anlage* In diesem Chemiebetrieb kam es schon mehrfach zu Havarien. **3.** (*österr.*) *Unfall(schaden) eines Autos* Auf der vereisten Fahrbahn ereigneten sich mehrere Havarien.

Ha·waii das <-s> *Inselgruppe, die ein Bundesstaat der USA ist*

Ha·xe die *s.* **Hachse**

Ha·zi·en·da die <-, -s> *eine große Farm in Südamerika*

H-Bom·be die ['ha:bɔmbə] <-, -n> MILIT. *Wasserstoffbombe*

H-Dur das <-s> (*kein Plur.*) *eine Tonart*

he *Interj. verwendet, um jmdn. auf sich aufmerksam zu machen* He du, was machst du da?, He da, kommen Sie mal her!, He, was soll denn das?

Head·hun·ter der ['hɛdhʌntə] <-s, -> WIRTSCH. *jmd., der im Auftrag anderer Unternehmen Führungskräfte abwirbt*

Hea·ring das ['hɪərɪŋ] <-s, -s> POL. *eine öffentliche Befragung und Anhörung von Zeugen und Sachverständigen*

Heb·am·me die <-, -n> *eine Frau, die beruflich bei Geburten hilft*

He·be·büh·ne die <-, -n> TECHN. *eine Plattform zum Heben von Lasten oder Fahrzeugen*

He·bel der <-s, -> **1.** PHYS. TECHN. *ein langer Stab,* *der drehbar gelagert ist und zur Kraftübertragung dient* eine schwere Kiste mit Hilfe eines Hebels ankippen **2.** *ein Griff an einem Gerät zum Ein- und Ausschalten* einen Hebel betätigen/umlegen ■ **alle Hebel in Bewegung setzen** (*umg.*): *alles versuchen, um sein Ziel zu erreichen* **am längeren Hebel sitzen** (*umg.*): *eine bessere Position und daher auch mehr Macht und Einfluss als eine andere Person haben*

He·bel·arm der <-(e)s, -e> PHYS. *der Teil des Hebels[1] zwischen dem Drehpunkt und der Stelle, an der die Kraft einwirkt* der kurze und der lange Hebelarm

He·bel·ge·setz das <-es> (*kein Plur.*) PHYS. *ein physikalisches Gesetz über das Verhältnis der Hebelarme zu Kraft und Last*

He·bel·wir·kung die <-> (*kein Plur.*) *der Vorgang, dass etwas wie ein Hebel[1] wirkt*

he·ben <hebst, hob, hat gehoben> **I.** *mit OBJ* **1.** ■ *jmd. hebt jmdn./etwas (auf etwas Akk.) durch eine Kraft bewirken, dass jmd. oder etwas nach oben gelangt* mühelos schwere Lasten heben können, ein Kind auf die Schulter heben, einen Container auf ein Schiff heben **2.** ■ *jmd./ein Tier hebt etwas emporstrecken* den Kopf/den rechten Arm heben, Der Hund hob ein Bein. **3.** ■ *jmd. hebt etwas* (*geh.* ↔ *versenken*) *bergen* ein versunkenes Schiff heben, einen vergrabenen Schatz heben **4.** ■ *etwas hebt etwas aufwerten oder verbessern* das Lebensniveau heben, die Stimmung heben, Dein Lob hat sein Selbstbewusstsein gehoben. **II.** *mit SICH* ■ *etwas hebt sich* **1.** (↔ *senken*) *sich nach oben bewegen* Der Wasserspiegel hebt sich allmählich., Das Gebirge hat sich im Laufe der Zeit aus dem Meeresgrund gehoben., Der Theatervorhang hebt sich. **2.** (↔ *verschlechtern*) *sich verbessern* Die Stimmung hob sich. ■ **einen heben** (*umg.*): *Alkohol trinken*

He·b·rä·er, **He·b·rä·e·rin** der <-s, -> GESCH. *die biblische Bezeichnung für die Angehörigen des israelitischen Volkes*

he·b·rä·isch <nicht steig.> *Adj. die Hebräer betreffend* die hebräische Sprache, das Hebräische, hebräisch/Hebräisch sprechen

He·bung die <-, -en> **1.** SEEW. *die Bergung eines gesunkenen Schiffes* die Hebung eines Schiffswracks **2.** *die Verbesserung* zur Hebung des Wohlbefindens beitragen **3.** SPORT *eine gymnastische Übung, bei der jmd. hochgehoben wird* **4.** *das Emporwachsen von Gebirgen* Das Gebirge ist durch Hebungen und Faltungen entstanden.

he·cheln <hechelst, hechelte, hat gehechelt> *ohne OBJ* ■ *ein Tier hechelt mit offenem Maul atmen* Der Hund hechelt.

Hecht der <-(e)s, -e> *ein Raubfisch* ■ **ein toller Hecht** (*umg.*): *eine Person, die man (für etwas) bewundert* **ein dürrer Hecht** (*umg. abwert.*): *ein Mann oder Junge, der sehr dünn ist*

Hecht·sprung der <-(e)s, Hechtsprünge> (*umg.*) *ein Sprung mit vorgestreckten Armen kopfüber ins Wasser* Er landete mit einem Hechtsprung im See.

Heck das <-s, -s> *der hintere Teil eines Schiffes, Autos oder Flugzeugs* Das Heck des Autos wurde bei dem Unfall leicht beschädigt., Unsere Plätze befinden sich im Heck des Schiffes/Flugzeugs.

Heck·ab·lage die <-, -n> KFZ *im Fahrzeugheck befindliche Ablage*

He·cke die <-, -n> *eine dicht gepflanzte Reihe von Büschen* Zwischen beiden Grundstücken verläuft eine Hecke.

He·cken·ro·se die <-, -n> *eine strauchförmig wachsende Rosenart*

He·cken·sche·re die <-, -n> *eine große Schere zum Beschneiden von Hecken*

He·cken·schüt·ze der <-n, -n> (*abwert.*) *eine Person, die aus dem Hinterhalt auf andere schießt*

Heck·klap·pe die <-, -n> KFZ *größere Kofferraumklappe*

Heck·me·ck der <-s> (*kein Plur.*) (*umg. abwert.*) *etwas, das man als unsinnigen Aufwand empfindet* Ich verstehe gar nicht, warum er immer so einen Heckmeck veranstaltet!

Heck·mo·tor der <-s, -en> (KFZ: ↔ *Frontmotor*) *ein Motor, der sich im Heck des Fahrzeugs befindet*

Heck·schei·be die <-, -n> KFZ *eine Fensterscheibe am Fahrzeugheck*

he·da *Interj. Anruf, um jmdn. auf sich aufmerksam zu machen und zu warnen* Heda, antworten Sie gefälligst!, Heda, was tun Sie da?

Heer das <-(e)s, -e> **1.** (MILIT.: ↔ *Marine, Luftwaffe*) *die Landstreitkräfte* der Oberkommandierende des Heeres **2.** MILIT. *die Gesamtheit der Streitkräfte eines Landes* das siegreiche/feindliche Heer **3.** (*umg.*) *eine große Menge von etwas* das Heer der Arbeitslosen, ein Heer von Ameisen

Hee·res·be·stän·de ■ **aus Heeresbeständen** (*von Waren*): *aus Beständen der Armee*

Heer·schar die <-, -en> (*meist Plur.*) (*umg. abwert.*) *eine große Menge* Ganze Heerscharen von Touristen wälzten sich durch die Stadt. ■ **die himmlischen Heerscharen**: *die Engel*

He·fe die <-, -n> *ein aus Hefepilzen bestehendes Gär- und Treibmittel* Hefe für die Herstellung von Bier/Wein, die Hefe für den Teig ansetzen

He·fe·ge·bäck das <-(e)s> (*kein Plur.*) *Gebäck aus Hefeteig*

He·fe·teig der <-s, -e> *mit Hefe hergestellter Teig*

Heft[1] das <-(e)s, -e> *der Griff einer Stichwaffe* Er stieß seinem Gegner das Messer/Schwert bis ans Heft in die Brust. ■ **das Heft in der Hand behalten/nicht aus der Hand geben** (*geh.*): *Herr der Lage bleiben*

Heft[2] das <-(e)s, -e> **1.** (≈ *Schreibheft*) etwas in sein Heft schreiben, die Hefte austeilen/einsammeln **2.** *eine gedruckte Broschüre oder eine Ausgabe einer Zeitschrift* Der Beitrag ist in Heft 2 der Zeitschrift erschienen.

hef·ten *mit OBJ* **1.** ■ *jmd. heftet etwas an etwas Akk. befestigen* ein Plakat an die Tür heften **2.** ■ *jmd. hefet etwas mit Faden oder Klammern zusammenfügen* ein Buch heften **3.** ■ *jmd. hefet etwas vorläufig zusammennähen* eine Naht/einen

Saum heften ■ **die Augen/seinen Blick auf etwas heften** *(geh.)*: *etwas unverwandt ansehen* Er heftete seinen Blick auf den Boden. **sich an jemandes Fersen heften**: *jmdn. verfolgen*

Hef·ter der <-s, -> **1.** *eine Mappe für Schriftstücke* mein Hefter mit den Aufzeichnungen aus dem Englischunterricht **2.** *ein Bürogerät zum Heften[2] von Papier*

hef·tig *Adj.* **1.** *stark; gewaltig* ein heftiger Sturm, heftige Zweifel an etwas haben, Deine Kritik ist etwas zu heftig ausgefallen., Plötzlich gab es einen heftigen Ruck. **2.** *aufbrausend; unbeherrscht* Er hat eine ziemlich heftige Art., Sei doch nicht immer gleich so heftig!

Hef·tig·keit die <-> *(kein Plur.)* **1.** *Stärke; Intensität* ein Unwetter von ungewöhnlicher Heftigkeit **2.** *Ungestüm; fehlende Beherrschung* Deine Heftigkeit wird dir noch einmal schaden!

Heft·klam·mer die <-, -n> *eine Klammer zum Zusammenheften von Papier*

Heft·pfla·ster das <-s, -> *ein selbstklebender, kleinerer Wundverband*

He·ge·mo·nie die <-, -n> POL. *Vorherrschaft* die wirtschaftliche Hegemonie eines Staates/einer Gesellschaftsschicht über andere

he·gen *mit OBJ* **1.** *pflegen und umsorgen* den Wald und das Wild hegen, ein kleines Kind hegen und pflegen **2.** ■ *jmd. hegt etwas (geh.) haben* Er hegte tiefe Gefühle für sie., einen Verdacht hegen

Hehl ■ **keinen Hehl aus etwas machen**: *etwas nicht verbergen* Er machte keinen Hehl aus seiner Abneigung gegen sie.

Heh·ler, **Heh·le·rin** der <-s, -> RECHTSW. *eine Person, die mit Diebesgut handelt*

Heh·le·rei die <-, -en> RECHTSW. *der Handel mit Diebesgut* sich der Hehlerei schuldig machen

hehr *Adj. (geh. ≈ edel, erhaben) so, dass es nicht von materiellen Anreizen, sondern von ideellen Werten geleitet ist* die hehren Ziele unserer Organisation

Hei·de[1] die <-> *(kein Plur.)* **1.** *eine sandige, baumlose und unbebaute Landschaft* die blühende/grüne Heide **2.** *(kein Plur.) (norddt. ostmdt.) ein Kiefernwald auf sandigem Boden* die Lüneburger Heide **3.** *(kein Plur.)* (BOT.: ≈ *Heidekraut*)

Hei·de, **Hei·din[2]** der <-n, -n> REL. *eine Person, die einer nicht monotheistischen Religion angehört*

Hei·de·kraut das <-(e)s> *(kein Plur.) ein blühender Zwergstrauch, der auf Sand- und Moorböden wächst*

Hei·del·bee·re die <-, -n> **1.** *in Wäldern und Heideland wachsender Zwergstrauch mit blauen Beeren* **2.** *die Frucht der Heidelbeere[1]* Kompott aus Heidelbeeren

Hei·den·angst die <-> *(kein Plur.) (umg.) sehr große Angst* eine Heidenangst haben

Heiden·lärm der <-s> *(kein Plur.) sehr großer Lärm*

Hei·den·spaß der <-es> *(kein Plur.) (umg.) sehr großer Spaß* einen Heidenspaß haben

Hei·den·tum das <-s> *(kein Plur.) alle Menschen, die nicht an den christlichen Gott glauben*

heid·nisch <nicht steig.> *Adj. die Heiden betreffend* heidnischer Glaube, heidnische Völker

Heid·schnu·cke die <-, -n> *eine Schafrasse, die besonders in der Lüneburger Heide vorkommt*

hei·kel <heikler, am heikelsten> *Adj.* **1.** *(≈ haarig) so schwierig, dass man es sehr vorsichtig behandeln muss* Das ist eine heikle Angelegenheit/ein heikles Thema. **2.** *wählerisch* Sie war mit dem Essen schon immer sehr heikel.

Heil das <-(e)s> *(kein Plur.)* **1.** *jds. persönliches Wohlergehen* sein Heil in der Familie/im Alkohol suchen **2.** REL. *die Erlösung von Sünden* das ewige Heil seiner Seele suchen ■ **sein Heil in der Flucht suchen** *(umg.)*: *fliehen*

heil <nicht steig.> *Adj.* **1.** *unverletzt* Er ist heil am Fuße der Skipiste angekommen., Sie hat den Sturz heil überstanden. **2.** *(umg.) wieder gesund* Ist das Bein wieder heil? **3.** *(umg. norddt.) ganz oder intakt* Die Uhr ist auf den Boden gefallen und heil geblieben!

Hei·land der <-(e)s, -e> REL. **1.** *(kein Plur.) Jesus Christus* der gekreuzigte Heiland **2.** *Erlöser* seinen Heiland gefunden haben

Heil·an·stalt die <-, -en> *Krankenhaus für Menschen mit langwierigen Krankheiten* eine Heilanstalt für Lungenkranke/psychisch Kranke ◆ Trinker-

heil·bar <nicht steig.> *Adj. so, dass es geheilt werden kann* eine heilbare Krankheit

Heil·be·hand·lung die <-, -en> *(≈ Therapie) eine Behandlung, die der Heilung einer Krankheit dient*

Heil·be·ruf der <-(e)s, -e> *ein Beruf im Bereich der Medizin und verwandter Gebiete wie Krankengymnastik, Rehabilitation usw.*

heil·brin·gend *Adj. (geh. ≈ segensreich)*

Heil·butt der <-s> *(kein Plur.)* ZOOL. *ein im Meer lebender Plattfisch*

hei·len <heilst, heilte, hat/ist geheilt> **I.** *mit OBJ ((haben))* **1.** ■ *jmd. heilt jmdn. gesund machen* Der Arzt/die Medizin hat den Patienten (von der Krankheit) geheilt. **2.** ■ *jmd. heilt etwas eine Krankheit beseitigen* Einige Krankheiten können noch nicht geheilt werden. **II.** *ohne OBJ* ■ *etwas heilt ((sein)) gesund werden* Die Wunde ist geheilt. ■ **jemanden von etwas heilen** *(umg. übertr.)*: *jmdn. von einem Laster befreien* Die schwere Krankheit hat ihn vom Rauchen geheilt.

heil·froh <nicht steig.> *Adj. (umg.) sehr froh* Ich bin heilfroh, dass ich wieder zu Hause bin.

hei·lig <nicht steig.> *Adj.* **1.** *so, dass es Gegenstand religiöser Verehrung ist* die heiligen Stätten einer Religion, Dieser Berg ist für die Indianer heilig., Der Ganges ist ein heiliger Fluss für die Hindus., das Heilige Land/Grab **2.** *zum oder zur Heiligen erklärt* jemanden heilig sprechen, die heilige Elisabeth, der heilige Sebastian **3.** *Heil spendend (in der christlichen Religion)* die heiligen Sakramente, die heilige Taufe **4.** *(geh.) von großem moralischen Wert und daher unantastbar oder nicht zu hinterfragen* Die Freiheit ist ein heiliges Gut., Dir ist nichts heilig!, der heilige Krieg **5.** *(umg.)*

sehr groß mit heiligem Ernst, einen heiligen Zorn bekommen ■ **Heiliger Bimbam!** (*umg.*): *Ausruf des Erstaunens oder Erschreckens* **die Heilige Nacht**: *Weihnachten* **der Heilige Vater**: *der Papst* **heilig halten**: *feiern oder heiligen* den Sonntag heilig halten **jemandem etwas hoch und heilig versprechen** (*umg.*): *jmdm. etwas ganz fest versprechen* ◆ Großschreibung→R 3.17 der Heilige Abend/Heiliger Abend, die Heilige Allianz, der Heilige Geist, das Heilige Grab, die Heilige Jungfrau, die Heilige Schrift, die Heiligen Drei Könige, die Heilige Stadt (Jerusalem), das Heilige Römische Reich Deutscher Nation; Kleinschreibung→R 3.20 das heilige Abendmahl, der heilige Krieg; Getrenntschreibung→R 4.2 Man soll den Feiertag heilig halten., Der Papst hat sie heilig gesprochen.

Hei·lig·a·bend, *a.* **Hei·li·ger A·bend** der <-s> (*kein Plur.*) *der 24. Dezember*

Hei·li·ge der/die <-n, -n> **1.** *eine Person, die Gegenstand religiöser Verehrung ist* der heilige Franz von Assisi, als Heilige/Heiliger verehrt werden, Er ist für die Anhänger dieser Religion ein Heiliger. **2.** (*umg. iron.*) *eine Person mit einem tadellosen Lebenswandel* Er ist auch nicht gerade ein Heiliger!, Er ist schon ein komischer Heiliger!

hei·li·gen *mit OBJ* **1.** ■ *jmd. heiligt jmdn./etwas* (*geh.*) *weihen oder heilig halten* Du sollst den Feiertag heiligen., Geheiligt werde dein Name!, geheiligte Stätten, jemandes geheiligtes Recht nicht antasten **2.** ■ *etwas heiligt etwas rechtfertigen oder gutheißen* Der Zweck heiligt die Mittel.

Hei·li·gen·fi·gur die <-, -en> *eine Art (kleinere) Statue, die einen Heiligen darstellt*

Hei·li·gen·le·gen·de die <-, -n> *eine Erzählung von Leben und Wirken eines Heiligen*

Hei·li·gen·schein der <-(e)s, -e> REL. *der Strahlenkranz um den Kopf eines oder einer Heiligen in bildlichen Darstellungen* einen Heiligenschein haben

Hei·lig·keit ■ **Seine Heiligkeit**: *Anrede für den Papst*

Hei·lig·tum das <-(e)s, Heiligtümer> **1.** *ein heiliger Ort* ein buddhistisches Heiligtum, antike Heiligtümer aufsuchen/besichtigen, ein Heiligtum entweihen **2.** *ein heiliger Gegenstand* Die Thorarollen sind Heiligtümer in der jüdischen Religion., Die Reliquien werden als Heiligtümer verehrt. **3.** (*umg. iron.*) *etwas, das jmdm. überaus wichtig ist* Die Familie ist ihr Heiligtum., Sein Hobbyraum ist sein Heiligtum.

Heil·kli·ma das <-s, -s> *ein Klima, das der Gesundheit dienlich ist*

Heil·kraft die <-, Heilkräfte> *heilende Wirkung* die Heilkraft einer Pflanze/einer Medizin/des Schlafes

Heil·kraut das <-(e)s, Heilkräuter> *ein Kraut, das als Bestandteil von Arzneimitteln die Heilung von Krankheiten beschleunigt*

Heil·kun·de die <-> (*kein Plur.*) *die Wissenschaft von der Heilung von Krankheiten*

heil·kun·dig <nicht steig.> *Adj. mit Kenntnissen im Bereich der Heilkunde* heilkundige Frauen des Mittelalters

heil·los <nicht steig.> *Adj.* (*abwert.*) *ungeheuer* ein heilloses Durcheinander, sich heillos verirrt haben

Heil·me·tho·de die <-, -n> *ein bestimmtes Verfahren, mit dem jmd. geheilt werden soll*

Heil·mit·tel das <-s, -> **1.** (≈ *Medikament*) *ein Mittel zur Heilung von Krankheiten* natürliche Heilmittel, Gegen diese Krankheit gibt es jetzt ein Heilmittel. **2.** (*übertr.*) *Hilfe gegen etwas* Schlaf ist das beste Heilmittel gegen Müdigkeit., In dieser Krise wusste keiner ein Heilmittel.

Heil·pflan·ze die <-, -n> *eine Pflanze, die heilende Stoffe enthält*

Heil·prak·ti·ker, **Heil·prak·ti·ke·rin** der <-s, -> *jmd., der beruflich Kranke mit Heilmethoden behandelt, die sich von der herkömmlichen Medizin unterscheiden*

Heil·quel·le die <-, -n> *eine Quelle, deren Wasser die Heilung von Krankheiten fördert*

heil·sam <nicht steig.> *Adj. nützlich, indem es jmdn. zum Umdenken bewegt* Das war eine heilsame Erfahrung für ihn.

Heils·ar·mee die <-> (*kein Plur.*) *eine militärisch organisierte religiöse Organisation mit wohltätigen Zielen*

Heil·schlaf der <-s> (*kein Plur.*) MED. *Tiefschlaf, in den jmd. versetzt wird, damit eine Krankheit geheilt wird*

Hei·lung die <-, -en> *die Gesundung* die Heilung eines Kranken/einer Wunde

Heim das <-(e)s, -e> **1.** (*Plur. selten*) *Wohnung/Zuhause* in ein neues Heim einziehen, ein gemütliches Heim; *für ein eigenes Heim sparen* **2.** *eine Einrichtung zur Unterbringung (und Betreuung) einer bestimmten Gruppe von Menschen* ein Heim für Blinde/Obdachlose/Kinder, zur Kur in ein Heim der Krankenkasse fahren, seine Kindheit in einem Heim verbringen ◆ Alten-, Behinderten-, Blinden-, Kinder-

Heim·ar·beit die <-> (*kein Plur.*) *eine berufliche Tätigkeit, die gegen Bezahlung zu Hause gemacht wird* seinen Lebensunterhalt mit Heimarbeit verdienen, Das wird in Heimarbeit hergestellt.

Hei·mat die <-> (*kein Plur.*) **1.** (↔ *Fremde*) *das Land oder die Gegend, wo man geboren und aufgewachsen ist oder wo man sich zu Hause fühlt, weil man schon lange dort wohnt* nach einer langen Zeit in der Fremde in die Heimat zurückkehren, die Heimat verlassen müssen; *eine neue Heimat finden* **2.** *das ursprüngliche Herkunftsland von etwas* Die Heimat der Kartoffel ist Südamerika., Das Känguruh hat seine Heimat in Australien., Die Heimat der Olympischen Spiele ist das alte Griechenland.

hei·mat·be·rech·tigt <nicht steig.> *Adj.* (*schweiz.*) *so, dass man in einer Gemeinde das Bürgerrecht besitzt*

Hei·mat·dich·ter der <-s, -> *ein Schriftsteller, der für eine bestimmte Region wichtig ist und dessen Werk eng mit ihr verbunden ist*

Hei·mat·dorf das <-(e)s, -dörfer> *das Dorf, in dem jmd. geboren und aufgewachsen ist*

Hei·mat·land das <-(e)s, Heimatländer> *das Land, in dem man (geboren und) aufgewachsen ist*

hei·mat·lich <nicht steig.> *Adj.* (*wie in*) *der Heimat* die heimatliche Landschaft, die heimatliche Mundart, Wenn er Landsleute im Ausland traf, bekam er immer heimatliche Gefühle.

hei·mat·los <nicht steig.> *Adj. ohne Zuhause* Krieg und Vertreibung hatten sie heimatlos gemacht.

Hei·mat·ro·man der <-(e)s, -e> *ein Roman (der Trivialliteratur), in dem eine bestimmte Region eine wesentliche Rolle spielt*

Hei·mat·schein der <-s, -e> (*schweiz.*) *Bescheinigung, die jmdn. als Bürger seiner Heimatgemeinde ausweist*

Hei·mat·stadt die <-, Heimatstädte> die Stadt, in der man (geboren und) aufgewachsen ist

Hei·mat·ve·rein der <-(e)s, -e> *ein Verein, der das Brauchtum einer bestimmten Region pflegt*

Hei·mat·ver·trie·be·ne der/die <-n, -n> POL. *jmd., der aus seiner Heimat vertrieben worden ist* Die Heimatvertriebenen haben sich zu Verbänden zusammengeschlossen, um ihr Brauchtum zu pflegen und ihre Interessen zu vertreten. *siehe auch* **Landsmannschaft**

heim·be·glei·ten *mit OBJ* ■ *jmd. begleitet jmdn. heim so lange mit jmdm. gehen, bis dieser an seinem eigenen Haus oder seiner eigenen Wohnung angekommen ist*

Heim·be·woh·ner der <-s, -> *jmd., der in einem Pflege- oder Altenheim lebt*

Heim·chen das <-s, -> **1.** ZOOL. *eine Grille* **2.** (*umg. abwert.*) *eine unscheinbare Frau mit wenig Interessen außer dem eigenen Heim* ein Heimchen am Herd

Heim·er·zie·her, **Heim·er·zie·he·rin** der <-s, -> *jmd., der als Erzieher in einem Kinder- oder Jugendheim arbeitet*

heim·fah·ren <fährst heim, fuhr heim, ist heimgefahren> **I.** *mit OBJ* ■ *jmd. fährt jmdn. heim jmdn. mit dem Auto nach Hause bringen* Ich habe das Auto mit, ich kann dich heimfahren. **II.** *ohne OBJ* ■ *jmd. fährt heim nach Hause fahren* Es ist schon spät, wollen wir jetzt heimfahren?

Heim·fahrt die <-, -en> *die Fahrt nach Hause* sich auf der Heimfahrt befinden, Ist das auf der Heimfahrt passiert?

Heim·ge·gan·ge·ne(r) der/die <-n, -n> (*verhüll.*) *Gestorbene(r)*

heim·ge·hen <gehst heim, ging heim, ist heimgegangen> **I.** *ohne OBJ* ■ *jmd. geht heim* **1.** *nach Hause gehen* Es ist schon spät, lasst uns heimgehen. **2.** (*geh. verhüll.*) *sterben* Sie ist leider viel zu früh heimgegangen., der/die Heimgegangene **II.** *mit ES* ■ *es geht heim* (*umg.*) *nun machen wir uns auf den Heimweg* Jetzt geht's endlich heim!

heim·ge·schä·digt <nicht steig.> *Adj. so, dass jmd. Schäden davongetragen hat, weil er in einem Kinderheim aufgewachsen ist*

heim·ho·len *mit OBJ* ■ *jmd. holt jmdn. heim jmdn. in das eigene Zuhause holen*

hei·misch <nicht steig.> *Adj.* **1.** *zum (betreffenden) Land gehörend* die heimische Bevölkerung/Industrie, die Pflanzen/Tiere, die dort heimisch sind **2.** *vertraut* sich in einer Gegend heimisch fühlen, in einer neuen Umgebung schnell heimisch werden

Heim·kehr die <-> (*kein Plur.*) die Heimkehr von einer Reise/aus dem Krieg, Bei ihrer Heimkehr fanden sie die Wohnung verwüstet vor.

heim·keh·ren <kehrst heim, kehrte heim, ist heimgekehrt> *ohne OBJ* ■ *jmd. kehrt heim nach Hause kommen* aus dem Ausland/aus der Gefangenschaft/ aus dem Krieg/von einer Reise heimkehren, Ihr Mann ist aus dem Krieg nicht heimgekehrt.

Heim·keh·rer, **Heim·keh·re·rin** der <-s, -> *eine Person, die (nach langer Abwesenheit) nach Hause zurückkehrt* Die Heimkehrer wurden von ihren Angehörigen freudig begrüßt.

heim·kom·men <kommst heim, kam heim, ist heimgekommen> *ohne OBJ* ■ *jmd. kommt heim nach Hause kommen* Wann wirst du heute von der Arbeit heimkommen?

Heim·lei·tung die <-, -en> *die Leitung eines Pflege- oder Altenheims*

heim·lich <nicht steig.> *Adj. so, dass man aus Angst vor dem Entdecktwerden ganz verstohlen handelt* eine heimliche Liebe, jemandem heimlich etwas zuflüstern, gern vor anderen heimlich tun, Er hat viele heimliche Anhänger, die sich nie offen zu ihm bekennen würden. ■ **heimlich, still und leise** (*umg.*): *ganz leise und unbemerkt* ◆ Getrenntschreibung→R 4.2 Ich mag es nicht, wenn ihr immer so heimlich tut.

Heim·lich·keit die <-, -en> **1.** (*kein Plur.*) *die Verborgenheit eines Tuns* Wir haben die Überraschung in aller Heimlichkeit vorbereitet. **2.** (*nur Plur.*) *Geheimnis* Was habt ihr denn wieder für Heimlichkeiten!, viele Heimlichkeiten vor dem Weihnachtsfest

Heim·lich·tu·e·rei die <-, -en> (*umg. abwert.*) *die Gewohnheit, alles geheim zu halten* Das kommt nur von eurer verdammten Heimlichtuerei!

Heim·nie·der·la·ge die <-, -n> SPORT *eine Niederlage bei einem Heimspiel*

Heim·platz der <-es, Heimplätze> *ein Platz in einem Pflege- oder Altenheim*

Heim·rei·se die <-, -n> *die Reise nach Hause* sich auf der Heimreise befinden

Heim·sieg der <-(e)s, -e> SPORT *der Sieg bei einem Heimspiel*

Heim·spiel das <-(e)s, -e> (SPORT: ↔ *Auswärtsspiel*) *ein Spiel, das auf dem heimischen Platz stattfindet* ein Heimspiel verlieren

Heim·statt die <-> (*kein Plur.*) (*geh.* ≈ *Heimat*)

heim·su·chen *mit OBJ* **1.** ■ *jmd./etwas sucht jmdn./etwas heim* (≈ *befallen, hereinbrechen*) *als ein sehr schlimmes und negatives Ereignis über jmdn. oder etwas kommen* Das Land ist von ei-

H

nem schweren Unwetter/einer Heuschreckenplage/vom Krieg heimgesucht worden., von einer schweren Krankheit/Albträumen heimgesucht werden **2.** ■ *jmd. sucht jmdn./etwas heim* (*umg. scherzh.*) besuchen, Wann dürfen wir euch mal heimsuchen?, Am Wochenende wurde sie mal wieder von ihrer Verwandtschaft heimgesucht.

Heim·su·chung die <-, -en> (*geh.*) *ein schwerer Schicksalsschlag* Die Hochwasserkatastrophe war eine erneute schwere Heimsuchung für das arme Land.

Heim·tier das <-(e)s, -e> *ein Haustier, das zur Freude* (*im Haus*) *gehalten wird* Meerschweinchen, Katzen oder Hunde sind Heimtiere.

Heim·tü·cke die <-> (*kein Plur.*) (≈ *Hinterhältigkeit*) jemandes Heimtücke fürchten

heim·tü·ckisch *Adj.* **1.** *hinterlistig oder boshaft* Ich mag seine heimtückische Art nicht., ein heimtückischer Mord/Überfall **2.** *in unvorhergesehener Weise gefährlich* eine heimtückische Krankheit

heim·wärts *Adv. nach Hause* Jetzt geht es heimwärts!

Heim·weg der <-(e)s, -e> *der Weg zum eigenen Haus oder zur eigenen Wohnung* sich auf den Heimweg machen

Heim·weh das <-s> (*kein Plur.*) (↔ *Fernweh*) *die Sehnsucht nach dem Zuhause oder der Heimat* In der Ferne befiel sie ein fürchterliches Heimweh., Hast du im Ferienlager Heimweh gehabt?

heim·weh·krank <nicht steig.> *Adj. so, dass man fast krank ist, weil man sehr starkes Heimweh hat*

Heim·we·sen das <-s, -> (*schweiz.*) *Anwesen, ländlicher Besitz*

heim·zah·len *mit OBJ* ■ *jmd. zahlt jmdm. etwas heim etwas Böses mit Bösem vergelten* Na warte, irgendwann werde ich dir deine Bosheiten heimzahlen!

Hein·zel·männ·chen das <-s, -> *ein Zwerg aus dem Märchen, der den Menschen hilft* Die Arbeit war so schnell erledigt, da haben wohl die Heinzelmännchen mitgeholfen?

Hei·rat die <-, -en> *der Vorgang, dass ein Mann und eine Frau die Ehe eingehen* Er ist durch seine Heirat zu Geld gekommen., Sie sprachen schon nach zwei Wochen von Heirat., Er sagte, eine Heirat komme für ihn nicht in Frage, er bleibe lieber Junggeselle.

hei·ra·ten *mit OBJ/ohne OBJ* ■ *jmd. heiratet* (*jmdn.*) *die Ehe mit jmdm. eingehen* Er hat seine frühere Schulfreundin geheiratet., Sie hat schon sehr jung geheiratet., Sie haben gestern geheiratet., Er hat nach München geheiratet.

Hei·rats·an·trag der <-(e)s, Heiratsanträge> *der Vorgang, dass jmd. jmdm. anbietet, ihn zu heiraten* jemandem einen Heiratsantrag machen

Hei·rats·an·zei·ge die <-, -n> **1.** *die Bekanntgabe der eigenen Heirat* Heiratsanzeigen an die Verwandtschaft verschicken **2.** *eine Anzeige, mit der man einen Ehepartner sucht* eine Heiratsanzeige in die Zeitung setzen

hei·rats·fä·hig <nicht steig.> *Adj. so alt, dass man* (*nach geltendem Recht*) *heiraten kann* im heiratsfähigen Alter sein

hei·rats·freu·dig <nicht steig.> *Adj.* (*umg.*) *so, dass man gern heiraten würde*

Hei·rats·ur·kun·de die <-, -n> *eine Urkunde* (*vom Standesamt*), *die die Eheschließung bescheinigt*

Hei·rats·ver·mitt·ler, **Hei·rats·ver·mitt·le·rin** der <-s, -> *eine Person, die beruflich gegen Bezahlung Ehen vermittelt*

Hei·rats·ver·spre·chen das <-s, -> *der Vorgang, dass jmd. jmdm. verspricht, ihn zu heiraten*

hei·schen *mit OBJ* ■ *jmd. heischt nach etwas Akk.* (*veralt. oder geh.*) *sehnlichst zu bekommen versuchen* mit etwas Anerkennung heischen, sich Beifall heischend umschauen

hei·ser <nicht steig.> *Adj. so, dass die Stimme durch eine Erkältung oder viel Reden kratzig klingt oder fast nicht zu hören ist* eine heisere Stimme haben, Ich bin erkältet und heiser., sich heiser sprechen/singen, Er redet heute ganz heiser.

Hei·ser·keit die <-> (*kein Plur.*) *das Heisersein* Der Tee hilft gegen Husten und Heiserkeit.

heiß *Adj.* **1.** (↔ *kalt*) *von sehr hoher Temperatur* glühend/kochend heiß, heißer Kaffee, Mir ist/wird heiß., ein heißer Sommertag **2.** *leidenschaftlich; heftig* eine heiße Diskussion, ein heißer Kampf/Streit, heiße Liebe, ihr heiß geliebtes Kind, Der heiß ersehnte Tag war gekommen., ein heiß umkämpfter Posten, Die Aussicht auf großen Gewinn hat die Interessenten heiß gemacht. **3.** (*umg.*) *sehr schwierig; heikel* ein heißes Thema, Das wird heiß! **4.** (*umg.*) *mitreißend* heiße Musik/Rhythmen, ein heißes Rennen **5.** (*umg. jugendspr.*) *sehr gut* ein heißer Typ, Das Konzert gestern war (echt) heiß!, Sein Auto ist ein heißer Schlitten! **6.** (*umg.*) *mit guter Aussicht auf Erfolg* ein heißer Tipp, zu den heißen Favoriten zählen **7.** (*umg.*) *paarungsbereit* Die Hündin ist heiß. **8.** (*vulg.*) *sexuell erregt* jemanden heiß machen ■ **jemandem die Hölle heiß machen** (*umg.*): *jmdn. unter Druck setzen* **ein heißes Eisen anfassen** (*umg.*): *sich mit einem bekannten Problem auseinander setzen* **einen heißen Draht zu etwas/jemandem haben** (*umg.*): *gute Kontakte zu jmdm. oder etwas haben* ◆ Getrenntschreibung→R 4.2, R 4.3 eine heiß umstrittene Frage, seine heiß geliebte Frau, der Motor ist heiß gelaufen *siehe aber auch* **heißlaufen**

heiß·blü·tig *Adj. leicht erregbar* sehr heißblütig sein

hei·ßen <heißt, hieß, hat geheißen> **I.** *ohne OBJ* **1.** ■ *jmd./etwas heißt irgendwie genannt werden* Er heißt Paul mit Vornamen., Die Stadt heißt Dresden. **2.** ■ *etwas heißt etwas* (≈ *bedeuten*) *eine bestimmte Bedeutung haben* Was soll das heißen?, Für uns alle heißt das, dass wir noch mehr sparen müssen. **3.** ■ *etwas heißt etwas auf etwas Akk. eine bestimmte Entsprechung in einer anderen Sprache haben* Was heißt „Leben" auf Französisch? **4.** ■ *etwas heißt etwas zur Folge haben* Das heißt, dass wir das Auto verkaufen müssen., Heißt das, dass ihr nicht mitkommt? **II.** *mit ES* ■ *es heißt, dass ...* **1.** *behauptet werden* Es heißt, dass er ins Ausland gegangen ist. **2.** *notwendig sein* Jetzt heißt es aufpassen/schnell handeln. **III.** *mit OBJ* **1.** ■ *jmd. heißt jmdn. etwas* (*veralt. geh.*) *nennen; als etwas bezeichnen* jemanden einen Dummkopf heißen, Er wurde von seinen Eltern Hans geheißen. **2.** ■ *jmd. heißt jmdn. plus Inf.* (*geh.*) *befehlen* jemanden heißen, etwas zu tun, Wer hat dich geheißen, die Briefe wegzuwerfen? ■ **das heißt, ...**: *unter der Bedingung oder Einschränkung, dass ...* Ich treibe gern Sport, das heißt, wenn ich Zeit dazu habe. **Was soll denn das heißen?** (*umg.*): *Ausruf der Empörung über eine Äußerung* Du kommst natürlich wieder zu spät! Was soll denn das (schon wieder) heißen?

Heiß·hun·ger der <-s> (*kein Plur.*) (*umg.*) *großer Hunger* Heißhunger (auf Süßigkeiten) haben

heiß·lau·fen <läufst heiß, lief heiß, hat/ist heißgelaufen> *ohne OBJ/refl.* ■ *etwas läuft heiß* TECHN. *sich über die erlaubte Temperatur erhitzen* die Maschine hat sich heißgelaufen ◆ Zusammenschreibung→R 4.11 der Motor ist heißgelaufen *siehe aber auch* **heiß**

Heiß·luft·bal·lon der <-s, -e> *ein Ballon, bei dem die Luft in seinem Inneren durch eine Gasflamme erhitzt wird, weshalb der Ballon Auftrieb bekommt und nach oben steigt*

Heiß·man·gel die <-, -n> *ein Gerät zum Glätten von großen Wäschestücken*

Heiß·sporn der <-s, -e> (*veralt.*) *jmd., der sehr temperamentvoll ist* ein jugendlicher Heißsporn

hei·ter *Adj.* **1.** (↔ *trüb*) *sonnig und hell* Das Wetter wird heute heiter bis wolkig., ein heiterer Frühlingstag **2.** (↔ *ernst*) *fröhlich oder von innerer Ausgeglichenheit* ein heiterer Mensch, Sie hat ein heiteres Gemüt., eine heitere Gesellschaft **3.** *lustig* eine heitere Geschichte, Es wurde ein heiterer Abend. ■ **aus heiterem Himmel** (*umg.*): *sehr plötzlich* **Das kann ja heiter werden!** (*umg. iron.*): *das wird sicher unangenehm*

Hei·ter·keit die <-> (*kein Plur.*) **1.** (↔ *Ernst*) *Frohsinn* Die Heiterkeit seines Wesens übertrug sich auf andere., die Heiterkeit ihres kindlichen Gemüts **2.** *der Vorgang, dass viele Personen lachen und lustig sind* mit etwas allgemeine Heiterkeit auslösen, zur allgemeinen Heiterkeit beitragen

heiz·bar <nicht steig.> *Adj. so, dass man es beheizen kann* ein (nicht) heizbarer Raum

Heiz·de·cke die <-, -n> *eine Decke, die elektrisch beheizt werden kann*

hei·zen *mit OBJ/ohne OBJ* ■ *jmd. heizt etwas mit einem Ofen oder einer Heizung bewirken, dass die Raumtemperatur irgendwo warm ist* ein Haus/ein Zimmer heizen, einen Kessel/einen Ofen mit Kohle heizen, Heute müssen wir nicht heizen., mit Gas heizen

Hei·zer der <-s, -> *jmd., der beruflich größere Heizungsanlagen bedient*

Heiz·kes·sel der <-s, -> *der Teil der Heizung, in dem die Wärme erzeugt wird*

Heiz·kis·sen das <-s, -> *ein Kissen, das man elektrisch beheizen kann*

Heiz·kör·per der <-s, -> *Teil einer Raumheizung, der die Wärme in den Raum abgibt*

Heiz·kos·ten <-> *Plur. die Kosten, die durch das Heizen der Wohnung entstehen*

Heiz·kraft·werk das <-(e)s, -e> *ein Kraftwerk, dessen Abwärme zum Heizen benutzt wird* Das Heizkraftwerk versorgt das Wohngebiet mit Fernwärme.

Heiz·ma·te·ri·al das <-s, Heizmaterialien> *etwas, das man verbrennt, um zu heizen* Holz, Kohle und Öl als Heizmaterial verwenden

Heiz·öl das <-s, -e> *Öl, das als Heizmaterial dient*

Heiz·pe·ri·o·de die <-> (*kein Plur.*) *die Zeit des Jahres, in der man Wohnungen heizen muss*

Hei·zung die <-, -en> **1.** (≈ *Heizungsanlage*) eine neue Heizung einbauen lassen, die Wartung der Heizung **2.** (≈ *Heizkörper*) *die Heizung aufdrehen* **3.** (*kein Plur.*) *das Beheizen* Ist die Heizung mit Öl billiger als mit Gas?

Hei·zungs·an·la·ge die <-, -n> *eine Anlage zum Beheizen von Gebäuden*

Hek·tar der/das <-s, -e> *eine Maßeinheit für Flächen* fünf Hektar fruchtbares Ackerland/fruchtbaren Ackerlandes, Sein Hof ist zwanzig Hektar groß.

Hek·tik die <-> (*kein Plur.*) (*abwert.*) *übertriebene Betriebsamkeit* Sie verfällt leicht in Hektik., die Hektik der Großstadt ■ **Mach nicht so eine Hektik!** (*umg.*): *reg dich nicht so auf!*

hek·tisch *Adj. voller Unruhe und Hast* die hektische Atmosphäre der Großstadt, hektisch aufspringen/mit den Armen fuchteln

Hek·to·li·ter der <-s, -> *100 Liter*

he·lau *Interj. verwendet als Ausruf im rheinischen Karneval*

Held, Hel·din der <-en, -en> **1.** *eine Sagengestalt, die sich durch großen Mut und kühne Taten auszeichnet* die Helden der griechischen/germanischen Sagen ◆-enmythos **2.** *eine Person, die sich durch außergewöhnliche Taten auszeichnet* Die Heimkehrer wurden als Helden gefeiert., die Helden des Krieges **3.** *die Hauptfigur eines Buches oder eines Bühnenstückes* den jugendlichen Helden spielen, der positive Held des Stückes ◆Anti- **4.** ■ **Du bist (mir) ja ein Held!** (*umg. iron.*): *das ist nicht gerade mutig oder klug von dir*

Hel·den·ge·dicht das <-(e)s, -e> HIST. *ein episches Gedicht, das von jmdns. Heldentaten handelt*

hel·den·haft <nicht steig.> *Adj. so, dass es von besonderem Mut zeugt* ein heldenhafter Entschluss, sich heldenhaft wehren

Hel·den·sa·ge die <-, -n> *s.* **Heldengedicht**

Hel·den·tat die <-, -en> *eine Tat, die von besonderem Mut zeugt* wahre Heldentaten vollbringen, Das war aber nicht gerade eine Heldentat!

Hel·den·tod der ■ **den Heldentod sterben**: *bei einer heldenhaften Tat sterben*

Hel·den·tum das <-s> (*kein Plur.*) *ein Verhalten,*

das von großen Mut zeugt falsches/stilles/wahres Heldentum

hel·fen <hilfst, half, hat geholfen> *ohne OBJ* **1.** ■ *jmd./etwas hilft jmdm.* (*bei etwas Dat.*) *unterstützen* Ich helfe dir, die Taschen zu tragen., Er hilft ihr beim Lernen., einer alten Frau über die Straße helfen, jemandem in den Mantel/aus dem Bus helfen **2.** ■ *etwas hilft* (*jmdm.*) (*bei etwas Dat.*) *nützlich sein* Bei Schnupfen helfen Dampfbäder., Das hilft ihr, den Schmerz zu überwinden., Da hilft nun alles nichts, ..., Da hilft kein Jammern und Klagen ... ■ **sich nicht** (**mehr**) **zu helfen wissen**: *nicht wissen, was man tun soll* **jemandem ist nicht mehr zu helfen** (*umg.*): *bei jmdm. sind alle guten Ratschläge umsonst*

Hel·fer, **Hel·fe·rin** der <-s, -> *jmd., der bei etwas hilft* ein freiwilliger/tüchtiger/guter Helfer, ein Helfer in der Not

Hel·fers·hel·fer der <-s, -> (*abwert.*) *eine Person, die bei einem Verbrechen hilft* Während der Täter die Bank ausraubte, wartete sein Helfershelfer im Auto auf ihn.

He·li der <-s, -> (*schweiz.*) *Helikopter, Hubschrauber*

He·li·ko·p·ter der <-s, -> (≈ *Hubschrauber*)

he·li·o·zen·trisch <nicht steig.> *Adj.* PHYS. *so, dass* (*in einem naturwissenschaftlichen Weltbild*) *angenommen wird, die Erde kreise um die Sonne*

He·li·um das <-s> (*kein Plur.*) CHEM. *ein Edelgas*

hell *Adj.* **1.** (↔ *dunkel*) *mit viel Licht* helles Licht, am hellen Tag, ein helles Zimmer, helle Farben/Haare/Haut **2.** (↔ *tief*) *in einer hohen, klaren Tonlage* die hellen Stimmen der Kinder, ein heller Klang/Ton **3.** (*umg.*) *klug* ein heller Kopf/Bursche, Er ist nicht gerade sehr hell(e). **4.** (*umg.*) *völlig* helle Begeisterung/Wut, Das ist heller Wahnsinn., Du erzählst hellen Blödsinn.

hell·auf ■ **hellauf begeistert sein**: *sehr begeistert sein*

hell·blau <nicht steig.> *Adj. von einem lichten Blau* hellblaue Augen haben

hell·blond <nicht steig.> *Adj. von einem hellgelben Blond* hellblonde Haare, Er ist hellblond.

Hel·le·bar·de die <-, -n> GESCH. *eine mittelalterliche Hieb- und Stoßwaffe*

Hel·ler der <-s, -> GESCH. *eine alte deutsche Münze* ■ **einen Betrag auf Heller und Pfennig zurückzahlen**: *einen Betrag vollständig zurückzahlen*

hell·hö·rig <nicht steig.> *Adj.* **1.** (≈ *misstrauisch*) *so, dass man auf einen bestimmten Auslöser hin sehr vorsichtig wird* Bei dieser Bemerkung bin ich hellhörig geworden. **2.** *mit schlechter Schalldämmung* eine hellhörige Wohnung, Das Haus ist sehr hellhörig, man versteht jedes Wort, das in der Nachbarwohnung gesprochen wird.

Hel·lig·keit die <-, -en> **1.** (*kein Plur.*) *das Hellsein, die Lichtfülle* die Helligkeit des Raumes/des Tages **2.** (*kein Plur.*) *die Leuchtkraft einer Lichtquelle* die Helligkeit einer Lampe/Glühbirne/Kerze **3.** ASTRON. *die Leuchtkraft eines Himmelskörpers* die Helligkeit eines Sterns bestimmen

hell·licht ■ **am helllichten Tag**: (*erstaunlicherweise*) *während des Tages* Am helllichten Tag hat man bei uns eingebrochen! ◆ Schreibung mit „lll“ →R 2.7 Es ist helllichter Tag und du schläfst noch?

Hell·raum·pro·jek·tor der <-s, -en> (*schweiz.*) *Overheadprojektor, Tageslichtprojektor*

hell·se·hen *ohne OBJ* (*nur im Inf.*) *mit übersinnlichen Kräften Dinge oder Ereignisse* (*vorher*)*sehen* Kannst du hellsehen? Woher hast du gewusst, dass ich kommen würde?

Hell·se·her, **Hell·se·he·rin** der <-s, -> *eine Person, die mit übersinnlichen Kräften Dinge oder Ereignisse vorhersehen kann* Er ist zu einer Hellseherin gegangen, um sich Rat zu holen.

Hell·se·he·rei die <-> (*kein Plur.*) *die Tätigkeit eines Hellsehers*

hell·sich·tig <nicht steig.> *Adj. klug und vorausschauend* ein hellsichtiger Entschluss

hell·wach <nicht steig.> *Adj. völlig wach* Nach diesem Schreck war er sofort hellwach., Ich kann nicht schlafen, ich bin noch hellwach.

Helm der <-(e)s, -e> *eine feste Kopfbedeckung aus Metall oder Kunststoff, die den Kopf gegen die Folgen eines Sturzes, Unfalls oder Angriffs schützt* der Helm eines Ritters/eines Soldaten, Motorradfahrer müssen einen Helm tragen., das Visier eines Helms ◆ -pflicht, Fahrrad-, Integral-, Schutz-, Stahl-, Sturz-

Hel·ve·tis·mus der <-, Helvetismen> *siehe auch* **Austriazismus**, **Anglizismus**, **Gallizismus**, **Schweiz**

> **i Wissenswert** Als **Helvetismus** bezeichnet man einen für das Schweizerdeutsche typischen, für das übrige deutsche Sprachgebiet unüblichen und als schweizerisch empfundenen Ausdruck. Beispiel: Jupe (Rock). Helvetismen werden in diesem Wörterbuch durch die Angabe schweiz. gekennzeichnet. Der Begriff „Helvetismus“ hängt mit Helvetien, dem lateinischen Namen für Schweiz, zusammen.

Hemd das <-(e)s, -en> **1.** (≈ *Oberhemd*) ein kurzärmeliges/langärmeliges Hemd anziehen ◆ Baumwoll-, Holzfäller-, Kurzarm-, Langarm-, Ober-, Polo- **2.** (≈ *Unterhemd*) Es ist kein Wunder, dass du frierst, du hast ja kein Hemd drunter! ■ **kein Hemd** (**mehr**) **auf dem Leib haben** (*umg.*): *sehr arm sein* **für jemanden das letzte Hemd geben** (*umg.*): *alles, was man hat, für jmdn. opfern*

hemds·är·me·lig, *a.* **hemd·är·me·lig** *Adj.* **1.** *mit hochgekrempelten Ärmeln* hemdsärmelig herumlaufen **2.** (*umg. abwert.*) *betont lässig* Mit seiner hemdsärmeligen Art hat er einige sehr verärgert.

He·mi·s·phä·re die <-, -n> **1.** (*geh.*) *Erdhalbkugel* die nördliche/südliche Hemisphäre **2.** MED. *die rechte bzw. linke Hälfte des Hirns* ■ **die westliche/östliche Hemisphäre** (*geh.*): *der westliche oder östliche Kulturkreis*

hem·men *mit OBJ* ■ *jmd./etwas hemmt etwas*

(*geh.*) **1.** *bremsen* die schnelle Fahrt hemmen, Der Fluss wird in seinem Lauf von einem Wehr gehemmt. **2.** *behindern* eine Entwicklung hemmen, das Wachstum hemmen, alles Hemmende beseitigen

Hẹmm·nis das <-ses, -se> *etwas, das behindert* Die letzten Hemmnisse sind überwunden, nun können wir mit unserem Projekt beginnen.

Hẹmm·schuh der <-s, -e> **1.** TECHN. *ein Bremskeil für Eisenbahnwagen oder Autos* **2.** (*umg.*) *ein Hindernis* Der größte Hemmschuh für unser Vorhaben ist das mangelnde Geld.

Hẹmm·schwel·le die <-, -n> PSYCH. (*moralische*) *Bedenken, etwas zu tun* Die Verbrecher hatten offenbar jede Hemmschwelle durchbrochen., Oft muss man eine Hemmschwelle überwinden, wenn man mit fremden Menschen ins Gespräch kommen will.

Hẹm·mung die <-, -en> **1.** *eine Unsicherheit oder innere Verkrampftheit, die den Umgang mit anderen Menschen erschwert* Er ist ein hervorragender Wissenschaftler, aber leider voller seelischer Hemmungen., In Gegenwart von Fremden hat sie oft Hemmungen. **2.** *moralische Bedenken, etwas zu tun* keinerlei Hemmungen kennen, Die Verbrecher handelten völlig ohne Hemmungen. **3.** *Behinderung* eine Hemmung des Wachstums/der Bewegung

hẹm·mungs·los *Adj.* (≈ *ungezügelt*) hemmungsloser Genuss, Sie begann hemmungslos zu weinen., hemmungslos zuschlagen

Hẹm·mungs·lo·sig·keit die <-> (*kein Plur.*) *hemmungsloses Benehmen*

Hẹndl das <-s, -> (*österr.*) *Brathähnchen*

Hẹngst der <-es, -e> (↔ *Stute*) *das männliche Tier bei Pferden, Eseln, Zebras und Kamelen*

Hẹn·kel der <-s, -> *ein Haltegriff an einem Behälter* der Henkel an der Tasse/Tasche/Gießkanne, der Henkel am Eimer/Korb

hẹn·ken *mit OBJ* ■ *jmd. henkt jmdn.* (*meist im Passiv*) *jmdn. durch Aufhängen hinrichten* Die Verbrecher sind gehenkt worden.

Hẹn·ker der <-s, -> *die Person, die die Todesstrafe vollstreckt* Der Verurteilte wurde dem Henker übergeben. ■ **zum Henker mit jemandem/etwas** (*vulg.*): *Ausruf, um jmdn. oder etwas zu verwünschen* **Weiß der Henker, was …** (*vulg.*): *ich weiß es nicht* (*und es interessiert mich nicht*), *was …*

Hẹn·kers·mahl·zeit die <-, -en> **1.** GESCH. *die letzte Mahlzeit vor einer Hinrichtung* **2.** (*umg. scherzh.*) *die letzte Mahlzeit vor einem entscheidenden Ereignis* Das ist unsere Henkersmahlzeit, heute Abend reisen wir ab.

Hẹn·na die/das <-(s)> (*kein Plur.*) *der rötliche Farbstoff, der aus dem Hennastrauch gewonnen wird*

Hẹn·na·strauch <-(e)s, Hennasträucher> BOT. *ein in Afrika und Asien heimischer Strauch, aus dem Henna gewonnen wird*

Hẹn·ne die <-, -n> (↔ *Hahn*) *ein weibliches Huhn*

He·pa·ti̱·tis die <-, Hepatitiden> (MED.: ≈ *Leberentzündung*)

he̱r *Adv.* **1.** *verwendet, um eine Richtung anzugeben* von Osten her, Von oben her fällt Licht in den Raum. **2.** *verwendet, um eine Zeitspanne anzugeben* Wie lang ist das her?, Ich kenne ihn noch von früher her., Das wird wohl zwei Jahre her sein, dass er geheiratet hat. **3.** *verwendet, um einen Aspekt anzugeben, unter dem etwas betrachtet wird* Von der Lage her ist die Wohnung schön, aber …, Vom Technischen her ist das Gerät in Ordnung, vielleicht bedienst du es nicht richtig. ■ **hinter jemandem/etwas her sein** (*umg.*): *jmdn. verfolgen* **Her zu mir!** (*vulg.*): *unhöfliche Aufforderung zum Herkommen* **Her damit!** (*vulg.*): *unhöfliche Aufforderung, etwas herzugeben* ◆ Getrenntschreibung→R 4.1 Das muss doch schon Jahre her sein, …

he·r·ạb *Adv.* (↔ *hinauf*) *verwendet, um auszudrücken, dass etwas von einer höheren Stelle zu einer tieferen bewegt wird* Von oben herab/Vom Himmel herab war ein Geräusch zu hören.

he·r·ạb·bli·cken *ohne OBJ* **1.** ■ *jmd. blickt* (*auf etwas Akk.*) *herab* (↔ *hinaufblicken*) *von etwas hinunterschauen* Er blickte vom Balkon herab., Sie ist so groß, sie kann auf alle anderen herabblicken. **2.** ■ *jmd. blickt auf jmdn. herab andere geringschätzig beurteilen* Seitdem sie befördert worden ist, blickt sie auf alle anderen herab.

he·r·ạb·fal·len <fällst herab, fiel herab, ist herabgefallen> *ohne OBJ* ■ *etwas fällt* (*von etwas Dat.*) *herab etwas fällt von einer höheren Stelle hinunter* Viele Äpfel sind vom Baum herabgefallen.

he·r·ạb·hän·gen <hängst herab, hing herab, hat herabgehangen> *ohne OBJ* ■ *etwas hängt von etwas Dat. herab etwas hängt* (*von einer Stelle*) *hinunter* Von der Decke hingen bunte Girlanden herab., Die Arme hingen leblos an seinem Körper herab.

he·r·ạb·las·sen <lässt herab, ließ herab, hat herabgelassen> **I.** *mit OBJ* ■ *jmd. lässt etwas herab etwas an einem Seil sich nach unten bewegen lassen* Er ließ den Eimer (an einem Seil) in den Brunnen herab. **II.** *mit SICH* ■ *jmd. lässt sich zu etwas Dat. herab* (*iron.*) *etwas tun, obwohl man es für unter seiner Würde hält* Gelegentlich ließ sich der Chef herab, mit den Arbeitern ein paar Worte zu wechseln.

he·r·ạb·las·send *Adj.* (*abwert.*) *so, dass man seinen höheren Rang deutlich herausstreicht* Sie hat eine herablassende Art gegenüber ihren Kollegen., ein paar herablassende Worte an seine Untergebenen richten

He·r·ạb·las·sung die <-, -en> (*selten Plur.*) (*abwert.*) *herablassendes Wesen* andere mit großer Herablassung behandeln

he·r·ạb·se·hen <siehst herab, sah herab, hat herabgesehen> *ohne OBJ* **1.** ■ *jmd. sieht von etwas Dat. herab* (↔ *hinaufblicken*) *von etwas heruntersehen* Wenn man von der Spitze des Turms herabsieht, hat man einen herrlichen Ausblick. **2.** ■ *jmd. sieht auf jmdn. herab geringschätzen* Er denkt, er sei etwas Besseres und sieht auf alle anderen herab.

he·r·ab·set·zen <setzt herab, setzte herab, hat herabgesetzt> *mit OBJ* **1.** ■ *jmd. setzt etwas herab* (↔ *anheben, erhöhen*) *senken* Der Fahrer setzte das Tempo herab., Das Geschäft setzt ab Montag die Preise herab., Wir verkaufen Restposten zu herabgesetzten Preisen. **2.** ■ *jmd. setzt jmdn. herab etwas oder jmdn. schlecht machen* jemandes Leistungen/Verdienste herabsetzen

He·rab·set·zung die <-, -en> (*selten Plur.*) **1.** *Verringerung* eine Herabsetzung der Geschwindigkeit/der Steuern **2.** *offen geäußerte Geringschätzung* die öffentliche Herabsetzung des Kollegen in den Augen der anderen

He·ral·dik die <-> (*kein Plur.*) (≈ *Wappenkunde*) *die systematische Beschäftigung mit Wappen, ihren Details, ihrer Geschichte und Bedeutung usw.*

He·ral·di·ker der <-s, -> *jmd., der sich mit Heraldik beschäftigt*

he·r·an *Adv. so, dass sich etwas nähert* Sobald der Tag heran ist, ..., Wenn der Zug nahe genug heran ist, ... ◆ Getrenntschreibung→R 4.1 Als die Verfolger bis auf wenige Meter heran waren, ...

he·r·an·bil·den **I.** *mit OBJ* ■ *jmd./etwas bildet jmdn. heran ausbilden* Die Universität hat hervorragende Fachleute herangebildet. **II.** *mit SICH* ■ *etwas bildet sich heran sich entwickeln* Es hat sich eine neue Jugend herangebildet, die von den Eltern oft nicht verstanden wird.

he·r·an·fah·ren <fährst heran, fuhr heran, ist herangefahren> *ohne OBJ* ■ *jmd. fährt an etwas Akk. heran sich etwas nähern* mit dem Auto dicht an den Vordermann heranfahren

he·r·an·füh·ren <führst heran, führte heran, hat herangeführt> *mit OBJ* ■ *jmd. führt jmdm. an etwas Akk. heran* **1.** *nahe an eine Stelle bringen* einen Blinden an einen Tisch heranführen, Die Straße führt bis direkt an den Strand heran., einen klein gedruckten Text zum Lesen dicht an die Augen heranführen **2.** *vertraut machen* die Schüler an die englische Sprache/an die Arbeit mit dem Mikroskop heranführen

he·r·an·ge·hen <gehst heran, ging heran, ist herangegangen> *ohne OBJ* **1.** ■ *jmd. geht an etwas Akk. heran sich nähern* Wenn du dicht an das Bild herangehst, kannst du Einzelheiten erkennen. **2.** ■ *jmd. geht irgendwie an etwas Akk. heran etwas in einer bestimmten Weise in Angriff nehmen* mutig/optimistisch/vorsichtig/ zuversichtlich an eine Aufgabe herangehen

He·ran·ge·hens·wei·se die <-, -n> (≈ *Vorgehensweise*) *die Art, wie man sich einer Aufgabe oder einem Problem nähert*

he·r·an·kom·men <kommst heran, kam heran, ist herangekommen> *ohne OBJ* **1.** ■ *jmd./ein Tier kommt an jmdn./etwas heran in die Nähe von jmdm. oder etwas kommen* Langsam kommt die Zeit heran, ..., Die Tiere kamen langsam an den Zaun heran. **2.** ■ *jmd. kommt an jmdn./etwas heran in Bezug auf eine Leistung erreichen* Du wirst nie an seine Leistungen herankommen. **3.** ■ *jmd. kommt an jmdn./etwas heran sich zu etwas Zugang verschaffen können* Kommst du an das Buch im Regal heran?, Wenn das Zimmer verschlossen ist, kommen wir nicht an die Unterlagen heran., Sie ist sehr verschlossen, man kann nur schwer an sie herankommen. **4.** ■ *jmd. kommt an etwas Akk. heran beschaffen können* Wie können wir an das Geld herankommen?, Kannst du an ein Exemplar dieses Buches herankommen? ■ **nichts an sich herankommen lassen** (*umg.*): *sich von nichts innerlich berühren lassen*

he·r·an·ma·chen *mit SICH* (*umg.*) **1.** ■ *jmd. macht sich an etwas heran in Angriff nehmen* sich an eine schwierige Aufgabe heranmachen **2.** ■ *jmd. macht sich an jmdn. heran sich auf sehr direkte Art* (*in sexueller Absicht*) *annähern* sich an ein Mädchen/einen Jungen heranmachen

he·r·an·na·hen <nahst heran, nahte heran, ist herangenaht> *ohne OBJ* ■ *etwas naht heran* (*geh.*) *sich nähern* Er hatte den herannahenden Zug nicht bemerkt., Die Tiere spüren, dass der Frühling herannaht.

he·r·an·rei·chen *ohne OBJ* **1.** ■ *jmd. reicht an etwas Akk. heran nach etwas greifen können* Auch wenn ich mich strecke, kann ich nicht an das Buch im Regal heranreichen. **2.** ■ *jmd./etwas reicht an etwas Akk. heran erreichen* An diese großartige Leistung konnte keiner heranreichen.

he·r·an·wach·sen <wächst heran, wuchs heran, ist herangewachsen> *ohne OBJ* ■ *jmd. wächst heran jmd. wächst und wird reifer* Die Kinder sind zu Jugendlichen herangewachsen.

he·r·an·wa·gen *mit SICH* **1.** ■ *jmd. wagt sich an jmdn./ein Tier/etwas heran sich zu nähern wagen* Würdest du dich an einen Löwen heranwagen? **2.** ■ *jmd. wagt sich an etwas Akk. heran in Angriff nehmen* sich an eine schwierige Aufgabe heranwagen

he·ran·win·ken *mit OBJ* ■ *jmd. winkt jmdn. heran durch Winken das Signal geben, dass jmd. herkommen soll*

he·r·an·zie·hen <ziehst heran, zog heran, hat/ist herangezogen> **I.** *mit OBJ* (*haben*) **1.** ■ *jmd. zieht etwas an etwas Akk. heran näher zu sich ziehen* einen Stuhl an den Tisch heranziehen **2.** ■ *jmd. zieht jmdn. heran um Rat bitten* zur Beurteilung einer Sache einen Experten heranziehen **3.** ■ *jmd. zieht etwas heran in Betracht ziehen* Beweismittel zu einem Prozess heranziehen, etwas zum Vergleich heranziehen **4.** ■ *jmd. zieht jmdn./ein Tier/etwas heran ausbilden oder großziehen* Tiere/Pflanzen heranziehen, rechtzeitig einen Nachfolger heranziehen, selbstständig denkende junge Leute heranziehen **II.** *ohne OBJ* ■ *etwas zieht heran* ((*sein*)) *sich nähern* Ein Unwetter ist herangezogen.

he·r·auf *Adv.* (↔ *herunter*) *verwendet, um auszudrücken, dass eine Bewegung von unten nach oben verläuft* Auf den Berg herauf geht es sich schwerer als herunter.

he·r·auf·be·schwö·ren *mit OBJ* ■ *jmd./etwas beschwört etwas herauf* **1.** *wachrufen* Die Bilder beschworen die Erlebnisse ihrer Kindheit in ihr herauf. **2.** *herbeiführen* ein schreckliches Unglück/

einen Streit heraufbeschwören

he·rauf·däm·mern *ohne OBJ* ■ *etwas dämmert herauf* (*geh.*) *langsam erkennbar werden*

he·r·auf·kom·men <kommst herauf, kam herauf, ist heraufgekommen> *ohne OBJ* **1.** ■ *jmd. kommt herauf nach oben kommen* Ich höre sie die Treppe heraufkommen. **2.** ■ *etwas kommt herauf allmählich erscheinen* Der Mond kam über den Dächern herauf.

he·r·auf·zie·hen <ziehst herauf, zog herauf, hat/ist heraufgezogen> **I.** *mit OBJ* ■ *jmd. zieht etwas herauf* ((*haben*)) *nach oben ziehen* Er hat den Eimer heraufgezogen. **II.** *ohne OBJ* (*sein*) **1.** ■ *etwas zieht herauf herannahen* Ein Gewitter zieht herauf. **2.** ■ *jmd. zieht herauf sich weiter oben niederlassen* Im Sommer ziehen die Hirten mit ihren Herden hinauf in die Berge., Sie ist zu uns in den 12. Stock heraufgezogen.

he·r·aus *Adv.* (*umg.* ↔ *hinein*) *verwendet, um auszudrücken, dass eine Bewegung im Inneren von etwas beginnt und nach außen gerichtet ist* Ist der Splitter nun aus deinem Finger heraus?, Endlich war die Neuigkeit heraus., Es ist noch nicht heraus, wann wir uns treffen. ◆ Getrenntschreibung→R 4.1 Als wir aus der Stadt heraus waren, hielten wir an.

he·r·aus·be·kom·men <bekommst heraus, bekam heraus, hat herausbekommen> *mit OBJ* **1.** ■ *jmd. bekommt etwas heraus als Wechselgeld bekommen* Ich habe noch zwei Euro herausbekommen. **2.** ■ *jmd. bekommt etwas heraus herausfinden oder lösen* Hast du herausbekommen, wo der Bahnhof ist?, Ich habe das Rätsel/die Aufgabe nicht herausbekommen. **3.** ■ *jmd. bekommt etwas* (*aus etwas Dat.*) *heraus entfernen können* Er hat den Nagel herausbekommen.

he·r·aus·bil·den *mit SICH* ■ *etwas bildet sich heraus sich entwickeln* Zwischen den beiden hat sich eine Freundschaft herausgebildet.

he·r·aus·brin·gen <bringst heraus, brachte heraus, hat herausgebracht> *mit OBJ* **1.** ■ *jmd. bringt etwas heraus* (↔ *hereinbringen*) *nach draußen bringen* Kannst du uns einen Schirm herausbringen? **2.** ■ *jmd. bringt etwas* (*über etwas Akk.*) *heraus* (*umg.*) *herausfinden* Ich habe über diese Sache nichts herausbringen können. **3.** ■ *jmd. bringt etwas* (*aus etwas Dat.*) *heraus* (*umg.*) *aus etwas entfernen können* Ich habe die Hand durch den Zaun gesteckt und bringe sie nicht wieder heraus. **4.** ■ *jmd. bringt etwas heraus sprechen können* keinen vernünftigen Satz herausbringen **5.** ■ *jmd. bringt etwas heraus auf den Markt bringen* ein Buch herausbringen, ein neues Automodell herausbringen

he·raus·drän·gen *ohne OBJ* ■ *jmd. drängt aus etwas Dat. heraus mit großer Kraft aus etwas herauskommen*

he·r·aus·fah·ren <fährst heraus, fuhr heraus, hat/ist herausgefahren> **I.** *mit OBJ* ■ *jmd. fährt etwas heraus* ((*haben*)) **1.** *etwas nach draußen transportieren* Hast du den Abfall zur Mülldeponie herausgefahren? **2.** SPORT *durch Fahren erzielen* einen Rekord/eine gute Zeit herausfahren **II.** *ohne OBJ* (*sein*) **1.** ■ *jmd. fährt aus etwas Dat. heraus nach draußen fahren* aus der Stadt/aus dem Tunnel/aus der Garage herausfahren **2.** ■ *jmd. fährt aus etwas Dat. heraus schnell herauskommen* erschrocken aus dem Bett herausfahren **3.** ■ *jmdm. fährt etwas heraus* (≈ *herausrutschen*) *versehentlich entweichen* Das Wort ist mir so herausgefahren.

he·r·aus·fal·len <fällst heraus, fiel heraus, ist herausgefallen> *ohne OBJ* ■ *etwas fällt aus etwas Dat. heraus* **1.** *aus einem Behälter fallen* Das Geld ist aus der Tasche herausgefallen. **2.** *anders sein als gewöhnlich* Dieser Film fällt aus dem Kreis der gewöhnlichen Abenteuerfilme heraus.

he·r·aus·fin·den <findest heraus, fand heraus, hat herausgefunden> **I.** *mit OBJ* **1.** ■ *jmd. findet jmdn./etwas heraus unter vielen entdecken* Ich kenne ihn so gut, ich würde ihn unter Tausenden herausfinden. **2.** ■ *jmd. findet etwas heraus ermitteln* herausfinden, wie etwas funktioniert **II.** *ohne OBJ* ■ *jmd. findet aus etwas Dat. heraus den Weg nach draußen finden* aus dem Wald (wieder) herausfinden, Danke, sie müssen mich nicht begleiten. Ich finde allein heraus.

he·raus·flie·ßen *ohne OBJ* ■ *etwas fließt aus etwas Dat. heraus aus etwas fließen*

He·r·aus·for·de·rer, He·r·aus·for·de·rin der <-s, -> SPORT *jmd., der einen Gegner zum* (*sportlichen*) *Kampf herausfordert*

he·r·aus·for·dern <forderst heraus, forderte heraus, hat herausgefordert> *mit OBJ* **1.** ■ *jmd. fordert jmdn. heraus* SPORT *jmdm. anbieten, sich mit ihm im* (*sportlichen*) *Kampf zu messen* **2.** ■ *jmd. fordert etwas heraus durch sein Verhalten heraufbeschwören* jemandes Protest herausfordern, das Schicksal herausfordern

he·r·aus·for·dernd <nicht steig.> *Adj. frech* jemanden mit herausfordernden Blicken ansehen

He·r·aus·for·de·rung die <-, -en> **1.** SPORT ein Kampf, bei dem jemand einen Titelverteidiger herausfordert **2.** *eine schwierige, aber interessante Aufgabe* Die neue Arbeit im Ausland ist eine echte Herausforderung für ihn.

he·r·aus·ge·ben <gibst heraus, gab heraus, hat herausgegeben> **I.** *mit OBJ/ohne OBJ* **1.** ■ *jmd. gibt jmdn./etwas heraus zurückgeben* Die Einbrecher wurden aufgefordert, die Geiseln herauszugeben., Er hat mein Buch genommen und will es nicht wieder herausgeben! **2.** ■ *jmd. gibt etwas heraus herausreichen* Kannst du mir mal den Schlüssel herausgeben? **3.** ■ *jmd. gibt etwas heraus veröffentlichen* ein Buch/eine Zeitschrift herausgeben **II.** *mit OBJ/ohne OBJ* ■ *jmd. gibt jmdm. etwas heraus als Wechselgeld geben* Ich habe nur 100 Euro, können Sie mir 30 Euro herausgeben?, Haben Sie kein Kleingeld? Ich kann nicht herausgeben.

He·r·aus·ge·ber, He·r·aus·ge·be·rin der <-s, -> *eine Person oder Institution, die etwas* (*z.B. ein Buch oder eine Zeitschrift*) *veröffentlicht*

he·r·aus·ge·hen <gehst heraus, ging heraus, ist herausgegangen> *ohne OBJ* **1.** ■ *jmd. geht he-*

raus ins Freie gehen Bei dem schönem Wetter können wir ja ein bisschen herausgehen. **2.** ■ *etwas geht heraus* (*umg.*) *sich entfernen lassen* Der Fleck ist herausgegangen., Der Nagel geht nicht heraus. ■ **aus sich herausgehen** (*umg.*): *lebhafter werden und mehr von sich selbst zu erkennen geben*

he·r·aus·grei·fen <greifst heraus, griff heraus, hat herausgegriffen> *mit OBJ* ■ *jmd. greift jmdn./etwas* (*aus etwas Dat.*)*heraus auswählen* jemanden aus der Menge herausgreifen und auf die Bühne rufen, ein willkürlich herausgegriffenes Beispiel

he·r·aus·gucken *ohne OBJ* (*umg.*) **1.** ■ *jmd. guckt aus etwas Dat. heraus irgendwo heraussehen* zum Fenster herausgucken **2.** ■ *etwas guckt unter etwas Dat. heraus unter etwas zu sehen sein* Der Unterrock guckt unter dem Kleid heraus., Aus seiner Tasche guckte ein Brief heraus.

he·r·aus·hal·ten <hältst heraus, hielt heraus, hat herausgehalten> **I.** *mit OBJ* **1.** ■ *jmd. hält etwas heraus nach draußen halten* beim Abbiegen die Hand heraushalten, die Hand aus dem Autofenster heraushalten **2.** ■ *jmd. hält jmdn.* (*aus etwas Dat.*)*heraus jmdn. oder etwas von einer Sache/deren Einfluss oder Auswirkungen fernhalten* Er hielt sie aus der ganzen Sache heraus. **II.** *mit SICH* ■ *jmd. hält sich aus etwas Dat. heraus sich nicht in etwas verwickeln lassen* sich aus einem Streit heraushalten, Bei euren Geschäften haltet ihr mich bitte heraus!

he·r·aus·he·ben <hebst heraus, hob heraus, hat herausgehoben> **I.** *mit OBJ* ■ *jmd. hebt jmdn. aus etwas Dat heraus jmdn. irgendwo herausnehmen* ein Kind aus dem Bett herausheben **II.** *mit SICH* ■ *etwas hebt sich aus etwas Dat. heraus gut zu unterscheiden sein* sich vor einem dunklen Hintergrund gut herausheben

he·raus·kit·zeln *mit OBJ* ■ *jmd. kitzelt jmdm. etwas heraus* (*umg*) *durch geschicktes Fragen bewirken, dass jmd. etwas verrät*

he·raus·klet·tern *ohne OBJ* ■ *jmd. klettert aus etwas Dat. heraus aus etwas klettern*

he·raus·klin·geln *mit OBJ* ■ *jmd. klingelt jmdn. heraus* (*umg.*) *so lange klingeln* (*oder jmds. Telefon klingeln lassen*), *bis dieser sich an der Haustür zeigt* (*oder aus dem Bett o.Ä.*) *kommt*

he·r·aus·kom·men <kommst heraus, kam heraus, ist herausgekommen> *ohne OBJ* **1.** ■ *jmd. kommt aus etwas Dat. heraus einen Raum verlassen* (*können*) Ich sah die Zuschauer aus dem Kino herauskommen. **2.** ■ *jmd. kommt aus etwas Dat. heraus sich aus etwas befreien* in einer Schlinge hängen und nicht wieder herauskommen, aus einem Vertrag nicht wieder herauskommen **3.** ■ *etwas kommt heraus an die Öffentlichkeit kommen* Wir wollten es geheim halten, jetzt ist es doch herausgekommen., Das Buch wird im Herbst herauskommen., Der neue Spielplan ist noch nicht herausgekommen. **4.** ■ *etwas kommt bei etwas Dat. heraus* (*umg.*) *als Ergebnis haben* Mal sehen, was dabei herauskommt., Was ist bei deiner Rechenaufgabe herausgekommen?, Es wird nichts Gutes dabei herauskommen., Das kommt eigentlich auf dasselbe heraus. **5.** ■ *etwas kommt irgendwie heraus zur Geltung kommen* Auf diesem Hintergrund kommen die Farben gut heraus., mit einer Idee/einem Hit groß herauskommen, Ich habe das nicht böse gemeint, auch wenn es so herausgekommen ist., Das eigentliche Problem ist bei seiner Rede nicht richtig herausgekommen. ■ **mit irgendetwas herauskommen** (*umg.*): *irgendetwas nach langem Zögern gestehen* Endlich kam sie mit der Wahrheit heraus.

he·r·aus·le·sen <liest heraus, las heraus, hat herausgelesen> *mit OBJ* **1.** ■ *jmd. liest etwas aus etwas Dat. heraus aus etwas erkennen* Wie ich aus diesem Zeitungsartikel herauslese, ..., Aus deinen Äußerungen lese ich heraus, dass es dir gut geht. **2.** ■ *jmd. liest etwas heraus aussortieren* aus einem Berg Kartoffeln die schlechten herauslesen

he·raus·lö·sen *mit OBJ* ■ *jmd. löst etwas aus etwas Dat. heraus lösen und herausnehmen*

he·r·aus·neh·men <nimmst heraus, nahm heraus, hat herausgenommen> **I.** *mit OBJ* **1.** ■ *jmd. nimmt etwas aus etwas Dat. heraus entnehmen* sich einen Apfel aus dem Korb herausnehmen, ein Kind aus einer Schule herausnehmen, sich den Blinddarm herausnehmen lassen **2.** ■ *jmd. nimmt etwas heraus außer Betrieb setzen* den dritten Gang herausnehmen, Wenn du die Bässe herausnimmst, klingt es nicht so dumpf. **II.** *mit SICH* ■ *jmd. nimmt sich etwas heraus sich erlauben* Sie hat sich zu viele Freiheiten herausgenommen., Was nehmen Sie sich eigentlich heraus?

he·r·aus·ra·gen *ohne OBJ* **1.** ■ *etwas ragt aus etwas Dat. heraus höher sein* Der Turm ragt weithin sichtbar aus dem Wald heraus. **2.** ■ *jmd./etwas ragt über etwas Akk. heraus vorteilhaft zur Geltung kommen* Dieses Buch/dieser Autor ragt weit über das Mittelmaß heraus., eine herausragende Leistung

he·raus·ra·gend *Adj.* (≈ *hervorragend*) *weit besser als der Durchschnitt* herausragende Leistungen

he·r·aus·re·den *mit SICH* ■ *jmd. redet sich aus etwas Dat. heraus als Entschuldigung gebrauchen* Versuche gar nicht erst, dich herauszureden, ich weiß, dass du schuld bist., Er kann sich nicht immer mit seiner Krankheit/auf seine Krankheit herausreden.

he·r·aus·rei·ßen <reißt heraus, riss heraus, hat herausgerissen> *mit OBJ* **1.** ■ *jmd. reißt etwas aus etwas Dat. heraus aus der Befestigung reißen* einen Zahn/eine Pflanze herausreißen, eine (aus einem Buch) herausgerissene Seite **2.** ■ *jmd. reißt jmdn. aus etwas Dat. heraus bei etwas Gewohntem unterbrechen* jemanden aus seiner gewohnten Umgebung/Beschäftigung herausreißen **3.** ■ *jmd. reißt etwas heraus* (*umg.*) *etwas Ungünstiges wieder wettmachen* Der Schlussläufer konnte die schwachen Leistungen der anderen noch herausreißen., Er wäre beinahe sitzen geblieben, aber die guten Leistungen in Mathematik haben ihn herausgerissen.

he·r·aus·rü·cken <rückst heraus, rückte heraus, hat/ist herausgerückt> I. *mit OBJ* (*haben*) 1. ■ *jmd. rückt etwas heraus nach außen rücken* einen Stuhl aus einer Reihe herausrücken 2. (*umg.*) *herausgeben* Er hat das Buch nicht wieder herausgerückt. II. *ohne OBJ* (*sein*) 1. ■ *jmd. rückt heraus nach außen rücken* Alle sitzen in einer Reihe, nur einer ist mit seinem Stuhl herausgerückt. 2. ■ *jmd. rückt mit etwas Dat. heraus* (*umg.*) *etwas nach langem Zögern eingestehen* Letztlich ist er mit der Wahrheit/Sprache herausgerückt.

he·r·aus·rut·schen <rutschst heraus, rutschte heraus, ist herausgerutscht> *ohne OBJ* 1. ■ *etwas rutscht aus etwas Dat. heraus aus etwas rutschen* Das Hemd ist aus der Hose herausgerutscht., Der Schlüssel ist wahrscheinlich aus der Tasche herausgerutscht. 2. ■ *etwas rutscht jmdm. heraus* (*umg.*) *versehentlich gesagt werden* Es war nicht böse gemeint. Die Bemerkung ist mir nur so herausgerutscht.

he·r·aus·schla·gen <schlägst heraus, schlug heraus, hat/ist herausgeschlagen> I. *mit OBJ* ■ *jmd. schlägt etwas aus etwas Dat. heraus* ((*haben*)) 1. *durch Schlagen heraustrennen* Steine aus einem Felsen herausschlagen. 2. *für sich gewinnen* Er hat für sich einen Vorteil herausgeschlagen. II. *ohne OBJ* ■ *etwas schlägt aus etwas Dat. heraus* ((*sein*)) *hervorbrechen* Die Flammen sind aus dem Fenster herausgeschlagen.

he·raus·schrau·ben *mit OBJ* ■ *jmd. schraubt etwas aus etwas Dat. heraus* (↔ *hineinschrauben*) *abschrauben und herausnehmen*

he·r·au·ßen *Adv.* (*süddt. österr.*) *draußen*

he·r·aus·sprin·gen <springst heraus, sprang heraus, ist herausgesprungen> *ohne OBJ* 1. ■ *jmd. springt aus etwas Dat. heraus nach draußen springen* Er ist aus dem Fenster herausgesprungen. 2. ■ *etwas springt aus etwas Dat. heraus sich aus einer Befestigung lösen* Bei der Matratze ist eine Feder herausgesprungen., Das Uhrenglas ist herausgesprungen. 3. ■ *etwas springt bei etwas Dat. heraus* (*umg.*) *als Ergebnis entstehen* Mal sehen, was bei den Verhandlungen herausspringt., Er macht nur etwas, wenn auch ordentlich Geld dabei herausspringt.

he·raus·sprit·zen *ohne OBJ* ■ *etwas spritzt aus etwas Dat. heraus aus etwas spritzen*

he·r·aus·stel·len I. *mit OBJ* 1. ■ *jmd. stellt etwas heraus nach draußen stellen* Im Frühling können die Gaststätten ihre Tische herausstellen. 2. ■ *jmd. stellt etwas heraus hervorheben* Sie stellte in ihrem Vortrag die wichtigsten Ergebnisse ihrer Arbeit heraus. II. *mit SICH* ■ *etwas stellt sich heraus sich zeigen* Unsere Vermutungen stellten sich als richtig heraus., Es stellte sich heraus, dass sie gelogen hatte.

he·r·aus·strei·chen <streichst heraus, strich heraus, hat herausgestrichen> *mit OBJ* 1. ■ *jmd. streicht etwas aus etwas Dat. heraus durchstreichen* Überflüssiges aus einem Text herausstreichen 2. ■ *jmd. streicht etwas heraus loben* die guten Leistungen eines Mitarbeiters herausstreichen, Musst du immer herausstreichen, dass du der Klügste bist?

he·raus·strö·men *ohne OBJ* ■ *jmd./etwas strömt aus etwas heraus aus etwas strömen*

he·r·aus·wach·sen <wächst heraus, wuchs heraus, ist herausgewachsen> *ohne OBJ* 1. ■ *etwas wächst aus etwas Dat. heraus aus etwas wachsen* ein verfallenes Haus, aus dessen Dach Bäume herauswachsen, sich die (gefärbten) Haare herauswachsen lassen 2. ■ *jmd. wächst aus etwas Dat. heraus* (*umg.*) *für etwas zu groß werden* aus einem Kleidungsstück herauswachsen

he·raus·wa·schen *mit OBJ* ■ *jmd. wäscht etwas aus etwas Dat. heraus durch Waschen entfernen*

he·r·aus·wer·fen <wirfst heraus, warf heraus, hat herausgeworfen> *mit OBJ* 1. ■ *jmd. wirft etwas aus etwas Dat. heraus nach draußen werfen* Gegenstände zum Fenster herauswerfen 2. ■ *jmd. wirft jmdn. heraus* (*umg.*) *deutlich zum Verlassen des Raumes auffordern* Wenn sie sich nicht benehmen können, müssen wir sie eben herauswerfen.

he·r·aus·zie·hen <ziehst heraus, zog heraus, hat herausgezogen> *mit OBJ* ■ *jmd. zieht etwas aus etwas Dat. heraus* 1. aus etwas ziehen, den Schlüssel aus dem Schloss herausziehen, einen Nagel aus dem Holz herausziehen 2. *einen Textauszug machen* die wichtigsten Punkte aus einem Protokoll/Text herausziehen

herb *Adj.* 1. (↔ *süß, mild*) *von einem bitteren oder sauren Geschmack oder Geruch* Der Wein ist ziemlich herb., herbe Schokolade, ein herbes Parfüm 2. (≈ *schmerzlich*) ein herber Verlust, eine herbe Enttäuschung 3. (≈ *streng*) eine herbe Schönheit, herbe Kritik an jemandem üben

Her·ba·ri·um das <-s, Herbarien> BOT. *eine Sammlung getrockneter Pflanzen und Blätter*

her·bei·eilen <eilst herbei, eilte herbei, ist herbeigeeilt> *ohne OBJ* ■ *jmd. eilt herbei schnell irgendwohin kommen* Viele Neugierige waren schnell herbeigeeilt., Die Helfer eilten herbei.

her·bei·füh·ren *mit OBJ* ■ *jmd. führt etwas herbei bewirken, dass etwas eintritt* Durch seine Fahrweise hat er den Unfall versehentlich herbeigeführt., Durch ihre Vermittlung konnte eine Einigung herbeigeführt werden.

her·beilau·fen *ohne OBJ* ■ *jmd. läuft herbei* (*aus verschiedenen Richtungen*) *auf etwas zu laufen*

her·bei·ru·fen <rufst herbei, rief herbei, hat herbeigerufen> *mit OBJ* ■ *jmd. ruft jmdn./etwas herbei zu sich rufen* Wir sollten schnell Hilfe herbeirufen!, Der Zauberer rief seine dienstbaren Geister herbei.

her·bei·wün·schen <wünschst herbei, wünschtest herbei, hat herbeigewünscht> *mit OBJ* ■ *jmd. wünscht etwas herbei wünschen, dass etwas oder jmd. da wäre* sich den Freund/Hilfe/den Sommer herbeiwünschen

Her·ber·ge die <-, -n> 1. *kurz für „Jugendherberge“* in einer Herberge übernachten 2. (*veralt. geh.*) *gastliche Aufnahme* Weil sie nirgends Herberge finden konnten, mussten sie im Freien übernachten.

Her·bergs·va·ter, **Her·bergs·mut·ter** der <-s, Herbergsväter> *eine Person, die eine Herberge betreibt*

Her·bi·zid das <-(e)s, -e> CHEM. LANDW. *Unkrautvernichtungsmittel*

Herbst der <-(e)s, -e> *die Jahreszeit zwischen Sommer und Winter, in der die Tage kürzer werden und die Blätter sich bunt färben* ■ **im Herbst des Lebens** (*geh. übertr.*): *in fortgeschrittenem Lebensalter* ◆ -anfang, -sonne, -tag

Herbst·laub das <-s> (*kein Plur.*) *das Laub, das im Herbst von den Bäumen fällt*

herbst·lich <nicht steig.> *Adj. so, wie es im Herbst ist oder für den Herbst typisch ist* herbstliches Wetter, herbstliche Farben

Herbst·ne·bel der <-s> (*kein Plur.*) *Nebel, wie er typischerweise im Herbst auftritt*

Herbst·zeit·lo·se die <-, -n> *eine spät blühende Blumenart*

Herd der <-(e)s, -e> **1.** *ein Küchengerät, auf dem Mahlzeiten gekocht werden* ein elektrischer Herd, ein Herd, der mit Gas/Kohle/Öl geheizt wird, einen Topf auf den Herd stellen/vom Herd nehmen **2.** (*umg.*) *Ausgangspunkt* den Herd einer Krankheit suchen, der Herd des Erdbebens/Feuers **3.** (*veralt. übertr.*) *das eigene Zuhause* ■ **am heimischen Herd** (*veralt. oder geh.*): *im eigenen Zuhause* **Ein eigener Herd ist Goldes wert.** (*Sprichwort*): *es ist wichtig und erstrebenswert, einen eigenen Haushalt zu führen und unabhängig zu sein*

Her·de die <-, -n> **1.** *eine Gruppe von gleichen, in Gemeinschaft lebenden (Pflanzen fressenden) Säugetieren* eine Herde Büffel/Elefanten/Rinder/Schafe, eine Herde Rinder auf die Weide treiben **2.** (*umg. abwert.*) *eine Gruppe (willenloser) Menschen* in der Herde mitlaufen

Her·den·mensch der <-en, -en> (*abwert.*) *ein Mensch, der sich immer dem Verhalten einer Gruppe anpasst*

Her·den·trieb der <-(e)s> (*kein Plur.*) **1.** ZOOL. *der Trieb von Herdentieren, sich bei der Herde aufzuhalten* **2.** (*umg. abwert.*) *die Neigung von Menschen, ihr Verhalten der Gruppe anzupassen*

he·r·ein *Adv. verwendet, um auszudrücken, dass sich jmd./etwas von draußen in einen Raum hineinbewegt* Ist die Post heute schon herein? ■ **Herein!**: *Aufforderung an jmdn., der an die Tür geklopft hat, den Raum zu betreten*

he·r·ein·be·kom·men <bekommst herein, bekam herein, hat hereinbekommen> *mit OBJ* ■ *jmd. bekommt etwas herein* (*umg.*) **1.** *geliefert bekommen* Wir haben heute neue Ware hereinbekommen. **2.** *empfangen können* fast alle Sender hereinbekommen

he·r·ein·bre·chen <brichst herein, brach herein, ist hereingebrochen> *ohne OBJ* **1.** ■ *etwas bricht herein nach innen brechen* Die Bergleute wurden durch hereinbrechendes Gestein verletzt. **2.** ■ *etwas bricht (über jmdn.) herein plötzlich beginnen* ein Unglück/Unwetter ist über uns hereingebrochen, Die Nacht bricht herein.

he·r·ein·fal·len <fällst herein, fiel herein, ist hereingefallen> *ohne OBJ* **1.** ■ *jmd. fällt in etwas Akk. herein in etwas stürzen* Hier ist eine tiefe Grube. Passt auf, dass ihr nicht hereinfallt!, Durch einen Türspalt fiel Licht herein. **2.** ■ *jmd. fällt auf etwas Akk. herein* (*umg.*) *betrogen werden* auf einen Betrüger/Betrug hereinfallen, Mit der neuen Wohnung sind sie aber ganz schön hereingefallen.

he·r·ein·ho·len *mit OBJ* ■ *jmd. holt etwas herein* **1.** *von draußen nach drinnen holen* Es regnet. Ich muss die Wäsche hereinholen. **2.** (*umg.*) *wettmachen* Wenn wir uns beeilen, können wir die verlorenen Minuten wieder hereinholen.

he·r·ein·kom·men <kommst herein, kam herein, ist hereingekommen> *ohne OBJ* **1.** ■ *jmd. kommt herein nach drinnen kommen* Ihr könnt gern (zu uns) hereinkommen! **2.** ■ *etwas kommt herein geliefert werden* Soeben sind frische Blumen hereingekommen. **3.** ■ *etwas kommt herein* (*umg.*) *eingenommen werden* Ich muss viel arbeiten, damit (genügend) Geld hereinkommt.

he·r·ein·las·sen <lässt herein, ließ herein, hat hereingelassen> *mit OBJ* ■ *jmd. lässt jmdn. herein* (*umg.* ↔ *herauslassen*) *nach drinnen lassen* Er öffnete die Tür, um die Gäste hereinzulassen.

he·rein·le·gen *mit OBJ* ■ *jmd. legt etwas in etwas Akk. herein* **1.** *in etwas legen* Hier ist mein Postfach, da kannst du Nachrichten für mich hereinlegen. **2.** ■ *jmd. legt jmdn. herein* (*umg.*) *betrügen* Bei diesem Geschäft ist er ordentlich hereingelegt worden.

he·r·ein·plat·zen <platzt herein, platzte herein, ist hereingeplatzt> *ohne OBJ* ■ *jmd. platzt in etwas Akk. herein* (*umg.*) *plötzlich irgendwo hereinkommen* Ihr könnt doch nicht einfach so in die Versammlung/das Zimmer hereinplatzen!

Her·fahrt die <-> (*kein Plur.*) (≈ *Hinfahrt*) *die Fahrt von einem Ausgangspunkt hierher*

her·fal·len <fällst her, fiel her, ist hergefallen> *ohne OBJ* **1.** ■ *jmd. fällt über jmdn. her scharf angreifen* Die Angreifer fielen brutal über den wehrlosen Mann her., Die Zeitungen sind über den Politiker hergefallen. **2.** ■ *jmd. fällt mit etwas Akk. über jmdn. her heftig bestürmen* über jemanden mit Fragen herfallen **3.** ■ *jmd. fällt über etwas Akk. her* (*umg.*) *gierig essen* über das Essen herfallen

Her·gang der <-(e)s, Hergänge> (*Plur. ungebräuchlich*) (≈ *Ablauf*) Bitte schildern Sie den Hergang des Unfalls!

her·ge·ben <gibst her, gab her, hat hergegeben> *mit OBJ* **1.** ■ *jmd. gibt jmdm. etwas her aushändigen* Gib mir bitte den Schlüssel (wieder) her! **2.** ■ *jmd. gibt etwas her* (*zeitweise*) *weggeben* Das Buch gebe ich nicht her., Er gibt sein Auto nicht gern (für andere) her. **3.** ■ *etwas gibt etwas her* (*umg.*) *ergiebig sein* Das Thema gibt nicht viel her.

her·ge·hen <gehst her, ging her, ist hergegangen> **I.** *ohne OBJ* ■ *jmd. geht neben jmdm. her neben jmdm. laufen* Sie gingen nebeneinander her und unterhielten sich. **II.** *mit ES* ■ *es geht irgendwo irgendwie her* (*umg.*) *irgendwie ablaufen* Bei der Diskussion geht es heiß her., Auf der Party ist es hoch hergegangen.

her·ge·lau·fen <nicht steig.> *Adj.* (*umg. abwert.*) *von zweifelhafter Herkunft* Dem hergelaufenen Kerl willst du dein Vertrauen schenken?

her·hal·ten <hältst her, hielt her, hat hergehalten> **I.** *mit OBJ* ■ *jmd. hält etwas her in Richtung des Sprechers halten* Wenn du deine Tasse herhältst, gebe ich dir noch etwas Tee. **II.** *ohne OBJ* ■ *jmd./etwas hält als etwas her* (*umg.*) *als etwas dienen* Weil kein anderer da ist, musst du als Sündenbock herhalten., Immer muss deine Krankheit als Vorwand herhalten, wenn du nicht helfen willst.

her·ho·len *mit OBJ* ■ *jmd. holt etwas her zum Sprecher holen* Hol doch das Fotoalbum einmal her!, Wenn er nicht selbst kommen will, können wir ihn doch herholen. ■ **etwas ist weit hergeholt**: *etwas ist gehört nicht zum Thema und erscheint etwas abwegig* Seine Anschuldigungen sind ganz schön weit hergeholt!

her·hö·ren *ohne OBJ* ■ *jmd. hört her hören, was jmd. sagt* Hört mal alle her, was ich zu sagen habe!

He·ring der <-s, -e> **1.** ZOOL. *eine Seefischart* gepökelten Hering essen **2.** *Zeltpflock* die Zeltleinen an den Heringen befestigen

he·rin·nen *Adv.* (*süddt. österr.*) *drinnen*

her·kom·men <kommst her, kam her, ist hergekommen> *ohne OBJ* **1.** ■ *jmd. kommt her sich nähern* Komm doch mal her zu mir! **2.** ■ *jmd. kommt irgendwoher abstammen* Er kommt aus Basel. Und wo kommst du her? **3.** ■ *etwas kommt irgendwoher herstammen* Wo kommt dieses Fleisch her?, Wo kommt denn plötzlich so viel Geld her?

her·kömm·lich <nicht steig.> *Adj. in seit langem bewährter Weise* das Brot auf herkömmliche Art und Weise backen

Her·ku·les der <-s> (*kein Plur.*) **1.** *ein griechischer Halbgott* **2.** *ein Mann von ungewöhnlicher Körperkraft*

Her·kunft die <-, Herkünfte> (*Plur. selten*) **1.** *Ort, Familie und Umgebung, in der man aufgewachsen ist* Sie kann ihre einfache Herkunft nicht verleugnen., Der Herkunft nach ist er Schweizer. **2.** *Ort, wo etwas hergestellt worden oder entstanden ist* die Herkunft eines Produkts/einer Ware, die Herkunft eines Wortes

Her·kunfts·land das <-es, Herkunftsländer> *das Land, aus dem jmd. oder etwas kommt* Welches ist Ihr Herkunftsland?, das Herkunftsland einer Ware

her·lei·ten **I.** *mit OBJ* ■ *jmd. leitet etwas aus etwas Dat. her ableiten* Ansprüche/Rechte aus einem Vertrag herleiten, eine mathematische Formel herleiten **II.** *mit SICH* ■ *etwas leitet sich aus etwas Dat. her auf etwas zurückzuführen sein* Dieses Wort leitet sich aus dem Lateinischen her.

her·ma·chen **I.** *mit SICH* ■ *jmd. macht sich über etwas Akk. her* (*umg.*) **1.** *etwas in Angriff nehmen* Er machte sich über das Essen/die Arbeit her. **2.** *jmdn. oder etwas heftig angreifen* Die Kritiker machten sich über die Autorin/den Roman her. **II.** *mit OBJ* ■ *etwas macht etwas her* (*umg.*) *repräsentieren* Er macht etwas/nicht viel her.

Her·me·lin[1] das <-s, -e> ZOOL. **1.** *eine Wieselart* **2.** *der Pelz der Wieselart*

Her·me·lin[2] der <-s, -e> *das zu Pelz verarbeitete Fell des Hermelins* Der Mantel des Königs war mit Hermelin besetzt.

her·me·tisch <nicht steig.> *Adj.* (*geh.*) *so fest verschlossen, dass es undurchlässig ist* Die Druckkammer wird hermetisch abgeriegelt., Die Polizei riegelte das gesamte Gelände hermetisch ab.

her·müs·sen *ohne OBJ* ■ *etwas muss her* (*umg.*) *dringend benötigt werden*

her·nach *Adv.* (*süddt. österr.*) *danach/später*

her·neh·men <nimmst her, nahm her, hat hergenommen> *mit OBJ* **1.** ■ *jmd. nimmt etwas von irgendwo her irgendwo nehmen/beschaffen* Wo soll ich denn das viele Geld hernehmen?, Ich weiß nicht, wo du deine Geduld hernimmst. **2.** ■ *jmd. nimmt jmdn. irgendwie her belasten* Die Krankheit seiner Frau hat ihn sehr hergenommen.

her·nie·der *Adv.* (*geh.*) *herunter* auf die Erde hernieder

he·r·oben *Adv.* (*süddt. österr.*) (*hier*) *oben*

He·roe, **He·ro·in/He·ro·i·ne** der [heˈroːə] <-n, -n> (*geh.*) *Held oder Heldin*

He·ro·in das <-s> (*kein Plur.*) *ein Rauschgift*

he·ro·in·ab·hän·gig <nicht steig.> *Adj. abhängig von Heroin*

he·ro·in·süch·tig <nicht steig.> (≈ *heroinabhängig*)

he·ro·isch <nicht steig.> *Adj. heldenhaft*

he·ro·i·sie·ren *mit OBJ* ■ *jmd. heroisiert jmdn./etwas zum Helden oder zur Heldentat erheben*

He·ro·is·mus der <-ses> (*kein Plur.*) (*geh.*) *Heldentum*

He·rold der <-(e)s, -e> GESCH. *Ausrufer oder Bote eines Herrschers* Der König schickte seine Herolde ins Land und ließ die Neuigkeit verkünden.

Her·pes der <-, Herpetes> (*Plur. ungebräuchlich*) MED. *entzündliche Haut- und Schleimhautentzündung*

Herr der <-(e)n, -en> **1.** (*geh.* ↔ *Dame*) *Mann* Ein älterer Herr stand vor der Tür., Ein Herr hat nach Ihnen gefragt., 100-Meter-Lauf der Herren **2.** (↔ *Herrin*) *Gebieter oder Besitzer* ein gütiger/strenger Herr, seinem Herrn gehorchen, Gott der Herr, Herr über große Ländereien sein **3.** (↔ *Dame*) *Anrede* Mein Herr, ..., Sehr geehrte Damen und Herren, ... ■ **sein eigener Herr sein** (*umg.*): *von anderen* (*beruflich*) *unabhängig sein* **einer Sache Herr werden** (*geh.*): *etwas* (*nach anfänglichen Schwierigkeiten*) *beherrschen*

Herr·chen das <-s, -> (*umg.* ↔ *Frauchen*) *Besitzer eines Hundes*

Her·ren·be·klei·dung die <-> (*kein Plur.*) Kleidung für Männer

Her·ren·fahr·rad das <-(e)s, Herrenfahrräder> *Fahrrad mit einer waagerechten Stange zwischen Lenker und Sattel, das hauptsächlich von Männern gefahren wird*

Her·ren·haus das <-es, Herrenhäuser> *herrschaftliches Wohnhaus, zu dem großer Grundbe-*

sitz gehört

Her·ren·hemd das <-s, -en> (≈ *Oberhemd*)

her·ren·los <nicht steig.> *Adj. niemandem gehörend* ein herrenloser Hund, Ich habe ein herrenloses Fahrrad gefunden.

Her·ren·ma·ga·zin das <-s, -e> *Illustrierte, die sich besonders an Männer wendet*

Her·ren·mo·de die <-, -n> *Herrenbekleidung* ein Geschäft/eine Abteilung für Herrenmode

Her·ren·pilz der <-es,-e> (*österr.*) *Steinpilz*

Her·ren·sa·lon der <-s, -s> (*geh.*) *Friseurgeschäft für Männer*

Her·ren·toi·let·te die <-, -n> (↔ *Damentoilette*) *die Toilette für Männer*

Her·ren·witz der <-es, -e> (*verhüll.*) *ein derber Witz* (*mit sexuellem Inhalt*)

Herr·gott der <-s> (*kein Plur.*) **1.** (*umg.* ≈ *Gott*) der liebe Herrgott **2.** (*süddt. österr.*) *ein Kruzifix* ■ **Herrgott noch mal!** (*umg.*): *Ausruf der Verärgerung* Hergott noch mal, kannst du nicht besser aufpassen?

Her·rin die <-, -nen> *Besitzerin oder Gebieterin* Herrin über große Ländereien sein

her·risch *Adj.* (*abwert.*) *gebieterisch* Sie hat eine herrische Art., jemanden herrisch anfahren

herr·lich *Adj. sehr schön; prächtig* herrliches Wetter, ein herrlicher Urlaub, Dort ist es einfach herrlich!

Herr·schaft die <-, -en> **1.** *die Macht; die Staatsgewalt* an die Herrschaft kommen, die Herrschaft in einem Land ausüben/haben, unter der Herrschaft eines Diktators stehen, Während der Herrschaft Augusts des Starken wurde der Dresdner Zwinger gebaut., die Herrschaft des Geldes **2.** (*nur im Plur.*) (*geh.*) *die anwesenden Damen und Herren* Die Herrschaften begaben sich in den Saal., Sehr geehrte Herrschaften, ... **3.** (*geh.*) *Gebieter(in)* Der Kutscher fuhr seine Herrschaft nach Hause., Ihre Herrschaft war recht zufrieden mit ihr.

herr·schaft·lich <nicht steig.> *Adj.* **1.** *einer Herrschaft gehörig* die herrschaftlichen Besitztümer **2.** *vornehm* ein herrschaftliches Haus

herr·schen <herrschst, herrschte, hat geherrscht> *ohne OBJ* **1.** ■ *jmd. herrscht* (*über jmdn.*) *regieren oder Macht ausüben* allein herrschen, Ein König/ein Diktator herrscht über das Volk., die in diesem Land herrschende Fürstenfamilie, Heutzutage herrscht nur das Geld. **2.** ■ *irgendwo herrscht etwas spürbar oder vorhanden sein* Im Land herrscht eine große Dürre/Hungersnot., Hier herrscht ein freundlicher Umgangston., die dort herrschende Kälte, gegen den damals herrschenden Geschmack verstoßen

herr·schend <nicht steig.> *Adj.* **1.** *regierend; mit viel Einfluß* die herrschende Schicht **2.** *so, dass etwas in besonderem Maße vorhanden ist* die herrschende Ungerechtigkeit, die in dem Land herrschende Armut

Herr·scher, **Herr·sche·rin** der <-s, -> *Person, die Macht über etwas oder andere ausübt* Er war ein gerechter/grausamer Herrscher über sein Volk.

Herr·scher·haus das <-es, Herrscherhäuser> *eine Familie, aus der mehrere Herrscher hervorgegangen sind* die europäischen Herrscherhäuser, das Herrscherhaus der Wettiner

Herrsch·sucht die <-> (*kein Plur.*) (*abwert.*) *der unbedingte Wille, andere zu beherrschen*

herrsch·süch·tig *Adj.* (*abwert.*) *bestrebt, andere zu beherrschen* eine herrschsüchtige Art haben

her·rüh·ren <rührt her, rührte her, hat hergerührt> *ohne OBJ* ■ *etwas rührt von etwas her seine Ursache haben* Der Lärm rührt von den Bauarbeiten her., Ihre Beschwerden rühren von einem Heuschnupfen her.

her·sa·gen *mit OBJ* ■ *jmd. sagt etwas her auswendig aufsagen* ein Gedicht/seinen gelernten Spruch hersagen

her·schie·ben <schiebst her, schob her, hat hergeschoben> *mit OBJ* **1.** ■ *jmd. schiebt jmdm. etwas her zum Sprecher hin schieben* Schiebst du mir mal bitte die Zuckerdose her? **2.** ■ *jmd. schiebt etwas vor sich her laufen und etwas schieben* Sie schiebt einen Kinderwagen vor sich her. **3.** ■ *jmd. schiebt etwas vor sich her* (*übertr.*) *verschieben* eine unangenehme Aufgabe lange vor sich herschieben

her·stel·len *mit OBJ* ■ *jmd. stellt etwas her* **1.** WIRTSCH. (*gewerbsmäßig*) *anfertigen* Waren/Produkte maschinell/von Hand herstellen, im Ausland hergestellte Waren **2.** *zu Stande bringen; erreichen* eine Telefonverbindung herstellen, einen Kontakt/Ordnung herstellen, den ursprünglichen Zustand herstellen **3.** *irgendwohin stellen* Hier können wir den Schrank herstellen., Du kannst deine Sachen hier herstellen. *siehe aber auch* **wiederherstellen**

Her·stel·ler, **Her·stel·le·rin** der <-s, -> **1.** *Person oder Firma, die eine Ware herstellt* Bei Reklamationen wenden Sie sich bitte direkt an den Hersteller. **2.** *Verlagsmitarbeiter, der das Drucken und Binden von Büchern und deren Ausstattung in Planung und Abwicklung betreut*

Her·stel·lung die <-> (*kein Plur.*) **1.** *die* (*gewerbsmäßige*) *Anfertigung* die Herstellung von Computern/Waschmaschinen **2.** *das Einrichten oder Verwirklichen* die Herstellung diplomatischer Beziehungen, die Herstellung einer Telefonverbindung

Hertz das <-, -> PHYS. *die Maßeinheit der Wellenfrequenz*

he·rü·ben *Adv.* (*österr.*) *hier auf dieser Seite*

he·rü·ber *Adv. von einer Seite bis zu einer anderen* Wie weit ist es bis auf die andere Seite herüber?

he·r·ü·ber·kom·men <kommst herüber, kam herüber, bist herübergekommen> *ohne OBJ* ■ *jmd. kommt herüber* **1.** *jmd. kommt von einem anderen Ort hierher* Komm doch mal bitte herüber! **2.** *den Nachbarn einen* (*kurzen*) *Besuch abstatten* Soll ich mal schnell zu euch herüberkommen?

he·r·ü·ber·rei·chen *ohne OBJ* **1.** ■ *jmd. reicht jmdm. etwas herüber* (*auf die andere Seite*) *geben* jemandem das Brot/den Schlüssel herüberreichen **2.** ■ *etwas reicht herüber sich erstrecken* Das Feld reicht bis zum Wald herüber., Das Seil wird wohl nicht bis auf die andere Seite herüberreichen.

he·r·ü·ber·win·ken <winkst herüber, winkte herüber, hat herübergewinkt> *mit OBJ* ■ *jmd. winkt jmdn. herüber durch Winken das Signal geben, dass jmd. in eine bestimmte Richtung kommen soll* einen Freund zu sich herüberwinken, Der Polizist winkte das Fahrzeug auf die andere Seite herüber.

he·r·um *Adv.* **1.** *zur Angabe einer Bewegungsrichtung* links/rechts/im Kreis/verkehrt herum, Wie lang ist der Weg um den See herum? **2.** *in der Nähe oder Umgebung* Alle um uns herum waren schon informiert., sich um das Haus herum aufhalten **3.** *vergangen* wenn eine Stunde/der Tag/die Frist herum ist ■ **um ... herum** (*umg.*): *ungefähr* so um Mittag herum, Der Karpfen wiegt um (die) zwei Kilogramm herum. ◆ Getrenntschreibung →R 4.1 Sobald die Nacht herum ist, ...

he·r·um·är·gern <ärgerst herum, ärgerte herum, hat herumgeärgert> *mit SICH* ■ *jmd. ärgert sich mit jmdm./etwas herum* (*umg.*) Mit euch/diesem Problem ärgere ich mich schon ziemlich lange herum.

he·rum·bas·teln *ohne OBJ* ■ *jmd. bastelt an etwas herum an etwas bestimmte Veränderungen machen*

he·r·um·be·kom·men <bekommst herum, bekam herum, hat herumbekommen> *mit OBJ* (*umg.*) **1.** ■ *jmd. bekommt jmdn. herum überreden* Ich bekomme dich schon noch herum, mir dein Rad zu leihen. **2.** ■ *jmd. bekommt etwas herum hinter sich bringen* Wie bekomme ich nur die Zeit bis zu unserem Wiedersehen herum?

he·r·um·bum·meln <bummelst herum, bummelte herum, hat/ist herumgebummelt> *ohne OBJ* ■ *jmd. bummelt herum* **1.** (*haben*) *ohne Fleiß oder Eile arbeiten* Während des letzten Schuljahres hat er ziemlich herumgebummelt. **2.** (*sein*) *langsam und ohne Ziel laufen* Wir sind ein bisschen in der Stadt herumgebummelt.

he·r·um·dre·hen **I.** *mit OBJ* ■ *jmd. dreht etwas herum* **1.** *im Kreis drehen* das Lenkrad/den Schlüssel/die Schraube herumdrehen **2.** *wenden* das Schnitzel in der Pfanne herumdrehen **II.** *ohne OBJ* ■ *jmd. dreht an etwas Akk. herum* (*umg.*) *ziellos an etwas drehen* am Radioknopf herumdrehen **III.** *mit SICH* ■ *jmd. dreht sich (nach jmdm./etwas) herum sich umwenden* Er drehte sich (nach uns) herum. ■ **jemandem das Wort im Munde herumdrehen** (*umg.*): *jmdn. bewusst falsch verstehen*

he·rum·druck·sen <druckst herum, druckste herum , hat herumgedruckst> *ohne OBJ* ■ *jmd. druckst herum sich winden und nur zögerlich antworten (weil einem ein Thema peinlich und unangenehm ist)* Da ihr das Thema merklich peinlich war, druckste sie herum.

he·r·um·fah·ren <fährst herum, fuhr herum, hat/ist herumgefahren> **I.** *mit OBJ* ■ *jmd. fährt jmdn./etwas irgendwo herum* ((*haben*)) *jmdn. oder etwas ohne bestimmtes Ziel fahren* Sie haben die Möbel in der ganzen Stadt herumgefahren, weil sie unser Haus nicht gefunden haben. **II.** *ohne OBJ* (*sein*) **1.** ■ *jmd. fährt irgendwo herum ohne bestimmtes Ziel fahren* Wir sind einfach nur so (in der Gegend) herumgefahren. **2.** ■ *jmd. fährt um etwas Akk. herum fahrend umrunden* Wir sind um den See herumgefahren. **3.** ■ *jmd. fährt um etwas Akk. herum fahrend ausweichen* um ein Hindernis/um die Stadt herumfahren

he·r·um·fra·gen *ohne OBJ* ■ *jmd. fragt irgendwo herum* (*umg.*) *viele Leute fragen* Ich werde herumfragen, wer uns helfen kann.

he·r·um·füh·ren **I.** *mit OBJ* **1.** ■ *jmd. führt jmdn. irgendwo herum um etwas herumgeleiten* die Touristen um das gesamte Gebäude herumführen **2.** ■ *jmd. führt jmdn. um etwas Akk. herum an etwas vorbeigeleiten* einen Blinden um ein Hindernis herumführen **3.** ■ *jmd. führt jmdn. irgendwo herum an verschiedene Stellen führen, um etwas zu zeigen* die Besucher im Haus/in der Stadt herumführen, Sollen wir euch ein bisschen herumführen? **II.** *ohne OBJ* ■ *etwas führt um etwas Akk. herum* **1.** *umrunden* Der Weg führt um den See herum. **2.** *ausweichen* um die Hindernisse herumfahren, Die Straße führt um Berlin herum und nicht hinein.

he·rum·gam·meln *ohne OBJ* ■ *jmd. gammelt irgendwo herum* (*umg. abwert.*) *sich müßig irgendwo aufhalten*

he·r·um·ge·hen <gehst herum, ging herum, ist herumgegangen> *ohne OBJ* **1.** ■ *jmd. geht um etwas Akk. herum etwas umrunden* Wir sind (ganz) um den See herumgegangen. **2.** ■ *jmd. geht um etwas Akk. herum ausweichen* Ich mag diese Gegend nicht. Es ist besser, wenn wir darum herumgehen. **3.** ■ *jmd. geht irgendwo herum ziellos umhergehen* Wir sind einfach so/aufs Geratewohl im Park herumgegangen. **4.** *von einem zum anderen gehen* ■ *jmd. geht herum* herumgehen, und jedem etwas anbieten, die Neuigkeit ist schon herumgegangen, ein Liste herumgehen lassen **5.** ■ *etwas geht herum vergehen* Der Tag/die Zeit ist schnell herumgegangen. ■ **jemandem im Kopf herumgehen** (*umg.*): *jmdn. beschäftigen* Was du gesagt hast, ist mir noch lange im Kopf herumgegangen.

he·rum·han·tie·ren *ohne OBJ* ■ *jmd. hantiert an etwas Dat. herum* (*abwert.*) *sich planlos an etwas zu schaffen machen*

he·r·um·hor·chen *ohne OBJ* ■ *jmd. horcht (irgendwo) herum* (*umg.*) *viele Leute nach etwas fragen* Ich werde mal herumhorchen, wer noch mitmachen will.

he·r·um·kom·man·die·ren *mit OBJ/ohne OBJ* ■ *jmd. kommandiert jmdn. herum* (*umg. abwert.*) (*andere*) *ständig kommandieren* Hör auf, uns ständig herumzukommandieren!, Immer muss sie herumkommandieren.

he·r·um·kom·men <kommst herum, kam herum, ist herumgekommen> *ohne OBJ* (*umg.*) **1.** ■ *jmd. kommt irgendwie herum reisen* Er ist viel herumgekommen. **2.** ■ *jmd. kommt um etwas Akk. herum etwas nicht tun oder ertragen müssen* Wir sind noch einmal um die Klassenarbeit herumgekommen., Er ist um die Strafe herumgekommen. **3.** ■ *jmd. kommt um etwas Akk. herum um etwas herumfahren oder herumgehen können* Wie kommen wir um den See herum? Ich sehe keinen Weg.

he·r·ụm·kra·men *ohne OBJ* ■ *jmd. kramt in etwas Dat. herum* (*umg.*) *ziellos in etwas wühlen* in alten Fotos/in der Handtasche herumkramen

he·r·ụm·krie·gen *mit OBJ* ■ *jmd. kriegt jmdn. herum* (*umg.* ≈ *herumbekommen*) **1.** *überreden* Letztlich konnte er sie doch herumkriegen, mit ihm ins Kino zu gehen. **2.** ■ *jmd. kriegt etwas herum hinter sich bringen* Ich werde die Zeit schon irgendwie herumkriegen.

he·rụm·kri·ti·sie·ren *ohne OBJ* ■ *jmd. kritisiert an jmdm./etwas herum immer wieder mehr oder weniger grundlose Kritik an jmdm. äußern*

he·rụm·kur·ven *ohne OBJ* ■ *jmd. kurvt irgendwo mit etwas Dat. herum mit einem Fahrzeug irgendwo spazierenfahren*

he·r·ụm·lau·fen <läufst herum, lief herum, ist herumgelaufen> *ohne OBJ* **1.** ■ *jmd. läuft um etwas Akk. herum etwas umrunden* Wir sind (ganz) um den See herumgelaufen. **2.** ■ *jmd. läuft um etwas Akk. herum ausweichen* Wir sind um die Menschenmenge herumgelaufen, weil wir es eilig hatten. **3.** ■ *jmd. läuft irgendwo herum ohne ein Ziel laufen* Wir können doch noch ein bisschen im Park herumlaufen.

he·r·ụm·lie·gen <liegst herum, lag herum, hat herumgelegen> *ohne OBJ* ■ *etwas liegt irgendwo herum* (*umg.*) *etwas liegt an einer Stelle, an die es nicht gehört und an der es stört* Überall liegen deine Sachen herum! ■ *jmd. liegt (irgendwo) herum jmd. liegt* (*irgendwo*) *faul* Er liegt ständig auf dem Sofa herum und sieht fern.

he·rụm·lun·gern <lungerst herum, lungerte herum, hat/ist herumgelungert> *ohne OBJ* ■ *jmd. lungert herum* (*umg. abwert.*) *faul sein oder nichts tun* Sie haben/sind den ganzen Tag nur herumgelungert.

he·rụm·mä·keln *ohne OBJ* ■ *jmd. mäkelt an etwas Dat. herum* (≈ *herumkritisieren*)

he·r·ụm·me·ckern <meckerst herum, meckerte herum, hat herumgemeckert> *ohne OBJ* ■ *jmd. meckert herum* (*umg. abwert.*) *ständig seinen Unmut äußern* Du kannst immer nur rummeckern, tu doch selbst mal etwas!

he·rụm·pfu·schen *ohne OBJ* ■ *jmd. pfuscht an etwas Dat. herum ohne Kompetenz sich an etwas zu schaffen machen und es schlechter machen*

he·rụm·pla·gen *mit SICH* ■ *jmd. plagt sich mit jmdm./etwas herum viel Mühe oder Ärger mit etwas oder jmdm. haben* Der Lehrer plagt sich mit den Schülern herum., Sie plagt sich mit dem Computerprogramm herum.

he·r·ụm·rei·chen **I.** *mit OBJ* ■ *jmd. reicht etwas herum allen nacheinander geben* einen Teller mit Kuchen herumreichen **II.** *ohne OBJ* ■ *etwas reicht um etwas Akk. herum umfassen können* Der Gürtel reicht nicht um seinen Bauch herum.

he·r·ụm·rei·ten <reitest herum, ritt herum, ist herumgeritten> *ohne OBJ* **1.** ■ *jmd. reitet herum ohne ein bestimmtes Ziel reiten* ein bisschen im Wald und auf dem Feld herumreiten **2.** ■ *jmd. reitet um etwas Akk. herum reitend umrunden* um den See (ganz) herumreiten **3.** ■ *jmd. reitet um etwas Akk. herum reitend ausweichen* um die Hindernisse herumreiten ■ **auf etwas herumreiten** (*umg.*): *etwas* (*Unerfreuliches*) *immer wieder erwähnen* Nun reite doch nicht immer wieder auf diesem leidigen Thema herum!

he·r·ụm·schla·gen <schlägst herum, schlug herum, hat herumgeschlagen> **I.** *mit OBJ* ■ *jmd. schlägt etwas um etwas Akk. herum um etwas wickeln* den Umschlag/das Papier um das Buch herumschlagen **II.** *mit SICH* **1.** ■ *jmd. schlägt sich mit jmdm. herum sich prügeln* Müsst ihr euch denn immer mit den anderen Schülern herumschlagen? **2.** ■ *jmd. schlägt sich mit etwas herum* (*umg.*) *sich auseinander setzen* sich mit schwierigen Problemen/einer Grippe/unangenehmen Nachbarn herumschlagen müssen

he·r·ụm·schlep·pen *mit OBJ* ■ *jmd. schleppt etwas mit sich herum* (*umg.*) **1.** *lange mit sich herumtragen* eine schwere Tasche mit sich herumschleppen **2.** (*übertr.*) *von etwas lange Zeit* (*seelisch*) *belastet sein* eine Grippe/ein Problem mit sich herumschleppen

he·r·ụm·schnüf·feln <schnüffelst herum, schnüffelte herum, hat herumgeschnüffelt> *ohne OBJ* ■ *jmd. schnüffelt in etwas Dat. herum* (*umg. abwert.*) *ausspionieren* Was schnüffelst du in meinen Sachen herum, das geht dich gar nichts an!

he·r·ụm·spie·len *ohne OBJ* ■ *jmd. spielt an etwas Dat. herum* (*umg.*) *gedankenversunken spielen* Sie spielte an ihrer Tasche/an ihren Haaren herum.

he·rụm·spi·o·nie·ren *ohne OBJ* ■ *jmd. spioniert irgendwo herum sich irgendwo aufhalten und heimlich Informationen sammeln*

he·r·ụm·sprin·gen <springst herum, sprang herum, ist herumgesprungen> *ohne OBJ* ■ *jmd. springt irgendwo herum ziellos hin und her springen* Die Lämmer sprangen (fröhlich) auf der Weide herum.

he·r·ụm·ste·hen <stehst herum, stand herum, hat herumgestanden> *ohne OBJ* ■ *jmd./etwas steht irgendwo herum* (*umg. abwert.*) *ohne Zweck irgendwo stehen* Müssen wir denn noch lange hier herumstehen und warten?, Meine Tasche muss irgendwo dort hinten herumstehen.

he·r·ụm·sto·ßen <stößt herum, stieß herum, hat herumgestoßen> *mit OBJ* ■ *jmd. stößt jmdn. herum* (*abwert.*) *lieblos behandeln oder vernachlässigen* Sie ist als Kind nur herumgestoßen worden, keiner hat sich richtig um sie gekümmert.

he·rụm·strei·fen *ohne OBJ* ■ *jmd. streift irgendwo herum ziellos herumlaufen*

he·r·ụm·su·chen *ohne OBJ* ■ *jmd. sucht irgendwo herum* (*umg.*) *planlos suchen* im Schrank/in der Tasche herumsuchen

he·rụm·te·le·fo·nie·ren *ohne OBJ* ■ *jmd. telefo-*

niert herum (*umg.*) *mehrere Telefonanrufe machen*

he·r·ụm·trei·ben <treibst herum, trieb herum, hat herumgetrieben> *mit SICH* ■ *jmd. treibt sich irgendwo herum* (*umg. abwert.*) *herumziehen, ohne etwas Nützliches zu tun* Du treibst dich nur in der Gegend herum, tu doch mal was Nützliches!

he·r·ụm·wer·fen <wirfst herum, warf herum, hat herumgeworfen> **I.** *mit OBJ* ■ *jmd. wirft etwas herum* **1.** *etwas schnell herumdrehen* einen Hebel/den Kopf/das Lenkrad herumwerfen **2.** (*umg.*) *etwas ungeordnet irgendwohin werfen* seine Sachen im Zimmer herumwerfen **II.** *mit SICH* ■ *jmd. wirft sich herum sich hin und her drehen* sich unruhig im Bett herumwerfen

he·r·ụm·zie·hen <ziehst herum, zog herum, hat/ist herumgezogen> **I.** *ohne OBJ* ■ *jmd. zieht irgendwo herum* ((*sein*)) *von einem Ort zum anderen ziehen* Die Nomaden sind in der Steppe herumgezogen. **II.** *ohne OBJ* ■ *jmd. zieht an etwas Dat. herum* ((*haben*)) *zerren* an einem Band herumziehen, bis es abreißt, Was ziehst du ständig an meiner Jacke herum? ■ **in der Weltgeschichte herumziehen** (*umg.*): *übermäßig viel reisen*

he·r·ụn·ten *Adv.* (*süddt. österr.*) *unten*

he·r·ụn·ter *Adv. von oben nach unten* Vom Berg herunter hat man einen herrlichen Ausblick. ■ **herunter sein** (*umg.*): *abgearbeitet sein* ◆ Getrenntschreibung→R 4.1 Nach dem anstrengenden Tag werde ich sicher völlig herunter sein., Wenn die Rollos herunter sind, ist es im Zimmer dunkel.

he·rụn·ter·be·ten *mit OBJ* ■ *jmd. betet etwas herunter* (*abwert.*) *monoton aufsagen* ein Gedicht herunterbeten

he·r·ụn·ter·fal·len <fällst herunter, fiel herunter, ist heruntergefallen> *ohne OBJ* ■ *jmd./etwas fällt von etwas Dat. herunter* Er ist vom Klettergerüst/die Treppe heruntergefallen., Mir ist das Glas heruntergefallen.

he·r·ụn·ter·ge·hen <gehst herunter, ging herunter, ist heruntergegangen> *ohne OBJ* **1.** ■ *jmd. geht herunter nach unten gehen* Kannst du mal schnell in den Keller heruntergehen? **2.** (*umg.*) ■ *etwas geht herunter* (*sich*) *verringern* Der Händler ist mit dem Preis heruntergegangen., Die Preise sind heruntergegangen. **3.** ■ *jmd. geht von etwas Dat. herunter* (*umg.*) *etwas räumen* Gehe bitte vom Sofa/von meinen Füßen herunter! **4.** ■ *jmd. geht herunter* LUFTF. *die Höhe verringern* (mit dem Flugzeug) auf 500 Meter heruntergehen

he·rụn·ter·ge·wirt·schaf·tet <nicht steig.> *Adj. durch schlechte Behandlung in einem verkommenen Zustand*

he·r·ụn·ter·han·deln <handelst herunter, handelte herunter, hat heruntergehandelt> *mit OBJ* ■ *jmd. handelt etwas herunter* (*umg.*) *durch Handeln bewirken, dass jmd. den Preis von etwas niedriger macht* Der Preis war mir zu hoch, ich habe ihn noch etwas heruntergehandelt.

he·r·ụn·ter·hau·en <haust herunter, haute herunter, hat heruntergehauen> *mit OBJ* ■ *jmd. haut jmdm. eine herunter* (*umg.*) *eine Ohrfeige geben* Sie hat ihm einfach eine heruntergehauen.

he·r·ụn·ter·ho·len *mit OBJ* ■ *jmd. holt etwas herunter nach unten holen* einen Koffer vom Dachboden herunterholen

he·r·ụn·ter·klap·pen *mit OBJ* ■ *jmd. klappt etwas nach unten nach unten klappen* den Deckel/den Kragen herunterklappen

he·r·ụn·ter·kom·men <kommst herunter, kam herunter, ist heruntergekommen> *ohne OBJ* **1.** ■ *jmd. kommt herunter nach unten kommen* Kommt schnell vom Baum/von der Bank/in den Hof herunter! **2.** ■ *jmd. kommt von etwas Dat. herunter in der Lage sein, irgendwo nach unten zu kommen* Ich komme nicht mehr vom Baum herunter. **3.** ■ *jmd. kommt herunter* (*umg. abwert.*) *in einen schlechten Zustand geraten* Das Stadtviertel kommt immer mehr herunter., Dein Freund/die Gegend hier sieht ziemlich heruntergekommen aus!

he·rụn·ter·lad·bar <nicht steig.> *Adj. so, dass man es aus dem Internet auf den eigenen PC herunterladen kann*

he·r·ụn·ter·la·den <lädst herunter, lud herunter, hat heruntergeladen> *mit OBJ* ■ *jmd. lädt etwas herunter* **1.** *abladen* die Kisten vom Wagen herunterladen **2.** EDV *auf dem eigenen PC speichern* sich ein Programm aus dem Internet (auf die Festplatte) herunterladen

he·r·ụn·ter·lau·fen <läufst herunter, lief herunter, ist heruntergelaufen> **I.** *ohne OBJ* **1.** ■ *jmd. läuft herunter nach unten gehen* Sie kamen die Treppe heruntergelaufen. **2.** ■ *etwas läuft herunter nach unten fließen* Das Wasser ist den Berg heruntergelaufen., Die Tränen liefen an ihrem Gesicht herunter. **II.** *mit OBJ* ■ *jmd. läuft etwas herunter* (*umg.*) *durch Laufen abnutzen* seine Schuhe herunterlaufen, heruntergelaufene Absätze

he·r·ụn·ter·ma·chen *mit OBJ* ■ *jmd. macht jmdn./etwas herunter* (*umg.*) **1.** *öffentlich schonungslos schlecht machen* Sie hat ihn vor allen Anwesenden heruntergemacht. **2.** ■ *jmd. macht etwas herunter* (*umg.*) *entfernen* ein Plakat (von der Wand) heruntermachen, den Deckel (vom Glas) heruntermachen

he·r·ụn·ter·put·zen <putzt herunter, putzte herunter, hat heruntergeputzt> *mit OBJ* ■ *jmd. putzt jmdn.* (*wegen etwas*) *herunter* (*umg.*) *öffentlich schonungslos schlecht machen* Du kannst ihn wegen dieser Kleinigkeit doch nicht so herunterputzen!

he·r·ụn·ter·ren·nen <rennst herunter, rannte herunter, ist heruntergerannt> *ohne OBJ* ■ *jmd. rennt etwas herunter* den Berg/die Treppe herunterrennen

he·r·ụn·ter·schlu·cken *mit OBJ* ■ *jmd. schluckt etwas herunter* **1.** *schlucken* einen Bissen/die Medizin herunterschlucken **2.** (*übertr.*) *nicht aussprechen* eine kritische Bemerkung herunterschlucken

he·r·ụn·ter·set·zen <setzt herunter, setzte herunter, hat heruntergesetzt> *mit OBJ* ■ *jmd. setzt etwas herunter* **1.** *nach unten setzen* Hast Du die

Töpfe heruntergesetzt? **2.** *senken* Der Händler setzt die Preise herunter., Die Preise sind heruntergesetzt worden.

he·r·un·ter·spie·len *mit OBJ* ■ *jmd. spielt etwas herunter* (*umg.*) **1.** *etwas unbedeutend erscheinen lassen* Er versuchte, seinen Fehler herunterzuspielen. **2.** *lustlos spielen* ein Musikstück herunterspielen

he·run·ter·sprin·gen *ohne OBJ* ■ *jmd. springt von etwas Dat. herunter von etwas nach unten springen*

he·r·un·ter·wirt·schaf·ten *mit OBJ* ■ *jmd. wirtschaftet etwas herunter* (*umg.*) *verkommen lassen* Er hat den Betrieb durch falsches Management völlig heruntergewirtschaftet., eine völlig heruntergewirtschaftete Industrie

her·vor *Adv. von hinten nach vorn oder von innen nach außen* Sie steht hinter der Tür? Hervor mit ihr!, Ihr habt Fotos mitgebracht? Hervor damit!

her·vor·bre·chen <bricht hervor, brach hervor, ist hervorgebrochen> *ohne OBJ* ■ *etwas bricht hervor* (*geh.*) *sichtbar werden* Die Sonne/Die ersten Schneeglöckchen sind hervorgebrochen.

her·vor·brin·gen <bringst hervor, brachte hervor, hat hervorgebracht> *mit OBJ* **1.** ■ *jmd. bringt etwas hervor herausholen* Wo hat er plötzlich das Messer hervorgebracht? **2.** ■ *jmd./etwas bringt etwas hervor erzeugen* Der Baum hat Blüten hervorgebracht., Die Stadt hat viele berühmte Leute hervorgebracht., Der Schriftsteller brachte sehr bedeutende Werke hervor.

her·vor·ge·hen <gehst hervor, ging hervor, ist hervorgegangen> *ohne OBJ* (*geh.*) **1.** ■ *jmd. geht aus etwas Dat. hervor entstammen* Aus der Ehe sind drei Kinder hervorgegangen. **2.** ■ *jmd. geht aus etwas Dat. als etwas hervor sich ergeben* aus einem Streit als Sieger/Unterlegener hervorgehen **3.** ■ *etwas geht aus etwas Dat. zu erkennen sein* Aus ihrem Brief geht hervor, dass sie im Urlaub ist., Aus den Akten geht hervor, dass er betrogen hat.

her·vor·he·ben <hebst hervor, hob hervor, hat hervorgehoben> *mit OBJ* **1.** ■ *etwas hebt etwas hervor auffällig werden lassen* Der Lidstrich hebt ihre Augen hervor., Das enge Kleid hebt ihre schlanke Figur hervor. **2.** ■ *jmd. hebt jmdn./etwas hervor herausstreichen* Der Redner hob die Verdienste des Preisträgers hervor., Ich möchte hervorheben, dass ich völlig unschuldig an allem bin.

her·vor·ho·len *mit OBJ* ■ *jmd. holt etwas hervor* den Koffer unter dem Schrank hervorholen, Plötzlich holte der Bankräuber eine Pistole hervor.

her·vor·lo·cken *mit OBJ* ■ *jmd./etwas lockt jmdn./ein Tier hervor* die Katze unter dem Sofa hervorlocken ■ **jemanden nicht hinter dem Ofen hervorlocken können** (*umg.*): *jmdn. mit nichts begeistern können*

her·vor·ra·gen *ohne OBJ* **1.** ■ *etwas ragt aus etwas Akk. hervor höher als die Umgebung sein* Der Aussichtsturm ragt aus dem Wald hervor., Seine lange Nase ragt weit aus seinem Gesicht hervor. **2.** ■ *jmd. ragt hervor besser sein als andere* Sie ragt unter ihren Klassenkameraden durch gute Leistungen hervor.

her·vor·ra·gend *Adj. sehr gut* hervorragende Leistungen, ein hervorragender Politiker

her·vor·ru·fen <rufst hervor, rief hervor, hat hervorgerufen> *mit OBJ* ■ *etwas ruft etwas hervor verursachen* Hautreizungen hervorrufen, Das neue Gesetz rief Proteste hervor.

her·vor·ste·chen <stichst hervor, stach hervor, hat hervorgestochen> *ohne OBJ* ■ *jmd./etwas sticht hervor auffallen* Sie sticht durch ihre guten Leistungen hervor., ein hervorstechendes Merkmal

her·vor·ste·hen <stehst hervor, stand hervor, hat hervorgestanden> *ohne OBJ* ■ *etwas steht aus etwas Dat. hervor* Der Nagel steht aus dem Zaun hervor, man kann sich daran verletzen., hervorstehende Backenknochen haben

her·vor·tre·ten <trittst hervor, trat hervor, ist hervorgetreten> *ohne OBJ* ■ *etwas tritt aus etwas Dat. hervor* **1.** ■ *etwas tritt aus etwas Dat. hervor aus der Umgebung herausragen* Seine Augen treten aus den Höhlen hervor., Aus der Ebene traten die ersten Hügel hervor. **2.** ■ *jmd. tritt mit etwas Dat. hervor an die Öffentlichkeit treten* Der Dirigent ist auch mit eigenen Kompositionen hervorgetreten. **3.** ■ *etwas tritt hervor Dat. deutlich werden* Der Unterschied zwischen beiden Brüdern trat immer deutlicher hervor. **4.** ■ *jmd. tritt hinter etwas Dat. hervor* (*geh.*) *hinter etwas hervorkommen* Er trat hinter der Tür hervor., Die Sonne tritt hinter den Wolken hervor.

her·vor·tun <tust hervor, tat hervor, hat hervorgetan> *mit SICH* **1.** ■ *jmd. tut sich als etwas hervor etwas Besonderes leisten* Sie hat sich als großartige Sängerin hervorgetan. **2.** ■ *jmd. tut sich mit etwas Dat. hervor* (*umg. abwert.*) *sich wichtig tun* Ständig muss er sich mit seinen prominenten Freunden hervortun.

her·vor·wa·gen *mit SICH* ■ *jmd. wagt sich hervor den Mut haben vorzutreten* Das Kind war sehr schüchtern und wagte sich nicht hinter seiner Mutter hervor.

Herz das <-ens, -en> **1.** ANAT. *das Organ, das das Blut durch die Adern pumpt* Das Herz schlägt., am Herzen operiert werden, ein schwaches Herz haben **2.** (*übertr.*) *das Wesen eines Menschen, das sich in seinem Verhalten ausdrückt* ein gütiges/hartes/kaltes/weiches Herz haben **3.** (*kein Plur.*) *das Innerste einer Sache* im Herzen Europas/Afrikas **4.** *Kosewort* Mein Herz! **5.** (*kein Plur.*) *Farbe beim Kartenspiel* Ich spiele Herz., Herz ist Trumpf. ■ **jemandem sein Herz ausschütten** (*geh.*): *jmdm. seine Sorgen anvertrauen* **jemandem blutet das Herz** (*geh.*): *jmd. empfindet großen Schmerz* **jemandem das Herz brechen** (*umg.*): *jmdn. unglücklich machen* **etwas auf dem Herzen haben** (*umg.*): *niedergeschlagen oder bedrückt sein* **jemanden ins Herz schließen** (*umg.*): *jmdn. lieb gewinnen* **etwas auf Herz und Nieren prüfen** (*umg.*): *etwas sehr genau prüfen* **sich ein Herz fassen** (*umg.*): *etwas*

Schwieriges wagen **ein Herz und eine Seele sein** (*umg.*): *sich sehr gern haben und nie streiten* **jemandem aus dem Herzen sprechen** (*umg.*): *das aussprechen, was ein anderer denkt*

Herz·an·fall der <-(e)s, Herzanfälle> MED. *plötzlich auftretende heftige Beschwerden des Herzens* einen Herzanfall bekommen/haben

Her·ze·go·wi·na <-> *der südliche Teil von Bosnien und Herzegowina*

Her·ze·go·wi·ner, **Her·ze·go·wi·ne·rin** der <-s, -> *Bewohner Herzegowinas*

her·ze·go·wi·nisch <nicht steig.> *Adj. Herzegowina betreffend*

her·zen <herzt, herzte, hat geherzt> *mit OBJ* ■ *jmd. herzt jmdn.* (*geh.*) *liebevoll umarmen* Die Mutter herzte und küsste ihre Kinder.

her·zens·gut <nicht steig.> *Adj. außerordentlich gutmütig* Sie war eine herzensgute Frau und traute auch anderen nichts Böses zu. ▶Herzensgüte

Her·zens·lust ■ **nach Herzenslust** (*geh.*): *so viel man will* nach Herzenslust schlafen/essen/tanzen

herz·er·fri·schend *Adj. auf natürliche Art fröhlich und aufgeschlossen* Sie hat eine so herzerfrischende Art, man muss sie einfach gern haben.

herz·er·grei·fend *Adj. Mitleid erregend* Das Kind weinte herzergreifend., eine herzergreifende Geschichte

Herz·feh·ler der <-s, -> MED. *eine Fehlbildung des Herzens* einen angeborenen Herzfehler haben

herz·haft *Adj.* **1.** *kräftig* ein herzhafter Händedruck, ein herzhaftes Lachen **2.** *gehaltvoll* ein herzhaftes Essen **3.** *von würzigem oder kräftigem Geschmack* Möchten Sie den Käse herzhaft oder pikant?

her·zie·hen <ziehst her, zog her, hat/ist hergezogen> **I.** *mit OBJ* (*haben*) **1.** ■ *jmd. zieht etwas zu sich her* (*umg.*) *näher zu sich ziehen* Er zog den Stuhl näher zu sich her. **2.** ■ *jmd. zieht etwas hinter sich her etwas ziehend bewegen* den Schlitten hinter sich herziehen **II.** *ohne OBJ* **1.** ((*sein*)) ■ *jmd. zieht her in der Nähe eine Wohnung nehmen* Er ist aus einem anderen Stadtteil hergezogen. **2.** ■ *jmd. zieht neben etwas Dat. her neben/hinter/vor etwas laufen* Die Kinder zogen winkend neben dem Zirkuswagen her. **3.** ■ *jmd. zieht über jmdn. her* (*umg. abwert.*) *über jmdn. schlecht reden* Immer wenn sie das Zimmer verließ, zogen ihre Kolleginnen über sie her.

Herz·in·farkt der <-es, -e> MED. *krankhafte Zerstörung des Herzmuskelgewebes*

Herz·kam·mer die <-, -n> ANAT. *eine der beiden Kammern des Herzens* die linke/rechte Herzkammer

Herz·klap·pe die <-, -n> ANAT. *Klappe am Herzen, die den Blutstrom reguliert*

Herz·klop·fen das <-s> (*kein Plur.*) *spürbares heftiges Klopfen des Herzens* vor Aufregung Herzklopfen haben/bekommen

herz·krank <nicht steig.> *Adj. so, dass man an einer Erkrankung des Herzens leidet* Sie ist herzkrank und muss sich schonen.

Herz·kranz·ge·fäß das <-es, -e> (*meist Plur.*) MED. *Blutgefäß, das den Herzmuskel mit Blut versorgt*

Herz-Kreis·lauf-Er·kran·kung die <-, -en> MED. *krankhafte Veränderung des Herzens oder der Schlagadern*

Herz·lei·den das <-s, -> *Herzkrankheit*

herz·lich *Adj.* **1.** *freundlich und mit innerer Anteilnahme* herzliche Worte, jemanden herzlich empfangen, jemandem herzlich danken, herzlichen Anteil an jemandes Schicksal/Leid nehmen, Ich möchte euch herzlich bitten, ..., Herzliche Grüße, ... **2.** (*umg.*) *sehr* herzlich lachen/weinen, Wir helfen dir herzlich gern., Das interessiert mich herzlich wenig. ◆Groß- oder Kleinschreibung →R 3.9 jemanden auf das herzlichste/Herzlichste begrüßen

Herz·lich·keit die <-, -en> **1.** (*kein Plur.*) *Freundlichkeit und innere Anteilnahme* jemanden mit großer Herzlichkeit willkommen heißen **2.** *herzliche Tat* jemanden mit lauter Herzlichkeiten überschütten

herz·los *Adj. ohne Mitgefühl* ein herzloser Mensch, eine herzlose Tat, So herzlos kannst du doch nicht sein!

Herz·mus·kel der <-s, -n> ANAT. *das Muskelgewebe des Herzens*

Her·zog, **Her·zo·gin** der <-s, Herzöge/Herzoge> *ein hoher Adelstitel* die Herzöge von Braunschweig

Her·zog·tum das <-s, Herzogtümer> GESCH. *das Gebiet, in dem ein Herzog herrscht* das Herzogtum Sachsen-Meiningen

Herz·o·pe·ra·ti·on die <-, -en> *chirurgischer Eingriff am Herzen*

Herz·rhyth·mus·stö·rung die <-, -en> MED. *Störung des normalen Herzschlages*

Herz·schlag der <-(e)s, Herzschläge> **1.** MED. *einzelner Schlag des Herzens* seine Herzschläge zählen **2.** (*kein Plur.*) MED. *das rhythmische Schlagen des Herzens* seinem eigenen Herzschlag lauschen **3.** (*kein Plur.*) MED. *tödlicher Stillstand des Herzens* an einem Herzschlag sterben ■ **einen Herzschlag lang** (*geh.*): *einen kleinen Augenblick lang* **der Herzschlag einer Großstadt** (*geh. übertr.*): *das Leben einer Großstadt*

Herz·schritt·ma·cher der <-s, -> MED. *ein Gerät gegen schwere Störungen der Herztätigkeit, das in den Körper eingepflanzt wird*

Herz·spe·zi·a·list der <-en, -en> *Arzt, der sich auf Erkrankungen des Herzens und deren Behandlung spezialisiert hat*

Herz·still·stand der <-(e)s, Herzstillstände> MED. *Aussetzen der Herztätigkeit*

Herz·tä·tig·keit die <-, -en> MED. *die Bewegung des Herzens, mit der das Blut in die Adern gepumpt wird*

Herz·trans·plan·ta·ti·on die <-, -en> MED. *Einpflanzung eines fremden Herzens in einen Körper*

her·zu *Adv.* (*veralt. geh.*) *zum Sprecher hin* Nur alle herzu, hier gibt es Erstaunliches zu sehen!

her·zu·kom·men <kommst herzu, kam herzu, ist

herzugekommen> *ohne OBJ* ■ *jmd. kommt herzu* (*geh.*) *herkommen* Von allen Seiten kamen Neugierige herzu.

Herz·ver·sa·gen das <-s> (*kein Plur.*) MED. *der Umstand, dass das Herz zu schlagen aufhört* an Herzversagen sterben

herz·zer·rei·ßend *Adj. so, dass es großes Mitgefühl hervorruft* herzzerreißend weinen, Das ist ja eine herzzerreißende Geschichte.

Hes·sen <-s> *deutsches Bundesland mit der Landeshauptstadt Wiesbaden*

he·te·ro·gen <nicht steig.> *Adj.* (*geh.* ↔ *homogen*) *uneinheitlich* eine heterogene Gruppe/Masse

He·te·ro·se·xu·a·li·tät die <-> (*kein Plur.*) (↔ *Homosexualität*) *Sexualität, die auf das andere Geschlecht gerichtet ist*

he·te·ro·se·xu·ell <-, -> *Adj. sich vom anderen Geschlecht sexuell angezogen fühlend* eine heterosexuelle Partnerschaft

Hetz·ar·ti·kel der <-s, -> (*abwert.*) *Zeitungsartikel, in dem gegen jmdn. Hetze*[2] *betrieben wird*

Het·ze die <-, -n> (*selten Plur.*) **1.** (*umg.*) *große Eile* Sie sind in großer Hetze abgereist. **2.** (*kein Plur.*) (*abwert.*) *feindselige Stimmungsmache* rassistische/politische Hetze, Sie betreiben ständig Hetze gegen den neuen Klassenkameraden.

het·zen <hetzt, hetzte, hat/ist gehetzt> **I.** *mit OBJ* ■ *jmd. hetzt jmdn./ein Tier* ((*haben*)) *jagen* Die Jäger hetzten den Hirsch. **II.** *ohne OBJ* **1.** ■ *jmd. hetzt* ((*haben*)) *sich beeilen* Nun hetzt doch nicht so! **2.** ■ *jmd. hetzt irgendwohin* ((*sein*)) *schnell irgendwohin gehen* Wir sind zum Bahnhof gehetzt. **3.** ■ *jmd. hetzt gegen jmdn.* ((*haben*)) *eine feindselige Stimmung schüren* Sie hetzen ständig gegen ihre Nachbarn. **III.** *mit SICH* ■ *jmd. hetzt sich* ((*haben*)) *sich zur Eile treiben* Warum hast du dich so gehetzt?

Het·ze·rei die <-, -en> (*umg. abwert.*) **1.** (*kein Plur.*) *fortwährende Hast* Die andauernde Hetzerei macht mich noch krank! **2.** (*kein Plur.*) *fortwährendes Lästern* Lass deine Hetzerei gegen meine Freundin! **3.** *feindselige Äußerung* den Hetzereien der anderen keine Beachtung schenken

Hetz·kam·pa·g·ne die <-, -n> (*geh. abwert.*) *Aktion, bei der systematisch gegen jmdn. oder etwas gehetzt wird* eine Hetzkampagne gegen den politischen Gegner betreiben

Hetz·schrift die <-, -> *s.* **Hetzartikel**

Heu das <-(e)s> (*kein Plur.*) **1.** *getrocknetes Gras* das Pferd mit Heu füttern, Heu wenden/machen **2.** (*umg. übertr.*) (*viel*) *Geld* eine Menge Heu haben, Geld wie Heu haben ■ **im Heu übernachten**: auf dem Heuboden übernachten

Heu·bo·den der <-s, Heuböden> LANDW. *Dachboden einer Scheune, in dem das Heu aufbewahrt wird* auf dem/im Heuboden übernachten

Heu·che·lei die <-, -en> (*abwert.*) **1.** (*kein Plur.*) *das Vortäuschen von Gefühlen* Dein Mitleid ist doch pure Heuchelei! **2.** *Äußerungen, die Gefühle vortäuschen sollen* Er hat genug von ihren Heucheleien.

heu·cheln <heuchelst, heuchelte, hat geheuchelt> *mit OBJ/ohne OBJ* ■ *jmd. heuchelt* (*etwas*) (*Gefühle*) *vortäuschen* Er heuchelte Mitleid., Du brauchst gar nicht so zu heucheln, ich durchschaue dich!

Heuch·ler, **Heuch·le·rin** der <-s, -> (*abwert.*) *Person, die Gefühle nur vortäuscht* Glaube ihm nicht, er ist ein Heuchler!

heuch·le·risch *Adj.* (*abwert.*) *so, dass Gefühle nur vorgetäuscht werden* heuchlerische Worte, ein heuchlerischer Mensch

Heu·er die <-> (*kein Plur.*) SEEW. **1.** *Lohn, den ein Seemann erhält* die Heuer gezahlt bekommen **2.** *bezahlte Anstellung auf einem Schiff* Heuer auf einem Schiff nehmen

heu·er *Adv.* (*österr.*) *in diesem Jahr* Heuer fahren wir nicht in den Urlaub.

heu·len *ohne OBJ* **1.** ■ *jmd. heult* (*umg.*) *weinen* Du musst doch deswegen nicht gleich heulen!, das große Heulen kriegen **2.** ■ *ein Tier heult klagende Laute von sich geben* die Wölfe/Seehunde heulen ►Heuler **3.** ■ *etwas Tier heult durchdringende Laute erzeugen* der Sturm/die Sirene heult ■ **das heulende Elend kriegen** (*umg.*): *sich sehr schlecht fühlen*

Heu·le·rei die <-> (*kein Plur.*) (*abwert.*) *dauerndes Weinen* Ihre Heulerei geht mir allmählich auf die Nerven!

heu·rig <nicht steig.> *Adj.* (*süddt. österr.*) *diesjährig*

Heu·ri·ge der <-n, -n> (*süddt. österr.*) **1.** *der diesjährige Wein* einen Heurigen trinken **2.** *ein Lokal, das Heurigen ausschenkt* zum Heurigen gehen

Heu·schnup·fen der <-s> (*kein Plur.*) MED. *eine allergische Reaktion der Nasenschleim- und Bindehaut, die von herumfliegenden Plooen ausgelöst wird*

Heuschober der (*österr.*) *Heuhaufen*

Heu·schre·cke die <-, -n> ZOOL. *ein Pflanzen fressendes Insekt mit kräftigen Sprungbeinen* Die Heuschrecken zirpen in der Mittagshitze., Die gesamte Ernte ist von Heuschrecken vernichtet worden.

heu·te *Adv.* **1.** *an dem Tag, an dem der Sprecher spricht oder der Verfasser eines Textes schreibt* heute früh/Früh, heute Morgen, heute Mittag, heute Abend, von heute an, ab/bis heute, heute vor/in acht Tagen **2.** *in der Gegenwart* die Jugend/die Frau von heute ■ **von heute auf morgen**: *in sehr kurzer Zeit* Von heute auf morgen hatten sie alles verloren. ♦ Großschreibung→R 3.4 ganz im Heute, das Heute und das Morgen

heu·tig <nicht steig.> *Adj.* **1.** *heute stattfindend/von heute* der heutige Tag, das heutige Konzert, die heutige Zeitung **2.** *gegenwärtig* die heutige Jugend, Mit der heutigen Technik geht das alles ganz einfach., Die heutigen Probleme sind anders als die vergangenen.

heut·zu·ta·ge *Adv. in der jetzigen Zeit* Heutzutage ist das alles kein Problem mehr.

He·xe die <-, -n> **1.** (*alte*) *böse Zauberin im Märchen* Die Hexe lockte Hänsel und Gretel in ihr

Haus. **2.** (*umg. übertr. abwert.*) *eine böse (alte) Frau* Unsere Nachbarin ist eine alte Hexe. **3.** GESCH. REL. *Frau, die mit dem Teufel im Bunde ist* Sie wurde als Hexe auf dem Scheiterhaufen verbrannt.

he·xen <hext, hexte, hat gehext> *ohne OBJ* ■ *jmd. hext* **1.** *Dinge vollbringen, die mit den Naturgesetzen nicht erklärbar sind* Er verdächtigte doch wahrhaftig seine Nachbarin, ihm eine Krankheit an den Hals gehext zu haben. **2.** (*umg. übertr.*) *sehr schnell scheinbar Unmögliches tun* Warte doch mal, ich kann doch nicht hexen!

He·xen·kes·sel der <-s> (*kein Plur.*) **1.** *Kessel, in dem die Hexe ihren Zaubertrunk kocht* **2.** (*übertr.*) (*gefährliches*) *unübersichtliches Durcheinander* Das Stadion ist ein/gleicht einem Hexenkessel.

He·xen·meis·ter der <-s, -> *männliche Entsprechung zu* **Hexe**

He·xen·schuss der <-es> (*kein Plur.*) (*umg.*) *plötzlich auftretender, stechender Rückenschmerz*

He·xen·ver·fol·gung die <-, -en> HIST. *die Verfolgung von Frauen, von denen man glaubte, sie seien Hexen*

He·xer der <-s, -> (*im Volksglauben*) *ein Mann, der Zauberkräfte besitzt*

He·xe·rei die <-, -en> **1.** *das Einsetzen von Zauberkräften* Es gibt Menschen, die an Hexerei glauben. **2.** GESCH. REL. *die Verbindung mit dem Teufel* wegen Hexerei auf dem Scheiterhaufen verbrannt werden **3.** (*umg. übertr.*) *das Vollbringen von scheinbar Unmöglichem* Wie hast du denn das gemacht? Das ist doch pure Hexerei!

Hi·bis·kus der <-ses, Hibisken> BOT. *ein im Freien oder als Zimmerpflanze vorkommender Strauch*

Hick·hack der/das <-s, -s> (*umg. abwert.*) *ständiger sinnloser Streit* Ich habe genug von diesem ewigen Hickhack um das Geld.

Hieb der <-(e)s, -e> **1.** *kräftiger Schlag* das Holz mit einem einzigen Hieb spalten, Als Kind bekam er regelmäßig Hiebe von seinem Vater. **2.** (*übertr.*) *eine Äußerung, die jmdm. oder etwas schaden soll* In ihrer Rede teilte sie nach allen Seiten Hiebe aus., Das war ein deutlicher Hieb gegen seinen Konkurrenten. ■ **einen Hieb haben** (*umg. abwert.*): Du hast doch einen Hieb, du bist wohl nicht ganz richtig im Kopf! **auf einen Hieb** (*umg.*): *auf einmal/nicht stückchenweise* Sie haben auf einen Hieb 2 Millionen Euro gewonnen.

hieb- und stich·fest <nicht steig.> *Adj. nicht zu widerlegen* ein hieb- und stichfestes Alibi, Seine Beweisführung war hieb- und stichfest.

hie·nie·den *Adv.* (*veralt.*) *im Diesseits, auf der Welt*

hier *Adv.* **1.** *an diesem Ort* hier in diesem Raum, Wir wollen hier bleiben., Ich will das Buch hier behalten., Von hier bis dort sind es 200 Kilometer., Wir fahren von hier aus ab., Sind Sie von hier? **2.** *zu einem bestimmten Zeitpunkt* Hier beginnt ein neuer Abschnitt in unserem Leben., Hier setzte plötzlich Regen ein. **3.** (*umg.*) *auf etwas Erwähntes hinweisend* Dieses Buch hier musst du mal lesen., Hier haben wir einen ganz schwierigen Fall., Das müssen wir hier einmal außer Acht lassen. ■ **hier zu Lande**: *in unserer Gegend* ◆ Getrenntschreibung→R 4.1, R 4.14 Ich habe dir das Auto hier gelassen., Meine Mutter will hier bleiben, alle anderen gehen mit., Hier zu Lande ist das so Brauch. *siehe aber auch* **hierzulande**

hie·r·an *Adv.* **1.** *räumlich an etwas* Kann ich meine Jacke hieran hängen? **2.** (*allgemein*) *an etwas* Hieran wird deutlich, dass es sich um eine Kopie handelt.

Hi·e·r·ar·chie die <-, -n> (*geh.*) *Rangordnung* Beim Militär herrscht eine strenge Hierarchie., sich einer Hierarchie unterordnen

hie·r·auf *Adv.* **1.** *räumlich auf etwas* Können wir uns hierauf setzen? **2.** *zeitlich danach* Zuerst aßen wir Abendbrot, hierauf gingen wir zu Bett. **3.** *infolgedessen* Er war vom Regen völlig durchnässt, hierauf bekam er einen Schnupfen.

hie·r·aus *Adv.* **1.** *räumlich aus etwas* Kann ich hieraus trinken?, Du kannst hieraus vorlesen. **2.** *aus dieser Tatsache* Hieraus können wir das Folgende lernen: …, Hieraus ergibt sich eine Frage: …

hier·bei *Adv.* **1.** *während etwas geschieht* Er arbeitete am Computer. Hierbei hörte er Radio. **2.** *in diesem Zusammenhang* Es handelt sich hierbei um eine harmlose Erkrankung., Ich möchte hierbei erwähnen, dass …

hier·durch *Adv.* **1.** *hier hindurch* Hier ist ein Tor. Wollen wir hierdurch in den Garten gehen? **2.** *auf Grund dessen* Es regnete wochenlang. Hierdurch waren die Flüsse stark angeschwollen. **3.** *hiermit* Hierdurch wird bestätigt, dass …

hier·für *Adv.* **1.** *für einen Zweck* Wir wollen das Zimmer renovieren. Hierfür brauchen wir Farbe und Tapete., Ich weiß nicht, ob sie hierfür die Richtige ist. **2.** *als Gegenwert für etwas* Was habt ihr hierfür bezahlt?, Was wollen sie hierfür haben? **3.** (*allgemein*) *für etwas* Hierfür könnte ich mich begeistern., Hierfür habe ich Verständnis.

hier·her *Adv.* (*bis*) *an diese Stelle* Das Seil reicht bis hierher!, Kommt bitte mal hierher!, Bis hierher und nicht weiter!, Ich weiß nicht, ob diese Frage hierher gehört., Bitte ordne alle hierher gehörigen Bücher ein! ◆ Getrenntschreibung→R 4.1 In der letzten Unterrichtsstunde sind wir bis hierher gekommen., Weißt du, ob der Stuhl hierher gehört?, Das sind alles nicht hierher gehörige Themen.

hier·hin *Adv.* **1.** *in diese(r) Richtung* Sollen wir hierhin gehen oder dorthin? **2.** (*bis*) *an diese Stelle* Bis hierhin habe ich alles verstanden., Soll ich die Tasche hierhin stellen oder dorthin?

hie·r·in *Adv.* **1.** *räumlich in etwas* Hierin befindet sich das Manuskript. **2.** (*allgemein*) *in etwas* Hierin kommt ihr Talent zum Ausdruck., Hierin muss ich dir Recht geben.

hier·mit *Adv.* **1.** *mit Hilfe von etwas* Hiermit konnte er beweisen, dass er unschuldig ist., Weißt du, was man hiermit macht? **2.** (*allgemein*) *mit etwas* Hiermit bin ich aber nicht zufrieden., Ich muss mich hiermit noch gründlich beschäftigen. **3.** *feierliche Formel, um eine öffentliche Erklärung einzuleiten* Hiermit eröffne ich das neue Stadion/die Festwoche., Hiermit erkläre ich euch zu Mann

H

und Frau.

Hi·e·ro·gly·phe die <-, -n> **1.** *Zeichen der altägyptischen Bilderschrift* **2.** (*umg. scherzh.*) *unleserliche Schrift* Wer soll denn diese Hieroglyphen lesen?

Hier·sein das <-s> (*kein Plur.*) *Anwesenheit* Er braucht von meinem Hiersein nichts zu wissen. ♦ Groß- und Zusammenschreibung→R 3.3 Was ist der Zweck deines Hierseins? *siehe aber* **hier sein**

hie·r·ü·ber *Adv.* **1.** *räumlich über etwas* Wir befinden uns in der Gruft. Hierüber befindet sich die Grabkapelle. **2.** *eine Sache betreffend* Wir haben hierüber schon gesprochen/nachgedacht.

hie·r·un·ter *Adv.* **1.** *räumlich unter etwas* Das ist das Erdgeschoss. Hierunter befindet sich der Keller. **2.** (*allgemein*) *unter etwas* Hierunter versteht man Folgendes: ..., Er hat hierunter sehr gelitten.

hier·von *Adv.* **1.** *von einer Sache* (*weg*) Hiervon zweigen mehrere Straßen ab., Ich habe Geld gewonnen. Hiervon will ich aber nichts abgeben., Möchtest du hiervon einmal kosten? **2.** *aus diesem Grund* Er hatte zu viel getrunken. Hiervon wurde ihm schlecht. **3.** (*allgemein*) *von etwas* Soll ich dir hiervon erzählen?, Hiervon kannst du dir keine Vorstellung machen.

hier·zu *Adv.* **1.** *zu diesem Zweck* Hierzu braucht man Butter, Mehl und Zucker., Hierzu kann ich dich nicht gebrauchen. **2.** *ergänzend zu etwas* Hierzu sollte man Rotwein trinken., Hierzu gehört noch eine Fernbedienung., Haben Sie hierzu noch Ergänzungen? **3.** (*allgemein*) *zu einer Sache* Ich möchte Sie hierzu beglückwünschen.

hier·zu·lan·de, *a.* **hier zu Lande** *Adv. in diesem Land, in dieser Gegend* ♦ Zusammen- oder Getrenntschreibung→R 4.14 Hierzulande/hier zu Lande feiert man das Weihnachtsfest auf diese Art und Weise.

hie·sig <nicht steig.> *Adj. einheimisch* die hiesige Bevölkerung, die hiesigen Sitten und Gebräuche, Er ist sicherlich kein Hiesiger.

hie·ven *mit OBJ* ■ *jmd. hievt etwas* **1.** SEEW. *heraufziehen* Hievt den Anker! **2.** (*umg.*) *hochheben* den schweren Koffer auf den Schrank hieven

Hi-Fi ['haifi] *kurz für „Highfidelity"*

Hi-Fi-An·la·ge die <-, -n> *Anlage zur originalgetreuen Wiedergabe von Tonaufnahmen*

high [hai] <-, -> *Adj.* (*umg.*) **1.** *berauscht oder unter Drogeneinfluss* high sein/werden **2.** *glücklich* Nach dieser guten Nachricht war sie richtig high.

High·fi·de·li·ty, *a.* **High Fi·de·li·ty** die ['haɪfɪ'dɛlətɪ] <-> (*kein Plur.*) *originalgetreue Wiedergabe von Tonaufnahmen* die Entwicklung der Highfidelity

High·light das ['haɪlaɪt] <-s, -s> *Höhepunkt* Das war das besondere Highlight der Veranstaltung.

High·so·ci·e·ty, *a.* **High So·ci·e·ty** die ['haɪsə'saɪətɪ] <-> (*kein Plur.*) *die vornehme Gesellschaft* Sie gehört zur Highsociety.

High·tech, *a.* **High Tech** das ['haɪ'tɛk] <-(s)> (*kein Plur.*) TECHN. *Hochtechnologie/moderne Technik* In dem neuen Werk gibt es nur noch Hightech.

Hi·ja·cker der ['haɪdʒɛkɐ] <-s, -> (≈ *Flugzeugentführer*)

Hil·fe die <-, -n> **1.** *Unterstützung* ärztliche/finanzielle/selbstlose Hilfe erhalten, um Hilfe bitten/rufen/flehen, jemandem seine Hilfe anbieten/verweigern, jemandem zur Hilfe eilen, bei einem Unfall erste Hilfe leisten **2.** *Person oder Organisation, die hilft* Erst nach vielen Stunden war Hilfe zur Stelle., Für die Erntezeit stellte er eine Hilfe ein., als Hilfe in einem Haushalt arbeiten ♦ Getrenntschreibung→R 4.3 sich Hilfe suchend umschauen; Kleinschreibung→R 3.20 einen Lehrgang für erste Hilfe absolvieren *siehe auch* **mithilfe**

Hil·fe·leis·tung die <-, -en> *Maßnahme, um jmdm. zu helfen* eine finanzielle Hilfeleistung, wegen unterlassener Hilfeleistung zu einer Strafe verurteilt werden

Hil·fe·ruf der <-(e)s, -e> *in einer Notsituation der Ruf um Hilfe* Es waren laute/verzweifelte Hilferufe zu hören.

hilf·los *Adj.* **1.** *auf Hilfe angewiesen* ein hilfloses kleines Kind, Gegenüber dieser Übermacht waren wir hilflos., schwer verletzt und hilflos am Boden liegen **2.** *unbeholfen* sich mit hilflosen Worten herausreden, Er wirkt in dieser fremden Umgebung ziemlich hilflos.

Hilf·lo·sig·keit die <-> (*kein Plur.*) **1.** *hilfloser Zustand* die Hilflosigkeit eines kleinen Kindes **2.** *Unbeholfenheit* Ihre Hilflosigkeit wirkte peinlich auf die Zuschauer.

hilf·reich *Adj.* **1.** *hilfsbereit* ein hilfreicher Mensch, jemandem hilfreich zur Seite stehen **2.** *nützlich* ein hilfreicher Hinweis, Vielen Dank, das war sehr hilfreich für mich!

Hilfs·an·ge·bot das <-(e)s, -e> *der Vorgang, dass jmd. jmdm. seine Hilfe anbietet* jemandem ein Hilfsangebot machen, alle Hilfsangebote ausschlagen

Hilfs·ar·bei·ter, **Hilfs·ar·bei·te·rin** der <-s, -> *Person, die ungelernt gering qualifizierte Tätigkeiten gegen Bezahlung ausführt*

hilfs·be·dürf·tig *Adj. so, dass jmd. Hilfe benötigt* ein hilfsbedürftiges verletztes Tier, die hilfsbedürftigen Opfer der Katastrophe

hilfs·be·reit *Adj. immer bereit zu helfen* seinen Mitschülern gegenüber immer hilfsbereit sein, ein hilfsbereiter Mensch

Hilfs·dienst der <-(e)s, -e> *eine Organisation, deren Aufgabe es ist, bei Katastrophen zu helfen* Die verschiedenen Hilfsdienste treffen im Hochwassergebiet ein.

Hilfs·gut das <-(e)s, Hilfsgüter> *Materialien, die zur Hilfe in Katastrophengebieten dienen* ein Transport mit Hilfsgütern für das Erdbebengebiet

Hilfs·kraft die <-, Hilfskräfte> *Person, die ungelernt gering qualifizierte Tätigkeiten gegen Bezahlung ausführt* Während der Sommersaison stellt die Ausflugsgaststätte zusätzliche Hilfskräfte ein.

Hilfs·lie·fe·rung die <-, -en> *Lieferung mit Hilfsmitteln für Katastrophengebiete*

Hilfs·mit·tel das <-s, -> **1.** *etwas, das eine Arbeit erleichtert* Bei der Klassenarbeit dürfen außer einem Wörterbuch keine weiteren Hilfsmittel verwendet werden., technische Hilfsmittel **2.** (*nur Plur.*) *Hilfsgüter* Hilfsmittel in das Erdbebengebiet liefern

Hilfs·mo·tor der <-s, -en> *ein Motor an einem Fahrrad, der eingeschaltet werden kann, wenn der Fahrer Hilfe benötigt*

Hilfs·or·ga·ni·sa·ti·on die <-, -en> *eine Organisation, deren Aufgabe es ist, bei Katastrophen zu helfen* für eine Hilfsorganisation spenden, bei einer Hilfsorganisation arbeiten

Hilfs·pro·gramm das <-s, -e> *ein Programm zur Hilfe (bei Katastrophen)*

Hilfs·trans·port der <-(e)s, -e> *ein Transport mit Hilfsgütern für Katastrophengebiete*

Hilfs·verb das <-s, -en> SPRACHWISS. *Verb zur Bildung der zusammengesetzten Formen des Verbs* Hilfsverben sind „sein", „haben" und „werden".

Hilfs·werk das <-s, -e> *Organisation zur Unterstützung hilfebedürftiger Personen*

Hilfs·zeit·wort das <-(e)s, Hilfszeitwörter> SPRACHWISS. *Hilfsverb*

Him·bee·re die <-, -n> **1.** *ein Strauch mit roten essbaren Beeren* die Himbeeren im Garten verschneiden **2.** *die Beeren des Himbeerstrauches* Himbeeren einkochen/pflücken

Him·beer·geist der <-s> (*kein Plur.*) *aus Himbeeren gebrannter klarer Schnaps*

Him·beer·saft der <-(e)s> (*kein Plur.*) *aus Himbeeren gepresster Saft*

Him·beer·strauch der <-(e)s, -sträucher> *Himbeere[1]*

Him·mel der <-s, -> **1.** (↔ *Erde*) *der Luftraum über der Erde* ein trüber/klarer/bewölkter Himmel, die Wolken am Himmel, in den Himmel hineinragen, Vögel kreisen am Himmel **2.** (REL.: ↔ *Hölle*) *Sitz der Gottheit/Paradies* in den Himmel kommen, im Himmel sein **3.** (*übertr.*) *das Ziel aller Sehnsüchte* den Himmel auf Erden haben, sich wie im Himmel fühlen **4.** (*übertr.*) *das Schicksal/Gott* Der Himmel möge das verhüten!, Das weiß der Himmel (allein)!, Das war ein Zeichen des Himmels., Um Himmels willen! **5.** *Baldachin* ein Bett mit Himmel ■ **im sieb(en)ten Himmel sein** (*umg.*): *sehr glücklich oder verliebt sein* **aus heiterem Himmel** (*umg.*): *urplötzlich* **Himmel und Erde in Bewegung setzen** (*umg.*): *alles Mögliche versuchen* **jemanden in den Himmel heben** (*geh.*): *jmdn. übermäßig bewundern* zum Himmel schreien; (*umg.*) *empörend sein* ein Unrecht, das zum Himmel schreit **das Blaue vom Himmel herunterlügen** (*umg.*): *jmdn. schamlos belügen* **Ach, du lieber Himmel!** (*umg.*): *Ausruf des Erschreckens*

him·mel·angst ■ **jemandem ist/wird himmelangst** (*umg.*): *jmd. hat oder bekommt große Angst*

Him·mel·bett das <-(e)s, -en> *ein Bett mit einem Baldachin darüber*

him·mel·blau <nicht steig.> *Adj. von einem lichten Blau* himmelblaue Augen haben

Him·mel·fahrt die <-> (*kein Plur.*) REL. *kirchlicher Feiertag am 40. Tag nach Ostern, an dem die Rückkehr Jesu in den Himmel gefeiert wird*

Him·mel·fahrts·kom·man·do das <-s, -s> (*umg.*) **1.** *ein lebensgefährliches Unternehmen* Die Rettung der verunglückten Bergsteiger war ein Himmelfahrtskommando. **2.** *Mitglieder eines lebensgefährlichen Unternehmens* Das Himmelfahrtskommando machte sich auf den Weg.

Him·mel·reich das <-s> (*kein Plur.*) REL. *Ort der ewigen Seligkeit* ins Himmelreich kommen

him·mel·schrei·end <nicht steig.> *Adj. empörend* eine himmelschreiende Ungerechtigkeit

Him·mels·kör·per der <-s, -> ASTRON. *Körper im Weltall* Sonne, Mond, Planeten und andere Himmelskörper

Him·mels·rich·tung die <-, -en> *festgelegte Einteilung des Horizonts in astronomische Koordinaten* die vier Himmelsrichtungen Süd, Nord, Ost und West ■ **aus allen Himmelsrichtungen** (*umg.*): *von überall her*

him·mel·weit <nicht steig.> *Adj.* (*umg.*) *sehr groß* ein himmelweiter Unterschied

himm·lisch <nicht steig.> *Adj.* **1.** (*umg.*) *wunderbar* eine himmlische Musik/Ruhe, ein himmlisches Gefühl **2.** REL. *zum Himmel gehörend* der himmlische Vater, die himmlischen Heerscharen

hin **I.** *Adv.* **1.** *räumlich auf etwas zu* Wie weit ist es bis zu dir hin?, zu jemandem hin sprechen, Wo sollen wir denn jetzt noch hin?, einmal Stuttgart hin und zurück **2.** *entlang* Die Bahnlinie verläuft neben dem Fluss hin., Der Weg verläuft durch die Wiesen hin. **3.** *zeitlich entfernt* auf viele Jahre hin, Es ist noch lange/eine Weile hin, bis ..., Bis zur Prüfung ist es nicht mehr lange hin. **II.** *Adj.* (*umg.*) **1.** *kaputt;erschöpft; verloren* Der Wecker ist hin., Ich bin total hin., Ihr Ruf ist hin. **2.** *sehr begeistert* Sie war von der Aufführung ganz hin (und weg). ■ **hin und her** (*umg.*): *auf und ab oder vor und zurück* **hin und wieder** (*umg.*): *manchmal* **nach außen hin** (*umg.*): *äußerlich* nach außen hin so tun, als ob ... **auf etwas hin**: *aufgrund* Ich habe das auf deine Empfehlung hin getan. ◆ Getrenntschreibung→R 4.1 Ihr werdet von dem Film total hin sein.

hi·n·ab *Adv.* (*geh.*) *nach unten* den Fluss/die Straße hinab

hi·n·ab·ge·hen <gehst hinab, ging hinab, ist hinabgegangen> *ohne OBJ* ■ *jmd. geht in etwas Akk. hinab* in den Keller hinabgehen, die Straße/die Treppe hinabgehen

hi·n·an *Adv.* (*geh.*) *nach oben* den Berg hinan

hi·n·an·ge·hen <gehst hinan, ging hinan, ist hinangegangen> *ohne OBJ* ■ *jmd. geht hinan* (*geh.*) den Berg hinangehen

hin·ar·bei·ten *ohne OBJ* ■ *jmd. arbeitet auf etwas Akk. hin anstreben* auf ein Ziel hinarbeiten

hi·n·auf *Adv. nach oben* die Treppe/auf den Turm hinauf

hi·n·auf·fah·ren <fährst hinauf, fuhr hinauf, hat/ist hinaufgefahren> **I.** *mit OBJ* ■ *jmd. fährt etwas hinauf* ((*haben*)) *mit einem Fahrzeug nach oben bringen* Er hat den Gast/das Gepäck hinaufgefahren. **II.** *ohne OBJ* ■ *jmd. fährt hinauf* ((*sein*)) *nach oben fahren* Der Gast ist mit dem Lift hinaufgefahren.

hi·n·auf·ge·hen <gehst hinauf, ging hinauf, ist hinaufgegangen> *ohne OBJ* ■ *jmd. geht hinauf jmd. geht nach oben* die Treppe/in den 3. Stock hinaufgehen

hi·n·auf·stei·gen <steigst hinauf, stieg hinauf, ist hinaufgestiegen> *ohne OBJ* ■ *jmd. steigt auf etwas Akk. hinauf* die Stiege/auf die Leiter/auf den Aussichtsturm hinaufsteigen

hi·nauf·zie·hen *mit OBJ* ■ *jmd. zieht etwas auf etwas Akk. hinauf nach oben ziehen*

hi·n·aus *Adv.* **1.** *eine räumliche Grenze überschreitend* aus dem Land/Zimmer hinaus sein, in den Garten hinaus, über das Tor/Ziel hinaus **2.** *eine zeitliche Grenze überschreitend* über das Alter von 65 Jahren hinaus berufstätig sein, über die Frist von 10 Jahren hinaus **3.** *für die Dauer von* auf Jahre hinaus planen/gut versorgt sein ■ **hoch hinaus wollen** (*umg.*): *nach gesellschaftlichem Erfolg streben* ♦ Getrenntschreibung→R 4.1 Als die Gäste hinaus waren, gingen wir zu Bett.

hi·n·aus·be·för·dern <beförderst hinaus, beförderte hinaus, hat hinausbefördert> *mit OBJ* **1.** ■ *jmd. befördert etwas hinaus nach draußen bringen* Wie können wir den sperrigen Schrank hinausbefördern? **2.** ■ *jmd. befördert jmdn. hinaus* (*umg.*) (*unfreundlich*) *herauswerfen* jemanden aus der Wohnung hinausbefördern, Er hat ihn mit einem Fußtritt hinausbefördert.

hi·n·aus·be·glei·ten *mit OBJ* ■ *jmd. begleitet jmdn. hinaus mit jmdm., der hinausgeht, gehen* die Gäste (aus dem Haus) hinausbegleiten

hi·n·aus·e·keln <ekelst hinaus, ekelte hinaus, hat hinausgeekelt> *mit OBJ* ■ *jmd. ekelt jmdn. hinaus* (*umg.*) *jmdn. so schlecht behandeln, dass er von selbst geht* unwillkommene Gäste hinausekeln, einen unliebsamen Kollegen (aus dem Betrieb) hinausekeln

hi·n·aus·ge·hen <gehst hinaus, ging hinaus, ist hinausgegangen> *ohne OBJ* **1.** ■ *jmd. geht hinaus einen Raum verlassen* Wollen wir nicht ein wenig hinausgehen., Alle waren (aus dem Zimmer) hinausgegangen. **2.** ■ *etwas geht auf etwas Akk. hinaus in einer Richtung liegen* ein Fenster/Zimmer, das zum Hof hinausgeht **3.** ■ *etwas geht über etwas Akk. hinaus überschreiten oder übertreffen* über seine Befugnisse hinausgehen, Ihre Hilfsbereitschaft geht weit über das normale Maß hinaus.

hi·n·aus·lau·fen <läufst hinaus, lief hinaus, ist hinausgelaufen> *ohne OBJ* **1.** ■ *jmd. läuft hinaus nach draußen laufen* Die Kinder sind aus dem Haus/in den Garten hinausgelaufen. **2.** ■ *etwas läuft auf etwas Akk. hinaus sich in eine bestimmte Richtung entwickeln* Das läuft darauf hinaus, dass wir alles selbst bezahlen müssen., Worauf läuft dieser Plan hinaus?

hi·n·aus·leh·nen *mit SICH* ■ *jmd. lehnt sich aus etwas Dat. hinaus jmd. beugt den Oberkörper aus etwas hinaus* Sie lehnte sich aus dem Fenster hinaus., Bitte nicht hinauslehnen!

hi·n·aus·schi·cken *mit OBJ* ■ *jmd. schickt jmdn. aus etwas Dat. hinaus jmdm. sagen, dass er einen Ort verlassen soll* jemanden aus dem Zimmer hinausschicken

hi·n·aus·schie·ben <schiebst hinaus, schob hinaus, hat hinausgeschoben> *mit OBJ* ■ *jmd. schiebt etwas hinaus* **1.** *nach draußen schieben* ein Auto auf die Straße hinausschieben, jemanden zur Tür hinausschieben **2.** *auf einen späteren Zeitpunkt verschieben* eine Arbeit/einen Termin hinausschieben

hi·n·aus·schie·ßen <schießt hinaus, schoss hinaus, ist hinausgeschossen> *ohne OBJ* ■ *jmd. schießt aus etwas Dat. hinaus* **1.** *nach draußen schießen* Die Bankräuber schossen mit Pistolen aus dem Fenster der Bank hinaus. **2.** (*umg.*) *schnell hinauskommen* Er kam plötzlich aus der Tür hinausgeschossen. ■ **über das Ziel hinausschießen** (*umg.*): *übereifrig sein*

hi·n·aus·wer·fen <wirfst hinaus, warf hinaus, hat hinausgeworfen> *mit OBJ* **1.** ■ *jmd. wirft etwas hinaus nach draußen werfen* Gegenstände aus dem Fenster hinauswerfen, Bitte nichts hinauswerfen! **2.** ■ *jmd. wirft jmdn. hinaus* (*umg.*) *etwas entfernen* Diesen Punkt werden wir wohl aus dem Programm hinauswerfen müssen. **3.** ■ *jmd. wirft jmdn. hinaus* (*umg.*) *jmdn. unfreundlich hinausschicken oder entlassen* einen unverschämten Gast hinauswerfen, Die Firma hat ihn nach so vielen Jahren einfach hinausgeworfen!

hi·n·aus·wol·len <willst hinaus, wollte hinaus, hat hinausgewollt> *ohne OBJ* **1.** ■ *jmd. will hinaus nach draußen wollen* Bei schönem Wetter wollen wir hinaus., Machen Sie mir bitte Platz, oder wollen Sie auch hinaus? **2.** ■ *jmd. will auf etwas Akk. hinaus abzielen* Worauf willst du hinaus?, Jetzt wird klar, worauf/auf was er hinauswill. ■ **hoch hinauswollen** (*umg.*): *gesellschaftlichen oder beruflichen Erfolg anstreben*

Hi·naus·wurf der <-(e)s> (*kein Plur.*) *der Vorgang, dass jmd. jmdn. hinausgeworfen*[3] *hat*

hi·n·aus·zö·gern <zögerst hinaus, zögerte hinaus, hat hinausgezögert> **I.** *mit OBJ* ■ *jmd. zögert etwas hinaus auf einen späteren Zeitpunkt verschieben* den Abschluss eines Vertrages hinauszögern **II.** *mit SICH* ■ *etwas zögert sich hinaus länger dauern als geplant* Der Abschluss der Bauarbeiten zögert sich noch hinaus.

hin·be·ge·ben *ohne OBJ* ■ *jmd. begibt sich irgendwohin hingehen*

hin·bie·gen <biegst hin, bog hin, hat hingebogen> *mit OBJ* ■ *jmd. biegt etwas hin* (*umg.*) *geschickt beeinflussen* Er hat die Sache so hingebogen, dass wir auch noch etwas davon haben.

Hin·blick ■ **im/in Hinblick auf etwas**: *hinsichtlich* Im Hinblick auf die leeren Kassen muss gespart werden., Im Hinblick auf seine schwache Gesundheit sollte er sich etwas vorsehen.

hin·brin·gen <bringst hin, brachte hin, hat hingebracht> *mit OBJ* ■ *jmd. bringt etwas hin* **1.** *irgendwohin bringen* Wenn du nicht kommen kannst, werde ich dir die Unterlagen hinbringen., Findet sie das Haus allein oder soll ich sie hinbringen? **2.** (*umg.*) *zustande bringen* Ich weiß nicht wie, aber irgendwie werdet ihr das schon hinbringen., Wie hast du das nur allein hingebracht? **3.** (*umg.*) *hinter sich bringen* Irgendwie müssen wir die Zeit bis zur Zugabfahrt noch hinbringen.

hin·der·lich *Adj. störend* bei einer/für eine Sache hinderlich sein

hin·dern <hinderst, hinderte, hat gehindert> **I.** *mit OBJ* ■ *jmd. hindert jmdn. an etwas Dat. verhindern* jemanden an etwas hindern, Ihre Verletzung hindert sie an der Teilnahme., Wie kann ich dich hindern, das zu tun? **II.** *mit OBJ/ohne OBJ* ■ *etwas hindert (jmdn.) bei etwas Dat. stören oder hemmen* jemanden bei etwas hindern, Ihre Verletzung hindert (sie) beim Laufen., Mach das Radio aus, die Musik hindert (mich) beim Arbeiten.

Hin·der·nis das <-ses, -se> *etwas, das das Fortkommen verhindert oder behindert* Umgestürzte Bäume, Felsbrocken, Wassergräben und andere Hindernisse versperrten unseren Weg., jemandem für sein berufliches Fortkommen ständig Hindernisse in den Weg legen

Hin·der·nis·lauf der <-(e)s, Hindernisläufe> SPORT *Wettlauf über Hindernisse*

hin·deu·ten *ohne OBJ* **1.** ■ *jmd. deutet auf etwas Akk. hin in eine Richtung zeigen* mit dem Finger/dem Kopf auf die Tür hindeuten, Er deutete (mit der Hand) auf das Bild hin, während er sprach. **2.** ■ *etwas deutet auf etwas Akk. hin vermuten lassen* Alles deutet darauf hin, dass wir verlieren werden., Alle Vorzeichen deuten auf eine Grippe/ein Unwetter hin.

Hin·di das <-> (*kein Plur.*) *Amtssprache in Indien*

Hin·du der <-(s), -(s)> REL. *Anhänger des Hinduismus*

Hin·du·is·mus der <-> (*kein Plur.*) REL. *eine sehr vielgestaltige Religion in Indien, deren wichtigstes Merkmal ein System von Kasten ist*

hin·durch *Adv.* **1.** *durch eine räumliche Beschränkung* Durch die Wand hindurch war Lärm zu hören., Wir konnten sie durch das Fenster hindurch beobachten., Wir sind gleich ganz durch den Wald hindurch. **2.** *während* das ganze Jahr hindurch ◆ Getrenntschreibung→R 4.1 Wann werden wir durch den Berg von Arbeit hindurch sein?

hin·durch·zwän·gen **I.** *mit OBJ* ■ *jmd. zwängt etwas durch etwas Akk. hindurch etwas durch eine enge Öffnung hindurchdrücken* die Hand durch die Öffnung hindurchzwängen **II.** *mit SICH* ■ *jmd. zwängt sich durch etwas Akk. hindurch sich durch etwas, das eng ist, hindurchdrücken* sich durch die engen Stuhlreihen/durch die schmale Tür hindurchzwängen

hi·n·ein *Adv.* **1.** *von draußen nach drinnen* Dort hinein sind sie verschwunden., Nun aber schnell hinein mit euch! **2.** (*bis*) *zu einem Zeitpunkt* bis tief in die Nacht hinein, bis in den späten Vormittag hinein schlafen **3.** (*übertr.*) etwas bis in die letzte Einzelheit hinein erläutern, ins Ungewisse hinein planen

hi·nein·bei·n *mit OBJ* ■ *jmd. beißt in etwas Akk. hinein in etwas beißen*

hi·n·ein·fin·den <findest hinein, fand hinein, hat hineingefunden> **I.** *ohne OBJ* ■ *jmd. findet in etwas Akk. hinein den Weg nach drinnen finden* Ich kann nicht in das Gebäude/den Saal hineinfinden. **II.** *mit SICH* ■ *jmd. findet sich in etwas Akk. hinein* **1.** *mit etwas vertraut werden* Allmählich findet sie sich in ihre neue Rolle als Mutter hinein. **2.** *sich mit etwas abfinden* Er kann sich einfach nicht in sein Schicksal hineinfinden.

hi·n·ein·ge·hen <gehst hinein, ging hinein, ist hineingegangen> *ohne OBJ* **1.** ■ *jmd. geht in etwas Akk. hinein nach drinnen gehen* Es ist kalt, lasst uns hineingehen! **2.** ■ *etwas geht in etwas Akk. hinein* (*umg.*) *hineinpassen* Meine Füße gehen einfach nicht in die Schuhe hinein.

hi·n·ein·le·gen *mit OBJ* ■ *jmd. legt etwas in etwas Akk. hinein* **1.** *in etwas legen* Dort steht der Kinderwagen, du kannst das Kind zum Schlafen hineinlegen. **2.** *mit etwas in Verbindung bringen* sehr viel Gefühl in seinen Vortrag hineinlegen, Du darfst nicht so viel in meine Worte hineinlegen, so ernst war es gar nicht gemeint.

hi·nein·le·sen *mit OBJ* ■ *jmd. liest etwas in etwas Akk. hinein hineininterpretieren*

hi·n·ein·pas·sen *ohne OBJ* **1.** ■ *etwas passt in etwas Akk. hinein in etwas passen* So viele Sachen werden aber nicht in den Koffer hineinpassen., Sie wird wohl nicht mehr in das Kleid hineinpassen. **2.** ■ *jmd. passt in etwas Akk. hinein zu etwas passen* Ich hoffe, der neue Schüler wird gut in die Klasse hineinpassen., Die neuen Möbel passen gut in das Zimmer hinein.

hi·nein·plat·zen *mit OBJ* ■ *jmd. platzt in etwas Akk. hinein plötzlich und ungebeten in ein Zimmer kommen, in dem eine oder mehrere Personen sind (und sich z.B. unterhalten)*

hi·n·ein·re·den **I.** *ohne OBJ* ■ *jmd. redet in etwas Akk. hinein* **1.** *irgendwohin reden* ins Leere/ins Publikum hineinreden **2.** ■ *jmd. redet hinein unterbrechen* Du sollst nicht immer hineinreden, wenn ich spreche. **3.** ■ *jmd. redet (jmdm.) in etwas Akk. hinein sich einmischen* Ihre Eltern haben (ihr) immer in ihre Ehe/in ihr Leben hineingeredet. **II.** *mit SICH* ■ *jmd. redet sich in etwas Akk. hinein sich redend in einen bestimmten Zustand bringen* sich in Begeisterung/Wut hineinreden

hi·n·ein·ste·cken *mit OBJ* ■ *jmd. steckt etwas in etwas Akk. hinein* (*umg.*) **1.** *in etwas stecken* In diesen Schlitz muss man die Geldkarte hineinstecken., den Kopf zur Tür hineinstecken **2.** *aufwenden* Nachdem wir so viel Arbeit/Geld/Zeit in diese Sache hineingesteckt haben, können wir nicht einfach aufgeben. ■ **seine Nase in alles hineinstecken** (*umg.*): *sehr neugierig sein*

hi·nein·stei·gern <steigerst hinein, steigerte hinein, hat hineingesteigert> *mit SICH* ■ *jmd. steigert sich in etwas Akk. hinein* (*umg.*) *sich von einer Sache immer mehr beherrschen lassen* sich in seine Verzweiflung/eine Vorstellung/seine Wut hineinsteigern

hi·n·ein·ver·set·zen <versetzt hinein, versetzte hinein, hat hineinversetzt> *mit SICH* ■ *jmd. versetzt sich in jmdn./etwas hinein* sich vorstellen, man sei in der Lage eines anderen, sich in jemandes Lage hineinversetzen, Wenn ich mich in ihn hineinversetze, ..., sich vorkommen, als sei man in eine andere Zeit hineinversetzt

hin·fah·ren <fährst hin, fuhr hin, hat/ist hingefahren> **I.** *mit OBJ* ■ *jmd. fährt etwas hin* ((*haben*)) *mit einem Fahrzeug transportieren* Wenn du willst, kann ich dich hinfahren., Du musst die Koffer nicht tragen, ich kann sie dir auch hinfahren. **II.** *ohne OBJ* (*sein*) **1.** ■ *jmd. fährt hin irgendwohin fahren* Er ist auch zum Konzert hingefahren., Ich fahre am Wochenende nach Berlin. Wollt ihr auch hinfahren? **2.** ■ *etwas fährt über etwas Akk. hin über etwas streichen* Ein leichter Wind fuhr über die Wiese hin., mit der Hand darüber hinfahren

Hin·fahrt die <-, -en> Ich möchte nur eine Karte für die Hinfahrt, die Rückfahrkarte kaufe ich später.

hin·fal·len <fällst hin, fiel hin, ist hingefallen> *ohne OBJ* ■ *jmd. fällt hin auf die Erde fallen* Er ist gestolpert und hingefallen.

hin·fäl·lig *Adj.* **1.** (*geh.*) *schwach* ein hinfälliger alter Mann, Durch die Krankheit ist sie sehr hinfällig geworden. **2.** (*keine Steigerung*) *nicht mehr gültig* Durch die Terminänderungen ist unser alter Plan hinfällig.

Hin·fäl·lig·keit die <-> (*kein Plur.*) **1.** *Schwäche* Seine Hinfälligkeit rührt von seiner schweren Krankheit her. **2.** *Ungültigkeit*

Hin·flug der <-(e)s, Hinflüge> *der Flug von hier zu einem Ziel* Ich habe nur einen Hinflug gebucht.

hin·füh·ren **I.** *mit OBJ* ■ *jmd. führt jmdn. zu etwas Dat. hin* **1.** *irgendwohin geleiten* jemanden zu seinem Platz hinführen, Sie kennen sich hier nicht aus, könnt ihr sie zum Treffpunkt hinführen? **2.** *zu etwas befähigen* die Schüler zum selbstständigen Arbeiten/zu einer Erkenntnis hinführen **II.** *ohne OBJ* ■ *etwas führt zu etwas Akk. hin* **1.** *irgendwohin verlaufen* Wo führt diese Straße hin? **2.** *ein Ziel haben* Wo führt diese Ausbildung hin?

Hin·ga·be die <-> (*kein Plur.*) **1.** *rückhaltloser Einsatz* seine Hingabe für die Arbeit **2.** *große Begeisterung* etwas mit großer/viel Hingabe tun

hin·ge·ben <gibst hin, gab hin, hat hingegeben> **I.** *mit OBJ* ■ *jmd. gibt etwas hin* (*geh.*) *opfern* Er hat alles, was er besitzt, den Armen/für die Armen hingegeben. **II.** *mit SICH* **1.** ■ *jmd. gibt sich einer Sache hin etwas mit großem Eifer tun* Sie hat sich dieser neuen Aufgabe ganz hingegeben. **2.** ■ *jmd. gibt sich einer Sache hin sich ausliefern* sich seinem Schmerz/einer trügerischen Hoffnung hingeben **3.** ■ *jmd. gibt sich jmdm. hin* (*geh. verhüll.*) *sexuell mit jmdm. verkehren* Sie hat sich ihm hingegeben.

hin·ge·bungs·voll *Adj. mit großem Eifer oder großer Anteilnahme* jemandem hingebungsvoll lauschen, sich hingebungsvoll mit etwas beschäftigen

hin·ge·gen *Konj. jedoch* Ich hingegen bin der Meinung, ..., Alle waren einverstanden. Er hingegen wollte nicht zustimmen.

hin·ge·hen <gehst hin, ging hin, ist hingegangen> *ohne OBJ* **1.** ■ *jmd. geht hin irgendwohin gehen* Ich gehe zu der Feier. Wirst du auch hingehen? **2.** ■ *etwas geht hin gerade noch annehmbar sein* Es kann gerade noch so hingehen, wenn du heute fehlst, aber morgen musst du kommen. **3.** ■ *etwas geht hin* (*geh.*) *vergehen* Die Zeit/die Jugend/der Sommer war hingegangen. **4.** ■ *jmd. geht hin* (*geh. verhüll.*) *sterben* Im vergangenen Jahr ist seine Frau gestorben, wenig später ist auch er hingegangen., der/die Hingegangene

hin·gu·cken *ohne OBJ* ■ *jmd. guckt hin* (*umg.*) *seinen Blick auf etwas richten* Ich musste zwei Mal hingucken, ehe ich dich erkannt habe., Darf ich wieder hingucken?

hin·hal·ten <hältst hin, hielt hin, hat hingehalten> *mit OBJ* **1.** ■ *jmd. hält jmdm. etwas hin jmdm. etwas reichen* Er hielt ihr den Brotkorb hin. **2.** ■ *jmd. hält jmdn. etwas hin* (*umg.*) *auf unbestimmte Zeit vertrösten* Jetzt habt ihr uns lange genug hingehalten!, Sie hielt ihn von Tag zu Tag hin.

hin·hau·en <haust hin, haute hin, hat hingehauen> (*umg.*) **I.** *mit OBJ* **1.** ■ *jmd. haut etwas hin achtlos irgendwo hinwerfen* Nach der Schule hat er nur seine Sachen hingehauen und ist zu seiner Freundin gegangen. **2.** *ohne Sorgfalt machen* Sie hat den Aufsatz/das Bild nur schnell hingehauen, das merkt man. **II.** *ohne OBJ* **1.** ■ *etwas haut hin in Ordnung sein/funktionieren* Mach dir keine Sorgen, das haut schon hin. **2.** ■ *jmd. haut hin irgendwohin schlagen* mit dem Hammer hinhauen, Wo er hinhaut, wächst kein Gras mehr. **III.** *mit SICH* ■ *jmd. haut sich hin* (*umg.*) *sich schlafen legen* Ich bin so müde, ich hau(e) mich erst einmal hin.

hin·ken <hinkst, hinkte, hat/ist gehinkt> *ohne OBJ* ■ *jmd. hinkt* **1.** *ungleichmäßig laufen* Seit seinem Unfall hinkt er., Er hat schon immer gehinkt. **2.** *mit ungleichmäßigen Schritten irgendwohin gehen* Sie ist mit ihrem Gipsbein zur Tür/über die Straße gehinkt.

hin·knien <kniest hin, kniete hin, hat/ist hingekniet> **I.** *ohne OBJ* ■ *jmd. kniet vor jmdm./etwas hin auf die Knie gehen* Er ist vor dem Altar hingekniet. **II.** *mit SICH* ■ *jmd. kniet sich hin* Wir haben uns hingekniet.

Hin·kunft ■ **in Hinkunft** (*österr. geh.*): *in Zukunft*

hin·läng·lich *Adj. so, dass es ausreicht* Das dürfte hinlänglich bekannt sein.

hin·le·gen **I.** *mit OBJ* **1.** ■ *jmd. legt etwas irgendwo hin an eine Stelle legen* Wo soll ich das Buch hinlegen? **2.** ■ *jmd. legt etwas hin* (*umg.*) *etwas darbieten* Das Ensemble hat eine erstklassige Vorstellung hingelegt. **3.** ■ *jmd. legt etwas hin* (*umg.*) *bezahlen müssen* Wie viel musstest du dafür hinlegen?, Dafür habe ich 200 Euro hinlegen müssen! **II.** *mit SICH* ■ *jmd. legt sich hin sich niederlegen* Er hat sich für eine Stunde hingelegt. ■ **sich der Länge nach hinlegen** (*umg.*): *hinfallen*

hin·nehm·bar <nicht steig.> *Adj. so, dass man es dulden kann* Sein Verhalten ist so nicht mehr hinnehmbar., Die Situation ist gerade noch hinnehmbar.

hin·neh·men <nimmst hin, nahm hin, hat hingenommen> *mit OBJ* ■ *jmd. nimmt etwas hin* **1.** *(unbewegt) über sich ergehen lassen* Er nahm ihre Beleidigungen/ihr Verhalten kommentarlos hin., Das können wir nicht einfach so hinnehmen, das gibt noch ein Nachspiel! **2.** *irgenwohin mitnehmen* Können wir den Hund dort mit hinnehmen?

hin·rei·chend *Adj. so, dass es ausreicht* Wir haben noch hinreichend Getränke im Haus., Alle sind hinreichend informiert worden.

Hin·rei·se die <-, -n> *die Reise von hier zu einem Ziel* Wir befinden uns auf der Hinreise., Auf der Hinreise haben wir in Hamburg übernachtet.

hin·rei·ßen <reißt hin, riss hin, hat hingerissen> *mit OBJ* ■ *jmd./etwas reißt jmdn. hin begeistern* von jemandem/etwas ganz hingerissen sein, die Zuschauer zu Beifallsstürmen hinreißen, ein hinreißender Film, ein hinreißendes kleines Mädchen ■ **sich zu etwas hinreißen lassen** *(umg.)*: *sich zu etwas verleiten lassen* Lasst euch nicht zu unbedachten Handlungen hinreißen!

hin·rich·ten *mit OBJ* ■ *jmd. richtet jmdn. hin ein Todesurteil vollstrecken* Der zum Tode Verurteilte wurde hingerichtet.

Hin·rich·tung die <-, -en> *Vollstreckung eines Todesurteils* Die Hinrichtung wurde auf den folgenden Tag festgesetzt.

hin·schei·den *ohne OBJ* ■ *jmd. scheidet hin (verhüll.) sterben*

hin·schmei·ßen <schmeißt hin, schmiss hin, hat hingeschmissen> *mit OBJ* ■ *jmd. schmeißt etwas hin (umg.)* **1.** *hinwerfen* seine Sachen (achtlos/wütend) hinschmeißen **2.** *(umg.) aufgeben* seinen Job/seinen Posten hinschmeißen

hin·se·hen <siehst hin, sah hin, hat hingesehen> *ohne OBJ* ■ *jmd. sieht hin* (↔ *wegsehen*) *seinen Blick auf etwas richten* Du musst schon hinsehen, wenn du etwas erkennen willst., Er hat sehr genau hingesehen, damit ihm nichts entgeht.

hin·set·zen <setzt hin, setzte hin, hat hingesetzt> **I.** *mit OBJ* **1.** ■ *jmd. setzt jmdn. hin jmdn. aufrecht setzen* Das Kind hat bis jetzt gelegen, nun hat es die Mutter hingesetzt. **2.** ■ *jmd. setzt jmdn./etwas hin irgendwohin stellen/platzieren* Wo hast du meine Tasche hingesetzt?, Wo habt ihr den Ehrengast hingesetzt? **II.** *mit SICH* ■ *jmd. setzt sich hin* Wir haben uns inzwischen hingesetzt., Wenn du das schaffen willst, musst du dich jetzt hinsetzen und anfangen!

Hin·sicht die <-, -en> *(selten Plur.) Blickwinkel* in wirtschaftlicher/wissenschaftlicher Hinsicht, In gewisser/einer/dieser Hinsicht hast du Recht. ■ **in Hinsicht auf ...**: *was ... betrifft* Gibt es in Hinsicht auf den Stundenplan noch Fragen?

hin·sicht·lich *Präp. + Gen. (geh.) bezüglich* Hinsichtlich Ihrer Einwände kann ich Sie beruhigen., Hinsichtlich der Pünktlichkeit gibt es einige Beschwerden.

hin·stel·len **I.** *mit OBJ* **1.** ■ *jmd. stellt etwas hin etwas irgendwohin stellen* Hier können wir das Bett hinstellen. **2.** ■ *jmd. stellt jmdn./etwas als jmdn./etwas hin (fälschlicherweise) etwas über jmdn. oder etwas behaupten* Man hat ihn als Lügner hingestellt., Sie haben es so hingestellt, als sei ich daran schuld. **II.** *mit SICH* **1.** ■ *jmd. stellt sich hin sich irgendwohin stellen* Du kannst dich hier hinstellen und einfach warten. **2.** ■ *jmd. stellt sich als jmdn. hin sich den Anschein geben* Er stellt sich immer als arglos/dumm/Trottel hin, dabei ist er ziemlich gerissen.

hint·an·stel·len *mit OBJ* ■ *jmd. stellt etwas hintan (geh.) benachteiligen* Wir dürfen uns nicht immer hintanstellen lassen., Sie hat immer ihre eigenen Bedürfnisse hintangestellt.

hin·ten *Adv.* (↔ *vorne*) *auf der Rückseite* Das Haus hat hinten noch einen Garten., Lasst uns nach hinten gehen., Immer müssen wir hinten stehen!, Von hinten kamen laute Zwischenrufe., jemanden von hinten sehen, sich die Haare nach hinten kämmen ■ **jemanden am liebsten von hinten sehen** *(umg.)*: *auf jmds. Gesellschaft keinen Wert legen* **jemanden von hinten und vorne bedienen** *(umg.)*: *jmdn. übertrieben umsorgen* **es jemandem hinten und vorne reinstecken** *(umg.)*: *jmdn. übertrieben verwöhnen* **nicht mehr wissen, wo hinten und vorn ist** *(umg.)*: *völlig orientierungslos sein* **hinten und vorne nicht langen** *(umg.)*: *nicht ausreichend sein*

hin·ten·he·r·um *Adv. (umg.)* **1.** *hinten um etwas oder jmdn. herum* das Haus hintenherum betreten, Sie ist hintenherum ziemlich dick. **2.** *(abwert.) hinter jmds. Rücken* Ich habe das nur hintenherum erfahren., Sie redet gerne hintenherum über die Kollegen.

hin·ten·hin *Adv. an das hintere Ende* Stell dich bitte hintenhin., Ich gehe lieber hintenhin, da ist es nicht so laut.

hin·ten·ü·ber·fal·len <fällst hintenüber, fiel hintenüber, ist hintenübergefallen> *ohne OBJ* ■ *jmd. fällt hintüber nach hinten (herunter)fallen* Auf dem Schwebebalken ist sie hintenübergefallen und hat sich verletzt. ♦ Zusammenschreibung →R 4.9 Pass auf, dass du nicht hintenüberfällst!

hin·ter **I.** *Präp.* **1.** + *Dat. auf der abgewandten Seite von etwas oder jmdm.* Er stand hinter ihr., Das Auto ist hinter dem Haus geparkt. **2.** + *Dat. zeitlich zurückliegend* Das habe ich schon lange hinter mir., Die Schulzeit lag schon lange hinter ihm. **3.** + *Akk. auf die abgewandte Seite von etwas oder jmdm.* Das Buch ist hinter den Tisch gerutscht., Er ist hinter sie getreten. **II.** *Adj. hinten befindlich* die hintere Reihe, am hinteren Ende **III.** *Adv. (süddt. österr.) nach hinten* Wie weit ist es bis dort hinter? ■ **hinter jemandes Rücken** *(umg.)*: *heimlich* **sich hinter jemanden stellen** *(umg.)*: *jmdn. unterstützen* **hinter Schloss und Riegel** *(umg.)*: *eingesperrt* **etwas hinter sich bringen** *(umg.)*: *etwas Unangenehmes (widerwillig) tun* **etwas hinter sich haben** *(umg.)*: *etwas Unangenehmes überstanden haben* **etwas hinter sich lassen** *(umg.)*: *an etwas nicht mehr* *denken*

Hin·ter·ach·se die <-, -n> KFZ *hintere Radachse*

Hin·ter·ba·cke die <-, -n> (*umg.*) *eine Gesäßhälfte*

Hin·ter·bänk·ler der <-s, -> (*umg. abwert.*) *unbedeutender Mensch*

Hin·ter·bein das <-(e)s, -e> *ein hinteres Bein* (*bei Tieren*) Der Hase hat kräftige Hinterbeine. ■ **sich auf die Hinterbeine stellen** (*umg. übertr.*): *sich anstrengen* Wenn wir uns auf die Hinterbeine stellen, schaffen wir das schon.; *sich wehren* Er hat sich das nicht gefallen lassen, er hat sich auf die Hinterbeine gestellt.

Hin·ter·blie·be·ne der/die <-, -n> RECHTSW. *noch lebende Familienangehörige* den Hinterbliebenen sein Beileid aussprechen

hin·ter·brin·gen <hinterbringst, hinterbrachte, hat hinterbracht> *mit OBJ* ■ *jmd. hinterbringt jmdm. etwas* (*geh.*) *heimlich mitteilen* Es ist ihr doch hinterbracht worden!, Er hatte ihm die Nachricht doch hinterbracht.

hin·ter·ei·n·an·der *Adv.* **1.** *zeitlich aufeinander folgend* Sie feierten drei Tage hintereinander. **2.** *räumlich aufeinander folgend* Die Autos mussten hintereinander fahren., Die Namen in der Liste waren hintereinander geschrieben. ◆ Getrenntschreibung→R 4.1 Es war so eng, wir mussten hintereinander gehen., in mehreren hintereinander folgenden Jahren

hin·ter·fra·gen <hinterfragst, hinterfragte, hat hinterfragt> *mit OBJ* ■ *jmd. hinterfragt etwas die genauen Zusammenhänge von etwas erfragen* Vorurteile/Meinungen hinterfragen

Hin·ter·ge·da·nke der <-ns, -n> *heimliche Absicht* etwas ohne jeden Hintergedanken tun, Mein Hintergedanke dabei war, …

hin·ter·ge·hen <hintergehst, hinterging, hat hintergangen> *mit OBJ* ■ *jmd. hintergeht jmdn.* (*geh.*) *jmds. Vertrauen missbrauchen* Seine beste Freundin hat ihn hintergangen., Ich bin hintergangen worden.

Hin·ter·grund der <-(e)s, Hintergründe> **1.** *der weiter hinten liegende Teil dessen, was man sieht* Im Hintergrund sieht man die Berge., Sie stand im Hintergrund., der Hintergrund eines Bildes, sich deutlich vom Hintergrund abheben **2.** *die zugrunde liegenden Bedingungen oder Umstände* Die Handlung spielt sich vor dem Hintergrund des 2. Weltkrieges ab., jemandes sozialer Hintergrund, die Hintergründe eines Mordes aufklären ■ **im Hintergrund bleiben**: *keine Aufmerksamkeit erregen* **sich im Hintergrund halten**: *keine Aufmerksamkeit auf sich ziehen wollen* **in den Hintergrund treten**: *an Bedeutung verlieren*

Hin·ter·grund·ge·räusch das <-es, -e> *Geräusch, das man im Hintergrund immer mithört*

Hin·ter·halt der <-(e)s, -e> *ein Ort, an dem man sich versteckt, um jmdn. zu überfallen* in einem Hinterhalt liegen, jemanden aus dem Hinterhalt erschießen/überfallen

hin·ter·häl·tig *Adj.* (*abwert.*) *böse Absichten verbergend* ein hinterhältiger Mensch, Sie hatten einen hinterhältigen Plan ausgeheckt.

Hin·ter·hand die <-> (*kein Plur.*) **1.** (*fachspr.*) *Hinterbein eines großen Tieres* Das Pferd/die Kuh lahmt auf der rechten Hinterhand. **2.** *beim Kartenspiel die Position, bei der man als Letzter spielt* in der Hinterhand sein ■ **noch etwas in der Hinterhand haben** (*umg.*): *noch etwas in Reserve haben*

hin·ter·her *Adv.* **1.** *danach* Hinterher ist man immer klüger. **2.** *jmdm. oder etwas folgend* Wo geht es lang? Immer dem Reiseführer hinterher!, Sie sind dem Verbrecher/Ausreißer hinterher. ■ **hinterher sein** (*umg.*): *zurückgeblieben sein* Lass ihn nur, er ist immer ein bisschen hinterher!; (*umg.*) *nicht den Anschluss verlieren wollen* Bei den Hausaufgaben der Kinder muss man immer hinterher sein.; (*umg.*) *etwas haben wollen* Er ist nur hinter ihrem Geld her. ◆ Getrenntschreibung →R 4.1 Sie ist schon immer ein wenig hinterher gewesen., Bei der Ordnung bin ich nicht so hinterher, deshalb sieht es auch manchmal liederlich hier aus.

hin·ter·her·hin·ken <hinkst hinterher, hinkte hinterher, hat/ist hinterhergehinkt> *ohne OBJ* **1.** ■ *jmd./ein Tier hinkt jmdm. hinterher* ((*sein*)) *jmdm. oder etwas hinkend folgen* Der lahme Esel ist hinter dem Karren hergehinkt. **2.** ■ *etwas hinkt etwas hinterher* ((*haben*) *umg.*) *nicht mithalten können* einer Entwicklung/mit seiner Arbeit hinterherhinken

hin·ter·her·lau·fen <läufst hinterher, lief hinterher, ist hinterhergelaufen> *ohne OBJ* ■ *jmd. läuft jmdm. hinterher* **1.** *jmdm. laufend folgen* Alle sind dem Reiseleiter hinterhergelaufen. **2.** (*umg.*) *für sich zu gewinnen versuchen* einem Mädchen hinterherlaufen, dem Erfolg/dem Geld hinterherlaufen

Hin·ter·hof der <-(e)s, Hinterhöfe> *Hof hinter einem großen Mietshaus* im dunklen Hinterhof spielen müssen

Hin·ter·kopf der <-(e)s, Hinterköpfe> *der hintere Teil des Kopfes* ■ **etwas im Hinterkopf haben** (*umg.*): *an etwas denken*

Hin·ter·land das <-(e)s> (*kein Plur.*) **1.** *das Gebiet um eine große Stadt* Eine große Stadt braucht wirtschaftliches/kulturelles Hinterland. **2.** MILIT. *das Land weit hinter der Frontlinie* Truppen aus dem Hinterland an die Front verlegen

hin·ter·las·sen <hinterlässt, hinterließ, hat hinterlassen> *mit OBJ* **1.** ■ *jmd. hinterlässt etwas zurücklassen* Spuren hinterlassen, Unordnung hinterlassen **2.** ■ *jmd. hinterlässt jmdm. etwas vererben* Er hat seiner Frau ein Vermögen hinterlassen.

Hin·ter·las·sen·schaft die <-, -en> **1.** (*geh.*) *das, was jmd. zurücklässt* Ich muss nun die Hinterlassenschaften meines Vorgängers aufarbeiten., die Hinterlassenschaft eines Hundes auf dem Bürgersteig **2.** *Erbe* Das gehört zu seiner Hinterlassenschaft.

Hin·ter·lauf der <-(e)s, Hinterläufe> ZOOL. *Hinterbeine beim Haarwild*

hin·ter·le·gen *mit OBJ* ■ *jmd. hinterlegt etwas zur*

Aufbewahrung geben den Schlüssel bei der Nachbarin hinterlegen, Wenn man ein Boot mietet, muss man Geld als Sicherheit hinterlegen.

Hịn·ter·list die <-, -en> **1.** (*kein Plur.*) *Verschlagenheit* etwas mit Hinterlist tun, voller Hinterlist sein **2.** *eine hinterlistige Tat* Das war eine böse Hinterlist von dir!

hịn·ter·lis·tig *Adj. verschlagen* ein hinterlistiger Mensch, eine hinterlistige Tat

Hịn·ter·mann der <-(e)s, Hintermänner> **1.** *Person, die hinter jmdm. ist* sich zu seinem Hintermann umdrehen **2.** (*meist Plur.*) (*abwert.*) *die Auftraggeber oder Verantwortlichen für ein Verbrechen* Man hatte zwar ein paar kleine Gauner geschnappt, aber an die wahren Hintermänner kam man nicht heran.

Hịn·tern der <-s, -> (*umg.*) *Gesäß* einen dicken Hintern haben ■ **sich auf den Hintern setzen** (*umg.*): *hinfallen* Beim Eislaufen habe ich mich auf den Hintern gesetzt.; (*umg.*) *fleißig lernen* Sie muss sich noch tüchtig auf den Hintern setzen, wenn sie die Prüfung schaffen will. **ein paar auf den Hintern kriegen** (*umg.*): *Schläge bekommen* **jemandem/jemanden in den Hintern treten** (*umg.*): *jmdn. zur Eile oder zum Mitmachen antreiben*

Hịn·ter·rad das <-(e)s, Hinterräder> *an einem Fahrzeug die Räder, die hinten sind*

Hịn·ter·rad·an·trieb der <-(e)s, -e> KFZ *die Form des Antriebs, bei der der Motor die Hinterachse eines Kraftfahrzeugs bewegt*

hịn·ter·rücks *Adv.* **1.** *von hinten* jemanden hinterrücks erschießen **2.** *heimtückisch* jemanden hinterrücks verleumden

Hịn·ter·sitz der <-es, -e> *der Rücksitz in einem Fahrzeug* auf dem Hintersitz Platz nehmen

hịn·ters·te *Adj. Superlativ von „hintere"* die hinterste Reihe

Hịn·ter·tref·fen ■ **im Hintertreffen sein/ins Hintertreffen geraten** (*umg.*): *Nachteile hinnehmen müssen*

hin·ter·trei̱·ben <hintertreibst, hintertrieb, hat hintertrieben> *mit OBJ* ■ *jmd. hintertreibt etwas* (*geh. abwert.*) *mit unfairen Mitteln zu verhindern versuchen* Er hat unseren Plan systematisch hintertrieben, um seine eigenen Ziele durchzusetzen.

Hịn·ter·trep·pe die <-, -n> *die Treppe auf der Rückseite eines Gebäudes* die Hintertreppe benutzen

Hịn·ter·tür die <-, -en> *Tür auf der Rückseite eines Gebäudes* ein Haus durch die Hintertür betreten ■ **sich noch eine Hintertür offen halten** (*übertr.*): *sich einen Ausweg offen halten* Sie haben sich nicht endgültig entschieden, sondern sich noch eine Hintertür offen gehalten. **durch die Hintertür** (*übertr.*): *auf Umwegen* Ihr Plan ist abgelehnt worden, jetzt versuchen sie, ihn durch die Hintertür doch noch zu verwirklichen.

Hịn·ter·tür·chen ■ **sich ein Hintertürchen offenhalten** (*umg.*): *etwas so formulieren oder arrangieren, dass einem immer noch die Möglichkeit zu einer anderen Entscheidung bleibt*

Hịn·ter·wäld·ler der <-s, -> (*umg. abwert.*) rückständiger ungebildeter Mensch, Was bist denn du für ein Hinterwäldler, dass du das nicht kennst!

hin·ter·zie̱·hen <hinterziehst, hinterzog, hat hinterzogen> *mit OBJ* ■ *jmd. hinterzieht etwas* RECHTSW. *nicht zahlen* Steuern hinterziehen

hi·n·ü̱·ber *Adv.* **1.** *auf die andere Seite* Wie weit ist es bis zum anderen Ufer hinüber?, Wo soll ich die Sachen hinstellen? Dort hinüber? **2.** (*umg.*) *tot* Er ist hinüber. **3.** (*umg.*) *nicht mehr zu gebrauchen* Die Kaffeemaschine ist hinüber., Kauf dir mal eine neue Hose, die alte ist doch völlig hinüber! ◆ Getrenntschreibung→R 4.1 Der Computer wird wohl hinüber sein, oder wollen wir ihn noch einmal reparieren lassen?

hi·n·ü̱·ber·ge·hen <gehst hinüber, ging hinüber, ist hinübergegangen> *ohne OBJ* ■ *jmd. geht hinüber* **1.** *auf die andere Seite gehen* auf die andere Straßenseite hinübergehen, Dort gibt es etwas Interessantes zu sehen, wollen wir hinübergehen? **2.** (*geh. verhüll.*) *sterben* Sie ist hinübergegangen.

Hịn·ü·ber·set·zung die <-> (*kein Plur.*) (↔ *Herübersetzung*) *das Übersetzen aus der Muttersprache in die Fremdsprache*

hi·n·ụn·ter *Adv.* **1.** *nach unten* Geht es hier oder dort hinunter? **2.** (*umg.*) *hinuntergeschluckt* Ist die Tablette nun hinunter?

hi·n·ụn·ter·bli·cken *ohne OBJ* **1.** ■ *jmd. blickt hinunter nach unten blicken* in einen Brunnen hinunterblicken, an sich hinunterblicken **2.** ■ *jmd. blickt auf jmdn. hinunter jmdm. mit Herablassung begegnen* Seit seiner Beförderung blickt er nur noch auf seine ehemaligen Kollegen hinunter.

hi·n·ụn·ter·fah·ren <fährst hinunter, fuhr hinunter, hat/ist hinuntergefahren> **I.** *mit OBJ* ■ *jmd. fährt jmdn./etwas hinunter* ((*haben*)) *fahrend nach unten befördern* Er hat den Gast/das Gepäck hinuntergefahren. **II.** *ohne OBJ* ■ *jmd. fährt hinunter* ((*sein*)) *nach unten fahren* Er ist vom Berg ins Tal hinuntergefahren.

hi·n·ụn·ter·ge·hen <gehst hinunter, ging hinunter, ist hinuntergegangen> *ohne OBJ* **1.** ■ *jmd. geht hinunter nach unten gehen* Er ist in den Keller hinuntergegangen. **2.** ■ *etwas geht hinunter abwärts verlaufen oder führen* Der Weg ins Dorf geht dort hinunter., Hier geht es in den Keller hinunter.

hi·n·ụn·ter·kip·pen <kippst hinunter, kippte hinunter, hat/ist hinuntergekippt> **I.** *mit OBJ* ■ *jmd. kippt etwas hinunter* ((*haben*)) **1.** *nach unten schütten* einen Eimer Wasser (in die Grube) hinunterkippen **2.** (*umg.*) *gierig trinken* hastig ein Bier nach dem anderen hinunterkippen, Den Wein muss man genießen, man darf ihn nicht einfach so hinunterkippen. **II.** *ohne OBJ* ■ *etwas kippt hinunter* ((*sein*)) *nach unten fallen* Die Vase ist vom Fensterbrett hinuntergekippt.

hi·n·ụn·ter·schlu·cken *mit OBJ* ■ *jmd. schluckt etwas hinunter* **1.** *verschlucken* einen Bissen/die Medizin/den Tee hinunterschlucken **2.** (*übertr.*) *scheinbar unbewegt sein/etwas hinnehmen* seinen Ärger hinunterschlucken, Er hat die harte Kritik hinuntergeschluckt und sich an die Arbeit gemacht.

hi·n·un·ter·spü·len *mit OBJ* **1.** ■ *jmd./etwas spült etwas hinunter nach unten spülen* Das Unwetter hat viel Schlamm (ins Tal) hinuntergespült. **2.** ■ *jmd. spült etwas hinunter* (*umg.*) *mithilfe von Flüssigkeit verschlucken* eine Tablette mit viel Tee hinunterspülen ■ **seinen Ärger** (**mit Schnaps**) **hinunterspülen** (*übertr.*): *viel Alkohol trinken, weil man Ärger hat*

hin·un·ter·sto·ßen *mit OBJ* ■ *jmd. stößt jmdn. hinunter so stoßen, dass jmd. irgendwo hinunterfällt*

hi·n·un·ter·wer·fen <wirfst hinunter, warf hinunter, hat hinuntergeworfen> *mit OBJ* ■ *jmd. wirft etwas hinunter nach unten werfen* Bitte keine Gegenstände vom Aussichtsturm hinunterwerfen!

Hin·weg der <-es, -e> *der Weg zu einem Ziel hin* Der Hinweg kam mir länger vor als der Rückweg.

hin·weg *Adv.* **1.** (*veralt. geh.*) *fort* Hinweg mit dir! **2.** *zeitlich oder räumlich über etwas hin* über mehrere Jahre hinweg, Kontakte über die Grenze hinweg, über den Zaun hinweg

hin·weg·fe·gen <fegst hinweg, fegte hinweg, hat/ist hinweggefegt> **I.** *mit OBJ* ■ *etwas fegt etwas hinweg* ((*haben*)) *schnell entfernen* Die Revolution hat die alte Regierung hinweggefegt. **II.** *ohne OBJ* ■ *etwas fegt über etwas Akk. hinweg* ((*sein*) *geh.*) *sich schnell über etwas hinbewegen* Der Sturm ist über die Insel hinweggefegt.

hin·weg·ge·hen <gehst hinweg, ging hinweg, ist hinweggegangen> *ohne OBJ* ■ *jmd. geht über etwas Akk. hinweg etwas nicht weiter kommentieren*

hin·weg·kom·men <kommst hinweg, kam hinweg, ist hinweggekommen> *ohne OBJ* ■ *jmd. kommt über etwas Akk. hinweg überwinden* über einen Verlust hinwegkommen, Ich komme gar nicht darüber hinweg, wie er sich aufgeführt hat.

hin·weg·se·hen <siehst hinweg, sah hinweg, hat hinweggesehen> *ohne OBJ* **1.** ■ *jmd. sieht über etwas Akk. hinweg über etwas oder jmdn. blicken* Wenn ich mich auf die Zehenspitzen stelle, kann ich über meinen Vordermann hinwegsehen. **2.** ■ *jmd. sieht über etwas Akk. hinweg so tun, als ob man etwas oder jmdn. nicht bemerkt* Man kann über diese Tatsache nicht hinwegsehen., Sie wollte ihn nicht grüßen, also hat sie einfach über ihn hinweggesehen.

hin·weg·set·zen <setzt hinweg, setzte hinweg, hat/ist hinweggesetzt> **I.** *ohne OBJ* ■ *jmd. setzt über etwas Akk. hinweg* ((*haben, sein*)) *über etwas springen* Der Hund hat/ist über den Zaun hinweggesetzt. **II.** *mit SICH* ■ *jmd. setzt sich über etwas Akk. hinweg* ((*haben*)) *etwas nicht beachten* sich über ein Verbot/eine Warnung hinwegsetzen

Hin·weis der <-es, -e> **1.** *Angabe oder Information* jemandem einen Hinweis geben, sachdienliche Hinweise, die zur Ergreifung des Täters führen, Hinweise zur verwendeten Literatur finden Sie am Ende des Buches. **2.** *Erklärung* jemandem Hinweise für seine Arbeit geben, Hinweise für die Pflege eines Elektrogerätes **3.** *Anzeichen* ein Hinweis auf seine schwierige finanzielle Lage, ein Hinweis auf eine schwere Erkrankung

hin·wei·sen <weist hin, wies hin, hat hingewiesen> **I.** *mit OBJ/intr.* ■ *jmd. weist jmdn. auf etwas Akk. hin aufmerksam machen* jemanden auf einen Fehler hinweisen, Ich möchte (Sie) darauf hinweisen, dass Sie im Halteverbot stehen. **II.** *ohne OBJ* ■ *etwas weist auf etwas Akk. hin* **1.** vermuten lassen, Alle Anzeichen weisen auf einen zeitigen Winter/eine schwere Erkrankung hin. **2.** *aufmerksam machen* Das Schild weist auf freie Wohnungen/die Autobahnauffahrt hin.

hin·wer·fen <wirfst hin, warf hin, hat hingeworfen> **I.** *mit OBJ* ■ *jmd. wirft etwas hin* **1.** *achtlos irgendwohin werfen* Sie hat ihre Tasche einfach hier hingeworfen. **2.** *achtlos dahersagen/schreiben/zeichnen* (jemandem) schnell einen Gruß hinwerfen, ein paar hingeworfene Sätze, etwas mit ein paar hingeworfenen Strichen andeuten **3.** (*umg.*) *plötzlich aufgeben* die Arbeit hinwerfen **II.** *mit SICH* ■ *jmd. wirft sich hin sich zu Boden werfen* Als Schüsse fielen, warfen sie sich schnell hin.

Hinz ■ **Hinz und Kunz** (*umg. abwert.*): *alle möglichen Leute* Auf dem Fest trafen sich Hinz und Kunz.

hin·zie·hen <ziehst hin, zog hin, hat/ist hingezogen> **I.** *mit OBJ* ■ *jmd. zieht etwas hin* ((*haben*)) *ziehend irgendwohin bewegen* Sie zog ihre Freundin/den Teller zu sich hin. **II.** *ohne OBJ* **1.** ■ *jmd. zieht irgendwo hin* ((*sein*)) *Wohnung nehmen* Er ist erst kürzlich zu mir hingezogen. **2.** ■ *etwas zieht über etwas Akk. hin* (*geh.*) *sich über etwas hinbewegen* Wolken zogen über den Himmel hin., Vogelschwärme sind über uns hingezogen. **III.** *mit SICH* ■ *etwas zieht sich hin* ((*haben*)) (*lange*) *andauern* Die Feierlichkeiten zogen sich über mehrere Wochen hin., Die Arbeitsberatung hat sich hingezogen. ■ **sich zu jemandem hingezogen fühlen**: *jmdn. gern mögen*

hin·zu·fü·gen *mit OBJ* ■ *jmd. fügt etwas hinzu* **1.** *dazugeben* dem Teig noch etwas Mehl hinzufügen **2.** *ergänzend sagen* Ich möchte (meinen Äußerungen) noch etwas hinzufügen., Wollen sie noch etwas hinzufügen?

hin·zu·ge·sel·len *mit SICH* ■ *jmd. gesellt sich zu jmdm. hinzu zu einer Gruppe von Personen kommen und sich ihr anschließen*

hin·zu·kom·men <kommst hinzu, kam hinzu, ist hinzugekommen> *ohne OBJ* **1.** ■ *jmd. kommt hinzu zusätzlich irgendwohin kommen* Ich kam gerade hinzu, als sich der Unfall ereignete., Er ist erst später zur Mannschaft hinzugekommen. **2.** ■ *etwas kommt hinzu zusätzlich dazukommen* Zu seiner schweren Krankheit kam noch eine Lungenentzündung hinzu., Sie hat Schwierigkeiten in der Schule. Hinzu kommt, dass sie lange krank war., Hier muss noch etwas Salz hinzukommen.

hin·zu·zäh·len *mit OBJ* ■ *jmd. zählt etwas hinzu dazurechnen* zu dem ersparten Geld das neu eingenommene Geld hinzuzählen

hin·zu·zie·hen <ziehst hinzu, zog hinzu, hat hin-

zugezogen> *mit OBJ* ■ *jmd. zieht jmdn. zu etwas Akk. hinzu zu Rate ziehen* zu einer Entscheidung einen Fachmann/die Fachliteratur hinzuziehen, Wollen wir ihn bei unserer Beratung hinzuziehen?

Hi·obs·bot·schaft die <-, -en> *Schreckensnachricht*

hip *Adj.* (*umg*) *im Trend; aktuell*

Hip-Hop, *a.* **Hip·hop** der <-s> (*kein Plur.*) *eine Richtung der Popmusik*

Hip·pie der <-s, -s> *Anhänger einer Jugendbewegung der 60er und 70er Jahre des 20.Jahrhunderts, die sich gegen die bürgerlichen Normen auflehnte*

Hirn das <-(e)s, -e> **1.** ANAT. *Gehirn* das menschliche Hirn **2.** KOCH. *das Hirn geschlachteter Tiere* Heute gibt es Hirn. **3.** (*umg.*) *Denkvermögen* sein Hirn anstrengen, sich das Hirn zermartern

Hirn·ge·spinst das <-(e)s, -e> (*abwert.*) *etwas Eingebildetes* Das sind doch nur Hirngespinste!

hirn·ris·sig *Adj.* (*umg. abwert.*) *unsinnig* Es ist doch völlig hirnrissig, das zu versuchen!, Wer hatte denn diese hirnrissige Idee?

Hirn·schlag der <-(e)s, Hirnschläge> MED. *Durchblutungsstörung im Gehirn*

Hirn·tod der <-(e)s, -e> MED. *nicht mehr behebbare Hirnschädigung mit Todesfolge*

hirn·ver·brannt <nicht steig.> *Adj.* (*umg. abwert.*) *sehr dumm* Das ist doch eine völlig hirnverbrannte Idee!

Hirsch der <-(e)s, -e> **1.** *großer im Wald lebender Wiederkäuer mit braunem Fell und einem Geweih* **2.** (↔ *Hirschkuh*) *männlicher Hirsch*

Hirsch·fän·ger der <-s, -> TECHN. *langes, schmales, zweischneidiges Jagdmesser*

Hirsch·ge·weih das <-(e)s, -e> *die Hörner auf dem Kopf des männlichen Hirsches*

Hirsch·kalb das <-(e)s, Hirschkälber> *das Junge des Hirsches*

Hirsch·kuh die <-, Hirschkühe> *ein weiblicher Hirsch*

Hir·se die <-, -n> *eine Getreideart*

Hir·te, **Hir·tin** der <-n, -n> *Person, die beruflich eine Herde von Tieren bewacht*

Hir·ten·brief der <-(e)s, -e> REL. *von der Kanzel verlesener Brief des Bischofs an die Gläubigen*

His das <-, -> MUS. *ein um einen halben Ton erhöhtes H*

His·pa·nist, **His·pa·nis·tin** der <-en, -en> *Wissenschaftler auf dem Gebiet der Hispanistik*

His·pa·nis·tik die <-> (*kein Plur.*) *die Wissenschaft von der Kultur, Sprache und Literatur Spaniens und der spanischsprachigen Länder*

his·sen *mit OBJ* ■ *jmd. hisst etwas an einem Mast nach oben ziehen* eine Fahne/die Segel hissen

His·to·ri·ker, **His·to·ri·ke·rin** der <-s, -> *Person, die sich wissenschaftlich mit Geschichte befasst*

his·to·risch <nicht steig.> *Adj.* **1.** *die Vergangenheit betreffend* historisch belegte Ereignisse, historische Fakten/Überlieferungen **2.** *die Geschichte betreffend* ein historischer Atlas, die historische Forschung/Wissenschaft **3.** *sehr bedeutsam* ein historischer Augenblick, ein Ereignis von historischer Bedeutung

His·to·ris·mus der <-ses, Historismen> GESCH. *Betrachtungsweise, die alles vorwiegend aus seinen historischen Zusammenhängen zu erklären versucht*

Hit der <-s, -s> **1.** (*umg.*) *ein sehr beliebter und bekannter Schlager* sein neuester Hit, Der Schlager wurde zu einem Hit. **2.** (*umg.*) *eine Sache oder Ware, die sehr beliebt ist* Grüne Haare/weite Hosen sind jetzt der neueste Hit.

Hit·ler·gruß der <-es> (*kein Plur.*) GESCH. *offizieller Gruß im nationalsozialistischen Deutschland*

Hit·ler·jun·ge der <-n, -n> GESCH. *Mitglied einer nationalsozialistischen Jugendorganisation*

Hit·pa·ra·de die <-, -n> **1.** *Liste der beliebtesten Schlager* die Hitparaden anführen/stürmen **2.** *eine Sendung im Fernsehen oder Radio mit den beliebtesten Schlagern*

Hit·ze die <-> (*kein Plur.*) **1.** (↔ *Kälte*) *hohe Temperatur* Hier (im Zimmer) ist aber eine Hitze!, bei glühender Hitze am Hochofen arbeiten, den Kuchen bei mittlerer Hitze backen **2.** *sehr warme Witterung* Draußen herrscht eine drückende/sengende Hitze., Bei dieser Hitze können wir nur noch schwimmen gehen! **3.** (*umg.*) *erregter Zustand* Sie gerieten in Hitze und schrien sich an. ■ **in der Hitze des Gefechts** (*umg.*): *in der Aufregung* Das habe ich in der Hitze des Gefechts vergessen. ♦ Getrenntschreibung→R 4.3 ein Hitze abweisendes Material

hit·ze·be·stän·dig <nicht steig.> *Adj. unempfindlich gegenüber großer Hitze* ein hitzebeständiges Material ♦ Zusammenschreibung→R 4.5 aus hitzebeständigem Glas bestehen

hit·ze·emp·find·lich <nicht steig.> *Adj. nicht widerstandsfähig gegen Hitze* Das Material ist sehr hitzeempfindlich. ♦ Zusammenschreibung→R 4.5 Hitzeempfindliche Materialien verformen sich in der Sonne.

hit·ze·frei <nicht steig.> *Adj. schulfrei wegen sehr heißer Witterung* Wir haben/bekommen heute hitzefrei/Hitzefrei. ♦ nur Großschreibung →R 3.3 Hitzefrei erteilen, kein Hitzefrei bekommen/haben

Hit·z·e·pe·ri·o·de die <-, -n> *länger andauernde Phase von heißem Wetter*

Hit·ze·wel·le die <-, -n> (↔ *Kältewelle*) *anhaltend heiße Witterung* Das Wetter wird von einer erneuten Hitzewelle bestimmt.

hit·zig *Adj.* **1.** *aufbrausend* ein hitziger Mensch, ein hitziges Gemüt haben **2.** *heftig* ein hitziges Wortgefecht, ein hitziger Kampf

Hitz·kopf der <-(e)s, Hitzköpfe> (*umg. abwert.*) *Person, die sich schnell erregt und unüberlegt handelt* Ein Hitzkopf ist kein guter Verhandlungsführer.

Hitz·schlag der <-(e)s> (*kein Plur.*) MED. *plötzliches Kreislaufversagen bei großer Hitze*

HIV das ['ha:?i:'fau̯] <-(s), -(s)> (*Plur. selten*) MED. *Abkürzung von „Human Immunodeficiency Virus“ (Erreger der Immunschwächekrankheit Aids)*

HIV-nẹ·ga·tiv <nicht steig.> *Adj.* MED. *nicht mit dem HIV-Virus infiziert* Er ist HIV-negativ.

HIV-po·si·tiv <nicht steig.> *Adj.* MED. *mit dem HIV-Virus infiziert* Er ist HIV-positiv.

HIV-Po·si·ti·ve der/die <-n, -n> MED. *Person, die mit dem HIV-Virus infiziert ist*

HIV-Vị·rus das/der <-, HIV-Viren> MED. *Erreger der Immunschwächekrankheit Aids*

hm *Interj. Ausdruck von Zweifel oder Nachdenken* Hm, was sagst du dazu?, Hm, ich weiß nicht, was ich davon halten soll.

H-Milch die <-> (*kein Plur.*) *Abkürzung von „Haltbare Milch“*

HNO-Arzt, **HNO-Ärz·tin** der <-es, HNO-Ärzte> MED. *Abkürzung von „Hals-Nasen-Ohren-Arzt“*

Họb·by das <-s, -s> *liebste Freizeitbeschäftigung* Sein Hobby ist das Angeln.

Họb·by·kel·ler der <-s, -> *ausgebauter Keller, in dem jmd. seinem Hobby nachgeht*

Ho·bel der <-s, -> TECHN. *Werkzeug zum Glätten von Holz*

Ho·bel·bank die <-, Hobelbänke> TECHN. *Werkbank, auf der man große Holzstücke zum Hobeln einspannt*

ho·beln <hobelst, hobelte, hat gehobelt> **I.** *mit OBJ/ohne OBJ* ■ *jmd. hobelt (etwas) mit dem Hobel glätten* Er hobelt Bretter/einen Sarg., Ich habe mehrere Stunden (an den Holzdielen) gehobelt., gehobelte Bretter **II.** *mit OBJ* ■ *jmd. hobelt etwas klein schneiden* Gurken/Käse hobeln ■ **Wo gehobelt wird, da fallen Späne.** (*umg. übertr.*): *Wenn man etwas Notwendiges tut, können auch einmal Unbeteiligte zu Schaden kommen.*

Hoch das <-s, -s> **1.** *Ausruf, um jmdn. oder etwas zu feiern* Ein dreifaches Hoch auf das Geburtstagskind! **2.** METEOR. *Hochdruckgebiet* Ein ausgedehntes/kräftiges Hoch bestimmt unser Wetter.

hoch <höher, am höchsten> **I.** *Adj.* (↔ *niedrig*) **1.** *in senkrechter Richtung ausgedehnt bzw. entfernt* Das Haus ist (50 Meter) hoch., Wie hoch fliegt das Flugzeug?, Die Alm liegt 3000 Meter hoch., hoher Wellengang **2.** *groß, umfangreich, intensiv* ein hoher Betrag, ein hohes Alter erreichen, hohe Temperaturen **3.** *bedeutend; von wichtigem gesellschaftlichem Rang* eine hohe/hoch stehende Persönlichkeit, ein hoher Gast, eine höhere Schule besuchen, sich an höherer Stelle beschweren, auf höheren Befehl handeln **4.** (*moralisch*) *wertvoll* hohe/hoch gesteckte Ziele verfolgen, hohe Ideale haben, das hohe Gut der Freiheit, nach Höherem streben **5.** (*geh.*) *zeitlich fortgeschritten* die hohe Zeit des Barock, Es war hoher Mittag/Sommer., Es ist/wird hohe/höchste Zeit, dass wir aufbrechen. **6.** *auf einer Skala am oberen Ende positioniert* hohe Frequenzen/Töne **II.** *Adv.* **1.** *nach oben; aufwärts* Da vorne geht es hoch., Die Hände hoch!, einen Stuhl hoch schrauben, Die Schranke muss hoch sein, ehe wir fahren können. **2.** *außerordentlich/sehr* hoch begabt/hochbegabt sein, eine hoch entwickelte Technik, jemanden hoch schätzen/achten ■ **hoch zu Ross sein** (*umg.*): *eingebildet sein* **jemandem etwas hoch anrechnen** (*umg.*): *jmds. Leistung oder Taten anerkennen* **die Nase hoch tragen** (*umg.*): *eingebildet sein, arrogant sein* **hoch hinauswollen** (*umg.*): *ehrgeizig sein* **jemandem zu hoch sein** (*umg.*): *für jmdn. unverständlich sein* **Das ist mir einfach zu hoch! Geht es nicht etwas verständlicher?** ◆ Getrenntschreibung→R 4.2 seine Eltern hoch achten/höher achten als …, Ich sah, wie sich das Flugzeug hoch und höher in die Luft schraubte., hoch stehende Persönlichkeiten, hoch gestellte Persönlichkeiten, hoch konzentrierte Säure, hoch motivierte Schüler, hoch bezahlte Experten, hoch dotierte Informatiker, hoch qualifizierte Arbeitskräfte; Zusammenschreibung→R 4.5 hochaktuell, hochanständig, hochgeschlossen, hochgiftig; Getrennt- oder Zusammenschreibung →R 4.2 ein hoch begabter/hochbegabter Schüler, der/die hoch Begabte/Hochbegabte, eine hoch gebildete/hochgebildete Persönlichkeit; Großschreibung→R 3.17 der Hohe Priester, die Hohen Tauern, das Hohe Lied Salomo; Kleinschreibung →R 3.20 die hohe Schule (des Reitens), Der Präsident bat das hohe Haus, sich von den Plätzen zu erheben.

Hoch·ach·tung die <-> (*kein Plur.*) *große Achtung* Hochachtung vor jemandem/jemandes Leistung haben

hoch·ach·tungs·voll *Adv. Grußformel in Briefen* Hochachtungsvoll, Ihre …

hoch·ak·tu·ell <nicht steig.> *Adj. sehr aktuell* ◆ Zusammenschreibung→R 4.5 eine hochaktuelle Nachricht

Hoch·al·tar der <-s, -e> REL. *in katholischen Kirchen der erhöhte Hauptaltar*

Hoch·amt das <-(e)s, Hochämter> REL. *die Messe in der katholischen Kirche*

hoch·an·stän·dig <nicht steig.> *Adj. sehr fair* Das finde ich hochanständig von ihm. ◆ Zusammenschreibung→R 4.5 ein hochanständiger Charakter

hoch·ar·bei·ten *mit SICH* ■ *jmd. arbeitet sich hoch durch eigene Arbeit gesellschaftlich aufsteigen* Er hatte sich im Betrieb vom Hilfsarbeiter zum Meister hochgearbeitet.

Hoch·bau der <-(e)s> (*kein Plur.*) (↔ *Tiefbau*) *Bereich des Bauwesens, der sich mit Bauten über der Erde befasst* als Ingenieur im Hochbau arbeiten

hoch·be·gabt <nicht steig.> *Adj. sehr begabt* ein hochbegabter Schüler ◆ Zusammen- oder Getrenntschreibung→R 4.2 die Förderung hochbegabter/hoch begabter Kinder/von Hochbegabten *siehe auch* **hoch**

Hoch·be·gab·ten·för·de·rung die <-> (*kein Plur.*) *die systematische Förderung von besonders begabten Kindern*

hoch·be·tagt <nicht steig.> *Adj. sehr alt* eine hochbetagte Frau

Hoch·be·trieb der <-s> (*kein Plur.*) *sehr viel Betrieb* Am verkaufsoffenen Sonntag herrschte Hochbetrieb in der Stadt.

hoch·be·zahlt <nicht steig.> *Adj. so, dass man*

sehr viel Geld verdient ein hochbezahlter Manager

Hoch·burg die <-, -en> *Ort, an dem eine politische Richtung oder ein kulturelles Phänomen besonders stark vertreten oder ausgeprägt ist* eine Hochburg der Sozialdemokratie, Köln ist eine Hochburg des Karnevals.

Hoch·deutsch das <-s> (*kein Plur.*) *dialektfreies Deutsch* Wie heißt das auf Hochdeutsch?

hoch·deutsch <nicht steig.> *Adj. deutsch ohne Dialekt* hochdeutsch sprechen *s.* **deutsch**

Hoch·druck der <-s> (*kein Plur.*) **1.** PHYS. *hoher Druck in Flüssigkeiten und Gasen* in einem Behälter Hochdruck erzeugen, ein Schönwettergebiet mit Hochdruck **2.** MED. *Bluthochdruck* unter Hochdruck leiden **3.** (*umg.*) *Zustand großer Hast* Als Leiter des großen Projektes steht er ständig unter Hochdruck., unter Hochdruck an der Fertigstellung der Straße arbeiten **4.** DRUCKW. *ein Druckverfahren*

Hoch·druck·ge·biet das <-(e)s, -e> METEOR. *ein Gebiet mit hohem Luftdruck*

Hoch·e·be·ne die <-, -n> GEOGR. *eine in größerer Höhe über dem Meeresspiegel gelegene ebene Landfläche*

hoch·er·freut <nicht steig.> *Adj. sehr erfreut* Wir sind hocherfreut über deinen Besuch. ◆ Zusammenschreibung→R 4.5 Er wurde hocherfreut willkommen geheißen.

hoch·ex·plo·siv <nicht steig.> *Adj. sehr explosiv* ein hochexplosives Gasgemisch

hoch·fah·rend <nicht steig.> *Adj. überheblich* eine hochfahrende Art haben

Hoch·fi·nanz die <-> (*kein Plur.*) *die Gesamtheit der einflussreichen Bankinstitute und ihre Führungspersonen*

hoch·flie·gend <nicht steig.> *Adj. sehr ehrgeizig* hochfliegende Pläne haben, Kein Traum war so hochfliegend, dass wir ihn nicht verwirklicht hätten.

Hoch·form die <-> (*kein Plur.*) *Zustand größter Leistungsfähigkeit* Der Sportler ist heute in Hochform.

Hoch·for·mat das <-(e)s, -e> (↔ *Querformat*) *ein Papierformat, bei dem die Höhe einer Seite größer ist als deren Breite* ein Bild im Hochformat, eine Seite/einen Text im Hochformat ausdrucken

Hoch·fre·quenz die <-, -en> PHYS. *elektromagnetische Schwingung im oberen Frequenzbereich*

hoch·ge·bil·det <nicht steig.> *Adj. sehr gebildet*

Hoch·ge·birge das <-s, -> *hohes Gebirge, das sich bis (weit) über die Baumgrenze erhebt* die Hochgebirge Zentralasiens

Hoch·ge·fühl das <-s, -e> *ein starkes Gefühl der Freude oder des Stolzes* im Hochgefühl des Erfolges

hoch·ge·hen <gehst hoch, ging hoch, ist hochgegangen> *ohne OBJ* **1.** ■ *jmd. geht hoch hinaufgehen* von der Straße in die Wohnung hochgehen, Wollt ihr mit mir auf den Turm hochgehen? **2.** ■ *etwas geht hoch sich nach oben heben* Der das Signal/der Vorhang wird gleich hochgehen., Der Ballon ging ganz langsam hoch. **3.** ■ *jmd. geht hoch* (*umg.*) *zornig werden* Sie geht bei jeder Kleinigkeit gleich hoch. **4.** ■ *etwas geht hoch* (*umg.*) *explodieren* Die Bombe ist hochgegangen. **5.** ■ *etwas geht hoch* (*umg.*) *entdeckt werden* Im letzten Moment ist unser Plan doch noch hochgegangen., eine Verbrecherbande hochgehen lassen

Hoch·ge·nuss der <-es, Hochgenüsse> *ein sehr großer Genuss* Das Essen/das Konzert war ein Hochgenuss.

hoch·ge·schlos·sen <nicht steig.> *Adj. als Kleidungsstück so, dass es den Hals bedeckt* eine hochgeschlossene Bluse ◆ Zusammenschreibung →R 4.5 ein Kleid hochgeschlossen tragen

Hoch·ge·schwin·dig·keits·zug der <-(e)s, Hochgeschwindigkeitszüge> *ein Zug, der mit einer hohen Geschwindigkeit fährt*

hoch·ge·steckt ■ **hochgesteckte Erwartungen**: *sehr große Erwartungen*

hoch·ge·stellt <nicht steig.> *Adj.* MATH. *als Exponent[1] geschrieben* eine hochgestellte Ziffer ◆ Zusammenschreibung→R 4.5 etwas hochgestellt schreiben *siehe aber auch* **hoch**

hoch·gif·tig <nicht steig.> *Adj. außerordentlich giftig* eine hochgiftige Substanz ◆ Zusammenschreibung→R 4.5 Dieser Pilz ist hochgiftig.

Hoch·glanz der <-es> (*kein Plur.*) *starker Glanz* die Schuhe auf Hochglanz polieren ◆ -bilder, -magazin

hoch·gra·dig <nicht steig.> *Adj. sehr stark* Er ist hochgradig nervös/kurzsichtig.

hoch·hal·ten <hältst hoch, hielt hoch, hat hochgehalten> *mit OBJ* ■ *jmd. hält etwas hoch* **1.** *nach oben halten* Bitte zur Stimmabgabe die Hand/den Ausweis hochhalten! **2.** *achten* Wir haben diese Tradition immer hochgehalten., die alten Sitten und Gebräuche hochhalten

Hoch·haus das <-es, Hochhäuser> *Haus, das sehr viel höher ist als ein normales Wohnhaus* die Hochhäuser in Frankfurt/Manhattan

hoch·he·ben <hebst hoch, hob hoch, hat hochgehoben> *mit OBJ* ■ *jmd. hebt jmdn./etwas hoch nach oben heben* die Hand hochheben, ein Kind (auf die Schultern) hochheben

hoch·ju·beln *mit OBJ* ■ *jmd. jubelt jmdn. hoch* (*umg.*) *jmdn. in übertriebener Weise loben*

hoch·kant *Adv. mit der längeren Seite in senkrechter Position* Den Schrank bekommen wir hochkant nicht durch die Tür, wir müssen ihn kippen.

hoch·kom·men <kommst hoch, kam hoch, ist hochgekommen> *ohne OBJ* (*umg.*) **1.** ■ *jmd. kommt hoch nach oben kommen* Könnt ihr schnell zum Essen (in die Wohnung) hochkommen? **2.** ■ *jmd. kommt hoch aufstehen können* starke Rückenbeschwerden haben und kaum noch (aus dem Sessel) hochkommen **3.** ■ *jmd./etwas kommt hoch auftauchen* Der Taucher kam wieder (aus dem Wasser) hoch., Erinnerungen kamen in mir hoch. **4.** ■ *jmd. kommt hoch beruflich erfolgreich sein* keinen Konkurrenten neben sich hochkommen lassen, Er ist unter dem letzten Chef hochgekommen. **5.** ■ *etwas kommt hoch Brechreiz verursachen* Das Essen ist mir wieder hochgekommen., Bei diesem Anblick kann es einem ja hochkommen!

Hoch·kon·junk·tur die <-, -en> WIRTSCH. *eine Zeit mit hohem Wirtschaftswachstum*

hoch·kon·zen·t·riert <nicht steig.> *Adj. sehr konzentriert* hochkonzentrierte Schüler ◆ Zusammenschreibung→R 4.5 Sie arbeiteten hochkonzentriert. *siehe aber auch* **hoch**

Hoch·land das <-(e)s> (*kein Plur.*) *eine in größerer Höhe über dem Meeresspiegel gelegene Landfläche* das Hochland von Tibet

Hoch·leis·tung die <-, -en> *große Leistung* eine geistige/wissenschaftliche Hochleistung

Hoch·leis·tungs·chip der <-s, -s> EDV *sehr schnell arbeitendes elektronisches Schaltelement*

Hoch·lohn·land das <-es, Hochlohnländer> WIRTSCH. *Land mit einem sehr hohen durchschnittlichen Lohnniveau*

hoch·mo·dern <nicht steig.> *Adj. sehr modern* mit hochmoderner Technik ausgestattet sein

Hoch·moor das <-(e)s, -e> *über dem Grundwasserspiegel liegendes, durch Niederschlag entstandenes Moor*

Hoch·mut der <-s> (*kein Plur.*) (*abwert.*) *Überheblichkeit und Herablassung gegenüber anderen* voller Hochmut sein ■ **Hochmut kommt vor dem Fall.** (*umg.*): *wer sich selbst überschätzt, wird irgendwann dafür bestraft*

hoch·mü·tig *Adj. so, dass man sich selbst überschätzt und auf andere herabsieht* eine hochmütige Art haben

hoch·nä·sig *Adj.* (*umg. abwert.*) *so, dass man sich selbst überschätzt und auf andere herabsieht*

Hoch·o·fen der <-s, Hochöfen> TECHN. *technischer Ofen zur Gewinnung von Roheisen*

hoch·ra·di·o·ak·tiv <nicht steig.> *Adj. so, dass eine starke radioaktive Strahlung davon ausgeht*

hoch·ran·gig <nicht steig.> *Adj. von hohem Rang* hochrangige Mitarbeiter der Firma/Funktionäre der Sportverbände/Parteimitglieder

hoch·rap·peln *ohne OBJ* ■ *jmd. rappelt sich hoch* (*umg.*) *nach einer Krankheit wieder zu Kräften kommen*

hoch·rech·nen <rechnest hoch, rechnete hoch, hat hochgerechnet> *mit OBJ* ■ *jmd. rechnet etwas hoch aus* (*noch*) *unvollständigen Daten ein wahrscheinliches Endergebnis berechnen* Wenn man die bisherigen Daten hochrechnet, kommt man auf folgendes Endergebnis …

Hoch·rech·nung die <-, -en> *die Berechnung eines wahrscheinlichen Endergebnisses aus* (*noch*) *unvollständigen Daten* Nach bisherigen Hochrechnungen ist mit einem Wahlsieg der Opposition zu rechnen.

hoch·rüs·ten **I.** *mit OBJ* ■ *jmd. rüstet etwas hoch mit immer besserer Technik ausstatten* die Armee/das Militär hochrüsten, einen Computer hochrüsten **II.** *ohne OBJ* ■ *jmd. rüstet hoch das Militär immer besser ausstatten* Das Land hat jahrelang hochgerüstet.

Hoch·rüs·tung die <-> (*kein Plur.*) *die immer bessere technische Ausstattung* eine Politik der militärischen Hochrüstung

Hoch·sai·son die <-s, -s> (≈ *Hauptsaison*) *die Zeit mit dem lebhaftesten Kundenandrang* Er kann das Geschäft zur Hochsaison nicht schließen., Im Sommer ist in den Seebädern immer Hochsaison.

hoch·schal·ten *ohne OBJ* ■ *jmd. schaltet hoch* (KFZ: ↔ *herunterschalten*) *in einen höheren Gang schalten*

Hoch·schul·ab·sol·vent, **Hoch·schul·ab·sol·ven·tin** der <-en, -en> *Person, die* (*gerade*) *ein Hochschulstudium abgeschlossen hat*

Hoch·schu·le die <-, -n> (≈ *Universität*) *wissenschaftliche Lehr- und Forschungseinrichtung, wo man studieren und einen akademischen Grad erwerben kann*

Hoch·schul·leh·rer, **Hoch·schul·leh·re·rin** der <-s, -> (≈ *Dozent*) *Person, die beruflich an einer Hochschule lehrt*

Hoch·schul·po·li·tik die <-> (*kein Plur.*) *Politik im Bezug auf Universitäten und Hochschulen*

Hoch·schul·rei·fe die <-> (*kein Plur.*) *ein Schulabschluss, der zum Studium an einer Universität/Hochschule berechtigt* die Hochschulreife erwerben

hoch·schwan·ger <nicht steig.> *Adj. in einem fortgeschrittenen Stadium der Schwangerschaft* eine hochschwangere Frau

Hoch·see die <-> (*kein Plur.*) *weit von den Küsten entfernte Teile des Meeres*

Hoch·see·fi·sche·rei die <-> (*kein Plur.*) *Fischfang auf hoher See*

Hoch·see·jacht die <-, -en> *Jacht, die auf hoher See fahren kann*

Hoch·seil·ar·tist der <-en, -en> *jmd., der im Zirkus Kunststücke auf einem Seil vollführt, das in größerer Höhe gespannt ist*

Hoch·si·cher·heits·trakt der <-es, -e> RECHTSW. *besonders stark gesicherte Abteilung in einem Gefängnis*

Hoch·som·mer der <-s, -> *die Mitte des Sommers* mitten im Hochsommer Urlaub machen

Hoch·span·nung die <-, -en> **1.** ELEKTROTECHN. *elektrische Spannung mit mehr als 1000 Volt* **2.** (*kein Plur.*) (*umg.*) *gespannte Erwartung* Im Saal herrschte Hochspannung, als das Urteil verkündet wurde.

Hoch·span·nungs·lei·tung die <-, -en> *Hochspannung führende elektrische Leitung*

Hoch·span·nungs·mast der <-(e)s, -en> *Mast für Hochspannungsleitungen*

Hoch·spra·che die <-, -n> SPRACHWISS. *Standardsprache ohne regionale oder soziale Färbung*

Hoch·sprung der <-(e)s, Hochsprünge> *eine Sportdisziplin, bei der man möglichst hoch über eine Latte springen muss*

höchst *Adv. sehr; äußerst* Das ist alles höchst sonderbar.

Hoch·stap·ler, **Hoch·stap·le·rin** der <-s, -> *Person, die betrügerisch eine hohe gesellschaftliche Stellung vortäuscht, um daraus Vorteile zu ziehen*

Der Chefarzt wurde als Hochstapler ohne jede medizinische Ausbildung entlarvt.

höchs·te *Adj. Superl. von „hoch“*

höchs·tens *Adv.* **1.** (↔ *mindestens*) *nicht mehr als* Ich gebe höchstens zehn Euro dafür. **2.** (≈ *bestenfalls*) Hier kann höchstens noch ein Wunder helfen.

Höchst·fall ■ **im Höchstfall** (*umg.*): *nicht mehr als* Hier passen im Höchstfall 20 Personen hinein.

Höchst·form die <-> (*kein Plur.*) *in bester Verfassung* Sie hat sich heute in Höchstform gezeigt.

Höchst·ge·bot das <-es, -e> (↔ *Mindestgebot*) *das höchste Angebot bei einer Versteigerung*

Höchst·ge·schwin·dig·keit die <-, -en> (↔ *Mindestgeschwindigkeit*) *die höchste zulässige oder technisch mögliche Geschwindigkeit* die Höchstgeschwindigkeit eines Fahrzeuges, Die zulässige Höchstgeschwindigkeit ist hier wegen Bauarbeiten herabgesetzt worden.

Höchst·gren·ze die <-, -n> *die oberste Grenze dessen, was möglich oder erlaubt ist* sich beim Einkauf eine Höchstgrenze setzen

Höchst·last die <-, -en> *maximal zulässige Last*

Höchst·leis·tung die <-, -en> *beste (mögliche) Leistung* Höchstleistungen fordern/vollbringen

Höchst·maß das <-es, -e> (↔ *Mindestmaß*) *der höchste Grad* mit einem Höchstmaß an Genauigkeit/Sorgfalt

höchstmöglich <nicht steig.> *Adj.* (≈ *maximal* ↔ *geringstmöglich*)

höchst·per·sön·lich *Adv.* (*umg. iron.*) *in eigener Person* Der Minister ist sogar höchstpersönlich gekommen, um ihm zu gratulieren!

Höchst·tem·pe·ra·tur die <-, -en> **1.** *die höchste (gemessene) Temperatur;* (↔ *Tiefsttemperatur*) die Höchsttemperaturen des heutigen Tages **2.** *die höchste (zulässige) Temperatur* Dieses Kleidungsstück ist bis zu einer Höchsttemperatur von 30 Grad zu waschen!

höchst·wahr·schein·lich *Adv. mit ziemlicher Sicherheit* Er hat unsere Verabredung höchstwahrscheinlich vergessen.

höchst·zu·läs·sig <nicht steig.> *Adj. höchstens zulässig* die höchstzulässige Personenzahl für einen Aufzug

Hoch·tech·no·lo·gie die <-, -n> *modernste Technologie*

Hoch·tem·pe·ra·tur·re·ak·tor der <-s, -en> PHYS. *Kernreaktor mit hoher Kühlmitteltemperatur*

Hoch·tour die <-, -en> *Bergtour im Hochgebirge* ■ **auf Hochtouren laufen** (*umg.*): *unter voller Leistung laufen*

hoch·tou·rig *Adj. mit hoher Drehzahl* ein Auto hochtourig fahren

hoch·tra·bend <nicht steig.> *Adj.* (*abwert.*) *schwülstig und dabei ohne Inhalt* hochtrabend daherreden

hoch·ver·dient <nicht steig.> *Adj. in hohem Maße verdient*

Hoch·ver·rat der <-(e)s> (*kein Plur.*) RECHTSW. *Verbrechen gegen die verfassungsmäßige Ordnung eines Staates* wegen Hochverrats verurteilt werden

Hoch·wald der <-(e)s, Hochwälder> *Wald mit hohen alten Bäumen und wenig Unterholz*

Hoch·was·ser das <-s, -> **1.** *Überschwemmung* Hier hat es in der letzten Zeit mehrere Hochwasser gegeben. **2.** *Höchststand der Flut im Wechsel der Gezeiten* Um 14 Uhr ist Hochwasser.

Hoch·was·ser·stand der <-(e)s, Hochwasserstände>

hoch·wer·tig <nicht steig.> *Adj. von guter Qualität* hochwertige Nahrungsmittel/Stoffe

hoch·wirk·sam <nicht steig.> *Adj. sehr wirksam* hochwirksame Medikamente

hoch·wuch·ten *mit OBJ* ■ *jmd. wuchtet etwas hoch mit großer Anstrengung in die Höhe heben*

Hoch·zahl die <-, -en> MATH. *Exponent*

Hoch·zeit die <-, -en> *Eheschließung* ■ **auf allen Hochzeiten tanzen** (*umg.*): *sich an vielen Dingen gleichzeitig beteiligen (und dadurch nichts gründlich machen)* ◆-sgast, -sfeier, -sgeschenk, -skuchen, -spaar

Hoch·zeit die <-, -en> *Blüteperiode* in der Hochzeit des Barocks

Hoch·zeits·nacht die <-, Hochzeitsnächte> *die erste Nacht nach der Eheschließung, die das Ehepaar miteinander verbringt*

Hoch·zeits·rei·se die <-, -n> *Reise, die das Paar nach der Eheschließung gemeinsam unternimmt* auf Hochzeitsreise gehen

Hoch·zeits·tag der <-(e)s, -e> **1.** *Tag der Hochzeit* An unserem Hochzeitstag war herrliches Wetter. **2.** *Jahrestag der Hochzeit* den 10. Hochzeitstag haben/feiern

hoch·zie·hen <ziehst hoch, zog hoch, hat hochgezogen> **I.** *mit OBJ* ■ *jmd. zieht etwas hoch* **1.** *nach oben ziehen* einen Eimer am Seil aus dem Brunnen hochziehen, die Hosen hochziehen **2.** *heben* die Augenbrauen/Schultern hochziehen **II.** *mit SICH* ■ *jmd. zieht sich an etwas Akk. hoch* (*umg.*) *sich aufregen* Sie zieht sich an jeder Kleinigkeit hoch. ■ **die Nase hochziehen** (*umg.*): *geräuschvoll Luft oder Schleim durch die Nase einziehen*

Ho·cke die <-, -n> **1.** *kauernde Körperhaltung* in der Hocke sitzen **2.** SPORT *gehockter Sprung* eine Hocke über das Pferd machen

ho·cken <hockst, hockte, hat/ist gehockt> **I.** *ohne OBJ* ■ *jmd. hockt* **1.** (*haben/sein*) *in kauernder Körperhaltung sitzen* Er hat/ist in der Ecke/auf dem Boden gehockt., Die Henne hockt auf den Eiern. **2.** (*haben/sein*) (*umg. süddt. österr.*) *sich dauernd aufhalten* Ich habe/bin den ganzen Tag hinter dem Schreibtisch gehockt., Müsst ihr denn immer bei Mutter hocken? **3.** (*sein*) SPORT *mit angehockten Beinen springen* Er ist über das Pferd gehockt. **II.** *mit SICH* ■ *jmd. hockt sich irgendwohin* ((*haben*)) *sich in gekauerter Körperhaltung irgendwohin setzen* Sie hat sich auf die Bank/in die Ecke gehockt.

Ho·cker der <-s, -> *ein Stuhl ohne Lehne* sich auf einen Hocker setzen ■ **jemanden nicht vom Hocker reißen** (*umg.*): *jmdn. nicht besonders be-*

geistern ◆ Bar-

Hö·cker der <-s, -> **1.** *Fettbuckel auf dem Rücken von Kamelen/Dromedaren* **2.** *ein Buckel am* (*menschlichen*) *Körper* Er hat einen Höcker auf dem Rücken/der Nase.

Ho·ckey das ['hɔke:/'hɔki] <-s> (*kein Plur.*) SPORT *englisches Ballspiel* ◆ -platz, -schläger, -spiel

Ho·den der <-s, -> ANAT. *Drüse, in welcher der männliche Samen gebildet wird*

Ho·den·sack der <-(e)s, Hodensäcke> ANAT. *sackartige Hauthülle um die Hoden*

Hof der <-(e)s, Höfe> **1.** *Innenhof eines Gebäudes* Die Kinder spielen im/auf dem Hof. **2.** *Bauernhof* einen großen Hof bewirtschaften **3.** (*kein Plur.*) *Königs- oder Fürstenhof* am Hofe Augusts des Starken **4.** *Hofstaat* Der gesamte Hof zog mit dem König in die Sommerresidenz. **5.** *heller Nebel um Mond oder Sonne* Der Mond hat einen Hof. ■ **jemandem den Hof machen** (*geh.*): *jmdn. umwerben*

Hof·da·me die <-, -n> HIST. *adelige Dame an einem Königshof*

hof·fä·hig <nicht steig.> *Adj. gesellschaftsfähig* In diesem Aufzug bist du aber nicht hoffähig!

Hof·fart die <-> (*kein Plur.*) (*veralt. geh. abwert.*) *Hochmut* Sie war voller Hoffart und verspottete alle, die um ihre Hand anhielten.

hof·fen **I.** *mit OBJ* ■ *jmd. hofft etwas jmd. wünscht, dass etwas eintritt* Hoffen wir das Beste für dich!, Wir hoffen, dass alles gut geht. **II.** *ohne OBJ* ■ *jmd. hofft auf etwas jmd. wünscht sich etwas* Für morgen hoffen wir auf besseres Wetter., Ich hoffe auf Besserung.

hof·fent·lich *Adv. so, wie ich hoffe; so, wie es wünschenswert wäre* Hoffentlich ist ihm nichts passiert!, Du willst doch hoffentlich nicht schon wieder ein neues Auto kaufen!

Hoff·nung die <-, -en> **1.** *positive Erwartung* Ich habe die Hoffnung, dass unser Plan doch noch gelingt., jemandem falsche Hoffnungen machen, die Hoffnung nicht verlieren **2.** *Person oder Sache, in die große Erwartungen gesetzt werden* die große Hoffnung seiner Eltern sein, Das war unsere einzige/letzte Hoffnung. ■ **guter Hoffnung sein** (*umg. verhüll.*): *schwanger sein*

hoff·nungs·froh <nicht steig.> *Adj.* (*geh.*) *voller Hoffnung* hoffnungsfroh in die Zukunft blicken

hoff·nungs·los **I.** *Adj. ohne jede Aussicht auf Besserung* ein hoffnungsloser Fall, Unsere Lage war völlig hoffnungslos. **II.** *Adv. sehr/völlig* Das Gerät war hoffnungslos veraltet., Er ist hoffnungslos dumm.

Hoff·nungs·lo·sig·keit die <-> (*kein Plur.*) **1.** *Aussichtslosigkeit* die Hoffnungslosigkeit seiner Lage erkennen **2.** *Verzweiflung* ein Gesichtsausdruck voller Hoffnungslosigkeit

Hoff·nungs·schim·mer der <-s, -> (*geh.*) *eine kleine Möglichkeit der Besserung* Gibt es denn gar keinen Hoffnungsschimmer?

Hoff·nungs·trä·ger, **Hoff·nungs·trä·ge·rin** der <-s, -> *Person, in die man für die Zukunft große Erwartungen setzt* Er ist der neue Hoffnungsträger seines Landes/seiner Partei.

hoff·nungs·voll *Adj.* **1.** *zuversichtlich* hoffnungsvoll in die Zukunft blicken **2.** *viel versprechend* Das war ein hoffnungsvoller Anfang., eine hoffnungsvolle junge Wissenschaftlerin

Hof·hund der <-(e)s, -e> *Hund zur Bewachung des Hauses*

hö·fisch <nicht steig.> *Adj.* **1.** *zu einem Fürstenhof gehörend* die höfischen Sitten, die höfische Gesellschaft **2.** LIT. *von der Kultur des hohen Mittelalters geprägt* höfische Dichtung

höf·lich *Adj. den Regeln des Anstands entsprechend* ein höflicher Mensch, höfliches Verhalten, jemanden höflich grüßen/um etwas bitten

Höf·lich·keit die <-, -en> **1.** (*kein Plur.*) *das Höflichsein* jemanden mit besonderer Höflichkeit begrüßen **2.** (*meist Plur.*) *Kompliment* Zu Beginn wurden nur Höflichkeiten ausgetauscht.

Höf·lich·keits·flos·kel die <-, -n> (*abwert.*) *etwas, das man nur aus Höflichkeit sagt*

Höf·ling der <-s, -e> GESCH. *Person, die bei Hofe lebt*

Hof·staat der <-es> (*kein Plur.*) *Gesamtheit der Personen, die an einem Königs- oder Fürstenhof leben* Der König versammelte seinen gesamten Hofstaat um sich.

Hof·tor das <-(e)s, -e>

Hö·he die <-, -n> **1.** *die senkrechte Ausdehnung oder Entfernung* die Höhe eines Berges/Turmes/Zimmers, In einer Höhe von 5000 m errichteten sie ein Basislager., auf/in einer Höhe von 1000 m fliegen **2.** *eine Stelle, die weiter oben ist* etwas in die Höhe heben, in die Höhe schweben/steigen, Kunststücke in luftiger Höhe darbieten, den Urlaub in der Höhe verbringen **3.** *auf einer* (*gedachten*) *Linie oder auf einem Niveau* Wir sitzen auf gleicher Höhe/auf verschiedenen Höhen im Parkett., Das Schiff befand sich auf der Höhe von Helgoland, als das Unglück passierte., auf der Höhe der Zeit/technischen Entwicklung sein **4.** *die messbare Größe oder Menge* die Höhe der Geschwindigkeit/Dosis, die Höhe der Besucherzahl/Löhne/Verluste **5.** *der* (*nicht messbare*) *Grad* die Höhe seines Ansehens/Bewusstseins, Das Gespräch bewegte sich auf einer (geistigen) Höhe, der ich nicht folgen konnte. **6.** *Erhebung im Gelände* die Höhen der Eifel/des Thüringer Waldes, In der Ferne sieht man die Höhen des Vorgebirges. **7.** *Schwingungszahl bei Tönen* die Höhe eines Tones/einer Stimme, Sie trifft auch in der Höhe/in großen Höhen die Töne gut. **8.** MATH. die Höhe eines Dreiecks/Rechtecks ■ **Das ist doch wohl die Höhe!** (*umg.*): *Ausruf der Empörung* **auf der Höhe sein** (*umg.*): *seinen Anforderungen geistig oder körperlich/gesundheitlich gewachsen sein* **in die Höhe fahren** (*umg.*): *aufspringen*

Ho·heit die <-, -en> **1.** (*kein Plur.*) *das Recht* (*eines Landes*), *über etwas zu gebieten* die Hoheit über ein Land/Seegebiet haben, unter jemandes Hoheit stehen **2.** (*kein Plur.*) *Würde oder Erhabenheit* die Hoheit unserer Sache/unserer Ziele, Seine Person strahlte viel Hoheit aus., etwas mit herablassender Hoheit ablehnen **3.** *Mitglied einer Herrscherfamilie* Die Hoheiten verbrachten das Fest auf einem ihrer Landsitze. **4.** *Anrede für eine fürstliche Persönlichkeit* Ihre Königliche Hoheit lässt bitten!

Ho·heits·ge·biet das <-(e)s, -e> POL. RECHTSW. *das Gebiet, das unter der Hoheit eines Staates steht* deutsches Hoheitsgebiet verlassen, Das Flugzeug befindet sich über französischem Hoheitsgebiet.

Ho·heits·ge·wäs·ser das <-s, -> *das Gewässer, das unter der Hoheit eines Staates steht* in russische Hoheitsgewässer einlaufen, die Hoheitsgewässer eines Landes verlassen

ho·heits·voll *Adj. voller Würde* hoheitsvoll lächeln/vom Balkon winken

Hö·hen·krank·heit die <-> (*kein Plur.*) *bestimmte Beschwerden, die man in sehr großer Höhe bekommen kann*

Hö·hen·mes·ser der <-s, -> *Gerät zum Messen der Höhe* Im Flugzeug war der Höhenmesser ausgefallen.

Hö·hen·son·ne die <-, -n> **1.** ELEKTROTECHN. *Gerät zur Bestrahlung mit UV-Strahlen* Höhensonne verschrieben bekommen, unter der Höhensonne liegen **2.** METEOR. *Sonneneinstrahlung in großen Höhenlagen*

Hö·hen·un·ter·schied der <-(e)s, -e> *der Unterschied in der Höhe zwischen zwei Orten*

Hö·hen·zug der <-es, Höhenzüge> GEOGR. *mehrere aneinander gereihte Berge oder Gebirge* der Höhenzug der Karpaten

Hö·he·punkt der <-es, -e> **1.** *höchster Punkt einer Entwicklung* auf dem Höhepunkt einer Entwicklung/Laufbahn, Ihr Auftritt war der Höhepunkt des Abends., den Höhepunkt erreichen/überschritten haben **2.** *Orgasmus* (nicht) zum Höhepunkt kommen **3.** MED. *Krise* Der Höhepunkt der Krankheit ist überschritten, jetzt wird es besser., Die Krankheit hat ihren Höhepunkt überschritten.

hö·her *Adj. Komparativ von „hoch"*

hö·her·wer·tig <nicht steig.> *Adj.*

hohl *Adj.* **1.** *innen leer* ein hohles Fass, einen hohlen Zahn haben, Der Baum ist innen ganz hohl. **2.** *einwärts gebogen* Der Spiegel ist hohl und nicht bauchig., hohle Wangen haben, Wasser in der hohlen Hand auffangen **3.** *wie aus einem leeren Raum kommend* ein hohles Donnern/Husten, eine hohle Stimme, hohl klingen **4.** (*umg. abwert.*) *nichtssagend/dumm* Das sind nichts als hohle Worte/Phrasen!, Der Kerl ist doch völlig hohl!

Höh·le die <-, -n> **1.** *unausgefüllter Raum in der Erde* unterirdische Höhlen im Felsen, Früher lebten die Menschen in Höhlen., Die Kinder haben sich eine Höhle in den Schnee gegraben. **2.** *Behausung eines Tieres* die Höhle eines Bären **3.** (*umg. abwert.*) *schlechte Wohnung* Diese Wohnung ist eine fürchterliche Höhle. **4.** ANAT. *Augenhöhle* Seine Augen lagen in tiefen Höhlen.

Höh·len·for·scher, **Höh·len·for·sche·rin** der <-s, -> *Person, die beruflich Höhlen in Felsen erforscht*

Höh·len·zeich·nung die <-, -en> *von frühgeschichtlichen Menschen stammende Zeichnung an der Wand einer Höhle*

Hohl·kopf der <-(e)s, Hohlköpfe> (*umg. abwert.*) *dumme Person* Einem solchen Schwätzer und Hohlkopf würde ich nicht länger zuhören.

Hohl·kör·per der <-s, -> ein Körper, der innen leer ist

Hohl·kreuz das <-(e)s, -e> (*umg.*) *starke Vorwärtskrümmung der Lendenwirbelsäule* ein Hohlkreuz haben/machen

Hohl·maß das <-es, -e> PHYS. *eine Maßeinheit/ein Maß für den Rauminhalt* Liter und Kubikmeter sind Hohlmaße.

Hohl·raum der <-(e)s, Hohlräume> *ein leerer oder gefüllter Raum im Inneren von etwas* Im Inneren des Gesteins befindet sich ein mit Wasser gefüllter Hohlraum.

Hohl·raum·ver·sie·ge·lung die <-> (*kein Plur.*) KFZ *ein Verfahren, mit dem Teile eines Autos gegen Rost geschützt werden*

Hohl·weg der <-es, -e> *ein zwischen steilen Wänden eingekerbter Weg*

Hohn der <-(e)s> (*kein Plur.*) *offen gezeigte Verachtung* für etwas nur Hohn und Spott ernten, Aus seinen Worten sprach der blanke Hohn., Du kannst auch nur Hohn lachen, hilf uns lieber! ◆ Getrennt- und Großschreibung→R 4.1 allen guten Vorsätzen Hohn sprechen, Es hilft uns nicht weiter, wenn du nur Hohn lachst! *siehe aber auch* **hohnlachen**

höh·nen *mit OBJ/ohne OBJ* ■ *jmd. höhnt (jmdn.)* (*geh.*) *verspotten* seine Widersacher höhnen, „Das habe ich dir doch gleich gesagt", höhnte sie., Du kannst auch nur höhnen, mach es doch selbst besser!

Hohn·ge·läch·ter das <-s> (*kein Plur.*) *höhnisches, überhebliches Lachen* in Hohngelächter ausbrechen

höh·nisch *Adj. voller Hohn* Du brauchst gar nicht so höhnisch zu grinsen!, ein höhnisches Lachen, eine höhnische Rede

Hohn·la·chen das <-s> (*kein Plur.*) *Hohngelächter*

hohn·la·chen *ohne OBJ* ■ *etwas lacht einer Sache Hohn* (*geh.*) *zuwiderlaufen* allen bisherigen Vorsätzen hohnlachen ◆ Zusammen- und Kleinschreibung Es hilft uns nicht weiter, wenn du nur hohnlachst! *siehe aber auch* **Hohn**

Ho·kus·po·kus der <-> (*kein Plur.*) **I. 1.** (*umg.*) *Täuschung* Der Zauberkünstler führte allerlei Hokuspokus vor. **2.** (*umg. abwert.*) *lächerliches Getue* Was soll dieser ganze Hokuspokus, komm endlich zur Sache! **II.** *Interj. Zauberformel* Hokuspokus Fidibus!

hold *Adj.* LIT. **1.** *lieblich/anmutig* ein holdes Lächeln, ein holder Knabe **2.** *freundlich gesonnen* Er ist ihr hold., Das Glück ist uns heute hold.

Hol·ding die ['ho:ldɪŋ] <-, -s> WIRTSCH. *Gesellschaft, die andere Gesellschaften durch Aktienbesitz steuert*

ho·len **I.** *mit OBJ* **1.** ■ *jmd. holt jmdn./etwas ir-*

H

gendwo nehmen und herbringen das Auto aus der Werkstatt holen, die Kinder aus der Schule holen, jemanden ins Zimmer holen **2.** ■ *jmd. holt etwas aus etwas Dat. irgendwo herausnehmen* Geld aus der Tasche holen, ein Buch aus dem Schrank holen, die Gurken aus dem Fass holen **3.** ■ *jmd. holt etwas etwas erringen, gewinnen* die Goldmedaille/einen Titel holen **4.** ■ *jmd. holt etwas* (*umg.*) *einkaufen* Brot/Milch holen gehen **5.** ■ *jmd. holt jmdn. zu sich rufen* Wir sollten einen Arzt/die Polizei holen. **II.** *mit SICH* (*umg.*) ■ *jmd. holt sich etwas sich zuziehen* sich eine Erkältung/eine Grippe holen, Wer weiß, was ich mir bei der Kälte gestern geholt habe! ■ **Atem/Luft holen**: *einatmen* **sich den Tod holen** (*umg.*): *sich stark erkälten*

Hol·land <-s> **1.** *eine Provinz in den Niederlanden* **2.** (*umg.*) *die Niederlande*

Hol·län·der, **Hol·län·de·rin** der <-s, -> *jmd., der die niederländische Staatsbürgerschaft hat*

hol·län·disch <nicht steig.> *Adj. aus Holland stammend* holländischer Käse

Höl·le die <-, -n> (*meist Sing.*) **1.** (*kein Plur.*) REL. *Ort der Verdammnis* für seine Sünden in die Hölle kommen, zur Hölle fahren **2.** (*übertr.*) *Zustand oder Ort schrecklicher Qualen* die Hölle des Krieges, Es war die Hölle für sie., Sie machte ihm das Leben zur Hölle. ■ **sich zur Hölle scheren können** (*umg.*): *von jmdm. oder irgendwo nicht mehr geduldet sein* Scher dich zur Hölle, ich will dich hier nicht mehr sehen! **die Hölle auf Erden haben** (*umg.*): *sehr leiden müssen* **jemandem die Hölle heiß machen** (*umg.*): *jmdn. stark bedrängen oder unter Druck setzen*

Höl·len·angst die <-, Höllenängste> (*umg.*) *schreckliche Angst* Höllenangst/Höllenängste ausstehen

Höl·len·lärm der <-(e)s> (*kein Plur.*) (*umg.*) *schrecklicher Lärm* In der Fabrikhalle herrschte ein Höllenlärm., Die Motoren machten einen Höllenlärm.

Hol·ler der <-s> (*kein Plur.*) *Holunder*

höl·lisch <nicht steig.> **I.** *Adj.* **1.** *aus oder von der Hölle* das höllische Feuer **2.** (*umg.*) *sehr groß/stark* höllische Schmerzen/Qualen, höllischer Lärm **II.** *Adv.* (*umg.*) *sehr* höllisch aufpassen müssen, Das tut höllisch weh!, höllisch schnell fahren

Hol·ly·wood·schau·kel die ['hɔlɪwʊdʃaukl] <-, -n> *bequeme, wie eine Schaukel aufgehängte Sitzbank, die man im Garten oder auf der Terrasse aufstellt*

Holm der <-(e)s, -e> **1.** SPORT *Stange am Barren* **2.** SPORT *Teil eines Ruderriemens*

Ho·lo·caust der ['ho:lokaust] <-(s), -s> **1.** GESCH. *systematische Tötung der Juden im Nationalsozialismus* **2.** *Tötung einer großen Anzahl von Menschen* ein atomarer Holocaust

Ho·lo·gramm das <-(e)s, -e> PHYS. *dreidimensionale Aufnahme eines Gegenstandes*

Ho·lo·gra·phie, *a.* **Ho·lo·gra·fie** die <-, -n> PHYS. *Technik zur Herstellung, Speicherung und Wiedergabe dreidimensionaler Bilder*

Ho·lo·zän das <-s> (*kein Plur.*) GESCH. GEOGR. *urgeschichtliche Epoche der Entstehungsgeschichte der Welt*

hol·pern <holperst, holperte, hat/ist geholpert> *ohne OBJ* (*umg.*) **1.** ■ *etwas holpert* ((*haben*)) *ungleichmäßige Bewegungen machen* Der Wagen hat geholpert, als er über die Gleise fuhr., Das hat aber geholpert, war da ein Schlagloch? **2.** ■ *etwas holpert über etwas Akk.* ((*sein*)) *sich ungleichmäßig irgendwohin bewegen* Der Wagen ist über die Gleise geholpert.

holp·rig *Adj.* **1.** *voller Unebenheiten* eine holprige Straße/Strecke, ein holpriges Feld **2.** *von vielen Pausen unterbrochen* holprig sprechen/lesen, ein holpriger Vortrag, Es ging noch etwas holprig, du musst noch ein bisschen üben.

Hol·schuld die <-, -en> (RECHTSW.: ↔ *Bringschuld*) *Schuld, die am Wohnort des Schuldners zu begleichen ist*

Hols·ter das <-s, -> *Pistolentasche*

Ho·lun·der der <-s, -> **1.** *ein wild wachsender Strauch mit schwarzen Beeren* **2.** (*kein Plur.*) *Beeren des Holunderstrauches*

Ho·lun·der·tee der <-s> (*kein Plur.*) *Tee aus Holunderblüten*

Holz das <-es, Hölzer> **1.** (*kein Plur.*) *Material, das aus Baumstämmen gewonnen wird* abgelagertes/feuchtes/frisch geschnittenes/trockenes Holz, mit Holz heizen, Holz für ein Lagerfeuer sammeln, ein Haus/Möbel/Türen aus Holz **2.** *Holzsorte* edle/tropische Hölzer, Intarsien aus verschiedenen Hölzern **3.** *eine Latte aus Holz* die Hölzer zu einer Kiste zusammenbauen, ein Holz in die Erde rammen **4.** (*umg.*) *Streichholz* Hast du Hölzer mit? ■ **Holz machen** (*umg.*): *Holz (für ein Feuer) klein hacken* **aus demselben Holz geschnitzt sein** (*umg.*): *sich charakterlich stark ähneln*

höl·zern <nicht steig.> *Adj.* **1.** *aus Holz* eine hölzerne Puppe, ein hölzerner Tisch **2.** (*abwert.*) *ungeschickt; steif* eine hölzerne Art haben, eine hölzerne Verbeugung/Begrüßung

Holz·fäl·ler, **Holz·fäl·le·rin** der <-s, -> *Person, die beruflich im Wald Bäume fällt*

Holz·fäl·ler·hemd das <-s, -en> *mit großen, bunten Karos gemustertes Hemd*

holz·frei <nicht steig.> *Adj. aus reinem Zellstoff* holzfreies Papier

holz·ge·tä·felt <nicht steig.> *Adj.* (*eine Wand*) *mit Tafeln aus Holz verkleidet*

Holz·ha·cker, **Holz·ha·cke·rin** der <-s, -> (*österr.*) *Holzfäller(in)*

Holz·ham·mer der <-s, -> *hölzerner Hammer* einen Pflock mit dem Holzhammer einschlagen ■ **mit dem Holzhammer** (*umg. abwert.*): *auf plumpe Art und Weise* ein Problem mit dem Holzhammer lösen wollen

Holz·ham·mer·me·tho·de die <-> (*kein Plur.*) (*umg. abwert.*) *eine plumpe Art und Weise, mit der jmd. etwas erreichen will* Die Holzhammermethode hilft selten weiter.

Holz·han·del der <-s> (*kein Plur.*) *Geschäft oder Unternehmen, das mit Holz handelt*

Holz·haus das <-es, -häuser> *aus Holz gebautes Haus*

hol·zig <nicht steig.> *Adj. mit festen verholzten Fasern* holziger Kohlrabi/Spargel, ein holziger Pflanzenstiel

Holz·klotz der <-es, Holzklötze> *ein Stück Holz* Von dem gefällten Baum sind noch ein paar dicke Holzklötze übrig geblieben., Das Kind spielt mit kleinen Holzklötzen.

Holz·koh·le die <-> *(kein Plur.) Kohle, die durch Verkohlen von Holz im Meiler entsteht* Holzkohle für das Grillen verwenden, mit Holzkohle zeichnen

Holz·koh·len·grill der <-s> *mit Holzkohle beheizter Grill*

Holz·leim der <-s, -e> *Leim zum Kleben von Holz*

Holz·löf·fel der <-s, -> *aus Holz geschnitzter Löffel*

Holz·schnitt der <-(e)s, -e> DRUCKW. **1.** *aus einem Holzstock herausgeschnittene Grafik* **2.** *in dieser Technik gedrucktes Bild* Der Künstler stellt auch mehrere seiner Holzschnitte aus.

Holz·schnit·ze·rei die <-, -en> **1.** *(kein Plur.) das Schnitzen in Holz* die Kunst der Holzschnitzerei beherrschen, von Holzschnitzerei leben **2.** *eine Arbeit, die aus Holz geschnitzt ist* eine schöne Holzschnitzerei aus Afrika

Holz·schuh der <-s, -e> *ein Schuh aus Holz*

Holz·schutz·mit·tel das <-s, -> *chemisches Mittel zur Bekämpfung von Fäulnis und Schädlingen im Holz*

Holz·spiel·zeug das <-s> *(kein Plur.) aus Holz gefertigtes Spielzeug*

Holz·stoß der <-es, Holzstöße> *zu einem Haufen aufgeschichtetes, klein gehacktes Holz*

Holz·weg ■ **auf dem Holzweg sein** *(umg.): sich irren*

Holz·wirt·schaft die <-> *(kein Plur.) die Wirtschaftsbetriebe, die von der Erzeugung und Verarbeitung von Holz leben*

Holz·wol·le die <-> *(kein Plur.) dünne, wollartig gekräuselte Holzspäne* eine wertvolle Vase zum Transportieren in Holzwolle verpacken

Holz·wurm der <-(e)s, Holzwürmer> *(umg.) Larve verschiedener Käferarten, die im Holz lebt* In der alten Truhe ist der Holzwurm.

Home·ban·king das ['hoʊmbɛŋkɪŋ] <-s> *(kein Plur.)* WIRTSCH. *Durchführung von Bankgeschäften mit dem eigenen Computer von zu Hause aus*

Home·land das ['hoʊmlænd] <-s, -s> GESCH. POL. *den farbigen Südafrikanern von der Regierung zugewiesene Siedlungsgebiete*

Home·page die ['hoʊmpeɪdʒ] <-, -s> EDV *Seite im Internet, die man aufruft, wenn man die Adresse eines Anbieters anwählt*

Home·shop·ping das ['hoʊmʃɔpɪŋ] <-s> *(kein Plur.) das (online erfolgende) Bestellen von Waren, die im Internet angeboten werden*

Home·trai·ner der ['hoʊmtreɪnə] <-s, -> SPORT *häusliches Übungsgerät für die körperliche Fitness, das einem Fahrrad ähnlich ist*

Ho·mo[1] der <-, Homines> BIOL. *Vertreter der Gattung der eigentlichen Menschen*

Ho·mo[2] der <-(s), -s> *(umg. abwert.) Homosexueller*

ho·mo·e·ro·tisch <nicht steig.> *Adj. (≈ homosexuell)*

ho·mo·fon *Adj. s.* **homophon**

ho·mo·gen <nicht steig.> *Adj. (geh. ↔ heterogen) gleichmäßig aufgebaut* eine homogene Gruppe, eine homogene Masse

ho·mo·ge·ni·sie·ren <homogenisierst, homogenisierte, hat homogenisiert> *mit OBJ* ■ *jmd. homogenisiert etwas* **1.** CHEM. *unterschiedliche Flüssigkeiten durch einen chemischen Prozess miteinander vermischen* Fett und Wasser homogenisieren, homogenisierte Milch **2.** *(geh.) vereinheitlichen*

Ho·mo·ge·ni·tät die <-> *(kein Plur.) (geh.) Einheitlichkeit*

Ho·mo·gra·phie die <-> *(kein Plur.) siehe auch* **Homonymie**, **Homophonie**

> **i Wissenswert** Wörter, die gleich geschrieben werden, aber unterschiedliche Aussprache und Bedeutung aufweisen, bezeichnet man als **Homographe**. Beispiel: übersetzen (von einer Sprache in eine andere) und übersetzen (einen Kahn übersetzen). Sie werden in diesem Wörterbuch jeweils als eigene Einträge angeführt.

Ho·mo·ny·mie die <-> *(kein Plur.) siehe auch* **Homographie**, **Homophonie**, **Polysemie**

> **i Wissenswert** Von **Homonymie** spricht man, wenn Wörter mit verschiedener Bedeutung gleich ausgesprochen und geschrieben werden (Homonyme), aber auf unterschiedliche sprachgeschichtliche Wurzeln zurückgehen. Beispiel: Ton, Reif, der/die Kiefer. Hingegen spricht man bei gleicher Herkunft und mehreren Bedeutungen eines Wortes von Polysemie. Homonyme werden in diesem Wörterbuch durch eigene Einträge mit hochgestellter Ziffer dargestellt.

Ho·mö·o·pa·thie die <-, -n> MED. *alternatives Heilverfahren, bei der dem Kranken in starker Verdünnung die Stoffe verabreicht werden, die die Krankheit verursachen können*

ho·mö·o·pa·thisch <nicht steig.> *Adj. mit den Methoden der Homöopathie* homöopathische Heilmethoden ■ **in homöopathischen Dosen** *(geh.): in geringsten Mengen*

ho·mo·phon, *a.* **ho·mo·fon** <nicht steig.> *Adj.* MUS. SPRACHWISS. *gleich tönend; gleich lautend*

Ho·mo·pho·nie die <-> *(kein Plur.) siehe auch* **Homografie**, **Homonymie**

> **i Wissenswert** Wörter, die unterschiedlich geschrieben, aber gleich ausgesprochen werden, bezeichnet man als **Homophone**. Bei-

spiele: lehren/leeren, Meer/mehr, weise/ Waise. Oft liegt diesen Fällen ursprüngliche Homographie (gleiche Schreibweise) zugrunde, die durch offizielle Schreibregelungen beseitigt wurde, um den Unterschied zu verdeutlichen.

Ho·mo·se·xu·a·li·tät die <-> (*kein Plur.*) *auf das eigene Geschlecht ausgerichtete Sexualität*

ho·mo·se·xu·ell <nicht steig.> *Adj. so, dass das sexuelle Empfinden auf das eigene Geschlecht gerichtet ist*

Ho·mo·se·xu·el·le der/die <-n, -n> *Person, deren sexuelles Empfinden sich auf das eigene Geschlecht richtet*

Ho·mo·se·xuel·len·e·he die <-, -n> (*rechtlich*) *anerkannte Eheschließung zwischen gleichgeschlechtlichen Partnern*

Ho·mun·ku·lus der <-, -se/Homunkuli> (*geh. abwert.*) *künstlich erzeugter Mensch*

Hon·du·ra·ner, **Hon·du·ra·ne·rin** der <-s, -> *Einwohner von Honduras*

hon·du·ra·nisch <nicht steig.> *Adj. Honduras betreffend*

Hon·du·ras <-> *Staat in Mittelamerika*

Ho·nig der <-s> (*kein Plur.*) *eine von Bienen aus Blütennektar und eigenen Körpersäften hergestellte dickflüssige, süße, gelbe Masse* die Bienen sammeln Honig, Honig aufs Brot streichen ■ **jemandem Honig ums Maul schmieren** (*umg. abwert.*): *jmdn. durch Schmeicheleien für sich einnehmen*

Ho·nig·bie·ne die <-, -n> *die Biene, die Honig sammelt*

ho·nig·far·ben <nicht steig.> *Adj. von der braungoldenen Farbe von Honig*

Ho·nig·ku·chen·pferd ■ **grinsen wie ein Honigkuchenpferd** (*umg. abwert.*): (*ein wenig dümmlich*) *übers ganze Gesicht grinsen*

Ho·nig·me·lo·ne die <-, -n> *eine süße, gelbe Melonenart*

ho·nig·süß <nicht steig.> *Adj.* **1.** *sehr süß* Der Pfirsich ist/schmeckt honigsüß. **2.** (*übertr. abwert.*) *mit falscher Freundlichkeit* honigsüß lächeln/reden

Ho·nig·wa·be die <-, -n> *mit Honig gefüllte Wabe*

Ho·no·rar das <-s, -e> *Entgelt für eine zuvor erbrachte Leistung* gegen Honorar arbeiten

Ho·no·ra·ti·o·ren <-> <*Plur.*> *besonderes Ansehen genießende Bürger mit hohem sozialem Status* Der Geschäftsmann gehört zu den Honoratioren der Stadt.

ho·no·rie·ren *mit OBJ* ■ *jmd. honoriert etwas* **1.** *Honorar für etwas zahlen* sich eine Arbeitsleistung angemessen honorieren lassen **2.** *etwas anerkennen* Seine Ehrlichkeit ist überhaupt nicht honoriert worden. **3.** BANKW. *einen Wechsel oder Scheck einlösen*

Hool der [huːl] <-s, -s> (*umg.* ≈ *Hooligan*)

Hoo·li·gan der ['huːlɪgn̩] <-s, -s> *gewalttätige Person, besonders unter Fußballfans* Nach dem Länderspiel lieferten sich Hooligans Straßenschlachten (mit der Polizei).

Hop·fen der <-s, -> BOT. *Pflanze, die besonders zur Bierbrauerei benutzt wird* Hopfen anbauen/ernten ■ **bei jemandem/etwas ist Hopfen und Malz verloren** (*umg.*): *jmd. oder etwas ist verloren bzw. lohnt keine Mühe mehr*

hop·peln <hoppelst, hoppelte, ist gehoppelt> *ohne OBJ* ■ *ein Tier hoppelt* (*umg.*) *in unregelmäßigen Sprüngen hüpfen* Der Hase hoppelt über das Feld.

hopp·hopp (*umg.*) **I.** *Interj. Ausruf, mit dem man jmdn. zur Eile drängt* Jetzt aber hopphopp! **II.** *Adv.* (*umg. abwert.*) *sehr schnell* Bei ihm musste alles immer hopphopp gehen.

hopp·la *Interj.* (*umg.*) *Ausdruck der Überraschung* Hoppla!, Hoppla, wer kommt denn da?

hopp·neh·men <nimmst hopp, nahm hopp, hat hoppgenommen> *mit OBJ* ■ *jmd. nimmt jmdn. hopp* (*umg.*) *festnehmen* Er wusste, dass sie ihn irgendwann hoppnehmen würden.

Hops der <-es, -e> (*umg.*) *kleiner Sprung* Keine Angst, es ist doch nur ein kleiner Hops!

hop·s (*umg.*) **I.** *Interj. Aufforderung zum Sprung* Hops! **II.** *Adv.* **1.** *schnell* Nun aber hops ins Bett!, Hops war alles weg! **2.** *kaputt; verloren* Die Daten werden wohl hops sein!

hop·sen <hopst, hopste, ist gehopst> *ohne OBJ* ■ *jmd. hopst über etwas Akk.* (*umg.*) *springen* über einen kleinen Bach/Zaun hopsen

hops·ge·hen <gehst hops, ging hops, ist hopsgegangen> *ohne OBJ* **1.** ■ *etwas geht hops* (*umg.*) *verloren gehen; kaputtgehen* Das wertvolle Geschirr ist (uns) leider hopsgegangen. **2.** ■ *jmd. geht hops* (*vulg.*) *sterben* Durch harte Drogen sind schon einige Leute hopsgegangen.

Hör·ap·pa·rat der <-(e)s, -e> *Gerät zur Verbesserung der Hörfähigkeit* Den Schwerhörigen kann nun mit einem neuartigen Hörapparat besser geholfen werden.

hör·bar <nicht steig.> *Adj.* kaum/deutlich hörbare Geräusche

Hör·bril·le die <-, -n> TECHN. *Brille mit eingebautem Hörapparat*

Hör·buch das <-(e)s, -bücher> *die Aufzeichnung* (*auf Kassette oder CD*) *des Vorgangs, dass jmd. einen Roman vorliest*

hor·chen *ohne OBJ* ■ *jmd. horcht* **1.** *aufmerksam* (*hin*)*hören* horchen, ob es verdächtige Geräusche gibt/ob die Uhr tickt, Horch, da singt eine Nachtigall! **2.** (*abwert.*) *heimlich lauschen* an der Tür horchen

Hor·cher, **Hor·che·rin** der <-s, -> (*abwert.*) *Person, die andere heimlich belauscht*

Horch·pos·ten der <-s, -> **1.** MILIT. *vorgezogener Posten, der den Gegner belauscht* **2.** (*umg. scherzh.*) *Stelle, von der aus man etwas beobachten oder belauschen kann* einen Horchposten beziehen, um rechtzeitig zu wissen, wann die Gäste kommen

Hor·de die <-, -n> **1.** (*umg. abwert.*) *wilde, ungeordnete Gruppe von Personen* Eine Horde randalierender Fans zog durch die Straßen., Eine ganze

Horde Kinder stürmte auf den Platz. **2.** (*fachspr.*) *Familiengruppe ohne feste soziale Ordnung bei Naturvölkern*

hö·ren **I.** *mit OBJ/ohne OBJ* ■ *jmd. hört etwas* **1.** *mit dem Gehör wahrnehmen* Geräusche/Musik/Schüsse hören, Er hört gut/schwer., Hörst du die Amsel singen?, Man konnte ihn lachen hören. **2.** *erfahren* Hast du schon das Neueste gehört?, Ich habe schon davon gehört., Ich habe lange nichts mehr von ihm gehört., Wir haben von ihr einiges zu hören bekommen! **II.** *mit OBJ* **1.** ■ *jmd. hört etwas anhören* Ich höre gerade meine Lieblingsplatte., Hörst du gerne klassische Musik? **2.** ■ *jmd. hört jmdn.* RECHTSW. *eine Aussage aufnehmen* In der Verhandlung wurden mehrere Zeugen gehört., Sie verlangte, zu dem Fall gehört zu werden. **3.** ■ *jmd. hört etwas.* (*veralt.*) (*Vorlesungen*) *besuchen* Sie hört Geschichte bei Professor Müller. **III.** *ohne OBJ* **1.** ■ *jmd. hört gehorchen* Kannst du nicht hören?, Wenn ihr auf mich/auf meinen Rat gehört hättet, wäre das nicht passiert! **2.** ■ *ein Tier hört auf ...* (*als Tier*) *angesprochen werden* Der Hund hört auf den Namen „Waldi". ■ **Na, hör mal!** (*umg.*): *Ausruf des Protests* Na, hör mal, musste das wirklich sein? **jemandem vergeht Hören und Sehen** (*umg.*): *jmd. weiß gar nicht, wie ihm geschieht*

Hö·ren·sa·gen ■ **vom Hörensagen** (*umg.*): *nur vom Weitererzählen, nicht aus eigener Erfahrung* Ich kenne das/sie nur vom Hörensagen.

Hö·rer, **Hö·re·rin**[1] der <-s, -> **1.** *Zuhörer* Sehr geehrte Hörerinnen und Hörer!, sich an alle Hörer wenden, ein sehr aufmerksamer Hörer **2.** (*geh.*) *Student(in)* Diese Vorlesung ist offen für Hörer aller Fakultäten.

Hö·rer[2] der <-s, -> TELEKOMM. *Hör- und Sprecheinrichtung am Telefon* den Hörer abnehmen/auflegen

Hö·rer·schaft die <-, -en> (*Plur. selten*) *Gesamtheit der Zuhörer(innen)* sich an die Hörerschaft des Senders wenden, eine begeisterte Hörerschaft haben

Hör·feh·ler der <-s, -> *etwas falsch Gehörtes/ein Missverständnis* Das muss ein Hörfehler gewesen sein, ich dachte, Sie heißen Müller und nicht Miller.

Hör·funk der <-s> (*kein Plur.*) *Rundfunk* Hörfunk und Fernsehen ◆-programm

Hör·ge·rät das <-s, -e> *kleines Gerät zur Verbesserung der Hörfähigkeit*

hö·rig <nicht steig.> *Adj.* **1.** *jmdm. oder einer Sache willenlos unterworfen* Er ist ihr (sexuell) hörig, darum ist es kaum zu erwarten, dass er sich von ihr trennt., Die Zeitung ist den Machthabern hörig. **2.** GESCH. *leibeigen* hörige Bauern

Hö·rig·keit die <-> (*kein Plur.*) **1.** *Abhängigkeit* sexuelle Hörigkeit **2.** GESCH. *Leibeigenschaft*

Ho·ri·zont der <-(e)s, -e> **1.** *Linie, an der sich Himmel und Erde scheinbar berühren* Die Sonne versinkt am Horizont/geht über dem Horizont auf. **2.** *Erfahrungen und geistige Fähigkeiten* Das geht über meinen Horizont., einen sehr begrenzten Horizont haben ■ **neue Horizonte erschließen** (*geh.*): *neue Möglichkeiten eröffnen*

ho·ri·zon·tal <nicht steig.> *Adj.* (↔ *vertikal*) *waagerecht* horizontal verlaufen, eine horizontale Achse/Linie

Ho·ri·zon·ta·le die <-, -n> (MATH.: ↔ *Vertikale*) *waagerechte Linie* in der Horizontalen verlaufen, zwei Horizontale(n) ■ **sich in die Horizontale begeben** (*umg. scherzh.*): *sich hinlegen*

Hor·mon das <-s, -e> MED. *körpereigener Wirkstoff, der bestimmte Körperfunktionen steuert*

Hor·mon·fleisch das (*umg.*) *Fleisch von hormonbehandelten Tieren*

Hor·mon·haus·halt der <-(e)s, -e> MED. *das Zusammenwirken der Hormone im Körper*

Horn das <-(e)s, Hörner/Horne> **1.** (*Plur. Hörner*) *harter spitzer Auswuchs am Kopf von bestimmten Tieren* die Hörner einer Kuh/eines Schafbocks/einer Ziege, gebogene/gewaltige/spitze Hörner haben **2.** (*Plur. Hörner*) (*umg.*) *Beule* Ich habe mich gestoßen, jetzt werde ich ein Horn am Kopf bekommen. **3.** (*Plur. Horne*) *Hornsubstanz* Hufe bestehen aus Horn., ein Brillengestell aus Horn anfertigen **4.** (*Plur. Hörner*) MUS. *Blasinstrument* das Horn blasen, ins Horn stoßen **5.** (*Plur. Hörner*) KFZ *Hupe* das Horn betätigen **6.** (FACHSPR.: ≈ *Hornlautsprecher*) Das Horn verfügt über einen extremen Wirkungsgrad und kann deshalb hervorragend auch mit kleineren Röhrenverstärkern kombiniert werden. **7.** ■ **jemandem Hörner aufsetzen** (*umg.*): *Ehebruch begehen* **in das gleiche Horn stoßen wie jemand** (*umg. abwert.*): *jmds. Meinung vertreten* **den Stier bei den Hörnern fassen** (*umg.*): *ein Problem direkt angehen* **sich die Hörner abstoßen** (*umg.*): (*sexuelle*) *Erfahrungen sammeln*

Horn·bril·le die <-, -n> *eine Brille mit einem Gestell aus Horn*[3]

Hörn·chen das <-s, -> **1.** *kleines Horn* **2.** *Gebäck, dessen gekrümmte Form entfernt an ein Horn*[1] *erinnert*

Hör·nerv der <-s, -en> MED. *Nerv, der die Hörreize ins Gehirn weiterleitet*

Horn·haut die <-> (*kein Plur.*) **1.** *aus abgestorbenen Zellen bestehende Hautschicht* **2.** *gewölbte, durchsichtige Vorderfläche des Auges*

Hor·nis·se die <-, -n> ZOOL. *eine große Wespe*

Horn·lautspre·cher der <-s, -> FACHSPR. *ein Lautsprecher, der einen (großen) Trichter in der Form eines Horns*[4] *zur Erzeugung der Töne benutzt*

Horn·och·se der <-n, -n> (*vulg. abwert.*) *ein Schimpfwort für einen dummen Menschen*

Horn·vieh das <-s> (*kein Plur.*) *alle Hörner tragenden Tiere*

Ho·ro·s·kop das <-s, -e> *Zukunftsvoraussage, die sich an der Stellung der Planeten orientiert* sich ein Horoskop erstellen lassen, Was sagt dein Horoskop für heute?

hor·rend <nicht steig.> *Adj.* (*umg. abwert.*) **1.** *übermäßig hoch* horrende Preise verlangen, Die Mieten sind horrend gestiegen. **2.** *unglaublich* horrenden Unsinn erzählen, eine horrende Dummheit

Hor·ror der <-s> (*kein Plur.*) *Abscheu; Entsetzen* (einen) Horror vor jemandem/etwas haben, Der Horror stand ihr ins Gesicht geschrieben. ■ **Das ist der Horror!** (*umg.*): *das ist furchtbar*

Hor·ror·film der <-s, -e> *ein Film, der darauf abzielt, Angst und Entsetzen auszulösen*

Hor·ror·vi·si·on die <-, -en> (*abwert.*) *entsetzliche Vorstellung* der drohende Weltuntergang, der Angriff außerirdischer Mächte auf die Erde und andere Horrorvisionen, Die Vorstellung, aus einem Flugzeug mit dem Fallschirm abzuspringen, ist für mich eine Horrorvision.

Hör·saal der <-(e)s, Hörsäle> *ein großer Saal für Vorlesungen in einer Universität*

Hors·d'oeu·v·re das [ɔr'dø:vrə] <-(s), -s> *kleine appetitanregende Vorspeise*

Hör·spiel das <-(e)s, -e> *dramatisches Stück für das Radio* ein Hörspiel anhören/senden

Horst der <-(e)s, -e> **1.** *Nest von Greifvögeln* der Horst eines Adlers **2.** MILIT. *Fliegerstation* ◆ Flieger-

Hör·sturz der <-es, Hörstürze> MED. *plötzlicher Hörverlust*

Hort der <-(e)s, -e> **1.** (*geh.*) *ein Ort, wo etwas ist* Die Universität ist ein Hort der Wissenschaft., Das Landhaus war ein Hort der Ruhe für sie. **2.** *Kindergarten* Vormittags sind die Kinder im Hort. **3.** (*lit.*) *Schatz* der Hort der Nibelungen

hor·ten *mit OBJ* ■ *jmd. hortet etwas in großen Mengen sammeln* Sie hat Vorräte für schlechte Zeiten gehortet., Ich glaube, er hortet das Geld; jedenfalls gibt er nie etwas aus.

Hor·ten·sie die <-, -n> BOT. *eine Blütenpflanze mit weißen, blauen oder rosafarbigen kugeligen Blüten*

Hör·ver·mö·gen das <-s> (*kein Plur.*) *die Fähigkeit zu hören* Im Alter lässt häufig das Hörvermögen nach.

Hör·wei·te die <-, -n> *die Entfernung, in der man etwas noch hören kann* bis auf Hörweite herankommen, außer Hörweite sein

ho·san·na *Interj. s.* **hosianna**

Hös·chen das <-s, -> **1.** *eine kleine Hose* (*für Kinder*) einem kleinen Kind ein Höschen anziehen **2.** *eine Unterhose für Frauen* Sie war nur mit einem Höschen bekleidet.

Ho·se die <-, -n> *ein Kleidungsstück, das den Unterleib und die Beine bedeckt* eine kurze/lange/neue Hose, eine Hose/die Hosen anziehen, Die Hose rutscht/sitzt nicht richtig/spannt/ist zu weit. ■ **die Hosen anhaben** (*umg.*): *innerhalb einer Gemeinschaft bestimmen, was getan wird* **das Herz rutscht jemandem in die Hose** (*umg.*): *jmd. bekommt Angst* **die Hosen voll haben** (*vulg.*): *Angst haben* **sich in die Hosen machen** (*vulg.*): *Angst haben* **in die Hose gehen** (*umg.*): *nicht gelingen* **tote Hose sein** (*umg. abwert.*): *langweilig sein*

Ho·sen·an·zug der <-s, Hosenanzüge> *Kombination aus Hose und Jacke für Frauen*

Ho·sen·auf·schlag der <-s, Hosenaufschläge> *nach außen umgeschlagener unterer Rand der Hosenbeine*

Ho·sen·bein das <-(e)s, -e> das Bein bedeckender Teil einer Hose

Ho·sen·bo·den der <-s, Hosenböden> *der Teil der Hose, der das Gesäß bedeckt* Der Hosenboden ist durchgewetzt. ■ **sich auf den Hosenboden setzen** (*umg.*): *sich ernsthaft anstrengen* **jemandem den Hosenboden strammziehen** (*umg.*): *jmdm. Schläge auf das Gesäß geben*

Ho·sen·bü·gel der <-s, -> *ein Kleiderbügel für Hosen*

Ho·sen·bund der <-(e)s, Hosenbünde> *oberer Rand der Hose*

Ho·sen·latz der <-es, Hosenlätze> **1.** *Brustlatz an einer Trachtenhose* **2.** (*aufknöpfbarer*) *Hosenschlitz*

Ho·sen·sack der <-s, Hosensäcke> (*schweiz.*) *Hosentasche*

Ho·sen·schei·ßer der <-s, -> **1.** (*umg. scherzh.*) *kleines Kind* **2.** (*vulg. abwert.*) *Feigling*

Ho·sen·schlitz der <-es, -e> *Öffnung im vorderen Teil einer Hose*

Ho·sen·ta·sche die <-, -n> *an einer Hose seitlich eingenähte Tasche* etwas in die Hosentasche(n) stecken, die Hände in den Hosentaschen haben

Ho·sen·trä·ger der <-s, -> *zwei Bänder, die oben an einer Hose befestigt werden und so über die Schultern des Trägers getragen werden, dass sie das Herunterrutschen der Hose verhindern*

ho·si·an·na, *a.* **ho·san·na** *Interj. Gebetsruf, Freudenruf* Hosianna, gelobet sei der Herr!

Hos·pi·tal das <-s, -e/Hospitäler> (*schweiz.*) *Krankenhaus*

Hos·pi·tant, **Hos·pi·tan·tin** der <-en, -en> *Person, die als Gast an einer Unterrichtsstunde teilnimmt*

hos·pi·tie·ren *ohne OBJ* ■ *jmd. hospitiert als Gast teilnehmen* in einer Schule/Unterrichtsstunde hospitieren

Hos·piz das <-es, -e> **1.** (*klostereigene*) *Unterbringung für Gäste* im Hospiz übernachten **2.** *Einrichtung, in der Todkranke bis zu ihrem Tod körperlich und psychisch betreut werden*

Hos·tess, **Hos·tess** die <-, -en> **1.** *Gästebetreuerin bei Messen, in Hotels oder bei Reiseveranstaltungen* Für die Messe werden noch Hostessen eingestellt. **2.** (*verhüll.*) *Prostituierte*

Hos·tie die <-, -n> REL. *Oblate, die beim Abendmahl gereicht wird*

Hot·dog, *a.* **Hot Dog** das/der ['hɔt 'dɔk] <-s, -s> *ein heißes Würstchen in einem Brötchen*

Ho·tel das <-s, -s> *ein Haus, in dem Gäste gegen Bezahlung übernachten können* (*und ein Frühstück erhalten*) in einem erstklassigen/noblen/schäbigen Hotel übernachten, Das Hotel ist ausgebucht., Ich habe Ihnen ein Doppelzimmer im Hotel „Hasen" gebucht. ◆-angestellter, -besitzer, -direktor, -gast, -halle, -page, -portier, -rechnung, -verzeichnis

Ho·tel·bar die <-, -s> *zu einem Hotel gehörende Bar*

Ho·tel·bett das <-s, -en> **1.** *Bett im Hotel* Das Hotelbett war ziemlich unbequem. **2.** *Übernachtungsmöglichkeit im Hotel* In der Hochsaison sind die Hotelbetten in der Stadt restlos ausgebucht.

Ho·tel·boy der <-s, -s> *Hotelangestellter für die Bedienung der Gäste* Der Hotelboy rief ein Taxi/brachte die Koffer aufs Zimmer.

Ho·te·li·er der [hotəˈli̯eː] <-s, -s> *Betreiber oder Eigentümer eines Hotels*

Ho·tel·ket·te die <-, -n> *Unternehmen, das an vielen verschiedenen Orten Hotels betreibt*

Hot·line die [ˈhɔtˈlaɪn] <-, -s> *Telefonnummer, unter der man (rund um die Uhr) Hilfe und Auskunft erhalten kann* Wenn Sie Fragen haben, rufen Sie bitte unsere Hotline an!

Hot·pants, *a.* **Hot Pants** [ˈhɔt ˈpɛnʦ] <*Plur.*> *sehr kurze, eng sitzende Damenhosen*

hott *Interj. Kommando für das Pferd, nach rechts zu gehen*

hü *Interj. Kommando für das Pferd, nach links zu gehen* ■ **einmal hü und einmal hott sagen** (*umg.*): *nicht recht wissen, was man will*

Hub der <-(e)s, Hübe> TECHN. KFZ *Wegstrecke, die ein Kolben im Zylinder eines Motors zurücklegt*

hü·ben ■ **hüben und drüben**: *auf dieser und auf der anderen Seite*

Hub·raum der <-(e)s, Hubräume> KFZ *Teil des Zylinders, in dem sich der Kolben einer Maschine bewegt* Die Leistung eines Motors wird an der Größe seines Hubraums gemessen.

hübsch **I.** *Adj.* **1.** (↔ *hässlich*) *so, dass das äußere Erscheinungsbild eines Menschen oder einer Sache angenehm und attraktiv auf den Betrachter wirkt* ein hübsches Bild/Foto/Mädchen/Städtchen **2.** (*ziemlich*) *angenehm klingend* eine hübsche Melodie **3.** (≈ *nett*) (*ziemlich*) *gut oder angenehm* Es war doch schon ganz hübsch, was er da geboten hat. **4.** (*umg.*) *beträchtlich* eine hübsche Summe **5.** (*umg. iron. abwert.*) *unangenehm* Da sind wir ja in eine hübsche Geschichte hineingeraten! **II.** *Adv.* (*umg.*) *so, wie es sich gehört* Nun mal hübsch der Reihe nach!, Immer hübsch langsam!, Nun streng dich mal hübsch an!

Hub·schrau·ber der <-s, -> *eine Art Flugzeug mit einem sehr großen, auf seiner Oberseite befindlichen Propeller, das die Fähigkeit hat, (nahezu) senkrecht aufzusteigen*

Hu·cke die <-, -n> (*ostmdt. umg.*) *Rücken* ■ **die Hucke voll kriegen** (*umg.*): *Prügel bekommen* **jemandem die Hucke voll lügen** (*umg.*): *jmdn. dreist belügen*

hu·cke·pack *Adv.* (*umg.*) *auf dem Rücken* etwas/jemanden huckepack tragen

Hu·cke·pack·ver·kehr der <-s> (*kein Plur.*) TECHN. *Beförderung von Straßenfahrzeugen im Güterverkehr der Bahn*

hu·deln <hudelst, hudelte, hat gehudelt> *ohne OBJ* ■ *jmd. hudelt* (*süddt. umg.*) *schnell und oberflächlich arbeiten* Hier haben die Bauleute gehudelt, da muss noch einmal nachgearbeitet werden.

Huf der <-(e)s, -e> *verhorntes Fußende* einem Pferd die Hufe beschlagen, Pferde haben Hufe, Rinder haben Klauen.

Huf·ei·sen das <-s, -> *Eisen, mit dem die Hufe (von Pferden) beschlagen werden* Das Pferd hat ein Hufeisen verloren.

huf·ei·sen·för·mig <nicht steig.> *Adj. in der Form eines Hufeisens* die Tische im Raum hufeisenförmig aufstellen

Hü·ferl das <-s, -> (*österr.*) *Hüfte*

Huf·schmied, **Huf·schmie·din** der <-s, -e> *Person, die beruflich Hufe (von Pferden) beschlägt*

Hüf·te die <-, -n> **1.** *Körperpartie zwischen Oberschenkel und Taille beim Menschen* breite/schmale Hüften haben, die Arme in die Hüften stemmen, sich beim Gehen in den Hüften wiegen **2.** KOCH. *Fleischstück aus der Beckengegend (eines Rindes)*

Hüft·hal·ter der <-s, -> *ein von Frauen getragener Gürtel, an dem die Strümpfe befestigt werden*

Huf·tier das <-(e)s, -e> *Säugetiere, deren Fußenden zu Hufen verhornt sind* Pferde und Esel sind Huftiere.

Hü·gel der <-s, -> *kleine Erhebung in der Landschaft* Die Stadt wurde auf einem Hügel erbaut.

hü·ge·lig *Adj. so, dass es viele Hügel gibt* eine hügelige Landschaft

Huhn das <-(e)s, Hühner> *ein großer Vogel, der seiner Eier wegen in großer Zahl auf Bauernhöfen gehalten wird* Hühner im Garten halten, Hühner legen Eier. ■ **mit den Hühnern aufstehen** (*umg.*): *sehr früh aufstehen* **Da lachen ja die Hühner!** (*umg.*): *das ist so dumm, dass man es nicht glauben kann*

Hühn·chen das <-s, -> KOCH. *Huhn* Heute gibt es Hühnchen mit Reis. ■ **mit jemandem ein Hühnchen zu rupfen haben** (*umg.*): *mit jmdm. noch eine Streitigkeit zu klären haben*

Hüh·ner·au·ge das <-s, -n> MED. *eine schmerzhafte Verdickung der Haut an den Zehen*

Hüh·ner·bouil·lon die [...bulˈjɔŋ/...bʊlˈjõː] <-, -s> KOCH *Hühnerbrühe*

Hüh·ner·brü·he die <-, -n> KOCH *Brühe, die beim Kochen eines Huhns gewonnen wird*

Hüh·ner·ei das <-s, -er> *ein von einem Huhn gelegtes Ei*

Hüh·ner·farm die <-, -en> *ein landwirtschaftlicher Betrieb, in dem Hühner gezüchtet werden*

Hüh·ner·fri·kas·see das <-s, -s> KOCH *ein Gericht, das aus Hühnerfleischstückchen in einer hellen Soße besteht*

Hüh·ner·fut·ter das <-s> (*kein Plur.*) *meist aus Körnern bestehende Nahrung für Hühner*

Hüh·ner·haus das <-es, Hühnerhäuser> *eine Art kleiner Stall für Hühner*

Hüh·ner·hund der <-(e)s, -e> *ein Jagdhund, der bei der Jagd den Jäger lautlos auf Wild aufmerksam macht*

Hüh·ner·lei·ter die <-, -n> **1.** *kleine Leiter, über die die Hühner in den Stall gelangen* **2.** (*umg. scherzh.*) *kleine, schmale Treppe* Auf den Dachboden führte eine schmale Hühnerleiter.

Hüh·ner·mist der <-(e)s> (*kein Plur.*) *Kot und Urin von Hühnern*

Hüh·ner·pest die <-> (*kein Plur.*) *eine Krankheit bei Hühnern, die durch einen Virus hervorgerufen wird und meist tödlich endet*

Hüh·ner·schen·kel der <-s, -> *das Bein eines geschlachteten Huhns, das man gebraten isst*

Hüh·ner·stall der <-s, Hühnerställe> *ein Stall, der zur Unterbringung von Hühnern dient*

Hüh·ner·stan·ge die <-, -n> *Stange, auf der Hühner im Stall sitzen können*

Hüh·ner·sup·pe die <-, -n> KOCH *eine Suppe mit Hühnerfleisch*

Hüh·ner·vo·gel der <-s, Hühnervögel> *ein Vogel, der auf dem Boden lebt und kurze Flügel, einen kräftigen Schnabel und kräftige Füße hat und nicht sehr gut fliegen kann* Pfauen, Fasane und Rebhühner zählen zu den Hühnervögeln.

Hüh·ner·volk das <-(e)s, Hühnervölker> *eine Gruppe von Hühnern, die auf einem Hühnerhof leben*

Hüh·ner·zucht die <-, -en> (*selten Plur.*) *das Züchten von Hühnern*

hu·hu *Interj. verwendet, wenn der Sprecher jmdn. auf sich aufmerksam machen möchte, der von ihm entfernt oder abgewandt ist* Huhu, hier bin ich!

hu·hu *Interj.* **1.** *verwendet, um jmdn. aus Spaß oder im Spiel zu erschrecken* Huhu, ich bin ein Gespenst! **2.** *verwendet, um auszudrücken, dass man plötzlich friert* Huhu, ist das kalt hier!

hui *Interj. Ausdruck der Überraschung* Hui, was für ein Wind! ■ **Außen hui, innen pfui!**: *etwas wirkt nach außen ordentlich und sauber, ist im Inneren aber unordentlich und dreckig* Die neue Kollegin ist immer so ordentlich angezogen, aber in ihrer Wohnung herrschen Chaos und Unordnung. Außen hui, innen pfui!

Hu·la-Hoop, *a.* **Hu·la-Hopp** der/das [hu:la'hʊp] <-s> (*kein Plur.*) *ein Spielzeug in der Art eines größeren Reifens, den man um das Becken legt und durch Kreisen des Beckens in Bewegung versetzt*

Huld die <-> (*kein Plur.*) (*geh. veralt.*) *Gunst/Wohlwollen* ein Zeichen seiner Huld, jemandem seine Huld erweisen

hul·di·gen *ohne OBJ* ■ *jmd. huldigt jmdm./etwas* **1.** GESCH. *sich unterwerfen* einem König huldigen **2.** (*geh.*) *jmdn. ehren* einem großen Künstler huldigen, heidnischen Göttern huldigen **3.** (*geh. iron.*) *übertrieben eifrig vertreten* einer Ansicht/einer Auffassung huldigen

Hul·di·gung die <-, -en> (*geh.*) *Zeichen der Ergebenheit* jemandem seine Huldigung darbringen, Huldigungen entgegennehmen

huld·reich *Adj.* **1.** (*veralt.*) *gnädig, voller Huld* **2.** (*iron.*) *auf herablassende Weise freundlich*

Hül·le die <-, -n> **1.** *etwas, das eine Sache* (*schützend*) *umgibt* eine schützende Hülle aus Leder/Plastik/Stoff, von einer wärmenden Hülle umgeben sein, den Stift wieder in die Hülle stecken ◆ Klarsicht-, Plastik-, Schirm-, Schutz- **2.** ■ **in Hülle und Fülle** (*umg.*): *im Überfluss* Bei der Hochzeitsfeier gab es Essen in Hülle und Fülle. **die sterbliche Hülle** (*geh. verhüll.*): *der Körper eines Toten* **die/alle Hüllen fallen lassen** (*umg.*): *sich ausziehen*

hül·len <hüllst, hüllte, hat gehüllt> *mit OBJ* **1.** (*geh.*) ■ *jmd. hüllt jmdn./etwas/sich in etwas* (*Akk.*) *einwickeln, bedecken* etwas/jemanden/sich in eine Decke hüllen, seine Schultern in ein Tuch hüllen, das Geschenk in Papier hüllen **2.** (*übertr.*) ■ *etwas hüllt etwas* (*Akk.*) *in etwas* (*Akk.*) *umgeben* Die Stadt war in Dunkel gehüllt., Die Berge sind in Nebel gehüllt., Die Sonne hüllt alles in helles Licht. ■ **sich** (**über etwas**) **in Schweigen hüllen** (*umg.*): *über etwas keine Auskunft geben*

hül·len·los <nicht steig.> *Adj.* **1.** (*geh. scherzh.*) *nackt* Die Tänzerin trat hüllenlos vor das Publikum. **2.** (*geh.*) *unverfälscht* Seine ganze Bosheit trat hüllenlos zu Tage.

Hül·se die <-, -n> **1.** *schützende feste Hülle, in die man etwas hineinstecken kann* den Stift in eine Hülse stecken **2.** BOT. *bei bestimmten Pflanzen die längliche und schmale Frucht, in der sich die Samen befinden, die nebeneinander aufgereiht sind* die Erbsen aus den Hülsen entfernen **3.** TECHN. *Geschosskapsel* Am Tatort wurden mehrere Hülsen gefunden. ◆ Patronen-

Hül·sen·frucht die <-, Hülsenfrüchte> BOT. *Pflanzen, deren Samen in Hülsen wachsen* Bohne, Erbse und Lupine sind Hülsenfrüchte.

hu·man *Adj.* **1.** (*geh.* ↔ *inhuman*) *so, dass die Menschenwürde geachtet wird* eine humane Politik, ein humaner Strafvollzug **2.** (*umg.*) *ohne Härte und gut zu ertragen* Der neue Chef ist doch ganz human., Die Prüfungsfragen waren human., eine humane Arbeitszeit haben **3.** BIOL. MED. *den Menschen betreffend* der humane Typ des Krankheitserregers der Rinderseuche BSE

Hu·man·bio·lo·gie die <-> (*kein Plur.*) *Teilgebiet der Biologie, das sich mit der Evolution des Menschen sowie dem Aufbau und den Funktionen des menschlichen Körpers beschäftigt*

Hu·man·ge·ne·ti·ker, **Hu·man·ge·ne·ti·ke·rin** der <-s, -> BIOL. *Wissenschaftler, der die menschlichen Gene erforscht*

Hu·ma·nis·mus der <-> (*kein Plur.*) **1.** (*geh.*) *eine Haltung, die von der Achtung der Würde des Menschen geprägt ist* die Ideale des Humanismus verteidigen/vertreten, Jugendliche im Geiste des Humanismus erziehen **2.** GESCH. (*im vierzehnten bis sechzehnten Jahrhundert sich vollziehende*) *literarische und philosophische Neuentdeckung des antiken Menschenideals* die Vertreter/das Zeitalter des europäischen Humanismus

hu·ma·nis·tisch *Adj.* **1.** (*geh.*) *von der Achtung der Würde des Menschen geprägt* eine humanistische Politik **2.** GESCH. *zum* (*Zeitalter des*) *Humanismus gehörend* humanistisches Gedankengut, die humanistischen Philosophen **3.** SCHULE (*in Deutschland*) *die klassischen Sprachen Latein und Altgriechisch betreffend* ein humanistisches Gymnasium, eine humanistische Schulbildung

hu·ma·ni·tär <nicht steig.> *Adj. so, dass die Ver-*

minderung menschlicher Not Zweck des Handelns ist In Krisengebieten helfen humanitäre Organisationen bei der Linderung/Überwindung der Not., humanitäre Hilfe leisten, humanitäre Einsätze von Streitkräften

Hu·ma·ni·tät die <-> (*kein Plur.*) *eine Geisteshaltung, in deren Mittelpunkt die Achtung der Würde des Menschen steht* Es ist eine Frage der Humanität, hier schnell zu helfen.

Hu·man·me·di·zin die <-> (*kein Plur.*) (↔ *Tiermedizin*) *der Bereich der Medizin, der sich mit dem Menschen und seinen Krankheiten beschäftigt* ▶Humanmediziner

Hu·man·ver·such der <-(e)s, -e> (MED.: ↔ *Tierversuch*) *das Testen einer Heilmethode o.Ä., die noch nicht gesichert ist, am Menschen*

Hu·man·wis·sen·schaft die <-, -en> *eine Wissenschaft innerhalb der Geisteswissenschaften, die sich mit dem Menschen beschäftigt* Anthropologie, Ethnologie, Soziologie und Psychologie sind Humanwissenschaften.

Hum·bug der <-s> (*kein Plur.*) (*umg. abwert.*) *Unsinn* Glaubst du etwa an den Humbug, der in dieser Zeitung steht?, Er erzählt ja wieder einen Humbug heute!

Hum·mel die <-, -n> *eine Art Biene mit dickem, bunt behaartem Körper* ■ **eine wilde Hummel** (*umg.*): *ein sehr lebhaftes Mädchen* **Hummeln im Hintern haben** (*umg. scherzh.*): *sehr unruhig sein und nicht still sitzen* Er rutscht dauernd auf seinem Stuhl hin und her, gerade so, als hätte er Hummeln im Hintern.; *sehr unternehmungslustig sein* Sie hat wirklich Hummeln im Hintern – am Wochenende will sie schon wieder verreisen!

Hum·mer der <-s, -> *ein sehr großer, im Meer lebender Krebs mit großen Scheren* Hummer zählt zu den Delikatessen.

Hum·mer·ga·bel die <-, -n> *eine spezielle Gabel, mit der man das Hummerfleisch aus dem Panzer lösen kann*

Hum·mer·krab·be die <-, -n>

Hum·mer·sup·pe die <-, -n> KOCH *eine Suppe mit Hummerfleisch*

Hu·mor der <-s, -e> (*meist Sing.*) **1.** *heiteres Wesen* Er hat wirklich Humor. **2.** *die Fähigkeit, Unangenehmes und alltägliche Schwierigkeiten gelassen und heiter zu betrachten* alles mit Humor ertragen, den Humor nicht verlieren ■ **Humor ist, wenn man trotzdem lacht.**: *auch wenn etwas mal nicht klappt oder mißlingt, sollte man es nicht zu ernst nehmen, sondern lieber darüber lachen* **3.** *die Fähigkeit, Witze zu machen und zu verstehen* viel/keinen (Sinn für) Humor haben, der typisch englische/rheinische Humor ■ **schwarzer Humor**: *ein Humor, der sich über Makaberes lustig macht* **einen trockenen Humor haben**: *die Fähigkeit haben, in bestimmten Situationen durch eine kurze und treffende, oft ironische Bemerkung andere zu erheitern*

hu·mo·rig *Adj. so, dass etwas voll Humor ist* eine humorige Rede halten

Hu·mo·rist, **Hu·mo·ris·tin** der <-en, -en> *ein Künstler, dessen Bücher, Zeichnungen, Vorträge o.Ä. witzig und komisch sind*

hu·mo·ris·tisch <nicht steig.> *Adj. voller Späße und Witze* humoristische Geschichten schreiben, eine humoristische Darbietung

hu·mor·los *Adj.* (*abwert.*) *ohne jeden Sinn für das Witzige* Er ist ein humorloser, pedantischer, langweiliger Mensch.

hu·mor·voll *Adj. mit viel Sinn für das Witzige* Er ist ein humorvoller Mensch, der nicht nur über andere, sondern auch über sich selbst lachen kann.

hu·mos <nicht steig.> *Adj.* (*fachspr.*) **1.** *aus Humus bestehend* humose Stoffe **2.** *reich an Humus* humose Böden

hum·peln <humpelst, humpelte, hat/ist gehumpelt> **I.** *ohne OBJ* ■ *jmd. humpelt* (*haben*) *ungleichmäßig laufen, weil man mit einem Fuß nicht richtig auftreten kann* Nach seinem Unfall hat er wochenlang gehumpelt. **II.** *ohne OBJ* ■ *jmd. humpelt irgendwohin* (*sein*) *humpelnd irgendwohin gehen* Er ist vom Bett zum Tisch gehumpelt.

Hum·pen der <-s, -> (*norddt.*) *ein mit Deckel versehenes großes Trinkgefäß* Bier aus (einem) Humpen trinken, einen Humpen Bier trinken

Hu·mus der <-> (*kein Plur.*) *besonders fruchtbarer Bestandteil des Erdbodens, der durch die Zersetzung organischer Stoffe entstanden ist* Der Boden ist arm/reich an Humus.

hu·mus·reich *Adj. mit sehr viel Humus* humusreicher Boden

Hund der <-(e)s, -e> **1.** *ein als Haustier gehaltenes Tier, das vom Wolf abstammt* ein bissiger/gefährlicher/großer/harmloser/ kläffender/kleiner/gelehriger/treuer/streunender Hund, (sich) einen Hund halten, den Hund ausführen/anleinen/dressieren, der Hund bellt/kläfft/jault ◆-futter, -hütte, -leine, -zwinger, Blinden-, Jagd-, Polizei-, Schlitten-, Wach- **2.** (*umg. abwert.*) *Mensch, meist mit einer genannten Eigenschaft* Er war schon immer ein armer Hund., So ein falscher Hund, hat er uns doch wieder betrogen!, Das interessiert doch keinen Hund! ■ **vor die Hunde gehen** (*vulg.*): *elend sterben* **wie Hund und Katze sein** (*umg.*): *sich immer streiten* **ein dicker Hund** (*umg.*): *eine Unverschämtheit* **bekannt sein wie ein bunter Hund** (*umg.*): *überall bekannt sein* **mit etwas keinen Hund hinterm Ofen hervorlocken können** (*umg.*): *mit etwas niemanden begeistern können* **auf den Hund kommen** (*umg.*): *in schlechten Verhältnissen leben müssen* **schlafende Hunde wecken** (*umg.*): *auf etwas aufmerksam machen, was besser unbeachtet bleiben sollte* **Da wird ja der Hund in der Pfanne verrückt!** (*umg.*): *Das kann ich einfach nicht glauben!* **jemand/etwas geht vor die Hunde**: *jmd. oder etwas geht zugrunde oder wird zerstört* **Hunde die bellen, beißen nicht.** (*umg.*): *jmd., der viel und laut droht oder schimpft, macht seine Drohungen in den meisten Fällen nicht wahr* **Da liegt der Hund begraben!**: *das ist die Ursache des Problems*

H

Hun·de·art die <-, Hundearten> *Hunderasse*

Hun·de·biss der <-es, -e> *der Biss von einem Hund*

Hun·de·blick der <-(e)s, -e> *besonders treuer oder unschuldiger Blick* Mit seinem Hundblick hat er sie von seiner Unschuld überzeugt.

Hun·de·dres·sur die <-, -en> **1.** (*meist Sing.*) *das Dressieren eines Hundes* **2.** *ein Kunststück, das ein Hund durch Dressieren gelernt hat* Die Hundedressur hat mir im Zirkus am besten gefallen.

hun·de·e·lend, hun·de·e·lend *Adv.* (*umg.*) *sehr elend* Ihm war hundeelend zumute.

Hun·de·floh der <-s, Hundeflöhe> *ein Floh, der besonders im Fell von Hunden lebt*

Hun·de·fried·hof der <-(e)s, Hundefriedhöfe> *ein spezieller Friedhof, auf dem ausschließlich tote Hunde begraben werden*

Hun·de·hals·band das <-(e)s, Hundehalsbänder> *ein Band aus Leder oder Metall, das einem Hund um den Hals gelegt wird, damit man daran die Hundeleine und die Hundemarke befestigen kann*

Hun·de·hüt·te die <-, -n> *eine kleine Hütte aus Holz im Freien, in der der Hund schlafen und Schutz finden kann*

hun·de·kalt *Adj.* (*umg. abwert.*) *sehr kalt* In ihrer Wohnung ist es immer hundekalt!

Hun·de·käl·te die <-> (*kein Plur.*) (*umg. abwert.*) *unangenehme Kälte* Das ist ja eine Hundekälte heute!

Hun·de·klo das <-s, -s> (*umg.*) *ein besonderer Ort oder eine Anlage in Städten, wo Hunde ihre Notdurft verrichten sollen* Im Park gibt es eine Wiese, die als Hundeklo genutzt wird.

Hun·de·korb der <-(e)s, Hundekörbe> *eine Art flacher Korb, den man in der Wohnung aufstellt, damit der Hund darin schlafen kann*

Hun·de·körb·chen das <-s, -> *ein kleiner Hundekorb*

Hun·de·kot der <-s> (*kein Plur.*) *Kot von Hunden* Auf dem Bürgersteig ist immer sehr viel Hundekot.

Hun·de·ku·chen der <-s, -> *Hundefutter in Form eines harten Gebäcks*

Hun·de·lei·ne die <-, -n> *Leine, an der ein Hund geführt wird* dem Hund die Hundeleine anlegen, den Hund an die Hundeleine nehmen

Hun·de·mar·ke die <-, -n> **1.** *eine Art Anhänger aus Blech, den der Hund am Halsband trägt und der als Nachweis dafür dient, dass die Hundesteuer für diesen Hund gezahlt wurde* **2.** (*umg. scherzh.*) *Erkennungsmarke eines Soldaten oder Polizisten*

hun·de·mü·de <nicht steig.> *Adj.* (*umg.*) *sehr müde* Nach der langen Reise war er hundemüde.

Hun·de·pfo·te die <-, -n> *der Fuß eines Hundes*

Hun·de·ras·se die <-, -n> *ein bestimmter Hundetyp* Dackel, Schäferhunde, Pudel und Boxer gehören zu den beliebtesten Hunderassen.

Hun·de·ren·nen das <-s, -> *ein Rennen, bei dem es um die Schnelligkeit von Windhunden geht und bei dem auf den Sieger gewettet wird*

hun·dert *Num.* Es sind genau hundert Stück!, Das habe ich dir doch schon hundert Mal gesagt! ◆ Kleinschreibung ein paar hundert Leute, einige/viele hunderte Menschen, zu hunderten angelaufen kommen, Es waren hunderte von Soldaten, die den Tod fanden., etwas viele hundert Mal(e) wiederholen *siehe aber auch* **Hundert²**

Hun·dert¹ die <-> (*kein Plur.*) **1.** *die Zahl 100* **2.** *jmd. oder etwas mit der Nummer 100* Die 100 kam als letztes ins Ziel.

Hun·dert² das <-s, -e> **1.** *Einheit von hundert Stück, Lebewesen oder Dingen* ein ganzes Hundert Briefumschläge, mehrere Hundert Soldaten **2.** *unbestimmte große Menge* Hunderte von Menschen liefen herbei. ◆ Großschreibung einige/viele Hunderte Menschen, zu Hunderten angelaufen kommen, Es waren Hunderte von Soldaten, die den Tod fanden., etwas viele Hundert Mal(e) wiederholen *siehe aber auch* **hundert**

Hun·der·ter der <-s, -> **1.** (*umg.*) *ein Geldschein im Wert von 100 Euro o.Ä.* Ich kann nicht wechseln, ich habe nur einen Hunderter. **2.** MATH. *die dritte Stelle vor dem Komma* Die Zahl 631(,00) enthält sechs Hunderter, drei Zehner und einen Einer.

hun·der·ter·lei <nicht steig.> *Adj.* (*umg.*) *vielfach verschieden* auf hunderterlei Art und Weise, hunderterlei verschiedene Muster im Angebot haben

hun·dert·ers·te(r,s) *Adj. in einer Hierarchie oder Reihenfolge an der Stelle 101*

Hun·der·ter·stel·le die <-, -n> MATH. *in einer Zahl, die mehr als zwei Stellen vor dem Komma hat, die dritte Stelle vor dem Komma*

hun·dert·fach <nicht steig.> *Adj.* **1.** *hundert Mal vervielfältigt* in hundertfacher Ausfertigung **2.** *mit dem Faktor hundert* eine hundertfache Vergrößerung **3.** (*umg.*) *oft* eine schon hundertfach erprobte Methode ◆ Großschreibung→R 3.7 das Hundertfache einer Zahl

Hun·dert·jahr·fei·er die <-, -n> *eine Feier anläßlich des hundertjährigen Bestehens von etwas* die Hundertjahrfeier des Vereins/der Stadt

hun·dert·jäh·rig <nicht steig.> *Adj.* **1.** *hundert Jahre alt* ein hundertjähriger Mann/Baum **2.** *hundert Jahre andauernd* das hundertjährige Bestehen des Vereins feiern ◆ Kleinschreibung→R 3.20 der hundertjährige Kalender

hun·dert·mal *Adv.* **1.** (*umg.*) *sehr viel* Da kannst du hundertmal im Recht sein. **2.** (*umg.*) *sehr oft* Ich habe es ihm schon hundertmal gesagt, aber er begreift es einfach nicht. **3.** (*umg.*) *noch so sehr* Meine Mutter kann mir noch hundertmal verbieten, ins Kino zu gehen, ich werde trotzdem gehen! ◆ Zusammenschreibung Das haben wir nun schon hundertmal geübt! *siehe aber auch* **hundert**

Hun·dert·mark·schein der <-(e)s, -e> (*gesch.*) *ein Geldschein im Wert von 100 DM*

Hun·dert·me·ter·lauf, *a.* **Hun·dert-Me·ter-Lauf** der <-s, Hundertmeterläufe> *Lauf über die Strecke von hundert Metern* ◆ Schreibung mit Ziffern→R 4.15 100-Meter-Lauf, 100-m-Lauf

hun·dert·pro <nicht steig.> *Adv. (umg.) ganz sicher; ohne Einschränkung (Kurzform von „hundertprozentig“)* Ich werde kommen, hundertpro!, Auf sie kann man sich hundertpro verlassen.

hun·dert·pro·zen·tig <nicht steig.> *Adj.* **1.** *zu oder von hundert Prozent* eine hundertprozentige Teilnahme, hundertprozentig reiner Alkohol, hundertprozentig reine Baumwolle **2.** *(umg.) völlig; ohne Einschränkung* Man kann sich hundertprozentig auf ihn verlassen., Wir stehen hundertprozentig hinter ihr. **3.** *so, dass jmd. absolut von etwas überzeugt ist* ein hundertprozentiges Parteimitglied/ein hundertprozentiger Anhänger dieser Theorie **4.** *so, wie man sich jmdn. oder etwas vorstellt; typisch* ein hundertprozentiger Bayer ◆ Schreibung mit Ziffern→R 4.15 100-prozentig, 100%ig

hun·derts·te <nicht steig.> *Adj. in einer Hierarchie oder Reihenfolge an der Stelle hundert* der hundertste Teil einer Zahl, der hundertste Geburtstag, Das habe ich dir nun schon zum hundertsten Mal gesagt! ■ **vom Hundertsten ins Tausendste kommen** *(umg.): von einem Thema abschweifen und sich in Einzelheiten verlieren* ◆ Großschreibung→R 3.16 der/die Hundertste im Ziel sein

hun·derts·tel <nicht steig.> *Adj. der hundertste Teil von etwas* eine hundertstel Sekunde ◆ Großschreibung→R 3.7 ein Hundertstel des Gesamtbetrages *siehe auch* **Hundertstelsekunde**

Hun·derts·tel·se·kun·de die <-, -en> *der hundertste Teil einer Sekunde* nur wenige Hundertstelsekunden später ins Ziel kommen

hun·dert·tau·send <nicht steig.> *Adj.* Ich habe dich hunderttausend Mal gebeten, das nicht zu tun.

Hun·dert·tau·send die <-> *(kein Plur.) die Zahl 100.000*

Hun·dert·tausend·stel das <-, -> *der hunderttausendste Teil von etwas*

Hun·de·steu·er die <-, -n> *die Steuer, die man bezahlen muss, wenn man einen Hund besitzt*

Hun·de·zwin·ger der <-s, -> *eine Art größerer Käfig im Freien für Hunde*

Hün·din die <-, -nen> *weiblicher Hund*

hün·disch *Adj. (abwert.)* **1.** *unterwürfig* ein hündischer Gehorsam **2.** *gemein und hinterhältig* ein hündisches Benehmen haben

hunds·er·bärm·lich *Adj.* **1.** *sehr elend* Er fühlte sich hundserbärmlich. **2.** *von äußerst schlechter Qualität* Die Unterkunft war hundserbärmlich. **3.** *sehr stark oder groß* eine hundserbärmliche Kälte **4.** *so, dass jmd. aufgrund seines Verhaltens moralisch verachtenswert ist* ein hundserbärmlicher Typ

Hunds·fott der <-(e)s, -e/Hundsfötter> *(abwert.) Schurke, gemeiner Mensch* Er hat mich schon wieder betrogen, dieser Hundsfott!

hunds·ge·mein <nicht steig.> *Adj. (umg.) sehr gemein oder böse* ein hundsgemeiner Betrüger

Hunds·ro·se die <-, -n> *ein Strauch, der zu den Rosengewächsen gehört, wild in Hecken wächst und dessen Blüten rosa bis weiß sind*

Hunds·stern der <-(e)s, -e> *der hellste Stern im Sternbild des Großen Hundes (Sirius)*

Hunds·ta·ge <-> *Plur. der heißeste Zeitraum im Hochsommer in Europa vom 24.Juli bis 23.August*

Hunds·veil·chen das <-s, -> *ein wild wachsendes Veilchen, dessen Blüten keinen Duft abgeben*

Hü·ne der <-n, -n> *ein großer, kräftiger Mensch* Er war ein Hüne von Gestalt.

hü·nen·haft <nicht steig.> *Adj. sehr groß* eine hünenhafte Gestalt

Hun·ger der <-s> *(kein Plur.)* **1.** *das Gefühl, das durch das Bedürfnis zu essen hervorgerufen wird* großen Hunger haben, seinen Hunger stillen, Hunger bekommen, Ich habe überhaupt keinen Hunger! ■ **Guten Hunger!** *(umg.): Guten Appetit!* **Hunger ist der beste Koch.**: *wenn man Hunger hat, schmeckt einem alles gut* **Der Hunger treibt's rein.**: *wenn man Hunger hat, isst man auch etwas, das man sonst nicht mag oder nicht essen würde* **2.** *(umg. ≈ Appetit) die plötzliche Lust, ein bestimmtes Nahrungsmittel zu essen* Plötzlich bekam sie Hunger auf Pizza. **3.** *ein Mangel an Nahrungsmitteln; Not* Es herrschte großer Hunger im Land. ◆ -snot, -tod **4.** *(geh.) die Sehnsucht nach etwas* der Hunger nach Freiheit/Liebe

Hun·ger·künst·ler, **Hun·ger·künst·ler·in** der <-s, -> *jmd., der ungewöhnlich lange hungern kann, z.B. weil er abnehmen möchte oder sich aus Geldmangel nur wenig Essen leisten kann* Ich muss jetzt unbedingt etwas essen, schließlich bin ich kein Hungerkünstler!

Hun·ger·kur die <-, -en> *(umg.) Abmagerungskur*

Hun·ger·lohn der <-(e)s, Hungerlöhne> *(umg. abwert.) sehr niedriger Lohn* für einen Hungerlohn arbeiten

hun·gern <hungerst, hungerte, hat gehungert> **I.** *ohne OBJ* **1.** ■ *jmd. hungert Hunger leiden müssen* In vielen Ländern der Welt müssen die Kinder hungern. **2.** ■ *jmd. hungert (umg.) fasten* Er hungert eine Woche lang, um abzunehmen., Sie hungerte sich schlank. **3.** ■ *jmd. hungert nach etwas (geh.) nach etwas verlangen* Das Kind hungert nach Anerkennung/Liebe. **II.** *mit ES* **1.** ■ *jmdn. hungert (es) (geh.) Hunger haben* Ihn/mich/sie hungert., Es hungert ihn/mich/sie. **2.** ■ *jmdn. hungert (es) nach etwas (geh.) verlangen* Ihn/uns hungert (es) nach Anerkennung/Liebe.

Hun·gers·not die <-, Hungersnöte> *der Zustand, dass die Bevölkerung einer Region keine bzw. nur sehr wenig Nahrung hat* Im Land herrscht eine große Hungersnot., Die Region wurde immer wieder von Hungersnöten heimgesucht.

Hun·ger·streik der <-s, -s> *die Weigerung, über einen langen Zeitraum Nahrung zu sich zu nehmen, um bestimmte (politische) Ziele durchzusetzen* Die Häftlinge traten in den Hungerstreik, um eine Verbesserung der Haftbedingungen zu erzwingen.

Hun·ger·tuch ■ **am Hungertuch nagen** *(umg.): wenig oder nichts zu essen haben, weil man kein*

Geld hat

hung·rig *Adj.* **1.** *so, dass man das Bedürfnis hat, etwas zu essen* Die Kinder kamen hungrig nach Hause. **2.** (*geh.*) *begierig auf etwas sein* hungrig nach Anerkennung/Freiheit sein

Hun·ni der <-s, -s> (*umg.*) *Geldschein im Wert von 100 Euro, DM o.Ä.*

Hu·pe die <-, -n> *Vorrichtung in einem Kraftfahrzeug, mit der man ein lautes Signal erschallen lassen kann, um andere Verkehrsteilnehmer zu warnen* auf die Hupe drücken

hu·pen *ohne OBJ* ■ *jmd. hupt* (*irgendwie*) *die Hupe ein Signal abgeben lassen* Der Fahrer hupte ungeduldig.

Hüpf·burg die <-, -en> *eine Art großes Luftkissen, das im aufgeblasenen Zustand die Form einer Burg hat und auf dem Kinder zum Vergnügen hüpfen können* Vor dem Betreten der Hüpfburg müssen die Kinder die Schuhe ausziehen.

hüp·fen <hüpfst, hüpfte, ist gehüpft> *ohne OBJ* ■ *jmd. hüpft sich durch kleine Sprünge fortbewegen* Der Frosch ist über den Weg gehüpft., Die Kinder hüpften auf der Wiese.

Hür·de die <-, -n> **1.** *etwas, das das Erreichen eines Vorhabens oder Ziels behindert und erschwert* Bis sie ihr Vorhaben verwirklicht haben, müssen sie noch eine Menge Hürden überwinden., Mit dieser Genehmigung haben wir die letzte Hürde genommen. **2.** SPORT *eines der Hindernisse, die bei bestimmten Laufwettbewerben übersprungen werden müssen* Der Läufer ist an einer Hürde gestürzt.

Hür·den·lauf der <-s, Hürdenläufe> SPORT *ein Laufwettbewerb, bei dem die Läufer Hürden überspringen müssen*

Hür·den·läu·fer, **Hür·den·läu·fer·in** der <-s, -> SPORT *jmd., der beruflich oder in seiner Freizeit Hürdenlauf betreibt*

Hu·re die <-, -n> (*abwert.*) *Prostituierte*

Hu·ren·bock der <-(e)s, Hurenböcke> (*vulg. abwert.*) *ein Mann, der mit vielen Frauen sexuellen Kontakt sucht*

Hu·ren·kind das <-s, -er> DRUCKW. *die letzte Zeile eines Absatzes, die als Einzelzeile am Beginn einer neuen Seite oder einer neuen Spalte steht* Das Vorkommen von Hurenkindern in einem Text sollte drucktechnisch vermieden werden.

Hu·re·rei die <-> (*kein Plur.*) (*abwert.*) *Geschlechtsverkehr mit häufig wechselnden Partnern*

hur·ra *Interj. Ausruf des Jubels und der Zustimmung* Alle haben damals hurra/Hurra geschrien., Hurra, wir haben Ferien!

Hur·ra das <-s> (*kein Plur.*) jemanden mit einem lauten Hurra begrüßen

Hur·ra·pa·tri·ot, **Hur·ra·pa·tri·otin** der <-en, -en> (*abwert.*) *ein übertrieben begeisterter und unkritischer Patriot*

Hur·ra·pa·tri·o·tis·mus der <-> (*kein Plur.*) (*abwert.*) *übertriebener und kritikloser Patriotismus*

Hur·ri·kan der ['hʌrikən] <-s, -s> *ein tropischer Wirbelsturm in Mittelamerika* Das Land wurde von einem Hurrikan heimgesucht.

hur·tig <nicht steig.> *Adj.* (*veralt.*) (*sehr*) *schnell* hurtig davoneilen, Nun mach aber mal hurtig!

Hu·sar der <-en, -en> GESCH. *Angehöriger der leichten Reiter in ungarischer Nationaltracht* ein berittener Husar

Hu·sa·ren·stück/Hu·sa·ren·stück·chen das <-(e)s, -e/-s, -> *eine mutige und riskante Tat mit erfolgreichem Ausgang* ein Husarenstück vollbringen

husch *Interj.* (*umg.*) **1.** *Ausruf, um jmdn. zur Eile zu drängen* Husch, nach Hause mit dir!, Husch, husch, ins Bett! **2.** *Ausruf, um ein kleines Tier zu verscheuchen* Husch, geh weg! ■ **eine Aufgabe/Tätigkeit/Arbeit o.Ä. husch, husch erledigen/machen**: *eine Aufgabe/Tätigkeit/Arbeit o.Ä. schnell und ohne große Sorgfalt erledigen/machen* Er arbeitet nicht sehr gründlich, sondern macht alles immer nur husch, husch.

hu·schen <huschst, huschte, ist gehuscht> *ohne OBJ* **1.** ■ *jmd. huscht irgendwohin leise und schnell irgendwohin gehen* durch die Tür huschen, Die Maus huschte ins/durch das Gras. **2.** ■ *etwas huscht über etwas* (*Akk.*) (*geh.*) *etwas zeigt sich für kurze Zeit und bewegt sich dabei schnell von einer Stelle zu einer anderen* Ein Lächeln huschte über ihr Gesicht., Ein Lichtstrahl huschte über den Boden.

Hus·ky der ['haski] <-s, -s> *Schlittenhund der Eskimos*

hus·sen *mit OBJ/ohne OBJ* ■ *jmd. husst* (*jmdn.*) (*österr.*) (*jmdn.*) (*mit Worten*) *reizen, aufwiegeln* Musst du (die anderen) immer hussen?

hüs·teln <hüstelst, hüstelte, hat gehüstelt> *ohne OBJ* ■ *jmd. hüstelt* (*irgendwie*) *leicht husten* verlegen hüsteln, Er hüstelte, um die anderen auf sich aufmerksam zu machen.

Hüs·teln das <-s> (*kein Plur.*) *leichtes Husten*

Hus·ten der <-s> (*kein Plur.*) MED. **1.** *eine Erkrankung der Atemwege, die meist durch eine Erkältung hervorgerufen wird und bei der man häufig und stark husten muss* Er hat Husten., Du wirst sicher einen Husten bekommen!, einen trockenen Husten haben ◆ Raucher- **2.** *das Husten* Das Husten tut ihm weh.

hus·ten **I.** *mit OBJ* ■ *jmd. hustet etwas durch Husten ausspeien* Blut/Schleim husten **II.** *ohne OBJ* **1.** ■ *jmd. hustet jmd. stößt durch den Mund kurz und heftig Luft aus der Lunge nach außen, weil er einen Reiz verspürt* kräftig/laut/ständig/stark husten müssen **2.** ■ *jmd. hustet an Husten leiden* Das Kind hustet schon seit einigen Tagen. ■ **jemandem was/etwas husten** (*umg.*): *auf jmdn. keinerlei Rücksicht nehmen und nicht das tun, was er verlangt* Mein Chef hat mich gefragt, ob ich auch am Samstag arbeiten könnte, aber dem werde ich was husten!

Hus·ten·an·fall der <-s, Hustenanfälle> *der Vorgang, dass man plötzlich sehr stark husten muss* einen heftigen Hustenanfall bekommen

Hus·ten·bon·bon das/der <-s, -s> *Bonbon mit speziellen Wirkstoffen, die den Hustenreiz lin-*

dern

Hus·ten·mit·tel das <-s, -> *Medizin gegen Husten* Der Arzt hat ein Hustenmittel verschrieben., Huflattichtee ist ein altes Hustenmittel.

Hus·ten·reiz der <-es, -e> *der Drang zu husten* einen heftigen Hustenreiz haben

Hus·ten·saft der <-(e)s, Hustensäfte> *Medizin gegen Husten in Form von Saft*

Hut[1] ■ **vor jemandem/etwas auf der Hut sein** (*geh.*): *sich vor jmdm. oder etwas in Acht nehmen*

Hut[2] der <-(e)s, Hüte> *eine Kopfbedeckung aus einem (im Gegensatz zu einer Mütze) relativ festen Material und einer Krempe* den Hut absetzen/aufsetzen/tragen/ziehen ■ **mit jemandem/etwas nichts am Hut haben** (*umg.*): *jmdn. oder etwas nicht besonders mögen* **Das kannst du dir an den Hut stecken!** (*umg.*): *darauf lege ich keinen Wert* **jemandem geht der Hut hoch** (*umg.*): *jmd. ärgert sich* **etwas unter einen Hut bringen** (*umg.*): *verschiedene Termine, Meinungen oder Personen miteinander abstimmen* **ein alter Hut sein** (*umg. abwert.*): *altbekannt und langweilig sein* **Hut ab (vor etwas/jemandem)!** (*umg.*): *Ausruf der Bewunderung für etwas oder jmdn.* **jemand nimmt den/seinen Hut; jemand muss den/seinen Hut nehmen** (*umg.*): *jmd. tritt von einem Amt zurück oder muss von einem Amt zurücktreten* **jemand zieht vor jemandem/etwas den Hut** (*umg.*): *jmd. hat vor jmdm. oder etwas Respekt und bewundert eine Leistung oder Sache* ◆ Cowboy-, Damen-, Filz-, Jäger-, Stroh-, Sonnen-, Zylinder-

Hut·ab·la·ge die <-, -n> *an einer Garderobe, in einem Zugabteil, in einem Auto o.Ä. der Teil, auf den man den Hut legen kann*

Hut·band das <-(e)s, Hutbänder> *ein Band an einem Hut, das sich zwischen dem Kopfteil und der Krempe befindet und das als Schmuck dient*

hü·ten I. *mit OBJ* 1. ■ *jmd. hütet etwas (Akk.) bewachen* Der Schäfer hütet die Schafe. 2. ■ *jmd. hütet jmdn./etwas (umg.) beaufsichtigen* Die Oma hütet die Kinder/das Haus. II. *mit SICH* 1. ■ *jmd. hütet sich vor jmdm./etwas sich vor jmdm. oder etwas in Acht nehmen* Hüte dich vor Betrügern!, Er muss sich seiner Gesundheit wegen vor Aufregung hüten. 2. ■ *jmd. hütet sich (davor), etwas zu tun etwas nicht tun* Ich werde mich (davor) hüten, ihm das zu verraten! ■ **das Bett hüten** (*umg.*): *krank sein* Der Arzt hat mir geraten, eine Woche lang das Bett zu hüten. **seine Zunge hüten** (*umg.*): *aufpassen, was man sagt*

Hü·ter, Hü·te·rin der <-s, -> (*geh.*) *Person, die über etwas wacht* die Hüter der Demokratie, die Hüterin des Schatzes

Hut·form die <-, -en> 1. *die Form, die ein Hut hat* 2. *ein rundes Modell, mit dessen Hilfe Hüte geformt werden*

Hut·ge·schäft das <-(e)s, -e> *ein Laden, in dem man Hüte kaufen kann*

Hut·krem·pe die <-, -n> *der Rand eines Hutes* das Gesicht unter einer breiten Hutkrempe verbergen

Hut·ma·cher, Hut·ma·che·rin der <-s, -> *jmd., der beruflich Hüte herstellt*

Hut·mo·de die <-, -n> *die Mode, die Hüte betrifft* Zur diesjährigen Hutmode gehören viele sportliche Hutformen.

Hut·mut·ter die <-, -n> TECHN. *eine Mutter, die an ihrer oberen Seite eine Art Abdeckung hat, die an einen Hut erinnert*

Hut·sche die <-, -n> 1. (*süddt. österr.*) *Schaukel* 2. (*süddt. österr.*) *kleiner Schemel*

Hut·schnur ■ **Das geht mir über die Hutschnur!** (*umg.*): *das ertrage ich nicht länger*

Hüt·te die <-, -n> 1. *ein kleines, oft aus Holz gebautes Häuschen, in dem man nicht dauerhaft wohnt, sondern das z.B. Wanderern Schutz bietet* eine strohgedeckte Hütte, eine Hütte in den Bergen/an einem See/im Wald 2. *Schutzhütte in den Bergen* Die Nacht verbrachten wir in einer Hütte. 3. *Hundehütte* Der Hund verkroch sich in seine Hütte. 4. TECHN. *Industrieanlage zur Gewinnung von Rohstoffen aus Erzen*

Hüt·ten·a·bend der <-s, -e> *ein gemütliches Beisammensein am Abend in einer Berghütte*

Hüt·ten·ar·bei·ter, Hüt·ten·ar·bei·te·rin der <-s, -> *jmd., der in einer Hütte[4] arbeitet*

Hüt·ten·in·dus·trie die <-, -n> (*meist Sing.*) *Zweig der Industrie, der sich mit der Metallgewinnung beschäftigt*

Hüt·ten·kä·se der <-s> (*kein Plur.*) KOCH. *ein grobkörniger Frischkäse in der Art von festem Quark*

Hüt·ten·kun·de die <-> (*kein Plur.*) *Wissenschaft, die sich mit der Metallgewinnung durch die Verhüttung von Erzen beschäftigt*

Hüt·ten·werk das <-(e)s, -e> *Hütte[4]*

Hüt·ten·we·sen das <-s> (*kein Plur.*) *Zweig der Industrie, der sich mit der Metallgewinnung befasst*

hut·ze·lig *Adj.* 1. (*umg.*) *so, dass jmd. alt und klein ist und sehr viele Falten im Gesicht hat* ein hutzeliges altes Männlein 2. *so, dass Obst Falten bekommen hat, weil es zusammenschrumpft oder trocknet* hutzelige Äpfel/Birnen

Hut·zel·männ·chen das <-s, -> 1. (≈ *Heinzelmännchen*) *im Märchen eine kleine, männliche Gestalt, die den Menschen hilft, indem sie in der Nacht deren Arbeiten erledigt* 2. *alter Mann, der klein ist und viele Falten im Gesicht hat*

Hut·zel·weib·lein das <-s, -> *alte Frau, die klein ist und viele Falten im Gesicht hat*

Hy·ä·ne die <-, -n> 1. ZOOL. *afrikanisches Raubtier, dessen Gestalt an einen Hund erinnert und das sich hauptsächlich von Aas ernährt* 2. (*umg. abwert.*) *gieriger, skrupelloser Mensch* Bei Aussicht auf Gewinn wird er zur Hyäne.

Hy·a·zin·the die <-, -n> *eine stark duftende Pflanze, die aus einer Zwiebel wächst und deren Blüte aus einer Traube von vielen kleinen Blüten besteht*

hy·b·rid <nicht steig.> *Adj.* (*fachspr.*) *durch Kreuzung verschiedener Dinge entstanden* hybride Pflanzensorten, eine hybride Zusammensetzung

Hy·brid·au·to das <-s, -s> *Auto, das durch zwei*

oder mehrere verschiedene Arten von Motoren angetrieben werden kann, z.B. durch einen Verbrennungsmotor oder einen Elektromotor

Hy·brid·fahr·zeug das <-s, -e> *Fahrzeug, das durch zwei oder mehrere verschiedene Arten von Motoren angetrieben werden kann, z.B. durch einen Verbrennungsmotor oder einen Elektromotor*

Hy·brid·züch·tung die <-, -en> BIOL. *besondere Form der Züchtung von Tieren oder Pflanzen, bei der verschiedene Tierarten oder Pflanzenarten gekreuzt werden, um so z.B. einen größeren Ertrag bei der Ernte zu erzielen*

Hy·b·ris die <-> (*kein Plur.*) (*geh.*) *Überheblichkeit; Hochmut*

Hy·d·rant der <-en, -en> *Zapfstelle auf der Straße, an der die Feuerwehr Wasser entnehmen kann, um Brände zu löschen*

Hy·d·rat das <-(e)s, -e> CHEM. *Verbindung eines chemischen Stoffs mit Wasser*

hy·dra·ti·sie·ren

Hy·d·rau·lik die <-> (*kein Plur.*) **1.** *Lehre von den Strömungen der Flüssigkeiten* die Gesetze der Hydraulik **2.** TECHN. *Gesamtheit der flüssigkeitsgesteuerten Antriebs- und Bremsvorrichtungen bei Fahrzeugen* ein Schaden in der Hydraulik

hy·d·rau·lisch <nicht steig.> *Adj. so, dass etwas mit Flüssigkeitsdruck arbeitet* eine hydraulische Bremse/Hebebühne

hy·d·rie·ren *mit OBJ* ■ *jmd. hydriert etwas* CHEM. *Wasserstoff an chemische Verbindungen anlagern*

Hy·drie·rung die <-> (*kein Plur.*) *das Hydrieren*

Hy·dro·bio·lo·gie die <-> (*kein Plur.*) BIOL. *ein Teilgebiet der Biologie, das sich mit Tieren und Pflanzen beschäftigt, die im Wasser leben*

Hy·dro·dy·na·mik die <-> (*kein Plur.*) PHYS. TECHN. *ein Teilgebiet der Strömungslehre, das sich mit den Bewegungen von Flüssigkeiten und den dabei wirksamen Kräften beschäftigt*

hy·dro·dy·na·misch <nicht steig.> *Adj.* PHYS. TECHN. *die Hydrodynamik betreffend*

hy·dro·elek·trisch <nicht steig.> *Adj.* **1.** PHYS. TECHN. *so, dass man Elektrizität durch Wasserkraft erzeugt* **2.** MED. *so, dass eine medizinische Behandlung mithilfe von Wasser und elektrischen Strömen erfolgt*

Hy·dro·gra·phie die <-> (*kein Plur.*) *Wissenschaft* (*Teilgebiet der Hydrologie*), *die sich mit dem Wasserkreislauf zwischen dem Niederschlag auf dem Festland und dem Rückfluss ins Meer befasst*

hy·dro·gra·phisch <nicht steig.> *Adj. so, dass es die Hydrographie betrifft oder auf ihr beruht*

Hy·d·ro·kul·tur die <-, -en> BOT. **1.** *meist eine Zimmerpflanze, deren Wurzeln sich nicht in Blumenerde, sondern in einer Art Granulat befinden und die ihre Nährstoffe aus einer besonderen Flüssigkeit erhält* **2.** (*kein Plur.*) *das Züchten von Pflanzen in einer Hydrokultur*[1]

Hy·dro·lo·gie die <-> (*kein Plur.*) (≈ *Gewässerkunde*) *die Wissenschaft vom Wasser und seinen Erscheinungsformen*

Hy·d·ro·ly·se die <-, -n> CHEM. *Spaltung chemischer Verbindungen durch Wasser*

Hy·dro·me·ter das <-s, -> *Gerät, mit dem man die Geschwindigkeit von fließendem Wasser messen kann*

hy·dro·phil <nicht steig.> *Adj.* **1.** BIOL. *so, dass bestimmte Tiere und Pflanzen am oder im Wasser leben* **2.** CHEM. TECHN. *so, dass etwas Wasser oder Feuchtigkeit anzieht*

hy·dro·phob <nicht steig.> *Adj.* **1.** BIOL. *so, dass bestimmte Tiere und Pflanzen nicht am oder im Wasser leben* **2.** CHEM. TECHN. *so, dass etwas Wasser oder Feuchtigkeit abstößt oder nicht in Wasser löslich ist*

Hy·dro·sphä·re die <-> (*kein Plur.*) *die Wasserhülle, die die Erde in der Atmosphäre umgibt*

Hy·dro·sta·tik die <-> (*kein Plur.*) PHYS. *Lehre vom Gleichgewicht der Kräfte, die in und auf ruhende Flüssigkeiten wirken*

hy·dro·sta·tisch <nicht steig.> *Adj.* PHYS. *so, dass es die Hydrostatik betrifft oder auf den Gesetzen der Hydrostatik beruht*

Hy·d·ro·the·ra·pie die <-, -n> MED. *Heilbehandlung durch die gezielte Anwendung von Wasser* Die Anwendung von Bädern, Dämpfen oder Güssen sind Formen der Hydrotherapie.

Hy·dro·xid das <-(e)s, -e> CHEM. *bestimmte chemische Verbindungen mit Wasserstoff und Sauerstoff*

Hy·gi·e·ne die <-> (*kein Plur.*) **1.** *die Wissenschaft von der Erhaltung und Pflege der Gesundheit* eine Vorlesung über Hygiene hören **2.** *Maßnahmen zur Erhaltung der Sauberkeit* die persönliche Hygiene, Die Hygiene in dieser Küche ist mangelhaft.

Hy·gi·e·ne·pa·pier das <-s> (*kein Plur.*) *Sammelbegriff für Papierprodukte wie Toilettenpapier, Kosmetiktücher usw., die zur Körperpflege und -reinigung dienen*

hy·gi·e·nisch *Adj.* **1.** (*keine Steigerung*) *die Hygiene betreffend* hygienische Maßnahmen/Kontrollen/Vorschriften **2.** *sauber* Lebensmittel in hygienischer Verpackung, Hier ist es nicht besonders hygienisch.

Hy·g·ro·s·kop das <-(e)s, -e> (*fachspr.*) *Gerät, das die Luftfeuchtigkeit an einem bestimmten Ort misst*

hy·gro·sko·pisch <nicht steig.> *Adj.* CHEM. *so, dass ein Stoff Luftfeuchtigkeit oder Wasser anzieht und bindet*

Hy·men das/der <-s, -> (ANAT.: ≈ *Jungfernhäutchen*)

Hym·ne die <-, -n> **1.** MUS. *Festgesang, mit dem jmd. oder etwas geehrt und gelobt wird* eine Hymne intonieren/singen **2.** *kurz für „Nationalhymne“* die Hymne eines Landes **3.** LIT. *feierliches Gedicht, mit dem jmd. oder etwas geehrt und gelobt wird* eine Hymne schreiben

hym·nisch *Adj. in der Art einer Hymne*

Hym·nus der <-, Hymnen> (*geh.* ≈ *Hymne*)

Hype der [hajp] <-s, -s> *eine Form der Werbung, die sehr ungewöhnlich, aggressiv oder spektakulär ist und die eine besondere Begeisterung für das Produkt beim Verbraucher hervorruft* aus einer Sache einen Hype machen

hy·per·ak·tiv <nicht steig.> *Adj. mit einem sehr großen Bewegungsdrang* hyperaktive Kinder

Hy·per·bel die <-, -n> **1.** MATH. *eine ebene Kurve, die zwei ins Unendliche verlaufende getrennte Äste hat* **2.** SPRACHWISS. LIT. *sprachliche Übertreibung*

Hy·per·bel·funk·ti·on die <-n, -en> MATH. *eine mathematische Größe, die aus bestimmten Exponentialfunktionen entwickelt wird*

Hy·per·funk·ti·on die <-, -en> MED. *Überfunktion eines Organs* eine Hyperfunktion der Schilddrüse

hyper·kor·rekt <nicht steig.> *Adj. in übertriebener Weise korrekt* Der Lehrer ist bei der Bewertung der Arbeiten immer hyperkorrekt.

Hy·per·link der [haipə...] <-s, -s> EDV *eine Stelle in einem Text oder ein Symbol auf dem Bildschirm, die besonders markiert sind (z.B. durch Farbe oder Unterstreichung), und die beim Anklicken mit der Maus weitere Informationen zu einem bestimmten Stichwort oder Thema liefern*

hy·per·mo·dern <nicht steig.> *Adj. in übertriebener Weise modern* Durch ihre hypermoderne Kleidung zog sie alle Blicke auf sich.

hy·per·sen·si·bel <nicht steig.> *Adj. außerordentlich sensibel und sehr empfindlich* Man muss wirklich aufpassen, was man zu ihr sagt, denn sie ist hypersensibel und bricht immer gleich in Tränen aus.

Hy·per·to·nie die <-, -n> (MED.: ↔ *Hypotonie*) **1.** *Bluthochdruck* **2.** *erhöhte Spannung von Muskeln* **3.** *erhöhter Innendruck im Augapfel*

Hy·per·to·ni·ker, **Hy·per·to·ni·ke·rin** der <-s, -> MED. *jmd., der an zu hohem Blutdruck leidet* Hypertoniker sollten möglichst salzarme Nahrung zu sich nehmen.

Hyp·no·se die <-, -n> MED. *schlafähnlicher Bewusstseinszustand, in den jmd. von einem Hypnotiseur durch Suggestion versetzt wird; in diesem Zustand kann man leicht dazu gebracht werden, Dinge zu tun, die man normalerweise nicht tun würde, oder etwas auszusprechen, an das man sich normalerweise nicht erinnert, weil es im Unterbewusstsein liegt* jemanden in Hypnose versetzen, aus der Hypnose erwachen/aufwachen

Hyp·no·the·ra·pie die <-, -n> *eine Form der Psychotherapie, die mithilfe von Hypnose arbeitet*

hyp·no·tisch <nicht steig.> *Adj.* **1.** *so, dass es die Hypnose betrifft oder auf Hypnose beruht* **2.** *so, dass dadurch eine Hypnose herbeigeführt wird* ein hypnotischer Blick **3.** *so, dass etwas ähnlich wie eine Hypnose wirkt und willenlos macht* eine hypnotische Wirkung haben

Hyp·no·ti·seur, **Hyp·no·ti·seu·rin** der [hypnoti'zøːɐ] <-s, -e> *Person, die in der Lage ist, andere in Hypnose zu versetzen*

hyp·no·ti·sie·ren <hypnotisierst, hypnotisierte, hat hypnotisiert> *mit OBJ* **1.** ■ *jmd. hypnotisiert jmdn. jmdn. in Hypnose versetzen* Der Psychiater hypnotisiert einen Patientin., Er starrte wie hypnotisiert. **2.** ■ *jmd./etwas hypnotisiert jmdn. jmdn. in seinen Bann schlagen* Die Zuschauer waren völlig hypnotisiert von den Darbietungen der Akrobaten.

hy·po·al·ler·gen <nicht steig.> *Adj. so, dass etwas sehr verträglich ist und keine Allergie auslöst* hypoallergene Nahrung/Seife

Hy·po·chon·der der <-s, -> (*geh.*) *jmd., der fest davon überzeugt ist, krank zu sein und deshalb sehr oft zum Arzt geht, obwohl er in Wirklichkeit gesund ist*

Hy·po·chon·drie die <-, -n> (*meist Sing.*) MED. *die (zwanghafte) Einbildung, krank zu sein, obwohl man in Wirklichkeit gesund ist*

hy·po·chon·drisch <nicht steig.> *Adj. an Hypochondrie leidend*

Hy·po·gly·kä·mie die <-> (*kein Plur.*) MED. *zu niedrieger Zuckergehalt im Blut*

Hy·po·te·nu·se die <-, -n> (MATH.: ≈ *Kathete*) *in einem rechtwinkligen Dreieck die Seite, die dem rechten Winkel gegenüber liegt*

Hy·po·tha·la·mus der <-, Hypothalami> MED. *der Teil des Zwischenhirns, der unter dem Thalamus liegt*

Hy·po·thek die <-, -en> **1.** WIRTSCH. *ein Kredit, den man bekommt, weil man dem Geldgeber eine Immobilie (ein Haus, eine Wohnung o.Ä.) als Pfand bieten kann* Auf dem Haus liegt eine Hypothek., eine Hypothek auf ein Haus aufnehmen, eine Hypothek tilgen **2.** (*umg.*) *Belastung, Schwierigkeit;* (≈ *Bürde*) Die unheilbare Krankheit ist eine schwere Hypothek für sie.

hy·po·the·ka·risch <nicht steig.> *Adj. so, dass es eine Hypothek betrifft oder durch eine Hypothek gesichert ist*

Hy·po·the·ken·brief der <-(e)s, -e> WIRTSCH. *die Urkunde über die Rechte aus einer Hypothek*

hy·po·the·ken·frei <nicht steig.> *Adj. so, dass eine Hypothek getilgt ist* Das Haus ist hypothekenfrei.

Hy·po·the·ken·pfand·brief der <-(e)s, -e> *Hypothekenbrief*

Hy·po·the·ken·zins der <-es, -en> WIRTSCH. *Zins, der für eine Hypothek gezahlt werden muss*

Hy·po·ther·mie die <-, -n> MED. *zu geringe Körpertemperatur; Unterkühlung*

Hy·po·the·se die <-, -n> (*geh.* ≈ *Vermutung, Behauptung*) *eine Annahme, die (noch) nicht bewiesen ist* eine Hypothese aufstellen/widerlegen

hy·po·the·tisch <nicht steig.> *Adj.* (*geh.*) *auf einer Annahme beruhend* Das sind vorläufig nur rein hypothetische Überlegungen.

Hy·po·to·nie die <-, -n> (MED.: ↔ *Hypertonie*) **1.** *zu niedriger Blutdruck* **2.** *herabgesetzte Spannung von Muskeln* **3.** *zu geringer Innendruck im Augapfel*

Hy·po·to·ni·ker, **Hy·po·to·ni·ke·rin** der <-s, -> MED. *jmd., der an zu niedrigem Blutdruck leidet*

Hys·te·rie die <-, -en> **1.** MED. *psychisches Verhalten, das von der Norm abweicht und viele verschiedene Ausprägungen haben kann* an Hysterie leiden **2.** *ein Zustand von übertriebener Nervosität und leichter Erregbarkeit, der dazu führt, dass man nicht mehr klar denken und vernünftig handeln kann* zur Hysterie neigen, Unter den Fans breitete sich Hysterie aus. ◆ Massen-

Hys·te·ri·ker, **Hys·te·ri·ke·rin** der <-s, -> MED. *Person, der an Hysterie*[1] *leidet*

hys·te·risch <nicht steig.> *Adj.* **1.** MED. *so, dass es die Hysterie*[1] *betrifft oder auf ihr beruht* eine hysterische Frau; *so, dass jmd. sich übertrieben leicht aufregt* **2.** hysterisch reagieren, Nun werd' doch nicht gleich hysterisch!

Hz PHYS. *Abkürzung von „Hertz"*

I i

I, i *der neunte Buchstabe des Alphabets* ein großes I, ein kleines i

i! *Interj.* (*umg.*) *verwendet, um auszudrücken, dass man sich vor etwas ekelt* I, das stinkt ja ekelhaft!

i·a·hen *ohne OBJ* ■ *ein Esel iaht die für einen Esel typischen Laute von sich geben*

i·a·tro·gen <nicht steig.> *Adj.* MED. *durch einen Arzt verursacht* eine iatrogene Verletzung

i·be·ro·a·me·ri·ka·nisch, *a.* **i·be·ro-a·me·ri·ka·nisch** <nicht steig.> *Adj.* (≈ *lateinamerikanisch*)

Ibiza <-s> *eine Insel im Mittelmeer*

IC der [i'tse:] <-s, -s> (*in Deutschland*) *Kurzform von „Intercity"; ein schneller Zug, der zwischen (größeren) Städten verkehrt* ◆ -zuschlag

ICE der [itse'e:] <-s, -s> (*in Deutschland*) *Kurzform von „Intercityexpress" ein Hochgeschwindigkeitszug, der zwischen Großstädten verkehrt* ◆ -zuschlag

Ich das <-(s), -(s)> *das eigene Ich gegenüber der Außenwelt* das eigene Ich erkennen ▶ichbezogen, ichhaft ◆ -bewusstsein, -gefühl, -mensch, -sucht

ich *Pron. Personalpronomen der 1. Pers. Sing.* Ich gehe, du bleibst., Mach' die Tür auf, ich bin's!

Ich·er·zäh·lung die <-, -en> LIT. *eine Erzählung, bei der das erzählende Subjekt in der Ich-Form spricht*

Ich·form die <-> (*kein Plur.*) LIT. *die Erzählform, bei der Ereignisse so dargestellt werden, als hätte der Erzähler sie selbst erlebt*

IC-Zu·schlag der [i'tse:-] <-(e)s, -Zuschläge> *das Geld, das man zusätzlich zur Fahrkarte bezahlen muss, wenn man mit einem Intercity fahren will*

I·de·al das <-s, -e> **1.** (*kein Plur.*) *eine Gestalt, die als vollkommen betrachtet wird* Diese Statue verkörpert das klassische Ideal. ◆ Schönheits- **2.** *ein Ziel, das jmd. als den höchsten Wert betrachtet* ein hohes Ideal verfolgen, einem Ideal treu bleiben, Er hat für seine Ideale gekämpft/ seine Ideale verraten., Es war ihr gelungen, ihre Ideale zu verwirklichen., Es scheint, manche Ideale sind im Laufe der Jahre auf der Strecke geblieben., das Ideal der Chancengleichheit/Demokratie/Freiheit/Gerechtigkeit

i·de·al <nicht steig.> *Adj.* **1.** (≈ *optimal*) *so, dass es die beste Möglichkeit darstellt oder sehr günstig ist* Die Bergsteiger wählten die ideale Route zum Gipfel., Die beiden Geräte stellen eine ideale Kombination dar/ergänzen sich auf/in idealer Weise., Wir hatten im Urlaub die ganze Zeit ideales Wetter. ▶Idealbesetzung, Ideallösung, Idealzustand **2.** *so, dass etwas dem Ideal*[1] *entspricht* ideale Proportionen, eine ideale Landschaft, das Bild der idealen Stadt in der Architekturtheorie ▶Idealfigur **3.** (↔ *real*) *so, dass etwas nur in der Vorstellung existiert* Das sind alles ideale Erwartungen, aber die Wirklichkeit sieht anders aus., In einer idealen Welt könnte man …, aber leider …

I·de·al·fall der <-(e)s, Idealfälle> *ein Fall, in dem die besten Bedingungen erfüllt sind* Wie könnte im Idealfall die Lösung des Problems aussehen?

I·de·al·ge·wicht das <-(e)s> (*kein Plur.*) *das aus medizinischer Sicht günstigste Körpergewicht*

i·de·a·li·sie·ren *mit OBJ* ■ *jmd. idealisiert jmdn./etwas jmdn. oder etwas als besser betrachten als er oder es tatsächlich ist* Du idealisierst die ganze Sache ein wenig. ▶Idealisierung

I·de·a·lis·mus der <-> (*kein Plur.*) **1.** (↔ *Materialismus*) *eine Weltanschauung, die großen Wert auf Ideale*[2] *(und deren Verwirklichung) legt und diese höher schätzt als materielle Werte* Harte Arbeit und wenig Bezahlung: Zu einer solchen Tätigkeit gehört viel Idealismus. **2.** (PHILOS.: ↔ *Empirismus*) *die Überzeugung, man könne das Sein und die Erkenntnis aus Ideen und Idealen ableiten und begründen*

I·de·a·list, **I·de·a·lis·tin** der <-en, -en> **1.** *jmd., der selbstlos nach der Verwirklichung von Idealen strebt* Früher war er ein Idealist, heute geht es ihm nur noch um Geld. **2.** PHILOS. *Vertreter des Idealismus*[2]

i·de·a·lis·tisch <nicht steig.> *Adj.* **1.** (↔ *materialistisch*) *so, dass man nach der Verwirklichung von Idealen strebt* Ich habe ihn als einen sehr idealistischen Menschen in Erinnerung., 1960 waren wir jung und idealistisch, aber die Zeiten haben sich geändert. **2.** PHILOS. *den Idealismus*[2] *betreffend, zu ihm gehörend*

I·de·a·li·tät die <-> (*kein Plur.*) (PHILOS.: ↔ *Realität*) *das Sein als Idee oder Vorstellung*

I·dee die <-, -n> (*selten im Sing.*) **1.** PHILOS. *ein Begriff oder geistiger Inhalt; ein Urbild* die Idee des Guten/Wahren/Schönen, die Ideen in der Philosophie Platons **2.** *leitender Gedanke* Ideen entwickeln/haben/vertreten/ verwerfen/verwirklichen, Die Ideen des neuen Schulleiters fanden weitestgehend Zuspruch., Er schilderte mir ausführlich seine politischen Ideen. ◆ -ngeschichte, -nreichtum, Grund-, Leit- **3.** *ein Einfall zur Lösung eines Problems* Ich habe eine Idee, wie wir das Problem lösen könnten. ◆ Fest-, Geschenk-, Produkt-, Reform-, Verkaufs- **4.** (*umg.*) *ein klein wenig* eine Idee Zucker beigeben **5.** ■ **auf Ideen kommen** (*umg.*): *seltsame Einfälle haben* **eine fixe Idee haben** (*umg.*): *eine Vorstellung haben,* *die jmdn. nicht mehr loslässt* Er hat die fixe Idee verfolgt zu werden. **eine Idee zu kurz/zu lang/zu laut** (*umg.*): *ein wenig zu kurz/zu lang/zu laut* Der Rock ist eine Idee zu kurz/zu lang., Die Musik ist eine Idee zu laut.

i·de·ẹll *Adj.* (↔ *materiell*) *nur im* (*persönlichen*) *Wertesystem eines Meschen* Dieses Kästchen ist materiell nicht wertvoll, hat aber einen großen ideellen Wert – es ist ein Erbstück.

i·de̱·en·arm *Adj.* (↔ *ideenreich*) *mit wenig Ideen*[2,3]

i·de̱·en·los <nicht steig.> *Adj.* (≈ *einfallslos* ↔ *ideenreich*) *ohne Ideen*[2,3]

i·de̱·en·reich *Adj.* (≈ *einfallsreich* ↔ *ideenarm, ideenlos*) *mit viel Ideen*[1,2]

I·den·ti·fi·ka·ti·o̱n die <-, -en> **1.** *der Vorgang, dass jmd. die Identität einer Person feststellt oder wiedererkennt* Die Identifikation der Unfallopfer ist noch nicht abgeschlossen. **2.** PSYCH. *der Vorgang, dass jmd. mit einer anderen Person oder einer Gruppe in Meinungen und Lebensgefühl übereinstimmt und sich deshalb den anderen gleich setzt* die Identifikation der Fans mit ihrem Star

i·den·ti·fi·zi̱e·ren **I.** *mit OBJ* **1.** ■ *jmd. identifiziert jmdn. die Identität einer Person feststellen* Das Opfer wurde als die Person identifiziert, die seit Mai letzten Jahres als vermisst gemeldet war. **2.** ■ *jmd. identifiziert jmdn./etwas mit jmdm./etwas jmdn. oder etwas mit jmdm. oder etwas gleichsetzen* Noch heute wird der Schauspieler mit jener Rolle identifiziert, die ihn einst berühmt machte. **II.** *mit SICH* **1.** ■ *jmd. identifiziert sich sich ausweisen* Können Sie sich identifizieren? **2.** ■ *jmd. identifiziert sich mit jmdm. in einem anderen Menschen und dessen Handeln sich selbst wiedererkennen und daher für diesen Menschen Sympathie haben* Mit dieser Figur des Films kann ich mich durchaus identifizieren. **3.** ■ *jmd. identifiziert sich mit etwas Dat. glauben, dass das, was man tut, gut und wichtig ist und es daher engagiert und gern tun* Sie identifiziert sich mit ihrer Arbeit., Der Star identifiziert sich mit seiner Mannschaft, hier fühlt er sich unterstützt und verstanden.

I·den·ti·fi·zi̱e·rung die <-, -en> *das Identifizieren*[1] Der Polizei gelang die Identifizierung des Bankräubers.

i·de̱n·tisch <nicht steig.> *Adj.* **1.** *so, dass jmd. oder etwas derselbe oder dasselbe ist* Er ist mit dem gesuchten Täter identisch., In dem Fall waren Täter und Opfer identisch – sie sind dieselbe Person. **2.** (≈ *übereinstimmend*) *so, dass es in allen Merkmalen völlig übereinstimmt* von einem Dokument zwei identische Kopien anfertigen, Die beiden Unterschriften stammen von der selben Person, sie sind absolut identisch., Man darf das Bauteil nur gegen ein völlig identisches Teil (der selben Baureihe) auswechseln. **3.** (*umg.* ≈ *bedeutungsgleich, synonym*) *so, dass etwas dasselbe bedeutet wie etwas anderes* Das Wort „Lindenbaum" ist identisch mit dem Wort „Linde".

I·den·ti·tä̱t die <-, -en> **1.** *der Zustand, dass jmd. oder etwas mit sich selbst eins ist* Jedes Lebewesen ist einzig und hat seine eigene Identität., Die Identität des Verhafteten mit dem Täter ist erwiesen – es ist eindeutig dieselbe Person., Durch seinen Pass konnte er seine Identität nachweisen. ◆-sbeweis, -snachweis, -spapiere **2.** *völlige Gleichheit; Übereinstimmung in allen Merkmalen* Die Identität der beiden Urkunden wird hiermit bestätigt., Der Inhalt dieses Markenprodukts ist identisch mit dem Inhalt dieses unbekannten Produkts. **3.** PSYCH. *die erlebte innere Einheit einer Person, durch die sie sich auch in der Gesellschaft bestimmt* Seit sie Abteilungsleiterin ist, scheint sie eine ganz neue Identität zu haben., Der sportliche Erfolg hat aus dem unbekannten Jungen einen reichen und berühmten Mann gemacht – er hat ihm eine neue Identität gegeben. ◆ Fremd-, Rollen-, Selbst-, -krise, -sproblem, -ssuche, -sverlust

I·den·ti·tä̱ts·kri·se die <-, -n> PSYCH. *der Sachverhalt, dass man mit der eigenen Identität*[3]*, seiner eigenen Persönlichkeit und Rolle im Leben, zeitweise Probleme hat*

i·den·ti·tä̱ts·stif·tend <nicht steig.> *Adj.* SOZIOL. *so, dass es jmdm. eine bestimmte Identität*[3] *gibt*

I·de·o·lo̱·ge der <-n, -n> *ein Vertreter einer bestimmten Ideologie* ◆ Chef-, Partei-

I·de·o·lo·gi̱e die <-, -n> POL. **1.** *die bestimmten Grundeinstellungen und Werte, die in einer gesellschaftlichen Schicht oder Gruppe wichtig sind und die zusammen eine Art Weltanschauung bilden* ein typischer Vertreter der bürgerlichen Ideologie **2.** *ein System von Meinungen und Haltungen, die eine Art politische Theorie bilden, wie ein Staat aufgebaut, regiert usw. sein sollte* die imperialistische/marxistische/kommunistische Ideologie, Im Seminar geht es um die Ideologie des Faschismus.

i·de·o·lo·gi̱efrei <nicht steig.> *Adj. so, dass es politisch neutral ist und nicht an einer bestimmten Ideologie*[2] *ausgerichtet*

I·de·o·lo·gi̱ekri·tik die <-, -en> *die kritische Erforschung von Ideologien und ihren Ursachen*

i·de·o·lo̱·gisch <nicht steig.> *Adj. auf die Ideologie bezogen, der Ideologie entsprechend* ▶ideologisieren

I·di·o̱m das <-s, -e> **1.** SPRACHWISS. *eine feste Redewendung, deren Bedeutung sich nicht aus der Bedeutung ihrer Einzelteile erschließen lässt* „Jemanden auf die Palme bringen" ist ein Idiom; es hat aber nichts mit einer „Palme" zu tun, sondern bedeutet „jemanden wütend machen". **2.** *die eigentümliche Sprechweise einer regionalen oder sozialen Gruppe* Wer das Idiom dieser Menschen nicht kennt, kann leicht einen falschen Eindruck gewinnen.

i Wissenswert Das griechische Wort „idion" bedeutet „eigen(tümlich)". Als **Idiom** bezeichnet man eine feste Redewendung, die bestimmte Eigenschaften hat: Die Bedeutung der Redensart ist aus der Summe der einzelnen Teile nicht zu ersehen. So hat es z.B. nichts mit einem Kragen und mit Platzen zu tun, wenn „jemandem der Kragen platzt". Außerdem kann man einzelne Teile eines Idioms nicht durch andere Wörter ersetzen, also beispielsweise nicht sagen „jemandem explodiert der Kragen".

I·di·o·ma·tik die <-, -en> SPRACHWISS. **1.** *die Gesamtheit der idiomatischen[1] Wendungen einer Sprache* **2.** SPRACHWISS. *der Zweig der Sprachwissenschaft, der die Idiomatik[1] erforscht* **3.** SPRACHWISS. *ein Wörterbuch, das die Idiomatik[1] verzeichnet*

i·di·o·ma·tisch <nicht steig.> *Adj.* **1.** *von der Art eines Idioms[1]* ein Wörterbuch der idiomatischen Wendungen **2.** *sprachlich authentisch; von der Art des Idioms[2]* Er spricht ein vorzügliches, idiomatisches Griechisch.

I·di·o·syn·kra·sie die <-, -n> (*geh.*) *heftiger Widerwille gegen etwas*

I·di·ot der <-en, -en> (*umg. abwert.*) *Schimpfwort* Bin ich denn nur noch von Idioten umgeben?, Welcher Idiot hat denn die Daten gelöscht? ◆ Voll-

i·di·o·ten·si·cher <nicht steig.> *Adj.* (*umg. scherzh.*) *als Gerät so gestaltet, dass es für den Anwender unmöglich ist, es falsch zu bedienen* Die neue Waschmaschine ist idiotensicher – man weiß von allein, welchen Knopf man drücken muss.

I·di·o·tie die <-, -n> (*umg. abwert.*) *ein sehr dummes oder unsinniges Handeln* Es wäre Idiotie, sich eine solche Chance entgehen zu lassen., Die schiere Idiotie dieses Plans schien allen bewusst zu sein, nur nicht seinem Erfinder.

i·di·o·tisch *Adj.* (*umg. abwert.*) *unsinnig und deshalb ärgerlich* eine idiotische Arbeit/Vorgehensweise, eine idiotische Fernsehshow, Das ist doch ein völlig idiotischer Plan.

I·dol das <-s, -e> **1.** *jmd., der von vielen Menschen sehr bewundert und verehrt wird und mit dem die Menschen sich identifizieren* Hendrix, Jagger, Richards – diese Musiker wurden zu Idolen einer ganzen Generation. ◆ Jugend-, Pop-, Sport- **2.** REL. *eine heidnische Götterfigur* ein Idol als Grabbeigabe

I·dyll das <-s, -e> *der friedliche Zustand eines (meist ländlichen) einfachen Lebens* Der Autor zeichnet das Landleben als Idyll, doch nicht immer war es so schön und harmonisch.

I·dyl·le die <-, -n> **1.** LIT. *die Schilderung eines Idylls in der Hirten- und Schäferdichtung* **2.** (≈ *Idyll*) In der Idylle dieses Dörfchens haben wir uns gut erholt.

i·dyl·lisch *Adj. so, dass es ruhig, friedlich und ungestört ist und man es daher gern ansieht oder gern dort ist* ein idyllisches Plätzchen, Idyllische kleine Orte säumen die ruhigen Straßen – in dieser malerischen Gegend scheint die Zeit stehengeblieben zu sein.

I·gel der <-s, -> *ein kleines Tier, das in Wäldern, Wiesen und Gärten lebt und das ein dichtes Fell von Stacheln hat, die es aufstellt, wenn es sich angegriffen fühlt* ▶ einigeln

i·gitt *Interj. verwendet, um auszudrücken, dass man sich vor etwas ekelt* Igitt, und das schmeckt dir auch noch?

I·g·lu der/das <-s, -s> *aus Eisblöcken gebaute Hütte der Eskimos*

I·g·no·rant, **I·g·no·ran·tin** der <-en, -en> (*geh. abwert.* ≈ *Banause*) *eine dumme, unwissende Person* Dieser Ignorant hat doch keine Ahnung! ◆ -entum

Ig·no·ranz die <-> (*kein Plur.*) (*geh. abwert.*) *Dummheit; Unwissenheit* Seiner Ignoranz sind scheinbar keine Grenzen gesetzt., Diese Entscheidung zeugt nicht nur von Arroganz, sondern auch von grenzenloser Ignoranz.

ig·no·rie·ren *mit OBJ* **1.** ■ *jmd. ignoriert jmdn. eine Person bewusst übersehen bzw. nicht wahrnehmen* Bei dem Fest hat sie mich total ignoriert und so getan, als kenne sich mich gar nicht. **2.** ■ *jmd. ignoriert etwas nicht beachten, als nicht wichtig ansehen* Wer dieses Thema bearbeitet, sollte das Buch … nicht ignorieren.

ihm *Pron. Personalpronomen im Dat. der 3. Pers. Sing. mask.* Wie geht es ihm?, Er folgte ihm bis nach Hause., Du kannst ihm nicht trauen.

ihn *Pron. Personalpronomen im Akk. der 3. Pers. Sing. mask.* Hast du ihn gesehen?, Wollen wir ihn reinlegen?, Ich kann ihn nicht ausstehen.

Ih·nen *Pron. Personalpronomen im Dat. der 3. Pers. Sing. und Plur. in der Höflichkeitsform und Anrede* ◆ Großschreibung→R 3.23 Darf ich mich Ihnen vorstellen, Frau Schulze?

ih·nen *Pron. Personalpronomen im Dat. der 3. Pers. Plur.* Er folgte ihnen an den Strand.

Ihr *Pron.* **1.** (*geh.*) *alte Höflichkeitsform oder Anredeform* Ihr mögt verzeihen, Majestät, dass … **2.** *Possessivpronomen der 2. Pers. Sing. und Plur. in der Höflichkeitsform* Ihre Aussage steht offensichtlich gegen meine., Meine Herren, Ihr Zug wartet., Ist das nicht Ihr Buch?, Das ist nicht mein Stift, sondern Ihrer., Viele Grüße an die Ihren. ◆ Großschreibung→R 3.23 Ist das Ihre Tasche?

ihr I. *Pron.* **1.** *Possessivpronomen der 3. Pers. Sing. fem.* Die Frau stieg aus der Straßenbahn und ließ ihre Handtasche liegen. **2.** *Possessivpronomen der 3. Pers. Plur.* Die Kinder spielten mit ihrer Eisenbahn. **II.** *Pron. Personalpronomen im Nom. der 2. Pers. Plur. in vertraulicher Anrede* Wollt ihr mit an den Strand?, Habt ihr meinen Bruder gesehen? ◆ Klein- oder Großschreibung Sie hatte das ihre/Ihre getan.

Ih·rer·seits *Adv.* (*Sing. und Plur.*) *verwendet, um in der höflichen Anrede auszudrücken, dass etwas im gleichen Maße auch für den Angesprochenen gilt.* Wir sind sehr zufrieden, ich hoffe, dass sie Ihrerseits ebenfalls zufrieden sind. ◆ Großschreibung→R 3.23 Ist Ihrerseits alles in Ordnung?

ih·rer·seits *Adv.* **1.** (*Sing.*) *von ihrer Seite her* Seine Schwester war ihrerseits immer eine gute Freundin. **2.** (*Plur.*) *von ihrer Seite her* Die Mitglieder waren ihrerseits überzeugte Gegner der Bewegung.

Ih·res·glei·chen *Pron.* (*geh.*) *unveränderlich in der Anrede verwendet, um sich auf mehrere Personen zu beziehen, die in bestimmter Weise mit dem Angesprochenen vergleichbar sind* Guter Mann, mit Ihresgleichen möchte ich nichts zu schaffen haben. ◆ Großschreibung→R 3.23 Sie und Ihresgleichen können jetzt gehen.

ih·res·glei·chen *Pron.* (*unveränderliches Pron.*) **1.** (*Sing.*) *jmd. wie sie* Sie unterhält sich nur mit ihresgleichen. **2.** (*Plur.*) *jmd., der ihnen gleicht, jmd. wie sie* Gegenüber Leuten wie ihresgleichen sollte man vorsichtig sein.

Ih·ret·hal·ben *Adv. veraltet für „Ihretwegen"*

ih·ret·hal·ben *Adv. veraltet für „ihretwegen"*

Ih·ret·we·gen *Adv.* (*Sing. und Plur. in der Anrede*) **1.** *Ihnen zuliebe* Wir haben Ihretwegen eigens gewartet. **2.** *wegen Ihnen* ◆ Großschreibung→R 3.23 Wir mussten Ihretwegen warten.

ih·ret·we·gen *Adv.* **1.** *ihr oder ihnen zuliebe* Ich bin ihretwegen dorthin gefahren. **2.** *wegen ihr oder ihnen* Er hatte ihretwegen den Zug verpasst.

Ih·ret·wil·len *Adv.* ■ **um Ihretwillen**: *mit Rücksicht auf Sie*

ih·ret·wil·len *Adv.* ■ **um ihretwillen**: *mit Rücksicht auf sie*

Ih·ri·ge *Pron.* (*veralt.*) *nur als Substantiv mit bestimmtem Artikel verwendet* Sie hatte das Ihrige getan.

I·ke·ba·na das <-> (*kein Plur.*) *die traditionelle japanische Kunst des Blumensteckens*

I·ko·ne die <-, -n> (REL.: *in der orthodoxen Kirche*) *ein Heiligenbild, das streng einer bestimmten Tradition der Darstellung entspricht* ▶Ikonostase ◆-nmalerei, -nsammlung

I·ko·no·gra·phie, *a.* **I·ko·no·gra·fie** die <-, -n> KUNST. REL. *der Zweig der Kunstwissenschaft, der sich mit der Deutung von Bildinhalten, Figuren und Symbole in Bildern der antiken und christlichen Kunst beschäftigt* ▶Ikonograph, ikonographisch

I·ko·no·klas·mus der <-, Ikonoklasmen> REL. KUNST. *der Vorgang, dass die kultische Verehrung von Bildern gewaltsam bekämpft wird* ▶Ikonoklast

I·ko·no·la·trie die <-, -n> REL. KUNST. *die kultische Verehrung von Bildern*

il·le·gal <nicht steig.> *Adj.* (≈ *ungesetzlich* ↔ *legal*) *so, dass es gegen das Gesetz verstößt* Eine solche Handlungsweise ist illegal., Das Opfer gehörte über zehn Jahre einer illegalen Organisation an., Ihm werden illegale Handlungen wie der Handel mit Waffen und Drogen vorgeworfen.

Il·le·ga·li·tät, **Il·le·ga·li·tät** die <-, -en> (↔ *Legalität*) **1.** (*kein Plur.*) (≈ *Gesetzeswidrigkeit*) *die Eigenschaft, dass etwas gegen das Gesetz verstößt* Die Illegalität solcher Handlungen ist offenkundig. **2.** (*kein Plur.*) *ein illegaler Zustan; eine illegale Tätigkeit* Sie lebten in der Illegalität., Er war in die Illegalität abgerutscht. **3.** (*selten*) *illegale Handlung* Als Richter war er natürlich gegen alle Illegalitäten.

il·le·gi·tim <nicht steig.> *Adj.* (*geh.*) **1.** (≈ *unrechtmäßig* ↔ *legitim*) *so, dass es im Widerspruch zum geltenden Recht steht* Der Minister fasste die Kritik als illegitime Einmischung in seinen Amtsbereich auf. **2.** (*veralt.* ≈ *unehelich*) *so, dass jmd. von einer nicht verheirateten Frau geboren wird* Sie war als illegitimes Kind geboren worden.

il·lo·y·al *Adj.* (*geh.* ↔ *loyal*) **1.** *so, dass man jmdn. nicht respektiert und ihm gegenüber nicht ehrlich ist* Ich habe gemerkt, dass er eine illoyale Gesinnung hat, und habe kein Vertrauen mehr zu ihm. **2.** *so, dass man sich nicht an Verträge hält und nicht zuverlässig ist* Sein illoyales Verhalten gegenüber dem Chef hatte Konsequenzen – er wurde entlassen.

Il·lu·mi·na·ti·on die <-, -en> (*geh.*) *eine* (*festliche*) *abendliche Beleuchtung von Gartenanlagen oder von besonders schönen Gebäuden*

il·lu·mi·nie·ren *mit OBJ* **1.** ■ *etwas illuminiert etwas* (*geh.*) *festlich erleuchten* Hunderte von Lampions illuminieren den Park., das festlich illuminierte Schloss **2.** ■ *jmd. illuminiert etwas* KUNST (*Buchstaben*) *dekorativ ausmalen* von Mönchen illuminierte alte Handschriften

Il·lu·si·on die <-, -en> **1.** (↔ *Realität*) *eine Selbsttäuschung* (*aus dem Wunsch, dass etwas besser sein möge, als es wirklich ist*) Mach dir keine Illusionen – das wird sich nicht mehr ändern!, Er hat ihr alle Illusionen geraubt/zerstört., Nach dieser Erfahrung war er wieder um eine Illusion ärmer geworden. ▶illusionär, illusionslos **2.** (PSYCH.: ≈ *Sinnestäuschung*) *die falsche Deutung von sinnlichen Wahrnehmungen* **3.** KUNST *eine absichtliche Täuschung des Betrachters mit dem Ziel, bestimmte Effekte zu erzielen* die Illusion der Raumtiefe erzeugen ▶illusionistisch ◆-sbühne, -seffekt, -stheater

il·lu·so·risch <nicht steig.> *Adj.* **1.** (≈ *trügerisch* ↔ *realistisch*) *nur auf der Basis von Hoffnungen bestend* eine illusorische Hoffnung, Es ist doch völlig illusorisch, daran zu glauben, die Arbeit noch termingerecht abliefern zu können. **2.** (≈ *hoffnungslos*) *vergeblich, zwecklos* ein illusorischer Plan

il·lus·ter <illustrer, am illustersten> *Adj.* (*geh.* ≈ *erlaucht*) *so, dass es aus ganz besonders wichtigen und vornehmen Personen besteht* eine illustre Gesellschaft, in illustren Kreisen verkehren

Il·lus·t·ra·ti·on die <-, -en> (≈ *Abbildung*) *eine Zeichnung in einem Buch, die den Text besser verständlich macht oder das Buch schöner macht* Illustrationen eines namhaften Grafikers

Il·lus·t·ra·tor, **Il·lus·t·ra·to·rin** der <-, -en> *jmd., der beruflich Illustrationen zeichnet*

il·lus·t·rie·ren *mit OBJ* ■ *jmd. illustriert etwas* **1.** (≈ *bebildern*) *mit Illustrationen ausstatten* Die Künstlerin hat ein Märchenbuch illustriert. **2.** (≈ *verdeutlichen, veranschaulichen*) *ein Beispiel geben, an dem man etwas konkret erkennen kann* Er illustrierte seine These anhand eines Beispiels.

Il·lus·t·ri̱e·r·te die <-n, -n> (≈ *Magazin*) *eine Zeitschrift, die viele farbige Bilder enthält* ◆ Fernseh-

I̱l·tis der <-ses, -se> *ein kleines Raubtier*

i̱m *Präp. + Dat.* **1.** (*„in" + „dem"*) *verwendet, um auszudrücken, dass jmd. oder etwas sich innerhalb von etwas befindet* Wir warten im Garten., Er ist im Wohnzimmer und liest die Zeitung. **2.** (*nicht auflösbar*) *in Verbindung mit Monatsnamen und Zeitangaben verwendet, um auszudrücken, dass etwas in den genannten Zeitraum fällt* Er wollte im Oktober kommen., Das Paket soll im Lauf des Dienstag eintreffen **3.** (*„im" (nicht auflösbar) + substantivierter Inf.*) *verwendet, um auszudrücken, dass sich etwas auf die genannte Sache bezieht oder sich im Zusammenhang mit ihr ereignet* Er hat im Lesen noch einige Schwierigkeiten., Er aß sein Brot im Laufen. ■ **im Grunde genommen** (*umg.*): *eigentlich* **im Wesentlichen**: *überwiegend* **im Großen und Ganzen**: *in der Hauptsache*

IM der [iːˈɛm] <-s, -s> GESCH. *Abkürzung von „Informeller Mitarbeiter" (des Ministeriums für Staatssicherheit der ehemaligen DDR)*

I̱·mage das [ˈɪmɪtʃ] <-(s), -s> (≈ *Ansehen*) *das Bild oder der Eindruck, den die Öffentlichkeit von einer Person oder Sache hat* ein fragwürdiges/glänzendes/gutes/ schlechtes Image, Er versucht sein Image aufzupolieren/zu verbessern. ◆-berater, -kampagne, -problem

I̱·mage·pfle·ge die [ˈɪmɪtʃ...] <-> (*kein Plur.*) (*umg.*) *alle Maßnahmen, mit denen jmd. sein Image erhalten und verbessern will* Der Minister muss mehr für seine Imagepflege tun.

I̱mage·ver·lust der [ˈɪmɪtʃ...] <-(e)> (*kein Plur.*) *der Verlust eines (positiven) Image* Nach Aufdeckung der Affäre droht dem Staatssekretär nun ein herber Imageverlust – die negativen Schlagzeilen in der Presse häufen sich bereits.

i·ma·gi·nä̱r <nicht steig.> *Adj.* **1.** (*geh.* ↔ *real*) *so, dass es nicht in der Wirklichkeit, sondern nur in der Vorstellung existiert* imaginäre Welten **2.** MATH. *nicht darstellbar* Die Wurzel aus -1 ist eine imaginäre Zahl.

I·ma·gi·na·ti·o̱n die <-, en> (≈ *Vorstellungskraft*) *die Fähigkeit, sich etwas (Sachen, Ereignisse, Bilder) vorstellen zu können* Um dies nachvollziehen zu können, braucht man freilich Imagination., Aktive Imagination, bei der Fantasien und Tagträume produziert werden, fördert die kreativen Kräfte des Menschen.

i·ma·gi·na·ti̱v <nicht steig.> *Adj. durch Imagination* Er hat starke imaginative Fähigkeiten.

I·ma̱m <-s, -s/-e> REL. *Vorbeter in einer Moschee*

I̱m·biss der <-es, -e> **1.** *eine kleine (Zwischen-)Mahlzeit* in den Seminarpausen belegte Brötchen und Obst als Imbiss reichen **2.** (≈ *Imbissstube*)

I̱m·biss·stu·be die <-, -n> *ein einfaches Lokal, in dem kleine Mahlzeiten angeboten werden*

I·mi·ta̱t das <-(e)s, -e> (≈ *Kopie*) *etwas, das einer Sache oder einem Material nachgebildet ist* Die Uhr ist ein billiges Imitat einer Nobelmarke., Ist das echt? – Nein, das ist ein Imitat. ◆ Leder-, Pelz-

I·mi·ta·ti·o̱n die <-, -en> **1.** (*kein Plur.*) *das Nachahmen* die Imitation von Tierstimmen ▶Imitator **2.** (≈ *Imitat*) *eine minderwertige Nachahmung einer wertvollen Sache* Die Halskette ist nur eine Imitation, das Original ist unbezahlbar.

i·mi·ti̱e·ren *mit OBJ* ■ *jmd. imitiert etwas nachahmen* Er kann die Stimmen von Prominenten gut imitieren., Er hat den Bundeskanzler täuschend echt imitiert. ▶Imitator

I̱m·ker, **I̱m·ke·rin** der <-s, -> *jmd., der (beruflich) Bienen züchtet und Honig herstellt*

Im·ke·rei die <-> (*kein Plur.*) *das Züchten von Bienen (und die Gewinnung von Honig)*

im·ma·ne̱nt <nicht steig.> *Adj.* **1.** (*geh.*) *so, dass es immer schon in etwas enthalten ist und man es daher nicht umgehen kann* Gewisse Probleme sind auch diesem Lösungsansatz immanent. **2.** (PHILOS.: ↔ *transzendent*) *so, dass es innerhalb der Grenzen möglicher Erfahrung liegt* ▶Immanenz

Im·ma·t·ri·ku·la·ti·o̱n die <-, -en> (≈ *Einschreibung*) *die offizielle Anmeldung eines Studenten bei einer Universität*

im·ma·t·ri·ku·li̱e·ren **I.** *mit OBJ* ■ *jmd. immatrikuliert jmdn. jmdn. als Studenten aufnehmen* Die Hochschule hat in diesem Semester wieder mehr Studenten immatrikuliert. **II.** *mit SICH* ■ *jmd. immatrikuliert sich sich als Student an einer Hochschule einschreiben* Er immatrikulierte sich an der Universität (für einen Magisterstudiengang in den Fächern ...).

im·me̱ns <nicht steig.> *Adj.* (≈ *enorm*) *sehr groß* immenses Glück haben, immense Vorteile genießen

i̱m·mer **I.** *Adv.* **1.** (≈ *stets* ↔ *nie*) *so, dass es gleichbleibend ist oder sich oft wiederholt* Sie war immer eine gute Kollegin., Sie hat sich schon immer für Kunst interessiert., Musst du immer so schmatzen?, Sie war nie anders, sie war immer so. **2.** *jedes Mal* Immer wenn ich sie sah, lächelte sie mich an. **3.** (*„immer" + Komparativ*) (≈ *zunehmend*) *verwendet, um auszudrücken, dass sich etwas ständig steigert* Das Wetter wird immer besser., Er arbeitet immer mehr., Sie kann Deutsch immer besser verstehen. **II.** *Partikel* ■ **immer noch**: *zusammen mit „noch" verwendet, um zu betonen, dass sich an der Gültigkeit der gemachten Aussage nichts geändert hat (besonders dann, wenn man dies glauben könnte oder dies behauptet wird)* Das Auto ist immer noch neu (≈ es ist noch keineswegs alt)., Er ist immer noch hungrig (≈ er ist noch nicht satt)., Das ist immer noch keine vernünftige Lösung (≈ auch nicht, wenn manche es glauben). **auf immer und ewig** (*geh.*): *für alle Zukunft* **was auch immer geschieht ...**: *gleichgültig, was geschieht ...* ◆ Getrenntschreibung→R 4.3, R 4.12 Ich wünsche mir einen immer währenden Frühling.

im·mer·da̱r *Adv.* (*geh.*) *für immer*

I̱m·mer·grün das <-(s)> (*kein Plur.*) *eine im Frühjahr blühende Pflanze mit blauen Blüten, deren*

Blätter auch im Winter grün bleiben

im·mer·grün <nicht steig.> *Adj. so, dass eine Pflanze das ganze Jahr über grüne Blätter hat*

im·mer·hin *Adv.* **1.** (≈ *wenigstens, zumindest*) *verwendet, um auszudrücken, dass das Genannte das Geringste ist, was man erwarten kann* Das Ergebnis ist zwar nicht sehr gut, aber er hat immerhin die Prüfung bestanden. **2.** (≈ *schließlich*) Du solltest sie anrufen, sie ist immerhin deine Freundin.

im·mer·zu *Adv.* (*geh.* ≈ *dauernd*) *ständig, sich wiederholend* Er ist immerzu unaufmerksam und stört den Unterricht.

Im·mi·g·rant, **Im·mi·g·ran·tin** der <-en, -en> (≈ *Einwanderer* ↔ *Emigrant*) *jmd., der in einem Land, aus dem er nicht stammt, dauerhaft leben will*

Im·mi·g·ra·ti·on die <-> (*kein Plur.*) (≈ *Einwanderung* ↔ *Emigration*) *der Vorgang, dass jmd. in einem Land, aus dem er nicht stammt, dauerhaft leben will*

im·mi·g·rie·ren *ohne OBJ* ■ *jmd. immigriert* (≈ *einwandern* ↔ *emigrieren*) *in ein Land kommen, um dort dauerhaft zu leben*

Im·mis·sion die <-, -en> (*fachspr.*) *das negative Einwirken von Luftverschmutzung, Lärm oder Strahlung auf Menschen, Tiere und Pflanzen*

Im·mis·si·ons·scha·den der <-s, Immissionsschäden> *durch Immission verursachter Schaden*

Im·mis·si·ons·schutz der <-es> (*kein Plur.*) *eine Form von gesetzlich geregeltem Umweltschutz*

Im·mo·bi·lie die <-, -n> (*selten im Sing.*) *unbeweglicher Besitz* (*wie ein Gebäude oder ein Grundstück*) ◆-nhandel, -nkauf, -nmarkt

Im·mo·bi·li·en·mak·ler, **Im·mo·bi·li·en·mak·le·rin** der <-s, -> *jmd., dessen Beruf es ist, im Auftrag von Haus- oder Wohnungsbesitzern Käufer oder Mieter für Häuser oder Wohnungen zu finden*

im·mun <nicht steig.> *Adj.* **1.** MED. *so, dass man gegen eine Krankheit bzw. einen Erreger widerstandsfähig ist und die Krankheit daher nicht bekommt oder sie leichter überwindet* **2.** (*umg. übertr.*) *so, dass man gegen etwas unempfindlich ist und darauf nicht stark reagiert* Sie ist gegen Stress scheinbar immun. **3.** RECHTSW. *vor Strafverfolgung geschützt* Als Abgeordneter ist er immun.

Im·mun·ab·wehr die <-> (*kein Plur.*) MED. *die körpereigene Abwehr gegen Krankheitserreger* Die Immunabwehr des Patienten kann durch Vitamine gestärkt werden.

im·mu·ni·sie·ren **I.** *mit OBJ* ■ *jmd./etwas immunisiert jmdn.* MED. *den Körper durch Impfen immun[1] machen* Der Allergiker sollte durch eine gezielte Therapie immunisiert werden. ▶Immunisierung **II.** *mit SICH* ■ *jmd. immunisiert sich gegen etwas Akk. sich unempfindlich machen, so dass etwas jmdn. nicht mehr stört* Er hat sich gegen jede Kritik immunisiert.

Im·mu·ni·tät die <-, -en> (*selten Plur.*) **1.** MED. *Unempfindlichkeit gegen Krankheitserreger* **2.** POL. RECHTSW. *der gesetzlich garantierte Schutz vor Strafverfolgung, der für Abgeordnete und Diplomaten generell gilt, aber in besonderen Fällen aufgehoben werden kann*

Im·mu·no·lo·ge, **Im·mu·no·lo·gin** der <-n, -n> MED. *ein Wissenschaftler auf dem Gebiet der Impfstoffforschung*

Im·mun·schwä·che die <-> (*kein Plur.*) MED. *der Zustand, dass jmds. Immunsystem durch Krankheit dauerhaft geschwächt ist* ◆-krankheit *s.* **Aids**

Im·mun·sys·tem das <-s, -e> MED. *das System der Abwehrkräfte eines Organismus, mit denen er in ihn eingedrungene Krankheitserreger bekämpft*

Im·pe·ra·tiv der <-s, -e> **1.** (SPRACHWISS.: ≈ *Befehlsform*) *die Form des Verbs, durch die eine Aufforderung ausgedrückt wird* In dem Satz „Gib mir das Buch!" steht das Verb „geben" im Imperativ. **2.** PHILOS. *eine moralische Forderung* der kategorische Imperativ bei Kant

Im·per·fekt das <-s, -e> (SPRACHWISS.: ≈ *Präteritum*) *eine Zeitform des Verbs in der Vergangenheit* In dem Satz „Das Kleid stand ihr gut." steht das Verb „stehen" im Imperfekt.

Im·pe·ri·a·lis·mus der <-> (*kein Plur.*) **1.** POL. *das Streben von Großmächten nach einer* (*militärischen, politischen und wirtschaftlichen*) *Vormachtstellung, das mit rücksichtsloser, expansiver Politik durchgesetzt wird* **2.** POL. GESCH. *die Expansionsbewegung der europäischen Großmächte am Anfang des 20. Jahrhunderts* (*in deren Verlauf zahlreiche Kolonien gegründet wurden*)

im·pe·ri·a·lis·tisch <nicht steig.> *Adj. vom Machtstreben des Imperialismus geprägt*

Im·pe·ri·um das <-s, Imperien> **1.** (≈ *Weltreich*) *ein sehr großes Herrschaftsgebiet eines Staates* Das römische Imperium umfasste einen großen Teil der damals bekannten Welt. **2.** *ein sehr großer Macht- bzw. Einflussbereich* (*eines Unternehmens*) Im Laufe vieler Jahre hat der Medienkonzern ein Imperium aufgebaut. ◆Finanz-, Industrie-, Öl-, Zigaretten-

im·per·ti·nent *Adj.* (*geh. abwert.* ≈ *dreist, frech*) *auf herausfordernde Art unverschämt* Das lasse ich mir von dieser impertinenten Person nicht bieten!

Im·per·ti·nenz die <-> (*kein Plur.*) (*geh.*) *dreiste Unverschämtheit, Frechheit* Er besaß die Impertinenz, mir diese offensichtliche Lügengeschichte auch noch zu erzählen.

Im·pe·tus der <-> (*kein Plur.*) (*geh.*) **1.** (≈ *Antrieb*) *die Energie und der Wille, die man braucht, um mit einer Aufgabe zu beginnen oder ein Problem zu lösen* Mir fehlt jeglicher Impetus, diese Arbeit anzugehen. **2.** (≈ *Elan*) *Schwung und Energie eines Menschen* Ich bewunderte ihren jugendlichen Impetus.

imp·fen *mit OBJ* ■ *jmd. impft jmdn. dem Körper eines Menschen oder eines Tieres einen Impfstoff* (*meist durch eine Injektion*) *zuführen* Die Ärztin impft die Kinder gegen Masern., Ich habe mich gegen Grippe impfen lassen.

Impf·pass der <-es, Impfpässe> MED. *ein Dokument, in das erfolgte Impfungen* (*und das Datum ihrer Verabreichung*) *eingetragen werden*

Impf·schutz der <-es> (*kein Plur.*) *der Zeitraum, innerhalb dessen eine Impfung wirksamen Schutz gegen eine Erkrankung gibt*

Impf·stoff der <-(e)s, -e> *ein Medikament, mit dem man Menschen gegen eine Krankheit impfen kann*

Imp·fung die <-, -en> *das Impfen*

Impf·zwang der <-(e)s> (*kein Plur.*) *die Vorschrift, sich gegen etwas impfen lassen zu müssen* Dem Impfzwang ist es zu verdanken, dass bestimmte Krankheiten nahezu ausgerottet werden konnten.

Im·plan·ta·ti·on der <-, -en> (MED.: ↔ *Transplantation*) *das Einpflanzen von Gewebe, das nicht dem eigenen Körper entstammt* Die Implantation des Hautstücks ist gelungen., In die Zahnlücke wird ein künstlicher Zahn durch Implantation eingesetzt.

im·plan·tie·ren *mit OBJ* ■ *jmd. implantiert jmdm. etwas* MED. *eine Implantation vornehmen* ▶Implantat

Im·pli·ka·ti·on die <-, -en> **1.** (*geh.*) *die Tatsache, dass in einem Sachverhalt ein anderer* (*logisch und begrifflich*) *enthalten ist oder sein soll* Die Äußerung hat einige gewichtige Implikationen., Der Forscher hatte auf die folgenschweren Implikationen dieser These bereits 1962 hingewiesen. **2.** PHILOS. SPRACHWISS. *die Bezeichnung für die logische Beziehung „wenn ..., dann ...“*

im·pli·zie·ren *mit OBJ* ■ *etwas impliziert etwas* (*geh.*) *gleichzeitig aussagen, zur Folge haben* Ihre Aussagen implizieren, dass ...

im·pli·zit <nicht steig.> *Adj.* (*geh.* ↔ *explizit*) *so, dass etwas indirekt mit ausgesagt ist oder logisch in einer Aussage enthalten ist* Er hat damit auch eine implizite Drohung ausgesprochen.

im·plo·die·ren *ohne OBJ* ■ *etwas implodiert* (*fachspr.* ↔ *explodieren*) *durch äußeren Überdruck zerstört werden* Die Bildröhre des Fernsehers ist implodiert.

Im·plo·si·on die <-, -en> (*fachspr.* ↔ *Explosion*) *das Implodieren*

im·po·nie·ren *ohne OBJ* ■ *jmd./etwas imponiert jmdm.* (≈ *beeindrucken*) *großen Eindruck machen und Bewunderung hervorrufen* Er wollte der neuen Kollegin imponieren., Das war eine imponierende Leistung., Seine Bildung imponiert mir.

Im·po·nier·ge·ha·be das <-s> (*kein Plur.*) **1.** BIOL. *ein bestimmtes Verhalten von Tieren, mit dem ein Tier anderen Artgenossen Stärke und Überlegenheit zeigen will* Der Filmausschnitt zeigt das Imponiergehabe des männlichen Gorillas: Er trommelt sich auf die Brust und sträubt sein Fell. **2.** (*übertr. abwert.*) *ein Verhalten, mit dem jmd. anderen Menschen imponieren will* Die weiblichen Partygäste machten sich bereits über sein Imponiergehabe lustig.

Im·port der <-(e)s, -e> (WIRTSCH.: ≈ *Einfuhr* ↔ *Export*) *der Vorgang, dass Waren aus dem Ausland in ein Land eingeführt werden* ◆-beschränkung, -firma, -geschäft, -zoll

Im·por·teur der [...tøːr] <-s, -e> (WIRTSCH.: ↔ *Exporteur*) *eine Firma, die Waren aus dem Ausland importiert*

im·por·tie·ren *mit OBJ* ■ *jmd. importiert etwas* (WIRTSCH.: ↔ *exportieren*) (*Waren*) *aus dem Ausland in ein Land einführen*

im·port·las·tig <nicht steig.> *Adj.* (WIRTSCH.: ↔ *exportlastig*) *so, dass die Wirtschaft eines Landes sehr stark auf Importe ausgerichtet ist*

im·po·sant *Adj. durch seine Größe sehr beeindruckend* Der Mann war eine imposante Erscheinung, sehr groß und bärenstark., Ich hatte noch nie ein derart imposantes Bauwerk gesehen.

im·po·tent *Adj.* (↔ *potent*) (*als Mann*) *zum Geschlechtsakt bzw. zur Zeugung unfähig*

Im·po·tenz die <-> (*kein Plur.*) MED. *die körperliche Unfähigkeit des Mannes zum Geschlechtsakt bzw. zur Zeugung*

im·prä·g·nie·ren *mit OBJ* ■ *jmd./etwas imprägniert etwas auf Textilien oder Leder eine Substanz aufbringen, die bewirkt, dass Wasser von der Oberfläche abgestoßen wird* Dieses Spray imprägniert alle Arten von Leder.

Im·pre·sa·rio der <-s, -s/Impresari/Impresarien> *jmd., der für Künstler die Geschäfte führt*

Im·pres·si·on die <-, -en> (*meist Plur.*) *der sinnliche Eindruck, der durch Wahrnehmungen und Gefühle entsteht* Der Maler hat Impressionen dieser Reise in einem Tagebuch festgehalten., Impressionen seiner Italienreise hat der Autor in seinem Diavortrag dem Publikum auf sehr unterhaltsame Weise dargeboten.

Im·pres·si·o·nis·mus der <-> (*kein Plur.*) (KUNST: ↔ *Expressionismus*) *eine Stilrichtung in der Kunst um 1900, bei der in der künstlerischen Darstellung eine Wiedergabe versucht wird, die den Sinneseindruck möglichst genau erfasst* ▶Impressionist

im·pres·si·o·nis·tisch <nicht steig.> *Adj.* (↔ *expressionistisch*) *auf den Impressionismus bezogen*

Im·pres·sum das <-s, Impressen> *ein Text in Büchern, Zeitungen und Zeitschriften, der unter anderem Informationen über den Verleger, den Erscheinungsort und den Verlag enthält*

Im·promp·tu das [ɛ̃prõ'tyː] <-s, -s> MUS. *Fantasiestück, Improvisation* (*für Klavier*)

Im·pro·vi·sa·ti·on die <-, -en> **1.** (*kein Plur.*) *das Improvisieren* **2.** *etwas, das improvisiert wird* das Zusammenspiel der Jazzmusiker in freier Improvisation

im·pro·vi·sie·ren *mit OBJ/ohne OBJ* ■ *jmd. improvisiert* (*etwas*) **1.** *etwas notdürftig und unvorbereitet tun* Sie improvisierten ein Mittagessen., Er hatte sich nicht vorbereitet und musste bei der Prüfung improvisieren. **2.** *etwas absichtlich frei und spontan tun* Er improvisierte eine kurze Rede., Der Jazzmusiker improvisiert (über ein Thema).

Im·puls der <-es, -e> **1.** *Anregung, Anstoß* Die Designerin hat der Modewelt mit ihren Entwürfen stets entscheidende/wichtige Impulse gegeben. **2.** PHYS. (*kurzer*) *Stromstoß*

im·pul·siv *Adj.* (↔ *beherrscht*) *so, dass jmd. dazu neigt, spontan und schnell zu handeln und nicht vorher lange zu überlegen* Sie ist sehr impulsiv, sie überlegt nicht lange. ▸Impulsivität

im·stan·de/im Stan·de *Adv. fähig oder dazu in der Lage, etwas zu tun* ◆ Getrennt- oder Zusammenschreibung→R 4.14 Er war nicht mehr imstande/im Stande, seine Beine zu bewegen.

in **I.** *Präp.* **1.** + *Dat. verwendet, um den Ort anzugeben, wo sich etwas befindet* Ich meine das Regal in der Küche. **2.** + *Dat. verwendet, um den Zeitpunkt oder Zeitraum anzugeben, zu/in dem etwas geschieht* In diesem Jahr komme ich nicht mehr., In einer Woche bin ich in Berlin. **3.** + *Dat. verwendet, um die Umstände anzugeben, unter denen die genannte Sache zu sehen ist* In Wirklichkeit ist sie sehr schlau., Das spielt sich alles nur in seiner Vorstellung ab. **4.** + *Akk. zur Angabe eines Zeitraumes, über den sich etwas erstreckt* Die Geschichte geht bis in die zwanziger Jahre/Zwanzigerjahre zurück., Ihre Erinnerungen reichen bis ins letzte Jahr. **5.** + *Dat. verwendet, um auszudrücken, dass etwas Teil des Inhalts eines geschriebenen Texts ist* In seinem Roman … taucht schon früh die Figur des … auf., In seiner Rektions- und Bindungstheorie entwickelt Noam Chomsky die These, dass …, In keinem von Benns Gedichten wird dies so deutlich wie in … **6.** + *Akk. verwendet, um das Ziel anzugeben, zu dem man etwas bringt oder worauf sich etwas zubewegt* Er hängte die Jacke in den Schrank., Sie schaute in das Wohnzimmer., Er ging in die Küche. **7.** + *Dat./Akk. verwendet, um eine grammatische Beziehung zur Nominalphrase herzustellen* Sie war fürchterlich in ihn verliebt., Er ist gut in Mathematik. **II.** ■ **in** (**sein**) (↔ *out* (*sein*) *umg.*): *gerade modern* (*sein*) Ist Techno eigentlich noch in?

in·a·d·ä·quat, in·a·d·ä·quat <nicht steig.> *Adj.* (*geh.* ≈ *unangemessen* ↔ *adäquat*) *so, dass es nicht im richtigen Verhältnis zu etwas steht* Die Bezahlung ist völlig inadäquat.

in·ak·tiv <geh.> *Adj.* (*geh.*) *nicht aktiv*

in·ak·zep·ta·bel, in·ak·zep·ta·bel <nicht steig.> *Adj.* (*geh.* ↔ *akzeptabel*) *so, dass man es nicht akzeptieren kann* ein inakzeptabler Vorschlag

In·an·spruch·nah·me die <-, -n> **1.** *der Zustand, dass jmd. oder etwas sehr stark beansprucht oder stark belastet wird* Wegen der starken beruflichen Inanspruchnahme bleibt ihr kaum noch Freizeit., Man sieht dem Gerät die starke Inanspruchnahme an. **2.** AMTSSPR. *der Vorgang, dass jmd. von einem Recht Gebrauch macht oder eine Möglichkeit ergreift* die Inanspruchnahme eines Kredits

In·be·griff der <-(e)s, -e> *jmd. oder etwas, der oder das die vollkommene Verkörperung einer Sache ist, weil er oder es alle Eigenschaften hat, die man mit der Sache in Verbindung bringt* Er ist der Inbegriff eines Künstlers., Mit seinem kahlen Kopf und der kleinen runden Brille sah der Professor aus wie der Inbegriff eines Wissenschaftlers.

in·be·grif·fen <nicht steig.> *Adj.* (≈ *inklusive*) *so, dass im Preis von etwas bestimmte Kosten schon enthalten sind* Die Miete beträgt 1.200 Euro, alle Nebenkosten inbegriffen.

In·be·trieb·nah·me die <-, -n> *der Vorgang, dass man ein neues Gerät oder eine neue Maschine das erste Mal benutzt* Vor Inbetriebnahme des neuen Geräts sollten Sie die Gebrauchsanweisung lesen.

In·brunst die <-> (*kein Plur.*) (*veralt.*) *Leidenschaft; innere Anteilnahme; Ergriffenheit* Er hat das Gedicht mit wahrer Inbrunst vorgetragen.

in·brüns·tig *Adj.* (*veralt.*) *voller Inbrunst* Sie hat ihn inbrünstig geliebt.

In·de·fi·nit·pro·no·men, In·de·fi·nit·pro·no·men das <-s, -/Indefinitpronomina> SPRACHWISS. *ein Pronomen, das man verwendet, um auszudrücken, das die vom Pronomen bezeichnete(n) Person(en) oder Dinge nicht bekannt oder nicht weiter wichtig ist/sind* „Man" und „jemand" sind Indefinitpronomina.

in·de·kli·na·bel, in·de·kli·na·bel <nicht steig.> *Adj.* SPRACHWISS. *so, dass ein Wort in seiner Form niemals verändert wird* „Nicht" ist ein indeklinables Wort.

in·dem *Konj.* **1.** *verwendet, um im Nebensatz das Mittel oder die Begleitumstände anzugeben, die für die im Hauptsatz genannte Sache nötig sind* Indem du mehr lernst, bekommst du bessere Noten. **2.** (*geh.* ≈ *während*) *verwendet, um auszudrücken, dass die im Nebensatz und die im Hauptsatz genannten Vorgänge gleichzeitig stattfinden* Indem ich noch überlegte, antwortete schon ein anderer.

> **i Wissenswert** Die Konjunktion **indem** leitet einen Nebensatz ein, der ausdrückt, wie es zur Handlung des Hauptsatzes kommt. Sie kann mit der Wendung „dadurch, dass" beschrieben werden. Er verabschiedete sich, indem er den Hut zog. Sie ist von Präposition mit angeschlossenem, bestimmten Artikel zu unterscheiden. In dem Haus wohnte schon lange eine kleine Meerjungfrau.

In·der, In·de·rin der <-s, -> *jmd., der die indische Staatsbürgerschaft hat*

in·des(·sen) *Adv.* (*geh.*) **1.** (≈ *währenddessen*) Setzt euch schon mal, ich mache indessen Kaffee. **2.** (≈ *hingegen*) Ich hatte ihr angeboten, sie nach Hause zu fahren, sie indessen wollte den Bus nehmen.

In·dex der <-(es), -e/Indizes/Indices> **1.** (≈ *Register*) *ein alphabetisches* (*Namens- oder Stichwort-*) *Verzeichnis* (*am Ende eines Sachbuches*) Bei allen Begriffen im Index steht eine Zahl, die das jeweilige Kapitel angibt. ◆ Autoren-, Stichwort- **2.** (*Plur.* <*Indexe*>) *eine Liste von Büchern oder Filmen, deren Verbreitung verboten ist* Der Roman stand auf dem Index/wurde auf den Index gesetzt. **3.** (*Plur.* <*Indices*>) MATH. *die hoch- oder tiefgestellte Zahl zur Unterscheidung von Werten* *und Größen mit gleicher Bezeichnung*

In·di·an der <-s, -e> (*österr.*) *Truthahn*

In·di·a·ner, **In·di·a·ne·rin** der <-s, -> *Ureinwohner Amerikas* die nordamerikanischen Indianer, die im Amazonasbecken lebenden Indianer ◆-häuptling, -krieger, -stamm, -zelt

In·di·en <-s>

in·dif·fe·rent, **in·dif·fe·rent** <nicht steig.> *Adj.* **1.** (*geh.* ≈ *unentschieden*) *so, dass jmd. nicht bereit ist, sich zwischen zwei Positionen zu entscheiden* Er hat in dieser Frage eine indifferente Haltung eingenommen. ►Indifferenz **2.** *so, dass jmd. sich gleichgültig und ohne innere Teilnahme verhält* Sie wirkte während der gesamten Aussprache völlig indifferent.

in·di·g·niert *Adj.* (*geh.*) *peinlich berührt; angewidert* Er blickte indigniert in eine andere Richtung.

In·di·go das <-s, -s> *ein blauer Farbstoff*

In·di·ka·tiv der <-s, -e> (SPRACHWISS.: ≈ *Wirklichkeitsform* ↔ *Konjunktiv*) *die Form des Verbs, die anzeigt, dass etwas real ist*

> **i Wissenswert** Als Modus bezeichnet der **Indikativ** eine grammatische Kategorie des Verbs, bei der die Vorgänge als tatsächlich gegeben dargestellt werden. Zum Indikativ gehören die Zeitformen des Präsens, Imperfekts, Perfekts, Plusquamperfekts und Futurs. Sie alle verweisen auf Aussagen, die innerhalb einer realen Wirklichkeit stattfinden (stattgefunden haben oder stattfinden werden) und einen gewissen Wahrheits- und Wirklichkeitsgehalt beanspruchen.

In·di·o der <-s, -s> *Angehöriger eines südamerikanischen Indianervolkes*

in·di·rekt <nicht steig.> *Adj.* (≈ *implizit* ↔ *direkt*) *nicht ausdrücklich* Er hat mir indirekt gedroht., Sie hat es mir indirekt zum Vorwurf gemacht.

in·disch <nicht steig.> *Adj. zu Indien gehörend, daher stammend* ◆ Großschreibung→R 3.19 der Indische Ozean

in·dis·kret, **in·dis·kret** *Adj.* (≈ *taktlos*) *so, dass man sich zu direkt um sehr persönliche, intime Dinge anderer Personen kümmert und damit ihre Gefühle verletzt* Er hat sich für seine indiskrete Frage entschuldigt., Sie verhält sich oft aufdringlich und indiskret.

In·dis·kre·ti·on, **In·dis·kre·ti·on** die <-, -en> (↔ *Diskretion*) *Mangel an Verschwiegenheit* Durch eine Insdiskretion wurden diese Ereignisse schon bekannt, bevor sie öffentlich mitgeteilt werden konnten.

in·dis·ku·ta·bel, **in·dis·ku·ta·bel** <indiskutabler, am indiskutabelsten> *Adj.* (*geh. abwert.*) *so überaus schlecht, dass man gar nicht mehr darüber diskutieren muss* Die Prüfungsergebnisse sind völlig indiskutabel.

in·dis·po·niert, **in·dis·po·niert** <nicht steig.> *Adj.* (*geh.*) *so, dass jmd. durch eine (leichte) Erkrankung in keiner gutem Verfassung ist (besonders stimmlich) und deshalb einen Auftritt absagen muss* Das Konzert muss leider ausfallen, da der Sänger indisponiert ist.

In·di·vi·du·a·lis·mus der <-> (*kein Plur.*) (*geh.* ↔ *Kollektivismus*) *eine Weltanschauung, die dem Individuum und seiner Entfaltung (gegenüber den Interessen der Gemeinschaft) den Vorrang gibt*

In·di·vi·du·a·list, **In·di·vi·du·a·lis·tin** der <-en, -en> (*geh.*) *jmd., der ganz nach seinen eigenen Vorstellungen lebt und wenig von gesellschaftlichen Konventionen und Regeln hält* ►individualistisch

In·di·vi·du·a·li·tät die <-> (*kein Plur.*) (*geh.*) *die Gesamtheit aller Merkmale, welche den einzelnen Menschen von allen anderen Menschen unterscheiden* Er konnte erstmals seine Individualität voll entfalten.

In·di·vi·du·al·ver·kehr der <-s> (*kein Plur.*) (AMTSSPR.: ↔ *öffentlicher Verkehr*) *der Autoverkehr mit privaten Kraftfahrzeugen*

In·di·vi·du·a·ti·on die <-> (*kein Plur.*) PSYCH. *die Entwicklung und Reifung der individuellen Persönlichkeit im Verlauf des Lebens*

in·di·vi·du·ell <nicht steig.> *Adj.* **1.** *auf das einzelne Individuum und seine speziellen Bedürfnisse zugeschnitten* Wir werden eine individuelle Lösung des Problems suchen., Der Unterricht wird ganz individuell auf das Wissen der Kursteilnehmer abgestimmt. **2.** (≈ *eigenständig*) *durch seine Eigenart geprägt und dadurch charakteristisch* Der Garten besitzt eine sehr individuelle Note.

In·di·vi·du·um das <-s, Individuen> **1.** (*geh.*) *der einzelne Mensch (im Gegensatz zur Masse)* Individuum und Gesellschaft **2.** BIOL. *ein Tier als Einzelexemplar seiner Art* **3.** (*umg.*) *ein Mensch, den man als unangenehm empfindet oder der sich sehr auffällig benimmt* ein verdächtiges Individuum, Vor der Haustür schlich ein Individuum herum und verschwand dann plötzlich im Gebüsch.

In·diz das <-es, -ien> **1.** (*meist Plur.*) RECHTSW. *ein Gegenstand, der etwas beweist und der in einer Gerichtsverhandlung den Angeklagten belasten oder entlasten kann* ◆-ienprozess **2.** (*geh.*) *Hinweis, Anzeichen* Einige Indizien weisen auf einen baldigen Wechsel in der Führungsspitze des Konzerns hin.

In·di·zes <-> *Plur. s.* **Index**

In·di·zi·en·be·weis der <-es, -e> RECHTSW. *ein Beweis, der sich nur auf Indizien stützt, aus denen der Hergang der Straftat erschlossen wird*

in·di·zie·ren *mit OBJ* **1.** ■ *etwas indiziert etwas* (*fachspr.*) *etwas zeigt etwas an* **2.** ■ *etwas ist indiziert es erscheint sinnvoll, etwas Bestimmtes zu tun* In diesem Fall ist das Mittel … indiziert.

In·do·chi·na <-s> (*aus der Kolonialzeit stammende*) *Bezeichnung für die Staaten Vietnam, Laos und Kambodscha*

in·do·eu·ro·pä·isch <nicht steig.> *Adj.* (SPRACHWISS.: ≈ *indogermanisch*)

In·do·ger·ma·ne <-n, -n> *Angehöriger eines Volkes, dessen Sprache das Indogermanische war*

in·do·ger·ma·nisch <nicht steig.> *Adj.* SPRACHWISS. *das Indogermanische betreffend*

In·do·ger·ma·ni·sche das <-n> (*kein Plur.*) SPRACHWISS. *die erschlossene Grundsprache der Indogermanen*

> **i Wissenswert** Die indoeuropäischen (früher auch als „indogermanisch" bezeichenten) Sprachen stellen eine Sprachfamilie dar, die über ein sehr großes Gebiet verbreitet ist, von den germanischen Sprachen des nördlichen Europa bis hin zu den sogenannten indoarischen Sprachen Südasiens. Das wissenschaftliche Interesse am Indoeuropäischen erreichte im späten neunzehnten Jahrhundert seinen Höhepunkt. Zu den indoeuropäischen Sprachen zählen sowohl moderne Sprache wie das Deutsche oder das Englische als auch alte Sprachen wie Latein und Sanskrit. Aufgrund regelmäßiger Beziehungen und typologischer Ähnlichkeiten lassen sich innerhalb der indoeuropäischen Sprachen einzelne Gruppen oder Sprachzweige unterscheiden. Ziel der Studien zur Indogermanistik ist u.a. die Erschließung einer indoeuropäischen Ursprache.

In·do·ger·ma·nis·tik die <-> (*kein Plur.*) SPRACHWISS. *die Lehre von der Sprache und Kultur der Indogermanen*

in·dok·t·ri·nie·ren *mit OBJ* ■ *jmd. indoktriniert jmdn.* (*abwert.*) *einzelne Personen oder Gruppen von Menschen in eine bestimmte ideologische Richtung drängen* Man hatte vergeblich versucht, die Arbeiter politisch zu indoktrinieren.

In·do·ne·si·en <-s> *ein Staat in Asien, der aus einer Gruppe von Inseln (Sumatra, Borneo, Java, Molikken) besteht*

In·do·ne·si·er, In·do·ne·si·e·rin der <-s, -> *jmd., der die indonesische Staatsbürgerschaft hat*

in·do·ne·sisch <nicht steig.> *Adj. zu Indonesien gehörend, daher stammend*

In·duk·ti·on die <-, -en> **1.** (PHILOS.: ↔ *Deduktion*) *das Erschließen einer allgemein gültigen Regel aus einem Einzelfall* ◆-sbeweis, -sregel **2.** TECHN. *die Erzeugung einer elektrischen Spannung durch Veränderung der Feldlinien in einem Magnetfeld* ◆-sspannung, -sstrom, Selbst-

in·duk·tiv <nicht steig.> *Adj.* (PHILOS.: ↔ *deduktiv*) *durch Induktion erschließend* Bei der induktiven Methode wird von begründeten Einzelaussagen auf eine allgemeine Aussage geschlossen.

in·dus·t·ri·a·li·sie·ren *mit OBJ* ■ *jmd. industrialisiert etwas auf industrielle Produktion umstellen, eine industrielle Produktion aufbauen* Diese Region wurde bereits sehr früh industrialisiert. ▶Industrialisierung

In·dus·t·rie die <-, -n> **1.** (*Plur. selten*) *die Wirtschaftsbetriebe, die mit Maschinen (in großer Menge) Güter herstellen* Mit der deutschen/japanischen Industrie geht es aufwärts/abwärts., Der Verband vertritt in erster Linie die Interessen der Industrie., Zehntausende Arbeitsplätze wurden in der Industrie abgebaut. **2.** *alle Betriebe einer bestimmten Branche in einem bestimmten Gebiet* Man war besorgt über die Lage der Eisen verarbeitenden Industrie. ◆-konzern, -standort, Chemie-, Pharma-, Schwer-

In·dus·t·rie·ab·was·ser das <-s, Industrieabwässer> (*meist Plur.*) *Abwasser, das bei der Produktion von Gütern in der Industrie entsteht* In Flüsse eingeleitete Industrieabwässer gefährden die Wasserqualität.

In·dus·t·rie·an·la·ge die <-, -n> *Gelände, Gebäudekomplexe und technische Anlagen eines Industriebetriebs*

In·dus·t·rie·be·trieb der <-(e)s, -e> *ein Betrieb, der industriell Güter produziert*

In·dus·t·rie·er·zeug·nis das <-ses, -se> *ein industriell hergestelltes Produkt*

In·dus·t·rie·ge·biet das <-(e)s, -e> *ein (größeres Gebiet), in dem Industriebetriebe angesiedelt sind*

In·dus·t·rie·ge·sell·schaft die <-, -en> (↔ *Agrargesellschaft, Dienstleistungsgesellschaft*) *eine Form der Gesellschaft, in der die Industrie im Vergleich zu Landwirtschaft und Handel sehr stark ist, und zu deren typischen Merkmalen große Produktionszentren, stark differenzierte Berufe und eine enge Verbindung von Wissenschaft und Produktion gehört.*

In·dus·t·rie·ge·werk·schaft die <-, -en> *ein Gewerkschaft, die die Interessen der Arbeitnehmer eines Industriezweigs vertritt*

In·dus·t·rie·kauf·mann, In·dus·t·rie·kauf·frau der <-(e)s, Industriekaufmänner/Industriekaufleute> *eine Person mit kaufmännischer Ausbildung, die in einem Industriebetrieb tätig ist*

In·dus·t·rie·land das <-(e)s, Industrieländer> *ein Land, dessen Wirtschaftskraft hauptsächlich auf der industriellen Produktion beruht*

In·dus·t·rie·land·schaft das <-, -en> *ein Gebiet, das durch Produktionsanlagen der Schwerindustrie geprägt ist*

in·dus·t·ri·ell <nicht steig.> *Adj. die Industrie betreffend*

In·dus·t·ri·el·le der/die <-n, -n> *jmd., dem ein Industriebetrieb gehört* Die Heirat mit einem Industriellen brachte ihr ein Millionenvermögen. ◆Groß-, Stahl-

In·dus·t·rie·na·ti·on die <-, -en> (≈ *Industriestaat*)

In·dus·t·rie·staat der <-(e)s, -en> (≈ *Industrieland*) *ein Staat, in dem die Wirtschaft wesentlich durch Industrie geprägt ist*

In·dus·t·rie·stadt die <-, Industriestädte> *eine Stadt mit viel Industrie*

In·dus·t·rie- und Han·dels·kam·mer die <-, -n> *eine Körperschaft des öffentlichen Rechts, die als Organisation aller Unternehmen für alle Unternehmen aus Industrie, Handel und Dienstleistungen arbeitet und sich als Interessenvertretung und Dienstleister der Unternehmen versteht*

In·dus·t·rie·zeit·alter das <-s> (*kein Plur.*) GESCH. *die um 1900 beginnende Periode, die durch die zunehmende Industrialisierung und deren Auswirkungen auf Wirtschaft und Gesellschaft gekennzeichnet ist*

In·dus·t·rie·zen·trum das <-s, Industriezentren> *ein Gebiet mit besonders viel Industrie*

In·dus·t·rie·zweig der <-(e)s, -e> *ein bestimmter Teilbereich der Industrie*

in·du·zie·ren *mit OBJ* ■ *jmd. induziert etwas* **1.** (PHILOS.: ↔ *deduzieren*) *vom Einzelfall auf Allgemeines schließen* **2.** TECHN. *durch Induktion*[2] *erzeugen*

in·ei·nan·der *Adv. verwendet, um auszudrücken, dass die genannten Dinge zu einer Art Einheit werden und die Grenze zwischen ihnen nicht mehr besteht oder nicht mehr wichtig ist* Die einzelnen Teile fügen sich ineinander., Die Musikstücke gingen ineinander über. ◆ Getrenntschreibung→R 4.1 ineinander fließen, die Bauteile ineinander fügen, ineinander greifen, ineinander passen, die Container lassen sich ineinander schieben, die Stahlrohre ineinander stecken

in·fam <nicht steig.> *Adj.* (*abwert.* ≈ *unverschämt*) *so, dass jmd. etwas auf bösartige Weise sagt* Das ist eine infame Lüge/Unterstellung!

In·fan·te·rie, In·fan·te·rie die <-, -n> MILIT. **1.** *die Kampftruppe für den Nahkampf* **2.** (*kein Plur.*) *Soldaten der Infanterie*[1]

In·fan·te·rist, In·fan·te·rist der <-en, -en> MILIT. *Soldat der Infanterie*

in·fan·til *Adj.* **1.** (*abwert.* ≈ *kindisch*) *so, dass jmd. nicht die Reife und den Ernst zeigt, die man von einem Erwachsenen erwartet* Du hast dich völlig infantil benommen! ▶Infantilität **2.** (*fachspr.* ≈ *kindlich*)

In·farkt der <-(e)s, -e> MED. *der Vorgang, dass ein Organ nicht mehr ausreichend mit Blut versorgt wird (zum Beispiel, weil Arterien verstopft sind) und deshalb Teile des Gewebes plötzlich absterben* ◆ -patient, -risiko, Herz-, Lungen-, Nieren-

In·fek·ti·on die <-, -en> **1.** (MED.: ≈ *Ansteckung*) *der Vorgang, dass Krankheitskeime auf jmdn. übertragen werden* ◆ -sgefahr, -herd , -srisiko **2.** (*umg.*) *der Vorgang, dass Krankheitskeime in eine Wunde hineingelangen und dort zu einer Entzündung führen*

In·fek·ti·ons·krank·heit die <-, -en> MED. *eine Krankheit, die durch Infektion*[1] *übertragen wird*

in·fek·ti·ös *Adj.* (MED.: ≈ *ansteckend*) *so, dass Krankheitskeime von einer erkrankten Person auf andere Menschen übergehen*

In·fer·no das <-s> (*kein Plur.*) **1.** *ein Ort, an dem sich ein schreckliches Geschehen abspielt* Das Feuer verwandelte die Stadt in ein Inferno. **2.** *ein katastrophales Ereignis* Sie war dem Inferno des Vulkanausbruchs entkommen. ◆ Flammen-

In·fil·t·ra·ti·on die <-, -en> **1.** (*fachspr.* ≈ *Einsickern*) *das Eindringen (von Flüssigkeiten)* **2.** MED. *das Eindringen von körperfremden oder schädlichen Substanzen in normales Korpergewebe* **3.** (*pol.*) *die ständige ideologische Beeinflussung von Personen oder Organisationen*

in·fil·t·rie·ren *mit OBJ* **1.** ■ *etwas infiltriert etwas* (*fachspr.*) *in etwas eindringen* **2.** MED. *als fremde oder schädliche Substanz in den Körper eindringen* **3.** ■ *jmd. infiltriert etwas* POL. *ideologisch beeinflussen*

In·fi·ni·tiv, In·fi·ni·tiv der <-s, -e> SPRACHWISS. *die Grundform des Verbs, die ein Geschehen oder Sein benennt und nicht nach Person, Numerus, Tempus oder Modus bestimmt*

in·fi·zie·ren **I.** *mit OBJ/mit SICH* ■ *jmd. infiziert jmdn. (mit etwas Dat.)* (MED.: ≈ *anstecken*) *eine Krankheit, die man selbst hat, auf eine andere Person übertragen* Er hat seine Partnerin mit Aids infiziert. **II.** *mit SICH* ■ *jmd. infiziert sich mit etwas Dat.* (MED.: ≈ *sich anstecken*) *eine Infektionskrankheit bekommen* Die Eheleute hatten sich während eines Urlaubs in Kenia mit Malaria infiziert.

in fla·gran·ti ■ **jemand ertappt jemanden in flagranti**: *jmd. trifft jmdn. gerade in dem Augenblick an, wo dieser gerade etwas Schlimmes oder Verbotenes tut* Sie ertappte ihn in flagranti, wie er gerade heimlich in ihrem Tagebuch las.

In·fla·ti·on die <-, -en> (*Plur. selten*) (WIRTSCH.: ↔ *Deflation*) *der Vorgang, dass die Preise immer weiter steigen und der Wert des Geldes immer geringer wird* galoppierende/schleichende Inflation ▶inflationistisch ◆ -srate

in·fla·ti·o·när *Adj.* **1.** WIRTSCH. *mit den Merkmalen der Inflation* inflationäre Tendenzen **2.** (*übertr.*) *so, dass ein Begriff übertrieben oft gebraucht wird und immer weniger klar in seiner Bedeutung ist* die inflationäre Verwendung des Begriffs „Postmoderne"

In·fla·ti·ons·ra·te die <-, -n> *das in Prozenten ausgedrückte Ausmaß der Inflation* Die Inflationsrate ist im Verhältnis zum vergangenen Jahr leicht gestiegen.

in·fle·xi·bel <nicht steig.> *Adj.* (↔ *flexibel*) *nicht anpassungsfähig* Inflexible Strukturen in der Verwaltung erschweren Reformen.

In·flu·enz die <-, -en> PHYS. *das Aufladen eines elektrisch ungeladenen Körpers durch Annäherung eines elektrisch geladenen Körpers*

In·flu·en·za die <-> (*kein Plur.*) MED. *die echte Grippe (im Gegensatz zur leichten Grippe), die häufig von hohem Fieber begleitet wird*

In·fo die <-, -s> (*umg.*) *kurz für „Information"* ◆ -material, -stand

in·fol·ge **I.** *Präp. + Gen. als Folge von etwas* Infolge der hohen Arbeitslosigkeit wuchs die Unzufriedenheit in der Bevölkerung. **II.** *Adv.* Infolge von Bauarbeiten auf der Strecke können die Züge Verspätung haben.

in·fol·ge·des·sen *Adv. verwendet ,um auszudrücken, dass das Gesagte eine Folge aus dem vorhergehenden Satz ist* Wir sind erst umgezogen; infolgedessen kennen wir uns hier noch nicht so gut aus.

In·for·mand der <-en, -en> *jmd., der (im Rahmen einer Ausbildung) informiert wird siehe aber auch*

Informant

In·for·mant <-en, -en> *jmd., der (geheime oder wichtige) Informationen liefert* Er hat jahrelang als Informant des Geheimdienstes wichtige Informationen beschafft. *siehe aber auch* **Informand**

In·for·ma·tik die <-> *(kein Plur.)* EDV *die Wissenschaft, die sich mit Computern und ihrer Anwendung (im Rahmen der elektronischen Datenverarbeitung) beschäftigt*

In·for·ma·ti·ker, **In·for·ma·ti·ke·rin** der <-s, -> *jmd., der Informatik studiert (hat)*

In·for·ma·ti·on die <-, -en> **1.** *ein bestimmtes Wissen über einen Gegenstand, eine Person oder einen Sachverhalt* Informationen können Sie telefonisch anfordern unter …, Wir haben bislang nur spärliche Informationen über den Stand der Verhandlungen., Das Internet macht Informationen weltweit verfügbar., Ich habe eine wertvolle Information für Sie., Agenten beschaffen Informationen über geheime Vorgänge und Pläne. ◆-sbeschaffung, -sbroschüre, -sflut, -sgewinnung, -smenge, -vielfalt **2.** *(kein Plur.) das Informieren* Lesen Sie zu Ihrer Information bitte die beigefügte Broschüre!, die rechtzeitige Information der Reisenden durch eine Durchsage am Bahnsteig **3.** *(kein Plur.) (≈ Auskunft) eine Art Schalter, an dem man Fragen stellen kann* Ich werde mich schnell an der Information erkundigen.

In·for·ma·ti·ons·blatt das <-(e)s, Informationsblätter> *in einer Broschüre zusammengestellte Informationen*

In·for·ma·ti·ons·de·fi·zit das <-s, -e> *(geh.) Mangel an bestimmten Informationen*

In·for·ma·ti·ons·fluss der <-es> *(kein Plur.) das gezielte Weiterleiten von (relevanten) Informationen in einem Unternehmen oder in der Gesellschaft* der Informationsfluss zwischen den Abteilungen eines Unternehmens

In·for·ma·ti·ons·ge·sell·schaft die <-, -en> *die moderne Gesellschaft, in der die Verbreitung von Informationen z.B. durch die Medien und das Internet eine große Rolle spielt*

In·for·ma·ti·ons·lü·cke die <-, n> *der Zustand, dass jmdm. eine wichtige Information in einem bestimmten Zusammenhang fehlt*

In·for·ma·ti·ons·ma·te·ri·al das <-, -ien> *verschiedene Texte, z.B. Broschüren, die der Information über ein Thema dienen*

In·for·ma·ti·ons·po·li·tik die <-> *(kein Plur.) die Art, wie (offiziell) Informationen an die Öffentlichkeit gegeben werden*

In·for·ma·ti·ons·quel·le die <-, -n> *eine Person oder Institution, von der man Informationen über etwas erhält*

In·for·ma·ti·ons·stand der <-(e)s> *(kein Plur.) die Informationen, die jmd. zu einem bestimmten aktuellen Zeitpunkt hat*

In·for·ma·ti·ons·sys·tem das <-s, -e> *ein elektronisches (Computer-)system, das dazu dient, einem bestimmten Personenkreis relevante Daten über einen Bereich zukommen zu lassen*

In·for·ma·ti·ons·tech·no·lo·gie die <-, -n> *alle Technologien, die der Informationsverarbeitung dienen, insbesondere die Computertechnik*

In·for·ma·ti·ons·the·o·rie die <-, -n> MATH. *Theorie der statistischen Gesetzmäßigkeiten in der Verarbeitung von Informationen*

In·for·ma·ti·ons·ver·an·stal·tung die <-, -en> *eine Veranstaltung, mit der ein bestimmter Personenkreis über etwas informiert werden soll* eine Informationsveranstaltung für Studienanfänger

In·for·ma·ti·ons·ver·ar·bei·tung die <-, -en> *die Auswertung von Informationen, die aufgenommen und im Gehirn oder einem elektronischen System gespeichert werden* Denken ist eine Form von Informationsverarbeitung.

In·for·ma·ti·ons·vor·sprung der <-(e)s, Informationsvorsprünge> *(Plur. selten) der Zustand, dass jmd. besondere Informationen besitzt, die andere (noch) nicht haben*

in·for·ma·tiv *Adj. (geh.) so, dass es viel Information über etwas anbietet* ein sehr informativer Reiseführer/Vortrag

in·for·mell <nicht steig.> *Adj.* **1.** *(↔ formell) ohne Formalitäten* ein informeller Empfang **2.** *ohne institutionelle Form* eine informelle soziale/politische Initiative

in·for·mie·ren **I.** *mit OBJ* ■ *jmd. informiert jmdn. (über etwas Akk.) Information[1] geben* Der Studienberater informiert die neuen Studenten über die Studienordnung., Alle Mitarbeiter wurden durch ein Rundschreiben informiert. **II.** *mit SICH* ■ *jmd. informiert sich (bei jmdm./etwas) (über etwas Akk.) sich über etwas Information[1] beschaffen* Ich habe mich vor der Reise eingehend informiert.

In·fo·tain·ment das [ɪnfoˈteɪnmənt] <-s> *(kein Plur.) Kurzwort aus „Information" und „Entertainment", die Vermittlung von Nachrichten und Bildungsinhalten durch aufgelockerte, unterhaltsame Präsentation im Fernsehen, auf CD-ROMs o.Ä.*

in·fra·ge/in Fra·ge *Adv.* ■ **etwas kommt infrage/in Frage**: *etwas ist möglich* Nach dem Kauf der Eigentumswohnung und des neuen Autos kommt eine Urlaubsreise jetzt nicht in Frage., Ein neuerlicher Umzug kommt für mich überhaupt nicht infrage/in Frage. **jemand stellt etwas in Frage**: *jmd. fragt, ob etwas überhaupt so sein muss* Diese These müssen wir noch mal infrage/in Frage stellen. ◆ Zusammen- oder Getrenntschreibung→R 4.14

in·f·ra·rot <nicht steig.> *Adj.* PHYS. *in einem Frequenzbereich unterhalb des sichtbaren roten Lichts*

In·f·ra·rot·lam·pe die <-, -n> *eine Lampe, die infrarotes Licht abstrahlt*

In·f·ra·schall der <-(e)s> *(kein Plur.)* PHYS. *Schall mit einer Frequenz unter 16 Hertz*

In·f·ra·struk·tur die <-, -en> *alle Elemente, die für das Funktionieren von Wirtschaft und Gesellschaft unverzichtbar sind, zum Beispiel das Verkehrsnetz*

In·fu·si·on die <-, -en> MED. *die Versorgung eines Patienten mit flüssigen Stoffen, die direkt in eine*

I

Ader geleitet werden Nach der Operation erhielt der Patient Infusionen.

In·ge·ni·eur, **In·ge·ni·eu·rin** der [ɪnʒeˈni̯øːɐ̯] <-s, -e> *jmd., der an einer Hochschule ein Studium der Technik absolviert hat* ◆ Bau-, Elektro-, Maschinenbau-, Textil-

In·ge·ni·eur·bü·ro das <-s, -s> *ein Unternehmen, in dem Ingenieure für Kunden technische Lösungen entwickeln*

In·gre·di·ens das <-, Ingredienzien> (*meist Plur.*) (*geh.* ≈ *Zutat*) *ein Stoff, der Bestandteil von etwas* (*besonders einer Arznei*) *ist* Welche Ingredienzien enthält diese Salbe?

Ing·wer der <-s> (*kein Plur.*) *ein scharfes Gewürz, das aus der Knolle der Ingwerpflanze gewonnen wird, das in der europäischen Küche z.B. in Lebkuchen und in der asiatischen Küche allgemein benutzt wird*

In·ha·ber, **In·ha·be·rin** der <-s, -> **1.** (≈ *Eigentümer*) *jmd., der etwas besitzt* Inhaber einer Firma/eines Lokals/eines Unternehmens **2.** *jmd., der Träger eines Titels ist* Sie ist Inhaberin des Weltrekords. **3.** RECHTSW. *jmd., der bestimmte Rechte hat* Inhaber eines Amtes/einer Erlaubnis

in·haf·tie·ren *mit OBJ* ■ *jmd. inhaftiert jmdn.* (≈ *verhaften*) *mit Polizeigewalt in Haft nehmen* Die Polizei inhaftierte den Täter.

In·ha·la·ti·on die <-, -en> MED. *das Inhalieren von heilsamen Substanzen* ◆ -sapparat, -sgerät

in·ha·lie·ren *mit OBJ/ohne OBJ* ■ *jmd. inhaliert* (*etwas*) **1.** *den Dampf von heißem Wasser, in dem bestimmte heilende Substanzen gelöst sind, einatmen, um eine Krankheit der Atemwege zu heilen* Bei Schnupfen inhaliert er. **2.** (↔ *paffen*) *beim Rauchen tiefe Lungenzüge machen*

In·halt der <-(e)s, -e> (*Plur. selten*) **1.** *etwas, das in einem Gefäß oder Behälter enthalten ist* Lösen Sie den Inhalt des Beutels in 300ml Wasser auf!, In der Lagerhalle liegen noch einhundert Fässer von unbekanntem Inhalt. **2.** *die Mitteilung oder Bedeutung, die in einem Medium* (*Buch, Film, Musik*) *oder in einem Gespräch ausgedrückt wird* Kannst du den Inhalt des Buches/der Nachricht zusammenfassen?, Der Inhalt des Films ist schnell erzählt. ◆ -sarm, -sreich **3.** (≈ *Sinn, Gehalt*) *etwas, das etwas geistig ausfüllt* Er wollte seinem Leben wieder einen Inhalt geben. ◆ Lebens- **4.** MATH. *Ausdehnung einer Fläche bzw. eines räumlichen Körpers* Berechnen Sie den Inhalt des Rechtecks!

in·halt·lich <nicht steig.> *Adj. auf den Inhalt[2] bezogen* Der Aufsatz ist inhaltlich gut, hat aber zahlreiche formale Schwächen.

In·halts·an·ga·be die <-, -n> *eine kurze Zusammenfassung eines Inhalts[2]* ein Literaturlexikon mit kurzen Inhaltsangaben zu über tausend Werken der Moderne

in·halts·gleich <nicht steig.> *Adj. im Inhalt übereinstimmend*

in·halts·leer *Adj.* (↔ *inhaltsvoll*) *ohne Inhalt[2]* inhaltsleeres Geschwätz

in·halts·los *Adj.* (↔ *inhaltsreich*) *ohne* (*nennenswerten*) *Inhalt[2]* Die Ansprache war ziemlich inhaltslos.

in·halts·reich *Adj.* (↔ *inhaltslos*) *reich an Inhalt[2]*

In·halts·stoff der <-(e)s, -e> (≈ *Ingrediens*) *ein Stoff, der Bestandteil von etwas* (*besonders einer Arznei*) *ist* Die Inhaltsstoffe der Salbe sind auf der Tube angegeben.

In·halts·ü·ber·sicht die <-> (*kein Plur.*) (≈ *Inhaltsangabe*)

In·halts·ver·zeich·nis das <-ses, -se> *eine Liste der Kapitel*(*überschriften*) *eines Buches oder einer* (*wissenschaftlichen*) *Arbeit*

in·hä·rent <nicht steig.> *Adj.* ■ *einer Sache Dat. inhärent* (*geh.* ≈ *immanent*) *so, dass es immer schon zu einer Sache dazugehört und Teil von ihr ist* Derartige Probleme sind dieser Methode inhärent.

In·hä·renz die <-, -en> (*meist Sing.*) (PHILOS.: ↔ *Subsistenz*) *der Zustand, dass Eigenschaften nicht selbstständig existieren, sondern immer auf einen Träger* (*eine Substanz*) *angewiesen sind*

in·ho·mo·gen *Adj.* (↔ *homogen*) *nicht gleichmäßig, sondern an verschiedenen Stellen mit verschiedenen Eigenschaften versehen* eine inhomogene Lerngruppe, eine inhomogene Masse

in·hu·man *Adj.* (*geh.* ≈ *unmenschlich* ↔ *human*) *ohne Respekt vor der Würde des Menschen* inhumane Arbeitsbedingungen, inhumane Behandlung von Kriegsgefangenen

I·ni·ti·a·le die <-, -n> *der graphisch gestaltete Anfangsbuchstabe eines Namens* mit Initialen bestickte Handtücher/Hemden/Taschentücher

I·ni·ti·a·ti·on die <-, -en> REL. *der rituelle Übergang von einer Lebensstufe zur nächsten, der mit Symbolen von Tod und Wiedergeburt vollzogen wird* Die christliche Taufe ist eine Art von Initiation.

I·ni·ti·a·ti·ons·ri·tus der <-, Initiationsriten> REL. *die rituelle Einführung eines Jugendlichen in die Welt der Erwachsenen* (*meist bei Naturvölkern*), *bei der meist eine schwierige Prüfung oder Probe bestanden werden muss* Die Konfirmation hat eine gewisse Ähnlichkeit mit einem Initiationsritus.

i·ni·ti·a·tiv <nicht steig.> *Adj. so, dass jmd. Initiative ergreift* Er ist initiativ geworden und hat seine Vorschläge für eine Verbesserung der Arbeitsbedingungen eingereicht.

I·ni·ti·a·tiv·be·wer·bung die <-, -en> *der Vorgang, dass jmd. nicht wartet, bis er von einem Stellenangebot einer Firma erfährt, sondern selbst der Firma seine Mitarbeit anbietet*

I·ni·ti·a·ti·ve die <-, -n> **1.** *der Vorgang, dass jmd. als erster aktiv wird und bewirkt, dass etwas geschieht oder begonnen wird* Sie hatte schließlich die Initiative ergriffen und ihn angerufen., Er hat aus eigener Initiative gehandelt., Auf wessen Initiative hin wurde das Projekt begonnen? **2.** (*kein Plur.*) *Entschlusskraft* Es mangelt ihm an Initiative. **3.** *kurz für „Bürgerinitiative"*

I·ni·ti·a·tor, **I·ni·ti·a·to·rin** der <-s, -en> (*geh.*) *jmd., der etwas initiiert*

i·ni·ti·ie·ren *mit OBJ* ■ *jmd. initiiert etwas* (*geh.*) *den Anstoß zu etwas geben* Man initiierte eine

PR-Aktion, die das Projekt bekannt machen sollte.

In·jek·ti·on die <-, -en> MED. *das Einspritzen von Flüssigkeit in eine Ader oder in das Körpergewebe* eine intravenöse/subkutane Injektion

In·jek·ti·ons·sprit·ze die <-, -n> *Spritze für die Injektion*

in·ji·zie·ren *mit OBJ* ■ *jmd. injiziert jmdm. etwas einspritzen* Der Arzt injiziert das Medikament.

In·ju·rie die <-, -n> RECHTSW. *eine Beleidigung durch Worte oder Schläge* ◆ Verbal-

In·kar·na·ti·on die <-, -en> **1.** REL. *der Vorgang, dass ein göttliches Wesen Mensch wird* ▶ inkarnieren **2.** (*geh.* ≈ *Verkörperung*) *der Vorgang, dass etwas Abstraktes die Form eines konkreten Wesens annimmt* die Inkarnation des Bösen

In·kas·so das <-s, -s/Inkassi> WIRTSCH. *das Einziehen fälliger Beträge*

In·kas·so·bü·ro das <-s, -s> *ein Unternehmen, das mit der Vollmacht versehen ist, fällige Geldforderungen eines Unternehmens einzuziehe*

in·klu·si·ve *Präp. + Gen.* (↔ *exklusive*) *so, dass die genannte Sache darin mit enthalten ist* Das ist der Preis der Waschmaschine, Lieferung inklusive.

in·ko·g·ni·to *Adv.* (*geh.*) *so, dass ein Prominenter mit fremdem Namen auftritt, um unerkannt zu bleiben und nicht belästigt zu werden* An seinem Urlaubsort bleibt der Schauspieler am liebsten inkognito.

In·ko·hä·renz die <-, -en> (↔ *Kohärenz*) *Mangel an innerem Zusammenhang*

in·kom·men·su·ra·bel <nicht steig.> *Adj.* (↔ *kommensurabel*) *nicht vergleichbar, nicht messbar* ▶ Inkommensurabilität

in·kom·pa·ti·bel, in·kom·pa·ti·bel <nicht steig.> *Adj.* **1.** (FACHSPR.: ↔ *kompatibel*) *so, dass es nicht zusammenpasst und kombiniert werden kann* Die beiden Computersysteme sind inkompatibel., Die beiden Blutgruppen sind inkompatibel. **2.** RECHTSW. *unvereinbar*

in·kom·pe·tent *Adj.* (↔ *kompetent*) *so, dass man auf seinem Arbeitsgebiet nicht das erforderliche Wissen und Können hat* Der Verkäufer war völlig inkompetent, auf keine Frage wusste er eine Antwort. ▶ Inkompetenz

in·kon·se·quent <nicht steig.> *Adj.* (↔ *konsequent*) *so, dass sich jmd. widersprüchlich verhält oder ausdrückt* bei der Erziehung der Kinder nicht inkonsequent sein, Für dieselbe Sache einmal loben und einmal bestrafen – das ist doch inkonsequent! ▶ Inkonsequenz

in·kon·sis·tent <nicht steig.> *Adj.* **1.** *so, dass etwas nicht lange Bestand hat* **2.** *so, dass etwas logisch widersprüchlich ist* ein inkonsistenter Beweis

in·kor·rekt <nicht steig.> *Adj.* (↔ *korrekt*) **1.** *so, dass etwas ungenau oder fehlerhaft ist* **2.** *so, dass etwas einer Vorschrift nicht genau entspricht* inkorrektes Verhalten

In-Kraft-Tre·ten das <-s> (*kein Plur.*) *der Vorgang, dass etwas ab einem bestimmten Zeitpunkt gültig oder verbindlich wird* Mit In-Kraft-Treten der neuen Regelungen wird sich einiges ändern., das In-Kraft-Treten eines Gesetzes/einer Bestimmung/einer Richtlinie ◆ Schreibung mit Bindestrich→R 3.21, R 4.15

In·ku·ba·ti·ons·zeit die <-, -en> MED. *die Zeit, die zwischen der Ansteckung und dem Ausbruch einer Krankheit vergeht*

In·ku·na·bel die <-, -n> DRUCKW. *ein Druck aus der Frühzeit des Buchdrucks* (*vor 1500 n.Chr.*)

In·land das <-(e)s> (*kein Plur.*) **1.** (↔ *Ausland*) *das aus der Sicht des Sprechers eigene Land, in dem er Staatsbürger ist* **2.** *das Landesinnere* An der Küste weht ein frischer Wind, im Inland kann es bis zu dreißig Grad heiß werden.

In·land·flug der <-(e)s, Inlandflüge> *eine Flugreise zwischen zwei Orten im gleichen Staatsgebiet*

in·län·disch <nicht steig.> *Adj.* (↔ *ausländisch*) *aus dem Inland stammend* Der Kiosk hat eine große Auswahl an in- und ausländischen Zeitungen.

In·lands·ge·spräch das <-(e)s, -e> *Telefongespräch im Inland*

In·lands·markt der <-(e)s, Inlandsmärkte> WIRTSCH. *der Absatzmarkt im Inland*

In·lay das ['ɪnleɪ] <-s, -s> MED. *eine Zahnfüllung* (*aus einer Metalllegierung oder Porzellan*)

In·lett das <-s, -s> *eine Stoffhülle für Federbetten*

inlinen ['inlaɪnən] *ohne OBJ* (*nur im Inf.*) *auf Inlineskates fahren* Inlinen wird zum Volkssport.

In·li·ner der ['inlaɪnɐ] <-s, -s> *eine moderne Form von Rollschuh mit* (*vier*) *hintereinander angeordneten Rollen*

In·line·skate das ['inlaɪnskeɪt] <-s, -s> (*selten im Sing.*) (≈ *Inliner*)

in me·di·as res (*geh.*) ■ **jemand geht in medias res**: *jmd. kommt bei einem Gespräch gleich zur Sache*

in me·mo·ri·am (*geh.*) *zum Andenken an eine verstorbene Person* In memoriam von ... wurde an seinem 50. Todestag seine Komposition ... aufgeführt.

in·mit·ten **I.** *Präp. + Gen. verwendet, um auszudrücken, dass etwas völlig von der genannten Sache umschlossen ist* Das Schloss liegt inmitten ausgedehnter Parkanlagen., Inmitten seiner Studenten fühlt sich der Nobelpreisträger auch heute noch am wohlsten. **II.** *Adv.* Sie stand im Zimmer, inmitten von Umzugskartons.

in na·tu·ra *in natürlicher Gestalt* (*im Gegensatz zu einer Abbildung*) Auf den Fotos wirkt er sehr jugendlich, in natura sieht er wesentlich älter aus.

in·ne·ha·ben <hast inne, hatte inne, hat innegehabt> *mit OBJ* ■ *jmd.hat etwas inne eine Position oder ein Amt besitzen* ◆ Zusammenschreibung →R 4.9 Sie hat dort ein wichtiges Amt innegehabt.

in·ne·hal·ten <hältst inne, hielt inne, hat innegehalten> *ohne OBJ* ■ *jmd. hält inne das, was man gerade tut, kurz unterbrechen* ◆ Zusammenschreibung→R 4.9 Er hielt kurz inne, bevor er weiterlas.

in·nen *Adv.* (↔ *außen*) **1.** *innerhalb eines Raumes* Innen ist es warm, draußen ist es eiskalt. **2.** *im Inneren eines Objekts* Die Melone war innen faul.

In·nen·ar·bei·ten die <-> *Plur.* (↔ *Außenarbeiten*) *Arbeiten an einem Gebäude, die innen ausgeführt werden*

In·nen·ar·chi·tekt, **In·nen·ar·chi·tek·tin** der <-en, -en> *jmd., der berufsmäßig die Innenräume von Gebäuden plant und gestaltet und z.B. Teppiche, Tapeten, Beleuchtung usw. aufeinander abstimmt*

In·nen·auf·nah·me die <-, -n> (FILM FOTOGR.: ↔ *Außenaufnahme*) *eine Aufnahme, die in einem geschlossenen Raum gemacht wird*

In·nen·aus·stat·tung die <-, -en> *die Ausstattung eines Innenraums (zum Beispiel eines Fahrzeugs)* ein Wagen mit luxuriöser Innenausstattung

In·nen·bahn die <-, -en> (SPORT: ↔ *Außenbahn*) *die innerste Bahn der nebeneinander liegenden Bahnen einer Laufstrecke in einem Sportstadion* Die Favoritin startet auf der Innenbahn.

In·nen·dienst der <-(e)s> (*kein Plur.*) (↔ *Außendienst*) **1.** *die Arbeit, die man auf dem Gelände bzw. in den Bürogebäuden einer Firma leistet (im Gegensatz zur Arbeit eines Vertreters, der Kunden besucht)* ◆-leitung, -mitarbeiter **2.** *die Mitarbeiter des Innendiensts*[1]

In·nen·hof der <-(e)s, Innenhöfe> *ein von allen Seiten umschlossener Hof im Inneren eines Gebäudes*

In·nen·le·ben das <-s> (*kein Plur.*) (*umg.*) *jmds. Gefühle und Gedanken* Er hat ihr sein ganzes Innenleben ausgebreitet.

In·nen·mi·nis·ter, **In·nen·mi·nis·te·rin** der <-s, -> (↔ *Außenminister*) *der Minister, der für die inneren Angelegenheiten eines Staates zuständig ist* ▸Innenministerium

In·nen·po·li·tik die <-> (*kein Plur.*) (↔ *Außenpolitik*) *die Politik, die sich mit den inneren Angelegenheiten eines Staates befasst* ▸innenpolitisch

In·nen·raum der <-(e)s, Innenräume> *der Raum, der innerhalb von etwas liegt (zum Beispiel innerhalb eines Fahrzeugs)*

In·nen·sei·te die <-, -n> (↔ *Außenseite*) *die innere Seite von etwas*

In·nen·spie·gel der <-s, -> (KFZ: ↔ *Außenspiegel*) *der Rückspiegel, der innen im Fahrzeug angebracht ist*

In·nen·stadt die <-, Innenstädte> (≈ *City, Stadtzentrum*) *in der Mitte eines Stadtgebietes der Bereich, in dem die Hauptgeschäftsstraßen liegen*

In·nen·tem·pe·ra·tur die <-, -en> (↔ *Außentemperatur*) *die im Inneren von etwas herrschende Temperatur*

In·nen·welt die <-, -en> (↔ *Außenwelt*) *die Gesamtheit der Vorstellungen, Gedanken und Gefühle, die das Erleben eines Menschen ausmachen*

in·ner·be·trieb·lich <nicht steig.> *Adj. so, dass es sich nur zwischen den Mitarbeitern einer Firma abspielt oder nur für diese wichtig ist* Wir versuchen, Probleme in der Firma innerbetrieblich zu lösen.

in·ner·deutsch <nicht steig.> *Adj. so, dass es die inneren Angelegenheiten Deutschlands betrifft oder sich innerhalb Deutschlands befindet*

in·ner·dienst·lich <nicht steig.> *Adj.* (↔ *außerdienstlich*) *so, dass es nur den dienstlichen Bereich betrifft* Innerdienstliche Angelegenheiten sollten möglichst diskret behandelt werden.

In·ne·re das <Inner(e)n> (*kein Plur.*) **1.** *derjenige Teil von etwas, der von Außen nicht sichtbar ist und einen umschlossenen Raum bildet* Das Innere des Baumes war hohl., Auch das Innere des Gerätes überzeugt durch eine makellos saubere Verarbeitung. **2.** *alle Gedanken, Gefühle und seelischen Regungen des Menschen* Diese Vorstellungen beschäftigten ihr Inneres., Er war in seinem tiefsten Inneren fest davon überzeugt, dass …

in·ne·re <nicht steig.> *Adj.* **1.** *so, dass es im Inneren*[1] *von etwas ist* Der innere Teil des Gebäudes war durch die Explosion völlig zerstört worden. **2.** *so, dass es den geistig-seelischen Bereich betrifft* Er strahlte eine ungeheure innere Ruhe aus. **3.** *so, dass es eine Sache in ihren tiefsten Grundlagen betrifft* Sie versteht viel vom inneren Aufbau des Computers. **4.** *so, dass es das Inland bzw. die eigenen Angelegenheiten betrifft* Die Politiker diskutierten über die inneren Probleme des Landes., Auf dem Parteitag wurde zur inneren Geschlossenheit aufgerufen.

In·ne·rei·en die <-> *Plur. die verwertbaren inneren Organe und Gedärme von Schlachtvieh und Geflügel*

in·ner·halb **I.** *Präp. + Gen.* **1.** (↔ *außerhalb*) *so, dass es im Inneren eines Bereichs liegt* Innerhalb der Stadt sind Grundstücke extrem teuer. **2.** *in einem bestimmten Zeitraum* Er wollte innerhalb der nächsten Stunde zurückrufen. **II.** *Adv.* **1.** (↔ *außerhalb*) *im Inneren von etwas* Die Fahrkarte gilt innerhalb von ganz Deutschland. **2.** *im Verlauf von* Ich sage Ihnen innerhalb von zwei Wochen Bescheid.

in·ner·lich <nicht steig.> *Adj.* **1.** *im geistig-seelischen Bereich* Er ließ sich zwar nichts anmerken, aber innerlich war er sehr nervös. **2.** (MED.: ↔ *äußerlich*) *so, dass man ein Medikament durch den Mund einnimmt* ein Medikament zur innerlichen Anwendung

In·ner·lich·keit die <-> (*kein Plur.*) (≈ *Verinnerlichung*) *eine Haltung, in der man stark aus dem Inneren*[2] *lebt und sich weniger nach außen orientiert*

in·ner·orts *Adv.* (*österr. schweiz.*) *innerhalb des Ortes*

in·ner·städ·tisch <nicht steig.> *Adj. auf die Innenstadt bezogen* In der Sitzung ging es um innerstädtische Probleme und deren Lösung.

In·ners·te das <-n> (*kein Plur.*) *der tiefste innere Bereich im Erleben des Menschen; das Wesen* Der Vorwurf hat ihn im Innersten gekränkt/getroffen.

in·ners·te <nicht steig.> *Adj.* Niemand wusste von den innersten Regungen seiner Seele.

in·nert *Präp. + Gen./Dat.* (*österr. schweiz.*) *binnen* Sie wollte innert eines Tages/einem Tag wieder hier sein.

in·ne·wer·den *mit OBJ/mit SICH* ■ *jmd. wird etwas Gen. inne* (*geh.*) (*sich*) *einer Sache bewusst werden, eine Sache allmählich wahrnehmen* Er ist sich der Gefahr nicht innegeworden, in der er gelebt hat.

in·ne·woh·nen *ohne OBJ* ■ *etwas wohnt etwas Dat. inne* (*geh.*) *als Besonderheit in etwas enthalten sein* Dem Gebäude wohnt ein besonderer Geist inne., Jeder neuen Aufgabe wohnt ein eigener Reiz inne.

in·nig *Adj.* (*geh.*) **1.** *so, dass man ein sehr intensives Gefühl damit verbindet* ein inniger Brief, Er liebt sie heiß und innig. **2.** *so, dass man eng verbunden ist* Sie verband eine innige Freundschaft.

In·nig·keit die <-> (*kein Plur.*) *tiefe Empfindung, liebevolle Zuneigung, Herzlichkeit*

In·no·va·ti·on die <-, -en> (TECHN. WIRTSCH.: *geh.*) *der Vorgang, dass durch Anwendung neuer Verfahren und die Einführung neuer Techniken ein Bereich erneuert und auf den neuesten Stand gebracht wird*

in·no·va·ti·ons·freund·lich <nicht steig.> *Adj. Innovationen gegenüber aufgeschlossen*

In·no·va·ti·ons·tem·po das <-s> *die Geschwindigkeit, mit der sich in einem Bereich Innovationen vollziehen*

in·no·va·tiv <nicht steig.> *Adj.* (*fachspr.*) *so, dass es eine Innovation schafft* innovative Maßnahmen, innovative Fähigkeiten eines Mitarbeiters, Auf der Messe wurde ein innovatives Verfahren zur ... vorgestellt.

in·no·va·to·risch <nicht steig.> *Adj.* (*fachspr.*) *so, dass man Innovationen anstrebt*

In·nung die <-, -en> WIRTSCH. *ein Verband der Handwerker, die in einem bestimmten Gebiet das gleiche Handwerk ausüben* ◆-sbetrieb, -krankenkasse

in·of·fi·ziell <nicht steig.> *Adj.* **1.** (↔ *offiziell*) *nicht amtlich bestätigt, nicht dienstlich, nicht von offizieller Stelle ausgehend* eine inoffizielle Mitteilung **2.** *nicht förmlich oder feierlich* Wir haben hier gerade eine kleine inoffizielle Feier.

in·o·pe·ra·bel, in·o·pe·ra·bel <nicht steig.> *Adj.* MED. *so, dass ein Tumor in einem Bereich des Körpers ist, wo er nicht durch eine Operation entfernt werden kann* ein inoperabler Hirntumor

in per·so·na (*geh.*) *persönlich, selbst* Der Direktor in persona nahm an der Abschiedsfeier teil.

in pet·to ■ **jemand hat etwas in petto**: *jmd. hat etwas bereit, von dem andere noch nicht wissen* Ich habe noch eine besondere Idee in petto, wie wir das Fest gestalten können.

in punc·to (*mit Substantiv* (*ohne Artikel*)) *in Hinsicht auf, in Bezug auf* In puncto Ordnung und Sauberkeit nimmt der Vermieter es sehr genau.

In·put der <-s> (*kein Plur.*) **1.** WIRTSCH. *die von außen bezogenen, in einem Betrieb eingesetzten Rohstoffe, Produkte oder Produktionsmittel* **2.** EDV *die Eingabe von Daten in einen Computer* **3.** (*umg.*) *die Gedanken, Inhalte oder Arbeitsergebnisse, die eine Person oder eine Gruppe von Personen jmdm. anderen weitergibt, damit sie Grundlage von dessen Arbeit sein können*

In·qui·si·ti·on die <-> (*kein Plur.*) GESCH. **1.** *eine Art Gericht, das vom 12. bis zum 18. Jahrhundert von der katholischen Kirche eingesetzt wurde, um über Fälle von Ketzerei zu urteilen und das sich teilweise sehr grausamer Methoden bediente* ◆-sgericht, -sprozess **2.** *eine Untersuchung der Inquisition*[1] grausame Inquisitionen durchführen

In·qui·si·tor der <-s, -en> GESCH. *ein Richter der Inquisition*[1]

in·qui·si·to·risch <nicht steig.> *Adj.* (*übertr.*) *so, dass jmd. sehr streng jmdn. befragt oder einer Sache nachforscht* inquisitorische Fragen stellen

ins *Präp.* (≈ *„in" + „das"*) *verwendet, um auszudrücken, dass etwas irgendwo hinführt* Führe die Gäste erstmal ins Nebenzimmer, Wir gehen ins Schwimmbad, Die Anfänge dieser Entwicklung reichen bis ins letzte Jahrhundert zurück.

In·sas·se, In·sas·sin der <-n, -n> **1.** *jmd., der in einem Heim lebt oder in einem Gefängnis sitzt* **2.** *jmd., der sich in einem Fahrzeug befindet* Bei dem Unfall kamen alle Insassen ums Leben.

ins·be·son·de·re/ins·be·sond·re *Adv.* (≈ *besonders*) *vor allem, im besonderen*

In·schrift die <-, -en> *die Worte, die an der Fassade eines Gebäudes oder auf einem Grabstein in den Stein hineingearbeitet sind* die Inschrift eines Denkmals, Der Grabstein ist bereits so verwittert, dass man die Inschrift kaum noch lesen kann., eine Forschungsarbeit über römische Inschriften ◆ Haus-

In·schrif·ten·kun·de die <-> (*kein Plur.*) *die wissenschaftliche Erforschung von Inschriften*

In·sekt das <-(e)s, -en> *ein Tier, das meist sehr klein ist, dessen Körper aus mehreren Segmenten besteht und das oft fliegen kann* Ameisen, Fliegen und Käfer sind Insekten. ◆-enbekämpfung, -enforscher

In·sek·ten·fres·ser der <-s, -> *ein Tier, das sich vor allem von Insekten ernährt*

In·sek·ten·staat der <-(e)s, -en> *das Zusammenleben von Insekten in einem selbstgefertigten Bau, das wie eine Gesellschaft mit Arbeitsteilung geregelt ist* Ameisen und Bienen leben in einem Insektenstaat.

In·sek·ten·stich der <-(e)s, -e> **1.** *der Vorgang, dass ein Insekt mit seinem Stachel in die Haut eines Menschen sticht* **2.** *die rote und geschwollene Stelle, die ein Insektenstich*[1] *auf der Haut entstehen lässt*

In·sek·ti·zid das <-(e)s, -e> *ein Mittel, das Insekten abtötet*

In·sel die <-, -n> **1.** *ein Stück Land, das auf allen Seiten von Meer umschlossen ist* eine einsame Insel, die Inseln vor der Westküste Schottlands, Eine Fähre verkehrt zwischen der Insel und dem Festland. ◆-bewohner, -leben, -staat, Halb-, Kanal-, Karibik- **2.** (*übertr.*) *ein Ort, wo ganz andere* (*meist bessere*) *Bedingungen herrschen als in der ihn umgebenden Welt* Dieses Plätzchen ist eine Insel der Ruhe., Die Abteilung schien noch eine wahre Insel der Seligen zu sein, von Stress redete hier niemand.

In·sel·grup·pe die <-, -n> *mehrere benachbarte Inseln*

In·sel·staat der <-(e)s, -en> *ein Staat, der aus einer oder mehreren Inseln besteht*

In·sel·welt die <-> (*kein Plur.*) *die Gesamtheit von zusammengehörigen Inseln oder Inselgruppen* die Inselwelt des Pazifik

In·se·mi·na·ti·on die <-, -en> (BIOL.: ≈ *Befruchtung*) **1.** *das natürliche Eindringen der Samenzelle in die Eizelle* **2.** *das künstlich herbeigeführte Zusammentreffen von Samenzelle und Eizelle*

In·se·rat das <-(e)s, -e> (≈ *Annonce*) *eine Anzeige, die man in einer Zeitung drucken lässt, weil man zum Beispiel etwas verkaufen oder kaufen, vermieten oder mieten will*

In·se·ra·ten·teil der <-(e)s, -e> *der Teil einer Zeitung, der nur Inserate enthält*

In·se·rent, **In·se·ren·tin** der <-en, -en> *jmd., der ein Inserat aufgibt*

in·se·rie·ren *mit OBJ/ohne OBJ* ■ *jmd. inseriert (etwas) in etwas Dat. ein Inserat aufgeben* Er inserierte die Stelle in der Zeitung., Er inserierte in der Zeitung.

ins·ge·heim, **ins·ge·heim** *Adv.* (≈ *heimlich*) *im geheimen* Insgeheim machten sich alle über ihn lustig.

ins·ge·samt, **ins·ge·samt** *Adv. in der Summe, alles zusammen genommen* Wir waren insgesamt mehr als fünfzig Teilnehmer.

In·si·der der ['ɪnsaɪdə] <-s, -> *jmd., der etwas, besonders eine Institution, aus eigener Erfahrung von innen her kennt und deshalb mehr darüber weiß als Außenstehende* ◆-bericht, -kenntnisse, -meinung, -wissen

In·si·g·nien <-> *Plur. bestimmte Gegenstände als Kennzeichen und Symbole der Macht* Krone und Zepter sind Insignien der Macht.

In·si·nu·a·ti·on die <-, -en> (*geh.*) *der Vorgang, dass man jmdm. böse Handlungen unterstellt und auch bei anderen Personen diesen Verdacht erweckt, ohne es ganz offen zu sagen* ►insinuieren

in·sis·tie·ren *ohne OBJ* ■ *jmd. insistiert auf etwas Dat.* (*geh.*) *auf etwas bestehen* Sie insistierte auf ihrem Recht/ihren Ansprüchen., Wir insistieren darauf, dass Sie …

in·skri·bie·ren *mit SICH* ■ *jmd. inskribiert sich* (*österr.*) *sich immatrikulieren, sich einschreiben*

In·skrip·tion die (*österr.*) *Immatrikulation*

in·so·fern, **in·so·fern** **I.** *Adv.* (≈ *insoweit*) (*verwendet, um den Geltungsbereich einer Aussage einzuschränken*) *in dem Maße* Ich stimme ihm nur insofern zu, als er damit … sagt. **II.** *Konj.* (≈ *wenn, falls*) Insofern ihr uns braucht, helfen wir natürlich mit.

in·sol·vent, **in·sol·vent** <nicht steig.> *Adj.* (WIRTSCH.: ↔ *solvent*) *zahlungsunfähig*

In·sol·venz, **In·sol·venz** die <-, -en> (WIRTSCH.: ↔ *Solvenz*) *Zahlungsunfähigkeit*

in·so·weit, **in·so·weit**, **in·so·weit** *Konj.* **1.** (≈ *insofern*) *was dies betrifft* Insoweit muss ich ihm Recht geben. **2.** (≈ *falls*) Insoweit dies stimmt, werde ich meine Konsequenzen ziehen.

In·s·pek·ti·on die <-, -en> **1.** *die (amtliche) Überprüfung, Kontrolle von etwas* Bei der Inspektion der technischen Anlage wurden keine Mängel festgestellt. **2.** (KFZ: ≈ *Wartung*) Ich muss mit dem Wagen zur Inspektion. **3.** *eine Behörde oder Dienststelle (, die etwas prüft)* ◆-sbesuch, -sreise

In·s·pek·tor, **In·s·pek·to·rin** der <-s, -en> **1.** (*in Deutschland*) *ein Beamter im öffentlichen Dienst* **2.** *jmd., der etwas (amtlich) inspiziert*

In·s·pi·ra·ti·on die <-, -en> (*geh.*) *ein kreativer Einfall; eine Idee, die eine geistige Tätigkeit fördert* künstlerische/musikalische/poetische Inspiration, Wenn er keine Inspiration hat, kann er nicht malen.

in·s·pi·rie·ren *mit OBJ* ■ *etwas inspiriert jmdn. (zu etwas Dat.) schöpferische Impulse geben, anregen* Die Musik inspiriert den Maler zu neuen Bildern. ►Inspiriertheit

In·s·pi·zi·ent der <-en, -en> THEAT. *jmd., der beruflich den technischen Ablauf von Theateraufführungen oder Sendungen organisiert und betreut*

in·s·pi·zie·ren *mit OBJ* ■ *jmd. inspiziert etwas genau prüfen und untersuchen; besichtigen und dabei Kontrollen machen* Man hat das Gebäude genau inspiziert., Der General inspiziert die Truppen.

in·sta·bil, **in·sta·bil** *Adj.* (↔ *stabil*) **1.** PHYS. TECHN. *so, dass etwas nicht im Gleichgewicht bleibt* **2.** (≈ *labil*) *so, dass etwas veränderlich oder unbeständig ist* Die politische Lage in diesem Land ist sehr instabil., Immer wieder Regen, Sonne, Schauer, Gewitter – die Wetterlage bleibt instabil. ►Instabilität

In·stal·la·teur, **In·stal·la·teu·rin** der [ɪnstala'tøːɐ̯] <-s, -e> *jmd., der beruflich Rohre und Leitungen in Häusern und Wohnungen verlegt*

In·stal·la·ti·on die <-, -en> **1.** *das Installieren* **2.** *das, was irgendwo installiert ist* Irgendetwas mit der Installation ist nicht in Ordnung. ◆-sbetrieb

in·s·tal·lie·ren *mit OBJ* ■ *jmd. installiert etwas (eine technische Anlage) einbauen und anschließen* Die Handwerker installieren gerade die Heizung.

In·stand·hal·tung die <-, -en> AMTSSPR. *die ständige Pflege und Wartung von (technischen) Anlagen* Wer ist für die Instandhaltung dieser Anlagen verantwortlich? ◆-skosten

in·stän·dig *Adj.* (≈ *eindringlich*) *intensiv und nachdrücklich* Er hat sie inständig darum gebeten.

in·stand/in Stand *Adv.* ■ **etwas instand/in Stand setzen**: *etwas, das defekt oder baufällig war, reparieren* **instand/in Stand halten**: *durch ständige Maßnahmen dafür sorgen, dass etwas in gutem Zustand ist und gebrauchsfähig bleibt* ◆Zusammen- oder Getrenntschreibung→R 4.14 Wir ließen das baufällige Haus wieder instand/in Stand setzen., Wer hält bei euch den Garten instand/in Stand?

In·stand·set·zung die <-, -en> *Reparatur, Wiederherstellung* Instandsetzung einer Wohnung

In·stạnz die <-, -en> **1.** RECHTSW. *bestimmte Stufe eines Gerichtsverfahrens* Das Urteil wurde in zweiter Instanz bestätigt. ◆-enweg **2.** (*zuständige*) *Behörde* Alle polizeilichen Instanzen wurden informiert.

In·s·tịnkt der <-(e)s, -e> **1.** BIOL. *eine Verhaltensweise, die einem Lebewesen bereits angeboren ist und die es daher nicht erlernen muss* der natürliche Instinkt, Jedes Tier folgt seinem Instinkt. **2.** (*übertr.*) *das deutliche Gefühl, dass etwas der Fall ist* ein untrüglicher/höherer/feiner Instinkt, Mein Instinkt sagt mir, dass er doch Recht hatte.

in·s·tink·tịv <nicht steig.> *Adj.* **1.** *auf den Instinkt*[1 2] *bezogen oder durch diesen geleitet* ein Buch über das instinktive Verhalten der Tiere **2.** *so, dass man aus dem Gefühl handelt, ohne zu überlegen* Sie tat in dieser Situation instinktiv das Richtige.

In·s·ti·tụt das <-(e)s, -e> **1.** *eine Einrichtung der Wissenschaft, an der Forschung betrieben wird, Publikationen erstellt und Tagungen veranstaltet werden* Das Institut für Deutsche Sprache hat seinen Sitz in Mannheim., Die Firma hat ein Institut mit der Marktforschung beauftragt. ◆-bibliothek, -sleitung, -verwaltung, Forschungs- **2.** *Gebäude eines Instituts*[1] **3.** RECHTSW. *gesetzlich festgelegte Einrichtung* Die Ehe ist ein Institut. ◆ Rechts-

In·s·ti·tu·ti·ọn die <-, -en> *eine öffentliche, staatliche oder kirchliche Einrichtung, die für eine bestimmte Aufgabe zuständig ist* ■ **der lange Marsch durch die Institutionen**: (*ein Schlagwort der Studentenbewegung Ende der sechziger Jahre des 20.Jahrhunderts*) *statt Revolution das Reformieren der Gesellschaft dadurch, dass viele einzelne Personen versuchen, Reformideen in ihrer beruflichen Position in Institutionen umzusetzen*

in·s·ti·tu·ti·o·na·li·si̱e·ren *mit OBJ* ■ *jmd. institutionalisiert etwas etwas in eine gesellschaftlich anerkannte Form bringen oder zur Institution machen* ▶Institutionalisierung

in·s·ti·tu·ti·o·nẹll <nicht steig.> *Adj.* (*geh.*) *eine Institution betreffend, zu ihr gehörend oder durch sie gesichert*

in·s·t·ru·i̱e·ren *mit OBJ* ■ *jmd. instruiert jmdn.* **1.** *Anweisungen geben* Der Trainer instruiert die Mannschaft. **2.** *Kenntnisse weitergeben* Der Kapitän instruierte die Besatzung über die weiteren Schritte.

In·s·t·ruk·ti·ọn die <-, -en> **1.** *Anweisung* genau den Instruktionen des Ausbilders folgen **2.** *Unterweisung* ▶Instrukteur

In·s·t·ru·mẹnt das <-(e)s, -e> **1.** MUS. *kurz für „Musikinstrument"* ◆Blas-, Saiten-, Tasten- **2.** TECHN. MED. *ein* (*komplexes*) *Werkzeug oder Gerät für einen bestimmten Zweck* chirurgische Instrumente desinfizieren ◆Mess-, Navigations-, Operations- **3.** (*übertr.*) *jmd. oder etwas, den oder das man als Mittel für etwas benutzt*

in·stru·men·ta̱·l <nicht steig.> *Adj.* (MUS.: ↔ *vokal*) *mit Musikinstrumenten* ▶Instrumentalist ◆-begleitung, -satz

in·stru·men·ta·li·si̱e·ren *mit OBJ* ■ *jmd. instrumentalisiert etwas* (*geh.*) *etwas so gebrauchen, dass es für einen ganz bestimmten Zweck dienlich istt*

In·s·t·ru·men·ta̱l·mu·sik die <-> (*kein Plur.*) (↔ *Vokalmusik*) *auf Instrumenten gespielte Musik ohne Gesang*

In·s·t·ru·men·ta̱l·stück das <-(e)s, -e> *s.* **Instrumentalmusik**

In·s·t·ru·men·ta̱·ri·um das <-s, Instrumentarien> **1.** *die Gesamtheit benutzter Werkeuge* **2.** *die Gesamtheit der verwendeten Musikinstrumente* **3.** *die Gesamtheit der Mittel oder Möglichkeiten, ein Ziel zu erreichen*

In·s·t·ru·men·ta·ti·ọn die <-, -en> MUS. *die Besetzung eines Musikstücks mit verschiedenen Musikinstrumenten* ▶instrumentieren

in·s·t·ru·men·tell <nicht steig.> *Adj. auf den Gebrauch von Instrumenten oder Mitteln ausgerichtet* instrumentelle Vernunft

In·s·t·ru·mẹn·ten·bau·er, **In·s·t·ru·mẹn·ten·bau·e·rin** der <-s, -> *jmd., der beruflich Instrumente*[1] *anfertigt*

In·s·t·ru·mẹn·ten·kas·ten der <-s, Instrumentenkästen> *ein Kasten, in dem ein Musikinstrument transportiert wird*

ịn·suf·fi·zi·ent <nicht steig.> *Adj.* (*fachspr.*) *unzulänglich, mangelhaft, für einen Zweck ungeeignet* ▶Insuffizienz

In·su·la̱·ner, **In·su·la̱·ne·rin** der <-s, -> (*veralt. oder scherzh.*) Bewohner einer Insel

in·su·la̱r <nicht steig.> *Adj. zu einer Insel gehörend*

In·su·li̱n das <-s> (*kein Plur.*) MED. *ein Hormon, das den Blutzuckerspiegel regelt* ◆-mangel, -schock

in·sze·ni̱e·ren *mit OBJ* ■ *jmd. inszeniert etwas* **1.** THEAT. FILM *als Verantwortlicher die Aufführung eines Bühnenstücks technisch und künstlerisch vorbereiten* **2.** (*abwert. übertr.*) *mit Absicht eine Reaktion* (*bei seinen Mitmenschen*) *hervorrufen* Sie musste natürlich einen Skandal inszenieren.

In·sze·ni̱e·rung die <-, -en> **1.** THEAT. FILM *das Inszenieren*[1] **2.** *ein in einer bestimmten Weise in Szene gesetztes Theaterstück* eine neue Inszenierung des „Hamlet" **3.** (*abwert. übertr.*) *das Inszenieren*[2]

in·tạkt <nicht steig.> *Adj.* **1.** (*voll*) *funktionsfähig, unbeschädigt* Der alte Herd ist immer noch intakt. **2.** *so, dass etwas ohne* (*große*) *Probleme ist* Sie lebt in einer intakten Beziehung., Kinder brauchen ein intaktes Familienleben. ▶Intaktheit

In·tạr·sia/In·tạr·sie die <-, Intarsien> (*selten im Sing.*) (≈ *Einlegearbeit*) *Teile aus Holz, Edelsteinen oder anderen wertvollen Materialien, die in einer Holzfläche eingelegt sind*

in·te̱·ger <integrer, am integersten> *Adj.* (≈ *rechtschaffen*) *so, dass jmd. immer korrekt handelt und man zu ihm Vertrauen haben kann* Du kannst ihm alles erzählen, er ist absolut integer.

In·te·g·ra̱l das <-s, -e> MATH. *ein mathematisches Konstrukt zur Berechnung komplexer Flächen*

◆-gleichung

In·te·g·ral·helm der <-(e)s, -e> *ein Schutzhelm (für Motorradfahrer) mit integriertem Visier*

In·te·g·ral·rech·nung die <-, -en> MATH. *die Berechnung von Flächen, die von beliebigen Kurven begrenzt werden*

In·te·g·ra·ti·on die <-, -en> **1.** (≈ *Eingliederung*) *der Vorgang, dass jmd. bewusst durch bestimmte Maßnahmen dafür sorgt, dass jmd. ein Teil einer Gruppe wird* Eine wichtige Aufgabe des Trainers ist die Integration der neuen Spieler (in die Mannschaft)., die Integration Behinderter in die Gesellschaft **2.** *Herstellung oder Vervollständigung einer Einheit* die politische Integration Europas **3.** *Zustand, in den etwas integriert worden ist* **4.** PSYCH. *Prozess, in der eine Person immer mehr zu einer inneren Einheit wird*

in·te·g·ra·tiv <nicht steig.> *Adj. so, dass eine Integration herbeigeführt oder gefördert wird* eine integrative Maßnahme, integrative Psychotherapie

in·te·g·rie·ren *mit OBJ* ■ *jmd. integriert jmdn. in etwas Akk.* **1.** *Integration[1] betreiben* Der Trainer integriert die neuen Spieler in die Mannschaft., Du musst dich stärker in die neue Klasse integrieren! ▶Reintegration **2.** ■ *jmd. integriert etwas in etwas Akk. ein übergeordnetes Ganzes bilden und etwas zusammenfassen oder vereinheitlichen* Die Forschungen sollen auf europäischer Ebene integriert werden. ▶Integrierung

In·te·g·ri·tät die <-> (*kein Plur.*) **1.** *Rechtschaffenheit; Unbescholtenheit* **2.** RECHTSW. *Unverletzlichkeit (von staatlichen Einrichtungen)*

In·tel·lekt der <-(e)s, -e> (≈ *Verstand*) *geistiges Vermögen, nur durch Denken zu Erkenntnis zu kommen* ein scharfer/geschulter Intellekt ▶Intellektualität

In·tel·lek·tu·a·lis·mus der <-, Intellektualismen> *die Haltung, in der jmd. nur auf seinen Intellekt setzt und Intuition und Gefühl nicht ernstnimmt* ▶Intellektualist, intellektualistisch

in·tel·lek·tu·ell *Adj.* **1.** *verstandesmäßig, geistig* Hier sind deine intellektuellen Fähigkeiten gefragt. **2.** *betont verstandesmäßig; nur auf den Intellekt ausgerichtet* Er ist ein intellektueller Mensch ohne jegliche handwerklichen Fähigkeiten. **3.** *die Intellektuellen betreffend* Man sieht sie häufig in intellektuellen Kreisen.

In·tel·lek·tu·el·le der/die <-n, -n> *akademisch oder künstlerisch gebildete Person, die (beruflich) geistig tätig ist* Schriftsteller, Professoren und viele andere Intellektuelle nahmen an der Tagung teil.

in·tel·li·gent *Adj.* (≈ *klug*) *mit hoher Intelligenz ausgestattet* Das Kind ist sehr intelligent., Dies war keine besonders intelligente Frage.

In·tel·li·genz die <-, -en> **1.** *die Fähigkeit, insbesondere durch abstraktes logisches Denken Probleme zu lösen und zweckmäßig zu handeln* praktische/theoretische Intelligenz, eine niedrige/hohe/überdurchschnittliche Intelligenz ■ **Künstliche Intelligenz**: *ein Forschungsgebiet, in dem versucht wird, Mechanismen zu entwerfen, mit denen Maschinen oder Computer intelligentes Verhalten entwickeln können* ◆-grad, -leistung, -prüfung, -test **2.** *Kollektivbezeichnung für Intellektuelle* Er zählt sicherlich zur Intelligenz seines Landes. ◆-schicht

In·tel·li·genz·bes·tie die <-, -n> **1.** (*umg.*) *sehr intelligenter Mensch* **2.** (*umg. abwert.*) *jmd., der sehr intelligent ist und dies anderen in unangenehmer Weise ständig zeigt*

In·tel·li·genz·quo·ti·ent der <-en, -en> *eine Maßzahl für intellektuelle Leistungsfähigkeit, die besagt, wie intelligent ein Mensch (nach einer bestimmten Testmethode) ist, abgekürzt „IQ"*

in·tel·li·gi·bel <nicht steig.> *Adj.* PHILOS. *nur durch den Intellekt und nicht durch sinnliche Wahrnehmungen zu erkennen*

In·ten·dant, **In·ten·dan·tin** der <-en, -en> THEAT. TV *künstlerischer Leiter eines Theaters oder einer Sendeanstalt*

In·ten·danz die <-, -en> THEAT. TV *künstlerische Leitung eines Theaters oder einer Sendeanstalt*

in·ten·die·ren *ohne OBJ* ■ *jmd. intendiert etwas* (*geh.* ≈ *anstreben*) *auf etwas hinzielen, beabsichtigen* Der Politiker gab in einem Interview zu, einen Parteiwechsel zu intendieren.

In·ten·si·on die <-, -en> (↔ *Extension*) *logischer Inhalt eines Begriffs, einer Aussage* ▶intensional

In·ten·si·tät die <-, -en> (≈ *Stärke*) *die Kraft, mit der etwas wirkt* Die Intensität ihrer Bemühungen ließ zu wünschen übrig., Die Intensität der Erdstöße nahm zu.

in·ten·siv *Adj.* **1.** (↔ *extensiv*) *gründlich und konzentriert* Sie hat sehr intensiv für diese Prüfung gearbeitet. **2.** *stark, heftig* Der Maler verwendet überwiegend intensive Farben. ◆arbeits-, zeit- **3.** *eingehend, durchdringend* Man hatte intensive Verhandlungen geführt. **4.** LANDW. *so, dass man viel Geld und Arbeit für etwas einsetzt* Auf diesem Bauernhof betreibt man intensive Viehhaltung. ◆-anbau, -haltung, -kultur

in·ten·si·vie·ren *mit OBJ* ■ *jmd. intensiviert etwas verstärken, steigern* Er musste seine Bemühungen zwangsläufig intensivieren., Der Athlet will vor dem Wettkampf sein Training intensivieren. ▶Intensivierung

In·ten·siv·kurs der <-es, -e> *ein Kurs von kurzer Dauer, in dem aber viel Wissen vermittelt wird*

In·ten·siv·me·di·zin die <-> (*kein Plur.*) *der Bereich der Medizin, in dem Schwerkranke unter Einsatz modernster Technik behandelt werden*

In·ten·siv·pfle·ge die <-> (*kein Plur.*) **1.** MED. *die Krankenpflege auf der Intensivstation* **2.** (*Werbejargon*) *ein besonders wirksames Kosmetikum* die Intensivpflege für die reife Haut

In·ten·siv·sta·ti·on die <-, -en> MED. *die Station im Krankenhaus, in der schwer kranke und lebensgefährlich verletzte Patienten behandelt werden*

In·ten·ti·on die <-, -en> (*geh.* ≈ *Absicht*) *Ausrichtung auf ein Ziel* Welche Intention verfolgt der Regisseur mit dieser Inszenierung?

in·ten·ti·o·nal <nicht steig.> *Adj. zielgerichtet,*

durch eine Intention geleitet

In·ten·ti·o·na·li·tät die <-, -en> PSYCH. *Ausrichtung aller seelisch-geistigen Kräfte auf ein Ziel* ◆-sstörung

In·ter·ak·ti·on die <-, -en> (PSYCH. SOZ.: ≈ *Wechselbeziehung*) *Handeln von Personen, die aufeinander bezogen sind* Interaktion in einer sozialen Gruppe ◆-smuster

in·ter·ak·tiv <nicht steig.> *Adj.* EDV *als Software so, dass der Benutzer selbstständig in einen Ablauf eingreifen und diesen mitbestimmen kann* ein interaktives Computerspiel, interaktive Sprachlernsoftware

In·ter·ci·ty der <-s, -s> (*in Deutschland*) *ein schneller Eisenbahnzug, der zwischen Großstädten verkehrt, abgekürzt „IC" und für dessen Benutzung man zusätzlich zur Fahrkarte einen besonderen Aufpreis bezahlen muss*

In·ter·ci·ty·ex·presszug der <-es, -e> (*in Deutschland*) *Hochgeschwindigkeitszug, der zwischen Großstädten verkehrt, abgekürzt „ICE" und für dessen Benutzung man zusätzlich zur Fahrkarte einen besonderen Aufpreis bezahlen muss*

In·ter·de·pen·denz die <-, -en> (*fachspr.*) *wechselseitige Abhängigkeit von Wirkungen*

in·ter·dis·zi·p·li·när <nicht steig.> *Adj. so, dass es zwei oder mehrere wissenschaftliche Fachbereiche betrifft* interdisziplinäre Forschung, ein Problem nur interdisziplinär lösen können

in·te·r·es·sant *Adj.* **1.** (↔ *uninteressant*) *so, dass ein bestimmter Inhalt Interesse weckt* ein sehr interessanter Film/Roman/Vortrag ◆hoch- **2.** *so, dass es einen geschäftlichen Vorteil verspricht* Er hat mir einen interessanten Handel vorgeschlagen., interessante Perspektiven

in·te·r·es·san·ter·wei·se *Adv. so, dass etwas unerwartet aufschlussreich ist* Interessanterweise lebt gerade sie jetzt in Italien.

In·te·r·es·se das <-s, -n> **1.** (*kein Plur.*) (↔ *Desinteresse*) *die Aufmerksamkeit und geistige Anteilnahme, die jmd. für eine Sache hat* lebhaftes/geringes Interesse, privates/öffentliches Interesse, Ich habe den Artikel mit großem Interesse gelesen., Das ist für mich nicht von Interesse., Nach der anfänglichen Euphorie ließ das Interesse an dem neuen Computerspiel recht schnell nach. ◆-ngebiet **2.** (*meist Plur.*) *Neigung, Vorliebe* Sie haben kaum gemeinsame Interessen. **3.** *die Neigung, etwas zu kaufen* Haben Sie Interesse an diesem Schrank? ◆Kauf- **4.** (*meist Plur.*) *Bestrebung, Einflussbereich* Er vertrat stets die Interessen seiner Partei. ■ **etwas liegt in jemands Interesse**: *etwas ist für jmdn. von Nutzen oder von Vorteil* Ein solches Vorgehen liegt doch in unser aller Interesse. ◆-nausgleich, -ngegensatz, -ngruppe, -npolitik, -nvertretung, Firmen-, Geschäfts-, Partei-, Verbands-

in·te·r·es·se·hal·ber *Adv. aus Interesse* Ich werde interessehalber zu dieser Lesung gehen.

in·te·r·es·se·los *Adj.* (≈ *gleichgültig*) *ohne Interesse*[1] ▸Interesselosigkeit

In·te·r·es·sen·ge·mein·schaft die <-, -en> **1.** *eine Gruppe von Menschen, die sich aufgrund gleicher Interessen zusammengefunden haben* **2.** WIRTSCH. *ein Zusammenschluss mehrerer selbstständiger Unternehmer*

In·te·r·es·sen·kon·flikt der <-(e)s, -e> *Konflikt zwischen einander entgegengesetzten Interessen* In dieser Frage gab es einen Interessenkonflikt zwischen den beiden Verhandlungspartnern.

In·te·r·es·sent, **In·te·r·es·sen·tin** der <-en, -en> **1.** *jmd., der etwas kaufen möchte* Wir haben mehrere Interessenten für das Auto. **2.** *jmd., der an etwas teilnehmen möchte* Für den Ausflug gibt es bisher kaum Interessenten.

in·te·r·es·sie·ren **I.** *mit OBJ* **1.** ■ *etwas interessiert jmdn. etwas weckt jmds. Aufmerksamkeit* Sport interessiert ihn sehr., Nichts interessiert mich weniger als sein dauerndes Gerede über Autos. **2.** ■ *jmd. interessiert jmdn. für etwas Akk. jmds. Interesse auf etwas lenken* Die Chefin konnte alle Mitarbeiter für das Projekt interessieren. **II.** *mit SICH* ■ *jmd. interessiert sich für etwas Akk.* **1.** *Interesse*[1] *haben* Er interessiert sich sehr für Musik., Sie hat sich nie sonderlich/immer schon leidenschaftlich für Sport interessiert. **2.** *die Absicht haben etwas zu kaufen* Ich interessiere mich für dieses Angebot. **3.** ■ *jmd. interessiert sich für jmdn. jmdn. kennenlernen wollen* Er interessiert sich für die Freundin seiner Schwester.

in·te·r·es·siert <nicht steig.> *Adj.* (↔ *desinteressiert*) *so, dass jmd. Interesse an jmdm. oder etwas hat* Er ist politisch/kulturell sehr interessiert., Ich bin an diesem Schrank sehr interessiert.

In·ter·face das [ˈɪntəfeɪs] <-, -s> (EDV: ≈ *Schnittstelle*) *ein Bauteil, mit dem Daten von einem Gerät in ein anderes geleitet werden können*

In·ter·fe·renz die <-, -en> **1.** PHYS. *eine Überlagerungserscheinung, die auftritt, wenn zwei oder mehr Wellenzüge dasselbe Raumgebiet durchlaufen* **2.** SPRACHWISS. *die Einwirkung eines sprachlichen Systems auf ein anderes* (*zum Beispiel beim Erlernen einer Fremdsprache*) **3.** BIOL. PSYCH. MED. *der Vorgang, dass ein Prozess auf einen ähnlichen Prozess Einfluss hat* ▸interferieren

in·ter·ga·lak·tisch <nicht steig.> *Adj.* ASTRON. *zwischen den Galaxien bestehend*

In·te·ri·eur das [ɛ̃teˈri̯øːɐ̯] <-s, -s/-e> **1.** (*geh.*) *Inneneinrichtung* **2.** KUNST *Gemälde, das ein Interieur*[1] *darstellt*

In·te·rim das <-s, -s> **1.** (*geh.*) *Zwischenzeit* **2.** (≈ *Übergangsregelung*) *vorläufige Regelung, die solange gültig ist, bis eine endgültige Lösung gefunden ist* Diese Maßnahme ist nur als Interim gedacht. ▸interimistisch ◆-sabkommen, -slösung, -sregierung

In·ter·jek·ti·on die <-, -en> SPRACHWISS. *ein Wort mit dem Charakter eines Ausrufs, das bestimmte Gefühle des Sprechers transportiert, z.B. Überraschung, Ekel oder Zustimmung* „Oh" ist eine Interjektion.

i Wissenswert Eine Wortart. Der Begriff wird in diesem Wörterbuch mit Interj. abgekürzt. **Interjektionen** sind nicht flektierbar (treten immer nur in einer bestimmten Form auf). Sie haben den Charakter von Ausrufen, die ein bestimmtes Gefühl, eine bestimmte Empfindung (z.B. Überraschung, Erstaunen, Ekel ...) zum Ausdruck bringen.

in·ter·kon·ti·nen·tal <nicht steig.> *Adj. zwischen den Kontinenten*

In·ter·kon·ti·nen·tal·ra·ke·te die <-, -n> MILIT. *Langstreckenrakete, die (vom Abschussort aus gesehen) Ziele auf einem anderen Kontinent erreichen kann* Verhandlungen über den Abbau von Interkontinentalraketen

in·ter·kul·tu·rell <nicht steig.> *Adj. so, dass es die Beziehung zwischen den Kulturen betrifft* interkultureller Dialog ►Interkulturalität

i Wissenswert Der Begriff **Interkulturalität** beschreibt das Aufeinandertreffen zweier oder mehrerer Kulturen, die sich vermischen oder überlagern. Er grenzt sich ab von den Begriffen „Multikulturalität" und „Transkulturalität". Während Multikulturalität ein „Nebeneinander" von Kulturen manifestiert, betont „Transkulturalität" die Übernahme von fremden Kulturelementen, die nicht zu Kulturwandel führt.

In·ter·li·ne·ar·ü·ber·setz·ung die <-, -en> *Übersetzung, die zwischen die Zeilen eines fremdsprachigen Textes geschrieben ist*

in·ter·me·di·är <nicht steig.> *Adj. in der Mitte liegend, einen mittleren Zustand bildend*

In·ter·mez·zo das <-s, -s/ Intermezzi> **1.** MUS. *Zwischenspiel in der Oper* **2.** MUS. *kurzes Instrumentalstück* **3.** *etwas, das nur eine kleine (unbedeutende) Begebenheit ist und keine großen Folgen für die Zukunft hat* Er betrachtet die ganze Angelegenheit nur als Intermezzo.

in·tern <nicht steig.> *Adj.* (*geh.* ↔ *extern*) **1.** *so, dass es nur die Angelegenheit einer Gruppe ist und außerhalb der Gruppe keine Bedeutung hat* eine reine interne Angelegenheit der Abteilung, Wir wollen das Problem intern lösen. ◆abteilungs-, bereichs-, fakultäts-, schul- **2.** *so, dass jmd. in einem Internat lebt* die internen/externen Schüler einer Schule

in·ter·na·li·sie·ren *mit OBJ* ■ *jmd. internalisiert etwas* **1.** SOZ. *Werte und Normen anderer als gültig übernehmen* **2.** (PSYCH.: ↔ *externalisieren*) *etwas Erlebtes ins Innere der Person verlagern* Konflikte internalisieren ►Internalisierung

In·ter·nat das <-(e)s, -e> *eine Schule, zu der Wohnräume für die Schüler gehören und in der die Schüler ständig leben*

in·ter·na·ti·o·nal, **in·ter·na·ti·o·nal** <nicht steig.> *Adj.* **1.** *so, dass es die Beziehungen zwischen mehreren Staaten betrifft* internationale Abkommen/Beziehungen/Konzerne/Verträge **2.** *so, dass es über die nationalen Grenzen hinausgeht* internationale Küche, Am Wochenende findet in Zürich ein internationales Leichtathletikmeeting statt.

In·ter·na·ti·o·na·li·sie·rung die (*kein Plur.*) *der Vorgang, dass bestimmte Angelegenheiten immer öfter nicht nur mit Blick auf das eigene Land zu beurteilen sind, sondern mehrere Länder betreffen* die Internationalisierung der Geschäftsbeziehungen

In·ter·na·ti·o·na·lis·mus der <-, Internationalismen> **1.** SPRACHWISS. *Wort, das in ähnlicher Form in verschiedenen Sprachen vorkommt* **2.** POL. *das Streben danach, dass sich Staaten enger zusammenschließen* ►Internationalist, internationalistisch

i Wissenswert Als **Internationalismen** bezeichnet man Wörter mit gleicher oder ähnlicher Schreibung und Bedeutung in verschiedenen Sprachen, z.B. dt. Text, engl. text, franz. texte, ital. teste, span. texto, russ. tekst, niederl. tekst. Ein anderes Beispiel: dt. Komödie, niederl. komedie, engl. comedy, franz. comédie, ital. commedia, span. comedia, poln. komedia, russ. komedija. Besonders im Wortschatz der Computertechnologie sind Internationalismen zahlreich, z.B. dt. Server, niederl. server, ital. server, engl. server, russ. server, span. servidor, franz. serveur, poln. servis.

In·ter·net das <-s, -s> EDV *ein die ganze Welt umspannendes Netzwerk von Computern, die miteinander kommunizieren können* stundenlang im Internet surfen, Ich habe mir diese Daten aus dem Internet heruntergeladen., Wie verändert das Internet die Wirtschaft?, im Internet nach Informationen suchen, Besuchen Sie uns im Internet auf unserer Homepage www.xyz.de!

In·ter·net·an·schluss der <-es, Internetanschlüsse> EDV über Telefonleitung und Modem hergestellte Verbindung eines Computers zum Internet

In·ter·net·auf·tritt der <-(e)s, -e> *die Art und Weise, wie eine Institution, besonders eine Firma, sich im Internet auf ihrer Homepage präsentiert* s. **Homepage**

In·ter·netca·fé das <-s, -s> *mit PCs ausgestattetes Lokal in der Art eines Cafés, in dem die Gäste gegen Bezahlung im Internet surfen können*

In·ter·net-Chat der [-tʃæt] <-s, -s> EDV *eine im Internet gebotene Funktion, die es verschiedenen Teilnehmern ermöglicht, online miteinander einen Dialog führen*

in·ter·nie·ren *mit OBJ* ■ *jmd. interniert jmdn.* **1.** MILIT. *Angehörige eines feindlichen Staates in Lagern einsperren* ►Internierung **2.** MED. *jmdn., der eine ansteckende gefährliche Krankheit hat, in eine geschlossene Krankenstation bringen*

In·ter·nier·te der/die <-n, -n> *Häftling eines feindlichen Staates*

In·ter·nist, **In·ter·nis·tin** der <-en, -en> MED.

Arzt für innere Krankheiten

in·ter·per·so·nal <nicht steig.> *Adj. zwischen mehreren Personen bestehend*

In·ter·pol *internationale Organisation der Kriminalpolizei*

In·ter·po·la·ti·on die <-, -en> **1.** MATH. *das Interpolieren*[1] **2.** LIT. *spätere Einfügung in einen abgeschlossenen Text*

in·ter·po·lie·ren *mit OBJ* ■ *jmd. interpoliert etwas* **1.** (MATH.: ↔ *extrapolieren*) *Werte zwischen bekannten Werten in einer Funktion errechnen* **2.** LIT. *in einen Text später etwas einfügen*

In·ter·pret, **In·ter·pre·tin** der <-en, -en> *jmd., der etwas interpretiert*[2 3]

In·ter·pre·ta·ment das <-s, -e> *eine kommentierende Bemerkung zu einem Text*

In·ter·pre·ta·ti·on die <-, -en> *das Interpretieren*[1 2 3]

in·ter·pre·tie·ren *mit OBJ* **1.** ■ *jmd. interpretiert etwas (als etwas Akk.)* (≈ *deuten, auslegen*) *aus einer Sache eine bestimmte Bedeutung herauslesen* Ihre Schüchternheit wird manchmal als Arroganz interpretiert. **2.** ■ *jmd. interpretiert etwas* (≈ *erläutern, deuten*) *einen Text inhaltlich deuten, so dass sein Sinn erkennbar wird* Wir mussten ein Gedicht interpretieren. **3.** ■ *jmd. interpretiert etwas* (MUS.: ≈ *ausführen*) *ein Stück in einer bestimmten Weise vortragen* Sie hatte das Lied sehr gefühlvoll interpretiert.

In·ter·punk·ti·on die <-, -en> (SPRACHWISS.: ≈ *Zeichensetzung*) *die Zeichen (und die Regeln ihrer Verwendung), die man benutzt, um geschriebene Sätze zu gliedern* ◆-sregel

In·ter·punk·ti·ons·zei·chen das <-s, -> *eines der in der Interpunktion verwendeten Zeichen wie Komma, Punkt, Strichpunkt usw.*

In·ter·re·gio der <-s, -s> ((*in Deutschland*)) *ein Schnellzug*

In·ter·re·g·num das <-s, Interregnen/Interregna> POL. GESCH. *eine vorläufige Regierung, die eingesetzt wird, bis eine endgültige Regierung gebildet werden kann*

in·ter·re·li·gi·ös <nicht steig.> *Adj. so, dass es die Beziehung zwischen den Religionen betrifft* interreligiöser Dialog, interreligiöse Begegnungen

In·ter·ro·ga·tiv·pro·no·men das <-s, -> (SPRACHWISS.: ≈ *Fragepronomen*) *ein Pronomen wie z.B. „wer", „welcher" oder „wessen", mit dem nach einem Satzglied gefragt werden kann*

In·ter·vall das <-(e)s, -e> **1.** (*geh.* ≈ *Zeitspanne*) *der zeitliche Zwischenraum, der zwischen zwei Vorgängen liegt* Die Intervalle zwischen den Koliken wurden immer kürzer. **2.** MUS. *der Abstand zwischen zwei Tönen*

in·ter·ve·nie·ren *ohne OBJ* ■ *jmd. interveniert* **1.** (*geh.*) *in einen Konflikt eingreifen mit der Absicht, ihn zu beenden* Der Moderator musste intervenieren, da die Gesprächspartner aneinander geraten waren. **2.** POL. *bei jmdm. offiziell protestieren* Man intervenierte bei der UNO gegen die wiederholten Menschenrechtsverletzungen in diesem Land. **3.** POL. *in ein Land, in dem Krieg oder Bürgerkrieg herrscht, Truppen schicken, um die Kampfhandlungen zu beenden* militärisch intervenieren, Die Großmacht hat sich in die inneren Konflikte des Landes eingemischt und militärisch interveniert.

In·ter·ven·ti·on die <-, -en> *das Intervenieren*[1 2 3] ◆-skrieg, -srecht, -sverbot

In·ter·view das [ɪntɐˈvjuː, ˈɪntɐvjuː] <-s, -s> **1.** *ein öffentliches Gespräch, bei dem eine bekannte Persönlichkeit zu privaten und öffentlichen Themen befragt wird* Der Politiker hat ein Interview abgelehnt/gegeben. **2.** SOZ. *das gezielte Befragen von Personen aus einer bestimmten Bevölkerungsgruppe (zu statistischen Untersuchungen innerhalb der Meinungsforschung)*

in·ter·vie·w·en [ɪntɐˈvjuːən/ˈɪntɐvjuːən] *mit OBJ* ■ *jmd. interviewt jmdn. ein Interview durchführen*

In·thro·ni·sa·ti·on die <-, -en> (*geh.*) **1.** *Thronbesteigung* **2.** *Einsetzung eines Bischofs oder des Papstes ins Amt* ▸inthronisieren

in·tim *Adj.* **1.** (≈ *vertraut*) *so, dass man engen und häufigen Kontakt zu jmdm. hat und ihn sehr gut kennt* Er ist ein intimer Freund der Familie., Ihr Verhältnis scheint sehr intim zu sein., Wir treffen uns nach der Prüfung zu einer kleinen Feier im intimen Kreis. **2.** (*verhüll.*) *so, dass man mit jmdm. sexuellen Kontakt hat* Er ist mit ihr intim (geworden). **3.** (*geh.*) *tief im Inneren eines Menschen verborgen* Dies waren seine intimsten Sehnsüchte. **4.** *so, dass man etwas sehr genau kennt und großes (Fach)wissen darüber hat* Er ist ein intimer Kenner der Musikszene. **5.** *gemütlich* ein kleines, intimes Lokal, sich in der intimen Atmosphäre gut unterhalten können

In·tim·be·reich der <-(e)s, -e> *der Bereich der Geschlechtsorgane*

In·tim·feind der <-(e)s, -e> *eine Person, die man zwar gut kennt, zu der man aber in einem feindseligen Verhältnis steht* ◆-schaft

In·ti·mi·tät die <-, -en> **1.** (*kein Plur.*) (≈ *Vertrautheit*) *vertrautes, enges Verhältnis* Zwischen ihnen besteht eine große Intimität. **2.** *Vertraulichkeit* Sie besprachen einige Intimitäten. **3.** (*nur Plur.*) *sexuelle Handlungen* Es kam zu Intimitäten.

In·tim·le·ben das <-s> (*kein Plur.*) *Sexualleben*

In·tim·part·ner, **In·tim·part·ne·rin** der <-s, -> *Person, mit der man Geschlechtsverkehr hat*

In·tim·pfle·ge die <-> (*kein Plur.*) *Körperpflege im Intimbereich*

In·tim·s·phä·re die <-n, -n> (*geh.*) *der ganz private Lebensbereich eines Menschen* Sie sieht darin eine Verletzung ihrer Intimsphäre.

In·ti·mus der <-, Intimi> (*scherzh.*) *enger, vertrauter Freund*

in·to·le·rant, **in·to·le·rant** *Adj.* (↔ *tolerant*) **1.** *so, dass man keine andere Meinung außer der eigenen gelten lässt* In dieser Frage nimmt er eine sehr intolerante Haltung ein. **2.** MED. *so, dass bestimmte Stoffe nicht verträgt*

In·to·le·ranz, **In·to·le·ranz** die <-> (*kein Plur.*) **1.** (≈ *Unduldsamkeit* ↔ *Toleranz*) *die Haltung, dass man die anderen Meinungen und Lebens-*

weisen anderer Menschen nicht gelten lässt **2.** MED. *der Vorgang, dass man bestimmte Stoffe nicht verträgt*

In·to·na·ti·on die <-, -en> **1.** SPRACHWISS. *die kontinuierliche Veränderung der Tonhöhe beim Sprechen, mit der auch bestimmte Aspekte der Bedeutung einer Äußerung ausgedrückt werden* **2.** (MUS. REL.: ≈ *Anstimmen*) *das Beginnen des (liturgischen) Singens* **3.** MUS. *die Genauigkeit in der Tonhöhe beim Instrumentalspiel und Gesang* eine brillante/falsche/unsaubere Intonation ▶intonieren

In·tox·i·ka·ti·on die <-, -en> MED. *Vergiftung*

in·tra·mus·ku·lär <nicht steig.> *Adj.* MED. *in den Muskel hinein*

In·t·ra·net das <-s, -s> EDV *ein firmeninternes Computernetz*

in·tran·si·tiv *Adj.* (SPRACHWISS.: ↔ *transitiv*) *so, dass ein Verb kein Akkusativobjekt benötigt* Das Verb „wachsen" ist ein intransitives Verb.

in·t·ra·per·so·nal <nicht steig.> *Adj.* PSYCH. *innerhalb einer Person*

in·t·ra·ve·nös <nicht steig.> *Adj.* MED. *in eine Ader hinein* Das Serum wird intravenös gespritzt.

in·t·ri·gant *Adj.* (*geh.* ≈ *hinterhältig*) *so, dass man intrigiert* Nimm dich vor dieser intriganten Person in Acht!

In·t·ri·gant, In·t·ri·gan·tin der <-en, -en> (*geh.*) *jmd., der anderen durch Intrigen schaden will*

In·t·ri·ge die <-, -n> (*geh.*) *ein geheimer Plan, den man sich ausdenkt und den man durchführt, um anderen Menschen zu schaden (besonders dadurch, dass man absichtlich Missverständnisse erzeugt und dafür sorgt, dass andere miteinander in Streit geraten)* Er ist einer Intrige zum Opfer gefallen. ■ **jemand spinnt Intrigen**: *jmd. versucht, jmdm. durch Intrigen zu schaden* ◆-nspiel

in·t·ri·gie·ren *ohne OBJ* ■ *jmd. intrigiert gegen jmdn.* (*geh.*) *andere Personen so beeinflussen, dass man damit jmdm. indirekt Schaden zufügen kann* Er hat gegen den König intrigiert.

in·trin·sisch <nicht steig.> *Adj.* (*fachspr.* ↔ *extrinsisch*) *von innen her kommend* intrinsische Motivation

In·tro·jek·ti·on die <-, -en> (PSYCH.: ↔ *Projektion*) *der Vorgang, dass jmd. fremde Meinungen oder Vorstellungen unbewußt in das eigene Ich aufnimmt* ▶introjizieren

In·tro·spek·ti·on die <-, -en> (*fachspr.* ≈ *Selbstbeobachtung*) *die Einsicht in das eigene Innere; die Erkenntnis der eigenen Vorstellungen*

in·t·ro·ver·tiert <nicht steig.> *Adj.* (PSYCH.: ↔ *extrovertiert*) *nach innen gekehrt; vor allem auf sich selbst und weniger auf andere Menschen orientiert* Er ist ein sehr introvertierter Mensch.

In·tu·i·ti·on die <-, -en> **1.** (PHILOS.: ↔ *Diskursivität*) *unmittelbares, nicht auf reflektierendes Denken gegründetes Erkennen* Ich kann mich auf meine Intuition verlassen. **2.** *Eingebung, Ahnung* Sie folgte einer plötzlichen Intuition. ▶intuitiv

In·tui·ti·o·nis·mus der <-> (*kein Plur.*) PHILOS. *Lehre, nach der Intuition die wichtigste Quelle der Erkenntnis ist*

in·tus <nicht steig.> *Adj.* ■ **jemand hat etwas intus** (*umg. scherzh.*): *jmd. hat ein bestimmtes Quantum alkoholischer Getränke getrunken* Er hat schon drei Bier intus.

I·nuit <-> *Plur.* ((*Sing. Inuk*)) *Eigenbezeichnung der Eskimos*

in·va·lid(e) <nicht steig.> *Adj. dauerhaft behindert oder erwerbsunfähig aufgrund eines Unfalls, einer Verwundung oder einer Krankheit* Nach dem schweren Sportunfall war sie invalide.

In·va·li·de, In·va·li·din der <-n, -n> *jmd., der invalide ist* ◆ Kriegs-

In·va·li·di·tät die <-> (*kein Plur.*) *das Invalidesein*

In·va·si·on die <-, -en> MILIT. *der gewaltsame Einmarsch einer Armee in ein fremdes Land*

In·vek·ti·ve die <-, -n> (*geh.*) *beleidigende Äußerung*

In·ven·tar das <-s, -e> **1.** *alle Gegenstände, die zu einem Betrieb, einem Haus oder einem Raum gehören* **2.** *Verzeichnis aller zu einem Betrieb, Haus oder Raum gehörenden Gegenstände* ■ **lebendes Inventar**: *Vieh* **totes Inventar**: *Möbel* **zum lebenden Inventar gehören** (*umg. scherzh.*): *einer Firma schon sehr lange angehören* ◆-liste

in·ven·ta·ri·sie·ren *mit OBJ* ■ *jmd. inventarisiert etwas ein Inventar*[2] *erstellen* Er inventarisiert gerade seine Schallplattensammlung., Der Betrieb wurde inventarisiert. ▶Inventarisierung

In·ven·tur die <-, -en> (WIRTSCH.: ≈ *Bestandsaufnahme*) *der Vorgang, dass in einem Betrieb überprüft wird, welche Waren am Lager sind* Wir machen morgen Inventur.

In·ver·si·on die <-, -en> SPRACHWISS. *Umkehrung der normalen Wortstellung im Satz (so, dass das Prädikat am Satzanfang steht)*

in·ves·tie·ren I. *mit OBJ/ohne OBJ* ■ *jmd. investiert (etwas) (in etwas Akk.) Geld (langfristig) in etwas anlegen* Das Unternehmen hat viel Geld in die Forschung investiert., Die Firma hat versäumt zu investieren. **II.** *mit OBJ* ■ *jmd. investiert etwas in etwas Akk.* (*umg. übertr.*) *auf jmdn. oder etwas Energie verwenden* Sie haben viel Zeit in die Erziehung ihrer Kinder investiert., Ich habe meine ganze Kraft in diese Arbeit investiert.

In·ves·ti·ti·on die <-, -en> **1.** WIRTSCH. *das Anlegen von Kapital in Sachgütern* ◆-sprogramm, -svorhaben, -szuschuss **2.** (≈ *Anschaffung*) *Geldausgabe* Das neue Auto war eine gute Investition.

In·ves·ti·ti·ons·an·reiz der <-es, -e> WIRTSCH. *ein Umstand, der Unternehmer dazu motiviert, Investitionen*[1] *zu machen*

In·ves·ti·ti·ons·boom der <-s, -s> WIRTSCH. *eine Phase, in der besonders viele Investitionen*[1] *gemacht werden*

in·ves·ti·ti·ons·freu·dig *Adj. so, dass viele Leute Investitionen*[1] *machen* ein nicht sehr investitionsfreudiges Konjunkturklima

In·vest·ment das <-s, -s> (*meist Plur.*) BANKW. *eine Form der Kapitalanlage* ◆-berater , -gesellschaft, -geschäft

In·vest·ment·fonds der <-, -> BANKW. *Sonderver-*

mögen einer Kapitalgesellschaft (in Form von Grundstücken und Wertpapieren)

In·ves·tor der <-s, -en> WIRTSCH. *jmd., der investiert[1]*

In·vi·t·ro-Fer·ti·li·sa·ti·on die <-, -en> MED. *eine künstliche Befruchtung, die im Reagenzglas vollzogen wird*

in·vol·vie·ren *ohne OBJ* ■ *jmd. involviert jmdn. in etwas Akk. (geh.) jmdn. in etwas hineinziehen, so dass er beteiligt ist* War auch der Minister in die Affäre involviert?

in·wen·dig <nicht steig.> *Adj. im Inneren* eine inwendige Tasche im Mantel ■ **in- und auswendig kennen**: *vollständig kennen*

in·wie·fern **I.** *Adv. in welcher Hinsicht* Inwiefern hat sich unsere Situation verschlechtert? **II.** *Konj. verwendet, um auszudrücken, in welcher Hinsicht das Gesagte gilt* Wir sollten prüfen, inwiefern er eine Mitschuld trägt.

in·wie·weit **I.** *Adv. bis zu welchem Grad* Inwieweit hat sich der Zustand des Patienten stabilisiert? **II.** *Konj. verwendet, um auszudrücken, bis zu welchem Grade das Gesagte gilt* Ich überlasse es Ihnen, inwieweit Sie auf diese Vorschläge eingehen wollen.

In·zest der <-(e)s, -e> *(Plur. selten) (geh. ≈ Blutschande) der Vorgang, dass es zwischen einem Mann und einer Frau, die nahe miteinander verwandt sind, zum Geschlechtsverkehr kommt* ▸inzestuös ◆-tabu

In·zucht die <-> *(kein Plur.) Fortpflanzung unter Menschen und Tieren von nahem Verwandtschaftsgrad* Es gibt Degeneration durch Inzucht in abgelegenen Dörfern.

in·zwi·schen *Adv.* **1.** *(≈ in der Zwischenzeit) verwendet, um sich auf die Zeit zu beziehen, die zwischen einem Ereignis der Vergangenheit und dem Sprechzeitpunkt vergangen ist* Du hast die Firma vor drei Jahren verlassen, inzwischen hat sich dort viel geändert **2.** *(≈ währenddessen) verwendet, um auszudrücken, dass eine Handlung gleichzeitig mit einer anderen abläuft* Spüle das Geschirr, ich trage inzwischen mal den Müll runter!

I·on das <-s, -en> PHYS. CHEM. *ein elektrisch geladenes Elementarteilchen*

Io·ta das *s.* **Jota**

i-Punkt der <-(e)s, -e> *der kleine Punkt, der den oberen Teil des Buchstabens i bildet*

I·rak <-s> *arabischer Staat am Persischen Golf*

I·ra·ker, **I·ra·ke·rin** der <-s, -> *jmd., der die irakische Staatsbürgerschaft hat*

Iraki der/die <-s, -s> *(≈ Iraker(in))*

i·ra·kisch <nicht steig.> *Adj.*

I·ran <-s> *Staat in Vorderasien zwischen Kaspischem Meer und Persischem Golf*

I·ra·ner, **I·ra·ne·rin** der <-s, -> *jmd., der die iranische Staatsbürgerschaft hat*

i·ra·nisch <nicht steig.> *Adj.*

ir·den <nicht steig.> *Adj. aus Ton gefertigt* eine irdene Schüssel

ir·disch <nicht steig.> *Adj. so, dass es zum menschlichen Leben auf der Welt gehört (im Gegensatz zu einem Leben im Jenseits)* ■ **den Weg alles Irdischen gehen** *(geh. verhüll.)*: *sterben*

I·re, **I·rin** der <-n, -n> *jmd., der die irische Staatsbürgerschaft hat*

ir·gend *Adv.* **1.** *verwendet, um auszudrücken, dass man die genannte Person oder Sache nicht kennt oder nicht für wichtig hält* Da hat irgend so ein Bekannter von dir angerufen. **2.** *(≈ irgendwie)* Sie hat ihm geholfen, so lange sie irgend konnte.

ir·gend·ein *Pron. (Indefinitpronomen) verwendet, um auszudrücken, dass die genannte Person oder Sache nicht genau bestimmt ist oder bestimmt werden kann* Melden Sie sich, wenn Sie irgendeine Frage haben.

ir·gend·et·was *Pron. (Indefinitpronomen) verwendet, um auszudrücken, dass die genannte Sache nicht genau bestimmt ist oder bestimmt werden kann* Mit ihm stimmt doch irgendetwas nicht.

ir·gend·je·mand *Pron. (Indefinitpronomen) verwendet, um auszudrücken, dass man die genannte Person nicht kennt* Das Rezept hat mir irgendjemand einmal gegeben.

ir·gend·wann *Adv. verwendet, um auszudrücken, dass man den genauen Zeitpunkt nicht kennt* Er wollte sie irgendwann besuchen.

ir·gend·was *Pron. (Indefinitpronomen) umg. ≈ irgendetwas* Bei der Sache ist doch irgendwas faul.

ir·gend·wie *Adv.* **1.** *auf irgendeine Art* Ich werde die Prüfung schon irgendwie bestehen. **2.** *in irgendeiner Hinsicht* Er kommt mir irgendwie bekannt vor.

ir·gend·wo *Adv.* Ist hier irgendwo eine Toilette?

ir·gend·wo·her *Adv.* **1.** *von irgendeinem Ort* Irgendwoher kommen Stimmen. **2.** *durch irgendwelche Umstände* Das Lied kenne ich irgendwoher.

ir·gend·wo·hin *Adv.* Sie will irgendwohin in den Süden.

I·ris die <-s> *(kein Plur.)* **1.** *(≈ Regenbogenhaut) der Teil des Auges, in dem die Pupille liegt* **2.** *(≈ Schwertlilie) eine Blume mit langen, spitzen Blättern*

i·risch <nicht steig.> *Adj. zu Irland gehörend; von dort stammend*

Ir·land <-s> *Staat auf der westlich von Großbritannien gelegenen irischen Insel*

I·ro·nie die *(kein Plur.)* **1.** *der Vorgang, dass jmd. auf indirekte Weise seinen Spott zum Ausdruck bringt, indem er das Gegenteil dessen sagt, was er meint* Ich konnte die Ironie aus seinen Worten heraushören., Diesen Pfusch eine „wirklich erstklassige Arbeit“ zu nennen ist ja wohl allenfalls Ironie! ▸Ironiker, ironisch **2.** *eine paradoxe Situation* Ironie der Geschichte/des Schicksals

ir·r(e) *Adj.* **1.** *(selten) geisteskrank, verrückt* Er wurde für irr(e) gehalten. **2.** *verstört, wie von Sinnen* Hast du ihren irren Blick gesehen?, Er redet irre. **3.** *(umg.) toll* London ist eine irre Stadt. **4.** *(umg.) sehr groß, intensiv* Es war ein irrer Lärm. **5.** *(umg.) sehr* Wir haben uns irre gefreut., Hier ist irre viel los. ■ **jemand wird an jemandem irre** *(geh.)*: *jmd. verliert das Vertrauen zu* *jmdm.*

ir·ra·ti·o·nal, **ir·ra·ti·o·nal** <nicht steig.> *Adj.* **1.** (*geh.* ↔ *rational*) *so, dass es der Vernunft widerspricht* Er hat völlig irrationale Gründe angeführt., Sie hat sehr irrational gehandelt. **2.** MATH. ■ **eine irrationale Zahl**: *eine Zahl, die sich nicht durch Brüche ganzer Zahlen ausdrücken lässt*

Ir·ra·ti·o·na·lis·mus der <-, Irrationalismen> **1.** PHILOS. *die Lehre, nach der die Welt oder das Sein nicht durch den Verstand erkannt werden kann* **2.** *irrationales Verhalten, irrationale Vorstellungen* Irrationalismus in der Politik

Ir·re[1] der/die <-n, -n> (*umg. veralt.*) *Verrückter* ■ **wie ein Irrer**: *sehr schnell* Er ist gefahren wie ein Irrer., Wir haben wie die Irren gearbeitet.

Ir·re[2] die <-> (*kein Plur.*) ■ **jemanden in die Irre führen**: *jmdn. absichtlich in eine falsche Richtung führen* Mit solchen Reden versuchte man, das Volk in die Irre zu führen. **in die Irre gehen**: *sich verirren*

ir·re·al <nicht steig.> *Adj.* (*geh.*) *unwirklich; nicht realistisch* Seine Forderungen sind völlig irreal, niemand kann das bezahlen.

ir·re·füh·ren *mit OBJ* ■ *jmd. führt jmdn. irre* ((*oft im Part. Präs.*)) *absichtlich täuschen, eine falsche Vorstellung hervorrufen* Der Gegner sollte irregeführt werden., Eine solche Behauptung ist absolut irreführend.

ir·re·gu·lär, **ir·re·gu·lär** <nicht steig.> *Adj.* (↔ *regulär*) *so, dass es nicht den Regeln oder Gesetzen entspricht* Das Rennen musste wegen irregulärer Bedingungen abgebrochen werden. ▶Irregularität

ir·re·le·vant, **ir·re·le·vant** <nicht steig.> *Adj.* (*geh.* ↔ *relevant*) *unwichtig, unerheblich* Dieser Aspekt ist irrelevant für unser Thema.

ir·re·ma·chen *mit OBJ* ■ *jmd./etwas macht jmdn. irre verwirren, durcheinander bringen* Lass dich von den Prüfern bloß nicht irremachen.

ir·ren <irrst, irrte, hat/ist geirrt> **I.** *ohne OBJ* ■ *jmd. irrt irgendwo* (*geh.* (*sein*)) *ziellos umherstreifen, den Weg nicht kennen* Sie ist stundenlang durch die Straßen geirrt. **II.** *mit SICH* (*haben*) **1.** ■ *jmd. irrt sich etwas fälschlich für wahr halten* **2.** ■ *jmd. irrt sich* (*in jmdm.*) (≈ *sich täuschen*) *jmdn. falsch einschätzen* Du hast dich in ihr geirrt. **3.** ■ *jmd. irrt sich* (*in etwas Dat.*) *sich verrechnen* Er hatte sich in der Summe geirrt. **4.** ■ *jmd. irrt sich in etwas Dat. verwechseln* Ich habe mich in der Türe geirrt. ■ **Irren ist menschlich** (*Sprichwort*): *Jeder Mensch kann sich einmal irren.*

Ir·ren·an·stalt die <-, -en> (*umg. abwert. veralt.*) *Psychiatrie*

Ir·ren·arzt, **Ir·ren·ärz·tin** der <-es, Irrenärzte> (*umg. abwert. veralt.*) *Psychiater*

Ir·ren·haus das <-es, Irrenhäuser> (*umg. abwert.*) *Psychiatrie*

ir·re·pa·ra·bel, **ir·re·pa·ra·bel** <nicht steig.> *Adj.* (*geh.*) *so, dass es nicht mehr repariert oder geheilt werden kann* Nach ihrem Unfall behielt sie irreparable Schäden an der Wirbelsäule.

ir·re·ver·si·bel, **ir·re·ver·si·bel** <nicht steig.> *Adj.* (*fachspr.*) *nicht umkehrbar* Es handelt sich hierbei um irreversible biologische/chemische Prozesse, d.h. man kann sie nicht mehr rückgängig machen. ▶Irreversibilität

ir·re·wer·den <wirst irre, wurde irre, ist irregeworden> *ohne OBJ* ■ *jmd. wird irre unsicher werden, so dass man sich verwirrt fühlt* Die ganze Diskussion lässt mich allmählich noch irrewerden.

Irr·fahrt die <-, -en> (*geh.*) *Reise, bei der man öfter in eine verkehrte Richtung fährt* Homer berichtet von den Irrfahrten des Odysseus.

Irr·gar·ten der <-s, Irrgärten> (≈ *Labyrinth*) *ein Garten, der so angelegt ist, dass man sich in seinen Gängen verirren soll*

Irr·glau·be der <-n> (*kein Plur.*) *falsche Auffassung bzw. Annahme*

ir·rig <nicht steig.> *Adj.* *in einem Irrglauben* Ich tat dies in der irrigen Annahme, dass …

Ir·ri·ta·ti·on die <-, -en> **1.** (*geh.* ≈ *Verstörung*) *der Zustand, dass jmd. verwirrt und erregt ist und/oder sich ärgert* Die Irritation des Publikums war deutlich spürbar. **2.** MED. *Reizung* Ihre Haut wies Irritationen auf.

ir·ri·tie·ren *mit OBJ* **1.** ■ *jmd./etwas irritiert jmdn.* (≈ *verwirren*) *bewirken, dass jmd. verwirrt und unsicher wird* Sie ließ sich auch von solchen Fragen der Prüfer nicht irritieren. **2.** ■ *etwas irritiert jmdn.* (≈ *stören*) Die ständigen Anrufe irritieren ihn bei der Arbeit. **3.** ■ *etwas irritiert jmdn.* (≈ *ärgern*) *Das ständige Gehupe irritiert mich.*

Irr·läu·fer der <-s, -> *fehlgeleiteter Brief*

Irr·sinn der <-(e)s> (*kein Plur.*) **1.** (*veralt.*) *Geistesschwäche* **2.** *Unvernunft* Es wäre glatter Irrsinn, dies zu tun!

irr·sin·nig *Adj.* **1.** (*veralt.*) *verrückt, geistesschwach* **2.** (*umg.*) *sehr stark* Er hat irrsinnige Schmerzen. **3.** *sehr* Es war irrsinnig komisch.

Irr·tum der <-(e)s, Irrtümer> *der Sachverhalt, dass sich jmd. geirrt II.1 hat* Ich glaube, dass dies ein großer Irrtum war., Da befindest du dich aber im Irrtum!, Ihm ist ein Irrtum unterlaufen, ein folgenschwerer Irrtum

irr·tüm·lich <nicht steig.> *Adj.* *durch einen Irrtum* Ich bin irrtümlich von der Annahme ausgegangen, das …, Er hatte irrtümlich die falsche Telefonnummer notiert.

irrwitzig *Adj.* (≈ *irre*[4]) Der Wagen raste mit irrwitzigem Tempo um die Kurve.

Is·chi·as[1] das ['ɪʃi̯as] <-> (*kein Plur.*) MED. *eine Nervenerkrankung*

Is·chi·as[2] der ['ɪʃi̯as] <-> (*kein Plur.*) (ANAT.: ≈ *Ischiasnerv*) *ein Nerv, der über Gesäß, Ober- und Unterschenkel bis zum Fuß hinabläuft*

ISDN [iːʔɛsʔdeː'ɛn] TELEKOMM. *Abkürzung von „Integrated Services Digital Network", ein besonders schneller und komfortabler Telefonanschluss*

I·se·grim der <-s> (*kein Plur.*) LIT. *Name des Wolfes in der Fabel*

Is·lam der <-s> (*kein Plur.*) REL. *die Weltreligion, die durch den Propheten Mohammed begründet worden ist und deren Heilige Schrift der Koran ist*

is·la·misch <nicht steig.> *Adj. auf den Islam bezogen*

Is·la·mi·sie·rung die <-> (*kein Plur.*) *Verbreitung des Islams*

Is·la·mis·mus der <-> (*kein Plur.*) *die extreme Richtung im Islam, die bereit ist, auch mit Gewalt den Islam durchzusetzen*

Islamist, **Islamistin** der <-en, -en> *jmd., der sich kompromisslos für die Verbreitung des Islams einsetzt* ▶islamistisch

Is·land <-s> *Staat im europäischen Nordmeer*

Is·län·der, **Is·län·de·rin** der <-s, -> *jmd., der die isländische Staatsbürgerschaft hat*

is·län·disch <nicht steig.> *Adj. zu Island gehörend, daher stammend*

I·so·la·ti·on die <-, -en> **1.** BIOL. PHYS. TECHN. *ein Material, das eine Abdichtung gegen Gas, Wärme, Kälte oder Elektrizität bildet* Wir müssen die defekte Isolation der Rohre erneuern. **2.** BIOL. CHEM. *der Vorgang, dass jmd. eine Substanz isoliert* **3.** (≈ *Vereinzelung*) *der Vorgang, dass* (*vor allem in Großstädten*) *sich der einzelne Mensch immer mehr als allein und von den anderen Menschen getrennt erlebt* Er klagte über die großstädtische Isolation. **4.** *der Zustand, dass jmd. abseits steht und keine Kontakte zu anderen unterhält* Das Land gerät immer stärker in eine wirtschaftliche Isolation.

I·so·la·ti·o·nis·mus der <-, Isolationismen> POL. *die Tendenz eines Staates, sich vom Ausland abzuschließen und sich aus internationalen Verpflichtungen zurückzuziehen*

I·so·la·ti·ons·haft die <-> (*kein Plur.*) *besonders strenge Einzelhaft*

I·so·la·tor der <-s, -en> PHYS. CHEM. *eine Substanz bzw. ein Gegenstand, der isoliert I.1*

I·so·lier·band das <-(e)s, Isolierbänder> *ein Klebeband, das der Isolation[1] dient*

i·so·lie·ren **I.** *mit OBJ* **1.** ■ *jmd. isoliert etwas Leitungen, Rohre, oder Wände mit einem dämmenden Material versehen* Rohre isolieren **2.** ■ *jmd. isoliert jmdn./ein Tier jmdn. oder ein Tier von anderen streng getrennt an einem Ort belassen* Man isolierte das kranke Tier, um Ansteckung zu verhindern. **3.** BIOL. CHEM. *einen Stoff aus einer Verbindung herauslösen und ihn dadurch in reiner Form erhalten* Es gelang, die Substanz zu isolieren. **II.** *ohne OBJ* ■ *etwas isoliert* (*gegen etwas Akk.*) *als Isolator wirken* Keramik isoliert (gegen Strom). **III.** *mit SICH* ■ *jmd. isoliert sich* (≈ *sich abkapseln*) *keinerlei Verbindung zu seiner Umwelt halten und dadurch immer einsamer werden* Er hatte sich im Alter völlig isoliert.

I·so·lier·kan·ne die <-, -n> (≈ *Thermoskanne*) *verchromte Kanne, in der Flüssigkeiten lange heiß bleiben*

I·so·lier·ma·te·ri·al das <-s, Isoliermaterialien> *Material zum Isolieren I.1*

I·so·ther·me die <-, -n> METEOR. *die Verbindungslinie zwischen Orten mit gleicher Temperatur auf der Wetterkarte*

I·so·top das <-s, -e> (*selten im Sing.*) CHEM. (*radioaktive*) *Variante eines Stoffes*

Is·ra·el <-s>

Is·ra·e·li der <-(s), -(s)> *jmd., der die israelische Staatsbürgerschaft hat*

is·ra·e·lisch <nicht steig.> *Adj. zu Israel gehörend, daher stammend*

Is·ra·e·lit, **Is·ra·e·li·tin** der <-en, -en> REL. *Angehöriger der mosaischen Religionsgemeinschaft* ▶israelitisch

Ist·be·stand der <-(e)s, Istbestände> *tatsächlicher Vorrat an Waren, an Geld* (*in der Kasse*)

IT *Abkürzung von „Information Technology“* ◆-branche, -lösung, -manager

I·ta·li·en <-s> *Staat in Südeuropa*

I·ta·li·e·ner, **I·ta·li·e·ne·rin** der <-s, -> *jmd., der die italienische Staatsbürgerschaft hat*

i·ta·li·e·nisch <nicht steig.> *Adj. zu Italien gehörend, daher stammend* italienischer Salat, die italienische Schweiz, Der Redner antwortete italienisch (in italienischer Sprache), nicht englisch., die Italienische Republik, Sie spricht gut Italienisch (die italienische Sprache)., Seine Briefe sind immer auf Italienisch., Sie lernt seit Jahren Italienisch. *siehe auch* **deutsch**

J

J j

J, **j** das <-, -> *der 10. Buchstabe des Alphabets* ein großes J, ein kleines j

ja *Adv.* **1.** *als Antwort auf eine Frage verwendet, um auszudrücken, dass man das Gefragte positiv bestätigt* Bist du einverstanden? Ja (≈ ich bin einverstanden)!, Willst du noch etwas Tee? Ja, bitte (≈ ich möchte noch Tee)., Er hat zu allen Vorschlägen ja/Ja gesagt. **2.** *als Antwort auf eine Aussage verwendet, um auszudrücken, dass man Zweifel hat und sich der Richtigkeit der Aussage vergewissern möchte* Ihr dürft nun doch mitkommen. Ja, wirklich?, Er hat die Prüfung gestern bestanden. Ja? Das hätte ich nicht erwartet., Ihr werdet mir doch helfen, ja? **3.** *in einer Aussage* (*unbetont*) *verwendet, um auszudrücken, das das Gesagte bekannt ist oder der Sprecher glaubt, es sei bekannt* Wie Ihnen allen ja bekannt sein dürfte, ..., Ihr habt es ja selbst gesehen, ..., Sie ist ja ganz talentiert, aber doch ziemlich faul. **4.** (*umg.* ≈ *bloß*) *in einer Aufforderung* (*betont*) *verwendet, um auszudrücken, dass die Aufforderung sehr ernst gemeint ist* Seid ja vorsichtig!, Glaub das ja nicht! ■ **zu allem Ja und Amen/ja und amen sagen**: *mit allem einverstanden sein* ◆ Groß- oder Kleinschreibung zu etwas ja/Ja sagen; Großschreibung→R 3.4 Die Abgeordneten haben (mit) Ja gestimmt., Unser Ja zu dem Plan habt ihr.

Ja·bot das [ʒaˈboː] <-s, -s> *am Kragen befestigte Spitzen- oder Seidenrüsche*

Jacht, *a.* **Yacht** die <-, -en> SEEW. *ein leichtes, schnelles, meist luxuriös ausgestattetes Schiff zu Sport- und Erholungszwecken* Die Jacht gehört einem Millionär. ◆-hafen, Segel-

Ja·cke die <-, -n> *ein Kleidungsstück für Männer und Frauen, das über Hemd oder Pullover getragen wird* eine dicke/leichte/modische/sportliche/warme Jacke, eine Jacke anziehen/ausziehen/auf den Bügel hängen/über der Schulter tragen ■ **Jacke wie Hose** (*umg.*): *vollkommen egal* Ob wir jetzt hier warten oder dort, das ist doch Jacke wie Hose! ◆-närmel, -tasche, Kostüm-, Regen-, Sport-, Wind-, Winter-

Ja·ckett das [ʒa'kɛt] <-s, -s/-e> *eine formelle Jacke für Männer, die meist mit einer passenden Hose kombiniert wird* Das Jackett kann mit verschiedenen Anzughosen kombiniert werden.

Jack·pot der ['dʒɛkpɔt] <-s, -s> *ein Geldbetrag, den man z.B. bei einer Lotterie gewinnen kann und der sehr groß ist, weil es längere Zeit keinen Gewinner gegeben hat* Es sind 2 Millionen Euro im Jackpot. ■ **den Jackpot knacken** (*umg.*): *das Geld aus dem Jackpot gewinnen*

Jac·quard der [ʒa'ka:r] <-s, -> *ein Stoff mit großem Muster, der auf speziellen Webmaschinen hergestellt wird* ◆-pullover

Ja·de der <-(s)> (*kein Plur.*) *ein grüner Halbedelstein* Ein Armreif aus Jade soll Heilkräfte besitzen.

Jagd die <-, -en> **1.** (*kein Plur.*) *das Verfolgen von jmdm. oder einem Tier* die Jagd auf Hasen/Füchse/Elefanten, die Jagd nach einem Verbrecher, auf Wild/einen Dieb Jagd machen **2.** *Veranstaltung, bei der Wild gejagt wird* Heute findet in diesem Gebiet eine Jagd statt. ◆Hasen- , Hetz-, Treib- **3.** (≈ *Jagdrevier*) *Gebiet, in dem gejagt wird* Er hat in der Nähe eine Jagd gepachtet. **4.** (*übertr.*) *heftiges Streben nach etwas* die Jagd nach dem Geld/Glück/nach materiellem Reichtum

Jagd·auf·se·her, **Jagd·auf·se·he·rin** der <-s, -> *jmd., der beruflich für Schutz und Hege des Wildes in einem Revier zuständig ist* Der Jagdaufseher kümmert sich um ein mutterloses Rehkitz.

Jagd·be·hör·de die <-, -n> *Amt, das für Schutz und Hege des Wildes zuständig ist* Die Jagdbehörde entscheidet darüber, wer einen Jagdschein bekommt.

Jagd·beu·te die <-> (*kein Plur.*) *das bei einer Jagd erlegte Wild* eine reiche Jagdbeute

Jagd·be·zirk der <-s, -e> *ein festgelegtes Gebiet, in dem gejagt werden darf* Dieser Jagdbezirk erstreckt sich über eine Fläche von 25 Hektar.

Jagd·flug·zeug das <-(e)s, -e> MILIT. *ein schnelles Flugzeug für den Luftkampf* Die ... ist als eines der modernsten Jagdflugzeuge der Welt mit hochmodernen Raketensystemen ausgerüstet.

Jagd·ge·wehr das <-(e)s, -e> *spezielles Gewehr für die Jagd auf Wild* Für ein Jagdgewehr braucht man einen Waffenschein.

Jagd·haus das <-(e)s, Jagdhäuser> (≈ *Jagdhütte*) *ein Haus im Wald, das als Unterkunft bei Jagden dient* Kurz vor Einbruch der Dunkelheit erreichten die Jäger das Jagdhaus.

Jagd·hund der <-(e)s, -e> *für die Jagd dressierter Hund* Die Ausbildung eines Jagdhundes erfordert viel Zeit und Geduld.

Jagd·hüt·te die <-, -n> *kleines Jagdhaus im Wald* Die Jagdhütte ist aus Holz gebaut.

Jagd·päch·ter, **Jagd·päch·te·rin** der <-s, -> *jmd., der für ein Jagdgebiet Pacht zahlt*

Jagd·re·vier das <-(e)s, -e> *ein Gebiet, in dem gejagt werden darf* Das Jagdrevier hat einen neuen Pächter.

Jagd·schein der <-(e)s, -e> *ein Ausweis, der zur Jagd auf Wild berechtigt* ■ **jemand hat einen Jagdschein** (*umg. abwert.*): *jmd. ist unzurechnungsfähig* Den kann man doch nicht ernst nehmen, der hat doch einen Jagdschein!

Jagd·ta·sche die <-, -n> *meist lederne Umhängetasche für die zur Jagd notwendigen Utensilien*

ja·gen <jagst, jagte, hat/ist gejagt> **I.** *mit OBJ* **1.** ■ *jmd. jagt jmdn./Tier* (*haben*) *jmdn. oder ein Tier verfolgen, um ihn/es zu fangen oder zu töten* Elefanten/Großwild/Hasen jagen, Krimis handeln meist davon, dass die Polizei einen Mörder jagt. **2.** ■ *jmd. jagt jmdn./ein Tier irgendwohin* (*umg., haben*) *an eine Stelle treiben* die Hühner in den Stall jagen, Der Hund jagt die Katze durch den Garten. **3.** ■ *jmd. jagt jmdn.* (*umg. übertr., haben*) *zur Eile drängen* Jag(e) mich doch nicht so, schneller schaffe ich die Arbeit nicht! **4.** ■ *etwas jagt etwas sehr schnell aufeinander folgen* Die Ereignisse/Termine jagen einander. **5.** ■ *jmd. jagt (jmdm.) etwas in etwas Akk.* (*umg., haben*) *mit Gewalt in etwas hineintreiben* jemandem eine Kugel in den Kopf jagen, jemandem eine Spritze in den Arm jagen **II.** *ohne OBJ* **1.** ■ *jmd. jagt* ((*haben*)) *auf die Jagd gehen* Heute wird in diesem Revier gejagt., nach dem Glück/günstigen Angeboten jagen **2.** ■ *jmd. jagt nach etwas Dat.* (*haben*) *mit aller Kraft etwas zu erreichen versuchen* Die Abenteurer jagten nach dem Glück. **3.** ■ *etwas jagt* (*sein* ≈ *rasen*) *sich sehr schnell bewegen* Sein Puls jagt. **4.** ■ *etwas jagt über etwas Akk.* (*sein* ≈ *rasen*) *sich mit hoher Geschwindigkeit bewegen* mit hoher Geschwindigkeit über die Straßen jagen, Ein Sturm jagte über das Land.

Jä·ger, **Jä·ge·rin** der <-s, -> *jmd., der beruflich oder gelegentlich auf die Jagd nach Tieren geht* Der Jäger verfolgt die Spuren eines Hirsches. ◆-latein

Jä·ge·rei die <-> (*kein Plur.*) *alles, was mit der Jagd, ihren Gesetzen und Bräuchen zusammenhängt* Die Jägerei wird auch heute noch hauptsächlich von Männern betrieben.

Jä·ger·lat·ein das <-s> (*kein Plur.*) (*umg.*) *das Erzählen von phantastischen oder stark übertriebenen Jagderlebnissen* Er hat uns Jägerlatein erzählt., Im Laufe seiner Erzählung wurde der erlegte Hirsch immer größer, man kennt ja dieses Jägerlatein.

Jä·ger·schnit·zel das <-s, -> KOCH. *ein unpaniertes Schweineschnitzel mit Pilzsoße* Zum Jägerschnitzel wurden Bratkartoffeln und ein Salat serviert.

Ja·ger·tee der <-s, -s> (*süddt. österr.*) *Tee mit*

Schnaps

Jä·ger·zaun der <-(e)s, Jägerzäune> *ein stabiler Holzzaun*

Ja·gu·ar der <-s, -e> *eine Raubkatzenart* Der Jaguar ist in Südamerika heimisch.

jäh *Adj.* **1.** *steil abfallend* ein jäher Abgrund, Es ging jäh in die Tiefe. **2.** (≈ *plötzlich, schlagartig*) *so, dass etwas ganz schnell und ohne Vorankündigung geschieht* ein jähes Ende, Sie verstummte jäh.

Jahr das <-(e)s, -e> **1.** *der Zeitraum zwischen dem 1. Januar und dem 31. Dezember* im Jahre 1962 geboren sein, Im kommenden Jahr machen wir in Frankreich Urlaub., Dieses Jahr beendet er die Schule., Dieses Jahr wird zum Jahr des Kindes erklärt. **2.** *ein Zeitraum von 365 Tagen* heute vor zehn Jahren, Er ist 60 Jahre alt., Innerhalb eines Jahres hat sich hier viel verändert., Der Bau des Rathauses hat fünf Jahre gedauert., Das Stipendium ist auf ein Jahr befristet. **3.** *gelebte Lebenszeit* in die Jahre kommen (≈ alt werden), eine Frau/ein Mann in den besten Jahren, Mit den Jahren kommt auch die Erfahrung., Die Jahre haben Spuren in seinem Gesicht hinterlassen., viele Jahre lang ►(sich) jähren, verjähren ◆ Geburts-, Geschäfts-, Kirchen-, Lebens-, Probe-, Schul- *siehe auch* **jahrelang**

-jahr (*in einer Reihe von Zusammensetzungen als Zweitglied verwendet, um auszudrücken, dass ...*) **1.** *in einem Jahr*[1] *die genannte Sache geschehen ist* das Baujahr eines Fahrzeugs, Mein Geburtsjahr ist 1962., Das Sterbejahr des Autors war 1879. **2.** *in bestimmten Jahren*[2] *die im Zweitglied genannte Sache beherrschend war* In den Kriegsjahren war die Existenz der Firma immer wieder bedroht., In den schweren Aufbaujahren mussten alle anpacken., In diesen Hungerjahren hatte kaum jemand in Deutschland ein Gewichtsproblem. **3.** *bestimmte Jahre*[2] *einen Lebensabschnitt einer Person darstellen* Er dachte immer gern an seine Tübinger Studentenjahre zurück., Nach dreißig Ehejahren lieben sie sich wie am ersten Tag., Für den Künstler waren die Italienjahre in erster Linie Lehr- und Wanderjahre. **4.** *in einem bestimmten Jahr*[1] *einer historischen Persönlichkeit gedacht wird oder eine bestimmte Personengruppe thematisiert wird* das Lutherjahr, das Jahr des Kindes **5.** *in einem bestimmten Jahr*[1] *bestimmte Umstände herrschten, die die genannte Sache in einer bestimmten Weise ausfallen lassen* Nach Meinung von Winzern hat der Jahrhundertsommer bewirkt, dass 2003 ein hervorragendes Weinjahr ist.

jahr·aus ■ **jahraus, jahrein**: *verwendet, um auszudrücken, dass sich ein Geschehen (über viele Jahre hinweg) mit großer Konstanz und Regelmäßigkeit vollzieht* Jahraus, jahrein hat sie für ihre Familie gesorgt.

Jahr·buch das <-(e)s, Jahrbücher> *jährlich erscheinendes Buch mit zusammenfassenden Berichten zu einem bestimmten Thema* das statistische Jahrbuch, Im Jahrbuch der Universität findet sich z.B. ein Bericht über herausragende Doktorarbeiten.

jahr·ein *siehe* **jahraus**

jah·re·lang <nicht steig.> *Adj. so, dass etwas mehrere Jahre andauert* jahrelang auf eine eigene Wohnung sparen, Durch seine jahrelange Arbeit in diesem Beruf hat er sehr viel Erfahrung gewonnen. *siehe aber auch* **Jahr**

jäh·ren *mit SICH* ■ *etwas jährt sich (geh.) Jahrestag haben* Der Tag ihrer Hochzeit jährt sich heute zum zehnten Mal.

Jah·res·abon·ne·ment das [ja:g̊əs'abɔnə'mã:] <-s, -s> *der regelmäßige Bezug einer Sache für die Dauer eines Jahres* Es ist preiswerter, ein Jahresabonnement für eine Zeitung zu haben als sie täglich zu kaufen.

Jah·res·ab·schluss der <-es, Jahresabschlüsse> WIRTSCH. *Gewinn- und Verlustrechnung am Ende eines Geschäftsjahres* Die Firma hat ihren Jahresabschluss vorgelegt.

Jah·res·ab·schluss·prä·mie die <-, -n> WIRTSCH. *zusätzliches Geld, das jmd. am Ende eines Geschäftsjahres bekommt* Die Jahresabschlussprämie fiel in diesem Jahr geringer aus als im Vorjahr.

Jah·res·an·fang der <-(e)s> (*kein Plur.*) *der Beginn eines Jahres* Sie hat gleich am Jahresanfang Geburtstag.

Jah·res·aus·gleich der <-s, -e> (≈ *Lohnsteuerjahresausgleich*) *die Erstattung von zu viel oder die Nachforderung von zu wenig gezahlter Lohnsteuer durch das Finanzamt*

Jah·res·bud·get das [ja:g̊əs'bʏ'dʒe:] <-s, -s> WIRTSCH. *Haushaltsplan; Voranschlag von Einnahmen und Ausgaben für ein Jahr* Das Jahresbudget darf nicht überschritten werden.

Jah·res·durch·schnitt der <-(e)s, -e> *der durchschnittliche Wert, den etwas innerhalb eines Jahres hat* Der Verdienst beträgt im Jahresdurchschnitt 60.000 Euro., Im Jahresdurchschnitt fällt hier ... Niederschlag.

Jah·res·ein·kom·men das <-s, -> *die Summe des Einkommens in einem Jahr* über ein Jahreseinkommen von 24000 Euro verfügen

Jah·res·etat der [...e'ta:] <-s, -s> WIRTSCH. *das für ein Jahr vorgesehene Haushaltsvolumen*

Jah·res·frist die (*kein Plur. und ohne Artikel; nur in Verbindung mit den Präpositionen „vor", „nach", „binnen"*) *von heute an bis spätestens zum Ablauf eines Jahres* das geliehene Geld binnen Jahresfrist zurückzahlen

Jah·res·pla·ner der <-s, -> *eine Art Kalender, in den man Termine und Vorhaben für das ganze Jahr eintragen kann* die Termine im Jahresplaner kontrollieren

Jah·res·ring der <-(e)s, -e> (*meist Plur.*) BOT. *einer der auf dem Querschnitt eines Baumstammes sichtbaren Ringe, aus deren Anzahl das Alter des Baumes ersichtlich ist* An den Jahresringen konnte man ablesen, wie alt die Kastanie war.

Jah·res·tag der <-(e)s, -e> *ein Tag, an dem ein oder mehrere Jahre zuvor ein wichtiges Ereignis stattgefunden hat* der zehnte Jahrestag des Mauerfalls, einen Jahrestag begehen/feiern

Jah·res·ta·gung die <-, -en> *eine Konferenz, die einmal im Jahr stattfindet* Die Jahrestagung der Pharmareferenten findet dieses Jahr in Trier statt.

Jah·res·über·schuss der <-es, Jahresüberschüsse> WIRTSCH. *in einem Jahr erwirtschafteter Ertrag, der höher ist, als das, was für dieses Jahr geplant war* Aufgrund des erwirtschafteten Jahresüberschusses erhielten die Mitarbeiter eine Sonderprämie.

Jah·res·um·satz der <-es, -Jahresumsätze> WIRTSCH. *der Umsatz, den eine Firma während eines Jahres macht* Wegen der schlechten Konjunktur waren die Jahresumsätze vieler Firmen rückläufig.

Jah·res·ur·laub der <-s> (*kein Plur.*) *der Urlaub, der einem Arbeitnehmer in einem Kalenderjahr zur Verfügung steht* Sie hat 30 Tage Jahresurlaub., Ihren Jahresurlaub sollten Sie innerhalb des laufenden Kalenderjahres nehmen!

Jah·res·wech·sel der <-s> (*kein Plur.*) (≈ *Jahreswende*) *der Wechsel vom 31. Dezember zum 1. Januar* Den Jahreswechsel verbrachten sie in einem Hotel in den Bergen., gute Wünsche zum Jahreswechsel senden

Jah·res·wen·de die <-, -n> (≈ *Jahreswechsel*) *die Wende von einem Jahr zum nächsten* Die Jahreswende 2001/02 feierten wir gemeinsam mit Freunden.

Jah·res·zahl die <-, -en> *die Zahl, die ein bestimmtes Jahr innerhalb einer Zeitrechnung bezeichnet* Über dem Portal des Gebäudes steht eine Jahreszahl, die auf seine Fertigstellung hinweist., Wann war das? Ich kann mir Jahreszahlen schlecht merken!

i Wissenswert Als ausgeschriebene Zahlwörter werden **Jahreszahlen** kleingeschrieben: Wir schreiben das Jahr neunzehnhundertachtundachtzig. Während Jahreszahlen von 1100 bis 1999 in Hunderten zusammengefasst werden (sprich: neunzehnhundertneunundneunzig und nicht: eintausendneunhundertneunundneunzig, fasst man die Jahreszahlen ab 2000 in Tausendern zusammen: zweitausend(und)drei. Man beachte die Schreibweise: Bei einer Datumsangabe steht nach der Jahreszahl kein Punkt: 30.08.2004 Verkürzungen in der Jahreszahl werden ohne Apostroph geschrieben: Ende 97.

Jah·res·zeit die <-, -en> *jeder der vier Abschnitte des Jahres, die sich vor allem durch das Wetter unterscheiden* die Jahreszeiten Frühling, Sommer, Herbst und Winter, Der Winter ist die kalte Jahreszeit., Sie zieht den Sommer allen anderen Jahreszeiten vor. ■ **die fünfte Jahreszeit** (*umg. scherzh.*): *der Karneval*

jah·res·zeit·lich <nicht. steig.> *Adj. von der Jahreszeit abhängig* jahreszeitliche Temperaturschwankungen

Jah·res·zy·klus der <-, Jahreszyklen> *der periodische Ablauf von etwas im Rhythmus eines Jahres* Die Landwirtschaft ist vom Jahreszyklus abhängig.

Jahr·gang der <-(e)s, Jahrgänge> **1.** *die Menschen, die im gleichen Jahr geboren wurden* Er ist Jahrgang 1940., Die höheren/oberen Jahrgänge in der Schule nehmen an dem Schülerwettbewerb teil. **2.** *Erntejahr des Weines* ein guter Jahrgang, ein 70er Jahrgang **3.** *Erscheinungsjahr einer Zeitschrift* der (gesamte) Jahrgang 1998 einer Zeitschrift, Heft 5, Jahrgang 1990 der Zeitschrift …

Jahr·hun·dert das <-s, -e> *ein Zeitraum von hundert Jahren, der von einem bestimmten Zeitpunkt an gezählt wird* Das 20. Jahrhundert ist der Zeitraum von 1900 bis 1999., Er ist noch im vorigen Jahrhundert geboren., zu Beginn des 19. Jahrhunderts, das dritte Jahrhundert vor Christus (≈ v.Chr.)

jahr·hun·der·te·lang <nicht steig.> *Adj. mehrere Jahrhunderte andauernd* eine jahrhundertelange Tradition

Jahr·hun·dert·flut die <-, -en> *der größte Hochwasserstand eines Jahrhunderts* Durch die Jahrhundertflut verloren viele Menschen das Dach über dem Kopf.

Jahr·hun·dert·wech·sel der <-s, -> (≈ *Jahrhundertwende*) *der Wechsel von einem Jahrhundert zum nächsten*

Jahr·hun·dert·wein der <-(e)s,-e> *ein besonders guter Wein (einer bestimmten Sorte), der andere Weine weit übertrifft*

Jahr·hun·dert·wen·de die <-, -n> *die Wende zum nächsten Jahrhundert* Der Künstler ist um die Jahrhundertwende herum geboren.

-jäh·rig (*als Zweitglied in zusammengesetzten Adjektiven*) **1.** *verwendet, um auszudrücken, dass jmd. oder etwas ein bestimmtes Alter hat* ein zehnjähriges Kind, ein vierjähriges Studium **2.** *verwendet, um auszudrücken, dass etwas eine bestimmte Dauer hat* ein einjähriger Forschungsaufenthalt in den USA, ein mehrjähriges Projekt, ein vierjähriges Studium **3.** *verwendet, um auszudrücken, dass sich etwas auf das letze oder nächste Jahr bezieht* der vorjährige Wein, Für die nächstjährige Auflage des Rennens plant der Veranstalter die Streckenführung zu ändern. **4.** *verwendet, um auszudrücken, dass jmd. ein bestimmtes erforderliches Alter (nicht) erreicht hat* Mit 18 ist man volljährig., Ein vierzehnjähriges Kind ist minderjährig (≈ nicht volljährig).

jähr·lich <nicht steig.> *Adj. so, dass es jedes Jahr erfolgt* Die Konferenz findet jährlich statt., die jährlich ausgetragenen Meisterschaften, ein jährliches Einkommen von …

Jahr·markt der <-(e)s, Jahrmärkte> (*süddt.* ≈ *Kirmes; norddt.*≈ *Rummel*) *eine Art Volksfest, bei dem Händler in den Sraßen oder auf einem Platz Verkaufsstände aufstellen und die Besucher sich z.B. mit Karussells und Schießbuden amüsieren können* auf den Jahrmarkt gehen

Jahr·tau·send das <-s, -e> *ein Zeitraum von tausend Jahren, der von einem bestimmten Zeit-*

punkt an gezählt wird im ersten Jahrtausend nach Christus

Jahr·tau·send·wech·sel der <-s, -> (≈ *Jahrtausendwende*) *der Wechsel von einem Jahrtausend zum nächsten* Der Jahrtausendwechsel war ein großes Ereignis und wurde weltweit gefeiert.

Jahr·zehnt das <-(e)s, -e> *ein Zeitraum von zehn Jahren, der von einem bestimmten Zeitpunkt an gezählt wird*

jahr·zehn·te·lang <nicht steig.> *Adj. mehrere Jahrzehnte andauernd* Jahrzehntelang lebte dieses Bergvolk ohne nennenswerte Kontakte zur Außenwelt.

Jäh·zorn der <-s> (*kein Plur.*) *die Eigenschaft, dass jmd. leicht und ohne großen Anlass sehr wütend werden kann* Er neigt zum Jähzorn., in einem Anfall von Jähzorn

jäh·zor·nig *Adj. so, dass man zum Jähzorn neigt* einen jähzornigen Charakter haben, Sie ist schon immer sehr jähzornig gewesen.

Jak, *a.* **Yak** der <-s, -s> ZOOL. *ein asiatisches Hochgebirgsrind*

Ja·lou·set·te die [ʒalu'zɛtə] <-, -n> *Jalousie aus Leichtmetall oder Kunststoff*

Ja·lou·sie die [ʒalu'ziː] <-, -n> (≈ *Rollladen*) *ein Sichtschutz aus beweglichen Lamellen aus Kunststoff oder Metall, der außen am Fenster angebracht ist und herauf - bzw. hinuntergerollt werden kann* die Jalousien herunterlassen/hochziehen

Ja·mai·ka [ja'majka] <-s> *Insel und Staat im Karibischen Meer*

Ja·mai·ka·ner, **Ja·mai·ka·ne·rin** der [jamaj'kaːnɐ] <-s, -> *Bewohner Jamaikas*

ja·mai·ka·nisch [jamaj'kaːnɪʃ] <nicht steig.> *Adj. Jamaika, die Jamaikaner betreffend*

Jamaiker, **Jamaikerin** der [ja'majkɐ] <-s, -> *s.* **Jamaikaner**

Jam·be, *a.* **Jam·bus** die/der <-, Jamben> LIT. *ein Versmaß, bei dem eine betonte und eine unbetonte Silbe abwechseln* ein im Jambus verfasstes Gedicht

jam·men ['dʒæmən] <jammst, jammte, hat gejammt> *ohne OBJ* ■ *jmd. jammt* (*mit jmdm.*) MUS. *als Jazz- oder Rockmusiker mit anderen Musikern in freier Improvisation spielen* gemeinsam mit anderen Musikern jammen ▶Jamsession

Jam·mer der <-s> (*kein Plur.*) **1.** *lautes* (*Weinen und*) *Klagen* in lauten Jammer ausbrechen **2.** (≈ *Kummer*) *Trauer, die jmd. empfindet* Sie ist in ihrem Jammer allein. **3.** (≈ *Elend*) *ein Zustand, der Mitleid erregt* Es ist ein Jammer., ein Bild des Jammers bieten

Jam·mer·lap·pen der <-s, -> (*umg. abwert.*) *ein Schimpfwort für jmdn., der ständig nur jammert, aber nichts zur Verbesserung seiner Situation tut*

jäm·mer·lich *Adj.* **1.** *so voller Schmerz und Kummer, dass es Mitleid erregt* Das Kind weinte jämmerlich. **2.** (≈ *armselig*) *so arm und heruntergekommen, dass es erschreckt* in jämmerlichen Verhältnissen leben, jämmerliche Gestalten **3.** (*umg. abwert.* ≈ *erbärmlich*) *schlecht* jämmerliche Resultate erzielen **4.** (*umg.* ≈ *furchtbar*) *sehr* jämmerlich frieren, jämmerlich schreien, jemanden jämmerlich verprügeln

jam·mern <jammerst, jammerte, hat gejammert> **I.** *mit OBJ/ohne OBJ* ■ *jmd. jammert* (*über etwas Akk.*) (≈ *lamentieren*) *über etwas klagen* Sie jammerte, es gehe ihr schlecht., Hör auf zu jammern!, Warum/Was jammerst du?, über das verlorene Geld jammern **II.** *mit OBJ* ■ *etwas jammert jmdn.* (*geh.*) *Mitleid erregen* Er/Sein Elend jammert mich.

jam·mer·scha·de <nicht steig.> *Adj.* (*umg.*) *sehr schade* Es ist jammerschade um die schönen Bäume!, Es ist jammerschade, dass du das nicht gesehen hast!

Jam·ses·sion die ['dʒæm'sɛʃən] <-, -s> MUS. *improvisiertes Zusammenspiel von Musikern in Jazz und Rockmusik*

Jams·wur·zel die <-, -n> BOT. *der Kartoffel ähnliche Frucht einer tropischen Pflanze*

Jang·tse·ki·ang der ['jaŋtsəki̯aŋ] <-s> *Fluss in China*

Jan·ker der <-s, -> (*süddt., österr.*) *eine Trachtenjacke mit farbigem Besatz und Knöpfen aus Horn oder Metall*

Jän·ner der <-s, -> (*österr.*) *Januar*

Ja·nu·ar der <-(s), -e> *der erste Monat des Jahres*

Ja·pan <-s> *Inselstaat in Ostasien*

Ja·pa·ner, **Ja·pa·ne·rin** der <-s, -> *jmd., der die japanische Staatsbürgerschaft hat*

ja·pa·nisch <nicht steig.> *Adj. Japan, die Japaner betreffend* japanische Wohnkultur, die japanische Sprache, Sie antwortete japanisch (in japanischer Sprache), nicht englisch., Wie heißt das auf Japanisch? *siehe auch* **deutsch**

Ja·pa·no·lo·gie die <-> (*kein Plur.*) *Wissenschaft von der japanischen Sprache und Kultur*

Ja·pan·pa·pier das <-s, -e> *feines, biegsames, handgeschöpftes Papier aus Bastfasern japanischer Pflanzen*

Jar·gon der [ʒar'gɔ̃ː] <-s, -s> **1.** SPRACHWISS. *Ausdrucksweise einer bestimmten* (*Berufs-*)*gruppe* der Jargon der Jugend, der Jargon der Bergleute/Mediziner **2.** (*abwert.* ≈ *Slang*) *ungepflegte Sprechweise* im schlimmsten Jargon sprechen

Jas·min der <-s, -e> BOTAN. *ein Strauch mit stark duftenden weißen Blüten, deren Essenz z.B. für Parfums verwendet wird*

Jas·pis der <-/-es, -e> *ein Halbedelstein*

jä·ten *mit OBJ/ohne OBJ.* ■ *jmd. jätet* (*etwas*) *Unkraut entfernen* Er jätet Unkraut., Er jätet ein Beet., Sie jätet im Garten.

Jau·che die <-> (*kein Plur.*) *ein flüssiges Gemisch aus Urin und Kot von Tieren, das zum Düngen der Felder benutzt wird* Die Felder mit Jauche düngen. ◆ -fass, -grube

Jau·che·gru·be die <-, -n> *Grube, in der sich die ablaufende Jauche*[1] *sammelt* die Jauchegrube abpumpen lassen

jauch·zen <jauchzt, jauchzte, hat gejauchzt> *ohne OBJ* ■ *jmd. jauchzt* (≈ *jubeln*) *vor Freude laut schreien* Das Baby jauchzt., Die Kinder bespritzten sich jauchzend mit kaltem Wasser. *s.* **juchzen**

jau·len *ohne OBJ* ■ *jmd./ein Tier jault* (≈ *heulen, winseln*) *einen langgezogenen* (*klagenden*) *Ton von sich geben* Die Hunde/Wölfe jaulen.

Jau·se die <-, -n> (*österr.* ≈ *Brotzeit, Vesper*) *eine* (*deftige*) *Zwischenmahlzeit, zu der z.B. Brot, Wurst und Speck gereicht wird* Zur Jause gab es Brezeln und Bier.

jau·sen/jaus·nen *mit OBJ/ohne OBJ* ■ *jmd. jaust* (*österr.*) *eine Jause zu sich nehmen* Speck und Brot jaus(n)en

JAVA [dʒa:va] EDV *eine Programmiersprache* ◆-programm

Ja·va das <-s> *die kleinste der großen Sundainseln*

ja·wohl *Partikel* **1.** (≈ *ja*) *verwendet, um energisch auszudrücken, dass man jmdm. zustimmt* Jawohl, das ist richtig. **2.** MILIT. *verwendet als Erwiderung auf einen Befehl* Jawohl, Herr Leutnant!

Ja·wort das <-(e)s> ■ **jemandem das Jawort geben** (*geh.*): *jmdn. heiraten*

Jazz der [dʒɛs, jat͜s] <-> (*kein Plur.*) MUS. *eine moderne Musikrichtung, deren Ursprünge in der Musik der farbigen Bevölkerung Nordamerikas liegen* Jazz ist ein Musikstil, bei dem man sehr gut improvisieren kann., Ich höre am liebsten Jazz, Blues und Rock. ◆-festival, -keller, -musiker, -platte, -rock

Jazz·band die ['dʒɛs'bɛnt] <-, -s> *eine Gruppe von Musikern, die Jazz spielt*

Jaz·zer, Jaz·ze·rin der ['dʒɛsɐ, 'jat͜sɐ] <-s, -> (≈ *Jazzmusiker*) bekannte Jazzer wie Miles Davis, Jazzer aus zehn Nationen treten beim Jazzfestival auf.

jaz·zig ['dʒɛsɪç, 'jat͜sɪç] <nicht steig.> *Adj. in der Art des Jazz* Seine Musik hat jazzige Einflüsse.

je **I.** *Interj. in Verbindung mit „ach" oder „oh" verwendet, um einen Ausruf* (*in Bezug auf etwas Negatives*) *zu verstärken* Ach je, der Arme!, Oh je, das habe ich ganz vergessen! **II.** *Präp. + Akk.* (≈ *pro*) Das Boot kostet 5 Euro Miete je angefangene Stunde., der Verbrauch je Kopf der Bevölkerung **III.** *Adv.* **1.** (≈ *jeweils*) *verwendet, um auszudrücken, dass die genannte Zahl von Personen oder Dingen eine Art Einheit bildet* die Reisegesellschaft in Gruppen zu je zehn Personen einteilen, nach je zehn Wörtern eine Pause machen **2.** (≈ *jemals*) *zu irgendeinem Zeitpunkt* Habt ihr so etwas je gesehen?, Es ist schlimmer denn je. **IV.** *Konj.* ■ *je ..., desto ... verwendet, um auszudrücken, dass etwas im gleichen Maß größer, besser, schlechter usw. wird wie etwas anderes* Je eher wir anfangen, desto besser ist es.

Jeans die [dʒi:nz] <-, -> **1.** (*kein Plur.*) *ein kräftiger Stoff aus Baumwolle, der meist blau oder schwarz gefärbt ist und aus dem man besonders Hosen macht* ◆-anzug, -hose, -jacke, -rock **2.** *Hose aus Jeans*[1] sich (eine) neue Jeans kaufen, Seine Jeans ist/sind ihm zu eng geworden.

je·de(r, s) **I.** *Pron.* (↔ *keiner*) *verwendet, um zu betonen, dass eine Aussage für alle einzelnen Mitglieder einer Gruppe gilt* Das weiß doch jeder., Das kann jede von euch., Ein jeder/eine jede kann daran teilnehmen., Ein jedes war einzeln gekennzeichnet. **II.** *Adj. so, dass es aus einer Gesamtheit ohne Ausnahme alle betrifft* Ich habe sie jeden Tag besucht., Jeder Zeuge ist verpflichtet, die Wahrheit zu sagen.

je·den·falls *Adv.* **1.** (≈ *sicher*) *auf jeden Fall* Ich weiß nicht warum, aber jedenfalls fällt das Konzert heute aus. **2.** (≈ *wenigstens*) *zumindest* Es ist alles gut gegangen, jedenfalls am Anfang.

je·der·mann *Pron.* (≈ *jeder* ↔ *niemand*) Das weiß doch inzwischen jedermann., Das ist nicht jedermanns Sache (≈ nicht alle finden die genannte Sache gut)

je·der·zeit *Adv.* (≈ *immer* ↔ *nie*) *zu jedem beliebigen Zeitpunkt* Mit dem Handy ist sie jederzeit erreichbar., Du kannst mich jederzeit um Hilfe bitten.

je·doch **I.** *Adv.* (≈ *aber*) *verwendet, um auszudrücken, dass etwas nicht der Fall ist, obwohl man es annehmen oder wünschen könnte* Eine Antwort auf diese Frage hatte er jedoch nicht. **II.** *Konj.* (≈ *aber*) *verwendet, um im Nebensatz etwas auszudrücken, das im Widerspruch oder Gegensatz zur Aussage des Hauptsatzes steht* Er hatte viel zu tun, konnte jedoch nicht alles selbst erledigen.

Jeep® der [dʒi:p] <-s, -s> (≈ *Geländewagen*) *ein Auto, mit dem man besonders gut im Gelände und abseits von Straßen fahren kann*

je·her *Adv.* ■ **seit/von jeher** (*geh.*): *schon immer* Das haben wir von jeher so gemacht.

jein *Adv.* (*umg. scherzh.*) *verwendet, um auszudrücken, dass zwei Aspekte einer Sache gleichzeitig zutreffen und man eine entsprechende Frage daher sowohl mit ja als auch mit nein beantworten könnte* Klappt das nun mit deinem Urlaub? – Jein. Ich bekomme schon Urlaub, aber nicht vor September, daher musste ich umbuchen.

je·mals *Adv. zu irgendeinem beliebigen Zeitpunkt* Hast du so etwas schon jemals gesehen?, Wird er das jemals begreifen?

je·mand *Pron. verwendet, um sich auf eine nicht näher bezeichnete oder unbekannte Person zu beziehen* Es hat jemand angerufen, ich weiß aber nicht wer., Kann mir jemand helfen?, Dürft ich mal jemands Telefon benutzen?, jemand anders/jemanden um Hilfe bitten, von jemand anders/jemand anderem/jemandem sprechen, Jemand Fremdes hat nach dir gefragt. ■ **ein gewisser Jemand**: *ein Unbekannter siehe auch* **irgendjemand**

Je·men der <-s> *ein Staat im Süden der Arabischen Halbinsel*

Je·me·nit, Je·me·ni·tin <-en, -en> *jmd., der die jemenitische Staatsbürgerschaft hat*

je·me·ni·tisch <nicht steig.> *Adj. Jemen, die Jemeniten betreffend*

je·ne(r, s) **I.** *Pron.* (↔ *diese(r,s)*) *verwendet, um sich auf etwas zu beziehen, das aus Sicht des Sprechers* (*räumlich oder im übertragenen Sinne*) *relativ weit entfernt ist* Dieses Problem kann ich lösen, jenes aber nicht. **II.** *Adj.* Siehst du jenes Haus dort drüben, In jenen Tagen hatte nicht jeder Haushalt einen Fernseher, heute gibt es in manchen Familien drei Fernsehgeräte. ■ **dieses und jenes** (*umg.*): *verschiedene (nicht weiter beschriebene) Dinge* Wir haben über dieses und jenes geredet. ♦ Kleinschreibung→R 3.15 Wir haben dies und jenes eingekauft.

jen·sei·tig <nicht steig.> *Adj.* (*geh.* ↔ *diesseitig*) **1.** *auf der anderen Seite von etwas* Das jenseitige Ufer des Flusses war im Nebel nicht zu erkennen. **2.** *auf das Jenseits bezogen* Was können wir vom jenseitigen Leben schon wissen?

Jen·seits das <-> (*geh.* ↔ *Diesseits*) *das Leben nach dem Tod* an ein Leben im Jenseits glauben ■ **jemanden ins Jenseits befördern** (*umg. verhüll.*): *jmdn. töten*

jen·seits *Präp. + Gen.* **1.** *auf der anderen Seite von etwas* jenseits der Berge, Jenseits des Grauens des Krieges glaubte er bereits eine bessere Zukunft zu erkennen. **2.** *fernab von* jenseits des Lärms der Großstadt ■ **jenseits von gut und böse** (*umg. abwert.*): *nicht mehr ganz ernst zu nehmen*

Jen·seits·glau·be der <-ns> (*kein Plur.*) REL. *der Glaube an ein Jenseits als Bestandteil einer Religion*

Je·re·wan <-s> *Hauptstadt von Armenien*

Je·ru·sa·lem <-s> *Stadt, die zwischen Israel und Jordanien geteilt ist; die heilige Stadt der Christen, Juden und Muslime*

Je·su·it der <-en, -en> REL. *Angehöriger des Jesuitenordens*

Je·su·i·ten·or·den der <-s> (*kein Plur.*) REL. *eine christliche Ordensgemeinschaft*

Je·su·i·ten·tum das <-s,> (*kein Plur.*) REL. *Geist und Wesen des Jesuitenordens*

Je·sus <Jesu> *Jesus Christus: Urheber und zentrale Gestalt des Christentums* im Namen Jesu Christi

Jet der [dʒɛt] <-s, -s> *Düsenflugzeug* Der Jet landete pünktlich auf dem Frankfurter Flughafen.

Jet·lag, *a.* **Jet-Lag** der ['dʒɛtlæg] <-s, -s> *bestimmte Beschwerden wie z.B. Müdigkeit,die man hat, wenn man mit dem Flugzeug eine so lange Strecke fliegt, dass man in unterschiedliche Zeitzonen kommt und eine Zeitverschiebung erlebt* Es dauert bestimmt eine Woche, bis ich meinen Jetlag überwunden habe.

Jeton der [ʒə'tõ:] <-s, -s> *Spielmarke* Bevor man mit dem Roulettspiel beginnen kann, muss man das Geld in Jetons umtauschen.

Jet·set, *a.* **Jet-Set** der ['dʒɛtsɛt] <-s> (*kein Plur.*) *die reichen und bekannten Menschen, die rund um die Welt reisen, um sich an bestimmten Orten zu amüsieren* Manche Zeitschriften verbreiten Klatsch und Tratsch über den Jetset.

Jet·ski der ['dʒɛt'ʃi:] <-s, -er> SPORT *eine Art Wasserski*

Jet·stream der ['dʒɛtstri:m] <-s, -s> METEOR. *starker Luftstrom in der Tropo- oder Stratosphäre*

jet·ten ['dʒɛtn̩] <jettest, jettete, ist gejettet> *ohne OBJ* ■ *jmd. jettet irgendwohin* (*umg.*) *mit dem Flugzeug schnell für kurze Zeit irgendwohin reisen* mal schnell für ein Wochenende nach New York jetten

jet·zig <nicht steig.> *Adj.* (≈ *derzeitig, gegenwärtig, momentan*) *so, dass es im Moment der Äußerung in dieser Funktion gegeben ist* Unsere jetzige Wohnung ist recht teuer, die frühere war günstiger., Ihr jetziger Partner ist Rechtsanwalt, der vorige war Maler.

jetzt **I.** *Adv. verwendet, um auszudrücken, dass etwas im Moment des Sprechens der Fall ist oder sich ereignet* Bist du jetzt fertig/zufrieden?, Jetzt können wir anfangen., Früher war das anders als jetzt. **II.** *Partikel* (*umg.* ≈ *nun, eigentlich*) *verwendet, um eine Aussage oder Frage zu verstärken und eine gewisse Irritation auszudrücken* Wer hat jetzt meinen Schlüssel?, Jetzt habe ich das schon wieder vergessen!, Was willst du denn jetzt schon wieder?

Jetzt das <-> (*kein Plur.*) (*geh.*) *die Gegenwart* Wir leben im Hier und Jetzt und nicht in irgendeiner Vergangenheit oder Zukunft.

Jetzt·zeit die <-> (*kein Plur.*) (≈ *Gegenwart*) *die gegenwärtige Zeit*

je·wei·lig <nicht steig.> *Adj. gerade vorhanden; zutreffend* Das kommt auf die jeweiligen Bedingungen an.

je·weils *Adv. so, dass es gerade vorhanden oder gerade zutreffend ist* sich der jeweils herrschenden Meinung anschließen

jid·disch <nicht steig.> *Adj. die Sprache der osteuropäischen Juden betreffend* die jiddische Sprache, das Jiddische

Jid·dis·tik die <-,> (*kein Plur.*) *Wissenschaft von der jiddischen Sprache und Kultur*

JIT-Fer·ti·gung die ['dʒit-] <-> (*kein Plur.*) *kurz für „Just-in-time-Fertigung"* s. **Just-in-time-Produktion**

Job der [dʒɔp] <-s, -s> **1.** (≈ *Gelegenheitsarbeit*) *eine (meist befristete) Arbeit, die man macht, um (in erster Linie) Geld zu verdienen* einen Job für die Ferien suchen, Sie sieht ihre Arbeit nicht nur als Job, sondern es macht ihr wirklich Spaß. ►jobben ♦ Ferien-, Gelegenheits- **2.** (*umg.*) *eine dauerhafte Arbeitsstelle* seinen Job verlieren, einen neuen Job finden, Tausende bangen jetzt um ihre Jobs. **3.** (*umg.*) *Beruf* einen anstrengenden Job haben, seinen Job gut machen ♦ Halbtags-

job·ben ['dʒɔbn̩] *ohne OBJ* ■ *jmd. jobbt* (*umg.*) *Gelegenheitsarbeiten machen* in den Ferien in einer Pizzeria jobben, sich sein Studium durch Jobben finanzieren

Job·bör·se die ['dʒɔpbœrzə] <-, -n> ÖKON *eine Einrichtung zur Vermittlung von Jobs[1]* Der Student informiert sich an der Jobbörse über freie Arbeitsstellen.

Job·hop·ping das ['dʒɔphɔpɪŋ] <-s> (*kein Plur.*) (*umg.*) *häufiger Wechsel der Arbeitsstelle* ►Jobhopper

Job·sha·ring das ['dʒɔp'ʃɛarɪŋ] <-s> *die Aufteilung eines Arbeitsplatzes unter mehreren Arbeitnehmern* Durch Jobsharing gelang es ihr, mehr Zeit für ihre Kinder zu haben, ohne ihren Beruf aufgeben zu müssen.

Job·ver·lust der ['dʒɔb...] <-s> (*kein Plur.*) *das Ver-*

J

lieren des Arbeitsplatzes Seit dem Jobverlust leidet er an Depressionen., Sollten die Pläne des Konzerns wahr werden, droht praktisch der halben Stadt der Jobverlust.

Joch das <-(e)s, -e> **1.** *Zuggeschirr für Rinder* die Ochsen ins Joch spannen **2.** *Gebirgspass* **3.** (*geh. abwert.* ≈ *Last, Plage*) *etwas, das jmdn. stark belastet* das Joch der Sklaverei abschütteln, sich seinem Joch beugen

Joch·bein das <-(e)s, -e> (*anat.*) *der Teil des Schädels, der den Oberkiefer mit dem Schläfenbein verbindet*

Jo·ckei, *a.* **Jo·ckey** der ['dʒɔke/'dʒɔki/'dʒɔkai/'jɔkai] <-s, -s> (SPORT: ≈ *Rennreiter*) *jmd., der beruflich als Reiter an Pferderennen teilnimmt*

Jod das <-(e)s> CHEM. *ein chemisches Element*

jo·deln <jodelst, jodelte, hat gejodelt> *ohne OBJ* ■ *jmd. jodelt* MUS. *in einer (für den Alpenraum typischen) Gesangstechnik singen, bei der hohe und tiefe Töne sehr schnell wechseln*

Jod·ler¹ der <-s> (*kein Plur.*) (*süddt. österr. schweiz.*) *Jodelruf* einen lauten Jodler loslassen

Jod·ler, **Jod·le·rin²** der <-s, -> *Person, die jodeln kann bzw. gerade jodelt*

Jod·man·gel der <-s> (*kein Plur.*) MED. *Mangel an Jod, der zu Erkrankungen führen kann* eine durch Jodmangel hervorgerufene Schilddrüsenerkrankung

Jod·salz das <-es, -e> *jodhaltiges Speisesalz* Jodsalz dient der Vorbeugung von Schilddrüsenerkrankungen.

Jod·tink·tur die <-, -en> MED. *eine jodhaltige Lösung zur Reinigung von Wunden* Jodtinktur gehört in jede Hausapotheke.

Jo·ga, *a.* **Yo·ga** der/das ['jo:ga] <-(s)> (*kein Plur.*) *aus Indien stammende Lehre, zu der körperliche und geistige Übungen gehören* Joga betreiben, ein Anhänger des Joga sein ◆ -lehrer, -schule, -übung

jog·gen ['dʒɔgn̩] <joggst, joggte, hat/ist gejoggt> *ohne OBJ* **1.** ■ *jmd. joggt* (*haben/ sein*) (*regelmäßig*) *eine bestimmte Strecke in gemäßigtem Tempo* (*als sportliche Übung*) *laufen* Um fit zu bleiben, sind/haben sie regelmäßig gejoggt., Sie joggt morgens eine halbe Stunde im Park. **2.** ■ *jmd. joggt irgendwohin* (*umg.* (*sein*)) *im Dauerlauf irgendwohin laufen* Er ist zum Tennisplatz gejoggt.

Jog·ger, **Jog·ge·rin** der ['dʒɔgɐ] <-s, -> SPORT *jmd., der (regelmäßig) joggt¹* Abends begegnet man im Park vielen Joggern., Sie ist seit Jahren begeisterte Joggerin.

Jog·ging das ['dʒɔgɪŋ] <-s> (*kein Plur.*) SPORT *das in gemäßigtem Tempo erfolgende (regelmäßige) Laufen einer bestimmten Strecke (als sportliche Übung)* Beim Jogging verbrennt man viele Kalorien.

Jog·ging·an·zug der ['dʒɔgɪŋ...] <-(e)s, Jogginganzüge> *bequemer Sportanzug mit langer Hose*

Jo·ghurt, *a.* **Yo·gurt** der/das/die ['jo:gʊrt] <-s, -s> *durch den Zusatz von Bakterien erzeugtes Milchprodukt* Joghurt mit Früchten, Haben Sie auch fettarme Joghurts/fettarmen Joghurt? ◆ Diät-, Frucht-, Mager-

Jo·ghurt·be·cher, *a.* **Yo·gurt·be·cher** der <-s, -> *ein Plastikbecher als Verpackung für Joghurt*

Jo·gi, *a.* **Yo·gi**, **Jo·gini** der ['jo:gi] <-s, -s> *jmd., der ein Meister des Joga ist* Ein Jogi zeichnet sich durch besondere Körperbeherrschung aus.

Jo·han·nis·bee·re die <-, -n> **1.** *Johannisbeerstrauch* eine schwarze Johannisbeere im Garten pflanzen **2.** *die Frucht der Johannisbeere¹* Johannisbeeren zu Kompott/Marmelade verarbeiten

Jo·han·nis·beer·strauch der <-(e)s, Johannisbeersträucher> BOT. *ein Strauch mit schwarzen oder roten, säuerlichen Beeren*

Jo·han·nis·brot das <-(e)s> (*kein Plur.*) *längliche, leicht gebogene, dunkle Frucht des Johannisbrotbaumes, von der das süße Mark und die Kerne gegessen werden können* Der Legende nach soll sich Johannes der Täufer in der Wüste vom süßen Mark des Johannisbrotes ernährt haben.

Jo·han·nis·brot·baum der <-(e)s, Johannisbrotbäume> BOT. *ein Baum mit gefiederten Blättern, der im Mittelmmerraum wächst und dessen getrocknete Früchte essbar sind*

Jo·han·nis·kraut das <-(e)s> (*kein Plur.*) (*bot.*) *als Heilkraut verwendete Pflanze mit gelben Blüten* Johanniskraut hat eine beruhigende Wirkung.

Jo·han·nis·tag der <-(e)s, -e> *der (Johannes dem Täufer geweihte) Tag nach der Sommersonnenwende (am 24. Juni)*

Jo·han·ni·ter der <-s, -> **1.** GESCH. *Angehöriger des Johanniterordens* **2.** (*nur Plur.*) (*umg.*) *kurz für die Hilfsorganisation „Johanniter-Unfall-Hilfe“* Er arbeitet bei den Johannitern.

joh·len **I.** *mit OBJ* ■ *jmd. johlt etwas* (*abwert.*) *Worte laut und unartikuliert herausschreien* Betrunkene haben irgendwelche Parolen gejohlt. **II.** *ohne OBJ* ■ *jmd. johlt* (*abwert,*) *laut schreien* Nach dem Fußballspiel zogen Betrunkene johlend durch die Stadt.

Joint der [dʒɔɪnt] <-s, -s> *Zigarette, deren Tabak mit Haschisch vermischt ist* einen Joint rauchen, sich einen Joint drehen

Joint·ven·ture, *a.* **Joint Ven·ture** das ['dʒɔɪnt'vɛntʃə] <-(s), -s> WIRTSCH. *der Vorgang, dass sich Firmen für ein gemeinsames Projekt zusammenschließen* ein deutsch-französisches Jointventure

Jo-Jo, *a.* **Yo-Yo** das <-s, -s> *ein Geschicklichkeitsspiel, bei dem man durch schnelle Bewegungen zwei miteinander verbundene Scheiben an einer zwischen ihnen befestigten Schnur auf und ab laufen lässt*

Jo·jo·ba·öl das <-s> (*kein Plur.*) *das Öl aus den Kapselfrüchten eines in Mexiko und im südlichen Nordamerika vorkommenden Buchsbaumgewächses* eine Gesichtscreme mit Jojobaöl

Jo-Jo-Ef·fekt der <-(e)s, -e> (*der Vorgang, dass man oft nach einer Diät mehr zunimmt als man durch die Diät abgenommen hat*) Durch den Jo-Jo-Effekt nahm sie nach jeder Diät mehrere Kilo zu.

Jo·ker der ['jo:kɐ/'dʒo:kɐ] <-s, -> **1.** *eine Spielkarte, die anstelle jeder anderen gespielt werden kann*

2. (*übertr.*) *Person oder Sache, die sich irgendwann als hilfreich erweisen kann* Mit dem neuen Stürmer hatte der Trainer noch einen Joker, den er erst gegen Spielende aus dem Ärmel zog.

Jol·le die <-, -n> SEEW. *kleines Boot* (*mit einem Segel*)

Jon·g·leur, **Jon·g·leu·rin** der [ʒɔŋ'lø:ɐ̯] <-s, -e> *jmd., der jongliert I.1* Der Jongleur wirft brennende Fackeln in die Luft und fängt sie wieder auf.

jon·g·lie·ren [ʒɔŋ'li:rən] **I.** *ohne OBJ* ■ *jmd. jongliert* (*mit etwas Dat.*) **1.** *in schnellem Wechsel Gegenstände in die Luft werfen und wieder auffangen* mit Bällen/Fackeln/Keulen jonglieren **2.** (*umg.*) *mit etwas besonders geschickt umgehen* mit Zahlen jonglieren **II.** *mit OBJ* ■ *jmd. jongliert etwas* (≈ *balancieren*) *geschickt im Gleichgewicht halten* Die Kellnerin jonglierte zwei volle Tabletts.

Jop·pe die <-, -n> *eine dicke, bequeme Jacke aus Wollstoff*

Jor·da·ni·en <-s> *Staat in Vorderasien*

Jor·da·ni·er, **Jor·da·ni·e·rin** der <-s, -> *jmd., der die jordanische Staatsbürgerschaft hat*

jor·da·nisch <nicht steig.> *Adj. Jordanien, die Jordanier betreffend*

Jo·ta, *a.* **Io·ta** das <-(s), -s> **1.** *ein griechischer Buchstabe* Das Jota ist der neunte Buchstabe des griechischen Alphabets. **2.** (*geh.*) *das Allergeringste* um kein Jota von seiner Meinung abweichen

Joule das [dʒu:l/dʒaul/ʒu:l] <-(s), -> PHYS. *Maßeinheit für die Energie* Man kann die Energie von Nahrungsmitteln in Joule und in Kilokalorien angeben.

Jour fixe der [ʒu:ɐ̯'fɪks] <-s, -, -s> (*geh*) *ein fester Zeitpunkt, zu dem bestimmte Personen sich regelmäßig treffen*

Jour·nal das [ʒʊr'na:l] <-s, -e> **1.** (≈ *Illustrierte*) *eine* (*Fach*)*-Zeitschrift mit Bildern* ein Journal für Innenarchitektur/Kunst ◆ Mode- **2.** (≈ *Magazin*) *Rundfunk- oder Fernsehsendung mit Berichten zu unterschiedlichen Themen* ein politisches Journal **3.** WIRTSCH. *Tagebuch in der Buchhaltung*

Jour·nal·dienst der [ʒʊr'na:l'di:nst] <-es, -e> (*österr.*) *Bereitschaftsdienst* Journaldienst zu haben heißt, ständig abrufbar sein zu müssen.

Jour·na·lis·mus der [ʒʊrna'lɪsmʊs] <-s> (*kein Plur.*) **1.** *das Zeitungs- und Pressewesen* Bevor er Erfolg mit seinen Romanen hatte, war er im Journalismus tätig. **2.** *Tätigkeit des Journalisten* Das ist billiger/glänzender Journalismus.

Jour·na·list, **Jour·na·lis·tin** der [ʒʊrna'lɪst] <-en, -en> (≈ *Reporter*) *jmd., der berufsmäßig für eine Zeitung oder eine Sendeanstalt Berichte verfasst* als Journalist beim Fernsehen/beim Rundfunk/bei einer Zeitung arbeiten ◆ Fernseh-, Sport-

Jour·na·lis·tik die [ʒʊrna'lɪstɪk] <-> (*kein Plur.*) *die Wissenschaft, die sich mit der Berichterstattung in Presse, Funk und Fernsehen befasst*

jo·vi·al [jo'vi̯a:l] (*meist von männlichen Personen*) *Adj.* (*geh.* ≈ *gönnerhaft; leutselig*) *so, dass jmd. auf herablassende Art gutmütig auftritt* Der Chef klopfte seinem Mitarbeiter jovial auf die Schulter.

Joy·stick der ['dʒɔɪstɪk] <-s, -s> EDV *ein Steuergerät für Computerspiele*

Ju·bel der <-s> (*kein Plur.*) *lautes Freudengeschrei* Die Kinder brachen in Jubel aus., Der Jubel des Publikums kannte keine Grenzen. ■ **Jubel, Trubel, Heiterkeit** (*umg.*): *ausgelassenes, fröhliches Treiben* Überall herrschte Jubel, Trubel, Heiterkeit.

Ju·bel·jahr das <-(e)s, -e> **1.** *heiliges Jahr der katholischen Kirche, das alle 25 Jahre gefeiert wird* **2.** *heiliges Jahr des Judentums, das alle 50 Jahre gefeiert wird* ■ **alle Jubeljahre** (**einmal**) (*umg.*): *sehr selten*

ju·beln <jubelst, jubelte, hat gejubelt> *ohne OBJ* ■ *jmd. jubelt* (*über etwas Akk.*) *laut seine Freude äußern* Jubelnd begrüßten die Kinder den Zauberer., Das Publikum jubelte., Sie jubelte über die bestandene Prüfung., Jubelt nur nicht zu früh!

Ju·bi·lar, **Ju·bi·la·rin** der <-s, -e> *Person, die ein Jubiläum feiert* dem Jubilar Blumen und Glückwünsche senden

Ju·bi·lä·um das <-s, Jubiläen> *feierlich begangener Jahrestag* Die Stadt begeht in diesem Jahr ihr tausendjähriges Jubiläum. ◆ Dienst-, Ehe-, Gründungs-

juch·zen <juchzt, juchzte, hat gejuchzt> *ohne OBJ* ■ *jmd. juchzt* (*umg.*) *s.* **jauchzen**

ju·cken **I.** *mit OBJ/ohne OBJ* ■ *etwas juckt jmdn./jmdm. einen Juckreiz verursachen* Der Hautausschlag juckt (mich)., Mein Rücken juckt (mich/mir)., Mich/Mir juckt die Nase. **II.** *mit OBJ* (*nur mit „nicht"* ■ *etwas juckt jmdn. nicht* (*umg.*) *etwas interessiert jmdn. nicht* Die Fünf in Mathe juckt mich doch nicht!, Es juckt ihn wenig, ob er die Prüfung besteht. **III.** *mit SICH* ■ *jmd. juckt sich* (*umg.* ≈ *reiben*) *sich kratzen* sich hinter den Ohren jucken **IV.** *mit ES* ■ *es juckt jmdn., etwas zu tun* (*umg.* ≈ *reizen*) *jmd. würde gern etwas tun* Es juckt mich, das einmal auszuprobieren.

Juck·reiz der <-es, -e> *die Empfindung, die dazu führt, dass sich an einer Stelle kratzen möchte* einen Juckreiz verspüren/verursachen

juck·reiz·lin·dernd <nicht steig.> *Adj. mit einer Wirkung, die das Jucken aufhören lässt* Der Arzt verschreibt eine juckreizlindernde Salbe.

Ju·das·kuss der <-es, Judasküsse> (*geh.*) *eine heuchlerische, hinterhältige Freundlichkeit* Ihre Judasküsse dienten der Verschleierung ihrer wahren Absichten.

Ju·de, **Jü·din** der <-n, -n> **1.** *jmd., der dem jüdischen Volk angehört* Er ist Jude, weil er von einer jüdischen Mutter geboren ist. **2.** *Person jüdischen Glaubens* Sie ist eine gläubige Jüdin.

Ju·den·tum das <-s> (*kein Plur.*) **1.** *die Gesamtheit der Juden* das Judentum in der ganzen Welt **2.** *die Religion und Kultur der Juden* sich zum Judentum bekennen

Ju·den·ver·fol·gung die <-, -en> (*meist Sing.*) GESCH., POL. *die Verfolgung der Juden während ihrer gesamten Geschichte, besonders jedoch in Deutschland während der Zeit des Nationalsozialismus* Dieses Mahnmal dient dem Gedenken an die Opfer der Judenverfolgung.

jü·disch <nicht steig.> *Adj. zu den Juden gehörend* der jüdische Glaube, das jüdische Volk

Ju·do das ['ju:do] <-(s)> (*kein Plur.*) SPORT *eine aus Japan stammende Kampfsportart, bei der man vor allem mit geschickten Bewegungen die Körperkraft des Gegners nutzt, um sie gegen diesen selbst zu richten* ▶Judoka

Ju·gend die <-> (*kein Plur.*) **1.** (↔ *Alter*) *der Lebensabschnitt, in dem man kein Kind mehr, aber auch noch kein reifer Erwachsener ist* In meiner Jugend hatte man weniger Freiheiten., Er hat in seiner Jugend viel Schlimmes durchgemacht., Die meisten Menschen erinnern sich gern an ihre Jugend. ◆-alter, -zeit **2.** *jugendliches Alter* Auf Grund seiner Jugend ist er noch sehr unerfahren., Man muss diesen Leichtsinn wohl seiner Jugend zuschreiben. **3.** *die Gesamtheit der jungen Menschen* die heutige Jugend, eine Studie über Meinungen und Wünsche der Jugend ◆-buch, -freund, - recht, Arbeiter-, Dorf-

Ju·gend·amt das <-(e)s, Jugendämter> *eine Behörde, die für die Jugendhilfe zuständig ist* Vermutet man die Vernachlässigung eines Kindes, sollte man dies dem Jugendamt melden.

Ju·gend·ar·beit die <-> (*kein Plur.*) *Gesamtheit der mit Jugendlichen durchgeführten Aktivitäten zur Bildung und Freizeitgestaltung* die kirchliche/städtische Jugendarbeit

Ju·gend·ar·beits·lo·sig·keit die <-> (*kein Plur.*) *der Zustand, dass Jugendliche nach der Ausbildung keine Arbeit finden* Es werden Maßnahmen gegen die hohe Jugendarbeitslosigkeit ergriffen.

Ju·gend·er·in·ne·rung die <-, -en> (*meist Plur.*) *Erinnerungen an die Jugendzeit* Beim Klassentreffen kann man gemeinsam in Jugenderinnerungen schwelgen.

ju·gend·frei <nicht steig.> *Adj. für Jugendliche geeignet und zugelassen* ein jugendfreier Film, Seine Witze sind nicht immer ganz jugendfrei (≈ sind manchmal obszön).

Ju·gend·freund, **Ju·gend·freun·din** der <-(e)s, -e> *Freund(in) aus der Jugendzeit* Nach mehr als zwanzig Jahren sahen sich die beiden Jugendfreunde wieder.

ju·gend·ge·fähr·dend <nicht steig.> *Adj. so, dass etwas für Kinder und Jugendliche einen sehr schlechten Einfluss hat, weil es z.B. obszön oder pornografisch ist* Bücher und Zeitschriften mit jugendgefährdenden Inhalten

Ju·gend·her·ber·ge die <-, -n> *preiswerte, einfache Übernachtungsmöglichkeit (besonders) für Jugendliche* Unsere Zeit in der Jugendherberge war der Höhepunkt dieses Schuljahres.

Ju·gend·hil·fe die <-> (*kein Plur.*) AMTSSPR. *öffentliche Fürsorge für (sozial gefährdete) Jugendliche* Einrichtungen der Jugendhilfe, misshandelte/vernachlässigte Kinder in die Obhut der Jugendhilfe geben

Ju·gend·kri·mi·na·li·tät die <-> (*kein Plur.*) *die Gesamtheit der Straftaten, die von Jugendlichen begangen werden* die steigende Jugendkriminalität bekämpfen

ju·gend·lich <nicht steig.> *Adj.* **1.** *im Lebensabschnitt der Jugen*[1] ein vorwiegend jugendliches Publikum **2.** *typisch für die Jugend* mit jugendlichem Leichtsinn/Schwung, Sie ist schon sechzig, kleidet sich aber jugendlich., Sie wirkt für ihr Alter noch sehr jugendlich.

Ju·gend·li·che der/die <-n, -n> (≈ *Teenager*) *junger Mensch im Alter zwischen ungefähr 14 und 18 Jahren* Jugendliche haben hier nur in Begleitung Erwachsener Zutritt.

Ju·gend·lich·keit die <-> (*kein Plur.*) **1.** *jugendliches*[1] *Alter* Wegen seiner Jugendlichkeit wurde der Täter zu einer milderen Strafe verurteilt. **2.** *jugendliche*[2] *Art* sich seine Jugendlichkeit bis ins Alter bewahren wollen

Ju·gend·li·te·ra·tur die <-> (*kein Plur.*) LIT. *eine für jugendliche Leser geschaffene oder für Jugendliche als geeignet befundene Literatur*

Ju·gend·schutz der <-es> (*kein Plur.*) RECHTSW. *Maßnahmen und Gesetze zum Schutz von Kindern und Jugendlichen*

Ju·gend·spra·che die <-> (*kein Plur.*) *die Sprache mit ihren besonderen (lexikalischen) Eigenheiten, die von Jugendlichen untereinander gesprochen wird* Bestimmte Wörter der Jugendsprache wirken auf Erwachsene manchmal irritierend. ▶jugendsprachlich

Ju·gend·stil der <-s> (*kein Plur.*) *ein Stil in der europäischen Kunst an der Wende vom 19. zum 20. Jahrhundert, für den besonders elegante Ornamente typisch sind* Das Bild/das Haus/das Möbelstück stammt aus der Zeit des Jugendstils. ◆-architektur, -bauwerk, -fenster, -vase

Ju·gend·stra·fe die <-> (*kein Plur.*) RECHTSW. *eine Gefängnisstrafe, die nach speziellen, für Jugendliche geltenden Gesetzen verhängt wird* Der Täter erhielt eine Jugendstrafe von zwei Jahren.

Ju·gend·wahn der <-s> (*kein Plur.*) (*abwert.*) *der Zustand, dass Menschen nur jugendliches Aussehen als positiv betrachten (und entsprechend Angst vor ihrem Altern haben)* Viele Schönheitsoperationen an älteren Menschen sind die Folge eines immer stärkeren Jugendwahns.

Ju·gend·wei·he die <-, -n> *eine (speziell in Ostdeutschland verbreitete) Veranstaltung, bei der vierzehnjährige Jugendliche, die nicht kirchlich gebunden sind, den Eintritt ins Erwachsenenalter feiern* Zur Jugendweihe waren alle Verwandten eingeladen.

Ju·gend·zeit die <-> (*kein Plur.*) (≈ *Jugend*[1]) *der Lebensabschnitt zwischen Kindheit und Erwachsensein* die Jugendzeit genießen, Seine Kindheit und Jugendzeit hat er in Frankreich verbracht.

Ju·go·s·la·we, **Ju·go·s·la·win** der <-n, -n> (*gesch.*) *jmd., der die jugoslawische Staatsbürgerschaft hat*

Ju·go·s·la·wien <-s> (*gesch.*) *Staat in Südosteuropa*

ju·go·s·la·wisch <nicht steig.> *Adj.* (*gesch.*) *Jugoslawien, die Jugoslawen betreffend*

Juke·box die ['dʒu:kbɔks] <-> *Musikautomat, der*

gegen Einwurf von Geld Schallplatten abspielt In der Ecke der Kneipe dudelt eine Jukebox.

Ju·li der <-(s), -s> *der siebte Monat des Jahres*

Jum·bo der ['jʊmbo/'ʤambo] <-s, -s> (LUFTF.: *umg.*) *kurz für „Jumbojet“* Der Jumbo fliegt, ohne unterwegs auftanken zu müssen, von Frankfurt nach Shanghai.

Jum·bo·jet der ['jʊmboʤɛt/'ʤamboʤɛt] <-(s), -s> *großes düsengetriebenes Passagierflugzeug*

Jum·per der ['ʤampɐ] <-s, -> (*süddt. österr.*) *pulloverähnliches Kleidungsstück*

jung <jünger, am jüngsten> *Adj.* **1.** (↔ *alt*) *so, dass man noch nicht viele Jahre gelebt hat* junge Leute, ein junger Autor, Sie ist noch sehr jung., Er ist jünger als sein Bruder., meine jüngste Tochter, ein junges Paar **2.** (≈ *jugendlich*) *dem äußeren Erscheinungsbild oder Verhalten nach jung* Sie hat noch ein junges Gesicht., jung aussehen, im Herzen jung bleiben **3.** (≈ *frisch, neu*) *noch nicht lange bestehend* junger Wein, ein junges Unternehmen, eine junge Mutter, eine Zeitung jüngeren Datums, Sein jüngstes Buch ist eben erst erschienen. ■ **Jung und Alt**: *Menschen aus jeder Altersstufe* Auf dem Fest waren Jung und Alt versammelt. ◆ Getrenntschreibung→R 4.3 Sie waren bereits sehr jung verheiratet (in jungen Jahren). ◆-bauer, -unternehmer *siehe auch* **jüngst, jungverheiratet**

Jung·an·walt, Jung·an·wäl·tin der <-s, Junganwälte> *ein Anwalt, der nach Abschluss seines Studiums neu im Beruf ist*

Jun·ge[1] der <-n, -n/Jungs> **1.** (≈ *süddt. Bub*) *Kind oder Jugendlicher männlichen Geschlechts* In der Klasse sind 15 Jungen und 10 Mädchen. **2.** (*umg., in Verbindung mit einem Attribut*) *männliche Person* Er ist ein netter Junge., Einem so cleveren Jungen macht man so schnell nichts vor. **3.** (*Plur.* <Jungs>) (*umg.*) *vertrauliche Anrede für männliche Personen* Junge, schau mal her!, Na Jungs, wie geht's? **4.** *eine Spielkarte beim Skat* ■ **Junge, Junge!** (*umg.*): *Ausdruck der Anerkennung oder Bewunderung* Junge, Junge, eine dreihundertseitige Doktorarbeit? Das ist echt eine Leistung!

Jun·ge[2] das <-n, -n> *Jungtier* Die Bärin wirft die Jungen in der Höhle., eine Wölfin mit ihren Jungen, Ein Junges ist gestorben. ◆ Bären-, Enten-, Löwen-

jun·gen·haft <nicht steig.> *Adj. so, dass jmd. die Art und das Benehmen eines Jungen hat* Dieses Mädchen benimmt sich jungenhaft.

Jün·ger der <-s, -> **1.** REL. *einer der zwölf Männer, die Jesus folgten* Das Bild zeigt Jesus mit seinen Jüngern beim Abendmahl. **2.** (*geh.*) *ein überzeugter Anhänger von etwas* ein Jünger der Wissenschaft, ein Jünger des berühmten Meisters

Jung·fern·fahrt die <-, -en> SEEW. *die erste Fahrt eines Schiffes* Die Jungfernfahrt war die erste und letzte Fahrt dieses Unglücksschiffes.

Jung·fern·häut·chen das <-s, -> (ANAT.: ≈ *Hymen*) *die dünne Haut, die die Scheide einer Frau, die noch keinen Geschlechtsverkehr hatte, teilweise verschließt*

Jung·frau die <-, -en> **1.** (*veralt.*) *eine Frau, die noch keinen Geschlechtsverkehr hatte* Bist du noch Jungfrau?, Mit sechzehn war sie keine Jungfrau mehr. **2.** (*kein Plur.*) *Name eines Tierkreiszeichens* **3.** *jmd., der im Zeichen der Jungfrau*[2] *geboren ist* Er ist Mitte September geboren und daher Jungfrau.

jung·fräu·lich <nicht steig.> *Adj.* **1.** (*veralt.*) *so, dass ein Mädchen oder eine Frau noch keinen Geschlechtsverkehr hatte* jungfräulich in die Ehe gehen **2.** (*geh. übertr.* ≈ *frisch, rein*) *unberührt* die jungfräuliche Natur, den jungfräulichen Schnee betreten ▸Jungfräulichkeit

Jung·ge·sel·le der <-n, -n> (≈ *Single*) *unverheirateter Mann* ein eingefleischter/überzeugter Junggeselle ◆-ndasein, -nleben

Jüng·ling der <-s, -e> (*dichter.*) *junger Mann* ein schöner Jüngling

jüngst *Adv.* (*veralt.* ≈ *kürzlich, neulich*) *vor kurzem* Als wir jüngst in Regensburg waren …

jung·ver·hei·ra·tet <nicht steig.> *Adj. erst seit kurzem verheiratet* das Paar ist jungverheiratet, ein jungverheiratetes Paar ◆ Großschreibung→R 3.7 Die Jungverheirateten fuhren in die Flitterwochen. *siehe aber auch* **jung**

Jung·wuchs der <-es> (*kein Plur.*) *eine neue Anpflanzung von Bäumen* ein ausgedehnter Jungwuchs, den Jungwuchs lichten

Ju·ni der <-(s), -s> *der sechste Monat des Jahres*

Ju·ni·kä·fer der <-s, -> ZOOL. *ein dem Maikäfer ähnlicher kleiner Käfer mit hellbraunen Flügeldecken, der besonders im Juni und Juli schwärmt*

Ju·ni·or, Ju·ni·o·rin der <-s, -en> **1.** (↔ *Senior*) *der Sohn eines Firmeninhabers* Nach dem Tod des Vaters übernahm der Junior die Geschäfte. ◆-chef **2.** (*scherzh.*) *der (jüngste) Sohn einer Familie* Das ist unser Junior. **3.** SPORT *Sportler(in) in der Altersklasse zwischen 18 und 20 Jahren* die Meisterschaft der Junioren

ju·ni·or <nicht steig.> (*unveränderlich, hinter Personennamen*) *Adj.* (↔ *senior*) *der Jüngere* Max Müller junior

Jun·ker der <-s, -> **1.** GESCH. *junger Adliger* **2.** GESCH. *adliger Grundbesitzer in Preußen*

Jun·kie der ['ʤʌŋkɪ] <-s, -s> (*umg.*) *Drogenabhängiger* Um sich das Geld für Drogen zu beschaffen, brach der Junkie in mehrere Wohnungen ein.

Junk·tim das ['jʊŋktɪm] <-s, -s> POL. *Verbindung mehrerer Gesetze oder Verträge, die einzeln nicht wirksam werden können* zwischen der Forderung nach mehr Demokratie und der Gewährung von Krediten für ein Land ein Junktim herstellen

Jun·ta die ['xʊnta, 'jʊnta] <-, Junten> **1.** (POL.: *vor allem in Ländern Südamerikas*) *Regierungsausschuss* Eine Junta übernahm die Regierungsgeschäfte. **2.** (*abwert.*) *Militärjunta*

Jupe der/das [ʒy:p] <-s, -s> (*schweiz.*) *Damenrock*

Ju·ra[1] der <-> (*kein Plur.*) GEOGR. *Name verschiedener Gebirge, die in der erdgeschichtlichen Periode des Jura*[2] *entstanden sind* der Fränkische/Schweizer Jura

Ju·ra[2] das <-s> (*kein Plur.*) *erdgeschichtliche Formation des Mesozoikums* Diese Gesteinsschicht entstand im Jura.

Ju·ra[3] <-> *Plur.* (≈ (*umg.*) *Juristerei*) *Rechtswissenschaft* Sie hat Jura studiert. ◆-student(in), -studium

Ju·ra[4] <-> *ein Kanton der Schweiz*

ju·ri·disch <nicht steig.> *Adj.* (*österr.*) *juristisch*

Ju·ris·pru·denz die <-> (*kein Plur.*) (*veralt.*) *Rechtswissenschaft*

Ju·rist, **Ju·ris·tin** der <-en, -en> *jmd., der Rechtswissenschaft studiert hat bzw. auf dem Gebiet der Rechtswissenschaft oder der Rechtspflege arbeitet* Von seiner Ausbildung her ist er Jurist., einen Juristen zu Rate ziehen, Wahrscheinlich finden nur Juristen diese Verträge verständlich.

Ju·ris·ten·deutsch das <-es> (*kein Plur.*) (*abwert.*) *schwer verständliche Ausdrucksweise der Juristen, die durch komplizierte, pedantisch genaue und oft weitschweifige Formulierungen gekennzeichnet ist* das Juristendeutsch des Strafverteidigers nicht verstehen

ju·ris·tisch <nicht steig.> *Adj. zur Rechtswissenschaft gehörig; das Recht betreffend* juristischen Beistand benötigen, die juristische Fakultät, eine juristische Ausbildung, juristischen Rat einholen

Ju·ror, **Ju·ro·rin** der <-en, -en> (≈ *Preisrichter*) *Mitglied einer Jury* Die Juroren bewerteten die Leistungen der Kunstturnerin sehr unterschiedlich.

Jur·te die <-, -n> *Zelt mittelasiatischer Nomaden*

Ju·ry die [ʒy'riː/'ʒyːri] <-, -s> *eine Gruppe von Personen, die aus einer Anzahl von Personen oder Dingen die* (*unter einem Aspekt*) *Besten auswählen sollen* Der Regisseur erhielt den Sonderpreis der Jury.

Jus[1] das <-> (*meist ohne Artikel, kein Plur.*) (*österr.*) *Recht; Rechtswissenschaft*

Jus[2] der/die/das [ʒyː] <-, -> KOCH. *konzentrierter, eingedickter Fleisch- oder Bratensaft*

just *Adv.* (*veralt. geh.*) *gerade* Just in diesem Moment kommt er zur Tür herein., Muss es denn just dieses Buch sein?

jus·tierbar <nicht steig.> *Adj.* TECHN. *so, dass etwas genau eingestellt oder ausgerichtet werden kann* eine justierbare Waage

jus·tie·ren *mit OBJ* ▪ *jmd. justiert etwas* TECHN. *genau einstellen oder ausrichten* ein Geschütz justieren ►Justierschraube

just-in-time [dʒʌst'in'taɪm] <nicht steig.> *Adj.* WIRTSCH. (*als Bestandteil des Produktionsvorgangs*) *zeitlich abgestimmt; gerade* (*noch*) *rechtzeitig*

Just-in-time-Pro·duk·ti·on die [dʒʌst'in'taɪm...] <-> (*kein Plur.*) *ein Organisationsprinzip der Produktion und der Materialwirtschaft, bei dem Zuliefer- und Produktionstermine genau aufeinander abgestimmt werden* Durch die Just-in-time-Produktion ist eine bedarfsgerechte Herstellung der Waren möglich.

Jus·ti·ti·ar *siehe* **Justiziar**

Jus·tiz die <-> (*kein Plur.*) RECHTSW. **1.** *Rechtsprechung und Durchsetzung des Rechts durch Gerichte* eine unbestechliche/willkürliche Justiz, die Justiz in einem Land/eines Landes **2.** *die für das Rechtswesen zuständigen Behörden* jemanden der Justiz überantworten, die Vertreter der Justiz

Jus·tiz·ap·pa·rat der <-(e)s> (*kein Plur.*) (RECHTSW., POL.: *umg.*) *Gesamtheit der für das Rechtswesen zuständigen Ämter und Behörden und die dort tätigen Personen* Die Mühlen des Justizapparates mahlen langsam.

Jus·tiz·be·am·te, **Jus·tiz·be·am·tin** der <-n, -n> RECHTSW. *Person, die bei einer Justizbehörde beschäftigt ist* Der Justizbeamte prüft die Akten.

Jus·tiz·be·hör·de die <-, -n> RECHTSW. *Behörde, die für die Anwendung und Durchsetzung des Rechts sorgt* Die Justizbehörde bemüht sich um einen baldigen Verhandlungstermin.

Jus·ti·zi·ar, *a.* **Jus·ti·ti·ar**, **Jus·ti·zi·a·rin** der <-s, -e> (RECHTSW.: ≈ *Rechtsbeistand*) *ein bei einem Unternehmen angestellter Jurist, der das Unternehmen in rechtlichen Fragen berät* Sie arbeitet als Justiziarin bei einem Unternehmen.

Jus·tiz·irr·tum der <-s, Justizirrtümer> RECHTSW. *falsche Entscheidung eines Gerichts* Er wurde auf Grund eines Justizirrtums zu zehn Jahren Haft verurteilt.

Jus·tiz·mi·nis·te·rium das <-s, Justizministerien> *das für die Justiz zuständige Ministerium* Nach dem Regierungswechsel wurde das Justizministerium neu besetzt.

Jus·tiz·pa·last der <-(e)s, Justizpaläste> *großes, repräsentatives Gebäude, in dem sich Einrichtungen der Justiz befinden*

Jus·tiz·re·form die <-, -en> RECHTSW. *Neuordnung in der Rechtssprechung* Die neue Regierung arbeitet an einer Justizreform.

Jus·tiz·un·recht das <-s> (*kein Plur.*) RECHTSW. *ein auf Mängeln in der Rechtssprechung beruhendes Fehlurteil* Mit der Reform dieses Gesetzes soll Justizunrecht verhindert werden.

Jus·tiz·voll·zugs·an·stalt die <-, -en> (AMTSSPR.: *abgekürzt „JVA"*) *Gefängnis* Die neue Justizvollzugsanstalt gilt als absolut ausbruchssicher.

Ju·te die <-> (*kein Plur.*) **1.** BOT. *eine in tropischen Gebieten wachsende Pflanze, deren Stängel Bast enthält* **2.** *eine aus den Stängeln der Jute gewonnene Bastfaser, die zur Herstellung von Garn, Säcken u.a. verwendet wird* Einkaufsbeutel aus Jute gelten als umweltverträglicher als solche aus Plastik.

Ju·wel das/der <-s, -en/-e> **1.** (≈ *Geschmeide*) *ein kostbares Schmuckstück aus Edelsteinen* die Juwelen der Königin ◆ Kronjuwelen **2.** (*Genus: das, Plur.:* <-e>) (*übertr.*) *eine Person oder Sache, die von großem Wert ist* Unsere Mutter ist ein Juwel, was sollten wir ohne sie anfangen?, Die Altstadt ist ein Juwel mittelalterlicher Baukunst.

Ju·we·lier, **Ju·we·lie·rin** der <-s, -e> *jmd., der beruflich Schmuck herstellt und damit handelt* Der Ring ist kaputt, ich muss ihn zum Juwelier bringen.

Ju·we·lier·ge·schäft das <-(e)s, -e> *Geschäft ei-*

nes Juweliers Das Juweliergeschäft ist mit einer Alarmanlage gesichert.

Jux der <-es, -e> (*Plur. selten*) (*umg.*) *Scherz; Spaß* sich einen Jux aus etwas machen, etwas nur aus Jux machen

Jux·ta·po·si·tion die <-, -en> SPRACHWISS. *die Zusammenrückung der Glieder einer syntaktischen Fügung als besondere Form der Wortbildung* Die Zusammenrückung von „ein viertel Liter" zu „ein Viertelliter" bezeichnet man als Juxtaposition.

jwd [jɔtveːˈdeː] *Adv.* (*umg. scherzh.*) *kurz für „janz weit draußen", abgelegen* Du wohnst doch jwd, wann kommst du schon einmal in die Stadt!

K k

K, k das <-, -> *der elfte Buchstabe des Alphabets* ein großes K, ein kleines k

Ka·a·ba die [ˈkaːaba] <-> (*kein Plur.*) REL. *islamisches Heiligtum in Mekka*

Ka·ba·le die <-, -n> (*veralt.*) *Intrige* das Drama „Kabale und Liebe" von Friedrich Schiller

Ka·ba·rett/Ca·ba·ret das [kabaˈrɛt, ˈkabarɛt, kabaˈreː, ˈkabare] <-s, -s/-e> **1.** (*kein Plur.*) *eine Form der Kleinkunst, bei der in Szenen und Chansons soziale und politische Zustände kritisiert werden* **2.** (≈ *Kleinkunstbühne*) *eine Art Theater, in dem Kabarett[1] gespielt wird* **3.** *eine Schauspielergruppe, die Kabarett[1] macht*

Ka·ba·ret·tist, Ka·ba·re·tis·tin der <-en, -en> *ein Bühnenkünstler, der Kabarett[1] macht*

kab·beln <kabbelst, kabbelte, hat gekabbelt> *mit SICH* ■ *jmd. kabbelt sich mit jmdm.* (*norddt. umg.*) *sich auf harmlose Art streiten* ▶Kabbelei

Ka·bel das <-s, -> **1.** *mehrere Drähte, die zu einer Leitung zusammengefasst und nach außen durch eine Kunststoffhülle isoliert sind und die elektrischen Strom oder Signale leiten* Die Arbeiter verlegen elektrische Kabel. ◆-brand, -klemme, -querschnitt, -rolle, -trommel, Fernseh-, Lautsprecher-, Netz-, Signal-, Strom- **2.** *ein sehr dickes Drahtseil* Das Kabel der Seilbahn wird regelmäßig überprüft.

Ka·bel·an·schluss der <-es, Kabelanschlüsse> *Anschluss für das Kabelfernsehen*

Ka·bel·fern·se·hen das <-s> (*kein Plur.*) *Fernsehen, bei dem das Fernsehsignal nicht über eine Antenne, sondern über Kabel empfangen wird*

Ka·bel·jau der <-s, -e/-s> (≈ *Dorsch*) *ein Seefisch*

Ka·bel·ka·nal der <-(e)s, Kabelkanäle> *ein für Kabelübertragungen festgelegter Frequenzbereich* Den Sender XY empfange ich über den Kabelkanal ABC.

Ka·bel·le·ger der <-s, -> (≈ *Kabelschiff*)

ka·beln <kabelst, kabelte, hat gekabelt> *ohne OBJ* ■ *jmd. kabelt (irgendwohin)* (*veralt.*) *nach Übersee telegrafieren*

Ka·bel·netz das <-es, -e> *ein System von Kabeln, das einem bestimmten Zweck dient* Der neue Sender wird in das Kabelnetz eingespeist.

Ka·bel·schiff das <-(e)s, -e> *ein Schiff, von dem aus Kabel am Meeresgrund verlegt werden*

Ka·bi·ne die <-, -n> **1.** *ein sehr kleiner, abgeteilter Raum, der einem bestimmten Zweck dient* Zum Anprobieren dürfen Sie nicht mehr als drei Kleidungsstücke in die Kabine mitnehmen!, Als Hochbaukräne noch nicht ferngesteuert werden konnten, saß der Kranführer hoch oben in seiner Kabine. **2.** *Wohn- und Schlafraum für Passagiere auf größeren Schiffen* **3.** *Raum für die Passagiere in einem Flugzeug*

Ka·bi·nen·rol·ler der <-s, -> GESCH. *ein einfaches, kleines Fahrzeug in der Art eines Motorrollers mit drei oder vier Rädern, bei dem der Fahrer durch eine Kabine geschützt wird*

Ka·bi·nett das <-s, -e> **1.** POL. *die Gesamtheit aller Minister eines Staates* Das Kabinett tritt zusammen. ◆-sbeschluss, -skrise, -smitglied, -ssitzung **2.** *kleiner Nebenraum für Sammlungen spezieller Kunstobjekte* Die Arbeiten des Künstlers hängen im Kupferstichkabinett. ◆Wachsfiguren-

Ka·bi·nett·stück das <-(e)s, -e> **1.** *sehr geschicktes, erfolgreiches Handeln* Die Einladung des Bürgermeisters zu unserer Versammlung war ein richtiges Kabinettstück. **2.** *besonders schöner, wertvoller Gegenstand*

Ka·bi·netts·um·bil·dung die <-, -en> *Entlassung einiger und Berufung anderer Kabinettsmitglieder*

Ka·bi·nett·wein der <-(e)s, -e> (*veralt.*) *einer der besten Weine eines Jahrgangs*

Ka·bis der <-> (*kein Plur.*) (*süddt. schweiz.*) *Kohl*

Ka·b·ri·o·lett/Ca·b·ri·o·let das [kabrioˈlɛt, kabrioˈleː] <-s, -s> (KFZ: ↔ *Limousine*) *Auto mit zurückklappbarem Verdeck*

Ka·buff das <-s, -s> (*landsch. oder abwert.*) *kleiner (fensterloser) Abstellraum*

Ka·bu·ki das <-s, -> (*kein Plur.*) *japanisches Volkstheater mit Themen aus dem Samurai- und Großstadtleben*

Ka·chel die <-, -n> (≈ *Fliese*) *eine von vielen kleinen, relativ dünnen Platten (aus gebranntem Ton), die man zum Verkleiden von Wänden (beispielsweise in Bädern oder Küchen) benutzt*

ka·cheln <kachelst, kachelte, hat gekachelt> *mit OBJ* ■ *jmd. kachelt etwas mit Kacheln verkleiden* Die Handwerker kacheln das Bad/die Küche., bis zur Decke gekachelte Wände

Ka·chel·o·fen der <-s, Kachelöfen> *ein (größerer) gemauerter und auf der Außenseite mit Kacheln verkleideter Kohleofen, der die Wärme sehr lange speichern kann*

Ka·che·xie die <-, -n> MED. *Kräfteverfall mit Blutarmut und Appetitlosigkeit*

kack·braun *Adj.* (*umg. abwert.*) *von brauner Farbe gesagt, die subjektiv als sehr hässlich empfunden wird*

Ka·cke die <-> (*kein Plur.*) (*vulg.*) **1.** *Kot* **2.** (≈ *Mist*) *etwas, das man sehr negativ findet* So eine

Kacke!

ka·cken <kackst, kackte, hat gekackt> *ohne OBJ* ■ *jmd./ein Tier kackt* (*vulg.*) *seine Notdurft verrichten* Lassen Sie Ihren Hund nicht immer in unseren Garten kacken!

Ka·da·ver der <-s, -> *toter, verwesender Tierkörper*

Ka·da·ver·ge·hor·sam der <-s> (*kein Plur.*) (*abwert.*) *die Haltung, dass jmd. gegenüber Vorgesetzten völlig unkritisch und auf übertriebene Weise gehorsam ist*

Ka·denz die <-, -en> **1.** MUS. (*zu einem Abschluss führende*) *Akkordfolge* **2.** MUS. *solistische Improvisation am Ende eines Satzes* **3.** SPRACHWISS. *metrisch bestimmbares Ende eines Verses* Man kann zwischen männlichen und weiblichen Kadenzen unterscheiden.

Ka·der der <-s, -> **1.** *die Kerngruppe einer Organisation* (*eines Heeres, einer Partei, einer Wissenschaft*), *die besonders gut ausgebildet ist und eine Art Elite bildet* ◆ Partei- **2.** SPORT *fester Stamm von Spielern oder Athleten* Sie gehört zum Kader der Olympiamannschaft. ◆ Olympia-

Ka·der·schmie·de die <-, -n> *Zentrum für die Ausbildung eines Kaders*[1]

Ka·dett der <-en, -en> MILIT. GESCH. *Schüler an einer Offiziersschule*

Ka·di der <-(s), -s> **1.** *Richter in einem islamischen Land* **2.** (*umg.*) *Gericht* Nicht selten endet der Nachbarschaftsstreit vor dem Kadi.

Kad·mi·um/Cad·mi·um das <-s> (*kein Plur.*) CHEM. *ein silberweißes Metall* (*ein chemischer Grundstoff*)

Kä·fer der <-s, -> **1.** *in vielen Arten vorkommendes Insekt* ◆ Borken-, Kartoffel-, Marien- **2.** (*umg.*) *Bezeichnung für ein populäres Automodell der Firma „Volkswagen"*

Kaff das <-s, -s/Käffer> (*umg. abwert.*) *kleiner, langweiliger Ort* Ich lebe gerne in der Stadt und könnte mir nicht vorstellen, in einem Kaff auf dem Land zu wohnen.

Kaf·fee, Kaf·fee der <-s, -s> **1.** (*kein Plur.*) *geröstete* (*gemahlene*) *Kaffeebohnen* ein Pfund Kaffee kaufen, vakuumverpackter Kaffee **2.** (*kein Plur.*) *ein* (*koffeinhaltiges*) *anregendes Getränk von leicht bitterem Geschmack und schwarzbrauner Farbe, das zubereitet wird, indem heißes Wasser über gemahlenen Kaffee*[1] *geschüttet wird* Sie hat einen heißen/schwarzen/starken/schwachen Kaffee getrunken., Er trinkt seinen Kaffee stets mit Milch und Zucker., im Café ein Kännchen Kaffee bestellen (≈ eine Portion Kaffee, die ungefähr zwei Tassen entspricht) ◆ -pause, -tafel, -zeit **3.** *bestimmte Sorte von Kaffee*[1] ◆ Espresso-, Schon- **4.** ■ **etwas ist kalter Kaffee** (*umg. abwert.*): *etwas ist nicht relevant, weil es veraltet ist*

Kaf·fee·an·bau der <-s> (*kein Plur.*) *das wirtschaftlich organisierte Anpflanzen der Kaffeepflanze*

Kaf·fee·boh·ne die <-, -n> *die Frucht des Kaffeestrauchs, die man, geröstet und gemahlen, zur Herstellung von Kaffee*[1] *verwendet*

Kaf·fee-Er·satz der <-(e)s> (*kein Plur.*) *etwas, das ähnliche Eigenschaften wie Kaffee*[1] *hat* (*z.B. gerösteter Roggen, Gerste, Weizen, Eicheln*) *und statt Kaffee*[2] *in dessen Zubereitungsart getrunken werden kann*

Kaf·fee-Ex·trakt der <-s, -e> (≈ *Instantkaffee*) *ein Konzentrat in Pulverform, das alle löslichen Stoffe des Kaffees*[1] *enthält*

Kaf·fee·fahrt die <-, -en> (*umg.*) *von Firmen organisierte Ausflugsfahrt, deren eigentlicher Zweck es ist, den Teilnehmern Waren zu verkaufen*

Kaf·fee·fil·ter der <-s, -> *bei der Zubereitung von Kaffee*[2] *benutzter Papierfilter*

Kaf·fee·haus das <-es, Kaffeehäuser> (*österr.*) *Café*

> **i Wissenswert** Eine berühmte Institution Wiens sind die Kaffeehäuser. Zum Kaffee wird hier immer das obligatorische Glas Wasser serviert. Um die gewünschte Art von Kaffee zu erhalten, sollte man einige Begriffe kennen: Eine „Melange" ist ein Milchkaffee mit viel Milch. Der Espresso heiß hier „Mokka". Wird er im Glas mit Sahne serviert, nennt man ihn „Einspänner". Ein schwarzer Kaffee mit Milch ist ein „Brauner".

Kaf·fee·kan·ne die <-, -n> *Kanne für Kaffee*[2]

Kaf·fee·klatsch der <-(e)s, -e> (*umg. ,*) *geselliges, nachmittägliches Zusammensein mit Plauderei bei Kaffee und Kuchen*

Kaf·fee·kränz·chen das <-s, -> (*veralt.*) **1.** (*regelmäßiges*) *Treffen mehrerer* (*älterer*) *Damen, bei dem Kaffee*[2] *getrunken und geplaudert wird* **2.** *Gruppe* (*von Frauen*), *die sich zum Kaffeekränzchen*[1] *trifft*

Kaf·fee·löf·fel der <-s, -> (≈ *Teelöffel*) *kleiner Löffel zum Umrühren des Kaffees*[2]

Kaf·fee·ma·schi·ne die <-, -n> *eine Maschine, die Kaffee*[2] *zubereitet*

Kaf·fee·müh·le die <-, -n> *Mühle zum Mahlen von Kaffeebohnen*

Kaf·fee·pau·se die <-, -n> *Arbeits- oder Veranstaltungspause, während der man Kaffee*[2] *trinken kann*

Kaf·fee·plan·ta·ge die <-, -n> *landwirtschaftlicher Großbetrieb zum Anbau und Vertrieb von Kaffee*[1]

Kaf·fee·rös·te·rei die <-, -n> *meist industrielle Großanlage für das Rösten von Kaffeebohnen*

Kaf·fee·sah·ne die <-> (*kein Plur.*) *sterilisierte Kondensmilch, die in den Kaffee*[2] *gegossen wird*

Kaf·fee·satz der <-es> (*kein Plur.*) *gemahlener Kaffee, der nach dem Aufbrühen als Bodensatz zurückbleibt*

Kaf·fee·ser·vice das [-zɛrˈviːs] <-s, -> *eine Kaffeekanne und mehrere zusammengehörige Kaffeetassen, Untertassen und Kuchenteller*

Kaf·fee·ta·fel die <-, -n> *ein zum Kaffeetrinken bei einem festlichen Anlass gedeckter Tisch*

Kaf·fee·tan·te die <-, -n> (*umg. scherzh.*) *jmd., der gern und viel Kaffee trinkt*

Kaf·fee·tas·se die <-, -n> *eine nur zum Kaffeetrinken bestimmte Tasse*

Kaf·fee·tisch der <-(e)s, -e> *ein gedeckter Tisch, an dem u.a. Kaffee getrunken wird* (*Frühstückstisch, Nachmittagskaffee mit Kuchen …*)

Kaf·fee·wär·mer der <-s, -> *eine* (*häufig aus Stoff bestehende*) *Haube, die über die Kaffeekanne gestülpt wird, um sie warm zu halten*

Kaf·fer der <-s, -> **1.** *Angehöriger des Bantustammes der Kaffer in der Republik Südafrika* **2.** (*umg.*) (*als Schimpfwort*) *ungebildeter Mann*

Kä·fig der <-s, -e> **1.** *eine Konstruktion, bei der Gitter aus Metallstreben einen mehr oder minder großen Raum abgrenzen, in dem man ein größeres Tier hält* Die Löwen gehen im Käfig auf und ab. **2.** *ein kleiner Käfig*[1] *zur Haltung von Haustieren* Der Goldhamster/der Wellensittich sitzt im Käfig. ■ **ein goldener Käfig**: *der Zustand, dass jmd. trotz großen Reichtums nicht frei und daher unglücklich ist*

Kä·fig·hal·tung die <-> (*kein Plur.*) *das Halten von Tieren in Käfigen*

kaf·ka·esk <nicht steig.> *Adj. so absurd und in seinen Zusammenhängen undurchschaubar, dass es an bestimmte Situationen aus dem literarischen Werk Franz Kafkas erinnert* etwas hat kafkaeske Züge

Kaf·tan der <-s, -e> *ein langes, vorne offenes Obergewand*

kahl *Adj.* **1.** *ohne Haare* Wenn ihm weiterhin so viele Haare ausfallen, hat er bald einen kahlen Kopf. **2.** *ohne Laub* Ich freue mich schon darauf, wenn die kahlen Bäume und Sträucher im Frühjahr wieder austreiben. **3.** *so leer und schmucklos, dass es trist wirkt* Sie wollte Bilder an die kahlen Wände ihrer neuen Wohnung hängen. ◆ Getrenntschreibung→R 4.2 Die Raupen werden den Baum kahl fressen., Er ließ sich den Kopf kahl scheren.

Kahl·fraß der <-> (*kein Plur.*) *der Zustand, dass durch Tiere alles kahl gefressen ist* (*z.B. Schädlinge haben die Blätter eines Baumes gefressen*)

kahl·fres·sen <frisst kahl, fraß kahl, hat kahl gefressen> *mit OBJ* ■ *ein Tier frisst etwas kahl Blätter, Stengel und andere weiche Pflanzenteile fressen, so dass die Pflanzen ganz verschwinden oder auf ihre festeren* (*holzigen*) *Teile reduziert werden* Die Heuschrecken haben die Getreidefelder kahl gefressen., Die Schnecken haben die jungen Pflanzen kahlgefressen

Kahl·heit die <-> (*kein Plur.*) *das Kahlsein*

Kahl·kopf der <-(e)s, Kahlköpfe> **1.** (≈ *Glatze*) **2.** (*umg.*) *Mensch mit Glatze*

kahl·köp·fig <nicht steig.> *Adj. glatzköpfig*

Kahl·schlag der <-(e)s> (*kein Plur.*) **1.** *das Abholzen aller Bäume an einem bestimmten Ort* **2.** *ein Gebiet in einem Wald, in dem alle Bäume gefällt wurden* **3.** (*übertr.*) *das Vernichten von Werten* Mit der Schließung all dieser Schauspielhäuser droht der Stadt ein kultureller Kahlschlag.

Kahn der <-(e)s, Kähne> **1.** *ein kleines Boot* (*zum Rudern*) **2.** *Schiff zum Lastentransport auf Flüssen*

Kahn·fahrt die <-, -en> *Fahrt mit einem Kahn*[1]

Kahn·par·tie die <-, -n> *Ausflug auf einem Kahn*[1]

Kai·man der <-s, -e> *ein Alligator*

Kaimau·er die <-, -n> *Mauer, an der die Schiffe in einem Hafen anlegen*

Kai/Quai der <-s, -e/-s> *Uferbefestigung in einem Hafen, an der Schiffe anlegen können*

Kai·ser, Kai·se·rin der <-s, -> **1.** (*kein Plur.*) *in bestimmten Monarchien der Titel für den höchsten* (*weltlichen*) *Herrscher* die römischen Kaiser der Antike, jemanden zum Kaiser krönen ◆-krone, -reich **2.** *jmd., der den Titel eines Kaisers*[1] *trägt*

Kai·ser·ad·ler der <-s, -> *ein großer, schwarzbrauner Adler, der vor allem in Steppen und offenen Landschaften Spaniens, Marokkos, Osteuropas und Russlands lebt*

Kai·ser·fleisch das <-> (*kein Plur.*) (*süddt. österr.*) *geräuchertes Bauchfleisch*

Kai·ser·kro·ne die <-, -n> **1.** *Krone eines Kaisers* **2.** BOT. *ein Liliengewächs*

Kai·ser·krö·nung die <-, -en> *Verleihung der Würde eines Kaisers in einer festlichen Zeremonie, in der dem Regenten die Kaiserkrone*[1] *aufgesetzt wird*

kai·ser·lich <nicht steig.> *Adj. zum Kaiser gehörend, von ihm stammend, ihm gemäß*

Kai·ser·man·tel der <-s, Kaisermäntel> **1.** *der zu feierlichen Anlässen getragene, weite Mantel eines Kaisers* **2.** *orangegelber Edelfalter mit schwarzen Flecken, der in Laubwäldern und an Waldrändern Europas und Nordwestafrikas vorkommt*

Kai·ser·reich das <-(e)s, -e> *das Reich, in dem ein Kaiser regiert*

Kai·ser·schmar·ren der <-s, -> (*süddt. österr.*) *eine süße Mehlspeise*

Kai·ser·schnitt der <-(e)s, -e> MED. *ein medizinischer Eingriff, bei dem ein Schnitt durch die Bauchdecke einer Frau gemacht wird, um das ungeborene Kind aus der Gebärmutter zu holen*

Kai·ser·tum das <-s> (*kein Plur.*) *Staatsform mit einem Kaiser an der Spitze*

Kai·ser·wet·ter das <-s> (*kein Plur.*) *sehr schönes Wetter* (*nach dem meist strahlenden Sonnenschein am 18. August, dem Geburtstag eines deutschen Kaisers*)

Ka·jak der/das <-s, -s> **1.** *leichtes, schmales, bis auf den Sitz des Fahrers geschlossenes Boot der Eskimos* **2.** SPORT *leichtes, schmales, geschlossenes Sportpaddelboot*

Ka·jal das <-/-s> (*kein Plur.*) *eine Art schwarze Farbe, die Frauen als Kosmetikum zum Umranden der Augen verwenden* ◆-stift

Ka·jü·te die <-, -n> *zum Schlafen und Wohnen dienender Raum auf einem Schiff*

Ka·ka·du der <-s, -s> *ein Papageienvogel*

Ka·kao der [kaˈkau̯] <-s> (*kein Plur.*) **1.** *das zur Herstellung von Schokolade dienende Pulver, das aus den großen Samenkörnern des Kakaobaumes gewonnen wird* **2.** *ein Getränk aus Kakao*[1], *hei-*

K

ßem Wasser und Zucker ■ **jemanden/etwas durch den Kakao ziehen** (*umg.*): *sich über jmdn. oder etwas lustig machen*

Ka·kao·baum der <-s, Kakaobäume> *ein aus Amerika nach Spanien und Afrika verbreiteter Strauch bzw. Baum, von dem die Kakaobohnen in gurkenähnlichen Früchten geerntet werden*

Ka·kao·boh·ne die <-, -n> *eine Frucht, die man, geröstet und gemahlen, zur Herstellung von Kakao[1] verwendet*

Ka·kao·but·ter die <-> (*kein Plur.*) *das Pflanzenfett, das durch Auspressen der Samenkerne des Kakaobaumes bei erhöhter Temperatur gewonnen wird*

Ka·ker·la·k der <-s/-en, -en> (≈ *Küchenschabe*) *ein großes schwarzes Insekt, das vor allem in Mauerspalten lebt*

Ka·ki[1] der <-/-s> (*kein Plur.*) *der gelbbraune Stoff, aus dem vor allem leichte und strapazierfähige Tropenkleidung hergestellt wird*

Ka·ki[2] das <-/-s> (*kein Plur.*) *Erdbraun*

Ka·ko·fo·nie, a. **Ka·ko·pho·nie** die <-, -n> *Missklang, hässlicher Klang*

Kak·tee die <-, -n> (≈ *Kaktus*)

Kak·tus der <-/-ses, Kakteen/-se> *eine Pflanze, die wie eine Säule oder Kugel aussieht, viele Dornen hat, sehr wenig Wasser benötigt und daher auch in der Wüste gedeien kann*

Ka·la·mi·tät die <-, -en> (*meist Plur.*) (*veralt.*) *arge Verlegenheit, unglückliche Lage, schwierige Situation* in Kalamitäten geraten

Ka·lan·der der <-s, -> *eine Maschine mit verschiedenen Walzen, mit der Papier, Folie, Stoff o.Ä. geglättet wird*

Ka·lasch·ni·kow die <-, -s> *eine sowjetische Maschinenpistole*

Ka·lau·er der <-s, -> *ein einfacher, nicht sehr geistreicher, oft auf einem Wortspiel basierender Witz*

ka·lau·ern <kalauerst, kalauerte, hat gekalauert> *ohne OBJ* ■ *jmd. kalauert jmd. macht einen Kalauer*

Kalb das <-(e)s, Kälber> **1.** (↔ *Kuh*) *ein junges Rind* ◆ -sleder **2.** (↔ *Kuh*) *das Jungtier eines größeren Säugetieres* ◆ Elefanten- **3.** *kurz für „Kalbfleisch“* ◆ -sbraten, -sfilet, -sfrikassee, -sleberwurst **4.** ■ **um das Goldene Kalb tanzen** (*geh.*): *die Macht des Geldes über alles schätzen* ◆ Großschreibung→R 3.18 das Goldene Kalb

kal·ben <kalbt, kalbte, hat gekalbt> *ohne OBJ* ■ *ein Tier kalbt ein Kalb bekommen*

Kal·be·rei, **Käl·be·rei** die <-, -en> (*abwert.*) *Albernheit, kindisches Benehmen* Lass' die Kalberei, während wir hier im Theater sind.

kal·bern <kalberst, kalberte, hat gekalbert> *ohne OBJ* ■ *jmd. kalbert albern sein, dumme Späße machen*

Kalb·fleisch das <-es> (*kein Plur.*) *Fleisch von Kälbern*

Kalbs·bries das <-es, -e> *die Brustdrüse* (*Thymusdrüse*) *des Kalbes als Speise* (*die leicht verdaulich ist und darum häufig als Krankenkost verwendet wird*)

Kalbs·brust die <-> (*kein Plur.*) *Brustfleisch vom Kalb* (*häufig gefüllt und gebraten als Speise*)

Kalbs·ha·xe die <-, -n> *Fuß eines Kalbes* (*als Speise zum Braten*)

Kalbs·me·dail·lon das <-, -s> *kleines, oval oder rund geschnittenes Stück Kalbfleisch*

Kalbs·schnit·zel das <-s, -> *eine größere* (*panierte*) *gebratene Scheibe Kalbfleisch*

Kal·dau·ne die <-, -n> (*meist Plur.*) (*norddt.*) **1.** *Kuttel* (*Gericht aus dem feingeschnittenen Fettdarm, meist vom Rind*) **2.** *essbare Teile des Magen-Darm-Traktes von Rind, Kalb und Lamm*

Ka·le·bas·se die <-, -n> *aus einem Flaschenkürbis hergestelltes Gefäß*

Ka·lei·do·s·kop das <-(e)s, -e> **1.** *ein Spielzeug, in dem sich bunte Glassteine befinden, die man durch Drehen bewegen kann, so dass durch sich verändernde Spiegelungen stets neue Muster erscheinen* **2.** (*geh.*) *ein bunter Wechsel verschiedener Bilder, Eindrücke o.Ä.* Wir verließen den Zirkus mit einem Kaleidoskop von Eindrücken.

ka·len·da·risch <nicht steig.> *Adj. nach dem Kalender* In diesem Jahr waren die Seen bereits lange vor dem kalendarischen Beginn des Winters am 21. Dezember zugefroren.

Ka·len·da·ri·um das <-s, Kalendarien> *Verzeichnis kirchlicher Fest- und Gedenktage*

Ka·len·der der <-s, -> *eine Darstellung der einzelnen Tage, Wochen und Monate eines Jahres auf einem Blatt, einem großen Papierbogen oder in einem Buch* Ich werde mir den Termin sofort in meinen Kalender eintragen. ■ **sich etwas/einen Tag im Kalender rot anstreichen**: *sich etwas besonders merken* Dass du dieses Jahr an unseren Hochzeitstag gedacht hast, werde ich mir im Kalender rot anstreichen. ◆ Taschen-, Termin-, Wand-

Ka·len·der·blatt das <-(e)s, -blätter> *ein Blatt eines aufhängbaren Kalenders*

Ka·len·der·ge·schich·te die <-, -n> **1.** *ursprünglich: kleine volkstümliche Geschichte zur Unterhaltung auf der Rückseite eines Kalenderblattes* **2.** *Literaturgattung seit dem 19. Jh.: unterhaltende, oft lehrhafte Geschichte* (*Schwank, Legende, Anekdote, Satire*); *berühmt geworden sind: Hebels „Schatzkästlein eines rheinischen Hausfreundes“ und Brechts „Kalendergeschichten“*

Ka·len·der·jahr das <-(e)s, -e> *der Zeitraum zwischen dem 1. Januar und dem 31. Dezember eines Jahres*

Ka·len·der·mo·nat der <-s, -e> *der Zeitraum eines Monats*

Ka·len·der·spruch der <-s, Kalendersprüche> *ein Spruch, Zitat oder Sprichwort auf einem Kalenderblatt*

Ka·len·der·wo·che die <-, -n> *der Zeitraum von Montag bis Sonntag*

Ka·le·sche die <-, -n> *eine leichte Kutsche mit Faltverdeck*

Kal·fa·ktor der <-s, -> (*veralt. abwert.*) *jmd., der alle möglichen* (*nicht spezialisierten*) *Arbeiten tut*

kal·fa·tern <kalfaterst, kalfaterte, hat kalfatert> *mit OBJ* ■ *jmd. kalfatert etwas Fugen in der Außenwand und auf Deck eines Schiffes abdichten* ▶Kalfaterung

Ka·li das <-s> (*kein Plur.*) **1.** CHEM. *kurz für „Kalium"* **2.** (*beispielsweise als Düngemittel verwendetes*) *natürliches Kalisalz* ◆-bergbau, -industrie

Ka·li·ber das <-s, -> **1.** *innerer Durchmesser von Rohren, vor allem des Laufes von Feuerwaffen* **2.** *äußerer Durchmesser eines Geschosses* **3.** (*umg. oft abwert.*) *Wesensart* Du solltest auch ihm nicht alles glauben, die beiden sind Brüder und vom selben Kaliber.

ka·li·brie·ren <kalibrierst, kalibrierte, hat kalibriert> *mit OBJ* ■ *jmd. kalibriert etwas* **1.** *das Kaliber[1] messen* **2.** TECHN. *Werkstücke auf ein Präzisionsmaß bringen* **3.** TECHN. *Messinstrumente eichen*

Ka·li·dün·ger der <-s, -> *Düngemittel, das Kalisalze enthält*

Ka·lif der <-en, -en> GESCH. **1.** (*kein Plur.*) *Titel mohammedanischer Herrscher als Nachfolger Mohammeds* **2.** *Träger des Titels eines Kalifen[1]*

Ka·li·fat das <-(e)s, -e> **1.** *Amt, Würde des Kalifen[1]* **2.** *Herrschaftsbereich des Kalifen[2]*

Ka·li·for·ni·en <-s> *Bundesstaat im Westen der USA mit der Hauptstadt Sacramento*

Ka·li·for·ni·er, **Ka·li·for·ni·e·rin** der <-s, -> *Bürger des Staates Kalifornien*

ka·li·for·nisch <nicht steig.> *Adj. zu Kalifornien gehörend, daher stammend*

Ka·li·ko der <-s, -> *feines, aus Leinen und Baumwolle hergestelltes Gewebe für Bucheinbände*

Ka·li·lau·ge die <-, -n> *Lösung von Kalisalzen in Wasser; farblose, stark ätzende Flüssigkeit*

Ka·li·salz das <-es, -e> *Düngemittel, das als Rohstoff vorkommt und u.a. Kalium enthält*

Ka·li·um das <-s> (*kein Plur.*) CHEM. *ein Alkalimetall* (*ein chemischer Grundstoff*) ▶kaliumhaltig

Ka·li·um·chlo·rid das <-s> (*kein Plur.*) *eine chemische Verbindung, die vor allem zur Herstellung von Düngern verwendet wird*

Ka·li·um·kar·bo·nat das <-s, -e> *Salz aus Kalium und Kohlensäure*

Ka·li·um·per·man·ga·nat das <-s> (*kein Plur.*) *eine chemische Verbindung, die beispielsweise als Desinfektions- und Bleichmittel verwendet wird*

Ka·li·werk das <-(e)s, -e> *Fabrik, in der Düngemittel aus Kalisalzen hergestellt werden*

Kalk der <-(e)s, -e> (*meist Sing.*) *aus Kalkstein gewonnenes weißes Pulver* (*das z.B. beim Bauen verwendet wird*)

Kalk·ab·la·ge·rung die <-, -en> **1.** *der Vorgang, dass sich Kalk im Boden ablagert, so dass Kalkschichten entstehen* **2.** *Anlagerung von Kalk in Leitungen, durch die kalkhaltiges Wasser fließt* Die Kalkablagerungen in der Wasserleitung verhindern einen raschen Durchfluss.

Kalk·bo·den der <-s, Kalkböden> *kalkhaltiger Erdboden*

kal·ken <kalkst, kalkte, hat gekalkt> *mit OBJ* ■ *jmd. kalkt etwas* **1.** *Wände mit einer Mischung aus Kalk und Wasser streichen* **2.** *den Boden mit Kalk düngen*

Kalk·fel·sen der <-s, -> *Felsen aus Kalkstein*

Kalk·gru·be die <-, -n> *Grube zum Löschen und Aufbewahren von Kalk*

kalk·hal·tig *Adj. so, dass ein relativ großer Anteil von Kalk darin enthalten ist* Das Wasser/der Boden ist hier sehr kalkhaltig.

kal·kig *Adj.* **1.** *in Farbe und Beschaffenheit wie Kalk* Der Stein sieht ganz kalkig aus. **2.** (≈ *kalkweiß*) Die Farbe seines Gesichts ist ganz kalkig. **3.** *kalkhaltig* Das Wasser ist hier ganz kalkig.

Kalk·man·gel der <-s> (*kein Plur.*) **1.** *der Zustand, dass es dem Körper an Kalk* (*Kalzium*) *fehlt* **2.** *der Zustand, dass es dem Boden an Kalk* (*Kalzium*) *fehlt*

Kalk·o·fen der <-s, -> *Ofen zum Brennen von Kalk*

Kalk·sand·stein der <-s> (*kein Plur.*) *eine Gesteinsart, die aus Kalk und Quarzsand hergestellt wird*

Kalk·spat der <-(e)s, -e> *farbloses oder weißes Mineral zur Herstellung von Prismen* (*Glas zur Zerlegung von Lichtstrahlen*)

Kalk·stein der <-(e)s> (*kein Plur.*) *ein Gestein, das sich in der Natur im Meer oder am Festland durch Sickerwasser bildet*

Kal·kül das/der <-s, -e> (*geh.*) **1.** (*im Voraus angestellte*) *Überlegung, Berechnung* Man hat technisches oder menschliches Versagen ins Kalkül gezogen und entsprechende Vorkehrungen getroffen. **2.** (*math.*) *formales Rechenverfahren* Der Infinitesimalkalkül wurde von Newton und von Leibniz erfunden.

Kal·ku·la·ti·on die <-, -en> **1.** WIRTSCH. *Vorausberechnung von Kosten bzw. Preisen* Wir arbeiten noch an der Kalkulation der Kosten für den Neubau der Fabrikhalle. **2.** (≈ *Schätzung*) Nach meiner Kalkulation müssten wir unser Ziel in einer Stunde erreichen.

kal·ku·lier·bar <nicht steig.> *Adj. in seinen Ausmaßen berechenbar* Der Extremsportler sprach von einem kalkulierbaren Risiko., Nicht alle Folgeerscheinungen moderner Technologien sind kalkulierbar.

kal·ku·lie·ren <kalkulierst, kalkulierte, hat kalkuliert> **I.** *mit OBJ* ■ *jmd. kalkuliert etwas* WIRTSCH. *Kosten bzw. Preise im Voraus berechnen* Er hat die Kosten für den Neubau der Fabrikhalle kalkuliert. **II.** *ohne OBJ* ■ *jmd. kalkuliert* (*ab*)*schätzen* Ich kalkuliere, dass ..., Sie kalkulierte blitzschnell/falsch/richtig.

Kal·kut·ta <-s> *größte Stadt Indiens*

kalk·weiß <nicht steig.> *Adj. weiß wie Kalk*

Kal·li·gra·phie, a. **Kal·li·gra·fie** die <-> (*kein Plur.*) *die Kunst des Schönschreibens*

kal·mie·ren <kalmierst, kalmierte, hat kalmiert> *mit OBJ* ■ *jmd. kalmiert jmdn.* (*geh.*) *beruhigen*

Ka·lo·rie die <-, -n> (*meist Plur.*) **1.** *früher verwendete Maßeinheit für den Energiewert von Lebensmitteln* **2.** *nicht mehr zulässige physikalische Energieeinheit besonders für Wärmeenergie* (*Ab-*

kürzung: cal)

ka·lo·ri·en·arm <nicht steig.> *Adj. so, dass Nahrung nur wenige Kalorien hat*

ka·lo·ri·en·be·wusst *Adj. so, dass jmd. verantwortungsvoll mit dem Kaloriengehalt von Nahrungsmitteln umgeht*

Ka·lo·ri·en·bom·be die <-, -n> (*umg.*) *ein sehr kalorienhaltiges Gericht*

Ka·lo·ri·en·ge·halt der <-(e)s> (*kein Plur.*) *die Menge Kalorien, die auf eine bestimmte Menge Nahrung bezogen wird* Der Kaloriengehalt dieses Müsliriegels beträgt 231 Kalorien.

Ka·lo·ri·en·men·ge die <-, -n> *die Menge an Kalorien, die ein Nahrungsmittel enthält und die mit einer Zahl angegeben wird*

ka·lo·ri·en·reich *Adj. so, dass Nahrung relativ viele Kalorien hat*

Ka·lo·ri·en·ver·brauch der <-s> (*kein Plur.*) *die Menge an Kalorien, die jmd. körperlich verbraucht* (*z.B. für eine bestimmte Arbeit*) Der Kalorienverbrauch beim Joggen war sehr hoch.

kalt <kälter, am kältesten> *Adj.* **1.** (↔ *warm*) *von relativ niedriger Temperatur* Das Wasser ist mir zu kalt zum Baden., Am Wochenende wird es wieder kälter., Die Winter sind nicht mehr so kalt wie früher., Für ein kontinentales Klima sind heiße Sommer und kalte Winter typisch. **2.** *innerlich unberührt, unbeeindruckt* Ihr Blick war kalt und berechnend., Während die Spieler den Sieg feierten, war der Trainer völlig kalt geblieben., Der Streit hatte sie völlig kalt gelassen. **3.** *ohne Mitgefühl;* (↔ *warmherzig*) Kalt lächelnd drehte er sich um und ging. **4.** *auf unangenehme Weise intensiv* Bei diesem Gedanken erfasste mich kaltes Entsetzen. ■ **der Kalte Krieg**: *Bezeichnung der durch den Rüstungswettlauf zwischen den USA und der UdSSR gekennzeichneten Epoche nach dem Zweiten Weltkrieg* ◆ Großschreibung→R 3.17 der Kalte Krieg; Getrenntschreibung→R 4.2f., 4.12 kalt bleiben, kalt lassen, (Getränke) kalt stellen, kalt lächelnd; Zusammenschreibung→R 4.11 ein Opfer kaltmachen, einen Konkurrenten kaltstellen, kaltgeschlagenes Öl, kaltgepresst, kaltschweißen, kaltwalzen

Kalt·blü·ter der <-s, -> (ZOOL.: ↔ *Warmblüter*) *wechselwarmes Tier, dessen Körpertemperatur sich der jeweiligen Umgebung anpasst*

kalt·blü·tig *Adj.* **1.** *so, dass man angesichts einer Gefahr oder unter Belastung die Ruhe bewahrt und vernünftig handelt* Er blickte der Gefahr kaltblütig ins Auge. **2.** (*abwert.*) *ohne Skrupel* Der Täter hatte sein Opfer kaltblütig ermordet. ▶Kaltblütigkeit

Käl·te die <-> (*kein Plur.*) **1.** (↔ *Wärme*) *der Zustand, dass die Temperatur von etwas relativ niedrig ist* Bei dieser Kälte muss man die Wohnung gut heizen., eine beißende/durchdringende/scharfe Kälte, die Kälte des arktischen Winters **2.** (↔ *Wärme, Warmherzigkeit*) *das Fehlen innerer Anteilnahme* Sie strahlt Arroganz und Kälte aus.

käl·te·be·stän·dig *Adj. so, dass ein Material durch Kälte keinen Schaden nimmt*

käl·te·emp·find·lich *Adj. empfindlich gegen Kälte* Diese tropischen Pflanzen sind sehr kälteempfindlich.

Käl·te·ge·fühl das <-s> (*kein Plur.*) *das Empfinden von Kälte; das Frieren*

Käl·te·grad der <-s, -e> *Maßzahl für die Temperaturgrade unter 0° Celsius* (*Gefrierpunkt*) Heute Nacht hatten wir einige Kältegrade., Auf welchen Kältegrad hast du die Gefriertruhe eingestellt?

Käl·te·ma·schi·ne die <-, -n> *eine der Maschinen, die einem bestimmten Körper Wärmeenergie entziehen und ihn dadurch kälter werden lassen* Kühlschränke und Gefriertruhen sind Beispiele für Kältemaschinen.

Käl·te·pe·ri·o·de die <-, -n> (↔ *Hitzewelle*) *ein bestimmter Zeitraum, in dem ohne Unterbrechung tiefe Temperaturen gemessen werden*

Käl·te·schau·er der <-, -> *ein intensives Kältegefühl, das den Körper erzittern lässt* Kälteschauer und Hitzewallungen plagten die Kranken abwechselnd.

Käl·te·star·re die <-> (*kein Plur.*) *durch Absinken der Temperatur verursachte Körperstarre bei Tieren, vor allem während des Winterschlafs, aber auch während der Nachtkühle*

Käl·te·sturz der <-es, Kältestürze> *plötzliches, starkes Absinken der Außentemperatur*

Käl·te·tod der <-(e)s, -e> MED. *Tod durch Erfrieren*

Käl·te·wel·le die <-, -n> (↔ *Hitzewelle*) *lang anhaltende Periode sehr kalten Wetters*

Kalt·front die <-, -en> (METEOR.: ↔ *Warmfront*) *Trennfläche zweier verschieden dichter und verschieden warmer Luftmassen*

kalt·ge·presst <nicht steig.> *Adj. so, dass die Pressung ohne vorherige Erwärmung oder Erhitzung der Früchte geschehen ist* kaltgepresstes Olivenöl

kalt·ge·schla·gen <nicht steig.> *Adj. ohne Wärmeeinwirkung durch Schlagen gewonnen* kaltgeschlagenes Öl

Kalt·haus das <-es, Kalthäuser> *ein Gewächshaus zum Überwintern von südländischen Pflanzen, in dem eine Temperatur von 5-10° Celsius gehalten wird*

kalt·her·zig *Adj.* (↔ *warmherzig*) *gefühllos* ▶Kaltherzigkeit

kalt·lä·chelnd <nicht steig.> *Adj. so, dass jmd. kaltherzig lächelt und dabei Kälte oder Grausamkeit ausstrahlt*

Kalt·leim der <-s, -e> (↔ *Warmleim*) *Leim, der flüssig ist, ohne vorher erhitzt worden zu sein*

Kalt·luft die <-> (*kein Plur.*) (METEOR.: ↔ *Warmluft*) *kalte Luftmassen* Die eingedrungene Kaltluft sorgt für teilweise strengen Frost.

kalt·ma·chen <machst kalt, machte kalt, hat kalt gemacht> *mit OBJ* ■ *jmd. macht jmdn. kalt* (*vulg.*) *töten, ermorden siehe aber auch* **kalt**

Kalt·mam·sell die <-, -en/-s> (*veralt.*) *Angestellte in Gaststätten, die für die Zubereitung der kalten Speisen zuständig ist*

Kalt·na·del·ra·die·rung die <-, -en> *Druckver-*

fahren auf Kupferplatten, in die die Zeichnung nicht eingeätzt, sondern mit einer Nadel (kalt) eingeritzt wird

Kalt·scha·le die <-, -n> *eine kalt servierte (süße) Suppe*

kalt·schnäu·zig *Adj. (umg.) gefühl- oder respektlos, gleichgültig, rücksichtslos* ▶ Kaltschnäuzigkeit

kalt·schwei·ßen *(nur im Infinitiv und Partizip II gebräuchlich) mit OBJ* ■ *etwas ist/wird kaltgeschweißt* (TECHN.: *≈ pressschweißen) nach der Erhitzung von zwei Werkstücken diese unter hohem Druck zusammenpressen*

Kalt·start der <-(e)s, -s> **1.** (EDV: *↔ Warmstart) das Hochfahren des Betriebssystems eines Computers, nachdem zuvor der Computer ausgeschaltet war* **2.** KFZ *Start mit dem Auto ohne vorheriges Warmlaufenlassen des Motors*

kalt·stel·len <stellst kalt, stellte kalt, hat kaltgestellt> *mit OBJ* ■ *jmd. stellt jmdn. kalt (umg.) dafür sorgen, dass jmd. seinen Einfluss verliert* Er hat seine politischen Gegner kaltgestellt. *siehe aber auch* **kalt**

kalt·wal·zen *(nur im Infinitiv und im Partizip II gebräuchlich) mit OBJ* TECHN. *metallische Werkstoffe bei Raumtemperatur formen*

Kalt·wel·le die <-, -n> *eine Dauerwelle, wobei die Wellung der Haare durch Chemikalien zustande kommt*

Kal·va·ri·en·berg der <-(e)s, -e> *eine hügelartige Erhöhung mit plastischer Nachbildung der Kreuzigungsszene, zu der Kreuzwegstationen hinaufführen*

Kal·vi·nis·mus/Cal·vi·nis·mus der <-> *(kein Plur.) evangelisch-reformierte Glaubensrichtung der christlichen Kirche, benannt nach dem Genfer Reformator Calvin*

Kal·zi·um, *a.* **Cal·zi·um** das <-s> *(kein Plur.)* CHEM. *ein nur in Verbindungen vorkommendes Leichtmetall (ein chemischer Grundstoff)*

Ka·ma·ril·la die <-, Kamarillen> *einflussreiche, intrigierende Gruppe, die unkontrolliert auf die regierende Macht wirkt*

Ka·ma·su·tra das <-> *altindische Liebeslehre*

Kam·bi·um das <-s, Kambien> *Gewebe in Stengeln und Wurzeln, das für das Dickenwachstum einiger Baumarten verantwortlich ist*

Kam·bo·d·scha <-s> *Staat in Südostasien mit der Hauptstadt Phnom Penh*

Kam·bo·d·scha·ner, **Kam·bo·d·scha·ne·rin** <-s, -> *jmd., der die kambodschanische Staatsbürgerschaft hat*

kam·bo·d·scha·nisch *Adj. zu Kambodscha gehörend, daher stammend*

Kam·b·ri·um das <-s> *(kein Plur.) älteste Gesteinsformation des Erdaltertums*

Ka·mee die [ka'meːə] <-, -n> *ein (Edel-)Stein, aus dem eine Figur o.Ä. ausgeschnitzt ist*

Ka·mel das <-(e)s, -e> *ein großes, in Wüsten oder Steppen lebendes Tier mit einem oder zwei Höckern*

Ka·mel·haar das <-(e)s> *(kein Plur.) Gewebe aus den Haaren des Kamels, das beispielsweise zu Decken oder Mänteln verarbeitet wird* ◆ -decke, -mantel

Ka·me·lie die <-, -n> *ein Strauch mit rosenähnlichen Blüten*

Ka·mel·trei·ber der <-s, -> *jmd., der Kamele hält und mit ihnen Transportreisen unternimmt*

Ka·me·ra die <-, -s> **1.** *ein Gerät zum Filmen* vor laufender Kamera ◆ -einstellung, -perspektive, -winkel, Digital-, Film-, Kleinbild-, Video- **2.** (*≈ Fotoapparat*) ■ **vor der Kamera stehen**: *(als Schauspieler) bei Film- oder Fernsehaufnahmen mitwirken*

Ka·me·ra·as·sis·tent, **Ka·me·ra·as·sis·ten·tin** der <-en, -en> FILM *jmd., der in einem professionellen Kamerateam die Kameraführung übernimmt*

Ka·me·rad der <-en, -en> (*≈ Gefährte*) *eine Person, die einen bestimmten Lebensabschnitt gemeinsam mit jmdm. erlebt* In der Schule war er mein bester Kamerad. ◆ Schul-

Ka·me·ra·de·rie die <-> *(kein Plur.) (abwert.) übertriebene Kameradschaft, Cliquenwirtschaft*

Ka·me·rad·schaft die <-> *(kein Plur.)* **1.** *freundschaftliches Verhältnis zwischen Kameraden* **2.** *Gruppe von Kameraden*

ka·me·rad·schaft·lich *Adj. in der Art guter Freunde* ▶ Kameradschaftlichkeit

Ka·me·rad·schafts·geist der <-(e)s> *(kein Plur.) die Einstellung, dass man Wert auf gute Kameradschaft legt*

Ka·me·ra·frau die <-, -en> *siehe* **Kameramann**

Ka·me·ra·füh·rung die <-> *(kein Plur.)* FILM *die Art, wie beim Film die verschiedenen Kameraperspektiven aufeinander folgen (und damit einen bestimmten Eindruck vom dargestellten Geschehen vermitteln)*

Ka·me·ra·mann, **Ka·me·ra·frau** der <-(e)s, Kameramänner/Kameraleute> *jmd., der beruflich bei der Produktion von Film- und Fernsehaufnahmen die Aufgabe des Aufnahmetechnikers hat*

ka·me·ra·scheu *Adj. so, dass sich jmd. nicht gern fotografieren lässt* Von dem berühmten zeitgenössischen Maler existieren nur wenige Fotos, da er sehr kamerascheu ist.

Ka·me·ra·team das <-s, -s> *die Gruppe von Leuten, die die Kameraarbeit beim Filmen übernimmt*

Ka·me·run <-s> *Staat im Westen Zentralafrikas*

Ka·me·ru·ner, **Kamerunerin** der <-s, -> *jmd., der die Staatsbürgerschaft von Kamerun hat*

ka·me·ru·nisch *Adj. zu Kamerun gehörend, daher stammend*

Ka·mi·ka·ze der <-> *(kein Plur.)* GESCH. *(im Zweiten Weltkrieg) Pilot eines japanischen Jagdflugzeugs, der sich unter Selbstaufopferung mit seinem Bombenflugzeug auf feindliche Ziele stürzte*

Ka·mil·le die <-, -n> *eine Heilpflanze mit weißen Blüten*

Ka·mil·len·tee der <-s> *(kein Plur.) Tee aus den Blüten der Kamille*

Ka·min der/das <-s, -e> **1.** *(landsch. ≈ Schornstein)* **2.** *offene Feuerstelle mit Rauchabzug in einem Wohnraum* Im Winter saßen sie abends gern vor dem Kamin.

Ka·min·fe·ger, **Ka·min·fe·ger·in** der <-s, -> *(landsch. ≈ Kaminkehrer)*

Ka·min·keh·rer, **Ka·min·keh·re·rin** der <-s, -> *jmd., der beruflich Kamine und Abgaswege von Häusern reinigt und überprüft*

Kamm der <-(e)s, Kämme> **1.** *ein länglicher, mit einzelnen Zinken versehener Gegenstand, den man mit der Hand durchs Haar führt, um sich zu frisieren* **2.** *der rote Hautstreifen auf dem Kopf eines Hahnes* **3.** *der höchste Teil eines Gebirges, der von weit oben betrachtet als eine Art Linie erscheint* ■ **alle(s) über einen Kamm scheren** *(abwert.): alle(s) gleich behandeln, ohne dabei auf wichtige Unterschiede zu achten*

Kämm·chen das <-s, -> *kleiner Kamm*

käm·men <kämmst, kämmte, hat gekämmt> **I.** *mit OBJ* ■ *jmd. kämmt (jmdm.) etwas mit einem Kamm*[1] *die Haare frisieren* Er kämmt ihr das lange Haar. **II.** *mit SICH* ■ *jmd. kämmt sich (etwas) sich die Haare frisieren* Jeden Morgen kämmte er sich den Bart., Seit wann kämmst du dich nicht mehr?

Kam·mer die <-, -n> **1.** *ein kleines Zimmer (zum Schlafen)* **2.** *ein kleines Zimmer zum Aufbewahren von Dingen, beispielsweise von Vorräten* ◆ Besen-, Vorrats- **3.** POL. *gesetzgebende Körperschaft der Volksvertretung* **4.** *eine Organisation, die für die Interessen einer bestimmten Berufsgruppe (beispielsweise der Ärzte oder Anwälte) arbeitet* Die Ärztekammer in der BRD ist eine Selbstverwaltung der Ärzte.

Kam·mer·chor der <-(e)s, Kammerchöre> *ein kleiner Chor, der Kammermusik singt*

Kam·mer·die·ner der <-s, -> GESCH. *persönlicher Diener (eines Fürsten)*

Käm·me·rei die <-, -en> **1.** *Finanzverwaltung einer Stadtgemeinde* **2.** *Abteilung einer Spinnerei, in der das Garn gekämmt wird*

Kam·mer·frau die <-, -en> *(≈ Zofe) Dienerin einer Fürstin*

Kam·mer·ge·richt das <-s, -e> **1.** GESCH. *oberster Gerichtshof des Königs* **2.** *Bezeichnung für das Oberlandesgericht in Berlin*

Kam·mer·herr der <-n, -en> GESCH. *Hofbeamter an den großen europäischen Höfen, der dem Schatzmeister unterstellt war*

Kam·mer·jä·ger, **Kam·mer·jä·ge·rin** der <-s, -> *jmd., der beruflich Ungeziefer in Gebäuden vernichtet*

Käm·mer·lein *kleine Kammer* ■ **im stillen Kämmerlein** *(umg. scherzh.): in Ruhe, für sich allein*

Kam·mer·mu·sik die <-> *(kein Plur.) klassische Musik für eine kleine Gruppe von Instrumentalisten oder Sängern*

Kam·mer·spiel das <-(e)s, -e> **1.** THEAT. *Theaterstück mit wenigen Schauspielern, das in kleinem Rahmen aufgeführt wird* **2.** *(meist Plur.)* THEAT. *kleines, intimes Theater*

Kam·mer·zo·fe die <-, -n> *siehe* **Kammerdiener**

Kamm·garn das <-s, -e> *feines Garn aus Wolle oder Chemiefasern, das sehr glatt ist*

Kamm·ma·cher der <-s, -> *jmd., der Kämme herstellt*

Kamm·mu·schel die <-, -n> *in allen Meeren vorkommende Muschelart, deren Schale fächerförmig gerippt ist*

Kam·pa·gne die [kam'panjə] <-, -n> *eine größere (Medien-)Aktion, mit der jmd. in der Öffentlichkeit eine Stimmung für oder gegen etwas erzeugen will* Zur Werbung für das neue Produkt wird eine große Kampagne gestartet., Der Politiker sieht sich als Opfer einer Kampagne der Presse. ◆ Hetz-, Werbe-

Kam·pa·ni·le/Cam·pa·ni·le der <-, -> *(frei stehender) Glockenturm (vor allem in der italienischen Kirchenbaukunst seit dem 9. Jh.)*

Käm·pe der <-n, -n> *(veralt.) Kämpfer, Verteidiger einer gerechten Sache*

Kampf der <-(e)s, Kämpfe> **1.** *eine (große) militärische Auseinandersetzung, bei der Waffen eingesetzt werden* Auch in der vergangenen Nacht lieferten sich die feindlichen Truppen erbitterte Kämpfe., Bei den Kämpfen stießen Panzertruppen bis in die Randgebiete von ... vor/wurde eine Stellung nördlich von ... erobert/gab es auf beiden Seiten beträchtliche Verluste. ◆ Boden-, Luft-, Nah- **2.** *eine Auseinandersetzung, bei der man mit körperlicher Kraft und Waffen versucht, den Gegner zu besiegen* Im Kampf hatte Ritter Kunibert keinen Gegner zu fürchten., ein Kampf Mann gegen Mann, ein Kampf auf Leben und Tod ◆-sportart, Zwei- **3.** *das intensive Bemühen für oder gegen etwas* Sie setzt sich im Kampf gegen die Umweltverschmutzung/die Drogensucht ein., im Kampf gegen Gleichgültigkeit und gesellschaftliche Kälte nicht nachlassen **4.** SPORT *Wettkampf, Spiel* Die beiden Hochspringer lieferten sich einen spannenden Kampf um den Titel., Der Kampf endete unentschieden/mit einem Punktsieg von ..., der Kampf um den Etappensieg/um das Gelbe Trikot

Kampf·an·sa·ge die <-, -n> *(übertr.) eine Handlung, mit der man unmissverständlich zeigt, dass man zum Kampf*[2] *bereit ist*

Kampf·an·zug der <-s, Kampfanzüge> *die für den Kampf vorgesehene Uniform der Soldaten*

kampf·be·reit <nicht steig.> *Adj. zum Kämpfen bereit* ▶Kampfbereitschaft

Kampf·ein·heit die <-, -en> MILIT. *eine Gruppe, die für bestimmte Aufgaben in militärischen Auseinandersetzungen ausgebildet ist*

kämp·fen <kämpfst, kämpfte, hat gekämpft> *ohne OBJ* **1.** ■ *jmd. kämpft (gegen jmdn./für jmdn.)(um etwas Akk.) eine militärische Auseinandersetzung, einen Kampf*[1] *austragen* Die Truppen kämpfen seit Wochen., Auf dem Marsch durch die Berge mussten die Soldaten auch noch gegen die Partisanen kämpfen., Um die Hafenstadt wird seit Tagen erbittert gekämpft. **2.** ■ *jmd. kämpft (mit jmdm./gegen jmdn.) in einer Auseinandersetzung mit körperlicher Kraft und Waffen versuchen, den Gegner zu besiegen* Die Kontrahenten kämpften erbittert/bis zur völligen Erschöpfung., Die Gegner kämpfen mit allen Mittel, denn vom Ausgang dieses Kampfes hängt ihre Zukunft ab. **3.** ■ *jmd. kämpft für/gegen etwas Akk. intensiv für oder gegen etwas eintreten* Sie kämpft gegen die Umweltverschmutzung/die Drogensucht., Auf dem Umweltgipfel kämpften die Vertreter der verschiedenen Staaten um die Formulierungen für einen neuen Vertrag., Nelson Mandela kämpfte lange für die Gleichberechtigung der schwarzen Bevölkerung in Südafrika., Er kämpfte lange mit sich, ob er das Mandat übernehmen sollte oder nicht. **4.** ■ *jmd. kämpft (um etwas Akk.)* SPORT *sich unter vollem körperlichen Einsatz mit einem Gegener messen* Die beiden Läufer kämpften erbittert um den Sieg. **5.** ■ *jmd. kämpft* (SPORT: *Jargon*) *an die Grenze seiner Leistungsfähigkeit oder der Erschöpfung geraten und dies z.B. durch einen weniger flüssigen Bewegungsablauf zu erkennen geben* Das hat man so noch nicht gesehen: Armstrong muss kämpfen, den Blick starr vor sich ins Leere gerichtet. Ja, es ist eindeutig, dass er kämpft.

Kam·pfer der <-s> (*kein Plur.*) CHEM. *eine harzartige Masse, die zu pharmazeutischen und medizinischen Zwecken verwendet wird* ◆ -baum

Käm·pfer, **Käm·pfe·rin** der <-s, -> **1.** SPORT *jmd., der im Rahmen einer Kampfsportart einen Kampf[1] ausübt* Dem Ringrichter entgeht keine Bewegung der Kämpfer. **2.** MILIT. *als Zweitglied verwendet, um auszudrücken, dass jmd. als Soldat an dem im Erstglied genannten Krieg teilgenommen hat* Afghanistankämpfer, Vietnamkämpfer **3.** ■ **ein (alter) Kämpfer** (*umg. scherzh.*): *jmd., der viel Erfahrung in Bezug auf eine Sache hat* Diesen alten Kämpfern macht so schnell keiner Angst, die haben in zwanzig Berufsjahren viele Herausforderungen erlebt. **4.** *jmd., der sich mit großem Engagement und auch unter Gefahr für die eigene Person für etwas einsetzt* Freiheitskämpfer, Widerstandskämpfer

käm·pfe·risch *Adj.* **1.** *so, dass es (die Bereitschaft zum) Kampf[1] ausdrückt* Das war eine kämpferische Rede von ..., die eines zeigt: ... wird Taten folgen lassen!, ... bleibt bei seiner kämpferischen Haltung., In einem kämpferischen Artikel hat sich der Chefredakteur von XYZ für mehr Demokratie auf dem Gebiet des ... ausgesprochen. **2.** *so, dass man voller Einsatzfreude ein Ziel zu erreichen versucht* Der Titelverteidiger gibt sich kämpferisch – ob der Herausforderer so stark sei, das wolle man abwarten.

Käm·pfer·na·tur die <-, -en> *jmd., dessen Charakter es ist, sich für etwas voll einzusetzen und nicht aufzugeben* Sie ist eine Kämpfernatur, die niemals aufgibt.

kampf·er·probt <nicht steig.> *Adj. so, dass jmd. oder etwas sich im Kampf[1] bewährt hat*

kampf·fä·hig <nicht steig.> *Adj. für einen Kampf tauglich* ▶Kampffähigkeit

Kampf·flie·ger der <-s, -> *Pilot eines Kampfflugzeugs*

Kampf·flug·zeug das <-(e)s, -e> (≈ *Kampfjet*) *ein militärischen Zwecken dienendes Flugzeug, das mit Bomben und/oder Raketen bewaffnet ist (um andere Flugzeuge und Bodenziele angreifen zu können)* Vom Flugzeugträger ... aus können Kampfflugzeuge die Hauptstadt in weniger als zwei Stunden erreichen.

Kampf·gas das <-es, -e> *als militärische Waffe eingesetztes Giftgas*

Kampf·ge·biet das <-s, -e> *ein Gebiet, auf dem (militärische) Kämpfe stattfinden*

Kampf·geist der <-(e)s> (*kein Plur.*) *sehr große Entschlossenheit und Einsatzbereitschaft* Trotz der Niederlage im ersten Spiel des Turniers war der Kampfgeist der Mannschaft ungebrochen.

Kampf·ge·richt das <-(e)s, -e> (SPORT: ≈ *Jury*) *Expertengruppe, die Sportwettkämpfe überwacht und sportliche Leistungen bewertet*

Kampf·ge·sche·hen das <-> (*kein Plur.*) *die Gesamtheit der Ereignisse, die bei einer bestimmten militärischen Auseinandersetzung vorkommen*

Kampf·hahn der <-(e)s, Kampfhähne> **1.** *für den Kampf mit anderen Hähnen abgerichteter Hahn* **2.** (*umg.*) *jmd., der leicht Streit beginnt* Wer bringt diese Kampfhähne wieder auseinander?!

Kampf·hand·lung die <-, -en> (*meist Plur.*) *während eines Kampfes[1] stattfindende Aktion*

Kampf·hund der <-(e)s, -e> *ein Hund bestimmter Rassen, der für Kämpfe mit anderen Hunden gezüchtet und abgerichtet wurde und sehr gefährlich ist* Erst letzen Monat hatte im Berliner Stadtteil ... ein Kampfhund ein Kind angefallen und lebensgefährlich verletzt.

Kampf·kraft die <-> (*kein Plur.*) *alle Möglichkeiten, die zum erfolgreichen Kämpfen befähigen* Die Kampfkraft der Truppe war ungebrochen.

Kampf·lied das <-(e)s, -er> *Lied, das den Mut zum Kampf stärken soll*

Kampf·lust die <-> (*kein Plur.*) *freudige Bereitschaft, einen Kampf zu beginnen* ▶kampflustig

Kampf·mon·tur die <-, -en> (MILIT.: *umg.*) *Kampfanzug*

Kampf·pan·zer der <-s, -> (↔ *Bergepanzer*) *ein Panzer, der für Gefechte konstruiert ist und über schwere Bewaffnung verfügt*

Kampf·pa·ro·le die <-, -n> *ein Leitsatz oder Wahlspruch, unter den ein Kampf gestellt wird*

Kampf·pau·se die <-, -n> *Unterbrechung einer Kampfhandlung (während der sich die Gegner erholen, Nachschub beschaffen usw.)*

Kampf·platz der <-es, Kampfplätze> MILIT. *Schlachtfeld*

Kampf·preis der <-es, -e> (WIRTSCH.: ≈ *Dumpingpreis*) *ein bewusst zu niedriger Preis, zu dem ein Anbieter ein Produkt anbietet, um sich gegenüber den anderen Anbietern durchzusetzen* Mit Kampfpreisen versucht der Konzern seine Konkurrenten vom Markt zu drängen.

Kampf·rich·ter, **Kampf·rich·te·rin** der <-s, -> SPORT *jmd., der einen sportlichen Wettkampf leitet, überwacht und die Leistungen der Sportler bewertet*

Kampf·schrift die <-, -en> (≈ *Streitschrift* ↔

Pamphlet) eine Schrift, mit der etwas oder jmdm. der Kampf angesagt wird

Kampf·sport der <-(e)s> (*kein Plur.*) *eine Form des körperlichen Zweikampfs als Sport* Boxen und Karate sind zwei beliebte Arten des Kampfsportes., ein fernöstlicher Kampfsport ◆-art

Kampf·stät·te die <-, -n> *der Ort (Stadion, Turnierplatz …), an dem ein sportlicher Wettkampf ausgetragen wird*

Kampf·stier der <-(e)s, -e> *ein Stier, mit dem ein öffentlicher (meist ritualisierter) Kampf ausgetragen wird (wie im spanischen Stierkampf)*

Kampf·stoff der <-(e)s, -e> (*meist Plur.*) MILIT. *eine chemische, biologische oder radioaktive Substanz, die als Vernichtungswaffe eingesetzt wird*

Kampf·trup·pen die <-> (*Plur.*) *Bezeichnung für verschiedene Truppenteile, die für Kampfhandlungen ausgebildet sind (Jäger, Gebirgsjäger, Panzertruppe …)*

kampf·un·fä·hig <nicht steig.> *Adj. so, dass man nicht mehr kämpfen kann* ▶Kampfunfähigkeit

Kampf·ver·band der <-(e)s, Kampfverbände> *organisatorische oder zeitlich begrenzte Zusammenfassung von Truppeneinheiten für bestimmte militärische Kämpfe*

kam·pie·ren <kampierst, kampierte, hat kampiert> *ohne OBJ* ■ *jmd. kampiert (irgendwo) an einem Ort eine gewisse Zeit, auch über Nacht, im Freien (in einem Zelt) verbringen* Wir kampierten an einem See., Die Truppen kampieren in einem Feldlager.

Ka·muf·fel das <-s, -> (*umg. veralt.*) *Dummkopf (wahrscheinlich gebildet aus „Kamel" und „Muffel")*

Ka·na·da <-s> *Bundesstaat in Nordamerika mit der Hauptstadt Ottawa*

Ka·na·dier, **Ka·na·di·e·rin** der <-s, -> **1.** *jmd., der die kanadische Staatsbürgerschaft hat* **2.** SPORT *ein offenes Sportboot, das mit einem Paddel vorwärts bewegt wird*

ka·na·disch <nicht steig.> *Adj. zu Kanada gehörend, daher stammend*

Ka·nail·le, *a.* **Ca·nail·le** die [ka'naljə] <-, -n> (*abwert.*) *niederträchtiger Mensch*

Ka·nal der <-s, Kanäle> **1.** *eine künstlich angelegte Wasserstraße als Verbindungsweg zwischen zwei natürlichen Gewässern* der Rhein-Main-Donau-Kanal **2.** *ein unterirdisch verlaufendes (großes) Rohr zur Ableitung von Abwässern* **3.** *ein bestimmter Frequenzbereich, auf dem man einen Radio- oder Fernsehsender empfangen kann* ■ **den Kanal voll haben** (*umg.*): *etwas gründlich satt haben*

Ka·nal·bau der <-s> (*kein Plur.*) *der Bau von Kanälen*[2]

Ka·nal·de·ckel der <-s, -> *Deckel über einem Kanal*[2]

Ka·nal·ge·bühr die <-, -en> *Gebühr für die Entsorgung von Abwasser*

Ka·nal·in·seln *Plur. die im Ärmelkanal gelegenen Inseln*

Ka·na·li·sa·ti·on die <-, -en> **1.** *System von Kanälen*[2] **2.** (*kein Plur.*) *das Ausbauen eines Flusses zu einem schiffbaren Wasserweg*

Ka·na·li·sa·ti·ons·netz das <-es, -e> *das netzartige System von Kanälen*[2]

ka·na·li·sie·ren <kanalisierst, kanalisierte, hat kanalisiert> *mit OBJ* ■ *jmd. kanalisiert etwas* **1.** *mit einem System von Kanälen*[2] *versehen* **2.** *einen Fluss schiffbar machen* **3.** (*geh.*) *Energie oder Gefühle kontrolliert in eine bestimmte Richtung lenken* Du musst lernen, deine Aggressionen zu kanalisieren. ▶Kanalisierung

Ka·nal·schacht der <-(e)s, Kanalschächte> *Schacht, durch den man zu einem Kanal*[2] *hinunter steigen kann*

Ka·nal·schwim·mer der <-s, -> *jmd., der den Ärmelkanal schwimmend durchquert (hat)*

Ka·nal·tun·nel der <-s> (*kein Plur.*) *unter dem Ärmelkanal verlaufender Eisenbahntunnel, der Nordfrankreich und Südengland verbindet*

Ka·nal·über·que·rung die <-, -en> *die Überquerung des Ärmelkanals*

Ka·na·pee das <-s, -s> **1.** (*veralt.* ≈ *Sofa*) **2.** (*meist Plur.*) *mit Delikatessen belegte kleine Weißbrotscheibe*

Ka·na·ren *Plur. s.* **Kanarische Inseln**

Ka·na·ri der <-s, -s> (*süddt.*) *Kanarienvogel*

Ka·na·ri·en·vo·gel der <-s, Kanarienvögel> *ein meist gelber Singvogel, der als Haustier im Käfig gehalten wird*

Ka·na·ri·er der <-s, -> *Bewohner der Kanarischen Inseln*

Ka·na·ri·sche In·seln *Plur. zu Spanien gehörende Inselgruppe im Atlantik*

Kan·da·re die <-, -n> *Gebissstange als Teil des Zaumzeuges für Pferde* ■ **jemanden an die Kandare nehmen** (*umg.*): *jmdn. unter Kontrolle bringen und seine Freiheit einschränken*

Kan·de·la·ber der <-s, -> *mehrarmiger Kerzenleuchter*

Kan·di·dat, **Kan·di·da·tin** der <-en, -en> **1.** *jmd., der sich um ein öffentliches Amt bewirbt* Sie wurde als Kandidatin für die Landtagswahl aufgestellt. ◆Betriebsrats-, Kanzler- **2.** *ein Student, der sich einer (Abschluss-)Prüfung unterzieht* **3.** ■ **jemand ist ein (sicherer) Kandidat für etwas**: *es ist ziemlich wahrscheinlich, dass die genannte Sache in der Zukunft jmdm. zustößt*

Kan·di·da·ten·lis·te die <-, -n> *Liste der Kandidaten*[1]

Kan·di·da·tur die <-, -en> *das Kandidieren* Seine Kandidatur wurde erst heute bekannt gegeben., Sie hat ihre Kandidatur zurückgezogen. ◆Kanzler-

kan·di·die·ren <kandidierst, kandidierte, hat kandidiert> *ohne OBJ* ■ *jmd. kandidiert (für etwas Akk.)* POL. *sich als Kandidat*[1] *um ein öffentliches (politisches) Amt aufstellen lassen* Er kandidiert für das Amt des Präsidenten.

kan·die·ren <kandierst, kandierte, hat kandiert> *mit OBJ* ■ *jmd. kandiert etwas* KOCH. *(Früchte) mit einem Zuckergemisch überziehen und dadurch haltbar machen*

kan·diert <nicht steig.> *Adj. mit einem Zuckerge-*

misch überzogen kandierte Früchte

Kan·dis·zu·cker der <-> (*kein Plur.*) *brauner oder weißer Zucker in der Form großer, harter Kristalle, der vor allem zum Süßen von Tee benutzt wird*

Kan·di·ten *Plur.* (*österr.*) **1.** *kandierte Früchte* **2.** *Süßigkeiten*

Kän·gu·ru das <-s, -s> *ein in Australien lebendes Beuteltier, für das der kräftige lange Schwanz und die kräftigen Hinterbeine, auf denen es sich hüpfend fortbewegt, charakteristisch ist*

Ka·nin das <-s, -e> *das Kaninchenfell*

Ka·nin·chen das <-s, -> *einem Hasen ähnliches Nagetier* ◆-bau, -stall, Zwerg-

Ka·nis·ter der <-s, -> *größerer Blech- oder Plastikbehälter zum Transport von Wasser, Benzin oder Öl*

kann *s.* **können**

Känn·chen das <-s, -> **1.** *kleine Kanne* **2.** *in einem Lokal servierte Portion Kaffee, Tee oder heiße Schokolade, die etwa zwei Tassen ergibt*

Kan·ne die <-, -n> *ein bauchiges Gefäß mit Schnabel und Henkel* ◆ Kaffee-, Milch-, Öl-, Tee-

Kan·ne·lie·rung die <-, -en> *die Technik, die Oberfläche von Säulen und Pfeilern mit senkrecht laufenden Rillen* (*Kanneluren*) *zu versehen*

kan·nen·wei·se *Adv. in großen Mengen* (*von Flüssigkeit*) Am Abend dieses heißen Tages tranken sie kannenweise kalten Tee.

Kan·ni·ba·le, Kan·ni·ba·lin der <-n, -n> *ein Mensch, der Menschenfleisch isst*

kan·ni·ba·lisch <nicht steig.> *Adj. die Kannibalen, den Kannibalismus betreffend* kannibalische Neigungen/Praktiken

Kan·ni·ba·lis·mus der <-> (*kein Plur.*) **1.** ZOOL. *der Vorgang, dass Tiere Artgenossen fressen* **2.** *der Vorgang, dass ein Mensch Menschenfleisch isst*

Ka·non der <-s, -s> **1.** MUS. *ein Lied, bei dem nacheinander mit mehreren Stimmen die gleiche Melodie gesungen wird* **2.** (*geh.*) *eine Sammlung von Regeln, Gesetzen oder Texten, die für einen bestimmten Bereich relevant sind* Für die Prüfung gibt es einen Kanon der einschlägigen Literatur., Sie hätte sich besser an den Kanon der Verhaltensregeln halten sollen. **3.** (*kein Plur.*) REL. *die von kirchlicher Seite für verbindlich erklärten biblischen Schriften*

Ka·no·na·de die <-, -n> **1.** MILIT. *schweres Geschützfeuer* **2.** (*übertr. umg.*) *eine große Menge von etwas* Er ließ eine wahre Kanonade von Beschimpfungen auf sie los.

Ka·no·ne die <-, -n> **1.** (≈ *Geschütz*) *eine schwere Waffe mit einem langen Rohr, mit der man über eine große Entfernung eine Kugel auf ein Ziel schießen kann* ◆-nkugel, -nrohr, -nschuss, Bord- **2.** (*umg.*) *Pistole, Revolver* Da zieht der Kerl plötzlich eine Kanone und hält sie mir vor die Nase! **3.** (*umg.*) *Ass, Könner* (*auf sportlichem Gebiet*) Er ist eine richtige Kanone. ■ **unter aller Kanone** (*umg. abwert.* ≈ *unter aller Sau*): *qualitativ sehr schlecht* Deine Leistungen sind einfach unter aller Kanone, sie sind mehr als miserabel!

Ka·no·nen·boot das <-(e)s, -e> *mit Kanonen[1] ausgerüstetes Schnellboot* ◆-politik

Ka·no·nen·fut·ter das <-s> (*kein Plur.*) (*umg. abwert.*) *Soldaten, die für eine wenig Erfolg versprechende militärische Aktion sinnlos geopfert werden*

Ka·no·nier der <-s, -e> MILIT. *Soldat, der eine Kanone[1] bedient*

Ka·no·ni·ker der <-s, -> *Mitglied einer Gemeinschaft* (*geistliches Kapitel*), *die nach dem kirchlichen Kanon leben*

Ka·no·ni·kus der <-, Kanoniker> *s.* **Kanoniker**

Ka·nos·sa·gang/Ca·nos·sa·gang der <-(e)s> (*kein Plur.*) (*geh.*) *ein* (*durch eine bestimmte Situation erzwungener*) *Akt, bei dem sich jmd. in demütigender Weise selbst erniedrigt*

Kan·ta·te[1] die <-, -n> MUS. *kleines Gesangsstück für Solostimmen, Chor und kleines Orchester* eine CD mit Kantaten von Bach

Kan·ta·te[2] *kirchlicher Name des 4. Sonntags nach Ostern*

Kan·te die <-, -n> *die Linie, die zwei in einem bestimmten Winkel aufeinander treffende Flächen bilden* Ich habe mich an der Kante des Tisches gestoßen., Vorsicht, an den scharfen Kanten kann man sich verletzen!, Abgerundete Kanten zeigen, dass die Chinesen bei der Gehäuseverarbeitung der Geräte inzwischen viel dazugelernt haben. ■ **etwas auf die hohe Kante legen** (*umg.*): *Geld sparen* **etwas auf der hohen Kante haben** (*umg.*): *Geld gespart haben*

Kan·ten der <-s, -> (*norddt.*) *Anschnitt oder letztes Stück eines Brotlaibes*

kan·ten <kantest, kantete, hat gekantet> *mit OBJ* ■ *jmd. kantet etwas auf die Kante stellen* Das Paket trug die Aufschrift: „Bitte nicht kanten!"

Kant·holz das <-es, Kanthölzer> *Holzstück mit viereckigem Querschnitt*

kan·tig <nicht steig.> *Adj. mit Kanten* Der Weg zum Gipfel führte über kantige Felsen. ◆ scharf-

Kan·ti·le·ne die <-, -n> MUS. *getragene, liedartige Melodie*

Kan·ti·ne die <-, -n> *eine Art Restaurant in Betrieben und Kasernen, in dem die Mitarbeiter ein preiswertes Mittagessen erhalten* gemeinsam mit den Kollegen in der Kantine essen, Zwischen Weihnachten und Neujahr bleibt unsere Kantine geschlossen., Die Kantine bietet täglich zwei Mahlzeiten und ein Ausweichessen an. ◆-nbetreiber-, -nessen, -nmahlzeit, -npersonal, Betriebs-, Firmen-

Kan·ton der <-(e)s, -e> **1.** *Bundesland der Schweiz* ◆-sregierung, Halb- **2.** *Verwaltungsbezirk in Frankreich und Belgien*

Kan·to·nist der <-s, -en> (*veralt.*) *ausgehobener Rekrut* ■ **ein unsicherer Kantonist** (*geh.*): *ein wenig verlässlicher Mensch*

Kan·tor der <-s, -en> **1.** MUS. *Organist und Leiter des Chores in Kirchengemeinden* **2.** GESCH. MUS. *Vorsänger und Leiter des Chores im Gregorianischen Choral*

Ka·nu, Ka·nu das <-s, -s> **1.** *leichtes, schmales, offenes Boot der Indianer, dessen Enden nach* *oben gebogen sind* **2.** SPORT *einem Kanu*[1] *ähnliches (Sport-)Boot*

Ka·nü·le die <-, -n> **1.** MED. *Hohlnadel einer (Injektions-)Spritze* **2.** MED. *ein kleines Röhrchen zum Einführen oder Ablassen von Luft oder Flüssigkeiten*

Ka·nu·sport der <-(e)s> (*kein Plur.*) *das Fahren mit dem Kanu*[2] *als Sport*

Ka·nu·te, **Ka·nu·tin** der <-n, -n> SPORT *jmd., der mit einem Kanu*[2] *Wettkämpfe bestreitet*

Kan·zel die <-, -n> **1.** *in einer Kirche erhöht angebrachte kleine Plattform mit Brüstung, von der aus der Geistliche predigt* **2.** (≈ *Cockpit*)

kan·ze·ro·gen <nicht steig.> *Adj.* MED. *Krebs erregend*

Kanz·lei die <-, -en> **1.** GESCH. *eine Behörde, die Urkunden ausfertigte und den Schriftverkehr abwickelte* ◆-beamter, -deutsch **2.** *Büro eines Rechtsanwaltes* ◆-gehilfe, Anwalts-

Kanz·ler, **Kanz·le·rin** der <-s, -> **1.** *kurz für „Bundeskanzler"* **2.** *kurz für „Reichskanzler"* **3.** *leitender Verwaltungsbeamter an einer Hochschule*

Kanz·ler·amt das <-(e)s> (*kein Plur.*) **1.** *die dem Bundeskanzler unterstellte Dienstbehörde* ◆-minister **2.** *Stellung, Posten des Kanzlers*[1]

Kanz·ler·kan·di·dat, **Kanz·ler·kan·di·da·tin** der <-, -en> *Kandidat für das Kanzleramt*[2] ▶Kanzlerkandidatur

Kan·zo·ne die <-, -n> **1.** *provenzalische und französische Gedichtform* **2.** *liedhafte Instrumentalkomposition* **3.** *Chorgesang ohne Instrumentalbegleitung* **4.** *heiteres, schlichtes Lied*

Kap das <-s, -s> GEOGR. *weit ins Meer ragender Teil einer Felsenküste*

Kap. *Abkürzung von „Kapitel"*

Ka·paun der <-s, -e> ZOOL. *kastrierter, gemästeter Hahn*

Ka·pa·zi·tät die <-, -en> **1.** WIRTSCH. *Leistungsvermögen eines Unternehmens* Wie hoch ist die Kapazität des neuen Kraftwerkes? ◆-sabbau, -sauslastung, -sengpass, -sgrenze, Über- **2.** *räumliches Fassungsvermögen; Aufnahmefähigkeit* Der Öltank hat eine Kapazität von 2000 Litern., Wenn die Zahl der Studienanfänger weiter ansteigt, ist die Kapazität der Universität bald erschöpft. **3.** PHYS. *die Fähigkeit, elektrische Ladung aufzunehmen und zu speichern* **4.** *Experte* Sie ist eine Kapazität auf dem Gebiet der Literaturwissenschaft., Die Entdeckung verhalf dem aus Thannhausen stammenden Physiker zum Rang einer international anerkannten Kapazität.

Ka·pee ■ **jemand ist schwer von Kapee** (*veralt.*): *jmd. begreift sehr schlecht*

Ka·pel·le[1] die <-, -n> **1.** *ein abgetrennter, beispielsweise für Taufen bestimmter Gebetsraum in einer Kirche* ◆Tauf- **2.** *eine kleine, einfache Kirche, die vorwiegend Andachten und nicht regelmäßigen Gottesdiensten dient*

Ka·pel·le[2] die <-, -n> MUS. *Orchester, das Unterhaltungs- und Tanzmusik spielt* ◆Blas-, Trachten-

Ka·pell·meis·ter der <-s, -> **1.** *Leiter einer Kapelle*[2] **2.** (≈ *Orchesterdirigent*)

Ka·per[1] die <-, -n> (*meist Plur.*) BOT. (*in Essig eingelegte*) *grüne Blütenknospe des Kapernstrauches*

Ka·per[2] der <-, -n> **1.** *ein Schiff, das feindliche Schiffe erbeutet* **2.** *Seeräuber*

ka·pern <kaperst, kaperte, hat gekapert> *mit OBJ* ■ *jmd. kapert etwas* **1.** SEEW. *ein feindliches Schiff erbeuten* **2.** *ein Fahrzeug oder Flugzeug und dessen Insassen in seine Gewalt bringen* Die Luftpiraten kaperten ein Passagierflugzeug mit über 100 Geiseln an Bord.

Ka·pern·so·ße die <-, -n> *eine Soße, die mit Kapern gewürzt ist*

Ka·pern·strauch der <-s, Kapernsträucher> *im Mittelmeergebiet heimischer Strauch, an dem Kapern wachsen*

ka·pie·ren <kapierst, kapierte, hat kapiert> *mit OBJ* ■ *jmd. kapiert etwas* (*umg.* ≈ *verstehen*) Ist das wirklich so schwer zu kapieren?

ka·pil·lar <nicht steig.> *Adj. die Kapillaren betreffend*

Ka·pil·la·re die <-, -n> MED. *sehr feine Ader bzw. Blutgefäß*

Ka·pi·tal das <-s, -e/Kapitalien> **1.** *der gesamte Besitz einer Firma* Der Konzern hat sein Kapital erhöht. **2.** *Vermögen* (*das irgendwo investiert wird und seinem Besitzer Gewinn bringen kann*) Das Kapital ist gewinnbringend/sicher angelegt., Er hat sein Kapital in Immobilien/Wertpapieren angelegt. **3.** ■ **etwas ist jemands Kapital**: *eine bestimmte Eigenschaft ist von großem Wert für jmdn.* Seine Geduld ist sein ganzes Kapital. **Kapital aus etwas schlagen**: *aus etwas einen Vorteil oder Gewinn ziehen*

ka·pi·tal <nicht steig.> *Adj.* **1.** (*umg.*) *sehr groß* Die Anschaffung des teuren Geräts war ein kapitaler Fehler, jetzt wird es gar nicht gebraucht! **2.** (*in der Sprache der Jäger*) *außerordentlich groß* Der Jäger hat einen kapitalen Bock geschossen.

Ka·pi·täl das *s.* **Kapitell**

Ka·pi·ta·l·ab·wan·de·rung die <-, -en> (≈ *Kapitalflucht*)

Ka·pi·tal·an·la·ge die <-, -n> *eine (teure) Sache, die man kauft, um sein Vermögen anzulegen* Schmuck/Wohnungen als Kapitalanlage kaufen

Ka·pi·tal·an·teil der <-(e)s, -e> *der Anteil, mit dem ein Teilhaber an einer Handelsgesellschaft beteiligt ist*

Ka·pi·tal·auf·sto·ckung die <-, -en> *Erhöhung des Kapitalstocks*

Ka·pi·tal·aus·fuhr die <-, -en> *der Vorgang, dass jmd. Kapital ins Ausland schafft*

Ka·pi·tal·be·tei·li·gung die <-, -en> *der Vorgang, dass jmd. sich am Kapital eines Unternehmens beteiligt, indem er z.B. Aktien des Unternehmens kauft*

Ka·pi·tal·bil·dung die <-> (*kein Plur.*) *Vergrößerung des Kapitals, beispielsweise durch Investieren und Sparen*

Ka·pi·täl·chen das <-s, -> *Großbuchstabe in der Höhe der kleinen Buchstaben* in einem Wörterbuch die Sachgebietsangaben in Kapitälchen drucken

Ka·pi·tal·eig·ner der <-s, -> *Eigentümer von Kapital eines Unternehmens*

Ka·pi·tal·er·hö·hung die <-, -en> *Erhöhung des Kapitals (einer Aktiengesellschaft)*

Ka·pi·tal·er·trag der <-(e)s, Kapitalerträge> *Gewinn aus angelegtem Kapital* ◆-ssteuer

Ka·pi·tal·flucht die <-> (*kein Plur.*) *das Übertragen von Kapital ins Ausland bei ungünstigen (Anlage-)Bedingungen im Inland oder um das Kapital zu sichern*

Ka·pi·tal·ge·ber der <-s, -> (≈ *Investor*) *jmd., der einem Untenehmen Geld zur Verfügung stellt*

Ka·pi·tal·ge·sell·schaft die <-, -en> *eine Handelsgesellschaft, deren Gesellschafter das Kapital geben, aber an der Leitung des Unternehmens kaum beteiligt sind*

ka·pi·tal·in·ten·siv *Adj. mit einem hohen Zinsanteil an den Kosten eines Unternehmens beteiligt*

Ka·pi·tal·in·ves·ti·tion die <-, -en> *das Investieren von Kapital*

Ka·pi·ta·li·sa·tion die <-, -en> *das Kapitalisieren*

ka·pi·ta·li·sie·ren <kapitalisierst, kapitalisierte, hat kapitalisiert> *mit OBJ* ■ *jmd. kapitalisiert etwas Sachwerte in Kapital umwandeln* ►Kapitalisierung

Ka·pi·ta·lis·mus der <-> (*kein Plur.*) (↔ *Sozialismus*) *die Wirtschaftsform, in der die Produktionsmittel Privateigentum sind und in der die Wirtschaft vor allem durch die Mechanismen des Marktes (und nicht durch eine staatliche zentrale Lenkung)gesteuert wird* ◆ Früh-, Spät-

Ka·pi·ta·list, **Ka·pi·ta·lis·tin** der <-en, -en> **1.** (*oft abwert.*) *reicher Privatunternehmer (der übertrieben gewinnorientiert wirtschaftet)* **2.** *Anhänger, Verfechter des Kapitalismus*

ka·pi·ta·lis·tisch *Adj.* (↔ *sozialistisch*) *auf dem Kapitalismus beruhend, ihn betreffend*

Ka·pi·tal·markt der <-(e)s, Kapitalmärkte> *organisierter Markt für Börsengeschäfte sowie für die Vermittlung von Angebot und Nachfrage durch die Kreditinstitute*

Ka·pi·tal·ver·bre·chen das <-s, -> *schweres Verbrechen, zum Beispiel Mord*

Ka·pi·tal·ver·flech·tung <-, -en> *wechselseitige Kapitalbeteiligung von Unternehmen*

Ka·pi·tal·ver·mö·gen das <-s, -> *Vermögen an Bargeld und Wertpapieren*

Ka·pi·tal·zins der <-es, -en> *Zins aus angelegtem Kapital*

Ka·pi·tän der <-s, -e> **1.** SEEW. LUFTF. *Kommandant eines Schiffes oder eines größeren Passagierflugzeuges* **2.** SPORT *Repräsentant und Führer einer Mannschaft* ◆-srolle, Mannschafts-

Ka·pi·täns·pa·tent das <-(e)s, -e> *amtliches Zeugnis, das jmdn. zur Führung großer Schiffe berechtigt*

Ka·pi·tel das <-s, -> **1.** *ein längerer Abschnitt eines geschriebenen oder gedruckten Textes, der über eine eigene Zählung und meist über eine eigene Überschrift verfügt* Der Roman verfügt über einundachtzig Kapitel., Das erste Kapitel der Dissertation bietet einen breiten Überblick über den derzeitigen Forschungsstand. ◆-einteilung, -gliederung, -überschrift **2.** ■ **ein Kapitel für sich** (*umg.*): *eine unerfreuliche, problematische Angelegenheit* **3.** *ein Abschnitt der Ordensregel, der der Klostergemeinschaft vorgetragen wird*

Ka·pi·tell, *a.* **Ka·pi·täl** das <-s, -e> KUNST *oberer Abschluss einer Säule oder eines Pfeilers*

Ka·pi·tel·saal der <-s, Kapitelsäle> *der Saal in einem Kloster, wo die Ordensregel (Kapitel*[2]*) vorgelesen wird*

Ka·pi·tu·la·ti·on die <-, -en> **1.** *das Kapitulieren*[1] **2.** *Vertrag über eine Kapitulation*[1] **3.** *resigniertes Aufgeben*

ka·pi·tu·lie·ren <kapitulierst, kapitulierte, hat kapituliert> *ohne OBJ* **1.** ■ *jmd. kapituliert (vor jmdm./etwas) sich (als Truppe oder als Staat dem Feind) ergeben* Angesichts der aussichtslosen Lage musste die Armee kapitulieren. **2.** ■ *jmd. kapituliert (vor jmdm./etwas) resigniert aufgeben* Er kapitulierte vor so vielen unerwarteten Schwierigkeiten. **3.** ■ *jmd. kapituliert eine Kapitulation abschließen*

Ka·p·lan der <-s, Kapläne> REL. *ein Geistlicher, der einem Pfarrer untergeordnet ist*

Ka·po der <-s, -s> **1.** MILIT. *Unteroffizier* **2.** (*umg.*) *Häftling in einer Strafanstalt, der andere Häftlinge beaufsichtigt* **3.** (*süddt. umg.*) *Vorarbeiter*

Ka·po·das·ter der <-s, -> *quer auf das Griffbrettt einer Gittare zu spannender Sattel, dessen Verschiebung auf den Saiten die Stimmung verändert*

Ka·pok der <-s> (*kein Plur.*) *Fruchtwolle des Kapokbaumes, die als Füllmaterial für Polster verwendet wird*

Ka·pott·hut der <-s, Kapotthüte> *Damenhut (aus der Biedermeierzeit), der mit Bändern unter dem Kinn gebunden wird*

Kap·pe die <-, -n> **1.** *eine Mütze mit einem (die Augen schützenden) Schild* ◆ Baseball-, Schild- **2.** *abnehmbarer Verschluss, beispielsweise von Flaschen, der durch ein Schraubgewinde oder einen Klappmechanismus mit der Flasche verbunden ist* ■ **etwas auf seine (eigene) Kappe nehmen** (*umg.*): *die Verantwortung für etwas übernehmen*

kap·pen <kappst, kappte, hat gekappt> *mit OBJ* ■ *jmd. kappt etwas* **1.** *(ab)schneiden* Wir sollten die hohe Hecke kappen. **2.** *durchschneiden* die Leinen/die Taue kappen

Kap·pes der <-> (*kein Plur.*) (*westmdt.*) **1.** *Weißkohl* **2.** *Unsinn* Red' keinen Kappes!

Käp·pi das <-s, -s> *kleine, längliche (Uniform-)Mütze*

Ka·p·ric·cio das [ka'prɪtʃo] *s.* **Capriccio**

Ka·p·ri·o·le die <-, -n> **1.** *(akrobatischer, lustig aussehender) Luftsprung* **2.** *übermütiger, verrückter Streich* Sie steckt voller Kapriolen. **3.** SPORT *Figur beim Dressurreiten*

ka·p·ri·zie·ren <kaprizierst, kaprizierte, hat kapriziert> *mit SICH* ■ *jmd. kapriziert sich auf etwas Akk. etwas zum besonderen Gegenstand seiner Beschäftigung machen* Als Pianist kaprizierte er

K

sich auf die französische Moderne.

ka·p·ri·zi·ös *Adj. in launiger Weise eigensinnig*

Kap·sel die <-, -n> **1.** *ein kleiner runder Behälter* **2.** *ein Arzneimittel, dessen Bestandteile von einer festen Gelatinehülle umschlossen sind* **3.** BOT. *die Hülle, die den Samen bestimmter Pflanzen enthält* **4.** *kurz für „Raumkapsel“*

Kap·sel·riss der <-es, -e> MED. *Riss in der Gelenkkapsel des Hüftgelenks*

Kap·stadt <-s> *zweitgrößte Stadt der Republik Südafrika, Sitz des Parlaments der Republik*

Käp·ten der <-s, -s> (*norddt.*) *Kapitän*

Ka·put der <-s, -e> (*schweiz.*) *Soldatenmantel*

ka·putt <nicht steig.> *Adj.* (*umg.*) **1.** *zerbrochen, defekt, nicht mehr funktionsfähig* Das Auto/der CD-Player/die Vase ist kaputt. **2.** *zerrüttet, nicht mehr intakt* Ihre Ehe ist kaputt. **3.** *so, dass jmd. am Rande der bürgerlichen Gesellschaft steht* Er ist ein ziemlich kaputter Typ. **4.** (≈ *fertig*) *erschöpft* Nach diesem langen Arbeitstag bin ich total kaputt. ◆ Getrenntschreibung→R 4.1 kaputt sein; Zusammenschreibung→R 4.11 kaputtgehen, kaputtlachen, kaputtmachen, kaputtschlagen, kaputttreten

ka·putt·ge·hen <gehst kaputt, ging kaputt, ist kaputtgegangen> *ohne OBJ* ■ *etwas geht kaputt* (*umg.*) **1.** *entzweigehen, zerstört werden* Während des Umzugs sind einige Gläser kaputtgegangen. **2.** *so sehr Schaden nehmen, dass es nicht mehr intakt ist* Ihre Ehe ging kaputt. **3.** *ruiniert werden* Der Betrieb ging kaputt.

ka·putt·la·chen <lachst kaputt, lachte kaputt, hat kaputtgelacht> *mit SICH* ■ *jmd. lacht sich kaputt* (*umg.*) *sehr lachen* Er hat sich über den Witz fast kaputtgelacht., Du wirst dich kaputtlachen, wenn ich dir das erzähle!

ka·putt·ma·chen **I.** *mit OBJ* (*umg.*) **1.** ■ *jmd./etwas macht etwas/jmdn. kaputt zerbrechen, zerstören* Wer hat die Vase kaputtgemacht?, Dieser Mensch macht mich mit seinem ewigen Zynismus kaputt. **2.** ■ *etwas macht jmdn. kaputt bis zur völligen Erschöpfung anstrengen* Der Umzug macht mich noch kaputt! **3.** ■ *etwas macht etwas kaputt ruinieren* Die wirtschaftliche Entwicklung macht viele kleine Betriebe kaputt. **II.** *mit SICH* ■ *jmd. macht sich kaputt* (*umg.*) *sich und seine Gesundheit ruinieren* Er hat sich mit Drogen kaputtgemacht., Wenn sie weiter so viel arbeitet, macht sie sich kaputt.

Ka·pu·ze die <-, -n> *an einem Mantel oder einer Jacke angenähte Haube, die man über den Kopf ziehen kann* ◆ -njacke

Ka·pu·zi·ner der <-s, -> **1.** REL. *Angehöriger eines christlichen Ordens* **2.** (*österr.*) *Kaffee mit etwas Milch*

Ka·pu·zi·ner·af·fe der <-n, -n> *ein Affenart in den Urwäldern Mittel- und Südamerikas*

Ka·pu·zi·ner·kres·se die <-> (*kein Plur.*) *eine* (*Kletter-*)*Pflanze mit gelben und orangefarbenen Blüten*

Ka·pu·zi·ner·mönch der <-(e)s, -e> *Mitglied des Kapuzinerordens*

Ka·pu·zi·ner·or·den der <-s> (*kein Plur.*) *ein Zweig der Franziskanerorden, der sich zu strenger Armut verpflichtet und das Eremitenleben betont*

Kap Ver·de das *Republik im Atlantik vor der Westküste Afrikas, die die Kapverdischen Inseln umfasst; Hauptstadt Praia*

Kap·ver·di·er, **Kap·ver·di·e·rin** der <-s, -> *Staatsbürger(in) der Republik Kap Verde*

kap·ver·disch <nicht steig.> *Adj. zu Kap Verde gehörend, von dort stammend*

Kar das <-s, -e> *Mulde zwischen Steilwänden im Hochgebirge*

Ka·ra·bi·ner der <-s, -> **1.** *ein Gewehr mit kurzem Lauf* **2.** (*österr.*) *kurz für „Karabinerhaken“*

Ka·ra·bi·ner·ha·ken der <-s, -> (*geschlossener*) *Haken mit Schnappverschluss*

Ka·racho das <-s> (*kein Plur.*) (*umg.*) *hohes Tempo, Schwung* ■ **mit Karacho**: *mit großem Tempo, rasant* Er fuhr mit Karacho an mir vorbei.

Ka·raf·fe die <-, -n> *eine bauchige Flasche aus Glas mit einem Stöpsel* Likör in eine Karaffe füllen, Wein in eine Karaffe dekantieren ◆ Wasser-, Wein-

Ka·ram·bo·la·ge die [karambo'la:ʒə] <-, -n> (*umg.*) *Zusammenstoß* (*von Autos*) Im dichten Nebel kam es zu einer Karambolage. ◆ Massen-

ka·ram·bo·lie·ren <karambolierst, karambolierte, hat karamboliert> *ohne OBJ* ■ *jmd. karamboliert* (*mit jmdm./etwas*) *eine Karambolage haben, zusammenstoßen*

Ka·ra·mell der/das <-s> (*kein Plur.*) *eine Masse aus geschmolzenem Zucker* ◆ -bonbon, -pudding

Ka·ra·mel·le die <-, -n> (*meist Plur.*) *Karamellbonbon*

Ka·ra·mell·zu·cker der <-s> (*kein Plur.*) *gerösteter Zucker*

Ka·ra·o·ke das <-/-s> (*kein Plur.*) *eine Veranstaltung, bei der Hobbysänger den Text eines Schlagers zu Instrumentalmusik singen, die von Tonträgern abgespielt wird*

Ka·ra·see die *Randmeer des Nordpolarmeeres*

Ka·rat das <-(e)s, -/-e> **1.** *Einheit zur Gewichtsbestimmung von Edelsteinen* **2.** *Einheit zur Angabe des Goldgehaltes einer Legierung* Reines Gold hat 24 Karat. ◆ -zahl

Ka·ra·te das <-(s)> (*kein Plur.*) *fernöstliche Kampfsportart und Selbstverteidigungssystem* ◆ -kämpfer

-ka·rä·tig *Adj. auf die Karatzahl bezogen* 24-karätig

Ka·rau·sche die <-, -n> *ein bis zu 50 cm langer Süßwasserfisch*

Ka·ra·vel·le die <-, -n> (*hist.*) *ein Segelschiff mit zwei bis drei Masten und großem Heckaufbau, das besonders von Spaniern und Portugiesen bei deren großen Entdeckungsfahrten eingesetzt wurde*

Ka·ra·wa·ne die <-, -n> **1.** (*in unbewohnten Gebieten Asiens oder Afrikas*) *Zug von Kaufleuten oder Forschern, bei dem Kamele als Lasttiere verwendet werden* **2.** (*übertr.*) *Autos oder Personen,* *die sich hintereinander bewegen*

Ka·ra·wa·nen·stra·ße die <-, -n> *eine der traditionellen Routen, auf denen die Karawanen[1] ziehen*

Ka·ra·wan·se·rei die <-, -en> *eine Rast- und Übernachtungsstation für Karawanen*

Kar·bid/Car·bid das <-(e)s, -e> CHEM. *Verbindung aus Kohlenstoff und einem Metall oder Bor oder Silicium*

Kar·bid·lam·pe die <-, -n> *Lampe, die mit einem Gas brennt, das aus Kalziumkarbid und Wasser entsteht*

Kar·bol das <-s> (*kein Plur.*) (*umg. für „Karbolsäure"*) *einfacher Alkohol, der früher zur Desinfektion verwendet wurde*

Kar·bol·säu·re die <-> (*kein Plur.*) *Karbol*

Kar·bon das <-s> (*kein Plur.*) (≈ *Steinkohlezeit*) *ein Zeitalter der Erdgeschichte*

Kar·bo·nat/Car·bo·nat das <-(e)s> (*kein Plur.*) *Salz der Kohlensäure*

Kar·bon·säu·re die <-> (*kein Plur.*) *organische Säure*

Kar·bun·kel das <-s, -> *Ansammlung dicht beieinander liegender Furunkel*

Kar·da·mom, Kar·da·mom das <-s> (*kein Plur.*) *als Lebkuchengewürz (und in der indischen Küche als Gewürz) verwendete Frucht*

Kar·dan·an·trieb der <-s> (*kein Plur.*) *meist Hinterradantrieb, der durch eine Kardanwelle geschieht*

Kar·dan·wel·le die <-, -n> TECHN. *eine Antriebswelle, die zwischen Wellenteilen, die miteinander keine Gerade bilden, Gelenke enthält*

Kar·dät·sche die <-, -n> *grobe Pferdebürste zum Reinigen des Pferdes* ◆ kardätschen

Kar·de die <-, -n> *distelartige Blume an Ufern, Dämmen und Wegrändern*

Kar·di·nal der <-s, Kardinäle> REL. *höchster katholischer Geistlicher nach dem Papst*

Kar·di·nal·bi·schof der <-s, Kardinalbischöfe> *Bischof im Rang eines Kardinals*

Kar·di·nal·feh·ler der <-s, -> *schwerwiegender, grundsätzlicher Fehler* Einen Mafioso zum Polizeipräsidenten zu machen, wäre ein Kardinalfehler.

Kar·di·nal·fra·ge die <-, -n> (*geh.*) *entscheidende Frage, Hauptfrage, Grundfrage*

Kar·di·nal·tu·gend die <-, -en> REL. PHILOS. *nach christlicher Lehre die vier Haupttugenden: Klugheit, Gerechtigkeit, Mäßigung und Tapferkeit*

Kar·di·nal·zahl die <-, -en> (↔ *Ordinalzahl*) *natürliche Zahl, Grundzahl (wie 1, 2, 3, …)*

Kar·di·o·gramm das <-s, -e> (MED.: ≈ *Elektrokardiogramm*) *grafische Darstellung der Herzbewegungen*

Kar·di·o·lo·ge, Kar·di·o·lo·gin der <-n, -n> MED. *Facharzt für die Erkrankungen des Herzens*

Ka·renz die <-, -en> **1.** (≈ *Karenzzeit*) **2.** MED. *Verzicht, Enthaltsamkeit*

Ka·renz·zeit die <-, -en> *Wartezeit, bis bestimmte Ansprüche (meist an Versicherungen) geltend gemacht werden können*

Ka·ret·te die <-, -n> *eine Meeresschildkröte*

Kar·fi·ol der <-s> (*kein Plur.*) (*österr.*) *Blumenkohl*

Kar·frei·tag der <-(e)s, -e> REL. *der Freitag vor Ostern, an dem der Kreuzigung Christi gedacht wird*

Kar·fun·kel der <-s, -> **1.** *ein roter Edelstein* **2.** (*umg.*) *Karbunkel*

karg <karger/kärger, am kargsten/am kärgsten> *Adj.* **1.** (≈ *spärlich* ↔ *reichhaltig*) *so, dass nur wenig von etwas vorhanden ist und es eine sehr einfache Qualität hat* mit einem kargen Mahl vorlieb nehmen **2.** (≈ *schmucklos*) *so, dass es nicht wohnlich und ein wenig ärmlich wirkt* Der Raum war karg eingerichtet. **3.** (↔ *fruchtbar*) *wenig fruchtbar* Was wächst schon auf diesem kargen Boden? ▸Kargheit

kar·gen <kargst, kargte, hat gekargt> *ohne OBJ* ■ *jmd. kargt mit etwas Dat.* (*geh.*) *mit etwas geizen, sparen* Er kargte seinen Mitarbeitern gegenüber sehr mit Lob.

kärg·lich *Adj. gering, armselig* Der Lohn für diese Arbeit war kärglich., Sie führte ein kärgliches Leben.

Kar·go, *a.* **Car·go** der <-s, -s> *Ladung von Schiffen oder Flugzeugen* ◆ -versicherung

Ka·ri·bik die <-> *Sammelbezeichnung für die Inseln und Küstenbereiche zwischen Mittelamerika und Südamerika, die das Karibische Meer säumen*

ka·ri·bisch <nicht steig.> *Adj. zur Karibik gehörig*

ka·riert <nicht steig.> *Adj.* **1.** *mit Karos gemustert* eine karierte Bluse **2.** (↔ *liniert*) *durch senkrechte und waagerechte Linien in viele gleichmäßige Vierecke aufgegliedert* ein karierter Schreibblock ◆ klein-

Ka·ri·es die <-> (*kein Plur.*) MED. *eine Zahnerkrankung, bei der die äußere harte Zahnsubstanz durch Bakterien zerstört wird* ▸kariesfördernd, kariös

Ka·ri·ka·tur die <-, -en> **1.** *eine Zeichnung, die durch satirische Übertreibung bestimmter charakteristischer Merkmale oder Eigenschaften eine Person oder Sache lächerlich macht* Als Politiker ist man oft Gegenstand von Karikaturen. **2.** (*kein Plur.*) *das Karikieren* **3.** (*abwert.*) *Spottbild* Der alternde Schauspieler ist nur noch eine Karikatur seiner selbst.

Ka·ri·ka·tu·rist, Ka·ri·ka·tu·ris·tin der <-en, -en> *jmd., der beruflich Karikaturen[1] zeichnet*

ka·ri·ka·tu·ristisch <nicht steig.> *Adj. in der Art einer Karikatur*

ka·ri·kie·ren <karikierst, karikierte, hat karikiert> *mit OBJ* ■ *jmd. karikiert etwas jmdn. oder etwas als Karikatur[1] darstellen*

Ka·ri·tas die <-> (*kein Plur.*) **1.** *christlich motivierte Liebe zu den Armen* **2.** *die im Rahmen der katholischen Kirche organisierte sozial-karitative Tätigkeit*

ka·ri·ta·tiv <nicht steig.> *Adj. wohltätig* Der Erlös der Tombola kommt karitativen Zwecken zugute., eine karitative Organisation

Kar·ma das <-s> (*kein Plur.*) *das dem Menschen zugeordnete Schicksal, das nach buddhistischer, dschainistischer und hinduistischer Lehre durch*

die guten und bösen Taten des jetzigen und der vorherigen Leben bestimmt ist

Kar·me·lit, **Kar·me·li·tin** der <-en, -en> *Mönch oder Nonne im katholischen Bettelorden der Karmeliten*

Kar·me·sin, **Kar·min** das <-s> (*kein Plur.*) *ein Farbstoff, der in einem brillanten, mittelhellen Rot färbt; Karmesin wird beim Färben von Lebensmitteln und Zellkernen benutzt*

kar·me·sin·rot <nicht steig.> *Adj. karminrot*

kar·min·rot <nicht steig.> *Adj. leuchtend rot*

Kar·ne·ol der <-s, -e> *rot gefärbter Mineralstein*

Kar·ne·val der <-s, -e/-s> (*meist Sing.*) (≈ *süddt. Fasching, Fas(t)nacht*) *die Zeit des Narrentreibens kurz vor dem Beginn der christlichen Fastenzeit vor Ostern, in der sich die Menschen verkleiden und* (*im Rahmen bestimmter Veranstaltungen*) *ausgelassen feiern*

Kar·ne·va·list der <-en, -en> *jmd., der am Karneval aktiv teilnimmt*

kar·ne·va·lis·tisch <nicht steig.> *Adj. in der Art des Karnevals, zum Karneval gehörig*

Kar·ne·vals·ge·sell·schaft die <-, -en> *einer der Vereint, die die öffentlichen Aktivitäten des Karnevals organisieren*

Kar·ne·vals·kos·tüm das <-s, -e> *im Karneval getragenes Kostüm*

Kar·ne·vals·or·den der <-s, -> *eine Auszeichnung, die durch eine Karnevalsgesellschaft verliehen wird*

Kar·ne·vals·sit·zung die <-, -en> *offizielle Zusammenkunft einer Karnevalsgesellschaft*

Kar·ne·vals·um·zug der <-(e)s, Karnevalsumzüge> *eine Veranstaltung im Karneval, bei der speziell dekorierte Wagen und kostümierte Akteure durch die Straßen ziehen*

Kar·ni·ckel das <-s, -> (*landsch.* ≈ *Kaninchen*)

Kar·nie·se die <-, -n> (*österr.*) *Gardinenstange*

kar·ni·vor <nicht steig.> *Adj. fleischfressend* karnivore Tiere und Pflanzen

Kärn·ten <-s> *südliches Bundesland von Österreich mit der Hauptstadt Klagenfurt*

Kärnt·ner, **Kärnt·ne·rin** der <-s, -> *Einwohner Kärntens*

kärnt·ne·risch <nicht steig.> *Adj. zu Kärnten gehörend, von dort stammend*

Ka·ro das <-s, -s> **1.** *Viereck, Raute* (*als Teil eines Stoff- oder Papiermusters*) **2.** (*kein Plur., ohne Artikel verwendet*) *eine Farbe im Kartenspiel* **3.** (*Plur. „Karo"*) *Spielkarte mit der Farbe Karo*[2]

Ka·ro·ass das <-es, -e> *Spielkarte mit der Farbe Karo*[2] *und dem Wert des „Ass"*

Ka·ros·se die <-, -n> *prachtvoll ausgestattete Kutsche*

Ka·ros·se·rie die <-, -n> KFZ *Fahrzeugrahmen*

Ka·ros·se·rie·bau der <-s> (*kein Plur.*) **1.** *der Teil des Fahrzeugbaus, der sich mit der Herstellung von Karosserien beschäftigt* Der Karosseriebau der japanischen Autoindustrie hat im letzten Jahr ein paar wichtige Neuerungen eingeführt. **2.** *das wissenschaftlich-technische Know-How, Karosserien zu entwerfen und zu produzieren* Im Karosseriebau denkt man heute anders als vor 20 Jahren.

Ka·ro·tin/Ca·ro·tin das <-s> (*kein Plur.*) (*beispielsweise in Karotten enthaltene*) *gelbe oder rote Substanz, die eine Vorstufe von Vitamin A darstellt*

Ka·rot·te die <-, -n> (≈ *Möhre*)

Kar·pa·ten *ein Gebirge in Mitteleuropa*

Karp·fen der <-s, -> *ein großer Süßwasserfisch* ◆-angel, -gerät, -zucht

Karp·fen·teich der <-(e)s, -e> *der Zucht von Karpfen dienender Teich*

Kar·ree das <-s, -s> **1.** *Viereck, Quadrat* Die Häuserblocks stehen im Karree. **2.** (*österr.*) *Rippenstück vom Schwein* **3.** *Schliffform von Diamanten*

Kar·re/Kar·ren die/der <-/-s, -n/-> **1.** *kleiner Wagen zum Schieben* **2.** (*umg. abwert.*) *altes Auto* ■ **jemandem an die Karre/den Karren fahren** (*umg.*): *massiv gegen jmdn. vorgehen* **die Karre/den Karren gründlich in den Dreck fahren** (*umg.*): *eine Sache gründlich verderben* **die Karre/den Karren** (**für jemanden**) **aus dem Dreck ziehen** (*umg.*): *eine verfahrene Angelegenheit* (*für die ein anderer verantwortlich ist*) *bereinigen*

Kar·ren der <-s, -> (≈ *Karre*)

kar·ren <karrst, karrte, hat gekarrt> *mit OBJ* **1.** ■ *jmd. karrt etwas irgendwohin in einer Karre*[1] (*irgendwohin*) *transportieren* Ich karrte den ganzen Tag Humus in die Beete. **2.** ■ *jmd. karrt jmdn. irgendwohin* (*abwert.*) *in großer Zahl Personen* (*irgendwohin*) *transportieren* Autobusse karren monatlich Tausende von Touristen in die Stadt.

Kar·ret·te die <-, -n> (*ostmdt.*) *schlechter Wagen*

Kar·ri·e·re die <-, -n> *erfolgreicher beruflicher Aufstieg* Sie hat eine steile Karriere hinter sich., Er begann seine Karriere bei der XY Bank., Die Wahl zum Konzernvorstand stellt das vorläufige Ende einer beispiellosen/einmaligen/ glänzenden/großartigen Karriere dar. ■ **Karriere machen**: *schnell beruflichen Erfolg haben und Anerkennung finden*

kar·ri·e·re·be·wusst *Adj. so, dass jmd. der Karriere große Bedeutung beimisst*

Kar·ri·e·re·frau die <-, -en> **1.** *eine Frau, die Karriere macht oder gemacht hat* **2.** (*oft abwert.*) *eine Frau, die ihr Privatleben rücksichtslos dem beruflichen Aufstieg unterordnet*

Kar·ri·e·re·knick der <-(e)s, -e> (*umg.*) *der Umstand, dass eine bislang erfolgreich verlaufende Karriere einen Rückschlag oder Einbruch erfährt*

Kar·ri·e·re·ma·cher, **Kar·ri·e·re·ma·che·rin** der <-s, -> (*abwert.*) *jmd., der rücksichtslos um seinen beruflichen Aufstieg kämpft oder gekämpft hat*

Kar·ri·e·rist, **Kar·ri·e·ris·tin** der <-en, -en> (≈ *Karrieremacher*)

Kar·sams·tag der <-(e)s, -e> *der Samstag vor Ostern*

Karst der <-(e)s, -e> *Gebirgslandschaft aus Kalkgestein mit wenig Vegetation* ◆-boden, -landschaft

kars·tig *Adj. so, dass eine Landschaft wie ein Karst ist* Nur sehr wenige Pflanzen können auf dem karstigen Boden wachsen.

Kar·tät·sche die <-, -n> MILIT. *ein Artilleriegeschoss*

Kar·tause die <-, -n> *Kloster der Kartäuser*

Kar·täu·ser, Kar·täu·se·rin der <-s, -> REL. *Angehöriger eines kontemplativen katholischen Ordens*

Kar·täu·ser·li·kör der <-s, -e> *Kräuterlikör in der Art des Chartreuse*

Kar·täu·ser·mönch der <-s, -e> (≈ *Kartäuser*)

Kar·täu·ser·or·den der <-s> (*kein Plur.*) **1.** *die klösterliche Gemeinschaft der Kartäusermönche* **2.** *die Lebensordnung der Kartäuser* Der Kartäuserorden wurde vom Papst bestätigt.

Kärt·chen das <-s, -> *kleine Karte*

Kar·te die <-, -n> **1.** *ein rechteckiges Blatt aus einem festen Papier oder Karton, das einem bestimmten Zweck dient* Er schreibt die neuen englischen Vokabeln, ihre Verwendungsweise und die deutsche Übersetzung auf Karten im Format DIN A 5. **2.** *kurz für „Landkarte" oder „Seekarte"* eine Karte im Maßstab 1:10000, Kannst du Karten lesen? **3.** *kurz für „Fahrkarte"* Vergessen Sie nicht, die Karten am Automaten zu entwerten! **4.** *kurz für „Eintrittskarte"* Die Karten für das Konzert sind bereits ausverkauft. **5.** *kurz für „Postkarte" oder „Ansichtskarte"* Wir haben unseren Freunden aus dem Urlaub Karten geschickt. **6.** *kurz für „Speisekarte"* Unsere reichhaltige Karte bietet auch regionale Spezialitäten. **7.** *kurz für „Kreditkarte"* Zahlen Sie bar oder mit Karte? **8.** *kurz für „Visitenkarte"* Darf ich Ihnen meine Karte überreichen? **9.** *kurz für „Spielkarte"* die Karten mischen **10.** *kurz für „Chipkarte"* **11.** ■ **die rote Karte** (SPORT: *Fußball*): *der Platzverweis, mit dem der Schiedsrichter ein sehr schweres Foulspiel bestraft* **die gelbe Karte** (SPORT: *Fußball*): *die ernste Verwarnung, mit der der Schiedsrichter ein Foulspiel ahndet* **jemandem die Karten legen**: *jmdm. mithilfe von Spielkarten die Zukunft vorhersagen* **alle Karten in der Hand haben**: *über alle Mittel und Möglichkeiten verfügen* **sich nicht in die Karten sehen/schauen lassen**: *niemanden in seine Absichten oder Pläne einweihen* **alles auf eine Karte setzen**: *alles riskieren* **auf die falsche Karte setzen**: *eine Sache unterstützen, die keinen Erfolg hat*

Kar·tei die <-, -en> *eine geordnete Sammlung von Karteikarten* (*beispielsweise zu einem bestimmten Thema oder Sachgebiet*)

Kar·tei·kar·te die <-, -n> *eine von vielen Karten*[1] *gleicher Größe, auf der man Daten nach einem bestimmten System zu einem bestimmten Thema erfasst* Ich habe die Adressen aller Freunde und Bekannten/all meine CDs und Bücher auf Karteikarten erfasst.

Kar·tei·kas·ten der <-s, Karteikästen> *Kasten zum Aufbewahren von Karteikarten*

Kar·tei·lei·che die <-, -n> (*scherzh.*) **1.** *ein Eintrag in einer Kartei, dem keine Person, keine Sache oder kein Vorgang entspricht* **2.** *registriertes, aber nicht mehr aktives Mitglied einer Organisation*

Kar·tell das <-s, -e> WIRTSCH. *ein Zusammenschluss von Unternehmen des gleichen Wirtschaftszweiges, die auf diesem Wege zum Beispiel durch Preisabsprachen die Konkurrenten auszuschalten versuchen*

Kar·tell·amt das <-(e)s, Kartellämter> *die Behörde, die überwacht, dass die kartellrechtlichen Bestimmungen eingehalten werden*

Kar·tell·recht das <-(e)s> (*kein Plur.*) *rechtliche Bestimmungen zur Bildung von wirtschaftlichen Kartellen* ▶kartellrechtlich

kar·ten <kartest, kartete, hat gekartet> *ohne OBJ* ■ *jmd. kartet* (*umg.*) *jmd. spielt Karten*

Kar·ten·brief der <-s, -e> *Brief, der aus einer Briefkarte besteht*

Kar·ten·gruß der <-es, Kartengrüße> *Postkarte mit einem kurzen Text, der wesentlich einen Gruß übermitteln soll*

Kar·ten·haus das <-es, Kartenhäuser> *einzelne Spielkarten, die man so aufeinander gesetzt hat, dass sie ein kleines Haus bilden* ■ **einstürzen/in sich zusammenfallen wie ein Kartenhaus** (*umg.*): *sich* (*nach der ersten kritischen Prüfung oder Bewährungsprobe*) *als unrealistisch erweisen*

Kar·ten·in·ha·ber, Kar·ten·in·ha·be·rin der <-s, -> *Person, auf deren Name eine Karte*[7][10] *ausgestellt ist*

Kar·ten·le·gen das <-s> (*kein Plur.*) *die Kunst oder das Tun eines Kartenlegers oder einer Kartenlegerin*

Kar·ten·le·ger, Kar·ten·le·ge·rin der <-s, -> *ein Wahrsager, der durch das Legen von Spielkarten Vorhersagen über die Zukunft macht*

Kar·ten·le·se·ge·rät das <-(e)s, -e> EDV *Prüfgerät für Karten*[7][10] *mit elektromagnetischem Streifen*

Kar·ten·spiel das <-(e)s, -e> *ein Spiel, das mit Spielkarten gespielt wird*

Kar·ten·spie·ler, Kar·ten·spie·le·rin der <-s, -> *jmd., der mit Spielkarten spielt*

Kar·ten·te·le·fon das <-s, -e> *ein öffentlicher Fernsprecher, an dem die Telefongebühren von einer elektronischen Chipkarte abgebucht werden, die der Benutzer vorher an einer Verkaufsstelle erworben hat und die er in den Fernsprecher einführt*

Kar·ten·vor·ver·kauf der <-(e)s> (*kein Plur.*) (↔ *Abendkasse*) *der Verkauf von Eintrittskarten für eine Veranstaltung, der bereits einige Zeit vor der Veranstaltung an bestimmten Verkaufsstellen erfolgt*

Kar·ten·vor·ver·kaufs·stel·le die <-, -n> *ein Kiosk oder Stand, an dem man Konzertkarten im Vorverkauf erwerben kann*

Kar·tha·ger, Kar·tha·ge·rin der <-s, -> *Bewohner Karthagos*

kar·tha·gisch *Adj. zu der Kultur Karthagos gehörig*

Kar·tha·go <-s> *Ruinenstadt in Nord-Tunesien; die Stadt wurde im 3. Punischen Krieg* (*149 - 146 v. Chr.*) *von den Römern zerstört*

K

kar·tie·ren <kartierst, kartierte, hat kartiert> *mit OBJ* ▪ *jmd. kartiert etwas* **1.** *ein Gebiet auf einer Karte[2] darstellen* **2.** *etwas auf einer Karteikarte eintragen*

Kar·tof·fel die <-, -n> **1.** *unter der Erde wachsende essbare Knolle, die man als Speise kocht oder brät* Wir haben vergangenen Winter zwei Zentner Kartoffeln verbraucht., Schälst du bitte die Kartoffeln? ◆-gericht, -schäler **2.** *Pflanze, an der die Kartoffeln[1] wachsen* In dieser Gegend baut man vorwiegend Kartoffeln an. ◆-ernte

Kar·tof·fel·auf·lauf der <-s, Kartoffelaufläufe> KOCH. *im Ofen mit Käse überbackene Kartoffelspeise*

Kar·tof·fel·brei der <-s> (*kein Plur.*) KOCH. *Brei aus gestampften Kartoffeln und Milch*

Kar·tof·fel·chip der <-s, -s> (*meist Plur.*) *eine sehr dünne, pikant gewürzte und frittierte Kartoffelscheibe*

Kar·tof·fel·feu·er das <-s, -> *Feuer, bei dem das Kartoffelkraut auf dem abgeernteten Feld verbrannt wird*

Kar·tof·fel·gra·tin das <-s, -s> KOCH. *mit Käse überbackene, meist in Scheiben geschnittene Kartoffeln*

Kar·tof·fel·kä·fer der <-s, -> *ein Käfer, der sich als Schädling von den Blättern der Kartoffelpflanze ernährt*

Kar·tof·fel·kloß der <-es, Kartoffelklöße> KOCH. *Kugel aus der Masse von geriebenen rohen Kartoffeln, die gekocht wird*

Kar·tof·fel·knö·del der <-s, -> (KOCH.: *süddt. österr.*) *Kartoffelkloß*

Kar·tof·fel·kraut das <-s> (*kein Plur.*) *die grünen Blätter der Kartoffelpflanze*

Kar·tof·fel·mehl das <-s> (*kein Plur.*) *feines, stärkehaltiges Mehl aus Kartoffeln*

Kar·tof·fel·na·se die <-, -n> (*umg. abwert.*) *kleine, dicke Nase*

Kar·tof·fel·puf·fer der <-s, -> KOCH. *ein (flacher und runder) Fladen aus einem Teig von geriebenen rohen Kartoffeln, der in heißem Fett von beiden Seiten gebraten wird*

Kar·tof·fel·pü·ree das <-s> (*kein Plur.*) (≈ *Kartoffelbrei*)

Kar·tof·fel·sa·lat der <-(e)s, -e> KOCH. *gekochte, in dünne Scheiben geschnittene Kartoffeln, die mit Zwiebeln, Gewürzen, Majonäse oder Essig angemacht und kalt gegessen werden*

Kar·tof·fel·scha·le die <-, -n> *dünne, braune Außenhaut der Kartoffel*

Kar·tof·fel·schäl·ma·schi·ne die <-, -n> *eine Maschine, mit der man Kartoffeln automatisch schälen kann*

Kar·tof·fel·stamp·fer der <-s, -> *ein Stampfgerät, mit dem gekochte Kartoffeln zu Brei zerstampft werden können*

Kar·tof·fel·stock der <-s> (*kein Plur.*) (*schweiz.*) *Kartoffelbrei*

Kar·to·graf, *a.* **Kar·to·graph**, **Kar·to·gra·fin** der <-en, -en> *Fachmann auf dem Gebiet der Kartografie*

Kar·to·gra·fie, *a.* **Kar·to·gra·phie** die <-> (*kein Plur.*) *Lehre von der Geschichte und Herstellung von Landkarten*

Kar·to·gramm das <-s, -e> *kartographische Darstellung von geographischen und statistischen Sachverhalten*

kar·to·gra·phie·ren *mit OBJ* ▪ *jmd. kartographiert etwas* GEOGR. *geographische Karten und verwandte Darstellungen (Globus) herstellen und vervielfältigen*

Kar·ton der [kar'tɔŋ, kar'tõ:, kar'to:n] <-s, -s/-e/-> **1.** (≈ *Pappe*) *dickes, steifes Papier* Das Gerät wird in einer Verpackung aus stabilem Karton geliefert., Mit Ölfarben malt man nicht nur auf Leinwand, sondern auch auf Karton. **2.** *Schachtel aus Karton[1]* Ich suche den Karton mit den alten Fotos., Ich habe drei Kartons/Karton Konserven gekauft.

Kar·to·na·ge die <-, -n> *Papp- oder Kartonverpackung*

Kar·to·na·gen·fa·brik die <-, -en> *Fabrik, in der Kartonage hergestellt wird*

kar·to·niert <nicht steig.> *Adj.* (*von Büchern*) *mit einem Pappeinband versehen*

Kar·to·thek die <-, -en> *Kartei*

Kar·tu·sche die <-, -n> **1.** MILIT. *Metallhülse für die Pulverladung* **2.** EDV *Behälter, der die Tinte oder den Toner von Druckern enthält* **3.** KUNST *schildartiges Ornament mit reich verziertem Rand*

Ka·rus·sell das <-s, -s/-e> *eine auf Rummelplätzen eingesetzte Konstruktion, die sich durch einen Motor in eine Drehbewegung versetzen lässt und auf der sich Personen auf ihren Sitzplätzen mitdrehen* Als Kind wollte ich auf dem Jahrmarkt/Volksfest/Rummel mit jedem Karussell fahren.

Kar·wen·del·ge·bir·ge das <-s> *Gebirgsgruppe der Kalkalpen in Tirol und Bayern*

Kar·wo·che die <-, -n> *die Woche vor Ostern*

Kar·zer der <-s, -> **1.** GESCH. *Raum an Universitäten, in dem Studenten eine Strafe absitzen mussten* **2.** *Strafe für Studenten, die im Karzer[1] zu verbringen war*

kar·zi·no·gen <nicht steig.> *Adj.* MED. *Krebs erregend*

Kar·zi·nom das <-s, -e> MED. (*Krebs-*)*Geschwulst*

Ka·sa·che, **Kasachin** der <-n, -n> *jmd., der die kasachische Staatbürgerschaft hat*

ka·sa·chisch <nicht steig.> *Adj. zu Kasachstan gehörend, daher stammend*

Ka·sa·chi·sche das <-n> (*kein Plur.*) *die kasachische Sprache*

Ka·sach/Ka·sak der <-(s), -s> *handgeknüpfter Teppich aus dem Kaukasus*

Ka·sach·stan <-s> *Republik in Zentralasien*

Ka·sat·schok der <-s, -s> *ein russischer Volkstanz*

Ka·schem·me die <-, -n> (*abwert.* ≈ *Spelunke*) *Lokal mit zwielichtigem Ruf*

ka·schen <kaschst, kaschte, hat gekascht> *mit OBJ* ▪ *jmd. kascht jmdn./etwas* (*umg.*) **1.** *gefangen nehmen* **2.** *sich widerrechtlich aneignen*

Kä·scher der *s.* **Kescher**

ka·schie·ren <kaschierst, kaschierte, hat kaschiert> *mit OBJ* ▪ *jmd. kaschiert etwas* **1.** *etwas* geschickt so darstellen, dass eine positivere Wirkung erzielt wird und Mängel nicht erkennbar werden Es gelang ihr, ihre Unsicherheit während der Prüfung zu kaschieren., Sie versuchte, ihren Po durch lange Pullover zu kaschieren. **2.** plastische Teile einer Bühnendekoration herstellen

Kasch·mir[1] <-s> Land in Vorderindien

Kasch·mir[2] das <-s> ein feines, glattes Gewebe

Kasch·mir·schal der <-s, -s> Schal aus der Wolle der Kaschmirziege

Kasch·mir·zie·ge die <-, -n> schulterhohe, weiße, braune oder schwarze Hausziege mit sehr weichem, feinem Haar, das zur Herstellung sehr feiner Gewebe (Kaschmir) benutzt wird

Kä·se der <-s, -> **1.** ein Nahrungsmittel, das aus der Milch von Kühen, Schafen oder Ziegen hergestellt wird ein Laib Käse, ein mit Schinken und Käse belegtes Brot, ein mit Käse überbackener Auflauf ◆-aufschnitt, -messer, -platte, Frisch-, Hart-, Schafs-, Weich-, Ziegen- **2.** (umg. abwert. ≈ Quatsch) Unsinn Was er gesagt hat, ist doch Käse!

Kä·se·blatt das <-(e)s, Käseblätter> (umg. abwert.) kleine, unbedeutende Zeitung

Kä·se·bröt·chen das <-s, -> ein mit Käse[1] belegtes Brötchen

Kä·se·e·cke die <-, -n> **1.** ein Eckstück eines größeren Käsestücks **2.** ein schon fertig verpacktes Stück Käse[1]

Kä·se·fon·due das [...fõ'dy:] <-s, -s> ein Gericht, das man am Esstisch bereitet, indem man kleinere Brotbrocken in eine aufgeschmolzene Käsemasse taucht

Kä·se·fuß der <-es, Käsefüße> (meist Plur.) (umg. abwert.) aufgrund starker Schweißabsonderung übel riechender Fuß

Kä·se·glo·cke die <-, -n> eine Glashaube, die man über Käse[1] stülpt, um ihn frisch zu halten

Kä·se·ku·chen der <-s, -> Kuchen mit süßem Quark

Kä·se·mes·ser das <-s, -> ein besonders geformtes Messer, in dessen Schneide mehrere Löcher eingearbeitet sind und das sich zum Schneiden von Käse[1] besonders eignet

kä·sen <käst, käste, hat gekäst> ohne OBJ **1.** ■ jmd. käst jmd. stellt Käse her **2.** ■ etwas käst etwas wird zu Käse Die Milch käst.

Kä·se·plat·te die <-, -n> Stücke verschiedener Käsesorten, die (oft als Abschluss eines Essens) zusammen auf einem Holzbrett oder flachen Teller serviert werden

Kä·se·rei die <-, -en> ein Betrieb, in dem Käse[1] hergestellt wird

Ka·ser·ne die <-, -n> MILIT. mehrere zusammengehörige und nach außen hin abgegrenzte Gebäude, in denen dauerhaft Soldaten untergebracht sind

Ka·ser·nen·hof der <-(e)s, Kasernenhöfe> Innenhof einer Kaserne

Ka·ser·nen·hof·ton der <-(e)s> (kein Plur.) (abwert.) rauer, herrischer Ton

ka·ser·nie·ren <kasernierst, kasernierte, hat kaserniert> mit OBJ ■ jmd. kaserniert jmdn. eine Gruppe von Menschen in Kasernen unterbringen ▶Kasernierung

Kä·se·sah·ne·tor·te die <-, -n> Kuchen aus Sahne und Quark

Kä·se·schmie·re die <-> (kein Plur.) die Talgschicht auf dem Körper eines Neugeborenen, die als Schutz der Haut wirkt

Kä·se·stan·ge die <-, -n> Gebäck in Form kleiner Stangen aus Mehl, Käse[1], Ei und Fett

Kä·se·tel·ler der <-s, -> (≈ Käseplatte) Teller mit verschiedenen Käsesorten

Kä·se·tor·te die <-, -n> Torte mit einem Belag aus süßem Quark

kä·sig Adj. **1.** käseartig **2.** (umg.) blass ein käsiges Gesicht

Ka·si·no das <-s, -s> **1.** kurz für „Spielkasino" **2.** Gebäude mit Räumen für gesellschaftliche Zusammenkünfte **3.** MILIT. Speiseraum für Offiziere

Kas·ka·de die <-, -n> künstlich angelegter Wasserfall in Form von Stufen

kas·ka·den·för·mig <nicht steig.> Adj. in der Form einer Kaskade

Kas·ko·ver·si·che·rung die <-, -en> KFZ eine Versicherung gegen Schäden, die der Fahrer oder Halter am eigenen Fahrzeug verursacht

Kas·per der <-s, -> **1.** lustige (männliche) Hauptfigur des Puppenspiels **2.** (umg. scherzh.) alberner Mensch

Kas·perl der <-s, -/-n> (süddt. österr.) Kasper

Kas·per·le das/der <-s, -> (süddt.) Kasper ◆-puppe

Kas·per·le·the·a·ter das <-s> (kein Plur.) ein Puppentheater (meist für Kinder), das auf volkstümliche Weise den Kasper[1] als Hauptfigur zeigt, der mit derbem Witz und Humor auftritt, den Schwachen hilft und die Bösen besiegt (aus der Tradition des Wiener Volkstheaters)

Kas·per·li das <-s, -> (schweiz.) Kasper

Kas·per·the·a·ter das <-s, -> eine Puppenbühne, die mit Handpuppen Stücke aufführt, in deren Mittelpunkt der Kasper[1] steht

kas·pisch <nicht steig.> Adj. zur Region des kaspischen Meeres gehörig

Kas·pi·sches Meer das <Kaspischen Meeres> (kein Plur.) im Südwesten Russlands gelegenes Meer ohne natürliche Verbindung zum Weltmeer

Kas·sa die <-, Kassen> (österr.) Kasse

Kas·sa·ge·schäft das <-(e)s, -e> WIRTSCH. Wertpapiergeschäft an der Börse, bei dem die Erfüllung (Lieferung und Zahlung) sehr bald (2. Tag) zu erfolgen hat

Kas·sa·kurs der <-es, -e> WIRTSCH. Börsenkurs für die Umsätze im Kassageschäft

Kas·sa·markt der <-(e)s, Kassamärkte> WIRTSCH. Börsenmarkt für Kassageschäfte

Kas·sa·tion die <-, -en> **1.** Ungültigmachen einer Urkunde **2.** RECHTSW. Aufhebung eines Urteils durch ein höheres Gericht **3.** (MILIT.: veralt.) unehrenhafte Entlassung aus dem Militärdienst

Kas·se die <-, -n> **1.** (verschließbarer) Geldkasten In der Kasse waren drei Hunderteuroscheine und ein paar Münzen., Die Einbrecher haben die Kasse aufgebrochen. **2.** (≈ Registrierkasse) in einem La-

den das Gerät, in das die Preise der verkauften Waren eingegeben werden und das einen Beleg für den Kunden ausdruckt Die Verkäuferin tippt die Warenpreise in die Kasse. ▶Kassierer(in) ◆-nbon **3.** *eine Stelle, an der man beispielsweise Waren oder Eintrittskarten bezahlt* Ich stelle mich an der Kasse an., Vor der Kasse hatte sich eine lange Schlange gebildet. **4.** *ein Schalter (in einer Bank oder einer Behörde) an dem Geld eingezahlt oder ausbezahlt wird* **5.** *kurz für „Krankenkasse"* Die meisten Kassen übernehmen die Kosten der Behandlung. ■ (**gut/schlecht/knapp**) **bei Kasse sein** (*umg.*): (*reichlich oder wenig*) *Geld haben* **jemanden zur Kasse bitten** (*umg.*): *eine Zahlungsforderung an jmdn. richten*

Kas·se·ler das <-s, -> **1.** *kurz für „Kasseler Rippenspeer"* **2.** *jmd. aus der Stadt Kassel in Nordhessen*

Kas·se·ler Rip·pen·speer das <-> (*kein Plur.*) *gepökeltes und geräuchertes Schweinebruststück mit Rippen*

Kas·sen·arzt, **Kas·sen·ärz·tin** der <-es, Kassenärzte> *ein Arzt, der das Recht und die Pflicht hat, Patienten zu behandeln, die bei einer gesetzlichen Krankenkasse versichert sind*

kas·sen·ärzt·lich <nicht steig.> *Adj. den Kassenarzt betreffend* die kassenärztliche Vereinigung

Kas·sen·be·leg der <-(e)s, -e> (≈ *Kassenbon*) *von einer Registrierkasse ausgegebener Rechnungsbeleg*

Kas·sen·be·richt der <-s, -e> WIRTSCH. *schriftliche Aufzeichnungen über Einnahmen und Ausgaben*

Kas·sen·bon der <-s, -s> (≈ *Kassenbeleg*)

Kas·sen·bril·le die <-, -n> (*umg. oft abwert.*) *einfache, billige Brille, die von der Krankenkasse bezahlt wird*

Kas·sen·buch das <-s, Kassenbücher> (*größeres*) *Heft, in das Bareinnahmen und -ausgaben eingetragen werden*

Kas·sen·er·folg der <-(e)s, -e> *ein erfolgreiches Film- oder Bühnenwerk, das viel Geld einspielt*

Kas·sen·leis·tung die <-, -en> MED. *eine Versicherungsleistung der Krankenkasse* Die Übernahme der Kosten eines Aufenthaltes im Krankenhaus ist eine ganz normale Kassenleistung., Mit Einschränkungen bei vielen Kassenleistungen ist auch zukünftig zu rechnen.

Kas·sen·mag·net der <-en, -en> (*umg.*) *Person oder Sache, die ein großes zahlendes Publikum anzieht*

Kas·sen·pa·ti·ent, **Kas·sen·pa·ti·en·tin** der <-en, -en> (↔ *Privatpatient*) *ein Patient, der bei einer gesetzlichen Krankenkasse versichert ist*

Kas·sen·raum der <-s, Kassenräume> *Raum, in dem (in einer Bank) die Kassenschalter sind*

Kas·sen·schal·ter der <-s, -> *die Stelle im Besucherraum einer Bank, wo Kunden bedient werden, die Geld einzahlen oder abheben wollen*

Kas·sen·schla·ger der <-s, -> (*umg.* ↔ *Ladenhüter*) *ein Artikel, der sich überaus gut verkauft*

Kas·sen·sturz der <-es> (*kein Plur.*) (*umg.*) *der Vorgang, dass man vorhandenes Geld zählt, um genau zu wissen, wie viel Geld man hat* Bevor wir uns zum Kauf neuer Möbel entschließen, sollten wir erst einmal Kassensturz machen.

Kas·sen·wart der <-(e)s, -e> *jmd., der die Finanzen eines Vereins verwaltet*

Kas·sen·zet·tel der <-s, -> (≈ *Kassenbeleg*)

Kas·set·te die <-, -n> **1.** (*verschließbares*) *Kästchen, in dem man beispielsweise Uhren und Schmuck aufbewahrt* ◆Geld-, Schmuck- **2.** *ein Datenträger in der Form eines rechteckigen Kunststoffgehäuses, in dessen Innerem zwei bewegliche Spulen mit einem Magnetband fest eingebaut sind* Beim Kauf dieses Videorekorders/Kassettenrekorders erhalten Sie gratis fünf leere Kassetten. ◆Musik-, Video-

Kas·set·ten·deck das <-s, -s> *Gerät zum Aufnehmen und Abspielen von Audiokassetten*

Kas·set·ten·re·kor·der, *a.* **Kas·set·ten·re·cor·der** der <-s, -> *Kassettendeck mit eigenem Verstärker und einfachem Lautsprecher*

Kas·sier der <-s, -e> (*süddt. österr. schweiz.*) *Kassierer*

kas·sie·ren <kassierst, kassierte, hat kassiert> **I.** *mit OBJ* ■ *jmd. kassiert etwas* **1.** (*umg.*) *sich aneignen, einstecken* Er hat meinen Bleistift kassiert. **2.** (*umg.*) *wegnehmen, beschlagnahmen* Die Polizei hat seinen Führerschein kassiert. **3.** *bekommen, einnehmen* Der Makler hat eine ansehnliche Provision kassiert. **4.** *hinnehmen müssen* Die Mannschaft kassierte am Wochende eine herbe Niederlage. **5.** *einsammeln* Die Lehrerin kassiert das Geld für die Klassenfahrt. **II.** *ohne OBJ.* ■ *jmd. kassiert Geld für eine Ware oder eine Leistung einfordern* Das Lokal schließt in wenigen Minuten, kann ich bitte kassieren?

Kas·sie·rer, **Kas·sie·re·rin** der <-s, -> **1.** *Angestellter, der Zahlungen annimmt und Geld auszahlt* Sie ist Kassiererin in einer Bank. **2.** (≈ *Kassenwart*)

Kas·si·o·peia die <-> (*kein Plur.*) *ein Sternbild*

Kas·ta·g·net·te die [kastan'jɛtə] <-, -n> (*meist Plur.*) MUS. *ein kleines Rhythmusinstrument der traditionellen spanischen Musik, das aus zwei Holzschälchen besteht, die man mit den Fingern so bewegt, dass sie gegeneinander schlagen*

Kas·ta·nie die <-, -n> **1.** *ein Laubbaum* ◆-nbaum **2.** *Frucht der Kastanie[1]* ■ (**für jemanden**) **die Kastanien aus dem Feuer holen** (*umg.*): (*für einen anderen*) *eine unangenehme und gefährliche Aufgabe erledigen*

kas·ta·nien·braun <nicht steig.> *Adj. mittel- bis dunkelbraun und rötlich schimmernd* kastanienbraunes Haar

Käst·chen das <-s, -> **1.** *kleiner Kasten* Sie bewahrt ihren Schmuck in einem Kästchen auf. ◆Schmuck- **2.** *eines der kleinen, auf (kariertem) Rechenpapier gedruckten Quadrate* Zahlen in Kästchen schreiben

Kas·te die <-, -n> *in der hinduistischen Gesellschaft eine von den anderen Schichten abgeschlossene Gesellschaftsschicht mit strengen gesellschaftlichen, religiösen und wirtschaftlichen Normen*

kas·tei·en <kasteist, kasteite, hat kasteit> *mit SICH* ■ *jmd. kasteit sich* **1.** REL. *sich selbst zu Bußzwecken Schmerzen zufügen* **2.** *sich Entbehrungen auferlegen* ▶Kasteiung

Kas·tell das <-s, -e> *Burg, Festung*

Kas·tel·lan der <-s, -e> **1.** *Pförtner, Hausmeister (an Universitäten, in Burgen und Schlössern)* **2.** *Aufseher, Verwalter in Burgen und Schlössern*

Kas·ten der <-s, Kästen/(-)> **1.** *eine aus Holz oder Metall gefertigte Kiste (mit Deckel), in der man etwas aufbewahrt oder transportiert* Nach getaner Arbeit legte er die Werkzeuge wieder in den Kasten. ◆ Farb-, Geigen-, Kartei-, Werkzeug- **2.** *ein Kasten[1] für Getränke, der über einzelne Fächer zur Aufnahme von Flaschen verfügt* ein Kasten Bier/Mineralwasser **3.** SPORT *ein Turngerät in der Form eines hölzernen Kastens[1], auf dessen Oberseite sich ein weiches Lederpolster befindet* über den Kasten springen **4.** (*süddt. österr. schweiz.*) *Schrank* ◆ Kleider-

Kas·ten·wa·gen der <-s, -> *ein Auto mit kastenförmigem Aufbau*

Kas·ti·li·en <-s> *Provinz in Spanien*

Kas·t·rat der <-en, -en> **1.** (*veralt.*) *kastrierter Mann* **2.** MUS. (*früher*) *Sänger mit einer ungewöhnlich hohen Stimme*

Kas·t·ra·ten·stim·me die <-, -n> *hohe Stimme eines Kastraten[2]*

Kas·t·ra·ti·on die <-, -en> **1.** MED. *Entfernung der Hoden beim Mann* **2.** (*fachspr.*) *Entfernen der Fortpflanzungsorgane bei männlichen Tieren*

Kas·t·ra·ti·ons·kom·plex der <-es> (*kein Plur.*) *die aus der Psychoanalyse entwickelte Vorstellung, dass es zur Entwicklung der weiblichen Psyche in einem frühkindlichen Entwicklungsstadium gehört, dass sie ihren Körper im Verhältnis zum Mann als kastriert erlebt*

kas·t·rie·ren <kastrierst, kastrierte, hat kastriert> *mit OBJ* ■ *jmd. kastriert jmdn. eine Kastration durchführen* Er hat seinen Kater kastrieren lassen.

Ka·su·is·tik die <-> (*kein Plur.*) **1.** *Fallrecht in juristischen, ethischen und religiösen Systemen, das nicht den Einzelfall unter allgemeine Regeln bringt, sondern im Verhältnis zu anderen Einzelfällen betrachtet* **2.** (*übertr. abwert.*) *Wortklauberei, Haarspalterei* ▶kasuistisch

Ka·sus der <-, -> (SPRACHWISS.: ≈ *Fall*) Im Deutschen gibt es vier Kasus, nämlich den Nominativ, den Genitiv, den Dativ und den Akkusativ.

Ka·sus·en·dung die <-, -en> *die Endung (Buchstabe oder Silbe), die einem Substantiv im Nominativ angehängt wird, um den entprechenden Kasus zu kennzeichnen* Substantive im Genitiv werden im Deutschen häufig durch die Kasusendung „s“ gekennzeichnet.

Kat der <-s, -s> (KFZ: *umg.*) *kurz für „Katalysator“[2]*

Ka·ta·kom·be <-, -n> (*meist Plur.*) GESCH. *unterirdische Grabanlage*

Ka·ta·la·ne, Ka·ta·la·nin der <-n, -n> *jmd., der zur katalanischen Kultur im Nordosten Spaniens gehört*

Ka·ta·la·nisch das <-en> (*kein Plur.*) *zu den romanischen Sprachen gehörende Sprache, die in mehreren Dialekten in Katalonien, Teilen Aragoniens und der Provinz Valencia gesprochen wird*

Ka·ta·lep·sie die <-, -n> (MED.: ≈ *Starrsucht*) *Spannungszustand der Muskeln, die sich aktiv nicht mehr bewegen lassen* ▶kataleptisch

Ka·ta·log der <-(e)s, -e> *ein Verzeichnis in Form eines (dickeren) Buches, in dem Waren, Bücher oder Gegenstände aufgeführt sind* Die Bibliothekarin sucht im Katalog nach einem Buch., Ich habe mir den Katalog des Versandhauses bestellt., Der Katalog zur Ausstellung kostet 30 Euro.

ka·ta·lo·gi·sie·ren <katalogisierst, katalogisierte, hat katalogisiert> *mit OBJ* ■ *jmd. katalogisiert etwas in einen Katalog aufnehmen* Die neuen Briefmarken sind bereits alle katalogisiert.

Ka·ta·log·preis der <-es, -e> *Warenpreis, wie er im Katalog verzeichnet ist*

Ka·ta·lo·nien <-> *historische Provinz und autonome Region im Nordosten Spaniens*

Ka·ta·ly·sa·tor der <-s, -en> **1.** CHEM. *ein Stoff, der eine chemische Reaktion herbeiführt oder beeinflusst, dabei aber selbst unverändert bleibt* **2.** KFZ *eine Vorrichtung am Auto zur Reinigung der Abgase*

Ka·ta·ly·sa·tor·wa·gen der <-s, -> *Auto, das mit einem Katalysator[2] ausgerüstet ist*

ka·ta·ly·sie·ren <katalysiert, katalysierte, hat katalysiert> *mit OBJ* ■ *etwas katalysiert etwas eine chemische Reaktion durch einen Katalysator auslösen bzw. ihre Ablaufzeit verkürzen*

Ka·ta·ma·ran der <-s, -e> *schnelles, aus zwei parallel angeordneten und verbundenen Schiffskörpern bestehendes Segelboot*

Ka·ta·ple·xie die <-, -n> MED. *durch Schreck ausgelöste Starre*

Ka·ta·pult der/das <-(e)s, -e> GESCH. *eine (große) (Stein-)Schleuder*

ka·ta·pul·tie·ren <katapultierst, katapultierte, hat katapultiert> *mit OBJ* **1.** ■ *jmd./etwas katapultiert jmdn./etwas irgendwohin (heraus-)schleudern* Der Pilot wurde beim Absturz des Fluzeugs aus der Pilotenkanzel katapultiert. **2.** ■ *etwas katapultiert jmdn. irgendwohin (übertr.) bewirken, dass jmd. sehr schnell ein Ziel erreicht* Das neue Album katapultierte die Band praktisch über Nacht in Superstarregionen.

Ka·ta·pult·start der <-(e)s, -s> *Start von Flugzeugen mit Hilfe einer Schleudervorrichtung (besonders auf Flugzeugträgern), um sie möglichst rasch zu beschleunigen*

Ka·tar <-s> *Emirat am Persischen Golf*

Ka·ta·rakt[1] der <-(e)s, -e> *Wasserfall; Stromschnelle*

Ka·ta·rakt[2] der <-(e)s, -e> MED. *grauer Star*

Ka·tarrh, a. **Ka·tarr** der <-s, -e> MED. *Schleimhautentzündung der Atemorgane*

Ka·tas·ter der/das <-s, -> AMTSSPR. *amtliches Grundstücksregister*

Ka·tas·ter·amt das <-(e)s, Katasterämter> *Amt, dessen Aufgabe es ist, Grundstücke zu vermessen und den Kataster zu führen*

Ka·tas·ter·aus·zug der <-s, Katasterauszüge> *schriftliche Mitteilung über einen bestimmten Teil der Daten eines Katasters*

ka·ta·s·t·ro·phal *Adj. verhängnisvoll, entsetzlich* Das war ein katastrophaler Fehler/Irrtum., In den Hochwassergebieten herrschen katastrophale Zustände.

Ka·ta·s·t·ro·phe die <-, -n> *Unglück von sehr großem Ausmaß*

Ka·ta·s·t·ro·phen·a·larm der <-s> (*kein Plur.*) *Alarm, der bei einer (drohenden) Katastrophe ausgelöst wird*

Ka·ta·s·t·ro·phen·dienst der <-(e)s, -e> *Hilfsorganisation, die im Katastrophenfall hilft*

Ka·ta·stro·phen·ge·biet das <-(e)s, -e> *ein Gebiet, in dem der Katastrophenfall eingetreten ist*

Ka·ta·s·t·ro·phen·op·fer das <-s, -> *jmd., der in einer Katastrophe sein Leben verliert*

Ka·ta·s·t·ro·phen·schutz der <-es> (*kein Plur.*) **1.** *Organisationen, die helfen, nachdem sich eine Katastrophe ereignet hat* **2.** *vorbeugende Maßnahmen zur Verhinderung von Katastrophen*

Ka·ta·s·t·ro·phen·the·o·rie die <-, -n> **1.** *eine von G. Baron de Cuvier vertretene (und wenig später wieder aufgegebene) Theorie, nach der die Lebewesen periodisch durch universale Katastrophen vernichtet wurden und durch Neuschöpfung wieder entstanden sind* **2.** MATH. *Gebiet der Mathematik, in dem Methoden zur Beschreibung sprunghaft auftretender Phänomene systematisch und rechnerisch entwickelt werden*

Kat·au·to das <-s, -s> (*umg.*) *Auto mit einem Katalysator*

Ka·te die <-, -n> (*norddt.*) *kleines, ärmliches (Holz-)Haus, Hütte*

Ka·te·che·se die <-, -n> *Unterrichtseinheit zur Vermittlung des christlichen Glaubens*

Ka·te·chet, **Ka·te·che·tin** der <-en, -en> *jmd., der an der Katechese teilnimmt*

Ka·te·chis·mus der <-, Katechismen> REL. *Lehrbuch für den christlichen Glaubensunterricht*

Ka·te·chist der <-en, -en> *einheimischer Helfer in den Missionsgebieten der katholischen Kirche*

Ka·te·go·rie die <-, -n> (*Ein-*)*Ordnung* Diese Art von Musik lässt sich keiner Kategorie zuordnen.

ka·te·go·risch <nicht steig.> *Adj.* (*geh.*) *entschieden, mit Nachdruck* Die Arbeitgeber lehnten die Forderungen der Gewerkschaften kategorisch ab.

ka·te·go·ri·sie·ren *mit OBJ* ■ *jmd. kategorisiert etwas* (*geh.*) *einordnen*

Ka·ten·brot das <-(e)s, -e> *dunkles, grobes, kräftig schmeckendes Brot, das nach einem besonderen Verfahren hergestellt wird*

Ka·ten·wurst die <-, Katenwürste> (≈ *Katenrauchwurst*) *grobe, nach einem bestimmten Verfahren geräucherte Dauerwurst*

Ka·ter[1] der <-s, -> ZOOL. *männliche Katze*

Ka·ter[2] der <-s, -> (*umg.*) *Unwohlsein nach zu reichlichem Alkoholkonsum (am Tag vorher)* Am Neujahrstag hatte er einen Kater. ◆-frühstück

Ka·ter·stim·mung die <-> (*kein Plur.*) (*umg.*) *die ernüchterte Stimmung, die auf eine Zeit der Euphorie folgt*

Ka·tha·rer der <-s, -> (≈ *Albigenser*) *Angehöriger einer mittelalterlichen Sekte in West- und Südeuropa (bis zum Balkan)*

Ka·thar·sis, **Ka·thar·sis** die <-> (*kein Plur.*) **1.** LIT. *Läuterung der Seele als Wirkung des (antiken) Trauerspiels* **2.** PSYCH. *Befreiung von seelischen Konflikten durch emotionale Durcharbeitung*

Ka·the·der das <-s, -> (*veralt.*) (*Lehrer-, Redner-*)*Pult, Podium*

Ka·the·d·ra·le die <-, -n> (↔ *Dom*) *Bezeichnung für eine bischöfliche Hauptkirche (in England, Frankreich und Spanien)*

Ka·the·te die <-, -n> MATH. *eine der beiden Seiten eines rechtwinkligen Dreiecks, die den rechten Winkel einschließen*

Ka·the·ter der <-s, -> MED. *Röhrchen zum Einführen in Körperorgane zur Entleerung, Füllung oder Spülung* Der Arzt führte einen Katheter in die Blase ein. ◆ Blasen-

Ka·tho·de/**Ka·to·de** die <-, -n> (PHYS.: ↔ *Anode*) *negativer Pol einer Elektrode*

Ka·tho·den·strah·len die <-> *Plur.* PHYS. *Bezeichnung für gebündelte Strahlen freier Elektronen, die von der Kathode zur Anode gehen*

Ka·tho·lik, **Ka·tho·li·kin** der <-en, -en> *Angehöriger der katholischen Kirche*

Ka·tho·li·ken·tag der <-s, -e> *Kirchentag der deutschen Katholiken, der alle zwei Jahre stattfindet und auf dem aktuelle religiöse, politische und soziale Fragen erörtert werden*

ka·tho·lisch <nicht steig.> *Adj.* (↔ *evangelisch*) *zu der christlichen Kirche gehörend, die den Papst als Oberhaupt hat* ein katholischer Priester, Der Papst ist das Oberhaupt der katholischen Kirche.

Ka·tion das <-s, -en> PHYS. *positiv geladenes Ion*

Kat·man·du /**Kat·man·du** <-s> *Hauptstadt von Nepal*

Ka·to·de die *s.* **Kathode**

Kat·tun der <-s, -e> *ein festes Baumwollgewebe*

Katz ■ **Katz und Maus (mit jemandem) spielen** (*umg.*): *jmdm. durch wiederholte Versprechungen Hoffnungen auf etwas machen und diese schließlich enttäuschen* **für die Katz sein** (*umg.*): *umsonst, vergebens sein*

Katz·bu·cke·lei die <-, -en> (*abwert.*) *das Katzbuckeln*

katz·bu·ckeln <katzbuckelst, katzbuckelte, hat gekatzbuckelt> *ohne OBJ* ■ *jmd. katzbuckelt* (*abwert.*) *sich unterwürfig zeigen* Er katzbuckelt vor seinem Chef.

Kätz·chen das <-s, -> *junge Katze*

Kat·ze die <-, -n> **1.** *ein (als Haustier beliebtes) kleineres Raubtier, das über ein mehr oder weniger langhaariges Fell unterschiedlicher Farbe und Zeichnung und scharfe Zähne und Krallen verfügt und Mäuse und Vögel fängt* Die Katze fängt Mäuse/schnurrt/streckt sich in der Sonne auf den warmen Steinen aus. ◆ Angora-, Haus-, Perser-, Wild- **2.** (↔ *Kater*) *Bezeichnung für eine weibliche Katze*[1] **3.** ZOOL. *in verschiedenen Arten vorkommen-*

de Raubtiere Löwen, Tiger und Leoparden sind Katzen. ■ **die Katze aus dem Sack lassen** (*umg.*): *eine geheim gehaltene Tatsache bekannt geben* **die Katze im Sack kaufen** (*umg.*): *etwas kaufen, ohne sich vorher von der Qualität überzeugt zu haben* **wie die Katze um den heißen Brei herumschleichen** (*umg.*): *über etwas Unangenehmes nur in Andeutungen sprechen, ohne den eigentlichen Kern der Sache zu berühren*

Kat·zel·ma·cher der <-s, -> (*österr.*) *abwertende Bezeichnung für Italiener*

kat·zen·ar·tig <nicht steig.> *Adj. mit der (für Katzen typischen) Geschmeidigkeit der Bewegungen*

Kat·zen·au·ge das <-, -n> **1.** *Auge einer Katze*[1] **2.** (*umg.*) *Rückstrahler am Fahrrad*

Kat·zen·bu·ckel der <-s, -> (*übertr.*) *gekrümmter Rücken (wie bei einer zornigen Katze)*

kat·zen·freund·lich *Adj. scheinheilig-freundlich*

Kat·zen·gold das <-(e)s> (*kein Plur.*) **1.** *Rauschgold* **2.** *fälschlich für Gold gehaltene Minerale wie mineralisch glänzender Glimmer oder Pyrit*

Kat·zen·hai der <-s, -e> *kleiner, schlanker Haifisch*

Kat·zen·jam·mer der <-s> (*kein Plur.*) (*umg.*) *Niedergeschlagenheit, traurige Stimmung* Auf die anfängliche Euphorie folgte schon bald der Katzenjammer.

Kat·zen·mu·sik die <-> (*kein Plur.*) (*umg. abwert.*) *disharmonische, schlecht klingende Musik*

Kat·zen·sprung ■ **etwas ist (nur) einen Katzensprung (entfernt)** (*umg.*): *etwas ist nicht weit entfernt* Von der Wohnung bis ins Büro ist es nur ein Katzensprung.

Kat·zen·streu die <-> (*kein Plur.*) *ein saugfähiges Granulat, das man in eine Kiste füllt, damit Katzen, die im Haus gehalten werden, darin ihre Notdurft verrichten können*

Kat·zen·wä·sche die <-> (*kein Plur.*) (*umg. scherzh.*) *nur kurze, nicht besonders gründliche Körperpflege*

Katz-und-Maus-Spiel das <-s, -e> (*umg.*) *ein Verhalten, das durch starke Zweideutigkeit bestimmt ist, indem jemand auf einen anderen zugeht, ihm etwas anbietet oder verspricht und sich dann wieder zurückzieht und so weiter*

Kau·ap·pa·rat der <-s, -e> ANAT. *alle Organe bei Menschen und Tieren, die das Kauen möglich machen (wie z.B. Kieferknochen, Muskeln)*

Kau·be·we·gung die <-, -en> *Bewegung beim Kauen*

Kau·der·welsch das <-(s)> (*kein Plur.*) (*abwert.*) **1.** (*umg.*) *unverständliches Sprachgemisch* Er sprach ein Kauderwelsch aus Deutsch und Italienisch. **2.** *unverständliche Sprechweise* Ihr fürchterliches Kauderwelsch war nicht zu verstehen. **3.** *aufgrund vieler Fremd- oder Fachwörter schwer verständliche Ausdrucksweise* Kann mir jemand das medizinische Kauderwelsch übersetzen?

kau·en <kaust, kaute, hat gekaut> **I.** *mit OBJ* ■ *jmd. kaut etwas durch Auf- und Abbewegen des Kiefers Nahrung mit den Zähnen zerkleinern* die Nahrung gründlich kauen **II.** *ohne OBJ* ■ *jmd. kaut (an etwas Dat.) aufgrund von Nervosität an etwas herumbeißen oder nagen* Sie kaute während der Prüfung auf/an ihrem Bleistift/an ihren Fingernägeln. ■ **an etwas zu kauen haben** (*umg.*): *Mühe mit etwas haben* An diesem Problem hatte er fünf Jahre zu kauen.

kau·ern <kauerst, kauerte, hat gekauert> **I.** *ohne OBJ* ■ *jmd. kauert irgendwo sich irgendwo in hockender Stellung befinden* Er kauerte in der Ecke. **II.** *mit SICH* ■ *jmd. kauert sich irgendwohin sich in eine kauernde Stellung begeben* Sie kauerte sich hinter einen Busch, um sich zu verstecken.

Kauf der <-(e)s, Käufe> *das Kaufen, der Erwerb* Der Kauf von Schuhen ist nicht einfach., Der Kauf und Verkauf von Aktien will gut überlegt sein., Hoffentlich hat er seinen Kauf noch nicht bereut! ■ **etwas in Kauf nehmen**: *Unannehmlichkeiten im Hinblick auf andere Vorteile akzeptieren* ◆ -absicht-, -beratung, -entscheidung, Aktien-, Auto-, Impuls-, Wohnungskauf-

kau·fen <kaufst, kaufte, hat gekauft> **I.** *mit OBJ* ■ *jmd. kauft etwas* **1.** *eine Ware erwerben, indem man Geld dafür bezahlt* Wir haben das Auto aus zweiter Hand gekauft., Er kauft sich jeden Monat eine CD., Sie hat ihrem Mann als Geschenk einen Bildband über Italien gekauft., Liebe kann man nicht kaufen. **2.** (*umg.*) *bestechen* Wie sich später herausstellte, hatte man den Zeugen gekauft. **II.** *ohne OBJ* ■ *jmd. kauft einkaufen* Das war das letzte Mal, dass ich hier gekauft habe!, Ich kaufe nur in Fachgeschäften. ■ **sich jemanden kaufen** (*umg.*): *jmdm. gehörig die Meinung sagen*

Käu·fer, **Käu·fe·rin** der <-s, -> (↔ *Verkäufer*) *jmd., der etwas kauft oder gekauft hat* Haben Sie für das Haus schon einen Käufer gefunden?, Der Käufer wünscht sich kompetente Beratung und eine große Auswahl.

Käu·fer·kreis der <-es, -e> *der Bereich von Personen, die als Käufer in Frage kommen*

Kauf·frau die <-, -en> *s.* **Kaufmann**

Kauf·haus das <-es, Kaufhäuser> *ein großes Geschäft, in dessen verschiedenen Abteilungen verschiedene Arten von Waren angeboten werden*

Kauf·haus·de·tek·tiv, **Kauf·haus·de·tek·ti·vin** der <-s, -e> *jmd., der beruflich in einem Kaufhaus die Kunden beobachtet, um Ladendiebstähle aufzudecken*

Kauf·kraft die <-> (*kein Plur.*) WIRTSCH. *der Wert des Geldes einer Währung in Bezug auf die Menge der Waren, die man dafür kaufen kann*

kauf·kräf·tig *Adj.* (≈ *zahlungskräftig*) *so, dass man über viel Geld verfügt und daher viele Waren kaufen kann* Ein Stamm kaufkräftiger Kunden sichert den Bestand des Geschäftes.

Kauf·la·den der <-s, Kaufläden> (*Miniatur-*)*Nachbildung eines Lebensmittelladens als Kinderspielzeug*

käuf·lich <nicht steig.> *Adj.* **1.** *so, dass man es kaufen kann* Das Bild ist keine Dekoration, es ist käuflich (zu erwerben). **2.** (*übertr.*) *bestechlich* Der Zeuge ist nicht käuflich.

Kauf·lust die <-> (*kein Plur.*) *Neigung oder Bereitschaft, etwas zu kaufen*

Kauf·mann, **Kauf·frau** der <-(e)s, Kaufleute/Kaufmänner> *jmd., der eine kaufmännische Lehre abgeschlossen hat und der beruflich mit Dingen handelt, sie kauft und verkauft*

kauf·män·nisch <nicht steig.> *Adj.* **1.** *den Beruf eines Kaufmanns betreffend* **2.** *in der Art eines (erfolgreichen) Kaufmanns* Sie zeigte kaufmännisches Geschick.

Kauf·preis der <-es, -e> *der Preis, zu dem man etwas kauft* Der Kaufpreis des Fahrrads betrug 1000 Euro.

Kauf·rausch der <-es> (*kein Plur.*) (*oft scherzh.*) *übersteigerte Kauflust*

Kauf·sum·me die <-, -n> (≈ *Kaufpreis*) *der Preis, zu dem man etwas kauft*

Kauf·ver·hal·ten das <-s> (*kein Plur.*) *die Art und Weise, wie Käufer mit den Faktoren umgehen, die beim Vorgang des Kaufens eine Rolle spielen* Das Kaufverhalten von Jugendlichen ist sehr anders als das von Erwachsenen – sie reagieren oft eher auf den Preis als auf die Qualität der Ware.

Kauf·ver·trag der <-(e)s, Kaufverträge> *ein Vertrag, der einen Kauf rechtlich regelt, indem er den verkauften Gegenstand, den Preis und die Bedingungen des Kaufs genau beschreibt*

Kauf·wert der <-(e)s, -e> *Wert einer Sache beim Kauf (im Vergleich zu ihrem Wert beim Verkauf)*

Kauf·zwang der <-(e)s, Kaufzwänge> *die Verpflichtung, etwas zu kaufen* Sie können das Produkt ohne Kaufzwang zwei Wochen zur Ansicht bestellen.

Kau·gum·mi der/das <-s, -s> *eine mit Fruchtaromen aromatisierte weiche Masse zum Kauen*

kau·ka·sisch <nicht steig.> *Adj. zur Region des Kaukasus gehörig*

Kauka·sus der <-> *System von Gebirgszügen im Süden Russlands (die als die Grenze zwischen Europa und Asien angesehen werden)*

Kaul·quap·pe die <-, -n> *im Wasser lebende Larve des Frosches*

kaum *Adv.* **1.** *fast nicht* Ich habe vor der Prüfung kaum geschlafen. **2.** *nur mit Mühe* Der alte Mann schaffte es kaum noch bis ins dritte Stockwerk. **3.** *wahrscheinlich nicht* Er wird kaum noch kommen. **4.** *gerade (erst)* Wir hatten kaum die Halle betreten, da begann das Konzert. **5.** ■ **kaum dass ...**: *kurz nachdem* Kaum dass er aufgelegt hatte, klingelte erneut das Telefon.

kau·sal <nicht steig.> *Adj.* **1.** (*geh.* ≈ *ursächlich*) *auf dem Zusammenhang zwischen Ursache und Wirkung beruhend,* Der Rückgang der Schutzimpfungen steht in einem kausalen Zusammenhang zur Zunahme dieser Infektionskrankheiten. **2.** SPRACHWISS. *so, dass es eine Begründung nennt* „Weil" ist eine kausale Konjunktion.

Kau·sal·ge·setz das <-es, -e> *das Gesetz, dass (in der Natur) alles durch Ursache und Wirkung zusammenhängt*

Kau·sal·ket·te die <-, -n> *eine Reihe von Ursachen und Wirkungen, so dass die Wirkung wieder zu einer neuen Ursache wird usw.*

Kau·sal·satz der <-es, Kausalsätze> SPRACHWISS. *ein Nebensatz, der einen Grund für das im Hauptsatz ausgedrückte Geschehen angibt*

Kau·sal·zu·sam·men·hang der <-s, Kausalzusammenhänge> **1.** *ein Zusammenhang, der durch das Kausalgesetz bestimmt ist* **2.** SPRACHWISS. *der Zusammenhang von Haupt- und Nebensatz, in dem der Nebensatz den Grund angibt* „Weil es heute regnet ..." ist ein Satz, der einen Kausalzusammenhang bezeichnet

kau·sa·tiv <nicht steig.> *Adj. eine Veranlassung angebend*

Kaus·tik die <-> (*kein Plur.*) **1.** *Brennfläche einer Sammellinse oder eines Hohlspiegels* **2.** MED. *Gewebezerstörung der Haut durch Hitze*

Kau·ta·bak der <-s> (*kein Plur.*) *Tabak, der gekaut wird*

Kau·ti·on die <-, -en> *als Bürgschaft hinterlegter Geldbetrag* Der Inhaftierte wurde gegen eine Kaution von 10000 Euro freigelassen., Der Vermieter verlangt zwei Monatsmieten Kaution.

Kau·t·schuk der <-s, -e> *Rohstoff, der zur Herstellung von Gummi verwendet wird*

Kau·t·schuk·baum der <-s, Kautschukbäume> (≈ *Gummibaum*) *ein Baum, aus dessen Rinde, wenn man sie einritzt, eine milchige Flüssigkeit fließt, aus der man Kautschuk herstellen kann*

Kau·t·schuk·milch die <-> *die bei der Kautschukgewinnung entstehende Milch, die aus den Stämmen der angeschnittenen Bäume läuft*

Kau·werk·zeu·ge die <-> *Plur. zum Kauen dienende Organe bei Mensch und Tier*

Kauz der <-es, Käuze> **1.** *in verschiedenen Arten vorkommender, zu den Eulen gehörender Vogel* **2.** (*umg. abwert.*) *seltsamer, sonderbarer Mann* Er ist schon ein komischer Kauz.

Käuz·chen das <-s, -> *kleiner Kauz*[1]

Ka·va·lier der <-s, -e> *ein Mann, der sich Damen gegenüber besonders höflich, taktvoll und hilfsbereit verhält* ■ **ein Kavalier alter Schule** (*umg.*): *ein Mann, der sich Frauen gegenüber auf traditionelle Weise wie ein Kavalier verhält*

Ka·va·liers·de·likt das <-s, -e> *eine eigentlich strafbare Handlung, die jedoch von der Gesellschaft als harmlos angesehen wird*

Ka·va·liers·start/Ka·va·lier·start der <-(e)s, -s> *schnelles, geräuschvolles Anfahren mit dem Auto, um jmdm. zu imponieren*

Ka·val·le·rie, **Ka·val·le·rie** die <-, -n> (MILIT. GESCH.: ≈ *Reiterei*) *die Truppe von Soldaten, die auf Pferden kämpfen*

Ka·val·le·rist, **Ka·val·le·rist** der <-en, -en> MILIT. GESCH. *Soldat zu Pferde*

Ka·ver·ne die <-, -n> **1.** MED. *durch Gewebeeinschmelzung im Körper entstandener Hohlraum im Körpergewebe (z.B. in der Lunge)* **2.** *künstlich angelegter, unterirdischer Hohlraum (z.B. zur Lagerung von radioaktiven Abfällen)* ◆ -nkraftwerk

ka·ver·nös *Adj.* **1.** MED. *mit einer Kaverne*[1] *behaftet* **2.** *in der Art einer Kaverne*[2]

Ka·vi·ar der <-s> (*kein Plur.*) KOCH. *als Delikatesse* *geschätzter mit Salz konservierter Rogen des Störs*

kcal *Abkürzung von „Kilokalorien"*

Ke·bab der <-(s)> (*kein Plur.*) KOCH. *Gericht aus am Drehspieß gebratenem und in kleine Stücke geschnittenem Fleisch*

keck *Adj.* **1.** *so, dass jmd. frech, aber dabei nicht unsympathisch oder unhöflich ist* Sie ist bei der Versammlung ziemlich keck aufgetreten., Das war eine kecke Antwort. **2.** *auffallend und lustig wirkend* Er hat ein keckes Bärtchen. ▶Keckheit

Kee·per, **Kee·pe·rin** der ['ki:pɐ] <-s, -> SPORT *Torhüter*

Keep·smi·ling das ['ki:p'smajlɪŋ] <-s> (*kein Plur.*) *optimistische Lebenseinstellung*

Kees der <-es, -e> (*süddt. österr.*) *Gletscher*

Ke·fir der <-s> (*kein Plur.*) *aus Milch durch Gärung gewonnenes Getränk mit säuerlichem Geschmack*

Ke·gel der <-s, -> **1.** MATH. *ein geometrischer Körper mit einer gekrümmten Oberfläche, die durch den kreisförmigen Grundriss und die diesem gegenüberliegende Spitze begrenzt wird* **2.** *Gebilde in der Form eines Kegels[1]* der Kegel des erloschenen Vulkans **3.** *eine der neun ungefähr die Form eines Kegels[1] besitzenden Figuren, die man beim Kegeln treffen muss* ■ **mit Kind und Kegel**: *mit allen Personen, die zu einer Familie gehören* ◆ Getrenntschreibung→R 4.1 Kegel schieben/(österr.) scheiben, Ich habe Kegel geschoben.

Ke·gel·a·bend der <-s, -e> *der Vorgang, dass man sich abends zum Kegeln in einem Lokal mit Kegelbahn trifft*

Ke·gel·bahn die <-, -en> *Anlage zum Kegeln*

ke·gel·för·mig <nicht steig.> *Adj. wie ein Kegel[1] geformt*

Ke·gel·klub der <-s, -s> *Klub, dessen Mitglieder sich regelmäßig zum Kegeln treffen*

Ke·gel·man·tel der <-s, Kegelmäntel> MATH. *die Außenfläche eines Kegels ohne die Grundfläche*

ke·geln <kegelst, kegelte, hat gekegelt> *ohne OBJ* ■ *jmd. kegelt als Spieler versuchen, eine Kugel so über eine Bahn rollen zu lassen, dass sie an deren Ende möglichst viele der aufgestellten Kegel[3] umwirft*

Ke·gel·pro·jek·tion die <-, -en> *eine Technik der Kartenprojektion, wobei alle Punkte der Erde auf eine Projektionsfläche abgebildet werden*

Ke·gel·schnitt der <-(e)s, -e> MATH. *eine Kurve, die beim Schnitt eines Kegels[1] mit einer Ebene entsteht*

Keh·le die <-, -n> **1.** ANAT. *Gurgel* Der Hund wäre mir beinahe an die Kehle gesprungen. **2.** *Rachen* Sie hat eine heisere Kehle. ■ **jemandem die Kehle zuschnüren/zusammenschnüren**: *jmdm. Angst und Kummer machen* **aus voller Kehle**: *laut* **sich die Kehle aus dem Hals schreien** (*umg.*): *anhaltend laut schreien*

Kehl·kopf der <-(e)s, Kehlköpfe> ANAT. *am oberen Ende der Luftröhre sitzendes Organ, das vor allem der Erzeugung von Lauten dient*

Kehl·kopf·mi·kro·fon das <-s, -e> *Mikrofon, das man vor dem Kehlkopf auf der Brust trägt*

Kehl·kopf·schnitt der <-s, -e> MED. *chirurgische Öffnung des Kehlkopfes*

Kehl·laut der <-(e)s, -e> *am hinteren Gaumen mit Hilfe der Zunge gebildeter Laut (g und k vor a, o, u und der Ach-Laut im Deutschen)*

Kehr·aus der <-> (*kein Plur.*) **1.** *letzter Tanz einer Tanzveranstaltung* **2.** (*süddt.*) *das letzte Fest am Faschingsdienstag*

Keh·re die <-, -n> *spitze Kurve* Die Straße führt in zahlreichen Kehren hinauf auf den Berg. ◆ Spitz-

keh·ren[1] <kehrst, kehrte, hat/ist gekehrt> **I.** *mit OBJ* ■ *jmd./etwas kehrt etwas irgendwohin* (*haben* ≈ *wenden*) *in eine bestimmte Richtung drehen* Er kehrte die Manteltaschen nach außen., Der Wagen kehrte und kam zurück. **II.** *mit SICH* ■ *etwas kehrt sich gegen jmdn.* (*haben*) *sich gegen jmdn. oder etwas richten* Die veränderte Situation bewirkte, dass sich die früher von der Firmenleitung getroffenen Maßnahmen nun gegen die Firma selbst kehrten. ■ **in sich gekehrt**: *nach innen gewandt und von der Außenwelt kaum etwas wahrnehmend*

keh·ren[2] <kehrst, kehrte, hat gekehrt> *mit OBJ/ohne OBJ* ■ *jmd./etwas kehrt* (*etwas*) (≈ *fegen*) *mit einem Besen Schmutz von etwas entfernen* Ich kehre gerade die Treppe., Er kehrt das Laub von der Straße., Die Kehrmaschine kehrt die Rinnsteine., Sie muss noch kehren.

Keh·richt der <-s> (*kein Plur.*) **1.** (*geh.*) *zusammengefegter Schmutz, Unrat* **2.** (*schweiz.*) *Müll* ◆ -sack **3.** ■ **etwas geht jemanden einen feuchten Kehricht an** (*umg.*): *etwas geht jmdn. überhaupt nichts an* **jemand interessiert/kümmert sich einen feuchten Kehricht für/um etwas** (*umg.*): *jmd. interessiert oder kümmert sich überhaupt nicht für/um etwas*

Kehr·ma·schi·ne die <-, -n> *ein spezielles Fahrzeug zum Kehren[2] (von Straßen)*

Kehr·reim der <-(e)s, -e> *regelmäßig am Strophenende von Gedichten und Liedern wiederkehrende Worte oder Sätze*

Kehr·schau·fel die <-, -n> *Schaufel zur Aufnahme des Kehrichts[1]*

Kehr·sei·te die <-, -n> **1.** *der Nachteil, den eine an sich gute Sache mit sich bringt* Von morgens bis nachts im Büro zu sitzen und kaum mehr Zeit für seine Freunde zu haben, das war die Kehrseite seines beruflichen Erfolges. **2.** (*scherzh.*) *Rücken* ■ **die Kehrseite der Medaille** (*umg.*): *der Nachteil einer Sache*

kehrt·ma·chen <machst kehrt, machte kehrt, hat kehrtgemacht> *ohne OBJ* ■ *jmd. macht kehrt umkehren, zurückgehen*

Kehrt·wen·de die <-, -n> *Kehrtwendung*

Kehrt·wen·dung die <-, -en> **1.** *eine halbe Drehung um sich selbst* Er machte eine Kehrtwendung und lief zurück zur Wohnung. **2.** *eine plötzliche, vollständige Meinungsänderung, nach der man das Gegenteil seiner früheren Meinung vertritt* Kannst du dir ihre Kehrtwendung in dieser Angelegenheit erklären?

K

Kehr·wert der <-(e)s, -e> MATH. *der Wert, den man erhält, wenn man Zähler und Nenner eines Bruches vertauscht*

kei·fen <keifst, keifte, hat gekeift> *ohne OBJ* ■ *jmd. keift* (*abwert.*) *mit schriller Stimme grob schimpfen* ▶Keiferei

Keil der <-(e)s, -e> *ein* (*zum Spalten von Holz oder als Bremsklotz verwendetes*) *Stück Holz oder Metall, das am vorderen Ende spitz ist und sich nach hinten verbreitert* ▶keilförmig

Kei·le <-> (*Plur.*) (*landsch. umg.*) *Prügel*

kei·len <keilst, keilte, hat gekeilt> **I.** *mit OBJ* **1.** ■ *jmd. keilt etwas in etwas Akk.* TECHN. *Keile* (*in einen Spalt*) *treiben* **2.** ■ *jmd. keilt jmdn. versuchen, jmdn. als Mitglied* (*z.B. für eine studentische Verbindung*) *zu gewinnen* **II.** *mit SICH* ■ *jmd. keilt sich mit jmdm.* (*umg.*) *sich prügeln*

Kei·ler der <-s, -> *ein männliches Wildschwein*

Kei·le·rei die <-, -en> (*umg.*) *heftige Schlägerei, Prügelei*

Keil·rie·men der <-s, -> TECHN. *bei Motoren zur Kraftübertragung verwendetes festes Band* Der Keilriemen zwischen Motor und Lichtmaschine muss erneuert werden.

Keil·schrift die <-, -en> GESCH. *Schrift* (*der Babylonier und Assyrer*) *mit keilförmigen Zeichen*

Keim der <-(e)s, -e> **1.** BOT. (*erster*) *Trieb, Spross* **2.** *die befruchtete Eizelle und der Embryo während der ersten Entwicklungsstufe* **3.** *Ursprung, erstes Anzeichen von etwas* Sie verspürte einen Keim der Hoffnung/der Liebe. ▶aufkeimen **4.** (*meist Plur.*) BIOL. MED. *Krankheitserreger* ■ **etwas im Keim ersticken** (*umg.*): *etwas bereits im Anfangsstadium unterdrücken*

Keim·blatt das <-(e)s, Keimblätter> *Blatt des pflanzlichen Keimlings*

Keim·drü·se die <-, -n> *Organ, in dem sich die Keimzellen bilden*

kei·men <keimt, keimte, hat gekeimt> *ohne OBJ* ■ *etwas keimt* **1.** BOT. *Keime*[1] *ausbilden* Die Tomatensamen keimen. **2.** (*geh.*) *entstehen* In ihm keimte ein schlimmer Verdacht.

keim·fä·hig <nicht steig.> *Adj. imstande sein, zu keimen*

keim·frei <nicht steig.> *Adj.* (≈ *steril*) *ohne Keime*[4]

Keim·ling der <-s, -e> **1.** BIOL. MED. *Embryo* **2.** BOT. *junge, gerade erst aus dem Keim*[1] *entstandene Pflanze*

keim·tö·tend <nicht steig.> *Adj.* (≈ *desinfizierend*) *so, dass es Keime*[4] *abtötet*

Kei·mung die <-, -en> *das Keimen*[1]

Keim·zel·le die <-, -n> **1.** BIOL. *der geschlechtlichen Fortpflanzung dienende Zelle* **2.** *Ausgangspunkt, von dem aus sich ein größeres Ganzes entwickelt* Der Redner sprach von der Familie als Keimzelle des Staates.

kein *Pron.* (*Indefinitpronomen*) **1.** *verwendet, um die völlige Abwesenheit von etwas auszudrücken* Kein Mensch war zu sehen, kein Laut war zu hören., Er fand kein sauberes Hemd im Schrank. **2.** *vor einem Substantiv verwendet, um auszudrücken, dass nichts von der im Substantiv ausgedrückten Sache vorhanden ist* Ich habe momentan kein Geld für ein neues Fahrrad., Sie kann kein Italienisch., Er hat keine Schmerzen. **3.** *verwendet vor einem Adjektiv, um das Gegenteil auszudrücken* Das ist keine schlechte Wahl (≈ eine ziemlich gute Wahl)! **4.** (*umg.* ≈ *nicht einmal*) (*vor Zahlangaben*) *verwendet, um auszudrücken, dass der genannte Betrag erstaunlich niedrig ist* Das Auto hat keine 2.000 Euro gekostet., Beim Konzert waren keine zweihundert Besucher. **5.** (*wie ein Substantiv verwendet*) *niemand, nichts* Ich kenne keinen, der dir helfen könnte., Keines der Kinder will mitfahren., Keiner will es gewesen sein., Er rief um Hilfe, aber keiner kam., „Hast du dir ein Kleid ausgesucht?" „Nein, ich werde mir kein(e)s kaufen." **6.** (*in Endstellung*) *verwendet, um auszudrücken, dass etwas überhaupt nicht zutrifft* Lust habe ich zwar keine, aber ich komme trotzdem mit. **7.** ■ **keine Ursache!**: *als Antwort auf ein Dankeschön* Keine Ursache! **8.** ■ **auf keinen Fall**: *ganz sicher nicht* **9.** ■ **kein anderer**: *nur dieser* Kein anderer als er! ◆ Kleinschreibung→R 3.15 keiner, keine, kein(e)s von beiden, keine/keiner, der …; Zusammenschreibung keinmal; Getrenntschreibung bei besonderer Betonung kein (einziges) Mal

kei·ner·lei *Pron. überhaupt kein oder nicht im geringsten* Dafür habe ich keinerlei Verständnis.

kei·nes·falls *Adv. auf keinen Fall* Diesem Vorschlag werde ich keinesfalls zustimmen.

kei·nes·wegs *Adv. ganz und gar nicht* Das habe ich keineswegs gesagt.

kein·mal *Adv. nicht ein einziges Mal* Der neue Spieler hat noch keinmal gespielt. *siehe auch* **kein**

Keks der/das <-/es, -e> *trockenes Kleingebäck* ■ **jemandem auf den Keks gehen** (*umg.*): *jmdn. nerven* ◆ -dose, Butter-, Schokoladen-

Kelch der <-(e)s, -e> *kostbares Trinkgefäß mit schlankem Stiel und rundem Fuß* ■ **der Kelch ist an jemandem vorübergegangen** (*geh.*): *eine drohende, unangenehme Sache konnte abgewendet werden*

Kelch·blatt das <-s, Kelchblätter> BOT. *Blatt des Blütenkelchs*

Kelch·glas das <-es, Kelchgläser> *Trinkglas in Form eines Kelches*

Ke·lim der <-s, -s> *gewebter, orientalischer Wandteppich, dessen Vorder- und Rückseite gleich sind*

Kel·le die <-, -n> **1.** *größerer Schöpflöffel, Schöpfgerät* **2.** *eine flache runde Scheibe an einem längeren Stiel, mit der man Zeichen gibt* Der Polizist hob die Kelle, um den Wagen zu stoppen. **3.** *zum Auftragen des Mörtels verwendetes Maurerwerkzeug in der Form einer keilförmigen Metallfläche mit einem Stiel*

Kel·ler der <-s, -> **1.** *die ganz oder teilweise unter der Erde liegende Räume eines Gebäudes* Das Haus hat einen feuchten Keller., im Keller Vorräte lagern ▶unterkellern **2.** *Raum eines Kellers*[1] Im Keller lagern wir Wein und Vorräte. ■ **in den Keller fallen** (*umg.*): *sehr tief sinken* Die Aktien/Die

Preise fielen in den Keller.

Kel·ler·as·sel die <-, -n> *an feuchten, dunklen Stellen in Gebäuden oder Gärten lebende Assel*

Kel·ler·bar die <-, -s> *in den Keller (eines Privathauses) eingebaute Bar*

Kel·le·rei die <-, -en> *ein Betrieb, in dem in großen Mengen Wein und Sekt gelagert werden*

Kel·ler·fal·te die <-, -n> *tiefe Falte in einem Kleidungsstück* ein Mantel mit tiefer Kellerfalte

Kel·ler·ge·schoss das <-es, -e> *Keller*[1]

Kel·ler·kind das <-(e)s, -er> **1.** *jmd., der in einer Kellerwohnung aufgewachsen ist* **2.** *(umg. übertr.) sozial benachteiligtes Kind*

Kel·ler·lo·kal das <-s, -e> *Lokal, das in Kellerräumen eingerichtet ist*

Kel·ler·the·a·ter das <-s, -> *Theater, das in Kellerräumen untergebracht ist*

Kel·ler·trep·pe die <-, -n> *Treppe, die in den Keller führt*

Kel·ler·tür die <-, -en> **1.** *Tür im Kellergeschoss* **2.** *Tür, die zum Keller führt*

Kel·ler·woh·nung die <-, -en> *Wohnung im Kellergeschoss*

Kell·ner, **Kell·ne·rin** der <-s, -> (≈ *Ober*) *jmd., der beruflich in einem Lokal die Gäste bedient*

kell·nern <kellnerst, kellnerte, hat gekellnert> *ohne OBJ* ■ *jmd. kellnert (aushilfsweise) als Kellner arbeiten*

Kel·te der <-n, -n> *Angehöriger eines indogermanischen Volkes*

Kel·ter die <-, -n> *Gerät zum Pressen von Trauben*

Kel·te·rei die <-, -en> *Betrieb, in dem gekeltert wird*

kel·tern <kelterst, kelterte, hat gekeltert> *mit OBJ* ■ *jmd. keltert etwas in der Kelter auspressen*

Kel·vin das <-s, -> PHYS. *Einheit der Temperatur nach der am absoluten Nullpunkt beginnenden Kelvinskala*

Ke·me·na·te die <-, -n> **1.** GESCH. *Wohnraum für Frauen in einer mittelalterlichen Burg* **2.** *(umg. scherzh.) kleiner Raum, in den man sich zurückziehen kann*

Ken·do das <-s> *(kein Plur.) (wörtlich: „Weg des Schwertes") ein japanischer Kampfsport, bei dem man mit Bambusstäben ficht*

Ke·nia <-s> *ein Staat in Ostafrika*

Ke·ni·a·ner, **Ke·ni·a·ne·rin** <-s, -> *jmd., der die kenianische Staatsbürgerschaft hat*

ke·ni·a·nisch *Adj. zu Kenia gehörend, daher stammend*

Kenn·buch·sta·be der <-n, -n> *Buchstabe als Kennzeichen, Teil eines Kennzeichens*

Ken·nel der <-s, -s> *Hundezwinger*

ken·nen <kennst, kannte, hat gekannt> *mit OBJ* **1.** ■ *jmd. kennt etwas (durch eigene Anschauung und Erfahrungen) Informationen über etwas haben* Er kennt diese Gegend sehr gut, weil er dort aufgewachsen ist., Ich kenne die Firma noch gut, weil ich vor zwanzig Jahren dort eine Lehre gemacht habe. **2.** ■ *jmd. kennt jmdn./etwas (als etwas) aufgrund bestimmter Eigenschaften einen Eindruck von jmdm./etwas haben* Man kannte ihn bisher nur als Sänger, nicht als Schauspieler., Wie ich sie kenne, hat sie die Arbeit längst schon erledigt., Ich kenne mich doch so weit, dass ich von mir sagen kann: Diese Belastung halte ich aus. **3.** ■ *jmd. kennt etwas (≈ wissen) nennen können* Ich kenne weder ihren Namen noch ihr Alter. **4.** ■ *jmd. kennt jmdn. mit jmdm. bekannt sein* Wir kennen uns nun schon seit fast zehn Jahren. **5.** ■ *jmd. kennt etwas etwas erfahren haben und daher wissen, was und wie etwas ist* Sie kannte dieses Gefühl sehr gut. **6.** ■ *jmd. kennt kein ... sich in seinem Handeln nicht (von etwas) beeinflussen lassen* Er kannte kein Mitleid/keine Rücksicht/keine Skrupel. **7.** ■ *irgendwo kennt man kein ... etwas ist charakteristisch für etwas* In diesem Dorf kennt man keinen Diebstahl. ■ **sich nicht mehr kennen (vor Wut)**: *außer sich sich sein vor Wut* **da kenne ich nichts** *(umg.)*: *etwas mit großer Entschiedenheit oder sogar Rücksichtslosigkeit durchsetzen* Ich schwimme auch im Winter in offenen Seen, da kenne ich nichts! **das kenne ich schon** *(umg.)*: *davon will ich nichts mehr wissen* ◆ Getrenntschreibung→R 4.1 jemanden kennen lernen

Ken·ner, **Ken·ner·in** der <-s, -> (≈ *Experte*) *jmd., der viele und tiefgehende Kenntnisse über etwas hat* Er ist ein Kenner der französischen Literatur/des Radsports., Professor Wagner gilt als einer der besten Kenner der römischen Antike., Kenner genießen diesen Fisch lauwarm und lediglich mit einem Spritzer Zitronensaft gewürzt.

Ken·ner·blick ■ **mit Kennerblick**: *prüfend, kritisch und mit Sachverstand* Er musterte das Auto mit Kennerblick.

Ken·ner·schaft die <-> *(kein Plur.) die Eigenschaft, etwas genau zu kennen*

Kenn·kar·te die <-, -n> *(veralt. ≈ Personalausweis)*

kennt·lich <nicht steig.> *Adj. (an gewissen Merkmalen) erkennbar oder deutlich unterscheidbar* ■ **jemanden/etwas kenntlich machen**: *ein Zeichen anbringen, um jmdn. oder etwas wahrnehmbar, unterscheidbar zu machen, zu kennzeichnen* Die zu fällenden Bäume wurden durch aufgesprühte rote Farbpunkte kenntlich gemacht.

Kennt·nis die <-, -se> **1.** *(kein Plur.) konkretes Wissen über etwas* Die Behörden handelten ohne Kenntnis der Sachlage., Ich wollte Sie davon in Kenntnis setzen, dass ..., Er hat das nicht zur Kenntnis genommen. **2.** *(meist Plur.) Fach-, Sachwissen* Er verfügt über gründliche/umfassende Kenntnisse., Sie wollte ihre Kenntnisse auffrischen/ erweitern/vertiefen.

Kennt·nis·nah·me die <-> *(kein Plur.)* AMTSSPR. *der Vorgang, dass jmd. etwas zur Kenntnis nimmt* Er hat seinem Kollegen das Schreiben zur Kenntnisnahme vorgelegt.

kennt·nis·reich *Adj.* (≈ *sachkundig*)

Kennt·nis·stand der <-s> *(kein Plur.) der Umfang der erreichten Kenntnisse* Der Kenntnisstand eines Abiturienten befähigt ihn zu einem Studium.

Ken·nung die <-, -en> *Merkmal* Die Kennung eines Leuchtfeuers ist die typische Folge von Dauer oder Farbe von Lichtsignalen., Die Kennung von Pferden ist das Altersmal ihrer Zähne.

Kenn·wort das <-(e)s, Kennwörter> **1.** (≈ *Losung, Parole*) *nur einem bestimmten Personenkreis bekanntes Wort, das als Erkennungszeichen verwendet wird und dessen Nennung beispielsweise jmdm. irgendwo Einlass verschafft* **2.** *als Erkennungszeichen für etwas benutztes Wort* Senden Sie bitte die Lösung unseres Preisrätsels unter dem Kennwort „Sommerspaß" an die unten stehende Adresse.

Kenn·zei·chen das <-s, -> **1.** *Nummernschild eines Kraftfahrzeugs* Der Wagen mit dem amtlichen Kennzeichen ... wurde vergangene Nacht gestohlen. **2.** (*charakteristisches*) *Merkmal, an dem man jmdn. oder etwas erkennen kann* Dies ist ein Kennzeichen aller Modelle dieser Baureihe.

kenn·zeich·nen <kennzeichnest, kennzeichnete, hat gekennzeichnet> *mit OBJ* **1.** ■ *jmd. kennzeichnet etwas mit einem Kennzeichen[2] versehen* Man kennzeichnete den Wanderweg mit Schildern., Die Giftmüllfässer wurden mit einem Totenkopf gekennzeichnet. **2.** ■ *jmd. kennzeichnet etwas als etwas darstellen, charakterisieren* Sie kennzeichnete ihn als ausdauernd/fleißig/mutig. **3.** ■ *etwas kennzeichnet jmdn./etwas* (*als etwas*) *ein charakteristisches Merkmal sein, dass jmdn. oder etwas in seiner Eigenart zeigt* Sein Verhalten kennzeichnet ihn als gut erzogenen/verantwortungsbewussten Menschen., Eine hervorragende Ganggenauigkeit und lange Lebensdauer kennzeichnete schon immer die Uhren dieses Herstellers.

Kenn·zeich·nung die <-, -en> *das Kennzeichnen* i 2

Kenn·zif·fer die <-, -n> ≈ KENNZAHL *Zahl, die einer Sache als Unterscheidungszeichen oder Charakteristik zugeteilt wird*

Ke·no·taph der <-s, -e> *ein beschrifteter Stein, eine beschriftete Tafel o.Ä. als Denkmal für einen Verstorbenen, der jedoch an einer anderen Stelle begraben ist*

Ken·taur der *s.* **Zentaur**

ken·tern <kenterst, kenterte, ist gekentert> *ohne OBJ* ■ *jmd./etwas kentert* (*als Schiff oder Boot*) *aus der normalen Lage geraten und auf der Seite oder mit dem Kiel nach oben zu liegen kommen* Auf der Wildwasserfahrt ist er mit seinem Boot gekentert.

kep·peln <keppelst, keppelte, hat gekeppelt> *ohne OBJ* ■ *jmd. keppelt* (*österr. umg.*) *keifen, schimpfen*

Ke·ra·mik die <-, -en> **1.** (*kein Plur.*) *gebrannter Ton* Die Vase ist nicht aus Porzellan, sondern aus Keramik. **2.** *Gegenstand aus Keramik[1]* Noch bis zum Monatsende zeigt die Ausstellung altägyptische Keramiken und andere Kunstgegenstände.

Ke·ra·tin das <-s, -e> *Eiweißkörper in Haaren, Nägeln, Schuppen, Hufen, d.h. in allen Formen von Hornhaut*

Ker·be die <-, -n> *eine kleine, v-förmige Vertiefung in etwas* Er machte/schnitt/schnitzte eine Kerbe in den Stock. ■ **in dieselbe/die gleiche Kerbe hauen/schlagen** (*umg.*): *dasselbe an jmdm. kritisieren wie ein anderer auch*

Ker·bel der <-s> (*kein Plur.*) *ein Küchenkraut*

ker·ben <kerbst, kerbte, hat gekerbt> *mit OBJ* ■ *jmd. kerbt etwas* (*in etwas Akk.*) *eine Kerbe, Kerben anbringen* Der Schüler kerbte zwei kleine Rinnen in seinen Tisch, um seinem Ärger darüber Luft zu machen, dass erst zwei Schulstunden vorüber sind.

Kerb·holz (*ursprünglich ein Holz, in das z.B. der Umfang der Schulden eingekerbt wurde*) ■ **etwas auf dem Kerbholz haben** (*umg.*): *etwas Unerlaubtes oder eine Straftat begangen haben*

Kerb·tier das <-(e)s, -e> ZOOL. *Insekt*

Ker·ker der <-s, -> GESCH. **1.** *sehr stark befestigtes* (*unterirdisch gelegenes*) *Gefängnis* (*in einer Burg oder Festung*) **2.** (*österr. veralt.*) *schwere Freiheitsstrafe* Er bekam 10 Jahre Kerker für diesen Raubüberfall.

Ker·ker·stra·fe die <-, -n> (*österr.*) *Kerker[2]*

Kerl der <-(e)s, -e/-s> (*umg.*) **1.** (*mit einem qualifizierenden Adjektiv*) *eine männliche Person* (*der genannten Art*) so ein anständiger/blöder/feiner/fieser/gemeiner Kerl **2.** (*abwert.*) *Schimpfwort für eine männliche Person* Der Kerl ist einfach abgehauen! **3.** *ein liebenswerter Mensch* Sie ist ein netter Kerl.

Kerl·chen das <-s, -> *kleines, liebes Kind*

Kern der <-(e)s, -e> **1.** *der feste innere Teil,* (*hartschalige*) *Samen von bestimmten Früchten* ◆ Kirsch- **2.** *der innere, weichere Teil eines Kerns[1]* **3.** PHYS. *kurz für „Atomkern"* **4.** *das Wesentliche, die Hauptsache* Was ist eigentlich der Kern des Problems? ◆-frage, -problem **5.** *wichtigster, aktivster Teil einer Gruppe* Er gehört zum Kern der Aktivisten. ■ **der harte Kern**: *der engste Zirkel einer bestimmten Gruppe, dessen Mitglieder die stärkste Überzeugung, das größte Engagement o.Ä. für die Sache teilen*

Kern·ar·beits·zeit die <-, -en> (WIRTSCH.: ≈ *Kernzeit*) *bei gleitender Arbeitszeit diejenige Zeit, während der die Arbeitnehmer am Arbeitsplatz anwesend sein müssen*

Kern·be·stand der <-(e)s> (*kein Plur.*) *diejenige Menge an materiellen oder ideellen Gütern, auf die nicht verzichtet werden kann* Es wird immer neu diskutiert, was der Kernbestand des Schulwissens nun sein soll.

Kern·brenn·stoff der <-(e)s, -e> PHYS. *in einem Kernreaktor eingesetztes spaltbares Material*

Kern·che·mie die <-> (*kein Plur.*) *Teil der Kernphysik, die sich mit den Kernreaktionen, besonders mit den Kernumwandlungen und deren Resultaten befasst*

Kern·e·ner·gie die <-> (*kein Plur.*) (≈ *Atomenergie*) ◆-befürworter, -gegner

Ker·ner der <-s> (*kein Plur.*) **1.** *eine Rebsorte* **2.** *ein Wein, der aus Kerner[1] gewonnen wird*

Kern·ex·plo·si·on die <-, -en> **1.** *Explosion eines atomaren Sprengkörpers* **2.** TECHN. *der Vorgang, dass durch den Aufprall eines sehr energierei-*

chen Teilchens eine Zerlegung des Atomkerns stattfindet

Kern·for·schung die <-> (*kein Plur.*) *Erforschung des Atomkerns und seiner Eigenschaften*

Kern·for·schungs·zen·t·rum das <-s, Kernforschungszentren> *ein wissenschaftliches Forschungszentrum, das auch über große Versuchsanlagen zur Kernspaltung oder Kernfusion verfügt*

Kern·fra·ge die <-, -n> *wesentliche Frage*

Kern·frucht die <-, Kernfrüchte> *eine Frucht, deren Fruchtfleisch einen Kern umschließt* Äpfel und Birnen sind Kernfrüchte.

Kern·fu·si·on die <-, -en> PHYS. *die Verschmelzung von Atomkernen, bei der eine sehr große Menge von Energie frei wird*

Kern·ge·häu·se das <-s, -> *der innere Teil von Kernobst, der die Samenkerne enthält*

kern·ge·sund <nicht steig.> *Adj. völlig gesund*

ker·nig *Adj.* **1.** (≈ *markig*) *derb, urwüchsig* Er kommentierte das Geschehen mit kernigen Sprüchen. **2.** (≈ *drahtig*) *stark, sportlich, voller Spannkraft* Er ist ein kerniger Typ. **3.** *voller Kerne*

Kern·kraft die <-> (*kein Plur.*) (≈ *Atomenergie*) ◆ -befürworter, -gegner

Kern·kraft·be·für·wor·ter, **Kern·kraft·be·für·wor·te·rin** der <-s, -> (↔ *Kernkraftgegner*) *jmd., der die Sichtweise vertritt, dass die Gewinnung von Energie durch die Atomindustrie und die Kernkraftbetreiber auch auf lange Sicht sinnvoll und effektiv ist*

Kern·kraft·geg·ner, **Kern·kraft·geg·ne·rin** der <-s, -> (↔ *Kernkraftbefürworter*) *jmd., der gegen die Meinungen der Kernkraftbefürworter streitet*

Kern·kraft·werk das <-(e)s, -e> (≈ *Atomkraftwerk*)

Kern·lad·dungs·zahl die <-, -en> PHYS. *Anzahl der Protonen eines Atomkerns*

Kern·obst das <-es> (*kein Plur.*) *Obst mit Kernen[1], die eine weiche Schale haben* (*z.B. Apfel, Birne, Quitte*)

Kern·phy·sik die <-> (*kein Plur.*) (PHYS.: ≈ *Atomphysik*) *Teilgebiet der Physik, das den Aufbau und die Eigenschaften des Atomkerns untersucht*

Kern·phy·si·ker, **Kern·phy·si·ke·rin** der <-s, -> (≈ *Atomphysiker*) *spezialisierter Physiker auf dem Gebiet der Kernphysik*

Kern·re·ak·ti·on die <-, -en> *zur Umwandlung eines Atomkerns führender physikalischer Prozess*

Kern·re·ak·tor der <-s, -en> (≈ *Atomreaktor*) *Anlage, in der Spaltungen von Atomkernen in einer kontrollierten Kettenreaktion zur Energiegewinnung genutzt werden*

Kern·satz der <-es, Kernsätze> *zentrale Aussage* Der Kernsatz seines Aufsatzes ist im Titel ausgedrückt.

Kern·schat·ten der <-s, -> ASTRON. *der Bereich völligen Schattens, in dem die Lichtquelle vollständig verdeckt ist*

Kern·schmel·ze die <-> (*kein Plur.*) *Durchschmelzen des Reaktorkerns eines Kernkraftwerks beim Ausfall der Kühlsysteme*

Kern·sei·fe die <-> (*kein Plur.*) *einfache unparfümierte Seife zum Reinigen von Wäsche*

Kern·spal·tung die <-, -en> PHYS. *Zerlegung eines Atomkerns in zwei leichtere unter Freisetzung extrem hoher Energiemengen*

Kern·spin·tomo·graph der <-s, -en> MED. *mit Hochfrequenzstrahlen* (*statt mit Röntgenstrahlen*) *arbeitendes medizinisches Untersuchungsgerät, das die Darstellung der Weichteilstrukturen des Körpers erlaubt*

Kern·spin·tomo·graphie, *a.* **Kern·spin·tomo·grafie** die <-> (*kein Plur.*) MED. *medizinisches Untersuchungsverfahren, das mit einem Kernspintomographen arbeitet*

Kern·strah·lung die <-, -en> PHYS. *die von radioaktiven Stoffen ausgehende Alpha-, Beta- und Gammastrahlung sowie die bei der Kernspaltung auftretende Neutronenstrahlung*

Kern·stück das <-(e)s, -e> *zentrales Element, wichtigster Bestandteil von etwas* Diese Maßnahmen bilden das Kernstück der Firmensanierung.

Kern·tech·nik die <-> (*kein Plur.*) (≈ *Atomtechnik*) *Technik auf dem Gebiet der Gewinnung, Nutzbarmachung und Anwendung von Kernenergie und radioaktiven Stoffen*

Kern·trup·pe die <-, -n> *der am besten ausgebildete Teil einer Truppe*

Kern·um·wand·lung die <-, -en> PHYS. *Umwandlung eines Atomkerns durch Kernspaltung oder durch Kernzerfall*

Kern·ver·schmel·zung die <-, -en> (PHYS.: ≈ *Kernfusion*)

Kern·waf·fe die <-, -n> (≈ *Atomwaffe*)

kern·waf·fen·frei <nicht steig.> *Adj.* (≈ *atomwaffenfrei*) *so, dass ein Gebiet ohne Atomwaffen ist*

Kern·waf·fen·ver·zicht der <-s> (*kein Plur.*) *freiwilliger Verzicht verschiedener Staaten auf den Besitz von Kernwaffen durch Unterzeichnung des so genannten Atomwaffensperrvertrags von 1970* (*Vertrag über die Nichtverbreitung von Kernwaffen*)

Ke·ro·plas·tik die *s.* **Zeroplastik**

Ke·ro·sin das <-s> (*kein Plur.*) *Treibstoff* (*für Flugzeuge*)

Ke·rub/Che·rub der <-s, Kerubim/Kerubinen> REL. *biblischer Engel, der das Paradies bewacht siehe auch* **Cherub**

Ker·ze die <-, -n> *meist in eine zylindrische Form gegossenes Wachs mit einem Docht in der Mitte* Als es dunkel wurde, zündete sie eine Kerze an., eine mit Kerzen festlich geschmückte Kaffeetafel, Hast du die Kerze ausgeblasen?, am Adventskranz eine weitere Kerze anzünden

ker·zen·ge·ra·de <nicht steig.> *Adj. mit einer völlig geraden Körperhaltung* Sie saß während der ganzen Zeit kerzengerade auf ihrem Stuhl.

Ker·zen·gie·ßer der <-s, -> *jmd., der beruflich Kerzen* (*besonders für Kirchen*) *gießt*

Ker·zen·licht das <-(e)s> (*kein Plur.*) *Licht, das von Kerzen erzeugt wird* Der Raum wurde von stimmungsvollem Kerzenlicht erhellt.

Ker·zen·schein der <-(e)s> (*kein Plur.*) *Lichtschein einer Kerze*

Ker·zen·stän·der der <-s, -> *ein Gegenstand, auf dem man eine oder mehrere Kerzen befestigt*

Ker·zen·stum·mel der <-s, -> *kleines Endstück einer weit heruntergebrannten Kerze*

Ke·scher/Kä·scher der <-s, -> *ein Fangnetz, das um einen Ring mit Griff gespannt ist und mit dem man z.B. Fische fängt*

kess <kesser, am kessesten> *Adj.* (*umg.*) **1.** (≈ *keck*) *ein wenig frech und respektlos, aber nicht unsympathisch, nicht unhöflich* Das war eine kesse Antwort! **2.** (≈ *flott*) *auf angenehme Weise anders und auffällig* Sie trug ein kesses Kleid., eine kesse Frisur

Kes·sel der <-s, -> **1.** *großer Topf* (*zum Kochen*) **2.** *ein großer, geschlossener Metallbehälter für Gase oder Flüssigkeiten* **3.** GEOGR. *ein von allen Seiten umschlossenes Gebirgstal*

Kes·sel·fleisch das <-> (*kein Plur.*) *in Wasser unter Zusatz von Gewürzen gekochtes Fleisch von frisch geschlachteten Schweinen*

Kes·sel·fli·cker der <-s, -> (*veralt.*) *Handwerker, der Löcher in Kesseln verlötet* ■ **sich hauen/zanken wie die Kesselflicker** (*umg. übertr.*): *sehr grob miteinander umgehen* Sie streiten sich wie die Kesselflicker.

Kes·sel·haus das <-es, Kesselhäuser> *Gebäudeteil, in dem ein Dampfkessel* (*z.B. einer großen Heizungsanlage*) *aufgestellt ist*

Kes·sel·jagd die <-, -en> (≈ *Kesseltreiben*) *eine Treibjagd, bei der das Wild von den Jägern in einem großen Kreis eingeschlossen und in der Mitte zusammengetrieben wird*

Kes·sel·pau·ke die <-, -n> *Pauke*

Kes·sel·schmied der <-s, -e> *jmd., der das Handwerk der Herstellung von Kesseln beherrscht*

Kes·sel·schmiede die <-, -n> *Betrieb eines Kesselschmieds*

Kes·sel·stein der <-(e)s> (*kein Plur.*) *Kalkablagerung in Gefäßen, in denen Wasser gekocht wird*

Kes·sel·trei·ben das <-s> (*kein Plur.*) **1.** (≈ *Treibjagd*) **2.** (*übertr.*) *systematische Verleumdungs- oder Hetzkampagne* Man veranstaltete ein Kesseltreiben gegen den Professor.

Kes·sel·wa·gen der <-s, -> *Güterwagen der Eisenbahn zur Beförderung von Gasen, Flüssigkeiten und pulverförmigen Stoffen in einem großen Kessel*

Ket·sch·up, *a.* **Ket·ch·up** der/das ['kɛtʃap] <-s, -s> *eine dickflüssige, würzige Tomatensoße*

Kett·car® das ['kɛtkaːɐ̯] <-s, -s> *ein Kinderfahrzeug mit Pedalantrieb*

Ket·te die <-, -n> **1.** *eine Reihe von aus Metall gefertigten Gliedern, die beweglich zusammenhängen* Der Hund wurde an der Kette gehalten. ◆ Fahrrad- **2.** (*Hals- oder Arm-*)*Schmuck in der Art einer Kette*[1] *aus vergoldeten oder versilberten Gliedern oder aus Perlen oder Edelsteinen, die an einer Schnur aufgereiht sind* **3.** *Menschen, die sich in einer Reihe aufstellen* (*und sich an den Händen halten*) Die Demonstranten/Polizisten bildeten eine Kette. **4.** *Serie* (*gleichartiger Ereignisse oder Handlungen*) Eine Kette unglücklicher Zufälle führte schließlich zu dem Unglück. **5.** *mehrere Unternehmen an verschiedenen Orten, die zusammengehören* Die Drogeriemärkte/Hotels/Kinos gehören zu einer Kette. ◆ Drogerie-, Hotel- **6.** *bei bestimmten sehr schweren Fahrzeugen* (*wie Panzern oder Planierraupen*) *eines von zwei Antriebselementen in der Art von sehr breiten Ketten*[1]*, die sich über ein vorderes und ein hinteres Rad drehen* ◆ -nfahrzeug, Panzer-

Ket·tel·ma·schi·ne die <-, -n> *Nähmaschine zum Ketteln*

ket·teln <kettelst, kettelte, hat gekettelt> *mit OBJ* ■ *jmd. kettelt etwas elastische, kettenähnliche Nähte von Strickwaren nähen*

ket·ten <kettest, kettete, hat gekettet> *mit OBJ* **1.** ■ *jmd. kettet jmdn./ein Tier/etwas an etwas mit einer Kette*[1] *an etwas anbinden* Man kettete den Hund an einen Pflock. **2.** ■ *jmd. kettet jmdn. an sich das Pflichtgefühl oder die Abhängigkeit eines Menschen dazu benutzen, ihn fest an sich zu binden*

Ket·ten·an·trieb der <-s, -e> *Antrieb mit Ketten*[6]

Ket·ten·brief der <-(e)s, -e> *ein Brief, der vom Empfänger mehrmals abgeschrieben und an andere Personen weitergeschickt wird, damit diese Empfänger ihrerseits so verfahren usw.* (*zuweilen mit Zahlungen einer geringen Summe verbunden, von der dann angeblich alle profitieren sollen*)

Ket·ten·fahr·zeug das <-(e)s, -e> *schweres, mit Ketten*[6] *versehenes Fahrzeug*

Ket·ten·ge·ras·sel das <-s> (*kein Plur.*) *Geräusch von rasselnden Ketten*

Ket·ten·glied das <-(e)s, -er> *einzelnes Glied einer Kette*[1]

Ket·ten·rad das <-(e)s, Kettenräder> *Zahnrad, über dessen Zähne eine Kette*[6] *läuft*

Ket·ten·rau·cher, **Ket·ten·rau·che·rin** der <-s, -> *jmd., der gewohnheitsmäßig eine Zigarette nach der anderen raucht*

Ket·ten·re·ak·ti·on die <-, -en> **1.** PHYS. CHEM. *ein Vorgang, der einmal ausgelöst wird und seinerseits weitere Reaktionen derselben Art bewirkt* **2.** (*übertr.*) *eine Folge von Ereignissen, die durch ein bestimmtes Geschehen ausgelöst wurde* Durch den Auffahrunfall auf der Autobahn ergab sich eine Kettenreaktion von weiteren Auffahrunfällen.

Ket·ten·reim der <-s, -e> (≈ *Terzine*) *Endreim mit der Reimstellung aba/bcb/cdc …*

Ket·ten·sä·ge die <-, -n> *eine tragbare Säge mit einer umlaufenden Kette, auf der Sägezähne montiert sind*

Ket·ten·schluss der <-es, Kettenschlüsse> PHILOS. *verkürzte Form einer Reihe von Schlüssen* (*z.B.: „eine Gärtnerei ist ein Gewerbebetrieb, also steuerpflichtig, also dem Verdacht der Steuerhinterziehung ausgesetzt, also …“*)

Kett·fa·den der <-s, Kettfäden> *in Geweben der Faden in Längsrichtung* (*Kettrichtung*) *im Gegensatz zum Schussfaden* (*Querrichtung*)

Kett·garn das <-s, -e> *Garn für Kettfäden* (*meist härter gedreht als das Garn für die Schussfäden*)

Ket·zer, **Ket·ze·rin** der <-s, -> **1.** REL. *jmd., der von der offiziellen Kirchenmeinung abweicht* **2.** *jmd., der in einer bestimmten Angelegenheit eine andere als die allgemein gültige Meinung vertritt*

Ket·ze·rei die <-, -en> **1.** REL. *Abweichen von der offiziellen Kirchenmeinung* **2.** *Abweichen von der allgemein gültigen Meinung*

ket·ze·risch *Adj.* **1.** REL. *von der offiziellen Kirchenmeinung abweichend* **2.** *von der allgemein gültigen Meinung abweichend* ketzerische Ansichten

keu·chen <keuchst, keuchte, hat/ist gekeucht> *ohne OBJ* ■ *jmd. keucht* **1.** (*haben*) *schwer atmen* Er keuchte vor Anstrengung/unter der Last. **2.** (*sein*) *sich schwer atmend fortbewegen* Sie keuchte die Treppen hinauf.

Keuch·hus·ten der <-s> (*kein Plur.*) *eine ansteckende Kinderkrankheit mit schweren Hustenanfällen*

Keu·le die <-, -n> **1.** *eine einfache Schlagwaffe in der Art eines (sich vorne verdickenden) Knüppels* **2.** SPORT *Sportgerät in Form einer (kleineren) Keule[1]* **3.** KOCH. *Schenkelstück von Geflügel oder Wild* ◆ Gänse-, Reh-

keu·len·för·mig <nicht steig.> *Adj. in der Form einer Keule[1]*

Keu·len·schwin·gen das <-s> (*kein Plur.*) SPORT *eine gymnastische Übung, bei der man in jeder Hand eine Keule[2] hält und diese über dem Kopf schwingt*

keusch *Adj.* (*aufgrund bestimmter moralischer Grundsätze*) *sexuell enthaltsam* ▸Keuschheit

Keu·sche die <-, -n> (*österr.*) **1.** *kleines, ärmliche Holzhaus, Hütte* **2.** *baufälliges Haus*

Keusch·heit die <-> (*kein Plur.*) *das Keuschsein*

Key·board das ['ki:bɔ:d] <-s, -s> **1.** EDV *Tastatur* **2.** MUS. *elektronisch verstärktes Tasteninstrument*

kfm *Adj. Abkürzung von „kaufmännisch"*

Kfm *Abkürzung von „Kaufmann"*

Kfor die *Abkürzung für die UN-Friedenstruppe im Kosovo*

Kfz- *Abkürzung von „Kraftfahrzeug-"* Kfz-Zulassung

Kha·ki/Ka·ki[1] das <-/-s> (*kein Plur.*) *ein grünbrauner Farbton*

Kha·ki/Ka·ki[2] der <-/-s> (*kein Plur.*) *gelbbrauner Stoff für Tropenbekleidung*

Khan/Chan der <-s, -e> GESCH. **1.** (*kein Plur.*) *Titel eines mongolischen oder türkischen Herrschers* **2.** *Herrscher, der den Titel eines Khan[1] trägt* Zwei berühmte Khane waren Dschingis Khan und Aga Khan. **3.** *hoher staatlicher Würdenträger in Persien*

Khart(o)um <-s> *Hauptstadt der Republik Sudan*

Khmer der <-s, -> *Angehöriger eines Volkstammes in Kambodscha*

KI *Abkürzung von „Künstliche Intelligenz" s.* **Intelligenz**

Kib·buz der <-, -im/-e> *ländliche Siedlung mit kollektiver Wirtschafts- und Lebensform in Israel*

Ki·cher·erb·se die <-, -n> *eine Pflanze, deren Samen man wie Erbsen als Gemüse isst*

ki·chern <kicherst, kicherte, hat gekichert> *ohne OBJ* ■ *jmd. kichert leise und mit hoher Stimme lachen* Sie kicherte vor sich hin.

Kick der <-(s), -s> **1.** SPORT *Tritt, Stoß* **2.** (*umg.*) *Nervenkitzel* Manch einer, der den Kick suchte, fand den Tod.

Kick·board das ['kikbɔ:ɐ̯t] <-s, -s> *zusammenklappbarer, mit zwei Rädern hinten und einem Rad vorne ausgestatteter Tretroller*

ki·cken <kickst, kickte, hat gekickt> **I.** *mit OBJ* ■ *jmd. kickt den Ball irgendwohin* (*umg.*) *schießen* Der Spieler kickte den Ball ins Aus. **II.** *ohne OBJ* ■ *jmd. kickt* (*umg.*) *Fußball spielen*

Ki·cker, **Ki·cke·rin** der <-s, -> (SPORT: *umg.*) *Fußballspieler*

Kid das <-s, -s> (*meist Plur.*) (*Jargon*) *Kind, Jugendlicher* Mode für Kids

kid·nap·pen ['kɪtnɛpn̩] <kidnappst, kidnappte, hat gekidnappt> *mit OBJ* ■ *jmd. kidnappt jmdn. entführen* Die Terroristen hatten einen Politiker gekidnappt und verlangten Lösegeld/forderten die Freilassung von inhaftierten Gesinnungsgenossen.

kie·big *Adj.* (*norddt.*) **1.** *frech, vorlaut* **2.** *verärgert, gereizt* Sie wurde kiebig.

Kie·bitz der <-es, -e> **1.** *ein Vogel* **2.** (*umg.*) (*neugieriger, sich einmischender*) *Zuschauer beim Kartenspiel oder beim Training von Sportlern*

kie·bit·zen <kiebitzt, kiebitzte, hat gekiebitzt> *ohne OBJ* ■ *jmd. kiebitzt jmd. schaut beim Karten- oder Schachspiel anderer zu*

Kie·fer[1] der <-s, -> ANAT. *der Schädelknochen, in dem die Zähne sitzen* ◆ Ober-, Unter-

Kie·fer[2] die <-, -n> BOT. *ein Nadelbaum*

Kie·fer·ge·lenk das <-(e)s, -e> ANAT. *Gelenk, das den Unterkiefer gegen den Oberkiefer bewegt*

Kie·fer·kno·chen der <-s, -> *Kiefer[1]*

Kie·fer·or·tho·pä·die die <-> (*kein Plur.*) *Gebiet der Zahnmedizin, das sich mit Anomalien des Kiefers[1] befasst*

Kie·ker ■ **jemanden/etwas auf dem Kieker haben** (*umg.*): *jmdn. beobachten, es auf jmdn. abgesehen haben, jmdn. verdächtigen, jmdn. nicht leiden können* Dieser Kollege kommt dauernd zu spät, viele haben ihn schon auf dem Kieker.

kiek·sen <kiekst, kiekste, hat gekiekst> *ohne OBJ* ■ *jmds. Stimme kiekst jmds. Stimme kippt unkontrolliert in die Kopfstimme*

Kiel[1] der <-(e)s, -e> *der mittlere, harte Teil einer Vogelfeder* ◆ Feder-

Kiel[2] der <-(e)s, -e> SEEW. *unterster, mittlerer Längsteil bei Schiffen*

Kiel[3] <-s> *Hauptstadt von Schleswig-Holstein*

Kiel·li·nie die <-, -n> *Formation eines Schiffsverbandes, bei der die Schiffe alle in Kursrichtung hintereinander fahren*

Kiel·was·ser das <-s> (*kein Plur.*) *die Fahrspur, die sich hinter einem Schiff auf dem Wasser bildet*

Kie·me die <-, -n> (*meist Plur.*) *Atmungsorgan der Fische*

Kie·n·ap·fel der <-s, Kienäpfel> *Kiefernzapfen*

Kie·n·holz das <-es, Kienhölzer> *harziges Kiefernholz*

Kies der <-es> (*kein Plur.*) **1.** *Anhäufung von vielen kleinen (abgerundeten) Steinen, beispielsweise an Flüssen, im Erdboden* ▶gekiest **2.** (*umg.*) (*viel*) *Geld*

Kie·sel der <-s, -> *kleiner, vom fließenden Wasser rund geschliffener Stein*

Kie·sel·al·ge die <-, -n> *mikroskopisch kleine, einzellige Alge des Süß- und Meerwassers*

Kie·sel·er·de die <-> (*kein Plur.*) *quarzreiches Mineral* (*das für die Herstellung von Glas geeignet ist*)

Kie·sel·stein der <-s, -e> (≈ *Kiesel*)

Kies·gru·be die <-, -n> *Grube, aus der Kies[1] geholt wird*

Ki·ew ['ki:ɛf] <-s> *Hauptstadt der Ukraine*

Kiez der <-es, -e> **1.** (*norddt.*) *Ortsteil* **2.** (*abwert.*) *Vergnügungs- und Prostituiertenviertel* ■ **auf dem Kiez**: *im Rotlichtmilieu*

kif·fen <kiffst, kiffte, hat gekifft> *ohne OBJ* ■ *jmd. kifft* (*umg.*) *Haschisch oder Marihuana rauchen*

Kif·fer, **Kif·fe·rin** der <-s, -> (*abwert.*) *jmd., der kifft*

Ki·ke·ri·ki das <-(s), (-s)> *lautmalerisch für das Geräusch, das ein Hahn macht; der Ruf des Hahnes* Wir wurden durch das morgendliche Kikeriki geweckt.

Ki·ku·ju der <-s, -> *Angehöriger des Bantuvolkes in Zentral-Kenia, das den Mau-Mau-Aufstand* (*1952 - 1956*) *gegen die weißen Farmer anführte*

kil·le·kil·le ■ **killekille machen** (*umg. scherzh.*): *kitzeln*

kil·len <killst, killte, hat gekillt> *mit OBJ* ■ *jmd. killt jmdn.* (*umg. abwert.*) *kaltblütig töten*

Kil·ler, **Kil·le·rin** der <-s, -> (*umg. abwert.*) *skrupelloser* (*bezahlter*) *Mörder* ◆ Serien-

Kil·ler·sa·tel·lit der <-en, -en> (*umg.*) *Satellit, der andere Flugkörper zerstören können soll, die ins All geschickt worden sind*

Ki·lo das <-s, -/-s> *kurz für „Kilogramm"* Ich habe zwei Kilo Rindfleisch gekauft., Er will mit Sport gegen die überflüssigen Kilos (≈ das Übergewicht) angehen.

Ki·lo·bit das <-s, -s> *Einheit von 1024 Bit*

Ki·lo·byte das [kilo'baɪt, 'ki:lobaɪt,] <-s, -s> EDV *Maßeinheit: 1024 Byte*

Ki·lo·gramm, **Ki·lo·gramm** das <-s, -(s)> *Maßeinheit: 1000 Gramm*

Ki·lo·hertz, **Ki·lo·hertz** das <-, -> PHYS. *Maßeinheit: 1000 Hertz*

Ki·lo·joule das [kilo'dʒu:l, 'ki:lodʒu:l, kilo'dʒaul] PHYS. *Maßeinheit: 1000 Joule*

Ki·lo·me·ter, **Ki·lo·me·ter** der <-s, -> *Maßeinheit: 1000 Meter* Der Stau war 10 Kilometer lang., auf einer Strecke von zehn Kilometern, Bis zur nächsten Ortschaft sind es noch vier Kilometer., pro Kilometer eine halbe Sekunde auf den Führenden aufholen ◆-leistung,- Renn-, Trainings-

Ki·lo·me·ter·fres·ser der <-s, -> (*umg.*) *jmd., der häufig sehr lange Strecken mit dem Auto fährt*

Ki·lo·me·ter·geld das <-(e)s> (*kein Plur.*) *die* (*sich nach gefahrenen Kilometern bemessende*) *Unkostenerstattung, die jmd. erhält, der sein eigenes Kraftfahrzeug für einen dienstlichen Zweck einsetzt*

ki·lo·me·ter·lang <nicht steig.> *Adj. mehrere Kilometer lang* An der Unfallstelle bildete sich ein kilometerlanger Stau. *siehe aber auch* **Kilometer**

Ki·lo·me·ter·stand der <-(e)s, Kilometerstände> KFZ *Zählerstand eines Kilometerzählers*

Ki·lo·me·ter·stein der <-(e)s, -e> *am Straßenrand aufgestellter Stein, auf dem eine Entfernung in Kilometern angegeben ist*

Ki·lo·me·ter·zä·hler der <-s, -> *in einem Fahrzeug befindliches Messgerät, das die zurückgelegten Kilometer anzeigt*

Ki·lo·volt das <-s> (*kein Plur.*) *Maßeinheit: 1000 Volt*

Ki·lo·watt·stun·de, **Ki·lo·watt·stun·de** die <-, -n> ELEKTROTECHN. PHYS. *Maßeinheit der elektrischen Energie* (*die beispielsweise ein Elektrogerät verbraucht*)

Kilt der <-s, -e> *zur schottischen Männertracht gehörender karierter Faltenrock*

Kim·me die <-, -n> *als Zielhilfe dienende Kerbe im Visier von Handfeuerwaffen* Er zielt über Kimme und Korn.

Kim·mung die <-, -en> **1.** *Übergangsstelle des Schiffsbodens in die Schiffswandung* **2.** *natürlicher Sehkreis* (*z.B. beim Blick über den Meereshorizont*)

Ki·mo·no, **Ki·mo·no** der <-s, -s> *traditionelles japanisches Kleidungsstück*

Kind das <-(e)s, -er> **1.** *ein noch nicht geborener oder gerade erst oder erst vor kurzem geborener Mensch* In diesem Saal liegen die neugeborenen Kinder., Sie erwartet im Herbst ihr zweites Kind. **2.** *ein junger, noch nicht erwachsener Mensch* Der Eintritt ist frei für Kinder bis zu zehn Jahren., Die Kinder sind groß geworden! **3.** *jmds. unmittelbarer Nachkomme* Wir waren zu Hause drei Kinder., Unsere Kinder sind längst schon ausgezogen, um in anderen Städten zu studieren. **4.** (*nur Plur.*) (*umg.*) *Anrede an mehrere Personen* Kommt Kinder, wir müssen aufbrechen! ■ **das Kind mit dem Bade ausschütten** (*umg.*): *übereilt handeln und dabei Gutes und Schlechtes gleichermaßen verwerfen* **sich bei jemandem lieb Kind machen** (*umg. abwert.*): *sich bei jmdm. einschmeicheln* **mit Kind und Kegel** (*umg.*): *mit allen Familienmitgliedern* **das Kind beim Namen nennen** (*umg.*): *eine unangenehme Sache direkt ansprechen* **kein Kind von Traurigkeit sein** (*umg.*): *ein lebenslustiger Mensch sein* **jemand wird das Kind schon schaukeln** (*umg.*): *jmd. wird mit einer Sache schon zurecht kommen* Keine Sorge, wir werden das Kind schon schaukeln!

Kind·bett das <-(e)s> (*kein Plur.*) (*veralt.*) *Wochenbett* Der Säugling starb im Kindbett.

Kind·bett·fie·ber das <-s> (*kein Plur.*) *fieberhafte Erkrankung von Wöchnerinnen, die durch Infektion von Wunden verursacht ist, die bei der Geburt entstanden sind*

Kin·der·ar·beit die <-> (*kein Plur.*) *zu Erwerbszwecken dienende Arbeit von Kindern* In vielen

Ländern ist Kinderarbeit verboten.

Kin·der·arzt, **Kin·der·ärz·tin** der <-es, Kinderärzte> *ein Arzt, der auf die Behandlung von Kindern spezialisiert ist*

Kin·der·aus·weis der <-es, -e> *ein Ausweis für Kinder; Bei Auslandsreisen in bestimmte Länder ist bei Grenzübertrit für Kinder unter 16 Jahren die Vorlage eines Kinderausweises erforderlich. In der Regel werden Kinderausweise bis zur Vollendung des zehnten Lebensjahres ohne Lichtbild und für Kinder ab dem zehnten bis zur Vollendung des sechzehnten Lebensjahres mit Lichtbild ausgestellt.*

Kin·der·bei·hil·fe die <-, -n> (*österr.*) *Kindergeld*

Kin·der·be·steck das <-s, -e> *kleineres Besteck, das der Handgröße von Kindern entspricht*

Kin·der·be·treu·ung die <-> (*kein Plur.*) *die Beaufsichtigung eines oder mehrerer Kinder für einen gewissen Zeitraum durch eine andere Person als die Eltern* Die Kinderbetreuung in den Kindergärten wird von ausgebildeten Kindergärtnerinnen geleistet.

Kin·der·buch das <-(e)s, Kinderbücher> *ein speziell für Kinder geschriebenes Buch* ◆-autor(in)

Kin·der·chor der <-(e)s, Kinderchöre> *aus Kindern bestehender Chor*

Kin·der·dorf das <-(e)s, Kinderdörfer> *eine Siedlung, in der elternlose Kinder in familienähnlichen Hausgemeinschaften leben können*

Kin·de·rei die <-, -en> (*abwert.*) *kindisches Benehmen, alberner Spaß*

Kin·der·er·mä·ßi·gung die <-, -en> *Preisnachlass für Kinder z.B. an der Konzertkasse, im öffentlichen Verkehr usw.*

Kin·der·fahr·kar·te die <-, -n> *Fahrkarte im öffentlichen Verkehr mit Kinderermäßigung*

Kin·der·fahr·rad das <-s, Kinderfahrräder> *kleineres Fahrrad für Kinder, das ihrer Größe angemessen ist*

kin·der·feind·lich *Adj.* **1.** *so, dass jmd. Kindern und ihren Bedürfnissen gegenüber ablehnend eingestellt ist* In der Diskussion ging es um die Frage, ob wir in einer kinderfeindlichen Gesellschaft leben. **2.** *so, dass etwas schädlich für Kinder und ihre Entwicklung ist*

Kin·der·fest das <-(e)s, -e> *Fest für und mit Kindern*

Kin·der·frau die <-, -en> *Angestellte für die Pflege und Versorgung der Kinder in einer Familie*

Kin·der·frei·be·trag der <-(e)s, Kinderfreibeträge> *ein steuerlicher Freibetrag, der einem zur Einkommenssteuer veranlagten Bürger pro Kind zusteht*

kin·der·freund·lich *Adj. mit der Haltung, die die Bedürfnisse von Erwachsenen und Kindern als gut vereinbar versteht* Wir haben sehr kinderfreundliche Nachbarn.

Kin·der·funk der <-(e)s> (*kein Plur.*) *Rundfunksendungen speziell für Kinder*

Kin·der·gar·ten der <-s, Kindergärten> *Institution zur Betreuung für Kinder im Vorschulalter, wo diese spielen können und gefördert werden*

Kin·der·gar·ten·platz der <-es, Kindergartenplätze> *für ein Kind vorgesehene Möglichkeit, in einen Kindergarten aufgenommen zu werden* Wir bemühen uns um einen Kindergartenplatz für unsere Tochter.

Kin·der·gärt·ner, **Kin·der·gärt·ne·rin** der <-s, -> *jmd., der beruflich in einem Kindergarten Kinder betreut*

Kin·der·geld das <-(e)s> (*kein Plur.*) *durch den Staat gewährte finanzielle Unterstützung für Familien mit Kindern*

Kin·der·got·tes·dienst der <-es, -e> *spezieller, für Kinder abgehaltener Gottesdienst*

Kin·der·heim das <-(e)s, -e> *Heim, in dem elternlose, vernachlässigte, geistig oder körperlich behinderte Kinder wohnen können und betreut werden*

Kin·der·hilfs·werk das <-(e)s, -e> *eine öffentliche Einrichtung, die sich um Kinder in besonderen Notlagen kümmert* UNICEF ist das Kinderhilfswerk der Vereinten Nationen.

Kin·der·hort der <-(e)s, -e> *ein Heim, in dem schulpflichtige Kinder ganztägig betreut werden*

Kin·der·jah·re die <-> *Plur. Kinderzeit*

Kin·der·krank·heit die <-, -en> **1.** MED. *eine der (Infektions-)Krankheiten, die besonders bei Kindern vorkommen* typische Kinderkrnakheiten wie Masern und Keuchhusten **2.** (*übertr.* ≈ *Anfangsschwierigkeit, meist Plur.*) *ein Problem, das am Beginn der Entwicklung eines Projektes oder eines technischen Gerätes auftritt* Bis zur Serienreife müssen die Kinderkrankheiten des Prototyps behoben werden.

Kin·der·kri·mi·na·li·tät die <-> (*kein Plur.*) *Straffälligkeit von Kindern*

Kin·der·krip·pe die <-, -n> *eine Institution, in der Säuglinge und Kleinkinder betreut werden, deren Eltern berufstätig sind*

Kin·der·läh·mung die <-> (*kein Plur.*) *eine schwere Infektionskrankheit der Rückenmarksubstanz (auch des Gehirns), die vor allem Kinder befällt und zu irreversiblen Lähmungen führen kann*

kin·der·leicht <nicht steig.> *Adj.* (*umg.*) *sehr leicht* Die kinderleichte Bedienung des Geräts haben auch absolue Laien sofort verstanden.

kin·der·lieb <nicht steig.> *Adj. so, dass jmd. Kinder sehr gern hat*

Kin·der·lie·be die <-> (*kein Plur.*) *Liebe zu Kindern*

kin·der·los <nicht steig.> *Adj. so, dass jmd. keine eigenen Kinder hat* ein kinderloses Ehepaar, Die Ehe blieb kinderlos. ▶Kinderlosigkeit

Kin·der·mäd·chen das <-s, -> *eine (jüngere) Frau, die als Angestellte einer Familie die Kinder betreut*

Kin·der·nah·rung die <-> (*kein Plur.*) *speziell für Kinder hergestellte Nahrung*

Kin·der·narr, **Kin·der·när·rin** der <-en, -en> (*umg.*) *jmd., der Kinder überaus gern hat*

Kin·der·pfle·ge·rin die <-, -nen> *staatlich ausgebildete Pflegerin für Kinder in der Familie oder im Hort*

Kịn·der·por·no·gra·fie, *a.* **Kịn·der·por·no·gra·phie** die <-> (*kein Plur.*) *verbotene pornografische Darstellung sexueller Akte mit Kindern*

Kịn·der·pro·gramm das <-(e)s, -e> *speziell für Kinder ausgestrahlte Fernsehsendungen*

Kịn·der·pros·ti·tu·tion die <-> (*kein Plur.*) RECHTSW. *der Vorgang, dass Kinder sich als Prostituierte anbieten*

Kịn·der·psy·cho·lo·gie die <-> (*kein Plur.*) *Teilgebiet der Psychologie, das sich mit dem Verhalten und den seelisch-geistigen Entwicklungen des Kindes befasst*

Kịn·der·pu·der das <-s> (*kein Plur.*) *spezielles Puder für Kleinkinder und Säuglinge, das keimtötend wirkt*

kịn·der·reich <nicht steig.> *Adj. so, dass jmd. viele Kinder hat* Er stammt aus einer kinderreichen Familie.

Kịn·der·schän·der, **Kịn·der·schän·de·rin** der <-s, -> *jmd., der Kinder sexuell missbraucht*

Kịn·der·schreck der <-s> (*kein Plur.*) *eine unheimliche Gestalt, vor der sich Kinder fürchten*

Kịn·der·schuh der <-s, -e> *ein Schuh für Kinder* ■ **noch in den Kinderschuhen stecken** (*umg.*): *in seiner (technischen) Entwicklung noch nicht ausgereift sein*

Kịn·der·schutz der <-(e)s> (*kein Plur.*) *alle rechtlichen Bestimmungen zum Schutz von Kindern* ◆-bund

Kịn·der·schutz·kap·pe die <-, -n> *eine spezielle Kappe, die sich nicht einfach durch Drehen, sondern nur nur Drehen und gleichzeitiges Drücken lösen lässt, und mit der man Flaschen ausstattet, deren Inhalt für Kinder gefährlich sein kann, wenn sie ihn z.B. trinken würden (z.B. bei Reinigungsmitteln)*

Kịn·der·schwes·ter die <-, -n> *eine Krankenschwester, die sich auf die Pflege von Säuglingen und Kleinkindern spezialisiert hat*

Kịn·der·se·gen der <-s> (*kein Plur.*) *Vorhandensein von Kindern, das als besonderer Segen empfunden wird* Es war ihnen leider kein Kindersegen beschert., Die Eltern der vier Kinder waren immer glücklich über diesen Kindersegen.

Kịn·der·sen·dung die <-, -en> *spezielle Fernsehsendung für Kinder*

kịn·der·si·cher <nicht steig.> *Adj. so, dass Kinder sich und auch ihrer Umgebung keinen Schaden zufügen können* Das Arzneimittel hat einen kindersicheren Verschluss.

Kịn·der·sitz der <-es, -e> *spezieller Sitz für den sicheren Transport kleinerer Kinder in Kraftfahrzeugen oder auf Fahrrädern*

Kịn·der·sol·dat der <-en, -en> *ein Kind in der Rolle eines Soldaten* Kinder werden in einigen Ländern von Rebellen verschleppt und als Kindersoldaten missbraucht.

Kịn·der·spiel das <-(e)s, -e> *Spiel von Kindern* ■ **(für jemanden) ein Kinderspiel sein** (*umg.*): *(für jmdn.) sehr einfach sein, kein Problem darstellen*

Kịn·der·spiel·platz der <-es, Kinderspielplätze> *mit verschiedenen Spielgeräten ausgestatteter, abgegrenzter Platz, auf dem Kinder spielen können*

Kịn·der·spiel·zeug das <-s> (*kein Plur.*) *für Kinder gedachtes Spielzeug*

Kịn·der·spra·che die <-> (*kein Plur.*) *der kindlichen Entwicklung angemessene, für (kleinere Kinder typische) Sprache*

Kịn·der·star der <-s, -s> *ein Kind, das durch eine Fernseh- oder Filmrolle o.Ä. bekannt und berühmt geworden und sehr beliebt beim Publikum ist*

Kịn·der·sta·ti·on die <-, -en> MED. *eine Station im Krankenhaus, auf der ausschließlich Kinder als Patienten liegen*

Kịn·der·sterb·lich·keit die <-> (*kein Plur.*) *die Anzahl der Sterbefälle von Kindern (in einem bestimmten Gebiet während eines bestimmten Zeitraums)*

Kịn·der·stu·be die <-, -n> **1.** (*veralt.*) *Kinderzimmer* **2.** (*kein Plur.*) (*übertr.*) *die elterliche Erziehung, die sich an jmds. Umgangsformen und gutem Benehmen erkennen lässt* Er hat offenbar keine gute Kinderstube.

Kịn·der·tag der <-(e)s, -e> *ein den Kindern besonders gewidmeter Tag* Morgen ist auf dem Volksfest Kindertag.

Kịn·der·ta·ges·stät·te die <-, -n> *Kindergarten oder Kinderhort, in dem die Kinder den ganzen Tag betreut werden*

Kịn·der·tel·ler der <-s, -> (↔ *Seniorenteller*) *kleinere, für Kinder angebotene Portion im Restaurant*

Kịn·der·wa·gen der <-s, -> *kleiner, meist vierrädriger Wagen zum Ausfahren von Babys und Kleinkindern*

Kịn·der·zahl die <-> (*kein Plur.*) *die Zahl der Kinder in einer Familie*

Kịn·der·zeit die <-> (*kein Plur.*) *die Zeit der Kindheit*

Kịn·der·zim·mer das <-s, -> *speziell eingerichtetes Zimmer, in dem sich die Kinder einer Familie aufhalten, spielen und schlafen*

Kịn·des·al·ter das <-s> (*kein Plur.*) *der Lebensabschnitt, in dem man Kind ist* Sie hat eine fast erwachsene Tochter und einen Sohn im Kindesalter.

Kịn·des·bei·ne ■ **von Kindesbeinen an** (*umg.*): *von frühester Jugend an*

Kịn·des·miss·brauch der <-s> (*kein Plur.*) RECHTSW. *der Vorgang, dass ein Erwachsener ein Kind sexuell missbraucht*

Kịn·des·miss·hand·lung die <-, -en> RECHTSW. *das Quälen eines Kindes (durch die Eltern oder andere Personen)*

Kịn·des·mord, *a.* **Kịnds·mord** der <-s, -e> *Mord an einem Kind*

Kịn·des·mör·der, **Kịn·des·mörd·e·rin** der <-s, -> *jmd., der einen Kindesmord begeht oder begangen hat*

Kịn·des·mut·ter die <-, Kindesmütter> *Mutter des Kindes*

Kịn·des·tö·tung die <-, -en> *Tötung eines Kindes*

Kin·des·va·ter der <-s, Kindesväter> *Vater des Kindes*

Kind·frau die <-, -en> *ein sehr junges Mädchen, das körperlich bereits sehr weit entwickelt ist*

kind·ge·recht *Adj. den Bedürfnissen von Kindern entsprechend*

Kind·heit die <-> (*kein Plur.*) *der Lebensabschnitt, in dem man Kind ist* Sie hatte eine freudlose/schöne/traurige/ unbeschwerte Kindheit. ◆-serlebnis

kin·disch *Adj.* (*oft abwert.*) (*im Benehmen*) *für einen Erwachsenen unpassend, albern, unreif* Sei doch nicht so kindisch!, dieses kindische Benehmen/Getue/Herumalbern/Verhalten

kind·lich *Adj. in Art, Ausdruck oder Wesen einem Kind gemäß* Sie hat ein kindliches Gemüt/Gesicht., Er hat eine kindliche Handschrift.

Kinds·be·we·gung die <-, -en> *etwa von der sechzehnten Schwangerschaftswoche ab wahrnehmbare Bewegung des Kindes in der Gebärmutter*

Kind·schafts·recht das <-> (*kein Plur.*) RECHTSW. *der Bereich der Rechtsprechung für die Streitigkeiten, die das elterliche Sorgerecht betreffen*

Kinds·kopf der <-(e)s, Kindsköpfe> *jmd., der sich albern und kindisch benimmt* Er war immer schon ein Kindskopf.

Kinds·la·ge die <-, -n> *die Lage des Fötus in der Gebärmutter*

Kinds·tau·fe, **Kind·tau·fe** die <-, -n> (↔ *Erwachsenentaufe*) *Taufe eines Kindes*

Ki·ne·ma·tik die <-> (*kein Plur.*) PHYS. *Lehre von der geometrischen Beschreibung von Bewegungsverhältnissen*

Ki·ne·ma·to·gra·phie die <-> (*kein Plur.*) TECHN. FILM *in der Filmtechnik ein Sammelbegriff für die physiologischen, optischen und gerätetechnischen Grundlagen der Aufnahme und Wiedergabe von* (*Ton-*)*Filmen*

Ki·ne·tik die <-> (*kein Plur.*) *Teilgebiet der Physik* (*Mechanik*); *Lehre des Zusammenhangs zwischen den Kräften und den daraus folgenden Bewegungen eines Körpers*

King ■ **sich für den King halten** (*umg.*): *meinen, etwas Besonderes zu sein*

King·size die/das ['kɪŋsaɪz] <-> (*kein Plur.*) (*von bestimmten Waren*) *in einem größeren Format als sonst bei diesem Warentyp üblich* ◆-format

Kin·ker·litz·chen, **Kin·ker·litz·chen** <-> *Plur.* (*abwert.*) **1.** *albernes Verhalten, das jmdn. verärgert* Lass endlich die Kinkerlitzchen und komm! **2.** *unbedeutende Kleinigkeiten* Wir sollten uns nicht länger mit solchen Kinkerlitzchen aufhalten, sondern endlich zur Sache kommen.

Kinn das <-(e)s, -e> *der unter dem Mund befindliche, leicht vorgewölbte Teil des Gesichts* ein energisches/fliehendes Kinn

Kinn·bart der <-(e)s, Kinnbärte> *das Kinn bedeckender Bart*

Kinn·ha·ken der <-s, -> *gezielt gegen das Kinn geführter Faustschlag*

Kinn·la·de die <-, -n> (*umg.*) *Unterkiefer*

Kinn·rie·men der <-s, -> *Riemen unter dem Kinn zur Befestigung eines Helms*

Ki·no das <-s, -s> **1.** *ein Raum oder Gebäude, in dem einem zahlenden Publikum Filme gezeigt werden* Wollen wir ins Kino gehen?, Was läuft gerade im Kino? ◆-besucher, -center, -kasse, -saal **2.** *eine Vorstellung im Kino* Das Kino beginnt um acht Uhr.

Ki·no·gän·ger, **Ki·no·gän·ge·rin** der <-s, -> *jmd., der* (*oft*) *ins Kino geht*

Ki·no·hit der <-s, -s> (*umg.*) *besonders erfolgreicher Kinofilm*

Ki·no·pro·gramm das <-s, -e> *das Programm der Filme, die innerhalb einer bestimmten Zeit in den Kinos gezeigt werden*

Ki·no·re·kla·me die <-, -n> *Reklame, die im Kino vor Beginn des Filmprogramms gezeigt wird*

Ki·no·vor·füh·rung die <-, -en> *Vorführung eines Films im Kino*

Ki·no·vor·stel·lung die <-, -en> (≈ *Kinovorführung*)

Kin·topp der/das <-s, -s> **1.** (*scherzh.*) *Kino* (*Abkürzung von „Kinematograph"*) **2.** (*kein Plur.*) *Film als Medium* (*vor allem der Stummfilmzeit*)

Ki·osk der <-(e)s, -e> *kleiner, oft in einem frei stehenden Häuschen untergebrachter Laden für Zeitschriften, Tabakwaren und Getränke*

Kip·ferl das <-s, -n> (*süddt. österr.*) *Hörnchen, Plätzchen* (*Gebäck*)

Kip·pe[1] die <-, -n> (*umg.* ≈ *Zigarettenstummel*) *Rest einer gerauchten Zigarette*

Kip·pe[2] die <-, -n> (≈ *Müllkippe*) *Schuttabladeplatz* ■ **auf der Kippe stehen** (*umg.*): *sich in einer kritischen Lage, Situation befinden* Der Schüler steht noch auf der Kippe, so dass seine Versetzung von der letzten Prüfung abhängt. **auf der Kippe stehen**: *noch unsicher, nicht entschieden sein* Der Ausgang des Spiels stand bis zur letzten Minute auf der Kippe. **ein Fenster auf Kippe stellen** (*umg.*): *ein Fenster kippen* Stell' doch das Fenster bitte auf Kippe statt es ganz zu öffnen.

kip·peln <kippelst, kippelte, hat gekippelt> *ohne OBJ wackeln, unsicher stehen* Er kippelte mit dem Stuhl, so dass er nach hinten zu stürzen drohte., Der Schrank kippelt so lange, bis wir an einer Seite etwas untergelegt haben.

kip·pen <kippst, kippte, hat/ist gekippt> **I.** *mit OBJ* (*haben*) **1.** ■ *jmd./etwas kippt etwas in eine Schräglage bringen* Würdest du bitte das Fenster kippen? **2.** ■ *jmd./etwas kippt etwas irgendwohin etwas irgendwohin schütten* Er kippte den Kaffee in die Vorratsdose., Der Laster kippte den Kies auf die Straße. **II.** *ohne OBJ* ■ *jmd./etwas kippt* (*sein*) **1.** (≈ *umfallen*) *auf die Seite fallen* Die Vase kippte und fiel vom Schrank., Das Auto drohte in der Kurve zu kippen., Als er diese Unglücksnachricht bekam, drohte er vom Stuhl zu kippen. **2.** *eine negative Wende vollziehen* Das Spiel ist in der zweiten Halbzeit gekippt. ■ **einen kippen** (*umg.*): *Alkohol trinken* **sich noch einen hinter die Binde kippen**: *Alkohol, besonders Schnaps trinken*

Kip·per der <-s, -> *Straßen- oder Schienenfahr-*

K

zeug zur Beförderung von schüttbarem Material, das von der Ladefläche gekippt I.2 wird ◆ Mulden-

Kipp·lo·re die <-, -n> *kleiner, unten spitz zulaufender Wagen auf Schienen, der gekippt werden kann*

Kipp·schal·ter der <-s, -> *(Licht-)Schalter, dessen Grifffläche oder Hebel zum Ein- und Ausschalten gekippt wird*

kipp·si·cher <nicht steig.> *Adj. so konstruiert, dass es nicht kippen kann*

Kipp·wa·gen der <-s, -> (≈ *Kipper*)

Kir·be die <-, -n> (*landsch.*) *Kirchweih*

Kir·che die <-, -n> **1.** *ein (großes) Gotteshaus* Das ist eine barocke/gotische/romanische Kirche., der Altar/die Heiligenfiguren/die Orgel/die Sitzbänke in einer Kirche, Die Menschen gehen sonntags zur Kirche. **2.** (≈ *Konfession*) *christliche Glaubensgemeinschaft* Sie gehört der evangelischen/katholischen Kirche an. **3.** *die Kirche*[2] *als Institution* Die Kirche hat in dieser Frage einen eindeutigen Standpunkt bezogen., Als Mann der Kirche musste er diese Haltung ablehnen. **4.** (*kein Plur.*) *Gottesdienst* Er geht jeden Sonntag zur Kirche. ■ **die Kirche im Dorf lassen** (*umg.*): *eine Sache in einem vernünftigen Rahmen betrachten* **die Kirche ums Dorf tragen** (*umg.*): *unnötig umständlich vorgehen*

Kir·chen·äl·tes·te der/die <-n, -n> *Vertreter der Gemeinde im Kirchenvorstand*

Kir·chen·amt das <-(e)s, Kirchenämter> *jede nach kirchenrechtlicher Norm geregelte Institution der Kirche*[3]

Kir·chen·a·syl das <-s> (*kein Plur.*) *ein von der Kirche*[3] *gewährtes Asyl, das den Asylsuchenden vor staatlichem Zugriff zunächst schützt*

Kir·chen·aus·tritt der <-es, -e> *Austritt aus der Kirche*[2]

Kir·chen·bann der <-s> (*kein Plur.*) *Besserungsstrafe in der katholischen Kirche, die Exkommunikation für den Gebannten bedeutet*

Kir·chen·be·such der <-(e)s, -e> *Besuch eines Gottesdienstes*

Kir·chen·buch das <-(e)s, Kirchenbücher> *das von der Pfarrgemeinde geführte Buch, in dem Geburten, Sterbefälle, Taufen und Eheschließungen eingetragen werden*

Kir·chen·chor der <-(e)s, Kirchenchöre> *Chor, der während eines Gottesdienstes geistliche Lieder singt*

Kir·chen·die·ner, Kir·chen·die·ne·rin der <-s, -> *jmd., der beruflich einfache Arbeiten in der Kirche*[1] *verrichtet und Gottesdienste vorbereitet*

kir·chen·feind·lich *Adj. gegen die Ideologie und Politik der Kirche gerichtet*

Kir·chen·fens·ter das <-s, -> *Fenster in einer Kirche, das meist sehr kunstvoll aus buntem Glas gearbeitet ist und bestimmte (christliche) Motive und Bilder zeigt*

Kir·chen·fest das <-es, -e> *ein Fest, das von der ganzen Kirche*[2] *gefeiert wird (z.B. Ostern, Pfingsten, Weihnachten)*

Kir·chen·fürst der <-en, -en> (*geh.*) *hoher geistlicher Würdenträger, beispielsweise ein Bischof, Erzbischof oder Kardinal*

Kir·chen·ge·mein·de die <-, -n> (≈ *Pfarrei*) *in der christlichen Kirche die kleinste Einheit kirchlicher Gliederung, meist auf regionaler Ebene; alle Personen, die zu einer Pfarrei gehören*

Kir·chen·ge·rät das <-s, -e> *ein zu liturgischen Handlungen benutzter Gegenstand*

Kir·chen·ge·schich·te die <-> (*kein Plur.*) **1.** *Geschichte der christlichen Kirche* **2.** *die Wissenschaft, die sich mit Kirchengeschichte*[1] *befasst* **3.** *Hand- oder Lehrbuch der Kirchengeschichte*[1]

Kir·chen·glo·cke die <-, -n> (*meist Plur.*) *eine der in einem Kirchturm aufgehängten Glocken* das Läuten der Kirchenglocken

Kir·chen·ho·heit die <-> (*kein Plur.*) *die Gesamtheit der Rechte, die der Staat in seinem Territorium über die Kirche hat*

Kir·chen·jahr das <-(e)s, -e> *am 1. Advent beginnendes Jahr, wie es unter religiösen Aspekten gegliedert ist (mit allen Sonn- und Feiertagen und kirchlichen Festen)*

Kir·chen·kon·zert das <-s, -e> **1.** *Konzert in der Kirche mit Kirchenmusik* **2.** *Konzert mit geistlicher oder weltlicher Musik, das im Rahmen der Kirche stattfindet*

Kir·chen·kup·pel die <-, -n> *Kuppel, die den zentralen Raum einer Kirche überwölbt (besonders in Kuppelkirchen)*

Kir·chen·maus ■ **arm wie eine Kirchenmaus sein** (*umg. scherzh.*): *sehr arm sein*

Kir·chen·pfle·ger der <-s, -> *Verwalter des örtlichen Kirchenvermögens*

Kir·chen·rat der <-s, Kirchenräte> *in einigen evangelischen Landeskirchen üblicher Amtstitel für hauptamtliche Pfarrer im Dienst der Landeskirche*

Kir·chen·recht das <-(e)s> (*kein Plur.*) *alle Rechtsvorschriften, die das kirchliche Gemeinschaftsleben regeln*

Kir·chen·spal·tung die <-, -en> (≈ *Schisma*) *Spaltung der kirchlichen Einheit in mehrere Teilkirchen*

Kir·chen·staat der <-(e)s> (*kein Plur.*) GESCH. *Vatikan*

Kir·chen·steu·er die <-, -n> *von den Kirchen*[3] *auf das Einkommen ihrer Mitglieder erhobene Steuer, die (in Deutschland) der Staat einzieht*

Kir·chen·tag der <-(e)s, -e> *Großveranstaltung der evangelischen Kirche, bei der viele Mitglieder einer Kirche*[2] *zusammenkommen*

Kir·chen·ton, Kir·chen·ton·art der/die <-, -en> *mittelalterliche Tonskalen, die weder erhöhte noch erniedrigte Stufen verwenden (Beipiele: Dorisch, Lydisch, Äolisch, Ionisch …)*

Kir·chen·tür die <-, -en> *häufig in einem prachtvollen Portal aufwendig gestaltete Tür am Haupteingang einer Kirche*

Kir·chen·uhr die <-, -en> *meist in einem Kirchturm eingebaute Uhr*

Kir·chen·va·ter der <-s, Kirchenväter> *einer der*

Verfasser wichtiger kirchlicher Schriften in der Anfangszeit der christlichen Kirche

Kir·chen·ver·fol·gung die <-, -en> *Unterdrückungsmaßnahmen eines Staates gegen die auf seinem Territorium vorkommenden Kirchen*

Kir·chen·volk das <-s> *(kein Plur.)* REL. *Gesamtheit der Kirchenmitglieder*

Kir·chen·vor·stand der <-s, Kirchenvorstände> *Verwaltungsorgan einer Kirchengemeinde, das gemäß der Kirchenverfassung mit Leitungs- und Verwaltungsaufgaben beauftragt ist*

Kirch·gän·ger, **Kirch·gän·ge·rin** der <-s, -> *jmd., der (regelmäßig) Gottesdienste besucht*

Kir·ch·hof der <-s, Kirchhöfe> *Begräbnisstätte rings um die Kirche*

kirch·lich <nicht steig.> *Adj.* **1.** *die Kirche betreffend, zu ihr gehörend, von ihr ausgehend* ein kirchlicher Feiertag **2.** *den Geboten, Riten der Kirche[2] entsprechend* Sie wollen sich kirchlich trauen lassen., Er wünschte sich ein kirchliches Begräbnis.

Kir·ch·spiel das <-s, -e> *Pfarrbezirk*

Kir·ch·spren·gel der <-s, -> *Kirchspiel*

Kir·ch·tag der <-s, -e> *(österr.) Kirmes*

Kirch·turm der <-(e)s, Kirchtürme> *der zu einer Kirche gehörige Turm*

Kirch·turm·uhr die <-, -en> *die in einen Kirchturm eingebaute Uhr*

Kirch·weih die <-, -en> *ein Fest auf dem Land mit Jahrmarkt, das man jedes Jahr zur Erinnerung an die Einweihung der Kirche feiert* ◆ -fest

Kir·gi·se, **Kir·gi·sin** der <-n, -n> *jmd., der die kirgisische Staatbürgerschaft hat*

Kir·gi·si·en <-s> *(kein Plur.) Republik in Zentralasien*

kir·gi·sisch <nicht steig.> *Adj. zur Kultur Kirgisiens gehörig*

Kir·gi·sische das <-en> *(kein Plur.) die Sprache der Kirgisen*

Kir·gi·sis·tan <-s> *Kirgisien*

Ki·ri·ba·ti <-s> *Republik im südwestlichen Pazifik, zu der eine Reihe von Inseln gehören wie z.B. die Gilbertinseln, Ocean Island, die Phönixinseln*

Ki·ri·ba·ti·er, **Ki·ri·ba·ti·e·rin** der <-s, -> *Staatsbürger von Kiribati*

ki·ri·ba·tisch *Adj. zu Kiribati gehörend, daher stammend*

Kir·mes die <-, -sen> *(westmdt.) Kirchweih*

kir·re <nicht steig.> *Adj. (umg.)* **1.** *gefügig, zahm* Sie hat ihn kirre gemacht. **2.** *von etwas genervt* Diese Situation macht mich noch ganz kirre.

Kirsch·baum der <-(e)s, Kirschbäume> **1.** *ein Obstbaum, der Kirschen als Früchte trägt* **2.** *(ohne Artikel, kein Plur.) Bezeichnung für das Holz des Kirschbaums[1]* Den Lautsprecher gibt es auch in der Ausführung Kirschbaum.

Kir·sche die <-, -n> **1.** *die Frucht des Kirschbaums[1], die klein und rund ist, an einem langen Stiel wächst, eine rote Farbe hat und süß oder säuerlich schmeckt* ◆ Sauer-, Süß- **2.** *Kirschbaum [1]* **3.** *(≈ Kirschbaum[2]) das Holz des Kirschbaums* Unser neuer Tisch ist aus Kirsche. ■ **mit jemandem ist nicht gut Kirschen essen** *(umg.): mit jmdm. ist es schwierig auszukommen*

Kirsch·kern der <-s, -e> *Kern der Kirsche*

Kirsch·ku·chen der <-s, -> *mit Kirschen belegter Kuchen*

Kirsch·li·kör der <-s, -e> *aus Kirschen hergestellter Likör*

Kirsch·lor·beer der <-s> *(kein Plur.) (≈ Lorbeerkirsche) ein Rosengewächs aus Südosteuropa und Kleinasien, das als immergrüner Strauch oder Baum vorkommt, dessen Blätter lederartig glänzen und dessen Früchte schwarzrot sind (Lorbeerkirsche)*

Kirsch·stein der <-s, -e> *(≈ Kirschkern)*

Kirsch·was·ser das <-s> *(kein Plur.) aus Kirschen gebrannter klarer Schnaps*

Kis·met das <-s> *(kein Plur.)* REL. *(im Islam) das unabwendbare Schicksal*

Kis·sen das <-s, -> *eine mit Federn oder Schaumgummi gefüllte Hülle, die man beim Schlafen als Polster unter den Kopf legt*

Kis·sen·be·zug der <-(e)s, Kissenbezüge> *Stoffbezug für ein Kissen*

Kis·te die <-, -n> **1.** *aus Holzlatten gefertigter rechteckiger Behälter* ◆ Bier-, Latten- **2.** *(umg. abwert.) altes, nicht besonders zuverlässiges Auto*

Ki·su·a·he·li, **Su·a·he·li** das <-> *(kein Plur.) Bantusprache, die ursprünglich nur an der Ostküste Afrikas gesprochen wurde*

Ki·ta die <-, -s> *Abkürzung von „Kindertagesstätte“*

Kitsch der <-(e)s> *(kein Plur.) (abwert.) ein Werk der bildenden Kunst, das (aus einem bestimmten Kunstverständnis heraus) als geschmacklos und minderwertig betrachtet wird* Die Statue/Der Film ist der reinste Kitsch. ▶verkitschen ◆ Edel-

kit·schig *Adj. (abwert.) auf künstlerisch minderwertige, als geschmacklos empfundene Art gestaltet* Das Bild ist ziemlich kitschig.

Kitt der <-(e)s, -e> *zum Kleben und Abdichten verwendete Masse, die an der Luft hart wird* ▶kitten ◆ Fenster-

Kitt·chen das <-s, -> *(umg. ≈ Gefängnis)*

Kit·tel der <-s, -> *Arbeitsmantel* ◆ Arzt-, Labor-

Kit·tel·kleid das <-(e)s, -er> *einfaches, vorne geknöpftes Kleid*

kit·ten <kittest, kittete, hat gekittet> *mit OBJ* ■ *jmd. kittet etwas* ein Fenster kitten; *mit Kitt kleben* ■ **eine Ehe/Freundschaft kitten** *(umg.): versuchen, ein gestörtes Verhältnis der Partner in einer Ehe oder Freundschaft zu verbessern und wieder herzustellen*

Kitz das <-es, -e> *junges Reh, junge Ziege*

Kit·zel der <-s, -> **1.** *(meist Sing.) die Reizempfindung auf der Haut, die durch leichtes Berühren oder Zwicken ausgelöst wird und die oft dazu führt, dass man lachen muss* **2.** *(≈ Kick) das mit einem angenehmen Gefühl verbundene Verlangen, etwas Verbotenes oder Gefährliches zu tun* ◆ Nerven-

kit·ze·lig *Adj. s.* **kitzlig**

kit·zeln <kitzelst, kitzelte, hat gekitzelt> **I.** *mit OBJ*

K

1. ■ *jmd. kitzelt jmdn. durch wiederholtes Berühren bestimmter Körperstellen eine Empfindung herbeiführen, die zum Lachen reizt* Sie kitzelte ihre kleine Schwester. 2. (*umg.*) ■ *etwas kitzelt jmdn. jmdm. Lust verschaffen, etwas* (*Gefährliches oder Verbotenes*) *zu tun* Es kitzelt mich, das auch einmal zu probieren. II. *ohne OBJ* ■ *jmd./etwas kitzelt durch* (*unabsichtliches*) *leichtes Berühren eine juckende Empfindung verursachen* Hör auf, das kitzelt mich., Das Härchen kitzelte in der Nase.

Kitz·ler der <-s, -> ANAT. *Klitoris*

kitz·lig/kit·ze·lig <kitz(e)liger, am kitz(e)ligsten> *Adj.* 1. *empfindlich gegen Kitzeln II.1* Ich bin kitzlig an den Füßen. 2. (≈ *heikel*) Das war eine kitzlige Situation.

Ki·wi[1] die <-, -s> *eine kleinere, ovale, vitaminreiche Frucht mit grünlichem Fruchtfleisch und behaarter bräunlicher Schale*

Ki·wi[2] der <-s, -s> *ein flugunfähiger nachtaktiver Laufvogel mit graubraunem Gefieder, kräftigen Beinen und langem Schnabel*

kJ das <-> *Abkürzung für die Maßeinheit „Kilojoule"*

k.k., k.u.k. *Abkürzung von „kaiserlich-königlich" bzw. „kaiserlich und königlich"* die k.u.k.-Monarchie Österreich-Ungarn bis zum Ende des 1. Weltkriegs

KKW das <-s, -s> *Abkürzung von „Kernkraftwerk"*

Kla·bau·ter·mann der <-(e)s, Klabautermänner> (*meist Sing.*) (*norddt.*) *ein Schiffsgeist, Kobold*

kla·cken <klackt, klackte, hat geklackt> *ohne OBJ* ■ *etwas klackt* (*umg.*) *einen kurzen, harten Ton abgeben* Die Tür klackt ins Schloss., Die Absätze seiner Schuhe klackten auf dem Asphalt.

Klacks der <-es, -e> 1. (*umg.*) *eine kleine Menge von einer breiigen Substanz* Noch einen Klacks Soße, bitte! 2. (*umg.*) *leichte Aufgabe* Das ist doch nun wirklich ein Klacks!

Klad·de die <-, -n> (*landsch.*) *Notizheft*

Klad·de·ra·datsch der <-(e)s, -e> (*umg.*) 1. *klatschender, klirrender Fall* 2. (*scherzh.*) *verwendet als Bezeichnung für eine Gesamtheit von nicht weiter beschriebenen Gegenständen* Dem Kellner glitt plötzlich das volle Tablett aus der Hand und der ganze Kladderadatsch (≈ alle Teller, Gläser usw.) landete auf dem Boden.

klaf·fen <klafft, klaffte, hat geklafft> *ohne OBJ* ■ *etwas klafft* (*irgendwo*) *als Öffnung weit offen stehen* Risse klafften in der Wand., eine klaffende Wunde

kläf·fen <kläfft, kläffte, hat gekläfft> *ohne OBJ* ■ *ein Tier kläfft* (*abwert.*) *mit hellen Tönen bellen* ▶Kläffer

Klaf·ter der/das <-s, -> (*veralt.*) 1. *ein Längenmaß* 2. *ein Raummaß für Holz* 3. SEEW. *Leine*

klaf·tern <klafterst, klafterte, hat geklaftert> *mit OBJ* ■ *jmd. klaftert etwas Holz in Klaftern*[2] *aufschichten*

Kla·ge die <-, -n> 1. RECHTSW. *bei Gericht vorgebrachte Beschwerde gegen jmdn. unter Erhebung des Anspruchs auf ein gerichtliches Verfahren* Sie hatten eine Klage gegen ihren Vermieter eingereicht. 2. *Beschwerde, Unmutsäußerung* Es gibt immer mehr Klagen über die steigende Lärmbelästigung. 3. (*nur Plur.*) *die Worte, Gesten und Verhaltensformen, die Schmerz und Trauer von Menschen zum Ausdruck bringen* Die Trauernden brachen in laute Klagen aus.

Kla·ge·ab·wei·sung die <-, -en> RECHTSW. *eine gerichtliche Entscheidung, durch die die vom Kläger erhobene Klage ganz oder teilweise zurückgewiesen wird*

Kla·ge·er·he·bung die <-, -en> RECHTSW. *der Vorgang in einem Gerichtsprozess, durch den das Urteilsverfahren in Gang gesetzt wird*

Kla·ge·laut der <-(e)s, -e> *ein Laut, der eine Klage*[3] *zum Ausdruck bringt*

Kla·ge·lied das <-(e)s, -er> *Lied, das eine Klage*[3] *zum Ausdruck bringt*

kla·gen <klagst, klagte, hat geklagt> I. *mit OBJ* ■ *jmd. klagt jmdm. etwas erzählen, dass man Sorgen hat* Er klagte ihr sein Leid/seine Not. II. *ohne OBJ* 1. ■ *jmd. klagt* (*über jmdn./etwas*) *Unzufriedenheit äußern, sich beschweren* Es nützt nichts, dauernd nur zu klagen, du musst etwas dagegen unternehmen! 2. ■ *jmd. klagt* (*über jmdn./etwas*) *sagen, dass man unter etwas leidet* Sie klagt über starke Kopfschmerzen. 3. ■ *jmd. klagt* (*über etwas Akk.*) (*geh.*) *wehklagen* Er klagte über den Tod seiner Frau. 4. ■ *jmd. klagt* (*auf etwas Akk.*) RECHTSW. *bei Gericht eine Klage*[1] *vorbringen* Er klagte (auf Schadenersatz).

Kla·ge·punkt der <-(e)s, -e> *Gegenstand der Klage*[1]

Klä·ger, Klä·ge·rin der <-s, -> RECHTSW. *jmd., der bei Gericht klagt*[4]

Kla·ge·ruf der <-s, -e> *Ausruf der Klage*[3]

Kla·ge·schrift die <-, -n> RECHTSW. *förmliches, bei Gericht einzureichendes Dokument, das klagende und beklagte Parteien, das Gericht und die genaue Begründung der Klage nennt*

kläg·lich *Adj.* 1. (≈ *jämmerlich*) *Mitleid erregend, jammervoll* Das Kind weinte kläglich. 2. (≈ *bescheiden* ↔ *großzügig*) *enttäuschend klein* Er erhielt eine klägliche Gehaltserhöhung. 3. (≈ *miserabel* ↔ *glänzend*) *sehr schlecht* Die Mannschaft bot eine klägliche Leistung., Die sanitären Anlagen waren in einem kläglichen Zustand. 4. (≈ *schändlich*) *in beschämender Weise* Er hat kläglich versagt.

klag·los *Adj. ohne zu klagen*[1 2 3] Er fügte sich klaglos dem Mehrheitsbeschluss.

Kla·mauk der <-s> (*kein Plur.*) (*umg. oft abwert.*) (*niveaulose*) *Komik* Für meine Begriffe gab es in dem Film etwas zu viel Klamauk.

Klamm die <-, -en> *enge, tiefe Felsenschlucht* (*mit einem Wildbach*)

klamm *Adj.* 1. *feucht und daher kühl* Die Wäsche ist klamm. 2. *vor Kälte starr geworden* Ich habe klamme Finger. 3. (*umg.*) *knapp an Geld*

Klam·mer die <-, -n> 1. *ein Gegenstand, der zum Befestigen oder Zusammenhalten von etwas dient* Die einzelnen Wäschestücke werden mit Klammern an der Leine befestigt., Ich habe die einzelnen Blätter mit Klammern aneinander geheftet., Die Wunde wurde mit zwei Klammern verschlossen. ◆ Büro-, Wäsche-, Wund- **2.** *paarweise angeordnete Schriftzeichen, die am Beginn und am Ende eines eingeschobenen Wortes oder Satzes stehen* Es gibt eckige/geschweifte/runde/spitze Klammern., In mathematischen Ausdrücken werden Klammern verwendet. **3.** (SPORT: *beim Ringen*) *ein bestimmter Griff*

Klam·mer·af·fe der <-n, -n> **1.** *ein ca. dreißig bis sechszig Zentimer langer Affe mit langem Greifschwanz, der in den Wäldern Mittel- und Südamerikas lebt* **2.** EDV *Bezeichnung für das Zeichen „@", das in E-Mail-Adressen verwendet wird*

Klam·mer·aus·druck der <-s, Klammerausdrücke> *das, was in Klammern[2] steht*

Klam·mer·griff der <-s, -e> *der Griff, mit dem jmd. etwas umklammert*

klam·mern <klammerst, klammerte, hat geklammert> **I.** *mit OBJ* **1.** ■ *jmd. klammert etwas (an etwas Akk./ mit etwas Dat. zusammen) mit einer Klammer[1] befestigen* Sie klammerte die Wäsche an die Leine., Er klammerte die Papiere mit einer Heftklammer zusammen. **2.** MED. ■ *jmd. klammert etwas mit einer Klammer[1] verschließen* Der Arzt klammerte die Wunde. **II.** *mit SICH* ■ *jmd. klammert sich an jmdn./etwas* **1.** *sich so fest wie möglich an jmdm. oder etwas festhalten* Er klammerte sich an den Ast, um nicht herunterzufallen. **2.** ■ *jmd. klammert sich an etwas (übertr.) sich in seinem Denken und Hoffen an eine Person oder etwas Bestimmtes binden* Er klammerte sich an diese Hoffnung/Idee., Sie klammerte sich an ihn als ihre letzte Hoffnung.

klamm·heim·lich <nicht steig.> *Adj.* (*umg.*) *ganz heimlich* Er verschwand klammheimlich., sein klammheimliches Verschwinden

Kla·mot·te die <-, -n> **1.** (*nur Plur.*) (*umg.*) *Kleidung* In diesen Klamotten kannst du doch nicht aus dem Haus gehen! **2.** (*meist Plur.*) *alter wertloser Gegenstand* **3.** *Film oder Theaterstück auf niederem Niveau mit derben, groben Späßen*

Klamp·fe die <-, -n> (*veralt. oder abwert.*) *Gitarre* ▶klampfen

kla·mü·sern <klamüserst, klamüserte, hat klamüsert> *ohne OBJ* ■ *jmd. klamüsert (umg. norddt.) nachdenken, sich besinnen* Stör' mich nicht, ich klamüsere. ■ **etwas auseinander klamüsern**: *etwas sortieren (in Gedanken oder auch Gegenstände)*

Klan der <-s, -e> *s.* **Clan**

Klang der <-(e)s, Klänge> **1.** *ein akustischer Eindruck, der aus dem Zusammenklingen mehrerer Töne entsteht* Ich vernahm einen lieblichen/metallischen Klang., Woher kommen diese himmlischen/sphärischen/wundervollen Klänge? **2.** *der bestimmte Charakter einer Stimme oder eines Instruments* Sie mag den warmen Klang seiner Stimme. **3.** (*nur Plur.*) *eine Folge von Tönen, die eine Melodie ergeben* Sie tanzten nach den Klängen eines Walzers. ◆ Walzer-

Klang·bild das <-(e)s, -er> *der Gesamteindruck, den der Klang von etwas vermittelt* Nach dem Austauschen des Verstärkers gegen das Modell XYZ stellte sich ein ausgewogenes/eher basslastiges/ harmonisches/samtiges Klangbild ein.

Klang·far·be die <-, -n> MUS. *die charakteristische Art eines Klanges[1]* ◆ -nregler

Klang·fül·le die <-> (*kein Plur.*) *Intensität oder große Dichte von mehreren Klängen*

klang·lich <nicht steig.> *Adj. auf den Klang[1] bezogen* Diese Lautsprecher bieten dem Zuhörer ein klangliches Erlebnis der Extraklasse.

klang·voll *Adj.* **1.** *einen vollen Klang[1] habend, wohl tönend* **2.** (*aufgrund des guten Rufes*) *berühmt, bekannt* Er hatte als Dirigent einen klangvollen Namen.

Klapf der <-(e)s, Kläpfe> (*österr.*) *Felsbrocken*

klapp·bar <nicht steig.> *Adj. so, dass man es klappen kann*

Klapp·bett das <-(e)s, -en> *ein Bett, das man hochklappen kann*

Klapp·brü·cke die <-, -n> *eine Eisenbahn- oder Straßenbrücke, bei der ein Fahrbahnabschnitt zwischen zwei Pfeilern hochklappbar ist (z.B. wichtig für das Passieren von großen Schiffen unter diesen Brücken hindurch)*

Klapp·de·ckel der <-s, -> *ein Deckel an einem Gefäß, den man hochklappen kann*

Klap·pe die <-, -n> **1.** *eine bewegliche Vorrichtung, mit der sich eine Öffnung schließen lässt* Der Postbote öffnete die Klappe am Briefkasten und schob zwei Ansichtskarten durch den Schlitz. **2.** (*umg. abwert.*) *Mund* ■ **eine große/freche Klappe haben** (*umg. abwert.*): *frech und arrogant reden* **die/seine Klappe halten** (*umg.*): *zu reden aufhören* **3.** (*umg.*) *Bett*

klap·pen **I.** *mit OBJ* ■ *jmd. klappt etwas (irgendwohin) etwas, das mit etwas anderem an einer Seite verbunden ist, in eine andere Richtung bewegen* Den Autositz kann man nach hinten klappen., Er klappte den Mantelkragen nach oben. **II.** *ohne OBJ* ■ *etwas klappt (umg.) gut verlaufen, gelingen, einen günstigen Ausgang haben* Alles klappte wie am Schnürchen. **III.** *mit ES* ■ *es klappt (mit etwas Dat.) (umg.) in Ordnung gehen, passen* Klappt es mit dem Termin am Donnerstag?

Klap·pen·text der <-(e)s, -e> (*bei Büchern*) *ein Werbetext, der auf den eingefalteten Teil des Schutzumschlags gedruckt ist*

Klap·per die <-, -n> (≈ *Gegenschlagstäbe, Gegenschlagplatten*) *ein kleines Instrument, dessen bewegliche Teile man gegeneinander schlagen kann, um damit rhythmische Schlagklänge zu erzeugen*

klap·per·dürr <nicht steig.> *Adj.* (*umg.*) *sehr schlank, hager*

klap·pe·rig *Adj. s.* **klapprig**

Klap·per·kas·ten der <-s, Klapperkästen> (*abwert.*) **1.** (*umg.*) *altes Klavier* **2.** (*umg.*) *altes, klapperndes Fahrzeug*

Klap·per·kis·te die <-, -n> (*umg. abwert.*) *altes Auto* Willst du mit dieser Klapperkiste wirklich in den Urlaub fahren?

klap·pern <klapperst, klapperte, hat geklappert> *ohne OBJ* **1.** ■ *etwas klappert mehrfach ein kurzes, hartes Geräusch von sich geben, weil zwei Gegenstände aufeinander schlagen* An dem Fahrrad klappert das Schutzblech. **2.** ■ *jmd./etwas klappert (mit etwas Dat.) ein Klappern[1] erzeugen* Er klapperte vor Kälte mit den Zähnen.

Klap·per·schlan·ge die <-, -n> *eine Giftschlange, deren hornbesetztes Schwanzende ein klapperndes Geräusch erzeugt*

Klap·per·storch der <-(e)s, Klapperstörche> **1.** *ein Storch* **2.** *(umg.) der Storch, von dem man Kindern erzählt, dass er die Babys bringe*

Klapp·fahr·rad das <-(e)s, Klappfahrräder> *Klapprad*

Klapp·fen·ster das <-s, -> *ein Fenster, das hochgeklappt werden kann*

Klapp·mes·ser das <-s, -> *ein Messer, dessen Klinge ein - und ausgeklappt werden kann*

Klapp·rad das <-(e)s, Klappräder> *zusammenklappbares Fahrrad*

klapp·rig/kla·p·pe·rig *Adj. durch Alter oder längeren Gebrauch abgenutzt und daher nicht mehr stabil* Wem gehört das klapprige Auto/Fahrrad?

Klapp·sitz der <-es, -e> *ein Sitz, den man nach oben oder nach unten klappen kann*

Klapp·stuhl der <-(e)s, Klappstühle> *ein zusammenklappbarer Stuhl*

Klapp·tisch der <-(e)s, -e> *ein zusammenklappbarer Tisch*

Klapp·ver·deck das <-(e)s, -e> *zurückklappbares Verdeck eines Autos*

Klapp·zy·lin·der der <-s, -> (≈ *Chapeau claque*) *ein Zylinderhut, der (zum leichteren Transport) zusammengefaltet werden kann und durch eine eingebaute Feder leicht wieder auseinandergeklappt werden kann*

Klaps der <-es, -e> *(umg.) leichter, harmloser Schlag mit der Hand* Sie gab dem kleinen Jungen einen Klaps auf den Popo.

Klaps·müh·le die <-, -n> *(umg. abwert.) Nervenheilanstalt, Psychiatrie*

klar *Adj.* **1.** (↔ *trübe*) *durchsichtig, nicht trübe* Das klare Quellwasser kann man bedenkenlos trinken., der klare Himmel, ein klarer Schnaps **2.** *ohne Wolken und Nebel* Bei klarer Nacht kann es stellenweise zu Bodenfrost kommen. **3.** *deutlich* Die Mannschaft hat das Turnier klar gewonnen., Sie waren als Mannschaft klar besser. **4.** (≈ *artikuliert*) *gut vernehmbar* Auf der Bühne musst du klar und deutlich sprechen. **5.** *überlegt* Sie konnte damals keinen klaren Gedanken mehr fassen. **6.** (≈ *eindeutig*) *eindeutig, verständlich* Ich verlange eine klare Antwort., Könntest du dich etwas klarer ausdrücken? ■ **klar sehen** *(umg.)*: *Bescheid wissen* **sich über etwas klar werden**: *Klarheit über etwas gewinnen* **sich über etwas klar/im Klaren sein**: *genau wissen, welche Folgen sich ergeben* ◆ Getrenntschreibung→R 4.2f., 4.12 klar denkend, klar sehen, (sich über etwas) klar werden; Zusammenschreibung→R 4.11 klargehen, klarkommen, klarlegen, klarmachen, klarstellen; Großschreibung→R 3.4, 3.7 sich über etwas im Klaren sein

Klär·an·la·ge die <-, -n> *eine Anlage, in der die Abwässer einer Stadt gereinigt und aufbereitet werden*

Klär·be·cken das <-s, -> *zur Aufbereitung von Abwässern dienendes Becken in einer Kläranlage*

Klar·blick der <-s> *(kein Plur.) die Fähigkeit, große Zusammenhänge in Ruhe und Klarheit zu durchschauen* Diese Entscheidung zeugt von Klarblick.

klar·bli·ckend *Adj. mit Klarblick*

Kla·re der <-n, -n> *farbloser Schnaps, meist Korn[2]* ein Bier und einen Klaren bestellen

klä·ren <klärst, klärte, hat geklärt> **I.** *mit OBJ* ■ *jmd./etwas klärt etwas* **1.** *etwas Ungeklärtes untersuchen und feststellen, wie es sich damit wirklich verhält* Könnten Sie diese Fragen/Probleme bis nächste Woche klären? **2.** *reinigen* In dieser Anlage wird das Abwasser geklärt. **II.** *mit SICH* ■ *etwas klärt sich aufgeklärt, gelöst werden* Die ganze Sache hat sich mittlerweile geklärt.

klar·ge·hen <geht klar, ging klar, ist klargegangen> *ohne OBJ* ■ *etwas geht klar (umg.) reibungslos verlaufen* Machen Sie sich keine Sorgen, das geht schon klar.

Klar·heit die <-> *(kein Plur.)* **1.** *der Zustand, dass etwas nicht trüb ist* Abgefüllt in ein Glas, konnte sich jeder von der absoluten Klarheit des Quellwassers überzeugen., Bedingt durch die Klarheit der Nacht konnte man viele Sterne sehen. **2.** *deutliche Vernehmbarkeit* Der Schauspieler trug seinen Text mit großer Klarheit vor. **3.** *gute Auffassungsgabe* Man bewunderte die Klarheit ihres Verstandes. **4.** *Eindeutigkeit, Verständlichkeit* Die Klarheit seiner Worte ließ keine Zweifel zu., Sie sollten bei Ihrem Referat vor allem auf die Klarheit Ihrer Ausführungen achten. **5.** *Gewissheit* Ich muss mir darüber endlich Klarheit verschaffen.

Kla·ri·net·te die <-, -n> *ein Holzblasinstrument*

klar·kom·men <kommst klar, kam klar, ist klargekommen> *ohne OBJ* ■ *jmd. kommt (mit etwas Dat.) klar (umg. ≈ zurechtkommen) etwas ohne Schwierigkeiten bewältigen* Wirst du allein mit der Arbeit klarkommen?, Keine Angst, ich komme schon klar.

Klar·lack der <-s, -e> *transparenter Lack, der meist auf eine bereits vorhandene farbige Lackschicht aufgetragen wird*

klar·le·gen <legst klar, legte klar, hat klargelegt> *mit OBJ* ■ *jmd. legt jmdm. etwas klar (umg.) genau erklären* Bevor er seine Arbeit begann, legte er uns seine Pläne klar.

klar·ma·chen <machst klar, machte klar, hat klargemacht> *mit OBJ* ■ *jmd. macht (jmdm.) etwas klar* **1.** (≈ *veranschaulichen*) *anschaulich erklären, vor Augen führen* Der Chemielehrer machte den Schülern mit einem Experiment klar, was passiert, wenn ... **2.** SEEW. *einsatzbereit machen* Die Matrosen machten das Schiff klar zum Ablegen.

Klär·schlamm der <-(e)s> *(kein Plur.) bei der Rei-*

nigung von Abwässern anfallende Masse

Klar·sicht·fo·lie die <-, -n> *transparente Plastikfolie*

Klar·sicht·hül·le die <-, -n> *Dokumentenhülle aus Klarsichtfolie*

Klar·spü·ler der <-s, -> *Klarspülmittel*

Klar·spülmit·tel das <-s, -> *Spülmittel, das das Abtrocknen von gespültem Geschirr überflüssig macht, weil es verhindert, dass Kalkspuren oder Wasserflecken zurückbleiben*

klar·stel·len <stellst klar, stellte klar, hat klargestellt> *mit OBJ* ■ *jmd. stellt etwas klar etwas nachdrücklich sagen, um Missverständnissen vorzubeugen* Der Lehrer stellte klar, dass …

Klar·text der <-(e)s, -e> *unverschlüsselter Text* Er verlas den Klartext des Funkspruches. ■ **Klartext reden/sprechen** (*umg.*): *deutliche Worte finden, um sein Anliegen zum Ausdruck zu bringen*

Klä·rungs·be·darf der <-s> (*kein Plur.*) (*geh.*) *der Sachverhalt, dass jmd. darauf drängt, dass etwas geklärt wird* Nach dem Seminar kamen mehrere Teilnehmer zu dem Dozenten und sagten, es bestünde in mehreren Punkten noch Klärungsbedarf. ■ **Klärungsbedarf haben**: *das Bedürfnis haben, etwas zu klären*

Klär·werk das <-s, -e> (≈ *Kläranlage*)

Klas·se die <-, -n> **1.** (≈ *Schulklasse*) *mehrere Schüler, die dauerhaft als Gruppe gemeinsam Unterricht erhalten* Beim Probealarm verließ die Klasse geordnet das Klassenzimmer., In der Klasse sind dreißig Schüler. **2.** *ein einjähriger Zeitraum innerhalb einer mehrjährigen Schulausbildung* Sein Sohn kommt nächstes Jahr schon in die dritte Klasse., Im humanistischen Zweig des Gymnasiums erhalten die Schüler bereits nach der zweiten Klasse Unterricht in Altgriechisch. **3.** (≈ *Klassenzimmer*) Die Lehrerin betrat die Klasse. **4.** *Gesellschaftsschicht* Sie setzt sich für die Klasse der Ärmsten ein., Er schimpfte auf die herrschende Klasse. ◆-nkampf, -nunterschied **5.** SPORT *aufgrund von bestimmten Merkmalen zusammengefasste Gruppe* Sie startet in der Klasse der Junioren. ◆Amateur-, Halbliter-, Jugend-, Junioren-, Männer- **6.** *Qualitätskategorie* Fahrkarten für die erste Klasse sind natürlich teurer., In dieser Klasse sollten solide Bedienelemente der Geräte eigentlich selbstverständlich sein., Die Ledersitze und das Wurzelholzamaturenbrett vermitteln den Eindruck von Klasse. ■ (**ganz**) **große Klasse sein** (*umg.*): *sehr gut, sehr sympathisch sein* **eine Klasse für sich sein** (*umg.*): *so gut sein, dass man keine Konkurrenten hat*

klas·se <nicht steig.> *Adj.* (*umg.*) *großartig, hervorragend* Das war ein klasse Film., Sie hat klasse gespielt., Das Konzert war klasse.

Klas·se·leis·tung die <-, -en> (*umg.*) *sehr gute Leistung*

Klas·se·ment das [klasəˈmã:] <-s, -s> **1.** *Einteilung* **2.** SPORT *eine Rangliste, in der die Teilnehmer an einem Wettkampf je nach ihren individuellen Leistungen bestimmte Plätze belegen* Er ist nach der heutigen Etappe im Klassement um einige Plätze zurückgefallen. ◆Gesamt-

Klas·sen·ar·beit die <-, -en> *eine schriftliche Prüfungsaufgabe, der sich alle Schüler einer Schulklasse zu unterziehen haben*

Klas·sen·bes·te der/die <-n, -n> *der Schüler, der die besten Noten einer Klasse*[1] *hat*

Klas·sen·be·wusst·sein das <-s> (*kein Plur.*) *das ausgeprägte Bewusstsein, dass man zu einer bestimmten Gesellschaftsschicht zählt (und sich dementsprechend verhält)*

Klas·sen·buch das <-(e)s, Klassenbücher> *vom Klassenlehrer angelegtes Buch mit den Daten einer Klasse*[1]

Klas·sen·er·halt der <-(e)s> (*kein Plur.*) (SPORT: ↔ *Abstieg*) *das Verbleiben in einer Liga*

Klas·sen·fahrt die <-, -en> *Ausflugsfahrt oder Studienreise einer Schulklasse*

Klas·sen·feind der <-(e)s, -e> (*meist Sing.*) (*in der marxistischen Weltsicht*) *die herrschende Gesellschaftsschicht, von der die Arbeiter unterdrückt werden*

Klas·sen·ge·sell·schaft die <-> (*kein Plur.*) *die Sichtweise des Marxismus, dass jede Gesellschaft, solange sie noch nicht eine klassenlose Gesellschaft ist, durch den unversöhnlichen Interessengegensatz verschiedener Klassen geprägt ist*

Klas·sen·hass der <-es> (*kein Plur.*) *die Sichtweise des Marxismus, dass (in den nichtkommunistischen Gesellschaften) die verschiedenen Klassen einander hassen müssen, weil ihre Interessen nicht miteinander vereinbart werden können*

Klas·sen·jus·tiz die <-> (*kein Plur.*) (*abwert.*) *der Vorwurf, dass Rechtsprechung im Interesse einer Gesellschaftsschicht geschieht*

Klas·sen·ka·me·rad, **Klas·sen·ka·me·ra·din** der <-en, -en> *Mitschüler(in)*

Klas·sen·kampf der <-(e)s> (*kein Plur.*) (*in der marxistischen Weltsicht*) *der Kampf der gesellschaftlichen Klassen um die Macht in der Gesellschaft*

Klas·sen·leh·rer, **Klas·sen·leh·re·rin** der <-s, -> *Lehrer, der für die pädagogische Leitung einer Klasse*[1] *verantwortlich ist*

Klas·sen·lo·gik die <-> (*kein Plur.*) *eine Form der formalen Logik, die Begriffe auf nichtleere Bereiche von Gegenständen (Klassen) bezieht (z.B. die Aristotelische Logik)*

Klas·sen·spie·gel der <-s, -> **1.** *eine Übersicht über die Zensuren, die die Schüler einer Klasse*[1] *in einer Klassenarbeit erreicht haben.* Aus dem Klassenspiegel geht hervor, dass bei dieser Klassenarbeit kein Schüler eine Eins bekommen hat, aber drei Schüler eine Fünf haben. **2.** *Darstellung der Sitzordnung der Schüler in einer Klasse*

Klas·sen·spre·cher, **Klas·sen·spre·che·rin** der <-s, -> *Schüler, der von den Mitschülern seiner Klasse*[1] *gewählt wird, um deren Interessen zu vertreten*

Klas·sen·stär·ke die <-, -n> *die Anzahl der Schüler in einer Klasse*[1]

Klas·sen·tref·fen das <-s, -> *ein Zusammentref-*

fen von Personen, die früher die gleiche Klasse[1] besucht haben Das erste Klassentreffen fand zehn Jahre nach dem Abitur statt.

Klas·sen·unter·schied der <-s, -e> *Unterschied zwischen verschiedenen Gesellschaftsklassen*

Klas·sen·zim·mer das <-s, -> *Unterrichtsraum einer Klasse[1]*

Klas·se·weib das <-s, -er> (*umg.*) *Frau mit der Ausstrahlung von Stärke und Erotik*

Klas·si·fi·ka·ti·on die <-, -en> **1.** (*kein Plur.*) *das Klassifizieren* **2.** *systematische Einteilung oder Einordnung von Begriffen, Gegenständen, Erfahrungen o.Ä. in Klassen* (*Gruppen*) *oder Unterklassen* (*Untergruppen*) Die Fixsterne kann man nach ihrem Lichtspektrum in Spektralklassen einteilen. ◆ Dezimal-

klas·si·fi·zie·ren <klassifizierst, klassifizierte, hat klassifiziert> *mit OBJ* ■ *jmd. klassifiziert jmdn./etwas Personen, Dinge nach bestimmten Merkmalen oder aufgestellten Kategorien einteilen*

Klas·sik die <-> (*kein Plur.*) **1.** *Kultur und Kunst der griechischen und römischen Antike* **2.** *eine Epoche, in der die bildende Kunst, die Literatur oder Musik eines Volkes ihren Höhepunkt erreicht* **3.** *klassische[2] Musik* Neben Rockmusik hört er auch gerne Klassik.

Klas·si·ker, **Klas·si·ke·rin** der <-s, -> **1.** *ein Künstler der Klassik[1 2]* **2.** *jmd., dessen künstlerisches oder wissenschaftliches Werk lange als Vorbild wirkt* ein Klassiker der Psychoanalyse **3.** *ein Buch, das viele Menschen über eine lange Zeit hinweg lesen*

klas·sisch *Adj.* **1.** *die Klassik[1] betreffend* **2.** *die Klassik[2] betreffend, zu ihr gehörig, für sie typisch* **3.** *zur Musik gehörend, die von bedeutenden Komponisten früherer Zeit geschaffen wurde* klassische Musik **4.** (≈ *zeitlos*) Sie trug ein klassisch geschnittenes Kostüm., ein Anzug von klassischer Eleganz **5.** (*umg.*) (*auf eine unerfreuliche Weise*) *typisch* Das ist doch mal wieder klassisch: Wochenende und Regen!

Klas·si·zis·mus der <-s> (*kein Plur.*) *eine Kunstrichtung, die sich die klaren, strengen Formen der klassischen Antike zum Vorbild nahm* ▶klassizistisch

Klatsch der <-(e)s, (-e)> **1.** *das Geräusch, das beim Fallen von etwas in eine Flüssigkeit oder beim Fallen eines nassen oder breiigen Gegenstandes auf etwas Hartes entsteht* **2.** (*kein Plur.*) (*umg. abwert.* ≈ *Gerede*) *das* (*Negative*), *das Leute über andere in deren Abwesenheit erzählen* Du solltest auf den Klatsch nichts geben.

Klatsch·ba·se die <-, -n> (*umg. abwert.*) *eine Frau, die gern über andere Menschen redet und Klatsch[2] verbreitet*

Klat·sche die <-, -n> **1.** (*abwert.* ≈ *Klatschbase*) **2.** (≈ *Fliegenklatsche*) *ein Gerät aus einem Drahtfächer und einem Stiel, mit dem Fliegen getötet werden*

klat·schen[1] <klatschst, klatschte, hat geklatscht> **I.** *mit OBJ* ■ *jmd. klatscht etwas irgendwohin eine Masse so irgendwohin werfen, dass sie dort kleben bleibt* Der Maurer klatschte den Mörtel an die Wand. **II.** *ohne OBJ* ■ *jmd. klatscht* (*mit den Händen/mit der Hand*) *die Handflächen mehrmals gegeneinander schlagen; applaudieren* Die Zuschauer klatschten begeistert Beifall., Das Publikum klatschte nach jedem dritten Satz des Redners., Er klatschte, um sich Gehör zu verschaffen., Der Spielführer klatschte in die Hände, um seine Mitspieler anzufeuern., Er klatschte sich/mir vor Begeisterung auf die Schenkel.

klat·schen[2] <klatschst, klatschte, hat geklatscht> *ohne OBJ* ■ *jmd. klatscht* (*über jmdn./etwas*) (*umg.* ≈ *tratschen*) *etwas* (*Negatives*) *über andere in deren Abwesenheit erzählen,* Sie klatscht gern.

Klatsch·maul das <-(e)s, Klatschmäuler> (*umg. abwert.*) *jmd., der viel über andere klatscht[2]*

Klatsch·mohn der <-s> (*kein Plur.*) *Mohn mit leuchtend roten Blüten*

klatsch·nass <nicht steig.> *Adj.* (*umg.*) *völlig durchnässt*

Klatsch·pres·se die <-> (*kein Plur.*) (*umg. abwert.*) *Pressemitteilungen, die Klatsch[2] verbreiten*

Klatsch·spal·te die <-, -n> (*umg. abwert.*) *Rubrik in einer Zeitung, in der viel Klatsch[2] über Prominente steht*

Klatsch·sucht die <-> (*kein Plur.*) *Sucht, mit anderen zu klatschen[2]*

Klatsch·weib das <-es, -er> (*abwert.* ≈ *Klatschbase*)

klau·ben <klaubst, klaubte, hat geklaubt> *mit OBJ* ■ *jmd. klaubt etwas* (*von etwas Dat.*) (*süddt. österr. umg.*) *Stück für Stück aufheben* Ich klaube noch schnell die Äpfel vom Boden., Wir haben Kartoffeln geklaubt.

Klaue die <-, -n> **1.** (*meist Plur.*) (*der Fuß mit den scharfen*) *Krallen* (*eines Raubvogels, einer Raubkatze*) Der Bussard/Der Tiger packte seine Beute mit den Klauen. **2.** (*meist Plur.*) *Huf* (*von Kühen, Ziegen, Schafen*) **3.** (*umg. abwert.*) *schlechte, unleserliche Schrift* Deine Klaue kann man ja kaum lesen!

klau·en <klaust, klaute, hat geklaut> **I.** *mit OBJ* ■ *jmd. klaut etwas* (*umg.*) *etwas Kleineres stehlen* Sie hat eine CD geklaut. **II.** *ohne OBJ* ■ *jmd. klaut* (*umg.*) (*gewohnheitsmäßig*) *stehlen* Er hatte wiederholt geklaut.

Klau·se die <-, -n> **1.** *eine Hütte, in der jmd. ganz allein lebt* **2.** *Schlucht*

Klau·sel die <-, -n> RECHTSW. (*bei Verträgen*) *Vorbehalt, beschränkende oder erweiternde Nebenbestimmung*

Klaus·ner der <-s, -> *Einsiedler, der in einer Klause[1] lebt*

Klaus·t·ro·pho·bie die <-, -n> PSYCH. *krankhafte Angst vor dem Aufenthalt in geschlossenen Räumen*

Klau·sur die <-, -en> **1.** *schriftliche Prüfung* (*an der Universität*) eine Klausur schreiben, in einer Klausur eine bestimmte Punktzahl erreichen, eine Klausur bestehen **2.** (*kein Plur.*) (*gemäß einer klösterlichen Ordensregel oder Vorschrift*) *das Abgesondertsein, die Abgeschlossenheit, Abge-*

schiedenheit, Einsamkeit Er ging in Klausur. **3.** *der Bereich eines Klosters, den Fremde nicht betreten dürfen* ■ **in Klausur gehen**: *sich in die Einsamkeit zurückziehen* **in Klausur tagen**: *eine Klausurtagung abhalten*

Klau·sur·ta·gung die <-, -en> *Tagung unter Ausschluss der Öffentlichkeit*

Kla·vi·a·tur die <-, -en> **1.** *alle Tasten eines Tasteninstruments* **2.** (*übertr.*) *die Vielfalt der Möglichkeiten in Bezug auf eine Sache* Er beherrscht die Klaviatur der diplomatischen Tricks.

Kla·vi·chord das <-(e)s, -e> *ein Tasteninstrument* (*Vorläufer des Klaviers*)

Kla·vier das <-s, -e> *ein* (*großes*) *Tasteninstrument, bei dem der Ton durch Anschlagen der Saite durch einen Hammer erzeugt wird* das Klavier stimmen

Kla·vier·aus·zug der <-s, Klavierauszüge> MUS. *die Notierung einer Komposition für mehrere Stimmen oder Instrumente in der Weise, dass sie auf dem Klavier gespielt werden kann*

Kla·vier·kon·zert das <-(e)s, -e> *Konzert für Klavier und Orchester*

Kla·vier·leh·rer, **Kla·vier·leh·re·rin** der <-s, -> *Lehrer für das Klavierspiel*

Kla·vier·mu·sik die <-> (*kein Plur.*) **1.** *Musik, die auf einem Klavier gespielt wird* **2.** *Gesamtheit der Kompositionen für Klavier* Die Klaviermusik des 19. Jahrhunderts ist oft noch für Hammerklavier geschrieben.

Kla·vier·spiel das <-(e)s> (*kein Plur.*) **1.** *das Klavierspielen* **2.** *eine bestimmte* (*persönliche*) *Art, Klavier zu spielen* Sein Klavierspiel begeisterte das Publikum.

Kla·vier·spie·ler, **Kla·vier·spie·le·rin** der <-s, -> (≈ *Pianist*) *jmd., der Klavier spielen kann*

Kla·vier·stim·mer, **Kla·vier·stim·me·rin** der <-s, -> *jmd., der beruflich Klaviere stimmt*

Kla·vier·stück das <-s, -e> *eine Komposition für Klavier*

Kla·vier·stun·de die <-, -n> *Unterrichtsstunde im Klavierspielen*

Kla·vier·unter·richt der <-s> (*kein Plur.*) *Unterricht im Klavierspielen*

Kle·be·band das <-(e)s, Klebebänder> (*zu einer Rolle aufgewickelter*) *mit Klebstoff beschichteter Papier- oder Kunststoffstreifen* Das Paket war verschnürt und zusätzlich mit Klebeband umwickelt.

Kle·be·bin·dung die <-, -en> *Verfahren des Bucheinbandes, bei dem nicht Bögen geheftet, sondern einzelne Blätter an der Kante zum Buchblock zusammengeklebt werden*

Kle·be·fo·lie die <-, -n> *mit Haftkleber beschichtete Kunststofffolie*

kle·ben <klebst, klebte, hat geklebt> **I.** *mit OBJ* **1.** ■ *jmd. klebt etwas etwas Zerbrochenes oder Zerrissenes mit Klebstoff wieder zusammenfügen* Kann man die zerbrochene Vase/den Riss im Schlauchboot noch kleben? **2.** *jmd. klebt etwas irgendwohin mit Klebstoff an einer Stelle befestigen* Ich muss noch die Urlaubsbilder ins Album kleben. **II.** *ohne OBJ* **1.** ■ *jmd./etwas klebt* (*an etwas Dat.*) *fest an etwas hängen, auf etwas haften* An der Schuhsohle klebt ein Kaugummi. **2.** ■ *etwas klebt* (*an etwas Dat.*) (*durch Klebstoff*) *die Eigenschaft haben, irgendwo fest haften zu bleiben* Das Pflaster klebt nicht mehr. **3.** ■ *etwas klebt klebrig sein* Die Finger des Kindes/Die Bonbons kleben. **4.** ■ *jmd. klebt an etwas Dat.* (*umg. übertr.*) *mit Macht an etwas festhalten* Manche kleben immer noch an diesen alten Vorstellungen., Er klebt an seinem Posten. ■ **jemandem eine kleben** (*umg.*): *jmdm. eine Ohrfeige geben* **kleben bleiben** (*umg.*): *eine Schulklasse wiederholen müssen* ♦ Getrenntschreibung→R 4.1

Kle·ber der <-s, -> (*umg.* ≈ *Klebstoff*)

Kle·be·stift der <-s, -e> *eine Hülse, die mit festem Klebstoff gefüllt ist*

Kle·be·strei·fen der <-s, -> (≈ *Klebeband*) *mit Klebstoff beschichteter Papier-, Kunststoff- oder Stoffstreifen*

kleb·rig *Adj. so, dass eine Art Klebstoff, etwas Zähflüssiges, Feuchtes und Schmutziges an der Oberfläche haftet* Nachdem er ein Honigbrötchen gegessen hatte, hatte er klebrige Finger.

Kleb·stift der <-(e)s, -e> (≈ *Klebestift*)

Kleb·stoff der <-(e)s, -e> *eine flüssige oder breiige synthetische Substanz, die man auf Oberflächen aufbringt, um zwei Gegenstände dauerhaft und fest miteinander zu verbinden*

Kleb·stoff·tu·be die <-, -n> *eine Tube, die Klebstoff enthält*

Kleb·strei·fen der <-s, -> (≈ *Klebestreifen*)

Kle·cker·frit·ze der <-> (*kein Plur.*) (*umg. scherzh.*) *von kleinen Jungen gesagt, die viel kleckern*

Kle·cker·kram der <-s> (*kein Plur.*) (*umg. abwert.*) *Kleinigkeiten, die wenig oder gar keinen Wert haben*

kle·ckern <kleckerst, kleckerte, hat/ist gekleckert> (*umg.*) **I.** *mit OBJ* ■ *jmd. kleckert etwas auf etwas Akk.* (*haben*) *unabsichtlich verschütten; auf etwas tropfen lassen und Flecken machen* Er hat sich Senf auf das Hemd gekleckert. **II.** *ohne OBJ* ■ *jmd. kleckert* **1.** (*haben*) *mit heruntertropfender oder herunterlaufender Flüssigkeit* (*unabsichtlich*) *Flecken machen* Die Kinder haben beim Essen gekleckert., Kleckere nicht so! **2.** (*sein*) *heruntertropfen oder herunterlaufen und Flecken machen* Die Farbe ist auf den Fußboden gekleckert. ■ **nicht kleckern, sondern klotzen** (*umg.*): *etwas konzentriert in einem großen Zusammenhang tun, statt es auf kleine Portionen oder Arbeitsschritte zu verteilen*

kle·cker·wei·se *Adv.* (*umg. abwert.*) *in zögernder, oft unterbrochener Folge* Er kommt mit seiner Diplomarbeit nur kleckerweise voran.

Klecks der <-es, -e> **1.** (*meist von Farbe oder Tinte stammender*) *Fleck* **2.** (*umg.*) *kleine Menge* (*einer dicken Flüssigkeit, weichen Masse*) Könnte ich noch einen Klecks Senf haben?

kleck·sen <kleckst, kleckste, hat gekleckst> *ohne OBJ* **1.** ■ *jmd./etwas kleckst Kleckse*[1] *machen* Er kleckste beim Streichen der Wände Farbe auf den

Fußboden. **2.** ■ *etwas kleckst klecksen[1], weil etwas nicht mehr richtig funktioniert* Der Füller kleckst.

Kleck·ser der <-s, -> *jmd., der kleckst*

Kleck·se·rei die <-, -en> (*abwert.*) **1.** *Arbeit, die durch Kleckse verdorben ist* **2.** *anhaltendes Klecksen*

Klee der <-s> (*kein Plur.*) *eine (Futter-)Pflanze mit meist drei Blättern* ■ **jemanden/etwas über den grünen Klee loben** (*umg.*): *jmdn. oder etwas übermäßig loben*

Klee·blatt das <-(e)s, Kleeblätter> **1.** *Blatt der Kleepflanze* Ich habe ein vierblättriges Kleeblatt (≈ als Symbol des Glücks) gefunden! **2.** (*umg.*) *eng zusammengehörige Gruppe von drei Personen* **3.** *Kreuzung von Autobahnen (und ihren Zubringerstraßen) in Form eines vierblättrigen Kleeblattes*

Klei·ber der <-s, -> (≈ *Spechtmeise*) *ein Singvogel, der in Eurasien, Australien und Nordamerika vorkommt*

Kleid das <-(e)s, -er> **1.** *ein einteiliges, vom Hals bis ungefähr über das Knie reichendes Kleidungsstück für Frauen und Mädchen* Sie hat sich ein elegantes/extravagantes/ dezentes/sommerliches/ sportliches Kleid gekauft. **2.** (*nur Plur.*) (≈ *Kleidung*) Er legte seine Kleider ab und ging ins Bad. ■ **Kleider machen Leute.** (*Sprichwort*): *verwendet, um auszudrücken, dass man hinter einem guten äußeren Erscheinungsbild eher eine erfolgreiche, wichtige o.Ä. Person vermutet*

klei·den <kleidest, kleidete, hat gekleidet> *mit OBJ* **1.** ■ *jmd. kleidet jmdn./sich irgendwie sich oder jmdn. in bestimmter Weise anziehen* Er kleidet sich nach der neuesten Mode., Sie kleidet ihre Tochter stets hübsch und zweckmäßig. **2.** ■ *etwas kleidet jmdn. irgendwie jmdm. gut stehen, kleidsam sein* Der Hut kleidet dich sehr gut. **3.** ■ *jmd. kleidet etwas in etwas Akk. in eine bestimmte Ausdrucksform bringen* Er konnte seine Gefühle/Gedanken nicht in Worte kleiden.

Klei·der·ab·la·ge die <-, -n> *Garderobe*

Klei·der·bad das <-s, Kleiderbäder> *chemische Reinigung von Kleidern*

Klei·der·bü·gel der <-s, -> *ein Holz-, Metall- oder Plastikbügel, auf den man Kleidung zum Aufbewahren oder Lüften hängen kann*

Klei·der·bürs·te die <-, -n> *eine Bürste, mit der man Staub oder Haare von Kleidung entfernt*

Klei·der·ha·ken der <-s, -> *an der Wand angebrachter Haken zum Aufhängen von Kleidungsstücken*

Klei·der·kam·mer die <-, -n> MILIT. *Aufbewahrungsraum oder -ort für (vorrätige) Kleidungsstücke* Der Rekrut ließ sich eine neue Uniform aus der Kleiderkammer geben.

Klei·der·kas·ten der <-s, Kleiderkästen> (*süddt. österr. schweiz.*) *Kleiderschrank*

Klei·der·ord·nung die <-, -en> **1.** (*früher von der Obrigkeit bestimmte*) *Regelung der Kleidung, die sich sowohl auf das Material, die Materialmenge, den Schnitt, das Zubehör, die Anzahl bestimmter Kleidungsstücke als auch auf Trägergruppen bezog* **2.** *bei einer Veranstaltung oder an bestimmten Orten erwünschte Kleidung* Gibt es für den Ball eine Kleiderordnung?, Das Casino hat eine strenge Kleiderordnung.

Klei·der·rock der <-s, Kleiderröcke> *ärmelloses, ausgeschnittenes Kleid, unter dem eine Bluse getragen wird*

Klei·der·samm·lung die <-, -en> (≈ *Altkleidersammlung*) *Sammlung von Kleidung, die öffentlich organisiert ist und meist wohltätigen Zwecken dient*

Klei·der·schrank der <-(e)s, Kleiderschränke> **1.** *Schrank zum Aufbewahren von Kleidung* **2.** (*umg. übertr.*) *sehr großer und kräftiger Mann*

Klei·der·stän·der der <-s, -> *frei bewegbarer Ständer, an dem Kleidungsstücke aufgehängt werden können*

kleid·sam *Adj. so, dass ein Kleidungsstück jmdm. gut steht*

Klei·dung die <-> (*kein Plur.*) *die Gesamtheit aller Kleidungsstücke (die jmd. trägt)* Er trägt vor allem elegante/sportliche/zweckmäßige Kleidung., Viele Designer entwerfen außer Kleidung auch Brillengestelle und Schmuck.

Klei·dungs·stück das <-(e)s, -e> *einzelner Teil der Kleidung (wie Mantel, Hose, Rock …)* Das ist ein ausgefallenes/modisches/ praktisches/sportliches Kleidungsstück.

Kleie die <-> (*kein Plur.*) *beim Getreidemahlen entstehendes Abfallprodukt aus Schalen und Hülsen*

klein <kleiner, am kleinsten> *Adj.* **1.** (↔ *groß*) *so, dass es in Bezug auf die Länge, Breite, Höhe, den Umfang, das Volumen oder den Durchmesser unter dem Vergleichswert (ähnlich gearteter Gegenstände) liegt* Sie haben nur ein kleines Haus., Das Schlafzimmer vieler moderner Wohnungen ist oft ausgesprochen klein., Mir reicht eine kleine Portion., Bitte das Tagesgericht und ein kleines Bier! **2.** *wenig in Bezug auf Preis oder Zahl* Der FC Frischauf ist nur ein kleiner Verein., Ich möchte Ihnen ein kleines Geschenk machen., Wir sind heute eine kleine Runde., Wir können das am besten im kleinen Kreis besprechen. **3.** *nicht sehr groß oder hoch* Sie freute sich auch über den kleinen Gewinn., Er erhält eine kleine Rente., Eine kleine Gehaltserhöhung wäre schön. **4.** (↔ *ausgiebig*) *nicht lang; relativ kurz* Wir machen jetzt eine kleine Pause., Nur eine kleine Unterbrechung, dann geht es weiter! **5.** *von geringerer Bedeutung, nicht ganz so erheblich* Mir ist ein kleines Missgeschick passiert., Der Versuch kann schon beim kleinsten Fehler misslingen. **6.** *von niedriger beruflicher oder gesellschaftlicher Stellung; einfach, beschränkt, eng* Er ist nur ein kleiner Angestellter/ Handwerker., ein kleiner Geist, Er kommt aus kleinen Verhältnissen. **7.** (*umg.* ↔ *groß*) *jünger* Ist das dein kleiner Bruder? **8.** (*umg.*) *noch nicht erwachsen* Als ich noch klein war, träumte ich immer davon, dass …, Dafür bist du noch zu klein. **9.** *mit wenig Aufwand* Wir geben am Wochenende ein kleines Fest. ■ **klein, aber oho** (*umg.*): *klein,* *aber beachtlich energisch, selbstbewusst, leistungsfähig o.Ä.* **klein, aber fein** (*umg.*): *nicht sehr groß, aber gut* **der kleine Mann** (*umg.*): *ein gewöhnlicher Durchschnittsbürger, der nicht sehr vermögend ist und der keine ausgeprägte eigene Meinung und nur wenig Einfluss hat* Bei vielen politischen Entscheidung hat der kleine Mann nichts zu sagen. **von klein auf** (*umg.*): *von Kindheit an* **klein anfangen** (*umg.*): *von der untersten Stufe (ohne Vermögen) beginnen* ◆ Großschreibung→R 3.4, 3.7, 3.17f. etwas, nichts, viel, wenig Kleines, Groß und Klein, Kleine und Große, die Kleinen und die Großen, Der Kleine/Die Kleine (ist erst zwei Jahre alt), Die Gemeinde ist ein Staat im Kleinen., Obwohl er kaum etwas getrunken hat, hat er einen Kleinen sitzen., Du solltest in diesem Falle vom Kleinen auf das Große schließen., Es ist mir ein Kleines, das zu tun., Er hat den Plan bis ins Kleinste ausgefeilt., das Kleine Walsertal; Getrenntschreibung→R 4.1ff., 4.12 klein gemustert, klein karierte Stoffe, klein gedruckt, klein sein, klein werden, (die Kosten) klein halten, (Kräuter) klein hacken, (Zwiebeln) klein schneiden, Man sollte Gastfreundschaft nicht klein schreiben.; Getrennt- oder Zusammenschreibung →R 4.12 das klein Gedruckte/Kleingedruckte; Zusammenschreibung→R 4.11 ein Wort kleinschreiben, Sie lässt sich nicht kleinkriegen., Er ist ein kleingewachsener Mensch., Er denkt ziemlich kleinkariert.

Klein·ak·ti·o·när, **Klein·ak·ti·o·nä·rin** der <-s, -e> WIRTSCH. *Aktionär mit geringer Beteiligung am Grundkapital einer Aktiengesellschaft*

Klein·an·zei·ge die <-, -n> *Zeitungsanzeige mit sehr wenig Text*

Klein·ar·beit die <-> (*kein Plur.*) *mühevolle (Detail-)Arbeit*

Klein·a·si·en <-s> *Halbinsel zwischen Schwarzem Meer und Mittelmeer*

Klein·bau·er der <-n/-s, -n> (↔ *Großbauer*) *Landwirt mit geringem Besitz (an bewirtschafteter Fläche)*

Klein·be·trieb der <-(e)s, -e> (↔ *Großbetrieb*) *Betrieb mit einer relativ geringen Zahl von Mitarbeitern*

Klein·buch·sta·be der <-n, -n> (↔ *Großbuchstabe*) *ein Buchstabe aus dem Inventar der kleinen Buchstaben eines Alphabets* Das Wort „klein" ist mit lauter Kleinbuchstaben geschrieben.

Klein·büh·ne die <-, -n> *kleines Theater*

Klein·bür·ger der <-s, -> **1.** *Bürger des unteren Mittelstandes* **2.** (*abwert.* ≈ *Spießer*)

klein·bür·ger·lich <nicht steig.> *Adj.* **1.** *das Kleinbürgertum betreffend, zu ihm gehörend, von ihm ausgehend* **2.** (*abwert.* ≈ *spießig*) kleinbürgerliche Maßstäbe/Moralvorstellungen

Klein·bür·ger·lich·keit die <-> (*kein Plur.*) (*abwert.*) *Spießbürgerlichkeit*

Klein·bür·ger·tum das <-s> (*kein Plur.*) *der untere Mittelstand*

Klein·de·likt das <-s, -e> RECHTSW. *eine Bagatellsache, die nach dem Strafprozessrecht eingestellt wird, nach dem Zivilprozessrecht mit einem Schiedsurteil (ohne Vorladung des Verurteilten) entschieden wird* Wenn jemand in einem Laden eine Tafel Schokolade stiehlt, wird dies als ein Kleindelikt angesehen.

Klei·ne der/die <-n, -n> *ein kleiner Junge oder ein kleines Mädchen* Der/Die Kleine kann schon laufen.

Klei·ner **1.** *kleines Kind* (als Anrede:) Hallo, Kleiner (bei einem kleinen Jungen, dessen Namen man nicht weiß) **2.** *Kosewort (einer Mutter für ihren kleinen Sohn)* Mein Kleiner schläft schon. **3.** (*veralt.*) *kokette Anrede eines Mädchens gegenüber einem jungen Mann* Na, Kleiner?

Klein·gar·ten der <-s, Kleingärten> *Schrebergarten*

Klein·gärt·ner, **Klein·gärt·ne·rin** der <-s, -> *jmd., der einen Kleingarten besitzt oder gepachtet hat*

Klein·ge·druck·te, *a.* **klein Ge·druck·te** das <-n> (*kein Plur.*) (*leicht zu übersehende*) *klein gedruckte Bestimmungen und Bedingungen (als Zusätze) von Verträgen* Sie sollten vor einer Unterschrift immer erst das Kleingedrucktge lesen!

Klein·geld das <-(e)s> (*kein Plur.*) (↔ *Geldscheine*) *Münzen (mit geringem Wert, im Gegensatz zum Papiergeld)*

klein·ge·mus·tert <nicht steig.> *Adj.* (↔ *großgemustert*) *mit kleinen Mustern versehen*

Klein·ge·wer·be·trei·ben·de der/die <-n, -n> WIRTSCH. *Gewerbetreibender*

klein·gläu·big *Adj.* (*abwert.*) *in religiösen Fragen ängstlich und zweifelnd*

Klein·gläu·big·keit die <-> (*kein Plur.*) *Haltung von jmdm., der kleingläubig ist*

Klein·han·del der <-s> (*kein Plur.*) (≈ *Einzelhandel* ↔ *Großhandel*) *die Branche der Händler, die kleine Mengen kaufen und verkaufen*

Klein·hirn das <-s, -e> MED. *der Hirnabschnitt, in dem die Bewegungen koordiniert werden*

Klein·holz das <-es> (*kein Plur.*) *in kleine Stücke gehacktes Holz* ■ **Kleinholz aus jemandem machen/jemanden zu Kleinholz machen** (*umg.*): *jmdn. zusammenschlagen*

Klei·nig·keit die <-, -en> **1.** *geringfügige, nicht wichtige Angelegenheit* Ich muss im Büro bis heute Abend noch einige Kleinigkeiten erledigen., Sie regt sich wegen jeder Kleinigkeit auf. **2.** *etwas, das nicht sehr teuer ist* Ich habe dir eine Kleinigkeit mitgebracht. **3.** *eine Aufgabe, die wenig Mühe erfordert* Das ist doch eine Kleinigkeit für dich!

Klei·nig·keits·krä·mer, **Klei·nig·keits·krä·me·rin** der <-s, -> (*abwert.*) *jmd., der sich vornehmlich mit Kleinigkeiten aufhält und sie übertrieben wichtig nimmt*

Klein·ka·li·ber·ge·wehr das <-(e)s, -e> *Gewehr mit einem kleinen Kaliber (0,22 Zoll = 5,6 mm)*

klein·ka·riert <nicht steig.> *Adj.* (*umg. abwert.*) *engstirnig, spießig, nicht weltoffen* Ich hätte nicht gedacht, dass er ein derart kleinkarierter Mensch ist. ▶Kleinkariertheit

Klein·kind das <-(e)s, -er> *kleines Kind (vom*

K

3. bis 6. Lebensjahr)

Klein·kram der <-s> (*kein Plur.*) (*umg. oft abwert.*) **1.** *kleine, wertlose Dinge* **2.** *Kleinigkeiten, Nichtigkeiten* Ich habe noch ein wenig Kleinkram am Schreibtisch zu erledigen.

Klein·krieg der <-(e)s> (*kein Plur.*) **1.** (≈ *Guerillakrieg*) **2.** *dauernder Streit um Kleinigkeiten* Ihre Ehe war ein ständiger Kleinkrieg.

klein·krie·gen <kriegst klein, kriegte klein, hat kleingekriegt> *mit OBJ* **1.** ■ *jmd. kriegt jmdn. klein* (*umg.*) *entmutigen, fertig machen, unterkriegen* Davon lasse ich mich noch lange nicht kleinkriegen. **2.** ■ *jmd. kriegt etwas klein* (*umg.*) *es fertig bringen, etwas kaputt zu machen* Jetzt ist schon wieder ein Teller kaputt, du kriegst aber auch alles klein!

Klein·kri·mi·na·li·tät die <-> (*kein Plur.*) *kriminelle Handlungen, die keine schweren Verbrechen sind*

Klein·kri·mi·nel·le der/die <-n, -n> *jmd., der Straftaten verübt, die zur Kleinkriminalität gerechnet werden*

Klein·kunst die <-> (*kein Plur.*) *kabarettistische Darbietungen* (*beispielsweise Sketche und Rezitationen*)

klein·laut <nicht steig.> *Adj.* (*plötzlich*) *bescheiden, verschämt und daher leise sprechend, verlegen werdend* Er hat kleinlaut zugegeben, dass er den Schlüssel verloren hat.

klein·lich *Adj.* (*abwert.* ↔ *großzügig*) *pedantisch, engstirnig, nicht tolerant, nicht großzügig* Er ist ein kleinlicher Mensch, der einem jeden Fehler noch jahrelang vorhält.

Klein·lich·keit die <-, -en> (*abwert.*) **1.** (*kein Plur.*) *kleinliche Wesensart* **2.** *kleinliche Handlung*

klein·mü·tig <nicht steig.> *Adj.* (*geh.*) *ohne Selbstvertrauen und Entschlusskraft* ►Kleinmütigkeit

Klein·od das <-(e)s, -e/-ien> *ein sehr schönes und sehr wertvolles Schmuckstück*

klein·re·den *mit OBJ* ■ *jmd. redet etwas klein durch Reden etwas klein und unbedeutend machen* Du kannst mir meine Erfolge nicht kleinreden.

klein·schrei·ben <schreibst klein, schrieb klein, hat kleingeschrieben> *mit OBJ* ■ *jmd. schreibt etwas klein mit kleinen Buchstaben schreiben* Wird dieses Wort groß- oder kleingeschrieben?

Klein·spa·rer der <-s, -> *jmd., der nur kleine Spareinlagen auf sein Sparkonto einzahlt*

Klein·staat der <-s, -en> *Staat mit relativ wenigen Einwohnern und kleiner Staatsfläche* In der Fernsehsendung wurden Kleinstaaten wie Monaco oder Andorra vorgestellt.

Klein·stadt die <-, Kleinstädte> (↔ *Großstadt*) *Stadt mit relativ wenigen Einwohnern*

Klein·städ·ter, **Klein·städ·te·rin** der <-s, -> (↔ *Großstädter*) *Einwohner einer Kleinstadt*

klein·städ·tisch <nicht steig.> *Adj.* (*oft abwert.* ↔ *großstädtisch*) *in der Art einer Kleinstadt, zu einer Kleinstadt gehörend*

klein·stel·len <stellst klein, stellte klein, hat klein gestellt> *mit OBJ* ■ *jmd. stellt etwas klein die Zufuhr von etwas drosseln* Als die Suppe überkochte, stellte er die Gasflamme klein.

Kleinst·le·be·we·sen das <-s, -> *mikroskopisch kleiner Organismus*

Klein·trans·port der <-s, -e> *Transport mit geringem Umfang*

Klein·trans·por·ter der <-s, -> (↔ *Lastwagen*) *Auto, das für Kleintransporte konzipiert ist*

Klein·ver·brau·cher der <-s, -> (↔ *Großverbraucher*) *jmd., der nur geringe Mengen von etwas verbraucht* In Bezug auf den Gasverbrauch gelten private Haushalte als Kleinverbraucher.

Klein·ver·die·ner der <-s, -> (↔ *Großverdiener*) *jmd., der im Verhältnis zum durchschnittlichen Einkommen regelmäßig relativ wenig verdient*

Klein·vieh das <-(e)s> (*kein Plur.*) *kleinere Tiere auf einem Bauernhof, beispielsweise Hühner oder Hasen* ■ **Kleinvieh macht auch Mist** (*umg.*): *auch kleine Dinge haben auf längere Sicht eine Wirkung* Auch wenn man nur kleine Geldsummen spart: Kleinvieh macht auch Mist!

Klein·wa·gen der <-s, -> *relativ kleines Automobil*

Klein·wild das <-s> (*kein Plur.*) (≈ *Niederwild*) *Wild, das zur niederen Jagd gehört* (*Rehwild, Hase …*)

Kleis·ter der <-s, -> (*Tapeten-*)*Klebstoff* Wenn du die Tapeten schneidest, rühre ich inzwischen den Kleister an. ◆ Tapeten-

kleis·tern <kleisterst, kleisterte, hat gekleistert> *mit OBJ* ■ *jmd. kleistert etwas* (*irgendwohin*) (*umg.*) *mit Kleister* (*an eine Stelle*) *kleben*

Kle·ma·tis/Cle·ma·tis die <-, -> BOT. *eine rankende Pflanze mit sternförmigen Blüten*

Kle·men·ti·ne/Cle·men·ti·ne die <-, -n> BOT. *eine süße Mandarinenart*

Klem·me die <-, -n> **1.** (≈ *Klammer*) *kleiner Gegenstand* (*mit zwei beweglichen Armen*) *zum Zusammendrücken oder Befestigen* **2.** (*umg.*) *schwierige Situation* Wir sitzen ganz schön in der Klemme!

klem·men <klemmst, klemmte, hat geklemmt> **I.** *mit OBJ* ■ *jmd. klemmt* (*sich*) *etwas irgendwohin* **1.** *etwas zwischen, unter, an etwas drücken, so dass es festsitzt oder festgehalten wird* Er klemmte sich die Zeitung unter den Arm und ging., Er klemmte den Türstopper unter die Tür, so dass sie nicht nicht mehr zufallen konnte. **2.** ■ *jmd. klemmt sich etwas* (≈ *quetschen*) *mit einem Körperteil zwischen zwei aufeinanderschlagende Gegenstände geraten und sich quetschen* Ich habe mir den Finger in der Tür geklemmt. **II.** *ohne OBJ* ■ *etwas klemmt sich nicht öffnen oder schließen lassen* Die Tür klemmt. ■ **sich hinter etwas klemmen** (*umg.*): *ein Ziel energisch zu erreichen versuchen*

Klemp·ner, **Klemp·ne·rin** der <-s, -> (≈ *süddt. Flaschner*) *Installateur*

Klemp·ne·rei die <-, -en> **1.** (*kein Plur.*) *das Klempnerhandwerk* **2.** *Werkstatt eines Klempners*

Klep·per der <-s, -> (*abwert.*) *altes, mageres Pferd*

Klep·to·ma·ne, **Klep·to·ma·nin** der <-n, -n>

PSYCH. *jmd., der an Kleptomanie leidet*

Klep·to·ma·nie die <-> (*kein Plur.*) PSYCH. *zwanghafter Trieb zu stehlen*

klep·to·ma·nisch <nicht steig.> *Adj. von der Art der Kleptomanie*

kle·ri·kal <nicht steig.> *Adj. zum Stand des Klerus gehörend, ihn betreffend*

Kle·ri·ker der <-s, -> REL. *Angehöriger des Klerus*

Kle·rus der <-> (*kein Plur.*) REL. *Gesamtheit aller (katholischen) Geistlichen*

Klet·te die <-, -n> **1.** *eine Pflanze, deren Blütenkopf kleine Widerhaken besitzt* **2.** *einzelner Blütenkopf einer Klette* ■ **wie eine Klette an jemandem hängen** (*umg.*): *penetrant die Nähe einer Person suchen, die dies bereits als lästig empfindet*

Klet·te·rei die <-, -en> *langes, mühseliges Klettern*

Klet·ter·ge·rüst das <-(e)s, -e> *eine Konstruktion, auf der Kinder klettern können*

Klet·ter·ma·xe der <-n, -> (*umg.*) **1.** *von einem Jungen gesagt, der leidenschaftliche klettert* **2.** *Fassadenkletterer*

klet·tern <kletterst, kletterte, ist geklettert> *ohne OBJ* ■ *jmd./etwas klettert auf etwas Akk./über etwas Akk.* **1.** *mithilfe der Arme und Beine auf etwas hinauf- oder von etwas heruntersteigen* Die Jungen sind auf den Baum/über die Mauer geklettert. **2.** ■ *etwas klettert* (*umg.*) *steigen* Die Benzinpreise klettern weiter. **3.** ■ *jmd. klettert* SPORT *auf Berge steigen* Sie sind in die Berge zum Klettern gefahren.

Klet·ter·pflan·ze die <-, -n> *eine Pflanze, die an Wänden, Zäunen, Spalieren oder Bäumen nach oben wächst*

Klet·ter·ro·se die <-, -n> *eine Rose, die sich aufgrund ihrer langen Triebe gut eignet, an Wänden, Spalieren oder Pergolen zu wachsen*

Klet·ter·seil das <-(e)s, -e> *langes Seil als Hilfsmittel zum Klettern[3] in den Bergen*

Klet·ter·stan·ge die <-, -n> SPORT *befestigte vertikale Eisenstange, an der man als sportliche Übung klettert[1]*

Klet·ter·tour die <-, -en> *Wanderung oder Ausflug in die Berge*

Klet·ter·wand die <-, Kletterwände> **1.** *Sprossenwand für Kletter- und Hängeübungen* **2.** *ausgesuchte Steilwand an einem Berg, wo das Klettern[3] geübt wird*

Klett·ver·schluss der <-(e)s, Klettverschlüsse> *zwei an Kleidung, Schuhen oder Taschen angebrachte, mit winzigen Widerhaken beziehungsweise winzigen Schlingen versehene Bänder, die sich beim Zusammendrücken ineinander verhaken und so eine feste Verbindung ergeben*

Klet·zen·brot das <-es, -e> (*österr.*) *Brot, in dem Stücke von getrockneten Birnen eingebacken sind*

Kle·ve *Kreisstadt am Niederrhein*

Klick der <-s, -s> EDV *das Drücken der Maus (Eingabegerät beim Computer)* mit einem Klick auf das Icon das Programm starten ◆ Doppel-

kli·cken <klickst, klickte, hat geklickt> *ohne OBJ* **1.** ■ *etwas klickt einen kurzen, metallischen Ton von sich geben* Die Kameras klickten. **2.** ■ *jmd. klickt auf etwas Akk.* EDV *einen Klick ausführen* Klicken Sie auf „speichern“ im Menü „Datei“!

Kli·cker der <-s, -> *Murmel, kleine Spielkugel*

Kli·ent der <-en, -en> *jmd., der die Dienste eines Rechtsanwaltes, Steuerberaters oder Therapeuten in Anspruch nimmt*

Kliff das <-(e)s, -e> *steil abfallende Felswand an einer Küste*

Kli·ma das <-s, -s/-te> **1.** METEOR. *der für ein bestimmtes Gebiet innerhalb eines Jahres typische Wetterverlauf* In dieser Region herrscht ein raues/ein mildes Klima., Viele Tiere und Pflanzen haben sich hervorragend an das arktische/subtropische/tropische Klima angepasst. **2.** (*kein Plur.*) (*übertr.*) *die Atmosphäre oder Stimmung, die an einem Ort herrscht* Das politische Klima hat sich verändert., In der Firma herrscht ein gutes/herzliches/frostiges/ schlechtes Klima. ◆ Arbeits-, Betriebs-

Kli·ma·än·de·rung die <-, -en> (*schwer wiegende*) *Veränderung des Klimas[1]*

Kli·ma·an·la·ge die <-, -n> *Anlage zur Regelung der Belüftung, Luftfeuchtigkeit und Temperatur von Räumen*

Kli·ma·for·scher, **Kli·ma·for·sche·rin** der <-s, -> *Wissenschaftler, der das Klima[1] erforscht*

Kli·ma·kam·mer die <-, -n> *luftdicht abgeschlossener Raum, in dem verschiedene Klimakomponenten wie Temperatur, Luftdruck, Luftfeuchtigkeit usw. zu Simulationszwecken verändert werden können*

Kli·ma·kar·te die <-, -n> *geologische Karte, auf der die Messergebnisse der Klimakunde eingetragen werden*

Kli·ma·ka·ta·stro·phe die <-, -n> *der Vorgang, dass sich durch die Folgen der Luftverschmutzung das Klima der Erde dramatisch verändert*

Kli·mak·te·ri·um das <-s> (*kein Plur.*) MED. ≈ WECHSELJAHRE ▶klimakterisch

Kli·ma·kun·de die <-> (*kein Plur.*) (≈ *Klimatologie*) *Wissenschaft vom Klima als Teilgebiet der Meteorologie*

Kli·ma·schutz der <-es> (*kein Plur.*) *Maßnahmen, die einer weiteren Erwärmung der Erdatmosphäre vorbeugen sollen*

Kli·ma·tech·nik die <-> (*kein Plur.*) *Teilgebiet der Technik, das sich mit Klimaanlagen beschäftigt*

kli·ma·tisch <nicht steig.> *Adj. auf das Klima[1] bezogen, durch das Klima[1] bestimmt*

kli·ma·ti·sie·ren <klimatisiert, klimatisierte, hat klimatisiert> *mit OBJ* ■ *jmd. klimatisiert etwas in einem Raum durch eine Klimaanlage zuträgliche Luftbedingungen schaffen* Das Auto ist selbstverständlich klimatisiert.

Kli·ma·ti·sie·rung die <-, -en> *das Klimatisieren*

Kli·ma·ver·än·de·rung die <-, -en> *langfristige Veränderung des Klimas[1]*

Kli·ma·wech·sel der <-s, -> *veränderte Klimabedingungen durch einen Ortswechsel* Die Ärztin empfahl mir dringend einen Klimawechsel.

Kli·max die <-, -e> (*meist Sing.*) (*geh.*) *Höhe-*

punkt

Klimm·zug der <-(e)s, Klimmzüge> SPORT *eine Turnübung, bei der man sich an einer Querstange mit den Händen festhält, ohne dass die Füße den Boden berühren, und man versucht, sich mit den Armen hochzuziehen und dabei den Kopf über die Höhe der Stange zu heben*

Klim·pe·rei die <-, -n> (*abwert.* ≈ *Geklimper*) *anhaltendes, schlechtes, gedankenloses Spiel auf einem Instrument*

klim·pern <klimperst, klimperte, hat geklimpert> *ohne OBJ* ■ *jmd./etwas klimpert* **1.** *durch Aneinanderstoßen von kleinen metallischen Gegenständen helle Töne erzeugen* Er klimperte mit den Münzen/Schlüsseln in der Hosentasche. **2.** (*umg.*) *einzelne, zusammenhanglose Töne spielen* Das Kind klimpert auf dem Klavier.

Klin·ge die <-, -n> *der geschliffene, scharfe Teil eines Messers, Schwertes, Degens o.Ä.* eine scharfe/schartige/stumpfe Klinge ■ **jemanden über die Klinge springen lassen** (*umg.*): *jmdn. wirtschaftlich oder beruflich zugrunde richten oder ihn töten*

Klin·gel die <-, -n> *kleine (Tür-, Fahrrad-)Glocke* ◆ Fahrrad-, Tür-

Klin·gel·draht der <-s, Klingeldrähte> *Draht, der nur für die Leitung von Schwachstrom geeignet ist*

klin·ge·ling *verwendet, um das Tönen einer Klingel nachzuahmen*

klin·geln <klingelst, klingelte, hat geklingelt> **I.** *ohne OBJ* **1.** ■ *jmd. klingelt* (≈ *läuten*) *die (Tür-)Klingel betätigen* Ich habe mehrmals geklingelt, aber mir wurde nicht geöffnet. **2.** ■ *etwas klingelt helle, metallische Töne von sich geben* Das Handy/Das Telefon/Der Wecker hat geklingelt. **II.** *mit ES* ■ *es klingelt* (≈ *es läutet*) *die Türklingel geht* Kannst du mal an der Tür nachsehen, ich glaube, es hat geklingelt. ■ **es klingelt bei jemandem** (*umg.*): *jmd. begreift etwas endlich*

klin·gen <klingst, klang, hat geklungen> *ohne OBJ* **1.** ■ *etwas klingt kurz anhaltende, helle Töne von sich geben* Die Glocken klingen. **2.** ■ *etwas klingt irgendwie sich irgendwie anhören* Sein Gitarrenspiel klingt warm und beruhigend. **3.** ■ *etwas klingt irgendwie als Äußerung einen bestimmten Eindruck erwecken, sich in bestimmter Weise anhören* Das klingt ja so, als ob du keine Lust mehr hättest., Die Geschichte klingt völlig unglaubwürdig.

klin·gend <nicht steig.> (*Part. Präs. zu „klingen"*) *Adj. so, dass etwas klingt* ■ **klingender Reim**: *zweisilbiger Reim* **mit klingender Münze bezahlen** (*umg.*): *bar bezahlen* **mit klingendem Spiel** MILIT.: *mit Musik* Die Garnison zog mit klingendem Spiel in die Stadt.

Kli·nik die <-, -en> (*auf die Behandlung bestimmter Krankheiten spezialisiertes*) *Krankenhaus*

Kli·nik·all·tag der <-s> (*kein Plur.*) *die Struktur der täglichen Abläufe in einer Klinik*

Kli·ni·ker der <-s, -> *in der Klinik tätiger Arzt*

Kli·ni·kum das <-s, Kliniken> **1.** *Großkrankenhaus* **2.** (*kein Plur.*) MED. *Teil der Ausbildung von Medizinstudenten in einem Krankenhaus*

kli·nisch <nicht steig.> *Adj.* MED. **1.** *in einer Klinik* Sie macht gerade ein klinisches Semester. **2.** *von einem Arzt feststellbar oder festgestellt* Der Patient ist klinisch tot.

Klin·ke die <-, -n> *der bewegliche Griff, mit dem man eine Tür öffnet oder schließt* ■ **Leute geben sich die Klinke in die Hand** (*umg.*): *es herrscht ein reges Kommen und Gehen* Zur Grippezeit gaben sich die Patienten beim Arzt die Klinke in die Hand. **Klinken putzen** (*umg. abwert.*): *von Tür zu Tür gehen, um etwas zu verkaufen oder um zu betteln*

Klin·ken·put·zer der <-s, -> (*umg. abwert.*) *Hausierer, Vertreter*

Klin·ker der <-s, -> *kleiner, sehr hart gebrannter Ziegelstein* ◆ -stein

Klin·ker·bau der <-s, -bauten> *Gebäude aus Klinker*

Klinsch der <-s> (*kein Plur.*) *unausgebackener Teig*

klipp ■ **klipp und klar** (*umg.*): *deutlich, offen*

Klipp/Clip der <-s, -s> **1.** (*Metall-*)*Klemme* Der Klipp meines Füllfederhalters ist abgebrochen. **2.** *ein modisches Schmuckstück, das am Ohr festgeklemmt wird* ◆ Ohr- **3.** *ein sehr kurzer Ausschnitt aus einem Film oder einer Sendung* ◆ Film-, Nachrichten-, Video- **4.** *kurz für „Videoclip"*

Klip·pe die <-, -n> **1.** *einer von vielen großen, schroffen Felsen an (bestimmten Abschnitten) der Meeresküste* **2.** (*umg.*) *Hindernis, Schwierigkeit* Sie musste manche Klippe überwinden, um ans Ziel zu gelangen.

Klip·per der <-s, -> *schnelles Segelschiff*

Klips der <-es, -e> *Klipp*[2]

klir·ren <klirrt, klirrte, hat geklirrt> *ohne OBJ* ■ *etwas klirrt das helle, vibrierende Geräusch von sich geben, das man z.B. hört, wenn Gläser gegeneinander stoßen* Als der Zug vorbeifuhr, klirrten die Gläser in der Vitrine.

klir·rend (*Part. Präs. zu „klirren"*) *Adj.* (≈ *eisig*) Bei der klirrenden Kälte muss man sich sehr warm anziehen, wenn man aus dem Haus geht.

Klirr·fak·tor der <-s> (*kein Plur.*) ELEKTROTECHN. *Maßeinheit für die Verzerrung bei der Übertragung akustischer Signale*

Kli·schee das <-s, -s> (*geh. abwert.*) **1.** *festgefahrene Vorstellung, Vorurteil* Er denkt nur noch in Klischees., gegen Klischees und Vorurteile ankämpfen müssen **2.** (≈ *Phrase*) *abgegriffene Redewendung* Sie redet in Klischees.

kli·schee·haft <nicht steig.> *Adj.* (*umg. abwert.*) *in der Art eines Klischees*

kli·schie·ren <klischierst, klischierte, hat klischiert> *mit OBJ* ■ *jmd. klischiert etwas jmd. überträgt etwas auf eine Druckplatte, um es dort einzuätzen*

Klis·tier das <-s, -e> MED. *Einlauf*

Kli·to·ris die <-, -/Klitorides> ANAT. *am oberen Ende der kleinen Schamlippen gelegenes, von*

Schwellkörpergewebe gebildetes, sehr reizempfindliches weibliches Geschlechtsorgan

Klịt·sche die <-, -n> (*umg. abwert.*) *kleiner, ärmlicher Betrieb oder Bauernhof*

klịt·schig <nicht steig.> *Adj.* (*von Backwaren, die nicht aufgegangen sind*) *feucht, klebrig*

klịtsch·nạss <nicht steig.> *Adj.* (*umg.*) *völlig durchnässt*

klịt·tern <klitterst, klitterte, hat geklittert> *mit OBJ* ■ *jmd. klittert etwas* (*geh. abwert.*) **1.** (*ein Werk*) *zusammenstückeln* **2.** *etwas aus dem Zusammenhang reißen und verfälschend wiedergeben* ▶Geschichtsklitterung

klịt·ze·klein <nicht steig.> *Adj.* (*umg.*) *sehr klein, winzig*

Klị·vie die *s.* **Clivia**

Klọ das <-s, -s> (*umg.*) *kurz für „Klosett"*

Klo·ạ·ke die <-, -n> (*unterirdischer*) *Abwasserkanal*

klọ·big *Adj. groß, schwer, unförmig* Der klobige Schrank/Tisch passt nicht ins Wohnzimmer.

Klọ·de·ckel der <-s, -> (*umg.*) *Abdeckung des Toilettensitzes*

Klọ·frau die <-, -en> *Frau, die beauftragt ist, Toiletten in Ordnung zu halten*

Klọn der <-s, -e> BIOL. *ein Tier, eine Pflanze als Ergebnis des Klonens*

klọ·nen <klonst, klonte, hat geklont> *mit OBJ* ■ *jmd. klont etwas* BIOL. *im Labor mithilfe der Gentechnik durch ungeschlechtliche Vermehrung ein weiteres, genetisch identisches Exemplar eines Tieres oder einer Pflanze erzeugen*

klọ̈·nen *ohne OBJ* ■ *jmd. klönt* (*norddt.*) *plaudern, sich unterhalten*

Klọn·tech·no·lo·gie die <-, -n> BIOL. *die technischen Ausrüstungen und Verfahren für das Klonen*

klọp·fen **I.** *mit OBJ* **1.** ■ *jmd. klopft etwas* (≈ *ausklopfen*) *längere Zeit auf etwas schlagen, um so den Schmutz oder Staub zu entfernen* Ich muss noch den Teppich klopfen. **2.** ■ *jmd. klopft etwas mehrmals auf etwas schlagen, um es weich zu machen* Er klopft die Steaks. **3.** ■ *jmd. klopft etwas in etwas Akk.* (≈ *schlagen*) *etwas mit Schlägen in etwas treiben* Sie klopft einen Nagel in die Wand. **II.** *ohne OBJ* **1.** ■ *jmd. klopft mehrmals leicht gegen eine Tür schlagen als Zeichen, dass man einen Raum betreten will* Sie klopfte, aber niemand öffnete. **2.** ■ *das Herz klopft in unruhiger Bewegung sein* Sein Herz klopfte vor Aufregung. **3.** ■ *etwas/ein Tier Herz klopft Geräusche machen, die dumpf, pochend klingen* Der Motor klopft., Der Specht klopft. **III.** *mit ES* ■ *es klopft jmd. klopft von außen an eine Tür* Kannst du mal an der Türe nachsehen, ich glaube, es hat geklopft. ■ **jemand klopft jemandem auf die Schulter**: *jmdm. mehrmals leicht auf die Schulter klopfen, um etwas auszudrücken* Der Trainer klopfte seinen Spielern anerkennend auf die Schulter.

klọpf·fest <nicht steig.> *Adj.* TECHN. (*von Kraftstoffen*) *so, dass eine gleichmäßige Verbrennung des Kraftstoff-Luft-Gemisches und somit ein ruhiges Laufen des Motors gewährleistet wird* ◆ Klopffestigkeit

Klọpf·sau·ger der <-s, -> *ein Staubsauger, der zugleich die Funktion eines Teppichklopfers hat*

Klọpf·zei·chen das <-s, -> *Signal, das jmd. durch Klopfen II.1 gibt*

Klọ̈p·pel der <-s, -> **1.** *der Stab im Inneren einer Glocke* **2.** *der Stab bei bestimmten Musikinstrumenten* **3.** *Holzspule zum Klöppeln*

Klọ̈p·pel·ar·beit die <-, -en> *Herstellug von Spitzen, Bändern, Litzen durch Klöppeln*

klọ̈p·peln <klöppelst, klöppelte, hat geklöppelt> *ohne OBJ* ■ *jmd. klöppelt ursprünglich eine Handarbeitstechnik zur Herstellung von Spitzen, bei der mehrere Arbeitsfäden durch Kreuzen und Drehen miteinander verschlungen werden; heute maschinell nachgeahmt*

klọp·pen <kloppst, kloppte, hat gekloppt> *mit SICH* ■ *jmd. kloppt sich mit jmdm.* (*norddt.*) *sich prügeln* Die Jungen haben sich wieder gekloppt.

Klọps der <-es, -e> (*norddt.*) *Fleischbällchen* ■ **Königsberger Klopse**

Klo·sẹtt das <-s, -e/-s> (*veralt.*) *Toilette, WC* ◆-becken, -schüssel

Klo·sẹtt·bürs·te die <-, -n> (*veralt.*) *Bürste zum Reinigen des Klosetts*

Klo·sẹtt·pa·pier das <-s> (*kein Plur.*) (*veralt.*) *Toilettenpapier*

Klọß der <-es, Klöße> (*norddt.* ≈ *Knödel*) *Speise in Form einer gekochten Teigkugel aus Mehl und einer Kartoffelmasse* ■ **einen Kloß im Hals haben** (*umg.*): *vor Aufregung kaum sprechen können*

Klọ s·ter das <-s, Klöster> **1.** *eine größere, abgegrenzte Anlage eines Ordens, die Wohn- und Arbeitsgebäude sowie eine Kirche umfasst* **2.** *alle in einem Kloster*[1] *lebenden Menschen* Das ganze Kloster versammelte sich.

Klọ s·ter·kir·che die <-, -n> *zu einem Kloster gehörende Kirche*

Klọs·ter·schu·le die <-, -n> *einem Kloster unterstehende Schule, an der Mönche oder Nonnen lehren*

Klọtz der <-es, Klötze> **1.** *ein größeres, massives, unbearbeitetes Stück Holz* **2.** (*umg. abwert.*) (*ein großes*) *hässliches Haus* **3.** (*umg. abwert.*) *grober, unhöflicher Kerl, Rüpel* ■ **jemandem ein Klotz am Bein sein** (*umg.*): *jmdm. hinderlich, lästig sein*

klọt·zen <klotzt, klotzte, hat geklotzt> *ohne OBJ* ■ *jmd. klotzt* (*umg.*) **1.** *hart arbeiten* Wenn wir bis abends damit fertig werden wollen, müssen wir jetzt kräftig klotzen! **2.** *etwas mit sehr viel* (*finanziellem*) *Aufwand gestalten*

Klụb/Clụb der <-s, -s> **1.** (≈ *Verein*) *ein Zusammenschluss von Menschen mit gemeinsamen Interessen* **2.** *der Raum, in dem sich die Mitglieder eines Klubs*[1] *regelmäßig treffen*

klụb·ei·gen <nicht steig.> *Adj. einem Klub gehörend*

Klụb·gar·ni·tur die <-, -en> (*veralt.*) *Polstergarnitur*

Klub·ja·cke die <-, -n> (*veralt.*) *sportliches Jackett*

Klub·ka·me·rad, **Klub·ka·me·ra·din** der <-en, -en> *Freund oder Bekannter, mit dem zusammen jmd. in einem Klub ist*

Klub·ob·frau die <-, -en/Klubobleute> (*österr.*) *s.* **Klubobmann**

Klub·ob·mann der <-(e)s, Klubobmänner/Klubobleute> (POL.: *österr.*) *Fraktionsvorsitzende*

Klub·ses·sel der <-s, -> *bequemer Polstersessel*

Kluft[1] die <-, -en> (*umg.*) (*eine besondere Art von*) *Kleidung* In der Kluft lasse ich dich nicht auf die Straße., Für besondere Anlässe habe ich eine spezielle Kluft.

Kluft[2] die <-, Klüfte> **1.** (*veralt.*) *tiefe Felsspalte* **2.** *scharfer Gegensatz* Nach einigen Jahren trennte eine unüberbrückbare Kluft die beiden Ehepartner.

klug <klüger, am klügsten> *Adj.* **1.** *intelligent, gescheit* ein kluger Kopf/Mensch **2.** *vernünftig, umsichtig* Das war zweifellos eine kluge Entscheidung., Sie hat sich in dieser Situation äußerst klug verhalten. ■ **aus etwas nicht klug werden** (*umg.*): *etwas nicht verstehen* **aus jemandem nicht (recht) klug werden** (*umg.*): *jmdn. nicht durchschauen*

klu·ger·wei·se *Adv. aus Gründen der Klugheit* Sie hat klugerweise nichts dazu gesagt.

Klug·heit die <-> (*kein Plur.*) **1.** *Intelligenz, Begabung* **2.** *vernünftiges, umsichtiges Verhalten*

klug·re·den <klugredest, klugredete, hat kluggeredet> *ohne OBJ* (*abwert.*) *es immer besser wissen wollen* (*als andere*) Weil er dauernd klugredet, will ihn niemand mehr anhören. ▶Klugredner

Klug·schei·ßer, **Klug·schei·ße·rin** der <-s, -> (*vulg.* ≈ *Besserwisser*)

Klum·pen der <-s, -> *eine formlose Masse einer* (*weichen*) *Substanz* Ein Klumpen Erde haftete an der Schuhsohle.

klum·pen <klumpt, klumpte, hat geklumpt> *ohne OBJ* ■ *etwas klumpt Klumpen bilden* Mehl klumpt leicht.

Klump·fuß der <-es, Klumpfüße> MED. *eine angeborene Missbildung des Fußes, bei der der Vorderfuß nach innen eingeknickt ist*

Klün·gel der <-s> (*kein Plur.*) (*abwert.*) **1.** (≈ *Filz*) *eine Gruppe von Personen, die sich gegenseitig fördern* (*und andere unterdrücken*) **2.** *alte, unbrauchbare Sachen* In meiner Kommode hat sich viel Klüngel angesammelt.

Klün·ge·lei die <-, -en> (*abwert.*) *Handlungsweise bzw. Handlungszusammenhang, die oder der durch einen Klüngel*[1] *bestimmt ist*

klün·geln <klüngelst, klüngelte, hat geklüngelt> *ohne OBJ* ■ *jmd. klüngelt jmd. handelt so, dass eine Klüngelei entsteht*

Klun·ker der/die <-s/-, -n> (*umg. oft abwert.*) *große Schmucksteine, die jmd. trägt*

Klus die <-, -en> (*schweiz.*) *Schlucht*

Klü·ver der <-s, -> *dreieckiges Segel am Bug eines Segelschiffes*

km *Abkürzung von „Kilometer"*

km^2 *Abkürzung von „Quadratkilometer"* (*eine Fläche, von 1000 m Länge und 1000 m Breite*)

km^3 *Abkürzung von „Kubikkilometer"* (*ein Raumvolumen von 1000 m Breite, 1000 m Höhe, 1000 m Tiefe*)

km/h *Abkürzung von „Kilometer pro Stunde" als Geschwindigkeitsangabe*

km/st *Abkürzung von „Kilometer pro Stunde" als Geschwindigkeitsangabe*

kn *Abkürzung von „Knoten"* (*als Maßeinheit für die Geschwindigkeit von Schiffen, nämlich eine Seemeile pro Stunde = 1,852 km/h*)

knab·bern <knabberst, knabberte, hat geknabbert> **I.** *mit OBJ* ■ *jmd. knabbert etwas etwas Hartes, Knuspriges in kleinen Stücken essen* Sie knabbert Salzstangen. **II.** *ohne OBJ* ■ *jmd. knabbert* (*an etwas Dat.*) *kleine Stückchen von etwas abbeißen* Er knabbert gern beim Fernsehen., Das Kind knabbert an einem Keks., Der Hase knabbert an einer Möhre.

Kna·be der <-n, -n> **1.** (*geh. veralt.*) *Junge* **2.** (*umg. scherzh.*) *Anrede für einen Mann* Hallo, alter Knabe, wie geht's?

Knä·cke·brot das <-(e)s, -e> *in knusprigen Scheiben gebackenes Brot mit geringem Wassergehalt*

kna·cken <knackst, knackte, hat geknackt> **I.** *mit OBJ* ■ *jmd. knackt etwas* **1.** (*umg.*) (*eine hartschalige Frucht*) *öffnen* Er knackt Nüsse. **2.** (*gewaltsam*) *aufbrechen* Er wurde erwischt, als er ein Auto knacken wollte. **II.** *ohne OBJ* **1.** ■ *etwas knackt einen kurzen, harten, hellen Ton erzeugen* Das Eis/Die Treppe knackte unter seinen Tritten. **2.** ■ *jmd. knackt* (*umg.*) *schlafen*

Kna·cker der <-s, -> **1.** (*umg. abwert.*) (*älterer*) *Mann* Was wollte der alte Knacker? **2.** (*landsch.*) *Knackwurst*

kna·ck·frisch <nicht steig.> *Adj. ganz frisch* (*so dass es knackt, wenn man z.B. in Äpfel, Salatblätter oder Möhren beißt*)

Kna·cki der <-s, -s> (*umg. abwert.*) (*ehemaliger*) *Häftling*

kna·ckig *Adj.* **1.** *frisch, fest und knusprig* knackiger Salat **2.** *wohlgeformt, straff und* (*sexuell*) *attraktiv* ein knackiger Hintern

Knack·punkt der <-(e)s, -e> (*umg.*) *entscheidender Punkt, von dem etwas abhängt* Der Knackpunkt bei dieser Sache ist, dass …

Knacks der <-es, -e> **1.** *ein Ton, der beispielsweise entsteht, wenn man trockenes Holz zerbricht* **2.** *Riss, Sprung* Das Waschbecken hat einen Knacks. **3.** *physischer oder psychischer Defekt* Sie hat damals einen Knacks abbekommen.

Knack·wurst die <-, Knackwürste> *eine Brühwurst*

Knall der <-(e)s, -e> *ein plötzliches und sehr lautes, beispielsweise von einem Schuss ausgelöstes Geräusch* Man hörte einen Knall, dann Stille., Ein Knall wie von einem Gewehrschuss zerriss die morgendliche Stille. ■ **einen Knall haben** (*umg. abwert.*): *verrückt sein* **Knall auf Fall** (*umg.*): *plötzlich und unerwartet*

knall·blau <nicht steig.> *Adj.* (*umg.*) *von einem intensiven, grellen Blau*

knall·bunt <nicht steig.> *Adj.* (*umg.*) *auffallend*

bunt

Knall·ef·fekt der <-(e)s, -e> (umg.) überraschender, verblüffender Höhepunkt

knal·len <knallst, knallte, hat/ist geknallt> I. mit OBJ ■ jmd. knallt etwas (irgendwohin) (umg. (haben)) mit Wucht irgendwohin werfen Er knallte wütend die Türe ins Schloss., Sie knallte die Zeitung auf den Tisch. II. ohne OBJ 1. ■ etwas knallt Akk. (haben) einen Knall hörbar werden lassen Ein Schuss/Der Sektkorken knallte. 2. ■ jmd. knallt mit etwas Dat. (haben) einen Knall erzeugen Er knallte mit der Peitsche. 3. ■ etwas knallt auf etwas Akk. (umg. (haben)) sehr heiß scheinen Die Sonne knallte den ganzen Nachmittag auf die Terrasse. 4. ■ jmd. knallt mit etwas Dat. gegen etwas Akk. (umg. (sein)) plötzlich gegen etwas stoßen, prallen, fallen Sie knallte mit dem Kopf gegen die Glasscheibe., Der Ball knallte gegen den Pfosten. ■ **jemandem eine knallen** (umg.): jmdm. eine Ohrfeige geben

Knall·frosch der <-es, Knallfrösche> ein kleiner Feuerwerkskörper

knall·gelb <nicht steig.> Adj. (umg.) von einem intensiven, grellen Gelb

knall·grün <nicht steig.> Adj. (umg.) von einem intensiven, grellen Grün

knall·hart <nicht steig.> Adj. (umg.) 1. (≈ brutal) Der Schauspieler wurde durch die Rolle eines knallharten Gangsters berühmt. 2. rücksichtslos den ganzen persönlichen Einsatz fordernd Bis zum Abschluss des Geschäfts wurde knallhart verhandelt. 3. schonungslos, unmissverständlich Ich habe ihm knallhart die Meinung gesagt.

knall·rot <nicht steig.> Adj. (umg.) von hellem, intensivem Rot Er lief knallrot an und stotterte.

knall·voll <nicht steig.> Adj. (umg.) vollständig betrunken

knapp Adj. 1. (↔ reichlich) sehr gering, nicht reichlich Der knappe Lohn reichte gerade aus, um das Nötigste zu kaufen., Die Portionen waren in diesem Lokal eher knapp bemessen 2. (≈ hauchdünn) gerade noch ausreichend Der Politiker wurde mit knapper Mehrheit wieder gewählt., Die Läuferin gewann das Rennen mit einem knappen Vorsprung. 3. etwas weniger als Sie ist knapp drei Jahre alt., Zu der Veranstaltung kamen nur knapp 200 Besucher. 4. so, dass ein Kleidungsstück sehr eng anliegt und nicht richtig passt Der Rock sitzt sehr knapp. 5. auf das Wesentliche beschränkt, nicht ausführlich Nach dem Spätfilm folgen die Kurznachrichten mit einer knappen Zusammenfassung der wichtigsten Ereignisse des Tages. ◆ Getrenntschreibung→R 4.2 jemanden knapp halten

Knap·pe der <-n, -n> 1. GESCH. ein junger Mann, der einem Ritter diente 2. BERGB. Bergmann nach Abschluss der Lehre

Knapp·heit die <-> (kein Plur.) 1. Mangel 2. Kürze, Prägnanz Sie bemühte sich um Knappheit im Ausdruck.

Knar·re die <-, -n> 1. (umg. ≈ Gewehr) 2. ein kleines Gerät, mit dem man ein knarrendes Geräusch erzeugen kann

knar·ren <knarrst, knarrte, hat geknarrt> ohne OBJ ■ etwas knarrt ein ächzendes, raues Geräusch von sich geben Das Bett/Die Holztreppe/Die Türe knarrt.

Knast der <-(e)s, -e/Knäste> (umg.) 1. (kein Plur.) Haftstrafe Sie bekam zwei Jahre Knast. 2. Gefängnis Er saß drei Jahre im Knast.

Knast·bru·der der <-s, Knastbrüder> (umg. abwert.) jmd., der (häufig) im Gefängnis sitzt

Knatsch der <-(e)s> (kein Plur.) (landsch.) Ärger, Streit

knat·schen <knatschst, knatschte, hat geknatscht> ohne OBJ ■ jmd. knatscht weinerlich sein, quengeln (besonders von Kindern) ▸knatschig

knat·tern <knattert, knatterte, hat geknattert> ohne OBJ ■ etwas knattert kurze, schnell aufeinander folgende knallende Laute von sich geben Das alte Motorrad knatterte.

Knäu·el der/das <-s, -> 1. zu einer Kugel zusammengewickelter Woll- oder Garnfaden Wie viel(e) Knäuel Wolle benötigt man, um diesen Pullover zu stricken? 2. zusammengeballte Masse von Menschen oder Tieren ein Menschenknäuel vor der Abendkasse des Konzerthauses, ein Hundeknäuel um den Wärter im Tierheim

Knauf der <-(e)s, Knäufe> runder Handgriff eines Spazierstockes oder einer Tür

Knau·se·rei die <-, -en> (abwert.) dauerndes Knausern

knau·sern <knauserst, knauserte, hat geknausert> ohne OBJ ■ jmd. knausert (umg. abwert.) übertrieben sparsam sein Er knausert mit seinem Geld., Sie knauserte nicht mit Lob und Anerkennung.

knaus·rig Adj. s. **knauserig**

knaus·rig/knau·se·rig <knaus(e)riger, am knaus(e)rigsten> Adj. (umg. abwert.) übertrieben sparsam, geizig

knaut·schen <knautschst, knautschte, hat geknautscht> I. mit OBJ ■ jmd. knautscht etwas (umg.) zusammendrücken (so, dass etwas Falten bildet) Musst du die Zeitung/die Jacke immer so knautschen? II. ohne OBJ ■ etwas knautscht (≈ knittern) Falten bilden Der Stoff knautscht leicht.

Knautsch·lack·le·der das <-s> (kein Plur.) Nappaleder, das mit Lack überzogen ist und viele durch Walken erzeugte Knautschfalten hat

Knautsch·zo·ne die <-, -n> KFZ vorderer und hinterer Teil der Autokarosserie, der im Falle eines Unfalls zusammengepresst werden kann, so dass die Wucht des Aufpralls (zum Schutz der Insassen) vermindert wird

Kne·bel der <-s, -> ein Stück Stoff, das man jmdm. in den Mund steckt, damit er nicht schreien oder sprechen kann

Kne·bel·bart der <-s, Knebelbärte> gedrehter Spitzbart

kne·beln <knebelst, knebelte, hat geknebelt> mit OBJ ■ jmd. knebelt jmdn. einen Knebel in den Mund stecken Man fesselte und knebelte die Gefangenen.

Knecht der <-(e)s, -e> **1.** (*veralt.*) *jmd., der auf einem Bauernhof als Arbeiter angestellt ist* **2.** (*oft abwert.*) *jmd., der völlig abhängig ist und* (*bedingungslos*) *gehorchen muss*

knech·ten <knechtest, knechtete, hat geknechtet> *mit OBJ* ■ *jmd. knechtet jmdn.* (*geh. abwert.*) *unterdrücken, versklaven* Die Kolonialmacht knechtete das Volk der Eingeborenen.

knech·tisch *Adv. unterwürfig wie ein Knecht*

Knecht·schaft die <-> (*kein Plur.*) (*geh. abwert.*) *Leben in Unfreiheit, Unterdrückung* Der Diktator führte das Volk in die Knechtschaft.

knei·fen <kneifst, kniff, hat gekniffen> **I.** *mit OBJ* ■ *jmd./etwas kneift jmdn. zwicken, die Haut schmerzhaft zusammenpressen* Sie kniff ihn in den Arm., Das Gummiband kneift mich. **II.** *ohne OBJ* **1.** ■ *jmd. kneift* (*umg. abwert.*) *sich drücken, feige zurückweichen* Als es ernst wurde, wollte er kneifen. **2.** ■ *etwas kneift* (*von zu engen Kleidungsstücken*) *sich schmerzhaft in die Haut eindrücken* Die Hose kneift am Bauch.

Knei·pe die <-, -n> (*umg.*) *ein kleineres Lokal, in dem vor allem Getränke* (*und kleine Gerichte*) *serviert werden* Nach dem Kino sind wir noch in eine Kneipe auf ein Bier gegangen. ◆-nbesuch, -ngast, -nluft, Eck-, Stamm-

Knei·pen·bum·mel der <-s, -> *das Einkehren in mehrere Kneipen* (*an einem Abend*)

kneip·pen <kneippst, kneippte, hat gekneippt> *ohne OBJ* ■ *jmd. kneippt eine Kneippkur machen*

Kneipp·kur die <-, -en> *die von Sebastian Kneipp begründete Kurmethode, die auf der gezielten äußerlichen Anwendung von* (*kaltem*) *Wasser basiert*

Knesset(h) die <-> (*kein Plur.*) *das israelische Parlament*

Kne·te die <-> (*kein Plur.*) (*umg.*) **1.** *Geld* **2.** *Knetmasse*

kne·ten <knetest, knetete, hat geknetet> *mit OBJ* ■ *jmd. knetet etwas* **1.** *aus einer weichen Masse formen* Sie knetet Figuren aus Lehm. **2.** *mit den Händen drückend bearbeiten* Der Masseur knetet die verkrampften Muskeln., Wenn der Kuchen schließlich gelingen soll, musst du vorher den Teig kräftig kneten.

Knet·gum·mi der/das <-/-s> (*kein Plur.*) (≈ *Knetmasse*)

Knet·ma·schi·ne die <-, -n> *Maschine, mit der man etwas kneten*[1] *kann*

Knet·mas·se die <-, -n> *eine weiche synthetische Masse, aus der man Figuren modellieren kann*

Knick der <-(e)s, -e> **1.** *Biegung* Nach 500 Metern macht die Straße einen scharfen Knick nach rechts. **2.** *scharfer Falz* Die Briefmarke hat einen Knick. ■ **einen Knick in der Optik haben** (*umg. scherzh.*): *nicht richtig sehen*

Kni·cke·bein das <-s> (*kein Plur.*) *Getränk aus Likör und Eigelb* (*so benannt nach seinem Erfinder*)

Knick·ei das <-s, -er> *angeschlagenes Ei*

kni·cken <knickst, knickte, hat/ist geknickt> **I.** *mit OBJ* ■ *jmd. knickt etwas* (*haben*) **1.** *etwas Sprödes biegen, bis es bricht und die noch zusammenhängenden Teile einen scharfen Winkel bilden* Das Reh flüchtete durchs Unterholz und knickte dabei zahlreiche Äste und Zweige. **2.** (≈ *falten*) Die Originaldokumente sollte man nicht knicken. **II.** *ohne OBJ* ■ *etwas knickt* (*sein*) *abbrechen und eine scharfe Kante bilden, ohne jedoch in zwei Teile zu zerfallen* Bei dem Orkan knickten die Bäume wie Streichhölzer.

Kni·cker[1] der <-s, -> *kleines Jagdmesser*

Kni·cker[2] der <-s, -> (*abwert.*) *Geizhals*

Kni·cker·bo·cker(s) <-s> *Plur. eine Art Kniebundhose*

kni·cke·rig/knick·rig *Adj.* (*umg. abwert.*) *geizig*

Knicks der <-es, -e> *eine* (*früher*) *von Frauen und Mädchen gemachte Geste der Ehrerbietung, wobei ein Bein zurückgesetzt und das Knie des anderen leicht gebeugt wurde*

knick·sen <knickst, knickste, hat geknickst> *ohne OBJ* ■ *jmd. knickst einen Knicks machen*

Knie das <-s, -> **1.** ANAT. *das Gelenk zwischen Ober- und Unterschenkel* **2.** *die Stelle, an der ein Rohr oder ein Fluss eine starke Biegung macht* ■ **weiche Knie haben** (*umg.*): *sich* (*aus Angst*) *körperlich schwach fühlen* **etwas übers Knie brechen** (*umg.*): *überstürzt entscheiden oder handeln* **jemanden auf/in die Knie zwingen** (*geh.*): *jmds. Widerstand brechen*

Knie·bank die <-, Kniebänke> *eine Bank, auf der man knien kann* In der katholischen Kirche gibt es vor jeder Sitzbank noch eine Kniebank.

Knie·beu·ge die <-, -n> SPORT *eine gymnastische Übung, bei der man mit geradem Oberkörper in die Hocke geht und wieder aufsteht*

Knie·bund·ho·se die <-, -n> *eine Hose, deren Beine bis zum Knie reichen und dort mit einem Bund abschließen*

Knie·fall der <-(e)s, Kniefälle> *das Berühren des Bodens mit den Knien als Geste der Unterwerfung oder Verehrung*

knie·fäl·lig <nicht steig.> *Adv.* **1.** *mit einem Kniefall* **2.** *unterwürfig* kniefällig jemanden um etwas bitten

knie·frei <nicht steig.> *Adj. so, dass das Knie zu sehen ist* Sie trug einen kniefreien Rock.

Knie·ge·lenk das <-(e)s, -e> (≈ *Knie*[1])

kniehoch <nicht steig.> *Adj. so, dass etwas von den Füßen bis an die Knie reicht* Wir stapften durch kniehohen Schnee.

Knie·keh·le die <-, -n> ANAT. *die Mulde auf der Rückseite des Knies*[1]

knien <kniest, kniete, hat/ist gekniet> **I.** *ohne OBJ* ■ *jmd. kniet* (*haben/sein*) *die Haltung einnehmen, bei der beide Knie den Boden berühren* Er kniete vor dem Altar. **II.** *mit SICH* (*haben*) **1.** ■ *jmd. kniet sich irgendwohin die Knie beugen, bis man auf einer Stelle kniet* Er kniete sich neben sie. **2.** ■ *jmd. kniet sich in etwas Akk.* (*umg.*) *etwas intensiv und mit viel Energie tun* Sie kniete sich in die Arbeit.

Knies der <-> (*kein Plur.*) (*umg.*) **1.** *alte Schmutzschicht* **2.** (*nicht offen ausgetragener*) *Streit* Seit wann hat sie Knies mit ihm?

Knie·schei·be die <-, -n> *die Knochenscheibe, die das Kniegelenk vorne schützt*

Knie·scho·ner der <-s, -> (≈ *Knieschützer*)

Knie·schüt·zer der <-s, -> *bei manchen Sportarten getragene Polster zum Schutz der Knie*

Knie·seh·nen·re·flex der <-es, -e> *Reflex des Knies, der sich zeigt, wenn man auf die Kniesehne unterhalb der Kniescheibe schlägt, so dass sich das Bein ruckartig streckt*

Knie·strumpf der <-(e)s, Kniestrümpfe> *bis zum Knie reichender Strumpf*

knie·tief <nicht steig.> *Adj. so, dass man bis zum Knie einsinkt* Die Kinder spielten im knietiefen Wasser.

Kniff der <-(e)s, -e> **1.** *das Kneifen, Zwicken* **2.** *Trick, Kunstgriff* Ich zeige dir ein paar Kniffe, die dir deine Arbeit erleichtern werden. **3.** (≈ *Trick*) *kleines Täuschungsmanöver* Der Betrüger hat es schon mit allen Kniffen versucht. **4.** *Falte, Knick*

kniff·lig/knif·fe·lig <kniff(e)liger/am kniff(e)ligsten> *Adj.* (≈ *verzwickt*) *sehr schwierig oder kompliziert* Das ist wirklich eine knifflige Frage., Wir befanden uns damals in einer puriffligen Situation.

Knilch der <-s, -e> (*umg. abwert.*) (*auch als Schimpfwort verwendete*) *Bezeichnung für einen als unangenehm empfundenen Mann* Was wollte der Knilch?

knip·sen¹ <knipst, knipste, hat geknipst> *mit OBJ* ■ *jmd. knipst* (*jmdn./etwas*) (*umg.*) *fotografieren* Er knipste alles, was er sah., Er stand an die Säule gelehnt und knipste.

knip·sen² <knipst, knipste, hat geknipst> *mit OBJ* ■ *jmd. knipst etwas die Fahrkarte mit einer Lochzange entwerten* Der Kontrolleur knipste die Fahrkahrte.

Knirps der <-es, -e> (*umg.*) *kleiner, drolliger Junge*

Knirps® der <-es, -e> *ein zusammenschiebbarer Regenschirm*

knir·schen <knirschst, knirschte, hat geknirscht> *ohne OBJ* **1.** ■ *etwas knirscht ein hartes, reibendes Geräusch von sich geben* Der Schnee knirschte unter meinen Sohlen. **2.** ■ *jmd. knirscht mit etwas Dat. ein hartes, reibendes Geräusch erzeugen* Sie knirschte mit den Zähnen.

knis·tern <knisterst, knisterte, hat geknistert> *ohne OBJ* **1.** ■ *etwas knistert das helle, leise raschelnde Geräusch von sich geben, das man z.B. hört, wenn Falten in Papier gemacht werden* Das Holz knisterte im Ofen. **2.** ■ *jmd. knistert mit etwas ein helles, leise raschelndes Geräusch erzeugen* Ich mag es nicht, wenn die Theaterbesucher mit Bonbonpapieren knistern.

knis·ternd (*Part. Präs. zu „knistern"*) *Adj. erregt, prickelnd* Vor dem entscheidenden Spiel herrschte eine knisternde Spannung.

Knit·ter·fal·te die <-, -n> *Falte, die durch Knittern^II entstanden ist*

knit·ter·frei <nicht steig.> *Adj. so, dass Stoff nicht knittert*

knit·te·rig *Adj. s.* **knittrig**

knit·tern <knitterst, knitterte, hat geknittert> **I.** *mit OBJ* ■ *jmd. knittert etwas Falten in Stoff oder Papier machen* **II.** *ohne OBJ* ■ *etwas knittert Falten bekommen* Der Stoff knittert leicht.

knitt·rig/knit·te·rig *Adj. mit vielen Falten*

kno·beln <knobelst, knobelte, hat geknobelt> *ohne OBJ* **1.** *würfeln* **2.** ■ *jmd. knobelt mithilfe von Würfeln, Streichhölzern, bestimmten Handzeichen o.Ä. eine Entscheidung treffen, wer von zwei Personen etwas tun muss oder darf* **3.** ■ *jmd. knobelt über etwas Dat.* (*umg.*) *grübeln, rätseln* Wie lange knobelt er schon über einer Lösung des Problems?

Knob·lauch der <-(e)s> (*kein Plur.*) *eine Gewürzpflanze*

Knob·lauch·but·ter die <-> (*kein Plur.*) KOCH. *mit Knoblauch* (*und Kräutern*) *gewürzte Butter*

Knob·lauch·knol·le die <-, -n> *Zwiebel des Knoblauchs, die sich aus einer Vielzahl von Brutzwiebeln* (*Knoblauchzehen*) *zusammensetzt*

Knob·lauch·pres·se die <-, -n> *Küchengerät zum Pressen von Knoblauchzehen*

Knob·lauch·salz das <-es, -e> *Salz, das mit getrocknetem, zerriebenem Knoblauch angereichert ist*

Knob·lauch·ze·he die <-, -n> *eine der vielen kleinen Zwiebeln der Knoblauchknolle*

Knö·chel der <-s, -> **1.** *der vorspringende Knochen links und rechts am Fußgelenk* **2.** *das mittlere Fingergelenk*

knö·chel·lang <nicht steig.> *Adj. so, dass etwas bis zum* (*Fuß-*)*Knöchel reicht* Sie trug ein knöchellanges Kleid.

knö·chel·tief <nicht steig.> *Adj. so, dass man bis zu den Knöcheln einsinkt* Wir steckten knöcheltief im Morast.

Kno·chen der <-s, -> **1.** *einer der vielen einzelnen Bestandteile des Skeletts von Menschen und Wirbeltieren* Der Arzt musste den gebrochenen Knochen schienen., Der Hund nagt an einem Knochen. **2.** (*nur Plur.*) (≈ *Glieder*) Pass auf, dass du dir nicht die Knochen brichst!, Mir tun sämtliche Knochen weh. ■ **bis auf die Knochen** (*umg.*): *vollständig, durch und durch* Er war nass bis auf die Knochen., Sie hatte sich bis auf die Knochen blamiert.

Kno·chen·ar·beit die <-> (*kein Plur.*) (*umg.*) *harte körperliche Arbeit* Das Beet umzugraben war richtige Knochenarbeit!

Kno·chen·bau der <-s> (*kein Plur.*) *Struktur des Skeletts* Das Kind hat einen kräftigen/zarten/zierlichen Knochenbau.

kno·chen·bre·che·risch <nicht steig.> *Adv. so gefährlich, dass es möglich ist, dass sich jmd. bei einer Tätigkeit die Knochen bricht* Der Aufstieg auf den Gipfel dieses Berges war knochenbrecherisch.

Kno·chen·bruch der <-(e)s, Knochenbrüche> (≈ *Fraktur*) *Bruch eines Knochens* Das Unfallopfer musste mit mehreren Knochenbrüchen ins Krankenhaus eingeliefert werden.

Kno·chen·fraß der <-es> (*kein Plur.*) *Eiterung*

K

oder Entzündung eines Knochens

Kno·chen·ge·rüst das <-(e)s, -e> **1.** (≈ *Skelett*) **2.** (*umg. abwert.*) *sehr hagerer Mensch*

Knochen·haut die <-> (*kein Plur.*) ANAT. *dünne, die Knochen umgebende Haut*

Knochen·haut·ent·zün·dung die <-, -en> MED. *Entzündung der Knochenhaut*

Kno·chen·mark das <-(e)s> (*kein Plur.*) ANAT. *die Substanz im Inneren eines Knochens*

Kno·chen·müh·le die <-, -n> *Mühle, in der (Tier-)Knochen zu (Futter-) Mehl gemahlen werden*

Kno·chen·schwund der <-es> (*kein Plur.*) MED. *verminderte Neubildung oder Abbau der Knochensubstanz*

Kno·chen·split·ter der <-s, -> *Splitter eines Knochens*

knochen·tro·cken <nicht steig.> *Adj.* (*umg.*) **1.** *sehr trocken* Der Kuchen ist knochentrocken. **2.** *langweilig, fantasielos* Der Redner sprach über ein knochentrockenes Thema.

Kno·chen·tu·ber·ku·lo·se die <-> (*kein Plur.*) MED. *Tuberkuloseerkrankung des Knochens, bei der das blutbildende Knochenmark betroffen ist*

knö·chern <nicht steig.> *Adj. aus Knochen*

kno·chig *Adj. so, dass die Knochen deutlich sichtbar sind* Sie hat ein knochiges Gesicht.

Knock-out, *a.* **Knock·out** der [nɔk'laut] <-s, -s> SPORT *Niederschlag beim Boxen (abgekürzt: K.o.)*

knock-out *Adj. kampfunfähig, außer Gefecht (abgekürzt: k.o.)*

Knö·del der <-s, -> (*süddt. österr.*) *Speise in Form einer gekochten Kugel aus Kartoffelteig*

Knöll·chen das <-s, -> (*umg.*) *Strafzettel*

Knol·le die <-, -n> *meist unterirdischer, fleischig verdickter Spross oder Wurzelabschnitt, in dem eine Pflanze Nährstoffe speichert* Die Kartoffel ist eine Knolle., Unsere Dahlien haben kräftige Knollen.

Knol·len·blät·ter·pilz der <-(e)s, -e> *ein giftiger Pilz*

Knol·len·ge·wächs das <-es, -e> *mehrjährige Pflanze, die in unterirdischen Sprossknollen überwintert*

Knopf der <-(e)s, Knöpfe> **1.** *einer der kleinen, meist runden Teile, die an der Vorderseite von Kleidungsstücken angenäht sind und dazu dienen, diese zu verschließen* Er löste die Krawatte und öffnete den obersten Knopf seines Hemdes. **2.** *ein rundes oder viereckiges Bedienelement an technischen Geräten* Drücken Sie den Knopf 1, um die CD-Schublade zu öffnen. ◆ Bedien-

knöp·fen <knöpfst, knöpfte, hat geknöpft> *mit OBJ* ■ *jmd. knöpft etwas* (*meist im Passiv oder im substantivierten Inf. verwendet*) *etwas mit Knöpfen*[1] *öffnen oder schließen* Die Bluse wird vorn/hinten/seitlich geknöpft. ◆ Großschreibung→R 3.5 Das Kleid ist zum Knöpfen.

Knopf·leis·te die <-, -n> *verstärkter Stoffstreifen (an einem Kleidungsstück), auf dem Knöpfe aufgenäht sind* ein Mantel mit verdeckter Knopfleiste

Knopf·loch das <-(e)s, Knopflöcher> *ein kleiner Schlitz in der Kleidung, durch den ein Knopf*[1] *gesteckt wird*

Knor·pel der <-s, -> *das feste, elastische Gewebe, das Knochen und Gelenke verbindet*

knorp·lig/knor·pe·lig <nicht steig.> *Adj. aus Knorpel bestehend*

Knor·ren der <-s, -> *Teil eines Baumstammes oder Astes, der viele Verdickungen hat*

knor·rig *Adj.* **1.** *verwachsen, astreich* Die knorrige Eiche muss mehrere hundert Jahre alt sein. **2.** (*von Menschen*) *alt, zäh, kräftig* eine knorrige Alte

Knos·pe die <-, -n> *die nicht voll entwickelte Sproßspitze höherer Pflanzen, aus der sich Blüten oder Blätter entfalten* Die Knospen sprießen/gehen auf/entfalten sich.

knos·pen <knospt, knospte, hat geknospt> *ohne OBJ* ■ *etwas knospt Knospen treiben* Die Rosen knospen schon.

Kno·ten der <-s, -> **1.** *fest (miteinander) verschlungene Bänder, Fäden, Schnüre, Taue* Ich bekomme den Knoten nicht mehr auf. **2.** *langes, geschlungenes, am (Hinter-)Kopf festgestecktes Haar* Sie trägt heute einen Knoten. ◆ Haar- **3.** MED. *dicker (krankhafter) Gewebeteil* Gicht verursacht Knoten., Sie hat einen Knoten in der Brust. **4.** SEEW. *Maßeinheit für die Geschwindigkeit bei Schiffen* Ein Knoten entspricht ungefähr 1,8 Stundenkilometern. ■ **bei jemandem ist der Knoten geplatzt/gerissen** (*umg.*): *jmd. hat endlich etwas verstanden*

Kno·ten·punkt der <-(e)s, -e> *Punkt, wo sich verschiedene Verkehrswege kreuzen* ◆ Eisenbahn-

Knö·te·rich der <-s> (*kein Plur.*) *eine in vielen Arten vorkommende Pflanze, die besonders auf feuchten Wiesen und in Auwäldern vorkommt*

kno·tig *Adj.* **1.** *viele Knoten aufweisend* Das Garn ist knotig. **2.** *von der Form eines Knotens* Ihr wurde eine knotige Geschwulst entfernt.

Know-how das ['noʊhaʊ] <-(s)> (*kein Plur.*) *das Wissen, wie man etwas praktisch umsetzt* Was nützen die modernsten Maschinen und Computer, wenn den Mitarbeitern das technische Know-how fehlt?

Know-how-Trans·fer der <-s, -s> *Übertragung von Know-how*

Knub·bel der <-s, -> (*landsch.*) *knotenähnliche Verdickung auf oder unter der Haut*

knub·beln <knubbelst, knubbelte, hat geknubbelt> *ohne OBJ* ■ *jmd. knubbelt an etwas Dat. an etwas herumfingern* Er knubbelt schon lange an dem Knoten, aber er bekommt ihn nicht auf.

Knuff der <-(e)s, Knüffe> (*umg.*) *leichter Stoß mit der Faust oder dem Ellenbogen*

Knülch der <-s, -e> (*umg. norddt.*) *Knilch*

knül·le *Adv.* (*umg.*) *betrunken, erschöpft* Nach dieser durchzechten Nacht war er völlig knülle.

knül·len <knüllst, knüllte, hat geknüllt> **I.** *mit OBJ* ■ *jmd. knüllt etwas in der Hand zusammendrücken* Knülle das Papier nicht so! **II.** *ohne OBJ* ■ *etwas knüllt* (≈ *knittern*) *leicht Falten bilden* Der Stoff knüllt leicht.

Knül·ler der <-s, -> (*umg.*) *etwas Besonderes, Auf-*

sehen erregendes; Sensation Das Buch/Die Meldung vom Rücktritt des Präsidenten war der Knüller des Tages.

knüp·fen <knüpfst, knüpfte, hat geknüpft> *mit OBJ* **1.** ■ *jmd. knüpft etwas (an etwas Akk.) durch einen Knoten an etwas befestigen* Er knüpft die beiden Enden der Hängematte an zwei Bäume. **2.** ■ *jmd. knüpft etwas viele kleine Fäden auf einer Art Netz (zu einem kunstvollen Muster) verschlingen* Sie knüpft Teppiche ►handgeknüpft **3.** ■ *jmd. knüpft etwas an etwas Akk. (übertr.) verbinden* Sie hat an das Treffen keine Bedingungen/Erwartungen geknüpft. **4.** ■ *jmd. knüpft etwas (Kontakt) herstellen* Er hat wichtige Kontakte geknüpft.

Knüp·pel der <-s, -> *kurzer, dicker Stock* ■ **jemandem (einen) Knüppel zwischen die Beine werfen** *(umg.): jmdm. Schwierigkeiten bereiten*

knüp·pel·dick <nicht steig.> *Adj. (umg.) so, dass viele unangenehme Dinge gleichzeitig passieren* Dann kam es knüppeldick.

knur·ren <knurrst, knurrte, hat geknurrt> *ohne OBJ* **1.** ■ *ein Tier/etwas knurrt ein tiefes, kehliges, bedrohliches Geräusch von sich geben* Der Hund zerrte an der Leine und knurrte. **2.** ■ *jmd. knurrt (übertr.) seine Unzufriedenheit oder Verärgerung über etwas mit undeutlicher Stimme zum Ausdruck bringen* Er knurrte, weil er Überstunden machen musste. ■ **jemandem knurrt der Magen (vor Hunger)**: *der Magen produziert gurgelnde Laute als Anzeichen großen Hungers*

Knurr·hahn der <-s, Knurrhähne> *bis neunzig Zentimeter langer, räuberisch lebender Knochenfisch*

knur·rig *Adj. mürrisch, verdrießlich, unfreundlich*

knusp·rig/knus·pe·rig <knusp(e)riger, am knusp(e)rigsten> *Adj.* **1.** *(von Nahrungsmitteln) mit einer relativ festen Oberfläche, die beim Hineinbeißen ein knackendes Geräusch hörbar werden lässt* Wir aßen knusprige Brötchen zum Frühstück., die knusprige Haut des Brathähnchens **2.** *(umg.) (von jungen Frauen) attraktiv*

Knu·te die <-, -n> (≈ *Peitsche*)

knut·schen <knutschst, knutschte, hat geknutscht> **I.** *mit OBJ* ■ *jmd. knutscht jmdn. (umg.) heftig, innig küssen* Ich könnte dich gerade knutschen. **II.** *ohne OBJ* ■ *jmd. knutscht (mit jmdm.) (umg.) sich innig küssen, schmusen* Er hat den ganzen Abend mit ihr geknutscht?, Wir knutschten ein bisschen.

Knutsch·fleck der <-s, -en> *(umg.) durch Saugen (beim innigen Küssen) herrührende Rötung der Haut*

k.o. *Adj.* **1.** SPORT *(Abkürzung von „knockout") nach einem Niederschlag kampfunfähig und besiegt* Der Boxer ging/ist k.o., Er wurde k.o. geschlagen. **2.** *(umg.) völlig erschöpft* Nach der langen Wanderung war ich ziemlich k.o.

Ko·a·la der <-s, -s> *ein in Australien beheimatetes Beuteltier*

ko·a·lie·ren <koalierst, koalierte, hat koaliert> *ohne OBJ* ■ *jmd. koaliert (mit jmdm.)* POL. *eine Koalition bilden*

ko·a·li·sie·ren <koalisierst, koalisierte, hat koalisiert> *ohne OBJ* ■ *jmd. koalisiert (mit jmdm.) koalieren*

Ko·a·li·ti·on die <-, -en> POL. *Bündnis von Parteien zur Regierungsbildung*

Ko·a·li·ti·ons·frei·heit die <-> *(kein Plur.) das Grundrecht, zur Wahrung und Förderung der Arbeits- und Wirtschaftsbedingungen Vereinigungen zu bilden*

Ko·a·li·ti·ons·part·ner der <-s, -> POL. *(eine Partei als) Partner in einer Koalition*

Ko·a·li·ti·ons·re·gie·rung die <-, -en> POL. *von zwei oder mehreren Parteien gebildete Regierung*

Ko·balt, *a.* **Co·balt** das <-s> *(kein Plur.)* CHEM. *ein glänzendes, magnetisches Metall (ein chemischer Grundstoff)*

Ko·balt·bom·be die <-, -n> *Wasserstoffbombe mit Kobaltmantel, durch dessen Verdampfung bei der Explosion langdauernde Verseuchung des Explosionsgebietes eintritt*

Ko·bel der <-s, -> *(süddt. österr.)* **1.** *Verschlag, (Haustier-)Stall* **2.** *Nest des Eichhörnchens* **3.** *kleines Bruthäuschen für bestimmte Vögel*

Ko·ben der <-s, -> *Verschlag, (Schweine-)Stall*

Ko·bold der <-(e)s, -e> *(im Volksglauben) zwergenhafter (Haus-)Geist, der den Menschen lustige oder auch böse Streiche spielt*

Ko·b·ra die <-, -s> *eine Giftschlange*

Koch, Kö·chin der <-(e)s, Köche> **1.** *jmd., der beruflich (in einem Restaurant oder Gasthof) Essen zubereitet* ◆ Meister-, Spitzen- **2.** *Person, die in der angegebenen Weise kocht* Sie ist eine begabte/exzellente/hervorragende Köchin. ■ **viele Köche verderben den Brei** *(Sprichwort): es ist nicht gut für eine Sache, wenn sich zu viele Menschen an deren Planung beteiligen*

Koch·beu·tel der <-s, -> *ein Beutel aus hitzebständiger Folie, in dem Lebensmittel im Wasserbad gegart werden können* Reis im Kochbeutel ◆ -reis

Koch·buch das <-(e)s, Kochbücher> *ein Buch mit Kochrezepten*

koch·echt <nicht steig.> *Adj. so, dass man Textilien bei einer Temperatur von 95 Grad waschen kann, ohne dass sie einlaufen oder verfärben*

kö·cheln <köchelst, köchelte, hat geköchelt> *ohne OBJ* ■ *etwas köchelt* KOCH. *auf kleiner Flamme leicht kochen*

Kö·chel·ver·zeich·nis das <-ses> *(kein Plur.) das 1862 von L. Ritter von Köchel herausgegebene chronologisch-thematische Verzeichnis sämtlicher Tonwerke von W. A. Mozart*

ko·chen <kochst, kochte, hat gekocht> **I.** *mit OBJ* **1.** ■ *jmd. kocht Kaffee/Tee Kaffee oder Tee zubereiten* Sie kocht gerade eine Kanne Kaffee/Tee. **2.** ■ *jmd. kocht etwas eine Speise in sprudelndem heißem Wasser garen* Soll ich Kartoffeln/Nudeln/Eier kochen? **3.** ■ *jmd. kocht etwas Wäsche bei einer Temperatur von 95 Grad waschen* Baumwollunterwäsche kochen **II.** *ohne OBJ* **1.** ■ *jmd. kocht warme Speisen zubereiten* Bist du gerade beim

Kochen?, Am Wochenende koche ich gern für meine Gäste., Meine Frau kocht hervorragend., Kochen Sie auch so gerne italienisch? **2.** (*umg. übertr.*) *sehr wütend sein* Als er das erfuhr, kochte er vor Wut. **3.** ■ *etwas kocht* (*von Wasser*) *eine Temperatur von mehr als 100 Grad Celsius erreichen* Das Wasser kocht.

Ko·cher der <-s, -> *kleines transportables Gerät, auf dem man warme Speisen kochen kann* ◆ Gas-, Solar-, Spiritus-

Kö·cher der <-s, -> *Behälter für Pfeile*

koch·fer·tig <nicht steig.> *Adj. so, dass man es nur noch kochen muss*

Kö·chin die <-, -nen> *s.* **Koch**

Ko·ch·kä·se der <-s, -> *Käse aus erhitztem Sauermilchquark* (*Quark, Salz und Gewürze*)

Ko·ch·kis·te die <-, -n> *mit wärmeisolierenden Stoffen ausgekleideter Behälter, in dem angekochte Speisen in Kochtöpfen fertiggegart werden*

Koch·kunst die <-, Kochkünste> **1.** (*kein Plur.*) *die Kunst der Speisezubereitung* **2.** (*scherzh.*) *jmds. Fertigkeit im Kochen* Für die Zubereitung dieses Menüs musste ich meine ganzen Kochkünste aufbieten.

Koch·löf·fel der <-s, -> *langstieliger Holzlöffel zum Umrühren*

Koch·mul·de die <-, -n> *Fläche mit mehreren Kochplatten, die in die Arbeitsplatte eingelassen ist*

Koch·müt·ze die <-, -n> *hohe, weiße Mütze als Teil der Berufskleidung der Köchinnen und Köche*

Koch·ni·sche die <-, -n> *von einem* (*Wohn-*)*Raum abgetrennte, in einer Nische installierte, nur mit dem Notwendigsten ausgestattete Kleinküche*

Koch·plat·te die <-, -n> *einzelne Herdplatte*

Koch·re·zept das <-(e)s, -e> (≈ *Rezept*) *Anleitung zum Kochen* (*einer besimmten Speise*) Ein gutes Kochrezept enthält Angaben über die Anzahl oder Menge der benötigten Zutaten für ein Gericht sowie Anweisungen über Art und Reihenfolge ihrer Verwendung und Zubereitung.

Koch·salz das <-es> (*kein Plur.*) *essbares Salz, Natriumchlorid*

Koch·salz·lö·sung die <-, -en> *Lösung aus Wasser und Kochsalz*

Koch·topf der <-(e)s, Kochtöpfe> *Topf, der sich zur Zubereitung warmer Speisen auf dem Ofen oder Herd eignet*

Koch·wä·sche die <-> (*kein Plur.*) *Wäsche, die gekocht I.3 wird*

Ko·da, *a.* **Co·da** die <-, -s> MUS. *Schlussteil eines Satzes*

Kode, *a.* **Code** [ko:t] <-s, -s> *ein System zur Verschlüsselung* (*geheimer*) *sprachlicher Botschaften, bei dem die Zeichen eines Zeichensystems bestimmten Zeichen eines anderen Zeichensystems regelhaft zugeordnet werden* Der geheime Kode konnte geknackt werden.

Kö·der der <-s, -> *ein Lockmittel, das man in Fallen platziert, um damit Tiere anzulocken und zu fangen*

kö·dern <köderst, köderte, hat geködert> *mit OBJ* **1.** ■ *jmd. ködert ein Tier* (*ein Tier*) *mit einem Köder anlocken* **2.** ■ *jmd. ködert jmdn. mit etwas Dat.* (*umg.*) *jmdn. mit verlockenden Angeboten dazu bringen, etwas Bestimmtes zu tun*

Ko·dex, *a.* **Co·dex** der <-es/-, -e/Kodizes> **1.** (*Plur. „Kodizes"*) GESCH. *zwischen zwei Holzdeckeln in einer Art Buch zusammengefügte Handschriften* **2.** (*Plur. „Kodizes"*) GESCH. *Gesetzessammlung* **3.** (*Plur. „Kodexe"*) *ungeschriebene Verhaltensregeln, an denen sich eine Gesellschaftsgruppe orientiert* ◆ Ehren-, Verhaltens-

ko·die·ren, *a.* **co·die·ren** *mit OBJ* ■ *jmd./etwas kodiert etwas eine Botschaft mithilfe eines Kodes verschlüsseln* Die Verschlüsselungsmaschine kodiert die Nachricht/den Text.

Ko·die·rung die <-, -en> *das Kodieren*

ko·di·fi·zie·ren *mit OBJ* ■ *jmd. kodifiziert etwas* RECHTSW. (*Gesetze, Rechtsnormen*) *in einem Gesetzbuch zusammenfassen*

Ko·di·fi·zie·rung die <-, -en> *das Kodifizieren*

Ko·ef·fi·zi·ent der <-en, -en> MATH. *konstanter Faktor vor einer veränderlichen Größe* „2" ist ein Koeffizient in dem Ausdruck „2x".

Ko·e·xis·tenz, **Ko·e·xis·tenz** die <-> (*kein Plur.*) *das gleichzeitige Vorhandensein, das Nebeneinander-, Miteinanderbestehen* Lange Zeit war die Koexistenz von Weißen und Schwarzen in Südafrika rechtlich nicht gesichert.

Kof·fe·in, *a.* **Cof·fe·in** das <-s> (*kein Plur.*) *eine beispielsweise in Kaffee vorkommende anregende Substanz*

kof·fe·in·frei <nicht steig.> *Adj. so, dass kein Koffein* (*z.B. im Kaffee*) *enthalten ist*

kof·fe·in·hal·tig <nicht steig.> *Adj. so, dass Koffein* (*z.B. in einer Limonade*) *enthalten ist*

Kof·fer der <-s, -> *ein größeres, stabiles, meist rechteckiges Gepäckstück* Hast du den Koffer schon gepackt/ausgepackt? ■ **aus dem Koffer leben** (*umg.*): *aus beruflichen Gründen ständig unterwegs sein* ◆-anhänger, Hartschalen-, Rollen-

Kof·fer·ku·li der <-s, -s> *kleiner, auf Bahnhöfen und Flughäfen bereit stehender Wagen zum Gepäcktransport*

Kof·fer·ra·dio das <-s, -s> *kleines transportables Radio*

Kof·fer·raum der <-(e)s> (*kein Plur.*) KFZ *zur Aufnahme von Gepäck dienender Teil des Innenraums eines Personenkraftwagens*

Ko·g·nak der ['konjak] <-s, -s> (*umg.*) *Weinbrand*

Ko·g·nak·schwen·ker der ['konjak...] <-s, -> *bauchiges, dünnwandiges Glas mit kurzem Stiel, aus dem man Kognak trinkt*

ko·g·ni·tiv <nicht steig.> *Adj.* PSYCH. *das Wahrnehmen, Erkennen betreffend*

ko·hä·rent *Adj.* (*geh.* ↔ *inkohärent*) *zusammenhängend*

Ko·hä·renz die <-> (*kein Plur.*) (*geh.* ↔ *Inkohärenz*) *Zusammenhang*

Ko·hä·si·on die <-> (*kein Plur.*) (*fachspr.*) (*innerer*) *Zusammenhalt eines Stoffes durch die Molekularkräfte*

Kohl der <-(e)s, (-e)> **1.** *eine in vielen Arten vor-*

kommende Gemüsepflanze ◆-kopf, Grün-, Rot-, Weiß- **2.** ■ **das macht den Kohl auch nicht mehr fett** (*umg.*): *darauf kommt es auch nicht mehr an*

Kohl·dampf der <-s> (*kein Plur.*) (*umg.*) *starker Hunger*

Koh·le die <-, -n> **1.** (*kein Plur.*) *der durch Bergbau gewonnene Brennstoff, der wie glänzender schwarzer Stein aussieht* In dieser Region wird vorwiegend Kohle abgebaut/gefördert. ◆-nbergbau, -nbergwerk, -ngrube, -nlieferung, -ofen, Braun-, Heiz-, Stein- **2.** (*meist Plur.*) *als Brenn-, Heizmaterial verwendete Kohle*[1] Wir lagern die Kohlen im Keller. ◆-nkeller **3.** (*umg.*) *Geld* Hast du genügend Kohle für ein Motorrad? ■ **(wie) auf glühenden Kohlen sitzen** (*umg.*): *ungeduldig auf jmdn. oder etwas warten*

Koh·le·herd, *a.* **Koh·len·herd** der <-(e)s, -e> *Herd, der mit Kohle geheizt wird*

Koh·le·hy·d·rat das *s.* **Kohlenhydrat**

Koh·le·kraft·werk das <-(e)s, -e> (↔ *Atomkraftwerk, Wasserkraftwerk*) *Kraftwerk, in dem Kohle zur Energiegewinnung verbrannt wird*

Koh·len·berg·bau der <-s> (*kein Plur.*) *das Gewinnen, Fördern und Aufbereiten von Kohle mittels eines Bergwerks* (*Abbau unter Tage*) *oder durch einen einen Schaufelradbagger* (*Tagebau*)

Koh·len·berg·werk das <-(e)s, -e> *Bergwerk zur Gewinnung von* (*meist*) *Steinkohle*

Koh·len·bun·ker der <-s, -> *Vorratsraum oder großer Behälter zur Lagerung von* (*Heiz-*)*Kohle*

Koh·len·di·o·xid, *a.* **Koh·len·di·o·xyd** das <-s> (*kein Plur.*) CHEM. *ein beispielsweise bei der Verbrennung kohlenstoffhaltiger Substanzen entstehendes Gas*

Koh·len·di·o·xid·aus·stoß, *a.* **Koh·len·di·o·xyd·aus·stoß** der <-es> (*kein Plur.*) *die Menge von Kohlendioxyd, die von einer Betriebseinheit* (*eines Motors, einer Industrieanlage, einer Volkswirtschaft*) *an die Atmosphäre abgegeben wird* Um eine weitere Erwärmung der Erdatmosphäre zu verhindern, muss der Kohlendioxidausstoß in den kommenden Jahren drastisch verringert werden.

Koh·len·flöz das <-es, -e> BERGB. *kohlehaltige Gesteinsschicht*

Koh·len·gru·be die <-, -n> *Kohlebergwerk*

Koh·len·grus der <-> (*kein Plur.*) *grobkörniger Kohlenstaub*

Koh·len·hal·de die <-, -n> *aufgeschüttete Kohlevorräte*

Koh·len·händ·ler, **Koh·len·händ·le·rin** der <-s, -> *jmd., der mit Kohle in größeren Mengen handelt*

Koh·len·hand·lung die <-, -en> *Geschäftsstelle eines Kohlenhändlers*

Koh·len·hei·zung die <-, -en> *Heizungsanlage für eine Wohneinheit, die mit Kohle befeuert wird*

Koh·len·herd der *s.* **Kohleherd**

Koh·len·hy·d·rat, *a.* **Koh·le·hy·d·rat** das <-(e)s, -e> CHEM. *aus Kohlenstoff, Sauerstoff und Wasserstoff bestehende organische Verbindung, wichtig als Stützsubstanz und Reservestoff im tierischen und menschlichen Organismus* Kartoffeln und Nudeln sind reich an Kohlehydraten.

Koh·len·kas·ten der <-s, Kohlenkästen> *Behälter zum Aufbewahren von Kohlen in der Wohnung*

Koh·len·kel·ler der <-s, -> *Keller zur Aufbewahrung von Kohle*

Koh·len·mei·ler der <-s, -> *aufgehäuftes Holz, das mit Erde abgedeckt wird, damit darunter das schwelende Holz zu Holzkohle verschwelt werden kann; die Person, die einen Kohlenmeiler beaufsichtigt, heißt „Köhler“*

Koh·len·mo·n·o·xid, *a.* **Koh·len·mo·n·o·xyd** das <-(e)s, -e> CHEM. *ein sehr giftiges, geruchloses Gas* (*das unter anderem ein Bestandteil von Autoabgasen ist*), *das bei der unvollständigen Verbrennung von kohlenstoffhaltigen Materialien entsteht*

Koh·len·re·vier das <-s, -e> *ein Gebiet, in dem Kohle abgebaut wird* Das Ruhrgebiet war lange Zeit eines der größten Kohlenreviere Europas.

Koh·len·säu·re die <-, -n> *eine schwache Säure, die eine Lösung von Kohlendioxid in Wasser darstellt und beispielsweise Limonade oder Sekt zum Sprudeln bringt*

Koh·len·staub der <-(e)s> (*kein Plur.*) *zermahlene, staubförmig-feinkörnige Kohle*

Koh·len·stoff der <-(e)s> (*kein Plur.*) *in vielen Verbindungen enthaltenes nichtmetallisches, chemisches Element, das in reiner Form beispielsweise als Diamant vorkommt; das chemische Symbol ist „C“*

Koh·len·wa·gen der <-s, -> **1.** *Waggon zum Transport von Kohle* **2.** (≈ *Tender*) *Anhänger einer Dampflokomotive, in dem Kohle mitgeführt wird*

Koh·len·was·ser·stoff der <-(e)s, -e> *organische Verbindung, die ausschließlich aus Kohlenstoff und Wasserstoff besteht*

Koh·le·o·fen der <-s, Kohleöfen> *Ofen, der mit Kohle geheizt wird*

Koh·le·pa·pier das <-s> (*kein Plur.*) (≈ *Durchschlagpapier*) *auf einer Seite mit Farbe beschichtetes Papier zum Herstellen von Kopien*

Koh·le·pfen·nig der <-s, -e> *in Prozent des Strompreises festgelegte Abgabe, die von den Stromverbrauchern zu entrichten ist, um den Einsatz der* (*Stein-*)*Kohle bei der Energiegewinnung zu subventionieren*

Köh·ler der <-s, -> (*früher*) *jmd., der beruflich Holzkohle herstellt*

Koh·le·stift der <-(e)s, -e> *Zeichenstift aus Holzkohle*

Koh·le·ta·blet·te die <-, -n> *Kohlepräparat in Tablettenform, das gegen Durchfall genommen wird*

Koh·le·zeich·nung die <-, -en> *mit einem Kohlestift gefertigte Zeichnung*

Kohl·kopf der <-(e)s, Kohlköpfe> *die bei Gemüsekohl vorkommende Anordnung der Blätter, die die Knospenlage beibehalten und sich zu einem Kopf zusammenschließen*

Kohl·mei·se die <-, -n> *ein Singvogel mit blau-*

K

schwarzem Kopf, mit olivgrüner Oberseite, gelblicher Unterseite und langem Schwanz

Kohl·ra·be die <-, -n> (*landsch.*) *s.* **Kohlrabi**

Kohl·ra·be der <-n, -n> *s.* **Kolkrabe**

kohl·ra·ben·schwarz, **kohl·ra·ben·schwarz** *Adj.* (*umg.*) **1.** *von tiefem Schwarz* **2.** *völlig finster*

Kohl·ra·bi der <-/-s, -/-s> *eine Kohlart, deren Knolle man roh oder als Gemüse isst*

Kohl·rou·la·de die <-, -n> KOCH. *eingerollte Kohlblätter mit einer Hackfleischfüllung*

Kohl·rü·be die <-, -n> **1.** *eine Rübenart* **2.** (*österr.*) *Kohlrabi*

kohl·schwarz <nicht steig.> *Adj. schwarz wie Kohle*

Kohl·spros·se die <-, -n> **1.** *einzelnes Röschen des Rosenkohls* **2.** (*kein Sing.*) (*österr.*) *Rosenkohl*

Kohl·weiß·ling der <-s, -e> *ein weißer Schmetterling, dessen Raupen sich von Kohl ernähren*

Ko·hor·te die <-, -n> MILIT. *eine Truppeneinheit des altrömischen Heeres*

Ko·in·zi·denz die <-, -en> **1.** (*geh.*) *Zusammentreffen zweier Ereignisse* Dass es in dem Augenblick zu regnen anfing, als ich einen Schirm kaufte, war eine seltsame Koinzidenz. **2.** BIOL. *gleichzeitiges Auftreten zweier verschiedenartiger Organismen*

Ko·i·tus, *a.* **Co·i·tus** der <-, -/se> (≈ *Geschlechtsakt*)

Ko·je die <-, -n> **1.** SEEW. *schmales Bett in der Kajüte eines Schiffes* **2.** (*umg. scherzh.*) *Bett* Liegst du immer noch in der Koje?

Ko·jo·te der <-n, -n> *ein wild lebender Präriehund*

Ko·ka die <-, -> *Abkürzung von „Kokastrauch": eine ursprünglich aus Bolivien stammende Pflanze, in deren Blätter Kokain ist*

Ko·ka·in das <-s> (*kein Plur.*) *ein Rauschgift, das in Form eines weißen Pulvers meist geschnupft, das heißt in die Nase eingesaugt, wird* Sie hat Kokain geschnupft. ◆-abhängigkeit, -rausch

ko·kett *Adj.* (*von Frauen*) *in spielerischer Art darauf bedacht, anderen* (*Männern*) *zu gefallen und deren Aufmerksamkeit zu erregen* Sie lächelte kokett.

Ko·ket·te·rie die <-, -n> *kokette Art*

ko·ket·tie·ren <kokettierst, kokettierte, hat kokettiert> *ohne OBJ* **1.** ■ *jmd. kokettiert mit etwas Dat. auf eine Eigenschaft von sich selbst hinweisen, um sich so interessant zu machen* Er kokettiert gern mit seinem Alter. **2.** ■ *jmd. kokettiert mit etwas Dat. mit etwas liebäugeln, mit einem Gedanken spielen* Sie kokettierte mit dem Plan, nach Amerika auszuwandern. **3.** ■ *jmd. kokettiert mit jmdm.* (≈ *flirten*) *sich kokett verhalten* Sie kokettierte mit ihm.

Kok·ke die <-, -n> BIOL. *kugelförmiges Bakterium*

Kok·kus der <-, Kokken> (≈ *Kokke*)

Ko·ko·lo·res der <-> (*kein Plur.*) (*umg. abwert.*) **1.** *Unsinn, Unfug* Das ist doch Kokolores! **2.** *unnützes Geschwätz, Getue*

Ko·kon der <-s, -s> ZOOL. *Gespinsthülle, mit der sich viele Insektenlarven beim Verpuppen umgeben* Die dünnen Fäden des Seidengewebes stammen vom Kokon des Seidenspinners.

Ko·kos·fa·ser die <-, -n> *Faser der Kokosnuss, die beispielsweise zur Herstellung von Seilen oder Matten verwendet wird*

Ko·kos·fett das <-(e)s, -e> *das Pflanzenfett, das aus dem Fleisch der Kokosnuss gewonnen wird*

Ko·kos·mat·te die <-, -n> *Matte aus Kokosfasern*

Ko·kos·milch die <-> (*kein Plur.*) *milchartige Flüssigkeit im Inneren der Kokosnuss*

Ko·kos·nuss die <-, Kokosnüsse> *die große, braune, hartschalige Frucht der Kokospalme*

Ko·kos·öl das <-s> (*kein Plur.*) *das Öl, das durch Pressen des getrockneten Fleisches der Kokosnuss gewonnen wird*

Ko·kos·pal·me die <-, -n> *eine Palmenart*

Ko·kos·ras·pel die <-, -n> *geraspelte Späne vom Fleisch der Kokosnuss*

Ko·kot·te die <-, -n> (*früher*) *Halbweltdame, vornehme Prostituierte*

Koks¹ der <-> (*kein Plur.*) **1.** *ein aus Stein- oder Braunkohle hergestellter Brennstoff* **2.** (*umg. scherzh.*) *verfügbares Bargeld*

Koks² der/das <-> (*kein Plur.*) (*umg.*) *Kokain* Koks schnupfen, auf Koks sein

kok·sen <kokst, kokste, hat gekokst> *ohne OBJ* ■ *jmd. kokst* (*umg.*) *Kokain nehmen*

Koks·of·en der <-s, Koksöfen> *Ofen, der mit Koks befeuert wird*

Ko·la·nuss die <-, Kolanüsse> *koffeinhaltige Frucht des Kolabaumes, die in Afrika zur Herstellung von Nahrungs- und Genussmitteln dient, in Europa und Amerika zur Herstellung von Erfrischungsgetränken*

Kol·ben der <-s, -> **1.** TECHN. *im Zylinder von Kolbenmaschinen sich hin- und herbewegender, zylindrischer Maschinenteil* Wenn sich der Kolben im Zylinder einer Kraftmaschine hin- und herbewegt, wird auf diese Weise Druck in Bewegungsenergie umgesetzt. ◆Zylinder- **2.** *das hintere, als Schulterstütze dienende Ende des Schafts bei einem Gewehr* ◆Gewehr- **3.** CHEM. *ein im Labor verwendetes bauchiges Glasgefäß mit einem längeren Hals* ◆Glas- **4.** BIOL. *Form des Blüten- oder Fruchtstandes, beispielsweise bei Mais* ◆Mais-

Kol·ben·dich·tung die <-, -en> *Ringe, die auf einem Kolben¹ montiert sind als bewegliche Abdichtungen des Verbrennungsraumes*

Kol·ben·fres·ser der <-s, -> (KFZ: *umg.*) *ein Motorschaden, der bei längerem Fahren entsteht, wenn ein ungenügend geschmierter Kolben so lange an der Innenseite des Zylinders reibt, bis er festsitzt*

Kol·ben·hir·se die <-> (*kein Plur.*) *in Asien beheimatetes Süßgras, das bis zu einem Meter hoch wird, einjährig ist und hirsekorngroße Früchte hat*

Kol·ben·hub der <-s> (*kein Plur.*) TECHN. *die Strecke, die ein Kolben im Zylinder in einer Richtung maximal zurücklegt*

Kol·ben·mo·tor der <-s, -en> TECHN. *ein Motor, dessen Leistung durch sich auf- und ab* (*Hubkolben*) *oder sich im Kreis bewegende Kolben* (*Kreiskolben*) *erzeugt wird*

Kol·chos·bau·er der <-n, -n> *Bauer, der auf einer Kolchose arbeitet*

Kol·cho·se die <-, -n> GESCH. *eine große landwirtschaftliche Produktionsgenossenschaft in der ehemaligen Sowjetunion*

Ko·li·bak·te·rie die <-, -n> *(meist Plur.) Bakterie, die ein wichtiger Bestandteil des Darmes ist, aber auch als Krankheitserreger auftreten kann*

Ko·li·b·ri der <-s, -s> *ein in vielen Gattungen vorkommender, sehr kleiner Vogel, der in Amerika lebt und sich von Nektar ernährt*

Ko·lik die <-, -en> MED. *krampfartiger Anfall von Schmerzen* ◆ Gallen-, Nieren-

Kolk·ra·be, *a.* **Kohl·ra·be** der <-n, -n> *ein Vogel mit schwarz glänzendem Gefieder*

kol·la·bie·ren <kollabierst, kollabierte, hat/ist kollabiert> *ohne OBJ* ■ *jmd. kollabiert* MED. *(aufgrund eines Schwächeanfalls) zusammenbrechen*

Kol·la·bo·ra·teur, Kol·la·bo·ra·teu·rin der [...tøːɐ̯] <-s, -e> POL. *jmd., der kollaboriert*

Kol·la·bo·ra·ti·on die <-, -en> *(meist Sing.) das Kollaborieren*

kol·la·bo·rie·ren *ohne OBJ* ■ *jmd. kollaboriert (mit jmdm.) mit dem (militärischen) Feind zusammenarbeiten*

Kol·la·ge die [kɔl'aʒə] <-, -n> **1.** KUNST *ein Bild, das aus Teilen anderer Bilder zusammengesetzt ist* **2.** LIT. *ein Text, in dem verschiedene Stilformen und Textsorten kombiniert sind* ◆ -nstil, Radio-

Kol·la·gen das <-s, -e> *Eiweißstoff im Bindegewebe, in Knochen und Knorpel, der heraus gekocht werden und zu Leim verarbeitet werden kann* ◆ -spritze

Kol·laps der <-es, -e> **1.** MED. *Schwächeanfall aufgrund ungenügender Durchblutung des Gehirns und anderer lebenswichtiger Organe; Kreislaufzusammenbruch* **2.** *(wirtschaftlicher) Zusammenbruch*

Kol·leg das <-s, -s/Kollegien> **1.** *Institut zur Erlangung der Hochschulreife auf dem zweiten Bildungsweg* **2.** *kirchliche Studienanstalt für katholische Theologen* ◆ Priester- **3.** *(veralt.) Vorlesung an einer Universität*

Kol·le·ge, Kol·le·gin der <-n, -n> *jmd., der mit anderen die gleiche Arbeit macht oder im gleichen Betrieb arbeitet* ◆ Arbeits-, Berufs-

Kol·le·gen·kreis der <-es, -e> *Gesamtheit der Kollegen und Kolleginnen*

Kol·leg·heft das <-es, -e> *Heft für die Aufzeichnungen oder Mitschriften eines Kollegs*[3]

kol·le·gi·al *Adj. in der Art guter Kollegen kooperativ und hilfsbereit* Sie hat sich mir gegenüber sehr kollegial verhalten. ▸Kollegialität

Kol·le·gi·um das <-s, Kollegien> **1.** *Gruppe von Personen mit dem gleichen Beruf* **2.** *alle Lehrer einer Schule* ◆ Lehrer-

Kol·leg·stu·fe die <-, -n> SCHULE *eine Form der gymnasialen Oberstufe (der letzten Klassen des Gymnasiums), bei der die Schüler (Kollegiaten) nicht mehr in einer Schulklasse organisiert sind, sondern in nach eigener Neigung gewählten Kursen ein Kurssystem durchlaufen*

Kol·lek·te die <-, -n> REL. **1.** *Geldsammlung während des Gottesdienstes* **2.** *das bei einer Kollekte*[1] *eingesammelte Geld*

Kol·lek·ti·on die <-, -en> **1.** *Sammlung bestimmter Gegenstände* Ein paar wertvolle Stücke fehlen mir noch in meiner Kollektion. **2.** *von einem Modeschöpfer für eine bestimmte Saison entworfene Kleidungsstücke* Die neue Kollektion wird am Wochenende in Paris vorgeführt. ◆ Sommer-, Winter-

Kol·lek·tiv das <-s, -e/-s> **1.** *eine Gruppe von Menschen, die in einer Gemeinschaft leben und arbeiten* **2.** *(≈ Team) eine Gruppe von Menschen, die ihre Arbeit gemeinsam machen*

kol·lek·tiv <nicht steig.> *Adj.* **1.** *gemeinschaftlich* Jetzt hilft uns nur noch kollektives Handeln. **2.** *(↔ individuell) alle Mitglieder einer Gruppe betreffend* Er kümmerte sich nur wenig um die kollektiven Interessen.

Kol·lek·tiv·be·griff der <-(e)s, -e> *(≈ Kollektivum)*

Kol·lek·tiv·ei·gen·tum das <-s> *(kein Plur.) eine insbesondere in sozialistischen Systemen geläufige Form mit Eigentum umzugehen, die allen Mitgliedern einer Arbeits- und Produktionsgemeinschaft im Prinzip die gleichen Verfügungsrechte und -pflichten zugesteht, ohne dass es individuelle Rechte über die Produktionsmittel gibt, die der Gemeinschaft gehören*

Kol·lek·ti·vis·mus der <-> *(kein Plur.) (↔ Individualismus) die ökonomisch-politische Lehre, dass die Gesellschaft den Vorrang vor dem Individuum hat*

kol·lek·ti·vis·tisch <nicht steig.> *Adj. in der Art des Kollektivismus*

Kol·lek·tiv·schuld die <-> *(kein Plur.) die moralische Schuld aller Menschen einer Gemeinschaft* Es ist oft diskutiert worden, ob die Deutschen nach dem 2. Weltkrieg eine Kollektivschuld auf sich zu nehmen hätten.

Kol·lek·ti·vum das <-s, Kollektiva> SPRACHWISS. *ein Substantiv, das mehrere gleichartige Personen oder Dinge zusammenfasst* „Publikum", „Herde" und „Gebirge" sind Kollektiva.

Kol·lek·tiv·ver·trag der <-s, Kollektivverträge> *(österr.) Tarifvertrag*

Kol·lek·tiv·wirt·schaft die <-> *(kein Plur.) eine Wirtschaftsform, die nach dem Prinzip des Kollektivismus organisiert ist*

Kol·lek·tor der <-s, -en> **1.** ELEKTROTECHN. *der Teil einer Gleichstrommaschine, der für die gleichbleibende Stromrichtung sorgt* **2.** *Sammellinse in einem Mikroskop* **3.** ELEKTROTECHN. *der der Anode entsprechende Teil eines Transistors* **4.** *kurz für „Sonnenkollektor", mit dem Sonnenenergie für Erwärmung und Stromerzeugung absorbiert wird*

Kol·ler der <-s, -> *(umg.) Zornausbruch, Wutanfall* einen Koller kriegen

kol·li·die·ren <kollidierst, kollidierte, hat/ist kollidiert> *ohne OBJ* **1.** ■ *jmd./etwas kollidiert mit etwas Dat. (sein) zusammenstoßen* Zwei Autos sind gestern Nacht in dichtem Nebel kollidiert., Sein Wagen geriet auf die Gegenfahrbahn und kollidierte mit einem Lastwagen. **2.** ■ *etwas kollidiert mit etwas Dat.*, ■ *etwas kollidiert mit etwas Dat.* (*übertr.* (*haben*)) (*zeitlich*) *zusammenfallen*, Solange die Dozenten ihre Stundenpläne nicht aufeinander einstellten, haben ihre Vorlesungen miteinander. kollidiert. **3.** ■ *etwas kollidiert mit etwas Dat. nicht miteinander vereinbar sein* Unsere Ansichten/Auffassungen/Meinungen/ Überzeugungen kollidierten.

Kol·li·er, *a.* **Col·li·er** das [kɔ'li̯e:] <-s, -s> *wertvolles, um den Hals getragenes Schmuckstück, das sich aus mehreren mit Perlen oder Edelsteinen besetzten Einzelketten zusammensetzt*

Kol·li·si·on die <-, -en> *das Kollidieren*

Kol·li·si·ons·kurs der <-es> (*kein Plur.*) **1.** *ein Verhalten, mit dem jmd. Streit oder einen Konflikt mit einer anderen Person provoziert* Statt Kompromissbereitschaft zu zeigen, hatte er einen Kollisionskurs eingeschlagen. **2.** *die Bewegung von zwei Fahrzeugen, Schiffen oder Flugzeugen aufeinander zu, so dass sie zusammenstoßen müssen* Die beiden Flugzeuge waren so lange auf Kollisionskurs, bis sie im letzten Augenblick durch ein Ausweichmanöver den Zusammenstoß verhinderten.

Kol·lo·ka·ti·on die <-, -en> SPRACHWISS. *eine charakteristische, häufig auftretende Verbindung von Wörtern, zum Beispiel „bellen" und „Hund"*

Kol·lo·qui·um das <-s, Kolloquien> **1.** *eine Veranstaltungsart an Hochschulen* Der Professor hält im Sommersemester ein Kolloquium ab. **2.** *Treffen von Wissenschaftlern oder Politikern, um ein bestimmtes Thema zu diskutieren* **3.** *eine Prüfungsform an Hochschulen*

Köl·nisch·was·ser, *a.* **köl·nisch Was·ser** das <-> (*kein Plur.*) (≈ *Eau de Cologne*) *ein erfrischendes, leichtes Duftwasser*

Ko·lon das <-s, -s/Kola> **1.** (≈ *Doppelpunkt*) Das Trennungszeichen „:" wird als Kolon bezeichnet. **2.** MED. *Darm* **3.** *aus der antiken Rhetorik stammende Bezeichnung für eine rhythmische Spracheinheit, die auf einer Atempause beruht*

ko·lo·ni·al <nicht steig.> *Adj. die Kolonien betreffend oder kennzeichnend*

Ko·lo·ni·al·ge·biet das <-s, -e> *ein von einer fremden Macht abhängiges Gebiet oder Land*

Ko·lo·ni·al·herr·schaft die <-> (*kein Plur.*) *Herrschaft eines fremden Staates in einer Kolonie*[1]

ko·lo·ni·a·li·sie·ren <kolonialisierst, kolonialisierte, hat kolonialisiert> *mit OBJ* ■ *jmd. kolonialisiert etwas aus einem Gebiet eine Kolonie machen* Portugal kolonialisierte schon im 15.Jh. Gebiete in Afrika.

Ko·lo·ni·a·li·sie·rung die <-, -en> *das Kolonisieren*

Ko·lo·ni·a·lis·mus der <-> (*kein Plur.*) *die Politik eines Staates, die darauf abzielt, durch den Erwerb von Kolonien*[1] *neue Rohstoffquellen zu erschließen, Absatzmärkte und Siedlungsmöglichkeiten zu schaffen sowie die eigene Machtstellung abzusichern und auszubauen*

ko·lo·ni·a·lis·tisch <nicht steig.> *Adj. an der Ideologie des Kolonialismus orientiert*

Ko·lo·ni·al·krieg der <-s, -e> *ein Krieg, der durch eine Kolonialpolitik ausgelöst worden ist*

Ko·lo·ni·al·po·li·tik die <-> (*kein Plur.*) *Bezichnung für die wirtschaftlich-politische Expansionspolitik der europäischen Industriestaaten nach Übersee vor dem 1. Weltkrieg, der USA nach Süd- und Mittelamerika, der Sowjetunion nach Asien und Afrika*

Ko·lo·ni·al·stil der <-s, -e> *Baustil in Kolonialländern, der mit geringem zeitlichen Abstand der Stilentwicklung im Mutterland folgte*

Ko·lo·ni·al·wa·ren <-> (*Plur.*) (*veralt.*) *Lebens- und Genussmittel* (*die man früher aus einer Kolonie*[1] *einführte*)

Ko·lo·ni·al·wa·ren·ge·schäft das <-s, -e> (*veralt.*) *Geschäft, in dem Kolonialwaren verkauft werden*

Ko·lo·ni·al·zeit die <-> (*kein Plur.*) *die Phase der Abhängigkeit eines Gebietes oder Landes von einer Kolonialmacht*

Ko·lo·nie die <-, -n> **1.** *im entfernteren Ausland gelegenes Gebiet oder Land, das von einem technisch-ökonomisch höher entwickelten Staat beherrscht* (*und ausgebeutet*) *wird* Diese Länder waren einst britische/deutsche/ französische/spanische Kolonien. **2.** *eine Gruppe von Menschen gleicher Nationalität, die im Ausland an einem Ort lebt* die deutsche Kolonie in Paris **3.** *eine Siedlung* In Zukunftsromanen werden Kolonien auf dem Mars beschrieben. **4.** *eng zusammenlebende Tiere* Diese Vögel brüten in Kolonien. ◆ Vogel-

Ko·lo·ni·sa·ti·on die <-> (*kein Plur.*) **1.** *Gründung und Entwicklung von Kolonien*[1] **2.** *das Kolonisieren*[2]

ko·lo·ni·sie·ren <kolonisierst, kolonisierte, hat kolonisiert> *mit OBJ* ■ *jmd. kolonisiert etwas* **1.** *ein Land zu einer Kolonie machen* **2.** *ein Gebiet bewohnbar machen und wirtschaftlich erschließen*

Ko·lo·ni·sie·rung die <-, -en> *das Kolonisieren*

Ko·lo·nist, **Ko·lo·nis·tin** der <-en, -en> **1.** *europäischer Siedler in einer Kolonie*[1] **2.** *jmd., der in einer Kolonie*[3] *lebt*

Ko·lon·na·de die <-, -n> BAUW. *Säulengang mit einer flachen, geraden Decke*

Ko·lon·ne die <-, -n> *eine Reihe von hintereinander fahrenden Fahrzeugen;* FAHRZEUG-

Ko·lon·nen·sprin·ger, **Ko·lon·nen·sprin·ge·rin** der <-s, -> (*umg.*) *Autofahrer, der in einer Kolonne fährt und ständig andere Autos* (*auf riskante Weise*) *überholt*

Ko·lo·pho·ni·um das <-s> (*kein Plur.*) *nach der altgriechischen Stadt Kolofon benanntes Harzprodukt, das in der Lackindustrie und für die Bespannung von Bögen für Streichinstrumente* (*Geige, Cello …*) *verwendet wird , um den Bogenstrich zu verbessern*

Ko·lo·ra·tur die <-, -en> MUS. *Bezeichnung für eine längere schnelle Passage einer Arie* (*mit Läufen, Akkordbrechungen, Trillern und Sprüngen*)

ko·lo·rie·ren *mit OBJ* ■ *jmd. koloriert etwas farbig machen* Der Künstler koloriert eine Federzeichnung/ Grafik/Radierung/Zeichnung.

Ko·lo·rit das <-(e)s, -e> **1.** *die eigentümliche Atmosphäre oder besondere Stimmung, die für einen Ort kennzeichnend ist* Er hat in seinem Roman das Kolorit dieser Stadt sehr gut beschrieben. ◆ Lokal- **2.** MUS. (*durch Instrumentation und Harmonik bedingte*) *Klangfarbe* **3.** KUNST *Farbgebung*

Ko·loss der <-es, -e> **1.** *ein Gegenstand von riesigem Ausmaß* **2.** (*umg. scherzh.* ≈ *Riese*) *großer, schwergewichtiger Mensch*

ko·los·sal *Adj.* **1.** *riesig, gewaltig, beeindruckend* eine kolossale Brücke/Konstruktion, Ein Braunkohlenbagger ist eine kolossale Maschine. **2.** *sehr groß* Er hat eine kolossale Dummheit begangen., ein kolossaler Fehler **3.** (*umg.* ≈ *sehr*) Sie war kolossal enttäuscht., Der Vortrag hat mich kolossal beeindruckt.

Ko·los·se·um das <-s> (*kein Plur.*) *ein für ca. 50 000 Besucher angelegtes Amphitheater in Rom, das aus dem ersten Jahrhundert nach Chr. stammt* (*benannt nach der daneben ursprünglich aufgestellten Kolossalstatue des Kaisers Nero*)

Ko·los·trum das <-s> (*kein Plur.*) *Sekret der weiblichen Brustdrüsen* (*vor und nach der Geburt*)

Kol·por·ta·ge die [kɔlpɔr'taːʒə] <-, -n> **1.** (*abwert.*) *schlecht geschriebener Bericht, der auf* (*billige*) *Effekte abzielt* **2.** (*kein Plur.*) *Verbreitung von Gerüchten*

Kol·por·ta·ge·ro·man der <-s, -e> (*abwert.*) *literarisch wertloser Roman* (*meist in Fortsetzungen*)

Kol·por·teur der [...tøːɐ̯] <-s, -e> *jmd., der Gerüchte verbreitet*

Ko·lum·bi·a·ner, **Ko·lum·bi·a·ne·rin** der <-s, -> *jmd., der die kolumbianische Staatsbürgerschaft hat*

ko·lum·bi·a·nisch <nicht steig.> *Adj. zu Kolumbien gehörend, daher stammend*

Ko·lum·bi·en <-s> *Staat in Südamerika*

Ko·lum·bi·er, **Ko·lum·bi·e·rin** der <-s, -> *s.* **Kolumbianer**

Ko·lum·ne die <-, -n> **1.** *allgemein: eine senkrechte Reihe von Zahlen* (*in einer Tabelle*) **2.** (DRUCKW.: *Druckspalte*) *Bezeichnung für einen in einer bestimmten Breite gesetzten Schriftsatz* **3.** *regelmäßig erscheinender Meinungsbeitrag eines Journalisten in einer Zeitung oder Zeitschrift*

Ko·lum·nist, **Ko·lum·nis·tin** der <-en, -en> (*bekannter*) *Verfasser von Kolumnen*[3]

Ko·ma das <-s, -s/-ta> MED. *lang anhaltender Zustand der Bewusstlosigkeit* Nach dem schweren Unfall lag er wochenlang im Koma.

Kom·bi·na·ti·on die <-, -en> **1.** *eine Verknüpfung von Fakten, Wissen und Beobachtungen* (*die zu einer bestimmten Schlussfolgerung führt*) Dank scharfsinniger Kombinationen des Kommissars konnte der Fall schnell gelöst werden. **2.** *Verbindung oder Zusammenstellung verschiedener Dinge zu einer Einheit* Bei diesem Bild gefiel mir vor allem die Kombination der Farben. **3.** *farblich aufeinander abgestimmte und zusammen zu tragende Kleidungsstücke* Er trug eine Kombination aus Sakko und Hose. **4.** *eine feste Zahlenfolge, die man zum Öffnen eines Schlosses eingeben muss* Ich habe die Kombination des Safes vergessen. **5.** SPORT *eine Folge von Spielzügen* Dem Tor ging eine wunderschöne Kombination voraus.

Kom·bi·na·ti·ons·ga·be die <-, -n> *Fähigkeit zur Kombination*[1]

Kom·bi·na·ti·ons·the·ra·pie die <-, -n> MED. *medikamentöse Behandlung einer Erkrankung mit mindestens zwei verschiedenen Medikamenten*

Kom·bi·na·to·rik die <-> (*kein Plur.*) *Bezeichnung für den Zweig der Mathematik, in dem untersucht wird, auf welche und auf wie viel verschiedene Arten gewisse Mengen von Dingen angeordnet und zusammengefasst werden können*

kom·bi·nie·ren <kombinierst, kombinierte, hat kombiniert> **I.** *mit OBJ* ■ *jmd. kombiniert etwas* **1.** *Schlussfolgerungen ziehen* Sie kombinierte sofort, dass ... **2.** *verschiedene Dinge in passender, zweckmäßiger Weise verbinden* Er kombiniert stets verschiedene Sakkos und Hosen. **II.** *ohne OBJ* ■ *jmd. kombiniert Zusammenhänge gedanklich finden* Der Kommissar hatte also doch richtig kombiniert.

Kom·bi·wa·gen der <-s, -> *eine Kombination aus Personen- und Lieferwagen*

Kom·bü·se die <-, -n> SEEW. *Schiffsküche*

Ko·met der <-en, -en> ASTRON. *ein Himmelskörper, der aus Kern, Nebelhülle und Schweif besteht*

ko·me·ten·haft <nicht steig.> *Adj. sehr schnell* Der Musiker hat einen kometenhaften Aufstieg hinter sich.

Ko·me·ten·schweif der <-(e)s, -e> *der Lichtkegel, den ein Komet hinter sich herzieht*

Kom·fort der [kɔm'foːɐ̯] <-s> (*kein Plur.*) *Annehmlichkeit, Luxus, Bequemlichkeit* Das Auto bietet Ihnen jeglichen Komfort.

kom·for·ta·bel <komfortabler, am komfortabelsten> *Adj. mit viel Komfort, bequem*

Ko·mik die <-> (*kein Plur.*) *das, was einer Situation, einem Witz o.Ä. eine lustige Wirkung verleiht* ■ **unfreiwillige Komik**: *die komische Wirkung, die von einer Person oder ihrem Handeln ausgeht, ohne dass sie es merkt oder beabsichtigt*

Ko·mi·ker, **Ko·mi·ke·rin** der <-s, -> *ein Künstler, der in Sketchen und mit Witzen sein Publikum zum Lachen bringt*

ko·misch *Adj.* **1.** (↔ *ernst, truarig*) *so witzig, dass man darüber lachen muss* Besonders komisch ist die Szene, in der ... **2.** (*umg.*) *seltsam, merkwürdig* Er ist ein komischer Kauz/Typ., Ich habe das komische Gefühl, dass ...

ko·mi·scher·wei·se *Adv. aus unverständlichen Gründen* Sie will komischerweise nicht ins Kino mitgehen.

Ko·mi·tee das <-s, -s> *ein Ausschuss, der mit einer bestimmten Aufgabe betraut ist* Sie ist Vorsitzende des Komitees „Neue Verkehrskonzepte für die Innenstadt".

Kom·ma das <-s, -s/-ta> *ein Interpunktionszeichen, das wie ein tiefgestellter, senkrechter kleiner Strich aussieht; das Komma verdeutlicht die* *grammatische Gliederung des Satzes, indem es Haupt- und Nebensatz trennt, Einschübe verdeutlicht und Aufzählungen gliedert*

Kom·ma·feh·ler der <-s, -> *Fehler beim Setzen von Kommata*

Kom·man·dant, **Kom·man·dan·tin** der <-en, -en> MILIT. *Befehlshaber*

Kom·man·dan·tur die <-, -en> MILIT. *Sitz des Kommandanten*

Kom·man·deur, **Kom·man·deu·rin** der [...døːɐ̯] <-s, -e> MILIT. *Befehlshaber einer großen Truppe*

kom·man·die·ren <kommandierst, kommandierte, hat kommandiert> **I.** *mit OBJ* **1.** ■ *jmd. kommandiert jmdn./etwas jmd. hat das Kommando über jmdn. oder etwas* Wer kommandiert die Flotte? **2.** ■ *jmd. kommandiert jmdn./etwas irgendwohin den Befehl geben, einen bestimmten Ort aufzusuchen* Er wurde zum Chef/zum Arbeiten in eine andere Stadt kommandiert. **II.** *ohne OBJ* ■ *jmd. kommandiert* **1.** *als Verantwortlicher eine Truppe oder Einheit leiten* Er kommandiert streng. **2.** *befehlen* „Stillgestanden!", kommandierte er.

Kom·man·dit·ge·sell·schaft die <-, -en> WIRTSCH. *eine Form der Handelsgesellschaft*

Kom·man·do das <-s, -s> **1.** *Befehl* Alles hört auf mein Kommando!, Wie auf Kommando fingen alle Hunde an zu bellen. **2.** (*kein Plur.*) *Befehlsgewalt* Die Revolutionäre rissen das Kommando an sich. **3.** MILIT. *Abteilung* Wer gehört diesem Kommando an?

Kom·man·do·brü·cke die <-, -n> *der höher liegende Raum eines Schiffes, in dem sich die Steuer- und Navigationseinrichtungen befinden*

Kom·man·do·zen·tra·le die <-, -n> *zentrale Befehlsstelle beim Militär oder bei der Polizei*

kom·men <kommst, kam, ist gekommen> **I.** *ohne OBJ* **1.** ■ *jmd./etwas kommt eintreffen* Der nächste Bus kommt in zehn Minuten., Sie kommt in der Regel pünktlich. **2.** ■ *jmd./etwas kommt irgendwohin sich auf ein Ziel hin bewegen und dorthin gelangen* Wir kamen erst spät nach Hause., Wie kommt man von hier zum Bahnhof? **3.** ■ *jmd./etwas kommt irgendwoher irgendwoher eintreffen* Sie kommt gerade aus New York. **4.** ■ *jmd. kommt durch etwas Akk. durch etwas fahren oder gehen* Wir kamen durch ein wundervolles Tal. **5.** ■ *jmd. kommt zu etwas Dat. an etwas teilnehmen* Kommst du zu der Besprechung/auf die Party? **6.** ■ *jmd. kommt zu jmdm. besuchen* Nächste Woche wird ein Vertreter zu Ihnen kommen. **7.** ■ *etwas kommt gebracht werden* Ist Post gekommen? **8.** ■ *jmd. lässt jmdn./etwas kommen veranlassen, dass jmd. kommt[1] oder etwas gebracht wird* Ich ließ einen Arzt/eine Pizza kommen. **9.** ■ *etwas kommt jmdm. irgendwie sich als Geschehen irgendwie darstellen* Dein Besuch kommt mir momentan nicht gelegen. **10.** ■ *etwas kommt in Erscheinung treten* Die ersten Blüten kommen schon. **11.** ■ *jmd. kommt in etwas Akk./zu etwas Dat. irgendwo aufgenommen oder eingestellt werden* Wann kommst du in die Schule/in die Lehre?, Er kommt zur Bundeswehr. **12.** ■ *etwas kommt in etwas Akk. ordnungsgemäß aufgeräumt werden* Die CD kommt ins Regal. **13.** ■ *jmd./etwas kommt in etwas Akk. in einen Zustand oder in eine Lage geraten* Wir kamen in eine brenzlige Situation. **14.** ■ *jmd. kommt in etwas Akk. in eine Stimmung geraten* Daraufhin kam sie erst recht in Rage/Wut. **15.** ■ *etwas kommt über jmdn. von einem (negativen) Gefühl ergriffen werden* Ein Gefühl der Enttäuschung/Hilflosigkeit kam über sie. **16.** ■ *jmd. kommt zu etwas Akk. Zeit, Gelegenheit für etwas finden* Eigentlich wollte ich meine Werkstatt aufräumen, aber momentan komme ich zu nichts. **17.** ■ *etwas kommt irgendwie sich ereignen* Das Hochwasser kam unaufhaltsam. **18.** ■ *jmd. kommt zu etwas Akk. (wieder)erlangen* Sie kam zu Geld/zu Ruhm., Sie kamen an die Macht. **19.** ■ *jmd. kommt um etwas Akk. verlieren, einbüßen* Er kam damals um sein gesamtes Vermögen. **20.** ■ *jmd. kommt hinter etwas Akk. etwas erfahren* Sie kam hinter sein Geheimnis. **21.** ■ *etwas kommt irgendwann an der Reihe sein, folgen* Wenn Sie den Rundgang im Museum machen, kommen erst die Gemälde und dann die Skulpturen. **22.** ■ *jmd. kommt irgendwoher stammen* Sie kommt aus Berlin. **23.** ■ *etwas kommt von etwas Dat. seinen Ursprung, Grund in etwas haben* Woher kommt das viele Geld?, Dass ich so müde bin, kommt daher, dass ... **24.** ■ *jmd. kommt zu etwas Dat. zu etwas gelangen* Ich bin zu dem Entschluss/zu der Erkenntnis gekommen, dass ..., Wir kamen ihr zu Hilfe., Dieses Thema kam nicht zur Sprache. **25.** *eine Verteilung bezeichnend* ■ *jmd./etwas kommt auf jmdn./etwas* Auf 30 Schüler kommt ein Lehrer. **26.** ■ *jmd. kommt auf etwas Akk. einen Einfall haben* Wie bist du denn darauf gekommen?, Wie sind sie gerade auf Ihren Vater gekommen? **27.** (*umg.*) *zum Orgasmus kommen* **28.** ■ *etwas kommt irgendwie/auf etwas Akk. kosten* Die Renovierung kommt mich teuer., Der Unfall kam ziemlich teuer., Zwei Fahrradschläuche wechseln – Das kommt auf zwanzig Euro! **29.** ■ *eine Idee/ein Einfall ... kommt jmdm. jmd. hat eine Idee, einen Einfall ...* Da kommt mir die Idee, wir könnten doch ... **30.** ■ *jmd. kommt jmdm. irgendwie (umg.) jmd. legt jmdm. gegenüber ein bestimmtes (negatives) Verhalten an den Tag* Erst hat er durch seinen Fehler die Sache vermurkst, dann ist er mir auch noch blöd/dumm/frech/pampig/unverschämt gekommen. **II.** *mit ES* ■ *es kommt zu etwas Akk. eintreten, geschehen* Nach dem Spiel kam es zu Ausschreitungen., Wie konnte es dazu kommen? ■ **auf jemanden nichts kommen lassen** (*umg.*): *nicht dulden, dass Schlechtes über jmdn. gesagt wird* **im Kommen sein** (*umg.*): *(wieder) modern werden* **wieder zu sich kommen** (*umg.*): *(nach einer Ohnmacht) wieder das Bewusstsein erlangen* **komm schon!**: *beeile dich, mach' schnell!* **So weit kommts's noch!** (*umg.*): *so weit darf es auf keinen Fall kommen* **Das kommt davon!**: *da sieht man das negative Ergeb-*

nis oder die negative Folge **Wer zuerst kommt, mahlt zuerst!** (*Sprichwort*): *wer zuerst (an)kommt, kommt zuerst an die Reihe oder kann sich das Beste auswählen*

kom·men·su·ra·bel <nicht steig.> *Adv.* (*geh.* ↔ *inkommensurabel*) *vergleichbar; mit gleichem Maß messbar* Wachstumsraten in der Wirtschaft und in der Natur sind nur eingeschränkt kommensurabel.

Kom·men·tar der <-s, -e> **1.** *zusätzliche, einem Text nachgestellte oder gesondert veröffentlichte wissenschaftliche Erläuterungen und kritische Anmerkungen zu einem Gesetzeswerk oder einem literarischen Werk* **2.** *kritische Stellungnahme zu einem aktuellen Thema (in Rundfunk, Fernsehen, Presse)* **3.** *mündliche Beschreibung eines (Sport-)Ereignisses* **4.** (*oft abwert.*) *persönliche Anmerkung oder Stellungnahme* Sie muss zu allem ihren Kommentar abgeben.

kom·men·tar·los <nicht steig.> *Adj. ohne Stellungnahme*

Kom·men·ta·tor, **Kom·men·ta·to·rin** der <-s, -en> *jmd., der etwas kommentiert*

kom·men·tie·ren <kommentierst, kommentierte, hat kommentiert> **I.** *mit OBJ* ■ *jmd. kommentiert etwas* **1.** *eine persönliche Meinung zu etwas äußern* Sie muss alles kommentieren. **2.** *einen Kommentar zu etwas schreiben oder sprechen* Herr Maier kommentierte den Roman/das aktuelle Tagesgeschehen/das Fußballspiel. **II.** *ohne OBJ* ■ *jmd. kommentiert einen Kommentar schreiben oder sprechen* Wer kommentierte?

Kom·merz der <-es> (*kein Plur.*) **1.** *Wirtschaft, Handel, Geschäftsverkehr* **2.** (*abwert.*) *Profit(-streben)*

kom·mer·zi·a·li·sie·ren <kommerzialisierst, kommerzialisierte, hat kommerzialisiert> *mit OBJ* ■ *jmd. kommerzialisiert etwas* **1.** *so gestalten, dass es geschäftlichen Interessen untergeordnet wird und wirtschaftlichen Gewinn bringt* Mit dem Eintritt in das Werbeunternehmen hat er seinen Umgang mit Kunst kommerzialisiert. **2.** *öffentliche Schulden in privatwirtschaftliche umwandeln*

kom·mer·zi·ell *Adj.* **1.** (≈ *geschäftlich*) *den Handel betreffend* Er will seine Erfindung kommerziell nutzen. **2.** (*abwert.*) (*nur*) *auf Gewinn, Profit bedacht* Sie denkt nur noch kommerziell.

Kom·mi·li·to·ne, **Kom·mi·li·to·nin** der <-n, -n> (≈ *Studienkollege*)

Kom·miss der <-es> (*kein Plur.*) (*umg.*) *Militärdienst*

Kom·mis·sär der <-s, -e> (*österr.*) *Kommissar*

Kom·mis·sar, *a.* **Kom·mis·sär**, **Kom·mis·sa·rin** der <-s, -e> **1.** (*kein Plur.*) *Dienstgrad bei der Polizei* ◆ Kriminal- **2.** *jmd., der diesen Dienstgrad trägt* **3.** *Bevollmächtigter (des Staates)* ◆ EU-

Kom·mis·sa·ri·at das <-(e)s, -e> **1.** *Büro eines Kommissars[1]* **2.** (*süddt. österr.*) *Polizeirevier*

kom·mis·sa·risch *Adj. vorläufig, in Vertretung* Er ist kommissarischer Leiter der Dienststelle.

Kom·mis·si·on die <-, -en> **1.** *ein Ausschuss, der eine bestimmte Aufgabe hat* Eine Kommission soll die Ursache des Flugzeugabsturzes untersuchen. **2.** (*veralt.*) *Bestellung von Ware* ■ **etwas in Kommission nehmen** WIRTSCH.: *etwas annehmen, damit es für den Besitzer verkauft werden kann* Um meinen alten Plattenspieler zu verkaufen, gab ich ihn in einem Fachgeschäft in Kommission.

Kom·mis·si·o·när, **Kom·mis·si·o·nä·rin** der <-s, -e> WIRTSCH. *Kaufmann, der Waren in eigenem Namen auf fremde Rechnungen kauft und verkauft*

Kom·mis·si·ons·buch·han·del der <-s> (*kein Plur.*) *Gewerbezweig, der im Auftrag und auf Rechnung der Verleger den Geschäftsverkehr zwischen Verlag und Sortimentsbuchhandel vermittelt*

Kom·mis·si·ons·wa·re die <-, -n> *Ware, die in Kommission gegeben bzw. genommen wird*

kom·mod *Adj.* (*süddt. österr.*) *bequem*

Kom·mo·de die <-, -n> *ein Möbelstück mit mehreren Schubladen*

Kom·mo·do·re der <-s, -n> **1.** *Bezeichnung für einen Kapitän zur See in Admiralsstellung* **2.** *Ehrentitel für verdiente Kapitäne der Handelsmarine* **3.** *Dienststellungsbezeichnung eines Führers eines Luftwaffengeschwaders*

kom·mu·nal <nicht steig.> *Adj.* POL. *die Kommune[1], die Gemeinde betreffend*

Kom·mu·nal·be·am·te, *a.* **Kom·mu·nal·be·am·ter**, **Kom·mu·nal·be·am·tin** der <-n, -n> *Beamter in einer Kommunalbehörde*

Kom·mu·nal·be·hör·de die <-, -n> *Dienststelle einer Kommune[1]*

kom·mu·na·li·sie·ren <kommunalisierst, kommunalisierte, hat kommunalisiert> *mit OBJ* ■ *jmd. kommunalisiert etwas jmd. unterstellt etwas der Gemeindeverwaltung* Die Verlegung von Fernmeldekabeln wurde letztes Jahr kommunalisiert.

Kom·mu·nal·po·li·tik die <-> (*kein Plur.*) *die Belange einer Kommune[1] betreffende Politik*

Kom·mu·nal·wahl die <-, -en> *Wahl, die über die Besetzung kommunaler Ämter entscheidet*

Kom·mu·nar·de der <-n, -n> **1.** *Anhänger der Pariser Kommune* **2.** *Mitglied einer kommunistisch-sozialistisch orientierten Wohngemeinschaft (Kommune)*

Kom·mu·ne die <-, -n> **1.** POL. *Gemeinde, Ortschaft als unterste Verwaltungseinheit* **2.** *eine Wohngemeinschaft, deren Mitglieder bürgerliche Vorstellungen, insbesondere in Bezug auf Eigentum und Moral, ablehnen*

Kom·mu·ni·kant, **Kom·mu·ni·kan·tin** der <-en, -en> REL. (*in der katholischen Kirche*) *jmd., der zum ersten Mal zur Kommunion geht* ◆ Erst-

Kom·mu·ni·ka·ti·on die <-> (*kein Plur.*) **1.** *die Verständigung zwischen Menschen mithilfe von Sprache oder Zeichen* die verschiedenen Möglichkeiten der zwischenmenschlichen Kommunikation, Die Möglichkeiten der Kommunikation über das Internet werden zunehmend genutzt. **2.** TECHN. *der Austausch von Informationen zwischen Geräten* Die Kommunikation zwischen den Geräten erfolgt über Busleitungen.

Kom·mu·ni·ka·ti·ons·mit·tel das <-s, -> *ein*

(technisches) Hilfsmittel, das der Kommunikation dient

Kom·mu·ni·ka·ti·ons·sys·tem das <-s, -e> **1.** *ein gegebenes, natürliches System von Zeichen, das der Verständigung dient* Auch die Wale haben ein Kommunikationssystem aus Lauten, die mit Unterwassermikrophonen aufgenommen worden sind., Die Sprache ist das wichtigste Kommunikationssystem des Menschen. **2.** *ein System von Geräten, mit dessen Hilfe man sich verständigen kann (zum Beispiel das Telefon, das Internet)*

Kom·mu·ni·ka·ti·ons·wis·sen·schaft die <-> *(kein Plur.) die Wissenschaft von den Bedingungen, der Struktur und dem Verlauf von Informationsaustausch auf der Basis von Sprache (und anderen Zeichensystemen)*

Kom·mu·ni·ka·ti·ons·zen·t·rum das <-s, Kommunikationszentren> *zentral gelegenes Gebäude für Begegnungen von einzelnen Menschen und Gruppen*

kom·mu·ni·ka·tiv <nicht steig.> *Adj.* **1.** *die Kommunikation betreffend* **2.** *so, dass ein Mensch gern mit anderen Menschen spricht* Sie ist heute nicht besonders kommunikativ.

Kom·mu·ni·kee das <-s, -s> *s.* **Kommuniqué**

Kom·mu·ni·on die <-, -en> REL. **1.** *das Empfangen der nach der Wandlung geheiligten Hostie im katholischen Gottesdienst* **2.** *Erstkommunion*

Kom·mu·ni·on·kleid das <-(e)s, -er> *besonders festliches (meist weißes) Kleid, das nur zur Kommunion[2] getragen wird*

Kom·mu·ni·on·un·ter·richt der <-s> *(kein Plur.)* REL. *(in der katholischen Kirche) der Unterricht, der Kindern vor der Erstkommunion erteilt wird*

Kom·mu·ni·qué, *a.* **Kom·mu·ni·kee** das [kɔmyni'ke:] <-s, -s> **1.** *amtliche Mitteilung, Bekanntmachung* **2.** *eine amtliche Denkschrift*

Kom·mu·nis·mus der <-> *(kein Plur.)* POL. **1.** *die Vorstellung von einer zukünftigen, dem Sozialismus folgenden Gesellschaft, in der das Privateigentum abgeschafft, die Produktionsmittel in Gemeineigentum überführt, der Konsum auf der Grundlage gemeinschaftlicher Lebensführung und allgemeiner Gütergemeinschaft geregelt und die materiellen und kulturellen Bedürfnisse aller Menschen gleichmäßig befriedigt werden* **2.** *(↔ Kapitalismus) die politische Lehre (Ideologie), die auf die Schaffung von im Kommunismus[1] beschriebenen Gesellschaftsordnungen hinzielt*

Kom·mu·nist, **Kom·mu·nis·tin** der <-en, -en> *Anhänger des Kommunismus*

kom·mu·nis·tisch <nicht steig.> *Adj. auf dem Kommunismus beruhend, ihn vertretend, zu ihm gehörig*

kom·mu·ni·zie·ren <kommunizierst, kommunizierte, hat kommuniziert> *ohne OBJ* **1.** ■ *jmd. kommuniziert (mit jmdm.) (geh.) Gedanken, Gefühle, Informationen austauschen; sich verständigen* Menschen verschiedenster Muttersprachen kommunizieren heute auf Englisch. **2.** ■ *etwas kommuniziert (mit etwas Dat.)* TECHN. *(von elektronischen Geräten) miteinander verbunden sein und einander Daten übermitteln* Zur Bedienung der Anlage genügt eine einzige Fernbedienung, da alle Komponenten über eine Systemleitung kommunizieren. **3.** ■ *jmd. kommuniziert* REL. *zur Kommunion gehen*

Kom·mu·ta·ti·on die <-, -en> *(fachspr.)* **1.** *das Kommutieren* **2.** *die Möglichkeit der Vertauschung*

kom·mu·tie·ren <kommutierst, kommutierte, hat kommutiert> *mit OBJ* ■ *jmd. kommutiert etwas etwas umstellen* In dem mathematischen Ausdruck für die Multiplikation „a x b" kann man a und b kommutieren, ohne dass das Resultat davon berührt wird.

Ko·mö·di·ant, **Ko·mö·di·an·tin** der <-en, -en> **1.** THEAT. *Schauspieler, der in einer Komödie mitspielt* **2.** *ein lustiger Mensch* **3.** *(umg.) Heuchler*

ko·mö·di·an·tisch <nicht steig.> *Adj. in der Art eines Komödianten[1]*

Ko·mö·di·e die <-, -n> **1.** *(kein Plur.) (↔ Tragödie) eine dramatische Gattung, in der (auf heiter-lustige Art) menschliche Schwächen beleuchtet und Probleme einer guten Lösung zugeführt werden* **2.** *(≈ Lustspiel) ein Bühnenstück oder ein Film mit heiter-komischem Inhalt* **3.** *kleines Theater* ■ **Komödie spielen** *(umg.): etwas vortäuschen, jmdm. etwas vormachen*

Ko·mo·ren die <-> *Plur. Staat und Inselgruppe im Indischen Ozean vor der Ostküste Afrikas mit der Hauptstadt Moroni*

Ko·mo·rer, **Ko·mo·rin** der <-s, -> *jmd., der die komorische Staatsangehörigkeit hat*

ko·mo·risch *Adj. zur Kultur und dem Staate der Komoren gehörig*

Kom·pa·g·non der [kɔmpan'jõ:, 'kɔmpanjõ] <-s, -s> WIRTSCH. *Teilhaber einer Firma, eines Geschäfts*

kom·pakt *Adj.* **1.** *fest gefügt* Das alte Haus verfügt über ein äußerst kompaktes Mauerwerk. **2.** *so, dass etwas, besonders ein Gerät, alle Leistungsmerkmale seiner Klasse erfüllt, aber in der physischen Ausdehnung kleiner ist als vergleichbare Objekte* Das neue Modell ist noch kompakter als sein Vorgänger, bietet aber mehr Funktionen.

Kom·pakt·an·la·ge die <-, -n> *kompakte[2] Stereoanlage mit allen Bestandteilen (Receiver, Kassettendeck, CD-Spieler, Lautsprecher)*

Kom·pakt·ka·me·ra die <-, -s> *kompakte[2] Kamera*

Kom·pakt·ski der <-s, -er> *relativ kurzer Ski, der sich gut für Anfänger eignet*

Kom·pa·nie die <-, -n> **1.** MILIT. *eine Truppeneinheit (von 100 - 250 Soldaten)* **2.** *(veralt.) Handelsgesellschaft*

Kom·pa·nie·chef, **Kom·pa·nie·che·fin** der <-s, -s> MILIT. *ein Hauptmann oder Major, der eine Kompanie[1] leitet*

Kom·pa·nie·füh·rer der <-s, -> *(≈ Kompaniechef)*

Kom·pa·ra·ti·on die <-, -en> SPRACHWISS. *Steigerung des Adjektivs*

Kom·pa·ra·tiv der <-s, -e> SPRACHWISS. *erste Stei-*

gerungsform des Adjektivs „Älter“ ist der Komparativ von „alt“.

Kom·par·se, **Kom·par·sin** der <-n, -n> (FILM THEAT.: ≈ *Statist*) *jmd., der (in Massenszenen) in einer Nebenrolle auftritt*

Kom·pass der <-es, -e> *ein Gerät zur Bestimmung der Himmelsrichtung*

Kom·pass·na·del die <-, -n> *die sich nach Norden ausrichtende Nadel eines Kompasses*

kom·pa·ti·bel <nicht steig.> *Adj.* **1.** *so, dass etwas mit etwas anderem verträglich oder vereinbar ist* Diese Medikamente sind nicht kompatibel., Eine solche Einstellung ist mit dem Leben eines Berufssportlers nicht kompatibel. **2.** EDV *so, dass die Hard- und Software technisch harmonieren und miteinander betrieben werden können* Dieser Drucker ist kompatibel mit allen gängigen PCs.

Kom·pa·ti·bi·li·tät die <-> (*kein Plur.*) *die Eigenschaft, dass etwas kompatibel ist*

Kom·pen·di·um das <-s, Kompendien> (*geh.*) *ein kurz gefasstes Lehrbuch*

Kom·pen·sa·ti·on die <-, -en> **1.** (*kein Plur.*) *das Kompensieren*[1] **2.** WIRTSCH. *Ausgleich von etwas durch finanzielle Entschädigung*

Kom·pen·sa·ti·ons·ge·schäft das <-s, -e> **1.** BANKW. *der Ausgleich von Kauf- und Verkaufsaufträgen von Wertpapieren* **2.** (GESCH.: *im Osthandel*) *ein Vertrag über den Bezug von Produkten als Ausgleich für Lieferungen aus dem Westen*

Kom·pen·sa·tor der <-s, -en> **1.** ELEKTROTECHN. *Messeinrichtung zur Bestimmung einer unbekannten Stromspannung durch eine bekannte* **2.** *ein gebogenes Rohrstück, das in eine Leitung eingebaut wird, um den durch Temperaturschwankungen wirksamen Längenunterschied der Leitung auszugleichen*

kom·pen·sie·ren <kompensierst, kompensierte, hat kompensiert> *mit OBJ* **1.** ■ *jmd. kompensiert etwas mit etwas Dat.* (*geh.*) *ausgleichen* Der junge Mann kompensiert seine Unsicherheit mit einem betont forschen Auftreten., Er kompensierte seine Angst, indem er fortwährend mit anderen sprach. **2.** ■ *jmd. kompensiert etwas* WIRTSCH. *gegeneinander aufrechnen*

kom·pe·tent *Adj.* **1.** (↔ *inkompetent*) *so, dass jmd. über viel Sachverstand verfügt* eine kompetente Mitarbeiterin **2.** *zuständig, befugt* Er war nicht kompetent, derartige Weisungen zu geben und solche Entscheidungen zu treffen.

Kom·pe·tenz die <-, -en> **1.** *Sachverstand, Fähigkeiten* Schon am ersten Arbeitstag konnte der neue Mitarbeiter seine Kompetenz unter Beweis stellen. ◆ Sach- **2.** *Zuständigkeitsbereich* Sie hat ihre Kompetenzen eindeutig überschritten. ◆ -bereich, -überschreitung

Kom·pe·tenz·be·reich der <-(e)s, -e> (≈ *Zuständigkeitsbereich*)

Kom·pe·tenz·strei·tig·keit die <-, -en> (*meist Plur.*) *Streit um die Kompetenz*[2], *um die Zuordnung bestimmter Aufgabenbereiche*

Kom·pe·tenz·ü·ber·schrei·tung die <-, -en> *Überschreitung der Kompetenz*[2]

Kom·pi·la·ti·on die <-, -en> **1.** *Zusammenstellung von Textausschnitten aus anderen Schriften* **2.** (*abwert.*) *Bezeichnung für Schriften, in denen ältere Quellen nur oberflächlich aneinandergereiht sind*

kom·pi·lie·ren <kompilierst, kompilierte, hat kompiliert> *mit OBJ* ■ *jmd. kompiliert etwas* (*geh.*) *etwas Neues aus Vorhandenem zusammenstellen* (*ohne selbst inhaltlich dazu beizutragen*)

Kom·ple·ment das <-(e)s, -e> (*geh.*) *Ergänzung zu einem Ganzen* Das Komplement des Männlichen ist das Weibliche und umgekehrt.

kom·ple·men·tär <nicht steig.> *Adj. ergänzend*

Kom·ple·men·tär·win·kel, *a.* **Kom·ple·ment·win·kel** der <-s, -> MATH. *Winkel, der einen gegebenen Winkel zu 90° ergänzt*

Kom·plet die <-, -e> *Schlussgebet des Stundengebets in der katholischen Kirche*

kom·plett <nicht steig.> *Adj.* **1.** (≈ *vollständig*) Mir fehlen noch zwei Briefmarken, dann ist meine Sammlung komplett., Ich habe mir eine komplette Schlafzimmereinrichtung gekauft. **2.** (*umg.* ≈ *vollzählig*) Sind wir komplett? **3.** (*umg.*) *völlig* Bist du jetzt komplett verrückt geworden?

kom·plet·tie·ren <komplettierst, komplettierte, hat komplettiert> *mit OBJ* ■ *jmd. komplettiert etwas* (*geh.*) *vervollständigen, ergänzen* Er hat seine Münzsammlung komplettiert.

Kom·plett·lö·sung die <-, -en> *ein Waren- oder Dienstleistungsangebot, das aus der Hand eines Anbieters erhältlich ist und nahezu alle Bedürfnisse des Kunden im Zusammenhang mit einer bestimmten Sache befriedigt* Natürlich können Sie auch einen Verstärker, Lautsprecher und CD-Spieler kaufen, wir bieten aber auch Kompaktanlagen als Komplettlösung.

Kom·plex der <-es, -e> **1.** *mehrere eng zusammenhängende Dinge* Wir werden diesen Komplex von Fragen und Problemen in der nächsten Stunde besprechen. ◆ Fragen-, Problem-, Themen- **2.** *eine zusammenhängende Gruppe von Gebäuden* Der Komplex dort hinten gehört zur juristischen Fakultät. ◆ Gebäude- **3.** PSYCH. *ins Unterbewusstsein verdrängte Vorstellungen oder nicht verarbeitete Erlebnisse, die zu dauernder Beunruhigung führen* Ein Mensch hat/bekommt Komplexe wegen ...

kom·plex *Adj.* (*geh.*) *kompliziert, vielschichtig, nicht einfach* Das ist eine sehr komplexe Thematik.

Kom·ple·xi·tät die <-> (*kein Plur.*) (*geh.*) *Vielschichtigkeit*

Kom·pli·ce der *s.* **Komplize**

Kom·pli·ka·ti·on die <-, -en> (*meist Plur.*) (*zusätzliches*) *Problem, Schwierigkeit* Bei der Operation kam es zu keinerlei Komplikationen.

Kom·pli·ment das <-(e)s, -e> *eine lobende, schmeichelnde Äußerung, mit der man einen Menschen erfreuen will* Er machte ihr ein Kompliment über ihre neue Frisur.

kom·pli·men·tie·ren <komplimentierst, komplimentierte, hat komplimentiert> *mit OBJ* ■ *jmd.*

komplimentiert jmdn. irgendwohin jmd. geleitet jmdn. mit höflichen Bemerkungen und Gesten irgendwohin Sie komplimentierte ihn freundlich zur Haustür. ◆ heraus-

Kom·pli·ze, *a.* **Kom·pli·ce**, **Kom·pli·zin** der <-n, -n> (*abwert.*) *Mittäter bei einer Straftat* Er ist nicht geständig, aber seine Komplizin will jetzt auspacken.

kom·pli·zie·ren <komplizierst, komplizierte, hat kompliziert> *mit OBJ* ■ *jmd./etwas kompliziert etwas* (*geh.* ≈ *erschweren*) *schwieriger machen* Kompliziere die Dinge doch nicht noch mehr!, Das kompliziert die Sache außerordentlich.

kom·pli·ziert (*Part. Perf. zu „komplizieren"*) *Adj.* **1.** (↔ *einfach*) *schwierig* Das scheint ein kompliziertes Problem zu sein., eine komplizierte Rechenaufgabe lösen, mit komplizierten Berechnungen das Verhalten eines Systems vorhersagen **2.** MED. *schwer zu behandeln* Er hat sich einen komplizierten Beinbruch zugezogen.

Kom·plott das/der <-(e)s, -e> (*umg.* ≈ *Verschwörung*) Das Komplott konnte in letzter Sekunde aufgedeckt werden.

Kom·po·nen·te die <-, -n> **1.** *einzelner, eine bestimmte Funktion oder Wirkung besitzender Teil eines größeren Ganzen* Derartige, häufig wiederkehrende Anspielungen sind eine wichtige Komponente dieses Romans. **2.** (≈ *Gerät*) An den Computer lassen sich problemlos weitere Komponenten wie Drucker und Scanner anschließen.

kom·po·nie·ren <komponierst, komponierte, hat komponiert> **I.** *mit OBJ* ■ *jmd. komponiert etwas* **1.** *ein Musikstück schaffen* Wann komponierte Beethoven seine fünfte Sinfonie? **2.** (*geh.*) *kunstvoll zusammenstellen, gestalten* Sie hat ein wundervolles Menü komponiert. **II.** *ohne OBJ* ■ *jmd. komponiert jmd. beschäftigt sich mit dem Komponieren* Er komponierte bis ins hohe Alter.

Kom·po·nist, **Kom·po·nis·tin** der <-en, -en> *jmd., der musikalische Werke komponiert* (*hat*)

Kom·po·si·ti·on die <-, -en> **1.** (*kein Plur.*) *das Komponieren I* Wie lange war Mozart mit der Komposition dieser Messe beschäftigt? **2.** *ein Musikstück, das von einem Komponisten geschaffen wurde* Die fünfte Sinfonie gehört zu den bekanntesten Kompositionen von Beethoven. **3.** (*geh.*) *die Art der Zusammenstellung, die (kunstvolle) Gestaltung* Noch heute fasziniert die einzigartige Komposition dieses Barockgartens die zahlreichen Besucher.

kom·po·si·to·risch <nicht steig.> *Adj. auf die Komposition*[1] [3]*bezogen*

Kom·po·si·tum das <-s, Komposita> SPRACHWISS. *zusammengesetztes Wort* Das Wort „Tischdecke" ist ein Kompositum, das aus den Wörtern „Tisch" und „Decke" zusammengesetzt ist.

Kom·post, **Kom·post** der <-(e)s, -e> (*meist Sing.*) *aus verrotteten Gartenabfällen entstandene, sehr nährstoffreiche Erde*

Kom·post·hau·fen der <-s, -> *zu einem Haufen aufgeschichtete Gartenabfälle*

kom·pos·tier·bar <nicht steig.> *Adj. so, dass es kompostiert werden kann*

kom·pos·tie·ren <kompostierst, kompostierte, hat kompostiert> *mit OBJ* ■ *jmd. kompostiert etwas zu Kompost werden lassen* Wir kompostieren alle Küchenabfälle.

Kom·pos·tie·rung die <-> (*kein Plur.*) *das Kompostieren*

Kom·pott das <-(e)s, -e> *Speise aus gekochtem und gezuckertem Obst*

Kom·pres·se die <-, -n> (MED.: ≈ *Wickel*) *feuchter Umschlag*

Kom·pres·sor der <-s, -en> TECHN. *Apparat zum Verdichten von Gasen*

kom·pri·mie·ren <komprimierst, komprimierte, hat komprimiert> *mit OBJ* **1.** ■ *jmd./etwas komprimiert etwas* PHYS. TECHN. (*Gase*) *verdichten* **2.** ■ *jmd. komprimiert etwas zusammenfassen und dabei auf das Wesentliche beschränken* Ich sollte das erste Kapitel meiner Diplomarbeit stärker komprimieren., Die Zeit reicht nur für eine komprimierte Darstellung des Sachverhalts.

Kom·pri·mie·rung die <-, -en> *das Komprimieren*

Kom·pro·miss der <-es, -e> *eine von allen beteiligten Personen akzeptierte Lösung, zu der man durch gegenseitige Zugeständnisse gelangt* Die Verhandlungspartner haben sich schließlich auf einen Kompromiss geeinigt., ein fauler/guter/schlechter Kompromiss

kom·pro·miss·be·reit <nicht steig.> *Adj. bereit, Kompromisse zu machen* Beide Verhandlungsseiten zeigten sich kompromissbereit.

kom·p·ro·miss·los *Adj. so, dass man nicht zu Kompromissen bereit ist* Ich kann ihre kompromisslose Haltung in dieser Angelegenheit durchaus verstehen.

Kom·pro·miss·lö·sung die <-, -en> *Kompromiss*

Kom·pro·miss·vor·schlag der <-(e)s, Kompromissvorschläge> *ein Vorschlag, den man macht, um zu einem Kompromiss zu gelangen*

kom·pro·mit·tie·ren <kompromittierst, kompromittiete, hat kompromittiert> *mit OBJ* ■ *jmd. kompromittiert jmdn./sich jmds. oder seinem eigenen Ansehen schaden; jmdn./sich bloßstellen* In betrunkenem Zustand kompromittierte er sich und seine Frau.

Kom·tess, *a.* **Kom·tes·se** die <-, -e(n)> *unverheiratete Gräfin*

Kom·tur der <-s, -e> **1.** *Verwalter, Leiter einer Komturei* **2.** *Inhaber des mittleren Ordensgrades in einem geistlichen Ritterorden*

Kom·tu·rei die <-, -en> *ein geistlichen Ritterorden*

Kon·den·sat das <-(e)s, -e> PHYS. *beim Kondensieren II entstandene Flüssigkeit*

Kon·den·sa·ti·on die <-> (*kein Plur.*) PHYS. *das Kondensieren*

Kon·den·sa·ti·ons·punkt der <-s, -e> PHYS. *die Temperatur, bei der ein Stoff vom gasförmigen in den flüssigen Zustand übergeht*

kon·den·sie·ren <kondensierst, kondensierte, hat/ist kondensiert> **I.** *mit OBJ* ■ *jmd. kondensiert* *etwas* (*haben*) *Stoffe durch Verdampfen eindicken* Man stellt Kondensmilch her, indem man Milch kondensiert und sterilisiert. **II.** *ohne OBJ* ■ *etwas kondensiert* (PHYS.: *haben/sein*) (*von gasförmigen Stoffen*) *unter dem Einfluss von Temperatur und Druck in den flüssigen Zustand übergehen*

Kon·den·sie·rung die <-, -en> *das Kondensieren*

Kon·dẹns·milch die <-> (*kein Plur.*) *eingedickte, sterilisierte, in Dosen abgefüllte Milch, die man z.B. in den Kaffee gibt*

Kon·dẹns·strei·fen der <-s, -> *der sichtbare weiße Streifen, der hinter hoch fliegenden Düsenflugzeugen entsteht, wenn die Luftfeuchtigkeit in den Flugzeugabgasen kondensiert II*

Kon·dẹns·was·ser das <-s> (*kein Plur.*) *Wasser, das auf einer Fläche kondensiert II*

Kon·di·ti·on die <-, -en> **1.** (*kein Plur.*) (SPORT: ≈ *Form*) (*körperliche*) *Verfassung* Seitdem ich regelmäßig Rad fahre, hat sich meine Kondition merklich verbessert., Sie hat eine ausgezeichnete Kondition. ◆-straining **2.** (*meist Plur.*) WIRTSCH. BANKW. *Lieferungs- oder Zahlungsbedingung* Zu welchen Konditionen hast du den Kredit erhalten?

kon·di·ti·o·nal <nicht steig.> *Adj.* SPRACHWISS. *eine Bedingung kennzeichnend* „Wenn" und „falls" sind konditionale Konjunktionen.

kon·di·ti·o·nẹll <nicht steig.> *Adj. die Kondition[1] betreffend* In dieser Phase des Rennens machen sich bei einigen Fahrern konditionelle Schwächen bemerkbar.

kon·di·ti·o·nie·ren <konditionierst, konditionierte, hat konditioniert> *mit OBJ* **1.** ■ *jmd. konditioniert etwas einen Werkstoff auf die Bedingungen seiner Bearbeitung hin präparieren* **2.** ■ *jmd. konditioniert ein Tier* ZOOL. *bei einem Tier eine Reiz-Reaktions-Kopplung einüben, so dass auf einen bestimmten Reiz immer eine bestimmte Reaktion erfolgt* **3.** ■ *jmd. konditioniert jmdn. bei einem Menschen ein bestimmtes Verhalten gewaltsam einüben* In dem Straflager wurden die Gefangenen durch Gehirnwäsche psychomental konditioniert.

Kon·di·tor, Kon·di·to·rin der <-s, -en> *jmd., der beruflich Torten, Kuchen, Pralinen u.Ä. herstellt* (*und verkauft*) ◆-meister

Kon·di·to·rei die <-, -en> *Betrieb eines Konditors*

Kon·do·lẹnz·schrei·ben das <-s, -> *ein Schreiben* (*in Form eines Briefes, einer Karte*), *in dem man jmdm. kondoliert*

kon·do·lie·ren <konodolierst, kondolierte, hat kondoliert> *ohne OBJ* ■ *jmd. kondoliert jmdm.* (*Trauernden*) *sein Beileid ausdrücken*

Kon·dom das <-s, -e> (≈ *Präservativ*)

Kọn·dor der <-s, -e> *ein großer, in Südamerika lebender Geier*

Kon·duk·teur, Kon·duk·teu·rin der [...tøːɐ̯] <-s, -e> (*schweiz.*) *Schaffner*

Kon·fẹkt das <-(e)s, -e> *Pralinen*

Kon·fek·ti·on die <-, -en> (*kein Plur.*) **1.** (*kein Plur.*) *serienmäßige Herstellung von Kleidung in einer Fabrik* **2.** *serienmäßig in einer Fabrik hergestellte Kleidung*

Kon·fek·ti·o·när der <-s, -e> **1.** *Hersteller von Konfektionskleidung oder Angestellter in einem solchen Unternehmen* **2.** *jmd., der Kleidermodelle entwirft*

kon·fek·ti·o·nie·ren <konfektionierst, konfektionierte, hat konfektioniert> *mit OBJ* ■ *jmd. konfektioniert etwas jmd. stellt Konfektionsware her*

Kon·fek·ti·ons·an·zug der <-s, Konfektionsanzüge> *Anzug, der serienmäßig in der Bekleidungsindustrie hergestellt worden ist*

Kon·fek·ti·ons·ar·ti·kel der <-s, -> *etwas, das als Konfektion[2] hergestellt worden ist*

Kon·fek·ti·ons·ge·schäft das <-s, -e> *Ladengeschäft für Konfektion[2]*

Kon·fek·ti·ons·grö·ße die <-, -n> (*genormte*) *Kleidergröße*

Kon·fek·ti·ons·in·dus·trie die <-, -n> *Industriezweig, der sich mit der Herstellung von Konfektion[2] beschäftigt*

Kon·fek·ti·ons·klei·dung die <-> (*kein Plur.*) *Konfektion[2]*

Kon·fe·rẹnz die <-, -en> **1.** (≈ *Tagung*) *Zusammenkunft von Experten eines bestimmten Gebiets* Die europäischen Wirtschaftsminister trafen sich zu einer Konferenz., Sie hat an einer Konferenz über neue Medien teilgenommen. **2.** *Besprechung, Sitzung* Der Chef ist momentan in einer Konferenz.

Kon·fe·rẹnz·be·schluss der <-es, Konferenzbeschlüsse> *Beschluss, der auf einer Konferenz gefasst worden ist*

Kon·fe·rẹnz·raum der <-(e)s, Konferenzräume> *Raum für Konferenzen*

Kon·fe·rẹnz·schal·tung die <-, -en> TV (*bei Fernsehübertragungen*) *eine Zusammenschaltung verschiedener Teilnehmer, die sich an verschiedenen Orten befinden* (*und alle miteinander sprechen können*)

Kon·fe·rẹnz·teil·neh·mer, Kon·fe·rẹnz·teil·neh·me·rin der <-s, -> *jmd., der an einer Konferenz teilnimmt*

Kon·fe·rẹnz·tisch der <-es, -e> *gemeinsamer* (*oft runder*) *Tisch, an dem die Teilnehmer einer Konferenz sitzen*

Kon·fe·rẹnz·zim·mer das <-s, -> *Zimmer, das für das Abhalten von Konferenzen bestimmt ist*

kon·fe·rie·ren <konferierst, konferierte, hat konferiert> *ohne OBJ* ■ *jmd. konferiert* (*mit jmdm.*) *im Rahmen einer Konferenz besprechen, beratschlagen* Es wurde lange darüber konferiert, ob man eine neue Strategie einschlagen sollte oder nicht.

Kon·fes·si·on die <-, -en> **1.** REL. *Gesamtheit der Sätze, die einen Glauben bezeugen, Bekenntnisbuch* **2.** *Glaubensgemeinschaft mit einer bestimmten Konfession[1]*

kon·fes·sio·nẹll <nicht steig.> *Adj. die Konfession[2] betreffend*

kon·fes·si·ons·los <nicht steig.> *Adj. so, dass man keiner Konfession[2] angehört*

Kon·fẹt·ti das <-(s)> (*kein Plur.*) *bunte Papierschnitzel, die vor allem im Karneval durch die Luft geworfen werden*

Kon·fi·dent der <-en, -en> **1.** (*veralt.*) *Vertrauter, Feund* **2.** (*österr.*) *Spitzel*

Kon·fi·gu·ra·ti·on die <-, -en> **1.** (*geh.*) *eine bestimmte Art der Gestaltung* **2.** EDV *die Zusammenstellung der Geräte, die das komplette Computersystem bilden* (*sowie die entsprechende Anpassung und Abstimmung der Software*) **3.** CHEM. PHYS. *die räumliche Anordnung von Atomen oder Atomgruppen um ein Zentralatom* **4.** ASTRON. *Anordnung, Stellung von Gestirnen*

Kon·fir·mand, **Kon·fir·man·din** der <-en, -en> REL. **1.** *jmd., der sich auf die Konfirmation vorbereitet* **2.** *jmd., der gerade konfirmiert worden ist*

Kon·fir·ma·ti·on die <-, -en> REL. *gottesdienstähnliche Feier in der evangelischen Kirche, durch die jugendliche evangelische Christen in die Gemeinschaft der Erwachsenen aufgenommen werden*

kon·fir·mie·ren <konfirmierst, konfirmierte, hat konfirmiert> *mit OBJ* ■ *jmd. konfirmiert jmdn. einen jugendlichen evangelischen Christen im Rahmen einer gottesdienstähnlichen Feier in die Gemeinschaft der Erwachsenen aufnehmen* Gestern hat der Pastor unserer Gemeinde meinen Sohn konfirmiert.

Kon·fi·se·rie, *a.* **Con·fi·se·rie** die <-, -n> **1.** (≈ *Konditorei*) *Geschäft für Pralinen, Teegebäck aus eigener Herstellung,* **2.** *Pralinen und Teegebäck aus eigener Herstellung*

Kon·fis·ka·ti·on die <-, -en> RECHTSW. *Beschlagnahmung, entschädigungslose Enteignung*

kon·fis·zie·ren <konfiszierst, konfiszierte, hat konfisziert> *mit OBJ* ■ *jmd. konfisziert etwas* RECHTSW. *aufgrund einer gerichtlichen, staatlichen Anordnung beschlagnahmen*

Kon·fi·tü·re die <-, -n> (*geh.*) *Marmelade* (*mit ganzen Fruchtstücken*)

Kon·flikt der <-(e)s, -e> (*geh.*) **1.** *schwierige Situation infolge des Aufeinanderprallens unterschiedlicher Interessen, Forderungen oder Meinungen* Es kam zum offenen Konflikt zwischen Trainer und Spielern. **2.** *bewaffnete Auseinandersetzung* Man versuchte bis zuletzt, einen militärischen Konflikt zu verhindern. **3.** (≈ *Zwiespalt*) *Widerstreit von Interessen, von bestimmten Aspekten* Würde man den Konflikt zwischen wirtschaftlichen Interessen und moralischen Bedenken lösen können? ■ **mit etwas in Konflikt geraten/kommen**: *gegen etwas verstoßen*

kon·flikt·frei <nicht steig.> *Adv. ohne Konflikt(e)*

kon·flikt·ge·la·den <nicht steig.> *Adv. unter der Spannung von* (*offenen oder verdeckten*) *Konflikten stehend*

Kon·flikt·par·tei die <-, -en> *eine an einem Konflikt beteiligte Personengruppe*

kon·flikt·scheu <nicht steig.> *Adj. sehr darauf bedacht, Konflikte zu vermeiden* Sie ist ein konfliktscheuer Mensch.

Kon·flikt·si·tu·a·ti·on die <-, -en> *Situation, die durch einen Konflikt entsteht* Die Spannung zwischen ihm und seinem Freund brachte beide immer wieder in Konfliktsituationen.

Kon·fö·de·ra·ti·on die <-, -en> POL. *Zusammenschluss von Einzelstaaten*

Kon·fö·de·rier·te der/die <-n, -n> (*meist Plur.*) *Verbündeter* (*meist ein durch eine Konföderation verbündeteter Staat*)

kon·form <nicht steig.> *Adj. übereinstimmend* Sie vertraten konforme Ansichten. ■ **konform gehen/sein**: *völlig übereinstimmen* In diesem einen Punkt gehen die Vertreter aller Parteien ausnahmsweise konform.

Kon·for·mis·mus der <-> (*kein Plur.*) (*geh.*) *konformistische Haltung oder Einstellung*

kon·for·mis·tisch <nicht steig.> *Adj.* (*geh.*) *so, dass jmd. seine Einstellung der herrschenden Meinung anpasst*

Kon·for·mi·tät die <-> (*kein Plur.*) *Gleichheit, Übereinstimmung, Angepasstheit*

Kon·fron·ta·ti·on die <-, -en> **1.** *Gegenüberstellung von Personen, Dingen, Sachverhalten, die nicht übereinstimmen* Einen Großteil seiner Spannung bezieht das Buch aus der Konfrontation von Vergangenem und Gegenwärtigem. **2.** *Auseinandersetzung* Nach dem Spiel kam es erneut zu einer Konfrontation zwischen Hooligans und der Polizei.

Kon·fron·ta·ti·ons·kurs der <-es> (*kein Plur.*) *ein Verhalten, mit dem jmd. eine Konfrontation*[2]*, einen Konflikt provoziert*

kon·fron·tie·ren <konfrontierst, konfrontierte, hat konfrontiert> *mit OBJ* **1.** ■ *jmd./etwas konfrontiert jmdn. mit etwas jmdn. in eine Situation bringen, in der er sich mit etwas* (*Negativem*) *auseinander setzen muss* Sie konfrontierte ihren Mann mit dem Entschluss, ihn verlassen zu wollen., Diese Erfahrung konfrontierte ihn sehr intensiv mit sich selbst. **2.** ■ *jmd. konfrontiert jmdn. mit jmdm. eine Person einer anderen gegenüberstellen* Der Angeklagte wurde mit den Zeugen konfrontiert.

kon·fus *Adj.* **1.** *verworren, nicht klar* Hast du seine konfusen Andeutungen verstanden? **2.** *durcheinander, verwirrt* Nach dem Besuch von vier Vorträgen hintereinander war ich völlig konfus.

Kon·fu·si·on die <-, -en> *Durcheinander, Verwirrung* Als das Licht im Saal ausfiel, herrschte große Konfusion unter den Anwesenden.

Kon·fu·zi·a·nis·mus der <-> (*kein Plur.*) *die auf Konfuzius zurückgehende, China bis zum Ende des Kaisertums 1912 bestimmende philosophische Geisteshaltung, die eine praktisch-moralische Philosophie ist*

kon·ge·ni·al <nicht steig.> *Adj.* (*geh.*) *von ebenbürtigem Rang* Der großartige Roman des Franzosen liegt jetzt in einer neuen, kongenialen Übersetzung vor.

Kon·ge·ni·a·li·tät die <-> (*kein Plur.*) (*geistige*) *Gleichrangigkeit*

Kon·glo·me·rat das <-(e)s, -e> (*geh.*) *Gemisch verschiedenster Bestandteile* Seine Musik ist ein Konglomerat aus Elementen des Jazz, der Klassik und der Rockmusik.

Kongo der <-s> *Volksrepublik in Zentralafrika mit*

der Hauptstadt Brazzaville

Kon·go·le·se, **Kon·go·le·sin** der <-n, -n> *jmd., der die kongolesische Staatbürgerschaft hat*

kon·go·le·sisch <nicht steig.> *Adj. zum Kongo gehörend, daher stammend*

Kon·gre·ga·ti·on die <-, -en> REL. **1.** *Verband mehrerer Klöster desselben Ordens* **2.** *Ordensgemeinschaft* (*deren Mitglieder nur ein einfaches Gelübde abgelegt haben*)

Kon·gress der <-es, -e> **1.** (≈ *Tagung*) Auf dem internationalen medizinischen Kongress sprachen auch in diesem Jahr wieder zahlreiche angesehene/namhafte/ renommierte Wissenschaftler. **2.** (*kein Plur.*) POL. *das Parlament in den USA*

Kon·gress·hal·le die <-, -n> *für Kongresse*[1] *und ähnliche Veranstaltungen dienende Halle*

Kon·gress·teil·neh·mer, **Kon·gress·teil·neh·me·rin** der <-s, -> *Teilnehmer an einem Kongress*[1]

kon·gru·ent *Adj.* **1.** (MATH.: *von geometrischen Figuren*) *deckungsgleich* **2.** (*geh. übertr.*) *in allen Punkten übereinstimmend*

Kon·gru·enz die <-, -en> (*meist Sing.*) *das Kongruentsein*

Ko·ni·fe·re die <-, -n> BOT. *ein zu den Nadelhölzern gehörender Baum oder Strauch*

Kö·nig der <-(e)s, -e> **1.** (*kein Plur.*) *Titel des in bestimmten Monarchien zweithöchsten weltlichen Herrschers* (*nach dem Kaiser*) **2.** *jmd., der den Titel eines Königs*[1] *trägt* **3.** *eine Person oder Sache, die besonders wichtig oder besonders gut ist* Bei uns ist der Kunde König., Dies ist der König der Weine. **4.** *die wichtigste Figur im Schachspiel*

Kö·ni·gin die <-, -nen> **1.** *die weibliche Form zu „König“*[1 2 3] **2.** *Ehefrau eines Königs*[2] **3.** *das weibliche, Eier legende Tier bestimmter Insektenvölker* ◆ Ameisen-, Bienen-

Kö·ni·gin·pas·te·te die <-, -n> KOCH. *eine Pastete, die mit Hühnerfleisch gefüllt ist*

kö·nig·lich *Adj.* **1.** *zu einem König*[1] *gehören* Im Sommer lebt die königliche Familie auf ihrem Landsitz. **2.** (≈ *fürstlich*) *sehr großzügig* Er wurde königlich bewirtet/belohnt. **3.** (*umg.*) *außerordentlich* Er hat sich königlich amüsiert.

Kö·nig·reich das <-(e)s, -e> *ein Land, über das ein König*[1] *herrscht, an dessen Spitze ein König*[1] *steht*

kö·nigs·blau <nicht steig.> *Adj.* (≈ *kobaltblau*) *von einem tiefen, strahlenden Blau*

Kö·nigs·farn der <-s, -e> *Freilandfarn mit bis zu zwei Meter hohen Wedeln*

Kö·nigs·haus das <-es, Königshäuser> *Geschlecht, Herrscherhaus, dem eine Reihe von Königen entstammt* die europäischen Königshäuser

Kö·nigs·hof der <-s, Königshöfe> **1.** *Gebäudekomplex der Residenz eines Königs* Der Königshof der ehemaligen Württembergischen Könige ist nach dem 2. Weltkrieg in Stuttgart wieder aufgebaut worden. **2.** *alle Mitglieder eines Königshauses* Der englische Königshof hat immer wieder Skandale zu verkraften.

Kö·nigs·ker·ze die <-, -n> *eine häufig auf Schuttplätzen und an Wegrändern wachsende Blume, die zweijährig ist, große, leuchtende gelbe Blüten hat und bis zu zwei Meter groß werden kann*

Kö·nigs·kind das <-(e)s, -er> *Königssohn oder Königstochter*

Kö·nigs·ko·bra die <-, -s> *drei bis fünf Meter lange Kobra in den Dschungeln Süd- und Südostasiens, deren Biss für den Menschen in 15 Minuten zum Tode führen kann; sie ist dunkelbraun bis olivfarben mit heller Ringelung und ist die größte vorkommende Giftschlange*

Kö·nigs·ku·chen der <-s, -> *Napfkuchen, Marmorkuchen*

Kö·nigs·pal·me die <-, -n> *eine Palmenart auf Kuba, die bis zu 25 Meter hoch wird*

Kö·nigs·treu·e der/die <-n, -n> *jmd., der monarchisch gesinnt ist und am Königtum festhält* Königstreue und Republikaner sind häufig in der Geschichte als Gegner aufgetreten.

Kö·nigs·was·ser das <-s> (*kein Plur.*) CHEM. *Gemisch aus drei Teilen Salzsäure und einem Teil Salpetersäure, mit dem man Edelmetalle auflösen kann*

Kö·nig·tum das <-(e)s, Königtümer> **1.** (*kein Plur.*) *die Staatsform, in der ein König regiert* **2.** (*veralt.* ≈ *Königreich*)

ko·nisch <nicht steig.> *Adj. kegelförmig*

Kon·ju·ga·ti·on die <-, -en> (SPRACHWISS.: ≈ *Beugung, Flexion*) *die Beugung von Verben*

kon·ju·gie·ren <konjugierst, konjugierte, hat konjugiert> *mit OBJ* ■ *jmd. konjugiert etwas* (SPRACHWISS.: ≈ *beugen, flektieren*) *die verschiedenen grammatischen Formen eines Verbs bilden* Die Konjugation des Verbs „gehen“ im Präsens beginnt mit den Formen: „Ich gehe, du gehst, er/sie/es geht“.

Kon·junk·ti·on die <-, -en> SPRACHWISS. *ein Wort, das zwei gleichartige Sätze oder einen Haupt- und Gliedsatz miteinander verbindet* „Und“, „oder“, „weil“ sind Konjunktionen.

Kon·junk·tiv der <-s, -e> SPRACHWISS. *ein Modus des Verbs, die Möglichkeitsform* (*die man beispielweise in der indirekten Rede verwendet*) Der Nebensatz „Wenn du geredet hättest, Desdemona…“ ist ein Satz im Konjunktiv., Der Dubitativ (Ausdruck des Zweifels), der Irrealis (Ausdruck der Unmöglichkeit), der Kohortativ (Ausdruck einer Aufforderung oder Mahnung) und Potentialis (Ausdruck der Möglichkeit) sind Beispiele für den Konjunktiv.

kon·junk·ti·visch <nicht steig.> *Adv. in der Art des Konjunktivs*

Kon·junk·tur die <-, -en> WIRTSCH. *gesamtwirtschaftliche Situation und Entwicklung eines Staates*

Kon·junk·tur·ab·schwä·chung die <-, -en> *Nachlassen der wirtschaftlichen Tätigkeit*

Kon·junk·tur·ab·schwung der <-(e)s> (*kein Plur.*) *Verschlechterung der Konjunktur*

Kon·junk·tur·auf·schwung der <-(e)s> (*kein Plur.*) *Verbesserung der Konjunktur*

Kon·junk·tur·ba·ro·me·ter das <-s> (*kein Plur.*)

(*umg.*) *etwas, woran sich der Stand der Konjunktur ablesen lässt* Die Anzahl der Erwerbssuchenden gilt als wichtiges Konjunkturbarometer.

kon·junk·tur·be·dingt <nicht steig.> *Adv. von den Bedingungen der Konjunktur abhängig*

Kon·junk·tur·be·richt der <-(e)s, -e> *öffentliche Darstellung der Konjunkturlage* Der jährliche Jahreswirtschaftsbericht, der von der Bundesregierung dem Bundestag und Bundesrat vorgelegt werden muss, ist ein Beispiel für einen Konjunkturbericht.

Kon·junk·tur·ein·bruch der <-(e)s, Konjunktureinbrüche> *dramatische Verschlechterung der Konjunktur*

kon·junk·tu·rell <nicht steig.> *Adj.* WIRTSCH. *die Konjunktur betreffend*

Kon·junk·tur·er·ho·lung die <-> (*kein Plur.*) *die Phase der Konjunktur, in der sie sich wieder belebt und aus einem Tief in eine neue Expansionsphase tritt*

Kon·junk·tur·in·dex der <-, Konjunkturindizes> *statistische Zahlen, die die relativen Veränderungen (mit Bezug auf Mittelwerte) von Preis-, Mengen- und Umsatzentwicklungen darstellen*

Kon·junk·tur·kri·se die <-, -n> *Krise der Konjunktur*

Kon·junk·tur·la·ge die <-, -n> *die konjunkturelle Situation (zu einem bestimmten Zeitpunkt)*

Kon·junk·tur·mo·tor der <-s, -en> *etwas, das die Konjunktur belebt* Es ist die Frage, inwieweit Steuersenkungen ein Konjunkturmotor sein können.

Kon·junk·tur·po·li·tik die <-> (*kein Plur.*) WIRTSCH. *politische Maßnahmen zur Verminderung von Konjunkturschwankungen*

kon·junk·tur·po·li·tisch <nicht steig.> *Adj. zur Konjunkturpolitik gehörig*

Kon·junk·tur·rück·gang der <-(e)s> (*kein Plur.*) *Verschlechterung der Konjunktur*

Kon·junk·tur·schwan·kung die <-, -en> *Schwankung der Konjunktur*

Kon·junk·tur·sprit·ze die <-, -n> WIRTSCH. *finanzielle Maßnahmen des Staates zur Verbesserung der Konjunkturlage*

Kon·junk·tur·still·stand der <-s> (*kein Plur.*) (≈ *Stagnation*) *Konjunkturlage ohne Auf- oder Abschwung*

Kon·junk·tur·tief das <-s> (*kein Plur.*) *Depression oder Stagnation der Konjunktur*

Kon·junk·tur·über·hit·zung die <-> (*kein Plur.*) *zu schnelles Wirtschaftswachstum, so dass die Gefahr der Wirtschaftsinstabilität eintritt*

Kon·junk·tur·um·schwung der <-s, Konjunkturumschwünge> *die Situation der Konjunktur, in der sie von einem Zyklus (Auf-, Abschwung/Tief, Hoch) in den anderen eintritt*

Kon·junk·tur·zy·k·lus der <-, Konjunkturzyklen> WIRTSCH. *periodischer Wechsel von Konjunkturaufschwung oder Hoch und Konjunkturrückgang oder Tief*

kon·kav <nicht steig.> *Adj.* (↔ *konvex*) *nach innen gewölbt* Die Linse ist konkav.

Kon·kav·spie·gel der <-s, -> *Spiegel, dessen Spiegelfläche konkav gewölbt ist*

Kon·kla·ve das <-s, -n> REL. **1.** *abgeschlossener Versammlungsraum, in dem die Kardinäle einen neuen Papst wählen* **2.** *Zusammenkunft der Kardinäle zur Wahl eines neuen Papstes*

Kon·klu·si·on die <-, -en> **1.** PHILOS. *in einem logischen Schluss die aus den Prämissen erschlossene Aussage* **2.** *die aus der lateinischen Rhetorik stammende Bezeichnung für die abschließende Formulierung eines Gedankens*

kon·kor·dant <nicht steig.> *Adj.* (*geh.*) *übereinstimmend*

Kon·kor·danz die <-, -en> *eine alphabetische Zusammenstellung der in einem Buch vorkommenden Wörter (mit Angabe der Belegstellen)*

Kon·kor·dat das <-(e)s, -e> **1.** POL. *Vertrag zwischen einem Staat und dem Vatikan* **2.** (*schweiz.*) *Vertrag zwischen Kantonen*

kon·kret *Adj.* **1.** *deutlich formuliert, präzise* Habt ihr schon konkrete Urlaubspläne?, Sie hat den Sachverhalt an einem konkreten Beispiel veranschaulicht. **2.** (↔ *abstrakt*) *so, dass es anschaulich, sinnlich erfahrbar ist* Konkrete Beispiele sind besser als abstrakte Erklärungen., In der Ausstellung werden neben Werken der abstrakten auch Gemälde der konkreten Malerei gezeigt.

kon·kre·ti·sie·ren <konkretisierst, konkretisierte, hat konkretisiert> *mit OBJ* ■ *jmd. konkretisiert etwas veranschaulichen, im Detail ausführen* Könnten Sie Ihren Standpunkt/ Ihre Vorstellungen konkretisieren?

Kon·kre·tum das <-s, Konkreta> SPRACHWISS. *ein Substantiv, das etwas Gegenständliches bezeichnet (wie z.B. ein Name)*

Kon·ku·bi·ne die <-, -n> (*abwert.*) *Geliebte*

Kon·kur·rent, **Kon·kur·ren·tin** der <-en, -en> *Mitbewerber, Rivale* Mit seinen Qualifikationen und Fähigkeiten hat der Bewerber alle Konkurrenten hinter sich gelassen und die Stelle erhalten.

Kon·kur·renz die <-, -en> **1.** (*kein Plur.*) *das Konkurrieren* Der Verkauf von Waren im Internet macht dem traditionellen Warenhandel zunehmend Konkurrenz. **2.** (*kein Plur.*) *Gesamtheit der Konkurrenten im wirtschaftlichen Bereich* Er hat bei der Konkurrenz gekauft. ◆-produkt **3.** *sportlicher Wettbewerb* Sie hat alle Konkurrenzen in diesem Jahr gewonnen. **4.** (*kein Plur.*) *Gesamtheit aller sportlichen Konkurrenten* Der Weitspringer konnte sich gegen eine starke Konkurrenz durchsetzen. ■ **außer Konkurrenz**: (*bei der Teilnahme an einem Wettkampf*) *außerhalb der offiziellen Wertung*

Kon·kur·renz·druck der <-(e)s> (*kein Plur.*) *Leistungsdruck infolge starken Wettbewerbs*

kon·kur·renz·fä·hig *Adj. so, dass jmd. oder etwas im (wirtschaftlichen) Wettbewerb mithalten kann*

Kon·kur·renz·fä·hig·keit die <-> (*kein Plur.*) *die Möglichkeit, konkurrenzfähig zu sein*

Kon·kur·renz·kampf der <-(e)s, Konkurrenzkämpfe> (*meist Sing.*) *alle Anstrengungen und Maßnahmen, die nötig sind, um im (wirtschaftli-*

chen) Wettbewerb zu bestehen

kon·kur·renz·los <nicht steig.> *Adj. so gut, dass jmd. oder etwas keine ernsthafte Konkurrenz*[2] [4] *hat* Das Unternehmen/Der Sportler ist im Augenblick konkurrenzlos.

Kon·kur·renz·mar·ke die <-, -n> *konkurrierender Hersteller von Markenartikeln*

Kon·kur·renz·pro·dukt das <-(e)s, -e> *eines von zwei oder mehreren ähnlichen Produkten verschiedener Firmen, zwischen denen eine bestimmte Zielgruppe von Käufern auswählen kann*

kon·kur·rie·ren <konkurrierst, konkurrierte, hat konkurriert> *ohne OBJ* ■ *jmd. konkurriert mit jmdm.* (*um etwas Akk.*) *mit anderen in Wettbewerb treten* Mit den großen Konzernen kann der kleine Betrieb nicht konkurrieren., Mehrere Anwärter konkurrieren um den Vorstandsposten.

Kon·kurs der <-es, -e> **1.** (WIRTSCH.: ≈ *Insolvenz*) *Zahlungsunfähigkeit* Die Firma steht kurz vor dem Konkurs/ muss Konkurs anmelden/geht in Konkurs. **2.** RECHTSW. *ein Gerichtsverfahren, bei dem das Vermögen eines zahlungsunfähigen Unternehmens anteilmäßig unter den Gläubigern aufgeteilt wird* Der Konkurs wurde abgewickelt/eröffnet.

Kon·kurs·er·öff·nung die <-, -en> *der offizielle Beginn eines Konkursverfahrens*

Kon·kurs·mas·se die <-, -n> *gesamtes Vermögen einer zahlungsunfähigen Firma*

Kon·kurs·ver·fah·ren das <-s, -> *Konkurs*[2]

Kon·kurs·ver·wal·ter, **Kon·kurs·ver·wal·te·rin** der <-s, -> *Bevollmächtigter des Gerichts für die Durchführung des Konkursverfahrens*

Kön·nen das <-s> (*kein Plur.*) (*besondere*) *Fähigkeit, Fertigkeit* Bei dieser Arbeit musste sie ihr gesamtes handwerkliches Können unter Beweis stellen., Diese Leistung zeugt von Talent und Können.

kön·nen[1] <kannst, konnte, hat gekonnt> **I.** *mit OBJ* ■ *jmd. kann etwas* (*umg.*) *fähig sein, etwas zu tun; etwas beherrschen* Können Sie Russisch?, Er kann hervorragend turnen., Keiner kann alles., Sie kann, will aber nicht. **II.** *ohne OBJ* **1.** ■ *jmd. kann* (*irgendwohin*) (*umg.*) *dürfen* Kann ich ins Freibad? **2.** ■ *jmd. kann nicht mehr* (*umg.*) *nicht weiterhin die Kraft oder Energie zu etwas haben* Der Spieler wurde ausgewechselt, weil er nicht mehr konnte. ■ **für etwas nichts können/nichts dafür können** (*umg.*): *nicht schuld an etwas sein* **Du kannst mich mal!** (*umg.*): *Ausdruck starker persönlicher Ablehnung* **Wie konntest du nur!** (*umg.*): *Ausdruck des Vorwurfs* Wie konntest du nur so etwas sagen/tun? **mit jemandem gut können** (*umg.*): *sich mit jmdm. gut verstehen* **Können wir?** (*umg.*): (*in Situationen des Aufbruchs mit der Bedeutung*) *„Seid Ihr fertig, können wir los?"*

kön·nen[2] <kannst, konnte, hat können> ■ *jmd./ etwas kann etwas plus Inf.* (*Hilfsverb*) **1.** *willens sein, etwas zu tun* Kannst du mir bitte den Pfeffer herüberreichen? **2.** *die Möglichkeit haben, etwas zu tun* Eine Ursache kann verschiedene Wirkungen haben., Der Vulkan kann jederzeit wieder ausbrechen. **3.** *die Erlaubnis haben, etwas zu tun, dürfen* Wer mit der Prüfung fertig ist, kann gehen. **4.** *müssen* Der Computer ist abgestürzt. – Jetzt kann ich die ganze Seite noch einmal schreiben. **5.** *einen Grund, eine Berechtigung haben, etwas zu tun* Wir können uns freuen, dass ..., Sie kann einem wirklich Leid tun. **6.** *verwendet, um auszudrücken, dass man etwas vermutet oder eine Möglichkeit in Betracht zieht* Sie kann den Termin auch vergessen haben., Es kann durchaus sein, dass ..., Unser Besuch kann jeden Moment kommen. **7.** *eine logisch notwendige Folge ausdrückend* Wenn er jetzt noch nicht da ist, kann er nur aufgehalten worden sein. **8.** *sich etwas verbitten* Du kannst mir doch keine Befehle geben! **9.** *eine allgemeine Regel ausdrückend* Vorsicht kann nie schaden.

Kön·ner, **Kön·ne·rin** der <-s, -> *jmd., der auf einem bestimmten Gebiet sehr gute Fähigkeiten hat* Diese Bergtour/das Programmieren in XYZ/der Selbstbau von Lautsprechern ist nur etwas für Könner.

Kon·no·ta·ti·on die <-, -en> (SPRACHWISS.: ↔ *Denotation*) (*assoziative*) *Nebenbedeutung, Begleitvorstellung*

Kon·quis·ta·dor der <-en, -en> *jmd., der an der Eroberung Südamerikas im 16. Jahrhundert teilgenommen hat*

Kon·rek·tor, **Kon·rek·to·rin** der <-s, -en> SCHULE *Stellvertreter des Rektors*

Kon·se·kra·ti·on die <-, -en> **1.** GESCH. *in der römischen Republik jede Übergabe einer Sache oder eines Ortes an eine Gottheit unter Mitwirkung des Staates* **2.** REL. *in der katholischen Kirche die Weihung einer Person oder Sache sowie die Bezeichnnug für die Wandlung von Brot und Wein beim Abendmahl*

kon·se·ku·tiv *Adj.* SPRACHWISS. *auf die Folgen bezogen, die Folge bezeichnend* Nebensätze haben häufig einen konsekutiven Sinn, indem sie sagen, was die Folge dessen ist, was im Hauptsatz ausgedrückt ist.

Kon·se·ku·tiv·dol·met·schen das <-s> (*kein Plur.*) (↔ *Simultandolmetschen*) *Art des Dolmetschens, bei der die Übersetzung nach der Äußerung in der Ausgangssprache erfolgt*

Kon·se·ku·tiv·satz der <-es, Konsekutivsätze> SPRACHWISS. *Nebensatz, der die Folge oder Konsequenz des im Hauptsatz genannten Sachverhaltes angibt*

Kon·sens der <-es, -e> (*meist Sing.*) *übereinstimmende Auffassung* Es besteht ein Konsens unter allen Beteiligten darüber, dass ... ◆-gespräch, -partei

kon·se·quent *Adj.* **1.** *logisch zwingend, folgerichtig* Ich habe mich konsequent an die Vorschriften gehalten., Es war nur konsequent, dass sie gegangen ist. **2.** *unbeirrbar, beharrlich* Sie hat konsequent ihre Ziele verfolgt.

kon·se·quen·ter·wei·se *Adv. so, dass jmd. konsequent verfährt* Der Arzt diagnostizierte chronisches Asthma; konsequenterweise verlegte der Pa-

K

tient seinen Wohnsitz an die See.

Kon·se·quenz die <-, -en> **1.** (*kein Plur.*) *Folgerichtigkeit* Über die Konsequenz einer derartigen Beiweisführung ließe sich streiten. **2.** (*kein Plur.*) *Unbeirrbarkeit, Beharrlichkeit* Sie verfolgte ihr Ziel mit äußerster Konsequenz. **3.** (*nur Plur.*) *Folgen, Auswirkungen* Welche Konsequenzen die zunehmende Umweltverschutzung im Einzelnen hat, wird sich erst in den kommenden Jahren und Jahrzehnten zeigen. ■ (**aus etwas**) **die Konsequenzen ziehen**: *nach einem Vorfall Folgerungen für sein zukünftiges Handeln ziehen* Der Minister zog die Konsequenzen aus dieser Affäre und trat zurück.

Kon·ser·va·tis·mus der <-> (*kein Plur.*) *Bezeichnung für die aus dem Bedürfnis nach Kontinuität, Identität und Sicherheit entstehende Grundhaltung gegenüber dem sozialen Wandel und der Zukunft*

kon·ser·va·tiv, kon·ser·va·tiv *Adj.* **1.** (↔ *progressiv*) *an traditionellen Werten und überlieferten gesellschaftlichen Strukturen festhaltend* Der Politiker ist konservativ eingestellt., Sie vertritt konservative Ansichten. **2.** *nicht modern* Zu derartigen Anlässen trug er bevorzugt konservative Anzüge/Kleidung. **3.** MED. *ohne Operation* Das kranke Organ wurde konservativ behandelt.

Kon·ser·va·tor, Kon·ser·va·to·rin der <-s, -en> *jmd., der sich beruflich um die Pflege und Erhaltung von Kunstwerken kümmert*

Kon·ser·va·to·ri·um das <-s, Konservatorien> *Lehrinstitut für Musik, das einer Musikhochschule ähnlich ist*

Kon·ser·ve die <-, -n> **1.** *Dose oder Glas mit haltbar gemachter Nahrung* **2.** *dauerhaft haltbar gemachte Nahrung in einer Konserve*[1] **3.** (*umg.*) *Tonträger für Musik* Musik aus der Konserve (statt live)

Kon·ser·ven·büch·se die <-, -n> *luftdicht verschlossene Blechbüchse mit haltbar gemachter Nahrung*

Kon·ser·ven·do·se die <-, -n> (≈ *Konservenbüchse*)

Kon·ser·ven·fa·b·rik die <-, -en> *Fabrik, die Konserven*[2] *produziert*

Kon·ser·ven·glas das <-es, Konservengläser> *luftdicht verschlossenes Glas mit haltbar gemachter Nahrung*

Kon·ser·ven·ver·gif·tung die <-, -en> *Vergiftung aufgrund einer ungenießbar gewordenen Konserve*[2]

kon·ser·vie·ren <konservierst, konservierte, hat konserviert> *mit OBJ* ■ *jmd. konserviert etwas* **1.** (*Lebensmittel*) *durch geeignete Verfahren haltbar machen* **2.** *durch spezielle Behandlung erhalten* Die Fresken hat ein Fachmann konserviert.

Kon·ser·vie·rung die <-> (*kein Plur.*) *das Konservieren*

Kon·ser·vie·rungs·mi·ttel das <-s, -> *chemische Substanz, die man Lebensmitteln zur Haltbarmachung beigibt*

Kon·ser·vie·rungs·stoff der <-(e)s, -e> (≈ *Konservierungsmittel*)

Kon·ser·vie·rungs·ver·fah·ren das <-s, -> *Methode, etwas zu konservieren*

kon·sis·tent *Adj.* **1.** *fest* Man sollte darauf achten, konsistentes Material zu verwenden. **2.** *beständig, stabil* Es wurde versucht, konsistent bleibende Rahmenbedingungen für die Versuchsreihe zu schaffen. **3.** PHILOS. *in sich stimmig* Seine Ausführungen waren so weit konsistent.

Kon·sis·tenz die <-, -en> **1.** *Zusammensetzung, Art, Beschaffenheit* Die Soße war von dicker/flüssiger Konsistenz. **2.** *Stabilität hinsichtlich der Verformbarkeit oder Veränderbarkeit eines Gegenstandes* **3.** *innere Stimmigkeit*

Kon·so·le die <-, -n> **1.** BAUW. *stützender, tragender Mauervorsprung* (*für Bögen, Statuen*) **2.** *tischähnliches Möbelstück mit zwei Beinen, das an der Wand befestigt ist* **3.** *ein Gerät, mit dessen Hilfe man elektronische Spiele auf einem Fernseher spielen kann* ◆ Spiel-

Kon·so·li·da·ti·on die <-, -en> **1.** GEOGR. *Versteifung von Erdkrustenteilen* **2.** WIRTSCH. *Konsolidierung* **3.** RECHTSW. *Vereinigung bestimmter eingeschränkter Rechte an Grundstücken*

kon·so·li·die·ren <konsolidierst, konsolidierte, hat konsolidiert> **I.** *mit OBJ* ■ *jmd. konsolidiert etwas* (WIRTSCH.: *geh.*) *Finanzen festigen, in ihrem Bestand sichern* Der Firmenchef hatte in den vergangenen Jahren die Finanzlage seines Unternehmens konsolidiert. **II.** *mit SICH* ■ *jmd./etwas konsolidiert sich stabil werden* Nach dem Ende des Bürgerkrieges in diesem Land konsolidierten sich allmählich die Verhältnisse.

Kon·so·li·die·rung die <-, -en> *das Konsolidieren*

Kon·so·li·die·rungs·kurs der <-es, -e> *das Bemühen, etwas durch geeignete Maßnahmen zu konsolidieren I*

Kon·so·nant der <-en, -en> (SPRACHWISS.: ↔ *Vokal*) *ein Laut, bei dessen Artikulation der Luftstrom teilweise oder vollständig behindert wird; Mitlaut*

kon·so·nan·tisch <nicht steig.> *Adj.* SPRACHWISS. *in der Art eines Konsonanten* konsonantisch klingend, konsonantisch auslautend

Kon·sor·te der <-n, -n> **1.** *Mitglied eines Konsortiums* **2.** (*abwert.*) *Mitschuldiger, Mittäter*

Kon·sor·ti·um das <-s, Konsortien> WIRTSCH. *vorübergehender Zusammenschluss von Unternehmen zur gemeinsamen Abwicklung von Geschäften*

Kon·s·pi·ra·ti·on die <-, -en> (*geh.*) *Verschwörung*

kon·s·pi·ra·tiv <nicht steig.> *Adj.* **1.** *eine Konspiration planend, vorbereitend* **2.** *einer Konspiration dienend* Die Polizei untersuchte mehrere konspirative Wohnungen.

kon·s·tant *Adj.* **1.** *beständig, gleich bleibend* Das Wasser in dieser Bucht hat im Sommer eine konstante Temperatur von 24 Grad. **2.** *ständig* Wir hatten konstant schönes Wetter. **3.** *beharrlich* Sie weigerte sich konstant, dieses Projekt zu unterstützen.

Kon·s·tan·te die <-, -n> MATH. PHYS. *gleich bleibende Größe*

Kon·s·tanz die <-> (*kein Plur.*) (*geh.*) *Beständigkeit, Unveränderlichkeit*

Kon·s·tanz *Universitäts- und Kreisstadt an der deutsch-schweizerischen Grenze am Bodensee*

kon·s·ta·tie·ren <konstatierst, konstatierte, hat konstatiert> *mit OBJ* ■ *jmd. konstatiert etwas* (*geh.*) **1.** *feststellen, bemerken* Sie konstatierte einige Ungereimtheiten. **2.** *nachdrücklich sagen* Am Ende der Besprechung konstatierte der Chef nochmals, dass …

Kon·s·tel·la·ti·on die <-, -en> **1.** ASTRON. *Stellung der Planeten und des Mondes zur Sonne und zueinander* **2.** *Gesamtsituation, die sich aus dem Zusammentreffen bestimmter Umstände ergibt*

kon·s·ter·niert *Adj.* (*geh.*) *unangenehm überrascht, bestürzt, verblüfft* Nachdem er das Telefonat beendet hatte, verließ er konsterniert den Raum.

Kon·s·ti·tu·en·te die <-, -n> SPACHWISS. *sprachliche Einheit in einem Satz, die durch eine linguistische Analyse* (*Konstituentenanalyse*) *ermittelt wird*

kon·s·ti·tu·ie·ren <konstituierst, konstituierte, hat konstituiert> **I.** *mit OBJ* ■ *jmd. konstituiert etwas gründen* Sie konstituierten einen Verein/ein Komitee/einen neuen Lehrstuhl. **II.** *mit SICH* ■ *jmd./etwas konstituiert sich entstehen, sich bilden, sich zusammenschließen* Die Interessengemeinschaft konstituierte sich bereits vor Monaten.

Kon·s·ti·tu·ti·on die <-, -en> **1.** (*kein Plur.*) *körperliche Verfassung* Seine körperliche Konstitution war nach dem Training hervorragend. **2.** *Gesamterscheinungsbild eines Menschen* Er hatte die Konstitution eines Athleten. **3.** POL. *Verfassung eines Staates* Die Konstitution des amerikanischen Staates hat vielfach auf Europa zurückgewirkt. **4.** *Bezeichnung für einen Erlass in der katholischen Kirche* die apostolische Konstitution

kon·s·ti·tu·ti·o·nell *Adj. die Konstitution betreffend*

kon·s·ti·tu·tiv *Adj. grundlegend, bestimmend* Mathematik ist für den Bereich der Naturwissenschaften konstitutiv.

kon·s·t·ru·ie·ren <konstruierst, konstruierte, hat konstruiert> *mit OBJ* ■ *jmd. konstruiert etwas* **1.** *einen Plan entwerfen und etwas nach diesem Plan bauen* Er konstruiert Autos/Brücken/Schiffe. **2.** MATH. *eine geometrische Figur zeichnen* **3.** (*abwert.*) *auf rein theoretische, künstlich und unglaubwürdig klingende Weise erfinden, herstellen* Sie hat aus den wenigen Forschungsergebnissen eine gewagte Theorie konstruiert., Die Handlung des Buches/das Alibi klingt allzu konstruiert. **4.** SPRACHWISS. *Wörter, Fügungen, Sätze nach den Regeln der Grammatik bilden*

Kon·s·t·rukt das <-(e)s, -e> (*wissenschaftliche*) *Arbeitshypothese, gedanklich konstruiertes Gebilde als Erklärungshilfe*

Kon·s·t·ruk·teur, Kon·s·t·ruk·teu·rin der [kɔnstrʊk'tøːɐ̯] <-s, -e> *Fachmann, der beruflich Objekte konstruiert*[1]

Kon·s·t·ruk·ti·on die <-, -en> **1.** *das Konstruieren*[1] Die Konstruktion dieses Autos hat Unsummen von Geld gekostet. **2.** MATH. *das Konstruieren*[2] Die Schülerin ist mit der Konstruktion eines Dreiecks beschäftigt. **3.** SPRACHWISS. *das Konstruieren*[4] Wir üben heute die Konstruktion von Passivsätzen. **4.** *durch Konstruieren*[1] *entstandenes Objekt* Bei dieser Brücke handelt es sich um eine alte Konstruktion. **5.** SPRACHWISS. *durch Konstruieren*[4] *entstandene sprachliche Einheit* Diese Konstruktion ist grammatisch nicht korrekt. **6.** (*geh.*) *gedanklicher Aufbau* Sie verbrachte Jahre mit der Konstruktion ihrer Theorie.

Kon·s·t·ruk·ti·ons·feh·ler der <-s, -> *Fehler in einer Konstruktion*[4]

kon·s·t·ruk·tiv, kon·s·t·ruk·tiv *Adj.* **1.** *so, dass eine positive Entwicklung gefördert, eine Verbesserung erreicht wird* Ich erwarte bis nächste Woche konstruktive Vorschläge von Ihnen., Ich habe nichts gegen konstruktive Kritik, nur die ewige Nörgelei geht mir auf die Nerven. **2.** *die Konstruktion*[1 2] *betreffend, darauf beruhend* konstruktive Prinzipien

Kon·s·t·ruk·ti·vis·mus der <-> (*kein Plur.*) **1.** *Richtung der Plastik und Malerei der ersten Hälfte des zwanzigsten Jahrhunderts, deren Vertreter einem mathematisch-technischen Gestaltungsprinzip anhingen* **2.** *Richtung innerhalb der russischen Literatur, deren Vertreter sich um die Bedingungen der proletarischen Kunst bemühten* **3.** PHILOS. *eineRichtung innerhalb der Wissenschaftstheorie und Philosophie, deren Vertreter sich auf ein Begründungsverfahren beziehen, das die Herstellbarkeit* (*Konstruierbarkeit*) (*statt bloßer Definierbarkeit*) *von Grundelementen in Mathematik und Physik betont*

Kon·s·t·ruk·ti·vi·tät die <-> (*kein Plur.*) PHILOS. *wissenschaftstheoretischer Begriff für eine Reihe von Kriterien, die eine* (*konstruktive*) *Theorie nach den Vorstellungen des Konstruktivismus*[3] *erfüllen sollte* (*mit Bezug auf ihren Anwendungsbereich, ihre Methoden, ihren Aufbau*)

Kon·sul, Kon·su·lin der <-s, -n> **1.** *jmd., der offiziell die* (*wirtschaftlichen*) *Interessen eines Staates im Ausland vertritt* **2.** GESCH. *einer der beiden obersten Beamten der römischen Republik*

Kon·su·lat das <-(e)s, -e> **1.** *Behörde, Amtsgebäude eines Konsuls*[1] **2.** *Amtszeit eines Konsuls*[2]

Kon·sul·ta·ti·on die <-, -en> **1.** *Beratung durch einen Fachmann* Für seine Konsultationen berechnete mir der Anwalt/der Arzt 200 Euro. **2.** POL. *gemeinsame Beratung* (*zwischen Regierungen, Vertragspartnern*) Die Außenminister der Europäischen Union trafen sich zu Konsultationen in Paris.

kon·sul·tie·ren <konsultierst, konsultierte, hat konsultiert> *mit OBJ* ■ *jmd. konsultiert jmdn./etwas* (*geh.*) **1.** *zurate ziehen, um Rat fragen* Du solltest besser einen Arzt/einen Experten konsultieren. **2.** (*übertr.*) *sich mithilfe eines Wörterbuchs, Lexikons o.Ä. vergewissern* Wenn du nicht weißt, wie man dieses Wort schreibt/ausspricht/trennt, solltest du ein Wörterbuch konsultieren.

Kon·sum, **Kon·sum** der <-s> (*kein Plur.*) *Verbrauch* Wir haben unseren Konsum von Fleisch und Wurst eingeschränkt., Der Konsum von Alkohol/von Zigaretten schadet der Gesundheit.

Kon·sum·ar·ti·kel der <-s, -> *für den (alltäglichen) Konsum bestimmter Artikel*

Kon·su·ma·ti·on die <-, -en> (*österr. schweiz.*) **1.** *das, was man in einer Gastwirtschaft verzehrt hat* **2.** *Zeche*

Kon·sum·den·ken das <-s> (*kein Plur.*) (*oft abwert.*) *die Einstellung eines Menschen, der die Lebensqualität in erster Linie daran bemisst, wie viele Dinge man sich kaufen kann*

Kon·su·ment, **Kon·su·men·tin** der <-en, -en> WIRTSCH. *Verbraucher*

Kon·sum·ge·nos·sen·schaft die <-, -en> *Genossenschaft, die den gemeinsamen Großeinkauf von Lebensmitteln und sonstigen Gütern anstrebt, um sie an ihre Mitglieder in kleinen Mengen günstig abzugeben*

Kon·sum·ge·sell·schaft die <-, -en> (*oft abwert.*) *menschliche Gesellschaft, deren Lebensstil maßgeblich auf die Sicherung und Steigerung des Konsums ausgerichtet ist*

Kon·sum·gü·ter <-> *Plur. Waren, die man im alltäglichen Leben benötigt*

kon·su·mie·ren <konsumierst, konsumierte, hat konsumiert> *mit OBJ* ■ *jmd. konsumiert etwas* (*Lebens-, Genussmittel*) *verbrauchen*

Kon·su·mie·rung die <-> (*kein Plur.*) *das Konsumieren*

Kon·sum·o·ri·en·tiert·heit die <-> (*kein Plur.*) *einseitige Orientierung an den Vorstellungen des Konsumdenkens* ▶konsumorientiert

Kon·sum·tem·pel der <-s, -> (*umg. abwert.*) *großes Einkaufszentrum*

Kon·sum·ter·ror der <-s> (*kein Plur.*) (*abwert.*) *durch die Werbung erzeugter Druck, der den Verbraucher dazu bringen soll, ständig mehr Dinge als eigentlich nötig zu kaufen*

Kon·sum·ver·hal·ten das <-s> (*kein Plur.*) *die Art und Weise, Konsumgüter zu ge- und verbrauchen*

Kon·sum·ver·zicht der <-s> (*kein Plur.*) *Verzicht auf den Kauf kurzlebiger Konsumgüter (und die Konzentration auf nachhaltige Güter)*

Kon·takt der <-(e)s, -e> **1.** *durch Gespräche und Treffen aufrecht erhaltene Verbindung, Beziehung (zu Freunden oder Bekannten)* Auch Jahre nach dem Abitur hält er den Kontakt zu seinen ehemaligen Mitschülern aufrecht., Ich habe jeglichen Kontakt zu ihr verloren., Die Polizei versuchte mit den Entführern Kontakt aufzunehmen. **2.** (*geh.*) *Berührung* Sorgen Sie durch entsprechende Schutzkleidung dafür, dass die Haut nicht mit dem Pflanzenschutzmittel in Kontakt kommt! **3.** ELEKTROTECHN. *das Sichberühren Strom führender Teile, meist zur Herstellung einer Strom leitenden Verbindung* Der Bügel der Lok hat keinen Kontakt mit der Oberleitung. **4.** ELEKTROTECHN. *Vorrichtung zum Schließen eines Stromkreises* Er musste die Kontakte reinigen/erneuern/auswechseln. ◆ Getrenntschreibung→R 4.3, R 4.12 Kontakt suchend

Kon·takt·ab·zug der <-s, Kontaktabzüge> FOT. *Vervielfältigung eines Bildes in der Größe des Negativs*

Kon·takt·an·zei·ge die <-, -n> *eine Zeitungsanzeige, mit der jmd. eine persönliche Bekanntschaft (oder eine sexuelle Beziehung) sucht*

kon·takt·arm <nicht steig.> *Adj.* (↔ *kontaktfreudig*) *so, dass es einem Menschen schwer fällt, Verbindungen zu anderen Menschen aufzubauen*

Kon·takt·auf·nah·me die <-, -n> *der Vorgang, dass jmd. mit jmdm. in Kontakt*[1] *tritt*

Kon·takt·be·am·te, **Kon·takt·be·am·tin** der <-n, -n> *Revierpolizist*

Kon·takt·be·lich·tung die <-, -en> *ein Verfahren beim Kopieren, wobei die Belichtung durch die einseitig beschriftete Vorlage hindurch auf die lichtempfindliche Schicht des Kopierpapiers erfolgt*

Kon·takt·bild·schirm der <-(e)s, -e> (EDV: ≈ *Touchscreen*) *ein Bildschirm, über dessen Oberfläche sich durch Berühren Programme bedienen lassen*

Kon·takt·bör·se die <-, -n> *Treffen von Kapitalgebern und Ideenhabern*

Kon·takt·der·ma·ti·tis die <-> (*kein Plur.*) (MED.: ≈ *Kontaktekzem*)

Kon·takt·ek·zem das <-s, -e> MED. *gerötete, angeschwollene Hautstellen (meist verbunden mit Juckreiz und Bläschenbildung), die sich durch direkten Kontakt mit einem hautreizenden oder hautschädigenden Stoff bilden*

Kon·takt·frau die <-, -en> *s.* **Kontaktmann**

kon·takt·freu·dig *Adj.* (↔ *kontaktarm*) *so, dass man gern andere Menschen kennen lernt, gesellig*

Kon·takt·gift das <-(e)s, -e> *ein chemischer Stoff, der bei Berührung (eines Schädlings) tödlich wirkt* DDT war eine Zeit lang ein im Handel erwerbbares Kontaktgift.

Kon·takt·hof der <-s, Kontakthöfe> *Innenhof eines Eroscenters, wo sich der Kontakt zwischen Prostituierten und Freiern anbahnen kann*

kon·tak·tie·ren <kontaktierst, kontaktierte, hat kontaktiert> *mit OBJ* ■ *jmd. kontaktiert jmdn. mit jmdm. Kontakt aufnehmen*

Kon·takt·kle·ber der <-s, -> *ein Klebstoff, der dann besonders wirksam ist, wenn die bestrichenen Flächen erst dann zusammengebracht werden, wenn das enthaltene Lösungsmittel verdunstet ist*

Kon·takt·lin·se die <-, -n> (*meist Plur.*) *Sehhilfe in Form von einem Paar Kunststofflinsen, die direkt auf den Augen getragen werden*

kon·takt·los <nicht steig.> *Adv. ohne (sozialen) Kontakt* ▶Kontaktlosigkeit

Kon·takt·mann, **Kon·takt·frau** der <-(e)s, Kontaktmänner/Kontaktleute> *Verbindungsmann oder -frau einer Werbeabteilung, der/die Öffentlichkeitsarbeit leistet*

Kon·takt·me·ta·mor·pho·se die <-, -n> *physika-*

lisch-chemische Änderungen im Nebengestein von aufsteigender Magma (flüssiges Gestein eines Vulkans) durch die hohen Temperaturen und die aggressiven Dämpfe

kon·takt·scheu *Adj.* (↔ *kontaktfreudig*) *menschliche Kontakte scheuend*

Kon·takt·sper·re die <-, -n> RECHTSW. *Unterbrechung jeglicher Verbindung von bestimmten Gefangenen untereinander und zur Außenwelt, einschließlich des schriftlichen und mündlichen Verkehrs mit dem Verteidiger*

Kon·takt·stu·di·um das <-s> (*kein Plur.*) *weiterbildendes Studium für Erwachsene, das den Kontakt zur wissenschaftlichen Forschung herstellen oder aufrechterhalten soll*

Kon·ta·mi·na·ti·on die <-, -en> (*fachspr.*) *Verunreinigung,* (*radioaktive*) *Verseuchung*

Kon·tem·p·la·ti·on die <-, -en> (*meist Sing.*) (*geh.*) *konzentriertes Nachdenken, geistige Versenkung*

kon·tem·p·la·tiv <nicht steig.> *Adj. beschaulich, besinnlich, in sich gekehrt*

Kon·ten <-> (*Plur. von „Konto"*)

Kon·ter der <-s, -> SPORT *nach einer erfolgreichen Abwehr schnell eingeleiteter Gegenangriff* Der Konter führte zu einem Tor.

Kon·ter·fei das <-s, -s> (*veralt. oder scherzh.*) *Bild, Fotografie von jmdm.*

kon·tern <konterst, konterte, hat gekontert> *ohne OBJ* ■ *jmd. kontert* (*jmdm.*) (*mit etwas Dat.*) **1.** *schlagfertig entgegnen, zurückweisen* „Ich bin zwar für die Organisation des Gartenfestes, aber nicht für das Wetter verantwortlich ", konterte sie., Derart in die Enge getrieben, konterte er mit der Bemerkung, dass … **2.** SPORT *aus der Defensive einen schnellen Gegenangriff einleiten*

Kon·ter·re·vo·lu·ti·on die <-, -en> (≈ *Gegenrevolution*)

Kon·ter·re·vo·lu·ti·o·när der <-s, -e> *jmd., der an einer Gegenrevolution aktiv teilnimmt*

Kon·ter·schlag der <-s, Konterschläge> *Gegenschlag* (*auf eine Attacke*)

Kon·text der <-(e)s, -e> **1.** SPRACHWISS. *sprachlicher oder außersprachlicher Zusammenhang, in dem eine Äußerung vorkommt* Aus dem Kontext gerissen, erhält dieses Zitat eine völlig andere Bedeutung. **2.** (*geh.*) *Zusammenhang* Man sollte diese Ereignisse im geschichtlichen Kontext betrachten.

Kon·ti·nent, **Kon·ti·nent** der <-(e)s, -e> **1.** (≈ *Erdteil*) Wie heißen die sechs Kontinente? **2.** (*kein Plur.*) *Europa* (*im Gegensatz zu Großbritannien*) Der Engländer erzählte mir, dass er dieses Jahr auf dem Kontinent Urlaub machen wolle.

kon·ti·nen·tal <nicht steig.> *Adj. den Kontinent betreffend, zu ihm gehörig, auf ihm vorkommend*

Kon·ti·nen·tal·kli·ma das <-s> (*kein Plur.*) GEOGR. *das für das Innere von großen Landmassen typische Klima mit warmen Sommern, kalten Wintern und maßvollen Niederschlagsmengen*

Kon·ti·nen·tal·ver·schie·bung die <-> (*kein Plur.*) *die langsame Verschiebung der Kontinente auf dem Erdball*

Kon·tin·gent das <-(e)s, -e> **1.** *die Menge, Zahl oder Leistung, die anteilmäßig zugeteilt oder erbracht werden muss* Für die Fans der Gastmannschaft steht ein Kontingent von 5000 Karten zur Verfügung. **2.** MILIT. *Truppenkontingent*

Kon·ti·nua <-> (*Plur. von „Kontinuum"*)

kon·ti·nu·ier·lich *Adj.* (*geh.*) *ununterbrochen, stetig* Im Verlauf des Turniers hatte sich die Mannschaft kontinuierlich gesteigert.

Kon·ti·nu·i·tät die <-> (*kein Plur.*) (*geh.*) *Stetigkeit, gleichmäßiger Fortgang*

Kon·ti·nu·um das <-s, Kontinua/Kontinuen> *lückenlos Zusammenhängendes* In diesem Buch geht es um das Kontinuum der Zeit.

Kon·to das <-s, Konten> **1.** BANKW. *für einen Kunden bei einer Bank geführte Aufstellung über das Guthaben oder die Schulden sowie die Zahlungen und Einnahmen dieses Kunden* Jedes Konto hat eine Soll- und eine Habenseite., Ich habe die Nummer meines Kontos vergessen., Er hat viel/wenig Geld auf seinem Konto., Sie muss noch Geld von ihrem Konto abheben. ◆ Giro-, Spar-, -abrechnung, -führung, -führungsgebühr **2.** ■ **auf jemandes Konto** (*umg.*): *auf* (*jmds.*) *Rechnung* Die nächste Runde geht auf mein Konto. **auf jemandes Konto, auf das Konto einer Sache gehen/kommen** (*umg.*): *für etwas verantwortlich sein* Der Gegentreffer geht eindeutig auf das Konto des Torwarts.

Kon·to·ab·schluss der <-es, Kontoabschlüsse> BANKW. *die Darstellung aller ein Konto betreffenden Daten bei seiner Schließung*

Kon·to·aus·zug der <-(e)s, Kontoauszüge> BANKW. WIRTSCH. *Ausdruck einer Bank, auf dem die Kontenbewegungen der letzten Zeit und der aktuelle Kontostand verzeichnet sind*

Kon·to·be·we·gung die <-, -en> BANKW. *Zu- oder Abgang von Geld auf einem Konto*

Kon·to·buch das <-s, Kontobücher> WIRTSCH. *Buch, in dem die Konten der Kunden und Lieferanten aufgeführt sind*

Kon·to·füh·rung die <-> (*kein Plur.*) BANKW. *das Führen eines Kontos durch ein Bankinstitut*

Kon·to·füh·rungs·ge·bühr die <-, -en> BANKW. *die von einem Bankinstitut erhobenen Gebühren für die Kontoführung*

Kon·to·in·ha·ber, **Kon·to·in·ha·be·rin** der <-s, -> BANKW. *Inhaber eines Kontos*

Kon·to·kor·rent das <-s, -e> WIRTSCH. **1.** *der Bereich der Buchführung, der die Konten der Abnehmer und Lieferanten umfasst* **2.** *eine kaufmännische Abrechnungsweise zwischen Personen, die miteinander in Geschäftsbeziehung stehen und bei der die gegenseitigen Ansprüche und Leistungen einander gegenüber gestellt werden*

Kon·to·num·mer die <-, -n> *die einem Konto zugewiesene, es identifizierende Nummer*

Kon·tor das <-s, -e> *Niederlassung eines Handelsunternehmens, einer Reederei im Ausland*

Kon·to·rist, **Kon·to·ris·tin** der <-en, -en> *kaufmännischer Angestellter für einfache Verwal-*

tungsarbeiten

Kon·to·stand der <-(e)s, Kontostände> BANKW. *Höhe der Summe, die augenblicklich auf der Soll- oder Habenseite eines Kontos steht*

Kon·to·ü·ber·zie·hung, **Kon·to·ü·ber·zie·hung** die <-, -en> BANKW. *der Vorgang, dass jmd. mehr von seinem Konto abhebt als er einzahlt und somit Schulden macht*

Kon·t·ra das <-s, -s> *Ansage bei bestimmten Kartenspielen* ■ **jemandem Kontra geben** (*umg.*): *jmdm. heftig widersprechen*

kon·t·ra, *a.* **con·t·ra** *Präp. + Akk.* RECHTSW. *gegen* Hiermit ist die Verhandlung Meier kontra Müller eröffnet.

Kon·t·ra·bass der <-es, Kontrabässe> (≈ *Bassgeige*) *ein größeres, tief gestimmtes Saiteninstrument*

Kon·t·ra·hent, **Kon·t·ra·hen·tin** der <-en, -en> **1.** (*geh.*) *Gegner, Gegenspieler* Der Sportler konnte sich gegen seine Kontrahenten klar durchsetzen., Bei der öffentlichen Diskussion um das Für und Wider von Atomkraft gerieten die Kontrahenten heftig aneinander. **2.** RECHTSW. *Vertragspartner*

Kon·t·ra·in·di·ka·ti·on die <-, -en> MED. *Gegenanzeige, bei welcher das Medikament nicht verabreicht werden darf*

kon·t·ra·in·di·ziert <nicht steig.> *Adv.* MED. *so, dass bei einem Medikament Kontraindikation besteht*

Kon·trakt der <-(e)s, -e> **1.** (≈ *Vertrag*) (*schriftliche*) *Vereinbarung, in der eine bestimmte Sache rechtsgültig zwischen zwei Parteien geregelt wird* Das Theater hat mit dem Schauspieler einen Kontrakt abgeschlossen. **2.** *ein Dokument, in dem ein Kontrakt[1] ausgearbeitet ist* Sie hat den Kontrakt unterschrieben.

Kon·t·rak·ti·on die <-, -en> MED. *das Sichzusammenziehen eines Muskels*

kon·t·ra·pro·duk·tiv *Adj. bestimmten Interessen entgegenstehend und damit bestimmte Ergebnisse verhindernd* Sein Vorgehen ist in diesem Fall äußerst kontraproduktiv.

Kon·t·ra·punkt der <-(e)s, -e> **1.** MUS. *die Kunst, in einer Komposition mehrere Stimmen selbstständig zu führen, so dass die Stimmen einander intervallmäßig Note um Note genau zugeordnet sind* Bach war ein Meister des Kontrapunkts. **2.** (*geh.*) *ein Gegenpol zu etwas anderem*

kon·t·ra·punk·tisch <nicht steig.> *Adj.* MUS. *in der Art des Kontrapunkts[1]*

kon·t·rär *Adj.* (*geh.*) *gegenteilig, gegensätzlich* Wir war in diesem Punkt völlig konträrer Ansicht.

Kon·t·rast der <-(e)s, -e> **1.** *auffälliger Unterschied, starker Gegensatz* Der Kontrast zwischen dem, was er sagte und dem, was er tat, hätte nicht größer sein können. **2.** FOTOGR. FILM *Helligkeitsunterschied* an einem Bildschirm den Kontrast einstellen

kon·t·ras·tie·ren <kontrastierst, kontrastierte, hat kontrasitert> *mit OBJ* ■ *jmd. kontrastiert etwas mit etwas Akk.* (*geh.*) *einen Kontrast[1] schaffen* Der Autor kontrastiert die schöne Welt der Werbung mit der Realität.

kon·t·ras·tiv SPRACHWISS. *vergleichend, gegenüberstellend* Er beschäftigt sich mit kontrastiver Grammatik.

Kon·t·rast·mit·tel das <-s, -> MED. *ein vor einer Röntgenuntersuchung dem Patienten verabreichter Stoff, der bewirkt, dass das zu untersuchende Gewebe auf dem Röntgenbild besser sichtbar ist*

Kon·t·rast·pro·grammm das <-s, -e> *eine öffentliche Veranstaltung oder Fenseh- oder Rundfunksendung, die bewusst eine Alternative zu einer anderen Veranstaltung oder Sendung sein will*

Kon·t·rast·reg·ler der <-s, -> *Regelungsfunktion an einem Computer- oder Fernsehbildschirm, die erlaubt, den Helligkeitskontrast zwischen den Zeichen und ihrem Hintergrund zu variieren*

kon·t·rast·reich *Adj. reich an Kontrasten* Dem Zirkusbesucher wird ein kontrastreiches Programm geboten.

kon·t·ra·zep·tiv *Adv.* (*fachspr.*) *empfängnisverhütend*

Kon·t·ra·zep·ti·vum das <-s, Kontrazeptiva> (*fachspr.*) *Empfängnisverhütungsmittel*

Kon·tri·bu·ti·on die <-, -en> *nach dem Völkerrecht die von der Bevölkerung eines Gebietes erhobene Steuer zur Finanzierung des Besatzungsheeres*

Kon·t·roll·ab·schnitt der <-(e)s, -e> *von einer Eintrittskarte abtrennbarer Abschnitt*

Kon·t·roll·aus·schuss der <-es, Kontrollausschüsse> *Ausschuss, der sich mit Fragen der Kontrolle von etwas befasst*

Kon·t·rol·le die <-, -n> **1.** *Aufsicht, dauerhafte Überprüfung* Computer sind unerlässlich für die technische Kontrolle des Kraftwerks. **2.** *Überprüfung, der jmd. oder etwas unterzogen wird* Die Polizei kündigte an, regelmäßige/strenge/gründliche Kontrollen durchzuführen. **3.** *Herrschaft über etwas* In einer Kurve verlor der Fahrer die Kontrolle über das Fahrzeug/geriet das Fahrzeug außer Kontrolle.

Kon·t·rol·leur, **Kon·t·rol·leu·rin** der [kɔntrɔˈløːɐ̯] <-s, -e> *jmd., der* (*beruflich*) *etwas kontrolliert* Die Kontrolleurin ließ sich die Fahrkarten/Eintrittskarten zeigen.

Kon·t·roll·gang der <-(e)s, Kontrollgänge> *Rundgang, auf dem jmd. etwas kontrolliert[1]*

Kon·t·roll·grup·pe die <-, -n> *diejenige Gruppe, die bei sozialpsychologischen Experimenten an einem leicht variierten Experiment teilnimmt, um den Unterschied zum eigentlichen Verlauf des Experiments an der Experimentiergruppe zu verdeutlichen*

kon·t·rol·lier·bar <nicht steig.> *Adj.* **1.** *beherrschbar* Es gibt ein Risiko, aber es ist kontrollierbar. **2.** *nachprüfbar* Es ist heute kaum mehr kontrollierbar, ob …

kon·t·rol·lie·ren <kontrollierst, kontrollierte, hat kontrolliert> *mit OBJ* ■ *jmd./etwas kontrolliert jmdn./etwas* **1.** (≈ *überprüfen*) *durch bestimmte Methoden genau prüfen, dass etwas einen be-*

stimmten Zustand hat Mitarbeiter kontrollieren die gleich bleibende Qualität unserer Produkte., An der Grenze wurde unser Gepäck kontrolliert., Die gleich bleibende Warenqualität wird durch ein computergesteuertes Prüfsystem kontrolliert. **2.** (≈ *beherrschen, lenken*) *Kontrolle[3] über etwas ausüben* Der Konzern kontrolliert inzwischen den gesamten Markt., Auf der spiegelglatten Fahrbahn konnte der Fahrer seinen Wagen nicht mehr kontrollieren und schleuderte in den Graben.

kon·t·rol·liert <kontrollierter, am kontrolliertesten> (*Part. Perf. zu „kontrollieren"*) *Adv. unter Kontrolle* In der Öffentlichkeit verhält er sich kontrollierter als in der privaten Sphäre.

Kon·t·roll·kom·mis·si·on die <-, -en> *zur Kontrolle[1] von etwas eingesetzte Kommission*

Kon·t·roll·lam·pe die <-, -n> *an einem technischen Gerät angebrachtes Lämpchen, dessen Brennen anzeigt, dass das Gerät eingeschaltet ist*

Kon·t·roll·leuch·te die <-, -n> *Lampe auf dem Armaturenbrett einer Maschine (Auto, Flugzeug, Lokomotive ...) oder eines Steuerungspultes, die sich bei einer Funktionsstörung automatisch einschaltet*

Kon·t·roll·maß·nah·me die <-, -n> *eine gezielt eingesetzte Kontrolle* Nach dem Zugunglück wurde eine Kontrollmaßnahme an allen Rädern dieses Zugtyps eingeleitet.

Kon·t·roll·num·mer die <-, -n> *eine Nummer, die etwas als Zeichen dafür bekommt, dass es unter einem bestimmten Aspekt kontrolliert worden ist*

Kon·t·roll·or·gan das <-s, -e> *Behörde, die mit Kontrollaufgaben beschäftigt ist*

Kon·t·roll·rat der <-s> (*kein Plur.*) *Bezeichnung für das am 8. August 1945 gebildete oberste Regierungsorgan, das die vier Besatzungsmächte (England, Frankreich, Russland, USA) über Deutschland einsetzten, um ein einigermaßen einheitliches Vorgehen im besetzten Deutschland zu gewährleisten*

Kon·t·roll·stem·pel der <-s, -> *Stempel, der zum Zeichen dafür, dass etwas unter einem bestimmten Aspekt kontolliert worden ist, aufgedrückt wird* Der Kontrollstempel auf den Waren beweist, dass sie durch die Warenkontrolle gegangen sind.

Kon·t·roll·turm der <-(e)s, Kontrolltürme> (≈ *Tower*) *ein Gebäude auf einem Flughafen, von dem aus der Flugverkehr überwacht wird*

Kon·t·roll·uhr die <-, -en> *Gerät, das Arbeitszeiten, Parkzeiten o.Ä. anzeigt, d.h. die Anfangszeit, die Endzeit und die Zeitdauer des Arbeitens, Parkens usw.*

Kon·t·roll·ver·merk der <-s, -e> *ein Zeichen oder eine kurze Notiz, die zum Zeichen dafür auf etwas geschrieben sind, dass jmd. oder etwas unter einem bestimmten Aspekt kontrolliert worden sind* Beim Grenzübertritt machte der Grenzpolizist einen Kontrollvermerk in meinen Pass.

Kon·t·roll·zen·t·rum das <-s, Kontrollzentren> *der Ort (mit seinen technischen Einrichtungen), von dem aus Raumflüge überwacht und geleitet werden* das Kontrollzentrum der NASA in Houston

kon·t·ro·vers *Adj.* (*geh.*) **1.** *entgegengesetzt* In dieser Angelegenheit vertreten die beiden kontroverse Standpunkte. **2.** (≈ *umstritten*) *so, dass über etwas heftig diskutiert wird und keine Einigkeit darüber besteht* In der Diskussion ging es um die kontroverse These, ob ...

Kon·t·ro·ver·se die <-, -n> (*geh.*) *Auseinandersetzung* Der Vorschlag löste eine heftige Kontroverse aus.

Kon·tur die <-, -en> (*meist Plur.*) *die Linie, die entsteht, wenn man den äußeren Rand von etwas nachzeichnet* Auf dem unterbelichteten Bild kann man nur Konturen erkennen.

Kon·tu·ren·stift der <-s, -e> *Stift zum Nachzeichnen der Konturen der Lippen*

kon·tu·rie·ren <konturierst, konturierte, hat konturiert> *mit OBJ* ■ *jmd. konturiert etwas Konturen zeichnen*

Ko·nus der <-, -se> MATH. *kegelförmiger Körper*

Kon·vek·ti·on die <-, -en> PHYS. **1.** *Strömungsbewegung in Gasen oder Flüssigkeiten* **2.** *Bezeichnung für eine vertikale Luftbewegung*

Kon·vek·ti·ons·hei·zung die <-, -en> *eine Heizung, deren Heizkörper (mit Lamellen) mit Konvektion[2] arbeiten, d.h. die einen Luftstrom dadurch in Gang setzen , dass die erwärmte Luft nach oben steigt und kalte Luft nachzieht*

Kon·vek·tor der <-s, -en> *Heizkörper (als Teil einer Konvektionsheizung)*

Kon·vent der <-(e)s, -e> **1.** REL. *Versammlung der (stimmberechtigten) Mitglieder eines Klosters* **2.** *eine Zusammenkunft von Pfarrern* **3.** *ein Gremium an einer Hochschule*

Kon·ven·ti·on die <-, -en> **1.** (*völkerrechtliches*) *Abkommen* eine Konvention zum Schutz der Menschenrechte, die Genfer Konvention **2.** (*meist Plur.*) *als Norm traditionell anerkannte, gesellschaftliche Verhaltensregel* Er hat sich über alle Konventionen hinweggesetzt.

Kon·ven·ti·o·nal·stra·fe die <-, -n> RECHTSW. *eine (bei Abschluss eines Vertrages festgelegte) Geldsumme, die ein Vertragspartner bezahlen muss, wenn er die im Vertrag beschriebene Leistung nicht zum vereinbarten Termin erbringt*

kon·ven·tio·nell *Adj.* **1.** (*geh.* ↔ *unkonventionell*) *den Konventionen[2] entsprechend, herkömmlich* Er vertritt konventionelle Ansichten. **2.** (≈ *förmlich*) Auf dem Fest ging es sehr konventionell zu. **3.** MILIT. *verwendet, um alle Waffen zu bezeichnen, die nicht zu den chemischen, biologischen und Kernwaffen gehören* Der Krieg wurde mit konventionellen Waffen geführt.

kon·ver·gent *Adj.* **1.** (*geh.*) *übereinstimmend* Wie sich herausstellte, verfolgten wir konvergente Ziele. **2.** MATH. *die Eigenschaft einer unendlichen Reihe, einem endlichen Grenzwert zuzustreben*

Kon·ver·genz <-, -en> **1.** (*geh.*) *Übereinstimmung (von Meinungen, Zielen)* **2.** MATH. *konvergentes[2] Verhalten* **3.** PSYCH. *das Zusammenwirken von Umwelt und Anlage als Prinzip individueller*

K

Entwicklung **4.** BIOL. *Bezeichnung für die Ausbildung ähnlicher Merkmale hinsichtlich ihrer Gestalt und Organisation bei genetisch verschiedenen Lebewesen* Die spindelformigen Körperformen bei Fischen und im Wasser lebenden Säugetieren sind ein Beispiel für das Phänomen der Konvergenz in der Biologie.

Kon·ver·genz·kri·te·ri·um das <-s, -en> MATH. *ein Nachweis der Konvergenz einer Folge oder Reihe nach dem Satz von Cauchy, dass eine Folge oder Reihe dann konvergent ist, wenn der Unterschied der Folgeglieder mit genügend großer Positionszahl beliebig klein wird*

kon·ver·gie·ren <konvergiert, konvergierte, hat konvergiert> *ohne OBJ* ■ *etwas konvergiert* (*fachspr.*) *etwas verhält sich so, dass es die Eigenschaften der Konvergenz erfüllt* Die Entwicklungen von A und B konvergieren.

Kon·ver·sa·ti·on die <-, -en> (*meist Sing.*) (*geh.* ≈ *Unterhaltung*) *ein Gespräch von häufig oberflächlichem Charakter, das nur zur Unterhaltung geführt wird* Ich habe nichts gegen eine geistreiche/gepflegte Konversation.

Kon·ver·sa·ti·ons·le·xi·kon das <-s, Konversationslexika> (*veralt.*) *Enzyklopädie*

Kon·ver·si·on die <-, -en> **1.** SPRACHWISS. *der Übertritt eines Wortes in eine andere Wortart, ohne dass damit eine formale Änderung des Wortes verbunden ist* **2.** *Umstellung eines Rüstungskonzerns auf die Produktion ziviler Produkte* **3.** REL. *Wechsel von einer Konfession zu einer anderen* **4.** PSYCH. *Umsetzung einer seelischen Erregung in ein körperliches Symptom* **5.** RECHTSW. *die Umdeutung eines aus Formgründen nichtigen Rechtsgeschäfts in ein rechtsgültiges, wenn das letztere bestimmten formalen Kriterien genügt*

Kon·ver·ter der <-s, -> *ein Industrieofen, der um die Horizontalachse drehbar ist* Die Thomas-Birne in der Stahlerzeugung ist ein Beispiel für einen Konverter.

kon·ver·tie·ren <konvertierst, konvertierte, hat/ist konvertiert> **I.** *mit OBJ* (*haben*) **1.** ■ *jmd. konvertiert etwas in etwas Akk.* WIRTSCH. *eine Währung in eine andere umtauschen* Er konvertiert Euro in US-Dollar. **2.** ■ *jmd. konvertiert etwas* (*in etwas Akk.*) EDV *eine Datei so verändern, dass sie mit einem anderen Programm geöffnet und bearbeitet werden kann* Du musst die Daten konvertieren, sonst kann ich sie nicht in meiner Datenbank laden. **II.** *ohne OBJ* ■ *jmd. konvertiert* (*zu etwas Dat.*) (REL.: *haben/sein*) *von einem Glauben zum anderen übertreten* Er konvertierte zum Christentum/Judentum/Islam.

Kon·ver·tit, **Kon·ver·ti·tin** der <-en, -en> REL. *jmd., der seinen Glauben wechselt*

kon·vex <nicht steig.> *Adj.* (↔ *konkav*) *nach außen gewölbt* Die Linse ist konvex.

Kon·vex·lin·se die <-, -n> (≈ *Sammellinse*) *eine konvex gekrümmte Linse*

Kon·vex·spie·gel der <-s, -> *ein nach außen gewölbter Spiegel*

Kon·vikt das <-(e)s, -e> **1.** *Stift* **2.** (*österr.*) *katholisches Internat*

Kon·voi, **Kon·voi** der <-s, -s> **1.** *zusammenhängende Fahrzeugkolonne* Die große Hochzeitsgesellschaft fuhr im Konvoi von der Kirche ins Restaurant. **2.** MILIT. *Kraftfahrzeuge oder Schiffe, die in einem Verband zusammen mit Schutzfahrzeugen unterwegs sind* ◆ Militär-

Kon·vo·lut das <-(e)s, -e> (*geh.*) **1.** *Bündel von Schriftstücken oder Drucksachen* **2.** *Sammelband, Sammelmappe*

Kon·zen·t·rat das <-(e)s, -e> CHEM. *eine* (*flüssige*) *Substanz, in der ein Bestandteil in hoher Konzentration enthalten ist* Dieser Orangensaft ist mit (Orangen-) Konzentrat hergestellt.

Kon·zen·tra·ti·on die <-, -en> **1.** (*kein Plur.*) *Zustand großer* (*geistiger*) *Aufmerksamkeit* Diese Aufgabe verlangt höchste Konzentration., Sie kann stundenlang mit hoher Konzentration arbeiten. **2.** (*kein Plur.*) *die Fähigkeit, sehr aufmerksam zu sein, sich zu konzentrieren II.1* Meine Konzentration lässt allmählich nach. **3.** (*kein Plur.*) *Bündelung der geistigen Aufmerksamkeit auf eine bestimmte Aufgabe hin* Jetzt ist die Konzentration aller Kräfte/Gedanken auf dieses Ziel nötig. **4.** *Vereinigung, Verdichtung* Die Fusion der Großbanken führte zu einer Konzentration der wirtschaftlichen Macht. **5.** CHEM. *der Anteil eines Stoffes in einem Gemisch* Hierzu wird Schwefelsäure in hoher Konzentration verwendet.

Kon·zen·t·ra·ti·ons·fä·hig·keit die <-> (*kein Plur.*) (≈ *Konzentration*[2]) *die Fähigkeit, seine Aufmerksamkeit sehr intensiv auf eine Sache zu richten*

Kon·zen·t·ra·ti·ons·la·ger das <-s, -> GESCH. (*von den Nationalsozialisten errichtetes*) *Lager, in das Menschen aufgrund ihrer rassischen Zugehörigkeit beziehungsweise ihrer religiösen oder politischen Überzeugung gesperrt wurden, um dort unter menschenunwürdigen Bedingungen gefangen gehalten und ermordet zu werden*

Kon·zen·t·ra·ti·ons·schwä·che die <-, -n> MED. PSYCH. *Beeinträchtigung der Konzentrationsfähigkeit*

kon·zen·t·rie·ren <konzentrierst, konzentrierte, hat konzentriert> **I.** *mit OBJ* **1.** ■ *jmd. konzentriert etwas auf etwas Akk. alle Aufmerksamkeit auf einen Gedanken oder ein Ziel lenken* Wir müssen bei der Entwicklung des neuen Autos unsere Anstrengungen darauf konzentrieren, den Kraftstoffverbrauch auf ein Minimum zu senken. **2.** ■ *jmd. konzentriert jmdn. irgendwo auf engem Raum sammeln, zusammenziehen* Die Streitkräfte wurden an der Grenze konzentriert. **II.** *mit SICH* **1.** ■ *jmd. konzentriert sich intensiv über etwas oder jmdn. nachdenken* Sei bitte still, ich muss mich konzentrieren. **2.** ■ *jmd. konzentriert sich auf etwas Akk. sich mit hoher Intensität und Aufmerksamkeit einer Sache widmen* In den kommenden Wochen werde ich mich auf die Prüfungsvorbereitung konzentrieren.

kon·zen·t·riert (*Part. Perf. zu „konzentrieren"*) *Adj.* **1.** (≈ *aufmerksam*) *mit Konzentration*[1] Er hörte konzentriert zu. **2.** *so, dass es in großer Menge oder Intensität vorhanden ist* Der Versand bietet ein konzentriertes Angebot von CDs. **3.** CHEM. *so, dass es eine bestimmte Konzentration[5] aufweist*

kon·zen·t·risch *Adj.* MATH. *so, dass Kreise den gleichen Mittelpunkt haben* Wenn man einen Stein ins Wasser wirft, bilden sich auf der Wasseroberfläche konzentrische Kreise.

Kon·zept das <-(e)s, -e> **1.** (*skizzenhafter*) *Entwurf* (*für eine größere Arbeit, einen längeren Text o.Ä.*) Das Konzept für seine Diplomarbeit hat er bereits fertig gestellt. **2.** *konkreter Plan für ein größeres und längerfristiges Vorhaben* Der Abteilungsleiter hat ein völlig neues Konzept entworfen/präsentiert/realisiert/vorgestellt. ◆ Marketing-, Vertriebs-, Werbe- **3.** ■ **aus dem Konzept geraten/kommen**: *bei einer Tätigkeit oder beim Reden vergessen, was man eigentlich tun oder sagen wollte* **jemanden aus dem Konzept bringen**: *jmdn. ablenken* **jemandem nicht ins Konzept passen**: *mit jmds. Plänen nicht übereinstimmen*

Kon·zept·hal·ter der <-s, -> *eine Vorrichtung, mit der man am Schreibtisch oder am Computer die Blätter, auf denen etwas notiert wurde, in einer Schräglage so aufstellen kann, dass man Rücken und Nacken beim Lesen schonen kann*

Kon·zep·ti·on die <-, -en> *Konzept*[2] Er musste die Konzeption seiner Doktorarbeit mehrmals ändern.

kon·zep·ti·o·nell <nicht steig.> *Adj.* (*geh.*) *die Konzeption betreffend* Das Projekt hat konzeptionelle Schwächen.

Kon·zept·pa·pier das <-(e)s, -e> **1.** (*kein Plur.*) *Schreibpapier für Konzepte*[1] **2.** *schriftlich ausgearbeitetes Konzept*[2]

Kon·zern der <-s, -e> WIRTSCH. *ein Zusammenschluss von gleichartigen, rechtlich selbstständigen Unternehmen mit gemeinsamer Leitung und Verwaltung* ◆ Industrie-, Rüstungs-

Kon·zern·füh·rung die <-, -en> *Leitung eines Konzerns*

Kon·zern·mut·ter die <-, Konzernmütter> *Muttergesellschaft eines Konzerns*

Kon·zern·toch·ter die <-, Konzerntöchter> *Tochtergesellschaft eines Konzerns*

Kon·zern·um·satz der <-es, Konzernumsätze> *der Umsatz eines Konzerns*

Kon·zern·zen·t·ra·le die <-, -n> *Bürokomplex, in dem sich die Leitung eines Konzerns befindet*

Kon·zert das <-(e)s, -e> **1.** *eine Veranstaltung, bei der Musik öffentlich aufgeführt wird* Er besuchte am Wochenende ein Konzert der Rolling Stones/der Wiener Philharmoniker. ◆ -besucher, -halle, Jazz-, Klavier-, Live-, Rock- **2.** *musikalische Gattung* Der zeitgenössische Komponist hat mehrere Konzerte für Klavier und Orchester geschrieben.

kon·zer·tant <nicht steig.> *Adj.* MUS. *wie ein Konzert* Die konzertante Aufführung der Oper wurde im Fernsehen übertragen.

Kon·zert·gi·tar·re die <-, -en> MUS. *eine Form der akustischen Gitarre, die geeignet ist, Konzertliteratur für Gitarre solo oder mit einem Ensemble zusammen zu spielen*

kon·zer·tie·ren <konzertierst, konzertierte, hat konzertiert> *ohne OBJ* ■ *jmd. konzertiert jmd. spielt ein Konzert* Er konzertiert mit diesem Programm in vielen Ländern.

kon·zer·tiert <nicht steig.> *Adj.* (*geh.*) *aufeinander abgestimmt* Es wurde beschlossen, mit einer konzertierten Aktion gegen die Arbeitslosigkeit vorzugehen.

Kon·zert·kar·te die <-, -n> *Eintrittskarte für ein Konzert*

Kon·zert·meis·ter, **Kon·zert·meis·te·rin** der <-s, -> MUS. *erster Geiger*

Kon·zert·pro·gramm das <-s, -e> **1.** *die Auflistung all der Kompositionen, die in einem Konzert oder in einer Reihe von Konzerten gespielt werden sollen* Das Konzertprogramm für diese Saison steht fest. **2.** *die gedruckte Fassung des Konzertprogramms*[1]

Kon·zert·rei·se die <-, -n> *eine geplante Reise eines Solisten oder eines Orchesters* (*mit einem Solisten*), *so dass dieser Planung entsprechend an verschiedenen Orten dasselbe Programm aufgeführt wird*

Kon·zert·saal der <-(e)s, Konzertsäle> *zur Veranstaltung von Konzerten dienender Saal*

Kon·zert·sän·ger, **Kon·zert·sän·ge·rin** der <-s, -> *jmd., der die Voraussetzungen hat, als Solist in einem Konzert zu singen*

Kon·zes·si·on die <-, -en> **1.** (*meist Plur.*) (*geh.*) *Zugeständnis* Die Verhandlungen platzten, da die Beteiligten zu keinerlei Konzessionen bereit waren. **2.** AMTSSPR. ≈ LIZENZ (*befristete*) *behördliche Genehmigung* Man hat dem Gastwirt die Konzession entzogen.

kon·zes·si·o·nie·ren <konzessionierst, konzessionierte, hat konzessioniert> *mit OBJ* ■ *jmd. konzessioniert etwas* AMTSSPR. *behördlich genehmigen*

Kon·zes·si·ons·in·ha·ber der <-s, -> *jmd., der eine Konzession*[2] *für etwas bekommen hat*

kon·zes·siv <nicht steig.> *Adj.* SPRACHWISS. *einräumend* Der Nebensatz „Obwohl ich heute morgen müde bin" ist ein konzessiver Nebensatz, der ein Zugeständnis ausdrückt. ▶ Konzessivsatz

Kon·zil das <-s, -e/-ien> REL. *Versammlung hoher katholischer Geistlicher* Wann hat der Papst zuletzt ein Konzil einberufen?, ein päpstliches Konzil

kon·zi·li·ant *Adj.* (*geh.*) *umgänglich, entgegenkommend*

Kon·zi·li·anz die <-> (*kein Plur.*) (≈ *Entgenkommen, Umgänglichkeit*) *konziliante Art*

kon·zi·pie·ren <konzipierst, konzipierte, hat konzipiert> *mit OBJ* **1.** ■ *jmd. konzipiert etwas ein Konzept für etwas entwerfen; etwas entwickeln* Hast du deine Diplomarbeit schon konzipiert? **2.** ■ *jmd. konzipiert etwas für etwas Akk.* (≈ *auslegen*) *bei der Planung eines Gebäudes, einer Anlage o.Ä. die Annahme machen, dass eine bestimmte Zahl von Personen später die genannte Sache nutzen werden* Der Vorlesungssaal ist für 500 Studenten konzipiert.

kon·zis <nicht steig.> *Adj.* (*geh.* ↔ *weitschweifig*) *kurz gefasst, gedrängt* Sein Vortrag war prägnant und konzis.

Ko·o·pe·ra·ti·on die <-, -en> *Zusammenarbeit* Dieses Gerät entstand in Kooperation mit der Technischen Hochschule., Von der Kooperation der beiden Fachbereiche erhofft man sich beträchtliche Synergien.

ko·o·pe·ra·ti·ons·be·reit <nicht steig.> *Adv. so, dass jmd. Kooperationsbereitschaft zeigt*

Ko·o·pe·ra·ti·ons·be·reit·schaft die <-> (*kein Plur.*) *die Bereitschaft von jmdm., sich in Kooperationen zu engagieren*

Ko·o·pe·ra·ti·ons·part·ner, Ko·o·pe·ra·ti·ons·part·ne·rin der <-s, -> *Partner in einer Kooperation*

Ko·o·pe·ra·ti·ons·ver·trag der <-(e)s, Kooperationsverträge> *Vertrag, der die Bedingungen einer Kooperation regelt*

ko·o·pe·ra·tiv *Adj.* (*geh.*) *zusammenarbeitend, zusammenwirkend, in einer Kooperation engagiert* sich am Arbeitsplatz sehr kooperativ verhalten

ko·o·pe·rie·ren <kooperierst, kooperierte, hat kooperiert> *ohne OBJ* ■ *jmd. kooperiert mit jmdm. zusammenarbeiten* (*besonders auf wirtschaftlichem oder politischem Sektor*)

Ko·or·di·na·te die <-, -n> MATH. *Zahlenangabe zur Festlegung eines Punktes in einem Koordinatensystem*

Ko·or·di·na·ten·ach·se die <-, -n> MATH. *eine Achse des Koordinatensystems* Abszisse und Ordinate sind Koordinatenachsen.

Ko·or·di·na·ten·kreuz das <-es, -e> *das von den Koordinaten gebildete Achsenkreuz*

Ko·or·di·na·ten·sys·tem das <-s, -e> MATH. *zwei oder drei im rechten Winkel zueinander stehende Linien/Achsen, mit deren Hilfe man die Lage eines Punktes bestimmt*

Ko·or·di·na·ti·on die <-, -en> (*geh.*) *das Koordinieren*

ko·or·di·nie·ren <koordinierst, koordinierte, hat koordiniert> *mit OBJ* ■ *jmd. koordiniert etwas* (*geh.*) *mehrere Dinge, Personen, Sachverhalte oder Vorgänge im Hinblick auf ein Ziel zu einer bestimmten Ordnung fügen und aufeinander abstimmen* Alle Arbeiten werden von der Projektleitung koordiniert., Der Hotelmanager koordiniert den Einkauf frischer Produkte für die Küche.

Ko·or·di·nie·rung die <-, -en> *das Koordinieren*

Ko·pe·ke die <-, -n> *russische Münze mit dem Wert des hundersten Teils eines Rubels*

Kopf der <-(e)s, Köpfe> **1.** *der rundliche, durch den Hals mit dem Rumpf verbundener Teil des Körpers von Menschen und Tieren, in dem das Gehirn liegt und zu dem Augen und Ohren, Nase und Mund gehören* ein großer/kleiner/runder Kopf, den Kopf zur Seite drehen, sich den Kopf an der Lampe stoßen **2.** (*übertr.*) *eine Person von einer bestimmter Intelligenz* Sie ist ein kluger Kopf., Das ist einer der hellsten Köpfe unseres Fachbereichs., Man kann sagen, die besten Köpfe des Jahrhunderts waren an dieser Sache beteiligt. **3.** *leitende Persönlichkeit* Er ist einer der führenden Köpfe des Unternehmens., Die hierfür maßgeblichen Köpfe sitzen in der Entwicklungsabteilung **4.** *einzelner Mensch* Pro Kopf kostet das Menü einundzwanzig Euro. **5.** *oberer, rundlicher Teil von etwas* Die Blumen lassen die Köpfe hängen., Ich brauche Schrauben mit flachen Köpfen. **6.** *der essbare, rundliche Teil von bestimmten Gemüsen und Salaten* Ich hätte gerne einen Kopf Blumenkohl und einen Kopf Endiviensalat. **7.** ■ **jemandem brummt der Kopf** (*umg.*): *jmd. hat starke Kopfschmerzen* **nicht wissen, wo einem der Kopf steht** (*umg.*): *derart viel Arbeit haben, dass man nicht weiß, wo man beginnen soll* **Kopf stehen** (*umg.*): *völlig überrascht, verblüfft, verwirrt sein* Als wir das hörten, standen wir Kopf. **nichts als jemanden/etwas im Kopf haben** (*umg.*): *nur an jmdn. oder etwas denken* **Kopf an Kopf** SPORT: *dicht nebeneinander* Die Läufer gingen Kopf an Kopf durchs Ziel. **Kopf hoch!** (*umg.*): *verwendet als Aufforderung an jmdn., nicht zu verzweifeln* **jemandem den Kopf waschen** (*umg.*): *jmdn. scharf zurechtweisen* **den Kopf in den Sand stecken** (*umg.*): *eine drohende Gefahr nicht sehen wollen* **sich an den Kopf fassen** (*umg.*): *kein Verständnis für etwas haben* **jemandem über den Kopf wachsen** (*umg.*): *sich so entwickeln, dass jmd. eine Sache nicht mehr bewältigen kann* **über jemandes Kopf hinweg**: *ohne jmdn. zu fragen* **Kopf und Kragen riskieren** (*umg.*): *sein Leben, seine Existenz aufs Spiel setzen* **nicht auf den Kopf gefallen sein** (*umg.*): *nicht dumm sein* **den Kopf hängen lassen** (*umg.*): *mutlos sein, resignieren, aufgeben* **mit dem Kopf gegen die Wand rennen** (*umg.*): *am Widerstand von jmdm. oder etwas scheitern* **jemandem etwas auf den Kopf zusagen**: *Negatives, Persönliches ohne zu zögern, ganz direkt sagen* Er sagte ihr auf den Kopf zu, dass sie eine Lügnerin sei. **jemanden vor den Kopf stoßen** (*umg.*): *jmdn. in plumper Weise kränken* **jemandem etwas an den Kopf werfen** (*umg.*): *jmdm. etwas Freches sagen* **jemandem zu Kopf steigen** (*umg.*): *jmdn. überheblich, eingebildet machen* **eine Rechenaufgabe im Kopf lösen**: *etwas ohne Hilfsmittel ausrechnen* **von Kopf bis Fuß**: *von oben bis unten* **einen klaren/kühlen Kopf behalten/bewahren**: *nicht nervös werden* **den Kopf verlieren** (*umg.*): *die Übersicht, Ruhe verlieren* **jemandem den Kopf verdrehen** (*umg.*): (*durch sein Verhalten*) *erreichen, dass sich jmd. in einen verliebt* **sich etwas durch den Kopf gehen lassen**: *sich etwas in Ruhe überlegen* **sich den Kopf zerbrechen** (*umg.*): *lange über die Lösung eines Problems nachdenken* **sich etwas in den Kopf gesetzt haben**: *etwas unbedingt wollen* **... und wenn du dich auf den Kopf stellst** (*umg.*): *verwendet, um auszudrücken, dass man etwas unter keinen Umständen tun oder erlauben wird* **sich etwas aus dem Kopf schlagen** (*umg.*): *einsehen, dass etwas un-*

möglich ist **jemand steht Kopf** (*umg.*): *jmd. ist verwirrt und aufgeregt* Das ganze Kollegium stand Kopf, als es von den neuen Vorschriften hörte. **jemand macht sich einen Kopf** (*umg.*): jmd. macht sich Sorgen ◆ Getrenntschreibung→R 4.1 Kopf stehen

Kopf·air·bag der <-s, -s> KFZ. *ein Luftkissen, dass im Lenkrad eines Autos eingebaut ist, sich im Falle eines Auffahrunfalles selbst aufbläst und verhindert, dass der Kopf des Fahrers auf das Lenkrad schlägt*

Kopf·ar·beit die <-> (*kein Plur.*) (*umg.*) *geistige Arbeit*

Kopf·ar·bei·ter, **Kopf·ar·bei·te·rin** der <-s, -> (*umg.*) *jmd., der geistig arbeitet*

Kopf·ball der <-(e)s, Kopfbälle> (SPORT: *Fußball*) *im Fußball ein mit dem Kopf gestoßener Ball*

Kopf·ball·tor das <-(e)s, -e> *ein mit einem Kopfball gelungener Schuss ins Tor*

Kopf·be·de·ckung die <-, -en> *ein Kleidungsstück, mit dem man den Kopf bedeckt* Hüte und Mützen sind Kopfbedeckungen.

Kopf·be·we·gung die <-, -en> **1.** *physiologische Bewegung des Kopfes* **2.** *ein Zeichen, das man mit dem Kopf macht* Er nickte, und das war die Kopfbewegung, mit der er signalisierte: Jetzt können wir anfangen.

Köpf·chen das <-s, -> **1.** *kleiner Kopf* **2.** (*umg.*) *Verstand* Sie hat Köpfchen.

köp·fen <köpfst, köpfte, hat geköpft> **I.** *mit OBJ* **1.** ■ *jmd. köpft jmdn. durch Enthauptung hinrichten* **2.** ■ *jmd. köpft etwas* (SPORT: *Fußball*) *mit dem Kopf stoßen* Müller hat den Ball ins Tor geköpft. **3.** ■ *jmd. köpft etwas* (*umg.*) *eine Flasche, die ein alkoholisches Getränk enthält, öffnen und den Inhalt trinken* Zur Feier des Tages haben wir eine Flasche Sekt geköpft. **II.** *ohne OBJ* ■ *jmd. köpft mit dem Kopf stoßen* Meier köpft – und Tor!

Kopf·en·de das <-s, -n> (↔ *Fußende*) *der Teil eines Bettes, zu dem der Kopf einer Person weist, die im Bett liegt*

Kopf·frei·heit die <-> (*kein Plur.*) (↔ *Beinfreiheit*) *Bewegungsspielraum für Kopfbewegungen* In dem Führerhaus der neuen Serie von Lastwagen hat der Fahrer sehr viel mehr Kopffreiheit

Kopf·ge·burt die <-, -en> (*umg. abwert.*) *etwas Neues, das sich jmd. nur theoretisch ausgedacht hat, ohne es auf Erfahrung zu beziehen* Die neuen bildungspolitischen Pläne sind Kopfgeburten von Bürokraten und haben mit der Wirklichkeit nichts zu tun.

Kopf·geld das <-(e)s> (*kein Plur.*) *eine Prämie, die jmd. bekommt, der der Polizei hilft, einen gesuchten Schwerverbrecher zu finden und festzunehmen*

Kopf·geld·jä·ger, **Kopf·geld·jä·ge·rin** der <-s, -> *jmd., der versucht, einen Verbrecher ausfindig zu machen, um Kopfgeld zu bekommen*

Kopf·haar das <-(e)s, -e> **1.** *eines der auf dem Kopf wachsenden Haare* **2.** (*kein Plur.*) (↔ *Körperbehaarung*) *Gesamtheit der auf dem Kopf wachsenden Haare*

Kopf·haut die <-> (*kein Plur.*) *die den oberen Teil des Kopfes bedeckende Haut*

Kopf·hö·he ■ **in Kopfhöhe**: *in der Höhe des Kopfes* Bitte montieren Sie diesen Spiegel in Kopfhöhe

Kopf·hö·rer der <-s, -> *ein Gerät mit zwei kleinen Lautsprechern, die auf einem Bügel befestigt sind und die man auf die Ohren setzt* Er hört Musik mit dem Kopfhörer.

Kopf·hö·rer·an·schluss der <-es, Kopfhöreranschlüsse> *die Buchse, an der an einem Verstärker oder einem CD-Spieler ein Kopfhörer angeschlossen werden kann*

-köp·fig *als Zweitglied in Adjektiven verwendet, um auszudrücken, dass eine Gruppe die genannte Anzahl von Personen umfasst* vielköpfig, zweiköpfig, zehnköpfig

Kopf·kis·sen das <-s, -> *ein größeres Kissen, das beim Schlafen unter den Kopf gelegt wird*

Kopf·la·ge die <-, -n> (MED.: ↔ *Steißlage*) *die normale Lage des Kindes im Mutterleib vor der Geburt* (*mit dem Kopf zum Ausgang der Gebärmutter*)

Kopf·län·ge die <-> (*kein Plur.*) *der Abstand von der Länge eines Kopfes* ■ **mit einer Kopflänge Vorsprung** (*umg.*): *mit einem ganz knappen Vorsprung* Der Hundertmeterlauf wurde von dem Sieger nur mit einer Kopflänge Vorsprung gewonnen.

kopf·las·tig *Adj.* **1.** (*abwert.*) *zu stark vom Verstand oder Intellekt bestimmt* Das Buch/Der Film war zu kopflastig. **2.** (*von Schiffen, Flugzeugen*) *im vorderen Teil zu schwer* (*beladen*)

Kopf·laus die <-, Kopfläuse> *Parasit im menschlichen Kopfhaar*[2]

kopf·los <nicht steig.> *Adj.* (*umg.*) (*infolge großer Verwirrung*) *unfähig, klar zu denken oder sinnvoll zu handeln* Als sie merkte, dass sie ihre Tasche verloren hatte, rannte sie kopflos zurück., ein kopfloser Entschluss

Kopf·mas·sa·ge die <-, -n> *Massage der Kopfhaut*

Kopf·mensch der <-en, -en> (*umg. oft abwert.*) *jmd., der sich sehr einseitig nur auf seine intellektuellen Fähigkeiten stützt und Gefühlen zu wenig Bedeutung beimisst*

Kopf·ni·cken das <-s> (*kein Plur.*) (↔ *Kopfschütteln*) *das Nicken mit dem Kopf als Zeichen, dass jmd. einer Sache zustimmt oder jmdn. grüßt* Er antwortete stumm mit einem Kopfnicken.

Kopf·nuss die <-, Kopfnüsse> (*umg. veralt.*) **1.** *leichter Schlag mit den Fingerknöcheln auf den Kopf* **2.** *knifflige Denkaufgabe*

Kopf·rech·nen das <-s> (*kein Plur.*) *das Durchführen von Rechenoperationen ohne Hilfsmittel* (*wie zum Beispiel Taschenrechner*)

Kopf·sa·lat der <-(e)s, -e> *ein zarter, grüner Salat mit großen Blättern*

kopf·scheu ■ **jemanden kopfscheu machen** (*umg.*): *jmdn. verwirren, verunsichern, verängstigen*

Kopf·schmerz der <-es, -en> (*meist Plur.*) *Schmerzen im Kopf* Ich hatte so starke Kopfschmerzen, dass ich eine Tablette nehmen und mich ein Weilchen hinlegen musste., dumpfe/rasende/stechende Kopfschmerzen ■ **etwas bereitet/macht jemandem Kopfschmerzen** (*umg.*): *etwas bereitet jmdm. Sorgen*

Kopf·schmerz·ta·b·let·te die <-, -n> *gegen Kopfschmerzen wirkendes Medikament in Tablettenform*

Kopf·schmuck der <-(e)s> (*kein Plur.*) *schmückende Bedeckung des Kopfes*

Kopf·schüt·teln das <-s> (*kein Plur.*) (↔ *Kopfnicken*) *das Schütteln des Kopfes als Zeichen, dass jmd. einer Sache nicht zustimmt oder dass er sich über etwas wundert oder ärgert* Der Vorschlag löste allgemeines Kopfschütteln aus., Mit ihrem albernen Benehmen erntete sie nur ein missbilligendes Kopfschütteln.

Kopf·schutz der <-es> (*kein Plur.*) *eine spezielle Bedeckung des Kopfes (wie zum Beispiel ein Helm), um ihn vor Verletzungen zu schützen*

Kopf·sprung der <-(e)s, Kopfsprünge> (≈ *Hechtsprung*) *ein Sprung mit (den Händen und) dem Kopf voran ins Wasser*

Kopf·stand der <-(e)s, Kopfstände> SPORT *eine Turnübung, bei der man auf dem Kopf steht und die Beine senkrecht nach oben gerichtet sind*

Kopf·stein·pflas·ter das <-s> (*kein Plur.*) *ein Straßenbelag aus grob behauenen Pflastersteinen, mit quadratischer oder rechteckiger Grundfläche*

Kopf·steu·er die <-, -n> *eine Steuer, die von jedem Bürger (pro Kopf) erhoben wird, ohne Rücksicht darauf, was sich der Einzelne finanziell leisten kann*

Kopf·stim·me die <-, -n> MUS. *die hohe Stimmlage, bei der hauptsächlich der Kopf als Resonanzraum eingesetzt wird*

Kopf·stoß der <-es, Kopfstöße> SPORT *ein gerichteter Stoß mit dem Kopf gegen einen Ball*

Kopf·stück das <-(e)s, -e> (KOCH.: ↔ *Schwanzstück*) *die vordere Hälfte eines Fisches*

Kopf·stüt·ze die <-, -n> *ein auf der Rückenlehne eines (Auto-)Sitzes angebrachtes Polsterelement, das den Kopf abstützt*

Kopf·teil der/das <-s, -e> *der Teil eines Sessels, an den man den Kopf anlehnen kann*

Kopf·tuch das <-(e)s, Kopftücher> *ein Tuch, das (von Frauen) als Schutz oder Zierde um den Kopf gelegt und unter dem Kinn gebunden wird wird*

kopf·ü·ber *Adv. mit dem Kopf voran* Er sprang kopfüber ins Wasser.

Kopf·ver·let·zung die <-, -en> *Verletzung am Kopf* Da der Radfahrer keinen Helm trug, erlitt er bei seinem Sturz schwere Kopfverletzungen.

Kopf·wä·sche die <-> (*kein Plur.*) **1.** *das Shamponieren der Haare* für die Kopfwäsche lauwarmes Wasser verwenden **2.** (*umg.*) *der Vorgang, dass jmd. einem anderen gründlich die Meinung sagt und ihn zurechtweist*

Kopf·weh das <-s> (*kein Plur.*) (*umg.* ≈ *Kopfschmerzen*)

Kopf·zei·le die <-, -en> (≈ *Betreffzeile*) *die oberste Zeile eines Briefes, die oberhalb des eigentlichen Texts steht und in kurzer Form das Thema des Schreibens nennt* Die Kopfzeile des Briefes sollte fett gedruckt sein.

Kopf·zer·bre·chen das <-s> (*kein Plur.*) *intensives, besorgtes Nachdenken über ein schwieriges Problem* Die Sache bereitet mir Kopfzerbrechen.

Ko·pie die <-, -n> **1.** (≈ *Fotokopie*) *die originalgetreue Reproduktion eines Schriftstückes, die ein Kopiergerät erzeugt* Ich habe von diesem Aufsatz eine Kopie gemacht. ◆ Farb- **2.** FOTOGR. FILM *Abzug, Doppel* Von diesem Foto werde ich mehrere Kopien nachmachen lassen., Der Film startet mit 500 Kopien in Deutschland. **3.** EDV *eine von zwei oder mehreren identischen Dateien* Glücklicherweise habe ich eine Kopie dieser Daten auf Diskette. ◆ Sicherungs- **4.** (≈ *Replikat*) *genaue Nachbildung* Auf dem Brunnen steht eine Kopie der Statue, während das Original im Museum steht. **5.** (*oft abwert.* ≈ *Imitation*) *minderwertige Nachahmung* Die Perlenkette ist eine billige Kopie.

ko·pie·ren <kopierst, kopierte hat kopiert> **I.** *mit OBJ* **1.** ■ *jmd. kopiert etwas eine Kopie[1] herstellen* Ich habe meine Diplomarbeit dreimal kopiert. **2.** ■ *jmd. kopiert etwas* FOTOGR. FILM *eine Kopie[2] herstellen* **3.** ■ *jmd. kopiert etwas* EDV *eine Kopie[3] herstellen* Ich habe dir die Daten auf eine Diskette kopiert. **4.** ■ *jmd. kopiert etwas eine Kopie[4] herstellen* Der Fälscher hat das Gemälde detailgenau kopiert. **5.** ■ *jmd. kopiert jmdn. nachahmen, imitieren* Er versucht doch nur, sein großes Vorbild zu kopieren. **II.** *ohne OBJ* ■ *jmd. kopiert jmd. ist mit dem Kopieren beschäftigt*

Ko·pie·rer der <-s, -> *kurz für „Kopiergerät"*

ko·pier·fä·hig <nicht steig.> *Adj. so, dass etwas nicht beschädigt wird, wenn es kopiert wird* Alte Bücher sind häufig nicht kopierfähig.

Ko·pier·ge·rät das <-(e)s, -e> *Gerät zum Herstellen von Kopien[1]*

Ko·pier·schutz der <-es> (*kein Plur.*) *ein digitalen Datenträgern vom Hersteller mitgegebenes Merkmal, durch welches verhindert wird, dass die auf dem Datenträger gespeicherte Information auf ein anderes (digitales) Medium kopiert werden kann*

Ko·pier·sper·re die <-, -n> EDV *meist auf Hardwarekomponenten beruhende Verhinderung der Ausführbarkeit der Kopierfunktion am PC*

Ko·pi·lot, Ko·pi·lo·tin der <-en, -en> *zweiter Pilot eines Flugzeuges*

Ko·pist der <-en, -en> *Nachbildner, Nachahmer von Kunstwerken*

Kop·pel[1] das/die <-s/-, -n> MILIT. *zu einer Uniform gehörender (breiter) Ledergürtel*

Kop·pel[2] die <-, -n> (*eingezäunte*) *Weide* Er führte die Pferde vom Stall auf die Koppel. ◆ Pferde-

kop·peln <koppelst, koppelte, hat gekoppelt> *mit OBJ* **1.** ■ *jmd. koppelt etwas an etwas Akk./mit etwas Dat. miteinander verbinden* Er koppelte den Waggon an die Lok., Ich habe die Stereoanlage mit dem Computer gekoppelt. **2.** ■ *jmd. koppelt etwas an etwas Akk. von etwas abhängig machen* Sie koppelte ihre Zustimmung an eine Reihe von Bedingungen.

Kopp·lung/Kop·pe·lung die <-, -en> *das Kop-*

peln, das Gekoppeltsein ◆-smanöver

Ko·pro·duk·ti·on die <-, -en> FILM TV **1.** *gemeinsame Produktion (durch zwei Firmen oder Fernsehsender)* **2.** *ein Film, der in Koproduktion[1] entstanden ist* Die deutsch-englische Koproduktion kommt nächste Woche in die Kinos.

Ko·pro·zes·sor, *a.* **Co·pro·zes·sor** der <-s, -en> EDV *Teil eines Rechnersystems, das einen peripheren Prozessor gegenüber dem zentralen Prozessor (CPU) darstellt, weil er unterstützende Funktionen, insbesondere bei mathematischen Aufgaben, erfüllt*

Kop·te der <-n, -n> *ein arabisch sprechender, christlicher Nachkomme von altägyptischen Vorfahren*

kop·tisch <nicht steig.> *Adv. in der Art und Kultur der Kopten*

Ko·pu·la die <-, -s/Kopulae> **1.** PHILOS. *die logische Verbindung „und"* **2.** SPRACHWISS. *eines der Verben mit relativ vager Eigenbedeutung, deren Funktion darin besteht, die Beziehung zwischen Subjekt und Prädikativ herzustellen* In dem Satz „Paris ist die Hauptstadt Frankreichs" fungiert „sein" als Kopula.

Ko·pu·la·ti·on die <-, -en> BIOL. *Begattung*

ko·pu·lie·ren <kopuliert, kopulierte, hat kopuliert> *ohne OBJ* ■ *ein Tier kopuliert mit einem Tier* BIOL. *(von zwei Tieren) sich begatten*

Ko·ral·le die <-, -n> **1.** *eines von meist fest sitzenden, zu den Hohltieren gehörenden Meerestieren, die oft in einem Kalkgerüst in tropischen Meeren leben* **2.** *verästeltes, häufig hell rot gefärbtes Kalkgerüst der Koralle[1], das zu Schmuck verarbeitet wird* eine Halskette aus Koralle

Ko·ral·len·fi·scher der <-s, -> *ein Fischer, der mit Schleppnetzen Edelkorallen in den Korallenriffen fängt*

Ko·ral·len·ket·te die <-, -n> *Halskette aus Korallen[2]*

Ko·ral·len·riff das <-s, -e> *größere zusammenhängende Kalkgerüste in tropischen Meeren von Korallen[1], die Kolonien bilden*

ko·ral·len·rot <nicht steig.> *Adj. hellrot wie Korallen*

Ko·ral·len·schlan·gen die <-> *Plur. Bezeichnung für drei Arten von Giftnattern, die fünfzig bis einhundertsechzig Zentimeter lang werden und meist sehr bunt sind mit leuchtend roten, gelben und schwarzen bis blauschwarzen Ringen*

Ko·ran der <-s> *(kein Plur.)* REL. **1.** *das heilige Buch des Islams, das die Offenbarungen des Propheten Mohammed enthält* ◆-lehrer, -schule, -unterricht **2.** *ein Exemplar des Koran[1]* ein kostbar eingebundener Koran

Korb der <-(e)s, Körbe> **1.** *ein (geflochtener) Behälter* Sie hat aus Weidenzweigen einen Korb geflochten, Hast du meinen Korb mit den Handarbeiten/mit dem Nähzeug gesehen?, Unsere Katze schläft in einem Korb., Soll ich den Korb oder die Tasche zum Einkaufen mitnehmen? ◆Binsen-, Einkaufs-, Henkel-, Papier-, Wäsche-, Weiden- **2.** *geflochtenes Material der Korbweide (das beispielsweise zur Herstellung von Möbeln verwendet wird)* Der Stuhl ist aus Korb. ◆-möbel, -sessel, -stuhl **3.** *die Gondel eines Heißluftballons* **4.** SPORT *ein Metallring mit einem Netz, in den man beim Basketball treffen muss, um Punkte zu erzielen* ■ **jemandem einen Korb geben** *(umg): jmds. Angebot ablehnen* Er forderte sie zum Tanz auf, sie gab ihm jedoch einen Korb.

Korb·ball der <-(e)s> *(kein Plur.) (≈ Basketball)*

Körb·chen das <-s, -> **1.** *kleiner Korb* Die Katze liegt im Körbchen. **2.** *eine der beiden Schalen eines Büstenhalters* ◆-größe

kör·be·wei·se *Adv. in großer Menge* Der Star erhält jede Woche körbeweise Fanpost.

Korb·flech·ter, **Korb·flech·te·rin** der <-s, -> *jmd., der beruflich Körbe herstellt*

Korb·flech·te·rei die <-, -en> *Betrieb, der Körbe herstellt*

Korb·ge·flecht das <-s, -e> *Flechtwerk, bei dem biegsames Material ineinander geschlungen ist*

Korb·ma·che·rei die <-, -en> *(≈ Korbflechterei)*

Korb·mö·bel das <-s, -> *(meist Plur.) Möbel(stück) aus Korb[2]*

Korb·ses·sel der <-s, -> *Sessel aus Korb[2]*

Korb·stuhl der <-(e)s, Korbstühle> *Stuhl aus Korb[2]*

Korb·wa·ren die <-> *Plur. Waren, die aus Korbgeflecht bestehen*

Korb·wei·de die <-, -n> *Strauch oder Baum mit biegsamen Zweigen, die zum Korbflechten verwendet werden*

korb·wei·se *Adv. in Körben* Man trug die Ware korbweise auf den Markt.

Korb·wurf der <-es, Korbwürfe> *Wurf des Balles in den Fangkorb, z.B. beim Basketballspiel*

Kord der <-s> *(kein Plur.) s.* **Cord**

Kor·del die <-, -n> *(geh.) eine Schnur, die aus mehreren gedrehten Fäden hergestellt wird, die meist in eine Jacke, eine Kapuze, den Bund einer Sporthose o.Ä. eingearbeitet ist und mit der man das genannte Kleidungsstück durch Ziehen oder Lockern enger oder weiter machen kann*

Kord·ho·se die <-, -n> *eine Hose aus Kord*

Kor·dil·le·ren die [kɔrdɪl'je:rən] *Plur. ein Gebirgssystem, das sich im Westen des amerikanischen Doppelkontinents von Alaska bis Feuerland erstreckt, in Südamerika als Anden bezeichnet*

Kord·jeans die <-> *Plur. Jeans aus Kord*

Kor·don der <-s, -s> *Absperrung eines Geländes durch die Polizei*

Kord·samt der <-s> *(kein Plur.) Kord*

Ko·rea <-s> *Halbinsel in Ostasien*

Ko·rea·krieg der <-s> *(kein Plur.)* POL. *Krieg zwischen den beiden Staaten Nord- und Südkorea (1950-1953)*

Ko·re·a·ner, **Ko·re·a·ne·rin** der <-s, -> *Bewohner der Halbinsel Korea; Bürger eines der beiden koreanischen Staaten*

ko·re·a·nisch <nicht steig.> *Adj. zu Korea gehörend, dorther stammend*

Koreanisch(e) das <-(e)n> *(kein Plur.) die koreanische Sprache*

K

Ko·re·fe·rat das *s.* **Korreferat**

Ko·re·fe·rent der *s.* **Korreferent**

Kor·fu *eine der ionischen Inseln*

Ko·ri·an·der der <-s> (*kein Plur.*) *eine Pflanze, deren Samen als Gewürz verwendet werden*

Ko·rinth *griechische Stadt am Golf von Korinth*

Ko·rin·the die <-, -n> *eine kernlose dunkle Rosine*

Ko·rin·then·ka·cker, **Ko·rin·then·ka·cke·rin** der <-s, -> (*umg. abwert.*) *pedantischer Mensch*

Ko·rin·ther der <-s, -> *Bewohner der Stadt Korinth*

ko·rin·thisch <nicht steig.> *Adj. zu Korinth gehörend, von Korinth stammend*

Kork der <-(e)s, -e> *hellbraunes, aus der Rinde der Korkeiche gewonnenes Material, das besonders zum Verschließen von Flaschen benutzt wird* Kork ist ein sehr leichtes Material, das auf dem Wasser schwimmt.

Kork·ei·che die <-, -n> *ein Baum mit einer dicken Rinde aus Kork[1]*

Kor·ken der <-s, -> *aus Kork[1] hergestellter Flaschenverschluss* Der Korken sitzt fest., Ich habe den Korken kaum aus der Flasche bekommen.

Kor·ken·zie·her der <-s, -> *ein Gerät, mit dem man Korken aus Flaschen zieht, indem durch eine Drehbewegung ein spitzer, spiralförmig gedrehter Metallstab in den Korken getrieben und dann durch Ziehen der Korken aus dem Flaschenhals befördert wird*

Kork·fuß·bo·den der <-s, Korkfußböden> *ein Bodenbelag aus Kork*

Kor·mo·ran, **Kor·mo·ran** der <-s, -e> *ein großer Schwimmvogel mit dunklem, glänzendem Gefieder*

Korn[1] das <-(e)s, Körner> **1.** *fester Pflanzensamen* Das Päckchen Radieschensamen enthält etwa 250 Körner., Die Vögel picken Körner. ◆ Pfeffer-, Reis-, Senf- **2.** *ein winziger Teil von einer festen Substanz* Der Sand rinnt Korn für Korn in der Sanduhr von oben nach unten. ◆ Hagel-, Sand-, Staub- **3.** (*kein Plur.*) *Getreide* In dieser Gegend wird vorwiegend Korn angebaut., das Korn ernten/mahlen ◆ Hafer-, Weizen- **4.** (↔ *Kimme*) *als Zielhilfe dienende kleine Spitze auf dem Lauf von Handfeuerwaffen* Er zielte über Kimme und Korn. ■ **jemanden/etwas aufs Korn nehmen** (*umg.*): *sich über jmdn. oder etwas lustig machen* Der Kabarettist nimmt einen Politiker aufs Korn.

Korn[2] der <-(e)s> (*kein Plur.*) (*umg.*) *aus Getreide gebrannter Schnaps*

Korn·äh·re die <-, -n> *die Ähre von Getreide*

Korn·blu·me die <-, -n> *eine blaue Feld- und Gartenblume*

Kor·nel·kir·sche die <-, -n> *eine als Baum oder Strauch wachsende Pflanze mit roten essbaren Früchten*

kör·nen <körnst, körnte, hat gekörnt> *mit OBJ* ■ *jmd. körnt etwas körnig machen* gekörntes Papier

Kör·ner·fres·ser der <-s, -> *ein Vogel, der sich von Körnern ernährt*

Kör·ner·fut·ter das <-s> (*kein Plur.*) *Tierfutter aus Körnern*

kör·nig <nicht steig.> *Adj.* **1.** *aus kleinen Körnern zusammengesetzt* körniger Sand ▶fein-, grob- **2.** *in der Form kleiner Körner* Der gekochte Reis bleibt körnig. ▶Körnigkeit

Korn·kam·mer die <-, -n> *die Landschaft, die den größten Teil des in einem Lande verbrauchten Getreides produziert* Die Ukraine galt früher als Kornkammer der Sowjetunion.

Korn·si·lo das <-s, -s> *Getreidesilo*

Korn·spei·cher der <-s, -> *Getreidespeicher*

Ko·ro·na die <-, Koronen> (*meist Sing.*) **1.** ASTRON. *der Strahlenkranz um die Sonne, der bei einer totalen Sonnenfinsternis zu sehen ist* **2.** (*umg.*) *eine Gruppe von Menschen, die gemeinsam etwas unternehmen*

ko·ro·nar <nicht steig.> *Adj.* ANAT. *zu den Herzkranzgefäßen gehörend*

Ko·ro·nar·ge·fäß das <-es, -e> ANAT. *Herzkranzgefäß*

Ko·ro·nar·in·suf·fi·zi·enz <-, -en> MED. *ungenügende Leistung der Herzkranzgefäße*

Ko·ro·nar·skle·ro·se die <-, -n> MED. *Verkalkung der Herzkranzgefäße*

Kör·per der <-s, -> **1.** *der Leib eines Menschen oder Tieres* Das Lexikon enthält eine Abbildung des männlichen und des weiblichen Körpers., Körper, Seele und Geist bilden die Einheit des Menschen., „Ein gesunder Geist in einem gesunden Körper" war bereits ein Motto der Römer. ◆ Ober-, Tier-, Unter- **2.** *die Gestalt eines Menschen oder Tieres* Er hat einen gut gebauten/muskulösen/gebrechlichen Körper., Kleidung, die den Körper bedeckt/betont/verhüllt, die erotische Ausstrahlung ihres makellosen Körpers ◆ -kult, -pflege **3.** MATH. *eine dreidimensionale Figur* die Oberfläche/das Volumen eines Körpers berechnen **4.** PHYS. CHEM. *ein Gegenstand aus einem bestimmten Stoff* Der feste/flüssige/gasförmige Körper muss noch genauer untersucht werden. ◆ Beleuchtungs-, Flug-, Fremd-, Heiz-, Himmels- **5.** *ein Gegenstand, den man sehen, hören und tasten kann* ◆ Flaschen-, Geigen-, Resonanz-, Vasen-

Kör·per·bau der <-s> (*kein Plur.*) *die Art, wie ein Körper[2] gebaut ist* Sie hat einen athletischen/feingliedrigen/ kräftigen/makellosen/schlanken Körperbau.

Kör·per·be·herr·schung die <-> (*kein Plur.*) *die Fähigkeit, den Körper präzis und geschmeidig so zu bewegen, wie man will* Diese Artisten verfügen über eine unglaubliche Körperbeherrschung.

kör·per·be·hin·dert <nicht steig.> *Adj.* AMTSSPR. *durch einen körperlichen Schaden behindert*

Kör·per·be·hin·der·te der/die <-n, -n> AMTSSPR. *jmd., der körperbehindert ist*

kör·per·be·tont <nicht steig.> *Adj. die Figur, den Körper[2] betonend*

kör·per·ei·gen <nicht steig.> *Adj.* (MED. BIOL.: ↔ *körperfremd*) *vom Körper selbst produziert* Diese Therapie unterstützt die Bildung körpereigener Abwehrstoffe., Viele körpereigene Substanzen können heute auch im Labor synthetisch hergestellt werden.

Kör·per·fül·le die <-> (*kein Plur.*) *der Umfang des Körpers*[2] Er hat wenig Körperfülle und wirkt sehr schlank., Sie neigt zur Körperfülle und wirkt dicklich., Eine gewisse Neigung zur Köperfülle kann man ihm mit seinen einhundertzwanzig Kilo nicht absprechen.

Kör·per·funk·ti·on die <-, -en> *eine der Funktionen, durch die ein Körper*[1] *am Leben erhalten wird* Atmung, Herzschlag und Verdauuung sind Körperfunktionen.

Kör·per·ge·fühl das <-s> (*kein Plur.*) MED. PSYCH. *das Gefühl, das jmd. in Bezug auf seinen Körper*[1] [2] *hat*

kör·per·ge·recht <nicht steig.> *Adj.* (≈ *ergonomisch*) *so, dass etwas zum Körperbau und zur Körperhaltung passt* Wenn ich auf diesem Stuhl sitze, bekomme ich Rückenschmerzen – er ist einfach nicht körpergerecht gebaut., Nur wenige Schuhe sind wirklich körpergerecht.

Kör·per·ge·ruch der <-(e)s, Körpergerüche> (*meist durch Schweißabsonderung entstandener, unangenehmer*) *Geruch des Körpers*[1]

Kör·per·ge·wicht das <-(e)s> (*kein Plur.*) *Gewicht des Körpers*[1]

Kör·per·grö·ße die <-, -n> *Größe des Körpers*[1]

Kör·per·haar das <-(e)s, -e> **1.** (*kein Plur.*) (↔ *Kopfhaar*) *Behaarung des Körpers*[2] **2.** *ein Haar, das auf dem Körper* (*und nicht dem Kopf*) *wächst*

kör·per·haft <nicht steig.> *Adj. als Gegenstand sinnlich fassbar, real*

Kör·per·hal·tung die <-, -en> *die Art, wie jmd. steht, geht und sitzt* Eine schlechte Körperhaltung kann Wirbelsäulenschäden verursachen.

Kör·per·hy·gie·ne die <-> (*kein Plur.*) *alles, was den Körper*[2] *sauber hält und seiner Gesundheit dient* Waschen, Bürsten, Eincremen, Reinigen der Nase und der Ohren gehören zur Körperhygiene.

Kör·per·kraft die <-> (*kein Plur.*) *Muskelkraft*

Kör·per·kreis·lauf der <-s> (*kein Plur.*) ANAT. *Blutkreislauf*

kör·per·lich <nicht steig.> *Adj. den Körper*[1] [2] *betreffend, auf ihn bezogen* Die Sportlerin ist in guter körperlicher Verfassung., Ich bin die körperliche Arbeit nicht mehr gewohnt., Er erlag ihren körperlichen Reizen., Es war eine rein körperliche (≈ sexuelle) Anziehung. ▸Körperlichkeit

Kör·per·ma·ße die <-> *Plur. die Maße das Körpers nach Länge, Taillenweite und Hüftweite, die beim Anfertigen von Kleidung benötigt werden*

Kör·per·mas·se·in·dex der <-> (*kein Plur.*) MED. *das Verfahren, nach dem man die Körpergröße eines Menschen mit sich selbst multipliziert und das Produkt durch die Körperlänge dividiert, um zu errechnen, ob jemand Normalgewicht, Untergewicht oder Übergewicht hat*

Kör·per·öff·nung die <-, -en> *natürlicher Zugang zum Körperinneren* Mund, Nase und Ohren gehören zu den Körperöffnungen.

Kör·per·pfle·ge die <-> (*kein Plur.*) *alles, was der Hygiene, der Reinhaltung und Pflege des* (*eigenen*) *Körpers dient*

Kör·per·pu·der der/das <-s, -> *Puder zur Körperpflege*

Kör·per·schaft die <-, -en> RECHTSW. *einem bestimmten Zweck dienende Vereinigung von Personen, die den Status einer juristischen Person besitzt* Vereine und Aktiengesellschaften sind Beispiele für privatrechtliche Körperschaften.

Kör·per·schaft(s)·steu·er die <-, -n> *auf das Einkommen von Unternehmen erhobene Steuer*

Kör·per·schwä·che die <-> (*kein Plur.*) *Mangel an Körperkraft*

Kör·per·sig·nal das <-s, -e> *ein Anzeichen, das etwas über den gesundheitlichen Zustand des Körpers oder über das psychische Befinden zeigt*

Kör·per·spra·che die <-> (*kein Plur.*) *das Ausdrücken von Gefühlen mit Hilfe der Mimik, Gestik, Bewegung und Haltung des Körpers*

Kör·per·teil der <-(e)s, -e> *bestimmter Teil des Körpers*[1]

Kör·per·tem·pe·ra·tur die <-, -en> *die messbare Temperatur im Körper* Während bei Säugetieren die Körpertemperatur relativ konstant gehalten wird, hängt diese bei den Reptilien von der Umgebung ab.

Kör·per·ver·let·zung die <-> (*kein Plur.*) RECHTSW. *die Misshandlung oder Beschädigung der Gesundheit einer Person* Der Angeklagte wird der fahrlässigen/schweren Körperverletzung beschuldigt.

Kor·po·ral der <-s, -e/Korporäle> **1.** (*veralt.*) *Unteroffizier* **2.** (*schweiz.*) *rangniedrigster Unteroffizier*

Kor·po·ra·ti·on die <-, -en> **1.** RECHTSW. *Körperschaft* ▸korporativ **2.** *Studentenverbindung*

kor·po·riert <nicht steig.> *Adj. einer Korporation*[2] *angehörend*

Korps, *a.* **Corps** das [koːɐ̯] <-, -> **1.** MILIT. *großer Truppenverband* **2.** *Korporation*[2] ■ **das diplomatische Korps**: *alle Diplomaten, die in einem anderen Land ihre Regierung vertreten* ◆-geist, -student

kor·pu·lent *Adj.* (≈ *beleibt*) *füllig, dick*

Kor·pu·lenz die <-> (*kein Plur.*) *korpulente Beschaffenheit* Sie neigt zur Korpulenz.

Kor·pus, *a.* **Cor·pus** das <-, Korpora> **1.** (*fachspr.*) *eine Sammlung von* (*repräsentativen*) *Texten oder sprachlichen Äußerungen zum Zwecke wissenschaftlicher Untersuchungen* ein Korpus von vier Millionen Wörtern, ein Korpus der Zeitungssprache ◆-linguistik, Text- **2.** (MUS.: *kein Plur.*) *der Resonanzkörper eines Musikinstruments* das Korpus der Geige/der Gitarre

kor·pus·ba·siert <nicht steig.> *Adj.* SPRACHWISS. *so, dass eine sprachwissenschaftliche Untersuchung sich auf Beobachtungen in einem Korpus*[1] *stützt* korpusbasierte Lexikographie

Kor·pus·kel das <-s, -n> PHYS. *kleinstes atomares Teilchen* ▸korpuskular

Kor·re·fe·rat/Ko·re·fe·rat das <-(e)s, -e> (*fachspr.*) **1.** *zweites, auf ein Hauptreferat bezogenes,* (*thematisch*) *untergeordnetes Referat, das als Ergänzung dient* **2.** *zweites Gutachten bei der*

Beurteilung einer wissenschaftlichen Arbeit

Kor·re·fe·rent/Ko·re·fe·rent, **Kor·re·fe·ren·tin** der <-en, -en> **1.** *jmd., der ein Korreferat*[1] *hält* **2.** *zweiter Gutachter bei der Beurteilung einer wissenschaftlichen Arbeit*

kor·rekt *Adj.* **1.** (≈ *fehlerfrei* ↔ *falsch*) *richtig, frei von Fehlern* Sie hat alle Fragen korrekt beantwortet., Für eine korrekte Bearbeitung des Vorgangs benötigen wir alle relevanten Daten. **2.** (≈ *anständig* ↔ *unkorrekt*) *angemessen, tadellos* Er hat mich völlig korrekt behandelt.

Kor·rekt·heit die <-> (*kein Plur.*) **1.** *die Tatsache, dass etwas korrekt*[1] *ist* Er verbürgt sich für die Korrektheit der Dokumente. **2.** *korrektes*[2] *Verhalten* Alle Kollegen schätzen ihre Korrektheit.

Kor·rek·tiv das <-s, -e> (*geh.*) *etwas, das dazu dient, einen Fehler oder Mangel oder eine Einseitigkeit bei einer Person oder zwischen Personen auszugleichen* Ihre Geduld ist ein wichtiges Korrektiv zu seiner impulsiven Art.

Kor·rek·tor, **Kor·rek·to·rin** der <-s, -en> **1.** *jmd., der beruflich Texte, die gedruckt werden sollen, auf Fehler hin überprüft* **2.** *jmd., der Prüfungsarbeiten korrigiert und bewertet*

Kor·rek·tur die <-, -en> (*geh.*) **1.** (≈ *Verbesserung*) *der Vorgang, dass man in einem Text, einem Manuskript o.Ä. Fehler* (*meist mit rotem Stift*) *kennzeichnet und die richtigen Wörter an den Rand des Textes schreibt* Ich habe noch einige Korrekturen am Rand deines Aufsatzes angebracht. ◆ Autoren-, Text- **2.** *eine einzelne Stelle, die korrigiert*[1] *worden ist* Auf der letzten Seite des Textes gab es noch drei Korrekturen. **3.** *Veränderung* Der neue Minister hat Korrekturen in der Steuerpolitik angekündigt. ◆ Getrenntschreibung →R 4.1 (ein Manuskript) Korrektur lesen

Kor·rek·tur·ab·zug der <-s, Korrekturabzüge> (≈ *Korrekturfahne*)

Kor·rek·tur·fah·ne die <-, -n> DRUCKW. *ein Probedruck eines Textes, der vom Autor für das Korrekturlesen benötigt wird*

Kor·rek·tur·flüs·sig·keit die <-, -en> *eine Art weiße Farbe, mit der man die fehlerhaften Stellen von Dokumenten übertüncht, wobei sich ein schnell trocknender Film ergibt, auf den man erneut schreiben kann*

Kor·rek·tur·le·sen das <-s> (*kein Plur.*) *der Vorgang, dass jmd. einen Text auf Fehler überprüft und Korrekturzeichen einträgt, damit der Text verbessert werden kann*

Kor·rek·tur·zei·chen das <-s, -> *eines der speziellen Zeichen, die man beim Korrigieren von Fehlern an einem Text anbringt und die besagen, in welcher Weise der Text verändert werden muss*

Kor·re·lat das <-(e)s, -e> (*fachspr.*) **1.** *ein Begriff* (*oder Gegenstand*), *der etwas anderem als Ergänzung zugeordnet ist* Die hochdramatische Filmmusik ist das genaue Korrelat zu der spannungsgeladenen Handlung des Films. **2.** SPRACHWISS. *ein Wort, das im Satzbau einem anderen Wort zugeordnet ist* Im Satz „Er ging dahin, woher er gekommen war" sind „dahin" und „woher" Korrelate.

Kor·re·la·ti·on die <-, -en> (*fachspr.* ≈ *Wechselbeziehung*) *ein* (*kausaler*) *Zusammenhang, bei dem die genannten Elemente wechselseitig aufeinander wirken* Es ist überall zu lesen, dass zwischen dem weltweit steigenden Kohlendioxidausstoß und der Erwärmung der Erdatmosphäre eine Korrelation besteht., Diese Maßnahmen stehen in Korrelation.

Kor·re·la·ti·ons·rech·nung die <-, -en> MATH. *Wahrscheinlichkeitsrechnung*

kor·re·la·tiv <nicht steig.> *Adj.* (*fachspr.*) *wechselseitig auf einander bezogen*

kor·re·lie·ren <korreliert, korrelierte, hat korreliert> *ohne OBJ* (*fachspr.*) ▪ *etwas korreliert mit etwas Dat. in wechselseitiger Beziehung stehen* Die in der Muskulatur nachgewiesenen Laktatwerte korrelieren genau mit der vorangegangenen Belastungsintensität

Kor·re·pe·ti·tor, **Kor·re·pe·ti·to·rin** der <-s, -en> *jmd., der beruflich mit Sängern ihre Solopartien einstudiert, indem er sie am Klavier begleitet* ▸ korrepetieren, Korrepetition

Kor·re·s·pon·dent, **Kor·re·s·pon·den·tin** der <-en, -en> (≈ *Berichterstatter*) *jmd., der für Presse, Rundfunk oder Fernsehen über wichtige Ereignisse berichtet* Sie ist Korrespondentin einer großen Tageszeitung/eines Nachrichtensenders. ◆ Auslands-, Sonder-

Kor·re·s·pon·denz die <-, -en> **1.** (≈ *Briefwechsel, Schriftverkehr*) *das Austauschen von Briefen zwischen zwei Partnern* Vor der Besprechung muss ich unbedingt noch die Korrespondenz erledigen (≈ Briefe durchsehen, die ich bekommen habe und Antworten erstellen)., mit jemandem in Korrespondenz stehen, eine Korrespondenz beenden **2.** *geschriebene und erhaltene Briefe* Die Korrespondenz wird in Ordnern abgeheftet. ◆ -mappe, Geschäfts-, Privat-

Kor·re·s·pon·denz·bü·ro das <-s, -s> *eine Agentur, die Informationen für die Presse sammelt*

kor·re·s·pon·die·ren <korrespondierst, korrespondierte, hat korrespondiert> *ohne OBJ* **1.** ▪ *jmd. korrespondiert mit jmdm. mit jmdm. im Briefwechsel stehen* **2.** ▪ *etwas korrespondiert mit etwas* (*geh.*) *einer Sache entsprechen, mit etwas übereinstimmen* Das Tatmuster dieses Raubüberfalls korrespondiert exakt mit zwei anderen Fällen der letzten Monate.

Kor·ri·dor der <-s, -e> **1.** (≈ *Hausflur*) **2.** POL. *ein schmaler Landstrich, der durch ein fremdes Staatsgebiet hindurch ein Land mit dem Meer verbindet*

Kor·ri·gen·da die <-> *Plur.* DRUCKW. *Verzeichnis von Druckfehlern und ihren Korrekturen in einem Buch*

kor·ri·gie·ren <korrigierst, korrigierte, hat korrigiert> *mit OBJ/ohne OBJ* ▪ *jmd. korrigiert* (*etwas*) **1.** *auf Fehler überprüfen und berichtigen* Eigentlich wollte der Lehrer die Aufsätze bis heute korrigieren., Sie hat bis spät in die Nacht korrigiert. **2.** (*positiv*) *verändern, so dass etwas genauer* *oder stimmiger wird* Sie hat ihre Meinung inzwischen korrigiert., Ich möchte meine vorherige Bemerkung noch korrigieren …

kor·ro·die·ren <korrodiert, korrodierte, ist korrodiert> *ohne OBJ* ■ *etwas korrodiert* (*fachspr.*) *der Vorgang, dass ein Material durch einen scharfen Stoff angegriffen und zersetzt wird*

Kor·ro·si·on die <-, -en> (*fachspr.*) *durch Oxidation verursachte Zerstörung von Metall* Die rostigen Stellen am Auto sind durch Korrosion entstanden.

kor·ro·si·ons·be·stän·dig *Adj. so beschaffen, dass Korrosion ein Metall nicht zerstören kann*

Kor·ro·si·ons·schutz der <-es> (*kein Plur.*) *Schutzschicht gegen Korrosion* ◆-farbe, -garantie

kor·ro·siv <nicht steig.> *Adj.* **1.** *so, dass etwas Korrosion hervorruft* **2.** *durch Korrosion hervorgerufen* ein korrosiver Schaden

kor·rum·pie·ren <korrumpierst, korrumpierte, hat korrumpiert> *mit OBJ* **1.** ■ *jmd. korrumpiert jmdn.* (*geh. abwert.*) *bestechen* Zwielichtige Geschäftsleute versuchten, den Politiker zu korrumpieren. **2.** ■ *etwas korrumpiert etwas durch schlechten Einfluss verderben* Die moderne Zivilisation hat die kulturellen Grundlagen dieses Volkes korrumpiert.

kor·rupt *Adj.* (*abwert.*) **1.** (≈ *bestechlich*) Der korrupte Beamte wurde vor Gericht gestellt. **2.** *so, dass etwas moralisch verdorben ist* ein korruptes Gesellschaftssystem ▸Korruptheit

Kor·rup·ti·on die <-, -en> (*abwert.*) *Bestechung, Bestechlichkeit* In dieser Behörde wurden in der Vergangenheit bereits mehrere Fälle von Korruption aufgedeckt.

Kor·rup·ti·ons·sumpf der <-(e)s> (*kein Plur.*) (POL.: *abwert. umg.*) *der Zustand in einer Behörde oder Regierung, dass an vielen Stellen Korruption vorkommt*

Kor·rup·ti·ons·vor·wurf der <-s, Korruptionsvorwürfe> *ein Vorwurf, in dem jmd. als korrupt bezeichnet wird oder behauptet wird, dass Korruption stattgefunden hat*

Kor·sa·ge die [kɔrˈzaːʒə] <-, -n> *ein elastisches, die Figur formendes Oberteil, das Frauen unter ihrer Kleidung tragen können*

Kor·sar der <-en, -en> GESCH. *Seeräuber*

Kor·se, **Kor·sin** der <-n, -n> *Einwohner Korsikas*

Kor·se·lett das <-s, -s> *kleines Korsett*[1]

Kor·sett das <-(e)s, -e/-s> **1.** *elestisches Mieder* **2.** MED. *bei Rückenverletzungen angelegter, fester Stützverband*

Kor·si·ka <-s> *eine Insel im Mittelmeer*

Kor·sin *s.* **Korse**

kor·sisch <nicht steig.> *Adj. zu Korsika gehörend, von dort stammend*

Kor·so der <-s, -s> *Umzug, festliche* (*Demonstrations-*)*Fahrt* Nach dem Gewinn des Fußballfinales veranstalteten die Fans der siegreichen Mannschaft einen Korso in der Innenstadt.

kor·ti·kal <nicht steig.> *Adj.* ANAT. *zur Gehirnrinde gehörend*

Kor·ti·son, *a.* **Cor·ti·son** das <-s> (*kein Plur.*) MED. *ein entzündungshemmendes Medikament*

Kor·vet·te die <-, -n> SEEW. *ein kleineres Kriegsschiff*

Kor·vet·ten·ka·pi·tän der <-s, -e> SEEW. MILIT. *Offizier der Marine*

Ko·ry·phäe die <-, -n> (*geh.*) *ausgezeichneter Fachmann, Wissenschaftler* Er ist eine Koryphäe auf seinem Gebiet.

Ko·sak der <-en, -en> GESCH. *ein Angehöriger des Militärs im zaristischen Russland* ◆-enchor, -enmütze

ko·scher <nicht steig.> *Adj.* **1.** REL. *den jüdischen Regeln für die Zubereitung von Speisen entsprechend* ein koscheres Restaurant **2.** (*umg.*) *in Ordnung* Der Kerl ist doch nicht ganz koscher., Er macht Geschäfte, die nicht ganz koscher sind.

Ko·se·na·me der <-n, -n> *zärtlicher, liebevoller Name für eine Person, zu der man eine sehr enge, vertrauliche Beziehung hat*

Ko·se·wort das <-(e)s, Kosewörter/Koseworte> **1.** (*Plur. „Kosewörter"*) *ein Wort, das Zärtlichkeit bezeugen soll* **2.** (*kein Sing., Plur. „Koseworte"*) *zärtliche Worte, die man jmdm. sagt*

Ko·si·nus der <-, -/(-se)> MATH. *das Verhältnis von Ankathete zu Hypotenuse im rechtwinkligen Dreieck*

Kos·me·tik die <-, Kosmetika> **1.** (*kein Plur.*) *Schönheitspflege der Haut und der Haare* Zur dekorativen Kosmetik gehören Lippenstift, Make-up und Lidschatten, zur pflegenden Kosmetik gehören Gesichtswasser, Nachtcreme und Haarkur. ◆Gesichts-, Haut-, Natur- **2.** (*übertr.*) *eine oberflächliche Korrektur, die nur den Anschein einer Verbesserung hat* Das Unternehmen berichtet, es habe positive Veränderungen gegeben, aber ich glaube, das ist alles nur Kosmetik!

Kos·me·tik·ab·tei·lung die <-, -en> *die Abteilung in einer Drogerie, in der Kosmetikartikel stehen*

Kos·me·ti·ker, **Kos·me·ti·ke·rin** der <-s, -> *Fachkraft, die auf dem Gebiet der Schönheitspflege tätig ist*

Kos·me·tik·in·dus·trie die <-, -n> *der Bereich der Industrie, der Kosmetika herstellt*

Kos·me·tik·kof·fer der <-s, -> *zum Transport von Kosmetika dienender Koffer*

Kos·me·tik·sa·lon der <-s, -s> *ein Geschäft, in dem man sich von einer Kosmetikerin behandeln lassen kann* Im Kosmetiksalon wird Gesichtsmassage, Hautdiagnose und Schminkberatung angeboten.

Kos·me·tik·spie·gel der <-s, -> *ein Spiegel, in dem man stark vergrößert die Gesichtshaut betrachten kann*

Kos·me·tik·ta·sche die <-, -n> *eine Tasche für Kosmetika, die man auf Reisen mitnimmt*

Kos·me·tik·tuch das <-s, Kosmetiktücher> *ein Tuch, mit dem man das Gesicht von Puder oder Make-up reinigt*

Kos·me·ti·kum das <-s, Kosmetika> (*meist Plur.*) *Mittel zur Schönheitspflege*

kos·me·tisch <nicht steig.> *Adj.* **1.** *die Kosmetik*[1] *betreffend* Die Narbe ließe sich mit einer kosmeti-

K

schen Operation entfernen., eine kosmetische Behandlung/Beratung **2.** (*übertr. abwert.*) *oberflächlich, äußerlich, vordergründig* Statt eine wirkliche Reform anzustreben, wurden wieder nur kosmetische Maßnahmen ergriffen.

kos·misch <nicht steig.> *Adj.* **1.** *im Weltall herrschend, den Kosmos betreffend* Die kosmischen Größenordnungen sind mit dem normalen Verstand kaum zu fassen. **2.** *aus dem Kosmos stammend* Eine Vielzahl kosmischer Strahlen erreicht die Erde. **3.** *auf den Weltraum gerichtet* kosmisches Zeitalter, kosmische Forschung **4.** (*übertr.*) *den Kosmos erfüllend, der Größe des Kosmos entsprechend* kosmische Dimensionen, kosmische Hoffnungen

Kos·mo·go·nie die <-, -n> *mythische Erzählung über den Ursprung der Welt* ▶kosmogonisch

Kos·mo·lo·gie die <-, -n> *Lehre von der Entstehung und der Entwicklung des Weltalls ausfgrund der astronomischen Wissenschaft*

kos·mo·lo·gisch <nicht steig.> *Adj. zur Kosmologie gehörend*

Kos·mo·naut, Kos·mo·nau·tin der <-en, -en> *russischer Weltraumfahrer* An Bord des Raumschiffes sind zwei russische Kosmonauten und zwei amerikanische Astronauten.

Kos·mo·po·lit, Kos·mo·po·li·tin der <-en, -en> (*geh.* ≈ *Weltbürger*) *jmd., der sich als Bürger der ganzen Welt versteht und dem die Zugehörigkeit zu einer bestimmten Nation nicht so wichtig ist*

kos·mo·po·li·tisch <nicht steig.> *Adj.* (≈ *weltbürgerlich*) *zum Kosmopoliten gehörend*

Kos·mos der <-> (*kein Plur.*) **1.** (≈ *Weltall, Universum*) *Weltraum* **2.** (↔ *Chaos*) *die geordnete Welt*

Ko·so·va·re, Ko·so·va·rin der <-n, -n> *Bewohner des Kosovo*

kosovarisch <nicht steig.> *Adj. auf den Kosovo bezogen, von dort stammend*

Ko·so·vo der <-> *Provinz in Serbien und Albanien*

Ko·so·vo-Al·ba·ner, Ko·so·vo-Al·ba·ne·rin der <-s, -> *Bewohner des Kosovo auf dem Gebiet Albaniens*

Ko·so·vo-Flücht·ling der <-s, -e> *jmd., der aus dem Kosovo geflüchtet ist*

Ko·so·vo-Frie·dens·trup·pe die <-, -n> *Friedenstruppe der UNO im Kosovo*

Kost die <-> (*kein Plur.*) **1.** *Essen, Nahrung* Du solltest nur leichte Kost zu dir nehmen., Er ist auf rein vegetarische Kost umgestiegen. ◆Natur-, Roh-, Schon- **2.** *Verpflegung* Das Gehalt der Hausangestellten war zwar nicht hoch, dafür hatten sie Kost und Logis frei. ▶Beköstigung, Verköstigung

kost·bar *Adj.* **1.** (≈ *edel*) *von großem Wert* Überall im Haus lagen kostbare Teppiche., kostbarer Schmuck, kostbare Kleider **2.** *wertvoll, sehr wichtig* Meine Zeit ist mir zu kostbar, um sie mit solchen überflüssigen Dingen zu vergeuden.

Kost·bar·keit die <-, -en> **1.** *kostbarer, erlesener Gegenstand* Das Museum besitzt eine Fülle archäologischer Kostbarkeiten. **2.** (*kein Plur.*) *Wert* Der Schmuck ist von großer Kostbarkeit.

Kos·ten <-> *Plur.* **1.** (≈ *Ausgaben*) *der finanzielle Aufwand, den man für etwas leistet* (*für einen Kauf, ein Entgelt oder eine Arbeit*) Wenn es um sein Hobby geht, scheut er keine Kosten., Kosten aufbringen/einsparen/erstatten/sparen ◆Anschaffungs-, Fahrt- Gerichts-, Lebenshaltungs-, Lohnneben-, Reise- **2.** ■ **auf seine Kosten kommen**: *in seinen Erwartungen zufrieden gestellt werden* **auf jemandes Kosten/auf Kosten von jemandem**: *von jmds. Geld* Sie lebt auf Kosten ihrer Eltern. **auf jemandes Kosten/auf Kosten von jemandem**: *zum Nachteil von jmdm. oder von etwas* Ständiger Stress geht auf Kosten der Gesundheit. ◆Getrenn- oder Zusammenschreibung →R 4.3, R 4.12 Kosten sparend/kostensparend, eine Kostensparende/kostensparende Lösung; Zusammenschreibung→R 4.5, R 4.12 eine kostensparendere Lösung, die kostensparendste Lösung, kostendeckend

kos·ten[1] <kostest, kostete, hat gekostet> *mit OBJ/ohne OBJ* ■ *jmd. kostet* (*etwas*) (≈ *probieren*) *etwas auf seinen Geschmack hin prüfen* Würdest du bitte die Suppe kosten?, Ich habe schon gekostet.

kos·ten[2] <kostet, kostete, hat gekostet> *mit OBJ* ■ *etwas kostet* (*jmdn.*) *etwas* **1.** *einen bestimmten Preis haben* Die CD kostet 15 Euro., Der Eintritt für Studierende kostet die Hälfte., Der Hausbau hat uns ein Vermögen gekostet. **2.** *etwas* (*von jmdm.*) *erfordern* Die Fertigstellung meiner Diplomarbeit hat viel Zeit/Mühe/Anstrengung gekostet., Warte einen Moment, das kostet mich nur einen Anruf. **3.** *die Ursache für einen Verlust sein* Die Schließung dieser Fabrik kostete 500 Arbeiter den Job., Der Versuch, das Kind zu retten, kostete ihn das Leben.

Kos·ten·be·tei·li·gung die <-> (*kein Plur.*) *der Vorgang, dass mehrere Personen gemeinsam die Kosten von etwas aufbringen*

Kos·ten·dämp·fung die <-> (*kein Plur.*) *Einsparung von Kosten durch Absenken von Leistungen* eine Kostendämpfung im Gesundheitswesen

kos·ten·deck·end <nicht steig.> *Adj.* WIRTSCH. *so berechnet, dass Kosten durch Einnahmen ausgeglichen werden* Es wird immer schwieriger, solche Produkte kostendeckend zu produzieren. ▶Kostendeckung

Kos·ten·er·stat·tung die <-, -en> *Rückerstattung von Kosten*

Kos·ten·fak·tor der <-s, -en> WIRTSCH. *etwas, das die tatsächlich entstehenden Kosten von etwas beeinflusst* Die hohen Rohstoffpreise sind ein entscheidender Kostenfaktor.

Kos·ten·fra·ge die <-> (*kein Plur.*) *die Frage, ob man sich die Kosten für etwas leisten kann oder ob sie sich für etwas lohnen* Ob wir diese Kreuzfahrt machen, ist natürlich auch eine Kostenfrage.

kos·ten·güns·tig *Adj.* WIRTSCH. *so, dass etwas geringe Kosten verursacht* Derartige Produkte lassen sich heutzutage sehr kostengünstig produzieren.

kos·ten·in·ten·siv *Adj.* WIRTSCH. *so, dass etwas hohe Kosten verursacht* Die Entwicklung neuer Werkstoffe ist natürlich mit sehr kostenintensiven

Forschungen verbunden.

kos·ten·los <nicht steig.> *Adj.* (≈ *gratis*) *so, dass man nichts dafür bezahlen muss* Der Eintritt ist kostenlos!

Kos·ten-Nut·zen-A·na·ly·se die <-, -n> WIRTSCH. POL. *der Vergleich der anfallenden Kosten mit dem tatsächlichen Nutzen einer öffentlichen Investition* Nach einer eingehenden Kosten-Nutzen-Analyse hat die Regierung beschlossen, Gelder für dieses Projekt bereitzustellen.

kos·ten·pflich·tig <nicht steig.> *Adj.* RECHTSW. *so, dass man verpflichtet ist, bestimmte Kosten zu zahlen* Das falsch geparkte Auto wurde kostenpflichtig abgeschleppt., Ich erhielt eine kostenpflichtige (≈ gebührenpflichtige) Verwarnung.

Kos·ten·punkt der <-(e)s, -e> (*umg.*) *Preis; Höhe der Kosten für ein Kaufobjekt oder einen Auftrag* Nachdem Sie das Auto begutachtet haben, wäre jetzt nur noch über den Kostenpunkt zu sprechen.

Kos·ten·vor·an·schlag der <-(e)s, Kostenvoranschläge> *Berechnung von Kosten (für eine Reparatur) im Voraus* Bevor ich das defekte Gerät zu Reparatur bringe, lasse ich mir einen Kostenvoranschlag erstellen/machen.

Kost·gän·ger der <-s, -> (*veralt.*) *jmd., der bei jmdm. gegen Entgelt isst*

köst·lich *Adj.* **1.** (≈ *delikat*) *besonders wohlschmeckend* Könnte ich noch ein Gläschen von diesem köstlichen Wein/einen Teller von dieser köstlichen Nachspeise haben. ▶Köstlichkeit **2.** (≈ *amüsant*) *sehr unterhaltsam, vergnüglich* Das war ein köstlicher Einfall/Witz.

Kost·pro·be die <-, -n> **1.** *eine kleine Menge einer Speise oder eines Getränks, die jmd. zum Prüfen des Geschmacks isst oder trinkt* Nicht so viel Fleisch, ich wollte doch nur eine Kostprobe. **2.** (*übertr.*) *ein kleines Beispiel von etwas* Die Sängerin gab eine Kostprobe ihres Könnens.

kost·spie·lig *Adj.* *sehr teuer* Sie hat ein sehr kostspieliges Hobby. ▶Kostspieligkeit

Kos·tüm das <-s, -e> **1.** *eine (aufeinander abgestimmte) Kombination aus Jacke und Rock* Im Kostüm wirkt sie damenhafter als in Jeans. ◆ Frühjahrs-, Reise- **2.** (≈ *Gewand*) *für eine bestimmte Zeit, einen gesellschaftlichen Stand oder eine Region typische Kleidung* ein Kostüm, wie es damals die Handwerker/Kaufleute/ Spielleute trugen **3.** *eine (Ver-)Kleidung, die man beispielsweise im Karneval trägt* ◆ Faschings-, Narren- **4.** THEAT. *Kleidung für eine bestimmte Rolle* ◆ Rokoko-, Theater-

Kos·tüm·bild·ner, Kos·tüm·bild·ne·rin der <-s, -> *jmd., der beruflich im Theater für das Entwerfen, das Herstellen, die Auswahl und die Pflege der Kostüme zuständig ist*

Kos·tüm·fest das <-(e)s, -e> *ein Fest, bei dem die Gäste Kostüme[3 4] tragen*

kos·tü·mie·ren <kostümierst, kostümierte, hat kostümiert> *mit OBJ* ■ *jmd. kostümiert jmdn./sich zur Verkleidung ein Kostüm[3 4] anziehen* Sie hat ihren kleinen Sohn für den Karnevalsumzug als Indianer kostümiert., Ich werde mich (mit Augenklappe, Kopftuch und Säbel) als Pirat kostümieren.

Kos·tü·mie·rung die <-, -en> **1.** (*kein Plur.*) *das Kostümieren* **2.** *die Kleidung, die man als Kostüm[3] angezogen hat* Sie war in ihrer Kostümierung nicht zu erkennen.

Kos·tüm·ja·cke die <-, -en> *eine Jacke, die zu einem Kostüm[1] gehört*

Kos·tüm·pro·be die <-, -n> THEAT. *eine Probe, bei der jeder Darsteller sein Kostüm[4] trägt*

Kos·tüm·rock der <-s, Kostümröcke> *ein Rock, der zu einem Kostüm[1] gehört*

Kost·ver·äch·ter, Kost·ver·äch·te·rin der ■ **Jemand ist kein Kostverächter** (*umg.*): *jmd. gibt sich gern dem Genuss hin*

K.-o.-Sys·tem das [ka:'o:...] <-s> (*kein Plur.*) SPORT *ein System bei sportlichen Wettkämpfen, bei dem nur der jeweilige Rundensieger die nächste Runde erreicht* In der Endrunde des Turniers gilt das K.-o.-System, das heißt, der Gewinner einer Partie kommt eine Runde weiter und der Verlierer scheidet aus.

Kot der <-(e)s> (*kein Plur.*) (≈ *Exkrement*) *die unverdaulichen Stoffe, die aus dem Darm ausgeschieden werden*

Ko·te·lett das [kɔt'lɛt, 'kɔtlɛt, kotə'lɛt] <-s, -s/-e> *Rippenstück (mit Knochen) vom Schwein, Kalb, Hammel, Lamm*

Ko·te·let·ten <-> *Plur.* *schmaler, meist kürzerer von den Ohren in Richtung Kinn verlaufender Backenbart*

Kö·ter der <-s, -> (*abwert.*) *Hund* Der Köter kläfft den ganzen Tag.

Kot·flü·gel der <-s, -> *der Teil der Autokarosserie, der über den Rädern den Schmutz abfängt*

Kotz·bro·cken der <-s, -> (*vulg.*) *Person, die man als überaus widerwärtig empfindet*

Kot·ze die <-> (*kein Plur.*) (*vulg.*) *Erbrochenes*

kotz·e·lend <nicht steig.> *Adj.* (*vulg.*) *so, dass sich jmd. sehr elend fühlt und sich erbrechen muss*

kot·zen <kotzt, kotzte, hat gekotzt> *ohne OBJ* ■ *jmd. kotzt* (*vulg.* ≈ *erbrechen*) (*sich*) *übergeben* ■ **das ist zum Kotzen!**: *das ist unerträglich!*

Kot·zen der <-s, -> (*österr.*) *grobe Wolldecke*

kotz·lang·wei·lig <nicht steig.> *Adj.* (*vulg.*) *unerträglich langweilig*

kotz·ü·bel <nicht steig.> *Adj.* (*vulg.*) *äußerst übel, unwohl*

Krab·be die <-, -n> ZOOL. *ein in vielen Arten vorkommender, meist im Meer lebender Krebs*

Krab·bel·al·ter das <-s> (*kein Plur.*) *das Alter, in dem ein Kind auf dem Boden krabbelt*

Krab·bel·de·cke die <-, -n> *eine Stoffdecke, die man auf den Boden legt, damit das Baby darauf krabbeln kann*

Krab·bel·grup·pe die <-, -n> *eine Gruppe, in die Mütter ihr Kleinkind bringen können, wenn es noch nicht laufen kann, aber schon gemeinsam mit anderen Kleinkindern betreut werden soll*

Krab·bel·kind das <-(e)s, -er> *ein kleines Kind, das noch nicht laufen kann, sondern auf dem Boden krabbelt*

K

krab·beln <krabbelst, krabbelte, ist gekrabbelt> *ohne OBJ* **1.** ■ *ein Kind krabbelt sich auf Händen und Füßen fortbewegen* Das Baby krabbelt auf allen vieren durchs Zimmer **2.** ■ *ein Tier krabbelt mit raschen Bewegungen kriechen* An der Decke krabbelt ein Käfer/eine Spinne.

Krab·ben·cock·tail der [...'kɔkte:l] <-s, -s> KOCH. *mit einer Soße und Gewürzen angemachte Krabben*

Krach der <-(e)s, Kräche> **1.** (*kein Plur.*) *andauernder Lärm* Seitdem die Straßenarbeiten im Gang sind, herrscht hier ein fürchterlicher/ohrenbetäubender/unerträglicher Krach. **2.** (*kein Plur.*) *plötzlicher, sehr lauter Knall* Mit einem Krach fiel die Tür ins Schloss. **3.** (*umg.*) *heftiger, lauter Streit* Ich habe Krach mit ihr gehabt. ◆ Ehe-, Familien- **4.** (*umg.*) *Bankrott, wirtschaftlicher Zusammenbruch* ◆ Banken-, Börsen-

kra·chen <krachst, krachte, hat/ist gekracht> **I.** *ohne OBJ* ■ *etwas kracht* **1.** (*haben*) *ein knallartiges Geräusch auslösen* Die Donner/Schüsse krachten nur so. **2.** (*sein*) *geräuschvoll zerbrechen, zerreißen* Plötzlich krachte das Eis und ich brach ein. **3.** (*sein*) (*umg.*) *geräuschvoll gegen oder auf etwas prallen* Das Auto krachte gegen einen Baum. **II.** *mit ES* ■ *es kracht* (*haben*) **1.** (*umg.*) *es gibt einen Zusammenstoß von Fahrzeugen* „Passieren hier öfter Unfälle?" „Ja, auf dieser Kreuzung kracht es andauernd." **2.** *es gibt heftigen Streit* Seit es bei ihnen gekracht hat, sprechen sie nicht mehr miteinander. **3.** *es donnert* Der Blitz schlug ein und es krachte. ■ **Bald kracht's !** (*umg.*): *Das sehe ich mir nicht länger an, gleich handle ich!*

Kra·cher der <-s, -> (*umg.* ≈ *Böller*) *Feuerwerkskörper*

kräch·zen <krächzt, krächzte, hat gekrächzt> *ohne OBJ* **1.** ■ *ein Tier krächzt heiser schreien* Raben krächzen. **2.** ■ *jmd. krächzt heiser sprechen* Ich kann heute nur krächzen, weil ich einen rauen Hals habe/heiser bin.

Krad das <-(e)s, Kräder> MILIT. *kurz für „Kraftrad"*

Krad·fah·rer, **Krad·fah·re·rin** der <-s, -> MILIT. *Fahrer eines Kraftrads*

Kraft die <-, Kräfte> **1.** *körperliche Stärke* Seine körperliche Kraft ist unglaublich., Er strotzt vor Kraft., bei Kräften sein, wieder zu Kräften kommen ◆ Körper-, Muskel- **2.** *seelische, geistige oder moralische Energie* Ich bewundere die schöpferische Kraft der Künstlerin., Sie hatte bereits viele Rückschläge hinnehmen müssen, aber dies ging über ihre Kraft., die Kräfte anspannen/sammeln/verbrauchen/übersteigen ◆ Geistes-, Tat-, Vorstellungs-, Willens- **3.** *die Eigenschaft, eine bestimmte Wirkung zu erzeugen* Seit ich dieses Buch gelesen habe, bin ich von der heilenden Kraft der Kräuter überzeugt., die Kräfte der Natur ◆ Heil- **4.** PHYS. *Ursache für Bewegungsänderungen frei beweglicher Körper oder Formveränderungen* Kraft ist Masse mal Beschleunigung., elektrische/magnetische Kraft **5.** *eine Person, die Arbeit für jmdn. leistet* Der Betrieb sucht andauernd neue Kräfte. ◆ Arbeits-, Büro-, Hilfs-, Reinigungs-, Schreib- **6.** (*meist Plur.*) *eine einflussreiche Gruppe von Menschen* Die fortschrittlichen/konservativen Kräfte vertreten die Ansicht, dass ... **7.** SEEW. *Motorleistung* Das Schiff fuhr mit gedrosselter/voller Kraft. ■ **die treibende Kraft sein**: *derjenige sein, der etwas anregt* **außer Kraft setzen**: *ungültig, unwirksam werden lassen* **in Kraft treten/sein/bleiben**: *wirksam, gültig werden/sein/bleiben* **in Kraft setzen**: *wirksam, gültig werden lassen* ◆ Getrennt- oder Zusammenschreibung→R 4.3, R 4.12 Kraft raubend/kraftraubend, eine Kraftraubende/kraftraubende Arbeit; Getrenntschreibung→R 4.3, R 4.12 eine viel Kraft raubende Arbeit; Zusammenschreibung→R 4.12 eine äußerst kraftraubende Arbeit, eine noch kraftraubendere Arbeit

kraft *Präp. + Gen.* AMTSSPR. *aufgrund der Autorität* Er hat kraft seines Amtes entschieden, dass ..., Kraft Gesetzes muss diese Bestimmung eingehalten werden.

Kraft·akt der <-(e)s, -e> *eine Leistung, die große körperliche Kraft[1] erfordert*

Kraft·arm der <-s, -e> (PHYS.: ↔ *Lastarm*) *der Teil eines Hebels, auf den eine Kraft wirkt*

Kraft·auf·wand der <-(e)s> (*kein Plur.*) *große körperliche Anstrengung*

Kraft·aus·druck der <-(e)s, Kraftausdrücke> (*umg.*) *derber, vulgärer Ausdruck* Er schimpfte heftig und gebrauchte einige Kraftausdrücke.

Kräf·te·pa·ral·le·lo·gramm das <-s, -e> PHYS. *ein Parallelogramm, in dem die Summe von zwei Kräften grafisch dargestellt wird*

Kräf·te·spiel das <-s> (*kein Plur.*) *Wirkung und Gegenwirkung (von Kräften)*

Kräf·te·ver·fall der <-s> (*kein Plur.*) *Nachlassen der körperlichen (und geistigen) Fähigkeiten*

Kraft·fah·rer, **Kraft·fah·re·rin** der <-s, -> AMTSSPR. *jmd., der ein Kraftfahrzeug fährt*

Kraft·fahr·zeug das <-(e)s, -e> AMTSSPR. *ein Fahrzeug, das durch einen Motor angetrieben wird und nicht auf Schienen fährt (Abk. „Kfz")* Diese Straße ist für Kraftfahrzeuge aller Art gesperrt., die Erlaubnis zum Führen (≈ Fahren) eines Kraftfahrzeugs

Kraft·fahr·zeug·brief der <-(e)s, -e> *ein Dokument, das als Nachweis des rechtmäßigen Kraftfahrzeugbesitzes dient*

Kraft·fahr·zeug·dich·te die <-> (*kein Plur.*) *Verkehrsdichte*

Kraft·fahr·zeug·dieb·stahl der <-s, Kraftfahrzeugdiebstähle> *Diebstahl eines Kraftfahrzeugs*

Kraft·fahr·zeug·in·dus·trie die <-, -n> *ein Bereich der Industrie, der Personenwagen, Lastkraftwagen, Omnibusse, Motorräder und andere Kraftfahrzeuge produziert*

Kraft·fahr·zeug·kenn·zei·chen das <-s, -> *das auf einem Schild vorn und hinten am Kraftfahrzeug angebrachte Kennzeichen, das der Identifizierung des Fahrzeugs dient*

Kraft·fahr·zeug·pa·pie·re <-> *Plur. Kraftfahrzeugbrief und Kraftfahrzeugschein*

Kraft·fahr·zeug·schein der <-(e)s, -e> (*stets mitzuführendes*) *Dokument als Nachweis der ordnungsgemäßen Kraftfahrzeugzulassung*

Kraft·fahr·zeug·steu·er die <-, -n> *die Steuer, die man für das Halten eines Kraftfahrzeugs entrichtet*

Kraft·fahr·zeug·ver·si·che·rung die <-, -en> *Haftpflichtversicherung* (*und Kaskoversicherung*) *für ein Kraftfahrzeug*

Kraft·fahr·zeug·zu·las·sungs·stel·le die <-, -n> *die Behörde, bei der man die Zulassung seines Kraftfahrzeugs für den öffentlichen Verkehr bekommt*

Kraft·feld das <-(e)s, -er> PHYS. *die Gesamtheit aller Kräfte, die von einem Körper aus wirken* elektromagnetisches Kraftfeld

Kraft·fut·ter das <-s> (*kein Plur.*) *besonders nährstoffreiche Tiernahrung*

kräf·tig *Adj.* **1.** *gesund und stark, von körperlicher Kraft zeugend* Sie hat einen kräftigen Jungen zur Welt gebracht., Er besitzt eine kräftige Konstitution., kräftige (≈ muskulöse) Oberarme **2.** *stark* Sie hat einen kräftigen Händedruck. ◆ aussage-, beweis-, finanz- **3.** *intensiv* (*wirkend*) Ein kräftiges Hoch bestimmt in den kommenden Tagen unser Wetter., Bei diesem Gemälde habe ich vorwiegend kräftige Farben verwendet. **4.** *derb, grob* Er hat kräftig geflucht. **5.** (≈ *nahrhaft*) *reich an Nährstoffen* eine kräftige Suppe, kräftiges Brot

kräf·ti·gen <kräftigst, kräftigte, hat gekräftigt> **I.** *mit OBJ* ■ *jmd. kräftigt etwas stark machen* Nach Entfernung des Gipses kräftigte sie die geschwächte Muskulatur ihres Beines durch gezielte Übungen. **II.** *mit SICH* ■ *etwas/jmd. kräftigt sich stark werden* Die Muskulatur hat sich gekräftigt., Nach der Krankheit hat er sich jetzt wieder gekräftigt.

kräf·ti·gend <nicht steig.> *Adj. so, dass etwas Kraft gibt* Diese Gymnastik wirkt kräftigend auf die Bauchmuskulatur.

Kraftlackel der <-s, -> (*süddt., österr. umg.*) *Kraftprotz*

Kraft·li·nie die <-, -n> PHYS. *Linien, die Verlauf und Stärke eines Kraftfeldes sichtbar machen* Die Eisenfeilspäne machen magnetische Kraftlinien sichtbar.

kraft·los <nicht steig.> *Adj.* **1.** (≈ *matt, schwach*) *so, dass jmd. oder ein Tier nur geringe Kraft hat* Nach der langen Krankheit war sie noch kraftlos., Er sprach mit kraftloser Stimme **2.** *so, dass etwas nicht wirksam oder gültig ist* kraftlose Argumente **3.** *arm an Nährstoffen* eine kraftlose Suppe, kraftloses Weißbrot

Kraft·ma·schi·ne die <-, -n> *eine Maschine, die mechanische Energie erzeugt*

Kraft·mei·er der <-s, -> (*umg. abwert.* ≈ *Kraftprotz*)

Kraft·mei·e·rei die <-> (*kein Plur.*) (*umg. abwert.*) *das Angeben, Protzen mit seiner körperlichen Kraft*

Kraft·mensch der <-en, -en> *Person mit großer körperlicher Kraft*

Kraft·mes·ser der <-s, -> (PHYS.: ≈ *Dynamometer*) *ein Gerät, das man zur Messung von Kräften benutzt*

Kraft·pa·ket das <-s, -e> (*umg.* ≈ *Kraftmensch*) *sehr kräftiger, muskulöser Mensch*

Kraft·pro·be die <-, -n> *Handlungen zwischen rivalisierenden Personen oder Staaten, die zeigen sollen, wer von beiden der Stärkere ist* Zwischen den Eltern und ihrem sechzehnjährigen Sohn gibt es immer wieder richtige Kraftproben., es auf eine Kraftprobe ankommen lassen, eine Kraftprobe bestehen, eine militärische Kraftprobe

Kraft·protz der <-es, -e> (*umg. oft abwert.*) *jmd., der große körperliche Kraft besitzt und damit angibt*

Kraft·rad das <-(e)s, Krafträder> AMTSSPR. *Sammelbezeichnung für alle zweirädrigen, von einem Motor angetriebenen Fahrzeuge*

Kraft·re·ser·ve die <-, -n> *die letzten Kräfte, die jmd. noch für etwas hat* Nach der Verlängerung waren die Kraftreserven der meisten Spieler aufgebraucht.

Kraft·sport der <-(e)s> (*kein Plur.*) (≈ *Schwerathletik*) *Sportarten wie Gewichtheben, Ringen, Boxen, bei denen große Muskelkraft wichtig ist*

Kraft·stoff der <-(e)s> (*kein Plur.*) KFZ *ein Treibstoff, durch dessen Verbrennung im Motor Energie erzeugt wird* (*z.B. Benzin*)

Kraft·strom der <-s, Kraftströme> (PHYS.: ≈ *Drehstrom*) *Dreiphasenstrom*

kraft·strot·zend *Adj. so, dass jmds. körperliche Kraft deutlich sichtbar ist*

Kraft·trai·ning das <-s, -s> (SPORT: ↔ *Ausdauertraining*) *die Art von Training, die der Kräftigung der Muskulatur dient*

Kraft·ü·ber·tra·gung die <-, -en> KFZ *die Vorrichtung in Kraftfahrzeugen, die ermöglicht, dass die durch den Motor erzeugte Drehwirkung auf die Räder übertragen wird*

Kraft·ver·kehr der <-s> (*kein Plur.*) *Verkehr von Kraftwagen*

Kraft·ver·schwen·dung die <-, -en> *unnötiger Verbrauch von Kraft*

kraft·voll *Adj.* **1.** *so, dass jmd. viel Kraft hat* eine kraftvolle Persönlichkeit **2.** *so, dass etwas viel Kraft ausdrückt* Ein kraftvoll geschossener Freistoß führte zum 2:0., eine kraftvolle Ohrfeige

Kraft·wa·gen der <-s, -> AMTSSPR. *Auto*

Kraft·werk das <-(e)s, -e> *industrielle Anlage zur Stromerzeugung* ◆ Atom-, Kern-, Kohle-, Wasser-

Kraft·werks·be·trei·ber der <-s, -> *Betreiberfirma eines Kraftwerks*

Kraft·wort das <-s, Kraftwörter> (≈ *Kraftausdruck*)

Kra·gen der <-s, -/Krägen> *der Teil der Kleidung, der den Hals bedeckt oder umschließt* der Kragen eines Hemdes/einer Bluse/eines Mantels, Der Kragen des Mantels ist mit Kunstpelz besetzt. ■ **etwas kostet jemandem/jemanden den Kragen** (*umg.*): *etwas bringt jmdn. um seine Arbeitsstelle* **jemandem platzt der Kragen** (*umg.*): *jmds. Geduld ist am Ende* ◆ Mantel-, Pelz-

Kra·gen·knopf der <-(e)s, Kragenknöpfe> *Knopf*

zum Schließen des Kragens Er löste die Krawatte und öffnete den Kragenknopf.

Kra·gen·wei·te die <-, -n> *der Umfang eines Kragens* Wenn ich dir ein Hemd kaufen soll, musst du mir deine Kragenweite sagen. ■ **(nicht) jemandes Kragenweite sein** (*umg.*): (*nicht*) *nach jmds. Geschmack sein*

Krag·stein der <-s, -e> BAUW. *vorspringender Mauerstein, der als Träger dient*

Krä·he die <-, -n> *ein großer schwarzer, mit den Raben verwandter Vogel*

krä·hen *ohne OBJ* **1.** ■ *ein Hahn kräht ein Hahn gibt heisere Schreie von sich* Auf dem Bauernhof kräht jeden Morgen der Hahn. **2.** ■ *ein Kind kräht mit hoher, heller Stimme schreien* Das Baby krähte vergnügt.

Krä·hen·fü·ße <-> *Plur.* (*umg.*) **1.** *sternförmig angeordnete Fältchen um die äußeren Augenwinkel* **2.** *unleserliche Handschrift*

Krä·hen·nest das <-(e)s, -er> SEEW. *wie ein Nest geformter Ausguck am vorderen Mast eines Schiffs*

Kra·kau <-s> *Stadt in Südpolen*

Kra·ke der <-n, -n> *ein achtarmiger Tintenfisch*

kra·kee·len <krakeelst, krakeelte, hat krakeelt> *ohne OBJ* ■ *jmd. krakeelt* (*umg. abwert.*) *laut schreien, lautstark schimpfen, streiten* Der Betrunkene begann zu krakeelen. ▶Krakeeler

Kra·kel der <-s, -> *nicht schöne und unleserliche Handschrift* Ich kann ihre Krakeln nicht entziffern.

Kra·ke·lei die <-, -en> (*umg. abwert.*) **1.** (*kein Plur.*) *das Krakeln* **2.** *etwas mit krakeliger Schrift Geschriebenes*

kra·ke·lig/krak·lig *Adj.* (*umg. abwert.*) *zittrig geschrieben, so dass man es kaum entziffern kann*

kra·keln <krakelst, krakelte, hat gekrakelt> *mit/ohne OBJ* ■ *jmd. krakelt* (*etwas*) (*umg. abwert.*) *mit ungeübter oder unleserlicher Handschrift schreiben, so dass das Geschriebene kaum zu entziffern ist* Nach ihrer Handverletzung konnte sie nur krakeln., Das Schulkind krakelt seine ersten Buchstaben auf das Papier.

Kral der <-s, -e> *kreisförmig angelegtes Dorf afrikanischer Stämme*

Kral·le die <-, -n> *spitz zulaufendes, gebogenes Horngebilde am letzten Zehenglied bestimmter Vögel, Reptilien und Säugetiere* Die scharfen Krallen des Adlers sind eine tödliche Waffe., Der Löwe zeigt seine Krallen. ■ **jemandem die Krallen zeigen** (*umg.*): *unmissverständlich zeigen, dass man sich wehren will* **etwas in die Krallen bekommen/kriegen** (*umg.*): *etwas in seine Gewalt bekommen* **etwas nicht aus den Krallen lassen**: *etwas nicht hergeben*

kral·len <krallst, krallte, hat gekrallt> **I.** *mit OBJ* **1.** ■ *jmd. krallt etwas in etwas Akk. die Finger krümmen und etwas umschließen, um sich daran festzuhalten* Sie krallte ihre Finger/ihre Zehen in den Sand. **2.** ■ *jmd. krallt etwas* (*umg.*) *etwas schnell greifen* Er krallte sich die Handtasche und rannte davon. **II.** *mit SICH* **1.** ■ *ein Tier krallt sich an etwas Akk. sich mit Hilfe der Krallen an etwas festhalten* Als sie vom Baum herunterzufallen drohte, krallte sich die Katze an einen Ast. **2.** ■ *jmd. krallt sich an etwas Akk. sich mit gekrümmten Fingern an etwas festhalten* Sie krallte sich an das Geländer.

kral·len·ar·tig <nicht steig.> *Adj. wie Krallen geformt*

Kram der <-s> (*kein Plur.*) (*abwert.*) **1.** (≈ *Krempel*) *alte, wertlose Gegenstände, unnützes Zeug, Plunder* Kram aufheben/wegräumen, Wir sollten den alten Kram im Keller endlich wegwerfen. **2.** *eine lästige Aufgabe oder Arbeit, die man ungern erledigt* Ich komme nach, wenn ich den ganzen Kram hier erledigt habe. ■ **jemandem nicht in den Kram passen**: *jmdm. ungelegen kommen, lästig sein* ◆ Papier-, Routine-, Verwaltungs-

kra·men <kramst, kramte, hat gekramt> **I.** *mit OBJ* ■ *jmd. kramt etwas aus etwas Dat. etwas wühlend in etwas suchen, und es schließlich hervorholen* Er kramte die alten Fotos aus der Schublade. **II.** *ohne OBJ* ■ *jmd. kramt irgendwo/nach etwas Dat.* (≈ *stöbern*) *nach etwas suchend in etwas herumwühlen* Sie kramte in ihrer Tasche nach ihrem Personalausweis.

Krä·mer, **Krä·me·rin** der <-s, -> (*veralt.*) *Besitzer eines kleinen Lebensmittelladens*

Krä·mer·see·le die <-, -n> (*abwert.*) *ein sehr kleinlich denkender, beschränkter Mensch*

Kram·la·den der <-s, Kramläden> (*umg. abwert.*) *ein kleines Lebensmittelgeschäft, in dem auch andere einfache Waren verkauft werden*

Kram·pe die <-, -n> *kleiner, spitzer Eisenhaken* Der Draht des Elektrozauns wurde mit Krampen an den Pflöcken befestigt.

Kram·pen der <-s, -> (*süddt. österr.*) *Spitzhacke*

Krampf der <-(e)s, Krämpfe> **1.** MED. *unwillkürliche, schmerzhafte, anhaltende oder zuckende Zusammenziehung der Muskeln* Der völlig verausgabte Sportler hatte einen Krampf in der Wade und musste behandelt werden. ◆ Bauch-, Magen-, Muskel-, Waden- **2.** (*kein Plur.*) (*umg. abwert.*) *übertriebener, angestrengter und unpassender Versuch, eine* (*persönliche*) *Wirkung zu erzielen* Der Film war ein ziemlicher Krampf., Sein ganzes Gerede von Versöhnung ist doch nur Krampf!

Krampf·a·der die <-, -n> *eine krankhaft erweiterte Vene, die am Unterschenkel* (*meist bei Frauen*) *sichtbar wird*

Krampf·an·fall der <-s, Krampfanfälle> (≈ *Spasmus*) *plötzliches Zusammenziehen eines Muskels oder einer Muskelgruppe, das sehr schmerzhaft sein kann*

krampf·ar·tig <nicht steig.> *Adj. wie ein Krampf* ein krampfartiger Schmerz im Bauch

kramp·fen <krampfst, krampfte, hat gekrampft> **I.** *mit OBJ* ■ *jmd. krampft die Finger/Hände in/um etwas Akk. etwas* (*mit den Händen, Fingern*) *fest umklammern* (*um sich daran festzuhalten*) Sie krampfte die Finger um die Gitterstäbe. **II.** *mit SICH* ■ *etwas krampft sich in/um etwas Akk.* **1.** *die Finger, Hände fest um etwas schließen* (*um sich *daran festzuhalten*) Seine Hände krampften sich um das Seil. **2.** *die Finger in etwas bohren und sich daran festhalten* Seine Hände krampften sich vor Schmerz in die Kissen.

krạmpf·haft *Adj.* **1.** *wie bei einem Krampf*[1] Sie klagt über krampfhafte Zuckungen. **2.** (*umg.*) *überaus angestrengt, verbissen* Er dachte krampfhaft nach, fand aber keine Lösung.

krạmpf·lö·send <nicht steig.> *Adj. so, dass ein Krampf*[1] *sich lösen kann* ein krampflösendes Medikament

Krạm·pus der <-/-ses, -se> (*süddt. österr.* ≈ *Knecht Ruprecht*) *der Begleiter des Nikolaus*

Kra̲n der <-(e)s, -e/Kräne> *ein fahrbares Gerät, mit dem man auf Baustellen Lasten anhebt und transportiert*

Kra̲n·füh·rer, **Kra̲n·füh·re·rin** der <-s, -> *jmd., der beruflich einen Kran bedient*

Kra̲·nich der <-s, -e> *ein langbeiniger Vogel, der vor allem in Sumpfgebieten lebt*

krạnk <kränker, am kränksten> *Adj.* **1.** (↔ *gesund*) *in dem Zustand, dass ein Lebewesen in seinen natürlichen Lebensprozessen gestört ist und sich schwach fühlt oder unter Schmerzen leidet* Sie ist geistig/körperlich/psychisch/ schwer/unheilbar krank., Wenn du krank bist, solltest du zum Arzt gehen., Der ewige Lärm macht mich ganz krank., Der kranke Baum musste gefällt werden., Er stand auf und fühlte sich bereits krank. ◆geistes-, grippe-, herz-, magen- **2.** *in dem Zustand, dass ein Teil eines Organismus, ein Organ in seiner normalen Funktion gestört ist* ein kranker Magen, eine kranke Leber, ein kranker Fuß **3.** *in dem Zustand, dass jmd. sich elend und geschwächt fühlt* sich krank ärgern, Er ist vor Eifersucht ganz krank. **4.** (*übertr.*) *so, dass etwas durch bestimmte Missstände in schlechtem Zustand ist* eine kranke Kultur, Die Wirtschaft ist krank., Wie krank ist unsere Gesellschaft? ◆ Getrenntschreibung→R 4.1 krank sein; Zusammenschreibung →R 4.11 krankfeiern, kranklachen, krankmelden, krankschreiben

Krạn·ke der/die <-n, -n> *jmd., der krank*[1] *ist*

krạ̈n·keln <kränkelst, kränkelte, hat gekränkelt> *ohne OBJ* ■ *jmd. kränkelt ständig oder immer wieder ein wenig krank sein*

krạn·ken *ohne OBJ* ■ *etwas krankt an etwas Dat. aufgrund eines bestimmten Mangels nicht* (*richtig*) *funktionieren* Unser Rentensystem krankt doch daran, dass …, Dieser Betrieb krankt an dem schlechten Führungsstil des Chefs.

krạ̈n·ken <kränkst, kränkte, hat gekränkt> *mit OBJ* ■ *jmd./etwas kränkt jmdn. jmds. Gefühle verletzen* Mit dieser Äußerung hat er sie zutiefst gekränkt., Ihr Benehmen hat mich schwer gekränkt., gekränkter Stolz, gekränkte Eitelkeit

Krạn·ken·ak·te die <-, -n> *die Akte, in der der Arzt seine Krankenberichte über einen Patienten gesammelt hat*

Krạn·ken·be·richt der <-s, -e> *ärztlicher Bericht über den Verlauf einer Krankheit, ihre Vorgeschichte, die Untersuchungsergebnisse und die Behandlung eines Patienten*

Krạn·ken·bett das <-(e)s, -en> *das Bett, in dem ein Kranker liegt*

Krạn·ken·blatt das <-(e)s, Krankenblätter> (≈ *Krankenbericht*)

Krạn·ken·geld das <-(e)s> (*kein Plur.*) *das Geld, das von den Krankenversicherungen an Mitglieder gezahlt wird, sobald diese nach einer bestimmten Zeit des Krankseins vom Arbeitgeber keinen Lohn mehr erhalten*

Krạn·ken·ge·schich·te die <-, -n> *die Vorgeschichte einer Krankheit, die der Patient dem Arzt erzählt*

Krạn·ken·gym·nast, **Krạn·ken·gym·nas·tin** der <-en, -en> *jmd., der beruflich mit Kranken gymnastische Übungen durchführt, die den Körper oder bestimmte Körperglieder beweglicher oder kräftiger machen sollen*

Krạn·ken·haus das <-es, Krankenhäuser> (≈ *Hospital, Klinik*) *das Gebäude, in das Verletzte nach einem Unfall gebracht werden und in dem Operationen durchgeführt werden, nach denen die Patienten noch einige Zeit dort auf einer Station liegen* ◆-aufenthalt, -behandlung, -einweisung, Kreis-, Unfall-

krạn·ken·haus·reif <nicht steig.> *Adj. in einem Zustand, in dem man ins Krankenhaus gebracht werden muss* Die Täter hatten ihr Opfer krankenhausreif geschlagen.

Krạn·ken·kas·se die <-, -n> *Krankenversicherung*

Krạn·ken·kost die (*kein Plur.*) *leichte, für Kranke geeignete Kost*

Krạn·ken·la·ger das <-s, -> *Krankenbett*

Krạn·ken·pfle·ge die <-> (*kein Plur.*) *die pflegende Betreuung kranker Menschen*

Krạn·ken·pfle·ger, **Krạn·ken·pfle·ge·rin** der <-s, -> *jmd., der beruflich in der Krankenpflege tätig ist*

Krạn·ken·schein der <-s, -e> (*früher*) *ein Schein, den das Mitglied einer Krankenkasse im Falle eines Arztbesuches vorlegt, damit der Arzt die Behandlungskosten mit der Krankenkasse abrechnen kann*

Krạn·ken·schwes·ter die <-, -n> *eine Frau, die beruflich in der Krankenpflege tätig ist*

Krạn·ken·stand der <-(e)s> (*kein Plur.*) *die Zahl der Personen, die während eines bestimmten Zeitraums bei einem Arbeitgeber krankgemeldet sind* Um diese Jahreszeit ist der Krankenstand erfahrungsgemäß hoch.

Krạn·ken·trans·port der <-s, -e> *Beförderung von Kranken, die nicht gehen können, in einem Krankenwagen*

Krạn·ken·ver·si·che·rung die <-, -en> **1.** *die Versicherung, an die man Mitgliedsbeiträge zahlt und die im Krankheitsfall die Behandlungskosten übernimmt* Es gibt gesetzliche und private Krankenkassen. **2.** *ein bestimmtes Versicherungsunternehmen, bei dem man eine Krankenversicherung*[1] *abschließen kann* in die Krankenversicherung eintreten, eine Krankenversicherung abschließen, Ich habe vor kurzem die Krankenversicherung gewechselt.

Kran·ken·ver·si·che·rungs·kar·te die <-, -n> *eine elektronische Chipkarte, die das Mitglied einer Krankenkasse im Falle eines Arztbesuches vorlegt, damit der Arzt die Behandlungskosten mit der Krankenkasse abrechnen kann*

Kran·ken·wa·gen der <-s, -> *ein speziell ausgerüstetes Kraftfahrzeug für den Transport von Kranken und Verletzten*

Kran·ken·zim·mer das <-s, -> **1.** *ein Zimmer in einem Krankenhaus, in dem Kranke untergebracht sind* **2.** *ein Zimmer, in dem das Bett eines Kranken steht* Als die Kinder die Masern hatten, wurde unser Schlafzimmer zum Krankenzimmer.

krank·fei·ern <feierst krank, feierte krank, hat krankgefeiert> *ohne OBJ* ■ *jmd. feiert krank* (*umg. scherz.*) *sich am Arbeitsplatz krankmelden, obwohl man gar nicht krank ist*

krank·haft <nicht steig.> *Adj.* **1.** (≈ *pathologisch*) *durch eine Krankheit ausgelöst* Der Arzt diagnostizierte eine krankhafte Veränderung des Gewebes. **2.** (≈ *unnormal, abartig*) *so, dass jmd. sich nicht normal verhält* krankhafte Eifersucht, Ihr Putzwang ist krankhaft., Er ist krankhaft ehrgeizig.

Krank·heit die <-, -en> **1.** *ein Zustand, in dem ein Mensch, ein Tier oder eine Pflanze nicht gesund ist, da die normalen körperlichen oder seelischen Vorgänge gestört sind und man sich unwohl fühlt* eine akute/chronische Krankheit, eine bösartige/harmlose Krankheit, einer Krankheit vorbeugen, an einer Krankheit leiden, eine Krankheit bekämpfen/bekommen/überwinden, Die Krankheit wird von Bakterien/Parasiten/Viren ausgelöst/hervorgerufen., Sie will zunächst ihre Krankheit auskurieren. ◆ Erkältungs-, Frauen-, Haut-, Kinder- **2.** (*kein Plur.*) *die Zeit, in der jmd. krank[1] ist* Während seiner Krankheit konnte er kaum etwas essen.

Krank·heits·bild das <-(e)s, -er> *alle für eine Krankheit typischen Krankheitssymptome* Dieses Krankheitsbild ist typisch für Masern.

Krank·heits·er·re·ger der <-s, -> *Mikroben, die Krankheiten verursachen* Diese Viren und Bakterien sind extrem gefährliche Krankheitserreger.

Krank·heits·er·schei·nung die <-, -en> *Krankheitssymptom*

Krank·heits·fall der <-(e)s, Krankheitsfälle> *das Vorkommen des Krankseins in einem Betrieb, einer Schule o.Ä.* Im Krankheitsfall vertritt mich der Kollege X., Lohnfortzahlung im Krankheitsfall

krank·heits·hal·ber <nicht steig.> *Adv. wegen Krankheit* Der Vortrag wurde krankheitshalber abgesagt.

Krank·heits·herd der <-(e)s, -e> *das Gebiet oder Organ im Körper, von dem eine Krankheit ausgeht*

Krank·heits·keim der <-(e)s, -e> *Krankheitserreger*

Krank·heits·kos·ten die <-> *Plur. die Kosten, die durch längeres Kranksein verursacht werden*

Krank·heits·symp·tom das <-s, -e> *ein Symptom, an dem man eine Krankheit erkennen kann*

Krank·heits·tag der <-es, -e> *ein Arbeitstag, an dem ein Arbeitnehmer krankgeschrieben ist*

Krank·heits·ver·lauf der <-s, Krankheitsverläufe> *die Art, wie eine Krankheit entsteht und sich entwickelt*

krank·la·chen <lachst krank, lachte krank, hat krank gelacht> *mit SICH* ■ *jmd. lacht sich krank* (*umg.*) *sehr heftig lachen* Wir haben uns bei der Komödie halb krankgelacht.

kränk·lich *Adj. ständig oder immer wieder ein wenig krank* Sie ist ein kränkliches Kind.

krank·mel·den <meldest krank, meldete krank, hat krankgemeldet> *mit SICH* ■ *jmd. meldet sich krank den Arbeitgeber oder die Schule darüber informieren, dass man wegen einer Krankheit zu Hause bleiben muss*

Krank·mel·dung die <-, -en> *eine Mitteilung an den Arbeitgeber oder an die Schule, dass jmd. aufgrund einer Krankheit zu Hause bleiben muss*

krank·schrei·ben <schreibst krank, schrieb krank, hat krankgeschrieben> *mit OBJ* ■ *ein Arzt schreibt jmdn. krank einem Patienten eine schriftliche Bestätigung geben, dass er für eine bestimmte Zeit arbeitsunfähig ist* Sie ist schon seit drei Monaten krankgeschrieben.

Krank·schrei·bung die <-, -en> *die schriftliche Bestätigung, mit der der Arzt jmdn. krankschreibt*

Krän·kung die <-, -en> *das Verletzen von jmds. Gefühlen, das Kränken* jemandem eine Kränkung verzeihen/zufügen, Dieses Verhalten hat er als Kränkung empfunden.

Kranz der <-es, Kränze> **1.** *zu einem kreisförmigen Gebinde geflochtene Blumen oder Zweige* Auf dem Grab wurden zahlreiche Kränze niedergelegt., Wir basteln für Advent einen Kranz. ◆ Advents-, Blumen-, Lorbeer-, Trauer- **2.** *kranzförmiger Kuchen* Frankfurter Kranz

Kränz·chen das <-s, -> *eine kleine Gruppe von Frauen, die sich regelmäßig zu Kaffeetrinken und Unterhaltung treffen* ◆ Kaffee-

kranz·för·mig <nicht steig.> *Adj. in der Form eines Kranzes*

Kranz·nie·der·le·gung die <-, -en> *der Vorgang, dass man zu bestimmten Anlässen an einem Grab oder Ehrenmal feierlich einen Kranz[1] niederlegt und an den oder die Toten erinnert*

Kranz·spen·de die <-, -n> *Geld, das jmd. zur Beerdigung schickt, um sich an den Kosten für die Trauerkränze zu beteiligen*

Krap·fen der <-s, -> (*süddt. österr.*) *ein in Schmalz gebackenes und mit Marmelade gefülltes Gebäck*

krass <krasser, am krassesten> *Adj.* **1.** *verwendet, um auszudrücken, dass jmd. oder etwas die genannte Sache in besonders reiner oder intensiver Form vertritt* Wir haben es hier mit einem krassen Fall von Betrug zu tun., Er ist ein krasser Angeber/Außenseiter. **2.** (≈ *schroff*) *so, dass zwischen zwei Dingen eine heftige Opposition besteht* Ihre Ansichten/Standpunkte stehen in krassem Gegensatz. **3.** (*Jugendsprache*) *verwendet, um auszudrücken, dass jmd. oder etwas als sehr positiv* *eingeschätzt wird* Dein Handy – echt krass, was kostet denn so ein Teil?

Kra·ter der <-s, -> *ein trichterförmiges Loch in der Erde, das durch einen Vulkanausbruch oder eine Explosion entstanden ist* ◆-landschaft, -see, Bomben-, Mond-, Vulkan-

kra·ter·för·mig <nicht steig.> *Adj. wie ein Krater geformt*

Kratz·bürs·te die <-, -n> (*umg. scherzh.*) *eine (junge) Frau, die widerspenstig und unfreundlich ist*

kratz·bürs·tig <kratzbürstiger, am kratzbürstigsten> *Adj. widerspenstig und unfreundlich* ▶Kratzbürstigkeit

Krät·ze die <-> (*kein Plur.*) (*veralt.*) *eine Hautkrankheit, die starken Juckreiz verursacht*

krat·zen <kratzt, kratzte, hat gekratzt> **I.** *mit OBJ* **1.** ■ *jmd./ein Tier kratzt etwas aufgrund eines Juckreizes mit den Fingernägeln an einer Körperstelle reiben* Könntest du mich zwischen den Schultern kratzen? **2.** ■ *jmd./ein Tier kratzt sich/etwas eine Hautverletzung mit einem spitzen, scharfen Gegenstand zufügen* Sie hat sich an einem spitzen Ende des Maschendrahtzauns gekratzt., Die Katze hat meinen Freund gekratzt. **3.** ■ *jmd.kratzt etwas von etwas Dat. etwas mit einem Gegenstand von einer Oberfläche schaben* Er kratzt das Eis von der Windschutzscheibe. **II.** *mit OBJ/ohne OBJ* **1.** ■ *etwas kratzt (jmdn.) irgendwo unangenehme Hautreizungen hervorrufen* Der neue Wollpullover kratzt ihn., Das Hemd kratzt am Hals. **2.** ■ *ein Tier kratzt an etwas Dat. mit den Krallen an etwas schaben* Die Katze hat schon wieder am Sessel gekratzt., Der Hund kratzt an der Tür. ■ **etwas kratzt jemanden nicht** (*umg.*): *etwas stört jmdn. überhaupt nicht oder interessiert ihn nicht* Ich habe ihm davon erzählt, aber es kratzte ihn überhaupt nicht.

Krat·zer der <-s, -> **1.** *Schramme, Kratzspur* Der Kratzer am Arm wird schnell heilen., Wer hat den Kratzer in die Wagentür gemacht? **2.** *Gerät zum Kratzen I.3* ◆ Eis-, Scheiben-

kratz·fest <nicht steig.> *Adj. so, dass ein Material keinen Kratzer[1] bekommt* ▶Kratzfestigkeit

Kratz·fuß der <-es, Kratzfüße> (*veralt. scherzh.*) *tiefe Verbeugung bei Hofe, bei der man einen Fuß scharrend über den Boden zieht*

krätz·ig <nicht steig.> *von Krätze befallen*

krat·zig <kratziger, am kratzigsten> *Adj.* **1.** *von so rauer Qualität, dass etwas sich unangenehm auf der Haut anfühlt* ein kratziger Pullover **2.** *heiser* eine kratzige Stimme

Kratz·spur die <-, -en> *eine Spur davon, dass etwas gekratzt worden ist* Kratzspuren am Auto/auf der Haut

Kratz·wunde die <-, -n> *Wunde, die durch Kratzen I.2 verursacht worden ist*

krau·chen <krauchst, krauchte, ist gekraucht> *ohne OBJ* ■ *jmd. kraucht irgendwo sich kriechend bewegen*

Kraul das <-s> (*kein Plur., meist ohne Artikel verwendet*) SPORT *ein Schwimmstil*

krau·len[1] <kraulst, kraulte, hat/ist gekrault> **I.** *mit OBJ* ■ *jmd. krault etwas (haben/sein) im Kraulstil zurücklegen* Sie hat/ist diese Strecke in neuer Weltrekordzeit gekrault., Er hat Bestzeit gekrault. **II.** *ohne OBJ* **1.** ■ *jmd. krault (haben/sein) im Kraulstil schwimmen* Er sprang ins Wasser und begann zu kraulen. **2.** ■ *jmd. krault irgendwohin (sein) irgendwohin kraulen I.1* Ich bin ans andere Ufer gekrault.

krau·len[2] <kraulst, kraulte, hat gekrault> *mit OBJ* ■ *jmd. krault jmdn./ein Tier liebevoll mit den Fingerspitzen streicheln* Sie kraulte die Katze.

Kraul·schwim·men das <-s> (*kein Plur.*) SPORT *das Kraulen[1]*

Kraul·stil der <-s, -e> SPORT *Schwimmstil des Kraulens[1]*

kraus *Adj.* (↔ *glatt*) **1.** *wellig, faltig* Der Stoff ist kraus geworden, ich muss ihn wieder bügeln., die Stirn kraus ziehen **2.** *stark gelockt* Das Kind hat krauses Haar.

Krau·se die <-> **1.** (*veralt.*) *Dauerwelle* **2.** *in Falten gelegter, großer Kragen*

Kräu·sel·band das <-(e)s, Kräuselbänder> *ein Band, das man an einen Stoff näht und durch das man eine Schnur zieht, um den Stoff dadurch zu kräuseln* Kräuselband an die Gardinen nähen

kräu·seln <kräuselst, kräuselte, hat gekräuselt> **I.** *mit OBJ* ■ *jmd./etwas kräuselt etwas bewirken, dass kleine Locken, Wellen, Falten entstehen* Der Wind kräuselte die Wasseroberfläche., Ich muss noch die Ärmel kräuseln. **II.** *mit SICH* ■ *etwas kräuselt sich kleine Locken, Wellen, Falten bilden* Ihre Haare kräuseln sich.

Kraus·haar das <-es> (*kein Plur.*) *krauses Haar*

Kraus·kopf der <-(e)s, Krausköpfe> **1.** *Kopf mit krausem Haar* **2.** *Mensch mit einem Krauskopf[1]*

Kraut das <-(e)s, Kräuter> **1.** (*meist Plur.*) *eine Heil- oder Würzpflanze* Ich habe dir einen Tee aus Kräutern zubereitet. **2.** (*kein Plur.*) *Stängel und Blätter, die man von bestimmten Nutzpflanzen entfernt, weil man sie nicht isst* Kannst du das Kraut von den Möhren/Radieschen abmachen? **3.** (*süddt. österr.*) (*Weiß-*)*Kohl* Zu Mittag gab es Schweinebraten mit Knödel und Kraut. **4.** ■ **dagegen ist kein Kraut gewachsen** (*umg.*): *gegen etwas kann nichts unternommen werden* **wie Kraut und Rüben** (*umg.*): *unordentlich, durcheinander* **etwas schießt ins Kraut** (*umg.*): *etwas wächst sehr üppig*

Kräu·ter·buch das <-s, Kräuterbücher> *ein Buch über Kräuter[1] und ihre Verwendung*

Kräu·ter·es·sig der <-s, -e> *Essig, in den würzige Kräuter[1] eingelegt sind*

Kräu·ter·ex·trakt der <-s, -e> *Extrakt aus Kräutern*

Kräu·ter·schnaps der <-es, Kräuterschnäpse> *Schnaps, der mit bitteren Kräutern[1] angesetzt ist*

Kräu·ter·tee der <-s, -s> *Tee aus den Blättern bestimmter Kräuter[1]*

krau·tig *Adj. zum Kraut[2] gehörend*

Kraut·kopf der <-(e)s, Krautköpfe> (*süddt. österr.*) *Kohlkopf*

K

Kraut·wick·el der <-s, -> *Speise mit Hackfleisch, das mit Kohlblättern umwickelt ist*

Kra·wall der <-s, -e> **1.** *Tumult, gewalttätiger Aufruhr* Bei der Demonstration kam es nur zu wenigen Krawallen., Nach Fußballspielen kommt es leider immer wieder zu Krawallen. ◆Straßen- **2.** (*kein Plur.*) *Krach, Lärm* Die Kinder machten einen höllischen Krawall. ■ **jemand schlägt bei jemandem Krawall** (*umg.*): *jmd. beschwert sich bei jmdm. über etwas*

Kra·wat·te die <-, -n> (≈ *Schlips*) *ein langes und relativ schmales schmückendes Kleidungsstück als Teil der (formellen) Herrenbekleidung, das mit einem besonderen Knoten um den Kragen gebunden wird und etwa bis zum Hosenbund herabreicht* die Krawatte ablegen/binden/lockern/zurechtrücken/zuziehen

Kra·wat·ten·muf·fel der <-s, -> (*umg.*) *jmd., der ungern Krawatten trägt*

Kra·wat·ten·na·del die <-, -n> *eine Schmucknadel, die das Verrutschen der Krawatte verhindert*

Kra·wat·ten·schal der <-s, -s> *ein schmaler Schal*

Kra·wat·ten·zwang der <-s> (*kein Plur.*) *die gesellschaftliche Vorschrift, bei bestimmten Anlässen eine Krawatte zu tragen*

kra·xeln <kraxelst, kraxelte, ist gekraxelt> *ohne OBJ* **1.** ■ *jmd. kraxelt* (*süddt. österr. umg.*) *bergsteigen* **2.** ■ *jmd. kraxelt auf etwas Akk. klettern* Das Kind ist auf einen Baum gekraxelt.

Kre·a·ti·on die <-, -en> (*geh.* ≈ *Modell*) *(Mode-)Schöpfung* Morgen werden die neuesten Kreationen des Modemachers auf dem Laufsteg vorgeführt.

kre·a·tiv *Adj.* (≈ *schöpferisch*) *voller neuer Ideen und fähig, diese umzusetzen* Sie ist künstlerisch sehr kreativ., kreative Entwürfe/Fantasie/Gestaltung

Kre·a·ti·vi·tät die <-> (*kein Plur.*) *die Fähigkeit, kreativ zu sein* ◆-straining

Kre·a·ti·vi·täts·for·schung die <-, -en> PSYCH. *ein Forschungsgebiet, das sich mit den Merkmalen und Bedingungen der Kreativität beschäftigt*

Kre·a·tiv·ur·laub der <-s, -e> *ein Urlaub, zu dem ein Programm mit kreativen Angeboten (wie Malen, Tanzen, Modellieren) gehört*

Kre·a·tur die <-, -en> **1.** (*geh.*) *Lebewesen, Geschöpf (Gottes)* **2.** *ein Mensch, den man bedauert oder verachtet* eine arme/erbärmliche/jämmerliche Kreatur

kre·a·tür·lich <nicht steig.> *Adj. zur Kreatur*[1] *gehörend* kreatürlicher Schmerz

Krebs der <-es, -e> **1.** *ein Tier, das (in vielen Arten) im Wasser lebt und vier Beinpaare hat, von denen das erste wie eine Zange oder Schere geformt ist* ◆-schale, -suppe, -tier, Fluss-, Muschel- **2.** (*kein Plur.*) *Name eines Tierkreiszeichens* Er ist Mitte Juli geboren im Zeichen des Krebses. **3.** *jmd., der im Zeichen des Krebses*[2] *geboren ist* Sie ist Waage, er ist Krebs. **4.** (MED.: ≈ *Karzinom*) *eine Krankheit, die durch bösartige Blutveränderungen oder Geschwulstbildungen aufgrund von krankhafter, unkontrollierter Zellwucherung hervorgerufen wird* ◆ Getrennt- oder Zusammenschreibung→R 4.12 Krebs erregend/krebserregend, Krebs erregende/krebserregende Stoffe; Zusammenschreibung→R 4.12 eine äußerst krebserregende Chemikalie ◆ Blut-, Brust-, Darm-, Haut-, Lungen-, Magen-

krebs·ar·tig <nicht steig.> *Adj. wie eine Krebsgeschwulst*

Krebs·be·hand·lung die <-> (*kein Plur.*) *Therapie bei Krebserkrankung*

Krebs·di·ag·no·se die <-, -n> *Diagnose, in der eine Krebserkrankung festgestellt wird*

kreb·sen <krebst, krebste, hat gekrebst> *ohne OBJ* ■ *jmd. krebst (irgendwie)* (*umg.*) *sich (ohne großen Erfolg) abmühen* Die Firma krebst am Rande des Ruins.

Krebs·er·kran·kung die <-, -en> *Krebs*[4]

krebs·er·re·gend <nicht steig.> *Adj.* (≈ *karzinogen*) *so, dass ein chemischer Stoff im Organismus Krebs*[4] *auslösen kann*

krebs·er·zeu·gend <nicht steig.> *Adj.* (≈ *krebserregend*)

Krebs·for·schung die <-> (*kein Plur.*) MED. *das Forschungsgebiet, das sich mit der Entstehung und Therapie von Krebs*[4] *beschäftigt*

Krebs·for·schungs·zen·trum das <-s, Krebsforschungszentren> *eine wissenschaftliche Institution, an der interdisziplinär Krebsforschung betrieben wird*

Krebs·früh·er·ken·nung die <-> (*kein Plur.*) MED. *das Diagnostizieren von Krebs in einem frühen Stadium der Krankheit*

Krebs·gang der <-s> (*kein Plur.*) *eine rückläufige Bewegung oder Entwicklung*

Krebs·ge·schwulst die <-(e)s, -e> (≈ *Karzinom*) *eine bösartige Geschwulst, die durch krankhafte, unkontrollierte Zellwucherung entsteht*

Krebs·ge·schwür das <-(e)s, -e> **1.** (≈ *Karzinom*) *bei Krebs*[4] *auftretendes Geschwür* **2.** (*übertr.*) *ein großes Übel, eine gefährliche Entwicklung in Politik und Gesellschaft* Der Verlust der Beziehungsfähigkeit ist ein Krebsgeschwür unserer Zeit.

Krebs·kli·nik die <-, -en> *Fachklinik zur Behandlung von Menschen, die an Krebs*[4] *erkrankt sind*

krebs·krank <nicht steig.> *Adj. an Krebs*[4] *erkrankt* Er pflegt seine krebskranke Frau.

Krebs·kran·ke der/die <-n, -n> *jmd., der an Krebs*[4] *erkrankt ist*

Krebs·lei·den das <-s, -> *Krebserkrankung*

Krebs·nach·sor·ge die <-> (*kein Plur.*) *die regelmäßige ärztliche Kontrolle nach einer abgeschlossenen Krebsbehandlung, um eine Wiederkehr der Krebskrankheit frühzeitig zu erkennen*

Krebs·o·pe·ra·tion die <-, -en> *operative Entfernung eines durch Krebs*[4] *entstandenen Tumors*

Krebspatient, **Krebspatientin** der <-en, -en> *jmd., der an Krebs*[4] *erkrankt ist und als Patient gegen Krebs behandelt wird*

krebs·rot <nicht steig.> *Adj. rot wie ein gekochter Krebs*[1], *sehr rot* Er schwitzte und war krebsrot im Gesicht vor Anstrengung.

Krebs·scha·den der <-s, Krebsschäden> *großes*

Übel, Ursache für negative Entwicklungen in Politik und Gesellschaft ein Krebsschaden der modernen Gesellschaft

Krebs·spe·zi·a·list der <-en, -en> *ein Arzt, der sich auf Krebstherapie spezialisiert hat*

Krebs·ver·dacht der <-s> (*kein Plur.*) *der Verdacht, dass eine Krebserkrankung vorliegt* Der Patient wurde wegen Krebsverdachts zu einer speziellen Untersuchung geschickt. ▶krebsverdächtig

Krebs·vor·beu·gung die <-> (*kein Plur.*) *vorsorgliche Maßnahmen, um eine Krebserkrankung zu verhindern*

Krebs·vor·sor·ge die <-> (*kein Plur.*) *regelmäßige Vorsorgeuntersuchungen zur Früherkennung von Krebs*

Krebs·zel·le die <-, -n> *eine krankhaft und unkontrolliert sich vermehrende Körperzelle*

kre·den·zen <kredenzt, kredenzte, hat kredenzt> *mit OBJ* ■ *jmd. kredenzt etwas* (*geh.*) *servieren* Darf ich Ihnen ein Gläschen Likör kredenzen?

Kre·dit, Kre·dit der <-(e)s, -e> **1.** WIRTSCH. *der Betrag, den jmd. von jmdm. oder einer Bank (gegen entsprechende Zinszahlungen) geliehen bekommt* Für den Kauf des Hauses mussten wir einen Kredit aufnehmen., den Kredit und die Zinsen zurückzahlen ◆-geber, -laufzeit, -nehmer **2.** (*kein Plur.*) *Kauf ohne sofortige Zahlung* Er hat das Auto bestimmt auf Kredit gekauft. **3.** (*kein Plur.*) *Vertrauen in die Ehrlichkeit und Fähigkeit einer Person* Sie hat ihren Kredit bei mir verspielt.

Kre·dit·ab·tei·lung die <-, -en> *eine Abteilung in einer Bank oder einem großen Unternehmen, die für Kredite*[1] *zuständig ist*

Kre·dit·an·trag der <-s, Kreditanträge> *Antrag auf Gewährung eines Kredits*[1]

Kre·dit·auf·nah·me die <-, -n> *der Vorgang, dass jmd. Kredit*[1] *aufnimmt*

Kre·dit·auf·trag der <-s, Kreditaufträge> *der Auftrag, einer Person oder einem Unternehmen einen Kredit*[1] *zu gewähren*

Kre·dit·bank die <-, -en> *eine private Bank, die Kreditgeschäfte betreibt*

Kre·dit·brief der <-s, -e> *Anweisung einer Bank an ein anderes Kreditinstitut, einem bestimmten Kunden Kredit*[1] *zu gewähren*

Kre·dit·bü·ro das <-s, -s> (≈ *Kreditabteilung*)

kre·dit·fä·hig <nicht steig.> (≈ *kreditwürdig*)

Kre·dit·fä·hig·keit die <-> (*kein Plur.*) (≈ *Kreditwürdigkeit*)

Kre·dit·ge·ber, Kre·dit·ge·be·rin der <-s, -> (↔ *Kreditnehmer*) *Person oder Bank, die jmdm. einen Kredit*[1] *gibt*

Kre·dit·ge·schäft das <-(e)s, -e> *das Geschäft, das ein Geldinstitut durch Gewähren von Krediten*[1] *macht*

Kre·dit·ge·wäh·rung die <-> (*kein Plur.*) *der Vorgang, dass Kredit*[1] *gewährt wird*

Kre·dit·hai der <-s, -e> (*umg. abwert.*) *privater Geldgeber mit unseriösen Geschäftsmethoden*

kre·di·tie·ren <kreditierst, kreditierte, hat kreditiert> *mit OBJ* ■ *jmd. kreditiert jmdm. etwas* WIRTSCH. **1.** *eine Geldsumme als Darlehen geben* Die Bank hat ihm den Betrag kreditiert. **2.** *eine Geldsumme gutschreiben* Man hat mir den Betrag kreditiert.

Kre·dit·in·s·ti·tut das <-(e)s, -e> (≈ *Bank*)

Kre·dit·kar·te die <-, -n> *eine der Scheckkarte ähnliche Karte für kreditwürdige Personen, mit der sie bargeldlos bezahlen können*

Kre·dit·kauf der <-s, Kreditkäufe> *ein Kauf auf Kredit*[2]

Kre·dit·markt der <-s, Kreditmärkte> *Markt für Geldforderungen* Der Kreditmarkt besteht aus Geldmarkt und Kapitalmarkt.

Kre·dit·neh·mer, Kre·dit·neh·me·rin der <-s, -> (↔ *Kreditgeber*) *Person, die von jmdm. oder einer Bank einen Kredit*[1] *erhält*

kre·dit·wür·dig <nicht steig.> *Adj.* (≈ *kreditfähig*) *wirtschaftlich so gut gestellt, dass man (von Banken) Kredite*[1] *erhält*

Kre·dit·wür·dig·keit die <-> (*kein Plur.*) (≈ *Kreditunfähigkeit*) *der Zustand, dass jmd. kreditwürdig ist*

Kre·dit·zin·sen die <-> *Plur. Zinsen, die man für einen Kredit*[1] *zahlen muss.*

Kre·do, *a.* **Cre·do** <-s> (*kein Plur.*) **1.** REL. *das christliche Glaubensbekenntnis* das apostolische Kredo **2.** (*geh.*) *etwas, an das jmd. absolut und unbeirrbar glaubt*

kre·gel <nicht steig.> (*landsch.*) *körperlich und geistig sehr munter* Sie ist über siebzig und immer noch sehr kregel.

Krei·de die <-, -n> **1.** (*kein Plur.*) *ein weißer Kalkstein* **2.** *ein geformtes Stück aus Kreide*[1] *zum Schreiben oder Zeichnen* Die Lehrerin schreibt mit Kreide an die Tafel. ■ **bei jemandem tief in der Kreide stehen** (*umg.*): *Schulden bei jmdm. haben*

krei·de·bleich <nicht steig.> *Adj. von sehr bleicher Gesichtsfarbe* Sie wurde vor Schreck kreidebleich.

Krei·de·fel·sen der <-s, -> *Felsen aus Kreide*[1] die Kreidefelsen auf Rügen

Krei·de·zeich·nung die <-, -en> *mit Kreide*[2] *gefertigte Zeichnung*

Krei·de·zeit die <-> (*kein Plur.*) GEOL. *ein Erdzeitalter*

kre·ie·ren *mit OBJ* ■ *jmd. kreiert etwas* (*geh.* ≈ *entwerfen, hervorbringen*) *etwas Neues schaffen, etwas Eigenes hervorbringen* Der Modemacher hat gewagte Röcke kreiert., Sie hat einen sehr persönlichen Musikstil kreiert.

Kreis der <-es, -e> **1.** *eine geometrische Figur, bei der alle Punkte den gleichen Abstand zum Mittelpunkt haben* Berechnet bitte den Durchmesser/Radius/Umfang dieses Kreises! **2.** *eine Figur, Bewegung oder Gruppierung in der Form eines Kreises*[1] Die Kinder bildeten einen Kreis., Der Bussard zog seine Kreise am Himmel. **3.** *eine Gruppe von Menschen, die regelmäßig zusammenkommen* Wir treffen uns regelmäßig im Kreis der Familie., Er hat einen Kreis Gleichgesinnter um sich versammelt., der berühmte Kreis der Prager Linguisten ◆ Arbeits-, Benutzer-, Bibel-, Experten-, Gesprächs-, Kollegen-, Literaten- **4.** (*nur Plur.*) *bestimmter Teil der Bevölkerung; soziale Gruppe* Er verkehrt neuerdings nur noch in gehobenen Kreisen., Aus gut unterrichteten Kreisen war zu hören, dass … **5.** *kurz für „Landkreis"* Zu welchem Kreis gehört dieser Ort?, die Stadt Krumbach, Kreis Günzburg ■ **Kreise ziehen**: *starke Auswirkungen haben* **sich im Kreis bewegen/drehen**: *immer wieder dasselbe denken, sagen, tun, und deshalb zu keinem Ergebnis gelangen*

Kreis·arzt, **Kreis·ärz·tin** der <-(e)s, Kreisärzte> *ein Arzt, der für einen bestimmten Verwaltungsbezirk zuständig ist*

Kreis·be·we·gung die <-, -en> *kreisförmige Bewegung, Bewegung im Kreis*

krei·schen <kreischst, kreischte, hat gekreischt> *ohne OBJ* ■ *jmd./etwas kreischt* **1.** *mit hoher, schriller Stimme schreien* Sie kreischte vor Schreck. **2.** *ein hohes, schrilles Geräusch von sich geben* Als der Zug bremsen musste, kreischten die Räder.

Kreis·di·a·gramm das <-s, -e> (≈ *Tortendiagramm* ↔ *Säulendiagramm*) *grafische Darstellung von Größenverhältnissen in einem Kreis, der in Sektoren unterteilt wird*

Kreis·durch·mes·ser der <-s, -> MATH. *die Strecke, die durch den Kreismittelpunkt führt und zwei Punkte auf der Kreislinie verbindet*

Krei·sel der <-s, -> *ein Kinderspielzeug*

krei·sen <kreist, kreiste, hat/ist gekreist> *ohne OBJ* **1.** ■ *jmd./etwas kreist irgendwo* (*haben/sein*) *sich auf einer kreisförmigen Bahn bewegen* Der Satellit kreist um die Erde., Das Flugzeug hat/ist über der Stadt gekreist. **2.** ■ *jmd. kreist mit etwas Dat.* (*haben*) *mit einem Körperteil kreisförmige Bewegungen machen* Bei der nächsten Übung müsst ihr mit den Armen/dem Becken/dem Kopf kreisen. **3.** ■ *etwas kreist um etwas Akk.* (*haben/sein*) *sich um ein bestimmtes Thema bewegen* Seine Gedanken kreisten nur um eine Frage: Wie sollte er diese Prüfung jemals bestehen?

Kreis·flä·che die <-, -n> MATH. *die Fläche, die von der Kreislinie umschlossen wird* Können Sie die Kreisfläche berechnen?

kreis·för·mig <nicht steig.> *Adj. wie ein Kreis geformt*

Kreis·ke·gel der <-s, -> MATH. *ein Kegel mit kreisförmiger Grundfläche*

Kreis·kran·ken·haus das <-es, Kreiskrankenhäuser> *Krankenhaus in einem bestimmten Verwaltungsbezirk*

Kreis·lauf der <-(e)s, Kreisläufe> **1.** (MED.: (*kein Plur.*)) *Blutkreislauf* Ihr Kreislauf hatte versagt., Er hat einen schwachen/stabilen Kreislauf., den Kreislauf anregen/belasten/trainieren ◆ -medikament, -mittel, -training **2.** (≈ *Zyklus*) *ein in sich geschlossener Prozess, der dorthin zurückkehrt, wo er begonnen hat und sich immer wiederholt* Heute haben wir den Kreislauf des Wassers besprochen., Er dachte über den ewigen Kreislauf der Natur nach. ◆ Natur-, Wasser-

Kreis·lauf·kol·laps der <-, -e> (≈ *Kreislaufzusammenbruch*)

Kreis·lauf·stö·rung die <-, -en> (*meist Plur.*) MED. *eine Anzahl von Symptomen, wie Herzschwäche, Schwindelgefühl, Ohnmachten, die anzeigen, dass der Blutkreislauf unregelmäßig verläuft* Sie nimmt Kreislaufmittel gegen ihre Kreislaufstörungen ein.

Kreis·lauf·ver·sa·gen das <-s, -> MED. *eine akute schwere Störung des Kreislaufs, durch die die Organe mit zu wenig Sauerstoff versorgt werden* Er starb an Kreislaufversagen.

Kreis·lauf·zu·sam·men·bruch der <-s, Kreislaufzusammenbrüche> *akutes Kreislaufversagen*

Kreis·li·ni·e die <-, -n> *die Linie, die den Kreis bildet*

Kreis·sä·ge die <-, -n> *elektrisch betriebene Säge mit kreisförmigem Sägeblatt* ◆ -nblatt

krei·ßen <kreißt, kreißte, hat gekreißt> *ohne OBJ* ■ *eine Frau kreißt* (*veralt.*) *in den Geburtswehen liegen*

Kreiß·saal der <-(e)s, Kreißsäle> *Entbindungssaal einer Klinik*

Kreis·stadt die <-, Kreisstädte> *Stadt, die* (*verwaltungstechnischer*) *Mittelpunkt eines Landkreises ist*

Kreis·tag der <-(e)s, -e> *die von einem Landkreis gewählten Abgeordneten* Er ist in den Kreistag gewählt worden. ◆ -sabgeordneter, -sverwaltung

Kreis·um·fang der <-(e)s> (*kein Plur.*) MATH. *die Länge der Kreislinie* den Kreisumfang berechnen

Kreis·ver·kehr der <-s> (*kein Plur.*) *kreisförmige Verkehrsführung auf großen Plätzen anstelle von Kreuzungen*

Kreis·ver·wal·tung die <-, -en> *Verwaltung eines Landkreises*

Kreis·wehr·er·satz·amt das <-(e)s, Kreiswehrersatzämter> *Dienststelle in einem Landkreis, die für die Heranziehung von Wehrpflichtigen zum Wehrdienst zuständig ist*

Kre·ma·to·ri·um das <-s, Krematorien> *Anlage und Gebäude, in dem Verstorbene verbrannt werden* ▸kremieren

Kre·me/Krem die <-, -s/-e> *s.* **Creme**

kre·mig *Adj. s.* **cremig**

Kreml, **Kreml** der <-(s)> **1.** *die Regierung der GUS* **2.** *Sitz der Regierung der GUS in Moskau*

Krem·pe die <-, -n> *unterer Hutrand* die Krempe hochschlagen ◆ Hut-

Krem·pel der <-s> (*kein Plur.*) (*umg. abwert.* ≈ *Kram*) *wertloses Zeug, Plunder* Ich habe den Keller ausgeräumt und den ganzen Krempel weggeworfen.

krem·peln <krempelst, krempelte, hat gekrempelt> *mit OBJ* ■ *jmd. krempelt etwas umschlagen* Er krempelte die Ärmel nach oben und begann Holz zu hacken. ▸umkrempeln

Kren der <-(e)s> (*kein Plur.*) (*süddt. österr.*) *Meerrettich*

Kre·o·le, **Kre·o·lin**[1] der <-n, -n> **1.** *Nachkomme romanischer Einwanderer in Mittelamerika* **2.** *Nachkomme schwarzer Sklaven in Brasilien*

Kre·o·le² die <-, -n> *Ohrring*
kre·o·lisch <nicht steig.> *Adj. zu den Kreolen gehörend*
kre·pie·ren <krepierst, krepierte, ist krepiert> *ohne OBJ* ■ *jmd./ein Tier krepiert* (*umg. abwert.* ≈ *verenden*) *sterben* Das angefahrene Reh krepierte., Von mir aus kann dieser Typ krepieren!
Krepp·pa·pier das <-(e)s> (*kein Plur.*) *elastisches Bastelpapier mit vielen kleinen Falten*
Krepp·soh·le die <-, -n> *Schuhsohle aus porigem Kautschuk*
Kres·se die <-, -n> *kleinblättrige Salat- und Gewürzpflanze*
Kre·ta <-s> *eine Insel im Mittelmeer*
Kre·ter, **Kre·te·rin** der <-s, -> *Bewohner von Kreta*
Kre·thi ■ **Krethi und Plethi** (*umg. abwert.*): *gewöhnliche Leute, jedermann*
kre·tisch <nicht steig.> *Adj. zu Kreta gehörend, daher stammend*
kreucht *s.* **kriecht**
Kreuz das <-es, -e> **1.** *ein grafisches Zeichen, das aus zwei sich rechtwinklig* (*oder schräg*) *kreuzenden Linien besteht* Wenn Sie nicht verheiratet sind, machen Sie in dieses Kästchen des Formulars bitte ein Kreuz. ►ankreuzen **2.** REL. *das Symbol des christlichen Glaubens in der Form von rechtwinklig sich kreuzenden Linien* das Kreuz schlagen ►bekreuzigen ◆Altar-, Grab- **3.** *ein Gegenstand in Form eines Kreuzes¹ als Symbol, Orden oder Auszeichnung* Er erhielt das Eiserne Kreuz. ◆Bundesverdienst- **4.** *ein Holzgerüst in Form eines Kreuzes¹, an das man im Altertum Menschen nagelte oder band, die zum Tode verurteilt waren* Jesus Christus starb am Kreuz. **5.** (*übertr.*) *eine schwere Last, die jmdn. bedrückt* Er hat sein Kreuz mit dieser Frau!, Es ist schon ein Kreuz mit der Grammatik! **6.** (ANAT.: *umg.*) *der untere Teil des Rückens* Nachdem ich den Garten umgegraben hatte, tat mir das Kreuz weh. ◆-schmerzen, Hohl- **7.** MUS. *ein Zeichen, das eine Note um einen halben Ton erhöht* **8.** *eine Spielfarbe im Kartenspiel* **9.** ■ **jemanden aufs Kreuz legen** (*umg.*): *jmdn. hereinlegen, betrügen* **zu Kreuze kriechen** (*umg.*): *demütig nachgeben* **mit jemandem über Kreuz liegen**: *mit jmdm. in Streit leben* **drei Kreuze hinter jemandem/etwas machen**: *froh sein, wenn man mit jmdm. oder etwas nichts mehr zu tun hat*
kreuz ■ **kreuz und quer**: *ohne Plan oder System* Auf der Suche nach einem Parkplatz fuhr er kreuz und quer durch die Innenstadt.
Kreuz·ab·nah·me die <-, -n> **1.** GESCH. REL. *der Vorgang, dass ein am Kreuz⁴ Hingerichteter vom Kreuz nach seinem Tod abgenommen wurde* **2.** REL. KUNST *die Darstellung der Kreuzabnahme¹ Christi in der bildenden Kunst* Das Altarbild zeigt eine Kreuzabnahme.
Kreuz·band das <-(e)s, Kreuzbänder> ANAT. *Band, das zur Stabilisierung des Kniegelenks beiträgt*
kreuz·brav <nicht steig.> *ganz besonders brav*
kreu·zen <kreuzt, kreuzte, hat/ist gekreuzt> **I.** *mit OBJ* **1.** ■ *jmd. kreuzt etwas überqueren* Kreuzen Sie die Hauptstraße und biegen Sie dann in die nächste Seitenstraße rechts ab! **2.** ■ *etwas kreuzt etwas mit etwas eine Kreuzung¹ bilden* Der Weg kreuzt eine Bahnlinie. **3.** ■ *jmd. kreuzt die Arme/Beine* (≈ *verschränken*) *Arme oder Beine übereinander legen* Sie kreuzte die Arme/die Beine. **4.** BIOL. *durch gezieltes Paaren zweier Vertreter verschiedener Tier- oder Pflanzenarten Nachkommen einer neuen Art züchten* **II.** *ohne OBJ* ■ *etwas kreuzt* (*haben/sein*) *hin- und herfahren* Ein Segelschiff kreuzte vor der Küste. **III.** *mit SICH* ■ *etwas kreuzt sich* (*haben*) **1.** *sich überschneiden* Dort, wo die Straßen sich kreuzen, steht ein Wegweiser. **2.** *treffen* Als sie den Raum verließ, kreuzten sich ihre Blicke. **3.** *gleichzeitig aus entgegengesetzten Richtungen zusammentreffen* Die Züge kreuzten sich auf der halben Strecke., Ihre Briefe haben sich gekreuzt.
Kreu·zer der <-s, -> **1.** MILIT. *ein Kriegsschiff* **2.** SEEW. *ein Segelschiff, mit dem man längere Fahrten unternehmen kann* **3.** GESCH. *eine Münze*
Kreuz·fah·rer der <-s, -> GESCH. *Teilnehmer an einem Kreuzzug*
Kreuz·fahrt die <-, -en> **1.** GESCH. *Kreuzzug* **2.** *Urlaubsreise auf einem luxuriösen Schiff, das verschiedene Häfen anläuft*
Kreuz·feu·er das <-s, -> (*meist Sing.*) (MILIT.: *veralt.*) *gleichzeitiger Beschuss von mehreren Seiten* ■ **im Kreuzfeuer** (**der Kritik**) **stehen** (*übertr.*): *von mehreren Seiten zugleich heftig kritisiert werden*
kreuz·fi·del <nicht steig.> *Adj.* (*umg.*) *sehr vergnügt und lustig*
Kreuz·gang der <-(e)s, Kreuzgänge> *ein überdachter Wandelgang mit Säulenreihen um einen viereckigen Klosterhof*
Kreuz·ge·gend die <-> (*kein Plur.*) (≈ *Kreuz⁶*) *der untere Rücken*
Kreuz·hack·e die <-, -n> *eine große Hacke mit zwei Armen, an denen eine Spitze und eine Schneide befestigt sind*
kreu·zi·gen <kreuzigst, kreuzigte, hat gekreuzigt> *mit OBJ* ■ *jmd. kreuzigt jmdn. ans Kreuz⁴ schlagen* Jesus Christus wurde gekreuzigt.
Kreu·zi·gung die <-, -en> **1.** GESCH. *das Kreuzigen* **2.** REL. KUNST *Darstellung der Kreuzigung Christi*
Kreuz·kno·ten der <-s, -> SEEW. *ein Knoten, durch den zwei dicke Taue miteinander verknotet werden können*
Kreuz·küm·mel der <-s> (*kein PLur.*) *ein orientalisches Gewürz*
kreuz·lahm <nicht steig.> *Adj.* (*umg.*) (*infolge schwerer körperlicher Arbeit*) *von Schmerzen im Kreuz⁶ geplagt* Nach dem Umgraben im Garten war er kreuzlahm.
Kreuz·ot·ter die <-, -n> *eine giftige, grau gefärbte Schlange mit dunklem, kreuzförmigem Muster auf dem Rücken*
Kreuz·reim der <-s, -e> LIT. *eine Form des Reims, bei der die Verse in der Folge a b a b angeordnet sind*

K

Kreuz·rip·pen·ge·wöl·be das <-s, -> BAUW. *ein Gewölbe, das aus zwei Tonnengewölben gebaut ist, die sich im rechten Winkel überschneiden*

Kreuz·rit·ter der <-s, -> (GESCH.: ≈ *Kreuzfahrer*) *ein Ritter, der an einem Kreuzzug teilnahm*

Kreuz·schlitz·schrau·ben·zie·her der <-s, -> *ein Schraubenzieher, mit dem man Schrauben mit kreuzförmigem Schlitz drehen kann*

Kreuz·schlüs·sel der <-s, -> *größerer Schraubenschlüssel in Form eines Kreuzes*[1] Er wollte den Autoreifen wechseln, konnte aber den Kreuzschlüssel nicht finden.

Kreuz·schmer·zen *Plur.* (*umg.*) *Schmerzen im Kreuz*[6]

Kreuz·schna·bel der <-s> (*kein Plur.*) *eine Vogelart in der Gattung der Finken*

Kreuz·spinne die <-, -n> *eine Spinne, die auf dem Rücken ein Muster in Form eines weißen Kreuzes*[1] *hat*

Kreuz·sta·ti·on die <-, -en> REL. *Station eines Kreuzwegs*

Kreu·zung die <-, -en> **1.** *Schnittpunkt zweier oder mehrerer Straßen* Der Verkehr auf dieser Kreuzung wird durch eine Ampelanlage geregelt., An dieser Kreuzung gilt rechts vor links., über eine Kreuzung fahren ◆ Straßen-, Verkehrs- **2.** BIOL. *das Kreuzen I.4* **3.** *durch Kreuzen I.4 entstandener Vertreter eines Tieres oder einer Pflanze* Unser Hund ist eine Kreuzung aus Wolfs- und Schäferhund.

kreuz·un·glück·lich <nicht steig.> *besonders unglücklich*

Kreuz·ver·band der <-(e)s> (*kein Plur.*) BAUW. *eine bestimmte Art, Mauersteine stabil zusammenzufügen*

Kreuz·ver·hör das <-s, -e> RECHTSW. *eine Form der gerichtlichen Befragung, bei der nur der Staatsanwalt und der Verteidiger, aber nicht der Richter den Angeklagten oder Zeugen verhören* Im Kreuzverhör gab der Angeklagte zu, die Unwahrheit gesagt zu haben ■ **jemanden ins Kreuzverhör nehmen** (*umg.*): *jmdn. mit Fragen heftig bedrängen*

Kreuz·weg der <-(e)s, -e> **1.** *eine Stelle, an der sich zwei Wege überschneiden* **2.** REL. *eine Darstellung des Leidensweges Jesu nach Golgotha in 14 Stationen* ■ **an einem Kreuzweg angekommen sein/stehen** (*geh.*): *in seinem Leben an einem Punkt sein, an dem man eine wichtige Entscheidung für die Zukunft treffen muss*

kreuz·wei·se *Adv. in Form eines Kreuzes* ■ **Du kannst/Er/Sie kann/Ihr könnt/Sie können mich (mal) kreuzweise!** (*vulg.*): *verwendet, um verärgert das Ansinnen eines anderen zurückzuweisen*

Kreuz·wort·rät·sel das <-s, -> *ein Buchstabenrätsel, bei dem bestimmte Wörter gesucht werden, die man in waagerechte und senkrechte Reihen schreibt, wobei sich die Reihen so kreuzen, dass sich Überschneidungen von Buchstaben ergeben* Sie löst/macht gerade ein Kreuzworträtsel.

Kreuz·zei·chen das <-s, -> REL. (*in der katholischen Kirche*) *ein Zeichen mit der* (*rechten*) *Hand, mit dem man die Form eines Kreuzes andeutet, indem man zuerst die Stirn, dann die Brust und dann die linke und die rechte Schulter berührt* Als sie die Kirche betrat, machte sie das Kreuzzeichen.

Kreuz·zug der <-(e)s, Kreuzzüge> **1.** GESCH. *im Mittelalter einer der Kriegszüge von christlichen Rittern gegen islamische Völker, deren vorrangiges Ziel es war, die heiligen Stätten in Palästina zu erobern* **2.** (*übertr.*) *eine mit Eifer geführte Kampagne* Sie führen einen Kreuzzug gegen das Rauchen/gegen den Alkoholmissbrauch.

Kre·vet·te, *a.* **Cre·vet·te** die <-, -n> *eine Garnelenart* ◆ -ncocktail

krib·be·lig/kribb·lig *Adj.* (*umg.*) *unruhig, nervös* Die Warterei auf seinen Anruf macht mich ganz kribbelig.

krib·beln <kribbelst, kribbelte, hat gekribbelt> **I.** *ohne OBJ* ■ *etwas kribbelt* (*umg.*) *jucken* Mein Rücken kribbelt. **II.** *mit ES* ■ *es kribbelt irgendwo* (*umg.*) **1.** (*irgendwo*) *jucken* Es kribbelt mich in der Nase. **2.** (*von Insekten*) *in großer Zahl hin- und herlaufen* Hier kribbelt und krabbelt es. ■ **es kribbelt jemanden in den Fingern** (*umg.*): *jmd. möchte sehr gern etwas tun*

kribb·lig *Adj. s.* **kribbelig**

kri·ckeln <krickelst, krickelte, hat gekrickelt> *mit OBJ* (*umg.*) *kritzeln*

Kri·cket das <-s> (*kein Plur.*) *ein englisches Ballspiel, bei dem man den Ball mit einem Schläger ins Tor schlägt*

krie·chen <kriechst, kroch, ist gekrochen> *ohne OBJ* **1.** ■ *jmd. kriecht irgendwo sich auf Händen und Füßen vorwärts bewegen* Auf der Suche nach der verlorenen Schraube kroch er über den Fußboden., auf allen vieren kriechen **2.** ■ *ein Tier kriecht irgendwo mit dem Körper auf oder knapp über dem Boden vorwärtsgleiten* Die Raupe/Die Schlange/Die Schnecke kroch davon. **3.** ■ *jmd./ein Tier kriecht in etwas Akk. sich in etwas hinein bewegen* Er kroch frierend ins Zelt., Der Hund kriecht in die Ecke. **4.** ■ *etwas kriecht irgendwo sich langsam fortbewegen* Die Autokolonne kriecht an der Baustelle vorbei. **5.** ■ *jmd. kriecht vor jmdm.* (*abwert.*) *gegenüber Vorgesetzten ein sehr unterwürfiges Verhalten zeigen, weil man sich davon Vorteile verspricht* Er kriecht vor seinem Chef.

Krie·cher, **Krie·che·rin** der <-s, -> (*abwert.*) *jmd., der kriecht*[5] ▶ Kriecherei, kriecherisch

Kriech·spur die <-, -en> **1.** *die Spur, die jmd. oder ein Tier beim Kriechen auf dem Boden hinterlässt* Am Morgen glänzen die Kriechspuren der Schnecken auf den Wegen. **2.** *für sehr langsam fahrende Schwerlastfahrzeuge bestimmte Fahrspur einer Autobahn*

Kriech·strom der <-s, Kriechströme> ELEKTROTECHN. *Strom, der an einer schadhaften Leitung oder bei mangelnder Isolation auftreten kann*

Kriech·tem·po das <-s> (*kein Plur.*) (*abwert.*) *sehr geringes Tempo mit dem sich ein Fahrzeug*

oder eine Fahrzeugkolonne fortbewegt

Krieg der <-(e)s, -e> (↔ Frieden) eine mit militärischer Gewalt geführte Auseinandersetzung zwischen zwei oder mehreren Staaten ein blutiger/grausamer Krieg, Wann ist dieser Krieg ausgebrochen?, einen Krieg beenden/erklären/führen/verhindern, ein gerechter/heiliger/schmutziger Krieg, ein atomarer/konventioneller Krieg, das Land mit Krieg überziehen, aus dem Krieg heimkehren, im Krieg fallen ■ **der kalte Krieg** (gesch.): Krieg, der nicht mit militärischen Mitteln geführt wird, aber mit ideologischen, politischen und wirtschaftlichen Mitteln, insbesondere verwendet, um sich auf das Wettrüsten zwischen den USA und der Sowjetunion nach dem zweiten Weltkrieg zu beziehen ◆ Getrenntschreibung→R 4.3, 4.12 Krieg führend ◆ Angriffs-, Bürger-, Glaubens-, Völker-, Welt-, Wirtschafts-

krie·gen mit OBJ 1. ■ jmd. kriegt etwas (umg.) bekommen Ich kriege noch 20 Euro von dir., Hast du kein Geschenk gekriegt?, Du hast Post gekriegt., Gleich kriegst du eine Ohrfeige!, Ich kriege langsam Hunger., Wir kriegen morgen Besuch., Hast du den Studienplatz gekriegt?, Die Pflanze kriegt Blüten. 2. ■ jmd. kriegt jmdn. (umg.) einfangen Die Polizei hat den Dieb doch noch gekriegt., Die Kinder spielen Kriegen.

Krie·ger, Krie·ge·rin der <-s, -> 1. ein bewaffneter Kämpfer eines Volkes Bei dieser Schlacht starben viele Krieger der Indianer. 2. (veralt.) Soldat

Krie·ger·denk·mal das <-s, Kriegerdenkmäler> zu Ehren der im Krieg gefallenen Soldaten errichtetes Denkmal

krie·ge·risch Adj. 1. angriffslustig, zum Kampf bereit Im Urwald lebt ein äußerst kriegerischer Indianerstamm. 2. militärisch An der Grenze kam es zu kriegerischen Auseinandersetzungen.

Krie·ger·wit·we die <-, -n> (veralt.) Witwe eines im Krieg gefallenen Soldaten

Krieg·füh·rung die <-> (kein Plur.) 1. die bestimmte Art und Weise, wie man einen Krieg führt; Strategie und Taktik 2. durch gezielte psychologische Maßnahmen gesteuerte Beeinflussung der Denkweise anderer Menschen (in Kriegszeiten) Neben militärischen Aktionen spielte auch die psychologische Kriegführung eine entscheidende Rolle.

Kriegs·a·ka·de·mie die <-, -n> (veralt.) Akademie für Offiziere

Kriegs·aus·bruch der <-(e)s> (kein Plur.) (↔ Kriegsende) Kriegsbeginn Das Land war bei Kriegsausbruch völlig unvorbereitet.

Kriegs·aus·zeich·nung die <-, -en> ein Orden, den ein Soldat wegen besonderer Leistungen im Krieg bekommt

kriegs·be·dingt <nicht steig.> Adj. durch die Verhältnisse im Krieg bedingt Kriegsbedingt musste sie die Schule verlassen und konnte erst nach Kriegsende das Abitur nachholen.

Kriegs·be·ginn der <-s> (kein Plur.) (↔ Kriegsende) der Zeitpunkt, zu dem ein Krieg beginnt

Kriegs·beil das <-s> (kein Plur.) Streitaxt der Indianer ■ **das Kriegsbeil ausgraben/begraben** (scherzh.): einen Streit anfangen oder beenden

Kriegs·be·richt·er·stat·ter, Kriegs·be·richt·er·stat·te·rin der <-s, -> (≈ Kriegskorrespondent) ein Reporter, der aus einem Kriegsgebiet berichtet

kriegs·be·schä·digt <nicht steig.> Adj. so, dass jmd. durch eine Verletzung im Krieg einen dauerhaften körperlichen Schaden erlitten hat

Kriegs·beu·te die <-> (kein Plur.) Waffen, Kriegsmaterial und Wertgegenstände, die während des Krieges von Truppen erbeutet werden

Kriegs·blin·de der/die <-n, -n> jmd., der durch eine Kriegsverletzung blind geworden ist

Kriegs·dienst·ver·wei·ge·rer der <-s, -> Wehrdienstpflichtiger, der den Dienst in der Armee verweigert ▶ Kriegsdienstverweigerung

Kriegs·ein·wir·kung die <-, -en> AMTSSPR. der Vorgang, dass im Krieg viele Gebäude und Anlagen zerstört werden An diesem Gebäude sieht man die Spuren der Kriegseinwirkungen.

Kriegs·en·de das <-s> (kein Plur.) (↔ Kriegsbeginn) der Zeitpunkt, wenn alle militärischen Handlungen eines Krieges beendet werden und Friedensverhandlungen beginnen können

Kriegs·ent·schä·di·gung die <-, -en> (meist Plur.) (≈ Reparationen) eine Entschädigung, die ein besiegter Staat an den Sieger als Ausgleich für dessen Verluste und Schäden zahlen muss

Kriegs·er·klä·rung die <-, -en> förmliche Ankündigung eines Krieges

Kriegs·fall der <-(e)s> (kein Plur.) möglicherweise bevorstehender Krieg Das Land bereitet sich auf den Kriegsfall vor.

Kriegs·flag·ge die <-, -n> Flagge auf militärischen Gebäuden und Kriegsschiffen

Kriegs·flot·te die <-, -n> (↔ Handelsflotte) Gesamtheit aller Kriegsschiffe

Kriegs·flücht·ling der <-s, -e> Person, die in Folge eines Krieges aus ihrer Heimat flüchten musste

Kriegs·fuß ■ **jemand steht mit jemandem auf Kriegsfuß** (scherzh.): jmd. liegt mit jmdm. in Streit **jemand steht mit etwas auf Kriegsfuß** (scherzh.): jmd. kommt mit etwas nicht zurecht Er steht mit der deutschen Sprache auf Kriegsfuß.

Kriegs·ge·biet das <-(e)s, -e> ein Kampfgebiet, in dem militärische Handlungen stattfinden

Kriegs·ge·fahr die <-> (kein Plur.) die Gefahr, dass ein Krieg ausbricht

Kriegs·ge·fan·ge·ne der/die <-n, -n> ein Soldat, der von Soldaten der gegnerischen Seite gefangen genommen wird Kriegsgefangene austauschen/entlassen/internieren

Kriegs·ge·fan·ge·nen·la·ger das <-s, -> Gebäude und Gelände, wo Kriegsgefangene interniert sind

Kriegs·ge·fan·gen·schaft die <-> (kein Plur.) der Zustand, dass jmd. als Kriegsgefangener lebt Er lebte mehrere Jahre in Kriegsgefangenschaft., Er kam erst 1948 aus der sowjetischen Kriegsgefangenschaft zurück.

Kriegs·ge·richt das <-(e)s, -e> MILIT. GESCH. militärisches Strafgericht im zweiten Weltkrieg

Kriegs·ge·schrei das <-es> (*kein Plur.*) **1.** *lautes Schreien, mit dem die Krieger*[1] *in die Schlacht laufen* **2.** *öffentliche Reden oder Publikationen, in denen der Krieg herbeigeredet wird*

Kriegs·ge·winn der <-(e)s, -e> *Profit, den ein Unternehmen aus einem Krieg zieht*

Kriegs·ge·winn·ler, **Kriegs·ge·winn·le·rin** der <-s, -> (*abwert.*) *jmd., der Kriegsgewinne gemacht hat*

Kriegs·grä·ber die <-> *Plur. Gräber von Soldaten, die im Krieg gefallen sind*

Kriegs·grä·ber·für·sor·ge die <-> (*kein Plur.*) **1.** *eine Organisation, die das Auffinden und Betreuen von Kriegsgräbern anleitet und fördert* **2.** *Tätigkeit der Kriegsgräberfürsorge*[1]

Kriegs·gräu·el das <-s, -> *Abscheu und Grauen erregende Gewalttaten von Soldaten, die an der Zivilbevölkerung des Gegners verübt werden*

Kriegs·ha·fen der <-s, Kriegshäfen> (↔ *Handelshafen*) *Hafen für Kriegsschiffe*

Kriegs·hand·lung die <-, -en> *militärische Handlung*

Kriegs·het·ze die <-> (*kein Plur.*) (*abwert.*) *hasserfüllte öffentliche Reden und Publikationen, die die Bevölkerung zum Krieg aufstacheln wollen*

Kriegs·het·zer der <-s, -> (*abwert.*) *jmd., der Kriegshetze betreibt*

Kriegs·hin·ter·blie·be·ne der/die <-n, -n> *ein Angehöriger von Menschen, die durch den Krieg ums Leben gekommen sind*

Kriegs·in·dus·trie die <-, -n> *Industrie, die Kriegsmaterial herstellt*

Kriegs·ka·me·rad der <-en, -en> *jmd., mit dem ein Soldat während eines Krieges in einer Einheit gekämpft hat*

Kriegs·kunst die <-, Kriegskünste> (MILIT.: *veralt.*) *Kunst der Kriegführung*

Kriegs·list die <-, -en> *eine im Krieg angewandte List* Der Gegner wurde durch eine Kriegslist getäuscht.

Kriegs·ma·ri·ne die <-> (*kein Plur.*) (↔ *Handelsmarine*) *die Seestreitkräfte eines Staates*

Kriegs·ma·schi·ne·rie die <-> (*kein Plur.*) *Gesamtheit der militärischen Mittel eines Staates*

Kriegs·ma·te·ri·al das <-s, Kriegsmaterialien> *Waffen und Ausrüstung für einen Krieg*

Kriegs·mi·nis·ter der <-s, -> (*veralt.*) *Verteidigungsminister*

Kriegs·mi·nis·te·ri·um das <-s, Kriegsministerien> (*veralt.*) *Verteidigungsministerium*

kriegs·mü·de <nicht steig.> **1.** *so, dass man wünscht, dass der Krieg bald zu Ende geht* **2.** *so, dass man keine Lust hat, (einen weiteren) Krieg zu führen*

Kriegs·op·fer das <-s, -> *jmd., der im Krieg ums Leben kommt*

Kriegs·op·fer·ren·te die <-, -n> *eine Rente für jmdn., der Angehörige im Krieg verloren hat und der dadurch finanziellen Schaden erlitten hat*

Kriegs·par·tei die <-, -en> *eine von zwei oder mehreren an einem Krieg beteiligten Parteien*

Kriegs·pfad ■ **auf dem Kriegspfad sein** (*umg.*): *einen Angriff auf jmdn. oder etwas planen*

Kriegs·rat der <-(e)s> (*kein Plur.*) (*scherzh.*) ■ **Kriegsrat (ab-)halten**: *ein gemeinsames Vorgehen besprechen*

Kriegs·recht das <-(e)s> (*kein Plur.*) *alle Rechtsnormen, die während eines Krieges innerhalb eines am Krieg beteiligten Landes und zwischen den beteiligten Staaten gelten*

Kriegs·re·por·ter, **Kriegs·re·por·te·rin** der <-s, -> *Kriegsberichterstatter*

Kriegs·schau·platz der <-es, Kriegsschauplätze> *ein Gebiet, in dem ein Krieg stattfindet*

Kriegs·schiff das <-(e)s, -e> *mit Waffen ausgestattetes Schiff (der Kriegsmarine)*

Kriegs·schuld die <-> (*kein Plur.*) *Schuld am Ausbruch eines Krieges*

Kriegs·schul·den die <-> *Plur. Schulden, die durch das Kriegführen entstanden sind*

Kriegs·spiel·zeug das <-s> (*kein Plur.*) *Kinderspielzeug, das Soldaten, Waffen, Panzer, Kampfflugzeuge o.Ä. nachbildet und mit dem Kinder Krieg spielen können*

Kriegs·teil·neh·mer, **Kriegs·teil·neh·me·rin** der <-s, -> *jmd., der (als Soldat) an einem Krieg teilgenommen hat*

kriegs·trau·ma·ti·siert <nicht steig.> *Adj. so, dass jmd. durch die Erlebnisse im Krieg ein Trauma erlitten hat*

Kriegs·trau·ung die <-, -en> *Trauung, zwischen einer Frau und einem Soldaten während des Krieges*

Kriegs·trei·ber, **Kriegs·trei·be·rin** der <-s, -> (*abwert.*) *jmd., der politisch darauf hinwirkt, dass ein Krieg entsteht*

kriegs·un·taug·lich <nicht steig.> *Adj. so, dass jmd. körperlich nicht für den Militärdienst geeignet ist*

Kriegs·ver·bre·cher, **Kriegs·ver·bre·che·rin** der <-s, -> *jmd., der im Krieg Verbrechen gegen das Völkerrecht begangen hat*

Kriegs·ver·bre·cher·tri·bu·nal das <-s, -e> *Sondergerichtshof für Prozesse gegen Kriegsverbrecher*

Kriegs·ver·let·zung die <-, -en> *Verletzung, die ein Soldat im Krieg erlitten hat*

kriegs·ver·sehrt <nicht steig.> *Adj.* (≈ *kriegsbeschädigt*)

Kriegs·ver·sehr·te der/die <-n, -n> *jmd., der kriegsversehrt ist*

Kriegs·ve·te·ran der <-en, -en> *jmd., der Teilnehmer eines früheren Krieges war*

Kriegs·vor·be·rei·tun·gen die <-> *Plur. die Gesamtheit aller Handlungen, die unternommen werden, um einen Krieg führen zu können*

Kriegs·wai·se die <-, -n> *Kind eines Soldaten, der im Krieg gefallen ist*

Kriegs·wir·ren die <-> *Plur. die ungeordneten gesellschaftlichen und politischen Verhältnisse während eines Krieges*

Kriegs·wirt·schaft die <-> *Plur. die Volkswirtschaft eines im Kriege befindlichen Landes , die auf die Bedingungen des Krieges ausgerichtet ist*

Kriegs·zu·stand der <-(e)s> (*kein Plur.*) *der Zustand, dass sich ein Land (mit einem oder mehreren Ländern) im Krieg befindet* Das Land befindet sich seit mehreren Jahren im Kriegszustand.

Krill¹ der <-(e)s, -e> *eine kleine Garnele*

Krill² das <-(e)s> (*kein Plur.*) *Plankton, das hauptsächlich aus Krill¹ besteht*

Krim die <-> (*kein Plur.*) *Halbinsel am Schwarzen Meer*

Kri·mi, Kri·mi der <-s, -s> (*umg.*) *kurz für „Kriminalroman" oder „Kriminalfilm"*

Kri·mi·nal·be·am·te, Kri·mi·nal·beam·tin der <-n, -n> *Beamter der Kriminalpolizei*

Kri·mi·nal·fall der <-s, Kriminalfälle> *eine kriminelle Handlung, die von der Kriminalpolizei aufgeklärt werden soll*

Kri·mi·nal·film der <-(e)s, -e> *ein Film, in dem es um ein Verbrechen und dessen Aufklärung geht*

kri·mi·na·li·sie·ren <kriminalisierst, kriminalisierte, hat kriminalisiert> *mit OBJ* **1.** ■ *jmd. kriminalisiert jmdn. jmdn. in die Kriminalität treiben* Der schlechte Einfluss der Jugendbande hat ihn kriminalisiert. **2.** ■ *jmd. kriminalisiert etwas ein Verhalten als kriminell hinstellen*

Kri·mi·na·li·sie·rung die <-> (*kein Plur.*) *das Kriminalisieren*

Kri·mi·na·list, Kri·mi·na·lis·tin der <-en, -en> *Kriminalbeamter, Kriminalsachverständiger*

Kri·mi·na·lis·tik die <-> (*kein Plur.*) *die Wissenschaft von der Verhütung und Aufklärung von Verbrechen*

kri·mi·na·lis·tisch <nicht steig.> *Adj.* **1.** *zur Kriminalistik gehörend* **2.** *mit gutem Spürsinn* kriminalistische Fähigkeiten

Kri·mi·na·li·tät die <-> (*kein Plur.*) **1.** *verbrecherische Handlungen, Straffälligkeit* Er neigt zur Kriminalität. **2.** *alle vorkommenden Straftaten* Die Kriminalität in der Stadt ist im vergangenen halben Jahr zurückgegangen. ◆-srate, Computer-, Wirtschafts-

Kri·mi·nal·kom·mis·sar, Kri·mi·nal·kom·mis·sa·rin der <-s, -e> *Kommissar bei der Kriminalpolizei*

Kri·mi·nal·po·li·zei die <-> (*kein Plur.*) *die Abteilung der Polizei, die sich mit schweren Straftaten befasst* (*Abk. „Kripo"*)

kri·mi·nal·po·li·zei·lich <nicht steig.> *Adj. zur Kriminalpolizei gehörend*

Kri·mi·nal·ro·man der <-s, -e> *ein Roman, in dem es um ein Verbrechen und dessen Aufklärung geht*

kri·mi·nell *Adj.* **1.** *zu Straftaten neigend, verbrecherisch* Der Angeklagte wird beschuldigt, einer kriminellen Organisation anzugehören., Sein Vater war ebenfalls kriminell. **2.** (≈ *strafbar*) *so, dass es gegen gültiges Gesetz verstößt und bestraft wird* Eine solche Tat ist kriminell. **3.** (*umg.*) *unverantwortlich, rücksichtslos* Wie er bei diesem Gegenverkehr ein Auto nach dem anderen zu überholen versucht, das ist schon kriminell!

Kri·mi·nel·le der/die <-n, -n> *jmd., der eine Straftat, ein Verbrechen begangen hat*

Kri·mi·no·lo·ge, Kri·mi·no·lo·gin der <-n, -n> *Wissenschaftler auf dem Gebiet der Kriminologie*

Kri·mi·no·lo·gie die <-> (*kein Plur.*) *die Wissenschaft, die sich mit den Ursachen und Erscheinungsformen, mit der Verhütung und Aufklärung von Verbrechen beschäftigt* ▶kriminologisch

Krim·sekt der <-s> (*kein Plur.*) *Sekt, der aus Wein von der Halbinsel Krim hergestellt wird*

Krims·krams der <-(es)> (*kein Plur.*) (*umg.*) *Kram, wertloses Zeug* In der obersten Schublade hat sich im Laufe der Zeit eine Menge Krimskrams angesammelt.

Krin·gel der <-s, -> **1.** *ein kleiner Kreis, den jmd. irgendwohin gezeichnet hat* Während er telefonierte, malte er Kringel in sein Notizbuch. **2.** *ringförmiges Gebäck*

krin·geln <kringelst, kringelte, hat gekringelt> *mit SICH* ■ *etwas kringelt sich kleine Bögen formen* Meine Haare kringeln sich, wenn sie nass sind. ■ **sich (vor Lachen) kringeln** (*umg.*): *sehr lachen müssen*

Kri·po die <-, -s> (*meist Sing.*) *kurz für „Kriminalpolizei"*

Krip·pe die <-, -n> **1.** *ein Trog für das Futter von Wildtieren* Im Winter füllt der Förster die Krippen für Rehe und Hirsche mit Heu. **2.** *ein kleines Modell mit Figuren zur Darstellung der Heiligen Familie im Stall zu Bethlehem mit dem Jesuskind in einer Krippe¹* An Weihnachten stellen wir die Krippe unter dem Weihnachtsbaum auf. ◆Weihnachts- **3.** *kurz für „Kinderkrippe"* Sie bringt das Kind morgens in die/zur Krippe.

Krip·pen·fi·gur die <-, -en> *Figur, die zu einer Krippe² gehört*

Krip·pen·spiel das <-s, -e> *kleines szenisches Spiel, in dem die Weihnachtsgeschichte von Laien dargestellt wird*

Kri·se die <-, -n> *Höhepunkt oder Wendepunkt einer gefährlichen Lage, entscheidender Abschnitt einer schwierigen Situation* Das Land befindet sich momentan in einer politischen/wirtschaftlichen Krise., Sie hat eine schwere seelische Krise durchgemacht/überwunden. ◆-nmanagement, -nsituation, Lebens-

kri·seln <kriselt, kriselte, hat gekriselt> *mit ES* ■ *es kriselt* (*umg.*) *etwas steuert auf eine Krise zu* In der Firmenleitung kriselt es schon lange.

kri·sen·an·fäl·lig *Adj.* (↔ *krisenfest*) *so, dass etwas leicht in eine Krise geraten kann* Dieser Wirtschaftszweig ist sehr krisenanfällig. ▶Krisenanfälligkeit

kri·sen·fest <nicht steig.> *Adj.* (↔ *krisenanfällig*) *so, dass etwas widerstandsfähig gegen Krisen ist* Das Traditionsunternehmen ist krisenfest, das hat sich in schweren Zeiten immer wieder bewiesen. ▶Krisenfestigkeit

Kri·sen·ge·biet das <-(e)s, -e> *ein Gebiet, in dem eine politische (oder wirtschaftliche) Krise herrscht und in dem es leicht zu militärischen Auseinandersetzungen kommen kann*

kri·sen·ge·schüt·telt <nicht steig.> *Adj. durch*

dauernde Krisen geschwächt Das krisengeschüttelte Unternehmen musste erneut Arbeiteskräfte entlassen.

kri·sen·haft <nicht steig.> *Adj. so, dass etwas Anzeichen einer Krise hat* ◆ Kein Ende der krisenhaften Lage ist in Sicht.

Kri·sen·herd der <-(e)s, -e> (≈ *Krisengebiet*)

Krisen·in·ter·ven·ti·on die <-, -en> PSYCH. *die methodische Unterstützung von Menschen in Lebenskrisen* ◆ -sstelle

Kri·sen·ma·nage·ment das <-s> (*kein Plur.*) *alle Maßnahmen zur Lösung politischer oder wirtschaftlicher Krisen*

Kri·sen·si·tu·a·ti·on die <-, -en> *der Zustand, dass eine Krise besteht*

Kri·sen·sit·zung die <-, -en> *eine Konferenz, bei der über Maßnahmen in einer akuten Krise verhandelt wird* Als sich die Hochwasserlage weiter verschärfte, wurde eilig eine Krisensitzung einberufen.

Kri·sen·stab der <-(e)s, Krisenstäbe> *in einer Notsituation gebildetes Gremium, das sich aus Fachleuten und Sachverständigen zusammensetzt* Zur Rettung des angeschlagenen Unternehmens wurde ein Krisenstab einberufen.

Kri·sen·zeit die <-, -en> *ein Zeitraum, in dem eine Krise besteht*

Krish·na/Krisch·na *indischer Gott, der als Hirte dargestellt wird*

Kris·tall[1] der <-(e)s, -e> CHEM. *ein einheitlich zusammengesetzter Körper, der gleichmäßige ebene Flächen hat*

Kris·tall[2] das <-(e)s> (*kein Plur.*) *geschliffenes Glas, aus dem vor allem hochwertige Trinkgläser hergestellt werden* ◆ -glas, -schale, -vase

kris·tall·ar·tig <nicht steig.> *Adj. wie Kristall*[2]

Kris·tall·bil·dung die <-, -en> *die Entstehung und das Wachstum von Kristallen*[1]

kris·tal·len <nicht steig.> *Adj. aus oder wie Kristall*[2] Das Material hat einen kristallenen Glanz.

kris·tall·för·mig <nicht steig.> *Adj. in der typischen Form von Kristallen*[1]

Kris·tall·glas das <-es, Kristallgläser> **1.** (*kein Plur.*) *Kristall*[2] **2.** *Trinkglas aus Kristall*[2]

kris·tal·lin/kris·tal·li·nisch *Adj. aus Kristallen*[1] *bestehend* kristalliner Schiefer

Kri·stal·li·sa·ti·on die <-, -en> *Prozess der Kristallbildung*

Kri·stal·li·sa·ti·ons·punkt der <-(e)s, -e> **1.** CHEM. *der Punkt, an dem ein Stoff Kristalle*[1] *bildet* **2.** (*übertr.*) *die zentrale und wichtige Grundlage für eine politische oder gesellschaftliche Entwicklung*

kri·stall·klar <nicht steig.> *Adj. klar und durchsichtig wie ein Kristall*[2] kristallklares Wasser

Kri·stall·ku·gel die <-, -n> *eine Kugel aus Kristall*[2]

Kri·stall·leuch·ter der <-s, -> *ein Leuchter aus Kristall*[2]

Kris·tall·nacht die <-> (*kein Plur.*) (*verhüll.*) *Bezeichnung für das Pogrom gegen die jüdische Bevölkerung im nationalsozialistischen Deutschland in der Nacht vom 9. zum 10. November 1938, als die meisten Synagogen in Brand gesetzt und viele jüdische Geschäfte zerstört wurden*

Kri·stal·lo·gra·fie, *a.* **Kri·stal·lo·gra·phie** die <-> (*kein Plur.*) *Wissenschaft vom Aufbau und der Bildung von Kristallen*

Kris·tall·scha·le die <-, -en> *eine Schale aus Kristall*[2]

Kris·tall·schlei·fe·rei die <-, -en> *das handwerkliche Herstellen von Kristallwaren*

Kris·tall·spie·gel der <-s, -> *ein Spiegel aus Kristall*[2]

Kris·tall·struk·tur die <-, -en> CHEM. *die Anordnung von Ionen, Atomen und Molekülen in einem Kristall*[1]

Kris·tall·wa·ren <-> *Plur. zum Verkauf angebotene Schalen, Gläser o.Ä. aus Kristall*[2]

Kris·tall·zu·cker der <-s> (*kein Plur.*) (*fachspr.*) *Zucker, der aus gereinigten, glänzenden Körnern besteht*

Kri·te·ri·um das <-s, Kriterien> (*geh.*) *ein kennzeichnendes Merkmal, nach dem man etwas beurteilt oder sich für etwas entscheidet* Nach welchen Kriterien stellt der Personalchef neue Mitarbeiter ein?, ein brauchbares/objektives/subjektives Kriterium, ein Kriterium aufstellen/entwickeln/finden, Die Arbeitsgruppe soll Kriterien für die Qualitätsprüfung aufstellen., etwas zum Kriterium für eine Auswahl/Entscheidung machen

Kri·tik, Kri·tik die <-, -en> **1.** (≈ *Besprechung, Rezension*) *ein Text in einer Zeitung oder einer Fachzeitschrift, in dem der Autor über ein Buch, einen Film, ein Konzert o.Ä. eine Beurteilung abgibt* Er schreibt Kritiken für die Zeitung., eine vernichtende/wohlwollende Kritik ◆ Buch-, Film-, Konzert-, Literatur-, Theater- **2.** (*kein Plur.*) *die Gesamtheit aller Kritiker* Die Kritik hat das Buch/den Film verrissen. **3.** (*kein Plur.*) *das prüfende Einschätzen und Beurteilen von etwas* eine harte/gerechte/offene/sachliche Kritik, Kritik äußern/üben ◆ Gesellschafts-, Selbst-, Text-, Zeit- **4.** (≈ *Tadel*) *eine negative Beurteilung* Er übte heftig Kritik an diesem Vorschlag., Sie kann keine Kritik vertragen. ■ **unter aller Kritik** (*umg.*): *sehr schlecht*

Kri·ti·kas·ter der <-s, -> (*veralt. abwert.*) *jmd., der gern kritische*[2] *Bemerkungen macht*

Kri·ti·ker, Kri·ti·ker, Kri·ti·ke·rin der <-s, -> **1.** *jmd., der etwas kritisiert*[1] Sie ist eine strenge Kritikerin dieser Politik. **2.** *jmd., der etwas kritisiert*[2] Die Kritiker sind einhellig der Meinung, dass der Film schlecht ist. ◆ Kunst-, Literatur-, Musik-

kri·tik·fä·hig, kri·tik·fä·hig *Adj. so, dass jmd. fähig ist, Kritik*[3] *zu üben*

kri·tik·los, kri·tik·los <nicht steig.> *Adj.* (*abwert.* ↔ *kritisch*) *so, dass jmd. etwas ohne eigenes Beurteilen hinnimmt und keine Kritik äußert* Er hat lange Zeit alle Anweisungen völlig kritiklos hingenommen.

Kri·tik·lo·sig·keit, Kri·tik·lo·sig·keit die <-> (*kein Plur.*) *der Zustand, dass jmd. kritiklos ist*

kri·tisch, kri·tisch *Adj.* **1.** (↔ *kritiklos*) *so, dass man genau prüft und streng beurteilt* Er hat sich mit dieser Thematik kritisch auseinander gesetzt., ein kritischer Beitrag/Bericht, eine kritische Ausgabe der Werke von ..., ein aufmerksamer, kritischer Leser **2.** (≈ *ablehnend*) *so, dass man etwas negativ beurteilt und tadelt* Sie äußerte sich kritisch zu diesen Plänen. **3.** (≈ *entscheidend*) *eine Wende ankündigend* Das Kind ist gerade in einem kritischen Alter., Die Verhandlungen haben eine kritische Phase erreicht. **4.** *gefährlich* Mittlerweile haben die Bergsteiger die kritischen Stellen bereits hinter sich und erreichen in wenigen Minuten den Gipfel., die kritische Phase einer Krankheit, ein kritischer Augenblick der politischen Verhandlungen

kri·ti·sie·ren <kritisierst, kritisierte, hat kritisiert> *mit OBJ* ■ *jmd. kritisiert etwas* **1.** (≈ *tadeln*) *als Kritiker[1] beanstanden* Die Pläne des Ministers wurden scharf kritisiert. **2.** (≈ *rezensieren*) *als Kritiker[2] fachlich beurteilen* **3.** ■ *jmd. kritisiert jmdn. an jmdm. Kritik[3] üben* Mehrere Personen haben ihn wegen seines Verhaltens heftig kritisiert.

Kri·ti·zis·mus der <-, Kritizismen> PHIL. *die Methode, beim Beurteilen eines philosophischen Systems, von den Möglichkeiten, Grenzen und Gesetzmäßigkeiten der menschlichen Erkenntnis auszugehen*

Krit·te·lei die <-, -en> *kleinliche Kritik[4]*

krit·teln <krittelst, krittelte, hat gekrittelt> *ohne OBJ* ■ *jmd. krittelt* (*abwert.*) *in kleinlicher Weise kritisieren[3]* Ständig krittelt er., Sie kann es nicht lassen – immer muss sie kritteln!

Krit·ze·lei die <-, -en> **1.** (*kein Plur.*) *das Kritzeln* **2.** *etwas Gekritzeltes*

krit·zeln <kritzelst, kritzelte, hat gekritzelt> *mit OBJ/ ohne OBJ* ■ *jmd. kritzelt (etwas)* **1.** *gedankenlos Striche, Kreise, einfache Figuren o.Ä. malen* Beim Telefonieren kritzelte er Strichmännchen auf den Schreibblock., Das Kind hat in mein Buch gekritzelt. **2.** *in kleiner, schlecht lesbarer Handschrift schreiben* Bevor er ging, kritzelte er noch schnell seine Telefonnummer auf einen Zettel.

Kro·atz·bee·re die <-, -n> (*landsch.*) *Brombeere*

Kro·cket das <-s> (*kein Plur.*) *ein englisches Spiel, bei dem man auf dem Rasen mit einem Schläger Kugeln durch kleine Tore treibt*

Kro·kant das <-s> (*kein Plur.*) KOCH. *eine harte Masse, die man aus Zucker, Mandeln oder Nüssen herstellt*

Kro·ket·te die <-, -n> (*meist Plur.*) KOCH. *in Fett gebackenes Röllchen aus Kartoffelbrei*

Kro·ko·dil das <-s, -e> *ein großes Reptil mit schuppigem Panzer und scharfen Zähnen, das in der Nähe von Gewässern lebt*

Kro·ko·dils·trä·ne die <-, -n> (*meist Plur.*) (*umg.*) *heuchlerisches Weinen, mit dem jmd. vortäuschen will, dass er traurig ist* Du brauchst gar keine Krokodilstränen zu vergießen, ich nehme dir dein Mitgefühl ohnehin nicht ab.

Kro·ko·le·der das <-s> (*kein Plur.*) *Leder von der Haut eines Krokodils*

Kro·ko·ta·sche die <-, -n> *Tasche aus Krokoleder*

Kro·kus der <-, -se> *eine Frühlingsblume mit trichterförmigen Blüten, die oft in Vorgärten zu sehen ist und die verschiedene Farben haben kann* (*z.B. lila, gelb, weiß*)

Kro·ne die <-, -n> **1.** *der auf dem Kopf getragene, reich verzierte goldene Reif als Zeichen der Macht eines Königs oder einer Königin* eine Krone aufs Haupt setzen ◆ Herrscher-, Kaiser-, Königs- **2.** *die Familie, die durch einen König oder Kaiser repräsentiert wird* Durch diesen Vorfall geriet die englische Krone in die Schlagzeilen. **3.** (*kein Plur.*) *Vollendung, Höhepunkt* Der Mensch gilt als die Krone der Schöpfung., Krone des Glücks/des Lebens **4.** *kurz für „Baumkrone“* **5.** *kurz für „Zahnkrone“* **6.** *Währungseinheit in Dänemark, Island, Norwegen, Schweden, der Slowakei und Tschechien* ■ **einen in der Krone haben** (*umg.*): *leicht betrunken sein* **Was ist dir denn in die Krone gefahren?** (*umg.*): *Was fällt dir denn plötzlich ein?* **jemand setzt einer Sache die Krone auf**: *jmd. benimmt sich sehr unverschämt*

krö·nen *mit OBJ* **1.** ■ *jmd. krönt jmdn. jmdm. in einer feierlichen Zeremonie eine Krone[1] aufsetzen und ihn so zum Herrscher machen* Der Papst hatte das Recht, den Kaiser zu krönen. **2.** ■ *jmd. krönt etwas mit etwas Dat.* (*übertr.*) *eine erfolgreiche Karriere mit einer herausragenden Leistung noch glanzvoller machen* Sie krönte ihre sportliche Laufbahn mit dem Gewinn der Weltmeisterschaft. **3.** ■ *etwas krönt etwas wirkungsvoll nach oben abschließen* Eine beeindruckende Kuppel krönt den Turm. **4.** (*übertr.*) *den abschließenden Höhepunkt bilden* Diese Statue krönt das Werk des Bildhauers. ■ **etwas ist von Erfolg gekrönt**: *etwas ist erfolgreich*

Kro·nen·kor·ken/Kron·kor·ken der <-s, -> *ein Flaschenverschluss aus Metall mit welligem Rand, der zum Beispiel für Bierflaschen benutzt wird*

Kron·er·be der <-n, -n> *Thronerbe*

Kron·er·bin die <-, -en> *Thronerbin*

Kron·ju·we·len <-> *Plur. die wertvollen, einem Herrscherhaus gehörenden Schmuckstücke*

Kron·ko·lo·nie die <-, -n> GESCH. *eine Kolonie, die zur britischen Krone[2] gehört*

Kron·kor·ken der *s.* **Kronenkorken**

Kron·leuch·ter der <-s, -> *ein großer Leuchter, der von der Decke hängt und an dem mehrere Lampen angebracht sind* In den Sälen des Schlosses hängen prunkvolle Kronleuchter.

Kron·prinz, **Kron·prin·zes·sin** der <-en, -en> *Thronfolger*

Kron·prin·zes·sin die <-, -nen> **1.** *Thronfolgerin* **2.** *Gemahlin des Kronprinzen*

Kron·schatz der <-es, Kronschätze> *Besitztum einer königlichen Familie*

Krö·nung die <-, -en> **1.** *das Krönen[1]* ◆ -sfeier, -ssaal, -szeremonie, Kaiser-, Königs- **2.** (*übertr.*) (*abschließender*) *Höhepunkt* Zur Krönung des Festes gab es ein riesiges Feuerwerk., Der Gewinn der Weltmeisterschaft bildet/ist die Krönung ihrer sportlichen Laufbahn.

Kron·zeu·ge, **Kron·zeu·gin** der <-n, -n> RECHTSW.

Mittäter eines Angeklagten, der gegen diesen als Zeuge in einem Prozess aussagt und dem dafür Straffreiheit zugesichert wird

Kropf der <-(e)s, Kröpfe> **1.** *eine auffällige Halsverdickung infolge einer krankhaft vergrößerten Schilddrüse* **2.** ZOOL. *ein Beutel in der Speiseröhre von Vögeln, in dem sie Nahrung sammeln können* ■ **überflüssig/unnötig sein wie ein Kropf** (*umg.*): *ganz und gar überflüssig sein*

kröp·fen <kröpft, kröpfte, hat gekröpft> *ohne OBJ* ■ *ein Vogel kröpft* ZOOL. (*von Greifvögeln*) *fressen*

Kröp·fung die <-, -en> *das Kröpfen*

kross *Adj.* (*norddt.*) *knusprig*

Krö·sus der <-/ses, -se> (*oft scherzh.*) *jmd., der sehr reich ist* Das kann ich mir nicht leisten, ich bin doch kein Krösus.

Krö·te die <-, -n> **1.** ZOOL. *ein Tier mit warziger Haut, das dem Frosch ähnlich ist und in der Nähe von Gewässern lebt* ◆ Gift- **2.** (*nur Plur.*) (*umg.*) *Geld* Kannst du mir ein paar Kröten leihen?, eine Menge Kröten ausgeben/verdienen ■ **jemand muss die Kröte schlucken** (*umg.*): *jmd. muss etwas Unangenehmes hinnehmen*

Krö·ten·wan·de·rung die <-, -en> *Wanderung der Kröten im Frühjahr zu ihren Laichgebieten*

Krs. *Abkürzung von „Kreis" (≈ Landkreis)*

Krü·cke die <-, -n> **1.** *eine Gehhilfe mit Armstützen* Sie hat sich den Knöchel gebrochen und muss jetzt an Krücken gehen. **2.** *der gebogene Griff an einem Gehstock oder Schirm* ▶Krückstock **3.** (*umg. abwert.*) *unfähiger Mensch, Versager* Ich verstehe nicht, weshalb der Trainer ausgerechnet diese Krücke in die Mannschaft aufgenommen hat.

kru·d(e) *Adj. grob, plump, ohne Feingefühl* krudes Benehmen, krude Sitten, eine krude Ausdrucksweise ▶Krudität

Krug der <-(e)s, Krüge> **1.** *ein bauchiges Gefäß in der Art einer Kanne mit einem oder zwei Henkeln* Sie sammelt Krüge aus Glas/Porzellan/Steingut., einen Krug mit Milch/Wasser/Wein füllen ◆ Milch-, Wasser- **2.** *die Flüssigkeitsmenge, die ein Krug[1] fasst* Kannst du noch einen Krug Wasser zum Wein bestellen? **3.** *Gasthaus* Er hat jeden Abend im Krug gesessen und ein Viertel Wein getrunken. ◆ Dorf-

Kru·me die <-, -n> **1.** *ein kleines, abgebröckeltes Stückchen (von einem Brot, Brötchen, Kuchen)* **2.** LANDW. *oberste Schicht des Ackers* die Krume mit dem Pflug aufbrechen

Krü·mel der <-s, -> (≈ *Brösel*) *kleine Krume[1]*

krü·me·lig *Adj.* (≈ *bröselig*) *leicht zu Krümeln zerfallend oder leicht Krümel bildend*

krü·meln <krümelst, krümelte, hat gekrümelt> *ohne OBJ* **1.** ■ *etwas krümelt in Krümel zerfallen* Das Brot krümelt. **2.** ■ *jmd. krümelt (beim Essen) viele Krümel machen* Nun krümele doch nicht so!

krüm·lig *Adj. s.* **krümelig**

krumm <krummer/krümmer, am krummsten/am krümmsten> *Adj.* **1.** *nicht gerade, sondern gebogen* Er hat eine krumme Nase/krumme Beine., Ihr Rücken ist mit den Jahren ganz krumm geworden. ▶Krummmesser, Krummsäbel, Krummschwert **2.** (*umg.* ≈ *unredlich*) *nicht ganz legal, betrügerisch* Als es auf normalem Wege nicht klappte, versuchte er es auf die krumme Tour., krumme Geschäfte machen, krumme Wege gehen ■ **sich krumm legen** (*umg.*): *sich finanziell sehr einschränken, um das gesparte Geld für einen bestimmten Zweck zu verwenden* **jemandem etwas krumm nehmen** (*umg.*): *jmdm. etwas übel nehmen* ◆ Getrenntschreibung→R 4.2 sich krumm legen, jemandem etwas krumm nehmen; Zusammenschreibung→R 4.11 sich krummlachen

krumm·bei·nig <nicht steig.> *Adj. mit krummen[1] Beinen* Hast du den krummbeinigen Hund gesehen?

krüm·men <krümmst, krümmte, hat gekrümmt> **I.** *mit OBJ* **1.** ■ *jmd. krümmt etwas* (≈ *beugen*) *etwas aktiv beugen* Bei dieser gymnastischen Übung muss man den Rücken krümmen., die Finger krümmen **2.** ■ *etwas krümmt jmdn. jmdn. allmählich krumm[1] werden lassen* Die harte Feldarbeit hat seinen Rücken im Lauf der Jahre gekrümmt. **II.** *mit SICH* **1.** ■ *jmd. krümmt sich den Rücken rund machen und den Bauch einziehen* Er krümmte sich vor Schmerzen. **2.** ■ *etwas krümmt sich in (vielen) Biegungen verlaufen* Der Fluss krümmt sich, nachdem er das Tal verlassen hat. ■ **jemandem kein Haar krümmen** (*umg.*): *jmdm. nichts zuleide tun*

Krüm·mer der <-s, -> (*norddt.*) *Feldhase*

Krumm·horn das <-s, Krummhörner> MUS. *ein Holzblasinstrument*

krumm·la·chen <lachst krumm, lachte krumm, hat krummgelacht> *mit SICH* ■ *jmd. lacht sich krumm (umg.) sehr stark lachen*

Krüm·mung die <-, -en> *eine bogenförmige Abweichung von einer geraden Linie* Auf dem Röntgenbild konnte man die natürliche Krümmung der Wirbelsäule sehr gut erkennen., an der Krümmung des Weges

krum·pe·lig <nicht steig.> *Adj.* (*landsch.*) *zerknittert* Die Tischdecke ist krumpelig – ich muss sie bügeln.

krumpf·echt <nicht steig.> *Adj. so, dass ein Textil nicht beim Waschen einläuft*

krumpf·frei <nicht steig.> *Adj.* (≈ *krumpfecht*)

Krupp der <-s, -s> MED. *ein heiserer Husten* ◆ Pseudo-

Krup·pe die <-, -n> *das Kreuz[6] eines Pferdes*

Krüp·pel der <-s, -> **1.** *ein dauerhaft behinderter Mensch, der in seinen Bewegungsmöglichkeiten sehr stark eingeschränkt ist* durch einen Unfall zum Krüppel werden ▶verkrüppeln **2.** (*meist abwert.*) *ein Mensch, der unnatürlich gewachsen ist oder eine Missbildung hat*

krüp·pel·haft <nicht steig.> *Adj. wie ein Krüppel[2]* ein krüppelhafter Wuchs

krüp·pe·lig/krüpp·lig <krüpp(e)liger, am krüpp(e)ligsten> *Adj. schief gewachsen* Auf dem Hügel steht eine alte, krüppelige Eiche.

Krus·te die <-, -n> 1. *die durch Braten oder Trocknen hart gewordene äußere Schicht einer Speise* Der Braten hat eine herzhafte Kruste bekommen., Das Brot hat eine dicke Kruste. 2. *harter Überzug einer Schicht* Über der Wunde bildet sich eine Kruste, Das Eis bildet eine Kruste auf der Scheibe.

Krus·ten·bil·dung die <-, -en> *die Entstehung einer Kruste*

Krus·ten·tier das <-(e)s, -e> ZOOL. *Gliederfüßler mit Kiemenatmung* Krebse sind Krustentiere.

Krux/Crux die *s.* **Crux**

Kru·zi·fix, Kru·zi·fix das <-es, -e> 1. REL. *eine gemalte oder plastische Darstellung des gekreuzigten Christus* In der Zimmerecke hängt ein Kruzifix., Sie trägt ein goldenes Kruzifix an einer Kette um den Hals. 2. (*süddt.*) *verwendet als Ausruf des des Ärgers oder Staunens* Kruzifix nocheinmal!

Kryp·ta die <-, Krypten> BAUW. *meist unter dem Chor einer Kirche gelegener Raum, in dem Reliquien aufbewahrt werden oder Verstorbene beigesetzt worden sind*

kryp·tisch <nicht steig.> *Adj.* (*geh.*) *geheimnisvoll und unklar* (*und daher schwer zu verstehen*) Was wollte er uns mit seinen kryptischen Andeutungen wohl sagen?

Kryp·ton, Kryp·ton das <-s> (*kein Plur.*) CHEM. *ein farb- und geruchloses Edelgas*

KSK *Abkürzung von „Kreissparkasse"*

Kt. *Abkürzung von „Kilotonne"*

Kto. *Abkürzung von „Konto"*

Ku·ba <-s> *ein Inselstaat im Karibischen Meer*

Ku·ba·ner, Ku·ba·ne·rin der <-s, -> *jmd., der die kubanische Staatsbürgerschaft hat*

ku·ba·nisch <nicht steig.> *Adj. zu Kuba gehörend, daher stammend*

Kü·bel der <-s, -> 1. *ein meist größeres, rundes Gefäß mit einem oder zwei Henkeln* einen Kübel Wasser ausschütten ◆ Abfall-, Wasser- 2. *ein sehr großer Topf für Pflanzen, die man im Winter ins Hau stellt* Ich muss die Palmen in größere Kübel pflanzen. ■ **es gießt wie aus Kübeln** (*umg.*): *es regnet heftig* ◆ -pflanze

Ku·bik, Ku·bik (*ohne Artikel verwendet*) (*umg.*) *kurz für „Kubikzentimeter" (cm^3), verwendet, um die Hubraumgröße eines Fahrzeugs anzugeben*

Ku·bik·me·ter, Ku·bik·me·ter der <-s, -> *ein Raummaß von je einem Meter Länge, Breite und Höhe (m^3)*

Ku·bik·wur·zel, Ku·bik·wur·zel die <-> (*kein Plur.*) MATH. *dritte Wurzel aus einer Zahl*

Ku·bik·zahl, Ku·bik·zahl die <-, -en> MATH. *Zahl, die als dritte Potenz einer Zahl darstellbar ist*

Ku·bik·zen·ti·me·ter, Ku·bik·zen·ti·me·ter der <-s, -> *ein Raummaß von je einem Zentimeter Länge, Breite und Höhe (cm^3)*

ku·bisch <nicht steig.> *Adj.* MATH. 1. *würfelförmig* kubische Formen in der Architektur 2. *in die dritte Potenz erhoben* eine kubische Gleichung

Ku·bis·mus der <-> (*kein Plur.*) KUNST *eine Richtung der (modernen) Malerei und Plastik, deren Vertreterin ihren Kunstwerken natürliche Dinge zu geometrischen Körpern stilisierten* ▶Kubist, kubistisch

Ku·bus der <-, Kuben> 1. MATH. *Würfel* 2. *würfelförmiges Gebäude*

Kü·che die <-, -n> 1. *der speziell eingerichtete Raum in einer Wohnung oder einem Haus, in dem man kocht, backt, Speisen zubereitet und anrichtet* in der Küche stehen und das Essen vorbereiten, Die Küche ist so klein, dass kein Esstisch hineinpasst. 2. *alle Möbel, die der Einrichtung einer Küche dienen* Wir wollen uns eine neue Küche kaufen. ◆ Einbau- 3. (≈ *Gastronomie*) *die Art der Speisen und ihrer Zubreitung* Er bevorzugt die chinesische/ italienische/französische Küche., Das Hotelrestaurant ist für seine feine Küche weit über die Grenzen der Region bekannt., Dieses Hotel hat eine vorzügliche Küche. 4. *das Personal, das in der Küche eines Restaurants oder Gasthauses arbeitet* Ich werde Ihr Lob an die Küche weitergeben., Warme Küche bis 23.00 Uhr ◆ -nchef

Ku·chen der <-s, -> *ein (größeres) Gebäck aus Mehl, Eiern, Fett, Zucker und weiteren Zutaten* Ich mag Kuchen mit Streusel., Wollen wir einen Kuchen backen?, zu Kaffee und Kuchen einladen, den Kuchen anschneiden ◆ Biskuit-, Hefe-, Obst-, Rühr-

Kü·chen·ab·fall der <-(e)s, Küchenabfälle> (*meist Plur.*) *alles, was beim Verarbeiten von Lebensmitteln als Abfall entsteht* Du kannst die Kartoffelschalen und die übrigen Küchenabfälle auf den Komposthaufen werfen.

Ku·chen·bä·cker der <-s/-> (≈ *Konditor, Feinbäcker*) *ein Bäcker, der vor allem Kuchen und Torten backt*

Ku·chen·blech das <-s, -e> *Backblech für Kuchen*

Kü·chen·chef der <-s, -s> *Koch, der eine Küche[4] leitet*

Kü·chen·dienst der <-(e)s, -e> *Verpflichtung, bestimmte Arbeiten in der Küche zu übernehmen* Die Schüler im Schullandheim haben jeden Tag in kleinen Gruppen Küchendienst.

Ku·chen·form die <-, -en> *Backform für einen Trockenkuchen*

Ku·chen·glo·cke die <-, -n> *ein gewölbter Deckel, mit dem man Kuchen abdeckt*

Kü·chen·herd der <-(e)s, -e> *der Herd, mit dem in der Küche Speisen gekocht, gebraten und gebacken werden*

Kü·chen·hil·fe die <-, -n> *jmd., der in einer Großküche Hilfsarbeiten macht*

Kü·chen·jun·ge der <-n, -n> *Lehrjunge in einer Küche, Gehilfe des Kochs*

Küchen·kraut das <-(e)s, Küchenkräuter> (*meist Plur.*) *eine Gewürzpflanze, deren Blätter man (in getrockneter Form) beim Kochen als Gewürz verwendet* Natürlich bauen wir im Garten auch verschiedene Küchenkräuter an.

Küchen·la·tein das <-s> (*kein Plur.*) (GESCH.: *abwert. scherzh.*) *unrichtig gesprochenes Latein*

Kü·chen·ma·schi·ne die <-, -n> *ein elektrisches Küchengerät, das viele Funktionen erfüllt und mit dem man Teig rühren oder Gemüse zerkleinern kann*

Kü·chen·meis·ter der <-s, -> (*veralt.* ≈ *Küchenchef*) ■ **Hier ist Schmalhans Küchenmeister** (*veralt. geh.*): *Hier wird (aus Armut) sehr sparsam gekocht und gegessen.*

Kü·chen·mö·bel das <-s, -> *ein Möbelstück, das zu einer Kücheneinrichtung gehört*

Kü·chen·pa·pier das <-(e)s> (*kein Plur.*) *zu einer Rolle gewickeltes weiches Papier, mit dem man etwas wegwischen kann*

Ku·chen·plat·te die <-, -n> *ein großer, flacher Teller, auf den man Kuchen legt*

Ku·chen·räd·chen das <-s, -> *ein kleines, gezacktes Rädchen an einem Stiel, mit dem man Kuchenteig schneidet*

Kü·chen·rei·ni·ger der <-s, -> *ein Reinigungsmittel, das man in der Küche verwendet*

Kü·chen·scha·be die <-, -n> *in der Küche auftretendes schwarzbraunes Insekt*

Kü·chen·schel·le die <-, -n> (≈ *Pulsatilla*) *eine glockenförmige kleine Blume, die im Frühjahr blüht*

Kü·chen·schrank der <-(e)s, Küchenschränke> *ein Schrank als Teil einer Küche²*

Kü·chen·schür·ze die <-, -n> *eine Schürze, die man in der Küche trägt*

Ku·chen·teig der <-(e)s, -e> *die Masse aus Mehl, Eiern, Fett und Zucker, die man in eine Form gibt und im Backofen backt, um so einen Kuchen herzustellen* Vergiss nicht, das Backpulver in den Kuchenteig zu geben!

Ku·chen·tel·ler der <-s, -> *Teller, auf den man Kuchen legt*

Kü·chen·tisch der <-s, -e> *Tisch in der Küche*

Kü·chen·tuch das <-(e)s, Küchentücher> (≈ *Geschirrtuch*)

Kü·chen·waa·ge die <-, -n> *eine Waage, mit der man Zutaten für Speisen abwiegt*

Kü·chen·zei·le die <-, -n> *Küchenmöbel und -geräte, die nebeneinander an einer Wand aufgestellt sind*

Kü·chen·zet·tel der <-s, -> *ein Speiseplan, auf dem steht, was täglich gekocht werden soll*

ku·cken *ohne OBJ* ■ *jmd. kuckt (irgendwie)* (*norddt.*) *gucken* Er kuckt aus dem Fenster., Sie kuckt neugierig.

Kü·cken das (*österr.*) *s.* **Küken**

Ku·ckuck der <-s, -e> **1.** *ein Vogel, der seine Eier zum Ausbrüten in die Nester anderer Vögel legt* ◆ -sruf **2.** (*scherzh.*) *Pfandsiegel des Gerichtsvollziehers* ■ **weiß der Kuckuck!** (*umg.*): *das weiß niemand* **zum Kuckuck (nochmal)** !: *Ausruf des Ärgers*

Ku·ckucks·uhr die <-, -en> *eine Wanduhr, bei der zur halben und vollen Stunde die Figur eines Kuckucks herauskommt und der Kuckucksruf zu hören ist* Sie hat sich im Schwarzwald eine Kuckucksuhr gekauft.

Kud·del·mud·del der/das <-s> (*kein Plur.*) (*umg.*) *Durcheinander* Wer soll sich bei diesem Kuddelmuddel denn noch auskennen?

Ku·fe die <-, -n> *Gleitschiene an Schlittschuhen oder an einem Schlitten*

Ku·gel die <-, -n> **1.** *ein geometrischer Körper, bei dem alle Punkte seiner Oberfläche den gleichen Abstand zu seinem Mittelpunkt haben* Die Erde ist eine Kugel., Die Kinder formen den Schnee zu Kugeln. ◆ Erd-, Glas-, Holz-, Papier- **2.** *das Geschoss, das aus einer Feuerwaffe abgefeuert wird* eine Kugel vom Kaliber … ■ **eine ruhige Kugel schieben** (*umg.*): *sich bei der Arbeit nicht anstrengen (müssen)* **sich die Kugel geben** (*umg.*): *sich erschießen* ◆ Blei-, Gewehr-, Kanonen-, Pistolen-

Ku·gel·ab·schnitt der <-s, -e> (≈ *Kugelsegment*)

Ku·gel·aus·schnitt der <-s, -e> (≈ *Kugelsektor*)

Ku·gel·blitz der <-es, -e> *ein Blitz, der als leuchtende Kugel erscheint*

ku·gel·för·mig <nicht steig.> *Adj. in der Form einer Kugel*

Ku·gel·ge·lenk das <-(e)s, -e> *ein Gelenk, das Bewegungen in alle Richtungen ermöglicht* Die Schulter ist ein Kugelgelenk.

Ku·gel·kopf·ma·schi·ne die <-, -n> *eine Schreibmaschine mit einem kugelförmigen, drehbaren Teil, das die Typen trägt*

Ku·gel·la·ger das <-s, -> TECHN. *ein Bauteil zur Führung umlaufender Teile, in dem kleine Kugeln die Reibung vermindern*

ku·geln <kugelst, kugelte, hat/ist gekugelt> **I.** *mit OBJ* ■ *jmd. kugelt etwas (haben) rollen lassen* Sie kugelte einen Ball über den Boden. **II.** *ohne OBJ* ■ *etwas kugelt (sein) wie eine Kugel rollen* Das Fass kugelte über den Boden. **III.** *mit SICH* ■ *jmd. kugelt sich (irgendwo) (haben) sich wie eine Kugel fortbewegen* Die Kinder kugelten sich im Schnee.

ku·gel·rund <nicht steig.> *Adj.* (*umg.*) **1.** *rund wie eine Kugel* Er hat einen kugelrunden Kürbis geerntet. **2.** (*scherzh.*) *ziemlich dick* Das Baby ist kugelrund.

Ku·gel·schrei·ber der <-s, -> *ein Schreibgerät, bei dem eine Mine eine Art Tinte gleichmäßig austreten lässt*

Ku·gel·schrei·ber·mi·ne die <-, -n> *die Mine im Kugelschreiber*

Ku·gel·seg·ment das <-(e)s, -e> MATH. *Segment, das zu beiden Seiten einer Ebene liegt, die eine Kugel durchschneidet*

Ku·gel·sek·tor der <-s, -en> MATH. *Kreiskegel, dessen Spitze im Mittelpunkt der Kugel liegt*

ku·gel·si·cher <nicht steig.> *Adj. so, dass es vor Kugeln² schützt* Die Polizisten tragen kugelsichere Westen., Der Politiker fährt in einer kugelsicheren Limousine.

Ku·gel·sto·ßen das <-s> (*kein Plur.*) SPORT *eine Disziplin, bei der man eine schwere Eisenkugel möglichst weit stoßen muss*

kug·lig/ku·ge·lig <nicht steig.> *Adj. wie eine Kugel geformt* eine kugelige Vase, ein kugelig geschnittener Strauch

Kuh die <-, Kühe> **1.** *ein weibliches Rind* Kühe auf die Weide treiben, Kühe melken ◆ -euter, -mist, Milch- **2.** *das weibliche Tier bestimmter großer Säugetiere* Die Elefantenherde wird von einer mächtigen Kuh angeführt. ◆ Elefanten- **3.** (*umg.*

abwert.) *Schimpfwort für eine Frau, über die man sich geärgert hat* Das war vielleicht eine blöde Kuh! ■ **eine heilige Kuh** (*umg.*): *etwas Unantastbares, das nicht kritisiert oder verändert werden darf*

Kuh·au·gen die <-> (*kein Sing.*) *große, runde Augen, die den Augen einer Kuh ähnlich sind*

Kuh·dorf das <-(e)s, Kuhdörfer> (*umg. abwert.*) *kleines, rückständiges Dorf*

Kuh·han·del der <-s> (*kein Plur.*) (*umg. abwert.*) *primitives* (*Tausch-*)*Geschäft, gegenseitiges Aushandeln von Vorteilen*

Kuh·haut die <-, Kuhhäute> *Fell, Haut der Kuh* ■ **Das geht auf keine Kuhhaut!** (*umg.*): *Das ist unerhört!* Was ich dort erlebt habe, geht auf keine Kuhhaut.

kühl *Adj.* **1.** (*in gemäßigter Weise*) *kalt* Am Tag wurde es bereits wieder sehr warm, aber die Nächte waren immer noch kühl., Das Bier/Der Wein könnte etwas kühler sein. **2.** (≈ *distanziert*) *sehr zurückhaltend, unpersönlich* Der Empfang war kühl und keineswegs so herzlich, wie ich mir das vorgestellt hatt. **3.** (≈ *nüchtern*) *vom Verstand geleitet, ohne Emotionen* Sie hat die Lage kühl und sachlich analysiert.

Kühl·ag·gre·gat das <-s, -e> ELEKTROTECHN. *elektrisches Aggregat zur Erzeugung von Kälte*

Kühl·an·la·ge die <-, -n> *größere Anlage, um Lebensmittel kühl[1] zu lagern*

Kühl·box die <-, -en> *ein isolierter Plastikbehälter mit Deckel zum Transport von Speisen und Getränken, die kühl[1] bleiben sollen*

Kuh·le die <-, -n> (≈ *Mulde*) *eine flache Vertiefung* Die alte Matratze hat in der Mitte eine Kuhle.

Küh·le die <-> (*kein Plur.*) **1.** (↔ *Wärme*) *das Kühlsein* Nach dem heißen Sommertag genoss er die Kühle des Abends. **2.** (↔ *Herzlichkeit, Wärme*) *kühle[2] Art, unpersönliches Benehmen* Mich überraschte die Kühle des Empfanges. **3.** *Nüchternheit, Sachlichkeit* Ihre Entwürfe zeugen von großer Strenge und Kühle.

küh·len <kühlst, kühlte, hat gekühlt> *mit OBJ* **1.** ■ *jmd. kühlt etwas* (↔ *wärmen*) *gezielt dafür sorgen, dass etwas kühl[1] wird* Wir haben die Getränke gekühlt. **2.** ■ *etwas kühlt etwas* (↔ *wärmen*) *kühl[1] machen* Das Duschgel kühlt in angenehmer Weise die Haut., Der Eisbeutel kühlt mir die Stirn.

küh·lend <nicht steig.> *Adj.* (↔ *wärmend*) *so, dass etwas kühlt* eine kühlende Creme/Kompresse

Küh·ler der <-s, -> **1.** KFZ *die Vorrichtung, die eine zu starke Erhitzung des Motors verhindert* **2.** *zum Kühlen von Flaschen benutzter Behälter, in den man Eiswürfel füllt* ◆ Sekt-, Wein-

Küh·ler·grill der <-s, -s> KFZ *eine Art Gitter an der Vorderseite eines Autos*

Küh·ler·hau·be die <-, -n> KFZ *Schutzhaube über dem Kühler*

Kühl·flüs·sig·keit die <-, -en> (≈ *Kühlmittel*)

Kühl·gut das <-s> (*kein Plur.*) *die Lebensmittel, die in einer Kühltruhe gekühlt werden*

Kühl·haus das <-es, Kühlhäuser> *Lagerhaus mit gekühlten Räumen zur Lagerung von Lebensmitteln*

Kühl·mit·tel das <-s, -> *ein Gas oder eine Flüssigkeit, das oder die Wärme abtransportiert, so dass etwas kühl gehalten werden kann* ◆-kreislauf, -pumpe, -temperatur

Kühl·mö·bel das <-s, -> *Kühlgeräte wie Kühlschrank, Kühltheke, Gefrierschrank zum Kühlen von Lebensmitteln*

Kühl·raum der <-(e)s, Kühlräume> *gekühlter Lagerraum zur Aufbewahrung von Lebensmitteln*

Kühl·schlan·ge die <-, -n> *gewundenes Rohr in einer Gefrieranlage*

Kühl·schrank der <-(e)s, Kühlschränke> (≈ *Eisschrank*) *das Haushaltsgerät, in dem Lebensmittel kühl gehalten werden* Stell bitte die Milch und die Margarine in den Kühlschrank.

Kühl·ta·sche die <-, -n> *gegen Wärme isolierte Tasche zum Transport von Speisen und Getränken, die kühl[1] bleiben sollen*

Kühl·the·ke die <-, -n> *die Theke in einem Supermarkt, in der gekühlte Lebensmittel wie Milchprodukte, Fleisch, Fisch und anderes liegen*

Kühl·tru·he die <-, -n> *ein Behälter in der Art einer Truhe, in den eine Kühlmaschine eingebaut ist, durch die Lebensmittel in eingefrorenem Zustand erhalten werden* Wir haben eine Menge Gemüse aus dem eigenen Garten in der Kühltruhe eingefroren.

Kühl·turm der <-(e)s, Kühltürme> TECHN. *eine Art Turm bei Kraftwerken, an dessen Innenwänden verdampftes Kühlwasser kondensiert*

Küh·lung die <-> (*kein Plur.*) **1.** (*kein Plur.*) *das Kühlen* **2.** *eine technische Anlage zum Kühlen* **3.** *kühlender Luftstrom* Der Westwind bringt Kühlung. ▶Abkühlung

Kühl·wa·gen der <-s, -> *mit einer Anlage zum Kühlen ausgestatteter Eisenbahnwaggon oder Lastwagen für den Transport von Lebensmitteln*

Kühl·was·ser das <-s> (*kein Plur.*) *zur Kühlung* (*von Motoren, Kraftwerksanlagen*) *verwendetes Wasser*

Kuh·milch die <-> (*kein Plur.*) *Milch von der Kuh*

kühn *Adj.* **1.** (≈ *mutig* ↔ *feige*) *so, dass man trotz einer Gefahr mutig und furchtlos ist* Nur dem kühnen Einsatz der Feuerwehrleute ist es zu verdanken, dass der Brand sich nicht auf die Nachbarhäuser ausbreitete., eine kühne Tat, ein kühner Taucher **2.** (≈ *eigenwillig*) *in seiner Art neu und über das Übliche hinausgehend* Der Wissenschaftler hatte eine kühne These aufgestellt., ein kühner Plan, ein kühnes Design, eine kühne Konstruktion **3.** (≈ *dreist, gewagt*) *so, dass man ziemlich viel Mut braucht, um etwas zu behaupten* Was wollen Sie mir mit dieser kühnen Behauptung unterstellen?

Kühn·heit die <-> (*kein Plur.*) *kühne Art einer Person oder einer Handlung*

Kuh·po·cken die <-> *Plur. die Pockenkrankheit des Rindes, die durch Viren ausgelöst wird, die man erfolgreich für die Pockenschutzimpfung des*

K

Menschen verwendet

Kuh·stall der <-(e)s, Kuhställe> *ein Stall für Rinder*

kuh·warm <nicht steig.> *Adj. so warm wie frisch gemolkene Milch von der Kuh*

Kü·ken, *a.* **Kü·cken** das <-s, -> **1.** *ein junges Huhn* **2.** *ein junger Vogel* ◆ Enten-, Gänse-

Ku-Klux-Klan der <-s> (*kein Plur.*) *ein Geheimbund in Nordamerika, der mit terroristischen Mitteln gegen die Gleichberechtigung von Schwarzen und Minderheiten kämpft*

Ku·ku·ruz, **Ku·ku·ruz** der <-(es)> (*kein Plur.*) (*österr.*) *Mais*

ku·lant *Adj. so, dass jmd. in geschäftlichen Dingen entgegenkommend und großzügig ist* Der Händler verhielt sich äußerst kulant, als er mir für die Zeit, in der mein Computer repariert wurde, kostenlos ein Ersatzgerät zur Verfügung stellte.

Ku·lanz die <-> (*kein Plur.*) *kulantes Verhalten eines Geschäftsmannes*

Ku·li[1] der <-s, -s> GESCH. **1.** *Tagelöhner in asiatischen Ländern* **2.** (*umg.*) *jmd., der ständig mit unangenehmen oder körperlichen Arbeiten beauftragt und auf diese Weise ausgenutzt wird* Du bist doch nur sein Kuli.

Ku·li[2] der <-s, -s> (*umg.*) *kurz für „Kugelschreiber“* ◆ Tinten-

ku·li·na·risch <nicht steig.> *Adj. die feine Kochkunst betreffend* Das Menü war ein kulinarischer Genuss., kulinarische Interessen haben, eine kulinarische Reise, Kulinarischer Höhepunkt des Menüs war die süßsauer zubereitete Ente.

Ku·lis·se die <-, -n> **1.** THEAT. *eine Bühnendekoration, die einen bestimmten Schauplatz darstellt und den Bühnenraum nach hinten abschließt* Kulissen aufbauen/entwerfen/schieben/umbauen, Der Schauspieler verschwindet hinter der Kulisse. **2.** (*übertr.*) *Hintergrund oder Rahmen von etwas* Das ausverkaufte Stadion bildet eine beeindruckende Kulisse für das Finalspiel. ■ **jemand schaut hinter die Kulissen**: *jmd. sieht etwas, das vor der Öffentlichkeit meist verborgen ist*

Ku·lis·sen·schie·ber der <-s, -> **1.** THEAT. *Bühnenarbeiter* **2.** (*übertr. abwert.*) *jmd., der Hilfsdienste leistet*

Ku·lis·sen·wech·sel der <-s, -> THEAT. *das Umbauen und Auswechseln von Kulissen*

Kul·ler·au·gen <-> *Plur. große, runde Augen* ■ **Kulleraugen machen** (*umg.*): *verblüfft oder unschuldig schauen*

kul·lern <kullerst, kullerte, ist gekullert> *ohne OBJ* ■ *jmd./etwas kullert (irgendwohin)* (*umg.*) *sich rollend bewegen* Die Kartoffeln kullerten über den Küchenboden., Eine Träne kullerte über ihre Wange., Das Kind kullert über den Boden.

Kul·mi·na·ti·on die <-, -en> **1.** *Gipfel oder Höhepunkt einer Entwicklung oder eines Ereignisses* **2.** ASTRON. *höchster oder tiefster Stand eines Gestirns*

Kul·mi·na·ti·ons·punkt der <-(e)s, -e> *Höhepunkt einer Entwicklung*

kul·mi·nie·ren <kulminiert, kulminierte, hat kulminiert> *ohne OBJ* ■ *etwas kulminiert in etwas Dat.* (*geh.*) *seinen Höhepunkt erreichen, gipfeln* Die Rede kulminierte in einem leidenschaftlichen Aufruf zur Solidarität.

Kult der <-(e)s, -e> **1.** REL. *die Verehrung einer Gottheit, die sich in festen Formen vollziehen* Zum Kult gehören eine anbetende Haltung, kultische und rituelle Handlungen und oft auch besondere Orte und Zeiten des Kults., Im christlichen Kult gibt es private und gemeinschaftliche Formen des Gebets., Sie beschäftigt sich mit heidnischen Kulten. ◆-bild, -gerät, -handlung-, -stätte, Ahnen-, Heiligen- **2.** (*übertrieben*) *verehrungsvolle, unkritische Haltung gegenüber einer Person oder Sache* Sie treibt einen Kult mit diesem Schauspieler., Der Kult des Schlankseins nimmt bei vielen Frauen gesundheitsschädigende Formen an. ◆ Personen-, Star-

Kult·buch das <-(e)s, Kultbücher> *ein Buch, das bei einer bestimmten Gruppe von Lesern gerade in Mode ist*

Kult·fi·gur die <-, -en> (≈ *Idol*) *jmd., der in einer bestimmten gesellschaftlichen Gruppe unkritisch verehrt und bewundert wird, weil er ein bestimmtes, gerade modernes Lebensgefühl verkörpert*

Kult·film der <-s, -e> *ein Film, der in einer bestimmten gesellschaftlichen Gruppe gerade in Mode ist und das herrschende Lebensgefühl ausdrückt, so dass sie sich damit identifizieren kann* Die „Rocky Horror Picture Show“ war für viele ein Kultfilm.

kul·tig *Adj.* (*umg.*) *so, dass eine bestimmte Kleidung oder Verhaltensweise gerade von einer bestimmten gesellschaftlichen Gruppe als modern angesehen wird und dazu dient, sich mit dieser Gruppe zu identifizieren*

kul·tisch <nicht steig.> *Adj.* REL. *einen Kult[1] betreffend, zu ihm gehörend* kultische Formen der Religion

Kul·ti·va·tor der <-s, -en> (LANDW.: ≈ *Grubber*) *ein Gerät, das man zur Lockerung des Bodens benutzt*

kul·ti·vie·ren <kultivierst, kultivierte, hat kultiviert> *mit OBJ* ■ *jmd. kultiviert etwas* **1.** (≈ *bebauen*) *urbar machen* Die ersten Siedler kultivierten das Land. **2.** *Pflanzen züchten und anbauen* Der Gärtner kultiviert alte Gemüsesorten. **3.** *sorgfältig pflegen und verfeinern* Er hat seinen Humor auf die ihm eigene Art kultiviert., Sie hat ihre Stimme durch Stimmbildung kultiviert.

kul·ti·viert *Adj.* **1.** *gepflegt, gebildet* Er verfügt über eine sehr kultivierte Ausdrucksweise., ein kultiviertes Gespräch, ein kultivierter Geschmack **2.** *vornehm* In diesem Lokal kann man sehr kultiviert speisen., ein kultiviertes Ambiente

Kult·stät·te die <-, -n> *ein Ort, an dem kultische Handlungen ausgeübt werden*

Kult·sta·tus der <-> (*kein Plur.*) *der Status, den jmd. oder etwas hat, der oder das gerade in übertriebener und unkritischer Weise von einer gesellschaftlichen Gruppe verehrt und als Vorbild gesehen wird* Diese Band/Dieses Buch hat Kultstatus.

Kul·tu̱r die <-, -en> **1.** *die Gesamtheit der geistigen, künstlerischen und wissenschaftlichen Leistungen, die ein Volk und/oder eine Epoche charakterisieren* Er hat ein Buch über die Zukunft der menschlichen Kultur geschrieben., Zivilisation ist der Stand, den eine Gesellschaft im Bereich der Technik, der rechtlichen und politischen Ordnung erreicht, aber Kultur umfasst darüber hinaus alle geistigen Orientierungen, die dem Menschen möglich sind., Sie hat sich viel mit der abendländischen Kultur/mit der Kultur der Mayas beschäftigt., frühe/versunkene Kulturen ◆ Hoch-, Industrie- **2.** (*kein Plur.*) *kultivierte Art, Bildung* Dieser Mensch hat doch keine Kultur!, Höflichkeit ist eine Frage der Kultur. ◆ Gesprächs-, Tisch-, Wohn- **3.** (*kein Plur.*) *das Kultivieren*[2] In diesem rauen Klima ist eine Kultur von Zitrusgewächsen nicht möglich. **4.** *alle auf einem bestimmten Gebiet gezüchteten, angebauten Jungpflanzen* Nach drei bis vier Wochen können die Kulturen vom Gewächshaus ins Freiland gepflanzt werden. **5.** BIOL. MED. *auf speziellen Nährböden gezüchtete Bakterien* Die Wissenschaftlerin hat bakteriologische Kulturen angelegt.

Kul·tu̱r·amt das <-(e)s, Kulturämter> *Kulturbehörde einer Stadtverwaltung, die sich um öffentliche kulturelle Einrichtungen und Veranstaltungen kümmert*

Kul·tu̱r·ar·beit die <-> (*kein Plur.*) *Arbeit zur Förderung und Belebung kultureller Aktivitäten in öffentlichen Räumen (zum Beispiel einem Stadtteil)* Kulturarbeit und Sozialarbeit sollten stärker kooperieren.

Kul·tu̱r·aus·tausch der <-es> (*kein Plur.*) *vertraglich geregelter, kultureller Austausch zwischen zwei Staaten* Kulturaustausch fördert die Verständigung zwischen den Völkern und bringt für beide Seiten wertvolle kulturelle Anregungen. ◆ -programm

Kul·tu̱r·ba·nau·se, **Kul·tu̱r·ba·nau·sin** der <-n, -n> (*umg. abwert. oft scherzh.*) *jmd., der kein Verständnis für Kultur besitzt*

Kul·tu̱r·be·hör·de die <-, -n> *Behörde, die kulturelle Einrichtungen verwaltet*

Kul·tu̱r·bei·la·ge die <-, -n> *die Beilage einer Zeitung mit Artikeln über kulturelle Veranstaltungen und Ereignisse*

Kul·tu̱r·be·trieb der <-(e)s> (*kein Plur.*) (*umg. abwert.*) *das kulturelle Leben, soweit es durch geschäftliche Interessen der Kulturindustrie geprägt ist*

Kul·tu̱r·beu·tel der <-s, -> *kleine Tasche zur Aufbewahrung von Toilettenartikeln während einer Reise*

Kul·tu̱r·bo·den der <-s, Kulturböden> **1.** LANDW. *Boden, der gut bearbeitet ist* **2.** *die geistige Grundlage, auf der sich kulturelles Handeln entwickeln kann*

Kul·tu̱r·bund der <-(e)s> (*kein Plur.*) GESCH. *eine kulturpolitische Organisation in der ehemaligen DDR*

Kul·tu̱r·denk·mal das <-s, Kulturdenkmäler> *ein Bauwerk, das man als Zeugnis einer Kultur*[1] *versteht und erhalten möchte*

Kul·tu̱r·de·zer·nent der <-en, -en> *Leiter einer Kulturbehörde*

Kul·tu̱r·ein·rich·tung die <-, -en> *eine öffentliche Einrichtung, die kulturellen Zwecken dient*

kul·tu·re̱ll <nicht steig.> *Adj. die Kultur*[1] *betreffend, zu ihr gehörig, auf ihr beruhend*

Kul·tu̱r·e·po·che die <-, -n> *Epoche einer bestimmten Kultur*[1]

Kul·tu̱r·er·be das <-s> (*kein Plur.*) *überliefertes Kulturgut eines Volkes* ◆ Welt-

Kul·tu̱r·e·tat der <-s, -s> *die finanziellen Mittel, die ein öffentlicher Haushalt für kulturelle Zwecke ausgibt*

kul·tu̱r·feind·lich *Adj. so, dass jmd. kulturelle Entwicklungen nicht fördert oder ablehnt*

Kul·tu̱r·film der <-s, -e> (*veralt.*) (*Dokumentar-*)*Film über ein allgemein bildendes Thema*

Kul·tu̱r·flä·che die <-, -n> *die Fläche an Ackerboden, die landwirtschaftlich genutzt werden kann*

Kul·tu̱r·för·de·rung die <-, -en> *Förderung kultureller Aktivitäten mit öffentlichen Mitteln*

Kul·tu̱r·ge·schich·te die <-> (*kein Plur.*) **1.** *Entwicklung der Kultur*[1] **2.** (*kein Plur.*) *die Wissenschaft von der Kulturgeschichte*[1] **3.** (*Lehr-*)*Buch über die Kulturgeschichte*[1]

Kul·tu̱r·gut das <-(e)s, Kulturgüter> *etwas, das als kultureller Wert gilt und bewahrt werden soll*

Kul·tu̱r·haus das <-es, Kulturhäuser> *ein Gebäude, in dem regelmäßig (verschiedene) kulturelle Veranstaltungen stattfinden*

Kul·tu̱r·in·dus·trie die <-> (*kein Plur.*) *ein Bereich der Industrie, der kulturelle Leistungen als Waren vermarktet* Konzertagenturen und Hersteller von Tonträgern sind Teil der Kulturindustrie.

Kul·tu̱r·in·sti·tut das <-s, -e> *ein öffentliches Institut, das kulturellen Austausch und Kulturförderung betreiben soll* Das Goethe-Institut ist ein Kulturinstitut.

Kul·tu̱r·kampf der <-(e)s> (*kein Plur.*) GESCH. *der Kampf zwischen Staat und Kirche um den Einfluss in kulturpolitischen Fragen (in Preußen unter Bismarck)*

Kul·tu̱r·kreis der <-es, -e> *Gebiet mit den gleichen, charakteristischen kulturellen Formen*

Kul·tu̱r·kri·tik die <-> (*kein Plur.*) *kulturphilosophisch begründete Kritik an den Folgen der zeitgenössischen Kulturentwicklung*

kul·tu̱r·kri·tisch <nicht steig.> *Adj. auf Kulturkritik bezogen, zu ihr gehörig*

Kul·tu̱r·land·schaft die <-, -en> (↔ *Naturlandschaft*) *vom Menschen umgestaltete Landschaft*

Kul·tu̱r·lo·sig·keit die <-> (*kein Plur.*) *Mangel an kultureller Bildung*

Kul·tu̱r·ma·ga·zin das <-s, -e> **1.** *eine Zeitschrift, die über kulturelle Themen berichtet* **2.** *eine Radio- oder Fernsehsendung, die über kulturelle Themen berichtet*

Kul·tu̱r·mi·nis·ter der <-s, -> *Minister für kulturelle Angelegenheiten*

Kul·tu̱r·mi·nis·te·ri·um das <-, Kulturministerien> *Ministerium für kulturelle Angelegenheiten*

Kul·tur·na·ti·on die <-, -en> *eine Nation, die ihre Identität auf ihre kulturelle Einheit gründet*

Kul·tur·pes·si·mis·mus der <-> (*kein Plur.*) *die Meinung, dass der zivilisatorische Fortschritt die Kultur dauerhaft zerstört*

Kul·tur·pflan·ze die <-, -n> *speziell gezüchtete Nutz- oder Zierpflanze*

Kul·tur·po·li·tik die <-> (*kein Plur.*) *Gesamtheit der Maßnahmen zur Förderung und Erhaltung der Kultur*

Kul·tur·pro·gramm das <-s, -e> *Programm künstlerischer und kultureller Darbietungen* Die Stadt verfügt über ein reichhaltiges Kulturprogramm.

Kul·tur·re·fe·rat das <-s, -e> *Abteilung für kulturelle Angelegenheiten in einer Behörde oder einer Institution* das Kulturreferat der Universität

Kul·tur·re·fe·rent, **Kul·tur·re·fe·ren·tin** der <-en, -en> *Mitarbeiter in einem Kulturreferat*

Kul·tur·re·vo·lu·ti·on die <-> (*kein Plur.*) GESCH. *Grundidee der kommunistischen Kulturpolitik, nach der ein sozialistischer „neuer Mensch" geschaffen werden sollte* Als die Kulturrevolution in China durchgesetzt wurde, wurden sehr viele Vertreter traditioneller kultureller Werte getötet.

Kul·tur·schaf·fen·de der/die <-n, -n> *jmd., der als Künstler oder Intellektueller auf kulturellem Gebiet tätig ist*

Kul·tur·se·na·tor der <-s, -en> *ministerieller Leiter der Sektion „Kultur" in einem Senat in Berlin, Bremen oder Hamburg*

Kul·tur·som·mer der <-s, -> (*besonderes*) *kulturelles Veranstaltungsprogramm* (*einer Stadt*) *während der Sommermonate*

Kul·tur·so·zi·o·lo·gie die <-> (*kein Plur.*) *Teilgebiet der Soziologie, das gesellschaftliche Bedingungen von Kultur betrachtet*

Kul·tur·spra·che die <-, -n> *Sprache eines Kulturvolkes*

Kul·tur·step·pe die <-, -n> *eine Landschaft, die durch menschliche Eingriffe als natürlicher Lebensraum für Tiere zerstört wurde*

Kul·tur·stif·tung die <-, -en> *Stiftung für die Erfüllung einer bestimmten öffentlichen kulturellen Aufgabe*

Kul·tur·strick der <-s, -e> (*scherzh.*) *Krawatte*

Kul·tur·stu·fe die <-, -n> *Stufe der erreichten kulturellen Entwicklung*

Kul·tur·sze·ne die <-, -n> *bestimmter gesellschaftlicher Bereich, in dem kulturelle Aktivitäten stattfinden*

Kul·tur·ta·sche die <-, -n> (≈ *Kulturbeutel*)

Kul·tur·trä·ger, **Kul·tur·trä·ge·rin** der <-s, -> *eine Person oder Institution, die den erreichten Stand ihrer gegenwärtigen Kultur verlässlich repräsentiert*

Kul·tur·ver·ein der <-s, -e> *Verein, der bestimmte kulturelle Aufgaben hat*

Kul·tur·ver·fall der <-s> (*kein Plur.*) *der Vorgang, dass viele kulturelle Werte immer weniger gelten oder geschätzt werden*

Kul·tur·ver·wal·tung die <-, -en> *Verwaltung von kulturellen Einrichtungen durch eine Behörde*

Kul·tur·volk das <-(e)s, Kulturvölker> *Volk auf einer hohen Kulturstufe*

Kul·tur·wis·sen·schaft die <-, -en> (*veralt.* ≈ *Volkskunde*) *Wissenschaft von den Kulturen der Völker* empirische Kulturwissenschaft

Kul·tur·zen·trum das <-s, Kulturzentren> **1.** *Mittelpunkt des kulturellen Lebens* Diese Stadt entwickelt sich mehr und mehr zum Kulturzentrum der gesamten Region. **2.** *ein Gebäude*(*komplex*), *in dem kulturelle Veranstaltungen stattfinden*

Kul·tus·mi·nis·ter, **Kul·tus·mi·nis·te·rin** der <-s, -> *der Minister für die Angelegenheiten der Kultur und des Bildungswesens* (*in einem Bundesland*)

Kul·tus·mi·nis·te·rium das <-s, Kultusministerien> *Behörde, die ein Kultusminister leitet*

Kul·tus·mi·nis·ter·kon·fe·renz die <-> (*kein Plur.*) *eine Art Gremium zur Behandlung kultur- und bildungspolitischer Fragen von überregionaler Bedeutung, dem die Kultusminister der Bundesländer angehören*

Ku·ma·rin das <-, -e> *ein Duftstoff, der zum Aromatisieren von Tabak verwendet wird*

Ku·ma·ron das <-, -e> *ein aromatisches Öl, das aus Steinkohlenteer gewonnen wird*

Küm·mel der <-s, -> **1.** *eine Pflanze, die auf Acker und Wiese wächst* **2.** *Samen des Kümmels[1], die man als Gewürz verwendet*

Küm·mel·brannt·wein der <-s, -e> *mit Kümmel gewürzter Schnaps*

Küm·mel·kä·se der <-s> (*kein Plur.*) *mit Kümmel gewürzter Käse*

Kum·mer der <-s> (*kein Plur.*) **1.** *seelischer Schmerz, Sorge, sehr traurige Stimmung* Der schlechte Gesundheitszustand seiner Frau bereitet ihm viel Kummer., Den Kummer mit Alkohol hinunterzuspülen, ist keine Lösung., schweren Kummer tragen, mit seinem Kummer fertig werden **2.** *Problem, Schwierigkeit* Er ist Kummer mit seinem Sohn gewöhnt., jemandem Kummer machen/zufügen

Kum·mer·bund der <-s, Kummerbunde> *eine breite, gefaltete Schärpe aus Seide, die zum Frack getragen wird*

Kum·mer·kas·ten der <-s, Kummerkästen> (*umg. scherzh.*) *ein in manchen öffentlichen Einrichtungen aufgehängter Briefkasten, in den man Zettel einwerfen kann, auf denen man notiert hat, was dort verbessert werden sollte*

küm·mer·lich *Adj.* **1.** (≈ *schwächlich*) *im Wachstum zurückgeblieben* Auf dem Fensterbrett standen einige kümmerliche Topfpflanzen. **2.** (≈ *ärmlich*) *armselig* Sie lebten damals in kümmerlichen Verhältnissen. **3.** (*abwert.* ≈ *dürftig, kläglich*) *weit hinter den Erwartungen zurückbleibend* Mit dem kümmerlichen Notendurchschnitt dürfte es schwer werden, einen Ausbildungsplatz zu finden., Sein Englisch ist kümmerlich.

küm·mern <kümmerst, kümmerte, hat geküm-

mert> **I.** *mit OBJ* ■ *etwas kümmert jmdn.* (≈ *angehen*) *betreffen, interessieren* Was kümmern mich ihre Probleme? **II.** *mit SICH* **1.** ■ *jmd. kümmert sich um jmdn.* (≈ *betreuen*) *für eine Person, Sache sorgen* Sie kümmert sich um ihre kleine Schwester., Wer kümmert sich um das Haus, während ihr im Urlaub seid? **2.** ■ *jmd. kümmert sich um etwas* (≈ *sich interessieren*) *sich befassen* Um das Gerede anderer Leute kümmere ich mich nicht.

Küm·mer·nis die <-, -se> (*geh.*) *Sorge, Kummer* Sie spricht mit ihrer Freundin über ihre Kümmernisse.

Kum·mer·speck der <-(e)s> (*kein Plur.*) (*umg.*) *rundliche Körperformen, die jmd. bekommt, der aus Kummer zu viel isst*

kum·mer·voll *Adj. so, dass etwas großen Kummer ausdrückt* Sie machte ein kummervolles Gesicht.

Kum·pan der <-s, -e> (*umg.*) **1.** *Kamerad* Er macht mit seinen Kumpanen einen Radausflug. **2.** (*abwert.*) *Mittäter, Komplize* Der Hauptangeklagte und seine Kumpane betraten den Gerichtssaal. ◆ Sauf-, Zech-

Kum·pa·nei die <-> (*kein Plur.*) (*umg. oft abwert.*) *Freundschaft unter Kumpanen*

Kum·pel der <-s, -/-s> **1.** BERGB. *Bergmann* **2.** (*umg.*) *Freund* Ich habe zufällig einen alten Kumpel von mir in der Stadt getroffen.

kum·pel·haft *Adj. kameradschaftlich* ein kumpelhafter Ton, kumpelhafte Umgangsformen

Kum·quat die <-, -s> *sehr kleine Orange*

ku·mu·la·tiv <nicht steig.> *Adj. so, dass sich etwas anhäuft*

ku·mu·lie·ren *mit OBJ* ■ *jmd. kumuliert etwas* (*an*)*häufen* Bei dieser Wahl kann man mehrere Stimmen auf einen Kandidaten kumulieren.

Ku·mu·lus der <-, Kumuli> METEOR. *einzelne, haufen- oder ballenförmige Wolke* ◆ -wolke

Ku·mys/Ku·myss, Ku·mys der <-> (*kein Plur.*) *ein alkoholhaltiges Getränk aus gegorener Stutenmilch*

künd·bar <nicht steig.> *Adj. so, dass jmd. oder etwas* (*irgendwann*) *gekündigt werden kann* Das Zeitschriftenabonnement ist nach Ablauf eines Jahres jederzeit kündbar., Ein Beamter ist nicht kündbar.

Kun·de, Kun·din[1] der <-n, -n> *jmd., der* (*regelmäßig*) *in einem Geschäft oder bei einem Versand einkauft oder bestimmte Dienstleistungen in Anspruch nimmt* ein alter/anspruchsvoller/guter/ schwieriger/zahlungskräftiger Kunde, neue Kunden gewinnen/werben, Die umfassende Beratung und das Vorführen der Geräte ist bei uns ein selbstverständlicher Dienst am Kunden. ■ **Hier ist der Kunde König!** (*umg.*): *hier versucht man den Wünschen des Kunden bestmöglich entgegenzukommen, ihn freundlich und kompetent zu bedienen* ◆ Dauer-, Neu-, Stamm-

Kun·de[2] die <-> (*kein Plur.*) (*veralt.*) *Nachricht* Zu später Stunde erreichte ihn die Kunde von der Krönung des Kaisers.

Kun·de[3] die <-> (*kein Plur.*) (*veralt.*) *als Zweitglied in Zusammensetzungen verwendet; ≈ Wissensgebiet* ◆ Erd-, Heimat-, Natur-

Kun·den·be·ra·tung die <-, -en> *das Gespräch, bei dem der Verkäufer den Kunden berät* Die ausgezeichnete/faire/intensive/ kompetente/lustlose Kundenberatung fiel unseren Testkäufern gleich auf.

Kun·den·be·such der <-s, -e> *ein Hausbesuch, den ein Vertreter einer Firma bei einem Kunden macht, um ihn zu beraten*

Kun·den·dienst der <-(e)s> (*kein Plur.*) **1.** (≈ *Service*) *alle Leistungen und Dienste, die ein Betrieb oder ein Fachgeschäft seinen Kunden bietet* Ich bin vom Kundendienst dieser Firma schwer enttäuscht. **2.** *Stelle in einer Firma zur Betreuung von Maschinen oder technischen Geräten* Sie wollte das Auto eigentlich schon vergangene Woche zum Kundendienst bringen., Der hauseigene Kundendienst reagierte freundlich und kompetent/hatte den Fehler schnell gefunden/organisierte in nur einem Tag das benötigte Ersatzteil.

Kun·den·ge·spräch das <-(e)s, -e> (≈ *Kundenberatung*)

Kun·den·kar·te die <-, -n> *eine Art Ausweis, den ein Stammkunde bei einer Firma bekommt und mit dem er Waren günstiger einkaufen kann*

Kun·den·kar·tei die <-, -n> *Kartei mit den Daten der* (*Stamm-*)*Kunden eines Geschäftes*

Kun·den·kre·dit der <-s, -e> *ein Kredit, der einem Kunden von einer Firma oder einem Versand beim Kauf einer Ware gegeben wird*

Kun·den·kreis der <-es, -e> *alle Kunden eines Geschäftes oder einer Firma*

Kun·den·num·mer die <-, -n> *die Nummer, unter der ein Kunde bei einer Firma registriert ist* Vergessen Sie nicht, auf dem Bestellschein Ihre Kundennummer einzutragen.

Kun·den·stamm der <-(e)s> (*kein Plur.*) *alle* (*Stamm-*)*Kunden eines Geschäftes* Ein fester Kundenstamm ist für ein Geschäft von großem Vorteil.

Kun·den·stock der <-(e)s> (*kein Plur.*) (*österr.*) *Kundenstamm*

Kun·den·wer·bung die <-> (*kein Plur.*) (≈ *Akquisition*) *der Vorgang, dass ein Geschäft oder eine Firma mit Sonderpreisen, Werbeaktionen, Preisausschreiben und anderen Mitteln neue Kunden gewinnen und alte Kunden neu interessieren will*

kund·ge·ben <gibst kund, gab kund, hat kundgegeben> *mit OBJ* ■ *jmd. gibt etwas kund* (*geh.*) *bekannt geben* seine Meinung kundgeben

Kund·ge·bung die <-, -en> *eine öffentliche, politische Versammlung auf einer Straße oder einem Platz, bei der kurze Reden gehalten werden* Vor der Demonstration gibt es eine Kundgebung auf dem Marktplatz, bei der Vertreter von Bürgerinitiativen sprechen werden.

kun·dig <nicht steig.> *Adj. auf einem Gebiet durch praktische Erfahrung sachverständig* Er ist ein kundiger Bergführer. ■ **einer Sache kundig sein** (*geh.*): *sich bei etwas gut auskennen; etwas gut können* ◆ fach-, heil-, orts-, sach-

kün·di·gen **I.** *mit OBJ* ■ *jmd. kündigt etwas eine*

vertragliche Vereinbarung zu einem bestimmten Termin beenden Hast du das Zeitschriftenabonnement schon gekündigt?, Bevor wir umziehen, müssen wir die alte Wohnung rechtzeitig kündigen., einen Kredit kündigen, eine Mitgliedschaft kündigen **II.** *ohne OBJ* ▪ *jmd. kündigt* (*jmdm.*) **1.** *jmds. Arbeitsvertrag lösen, jmdn. entlassen* Da er Geld unterschlagen hatte, kündigte ihm der Chef fristlos. **2.** *sein Arbeitsverhältnis beenden* Sie ging zu ihrem Chef und kündigte. **3.** *jmds. Mietverhältnis für beendet erklären* Mein Vermieter hat mir vor zwei Wochen gekündigt. ▪ **jemandem die Freundschaft kündigen** (*umg.*): die Freundschaft zu jmdm. abbrechen

Kün·di·gung die <-, -en> **1.** *das Auflösen eines Vertrages, eines Mietverhältnisses oder eines Arbeitsverhältnisses* Sie besteht auf eine fristlose/ fristgerechte/ ordnungsgemäße Kündigung. **2.** *Schreiben mit einer Kündigung*[1] Ich werde ihm noch heute die Kündigung zuschicken. **3.** *Kündigungsfrist* Uns wurde eine monatliche/vierteljährliche Kündigung zugesichert.

Kün·di·gungs·frist die <-, -en> *die Frist, die verstreichen muss, bis eine Kündigung*[1] *wirksam wird* Wir haben eine dreimonatige Kündigungsfrist., Die Kündigungsfrist einer Mietwohnung verlängert sich normalerweise mit der Dauer des Mietverhältnisses.

Kün·di·gungs·schutz der <-es> (*kein Plur.*) *gesetzlich geregelter Schutz für Arbeitnehmer vor einer sozial nicht vertretbaren Kündigung durch den Arbeitgeber*

Kün·di·gungs·ter·min der <-s, -e> *der vertraglich festgelegte Termin, bis zu dem eine Kündigung ausgesprochen werden kann*

Kund·mach·ung die <-, -en> (*österr.*) (*amtliche*) *Bekanntmachung*

Kund·schaft[1] die <-, -en> **1.** (*kein Plur.*) (≈ *Kundenkreis*) *alle Kunden eines Geschäftes* Eine Befragung unserer Kundschaft hat ergeben, dass sie mit Angebot und Serviceleistungen unseres Unternehmens sehr zufrieden sind. **2.** (*landsch.*) *Käufer, Kunde*[1] Ich muss aufhören zu telefonieren, im Laden ist Kundschaft.

Kund·schaft[2] die <-> (*kein Plur.*) (*veralt.*) *Erkundung* Sie sind auf Kundschaft gegangen.

kund·schaf·ten <kundschaftest, kundschaftete, hat gekundschaftet> *ohne OBJ* ▪ *jmd. kundschaftet auf Erkundung gehen* ◆ aus-

Kund·schaf·ter, **Kund·schaf·te·rin** der <-s, -> *jmd., der etwas erkundet* einen Kundschafter aussenden

künf·tig <nicht steig.> **I.** *Adj.* (≈ *kommend*) *in der Zukunft eintretend* Über die künftige Entwicklung lässt sich nur spekulieren., künftige Zeiten, seine künftige Ehefrau **II.** *Adv. in Zukunft* Das wollen wir künftig besser planen.

kun·geln <kungelst, kungelte, hat gekungelt> *ohne OBJ* ▪ *jmd. kungelt* (*mit jmdm.*) *um etwas Akk.* (*umg. abwert.*) *heimlich besprechen und entscheiden* Die Parteien kungeln nach der Wahl um die Verteilung der Ämter.

Kung-Fu das <-> (*kein Plur.*) *eine von chinesischen Mönchen entwickelte Form der Kampfkunst, die hohe Konzentration und große Körperbeherrschung erfordert*

Kunst die <-, Künste> **1.** *das schöpferische Gestalten und Schaffen von Werken* (*wie Malerei, Musik, Literatur*), *für das jmd. Begabung und ein bestimmtes Können braucht* Er setzt sich dafür ein, die Kunst stärker zu fördern., Ich interessiere mich für bildende/darstellende Kunst., Sie drückt in der Kunst ihre Ideen und Gefühle aus., ein Leben für die Kunst ◆-auffassung, -theorie **2.** (*kein Plur.*) *Werk(e) eines bestimmten Künstlers, einer Epoche* (*als Anschauungs- und Studienobjekte*) Ich habe mir ein Buch über die antike/europäische Kunst gekauft., Sie studiert Kunst., die antike/moderne Kunst, die abendländische/asiatische/ griechische/orientalische/römische Kunst, die Kunst der Antike/Gotik/Moderne/Renaissance, die Kunst eines Paul Klee/des Michelangelo **3.** *die besondere Fähigkeit und Geschicklichkeit, die man für etwas benötigt* Sie beherrscht die Kunst, etwas Bedeutendes mit wenigen Worten zu sagen., die Kunst des Gesprächs/der Höflichkeit/der Liebe/ des Schenkens/des Schweigens ◆ Rede-, Überredungs-, Verführungs- **4.** ▪ **die schwarze Kunst**: *Magie* **das ist keine Kunst** (*umg.*): *das ist leicht* **mit seiner Kunst am Ende sein** (*umg.*): *nicht mehr weiterwissen* **Kunst sein** (*umg.*): *nicht natürlich oder echt, sondern künstlich sein* **eine brotlose Kunst** (*umg.*): *ein Gewerbe, mit dem man keinen großen Gewinn erzielen kann*

Kunst·a·ka·de·mie die <-, -n> *Hochschule für bildende Kunst*

Kunst·auk·ti·on die <-, -en> *öffentliche Versteigerung von Kunstobjekten*

Kunst·aus·stel·lung die <-, -en> *eine Ausstellung in einem Museum oder einer Galerie, in der Werke eines Künstlers, einer Künstlergruppe oder einer Kunstepoche gezeigt werden* Am Wochenende wird eine Kunstausstellung mit bedeutenden Werken zeitgenössischer Maler eröffnet.

Kunst·band der <-(e)s, Kunstbände> *ein Bildband mit Texten und Reproduktionen von Kunstwerken*

Kunst·be·sitz der <-es> (*kein Plur.*) *Besitz an Kunstgegenständen*

Kunst·be·trach·tung die <-, -en> *die Betrachtung und Bewertung von Kunstwerken*

Kunst·darm der <-(e)s, Kunstdärme> (↔ *Naturdarm*) *künstlich hergestellte Hülle von Wurst*

Kunst·denk·mal das <-(e)s, Kunstdenkmäler> *ein* (*altes*) *Bauwerk von künstlerischem Wert* Der Petersdom in Rom ist ein einzigartiges Kunstdenkmal.

Kunst·dieb·stahl der <-s, Kunstdiebstähle> *der Vorgang, dass jmd. Kunstgegenstände stiehlt*

Kunst·druck der <-(e)s, -e> *hochwertiger* (*Farb-*)*Druck, der ein Kunstwerk abbildet*

Kunst·druck·pa·pier das <-s, -e> *speziell hergestelltes, hochwertiges Papier, das man für Kunstdrucke verwendet*

Kunst·dün·ger der <-s, -> *chemisch hergestelltes, anorganisches Düngemittel*

Kunst·eis das <-es> (*kein Plur.*) *künstlich* (*mit einer Kältemaschine*) *hergestellte Eisfläche*

Kunst·eis·bahn die <-, -en> *Eisbahn aus Kunsteis, auf der man auch im Sommer Eis laufen kann*

Kunst·er·zie·hung die <-> (*kein Plur.*) *ein Schulfach, in dem Schüler Werke der bildenden Kunst verstehen lernen und selbst künstlerische Techniken verwenden lernen sollen*

Kunst·ex·per·te, **Kunst·ex·per·tin** der <-n, -n> *jmd., der sachkundig Gegenstände der bildenden Kunst beurteilen kann*

Kunst·fäl·schung die <-, -en> **1.** *das Fälschen von Kunstgegenständen* Er steht wegen Kunstfälschung vor Gericht. **2.** (↔ *Original*) *ein gefälschter Kunstgegenstand* Der Kunstexperte hat herausgefunden, dass dieses Bild eine Kunstfälschung ist.

Kunst·fa·ser die <-, -n> *chemisch hergestellte Faser*

Kunst·feh·ler der <-s, -> *ein Fehler, den ein Arzt während einer Operation oder einer anderen ärztlichen Handlung macht und damit dem Patienten Schaden zufügt*

kunst·fer·tig <nicht steig.> *Adj.* (*handwerklich*) *geschickt*

Kunst·fer·tig·keit die <-> (*kein Plur.*) *Geschicklichkeit* Ich bewunderte die Kunstfertigkeit, mit der sie die schwierigen Muster im Teppich knüpft.

Kunst·flie·ger, **Kunst·flie·ge·rin** der <-s, -> *ein Pilot, der Kunstflüge macht*

Kunst·flug der <-es, Kunstflüge> *ein Flug, bei dem der Pilot geschickte Aktionen* (*Figuren, Drehungen*) *mit dem Flugzeug vor Zuschauern vorführt*

Kunst·form die <-, -en> *eine Form, in der sich künstlerische Gestaltung zeigen kann* Die Kunstform der Oper erlaubt dramatische und lyrische Gestaltung.

Kunst·füh·rer der <-s, -> *ein Handbuch, in dem man auf Reisen etwas über Kunstgegenstände an bestimmten Orten nachlesen kann*

Kunst·ge·gen·stand der <-(e)s, Kunstgegenstände> *ein Gebrauchsgegenstand, der künstlerisch gestaltet ist* Im Schaufenster des Antiquitätengeschäftes stehen einige erlesene Kunstgegenstände.

kunst·ge·recht <nicht steig.> *Adj. fachmännisch* Sie hat die Gräten des Fisches kunstgerecht entfernt.

Kunst·ge·schich·te die <-, -n> **1.** (*kein Plur.*) *die geschichtliche Entwicklung der bildenden Kunst und ihre Einteilung in Epochen* **2.** *die Wissenschaft von der Kunstgeschichte*[1] **3.** (*Lehr-*)*Buch über die Kunstgeschichte*[1] in der Bibliothek eine Kunstgeschichte suchen

kunst·ge·schicht·lich <nicht steig.> *Adj. zur Kunstgeschichte gehörend*

Kunst·ge·wer·be das <-s> (*kein Plur.*) *Zweig der bildenden Kunst, in dem künstlerisch gestaltete Gebrauchsgegenstände und Schmucksachen entworfen und hergestellt werden* ▸Kunstgewerbler, kunstgewerblich

Kunst·griff der <-(e)s, -e> (≈ *Trick*) *ein Handgriff, den nicht jeder beherrscht* Um das alte Auto anzulassen, bedarf es eines Kunstgriffes.

Kunst·haar das <-s> (*kein Plur.*) (↔ *Naturhaar*) *künstliches Haar, das man zum Beispiel bei einer Perücke verwendet*

Kunst·hal·le die <-, -n> *ein öffentliches Museum, in dem Werke der bildenden Kunst ausgestellt werden.*

Kunst·han·del der <-s> (*kein Plur.*) *Verkauf und Ankauf von Kunstobjekten*

Kunst·händ·ler, **Kunst·händ·le·rin** der <-s, -> *jmd., der mit Werken der bildenden Kunst handelt*

Kunst·hand·lung die <-, -en> *Geschäft eines Kunsthändlers*

Kunst·hand·werk das <-(e)s> (*kein Plur.*) *Handwerk zur künstlerischen Gestaltung von Gebrauchsgegenständen und Schmuckstücken*

Kunst·hand·wer·ker, **Kunst·hand·wer·ke·rin** der <-s, -> *jmd., der Kunsthandwerk betreibt*

Kunst·harz das <-es, -e> *chemisch hergestelltes Harz*

Kunst·haus das <-es, Kunsthäuser> (≈ *Kunsthalle*)

Kunst·herz das <-ens, -en> MED. *Teil einer Herz-Lungen-Maschine, der* (*bei Operationen*) *vorübergehend die Funktionen des Herzens übernimmt*

Kunst·his·to·ri·ker, **Kunst·his·to·ri·ke·rin** der <-s, -> *Wissenschaftler auf dem Gebiet der Kunstgeschichte*[2]

kunst·his·to·risch <nicht steig.> *Adj. die Kunstgeschichte*[1, 2] *betreffend*

Kunst·hoch·schu·le die <-, -n> (≈ *Kunstakademie*)

Kunst·ho·nig der <-s, -e> (↔ *Bienenhonig*) *Honig, der aus Zucker und Aromen künstlich hergestellt worden ist*

Kunst·ka·len·der der <-s, -> *ein Wandkalender mit Reproduktionen von Werken der bildenden Kunst*

Kunst·ken·ner, **Kunst·ken·ne·rin** der <-s, -> *jmd., der viel von bildender Kunst versteht*

Kunst·kri·tik die <-, -en> *die kritische Beurteilung von zeitgenössischen Werken der bildenden Kunst*

Kunst·kri·ti·ker, **Kunst·kri·ti·ke·rin** der <-s, -> *jmd., der sich im Rahmen seiner publizistischen Tätigkeit kritisch mit Werken der* (*modernen*) *bildenden Kunst auseinander setzt*

Kunst·le·der das <-s> (*kein Plur.*) *chemisch hergestelltes Material, das im Aussehen und in den Eigenschaften dem natürlichen Leder ähnelt*

Kunst·le·der·ses·sel der <-s, -> *Sessel aus Kunstleder*

Künst·ler, **Künst·le·rin** der <-s, -> **1.** *jmd., der beruflich im Bereich der Kunst*[1] *tätig ist, Kunstwerke schafft oder darstellend interpretiert* Sie ist freischaffende Künstlerin., Als Künstler gelangte er erst nach seinem Tod zu Ruhm und Wertschätzung. ◆-beruf, -dasein-, -natur, -persönlichkeit, -viertel **2.** (*übertr.*) *Könner* Er ist ein Künstler seines Faches.

Kụ̈nst·ler·hand ■ **von Künstlerhand (geschaffen)**: *von einem Künstler geschaffen*

Kụ̈nst·ler·haus das <-es, Künstlerhäuser> *ein Haus, in dem Künstler Werkräume haben und Kunstwerke ausstellen und wo Veranstaltungen zu Themen der Kunst stattfinden*

kụ̈nst·le·risch <nichgt steig.> *Adj. die Kunst betreffend, einem Künstler gemäß* künstlerische Begabung/Reife, künstlerische Aussage/Freiheit/Leistung

Kụ̈nst·ler·ka·len·der der <-s, -> *Kalender mit Bildern oder Porträts bekannter Künstler*

Kụ̈nst·ler·knei·pe die <-, -n> (*umg.*) *Lokal, das gern von Künstlern besucht wird*

Kụ̈nst·ler·krei·s der <-es, -e> *eine kleine Gruppe von Künstlern* ■ **jemand verkehrt in Künstlerkreisen**: *jmd. ist selbst kein Künstler, trifft aber gern mit Künstlern zusammen*

Kụ̈nst·ler·na·me der <-ns, -n> (≈ *Pseudonym*) *Name, den ein Künstler annimmt*

Kụ̈nst·ler·pech das <-(e)s> (*kein Plur.*) (*umg. scherzh.*) *ein kleines Missgeschick, das jmdm. bei einer praktischen Tätigkeit widerfährt*

Kụ̈nst·ler·tum das <-s> (*kein Plur.*) *das Sein als Künstler*

kụ̈nst·lich *Adj.* **1.** (↔ *natürlich*) *nicht natürlich, sondern mit chemischen und technischen Mitteln hergestellt oder nachgemacht* ein künstliches Gebiss, künstliche Aromastoffe, künstliche Beleuchtung, künstliche Blumen **2.** *nicht auf natürlichem Wege, sondern mithilfe von Geräten oder Apparaten* Sie ließ sich künstlich befruchten., Er wurde bei der Operation künstlich beatmet., Bei anhaltender Trockenheit muss die Plantage künstlich bewässert werden. **3.** (≈ *gekünstelt*) *nicht wirklich vorhanden, sondern vorgetäuscht* Ihr Lachen klang künstlich., künstliche Freundlichkeit

Kụ̈nst·lich·keit die <-, -en> *das Künstlichsein*

Kụnst·lieb·ha·ber, **Kụnst·lieb·ha·be·rin** der <-s, -> *jmd., der selbst kein Künstler ist, aber sich sehr für Kunst interessiert und viele Kunstausstellungen besucht* Sie ist eine große Kunstliebhaberin und besucht Ausstellungen auf der ganzen Welt.

Kụnst·lied das <-(e)s, -er> (↔ *Volkslied*) *von einem Komponisten komponiertes Lied*

kụnst·los *Adj.* **1.** (↔ *kunstvoll*) *künstlerisch nicht ausgeformt* eine kunstlose Melodie **2.** *ohne Schmuck, schlicht* sie kleidet sich kunstlos ▶Kunstlosigkeit

Kụnst·ma·ler, **Kụnst·ma·le·rin** der <-s, -> *ein Maler, der beruflich Gemälde und Grafiken herstellt*

Kụnst·markt der <-(e)s, Kunstmärkte> **1.** *ein Markt, auf dem Erzeugnisse der bildenden Kunst und des Kunsthandwerks verkauft werden* **2.** (*kein Plur.*) *die Gesamtheit von Angebot und Nachfrage nach Kunstgegenständen*

Kụnst·mä·zen der <-s, -e> *ein Mäzen, der bildende Künstler unterstützt*

Kụnst·mu·se·um das <-s, Kunstmuseen> *ein Museum, das nur Werke der bildenden Kunst ausstellt und das häufig von Kunstmäzenen gestiftete Privatsammlungen enthält* Das Kunstmuseum in dieser Stadt zeigt hauptsächlich moderne Kunst.

Kụnst·ne·bel der <-s, -> *künstlich erzeugter Nebel* (*zum Beispiel auf einer Theaterbühne*)

Kụnst·ob·jekt das <-s, -e> (≈ *Kunstgegenstand*)

Kụnst·pau·se die <-, -n> *eine Pause, die ein Sprecher macht, um damit einen besonderen Effekt zu erzielen* Er machte eine Kunstpause, schaute in das Publikum und fuhr dann fort …

Kụnst·post·kar·te die <-, -n> *eine Reproduktion eines Werkes bildender Kunst auf einer Postkarte*

Kụnst·ra·sen der <-s> (*kein Plur.*) *ein künstlicher Rasen aus Kunststoff*

kụnst·reich *Adj.* (≈ *kunstvoll*)

Kụnst·rei·ter, **Kụnst·rei·te·rin** der <-s, -> *ein Reiter, der besondere akrobatische Kunststücke auf dem Pferd vorführt* Sie ist Kunstreiterin beim Zirkus.

Kụnst·rich·tung die <-, -en> *eine bestimmte Stilrichtung innerhalb der bildenden Kunst*

Kụnst·sach·ver·stän·di·ge der/die <-n, -n> *ein Kunstkenner, der Expertisen über die Echtheit von Kunstgegenständen anfertigt*

Kụnst·samm·ler, **Kụnst·samm·le·rin** der <-s, -> *ein Kunstliebhaber, der gern auf dem Kunstmarkt Werke der bildenden Kunst kauft und so eine Sammlung erwirbt*

Kụnst·samm·lung die <-, -en> *eine Sammlung von Werken der bildenden Kunst* Er hat im Laufe seines Lebens eine wertvolle Kunstsammlung aufgebaut.

Kụnst·schatz der <-es, Kunstschätze> *sehr wertvoller Kunstgegenstand* eine große, sehr wertvolle Sammlung von Kunstschätzen

Kụnst·schmied der <-(e)s, -e> *ein Handwerker, der feine, kunstvolle Schmiedearbeiten macht*

Kụnst·schwim·men das <-s> (*kein Plur.*) *eine Form des Schwimmens, bei der eine Gruppe von Schwimmern Figuren nach Musik vorführt*

Kụnst·schwim·mer, **Kụnst·schwim·me·rin** der <-s, -> *jmd., der Kunstschwimmen betreibt*

Kụnst·sei·de die <-> (*kein Plur.*) *der Naturseide ähnelndes, auf Zellulosebasis hergestelltes Gewebe*

kụnst·sei·den <nicht steig.> *Adj. aus Kunstseide*

Kụnst·sinn der <-(e)s> (*kein Plur.*) *die Fähigkeit, Kunst zu verstehen* ▶kunstsinnig

Kụnst·sprin·gen das <-s> (*kein Plur.*) *eine Form des Schwimmsports, bei der besonders kunstvolle Sprünge vom Sprungbrett vorgeführt werden*

Kụnst·sprin·ger, **Kụnst·sprin·ge·rin** der <-s, -> *jmd., der Kunstspringen betreibt*

Kụnst·stein der <-s, -e> (↔ *Naturstein*) *Stein, der aus vermahlenen Natursteinen und einem Bindemittel gemacht ist und einem Naturstein sehr ähnlich sein kann*

Kụnst·stoff der <-es> (*kein Plur.*) (≈ *Plastik* ↔ *Naturstoff*) *synthetisch hergestellte hochmolekulare Verbindung, die als Werkstoff relativ leicht, kos-*

tengünstig und vielseitig zu verarbeiten ist Viele Gebrauchsgegenstände sind aus Kunststoff: Plastiktüten, Plastikgeschirr, Kleidung und Schuhe aus Polyester.

kunst·stoff·be·schich·tet <nicht steig.> *Adj. mit einer Schicht aus Kunststoff überzogen* Die Tischplatte ist kunststoffbeschichtet.

Kunst·stoff·in·dus·trie die <-, -n> *der Zweig der Industrie, die Kunststoff herstellt*

Kunst·stoff·müll der <-s> (*kein Plur.*) *die Gesamtheit aller Abfälle aus Kunststoff* Der Kunststoffmüll privater Haushalte wird in gelben Säcken gesammelt und wieder verwertet.

Kunst·stück das <-(e)s, -e> *Vorführung einer körperlichen Leistung, zu der besonderes Geschick und Können gehört* Wir waren im Zirkus und bewunderten die Kunststücke der Artisten und dressierten Tiere., akrobatische Kunststücke ■ **Das ist kein Kunststück!**: *Das ist doch ganz einfach!*

Kunst·stu·dent, **Kunst·stu·den·tin** der <-en, -en> **1.** *Student an einer Kunstakademie, der ein bildender Künstler oder Kunsterzieher werden will* **2.** *Student an einer Universität, der Kunstgeschichte studiert und Kunsthistoriker werden will*

Kunst·sze·ne die <-> (*kein Plur.*) *der Lebensbereich, in dem sich Künstler und Kunstliebhaber bewegen und kommunizieren* Die Malerin ist in der Kunstszene durchaus bekannt.

Kunst·tur·nen das <-s> (*kein Plur.*) SPORT *Boden- und Geräteturnen im Rahmen von Wettkämpfen*

Kunst·tur·ner, **Kunst·tur·ne·rin** der <-s, -> *jmd., der Kunstturnen betreibt*

Kunst·ver·ein der <-s, -e> *Verein, der künstlerische Produktion und Kunstverständnis fördern will*

Kunst·ver·stand der <-(e)s> (*kein Plur.*) *durch Kenntnisse und Kunstsinn erworbene Fähigkeit, Kunst zu verstehen* Er ist ein Kenner und hat großen Kunstverstand.

Kunst·ver·ständ·nis das <-ses> (*kein Plur.*) *das Verstehen von Kunst*

kunst·voll *Adj.* **1.** *künstlerisch gestaltet* Hast du die kunstvollen Schnitzereien gesehen? **2.** *geschickt hergestellt* Sie machte einen kunstvollen Knoten in die Schnur.

Kunst·werk das <-(e)s, -e> **1.** *Erzeugnis künstlerischer Arbeit* Dieser Film/Dieses Gemälde ist als Kunstwerk unübertroffen/ist ein Kunstwerk von hohem Rang/ von bleibendem Wert. **2.** (*umg.*) *ein sehr kompliziertes, geschickt hergestelltes Gebilde* Die Torte ist ja ein wahres Kunstwerk!

Kunst·wert der <-(e)s, -e> **1.** *künstlerischer Wert eines Gegenstandes* Das ist eine Figur von großem Kunstwert! **2.** *wertvoller Kunstgegenstand* Er hat bei der Auktion viele Kunstwerte anzubieten.

kun·ter·bunt *Adj.* (*umg.*) **1.** *gemischt, nicht einheitlich* Wir haben ein kunterbuntes Programm für das Fest zusammengestellt. **2.** *wirr, ungeordnet* Anfangs herrscht in der neuen Wohnung ein kunterbuntes Durcheinander.

Kunz *s.* **Hinz**

Ku·pee das *s.* **Coupé**

Kup·fer das <-s> (*kein Plur.*) **1.** *ein rötliches Metall, das sehr gut elektrischen Strom leitet* Der Draht/Das Vordach ist aus Kupfer. **2.** *kurz für „Kupfergeld"* **3.** *kurz für „Kupferstich"*

Kup·fer·berg·werk das <-s, -e> *ein Bergwerk, in dem Kupfer abgebaut wird*

Kup·fer·blech das <-s, -e> *Kupfer[1], das ganz dünn zu einer Platte ausgerollt ist*

Kup·fer·draht der <-(e)s, Kupferdrähte> *Draht aus Kupfer*

Kup·fer·druck der <-s, -e> **1.** *Kupferstich[1]* **2.** *Kupferstich[2]*

Kup·fer·erz das <-es, -e> *ein Mineral, das Kupfer enthält*

kup·fer·far·ben <nicht steig.> *Adj. wie Kupfer gefärbt*

Kup·fer·geld das <-(e)s> (*kein Plur.*) *Kupfermünzen* Ein-, Zwei- und Fünf-Cent-Stücke sind Kupfergeld.

Kup·fer·ge·schirr das <-s> (*kein Plur.*) *Geschirr aus Kupfer*

kup·fer·hal·tig <nicht steig.> *Adj. so, dass etwas Kupfer enthält*

Kup·fer·kes·sel der <-s, -> *ein Kessel aus Kupfer*

Kup·fer·kies der <-es, -e> *ein Kupfererz, das sich goldgelb verfärben kann*

Kup·fer·mün·ze die <-, -en> *Münze aus Kupfer*

kup·fer·rot *Adj. rotbraun wie Kupfer* Sie hat kupferrote Haare.

Kup·fer·schmied der <-s, -e> *Handwerker, der Gegenstände aus Kupfer und anderen nicht eisenhaltigen Metallen herstellt*

Kup·fer·ste·cher, **Kup·fer·ste·che·rin** der <-s, -> *Künstler, der Kupferstiche anfertigt*

Kup·fer·stich der <-(e)s, -e> **1.** (*kein Plur.*) KUNST *ein Verfahren der grafischen Kunst, bei dem in eine Kupferplatte eine Zeichnung eingeritzt, die Platte dann eingefärbt und durch Abdruck auf Papier ein Bild hergestellt wird* **2.** *ein Bild, das durch das Verfahren des Kupferstichs hergestellt worden ist*

Kup·fer·sul·fat das <-s, -e> CHEM. *Verbindung aus Kupfer und Schwefelsäure*

Kup·fer·tief·druck der <-s, -e> *Tiefdruck von einer Kupferplatte*

Kup·fer·vi·tri·ol das <-s, -e> CHEM. *Kupfersulfat, das in blauen Mineralien vorkommt*

ku·pie·ren <kupierst, kupierte, hat kupiert> *mit OBJ* ■ *jmd. kupiert etwas* (≈ *stutzen*) *ein Tier an einem Körperteil beschneiden* Man hatte dem Rassehund die Ohren und den Schwanz kupiert., Diesem Vogel sind die Flügel kupiert worden.

Ku·pon der *s.* **Coupon**

Kup·pe die <-, -n> **1.** *runder (Berg-)Gipfel* **2.** *Fingerspitze* ◆ Finger-

Kup·pel die <-, -n> *ein wie eine Halbkugel gewölbtes Dach über einem Raum mit runder, recht- oder vieleckiger Grundfläche* Von weitem schon konnten wir die Kuppel des Petersdomes erkennen. ◆ -dach, -gewölbe

kup·pel·ar·tig <nicht steig.> *Adj. wie eine Kuppel gewölbt*

Kup·pel·bau der <-es, Kuppelbauten> *Gebäude mit einer Kuppel*

Kup·pe·lei die <-> (*kein Plur.*) (RECHTSW.: *veralt.*) *das strafbare Verhalten, bei dem jmd. außerehelichen sexuellen Verkehr anderer Leute fördert oder sogar daraus Gewinn zieht* ▶verkuppeln

Kup·pel·grab das <-(e)s, Kuppelgräber> *antike monumentale Grabanlage für Fürsten*

kup·peln <kuppelst, kuppelte, hat gekuppelt> **I.** *mit OBJ* ■ *jmd. kuppelt etwas an etwas Akk. zwei Fahrzeuge verbinden* Arbeiter kuppelten mehrere Schlafwagen an den Zug. **II.** *ohne OBJ* ■ *jmd. kuppelt* KFZ *die Kupplung betätigen*

Kupp·ler, **Kupp·le·rin** der <-s, -> (RECHTSW.: *veralt.*) *jmd., der Kuppelei betreibt* ▶kupplerisch

Kupp·lung die <-, -en> **1.** *lösbare Vorrichtung zur Verbindung von Fahrzeugen* **2.** TECHN. *bewegliche Vorrichtung zwischen Maschinen- und Geräteteilen zur Übertragung von Kräften* **3.** KFZ *die Vorrichtung, mit der man bei Kraftfahrzeugen die Verbindung zwischen Motor und Getriebe herstellen oder trennen kann* **4.** KFZ *Pedal zum Betätigen der Kupplung[3]*

Kupp·lungs·he·bel der <-s, -> KFZ *der Hebel, mit dem die Kupplung[3] betrieben wird*

Kupp·lungs·pe·dal das <-s, -e> KFZ *Kupplung[4]*

Kur die <-, -en> **1.** *von Ärzten betreute (Heil-)Behandlung über einen längeren Zeitraum* Die Kur mit Diät und Bewegungsübungen war sehr wirksam. ◆ Diät-, Fasten- **2.** *Aufenthalt in einem Kurort zu Heilzwecken* Sie war auf/zur Kur in Bad Säckingen., Nach dem Herzinfarkt bekam er eine sechswöchige Kur zur Rehabilitation verschrieben., eine Kur beantragen/einreichen/verschreiben

Kür die <-, -en> (SPORT: *in bestimmten Sportdisziplinen* ↔ *Pflicht*) *vom Sportler selbst zusammengestellte Übung* Der Turner hat eine sensationelle Kür gezeigt., Die Eiskunstläuferin ist eine erstklassige Kür gelaufen., Der Eisläufer ist beim der Kür gestürzt. ◆ Damen-, Herren-

Kur·an·la·ge die <-, -n> *Kurpark, Kurhaus und andere zentrale Einrichtungen in einem Kurort*

Ku·ra·re das <-(s)> (*kein Plur.*) *ein Pfeilgift der südamerikanischen Indianer*

Kur·arzt der <-es, Kurärzte> *ein Arzt, der in einem Kurort Patienten betreut, die in Kur[2] sind*

Ku·ra·tel die <-> (*kein Plur.*) (RECHTSW.: *veralt.*) *Vormundschaft* ■ **jemanden unter Kuratel stellen:** *jmdn. bevormunden*

Ku·ra·tor, **Ku·ra·to·rin** der <-s, -en> **1.** *Verwalter einer Stiftung* **2.** *Beamte(r) in der Universitätsverwaltung, der das Vermögen verwaltet*

Ku·ra·to·ri·um das <-s, Kuratorien> *Aufsichtsbehörde in einer öffentlichen Körperschaft oder einer Stiftung*

Kur·bad das <-(e)s, Kurbäder> *ein Badeort, in dem man eine Kur[2] machen kann*

Kur·bel die <-, -n> **1.** *ein Hebel zum Drehen, mit dem man die Position von etwas verändern kann* Die Fenster vieler Autos werden nicht mehr mit einer Kurbel, sondern elektrisch geöffnet und geschlossen., die Kurbel einer alten Kaffeemühle drehen **2.** *eines der beiden Bauteile eines Fahrrads, welche das Tretlager mit den Pedalen verbinden*

Kur·bel·ge·häu·se das <-s, -> TECHN. *Gehäuse der Kurbelwelle bei einem Verbrennungsmotor*

Kur·bel·ge·trie·be das <-s, -> *Getriebe, das durch eine Kurbel eine Hin-und-Her-Bewegung in eine Kreisbewegung übersetzt*

Kur·bel·la·ger das <-s, -> TECHN. *das Lager, in dem sich die Kurbelwelle dreht*

kur·beln <kurbelst, kurbelte, hat gekurbelt> **I.** *mit OBJ* ■ *jmd. kurbelt etwas (irgendwohin) etwas mit einer Kurbel bewegen* Wenn es euch auf dem Rücksitz zieht, kurbele ich das Fenster wieder hoch. **II.** *ohne OBJ* ■ *jmd. kurbelt eine Kurbel drehen* Sie kurbelte, bis ihr der Arm weh tat., Er musste sehr kurbeln, bis er in die Parklücke kam.

Kur·bel·wel·le die <-, -n> TECHN. *eine Welle, die in einem Motor die Auf- und Ab-Bewegungen in Drehbewegungen übersetzt*

Kür·bis der <-ses, -se> **1.** *eine Pflanze mit großen Blättern und sehr großen, meist gelben oder orangefarbenen kugelförmigen Früchten* **2.** *Frucht eines Kürbisses[1]*

Kür·bis·fla·sche die <-, -n> *Flasche aus einem ausgehöhlten, getrockneten Kürbis*

Kür·bis·kern der <-s, -e> *Same des Kürbisses*

Kur·de, **Kur·din** der <-n, -n> *Angehöriger eines iranischen Volkes in Vorderasien*

kur·disch <nicht steig.> *Adj. zu den Kurden gehörend*

Kur·di·sche das <-n> *die kurdische Sprache*

Kur·dis·tan <-> *das Bergland in Vorderasien, in dem die Kurden leben*

ku·ren <kurst, kurte, hat gekurt> *ohne OBJ* ■ *jmd. kurt (irgendwo) (umg.) (irgendwo) eine Kur machen*

Kü·ret·ta·ge die [...'taːʒə] <-, -n> MED. *eine Ausschabung der Gebärmutter, die nach einer Fehlgeburt gemacht werden muss*

Kur·fürst, **Kur·fürs·tin** der <-en, -en> GESCH. *einer der sieben Fürsten, die im Mittelalter berechtigt waren, den deutschen König zu wählen*

Kur·fürs·ten·tum das <-s, Kurfürstentümer> GESCH. *Gebiet, über das ein Kurfürst herrschte*

kur·fürst·lich <nicht steig.> *Adj.* GESCH. *den Kurfürsten betreffend*

Kur·gast der <-(e)s, Kurgäste> *jmd., der in einem Kurort eine Kur[2] macht*

Kur·haus das <-es, Kurhäuser> *das Gebäude in einem Kurort, in dem Kurgäste untergebracht (und behandelt) werden*

Kur·heim das <-(e)s, -e> *Heim für Kurgäste*

Kur·ho·tel das <-s, -s> *Hotel für Kurgäste*

Ku·rie die <-> (*kein Plur.*) REL. GESCH. *der Hof des Papstes, der alle päpstlichen Behörden umfasst*

Ku·rier der <-s, -e> (≈ *Eilbote*) *ein Bote, der eilige Botschaften und Sendungen zustellt* Die Nachricht wurde durch einen Kurier überbracht. ◆ -gepäck, -post, Eil-, Fahrrad-

Ku·rier·dienst der <-(e)s, -e> *eine Firma, deren Angestellte mit Fahrrädern oder Autos Waren-*

und Briefsendungen befördern

ku·rie·ren <kurierst, kurierte, hat kuriert> *mit OBJ* **1.** ■ *jmd. kuriert jmdn. (von etwas Dat.) jmdn. heilen* Der Arzt hat ihn von seiner Krankheit kuriert. **2.** ■ *jmd. kuriert etwas eine Krankheit oder Verletzung erfolgreich behandeln* Sie hat ihre Schwellung mit einem Eisbeutel kuriert. ■ **jemand ist (von etwas) kuriert** (*umg.*): *jmd. hat von etwas, an das er lange geglaubt hat, genug* ▶auskurieren

ku·ri·os *Adj.* (*geh.*) *seltsam, merkwürdig, sonderbar* Hat er dir von dem kuriosen Vorfall erzählt?, Das ist ja eine kuriose Geschichte!

ku·ri·o·ser·wei·se *Adv. merkwürdigerweise*

Ku·ri·o·si·tät die <-, -en> **1.** *merkwürdige Begebenheit* Er erzählt gern von Kuriositäten, die er in der Zeitung gefunden hat. **2.** *kurioser Gegenstand* In seiner Sammlung befinden sich auch einige Kuriositäten. ◆-ensammler

Ku·ri·o·sum das <-s, Kuriosa> (*geh.*) *kuriose Sache* Es gilt als Kuriosum, dass ...

Kur·ka·pel·le die <-, -n> *Musikkapelle, die in einem Kurort regelmäßig Konzerte für Kurgäste spielt*

Kur·kar·te die <-, -n> *eine Karte, die man bei Beginn einer Kur*[2] *erwirbt und die zum Eintritt zu bestimmten Veranstaltungen und Einrichtungen berechtigt*

Kur·kli·nik die <-, -en> *eine Klinik, in der verschiedene Heilverfahren angewendet werden, die zu einer Kur*[2] *gehören*

Kur·ku·ma das <-, Kurkumen> (≈ *Gelbwurz*) **1.** *Gewürzpflanze* **2.** *das aus der Wurzel von Kurkuma*[1] *gewonnene Gewürz, das auch für Curry benutzt wird*

Kur·laub der <-s, -e> (*zusammengesetzt aus „Kur" und „Urlaub"*) *ein Ferienaufenthalt, der mit einer Kur*[2] *verbunden ist*

Kur·ort der <-(e)s, -e> *ein Ort, der über eine Heilquelle oder über günstiges Klima verfügt und deshalb für bestimmte Kuren geeignet ist* Ein Kurort hat immer die Bezeichnung „Bad" vor seinem Namen.

Kur·pack·ung die <-, -en> **1.** *eine größere Packung eines Medikaments, das man zur Kur*[1] *über längere Zeit einnehmen soll* **2.** *eine Emulsion zur Pflege der Haare*

Kur·pfalz die <-> *Landschaft in Rheinhessen*

Kur·pfu·scher, **Kur·pfu·sche·rin** der <-s, -> **1.** RECHTSW. *jmd., der ohne medizinische Ausbildung Kranke behandelt* **2.** (*umg. abwert.*) *schlechter Arzt*

Kur·pfu·sche·rei die <-> (*kein Plur.*) (*umg. abwert.*) *Behandlung Kranker ohne medizinische Ausbildung*

Kur·pro·me·na·de die <-, -n> *Promenade in einem Kurort*

Kurs der <-es, -e> **1.** (SEEW. LUFTF.: ≈ *Route*) *die Richtung, in die sich ein Schiff oder Flugzeug bewegt* Das Schiff hält den Kurs/ist vom Kurs abgekommen., einen geraden/neuen Kurs einschlagen, Kurs beibehalten/ändern **2.** SPORT *Rennstrecke* Für den Slalomlauf wurde ein schwieriger Kurs gesteckt. **3.** WIRTSCH. *Börsenpreis von Aktien oder Devisen* Der Kurs dieser Aktie zog an/steht hoch., Die Kurse fallen/steigen. ◆Aktien-, Devisen-, Dollar-, Wechsel- **4.** *Lehrgang in einer Gruppe* Sie hat mehrere Kurse für Fremdsprachen besucht. ◆Abend-, Sprach-, Tanz-, Wochenend- **5.** *alle Teilnehmer eines Kurses*[4] Der gesamte Kurs hat die Prüfung bestanden. ■ **etwas steht hoch im Kurs**: *etwas wird sehr geschätzt, ist beliebt*

Kur·saal der <-s, Kursäle> *Saal für kulturelle Veranstaltungen in einem Kurort*

Kurs·ab·wei·chung die <-, -en> *durch äußere Faktoren bedingte Änderung des Kurses*[1]

Kurs·än·de·rung die <-, -en> *vorsätzliche Änderung des Kurses*[1] Wegen des Unwetters entschloss sich der Kapitän des Schiffes zu einer Kursänderung.

Kurs·an·glei·chung die <-, -en> WIRTSCH. *Angleichung der Wechselkurse*

Kurs·be·richt der <-s, -e> *Bericht über den Stand der Kurse*[3]

Kurs·buch das <-(e)s, Kursbücher> *Fahrplanverzeichnis der Eisenbahn*

Kur·schat·ten der <-s, -> (*umg. scherz.*) *Person des anderen Geschlechts, mit der ein Mann oder eine Frau während einer Kur öfter ausgeht*

Kürsch·ner, **Kürsch·ne·rin** der <-s, -> *jmd., der beruflich Leder und Pelze verarbeitet*

Kürsch·ne·rei die <-, -en> **1.** (*kein Plur.*) *Handwerk des Kürschners* **2.** *Betrieb eines Kürschners*

Kurs·ein·bruch der <-(e)s, Kurseinbrüche> WIRTSCH. *plötzliches starkes Sinken der Kurse*[3] *von Wertpapieren*

Kurs·fi·xie·rung die <-, -en> *Festsetzen des Kurses*[3]

Kurs·ge·winn der <-(e)s, -e> (↔ *Kursverlust*) *Unterschied zwischen einem niedrigen Ankaufswert und einem höheren Verkaufswert von Aktien und Devisen*

kur·sie·ren <kursiert, kursierte, hat kursiert> *ohne OBJ* ■ *etwas kursiert* (≈ *zirkulieren*) *in Umlauf sein* Man geht davon aus, das noch mehr falsche Euroscheine in der Stadt kursieren., Es kursiert das Gerücht, dass ...

kur·siv <nicht steig.> *Adj.* DRUCKW. *so, dass gedruckte Buchstaben schräg nach rechts geneigt sind* Ich habe die betreffenden Wörter kursiv gesetzt.

Kur·siv·schrift die <-, -en> DRUCKW. *Druckschrift, die nach rechts geneigt ist*

Kurs·kor·rek·tur die <-, -en> **1.** *Korrektur des Kurses*[1] Der Kapitän des Schiffes musste eine Kurskorrektur vornehmen. **2.** (*übertr.*) *Berichtigung des bisherigen eingeschlagenen Kurses* Die Opposition forderte von der Regierung eine Kurskorrektur in der Gesundheitspolitik.

Kurs·mak·ler der <-s, -> WIRTSCH. *ein vereidigter Makler, der an der Börse bei der amtlichen Feststellung der Börsenkurse beteiligt ist*

Kurs·no·tie·rung die <-, -en> WIRTSCH. *der aktuelle Stand der Kurse*[3]

kur·so·risch <nicht steig.> *Adj.* (≈ *oberflächlich*

K

↔ *gründlich*) *rasch und ohne auf Details zu achten* Ich habe den Aufsatz nur kursorisch gelesen., Bereits die kursorische Lektüre zeigt …

Kurs·ri·si·ko das <-s, Kursrisiken> WIRTSCH. *das Risiko für den Anleger, bei einer ungünstigen Entwicklung des Kurses[3] von Wertpapieren oder Währungen einen finanziellen Verlust zu erleiden* Bei dieser Aktie hält sich das Kursrisiko in Grenzen.

Kurs·rutsch der <-(e)s, -e> *plötzliches starkes Sinken des Kurses[3] von Aktien, Devisen*

Kurs·schwan·kung die <-, -en> *Schwankung des Kurses[3] von Aktien, Devisen*

Kurs·sturz der <-es, Kursstürze> *plötzliches starkes Sinken des Kurses von Aktien, Devisen*

Kurs·sys·tem das <-s, -e> SCHUL. *eine Form des Unterrichts bei älteren Schülern, in der es keine Klasse mehr gibt, sondern Kurse[4]*

Kurs·teil·neh·mer, **Kurs·teil·neh·me·rin** der <-s, -> *Teilnehmer an einem Kurs[4]* Alle Kursteilnehmer haben die Prüfung bestanden.

Kur·sus der <-, Kurse> (≈ *Lehrgang*)

Kurs·ver·fall der <-(e)s> (*kein Plur.*) *starkes Sinken des Kurses[3] von Aktien, Devisen*

Kurs·ver·lust der <-(e)s, -e> (↔ *Kursgewinn*) *Unterschied zwischen einem höheren Ankaufswert und einem niedrigeren Verkaufswert von Aktien, Devisen*

Kurs·wa·gen der <-s, -> *durchlaufender Reisewagen der Eisenbahn, der nach Bedarf zusätzlich an einen Zug angehängt werden kann*

Kurs·wech·sel der <-s, -> (≈ *Kursänderung*)

Kurs·wert der <-(e)s, -e> *der Wert eines Wertpapiers, der sich aus dem Börsenkurs errechnen lässt*

Kurs·zet·tel der <-s, -> *regelmäßig veröffentlichte Liste der Börsenkurse*

Kur·ta·ge *s.* **Courtage**

Kur·ta·xe die <-, -n> *von einem Gast* (*pro Übernachtung*) *an einen Kurort zu zahlende Gebühr, die für den besonderen Pflege- und Erhaltungsaufwand der Kuranlagen und öffentlichen Plätze verwendet wird*

Kur·ti·sa·ne die <-, -n> (GESCH.: *veralt.*) *vornehme Geliebte eines Adligen*

Kur·ve die <-, -n> **1.** *bogenförmig gekrümmte Linie* Der Skiläufer fuhr in großen Kurven ins Tal hinab. **2.** (≈ *Biegung*) *eine Stelle, an der eine Straße oder ein Weg nicht gerade verläuft* Die Straße hat enge/scharfe/viele Kurven., Biegen Sie bei der nächsten Kurve rechts ab., vor der Kurve abbremsen ◆ Links-, Rechts- **3.** MATH. *eine gekrümmte Linie, die durch eine Gleichung dargestellt werden kann* eine Kurve berechnen/zeichnen **4.** *eine Linie als grafische Abbildung eines Entwicklungsverlaufs* Die Kurve zeigt den Kursverlauf dieser Aktie im vergangenen halben Jahr. **5.** (*umg. nur Plur.*) die weiblichen Rundungen **6.** ■ **die Kurve kratzen** (*umg.*): *sich schnell und möglichst unauffällig entfernen* **die Kurve kriegen** (*umg.*): *etwas doch noch schaffen oder erreichen*

kur·ven <kurvst, kurvte, ist gekurvt> *ohne OBJ* ■ *jmd. kurvt* (*irgendwo*) **1.** (*umg.*) *ziellos umherfahren* Wir kurvten durch halb Italien. ▶Kurverei **2.** *in Kurven fahren oder fliegen* Ein Radfahrer kurvte um die Ecke.

Kur·ven·dis·kus·si·on die <-, -en> MATH. *eine Berechnung eines Funktionsgraphen mit Hilfe der Differentialrechnung*

kur·ven·för·mig <nicht steig.> *Adj. wie eine Kurve[1] geformt*

kur·ven·reich *Adj. mit vielen Kurven[2]* Auf den Berg führt eine kurvenreiche Passstraße.

Kur·ver·wal·tung die <-, -en> *Dienststelle zur Verwaltung der Einrichtungen in einem Kurort*

kurz <kürzer, am kürzesten> *Adj.* **1.** (↔ *lang*) *nicht lang in Bezug auf die räumliche Ausdehnung* Ich benötige ein kurzes Stück Schnur., Sie hat jetzt ganz kurze Haare., Wie komme ich auf dem kürzesten Weg zum Bahnhof? **2.** *nicht lang in Bezug auf die zeitliche Ausdehnung* Wir machen dieses Jahr nicht eine lange, sondern mehrere kurze Urlaubsreisen. **3.** (*räumlich*) *nicht weit* (*vor, hinter, unter, über etwas*) Kurz vor München ging uns das Benzin aus. **4.** *zeitlich nicht weit vor oder nach etwas* Es war bereits kurz vor/nach Mitternacht. **5.** (↔ *ausführlich*) *knapp* Können Sie mir eine kurze Zusammenfassung der letzten Unterrichtsstunde geben? **6.** *rasch* Wir haben kurz entschlossen einen Ausflug gemacht. **7.** ■ **kürzer treten**: *sich einschränken* **alles kurz und klein schlagen** (*umg.*): *alles zerschlagen* **zu kurz kommen**: *benachteiligt werden* **jemanden kurz halten**: *jmdm. aus erzieherischen Gründen relativ wenig Geld oder Essen geben* **den Kürzeren ziehen** (*umg.*): *bei einem Streit, einer Auseinandersetzung der Unterlegene sein* **binnen kurzem**: *innerhalb kurzer Zeit* **seit kurzem**: *seit nicht langer Zeit* **über kurz oder lang**: *ziemlich bald* **vor kurzem**: *vor nicht langer Zeit* **sich** (**ganz**) **kurz fassen**: *möglichst wenig Zeit mit Reden beanspruchen* **kurz und bündig**: *präzis* **kurz und gut** (*scherzh.*): *zusammenfassend kann man sagen* **es kurz machen**: *nicht viel Aufhebens von etwas machen* **kurz und schmerzlos** (*umg.*): *rasch und ohne zu zögern* ◆ Getrenntschreibung→R 4.2f., R 4.12 Der Arzt meinte, sie solle kürzer treten., Wir müssen finanziell kürzer treten., Ich werde ihn in nächster Zeit kurz halten müssen., kurz angebunden, kurz entschlossen, kurz gebratene Steaks, kurz gefasste Erklärungen, kurz geschnittene Haare; Zusammenschreibung →R 4.11 kurzarbeiten, kurzschließen; Großschreibung→R 3.4, R 3.7 etwas Kurzes auf der Gitarre spielen, den Kürzeren ziehen

Kurz·ar·beit die <-> (*kein Plur.*) *kürzere Arbeitszeit und entsprechend weniger Lohn, die vom Arbeitgeber festgesetzt werden kann, wenn die wirtschaftliche Lage des Unternehmens sehr schlecht ist* Wenn die Fabrik nicht bald neue Aufträge bekommt, muss sie Kurzarbeit anmelden.

kurz·ar·bei·ten <arbeitest kurz, arbeitete kurz, hat kurz gearbeitet> *ohne OBJ* ■ *jmd. arbeitet kurz* Kurzarbeit machen

Kurz·ar·bei·ter, **Kurz·ar·bei·te·rin** der <-s, -> *jmd., der Kurzarbeit macht*

Kurz·ar·bei·ter·geld das <-es> (*kein Plur.*) *das Geld, das Kurzarbeiter vom Arbeitsamt bekommen, um die Differenz zu ihrem Lohn bei normaler Arbeitszeit zum Teil auszugleichen*

kurz·är·me·lig/kurz·ärm·lig <nicht steig.> *Adj.* (↔ *langärmelig*) *mit kurzen Ärmeln*

kurz·at·mig *Adj.* (*der Gegenbegriff zu „kurzatmig" ist nicht „langatmig"; „langatmig" bedeutet „weitschweifig"*) *so, dass man auch bei geringer Belastung Atemnot hat und kurz und hastig atmet* Durch das jahrelange Kettenrauchen ist er kurzatmig geworden.

Kurz·at·mig·keit die <-> (*kein Plur.*) *der Zustand, dass man kurzatmig ist*

Kurz·auf·tritt der <-s, -e> *ein kurzer Auftritt*

kurz·bei·nig <(nicht steig.)> *Adj.* (≈ *langbeinig*) *so, dass jmd. kurze Beine hat*

Kurz·be·richt der <-(e)s, -e> *ein sehr knapp verfasster Bericht* ◆-erstattung

Kurz·bio·gra·fie, *a.* **Kurz·bio·gra·phie** die <-, -n> *eine sehr knapp verfasste Biografie, die nur wenige Lebensdaten enthält*

Kür·ze die <-> (*kein Plur.*) **1.** (↔ *Länge*) *geringe räumliche Ausdehnung in einer Richtung, geringe Länge* Trotz der Kürze des Weges wurden wir bei diesem Wolkenbruch nass bis auf die Knochen., Alle waren von der Kürze ihres Haares überrascht. **2.** *geringe Dauer* Ich ärgerte mich über die Kürze des Konzertes. ■ **in Kürze**: *bald* **In der Kürze liegt die Würze.**: *Am besten ist ein knapper, präziser Stil.*

Kür·zel das <-s, -> (*in der Stenografie verwendetes*) *Zeichen, das eine Silbe oder ein Wort ersetzt*

kür·zen <kürzt, kürzte, hat gekürzt> *mit OBJ/ohne OBJ* ■ *jmd. kürzt etwas* **1.** (↔ *verlängern*) *kürzer machen* Sie kürzte ihren Rock. **2.** (↔ *aufstocken*) *herabsetzen, verringern* Man hatte ihr das Gehalt gekürzt. **3.** (↔ *ausbauen*) *in eine kürzere Form bringen* Ich sollte das Einleitungskapitel kürzen., Bei der Überarbeitung habe ich stark gekürzt. **4.** (MATH.: ↔ *erweitern*) *Zähler und Nenner eines Bruches durch die gleiche Zahl dividieren* Du kannst diesen Bruch kürzen., Wenn du kürzt, lässt sich einfacher weiterrechnen.

kur·zer·hand *Adv. rasch und ohne zu überlegen* Als er es mir angeboten hatte, bin ich kurzerhand mit ihm in den Urlaub gefahren.

kür·zer·tre·ten <trittst kürzer, trat kürzer, ist kürzer getreten> *ohne OBJ* ■ *jmd. tritt kürzer* **1.** *sich einschränken* Dieses Jahr wollen wir bei den Ausgaben für den Urlaub kürzertreten. **2.** *weniger aktiv sein, sich weniger anstrengen* Wir sind nicht mehr die Jüngsten und müssen leider bei unseren Aktivitäten kürzertreten.

Kurz·fas·sung die <-, -en> *kurze Zusammenfassung* Im Anschluss an den Vortrag wurde eine Kurzfassung des Referats an die Zuhörer verteilt.

Kurz·film der <-(e)s, -e> *ein Spielfilm, der meist nur wenige Minuten lang ist* Welcher Kurzfilm hat den Wettbewerb gewonnen? ◆-festival

Kurz·form die <-, -en> SPRACHWISS. *verkürzte Form eines Wortes* Das Wort „Uni" ist die Kurzform für „Universität".

kurz·fris·tig <nicht steig.> *Adj.* **1.** *ohne Vorankündigung, überraschend* Dieser Film wurde kurzfristig ins Programm aufgenommen. **2.** (↔ *langfristig*) *nur kurze Zeit dauernd oder gültig* Ich musste einen kurzfristigen Kredit aufnehmen. **3.** *möglichst rasch* Ein dringendes Problem muss kurzfristig gelöst werden.

kurz·ge·bra·ten <nicht steig.> *Adj. so, dass Fleisch nicht gar gebraten, sondern nur von außen angebraten ist*

Kurz·ge·schich·te die <-, -n> LIT. *kurze Form der Erzählung, in der eine Begebenheit und die Personen der Handlung knapp geschildert werden und häufig eine Pointe am Schluss steht*

kurz·ge·schnit·ten <nicht steig.> *Adj. so, dass die Haarlänge stark gekürzt ist*

kurz·ge·scho·ren <nicht steig.> *Adj. so, dass das Fell eines Tieres kurz geschnitten ist*

Kurz·haar·fri·sur die <-, -en> *eine Frisur, bei der die Haare kurz geschnitten sind*

kurz·haa·rig *Adj.* (↔ *langhaarig*) *mit kurzen Haaren*

Kurz·haar·schnitt der <-s, -e> *ein Haarschnitt, bei dem die Haare kurz sind*

kurz·le·big <nicht steig.> *Adj.* **1.** *nicht lange lebend* Bei dieser Art handelt es sich um sehr kurzlebige Insekten. **2.** (↔ *langlebig*) *nicht lange aktuell oder gültig* Du kannst nicht jedem kurzlebigen Trend hinterherlaufen! **3.** *nur kurze Zeit funktionstüchtig* Die Verschleißteile des Geräts sind kurzlebig.

Kurz·le·big·keit die <-> (*kein Plur.*) *der Zustand, dass etwas kurzlebig ist*

kürz·lich *Adv. vor kurzem* Ich habe erst kürzlich mit ihm telefoniert.

Kurz·nach·rich·ten die <-> *Plur. knapp abgefasste Nachrichtensendung, in der nur wenige Meldungen gegeben werden* Hast du die Kurznachrichten im Radio gehört?

Kurz·park·sys·tem das <-s, -e> *Verkehrsregelung, nach der man nur kurz auf einem öffentlichen Parkplatz parken darf*

Kurz·park·zo·ne die <-, -n> *Parkplätze, auf denen man für kurze Zeit parken darf*

Kurz·re·fe·rat das <-s, -e> *ein knapp abgefasstes, thesenartiges Referat*

Kurz·rei·se die <-, -n> *eine Reise, die nur wenige Tage dauert*

kurz·schlie·ßen <schließt kurz, schloss kurz, hat kurzgeschlossen> **I.** *mit OBJ* ■ *jmd. schließt etwas kurz* ELEKTROTECHN. *zwei Spannung führende elektrische Leitungen verbinden* Er hatte den Stromkreis/das Auto kurzgeschlossen. **II.** *mit SICH* ■ *jmd. schließt sich (mit jmdm.) kurz sich zum schnellen Informationsaustausch treffen* Wegen der Besprechung nächste Woche sollten wir uns nochmal kurzschließen.

Kurz·schluss der <-es, Kurzschlüsse> **1.** *das* (*unabsichtliche*) *Kurzschließen I* Als er die Lampe an die Decke montierte, gab es einen Kurzschluss. **2.** *falsche logische Schlussfolgerung* **3.** *falsche Entscheidung, die durch eine extreme psychische Situation zustandekommt* Seine Entscheidung, das Studium kurz vor den Abschlussprüfungen abzubrechen, lässt sich nur aus einem Kurzschluss heraus erklären.

Kurz·schluss·hand·lung die <-, -en> *unüberlegte, im Affekt begangene Handlung*

Kurz·schluss·re·ak·ti·on die <-, -en> *unüberlegte, im Affekt erfolgende Reaktion*

Kurz·schrift die <-> (*kein Plur.*) *Stenografie*

Kurz·schul·jahr das <-es, -e> *Schuljahr, das aus organisatorischen Gründen kürzer ist als ein normales Schuljahr*

kurz·sich·tig *Adj.* **1.** (↔ *weitsichtig*) *an Kurzsichtigkeit leidend* **2.** (↔ *weitblickend*) *nicht vorausdenkend, nur das Nächstliegende beachtend* Eine solche Firmenpolitik ist äußerst kurzsichtig.

Kurz·sich·ti·ge der/die <-n, -n> *jmd., der kurzsichtig[1] ist*

Kurz·sich·tig·keit die <-> (*kein Plur.*) (≈ *Myopie*) *Sehfehler, bei dem Betroffene nur jene Dinge deutlich erkennen können, die in ihrer Nähe sind* Kurzsichtigkeit wird durch eine Brille oder Kontaktlinsen ausgeglichen.

kurz·stie·lig <nicht steig.> *Adj.* (↔ *langstielig*) *mit kurzem Stiel*

Kurz·streck·e die <-, -n> **1.** *eine kurze Strecke* **2.** *ein Tarif für eine kurze Strecke in einem öffentlichen Verkehrsmittel*

Kurz·stre·cken·flug der <-(e)s, Kurzstreckenflüge> (↔ *Langstreckenflug*) *Flug über eine relativ kurze Distanz*

Kurz·stre·cken·lauf der <-s, Kurzstreckenläufe> (SPORT: ↔ *Langstreckenlauf*) *Laufen auf einer Strecke zwischen 100 und 400 Metern.*

Kurz·stre·cken·läu·fer, Kurz·stre·cken·läu·fe·rin der <-s, -> (SPORT: ↔ *Langstreckenläufer*) *Läufer, der sich auf Strecken bis 400 Meter spezialisiert hat*

Kurz·stre·cken·ra·ke·te die <-, -n> (↔ *Langstreckenrakete*) *Rakete mit verhältnismäßig geringer Reichweite*

Kurz·stun·de die <-, -n> SCHUL. *Schulstunde, die kürzer ist als eine normale Schulstunde*

kurz·um *Adv. um es kurz zusammenzufassen* Die Einbrecher haben den Fernseher, die Stereoanlage, einige Küchenmaschinen, kurzum alle Elektrogeräte gestohlen.

Kür·zung die <-, -en> *das Kürzen[2] [3]* Die Kürzungen der Zuschüsse aus den öffentlichen Haushalten in sozialen Projekten werden sich verheerend auswirken., Durch einige Kürzungen ist der Text jetzt viel verständlicher geworden. ◆Gehalts-, Leistungs-, Text-

Kurz·wahl·spei·cher der <-s, -> TELEKOMM. *der Speicher in einer Telefonanlage, in dem häufig benutzte Telefonnummern gespeichert werden und durch einen kurzen Code abgerufen werden können*

Kurz·wa·ren <-> *Plur. Nähgarne und verschiedene Gegenstände, die man zum Nähen braucht* Gummiband, Reißverschluss und Nähnadeln gehören zu den Kurzwaren.

Kurz·wa·ren·händ·ler, Kurz·wa·ren·händ·le·rin der <-s, -> *jmd., der mit Kurzwaren handelt*

Kurz·wa·ren·hand·lung die <-, -en> *Geschäft eines Kurzwarenhändlers*

Kurz·weil die <-> (*kein Plur.*) (*veralt.* ↔ *Langeweile*) *Zeitvertreib, unterhaltsame Beschäftigung* allerhand Kurzweil treiben, zur Kurzweil Rätsel raten

kurz·wei·lig *Adj. unterhaltsam* Wir haben gestern einen kurzweiligen Abend bei unseren Freunden verbracht.

Kurz·wel·le die <-, -n> **1.** PHYS. *elektromagnetische Wellen mit kurzer Wellenlänge* ◆-ntherapie **2.** *Bereich im Radio, der Sender empfängt, die auf Kurzwellen[1] senden*

kurz·wel·lig <nicht steig.> PHYS. *von kurzer Wellenlänge*

Kurz·zeit·ge·dächt·nis das <-ses> (*kein Plur.*) (↔ *Langzeitgedächtnis*) *der Teil des Gedächtnisses, in dem Informationen nur kurzzeitig gespeichert werden*

kurz·zei·tig <nicht steig.> *Adj. für kurze Zeit* Die Telefonverbindung war kurzzeitig sehr schlecht.

Kurz·zeit·pfle·ge die <-> (*kein Plur.*) **1.** *die Pflege von Patienten, die sich nach der Entlassung aus dem Krankenhaus (noch) nicht selbst versorgen können* **2.** *die Einrichtung, in der Kurzzeitpflege[1] stattfindet*

Kurz·zeit·we·cker der <-s, -> *ein Küchenwecker, den man auf kurze Zeitspannen (bis zu einer Stunde) einstellt*

kusch *Interj.* (*österr.*) *Sei ruhig!*

kusche·lig/kusch·lig *Adj.* **1.** *so beschaffen, dass man es gern fühlt* Das ist eine kuschelige Decke. **2.** *so, dass man sich sehr wohl fühlt* Sie hat eine kuschelige Wohnung.

ku·scheln <kuschelst, kuschelte, hat gekuschelt> **I.** *ohne OBJ* ■ *jmd. kuschelt (mit jmdm.) sich zärtlich aneinander schmiegen* Das Pärchen kuschelte im warmen Bett. **II.** *mit SICH* ■ *jmd./ein Tier kuschelt sich an jmdn./ein Tier sich Geborgenheit und Wärme suchend anschmiegen* Die jungen Kätzchen kuscheln sich an ihre Mutter.

Ku·schel·tier das <-(e)s, -e> *Stofftier* Ohne sein Kuscheltier konnte das Kind nicht einschlafen.

ku·schel·weich <nicht steig.> *Adj. so weich, dass man sich gern daran kuschelt*

ku·schen <kuschst, kuschte, hat gekuscht> *ohne OBJ* ■ *jmd. kuscht (vor jmdm.)* **1.** *sich (unterwürfig) fügen, gehorchen* Er kuschte vor seinem Chef. **2.** *(von Hunden) sich niederlegen* Er sagte nur ein Wort und der Hund kuschte.

kusch·lig *Adj. s.* **kuschelig**

Ku·si·ne, *a.* **Cou·si·ne** die <-, -n> *Tochter des Onkels oder der Tante, Base s.* **Cousine**

Kus·kus, *a.* **Couscous** der/das <-> (*kein Plur.*) KOCH. *ein nordafrikanisches Gericht aus gedünstetem Weizen-, Mais- oder Hirsegrieß*

Kuss der <-es, Küsse> *das Aufdrücken der gespitz-*

ten Lippen auf den Körper eines anderen Menschen, besonders auf dessen Lippen, als Zeichen der Liebe, zur Begrüßung und zum Abschied Sie gab ihm zum Abschied einen langen/leidenschaftlichen/zärtlichen Kuss. ◆ Hand-, Zungen-

kuss·echt <nicht steig.> *Adj. ein Lippenstift, der beim Küssen nicht verschmiert* Dies ist natürlich ein kussechter Lippenstift.

küs·sen <küsst, küsste, hat geküsst> *mit OBJ* ■ *jmd. küsst jmdn./etwas jmdm. oder etwas einen Kuss geben* Sie küsste ihn vor meinen Augen., Er küsste ihre Hand., Sie küssten sich/einander., Der Sportler küsste den Siegerpokal., Sie küsste andächtig das Heiligenbild.

Küs·te die <-, -n> *der Teil des Festlandes, der unmittelbar ans Meer angrenzt* eine steile/flache Küste ◆ Felsen-, Meeres-, Sand-,

Küs·ten·be·woh·ner der <-s, -> *ein Einwohner einer Küstenregion*

Küs·ten·damp·fer der <-s, -> *ein Schiffsdampfer, der immer entlang der Küste fährt*

Küs·ten·fi·sche·rei die <-> (*kein Plur.*) *Fischerei in der Nähe der Küste*

Küs·ten·ge·biet das <-(e)s, -e> *das Land oder Gebiet, das an eine Küste grenzt* Für die Küstengebiete wurde Sturmwarnung gegeben.

Küs·ten·ge·wäs·ser das <-s, -> *der unmittelbar der Küste vorgelagerte Meeresteil*

Küs·ten·re·gi·on die <-, -en> *Küstengebiet*

Küs·ten·schiff das <-(e)s, -e> *Schiff, das im Küstengebiet fährt*

Küs·ten·schiff·fahrt die <-> (*kein Plur.*) *Schifffahrt in den Küstengewässern*

Küs·ten·schutz der <-es> (*kein Plur.*) **1.** *Maßnahmen zum Schutz der Küste vor Sturm und Wasserschäden* (*beispielsweise der Deichbau*) **2.** *Küstenwache*

Küs·ten·stadt die <-, Küstenstädte> *eine Stadt an der Küste*

Küs·ten·strei·fen der <-s, -> *schmaler, sich an der Küste entlangziehender Landstreifen*

Küs·ten·strich der <-s, -e> *Küstenstreifen*

Küs·ten·wa·che die <-> (*kein Plur.*) *Polizeieinheit zur Überwachung der Küstengewässer*

Küs·ter, **Küs·te·rin** der <-s, -> REL. *Kirchendiener*

Kus·tos der <-, Kustoden> *wissenschaftlicher Sachbearbeiter* (*in einem Museum*)

Kutsch·bock der <-(e)s, Kutschböcke> *Sitz des Kutschers*

Kut·sche die <-, -n> **1.** *Wagen, der von Pferden gezogen wird und der Personenbeförderung dient* **2.** (*umg. abwert.*) *altes Auto*

Kut·schen·schlag der <-s, Kutschenschläge> *die schräge Tür einer Kutsche*

Kut·scher der <-s, -> *jmd., der eine Kutsche[1] lenkt*

kut·schieren <kutschierst, kutschierte, hat/ist kutschiert> **I.** *mit OBJ* ■ *jmd. kutschiert jmdn. irgendwohin* (*umg., haben*) *jmdn. fahren* Er hat seinen Vater aufs Land kutschiert. **II.** *ohne OBJ* ■ *jmd. kutschiert* (*irgendwo*) (*umg; sein*) *ziellos mit dem Auto umherfahren* Nachmittags sind wir ein wenig durch die Gegend kutschiert.

Kut·te die <-, -n> **1.** *weites, bodenlanges Gewand eines Mönchs* **2.** (*umg. scherzh.*) *eine weite, knielange Jacke*

Kut·teln die <-> *Plur. essbare Eingeweide vom Rind*

Kut·ter der <-s, -> **1.** *einmastiges, seetüchtiges Segelboot* **2.** (*bei der Fischerei in Küstennähe benutztes*) *Fischerboot* ◆ Fisch-, Krabben-

Ku·vert/Cou·vert das [kuˈveːɐ̯, kuˈvɛːɐ̯] <-(e)s, -e/-s> (*landsch.*) *Briefumschlag*

Ku·ver·tü·re die <-, -n> KOCH *flüssige Schokolade zum Verzieren von Kuchen und Torten*

Ku·wait, **Ku·wait**, *a.* **Ku·weit** <-s> *Staat am Persischen Golf*

Ku·wai·ter, **Ku·wai·ter**, *a.* **Ku·wei·ter**, **Ku·wai·te·rin** der <-s, -> *Einwohner Kuwaits*

ku·wai·tisch, **ku·wai·tisch**, *a.* **ku·wei·tisch** <nicht steig.> *Adj. zu Kuwait gehörend, aus Kuwait stammend*

kV *Abkürzung von „Kilovolt“*

KW *Abkürzung von „Kilowatt“*

kWh *Abkürzung von „Kilowattstunde“*

Ky·ber·ne·tik die <-> (*kein Plur.*) *die Wissenschaft, die sich mit der Selbststeuerung von Systemen* (*in Biologie, Soziologie und Technik*) *befasst und die versucht, Regel- und Steuerungsmechanismen von Lebewesen nachzuahmen* ◆ Bio-

Ky·ber·ne·ti·ker, **Ky·ber·ne·ti·ke·rin** der <-s, -> *Wissenschaftler auf dem Gebiet der Kybernetik*

ky·ber·ne·tisch <nicht steig.> *Adj. die Kybernetik betreffend*

Ky·kla·den die <-> *Plur. Inselgruppe im Ägäischen Meer*

Ky·ni·ker der <-s, -> PHILOS. *Angehöriger einer antiken Philosophenschule, die den Wert der Bedürfnislosigkeit betont*

Ky·rie das <-, -s> REL. *Kurzform von „Kyrieeleison“*

Ky·rie·e·lei·son das <-s, -s> REL. *am Beginn der Messe gesungener Bittruf „Herr, erbarme dich“*

ky·ril·lisch <nicht steig.> *Adj. zur kyrillischen Schrift gehörend, die im 9. Jahrhundert aus verschiedenen slawischen Sprachen zu einer einheitlichen Schrift gebildet worden ist*

KZ das [kaːˈtsɛt] <-s, -s> GESCH. *kurz für „Konzentrationslager“*

KZ-Ge·denk·stät·te die <-, -n> *auf dem Gelände eines ehemaligen Konzentrationslagers errichtete Gedenkstätte*

KZ-Häft·ling der <-s, -e> *Häftling in einem KZ*

L

L, l das <-, -> *der zwölfte Buchstabe des Alphabets* ein großes L, ein kleines l ■ **Größe L** (*bei Konfektionsgrößen*): *Abkürzung von „large“* (*groß*)

La·bel das [ˈleːbəl] <-s, -s> **1.** *eine Art Etikett, das* *auf einer Ware angebracht ist* **2.** MUS. *eine Firma, die CDs und Schallplatten produziert und vertreibt* Die aktuelle CD der Band ist bei einem unabhängigen Label erschienen.

la·ben **I.** *mit OBJ* ■ *jmd. labt jmdn.* (*mit etwas Dat.*) (*geh.*) *jmd. gibt jmdm. etwas, das erfrischt oder stärkt* Der Gastgeber labte die Gäste mit edlen Weinen und erlesenen Speisen. **II.** *mit SICH* ■ *jmd. labt sich* (*an etwas Dat.*) **1.** (*geh.*) *etwas mit viel Genuss essen oder trinken und sich dadurch erfrischen oder stärken* sich an frischem Quellwasser laben, sich an den Spezialitäten laben **2.** (*geh.*) *etwas mit Freude wahrnehmen und sich dadurch sehr gut fühlen* Sie labte sich am Anblick der herrlichen Landschaft.

la·bern <laberst, laberte, hat gelabert> *mit OBJ/ohne OBJ* ■ *jmd. labert* (*etwas*) (*umg. abwert.*) *viel reden, ohne dabei etwas Wesentliches mitzuteilen* Lass ihn doch labern, wir kümmern uns nicht darum!, Die Betrunkenen laberten nur noch dummes Zeug.

la·bil *Adj.* **1.** (↔ *stabil*) *so, dass etwas nicht fest oder dauerhaft ist, sondern sich leicht verändern kann* Die politische Lage im Land ist sehr labil, es kann jederzeit zu einer Krise kommen. **2.** MED. *so, dass jmd. schnell krank werden kann* Er hat eine labile Gesundheit. **3.** PSYCH. *so, dass jmd. oder etwas nicht zuverlässig ist oder sich leicht beeinflussen lässt* Leider ist er eine labile Person., Er hat einen labilen Charakter.

Lab·ma·gen der <-s, Labmägen> ZOOL. BIOL. *Teil des Magens von Tieren, die wiederkäuen*

La·bor das <-s, -s/(-e)> *ein Raum, in dem wissenschaftliche oder medizinische Experimente, Untersuchungen oder Tests stattfinden* Die Blutprobe wird zur Untersuchung ins Labor geschickt., Die Experimente im Labor haben die wissenschaftliche Hypothese untermauert. ◆-techniker, -tier, -tisch, -versuch, Chemie-, Dental-

La·bo·rant, La·bo·ran·tin der <-en, -en> *jmd., der beruflich in einem Labor arbeitet*

La·bo·ra·to·ri·um das <-s, Laboratorien> (*geh.*) *Labor*

La·bor·be·fund der <-(e)s, -e> MED. *das Ergebnis einer Untersuchung im Labor* Der Laborbefund bestätigt den Verdacht auf Zuckerkrankheit.

La·bor·che·mi·ka·lie die <-, -n> *eine Chemikalie, die vor allem für die Arbeit im Labor gebraucht wird*

la·bo·rie·ren *ohne OBJ* ■ *jmd. laboriert an etwas Dat.* (*umg.*) **1.** *an einer Krankheit leiden und versuchen, sie zu überwinden* Er laboriert schon seit Jahren an einem nervösen Magen. **2.** *sich lange Zeit mit etwas beschäftigen und versuchen, es zu beenden* Sie laboriert schon längere Zeit an ihrer Abschlussarbeit.

La·bra·dor[1] <-s> GEOGR. *eine nordamerikanische Halbinsel*

La·bra·dor[2] der <-s, -e> ZOOL. *eine Hundeart*

La·bra·dor[3] der <-s, -e> (≈ *Labradorit*) *ein Mineral, das oft zu Schmuck verarbeitet wird*

Lab·sal das <-(e)s, -e> (*geh.*) *etwas, das jmdm. Stärkung, Erfrischung oder Trost bietet* Diese Speise war ein Labsal für sie., Was für ein Labsal war doch der Anblick des Meeres!

Labs·kaus das <-> (*kein Plur.*) *ein Gericht aus Fisch, Fleisch, Kartoffeln und Gurken oder Roter Bete*

La·by·rinth das <-(e)s, -e> **1.** *eine komplizierte Anordnung von Wegen oder Gängen, die jmdn. in die Irre führen können* Die Bibliothek war wie ein Labyrinth gebaut., Viele Gärten des Barocks wurden als Labyrinth geplant. **2.** (*übertr.*) *etwas, das sehr unübersichtlich ist* Das neue Rathaus ist das reinste Labyrinth., das Labyrinth von Gassen in der Altstadt **3.** ANAT. *innerer Teil des Ohrs*

La·che[1] die <-, -n> *Flüssigkeit, die eine Art Pfütze bildet* Unter dem Wagen hatte sich eine Lache von Öl gebildet. ◆ Blut-, Öl-, Wasser-

La·che[2] die <-, -n> (*Plur. selten*) (*abwert. umg.*) *die typische Art, wie eine Person lacht* eine dreckige Lache haben, Ich mag seine unangenehme Lache nicht.

lä·cheln <lächelst, lächelte, hat gelächelt> *ohne OBJ* ■ *jmd. lächelt* (*irgendwie*) *die Mundwinkel nach oben ziehen, um zu zeigen, dass einem jmd. oder etwas sympathisch ist, oder dass man sich freut* Sie lächelte freundlich, als er ins Zimmer trat., Beim Anblick der alten Fotos musste er immer lächeln.

Lä·cheln das <-s> (*kein Plur.*) *der Vorgang, dass eine Person lächelt* Mit seinem freundlichen Lächeln gewann er schnell Sympathien., ein süffisantes Lächeln, ein verkrampftes Lächeln ■ **jemand hat für etwas nur ein müdes Lächeln übrig**: *jmd. interessiert sich für eine Sache nicht, da er sie für zu einfach oder zu schlecht hält* Für ihre Vorschläge hatten sie nur ein müdes Lächeln übrig.

la·chen *ohne OBJ* **1.** ■ *jmd. lacht* (*irgendwie*) (*über etwas Akk.*) (↔ *weinen*) *den Mund weit öffnen und Laute ausstoßen, um zu zeigen, dass etwas oder jmd. sehr lustig ist, oder dass man sich sehr freut* Als er diese Geschichte hörte, musste er laut lachen., Über diesen Witz konnten sie nicht mehr lachen., schallend lachen, verlegen lachen **2.** ■ *jmd. lacht über jmdn.* (≈ *verspotten*) *über bestimmte Eigenschaften einer Person Bemerkungen machen, die beleidigen* Sie lachten immer über die Fehler der anderen., In der Schulen lachten sie immer über seine Leistungen beim Sport. ■ **aus vollem Halse lachen**: *sehr laut und frei lachen* **Das wäre ja gelacht, wenn ...** (*umg.*): *es ist offensichtlich, dass jmd. etwas machen kann, das schwierig ist* Das wäre doch gelacht, wenn du diese Prüfung nicht schaffst! **Dass ich nicht lache!** (*umg.*): *drückt aus, dass jmd. überzeugt ist, dass etwas, das jmd. erzählt hat, falsch ist* **jemand hat** (**irgendwo**) **nichts zu lachen**: *jmd. wird* (*irgendwo*) *streng behandelt oder sehr gefordert* An seinem neuen Arbeitsplatz hatte er nichts zu lachen. **Du hast gut lachen!** (*umg.*): *meine Situation ist viel schwieriger als deine* **Da gibts nichts zu lachen!**: *diese Angelegenheit ist* *sehr ernst* **Wer zuletzt lacht, lacht am besten**: *nur, wer am Schluss einer Angelegenheit Erfolg hat, kann sich freuen*

La·chen das <-s> (*kein Plur.*) *der Vorgang, dass eine Person lacht* Im Zimmer war fröhliches Lachen zu hören., das Lachen nicht unterdrücken können ■ **sich vor Lachen ausschütten, vor Lachen nicht mehr können, sich biegen vor Lachen** (*umg.*): *sehr stark lachen* **Dir wird das Lachen noch vergehen!**: *du wirst auch noch solche Probleme bekommen* **das ist ja zum Lachen**: *das ist lächerlich*

La·cher der <-s, -> **1.** *eine Person, die lacht* Der ernste Tonfall des Redners ließ die Lacher verstummen. **2.** *ein kurzes Lachen* Dieser Witz bringt garantiert einen Lacher. ■ **die Lacher auf seiner Seite haben** (*umg.*): *bei einer Diskussion oder einer Auseinandersetzung Sympathien für sich gewinnen, weil man etwas Lustiges gesagt hat*

Lach·er·folg der <-s, -e> ■ **einen Lacherfolg haben**: *die Menschen in einem Publikum zum Lachen bringen*

lä·cher·lich *Adj.* (*abwert.*) **1.** *so, dass jmd. oder etwas komisch ist* Das ist eine lächerliche Bemerkung., Ihr solltet ihn nicht lächerlich machen, er meint es sehr ernst! **2.** *so, dass etwas stört oder unsinnig ist* Deine ständigen Erklärungen sind doch einfach lächerlich! **3.** *so, dass etwas sehr klein oder unbedeutend ist* Für lächerliche fünf Euro haben wir uns nun so angestrengt!, Der Grund für ihren Streit war einfach lächerlich. ■ **etwas ins Lächerliche ziehen**: *etwas schlecht machen, indem man Witze darüber erzählt* **jemanden lächerlich machen**: *jmdn. in der Öffentlichkeit abwerten, weil man etwas Intimes über ihn erzählt* **sich lächerlich machen**: *sich abwerten, weil man etwas tut oder sagt, dass lächerlich[1] ist*

Lä·cher·lich·keit die <-, -en> **1.** (*kein Plur.*) *ein Zustand, der lächerlich[1] [2] ist* Mit seinen Bemerkungen setzt er sich der Lächerlichkeit aus. **2.** (*meist Plur.*) (*abwert.*) *etwas, das lächerlich[3] ist* Mit solchen Lächerlichkeiten beschäftige ich mich nicht.

Lach·fal·ten <-> *Plur. kleine Falten um die Augen, von denen man sagt, dass sie vom vielen Lachen herstammen*

Lach·gas das <-es> (*kein Plur.*) *ein Gas, das betäubende Wirkung hat und früher als Narkosemittel eingesetzt wurde*

lach·haft *Adj.* (*abwert.*) *so, dass man über eine Sache nur lachen kann* Deine Erklärungsversuche sind doch lachhaft!

Lachs der <-es, -e> **1.** *ein Speisefisch mit rötlichem Fleisch, der im Meer lebt* **2.** *das Fleisch von Lachs[1]* ◆-brötchen, -ersatz

lachs·far·ben <nicht steig.> *Adj.* (≈ *rosa*) *so, dass es die Farbe von Lachs [2] hat* lachsfarbene Unterwäsche

Lachs·schin·ken der <-s, -> *zarter, leicht geräucherter Schweineschinken*

Lachs·zucht die <-, -en> **1.** *ein Ort, an dem Lachse[1] gezüchtet werden* **2.** (*kein Plur.*) *das Züchten von Lachsen*

Lack der <-(e)s, -e> *eine Flüssigkeit, mit der man vor allem Dinge aus Holz oder Metall streicht und die dann eine Schutzschicht bildet* den Zaun mit farblosem Lack streichen ■ **Der Lack ist ab!** (*umg. abwert.*): *etwas ist nicht mehr neu* **Der Lack ist ab!**: *jmd. sieht nicht mehr jung aus* ◆-farbe, Auto-, Klar-, Matt-

Lack·af·fe der <-n, -n> (*abwert.*) *ein Mann, der sich übertrieben elegant oder modisch kleidet und sehr arrogant ist*

La·ckel der <-s, -> (*abwert. süddt. österr.* ≈ *Tölpel, Trottel*) *jmd., der alles falsch macht*

la·ckie·ren **I.** *mit OBJ* ■ *jmd. lackiert etwas etwas mit Lack bestreichen* die Tür frisch lackieren, Wir haben den Stuhl neu lackiert. **II.** *ohne OBJ* ■ *jmd. lackiert* Nach dem Vorstreichen können wir lackieren.

Lack·le·der das <-s, -> *ein Leder, das sehr stark glänzt* Sie trägt einen Gürtel aus Lackleder.

Lack·mus das/der <-> (*kein Plur.*) CHEM. *ein Farbstoff, der verwendet wird, um Säuren oder Basen nachzuweisen*

Lack·mus·pa·pier das <-(e)s, -e> *mit Lackmus getränkte(r) Papierstreifen*

Lack·schuh der <-(e)s, -e> *ein Schuh aus Lackleder*

La·de die <-, -n> **1.** (*süddt.*) *kurz für „Schublade“* **2.** (*süddt. oder veralt.*) *eine Truhe oder Kiste aus Holz, die einen Deckel hat, und in der man etwas aufbewahren kann* die Wäsche in einer Lade aufbewahren

La·de·ge·rät das <-(e)s, -e> *ein Gerät, das an einer Steckdose angeschlossen wird, und mit dem man z.B. den Akku eines Handys aufladen kann*

La·de·hem·mung die <-, -en> *bei Schusswaffen die Situation, dass die Munition falsch eingelegt wurde und deshalb nicht abgefeuert werden kann* ■ **jemand hat eine Ladehemmung** (*umg.*): *jmd. versteht in einem Moment etwas nicht sofort*

La·de·kai der <-s, -s> *in einem Hafen der Kai, an dem Schiffe Lasten aufnehmen*

Lad·e·ka·pa·zi·tät die <-, -en> *die Menge der Lasten, die ein Fahrzeug aufnehmen kann*

La·de·kon·trol·leuch·te die <-, -n> *im Ladegerät ein Licht, das anzeigt, ob der Vorgang des Ladens noch verläuft oder schon abgeschlossen ist*

La·de·kran der <-(e)s, Ladekräne> *ein Kran, der zum Beladen von Fahrzeugen, vor allem von Schiffen, eingesetzt wird*

La·de·lis·te die <-, -n> *eine Liste, auf der die von einem Fahrzeug oder Schiff aufgenommene Ladung verzeichnet ist*

La·den der <-s, Läden> **1.** (≈ *Geschäft*) *ein Raum oder ein ganzes Haus, wo Waren angeboten werden, die man kaufen kann* Der Laden an der Straßenecke hat die ganze Woche geöffnet., In diesem Laden wird man freundlich bedient., ein teurer Laden ◆-fläche, -geschäft, -miete, -preis, Buch-, Gemüse-, Lebensmittel-, Schreibwaren-, Tabak-, Tee- **2.** (≈ *Fensterladen, Rollladen*) *eine Art Schutz vor*

L

einem Fenster oder einer Tür, der sich aufklappen oder herunterrollen lässt ■ **Tante-Emma-Laden** (*scherz.*): *ein kleiner Laden*[1]*, der meistens in einem Wohngebiet oder in einem Dorf steht, und in dem man fast alles kaufen kann* **den Laden schmeißen** (*umg.*): *durch gute Organisation dafür sorgen, dass ein Geschäft oder ein Unternehmen problemlos läuft* Nach dem Tod ihres Mannes schmeißt sie den Laden ganz allein. **der Laden läuft** (*umg.*): *ein Unternehmen oder Geschäft funktioniert problemlos* **den Laden hinschmeißen** (*umg.*): *eine Tätigkeit beenden, weil man frustriert oder verärgert ist und keine Lust mehr hat* **So wie ich den Laden hier kenne ...** (*umg.*): *verwendet, um auszudrücken, dass man bestimmte* (*oft negative*) *Verhältnisse an einem Ort sehr gut kennt* So wie ich den Laden hier kenne, dauert es mindestens noch eine Stunde, bis ich endlich an der Reihe bin.

la·den[1] <lädst, lud, hat geladen> *mit OBJ* ■ *jmd. lädt jmdn. zu etwas Dat.* **1.** (*geh.*) *jmdn. als Gast einladen* Der Bundespräsident lädt die Botschafter zum Neujahrsempfang., Zum Konzert erschienen nur geladene Gäste. **2.** (RECHTSW.: ≈ *vorladen*) *jmdm. befehlen, dass er vor Gericht erscheint* Der Staatsanwalt lädt ihn als Zeugen zur Verhandlung.

la·den[2] <lädst, lud, hat geladen> *mit OBJ* ■ *jmd. lädt etwas* (*mit etwas Dat.*) **1.** *Munition in eine Waffe tun* die Pistole mit scharfer Munition laden **2.** *einen Akku an die Stromversorgung anschließen, damit er wieder voll wird* Nach vier Stunden ist der Akku leer und man muss ihn wieder laden.

la·den[3] <lädst, lud, hat geladen> *mit OBJ* **1.** ■ *etwas lädt etwas etwas wird mit etwas gefüllt und transportiert es* Der Tanker lädt Rohöl und bringt es in die USA., Das Flugzeug kann nur eine begrenzte Menge Gepäck laden. **2.** ■ *jmd. lädt etwas* (*mit etwas Dat.*) (≈ *beladen*) *Sachen in ein Fahrzeug bringen, um sie zu transportieren* Sie haben den Lastwagen mit Steinen geladen. **3.** ■ *jmd. lädt etwas irgendwohin* (≈ *einladen*) *etwas in ein Fahrzeug bringen, um es zu transportieren* Für den Umzug hat er die Kisten in sein kleines Auto geladen. **4.** ■ *jmd./etwas lädt etwas* (EDV: ↔ *speichern*) *eine Daten- oder Programmdatei in den Arbeitsspeicher des Computers übertragen, um sie auszuführen* Entpacken Sie die Datei und laden Sie das Programm von ihrer Festplatte.

La·den·be·sit·zer, **La·den·be·sit·ze·rin** der <-s, -> *jmd., der einen Laden*[1] *besitzt*

La·den·dieb, **La·den·die·bin** der <-(e)s, -e> *jmd., der in einem Geschäft während der Öffnungszeit eine Ware stiehlt*

La·den·dieb·stahl der <-s, Ladendiebstähle> *der Vorgang, dass eine Ware während der Öffnungszeiten aus einem Geschäft gestohlen wird* In vielen Geschäften kann man lesen: „Jeder Ladendiebstahl wird angezeigt."

La·den·hü·ter der <-s, -> (*abwert.*) *eine Ware, die sich schlecht verkaufen lässt und deshalb lange im Geschäft liegen bleibt* In diesem milden Winter sind Wollmützen richtige Ladenhüter.

La·den·ket·te die <-, -n> *ein Unternehmen, das viele Geschäfte mit dem gleichen Namen hat*

La·den·öff·nungs·zeit die <-, -en> (*meist Plur.*) *die Zeiten, zu denen ein Geschäft geöffnet ist*

La·den·preis der <-es, -e> *der Preis, den man für eine Ware in einem Geschäft bezahlen muss*

La·den·schild das <-(e)s, -er> *eine Art Platte, die außen an einem Geschäft angebracht ist und auf der der Name des Geschäfts und die Bezeichnung der angebotenen Waren geschrieben steht*

La·den·schluss·ge·setz das <-es, -e> (*meist Sing.*) *ein Gesetz, das die Öffnungszeiten der Geschäfte regelt*

La·den·schluss·zeit die <-, -en> (*meist Plur.*) *die Uhrzeit, zu der ein Geschäft schließt*

La·den·tisch der <-(e)s, -e> *ein Tisch in einem Geschäft, hinter dem der Verkäufer oder die Verkäuferin steht* ■ **etwas unterm Ladentisch verkaufen** (*umg.*): *knappe oder verbotene Waren heimlich verkaufen* **etwas geht über den Ladentisch**: *etwas wird verkauft*

La·den·toch·ter die <-, Ladentöchter> (*schweiz.*) *Verkäuferin*

La·de·ram·pe die <-, -n> *eine Art Plattform, von der aus ein Fahrzeug mit Lasten be- oder entladen wird* Sie müssen den Lastwagen rückwärts an die Laderampe heranfahren.

La·de·raum der <-(e)s, Laderäume> *der Platz in einem Fahrzeug oder einem Schiff, der für die Ladung zur Verfügung steht* der Laderaum eines Schiffes/eines Lastwagens

La·de·schein der <-(e)s, -e> *ein Dokument, auf dem die Art und Menge der Ladung in einem Fahrzeug steht*

La·de·stel·le der <-, -n> *der Ort, an dem eine Ladung aufgenommen wird*

lä·die·ren *mit OBJ* ■ *jmd./etwas lädiert jmdn./etwas* (*geh.*) **1.** *beschädigen* Der Tisch ist ziemlich lädiert, er hat lauter Kratzer. **2.** *leicht verletzen* nach einem Sturz lädierte Arme haben

La·dung[1] die <-, -en> *amtliche Aufforderung, vor Gericht oder bei einer Behörde zu erscheinen* Er bekam eine amtliche Ladung zugestellt.

La·dung[2] die <-, -en> **1.** *die Sachen, die von einem Fahrzeug transportiert werden* Der Lastwagen hat auf der Straße Ladung verloren. **2.** (*umg.*) *eine größere Menge* Sie brachte eine ganze Ladung Kataloge mit., Aus dem Fenster kippte jemand eine Ladung Wasser.

La·dung[3] die <-, -en> **1.** PHYS. *die Menge der Elektrizität, die sich auf einem Körper befindet* positive/negative Ladung **2.** MILIT. *die Munition, die sich in einer Waffe befindet* **3.** *eine bestimmte Menge Sprengstoff*

La·dy die ['leɪdi] <-, -s> *aus dem Englischen kommende Bezeichnung für eine vornehme Dame, vor allem vor englischen Namen* Lady Mary Jane, sich wie eine Lady benehmen ■ **First Lady**: *Bezeichnung für die Frau eines Staatspräsidenten*

la·dy·like ['leɪdilaɪk] <nicht steig.> (*nicht attr.*) *Adj. so, dass sich eine Frau wie eine vornehme Dame verhält* Sie benimmt sich wirklich ladylike.

lag *Prät. von* **liegen**

La·ge die <-, -n> **1.** (≈ *Situation*) *die äußeren Umstände, in denen sich jmd. befindet* sich in einer schwierigen Lage befinden, sich in die Lage des Kollegen versetzen, jemandem aus einer schwierigen Lage helfen ◆ Finanz-, Not- **2.** (≈ *Position*) *die Anordnung von jmdm. oder etwas in Bezug auf den ihn/es umgebenden Raum* in waagerechter/senkrechter Lage, seine Lage im Bett verändern, die Lage des Embryos im Mutterleib ◆ Schief-, Schräg- **3.** *ein Ort in Bezug auf die geografische Umgebung* ein Haus in ruhiger/sonniger/verkehrsgünstiger Lage **4.** *Schicht* eine Dämmung, die aus mehreren Lagen Filz besteht **5.** (*umg.*) *Getränke, die man in einem Lokal für die Anwesenden bestellt* eine Lage Bier ausgeben ■ **die Lage peilen** (*umg.*): *vorsichtig erkunden, wie die Situation ist* **in der Lage sein, etwas zu tun**: *fähig sein, etwas zu tun* **Ich bin in der glücklichen Lage, ...**: *ich freue mich, ...* Ich bin in der glücklichen Lagen, Ihnen die Verlobung meiner Tochter mitteilen zu dürfen. **Herr der Lage sein**: *eine Situation unter Kontrolle haben* In dem Chaos war er nicht mehr Herr der Lage.

La·ge·be·richt der <-(e)s, -e> *ein Bericht, der eine bestimmte Situation beschreibt* ein militärischer Lagebericht, ein wirtschaftlicher Lagebericht

La·gen *Plur.* SPORT *eine Disziplin bei Schwimmwettkämpfen, bei der die Schwimmer eine bestimmte Strecke in wechselnden Schwimmstilen zurücklegen*

La·ge·plan der <-(e)s, Lagepläne> *ein Plan, der beschreibt, wie eine bestimmte Situation oder ein Ort beschaffen ist*

La·ger das <-s, -> **1.** *ein Platz mit Zelten oder Hütten, auf dem vorübergehend Menschen untergebracht werden* Die Truppen schlugen ihr Lager am Fluss auf., Für die Flüchtlinge wurde ein Lager errichtet., Die Gefangenen wurden in ein Lager gebracht. ◆ Arbeits-, Ferien-, Flüchtlings-, Gefangenen- **2.** (*veralt.*) *Schlafgelegenheit* Sie bereiteten sich ein Lager aus Stroh. ■ **ans Lager gefesselt sein** (*geh.*): *krank sein und nicht aufstehen können* **3.** *Personen oder Staaten, die eine gemeinsame politische oder ideologische Meinung haben* Bei dem Thema „präventive Kriegsführung" spaltete sich die Partei in zwei Lager., die Parteien des konservativen Lagers, ins Lager des Gegners überwechseln **4.** *ein Raum oder eine Halle, in dem oder in der man Waren abstellt, die im Augenblick nicht gebraucht werden* Die Firma hatte keine Ersatzteile mehr am Lager., sich ein Lager anlegen ■ **etwas auf Lager haben** (*umg.*): *etwas sofort erzählen oder sagen können* Er hatte ständig neue Witze auf Lager. ◆-arbeiter, -bestand, -kosten, -raum, -verwalter, Getränke-, Waffen-, Waren- **5.** GEOGR. *der Ort, an dem sich eine Schicht Metalle oder Kohle im Felsen befinden* Nach langer Suche fanden sie ein ergiebiges Lager Erze., in einem Kohlerevier ein neues Lager erschließen **6.** TECHN. *ein Maschinenteil, das andere Teile, die sich drehen oder schwingen, trägt oder führt* Das Lager für die Radachse muss regelmäßig geschmiert werden.

La·ger·be·stand der <-(e)s, Lagerbestände> *die Menge der Waren in einem Lager*[4]

La·ger·bier das <-s, -e> *ein untergäriges Bier*

la·ger·fä·hig *Adj. so, dass etwas längere Zeit aufbewahrt werden kann* ein lagerfähiger Wein

La·ger·feu·er das <-s, -> *ein Feuer, das im Freien gemacht wird und an dem man Essen bereiten kann oder an dem man sich wärmt* Nach der Wanderung machten sie am Abend ein Lagerfeuer.

La·ger·ge·bühr die <-, -en> *das Geld, das man für die Aufbewahrung von Sachen oder Waren in einem Lager*[4] *zahlen muss* Ab dem zehnten Tag ist eine Lagergebühr zu zahlen.

La·ger·hal·tung die <-> (*kein Plur.*) *die Aufbewahrung und Verwaltung von Waren*

La·ger·haus das <-es, Lagerhäuser> *Haus, in dem ein Lager*[4] *untergebracht ist*

La·ge·rist, **La·ge·ris·tin** der <-en, -en> *Person, die beruflich in einem Lager*[4] *arbeitet*

La·ger·lei·ter, **La·ger·lei·te·rin** der <-s, -> *Person, die ein Lager*[1] *leitet, in dem Menschen zeitweilig untergebracht sind* der Lagerleiter eines Ferienlagers

la·gern <lagerst, lagerte, hat gelagert> **I.** *mit OBJ* **1.** ■ *jmd. lagert etwas etwas so aufbewahren, dass man es später gebrauchen kann* Früher lagerte man noch das Gemüse im Keller., etwas kühl und trocken lagern **2.** ■ *jmd. lagert jmdn./etwas irgendwie jmdn. oder etwas in eine bestimmte Position legen* den Patienten bequem lagern **II.** *ohne OBJ* ■ *jmd./etwas lagert irgendwo* **1.** *für einige Zeit an einer Stelle im Freien bleiben, um sich auszuruhen* Die Truppen lagerten am Fluss. **2.** *irgendwo aufbewahrt sein, um später gebraucht zu werden* Die Butter lagert im Kühlhaus., Der Wein muss noch einige Zeit lagern. **3.** GEOGR. *im Boden vorkommen* In diesem Gebiet lagern Eisenerze. **III.** *mit SICH* ■ *jmd. lagert sich irgendwo* (*geh.*) *sich für einige Zeit im Freien niederlassen, um eine Pause zu machen* Die müden Wanderer lagerten sich im Schatten. ■ **etwas ist irgendwie gelagert** (*geh.*): *etwas ist irgendwie beschaffen* Unser Fall ist ähnlich gelagert wie deiner.

La·ger·platz der <-es, Lagerplätze> *ein Platz, an dem ein Lager*[1] *errichtet wird* Im Wald gab es einen großen Lagerplatz.

La·ger·raum der <-(e)s, Lagerräume> *ein Raum, in dem etwas aufbewahrt wird*

La·ger·statt die <-, Lagerstätten> (*geh.*) *das Lager*[2], *das Bett*

La·ger·stät·te die <-, -n> (BERGB.: ≈ *Fundort*) *der Ort, an dem Metalle oder Kohle im Gestein gefunden werden*

La·ge·rung die <-, -en> *der Zustand, dass etwas (irgendwo) gelagert wird* Die Lagerung der Vorräte im Haus bereitet ihm einige Probleme.

La·ger·ver·wal·ter, **La·ger·ver·wal·terin** der <-s, -> *eine Person, die beruflich ein Lager*[4] *verwaltet*

La·ger·zeit die <-, -en> *der Zeitraum, in dem et-*

was gelagert werden kann

La·gu·ne die <-, -n> *eine Art See, der vom offenen Meer nur durch einen schmalen Landstreifen oder durch Riffe abgetrennt ist*

lahm *Adj.* **1.** (*nicht steig.*) *so, dass man einen Körperteil nicht mehr bewegen kann* Durch einen Unfall bekam er ein lahmes Bein. **2.** (*umg.*) *so, dass ein Körperteil ganz müde und ohne Kraft ist* Vom vielen Tragen bekomme ich noch einen lahmen Arm! **3.** (*umg. abwert.* ≈ *langweilig*) *so, dass etwas nicht überzeugend oder langweilig ist* Das ist aber eine lahme Entschuldigung., Was für ein lahmes Fußballspiel! ■ **eine lahme Ente** (*umg. abwert.*): *eine Person, die langsam und für nichts zu begeistern ist*

Lahm·arsch der <-es, Lahmärsche> (*vulg.*) *jmd., der langsam und für nichts zu begeistern ist*

lahm·ar·schig *Adj.* (*vulg.*) *so, dass eine Person langsam und langweilig ist*

lah·men *ohne OBJ* ■ *ein Tier lahmt ein Tier ist auf einem Bein lahm*[1] Das Pferd lahmte auf dem rechten Hinterbein.

läh·men *mit OBJ* ■ *etwas lähmt jmdn.* **1.** *bewirken, dass jmd. den Körper oder einen Körperteil nicht mehr bewegen kann* Das Gift lähmt die Muskulatur., Seit dem Schlaganfall ist sie linksseitig gelähmt., Er war wie gelähmt vor Angst. **2.** *bewirken, dass jmd. oder etwas ohne Antrieb ist oder nicht mehr funktioniert* Die politische Krise lähmt die wirtschaftliche Entwicklung.

lahm le·gen *mit OBJ* ■ *jmd./etwas legt etwas lahm jmd. oder etwas bewirkt, dass etwas aufhört zu funktionieren* Durch seinen groben Fehler hatte er die ganze Produktion lahm gelegt., Der Computervirus legte zahlreiche Netze lahm.

Läh·mung die <-, -en> **1.** *der Zustand, in dem man sich oder einen Körperteil nicht mehr bewegen kann* Die Lähmung griff allmählich auf die anderen Körperteile über. **2.** *der Zustand, in dem ein System zum Stillstand gekommen ist* Die Krise führte zur Lähmung der Wirtschaft.

Laib der <-(e)s, -e> *Brot oder Käse, die eine runde Form haben und noch nicht angeschnitten sind* eine Scheibe vom Laib Brot schneiden

Laibach <-s> *der deutsche Name für Ljubljana, die Hauptstadt Sloweniens*

Laib·chen das <-s, -> (*österr.*) *eine Art Brötchen*

Lai·bung, *a.* **Lei·bung** die <-, -en> BAUW. *die innere Fläche bei Mauerwölbungen und Gewölben*

Laich der <-(e)s, -e> ZOOL. *Eier, die im Wasser von Fröschen oder Fischen zur Befruchtung abgelegt worden sind* ◆-platz, -wanderung, -zeit, Fisch-, Frosch-

lai·chen *ohne OBJ* ■ *ein Fisch/Frosch laicht* ZOOL. *ein Fisch oder Frosch legt Eier ins Wasser*

Laie der <-n, -n> **1.** *eine Person, die auf einem bestimmten Gebiet unerfahren ist und keine Kenntnisse hat* Er war in Fragen der EDV-Technik ein absoluter Laie. **2.** REL. *jmd., der nicht ein geweihter Geistlicher ist* Es wird gefordert, den Laien in der Kirche mehr Mitspracherechte einzuräumen. ◆-nprediger

Lai·en·dar·stel·ler, **Lai·en·dar·stel·lerin** der <-s, -> *jmd., der in einem Theaterstück oder Film mitspielt, aber kein ausgebildeter Schauspieler ist*

lai·en·haft *Adj.* (*abwert.*) *so, dass etwas nicht professionell ist* laienhaft ausgeführte Reparaturen

Lai·en·spiel das <-(e)s, -e> *ein Theaterstück, das mit Laiendarstellern aufgeführt wird*

Lai·zis·mus der <-> (*kein Plur.*) POL. *eine Weltanschauung, die eine strikte Trennung von Staat und Kirche fordert*

lai·zis·tisch *Adj.* POL. *in der Art des Laizismus*

La·kai der <-en, -en> **1.** GESCH. *ein Diener, der eine Uniform trägt* **2.** (*abwert.*) *Person, die von jmdm. ausgenutzt wird, unangenehme Aufgaben zu erledigen* Unangenehme Dinge erledigt er nicht selbst, dafür hat er seine Lakaien.

La·ke die <-, -n> *eine Flüssigkeit, die sehr salzig ist und in der man Lebensmittel konservieren kann* Gurken mehrere Tage in einer Lake einlegen, in der Lake gereifter Schafskäse ◆ Salz-

La·ken das <-s, -> *Betttuch* das Laken glatt ziehen ◆ Bett-, Spann-

la·ko·nisch *Adj.* (*geh.*) *so, dass eine Äußerung betont knapp ist* Sie gab nur eine lakonische Antwort.

La·k·rit·ze die <-, -n> **1.** *eine aus dem Saft des Süßholzes gewonnene schwarze Masse, die süß ist und die man essen kann* **2.** *ein Stück Lakritze*[1]

Lak·to·ve·ge·ta·ris·mus der <-> (*kein Plur.*) *eine Art der Ernährung, bei der man neben rein pflanzlichen Produkten auch Milchprodukte isst*

la·la ■ **so lala** (*umg.*): *verwendet, um auszudrücken, dass etwas oder der eigene Zustand nicht gut, aber auch nicht schlecht ist* Der Film war so lala., Wie geht's? – So lala.

lal·len **I.** *mit OBJ.* ■ *jmd. lallt etwas unverständliche Laute von sich geben* Der Betrunkene konnte nur noch Unverständliches lallen. **II.** *ohne OBJ* ■ *jmd. lallt* Der Betrunkene/das Baby lallt.

La·ma[1] das <-(s), -s> ZOOL. *eine Art Kamel ohne Höcker, das in Südamerika lebt und das zur eigenen Verteidigung spuckt*

La·ma[2] der <-(s), -s> REL. *ein buddhistischer Priester oder Mönch in Tibet und der Mongolei* ◆ Dalai-Lama, Taschi-Lama

La·ma·is·mus der <-> (*kein Plur.*) REL. *eine Form des Buddhismus vor allem in Tibet, die von lokalen Glaubensvorstellungen beeinflusst ist*

Lam·ba·da der/die <-(s), -s> *ein populärer Tanz aus Brasilien*

Lamb·da-Son·de die <-, -n> KFZ *eine Vorrichtung im Abgaskatalysator, die den Gehalt des Sauerstoffs im Abgasstrom misst*

Lamb·da·zis·mus der <-> (*kein Plur.*) *die fehlerhafte Aussprache des Buchstaben „R" als „L"*

Lam·b·rus·co der <-> (*kein Plur.*) *ein italienischer Rotwein, der süß ist und leicht schäumt*

La·mel·le die <-, -n> **1.** BOT. *eines der kleinen Blätter an der Unterseite eines Pilzhutes* **2.** *eine schmale, dünne Platte, die mit anderen gleichartigen Platten verbunden ist* eine Lamelle der Jalousie **3.** TECHN. *einzelne Rippe eines Heizkörpers*

la·men·tie·ren *ohne OBJ.* ■ *jmd. lamentiert (über etwas Akk.) (umg. abwert. ≈ jammern) klagen* Lamentiere nicht, tu etwas!, Er lamentiert schon wieder über seine Arbeit.

La·men·to das <-s, -s/Lamenti> **1.** *(Plur. nur -s) (umg. abwert.) lautes Gejammer* Mach nicht so ein Lamento! **2.** MUS. *Musikstück von schmerzlich-leidenschaftlichem Charakter*

La·met·ta das <-s> *(kein Plur.)* **1.** *viele Streifen aus Metall, die sehr dünn und lang sind und als Schmuck für den Weihnachtsbaum benutzt werden* **2.** *(umg. abwert. iron.) Orden, die jmd. trägt* Die Generäle hatten die Brust voller Lametta.

La·mi·nat das <-s> *(kein Plur.) ein Kunststoffbelag, der aussieht wie Holz, und der auf Fußböden verlegt wird*

la·mi·nie·ren *mit OBJ* ■ *jmd. laminiert etwas* TECHN. *etwas mit einer Schicht überziehen, um es zu schützen* ein Bucheinband aus laminiertem Karton

Lamm das <-(e)s, Lämmer> **1.** ZOOL. *das Junge von einem Schaf oder einer Ziege* **2.** *(umg. übertr.) jmd., der viel Geduld hat und nie etwas Böses tut* Sie ist ein richtiges Lamm! **3.** *das Fell eines Lamms*[1] eine Jacke aus Lamm ◆-felljacke **4.** *das Fleisch des Lamms*[1] ◆-braten, -fleisch, -keule, -kotelett **5.** ■ **das Lamm Gottes** (REL.: *≈ Agnus Dei*): *verwendet als Bezeichnung für Jesus Christus*

lam·men *ohne OBJ* ■ *ein Schaf lammt ein Lamm gebären*

Lamm·fell das <-(e)s, -e> *das Fell des Lamms*[1]

Lam·pe die <-, -n> **1.** *ein Gerät, das elektrisches Licht erzeugt* ◆Decken-, Halogen-, Lese-, Schreibtisch-, Steh-, Taschen-, Tisch- **2.** *innerhalb einer Lampe* [1] *das Teil, das Licht erzeugt* Neonröhren und Glühbirnen sind Lampen. ◆Glüh-, Halogen-, Neon-

Lam·pen·fie·ber das <-s> *(kein Plur.) die starke Nervosität, die jmd. spürt, bevor er öffentlich auftritt* Kurz vor seinem Auftritt hatte der Sänger Lampenfieber.

Lam·pen·schirm der <-(e)s, -e> *ein Gegenstand aus Stoff oder Metall o.Ä., der auf eine Lampe*[2] *gesetzt wird, um zu vermeiden, dass man vom Licht geblendet wird*

Lam·pi·on der [lam'pi̯ɔŋ/lam'pi̯õ:n] <-s, -s> *eine Laterne aus Papier*

LAN das <-s, -s> EDV *Abkürzung von „Local Area Network“:Bezeichnung für das System von vernetzten Computern in einem begrenzten Raum*

lan·cie·ren [lã'si:rən] <lancierst, lancierte, hat lanciert> *mit OBJ.* ■ *jmd./etwas lanciert etwas (geh.) etwas gezielt in der Öffentlichkeit verbreiten* Die Zeitung hatte den Skandal bewusst lanciert.

Land[1] das <-(e)s, Länder> **1.** *ein Gebiet, das vorwiegend benutzt wird, um Pflanzen anzubauen* fruchtbares Land, das Land bearbeiten, auf dem Land arbeiten ▶Acker-, Gras-, Weide- **2.** *(≈ Festland ↔ Wasser) auf der Erde der Teil, der nicht mit Wasser bedeckt ist* Nach der Überfahrt waren sie froh, wieder Land zu betreten., sich an Land retten können, Land in Sicht! **3.** *das Gebiet, das sich außerhalb der Städte befindet* auf dem Land wohnen, Urlaub auf dem Land machen, auf das flache Land hinausfahren ■ **etwas an Land ziehen** *(umg.)*: *etwas bekommen, wegen dem man lange verhandelt hat* Erst nach drei Wochen konnte sie den Auftrag an Land ziehen. **kein Land mehr sehen** *(umg.)*: *nicht mehr wissen, wie es weiter geht* **(wieder) Land sehen** *(umg.)*: *einen Ausweg sehen, neuen Mut finden* **die Jahre ziehen/gehen ins Land** *(geh.)*: *die Jahre vergehen* **Land unter melden**: *melden, dass ein Gebiet am Meer vom Wasser überschwemmt worden ist*

Land[2] das <-(e)s, Länder> **1.** *(≈ Staat) ein Gebiet, das eine eigene Regierung hat und politisch unabhängig ist* die europäischen Länder, benachbarte Länder, die Länder südlich des Äquators **2.** *(≈ Bundesland) in Deutschland und Österreich das Gebiet innerhalb des Staates, das eine eigene Regierung und Verfassung hat* das Land Thüringen, Österreich besteht aus neun Ländern. ■ **das Land der aufgehenden Sonne**: *Japan* **das Land der unbegrenzten Möglichkeiten**: *die USA* **das Heilige Land**: *der Teil Palästinas, der in der Bibel beschrieben ist* **wieder im Lande sein** *(umg.)*: *wieder zu Hause sein* **andere Länder, andere Sitten**: *verwendet, um eine Situation im Ausland zu kommentieren, die aus der eigenen Sicht ungewöhnlich ist* **aus aller Herren Länder**: *aus der ganzen Welt* Die Teilnehmer am Sprachkurs kamen aus aller Herren Länder. ◆Getrennt- oder Zusammenschreibung→R 4.14 Hier zu Lande/hierzulande gibt es genug zu essen., Dort zu Lande/dortzulande gibt es große Probleme.

Land·a·del der <-s> *(kein Plur.)* GESCH. *auf dem Land lebende Adlige, die Grundbesitz haben*

Land·ar·bei·ter, Land·ar·bei·te·rin der <-s, -> *jmd., der in der Landwirtschaft arbeitet und selbst kein Land besitzt* auf einer Farm als Landarbeiter beschäftigt sein

Lan·dau·er der <-s, -> *eine Kutsche mit vier Sitzen*

land·auf ■ **landauf, landab** *(geh.)*: *überall*

Land·be·sitz der <-es> *(kein Plur.) das Land*[1]*, das jmdm. gehört*

Land·be·sit·zer der <-s, -> *jmd., dem Land*[1] *gehört*

Land·be·völ·ke·rung die <-> *(kein Plur.) die Menschen, die außerhalb der großen Städte leben und dort auch arbeiten*

Land·brü·cke die <-, -n> *eine schmale natürliche Verbindung zwischen zwei größeren Landmassen*

Lan·de·an·flug der <-(e)s, Landeanflüge> *der Vorgang, dass ein Flugzeug sich dem Boden nähert, um zu landen* Der Airbus befindet sich im Landeanflug.

Lan·de·bahn die <-, -en> *auf einem Flugplatz eine Piste oder Bahn, auf der Flugzeuge landen*

Lan·de·be·feu·e·rung die <-, -en> *auf einem Flugplatz die Lichter, die die Landebahn ausleuchten, damit Flugzeuge sicher landen können*

Lan·de·be·reich der <-(e)s, -e> *das Gebiet, in dem Flugzeuge landen können*

Lan·de·brems·schirm der <-(e)s, -e> *eine Art Schirm, der sich am hinteren Teil eines Flugzeuges oder eines Shuttles automatisch beim Landen öffnet und als Bremse dient*

Lan·de·brü·cke die <-, -n> *die Stelle im Hafen, an der ein Schiff anlegt und an der die Passagiere ein- und aussteigen*

Lan·de·deck das <-s, -s> *der Platz auf einem Flugzeugträger oder einem großen Schiff, auf dem Flugzeuge oder Hubschrauber landen und starten können*

Lan·de·er·laub·nis die <-, -se> (↔ *Landeverbot*) *Erlaubnis, die einem Piloten eines Flugzeuges erteilt wird, wenn er landen will*

Land·ei das <-, Landeier> (*umg. abwert.*) *jmd., der auf dem Land[3] wohnt und nur selten in die Stadt fährt* Schon an ihrer unmodernen Kleidung erkennt man, dass sie ein richtiges Landei ist.

land·ein·wärts *Adv. von der Küste aus in Richtung des Landesinneren* Der Sturm wandert weiter landeinwärts.

Lan·de·ma·nö·ver das <-s, -> *die Handlung, die vom Piloten eines Flugzeuges oder eines Shuttles vor der Landung ausgeführt wird*

lan·den <landest, landete, hat/ist gelandet> **I.** *ohne OBJ* (*sein*) ■ *jmd./etwas landet* **1.** *nach einem Flug wieder auf festem Untergrund aufsetzen* Das Flugzeug ist gelandet., Der Storch landete auf dem Dach des Hauses. **2.** *vom Wasser ans Land kommen* Nach langer Fahrt landete das Schiff wieder an der Küste Englands., Die alliierten Truppen landeten an der französischen Atlantikküste. **3.** (*umg.*) *irgendwohin geraten* Wo sind wir denn hier gelandet?, Das alte Radio ist auf dem Müll gelandet., Er ist im Gefängnis gelandet. **II.** *mit OBJ* (*haben*) ■ *jmd./etwas landet etwas* **1.** *aus der Luft auf den Boden bringen* Der Pilot landete das Flugzeug sicher auf einem Feld., Der Computer landete die Sonde auf dem Mars. **2.** (*umg.*) *etwas zustande bringen, Erfolg haben* einen Treffer landen, einen Coup landen ■ **bei jemandem** (**nicht**) **landen** (**können**) (*umg.*): *bei jmdm.* (*keinen*) *Anklang finden* Er konnte nicht bei ihr landen.

Land·en·ge die <-, -n> *ein schmaler Streifen Festland, der zwei Meere trennt und zwei Landmassen verbindet*

Lan·de·platz der <-es, Landeplätze> *eine kleine Fläche, auf der kleine Flugzeuge oder Hubschrauber landen können* ein Landeplatz für Segelflugzeuge, Neben der Klinik liegt der Landeplatz für Rettungshubschrauber.

Län·de·rei die <-, -en> (*meist Plur.*) *sehr großer Grundbesitz* ausgedehnte Ländereien besitzen

Län·der·kampf der <-(e)s, Länderkämpfe> SPORT *ein sportlicher Wettkampf von Athleten verschiedener Länder*

Län·der·kun·de die <-> (*kein Plur.*) GEOGR. *ein Gebiet der Geografie, das die Staaten, Länder[2], Erdteile und Kulturräume darstellt und erforscht*

Län·der·spiel das <-(e)s, -e> SPORT *ein Spiel, bei dem zwei Nationalmannschaften gegeneinander spielen* ◆ Eishockey-, Fußball-, Handball-

Län·der·ver·gleich der <-s, -e> *das Verfahren, Länder[2] miteinander zu vergleichen* Nach der jüngsten Untersuchung zeigen sich im Ländervergleich große Unterschiede bezüglich der Ausgaben für Bildung.

Lan·des·ar·beits·amt das <-(e)s, Landesarbeitsämter> *das Arbeitsamt, das für ein Bundesland zuständig ist*

Landes·ar·beits·ge·richt das <-(e)s, -e> RECHTSW. *für ein Bundesland das zuständige Gericht, in dem Angelegenheiten des Arbeitsrechts verhandelt werden*

Lan·de·schlei·fe die <-, -n> *eine Flugbahn in Form einer Kurve, die ein Flugzeug vor der Landung beschreibt* Vor der Landung auf dem Flughafen ging das Flugzeug in eine Landeschleife über.

Lan·des·e·be·ne ■ **auf Landesebene**: *im Zuständigkeitsbereich eines Bundeslandes* In Deutschland wird die Bildungspolitik auf Landesebene entschieden.

Lan·des·far·ben <-> *Plur. die Farben auf der Flagge eines Landes* Der Saal war festlich in den Landesfarben geschmückt.

Lan·des·gren·ze die <-, -n> *Grenzen eines Landes[2]*

Lan·des·grup·pe die <-, -n> POL. *die Gruppe der Abgeordneten im Parlament, die aus einem Bundesland kommen und derselben Partei angehören* die bayrische Landesgruppe der SPD in Berlin

Lan·des·grup·pen·chef, **Lan·des·grup·pen·chefin** der <-s, -s> POL. *Chef einer Landesgruppe*

Lan·des·haupt·mann, **Lan·des·haupt·frau** der <-(e)s, Landeshauptmänner> (POL.: *österr.*) *Regierungschef eines österreichischen Bundeslandes*

Lan·des·haupt·stadt die <-, Landeshauptstädte> *Hauptstadt eines Landes oder Bundeslandes* Wiesbaden ist die Landeshauptstadt von Hessen.

Lan·des·haus·halt der <-(e)s, -e> POL. WIRTSCH. *die Einnahmen und Ausgaben eines Bundeslandes* Der Landtag verabschiedet heute den Landeshaushalt.

Lan·des·in·ne·re das <-n> (*kein Plur.*) *das Gebiet, das sich hinter den natürlichen oder politischen Grenzen eines Landes erstreckt* Die Truppen dringen weiter ins Landesinnere vor.

Lan·des·kri·mi·nal·amt das <-(e)s, Landeskriminalämter> *Polizeibehörde, die für ein Bundesland zuständig ist*

Lan·des·kun·de die <-> (*kein Plur.*) *die* (*wissenschaftliche*) *Beschäftigung mit Geschichte, Kultur, Geografie und Politik eines Landes* ► landeskundlich

Lan·des·li·ga die <-, Landesligen> SPORT *in bestimmten Sportarten die Spielklasse zwischen Kreisliga und Bundesliga* in die Landesliga aufsteigen

Lan·des·par·la·ment das <-s, -e> *das Parlament eines Bundeslandes*

Lan·des·par·tei·tag der <-s, -e> POL. *eine offizielle Versammlung der Vertreter der Mitglieder einer Partei auf Landesebene*

Lạn·des·po·li·tik die <-> (*kein Plur.*) *die Politik eines Bundeslandes*

Lạn·des·rat, **Lạn·des·rä·tin** der <-(e)s, Landesräte> (POL.: *österr.*) *Minister eines Bundeslandes*

Lạn·des·rech·nungs·hof der <-(e)s, -Landesrechnungshöfe> POL. *eine unabhängige Behörde, die die wirtschaftliche Haushaltsführung der gesamten Verwaltung eines Bundeslandes überwacht*

Lạn·des·re·gie·rung die <-, -en> *die Regierung eines Bundeslandes*

Lạn·des·sport·bund der <-(e)s, Landessportbünde> *eine Organisation auf Landesebene, die sportliche Aktivitäten organisiert und Sportkurse anbietet*

Lạn·des·spra·che die <-, -n> *die Sprache, die vom überwiegenden Teil der Bevölkerung eines Landes gesprochen wird*

Lạn·de·steg der <-s, -e> *Steg im Wasser, an dem kleinere Wasserfahrzeuge anlegen können*

Lạn·de·stel·le die <-, -n> *ein Ort, an dem ein Fluggerät gelandet ist* Die Landestelle der Sonde befand sich im Funkschatten des Planeten.

Lạn·des·tracht die <-, -en> *traditionelle Kleidung, die für ein Land typisch ist* Die Folkloregruppe trat in Landestracht auf.

lạn·des·üb·lich <nicht steig.> *Adj. so, dass etwas in einem Land normal ist*

Lạn·des·va·ter, **Lạn·des·mut·ter** der <-s, Landesväter> **1.** GESCH. *Fürst(in) eines Landes* **2.** (*umg.*) *Regierungschef(in) oder Frau des Regierungschefs eines Landes oder Bundeslandes* In die Rolle des Landesvaters muss sich der neue Ministerpräsident erst noch eingewöhnen., Während ihr Mann die Regierungsgeschäfte lenkt, kümmert sich die Landesmutter meist um soziale Projekte.

Lạn·des·ver·band der <-(e)s, Landesverbände> *Teil einer Partei oder einer Organisation in einem Bundesland* der hessische Landesverband der Partei, der bayrische Landesverband des Deutschen Roten Kreuzes

Lạn·des·ver·fas·sung die <-> (*kein Plur.*) *die Verfassung eines Bundeslandes*

Lạn·des·ver·rat der <-s> (*kein Plur.*) RECHTSW. *eine Straftat, die sich gegen die äußere Sicherheit oder die Machtstellung eines Staates richtet* Das Verraten von Staatsgeheimnissen ist Landesverrat und wird mit hohen Freiheitsstrafen geahndet.

Lạn·des·ver·tei·di·gung die <-> (*kein Plur.*) MILIT. *militärische Abwehr eines äußeren Angriffs auf ein Land* Die Bundeswehr dient ausschließlich der Landesverteidigung.

Lạn·des·vor·sit·zen·de der/die <-n, -n> *jmd., der einen Landesverband leitet*

Lạn·des·vor·stand der <-(e)s, Landesvorstände> *eine Gruppe von Personen, die einen Landesverband leiten*

Lạn·des·wäh·rung die <-, -en> *die in einem Land gültige Währung* Der Dollar ist die Landeswährung in den USA.

lạn·des·weit <nicht steig.> *Adj. auf dem gesamten Gebiet eines Landes* Die Polizei leitete eine landesweite Fahndung nach dem Täter ein.

Lạn·des·zen·tral·bank die <-, -en> *eine Bank, die für die Geldgeschäfte eines Bundeslandes zuständig ist*

Lạn·des·zen·tra·le die <-, -n> *Hauptsitz einer Organisation oder einer Institution in einem Bundesland* die Landeszentrale des Westdeutschen Rundfunks in Köln

Lạn·de·ver·bot das <-(e)s, -e> *die Anordnung an den Piloten eines Flugzeugs oder Hubschraubers, nicht zu landen* Nach dem Bombenalarm auf dem Flughafen herrschte ein Landeverbot für alle Flugzeuge.

Lạnd·fahr·zeug das <-(e)s, -e> (↔ *Wasserfahrzeug*) *ein Fahrzeug für das Land*

Lạnd·flucht die <-> (*kein Plur.*) *der Vorgang, dass viele Menschen vom Land in die Stadt gehen, um dort Arbeit zu suchen*

Lạnd·flüch·ti·ge der/die <-n, -n> SOZIOL *jmd., der vom Land in die Stadt abwandert, um dort Arbeit zu suchen*

Lạnd·frie·dens·bruch der <-(e)s> (*kein Plur.*) RECHTSW. *eine Straftat, die die öffentliche Sicherheit gefährdet und bei der es zu Gewalttätigkeiten aus einer Menschenmenge heraus kommt* Nach den Ausschreitungen während der Demonstration wurden zahlreiche Personen wegen Landfriedensbruch verhaftet.

Lạnd·gang der <-(e)s, Landgänge> SEEW. *eine Art kurzer Urlaub für Seeleute, während dessen sie in einem Hafen vom Schiff ans Land dürfen* Sie hatten nur zwei Tage Landgang, dann lief das Schiff wieder aus.

Lạnd·ge·mein·de die <-, -n> *ein kleiner Ort auf dem Lande*

Lạnd·ge·richt das <-(e)s, -e> **1.** *Gericht, das dem Amtsgericht übergeordnet ist und das für Zivil- und Strafsachen zuständig ist* **2.** *das Gebäude, in dem sich das Landgericht[1] befindet*

lạnd·ge·stützt <nicht steig.> *Adj.* MILIT. *so, dass Raketen vom Land abgefeuert werden können* landgestützte Interkontinentalraketen

Lạnd·gut das <-(e)s, Landgüter> *ein großes Haus auf dem Land, zu dem Stallungen, Wirtschaftsgebäude und ein großes Grundstück gehören*

Lạnd·haus das <-es, Landhäuser> *eine Art Villa, die so gebaut ist, dass sie gut in ihre ländliche Umgebung passt*

Lạnd·jä·ger der <-s, -> *eine schmale, harte, kurze Wurst, die getrocknet ist und einen sehr würzigen Geschmack hat*

Lạnd·ju·gend die <-> (*kein Plur.*) **1.** *Organisation der Jugend, die auf dem Land wohnt und deren Eltern vorwiegend in der Landwirtschaft beschäftigt sind* die evangelische Landjugend **2.** *die Menschen, die außerhalb der Städte auf dem Land leben und die ungefähr zwischen 15 und 30 Jahre alt sind*

Lạnd·kar·te die <-, -n> *eine Karte, auf der ein Land[2] oder ein großes Gebiet verkleinert dargestellt ist* Auf dieser Landkarte sind sogar alle kleinen Wege aufgeführt.

Land·kreis der <-es, -e> *eine öffentlich-rechtliche Verwaltungseinheit, in der mehrere einzelne Gemeinden zusammengefasst sind und die die Aufgaben übernimmt, die für die Gemeinden eines Kreises zu groß sind, wie z.B. der Bau von Kreiskrankenhäusern*

land·läu·fig (*nur attr.*) *Adj.* (≈ *üblich*) *so, wie es allgemein als normal angesehen wird* Sie bilden keine Familie im landläufigen Sinne, sondern eine freie Lebensgemeinschaft., nach landläufiger Meinung

Land·le·ben das <-s> (*kein Plur.*) (↔ *Stadtleben*) *das Leben auf dem Land* in den Ferien das Landleben genießen

Länd·ler der <-s, -> (*österr.*) *österreichischer Volkstanz*

länd·lich *Adj.* **1.** (↔ *städtisch*) *zum Land gehörend* ländliche Gemeinden **2.** (≈ *bäuerlich*) *so, wie es auf dem Dorf oder auf dem Land üblich ist* ländliche Sitten und Gebräuche, Die Küche bietet typisch ländliche Gerichte.

Land·mann der <-(e)s, Landmänner> (*veralt.*) *Bauer*

Land·ma·schi·ne die <-, -n> *eine Maschine, die für die Landwirtschaft gebraucht wird* Traktoren und Mähdrescher gehören zu den Landmaschinen.

Land·mi·ne die <-, -n> MILIT. *ein Sprengkörper, der im Erdboden versteckt wird und der explodiert, wenn ihn jmd. berührt* Landminen fordern noch lange nach einem Krieg das Leben vieler Unschuldiger.

Land·pla·ge die <-, -n> (*abwert.*) *Personen, Tiere oder Dinge, die in sehr großer Zahl oder Menge auftreten und sehr stören oder großen Schaden anrichten* Die Wühlmäuse sind in diesem Jahr eine wahre Landplage!

Land·rat, **Land·rä·tin** der <-(e)s, Landräte> (≈ *Oberkreisdirektor*) **1.** *Beamter, der einen Landkreis leitet* **2.** (*schweiz.*) *das Parlament eines Kantons* **3.** (*schweiz.*) *Mitglied des Parlaments eines Kantons*

Land·rats·amt das <-(e)s, Landratsämter> AMTSSPR. **1.** *Behörde, die einen Landkreis verwaltet* **2.** *das Gebäude, in dem sich das Landratsamt*[1] *befindet*

Land·rat·te die <-, -n> (*norddt. scherzh. oder abwert.*) *Person, die noch nie zur See gefahren ist*

Land·re·gen der <-s> (*kein Plur.*) (↔ *Platzregen*) *lange anhaltender, gleichmäßiger Regen*

Land·ro·ver® der ['lændroʊə] <-s, -> *ein Geländewagen*

Land·schaft die <-, -en> **1.** *ein Teil eines Landes, das bestimmte Eigenschaften und Merkmale hat* Die Landschaft bestand nur aus Hügeln und Feldern., eine gebirgige/hügelige Landschaft, Die Landschaft ist vom Kohlebergbau geprägt. **2.** KUNST *ein gemaltes Bild einer Landschaft* [1] Eine romantische Landschaft hing über dem alten Sofa.

land·schaft·lich <nicht steig.> (*nur attr.*) *Adj.* **1.** *die Landschaft*[1] *betreffend* die landschaftliche Schönheit der Alpen **2.** (SPRACHWISS.: ≈ *regional*) *so, wie in einer bestimmten Region gesprochen wird* „Semmel" und „Schrippe" sind landschaftliche Bezeichnungen für „Brötchen".

Land·schafts·gärt·ner, **Land·schafts·gärt·ne·rin** der <-s, -> *jmd., der sich beruflich mit der Gestaltung von öffentlichen Gärten und Grünanlagen befasst*

Land·schafts·pfle·ge die <-> (*kein Plur.*) AMTSSPR. *alle öffentlichen Maßnahmen, die dazu dienen, eine Landschaft*[1] *mit ihren speziellen Eigenheiten zu erhalten und zu pflegen*

Land·schafts·schutz·ge·biet das <-(e)s, -e> AMTSSPR. *Gebiet, dessen Landschaft*[1] *unter besonderem Schutz steht*

Land·schul·heim das <-(e)s, -e> *ein Heim, in dem sich Schulklassen für eine bestimmte Zeit zum Lernen und zur Erholung aufhalten*

Lands·knecht der <-s, -e> GESCH. *eine Art Soldat, der für den Herrscher kämpft, von dem er bezahlt wird, und der zu den Fußtruppen gehört*

Lands·mann, **Lands·män·nin** der <-(e)s, Landsleute> *Person, die aus dem selben Land kommt wie eine andere* Er war froh, im Ausland einen Landsmann gefunden zu haben., „Liebe Landsleute!", begann er seine Ansprache.

Lands·mann·schaft die <-, -en> *in der Bundesrepublik Deutschland: Zusammenschluss von Menschen, die im oder direkt nach dem 2. Weltkrieg ehemalige deutsche Gebiete im Osten verlassen mussten* die schlesische Landsmannschaft

Land·stra·ße die <-, -n> *eine Straße, die kleine Ortschaften verbindet* Nach dem Ende der Autobahn müssen Sie auf der Landstraße weiterfahren.

Land·strei·cher, **Land·strei·che·rin** der <-s, -> (*abwert.*) *Person, die keinen festen Wohnsitz hat und ohne festes Ziel von einem Ort zu einem anderen Ort wandert*

Land·streit·kräf·te <-> *Plur.* MILIT. *Teil des Militärs, der auf dem Land operiert*

Land·strich der <-(e)s, -e> *Gebiet, Teil eines Landes* [1 2] Der Orkan hat im Süden ganze Landstriche verwüstet.

Land·tag der <-(e)s, -e> *das Parlament eines Bundeslandes*

Land·tags·ab·ge·ord·ne·te der/die <-n, -n> *gewähltes Mitglied des Landtages*

Land·tags·frak·tion die <-, -en> POL. *Gruppe der Abgeordneten einer Partei im Landtag*

Land·tags·wahl die <-, -en> POL. *die Wahl zum Parlament eines Bundeslandes*

Lan·dung die <-, -en> **1.** *der Vorgang, dass jmd. oder etwas nach einem Flug landet* eine weiche/harte Landung, die Landung des Flugzeugs/Fallschirmspringers, zur Landung ansetzen ◆ Bruch-, Not- **2.** *die Ankunft auf dem Festland vom Wasser aus* eine glückliche Landung nach stürmischer Fahrt, die Landung der alliierten Truppen an der französischen Küste

Lan·dungs·boot das <-(e)s, -e> MILIT. *ein Boot, das im flachen Wasser direkt die feindliche Küste anlaufen kann, um dort Truppen an Land abzusetzen*

Lan·dungs·brü·cke die <-, -n> *eine Art bewegliche Brücke zwischen einem Schiff und der Anlegestelle, über die man das Schiff betreten oder verlassen kann*

Land·ver·mes·sung die <-, -en> *der Vorgang, dass ein Gelände oder ein Gebiet vermessen wird*

Land·weg der <-(e)s, -e> (↔ *Seeweg*) *der Weg, der über das Land zu einem Ziel führt* Bei Ebbe ist die Festung auf dem Landweg zu erreichen.

Land·wirt, **Land·wir·tin** der <-(e)s, -e> (≈ *Bauer*) *jmd., der auf einem Bauernhof lebt und arbeitet*

Land·wirt·schaft die <-, -en> **1.** (*kein Plur.*) *der Anbau von Pflanzen auf dem Land und die Zucht von Tieren und der Verkauf dieser Produkte* **2.** *ein Bauernhof* Sie betreiben eine kleine Landwirtschaft, hauptsächlich vermieten sie aber an Feriengäste.

land·wirt·schaft·lich <nicht steig.> *Adj. die Landwirtschaft[1] betreffend* landwirtschaftliche Erzeugnisse, die Wiesen landwirtschaftlich nutzen

Land·wirt·schafts·mi·nis·ter, **Land·wirt·schafts·mi·nis·terin** der <-s, -> *Minister, der für die Landwirtschaft[1] zuständig ist*

Land·wirt·schafts·mi·nis·te·rium das <-s, Landwirtschaftsministerien> *Regierungsbehörde, die für die Landwirtschaft[1] zuständig ist*

Land·zun·ge die <-, -n> *ein langes, schmales Stück Land, das von Wasser umgeben ist und eine Halbinsel bildet*

lang[1] <länger, am längsten> *Adj.* **1.** (*der Maßangabe nachgestellt*) (↔ *breit; in Verbindung mit einer Zahlenangabe*) *so, dass etwas in einem bestimmten Maße in einer Richtung von einem Punkt zum anderen ausgedehnt ist* Die eine Seite ist nur 3 Meter lang., Der Swimmingpool ist 20 Meter lang und 10 Meter breit. **2.** (↔ *kurz*) *so, dass etwas überdurchschnittlich weit in eine Richtung von einem Punkt zum anderen ausgedehnt ist* Die Straße ist aber wirklich lang., Die Hosenbeine sind zu lang, ich muss sie kürzer machen., Der Rhein ist länger als die Weser., Lange Haare für Männer sind wieder modern. **3.** (↔ *kurz*) *so, dass etwas einen ziemlich großen Zeitraum umfasst* Endlich machen wir einen langen Urlaub., Bei dieser langen Rede kam schnell Langeweile auf., Wie lang sind die Sommerferien in diesem Jahr? **4.** (↔ *kurz*) *so, dass etwas viele Einzelheiten und viele Seiten umfasst* ein langer Brief, ein langes Manuskript **5.** *so, dass die Ausdehnung von etwas exakt mit einer Maßangabe steht* Der Film ist 120 Minuten lang., Sie hat zwei Stunden lang gewartet., Die Schlange ist 2 Meter lang. **6.** (*umg.* ↔ *kurz*) *sehr groß gewachsen* ein langer Kerl, Der ist aber lang! ■ **lang und breit**: *sehr ausführlich und mit vielen Details* Er hat mir lang und breit von seinem Autokauf erzählt. **seit langem**: *seit einer langen Zeit* **über kurz oder lang**: *bald* Über kurz oder lang wird das Restaurant geschlossen. **auf lange Sicht**: *künftig, auf Dauer* **es nicht mehr lange machen** (*umg.*): *bald sterben* ◆ Kleinschreibung→R 3.13 seit/vor langem; Großschreibung→R 3.7 des Langen/Längeren; Getrenntschreibung→R 4.2, R 4.3 die Arme lang/noch länger strecken, ein Gummiband lang/noch etwas länger ziehen, ein länger gehegter Traum

lang[2] (*nachgestellt*) *Adv.* ■ *... lang fahren/gehen/laufen* (*umg.*) *entlang* Wenn wir diese Straße lang gehen, kommen wir zum Bahnhof., immer an der Wand lang

lang·är·m(e·)lig <nicht steig.> *Adj. so, dass ein Kleidungsstück lange Ärmel hat* ein langärm(e)liger Pullover

lang·at·mig *Adj.* (*abwert.*) *so ausführlich, dass es langweilig wird* Das Buch ist etwas langatmig.

lang·bei·nig <nicht steig.> *Adj. so, dass jmd. oder ein Tier lange Beine hat* eine langbeinige junge Frau, ein langbeiniges Rennpferd

lan·ge *Adv.* **1.** (*umg.*) *so, dass etwas einen relativ langen Zeitraum dauert* Die Beratung dauert sehr lange., Wir haben lange und gut zu Abend gegessen. **2.** *seit einem relativ langen Zeitraum* Sie hat lange auf die Beförderung gewartet., Das weiß ich schon lange., Unsere letzte Begegnung ist sehr lange her. ■ **noch lange nicht**: *bei weitem nicht* Das ist noch lange nicht alles!

Län·ge die <-, -n> **1.** (↔ *Breite*) *die Ausdehnung, die etwas in einer Richtung im Raum von einem Punkt zum anderen hat* (*und die größer als die kürzere Seite, die „Breite" ist*) Die Länge beträgt 5 Meter und die Breite 4 Meter. **2.** *das Ausmaß der Länge[1]* die Länge des Zuges, die Länge einer Strecke messen, in vier verschiedenen Längen lieferbar sein, Die Straße ist auf einer Länge von 10 km gesperrt. **3.** (*kein Plur.*) *körperliche Größe eines Menschen* Die Basketballer fallen durch ihre Länge auf. ■ **der Länge nach**: *mit dem ganzen Körper* Er rutschte aus und fiel der Länge nach hin. **4.** (*kein Plur.*) *zeitliche Ausdehnung* ein Film von drei Stunden Länge, eine Opernaufführung von beträchtlicher Länge **5.** (*meist Plur.*) (*umg.*) *langweilige Stelle in einem Buch, Film oder Schauspiel* Der Film war gut, aber er hatte auch Längen. **6.** GEOGR. *Abstand eines Ortes auf der Erde vom Nullmeridian* Die Stadt liegt auf 20 Grad westlicher Länge. **7.** SPORT *ein Vorsprung, der der Länge[2] des Sportlers, des Pferdes oder des Sportgerätes entspricht* Die Schwimmerin gewann mit einer halben Länge Vorsprung., Der Jockey gewann mit zwei Längen Vorsprung., Das Boot der Mannschaft gewann mit einer knappen Länge Vorsprung. ■ **etwas zieht sich in die Länge**: *etwas dauert länger als erwartet* Die Diskussion zog sich in die Länge. **etwas in die Länge ziehen**: *etwas langsamer machen, so dass es lange dauert* Sie zogen das Schachspiel ganz schön in die Länge. ◆ Boots-, Rad-

lan·gen[1] **I.** *ohne OBJ.* (*umg.*) **1.** ■ *etwas langt* (*irgendwie*) *in genügender Menge vorhanden sein* Wenn das Essen nicht langt, müssen wir eben noch etwas bestellen., Die Vorräte werden bis zum Wochenende knapp langen. **2.** ■ *etwas langt bis irgendwohin sich bis zu einem Punkt erstrecken* Die

Gardinen langen bis auf den Boden. **II.** *mit ES* ■ *es langt jmdm.* (*umg.*) *verwendet, um auszudrücken, dass jmd. keine Geduld mehr mit etwas hat* Mir langt es, dauernd kommst du zu spät!

lan·gen² *ohne OBJ* ■ *jmd. langt irgendwohin* (*umg.*) *die Hand in etwas stecken, um etwas zu greifen* in die Manteltasche/Tüte langen ■ **jemandem eine langen** (*umg.*): *jmdm. eine Ohrfeige geben*

Län·gen·grad der <-(e)s, -e> GEOGR. *Abstand eines Ortes auf der Erde vom Nullmeridian* auf dem 20. östlichen Längengrad liegen

Län·gen·maß das <-es, -e> *Maßeinheit für die Ausdehnung einer Länge im Raum* Zentimeter, Meter und Kilometer sind Längenmaße.

län·ger·fris·tig <nicht steig.> *Adj. so, dass etwas für einen längeren Zeitraum gilt* einen längerfristigen Vertrag abschließen, Aus den Verhandlungen ergeben sich längerfristige Perspektiven der Zusammenarbeit.

Lan·ge·wei·le die <-> (*kein Plur.*) (↔ *Kurzweil*) *das Gefühl, das eintritt, wenn man nichts zu tun hat und nicht weiß, wie man seine Zeit verbringen soll* Am Sonntag hatte sie immer Langeweile, weil nichts passierte., der Langeweile entgegenwirken, etwas aus purer Langeweile tun

lang·fä·dig *Adj.* (*schweiz.*) *so ausführlich, dass es langweilig wird* eine etwas langfädige Diskussion

Lang·fin·ger der <-s, -> (*umg. scherzh.*) *Dieb*

lang·fris·tig <nicht steig.> *Adj.* **1.** *so, dass etwas länger dauert oder gültig ist* langfristige Ziele berücksichtigen, langfristig planen **2.** ■ **langfristig gesehen**: *eine Entwicklung über einen längeren Zeitraum betrachtend* Langfristig gesehen sind Immobilien eine sichere Wertanlage.

lang·ge·hen <gehst lang, ging lang, ist langgegangen> *ohne OBJ* ■ *jmd. geht irgendwo lang* (*umg.*) *an einer Strecke entlanggehen* die Straße langgehen ■ **jemand weiß, wo es langgeht** (*umg.*): *jmd. weiß, was man in einer bestimmten Situation machen muss* Der ist gar nicht so dumm, der weiß, wo's lang geht! **jemandem zeigen, wo's langgeht** (*umg.*): *jmdm. sehr deutlich sagen, was man denkt*

lang·jäh·rig <nicht steig.> *Adj.* **1.** *so, dass etwas seit vielen Jahren andauert oder vorhanden ist* ein langjähriger Konflikt **2.** *so, dass jmd. seit vielen Jahren eine bestimmte Rolle hat* ein langjähriger Freund/Kollege/Mitarbeiter

Lang·lauf der <-(e)s> (*kein Plur.*) *eine Wintersportart, bei der man in relativ ebenem Gelände auf schmalen Skiern lange Strecken zurücklegt*

Lang·läu·fer, **Lang·läu·fe·rin** der <-s, -> *jmd., der Langlauf betreibt*

Lang·lauf·loi·pe die <- , -n> *eine Art Spur im Schnee, in der man mit Skiern Langlauf betreiben kann*

Lang·lauf·ski der <-s, -er> *ein schmaler Ski, den man für den Langlauf benutzt*

lang·le·big <nicht steig.> *Adj.* (↔ *kurzlebig*) *so, dass etwas lange Zeit gut funktioniert oder haltbar ist* ein langlebiger Akku, langlebige und hochwertige Waren, ein langlebiger Brauch, der auch heute noch gepflegt wird

Lang·le·big·keit die <-> (*kein Plur.*) *die Eigenschaft, lange und gut zu funktioniern oder haltbar zu sein* Dieses Produkt zeichnet sich durch seine Langlebigkeit aus.

läng·lich *Adj. ziemlich lang und nicht breit* Die Gurke hat eine längliche Form., ein länglicher Strand

Lang·mut die <-> (*kein Plur.*) (*geh.*) *sehr große Geduld* Im Umgang mit Kindern zeigt er eine erstaunliche Langmut.

lang·mü·tig *Adj.* (*geh.*) *sehr geduldig*

längs¹ *Präp. + Gen. seitlich* (*an etwas*) *entlang* Längs der Küste erstrecken sich schattige Buchenwälder., Der Zaun verläuft längs des Weges.

längs² *Adv.* (↔ *quer*) *so, dass es der längeren Seite nach verläuft* Der Stoff ist längs gestreift., das Auto längs einparken ◆ Getrenntschreibung→R 4.12 ein längs gestreifter Anzug

Längs·ach·se die <-, -n> *eine gedachte Achse, die parallel zur Länge¹ eines Körpers verläuft* Die Raumstation rotiert um die Längsachse.

lang·sam *Adj.* **1.** (↔ *schnell*) *so, dass etwas eine geringe Geschwindigkeit hat* ein langsam fahrendes Auto, ein langsamer Vorgang, langsame Bewegungen **2.** (↔ *flink, schnell*) *so, dass jmd. etwas nicht schnell macht* Leider arbeitet er ziemlich langsam. **3.** (≈ *schwerfällig*) *so, dass jmd. nicht schnell denkt oder lernt* ein langsamer Schüler, langsam begreifen **4.** *allmählich* ein langsames Ansteigen der Aktienkurse, Langsam reicht mir sein Verhalten! ■ **langsam, aber sicher** (*umg.*): *nicht schnell, aber so, dass auf jeden Fall Fortschritte gemacht werden* Langsam, aber sicher kommt es zu Reformen.

Lang·sam·keit die <-> (*kein Plur.*) *der Zustand, bei dem jmd. oder etwas langsam ist*

Lang·schlä·fer, **Lang·schlä·fe·rin** der <-s, -> (*umg.*) *jmd., der oft und gerne morgens lange schläft*

Lang·spiel·plat·te die <-, -n> (↔ *Single*) *Schallplatte, die mehrere Musikstücke auf jeder Seite hat*

Längs·schnitt der <-(e)s, -e> *die Darstellung der Schnittfläche eines Körpers, der der Länge nach durchgeschnitten ist* Die Darstellung zeigt einen Längsschnitt durch den Körper einer Kuh.

längst *Adv. schon seit langem* Das weiß ich doch schon längst!, Das hat er schon längst erledigt! ■ **längst nicht**: *gebraucht, um eine Verneinung zu verstärken* Meine alte Wohnung war längst nicht so teuer wie meine neue.

längs·tens *Adv.* (*umg.*) **1.** (≈ *höchstens* ↔ *mindestens*) *nicht länger als* Der Kühlschrank hält längstens zwei Jahre! **2.** (↔ *frühestens*) *spätestens* Du wirst längstens in zwei Wochen Bescheid bekommen.

Lang·stre·cken·flug der <-(e)s, Langstreckenflüge> *ein Flug zu einem Ziel, das sehr weit entfernt ist*

Lang·stre·cken·lauf der <-(e)s, Langstreckenläufe> SPORT *ein Wettlauf über eine sehr lange Strecke*

Lang·stre·cken·ra·ke·te die <-, -n> MILIT. *eine Rakete, die eine große Reichweite hat*

Lan·gus·te die <-, -n> *ein großer rötlich-violetter Krebs, der keine Scheren hat und vor allem im Mittelmeer lebt.* Langusten sind eine teure Delikatesse.

lang·wei·len <langweilst, langweilte, hat gelangweilt> **I.** *mit OBJ* ■ *jmd./etwas langweilt jmdn. jmd. oder etwas verursacht bei jmdm. Langeweile* Der Film langweilt mich., Der Redner langweilte das Publikum mit ausführlichen Erklärungen. **II.** *mit SICH* ■ *jmd. langweilt sich jmd. hat Langeweile* Wir haben uns im Kino fürchterlich gelangweilt.

Lang·wei·ler der <-s, -> (*umg. abwert.*) **1.** *jmd., der bei anderen Langeweile hervorruft* **2.** *jmd., der in all seinen Handlungen sehr langsam ist*

lang·wei·lig *Adj. so, dass jmd. oder etwas überhaupt nicht interessant ist und Langeweile verursacht* ein langweiliger Abend, Er ist ein langweiliger Mensch, dem nichts Lustiges einfällt.

Lang·wel·le die <-, -n> **1.** PHYS. ELEKTROTECHN. *elektromagnetische Welle mit einer Länge zwischen 1000 und 10.000 Metern* **2.** (*kein Plur.*) TELEKOMM. *Bereich im Rundfunk, der Sender mit Langwellen[1] empfängt* einen Sender auf Langwelle empfangen

lang·wie·rig *Adj. so schwierig und kompliziert, dass es lange Zeit dauert* langwierige Verhandlungen, eine langwierige Krankheit

Lang·zeit·ar·beits·lo·se der/die <-n, -n> *jmd., der länger als ungefähr ein halbes Jahr keine Arbeit hat*

Lang·zeit·ar·beits·lo·sig·keit die <-> (*kein Plur.*) *der Zustand, in dem jmd. seit über einem halben Jahr keine Arbeit hat* Immer mehr Menschen sind von Langzeitarbeitslosigkeit betroffen.

Lang·zeit·ge·dächt·nis das <-ses> (*kein Plur.*) (↔ *Kurzzeitgedächtnis*) *die Fähigkeit des Gehirns, Ereignisse und Informationen lange Zeit zu speichern*

Lang·zeit·stu·die die <-, -n> *eine über einen längeren Zeitraum angelegte wissenschaftliche Untersuchung* eine Langzeitstudie über die Situation der Jugendlichen

Lang·zeit·wir·kung die <-, -en> *die Wirkung über einen längeren Zeitraum* Es konnte noch nicht untersucht werden, welche Langzeitwirkung das Medikament hat.

Lan·ze die <-, -n> *eine Waffe, die aus einer langen Stange mit einer Metallspitze besteht* Der Ritter durchbohrte seinen Gegner mit der Lanze. ■ **für jemanden eine Lanze brechen** (*geh.*): *für jmdn. in der Öffentlichkeit eintreten*

La·O·la·Wel·le die <-, -n> *eine Handlung, mit der das Publikum in Sportstadien seine Begeisterung zeigt*

La·os <-> *Staat in Hinterindien*

La·o·te, **La·o·tin** der <-n, -n> *jmd., der die laotische Staatsbürgerschaft hat*

la·o·tisch <nicht steig.> *Adj. Laos betreffend*

la·pi·dar *Adj. so, dass eine Äußerung überraschend knapp, aber sehr präzise und treffend ist* eine lapidare Bemerkung fallen lassen

La·pis·la·zu·li der <-, -> *ein Halbedelstein, der eine tiefblaue Farbe hat*

Lap·pa·lie die [la'paːli̯ə] <-, -n> (*abwert.*) *eine völlig unwichtige Kleinigkeit* Wegen einer solchen Lappalie wagst du es, mich zu stören?, Er geht bei jeder Lappalie gleich zum Arzt.

Lap·pe, **Lap·pin** der <-n, -n> *Einwohner Lapplands*

Lap·pen der <-s, -> **1.** *ein Stück Stoff oder Leder, mit dem man etwas putzt oder aufwischt* den Tisch mit einem Lappen abwischen ■ **etwas geht etwas/jemandem durch die Lappen** (*umg.*): *jmd. oder ein Tier schafft es nicht, etwas/jmdn. zu erreichen oder zu fangen* Das Geschäft ist uns durch die Lappen gegangen., Die Maus ist der Katze wieder durch die Lappen gegangen., Dem Zoll ist schon wieder ein Schmuggler durch die Lappen gegangen. ◆ Putz-, Scheuer-, Spül-, Wasch- **2.** (*umg.*) *Führerschein*

läp·pern ■ **es läppert sich** (**zusammen**) (*umg.*): *etwas wächst in kleinen Schritten zu einer beträchtlichen Menge an* Es sind nur kleine Spenden eingegangen, aber es läppert sich.

lap·pig *Adj.* (*umg. abwert.*) *schlaff*

lap·pisch <nicht steig.> *Adj. Lappland betreffend*

läp·pisch *Adj.* (*umg. abwert.*) **1.** *sehr gering* ein läppischer Betrag **2.** *so einfach und dumm, dass es ärgerlich ist* Ihm war ein läppischer Fehler unterlaufen.

Lapp·land <-s> *Gebiet im Norden von Schweden, Norwegen und Finnland*

Lap·sus der <-, -> (*geh.*) *ein kleiner, unbedeutender Fehler* Mir ist ein kleiner Lapsus unterlaufen.

Lap·top der ['lɛptɔp] <-s, -s> EDV *tragbarer Computer, der größer als ein Notebook ist*

Lär·che die <-, -n> BOT. **1.** *ein Nadelbaum, der seine Nadeln im Herbst verliert* **2.** *das Holz der Lärche[1]*

Lar·go das <-s, -s/Larghi> MUS. *langsam und gedehnt gespieltes Musikstück*

La·ri·fa·ri das <-s> (*kein Plur.*) (*umg. abwert.*) *Unsinn* Das ist doch alles Larifari!

Lärm der <-(e)s> (*kein Plur.*) (≈ *Krach*) *Geräusche, die laut sind und stören* ein ohrenbetäubender Lärm, Dauernder Lärm schadet der Gesundheit., Macht nicht so einen Lärm! ■ **viel Lärm um nichts** (*geh.*): *viel Aufregung wegen etwas, das gar nicht wichtig ist* ◆ -bekämpfung, Flug-, Straßen-, Verkehrs-

Lärm·be·läs·ti·gung die <-, -en> *Lärm, der sehr stark stört* die Lärmbelästigung durch den Straßenverkehr, sich wegen ständiger Lärmbelästigung durch die Nachbarn beschweren

lärm·emp·find·lich *Adj. so, dass jmd. durch Geräusche schnell gestört wird* Lärmempfindliche Personen sollten nicht an verkehrsreichen Straßen wohnen.

lär·men *ohne OBJ* ■ *jmd./etwas lärmt Lärm ma-*

chen Man hört die Kinder auf dem Hof lärmen.

lär·mend *Adj. so, dass jmd. oder etwas laut ist* die lärmenden Kinder, Der Karnevalsumzug zog fröhlich lärmend durch die Straßen.

Lärm·ku·lis·se die <-, -n> *ein Geräuschhintergrund mit viel Lärm*

Lärm·min·de·rung die <-, -en> *Vorgang, dass Lärm verringert wird*

lar·mo·yant [larmo̯a'jant] *Adj.* (*geh.*) *weinerlich*

Lärm·pe·gel der <-s, -> *die* (*gemessene*) *Stärke des Lärms* Der Lärmpegel war erheblich angestiegen.

Lärm·quel·le die <-, -n> *die Ursache des Lärms* eine Lärmquelle beseitigen

Lärm·schutz der <-es> (*kein Plur.*) *eine Maßnahme, die gegen schädlichen Lärm schützt* An der Autobahn wurden Mauern als Lärmschutz errichtet.

Lärm·schutz·an·for·de·run·gen *Plur. Maßnahmen, die gesetzlich vorgeschrieben und erfüllt werden müssen, um vor Lärm zu schützen* Wegen der hohen Lärmschutzanforderungen konnte die neue Startbahn des Flughafens nicht gebaut werden.

Lärm·schutz·wand die <-, Lärmschutzwände> *eine Art Wand, die an den Seiten einer Schnellstraße errichtet wird, um vor dem Autolärm zu schützen* Lärmschutzwände an der Autobahn errichten

Lar·ve die <-, -n> **1.** BIOL. *eine Art Wurm, aus dem später ein Schmetterling, eine Fliege o. Ä. wird* die Larven der Schmetterlinge **2.** (*geh.*) *eine Maske, die vor dem Gesicht getragen wird* sein Gesicht hinter einer Larve verbergen **3.** (*abwert.*) *hübsches, aber nichtssagendes Gesicht* Unter den vielen nichtssagenden, glatten Larven war sie das erste interessante Gesicht.

las *Prät. von* **lesen**

lasch *Adj.* **1.** (*umg.*) *ohne Kraft, ohne Energie* ein lascher Händedruck, eine lasche Person **2.** (*umg.*) *nicht ausreichend gewürzt* Die Suppe ist lasch.

La·sche die <-, -n> *ein schmales Stück aus Papier, Leder oder Stoff, das als Verschluss oder Schmuck dient* die Lasche des Schuhs unter den Schnürsenkeln, die Lasche an der Handtasche, Der Gürtel hat eine Lasche und ein Schloss.

La·ser der ['le:zɐ] <-s, -> PHYS. *ein Gerät, mit dem man Lichtstrahlen erzeugen kann, die stark gebündelt und sehr stark sind und die sogar Material zerschneiden können* Operationen können heute auch mit Laser durchgeführt werden.

La·ser·dru·cker der ['le:zɐ...] <-s, -> *ein Drucker, der an einen Computer angeschlossen ist und der mit Lasertechnik sehr schnell arbeitet und sehr gute Druckergebnisse liefert*

La·ser·licht·show die ['le:zɐʃoʊ] <-, -s> *eine Show, die meist von Musik begleitet wird, und bei der Laser ungefährliche farbige Strahlen erzeugen*

La·ser·strahl der ['le:zɐ...] <-s, -en> PHYS. *Lichtstrahl, den ein Laser erzeugt*

La·ser·tech·nik die ['le:zɐ...] <-, -en> PHYS. *technische Anwendung von Laserstrahlen* In der Medizin wird die Lasertechnik immer mehr genutzt.

La·ser·waf·fe die ['le:zɐ...] <-, -n> MILIT. *eine Waffe, die mit Laserstrahlen funktioniert*

Lä·sio·n die <-, -en> MED *eine Verletzung eines Organs oder Körpergliedes*

las·sen[1] <lässt, ließ, hat gelassen> **I.** *mit OBJ* **1.** ■ *jmd./etwas lässt jmdn./etwas plus Inf. jmdm./sich/einem Tier erlauben, etwas zu tun* Wir lassen sie noch etwas schlafen., Die Kuh lässt das Kälbchen trinken. **2.** ■ *jmd. lässt jmdn. irgendwohin plus Inf. jmdm. erlauben, irgendwohin zu gehen* Ich lasse dich nicht ins Zimmer gehen., Der Türsteher lässt sie nicht rein. **3.** ■ *jmd. lässt etwas* (*irgendwohin*) *plus Inf. bewirken, dass etwas irgendwohing gelangt* einen Ball fallen lassen, das Wasser aus der Wanne ablaufen lassen, einen Drachen steigen lassen **4.** ■ *jmd. lässt etwas irgendwo etwas nicht von einer Stelle bewegen* Darf ich die Tasche in deinem Zimmer lassen?, Ich habe meinen Schirm im Büro gelassen. ■ **etwas hinter sich lassen**: *etwas ruhen lassen oder nicht mehr weiter machen, weil man seine Persönlichkeit entwickelt hat* Er hat die Zeit der Partys hinter sich gelassen und widmet sich nur noch der Familie. **5.** ■ *jmd. lässt jmdm. etwas jmd. erlaubt jmdm., etwas zu behalten* Ich lasse dir die Bücher bis morgen., Lass mir noch etwas Kuchen! **6.** ■ *etwas* (*sein*) *lassen* (*umg.*) *etwas nicht tun* Lass das gefälligst, es stört mich!, Lass dein ewiges Gejammer, es nützt nichts! ■ **Lass/Lasst uns ...**: *Aufforderung, gemeinsam etwas zu tun* Lasst uns ins Kino gehen! **einen** (**fahren**) **lassen** (*vulg. verhüll.*): *Luft aus dem Darm entweichen lassen* **II.** *mit SICH* ■ *etwas lässt sich plus Inf. etwas ermöglicht jmdm., etwas auf die genannte Weise zu tun* Die Aufgabe lässt sich leicht rechnen., Das Fenster lässt sich nicht schließen., In Frankreich lässt es sich herrlich Urlaub machen. ■ **Das muss man ihr/ihm lassen.** (*umg.*): *das muss man bei ihr oder ihm* (*widerwillig*) *anerkennen*

las·sen[2] <lässt, ließ, hat gelassen> *mit OBJ* **1.** ■ *jmd. lässt jmdn./etwas plus Inf. jmd. gibt jmdm. einen Auftrag oder zwingt ein Tier, etwas zu tun* Sie lässt ihn immer den Abwasch machen., Der Offizier lässt die Soldaten einen Gewaltmarsch machen., Er lässt das Pferd noch schneller laufen. **2.** ■ *jmd. lässt etwas plus Inf. jmd. veranlasst, dass etwas gemacht wird* Ich habe das Auto reparieren lassen., Der Computer funktioniert nicht, aber ich habe schon einen Techniker holen lassen. **3.** ■ *jmd. lässt jmdn./sich/etwas plus Inf.*, ■ *jmd. lässt jmdm./sich/etwas plus Inf. jmd. veranlasst, dass jmd. etwas* (*meist gegen Bezahlung*) *tut* Er lässt seinen Vater nur von einem Spezialisten untersuchen., Ich lasse meinen Wagen jedes Jahr einmal genau von der Werkstatt prüfen., Ich lasse mir nur alle zwei Monate die Haare schneiden., Er lässt sich einen Anzug vom Schneider nähen.

läs·sig *Adj.* **1.** *so, dass etwas ungezwungen und nicht förmlich ist* eine lässige Art haben, lässige Kleidung bevorzugen **2.** (*umg.*) *ohne Schwierigkeiten* Die Prüfung schaffe ich doch lässig!, Über den Zaun kommt man doch lässig drüber!

Las·so das/der <-s, -s> *ein Seil, das am Ende eine Schlinge hat und mit dem man Rinder oder Pferde fangen kann* das Lasso werfen

Last die <-, -en> **1.** *etwas Schweres, das von jmdm. oder einem Tier oder einer Maschine getragen wird* große Lasten mit Kamelen transportieren, Er brach unter der Last des Zementsackes zusammen. **2.** *eine Verpflichtung, die Mühe bereitet* die Last der täglichen Arbeit, Kinder sind Last und Freude zugleich. **3.** (*geh.*) *Geld, das man jmdm. oder dem Staat schuldet* mit der Steuererhöhung den Bürgern neue Lasten aufbürden ■ **zu Lasten von ...**: *auf Kosten von* die Kosten der Anlieferung gehen zu Lasten der Firma **jemandem zur Last fallen** (*abwert.*): *jmdm. Mühe bereiten und deshalb lästig werden* Er fällt ihr allmählich mit seiner Trinkerei zur Last. **jemandem etwas zur Last legen** (*geh.*): *jmdn. beschuldigen, etwas getan zu haben* Ihm wurde ein Verbrechen zur Last gelegt. **mit jemandem/etwas seine Last haben**: *mit jmdm. oder etwas Mühe haben* Mit der Pflege ihres alten Vaters hat sie ihre Last. ◆ Getrennt- oder Zusammenschreibung→R 4.14 Der Betrag geht zu Lasten/zulasten meines Kontos.

Last·au·to das <-s, -s> (*selten* ≈ *Lastwagen*)

las·ten *ohne OBJ* ■ *etwas lastet auf jmdm./etwas Dat.* **1.** *etwas liegt als Last*[1] *auf jmdm. oder etwas* Der Balken ist unentbehrlich, auf ihm lastet das gesamte Gewicht. **2.** ■ *etwas lastet auf jmdm. etwas bedrückt jmdn. und macht ihm Sorgen* Die Erinnerungen an den Unfall lasten auf ihr. **3.** ■ *etwas lastet auf etwas Dat. etwas ist noch nicht bezahlt* Auf dem Grundstück lasten Schulden. **4.** ■ *etwas lastet auf etwas Dat. etwas bereitet Probleme und Schwierigkeiten* Eine unerträgliche Hitze lastete auf der Stadt., Die Arbeitslosigkeit lastet auf der wirtschaftlichen Entwicklung.

Las·ten·auf·zug der <-(e)s, Lastenaufzüge> *ein Aufzug, der nur Lasten*[1] *transportiert* die Möbel mit einem Lastenaufzug in die vierte Etage transportieren

Las·ter[1] der <-s, -> (*umg.* ≈ *Lastwagen*)

Las·ter[2] das <-s, -> (↔ *Tugend*) *eine Angewohnheit, die als schlecht und unangenehm empfunden wird* einem Laster frönen, ein Laster haben, Das Rauchen ist ein teures Laster.

Läs·te·rer, **Läs·te·rin** der <-s, -> (≈ *Lästermaul*) *jmd., der immer böse Bemerkungen über andere macht*

las·ter·haft *Adj.* (↔ *tugendhaft*) *so, dass jmd. ein oder mehrere Laster*[2] *hat* ein lasterhafter Mensch

Las·ter·haf·tig·keit die <-> (*kein Plur.*) *lasterhaftes Verhalten*

Läs·ter·maul das <-(e)s, Lästermäuler> (*umg.*) *jmd., der ständig und gerne über jmdn. oder etwas lästert* Sie ist ein richtiges Lästermaul.

läs·tern <lästerst, lästerte, hat gelästert> **I.** *ohne OBJ* ■ *jmd. lästert über jmdn./ etwas Akk.* (*abwert.*) *abfällige, böse Bemerkungen über etwas oder jmdn. machen* Er lästerte gern über ihr seltsames Hobby., Hinter seinem Rücken lästerte sie oft über ihren Chef. **II.** *mit OBJ* ■ *jmd. lästert Gott/ den Glauben* (*geh.*) *jmd. äußert sich abfällig oder sehr schlecht über Gott oder den Glauben*

Läs·te·rung die <-, -en> *eine abfällige oder böse Äußerung über die Kirche oder Gott*

läs·tig *Adj. so aufdringlich, dass es stört und ärgert* Er wird mir langsam lästig mit seiner ständigen Besserwisserei., lästige Frager abwimmeln, Die Fliegen sind aber wirklich lästig!

Last·kahn der <-(e)s, Lastkähne> *ein Boot, das auf Flüssen und Kanälen Lasten*[1] *transportiert* ein Lastkahn voller Kies

Last·kraft·wa·gen der <-s, -> (KFZ: *geh.*) *Lastwagen*

Last-Mi·nute-Flug der [lɑːst'mɪnɪt-] <-s, -Flüge> *ein Flugticket, das man sehr kurzfristig buchen kann, weil nicht alle Tickets für einen Flug verkauft worden sind, und das etwas günstiger als ein normales Ticket ist*

Last·schrift die <-, -en> (↔ *Gutschrift*) *Abbuchung eines Geldbetrages von einem Konto* einen Betrag per Lastschrift einziehen

Last·tier das <-(e)s, -e> *ein Tier, das Lasten*[1] *trägt* Esel und Kamele sind Lasttiere.

Last·trä·ger, **Last·trä·ge·rin** der <-s, -> *ein Mensch, der beruflich Lasten*[1] *trägt* Lastträger begleiten die Forscher bei der Expedition.

Last·wa·gen der <-s, -> KFZ *eine großes Auto, das Lasten*[1] *transportiert*

Last·zug der <-(e)s, Lastzüge> *Lastwagen mit Anhänger(n)*

La·sur die <-, -en> TECHN. *durchsichtige Farbschicht, die man zum Schutz auf Materialien aufträgt* zum Schutz eine dünne Lasur auftragen

las·ziv *Adj.* (*geh.*) *so, dass jmd. oder etwas übertrieben sinnlich ist und sexuelle Begierde erregen kann* laszive Blicke werfen, sich lasziv auf dem Sofa rekeln

La·tein das <-s> (*kein Plur.*) **1.** *die Sprache, die im antiken Rom gesprochen wurde* **2.** *das Fach in der Schule, in dem die Sprache Latein unterrichtet wird* in der Schule Latein lernen ■ **mit seinem Latein am Ende sein** (*umg.*): *in einer komplizierten Situation nicht mehr weiter wissen*

La·tein·a·me·ri·ka <-s> *die Länder Amerikas, die südlich der USA liegen und in denen Spanisch oder Portugiesisch gesprochen wird*

La·tein·a·me·ri·ka·ner, **La·tein·a·me·ri·ka·ne·rin** der <-s, -> *Einwohner Lateinamerikas*

la·tei·nisch <nicht steig.> *Adj.* **1.** *die Sprache Latein betreffend* **2.** *in Bezug auf die Schrift des Lateins, die auch die Grundlage des Alphabets des Deutschen, Englischen, Spanischen usw. ist* lateinische Buchstaben

la·tent *Adj.* (*geh.* ↔ *akut*) *so, dass etwas im Hintergrund vorhanden, aber noch nicht sichtbar ist* eine latente Gefahr, Sie leidet an einer latenten Krankheit, die noch nicht zu akuten Beschwerden geführt hat.

La·tenz die <-> (*kein Plur.*) *Verstecktheit, Verborgenheit*

la·te·ral *Adj. so, dass etwas seitlich oder seitwärts*

gelegen ist ■ **laterales Denken**: *ein Denken, das ein Problem von allen Seiten zu erfassen sucht und dabei auch Schritte miteinbezieht, die im rein logischen Sinne nicht berücksichtigt werden müssen*

La·te·ran der <-s> *ehemaliger Palast des Papstes in Rom*

La·ter·ne die <-, -n> **1.** *Lampe, die einen transparenten Schirm und eine Kerze oder einen Docht hat* Einer der Sternsinger trägt eine Laterne., Die Laternen der Kinder leuchteten im Dunkeln. **2.** *eine Lampe, die in der Dunkelheit die Straße beleuchtet*

La·ter·nenpfahl der <-(e)s, Laternenpfähle> *Pfahl, der eine Laterne[2] trägt*

La·tex das <-> (*kein Plur.*) *Material aus der Milch des Kautschukbaumes, das sehr elastisch ist* eine Matratze aus reinem Latex

La·ti·num das <-s> (*kein Plur.*) *Kenntnisse in Latein, die durch mehrere Jahre Schulunterricht oder durch eine Prüfung nachgewiesen werden* An manchen Universitäten ist das Latinum Voraussetzung für die Doktorarbeit.

La·t·ri·ne die <-, -n> *einfache Toilettenanlage ohne Spülung* Die Latrinen im Lager mussten täglich geleert werden.

Lat·schen der <-s, -> (*meist Plur.*) (*umg. abwert.*) *ein Paar alte ausgetretene Schuhe* In diesen Latschen willst du in die Oper gehen? ■ **aus den Latschen kippen** (*umg.*) **1.** *ohnmächtig werden* Nach dem 1000-m-Lauf ist sie aus den Latschen gekippt. **2.** *die Fassung verlieren, sehr überrascht sein* Nun kipp doch nicht gleich aus den Latschen, ich will dir ja alles erklären!

lat·schen <latschst, latschte, ist gelatscht> *ohne OBJ* ■ *jmd. latscht* (*umg. abwert.*) *jmd. läuft ohne Lust und Energie* Müde latschte er nach der Arbeit nach Hause.

Lat·schen·kie·fer die <-, -n> *eine kleinwüchsige Kiefernart*

Lat·te die <-, -n> **1.** *langes, schmales Stück Holz mit vier Kanten* ◆ Dach-, Holz- **2.** (SPORT: ↔ *Pfosten*) *obere Begrenzung eines Tores* Der Schuss ging an die Latte. **3.** SPORT *eine Stange, die auf zwei Stäben liegt und über die man beim Hochsprung oder Stabhochsprung springen muss* die Latte reißen ■ **eine lange Latte** (*umg.*): *ein großer dünner Mensch* **eine** (**lange**) **Latte von ...** (*umg.*): *viele Dinge* eine lange Latte von Vorstrafen haben **nicht alle auf der Latte haben** (*vulg. abwert.*): *verrückt sein*

Lat·ten·rost der <-(e)s, -e> *Holzlatten, die auf einem Rahmen befestigt sind und auf die eine Matratze gelegt wird*

Lat·ten·ver·schlag der <-s, Lattenverschläge> *eine einfache Hütte aus Holzlatten*

Lat·ten·zaun der <-(e)s, Lattenzäune> *ein Zaun aus Latten[1]*

Latz der <-es, Lätze> **1.** *ein Stück Stoff, das Kindern um den Hals gebunden wird und die Brust bedeckt, um beim Essen die Kleidung vor Flecken zu schützen* **2.** *ein Stück Stoff an Hosen oder Schürzen, das die Brust bedeckt, um die Kleidung zu schützen* eine Schürze mit Latz ■ **jemandem eins vor den Latz knallen** (*vulg.*): *jmdm. einen Schlag versetzen* **jemandem eins vor den Latz knallen** (*umg.*): *jmdm. heftig die Meinung sagen*

Lätz·chen das <-s, -> *Latz[1]* Das Kind hat sein Lätzchen voll gekleckert.

Latz·ho·se die <-, -n> *eine Arbeitshose, die einen Latz[2] und zwei feste Hosenträger hat*

lau *Adj. so, dass etwas weder kalt noch warm ist* das Kind in lauem Wasser baden, ein lauer Frühlingswind

Laub das <-(e)s> (*kein Plur.*) *Blätter von Bäumen oder Sträuchern* Das Laub färbt sich im Herbst bunt., das Laub vom Weg kehren ◆ Getrenntschreibung→R 4.3 Laub tragende Bäume

Laub·baum der <-(e)s, Laubbäume> (↔ *Nadelbaum*) *Baum, der Blätter trägt*

Lau·be die <-, -n> *kleines Haus aus Holz in einem Garten, das meist an einer Seite offen ist*

Laub·frosch der <-(e)s, Laubfrösche> *ein kleiner grüner Frosch, der im Gebüsch oder im Wald zwischen Laub lebt und zum Laichen ans Wasser geht*

Laub·hüt·ten·fest das <-(e)s> (*kein Plur.*) *ein jüdisches Fest im Herbst*

Laub·sä·ge die <-, -n> *eine Säge mit einem sehr feinen dünnen Blatt, mit der Figuren aus einer dünnen Holzplatte geschnitten werden*

Laub·wald der <-(e)s, Laubwälder> (↔ *Nadelwald*) *ein Wald mit Laubbäumen*

Lauch der <-(e)s, -e> (≈ *Porree*) *eine Gemüsepflanze, die aus einer Zwiebel wächst und einen weißen Stamm mit grünen Blättern hat*

Lauch·zwie·bel die <-, -n> *eine Zwiebel, die sehr dünn ist und wie Lauch aussieht*

Lau·er ■ **auf der Lauer liegen**: *versteckt sein und etwas heimlich beobachten* **sich auf die Lauer legen** (*umg.*): *sich verstecken und gespannt auf etwas oder jmdn. warten* Als die Schauspielerin aus dem Hotel kam, hatten sich die Fotografen schon auf die Lauer gelegt.

lau·ern <lauerst, lauerte, hat gelauert> *ohne OBJ* ■ *jmd./etwas lauert auf jmdn./etwas* **1.** *sich verstecken und warten, dass etwas oder jmd. erscheint, das/den man fangen oder überfallen will* Die Katze lauert auf ihre Beute., Die Räuber lauerten im Park auf ihr Opfer. **2.** *gespannt warten, dass etwas passiert, das einen Vorteil bringen kann* Auf diese Chance hatte sie schon lange gelauert.

Lauf der <-(e)s, Läufe> **1.** (*kein Plur.*) *der Vorgang des sehr schnellen Gehens* in vollem Lauf über einen Stein stolpern **2.** SPORT *ein Wettkampf, bei dem die Sportler eine bestimmte Strecke laufen müssen* Er gewann den ersten Lauf. ◆ Dauer-, Eisschnell-, Hürden-, Langstrecken-, Marathon- **3.** (*kein Plur.*) *die Bahn, in der sich etwas bewegt* der Lauf der Elbe von der Quelle bis zu ihrer Mündung, der Lauf der Erde um die Sonne **4.** (*kein Plur.*) *die Entwicklung von etwas* der Lauf der Dinge, Ich bin gespannt, welchen Lauf die Angelegenheit noch nimmt., im Lauf(e) der Zeit **5.** *bei Schusswaffen das Rohr, aus dem die Kugel kommt* den Lauf des Gewehrs reinigen **6.** ZOOL. *Bein von Hasen, Hunden und Rehen* der verletzte Lauf des Hasen ■ **etwas freien Lauf lassen**: *etwas nicht aufhalten und verhindern* seinen Tränen freien Lauf lassen **etwas nimmt seinen/ihren Lauf**: *etwas geschieht, ohne dass es verhindert oder aufgehalten wird* Die Geschichte nimmt ihren Lauf.

Lauf·bahn die <-, -en> **1.** SPORT *die Bahn, auf der die Sportler laufen* Die Teilnehmer des 1000-m-Laufes befinden sich schon auf der Laufbahn. **2.** (≈ *Karriere*) *die Entwicklung, die jmd. im Leben oder im Beruf macht* eine künstlerische oder wissenschaftliche Laufbahn einschlagen **3.** *Bahn, auf der sich ein Körper bewegt* die Laufbahn eines Kometen kreuzen

Lauf·bur·sche der <-n, -n> **1.** (*veralt.*) *jmd., der etwas oder eine Nachricht zu Fuß von einem Ort zum anderen bringt* Er arbeitete als Laufbursche in einem Hotel. **2.** (*übertr. abwert.*) *jmd., der von anderen für niedere Dienste ausgenutzt wird* Ich bin doch nicht dein Laufbursche! Hol dir doch deine Schuhe selbst!

lau·fen <läufst, lief, hat/ist gelaufen> **I.** *ohne OBJ* (*sein*) **1.** ■ *jmd. läuft (irgendwie) (irgendwohin) sich zu Fuß von einem Punkt zu einem anderen bewegen* langsam laufen, bergan laufen, gegen einen Laternenpfahl laufen, Wollen wir laufen oder den Bus nehmen? **2.** ■ *jmd. läuft (irgendwie)* (≈ *rennen*) *die Füße ganz schnell bewegen, um schnell vorwärts zu gelangen* Lauf, sonst erreichst du den Zug nicht mehr! **3.** ■ *etwas läuft (irgendwie) etwas funktioniert auf eine bestimmte Art und Weise* Das Gerät läuft störungsfrei., ein Computerprogramm zum Laufen bringen **4.** ■ *etwas läuft irgendwohin etwas bewegt sich irgendwohin* Das Wasser läuft aus der Wanne., Aus dem Motor läuft Öl. **5.** ■ *etwas läuft irgendwo etwas bewegt sich irgendwo* Das Förderband läuft auf Rollen. **6.** ■ *etwas läuft irgendwann (irgendwo) etwas steht in einem Programm und wird gezeigt* Welcher Film läuft gerade im Kino? **7.** ■ *etwas läuft irgendwie etwas entwickelt sich oder geschieht auf eine bestimmte Art* Na, wie läuft's?, Die Verhandlungen laufen gut., Das Unternehmen läuft glänzend., Wie läuft's denn so mit deiner neuen Freundin? **8.** ■ *etwas läuft plus Zeitangabe etwas ist für die genannte Zeit gültig* Der Mietvertrag läuft ein Jahr. **9.** ■ *etwas läuft etwas ist noch nicht zu Ende* Die Bewerbungsfrist läuft noch., Gegen sie läuft eine Anzeige wegen Ladendiebstahl. **10.** ■ *etwas läuft irgendwie* (*umg.*) *etwas wird gut verkauft* Das neue Modell läuft glänzend. **11.** ■ *etwas läuft auf jmdn./jmds. Namen jmd. steht in einer Kartei o.Ä. als Besitzer von etwas* Das Auto läuft auf meinen Vater. **12.** ■ *der Käse läuft der Käse wird ganz weich und fließt* **13.** ■ *etwas läuft auf Grund ein Wasserfahrzeug bleibt an einer flachen Stelle im Wasser liegen* **14.** ■ *jmdm. läuft die Nase die Nase von jmdm. tropft* **II.** *mit OBJ.* **1.** (*sein*) ■ *jmd. läuft Rollschuh/Ski/Schlittschuh sich auf Rollschuh/Ski/Schlittschuh bewegen* **2.** (*sein/haben*) ■ *jmd. läuft etwas Akk.* SPORT *in einem Wettkampf etwas machen, indem man läuft* Er ist/hat einen neuen Rekord gelaufen., Sie läuft die Strecke in 2 Minuten. **III.** *mit SICH* **1.** ■ *jmd. läuft sich irgendwie so lange laufen, bis man einen bestimmten Zustand erreicht hat* sich warm laufen, sich müde laufen **2.** ■ *jmd. läuft sich etwas Akk. irgendwie so lange laufen, bis etwas einen bestimmten Zustand hat* Ich habe mir die Füße wund gelaufen., Hast du dir etwa Löcher in die Socken gelaufen? ■ **jemanden laufen lassen** (*umg.*): *jmdn. wieder frei lassen, nachdem man ihn schon gefasst hatte* Die Polizei hat den Verdächtigen wieder laufen lassen. **etwas läuft wie geschmiert** (*umg.*): *etwas entwickelt sich sehr gut* Das neue Geschäft läuft wie geschmiert. **Da läuft bei mir nichts!** (*umg.*): *Dazu bin ich nicht bereit* **etwas ist gelaufen** (*umg.*): *etwas ist vorbei und kann nicht geändert werden* ◆ Getrenntschreibung→R 4.1 ein Tier einfangen und wieder laufen lassen, Sie geht Schlittschuh laufen.; Zusammenschreibung→R 4.1, R 4.4 Sie liebt das Schlittschuhlaufen., Er ist zum Skilaufen gefahren.

lau·fend <nicht steig.> *Adj.* **1.** (*nur attr.*) *so, dass etwas immer wiederkehrt* die laufenden Kosten für Miete, Strom und Wasser **2.** *noch nicht abgeschlossen* die laufenden Verhandlungen, im Mai des laufenden Jahres **3.** *so, dass etwas von einem langen Stück abgeschnitten ist* der laufende Meter Stoff ■ **auf dem Laufenden sein** (*umg.*): *gut über etwas Aktuelles informiert sein* jemanden auf dem Laufenden halten ◆ Großschreibung→R 3.7 Sie hält sich durch die Fernsehnachrichten auf dem Laufenden.

Läu·fer, Läu·fe·rin[1] der <-s, -> **1.** SPORT *jmd., der an Wettrennen teilnimmt* Die Läufer der Spitzengruppe sind schon auf der Zielgeraden. **2.** *die Figur beim Schach, die über die gesamte Diagonale des Spielbretts ziehen kann und die direkt neben König und Dame steht*

Läu·fer[2] der <-s, -> *ein Teppich, der lang und schmal ist*

Lauf·feu·er ■ **sich wie ein Lauffeuer verbreiten**: *sich sehr schnell verbreiten* Die Neuigkeit verbreitete sich im Dorf wie ein Lauffeuer.

Lauf·git·ter das <-s, -> *eine kleine viereckige Fläche, die von vier Holzgittern begrenzt wird und auf der Kleinkinder spielen können*

läu·fig <nicht steig.> *Adj. so, dass eine Hündin bereit ist, sich mit einem männlichen Hund zu paaren* eine läufige Hündin

Lauf·kund·schaft die <-> (*kein Plur.*) (↔ *Stammkundschaft*) *Kunden, die nicht regelmäßig in einem Geschäft einkaufen* Am Bahnhofskiosk gibt es fast nur Laufkundschaft.

Lauf·ma·sche die <-, -n> *ein Loch in einem Strumpf oder einer Strumpfhose, das entsteht, wenn sich eine Masche gelöst hat und weiterläuft* eine Laufmasche im Strumpf haben

Lauf·pass ■ **jemandem den Laufpass geben** (*umg.*): *sich von jmdm. trennen*

L

Lauf·schrift die <-, -en> *ein Schriftzug auf einer Werbetafel, dessen Buchstaben nacheinander aufleuchten, so dass der Eindruck entsteht, dass die Buchstaben laufen*

Lauf·schritt der <-(e)s> (*kein Plur.*) *schnelle Art zu gehen* Die Fußballer kommen im Laufschritt auf das Spielfeld., Im Laufschritt, marsch!

Lauf·stall der <-(e)s, Laufställe> (≈ *Laufgitter*)

Lauf·steg der <-s, -e> *eine Art erhöhter Steg, auf dem die Models bei Modenschauen hin und her gehen* die aktuelle Herbstmode auf dem Laufsteg zeigen

Lauf·vo·gel der <-s, Laufvögel> *ein großer Vogel, der nicht fliegen, sondern nur laufen kann* Der Strauß ist ein großer Laufvogel.

Lauf·werk das <-(e)s, -e> **1.** TECHN. *der Mechanismus, der eine Maschine antreibt* das Laufwerk der Uhr **2.** EDV *das Gerät im oder am Computer, das einen Datenträger beschreiben oder lesen kann* internes/externes Laufwerk, Der Computer hat zwei Laufwerke für CD-ROMs. ◆ CD-ROM-, Disketten-, DVD-, Festplatten-

Lauf·zeit die <-, -en> *die Dauer, während der ein Vertrag gültig ist* die Laufzeit eines Vertrages/eines Kredits

Lauf·zet·tel der <-s, -> **1.** *Zettel, der eine Ware bei ihrer Herstellung begleitet, und auf dem jeder Arbeitsschritt eingetragen wird* **2.** *Zettel, auf dem jede Person aus einer bestimmten Gruppe durch ihre Unterschrift bestätigt, eine Information erhalten zu haben*

Lau·ge die <-, -n> *Wasser, in dem Seife oder ein Waschmittel aufgelöst ist*

Lau·ne die <-, -n> **1.** *ein Einfall, den jmd. spontan aus einer Stimmung heraus hat* Aus einer Laune heraus kündigte sie plötzlich die Arbeit., Das war nur so eine Laune von mir. **2.** *Stimmung, in der sich jmd. befindet* gute/schlechte Laune haben **3.** (*nur Plur.*) *Stimmungen, die jmd. hat und die schnell wechseln* unter den Launen der Freundin leiden müssen ■ **jemanden bei Laune halten** (*umg.*): *dafür sorgen, dass jmd. in guter Stimmung bleibt*

lau·nen·haft <nicht steig.> *Adj.* (↔ *ausgeglichen*) *so, dass jmds. Stimmung sehr häufig wechselt* Man kann kaum vorhersagen, was er am nächsten Tag tun wird, er ist sehr launenhaft.

Lau·nen·haf·tig·keit die <-> (*kein Plur.*) (↔ *Ausgeglichenheit*) *der Zustand, in dem jmd. ständig wechselnde Stimmungen hat* Ihre Launenhaftigkeit macht sie zu einer schwierigen Kollegin.

lau·nig <nicht steig.> *Adj.* (≈ *witzig*) *so, dass man gut gelaunt ist und anderen gute Laune macht* Er versucht, die ernste Stimmung mit einigen launigen Bemerkungen aufzuheitern.

lau·nisch *Adj. so, dass jmd. jederzeit die Stimmung wechselt* Er ist sehr launisch, eben noch war er furchtbar wütend und jetzt ist er die Liebenswürdigkeit in Person.

Laus die <-, Läuse> *Insekt, das Blut von Menschen oder Tieren oder den Saft von Pflanzen saugt* den Kopf eines Kindes auf Läuse absuchen ■ **jemandem ist eine Laus über die Leber gelaufen.** (*umg.*): *jmd. ist ohne ersichtlichen Grund schlechter Laune* ◆ Blatt-, Kopf-

Laus·bub(e) der <-n, -n> (*umg. süddt.* ≈ *Lausejunge*) *ein kleiner Junge, der sehr frech ist* Er ist ein richtiger Lausbub, aber man kann ihm einfach nicht böse sein.

Lausch·an·griff der <-(e)s, -e> *heimliches Abhören einer Wohnung von Verdächtigen durch Polizei oder Geheimdienst*

lau·schen <lauschst, lauschte, hat gelauscht> *ohne OBJ* **1.** ■ *jmd. lauscht etwas Dat. sehr aufmerksam und konzentriert sein, um etwas zu hören* Das Publikum lauschte gespannt der Musik., dem Rauschen der Wellen lauschen **2.** ■ *jmd. lauscht irgendwo einer Unterhaltung zuhören, ohne dass es die Sprechenden merken* an der Tür/Wand lauschen

Lau·scher, **Lau·sche·rin** der <-s, -> **1.** *jmd., der lauscht*[2] Seid mal still, ich glaube, wir haben einen Lauscher! **2.** ZOOL. (*in der Sprache der Jäger*) *das Ohr des Hasen* Der Hase stellte seine Lauscher auf. ■ **seine Lauscher aufstellen** (*umg.*): *lauschen*[1]

lau·schig *Adj.* **1.** *so, dass etwas still und versteckt ist* ein lauschiges Plätzchen im Garten **2.** *angenehm still* eine lauschige Nacht

Lau·se·jun·ge der <-n, -n> (*umg. norddt.* ≈ *Lausbub*) *kleiner frecher Junge* Diese Lausejungen haben wieder nur Unsinn im Kopf.

Läu·se·mit·tel das <-s, -> *Mittel gegen Läuse, die jmdn. oder etwas befallen haben*

lau·sen <laust, lauste, hat gelaust> *mit OBJ* ■ *jmd./ein Tier laust jmdn./sich/ein Tier Läuse suchen und entfernen* Die Affen lausen sich (gegenseitig). ■ **Mich laust der Affe!** (*umg.*): *das wundert mich aber sehr!*

lau·sig *Adj.* (*umg. abwert.*) **1.** *sehr schlecht oder sehr unangenehm* Er hat eine lausige Arbeit abgeliefert., Es war lausig kalt. **2.** (*umg. abwert.*) *so, dass etwas fast keine Bedeutung hat* Reg dich nicht wegen der paar lausigen Euros auf!

Laut der <-(e)s, -e> **1.** *ein Geräusch, das man mit dem Mund erzeugt und das man nur kurz hören kann* ein schriller Laut, Sie gaben klagende Laute von sich. **2.** SPRACHWISS. *kleinste akustische Einheit der Sprache* einen Laut nicht richtig aussprechen ■ **Laut geben**: (*in der Sprache der Jäger*) *bellen* Der Hund gab Laut.

laut[1] *Adj.* (↔ *leise*) **1.** *so, dass etwas gut und weit hörbar ist* eine laute Stimme, laute Musik hören, das Radio laut aufdrehen **2.** *so, dass etwas voller Lärm ist* eine laute Straße/Gegend ■ **laut und deutlich**: *so, dass etwas deutlich zu hören ist* **laut denken**: *denken und dabei die Gedanken aussprechen* **laut werden**: *bekannt werden* Es sind Klagen laut geworden. **laut werden**: *plötzlich mit lauter und wütender Stimme sprechen* Die Lehrerin muss erst laut werden, damit die Schüler ruhig werden.

laut[2] *Präp.* **1.** + *Gen.* (*mit nachfolgendem unflektiertem Substantiv im Singular*) *so, dass etwas ge-*

mäß dem Inhalt oder nach dem Wortlaut von etwas ist Laut Gutachten ist dies eine sehr ergiebige Quelle. **2.** + *Dat.* (*mit nachfolgendem flektiertem Substantiv im Singular oder Plural*) *entsprechend dem Wortlaut* Laut dem Gesetz müssen Hunde gemeldet werden., Laut den geltenden Gesetzen muss die Steuer bezahlt werden.

Lau·te die <-, -n> *ein Instrument mit gerundetem Klangkörper und mehreren Saiten, die mit den Fingern gezupft werden* Die Laute ist der Vorläufer der Gitarre.

lau·ten *ohne OBJ* **1.** ▪ *etwas lautet irgendwie einen bestimmten Inhalt, bestimmte Worte, Zahlen o.Ä. haben* Der Text lautet folgendermaßen: ..., Das ist nicht richtig, die Überschrift lautete anders. **2.** ▪ *etwas lautet auf etwas Akk.* (*geh.*) *etwas hat den Inhalt von etwas* Die Anklage lautet auf Mord.

läu·ten **I.** *mit OBJ* ▪ *jmd. läutet etwas bewirken, dass eine Glocke klingt* Er läutet die Glocken. **II.** *ohne OBJ* **1.** ▪ *etwas läutet Glocken erzeugen einen Ton* Die Glocken läuten jeden Abend. **2.** ▪ *etwas läutet* (*süddt. österr.*) *etwas klingelt* **3.** ▪ *jmd. läutet irgendwo* (*süddt. österr.*) *an der Haustür klingeln* Du musst halt öfters bei ihm läuten. **III.** *mit ES* ▪ *es läutet* (*süddt. österr.*) *an der Haustür wird geklingelt* Geh mal an die Tür, ich glaube, es hat geläutet. ▪ **etwas läuten hören** (*umg.*): *ein Gerücht hören* Ich habe da etwas läuten hören, aber ich bin mir nicht sicher.

lau·ter1 (*nur attr.*) *Adj.* (*geh.*) **1.** *rein, unverfälscht, echt* Ich schwöre, das ist die lautere Wahrheit., Die Haare der Marie waren aus lauterem Gold. **2.** *aufrichtig* Er ist ein lauterer Charakter.

lau·ter2 <nicht steig.> *Adv.* (≈ *nur, nichts als*) *nichts anderes als das Genannte* Das ist alles lauter Unsinn., Sie hat lauter schöne Sachen mitgebracht.

läu·tern <läuterst, läuterte, hat geläutert> *mit OBJ* ▪ *etwas läutert jmdn.* (*geh.*) *etwas befreit jmdn. von Charakterschwächen oder schlechten Eigenschaften* Dieses einschneidende Erlebnis hat ihn geläutert.

laut·hals *Adv. sehr laut* Er fing lauthals an zu schreien.

Laut·leh·re die <-, -n> SPRACHWISS. *die Wissenschaft von den Lauten2*

laut·lich <nicht steig.> *Adj. die Laute2 betreffend* In einer Sprache gibt es lautliche Veränderungen im Laufe der Geschichte.

laut·los *Adj. so, dass etwas kein Geräusch macht* sich mit lautlosen Schritten heranschleichen

Laut·ma·le·rei die <-> (*kein Plur.*) *Wiedergabe von Geräuschen oder Klängen mit ähnlich klingenden sprachlichen Lauten* „Miau macht die Katze, töfftöff das Motorrad", sind Beispiele von Lautmalerei.

Laut·schrift die <-, -en> SPRACHWISS. *besondere Zeichen zur Wiedergabe der Laute2 einer Sprache*

> **i Wissenswert** Angaben zur Aussprache befinden sich in diesem Wörterbuch in eckigen Klammern. Es wird die **internationale Lautschrift** (IPA = International Phonetic Alphabet) verwendet.

Laut·spre·cher der <-s, -> *ein Gerät, das akustische Signale* (*in der Form von elektrischen Impulsen*) *in Töne umwandelt* Der Abstand der beiden Lautsprecher zum Hörer sollte identisch sein., die Ansage über Lautsprecher

laut·stark <nicht steig.> *Adj. sehr laut und heftig* Es regte sich lautstarker Protest.

Laut·stär·ke die <-, -n> *die Stärke des Schalls, mit dem ein akustisches Ereignis das Ohr des Hörers erreicht* Die hohe Lautstärke der Motoren war unerträglich. ◆ Zimmer-

Laut·stär·ke·reg·ler der <-s, -> *Regler an einem Gerät mit einem Lautsprecher zum Einstellen der Lautstärke*

lau·warm <nicht steig.> *Adj. so, dass etwas warm, aber nicht heiß ist* die Hefe in lauwarmer Milch auflösen

La·va die <-, Laven> *flüssiges Gestein, das bei einem Vulkanausbruch austritt* erstarrte Lava

La·va·bo das [la'va:bo] <-(s), -s> (*schweiz.*) *Waschbecken*

La·ven·del der <-s, -> BOT. *eine violett blühende, duftende Pflanze, aus der man Grundstoffe für Parfüm gewinnt*

La·ven·del·öl das <-s, -e> *Öl, das aus den Blüten des Lavendels gepresst wird, und das als Bestandteil von Parfümen dient*

La·ven·del·was·ser das <-s, -> *ein Duftwasser aus Lavendelöl*

la·vie·ren *ohne OBJ* **1.** ▪ *jmd. laviert* (*veralt.*) *mit einem Segelschiff gegen den Wind kreuzen* **2.** ▪ *jmd. laviert irgendwie* (*geh. abwert.*) *sich so verhalten, dass man Schwierigkeiten oder Konfrontationen aus dem Weg geht* Er versteht es, geschickt zwischen den zertrittenen Parteien zu lavieren, ohne sich Feinde zu machen.

La·wi·ne die <-, -n> **1.** *eine große Masse von Schnee, die einen Berg herunterstürzt* eine Lawine auslösen, Mehrere Skifahrer wurden von der Lawine begraben., Eine Lawine geht ab. ◆ Geröll-, Schlamm-, Stein- **2.** (*übertr.*) *eine große Menge von etwas* Der Artikel löste eine wahre Lawine von Leserbriefen aus.

La·wi·nen·ge·fahr die <-> (*kein Plur.*) *die Gefahr, dass eine Lawine1 von einem Berg herunterstürzen kann* Es besteht erhöhte Lawinengefahr.

La·wi·nen·hund der <-(e)s, -e> *ein Hund, der trainiert ist, Menschen zu finden, die von Lawinen1 begraben wurden* Bernhardiner werden häufig als Lawinenhunde eingesetzt.

la·wi·nen·si·cher <nicht steig.> *Adj. nicht durch Lawinen gefährdet* Die Region gilt als lawinensicher.

La·wi·nen·ver·bau·ung die <-, -en> *Sicherung gegen niedergehende Lawinen1 durch Wälle und Zäune*

lax *Adj.* (*abwert.* ↔ *streng*) *lasch; wenig prinzipienfest* Sie hat eine sehr laxe Auffassung von der

Erziehung.

Lay·out, *a.* **Lay·out** das [le:ˈʔaut/ˈle:ʔaut] <-s, -s> DRUCKW. *die Art und Weise, wie Text und Bilder in einer Zeitung, einer Zeitschrift oder einem Buch angeordnet sind* das Lay-out einer Zeitung ◆ Schreibung mit oder ohne Bindestrich→R 3.22 Wie findest du das neue Lay-out/Layout der Zeitung?

lay·ou·ten [le:ˈʔautn̩] *mit OBJ/ohne OBJ* ■ *jmd. layoutet etwas das Lay-out machen* die Titelseite layouten, Erst müssen wir layouten, dann können wir entscheiden, wie es wirkt.

Lay·ou·ter, **Lay·ou·te·rin** der [le:ˈʔautɐ] <-s, -> *Person, die sich beruflich mit dem Lay-out von Zeitungen, Zeitschriften, Büchern o.Ä. befasst* Sie arbeitet als Layouterin bei einer Zeitung.

La·za·rett das <-(e)s, -e> *eine Art Krankenhaus, in dem verwundete Soldaten an der Front versorgt werden* Die Verwundeten wurden im Lazarett versorgt. ◆ -flugzeug, -schiff, -zelt, Feld-

La·za·rus (*umg. iron.*) ■ **ein armer Lazarus**: *Person, die körperlich schwer leidet*

LCD das [ɛltse:ˈde:] <-s, -s> *Abkürzung von „Liquid Crystal Display"; Flüssigkristallanzeige*

LCD-An·zei·ge die <-, -n> *Anzeige mit Flüssigkristallen, die in Uhren oder kleinen Geräten arbeitet*

LCD-Bild·schirm der <-s, -e> *ein Bildschirm, der sehr flach ist und mit Flüssigkristallen arbeitet* Notebooks, Laptops und manche Fernseher sind mit LCD-Bildschirmen ausgestattet.

Lea·der der [ˈli:dɐ] <-s, -> **1.** *jmd., der eine Musikgruppe leitet* **2.** (*österr. schweiz.*) *Sportler oder Mannschaft, der oder die eine Tabelle führt*

Lead·gi·tar·re die [ˈli:d-] <-, -n> *Gitarre, auf der in einer Rockband die Melodie gespielt wird*

Lean-pro·duc·tion die [li:ˈnprədʌkʃn] <-> (*kein Plur.*) (*engl. für schlanke Produktion*) *eine Form der Arbeitsorganisation, in der es flache Hierarchien, Gruppenarbeit und einen hohen Grad der Automatisierung gibt und die Zeit und Kosten senken soll* In der Autoindustrie hat sich das Konzept der Lean-production durchgesetzt.

lea·sen [ˈli:zn̩] <least, leaste, hat geleast> *mit OBJ* ■ *jmd. least etwas etwas* (*meistens ein Auto*) *über eine bestimmte Zeit mieten, wobei die bezahlte Miete zum Schluss von dem Preis abgezogen wird, den man für den Kauf des Autos noch bezahlen muss, wenn man das Auto kaufen will* ein geleastes Auto

Lea·sing das [ˈli:zɪŋ] <-s, -s> *das Leasen*

Le·be·mann, **Le·be·dame** der <-(e)s, Lebemänner> (*veralt. umg. abwert.* ≈ *Playboy*) *eleganter Herr, der ein ausschweifendes Leben voller Luxus führt* ein reicher Lebemann

Le·ben das <-s, -> **1.** *der Zustand, dass jmd. oder etwas lebt und nicht tot ist* sein Leben retten, um sein Leben fürchten **2.** *die Zeit, die jmd. lebt* jemandem ein langes Leben wünschen, seinem Leben einen Sinn geben, sein Leben lang auf der Suche nach etwas sein, zum ersten Mal in seinem Leben **3.** *das Leben[1] als biologisches Phänomen an sich* Gibt es intelligentes Leben außerhalb der Erde?, die Entstehung des Lebens auf der Erde **4.** *die Art und Weise, wie man sein Dasein gestaltet* ein sorgenfreies Leben genießen, ein aufregendes Leben führen **5.** *alles, was jmdn. täglich beeinflusst oder was jmd. täglich erlebt* das Leben meistern, dem Leben einen Sinn geben, dem Leben nur Gutes abgewinnen, mit dem Leben nicht zurechtkommen **6.** *alles, was in einem Raum oder in der Öffentlichkeit geschieht;* (≈ *Betriebsamkeit*) Auf der Straße herrschte reges Leben., Endlich kommt mal Leben ins Haus! **7.** *etwas, das für jmdn. das Wichtigste ist* Sein Leben war die Musik. **8.** ■ *...leben als Zweitglied verwendet, um auszudrücken, dass es die für die im Erstglied genannte Personengruppe typische Lebensform ist* die Freuden des Studentenlebens, worauf es im Berufsleben ankommt, seine Beschreibung des Angestelltenlebens ■ **das politische/gesellschaftliche/öffentliche/wirtschaftliche Leben**: *alles, was im Bereich der Politik/Gesellschaft/Öffentlichkeit/Wirtschaft geschieht* sich aus dem politischen Leben zurückziehen **das ewige Leben** REL.: *das Leben nach dem Tod* **das werdende Leben**: *das Kind, das im Bauch der Mutter heranwächst* **ein Kampf auf Leben und Tod**: *ein Kampf, der erst mit dem Tod eines der Kämpfenden endet* **einem Kind das Leben schenken** (*geh.*): *ein Kind gebären* **jemanden ums Leben bringen** (*geh.*): *jmdn. töten* **ums Leben kommen** (*umg.*): *verunglücken* **seinem Leben ein Ende setzen**, **sich das Leben nehmen**: *sich selbst töten* **jemandem nach dem Leben trachten**: *das Ziel haben, jmdn. zu töten* **seines Lebens nicht mehr sicher sein**: *Gefahr laufen, getötet zu werden* (**noch einmal**) **mit dem Leben davonkommen**: *eine gefährliche Situation knapp überleben* **sein Leben aufs Spiel setzen/mit seinem Leben spielen**: *sich in eine gefährliche Situation begeben* Er liebt Extremsportarten, auch wenn er dabei oft sein Leben aufs Spiel setzt. **seines Lebens nicht mehr froh werden**: *so große Probleme haben, dass man immer unglücklich ist* Nach dem schrecklichen Unfall wird sie ihres Lebens nicht mehr froh. **etwas ins Leben rufen**: *etwas gründen* eine Stiftung ins Leben rufen **wie das blühende Leben** (**aussehen**) (*umg.*): *gut und sehr gesund* (*aussehen*) **für sein Leben gern**: *sehr gerne* Er trinkt für sein Leben gern Kaffee. **sich** (**mit etwas**) **durchs Leben schlagen** (*umg.*): *nur soviel Geld* (*mit etwas*) *verdienen, dass man davon gerade leben kann* Ich schlage mich mit kleinen Jobs durchs Leben. **Nie im Leben!** (*umg.*): *verwendet, um mit Nachdruck etwas völlig abzulehnen* Ich und Drogen? Nie im Leben! **jemandem das Leben zur Hölle machen** (*umg.*): *jmdm. große und schlimme Probleme machen* **in jemanden kommt Leben** (*umg.*): *jmd. wird plötzlich aktiv* Sie stand gelangweilt in der Kneipe, doch als sie ihn sah, kam auf einmal Leben in sie. **Leben in die Bude bringen** (*umg.*): *irgendwo gute Stimmung erzeugen* Bei der Hochzeitsfeier brachte nur die Band etwas Leben in die

Bude. **etwas ist aus dem Leben gegriffen**: *etwas ist sehr realistisch* Der Film ist wie aus dem Leben gegriffen. **Wie das Leben so spielt!**: *verwendet, um eine Bemerkung zu etwas zu machen, was typisch für das Leben[4] ist und was nicht mehr zu ändern ist* Wie das Leben so spielt! Erst hat er gewonnen und dann wieder alles verloren. ◆ Getrenntschreibung→R 4.3 Leben spendend, Leben zerstörend

le·ben **I.** *ohne OBJ* **1.** ■ *jmd. lebt eine funktionierenden Organismus haben und auf der Welt sein* Seine Eltern leben nicht mehr., Als der Arzt eintraf, lebte sie noch. **2.** ■ *jmd. lebt irgendwann jmd. ist auf der Welt* Goethe lebte von 1749 bis 1832. **3.** ■ *jmd./etwas lebt irgendwo jmd. oder etwas verbringt an einem Ort oder bei jmdm. die meiste Zeit* Fische leben im Wasser., In Grönland leben die Eskimos., Er lebt noch bei seinen Eltern., Sie lebt seit 10 Jahren in Leipzig. **4.** ■ *jmd. lebt irgendwie jmd. verbringt sein Leben in einer bestimmten Weise* zufrieden leben, in Armut leben **5.** ■ *jmd. lebt von etwas jmd. ernährt sich von etwas* Während des Studiums lebte er hauptsächlich von Reis und Nudeln. **6.** ■ *jmd. lebt von etwas jmd. bekommt von jmdm. oder etwas Geld, um sich davon Essen, Kleidung o.Ä. zu kaufen* Er lebt vom Geld seiner Frau., Von der Dichtkunst konnte er nicht leben. **7.** ■ *etwas lebt von etwas Dat. etwas hängt von etwas ab* Der Film lebt nur von den Spezialeffekten. **8.** ■ *jmd. lebt für jmdn./etwas jmd. oder etwas ist für jmdn. das wichtigste im Leben* Sie lebt nur noch für ihre Tochter., Er lebt nur für die Musik. **II.** *mit OBJ* ■ *jmd. lebt etwas jmd. gestaltet sein Leben* Sie lebten ein erfülltes Leben. ■ **Es lebe ...!, Hoch lebe ...!**: *verwendet, um auszudrücken, dass man sich wünscht, dass eine Sache oder eine Person lange oder für immer so bleibt* Es lebe die Freiheit!, Es lebe der König! **Leben Sie wohl!** (*veralt.*): *Auf Wiedersehen!* **leben wie Gott in Frankreich**: *verwendet, um auszudrücken, dass man sehr gut lebt, weil man sehr gutes Essen und sehr gute Getränke hat*

le·bend <nicht steig.> *Adj.* SPRACHWISS. *heute noch gesprochen* Russisch und Englisch sind lebende Sprachen, Latein gehört nicht zu den lebenden Sprachen.

le·bend·ge·bä·rend, *a.* **le·bend ge·bä·rend** <nicht steig.> *Adj.* ZOOL. *so, dass ein Tier lebende Junge zur Welt bringt* ◆ Getrenntschreibung lebend gebärende Tiere; Getrennt- oder Zusammenschreibung Diese Fische gehören zu den lebend Gebärenden/Lebendgebärenden.

Le·bend·ge·wicht das <-(e)s> (*kein Plur.*) (*landw.*) *Gewicht eines Schlachttieres vor der Schlachtung*

le·ben·dig *Adj.* **1.** (↔ *tot*) *so, dass etwas lebt I.1* Eine Fliege ist auch ein lebendiges Wesen!, bei lebendigem Leib(e) verbrennen **2.** *so, dass etwas mit Inhalt erfüllt ist und praktiziert wird* eine lebendige Demokratie, eine lebendige Tradition **3.** *lebhaft, munter* eine lebendige Stadt, einen sehr lebendigen Unterricht machen, sehr lebendige Kinder haben ■ **etwas wird wieder lebendig**: *etwas, das schon vergessen war, kommt wieder zum Vorschein*

Le·ben·dig·keit die <-> (*kein Plur.*) *Zustand, in dem jmd. oder etwas lebendig[3] ist*

Le·bens·a·bend der <-(e)s, -e> (*geh.*) *der letzte Lebensabschnitt, das Alter* Nach der Pensionierung möchte er nun seinen Lebensabend genießen.

Le·bens·ab·schnitt der <-(e)s, -e> *ein bestimmter Zeitabschnitt im Leben* Nach der Schulzeit beginnt ein neuer Lebensabschnitt.

Le·bens·ab·schnitts·part·ner, **Le·bens·ab·schnitts·part·ne·rin** der <-s, -> (*umg. iron.*) *Person, mit der man für eine bestimmte Zeit eine Beziehung hat*

Le·bens·a·der die <-, -n> *wichtiger Transportweg in einem Land[2], auf dem wichtige Güter befördert werden* Schienenwege, Straßen und Flüsse sind Lebensadern der Wirtschaft., die wichtigsten Lebensadern eines Landes zerstören

Le·bens·al·ter das <-s, -> **1.** (*kein Plur.*) *die gelebten Jahre* ein hohes Lebensalter erreichen **2.** *ein Abschnitt in der Entwicklung eines Menschen* Auf dem Bild sind die verschiedenen Lebensalter eines Menschen dargestellt: Kindheit, Jugend, Erwachsensein, Alter.

Le·bens·ar·beits·zeit die <-> (*kein Plur.*) *die gesamte Zeit im Leben, während der ein Mensch in einem Beruf arbeitet*

Le·bens·art die <-, -en> **1.** *die Art, wie man lebt* Das ist eben die heutige Lebensart! **2.** *die Eigenschaft, sich gut zu benehmen* Er hat einfach keine Lebensart.

Le·bens·auf·ga·be die <-, -n> *eine Aufgabe, der jmd. sein Leben widmet* Ihre Lebensaufgabe war es, kranken Kindern in Afrika zu helfen.

Le·bens·be·din·gun·gen <-> *Plur.* **1.** *die wirtschaftlichen und gesellschaftlichen Bedingungen, unter denen Menschen leben* Die Menschen in den Armenvierteln am Rande der Stadt haben sehr schlechte Lebensbedingungen. **2.** BIOL. *Umweltbedingungen, unter denen Pflanzen und Tiere leben* Die Tiefsee ist ein Lebensraum mit extremen Lebensbedingungen für Tiere und Pflanzen.

le·bens·be·dro·hend <nicht steig.> *Adj. so, dass es jmdn. töten kann* eine lebensbedrohende Krankheit

Le·bens·be·reich der <-(e)s, -e> *einer der verschiedenen Bereiche, in die sich die Aktivitäten des Lebens aufteilen lassen* Man sollte die beiden Lebensbereiche Arbeit und Privatleben streng voneinander trennen.

Le·bens·dau·er die <-> (*kein Plur.*) **1.** *die Zeit, die ein Mensch oder ein Tier lebt* die durchschnittliche Lebensdauer einer Schildkröte **2.** *die Zeit, die ein Gerät einwandfrei funktioniert* Gute Behandlung erhöht die Lebensdauer des Gerätes.

Le·bens·en·de das <-s> (*kein Plur.*) *der Tod* Bis an ihr Lebensende konnte sie das nicht vergessen.

Le·bens·ent·wurf der <-(e)s, Lebensentwürfe> *eine Art Plan, den sich jmd. für sein Leben macht,* *um seine Wünsche und Ziele zu erreichen*

Le·bens·er·fah·rung die <-> (*kein Plur.*) *die Erfahrung, die jmd. im Laufe seines Lebens sammelt* Sie hat aufgrund ihrer Jugend noch wenig Lebenserfahrung.

le·bens·er·hal·tend <nicht steig.> (*nur attr.*) *Adj.* MED. *so, dass etwas verhindert, dass jmd. stirbt* Der Sanitäter führte bis zum Eintreffen des Arztes lebenserhaltende Maßnahmen durch.

Le·bens·er·war·tung die <-, -en> (*meist Sing.*) *die Zeit, die ein Mensch oder ein Tier zu leben hat* Das Rauchen verkürzt die durchschnittliche Lebenserwartung des Menschen.

le·bens·fä·hig <nicht steig.> *Adj.* MED. *so, dass jmd. leben kann, weil sein Körper gesund und normal entwickelt ist* Das Neugeborene war nicht lebensfähig.

le·bens·feind·lich *Adj. so, dass es eine Bedrohung für Lebewesen ist* das lebensfeindliche Klima der Arktis

Le·bens·fra·ge die <-, -n> *eine Sache, die sehr wichtig ist* Die Lösung dieses Problems wurde für ihn zur Lebensfrage.

Le·bens·freu·de die <-> (*kein Plur.*) *die Einstellung, dass man das Leben positiv findet und Spaß daran hat* Trotz ihres hohen Alters war sie voller Lebensfreude

le·bens·froh <nicht steig.> *Adj. so, dass man voller Lebensfreude ist* lebensfrohe junge Leute

Le·bens·ge·fahr die <-> (*kein Plur.*) *eine Situation oder Gefahr, die jmds. Leben bedroht und sogar tödlich sein kann* Nach dem Unfall schwebte er in Lebensgefahr., Vorsicht Hochspannung, Lebensgefahr!

le·bens·ge·fähr·lich <nicht steig.> *Adj. so, dass etwas das Leben bedroht* eine lebensgefährliche Expedition, lebensgefährlich erkrankt sein

Le·bens·ge·fähr·te, **Le·bens·ge·fähr·tin** der <-n, -n> *ein Partner, mit dem man sein Leben teilt, mit dem man aber nicht verheiratet ist* Lange nach dem Tod seiner Frau hat er eine neue Lebensgefährtin gefunden.

Le·bens·gei·ster ■ **jemands Lebensgeister erwachen** (*umg.*): *jmd. spürt nach einer Phase der Müdigkeit neue Kraft* Nach einem Schluck Kaffee erwachten seine Lebensgeister. **etwas weckt die Lebensgeister** (*umg.*): *etwas verhilft zu neuer Energie* Ein Tässchen Espresso weckt die Lebensgeister!

Le·bens·ge·mein·schaft die <-, -en> *der Zustand, dass zwei Menschen in einer Beziehung leben und ihr Leben bis zum Tod eines Partners teilen wollen* eheliche Lebensgemeinschaft, nichteheliche Lebensgemeinschaft

Le·bens·ge·schich·te die <-, -n> *die Erlebnisse und Ereignisse im Leben eines Menschen* Bei ihrem ersten Treffen erzählte er ihr seine ganze Lebensgeschichte.

le·bens·groß *Adj. so, dass etwas in natürlicher Größe dargestellt ist* ein lebensgroßes Bild eines Adlers, eine lebensgroße Statue des Dichters

Le·bens·hal·tungs·in·dex der <-es, -e/-indizes/-indices> *eine Statistik über die Lebenshaltungskosten in einem Land, einem Bundesland oder einer Stadt*

Le·bens·hal·tungs·kos·ten *Plur.* WIRTSCH. *das Geld, das man für alles, was man zum Leben braucht, (in einem bestimmten Zeitraum) bezahlen muss* Die Lebenshaltungskosten sind gestiegen.

Le·bens·hil·fe die <-, -n> *Hilfe, die von einem Verein, einer Institution o.Ä. angeboten wird, um Personen in schwierigen Lebenssituationen zu helfen* Der Verein gibt Drogensüchtigen und ihren Angehörigen Lebenshilfe.

Le·bens·in·halt der <-(e)s, -e>, *eine wichtige Aufgabe, die jmd. als den Sinn seines Lebens ansieht* Die Musik war ihr Lebensinhalt.

Le·bens·jahr das <-(e)s, -e> *ein Jahr im Leben von jmdm.* In den ersten Lebensjahren brauchen Kinder besonders viel Zuneigung.

Le·bens·künst·ler, **Le·bens·künst·le·rin** der <-s, -> *jmd., der mit allen Situationen im Leben fertig wird*

Le·bens·la·ge die <-, -n> *Situation im Leben eines Menschen* Sie weiß in jeder Lebenslage einen Ausweg.

le·bens·lang <nicht steig.> *Adj. so, dass es ein Leben lang andauert* eine lebenslange Freundschaft, ihre lebenslange Begeisterung für die Kunst

le·bens·läng·lich <nicht steig.> *Adj.* RECHTSW. *so, dass eine Strafe für den Rest des Lebens gilt* eine lebenslängliche Gefängnisstrafe, zu „lebenslänglich" verurteilt werden, Der Mörder bekam lebenslänglich.

Le·bens·lauf der <-(e)s, Lebensläufe> **1.** *ein Text, in dem jmd. alle wichtigen Daten, wie Geburtsjahr, Geburtsort, Ausbildung, berufliche Erfahrungen o.Ä., zu seiner Person auflistet, und der für Bewerbungen gebraucht wird* Für die Bewerbungsunterlagen musste er einen tabellarischen Lebenslauf schreiben. **2.** *alles, was man während seines Lebens bisher erlebt hat* einen bewegten Lebenslauf haben

Le·bens·lust die <-> (*kein Plur.*) *Freude am Leben* Er war in seinem Alter noch voller Lebenslust.

le·bens·lus·tig *Adj.* (≈ *lebensfroh*) *so, dass man Freude am Leben hat* ein lebenslustiger alter Herr

Le·bens·mit·tel das <-s, -> (*meist. Plur.*) (≈ *Nahrungsmittel*) *grundlegende Produkte, die man täglich braucht, um sich zu ernähren* Brot, Gemüse und Fleisch gehören zu den wichtigsten Lebensmitteln.

Le·bens·mit·tel·che·mi·ker, **Le·bens·mit·tel·che·mi·ke·rin** der <-s, -> *jmd., der beruflich Lebensmittel analysiert und prüft, welche Stoffe darin enthalten sind*

Le·bens·mit·tel·ge·schäft das <-(e)s, -e> *Geschäft, in dem man Lebensmittel kaufen kann*

Le·bens·mit·tel·in·dust·rie die <-> (*kein Plur.*) *der Zweig der Industrie, der Lebensmittel produziert*

Le·bens·mit·tel·tech·ni·ker, **Le·bens·mit·tel·tech·ni·ke·rin** der <-s, -> *jmd., der beruflich in*

der Lebensmittelindustrie arbeitet

Le·bens·mit·tel·ver·gif·tung die <-, -en> MED. *eine Vergiftung, die man bekommt, weil man verdorbene Lebensmittel gegessen hat*

Le·bens·mit·tel·ver·sor·gung die <-> (*kein Plur.*) *die Versorgung von Menschen mit ausreichender Nahrung* Die Lebensmittelversorgung in den Flüchtlingsgebieten war nicht gesichert.

Le·bens·mit·tel·vor·rat der <-(e)s, Le·bens·mit·tel·vor·räte> *die Menge an Lebensmitteln, von der man eine Zeit lang leben kann, ohne neue zu kaufen* einen Lebensmittelvorrat anlegen

Le·bens·mot·to das <-s> (*kein Plur.*) *ein bestimmter Gedanke, nach dem jmd. sein Leben führt und ausrichtet* Sein Lebensmotto war „Nur keine Eile!"

le·bens·mü·de <nicht steig.> *Adj. so, dass jmd. nicht weiterleben will, weil er keine Freude am Leben mehr hat* Er war alt, krank und lebensmüde. ■ **Ich bin doch nicht lebensmüde!** (*umg. scherzh.*): *verwendet, um auszudrücken, dass man etwas Gefährliches auf keinen Fall tun wird* Auf diesem schmalen Steg über die Schlucht gehen? Ich bin doch nicht lebensmüde!

Le·bens·mut der <-(e)s> (*kein Plur.*) *das Gefühl, dass man in seinem Leben noch eine positive Zeit vor sich hat und sein Leben gut gestalten kann* seinen Lebensmut wiederfinden, den Lebensmut verlieren, Sie schöpfte wieder neuen Lebensmut.

le·bens·nah <nicht steig.> *Adj. so, dass etwas der Realität sehr ähnlich ist* Die Erzählungen waren alle sehr lebensnah.

Le·bens·nerv ■ **etwas in seinem Lebensnerv treffen**: *etwas, das für die Existenz von jmdm. oder etwas absolut notwendig ist, gefährden oder beschädigen* einen Menschen/ein Land in seinem Lebensnerv treffen

le·bens·not·wen·dig <nicht steig.> *Adj. so, dass etwas sehr wichtig für das Leben ist* Die Medikamente waren für ihn lebensnotwendig.

Le·bens·per·s·pek·ti·ve die <-, -n> *etwas, das jmdm. eine Möglichkeit gibt, sich beruflich oder persönlich zu entwickeln* Die Schulbildung eröffnet den Kindern in den Entwicklungsländern neue Lebensperspektiven.

Le·bens·quali·tät die <-> (*kein Plur.*) *die Qualität der Bedingungen des täglichen Lebens* Die technische Entwicklung kann die Lebensqualität der Menschen verbessern.

Le·bens·raum der <-(e)s, Lebensräume> **1.** SOZIOL. *Umfeld, in dem ein Mensch oder eine Gemeinschaft frei leben und arbeiten kann* den Lebensraum der Urwaldbewohner bedrohen **2.** BIOL. *die Umwelt mit ihren Bedingungen* Die Tiere haben sich an ihren Lebensraum angepasst. **3.** GESCH. *ein Begriff, der besonders von den deutschen Nationalsozialisten gebraucht wurde, um den Krieg zu rechtfertigen, mit dem der Staat sich vergrößern wollte* Lebensraum im Osten

Le·bens·ret·ter, **Le·bens·ret·te·rin** der <-s, -> *jmd., der einem anderen Menschen das Leben gerettet hat und dabei häufig sein eigenes Leben riskiert hat*

Le·bens·si·tu·a·ti·on die <-, -en> *eine bestimmte Situation im Leben eines Menschen* eine schwierige Lebenssituation meistern

Le·bens·stan·dard der <-s, -s> *die Menge aller Produkte, über die eine Bevölkerung, eine Gruppe oder eine Person für das tägliche Leben verfügt* Der Lebensstandard der Bevölkerung ist in den reichen Industrieländern höher als in den Entwicklungsländern.

Le·bens·stel·lung die <-, -en> *feste Arbeitstelle, die man bis zum Ende des Berufslebens hat* Ein Beamter hat eine Lebensstellung.

Le·bens·stil der <-(e)s, -e> *die Art, wie ein Mensch sein Leben gestaltet* Er pflegte einen gehobenen Lebensstil.

Le·bens·um·stand der <-(e)s, Lebensumstände> (*meist Plur.*) *eine der Bedingungen, unter denen jmd. lebt bzw. leben muss* Nach dem Krieg waren die Lebensumstände schwierig.

Le·bens·un·ter·halt der <-(e)s> (*kein Plur.*) *das Geld, das notwendig ist, um Dinge wie Nahrung, Kleidung und Wohnung zu bezahlen* Nach dem Studium musst du dir deinen Lebensunterhalt selbst verdienen.

Le·bens·ver·si·che·rung die <-, -en> *eine Versicherung, bei der jmd. selbst einen Geldbetrag bekommt, wenn die Versicherungszeit zu Ende ist, oder bei der eine Person einen Geldbetrag bekommt, wenn der Versicherte stirbt* eine Lebensversicherung abschließen

Le·bens·wan·del der <-s> (*kein Plur.*) *die Art, wie jmd. lebt, und die von der Gesellschaft in einer bestimmten Weise beurteilt wird* einen anständigen/bürgerlichen/tadellosen Lebenswandel haben

Le·bens·weg der <-(e)s, -e> (*übertr.*) *Verlauf des Lebens* jemandem gute Wünsche/Ratschläge mit auf den Lebensweg geben, Ihr Lebensweg war von vielen Höhen und Tiefen geprägt.

Le·bens·wei·se die <-, -n> *eine bestimmte Art, wie jmd. sein Leben führt* eine gesunde/ungesunde Lebensweise

Le·bens·werk das <-(e)s, -e> (*meist Sing.*) *etwas, dem jmd. die meiste Zeit seiner Arbeit und seines Denkens gewidmet hat* Der Literaturkritiker wurde für sein Lebenswerk ausgezeichnet., Das Lebenswerk dieses Autors umfasst vierzehn Romane und zwei Bände mit Kurzgeschichten.

le·bens·wert *Adj. so, dass man das Leben schön findet und man gerne lebt* Das Leben ist lebenswert., Das Leben erschien ihm ohne sie nicht mehr lebenswert.

le·bens·wich·tig <nicht steig.> *Adj. so, dass es für das Weiterleben unbedingt nötig ist* das Versagen lebenswichtiger Organe, lebenswichtige Medikamente in das Katastrophengebiet liefern

Le·bens·wil·le der <-ns> (*kein Plur.*) *der Wille, trotz schwieriger Umstände weiterzuleben* Sie hatte trotz ihrer schweren Krankheit einen starken Lebenswillen., Nach dem Tod seiner Frau war sein Lebenswille gebrochen.

Le·bens·zei·chen das <-s, -> **1.** MED. *ein Anzeichen, dass jmd. noch lebt* den Verunglückten auf Lebenszeichen untersuchen **2.** (*übertr.*) *eine Nachricht, dass jmd. noch lebt, von dem man lange Zeit nichts gehört hat* Gib mal ein Lebenszeichen, wenn du wieder da bist!

Le·bens·zeit die <-> (*kein Plur.*) *Lebensdauer*[1] die Lebenszeit eines Menschen verlängern ■ **auf Lebenszeit** (*geh.*): *für den Rest des Lebens* eine Rente auf Lebenszeit

Le·ber die <-, -n> **1.** *ein Körperorgan, das den Organismus vor giftigen Substanzen schützt* Übermäßiger Alkoholgenuss schädigt die Leber. ◆ Gänse-, Geflügel-, Rinder-, Schweine- **2.** *die Leber*[1] *von einem Tier, die man auch essen kann* ■ **frisch/frei von der Leber weg reden** (*umg.*) **3.** *offen und ohne Hemmungen reden* ■ **sich etwas von der Leber reden** (*umg.*): *jmdm. von einem Problem berichten, um sich selbst zu erleichtern*

Le·ber·fleck der <-(e)s, -e> (≈ *Muttermal*) *ein kleiner bräunlicher Fleck auf der Haut, den man meist seit der Geburt hat und der nicht gefährlich ist*

Le·ber·kä·se der <-s> (*kein Plur.*) KOCH. *eine Art Fleischkuchen, von dem Scheiben geschnitten und gebraten werden*

le·ber·krank <nicht steig.> *Adj. so, dass die Leber*[1] *erkrankt ist*

Le·ber·krank·heit die <-, -en> *eine Krankheit, die die Leber*[1] *befallen hat*

Le·ber·lei·den das <-s, -> MED. *eine Krankeit, die die Leber*[1] *befallen hat und die sehr lange dauert* ein chronisches Leberleiden haben

Le·ber·pas·te·te die <-, -n> KOCH. *eine Pastete aus Geflügelleber* ◆ Enten-, Gänse-

Le·ber·tran der <-(e)s> (*kein Plur.*) *Öl, das aus Fischleber gewonnen wird und viele Vitamine hat, und das von Menschen eingenommen werden kann, um den Körper zu kräftigen*

Le·ber·wert der <-(e)s, -e> (*meist Plur.*) MED. *ein Wert, der angibt, ob die Leber*[1] *gesund oder krank ist*

Le·ber·wurst die <-, Leberwürste> *eine Wurstsorte, in der Leber von Tieren verarbeitet ist* feine/grobe Leberwurst ■ **die beleidigte Leberwurst spielen** (*umg.*): *wegen einer unwichtigen Sache gekränkt sein*

Le·ber·zir·rho·se die <-, -n> (MED.: ≈ *Schrumpfleber*) *eine chronische Erkrankung der Leber*

Le·be·we·sen das <-s, -> *ein lebender Organismus mit einer oder auch zahlreichen Zellen* Pflanzen, Tiere und Menschen sind Lebewesen.

Le·be·wohl das <-(e)s, -s/-e> (*geh.*) *der Abschied* jemandem ein letztes Lebewohl zurufen ■ **jemandem Lebewohl sagen**: *sich von jmdm. verabschieden* ◆ Getrenntschreibung „Lebe wohl!", rief er.

leb·haft *Adj.* **1.** *lebendig, voll Temperament* ein sehr lebhaftes Kind **2.** *stark und sehr groß* lebhafter Beifall, Die Thesen des Forschers erweckten lebhaftes Interesse in der Fachwelt. **3.** *deutlich, klar* lebhafte Erinnerungen, Das kann ich mir lebhaft vorstellen. **4.** *interessant, auffallend* eine lebhafte Diskussion, lebhafte Farben

Leb·haf·tig·keit die <-> (*kein Plur.*) *der Zustand, in dem jmd. oder etwas lebhaft*[1, 4] *ist*

Leb·ku·chen der <-s, -> *ein Gebäck aus dunklem Teig, das würzig schmeckt und das vor allem zur Weihnachtszeit gegessen wird*

leb·los <nicht steig.> *Adj.* **1.** *tot* Nach dem schrecklichen Unfall lagen überall leblose Körper auf dem Boden. **2.** *so, als ob es tot wäre* Der Arm hing wie leblos herab., ein lebloser Blick

Leb·lo·sig·keit die <-> (*kein Plur.*) *der Zustand, in dem jmd. oder etwas leblos ist*

Leb·tag ■ **sein Lebtag** (*umg. veralt.*): *sein ganzes Leben lang* Daran werde ich mein Lebtag denken. **sein Lebtag nicht**: *nie* Das hätte ich mein Lebtag nicht geglaubt.

Leb·zei·ten ■ **bei/zu Lebzeiten**: *zu der Zeit, in der jmd. lebt* zu Lebzeiten Schillers, Er hat seiner Tochter das Haus noch zu seinen Lebzeiten vererbt.

Lech der <-> (*kein Plur.*) *ein Fluss in Süddeutschland*

lech·zen <lechzt, lechzte, hat gelechzt> *ohne OBJ* ■ *jmd. lechzt nach etwas Dat.* (*geh.*) *etwas dringend haben wollen* nach Wasser lechzen, nach Macht lechzen

Le·ci·thin das *s.* **Lezithin**

Leck das <-(e)s, -s> *undichte Stelle in einem Schiff oder einem Behälter, in die oder aus der Flüssigkeit dringen kann* Der Tank hat ein Leck., Das Schiff bekam ein Leck und sank sofort.

leck <nicht steig.> *Adj. so, dass etwas ein Loch oder einen Riss hat und dadurch undicht ist* Das Schiff ist leck. ◆ Getrenntschreibung→R 4.1 Das Fass wird wahrscheinlich leck sein.

le·cken[1] **I.** *mit OBJ* **1.** ■ *jmd./ein Tier leckt etwas mit der Zunge über etwas streichen und es in den Mund bringen* Das Kind leckt ein Eis., Die Katze leckt die Milch. **2.** ■ *ein Tier leckt sich/etwas mit der Zunge über etwas streichen, um es sauber zu machen* Die Katze leckt sich., Die Hündin leckt ihre Jungen. **3.** ■ *jmd. leckt (sich) etwas von etwas Dat. mit der Zunge etwas von etwas entfernen* Nach dem Essen leckte er (sich) das Fett von den Fingern. **II.** *ohne OBJ* ■ *ein Tier leckt an etwas Dat. mit der Zunge über eine Stelle streichen* Der Hund leckte an seiner Hand. ■ **seine Wunden lecken** (*umg. übertr.*): *sich lange gekränkt fühlen* **sich die Finger nach etwas lecken** (*umg. übertr.*): *etwas gerne haben wollen* **Leck mich am Arsch!** (*vulg.*): *Lass mich in Ruhe, das interessiert mich nicht.* **jemand/etwas sieht aus wie geleckt** (*umg.*): *jmd. oder etwas sieht extrem sauber und ordentlich aus*

le·cken[2] *ohne OBJ* ■ *etwas leckt etwas hat ein Leck* Das Boot leckt.

le·cker *Adj. so, dass etwas sehr gut schmeckt* Das Essen war lecker!, Das sieht aber lecker aus!

Le·cker·bis·sen der <-s, -> **1.** *etwas, das sehr gut schmeckt* Sie pickt sich beim Essen nur die Leckerbissen heraus. **2.** *etwas Besonderes, das jmd. sehr genießen kann* Die Oper ist ein Leckerbissen für jeden Freund der Musik.

Le·cke·rei die <-, -en> (*meist Plur.*) *etwas, das besonders lecker ist* Zu Weihnachten gibt es süße Leckereien.

Le·cker·maul das <-s, Leckermäuler> (*umg.*) *jmd., der gerne gute und vor allem süße Sachen isst* Sie lässt nichts Süßes liegen, sie ist ein richtiges Leckermaul!

leck·schla·gen <schlägt leck, schlug leck, ist leckgeschlagen> *ohne OBJ* ■ *etwas schlägt leck* SEEW. *etwas bekommt durch einen äußeren Einfluss ein Leck* Das Schiff ist leckgeschlagen., Der Kahn wird wohl leckschlagen., Das Boot schlug leck.

Le·der das <-s, -> **1.** *Haut von einem Tier, die bearbeitet wurde, um sie haltbar zu machen und aus der verschiedene Gebrauchsgüter hergestellt werden* Aus Leder werden vor allem Schuhe, Taschen und Gürtel hergestellt. ◆-schuhe, -stiefel, -tasche, Krokodil-, Rinds-, Schlangen- **2.** (*umg.*) *Fußball* Das Leder rollt wieder., das runde Leder ■ **jemandem ans Leder wollen** (*umg.*): *jmdn. angreifen wollen* **zäh wie Leder sein** (*umg.*): *große Ausdauer besitzen* **gegen jemanden/etwas vom Leder ziehen**: *über jmdn. oder etwas heftig schimpfen* Er zog gegen seine Kritiker ordentlich vom Leder.

Le·der·ein·band der <-(e)s, Ledereinbände> *ein fester Umschlag aus Leder[1]* ein Buch mit Ledereinband

Le·der·hand·schuh der <-s, -e> *Handschuh aus Leder[1]*

Le·der·ho·se der <-, -n> *Hose aus Leder[1]*

Le·der·i·mi·tat das <-s, -e> (≈ *Kunstleder*) *eine Art Stoff, der aussieht und sich ähnlich anfühlt wie Leder[1]*

Le·der·in·dust·rie die <-> (*kein Plur.*) *Zweig der Industrie, der Leder[1] herstellt und verarbeitet*

Le·der·ja·cke die <-, -n> *Jacke aus Leder[1]*

Le·der·kom·bi die <-, -s> SPORT *ein Jacke und Hose aus Leder[1], die beim Motorradfahren getragen werden*

le·dern *Adj.* **1.** (*nicht steig.*) *aus Leder[1] hergestellt* lederne Schuhe **2.** *so fest, dass es Leder[1] gleicht* lederne Haut **3.** (*umg. übertr.*) *sehr zäh* Das Fleisch ist ledern.

Le·der·rie·men der <-s, -> *Riemen aus Leder[1]*

Le·der·wa·ren <-> *Plur. Produkte, die aus Leder[1] hergestellt sind*

Le·der·wa·ren·hand·lung die <-, -en> *ein Geschäft, in dem Lederwaren verkauft werden*

le·dig <nicht steig.> *Adj.* **1.** *nicht verheiratet* Er ist ledig., eine ledige Mutter **2.** ■ *einer Sache ledig* (*geh.*) *frei von etwas; nicht mehr von etwas belastet* Nun war er aller Verpflichtungen ledig.

Le·di·ge der/die <-n, -n> *Person, die nicht verheiratet ist*

le·dig·lich *Adv.* (≈ *nur*) *nichts mehr als/niemand anders als* Ich verlange lediglich mein Recht., Lediglich ihre Schwester kam, niemand sonst.

Lee die [le:] <-> (*kein Plur.*) (*meist ohne Artikel*) (SEEW.: ↔ *Luv*) *die Seite, von der der Wind nicht kommt*

leer *Adj.* **1.** (↔ *voll*) *so dass etwas nichts enthält; ohne Inhalt* ein leerer Koffer/Magen/Raum, Er trinkt sein Glas schnell leer., Nach dem Essen muss er allein den Tisch leer räumen. **2.** (↔ *bewohnt*) *ohne Menschen darin* Die Stadt ist am Wochenende leerer als sonst., Das Haus stand schon lange leer. **3.** *so, dass nichts darauf geschrieben steht* ein leeres Blatt **4.** (*nur attr.*) (*abwert.*) *ohne Sinn, wertlos* leeres Gerede, leere Sprüche **5.** *so, dass man einer Sache nicht glauben kann* leere Versprechungen machen, leere Drohungen **6.** *so, dass etwas kein Gefühl und keinen Ausdruck zeigt* mit leeren Augen vor sich hinstarren ■ **ins Leere gehen**: *keinen Erfolg haben oder keine Reaktion spüren* Ihre Ermahnungen gingen ins Leere, es beachtete sie niemand. **leer ausgehen**: *keinen Anteil von etwas bekommen* bei einer Erbschaft leer ausgehen ◆ Getrenntschreibung→R 4.2, R 4.3 Die Straßen waren wie leer gefegt., ein Fass leer laufen lassen, den Motor leer laufen lassen, ein Haus leer stehen lassen, Hier gibt es viele leer stehende Wohnungen.

Lee·re die <-> (*kein Plur.*) **1.** *der Zustand, in dem etwas leer[2] ist* die Leere des Weltalls **2.** *der Zustand, in dem keine Gefühle vorhanden sind* Nach diesem Ereignis spürte er nur noch eine große Leere in sich. ■ **irgendwo herrscht gähnende Leere**: *an einem Ort ist absolut niemand* Im Kino herrschte nur gähnende Leere. **ins Leere greifen**: *irgendwohin greifen, wo nichts ist* **ins Leere starren**: *irgendwohin sehen, ohne bestimmte Dinge oder Menschen anzusehen, weil man traurig oder frustriert ist* **ins Leere stürzen**: *in einen Abgrund fallen* **ein Schlag ins Leere**: *etwas ohne Erfolg* Diese Prüfung war leider ein Schlag ins Leere.

lee·ren **I.** *mit OBJ* **1.** ■ *jmd. leert etwas etwas leer[1] machen* einen Eimer leeren, den Briefkasten leeren **2.** ■ *jmd. leert etwas* (*geh.*) *ein Gefäß oder einen Behälter mit Essen oder Getränken leer[1] machen, indem man davon isst oder trinkt* Auf einen Zug leert er den Becher Wein., den Teller leeren **II.** *mit SICH* ■ *etwas leert sich aus einem Gebäude oder von einem Platz gehen die dort anwesenden Menschen allmählich weg* Das Stadion leerte sich., Erst gegen Nachmittag leerte sich der Markt allmählich.

leer·ge·fegt *Adj.* (*umg.*) **1.** *ohne Menschen* Die Straßen waren völlig leergefegt. **2.** *ohne Produkte, weil sie alle verkauft worden sind* Nach dem Schlussverkauf gab es nur noch leergefegte Regale.

Leer·gut das <-(e)s> (*kein Plur.*) *leere[1] Behältnisse für Flüssigkeiten wie Flaschen, Kanister o.Ä., die mehrmals verwendet werden können* Das Leergut wird in der Verkaufsstelle zurückgenommen.

Leer·lauf der <-(e)s, Leerläufe> **1.** (*kein Plur.*) KFZ. TECHN. *der Zustand, in dem ein Motor läuft, ohne dass ein Gang eingelegt ist* Vor der Ampel schaltete er in den Leerlauf. ◆-einstellschraube, -drehzahl, -verbrauch **2.** (*übertr.*) *Zeit, in der es keine sinnvolle Beschäftigung gibt* In den Freistunden hatten wir viel Leerlauf.

Leer·stand der <-(e)s> (*kein Plur.*) AMTSSPR. *Wohnungen oder Häuser, die leer[2] sind* Es gibt zurzeit viel Leerstand auf dem Wohnungsmarkt.

Leer·stel·le die <-, -n> *Stelle im Text, die nicht beschrieben ist und einen Zwischenraum zwischen Wörtern und Zeichen bildet*

Leer·tas·te die <-, -n> *die längliche Taste bei einer Schreibmaschine oder auf der Tastatur eines Computers, mit der eine Leerstelle eingefügt wird* Die Leertaste befindet sich auf der Tastatur in der unteren Reihe.

Lee·rung die <-, -en> *der Vorgang, dass etwas leer[1] gemacht wird* die Leerung des Briefkastens um 17 Uhr, die regelmäßige Leerung der Mülltonnen

Lef·ze die <-, -n> (*meist Plur.*) ZOOL. *herabhängende Lippe bei Hunden und Raubtieren*

le·gal <nicht steig.> *Adj.* (↔ *illegal*) *so, dass etwas im Rahmen der Gesetze erlaubt ist* etwas auf legalem Weg erreichen

le·ga·li·sie·ren *mit OBJ* ■ *jmd./etwas legalisiert etwas* **1.** (*geh.*) *etwas gesetzlich erlauben* In vielen Ländern wird diskutiert, ob man den Konsum von Haschisch legalisieren soll. **2.** RECHTSW. *beglaubigen* Der Notar legalisiert eine Urkunde.

Le·ga·li·sie·rung die <-, -en> *der Vorgang, dass etwas legal gemacht wird*

Le·ga·li·tät die <-> (*kein Plur.*) *eine Handlung, die an das geltende Recht gebunden ist* etwas außerhalb der Legalität tun ■ **etwas am Rande der Legalität tun**: *etwas tun, was im Rahmen der geltenden Gesetze gerade noch erlaubt ist*

Le·ga·li·täts·prin·zip das <-s> (*kein Plur.*) *Verpflichtung des Staatsanwaltes, Verstöße gegen das Gesetz auch ohne Anzeige zu verfolgen*

Le·gas·the·nie die <-, -n> PSYCH. MED. *ein Problem, dasvor allem bei Kindern auftreten kann und das darin besteht, dass man große Schwierigkeiten beim Lesen und Schreiben hat*

Le·gas·the·ni·ker, **Le·gas·the·ni·ke·rin** der <-s, -> PSYCH. MED. *jmd., der unter Legasthenie leidet*

Le·gat[1] der <-en, -en> *eine Art Botschafter des Papstes*

Le·gat[2] das <-(e)s, -e> RECHTSW. *Erbe, Vermächtnis*

le·ga·to <nicht steig.> (*nur präd.*) *Adj.* (MUS.: ↔ *staccato*) *so, dass Töne in einem Musikstück gebunden sind* Spielen sie den Satz legato, Sie sehen doch, dass es einen Bogen über den Noten gibt!

Le·ge·bat·te·rie die <-, -n> LANDW. *ein sehr großes Gebäude, in dem viele Hennen in kleinen Käfigen gehalten werden und Eier legen* Eier aus der Legebatterie

le·gen <legst, legte, hat gelegt> **I.** *mit OBJ.* **1.** ■ *jmd. legt etwas irgendwohin etwas mit einer Bewegung der Hand irgendwohin bringen, so dass es sich dort befindet* Sie legt das Buch auf den Tisch. **2.** ■ *jmd. legt jmdm. etwas irgendwohin jmdn. mit etwas berühren oder bekleiden* Er legt ihm väterlich die Hand auf die Schulter., Sie legt ihm einen Schal um den Hals. **3.** ■ *jmd. legt jmdn. (irgendwie) irgendwohin jmdn. in eine bestimmte Lage bringen* Die Sanitäter legten den Verletzten vorsichtig auf die Seite. **4.** ■ *jmd. legt etwas verlegen* Der Techniker muss noch das Telefonkabel legen, dann ist die Anlage fertig. **5.** ■ *ein Tier legt ein Ei* ZOOL. *aus einem Tier kommt ein Ei* Der Vogel legt ein Ei. **II.** *mit SICH* **1.** ■ *jmd./etwas legt sich irgendwohin sich in eine bestimmte Lage begeben* Ich lege mich ein paar Minuten aufs Sofa, dann geht es wieder besser., Das Schiff hat sich auf die Seite gelegt. **2.** ■ *etwas legt sich etwas klingt ab* Der Wind legte sich., Sein Zorn hatte sich gelegt. **3.** ■ *etwas legt sich irgendwohin etwas lastet auf jmdm. oder etwas* Der Qualm legt sich uns auf die Lunge., Sorgen legen sich auf ihre Seele.

le·gen·där *Adj.* **1.** *aus einer Legende bekannt* die legendäre Gestalt des Herkules **2.** *so erstaunlich wie in einer Legende* In Japan hat jemand ein legendäres Alter von 120 Jahren erreicht! **3.** *so berühmt, dass es fast wie eine Legende klingt* das legendäre Rockfestival von Woodstock

Le·gen·de die <-, -n> **1.** *Lebensgeschichte von Heiligen* **2.** (*abwert.*) *eine Geschichte, die (seit langem) erzählt wird und an der nur wenig stimmt* Dass er ein Musterschüler war, ist nur eine Legende, die er selbst verbreitet hat. **3.** *eine Person, die Außerordentliches erreicht oder geleistet hat und dafür sehr bekannt ist* Er ist eine lebende Legende. **4.** *Erklärung der Zeichen und Symbole, die auf einer Landkarte, einem Plan o.Ä. verwendet werden* die Legende einer Landkarte

le·gen·den·haft *Adj. so, dass es eine Legende[1 2] betrifft*

le·ger [le'ʒɛːɐ̯] *Adj.* **1.** (≈ *locker, ungezwungen* ↔ *verkrampft*) *so, wie man sich in Gesellschaft von Freunden und in der Familie gibt* sich leger geben **2.** (≈ *lässig*) *so, dass etwas nicht formell, aber für einen bestimmten Anlass passend ist* legere Kleidung tragen

Leg·gins/Leg·gings ['lɛgɪns/'lɛgɪŋs] *Plur. Hose aus weichem, dehnbarem Material, die eng am Bein anliegt*

le·gie·ren *mit OBJ* **1.** ■ *jmd. legiert etwas* TECHN. *Metalle miteinander verschmelzen* **2.** ■ *jmd. legiert etwas* KOCH. *eine Suppe oder Soße mit etwas eindicken* eine legierte Blumenkohlsuppe

Le·gie·rung die <-, -en> TECHN. *ein Metall, das durch das Verschmelzen von zwei oder mehreren Metallen entstanden ist* Bronze ist eine Legierung aus Kupfer und Zinn.

Le·gi·on die <-, -en> **1.** GESCH. MILIT. *Einheit des Heeres im alten Rom* **2.** MILIT. *spezielle Einheit der Armee in Frankreich und Spanien* ◆ Fremden- **3.** *eine sehr große Menge von Personen* Eine Legion von Gläubigen pilgert jedes Jahr nach Mekka.

Le·gi·o·när der <-s, -e> **1.** GESCH. MILIT. *Soldat einer römischen Legion* **2.** MILIT. *Soldat der französischen oder spanischen Legion* ◆ Fremden-

le·gis·la·tiv <nicht steig.> *Adj.* POL. RECHTSW. *Gesetze beschließend* die legislative Versammlung

Le·gis·la·ti·ve die <-, -n> POL. *die Institution, die*

in einem Staat die Gesetze beschließt Das Parlament ist die Legislative im Land.

Le·gis·la·tur·pe·ri·o·de die <-, -n> *die Dauer, für die Abgeordnete in ein Parlament gewählt werden* Nach vier Jahren ist die Legislaturperiode zu Ende, doch in einigen Bundesländern dauert sie 5 Jahre.

le·gi·tim *Adj.* (↔ *illegitim*) **1.** RECHTSW. *so, dass etwas rechtmäßig ist* Die legitime Regierung des Landes wurde gestürzt. **2.** (*geh.*) *so, dass etwas berechtigt ist* legitime Forderungen, Ich finde es legitim, dass er eine Entschuldigung verlangt.

Le·gi·ti·ma·ti·on die <-, -en> **1.** (*geh.*) *Rechtfertigung* Mit welcher Legitimation verlangt er eine Entschuldigung von uns? **2.** RECHTSW. *Nachweis, dass jmd. etwas tun darf* Bitte weisen Sie beim Eintritt Ihre Legitimation vor! **3.** RECHTSW. *Erklärung, dass etwas echt ist* die Legitimation eines Dokuments

le·gi·ti·mie·ren **I.** *mit OBJ* **1.** ■ *jmd./etwas legitimiert etwas etwas rechtmäßig machen* Erst nachträglich wurde das Vorgehen legitimiert. **2.** ■ *jmd./etwas legitimiert etwas* (*geh.*) *berechtigen* Was legitimiert dich, uns Vorwürfe zu machen, du bist selbst nicht unschuldig! **II.** *mit SICH* ■ *jmd. legitimiert sich sich ausweisen* Bitte legitimieren Sie sich am Einlass!

Le·gi·ti·mi·tät die <-, -en> (*meist Sing.*) RECHTSW. *Zustand, in der eine Staatsgewalt mit vollem Recht handelt*

Le·gu·an der <-s, -e> *eine Eidechse, die in den Tropen lebt und auf ihrem Körper eine Art Kamm aus Haut hat*

Le·hen das <-s, -> GESCH. *ein Stück Land, das von einem Herrscher an einen Untergebenen gegeben wurde, der es bebauen durfte, aber verpflichtet war, dem Herrscher einen Teil des Ertrags zu geben und ihm auch z.B. als Soldat zu dienen*

Lehm der <-(e)s, -e> *gelbliche Erde, die sehr schwer ist, kein Wasser durchlässt und oft zur Herstellung von Ziegeln benutzt wird* Die Räder bleiben im Lehm stecken.

Lehm·bo·den der <-s, Lehmböden> *eine Art Fußboden, der aus einem Gemisch aus Stroh und Lehm gemacht wird*

Lehm·gru·be die <-, -n> *Grube, aus der man Lehm holt, um Ziegel herzustellen*

Lehm·hüt·te die <-, -n> *sehr einfaches und sehr kleines Haus, das aus Lehm gebaut ist*

leh·mig *Adj.* **1.** *Lehm enthaltend* lehmiger Boden **2.** *voller Lehm* lehmige Schuhe haben

Leh·ne¹ die <-, -n> *eine Stütze an einem Stuhl, einem Sessel oder einem Sofa, auf die man die Arme legen oder an die man den Rücken stützen kann* Ein Hocker hat keine Lehne.

Leh·ne² die <-, -n> (*österr.*) *Abhang*

leh·nen **I.** *mit OBJ* ■ *jmd. lehnt sich/etwas an/gegen etwas Akk. jmd. stellt sich oder etwas schräg an oder gegen etwas Festes, das einen Halt gibt* Sie lehnt das Fahrrad gegen die Hauswand., Ich lehne mich mit dem Rücken an den Türrahmen. **II.** *ohne OBJ* ■ *jmd./etwas lehnt irgendwo jmd. oder etwas steht schräg irgendwo, um nicht umzufallen* Die Leiter lehnt an der Wand., Er lehnte erschöpft am Türpfosten. **III.** *mit SICH* ■ *jmd. lehnt sich irgendwohin jmd. stützt sich an oder auf etwas und beugt sich mit seinem Oberköper darüber* Der Lehrer lehnte sich über den Tisch., Die Nachbarn lehnten sich aus dem Fenster, um die Ereignisse auf der Straße besser sehen zu können

Lehn·ses·sel der <-s, -> *ein Sessel, der eine hohe Lehne¹ für den Rücken hat*

Lehns·herr der <-en, -en> GESCH. *ein Herrscher, der ein Lehen vergibt*

Lehns·mann der <-(e)s, Lehnsmänner/Lehnsleute> GESCH. *jmd., dem ein Lehen gegeben wurde*

Lehn·stuhl der <-(e)s, Lehnstühle> *ein Stuhl mit einer hohen Lehne¹ für den Rücken*

Lehn·wort das <-(e)s, Lehnwörter> SPRACHWISS. *Wort, das aus einer Fremdsprache kommt, aber sich in Aussprache, Orthografie und Flexion der Zielsprache angeglichen hat* Das Wort „Fenster“ ist ein Lehnwort aus dem Lateinischen, dort heißt es „fenestra“.

Lehr·amt das <-(e)s, Lehrämter> (*meist Sing.*) AMTSSPR. *Arbeit als Lehrer(in) an einer staatlichen Schule* Sie studiert Mathematik für das Lehramt am Gymnasium.

Lehr·amts·stu·di·um das <-s, Lehramtsstudien> AMTSSPR. *das Studium für ein Lehramt*

Lehr·an·stalt die <-, -en> AMTSSPR. *Einrichtung, in der Unterricht gegeben wird* Schulen, Hochschulen und andere Lehranstalten

Lehr·auf·trag der <-(e)s, Lehraufträge> *Auftrag, an einer Hochschule Lehrveranstaltungen zu halten* Leider hatte er nur für ein Semester einen Lehrauftrag.

Lehr·be·auf·trag·te der/die <-n, -n> *jmd., der an einer Hochschule einen Lehrauftrag hat*

Lehr·be·ruf der <-(e)s, -e> **1.** *Beruf eines Lehrers* im Lehrberuf tätig sein **2.** (≈ *Ausbildungsberuf*) *Beruf, für den man eine Ausbildung machen muss* Tischler ist ein Lehrberuf im Handwerk.

Lehr·brief der <-(e)s, -e> *Zeugnis, das jmd. bekommt, der eine Lehre abgeschlossen hat*

Lehr·buch das <-(e)s, Lehrbücher> (↔ *Arbeitsbuch*) *Buch, das Wissen zu einem bestimmten Fach vermittelt und mit dem Schüler oder Studenten im Unterricht lernen oder arbeiten* ein Lehrbuch der Medizin, ein Lehrbuch für Deutsch als Fremdsprache

Leh·re die <-, -n> **1.** *die Ausbildung, die man macht, um einen Beruf zu lernen* Die Lehre als Tischler dauert drei Jahre., bei jemandem in die Lehre gehen **2.** *Erfahrung, die man gemacht hat und aus der man etwas gelernt hat* eine bittere Lehre ■ **jemandem ist etwas eine Lehre**: *jmd. hat aus einer* (*bitteren*) *Erfahrung etwas gelernt* Lass dir das eine Lehre sein! **3.** *die Grundlagen einer Philosophie oder einer Religion* die Lehren des Platon, die Lehren des Augustinus, die Lehren des Buddhismus **4.** *die Theorien und das Wissen einer wissenschaftlichen Disziplin* Die Lehre von der Relativität der Zeit haben nur wenige verstanden. **5.** (*kein Plur.*) *Unterricht an einer Hochschule* Professoren können sich von der Lehre befreien lassen.

leh·ren **I.** *mit OBJ* **1.** ▪ *jmd. lehrt (jmdn.)etwas jmd. gibt jmdm. Informationen zu etwas und übt mit ihm, damit er Wissen und Fähigkeiten bekommt* Er lehrt die Schüler Rechtschreibung und Grammatik., Wer hat dich das Schwimmen gelehrt? **2.** ▪ *jmd. lehrt (jmdn.) plus Inf. jmd. vermittelt jmdm. Fähigkeiten und Kenntnisse, um etwas zu tun* Er lehrt ihn schwimmen., Die Musiklehrerin lehrte ihn Klavier spielen **3.** ▪ *etwas lehrt jmdn. etwas (geh.) etwas gibt jmdm. eine Lehre²* Was lehrt uns dieses Buch?, Das Beispiel lehrt uns, dass Gewalt keine Probleme löst. **II.** *mit OBJ/ohne OBJ* ▪ *jmd. lehrt (etwas) (irgendwann)(irgendwo) jmd. vermittelt Schülern oder Studenten Wissen und Kenntnisse* Er lehrt Geschichte in der 12. Klasse am Gymnasium., Sie lehrte mehrere Jahre an der Universität Hamburg.

Leh·rer, **Leh·re·rin** der <-s, -> **1.** *jmd., der an einer Schule unterrichtet* als Lehrer an einer Hauptschule unterrichten ◆-ausbildung, -kollegium, -konferenz, -zimmer **2.** *jmd., der einen anderen Menschen fördert* Sigmund Freud war sein Lehrer.

Lehr·fach das <-(e)s, Lehrfächer> *das Fach, das jmd. an einer Schule unterrichtet* Ihre Lehrfächer sind Sport und Französisch.

Lehr·film der <-(e)s, -e> *speziell für den Unterricht hergestellter Film, der spezielle Informationen zu einem Thema vermittelt*

Lehr·gang der <-(e)s, Lehrgänge> *ein Ausbildungskurs, in dem man in relativ kurzer Zeit bestimmte Fähigkeiten und Kenntnisse erlernt* einen Lehrgang in erster Hilfe besuchen, Lehrgänge zum Maschinenschreiben anbieten

Lehr·geld das <-(e)s, -er> GESCH. *Geld, das früher für die Ausbildung der Kinder an den Meister gezahlt wurde* ▪ **Lehrgeld zahlen müssen** (*umg.*): *schlechte Erfahrungen machen, weil man unerfahren ist und deshalb Fehler begangen hat*

Lehr·jahr das <-(e)s, -e> *Zeitraum, in dem jmd. eine Lehre¹ macht* Sie ist im dritten Lehrjahr. ▪ **Lehrjahre sind keine Herrenjahre!** (*umg.*): *verwendet, um auszudrücken, dass man als Berufsanfänger keine Anordnungen geben kann und keine großen Ansprüche stellen soll*

Lehr·kör·per der <-s, -> AMTSSPR. *die Gesamtheit der Lehrer(innen) einer Schule oder Hochschule* die Mitglieder des Lehrkörpers

Lehr·kraft die <-, Lehrkräfte> AMTSSPR. *Person, die an einer Schule oder Hochschule unterrichtet*

Lehr·ling der <-s, -e> (*veralt.*) *Auszubildender*

Lehr·ma·te·rial das <-s> (*kein Plur.*) *Material, das für den Unterricht benutzt wird*

Lehr·mit·tel das <-s, -> (*meist Plur.*) *im Unterricht verwendete Hilfsmittel*

Lehr·plan der <-(e)s, Lehrpläne> *eine Art Plan für jeweils ein Unterrichtsfach, in dem die einzelnen Bereiche und Themen aufgeführt werden, die die Schüler innerhalb einer bestimmten Zeit lernen sollen* Auf dem Lehrplan für den Unterricht in Mathematik steht heute Bruchrechnen.

lehr·reich *Adj. so, dass man daraus lernen kann* ein lehrreicher Film, Das war für uns ein lehrreiches Beispiel.

Lehr·satz der <-es, Lehrsätze> (≈ *Doktrin*) *Behauptung, die als Regel zu einem wissenschaftlichen, politischen oder religiösen System gehört und nicht im Einzelnen bewiesen werden kann* Im Neoliberalismus gilt der Lehrsatz, dass der Markt sich selbst reguliert.

Lehr·stel·le die <-, -n> (≈ *Ausbildungsplatz*) *in einem Betrieb eine Stelle für einen Lehrling, auf der er arbeitet und gleichzeitig einen Beruf lernt* eine Lehrstelle als Tischler suchen, sich um eine Lehrstelle bewerben ◆-nmangel

Lehr·stück das <-s, -e> THEAT. LIT. *ein Theaterstück oder ein Buch, das eine Lehre² geben soll* Brechts Dramen sind häufig Lehrstücke.

Lehr·stuhl der <-(e)s, Lehrstühle> AMTSSPR. *planmäßige Stelle eines Professors an einer Universität oder Fachhochschule* Sie wurde auf den Lehrstuhl für Physik berufen., Am Lehrstuhl sind drei wissenschaftliche Mitarbeiter tätig/laufen mehrere Forschungsprojekte. ◆-inhaber, -mitarbeiter

Lehr·werk das <-(e)s, -e> *Lehrbuch*

Lehr·werk·statt/Lehr·werk·stät·te die <-, Lehrwerkstätten> *spezielle Werkstatt für Auszubildende in einem Betrieb*

Lehr·zeit die <-, -en> *die Zeit, die eine Ausbildung zu einem Beruf dauert* Sie haben sich in der Lehrzeit kennen gelernt., Die Lehrzeit dauert in der Regel drei Jahre.

Leib der <-(e)s, -er> (*geh. oder veralt.*) *Körper eines Menschen oder eines Tiers* Er zitterte am ganzen Leib. ▪ **der Leib des Herrn/Christi** REL.: *die Hostie* **mit Leib und Seele** (*umg.*): *mit großer Begeisterung* mit Leib und Seele Lehrer sein **jemandem auf den Leib rücken** (*umg.*): *jmdn. immer wieder bedrängen* **einem Problem/einer Sache zu Leibe rücken**: *ein Problem zu lösen versuchen* **sich jemanden vom Leib halten** (*umg.*): *mit jmdm. nichts zu tun haben wollen* Diesen Typ muss ich mir vom Leib halten, der nervt nur! **etwas am eigenen Leib erfahren**: *eine Erfahrung selbst machen*

Leib·arzt der <-es, Leibärzte> (*veralt.*) *Hausarzt einer hoch gestellten Persönlichkeit* der Leibarzt Ludwig des Vierzehnten

Leib·chen das <-s, -> (*österr. schweiz.*) *Unterhemd/T-Shirt*

leib·ei·gen <nicht steig.> *Adj.* (GESCH.: ≈ *unfrei*) *von einem Herrn persönlich und wirtschaftlich völlig abhängig*

Leib·ei·ge·ne der/die <-n, -n> GESCH. *jmd., der leibeigen ist* die leibeigenen Bauern

Leib·ei·gen·schaft die <-> (*kein Plur.*) *der Zustand, in dem man leibeigen ist*

Lei·bes·er·zie·hung die <-> (*kein Plur.*) (*veralt.*) *Sport (als Schulfach)*

Lei·bes·kräf·te ▪ **aus/nach Leibeskräften**: *mit aller Kraft, die jmd. hat* aus Leibeskräften schreien, nach Leibeskräften arbeiten

Leib·gar·de die <-, -n> (*meist besonders uniformiertes*) *Regiment zum persönlichen Schutz eines Adligen oder zu besonderen Diensten am Königshof*

Leib·ge·richt das <-(e)s, -e> (*geh.*) *Essen, das jmd. am liebsten mag* Pizza ist sein Leibgericht.

leib·haf·tig <nicht steig.> *Adj.* **1.** *so, dass jmd. oder etwas direkt vor einem ist* Als sich der Nebel lichtete, sahen wir den Berggipfel leibhaftig vor uns., Sie konnte es kaum glauben, dass sie ihrem Idol leibhaftig begegnet war. **2.** *so, dass man sich jmdn. oder etwas genau wie etwas vorstellen kann* Er sah aus wie der leibhaftige Tod., Sie ist für ihn das leibhaftige schlechte Gewissen.

Leib·haf·ti·ge der <-n> (*kein Plur.*) (*verhüll.*) *Teufel*

leib·lich *Adj. so, dass jmd. der biologische Vater oder die biologische Mutter von jmdm. ist* Sie wurde schon als Baby adoptiert, so dass sie ihre leiblichen Eltern nicht kennt. ■ **für das leibliche Wohl sorgen** (*geh.*): *für Essen und Trinken sorgen* Für das leibliche Wohl ist gesorgt.

leibt ■ **Wie er/sie leibt und lebt!** (*umg.*): *genau so, wie man jmdn. kennt* Das war Professor Schulze wie er leibt und lebt – redselig, humorvoll und ein großer Zigarrenraucher!

Lei·bung die *s.* **Laibung**

Leib·wäch·ter, **Leib·wäch·te·rin** der <-s, -> *jmd., der beruflich eine wichtige oder berühmte oder gefährdete Person vor Angriffen schützt* Die Leibwächter schirmten den Präsidenten von der Menge ab.

Leib·wä·sche die <-> (*kein Plur.*) (*veralt.*) *Unterwäsche*

Lei·che die <-, -n> *der Körper eines toten Menschen* Die Polizei fand seine Leiche in einem Waldstück. ■ **wie eine wandelnde Leiche aussehen** (*umg.*): *sehr blass aussehen* **über Leichen gehen** (*umg. abwert.*): *völlig rücksichtslos sein* Um seine Ziele zu erreichen, geht er über Leichen! **Nur über meine Leiche!**: *das werde ich mit allen Mitteln verhindern* **eine Leiche im Keller haben** (*umg.*): *etwas Schlimmes zu verbergen haben*

Lei·chen·be·stat·tung die <-, -en> (*geh.*) *Beerdigung*

lei·chen·blass <nicht steig.> *Adj. sehr blass* Er wurde leichenblass vor Schreck.

Lei·chen·gift das <-(e)s, -e> *giftiger Stoff, der bei der Verwesung von Leichen entsteht*

Lei·chen·hal·le die <-, -n> *Halle, in der die Särge mit den Toten bis zur Beerdigung aufbewahrt werden*

Lei·chen·schän·dung die <-, -en> **1.** *eine Handlung, bei der man die Ehre eines Toten verletzt, indem man der Leiche Schaden zufügt* **2.** *sexueller Verkehr mit einer Leiche*

Lei·chen·schau·haus das <-es, Leichenschauhäuser> *Gebäude, in dem Tote aufgebahrt werden, von denen man nicht weiß, wer sie sind* Die Angehörigen wurden ins Leichenschauhaus bestellt, um den Toten zu identifizieren.

Lei·chen·schmaus der <-es> (*kein Plur.*) *gemeinsames Essen, bei dem sich nach einer Beerdigung die Angehörigen und Freunde des Toten treffen*

Lei·chen·star·re die <-> (*kein Plur.*) *Erstarrung der Muskeln, die einige Stunden nach dem Tod eintritt* Die Leichenstarre war bereits eingetreten, als man den Toten fand.

Lei·chen·tuch das <-(e)s, Leichentücher> GESCH. *ein weißes Tuch, in das man früher im Christentum oder noch heute im Islam einen Toten einwickelt und beerdigt*

Lei·chen·ver·bren·nung die <-, -en> *der Vorgang, dass eine Leiche verbrannt wird, um dann die Asche in einer Urne zu bestatten*

Lei·chen·wa·gen der <-s, -> *Fahrzeug, in dem die Leiche in einem Sarg zum Friedhof oder ins Leichenschauhaus transportiert wird*

Lei·chen·zug der <-(e)s, Leichenzüge> (*geh.*) *Gruppe von Personen, die hinter dem Sarg eines Toten bis zu dessen Grab gehen und dem Toten so die letzten Ehre erweisen*

Leich·nam der <-(e)s, -e> (*geh.* ≈ *Leiche*) *Körper eines Toten* Der Leichnam des Präsidenten wurde in der Kirche aufgebahrt.

leicht[1] **I.** *Adj.* **1.** (↔ *schwer*) *so, dass etwas wenig Gewicht hat* ein leichter Koffer, der leichte Rahmen des Rennrads **2.** *so, dass ein Stoff dünn ist* Er hatte einen leichten Sommeranzug an., Im Sommer ist man meist leicht bekleidet. **3.** (↔ *stark, kräftig, heftig*) *so, dass etwas nicht sehr intensiv ist* ein leichter Regen, ein leichter Schaden, eine leichte Verletzung, Sie hatte nur eine leichte Erkältung und kann deshalb schon wieder arbeiten. **4.** (↔ *belastend* ≈ *bekömmlich*) *so, dass etwas den Körper nicht oder nur wenig belastet* leichte Kost, nur leichte Zigaretten rauchen **5.** *so, dass etwas keine Mühe macht und nicht kompliziert ist;* (↔ *schwierig* ≈ *einfach*) Die Aufgabe ist wirklich leicht., ein leichter Text **6.** *so, dass man zu etwas nicht viel Kraft braucht* Sie darf nach dem Unfall nur leichte Arbeit verrichten. ■ **etwas auf die leichte Schulter nehmen** (*umg.*): *etwas nicht ernst nehmen* **Du hast leicht reden!** (*umg.*): *du hast nicht meine Probleme* **II.** *Adv.* **1.** *ohne Grund* Sei ein bisschen vorsichtig mit ihm, er wird leicht wütend. **2.** *ohne Widerstand* Es ist wirklich langweilig mit ihm, bei jeder Diskussion gibt er leicht nach. **3.** *verwendet, um auszudrücken, dass etwas passiert oder passieren kann* Wenn du weiter so schnell fährst, kann leicht ein Unfall passieren! ◆ Großschreibung→R 3.7 Das ist für sie ein Leichtes.; Getrenntschreibung→R 4.2, R 4.3 Sie hat das gar nicht leicht genommen., Ich habe das leichter genommen als du., Fleisch ist leicht verderblich, aber Fisch ist noch leichter verderblich.

leicht[2] *Adj.* ■ *jmd./etwas ist leicht zu plus Inf. mit jmdm. oder etwas kann man etwas ohne viel Mühe machen* Die Aufgabe ist wirklich leicht zu lösen., Er ist leicht zu beeinflussen.

Leicht·ath·let, **Leicht·ath·le·tin** der <-en, -en> *jmd., der Leichtathletik (beruflich oder in der*

L

Freizeit) betreibt

Leicht·ath·le·tik die <-> (*kein Plur.*) *Sammelbegriff für die Sportarten Laufen, Springen, Werfen und Stoßen* Kugelstoßen ist eine Disziplin der Leichtathletik.

leicht·fer·tig *Adj.* (*abwert.* ≈ *leichtsinnig*) *so, dass man nicht an die Folgen von etwas denkt* eine leichtfertige Entscheidung, Er setzte seine Gesundheit leichtfertig aufs Spiel.

Leicht·fuß der <-es> (*kein Plur.*) (*hum. umg.*) *jmd., der im Leben nichts besonders ernst nimmt* Er war ein richtiger Leichtfuß, immer hatte er nur Frauen und Autos im Kopf.

leicht·gläu·big *Adj.* (*abwert.*) *so, dass jmd. sehr schnell bereit ist, etwas zu glauben* Der Betrüger fand viele leichtgläubige Opfer.

Leicht·gläu·big·keit die <-> (*kein Plur.*) (*abwert.*) *Zustand, in dem jmd. leichtgläubig ist* Manche Verkäufer nutzen die Leichtgläubigkeit der Kunden aus.

leicht·her·zig *Adj. unbeschwert, sorglos* ein leichtherziges Gemüt

leicht·hin *Adv. ohne viel zu überlegen* Das war doch nur leichthin gesagt.

Leich·tig·keit die <-> (*kein Plur.*) **1.** *das geringe Gewicht* die Leichtigkeit des Stoffes **2.** *Mühelosigkeit* Das schaffe ich mit Leichtigkeit!, Als wohlhabende Frau konnte sie die Leichtigkeit des Lebens genießen.

leicht·le·big *Adj.* (*abwert.*) *so, dass man nichts im Leben wirklich ernst nimmt* Er ist leichtlebig und es kümmert ihn nicht, was der nächste Tag bringt.

Leicht·me·tall das <-s, -e> *ein Metall, das ein geringes spezifisches Gewicht hat* Aluminium ist ein Leichtmetall.

Leicht·sinn der <-(e)s> (*kein Plur.*) (*abwert.* ≈ *Fahrlässigkeit* ↔ *Vorsicht*) *eine Haltung, bei der jmd. nicht überlegt, welche Folgen sein Handeln haben kann* Bei diesem Wetter allein in den Bergen zu klettern, das ist der pure Leichtsinn!, Sein Leichtsinn beim Autofahren bringt ihn noch einmal ins Grab!

leicht·sin·nig *Adj.* (≈ *unvorsichtig, leichtfertig* ↔ *vorsichtig*) *so, dass jmd. sich keine Gedanken darüber macht, was er tut* ein leichtsinniges Überholmanöver, Es ist leichtsinnig von ihr, nachts allein durch die Straßen zu laufen.

Leid das <-(e)s> (*kein Plur.*) (≈ *Kummer* ↔ *Freude*) *große seelische Schmerzen* viel Leid erfahren, Sie konnte das Leid der Kinder nicht mit ansehen., Die Trennung hat ihm viel Leid zugefügt. ■ **jemand/etwas tut jemandem Leid**: *jmd. bedauert jmdn. oder etwas* Die alten Leute ohne Angehörige können einem richtig Leid tun., Es tut mir Leid. **jemandem sein Leid klagen** (*scherzh.*): *jmdm. ausführlich schildern, wie schlecht es einem (angeblich) geht* **keiner Fliege etwas zu Leide tun können** (*umg.*): *ein sehr friedvoller und gutmütiger Mensch sein* **Geteiltes Leid ist halbes Leid**: *wenn man mit jmd. über seinen Kummer sprechen kann, fühlt man sich besser, weil das eigene Leid nicht mehr als so groß empfunden wird* ♦ Groß- und Getrenntschreibung →R 3.3, R 4.1 Das wird dir noch einmal Leid tun.; Getrennt- oder Zusammenschreibung→R 4.14 jemandem etwas zu Leide/zuleide tun

leid I. *Adv.* ■ **jemandes/einer Sache leid sein/werden, jemanden eine Sache leid haben**: *jmd./etwas/eine Sache nicht mehr mögen oder nicht mehr haben wollen* Ich bin dein Geschwätz leid., Er ist seinen Freund leid geworden., Ich werde es allmählich leid, dich dauernd bitten zu müssen., Ich habe dieses dauernde Gejammer jetzt wirklich leid! **II.** *Adj.* (*schweiz.*) *unangenehm, schlecht* eine leide Angelegenheit, eine leide Sache

Lei·de·form die <-, -en> (*Plur. selten*) (SPRACHWISS.: *veralt.*) *Passiv*

Lei·den[1] das <-s, -> **1.** (*meist Plur.*) *seelische und körperliche Schmerzen* die Leiden der Betroffenen lindern, Freuden und Leiden des Alltags **2.** (*geh.*) *lange und schlimme Krankheit* die Ursachen seines Leidens herausfinden, ein inneres/unheilbares Leiden haben, nach langem, schwerem Leiden sterben ■ **von seinen Leiden erlöst werden** (*geh. verhüll.*): *nach langer Krankheit sterben* **ein langes Leiden** (*umg. scherzh.*): *ein großer dünner Mensch*

Lei·den[2] *Stadt in den Niederlanden*

lei·den <leidest, litt, hat gelitten> **I.** *mit OBJ* **1.** ■ *jmd. leidet etwas jmd. erträgt körperliche oder seelische Schmerzen oder eine schlimme Situation* Nach dem Unfall litt er heftige Schmerzen., Sie litten großen Kummer., Wir mussten keine Not leiden. **2.** ■ *jmd./etwas leidet etwas* (*geh.*) *jmd. oder etwas verlangt oder mag etwas* Das Problem leidet keinen Aufschub., Sie leidet keinen Widerspruch., Sie leidet keine Katzen im Haus. **3.** ■ *jmd. kann jmdn./etwas leiden* (*umg.*) *jmd. mag jmdn. oder etwas* Er kann sie einfach nicht leiden., Ich kann Operetten nicht leiden. **II.** *ohne OBJ* **1.** ■ *jmd. leidet jmd. ist körperlichen oder seelischen Qualen ausgesetzt* leidend aussehen, ein leidender Gesichtsausdruck, Man sieht es ihr an, wie sie leidet. **2.** ■ *jmd. leidet unter etwas Dat. jmd. hat wegen etwas großen Kummer* Das Kind leidet unter der Scheidung der Eltern., Sie leiden unter der Willkür des Lehrers. **3.** ■ *jmd./etwas leidet durch etwas Akk./unter etwas Dat. jmd. oder etwas nimmt Schaden durch den Einfluss von etwas* Der Teppich hat durch die vielen Besucher gelitten., Meine Haut hat durch die Sonne gelitten., Viele Angestellte leiden unter Stress am Arbeitsplatz., Ein großer Teil des Waldes hat unter dem sauren Regen schwer gelitten. **4.** ■ *jmd. leidet an etwas Dat. jmd. hat eine Krankheit.* Viele Menschen leiden an Diabetes., Woran leidet sie? Sie hat Asthma.

Lei·den·schaft die <-, -en> **1.** *Zustand, in dem jmd. starke Gefühle empfindet* Sie setzten sich voller Leidenschaft für diese Ideen ein., Er versuchte, seine Leidenschaften zu zügeln. **2.** (*kein Plur.*) *eine starke Liebe zu jmdm.* Er gestand ihr seine Leidenschaft., Nachdem er sie nur kurz gesehen hatte, verfiel er ihr voller Leidenschaft. **3.** (*kein Plur.*) *Liebe zu Dingen, die man gerne mag* Seine einzige Leidenschaft war der Radsport.

lei·den·schaft·lich *Adj.* **1.** (≈ *heftig*) *so, dass jmd. oder etwas voller Leidenschaft*[1] *ist* leidenschaftlicher Hass, Sie verteidigte ihre These leidenschaftlich. **2.** (≈ *hingebungsvoll*) *so, dass jmd. oder etwas voller Leidenschaft*[2] *für jmdn. ist* Sie umarmte ihn leidenschaftlich., eine leidenschaftliche Liebe **3.** (≈ *begeistert*) *so, dass jmd. oder etwas voller Leidenschaft*[3] *für etwas ist* ein leidenschaftlicher Angler/Bergsteiger/Fußballer ■ **leidenschaftlich gern**: *sehr gern* Sie isst leidenschaftlich gern Schokolade.

lei·den·schafts·los *Adj. ohne Leidenschaft*[1 2 3] Das Buch beschreibt die Geschichte ganz leidenschaftslos., eine leidenschaftslose Ehe, Leidenschaftslos sah er sich die Übertragung des Fußballspiels im Fernsehen an.

Lei·den·schafts·lo·sig·keit die <-> (*kein Plur.*) *Zustand ohne Leidenschaft*[1 2 3]

Lei·dens·fä·hig·keit die <-> (*kein Plur.*) *das Vermögen, seelische Schmerzen zu ertragen*

Lei·dens·ge·fähr·te, **Lei·dens·ge·fähr·tin** der <-n, -n> *s.* **Leidensgenosse**

Lei·dens·ge·nos·se, **Lei·dens·ge·nos·sin** der <-n, -n> *jmd., der die gleichen Probleme oder den gleichen Kummer hat wie man selbst*

Lei·dens·ge·schich·te die <-, -n> **1.** *die Geschichte von der Zeit, in der jmd. oder ein Volk schwer gelitten hat* die Leidensgeschichte der afrikanischen Sklaven in Amerika **2.** (REL.: ≈ *Passion*) *der Teil der Bibel, der von den Leiden und vom Tod Jesus Christus berichtet* **3.** (*iron.*) *Krankeiten und schlimme Situationen, die jmd. gehabt hat* Nun hat er mir schon zum dritten Mal seine Leidensgeschichte erzählt!

Lei·dens·mie·ne die <-, -n> *Gesichtsausdruck, mit dem jmd.* (*absichtlich*) *zeigt, dass er leidet* eine Leidensmiene aufsetzen

Lei·dens·weg der <-(e)s, -e> *eine schwierige Phase im Leben eines Menschen, die voll von Leid ist* Viele Krebskranke haben einen langen Leidensweg hinter sich.

lei·der *Adv.* **1.** (≈ *bedauerlich* ↔ *glücklicherweise, zum Glück*) *verwendet, um auszudrücken, dass jmd. etwas bedauert* Da kann ich leider nicht helfen., Ich habe leider auch kein Geld bei mir. **2.** *verwendet als Antwort, mit der man zeigt, dass man etwas bedauert* Hast du die Prüfung bestanden? – Leider nicht., Hast du morgen Zeit? – Leider nein., Bist du auch so erkältet? – Ja, leider.

lei·dig <nicht steig.> (*nur attr.*) *Adj. so, dass etwas zwar eher harmlos, aber unangenehm und lästig ist* ein leidiges Problem

leid·lich <nicht steig.> *Adj.* (≈ *durchschnittlich*) *so, dass jmd. oder etwas nicht gut, aber auch nicht sehr schlecht ist* Er ist leidlich begabt., Ihr Zeugnis war leidlich.

leid·tra·gend <nicht steig.> *Adj. so, dass jmd. oder etwas uangenehme Folgen von etwas ertragen muss* die leidtragende Bevölkerung ◆ Zusammen- oder Getrenntschreibung→R 4.14 den leidtragenden/Leid tragenden Opfern helfen

Leid·tra·gen·de der/die <-n, -n> *jmd., der die unangenehmen Folgen von etwas tragen muss* Bei Sparmaßnahmen sind oft die kleinen Leute die Leidtragenden., Wenn sich Eltern scheiden lassen, sind die Kinder die Leidtragenden.

Leid·we·sen ■ **zu jemandes Leidwesen**: *zu jmds. Bedauern* Zu meinem Leidwesen bekomme ich keinen Urlaub zu Weihnachten.

Lei·er die <-,-n> MUS. *ein Saiteninstrument aus dem antiken Griechenland, das ungefähr die Form eines U hat* ■ **es ist immer die alte/die gleiche/dieselbe Leier** (*umg. abwert.*): *es ist immer dasselbe* Das ist doch immer die alte Leier, kannst du nicht mal etwas Neues vorschlagen?

Lei·er·kas·ten der <-s, Leierkästen> (MUS.: *umg.* ≈ *Drehorgel*) *tragbares oder fahrbares Musikinstrument, das einer kleinen Orgel ähnlich ist und mit einer Kurbel bedient wird* ◆ -mann

lei·ern <leierst, leierte, hat geleiert> (*umg.*) **I.** *mit OBJ/ohne OBJ.* ■ *jmd. leiert* (*etwas*) *jmd. sagt oder singt etwas ohne Betonung* Sie leiert ihren Text zu sehr, sie muss besser betonen., Leiere doch nicht so, das klingt ja furchtbar langweilig! **II.** *ohne OBJ* ■ *etwas leiert eine Cassette oder eine Schallplatte gibt nur noch undeutliche Töne von sich, wenn man sie abspielt*

Leih·ar·bei·ter, **Leih·ar·bei·te·rin** der <-s, -> *Arbeiter, der von einem Betrieb oder einer Vermittlungsstelle vorübergehend an einen anderen Arbeitgeber ausgeliehen wird*

Leih·bi·b·li·o·thek die <-, -en> *s.* **Leihbücherei**

Leih·bü·che·rei die <-, -en> *eine staatliche oder private Institution, die gegen eine Gebühr Bücher verleiht*

lei·hen <leihst, lieh, hat geliehen> *mit OBJ* **1.** ■ *jmd. leiht jmdm. etwas jmdm. etwas für eine bestimmte Zeit geben, damit er es benutzen kann* Ich leihe dir gern mein Auto, wenn ich es nicht brauche., Kannst du mir kurz einen Stift leihen? **2.** ■ *jmd. leiht sich etwas* (*von jmdm.*) *jmdn. bitten, dass er einem etwas für eine bestimmte Zeit gibt, damit man es selbst benutzen kann* Darf ich mir dein Buch leihen? ■ **jemandem sein Ohr leihen** (*geh.*): *jmdm. zuhören* ◆ Großschreibung→R 3.4 das Geliehene

Leih·frist die <-, -en> *Zeitraum, nach dessen Ablauf man etwas, das man geliehen hat, zurückgeben muss* Die Leihfrist für die Bücher läuft morgen ab.

Leih·ga·be die <-, -n> *etwas, das jmdm. oder einer Institution für einen bestimmten Zeitraum von jmdm. oder einer Institution zur Verfügung gestellt wird und in einer Ausstellung oder einem Museum gezeigt wird* Die Bilder sind eine Leihgabe der Gemäldegalerie Dresden.

Leih·ge·bühr die <-, -en> *Geld, das man zahlen muss, wenn man etwas ausleiht* Die Skier kosten für Hotelgäste keine Leihgebühr.

Leih·haus das <-es, Leihhäuser> (≈ *Pfandhaus*) *ei-*

ne Art Geschäft, bei dem man Geld leihen kann, wenn man etwas hinterlegt, das wertvoll ist und das das Geschäft behält, wenn man das geliehene Geld nicht zurückzahlt Sie hat ihren Brillantring ins Leihhaus gebracht, weil sie Geld brauchte.

Leih·mut·ter die <-, Leihmütter> *eine Frau, die sich künstlich befruchten lässt, um das Kind einer anderen Frau auszutragen* Der Leihmutter wird die befruchtete Eizelle einer anderen Frau eingepflanzt.

Leih·schein der <-(e)s, -e> *Quittung für etwas Entliehenes*

Leih·wa·gen der <-s, -> (≈ *Mietwagen*) *ein Auto, das man gegen eine Gebühr für eine bestimmte Zeit leihen kann*

leih·wei·se *Adv. verwendet, um auszudrücken, dass etwas jmdm. nur geliehen ist* Er hat mir sein Buch nur leihweise überlassen.

Leim der <-(e)s, -e> *ein Klebstoff, der flüssig ist und mit dem man Holz, Tapeten oder Papier klebt* Leim auf beide Seiten auftragen ■ **jemandem auf den Leim gehen** (*umg.*): *auf die Tricks von jmdm. hereinfallen* **aus dem Leim gehen** (*abwert.*): *auseinander fallen* Der Stuhl geht aus dem Leim.

lei·men *mit OBJ* **1.** ■ *jmd. leimt etwas jmd. klebt etwas zusammen* Das Holzauto kann man wieder leimen. **2.** ■ *jmd. leimt jmdn.* (*umg.*) *jmd. legt jmdn. mit Tricks herein* Der hat mich ganz schön geleimt!

Leim·far·be die <-, -n> *eine Farbe, die einen Anteil Leim hat*

Lein der <-(e)s, -e> (BOT.: ≈ *Flachs*) *eine Nutzpflanze, aus deren Samen Öl gewonnen wird und deren Blattfasern zu Leinen verarbeitet werden*

Lei·ne die <-, -n> **1.** *ein dünnes Seil* die Wäsche auf die Leine hängen **2.** *ein relativ kurzes Seil oder ein Lederband* den Hund an die Leine nehmen ■ **jemanden an der kurzen Leine halten** (*umg.*): *jmdm. wenig Freiheiten lassen* **Zieh Leine!** (*vulg.*): *Hau ab!*

Lei·nen das <-s, -> **1.** *ein Stoff, der aus den Blattfasern des Leins gewonnen wird und sehr fest ist* **2.** (≈ *Leinwand*[1]; *in der Beschreibung von Gemälden*) Öl auf Leinen

lei·nen <nicht steig.> *Adj. aus Leinen* ein leinenes Tuch

Lei·nen·de·cke die <-, -n> *ein großes Tuch aus Leinen, das man auf einen Tisch legt*

Lein·öl das <-s> (*kein Plur.*) *Öl, das aus den Samen des Leins gewonnen wird und das man auch zum Kochen benutzen kann*

Lein·sa·men der <-s, -> *der Samen des Leins*

Lein·tuch das <-(e)s, Leintücher> *ein großes Tuch aus Leinen, das man als Betttuch benutzt*

Lein·wand die <-, Leinwände> **1.** *ein sehr fester Stoff aus Leinen, auf den man ein Bild malen kann* ein Ölgemälde auf Leinwand **2.** FILM *eine große weiße Fläche, auf die Filme oder Dias projiziert werden* Die Bilder flimmern über die Leinwand. **3.** FILM. *Kinofilm* Stars der Leinwand

Leip·zig *Stadt in Sachsen*

lei·se *Adj.* **1.** (↔ *laut*) *so, dass man etwas kaum hört* ein leises Geräusch, eine leise Stimme **2.** (≈ *gering*) *so, dass etwas kaum vorhanden ist* eine leise Hoffnung haben ■ **jemand hat** (**von etwas**) **nicht die leiseste Ahnung**: *jmd. weiß gar nichts* (*von etwas*)

Lei·se·tre·ter, **Lei·se·tre·te·rin** der <-s, -> (*umg. abwert.*) *jmd., der keinen Mut hat, seine Meinung zu vertreten*

Leis·te die <-, -n> **1.** *schmaler Streifen aus Holz, Kunststoff oder Metall, mit dem man Ränder bedeckt oder verziert* Die Kanten der Möbel sind mit Leisten verziert. **2.** ANAT. *Teil auf beiden Seiten des Bauches, der vom Oberkörper zu den Oberschenkeln führt*

Leis·ten der <-s, -> TECHN. *eine Art Modell aus Holz, das der Schuhmacher für die Herstellung von Schuhen benutzt* ■ **alles über einen Leisten schlagen** (*umg.*): *keine Unterschiede berücksichtigen*

leis·ten **I.** *mit OBJ* **1.** ■ *jmd. leistet etwas* (≈ *vollbringen*) *jmd. tut oder schafft etwas, das viel Arbeit erfordert* Er hat in seinem Leben viel geleistet., Du hast gute Arbeit geleistet. **2.** ■ *etwas leistet etwas etwas hat eine bestimmte Stärke* Was leistet der Motor?, Der Elektromotor leistet 2500 Watt. ■ **einen wichtigen Beitrag leisten**: *einen wichtigen Beitrag zu etwas hinzufügen* **jemandem gute Dienste leisten**: *jmdm. gut dienen* **Widerstand/Gehorsam leisten**: *widerstehen/gehorchen* **seinen Wehrdienst leisten**: *für eine bestimmte Zeit in der Bundeswehr den Militärdienst machen* **II.** *mit SICH* **1.** ■ *jmd. leistet sich etwas Akk. jmd. erlaubt sich etwas, das nicht gut ist oder andere stört* sich einen Fehler leisten, Kannst du dir dieses Benehmen in der Schule leisten? **2.** ■ *jmd. leistet sich etwas Akk. jmd. kauft sich etwas, um sich eine Freude zu machen* sich ein neues Kleid leisten, sich ein paar Tage Urlaub leisten **3.** ■ *jmd. leistet sich etwas Akk. jmd. hat genug Geld für etwas* Ich weiß nicht, ob wir uns die Wohnung leisten können.

Leis·ten·bruch der <-(e)s, Leistenbrüche> MED. *eine Krankheit, bei der die Eingeweide durch die Bauchdecke in der Leistengegend hervortreten*

Lei·sten·ge·gend die <-> (*kein Plur.*) ANAT. *Teil der Bauchwand, wo die Leisten*[2] *sind*

Leis·tung die <-, -en> **1.** *Ergebnis einer Arbeit* eine hervorragende/mäßige Leistung, jemandes Leistungen anerkennen, nach Leistung bezahlt werden **2.** *der Prozess, bei dem jmd. etwas mit viel Arbeit erreicht* eine wissenschaftliche/intellektuelle Leistung vollbringen ■ **eine reife Leistung** (*umg.*): *benutzt als Anerkennung für eine hervorragende Leistung*[1] [2] Sie hat die Prüfung mit Auszeichnung bestanden – eine reife Leistung! **3.** (*nur Plur.*) *Geld, das eine Institution jmdm. zahlt* Leistungen vom Sozialamt erhalten, die Leistungen der Krankenkasse in Anspruch nehmen, Leistungen der Versicherung **4.** *die Leistung*[1] [2] *eines Organismus oder einer Maschine o.Ä.* die Leistung des Gehirns, die Leistung des menschlichen Auges, die Leistung eines Motors verbessern, ein Kraftwerk mit 1000 Megawatt Leistung

Leis·tungs·ab·fall der <-(e)s, Leistungsabfälle> *Prozess, bei dem sich die Leistung*[1] [2] *(plötzlich) verringert*

Leis·tungs·an·for·de·run·gen *Plur. Anforderungen an jmdn., eine bestimmte Leistung*[1] [2] *zu erbringen* Den Leistungsanforderungen an seinem neuen Arbeitsplatz war er nicht mehr gewachsen.

Leis·tungs·an·stieg der <-> *(kein Plur.) der Prozess, bei dem eine Leistung*[1] [2] *(plötzlich) ansteigt*

Leis·tungs·be·reit·schaft die <-> *(kein Plur.) der Wille, Leistung*[1] [2] *zu erbringen*

Leis·tungs·be·wer·tung die <-, -en> *Vorgang, dass eine Leistung*[1] [2] *von jmdm. beurteilt wird*

Leis·tungs·be·zug der <-(e)s, Leistungsbezüge> AMTSSPR. *Geld, das jmd. vom Arbeitsamt oder vom Sozialamt bekommt*

Leis·tungs·bi·lanz die <-, -en> WIRTSCH. *Prozess, bei dem der Import von Waren und Dienstleistungen mit dem Export verglichen wird*

Leis·tungs·druck der <-(e)s> *(kein Plur.) eine große Anforderung, viel Leistung*[1] [2] *zu erbringen* Die Schüler sind einem hohen Leistungsdruck ausgesetzt.

Leis·tungs·fach das <-(e)s, Leistungsfächer> *s.* **Leistungskurs**

leis·tungs·fä·hig *Adj. so, dass jmd. oder etwas Leistung*[1] [2] *erbringen kann* leistungsfähige Maschinen, eine leistungsfähige Wirtschaft, Auch im Alter ist sie leistungsfähig geblieben.

Leis·tungs·fä·hig·keit die <-> *(kein Plur.) Zustand, in dem jmd. oder etwas in der Lage ist, Leistung*[1] [2] *zu erbringen*

leis·tungs·ge·recht *Adj. so, dass etwas der Leistung*[1] [2] *entspricht und angemessen ist* leistungsgerechte Bezahlung

Leis·tungs·ge·sell·schaft die <-, -en> SOZIOL. *eine Gesellschaft, in der die soziale Stellung eines Einzelnen entscheidend von der Leistung*[1] [2] *bestimmt wird*

Leis·tungs·gren·ze die <-, -n> *Endpunkt, Grenze der Leistungsfähigkeit* an seine Leistungsgrenze stoßen, Mit 30 Jahren war der Sportler an seiner Leistungsgrenze angelangt.

Leis·tungs·kon·t·rol·le die <-, -n> SCHULE *Kontrolle der Leistungen*[1]

Leis·tungs·kurs der <-es, -e> SCHULE *Schulfach in der Oberstufe eines Gymnasiums, in dem die meiste Zeit unterrichtet wird und in dem am intensivsten im Abitur geprüft wird* den Leistungskurs in Mathematik besuchen

Leis·tungs·kür·zung die <-, -en> AMTSSPR. *Vorgang, dass Leistungen*[3] *staatlicher Institutionen verringert werden*

Leis·tungs·miss·brauch der <-s, Leistungsmissbräuche> AMTSSPR. *Vorgang, dass jmd. Leistungen*[3] *des Arbeitsamts oder des Sozialamts bezieht, obwohl er keinen Anspruch darauf hat*

leis·tungs·o·ri·en·tiert *Adj. so, dass für jmdn. oder etwas Leistung*[1] [2] *besonders wichtig ist* eine leistungsorientierte Gesellschaft, ein leistungsorientierter Schüler

leis·tungs·schwach *Adj. so, dass jmd. oder etwas wenig Leistung erbringt* ein leistungsschwacher Schüler/Motor

Leis·tungs·schwä·che die <-, -n> *der Zustand, in dem jmd. oder etwas leistungsschwach ist*

Leis·tungs·sport der <-(e)s> *(kein Plur.) (↔ Breitensport) sportliches Training, bei dem es darauf ankommt, sehr hohe Leistungen*[1] *in sportlichen Wettkämpfen zu erreichen*

Leis·tungs·sport·ler, **Leis·tungs·sport·le·rin** der <-s, -> *jmd., der Leistungssport betreibt*

leis·tungs·stark *Adj. so, dass jmd. oder etwas viel Leistung erbringt*

Leis·tungs·stär·ke die <-, -n> *hohe Leistungsfähigkeit*

Leis·tungs·stei·ge·rung die <-, -en> *Verbesserung der bisherigen Leistungen und Erhöhung der Leistungsfähigkeit*

Leis·tungs·zu·la·ge die <-, -n> *Lohnzulage für besondere Leistungen*

Leit·an·trag der <-(e)s, Leitanträge> POL. *Antrag, der von einem Gremium eingebracht wird und dessen Inhalt für alle weiteren Anträge als Leitlinie gilt*

Leit·ar·ti·kel der <-s, -> *Beitrag in einer Zeitung, meist auf der ersten Seite, in dem zu einem wichtigen aktuellen Thema die Meinung der Redaktion wiedergegeben wird*

Leit·bild das <-(e)s, -er> (≈ *Vorbild*) *jmd., an dessen Verhalten man sich orientiert*

lei·ten **I.** *mit OBJ* **1.** ■ *jmd. leitet jmdn. irgendwohin jmd. geht mit jmdm. irgendwohin, um ihm den Weg zu zeigen* Höflich leitete sie ihn zur Tür. **2.** ■ *jmd./etwas leitet etwas irgendwohin jmd. oder etwas bewirkt, dass etwas irgendwohin geführt wird* Die Stadt leitet die Abwässer in den Fluss., Die Polizei leitet den Verkehr am Stadtzentrum vorbei. **3.** ■ *jmd. leitet etwas jmd. hat die Verantwortung für eine Gruppe von Personen oder für eine Organisation und gibt die Ziele für die Tätigkeiten vor* eine Versammlung/eine Firma/ein Projekt leiten, in leitender Position arbeiten, leitende Angestellte **4.** ■ *jmd. lässt sich von etwas Dat. leiten jmd. lässt sich bei einer Entscheidung von etwas beeinflussen* Ich lasse mich bei diesem Entschluss nur von meinem Gefühl leiten. **II.** *mit OBJ/ohne OBJ* ■ *etwas leitet (etwas)* (ELEKTROTECHN. PHYS.: ↔ *isolieren*) *etwas gibt Wärme oder elektrische Impulse weiter* Das Material leitet Strom., Metalle sind besonders gut leitende Materialien., Kupfer leitet sehr gut.

Lei·ter[1] die <-, -n> *Gerät, das zwei Stangen (Holme) hat, die mit kleineren Stangen (Sprossen) verbunden sind, und auf das man hinaufsteigen kann* Er legte die Leiter an den Baum und stieg hinauf, um die Äpfel zu pflücken. ◆ Feuerwehr-, Tritt-

Lei·ter[2] der <-s, -> ELEKTROTECHN. PHYS. *Material, das Wärme oder elektrische Impulse weitergibt* Kupfer ist ein guter Leiter.

Lei·ter, **Lei·te·rin**[3] der <-s, -> *jmd., der für etwas*

L

die Verantwortung hat und Ziele für die Tätigkeiten vorgibt der Leiter des Projekts, die Leiterin der Forschungsgruppe ◆ Abteilungs-, Heim-, Kurs-, Reise-, Schul-

Leit·fa·den der <-s, Leitfäden> *kurzes Handbuch, das als Einführung in ein bestimmtes Wissensgebiet dient* ein Leitfaden der Grammatik

leit·fä·hig *Adj.* ELEKTROTECHN. PHYS. *so, dass elektrischer Strom hindurchfließen kann*

Leit·ge·dan·ke der <-ns, -n> *eine Idee, die für etwas grundlegend ist* der Leitgedanke eines Buches/einer Veranstaltung

Leit·ham·mel der <-s, -> **1.** *das männliche Tier, das eine Schafherde anführt* **2.** (*umg. abwert.*) *jmd., dem andere Menschen folgen, ohne nachzudenken*

Leit·kul·tur die <-> (*kein Plur.*) POL. *System gesellschaftlicher und kultureller Eigenschaften, an denen sich ein Land oder eine Nation orientieren soll*

Leit·li·nie die <-, -n> **1.** *ein Prinzip oder ein Gedanke, an dem sich etwas orientiert* die Leitlinien seiner Politik, Die Leitlinie der Argumentation war schwer nachzuvollziehen. **2.** *Streifen in der Mitte oder am Rand einer Straße, der die Fahrbahn abgrenzt* Man darf nicht über die durchgezogene Leitlinie in der Mitte der Straße fahren.

Leit·mo·tiv das <-s, -e> **1.** MUS. *häufig wiederkehrende charakteristische Melodie* das Leitmotiv des Wolfs in „Peter und der Wolf" **2.** LIT. *eine Handlung oder eine Idee, die in einem literarischen Werk immer wieder vorkommt* Das Leitmotiv im Ritterroman ist die abenteuerliche Suche des Helden.

Leit·plan·ke die <-, -n> *ein langer Streifen aus Metall auf Pfosten an der Seite einer Straße, der dazu dient, Autos aufzuhalten, die von der Straße abkommen* Das Fahrzeug wurde gegen die Leitplanke geschleudert.

Leit·satz der <-es, Leitsätze> (≈ *Regel*) *wichtigster Grundsatz* sein Leben an einem Leitsatz orientieren

Leit·spruch der <-, Leitsprüche> (≈ *Motto*) *ein kurzer Spruch, nach dem sich jmd. im Leben richtet* Sein Leitspruch war „Allzeit bereit!".

Leit·stel·le die <-, -n> *Ort, von dem aus eine Aktion koordiniert und geführt wird* die Leitstelle der Polizei/der Rettungsflugwacht

Lei·tung die <-, -en> **1.** (*kein Plur.*) *Aufgabe oder Funktion, eine Gruppe von Personen oder etwas zu leiten I.3* die Leitung der Versammlung übernehmen, die Leitung der Firma abgeben ◆ Diskussions-, Gesamt-, Versammlungs- **2.** *Gruppe von Personen, die etwas leiten I.3* zur Leitung eines Unternehmens gehören, die Leitung für die Fehler zur Verantwortung ziehen ◆ Firmen-, Konzern-, Unternehmens- **3.** TECHN. *Rohr oder System von Rohren, durch das eine Flüssigkeit oder Gas irgendwohin gelangen* eine Leitung für Abwasser, Die Leitung ist defekt. ◆ -srohr, Benzin-, Gas-, Öl-, Wasser- **4.** TECHN. *Kabel oder Drähte, die Strom führen* ◆ Hochspannungs-, Strom- **5.** TECHN. *Kabel, das Telefone oder Kommunikationssysteme verbindet* Die Leitung ist besetzt. ■ **eine ziemlich lange Leitung haben** (*umg. abwert.*): *etwas sehr langsam begreifen* **auf der Leitung stehen** (*umg.*): *in einer Situation etwas nicht sofort verstehen* ◆ Telefon-

Lei·tungs·netz das <-es, -e> TECHN. *Gesamtheit der Leitungen[3 4 5], die einen Ort oder eine Stadt mit Strom, Wasser, Gas oder Telefonverbindungen versorgen*

Lei·tungs·was·ser das <-s> (*kein Plur.*) *Wasser aus der Wasserleitung*

Leit·werk das <-(e)s, -e> LUFTF. *Teil an den Flügeln eines Flugzeuges, das zur Steuerung dient* ◆ Höhen-, Seiten-

Leit·wolf der <-(e)s, Leitwölfe> **1.** *das männliche Tier, das ein Wolfsrudel führt* **2.** (*übertr.*) *jmd., der in einer Gruppe von Menschen die Führung übernimmt*

Leit·zins der <-es, -en> WIRTSCH. *Zinssatz, der von der Zentralbank eines Währungsgebietes festgesetzt wird und Grundlage für die Zinssätze in diesem Währungsgebiet ist* Die Europäische Zentralbank hat den Leitzins angehoben.

Lek·ti·on die <-, -en> **1.** (*geh.*) *eine Erfahrung, eine Strafe oder ein Tadel, durch die man lernen soll, etwas in Zukunft besser zu machen* jemandem eine Lektion erteilen, Das soll dir eine Lektion sein. **2.** *Teil eines Lehrbuchs mit einem zusammenhängenden Inhalt* Wir sind in Englisch bei der 6. Lektion.

Lek·tor, Lek·to·rin der <-s, -en> **1.** *jmd., der an einer Hochschule vor allem eine Fremdsprache unterrichtet* An dieser Universität in Frankreich gibt es zwei Lektoren für Deutsch. **2.** *jmd., der in einem Verlag Manuskripte prüft und bearbeitet, bevor sie gedruckt werden*

Lek·tü·re die <-, -n> **1.** (*kein Plur.*) *das Lesen* Die Schüler beschäftigen sich mit der Lektüre des „Faust"., Er verzichtet nicht auf die tägliche Lektüre der Zeitung. **2.** *etwas, das man liest* Ich habe mir eine passende Lektüre für den Urlaub ausgesucht. ◆ Lieblings-, Urlaubs-

Lem·ma das <-s, Lemmata> SPRACHWISS. *Stichwort in einem Nachschlagewerk*

Lem·ming der <-s, -e> ZOOL. *eine Wühlmausart*

Le·mur der <-s/-en, -en> **1.** (*meist Plur.*) *im alten Rom der Geist eines Verstorbenen* **2.** ZOOL. *eine Halbaffenart*

Len·de die <-, -n> **1.** ANAT. *Körperteil zwischen den Hüften und der Wirbelsäule bei Menschen und Säugetieren* Sie klagte über Schmerzen im Bereich der Lenden. **2.** KOCH. *das Fleisch vom Rind oder Schwein vom hintersten Teil des Rückens neben der Wirbelsäule* **3.** (*nur Plur.*) (*lit. übertr.*) *Geschlechtsorgane beim Mann* der Sprössling seiner Lenden

Len·den·bra·ten der <-s, -> KOCH. *ein gebratenes Stück Fleisch aus der Lende[2]*

Len·den·ge·gend der <-> (*kein Plur.*) *Bereich der Lende[1]*

Len·den·schurz der <-es, -e> *eine Bekleidung in*

der Art eines Tuchs, das nur die Geschlechtsteile und das Gesäß bedeckt

Len·den·wir·bel der <-s, -> ANAT. *ein Teil der Lendenwirbelsäule* Der Mensch hat 5 Lendenwirbel.

Len·den·wir·bel·säu·le die <-, -n> ANAT. *Teil der Wirbelsäule zwischen Brustwirbelsäule und Kreuzbein*

Le·nin (*eigentlich: Wladimir Iljitsch Uljanow, geb. 22.04.1870, gest. 21.01.1924*) *russischer Politiker und Anführer der Oktoberrevolution*

Le·ni·nis·mus der <-> (*kein Plur.*) POL. *Sammelbegriff für die Lehren und Gedanken Lenins*

le·ni·nis·tisch <nicht steig.> *Adj. den Leninismus betreffend*

lenk·bar <nicht steig.> *Adj.* **1.** *so, dass etwas in eine bestimmte Richtung geführt werden kann* lenkbare Flugkörper, Das Fahrzeug ist nicht mehr lenkbar. **2.** *so, dass jmd. von jmdm. beeinflusst werden kann* Er hat noch keine festen Ziele für sein Leben, er ist noch lenkbar.

len·ken *mit OBJ/ohne OBJ* **1.** ■ *jmd. lenkt (etwas) jmd. bestimmt die Richtung von etwas* Er lenkte das Fahrzeug nach rechts in eine Seitenstraße., Sie lenkte ihre Schritte in eine andere Richtung., Auf der Autobahn lenkt man fast immer geradeaus. **2.** ■ *jmd. lenkt etwas jmd. bestimmt die Entscheidungen in einer Organisation, einem Unternehmen, einer Firma o.Ä.* die Wirtschaft/die Regierung/ein Unternehmen lenken, die Verhandlungen lenken **3.** ■ *jmd. lässt sich von jmdm./etwas lenken jmd. lässt sich von jmdm. oder etwas in seinem Handeln beeinflussen* sich von seinen Freunden lenken lassen, sich von seinen Vorsätzen lenken lassen **4.** ■ *jmd./etwas lenkt etwas auf jmdn./etwas jmd. oder etwas bewirkt, dass sich die Aufmerksamkeit von jmdm. auf eine andere Sache oder Person richtet oder konzentriert* Die Aufmerksamkeit der Zuschauer wurde auf die Musik gelenkt., Sie lenkten den Verdacht auf einen Unschuldigen., Er versuchte, das Gespräch auf ein anderes Thema zu lenken.

Len·ker[1] der <-s, -> (≈ *Lenkstange*) *eine Stange an einem Fahrrad oder Motorrad, mit der man lenkt*[1]

Len·ker, **Len·ke·rin**[2] der <-s, -> **1.** (*österr. schweiz.*) *Person, die ein Fahrzeug lenkt*[1] Der Bus hatte Totalschaden, die Lenkerin erlitt einen Schock. **2.** (*geh.*) *Person, die etwas leitet I.3* die Lenker der Wirtschaft/des Staates

Lenk·flug·kör·per der <-s, -> MILIT. *eine Rakete mit Sprengkopf, die genau in ein Ziel gesteuert werden kann*

Lenk·rad das <-(e)s, Lenkräder> *eine Art Rad, mit dem ein Auto, Bus, Lastwagen o.Ä. gelenkt*[1] *wird* jemandem ins Lenkrad greifen

Lenk·stan·ge die <-, -n> (≈ *Lenker*) *Stange, mit der man ein Fahrrad oder Motorrad lenkt*[1]

Len·kung die <-, -en> (*meist Sing.*) **1.** *der Vorgang, dass Entscheidungen in einem Bereich getroffen werden* die staatliche Lenkung der Wirtschaft **2.** KFZ *System der Teile, die man braucht, um ein Fahrzeug zu lenken*

Lenk·waf·fe die <-, -n> MILIT. *Lenkflugkörper*

Lenz der <-es, -e> **1.** LIT. VERALT. *Frühling* **2.** (*scherzh.*) *Lebensjahr* Er zählte zwanzig Lenze. ■ **sich einen faulen/schönen Lenz machen** (*umg. abwert.*): *nichts oder nur sehr wenig arbeiten*

Le·o·pard der <-en, -en> *eine große Raubkatze aus Afrika oder Asien mit einem gelblichen Fell, das schwarze Flecken hat*

Le·po·rel·lo das <-s, -s> *ein Papierstreifen mit Schrift oder Bildern, der durchgehend so gefaltet ist, dass immer ein gleich großes Teil auf einem anderen liegt*

Le·po·rel·lo·fal·zung die <-, -en> *die Art, dass etwas wie ein Leporello gefaltet ist* Die Landkarte wird mit einer Leporellofalzung verkauft.

Lep·ra die <-> (*kein Plur.*) (MED.: ≈ *Aussatz*) *eine Krankheit, die vor allem in den Tropen vorkommt und bei der die Haut zerstört wird und Finger und Zehen abfallen können*

Lep·ra·kran·ke der/die <-n, -n> *Person, die an Lepra erkrankt ist*

Lep·ra·sta·tion die <-, -en> MED. *ein Krankenhaus in den Tropen für Leprakranke*

Ler·che die <-, -n> ZOOL. *ein kleiner brauner Vogel, der trillernd singt*

lern·be·gie·rig <nicht steig.> *Adj. so, dass jmd. viel lernen I.2 möchte*

lern·be·hin·dert <nicht steig.> *Adj. so, dass jmd. spezielle Unterstützung beim Lernen benötigt* eine Schule, in der lernbehinderte Kinder besonders gefördert werden

ler·nen **I.** *mit OBJ/ohne OBJ.* **1.** ■ *jmd. lernt etwas jmd. erkennt durch Erfahrung, wie er sein Verhalten ändern muss* Pünktlichkeit und Zuverlässigkeit lernen, Ich hoffe, du hast aus dem Vorfall gelernt! **2.** ■ *jmd. lernt (etwas) sich Wissen und Fähigkeiten aneignen* Vokabeln lernen, Auto fahren lernen, für die Prüfung lernen, etwas auswendig lernen, Störe ihn nicht, er lernt gerade! **3.** ■ *jmd. lernt (einen Beruf) eine Ausbildung in einem Beruf machen* Er lernt Maurer., Sie beherrscht noch nicht alles, sie lernt noch. ■ **gelernt ist gelernt**: *was man einmal gelernt und gut geübt hat, kann man immer gut* Warum kannst du nur so gut kochen? – Gelernt ist gelernt. **II.** *ohne OBJ* ■ *jmd. lernt irgendwie Schüler(in) sein (und dabei bestimmte Fähigkeiten zeigen)* Peter lernt fleißig/schlecht., Sie geht noch nicht arbeiten, sie lernt noch.

Ler·ner, **Ler·ne·rin** der <-s, -> (*fachspr.*) *Person, die eine Sprache lernt* Wörterbücher für Lerner unterscheiden sich von Wörterbüchern für Muttersprachler

Lern·er·fah·rung die <-, -en> *die Erfahrung, auf welche Art und Weise man etwas gelernt hat* Lernerfahrung in einer Fremdsprache

lern·fä·hig *Adj.* **1.** *so, dass jmd. in der Lage ist, etwas zu lernen* Kleine Kinder sind besonders lernfähig. **2.** *so, dass jmd. in der Lage ist, aus seinen Fehlern zu lernen und diese in der Zukunft zu vermeiden* ▶Lernfähigkeit

Lern·soft·ware die <-> (*kein Plur.*) EDV *ein Com-*

puterprogramm, das das Lernen, meistens einer Fremdsprache, unterstützt

Lern·stoff der <-es, -e> SCHULE *der Teil eines Wissensgebietes, der gelernt werden muss* Einige Schüler konnten den Lernstoff in Mathematik nicht bewältigen.

Lern·ziel das <-(e)s, -e> SCHULE *Kenntnisse und Fähigkeiten, die innerhalb eines bestimmten Zeitraums oder innerhalb einer Lerneinheit von den Schülern gelernt werden sollen* Ein Lernziel des Fremdsprachenunterrichts ist die Kommunikation im Alltag.

Les·art die <-, -en> *die Art und Weise, wie etwas ausgelegt oder gedeutet wird* eine neue Lesart eines alten Textes

les·bar <nicht steig.> *Adj.* **1.** (↔ *unleserlich*) *so, dass etwas gut zu erkennen ist und man es daher lesen kann* eine lesbare Handschrift, Der Brief ist kaum lesbar. **2.** *so, dass etwas in einer Art geschrieben ist, die man gut versteht* einen schwierigen Sachverhalt in lesbarer Sprache darstellen

Les·bar·keit die <-> (*kein Plur.*) *Eigenschaft, lesbar 2 zu sein* Trotz des schwierigen Themas zeichnet sich das Buch durch seine Lesbarkeit aus.

Les·be die <-, -n> (*umg. abwert.*) *Lesbierin*

Les·bie·rin die <-, -nen> *homosexuelle Frau*

les·bisch <nicht steig.> *Adj. so, dass man als Frau homosexuelle Neigungen hat* eine lesbische Partnerschaft

Le·se·bril·le die <-, -n> *eine Brille, die man zum Lesen benutzt* Ohne meine Lesebrille kann ich die Zeitung nicht lesen.

Le·se·buch das <-(e)s, Lesebücher> *Buch, das für Schüler eine Sammlung von teilweise gekürzten literarischen Texten wie Gedichte, Geschichten, Erzählungen o.Ä. enthält*

Le·se·ge·rät das <-(e)s, -e> *Vergrößerungsgerät zum Lesen von Mikrofilmen und Mikrofiches*

lese·ge·schützt <nicht steig.> *Adj.* (EDV: ↔ *schreibgeschützt*) *so, dass ein Programm oder eine Datei nur dann gelesen werden kann, wenn man ein Passwort eingibt*

Le·se·lam·pe die <-, -n> *kleinere Lampe, die ein Licht spendet, das angenehm zum Lesen ist*

le·sen¹ <liest, las, hat gelesen> **I.** *mit OBJ/ohne OBJ* **1.** ■ *jmd. liest etwas etwas Geschriebenes ansehen und erkennen, was der Inhalt davon ist* ein Buch lesen, etwas gründlich lesen, Noten lesen können, Ich kann diese Handschrift nicht lesen., Störe mich bitte nicht, ich lese gerade. **2.** ■ *jmd. liest etwas einen Text laut vortragen* Lies bitte den Text auf Seite 11!, Zuerst liest Luise, danach ist Andreas dran., Der Schriftsteller liest heute im Theater aus seinen Werken. **3.** ■ *jmd. liest (etwas) irgendwo etwas ansehen und daraus etwas erkennen* die Freude in jemandes Augen lesen, Ich kann in ihrem Gesicht lesen., Der Jäger liest die Spuren der Tiere im Sand. **4.** ■ *jmd. liest (etwas) aus etwas sich etwas ansehen und daraus Schlüsse darüber ziehen, was in der Zukunft geschehen wird* aus dem Kaffeesatz lesen, jemandem die Zukunft aus der Hand lesen, Sie liest aus den Karten. **II.** *mit OBJ* ■ *etwas liest etwas* EDV *gespeicherte Informationen erkennen* Der Automat kann die Magnetkarte nicht lesen., Der Computer liest die Dateien auf der Diskette. **III.** *ohne OBJ* **1.** ■ *jmd. liest irgendwo (veralt.) an einer Universität lehren* Sie liest an der Universität Heidelberg. **2.** ■ *jmd. liest irgendwie sich mit Lesen I. 1 beschäftigen* Er liest gern. **IV.** *mit SICH* ■ *etwas liest sich irgendwie etwas ist in der genannten Weise geschrieben* Das Buch liest sich leicht und flüssig. ■ **die Messe lesen**: *als Priester die Messe durchführen* Der Priester liest die Messe.

le·sen² <liest, las, hat gelesen> *mit OBJ.* **1.** ■ *jmd. liest etwas Früchte oder Gemüse o.Ä. von etwas abnehmen und einsammeln* Im Herbst wird in einigen Gebieten Wein gelesen., Früher lasen Schüler in den Herbstferien Kartoffeln vom Acker., die Krümel vom Boden lesen **2.** ■ *jmd. liest etwas die sehr vielen einzelnen Bestandteile, aus denen sich eine Menge von etwas zusammensetzt, einzeln prüfen und die Guten von den Schlechten trennen* Am Abend war sie damit beschäftigt, die Linsen zu lesen.

le·sens·wert *Adj. so, dass sich etwas zu lesen I. 1 lohnt, weil es spannend ist oder neue Informationen bringt* Dieses Buch ist wirklich lesenswert.

Le·se·pro·be die <-, -n> **1.** *ein Auszug aus einem Buch, an dem man erkennen kann, wie das gesamte Buch ist* **2.** *eine Theaterprobe, bei der die Schauspieler den Text noch nicht auswendig sprechen, sondern ablesen*

Le·ser, Le·se·rin der <-s, -> *jmd., der etwas gerade oder regelmäßig liest* Der Leser dieses Buches wird vom Autor direkt angesprochen., Das Buch hat viele begeisterte Leser gefunden., die Leser einer Zeitung

Le·se·rat·te die <-, -n> (*umg. scherzh.*) *jmd., der leidenschaftlich gerne liest I. 1*

Le·ser·brief der <-(e)s, -e> *der Brief eines Lesers oder einer Leserin an eine Zeitungsredaktion bzw. einen Buchautor*

Le·se-Recht·schreib-Schwä·che die <-, -n> (MED. PSYCH.: ≈ *Legasthenie*) *ein Problem, das vor allem bei Kindern auftritt, und darin besteht, dass diese große Schwierigkeiten beim Lesen und Schreiben haben*

Le·ser·kreis der <-es, -e> (≈ *Leserschaft*) *alle Leser(innen) einer Zeitung oder eines Buches* Das Buch hat einen großen Leserkreis gefunden.

le·ser·lich *Adj.* (↔ *unleserlich*) *so klar, dass man es gut lesen kann* eine leserliche Handschrift, Kannst du nicht etwas leserlicher schreiben?

Le·ser·schaft die <-, -en> (*Plur. selten*) (≈ *Leserkreis*) *alle Leser(innen) einer Zeitung oder eines Buches*

Le·se·saal der <-(e)s, Lesesäle> *großer Raum einer Bibliothek, in dem man in den Büchern lesen kann* Im Lesesaal darf nicht gesprochen werden, um die anderen nicht zu stören.

Le·se·spei·cher der <-s, -> (EDV: ≈ *ROM*) *Speicher eines Computers, aus dem man Daten nur lesen, aber nicht bearbeiten kann*

Le·se·stoff der <-(e)s, -e> SCHULE *Lektüre[2], die von Schülern oder Studenten gelesen werden muss* Das Buch gehört zum Lesestoff in der Schule.

Le·se·stück das <-(e)s, -e> SCHULE *ein Text in einem Lesebuch, der nicht zu lang ist*

Le·se·zei·chen das <-s, -> *ein (manchmal schön gestaltetes) Stück Papier oder Pappe oder auch ein Stofffaden, das/den man in ein Buch legt, um die Stelle wiederzufinden, bis zu der man gelesen hat* sich ein Lesezeichen ins Buch legen

Le·sung die <-, -en> **1.** *Veranstaltung, bei der Literatur meistens vom Autor selbst öffentlich vorgetragen wird* Im Literaturhaus findet eine Lesung junger Autoren statt. **2.** POL. *eine Sitzung im Parlament, in der über einen Gesetzesentwurf diskutiert wird* Das Gesetz geht heute in die erste Lesung., ein Gesetz in zweiter Lesung verabschieden

Le·thar·gie die <-> (*kein Plur.*) **1.** *Zustand, in dem jmd. für nichts mehr Interesse hat* Ohne besonderen Anlass verfiel er in Lethargie. **2.** MED. *Schlafsucht*

le·thar·gisch *Adj. die Lethargie betreffend* Lethargisch verrichtete er seine Arbeit.

Let·te, Let·tin der <-n, -n> *jmd., der die lettische Staatsbürgerschaft hat*

Let·ter die <-, -n> DRUCKW. *Druckbuchstabe* Auf dem Schild stand in großen Lettern geschrieben: ...

let·tisch <nicht steig.> *Adj. Lettland betreffend* die lettische Sprache sprechen *siehe auch* **deutsch**

Lett·land <-s> *ein Land an der Ostsee mit Grenzen zu Russland, Litauen, Estland und Weißrussland*

Lett·ner der <-s, -> *hohe, kunstvoll gestaltete Wand in mittelalterlichen Kirchen, die den Chor vom Langhaus trennt*

Letzt ■ **zu guter Letzt**: *verwendet, um auszudrücken, dass etwas zum Schluss doch noch ein gutes Ende findet* Zu guter Letzt habe ich die Schlüssel dann doch gefunden.

letz·te <nicht steig.> (*nur attr.*) *Adj.* **1.** *so, dass etwas zum Schluss einer Reihenfolge kommt* der letzte Tag des Jahres, das letzte Haus in der Straße, Der Kapitän ging als Letzter von Bord. **2.** *so, dass etwas direkt vor dem jetzigen Zeitpunkt liegt* unser letzter Urlaub, Das letzte Mal hatten wir dieses Thema besprochen., Letzte Woche warst du noch einverstanden! **3.** *so, dass etwas zum Schluss als Rest vorhanden ist* mit letzter Kraft, Das ist dein letzter Versuch., etwas zum letzten Mal versuchen **4.** *so, dass etwas sehr aktuell ist* die letzten Neuigkeiten verkünden, die letzte Mode aus Paris ■ **der/die/das Letzte** (*umg. abwert.*): *jmd. oder etwas, den/das man völlig ablehnt* Das ist doch das Letzte!, Sie ist die Letzte, der ich vertrauen würde. **letzten Endes**: *schließlich* Das ist doch letzten Endes völlig egal. **bis ins Letzte**: *sehr genau und gründlich* etwas bis ins Letzte planen **sein Letztes geben**: *mit aller Kraft, die man hat, etwas tun* **in letzter Zeit**: *in dem Zeitraum, der direkt vor dem jetzigen Zeitpunkt liegt* **der letzte Wille**: *das Testament* **die Letzte Ölung** (≈ *Krankensalbung*): *Sakrament in der katholischen Kirche, das Menschen kurz vor ihrem Tod empfangen* ♦ Großschreibung→R 3.7 Es ist das Letzte, was ich tun würde., als Letzte eintreffen, bis zum Letzten konzentriert sein; Kleinschreibung→R 3.20 Es war sein letzter Wille, dass seine Frau das Haus erbt.

letzt·end·lich *Adv. letzten Endes, schließlich* Letztendlich mussten sie doch einsehen, dass er im Recht war.

letz·tens *Adv. kürzlich* Letztens sind wir im Konzert gewesen.

letz·te·re <nicht steig.> *Adj. von zwei Personen oder Sachen diejenige, die zuletzt genannt wurde* Im letzteren Falle trifft das nicht zu., Heute wurden Peter und Susi geprüft, Letztere hat mit „sehr gut" bestanden. ♦ Großschreibung→R 3.7 Das Letztere kann ich nicht glauben., Bitte schicken Sie mir Letzteres.

letzt·jäh·rig <nicht steig.> *Adj.* (↔ *diesjährig*) *im vergangenen oder letzten Jahr* das letztjährige Osterfest

letzt·lich *Adv. schließlich* Letztlich haben wir uns doch dagegen entschieden.

letzt·ma·lig *Adj. zum letzten[1] Mal* Das Stück wird heute letztmalig aufgeführt.

letzt·mals *Adv. zum letzten Mal* Der Künstler ist letztmals in Köln aufgetreten.

Leu[1] der <-s, Lei> WIRTSCH. *rumänische Währungseinheit*

Leu[2] der <-en, -en> (*dichter.*) *Löwe*

Leucht·bo·je die <-, -n> SEEW. *ein Körper, der auf dem Wasser schwimmt und am Boden verankert ist und ein Licht hat, das Schiffen zur Orientierung dient*

Leucht·di·o·de die <-, -n> TECHN. *elektronisches Bauelement, das je nach Einstellung grünes, rotes oder gelbes Licht aussendet* Leuchtdioden gibt es beispielsweise in Uhren, Taschenrechnern, Fernseh- oder Radiogeräten.

Leuch·te die <-, -n> *Lampe* Dieses Geschäft führt Leuchten für Wohn- und Büroräume. ■ **keine große Leuchte sein** (*umg. abwert.*): *nicht besonders intelligent sein*

leuch·ten *ohne OBJ* **1.** ■ *etwas leuchtet etwas verbreitet Licht* Das Licht der Kerzen leuchtet in der Dunkelheit., Der Mond leuchtet am Himmel., Das Meer war leuchtend blau. **2.** ■ *jmd./etwas leuchtet (mit etwas Dat.) irgendwohin den Lichtstrahl in eine bestimmte Richtung lenken* Leuchte mal mit der Taschenlampe unter den Schrank!, Leuchte mir nicht dauernd ins Gesicht! ■ **seine/ihre Augen leuchten**: *jmds. Freude zeigt sich in seinen Augen* Ihre Augen leuchteten, als sie die Stadt zum ersten Mal sah., leuchtende Augen haben **ein leuchtendes Vorbild**: *ein großes Vorbild* ♦ Getrenntschreibung→R 4.3 ein leuchtend blauer Himmel

Leuch·ter der <-s, -> **1.** *eine Art Halter, in den man Kerzen steckt* ein mehrarmiger Leuchter, die Kerzen in den Leuchter stecken ♦ Kerzen- **2.** *ein*

Lampe mit mehreren Glühbirnen ◆ Decken-, Kron-

Leucht·far·be die <-, -n> *eine Farbe, die mit einem Stoff versehen ist, der leuchtet*[1]

Leucht·feu·er das <-s, -> SEEW. LUFTF. *sich in regelmäßigen Abständen wiederholendes Lichtsignal zur Orientierung für Schiffe oder Flugzeuge*

Leucht·kä·fer der <-s, -> (≈ *Glühwürmchen*) *ein kleines Insekt, das Organe unter dem Leib hat, die leuchten*[1]

Leucht·kraft die <-> (*kein Plur.*) *Fähigkeit, hell und stark zu leuchten oder voller Farbenpracht zu sein* die Leuchtkraft der Blätter im Herbst

Leucht·pis·to·le die <-, -n> *Pistole, mit der man Leuchtraketen als Signal abfeuern kann*

Leucht·ra·ke·te die <-, -n> *eine Art Geschoss, das als Signal dient und das in der Luft explodiert und dabei in einer bestimmten Farbe lange und hell leuchtet*

Leucht·re·kla·me die <-, -n> *eine Reklame, die Buchstaben und Bilder mit Hilfe von Neonröhren und Glühlampen darstellt*

Leucht·röh·re die <-, -n> *eine Leuchtstofflampe in Form einer Röhre, die mit Edelgas gefüllt ist*

Leucht·schrift die <-, -en> **1.** *Schrift auf einer Leuchtreklame* **2.** *Schrift, die mit einer Leuchtfarbe geschrieben ist*

Leucht·sig·nal das <-s, -e> *optisches Signal, das je nach Funktion in bestimmten Farben leuchtet, um als Warnung, Orientierung, Hilferuf o.Ä. zu dienen*

Leucht·spur·mu·ni·ti·on die <-> (*kein Plur.*) MILIT. *Munition, die während des Fluges eine leuchtende Spur hinterlässt*

Leucht·stoff·lam·pe die <-, -n> *eine Lampe, die mit einem Edelgas gefüllt ist, ein helles Licht spendet und häufig die Form einer Röhre hat* Die bekanntesten Leuchtstofflampen sind die Neonlampen.

Leucht·turm der <-(e)s, Leuchttürme> *ein Turm an der Küste, der zur Orientierung für die Schiffe Leuchtsignale aussendet*

Leucht·turm·wär·ter der <-s, -> *jmd., der auf einem Leuchtturm lebt und die Geräte für die Signale wartet*

leug·nen **I.** *mit OBJ/ohne OBJ* ■ *jmd. leugnet (etwas)* (≈ *abstreiten* ↔ *gestehen*) *sagen, dass man das, wessen man beschuldigt wird, nicht getan hat* Er leugnet die Tat., Sie leugnet hartnäckig, illegale Spenden angenommen zu haben. **II.** *mit OBJ* ■ *jmd. leugnet etwas* (↔ *anerkennen*) *jmd. sagt, dass etwas nicht wahr ist* Willst du etwa leugnen, dass es kalt geworden ist?, Keiner hat ihre Klugheit geleugnet., Man warf ihm vor, die Existenz Gottes geleugnet zu haben.

Leu·kä·mie die <-, -n> (MED.: ≈ *Blutkrebs*) *eine bösartige Krankheit, bei der sich die weißen Blutkörperchen zu stark vermehren*

Leu·ko·zyt der <-en, -en> (*meist Plur.*) MED. *weißes Blutkörperchen*

Leu·mund der <-(e)s> (*kein Plur.*) (*veralt.*) *der Ruf, den jmd. bei seinen Mitmenschen hat* Er hat einen sehr guten Leumund.

Leu·te <-> *Plur.* **1.** *eine Gruppe von Menschen* fremde Leute, Sie waren einfache Leute. **2.** *die Menschen in der Nachbarschaft oder in der Umgebung* Es interessierte ihn nicht, was die Leute redeten. **3.** (*umg.*) *die Personen, die in einem Team für jmdn. oder ein Unternehmen arbeiten* Die Firma schickte ihre Leute, um den Schaden zu beheben., Auf meine Leute kann ich mich verlassen. **4.** (*umg.*) *Familienangehörige* Am Wochenende habe ich mal wieder meine Leute besucht. ■ **etwas unter die Leute bringen** (*umg.*): *etwas öffentlich machen* **unter die Leute gehen/kommen** (*umg.*): *ausgehen, andere Menschen kennen lernen* **vor allen Leuten**: *in der Öffentlichkeit* **Von jetzt an sind wir geschiedene Leute!**: *ab jetzt will ich nichts mehr mit dir zu tun haben*

Leut·nant der <-s, -s> MILIT. **1.** *der niedrigste Offiziersrang* **2.** *jmd., der den Dienstgrad eines Leutnants*[1] *hat*

leut·se·lig *Adj.* **1.** (*abwert.*) (*auf eine herablassende Art*) *freundlich* Bei Betriebsfeiern gibt sich der Chef gern leutselig. **2.** (≈ *umgänglich*) *so, dass jmd. gern mit anderen Menschen zusammen ist und anderen Menschen, auch Fremden, viel erzählt* Sie ist eine leutselige alte Dame, die mit allen Nachbarn gut auskommt.

Leut·se·lig·keit <-> (*kein Plur.*) *Zustand, in dem jmd. leutselig*[1 2] *ist* Er hat seine Leutseligkeit schnell wieder abgelegt, als über die Arbeit geredet wurde.

Le·vel der [lɛvl] <-s, -s> *ein bestimmter Grad, den etwas erreichen kann und anhand dessen z.B. Fähigkeiten beurteilt werden können* Er ist über das erste Level bei diesem Computerspiel nicht hinausgekommen., Seine Deutschkenntnisse haben jetzt ein erstaunliches Level.

Le·vis® die [leviz] <-, -> *eine Jeans der Firma Levi Strauss*®

Le·vi·ten [le'vi:tn̩] ■ **jemandem die Leviten lesen** (*umg.*): *jmdn. streng tadeln*

Lev·ko·je/Lev·koje die [lɛf'ko:jə/lɛf'kɔjə] <-, -n> BOT. *eine Zierpflanze mit weiß bis lila gefärbten Blüten, die die Form einer Traube haben*

Le·xem das <-s, -e> SPRACHWISS. *die kleinste Einheit des Wortschatzes*

Le·xi·ka *Plur. von* **Lexikon**

le·xi·ka·lisch <nicht steig.> *Adj.* SPRACHWISS. *zum Wortschatz gehörend* Wörter sind lexikalische Einheiten.

Le·xi·ko·gra·phie, *a.* **Le·xi·ko·gra·fie** die <-> (*kein Plur.*) SPRACHWISS. **1.** *die Wissenschaft von der Darstellung des Wortschatzes in einem Wörterbuch* **2.** *die praktische Erstellung von Wörterbüchern* über viele Jahre Erfahrung in der Lexikographie verfügen ▶ Lexikograph, lexikographisch

Le·xi·ko·lo·gie die <-, -n> SPRACHWISS. *Lehre vom Wortschatz* ▶ Lexikologe, lexikologisch

Le·xi·kon das <-s, Lexika> **1.** *ein Buch, in dem Begriffe in der Reihenfolge des Alphabets angeordnet sind und in dem man zu jedem Begriff Erklärungen und Informationen findet* **2.** (*umg.* ≈ *Wör-*

terbuch) **3.** (SPRACHWISS.: *fachspr.*) *der Wortschatz einer Sprache im Gegensatz zur Grammatik*

Le·zi·thin, *a.* **Le·ci·thin** das <-s, -e> BIOL. CHEM. *phosphorhaltiger, fettähnlicher Nährstoff, der in allen Zellen des Körpers vorkommt*

lfd. *Abkürzung von* **laufend**

Li·ai·son die [li̯ɛ'zõ:] <-, -s> (*geh. veralt.*) *eine meist kurze Liebschaft, Liebesverhältnis* eine Liaison mit jemandem haben

Li·a·ne die <-, -n> BOT. *eine Pflanze in den Tropen, die sich um die Bäume wickelt*

Li·ba·ne·se, **Li·ba·ne·sin** der <-n, -n> *jmd., der die libanesische Staatsbürgerschaft hat*

li·ba·ne·sisch <nicht steig.> *Adj. zum Libanon gehörend, daher stammend*

Li·ba·non <-/-s> (*kein Plur.*) *Land im östlichen Mittelmeer, mit Grenzen zu Israel und Syrien* der Libanon, Die Hauptstadt des Libanon ist Beirut.

Li·bel·le die <-, -n> **1.** ZOOL. *ein Insekt, das einen langen Körper und vier Flügel hat und häufig am Wasser lebt* **2.** TECHN. *der Teil an der Wasserwaage, mit dem die Horizontale und Vertikale genau eingestellt wird*

li·be·ral *Adj.* **1.** *so, dass jmd. oder etwas die persönlichen Freiheiten eines Menschen nicht einschränkt* ein liberaler Vorgesetzter, Sie hat sehr liberale Auffassungen von der Ehe., Die Chefin hat einen liberalen Führungsstil. **2.** (*nicht steig.*) POL. *den Liberalismus betreffend* die liberale Partei, liberale Politik, die Partei der Liberalen

li·be·ra·li·sie·ren *mit OBJ* ■ *jmd./etwas liberalisiert etwas von Einschränkungen befreien* die Wirtschaft liberalisieren, Mit dem neuen Gesetz wurde das Familienrecht entscheidend liberalisiert.

Li·be·ra·li·sie·rung die <-, -en> *das Herstellen liberaler[1] Bedingungen*

Li·be·ra·lis·mus der <-> (*kein Plur.*) **1.** POL. *eine politische Idee, nach der sich der Mensch in einer Gesellschaft möglichst frei entfalten soll und die staatlichen Eingriffe in die Wirtschaft möglichst gering sein sollen* **2.** *eine liberale[1] Einstellung*

Li·be·ra·li·tät die <-> (*kein Plur.*) *eine liberale[1] Gesinnung*

Li·be·ro der <-s, -s> SPORT *der Abwehrspieler beim Fußball, der keinen direkten Gegenspieler hat und deshalb auch verschiedene andere Aufgaben im Spiel übernehmen kann*

Li·bi·do die ['li:bido/li'bi:do] <-> (*kein Plur.*) (PSYCH.: ≈ *Geschlechtstrieb*)

Li·b·ret·to das <-s, Libretti> MUS. *der Text einer Oper oder Operette*

Li·by·en <-s> *Staat in Nordafrika mit Grenzen zu Tunesien, Algerien, Ägypten, dem Tschad, Sudan und Niger*

Li·by·er, **Li·by·e·rin** der <-s, -> *jmd., der die libysche Staatsbürgerschaft hat*

li·bysch <nicht steig.> *Adj. zu Libyen gehörend, daher stammend*

Licht das <-(e)s, -er> **1.** (*kein Plur.*) (↔ *Dunkelheit*) *das Phänomen, das die Umgebung oder etwas hell macht und bewirkt, dass man Dinge sehen kann* das Licht der Sonne, diffuses/helles/kaltes Licht, künstliches Licht, nicht genug Licht haben, die Brechung des Lichtes **2.** *das elektrisch erzeugte Licht[1]* Das Licht anmachen/ausschalten., Im der Wohnung brennt noch Licht. **3.** (*meist Plur.*) *Lampen, die leuchten* die Lichter der Großstadt **4.** (*umg.* ≈ *Lampe*) ■ **kein großes Licht sein** (*umg. abwert.*): *nicht sehr intelligent sein* **grünes Licht für etwas geben**: *die Erlaubnis für etwas geben* **ans Licht kommen**: *offenbar werden* Irgendwann kommt jeder Betrug ans Licht! **Licht in etwas bringen**: *etwas aufklären* **etwas/sich ins rechte Licht rücken**: *etwas oder sich vorteilhaft darstellen* **in ein schiefes Licht geraten** (*abwert.*): *sich verdächtig machen* **jemanden hinters Licht führen**: *jmdn. täuschen* **jemandem geht ein Licht auf** (*umg.*): *jmd. versteht plötzlich die Zusammenhänge einer Sache* **das ewige Licht** REL.: *die Lampe, die in einer katholischen Kirche immer brennt und die die Gegenwart von Jesus Christus symbolisiert* **sein Licht unter den Scheffel stellen** (*geh.*): *so bescheiden sein, dass man seine positiven Eigenschaften nicht besonders betont, sondern sie sogar vor anderen versteckt* **das Licht der Welt erblicken** (*geh.*): *geboren werden*

licht *Adj.* **1.** *so, dass es zwischen etwas einen relativ großen Zwischenraum gibt* lichte Haare, Der Wald wurde allmählich lichter. **2.** TECHN. *von einer Innenseite zur anderen gemessen* Die Brücke hat eine lichte Höhe von 4,50 m. **3.** (*geh.*) *hell* am lichten Tag, ein lichtes Blau, Um sie herum wurde es lichter und sie erkannte die Umgebung wieder. ■ **lichte Momente haben** (*übertr.*): *gelegentlich geistig klar sein*

Licht·an·la·ge die <-, -n> *ein System von Lampen und Lichtern an einem Fahrzeug oder in einem Gebäude* die Lichtanlage des Autos

Licht·bild das <-(e)s, -er> **1.** (AMTSSPR.: ≈ *Passbild*) Der Antrag ist zusammen mit einem Lichtbild einzureichen. **2.** *ein Diapositiv* sich Lichtbilder von der Reise ansehen

Licht·bil·der·vor·trag der <-(e)s, Lichtbildervorträge> *ein Vortrag, bei dem Dias gezeigt werden*

Licht·blick der <-(e)s, -e> *etwas, das jmdm. in einer schlechten Zeit Freude macht* Der Urlaub ist für mich der einzige Lichtblick im Jahr.

Licht·bre·chung die <-, -en> PHYS. *der Vorgang, dass die Strahlen des Lichtes auf etwas treffen, das zwei Medien trennt, wie z.B. die Fläche zwischen Luft und Wasser*

licht·durch·flu·tet *Adj. so, dass ein Raum sehr hell ist, weil Licht durch viele Fenster einfällt* ein lichtdurchflutetes Haus

licht·durch·läs·sig *Adj. so, dass etwas Licht[1] hindurchlässt* Die Vorhänge sind lichtdurchlässig.

licht·echt <nicht steig.> *Adj. so, dass es bei Lichteinwirkung nicht ausbleicht* lichtechte Farben ▶Lichtechtheit

Licht·ein·fall der <-s> (*kein Plur.*) *der Vorgang, dass natürliches Licht[1] durch ein Fenster oder ei-*

L

ne Öffnung auf etwas trifft Das Atelier war hervorragend, denn der Lichteinfall schuf keine Schatten.

Licht·ein·wir·kung die <-, -en> *der Einfluss, den der Lichteinfall auf etwas hat* Alte Dokumente müssen vor zu starker Lichteinwirkung geschützt werden.

licht·emp·find·lich *Adj.* **1.** MED. *so, dass etwas von Licht*[1] *schnell geschädigt wird* lichtempfindliche Haut/Augen **2.** FOTOGR. *so, dass etwas auf Licht*[1] *chemisch reagiert* Der Film ist sehr lichtempfindlich.

Licht·emp·find·lich·keit die <-> (*kein Plur.*) *der Zustand, dass etwas lichtempfindlich*[1 2] *ist*

lich·ten **I.** *mit OBJ* **1.** ■ *jmd. lichtet etwas aus einer Menge etwas entfernen, so dass es relativ große Räume dazwischen gibt* den Baumbestand in einem Waldstück lichten **2.** ■ *jmd./ein Schiff lichtet den Anker* SEEW. *den Anker aus dem Wasser und an Bord des Schiffes ziehen* Am nächsten Tag lichteten sie die Anker und fuhren weiter. **II.** *mit SICH* **1.** ■ *etwas lichtet sich etwas wird immer weniger* Der Wald lichtet sich., Seine Haare haben sich gelichtet., Die Reihen der Zuschauer lichteten sich. **2.** ■ *etwas lichtet sich heller werden* Das Dunkel lichtet sich., Der Nebel lichtet sich **3.** ■ *etwas lichtet sich* (*übertr.*) *etwas wird klarer* Sein Verstand/die Unklarheit lichtet sich.

Lich·ter·fest das <-(e)s> (*kein Plur.*) (≈ *Chanukka*) *ein jüdisches Fest im Dezember, bei dem täglich nacheinander die Kerzen im achtarmigen Chanukkaleuchter angezündet werden*

lich·ter·loh *Adv. mit hohen Flammen* Das Haus brannte lichterloh!

Licht·ge·schwin·dig·keit die <-> (*kein Plur.*) PHYS. *die Geschwindigkeit, mit der sich das Licht ausbreitet*

Licht·hof der <-(e)s, Lichthöfe> **1.** BAUW. *ein von Gebäudeteilen umschlossener Hof* Die Fenster blicken auf einen kleinen Lichthof. **2.** ASTRON. *dunstiger Schein um den Mond oder die Sonne* Der Nachthimmel war dunstig und der Mond hatte einen Lichthof. **3.** FOTOGR. *eine Stelle auf einem Foto, die überbelichtet ist*

Licht·hu·pe die <-, -n> KFZ *meist ein Hebel unter dem Lenkrad, mit dem man die Scheinwerfer kurz aufleuchten lassen kann, um damit ein Warnsignal zu geben* die Lichthupe betätigen

Licht·jahr das <-(e)s, -e> PHYS. ASTRON. *die Strecke, die das Licht in einem Jahr zurücklegt und die als Maßeinheit für Entfernungen im Weltraum benutzt wird*

Licht·lei·ter der <-s, -> TECHN. PHYS. *eine Leitung, die aus einem Bündel von Lichtleitfasern besteht, die ein Bild am Anfang der Leitung in Bildpunkte zerlegen und in sehr kurzer Zeit zu dem anderen Ende übertragen, wo das Bild wieder zusammengesetzt wird*

Licht·leit·fa·ser die <-, -n> TECHN. PHYS. *eine flexible Glasfaser, die mit vielen anderen Lichtleitfasern zu einem Bündel zusammengeklebt wird, um einen Lichtleiter zu bilden*

Licht·ma·schi·ne die <-, -n> KFZ *die Maschine, die den Strom für die elektrischen Anlagen eines Kraftfahrzeugs liefert*

Licht·mast der <-(e)s, -en> *ein Mast an der Straße, der Stromleitungen führt oder auch die Straßenbeleuchtung trägt*

Licht·mess <-> (*kein Plur.*) *ein katholischer Festtag am 2. Februar*

Licht·mes·ser der <-s, -> PHYS. *ein Gerät zum Messen der Lichtstärke*

Licht·or·gel die <-, -n> *eine Lichtanlage mit bunten Lichtern, die im Rhythmus einer Musik aufleuchten* eine Lichtorgel in der Diskothek

Licht·pau·se die <-, -n> *mit lichtempfindlichem*[2] *Papier hergestellte Kopie*

Licht·quel·le die <-, -n> *etwas, das Licht*[1] *ausstrahlt* eine künstliche Lichtquelle

Licht·re·kla·me die <-, -n> (≈ *Leuchtreklame*)

Licht·satz der <-es> (*kein Plur.*) DRUCKW. *ein besonderes Verfahren des Setzens von Text mit Hilfe von Fotopapier oder Filmstreifen*

Licht·schacht der <-(e)s, Lichtschächte> BAUW. *ein Schacht mit Glasdach im Inneren eines Gebäudes*

Licht·schal·ter der <-s, -> *ein Schalter zum An- und Ausschalten von elektrischem Licht*

Licht·schein der <-(e)s> (*kein Plur.*) *der Schein, den Licht*[1] *verbreitet* Das Zimmer wurde nur vom Lichtschein einer Kerze erhellt.

licht·scheu *Adj.* **1.** *so, dass ein Mensch oder ein Tier Angst vor dem Tageslicht hat* Nachtaktive Tiere sind meist sehr lichtscheu. **2.** (*nur attr.*) (*umg. abwert.*) *so, dass sich jmd. versteckt, weil er sonst verhaftet werden würde* In dem verfallenen Stadtviertel trieb sich viel lichtscheues Gesindel herum.

Licht·schutz·fak·tor der <-s, -en> *ein Zahlenwert, der angibt, wie stark eine Sonnencreme die Haut vor UV-Strahlung schützt*

Licht·si·g·nal der <-s, -e> *ein Zeichen, das in einer bestimmten Farbe leuchtet und einen Befehl oder eine Orientierung darstellt* Ein rotes Lichtsignal bedeutet meistens„Halt"., den Verkehr mit Hilfe von Lichtsignalen regeln

Licht·spiel·haus das <-es, Lichtspielhäuser> (*veralt.* ≈ *Kino*) das aktuelle Programm der Lichtspielhäuser der Stadt

Licht·stär·ke die <-, -n> PHYS. *ein Maß, das sich aus der Berechnung von Lichtstrom und Raumwinkel ergibt*

Licht·strahl der <-(e)s, -en> *ein Strahl, der von einer Lichtquelle ausgeht*

Licht·strom der <-(e)s> (*kein Plur.*) PHYS. *die bewertete Leistung, die von einer Lichtquelle ausgeht* Lichtstrom wird in Lumen gemessen.

licht·un·durch·läs·sig <nicht steig.> *Adj.* (↔ *lichtdurchlässig*) *so, dass etwas kein Licht*[1] *durchlässt* Die Verdunkelung war nahezu lichtundurchlässig, man konnte nichts im Raum erkennen.

Lich·tung die <-, -en> *eine Fläche im Wald, auf der keine Bäume stehen* Ein Reh trat auf die Lichtung.

Licht·ver·hält·nis·se <-> *Plur. die Umstände, die durch die Menge von Licht*[1] *bestimmt sind* Die Lichtverhältnisse sind ideal zum Fotografieren.

Licht·wel·le die <-, -n> PHYS. *von einer Lichtquelle ausgestrahlte elektromagnetische Welle*

Licht·zei·chen·an·la·ge die <-, -n> (AMTSSPR.: ≈ *Ampel*) An der Kreuzung vor der Grundschule wurde eine neue Lichtzeichenanlage in Betrieb genommen.

Lid das <-(e)s, -er> *die bewegliche Haut, mit der man das Auge schließen kann* das obere/untere Lid ■ **jemandem werden die Lider schwer** (*geh.*): *jmd. wird müde*

Li·do der <-s, -s/Lidi> *Strand* der Lido von Venedig

Lid·schat·ten der <-s, -> *eine kosmetische Farbe, mit der die Augenlider geschminkt werden* Lidschatten auf das obere Lid auftragen

Lid·schat·ten·stift der <-(e)s, -e> *eine Art Farbstift, mit dem Lidschatten aufgetragen wird*

Lid·strich der <-s, -e> *ein Farbstrich am Rand des Lids* die Augen mit einem Lidstrich betonen

lieb *Adj.* **1.** *so, dass man jmdn. sehr schätzt und liebt* mein lieber Mann, meine lieben Eltern **2.** *verwendet, um jmdn. anzureden, den man gut kennt* Liebe Freunde, ..., Bist du einverstanden, mein Liebes? **3.** *freundlich, nett* Sei ganz lieb gegrüßt von ..., Seid bitte lieb zu dem Kätzchen!, Sei bitte so lieb und hilf mir!, Das war aber lieb von dir! **4.** (≈ *brav*) *verwendet, um auszudrücken, dass ein Kind folgsam ist* Ihr habt aber liebe Kinder!, Sei bitte lieb, wenn du bei Oma bist! **5.** *angenehm, willkommen* Ihr seid uns immer liebe Gäste!, Das ist mir ganz lieb so., Es ist mir lieber, wenn du ihn anrufst., Es wäre mir lieber, wenn du mitkommst. **6.** *so, dass etwas Freundlichkeit zeigt* liebe Worte, eine liebe Geste, liebe Grüße ■ **jemanden lieb gewinnen**: *zu jmdm. allmählich Zuneigung entwickeln* **jemanden lieb haben**: *jmdn. lieben* Sie schworen einander, sich immer lieb zu haben. **es wäre jemandem lieb, wenn ...**: *jmd. wünscht sich, dass etwas der Fall wäre* Es wäre mir lieb, wenn du schon etwas früher kommen könntest. **seine liebe Not mit etwas haben** (*umg.*): *mit etwas nur schlecht zurechtkommen* **mein Lieber/meine Liebe** (*umg.*): *verwendet, um jmdn. vertraulich anzusprechen und dabei auch einen leichten Vorwurf zum Ausdruck zu bringen* Das war aber ganz schön gewagt, mein Lieber! ◆ Großschreibung→R 3.7 So ist es mir das Liebste.; Getrenntschreibung→R 4.2, R 4.3 jemanden lieb haben/gewinnen/behalten, eine lieb gewordene Gewohnheit

lieb·äu·geln <liebäugelst, liebäugelte, hat geliebäugelt> *ohne OBJ.* ■ *jmd. liebäugelt mit etwas Dat. sich mit etwas beschäftigen und oft daran denken, weil man es gerne haben oder machen möchte* Sie liebäugelt schon lange mit einem neuen Motorrad., Er hatte schon lange mit einem Urlaub in Kanada geliebäugelt.

Lieb·chen das <-s, -> **1.** (*veralt.*) *geliebte Frau* mein Liebchen! **2.** (*abwert.*) *Geliebte* Er trifft sich heimlich mit seinem Liebchen.

Lie·be die <-, -n> **1.** (*kein Plur.*) *starkes Gefühl der Zuneigung zu jmdm., den man schätzt oder der zur eigenen Familie gehört* die Liebe der Eltern zu ihren Kindern, Er hat in seinem Elternhaus nur wenig Liebe erfahren. **2.** *die intensiven Gefühle zu jmdm., die auch eine sexuelle Anziehung beinhalten* eine innige Liebe, die Liebe eines Mannes zu einer Frau, Liebe für jemanden empfinden, jemandem seine Liebe gestehen **3.** *jmd., für den man Liebe*[2] *empfindet* Er war ihre erste große Liebe., Sie hatte ihre alte Liebe wieder getroffen. **4.** *starkes Interess für etwas, das man sehr mag oder schätzt oder gerne tut* seine Liebe zum Fußball entdecken, Die Musik ist seine heimliche große Liebe. ■ **Liebe auf den ersten Blick**: *verwendet, um auszudrücken, dass jmd. jmdn. zum ersten Mal sieht und Liebe*[2] *empfindet* **Liebe geht durch den Magen** (*umg.*): *wenn jmd. gut kochen kann, dann wird die Liebe*[2] *größer* **mit Liebe**: *mit viel Sorgfalt* Sie hat das Fest mit viel Liebe vorbereitet. **bei aller Liebe** (*umg.*): *trotz des Verständnisses für etwas* Bei aller Liebe, mein neues Auto kann ich dir nicht leihen! **Liebe machen** (*umg. verhüll.*): *Geschlechtsverkehr haben*

Lie·be·lei die <-, -en> (*abwert. veralt.* ≈ *Flirt*) *kurze Liebesbeziehung, die nicht besonders ernst gemeint ist*

lie·ben *mit OBJ/ohne OBJ* **1.** ■ *jmd. liebt jmdn.* (≈ *mögen, gern haben* ↔ *hassen*) *jmd. empfindet Liebe* [1] *für jmdn.* Die Mutter liebt ihre Kinder. **2.** ■ *jmd. liebt jmdn.* (≈ *lieb haben* ↔ *hassen*) *jmd. empfindet Liebe*[2] *für jmdn.* Eine Frau liebt ihren Mann., Er hat sie schon immer geliebt. **3.** ■ *jmd. liebt etwas* (≈ *achten, schätzen*) *jmd. schätzt etwas sehr und hat dazu eine sehr intensive Beziehung* die Natur/den Frieden/die Freiheit lieben **4.** ■ *jmd. liebt etwas* (≈ *mögen*) *jmd. mag etwas sehr gern* Sie liebt schöne Kleider., Er liebt selbstbewusste Frauen., Ich liebe den Sommer mehr als den Winter., Die Pflanze liebt es warm., Sie liebt es nicht, bei der Arbeit gestört zu werden. **5.** ■ *jmd. liebt jmdn. Geschlechtsverkehr miteinander haben* An diesem Abend hat er sie zum ersten Mal geliebt. **6.** ■ *jmd. liebt Liebe*[2] *empfinden* So ist es, wenn man liebt., Wenn man liebt, ist die Welt viel schöner. ◆ Getrenntschreibung→R 4.3 Sie haben einander lieben gelernt.

lie·bens·wert *Adj. so, dass jmd. freundlich und nett ist und man ihn lieb gewinnen kann* Ein liebenswerter Mensch findet rasch Freunde.

lie·bens·wür·dig *Adj. freundlich, höflich* eine liebenswürdige Art haben, Würden Sie bitte so liebenswürdig sein, mir zu helfen?

Lie·bens·wür·dig·keit die <-, -en> **1.** (*kein Plur.*) *die Art und Weise, liebenswürdig zu sein* Ich habe das aus reiner Liebenswürdigkeit getan. **2.** (*iron.*) *boshafte Handlung* Sie hat ihm einige Liebenswürdigkeiten zuteil werden lassen.

lie·ber **I.** *Adj.* **1.** *Komp. von* **lieb** **2.** *Komp. von* **gern** **II.** *Adv.* **1.** *verwendet, um auszudrücken, dass man besser etwas anderes machen sollte* Lass das lieber, sonst gibt es Ärger!, An deiner Stelle hätte ich lieber nichts gesagt., Du wärest lieber nach Hause gegangen. **2.** ■ *jmd./etwas ist/wäre jmdm. lieber verwendet, um auszudrücken, dass jmd. eine Person oder etwas einer anderen Person oder einer anderen Sache vorzieht* Der Hausarzt ist zwar sehr gut, aber ein Internist wäre mir lieber., Tee ist nicht schlecht, aber ein Kaffee wäre mir lieber.

Lie·bes·akt der <-(e)s, -e> (*geh.* ≈ *Geschlechtsakt*)

lie·bes·be·dürf·tig *Adj. so, dass jmd. viel Liebe*[1 2] *braucht*

Lie·bes·be·zieh·ung die <-, -en> *das Verhältnis zweier Menschen, die sich lieben*[2]

Lie·bes·brief der <-(e)s, -e> *ein Brief, in dem man jmdm. schreibt, dass man ihn liebt*

Lie·bes·er·klä·rung die <-, -en> *die Worte, mit denen man jmdm. sagt, dass man ihn oder sie liebt*[2] jemandem eine Liebeserklärung machen

Lie·bes·ge·dicht das <-(e)s, -e> *ein Gedicht, das die Liebe*[2] *zum Inhalt hat*

Lie·bes·kum·mer der <-s> (*kein Plur.*) *Trauer und Kummer, die man empfindet, wenn man jmdn. liebt*[2]*, der die Liebe nicht erwidert* Sie hat Liebeskummer.

Lie·bes·lied das <-(e)s, -er> *ein Lied, dessen Text von der Liebe*[2] *handelt*

Lie·bes·müh(e) ■ **vergebliche/verlorene Liebesmüh(e)** (*umg.*): *die Anstrengung wird keinen Erfolg haben* Das ist doch verlorene Liebesmüh!

Lie·bes·paar das <-(e)s, -e> *zwei Menschen, die sich lieben*[2]

lie·be·voll *Adj.* **1.** *voller Liebe*[1 2] ein liebevoller Blick, einen Freund liebevoll in den Arm nehmen **2.** *so, dass jmd. jmdm. bei etwas hilft und sich um ihn kümmert* eine liebevolle Pflege **3.** (↔ *lieblos*) *so, dass etwas mit großer Sorgfalt und vielen Details ist* ein liebevoll gedeckter Tisch

Lieb·ha·ber, Lieb·ha·be·rin der <-s, -> **1.** *jmd., der sich für etwas begeistert* Er ist ein Liebhaber klassischer Musik., Sie ist eine Liebhaberin guten Essens. **2.** (↔ *Geliebte*) *ein Mann, der eine Liebesbeziehung mit einer Frau hat, die verheiratet ist* Sie ist verheiratet, hat aber seit Jahren schon einen Liebhaber. **3.** *Sexualpartner(in)* Er ist ein zärtlicher Liebhaber.

Lieb·ha·be·rei die <-, -en> *etwas, das man sehr gern in seiner Freizeit tut* Das Sammeln von Münzen war schon immer eine Liebhaberei von ihm.

Lieb·ha·ber·stück das <-(e)s, -e> *etwas, das deshalb großen Wert besitzt, weil es selten und deshalb bei Sammlern begehrt ist* Er hat das alte Auto als Liebhaberstück gekauft.

lieb·ko·sen <liebkost, liebkoste, hat liebkost/geliebkost> *mit OBJ* ■ *jmd. liebkost jmdn.* (*geh. veralt.*) *zärtlich streicheln und küssen*

lieb·lich *Adj.* **1.** (≈ *anmutig*) *so, dass jmd. oder etwas schön anzusehen ist* ein lieblicher Anblick, ein liebliches Gesicht, eine liebliche Landschaft **2.** (≈ *sanft*) *angenehme Gefühle hervorrufend* liebliche Musik, ein lieblicher Duft **3.** (↔ *herb*) *leicht süß* lieblicher Wein, lieblich schmecken

Lieb·ling der <-s, -e> **1.** *jmd., der von jmdm. oder etwas bevorzugt wird* Der Lehrer hat schon immer seine Lieblinge., Sie war der Liebling des Publikums. ◆-schüler, Frauen-, Publikums- **2.** *eine Person, die man sehr liebt*[1 2] Er ist ihr Liebling. ■ (**mein**) **Liebling!**: *vertraute Anrede für jmdn., den man gern hat* Kommst du bald nach Hause, Liebling?

Lieb·lings- *in Zusammensetzungen als Erstelement verwendet, um auszudrücken, dass etwas von jmdm. allem anderen vorgezogen wird* Die Katze hat ihren Lieblingsplatz am Fenster., Die „Sesamstraße" ist das Lieblingsprogramm vieler Kinder. ◆-platz, -programm, -puppe, -spielzeug

lieb·los *Adj.* **1.** *so, dass man zu jmdm. sehr unfreundlich ist* einen Kunden lieblos bedienen, jemanden lieblos beiseite stoßen **2.** (↔ *liebevoll*) *ohne Liebe* eine lieblose Umarmung, lieblos mit den Kindern umgehen **3.** (≈ *schlampig*) *so, dass man sich keine Mühe gegeben hat* Die Arbeit war lieblos gemacht.

Lieb·lo·sig·keit die <-> (*kein Plur.*) *Verhalten, das lieblos*[1 2 3] *ist*

Lieb·schaft die <-, -en> (*veralt. abwert.* ≈ *Affäre*) *eine Beziehung, die rein sexuell ist* Er war berüchtigt wegen seiner vielen Liebschaften.

Liebs·te der/die <-n, -n> (*veralt.*) *jmd., mit dem man eine Liebesbeziehug hat* Er trifft sich heimlich mit seiner Liebsten.

Liech·ten·stein ['lɪ...] <-s> (*Fürstentum Liechtenstein*) *ein kleiner Staat zwischen Österreich und der Schweiz*

Liech·ten·stei·ner, Liech·ten·stei·ne·rin ['lɪ...] <-s, -> *Einwohner Liechtensteins*

liech·ten·stei·nisch ['lɪ...] <nicht steig.> *Adj. Liechtenstein betreffend*

Lied das <-(e)s, -er> **1.** MUS. *eine Melodie, die man zusammen mit einem Text singt* ein fröhliches/volkstümliches Lied anstimmen ◆ Kinder-, Volks-, Wander-, Weihnachts- **2.** (*übertr.*) *das Singen* Die Amsel singt ihr Lied. **3.** LIT. *ein langes Gedicht, das von Helden erzählt* das Lied der Nibelungen ■ **das alte Lied** (*umg. abwert.*): *immer dasselbe* Es ist doch das alte Lied mir dir, du kommst nie pünktlich! **von etwas ein Lied singen können** (*umg.*): *etwas Unangenehmes aus eigener Erfahrung kennen* Ach Gott, davon kann ich auch ein Lied singen! **das Ende vom Lied** (*umg. abwert.*): *das* (*traurige*) *Ergebnis* Das ist nun das Ende vom Lied, er liegt krank im Bett.

Lie·der·buch das <-(e)s, Liederbücher> *Buch mit einer Sammlung von Liedern*[1]

lie·der·lich *Adj.* **1.** (≈ *schlampig*) *so, dass jmd. oder etwas sehr unordentlich ist* ein liederliches Zimmer, Müssen deine Sachen immer so liederlich aussehen?, Er ist so furchtbar liederlich, er hat seine Sachen nie beisammen! **2.** (≈ *nachlässig, schlampig*) *so, dass etwas ohne Sorgfalt gemacht ist* eine liederliche Arbeit, die noch einmal überarbeitet werden muss **3.** (*veralt. abwert.* ≈ *unanständig*) *so, dass jmd. unmoralisch ist* einen liederlichen Lebenswandel haben

Lie·der·lich·keit die <-> (*kein Plur.*) **1.** *Zustand der Unordnung* **2.** *unanständiger Lebenswandel*

Lie·der·ma·cher, **Lie·der·ma·che·rin** der <-s, -> *jmd., der Lieder mit eigenen Texten schreibt und singt, in denen es oft um aktuelle politische und soziale Zustände geht*

Lie·fe·rant, **Lie·fe·ra·n·tin** der <-en, -en> **1.** *jmd., der eine Ware bringt* Die Lieferanten benutzen den Hintereingang. **2.** *Lieferfirma* Die Firma ist Lieferant/Lieferantin von Ersatzteilen.

lie·fer·bar <nicht steig.> *Adj. so, dass eine Ware im Falle einer Bestellung sofort an den Käufer geliefert werden kann* Dieses Modell ist zurzeit nicht lieferbar, aber Sie können es vorbestellen.

Lie·fer·fir·ma die <-, Lieferfirmen> *Firma, die eine Ware herstellt und zur Verfügung stellt* Bei Reklamationen wenden Sie sich bitte an die Lieferfirma!

lie·fern <lieferst, lieferte, hat geliefert> **I.** *mit OBJ/ohne OBJ* ■ *jmd./etwas liefert (jmdm.) (etwas) jmd. oder etwas bringt eine gekaufte und bestellte Ware zum Kunden* Die Firma liefert die Waren pünktlich., Der Schrank wird am Freitag geliefert., Wir liefern kostenfrei im Umkreis von 50 km. **II.** *mit OBJ* **1.** ■ *etwas liefert etwas ein Tier oder etwas stellt Nahrung oder Rohstoffe zur Verfügung* Die Kühe liefern Milch und Fleisch., Das Kraftwerk liefert genug Energie für zwei Städte. **2.** ■ *jmd./etwas liefert etwas etwas zur Verfügung stellen* Dieser Skandal lieferte den Stoff für einen Film. **III.** *mit SICH* ■ *jmd./etwas liefert sich etwas (mit jmdm.) verwendet, um zusammen mit einem Substantiv ein Verb zu umschreiben* ■ **sich eine Schlacht mit dem Gegner liefern**: *mit einem Gegner Krieg führen* **sich ein heftiges Wortgefecht mit jemandem liefern**: *mit jmdm. heftig diskutieren* **sich ein hervorragendes Spiel/einen fairen Kampf liefern**: *mit jmdm. sehr gut spielen oder fair kämpfen*

Lie·fer·schein der <-(e)s, -e> WIRTSCH. *Schein, auf dem die ordnungsgemäße Lieferung[1] einer Ware bestätigt wird*

Lie·fer·stopp der <-s> (*kein Plur.*) WIRTSCH. *der Vorgang, dass die Lieferung von Waren oder Rohstoffen für eine gewisse Zeit unterbrochen wird* Wegen des Streiks gab es eine langfristigen Lieferstopp der Ersatzteile.

Lie·fer·ter·min der <-s, -e> *der Zeitpunkt, zu dem etwas geliefert wird*

Lie·fe·rung die <-, -en> **1.** *das Liefern[1]* Wir garantieren Ihnen termingemäße Lieferung frei Haus. **2.** *etwas, das geliefert[1] wird* Teile der Lieferung wurden als mangelhaft beanstandet.

Lie·fer·wa·gen der <-s, -> *ein kleiner Lastkraftwagen, mit dem etwas geliefert[1] werden kann*

Lie·fer·zeit die <-, -en> *die Zeit, die es dauert, bis etwas geliefert[1] werden kann* Dieses Modell ist nicht am Lager, die Lieferfrist beträgt zwei Wochen.

Lie·ge die <-, -n> *ein einfaches, flaches Möbelstück, auf dem man sich ausruhen oder liegen oder auch schlafen kann* Er lag im Garten auf der Liege., Im Gästezimmer stand eine einfache Liege zum Übernachten.

lie·gen <liegst, lag, hat gelegen> (*österr. schweiz.*) <ist> *ohne OBJ* **1.** ■ *jmd./etwas liegt irgendwo/irgendwie* (↔ *stehen, sitzen*) *sich in waagerechter Lage an einer Stelle oder in einer bestimmten Art befinden* Sie muss noch einige Wochen im Bett liegen, bevor der Arzt ihr das Aufstehen gestattet., bequem auf dem Bauch liegen, Er lag auf dem Bürgersteig, nachdem er ausgerutscht war., Der Wein sollte liegend gelagert werden. **2.** ■ *etwas liegt irgendwo etwas befindet sich an einem bestimmten Ort oder in einer geografischen Lage* Köln liegt am Rhein., Hamburg liegt westlich von Rostock. **3.** ■ *etwas liegt irgendwo etwas liegt oberhalb von etwas oder über etwas* Nebel liegt über der Wiese., Im Winter liegt hier überall Schnee. **4.** ■ *jmd./etwas liegt irgendwo jmd. oder etwas befindet sich an einer bestimmten Stelle in einer Reihenfolge* Nach der fünften Runde liegt er immer noch auf dem dritten Platz., Welche Mannschaft liegt an erster Stelle? **5.** ■ *etwas liegt nach plus Ortsangabe/Richtungsangabe etwas ist in einer bestimmten Richtung* Der Balkon liegt nach Süden., Das Schlafzimmer liegt nach der Straße. **6.** ■ *etwas liegt jmdm. etwas entspricht der Neigung oder der Begabung von jmdm.* Ich komme mit ihr nicht zurecht, ihre Art liegt mir einfach nicht., Mathematik liegt ihm nicht besonders, aber er kann hervorragend singen. **7.** ■ *etwas liegt an jmdm./etwas jmd. oder etwas verursacht etwas* An wem hat/ist es gelegen, dass es schief gegangen ist?, Es lag am Wetter, dass der Zug sich verspätet hatte. **8.** ■ *etwas liegt bei jmdm. etwas wird von jmdm. übernommen oder verursacht* Die Entscheidung liegt bei dir! ■ **Das liegt bei dir/Ihnen!**: *das hängt von dir oder Ihnen ab* **An mir/uns soll es nicht liegen!** (*umg.*): *ich werde oder wir werden (bei der Durchführung von etwas) keine Probleme machen* **jemand hat sich wund gelegen**: *jmd. hat am Körper eine Wunde, weil er so lange auf dieser Köperstelle gelegen hat* **etwas liegt in Trümmern**: *etwas ist zum großen Teil zerstört* Nach dem Krieg lagen fast alle großen Städte in Trümmern. **im Koma liegen**: *sich im Koma befinden* **auf der Lauer liegen**: *auf etwas lauern* **jemandem liegt viel/wenig an etwas**: *für jmdn. ist etwas sehr oder kaum wichtig* Mir liegt viel daran, dass wir uns wieder vertragen. **jemanden/etwas links liegen lassen** (*umg.*): *jmdm. oder einer Sache keine Beachtung schenken* **etwas liegt jemandem fern**: *etwas kommt für jmdn. nicht in Betracht* Es liegt mir fern, ihn zu verurteilen. ♦ Getrenntschreibung→R 4.1 Ich habe mein Notizbuch zu Hause liegen lassen., Es ist viel Arbeit liegen geblieben., Sie hat ihn einfach links liegen (ge)lassen.

Lie·gen·schaft die <-, -en> (RECHTSW.: ≈ *Grundstück*)

Lie·ge·platz der <-es, Liegeplätze> SEEW. *ein Platz, an dem ein Schiff ankern und liegen kann*

Lie·ge·sitz der <-es, -e> *ein Sitz, den man verstel-*

len kann, um darin liegen zu können

Lie·ge·stuhl der <-(e)s, Liegestühle> *eine Art Stuhl aus Holz mit Stoffbespannung zum Sitzen oder Liegen im Freien, den man auch zusammenklappen kann* sich in den Liegestuhl im Garten legen, Am Strand gab es viele Liegestühle.

Lie·ge·stütz der <-es, -e> *eine sportliche Übung, bei der man auf dem Boden liegt und den Körper mit den Armen nach oben drückt und wieder auf den Boden senkt* Für die Note 1 muss man 32 Liegestütze machen.

Lie·ge·wa·gen der <-s, -> *ein Wagen eines Zuges, dessen Sitzplätze ausgeklappt werden können, damit die Fahrgäste darauf schlafen können*

lieh *Prät. von* **leihen**

ließ *Prät. von* **lassen**

Life·style der ['laɪfstaɪl] <-s, -s> (≈ *Lebensstil*)

Lift der <-(e)s, -e/-s> **1.** (≈ *Fahrstuhl*) *ein Aufzug in einem Gebäude* **2.** *kurz für „Skilift"*

Lift·boy der ['lɪftbɔy] <-s, -s> *jmd., der einen Fahrstuhl bedient* als Liftboy in einem Hotel arbeiten

lif·ten ['lɪftn̩] *mit OBJ* ■ *jmd. liftet jmdn./etwas die Haut, meistens des Gesichts, durch eine kosmetische Operation straff und glatt machen* Man sieht keine Falte in ihrem Gesicht, bestimmt hat sie sich liften lassen.

Li·ga die <-, Ligen> **1.** SPORT *eine Art Gruppe, die von einer Anzahl von Mannschaften gebildet wird, die während einer Saison gegeneinander spielen, um zu ermitteln, welche Mannschaft die beste ist* Die Fußballmannschaft kämpft um den Aufstieg in die nächsthöhere Liga. **2.** POL. *ein Zusammenschluss von Ländern, Personen, Gruppen o.Ä., um gemeinsame politische Ziele zu erreichen* Liga der Arabischen Staaten, die Liga für Menschenrechte

Li·ga·tur die <-, -en> **1.** DRUCKW. *die Verbindung von zwei Buchstaben zu einer Drucktype* **2.** MED. *die Unterbindung einer Ader mit einer Naht bei einer Operation* **3.** MUS. *die Verbindung zweier Noten gleicher Tonhöhe zu einem Ton*

Light·pro·dukt das ['laɪt...] <-(e)s, -e> *in der Werbung verwendeter Begriff für Lebensmittel, die wenig Fett und Zucker haben und sich daher für eine gesunde Ernährung besonders eignen sollen* Sie isst nur Lightprodukte, weil sie denkt, dass das schlank macht., Werbung für Lightprodukte machen

Light·show, *a.* **Light-Show** die ['laɪtʃoʊ] <-, -s> *optische Effekte, die mit farbigen Scheinwerfern und Laserstrahlen erzeugt werden und häufig ein Rockkonzert begleiten*

li·ie·ren [li'ʔiːrən] *mit SICH* ■ *jmd./etwas liiert sich mit jmdm.* WIRTSCH. *jmd. oder etwas verbindet sich mit jmdm. oder etwas aus wirtschaftlichen Gründen* Die Firma hat sich mit ihren Konkurrenten liiert.

li·iert [li'ʔiːrt] <nicht steig.> *Adj.* (*geh.*) ■ **mit jemandem liiert sein**: *mit jmdm. eine Liebesbeziehung haben* Sie sind schon seit Jahren miteinander liiert.

Li·kör der <-s, -e> (↔ *Schnaps*) *ein süßes Getränk mit einem bestimmten Fruchtaroma und einem relativ niedrigen Alkoholgehalt* ◆ Eier-, Kirsch-, Mandel-

li·la <nicht steig.> (*unveränderlich*) *Adj. hellviolett* der Kragen ihrer lila Jacke

li·la·far·ben *Adj. mit der Farbe lila* ein lilafarbener Pullover, der Kragen ihrer lilafarbenen Jacke

Li·lie die <-, -n> *eine Pflanze mit stark duftenden Blüten, die die Form eines Trichters haben*

Li·li·pu·ta·ner, **Li·li·pu·ta·ne·rin** der <-s, -> (*umg.*) *jmd., der als Kind nicht viel gewachsen ist und auch als Erwachsener sehr klein ist*

Li·me·rick der ['lɪmərɪk] <-s, -s> *ein Reim- und Versschema, das nach der irischen Stadt Limerick benannt ist und meist einen witzig-humorvollen Inhalt hat*

Li·mes der <-, -> **1.** (*kein Plur.*) GESCH. *von den Römern erbauter Wall als Grenze ihres Reiches, der vom Rhein bis zur Donau führte* **2.** MATH. *Grenzwert*

Li·met·ta/Li·met·te die <-, Limetten> *eine Zitronenart, die klein, rund und grün ist und sehr sauer schmeckt*

Li·mit das <-s, -s> *die obere oder untere Grenze von etwas* Der Motor hat ein Limit von 3000 Umdrehungen., Das unterste Limit bei diesem Spiel sind 5 Euro., ein Limit setzen

Li·mo·na·de die <-, -n> *ein Getränk ohne Alkohol aus Saft, Zucker und Wasser, das Kohlensäure enthält*

Li·mou·si·ne die [limu'ziːnə] <-, -n> **1.** *ein Auto mit festem Dach* **2.** *ein Auto, das sehr groß ist und luxuriös ausgestattet ist*

lind *Adj.* (*geh.*) *angenehm mild* ein linder Sommerabend

Lin·de die <-, -n> **1.** *ein Laubbaum mit herzförmigen hellgrünen Blättern* **2.** *das Holz der Linde*[1] Wollen sie den Tisch aus Birke oder aus Linde?

lin·dern <linderst, linderte, hat gelindert> *mit OBJ* ■ *jmd./etwas lindert etwas eine schwere oder schlimme Situation etwas abschwächen* die Schmerzen eines Kranken lindern, die Not der Flüchtlinge lindern

Lin·de·rung die <-, -en> *der Vorgang, dass etwas Schlimmes ein wenig abgeschwächt wird* ein Medikament zur Linderung der Schmerzen

Lind·wurm der <-(e)s, Lindwürmer> LIT. KUNST *Drache* Das Bild zeigt Siegfried im Kampf mit dem Lindwurm.

Li·ne·al das <-s, -e> *ein gerades Stück Holz oder Plastik, mit dem man gerade Striche ziehen und relativ kurze Entfernungen messen kann*

Li·ne·ar·be·schleu·ni·ger der <-s, -> TECHN. PHYS. *eine Vorrichtung zur Beschleunigung elektrisch geladener Teilchen* (*Elektronen, Photonen, Ionen*)

Lin·gu·is·tik die [lɪŋ'gu̯ɪstɪk] <-> (*kein Plur.*) *Sprachwissenschaft siehe auch* **Sprachwissenschaft**

i Wissenswert **Linguistik** ist eine andere Bezeichnung für Sprachwissenschaft. Linguistik besitzt eine Vielzahl von Berührungspunkten mit anderen Wissenschaften. Die Psycholinguistik beschäftigt sich mit dem Zusammenhang von Sprache und Denken, die Soziolinguistik mit dem Zusammenhang von Sprache und Gesellschaft. Die Computerlinguistik benutzt die moderne Datenverarbeitung zur Erforschung linguistischer Fragen, in der Sprachphilosophie wird im weitesten Sinne die Frage der Bedeutung von Sprache für den Menschen diskutiert.

Li·nie die <-, -n> **1.** *ein längerer Strich, der meist gerade ist* eine gepunktete/gestrichelte/wellenförmige Linie, mit Bleistift und Lineal eine Linie auf das Papier zeichnen **2.** *eine Strecke, auf der ein Verkehrsmittel regelmäßig fährt* Die Linie 11 fährt zum Bahnhof., Diese Fluggesellschaft fliegt nicht auf dieser Linie. ◆-flugzeug, Bahn-, Bus-, Straßenbahn- **3.** *etwas, das in einer Reihe angeordnet ist* sich/etwas in einer Linie aufstellen, Die Soldaten standen in einer Linie. **4.** *ein bestimmtes Prinzip, nach dem man sich richtet* für die Verhandlungen eine gemeinsame Linie finden, Bei ihrem Vortrag war keine Linie zu erkennen. **5.** *eine Folge von Vorfahren* In der väterlichen/mütterlichen Linie trat diese Krankheit mehrfach auf. **6.** *eine der großen Falten auf der Innenfläche der Hand* Die Wahrsagerin las in den Linien seiner Hand und sagte ihm eine gute Zukunft voraus. **7.** MIL. *die Soldaten, die in einer Reihe dem Feind gegenüber stehen* die feindlichen Linien durchbrechen **8.** SPORT *Linie[1], die ein Spielfeld oder einen Teil des Spielfelds begrenzt* ■ **in erster Linie**: *vor allem* Er hat in erster Linie an sich gedacht. **auf der ganzen Linie** (*umg.*): *ganz und gar, völlig* Er hat auf der ganzen Linie versagt! **auf die schlanke Linie achten** (*umg. scherzh.*): *darauf achten, dass man nicht dick(er) wird* ◆ Mittel-, Seiten-

Li·ni·en·bus der <-ses, -se> *im Linienverkehr eingesetzter Autobus*

Li·ni·en·flug der <-(e)s, Linienflüge> (↔ *Charterflug*) *regelmäßiger Flug auf einer bestimmten Strecke* einen Linienflug von Frankfurt nach New York buchen

Li·ni·en·füh·rung die <-, -en> **1.** (≈ *Streckenführung*) *die Richtung einer Linie[2], auf der ein Zug verkehrt* **2.** *Ausrichtung der Handschrift*

Li·ni·en·ma·schi·ne die <-, -n> (≈ *Linienflugzeug*) *Flugzeug, das regelmäßig auf einer bestimmten Strecke verkehrt*

Li·ni·en·rich·ter, **Li·ni·en·rich·te·rin** der <-s, -> SPORT *eine Person, die an den Linien[8], die ein Spielfeld begrenzen, den Ablauf des Spiels beobachtet und so den Schiedsrichter bei Entscheidungen unterstützen kann*

li·ni·en·treu <nicht steig.> *Adj.* (*abwert.*) *so, dass man sich strikt an die Vorgaben einer Partei oder einer politischen Organisation hält* linientreue Parteimitglieder

Li·ni·en·ver·kehr der <-s> (*kein Plur.*) *der regelmäßige Betrieb eines öffentlichen Verkehrsmittels auf einer Linie[2]* Die neuen Busse werden im Linienverkehr eingesetzt.

li·nie·ren, *a.* **li·ni·ie·ren** *mit OBJ* ■ *jmd. liniert etwas mit Linien versehen*

li·niert <nicht steig.> *Adj. mit Linien[1]* liniertes Papier

link *Adj.* (*umg. abwert.*) *verdächtig, betrügerisch* Das ist doch eine ganz linke Sache! ■ **ein linker Hund**: *eine höchst unzuverlässige und hinterhältige Person* **ein linkes Ding drehen**: *ein Verbrechen begehen*

Link der <-s, -s> EDV (*kurz für „Hyperlink"*) *in Internetdokumenten ein unterstrichener Begriff, den man anklicken kann, um zu einem anderen Dokument im Internet zu gelangen* ▸verlinken

Lin·ke die <-n, -n> **1.** (↔ *Rechte*) *linke Hand* Mit der Linken kann ich nicht schreiben. **2.** POL. *politische Richtung, die sich an sozialistischen oder kommunistischen Ideen orientiert* Vertreter der Linken erhoben scharfen Protest. ■ **zu jemands Linken**: *auf der linken Seite* Er nahm am Tisch zu ihrer Linken Platz.

linke(r) *Adj.* **1.** (↔ *rechte(r)*) *auf der Seite, wo das Herz ist* mein linker Arm, die linke Straßenseite **2.** POL. *politisch an sozialistischen oder kommunistischen Ideen orientiert* linke Parteien, der linke Flügel im Parlament

lin·ken *mit OBJ* ■ *jmd. linkt jmdn.* (*umg. abwert.*) *jmdn. betrügen oder täuschen* Bei dem Geschäft hat der Typ mich schwer gelinkt!

lin·kisch *Adj.* (*abwert.* ≈ *unbeholfen* ↔ *geschickt*) *so, dass jmd. wenig Geschick hat oder etwas nicht sehr elegant ist* Sie versuchte, ihn mit einer linkischen Geste zu trösten., linkische Bewegungen

links *Adv.* **1.** *auf, zur oder nach der linken[1] Seite* sich links von jemandem/etwas befinden, links an jemandem vorbeifahren, nach links abbiegen, links blinken, links außen spielen **2.** POL. *so, dass jmd. oder etwas politisch an sozialistischen oder kommunistischen Ideen orientiert ist* Er ist schon seit jeher links., links stehende Politiker ■ **jemanden links liegen lassen** (*abwert.*): *jmdn. nicht beachten* **mit links** (*umg.*): *mühelos* Das mach ich doch mit links! ◆ Getrenntschreibung→R 4.12 politisch links stehende Abgeordnete *siehe aber auch* **linksgerichtet**

Links·au·ßen der <-, -> SPORT *der Fußballspieler auf der äußersten linken Seite des Spielfeldes*

links·bün·dig <nicht steig.> *Adj.* (DRUCKW.: ↔ *rechtsbündig*) *so, dass die ersten Zeichen der jeweiligen Zeilen eines Textes auf der linken Seite immer genau übereinander stehen*

links·ex·t·rem *Adj.* (POL.: *abwert.*) *die Politik der äußersten Linken vertretend*

Links·ex·tre·mis·mus der <-es> (*kein Plur.*) (POL.: ↔ *Rechtsextremismus*) *eine Idelogie, die linksextremistisch ist*

links·ge·rich·tet <nicht steig.> *Adj.* POL. *politisch an sozialistischen oder kommunistischen Ideen* *orientiert* ◆ Zusammenschreibung→R 4.5 eine linksgerichtete Politik betreiben

Links·hän·der, **Links·hän·de·rin** der <-s, -> (↔ *Rechtshänder*) *jmd., der mit der linken[1] Hand geschickter ist als mit der rechten*

links·hän·dig <nicht steig.> *Adj. mit der linken Hand* linkshändig Tennis spielen können

links·he·r·um <nicht steig.> *Adv.* (↔ *rechtsherum*) *in die linke[1] Richtung* sich linksherum drehen

Links·kur·ve die <-, -n> (↔ *Rechtskurve*) *nach links[1] gerichtete Kurve*

links·li·be·ral <nicht steig.> *Adj.* POL. *so, dass jmd. oder etwas politisch zwischen einer linken[2] und einer liberalen[2] Einstellung steht*

links·ra·di·kal <nicht steig.> *Adj.* (POL.: *abwert.* ↔ *rechtsradikal*) *kompromisslos* (*und auch gewaltbereit*) *die Politik der äußersten Linken vertretend*

Links·steu·e·rung die <-, -en> (KFZ: ↔ *Rechtssteuerung*) *der Zustand, dass sich das Lenkrad in einem Fahrzeug vor dem linken[1] Vordersitz befindet*

Links·ver·kehr der <-s> (*kein Plur.*) (↔ *Rechtsverkehr*) *Straßenverkehr, bei dem das Fahren auf der linken Straßenseite Vorschrift ist* In Großbritannien herrscht Linksverkehr.

Li·no·le·um das <-s> (*kein Plur.*) *ein elastischer Belagstoff für Fußböden*

Lin·ol·schnitt der <-(e)s, -e> DRUCKW. KUNST **1.** (*kein Plur.*) *Drucktechnik, bei der ein in ein Stück Linoleum geschnittenes Bild als Druckvorlage dient* **2.** *mit der Technik des Linolschnitts[1] hergestelltes Bild* Die Ausstellung zeigt auch Linolschnitte des Künstlers.

Lin·se[1] die <-, -n> **1.** BOT. *eine Pflanze mit Samen, die essbar, klein und gewölbt sind und eine rötliche Farbe haben* **2.** *eines der Samenkörner der Linse[1]* Eintopf mit Linsen ◆-neintopf, -nsuppe

Lin·se[2] die <-, -n> **1.** *eine Scheibe aus Kunststoff oder Glas, die gebogen ist und Lichtstrahlen in eine bestimmte Richtung bricht und die in optischen Geräten wie Kameras, Mikroskopen o.Ä. verwendet wird* **2.** (*umg.*) *das Objektiv einer Kamera* Er hatte ein interessantes Objekt vor der Linse. **3.** ANAT. *der Teil des Auges mit der Funktion einer* (*optischen*) *Linse*

lin·sen <linst, linste, hat gelinst> *ohne OBJ* ■ *jmd. linst irgendwohin* (*umg.*) *heimlich gucken, ohne dass es jmd. bemerkt* Sie linste vorsichtig um die Ecke., durchs Schlüsselloch linsen

lin·sen·för·mig <nicht steig.> *Adj. mit der Form einer Linse[1 2]*

Lin·sen·sup·pe die <-, -n> *Suppe aus Linsen[1 2]*

Linz *Landeshauptstadt von Oberösterreich*

Li·piz·za·ner der <-s, -> ZOOL. *eine Pferdeart*

Lip·pe die <-, -n> **1.** *der obere und der untere Rand des Mundes* die Lippen spitzen, sich die Lippen schminken ◆ Ober-, Unter- **2.** ■ **an jemandes Lippen hängen**: *jmdm. gespannt und konzentriert zuhören* **etwas nicht über die Lippen bringen**: *es nicht fertig bringen, etwas zu sagen, weil es sehr unangenehm ist* Sie brachte die schreckliche Nachricht einfach nicht über die Lippen. **eine dicke Lippe riskieren** (*umg. abwert.*): *prahlerisch reden*

> **i Wissenswert** Redewendungen: Er riskierte eine dicke Lippe damit (er prahlte maßlos damit); während des ganzen Abends hing sie bewundernd an seinen Lippen (sie nahm jedes Wort auf, das er sagte); dieses Wort bringst du wohl nicht über die Lippen, stimmts? (das möchtest du nicht aussprechen); so sehr sich der Zauberer auch anstrengte, das Geheimnis zu erfahren, kam es dem Troll nicht über die Lippen (teilte es der Troll nicht mit).

Lip·pen·bal·sam der <-s, -e> (*Plur. selten*) *pflegende Salbe für die Lippen in Form eines Lippenstifts*

Lip·pen·be·kennt·nis das <-ses, -se> (*abwert.*) *Worte, denen keine Taten entsprechen* Das sind doch alles nur Lippenbekenntnisse, denen keine Taten folgen.

Lip·pen·po·ma·de die <-, -n> *Salbe, die die Lippen pflegt*

Lip·pen·stift der <-(e)s, -e> **1.** *eine Art Stift, den Frauen zum Schminken der Lippen benutzen* **2.** (*kein Plur.*) *die Farbe, die ein Lippenstift[1] hat* Sie hat zu viel Lippenstift aufgetragen.

li·quid *Adj.* WIRTSCH. **1.** *so, dass jmd. oder etwas über genug Geld verfügt, um Rechnungen sofort bezahlen zu können* Die Firma ist nicht liquide. **2.** *so, dass Finanzmittel sofort zur Verfügung stehen* noch liquide Mittel haben

li·qui·die·ren *mit OBJ* **1.** ■ *jmd./etwas liquidiert etwas* (WIRTSCH.: ≈ *auflösen*) *bewirken, dass eine Firma, ein Unternehmen, ein Konto o.Ä. nicht mehr existiert* Nach dem Konkurs wurde die Firma liquidiert. **2.** ■ *jmd. liquidiert etwas für etwas Akk.* WIRTSCH. *einen Geldbetrag einfordern, der für Leistungen von jmdm. gezahlt werden muss* Für unsere ärztlichen Leistungen liquidieren wir folgenden Betrag: ... **3.** ■ *jmd./etwas liquidiert jmdn.* (*geh. verhüll.*) *jmdn. aus bestimmten Gründen töten* (*lassen*) Die Regierung ließ einen missliebigen Oppositionsführer liquidieren.

Li·qui·di·tät die <-> (*kein Plur.*) WIRTSCH. *Zahlungsfähigkeit*

lis·peln <lispelst, lispelte, hat gelispelt> **I.** *ohne OBJ* ■ *jmd. lispelt beim Sprechen eines „s" mit der Zungenspitze an die Vorderzähne stoßen, so dass anstatt eines „s" ein Laut entsteht, der ungefähr wie ein englisches „th" klingt* Sie kann nicht beim Radio arbeiten, weil sie so stark lispelt. **II.** *mit OBJ* ■ *jmd. lispelt jmdm. etwas irgendwohin etwas jmdm. leise und unverständlich sagen* Sie lispelte ihm ihre Worte ins Ohr.

List die <-, -en> **1.** (*kein Plur.*) *Verhalten, bei dem man jmdn. täuscht, um ein Ziel zu erreichen* Die Betrüger gingen mit List vor. **2.** *Handlung, durch die man jmdn. täuscht, um etwas zu erreichen* eine List anwenden ■ **mit List und Tücke**: *verwendet, um zu beschreiben, dass jmd. seine Ziele nur durch unfaire Mittel erreicht* Sie ging mit List und Tücke vor, um die Stelle zu bekommen.

Lis·te die <-, -n> **1.** *eine schriftliche Zusammenstellung von Personen oder Dingen, die untereinander geschrieben sind und etwas gemeinsam haben* eine Liste der Gäste, eine Liste von Lebensmitteln, etwas von einer Liste streichen ◆ Adress-, Einkaufs-, Literatur-, Preis-, Teilnehmer-, Warte- **2.** *ein Blatt Papier mit einer Liste[1]* Sie hat die Liste im Geschäft vergessen. **3.** *eine Liste[1] mit Kandidaten für eine Wahl* jemanden auf eine Liste setzen ■ **schwarze Liste** (*umg.*): *Zusammenstellung von Personen, die von einer Behörde oder einer Organisation als verdächtig oder nicht vertrauenswürdig angesehen werden* auf der schwarzen Liste stehen ◆ Wahl-

Lis·ten·nach·rü·cker der <-s, -> POL. *jmd., der auf einer Wahlliste einen Platz nach oben rückt, weil der Vorgänger nicht mehr zur Verfügung steht*

Lis·ten·platz der <-es, Listenplätze> POL. *Platz eines Kandidaten auf der Wahlliste einer Partei*

Lis·ten·preis der <-es, -e> WIRTSCH. *Preis, der in einer Preisliste steht, und zu dem keine weiteren Kosten hinzukommen* eine Ware zum Listenpreis verkaufen

Lis·ten·wahl die <-, -en> POL. *Wahl von den Kandidaten, die auf einer Wahlliste einer Partei stehen*

lis·tig *Adj. raffiniert, clever, findig*

Lis·tig·keit die <-> (*kein Plur.*) *Eigenschaft, listig zu sein*

Lis·ting das <-s> (*kein Plur.*) *Vorgang, dass eine Liste[1] erstellt wird*

Li·ta·nei die <-, -en> **1.** REL. *in der katholischen Kirche eine Bittgebet, bei dem der Prister und die Gemeinde abwechselnd sprechen* **2.** (*abwert.*) *eine langweilige Aufzählung von etwas* Bist du endlich fertig mit deiner Litanei von Klagen? **3.** (*umg. abwert.*) *langes und eintöniges Gerede* Er musste sich schon wieder die Litanei über ihre Kündigung anhören.

Li·tau·en <-s> *Staat an der Ostsee mit Grenzen zu Lettland, Weißrussland, Polen und Russland*

Li·tau·er, Li·tau·e·rin der <-s, -> *jmd., der die litauische Staatsbürgerschaft hat*

li·tau·isch <nicht steig.> *Adj. Litauen betreffend oder von dort stammend*

Li·ter der <-s, -> *eine Einheit, mit der das Volumen von Flüssigkeiten und Gasen oder die Größe eines Raumes angegeben wird* ein halber Liter Bier, ein viertel Liter Wein, ein Liter Benzin, ein Kühlschrank mit 140 Litern Fassungsvermögen

li·te·ra·risch *Adj. die Literatur betreffend* ein literarischer Abend, literarisch interessiert sein

Li·te·rat, Li·te·ra·tin der <-en, -en> (*geh.* ≈ *Schriftsteller*) *Person, die schriftstellerisch tätig ist*

Li·te·ra·tur die <-, -en> **1.** *Gesamtheit der veröffentlichten literarischen Werke* die englische/französische Literatur, die zeitgenössische Literatur ◆-lexikon, -zeitschrift, Kinder-, Trivial-, Unterhaltungs- **2.** *die wissenschaftlichen Schriften zu einem bestimmten Thema oder einem Fachgebiet* sich Literatur zu einer Examensarbeit beschaffen, die aktuelle Literatur zu einem Thema in der Bibliothek recherchieren ◆-verzeichnis, Fach-, Sekundär-

Li·te·ra·tur·a·gent, Li·te·ra·tur·a·gen·tin der <-en, -en> LIT. *jmd., der beruflich den Kontakt zwischen einem Schriftsteller und einem Verlag herstellt und die dabei anfallenden Formalitäten regelt*

Li·te·ra·tur·an·ga·be die <-, -n> *die Angabe der in einer wissenschaftlichen Arbeit verwendeten Fachliteratur*

Li·te·ra·tur·ge·schich·te die <-, -n> **1.** *die Geschichte der Literatur[1] eines Landes* **2.** *die Wissenschaft von der Geschichte der Literatur[1] eines Landes* Er studiert Literaturgeschichte. **3.** *ein Buch, in dem die Literaturgeschichte[1] eines Landes dargestellt wird*

Li·te·ra·tur·kri·tik die <-> (*kein Plur.*) *die professionelle Beurteilung von Literatur[1]*

Li·te·ra·tur·kri·ti·ker, Li·te·ra·tur·kri·ti·ker·in der <-s, -> *jmd., der sich beruflich mit Literaturkritik beschäftigt.*

Li·te·ra·tur·wis·sen·schaft die <-, -en> *die Wissenschaft, die sich mit der Literatur[1] und ihrer Geschichte befasst*

Li·te·ra·tur·wis·sen·schaft·ler, Li·te·ra·tur·wis·sen·schaft·le·rin der <-s, -> *jmd., der sich beruflich mit Literatur[1], ihrer Analyse und Geschichte befasst*

li·te·ra·tur·wis·sen·schaft·lich <nicht steig.> *Adj. die Literaturwissenschaft betreffend*

Li·ter·fla·sche die <-, -n> *eine Flasche, die einen Liter einer Flüssigkeit fasst* eine Literflasche Wein/Cola

liter·weise *Adv.* **1.** *in Mengen von einem Liter* Wir verkaufen unseren Wein nur literweise. **2.** *in großen Mengen* literweise Kaffee trinken

Lit·faß·säu·le die <-, -n> *eine dicke, nach dem Drucker E. Litfaß benannte Säule, auf die Plakate geklebt werden und die an der Straße oder auf einem Platz steht*

Li·thi·um das <-s> (*kein Plur.*) CHEM. *ein Metall*

Li·tho·graph, Li·tho·gra·phin der <-s, -en> DRUCKW. **1.** *ein Drucker, der in der Lithographie[1] ausgebildet ist* **2.** *jmd., der Lithographien[2] herstellt*

Li·tho·gra·phie, *a.* **Li·tho·gra·fie** die <-, -n> **1.** (*kein Plur.*) (DRUCKW.: ≈ *Steindruck*) *eine spezielle Drucktechnik, wobei die Druckvorlage auf eine Kalksteinplatte aufgetragen wird* mit der Technik der Lithographie arbeiten **2.** DRUCKW. *ein Kunstwerk, das mit der Technik der Lithographie[1] hergestellt ist* Die Galerie stellt farbige Lithographien des Künstlers aus.

li·tho·gra·phisch, *a.* **li·tho·gra·fisch** <nicht steig.> *Adj. die Lithographie[1 2] betreffend*

Li·th·ur·gik die <-> (*kein Plur.*) BERGB. *Lehre von der Verarbeitung und Verwendung von Gestein und Mineralien*

L

Li·t·schi die <-, -s> *eine süßlich schmeckende Tropenfrucht mit weißem Fruchtfleisch und fester Schale von rötlicher Farbe*

Li·tur·gie die <-, -n> REL. *die offizielle Form des christlichen Gottesdienstes*

Li·tur·gik die <-> (*kein Plur.*) REL. *die Lehre von der Form und Geschichte des christlichen Gottesdienstes*

Lit·ze die <-, -n> **1.** *ein Besatz an Uniformen, der aus Fäden gedreht oder geflochten ist und zur Einfassung oder als Rangabzeichen dienen kann* **2.** ELEKTROTECHN. *ein aus Einzeldrähten geflochtener Draht, der elektrischen Strom leitet*

live [laif] (*nur präd.*) *Adj.* **1.** *so, dass etwas genau dann im Fernsehen oder Radio übertragen wird, wenn es stattfindet* Wir übertragen das Spiel live aus dem Stadion., Unsere Reporter sind live bei den Ereignissen dabei. **2.** *so, dass jmd. ohne Hilfe von Tonaufzeichnungen singt oder Musik macht* live singen

Live·band die [laifbænd] <-, -s> MUS. *eine Musikgruppe, die ohne Hilfe von Tonaufzeichnungen Musik macht* eine Party mit Livebands

Live·be·richt der [laif...] <-(e)s, -e> *ein Bericht, der im Fernsehen oder Radio direkt vom Ort des Geschehens gesendet wird* Wir senden einen Livebericht.

Live·mu·sik die [laif...] <-> (*kein Plur.*) *Musik, die von einer Person oder einer Gruppe ohne Hilfe von Tonaufzeichnungen gemacht wird* In diesem Lokal gibt es jeden Abend Livemusik.

Live·sen·dung die [laif...] <-, -en> *eine Übertragung von einem Ereignis im Fernsehen, die zur gleichen Zeit stattfindet wie das Ereignis selbst* Wir übertragen das Spiel als Livesendung.

Live·show, *a.* **Live-Show** die [laif...] <-, -s> *eine Show, bei der die Beteiligten live[1] mitwirken* Die Liveshow wird direkt aus Hamburg übertragen.

Li·v·ree die <-, -n> *Kleidung für Diener, die wie eine Uniform aussieht*

Li·zenz die <-, -en> **1.** RECHTSW. *die offizielle Erlaubnis, etwas herzustellen, etwas zu nutzen, etwas herauszugeben o.Ä.* die Lizenz für den Druck und Vertrieb eines Buches haben, ein Gerät in Lizenz herstellen **2.** SPORT *die offizielle Erlaubnis, um einen bestimmten Beruf im Sport auszuüben* seine Lizenz als Trainer verlieren, eine Lizenz als Berufsboxer haben ◆ Trainer-

Li·zenz·ge·bühr die <-, -en> RECHTSW. *eine Gebühr, die bezahlt werden muss, um die Erlaubnis zu bekommen, etwas offiziell zu nutzen*

Li·zen·zie·rung die <-, -en> RECHTSW. *die Erteilung einer Lizenz[1]*

Li·zenz·spie·ler, **Li·zenz·spie·le·rin** der <-s, -> SPORT *jmd., der beruflich für einen Verein spielt und dafür Gehalt bekommt*

Li·zenz·ver·trag der <-(e)s, Lizenzverträge> RECHTSW. *ein Vertrag, der eine Lizenz[1] für etwas zum Inhalt hat* Um das Programm zu nutzen, muss man den Lizenzvertrag anerkennen.

Lkw, *a.* **LKW** der <-(s), -(s)> *kurz für „Lastkraftwagen"*

Lkw-Fah·rer, **Lkw-Fah·re·rin** der <-s, -> *jmd., der beruflich einen Lastwagen fährt* siehe auch **Lkw/LKW**

LMAA [ɛlemʔaʔaː] *Interj.* (*verhüll. für*) *„Leck mich am Arsch" s.* **Götzzitat**, **lecken[1]**

Lob das <-(e)s, -e> (*selten Plur.*) (↔ *Tadel*) *die Worte, die man jmdm. sagt, um ihm Anerkennung für seine Leistung oder seine Tat zu vermitteln* für seine Arbeit ein Lob ernten, nur selten ein Lob hören, Lob verdienen ■ **voll des Lobes sein**: *jmdm. sehr viel Lob spenden* Die Lehrerin war aufgrund seiner guten Leistungen voll des Lobes.

Lob·by die <-, -s> **1.** POL. *die Halle im Parlamentsgebäude, in der Politiker und Interessenvertreter sich treffen können* **2.** POL. *eine Gruppe von Personen, die gleiche Interessen haben und versuchen, Politiker zu beeinflussen und für ihre Interessen zu gewinnen* eine starke Lobby haben **3.** (*geh.* ≈ *Hotelhalle*)

Lob·by·ist, **Lob·by·is·tin** der <-en, -en> POL. *jmd. aus einer Lobby[2]*

lo·ben *mit OBJ* ■ *jmd. lobt jmdn./etwas* (*für etwas Akk.*) (↔ *tadeln*) *jmdm. sagen, dass er etwas sehr gut gemacht hat oder dass etwas sehr gut ist* Er wurde für seine Arbeit gelobt., Ihr Fleiß wurde von allen gelobt., lobende Worte für einen Mitarbeiter finden, jemanden/etwas lobend erwähnen ■ **Das lob' ich mir!** (*umg.*): *das gefällt mir sehr* Sie ist immer pünktlich – das lob' ich mir!

lo·bens·wert *Adj. so, dass es Lob verdient* Ihr selbstloser Einsatz ist sehr lobenswert.

Lo·bes·hym·ne ■ **eine Lobeshymne auf jemanden/etwas anstimmen/singen**: *jmdn. oder etwas in aller Öffentlichkeit sehr stark loben*

Lob·hu·de·lei die <-> (*kein Plur.*) *übertriebenes Lob, mit dem man bei jmdm. einen guten Eindruck machen will*

löb·lich *Adj.* (*meist iron.*) *so, dass etwas gelobt werden muss* Das ist ja sehr löblich, dass du dich endlich entschuldigst., Das ist ja ein löblicher Vorsatz, aber er kommt zu spät.

Lob·lied ■ **ein Loblied auf jemanden/etwas anstimmen/singen**: *jmdn. oder etwas in Gegenwart anderer übertrieben loben*

Lob·re·de die <-, -n> *eine Rede, mit der jmd. oder etwas gelobt wird* eine Lobrede auf einen Freund/die gute Zusammenarbeit halten

Location die [lok'eˌiˌʃən] <-, -s> TV FILM *der Ort, an dem eine Außenaufnahme für einen Fim, eine Sendung, einen Werbespot o.Ä. gemacht wird*

Loch das <-(e)s, Löcher> **1.** *eine Stelle, an der nichts mehr ist, aber vorher etwas war* ein Loch in der Straße, die Löcher im Strumpf stopfen, ein Loch bohren/graben, ein Loch im Zahn haben **2.** (*umg. abwert.*) *eine schlechte Wohnung* in einem finsteren, kalten Loch hausen **3.** (*vulg. abwert.*) *Gefängnis* einen Verbrecher ins Loch stecken ■ **jemandem Löcher in den Bauch fragen** (*umg.*): *jmdn. immer wieder mit Fragen belästigen* **auf/aus dem letzten Loch pfeifen** (*umg.*): *erschöpft sein, finanziell am Ende sein* **saufen wie ein Loch** (*vulg. abwert.*): (*regelmäßig*) *sehr* *viel Alkohol trinken* **Löcher in die Luft gucken/starren** (*umg.*): *geradeaus sehen, ohne etwas anzublicken*

lọ·chen *mit OBJ* ■ *jmd. locht etwas ein Loch oder Löcher mit einem Gerät in etwas machen* ein Blatt Papier lochen, Geschäftsbriefe lochen und abheften, eine Fahrkarte lochen

Lọ·cher der <-s, -> *ein Gerät, mit dem man zwei Löcher in ein Blatt Papier machen kann, um es in einen Ordner zu heften*

Lọch·kar·te die <-, -n> (EDV: *früher*) *eine Karte aus Pappe, auf der Informationen in einem Muster von Löchern gespeichert sind und die von einer Maschine gelesen wird*

Lọch·strei·fen der <-s, -> TECHN. EDV *ein Papierstreifen, auf dem Informationen in einem Muster von Löchern gespeichert sind, und der von einer Maschine gelesen wird*

Lọ·chung die <-, -en> **1.** (*kein Plur.*) *das Lochen* **2.** *eine gelochte Stelle*

Lọch·zan·ge die <-, -n> (*veralt.*) *eine Zange, mit der Fahr- oder Eintrittskarten gelocht werden*

Lọ·cke die <-, -n> *ein Haarbüschel, das eine geschwungene Form hat* den Kopf voller Locken haben

lọ·cken¹ *mit OBJ/ohne OBJ* ■ *jmd./etwas lockt jmdn./ein Tier (irgendwohin) versuchen, jmdn. oder ein Tier mit etwas Angenehmen an einen bestimmten Ort zu bringen* Um neue Mitarbeiter zu gewinnen, versuchte die Firmenleitung, den Spezialisten mit einem hohen Gehalt zu locken., Sie lockte die Katze mit einem Schälchen Milch., Das Frühlingswetter lockte uns ins Freie., Die Ausstellung lockt mit vielen interessanten Angeboten.

lọ·cken² *mit SICH* ■ *etwas lockt sich sich in Locken legen* Bei Feuchtigkeit locken sich ihre Haare immer.

Lọ·cken·kopf der <-(e)s, Lockenköpfe> **1.** *Haarwuchs in Form von Locken* Er hat einen blonden Lockenkopf. **2.** *ein Mensch mit lockigem Haar* Er ist ein blonder Lockenkopf.

Lọ·cken·stab der <-(e)s, Lockenstäbe> *ein elektrisches Gerät, mit dem Locken ins Haar gelegt werden können*

Lọ·cken·wick·ler der <-s, -> *Rollen, die in die Haare gedreht werden, um Locken zu erzeugen*

lọ·cker *Adj.* **1.** (≈ *lose* ↔ *fest*) *nicht gut befestigt oder mit etwas verbunden* Die Schraube ist locker., Sein Schneidezahn ist nach dem Unfall locker. **2.** (↔ *straff*) *so, dass etwas nicht unter einer bestimmten Spannung steht* Der Verband ist locker geworden., das Seil locker lassen **3.** (↔ *verkrampft*) *nicht fest und gespannt* die Muskeln durch bestimmte Übungen locker machen **4.** (↔ *dicht*) *so, dass etwas viele Zwischenräume in sich hat* ein lockerer Teig, ein locker gestrickter Pullover, den Boden locker machen **5.** (≈ *lässig* ↔ *gezwungen*) *so, dass es unkompliziert ist* Es herrschte eine lockere Atmosphäre bei dem Fest., Die Mitarbeiter haben einen lockeren Umgangston untereinander. **6.** (↔ *streng*) *so, dass es dabei viele Freiheiten gibt* lockere Regeln, eine Sache locker sehen ■ **eine lockere Hand haben** (*umg.*): *zum Schlagen neigen* Ich glaube, sein Vater hat eine ziemlich lockere Hand. **einen lockeren Lebenswandel haben** (*umg. abwert.*): *einen unmoralischen Lebenswandel haben* ◆ Getrenntschreibung→R 4.2 den Boden mit einer Hacke locker/lockerer machen, die Zügel locker/lockerer lassen *siehe aber auch* **lockerlassen**, **lockermachen**

lọ·cker·las·sen <lässt locker, ließ locker, hat lockergelassen> *ohne OBJ* ■ *jmd. lässt nicht locker* (*umg.*) *so lange etwas versuchen, bis man es geschafft hat* Wir werden nicht lockerlassen, bis wir es geschafft haben. ◆ Zusammenschreibung→R 4.11 Wir dürfen nicht lockerlassen, nur so werden wir Erfolg haben!

lọ·cker·ma·chen <machst locker, machte locker, hat lockergemacht> *mit OBJ* ■ *jmd. macht Geld/einen Geldbetrag (für etwas Akk.) locker* (*umg.*) *Geld (für etwas) hergeben* Mal sehen, ob ich noch ein paar Euro lockermachen kann. ◆ Zusammenschreibung→R 4.11 Meine Eltern haben Geld für meinen Urlaub lockergemacht.

lọ·ckern <lockerst, lockerte, hat gelockert> **I.** *mit OBJ* **1.** ■ *jmd. lockert etwas* (↔ *verdichten*) *etwas locker⁴ machen* den Boden lockern **2.** ■ *jmd. lockert etwas* (≈ *entspannen*) *die Spannung aus etwas lösen* ein Seil/einen Verband lockern **3.** (↔ *anspannen*) *Spannung aus einem Körperteil lösen* die Muskeln/Glieder mit Entspannungsübungen lockern **4.** ■ *jmd./etwas lockert etwas* (↔ *verschärfen*) *etwas weniger streng machen* die Bestimmungen/Strafen lockern **II.** *mit SICH* ■ *etwas lockert sich etwas wird locker¹ ²* Der Verband hat sich gelockert.

lọ·ckig *Adj. so, dass etwas viele Locken hat* lockiges Haar haben

Lọck·mit·tel das <-s, -> *ein Mittel, um ein Tier oder jmdn. anzulocken* besondere Duftstoffe als Lockmittel für Insekten benutzen

Lọck·ruf der <-(e)s, -e> *ein Ruf, von dem Tiere oder Menschen angelockt werden* Die Entenküken folgen dem Lockruf ihrer Mutter.; (*übertr.*) Lockruf des Goldes

Lọ·ckung die <-, -en> (≈ *Anreiz*) *etwas, das jmdn. lockt* die Lockungen des Großstadtlebens

Lọck·vo·gel der <-s, Lockvögel> (*übertr. abwert.*) *jmd., der andere zu einem bestimmten Handeln bewegen soll* Man setzte einen Polizisten in Zivil als Lockvogel für die Verbrecherbande ein.

Lo̲·den der <-s, -> *ein Stoff aus Wolle, der sehr dicht ist und für warme Mäntel oder Jacken gebraucht wird* ◆ -mantel

lo̲·dern <loderst, loderte, hat/ist gelodert> *ohne OBJ* ■ *etwas lodert etwas brennt mit hohen Flammen* Das Feuer hat gelodert., Die Flammen sind bis in den Himmel gelodert.

Lọ̈f·fel der <-s, -> **1.** *ein Gegenstand, der aus einem Stiel und einer am vorderen Ende befindlichen Mulde besteht und mit dem man z.B. Suppe essen kann* den Löffel zum Mund führen ◆ Kaffee-, Plastik-, Suppen-, Tee- **2.** *die Menge von et-*

was, die auf einen Löffel[1] passt ein gehäufter Löffel Mehl **3.** ZOOL. *die Ohren des Hasen* die Löffel spitzen ▪ **jemand hat die Weisheit mit Löffeln gefressen** (*umg. abwert.*): *jmd. kommt sich besonders schlau vor* **jemand bekommt ein paar hinter die Löffel** (*umg.*): *jmd. bekommt Schläge oder Ohrfeigen* **Schreib dir das hinter die Löffel!** (*umg.*): *Merk dir das!* **den Löffel abgeben** (*vulg. verhüll.*): *sterben*

Löf·fel·bag·ger der <-s, -> *ein Bagger mit einer Schaufel, die wie ein Löffel[1] aussieht*

löf·feln <löffelst, löffelte, hat gelöffelt> *mit OBJ* ▪ *jmd. löffelt etwas etwas mit einem Löffel[1] essen* seine Suppe löffeln

löf·fel·wei·se *Adv. in Mengen, die mit einem Löffel[1] gemessen werden* die Medizin löffelweise verabreichen

Lo·ga·rith·mus der <-, Logarithmen> MATH. *eine Verhältniszahl, mit der man eine andere Zahl potenzieren muss, um eine vorgegebene Zahl zu erhalten*

Log·buch das <-(e)s, Logbücher> SEEW. *eine Art Tagebuch auf einem Schiff, in dem alle Ereignisse, die auf dem Schiff passieren, eingetragen werden* ein Logbuch führen

Lo·ge die ['lo:ʒə] <-, -n> **1.** THEAT. *ein Sitzplatz im Theater oder im Kino, der teurer als die anderen Plätze ist* einen Platz in der Loge reserviert haben **2.** *eine Art kleines Haus oder ein Raum, in dem der Pförtner eines Gebäudes sitzt* **3.** *eine Art Geheimbund*

Log·gia die ['lɔdʒa/'lɔdʒi̯a] <-, Loggien> BAUW. *ein seitlich offener, überdachter Raum an einem Gebäude*

lo·gie·ren [lo'ʒi:rən] <logierst, logierte, hat logiert> **I.** *ohne OBJ* ▪ *jmd. logiert irgendwo* (*geh. veralt.*) *vorübergehend irgendwo wohnen* im Hotel/bei einem Freund logieren **II.** *mit OBJ* ▪ *jmd. logiert jmdn.* (*schweiz.*) *jmd. lässt jmdn. für kurze Zeit bei sich wohnen*

Lo·gik die <-> (*kein Plur.*) **1.** *eine Denkweise, bei der die einzelnen Schritte richtig aufeinander folgen* Seinen Ausführungen fehlt jede Logik. **2.** *die Wissenschaft von den Gesetzen und Prinzipien des Denkens* Vorlesungen über Logik besuchen

Lo·gi·ker, **Lo·gi·ke·rin** der <-s, -> *jmd., der sich beruflich mit der Logik[2] beschäftigt*

Lo·gis das [lo'ʒi:] <-, -> (*geh.*) *Unterkunft* Kost und Logis sind frei.

lo·gisch <nicht steig.> *Adj.* **1.** *den Gesetzen der Logik[1 2] entsprechend* logisches Denken **2.** (*umg.* ≈ *selbstverständlich, nur präd.*) *so, dass man keinen weiteren Grund angeben muss* Na logisch!, Das ist doch logisch, dass ich dir helfe!

Lo·gis·tik die <-> (*kein Plur.*) **1.** MILIT. *die Planung, Organisation und Bereitstellung aller für eine Truppe notwendigen Mittel* **2.** WIRTSCH. *die Organisation und Abstimmung der Arbeitsschritte in der Produktion, auf Baustellen oder bei großen Veranstaltungen* Eine gute Logistik ist außerordentlich wichtig für den reibungslosen Ablauf auf einer Baustelle.

lo·gis·tisch <nicht steig.> *Adj. die Logistik[1 2] betreffend* Die Durchführung der großen Sportveranstaltung war eine logistische Meisterleistung der Organisatoren.

Lo·go das/der <-s, -s> *ein speziell gestaltetes Zeichen, das eine Firma auf ihren Produkten, Werbemitteln usw. als Symbol für sich selbst benutzt* Briefpapier mit dem Logo der Firma benutzen

lo·go *Adj.* (*umg. jugendspr.*) *selbstverständlich, klar* Ist doch logo, dass ich mitkomme!

Lo·go·pä·de, **Lo·go·pä·din** der <-n, -n> MED. *jmd., der sich beruflich mit dem Erkennen und Behandeln von Sprach- und Sprechstörungen beschäftigt*

Lo·go·pä·die die <-> (*kein Plur.*) MED. *die Lehre von den Sprach- und Sprechstörungen und deren Behandlung*

Lo·he[1] die <-, -n> BOT. *Rinde, die zum Gerben von Leder gebraucht wird*

Lo·he[2] die <-, -n> (*geh. veralt.*) *Glut, Flamme* das Schwert in der Lohe schmieden

Lohn der <-(e)s, Löhne> **1.** (↔ *Gehalt, Honorar*) *das Geld, das Arbeiter für ihre Arbeit bekommen* den Arbeitern den Lohn auszahlen, die Löhne auf dem Bau erhöhen/kürzen ◆ Brutto-, Hunger-, Mindest-, Monats-, Netto-, Stunden-, Wochen- **2.** (*auch iron.*) *etwas, das man als Ergebnis für eine Tat erhält* für seine Hilfe keinen Lohn erwarten, Das ist nun der Lohn für meine Hilfsbereitschaft!

Lohn·ab·bau der <-s> (*kein Plur.*) *der Vorgang, dass die Löhne[1] gesenkt werden*

lohn·ab·hän·gig <nicht steig.> *Adj.* (WIRTSCH.: ↔ *selbstständig*) *so, dass jmd., der arbeitet, vom gezahlten Lohn[1] abhängt*

Lohn·ab·kom·men das <-s, -> WIRTSCH. POL *eine Art Vertrag, der zwischen Arbeitgebern und Arbeitnehmern geschlossen wird und in dem die Höhe des Lohns[1] festgelegt ist*

Lohn·aus·fall der <-(e)s, Lohnausfälle> *eine Situation, in der ein Arbeiter keinen Lohn[1] bekommt* krankheitsbedingter Lohnausfall

Lohn·aus·gleich der <-s, -e> *der Vorgang, dass ein Betrag zu einem verringerten Lohn[1] hinzugezahlt wird, um die volle Höhe des ursprünglichen Lohnes[1] zu garantieren* Arbeitszeitverkürzung bei vollem Lohnausgleich

Lohn·bü·ro das <-s, -s> *die Abteilung in einem Unternehmen, welche die Lohnzahlung abwickelt*

Lohn·dum·ping das ['lo:ndampɪŋ] <-s> (*kein Plur.*) *das Zahlen von Löhnen[1], die unter den Mindestlöhnen liegen, um dann billiger als die Konkurrenz produzieren zu können* Das Lohndumping in der Baubranche greift immer mehr um sich.

Lohn·emp·fän·ger, **Lohn·emp·fän·ge·rin** der <-s, -> *eine Person, die Lohn[1] bekommt*

loh·nen **I.** *mit OBJ* ▪ *jmd. lohnt jmdm. etwas* (*geh.*) *jmd. oder etwas belohnt jmdn. für etwas* Er lohnte ihm seine Treue., Das ist eine lohnende Aufgabe. **II.** *mit SICH* ▪ *etwas lohnt sich etwas bringt einen Vorteil oder Gewinn* Unsere Mühe hat sich nicht gelohnt., Es lohnt sich nicht, den Computer noch einmal reparieren zu lassen.

Lohn·er·hö·hung die <-, -en> *der Vorgang, dass ein neuer Lohn[1], der höher als der alte ist, gezahlt wird* Die letzte Lohnerhöhung liegt schon zwei Jahre zurück.

Lohn·er·satz·leis·tung die <-, -en> AMTSSPR. *Zahlungen, die man anstelle des Lohns[1] erhält* Krankengeld und Arbeitslosengeld sind Lohnersatzleistungen.

Lohn·for·de·rung die <-, -en> WIRTSCH. POL. *die Forderung nach mehr Lohn[1], die von Gewerkschaften in Tarifverhandlungen an die Arbeitgeberseite gestellt wird* Die Lohnforderung der Gewerkschaften liegt bei 5 Prozent.

Lohn·fort·zah·lung die <-, -en> AMTSSPR. *der Vorgang, dass Lohn[1] für eine bestimmte Zeit gezahlt wird, ohne dass Arbeit geleistet wird* Lohnfortzahlung im Krankheitsfall

Lohn·kos·ten <-> *Plur.* WIRTSCH. *die Gesamtkosten, die der Arbeitgeber für die Zahlungen von Lohn[1] aufwenden muss*

Lohn·ne·ben·kos·ten <-> *Plur.* WIRTSCH. *Kosten, die zu dem eigentlichen Lohn[1] für eine Arbeit hinzukommen und vom Arbeitgeber gezahlt werden* Lohnnebenkosten sind im Wesentlichen die Anteile für Kranken-, Renten- und Arbeitslosenversicherung.

Lohn·ni·veau das <-s, -s> WIRTSCH. *die durchschnittliche Höhe des Lohns[1] in einem bestimmten Gebiet oder Bereich* Länder mit einem niedrigen Lohnniveau

Lohn·po·li·tik die <-> (*kein Plur.*) POL. *alle politischen Entscheidungen, die die Höhe der Löhne[1] beeinflussen*

Lohn-Preis-Spi·ra·le die <-, -n> WIRTSCH. *die gegenseitige Wirkung von Erhöhungen der Löhne[1] und Preissteigerungen*

Lohn·run·de die <-, -n> WIRTSCH. *die jährlichen Verhandlungen zwischen Gewerkschaften und Arbeitgebern über die Löhne[1]*

Lohn·steu·er die <-> (*kein Plur.*) WIRTSCH. *eine Steuer, die ein Arbeiter, Angestellter oder Beamter für das Geld, das er verdient, an den Staat zahlen muss*

Lohn·steu·er·jah·res·aus·gleich der <-(e)s, -e> WIRTSCH. *ein System, bei dem die jährlich im Voraus gezahlten Steuern mit den tatsächlich zu zahlenden Steuer verrechnet werden und bei dem es zu Rückzahlungen kommen kann* den Lohnsteuerjahresausgleich machen

Lohn·steu·er·kar·te die <-, -n> *eine Karte für einen Arbeitnehmer, die von einer Gemeinde ausgegeben und bei dem Arbeitgeber abgegeben wird, damit dieser darauf den Lohn und die vorausgezahlten Steuern und Abgaben einträgt* Die Lohnsteuerkarte benötigt man für den Lohnsteuerjahresausgleich.

Lohn·stopp der <-> (*kein Plur.*) *der Vorgang, dass die Löhne[1] der Arbeitnehmer nicht erhöht werden*

Lohn·tag der <-(e)s, -e> *der Tag, an dem der Lohn[1] ausgezahlt wird*

Lohn·ta·rif der <-(e)s, -e> WIRTSCH. *die Höhe des Lohns[1], die je nach Alter, Qualifizierung, Dauer des Beschäftigungsverhältnisses bemessen wird*

Lohn·tü·te die <-, n> (*umg. veralt.*) *ein Papierumschlag, in dem früher der Lohn[1] bar ausgezahlt wurde*

Löh·nung die <-> (*kein Plur.*) MILIT. *Sold*

Lohn·ver·ein·ba·rung die <-, -en> WIRTSCH. *eine Vereinbarung, die zwischen Arbeitgebern und Arbeitnehmern getroffen wird und die Höhe des Lohns[1] festlegt*

Lohn·zu·schlag der <-(e)s, Lohnzuschläge> WIRTSCH. *das Geld, das einem Arbeitnehmer zusätzlich zum Lohn[1] für Überstunden oder spezielle Arbeitsbedingungen gezahlt wird*

Loi·pe die ['lɔypə] <-, -n> SPORT *eine Art Bahn, die man im Schnee angelegt hat und in der man beim Skilanglauf fährt*

Lok die <-, -s> (*umg.*) *kurz für „Lokomotive"*

Lo·kal das <-(e)s, -e> (≈ *Gaststätte*) *ein Raum oder Räume, in denen man für Geld essen und trinken kann* in einem Lokal einkehren, Das Lokal ist bekannt für seine Fischspezialitäten. ◆-verbot, Ausflugs-, Speise-, Tanz-, Wein-

lo·kal <nicht steig.> *Adj. örtlich begrenzt* Es kann lokal zu orkanartigen Böen kommen.

Lo·kal·au·gen·schein der <-(e)s> (*kein Plur.*) (*österr.*) *Lokaltermin*

Lo·kal·blatt das <-(e)s, Lokalblätter> *die lokale Zeitung eines Ortes*

lo·ka·li·sie·ren *mit OBJ* (*geh.*) ■ *jmd./etwas lokalisiert jmdn./etwas* **1.** *herausfinden, wo jmd. oder etwas ist* Ich konnte das Geräusch nicht lokalisieren. **2.** MED. *die Ausbreitung einer Krankheit örtlich begrenzen* eine Epidemie lokalisieren **3.** EDV *eine Software den spezifischen Bedingungen eines Landes anpassen*

Lo·kal·nach·rich·ten <-> *Plur. Nachrichten über die Ereignisse in einer Stadt*

Lo·kal·pa·t·ri·o·tis·mus der <-> (*kein Plur.*) (*abwert.*) *übertriebene Heimatliebe*

Lo·kal·sei·te die <-, -n> *Seite in einer Zeitung mit Lokalnachrichten*

Lo·kal·sen·der der <-s, -> *ein Radio- oder Fernsehsender, der nur in einer bestimmten Region oder Stadt sendet und Informationen über diese Region oder Stadt liefert*

Lo·kal·ter·min der <-(e)s, -e> RECHTSW. *ein gerichtlicher Termin, an dem der Richter und der Angeklagte den Ort des Verbrechens aufsuchen* Der Tathergang wurde bei einem Lokaltermin nachgestellt.

Lo·ko·mo·ti·ve die <-, -n> *eine Zugmaschine, die auf Bahngleisen einen Eisenbahnzug zieht*

Lo·ko·mo·tiv·füh·rer, **Lo·ko·mo·tiv·füh·re·rin** der <-s, -> *jmd., der beruflich Lokomotiven fährt*

Lo·ko·mo·tiv·schup·pen der <-s, -> *eine große Halle, in der Lokomotiven gewartet und untergestellt werden*

Lo·kus der <-ses, -se> (*veralt. umg.*) *Toilette*

Lol·li der <-s, -s> (*umg.*) *Lutscher[1]*

Lom·bar·dei die <-> (*kein Plur.*) *eine Landschaft in Norditalien*

Long·drink der ['lɔŋdrɪŋk] <-s, -s> *ein Getränk, das aus einer Mischung aus Alkohol und Saft oder Limonade o.Ä. besteht*

Look der [lʊk] <-s, -s> *ein bestimmtes modisches Aussehen* ein Kleid im romantischen Look, der 50er-Jahre-Look

Loo·ping der ['lu:pɪŋ] <-s, -s> LUFTF. *ein Kreis in vertikaler Lage, den ein Flugzeug fliegt oder den eine Achterbahn fährt*

Lor·beer der <-s, -en> **1.** BOT. *ein Baum im Mittelmeerraum, mit sehr aromatischen grünen Blättern* **2.** KOCH. *die Blätter des Lorbeers[1] als Gewürz* ■ **mit etwas keine Lorbeeren ernten können** (*umg. iron.*): *mit etwas keinen besonders guten Erfolg haben* **sich auf seinen Lorbeeren ausruhen** (*umg.*): *sich mit seinem bisherigen Erfolg oder seiner bisherigen Leistung zufrieden geben und sich nicht mehr anstrengen*

Lor·chel die <-s, -n> BOT. *eine Pilzart*

Lord der [lɔrt] <-s, -s> **1.** *ein englischer Adelstitel* **2.** *jmd., der den Titel eines Lord[1] führt*

Lo·re die <-, -n> BERGB. *ein kleiner Wagen, der auf Schienen fährt und meist im Bergbau eingesetzt wird, um Kohle oder Gestein zu transportieren*

Lor·g·non das [lɔrn'jõ:] <-s, -s> *eine Art Brille mit nur einem Glas an einem Stiel, das vor das Auge gehalten wird*

Los das <-es, -e> **1.** (*geh.* ≈ *Schicksal*) Sie trägt ihr schweres Los mit Geduld. **2.** *ein Zettel o.Ä., den man benutzt, um eine Entscheidung nach dem Zufallsprinzip zu treffen* das Los entscheiden lassen **3.** *ein Stück Papier mit einer Nummer, das man kauft, um bei einer Lotterie etwas zu gewinnen* Lose für die Lotterie kaufen, Mein Los hat gewonnen! ■ **das große Los**: *der größte Gewinn bei einer Lotterie* **mit jemandem/etwas das große Los gezogen haben** (*umg.*): *jmdn. oder etwas gut gewählt haben* Mit ihrem neuen Freund hat sie wirklich das große Los gezogen! ◆ Kleinschreibung→R 3.20 das große Los gezogen haben

los <nicht steig.> (*nur präd.*) **I.** *Adj.* **1.** *nicht mehr befestigt* Die Schraube/der Knopf ist los. **2.** *frei gelassen* Die Löwen sind los! **II.** *Adv.* (*umg.*) *Aufforderung, sich oder sich mit etwas zu beeilen* Los, schnell weg hier., Los, mach schon! ■ **Auf die Plätze, fertig, los!**: *Aufforderung zum Start bei einem sportlichen Wettkampf* **etwas/jemanden los sein** (*umg.*): *etwas oder jmdn. glücklicherweise nicht mehr haben* Die Sorge bin ich los!, Die Nervensäge sind wir endlich los!, Den Schnupfen bin ich los. **etwas ist irgendwo los** (*umg.*): *irgendwo geschieht etwas* Hier ist ja wirklich was los!, Auf der Party war nichts los. **Was ist denn mit dir los?** (*umg.*): *Bist du krank oder hast du Probleme?* **mit jemandem ist nichts los** (*umg.*): *jmd. ist langweilig* Mit ihm ist nichts mehr los, seit er geheiratet hat. ◆ Getrenntschreibung→R 4.1 Ich wollte den Schnupfen endlich los sein., Um die Tageszeit wird wohl hier noch nichts los sein!

lös·bar <nicht steig.> *Adj. so, dass man für etwas eine Lösung[1] finden kann* ein Problem für lösbar halten

los·bin·den <bindest los, band los, hat losgebunden> *mit OBJ* (↔ *anbinden*) ■ *jmd. bindet jmdn./etwas los etwas, das angebunden ist, lösen, indem man z.B. den Knoten aufmacht* den Gefesselten losbinden, das Boot losbinden, den Hund vom Zaun losbinden

los·bre·chen <brichst los, brach los, hat/ist losgebrochen> **I.** *mit OBJ* (*haben*) ■ *jmd. bricht etwas los jmd. bricht etwas, das befestigt war, ab* Er hat einen Eiszapfen von der Dachrinne losgebrochen. **II.** *ohne OBJ* (*sein*) ■ *etwas bricht los etwas beginnt pötzlich sehr intensiv* Der Sturm ist ganz plötzlich losgebrochen., Auf einmal brach lauter Jubel los.

Lösch·blatt das <-(e)s, Löschblätter> *ein Blatt aus saugfähigem Papier, mit dem man frische Tinte trocknen kann*

lö·schen[1] <löschst, löschte, hat gelöscht> *mit OBJ* **1.** ■ *jmd./etwas löscht etwas* (↔ *anzünden*) *bewirken, dass ein Feuer nicht mehr brennt* einen Brand/ein Feuer/die Flammen löschen **2.** ■ *jmd. löscht etwas* (*geh.* ≈ *ausschalten*) *mit einem Schalter bewirken, dass ein elektrisches Licht nicht mehr brennt* das Licht löschen **3.** ■ *jmd. löscht den Durst mit etwas Dat.* (≈ *stillen*) *etwas trinken* den Durst mit Bier löschen **4.** ■ *jmd. löscht etwas* (≈ *tilgen; beseitigen*) *bewirken, dass etwas oder der Inhalt von etwas nicht mehr vorhanden ist* Daten/eine Datei/die Festplatte löschen, ein Tonband/eine Tonbandaufzeichnung löschen, einen Eintrag/eine Schuld löschen, den Namen aus dem Gedächtnis löschen

lö·schen[2] <löschst, löschte, hat gelöscht> *mit OBJ* ■ *ein Schiff löscht etwas* (SEEW.: ≈ *entladen*) *die Waren oder die Fracht, die ein Schiff transportiert, an Land bringen* Das Schiff löscht seine Fracht.

Lösch·fahr·zeug das <-(e)s, -e> *ein Feuerwehrauto mit Löschgeräten*

Lösch·ge·rät das <-(e)s, -e> *ein Gerät, mit dem man ein Feuer löschen[1] kann*

Lösch·pa·pier das <-(e)s> (*kein Plur.*) *saugfähiges Papier, mit dem man frische Tinte trocknen kann*

Lösch·tas·te die <-, -n> *eine Taste an einem elektrischen Gerät, die man drückt, um eine gespeicherte Information zu entfernen* die Löschtaste am Kassettenrekorder/auf der Computertastatur betätigen

Lö·schung die <-, -en> (*Plur. selten*) **1.** (≈ *Tilgung*) *Vorgang, dass etwas gelöscht[4] wird* die Löschung eines Kontos/einer Eintragung **2.** SEEW. *das Entladen* die Löschung der Ladung

lo·se *Adj.* **1.** (↔ *fest*) *nicht mehr an etwas befestigt* Der Knopf ist lose., Die Fenster hingen lose in den Angeln. **2.** (≈ *einzeln*) *nicht an etwas anderem befestigt* lose Blätter einheften **3.** *unverpackt* die Schrauben lose verkaufen **4.** (*nur attr.*) (≈ *frech*) *so, dass etwas leicht provozierend ist* ein loses Mundwerk haben, Er ist für seine losen Sprüche bekannt.

Lö·se·geld das <-(e)s> (*kein Plur.*) *das Geld, das*

man bezahlt, damit jmd., der gefangen oder entführt ist, freigelassen wird Die Entführer forderten Lösegeld.

los·ei·sen <eist los, eiste los, hat losgeeist> *mit OBJ* ■ *jmd. eist sich/jmdn. (von etwas Akk.) los bewirken, dass man oder jmd. sich von einer Tätigkeit befreit, um an einen anderen Ort zu gehen* Kannst du dich mal endlich vom Computer loseisen und mit mir ins Kino gehen?

lo·sen <lost, loste, hat gelost> *ohne OBJ* ■ *jmd. lost (um etwas Akk.) etwas durch das Los*[2] *bestimmen* um etwas losen, Wir losen, wer die Konzertkarten bekommt.

lö·sen[1] <löst, löste, hat gelöst> **I.** *mit OBJ* **1.** ■ *jmd. löst etwas etwas von einer Stelle oder einer Sache, an der es befestigt ist, entfernen* die Tapete von der Wand lösen, die Schnur von einem Paket lösen **2.** ■ *jmd. löst etwas etwas lockern, das fest ist* den Gürtel/die Schnürsenkel/die Krawatte lösen **3.** ■ *jmd. löst etwas etwas für nichtig erklären, aufheben* eine Verlobung/einen Vertrag lösen **4.** ■ *etwas löst etwas* MED. *etwas beseitigt etwas zum Teil oder völlig* Das Medikament löst den Schleim., Die Salbe löst die Verspannung im Rücken. **5.** ■ *jmd. löst etwas ein Ticket, eine Eintrittskarte, eine Fahrkarte o.Ä. kaufen* Sie löst am Schalter eine Fahrkarte. **II.** *mit SICH* **1.** ■ *etwas löst sich etwas trennt sich von etwas, an dem es fest ist* Die Schnur hat sich gelöst., Putz hatte sich von der Wand gelöst. **2.** ■ *ein Schuss löst sich ein Schuss geht los, ohne dass jmd. die Waffe bedient hat* Ein Schuss löste sich. **3.** ■ *etwas löst sich etwas, das gespannt oder verkrampft ist, wird locker* Die Anspannung löst sich., Ihr Gesichtsausdruck hat sich gelöst., Er wirkt jetzt viel gelöster. **4.** ■ *jmd. löst sich von jmdm. jmd. geht allmählich auf Distanz zu jmdm.* Erst ziemlich spät hatte er sich von seinen Eltern gelöst., Von ihrer alten Liebe konnte sie sich nur schwer lösen.

lö·sen[2] <löst, löste, hat gelöst> **I.** *mit OBJ* ■ *jmd. löst etwas jmd. findet für ein Problem, ein Rätsel oder eine Aufgabe o.Ä. die Lösung*[1] Erst nach langer Zeit konnte er das Problem des letzten Satzes von Fermat lösen., Wer löst das Rätsel? **II.** *mit SICH* ■ *etwas löst sich etwas, das nicht erklärbar scheint, findet eine Lösung*[1] Das Rätsel um die verschwundenen Millionen hatte sich von allein gelöst.

lö·sen[3] <löst, löste, hat gelöst> **I.** *mit OBJ* **1.** ■ *etwas löst etwas* CHEM. PHYS. *etwas bildet mit etwas eine neue Mischung und wird auf diese Weise entfernt* Terpentin löst Öle und Lacke. **2.** ■ *jmd. löst etwas in etwas Dat. jmd. gibt etwas in eine Flüssigkeit, damit sich eine einheitliche Mischung bildet* Er löste zwei Teile Zucker und ein Teil Salz im Wasser. **II.** *mit SICH* ■ *etwas löst sich in etwas Dat.* CHEM. PHYS. *etwas verliert seine ursprüngliche Eigenheit und bildet mit etwas eine neue Mischung* das Salz hat sich im Wasser gelöst

Lo·ser der ['lu:zɐ] <-s, -> *(jugendspr. ≈ Verlierer, Versager) jmd., der immer nur Pech hat und der im Leben trotz aller Anstrengung keinen Erfolg hat* Er spielt im Film den ewigen Loser, dem nie etwas gelingt.

los·fah·ren <fährst los, fuhr los, ist losgefahren> *ohne OBJ* **1.** ■ *jmd. fährt los jmd. nimmt ein Fahrzeug und bewegt sich von einem Ort weg* Wir wollen gleich nach dem Frühstück losfahren. **2.** ■ *etwas fährt los ein Fahrzeug bewegt sich von einem Ort weg* Wann fährt denn dieser Zug endlich los?

los·ge·hen <gehst los, ging los, ist losgegangen> *ohne OBJ* **1.** ■ *jmd. geht los (umg. ≈ aufbrechen) sich von einem Ort zu Fuß weg bewegen* Die anderen sind schon losgegangen, wir warten noch., Lasst uns endlich losgehen! **2.** ■ *etwas geht los (umg. ≈ beginnen) etwas fängt an* Die Vorstellung geht gleich los. **3.** ■ *etwas geht los ein Schuss oder eine Sprengladung wird abgefeuert oder explodiert* Die Pistole ging plötzlich von selbst los., Um Mitternacht ging die Knallerei los. ■ **Gleich geht's los!** *(umg.): etwas beginnt in kurzer Zeit* **Jetzt geht's schon wieder los!** *(umg.): etwas Unangenehmes passiert schon wieder* **Auf „Los!" geht's los!**: *wenn jmd. „Los!" sagt, fängt ein Wettbewerb oder ein Wettkampf an* **auf jemanden losgehen** *(umg.): jmdn. angreifen* Er ging mit den Fäusten auf seinen Gegner los.

los·ha·ben <hast los, hatte los, hat losgehabt> *mit OBJ* ■ *jmd. hat (in etwas Dat.) etwas/viel/wenig/nichts los (umg.) jmd. hat gute/sehr gute/wenige/keine Kenntnisse auf einem Fachgebiet* Sie hat in ihrem Fach etwas los.

los·heu·len <heult los, heulte los, hat losgeheult> *ohne OBJ (umg.) jmd. fängt plözlich an zu weinen* Ohne Grund heulte er plötzlich los.

los·kau·fen <kaufst los, kaufte los, hat losgekauft> *mit OBJ* ■ *jmd. kauft jmdn. los jmd. bezahlt Geld , um jmdn., der gefangen oder entführt ist, zu befreien* eine Geisel loskaufen

los·kom·men <kommst los, kam los, ist losgekommen> *ohne OBJ* **1.** ■ *jmd. kommt von jmdm./etwas los (umg.) jmd. kann sich von jmdm. oder etwas trennen* Er kommt von ihr nicht mehr los., Ich habe so viel Arbeit, dass ich noch nicht loskomme. **2.** ■ *jmd./etwas kommt (von etwas) los sich (von etwas) befreien können* Er hielt sie fest, sie konnte aber doch loskommen., Sie kam nicht von ihren Erinnerungen los., Der Vogel kam nicht von der Schlinge los.

los·la·chen <lacht los, lachte los, hat losgelacht> *ohne OBJ* ■ *jmd. lacht los jmd. fängt plötzlich an zu lachen* Inmitten der Trauergemeinde musste sie plötzlich loslachen.

los·las·sen <lässt los, ließ los, hat losgelassen> *mit OBJ* **1.** ■ *jmd. lässt jmdn./etwas los jmdn. oder etwas nicht mehr festhalten* Lass mich los!, die Hunde loslassen **2.** ■ *etwas lässt jmdn. nicht los jmd. kann etwas nicht vergessen* Die Bilder, die er im Krieg sah, ließen ihn nicht mehr los., Das mathematische Problem ließ ihn einfach nicht los. **3.** ■ *jmd. lässt etwas los (umg. abwert.) jmd. sagt oder schreibt etwas Negatives* Er ließ dauernd Beschwerden los. **4.** ■ *jmd. lässt ein Tier auf jmdn. los* *jmd. befiehlt einem Tier, jmdn. anzugreifen* Er ließ die Hunde auf ihn los. ■ **jemanden auf die Menschheit loslassen** (*umg. abwert.*): *jmdn., den man für unfähig hält, eine Arbeit tun lassen* Diesen unerfahrenen Arzt kann man doch nicht auf die Menschheit loslassen!

los·le·gen <legt los, legte los, hat losgelegt> *ohne OBJ* **1.** ■ *jmd. legt* (*mit etwas Dat.*) *los* (*umg.*) *jmd. sagt etwas sehr deutlich und wütend* Der Kunde legte sofort mit seiner Beschwerde los. **2.** ■ *jmd. legt* (*mit etwas Dat.*) *los jmd. fängt etwas mit voller Energie an* Sie legte sofort mit ihrem Vortrag los., Nachdem er das Spiel auf dem Computer installiert hatte, legte er los.

lös·lich <nicht steig.> *Adj.* **1.** (*nur präd.*) *so, dass etwas mit einer Flüssigkeit eine einheitliche Mischung bildet* Öl ist nicht in Wasser löslich. **2.** (*nur attr.*) *so, dass etwas fein gemahlen ist und sich mit einer Flüssigkeit verbindet* löslicher Kaffee

los·lö·sen <löst los, löste los, hat losgelöst> **I.** *mit OBJ* ■ *jmd. löst etwas von etwas Dat. los jmd. entfernt etwas von etwas, auf oder an dem es befestigt ist* Vorsichtig löste er den Verband von der Wunde los. **II.** *mit SICH* ■ *etwas löst sich* (*von etwas Dat.*) *los etwas entfernt sich von etwas, an dem es befestigt ist* Die alte Tapete löst sich langsam los.

los·ma·chen <machst los, machte los, hat losgemacht> **I.** *mit OBJ* ■ *jmd. macht etwas los* (*umg.*) *jmd. trennt etwas von etwas* einen Hund/ein Boot losmachen **II.** *ohne OBJ* ■ *ein Schiff macht los* SEEW. *ablegen* Das Schiff machte los und stach in See. **III.** *mit SICH* ■ *jmd./ein Tier macht sich* (*von etwas Dat.*) *los* (*umg.*) *jmd. oder ein Tier befreit sich von etwas* Sie hat sich von ihren Verpflichtungen losgemacht., Das Pferd hat sich losgemacht. ■ **Mach/Macht los!** (*umg.*): *Beeil/Beeilt dich/euch!* Nun mach doch endlich los, wir haben keine Zeit mehr!

los·plat·zen <platzt los, platzte los, hat losgeplatzt> *ohne OBJ* (*umg.*) **1.** ■ *jmd. platzt los jmd. fängt plötzlich laut an zu lachen* Ich konnte mich nicht mehr halten und musste einfach losplatzen! **2.** ■ *jmd. platzt* (*mit etwas Dat.*) *los jmd. sagt plötzlich etwas, weil er es nicht mehr zurückhalten kann* Nachdem er sich nun schon zwei Stunden diese Dummheiten angehört hatte, platzte er einfach los., Sie platzte mit dieser Geschichte los, obwohl es keiner hören wollte.

los·rei·ßen <reißt los, riss los, hat losgerissen> **I.** *mit OBJ* ■ *jmd./etwas reißt jmdn./etwas los jmd. oder etwas entfernt jmdn. oder etwas mit viel Kraft von etwas* Der Sturm hat das Dach losgerissen. **II.** *mit SICH* **1.** ■ *jmd. reißt sich* (*von jmdm./etwas*) *los jmd. befreit sich plötzlich mit viel Kraft von jmdm. oder etwas* Das Kind riss sich von der Hand der Mutter los. **2.** ■ *jmd. kann sich von etwas Dat. nicht losreißen jmd. ist von etwas so fasziniert, dass er nichts Anderes machen kann* Ich kann mich einfach nicht von diesem Computerspiel losreißen!

los·ren·nen <rennt los, rannte los, ist losgerannt> *ohne OBJ* ■ *jmd. rennt los jmd. fängt plötzlich an, sehr schnell zu laufen* Sie rannte los, um den Bus noch zu erreichen.

Löss der <-es, -e> GEOGR. *eine Ablagerung am Boden, die sehr viel Kalk enthält*

los·sa·gen *mit SICH.* ■ *jmd. sagt sich von jmdm./etwas los jmd. sagt, dass er mit jmdm. oder etwas nichts mehr zu tun haben will* sich von seinen Eltern lossagen, sich vom Glauben lossagen

los·schie·ßen <schießt los, schoss los, hat losgeschossen> *ohne OBJ* **1.** ■ *jmd./etwas schießt los jmd. oder etwas fängt plötzlich an zu schießen* **2.** ■ *jmd. schießt los* (*umg.*) *jmd. fängt an, etwas zu erzählen* Komm, schieß los mit deiner Geschichte!

los·schla·gen <schlägt los, schlug los, hat losgeschlagen> **I.** *mit OBJ* ■ *jmd. schlägt etwas los jmd. entfernt etwas von etwas mit einem kräftigen Schlag* Er schlägt mit dem Hammer die Holzverkleidung von der Wand los. **II.** *ohne OBJ* ■ *jmd. schlägt auf jmdn. los jmd. fängt an, jmdn. plötzlich mit den Fäusten zu attackieren* Auf dem Schulhof fingen zwei Jungen an, aufeinander loszuschlagen. ■ *etwas schlägt los* MILIT. *mit einem militärischen Angriff beginnen*

los·stürzen <stürzt los, stürzte los, ist losgestürzt> *ohne OBJ* **1.** ■ *jmd. stürzt los jmd. rennt plötzlich schnell von einer Stelle weg* Als die Türen geöffnet wurden, stürzten alle los. **2.** ■ *jmd./etwas stürzt auf jmdn. los jmd. oder etwas greift jmdn. an* Er stürzte auf seinen Gegner los., Der Hund stürzte auf den Fußgänger los.

los·treten <tritt los, trat los, hat losgetreten> *mit OBJ* ■ *jmd. tritt etwas los jmd. löst etwas mit einem Tritt aus* Die Wanderer traten eine Lawine los.

Lo·sung die <-, -en> **1.** (MILIT.: ≈ *Parole*) *ein vereinbartes Kennwort* **2.** *ein kurzer Satz, mit dem man sagt, was man machen will* Die Partei gab für den Wahlkampf die Losung „Keine höheren Steuern!" aus.

Lö·sung die <-, -en> **1.** *das, was benötigt wird, um eine Aufgabe bzw. ein Problem zu bewältigen oder den Sinn eines Rätsels zu entschlüsseln* für ein Problem eine gute Lösung finden **2.** *der Vorgang, dass eine Aufgabe, ein Problem, ein Rätsel o.Ä. entschlüsselt wird* die Lösung einer Aufgabe/eines Rätsels **3.** *der Vorgang, dass eine Vereinbarung ungültig gemacht wird* die Lösung eines Mietvertrages/einer Verlobung **4.** CHEM. PHYS. *eine Flüssigkeit, die mit einem anderen Stoff eine einheitliche Mischung bildet* eine wässrige Lösung, eine dreiprozentige Lösung herstellen

Lö·sungs·an·satz der <-es, Lösungsansätze> *der Beginn einer Kette von Gedanken, Analysen oder Handlungen, die zur Lösung*[2] *eines Problems oder einer Aufgabe führen soll*

Lö·sungs·mit·tel das <-s, -> CHEM. *ein Mittel, das Stoffe löst*[3]

lö·sungs·mit·tel·frei <nicht steig.> *Adj. so, dass eine Substanz kein Lösungsmittel enthält* lösungsmittelfreie Farbe

Los·ver·fah·ren das <-s, -> *der Vorgang, dass etwas durch ein Los[2] entschieden wird* Wir werden im Losverfahren entscheiden müssen, wer den Wettbewerb gewonnen hat, denn alle Einsendungen sind sehr gut.

los·wer·den <wirst los, wurde los, ist losgeworden> *mit OBJ* **1.** ■ *jmd. wird jmdn./etwas los jmd. trennt sich von jmdm. oder etwas, der/das unangenehm ist* Er wurde den Vertreter einfach nicht los!, Er ist seine Beschwerden endlich losgeworden. **2.** ■ *jmd. wird etwas los (umg.) jmd. kann etwas verkaufen* Ich glaube nicht, dass du das alte Auto noch loswirst. **3.** ■ *jmd. wird etwas los (umg.) jmd. verliert etwas oder jmdm. wird etwas gestohlen* Ich weiß auch nicht, wie ich meine Brieftasche losgeworden bin!, In diesem Gewühl wurde sie schnell ihre Handtasche los.

los·zie·hen <ziehst los, zog los, ist losgezogen> *ohne OBJ* **1.** ■ *jmd. zieht los (umg.) jmd. geht zu Fuß von einem Ort weg* Nachdem er eine Zeit lang dort gearbeitet hatte, zog er wieder los. **2.** ■ *jmd. zieht los (umg.) jmd. verlässt seine Wohnung, um sich zu amüsieren* Jeden Abend sind sie zusammen losgezogen, zur Disco, ins Kino oder in eine gemütliche Kneipe.

Lot das <-(e)s, -e> **1.** BAUW. *ein Gewicht, das an einer Schnur hängt und das man an etwas hängt, um festzustellen, ob es senkrecht ist* die Mauer nach dem Lot ausrichten **2.** SEEW. *ein Gewicht an einer Schnur, das man ins Wasser hält bis es den Grund berührt, um dann an der Länge der Schnur die Tiefe zu bestimmen* die Wassertiefe mit einem Lot messen **3.** MATH. *eine Gerade, die senkrecht auf einer anderen Geraden oder auf einer Ebene steht* das Lot vom Punkt X auf eine Gerade fällen ■ **etwas kommt wieder ins Lot:** *etwas kommt wieder in Ordnung* **etwas wieder ins (rechte) Lot bringen:** *etwas wieder in Ordnung bringen*

lö·ten *mit OBJ/ohne OBJ* ■ *jmd. lötet (etwas)* TECHN. *zwei Metallteile mit einem anderen flüssigem Metall verbinden* einen zerbrochenen Draht wieder löten

lot·ge·recht <nicht steig.> *Adj.* BAUW. *senkrecht*

Loth·rin·gen <-s> *eine Region in Nordostfrankreich*

Loth·rin·ger, **Loth·rin·ge·rin** der <-s, -> *Einwohner Lothringens*

loth·rin·gisch <nicht steig.> *Adj. zu Lothringen gehörend, daher stammend*

Lo·ti·on die [lo'tsi̯o:n] <-, -en> *ein kosmetisches Mittel, das flüssig ist und mit dem man die Haut pflegt* ◆ Hand-, Körper-

Lo·ti·on die ['loʊʃən] <-, -s> *ein flüssiges Hautpflegemittel*

Löt·kol·ben der <-s, -> TECHN. *ein elektrisches Werkzeug, mit dem man Metalle bei einer Temperatur von 450 Grad Celsius lötet*

Löt·lam·pe die <-, -n> TECHN. *eine Art Brenner, mit dem ein Metall weich gemacht wird, um damit zwei andere Metalle mit einer Temperatur, die auch über 450 Grad Celsius liegen kann, zu löten*

Lo·tos, *a.* **Lo·tus** der <-, -> BOT. *eine Wasserrose mit weißen oder rosa oder hellblauen Blüten*

Lo·tos·blume die <-, -n> BOT. *die Blüte des Lotos*

Lot·rech·te die <-n, -n> MATH. *im rechten Winkel zu einer anderen Geraden oder zu einer Ebene stehende Gerade*

Lot·se, **Lot·sin** der <-n, -n> **1.** *jmd., der Schiffe durch schwierige oder gefährliche Gewässer leitet* **2.** *kurz für „Fluglotse“*

lot·sen <lotst, lotste, hat gelotst> *mit OBJ* **1.** ■ *jmd. lotst etwas jmd. führt ein Schiff oder vom Boden aus ein Flugzeug auf sicherem Weg zu einem bestimmten Ziel* Sie lotste das Schiff sicher in den Hafen., ein Flugzeug auf die Landebahn lotsen **2.** ■ *jmd. lotst jmdn. irgendwohin jmd. zeigt jmdm. den Weg oder führt jmdn. zu seinem Ziel* einen Fremden durch die Stadt ans Ziel lotsen, Kinder über die Straße lotsen **3.** ■ *jmd. lotst jmdn. irgendwohin (umg.) jmdn. überreden, irgendwohin zu gehen* Sie lotst ihn ins Theater.

Lot·te·rie die <-, -n> *ein System des Glücksspiels, bei dem man durch Lose[3] gewinnen kann* ◆ -erlös, -los

lot·ter·ig, *a.* **lot·trig** *Adj.* *(umg. abwert.) unordentlich*

Lot·ter·le·ben das <-s> *(kein Plur.) (abwert.) ein faules, unordentliches Leben ohne Pflichten* ein Lotterleben führen

Lot·to das <-s, -s> *eine besondere Form der Lotterie, bei der man Zahlen auf einem Schein ankreuzt und hofft, dass diese Zahlen bei der Auslosung gezogen werden* Er hatte sechs Richtige im Lotto. ◆ -schein, -zahlen

Lo·tus der *s.* **Lotos**

Löt·zinn das <-(e)s> *(kein Plur.)* TECHN. *ein weiches Metall, das man zum Löten benutzt*

Lounge die [laʊndʒ] <-, -s> *die Empfangs- und Aufenthaltshalle in einem (großen) Hotel*

Love·sto·ry die ['lʌ'stɔ:rɪ] <-, -s> *(≈ Liebesgeschichte)*

Lö·we, **Lö·win** der <-n, -n> **1.** ZOOL. *eine Raubkatze, die vorwiegend in Afrika lebt, sehr groß ist und ein gelbliches Fell hat und bei der die Männchen eine Mähne haben* **2.** *(kein Plur.) Name des Sternzeichens vom 23.Juli bis zum 22.August* **3.** *jmd., der im Zeichen des Löwen[2] geboren ist* Ihr neuer Freund ist (ein) Löwe. ■ **sich in die Höhle des Löwen wagen** *(übertr.): unerschrocken eine gefürchtete Person aufsuchen* **kämpfen wie ein Löwe:** *mutig und mit viel Kraft kämpfen*

Lö·wen·an·teil der <-(e)s> *(kein Plur.) der größte und der beste Teil von etwas* Er sicherte sich schnell den Löwenanteil der neuen Aktien.

Lö·wen·maul das <-(e)s> *(kein Plur.)* BOT. *eine bunt blühende Gartenpflanze*

Lö·wen·zahn der <-s> *(kein Plur.)* BOT. *eine gelb blühende Wiesenpflanze, deren Samen an einer Art kleinem Schirm hängen und vom Wind verweht werden*

lo·y·al *Adj.* **1.** POL. *so, dass die Ordnung eines Staates oder einer Institution anerkannt wird* Die Minister waren loyal gegenüber der Regierung., Der Präsident wird von loyalen Militärs unterstützt. **2.** (*geh.*) *so, dass jmd. ehrlich und aufrichtig ist* Er war ein Vorgesetzter, der immer loyal gegenüber seinen Mitarbeitern war., loyale Mitarbeiter, die die Interessen der Firma vertreten

Lo·y·a·li·tät die <-, -en> (*selten Plur.*) (≈ *Ergebenheit*) *die Eigenschaft, dass jmd. loyal*[1, 2] *ist* Der General zeigte keine Loyalität gegenüber der Regierung.

Luchs der <-es, -e> *eine Raubkatze, die in Mittel- und Südeuropa lebt und ein geflecktes Fell hat* ■ **aufpassen wie ein Luchs** (*umg.*): *sehr aufmerksam alles genau beobachten*

Lü·cke die <-, -n> **1.** *eine Stelle, an der etwas fehlt, was eigentlich da sein sollte* durch eine Lücke im Zaun schlüpfen, Nach der Schlägerei hatte er eine große Lücke im Gebiss., Sein Tod hat eine Lücke gerissen., eine Lücke schließen ◆ Zahn- **2.** (*übertr.*) *ein Mangel an etwas, das eigentlich nützlich wäre* In Physik und Mathematik hatte er große Lücken., Der Angeklagte konnte eine Lücke im Gesetz ausnutzen und wurde freigesprochen.

Lü·cken·bü·ßer, Lü·cken·bü·ße·rin der <-s, -> (*abwert.*) *eine Person oder Sache, die als unzureichender Ersatz für etwas Fehlendes dient* Sie muss ständig die Lückenbüßerin für den erkrankten Kollegen spielen.

Lü·cken·fül·ler der <-s, -> (≈ *Lückenbüßer*)

lü·cken·haft <nicht steig.> *Adj.* **1.** *mit einer oder mehreren Lücken*[1] ein lückenhafter Zaun, eine lückenhafte Aufzählung **2.** *mit vielen Lücken*[2] lückenhafte Kenntnisse in einem Fach haben

lü·cken·los <nicht steig.> *Adj.* **1.** *ohne Lücken*[1] ein lückenloses Gebiss, eine lückenlose Liste **2.** *vollkommen* lückenlose Kenntnisse auf einem Gebiet haben

Lu·der das <-s, -> (*umg. abwert.*) *eine Frau, die als hinterhältig und unverschämt bezeichnet wird* Sie ist ein gemeines Luder; vor der muss man sich in Acht nehmen. ■ **ein armes Luder** (*umg.*): *ein bedauernswerter Mensch* **ein kleines/richtiges Luder** (*umg.*): *eine meist junge Frau, die auf bewundernswerte Art gerissen ist*

Luft die <-, Lüfte> **1.** (*kein Plur.*) *das Gasgemisch, das die Erde umgibt, und das Menschen und Tiere brauchen, um zu atmen* Die Luft besteht aus Sauerstoff, Stickstoff und Edelgasen., Die vielen Autos verpesten einfach die Luft!, In der Stadt bekomme ich fast keine Luft mehr., die Luft aus einem Reifen lassen **2.** (*kein Plur.*) (↔ *geschlossener Raum*) *das Freie* ein bisschen an die (frische) Luft gehen, Regelmäßige Bewegung an der Luft tut gut. **3.** (↔ *der feste Erdboden*) *der Raum direkt über dem Erdboden* einen Ball in die Luft werfen, die Erdbebengebiete aus der Luft mit Lebensmitteln versorgen, sich in die Luft erheben **4.** (*kein Plur.*) (*übertr.*) *räumlicher oder zeitlicher Zwischenraum* etwas Luft zwischen den Brettern lassen, keine Luft mehr zwischen zwei Terminen haben ■ **Luft holen**: *einatmen* **nach Luft schnappen**: *versuchen, zu atmen, weil es wenig Luft gibt* **die Luft anhalten**: *einatmen und dann die Luft*[1] *nicht wieder aus Mund oder Nase lassen* **an die frische Luft gehen**: *ins Freie gehen* **die Luft ist rein!** (*umg.*): *es ist niemand da, der einen beobachten könnte* **es herrscht dicke Luft** (*umg.*): *es gibt Streit* **jemanden wie Luft behandeln** (*umg.*): *so tun, als ob jmd. nicht vorhanden wäre* Die Kollegen behandeln den Neuen wie Luft. **jemand ist Luft für jemanden** (*umg.*): *jmd. ignoriert jmdn. völlig* Sie spricht kein Wort mit ihm, er ist einfach Luft für sie! **jemanden an die Luft setzen** (*umg.*): *jmdn. hinauswerfen* **etwas aus der Luft greifen** (*umg.*): *etwas frei erfinden* Diese Geschichte hast du doch einfach aus der Luft gegriffen! **jemanden in der Luft zerreißen** (*umg.*): *jmdn. vernichtend kritisieren* **jemand hängt in der Luft** (*umg.*): *jmd. weiß nicht, wie es weitergeht* Jetzt bin ich arbeitslos und hänge in der Luft. **etwas hängt noch in der Luft** (*umg.*): *etwas ist noch nicht entschieden* Die Entscheidung, wer den Job kriegt, hängt noch in der Luft. **in der Luft liegen** (*umg.*): *bevorstehen; spürbar sein* Der Streit hatte schon lange in der Luft gelegen. **jemand/etwas löst sich in Luft auf** (*umg.*): *jmd. oder etwas verschwindet einfach* Warum hast du dich am Ende der Party einfach in Luft aufgelöst? **jemandem bleibt die Luft weg**: *jmd. kann nicht mehr atmen* **jemandem bleibt die Luft weg** (*umg.*): *jmd. ist erschrocken oder sehr verwundert* Bei den Preisen blieb mir die Luft weg! **etwas fliegt in die Luft** (*umg.*): *etwas explodiert* **etwas in die Luft jagen** (*umg.*): *etwas sprengen* Die Soldaten jagten mehrere Häuser in die Luft. **jemand geht in die Luft** (*umg.*): *jmd. wird schnell wütend* **Wer wir denn gleich in die Luft gehen.** (*umg.*): *verwendet, um jmdm. zu sagen, dass er sich nicht aufregen soll* **aus etwas ist die Luft raus** (*umg.*): *etwas ist nicht mehr so interessant wie am Anfang* Aus dem Endspiel ist die Luft raus. **sich Luft machen** (*umg.*): *laut sagen, was einen stört und ärgert* **halt die Luft an!** (*umg.*): *Sei still!* **halt die Luft an!**: *Übertreib nicht!*

Luft·ab·wehr die <-, -en> MILIT. *die Verteidigung gegen einen Angriff aus der Luft*

Luft·an·griff der <-s, -e> MILIT. *ein Angriff aus der Luft mit Flugzeugen, die Bomben werfen oder Raketen abfeuern* Er ist beim Luftangriff auf Dresden ums Leben gekommen.

Luft·auf·sicht die <-> (*kein Plur.*) *Beobachtung und Kontrolle des Luftraums*

Luft·bal·lon der [...balɔŋ/...baloːn] <-s, -s/-e> *eine Hülle aus Gummi, die mit Luft*[1] *gefüllt ist und als Spielzeug dient*

Luft·be·las·tung die <-, -en> (≈ *Luftverschmutzung, meist Sing.*) *die Belastung der Luft*[1] *mit Schadstoffen* ein Industriegebiet mit hoher Luftbelastung

Luft·bild das <-(e)s, -er> (≈ *Luftaufnahme*) *ein Foto eines Teils der Oberfläche der Erde, das aus der Luft aufgenommen ist*

Luft·bla·se die <-, -n> *Luft*[1], *die in einer Flüssig-*

keit eingeschlossen ist

Luft·brü·cke die <-, -n> *der Transport von Lebensmitteln, Medikamenten und anderen wichtigen Gütern mit Flugzeugen in ein Gebiet, das auf dem Landweg nicht erreicht werden kann, weil es Krieg gibt oder die Wege blockiert sind*

luft·dicht <nicht steig.> *Adj. so, dass keine Luft*[1] *hindurch kann* etwas luftdicht abschließen, Die Verpackung ist luftdicht.

Luft·druck der <-(e)s> (*kein Plur.*) **1.** PHYS. METEOR. *der Druck, den die Luft*[1] *durch ihr Gewicht auf die Erde ausübt* Der Luftdruck fällt/steigt/wird mit dem Barometer gemessen. **2.** *der Druck der Luft*[1] *in einer geschlossenen Hülle* Der Luftdruck im Reifen ist zu niedrig, wir müssen Luft nachpumpen.

luft·durch·läs·sig *Adj. so, dass Luft*[1] *hindurch kann* ein luftdurchlässiger Verband

lüf·ten **I.** *mit OBJ/ohne OBJ* ■ *jmd. lüftet (etwas)* **1.** *frische Luft*[1] *in etwas lassen* Die Luft im Zimmer ist verbraucht, wir müssen lüften. **2.** *etwas der frischen Luft*[1] *aussetzen, um es wieder frisch zu machen* einen getragenen Anzug lüften, die Betten lüften **II.** *mit OBJ* **1.** ■ *jmd. lüftet etwas (geh.) jmd. sagt oder zeigt etwas, das bis dahin verborgen war* Das Geheimnis ist gelüftet., Er hat das Versteck gelüftet. **2.** *leicht hochheben* den Hut lüften ■ **den Schleier lüften**: *etwas Verborgenes öffentlich machen* Der Journalist lüftete mit seinem Bericht den Schleier, der über dem Skandal lag.

Lüf·ter der <-s, -> **1.** (≈ *Ventilator*) *ein Gerät, mit dem ein Raum gelüftet werden kann* Es ist sehr heiß hier – stellst du bitte den Lüfter an? **2.** (≈ *Gebläse*) *ein Gerät, das etwas kühlt, indem es Luft ansaugt* Der Lüfter am Computer ist ziemlich laut.

Luft·fahrt die <-> (*kein Plur.*) *alles, was mit dem Fliegen und mit Luftfahrzeugen zusammenhängt* die Geschichte der Luftfahrt, die Anfänge der modernen Luftfahrt

luft·fahrt·be·gei·stert <nicht steig.> *Adj. so, dass jmd. voller Begeisterung für die Luftfahrt ist*

Luft·fahrt·be·hör·de die <-, -n> *eine Behörde, die die Angelegenheiten des Luftverkehrs in einem Land regelt*

Luft·fahrt·ge·sell·schaft die <-, - en> *ein Unternehmen, das den Transport von Gütern und Personen mit Flugzeugen anbietet*

Luft·fahrt·in·dust·rie die <-, -n> *der Zweig der Industrie, der Luftfahrzeuge produziert*

Luft·fahr·zeug das <-(e)s, -e> *ein Gerät, mit dem man fliegen kann* Hubschrauber und Flugzeuge sind die bekanntesten Luftfahrzeuge.

Luft·feuch·tig·keit die <-> (*kein Plur.*) METEOR. *der in der Luft*[1] *vorhandener Anteil von Wasserdampf* Die Luftfeuchtigkeit in den Tropen macht vielen Menschen zu schaffen., hohe/geringe Luftfeuchtigkeit

Luft·fil·ter der <-s, -> *ein Filter, der Schadstoffe, die sich in der Luft befinden, aufhält*

Luft·flot·te die <-, -n> *die Gesamtheit der Flugzeuge und Hubschrauber eines Staates, eines Unternehmens o.Ä.*

Luft·fracht die <-, -en> *eine Fracht, die mit Flugzeugen transportiert wird* eine Sendung mit Luftfracht schicken

Luft·fracht·ver·kehr der <-s> (*kein Plur.*) *das System des Transports von Frachten mit Flugzeugen*

luft·getrock·net <nicht steig.> (*nur attr.*) *Adj. an der Luft*[1] *trocken geworden* ein luftgetrockneter Schinken, luftgetrocknetes Obst

Luft·ge·wehr das <-(e)s, -e> *ein Gewehr, das die Kugel mit Hilfe von zusammmengepresster Luft verschießt*

Luft·hül·le die <-> (*kein Plur.*) (≈ *Atmosphäre*) *die Hülle aus Gasgemisch, die die Erde umgibt*

luf·tig *Adj.* **1.** *so, dass genug Luft*[1] *herein kommt* ein luftiger, heller Raum mit großen Fenstern **2.** *so, dass es leicht und für Luft*[1] *durchlässig ist* luftige Kleidung, ein luftiger Stoff ■ **in luftiger Höhe**: *sehr weit oben* Der Vogel schwebte in luftiger Höhe.

Luf·ti·kus der <-(ses), -se> (*umg. abwert.*) *ein Mensch, der nur an sein Vergnügen denkt und auf den man sich nicht verlassen kann* Er ist ein richtiger Luftikus, die Arbeit ist ihm absolut egal!

Luft·kis·sen·boot das <-(e)s, -e> (≈ *Hovercraft*) *ein Wasserfahrzeug, das sich auf einer zusammengepressten Schicht von Luft*[1] *vorwärts bewegt*

Luft·klap·pe die <-, -n> (≈ *Ventil*)

Luft-Kraft·stoff-Ver·hält·nis das <-ses> (*kein Plur.*) KFZ *das gemessene Menge der Mischung von Luft*[1] *und Benzin* Der Ottomotor funktioniert durch die Verbrennung eines homogenen Luft-Kraftstoff-Verhältnisses.

luft·krank <nicht steig.> *Adj. so, dass einem übel wird, wenn man fliegt*

Luft·krieg der <-(e)s, -e> *ein Krieg, der aus und in der Luft vor allem mit Flugzeugen geführt wird*

Luft·kur·ort der <-(e)s, -e> *ein Ort, der über besonders gesunde Luft verfügt und an dem man sich für einen bestimmten Zeitraum aufhält, um sich zu erholen*

Luft·lan·de·trup·pen *Plur.* MILIT. *Spezialtruppen, die aus der Luft in einem Kampfgebiet abgesetzt werden*

luft·leer <nicht steig.> *Adj. so, dass es keine Luft*[1] *enthält* im luftleeren Raum

Luft·li·nie die <-, -n> *eine gedachte gerade Linie, die die kürzeste Entfernung zwischen zwei Orten auf der Erdoberfläche angibt* Die Entfernung beträgt nur 20 km Luftlinie, aber auf der Straße sind es fast 30 km.

Luft·mas·se die <-, -n> (*meist Plur.*) METEOR. *eine große Menge Luft über einem Gebiet* Warme Luftmassen strömen vom Meer ins Landesinnere.

Luft·ma·t·rat·ze die <-, -n> *eine Art Matratze aus Gummi, in die man, wenn man darauf liegen möchte, Luft hineinpumpt* Die Gäste müssen auf Luftmatratzen schlafen.

Luft·mi·ne die <-, -n> MILIT. *eine Mine, die in der Luft explodiert*

Luft·pi·rat, **Luft·pi·ra·tin** der <-en, -en> *jmd., der ein Passagierflugzeug entführt, indem er den Piloten zwingt, zu einem anderen Ziel zu fliegen*

Luft·post die <-> (*kein Plur.*) **1.** *das Verfahren, bei dem Briefe oder Pakete mit dem Flugzeug transportiert werden* **2.** *Post, die mit dem Flugzeug transportiert wird*

Luft·pum·pe die <-, -n> *eine Gerät, mit dem man Luft in etwas pumpen kann* den Reifen am Fahrrad mit der Luftpumpe aufpumpen

Luft·qua·li·tät die <-> (*kein Plur.*) *die Beschaffenheit der Luft*[1] Über dem Industriegebiet war die Luftqualität sehr schlecht.

Luft·raum der <-(e)s, Lufträume> **1.** *der Raum über der Erdoberfläche* den Luftraum über dem Flughafen überwachen **2.** POL. *das Hoheitsgebiet eines Staates in der Luft*[2] ■ **den Luftraum verletzen**: *ohne Erlaubnis in den Luftraum*[2] *fliegen*

Luft·raum·über·wa·chung die <-, -en> *die Kontrolle und Beobachtung des Luftraums*[2]

Luft·rein·hal·tung die <-> (*kein Plur.*) *alel Maßnahmen, die Luft*[1] *sauber zu halten* Die Abgasfilter dienen der Luftreinhaltung.

Luft·ret·tungs·dienst der <-es, -e> *Ärzte oder Sanitäter, die mit einem Flugzeug oder Hubschrauber schnell zu einem Unfall oder zu einem Patienten fliegen*

Luft·röh·re die <-, -n> ANAT. *eine Art Röhre, durch die die Luft beim Einatmen durch Mund oder Nase in die Lungen gelangt*

Luft·röh·ren·schnitt der <-(e)s, -e> MED. *eine Operation, bei der die Luftröhre im Bereich des Halses von außen geöffnet wird, damit der Patient durch diese Öffnung Luft*[1] *bekommen kann*

Luft·schacht der <-(e)s, Luftschächte> BAUW. *ein Schacht, durch den Luft*[1] *in ein Gebäude strömen kann*

Luft·schad·stof·fe <-> *Plur. Substanzen, die die Luft*[1] *verschmutzen* Bäume tragen zur Verringerung der Luftschadstoffe bei.

Luft·schad·stoff·mes·sung die <-, -en> *der Vorgang, dass die Menge der Schadstoffe in der Luft*[1] *gemessen wird* Die Luftschadstoffmessung hat einen erhöhten Anteil von Schwefeldioxid ergeben.

Luft·schicht die <-, -en> METEOR. *die Masse der Luft*[1], *die über oder unter einer anderen Masse Luft*[1] *liegt* Eine warme Luftschicht überlagert die kalte am Erdboden.

Luft·schiff das <-(e)s, -e> (≈ *Zeppelin*) *ein Luftfahrzeug, das aus einem langen, gasgefüllten Körper besteht, unter dem eine Kabine für Personen, die Gondel, hängt*

Luft·schlan·ge die <-, -n> *eine Art kleine, bunte Girlande aus Papier, die zur Dekoration bei Feiern, Partys o.Ä. dient*

Luft·schleu·se die <-, -n> *ein kleiner Raum, der zwischen zwei Räumen mit unterschiedlichem Luftdruck liegt und absolut dicht abgeschlossen ist* Die Astronauten können durch die Luftschleuse des Shuttles nach außen gelangen.

Luft·schloss das <-es, Luftschlösser> (*meist Plur.*) (*abwert.*) *Wünsche, Ideen oder Pläne, die nicht in die Wirklichkeit umgesetzt werden können* Das sind doch alles nur Luftschlösser, für diese Reise fehlt uns das Geld. ■ **Luftschlösser bauen**: *unrealistische Wünsche oder Ideen haben*

Luft·schutz·bun·ker der <-s, -> MILIT. *ein Bunker, der Menschen Schutz vor Luftangriffen bietet*

Luft·schutz·kel·ler der <-s, -> *ein Keller, der besonders stabil und sicher ist und bei Luftangriffen Schutz bietet*

Luft·schutz·raum der <-(e)s, Luftschutzräume> *ein Raum, der besonders gesichert und stabil ist und Schutz vor Luftangriffen bietet*

Luft·sperr·ge·biet das <-(e)s, -e> *ein Bereich im Luftraum*[2], *der für den Flugverkehr gesperrt ist* Es wird überlegt, den Luftraum über Atomkraftwerken zum Luftsperrgebiet zu erklären.

Luft·sprung ■ **einen Luftsprung/Luftsprünge machen**: *vor Freude einen kleinen Sprung machen*

Luft·stre·cke die <-, -n> *der Luftweg zwischen zwei Orten*

Luft·strö·mung die <-, -en> METEOR. *Luft*[1], *die sich in eine bestimmte Richtung bewegt* Eine kalte Luftströmung aus dem Osten beeinflusst unser Wetter.

Luft·ta·xi das <-s, -s> *ein kleines Flugzeug oder ein Hubschrauber, mit dem Personen über eine kurze Strecke befördert werden* Um zum Messegelände zu gelangen, kann man ein Lufttaxi nehmen.

Luft·tem·pe·ra·tur die <-, -en> METEOR. *die Wärme der Luft* Am Strand wird täglich die Lufttemperatur und die Wassertemperatur gemessen.

Luft·trans·port der <-(e)s, -e> *der Transport von Gütern mit Luftfahrzeugen*

luft·tüch·tig <nicht steig.> *Adj. so, dass etwas fliegen kann*

Luft·tüch·tig·keit die <-> (*kein Plur.*) *die Eigenschaft, lufttüchtig zu sein* Leider besaß sein selbstgebasteltes Flugzeug keine große Lufttüchtigkeit und stürzte nach einigen Metern ab.

luft·un·durch·läs·sig <nicht steig.> *Adj. so, dass Luft*[1] *nicht hindurch kann* eine luftundurchlässige Verpackung

Lüf·tung die <-, -en> **1.** *der Vorgang, wenn man in einem Rauf die Fenster öffnet, damit frische Luft*[1] *hineinkommt* **2.** TECHN. *eine technische Anlage, mit der frische Luft in Räume oder Gebäude geleitet wird* Die Lüftung ist ausgefallen.

Lüf·tungs·klap·pe die <-, -n> *eine Art Ventil in einer Lüftung*

Lüf·tungs·schacht der <-(e)s, Lüftungsschächte> *ein Schacht, der in einem Gebäude als Lüftung dient*

Lüf·tungs·schlitz der <-es, -e> *ein Schlitz in einer Wand oder in der Hülle von etwas, der dazu dient, dass Luft in einen Raum oder in den Innenraum von etwas gelangen kann*

Luft·ver·än·de·rung die <-, -en> *ein Aufenthalt in einer anderen Gegend, um sich zu erholen* Ich brauche dringend eine Luftveränderung!

Luft·ver·kehr der <-s> (*kein Plur.*) (≈ *Flugver-*

kehr) die Bewegung vor allem von Flugzeugen in der Luft[2] Der Luftverkehr kam wegen des Nebels völlig zum Erliegen.

Luft·ver·schmut·zer, Luft·ver·schmut·ze·rin der <-s, -> *jmd. oder etwas, der/das die Luft mit Schadstoffen belastet*

Luft·ver·schmut·zung die <-> (*kein Plur.*) **1.** *die Menge der Schadstoffe in der Luft* eine Gegend mit starker Luftverschmutzung **2.** *Vorgang, dass die Luft mit Schadstoffen belastet wird* die Luftverschmutzung durch veraltete Industrieanlagen

Luft·ver·tei·di·gung die <-> (*kein Plur.*) MILIT. *die Verteidigung eines Landes gegen Angriffe aus der Luft*

Luft·ver·un·rei·ni·gung die <-, -en> **1.** *eine geringe Menge von Schadstoffen in der Luft* **2.** *der Vorgang, dass die Luft mit Schadstoffen gering belastet wird*

Luft·waf·fe die <-, -n> MILIT. *der Teil der Armee, der für den Luftkrieg bestimmt ist* in der Luftwaffe dienen

Luft·weg der <-(e)s, -e> **1.** (*kein Plur.*) *der Weg, auf dem Personen oder Waren durch Luftfahrzeuge transportiert werden* etwas auf dem Luftweg befördern **2.** (*Plur.*) ANAT. *Atemwege* eine Erkrankung der oberen Luftwege

Luft·wi·der·stand der <-(e)s, Luftwiderstände> PHYS. *der Druck, den die Luft*[1] *auf einen Körper, der sich bewegt, ausübt* Die flache Form des Fahrzeugs verringert den Luftwiderstand.

Luft·wur·zel die <-, -n> BOT. *eine Pflanzenwurzel, die nicht in der Erde, sondern in der Luft wächst*

Luft·ziel das <-(e)s, -e> MILIT. *ein Objekt in der Luft*[1]*, auf das mit einer Rakete o.Ä. gezielt wird*

Luft·zu·fuhr die <-> (*kein Plur.*) TECHN. *der Vorgang, dass Luft*[1] *hinzugefügt bzw. eingelassen wird* Die Luftzufuhr in der Tiefgarage muss neu geregelt werden.

Luft·zug der <-(e)s, Luftzüge> (*Plur. selten*) *die Bewegung der Luft*[1]*, besonders in Räumen oder Gebäuden* Es war ein kalter Luftzug zu spüren.

Lug ■ **Lug und Trug** (*geh. veralt. abwert.*): *Betrug*

Lü·ge die <-, -n> *das bewusste Behaupten von Dingen, die nicht wahr sind* Das ist eine glatte Lüge!, Willst du mich der Lüge bezichtigen? ■ **jemanden/etwas Lügen strafen** (*geh.*): *nachweisen, dass jmd. lügt oder etwas gelogen ist* Er sagt, dass er zu Hause war, aber die Zeugenaussage straft ihn Lügen. **Lügen haben kurze Beine**: *Lügen werden meist sehr schnell aufgedeckt.*

lü·gen <lügst, log, hast gelogen> *ohne OBJ* ■ *jmd. lügt jmd. sagt etwas, das nicht wahr ist* Ich glaube ihm nicht, er lügt., Ich müsste lügen, wenn ich sagen wollte, dass mir das Bild gefällt. ■ **jemand lügt wie gedruckt** (*umg.*): *immer lügen* Glaub ihm kein Wort, er lügt wie gedruckt! **jemand lügt, dass sich die Balken biegen** (*umg.*): *jmd. erzählt unglaubliche Lügen*

Lü·gen·bold der <-(e)s, -e> (*umg. abwert.*) *jmd., der sehr häufig und gern lügt* Er ist der größte Lügenbold, den ich kenne.

Lü·gen·de·tek·tor der <-s, -en> *ein Gerät, mit dem an den Körperreaktionen, wie zum Beispiel der Atemfrequenz, einer Person festgestellt werden soll, ob sie lügt* Bei dem Test wurden die Kandidaten mit einem Lügendedektor überprüft.

Lüg·ner, Lüg·ne·rin der <-s, -> *jmd., der lügt* ein unverschämter Lügner

lüg·ne·risch <nicht steig.> *Adj.* **1.** (≈ *verlogen*) *so, dass jmd. oft lügt* eine lügnerische Person **2.** *so, das es bewusst unwahr ist* lügnerische Behauptungen

Lu·ke die <-, -n> **1.** *ein kleines Fenster auf dem Dachboden oder im Keller* Durch eine Luke im Dach gelangten die Einbrecher ins Haus. **2.** SEEW. *eine Öffnung, durch die man auf Schiffen ein- und aussteigt* die Luken dicht machen

lu·k·ra·tiv *Adj.* (*geh.*) *so, dass etwas viel Geld und Gewinn bringt* jemandem ein lukratives Angebot machen

lu·kul·lisch *Adj.* (*geh.*) *ein Essen, das sehr reichlich und sehr gut ist* Das ist wirklich ein lukullisches Mahl.

Lu·latsch der <-es, -e> (*umg.*) *ein großer, schlanker Mensch* Ihr Sohn ist ein richtig langer Lulatsch geworden.

Lum·ber·jack der ['lʌmbədʒæk] <-s, -s> *kurze Jacke mit Reißverschluss, die an der Taille und an den Ärmelenden einen elastischen Bund hat*

Lüm·mel der <-s, -> (*umg. abwert.*) *Junge oder Mann, der sich unhöflich oder schlecht benimmt* Kannst du dich nicht mal entschuldigen, du Lümmel!

lüm·meln <lümmelst, lümmelte, hat gelümmelt> *mit sich* ■ *jmd. lümmelt sich irgendwo/irgendwohin* (*umg. abwert.*) *sich so irgendwo(hin) setzen oder legen, dass es betont lässig ist und andere Leute provoziert* Sie hat sich auf den/dem Stuhl gelümmelt.

Lump der <-en, -en> (*umg. abwert.*) *jmd., der kein Gewissen hat und andere auch betrügt* Wer seinen Freunden nicht in einer schlimmen Lage hilft, ist ein richtiger Lump!

Lum·pen der <-s, -> **1.** *ein altes, kaputtes Stück Stoff* alte Lumpen zum Putzen verwenden **2.** (*abwert.*) *zerrissene, alte Kleidung* Er wäscht sich kaum und läuft nur noch in Lumpen herum.

lum·pen ■ **sich nicht lumpen lassen** (*umg.*): *im Zusammenhang mit einer Feier o.Ä. nicht geizig sein und viel Geld ausgeben* Er hat sich an seinem Geburtstag nicht lumpen lassen!

Lum·pen·ge·sin·del das <-s> (*kein Plur.*) (*abwert. veralt.* ≈ *Abschaum*) *verwendet, um auszudrücken, dass man eine bestimmte Gruppe von Menschen sehr verachtet*

Lum·pen·händ·ler, Lum·pen·händ·le·rin der <-s, -> (*veralt. umg.* ≈ *Altwarenhändler*) *jmd., der mit Altwaren handelt*

lum·pig *Adj.* (*umg.*) **1.** *gemein wie ein Lump* **2.** (*nur attr.*) *sehr wenig* Wegen diesen lumpigen paar Cents machst du so einen Aufstand!

lu·nar <nicht steig.> *Adj.* (*fachspr.*) *den Mond betreffend*

Lunch der [lantʃ] <-(e)s/-, -(e)s/-e> *Mittagessen*

lun·chen ['lantʃn̩] <lunchst, lunchte, hat geluncht> *ohne OBJ* ■ *jmd. luncht (zu) Mittag essen*

Lü·ne·burg <-s> *Kreisstadt in Norddeutschland im Bundesland Niedersachsen*

Lü·ne·bur·ger Hei·de die <-> *Naturpark mit einer großen Heidelandschaft in Norddeutschland*

Lun·ge die <-, -n> ANAT. *das Organ beim Menschen und bei bestimmten Tieren in der Brust, das Luft einsaugt und wieder abgibt* eine kräftige Lunge haben, Bei einer Untersuchung hört der Arzt die Lunge ab. ■ **die grüne Lunge der Stadt** (*übertr.*): *Park- oder Grünanlagen in einer Stadt* **sich die Lunge aus dem Hals schreien** (*umg.*): *sehr laut schreien* Ich musste mir die Lunge aus dem Hals schreien, bis er mich endlich gehört hat. **auf Lunge rauchen** (*umg.*): *den Rauch der Zigarette tief in die Lungen einatmen*

Lun·gen·bläs·chen das <-s, -> ANAT. *einer der sehr vielen bläschenartigen Hohlräume der Lunge, in denen sich der Austausch von Kohlendioxid mit Sauerstoff vollzieht*

Lun·gen·bra·ten der <-s, -> (*österr.*) *Filetbraten vom Rind*

Lun·gen·ent·zün·dung die <-, -en> *eine Krankheit, bei der die Lunge entzündet ist*

Lun·gen·flü·gel der <-s, -> ANAT. *eine Hälfte der aus zwei Teilen bestehenden Lunge* Ihr musste ein Lungenflügel entfernt werden.

lun·gen·krank <nicht steig.> *Adj. so, dass die Lunge erkrankt ist*

Lun·gen·krank·heit die <-, -en> MED. *eine Krankheit, die speziell die Lunge befällt* Tuberkulose ist eine gefährliche Lungenkrankheit.

Lun·gen·krebs der <-es> (*kein Plur.*) MED. *Krebserkrankung der Lunge*

Lun·gen·pest die <-> (*kein Plur.*) MED. *eine Form der Pest, bei der die Lunge zuerst befallen wird*

Lun·gen·tu·ber·ku·lo·se die <-, -n> MED. *eine Lungenkrankeit, die chronisch und ansteckend ist*

Lun·gen·zug der <-(e)s, Lungenzüge> *das Einatmen des Zigarettenrauchs bis in die Lunge* einen Lungenzug machen

Lun·te die <-, -n> (≈ *Zündschnur*) *ein kleiner Faden, der brennbar ist und den man anzündet, um Sprengstoff explodieren zu lassen* eine Lunte anzünden, die schwelende Lunte austreten ■ **Lunte riechen** (*umg.* ≈ *Verdacht schöpfen*): *eine Gefahr spüren* Die Diebe hatten Lunte gerochen und waren schon ausgerissen.

Lu·pe die <-, -n> (≈ *Vergrößerungsglas*) *eine Linse*[2] *aus Glas oder Kunststoff, durch die man etwas größer sehen kann* zum Lesen einer kleinen Schrift eine Lupe verwenden ■ **jemanden/etwas unter die Lupe nehmen** (*umg.*): *jmdn. oder etwas genau prüfen* Sie nahmen den Bewerber genau unter die Lupe, bevor sie eine Entscheidung trafen.

lup·fen *mit OBJ* ■ *jmd. lupft etwas* (*süddt. österr. schweiz.*) *kurz anheben* Als er sie sah, lupfte er den Hut.

lüp·fen *mit OBJ* ■ *jmd. lüpft etwas kurz anheben* den Deckel lüpfen, um in den Suppentopf zu gucken

Lu·pi·ne die <-, -n> BOT. *eine Nutzpflanzenart mit traubenförmigen Blüten, die besonders als Grünfutter oder Gründüngung angebaut wird*

Lurch der <-(e)s, -e> ZOOL. *eine Klasse wechselwarmer Wirbeltiere (Amphibien), die im Wasser und an Land leben* Der Feuersalamander ist ein Lurch.

Lu·rex® das <-> (*kein Plur.*) CHEM. *Gewebe oder Garn mit Metallfaseranteil*

Lu·si·ta·nis·tik die <-> (*kein Plur.*) *die Wissenschaft von der portugiesischen Sprache und Literatur*

Lust die <-, Lüste> **1.** (*kein Plur.*) *das Bedürfnis oder der Wunsch, etwas zu tun* Ich habe große Lust, ins Kino zu gehen., Ich habe keine Lust zum Schwimmen., tun, wozu man gerade Lust hat **2.** (*kein Plur.*) *das Bedürfnis oder der Wunsch, etwas zu haben* Lust auf etwas haben, Ich habe Lust auf einen großen Becher Eis. **3.** (*kein Plur.*) *Freude, die man bei etwas verspürt* Lust an etwas haben, Es war eine Lust, dem Gesang zuzuhören., Er hat schon nach einem halben Jahr die Lust am Studium verloren. **4.** *starker Wunsch nach Sex* seine Lust befriedigen, seiner Lust nachgeben, seiner Lust frönen, keine Lust empfinden ■ **nach Lust und Laune**: *so, wie es jmdm. gefällt* Sie studiert nach Lust und Laune.

Lust·bar·keit die <-, -en> (*veralt. geh.*) *eine Veranstaltung, die vergnügen und unterhalten soll* Zu den Lustbarkeiten im Schlosspark erschien der ganze Fürstenhof.

lust·be·tont *Adj. so, dass es mit sehr viel Freude verbunden ist* ein lustbetontes Leben

Lus·ter der <-s, -> (*österr.*) *Lüster*

Lüs·ter der <-s, -> *ein großer Leuchter mit sehr vielen Lampen oder Kerzen, der von der Zimmerdecke herunterhängt und auffällig verziert ist*

Lüs·ter·klem·me die <-, -n> ELEKTROTECHN. *ein kleines Verbindungsstück aus Kunststoff und kleinen Schrauben, in das man die Enden von zwei elektrischen Leitungen steckt, um sie zu verbinden* die Lampe mit einer Lüsterklemme anschließen

lüs·tern *Adj.* (*geh.*) **1.** *voller Begierde nach etwas* lüstern nach Sensationen/Erfolg sein **2.** *voller Begierde nach Sex* jemanden lüstern ansehen, lüsterne Blicke/Gedanken, ein lüsterner Kerl

Lüs·tern·heit die <-, -en> (*geh.*) *Begierde nach Sex*

lus·tig *Adj.* **1.** (≈ *komisch*) *so, dass man darüber lachen muss* eine lustige Geschichte, lustige Einfälle haben **2.** *so, dass jmd. gute Laune verbreitet* eine lustige Person **3.** *so, dass etwas jmdn., der es sieht oder hört, fröhlich stimmt* lustige Augen, Mit seinem lustigen Lachen gewann er schnell Sympathien. **4.** (≈ *heiter*) *so, dass etwas fröhlich und ausgelassen ist* ein lustiger Abend, eine lustige Gesellschaft **5.** (*nur adverbial*) (*umg.*) *ohne Bedenken* Sie aß lustig weiter fettes Essen, obwohl der Arzt es ihr verboten hatte. ■ **sich über jemanden/etwas lustig machen**: *über jmdn. oder et-*

was Späße machen und lachen **Das ist ja lustig!** (*umg. iron.*): *das ist sehr unangenehm* **Das kann ja lustig werden!** (*umg. iron.*): *Das wird bestimmt Probleme geben!* **solange jemand lustig ist** (*umg.*): *solange jmd. etwas will* Das Buch kannst du behalten, solange du lustig bist.

Lüst·ling der <-s, -e> (*abwert.*) *ein Mann, der lüstern[2] ist*

lust·los *Adj. ohne Lust[1] [2]* lustlos in seinem Essen herumstochern, Sie ging lustlos ihrer Arbeit nach.

Lust·molch der <-es, -e> (*umg. scherzh.*) *jmd., der auffällig stark an sexuellen Dingen interessiert ist*

Lust·mord der <-es, -e> (≈ *Sexualmord*) *ein Mord, der der Befriedigung abartiger sexueller Bedürfnisse dient*

Lust·objekt das <-(e)s, -e> *besonders eine Frau, die nur als Objekt für die Befriedigung sexueller Wünsche betrachtet wird*

Lust·schloss das <-es, Lustschlösser> GESCH. *ein kleines Schloss, auf dem sich ein Herrscher nur zeitweise zum Vergnügen aufhielt*

Lust·spiel das <-(e)s, -e> (THEAT.: ≈ *Komödie* ↔ *Trauerspiel*) *ein Theaterstück mit heiterem Inhalt*

lust·wan·deln <lustwandelst, lustwandelte, hat/ist gelustwandelt> *ohne OBJ* ■ *jmd. lustwandelt irgendwo* (*veralt. geh.*) *spazieren gehen* Der König hat/ist mit seinem Gefolge im Park gelustwandelt.

Lu·ther *Nachname von Martin Luther, der von 1483 bis 1546 lebte und als Begründer der evangelischen Kirche gilt*

Lu·the·ra·ner, **Lu·the·ra·ne·rin** der <-s, -> REL. *Angehörige(r) der evangelisch-lutherischen Kirche*

lu·the·risch <nicht steig.> *Adj.* REL. *so, dass es sich ausdrücklich an der Lehre Luthers orientiert* die lutherische Kirche ◆ Kleinschreibung→R 3.19 die lutherische Bibelübersetzung

lut·schen <lutschst, lutschte, hat gelutscht> **I.** *mit OBJ* ■ *jmd. lutscht etwas etwas Essbares auf der Zunge zergehen lassen* ein Bonbon lutschen **II.** *ohne OBJ* ■ *jmd. lutscht an etwas Dat. in den Mund nehmen und an etwas saugen* Das Kind lutscht am Daumen.

Lut·scher der <-s, -> **1.** (≈ *Lolli*) *an einem Stiel befestigtes Bonbon, das man lutscht* **2.** (*umg.* ≈ *Babyschnuller*)

Luv die <-> (*kein Plur.*) (*meist ohne Artikel*) (SEEW.: ↔ *Lee*) *die Seite, von der der Wind kommt*

Lux das <-, -> ELEKTROTECHN. *Maßeinheit der Beleuchtungsstärke* Das Zeichen für Lux ist lx.

Lu·xem·burg <-s> *ein kleiner Staat zwischen Deutschland, Frankreich und Belgien* Großherzogtum Luxemburg

Lu·xem·bur·ger, **Lu·xem·bur·ge·rin** der <-s, -> *jmd., der die luxemburgische Staatsbürgerschaft hat*

lu·xem·bur·gisch <nicht steig.> *Adj. zu Luxemburg gehörend, daher stammend*

lu·xu·ri·ös *Adj.* (↔ *bescheiden*) *verschwenderisch* ein luxuriöses Leben führen, eine luxuriös ausgestattete Wohnung

Lu·xus der <-> (*kein Plur.*) *alle Dinge, die sehr teuer sind und die man nicht zum Leben braucht und die nur zum Vergnügen gekauft werden* viel Luxus treiben, sich jeden Luxus gönnen, ein Leben voller Luxus, Eine Sauna im Haus hält sie für puren Luxus, er denkt, es ist notwendig für die Gesundheit. ◆-ausstattung, -leben, -limousine, -version

Lu·xus·ar·ti·kel der <-s, -> *Gegenstand, der sehr teuer und zum Leben nicht notwendig ist, sondern nur dem Vergnügen dient*

Lu·xus·hotel das <-s, -s> *teures, sehr gutes Hotel*

Lu·xus·steu·er die <-, -n> WIRTSCH. *auf Luxusartikel erhobene Steuer*

Lu·zern <-s> *ein Kanton und eine Stadt in der Schweiz*

Lu·zer·ne die <-, -n> BOT. *eine Kleeart*

Lu·zi·fer der <-s> (*kein Plur.*) *Satan; der Teufel*

Lym·phe die <-, -n> ANAT. *eine Flüssigkeit im Gewebe, die eine Schutzfunktion hat*

Lymph·ge·fäß das <-s, -e> ANAT. *Leitungsbahn für die Lymphe*

Lymph·kno·ten der <-s, -> ANAT. *Organ in den Lymphgefäßen, das die Lymphe entgiftet* Die Lymphknoten sind geschwollen.

lyn·chen ['lynçn̩] <lynchst, lynchte, hat gelyncht> *mit OBJ* **1.** ■ *jmd. lyncht jmdn. jmdn. in Selbstjustiz ohne rechtskräftiges Urteil körperlich misshandeln oder töten* Die aufgebrachte Menge hat den vermeintlichen Schuldigen gelyncht. **2.** ■ *jmd. lyncht jmdn.* (*umg. iron.*) *jmd. schimpft sehr stark mit jmdm.* Wenn ich noch mal zu spät komme, wird der Chef mich lynchen!

Lynch·jus·tiz die <-> (*kein Plur.*) *die körperliche Misshandlung oder Tötung eines vermeintlichen Verbrechers ohne rechtskräftiges Urteil* an jemandem Lynchjustiz üben

Ly·ra die <-, Lyren> (MUS.: ≈ *Leier*) *ein Saiteninstrument*

Ly·rik die <-> (*kein Plur.*) (LIT.: ↔ *Epik, Dramatik*) *Dichtung in Versen, die einen Reim oder Rhythmus haben können* romantische Lyrik, moderne Lyrik ◆ Minne-, Liebes-

Ly·ri·ker, **Ly·ri·ke·rin** der <-s, -> *jmd., der Gedichte schreibt*

ly·risch <nicht steig.> *Adj.* **1.** *zur Lyrik gehörend* das lyrische Werk eines Autors **2.** *gefühlvoll; stimmungsvoll* ein lyrischer Stil, ein lyrischer Tenor, eine lyrische Stimmung

Ly·ze·um das <-s, Lyzeen> **1.** (*veralt.*) *höhere Schule für Mädchen* **2.** (*schweiz.*) *Oberstufe am Gymnasium* ■ **von hinten Lyzeum, von vorne Museum** (*scherzh. veralt.*): *verwendet, um auszudrücken, dass eine reifere Dame in unangemessener Weise jugendlich gekleidet ist und entsprechend wirkt, ihr wahres Alter dann aber doch evident wird*

M m

M, m das <-, -> *der 13. Buchstabe des Alphabets* ein großes M, ein kleines m ■ **Größe M** (*bei Konfektionsgrößen*): *Abkürzung von „medium" (mittel)*

Mä·an·der der <-s, -> **1.** KUNST *ein Ornament* **2.** GEOGR. *eine von vielen engen Schleifen eines Flusses*

Maar das <-(e)s, -e> *eine große, runde und relativ tiefe Stelle im Boden, die dort ist, weil vor langer Zeit an dieser Stelle ein Vulkan ausgebrochen ist.*

Maas die <-> *ein Fluss in Westeuropa*

Maat der <-(e)s, -e(n)> SEEW. **1.** *ein niedriger Dienstgrad bei der Marine* **2.** *jmd., der den Dienstgrad eines Maats[1] trägt*

Mach die <-s, -> (PHYS.: ≈ *Machzahl*) *das Verhältnis der Geschwindigkeit (eines Flugkörpers) zur Schallgeschwindigkeit (Mach 1 entspricht der einfachen Schallgeschwindigkeit)*

Mach·art die <-, -en> *die Art und Weise, wie etwas gestaltet ist* Der Mantel wirkt elegant, obwohl er von schlichter Machart ist.

mach·bar <nicht steig.> *Adj. so, dass es gemacht oder realisiert werden kann* Halten Sie das Projekt für machbar?

Ma·che <-> (*kein Plur.*) (*umg. abwert.*) *der Vorgang, dass jmd. sich in einer bestimmten Weise verhält, um andere zu beeindrucken oder um etwas vorzutäuschen* Das ist doch alles nur Mache! ■ **jemand hat etwas in der Mache** (*umg.*): *jmd. bearbeitet etwas*

-ma·che *als Zweitglied eines Substantivs verwendet, um auszudrücken, dass jmd. etwas tut, um bei anderen eine bestimmte Stimmung zu erzeugen* Panikmache, Sensationsmache

ma·chen <machst, machte, hat gemacht> **I.** *mit OBJ* **1.** ■ *jmd. macht etwas (an)fertigen, produzieren* Wer hat diesen Tisch gemacht?, Kannst du ein Foto von uns machen? **2.** ■ *jmd./etwas macht etwas verursachen* Müsst ihr so einen Lärm machen?, Er hat ihr eine Freude gemacht., Dieser Computer macht nur Schwierigkeiten. **3.** ■ *jmd. macht etwas ausführen, erledigen* Wann machst du die Hausaufgaben/die Prüfung? **4.** ■ *jmd. macht jmdn./etwas irgendwie in einen bestimmten Zustand bringen* Weshalb hatte sie sich so hübsch gemacht?, Er hat die Arbeit fertig gemacht., Das macht mich froh/neugierig/traurig. **5.** ■ *jmd./etwas macht jmdn./etwas irgendwie/zu jmdm./etwas,* ■ *jmd./etwas macht jmdn./etwas zu jmdm./etwas zu etwas werden lassen* Die Sorgen hatten ihn ganz krank gemacht., Er machte den Freund zu seinem Geschäftspartner. **6.** ■ *jmd. macht etwas Akk. sich ereignen lassen und davon profitieren* Ich habe dabei ein gutes Geschäft gemacht., hohe Gewinne machen **7.** ■ *jmd. macht etwas etwas tun* Was habt ihr im Urlaub gemacht?, Was machst du am Wochenende? **8.** ■ *etwas macht etwas* (*umg.*) *betragen, ergeben* Das macht 27 Euro., Zwei mal zwei macht vier. **9.** ■ *etwas macht nichts* (*umg.*) *etwas hat keine negativen Konsequenzen und ist nicht weiter schlimm* **II.** *mit SICH* **1.** ■ *jmd. macht sich (an etwas Akk.) anfangen* Ich mache mich dann ans Tapezieren. **2.** ■ *jmd. macht sich* (*umg.*) *sich (gut) entwickeln* Er macht sich in der Schule. **3.** ■ *jmd./etwas macht sich (irgendwie) eine bestimmte Rolle in der genannten Weise ausfüllen* Das Sofa macht sich gut in dieser Ecke., Sie macht sich nicht schlecht als Versicherungsvertreterin. **4.** ■ *jmd. macht auf etwas Akk.* (*umg. abwert.*) *jmd. versucht in gekünstelter Weise eine bestimmte Rolle zu spielen* Seit er bei dieser Firma ist, macht er ganz auf Manager. **5.** ■ *jmd. macht in etwas Akk.* (*umg. verhüll.*) *seine Notdurft verrichten* Der Hund hat hinter den Busch gemacht. **6.** ■ *jmd. macht es* (*umg. verhüll.*) *Geschlechtsverkehr haben* Sie sagte, sie hätten es noch am gleichen Abend gemacht. ■ **jemand macht es nicht mehr lange** (*umg.*): *jmd. lebt nicht mehr lange* **bei einer Sache ist nichts (mehr) zu machen**: *man kann nichts mehr tun, um etwas zu bewirken oder zu retten* **Mach dir nichts draus!** (*umg.*): *verwendet, um auszudrücken, dass sich jmd. über etwas nicht ärgern oder sorgen soll* **Was macht …?** (*umg.*): *verwendet, um zwanglos nach dem Befinden von jmdm. oder dem Stand der Dinge in einer Angelegenheit zu fragen* Was mancht die Arbeit/dein Projekt/die Gesundheit?

Ma·chen·schaft die <-, -en> (*meist Plur.*) (*abwert.*≈ *Intrige*) *etwas, das jmd. heimlich und in böser Absicht tut* Diese Partei hat ihre Ziele durch üble/dunkle Machenschaften erreicht.

Ma·cher der <-s, -> (*umg.*) *ein Mensch, der sehr energisch ist und seine Aufgaben sehr erfolgreich bewältigt* Der Manager galt als Macher, dem keine Herausforderung zu groß war., Er ist ein Macher, er kann sich durchsetzen.

-ma·cher *als Zweitglied eines Substantivs verwendet umd auszudrücken, dass* **1.** (*umg.*) *jmd. die im Erstglied genannte Sache produziert oder gestaltet* Filmemacher, Liedermacher, Modemacher **2.** (*umg.*) *jmd. die im Erstglied genannte Sache ausübt* Spaßmacher, Krachmacher **3.** (*umg.*) *jmd. oder etwas die im Erstglied genannte Sache bewirkt* Muntermacher **4.** *jmd. die im Erstglied genannte Sache handwerklich herstellt* Schuhmacher, Korbmacher, Werkzeugmacher

Ma·che·te die [ma'xe:tə] <-, -n> (≈ *Buschmesser*) *ein langes, gebogenes Messer, das man vor allem im Urwald benutzt, um den Weg frei zu machen*

Ma·cho der ['matʃo] <-s, -s> (*umg. abwert.* ≈ *Chauvi*) *ein Mann, der sich übertrieben männlich verhält* ein brutaler/notorischer/unverbesserlicher Macho, Dieser Macho hält sich für unwiderstehlich!

Macht die <-, Mächte> **1.** (*kein Plur.*) (≈ *Vermögen, Fähigkeit, Autorität*) *die Möglichkeit oder Fähigkeit, dass jmd. etwas bewirken oder beeinflussen kann* Ich habe alles getan, was in meiner

Macht stand. **2.** (*kein Plur.*) (≈ *Herrschaft*) *die Gewalt, die jmd. aufgrund seiner Position oder seines Amtes hat, so dass er über andere bestimmen kann* Er hat schon seit langem versucht, an die Macht zu kommen. ▸machtbesessen **3.** (*kein Plur.*) (≈ *Kraft, Wirkung*) *Stärke* Die Macht der der Gewohnheit/der Liebe war stärker., Die Macht des Unwetters war enorm. **4.** *ein* (*bedeutender*) *Staat, eine einflussreiche Gruppe* Die Krieg führenden Mächte waren zu Verhandlungen bereit., Das Buch handelt vom Verhältnis der kirchlichen zur weltlichen Macht im Mittelalter. ◆ Atom-, Besatzungs-, Militär-, Streit- **5.** (*selten im Sing.*) *etwas, das geheimnisvolle Kräfte hat* Sie sprachen von den Mächten der Dunkelheit., Hier müssen dunkle Mächte am Werk gewesen sein.

Macht·an·spruch der <-(e)s, Machtansprüche> POL. **1.** *der Vorgang, dass jmd. verlangt, Macht[2] auszuüben* Der Politiker verstößt mit seinen Machtansprüchen gegen die Verfassung. **2.** *der Zustand, dass jmd. ein Recht darauf hat, Macht[2] auszuüben* Der König hat die Machtansprüche über dieses Land geerbt.

Macht·an·tritt der <-(e)s, -> (*kein Plur.*) POL. *der Zeitpunkt, an dem jmd. an die Macht[2] kommt* Bei seinem Machtantritt war der Kanzler 55 Jahre alt.

Macht·be·reich der <-(e)s, -e> *das Gebiet,in dem jmd. Macht hat* An der Grenze endet der Machtbereich dieses Herrschers.

Macht·er·grei·fung die <-> (*kein Plur.*) POL. *der Vorgang, dass jmd. Macht[2] in negativer Absicht übernimmt* Im Geschichtsunterricht ging es heute um die Machtergreifung Hitlers.

Macht·gier die <-> (*kein Plur.*) (≈ *Machthunger*) *der sehr starke Wunsch, Macht[2] zu erlangen;* (*abwert.*) Seine Machtgier war so groß, dass er mit allen Mitteln versuchte, seine Konkurrenten zu übertreffen.

Macht·ha·ber, **Macht·ha·be·rin** der <-s, -> (POL.: *oft abwert.*) *die Personen, die in einem Land diktatorisch herrschen* Die Machthaber dieses Landes waren nicht zu Verhandlungen bereit.

Macht·hun·ger der <-s> (*kein Plur.*) (*oft abwert.* ≈ *Machtgier*) *die Gier nach Macht* Der Machthunger des Diktators kennt scheinbar keine Grenzen.

mäch·tig *Adj.* **1.** (≈ *einflussreich* ↔ *machtlos*) *so, dass jmd. viel Macht[2] hat* ein mächtiger Herrscher **2.** (≈ *groß, kräftig, riesig*) *so, dass etwas sehr groß und beeindruckend ist* Wir haben mächtige Berge gesehen., In Sibirien gibt es mächtige Ströme. **3.** (*umg.* ≈ *unglaublich, ungeheuer*) *sehr* Es war mächtig kalt.; (*geh.*) ■ *jmd. ist einer Sache mächtig Gen. jmd. kann etwas gut* Er ist der französichen Sprache mächtig.

Macht·in·stinkt der <-(e)s, -e> *die natürliche Begabung und das Gespür dafür, Macht[2] zu erlangen*

Macht·kampf der <-(e)s, Machtkämpfe> *der Vorgang, dass mehrere Personen um die Macht[2] kämpfen* Um den frei gewordenen Posten entbrannte ein erbitterter Machtkampf.

macht·los <nicht steig.> *Adj.* **1.** *so dass man keine Macht[2] besitzt* Das einfache Volk war machtlos. **2.** (≈ *ohnmächtig, hilflos, ratlos*) *so, dass man sich gegen etwas oder jmdn. nicht wehren kann* Gegen seine Aufdringlichkeit/Frechheit bin ich machtlos.

Macht·losig·keit die <-> (*kein Plur.*) *der Zustand, dass jmd. machtlos ist*

Macht·miss·brauch <-(e)s> <*kein Plur.*> *der schädliche oder unrechtmäßige Gebrauch von Macht[2]* Wenn jemand seine Machtposition benutzt, um Menschen zu quälen, dann ist das Machtmissbrauch.

Macht·po·si·ti·on die <-, -en> (*oft pol.*) *eine politische bzw. soziale Position, in der jmd. Macht[2] hat* Trotz aller Widerstände konnte der Diktator seine Machtposition behalten.

Macht·pro·be die <-, -n> (≈ *Kraftprobe*) *etwas, womit man herausfinden will, wer mehr Macht[2] hat* Die Eltern haben ihr das Rauchen verboten, aber sie raucht trotzdem und lässt es auf eine Machtprobe ankommen.

Macht·über·nah·me die <-, -n> *das Übernehmen der Macht[2] von dem Vorgänger im Amt*

Macht·ver·hält·nis·se <-> (*Plur.*) *die Art, wie die Lebensbedingungen in einem Land politisch geregelt sind*

Macht·ver·tei·lung die <-, -en> *die Art und Weise, wie die politische Macht in einem Land aufgeteilt ist.*

Macht·wech·sel der <-s, -> *der Vorgang, dass die Macht[2] in einem Land an andere Personen als bisher übergeht* Nach der Wahl kam es zu einem Machtwechsel in der Regierung.

Macht·wort das <-(e)s,(-e)> (*Plur. selten*) *eine endgültige Entscheidung, die jmd. aufgrund seiner Autorität fällt und der nicht widersprochen werden darf* Nachdem die Kinder endlos gestritten hatten, sprach der Vater ein Machtwort.

Macht·zu·wachs der <-es> (*kein Plur.*) *eine Zunahme an Macht* Bei der letzten Bundestagswahl verzeichnete die Partei einen enormen Machtzuwachs.

Mach·werk das <-(e)s, -e> (*abwert.*) *ein künstlerisches oder literarisches Werk von schlechter Qualität* Sein neues Buch ist ein übles Machwerk.

Ma·cke die <-, -n> **1.** (*umg.* ≈ *Tick, Spleen*) *eine seltsame Eigenart, die typisch für eine bestimmte Person ist* Die ist doch verrückt, die hat eine Macke ! **2.** (*umg.* ≈ *Defekt*) *Fehler* Das Fahrrad hat eine Macke.

Ma·cker der <-s, -> (*umg.*) **1.** (≈ *Kerl*) *Bezeichnung für einen Mann, der in einer Gruppe der Anführer ist* **2.** *der Freund eines Mädchens* Das scheint ihr neuer Macker zu sein.

MAD der [emaʔde:] <-> *Abkürzung von „Militärischer Abschirmdienst"*

Ma·da·gas·kar <-s> *Insel östlich von Afrika*

Ma·da·gas·se, **Ma·da·gas·sin** der <-n, -n> *jmd., der die madagassische Staatsbürgerschaft hat*

ma·da·gas·sisch <nicht steig.> *Adj. zu Madagaskar gehörend, daher stammend*

Ma·da·gas·si·sch(e) das <-n> *Sprache der Madagassen*

Mäd·chen das <-s, -> **1.** (↔ *Junge*) *ein weibliches Kind* Sie bekam letztes Jahr ihr drittes Kind, ein Mädchen., Mädchen und Jungen gehen gemeinsam in eine Schule. ◆-buch, -schule **2.** *eine junge Frau* Ist das Mädchen da seine Freundin? **3.** (*veralt.*) *eine weibliche Hausangestellte* Das Mädchen hat heute Ausgang. ■ **Mädchen für alles** (*umg.* ≈ *Faktotum*): *eine Person, die alle möglichen Aufgaben erledigt* ◆ Dienst-, Haus-, Kinder-

mäd·chen·haft <nicht steig.> *Adj. wie ein (junges) Mädchen* Sie ist schon fünfzig, wirkt aber mädchenhaft.

Mäd·chen·han·del der <-s> (*kein Plur.*) *das illegale Geschäft, bei dem Mädchen oder junge Frauen unter falschen Versprechungen in andere Länder gebracht und dort zur Prostitution gezwungen werden* ►Mädchenhändler

Mäd·chen·heim das <-(e)s, -e> *ein Haus, in dem Mädchen wohnen und erzogen werden.* Dieses Mädchenheim ist eine soziale Einrichtung der Stadt.

Mäd·chen·na·me der <-s, -> **1.** (*veralt.* ≈ *Geburtsname*) *der Name einer Frau vor der Heirat* „Schulze" war Frau Meiers Mädchenname. **2.** *ein weiblicher Vorname* Dieses Jahr waren die beliebtesten Mädchennamen ...

Mäd·chen·pen·si·o·nat das <-es, e> *ein Internat für Mädchen*

Mäd·chen·zim·mer das <-s, -> *das Zimmer eines Mädchens in einem Haus oder einer Wohnung*

Ma·de die <-, -n> *eine kleine, wurmähnliche Insektenlarve* ■ **wie die Made im Speck leben** (*umg. oft abwert.*): *im Überfluss leben*

made in ... [me:t in] (WIRTSCH.: *Hinweis auf Waren*) *hergestellt in*

Ma·dei·ra [ma'de:ra] <-s> **1.** *eine portugiesische Insel* **2.** *ein Süßwein aus Madeira*[1]

Mä·del <-, -s> (*süddt.*) *Mädchen*

ma·dig <nicht steig.> *Adj. voller Maden* ■ **jemanden/etwas madig machen** (*umg.* ≈ *schlechtmachen, diffamieren*): *jmdn. oder etwas herabsetzen* Er hat ihre Leistung vor anderen madig gemacht. **jemandem etwas madig machen** (*umg.* ≈ *verleiden, miesmachen*): *jmdm. die Freude an etwas verderben* Sie hat ihr das neue Kleid madig gemacht.

Ma·don·na die <-, Madonnen> REL. **1.** *die Gottesmutter, die Jungfrau Maria* **2.** *eine künstlerische Darstellung der Madonna*[1]

Ma·don·nen·bild das <-(e)s, -er> *eine künstlerische Darstellung der Gottesmutter*

ma·don·nen·haft *Adj. wie eine Madonna* ein madonnenhaftes Gesicht

Ma·d·ri·gal das <-s, -e> **1.** LIT. *eine italienische Gedichtform* **2.** MUS. *ein mehrstimmiges (Kunst)lied*

Ma·es·to·so das <-, Maestosi> MUS. *ein feierlich langsames Musikstück*

Ma·es·t·ro der <-s, -s/Maestri> *ein berühmter Dirigent oder Komponist* Das Publikum empfing den Maestro mit großem Beifall.

Ma·fia, *a.* **Maf·fia** die <-, -s> (*kein Plur.*) **1.** *eine (ursprünglich aus Italien stammende) kriminelle Organisation* **2.** (*umg. abwert.*) *eine Personengruppe oder Organisation, die großen negativen Einfluss hat* ◆ Drogen-, Erdöl-, Kunst-

Ma·fia-Boss, *a.* **Maf·fia-Boss** der <-es, -e> *ein Anführer der Mafia*[1] *oder einer ähnlichen verbrecherischen Organisation*

Ma·fia·me·tho·den, *a.* **Maf·fia·me·tho·den** <-> *Plur.* (*abwert.*) *ein Handeln, das als kriminell empfunden wird* Das nennt er Geschäftsmethoden? Das sind die reinsten Mafiamethoden!

Ma·fi·o·so der <-(s), Mafiosi> *ein Mitglied der Mafia*[1] *oder einer Mafia*[2]

Mag. <-> *Abkürzung von „Magister"*

Ma·ga·zin das <-s, -e> **1.** (≈ *Lager, Depot*) *Lagerraum, Lagerhaus* **2.** (≈ *Illustrierte, Journal*) *eine Zeitschrift mit vielen Illustrationen* ◆ Mode-, Musik-, Nachrichten- **3.** *eine Radio- oder Fernsehsendung mit Berichten über aktuelle Ereignisse und Probleme* Sehen Sie im Anschluss an die Nachrichten unser politisches Magazin! ◆ Gesundheits-, Wirtschafts- **4.** *der Teil einer Schusswaffe, der die Patronen enthält* Er hat das Magazin leergeschossen.

Ma·ga·zi·ner, **Ma·ga·zi·ne·rin** der <-s, -> (*schweiz.*) *Verwalter eines Warenlagers*

Magd die <-, Mägde> **1.** (LANDW.: *veralt.* ↔ *Knecht*) *ein Mädchen, das auf einem Bauernhof oder in einem Haushalt arbeitet* ◆ Küchen-, Stall-, **2.** (*veralt.* ≈ *Jungfrau*) Maria, die reine Magd, die Christus geboren hat

Ma·gen der <-s, Mägen/-> ANAT. *beim Menschen und bei bestimmten Tieren das Verdauungsorgan, das die Nahrung aufnimmt, verdaut und in den Darm weiterleitet* Scharfe Gewürze/Alkohol/Kaffee können den Magen reizen., Mein Magen knurrt, ich habe Hunger. ■ **etwas liegt jemandem (schwer) im Magen** (*umg.*): *etwas bedrückt jmdn.* **jmdm. dreht sich der Magen um** (*umg.*): *jmd. empfindet extremen Ekel vor etwas* **Liebe geht durch den Magen**: *wer jmdn. liebt, kocht gut für ihn* **auf nüchternen Magen**: *so, dass man vor einer Sache nichts gegessen hat*

Ma·gen·be·schwer·den <-> *Plur. gesundheitliche Probleme, die jmd. mit dem Magen hat*

Ma·gen·bit·ter der <-s, -> *ein (Kräuter-)Schnaps, den man meist nach dem Essen trinkt, um den Magen zu beruhigen und die Verdauung anzuregen*

Ma·gen·blu·tung die <-, -en> MED. *eine Blutung im Magen*

Ma·gen-Darm-Grip·pe die <-, -n> MED. *eine Infektion des Magen-Darm-Trakts, die zu Beschwerden mit starkem Durchfall führt*

Ma·gen-Darm-Ka·nal der <-s, Magen-Darm-Kanäle> ANAT. *der Teil des Verdauungsapparates im menschlichen Körper, der aus Magen und Darm besteht*

Ma·gen·durch·bruch der <-(e)s, Magendurchbrüche> MED. *der Vorgang, dass die Magenwand an einer Stelle einen Riss bekommt*

ma·gen·freund·lich *Adj.* (≈ *bekömmlich*) *so, dass es gut verdaut werden kann.* Sie hatte einen empfindlichen Magen und konnte nur magenfreundliche Speisen essen.

Ma·gen·ge·gend die <-> (*kein Plur.*) *die Körperzone, wo sich der Magen befindet* Ich habe ein leichtes Ziehen in der Magengegend.

Ma·gen·ge·schwür das <-(e)s, -e> MED. *ein Geschwür der Magenschleimhaut*

Ma·gen·in·halt der <-(e)s, -e> *die Nahrung, die sich im Magen eines Menschen befindet und dort verdaut wird*

Ma·gen·ka·tarr, *a.* **Ma·gen·ka·tarrh** der <-, -> MED. *eine Entzündung des Magens*

Ma·gen·knur·ren das <-s> (*kein Plur.*) *das knurrende Geräusch, das ein leerer Magen verursacht* Du hast ja Magenknurren, magst du etwas essen?

Ma·gen·krampf der <-s, Magenkrämpfe> *plötzliche, heftige Schmerzen im Magen*

Ma·gen·lei·den das <-s, -> MED. *eine Krankheit des Magens*

Ma·gen·saft der <-(e)s> (*kein Plur.*) *die Flüssigkeit, die im Magen gebildet wird und die zur Verdauung gebraucht wird*

Ma·gen·säu·re die <-> (*kein Plur.*) (MED.: ≈ *Magensaft*)

Ma·gen·schleim·haut die <-, Magenschleimhäute> ANAT. *die Schleimhaut, die das Innere des Magens auskleidet*

Ma·gen·schmer·zen <-> *Plur. starkes unangenehmes Gefühl im Magen*

Ma·gen·son·de die <-, -n> MED. *ein Gerät in der Form eines dünnen Schlauchs, den der Arzt in den Magen einführen kann, um zu sehen, ob es dort z.B. Geschwüre gibt*

Ma·gen·spie·ge·lung die <-, -en> MED. *eine Untersuchung der Magenschleimhaut, bei der man eine Magensonde in den Magen einführt*

Ma·gen·ta das [ma'dʒɛnta] <-/-s> (*kein Plur.*) *ein roter Farbstoff*

Ma·gen·ver·stim·mung die <-, -en> *eine leichte Verdauungsstörung*

Ma·gen·wand die <-, Magenwände> ANAT. *die äußere Begrenzung des Magens*

ma·ger *Adj.* **1.** (≈ *dünn, schmächtig*) *sehr schlank* ein sehr magerer junger Mann **2.** (↔ *fett*) *frei von Fett* mageres Bratenfleisch **3.** (*umg.* ≈ *dürftig, spärlich*) *nicht üppig* Wir hatten dieses Jahr eine eher magere Ernte., Viele waren über die mageren Ergebnisse der Verhandlungen enttäuscht. **4.** (*karg, unfruchtbar*) *nicht fruchtbar* eine magere Ernte, magerer Boden

Ma·ger·kä·se der <-s,> (*kein Plur.*) *Käse mit geringem Fettanteil*

Ma·ger·milch die <-> (*kein Plur.*) *Milch mit geringem Fettanteil*

Ma·ger·quark der <-s> (*kein Plur.*) *Quark mit geringem Fettanteil*

Ma·ger·sucht die <-> (*kein Plur.*) MED. ≈ ANOREXIE *eine psychische Krankheit* (*meist junger Frauen*), *bei der man immer weniger Nahrung zu sich nimmt, was oft zu gefährlichem Untergewicht führt* Sie geht wegen ihrer Magersucht zu einer Psychotherapeutin.

ma·ger·süch·tig <nicht steig.> *Adj.* MED. *an Magersucht erkrankt*

Mag·gi® das <-(s)> *ein flüssiges Speisegewürz*

Ma·gie die <-> (*kein Plur.*) **1.** (≈ *Zauberei*) *die Kunst und Lehre, wie man Menschen und Dinge durch übernatürliche Kräfte beeinflussen kann* Dieser Schamane ist ein Meister der Magie. **2.** (*umg.* ≈ *Faszination, Ausstrahlung*) *eine geheimnisvolle Kraft, die jmdn. anlockt* Sie verzauberte ihn durch die Magie ihrer Stimme. **3.** (*Zauberkunst*) *eine Kunstform, die auf der Bühne vorgeführt wird und mit rätselhaften Tricks den Zuschauern Illusionen bietet* ◆ Bühnen-

Ma·gi·er, **Ma·gi·e·rin** der ['ma:gi̯ɐ] <-s, -> (≈ *Zauberer*)

ma·gisch (*nicht steig.*) *Adj.* **1.** *mit den Mitteln der Magie*[1] ein magisches Zeichen, magische Beschwörungen **2.** *wie durch Zauber* Er fühlte sich von dieser Frau magisch angezogen.

Ma·gis·ter der <-s, -> **1.** (*kein Plur.*) *ein akademischer Grad und Titel, in Deutschland abgekürzt „M.A."* (*magister artium*), *in Österreich abgekürzt „Mag.", der für ein erfolgreich abgeschlossenes Studium* (*im Bereich der Geisteswissenschaften*) *verliehen wird.* **2.** *jmd., der den Titel eines Magisters*[1] *trägt* **3.** (*veralt.*) *Lehrer*

Ma·gist·rat der <-(e)s, -e> *eine Stadtverwaltung*

Ma·gist·rats·be·am·te(r), **Ma·gist·rats·be·am·tin** der <-n, -n> *ein Angestellter bei einem Magistrat*

Ma·gist·rats·be·schluss der <-es, Magistratsbeschlüsse> *eine Entscheidung, die ein Magistrat getroffen hat*

Mag·ma das <-s, Magmen> *die heiße Masse, die aus einem Vulkan kommt und die beim Erkalten zu Gestein wird*

magna cum laude (*Universität*) *die sprachliche Formel, die aussagt, dass eine Dissertation mit der Note „gut" bewertet worden ist*

Mag·nat der <-s, -en> **1.** *ein Grundbesitzer* **2.** *ein Großindustrieller*

Ma·g·ne·si·um das <-s> (*kein Plur.*) CHEM. *ein weißes Leichtmetall*

Ma·g·net der <-(e)s/-en, -e/-en> **1.** *ein Stück Metall, das Eisen anzieht* Die Eisenspäne haften an dem Magneten. ◆ Elektro- **2.** (*übertr.* ≈ *Attraktion*) *etwas, das Menschen anzieht* Das Festival ist eine Magnet für Jazzfans aus dem ganzen Land. ◆ Publikums-

Ma·g·net·auf·zeich·nung die <-, -en> *das Speichern von Informationen auf einem Magnetband*

Ma·g·net·bahn die <-, -en> *eine Art Eisenbahnzug, der keine Räder hat, auf einer speziellen Schiene durch Magnetkraft gleitet und dabei sehr schnell fahren kann*

Ma·g·net·band das <-(e)s, Magnetbänder> TECHN. *ein sehr langes, schmales Kunststoffband, auf dem bestimmte kleine Teilchen durch Magnetkraft angeordnet werden können; dadurch werden Informationen gespeichert*

Ma·g·net·band·ge·rät das <-(e)s, -e> TECHN. *ein Gerät, mit dem jmd. Daten auf ein Magnetband aufnehmen, speichern und wiedergeben kann*

Ma·g·net·ei·sen·stein der <-(e)s, -e> *ein Stein, der von Natur aus magnetisch ist*

Ma·g·net·feld das <-(e)s, -er> PHYS. *ein in der Umgebung eines Magneten vorkommendes Kraftfeld*

ma·g·ne·tisch <nicht steig.> *Adj.* **1.** *so, dass es Metall anzieht* **2.** (*übertr.*) *so, dass es jmdn. sehr stark anzieht* Sie übt eine magnetische Anziehungskraft auf Männer aus.

Ma·g·ne·ti·sie·rung die <-, -en> (*kein Plur.*) PHYS. *der Vorgang, dass etwas magnetisch[1] wird*

Ma·g·ne·tis·mus der <-> (*kein Plur.*) *die Eigenschaft, dass etwas magnetisch[1] ist* ◆ Erd-

Ma·g·ne·tit der <-s, -e> *ein Gestein, das von Natur aus magnetische Eigenschaften hat*

Ma·g·net·na·del die <-, -n> *die Nadel in einem Kompass*

Ma·g·ne·to·path, **Ma·g·ne-·to·pathin** der <-, -en> *jmd., der durch Handauflegen heilen kann* ►Magnetopathie

Ma·g·net·plat·te die <-, -n> EDV *ein Gerät, mit dem man elektronische Daten speichern kann*

Ma·g·net·spu·le die <-, -n> *die Spule eines Elektromagneten*

Ma·g·net·strei·fen der <-s, -> *ein kleiner Metallstreifen, auf dem bestimmte Informationen* (*beispielsweise auf Scheckkarten*) *gespeichert sind*

Ma·g·ni·fi·kat das <-(s), -s> **1.** REL. *der Lobgesang Marias in der Bibel* **2.** MUS. *ein Musikstück mit dem Text des Magnifikats[1]*

Ma·g·ni·fi·zenz die <-, -en> **1.** *Titel eines Universitätsrektors* **2.** *jmd., der den Titel einer Magnifizenz[1] trägt*

Ma·g·no·lie die <-, -n> *ein Strauch oder Baum mit großen, weißen oder rosa Blüten*

Ma·ha·go·ni das <-> (*kein Plur.*) *ein wertvolles, sehr hartes Holz von Bäumen, die in tropischen Ländern wachsen*

Ma·ha·rad·scha der [maha'radʒa] <-s, -s> **1.** (*kein Plur.*) *Titel eines indischen Großfürsten* **2.** *jmd., der den Titel eines Maharadschas[1] trägt*

Ma·ha·ra·ni die <-, -s> **1.** *Titel der Frau eines Maharadschas* **2.** *jmd., der den Titel einer Maharani[1] trägt*

Ma·hat·ma der <-s, -s> **1.** (*kein Plur.*) *ein indischer Ehrentitel* **2.** *jmd., der den Titel eines Mahatmas[1] trägt*

Ma·ha·ya·na das [maha'ja:na] <-> (*kein Plur.*) *jüngere Form des Buddhismus* Das Mahayana ist später als das Hinayana entstanden.

Mahd die <-, -en> **1.** (*kein Plur.*) (*landw.* ≈ *Heuernte*) *das Mähen* **2.** (*kein Plur.*) (*landw.* ≈ *Heu*) *das gemähte Gras* **3.** (*schweiz.*) *Bergwiese*

Mäh·dre·scher der <-s, -> (≈ *Mähmaschine*) *ein bei der Ernte gebrauchtes Fahrzeug, mit dem man Getreide mähen und dreschen kann*

mä·hen[1] *mit OBJ* ■ *jmd. mäht etwas Gras oder Getreide abschneiden* Früher hat man Getreide mit der Sichel gemäht, heute mit dem Mähdrescher., Hohes Gras mähe ich mit der Sense.

mä·hen[2] *ohne OBJ* ■ *ein Tier mäht die für ein Schaf typischen Laute von sich geben* Die Schafe mähen.

Mä·her, **Mä·he·rin** der <-s, -> **1.** *jmd., der mäht* **2.** *kurz für „Mähmaschine"*

Mahl das <-(e)s, -e/(Mähler)> (*geh.* ≈ *Mahlzeit*) *ein* (*gutes und reichliches*) *Essen* Wenn Gäste kommen, bietet man ein reichliches Mahl an., ein erlesenes Mahl ◆ Fest-, Gast-, Hochzeits-, Mittags-

mah·len **I.** *mit OBJ* ■ *jmd. mahlt etwas zu einzelnen Körnern zerreiben* In der Mühle wird Getreide gemahlen., frisch gemahlener Kaffee ►Mühle, Müller **II.** *ohne OBJ* ■ *etwas mahlt* Wir stecken fest, die Räder mahlen im Schlamm. ■ **Wer zuerst kommt, mahlt zuerst** (*Sprichwort*): *der zuerst Kommende hat das Vorrecht*

Mahl·werk das <-(e)s, -e> TECHN. *eine Maschine, mit der jmd. etwas, das gemahlen wird* (*zum Beispiel Getreide*), *zerkleinert*

Mahl·zeit die <-, -en> **1.** *eine fertig zubereitete Speise* In der Kantine stehen drei warme Mahlzeiten zur Auswahl. **2.** *der Vorgang, dass man zu bestimmten Zeiten am Tage isst* Fünf kleinere Mahlzeiten pro Tag sollen gesünder sein als drei große. ■ **Na dann prost Mahlzeit!** (*umg.*): *verwendet, um auszudrücken, dass eine Situation ziemlich unerfreulich und schwierig ist* Du hast Deinen Pass und den Wohnungsschlüssel verloren, na dann prost Mahlzeit! (**gesegnete**) **Mahlzeit !**: *eine Formel, mit der man jmdm. einen guten Appetit wünscht* ◆ Abend-, Haupt-, Mittags-, Zwischen-

i Wissenswert In Deutschland werden drei **Hauptmahlzeiten**, das Frühstück, das Mittagessen und das Abendessen, eingenommen. Das Frühstück besteht aus verschiedenen Brotsorten und Brötchen mit Butter und Marmelade, oder auch mit Käse und Wurst. Bei einem größerem Frühstück werden zudem gekochte Eier, Joghurt, Quark, Obst und Müsli gereicht. Dazu trinkt man Kaffee oder Tee. Zu Mittag isst man in Deutschland traditionell relativ früh, zwischen zwölf und ein Uhr. Das Mittagessen besteht oft aus Fleisch mit Kartoffeln, Gemüse und zumeist auch aus einem Salat. Zum Nachtisch gibt es Pudding oder Eis. Das Abendessen – oder auch Abendbrot genannt – wird gegen sechs Uhr serviert.Es besteht aus verschiedenen Brotsorten mit Käse und Wurst. Manchmal wird auch warm gegessen. Sonntags oder an Festtagen werden am Nachmittag Kaffee und Kuchen angeboten. Meist lädt man Freunde und Bekannte zum „Kaffee" ein.

Mahn·brief der <-(e)s, -e> (≈ *Mahnbescheid, Mahnung*) *ein Schreiben, in dem man jmdn. zum Bezahlen von Schulden auffordert* Wenn er nächste Woche nicht zahlt, schicke ich ihm einen Mahnbrief.

Mäh·ne die <-, -n> 1. *die dichten, langen Haare an Kopf und Hals von bestimmten Tieren* die stattliche Mähne des Löwen ◆ Löwen-, Pferde- 2. (*umg. scherzh.* ≈ *Schopf*) *sehr langes, meist ungekämmtes Haar eines Menschen* die blonde Mähne seiner Freundin

mah·nen I. *mit OBJ/ohne OBJ* 1. ■ *jmd./etwas mahnt (jmdn.) (an etwas Akk.) eine Mahnung[1] aussprechen* Die Zeit mahnt uns an die Vergänglichkeit., Sie mahnte ihn an sein Versprechen. ▶abmahnen 2. ■ *jmd. mahnt jmdn. zu etwas Dat.* (≈ *appellieren*) *auffordern* Sie mahnt ihn zur Geduld. ▶abmahnen, ermahnen II. *mit OBJ* ■ *jmd. mahnt jmdn. (wegen etwas Gen.) eine Mahnung[2] aussprechen* Die Firma mahnte den Schuldner wegen der noch unbezahlten Rechnungen.

Mahn·ge·bühr die <-, -en> *eine Geldstrafe für jmdn., der Schulden nicht pünktlich gezahlt hat*

Mahn·mal das <-(e)s, -e/(Mahnmäler)> (*geh.*) *ein Denkmal, mit dem man an ein negatives historisches Ereignis erinnern will* ein Mahnmal für die Opfer der Diktatur

Mah·nung die <-, -en> 1. (≈ *Aufruf, Appell*) *der Vorgang, dass man jmdn. an etwas erinnert und zugleich auffordert, etwas zu tun* Hat sie deine Mahnung beherzigt? 2. (≈ *Mahnbrief*) *eine Aufforderung zur Bezahlung von Schulden* Ich habe dem Schuldner bereits eine Mahnung geschickt.

Mahn·ver·fah·ren das <-s, -> RECHTSW. *der Vorgang, dass man einem Schuldner eine Mahnung[2] schickt und ihn durch ein Gericht zum Zahlen zwingen will*

Mahn·wa·che die <-, -n> *der Vorgang, dass Menschen sich an einem öffentlichen Platz treffen und sich dort schweigend aufhalten, um auf ein aktuelles politisches Problem aufmerksam zu machen*

Ma·ho·nie die <-, -n> *ein Zierstrauch mit gelben Blüten*

Mäh·re die <-, -n> (*veralt. abwert.*) *ein altes Pferd*

Mai der <-(e)s/ -e> *der fünfte Monat des Jahres* ◆ Großschreibung→R 3.18 der Erste Mai

Mai·an·dacht die <-, -en> REL. *ein abendlicher Gottesdienst im Monat Mai, bei dem die Gottesmutter Maria verehrt wird*

Mai·baum der <-(e)s, Maibäume> *ein mit bunten Bändern geschmückter Baumstamm (einer Birke), der zum ersten Mai in Dörfern aufgestellt wird und um den getanzt wird*

Maid die <-, -en> (*dichter. veralt.*) *Mädchen*

Mai·fei·er die <-, -n> *eine von den Gewerkschaften zum ersten Mai als dem Tag der Arbeit veranstaltete öffentliche Versammlung Kundgebung o.Ä.* Anlässlich der Maifeier hatten die Gewerkschaften zu Kundgebungen aufgerufen.

Mai·glöck·chen das <-s, -> *eine kleine Blume mit stark duftenden, weißen Blüten*

Mai·kä·fer der <-s, -> *ein großer Käfer mit braunen Flügeln, der sich von Laubblättern ernährt* ◆ Maikäfer-

Mail die/das ['me:l] <-, -s> *eine elektronische Botschaft, die vom Computer des Senders zu dem des Empfängers geschickt wird* Ich habe ihr ein/eine Mail geschickt., Nach dem Urlaub warteten 51 Mails auf mich., ein Mail abspeichern/beantworten/lesen/ löschen/weiterleiten/mit einer Anlage versehen ◆ -programm, -server *s.* **E-Mail**

Mai·land <-s> *Stadt in Norditalien*

Mail·box die ['me:lbɔks] <-, -en> EDV *eine Art elektronischer Briefkasten, in den in einen Computer eingehende Mails gelangen* Ich hatte heute Morgen sieben E-Mails in meiner Mailbox.

mailen ['me:lən] *mit OBJ/ohne OBJ* ■ *jmd. mailt (jmdm.)(etwas) als E-Mail senden* Bitte mailen Sie mir den Text!, Heute Vormittag habe ich nur gemailt.

Mai·ling·lis·te die ['me:lıŋ...] <-, -n> *ein Verteiler[3] mit E-Mail-Adressen*

Main der <-s> *Nebenfluss des Rheins*

Main·stream der ['me:nstri:im] <-s> (*kein Plur.*) (≈ *Massengeschmack*) *der Geschmack der meisten Menschen in einer Gesellschaft*

Mai·rit·ter·ling der <-s, -e> *eine Pilzart*

Mais der <-es> (*kein Plur.*) *eine Getreidepflanze, die hoch wächst und deren gelbe Körner an dicken Kolben wachsen*

Mai·sbrei der <-(e)s, -e> *eine dickflüssige Speise aus Mais*

Mai·sche die <-, en> *ein Brei aus zerdrückten Früchten aus dem man alkoholische Getränke macht*

mai·schen <maischst, maischte, hat gemaischt> *mit OBJ/ohne OBJ* ■ *jmd. maischt (etwas)* (*fachspr.*) *der Vorgang, in dem man Maische verarbeitet* Trauben maischen

Mais·kol·ben der <-s, -> *die (essbare) Frucht des Maises*

Mai·so·(n)·nette die [mɛzo'nɛt] <-, -s> *in einem Haus mit mehreren Stockwerken eine Wohnung, deren Räume über zwei Stockwerke verteilt sind*

Mai·so·(n)·nette·woh·nung die <-, -en> (≈ *Maisonette*)

Ma·jes·tät die <-, -en> 1. (*kein Plur.*) (≈ *Hoheit*) *ein Titel von Kaisern und Königen* Seine Majestät, der Kaiser, Eure Majestät wünschen? 2. *jmd., der Träger des Titels einer Majestät[1] ist* Bei der Hochzeit waren die Majestäten verschiedener Königshäuser versammelt. 3. (*kein Plur.*) (*geh.* ≈ *Erhabenheit, Würde*) *die Eigenschaft, dass etwas einen würdevollen Eindruck macht* Der Gipfel lag in seiner ganzen Majestät vor uns.

ma·jes·tä·tisch *Adj.* (≈ *erhaben, feierlich, königlich*) *würdevoll* Sie schreitet majestätisch die Treppe hinab., der majestätische Flug des Adlers, der majestätische Anblick des Gebirges

Ma·jes·täts·be·lei·di·gung die <-, -en> 1. (RECHTSW.: *veralt.*) *die Beleidigung eines Staatsoberhaupts* 2. (*scherzh.*) *die Beleidigung einer Person in höherer Position*

Ma·jo·li·ka die <-, Majoliken> *eine bestimmte Art von glasierter Tonware*

Ma·jo·nä·se, *a.* **Ma·yon·nai·se** die <-, -n> *eine kalte, dickflüssige Soße aus Eigelb und Öl* ◆ Kräu-

M

ter-

Ma·jor, **Ma·jo·rin** der <-s, -e> MILIT. **1.** (*kein Plur.*) *ein hoher militärischer Dienstgrad* **2.** *jmd., der Träger des Titels eines Majors[1] ist*

Ma·jo·ran, **Ma·jo·ran** der <-s, -e> (≈ *Oregano*) *eine Gewürzpflanze*

Ma·jor·do·mus der <-, -> (*gesch.*) *oberster königlicher Hausverwalter*

Ma·jo·ri·tät die (*geh.* ↔ *Minorität*) **1.** (↔ *Minorität*) *Mehrheit in der Bevölkerung* In Italien sind die Katholiken in der Majorität. **2.** *eine Mehrheit bei Abstimmungen* Im Parlament stimmte die Majorität für das neue Gesetz.

Ma·jus·kel die <-, -n> (DRUCKW.: ↔ *Minuskel*) *Großbuchstabe*

ma·ka·ber <makab(e)rer, am makabersten> *Adj.* (*geh.* ≈ *schaurig, gespenstisch*) *so, dass etwas an den Tod erinnert und dadurch grausig wirkt* Der Film war sehr makaber. ■ **einen makabren Scherz machen**: *mit dem Tod spaßen*

Ma·ka·dam der/das <-s, -e> FACHSPR. *ein Straßenbelag aus Schotter*

Ma·kak, **Ma·kak** der <-s, -en> *eine Affenart*

Ma·ke·do·ni·en, *a.* **Ma·ze·do·ni·en** <-s> *Staat in Südosteuropa*

Ma·ke·do·ni·er, *a.* **Ma·ze·do·ni·er**, **Ma·ke·do·ni·e·rin** der <-s, -> *jmd., der die makedonische Staatsbürgerschaft hat*

ma·ke·do·nisch, *a.* **ma·ze·do·nisch** <nicht steig.> *Adj. zu Makedonien gehörend, daher stammend*

Ma·ke·do·nisch(e) das *die makedonische Sprache*

Ma·kel der <-s, -> (*geh.* ≈ *Defizit, Nachteil*) *ein Fehler, der jmdn. oder etwas beeinträchtigt* Ihre schlechte Schulbildung empfindet sie als Makel., Der Sessel weist keinerlei Makel auf.

Mä·ke·lei die <-> (*kein Plur.*) (*abwert.* ≈ *Nörgelei*) *dauerndes Mäkeln*

mä·ke·lig *Adj.* (*abwert.*) *so, dass jmd. alles kritisiert* Sie ist so mäkelig! An allem hat sie etwas auszusetzen.

ma·kel·los *Adj.* (≈ *einwandfrei, untadelig*) *ohne einen Makel* Sie besaß einen makellosen Ruf., Er fiel durch makelloses Benehmen auf.

mä·keln <mäkelst, mäkelte, hat gemäkelt> *ohne OBJ* ■ *jmd. mäkelt (an etwas Dat.)* (*abwert.* ≈ *nörgeln*) *sich dauernd über etwas beschweren oder sagen, dass einem etwas nicht gefällt* Musst du ständig über das Essen mäkeln?

Make-up das ['me:k 'ap] <-s, -s> **1.** (≈ *Schminke*) *kosmetische Mittel wie z.B. Lippenstift und Kajal, die Frauen auf das Gesicht auftragen, um attraktiver auszusehen* ◆ Abend-, Augen- **2.** *eine getönte Creme*

Ma·ki der <-s, -s> *eine Halbaffenart*

Mak·ka·ro·ni <-> *Plur. eine Nudelart*

Mak·ler, **Mak·le·rin** der <-s, -> *jmd., der beruflich Wohnungen oder Häuser an Käufer oder Mieter vermittelt* Bei der Wohnungssuche werden wir einen Makler einschalten. ◆ Börsen-, Immobilien-, Wohnungs-

Mak·ler·bü·ro das <-s, -s> *das Büro eines Maklers*

Mak·ler·fir·ma die <-, Maklerfirmen> *Unternehmen eines oder mehrerer Makler*

Mak·ler·ge·bühr die <-, -en> (≈ *Maklerprovision*)

Mak·ler·pro·vi·si·on die <-, -en> *das Honorar, das ein Käufer oder Mieter für die Leistungen eines Maklers bezahlen muss* Wir mussten Maklerprovision in Höhe von zwei Monatsmieten zahlen.

Ma·ko die/der/das <-, -s/-(s), -s> **1.** *Baumwolle aus Ägypten* **2.** *Kleidung und Stoffe aus Mako[1]*

Ma·k·ra·mee das <-(s), -s> **1.** *eine textile Technik, bei der Fäden zu verschiedenen Mustern verknüpft werden* **2.** *Arbeiten, die mit der Technik des Makramee[1] hergestellt wurden*

Ma·k·re·le die <-, -n> *ein Seefisch*

mak·ro-, *a.* **Mak·ro-** (↔ *mikro-, Mikro-*) (*in Zusammensetzungen*) *verwendet, um auszudrücken, ...* **1.** *dass sich etwas auf ein sehr großes Gebiet bezieht* Makrokosmos **2.** *dass etwas sehr viel größer als normal ist* Makromolekül

Ma·k·ro der/das <-s, -s> EDV *kurz für „Makrobefehl", einer zu einer Einheit zusammengefassten Befehlsfolge*

Mak·ro·bi·o·tik die <-> (*kein Plur.*) *eine besondere Form der Ernährung, bei der man sehr viel Gemüse und Getreide isst und durch die man länger leben soll* ▸makrobiotisch

Mak·ro·kos·mos der <-, Makrokosmen> (↔ *Mikrokosmos*) *das Weltall*

Mak·ro·mo·le·kül, **Mak·ro·mo·le·kül** das <-s, -e> CHEM. *ein Molekül, das aus sehr vielen Atomen zusammengesetzt ist*

Ma·k·ro·ne die <-, -n> *ein Mandelgebäck*

Ma·k·ro·ö·ko·no·mie die <-> (*kein Plur.*) WIRTSCH. *die Betrachtung der gesamten Wirtschaft eines Landes*

mak·ro·ö·ko·no·misch <nicht steig.> *Adj.* WIRTSCH. *auf die Makroökonomie bezogen*

Mak·ro·phy·sik die <-, en> (*phys.* ↔ *Mikrophysik*) *Physik, die sich mit großen Körpern beschäftigt*

Ma·ku·la·tur die <-, -en> *Papier, das schlecht bedruckt worden ist und deshalb unbrauchbar und wertlos ist* ■ **etwas macht etwas zu Makulatur** (*umg.*): *etwas macht etwas unbrauchbar und wertlos* Durch diese Entscheidung wurden die Pläne zu Makulatur. ▸makulieren

mal **I.** *Adv.* **1.** (*umg.* ≈ *irgendwann*) *verwendet, um einen unbestimmten Zeitpunkt auszudrücken* Ich glaube, ich muss mal zum Zahnarzt., Ruf mich mal an !, Kommt doch bei Gelegenheit einfach mal vorbei. **2.** (*umg.* ≈ *einmal*) *früher* Sie war mal eine gute Läuferin. **3.** (MATH.: ↔ *durch*) *verwendet, um auszudrücken, dass eine Multiplikation stattfindet* Drei mal drei ist neun. **4.** (*umg*) ■ **gerade mal**: *nur, erst* Sie war gerade mal zwölf, als sie das Elternhaus verlassen musste, **II.** *Partikel* **1.** *verwendet, um auszudrücken, dass etwas nicht zu ändern ist* Wir werden nun mal nicht jünger. **2.** *verwendet, um einer Äußerung eine beiläufige Qualität zu geben* Ich gehe mal kurz aus dem Haus., Sie ist nur mal schnell auf der Toilette.

◆ Zusammenschreibung zweimal, zwei bis dreimal, keinmal, vielmal, wievielmal, diesmal, ein andermal, ein paarmal, auf einmal; Schreibung mit Bindestrich→R 4.15 2-mal, x-mal *siehe auch* **Mal¹**

Mal¹ das <-(e)s, -e> *ein bestimmter Zeitpunkt eines Tuns oder Geschehens* Wir werden ein anderes Mal kommen., Ich habe den Film zum ersten/zweiten/dritten Mal gesehen., Nächstes Mal bist du bitte pünktlich!, Er war schon mehrere Male/noch kein einziges Mal dort., Ich habe dir dies schon ein Dutzend Mal/zum x-ten Mal gesagt! ■ **ein für alle Mal(e)** (*umg.*): *endgültig* Jetzt ist ein für alle Mal Schluss damit! **mit einem Mal**: *plötzlich* Mit einem Mal fing es an zu regnen. **ein ums andere Mal**: *immer wieder* Ich hatte sie ein ums andere Mal davor gewarnt. **das eine oder andere Mal**: *gelegentlich* Wir hatten sie das eine oder andere Mal besucht. ◆ Getrenntschreibung einige Mal(e), etliche Mal(e), viele Mal(e), Millionen Mal(e), von Mal zu Mal, zum letzten Mal(e), beim soundsovielten Mal, dieses Mal

Mal² das <-(e)s, -e/Mäler> **1.** (*veralt.*) *ein Zeichen* ◆ Denk-, Mahn- **2.** *ein Hautfleck* Sie hat ein Mal am Arm. ◆ Brand-, Feuer-, Mutter- **3.** SPORT *eine Markierung innerhalb eines Spielfelds*

Ma·la·chit, Ma·la·chit der <-s, -e> *ein grünes Mineral*

ma·la·d(e) *Adj. so, dass man sich leicht krank und unwohl fühlt*

Ma·laie, Ma·lai·in der <-n, -n> *Angehöriger einer Volksgruppe in Südostasien*

ma·lai·isch <nicht steig.> *Adj. auf die Volksgruppe der Malaien bezogen*

Ma·lai·i·sch(e) das <-n> *die Sprache der Malaien*

Ma·lai·se, *a.* **Ma·lä·se** die/das [ma'lɛ:zə] <-, -/-s> (*geh.*) **1.** *ein leichtes körperliches Unbehagen* **2.** *eine unbefriedigende Situation*

Ma·la·ria die <-> (*kein Plur.*) (MED.: ≈ *Sumpffieber*) *eine tropische Infektionskrankheit mit periodischen Fieberanfällen*

Ma·la·ria·an·fall der <-(e)s, Malariaanfälle> MED. *ein vorübergehender Ausbruch der Malaria*

Ma·la·ria·mü·cke die <-, -n> *ein Insekt, das die Malaria überträgt*

Ma·lä·se die *s.* **Malaise**

Ma·la·wi <-s> *ein Staat in Afrika*

Ma·la·wi·er, Ma·la·wi·e·rin der <-s, -> *jmd., der die malawische Staatsbürgerschaft hat*

ma·la·wisch <nicht steig.> *Adj. zu Malawi gehörend, daher stammend*

Ma·lay·sia <-s> *ein Staat in Südostasien*

Ma·lay·si·er, Ma·lay·si·e·rin <-s, -> *jmd., der die malaysische Staatsbürgerschaft hat*

ma·lay·sisch <nicht steig.> *Adj. auf Malaysia bezogen*

Mal·buch das <-(e)s, Malbücher> *ein Buch für Kinder, das einfache Zeichnungen enthält, welche von den Kindern mit Farben ausgemalt werden können*

Ma·le·di·ven <-> *Plur. eine Inselgruppe im indischen Ozean*

Ma·le·di·ver, Ma·le·di·ve·rin der <-s, -> *jmd., der die maledivische Staatsbürgerschaft hat*

ma·le·di·visch <nicht steig.> *Adj. zu den Malediven gehörend, daher stammend*

ma·len **I.** *mit OBJ/ohne OBJ* ■ *jmd. malt (etwas)* (*meist mit einem Pinsel*) *Farbe so auf einen Untergrund wie Papier, Holz, Leinwand o.Ä. aufbringen, dass eine (künstlerische) Darstellung entsteht* Der Maler malt ein Bild., Sie malt ihren Freund/eine Landschaft, Er malt in Acryl/Öl/auf Leinwand., Störe mich nicht, ich male. ►Gemälde, Malerei **II.** *mit OBJ* **1.** ■ *jmd. malt etwas* (*landsch.* ≈ *anstreichen, streichen*) *etwas mit Farbe bestreichen* Er malt gerade die Türen., Ich muss noch die Wände malen. **2.** ■ *jmd. malt etwas auf etwas Akk. sorgfältig schreiben* Sie malt die Parole auf das Plakat.

Ma·ler, Ma·le·rin der <-s, -> **1.** *ein Künstler, der Bilder malt I* Der Maler fertigt eine Skizze/steht an der Staffelei/ malt eine Landschaft/mischt die Farben auf der Palette/ verkauft ein Bild an eine Galerie., der Maler Paul Klee, die Maler des Expressionismus/Impressionismus ◆ Hobby-, Kunst-, Landschafts-, Porträt-, Strassen- **2.** *ein Handwerker, der Wände anstreicht* Der Maler deckt Möbel ab/rührt Farbe an/steht auf der Leiter. ◆ -farbe, -geschäft, -meister

Ma·ler·ar·bei·ten <-> *Plur. das Anstreichen von Wänden* In unserer Wohnung werden gerade Malerarbeiten durchgeführt.

Ma·ler·a·te·li·er das ['maleratelje:] <-s, -s> *Arbeitsraum eines Malers¹*

Ma·le·rei die <-, -en> **1.** (≈ *Malkunst*) *das Malen I von Bildern als Kunstform* Ich beschäftige mich in der Freizeit mit abstrakter Malerei., die russische Malerei des neunzehnten Jahrhunderts, große Werke der französischen Malerei, Dichtung und Malerei der Romantik ◆ Barock-, Landschafts-, Öl- **2.** *ein Gemälde* ◆ Höhlen-, Wand-

ma·le·risch *Adj.* (≈ *idyllisch, pittoresk*) *so schön, dass es an eine künstlerische Darstellung erinnert* die malerische Landschaft Oberitaliens, Das Städtchen lieg malerisch inmitten von Weinbergen.

Ma·ler·pin·sel der <-s, -> *ein Werkzeug zum Streichen von Wänden*

Ma·ler·werk·statt die <-, Malerwerkstätten> *der Arbeitsraum eines Malers²*

Mal·heur das [ma'lø:ɐ̯] <-s, -s/-e> (≈ *Missgeschick, Panne*) *eine kleine Ungeschicklichkeit, die keine sehr schlimmen Folgen hat* Mir ist ein Malheur passiert, der Kuchen ist mir angebrannt.

Ma·li <-s> *Staat in Afrika*

Ma·li·er, Ma·li·er·in der <-s, -> *jmd., der die malische Staatsbürgerschaft hat*

ma·lisch <nicht steig.> *Adj. zu Mali gehörend, daher stammend*

ma·li·zi·ös *Adj.* (*geh.*) *boshaft, hämisch* Er gab ihr mit maliziösem Lächeln den Brief.

Mal·kas·ten der <-s, Malkästen> *ein Kasten, der in flachen Töpfchen feste Farben zum Malen enthält*

Mal·lor·ca [ma'jɔrka] <-s> *eine Mittelmeerinsel, die zu den Balearen gehört*

M

mal·neh·men <nimmst mal, nahm mal, hat malgenommen> *ohne OBJ* ■ *jmd. nimmt mal* (≈ *multiplizieren*) Eine Zahl quadrieren bedeutet, sie mit sich selbst malzunehmen., Zwei mal zwei ist vier (2 x 2 = 4).

ma·lo·chen *ohne OBJ* ■ *jmd. malocht* (*umg.* ≈ *schuften*) *körperlich schwer arbeiten* Wir mussten ziemlich malochen, um mit der Renovierung des Hauses im Herbst noch fertig zu werden.

Ma·lo·cher, **Ma·lo·che·rin** der <-s, -> (*umg.*) *jmd., der* (*beruflich oder dauerhaft*) *körperlich schwer arbeitet*

Mal·stift der <-(e)s, -e> *Farbstift zum Malen*

Mal·ta <-s> *Inselstaat im Mittelmeer*

Mal·te·ser, **Mal·te·se·rin** der <-s, -> **1.** *Einwohner Maltas* **2.** *Angehöriger des Malteserordens* **3.** *eine Hunderasse*

Mal·te·ser·hilfs·dienst der <-(e)s> (*kein Plur.*) *eine Hilfsorganisation, die beispielsweise im Unfallschutz tätig ist*

Mal·te·ser·kreuz das <-es, -e> *das Zeichen des Malteserordens*

Mal·te·ser·or·den der <-s> (*kein Plur.*) *der Johanniterorden, der lange seinen Sitz auf Malta hatte*

Mal·te·ser·rit·ter der <-s. -> *ein Angehöriger des Malteserordens*

mal·te·sisch <nicht steig.> *Adj. zu Malta gehörend, daher stammend*

Mal·te·si·sch(e) das <-n> *die Sprache der Malteser*[1]

mal·trä·tie·ren *mit OBJ* ■ *jmd. malträtiert jmdn.* (≈ *peinigen*) *quälen, misshandeln* Er hatte sie mit Schlägen/mit seinen ständigen Bosheiten malträtiert.

Ma·lus der <-/-ses, -/-se> (↔ *Bonus*) *der Vorgang, dass jmd. höhere Beiträge an eine Versicherung zahlen muss, weil er sehr oft Schadensfälle an die Versicherung gemeldet hat*

Mal·ve die <-, -n> *eine Pflanze mit weißen oder roten Blüten* ◆ -ntee

Mal·vi·nen *Plur.* (≈ *Falklandinseln*)

Malz das <-es> (*kein Plur.*) *ein Getreideprodukt aus geröstetem Getreide, das man besonders für die Herstellung von Bier benötigt*

Malz·bier das <-(e)s, -e> *ein dunkles Bier, das leicht süß schmeckt und keinen Alkohol enthält*

Malz·bon·bon das <-s, -s> *ein Hustenbonbon*

Mal·zei·chen das <-s, -> MATH. *das mathematische Symbol für die Multiplikation*

mälzen <mälzt, mälzte, hat gemälzt> *ohne OBJ* ■ *jmd. mälzt* (*veralt.* ≈ *malzen*)

mal·zen <malzt, malzte, hat gemalzt> *ohne OBJ* ■ *jmd. malzt Malz herstellen*

Mäl·ze·rei die <-, -en> *eine Fabrik, in der Malz hergestellt wird*

Malz·ex·trakt der/das <-(e)s, -e> *der Nährstoff, der aus Malz gewonnen wird*

Malz·kaf·fee der <-s, -s> *ein Getränk aus Malz, das oft als Ersatz für Kaffee verwendet wurde*

Malz·zu·cker der <-s, -> (CHEM.: ≈ *Maltose*) *Zucker, der im Malz enthalten ist*

Ma·ma die <-, -s> (*umg.* ≈ *Mami*) *kindliche Anrede für die Mutter*

Ma·ma·söhn·chen das <-s -> (*umg. abwert.*) *ein junger Mann, der als* (*übertrieben*) *unselbstständig empfunden wird*

Mam·ba die <-, -s> *eine Giftschlange*

Mam·bo der/die <-(s), -s> *ein südamerikanisch-kubanischer Tanz*

Ma·me·luck der <-en, -en> *ein türkischer Sklave*

Mam·ma die <-, -e> (MED.: ≈ *weibliche Brust*)

Mam·mo·gra·phie, *a.* **Mam·mo·gra·fie** die MED. *Röntgenuntersuchung der weiblichen Brust*

Mam·mon der <-s> (*kein Plur.*) (*abwert.*) *Geld, Reichtum* Es geht doch nur um den schnöden Mammon.

Mam·mut das <-s, -e/-s> *ein ausgestorbenes Tier, das wie ein sehr großer Elefant mit braunem zottigen Fell aussieht*

Mam·mut- (*umg.* ≈ *riesen-, wahnsinns-*) (*in Zusammensetzungen*) *etwas, das sehr groß ist* Mammutfilm, Mammutprogramm

Mam·mut·baum der <-(e)s, Mammutbäume> *ein Baum, der in Nordamerika vorkommt und sehr alt und sehr groß werden kann*

Mam·mut·ver·an·stal·tung die <-, -en> (*umg.*) *eine Großveranstaltung*

mamp·fen *ohne OBJ* ■ *jmd. mampft* (*umg.*) *mit vollen Backen kauen oder essen*

Mam·sell die <-, -en/-s> **1.** *eine Angestellte im Gaststättengewerbe* **2.** (*veralt.*) *eine Hausgehilfin* **3.** (*veralt.*) *eine unverheiratete Frau*

man *nur als Subjekt verwendet Pron.* (*Indefinitpronomen*) **1.** (≈ *jemand*) *verwendet, um eine oder mehrere Personen zu bezeichnen, die man nicht kennt oder nennen will* Man hat mir den Betrag vom Konto abgebucht. **2.** *verwendet, um sich selbst zu bezeichnen und auszudrücken, dass das Gesagte auch für andere Geltung hat* Man kann jetzt in der Dämmerung fast gar nichts mehr erkennen., Ich fürchte, da kann man nicht viel machen. **3.** (≈ *jeder*) *verwendet, um die Gesellschaft oder eine bestimmte Gruppe zu bezeichnen, innerhalb deren etwas üblich ist* Welche Farben trägt man in diesem Sommer?, So etwas tut man einfach nicht.

Ma·nage·ment das ['mɛnidʒmənt] <-s, -s> **1.** (≈ *Führung, Leitung*) *die Leitung eines* (*größeren*) *Unternehmens* **2.** (≈ *Direktion, Vorstand*) *die Führungskräfte, die zum Management*[1] *gehören* ◆ Top-

ma·na·gen ['mɛnidʒn] <managst, managte, hat gemanagt> *mit OBJ* **1.** ■ *jmd. managt jmdn. einen Künstler oder Sportler in geschäftlichen Fragen betreuen* **2.** ■ *jmd. managt etwas* (*umg.* ≈ *bewältigen, organisieren*) *erfolgreich durchführen* Toll, wie er das gemanagt hat.

Ma·na·ger, **Ma·na·ge·rin** der ['mɛnidʒɐ] <-s, -> **1.** *eine Führungskraft in einem Unternehmen* ◆ Marketing-, Vertriebs-, Top- **2.** (≈ *Agent*) *jmd., der einen Künstler oder Sportler finanziell und organisatorisch betreut*

Ma·na·ger·krank·heit die ['mɛnidʒɐ...] <-> (*kein Plur.*) (*umg.*) *Beschwerden in der Art von Er-*

schöpfungszuständen und Kreislaufstörungen, die jmd. bekommt,weil er andauernd geistig und psychisch zu stark belastet ist

man·che, man·cher, man·ches *Pron.* (*Indefinitpronomen*) *verwendet, um einzelne oder einige, nicht näher bestimmte Personen oder Dinge zu bezeichnen* Ähnliches habe ich schon von so manchem Politiker gehört., Manches Problem kann nur der Fachmann lösen., Manche Fehler werden immer wieder gemacht., Manch böses/Manches böse Wort hätte vermieden werden können., Manch Schönes/Manches Schöne entgeht einem im Leben., Manche Stimmberechtigte(n) enthielten sich bei der Wahl. ◆ Kleinschreibung→R 3.15 In manchem hatte sie Recht., Ich glaube, manche meinen, dass …, So manches spricht dafür, dass …

man·cher·lei <nicht steig.> *Adj. verwendet, um sich auf eine nicht näher bezeichnete Menge von Dingen zu beziehen* Das hat mancherlei Ursachen., Ich musste auf mancherlei verzichten.

man·cher·orts *Adv.* (*geh.*) *an manchen Orten, in manchen Gegenden* Mancherorts findet man noch die alten Trachten.

manch·mal *Adv.* (≈ *gelegentlich, hin und wieder* ↔ *immer, ständig*) *verwendet, um auszudrücken, dass etwas zwar mehrmals vorkommt, aber dass es nicht regelmäßig der Fall ist* Manchmal bekommt die Redaktion Leserbriefe zu diesem Thema., Auch der Lehrer hat schon manchmal etwas nicht gewusst.

Man·da·la das <-/-s, -s> REL. *ein indisch-tibetisches Symbol des Selbst, das als kreisförmiges oder viereckiges Bild gestaltet ist*

Man·dant, Man·dan·tin der <-en, -en> (RECHTSW.: ≈ *Klient*) *eine Person, die die Dienste eines Rechtsanwaltes in Anspruch nimmt* ▶Mandat

Man·da·ri·ne die <-, -n> (≈ *Clementine*) *eine Zitrusfrucht, die ungefähr die Farbe einer Orange hat, aber kleiner ist und süßer schmeckt*

Man·da·rin·en·te die <-, -n> *eine ostasiatische Entenart*

Man·dat das <-(e)s, -e> **1.** RECHTSW. *ein Auftrag oder eine Vollmacht, die man einem Rechtsanwalt erteilt* Der Anwalt übernahm das Mandat. **2.** (POL.: ≈ *Sitz*) *das Amt eines Abgeordneten im Parlament* Die Abgeordnete legte ihr Mandat nieder., Wie viele Mandate hat diese Partei bei der letzten Wahl verloren?

Man·da·tar, Man·da·ta·rin der <-s, -e> **1.** RECHTSW. *jmd., der im Auftrag handelt, weil er ein Mandat[1] bekommen hat* **2.** (*österr.*) *Abgeordneter*

Man·dats·ge·biet das <-(e)s, -e> *ein Gebiet, das durch einen anderen Staat verwaltet wird*

Man·dats·trä·ger, Man·dats·trä·ge·rin der <-s, -> *jmd., der ein Mandat[2] hat*

Man·del die <-, -n> **1.** *die Frucht des Mandelbaumes* Aus Mandeln und Honig wird Marzipan hergestellt. ▶Bitter- ◆-likör **2.** (ANAT.: ≈ *Tonsille*) *mandelförmiges Organ am Gaumen und im Rachen*

Man·del·baum der <-(e)s, Mandelbäume> *ein Baum, der vor allem in Südeuropa wächst und der süße oder bittere, nussartige Früchte trägt*

Man·del·ent·zün·dung die <-, -en> MED. *Entzündung der Mandeln[2]*

man·del·för·mig *Adj.* (≈ *oval*) *geformt wie eine Mandel[1]*

Man·del·kleie die <-, -n> *ein Kosmetikum aus Abfallstoffen der Mandel[1]*

Man·del·milch die <-, -> *ein Kosmetikum mit Mandelextrakt*

Man·del·o·pe·ra·ti·on die <-, -en> *operative Entfernung der Mandeln[2]*

Man·del·split·ter der <-s, -> *zerkleinerte Mandeln[1], die zum Backen verwendet werden*

Man·do·li·ne die <-, -n> *ein Saiteninstrument, das gezupft wird*

Man·d·schu·rei die <-> (*kein Plur.*) *das nordostchinesische Tiefland*

Ma·ne·ge die [ma'neːʒə] <-, -n> (≈ *Arena*) *die kreisförmige Fläche, auf der im Zirkus die Artisten ihre Vorführungen machen* ◆ Zirkus-

Man·gan das <-s> *ein chemisches Element, Zeichen „Mn"*

Man·gan·erz das <-es, -e> *metallhaltiges Gestein, das Mangan enthält*

Man·gan·säu·re die <-> (*kein Plur.*) CHEM. *Säure des Mangans*

Man·gel[1] die <-, -n> *ein Gerät zum Glätten von großen Wäschestücken* ■ **jemanden in die Mangel nehmen** (*umg.*): *jmdm. sehr zusetzen* ▶Heißmangel, Wäschemangel

Man·gel[2] der <-s, Mängel> **1.** (*kein Plur.*) (≈ *Defizit, Armut*) *das Fehlen von etwas, das man braucht* Im Katastrophengebiet herrscht großer Mangel an Lebensmitteln und Medikamenten., Der Verdächtige wurde aus Mangel an Beweisen freigesprochen. ◆ Geld-, Lehrer-, Vitamin- **2.** (*meist Plur.*) (≈ *Fehler, Defekt*) *der Zustand, dass etwas unvollkommen ist* Die Arbeit/Das Gerät weist viele Mängel auf.

Man·gel·er·schei·nung die <-, -en> MED. *ein Symptom dafür, dass dem Körper lebenswichtige Stoffe* (*wie Vitamine oder Mineralien*) *fehlen*

man·gel·haft *Adj.* (≈ *fehlerhaft, unzureichend*) *voller Mängel[2]*

Män·gel·haf·tung die <-> (*kein Plur.*) RECHTSW. *eine Garantie dafür, dass fehlerhafte Waren ersetzt oder repariert werden*

Man·gel·krank·heit die <-, -en> MED. *eine Krankheit, die durch einen Mangel an bestimmten Nährstoffen hervorgerufen wird*

man·geln[1] <mangelst, mangelte, hat gemangelt> *mit OBJ* ■ *jmd. mangelt etwas mit einer Wäschemangel glatt machen* Wir haben bereits die Wäsche gemangelt.

man·geln[2] <mangelte, hat gemangelt> *mit ES* ■ *es mangelt jmdm. an etwas Dat. fehlen, in nicht ausreichendem Maß vorhanden sein* Es mangelt ihm nicht an Intelligenz, aber an Fleiß., Es mangelt ihr an nichts.

Män·gel·rü·ge die <-, -n> RECHTSW. *Klage über schlechte oder fehlerhafte Ware*

man·gels *Präp. + Gen.* AMTSSPR. *verwendet, um auszudrücken, dass das Fehlen des Genannten der Grund für etwas ist* Der Angeklagte wurde mangels Beweisen freigesprochen.

Man·gel·wa·re die <-> (*kein Plur.*) **1.** *eine Ware, die nur schwer zu bekommen ist* **2.** (*übertr.*) *etwas, das nur in geringer Zahl vorhanden ist* Männer waren auf der Party Mangelware.

Man·gel·wä·sche die <-, -n> (*kein Plur.*) *Kleidung, die gemangelt[1] wurde oder gemangelt werden soll*

Man·go die <-, -s/-nen> *eine tropische Frucht* ◆-saft

Man·gold der <-(e)s, -e> *ein Blattgemüse*

Man·g·ro·ve die <-, -n> *ein Baum, der im flacheren Wasser in tropischen Küstengebieten wächst*

Ma·nie die <-, -n> **1.** (*geh.*) *der leidenschaftliche Drang, etwas zu tun* Sammeln ist bei ihr schon zur Manie geworden. **2.** MED. PSYCH. *eine psychische Erkrankung, bei der man stark erregt ist* ►manisch-depressiv

Ma·nier die <-, -en> **1.** (*Plur. selten*) *die typische Art, in der man etwas tut* Er malt in der Manier Chagalls., Er hat die Diskussion in gewohnt routinierter Manier geleitet. **2.** (*meist Plur.*) (≈ *Benehmen, Betragen*) *Umgangsformen* Das Kind hat gute/schlechte Manieren., Seine Manieren lassen stark zu wünschen übrig. ◆Tisch-

Ma·nie·riert·heit die <-> (*kein Plur.*) *ein Verhalten oder eine Art, die gekünstelt sind und daher unnatürlich wirken*

Ma·nie·ris·mus der <-, Manierismen> KUNST *eine Stilrichtung in der Kunst*

ma·nier·lich *Adj.* (*veralt.* ≈ *artig, gesittet*) *so, dass man gute Manieren[2] hat* Die Kinder haben sich ganz manierlich benommen.

Ma·ni·fest das <-(e)s, -e> (≈ *Programm*) *ein Text, in dem das Programm einer Partei oder das Selbstverständnis einer Kunstrichtung grundlegend festgelegt werden*

ma·ni·fest <nicht steig.> *Adj.* (*geh.* ≈ *deutlich*) *klar, offenbar* Am Rückgang der Arbeitslosenzahlen wird der wirtschaftliche Aufschwung manifest.

Ma·ni·fes·tant, **Ma·ni·fes·tan·tin** der <-en, -en> (*österr.*) *Demonstrant*

ma·ni·fes·tie·ren *mit SICH* ■ *etwas manifestiert sich* (*geh.*) *sich klar zu erkennen geben, sich zeigen* Vor allem hierin manifestieren sich die Unterschiede.

Ma·ni·kü·re die <-, -n> **1.** (*kein Plur.*) *Hand- und Nagelpflege* **2.** *eine Frau, die beruflich Hand- und Nagelpflege betreibt*

ma·ni·kü·ren *mit OBJ* ■ *jmd. manikürt (jmdm.) etwas* Sie manikürt ihm die Fingernägel.

Ma·ni·ok der <-s, -s> *eine tropische Nutzpflanze*

Ma·ni·pu·la·ti·on die <-, -en> *das Manipulieren*

ma·ni·pu·lie·ren *mit OBJ* **1.** ■ *jmd. manipuliert jmdn./etwas jmdn. oder etwas beeinflussen, um eine bestimmte Wirkung zu erzielen* Man versuchte die öffentliche Meinung/die Käufer zu manipulieren. **2.** ■ *jmd. manipuliert etwas* (*geh.*) *mit undurchschaubarem, zweifelhaftem Vorgehen einen Vorteil erreichen wollen* Die Wahl/Der Wettkampf war manipuliert worden. ◆Genmanipulation, Wahlmanipulation **3.** *etwas regel- oder gesetzeswidrig verändern* Er hatte den Tacho manipuliert.

ma·nisch *Adj.* **1.** (*geh.*) *übersteigert, besessen* Sie ist manisch eifersüchtig., Er ist ein manischer Sammler **2.** MED. PSYCH. *für die Manie[2] typisch*

ma·nisch-de·pres·siv *Adj.* MED. PSYCH. *in raschem Wechsel von krankhaft heiteren und krankhaft niedergeschlagenen Gemütszuständen*

Ma·ni·tu der <-s> (*kein Plur.*) (*im indianischen Glauben*) *Bezeichnung für die allem innewohnende Macht*

Man·ko das <-s, -s> **1.** (≈ *Nachteil*) *ein Mangel, den man bei etwas empfindet* Das Manko bei dieser Reise war, dass ... **2.** WIRTSCH. *ein Fehlbetrag*

Mann der <-(e)s, Männer/Mann> **1.** (*Plur. Männer*) *ein männlicher Erwachsener* ein alter/älterer/junger/gut aussehender Mann ◆Männerchor, Männerstimme, Mannesalter, Manneskraft **2.** (*Plur. Männer*) (*umg.* ≈ *Ehemann*) Mein Mann ist noch in der Firma., Ihr zweiter Mann ist zehn Jahre älter als sie. **3.** (*Plur. Mann*) (*mit einer vorgestellten Zahlenangabe*) *verwendet, um auszudrücken, dass irgendwo die genannte Zahl von Personen ist* Wir waren insgesamt siebzehn Mann auf diesem Schiff., Die Mannschaftsräume können 120 Mann aufnehmen. ■ **seinen Mann stehen** (*umg.*): *seine Aufgaben und Pflichten gut erfüllen* **der Mann auf der Straße** (*umg.*): *der Durchschnittsbürger* **der kleine Mann** (*der Durchschnittsbürger*), **ein gemachter Mann sein** (*umg.*): *in wirtschaftlich abgesicherten Verhältnissen leben* **ein Mann von Welt** (*umg.*): *ein eleganter Herr mit weltmännischem Auftreten* (**ein Kampf**) **Mann gegen Mann**: *der direkte körperliche Kampf zweier Gegner*

Man·na das <-> (*kein Plur.*) REL. *Brot, das durch ein Wunder vom Himmel fällt*

mann·bar *Adj.* (*veralt. geh.*) *heiratsfähig, geschlechtsreif* (*bei Männern*)

Männ·chen das <-s, -> **1.** (ZOOL.: ↔ *Weibchen*) *ein männliches Tier* **2.** *ein kleiner* (*als bedauernswert empfundener*) *Mann* Er war ein gebeugtes, altes Männchen.

Man·ne·quin das ['manəkɛ̃, 'manəkɛ̃:] <-s, -s> (*veralt.* ≈ *Model*) *eine Frau, die beruflich Mode vorführt* Die neue Frühlingskollektion wurde von attraktiven Mannequins präsentiert.

Män·ner·be·ruf der <-(e)s, -e> (↔ *Frauenberuf*) *ein Beruf, der vorwiegend von Männern ausgeübt wird*

män·ner·do·mi·niert *Adj. so, dass Männer am meisten Einfluss haben* Viele Berufe sind auch heute noch männerdominiert.

Män·ner·fein·din die <-, -nen> *eine Frau, die Männer nicht mag*

män·ner·feind·lich *Adj. so, dass jmd. Männer nicht mag*

Män·ner·ge·sell·schaft die <-, -en> *als von Männern dominiert empfundene Gesellschaft*

Män·ner·herr·schaft die <-, -en> (≈ *Patriarchat*) *die Dominanz von Männern in der Gesellschaft*

Män·ner·klei·der <-> *Plur. Kleidung, die von Männern getragen wird* eine Frau in Männerkleidern

Män·ner·mann·schaft die SPORT *eine Gruppe von männlichen Sportlern*

män·ner·mor·dend *Adj.* (*umg. scherzh.*) *so, dass eine Frau sich übermäßig verführerisch gibt*

Män·ner·sa·che die <-> (*kein Plur.*) (*umg.* ↔ *Frauensache*) *etwas, wovon jmd. glaubt, es sei nur für Männer bestimmt* Lass mich das mal machen, das ist doch Männersache.

Män·ner·sta·ti·on die <-, -en> *eine Abteilung im Krankenhaus für männliche Patienten*

Män·ner·treu die <-, -> *eine kleine Blume mit blauen Blüten*

Män·ner·welt die <-> (*kein Plur.*) (*scherzh.*) *die Gesamtheit aller Männer*

Man·nes·al·ter ■ **ein Mann ist im besten Mannesalter** (*umg.*): *verwendet, um auszudrücken, dass es einem Mann gut geht, weil er im Leben eine gute Position erreicht hat und sich auch guter Gesundheit erfreut*

man·nig·fach *Adj.* (*geh.* ≈ *vielfältig*) *so, dass es viel von etwas gibt* Das hat mannigfache Ursachen.

man·nig·fal·tig <nicht steig.> *Adj.* (*geh.*≈ *mannigfach, vielfältig*) Die Gründe hierfür sind mannigfaltig.

männ·lich *Adj.* **1.** *nicht steig. zum Geschlecht des Mannes gehörig* der männliche Körper, das männliche Tier **2.** (*keine Steigerung*) *zum Mann gehörend* ein Lexikon der männlichen Vornamen **3.** (≈ *maskulin*) *typisch für den Mann* Er hat sehr männliche Gesichtszüge., Das ist ein sehr männlicher Duft., Dieser Duft riecht aber irgendwie männlicher. **4.** *nicht steig.* (SPRACHWISS.: ≈ *maskulin*) *so, dass ein Wort das maskuline Genus hat*

Männ·lich·keit die <-> (*kein Plur.*) *das Verhalten, das Aussehen oder die Eigenschaften, die als typisch für Männer betrachtet werden*

Männ·lich·keits·kult der <-(e)s, -e> *übertriebene Betonung von Eigenschaften, die als männlich[3] gelten*

Männ·lich·keits·wahn der <-(e)s, -> (≈ *Männlichkeitskult*)

Mann·loch das <-(e)s, Mannlöcher> *eine Öffnung, durch die jmd. in große Behälter* (*beispielsweise Tanks*) *einsteigen kann*

Man·no·mann *Interj.* (*umg.*) *ein Ausruf, der Erstaunen und Überraschung ausdrückt* „Mannomann, Du hast Dir aber ein großes Auto gekauft."

Manns·bild das <-(e)s, -er> (*süddt. österr. umg.*) *ein Mann*

Mann·schaft die <-, -en> **1.** (≈ *Team*) *eine bestimmte Zahl von Sportlern, die zusammen eine feste Gruppe bilden, die einen eigenen Namen hat und an an ihrer einheitlicher Bekleidung zu erkennen ist* Der Trainer führt die Mannschaft zum Erfolg., Unsere Mannschaft heißt „TSV Krumbach". ◆-sbus, -sführer, -skapitän, Basketball-, Fußball-, Handball-, Spitzen- **2.** (≈ *Crew*) *Schiffs- oder Flugzeugbesatzung* die Mannschaft an Deck antreten lassen **3.** (≈ *Truppe*) *die Soldaten einer Einheit* **4.** (*umg.*) *eine Gruppe von Menschen, die eng zusammenarbeiten* ◆ Regierungs-, Vertriebs-

mann·schaft·lich *Adj.* SPORT *auf das Spiel in einer Mannschaft[1] bezogen*

Mann·schafts·auf·stel·lung die <-, -en> SPORT *ein Plan darüber, welcher Spieler einer Mannschaft[1] bei einem bestimmten Spiel welche Funktion auf dem Spielfeld übernimmt* Der Trainer gab die Mannschaftsaufstellung erst kurz vor Spielbeginn bekannt.

Mann·schafts·füh·rer, **Mann·schafts·füh·re·rin** der <-s, -> (SPORT: ≈ *Mannschaftskapitän*)

Mann·schafts·ka·pi·tän der <-s, -e> SPORT *Spielführer einer Mannschaft[1]*

Mann·schafts·spiel das <-(e)s, -e> SPORT **1.** *ein Spiel, bei dem zwei Mannschaften[1] gegeneinander antreten* **2.** *das gute Zusammenspiel der Sportler innerhalb einer Mannschaft[1]*

Mann·schafts·sport der <-(e)s> (*kein Plur.*) *eine Sportart, die in Mannschafen[1] ausgeübt wird* Handball ist ein Mannschaftssport.

Mann·schafts·wa·gen der <-s, -> *ein Transportwagen für Soldaten oder Polizisten*

Mann·schafts·wer·tung die <-, -en> (SPORT: ↔ *Einzelwertung*) *eine Wertung, bei der das Abschneiden einer ganzen Mannschaft[1] zählt*

manns·hoch <nicht steig.> *Adj. ungefähr von der Größe eines erwachsenen Mannes* Die Mauer war mannshoch., Um den gesamten Garten führt ein mannshoher Zaun.

manns·toll <nicht steig.> *Adj.* (*umg. abwert.* ≈ *nymphoman*) (*als Frau*) *mit einem krankhaft starken Sexualtrieb*

Ma·no·me·ter das <-s, -> (PHYS.: ≈ *Druckmesser*)

Ma·nö·ver das <-s, -> **1.** *eine militärische Übung ganzer Kampfverbände* Im Herbst findet in der Gegend immer ein Manöver statt. ◆ Flotten-, Herbst- **2.** *eine geschickt ausgeführte Richtungsänderung* (*mit einem Fahrzeug*) Mit einem geschickten Manöver wendete er das Segelboot an der Boje. ◆ Lande-, Überhol-, Wende- **3.** (*abwert.* ≈ *Winkelzug*) *eine Art Trick, mit dem jmd. ein Ziel erreicht* Sein Ziel konnte er schließlich durch ein betrügerisches Manöver doch noch erreichen. ◆ Ablenkungs-

ma·nö·v·rie·ren **I.** *mit OBJ* **1.** ■ *jmd. manövriert etwas* (*irgendwo hin*) (≈ *fahren, steuern*) *ein Fahrzeug geschickt lenken* Sie manövrierte das Auto durch die engen Gassen. **2.** ■ *jmd. manövriert jmdn. in etwas Akk.* (*abwert.*) *jmdn. in eine bestimmte Stellung bringen* Wer hat ihn in diese Stellung manövriert? **II.** *ohne OBJ* ■ *jmd. manövriert* (*irgendwie*) *handeln* In dieser Situation hat er taktisch äußerst klug manövriert.

ma·nö·v·rier·fä·hig <nicht steig.> *Adj. so, dass ein Flugzeug, Schiff oder Raumschiff noch manövriert[1] werden kann*

ma·nö·v·rier·un·fä·hig <nicht steig.> *Adj. so,*

dass ein Flugzeug, Schiff oder Raumschiff nicht mehr manövriert[1] *werden kann, weil ein technischer Defekt vorliegt* Das Schiff trieb manövrierunfähig auf dem Meer.

Man·sar·de die <-, -n> *das Dachgeschoss eines Hauses, das zur Wohnung ausgebaut worden ist*

Man·sar·den·fens·ter das <-s, -> *ein Dachfenster*

Man·sar·den·woh·nung die <-, -en> *eine Wohnung unter dem Dach*

Man·sar·den·zim·mer das <-s, -> *ein Zimmer unter dem Dach*

Mansch der <-(e)s> (*kein Plur.*) (*umg. abwert.*) *eine breiige Masse* Der Griesbrei ist völlig verkocht, das ist ein richtiger Mansch!

man·schen <manschst, manschte, hat gemanscht> *ohne OBJ* ■ *jmd. manscht* (*umg. abwert.*) *mit Flüssigkeiten herumspielen* Das kleine Kind manscht in seinem Brei.

Man·schet·te die <-, -n> **1.** *der Aufschlag am Ende des Ärmels eines Hemds oder einer Bluse* **2.** *eine Papierkrause, die als Verzierung um einen Blumentopf gelegt wird* ■ **Manschetten haben** (*umg.*): *Angst haben*

Man·schet·ten·knopf der <-(e)s, Manschettenknöpfe> *ein Knopf zum Schließen einer Manschette*[1]

Man·tel der <-s, Mäntel> **1.** *ein Kleidungsstück, das über Jacke oder Pullover getragen wird und weiter herabreicht als eine Jacke* ein warmer Mantel für den Winter, ein leichter Mantel für das Frühjahr ◆ Damen-, Herren-, Leder-, Regen-, Sommer-, Strick- **2.** *die Gummihülle, die bei einem Reifen den Schlauch*[2] *umschließt* Ich brauche noch einen neuen Mantel für das Hinterrad meines Fahrrads.

Man·tel·fut·ter das <-s, -> *das Material auf der Innenseite eines Mantels*[1]

Man·tel·ge·setz das <-es, -e> (≈ *Rahmengesetz*) *ein Gesetz, das allgemeine Richtlinien für etwas festlegt*

Man·tel·kleid das <-(e)s, -er> *ein langes Kleid, das wie ein Mantel geschnitten ist*

Man·tel·ta·rif der <-(e)s, -e> WIRTSCH. *ein Tarif, der in einem Manteltarifvertrag festgelegt wird*

Man·tel·ta·rif·ver·trag der <-(e)s, Manteltarifverträge> WIRTSCH. *ein Tarifvertrag, der die allgemeinen Arbeitsbedingungen regelt, nicht aber die Höhe der Löhne und Gehälter*

Man·tel·ta·sche die <-, -n> *eine Tasche an einem Mantel*[1]

Man·til·le die [man'tɪl(j)ə] <-, -n> *ein Schleier aus Spitze, der zur traditionellen Tracht der spanischen Frau gehört*

Ma·nu·al das ['mɛnjuəl] <-s, -s> EDV *zu einer Software gehörendes Handbuch*

Ma·nu·a·l das <-(s), -e> **1.** MUS. *die Tastenreihe bei Orgel und Cembalo* **2.** (*veralt.* ≈ *Tagebuch*)

ma·nu·ell <nicht steig.> *Adj.* **1.** (↔ *maschinell*) *von Hand gefertigt* Die Schachfiguren sind manuell gefertigt. **2.** *handwerklich* Er besitzt kein manuelles Geschick.

Ma·nu·fak·tur die <-, -en> ÖKON *ein* (*kleinerer*) *Betrieb, in dem die Produkte von Hand* (*und nicht maschinell*) *gefertigt werden*

Ma·nu·s·k·ript das <-(e)s, -e> **1.** *die* (*erste*) *Ausarbeitung eines Textes* Ich gehe noch einmal das Manuskript meiner Rede durch., Hast du das Manuskript schon an den Verlag geschickt?, Der Lektor bespricht das Manuskript mit dem Autor. **2.** *ein handgeschriebener Text*

Ma·o·ist, Ma·o·is·tin der <-en, -en> *Vertreter der Lehre Mao Tse-tungs*

ma·o·is·tisch *Adj. auf die Lehre Mao Tse-tungs bezogen*

Ma·o·ri das/der **1.** (-(*s*), -(*s*)) *ein Ureinwohner Neuseelands* **2.** *die Sprache der Maori*[1]

Mao Tse-tung <-s> *ein chinesischer Staatsmann*

Map·pe die <-, -n> **1.** (≈ *Ordner*) *ein flacher Behälter aus Pappe, Kunststoff oder Leder, in dem man Dokumente und besonders Zeichnungen aufbewahren und transportieren kann* eine Mappe für Zeichnungen ◆ Bilder-, Kunst-, Sammel- **2.** (≈ *Aktentasche*) eine schwarze Mappe aus Leder ◆ Schul-

Mär, *a.* **Mä·re** die <-, Mären> (*veralt.* ≈ *Story*) *unglaubwürdige Erzählung, seltsamer Bericht* ▶Märchen

Ma·ra·cu·ja die <-, -s> *die Frucht der Passionsblume*

Ma·ra·thon der <-s, -s> (≈ *Marathonlauf*)

Ma·ra·thon·lauf der <-(e)s, Marathonläufe> SPORT *ein Lauf über 42,195 km*

Ma·ra·thon·sit·zung die <-, -en> (*umg.*) *eine Sitzung von sehr langer Dauer*

Ma·ra·thon·ver·an·stal·tung die <-, -en> (*umg.* ≈ *Mammutveranstaltung*) *eine Veranstaltung von sehr langer Dauer*

Mär·chen das <-s, -> **1.** *eine überlieferte Erzählung mit einer einfachen Handlung, die besonders für Kinder verständlich ist und die oft eine bestimmte Moral ausdrückt* die Märchen der Gebrüder Grimm, den Kindern vor dem Schlafen ein Märchen vorlesen ◆ Kunst-, Volks-, Zauber- **2.** (*abwert.* ≈ *Lügenmärchen, Story*) *ein unglaubwürdige Geschichte* Erzähle mir doch keine Märchen!, Dieses Märchen kannst du deiner Großmutter erzählen, ich glaube dir kein Wort!

Mär·chen·buch das <-(e)s, Märchenbücher> *ein Buch, das Märchen*[1] *enthält*

Mär·chen·fee die <-, -n> *eine weibliche Märchenfigur, die magische Kräfte hat*

Mär·chen·for·schung die <-> (*kein Plur.*) *die* (*wissenschaftliche*) *Beschäftigung mit der Entstehung von Märchen*[1]

Mär·chen·ge·stalt die <-, -en> *eine Figur, die in einem Märchen*[1] *vorkommt* Dornröschen und Rotkäppchen sind bekannte Märchengestalten.

mär·chen·haft *Adj.* **1.** *wie in einem Märchen*[1] Die Oper hat märchenhafte Züge. **2.** (≈ *wunderbar*) *sehr schön* Wir hatten märchenhaftes Wetter **3.** (*umg.*) *außergewöhnlich* Sie hat eine märchenhafte Karriere gemacht.

Mär·chen·prinz der <-en, -en> **1.** *eine Märchenfigur* **2.** (*umg. scherzh.*) *der ideale Mann* (*wie ei-*

ne Frau ihn sich vorstellt)

Mär·chen·schloss das <-es, Märchenschlösser> *ein Schloss, das in einem Märchen[1] vorkommt*

Mär·chen·stun·de die <-, -n> *eine Sendung für Kinder, in der Märchen[1] erzählt werden*

Mär·chen·welt die <-, -en> *die Fantasiewelt, in der Märchen[1] spielen*

Mar·der der <-s, -> *ein kleines Raubtier*

Ma·re das <-, -/Maria> *eine der großen Ebenen auf dem Mond, die als dunkle Flächen erscheinen*

Ma·rel·le die *s.* **Marille**

Mar·ga·ri·ne die <-> (*kein Plur.*) *ein pflanzliches Speisefett, das man zum Kochen und Backen oder als Brotaufstrich benutzt* Möchtest du Margarine oder Butter aufs Brot? ◆ Diät-, Pflanzen-

Mar·ge die ['marʒə] <-, -n> **1.** (≈ *Spielraum*) *ein Unterschied, der zwischen zwei (gemessenen) Werten auftreten darf oder kann* **2.** (WIRTSCH.: ≈ *Handelsspanne*)

Mar·ge·ri·te die <-, -n> *eine Wiesenblume mit weißen Blütenblättern*

mar·gi·nal *Adj.* (*geh.* ≈ *peripher*) *nebensächlich* Diese Aspekte sind doch nur von marginaler Bedeutung.

Mar·gi·na·lie die <-, -n> **1.** *eine an den Rand geschriebene Notiz in einer Handschrift oder in einem Buch* **2.** *eine nebensächliche Angelegenheit*

mar·gi·na·li·sie·ren *mit OBJ* ■ *jmd./etwas marginalisiert jmdn./etwas* (SOZIOL.: *geh.*) *an den Rand (der Gesellschaft) drängen* In unserer Gesellschaft werden Obdachlose immer mehr marginalisiert.

Ma·ri·en·dich·tung die <-, -> LIT. REL. *Gedichte und Lieder, in denen die Mutter Jesu verehrt wird*

Ma·ri·en·kä·fer der <-s, -> *ein kleiner Käfer, dessen rote Flügel schwarze Punkte tragen*

Ma·ri·en·kult der <-(e)s, -> REL. *Verehrung der Mutter Jesu (besonders in der katholischen Kirche)*

Ma·ri·hu·a·na das <-(s)> (*kein Plur.*) (≈ *Haschisch*) *ein Rauschgift*

Ma·ril·le, *a.* **Ma·rel·le** die <-, -n> (*österr.*) *eine kleine Aprikose*

Ma·rim·ba die <-, -s> *ein afrikanisches Musikinstrument*

Ma·ri·na·de die <-, -n> KOCH. *eine kalte Soße aus Essig, Salz und verschiedenen Gewürzen, in die man Fleisch oder Fisch einlegt oder mit der man Salat anmacht* ►mariniert

Ma·ri·ne die <-, -n> (*Plur. selten*) **1.** *alle Seeschiffe eines Staates und alle dazugehörigen Einrichtungen* ◆ Handels- **2.** *die Seestreitkräfte eines Staates* ◆ Kriegs-

Ma·ri·ne·at·ta·ché der [...ataʃe:] <-s, -s> *ein Offizier der Marine[2], der als Berater für eine Botschaft arbeitet*

Ma·ri·ne·flie·ger der <-s, -> *ein Kampfflugzeug der Marine[2]*

Ma·ri·ne·in·fan·te·rie die <-, -n> *die Abteilung der Marine[2] , die für den Nahkampf ausgebildet ist*

Ma·ri·ne·in·fan·te·rist der <-en, -en> *ein Soldat der Marineinfanterie*

Ma·ri·ne·of·fi·zier der <-s, -e> *ein Offizier der Marine[2]*

Ma·ri·ne·sol·dat der <-en, -en> *ein Soldat der Marine[2]*

Ma·ri·ne·stütz·punkt der <-(e)s, -e> *ein Truppenstützpunkt der Marine[2]*

ma·ri·nie·ren *mit OBJ* ■ *jmd. mariniert etwas* KOCH. *Fleisch oder Fisch in Marinade einlegen* marinierte Heringsfilets

Ma·ri·o·net·te die <-, -n> **1.** *eine Holzpuppe, an deren einzelnen Gliedern Fäden befestigt sind; durch Ziehen an den Fäden wird der Eindruck erweckt, dass sich die Puppe selbstständig bewegt* **2.** (*umg. abwert.*) *ein willenloser Mensch, der sich für bestimmte Zwecke benutzen lässt*

Ma·ri·o·net·ten·re·gie·rung die <-, -en> (*abwert.*) *eine Regierung, die von einem anderen Staat eingesetzt und kontrolliert wird*

Ma·ri·o·net·ten·the·ater das <-s, -> *eine Art Theater, in dem mit Marionetten[1] gespielt wird*

ma·ri·tim <nicht steig.> *Adj.* **1.** *das Meer betreffend* **2.** *vom Meer beeinflusst* Man spürt dort bereits den Einfluss des maritimen Klimas.

Mark[1] das <-(e)s> (*kein Plur.*) **1.** *kurz für „Knochenmark"* **2.** *konzentrierter Frucht- oder Gemüsebrei* ■ **etwas geht jemandem durch Mark und Bein** (*umg.*): *etwas trifft jmdn. sehr*

Mark[2] die <-, -> GESCH. *kurz für „Deutsche Mark"* ■ **die schnelle Mark machen** (*umg.*): *in sehr kurzer Zeit viel Geld verdienen* mit fragwürdigen Geschäften die schnelle Mark machen

Mark[3] die <-, -en> GESCH. *Grenzland* die Mark Brandenburg

mar·kant *Adj. ausgeprägt und auffallend* eine markante Nase/Stimme, markante Gesichtszüge

Mar·ke die <-, -n> **1.** WIRTSCH. *eine Verbindung aus einem Namen und einem dazugehörigen Logo, die gemeinsam für ein bestimmtes Produkt stehen und die in der Werbung als Symbol für dessen Qualität herausgestellt werden* ◆-nführung, -nprodukt, -nware, Auto-, Traditions- **2.** *kurz für „Briefmarke", „Dienstmarke", „Garderobenmarke"* ◆-nsammler, Essens-, Hunde- **3.** *eine Markierung* Das Hochwasser erreichte nicht die Marke des Vorjahres.

Mar·ken·ar·ti·kel der <-s, -> WIRTSCH. *ein qualitativ hochwertiges Produkt, das unter einer Marke[1] vertrieben wird* Wir führen nur Markenartikel. ►Markenartikler

Mar·ken·ein·füh·rung die <-, -en> WIRTSCH. *der Vorgang, dass eine neue Marke[1] auf den Markt gebracht wird*

Mar·ken·fab·ri·kat das <-(e)s, -e> (≈ *Markenartikel*)

Mar·ken·na·me der <-ns, -n> WIRTSCH. *der Name einer Marke[1]*

Mar·ken·schutz der <-es> (*kein Plur.*) RECHTSW. *eine gesetzliche Regelung, die verhindert, dass jmd. Markenartikel kopiert*

Mar·ken·wa·re die <-, -n> *qualitativ hochwertige Ware, die unter einem Markennamen vertrieben wird*

Mar·ken·zei·chen das <-s, -> **1.** WIRTSCH. *ein in bestimmter Weise gestaltetes, rechtlich geschütztes Zeichen, mit dem alle Produkte einer Marke[1] gekennzeichnet sind* **2.** (*umg.*) *etwas, das für den Stil einer Person typisch ist und woran man ihre Arbeit sofort erkennen kann* Die schwungvolle Linienführung ist das Markenzeichen dieses Designers.

Mar·ker der <-s, -> (≈ *Textmarker*) *ein farbiger Stift zum Markieren II von Passagen in Texten*

Mär·ker die (*umg. scherzh.*) (*vermeintlicher*) *Plural von Mark[2]* Das tolle Auto wird ihn schon ein paar Märker gekostet haben.

mark·er·schüt·ternd <nicht steig.> *Adj. so, dass ein Geräusch sehr laut ist und daher Angst macht* ein markerschütternder Schrei

Mar·ke·ting das ['markətɪŋ] <-s> (*kein Plur.*) WIRTSCH. **1.** *alle Aktivitäten eines Unternehmens - in Werbung, Marktanalyse und gezielter Produktentwicklung - die das Ziel haben, den Absatz zu erhöhen* durch intensives Marketing neue Marktanteile gewinnen ◆-management, -strategie, -studie **2.** *in einem bestimmten Unternehmen die Abteilung, die für Maßnahmen des Marketings[1] zuständig ist* der neue Leiter des Marketings

Mark·graf der <-en, -en> GESCH. **1.** *Verwalter einer Mark[3]* **2.** (*kein Plur.*) *ein Adelstitel* **3.** *ein Träger des Titels Markgraf[2]*

mark·gräf·lich *Adj. auf einen Markgrafen[3] bezogen*

mark·groß <nicht steig.> *ungefähr so groß wie ein Markstück*

mar·kie·ren **I.** *mit OBJ/ohne OBJ* ■ *jmd. markiert* (*jmdn.*) (*umg. abwert.*) *vortäuschen, simulieren* Er markiert mal wieder den Helden/den Starken., Sie ist nicht krank, sie markiert nur. **II.** *mit OBJ* ■ *jmd. markiert etwas kennzeichnen* Die wichtigen Passagen des Artikels habe ich mit einem Stift markiert., Man hat die Wanderwege neu markiert.

Mar·kie·rung die <-, -en> **1.** (*kein Plur.*) *das Markieren II* Die Arbeiter sind mit der Markierung der Fahrbahn beschäftigt. **2.** *etwas, womit etwas markiert II ist* Die Markierung muss erneuert werden, da sie kaum mehr zu erkennen ist., Als Markierung verwendete man gelbe Bojen.

mar·kig *Adj. betont kraftvoll* Das sind markige Worte, aber was steckt dahinter?

mär·kisch <nicht steig.> *Adj. zur Mark[3] gehörig* die märkische Landschaft

Mar·ki·se die <-, -n> *ein großes Stück Stoff, das über einer Terrasse oder einem Balkon angebracht ist und das als eine Art Dach Schutz vor der Sonne geben soll s.* **siehe aber Marquise**

Mark·klöß·chen das <-s, -> KOCH. *eine kleine Kugel aus einem Teig, der Mark[1] enthält*

Mark·klöß·chen·sup·pe die <-, -n> KOCH. *eine Suppe mit Markklößchen*

Mark·stein der <-(e)s, -e> (*geh.* ≈ *Meilenstein*) *ein Ereignis, das für etwas besonders entscheidend ist* Die Erfindung des Buchdrucks war ein Markstein auf dem Weg ins Informationszeitalter.

Mark·stück das <-(e)s, -e> GESCH. *ein Geldstück, eine Mark[2]* Hast du ein Markstück für die Parkuhr?

Markt der <-(e)s, Märkte> **1.** *das regelmäßige Zusammentreffen von Händlern an einem bestimmten Platz, um Waren* (*des täglichen Lebens*) *zu verkaufen* Samstags ist immer Markt., Bring doch bitte vom Markt noch einen Salat mit! ◆-bude, -frau, -stand, Fisch-, Gemüse-, Wochen- **2.** (≈ *Marktplatz*) *ein* (*zentraler*) *Platz in einer Stadt, auf dem der Markt[1] stattfindet oder früher stattfand* Das Café ist direkt am Markt. **3.** WIRTSCH. *das Vorhandensein von Angebot und Nachfrage in Bezug auf eine bestimmte Ware* Sind diese Artikel noch auf dem Markt?, Ich weiß nicht, ob es für dieses Produkt einen Markt gibt. ◆-analyse, -bearbeitung, -segment, -studie, Arbeits-, Export-, Inlands-, Kapital-, Welt- **4.** WIRTSCH. *Absatzgebiet* Das Unternehmen will neue Märkte im Ausland erschließen.

> **i Wissenswert** Der **Markt** bezeichnet die Stelle in einer Ortschaft, an der ursprünglich Tiere und Nahrungsmittel, später auch alle Arten von Gebrauchsgegenständen oder Stoffen ausgetauscht wurden. Je nach angebotener Ware unterscheidet man den Wochenmarkt, Blumenmarkt, Gemüsemarkt, Fischmarkt, Viehmarkt oder Pferdemarkt. Darüber hinaus kann man auf dem Flohmarkt, gewöhnlich auch Trödelmarkt genannt, alle Arten von Antiquitäten und gebrauchte Waren erwerben. Schließlich versteht man unter Jahrmarkt eine Art Volksfest, bei dem nicht nur Gebrauchsgegenstände oder Esswaren gekauft sondern das außerdem aus Schießbuden, Zelten und Karussells besteht und Vergnügungen für jedermann anbietet. Heute wird der Begriff „Markt“ nicht nur auf Güter, sondern auch auf Dienstleistungen und menschliche Beziehungen ausgedehnt und von der anfänglich örtlichen Begrenzung an eine Handelsstelle abstrahiert. So spricht man vom Aktienmarkt als einem Ort des Devisenaustausches oder vom Arbeitsmarkt, an dem die Arbeitskraft von Menschen gegen Geld und Lohn angeboten und verhandelt wird. Redewendungen: der Handel auf dem grauen Markt: der Handel mit Waren am Rande der Illegalität; eine Ware auf dem Schwarzmarkt kaufen: eine Ware illegal erwerben; ein Produkt auf dem Markt werfen: eine Ware (meist in sehr großer Stückzahl) herstellen und zum Verkauf anbieten.

Markt·ab·spra·che die <-, -en> WIRTSCH. *eine* (*illegale*) *Vereinbarung zwischen Firmen*

Markt·an·teil der <-(e)s, -e> WIRTSCH. *der* (*prozentuale*) *Anteil, den ein Unternehmen an der produzierten Gesamtmenge eines bestimmten Erzeugnisses auf dem Markt[3] besitzt*

Markt·be·dürf·nis·se die <-> *Plur.* WIRTSCH. *alles, was auf dem Markt[3] benötigt wird*

Markt·be·herr·schung die <-, -en> WIRTSCH. *die dominante Stellung eines Unternehmens auf dem Markt[3]*

Markt·be·o·b·ach·tung die <-, -en> WIRTSCH. *die Beobachtung von Veränderungen und Entwicklungen auf dem Markt[3]*

Markt·be·richt der <-(e)s, -e> WIRTSCH. *ein Bericht über Entwicklungen auf dem Markt[3]*

Markt·bu·de die <-, -n> *ein Stand auf dem Markt[1]*

Markt·ein·füh·rung die <-, -en> WIRTSCH. *der Vorgang, dass ein Unternehmen den Kunden ein neues Produkt anbietet* Die Markteinführung des neuen Produkts wird von einer großen Werbekampagne begleitet.

Markt·ent·wick·lung die <-, -en> WIRTSCH. *Veränderungen auf dem Markt[3]*

Markt·er·schlie·ßung die <-, -en> WIRTSCH. *genaue Analyse eines Marktes[3]*

markt·fä·hig <nicht steig.> *Adj. so ausgereift, dass ein Produkt auf den Markt[3] gebracht werden kann*

Markt·for·schung die <-, -en> WIRTSCH. *die Erforschung von Angebot und Nachfrage (im Hinblick auf die Interessen eines Unternehmens)*

Markt·frau die <-, -en> *eine Händlerin auf einem Markt[1]*

markt·füh·rend <nicht steig.> *Adj.* WIRTSCH. *so dass man auf dem Markt[3] am meisten Erfolg hat*

Markt·füh·rer der <-s, -> WIRTSCH. *das Unternehmen mit dem größten Marktanteil*

markt·gän·gig WIRTSCH. *so, dass etwas gut verkauft werden kann*

markt·ge·recht WIRTSCH. *so, dass etwas an die Nachfrage angepasst ist*

Markt·hal·le die <-, n> *eine größere Verkaufshalle auf einem Markt[1]*

markt·kon·form *Adj.* WIRTSCH. *auf dem Markt[3] allgemein üblich*

Markt·la·ge die <-, -n> WIRTSCH. *das Verhältnis von Angebot und Nachfrage im Hinblick auf einen bestimmten Bereich oder bestimmte Produkte*

Markt·lü·cke die <-, -n> WIRTSCH. *ein Produktangebot, das es noch nicht gab, aber das wünschenswert war* Wir sind mit unserem Artikel in eine Marktlücke gestoßen, womit auch der reißende Absatz erklärt werden kann.

Markt·ord·nung die <-, -en> WIRTSCH. **1.** *die Vorschriften zur Regelung von Angebot und Nachfrage* **2.** *die Vorschriften für das Abhalten eines Marktes[1]*

Markt·platz der <-es, Marktplätze> *der Markt[2]*

Markt·preis der <-es, -e> WIRTSCH. *der Preis einer Ware nach dem augenblicklichen Verhältnis von Angebot und Nachfrage*

Markt·recht das <-(e)s, -e> GESCH. *das Recht, einen Markt[1] abzuhalten*

Markt·rei·fe die <-> (*kein Plur.*) WIRTSCH. *der Zustand, dass ein Produkt so gut entwickelt ist, dass man es verkaufen kann*

Markt·sät·ti·gung die <-> (*kein Plur.*) WIRTSCH. *der Zustand, dass auf einem Markt[3] keine Nachfrage mehr besteht, weil schon viele Produkte in diesen Markt gebracht wurden* Ein Grund für die sinkenden Absätze wird in der Marktsättigung gesehen.

markt·schrei·e·risch <nicht steig.> *Adj.* (*abwert.*) *so, dass man laut und aufdringlich für ein Produkt (oder ein Anliegen) wirbt*

Markt·schwan·kung die <-, en> (*selten im Sing.*) WIRTSCH. *die periodische Veränderung von Angebot und Nachfrage*

Markt·seg·ment das <-(e)s, -e> WIRTSCH. *ein bestimmter Ausschnitt des Marktes[3]* Im Zuge der Umstrukturierung wird sich der Konzern zukünftig aus einigen unrentablen Marktsegmenten zurückziehen.

Markt·stel·lung die (*kein Plur.*) WIRTSCH. *die Position, die ein Unternehmen auf dem Markt[3] hat*

Markt·tag der <-(e)s, -e> *ein Wochentag, an dem ein Markt[1] stattfindet* Jeden Mittwoch ist Markttag.

Markt·wert der <-(e)s, -e> WIRTSCH. *der momentane, durch das Verhältnis von Angebot und Nachfrage bestimmte Wert einer Ware*

Markt·wirt·schaft die <-> (*kein Plur.*) (WIRTSCH.: ↔ *Planwirtschaft*) *ein Wirtschaftssystem, in dem die Produktion und der Preis von Waren durch Angebot und Nachfrage geregelt werden* die Grundzüge der freien/sozialen Marktwirtschaft

markt·wirt·schaft·lich <nicht steig.> *Adj. auf die Marktwirtschaft bezogen oder nach ihren Grundsätzen gestaltet*

Mar·me·la·de die <-, -n> *ein als Brotaufstrich verwendeter süßer Brei aus gekochten Früchten* ein Brot mit Marmelade bestreichen ◆-nglas, Aprikosen-, Erdbeer-, Kirsch-, Orangen-

Mar·me·la·den·brot das <-(e)s, -e> *eine mit Marmelade bestrichene Scheibe Brot*

Mar·mor der <-s, -e> *ein sehr harter Kalkstein, der oft weiß, schwarz, gelblich oder grünlich ist und eine bestimmte Musterung hat* Der Grabstein/Die Statue ist aus Marmor., fleischfarbener/grauer/grüner/schwarzer/weißer Marmor

Mar·mor·block der <-(e)s, Marmorblöcke> *ein großes, nicht bearbeitetes Stück Marmor*

Mar·mor·fas·sa·de die <-, -n> *eine Häuserfront aus Marmor*

mar·mo·rie·ren *mit OBJ* ■ *jmd. marmoriert etwas mit einem Muster versehen, das an Marmor erinnert*

mar·mo·riert <nicht steig.> *Adj. mit einem Muster, das an Marmor erinnert* Die Oberfläche der Kunststoffplatte ist marmoriert.

Mar·mo·rie·rung die <-, -en> *das Marmorieren*

Mar·mor·ku·chen der <-s, -> *ein Kuchen, bei dessen Herstellung heller und dunkler Teig so verrührt worden sind, dass sich ein Muster ergibt, wie es für Marmor typisch ist*

mar·morn <nicht steig.> *Adj.* (*geh.*) *aus Marmor* ein marmorner Altar

Mar·mor·säu·le die <-, -n> *Säule aus Marmor*

Mar·mor·sta·tue die <-, -n> *eine Statue aus Mar-*

mor

ma·ro·de *Adj.* **1.** (*abwert.* ≈ *ruiniert, heruntergekommen*) *der Zustand, dass man durch sein Verhalten zugelassen hat, dass etwas unbrauchbar und schlecht geworden ist* die marode Gesellschaft, eine marode Firma **2.** (*veralt. milit.*) (*vom Marsch*) *erschöpft, müde*

Ma·ro·deur der [maro'dø:ɐ̯] <-s, -e> (*veralt. abwert.*) *ein Soldat, der marodiert*

ma·ro·die·ren *ohne OBJ* ▪ *jmd. marodiert im Krieg plündernd umherziehen* Durch das verwüstete Land zogen marodierende Truppen.

Ma·rok·ka·ner, **Ma·rok·ka·ne·rin** der <-s, -> *jmd., der die marokkanische Staatsbürgerschaft hat*

ma·rok·ka·nisch *Adj. zu Marokko gehörend, daher stammend*

Ma·rok·ko <-s> (*kein Plur.*) *Staat in Nordafrika*

Ma·ro·ne[1] die <-, -n/Maroni> *eine Esskastanie*

Ma·ro·ne[2] die <-, -n/Maroni> *ein Speisepilz*

Ma·ro·ni die <-, -> (*süddt. österr.*) *Esskastanie*

Ma·rot·te die <-, -n> (≈ *Macke, Spleen, Tick*) *eine eigenartige Angewohnheit oder Laune*

Mar·quis, **Mar·qui·se** der [mar'ki:, mar'ki:s] **1.** *Titel eines französischen Adligen* **2.** *Träger des Titels eines Marquis*[1]

Mars[1] der <-> (*kein Plur.*) *ein Planet unseres Sonnensystems* ◆ -mond, -sonde

Mars[2] <-> *der römische Kriegsgott*

Mars·be·woh·ner der <-s, -> *ein Lebewesen, das angeblich auf dem Mars*[1] *lebt*

marsch *Interj. verwendet, um auszudrücken, dass jmd. irgendwohin gehen soll* Marsch ins Bett!

Marsch[1] der <-(e)s, Märsche> **1.** *das Marschieren* Die Soldaten waren nach den tagelangen Märschen völlig entkräftet., Ich habe jetzt einen Marsch von über zehn Kilometern hinter mir. ◆ Protest-, Trauer- **2.** MUS. *ein Musikstück, das zur Marschmusik gehört* eine CD mit bekannten Märschen ▪ **jemandem den Marsch blasen** (*umg.*): *jmdm. energisch die Meinung sagen* Der Chef sollte ihm mal den Marsch blasen **sich in Marsch setzen**: *sich in Bewegung setzen*

Marsch[2] die <-, -en> (↔ *Geest*) *durch Deiche geschütztes, fruchtbares Schwemmland an Küsten und Flüssen*

Mar·schall der <-s, Marschälle> **1.** (*kein Plur.*) *ein hoher militärischer Dienstgrad* **2.** *ein Offizier des Dienstgrads eines Marschalls*[1]

Marsch·be·fehl der <-(e)s, -e> MILIT. *die Anordnung, dass sich Truppen in Marsch auf ein bestimmtes Ziel setzen sollen*

marsch·be·reit *Adj.* **1.** *bereit für einen Marsch*[1] **2.** (*umg.*) *bereit zum Losgehen* Wir machten gestern einen Ausflug und waren schon sehr früh marschbereit.

Marsch·flug·kör·per der <-s, -> MILIT. *eine mit (nuklearen) Sprengköpfen bestückte Rakete, die sehr niedrig fliegen kann*

Marsch·ge·päck das <-(e)s> (*kein Plur.*) MILIT. *die vorschriftsmäßige Marschausrüstung des Soldaten*

mar·schie·ren <marschierst, marschierte, ist marschiert> *ohne OBJ* ▪ *jmd. marschiert* (*von größeren Gruppen*) *in gleichmäßigem Rhythmus* (*zügig*) *gehen* Die Soldaten marschieren auf dem Kasernenhof., Wir sind heute fünf Stunden marschiert.

Marsch·ko·lon·ne die <-, -n> MILIT. *eine große Truppe von Soldaten, die marschieren*

Marsch·mu·sik die <-> (*kein Plur.*) *Musikstücke, die komponiert wurden, um das Marschieren von Soldaten zu begleiten*

Marsch·ord·nung die <-, -en> MILIT. *die Aufstellung der Soldaten beim Marschieren*

Marsch·rich·tung die <-, -en> MILIT. *die Richtung, in die jmd. marschiert*

Marsch·tem·po das <-s, -s/Marschtempi> *die Geschwindigkeit des Marschierens*

Marsch·ver·pfle·gung die <-, -en> (*Plur. selten*) MILIT. *die Nahrung, die bei einem Marsch*[1] *eingenommen wird*

Marsch·ziel das <-(e)s, -e> *der Bestimmungsort eines Marsches*[1]

Mar·seil·lai·se die [marsɛ'jɛ:zə] <-> (*kein Plur.*) *die französische Nationalhymne*

Mar·shal·ler, **Mar·shal·le·rin** der <-s, -> *Einwohner der Marshallinseln*

Mar·shall·in·seln ['marʃal ...] <-> *Plur. eine Inselgruppe im Pazifik*

mar·shal·lisch <nicht steig.> *Adj. zu den Marshallinseln gehörend, daher stammend*

Mar·shall·plan der ['marʃal ...] <-(e)s> (*kein Plur.*) GESCH. *ein nach dem Zweiten Weltkrieg von den USA für Deutschland bereitgestelltes Hilfsprogramm*

Mars·mensch der <-en, -en> (*umg.*) (*früher*) *auf dem Mars vermuteter Außerirdischer*

Mar·stall der <-(e)s, Marställe> (*veralt.*) **1.** *ein Gebäude, in dem die Pferde eines Fürsten untergebracht sind* **2.** *alle Pferde eines Fürsten*

Mar·ter die <-, -n> (*geh.* ≈ *Qual, Pein*) *körperliche oder seelische starke Schmerzen* Er hat ihm höllische Martern zugefügt.

Mar·terl das <-s, -> (*süddt. österr.*) *ein auf freiem Feld aufgestelltes Kreuz oder Heiligenbild*

mar·tern <marterst, marterte, hat gemartert> *mit OBJ* ▪ *jmd. martert jmdn.* (*geh.* ≈ *quälen*) *foltern*

Mar·terpfahl der <-(e)s, Marterpfähle> *ein Holzpfahl, an den Indianer gefangene Feinde banden, um sie zu martern* Die Indianer banden die gefangenen Feinde an den Marterpfahl.

Mar·ter·tod der <-(e)s, -e> (*geh.*) *der Tod, den jmd. als die Folge von Martern erleidet* der Martertod Jesu

Mar·ter·werk·zeug das <-(e)s, -e> (≈ *Foltergerät*)

mar·ti·a·lisch *Adj.* (*geh.*) *grimmig, wild* Die Krieger auf den Abbildungen haben ein martialisches Aussehen.

Mar·ti·nique [marti'ni:k] <-s> *eine Insel der Kleinen Antillen*

Mar·tins·gans die <-, Martinsgänse> *der Gänsebraten, der am Martinstag gegessen wird*

Mar·tins·horn das <-> (*kein Plur.*) *die Sirene, die von Feuerwehr-, Polizei- und Rettungsfahrzeugen benutzt wird und die mit einem durchdringenden Ton andere Verkehrsteilnehmer warnt, dass diese Fahrzeuge sehr schnell zu ihrem Einsatzort fahren* Die Polizei raste mit eingeschaltenem Martinshorn zur Unfallstelle.

Mar·tins·tag der <-(e)s, -e> *der Festtag des heiligen Martin* Am Martinstag basteln die Kinder Laternen.

Mär·ty·rer, **Mär·ty·re·rin** der <-s, -> *eine Person, die aus religiösen oder politischen Gründen wegen ihrer Überzeugungen getötet wird* Dieser Heilige starb als Märtyrer., Er wurde zum Märtyrer gemacht.

Mär·ty·rer·tum das <-s> (*kein Plur.*) *das Märtyrersein*

Mar·ty·ri·um das <-s, Martyrien> **1.** *das oft mit dem (Opfer-)Tod endende Leiden, das jmd. für seinen religiösen Glauben oder für seine politischen Überzeugungen erduldet* **2.** (*übertr.*) *etwas, das sehr anstrengend oder qualvoll ist* Der Rückweg wurde für einige Expeditionsteilnehmer zu einem einzigen Martyrium.

Mar·xis·mus der <-> (*kein Plur.*) *eine von Marx und Engels im 19. Jahrhundert begründete Gesellschaftslehre, deren Ziel es ist, durch revolutionäre Umgestaltung eine klassenlose Gesellschaft (anstelle einer Klassengesellschaft) zu schaffen*

Mar·xist, **Mar·xis·tin** der <-en, -en> *Anhänger des Marxismus*

mar·xis·tisch <nicht steig.> *Adj. auf den Marxismus bezogen*

März der <-es, -e> *der dritte Monat des Jahres* Wir besuchen euch Anfang/Mitte/Ende März., im März Geburtstag haben

Mar·zi·pan das <-s, -e> *eine Masse aus Zucker und Mandeln, die man für die Herstellung von Süßigkeiten verwendet*

Mar·zi·pan·kar·tof·fel die <-, -n> *eine kleine Kugel aus Marzipan, deren braune Färbung an eine Kartoffel erinnert*

Mas·ca·ra die <-, -s> *Wimperntusche*

Mas·car·po·ne der <-s> (*kein Plur.*) *ein italienischer Frischkäse*

Ma·sche die <-, -n> **1.** *eine Schlinge aus Garn oder Draht* **2.** (*Plur. selten*) (*umg. abwert.*) *pfiffige Methode, Trick* Mit dieser Masche kannst du bei mir nicht landen!, Der Betrüger versuchte es mit einer neuen Masche. ■ **jemandem durch die Maschen gehen** (*umg.*): *jmdm. entkommen* Der Dieb war der Polizei durch die Maschen gegangen.

Ma·schen·draht der <-(e)s> (*kein Plur.*) *Drahtgeflecht für Zäune*

Ma·schen·draht·zaun der <-(e)s, Maschendrahtzäune> *ein Zaun aus Maschendraht*

Ma·schen·rei·he die <-, -n> *Abfolge von Maschen[1]*

Maschen·zahl die <-, -en> *Anzahl der Maschen[1] in einer Maschenreihe*

Ma·schi·ne die <-, -n> **1.** *eine mechanische Vorrichtung, die Kraft oder Energie überträgt und so bestimmte Arbeiten für den Menschen erleichtert* Alle Maschinen sind in Betrieb., Wir sollten die Maschinen anstellen/abstellen/warten., der Antrieb/die Konstruktion/der Treibstoff/ der Wirkungsgrad einer Maschine ◆ Bau-, Druck-, Werkzeug- **2.** *Automotor* Das Auto hat eine Maschine mit 170 PS. **3.** (≈ *-apparat, -gerät*) *kurz für „Nähmaschine", „Schreibmaschine",„Strickmaschine", „Waschmaschine"* **4.** *ein bestimmtes Flugzeug* Die Maschine aus Los Angeles hatte eine Stunde Verspätung. **5.** (*umg.*) *Motorrad* So eine schwere Maschine ist der Traum vieler Biker. **6.** (EDV: *Jargon* ≈ *Computer*) Die Maschine ist schon wieder abgestürzt. ◆ Getrenntschreibung →R 4.1 Kannst du Maschine schreiben?; Zusammenschreibung→R 4.5 Es ist ein maschine(n)geschriebener Brief.

ma·schi·nell <nicht steig.> *Adj.* (≈ *automatisch, mechanisch* ↔ *manuell*) Die meisten Einzelteile werden maschinell gefertigt., Die hohen Stückzahlen zu derart niedrigen Preisen sind nur durch maschinelle Fertigung möglich.

Ma·schi·nen·bau der <-s> (*kein Plur.*) **1.** *der Bau von Maschinen[1]* **2.** *das (wissenschaftliche) Lehrfach von der Konstruktion und vom Bau einer Maschine[1]* im vierten Semester Maschinenbau studieren

Ma·schi·nen·bau·er der <-s, -> *jmd., der Maschinen[1] baut oder konstruiert*

Ma·schi·nen·bau·in·ge·ni·eur, **Ma·schi·nen·bau·in·ge·ni·eu·rin** der <-s, -e> *jmd., der Maschinenbau studiert hat*

Ma·schi·nen·fa·b·rik die <-, -en> *eine Fabrik, die Maschinen[1] herstellt*

ma·schi·nen·ge·schrie·ben <nicht steig.> *Adj. mit einer Schreibmaschine geschrieben*

ma·schi·nen·ge·strickt <nicht steig.> *Adj. mit einer Strickmaschine hergestellt*

Ma·schi·nen·ge·wehr das <-s, -e> *eine automatische Schnellfeuerwaffe mit langem Lauf*

Ma·schi·nen·haus das <-es, Maschinenhäuser> *ein Gebäude, in dem sich Maschinen[1] befinden*

Ma·schi·nen·lärm der <-(e)s> (*kein Plur.*) (*laute*) *Geräusche, die Maschinen[1] verursachen*

Ma·schi·nen·lauf·zeit die <-, -en> *der Zeitraum, in dem eine Maschine[1] in Betrieb ist.*

ma·schi·nen·les·bar <nicht steig.> *Adj.* EDV *so, dass eine Zeichenfolge von einem (elektronischen) Lesegerät entschlüsselt werden kann* Die neuen Ausweise sind maschinenlesbar.

Ma·schi·nen·mei·ster der <-s, -> **1.** *jmd, der für die Maschinen[1] in einem Betrieb oder einem Theater zuständig ist* **2.** (DRUCKW.: *veralt.*) *jmd., der Maschinen[1] in einer Druckerei bedient*

Ma·schi·nen·park der <-(e)s, -s> *alle Maschinen[1] eines Unternehmens*

Ma·schi·nen·pis·to·le die <-, -n> *eine automatische Schnellfeuerwaffe mit kurzem Lauf*

Ma·schi·nen·raum der <-(e)s, Maschinenräume> *Raum für (Antriebs-)Maschinen (auf Schiffen)*

Ma·schi·nen·saal der <-(e)s, Maschinensäle> (≈ *Maschinenraum*)

Ma·schi·nen·satz der <-es, Maschinensätze> DRUCKW. *eine Druckvorlage*

Ma·schi·nen·scha·den der <-s, Maschinenschäden> (*bei einem Schiff*) *Motorschaden* Das Schiff kann den Hafen nicht verlassen, weil es einen Maschinenschaden hat.

Ma·schi·nen·schlos·ser, **Ma·schi·nen·schlos·se·rin** der <-s, -> *Berufsbezeichnung für Personen, die Maschinen*[1] *bauen und zusammensetzen*

Ma·schi·nen·schrei·ben das <-s, -> *das Schreiben mit einer Schreibmaschine* Die Sekretärin hat in ihrer Ausbildung Maschinenschreiben gelernt.

Ma·schi·nen·schrift die <-, -en> *mit einer Schreibmaschine geschriebene Schrift*

Ma·schi·nen·wär·ter der <-s, -> *jmd., der für die Wartung von Maschinen*[1] *zuständig ist*

ma·schi·nen·wasch·bar <nicht steig.> *Adj. so, dass es mit einer Waschmaschine gewaschen werden kann.* Den Mantel musst Du mit der Hand waschen, er ist nicht maschinenwaschbar.

Ma·schi·nen·zeit·al·ter das <-s, -> *das Zeitalter, in dem die Arbeit mit Maschinen*[1] *vorherrscht*

Ma·schi·ne·rie die <-, -n> **1.** (*geh.*) *ein kompliziertes System aus mehreren Maschinen*[1] **2.** THEAT. *Einrichtungen der Bühnentechnik* **3.** (*geh. abwert.*) *ein System, in dem bestimmte Vorgänge automatisch ablaufen und man sie nicht kontrollieren oder in sie eingreifen kann* Der Antrag steckt irgendwo in der Maschinerie der Verwaltung fest.

Ma·schi·nist, **Ma·schi·nis·tin** der <-en, -en> *Berufsbezeichnung für Personen, die Maschinen*[1] *bedienen und überwachen*

ma·schin·schrei·ben *ohne OBJ* ■ *jmd. schreibt Maschin* (*österr. umg.*) (*mit der*) *Schreibmaschine schreiben*

Ma·ser die <-, -n> *wellige Zeichnung, Musterung im Holz* ▶Maserung

Ma·ser der ['meɪzə] <-s, -> PHYS. *ein Gerät, das Mikrowellen erzeugt und verstärkt*

ma·se·rig *Adj. so, dass etwas eine Maserung hat*

Ma·sern <-> *Plur.* MED. *eine Infektionskrankheit*

Ma·se·rung die <-, -en> *unregelmäßiges natürliches Muster in Holz und Leder*

Mas·kat <-s> *Hauptstadt des Omans*

Mas·ke die <-, -n> **1.** *ein Gegenstand, der ein Gesicht mit einem bestimmten Ausdruck darstellt und den man vor dem eigenen Gesicht trägt* die Masken beim Karneval in Venedig, die ausdrucksstarken Masken der alemannischen Fasnacht ◆Hexen-, Teufels- **2.** *ein Gegenstand, den man zum Schutz vor etwas vor dem Gesicht trägt* Die Feuerwehrleute trugen Masken zum Schutz vor dem Qualm. ◆Atem-, Gas-, Schutz- **3.** *ein Abdruck des Gesichts* ◆Gips-, Toten- **4.** FILM THEAT. TV *der Arbeitsplatz des Maskenbildners* Die Schauspielerin war schon in der Maske. **5.** *ein Kosmetikum, das man auf das Gesicht aufträgt und dort eine bestimmte Zeit einwirken lässt, um einen erfrischenden Effekt zu erzielen* Sie verwendet seit Jahren eine Maske gegen die Fältchenbildung im Gesicht. ◆Feuchtigkeits-, Peeling-, Pflege- **6.** ■ **die Maske fallen lassen**: *sich nicht mehr verstellen, sein wahres Gesicht zeigen*

Mas·ken·ball der <-(e)s, Maskenbälle> *ein Fest, auf dem die Besucher kostümiert sind und Masken*[1] *tragen*

Mas·ken·bild·ner, **Mas·ken·bild·ne·rin** der <-s, -> FILM THEAT. TV *jmd., der beruflich Schauspieler schminkt*

Mas·ke·ra·de die <-, -n> **1.** *Verkleidung, Kostümierung mit Masken*[1] **2.** (*geh. abwert.*) *Heuchelei* Ihre Freundlichkeit war doch nur Maskerade.

mas·kie·ren <maskierst, maskierte, hat maskiert> **I.** *mit OBJ* ■ *jmd. maskiert jmdn. jmdm. oder sich eine Maske*[1] *aufsetzen* Sie hatte sich und ihre Tochter für den Karnevalszug maskiert. **II.** *mit SICH* ■ *jmd. maskiert sich das Gesicht mit einer Maske*[1] *unkenntlich machen* Die Bankräuber hatten sich maskiert.

Mas·kie·rung die <-, -en> *das Tragen einer Maske*[1]

Mas·kott·chen das <-s, -> (≈ *Amulett, Talisman*) *kleiner Gegenstand, der Glück bringen soll*

mas·ku·lin, **mas·ku·lin** <nicht steig.> *Adj.* **1.** *das Männliche betonend* Die Herrenmode ist zur Zeit sehr maskulin **2.** (SPRACHWISS.: ↔ *feminin*) *mit männlichem Geschlecht* Im Deutschen haben maskuline Substantive den bestimmten Artikel „der".

Mas·ku·lin·form die <-, -en> (SPRACHWISS.: ↔ *Femininform*) *die maskuline*[2] *Form eines Wortes*

Mas·ku·li·num das <-s, Maskulina> SPRACHWISS. *ein Substantiv mit männlichem Geschlecht*

Ma·so·chis·mus der <-s> (*kein Plur.*) (PSYCH.: ↔ *Sadismus*) *die Veranlagung, dass man durch das Erleiden von Misshandlungen* (*durch den Geschlechtspartner*) *sexuell erregt wird*

Ma·so·chist, **Ma·so·chis·tin** der <-en, -en> (↔ *Sadist*) *jmd. mit masochistischen Neigungen*

ma·so·chis·tisch <nicht steig.> *Adj.* (↔ *sadistisch*) *mit der Veranlagung des Masochismus*

Maß das <-es, -e> **1.** *eine Einheit zum Messen von Größen, Gewichten und Mengen* Die Maße für die Bestimmung des Gewichts sind Gramm, Kilogramm … ◆Flächen-, Längen- **2.** *ein genormter Gegenstand* Sind die Maße auch geeicht? **3.** (*selten im Sing.*) *die durch Messen ermittelte Zahl oder Größe* Ich brauche noch die Maße des Zimmers. ◆Ideal-, Körper- **4.** *Grad, Ausmaß, Umfang* Ich war in höchstem Maße zufrieden. ■ **Das Maß ist voll!** (*umg.*): *Es reicht jetzt!* **mit zweierlei Maßen messen**: (*bei der Beurteilung von jmdm. oder etwas*) *unterschiedliche Maßstäbe anlegen* ◆Getrenntschreibung→R 4.1 Maß halten/nehmen; Zusammenschreibung→R 4.4 das Maßnehmen ◆Höchstmaß, Mindestmaß, Übermaß

Maß die <-, -(e)> (*süddt. österr.*) *die Menge von einem Liter Bier* ◆-krug

Mas·sa·ge die [ma'sa:ʒə] <-, -n> *der Vorgang, dass jmd. jmds. Muskeln durch Knet- und Streichbe-*

wegungen lockert und entspannt Wenn du so verspannt bist, solltest du dir Massagen verschreiben lassen.

Mas·sa·ge·be·hand·lung die <-, -en> *eine Therapie mit Massagen*

Mas·sa·ge·ge·rät das <-(e)s, -e> *ein Hilfsmittel zum Massieren*

Mas·sa·ge·in·sti·tut das <-(e)s, -e> **1.** *die Praxis eines Masseurs* **2.** (*verhüll.*) *eine Art Bordell*

Mas·sa·ge·öl das <-(e)s, -e> *eine Flüssigkeit, die zum Massieren verwendet wird*

Mas·sai, **Mas·sai** der <-, -> *Angehöriger eines Volkstamms in Ostafrika*

Mas·sa·ker das <-s, -> (≈ *Blutbad*) *das Ermorden vieler, meist wehrloser Menschen* Die Soldaten hatten ein Massaker unter der Zivilbevölkerung angerichtet.

mas·sa·k·rie·ren *mit OBJ* ■ *jmd. massakriert jmdn.* (*umg.*) *grausam töten* Die meisten Dorfbewohner wurden massakriert.

Maß·a·na·ly·se die <-, -n> CHEM. *ein Messverfahren*

Maß·an·ga·be die <-, -n> *de Angabe eines Maßes*[1]

Maß·an·zug der <-s, Maßanzüge> *ein Anzug, der nicht in Konfektion, sondern nach den Körpermaßen eines bestimmten Kunden hergestellt wurde*

Maß·ar·beit die <-> (*kein Plur.*) *ein Produkt, das nach vom Kunden vorgegebenen Maßen einzeln angefertigt ist* Der Anzug/Der Schrank ist Maßarbeit.

Mas·se die <-, -n> **1.** (≈ *Materie, Substanz*) *ein Stoff, der ungeformt ist und ungefähr wie ein dickflüssiger Brei aussieht* Die Masse aus Lehm wird dann geformt und im Ofen gebacken. **2.** (*oft abwert.* ≈ *Menge*) *sehr viele Menschen in ihrer Gesamtheit* Er hat die breite Masse/die Massen auf seiner Seite. ◆ Volks- **3.** (≈ *Unmenge*) *sehr viel von etwas* Es gab Massen von Fliegen. **4.** PHYS. *die Eigenschaft der Materie, Gewicht zu haben und durch die Gravitation andere Körper anzuziehen*

Maß·ein·heit die <-, -en> *ein bestimmtes, einmal festgelegtes Maß, das als Grundlage des Messens von etwas gilt* Meter und Kilogramm sind Maßeinheiten.

Maß·ein·tei·lung die <-, -en> *eine Gliederung in Maßeinheiten* Ein Messbecher hat eine Maßeinteilung.

Mas·sel[1] der <-s, -> (*süddt. österr. umg.*) *unerwartetes Glück* Sie hatte einen unglaublichen Massel, denn bei dem Autounfall ist ihr nichts passiert. ►vermasseln

Mas·sel[2] die <-, -n> *ein Metallblock*

Mas·sen·ab·fer·ti·gung die <-> (*kein Plur.*) (*abwert.*) *schnelle Abfertigung von vielen Personen* Auf dem Amt ist niemand auf meine Wünsche eingegangen, eine richtige Massenabfertigung war das.

Mas·sen·ab·satz der <-es, Massenabsätze> *der Verkauf von großen Mengen einer Ware*

Mas·sen·an·drang der <-(e)s> (*kein Plur.*) *der Zustand, dass sich irgendwo sehr viele Menschen drängen, um etwas zu erhalten* Vor dem Finale herrschte Massenandrang an allen Vorverkaufsstellen., Massenandrang in den Kaufhäusern am ersten Tag des Winterschlussverkaufs …

Mas·sen·an·zie·hung die <-> (*kein Plur.*) (PHYS.: ≈ *Gravitation*) *die Eigenschaft von Massen, sich gegenseitig anzuziehen*

Mas·sen·ar·beits·lo·sig·keit die <-> (*kein Plur.*) *der Zustand, dass sehr viele Menschen arbeitslos sind*

Mas·sen·ar·ti·kel der <-s, -> *ein in großer Menge (maschinell) hergestelltes Produkt*

Mas·sen·auf·ge·bot das <-(e)s, -e> (*Plur. selten*) *eine große Anzahl von Personen oder Dingen* ein Massenaufgebot an Reportern

Mas·sen·auf·la·ge die <-, -n> *eine sehr hohe Auflage einer Zeitung*

Mas·sen·be·we·gung die <-, -en> *eine (politische) Gruppe mit sehr vielen Mitgliedern*

Mas·sen·blatt das <-(e)s, Massenblätter> **1.** *eine Zeitung oder Zeitschrift mit hoher Auflage* **2.** *eine Zeitung oder Zeitschrift, die der breiten Masse der Bevölkerung gefällt*

Mas·sen·de·monst·ra·ti·on die <-, -en> *eine Demonstration, an der sehr viele Leute teilnehmen*

Mas·sen·ent·las·sung die <-, -en> (*selten im Sing.*) *die Entlassung von sehr vielen Arbeitnehmern in kurzer Zeit*

Mas·sen·fa·bri·ka·ti·on die <-, -en> (≈ *Massenproduktion*) *die Herstellung von Waren in großen Mengen*

Mas·sen·flucht die <-, Massenflüchte> *das Fliehen von vielen Personen* Nach dem Erdbeben setzte eine Massenflucht ein.

Mas·sen·ge·sell·schaft die <-, -en> SOZIOL. *eine sehr unpersönliche Gesellschaft, in der der Einzelne keine Rolle spielt*

Mas·sen·grab das <-(e)s, Massengräber> *ein Grab, in dem sehr viele Tote beerdigt sind*

Mas·sen·gü·ter <-> *Plur. Waren, die in großen Mengen hergestellt werden* Flussschiffe transportieren oft Massengüter wie Sand, Kies oder Erde.

mas·sen·haft <nicht steig.> *Adj.* (≈ *reichlich, zahlreich*) *in sehr großer Zahl* Durch das massenhafte Auftreten von Heuschrecken ist die gesamte Ernte bedroht.

Mas·sen·her·stel·lung die <-, -en> (≈ *Massenproduktion*) *Produktion in großen Mengen*

Mas·sen·hin·rich·tung die <-, -en> *gleichzeitige Hinrichtung vieler Personen*

Mas·sen·ka·ram·bo·la·ge die <-, -n> *ein Verkehrsunfall, bei dem sehr viele Fahrzeuge in einander fahren* Die Autobahn war wegen einer Massenkarambolage für mehrere Stunden gesperrt.

Mas·sen·kund·ge·bung die <-, -en> *eine Kundgebung mit sehr vielen Menschen*

Mas·sen·me·dien <-> *Plur. Fernsehen, Rundfunk und Zeitungen* Fernsehen, Rundfunk und Zeitung werden als Massenmedien bezeichnet, weil sie auf eine breite Bevölkerungsschicht einwirken (können).

> **i Wissenswert** Zu den **Massenmedien** gehören Hörfunk und Fernsehen, Bücher, Zeitschriften und Zeitungen, Schallplatten, Kassetten, Disketten und CD-Rom sowie Filme. Massenmedien dienen der Unterhaltung und Zerstreuung, nehmen aber auch eine wichtige Funktion im gesellschaftlichen Leben ein, da sie den Meinungsbildungsprozess fördern. Sie können ein starkes Gegengewicht zur öffentlichen Meinung darstellen. Darüber hinaus findet durch sie ein bedeutender Transport von Werbung statt. Man unterscheidet privatwirtschaftlich organisierte Massenmedien, die sich im Wesentlichen durch die in ihren Kanälen ausgestrahlte Werbung finanzieren von den öffentlich-rechtlich organisierten Medien. Massenmedien nehmen in Kriegszeiten eine bedeutende Funktion ein. Wurden sie in den Weltkriegen des 20. Jahrhunderts zur Beeinflussung und Lenkung des Volkes eingesetzt, so dienen sie heute entweder einer gezielten Desinformation oder werden bewusst und unter Zensur in das Kriegsgeschehen integriert.

Mas·sen·mord der <-(e)s, -e> *der Mord an sehr vielen Menschen*

Mas·sen·or·ga·ni·sa·ti·on die <-, -en> *eine Organisation mit sehr vielen Mitgliedern*

Mas·sen·pro·duk·ti·on die <-> (*kein Plur.*) *die Herstellung von Produkten in sehr großen Stückzahlen*

Mas·sen·psy·cho·lo·gie die <-> PSYCH. *das Gebiet der Psychologie, das sich mit dem Verhalten eines Menschen als Teil einer Masse[2] beschäftigt*

Mas·sen·psy·cho·se die <-, -n> *eine sehr starke seelische Erregung einer Menschenmasse*

Mas·sen·punkt der <-(e)s> (*kein Plur.*) PHYS. *ein hypothetischer Körper ohne Ausdehnung*

Mas·sen·quar·tier das <-s, -e> *eine Unterkunft für sehr viele Personen* Die Flüchtlinge wurden in einem Massenquartier untergebracht.

Mas·sen·sport der <-s, -> *eine Sportart, die von sehr vielen Menschen betrieben wird* Fussball ist ein Massensport.

Mas·sen·ster·ben das <-s> (*kein Plur.*) *der Vorgang, dass - meist als Folge einer Umweltkatastrophe - sehr viele Tiere sterben* Die Ölpest verursachte ein Massensterben unter den Seevögeln.

Mas·sen·streik der <-s, -s> *ein Streik, an dem sehr viele Menschen teilnehmen* Nach den gescheiterten Tarifverhandlungen kam es im ganzen Land zu Massenstreiks.

Mas·sen·tier·hal·tung die <-> (*kein Plur.*) *die Haltung von Nutztieren in sehr großen Stückzahlen*

Mas·sen·tou·ris·mus der <-> (*kein Plur.*) *in großem Rahmen organisierte Urlaubsreisen für die breite Bevölkerung*

Mas·sen·trans·port der <-(e)s, -e> *Beförderung großer Mengen von Dingen oder Personen*

Mas·sen·ver·an·stal·tung die <-, -en> *eine Veranstaltung, an der sehr viele Menschen teilnehmen*

Mas·sen·ver·haf·tung die <-, -en> *eine große Anzahl von Festnahmen*

Mas·sen·ver·kehrs·mit·tel das <-s, -> *ein Verkehrsmittel, mit dem sehr viele Menschen befördert werden* Die Straßenbahn ist ein Massenverkehrsmittel.

Mas·sen·ver·nich·tungs·waf·fen <-> *Plur. Waffen, deren Einsatz für sehr viele Menschen todbringend ist*

Mas·sen·ver·samm·lung die <-, -en> *eine Versammlung von sehr vielen Personen*

Mas·sen·wa·re die <-, -n> *ein Produkt, das in großen Mengen hergestellt wird*

mas·sen·wei·se *Adv.* (*umg.*) *in sehr großer Zahl* In diesem Sommer gibt es massenweise Mücken.

mas·sen·wirk·sam *Adj. so, dass etwas bei der Masse[2] gut ankommt*

Mas·sen·zahl die <-> (*kein Plur.*) PHYS. *die Anzahl der Protonen und Neutronen in einem Atomkern*

Mas·seur, **Mas·seu·rin/Mas·seu·se** der [ma'søːɐ] <-s, -e> *jmd., der beruflich Menschen massiert*

Maß·ga·be die <-, -n> (*geh.*) Ich handelte strikt nach Maßgabe dieser Vorschrift.

maß·ge·ar·bei·tet <nicht steig.> *Adj. nach Maßangeben hergestellt*

maß·ge·bend *Adj. entscheidend* Dies war schließlich das maßgebende Argument.

maß·geb·lich *Adj. entscheidend* Sie hatte maßgeblichen Anteil an unserem Erfolg.

maß·ge·recht <nicht steig.> *Adj. genau nach den vorgegeben Maßen gearbeitet*

maß·ge·schnei·dert <nicht steig.> *Adj. nach dem Körpermaß des Kunden geschneidert* ein maßgeschneidertes Kleid

mas·sie·ren[1] *mit OBJ* ■ *jmd. massiert jmdn./etwas eine Massage durchführen*

mas·sie·ren[2] *mit OBJ* ■ *jmd. massiert jmdn./etwas* MILIT. *Truppen (an einem bestimmten Ort) zusammenziehen*

mas·sig *Adj.* **1.** *wuchtig* Er war von massiger Gestalt. **2.** (*umg.* ≈ *haufenweise*) *massenhaft* Wir haben in diesem Jahr massig Kirschen.

mä·ßig *Adj.* **1.** (≈ *maßvoll*) *so, dass man den Gebrauch von etwas nicht übertreibt* Sie raucht nur mäßig. **2.** *relativ gering* Die Ernte ist dieses Jahr nur mäßig. **3.** (≈ *mittelmäßig, durchschnittlich*) *so, dass etwas nur durchschnittlich ist und daher nicht sonderlich begeistert* Das Konzert war eher mäßig.

mä·ßi·gen **I.** *mit OBJ* ■ *jmd. mäßigt etwas auf ein geringeres Maß bringen* Mäßige deine Kritik! **II.** *mit SICH* ■ *jmd. mäßigt sich (bei etwas Dat.)* (≈ *jmd. beherrscht sich, zügelt sich*) *sich einschränken* Mäßige dich beim Essen!

Mä·ßi·gung die <-, (-en)> *das Mäßigen*

Mas·siv das <-s, -e> *eine Bergkette, ein gesamtes Gebirge* ◆ Bergmassiv, Felsmassiv

mas·siv *Adj.* **1.** (≈ *stabil*) *so, dass etwas sehr fest* *gebaut ist und daher stark beansprucht werden kann* ein massiver Tisch, ein massives Metallgehäuse **2.** *vollständig aus einem bestimmten Material* Die Kette ist aus massivem Gold. **3.** (≈ *drastisch, rücksichtslos*) *sehr heftig* Sie machte uns massive Vorwürfe.

Mas·si̱v·bau der <-(e)s, -ten> **1.** (*kein Plur.*) *das Bauen mit massiven Stoffen, wie Beton oder Stahl* **2.** *ein Gebäude, das in der Bauweise des Massivbaus*[1] *gefertigt wurde.*

Ma̱ß·krug der <-(e)s, Maßkrüge> (*süddt. österr.*) *Bierkrug, der einen Liter Bier fasst*

Ma̱ß·lieb·chen, **Maß·li̱e̱b·chen** das <-s, -> (≈ *Gänseblümchen*) *eine kleine Wiesenblume*

ma̱ß·los *Adj.* **1.** (≈ *unmäßig, extrem*) *so, dass etwas stark übertrieben ist* Das ist doch eine maßlose Übertreibung., Ich habe mich maßlos geärgert. **2.** (≈ *hemmungslos, zügellos*) *so, dass jmd. ohne Hemmungen lebt* Er hat maßlose Ansprüche.

Ma̱ß·nah·me die <-, -n> *eine Handlung, mit der ein bestimmtes Ziel erreicht werden soll* Welche Maßnahmen hat man gegen das drohende Hochwasser getroffen?, Die Lawinengefahr soll durch gezielte Maßnahmen verringert werden.

Ma̱ß·re·gel die <-, -n> *Regel, Vorschrift* Man hat dienstliche Maßregeln ergriffen.

ma̱ß·re·geln *mit OBJ* ■ *jmd. maßregelt jmdn. tadeln* Der Chef maßregelte seine Angestellten.

Ma̱ß·re·g(e)·lung die <-, -en> *Kritik, Tadel*

Ma̱ß·schnei·der, **Ma̱ß·schnei·de·rin** der <-s, -> *jmd., der beruflich Maßanzüge schneidert*

Ma̱ß·stab der <-(e)s, Maßstäbe> **1.** *das Verhältnis zwischen der realen Länge einer Distanz und ihrer Darstellung auf einer Karte oder in einem Modell* Der Maßstab dieser Landkarte ist 1:100000., ein Automodell im Maßstab 1:18 **2.** *die Norm einer Beurteilung* Bei der Auswahl gelten strenge Maßstäbe., Ihre Leistung sollte dir als Maßstab dienen.

ma̱ß·stab(s)·ge·treu <nicht steig.> *Adj. so, dass ein Detail auf einem Bild oder in einem Modell hinsichtlich des gewählten Maßstabs*[1] *die richtige Größe hat* Alle Details sind auf dem Bild maßstabsgetreu wiedergegeben.

ma̱ß·voll *Adj. im rechten Maß* Er urteilte stets maßvoll.

Ma̱st[1] der <-(e)s, -en/(-e)> **1.** *eine lange Stange, an der man Fahnen, Antennen oder Stromleitungen befestigt* ◆ Telegrafen- **2.** *eine der senkrechten langen Stangen, an denen auf einem Segelschiff die Segel befestigt sind* ◆ Schiffs-

Ma̱st[2] die <-> (*kein Plur.*) *das Mästen von Schlachtvieh* ◆ Gänse-, Schweine-

Ma̱st·baum der <-(e)s, Mastbäume> *ein Mast*[1] *auf einem Segelschiff*

Ma̱st·darm der <-(e)s, Mastdärme> (*Plur. selten*) ANAT. *letzter Abschnitt des Darmes*

mä̱s·ten *mit OBJ* **1.** ■ *jmd. mästet ein Tier Tiere sehr reichlich füttern, damit sie möglichst schnell an Gewicht zunehmen und man sie schlachten kann* **2.** ■ *jmd. mästet jmdn.* (*umg. scherzh.*) *reichlich mit Nahrung versorgen* Meine Mutter hat mich an den Feiertagen so richtig gemästet.

Ma̱s·tix der <(-es)> (*kein Plur.*) *Harz*[1] *aus dem Holz des Mastixstrauchs, mit dem man bestimmte Stoffe, z.B. Lacke herstellen kann*

Ma̱st·korb der <-(e)s, Mastkörbe> *eine Plattform an der Spitze eines Mastes*[1] *auf einem Schiff, von der aus man bis an den Horizont sehen kann* Der Matrose stand auf dem Mastkorb und hielt Ausschau nach anderen Schiffen.

Ma̱st·kur die <-, -en> *eine Kur, die dazu führen soll, dass jmd. an Gewicht zunimmt*

Ma̱st·schwein das <-(e)s, -e> *ein Schwein, das gemästet wird*

Mä̱s·tung die <-, -en> (*Plur. selten*) *die Mast*[2]

Mas·tur·ba·ti·o̱n die <-, -en> (≈ *Onanie*) *der Vorgang, dass man die eigenen Geschlechtsorgane berührt, um sich selbst sexuelle Lust zu verschaffen*

mas·tur·bi̱e̱·ren *ohne OBJ* ■ *jmd. masturbiert* (≈ *onanieren*) *die eigenen Geschlechtsorgane berühren, um sich selbst sexuelle Lust zu verschaffen*

Ma·su̱r·ka, *a.* **Ma·zu̱r·ka** die <-, -s/Mazurken> *polnischer Nationaltanz*

Ma·ta·do̱r der <-s/-en, -e/-en> **1.** (≈ *Stierkämpfer*) **2.** *Hauptperson, Sieger* ◆ Haupt-, Lokal-

Match das [mɛtʃ] <-(e)s, -s/-e> SPORT *ein Spiel als Wettkampf* Wie ist das Match ausgegangen? ◆ Tennismatch, Tischtennismatch

Match·ball der [mɛtʃ...] <-(e)s, Matchbälle> SPORT *der über den Sieg entscheidende Ball in einem Tennisspiel*

Match·sack der [mɛtʃ...] <-(e)s, Matchsäcke> *ein größerer Beutel, den man sich über die Schulter hängt*

Ma·te·ri·a̱l das <-s, Materialien> **1.** (≈ *Rohstoff, Werkstoff*) *der Stoff, aus dem etwas gemacht ist* Aus welchem Material ist die Bluse?, Aluminium ist ein leichtes Material. **2.** *Hilfsmittel, Gegenstände für bestimmte Arbeiten* Brauchst du noch Material fürs Büro? ◆ Arbeitsmaterial, Büromaterial, Verpackungsmaterial **3.** *schriftliche Unterlagen, Beweise* Ich muss das Material für mein Referat zusammentragen, sichten und auswerten. ◆ Beweismaterial, Bildmaterial, Informationsmaterial **4.** MILIT. *Waffen und Ausrüstungsgegenstände* Es gab hohe Verluste an Mensch und Material.

-ma·te·ri·a̱l (*abwert.*) (*in Zusammensetzungen*) *eine Gruppe von Personen, die für bestimmte Aufgabe zur Verfügung stehen* Menschenmaterial, Patientenmaterial

Ma·te·ri·a̱l·an·for·de·rung die <-, -en> *Bestellung von Material*[2]

Ma·te·ri·a̱l·auf·wand der <-(e)s> (*kein Plur.*) *Aufwand an Material*[2] Der Materialaufwand hielt sich in Grenzen.

Ma·te·ri·a̱l·aus·ga·be die <-, -n> **1.** (*kein Plur.*) *Verteilung von Material*[2] **2.** *Stelle, an der Material*[2] *verteilt wird*

Ma·te·ri·a̱l·be·darf der <-(e)s> (*kein Plur.*) *Material*[2], *das für etwas benötigt wird*

Ma·te·ri·a̱l·ein·spa·rung die <-, -en> *Einsparung*

M

von Material[1]

Ma·te·ri·al·er·mü·dung die <-> (*kein Plur.*) (*techn.*) *der Vorgang, dass das Material[1], aus dem ein Bauteil von etwas gemacht ist, durch dauernde Belastung nicht mehr belastbar ist und z.B. bricht* Das Teil sollte nach einiger Zeit ausgetauscht werden, da es stark belastet wird und es so zu Materialermüdung kommen kann.

Ma·te·ri·al·feh·ler der <-s, -> *Fehlerhaftigkeit des Materials[1]* Nach eingehender Überprüfung kann ein Materialfehler als Unfallursache ausgeschlossen werden.

ma·te·ria·li·sie·ren *mit OBJ* ■ *jmd. materialisiert etwas* (*geh.*) *Energie in Materie umwandeln*

Ma·te·ria·lis·mus der <-> (*kein Plur.*) **1.** *eine Lebenseinstellung, die Besitz und Gewinn in den Vordergrund stellt* **2.** (PHILOS.: ↔ *Idealismus*) *die Lehre, die alles Wirkliche als Erscheinungsform oder Auswirkung der Materie auffasst oder auf Kräfte zurückführt, die deren Bedingungen unterliegen*

Ma·te·ria·list, Ma·te·ria·lis·tin der <-en, -en> **1.** (*oft abwert.*) *jmd., der Besitz und Gewinn in den Vordergrund stellt* **2.** PHILOS. *Anhänger des Materialismus[2]* **3.** (PHILOS.: ↔ *Idealist*) *den Materialismus[2] betreffend*

ma·te·ria·lis·tisch *Adj.* **1.** (*oft abwert.*) *vom Materialismus[1] bestimmt* **2.** (*nicht steig.*) (PHILOS.: ↔ *idealistisch*) *den Materialismus[2] betreffend*

Ma·te·ri·al·kos·ten <-> *Plur. Kosten für das Material[1 2]*

Ma·te·ri·al·la·ger das <-s, -> *Lager, in dem Material[2] aufbewahrt wird*

Ma·te·ri·al·pro·be die <-, -n> *eine Probe, die man von einem bestimmten Stoff nimmt*

Ma·te·ri·al·prü·fung die <-, -en> *Prüfung von Materialien[1]*

Ma·te·ri·al·samm·lung die <-, -en> *Zusammenstellung von Material[3]*

Ma·te·ri·al·scha·den der <-s, Materialschäden> *Materialfehler*

Ma·te·ri·al·schlacht die <-, -> MILIT. *Schlacht, in der sehr viel Kriegsmaterial eingesetzt wird*

Ma·te·ri·al·ver·brauch der <-(e)s> (*kein Plur.*) *Verbrauch an Material[1 2]*

Ma·te·rie die <-, -n> **1.** (*kein Plur.*) (*fachspr.* ≈ *Substanz, Stoff*) *Stoff als Grundsubstanz aller Dinge* Man kann feste von gasförmiger und flüssiger Materie unterscheiden., organische/tote Materie **2.** (*geh.* ≈ *Sachgebiet*) *Gegenstand, Thema* Sie musste für ihr Referat eine schwierige Materie bearbeiten., Er beherrscht seine Materie gut., Er ist ein Kenner der Materie.

ma·te·ri·ell <nicht steig.> *Adj.* **1.** (↔ *ideell*) *auf Besitz oder Gewinn bezogen* Er sollte neben den materiellen auch die ideellen Werte schätzen. **2.** *wirtschaftlich, finanziell* Sie ist materiell abgesichert., Es wurde glücklicherweise niemand verletzt, doch der materielle Schaden war enorm.

Ma·te·tee der <-s, -s> *koffeinhaltiger Tee aus der Frucht des Matestrauchs*

Ma·the·ma·tik die <-> (*kein Plur.*) *die Wissenschaft von den Zahlen und ihren in Formeln ausdrückbaren Beziehungen* angewandte/höhere Mathematik ◆ Versicherungs, Wirtschafts-

Ma·the·ma·ti·ker, Ma·the·ma·ti·ke·rin der <-s, -> *jmd., der Mathematik studiert hat*

ma·the·ma·tisch <nicht steig.> *Adj. auf die Mathematik bezogen* mathematische Axiome/Berechnungen/ Beweise/Formeln/Lehrsätze

Ma·ti·nee die <-, -n> *künstlerische Veranstaltung, die am Vormittag stattfindet*

Mat·jes·he·ring der <-(e)s, -e> *ein gesalzener Hering*

Ma·t·rat·ze die <-, -n> *das Polster, auf dem man in einem Bett liegt* eine harte/weiche Matratze, Die Matratze ist durchgelegen. ◆ Federkernmatratze, Latexmatratze

Ma·t·rat·zen·la·ger das <-s, -> *Schlafgelegenheit in Form von Matratzen, die auf dem Boden liegen*

Ma·t·rat·zen·scho·ner der <-s, -> *ein rechteckiges Stück Stoff, dass über die Matratze gelegt wird*

Mä·t·res·se die <x-, -n> (*veralt.*) *Geliebte eines Fürsten oder Königs* ◆ Mätressenwirtschaft

ma·t·ri·ar·cha·lisch <nicht steig.> *Adj.* (↔ *patriarchalisch*) *zum Matriarchat gehörig* eine matriarchalische Gesellschaft

Ma·t·ri·ar·chat das <-(e)s, -e> (*Plur. selten*) (↔ *Patriarchat*) *Gesellschaftsordnung, die der Frau die wichtigste Stellung in Staat und Familie einräumt*

Ma·t·ri·kel die <-, -n> **1.** *amtliches Personenverzeichnis* (*einer Universität*) **2.** (*österr.*) *Personenstandsregister*

Ma·t·ri·kel·num·mer die <-, -n> *Registriernummer der Matrikel[1]* Bei der Einschreibung an einer Universität bekommt jeder Student eine Matrikelnummer.

Ma·t·rix die <-, Matrices/Matrizen/Matrizes> **1.** FACHSPR. *geordnetes Schema, das einem Bau- oder Schaltplan zugrundeliegt* die Matrix des Chromosomensatzes/ des Farbfernsehers **2.** MATH. *Anordnung von Zahlen in waagrechten und senkrechten Reihen*

Ma·t·rix·dru·cker der <-s, -> EDV *Nadeldrucker*

Ma·t·ri·ze die <-, -n> **1.** (*gewachste*) *Folie zur Herstellung von Vervielfältigungen* **2.** DRUCKW. *eine Metall-, Wachs- oder Pappform zur Herstellung einer Druckplatte*

Ma·t·ro·ne die <-, -n> *ältere, ehrwürdige Frau*

ma·t·ro·nen·haft <nicht steig.> *Adj.* (*oft abwert.*) (*als Frau*) *korpulent und ältlich* Ich kann mich noch gut an ihr matronenhaftes Aussehen erinnern.

Ma·t·ro·se der <-n, -n> *jmd., der auf einem Handelsschiff oder bei der Marine als Seemann arbeitet* ◆ Leichtmatrose, Vollmatrose

Ma·tros·en·kra·gen der <-s, -/Matrosenkrägen> *breiter Kragen, der typisch für die Kleidung eines Matrosen ist*

Ma·tro·sen·müt·ze die <-, -n> *runde Mütze, die zur Kleidung eines Matrosen gehört*

Matsch der <-(e)s> (*kein Plur.*) (*umg.*) **1.** *breiige*

Mischung aus Schmutz und Erde oder Schnee **2.** *breiige Masse* Die Erdbeeren sind nur noch Matsch.

mat·schen <matschst, matschte, hat gematscht> *ohne OBJ* ■ *jmd. matscht* (*umg.*) *im oder mit Matsch spielen* Die Kinder sind ganz schmutzig, weil sie in den Pfützen gematscht haben.

mat·schig *Adj.* (*umg.*) *so, dass es nicht mehr fest, sondern wie ein Brei ist* Der Schnee war völlig matschig.

Matsch·wet·ter das <-s> (*kein Plur.*) (*abwert.*) Bei diesem Matschwetter geht man gar nicht gern aus dem Haus.

matt *Adj.* **1.** (≈ *kraftlos, umg. erledigt, schlapp*) *schwach, müde, erschöpft* Ich fühle mich vor Hunger und Durst ganz matt. **2.** (≈ *stumpf*) *ohne Glanz, nur schwach leuchtend* Ich muss den Silberring polieren, er ist ganz matt., Die Farben auf den Fotos sind im Laufe der Zeit etwas matt geworden. ▸halbmatt, seidenmatt **3.** *nicht intensiv* Er antwortete mit einem matten Lächeln.

Matt das <-, -s> *Kurzform für „Schachmatt"*

Mat·te die <-, -n> **1.** *eine große Unterlage aus weichem Material, die bei bestimmten sportlichen Übungen dazu dient, dass der Sportler darauf fallen kann, ohne sich zu verletzen* die Matte beim Hochsprung/Stabhochsprung ◆ Judomatte, Turnmatte **2.** (≈ *Fußmatte*) *eine rechteckige Unterlage mit einer rauen Oberfläche, auf der man sich die Schuhe reinigt, bevor man ein Haus betritt* **3.** *kleiner Teppich* ◆ Automatte, Badematte

Matt·glas das <-es> (*kein Plur.*) *trübes, undurchsichtiges Glas*

Matt·gold das <-(e)s> (*kein Plur.*) *Gold, das nur schwach leuchtet*

mat·tie·ren *mit OBJ* ■ *jmd. mattiert etwas eine Oberfläche so behandeln, dass sie matt ist und nicht glänzt*

Matt·lack der <-(e)s, -e> (↔ *Glanzlack*) *Lack, der nur relativ wenig glänzt*

Matt·schei·be die <-> (*kein Plur.*) **1.** FOTOGR. *eine Glasscheibe in der Kamera, mit der man die Schärfe einstellt* **2.** (*umg.*) *der Bildschirm des Fernsehers* ■ **(eine) Mattscheibe haben** (*umg.*): *etwas trotz mehrmaligem Erklären nicht verstehen (können)*

Ma·tu·ra die <-> (*kein Plur.*) (*schweiz. österr.*) *Reifeprüfung, Abitur*

Ma·tu·rand, **Ma·tu·ran·din** der <-en, -en> (*schweiz.*) *Abiturient*

Ma·tu·rant, **Ma·tu·ran·tin** der <-en, -en> (*österr.*) *Abiturient*

Matz der <-es, e/Mätze> (*umg. scherz.*) *ein kleiner Junge*

Mätz·chen ■ **keine Mätzchen machen** (*umg.*): *keine Dummheiten machen*

Matze, **Mazze** die <-, -n (-s)> *ungesäuertes Brot im jüdischen Ritus*

mau *Adj.* (*umg.*) *schlecht* ■ **Die Lage ist mau!**: *Die Lage ist schlecht!* **Mir ist mau!**: *Mir ist flau, unwohl.*

Mau·er die <-, -n> **1.** (≈ *Wand*) *eine Wand aus Stein oder Beton als Umgrenzung oder als Teil eines Hauses* ◆ Gartenmauer, Stadtmauer, Steinmauer **2.** GESCH. *die Betonmauer, die bis 1989 den westlichen und östlichen Teil Berlins voneinander trennte* **3.** (SPORT: *Fußball*) *mehrere Spieler, die sich in einer bestimmten Spielsituation nebeneinander aufstellen, um den Schuss des Gegners auf das eigene Tor zu erschweren* Der Torwart dirigiert die Mauer noch in die richtige Position. ■ **die Mauer des Schweigens** (*übertr.*): *der Zustand, dass irgendwo die Menschen nicht bereit sind, über eine Sache zu reden, weil sie Angst haben oder sich schämen* Er versuchte vergeblich, die Mauer des Schweigens zu durchbrechen.

Mau·er·bau der <-s> (*kein Plur.*) GESCH. *Bezeichnung für den Bau der Berliner Mauer, die 1961 von der damaligen DDR als stark gesicherte Grenze zwischen Ost- und Westberlin errichtet wurde*

Mau·er·blüm·chen das <-, -> (*umg. abwert.*) *schüchterne, unscheinbare junge Frau, die von Männern nicht beachtet wird*

Mauer·bre·cher der <-s, -> *eine Vorrichtung, mit der im Mittelalter beim Belagern einer Burg Mauern durchbrochen wurden*

Mau·er·fall der <-s> (*kein Plur.*) GESCH. *Bezeichnung für das Wegfallen der Berliner Mauer, die bis 1989 als stark bewachte Grenze Ost- und Westberlin trennte, was zugleich ein wichtiger und symbolträchtiger Schritt auf dem Weg zur deutschen Wiedervereinigung war*

mau·ern <mauerst, mauerte, hat gemauert> **I.** *mit OBJ/ohne OBJ* ■ *jmd. mauert etwas aus Steinen und Mörtel eine Mauer bauen* Wir mauern gerade eine Wand., Er mauert schon seit Tagen. **II.** *ohne OBJ* ■ *jmd. mauert* **1.** (*umg.*) *Fragen nicht beantworten, Informationen nicht weitergeben* Je mehr er gefragt wurde, umso mehr mauerte er. **2.** (SPORT: *Fußball*) *beim Fußball betont defensiv spielen, vor allem, wenn bis zum Spielende nur noch wenig Zeit bleibt* Nach dem Tor begann die Mannschaft zu mauern.

Mau·er·öff·nung die <-> (*kein Plur.*) GESCH. *Bezeichnung für die Öffnung der deutsch-deutschen Grenze an der Berliner Mauer 1989, was zugleich ein wichtiger und symbolträchtiger Schritt auf dem Weg zur deutschen Wiedervereinigung war*

Mau·er·pfef·fer der <-s, -> *eine Pflanze, die auf Mauern und Felsen wächst*

Mau·er·schau die <-, -en> (LIT. THEAT.: ≈ *Teichoskopie*) *Technik im Theater, bei der die Schauspieler Dinge beschreiben, die sie angeblich sehen*

Mau·er·seg·ler der <-s, -> *ein Vogel aus der Familie der Schwalben*

Mau·er·stein der <-(e)s, -e> *einzelner Stein einer Mauer*[1]

Mau·er·vor·sprung der <-(e)s, Mauervorsprünge> *Vorsprung*[1] *in einer Mauer*[1]

Mau·er·werk das <-(e)s> (*kein Plur.*) **1.** *gemauertes Gefüge* **2.** *alle Mauern eines Gebäudes*

Maul das <-(e)s, Mäuler> **1.** *der Mund größerer Tiere* Der Hund hat einen Maulkorb vor dem

Maul. **2.** (*vulg.*) *Mund* ■ **sich das Maul über jemanden zerreißen** (*umg.* ≈ *Klappe, Schnauze*): *üble Reden über jmdn. führen* Halt's Maul!; (*vulg.*) *verwendet, um jmdn. aufzufordern still zu sein*

Maul·beer·baum der <-(e)s, Maulbeerbäume> *Baum mit Früchten, die der Brombeer ähnlich sind und dessen Blätter von Seidenraupen gefressen werden*

mau·len *ohne OBJ* ■ *jmd. mault* (*umg. abwert.* ≈ *murren, nörgeln*) *mürrisch sein und schimpfen* Ich weiß nicht, was er hat, er mault schon den ganzen Abend.

Maul·e·sel der <-s, -> *Kreuzung aus einem männlichen Pferd und einem weiblichen Esel*

maul·faul *Adj.* (*umg.*) *nicht gesprächig* Warum bist du denn so maulfaul?

Maul·korb der <-(e)s, Maulkörbe> *ein Gegenstand in der Art mehrerer Riemen, den man einem Hund vor das Maul bindet, damit er nicht beißen kann* Der bissige Hund sollte einen Maulkorb tragen.

Maul·ta·schen <-> *Plur.* KOCH. *ein Gericht aus kleinen Teigtaschen, die mit Hackfleisch oder Gemüse gefüllt werden und die man in einer Brühe oder gebraten serviert*

Maul·tier das <-(e)s, -e> *Maulesel*

Maul·trom·mel die <-, -n> *ein Musikinstrument*

Maul- und Klau·en·seu·che die <-> (*kein Plur.*) *eine Rinderkrankheit*

Maul·wurf der <-(e)s, Maulwürfe> *ein kleines Tier mit schwarzem Fell, das unter der Erde lebt und mit seinen Vordergliedmaßen Gänge gräbt, an deren Enden kleine Hügel sind*

Maul·wurfs·hü·gel der <-s, -> *kleiner Erdhügel, den ein Maulwurf beim Graben aufwirft*

maun·zen <maunzt, maunzte, hat gemaunzt> *ohne OBJ* ■ *eine Katze maunzt* (*umg.*) (*von Katzen*) *klägliche Laute von sich geben*

Mau·re, **Mau·rin** der <-n, -n> (*veralt.*) *Angehöriger eines nordafrikanischen Volkes*

Mau·rer, **Mau·re·rin** der <-s, -> *Handwerker, der Häuser baut*

Mau·rer·ar·beit die <-, -en> *Arbeit, die Maurer machen*

Mau·rer·ge·sel·le der <-n, -n> *jmd., der eine Ausbildung zum Maurer gemacht hat*

Mau·rer·hand·werk das <-s> (*kein Plur.*) *das Handwerk des Maurers*

mau·re·risch <nicht steig.> *Adj. freimaurerisch* Mozart schrieb eine „maurerische Trauermusik“.

Mau·rer·kel·le die <-, -n> *das Werkzeug des Maurers, das zum Aufnehmen und glätten des Mörtels dient*

Mau·rer·lehr·ling der <-s, -e> *jmd., der eine Ausbildung zum Maurer macht*

Mau·rer·meis·ter, **Mau·rer·meis·te·rin** der <-s, -> *jmd., der einen Meistertitel im Maurerhandwerk hat*

Mau·re·ta·ni·en <-s> (*kein Plur.*) *ein Staat in Afrika*

Mau·re·ta·ni·er, **Mau·re·ta·ni·e·rin** der <-s, -> *jmd., der die mauretanische Staatsbürgerschaft hat*

mau·re·ta·nisch <nicht steig.> *Adj. auf Mauretanien bezogen*

mau·risch <nicht steig.> *Adj.* (*veralt. kunst*) *dem Volk der Mauren zugehörig* die maurische Architektur in Cordoba

Mau·ri·ti·er, **Mau·ri·ti·e·rin** der <-s, -> *jmd., der die mauritische Staatsbürgerschaft hat*

mau·ri·tisch *Adj. auf Mauritius bezogen*

Mau·ri·ti·us <-> (*kein Plur.*) *Insel im Indischen Ozean*

Maus die <-, Mäuse> **1.** *ein kleines Nagetier von grauer oder brauner Farbe* ◆ Feld-, Hasel-, Spitz-, Wühl- **2.** EDV *ein mit einem Computer verbundenes Gerät, das man auf einer Unterlage bewegt, um dadurch die Position des Cursors auf dem Bildschirm zu verändern oder Befehle auszulösen* Jetzt musst du mit der Maus auf dieses Symbol klicken. ◆-steuerung, -taste, -treiber **3.** ■ **Da beißt die Maus keinen Faden ab.** (*umg.*): *Da ist nichts (mehr) zu ändern.* ▸mäuschenstill

mau·scheln <mauschelst, mauschelte, hat gemauschelt> *ohne OBJ* ■ *jmd. mauschelt* (*umg. abwert.*) *heimlich Vorteile aushandeln, sich heimlich absprechen* Was sie wohl nach der Sitzung noch zu mauscheln hatten?

Mäu·se·bus·sard der <-s, -e> *ein brauner Raubvogel, der Mäuse fängt*

Mau·se·fal·le/Mäu·se·fal·le die <-, -n> *Falle zum Fangen von Mäusen*

Mau·se·loch/Mäu·se·loch das <-s, Mauselöcher/Mäuselöcher> *Loch, das einer Maus als Behausung dient*

mau·sen <maust, mauste, hat gemaust> **I.** *mit OBJ* ■ *jmd. maust (jmdm.) etwas* (*umg.* ≈ *klauen*) (*in harmloser Weise kleine Dinge*) *stehlen* Die Kinder haben einige Äpfel gemaust. **II.** *ohne OBJ* ■ *ein Tier maust Mäuse fangen* Die alte Katze maust nicht mehr.

Mau·ser die <-> (*kein Plur.*) *der bei vielen Vögeln jährlich stattfindende Wechsel der Federn* Der Wellensittich ist gerade in der Mauser.

mau·sern <mauserst, mauserte, hat gemausert> *mit SICH* **1.** ■ *ein Vogel mausert sich die Mauser haben* Der Kanarienvogel mausert sich gerade. **2.** ■ *jmd. mausert sich* (*umg.*) *sich* (*positiv*) *entwickeln* Er hat sich in der vergangenen Saison zu einem guten Spieler gemausert., Das Mädchen hat sich zu einer jungen Dame gemausert.

mau·se·tot <nicht steig.> *Adj.* (*umg.*) *ganz und gar tot*

mau·s·grau <nicht steig.> *Adj. von einem mittleren Grauton*

mau·sig ■ **sich mausig machen** (*umg. abwert.*): *sehr vorlaut sein*

Maus·klick der <-s, -s> EDV *das Klicken mit der Maus*[2] Das Programm lässt sich ganz leicht per Mausklick starten.

Mau·so·le·um das <-s, Mausoleen> *ein großes Grabmal*

Maus·pad das <-s, -s> EDV *eine Unterlage, auf der*

die Maus eines Computers bewegt wird

Maus·tas·te die <-, -n> EDV *eine der beiden Tasten an der Maus eines Computers* die linke/rechte Maustaste

Maut die <-, -en> *(österr.) Straßennutzungsgebühr, Autobahngebühr*

Maut·ge·bühr die <-, -n> *(österr.) Straßenbenutzungsgebühr, Autobahngebühr*

Maut·stel·le die <-, -n> *(österr.) eine Stelle, an der die Maut einkassiert wird*

Maut·stra·ße die <-, -n> *(österr.) eine Straße, die man nur befahren darf, wenn man Maut bezahlt hat*

ma·xi <nicht steig.> *Adj. (umg. ↔ mini) so dass ein Rock oder Kleid bis zu den Füßen reicht* ▶ Maxirock

Ma·xi-CD die <-, -s> *eine CD, mit nur einem oder wenigen Titeln*

ma·xi·mal <nicht steig.> **I.** *Adj. (geh. ↔ minimal) größtmöglich* Das Flugzeug hat die maximale Flughöhe und Geschwindigkeit erreicht. **II.** *Adv. im höchsten Fall* Ich kann maximal zwei Wochen bleiben., In diesem Auto haben maximal vier Personen Platz. ◆ Maximalhöhe, Maximalbetrag

Ma·xi·mal·for·de·rung die <-, -en> *höchste Forderung*

Ma·xi·mal·wert der <-(e)s, -e> *größtmöglicher Wert*

Ma·xi·me die <-, -n> *ein Leitsatz, den sich jmd. für sein persönliches Handeln gibt* Ich habe stets versucht, nach der Maxime zu leben: Leben und leben lassen.

ma·xi·mie·ren *mit OBJ* ■ *jmd. maximiert etwas (geh. ↔ minimieren) auf den größtmöglichen Betrag bringen* Der neue Vorstand ist bestrebt, die Firmenerträge zu maximieren.

Ma·xi·mum das <-s, Maxima> **1.** *(≈ Optimum ↔ Minimum) Höchstmaß* Das Auto bietet ein Maximum an Sicherheit. **2.** MATH. *oberer Extremwert* **3.** METEOR. *der höchste Temperaturwert (eines Tages, einer Woche, eines Monats)*

Ma·ya der <-s, -s> *Angehöriger eines indianischen Volkes in Mittelamerika*

May·day das [me:de:] <-s> *(kein Plur.) ein internationaler Notruf im Funksprechverkehr*

Ma·yon·nai·se die *s.* **Majonäse**

MAZ die [mats] <-> TV *Kurzform für „magnetische Bildaufzeichnung"*

Ma·ze·do·ni·en, *a.* **Ma·ce·do·ni·en** <-s> *(kein Plur.) Staat in Südosteuropa*

Ma·ze·do·ni·er, *a.* **Ma·ce·do·ni·er**, **Ma·ze·do·ni·e·rin** der <-s, -> *jmd., der die mazedonische Staatsbürgerschaft besitzt*

ma·ze·do·nisch, *a.* **ma·ce·do·nisch** *Adj. zu Mazedonien gehörend, daher stammend*

Ma·ze·do·nisch·(e) das *die Mazedonische Sprache*

Mä·zen der <-s, -e> *(geh. ≈ Gönner, Sponsor) eine reiche Person, die einen Künstler mit Geld unterstützt* ◆ Kunstmäzen

Mä·ze·na·ten·tum das <-s,> *(kein Plur.) (geh.) Förderung von Kunst und Kultur durch einen Mäzen*

Ma·zur·ka die *s.* **Masurka**

MB *Abkürzung von „Megabyte"*

mbH *Abkürzung von „mit beschränkter Haftung"*

MD *Abkürzung von „MiniDisc"*

MdB *Abkürzung von „Mitglied des Bundestages"*

MDR *Abkürzung von „Mitteldeutscher Rundfunk"*

m.E. *Abkürzung von „meines Erachtens"*

Me·cha·nik die <-, -en> **1.** *(Plur. selten)* PHYS. *die Lehre von der Bewegung der Körper unter dem Einfluss von äußeren Kräften* ◆ Elektro-, Quanten-, Thermo- **2.** TECHN. *Konstruktion und Funktionieren von technischen Geräten* ◆ Hydro-, Orgel- **3.** *(fachspr.) Mechanismus*[1]

Me·cha·ni·ker, **Me·cha·ni·ke·rin** der <-s, -> *(≈ Monteur) jmd., der beruflich Maschinen zusammenbaut, repariert und überprüft* ◆ Auto-, Elektro-, Fein-

me·cha·nisch <nicht steig.> *Adj.* **1.** PHYS. *in Bezug auf die Mechanik*[1] **2.** *(fachspr.) durch äußere Einflüsse von Körpern bewirkt* **3.** *die Mechanik*[2 3] *betreffend* **4.** *(≈ maschinell) durch technische Geräte* Wann wurde der mechanische Webstuhl erfunden? **5.** *automatisch und ohne dabei zu denken* Manche Bewegungen macht man ganz mechanisch., Er schrieb den Text völlig mechanisch ab.

me·cha·ni·sie·ren *mit OBJ* ■ *jmd. mechanisiert etwas auf den Betrieb oder die Produktion mit Maschinen umstellen*

Mecha·ni·sie·rung die <-> *(kein Plur.) die Umstellung des Betriebs oder der Produktion auf Maschinen*

Me·cha·nis·mus der <-, Mechanismen> **1.** *die verschiedenen zusammenwirkenden Teile einer technischen Konstruktion* **2.** *(kein Plur.) die Funktionsweise eines Mechanismus*[1] Er kennt den Mechanismus dieser Maschine **3.** *etwas, das selbstständig als System funktioniert* Wir behandeln heute einen biologischen Mechanismus, der ...

me·cha·nis·tisch <nicht steig.> *Adj. so dass man für alles nur mechanische Ursachen annimmt* eine mechanistische Weltanschauung

Me·cker·e·cke die <-, -n> *(umg.) der Teil einer Zeitung oder Zeitschrift, in dem Beschwerden von Lesern stehen*

Me·cke·rei die <-, -en> *(umg. abwert.) das Meckern*[2]

Me·cke·rer der <-s, -> *(umg. abwert. ≈ Nörgler) jmd., der immer meckert*[2] Er ist ein richtiger Meckerer, an allem hat er etwas auszusetzen.

me·ckern <meckerst, meckerte, hat gemeckert> *ohne OBJ* **1.** ■ *eine Ziege meckert den für Ziegen typischen Laut von sich geben* Ziegen meckern. **2.** ■ *jmd. meckert (umg. abwert. ≈ nörgeln) ständig Kritik üben* Mein Freund hat die ganze Heimfahrt gemeckert.

Me·cker·zie·ge die <-, -n> *(umg. abwert.) eine Frau, die ständig meckert*[2]

Me·cki·fri·sur die <-, -en> *(umg. veralt.) ein sehr kurzer Haarschnitt*

Me·cki·schnitt der <-(e)s, -e> *(umg. veralt. ≈ Meckifrisur)*

M

Meck·len·burg-Vor·pom·mern <-s> *ein deutsches Bundesland*

Me·dail·le die [me'daljə] <-, -n> **1.** *eine Münze, die zur Erinnerung an ein bestimmtes Ereignis geprägt worden ist und die jemandem überreicht wird, um ihn damit auszuzeichnen* ◆ Ehren-, Gedenk- **2.** *eine Gedenkmünze als Auszeichnung im Sport* Die Athletin hat bei den Olympischen Spielen zwei Medaillen gewonnen., Für die deutschen Athleten gab es insgesamt sechs Goldmedaillen, drei Silber- und eine Bronzemedaille. ◆-nregen, Bronze-, Gold-, Silber-

Me·dail·lon das [medal'jõ:] <-s, -s> **1.** *runder Schmuckanhänger, der ein kleines Bild enthält* **2.** KOCH. *eine kleine Filetscheibe* ◆ Kalbs-, Schweine-

me·di·al *Adj.* **1.** *auf die Medien bezogen* **2.** *so, dass es sich in der Mitte befindet* **3.** *auf die Kräfte eines Mediums[3] bezogen* Diese Wahrsagerin verfügt über mediale Fähigkeiten.

Me·di·a·ti·on die <-, -en> ■ *eine Mediation durchführen* (*fachspr.*) *der Vorgang, dass jmd. beruflich bei Konflikten zwischen Personen vermittelt* ◆ Konflikt-, Scheidungs-

Me·di·a·tor der <-s, -en> *jmd., der Mediationen durchführt*

Me·di·ä·vis·tik die <-> (*kein Plur.*) *die Wissenschaft von Literatur und Kultur des Mittelalters* ▶Mediävist, mediävistisch

Me·di·en <-> *Plur.* (≈ *Massenmedien*) *Film, Funk, Fernsehen und Presse als Einrichtungen der Informationsverbreitung* ◆ Medien-, Medien-, Medien-

Me·di·en·be·richt·er·stat·tung die <-> (*kein Plur.*) *die Art, wie in den Medien über aktuelle Ereignisse berichtet wird* Die Medienberichterstattung ist selten objektiv.

Me·di·en·er·eig·nis das <-ses, -se> *ein Vorfall, über den sehr ausgiebig in den Medien berichtet wird*

Me·di·en·for·schung die <-> (*kein Plur.*) *wissenschaftliche Untersuchungen über Formen und Wirkungen der Medien*

me·di·en·ge·recht <nicht steig.> *Adj. so, dass es in den Medien gut dargestellt werden kann und dort eine starke Wirkung hat* Das Ereignis wurde mediengerecht aufbereitet.

Me·di·en·kof·fer der <-s, -> *eine Tasche, in der ein Lehrer oder Dozent Materialien für den Unterricht mitbringt*

Me·di·en·kon·zern der <-s, -e> *Zusammenschluss mehrerer Medienunternehmen*

Me·di·en·land·schaft die <-> (*kein Plur.*) *Gesamtheit und Vielfalt der Massenmedien in einem Land*

Me·di·en·lieb·ling der <-s, -e> (*umg.*) *jmd., der wegen seiner Beliebtheit sehr oft in den Medien ist* Dieser Schauspieler ist ein echter Medienliebling, im Radio kommt schon wieder ein Interview mit ihm.

Me·di·en·rum·mel der <-s> (*kein Plur.*) (*abwert.*) *auffallend häufige, übertriebene Berichterstattung über jmdn./etwas in den Medien* Ich kann den ganzen Medienrummel wegen dieser/um diese Person nicht verstehen.

Me·di·en·spek·ta·kel das <-s, -> (MEDIA: *umg.*) *Medienereignis*

Me·di·en·ver·bund der <-(e)s> (*kein Plur.*) (*fachspr.*) Die Sender schlossen sich zu einem Medienverbund zusammen.

Me·di·en·wech·sel der <-s, -> *der Vorgang, dass jmd. einen (Unterrichts)vortrag hält und zwischen verschiedenen Formen der Darstellung (Text, Bild, Fim) abwechselt*

me·di·en·wirk·sam *Adj. auf starke Wirkung in den Massenmedien bedacht*

Me·di·ka·ment das <-(e)s, -e> (≈ *umg. Medizin, Präparat*) *Arzneimittel*

Me·di·ka·men·ten·miss·brauch der <-(e)s> (*kein Plur.*) *der Vorgang, dass jmd. ständig Medikamente nimmt, weil er davon abhängig ist*

Me·di·ka·men·ten·sucht die <-> (*kein Plur.*) *die krankhafte Abhängigkeit von Medikamenten*

Me·di·ka·men·ten·ver·ord·nung die <-, -en> MED. *gesetzliche Regelung darüber, welche und wie viele Medikamente ein Arzt verschreiben darf*

me·di·ka·men·tös <nicht steig.> *Adj. mit Hilfe von Medikamenten* Wir werden es mit einer medikamentösen Behandlung versuchen.

Me·di·ka·ti·on die <-, -en> MED. *die Verordnung und Anwendung eines Medikaments* ◆ Selbst-

me·di·o·ker <nicht steig.> *Adj.* (*geh. abwert.*) *mittelmäßig, nicht besonders gut* eine mediokre Leistung/Darstellung ▶Mediokrität

Me·di·o·thek die <-, -en> *Leihstelle für Bücher, Filme, Tonbänder, CDs* s. **siehe auch Medium**

Me·di·ta·ti·on die <-, -en> **1.** REL. PSYCH. PHILOS. *der Vorgang, dass jmd. durch Anwendung bestimmter Techniken (der Körperhaltung, Atmung, Konzentration, durch das Wiederholen bestimmter sprachlicher Formeln usw.) einen bestimmten Zustand des Bewusstseins herbeiführt, in dem er Wahrheiten erkennt und seine Konzentration völlig in einem Punkt gesammelt ist* **2.** (*geh.* ≈ *sich besinnen*) *intensives Nachdenken, sinnende Betrachtung*

Me·di·ta·ti·ons·ü·bung die <-, -en> *das Üben von Techniken der Meditation*

me·di·ta·tiv *Adj.* (*geh.*) *auf die Meditation[1] bezogen* Er versetzt sich in einen meditativen Zustand.

me·di·ter·ran <nicht steig.> *Adj. zum Mittelmeer gehörend, dafür typisch* Sie schwärmt von der mediterranen Flora., Er liebt die mediterrane Küche.

me·di·tie·ren *ohne OBJ* ■ *jmd. meditiert Meditation betreiben* Die Mönche meditieren täglich.

Me·di·um das <-s, Medien> **1.** *Kommunikationsmittel* das Medium Sprache/Buch/Fernsehen, Das Handy ist ein ganz neues Medium. ▶Medienfachmann, Mediothek **2.** BIOL. CHEM. PHYS. *eine Substanz, in der bestimmte Vorgänge ablaufen* **3.** *eine Person, die in der Lage ist, mit dem übersinnlichen Bereich Kontakt aufzunehmen* Das Medium geriet in Trance und begann, mit Verstorbenen zu sprechen. *s.* **siehe auch Medien**

me·di·um ['mi:djəm] <nicht steig.> *Adj.* (KOCH.: *von einem Steak*) *nicht ganz durchgebraten* Mögen Sie Ihr Steak medium oder durchgebraten?

Me·di·zin die <-, -en> **1.** (*umg.*) *ein Arzneimittel* (*in flüssiger Form*) Die Medizin schmeckt bitter. **2.** (*kein Plur.*) *die Wissenschaft vom gesunden und kranken menschlichen Organismus, von seinen Krankheiten, ihrer Heilung und Vorbeugung* Sie will Medizin studieren., die Fortschritte der modernen Medizin ◆-professor, -studium, Human-, Schul-, Tier-, Veterinär-, Zahn-

Me·di·zin·ball der <-(e)s, Medizinbälle> SPORT *ein schwerer und großer Lederball* (*für die Gymnastik*)

Me·di·zi·ner, **Me·di·zi·ne·rin** der <-s, -> *jmd., der Medizin[2] studiert hat*

me·di·zi·nisch <nicht steig.> *Adj. auf die Medizin[2] bezogen* medizinische Fachzeitschriften/Lehrbücher/Ratgeber, Diese Seife ist medizinisch getestet., Aus medizinischer Sicht gibt es keine Bedenken.

Me·di·zi·nisch-Tech·ni·scher As·sis·tent, **Me·di·zi·nisch-Tech·ni·sche As·sis·ten·tin** der <-en, -en> *jmd., der beruflich in einem Labor medizinische Untersuchungen durchführt*

Me·di·zin·mann der <-(e)s, Medizinmänner> *ein Angehöriger eines Naturvolkes, der die Rolle von Zauberer, Priester und Arzt bekleidet*

Me·di·zin·stu·dent, **Me·di·zin·stu·den·tin** der <-en, -en> *Student der Medizin[2]*

Me·du·se, **Me·du·sa** die <-, -n> **1.** *ein Ungeheuer aus der griechischen Sage* **2.** ZOOL. *eine Qualle*

Me·du·sen·blick der <-(e)s, -e> (*geh.*) *der schreckliche, furchterregende Blick der Medusa[1]*

Meer das <-(e)s, -e> **1.** (*kein Plur.*) (≈ *Ozean* ↔ *Land*) *die sehr große Wassermasse, die einen großen Teil der Erde bedeckt* Schiffe befahren das Meer., Die Sonne scheint im Meer zu versinken., Die Touristen strömen zum Meer., Alles Leben kommt aus dem Meer. **2.** *ein bestimmter Teil des Meeres[1]* das Rote Meer **3.** *eine sehr große Menge oder Anzahl von etwas* Im Frühjahr blüht dort ein Meer von Tulpen. ◆ Blumen-, Flammen-, Häuser-, Lichter- **4.** (*in Namen* ≈ *Mare*) *eine der großen Ebenen auf dem Mond, die als dunkle Flächen erscheinen*

Meer·bar·be die <-, -n> *eine Fischart*

Meer·blick der <-(e)s, -e> *Aussicht auf das Meer* Ein Hotelzimmer mit Meerblick.

Meer·bu·sen der <-s, -> (*veralt.*) *eine* (*größere*) *Meeresbucht*

Meer·en·ge die <-, -n> *eine Stelle, wo zwei Landmassen durch einen relativ schmalen Streifen Meer getrennt sind* die Meerenge von Gibraltar.

Mee·res·al·ge die <-, -n> (*selten im Sing.*) *im Meer lebende Alge*

Mee·res·arm der <-(e)s, -e> *eine schmale, weit ins Land reichende Meeresbucht*

Mee·res·bi·o·lo·gie die <-> (*kein Plur.*) *das wissenschaftliche Studium des Lebens der Pflanzen und Tiere im Meer*

Mee·res·bo·den der <-s> (*kein Plur.*) (≈ *Meeresgrund*)

Mee·res·früch·te <-> *Plur.* KOCH. *kleine Meerestiere* (*als Speise*), *z.B. Muscheln*

Mee·res·ge·tier das <-(e)s> (*kein Plur.*) (*kleine*) *Tiere, die im Meer leben*

Mee·res·grund der <-(e)s> (*kein Plur.*) *der Boden des Meeres*

Mee·res·hö·he die <-> (*kein Plur.*) (≈ *Meeresspiegel*) *durchschnittlicher Wasserstand des Meeres*

Mee·res·kun·de die <-> (*kein Plur.*) *die Wissenschaft vom Meer und den physikalischen und chemischen Eigenschaften des Meerwassers*

mee·res·kund·lich <nicht steig.> *Adj. zur Meereskunde gehörend*

Mee·res·rau·schen das <-s> (*kein Plur.*) *das Rauschen[1] des Meeres*

Mee·res·spie·gel der <-s> (*kein Plur.*) *der durchschnittliche Wasserstand des Meeres, auf dessen Grundlage Höhenmessungen auf dem Festland vorgenommen werden* Die Stadt liegt 367 Meter über dem Meeresspiegel.

Mee·res·strö·mung die <-, -en> *Strömung innerhalb des Meeres*

Mee·res·ver·schmut·zung die <-> (*kein Plur.*) *Verschmutzung der Meere durch Rohöl und Chemikalien*

Meer·gott der <-(e)s, Meergötter> *eine Sagengestalt* Poseidon, der Meergott der antiken Griechen

meer·grün *Adj. von einem grün-blauen Farbton*

Meer·jung·frau die <-, -en> (≈ *Nixe*) *eine Sagengestalt in der Art eines Wesens, dessen Oberleib der Oberkörper einer Frau und dessen Unterleib ein Fischschwanz ist*

Meer·kat·ze die <-, -n> *eine Affenart*

Meer·ret·tich der <-s, -e> **1.** *eine Pflanze, deren Wurzel man als Gewürz verwendet* **2.** *das sehr scharfe Gewürz aus Meerrettich[1]*

Meer·salz das <-es> (*kein Plur.*) *Kochsalz, das aus dem Meerwasser gewonnen wird*

Meer·schaum der <-(e)s> (*kein Plur.*) *ein Mineral, aus dem Pfeifen gemacht werden*

Meer·schaum·pfei·fe die <-, -n> *Pfeife aus Meerschaum*

Meer·schwein·chen das <-s, -> *ein kleines Nagetier*

Meer·un·ge·heuer das <-s, -> *ein großes Fabelwesen, das angeblich im Meer lebt*

Meer·was·ser das <-s> (*kein Plur.*) (↔ *Süßwasser*) *das salzige Wasser des Meeres*

Meer·was·ser·ent·sal·zungs·an·la·ge die <-, -n> *Anlage, in der aus Meerwasser das Salz entfernt wird, um es zu Trinkwasser zu machen*

Mee·ting das ['mi:tɪŋ] <-s, -s> **1.** (≈ *Treffen*) *eine* (*offizielle*) *Zusammenkunft, Versammlung* **2.** (SPORT: ≈ *Sportfest*) *eine große Sportveranstaltung in der Leichtathletik*

me·ga- **1.** (≈ *super-*) (*in Zusammensetzungen*) *drückt aus, dass etwas sehr groß ist* Das Festival ist eine Megaveranstaltung der Superlative. **2.** (*vor Maßeinheiten*) *verwendet, um auszudrücken, dass die Maßeinheit das Millionenfache der genannten Einheit darstellt* Ein Megawatt ist eine

Million Watt., Megabyte **3.** (*umg.*) *verwendet, um auszudrücken, dass die genannte Eigenschaft in besonderem Maße gegeben ist* Der Typ ist megastark., Dieser Kerl ist ein Megatrottel, ein Vollidiot!, Die neue CD von … ist eine Megascheibe und jetzt schon unser Album des Jahres!

Me·ga·bit das <(-s), (-s)> EDV *eine Million Bit*

Me·ga·byte das <(-s), (-s)> EDV *eine Million Byte*

Me·ga·fon das *s.* **Megaphon**

Me·ga·hertz das <-> (*kein Plur.*) PHYS. *eine Million Hertz*

Me·ga·lith, **Me·ga·lith** der <-s/-en, -e(n)> *ein großer (roher) Steinblock*

Me·ga·lith·grab das <-(e)s, Megalithgräber> *eine steinzeitliche Grabanlage aus Megalithen*

me·ga·li·thisch *Adj. aus Megalithen bestehend*

Me·ga·lith·kul·tur die <-> (*kein Plur.*) *eine Kultur der Jungsteinzeit, für die Monumente aus Megalith typisch sind*

Me·ga·phon, *a.* **Me·ga·fon** das <-s, -e> *eine Art Rohr (mit elektrischer Verstärkung), durch das man sprechen kann und das die Laute so verstärkt, dass man es über große Entfernungen hören kann* Der Kapitän sprach durch ein Megafon.

Me·gä·re die <-, -n> (*geh. abwert.*) *eine böse, wütende Frau*

Me·ga·star der <-s, -s> (*umg.* ≈ *Superstar*)

Me·ga·ton·ne die <-, -n> PHYS. *eine Million Tonnen*

Me·ga·watt das <-> (*kein Plur.*) PHYS. *eine Million Watt*

Mehl das <-(e)s, -e> *Getreidekörner, die zu einem feinen Pulver gemahlen worden sind, das als Rohstoff zum Backen von Brot und Gebäck dient* Für den Teig braucht man Mehl, Eier, Wasser und Salz.

meh·lig *Adj.* **1.** *so, dass Mehl darauf ist* Ich kann jetzt nicht ans Telefon gehen, meine Hände sind vom Backen ganz mehlig. **2.** *so, dass das Fruchtfleisch von etwas relativ trocken ist* Die Kartoffeln sind mehlig.

Mehl·schwit·ze die <-, -n> KOCH. *in Fett leicht gebräuntes Mehl*

Mehl·spei·se die <-, -n> KOCH. **1.** *ein Gericht aus Mehl, Butter und Eiern* **2.** (*österr.*) *Süßspeise (auch ohne Mehl)*

Mehl·tau der <-s> (*kein Plur.*) *eine Pflanzenkrankheit, bei der auf den Blättern weißer Belag zu finden ist*

Mehl·wurm der <-(e)s, Mehlwürmer> *eine Käferlarve*

Mehr das <-(s)> (*kein Plur.*) *eine größere Menge von etwas* Eine solche Arbeit erfordert ein erhebliches Mehr an Zeit., Das Auto bietet ein deutliches Mehr an Luxus.

mehr (*Komp. von „viel"*) **I.** *Pron.* (↔ *weniger*) *verwendet, um auszudrücken, dass etwas in größerer Menge oder Anzahl als etwas anderes da ist oder der Fall ist* Wir brauchen mehr Geld/mehr Freizeit., Wir mussten mehr Schulden machen als geplant., Auf ein paar Euro mehr oder weniger kommt es nicht an., Man sollte nicht mehr versprechen, als man halten kann., Wir haben mehr als genug Zeit., Was könnte einen noch mehr ärgern?, Was willst du mehr? **II.** *Adv.* **1.** (↔ *weniger*) *verwendet, um auszudrücken, dass etwas von größerer Intensität ist als etwas anderes* Er hat mehr trainiert als ich. **2.** (*umg.*) *besser* Du solltest dich mehr schonen. **3.** (↔ *weniger*) *stärker* Gegen Abend waren die Straßen wieder mehr befahren. **4.** *eher* Nach der anstrengenden Bergtour war ich mehr tot als lebendig. **5.** ■ *nicht mehr,* ■ *nichts mehr verwendet, um auszudrücken, dass von einer gegeben Ausgangsmenge nichts mehr da ist oder dass eine vorher gegebene Sachlage nicht mehr gültig ist* Wir haben nichts mehr zu trinken (≈ wir hatten Getränke, die jetzt aufgebraucht sind)., Ein Studium ist nicht mehr eine Garantie für einen guten Arbeitsplatz (≈ ein Studium war eine Garantie dafür, aber dies ist jetzt nicht so)., Ich wusste nicht mehr, wo ich war. ■ **mehr und mehr**: *in zunehmendem Maße* Ich zweifle mehr und mehr an unserer Vorgehensweise. **mehr oder minder/weniger**: *im Großen und Ganzen* Das war jetzt mehr oder minder auch schon egal. **nicht mehr und nicht weniger**: *nichts anderes als das Betreffende* Es war eine Fehlplanung, nicht mehr und nicht weniger.

Mehr·ar·beit die <-> (*kein Plur.*) (≈ *Überstunden*) *zusätzliche Arbeit, die über die normale Arbeitszeit hinaus geleistet wird*

Mehr·auf·wand der <-(e)s> (*kein Plur.*) *ein zusätzlicher Aufwand*

Mehr·aus·ga·be die <-, -n> (*selten im Sing.*) *eine zusätzliche Ausgabe*

mehr·bän·dig <nicht steig.> *Adj.* (↔ *einbändig*) *aus mehreren Bänden bestehend* ein mehrbändiges Lexikon

Mehr·be·darf der <-s> (*kein Plur.*) *ein zusätzlicher Bedarf*

Mehr·be·las·tung die <-, -en> *eine zusätzliche Belastung*

Mehr·be·reichs·öl das <-(e)s, -e> KFZ *ein bestimmtes Maschinenöl für Motoren*

Mehr·be·trag der <-(e)s, Mehrbeträge> *ein Betrag, der zusätzlich anfällt*

mehr·chö·rig <nicht steig.> *Adj.* MUS. *die Eigenschaft, dass ein Musikstück für mehrere Chöre geschrieben ist, die gleichzeitig singen*

mehr·deu·tig *Adj.* (↔ *eindeutig* ≈ *vieldeutig*) *so, dass es mehr als nur eine Bedeutung hat* Seine Bemerkung war mehrdeutig., Das Wort „Brücke" ist mehrdeutig, denn es bedeutet „Bauwerk", „Teppich" und „Zahnersatz".

mehr·di·men·si·o·nal <nicht steig.> *Adj.* (↔ *eindimensional*) Mit diesem Computerprogramm lassen sich mehrdimensionale Grafiken erstellen und bearbeiten.

Mehr·ein·nah·me die <-, -n> *eine zusätzliche Einnahme*

meh·ren **I.** *mit OBJ* ■ *jmd./etwas mehrt etwas* (*geh.* ↔ *mindern*) *größer machen* Der Handel mehrte den Reichtum der Stadt. ▶vermehren **II.** *mit SICH* ■ *etwas mehrt sich* (*geh.* ≈ *häufen*) *immer häufiger vorkommen* Die Behauptungen mehren sich, dass …

meh·re·re *Pron.* **1.** (≈ *einige*) *unbestimmt viele, eine Anzahl* Es gibt noch mehrere Probleme. **2.** (≈ *verschiedene*) *allerlei Dinge* Wir haben mehrere Reiseziele zur Auswahl.

meh·re·res *Pron. s.* **mehrere**

Mehr·er·lös der <-es. -e> *ein zusätzlicher Erlös*

Mehr·er·trag der <-(e)s, Mehrerträge> *ein zusätzlicher Ertrag*

mehr·fach <nicht steig.> *Adj.* **1.** (≈ *multipel, vielfach*) *an mehreren Stellen* mehrfach behindert, Mehrfache Nennungen sind möglich. **2.** (≈ *öfter, häufig*) *wiederholt* Wir haben uns schon mehrfach getroffen.

Mehr·fa·mi·li·en·haus das <-es, Mehrfamilienhäuser> *ein Haus mit Wohnungen für mehrere Familien*

Mehr·far·ben·druck der <-(e)s, -e> **1.** (*kein Plur.*) DRUCKW. *ein Verfahren, bei dem einzelne Farbtöne übereinander gedruckt werden* **2.** *ein Bild, das mit der Technik des Mehrfarbendrucks*[1] *gedruckt wurde*

mehr·far·big <nicht steig.> *Adj.* (↔ *einfarbig*) *mit mehreren Farben*

mehr·ge·schos·sig <nicht steig.> (↔ *eingeschossig*) *mit mehreren Stockwerken*

mehr·glei·sig <nicht steig.> *Adj.* **1.** (↔ *eingleisig*) *mit mehreren Gleisen* eine mehrgleisige Zugstrecke **2.** *so, dass jmd. mehrere Möglichkeiten nutzt oder betrachtet* mehrgleisig denken, Er fährt mehrgleisig, da er sich alle Möglichkeiten offen halten will

Mehr·heit die <-, -en> **1.** (*kein Plur.*) (≈ *Majorität* ↔ *Minderheit*) *die größere Menge einer Gesamtheit* (*von Menschen*) Wir sind eindeutig in der Mehrheit., Die Mehrheit der Abgeordneten lehnte den Antrag ab., Sie konnte die Mehrheit der Stimmen auf sich vereinigen. ◆ Mehrheitsbeteiligung **2.** *der größere Teil von Wählerstimmen* Die Partei gewann die Wahl mit überwältigender Mehrheit., Welche Partei hat die Mehrheit errungen? ◆ Mehrheitsprinzip

Mehr·heits·be·schluss der <-es, Mehrheitsbeschlüsse> Das Gesetz wurde durch Mehrheitsbeschluss verabschiedet.

mehr·heits·fä·hig <nicht steig.> *Adj. so, dass es die Zustimmung einer Mehrheit erhalten kann* Wir sollten das Konzept überarbeiten, es ist noch nicht mehrheitsfähig.

Mehr·heits·re·gie·rung die <-, -en> POL. *eine Regierung, die von der Mehrheit der Bevölkerung gewählt wurde*

Mehr·heits·ver·hält·nis·se <-> *Plur.* POL. *die prozentuale Verteilung der Stimmen bei einer Wahl* Momentan werden die Stimmen ausgezählt, die Mehrheitsverhältnisse müssen noch geklärt werden

Mehr·heits·wahl·recht das <-(e)s> (*kein Plur.*) (POL.: ↔ *Verhältniswahlrecht*) *Wahlrecht, bei dem der Kandidat gewinnt, der die meisten Stimmen erhält*

mehr·jäh·rig <nicht steig.> *Adj. mehrere Jahre dauernd oder gültig* Er wurde zu einer mehrjährigen Haftstrafe verurteilt., ein mehrjähriger Mietvertrag

Mehr·kos·ten <-> *Plur. zusätzliche Kosten*

mehr·ma·lig <nicht steig.> *Adj.* (≈ *wiederholt*) *so, dass es öfter als einmal erfolgt* Er öffnete auch nach mehrmaligem Klingeln nicht die Tür.

mehr·mals *Adv.* (≈ *häufigm oft*) *so, dass es öfter als einmal erfolgt* Ich habe ihn schon mehrmals darauf angesprochen.

mehr·mo·to·rig <nicht steig.> *Adj. so, dass ein Flugzeug mehr als nur einen Motor hat*

Mehr·par·tei·en·sys·tem das <-, -e> POL. *ein politisches System, das von mehreren Parteien getragen wird*

Mehr·pha·sen·strom der <-s> (*kein Plur.*) PHYS. *Wechselstrom*

mehr·pha·sig <nicht steig.> *Adj. mit mehreren Phasen*

Mehr·platz·rech·ner der <-s, -> EDV *ein Computer, der von mehreren Personen benützt wird*

mehr·po·lig <nicht steig.> *Adj. mit mehreren Polen*

Mehr·preis der <-es, -e> (≈ *Aufpreis*) *ein Preis, den man für etwas zusätzlich bezahlen muss* Wie hoch wäre der Mehrpreis für dieses Modell mit Klimaanlage?

mehr·schich·tig <nicht steig.> *Adj. so, dass etwas aus mehreren Schichten besteht*

mehr·sei·tig <nicht steig.> *Adj. so, dass es mehrere Seiten umfasst* Das mehrseitige Inhaltsverzeichnis der Arbeit umfasst 143 Kapitel.

mehr·sil·big <nicht steig.> *Adj. aus mehreren Silben bestehend* ein mehrsilbiges Wort

mehr·spra·chig <nicht steig.> *Adj.* **1.** *mehrere Sprachen sprechend* Sie ist mehrsprachig aufgewachsen. **2.** *in mehreren Sprachen nebeneinander geschrieben* Dies ist eine mehrsprachige Ausgabe der Bibel.

mehr·spu·rig <nicht steig.> *Adj.* (↔ *einspurig*) *mit mehr als nur einer Fahrspur* Die Straße wird mehrspurig ausgebaut.

mehr·stel·lig <nicht steig.> (↔ *einstellig*) *so, dass eine Zahl mehrere Stellen hat* eine mehrstellige Zahl, ein mehrstelliger Betrag

mehr·stim·mig <nicht steig.> *Adj. so, dass es mit mehreren Singstimmen gesungen wird* mehrstimmiger Gesang

mehr·stö·ckig <nicht steig.> *Adj.* (≈ *einstöckig*) *so, dass es mehrere Stockwerke hat* ein mehrstöckiges Haus

mehr·stu·fig <nicht steig.> *Adj. so, dass etwas mehrere Stufen hat*

mehr·stün·dig <nicht steig.> *Adj. so, dass es mehrere Stunden dauert* Das Flugzeug landete mit mehrstündiger Verspätung.

mehr·tä·gig <nicht steig.> *Adj. so, dass es mehrere Tage dauert* Ich plane einen mehrtägigen Aufenthalt.

Mehr·tei·ler der <-s, -> **1.** (*umg.*) *eine Sendung* (*im Fernsehen*), *die aus mehreren Teilen besteht* **2.** *ein Kleidungsstück, das aus mehreren Teilen be-*

steht

mehr·tei·lig <nicht steig.> *Adj.* (↔ *einteilig*) *so, dass es aus mehreren Teilen besteht* Darüber kommt eine mehrteilige Sendung im Fernsehen.

Mehr·weg·fla·sche die <-, -n> (≈ *Pfandflasche* ↔ *Einwegflasche*) *eine Flasche, die nach Verbrauch des Inhalts wieder zum Händler zurück gebracht werden soll*

Mehr·weg·ver·pa·ckung die <-, -en> (↔ *Einwegverpackung*) *Verpackungsmaterial, das mehr als nur einmal verwendet wird* Die Müllmenge konnte durch die Verwendung von Mehrwegverpackungen erheblich reduziert werden.

Mehr·wert der <-s> (*kein Plur.*) WIRTSCH. *ein Zuwachs an Wert, den ein Unternehmen erreicht*

Mehr·wert·steu·er die <-> (*kein Plur.*) WIRTSCH. *eine in Deutschland auf alle Güter und Dienstleistungen erhobene Steuer* Das Gerät kostet 170 Euro plus Mehrwertsteuer (MWst).

mehr·wö·chig <nicht steig.> *Adj. so, dass es mehrere Wochen dauert* Nach einer mehrwöchigen Verletzungspause konnte der Sportler wieder trainieren.

Mehr·zahl die <-> (*kein Plur.*) **1.** (≈ *Mehrheit*) *überwiegende Zahl* Die Mehrzahl der Besucher war von der Ausstellung begeistert. **2.** (SPRACHWISS.: ≈ *Plural* ↔ *Einzahl*) „Bäume" ist die Mehrzahl von „Baum".

mehr·zei·lig <nicht steig.> *Adj.* (↔ *einzeilig*) *so, dass es aus mehreren Zeilen besteht*

mehr·zel·lig <nicht steig.> *Adj.* (BIOL.: ↔ *einzellig*) *so, dass etwas aus mehreren Zellen besteht* ▶Mehrzeller

Mehr·zweck- (*in Zusammensetzungen*) *drückt aus, dass etwas für verschiedene Zwecke genutzt werden kann* Diese Couch ist ein Mehrzweckmöbel: man kann darauf sitzen, und man kann sie als Bett benutzen.

Mehr·zweck·hal·le die <-, -n> *eine Halle, die für verschiedenste Veranstaltungen benutzt werden kann*

mei·den <meidest, mied, hat gemieden> *mit OBJ* ■ *jmd. meidet jmdn./etwas einer Sache oder Person bewusst ausweichen* Ich habe den Eindruck, dass sie meine Gesellschaft meidet., Sie waren doch stets gute Freunde, seit wann meiden sie sich?, Er meidet starke Gewürze. ▶vermeiden

Mei·e·rei die <-, -en> (LANDSCH.: ≈ *Molkerei*)

Mei·le die <-, -n> *ein Längenmaß* Die englische Meile entspricht einer Strecke von 1609,30 Metern.; (*abwert.*) ■ **etwas riecht drei/sieben Meilen gegen den Wind** (*umg.*): *etwas riecht sehr aufdringlich* ◆ Landmeile, Seemeile

Mei·len·stein der <-(e)s, -e> ■ **etwas ist ein Meilenstein**: *etwas markiert einen wichtigen Schritt in der Entwicklung von etwas* Die Entdeckung der Röntgenstrahlen war ein Meilenstein in der Medizingeschichte.

mei·len·weit *Adv.* **1.** *über viele Meilen hinweg* Von hier oben könnt ihr meilenweit sehen. **2.** (*übertr.*) *sehr weit* Er war meilenweit davon entfernt, das Rätsel zu lösen.

Mei·ler der <-s, -> *kurz für „Atommeiler"*

mein *Pron.* (↔ *dein; Possesivpronomen*) **1.** *verwendet, um auszudrücken, dass etwas der persönliche Besitz des Sprechers ist* Der Wagen ist mein Auto., Es ist immerhin meine Wohnung (und nicht die Wohnung einer anderen Person). **2.** *verwendet, um auszudrücken, dass jmd. in einer bestimmten persönlichen Beziehung zu jmdm. steht* meine Frau/Schwester/Tante (≈ die Frau, die als Ehefrau, Schwester, Tante zu mir gehört) **3.** *verwendet, um auszudrücken, dass etwas von jmdm. kommt, gesagt worden oder gemacht worden ist* Hat dir mein Geschenk (≈ das Geschenk, das ich dir gegeben habe) gefallen?, Meine Frikadellen (≈ die Frikadellen, die ich zubereite) schmecken köstlich., Hast du meinen Aufsatz (≈ den Aufsatz, den ich geschrieben habe) gelesen? **4.** *verwendet, um auszudrücken, dass zwischen etwas und jmdm. eine bestimmte Relation besteht* mein Zug (≈ der Zug, mit dem ich fahre oder fahren werde), mein Hotel (≈ das Hotel, in dem ich wohne oder gewohnt habe) ■ **Meine (sehr verehrten) Damen und Herren, ...**: *Sie, die ich gerade anspreche* **5.** *verwendet, um auszudrücken, dass etwas in einer bestimmten Weise jmds. Bedarf an etwas ist* Ich trinke meine zwei Flaschen Mineralwasser am Tag., Früher habe ich täglich meine Schachtel Zigaretten geraucht. ◆ Kleinschreibung→R 3.8 Ist das deine Schere oder meine?, Der gelbe Stift ist meiner., Diese Tasche ist die meine., Wessen Jacke ist das, ist das meine?; Großschreibung→R 3.4 Es kam zu einem Streit über Mein und Dein.; Groß- oder Kleinschreibung→R 3.15 Ich habe auch die Meinen/die meinen von dir gegrüßt., Ich hatte das Meine/das meine getan.

Mein·eid der <-(e)s, -e> RECHTSW. *ein Eid, bei dem jmd. vorsätzlich etwas Unwahres schwört* Er leistete/schwor einen Meineid.

mein·ei·dig <nicht steig.> *Adj.* RECHTSW. *so, dass man einen Meineid geleistet hat*

mei·nen <meinst, meinte, hat gemeint> *mit OBJ* **1.** ■ *jmd. meint etwas* (≈ *glauben, finden*) *eine Meinung vertreten* Ich meine, dass das so richtig ist. **2.** ■ *jmd. meint etwas zu etwas Dat.* (≈ *sagen*) *in Worten äußern* Was meinen Sie dazu?, „Laß uns gehen", meinte sie. **3.** ■ *jmd. meint etwas mit etwas Dat.* (*als Bedeutung*) *im Sinn haben* Was meinst du mit diesem Wort?, Ich glaube, sie meinte es eher ironisch, Er hat es doch nicht böse gemeint. **4.** ■ *jmd. meint jmdn./etwas jmdn. oder etwas als Gegenstand einer Handlung haben* Ich meine dich und niemand sonst mit dieser Kritik., Welches Buch meinst du ?

mei·ner·seits *Adv. was mich betrifft* Ich habe meinerseits nichts gegen diesen Plan.

mei·nes·glei·chen *Pron. verwendet, um auszudrücken, dass die genannten Personen mit dem Sprecher Ähnlichkeit haben* Ich war in der Abteilung unter meinesgleichen, die anderen hatten auch alle Betriebswirtschaft studiert.

mei·net·we·gen *Adv.* **1.** *mir zuliebe* Seid ihr etwa meinetwegen gekommen?, Meinetwegen braucht ihr nicht zu warten. **2.** (*umg.≈ von mir aus*) Meinetwegen könnt ihr gehen., „Kann ich mir die Hose kaufen?" „Meinetwegen."

mei·net·wil·len *Adv.* ■ **jemand tut etwas um meinetwillen**: *jmd. tut etwas mir zuliebe, für mich*

mei·ni·ge *Pron.* ◆ Groß- oder Kleinschreibung →R 3.15 Ich habe die Meinigen/die meinigen von dir gegrüßt., Ich hatte das Meinige/meinige getan.

Mei·nung die <-, -en> **1.** (≈ *Einstellung, Haltung, Stanpunkt*) *die persönliche Ansicht, die jmd. über etwas hat* Ihre Meinungen in dieser Angelegenheit gehen erheblich auseinander., Welche Meinung vertrittst du?, Nach meiner Meinung hat niemand gefragt., Meiner Meinung nach ist es so, dass …, Er hat eine hohe Meinung von ihr., Wir sind doch völlig einer Meinung., Wie schätzt man die öffentliche Meinung ein? ◆ Gegen-, Lehr-, Volks- **2.** ■ **jemandem (gehörig) die Meinung sagen**: *jmdn. wegen etwas scharf zurechtweisen* **mit seiner Meinung nicht hinterm Berg halten** (*umg.*): *seine Meinung ehrlich und deutlich sagen*

Mei·nungs·äu·ße·rung die <-> (*kein Plur.*) *das offene Aussprechen der Meinung, die man zu etwas hat* Wir haben das Recht auf freie Meinungsäußerung.

Mei·nungs·aus·tausch der <-(e)s, -e> *der Vorgang, dass mehrere Menschen sich treffen, um ihre Meinung zu etwas zu sagen und die Meinungen der anderen anzuhören* Wir sollten uns mal zu einem Meinungsaustausch treffen.

mei·nungs·bil·dend <nicht steig.> *Adj. mit einer Wirkung, die das Entstehen einer bestimmten Meinung begünstigt*

Mei·nungs·bil·dung die <-, -en> (*Plur. selten*) *der Vorgang, wie sich in einer Gruppe oder in der Gesellschaft Meinungen herausbilden* Dieses Buch hatte einen großen Einfluss auf die Meinungsbildung in der Gesellschaft.

Mei·nungs·for·scher, **Mei·nungs·for·sche·rin** der <-s, -> *jmd., der Meinungsforschung betreibt*

Mei·nungs·for·schung die <-> (*kein Plur.*) *die (statistische) Untersuchung der öffentlichen Meinung bezüglich bestimmter Themen (mit den Methoden der Meinungsumfrage)* ◆ Meinungsforschungsinstitut

Mei·nungs·frei·heit die <-> (*kein Plur.*) *das Recht auf freie Meinungsäußerung*

Mei·nungs·streit der <-(e)s, -s> *eine Diskussion zwischen Personen mit unterschiedlichen Meinungen*

Mei·nungs·um·fra·ge die <-, -n> *das Befragen von Menschen, um deren Meinungen zu einem bestimmten Thema in Erfahrung zu bringen* Der Nachrichtensender gab eine Meinungsumfrage in Auftrag.

Mei·nungs·um·schwung der <-(e)s, Meinungsumschwünge> *der Vorgang, dass jmds. Meinung sich in die genau gegenteilige Meinung verkehrt* Was diese Frage betrifft, so kam es in den vergangenen Wochen in der Bevölkerung zu einem deutlichen Meinungsumschwung.

Mei·nungs·ver·schie·den·heit die <-, -en> **1.** (*meist Plur.*) *die Verschiedenheit von Meinungen* Zwischen den Tarifparteien gibt es noch zahlreiche Meinungsverschiedenheiten. **2.** (≈ *Auseinandersetzung*) *harmloser Streit* Ich hatte gestern mit meiner Freundin eine kleine Meinungsverschiedenheit.

Mei·nungs·viel·falt die <-, -en> *das Vorhandensein von vielen unterschiedlichen Meinungen (in einer Gesellschaft)*

Mei·se die <-, -n> *ein kleiner Singvogel* ■ **eine Meise haben** (*umg. abwert.*): *verrückt sein* ◆ Blau-, Kohl-, Schwanz-

Mei·ßel der <-s, -> *ein Werkzeug, mit dem man Löcher in Stein schlagen kann* ◆ Grab-, Hohl-

mei·ßeln <meißelst, meißelte, hat gemeißelt> *mit OBJ/ohne OBJ* ■ *jmd. meißelt etwas mit einem Meißel bearbeiten* Er meißelt ein Loch in die Wand., Die Künstlerin meißelt eine Büste., Der Bildhauer meißelt an einer Statue.

Meißen <-s> *Stadt an der Elbe*

Meiß(e)ner *Adj. aus Meißen* Meißner Porzellan

meist (*Superl. von „viel"*) **I.** *Adv. so, dass es fast immer der Fall ist* Ich fahre meist mit dem Zug., Wer gern gut isst, mag meist auch guten Wein. **II.** *Pron. so, dass es der größte Teil von etwas ist* Er verdient das meiste Geld., Der Patient schläft die meiste Zeit des Tages., Das meiste war nicht mehr zu gebrauchen., Das ist die am meisten verkaufte CD dieses Monats. ◆ Kleinschreibung→R 3.9 Er hat am meisten gegessen., Die meisten meinen, dass …, Das meiste kannten wir schon.

meist·bie·tend <nicht steig.> *Adj. so, dass es die Person erhält, die den höchsten Geldbetrag dafür bietet* Das Gemälde wird meistbietend versteigert.

Meist·bie·ten·de der/die <-n, -n> *die Person, die bei einer Versteigerung den größten Geldbetrag für etwas bietet*

meis·tens *Adv.* (≈ *meist I*) *so, dass es in der größten Zahl von Fällen der Fall ist* Ich fahre meistens mit dem Zug.

Meis·ter, **Meis·te·rin** der <-s, -> **1.** *jmd., der die Meisterprüfung in einem Handwerk abgelegt hat* Der Meister weist seinen Lehrling ein. ◆ Bäcker-, Handwerks- Maurer-, Metzger-, Schreiner- **2.** (≈ *Könner, Experte*) *jmd., der auf seinem Gebiet sehr gut ist* Er ist ein Meister seines Fachs. **3.** *ein großer Künstler* Das Gemälde stammt von einem unbekannten Meister. **4.** SPORT *eine Person oder eine Mannschaft, die eine Meisterschaft gewonnen hat* Er ist vielfacher Meister im Delphinschwimmen., Der FC Bayern München ist deutscher Meister. ◆ -schale-, -trikot, Landes-, Europa-, Welt-

Meis·ter·brief der <-(e)s, -e> (≈ *Meisterdiplom*) *das Zeugnis, das ein Meister*[1] *nach der bestandenen Prüfung erhält*

meis·ter·haft <nicht steig.> *Adj.* (≈ *sehr gut, vollendet*) *so gut, dass es weit über dem Durchschnitt liegt* Sie spielt meisterhaft Violine., Er ist ein meisterhafter Schachspieler.

Meis·ter·klas·se die <-, -n> **1.** KUNST. MUS. *die*

Gruppe der Schüler, die ein großer Künstler oder Musiker unterrichtet (an Kunst- und Musikhochschulen) **2.** SPORT *höchste Leistungsklasse einer Disziplin*

Meis·ter·kurs der <-es, -e> MUS. *eine Veranstaltung, bei der ein berühmter Musiker die Teilnehmer unterrichtet* Ich habe mich zu dem Meisterkurs im Fach Gesang angemeldet

Meis·ter·leis·tung die <-, -en> *herausragende Leistung* Dies war in der Tat keine Meisterleistung.

meis·tern <meisterst, meisterte, hat gemeistert> *mit OBJ* ■ *jmd. meistert etwas erfolgreich bewältigen* Sie hat die schwierige Aufgabe bravourös/souverän gemeistert.

Meis·ter·prü·fung die <-, -en> *eine Prüfung, die jmd. ablegen muss, um ein Meister[1] zu werden*

Meis·ter·sang der <-s> (*kein Plur.*) LIT. *eine Form der Dichtung im späten Mittelalter*

Meis·ter·schaft die <-, -en> **1.** SPORT *ein Wettkampf, um den Meister[4] zu ermitteln* Das Training dient zur Vorbereitung auf die Meisterschaften im Juli. ◆ Kreis-, Landes-, Welt- **2.** (*kein Plur.*) *großes Können* Sie hatte es in ihrer Kunst zu wahrer Meisterschaft gebracht.

Meis·ter·schafts·spiel das <-(e)s, -e> SPORT *Spiel bei einer Meisterschaft[1]*

Meis·ter·sin·ger der <-s, -> LIT. *Vertreter des Meistersangs*

Meis·ter·stück das <-(e)s, -e> **1.** *eine sehr gute Leistung* Damals vollbrachte sie ihr Meisterstück. **2.** *ein Werkstück, das ein Meister[1] für die Meisterprüfung anfertigen muss*

Meis·ter·werk das <-(e)s, -e> *hervorragende Arbeit* Die Ausstellung versammelt zahlreiche Meisterwerke der modernen Malerei.

Meist·ge·bot das <-(e)s, -e> *der höchste Geldbetrag, der bei einer Versteigerung erzielt wird*

meist·ge·kauft <nicht steig.> *Adj. am meisten gekauft* Der meistgekaufte Artikel an diesem Tag war …

meist·ge·le·sen <nicht steig.> *Adj. am meisten gelesen* Auf der Bestsellerliste stehen die meistgelesenen Bücher.

meist·ge·nannt <nicht steig.> *Adj. am häufigsten genannt*

Mek·ka das <-s, -s> **1.** (*kein Plur., ohne Artikel*) *heilige Stadt des Islam* **2.** (*Plur. selten*) *Ort, den viele Menschen für einen bestimmten Zweck anziehend finden* Die Region ist ein Mekka für Taucher.

Me·lan·cho·lie die [melaŋko'li:] <-> (*kein Plur.*) (≈ *Schwermut*) *der Zustand, dass man traurig und leicht deprimiert ist und wenig Freude am Leben hat*

Me·lan·cho·li·ker, **Me·lan·cho·li·ke·rin** der [melaŋ'ko:likɐ] <-s, -> *jmd., der zur Melancholie neigt*

me·lan·cho·lisch *Adj.* (≈ *schwermütig*) *so, dass man Melancholie verspürt*

Me·lan·ge die [me'lã:ʒə] <-, -n> (*österr.*) *ein Milchkaffee, der zur Hälfte aus Kaffee und zur Hälfte aus Milch besteht*

Me·la·nin das <-s, -e> MED. *dunkler Farbstoff in der Haut*

Me·la·nom das <-s, -e> MED. *Hautkrebs*

Me·lan·za·ni die <-, -> (*österr.*) *Aubergine*

Me·las·se die <-, -n> (*fachspr.*) *zähflüssige Masse, die bei der Gewinnung von Zucker entsteht*

Mel·de·amt das <-(e)s, Meldeämter> (≈ *Einwohnermeldeamt*) *Behörde, bei der die Bürger einer Stadt registriert werden*

Mel·de·frist die <-, -en> *der Zeitraum, innerhalb dessen sich jmd. irgendwo melden muss* Die Meldefrist läuft morgen ab.

Mel·de·gän·ger der <-s, -> MILIT. *jmd., der beim Militär Nachrichten und Befehle weitergibt*

mel·den **I.** *mit OBJ* **1.** ■ *jmd. meldet etwas etwas bekannt machen oder ankündigen, indem man es der Öffentlichkeit sagt* Der Rundfunk meldet schwere Sturmböen an der Küste., Die Nachrichten melden schwere Verwüstungen durch Hochwasser. **2.** ■ *jmd. meldet etwas bei etwas Dat. einer Institution etwas offiziell zur Kenntnis bringen* Ich habe den Diebstahl schon bei der Polizei gemeldet. **II.** *mit SICH* **1.** ■ *jmd. meldet sich (für etwas Akk.) einer Institution sagen, dass man für etwas zur Verfügung steht* Er hat sich freiwillig für den Hilfseinsatz gemeldet. **2.** ■ *jmd. meldet sich (bei jmdm.) von sich hören lassen* Hat sie sich in letzter Zeit mal bei dir gemeldet? **3.** ■ *jmd. meldet sich als Schüler im Unterricht den Arm senkrecht in die Höhe strecken, um zu zeigen, dass man eine Frage des Lehrers beantworten kann* Du musst dich im Unterricht fleißig melden! ■ **bei jemandem nichts zu melden haben** (*umg.*): *sich nicht gegen jmdn. durchsetzen können* ▶Abmeldung, Anmeldung

Mel·de·pflicht die <-, -en> **1.** *die Pflicht eines Bürgers, bestimmte Dinge einer Behörde offiziell zu melden[2]* **2.** *die Pflicht jedes Einwohners, seinen Wohnsitz beim Meldeamt zu melden[2]*

mel·de·pflich·tig <nicht steig.> *Adj. so, dass es einer Behörde gemeldet werden muss* Bestimmte Krankheiten sind meldepflichtig.

Mel·de·schluss der <-es> (*kein Plur.*) *Zeitpunkt, zu dem jmd. spätestens etwas gemeldet haben muss*

Mel·de·stel·le die <-, -n> (≈ *Meldeamt*)

Mel·dung die <-, -en> **1.** (≈ *Nachricht, Bericht*) *Information, die durch die Medien mitgeteilt wird* Die letzten Meldungen des Tages kommen kurz nach Mitternacht., Nach einer Meldung der Nachrichtenagentur XY glauben 75 Prozent aller Deutschen … ◆ Falschmeldung, Pressemeldung, Rundfunkmeldung, Verkehrsmeldung, Wettermeldung **2.** (≈ *Mitteilung*) *der Vorgang, dass etwas gemeldet[2] wird* Bei der Feuerwehr ist noch keine Meldung eingegangen., Er hat Meldung erstattet. ◆ Anmeldung, Krankmeldung, Unfallmeldung, Wortmeldung

me·liert <nicht steig.> *Adj. so dass etwas Fäden (oder Haare) von verschiedenen Farben enthält* Melierte Wolle ist aus verschiedenen Farben gemischt. ◆ Getrenntschreibung→R 4.3 Er hat grau meliertes Haar.

Me·lis·se die <-, -n> *eine Heilpflanze* ◆ -ngeist, -ntee

mel·ken <melkst/milkst, melkte/molk, hat gemelkt/gemolken> *mit OBJ* ■ *jmd. melkt ein Tier die Milch von einem weiblichen Tier nehmen* die Kühe/die Ziegen melken ▶Molkerei ◆ Melkmaschine

Mel·ker, **Mel·ke·rin** der <-s, -> *jmd., der melkt*

Me·lo·die die <-, -n> *Töne, die zusammen eine bestimmte Tonfolge bilden* Erkennen Sie die Melodie?, bekannte/bezaubernde /schöne/weltberühmte/unvergessliche Melodien

Me·lo·dik die <-, -en> MUS. *die Lehre von der Melodie*

me·lo·disch *Adj.* (≈ *melodiös*) *harmonisch, schön klingend*

Me·lo·dram(a) das <-s, Melodramen> **1.** LIT. MUS. *gesprochene, von Musik begleitete Dichtung* **2.** (THEAT.: *oft abwert.*) *ein pathetisch inszeniertes Theaterstück* **3.** FILM *ein pathetisch inszenierter Film mit* (*übertrieben*) *gefühlvollen Effekten*

me·lo·dra·ma·tisch *Adj.* (*geh.*) *auf übertriebene Weise gefühlvoll*

Me·lo·ne die <-, -n> **1.** *eine relativ große und relativ schwere runde Frucht, die in warmen Ländern wächst, in deren Fruchtfleisch viel Wasser gespeichert ist und die süß schmeckt* ◆ Honig-, Wasser- **2.** (*früher*) *ein runder, schwarzer Männerhut*

Mel·tau der <-(e)s> (*kein Plur.*) BIOL. *eien klebrige Ausscheidung von Blattläusen auf Blättern siehe aber auch* **Mehltau**

Mem·bra·n(e) die <-, -(e)n> *ein* (*sehr*) *dünnes Blättchen oder Häutchen, dass durchlässig für Flüssigkeiten und Gase ist*

Me·men·to das <-s, -s> (*geh.*) *Erinnerung, Mahnruf*

Mem·me die <-, -n> (*umg. abwert.*) *Angsthase, Feigling*

Me·moi·ren [me'mo̯a:rən] <-> *Plur.* (≈ *Autobiografie*) *ein Buch, in dem eine bekannte Persönlichkeit ihre Lebenserinnerungen aufgeschrieben hat* die Memoiren des Schauspielers

Me·mo·ran·dum das <-s, Memoranden/Memoranda> (*geh.*) *Denkschrift*

me·mo·rie·ren *mit OBJ* ■ *jmd. memoriert etwas* (*veralt.*) *auswendig lernen* Der Schauspieler memoriert seinen Text.

Me·na·ge·rie die [mena:ʒə'ri:] <-, -n> (*veralt.*) *Tierschau, Tiergehege*

Me·ne·te·kel das <-s, -> *ein unheilvolles* (*Vor-*)*Zeichen; ein Warnzeichen vor Gefahren*

Men·ge die <-, -n> **1.** *eine bestimmte Anzahl von etwas; ein bestimmtes Quantum* Eine kleine Menge Dünger genügt., Für die Menge Wasser ist zu viel Kaffeepulver im Filter. **2.** (*umg.*) *eine große Anzahl von etwas; ein großes Quantum* eine Menge Bücher besitzen, eine Menge Papier mit Notizen füllen **3.** *viele Menschen, die sich an einem Ort versammelt haben* Er hat sich unter die Menge gemischt., Schnell war sie in der Menge verschwunden., In wenigen Minuten hatte sich die Menge wieder zerstreut. **4.** MATH *ein mathematisches Konstrukt, das aus Elementen*[3] *besteht* ◆ Schnitt-, Unter-, Vereinigungs-

Men·gen·an·ga·be die <-, -n> *Angabe der Menge*[1] *von etwas* Für das Rezept brauche ich noch die genaue Mengenangabe der Zutaten.

Men·gen·leh·re die <-> (*kein Plur.*) MATH. *das Gebiet der Mathematik, das sich mit den Eigenschaften von Mengen*[4] *befasst*

men·gen·mä·ßig <nicht steig.> *Adj.* (≈ *quantitativ*) auf die Menge[1] von etwas bezogen

Men·gen·ra·batt der <-(e)s, -e> WIRTSCH. *ein bestimmter Geldbetrag, den jmd. nicht bezahlen muss, wenn er einem Händler eine große Menge Waren abkauft*

Me·nin·gi·tis die <-, Meningitiden> (MED.: ≈ *Hirnhautentzündung*)

Me·nis·kus der <-s, Menisken> ANAT. *eine Knorpelscheibe im Kniegelenk*

Men·ni·ge die <-> (*kein Plur.*) *eine Rostschutzfarbe* ▶mennigrot

Men·no·nit, **Men·no·ni·tin** der <-en, -en> *Angehöriger einer evangelischen Glaubensrichtung*

Me·no·pau·se die <-, -n> MED. *der Vorgang, dass bei einer Frau in den Wechseljahren die Regelblutungen aufhören*

Me·nor·ca <-s> *eine Insel der Balearen*

Men·sa die <-, -s/Mensen> *ein Gebäude, in dem die Studenten einer Universität für wenig Geld ein Mittagessen erhalten und einnehmen können* ◆ -essen

Mensch der <-en, -en> **1.** (*kein Plur.*) (↔ *Tier*) *das Lebewesen, das aufrecht geht und denken und sprechen kann* der Mensch als Teil der Schöpfung **2.** *Männer, Frauen und Kinder als Individuen* Menschen machen immer auch Fehler., Wir sind alle nur Menschen. **3.** *eine bestimmte Person* Sie ist ein kluger/liebenswerter/schwieriger Mensch., Er hat endlich einen Menschen gefunden, dem er vertrauen kann. ■ **kein Mensch mehr sein** (*umg.*): *völlig erschöpft sein* **sich wie der erste Mensch benehmen** (*umg. abwert.*): *sehr ungeschickt sein* **ein neuer Mensch werden**: *sich wandeln* ◆ Durchschnitts-, Gemüts-, Vernunft-, Willens-

men·scheln *mit ES* ■ *es menschelt überall gibt es menschliche Schwächen*

Men·schen·af·fe der <-n, -n> *ein sehr hoch entwickelter Affe, der bis zu einem bestimmten Grade intelligentes Verhalten zeigt* Gorillas und Schimpansen sind Menschenaffen.

Men·schen·al·ter das <-s> (*kein Plur.*) (*geh.* ≈ *Menschenleben*) *der Zeitraum, den ein Mensch lebt* Ein Menschenalter genügt nicht für all das, was ich vorhabe.

Men·schen·bild das <-(e)s, -er> *eine bestimmte Auffassung von Wesen und Bestimmung des Menschen* das Menschenbild der Antike/Aufklärung/Renaissance

Men·schen·feind der <-(e)s, -e> (≈ *Misanthrop* ↔ *Menschenfreund*) *ein Mensch, der Menschen*

M

gegenüber misstrauisch ist und wenig von ihnen hält

Men·schen·feind·lich·keit die <-> *(kein Plur.)* *(↔ Menschenfreundlichkeit)*

Men·schen·fleisch das <-(e)s> *(kein Plur.)* *menschliches Fleisch*

Men·schen·fres·ser der <-s, -> *(≈ Kannibale) ein Mensch, der Menschenfleisch isst*

Men·schen·freund der <-(e)s, -e> *(≈ Philanthrop ↔ Menschenfeind) jmd., der eine positive Auffassung von seinen Mitmenschen hat und ihnen gute Handlungen erweisen will*

Men·schen·freund·lich·keit die <-> *(kein Plur.)* *eine positive Auffassung von den Mitmenschen*

Men·schen·füh·rung die <-> *(kein Plur.)* *die Art, wie eine Führungskraft die Mitarbeiter führt* Die neue Chefin verfügt über eine gute Menschenführung.

Men·schen·ge·den·ken ■ **seit Menschengedenken** *(geh.)*: *seit eh und je*

Men·schen·ge·schlecht das <-(e)s> *(kein Plur.)* *(geh. ≈ Menschheit)*

Men·schen·ge·stalt ■ **ein Teufel in Menschengestalt**: *ein sehr böser Mensch*

Men·schen·hai der <-s, -e> *ein sehr großer Hai, der Menschen angreift*

Men·schen·han·del der <-s> *(kein Plur.)* *das Verkaufen von Menschen, insbesondere von Frauen (in die Prostitution)*

Men·schen·händ·ler der <-s, -> *jmd., der Menschenhandel betreibt*

Men·schen·ken·ner, **Men·schen·ken·ne·rin** der <-s, -> *jmd., der über viel Menschenkenntnis verfügt*

Men·schen·kennt·nis die <-> *(kein Plur.)* *die auf Erfahrung basierende Fähigkeit, (fremde) Menschen richtig einzuschätzen* Sie besitzt eine gute Menschenkenntnis., Aus mangelnder Menschenkenntnis vertraute sie immer wieder den falschen Personen.

Men·schen·ket·te die <-, -n> *viele Menschen, die eine Kette bilden, indem sie sich an den Händen halten* Die Demonstranten bildeten eine Menschenkette.

Men·schen·kind das <-(e)s, -er> *(dichter. selten)* *Kind*

Men·schen·le·ben das <-s, -> **1.** *die Lebenszeit eines Menschen* Dafür reicht ein Menschenleben nicht aus. **2.** ■ **ein Unfall fordert … Menschenleben**: *bei einem Unfall sterben … Menschen*

men·schen·leer *Adj. so, dass irgendwo keine Menschen sind* Die Straßen waren menschenleer während der Übertragung des Endspiels.

Men·schen·lie·be die <-> *(kein Plur.)* *die innere Einstellung eines Menschenfreunds* Er soll doch nicht so tun, als hätte er aus reiner Menschenliebe gehandelt.

Men·schen·men·ge die <-, -n> *große Ansammlung von Menschen*

men·schen·mög·lich <nicht steig.> *Adj.* ■ **alles/das Menschenmögliche tun**: *alles tun, was (einem Menschen) überhaupt möglich ist*

Men·schen·op·fer das <-s, -> *das Töten von Menschen als kultische Handlung* Wurden zu jener Zeit noch Menschenopfer dargebracht?

Men·schen·recht das <-(e)s, -e> *(selten im Sing.)* *das grundsätzliche Recht des Individuums auf freie Entfaltung seiner Persönlichkeit, wie es in den Verfassungen vieler Staaten verankert ist*

> **i Wissenswert** Unter den **Menschenrechten** werden die persönlichen Rechte verstanden, die für jeden Menschen gelten. Die Menschenrechte sind in der Verfassung der Bundesrepublik Deutschland, dem Grundgesetz, verankert. Zu diesen Grundrechten gehört das Recht auf Leben, auf persönliche Freiheit und auf Sicherheit. Sie schließen jegliche Art von Sklaverei, Folterung und Zwangsarbeit aus. Des weiteren gehört das Recht auf freie Meinungsäußerung und das Recht auf Religionsfreiheit dazu. Die Menschenrechte wurden zuerst in den Verfassungen der USA (1776) und Frankreichs (1789) verankert. Später wurden sie von der UNO (1948) übernommen und 1950 durch den Europarat verkündet. Von zahlreichen Staaten werden sie als verbindlich anerkannt, jedoch bis heute in einigen Ländern nicht eingehalten.

Men·schen·recht·ler, **Men·schen·recht·le·rin** der <-s, -> *eine Person, die für die (Einhaltung oder Durchsetzung der) Menschenrechte kämpft*

Men·schen·rechts·be·auf·trag·te der/die <-n, -n> *eine Person, die offiziell beauftragt ist, irgendwo über die (Einhaltung oder Durchsetzung der) Menschenrechte zu wachen*

Men·schen·rechts·kom·mis·si·on die <-, (-en)> *eine Kommission, die sich mit Fragen der (Einhaltung der) Menschrechte befasst*

Men·schen·rechts·kon·ven·tion die <-, -en> *eine Vereinbarung zwischen Staaten über den Schutz der Menschenrechte*

Men·schen·rechts·or·ga·ni·sa·ti·on die <-, -en> *eine Organisation[2], die für die Einhaltung und Durchsetzung der Menschenrechte eintritt*

Men·schen·rechts·ver·let·zung die <-, -en> *eine Verletzung der Menschenrechte*

men·schen·scheu *Adj. so, dass man Scheu vor anderen Menschen empfindet und ihre Gesellschaft eher meidet* Er wurde im Alter zunehmend menschenscheu.

Men·schen·schin·der der <-s, -> *(umg. abwert.)* *jmd., der andere schindet* Sein Chef ist ein wahrer Menschenschinder, der ohne Rücksicht das Letzte aus seinen Leuten herausholt.

Men·schen·schlag der <-(e)s> *(kein Plur.)* *eine Gruppe von Menschen, für die eine bestimmte Mentalität typisch ist* ein aufgeschlossener/eigenwilliger/ sturer/verschlossener/unsympathischer Menschenschlag

Men·schen·see·le ■ **keine Menschenseele**

(*umg.*): *niemand*

Men·schens·kind/Men·schens·kin·der *Interj. verwendet, um eine gewisse Verärgerung und Ungeduld auszudrücken* Menschenskind, wo bleibst du denn?, Menschenskinder, könnt ihr nicht aufpassen!

Men·schen·sohn der <-(e)s> (*kein Plur.*) REL. *Bezeichnung für Jesus Christus*

men·schen·un·wür·dig *Adj. mit so schlechten und unzureichenden Lebensbedingungen, dass man es Menschen nicht zumuten kann* Die Flüchtlinge lebten im Lager unter völlig menschenunwürdigen Verhältnissen.

Men·schen·ver·ach·tung die (*kein Plur.*) *Hass und Grausamkeit gegen Menschen*

Men·schen·ver·stand ■ **der gesunde Menschenverstand** (*umg.*): *das, was man als normaler Mensch weiß oder sich denken kann* Das hättest du aber wissen können, das sagt einem doch der gesunde Menschenverstand.

Men·schen·wür·de die <-> (*kein Plur.*) *die Würde und Achtung, auf die jeder Mensch einen Anspruch hat* Seine Menschenwürde wurde mit Füßen getreten.

men·schen·wür·dig <nicht steig.> *Adj. so, dass es der Würde des Menschen entspricht* eine menschenwürdige Unterkunft, menschenwürdig Arbeitsbedingungen

Mensch·heit die <-> (*kein Plur.*) *alle Menschen aller Zeiten*

Mensch·heits·ent·wick·lung die <-> (*kein Plur.*) *die geschichtliche Entwicklung der Menschheit*

Mensch·heits·ge·schich·te die <-> (*kein Plur.*) *die Geschichte der Menschheit*

Mensch·heits·traum der <-(e)s, Menschheitsträume> *etwas, wovon Menschen lange geträumt haben* Fliegen zu können war lange Zeit ein Menschheitstraum.

mensch·lich *Adj.* **1.** *auf den Menschen bezogen* Der Anatom sprach über das Wunderwerk des menschlichen Körpers., die Sprache als menschliches Kommunikationsmittel **2.** (≈ *human* ↔ *unmenschlich*) *so, dass man anderen Menschen gegenüber wohlwollend und nachsichtig ist* Er ist ein sehr menschlicher Vorgesetzter.

Mensch·lich·keit die <-> (*kein Plur.*) (≈ *Humanität*) *die Eigenschaft, dass jmd. menschlich*[2] *ist*

Mensch·wer·dung die <-> (*kein Plur.*) REL. *die Tatsache, dass Jesus Christus Mensch geworden ist*

Men·s·t·ru·a·ti·on die <-, -en> (MED.: ≈ *Regel*) *Monatsblutung*

Mens·t·ru·a·ti·ons·schmerz der <-es, -en> (*meist Plur.*) MED. *mit der Menstruation verbundener Schmerz*

Mens·t·ru·a·ti·ons·stö·rung die <-, -en> MED. *Störung der Menstruation*

Men·sur die <-, -en> **1.** SPORT *der Abstand zwischen den Sportlern bei einem Fechtkampf* **2.** *ein Fechtkampf, der zwischen Mitgliedern einer Studentenverbindung ausgetragen wird* eine Mensur austragen

men·tal <nicht steig.> *Adj.* (*geh.* ≈ *geistig*) *auf den menschlichen Geist und seine Funktionsweise bezogen* Ihre mentalen Fähigkeiten sind überdurchschnittlich., Der Sportler bereitet sich mental auf das Rennen vor.

Men·ta·li·tät die <-, -en> (≈ *Denkweise, Wesensart*) *die bestimmte Art wie Menschen denken und fühlen* Ich kann mit der Mentalität dieser Leute nichts anfangen.

Men·thol das <-s> (*kein Plur.*) *eine aus der Pfefferminze gewonnene Substanz, die eine erfrischende Wirkung hat und oft in Bonbons und Erkältungsmedikamenten verwendet wird* Bonbons/Taschentücher mit Menthol

Men·tor, Men·to·rin der <-s, -en> (≈ *Fürsprecher, Förderer*) *jmd., der sich für jmdn. einsetzt, ihn betreut und berät* Studenten sollten gute Mentoren haben.

Me·nü das <-s, -s> **1.** *eine Mahlzeit aus mehreren Speisen, die nacheinander gegessen werden* Zu einem Menü gehören Vorspeise, Hauptgericht und Nachspeise. **2.** EDV *innerhalb eines Programms eine Auswahl an Möglichkeiten, von denen sich der Benutzer für eine entscheiden kann*

Me·nu das [me'ny:] (*schweiz.*) *Menü*

Me·nu·ett das <-s, -e/-s> **1.** *ein höfischer Tanz im Dreivierteltakt* **2.** MUS. (*dritter*) *Satz einer Sinfonie, Sonate*

me·nü·ge·steu·ert <nicht steig.> *Adj. so, dass die Steuerung von etwas über Menüs*[2] *erfolgt*

Mer·chan·di·sing das ['mɜ:tʃəndaizɪŋ] <-s> (*kein Plur.*) WIRTSCH. *alle Maßnahmen, die den Verkauf eines Produkts fördern* ▶Merchandiser

mer·ci ['mɛrsi:] *Interj.* (*schweiz.*) *danke*

Mer·gel der <-s> (*kein Plur.*) *ein* (*Sediment-*)*Gestein*

Me·ri·di·an der <-s, -e> ASTRON. GEOGR. *ein Längenkreis, der vom Südpol zum Nordpol verläuft und senkrecht zum Äquator steht*

me·ri·di·o·nal <nicht steig.> *Adj.* ASTRON. GEOGR. **1.** *auf den Meridian bezogen* **2.** (*veralt.*) *südlich*

Me·rin·ge die <-, -n> *ein Schaumgebäck*

Me·ri·no der <-s, -s> *Schaf der Merino-Rasse*

Me·ri·no·schaf das <-(e)s, -e> (≈ *Merino*)

Me·ri·no·wol·le die <-> (*kein Plur.*) *die Wolle des Merinos*

Me·ri·ten <-> *Plur.* (*geh.* ≈ *Verdienste*) ■ **jemand hat sich Meriten** (**um etwas**) **erworben**: *jmd. ist wegen bestimmter Leistungen anerkannt*

mer·kan·til <nicht steig.> *Adj.* (*geh. veralt.*) *kaufmännisch*

Mer·kan·ti·lis·mus der <-> (*kein Plur.*) *das Wirtschaftssystem im Zeitalter des Absolutismus, in dem vor allem der Außenhandel und die Industrie gefördert wurden*

mer·kan·ti·lis·tisch <nicht steig.> *Adj. auf den Merkantilismus bezogen*

merk·bar <nicht steig.> *Adj.* **1.** (≈ *merklich*) *wahrnehmbar* Das Wetter ist merkbar kühler geworden. **2.** *leicht zu behalten* eine gut merkbare Telefonnummer

Merk·blatt das <-(e)s, Merkblätter> *eine Infor-*

M

mationsbroschüre Weitere Erläuterungen finden Sie in beiliegendem Merkblatt.

mer·ken **I.** *mit OBJ* ■ *jmd. merkt etwas* (≈ *bemerken*) *auf etwas aufmerksam werden* Merkst du was?, Merkst du, wie er immer seine Leistung betont?, Sie hat nie etwas gemerkt. **II.** *mit SICH* ■ *jmd. merkt sich etwas Akk. im Gedächtnis behalten* Ich kann mir Namen/Telefonnummern einfach nicht merken.

merk·lich <nicht steig.> *Adj. deutlich wahrnehmbar* Der Gesundheitszustand des Patienten hat sich merklich verbessert.

Merk·mal das <-s, -e> *ein charakteristisches Kennzeichen, das typisch für jmdn. oder etwas ist*

Merk·satz der <-(e)s, Merksätze> *ein Inhalt, der sprachlich so formuliert ist, dass man ihn sich besonders gut merken kann*

Mer·kur der <-(s)> (*kein Plur.*) **1.** *der römische Gott des Handels* **2.** *ein Planet unseres Sonnensystems*

merk·wür·dig *Adj.* (≈ *seltsam* ↔ *gewöhnlich, normal*) *auffällig und unverständlich* Er zeigte ein sehr merkwürdiges Verhalten.

merk·wür·di·ger·wei·se *Adv. so, dass man sich darüber wundern muss* Merkwürdigerweise war sie nicht zu Hause.

Merk·zet·tel der <-s, -> *ein Stück Papier, auf das jmd. Dinge schreibt, die er nicht vergessen soll*

Me·ro·win·ger der <-s, -> *Angehöriger einer fränkischen Königsfamilie*

Mer·ze·ri·sa·ti·on die <-, -en> (*fachspr.*) *das Merzerisieren*

mer·ze·ri·sie·ren *mit OBJ* ■ *jmd. merzerisiert etwas* (*fachspr.*) *Baumwolle so behandeln, dass sie glänzt*

me·schug·ge <meschuggener, am meschuggensten> *Adj.* (*umg. abwert.*) *leicht verrückt* Der ist meschugge, der spinnt !

Mes·mer, **Mes·me·rin** der (*schweiz.*) *s.* **Mesner**

Mes·ner, **Mes·ner**, **Mes·ne·rin** der <-s, -> *jmd., der als Kirchendiener in einer Kirche einfache Arbeiten ausführt*

Me·so·li·thi·kum das <-s> (*kein Plur.*) GEOGR. *ein Zeitabschnitt der Steinzeit*

Meso·po·ta·mi·en <-s> GESCH. *ein historisches Gebiet im heutigen Irak*

Me·so·zo·i·kum das <-s> (*kein Plur.*) GEOGR. *ein Zeitabschnitt der Erdgeschichte*

Mes·sage die ['mɛsɪtʃ] <-, -s> (*umg.*) **1.** *eine inhaltliche Aussage oder Botschaft, die ein Künstler mit einem Kunstwerk ausdrücken will* Welche Message hat dieses Lied? **2.** (≈ *Anliegen*) Konnte er die Message rüberbringen?

mess·bar <nicht steig.> *Adj. so, dass etwas gemessen werden kann* Das ist doch schon ein messbarer Unterschied.

Mess·be·cher der <-s, -> *ein Becher zum Abmessen einer bestimmten Menge von etwas* Ein Messbecher Waschmittel genügt.

Mess·bild das <-(e)s. -er> GEOGR. *ein Bild, das von einem Flugzeug aus (zum Zeichnen von Landkarten) aufgenommen wird*

Mess·da·ten <-> *Plur.* (*Daten als das*) *Ergebnis einer Messung* Ich habe bereits die neuen Messdaten in den Computer eingegeben.

Mess·die·ner, **Mess·die·ne·rin** der <-s, -> (REL.: ≈ *Ministrant*) *jmd., der im Gottesdienst bestimmte Handreichungen macht*

Mes·se[1] die <-, -n> **1.** REL. *katholischer Gottesdienst* **2.** MUS. *eine Komposition für eine Messe*[1]

Mes·se[2] die <-, -n> *eine große Ausstellung, auf der neue Produkte vorgestellt werden und sich Personen aus einer Branche treffen* zur Messe fahren, mit Geschäftspartnern auf der Messe verhandeln ◆-bau, -besucher, -stand, Buch-, Fach-, Handels-

Mes·se·aus·weis der <-es, -e> *Ausweis eines Ausstellers auf einer Messe* Ohne Messeausweis können Sie das Messegelände nicht betreten.

Mes·se·ge·lä·nde das <-s, -> *das Gelände, auf dem die Messehallen stehen*

Mes·se·hal·le die <-, -n> *eine der Ausstellungshallen einer Messe*

Mes·se·ka·ta·log der <-(e)s, -e> *ein kleines Buch, das Informationen über das Programm einer Messe, über die ausstellenden Firmen, ihre Standnummern usw. enthält*

Mes·se·lei·tung die <-, -en> (*kein Plur.*) *jmd., der für eine Messe und ihre Organisation verantwortlich ist*

mes·sen <misst, maß, hat gemessen> **I.** *mit OBJ* **1.** ■ *jmd. misst etwas mit einem speziell dafür geschaffenen Gerät die Größe oder das Ausmaß von etwas bestimmen* Der Arzt misst dem Patienten den Blutdruck., Physiker haben die Geschwindigkeit dieser Teilchen gemessen. **2.** ■ *etwas misst plus Zahlenangabe eine bestimmte Ausdehnung haben* Der Raum misst 36 Quadratmeter. **3.** *jmdn. oder etwas mit jmdm. oder etwas vergleichen* Du solltest sie nicht immer an deiner ehemaligen Freundin messen. **II.** *mit SICH* ■ *jmd. misst sich mit jmdm.* (*geh.*) *in einen Wettbewerb treten, sich vergleichen* Er hat sich im Schwimmen mit seinem Freund gemessen.

Mes·se·neu·heit die <-, -en> *ein Produkt, das auf einer Messe erstmals der Öffentlichkeit vorgestellt wird*

Mes·ser das <-s, -> **1.** *ein Gerät mit einer Klinge und einem Handgriff, das als Werkzeug oder als Waffe verwendet wird* Es kam zum Streit und der Angeklagte zog ein Messer., Sei vorsichtig mit dem scharfen Messer., Das Messer ist stumpf, es schneidet nicht gut. **2.** *ein Messer*[1] *als Teil des Essbestecks* mit Messer und Gabel essen ■ **unters Messer kommen** (*umg.*): *operiert werden* **jemandem das Messer an die Kehle setzen** (*umg.*): *jmdn. unter Druck setzen* **jemanden ans Messer liefern** (*umg.*): *jmdn. verraten* **etwas steht auf Messers Schneide** (*umg.*): *etwas kann so oder so ausgehen*

Mes·ser·bänk·chen das <-s, -> *ein kleiner Ständer für das Besteck, den man neben den Teller legt*

Mess·er·geb·nis das <-es, -se> *das Resultat einer Messung*

Mes·ser·griff der <-(e)s, -e> (≈ *Messerheft*) *der Teil des Messers, an dem man das Messer festhält*

Mes·ser·heft das <-(e)s, -e> (≈ *Messergriff*)

Mes·ser·held der <-en, -en> (*abwert.* ≈ *Messerstecher*) *jmd., der schnell das Messer zieht*

Mes·ser·kli·nge die <-, -n> *der Teil des Messers, der schneidet*

Mes·ser·rü·cken der <-s, -> *die stumpfe Seite einer Messerklinge*

mes·ser·scharf <nicht steig.> *Adj.* **1.** (*umg.*) *sehr scharf* Pass auf, die Kante dort ist messerscharf. **2.** (*übertr.*) *äußerst scharfsinnig* Sie hat messerscharf kombiniert.

Mes·ser·spit·ze die <-, -n> *eine kleine Menge eines Stoffes* eine Messerspitze Salz hinzugeben

Mes·ser·ste·cher der <-s, -> (*abwert.* ≈ *Messerheld*)

Mes·ser·ste·che·rei die <-, -en> (*abwert.*) *eine tätliche Auseinandersetzung mit Messern*

Mes·ser·stich der <-(e)s, -e> *ein Stich mit einem Messer* Das Opfer wurde durch mehrere Messerstiche verletzt.

Mes·ser·wer·fer, **Mes·ser·wer·fe·rin** der <-s, -> *ein Artist, der Messer auf eine Wand wirft ohne dabei eine zweite Person zu verletzen, die vor der Wand steht*

Mes·se·stadt die <-, Messestädte> *eine Stadt, in der häufig Messen stattfinden*

Mes·se·stand der <-(e)s, Messestände> *ein Stand auf einer Messe, an dem eine Firma ihre Produkte präsentiert*

Mes·se·teil·neh·mer, **Mes·se·teil·neh·me·rin** der <-s, -> *jmd., der seine Produkte auf einer Messe präsentiert*

Mes·se·zeit die <-, -en> *der Zeitraum, in dem eine Messe stattfindet* Während der Messezeit sind alle Hotels ausgebucht.

Mess·feh·ler der <-s, -> *ein Fehler beim Messen* Die Abweichung ist nur durch einen Messfehler zu erklären.

Mess·füh·ler der <-s, -> TECHN. *der Teil eines Messgeräts, der die zu messenden Daten registriert, z.B. in einem Thermostaten*

Mess·ge·nau·ig·keit die <-> (*kein Plur.*) *die Präzision, mit der jmd. oder ein Gerät misst* Aufgrund der geringen Messgenauigkeit dieses Geräts treten häufig Messfehler auf.

Mess·ge·rät das <-(e)s, -e> *ein Gerät, das etwas misst* Sind die Messgeräte geeicht?

Mess·ge·wand das <-(e)s, Messgewänder> *eine Art Umhang, den ein Priester während der Messe trägt*

Mes·si·as der <-> (*kein Plur., nur mit Artikel*) REL. **1.** *Bezeichnung der Christen für Jesus Christus* **2.** *der im Alten Testament angekündigte Erlöser*

Mes·sing das <-s> (*kein Plur.*) *ein Metall* (*Legierung aus Kupfer und Zink*)

Mes·sing·draht der <-(e)s, Messingdrähte> *Draht aus Messing*

Mes·sing·hahn der <-(e)s, Messinghähne> *Wasserhahn aus Messing*

Mes·sing·leuch·ter der <-s, -> *ein Kerzenhalter aus Messing*

Mes·sing·schild das <-(e)s, -er> *ein Türschild aus Messing*

Mess·ins·t·ru·ment das <-(e)s, -e> (≈ *Messgerät*) Die Messinstrumente müssen geeicht sein.

Mess·kelch der <-(e)s, -e> REL. *das Gefäß, aus dem bei katholischen Gottesdiensten der Priester den Messwein trinkt*

Mess·ner, **Mess·ne·rin** der (*süddt. österr.*) *s.* **Mesner**

Mess·op·fer das <-s, -> REL. *die rituelle Handlung, die im katholischen Gottesdienst an den Tod Jesu erinnern soll*

Mess·tech·nik die <-> (*kein Plur.*) *die Technologie der Messgeräte* Die Messtechnik ist ständig verbessert worden.

Mess·tisch der <-(e)s,-e> GEOGR. *ein Tisch, den Zeichner von Landkarten benützen*

Mess·tisch·blatt das <-(e)s, Messtischblätter> GEOGR. *eine Landkarte, die auf einem Messtisch gezeichnet wurde.*

Mes·sung die <-, -en> *der Vorgang, dass jmd. etwas misst* Die Werte haben sich seit der letzten Messung kaum verändert.

Mess·ver·fah·ren das <-s, -> *die Art und Weise, in der etwas gemessen wird*

Mess·wein der <-(e)s, -e> REL. *der Wein, der in katholischen Gottesdiensten das Blut Jesu symbolisiert*

Mess·wert der <-(e)s, -e> *durch eine Messung ermittelter Wert* Die Messwerte stimmen überein.

Mess·zy·lin·der der <-s, -> *ein Gefäß, mit dem man Flüssigkeiten misst*

Mes·ti·ze, **Mes·ti·zin** der <-n, -n> *ein Nachkomme eines weißen und eines indianischen Elternteils*

MESZ *Abkürzung von „Mitteleuropäische Sommerzeit“*

Met der <-(e)s> (*kein Plur.*) *ein alkoholisches Getränk aus vergorenem Honig*

Met die (*kein Plur.*) *kurz für „Metropolitan Opera“*

Me·ta·bo·lis·mus der <-> (*kein Plur.*) (*fachspr.* ≈ *Stoffwechsel*)

Me·tall das <-s, -e> *eine Substanz wie Z.B. Eisen oder Aluminium, die hart ist, eine glänzende Oberfläche hat, die man im heißen Zustand verformen kann und die ein wichtiges Material für den Bau von Geräten und Maschinen ist* Der Schmied bearbeitet das glühende Stück Metall., Das Automodell ist sehr schwer, es besteht aus massivem Metall. ◆ Getrenntschreibung→R 4.3, R 4.12 ein Metall verarbeitender Betrieb ◆-industrie, -verarbeitung, Edel-

Me·tall·ar·bei·ter, **Me·tall·ar·bei·te·rin** der <-s, -> *Facharbeiter in der Metallindustrie*

Me·tall·be·ar·bei·tung die <-, -en> (*selten im Plur.*) *der Vorgang, dass jmd. Metall in eine bestimmte Form bringt*

me·tal·len <nicht steig.> *Adj. aus Metall bestehend*

Me·tal·ler, **Me·tal·le·rin** der <-s, -> (*umg.*) (*gewerkschaftlich organisierter*) *Metallarbeiter*

me·tall·hal·tig <nicht steig.> *Adj. so, dass Metall darin enthalten ist*

me·tal·lic <nicht steig.> *Adj.* (*nur attr.*) *so, dass sich in einem Lack bestimmte Partikel befinden, die den Lack wie Metall glänzen lassen* Dieses Auto gibt es in metallic Blau/Metallicblau oder in Grün metallic/Grünmetallic.

Me·tal·lic·la·ckie·rung die <-, -en> *ein Lack, der im Licht metallisch schimmert*

me·tal·lisch <nicht steig.> *Adj.* **1.** *aus Metall bestehend* Das Werkstück erhält noch einen metallischen Überzug. **2.** *so, dass es einen harten Klang hat* Die Stimme des Anrufbeantworters klingt metallisch. **3.** *an Metall erinnernd* Die Oberfläche schimmert metallisch.

me·tal·li·sie·ren *mit OBJ* ■ *jmd. metallisiert etwas* TECHN. *etwas mit einer Metallschicht überziehen*

Me·tall·kun·de die <-> (*kein Plur.*) (≈ *Metallurgie*) *die Wissenschaft, die sich mit den Eigenschaften von Metallen beschäftigt*

Me·ta·ll·ver·ar·bei·tung die <-, -en> (*kein Plur.*) *das Verarbeiten von Metall*

Me·ta·mor·pho·se die <-, n> (*geh.*) *die Wandlung von etwas* (*in eine andere Gestalt oder in einen anderen Zustand*) Ein Beispiel für eine Metamorphose im Tierreich ist die Entwicklung des Eis zur Kaulquappe und schließlich zum Frosch.

Me·ta·pher die <-, -n> SPRACHWISS. *eine Stilfigur, die auf bildhafter Sprachverwendung beruht; ein bildhafter Ausdruck*

me·ta·pho·risch *Adj.* **1.** *Metaphern enthaltend* ein metaphorischer Stil **2.** *eine Metapher darstellend* Das Wort ist hier metaphorisch gebraucht.

Me·ta·phy·sik die <-, -en> (*Plur. selten*) PHILOS. *eine Lehre, die sich mit den nicht erfahrbaren und nicht erkennbaren Dingen des Seins beschäftigt*

me·ta·phy·sisch <nicht steig.> *Adj. die Metaphysik betreffend, jenseits der Erfahrung liegend*

Me·tas·ta·se die <-, -n> MED. *Tochtergeschwulst* (*eines Tumors*)

Me·te·or, **Me·te·or** der <-s, -e> (ASTRON.: ≈ *Sternschnuppe*) *ein kosmischer Körper, der in die Erdatmosphäre eindringt und dabei leuchtet*

me·te·o·risch <nicht steig.> *Adj.* **1.** *auf die Klima- und Wetterverhältnisse bezogen* **2.** *auf einen Meteor bezogen* **3.** (*geh. übertr.*) *plötzlich, unerwartet schnell* eine meteorische Karriere

Me·te·o·rit, **Me·te·o·rit** der <-en, -en> *ein* (*kleinerer*) *Gesteinsbrocken aus dem All, der beim Eintritt in die Erdatmosphäre ganz oder teilweise verglüht und so als Meteor sichtbar wird, wobei ein Rest auf der Erdoberfläche einschlagen kann*

Me·te·o·ro·lo·ge, **Me·te·o·ro·lo·gin** der <-n, -n> *jmd., der Meteorologie studiert hat* Die Meteorologen hatten sich bei der Wettervorhersage getäuscht.

Me·te·o·ro·lo·gie die <-> (*kein Plur.*) (≈ *Wetterkunde*) *die wissenschaftliche Beschäftigung mit dem Wetter und dem Klima, die es insbesondere ermöglicht, Wettervorhersagen zu machen*

Me·te·or·stein der <-(e)s, -e> *der Rest eines Meteoriten, der nicht ganz verglüht ist*

Me·ter der/das <-s, -> *ein Längenmaß* Ein Meter hat hundert Zentimeter (1 m = 100 cm), ein Grundstück von zwanzig Metern Länge und dreißig Metern Breite

me·ter·dick <nicht steig.> *Adj. so, dass etwas eine Dicke von mehreren Metern hat* ◆ Zusammenschreibung Die Burg hatte meterdicke Mauern.; Getrenntschreibung Die Mauern waren zwei Meter dick.

me·ter·hoch <nicht steig.> *Adj. so, dass etwas eine Höhe von mehreren Metern hat* ◆ Zusammenschreibung Der Schnee lag meterhoch., Das Räumfahrzeug kämpfte sich durch meterhohen Schnee.; Getrenntschreibung Der Sprungturm ist fünf Meter hoch.

me·ter·lang <nicht steig.> *Adj. so, dass etwas eine Länge von mehreren Metern hat* ◆ Zusammenschreibung Vor der Kasse war eine meterlange Schlange.; Getrenntschreibung Das Beet ist vier Meter lang.

Me·ter·maß das <-es, -e> (≈ *Maßband*) *ein Band mit einer Maßeinteilung, mit dem man eine Länge messen kann.* Wie soll ich die Rocklänge messen, wenn ich mein Metermaß nicht finden kann?

Me·tha·don das <-s> (*kein Plur.*) MED. *ein Drogenersatzstoff, der in der Therapie von Heroinabhängigen verwendet wird* ◆ -programm

Me·than das <-s> (*kein Plur.*) (≈ *Sumpfgas*) *ein natürliches, farb- und geruchloses, leicht brennbares Gas*

Me·tha·nol das <-s> (*kein Plur.*) (CHEM.: ≈ *Methylalkohol*)

Me·tho·de die <-, -n> **1.** *ein planmäßiges, systematisches Verfahren, um ein bestimmtes Ziel zu erreichen* Forscher haben eine völlig neue wissenschaftliche Methode entwickelt, um ...., Die Methode des ... wurde angeblich schon von den römischen Ärzten der Antike angewendet. **2.** *eine bestimmte Art des Handelns* Seine Methoden gefallen mir nicht., Mit dieser Methode wirst du kaum etwas erreichen.

Me·tho·dik die <-, -en> *alle Methoden, die zu einem bestimmten Fach gehören* Ich suche ein einführendes Buch über die Methodik der Literaturwissenschaft.

me·tho·disch <nicht steig.> *Adj.* (≈ *planmäßig, systematisch*) *nach einer bestimmten Methode* Ich bin bei meiner Arbeit streng methodisch vorgegangen.

Me·tho·dist, **Me·tho·dis·tin** der <-en, -en> REL. *Angehöriger einer bestimmten christlichen Glaubensgemeinschaft*

Me·tho·do·lo·gie die <-> (*kein Plur.*) *die Lehre von den wissenschaftlichen Methoden*[1]

Me·thu·sa·lem der <-(s), -s> *ein sehr alter Mann*

Me·thyl·al·ko·hol der <-s, -e> (≈ *Methanol*) *ein giftiger, als Brenn- oder Treibstoff verwendeter Alkohol*

Me·tier das [me'ti̯e:] <-s, -s> *Handwerk, Tätigkeit* Sie beherrscht ihr Metier.

Me·to·ny·mie die <-, -> SPRACHWISS. *ein stilisti-*

sches Mittel, bei dem ein Begriff durch einen ähnlichen Begriff ersetzt wird „Brot“ kann eine Metonymie für „Nahrung“ sein.

Me·t·rik die <-, -en> (Plur. selten) 1. LIT. die Lehre von den Versmaßen 2. MUS. die Lehre vom Takt

me·t·risch Adj. 1. die Metrik[1] [2] betreffend 2. auf alle Maßeinheiten bezogen, die nach Meter und Kilogramm messen Zum metrischen System gehören Meter, Hektar, Kilogramm.

Me·t·ro die <-, -s> Bezeichnung für die Untergrundbahn in Paris In Paris sind wir oft mit der Metro gefahren.

Me·t·ro·nom das <-s, -e> (MUS.: ≈ Taktmesser, Taktell) ein Gerät, das durch lautes Ticken dem Musiker den Takt angibt

Me·t·ro·po·le die <-, -n> 1. Hauptstadt, Zentrum ◆ Welt- 2. (≈ Hochburg, Zentrum) ein Ort, der als Zentrum für bestimmte Interessen gilt Paris ist immer noch die Metropole der Mode. ◆ Handels-, Kunst-, Mode-, Musik-

Me·tro·po·lit der <-en, -en> REL. ein Bischof oder Erzbischof der orthodoxen Kirche

Me·t·rum das <-s, Metren> 1. (LIT.: ≈ Versmaß) 2. (MUS.: ≈ Taktmaß)

Mett das <-(e)s> (kein Plur.) (≈ Hackfleisch) gehacktes Schweinefleisch

Met·te die <-, -n> REL. nächtlicher Gottesdienst ◆ Christ-

Met·teur, **Met·teu·rin** der [mɛ'tøːɐ̯] <-s, -e> DRUCKW. jmd., der in einer Druckerei für die Seitenumbrüche zuständig ist

Mett·wurst die <-, -würste> eine Wurst aus Mett

Met·tze die <-, -en> (veralt. abwert.) Prostituierte

Met·ze·lei die <-, -en> (umg. abwert. ≈ Blutbad, Massaker) grausames Morden an vielen Menschen

Metz·ger, **Metz·ge·rin** der <-s, -> (süddt. westmdt. österr. schweiz.) Fleischer ◆ Metzger-, Metzger-

Metz·ge·rei die <-, -en> (süddt. westmdt. österr. schweiz.) Fleischerei

Meu·chel·mord der <-(e)s, -morde> (abwert.) ein heimtückischer Mord

Meu·chel·mör·der, **Meu·chel·mör·de·rin** der <-s, -> jmd., der einen Meuchelmord begangen hat

meu·cheln <meuchelst, meuchelte, hat gemeuchelt> mit OBJ ■ jmd. meuchelt jmdn. (veralt. abwert.) heimtückisch morden

meuch·le·risch Adj. (veralt. abwert.) heimtückisch

meuch·lings Adv. (veralt. abwert.) auf heimtückische Art und Weise jemanden meuchlings ermorden

Meu·te die <-, -n> (Plur. selten) 1. (umg. abwert.) eine wilde Gruppe von Personen Eine Meute von Randalierern zog durch die Straßen. 2. (≈ Hundemeute) eine Gruppe von Jagdhunden

Meu·te·rei die <-, -en> (≈ Aufstand, Rebellion) der Vorgang, dass alle Mitglieder einer bestimmten Gruppe von Menschen - z.B. eine Schiffsbesatzung oder die Insassen eines Gefängnisses - plötzlich Befehle verweigern und mit Gewalt versuchen, die Macht an sich zu bringen

Meu·te·rer der <-s, -> jmd., der Meuterei begeht

meu·tern <meuterst, meuterte, hat gemeutert> ohne OBJ 1. ■ jmd. meutert (gegen jmdn.) eine Meuterei machen Die Schiffsbesatzung meuterte (gegen ihren Kapitän). 2. ■ jmd. meutert (gegen etwas Akk.) (umg.) aufbegehren, protestieren Die Besucher meuterten, als der Konzertbeginn erneut verschoben wurde.

Me·xi·ka·ner, **Me·xi·ka·ne·rin** der <-s, -> jmd., der die mexikanische Staatsbürgerschaft hat

me·xi·ka·nisch <nicht steig.> Adj. zu Mexiko gehörend, daher stammend

Me·xi·ko <-s> (kein Plur.) ein Land in Mittelamerika

Me·xi·ko-Stadt <-s> Hauptstadt von Mexiko

Mez·za·nin der/das <-s, -e> (österr.) Zwischengeschoss zwischen Parterre und dem ersten Stock

mez·zo·for·te Adv. MUS. mäßig laut (mf)

mez·zo·pia·no Adv. MUS. mäßig leise (mp)

Mez·zo·so·p·ran, **Mez·zo·so·p·ran** der <-(e)s, -e> MUS. 1. mittlere Stimmlage zwischen Sopran und Alt 2. Sängerin der mittleren Stimmlage

MG Abkürzung von „Maschinengewehr“

mg Abkürzung für„Milligramm“

mhd. Abkürzung für„mittelhochdeutsch“

mi·au·en ohne OBJ ■ eine Katze miaut die für eine Katze typischen Laute von sich geben Die Katze miaut.

mich Pron. 1. Akk. zu „ich“ Schau mich nicht so an! 2. refl. zu „ich“ Ich habe mich verschluckt.

mi·ck(e)·rig Adj. (umg. abwert ≈ klein, schwächlich, kümmerlich) so klein, schwach o.Ä., dass man es nicht ernst nimmt Wir zahlten nur einen mickrigen Betrag., Hast du die mickrigen Pflanzen gesehen?

Mi·cky·maus die <-> (kein Plur.) eine Comicfigur von Walt Disney

Mid·life·cri·sis, a. **Midlife-Crisis** die ['mɪdlaɪf'kraɪsɪs] <-> (kein Plur.) (geh.) eine in der Lebensmitte (besonders von Männern) empfundene Sinnkrise

Mie·der das <-s, -> 1. eine den Körper formende, elastische Unterwäsche für Frauen 2. eng anliegendes Oberteil ◆ Trachten-

Mie·der·wa·ren <-> Plur. alles, was zum Mieder[1] gehört

Mief der <-(e)s> (kein Plur.) (umg. abwert.) 1. muffige Luft 2. eine unangenehme, beschränkte Atmosphäre der Mief der Kleinstadt

mie·fen ohne OBJ ■ jmd./etwas mieft (umg. abwert.) unangenehm riechen Die Wäsche mieft., Hier mieft es!

Mie·ne die <-, -n> Gesichtsausdruck Sie setzte eine freundliche/heitere Miene auf., Er verzog keine Miene. ■ **gute Miene zum bösen Spiel machen** (umg.): die anderen (wohl oder übel) gewähren lassen ◆ Freuden-, Sieger-, Trauer- s. **siehe aber Mine**

Mie·nen·spiel das <-(e)s, -e> (≈ Mimik) die Art, wie sich Gefühle im Gesicht zeigen Am Mienenspiel der Frau konnte man ihre Erregung erkennen.

mies *Adj.* (*umg. abwert.*) **1.** *schlecht, übel, abstoßend* Weshalb hat sie eine derart miese Laune?, Das war ein mieses Buch., Er ist ein ganz mieser Typ. **2.** (≈ *kränklich*) *körperlich unwohl* Ich fühle mich ziemlich mies. ◆ Getrenntschreibung→R 4.2 Ich lasse mir den Urlaub von dir nicht mies machen.

Mie·se·pe·ter der <-s, -> (*umg. abwert.*) *ständig unzufriedener Mensch*

Mies·ma·cher, **Mies·ma·che·rin** der <-s, -> (*umg. abwert.*) *jmd.,der oft etwas abqualifiziert und damit anderen die Freude verdirbt*

Mies·ma·che·rei die <-, -en> (*umg. abwert.*) *ständiges Nörgeln*

Mies·mu·schel die <-, -n> *eine essbare Muschel*

Miet·aus·fall der <-(e)s, Mietausfälle> *die Tatsache, dass keine Miete bezahlt wird*

Miet·au·to das <-s, -s> *eine Auto, das man mieten kann* Das Mietauto steht am Flughafen für Sie bereit.

Miet·dau·er die <-> (*kein Plur.*) *der Zeitraum, in dem etwas gemietet wird* Die Mietdauer wurde vertraglich auf drei Jahre begrenzt.

Mie·te die <-, -n> *der Geldbetrag, den man dem Eigentümer einer Wohnung monatlich bezahlen muss, damit man in seiner Wohnung wohnen darf* Was kostet die Miete?, Wir wohnen zur Miete., Zur Miete kommen noch die Nebenkosten., Die Miete wird per Dauerauftrag überwiesen. ◆ Kalt-, Laden-, Wohnungs-

Miet·ein·nah·me die <-, -n> *Einnahme aus der Vermietung von etwas*

mie·ten *mit OBJ* ■ *jmd. mietet etwas* **1.** *gegen Bezahlung von Geld irgendwo wohnen dürfen* Wir wollen eine neue Wohnung mieten. **2.** (≈ *leasen, chartern*) *gegen Bezahlung von Geld etwas benutzen dürfen* ein Auto mieten

Mie·ter, **Mie·te·rin** der <-s, -> (↔ *Vermieter*) *jmd., der etwas mietet* ◆ Dauer-, Haupt-, Nach-, Unter-

Miet·er·hö·hung die <-, -en> *Erhöhung der Miete*[1]

Mie·ter·schutz der <-es> (*kein Plur.*) *der gesetzlich geregelte Schutz der Mieter vor willkürlichen Maßnahmen des Vermieters* ◆ -verein

miet·frei <nicht steig.> *Adj. so, dass man keine Miete bezahlen muss* Er wohnt mietfrei.

Miet·kauf der <-(e)s, Mietkäufe> (WIRTSCH.: ≈ *Leasing*) Wir haben bei dem Haus Mietkauf vereinbart, das heißt, wir können uns nach einem halben Jahr entscheiden, ob wir das Haus weiterhin mieten oder kaufen möchten, wobei uns in diesem Fall die bisher gezahlte Miete auf den Kaufpreis angerechnet wird.

Miet·preis der <-es, -e> (≈ *Miete*[1]) *der Geldbetrag, der regelmäßig für die gemietete Sache bezahlt werden muss* Die Mietpreise in dieser Stadt sind überhöht.

Miet·recht das <-(e)s> (*kein Plur.*) RECHTSW. *die gesetzlichen Bestimmungen, die die Rechte und Pflichten von Mietern und Vermietern regeln*

Miet·rück·stand der <-(e)s, Mietrückstände> *der Zustand, dass ein Mieter mehrere Mieten nicht bezahlt hat* Er ist in Mietrückstand geraten.

Miet·schul·den <-> *Plur.* (≈ *Mietrückstand*)

Miets·haus das <-es, Mietshäuser> *ein Haus mit mehreren Mietwohnungen*

Miets·ka·ser·ne die <-, -n> (*umg. abwert.*) *ein großes, nicht sehr schönes Mietshaus*

Miet·spie·gel der <-s, -> *ein Verzeichnis der Mietpreise, die in einer Stadt üblich sind*

Miet·strei·tig·kei·ten <-> *Plur. Streitigkeiten zwischen Mieter und Vermieter*

Miet·ver·hält·nis das <-ses, -se> AMTSSPR. *das Verhältnis zwischen Mieter und Vermieter* Wann wurde das Mietverhältnis gelöst?

Miet·ver·trag der <-(e)s, Mietverträge> *ein Vertrag, der ein Mietverhältnis regelt*

Miet·wa·gen der <-s, -> (≈ *Mietauto*)

Miet·wert der <-(e)s, -e> *der Geldbetrag, der für eine Sache als Mietpreis angemessen ist*

Miet·woh·nung die <-, -en> *eine gemietete Wohnung*

Miet·wu·cher der <-s> (*kein Plur.*) (*abwert.*) *das Fordern von überhöhten Mieten*

Miet·zins der <-es, -en> (*süddt. österr. schweiz.*) *Miete*

Mie·ze die <-, -n> **1.** (*umg.*) *Katze* **2.** (*umg. scherzh.*) *Mädchen, junge Frau*

Mi·g·rä·ne die <-, -n> MED. *meist einseitiger, heftiger Kopfschmerz mit Übelkeit*

Mig·rant, **Mig·ran·tin** der <-en, -en> POL. *jmd., der sein Heimatland verlässt und in einem anderen Land lebt* ▸Emigrant, Immigrant ◆ Arbeits-

Mig·ra·ti·on die <-, -en> **1.** BIOL. *die Wanderung bestimmter Tierarten, beipielsweise Zugvögel* **2.** (SOZIOL.: ≈ *Zuwanderung*) *die Aus- und Einwanderung von Menschen* **3.** GEOGR. *die Wanderung von bestimmten Gesteinen*

Mi·ka·do das <-> (*kein Plur.*) *ein Geschicklichkeitsspiel*

mi·kro-, *a.* **Mi·k·ro** **1.** (*in Zusammensetzungen*) *verwendet, um auszudrücken, dass etwas sehr klein oder kleiner als normal ist* ◆ -chip, -elektronik **2.** (*vor Maßeinheiten*) *verwendet, um ein Millionstel der Einheit zu bezeichnen* ◆ -gramm

Mi·k·ro das <-s, -s> (*umg.*) *kurz für „Mikrofon"*

Mi·k·ro·a·na·ly·se die <-, -n> CHEM. *die Analyse kleinster Substanzmengen*

Mi·k·ro·be die <-, -n> (≈ *Einzeller*) *ein pflanzliches oder tierisches Kleinstlebewesen* Bakterien sind Mikroben.

Mi·k·ro·bi·o·lo·gie die <-> (*kein Plur.*) *die Wissenschaft, die sich mit Kleinstlebewesen beschäftigt*

Mi·kro·chemie die <-> (*kein Plur.*) *der Bereich der Chemie, der sich mit sehr kleinen Mengen von Stoffen beschäftigt*

Mi·k·ro·chip der <-s, -s> ELEKTROTECHN. *ein elektronisches Bauteil in der Art einer sehr kleinen und dünnen Kunststoffplatte, auf der sich elektronische Schaltkreise befinden*

Mi·k·ro·e·lek·tro·nik die <-> (*kein Plur.*) PHYS. *die Anwendung von Mikroprozessoren*

Mi·k·ro·fa·ser die <-, -n> *eine Textilfaser aus Polyester*

Mi·k·ro·fiche das/der [...fiʃ] <-s, -s> *Mikrofilm in Form einer Folie*

Mi·k·ro·film der <-(e)s, -e> *eine stark verkleinerte fotografische Aufnahme von Texten* Ein Mikrofilm ist auf eine Rolle gewickelt., Die Bibliothek hat einige seltene Bücher auf Mikrofilm.

Mi·k·ro·fon, *a.* **Mi·k·ro·phon** das <-s, -> *ein Gerät, durch das Töne auf Tonband, Kassette oder Lautsprecher übertragen werden* Sie haben ohne Mikrofon gesungen. ◆-kabel, -ständer, Röhren-

Mi·kro·gramm das <-s, -> *ein Millionstel Gramm*

Mi·k·ro·kli·ma das <-s, -s> *das lokale Klima, das an einem Ort herrscht* Meteorologen erforschen das Mikroklima auf dieser Insel.

Mi·k·ro·ko·pie die <-, -n> *eine stark verkleinerte Kopie (auf einem Mikrofiche oder Mikrofilm), die man nur mit einem speziellen Gerät ansehen kann*

Mi·k·ro·kos·mos der <-> (*kein Plur.*) **1.** BIOL. *die Welt der Klein(st)lebewesen* **2.** (↔ *Makrokosmos*) *die kleine Welt des Menschen (als Ausschnitt oder Abbild)*

Mi·k·ro·me·ter das <-s, -> *ein millionstel Meter (0,001 mm)*

Mi·k·ro·ne·si·en <-s> *eine Inselgruppe im Pazifik*

Mi·k·ro·ne·si·er, **Mi·k·ro·ne·si·e·rin** der <-s, -> *Bewohner Mikronesiens*

mi·k·ro·ne·sisch *Adj. zu Mikronesien gehörend, daher stammend*

Mi·k·ro·ö·ko·no·mie die <-> (*kein Plur.*) WIRTSCH. *die Betrachtung von einzelnen Aspekten der Wirtschaft (beispielsweise einzelne Unternehmen)*

mi·k·ro·ö·ko·no·misch der <nicht steig.> *Adj.* WIRTSCH. *auf die Mikroökonomie bezogen*

Mi·k·ro·or·ga·nis·mus der <-, Mikroorganismen> (*selten im Sing.*) *ein Kleinstlebewesen, das nur unter dem Mikroskop sichtbar ist* Viren und Bakterien zählen zu den Mikroorganismen.

Mi·k·ro·phon das *s.* **Mikrofon**

Mi·k·ro·pil·le die <-, -n> (*umg.*) *eine Antibabypille mit sehr geringen Mengen von Hormonen*

Mi·k·ro·pro·zes·sor der <-s, -en> EDV TECHN. *ein elektronischer Baustein, der Informationen verarbeitet*

Mi·k·ro·s·kop das <-(e)s, -e> *ein optisches Gerät, mit dem man sehr kleine Objekte genau betrachten kann* Wir haben uns einen Schmetterlingsflügel unter dem Mikroskop angesehen.

Mi·k·ro·s·ko·pie die <-> (*kein Plur.*) *die Betrachtung von Objekten mit einem Mikroskop*

mi·k·ro·s·ko·pie·ren *ohne OBJ* ■ *jmd. mikroskopiert mit einem Mikroskop arbeiten*

mi·k·ro·s·ko·pisch <nicht steig.> *Adj.* **1.** *mithilfe des Mikroskops* Die Fasern wurden mikroskopisch untersucht. **2.** *so klein, dass man etwas mit bloßem Auge nicht mehr erkennen kann* Der Käfer ist mikroskopisch klein.

Mi·k·ro·wel·le die <-, -n> **1.** ELEKTROTECHN. *eine elektromagnetische Welle* **2.** *Kurzform für „Mikrowellenherd"* Ich stelle das Essen noch kurz in die Mikrowelle.

Mi·k·ro·wel·len·herd der <-(e)s, -e> *ein Gerät, das Speisen mit Hilfe von Mikrowellen in sehr kurzer Zeit erwärmen oder garen kann* Ich wärme das Essen schnell im Mikrowellenherd.

Mi·lan der <-(e)s, -e> *ein Greifvogel*

Mil·be die <-, -n> *eine kleine Spinnenart, die als Parasit bei Menschen und Tieren lebt*

Milch die <-> (*kein Plur.*) **1.** *die weiße Flüssigkeit, die ein Baby an der Brust seiner Mutter trinkt* ◆Mutter- **2.** *die Flüssigkeit, mit der ein Muttertier ein Junges säugt* ◆Kuh-, Schafs-, Ziegen- **3.** *Milch*[2] *als Nahrungsmittel*

Milch·bar die <-, -s> *ein Lokal, in dem vor allem Milchmixgetränke angeboten werden*

Milch·bart der <-(e)s- Milchbärte> (*umg. abwert.*) *ein unerfahrener, schwächlicher junger Mann*

Milch·brei der <-(e)s, -e> *ein Speisebrei, der mit Milch zubereitet wird*

Milch·drü·se die <-, -n> ANAT. *die Milch*[1 2] *produzierenden Drüsen in der Brust einer Frau oder eines weiblichen Säugetiers*

Milch·ei·weiß das <-es, -e> BIOL. *ein bestimmtes Eiweiß, das in Milch*[3] *enthalten ist*

Milch·fla·sche die <-, -n> *Flasche für Milch*[3]

Milch·ge·biss das <-es, -e> *das erste Gebiss, das Menschen im Kindesalter bekommen*

Milch·ge·schäft das <-(e)s, -e> (≈ *Molkerei*) *ein Geschäft, in dem vor allem Milchprodukte verkauft werden*

Milch·ge·sicht das <-(e)s, -er> **1.** *ein zartes, blasses Gesicht* **2.** (*abwert.*) *ein unerfahrener, schwächlicher junger Mann*

Milch·glas das <-es, Milchgläser> **1.** *ein Glas, aus dem man Milch trinkt* **2.** (*kein Plur.*) *trübes, undurchsichtige Fensterglas*

Milch·händ·ler, **Milch·händ·le·rin** der <-s, -> *jmd., der vor allem Milchprodukte verkauft*

mil·chig <nicht steig.> *Adj. trübe* eine milchige Flüssigkeit

Milch·kaf·fee der <-s, -s> *Kaffee mit Kondensmilch*

Milch·kalb das <-(e)s, Milchkälber> *Kalb, das noch mit Milch*[2] *gesäugt wird*

Milch·kan·ne die <-, -n> *Kanne für Milch*[3]

Milch·kuh die <-, Milchkühe> *auf einem Bauernhof gehaltene Kuh, die Milch gibt*

Milch·la·den der <-s, Milchläden> (≈ *Milchgeschäft*)

Milch·ling der <-s, -e> **1.** *ein Speisepilz* **2.** ZOOL. *ein geschlechtsreifer männlicher Fisch*

Milch·mäd·chen·rech·nung die <-, -en> (*umg.*) *eine Planung, die auf falschen oder naiven Annahmen beruht* Das klappt nie, das ist doch eine Milchmädchenrechnung!

Milch·pro·dukt das <-(e)s, -e> *aus Milch*[3] *hergestelltes Nahrungsmittel* Butter, Käse und Quark sind Milchprodukte.

Milch·pul·ver das <-s, -> *ein Pulver, das entstan-*

M

den ist, indem man Milch das Wasser entzogen hat Unter den Hilfsgütern waren auch mehrere Tonnen Milchpulver.

Milch·pum·pe die <-, -n> *ein Gerät, mit dem Muttermilch abgepumpt wird*

Milch·reis der <-es> (*kein Plur.*) *in Milch gekochter Reis*

Milch·säu·re die <-, -n> CHEM. *eine organische Säure, die durch bestimmte Bakterien entsteht*

Milch·säu·re·gä·rung die <-, -en> CHEM. *der Vorgang, dass Milchsäure entsteht*

Milch·scho·ko·la·de die <-, -n> *Schokolade mit hohem Milchanteil*

Milch·schorf der <-(e)s> (*kein Plur.*) *Ausschlag im Gesicht von Säuglingen*

Milch·spei·se die <-, -n> *eine mit Milch zubereitete Speise*

Milch·stra·ße die <-> (*kein Plur.*) *unser Sternensystem, unsere Galaxis, die als breites Band von Fixsternen am Nachthimmel zu sehen ist*

Milch·stra·ßen·sys·tem das <-(e)s, -e> (ASTRON.: ≈ *Galaxis*)

Milch·topf der <-(e)s, Milchtöpfe> *ein Topf, in dem Milch erhitzt wird*

Milch·tü·te die <-, -n> *ein Behälter aus einer Art Pappe, in dem Milch verpackt ist*

Milch·wirt·schaft die <-> (*kein Plur.*) *alle Betriebe, die mit dem Erzeugen und Verarbeiten von Milch zu tun haben*

Milch·zahn der <-(e)s, Milchzähne> *ein Zahn des Milchgebisses* Das Baby bekommt gerade seinen ersten Milchzahn.

Milch·zu·cker der <-s, -> CHEM. *eine bestimmte Art von Zucker, die in Milch[1] [2] enthalten ist*

mild(e) <milder, am mildesten> *Adj.* **1.** (≈ *nachsichtig, gütig* ↔ *streng*) *so, dass es nicht streng ist und nicht eine sehr harte Strafe verhängt wird* Der Richter verkündete ein mildes Urteil. **2.** (≈ *gemäßigt, lau, sanft*) *so, dass es nicht extrem ist* Das Klima der Inseln ist eher mild., das milde Licht des späten Nachmittags **3.** (↔ *scharf, würzig*) *so, dass es den Geschmackssinn nicht sehr reizt* Zur Nachspeise gab es einen milden Käse., ein ausgesprochen milder Rotwein **4.** *so, dass es gut verträglich und frei von Reizstoffen ist* Die Hautcreme ist besonders mild., Diese milde Kaffeesorte schont den Magen., Das milde Duschgel verhindert ein Austrocknen der Haut.

Mil·de die <-> (*kein Plur.*) *das Mildsein*

mil·dern <milderst, milderte, hat gemildert> **I.** *mit OBJ* ■ *jmd. mildert etwas* (≈ *abschwächen, lindern, verringern* ↔ *verschlimmern*) *bewirken, dass etwas leichter oder einfacher wird oder dass Schmerzen geringer werden* Er milderte ihren Zorn., Das Leid der Opfer konnte ein wenig gemildert werden., Das Medikament mildert Ihre Schmerzen. **II.** *mit SICH* ■ *etwas mildert sich* (≈ *abnehmen*) *schwächer werden* Ihre Wut hatte sich inzwischen etwas gemildert. ■ **jemand bekommt mildernde Umstände** RECHTSW.: *jmd. wird vor Gericht nicht so streng beurteilt, weil es Milderungsgründe gibt*

Mil·de·rung die <-, -en> *das Mildern*

Mil·de·rungs·grund der <-(e)s, Milderungsgründe> RECHTSW. *etwas, das dazu beiträgt, dass man eine Tat milder[1] beurteilt* Es war für den Richter kein Milderungsgrund, dass …

mild·tä·tig *Adj.* (*geh.*) *wohltätig, großzügig mit Spenden*

Mild·tä·tig·keit die <-> (*kein Plur.*) (*geh.*) *Wohltätigkeit*

Mi·lieu das [mi'li̯øː] <-s, -s> **1.** *die Umwelt, in der ein Mensch lebt und die ihn in seiner Entwicklung, seinem Denken und Fühlen prägt* **2.** BIOL. *die Umgebung, in der eine Pflanze oder ein Tier lebt* **3.** (*verhüll.*) *die Welt der Prostituierten*

mi·lieu·be·dingt [mi'li̯øː...] <nicht steig.> *Adj. so, dass es auf das Umfeld zurückzuführen ist* Sein Verhalten ist milieubedingt.

mi·lieu·ge·schä·digt [mi'li̯øː...] *Adj. so, dass ein Milieu[1] auf Menschen, besonders auf Kinder, einen schlechten Einfluss ausgeübt hat* In diesem Viertel gibt es besonders viele millieugeschädigte Kinder.

Mi·lieu·stu·die die [mi'li̯øː...] <-. -n> *Beschreibung eines bestimmten Umfelds und seines Einflusses auf die Menschen*

mi·li·tant *Adj.* (≈ *streitbar, offensiv*) *so, dass man kämpferisch für eine Überzeugung eintritt* ein militanter Nichtraucher, Diese Organisation hat auch zahlreiche militante Anhänger. *s.* **siehe aber militärisch**

Mi·li·tär das <-s> (*kein Plur.*) **1.** *die Streitkräfte eines Landes* Er ist beim/geht zum Militär., Generäle und andere hochrangige Vertreter des Militärs **2.** *ein Teil des Militärs[1]* Im Hochwassergebiet wird inzwischen auch das Militär eingesetzt., Das Militär hat das Gebiet vollständig unter Kontrolle.

Mi·li·tär der <-s, -s> *eine hoher Offizier* Die Politiker und Militärs waren bei der Beratung anwesend.

Mi·li·tär·a·ka·de·mie die <-, -n> *eine Akademie, in der militärische Führungskräfte ausgebildet werden*

Mi·li·tär·arzt, **Mi·li·tär·ärz·tin** der <-es, Militärärzte> *ein Arzt, der beim Militär arbeitet*

Mi·li·tär·at·ta·ché der [...ataʃeː] <-s, -s> *ein Offizier, der als Berater für eine Botschaft arbeitet*

Mi·li·tär·bünd·nis das <-ses, -se> *ein Abkommen, das die militärische Zusammenarbeit von Staaten garantiert*

Mi·li·tär·dienst der <-(e)s, -e> *der Dienst, den jmd. beim Militär[1] leistet* Er hat seinen Militärdienst gleich nach dem Abitur abgeleistet.

Mi·li·tär·dik·ta·tur die <-, -en> *eine vom Militär gelenkte Diktatur* Nach dem Putsch errichtete der General eine Militärdiktatur.

Mi·li·tär·ex·per·te der <-n, -n> *jmd., der eine hohe Sachkenntnis in Fragen des Militärs, der Waffentechnik und Rüstung hat*

Mi·li·tär·flug·zeug das <-(e)s, -e> *ein Flugzeug der Luftwaffe*

Mi·li·tär·ge·fäng·nis das <-ses, -se> *ein Gefängnis für Angehörige des Militärs*

Mi·li·tär·geist·li·che(r) der <-n, -n> *ein Seelsorger, der Angehörige des Militärs betreut*

Mi·li·ta·ria <-> *Plur. Bücher und Gegenstände, die zum Militär gehören*

Mi·li·tär·in·ter·ven·ti·on die <-, -en> *Intervention durch das Militär*

mi·li·tä·risch <nicht steig.> *Adj.* **1.** *das Militär betreffend, vom Militär ausgehend* Die militärischen Einrichtungen wurden inspiziert., das militärische Eingreifen im Krisengebiet, Der Staatsmann wurde mit militärischen Ehren empfangen. **2.** (≈ *soldatisch*) *sehr diszipliniert und durch strenge Regeln gelenkt* Zu jener Zeit herrschte noch militärische Disziplin an den Schulen.

Mi·li·ta·ri·sie·rung die <-> (*kein Plur.*) *das Ausstatten* (*eines Landes*) *mit Militär und militärischen Einrichtungen*

Mi·li·ta·ris·mus der <-> (*kein Plur.*) (*abwert.*) *der Zustand, dass in Staat und Gesellschaft das Militär eine sehr große Bedeutung und Macht hat*

Mi·li·ta·rist der <-en, -en> *jmd., der vom Militär begeistert ist* ▸ militaristisch

Mi·li·tär·jun·ta die [...xʊnta] <-, Militärjunten> (≈ *Militärregierung*) *eine von Offizieren gebildete Regierung* (*meist nach einem Putsch*)

Mi·li·tär·marsch der <-es, Militärmärsche> *ein Musikstück, das besonders bei Paraden des Militärs gespielt wird*

Mi·li·tär·mu·sik die (≈ *Marschmusik*) *Musik, die beim Militär gespielt wird*

Mi·li·tär·po·li·zei die <-> (*kein Plur.*) *ein Gruppe von Angehörigen des Militärs, die polizeiliche Funktionen übernehmen*

Mi·li·tär·putsch der <-(e)s, -e> *vom Militär durchgeführter Putsch*

Mi·li·tär·re·gie·rung die <-, -en> (≈ *Militärjunta*) *aus Angehörigen des Militärs gebildete Regierung*

Mi·li·tär·seel·sor·ge die <-> (*kein Plur.*) *die Betreuung der Angehörigen des Militärs durch einen Militärgeistlichen*

Mi·li·tär·stütz·punkt der <-(e)s, -e> *ein Ort mit Unterkünften und militärischen Anlagen, der einer militärischen Einheit als Basis dient*

Mi·li·tär·trans·port der <-(e)s, -e> *ein Gütertransport mit Militärfahrzeugen*

Mi·li·tär·we·sen das <-s> (*kein Plur.*) *alles, was mit dem Militär zusammenhängt*

Mi·li·ta·ry die ['mɪlɪtərɪ] <-s, -s> SPORT *eine Vielseitigkeitsprüfung im Reitsport*

Mi·li·tär·zeit die <-, (-en)> *die Dienstzeit beim Militär*[1]

Mi·liz die <-, -en> **1.** (*für den Bedarfsfall*) *kurz ausgebildete Angehörige der Streitkräfte* **2.** *militärisch organisierte Polizei* **3.** (*schweiz.*) *Streitkräfte* (*der Schweiz*)

Mi·liz·sol·dat der <-en, -en> *ein Soldat der Miliz*[1]

Mill. *Abkürzung von „Million(en)"*

Mil·len·ni·um das <-s, Millennien> *ein Jahrtausend*

Mil·li·am·pe·re das [...am'pɛːɐ] <-(s), -> PHYS. *ein Tausendstel Ampere*

Mil·li·ar·där, Mil·li·ar·dä·rin der <-s, -e> *jmd., der ein Vermögen von einer Milliarde* (*Euro*) *oder mehr besitzt*

Mil·li·ar·de die <-, -n> *Tausend Millionen sind eine Milliarde* (*1000.000000*)

Mil·li·ar·den·ge·schäft das <-(e)s, -e> *ein Geschäft, bei dem es um sehr hohe Geldsummen geht*

Mil·li·ar·den·hö·he ■ **in Milliardenhöhe**: *in Höhe von einer Milliarde oder mehr* ein Schaden in Milliardenhöhe

Mil·li·ar·den·kre·dit der <-(e)s, -e> *ein Kredit über eine Milliarde* (*Euro*) *oder mehr*

Mil·li·ards·tel das <-s, -> *der milliardste Teil von etwas*

Mil·li·bar das <-s, -> (METEOR.: *veralt.*) *eine Maßeinheit zum Messen des Luftdrucks* (*1 mb = 0,001 bar*)

Mil·li·gramm das <-s, -> *ein tausendstel Gramm* (*1 mg = 0,001 g*)

Mil·li·li·ter der <-s, -> *ein tausendstel Liter* (*1 ml = 0,001 l*)

Mil·li·me·ter der <-s, -> *ein tausendstel Meter* (*1 mm = 0,001 m*)

Mil·li·me·ter·ar·beit die <-> (*kein Plur.*) (*umg.*) *etwas, das sehr genau durchgeführt werden muss* Das Einparken des Autos war Millimeterarbeit.

Mil·li·me·ter·pa·pier das <-s, (-e)> *kariertes Papier, dessen einzelne Karos jeweils einen Millimeter Länge und einen Millimeter Breite aufweisen* Ich habe die Grafik auf Millimeterpapier entworfen.

Mil·li·on die <-, -en> *1.000000* Das Computerprogramm wurde bereits zwei Millionen Mal(e) verkauft.

Mil·li·o·när, Mil·li·o·nä·rin der <-s, -e> *jmd., der ein Vermögen von einer Million* (*Euro*) *oder mehr besitzt* ◆ Lotto-

Mil·li·o·nen·auf·la·ge die <-, -n> *so, dass von einem Buch eine Million Exemplare oder mehr verkauft worden sind* Das Buch hatte es seit seinem Erscheinen zu einer Millionenauflage gebracht.

mil·li·o·nen·fach <nicht steig.> *Adj. so, dass etwas eine Million mal oder öfter geschehen ist* Die CD wurde millionenfach verkauft.

Mil·li·o·nen·ge·schäft das <-(e)s, -e> *ein Geschäft, bei dem es um sehr große Geldbeträge geht*

Mil·li·o·nen·ge·winn der <-(e)s, -e> *ein Gewinn in Höhe von einer Million* (*Euro*) *oder mehr*

Mil·li·o·nen·heer das <-(e)s, -e> *eine sehr große Gruppe von Menschen, die alle eine bestimmte Gemeinsamkeit aufweisen* das Millionheer der Arbeitslosen

Mil·li·o·nen·hö·he ■ **in Millionenhöhe**: *in Höhe von einer Million oder mehr* Der Brand verursachte einen Schaden in Millionenhöhe.

Mil·li·o·nen·kre·dit der <-(e)s, -e> *eine Kredit in Millionenhöhe*

mil·li·o·nen·schwer <nicht steig.> *Adj.* (*umg.*) *so, dass man eine oder mehrere Millionen* (*Euro*) *besitzt* Die Zeitungen berichteten von der Heirat des millionenschweren Industriellen.

Mil·li·o·nen·stadt die <-, -städte> *eine Stadt mit mindestens einer Million Einwohner*

Mil·li·ons·tel das <-s, -> *der millionste Teil von etwas*

Milz die <-, -en> ANAT. *ein Organ*

Milz·brand der <-(e)s> (*kein Plur.*) (MED.: *Anthrax*) *eine gefährliche Infektionskrankheit*

Mi·me, **Mi·min** der <-n, -n> (*veralt.*) *ein* (*bedeutender*) *Schauspieler*

mi·men *mit OBJ* **1.** (*abwert.*) ■ *jmd. mimt jmdn./etwas so tun, als ob* Er mimte den Ahnungslosen. **2.** ■ *jmd. mimt etwas* (*umg. abwert.*) *vortäuschen* Sie mimte Bewunderung/Freundlichkeit. **3.** (*selten*) *als Schauspieler verkörpern* Er mimte den Faust in dieser Inszenierung.

Mi·me·sis die (*kein Plur.*) LIT. *die Nachahmung der Natur in der Kunst*

Mi·mik die <-> (*kein Plur.*) (≈ *Mienenspiel*) Die Schauspielerin hatte eine lebhafte Mimik und Gestik.

Mi·mi·k·ry die <-> (*kein Plur.*) ZOOL. *die Anpassung wehrloser Tiere an die Farbe oder Gestalt gefürchteter, wehrhafter Tiere*

mi·misch <nicht steig.> *Adj. auf die Mimik bezogen* Der Schauspieler besitzt großes mimisches Talent., Sie brachte ihre Freude auch mimisch zum Ausdruck.

Mi·mo·se die <-, -n> **1.** *eine Pflanze, die ihre Blätter einrollt, wenn man sie berührt* **2.** (*umg. abwert.*) *jmd., der übertrieben empfindlich reagiert* Er ist eine Mimose, er fühlt sich beim geringsten Anlass gekränkt. ►mimosenhaft

Mi·na·rett das <-(e)s, -e> *der Turm einer Moschee*

min·der <nur Komp.> *Adv.* (≈ *weniger* ↔ *mehr*) ■ **nicht minder**: *nicht weniger*

min·der·be·gabt *Adj.* (*fachspr.* ↔ *hochbegabt*) *weniger begabt* (*als der Durchschnitt der Bevölkerung*)

min·der·be·mit·telt *Adj.* **1.** *über wenig finanzielle Mittel verfügend* **2.** (*übertr. abwert.*) *nicht besonders intelligent*

min·de·re *Adj.* **1.** (↔ *hoch*) *gering, schlecht* Der Mantel ist von minderer Qualität. **2.** (≈ *zweitrangig*) *eher unwichtig* Diese Fragen sind doch von minderer Bedeutung.

Min·der·ein·nah·me die <-, -n> *die Differenz, um die bestimmte Einnahmen geringer sind als jene aus einem Vergleichszeitraum* Entgegen aller Prognosen verkündete der Firmensprecher Mindereinnahmen von beträchtlichem Umfang.

Min·der·heit die <-, -en> **1.** (*kein Plur.*) (≈ *Minorität* ↔ *Mehrheit*) *der kleinere, zahlenmäßig unterlegene Teil einer Gruppe* Wir waren in der Minderheit. **2.** *eine kleine Bevölkerungsgruppe in einem Staat, die sich in ihrer Abstammung, Kultur, Religion und Sprache* (*von der übrigen Bevölkerung*) *unterscheidet* eine deutsche Minderheit in Belgien ◆-enrecht, -enschutz, -envotum

Min·der·hei·ten·fra·ge die <-> (*kein Plur.*) *alle Probleme und Konflikte, die sich aus der Benachteiligung und Verfolgung einer Minderheit*[2] *ergeben*

Min·der·heits·re·gie·rung die <-, -en> *eine Regierung, die im Parlament keine Mehrheit besitzt* (*und deshalb auch auf Stimmen der Opposition angewiesen ist*)

min·der·jäh·rig <nicht steig.> *Adj.* (↔ *volljährig*) *so, dass man noch nicht das Alter der Volljährigkeit erreicht hat*

Min·der·jäh·ri·ge der/die <-n, -n> (↔ *Volljährige*) *jmd., der minderjährig ist*

Min·der·jäh·rig·keit die <-> (*kein Plur.*) (↔ *Volljährigkeit*) *der Zustand, dass jmd. minderjährig ist*

min·dern <minderst, minderte, hat gemindert> **I.** *mit OBJ* ■ *jmd./etwas mindert etwas* (≈ *verringern* ↔ *steigern*) *bewirken, dass etwas geringer wird* Der Bau einer Autobahn minderte den Wert der angrenzenden Grundstücke. **II.** *mit SICH* ■ *etwas mindert sich* (≈ *abnehmen*) Die Anziehungskraft der Ausstellung minderte sich im Laufe der Zeit.

Min·de·rung die <-, -en> *das Mindern* ◆Verminderung

min·der·wer·tig *Adj.* (↔ *hochwertig*) *von schlechter Qualität*

Min·der·wer·tig·keit die <-> (*kein Plur.*) (↔ *Hochwertigkeit*) *der Zustand, dass etwas minderwertig ist* Die Minderwertigkeit der Waren ist nicht zu übersehen.

Min·der·wer·tig·keits·ge·fühl das <-(e)s, -e> (*selten im Sing.*) PSYCH. *der Zustand, dass jmd. glaubt, er sei weniger wert als andere Menschen*

Min·der·wer·tig·keits·kom·plex der <-es, -e> PSYCH. *ein* (*krankhaft*) *übersteigertes Minderwertigkeitsgefühl*

Min·der·zahl ■ **jemand ist in der Minderzahl** (↔ *Mehrzahl*): *jmd. ist in der Minderheit* In dieser Klasse sind die Jungen in der Minderzahl.

Min·dest·ab·stand der <-(e)s, Mindestabstände> (≈ *Minimalabstand*) *der Abstand, der mindestens zwischen zwei Fahrzeugen eingehalten werden sollte* Der Autofahrer hatte den Mindestabstand zu seinem Vordermann nicht eingehalten.

Min·dest·al·ter das <-s, -> (↔ *Höchstalter*) *das Alter, das man auf jeden Fall haben muss, um etwas Bestimmtes tun zu können* Das Mindestalter für den Führerschein sind 18 Jahre.

Min·dest·an·for·de·rung die <-, -en> *die Qualifikationen, die man für eine bestimmte Tätigkeit mindestens haben muss* Er erfüllte nicht einmal die Mindestanforderungen für diesen Posten.

Min·dest·be·trag der <-(e)s, -beträge> (↔ *Höchstbetrag*) *der niedrigste* (*mögliche*) *Betrag*

min·des·te <nicht steig.> *Adj.* **1.** *gering* Ich habe nicht die mindeste Ahnung von dieser Thematik. **2.** *das wenigste* Das ist doch das Mindeste/mindeste, was ich von dir erwarten kann. ■ **nicht im Mindesten/mindesten**: *überhaupt nicht* **nicht das Mindeste/mindeste**: *gar nichts* **zum Mindesten/mindesten**: *zumindest, wenigstens* ◆Groß- oder Kleinschreibung→R 3.15 Das ist doch das Mindeste/mindeste, was ich von dir erwarten kann., Davon verstehe ich nicht das Mindeste/mindeste., Das interessiert mich nicht im Mindesten/mindesten., Ich hätte zum Mindesten/mindesten erwartet, dass du anrufst. *siehe auch* **zumindest**

Min·dest·ein·kom·men das <-s, -> (↔ *Höchsteinkommen*) *niedrigstes Einkommen, das ein Arbeitnehmer auf jeden Fall erhalten muss*

min·des·tens *Adv.* **1.** (↔ *höchstens*) *nicht weniger als* Bei dem Konzert waren mindestens 3000 Besucher. **2.** (≈ *zumindest*) *wenigstens* Du hättest mindestens Bescheid sagen können.

Min·dest·ge·bot das <-(e)s, -e> (↔ *Höchstgebot*) *niedrigstes Gebot bei einer Versteigerung*

Min·dest·ge·schwin·dig·keit die <-, -en> (↔ *Höchstgeschwindigkeit*) *niedrigste Geschwindigkeit, die im Strassenverkehr zulässig oder möglich ist* Die gesetzlich vorgeschriebene Mindestgeschwindigkeit auf Autobahnen beträgt 60 km/h.

Min·dest·gewicht das <-(e)s> (↔ *Höchstgewicht*) *niedrigstes (mögliches) Gewicht*

Min·dest·halt·bar·keits·da·tum das <-s, -daten> (≈ *Haltbarkeitsdatum*) *auf der Verpackung von Lebensmitteln aufgedrucktes Datum, das angibt, bis zu welchem Zeitpunkt die Lebensmittel genießbar sind* Wir mussten die Konserven wegwerfen, weil das Mindesthaltbarkeitsdatum längst überschritten/abgelaufen war.

Min·dest·lohn der <-(e)s, -löhne> *siehe* **Mindesteinkommen**

Min·dest·maß das <-es, -e> (≈ *Minimum* ↔ *Höchstamß*) *das geringste mögliche Maß* Sie mussten ihre Ausgaben auf ein Mindestmaß beschränken.

Min·dest·preis der <-es, -e> *der Preis, den eine Ware auf jeden Fall haben muss*

Min·dest·stra·fe die <-, -n> (↔ *Höchststrafe*) *niedrigste Strafe, die jmd. für ein Verbrechen bekommen kann*

Min·dest·wert der <-(e)s, -e> (↔ *Höchstwert*) *niedrigster (möglicher) Wert*

Mi·ne die <-, -n> **1.** (≈ *Bergwerk*) *ein Ort unter der Erde, an dem Erz abgebaut wird* ◆ Diamanten-, Gold-, Silber-, -narbeiter **2.** MILIT. *ein Sprengkörper, der im Wasser treibt oder in der Erde vergraben wird und der dann explodiert, wenn er von jmdm. oder etwas berührt wird* ◆ Land-, See-, Tret- **3.** *kurz für „Bleistiftmine", „Kugelschreibermine" s.* **siehe aber Miene**

Mi·nen·feld das <-(e)s, -er> *ein Gebiet, in dem Minen*[2] *verlegt wurden*

Mi·nen·le·ger der <-s, -> MILIT. *ein Schiff, mit dem Minen*[2] *verlegt werden*

Minen·räum·boot das <-(e)s, -e> *ein kleines Minensuchboot*

Mi·nen·such·boot das <-(e)s, -e> *ein kleineres Schiff, das Minen*[2] *aufspürt*

Mi·nen·such·ge·rät das <-(e)s, -e> *ein Gerät, das Minen*[2] *aufspürt*

Mi·ne·ral das <-s, -e/-ien> *eine anorganische, meist kristallisierte Substanz, die in der Erdrinde vorkommt (zum Beispiel Gesteine)* Zu den Mineralien zählen Erze, Kohle, aber auch Edelsteine.

Mi·ne·ral·bad das <-(e)s, -bäder> *ein Kurort mit einer Mineralquelle*

Mi·ne·ral·brun·nen der <-s, -> (≈ *Mineralquelle*)

Mi·ne·ral·dün·ger der <-s, -> *Dünger, der aus Mineralien gewonnen wird*

mi·ne·ra·lisch <nicht steig.> *Adj.* mineralische Substanzen

Mi·ne·ra·lo·gie die <- , -en> *die Wissenschaft von den Mineralien*

Mi·ne·ral·öl das <-(e)s, -e> (≈ *Erdöl*)

Mi·ne·ral·öl·in·dus·trie die <-> (*kein Plur.*) *der Wirtschaftszweig, in dem Erdöl gewonnen und verarbeitet wird*

Mi·ne·ral·öl·steu·er die <-, -n> *auf Mineralöl erhobene Steuer*

Mi·ne·ral·quel·le die <-, -n> *eine Quelle, deren Wasser Mineralstoffe oder Kohlensäure enhält*

Mi·ne·ral·salz das <-es, -e> (≈ *Mineralstoff*)

Mi·ne·ral·stoff der <-(e)s, -e> *ein anorganisches Salz* In unserer Nahrung kommen wichtige Mineralstoffe wie Kalzium, Magnesium und Phosphor vor.

Mi·ne·ral·was·ser das <-s, -wässer> *Wasser (zum Trinken), das Mineralstoffe (und oft) Kohlensäure enthält*

Mi·nes·t·ro·ne die <-, -n> *eine Gemüsesuppe*

mi·ni-, *a.* **Mi·ni-** (↔ *maxi-*) (*in Zusammensetzungen*) *drückt aus, dass etwas sehr klein oder kleiner als üblich ist*

M

Mi·ni der <-s, -s> (*umg.* ≈ *Minirock*)

Mi·ni·a·tur die <-, -en> **1.** *eine kleine (verzierende) Malerei in alten Handschriften oder Büchern* **2.** *ein kleines (Porträt-)Bild auf Porzellan, Elfenbein oder Holz*

Mi·ni·a·tur·aus·ga·be die <-, -n> eine Miniaturausgabe der Bibel

Mi·ni·a·tur·ma·le·rei die <-> (*kein Plur.*) *das Malen von Miniaturen*

Mi·ni·bar die <-, -s> *in einem Hotelzimmer eine Art kleiner Schrank, in dem sich (alkoholische) Getränke befinden*

Mi·ni·bus der <-ses, -se> *ein kleiner Autobus*

Mi·ni·disc die <-, -s> *eine Art kleine Diskette für Tonaufnahmen*

Mi·ni·golf das <-s> (*kein Plur.*) *eine Art Golfspiel, das auf einer relativ kleinen Spielanlage gespielt wird*

mi·ni·mal *Adj.* (↔ *maximal*) *gering, sehr klein, kleinstmöglich* Die Temperaturunterschiede sind hier minimal., Der Vorsprung des Läufers war minimal., Wir sollten darauf achten, dass das Risiko minimal ist.

Mi·ni·mal·art, *a.* **Mi·ni·mal Art** die ['mɪnɪməl 'ɑːt] <-> (*kein Plur.*) *eine Kunstrichtung, die mit einfachsten gestalterischen Mitteln arbeitet*

Mi·ni·mal·for·de·rung die <-, -en> (≈ *Mindestforderung*) *die geringste Forderung, die in jedem Fall erfüllt werden muss* Was sind die Minimalanforderungen der Gewerkschaften?

mi·nimal·in·va·siv *Adj.* MED. *so, dass bei einem operativen Eingriff nur minimale Schnitte in den*

Körper des Patienten nötig sind, weil der Chirurg mit speziellen hochmodernen Geräten arbeitet

mi·ni·ma·li·sie·ren *mit OBJ* ■ *jmd. minimalisiert etwas etwas so klein wie möglich machen*

Mi·ni·mal·kon·sens der <-es, -e> POL. *eine Übereinstimmung, die zwischen Personen (trotz unterschiedlicher Meinungen) wenigstens bestehen muss, damit ein Handeln möglich ist*

Mi·ni·mal·mu·sic, a. **Mi·ni·mal Music** die ['mɪnɪməl 'mjuzik] <-> (*kein Plur.*) *eine Stilrichtung (der klassischen Musik), bei der kleinste, nur wenig variierte Klangeinheiten oft wiederholt werden*

mi·ni·mie·ren *mit OBJ* ■ *jmd. minimiert etwas Akk. (geh. ↔ maximieren) bewirken, dass etwas so klein wie möglich wird* Es gelang dem Unternehmen, die Kosten zu minimieren.

Mi·ni·mum das <-s, -ma> (≈ *das Mindeste* ↔ *Maximum*) **1.** *der minimale Wert, den etwas erreichen kann* Das Unfallrisiko konnte auf ein Minimum reduziert werden. **2.** MATH. unterer Extremwert **3.** METEOR. *niedrigster Temperaturwert (eines Tages, einer Woche, eines Monats)*

Mi·ni·pil·le die <-, -n> (*umg.*) *eine Antibabypille mit sehr geringen Mengen von Hormonen*

Mi·ni·rock der <-(e)s, Miniröcke> *ein sehr kurzer Rock*

Mi·ni·slip der <-s, -s> *ein sehr knapp geschnittener Slip*

Mi·nis·ter, **Mi·nis·te·rin** der <-s, -> *ein Regierungsmitglied mit bestimmtem Geschäftsbereich, der Leiter eines Ministeriums ist* ◆ Außen-, Bundes-, Finanz-, Innen-, Landes-, Umwelt-, Verteidigungs-, Wirtschafts-,

Mi·nis·ter·amt das <-(e)s, Ministerämter> *das Amt[1] eines Ministers*

Mi·nis·te·ri·al·be·am·te, **Mi·nis·te·ri·al·be·am·tin** der <-n, -n> *Beamte(r) in einem Ministerium*

Mi·nis·te·ri·al·di·ri·gent, **Mi·nis·te·ri·al·di·ri·gen·tin** der <-en, -en> *jmd., der ein Referat[2] in einem Ministerium leitet*

Mi·nis·te·ri·al·rat, **Mi·nis·te·ri·al·rä·tin** der <-(e)s, -räte> *höhere(r) Beamte(r) in einem Ministerium*

mi·nis·te·ri·ell (*nicht steig.*) *Adj. von einem Minister ausgehend* der ministerielle Beschluss

Mi·nis·te·ri·um das <-s, Ministerien> *die höchste staatliche Verwaltungsbehörde eines Landes, die für einen bestimmten Aufgabenbereich zuständig ist*

Mi·nis·ter·kon·fe·renz die <-, -en> *eine Versammlung, an der die Minister eines Landes oder mehrerer Länder teilnehmen*

Mi·nis·ter·prä·si·dent, **Mi·nis·ter·prä·si·den·tin** der <-en, -en> **1.** *in Deutschland: Chef einer Landesregierung* **2.** *Leiter einer Staatsregierung*

Mi·nis·ter·rat der (*kein Plur.*) *die Gesamtheit aller Regierungsmitglieder* Der Ministerrat der EU tritt in Brüssel zusammen.

Mi·nis·ter·wech·sel der <-s, -> *der Austausch eines Ministers im Kabinett*

Mi·nis·t·rant, **Mi·nis·t·ran·tin** der <-en, -en> REL. *jmd., der im Gottesdienst dem Geistlichen mit bestimmten Handreichungen assistiert*

Min·na die <-, (-s)> (*umg. veralt.*) *Bezeichnung für eine Hausangestellte oder ein Dienstmädchen* ■ **die grüne Minna** (*umg.*): *Polizeiwagen* **jemanden zur Minna machen** (*umg.*): *jmdn. scharf zurechtweisen*

Min·ne die <-> (*kein Plur.*) *im Mittelalter: (verehrende, dienende) Liebe eines Ritters zu einer Frau*

Min·ne·dienst der <-(e)s, -e> *im Mittelalter: Verehrung einer Frau durch einen Ritter*

Min·ne·lied das <-(e)s, -er> LIT. *im Mittelalter: Lied oder Gedicht, das ein Minnesänger vorträgt*

Min·ne·sang der <-s> (*kein Plur.*) LIT. *höfische Liebeslyrik*

Min·ne·sän·ger der <-s, -> *im Mittelalter: jmd., der höfische Liebeslyrik vorträgt*

Mi·no·ri·tät die <-, -en> (≈ *Minderheit* ↔ *Majorität*) **1.** *Minderzahl in der Bevölkerung* **2.** *Minderheit bei einer Abstimmung* ◆ -enrecht, -enschutz

Mi·nu·end der <-en, -en> MATH. *eine Zahl, von der etwas abgezogen wird*

Mi·nus das <-, -> (↔ *Plus*) *der Betrag, um den etwas geringer ist als zu einem anderen Zeitpunkt* Er hatte ein Minus von 700 Euro auf dem Konto.

mi·nus **I.** *Konj.* (MATH.: ↔ *plus*) ■ **X minus Y**: *verwendet, um auszudrücken, dass eine Zahl Y von einer anderen Zahl X abgezogen (subtrahiert) wird* Zehn minus vier ist sechs. **II.** *Präp. + Gen.* WIRTSCH. *abzüglich* Das macht insgesamt 240 Euro minus der Vorauszahlung. **III.** *Adv.* **1.** METEOR. *drückt aus, dass der angegebene Zahlenwert unter Null ist* Letzte Nacht waren es sieben Grad minus. **2.** SCHULE *drückt aus, dass eine Note geringfügig schlechter als die im Zahlenwert angegebene Beurteilung ist* in Physik nur eine drei minus erhalten

Mi·nus·be·trag der <-(e)s, Minusbeträge> (WIRTSCH.: ≈ *Fehlbetrag, Manko*) *ein Betrag, der bei einer Abrechnung fehlt*

Mi·nus·grad der <-s, -e> METEOR. *eine Temperatur unter 0 Grad Celsius*

Mi·nus·kel die <-, -n> (DRUCKW.: ↔ *Majuskel*) *ein Kleinbuchstabe*

Mi·nus·punkt der <-(e)s, -e> (≈ *Strafpunkt*) *ein Punkte, der im Rahmen der Bewertung nach einer Punkteskala, von jmds. Resultat abgezogen werden* Der Ausrutscher des Eiskunstläufers wird Minuspunkte bringen.

Mi·nus·wachs·tum das <-s> (*kein PLur.*) WIRTSCH. *der Vorgang, dass etwas, das eigentlich wachsen sollte, abnimmt*

Mi·nus·zei·chen das <-s, -> *ein kurzer waagerechter Strich als Symbol für den Vorgang, dass eine Zahl Y von einer anderen Zahl X abgezogen (subtrahiert) wird* ■ **X - Y = Z** (*gesprochen*): *X minus Y ist gleich Z*

Mi·nu·te die <-, -n> **1.** *der sechzigste Teil einer Stunde* Sechzig Sekunden ergeben eine Minute. **2.** (*umg.* ≈ *Moment*) *eine kurze Zeitspanne* Hast du eine Minute Zeit für mich? ■ **es ist fünf Minu-**

ten vor zwölf: *es ist höchste Zeit, etwas zu tun, bevor es zu spät ist*

mi·nu·ten·lang <nicht steig.> *Adj. so, dass es mehrere Minuten andauert* Es gab minutenlangen Applaus.

Mi·nu·ten·zei·ger der <-s, -> *der Zeiger einer (analogen) Uhr, der die Minuten anzeigt*

mi·nu·ti·ös, a. **mi·nu·zi·ös** *Adj. (geh.) sehr präzise, bis ins kleinste Detail genau* Der Auftritt war minutiös geplant.

mi·nüt·lich <nicht steig.> *Adj. jede Minute* in minütlichem Wechsel

mi·nu·zi·ös *Adj. s.* **minutiös**

Min·ze die <-, -n> *eine stark duftende (Heil-)Pflanze*

mir *Pron. Dat. zu „ich“* ■ **mir nichts, dir nichts** *(umg.): einfach so* Sie ließ mich mir nichts, dir nichts stehen und ging.

Mi·ra·bel·le die <-, -n> *eine Pflaume mit sehr süßem Geschmack und gelber Farbe*

Mi·ra·kel das <-s, -> *(geh.) Wunder* ►mirakelhaft

Mis·an·th·rop der <-(e)s, -e> *(geh. ≈ Menschenfeind ↔ Philanthrop) ein Mensch, der Menschen gegenüber misstrauisch ist und wenig von ihnen hält*

Misch·bat·te·rie die <-, -n> *der Teil der Armatur von Waschbecken, der heißes und kaltes Wasser mischt*

Misch·brot das <-(e)s, -e> *Brot aus Roggen und Weizenmehl*

Misch·e·he die <-, -n> *eine Ehe zwischen Ehepartnern mit verschiedener Religionszugehörigkeit oder Rasse*

mi·schen <mischst, mischte, hat gemischt> **I.** *mit OBJ/ohne OBJ* ■ *jmd. mischt (etwas) (Spielkarten) durch bestimmte Bewegungen bewirken, dass die Karten eines Kartenspiels in einer rein zufälligen Reihenfolge in einem Stapel liegen und daher nicht vorhersehbar ist, welcher Spieler welche Karte erhalten wird* Ich mische die Karten., Wer mischt? **II.** *mit OBJ* ■ *jmd. mischt etwas zwei Substanzen zusammenschütten* Dafür musst du Sand und Erde mischen., Sie hat einen Cocktail aus Limonensaft und Wodka gemischt. **III.** *mit SICH* **1.** ■ *etwas mischt sich irgendwie etwas kann in der angegebenen Weise zusammengetan werden* Der Dünger mischt sich gut mit Wasser. ►vermischen **2.** ■ *etwas mischt sich etwas ist gleichzeitig mit etwas anderem vorhanden* Freude und Neid mischten sich. **3.** ■ *jmd. mischt sich in etwas Akk. jmd. kümmert sich um etwas, das ihn nichts angeht* Er mischt sich ständig in unsere Angelegenheiten. ►einmischen **4.** ■ *jmd. mischt sich unter etwas Akk.* Sie mischte sich unter die Zuschauer.

Mi·scher der <-s, -> **1.** *eine Maschine, die etwas mischt II* **2.** *jmd., der etwas mischt II*

Misch·far·be die <-, -n> *eine Farbe, die durch Mischen von Grundfarben entsteht*

Misch·form die <-, -en> *etwas, das aus verschiedenen Elementen entstanden ist*

Misch·fut·ter das <-s> *(kein Plur.) gemischtes Tierfutter aus verschiedenen Futtersorten*

Misch·ge·mü·se das <-s, -> *eine Mischung aus verschiedenen Gemüsesorten*

Misch·ge·we·be das <-s, -> *ein Gewebe, das aus verschiedenartigen Fasern besteht*

Misch·kal·ku·la·ti·on die <-, -en> WIRTSCH. *eine Kalkulation[2], bei der die Preise so festgesetzt werden, dass alle Kosten gedeckt werden*

Misch·kost die <-> *(kein Plur.) eine Ernährung, die aus tierischen und pflanzlichen Produkten besteht*

Misch·kul·tur die <-, -en> (LANDW.: ↔ *Monokultur) der Anbau verschiedener Nutzpflanzen auf einem Feld*

Misch·ling der <-(e)s, -e> *eine Person, deren Elternteile verschiedenen Menschenrassen angehören*

Misch·lings·kind das <-(e)s, -er> *s.* **Mischling**

Misch·masch der <-(e)s, -e> *(Plur. selten) (umg. abwert.) Durcheinander*

Misch·ma·schi·ne die <-, -n> (BAUW.: ≈ *Mischer[1]) eine Maschine, mit der Beton oder Mörtel hergestellt wird*

Misch·po·che/Misch·po·ke die <-> *(kein Plur.) (umg. abwert.)* **1.** *Verwandtschaft* **2.** *eine Gruppe von unangenehmen Leuten*

Misch·pult das <-(e)s, -e> *ein Gerät, mit dem z.B. Musikaufnahmen im Rundfunk von einem Tontechniker akustisch bearbeitet werden*

Misch·spra·che die <-, -n> SPRACHWISS. *eine Sprache, die Elemente mehrerer Sprachen oder Dialekte enthält*

Misch·trom·mel die <-, -n> *der Teil einer Mischmaschine, in der Beton gemischt wird.*

Mi·schung die <-, -en> **1.** *(kein Plur.) das Mischen* Wir sollten bei der Mischung dieser Substanzen vorsichtig sein. **2.** *etwas, das durch Mischen entstanden ist* Hast du die Mischung schon in ein anderes Gefäß geschüttet?

Mi·schungs·ver·hält·nis das <-ses, -se> *das Verhältnis der Mengen zweier oder mehrerer Substanzen, die gemischt werden*

Misch·wald der <-(e)s, -wälder> *ein Wald aus Laub- und Nadelbäumen*

mi·se·ra·bel <miserabler, am miserabelsten> *Adj.* **1.** *(≈ mies) sehr schlecht* Das Wetter war miserabel., miserable Bedingungen **2.** *(≈ elend) körperlich unwohl* Sie fühlte sich miserabel. **3.** *(≈ übel) von sehr schlechter Qualität* ein miserables Buch **4.** *(≈ gemein) moralisch schlecht, ohne Rücksicht* Er hat sich ihr gegenüber miserabel benommen.

Mi·se·re die <-, -n> *Elend, Notlage*

mi·so·gyn *Adj. (geh.) frauenfeindlich*

Mi·so·gy·nie die <-> *(kein Plur.) (geh.) Frauenfeindlichkeit*

Mis·pel die <-, -n> **1.** *eine Strauchpflanze* **2.** *die Frucht der Mispel[1]*

Miss die <-, -es> *Bezeichnung für eine Schönheitskönigin (einer bestimmten Region)* Sie war Miss Germany/Miss Hamburg.

miss·ach·ten *mit OBJ* ■ *jmd. missachtet etwas (↔ beachten) nicht beachten* Der Fahrer hat die Vor-

M

fahrt missachtet. ■ *jmd. missachtet jmdn.* (≈ *verachten*) *keinen Respekt vor jmdm. haben* Er hat mich total missachtet.

Miss·ach·tung die <-> (*kein Plur.*) **1.** *der Zustand, dass etwas nicht beachtet wird* Missachtung der Menschenrechte **2.** *der Zustand, dass jmd. nicht respektiert wird* Er hat von Kindheit an nur Mißachtung erlebt.

Miss·be·ha·gen das <-s> (*kein Plur.*) (*geh.* ≈ *Missfallen*) *Unbehagen* Allein schon der Gedanke daran bereitet nur Missbehagen.

Miss·bil·dung die <-, -en> *der Zustand, dass bei einem Menschen oder einem Tier eine Abweichung vom normalen Bau eines Körperteils oder Organs vorliegt* Das Kind hat diese Missbildung von Geburt an.

miss·bil·li·gen *mit OBJ* ■ *jmd. missbilligt etwas* (≈ *ablehnen*) *sehr entschieden gegen etwas sein* Wir haben sein Benehmen missbilligt.

Miss·bil·li·gung die <-, -en> *das Missbilligen*

Miss·brauch der <-(e)s> (*kein Plur.*) **1.** *der Vorgang, dass man etwas nicht gemäß seinem eigentlichen Zweck benutzt* ◆ Arzneimittel- **2.** *kurz für „sexueller Missbrauch"*

miss·brau·chen *mit OBJ* **1.** ■ *jmd. missbraucht etwas absichtlich falsch gebrauchen, in schlechter Absicht gebrauchen* Er hat seine Macht/sein Amt/ihr Vertrauen missbraucht. **2.** ■ *jmd. missbraucht jmdn.* (*geh.*) *vergewaltigen*

miss·bräuch·lich *Adj. so, dass etwas nicht gemäß seinem eigentlichen Zweck benutzt wird* Die missbräuchliche Verwendung von Medikamenten schadet der Gesundheit.

miss·deu·ten *mit OBJ* ■ *jmd. missdeutet etwas falsch deuten, falsch auslegen* Man hatte seine Pläne missdeutet.

Miss·deu·tung die <-, -en> *das Missdeuten*

mis·sen (*geh.* ≈ *entbehren*) ■ **jemanden/etwas nicht missen können/mögen/wollen**: *etwas so gern haben, dass man nicht bereit ist, darauf zu verzichten* Ich möchte meinen Garten nicht mehr missen.

Miss·er·folg der <-(e)s, -e> (≈ *Flop* ↔ *Erfolg*) *etwas, das nicht geglückt ist*

Miss·ern·te die <-, -n> *eine sehr schlechte Ernte*

Mis·se·tat die <-, -en> (*geh. veralt.*) *böse Tat, Verbrechen*

Mis·se·tä·ter, **Mis·se·tä·te·rin** der <-s, -> (*geh. veralt.*) Der jugendliche Missetäter wurde mehrmals von der Polizei verhört.

Miss·fal·len das <-s> (*kein Plur.*) *Unzufriedenheit, Ablehnung* Sie hat unser aller Missfallen erregt.

miss·fal·len <missfällst, missfiel, hat missfallen> *ohne OBJ* ■ *etwas missfällt jmdm. nicht gefallen, auf Ablehnung stoßen* Dein Verhalten missfällt mir schon seit längerem.

Miss·fal·lens·äu·ße·rung die <-, -en> *eine Äußerung, mit der jmd. sein Missfallen zum Ausdruck bringt*

miss·fäl·lig *Adj.* (*veralt.*) *so, dass etwas Missfallen ausdrücktt*

miss·ge·bil·det <nicht steig.> *Adj. so, dass eine Missbildung vorliegt*

Miss·ge·burt die <-, -en> MED. *ein Lebewesen, das mit schweren Fehlbildungen geboren wurde*

miss·ge·launt *Adj.* (*veralt.*) *schlecht gelaunt*

Miss·ge·schick das <-(e)s, -e> (≈ *Malheur*) *ein peinlicher Vorfall* Warum musste gerade mir dieses Missgeschick passieren?

miss·ge·stal·tet <nicht steig.> *Adj. so, dass jmd. unnormal oder hässlich aussieht*

miss·ge·stimmt *Adj.* (*geh.*) *schlecht gelaunt*

miss·glü·cken <missglückt, missglückte, ist missglückt> *ohne OBJ* ■ *etwas missglückt jmdm. nicht gelingen* Der Probedurchlauf missglückte völlig.

miss·gön·nen *mit OBJ* ■ *jmd. missgönnt jmdm. etwas* (*geh.* ↔ *gönnen*) *jmdm. etwas nicht gönnen* Er hat ihr den Erfolg missgönnt.

Miss·griff der <-(e)s, -e> *eine falsche Entscheidung* Der Kauf dieser CD war ein Missgriff.

Miss·gunst die <-> (*kein Plur.*) (≈ *Neid*) *die Haltung, in der man jmdm. etwas nicht gönnt*

miss·güns·tig *Adj. so, dass jmd. Missgunst zeigt* Sie ist ein missgünstiger Mensch.

miss·han·deln <misshandelst, misshandelte, hat misshandelt> *mit OBJ* ■ *jmd. misshandelt jmdn./ein Tier jmdn. oder ein Tier quälen* Man hatte das Tier grausam misshandelt.

Miss·hand·lung die <-, -en> *das Misshandeln*

Mis·si·on die <-, -en> **1.** (*geh.*) *Auftrag, wichtige Sendung* Die Diplomaten sind in geheimer Mission unterwegs., Er konnte seine politische Mission letztlich doch noch erfüllen. ◆ Friedens- **2.** (*kein Plur.*) REL. *die Verbreitung des (christlichen) Glaubens durch Predigt und soziale Dienste in der Welt* ◆ -sdienst, -sschule

Mis·si·o·nar, **Mis·si·o·na·rin** der <-s, -e> *ein Geistlicher, der den christlichen Glauben verbreitet*

mis·si·o·na·risch *Adj.* **1.** *die Mission*[2] *betreffend* die missionarischen Aktivitäten der Christen in Afrika **2.** *wie ein Missionar* Mit missionarischem Eifer wollte er sie überzeugen.

mis·si·o·nie·ren *mit OBJ* ■ *jmd. missioniert jmdn. den (christlichen) Glauben verbreiten*

Mis·si·o·nie·rung die <-, -en> *das Missionieren*

Mis·si·ons·be·fehl der <-s, -e> REL. *der Auftrag, mit dem Jesus Christus seine Jünger in die Welt geschickt hat, um zu predigen*

Mis·si·ons·chef der <-s, -s> *jmd., der eine diplomatische Vertretung leitet*

Mis·si·ons·ge·sell·schaft die <-, -en> *eine Vereinigung, die die christliche Mission unterstützt*

Mis·si·ons·schwes·ter die <-, -n> *eine Klosterschwester, die in der Mission*[2] *tätig ist*

Mis·si·ons·sta·ti·on die <-, -en> *eine eine von Missionaren eingerichtete Station (mit Krankenhaus und Schule)*

Miss·klang der <-(e)s, -klänge> *ein Vorfall, der die Harmonie in einer Beziehung zwischen Menschen stört* In ihrer Beziehung gab es schon längere Zeit Missklänge.

Miss·kre·dit ■ **jemand/etwas bringt jemanden/etwas in Misskredit**: *jmd. oder etwas* *bringt jmdm. oder etwas einen schlechten Ruf ein* Er brachte mich in Misskredit., Die Firma geriet in Misskredit., Die vielen Dopingfälle haben den Radsport in Misskredit gebracht.

miss·lich *Adj.* (*geh.* ≈ *unangenehm*) *so, dass etwas sehr ungünstig und nicht angenehm ist* Durch das Unwetter sind wir in eine sehr missliche Lage geraten.

miss·lin·gen <misslingt, misslang, ist misslungen> *ohne OBJ* ■ *etwas misslingt* (*jmdm.*) (≈ *missraten*) *nicht gelingen* Die Arbeit/Die Überraschung ist (mir) völlig misslungen.

Miss·ma·na·ge·ment das <-s> (*kein Plur.*) (WIRTSCH.: *abwert.*) *schlechtes Management* Das Missmanagement brachte die Firma an den Rand des Ruins.

Miss·mut der <-(e)s> (*kein Plur.*) (*geh.*) *schlechte Laune*

miss·mu·tig *Adj.* (*geh.*) *schlecht gelaunt, verärgert, verdrießlich* Mach doch nicht so ein missmutiges Gesicht!

miss·ra·ten <missrät, missriet, ist missraten> *ohne OBJ* ■ *etwas missrät* (*jmdm.*) (≈ *misslingen*) *nicht gelingen* Die Torte ist mir völlig missraten. ■ **ein missratenes Kind**: ein Kind, das schlecht erzogen ist

Miss·stand der <-(e)s, Missstände> (*selten im Sing.*) *ein schlimmer Zustand* Die Missstände im Betrieb wurden abgestellt/aufgedeckt.

Miss·stim·mung die <-, -en> *eine schlechte, gedrückte Stimmung*

Miss·trau·en das <-s, -> *das Gefühl, dass jmd. kein Vertrauen zu jmdm oder etwas hat* Anfänglich hegte ich tiefes Misstrauen gegen ihn., Diesem Plan wurde großes Misstrauen entgegengebracht.

miss·trau·en <misstraust, misstraute, hat misstraut> *ohne OBJ* ■ *jmd. misstraut jmdm./etwas* (↔ *vertrauen*) *der Vorgang, dass man jmdm. oder etwas nicht vertraut und etwas Schlechtes dahinter vermutet* Sie misstraute dem Fremden/seinen Worten.

Miss·trau·ens·an·trag der <-(e)s, -anträge> POL. *Antrag, mit dem ein Misstrauensvotum herbeigeführt werden soll*

Miss·trau·ens·vo·tum das <-s, -voten> POL. *der Parlamentsbeschluss, einem gewählten Amtsträger das Vertrauen zu entziehen* (*und ihn zum Rücktritt zu bewegen*)

miss·trau·isch *Adj. so, dass man Misstrauen spürt* Spätestens zu diesem Zeitpunkt hättest du misstrauisch werden sollen.

Miss·ver·hält·nis das <-ses, -se> (≈ *Disproportion*) *ein ungünstiges Verhältnis zwischen zwei Dingen* Die Einnahmen und die Ausgaben stehen in einem krassen Missverhältnis zueinander.

miss·ver·ständ·lich *Adj. so, dass etwas falsch gedeutet werden kann* Sie hatte sich missverständlich ausgedrückt.

Miss·ver·ständ·nis das <-ses, -se> *der Vorgang, dass jmd. die Äußerung eines anderen nicht so versteht wie dieser sie gemeint hat* Ich glaube, hier liegt ein Missverständnis vor., Ich möchte dieses Missverständnis aufklären.

miss·ver·ste·hen <missverstehst, missverstand, hat missverstanden> *mit OBJ* ■ *jmd. missversteht jmdn./etwas die Äußerung eines anderen nicht so verstehen wie dieser sie gemeint hat* Du hast meine Frage völlig missverstanden.

Miss·wahl die <-, -en> *eine Veranstaltung, bei der eine Schönheitskönigin gewählt wird, die dann* (*den für eine bestimmte Region geltenden*) *Titel „Miss" tragen darf* Wer ist bei der Misswahl zur Schönheitskönigin gewählt worden? ■ **Miss Bayern/Hamburg/...**: *die Schönheitskönigin von Bayern/Hamburg/...*

Miss·wirt·schaft <-> (*kein Plur.*) (*abwert.*) *schlechtes Wirtschaften*

Mist der <-(e)s> (*kein Plur.*) **1.** *mit Stroh vermischter Tierkot, der als Dünger verwendet wird* Der Bauer bringt Mist auf die Felder. **2.** (*umg. abwert.*) *verwendet, um auszudrücken, dass man eine Sache sehr schlecht findet* Was hast du denn für den Mist bezahlt?, Er redet oft solchen Mist. ■ **Mist bauen** (*umg.*): *etwas falsch machen* **nicht auf jemandes Mist gewachsen sein** (*umg.*): *nicht von jmdm. stammen* Diese Idee ist doch bestimmt nicht auf deinem Mist gewachsen!

Mist·beet das <-(e)s, -e> *ein Beet, das mit Pferdemist bedeckt wird*

Mis·tel die <-, -n> *eine auf Bäumen wachsende Schmarotzerpflanze*

mis·ten *mit OBJ* ■ *jmd. mistet etwas* (≈ *ausmisten*) *den Mist aus etwas herausbringen* Der Bauer mistet den Stall.

Mist·fink der <-en, -en> (*umg. abwert.*) (*Schimpfwort:*) *schmutziger, gemeiner Mensch*

Mist·ga·bel die <-, -n> *Gerät zum Aufladen und Abladen von Mist*[1]

Mist·hau·fen der <-s, -> *der Platz, an dem auf einem Bauernhof der Mist*[1] *gesammelt wird*

mis·tig *Adj.* **1.** *schmutzig* **2.** (*umg.*) *sehr schlecht* Wir hatten mistiges Wetter.

Mist·kä·fer der <-s, -> *ein Käfer, der sich von Mist*[1] *ernährt*

Mist·kerl der <-s, -e> (*abwert.*) (*Schimpfwort:*) *gemeiner Mensch*

Mist·kü·bel der <-s, -> (*österr.*) *Abfalleimer*

Mis·t·ral der <-s, -e> *in Südfrankreich auftretender kalter Nordwestwind*

Mist·stück das <-(e)s, -e> (*abwert.*) (*Schimpfwort:*) *gemeiner Mensch, Luder*

Mist·vieh das <-(e)s> (*kein Plur.*) (*abwert.*) **1.** *ein Tier, über das sich jmd. ärgert* Das Mistvieh von Hund hat mich gebissen! **2.** (*Schimpfwort:*) *gemeiner Mensch*

Mist·wet·ter das <-s, -> (*umg. abwert.*) *sehr schlechtes Wetter*

mit **I.** *Präp.* + *Dat.* **1.** *verwendet, um auszudrücken, dass zwischen zwei Personen oder Dingen eine irgendwie geartete Relation besteht* Er tanzt mit seiner Freundin., Sie telefoniert mit ihrem Freund., Ich bin nicht mit ihr verwandt. **2.** *verwendet, um auszudrücken, dass sich zwischen zwei Elementen etwas abwechselt* Ich habe mich mit ihm beim Fahren abgewechselt. **3.** *verwendet, um auszudrücken, dass etwas irgendwie an etwas beteiligt ist* In dem Artikel ging es um Unfälle mit Motorradfahrern. **4.** *verwendet, um auszudrücken, dass etwas irgendwie zu etwas gehört* Sie hat einen Garten mit einem kleinen Teich., eine Wohnung mit Balkon **5.** *verwendet, um auszudrücken, dass etwas irgendwo dazugerechnet wird* Mit mir waren wir neun Leute. **6.** *verwendet, um auszudrücken, dass etwas in einer bestimmten Weise geschieht* Das hat er mit Fleiß gemacht., Das sagte sie mit größter Gelassenheit. **7.** *verwendet, um auszudrücken, dass etwas mit einem bestimmten Werkzeug getan wird* Ich habe mit einem Füller unterschrieben., Mit einem Schlagbohrer kann man tiefe Löcher bohren. **8.** *verwendet, um auszudrücken, dass etwas in einem bestimmten Lebensalter geschieht* Mit 18 machte sie den Führerschein., Mit 40 ist man doch kein alter Mann! **II.** *Adv.* **1.** *unter anderem, ebenfalls* Das gehört mit zu deinen Aufgaben. **2.** Das war mit das tollste Konzert, das ich je besucht habe. **3.** Ist sie auch mit dabei gewesen?

Mit·an·ge·klag·te der/die <-n, -n> RECHTSW. *jmd., der vor Gericht wegen der gleichen Sache angeklagt ist wie man selbst*

Mit·ar·beit die <-> (*kein Plur.*) **1.** *der Vorgang, dass jmd. an etwas mitarbeitet* Eurer Mitarbeit haben wir es zu verdanken, dass ..., Die Polizei bittet um die Mitarbeit der Bevölkerung. **2.** *die Beteiligung des Schülers am Unterricht in der Schule* Seine Mitarbeit im Unterricht hat sich verbessert.

mit·ar·bei·ten *ohne OBJ* **1.** ■ *jmd. arbeitet an etwas Dat. mit seine eigene Arbeitskraft (gemeinsam mit anderen) in eine Sache stecken* Wer hat an diesem Projekt mitgearbeitet? **2.** ■ *jmd. arbeitet irgendwie mit als Schüler am Unterricht aktiv teilnehmen und Fragen des Lehrers beantworten* Er arbeitet im Unterricht kaum mit.

Mit·ar·bei·ter, **Mit·ar·bei·te·rin** der <-s, -> *jmd., der zusammen mit anderen bei einem Unternehmen beschäftigt ist* Die Firma hat mehr als 300 Mitarbeiter., Leiten Sie dieses Mail bitte auch an Ihre Mitarbeiter weiter!

Mit·ar·bei·ter·stab der <-(e)s, Mitarbeiterstäbe> *alle Mitarbeiter eines Unternehmens*

mit·be·kom·men <bekommst mit, bekam mit, hat mitbekommen> *mit OBJ* **1.** ■ *jmd. bekommt etwas mit als Ausstattung erhalten* Ich habe von zu Hause nichts mitbekommen., Wir hatten ein paar belegte Brote mitbekommen. **2.** ■ *jmd. bekommt etwas mit* (*umg.*) *wahrnehmen* Von der Musik habe ich kaum etwas mitbekommen., Hast du überhaupt mitbekommen, was ich gerade gesagt habe? **3.** ■ *jmd. bekommt etwas von etwas Dat. mit* (*umg.* ≈ *hören*) (*zufällig*) *erfahren* Hast du von der Party morgen gar nichts mitbekommen?

mit·be·nut·zen/mit·be·nüt·zen *mit OBJ* ■ *jmd. benutzt/benützt etwas mit etwas gemeinsam mit anderen benutzen*

Mit·be·sitz der <-es> (*kein Plur.*) RECHTSW. *der Besitz an einer Sache, den jmd. mit anderen gemeinsam hat*

Mit·be·sit·zer, **Mit·be·sit·ze·rin** der <-s, -> *jmd., der etwas gemeinsam mit anderen besitzt*

mit·be·stim·men *ohne OBJ* ■ *jmd. bestimmt mit bei der Gestaltung von etwas oder beim Finden einer Entscheidung aktiv mitwirken und sich einbringen* Die Angestellten wollten in diesen Angelegenheiten stärker mitbestimmen.

Mit·be·stim·mung die <-> (*kein Plur.*) *der Zustand, dass jmd. bei etwas mitbestimmt* Die Arbeiter kämpften für mehr Mitbestimmung.

Mit·be·stim·mungs·ge·setz das <-es, -e> *die gesetzliche Grundlage der Mitbestimmung von Arbeitnehmern*

Mit·be·stim·mungs·recht das <-(e)s, -e> *das Recht auf Mitbestimmung*

Mit·be·wer·ber, **Mit·be·wer·be·rin** der <-s, -> (≈ *Konkurrent*) *jmd., der sich auch um etwas beworben hat*

Mit·be·woh·ner, **Mit·be·woh·ne·rin** der <-s, -> *jmd., der mit andern gemeinsam wohnt*

mit·brin·gen <bringst mit, brachte mit, hat mitgebracht> *mit OBJ* ■ *jmd. bringt (jmdm.) etwas mit irgendwo hingehen und dabei etwas mit sich führen* Ich bringe zum Fest Getränke mit., Bitte bringen Sie Ihr Wörterbuch zum Deutschkurs mit!

Mit·bring·sel das <-s, -> (*umg.*) *ein kleines Geschenk*

Mit·bür·ger, **Mit·bür·ge·rin** der <-s, -> *der andere Mensch in seiner Rolle als Bürger des Staates*

mit·den·ken <denkst mit, dachte mit, hat mitgedacht> *ohne OBJ* ■ *jmd. denkt mit gemeinsam mit anderen an der gedanklichen Lösung eines Problems arbeiten* Die Lösung dieses Problems erfordert, dass alle mitdenken.

mit·dür·fen <darfst mit, durfte mit, hat mitgedurft> *ohne OBJ* ■ *jmd. darf mit* (*umg.*) *die Erlaubnis haben, mit jmdm. etwas zu tun* Sie durfte nicht mit ins Schwimmbad., Sie hat nicht mitgedurft.

Mit·ei·gen·tü·mer, **Mit·ei·gen·tü·me·rin** der <-s, -> RECHTSW. *vergleiche* **Mitbesitzer**

mit·ei·n·an·der *Adv. so, dass mehrere Personen etwas gemeinsam tun* Wir haben miteinander gesungen.

mit·ent·schei·den <entscheidest mit, entschied mit, hat mitentschieden> *mit OBJ/ohne OBJ* ■ *jmd. entscheidet (etwas) mit ebenfalls an einer Entscheidung beteiligt sein*

Mit·er·be, **Mit·er·bin** der <-n, -n> *jmd., der auch Erbe von etwas ist*

mit·er·le·ben <erlebst mit, erlebte mit, hat miterlebt> *mit OBJ* ■ *jmd. erlebt etwas mit* **1.** *bei etwas dabei sein* Schade, dass du die Reise nicht miterleben konntest. **2.** *Zeuge von etwas sein, das in der Vergangenheit passiert ist* Er hat den Krieg noch miterlebt.

Mit·es·ser der <-s, -> **1.** (≈ *Pickel*) *eine Pore der Haut, die von Talg verstopft ist und sich entzündet hat* **2.** (*umg. scherzh.*) *jmd., der mit anderen* *beim Essen sitzt*

mit·fah·ren <fährst mit, fuhr mit, ist mitgefahren> *ohne OBJ auch irgendwohin fahren* ■ *jmd. fährt mit*

Mit·fah·rer, **Mit·fah·re·rin** der <-s, -> *jmd., der mitfährt*

Mit·fah·rer·zen·t·ra·le die <-, -n> *ein Vermittlungsbüro, in dem organisiert wird, dass Personen in Privatfahrzeugen anderer Personen gegen Kostenbeteiligung (eine längere Strecke) mitfahren können*

Mit·fahr·ge·le·gen·heit die <-, -en> *die Gelegenheit, dass man im Auto eines anderen mitfahren darf*

mit·flie·gen <fliegst mit, flog mit, ist mitgeflogen> *ohne OBJ* ■ *jmd. fliegt mit auch irgendwohin fliegen*

mit·füh·len *mit OBJ* ■ *jmd. fühlt etwas mit das Leid oder den Schmerz eines anderen selbst spüren* Ich kann deine Sorgen mitfühlen., Sag ihr doch ein paar mitfühlende Worte.

mit·füh·ren *mit OBJ* ■ *jmd./etwas führt etwas mit* **1.** AMTSSPR. *bei sich haben* Der Ausweis ist stets mitzuführen. **2.** *bei fließenden Gewässern: transportieren* Der Fluss hat jede Menge Geröll mitgeführt.

mit·ge·ben <gibst mit, gab mit, hat mitgegeben> *mit OBJ* ■ *jmd. gibt (jmdm.) etwas mit jmdm., der irgendwohin geht, etwas geben, das er mitnehmen soll* Die Mutter hat den Kindern belegte Brote mitgegeben.

mit·ge·fan·gen ■ **mitgefangen, mitgehangen**: *jmd., der bei etwas mitmacht, muss auch die Verantwortung für die (negativen) Folgen tragen.*

Mit·ge·fan·ge·ne der/die <-n, -n> *jmd., der auch gefangen ist*

Mit·ge·fühl das <-(e)s> (*kein Plur.*) (≈ *Mitleid*) *das Gefühl, dass einem jmd. Leid tut* Mit ihm habe ich kein Mitgefühl mehr.

mit·ge·han·gen *siehe* **mitgefangen**

mit·ge·hen <gehst mit, ging mit, ist mitgegangen> *ohne OBJ* ■ *jmd. geht mit* **1.** *gemeinsam mit einem andren auch irgendwohin gehen* Ich gehe noch mit zur Haltestelle. **2.** *sich mitreißen lassen* Die Konzertbesucher gingen begeistert mit. ■ **etwas mitgehen lassen** (*umg.*): *etwas stehlen*

mit·ge·nom·men¹ *siehe* **mitnehmen**

mit·ge·nom·men² *Adj.* (*umg.*) *abgenützt, stark beschädigt* Deine Bücher sehen ganz schön mitgenommen aus – was hast Du denn damit gemacht?

Mit·gift die <-, -en> *der Besitz, den eine Braut in die Ehe mitbringt*

Mit·gift·jä·ger der <-s, -> (*veraltet, abwert.*) *Mann, der nur am Geld einer Frau interessiert ist*

Mit·glied das <-(e)s, -er> *jmd., der einer Organisation/einer Gruppe/einer Familie angehört* ◆-erversammlung, Familien-, Partei-, Vereins-,

Mit·glieds·aus·weis der <-es, -e> *ein Ausweis, der beweist, dass jmd. irgendwo Mitglied ist*

Mit·glieds·bei·trag der <-(e)s, Mitgliedsbeiträge> *ein bestimmter Geldbetrag, den man einem Verein o.Ä., wo man Mitglied ist, regelmäßig (z.B. monatlich) bezahlen muss*

Mit·glied·schaft die <-, -en> *der Zustand, dass man Mitglied von etwas ist* Er hat letzte Woche die Mitgliedschaft in einer Partei/einem Verein erworben.

Mit·glieds·kar·te die <-, -n> (≈ *Mitgliedsausweis*)

Mit·glieds·land das <-(e)s, Mitgliedsländer> *ein Land, das Mitglied in einem Bündnis oder einer Organisation ist*

Mit·glieds·staat der <-(e)s, -en> *ein Staat, der Mitglied in einem Bündnis oder einer Organisation ist*

mit·grö·len *ohne OBJ* ■ *jmd. grölt mit* (*umg.abwert.*) *gemeinsam mit anderen grölen* Er stimmte ein Lied an, und sie grölten alle mit

mit·ha·ben <hat mit, hatte mit, hat mitgehabt> *mit OBJ* ■ *jmd. hat etwas mit* (*umg.*) *dabei haben*

Mit·haf·tung die <-> (*kein Plur.*) RECHTW. *gemeinsame Haftung*

mit·hal·ten <hältst mit, hielt mit, hat mitgehalten> *ohne OBJ* ■ *jmd. hält (mit etwas Dat.) (irgendwie) mit in der Lage sein, die Leistung, das Tempo o.Ä. von jmd. anderem auch zu haben* Der Läufer konnte mit dem Tempo der anderen nicht länger mithalten.

mit·hel·fen <hilfst mit, half mit, hat mitgeholfen> *ohne OBJ* ■ *jmd. hilft (irgendwo) mit bei etwas auch helfen* Ich habe ein wenig im Garten mitgeholfen.

Mit·hel·fer, **Mit·hel·fe·rin** der <-s, -> **1.** *jmd., der mithilft* **2.** (*umg. abwert.*) *Mittäter*

mit·hil·fe, *a.* **mit Hil·fe** **I.** *Präp. + Gen. verwendet, um auszudrücken, dass die genannte Sache dazu beigetragen hat oder das Werkzeug war, dass etwas gemacht wird* Mithilfe/Mit Hilfe seiner Freunde war die Wohnung in einem Tag gestrichen., Wir fällten den Baum mithilfe/mit Hilfe einer Kettensäge. **II.** *Adv.* Das neue Rettungsfahrzeug wurde mithilfe/mit Hilfe von Spendengeldern finanziert. ◆ Zusammen- oder Getrenntschreibung→R 4.14 mithilfe/mit Hilfe eines Messers

Mit·hil·fe die <-, -n> *der Vorgang, dass jmd. bei etwas mithilft* Der Spielplatz entstand unter Mithilfe der Hausbewohner.

mit·hin *Adv.* (*geh.* ≈ *also, folglich*) *folglich* Der Rohbau des Hauses steht bald, mithin ist damit zu rechnen, dass wir noch vor Weihnachten einziehen können.

mit·hö·ren *mit OBJ/ohne OBJ* ■ *jmd. hört (etwas) mit* **1.** *in der Lage sein, etwas zu auch hören* Die Nachbarn haben so laut gestritten, dass wir jedes Wort mithören konnten., Wir haben im Radio mitgehört., Hast du mitgehört? **2.** *in der Absicht, jmdn. zu überwachen, etwas abhören* Die Polizei hatte das Telefongespräch mitgehört., Die Polizei hört mit.

Mit·in·ha·ber, **Mit·in·ha·be·rin** der <-s, -> *vergleiche* **Miteigentümer**

Mit·kämp·fer, **Mit·kämp·fe·rin** der <-s, -> (≈ *Mitstreiter*)

Mit·klä·ger, **Mit·klä·ge·rin** der <-s, -> RECHTSW. *jmd., der gemeinsam mit anderen eine Klage vor Gericht vorbringt*

mit·kom·men <kommst mit, kam mit, ist mitgekommen> *ohne OBJ* (*umg.*) ■ *jmd. kommt irgendwohin mit* **1.** (≈ *mitgehen*) *gemeinsam mit jmdm. irgendwohin gehen* Kommst du mit ins Museum? **2.** ■ *jmd. kommt irgendwo mit* (≈ *mithalten*) *in der Lage sein, die Leistung/das Tempo o.Ä. von jmd. anderem auch zu haben* Bei diesem Tempo komme ich nicht mehr mit. **3.** ■ *jmd. kommt mit* (≈ *verstehen*) *in der Lage sein, geistig folgen zu können* Er kommt in der Schule kaum noch mit.

mit·kön·nen <kannst mit, konnte mit, hat mitgekonnt> *ohne OBJ* ■ *jmd. kann mit* (*umg.*) *in der Lage sein, irgendwohin mitzugehen* Ich kann heute nicht mit ins Kino., Ich hatte nicht mitgekonnt.

mit·krie·gen <kriegst mit, kriegte mit, hat mitgekriegt> *mit OBJ* ■ *jmd. kriegt etwas mit* (*umg.* ≈ *mitbekommen*) *erfassen, wahrnehmen*

Mit·läu·fer, **Mit·läu·fe·rin** der <-s, -> (*abwert.*) *eine Person, die ohne eigenes Engagement von etwas zu profitieren versucht*

Mit·laut der <-s, -e> (SPRACHWISS.: ↔ *Vokal*) *Konsonant*

Mit·leid das <-(e)s> (*kein Plur.*) *Anteilnahme am Leid anderer* Sie empfand echtes/großes Mitleid (mit der Frau)., Ich hatte großes Mitleid mit ihm ◆ Getrennt- oder Zusammenschreibung→R 4.12 Mitleid erregend/mitleiderregend; Getrenntschreibung→R 4.12 großes Mitleid erregend; Zusammenschreibung→R 4.12 noch mitleiderregender, am mitleiderregendsten, sehr mitleiderregend

Mit·lei·den·schaft ■ **etwas zieht etwas/jemanden in Mitleidenschaft**: *etwas fügt etwas oder jmdm. Schaden zu* Der neue Anzug wurde durch den Regen stark in Mitleidenschaft gezogen.

mit·leid·er·re·gend *Adj. so, dass etwas bei anderen Mitleid verursacht*

mit·lei·dig *Adj. voller Mitgefühl*

mit·leid(s)·los *Adj. ohne Mitgefühl*

mit·le·sen <liest mit, las mit, hat mitgelesen> *mit OBJ/ohne OBJ* ■ *jmd. liest* (*etwas*) *mit etwas, das jmd. liest, auch lesen* Sie hat den Text laut mitgelesen., Mein Sitznachbar hat während der gesamten Busfahrt mitgelesen.

mit·lie·fern <lieferst mit, lieferte mit, hat mitgeliefert> *mit OBJ* ■ *jmd. liefert* (*jmdm.*) *etwas mit zusammen mit etwas anderem liefern* Sie können den Wein gleich mitliefern.

mit·ma·chen <machst mit, machte mit, hat mitgemacht> **I.** *mit OBJ* ■ *jmd. macht etwas mit* (*umg.*) **1.** *an etwas teilnehmen* Er hat alle Spiele mitgemacht. **2.** *für jmdn. erledigen* Während du nicht hier warst, haben wir deine Arbeit mitgemacht. **3.** (≈ *durchstehen*) Sie hat eine Menge mitgemacht. **II.** *ohne OBJ* ■ *jmd./etwas macht* (*bei etwas Dat.*) *mit* **1.** Hast du bei dem Preisausschreiben mitgemacht? **2.** Ich setze mich ein wenig, meine Beine machen nicht mehr mit.

Mit·mensch der <-en, -en> (*selten im Sing.*) *ein Mensch, mit dem man gemeinsam in der menschlichen Gemeinschaft lebt* Er verhält sich seinen Mitmenschen gegenüber sehr aufgeschlossen. ▶mitmenschlich

mit·mi·schen <mischst mit, mischte mit, hat mitgemischt> *ohne OBJ* ■ *jmd. mischt* (*irgendwo*) (*irgendwie*) *mit* (*umg.*) *mitmachen* Sie muss doch überall mitmischen., Wir haben alle kräftig mitgemischt.

mit·müs·sen <musst mit, musste mit, hat mitgemusst> *ohne OBJ* ■ *jmd. muss mit* (*umg.*) *auch irgendwohin gehen müssen* Und du musst auch mit zum Zahnarzt., Hast du auch mitgemusst?

Mit·nah·me·markt der <-(e)s, -märkte> (≈ *Abholmarkt*) *ein Geschäft mit besonders günstigen Preisen, das allerdings die Waren nicht an die Kunden liefert* Wir haben die Regale recht günstig in einem Mitnahmemarkt gekauft.

Mit·nah·me·preis der <-es, -e> *ein ermäßigter Preis für eine Ware, die jmd. kauft und selbst transportiert*

mit·neh·men <nimmst mit, nahm mit, hat mitgenommen> *ohne OBJ* **1.** ■ *jmd./etwas nimmt jmdn./etwas mit auf einem Weg mit sich nehmen* Hast du das Geschenk mitgenommen? **2.** ■ *jmd./etwas nimmt jmdn./etwas/ein Tier mit mitfahren lassen* Wir haben den Hund in den Urlaub mitgenommen. **3.** ■ *jmd./etwas nimmt jmdn./etwas/ein Tier mit* (*umg.*) *im Vorbeigehen kaufen* Die Schuhe waren so billig, da habe ich sie gleich mitgenommen. **4.** (*umg.*) ■ *etwas nimmt jmdn. mit etwas strengt jmdn. an* Die bestürzende Nachricht hatte sie sehr mitgenommen.

mit·nich·ten *Adv.* (*veralt.*) *keineswegs* Mitnichten kam er pünktlich!

mit·rau·chen *ohne OBJ/mit OBJ* ■ *jmd. raucht* (*etwas*) *mit* **1.** *mit anderen rauchen* Rauchst du eine Zigarette mit?, Ich rauche jetzt nicht mit. **2.** *passiv rauchen* Er meidet Lokale, in denen er den Qualm anderer Leute mitrauchen muss., Sie verabscheut es, mitrauchen zu müssen.

mit·rech·nen *mit OBJ* ■ *jmd. rechnet jmdn./etwas mit in einer Rechnung auch berücksichtigen* Habt ihr die Mehrwertsteuer mitgerechnet?

mit·re·den *ohne OBJ* ■ *jmd. redet* (*bei etwas Dat.*) *mit* (*meist mit „nicht“*) *an einem Gespräch über etwas aktiv mitmachen* Bei diesem Thema kann ich nicht mitreden.

mit·rei·sen <reist mit, reiste mit, ist mitgereist> *ohne OBJ* ■ *jmd. reist mit mit anderen verreisen*

Mit·rei·sen·de der/die <-n, -n> *jmd., der sich im selben Zug, Flugzeug o.Ä. befindet*

mit·rei·ßen <reißt mit, riss mit, hat mitgerissen> *mit OBJ* **1.** ■ *jmd./etwas reißt jmdn. mit durch das eigene Handeln bewirken, dass jmd. völlig begeistert ist* Die Rolling Stones hatten erneut ihr Publikum mitgerissen. **2.** ■ *etwas reißt etwas/jmdn. mit* (≈ *abreißen*) *durch starke Kräfte bewirken, dass etwas irgendwo abgerissen und dann mit einer Strömung mitgetragen wird* Das komplette Wehr wurde vom Hochwasser mitgerissen.

mit·sam·men *Adv. (süddt.) miteinander, zusammen, gemeinsam* Wir sind mitsammen ins Kino gegangen.

mit·samt *Präp. + Dat. gemeinsam mit* Sie zog mitsamt ihrer Familie in eine andere Stadt.

mit·schi·cken *mit OBJ* ■ *jmd. schickt (jmdm.) etwas mit vergleiche* **mitliefern**

mit·schnei·den <schneidest mit, schnitt mit, hat mitgeschnitten> *mit OBJ* ■ *jmd. schneidet etwas mit auf einem Tonband o.Ä. aufnehmen* Man hate das gesamte Konzert mitgeschnitten.

Mit·schnitt der <-(e)s, -e> *eine Aufzeichnung von etwas* Hast du einen Mitschnitt dieser Sendung?

mit·schrei·ben <schreibst mit, schrieb mit, hat mitgeschrieben> *mit OBJ/ohne OBJ* ■ *jmd. schreibt (etwas) mit die Worte, die irgendwo gesagt oder vorgetragen werden, aufschreiben* Ich habe den Vortrag mitgeschrieben., Hast du im Seminar mitgeschrieben?

Mit·schuld die <-> *(kein Plur.) der Zustand, dass jmd. neben anderen Personen auch Schuld an etwas hat* Man ihm eine gewisse Mitschuld an dem Unfall nicht absprechen.

mit·schul·dig <nicht steig.> *Adj. so, dass man Mitschuld hat*

Mit·schul·di·ge der/die <-n, -n> *(≈ Komplize) jmd., der an etwas Mitschuld hat*

Mit·schü·ler, **Mit·schü·le·rin** der <-s, -> *(≈ Schulkamerad) jmd., der auch in die selbe Schule bzw. Schulklasse geht*

mit·sin·gen <singst mit, sang mit, hat mitgesungen> *ohne OBJ* ■ *jmd. singt (irgendwo) mit* Er singt im Chor mit.

mit·sol·len *ohne OBJ* ■ *jmd. soll (irgendwo hin) mit (umg.) mit anderen zusammen gehen sollen* Ich sollte mit zur Polizei., Ich hätte mitgesollt.

mit·spie·len *ohne OBJ* **1.** *gemeinsam mit anderen auch irgendwo spielen* Unser Sohn spielt mit den anderen Kindern mit. **2.** ■ *jmd. spielt jmdm. übel mit jmd. geht übel mit jmdm. um und schadet ihm* Man hatte ihm übel mitgespielt: Geld und Ausweis waren gestolen.

Mit·spie·ler, **Mit·spie·le·rin** der <-s, ->

Mit·spra·che·recht das <-(e)s> *(kein Plur.) das Recht, bei einer Entscheidung mitwirken zu dürfen* Man hatte ihm bei der Entscheidung ein Mitspracherecht eingeräumt.

Mit·strei·ter, **Mit·strei·te·rin** der <-s, -> *(geh.) jmd., der gemeinsam mit anderen für etwas kämpft* In ihr hatte er eine Mitstreiterin gefunden.

Mit·tag der <-(e)s, -e> **1.** *die Zeit genau oder ungefähr zur Tagesmitte um 12 Uhr* Wir werden gegen Mittag fertig., Über Mittag ist hier niemand zu erreichen., Morgen Mittag habe ich ein Geschäftsessen. **2.** *(kein Plur.) Mittagspause* Die Handwerker machen gerade Mittag. ■ **zu Mittag essen**: *am Mittag etwas (Warmes) essen* ◆ Zusammenschreibung→R 4.4 Montagmittag, Dienstagmittag, Mittwochmittag … *siehe auch* **Abend**

Mit·tag·es·sen das <-s, -> *(↔ Abendessen, Frühstück)* ein ausgiebiges/frühes/ leichtes/reichhaltiges Mittagessen, einen Freund zum Mittagessen einladen, das Mittagessen in einem Restaurant einnehmen; *die Hauptmahlzeit, die man ungefähr um die Mittagszeit einnimmt*

mit·tags *Adv. um die Mittagszeit* ◆ Zusammenschreibung montagmittags, dienstagmittags, mittwochmittags …; Getrenntschreibung montags mittags, dienstags mittags, mittwochs mittags … *siehe auch* **abends**

Mit·tags·glut die <-> *(kein Plur.) (≈ Mittagshitze)*

Mit·tags·hit·ze die <-> *(kein Plur.) die heißesten Stunden (eines Sommertages)*

Mit·tags·kreis der <-es, -e> ASTRON. GEOGR. *Meridian*

Mit·tags·pau·se die <-, -n> *die Unterbrechung der Arbeit um die Mittagszeit, die man macht, um das Mittagessen einzunehmen und sich zu erholen*

Mit·tags·ru·he die <-> *(kein Plur.) die nach dem Mittagessen liegenden Stunden bis ungefähr fünfzehn Uhr, in denen besonders ältere Menschen manchmal schlafen*

Mit·tags·schlaf der <-(e)> *(kein Plur.) ein (kurzer) Schlaf nach dem Mittagessen* Er hält gerade seinen Mittagsschlaf.

Mit·tags·tisch der <-(e)s, -e> **1.** *der für das Mittagessen gedeckte Tisch* **2.** *(veralt.)* das Mittagessen

Mit·tags·zeit die <-> *(kein Plur.) die Zeit von ungefähr zwölf bis vierzehn Uhr*

mit·tan·zen <tanzt mit, tanzte mit, hat mitgetanzt> *ohne OBJ* ■ *jmd. tanzt mit zusammen mit anderen tanzen* Steh doch nicht rum, tanz doch auch mit!

Mit·tä·ter, **Mit·tä·te·rin** der <-s, -> *(≈ Komplize) jmd., der gemeinsam mit mit anderen eine Straftat begangen hat* ▶-schaft

Mit·te die <-, -n> *(Plur. selten)* **1.** *der Punkt, der zu allen anderen Seiten von etwas den gleichen Abstand hat* die Mitte eines Kreises, Der Tisch steht in der Mitte des Raums. **2.** *der Zeitpunkt, der gleich weit von Beginn und Ende einer Sache gelegen ist* Ich treffe ihn Mitte nächster Woche., Ich denke, sie ist Mitte Dreißig. **3.** POL. Man wollte eine Koalition der Mitte. ■ **in jemandes Mitte** *(geh.): mitten unter den genannten Personen* Es muss einen Spitzel in unserer Mitte geben. **Ab durch die Mitte!** *(umg.)*: Nun aber weg!

mit·tei·len **I.** *mit OBJ* ■ *jmd. teilt jmdm. (etwas) mit jmdm. mündlich oder schriftlich etwas sagen* Ich teile Ihnen den Termin noch schriftlich mit. **II.** *mit SICH* ■ *jmd. teilt sich (jmdm.) mit (≈ anvertrauen) etwas, das einen bedrückt, jmdm. sagen und mit ihm besprechen* Er wollte sich in dieser Situation jemandem mitteilen.

mit·tei·lens·wert <nicht steig.> *Adj. so, dass etwas wert ist, mitgeteilt zu werden* Dieser Vorfall ist unwichtig und überhaupt nicht mitteilenswert.

mit·teil·sam *Adj. (≈ gesprächig, kommunikativ) so, dass man gern anderen Menschen sagt, was einen bewegt oder was man denkt*

Mit·teil·sam·keit die <-> *(kein Plur.) die Eigenschaft, dass jmd. mitteilsam ist*

M

Mit·tei·lung die <-, -en> (≈ *Nachricht*) *etwas, das mitgeteilt wird* Ich habe Ihnen eine Mitteilung zu machen.

Mit·tei·lungs·be·dürf·nis die <-> (*kein Plur.*) *der Wunsch, jmdm. etwas (Persönliches) mitzuteilen* Sie hatte ein großes Mitteilungsbedürfnis und wollte sofort mit ihm sprechen.

Mit·tel das <-s, -> **1.** *eine zweck- und zielgerichtete Maßnahme, mit der etwas erreicht werden soll* In diesem Falle gibt es ein sicheres/wirksames Mittel., Sie wollte rechtliche Mittel einsetzen., Wir haben keine Mittel unversucht gelassen., Ihr sind doch alle Mittel recht., Er kämpfte mit allen Mitteln für den Erhalt der Arbeitsplätze. **2.** (≈ *Arzneimittel*) *Medikament* Der Arzt hat mir ein Mittel gegen die Grippe verschrieben. **3.** (≈ *Gegenmittel*) ■ **ein Mittel gegen etwas**: *etwas, womit man etwas bekämpfen kann* Ich suche ein Mittel gegen Ameisen. **4.** (*kein Sing.*) *Geld* Meine finanziellen Mittel sind erschöpft. **5.** (≈ *Mittelwert*) *der Durchschnittswert von etwas* Im Mittel lagen die Temperaturen dieses Jahr etwas höher als im letzten Jahr. ■ (**nur**) **Mittel zum Zweck sein**: *von jmdm. benutzt oder ausgenutzt werden* ►ermitteln, vermitteln, Mittler, Vermittler

Mit·tel·al·ter das <-s> (*kein Plur.*) *der Zeitraum zwischen dem 5. und dem 15. Jahrhundert* Das Buch hat je ein Kapitel über das frühe, das hohe und das späte Mittelalter.

mit·tel·al·ter·lich <nicht steig.> *Adj. zum Mittelalter gehörig*

Mit·tel·a·me·ri·ka das <-s> (*kein Plur.*) *der Teil Amerikas, der zwischen Nord- und Südamerika liegt*

Mit·tel·a·me·ri·ka·ner, **Mit·tel·a·me·ri·ka·ne·rin** der <-s> *Bewohner eines Landes in Mittelamerika*

mit·tel·bar *Adj.* (*geh.* ↔ *direkt, unmittelbar*) *so, dass man die Folgen von etwas nicht direkt erlebt sondern nur indirekt betroffen ist* Wir waren nur mittelbar von den Auswirkungen des Streiks betroffen.

Mit·tel·deut·sche(r) der <-n, -n> *jmd., der im mittleren Teil Deutschlands lebt*

Mit·tel·ding das <-(e)s, -e> (*Plur. selten*) (*umg.* ≈ *Mischung*) *etwas, das im gleichen Maße Eigenschaften von verschiedenen Dingen hat* Der Film ist ein Mittelding zwischen Komödie und Tragödie.

Mit·tel·eu·ro·pa das <-s> (*kein Plur.*) *mittlerer Teil Europas*

mit·tel·eu·ro·pä·isch <nicht steig.> *Adj. zu Mitteleuropa gehörend* mitteleuropäische Zeit (MEZ)

Mit·tel·feld das <-(e)s> (*kein Plur.*) SPORT **1.** *der mittlere Teil eines Spielfelds* **2.** *die Sportler, die bei einem Wettkampf weder an der Spitze noch am Ende liegen*

Mit·tel·fin·ger der <-s, -> *der mittlere Finger der Hand*

mit·tel·fris·tig <nicht steig.> *Adj. so, dass es nicht jetzt, aber auch nicht in der fernen Zukunft ist; in der nahen Zukunft* Mittelfristig sollen die Schulden halbiert werden., mittelfristiger Finanzplan

Mit·tel·gang der <-(e)s, Mittelgänge> *der Gang, der in der Mitte zwischen zwei Sitzreihen liegt* der Mittelgang im Zug/Flugzeug

Mit·tel·ge·bir·ge das <-s, -> (↔ *Hochgebirge*) *ein Gebirge, dessen Berge nur eine Höhe von unter 2000 Metern errichen*

Mit·tel·ge·wicht das <-(e)s, -e> SPORT

Mit·tel·hoch·deutsch das <-en> (*kein Plur., nur mit bestimmtem Artikel*) *die deutsche Literatursprache vom 11. bis 14. Jahrhundert*

Mit·tel·klas·se die <-, -en> **1.** (≈ *Mittelschicht*) *die mittlere soziale Schicht der Bevölkerung* **2.** *die mittlere Preisklasse*

Mit·tel·klas·se·ho·tel das <-s, -s> *Hotel von mittlerer Qualität*

Mit·tel·klas·se·wa·gen der <-s, -> *Pkw mittlerer Größe*

Mit·tel·läu·fer der <-s, -> SPORT *jmd., der bei bestimmten Sportarten in der Mitte des Spielfelds spielt*

Mit·tel·li·nie die <-, -n> **1.** SPORT **2.** *die weiße Markierung, die auf einer Straße die beiden Fahrspuren trennt*

mit·tel·los *Adj.* (*arm*) *so, dass man keine finanziellen Mittel*[4] *hat*

Mit·tel·lo·sig·keit die <-> (*kein Plur.*) *Armut*

mit·tel·mä·ßig <nicht steig.> *Adj.* (*abwert.* ↔ *überdurchschnittlich*) *durchschnittlich* Seine Leistungen sind eher mittelmäßig.

Mit·tel·mä·ßig·keit die <-, -en>

Mit·tel·meer das <-(e)s> (*kein Plur.*) *das Meer, das Europa und Asien von Afrika trennt* ◆-klima, -land

Mit·tel·meer·kli·ma das <-s> (*kein Plur.*) *das für den Mittelmeerraum typische Klima, das durch viel Sonnenschein und warme Temperaturen gekennzeichnet ist*

Mit·tel·meer·raum der <-(e)s> (*kein Plur.*) *der (Kultur-)Raum um das Mittelmeer*

Mit·tel·ohr das <-(e)s> (*kein Plur.*) ANAT. *der mittlere Teil des Ohres*

Mit·tel·ohr·ent·zün·dung die <-, -en> MED. *eine Enzündung des Mittelohrs*

mit·tel·präch·tig <nicht steig.> *Adj.* (*umg. scherzh.*) *einigermaßen gut, mäßig gut* Ich fühle mich mittelprächtig., mittelprächtige Schulnoten

Mit·tel·punkt der <-(e)s, -e> **1.** *das Zentrum eines Kreises oder einer Kugel* **2.** (*übertr.*) *etwas, das die größte Bedeutung für etwas hat* Diese Stadt war damals der kulturelle Mittelpunkt des Landes. ■ **jemand/etwas steht irgendwo im Mittelpunkt**: *jmd. zieht irgendwo alle Aufmerksamkeit auf sich*

mit·tels *Präp. + Gen.* (*geh. veralt.*) *unter Benutzung von etwas* Die Holzkiste war nur mittels eines Brecheisens zu öffnen.

Mit·tel·schei·tel der <-s, -> *ein Scheitel*[1] *in der Mitte des Kopfes* Sie trägt einen Mittelscheitel.

Mit·tel·schicht die <-, -en> (*Plur. selten*) *der Teil einer Bevölkerung, der ein mittleres Einkommen* *hat (zwischen Unterschicht und Oberschicht)*

Mit·tel·schu·le die <-, -n> **1.** *(österr. (veraltend, aber noch häufig)) Gymnasium* **2.** *Realschule, die mit der „mittleren Reife" abschließt*

Mit·tels·mann der <-(e)s, -männer/leute> *(≈ Vermittler) jmd., der zwischen zwei Gruppen vermittelt*

Mit·tel·stand der <-(e)s> *(kein Plur.)* **1.** *die Mittelschicht* **2.** WIRTSCH. *die kleinen und mittleren Unternehmen*

mit·tel·stän·disch <nicht steig.> *Adj.* WIRTSCH. *zum Mittelstand[2] gehörend* Die mittelständischen Unternehmen sollten stärker unterstützt werden.

Mit·tel·stre·cke die <-, -n> SPORT *eine (Lauf-)Strecke von 400m, 800m, 1000m oder 1500m*

Mit·tel·stre·cken·lauf der <-(e)s, -läufe> SPORT *Laufwettbewerb über eine Mittelstrecke*

Mit·tel·stre·cken·läu·fer, **Mit·tel·stre·cken·läu·fe·rin** der <-s, -> SPORT *ein Läufer, der sich auf Mittelstrecken spezialisiert hat*

Mit·tel·stre·cken·ra·ke·te die <-, -n> MILIT. *eine Rakete mit mittlerer Reichweite*

Mit·tel·strei·fen der <-s, -> *der mittlere Grünstreifen auf einer Autobahn*

Mit·tel·stu·fe die <-, -n> SCHULE *die mittleren Klassen einer Schule*

Mit·tel·stür·mer, **Mit·tel·stür·me·rin** der <-s, -> SPORT *Spieler in der Mitte des Sturms[3]*

Mit·tel·weg der <-(e)s> *(kein Plur.) (≈ Kompromiss) etwas, das ungefähr in der Mitte zwischen zwei Standpunkten, Meinungen o.Ä. liegt* Die beiden Verhandlungspartner einigten sich schließlich darauf, einen Mittelweg zu gehen.

Mit·tel·wel·le die <-, -n> PHYS. *Wellen[2] mittlerer Wellenlänge (Mw)* Diesen Sender kann man nur auf Mittelwelle empfangen. ◆-nfrequenz

Mit·tel·wel·len·be·reich der <-(e)s, -e> *Wellenbereich, der die Mittelwellen umfasst*

Mit·tel·wert der <-(e)s, -e> *Durchschnitt*

Mit·tel·wort das <-(e)s, Mittelwörter> SPRACHWISS. *Partizip*

mit·ten *Adv. in der Mitte von etwas* Ich stand mitten auf dem Platz., Sie ist mitten in der Nacht aufgewacht., Er hat sie mitten im Satz unterbrochen.

mit·ten·drin *Adv. (umg.)* **1.** *in der Mitte von etwas* In der Kiste war viel wertloses Zeug, aber mittendrin fanden wir eine goldene Uhr. **2.** *während einer Tätigkeit* Er sang ein Lied und blieb mittendrin stecken.

mit·ten·durch *Adv. (umg.) direkt durch etwas hindurch* Es gab ein Gewitter und wir flogen mittendurch.

mit·ten·mang *(norddt. umg.) mittendrin*

Mit·ter·nacht die <-> *(kein Plur.) zwölf Uhr nachts*

mit·ter·nachts *Adv. um Mitternacht*

Mit·ter·nachts·mes·se die <-, -n> REL. *Gottesdienst an wichtigen kirchlichen Feiertagen, der sehr spät abends stattfindet*

Mit·ter·nachts·son·ne die *(kein Plur.) der Vorgang, dass die Sonne in Nordeuropa im Sommer auch nachts nicht untergeht*

Mitt·ler, **Mitt·le·rin** der <-s, -> *(geh. ≈ Mittelsmann,) helfender Vermittler* ◆-funktion, -rolle

mitt·le·re *Adj.* **1.** *das, was in der Mitte von etwas ist* Er stand auf und öffnete das mittlere Fenster. **2.** *so, dass etwas einen Mittelwert hat* eine Frau mittleren Alters, Er hat ein mittleres Einkommen.

mitt·ler·wei·le *Adv. (≈ inzwischen) in der Zwischenzeit* Mittlerweise war es Abend geworden.

mit·tra·gen <trägst mit, trug mit, hat mitgetragen> *mit OBJ* ■ *jmd. trägt etwas mit an einer Sache beteiligt sein und die anderen beteiligten Personen dabei unterstützen* Er trug die Entscheidung mit.

mit·trin·ken <trinkst mit, trank mit, hat mitgetrunken> *mit OBJ/ohne OBJ* ■ *jmd. trinkt (etwas) mit gemeinsam mit anderen auch etwas trinken* Sie hat einen Kaffee mitgetrunken.

Mitt·som·mer·nacht die <-, Mittsommernächte> **1.** *(kein Plur.) die Nacht der Sommersonnenwende* **2.** *eine der kurzen Nächte vor oder nach der Mittsommernacht[1]*

mit·tun <tust mit, tat mit, hat mitgetan> *ohne OBJ* ■ *jmd. tut mit (≈ mitmachen) sich an etwas beteiligen*

Mitt·woch der <-(e)s, -e> *der dritte Tag der Woche* ◆ Zusammenschreibung→R 4.4 Mittwochabend, Mittwochmittag, Mittwochmorgen, Mittwochnacht

mitt·wochs *Adv. am Mittwoch* mittwochs abends *siehe auch* **dienstags**

mit·un·ter *Adv. (geh.) manchmal, ab und zu*

mit·ver·ant·wort·lich <nicht steig.> *Adj. gemeinsam mit anderen auch für etwas verantwortlich*

Mit·ver·ant·wor·tung die <-> *(kein Plur.) die Verantwortung, die jmd. gemeinsam mit anderen für etwas hat*

mit·ver·die·nen *ohne OBJ* ■ *jmd. verdient mit (umg.) (besonders als verheiratete Frau) durch Berufstätigkeit auch Geld verdienen*

Mit·ver·fas·ser, **Mit·ver·fas·se·rin** der <-s, -> *Autor, der am Verfassen eines Werks beteiligt ist*

Mit·ver·gan·gen·heit die <-> *(kein Plur.) (sprachwiss.) Imperfekt*

mit·ver·si·chern <versicherst mit, versicherte mit, hat mitversichert> *mit OBJ* ■ *jmd. versichert jmdn. mit jmdn. in den Versicherungsschutz miteinbeziehen* Er hat seine Familie mitversichert.

Mit·ver·si·che·rung die <-, -en> *Versicherung, an der mehrere Personen beteiligt sind*

Mit·welt die <-> *(kein Plur.) die Mitmenschen*

mit·wir·ken *ohne OBJ* ■ *jmd. wirkt (an/bei etwas) mit* **1.** *mitarbeiten* An der Aufklärung des Verbrechens haben viele mitgewirkt. **2.** *(≈ mitspielen) in einem Theaterstück oder Film als Schauspieler mitspielen* Welche Schauspieler haben bei diesem Theaterstück mitgewirkt? **3.** *eine Rolle spielen* Bei dieser Entscheidung haben zahlreiche Faktoren mitgewirkt.

Mit·wir·kung die <-> *(kein Plur.) das Mitwirken[1]* Der Film entstand unter Mitwirkung von …

Mit·wis·sen das <-s> *(kein Plur.) der Zusand, dass*

M

jmd. von etwas weiß Das geschah ohne mein Mitwissen.

Mit·wis·ser, **Mit·wis·se·rin** der <-s, -> *jmd., der von einer Straftat Kenntnis hat* Der Dieb hatte ihn zum Mitwisser gemacht.

Mit·wis·ser·schaft die <-> (*kein Plur.*) *der Zustand, dass jmd. Mitwisser ist*

mit·wol·len <willst mit, wollte mit, hat mitgewollt> *ohne OBJ* ■ *jmd. will (irgendwo) mit* (*umg.*) *auch irgendwohin gehen wollen* Ich wollte mit ins Kino., Ich hätte mitgewollt.

mit·zäh·len **I.** *mit OBJ* ■ *jmd. zählt jmdn./etwas mit während sich bestimmte Dinge ereignen diese zählen* Hast du auch schon die neu eingetroffenen Gäste mitgezählt? **II.** *ohne OBJ* ■ *jmd./etwas zählt mit zu etwas dazugezählt werden* Die Feiertage zählen aber nicht mit.

mit·zie·hen <ziehst mit, zog mit, hat/ist mitgezogen> *ohne OBJ* ■ *jmd. zieht mit* **1.** (*sein*) *auch in langsamer Bewegung irgendwohin gehen* Wir sind ein Stück mit der Blaskapelle mitgezogen. **2.** (*haben*) (*umg.≈ mitmachen*) *etwas auch tun; sich auch an etwas beteiligen* Etliche haben schließlich mitgezogen und den Protestbrief unterschrieben. **3.** (*haben*) (SPORT: *umg. ≈ mithalten*) Der Radrennfahrer beschleunigte das Tempo, aber nur wenige konnten noch mitziehen.

Mix·be·cher der <-s, -> *ein Metallbecher zum Mischen von Cocktails*

mi·xen <mixt, mixte, hat gemixt> *mit OBJ* ■ *jmd. mixt etwas Cocktails mischen* Hast du diesen Cocktail gemixt?

Mi·xer der <-s, -> **1.** *jmd., der (an einer Bar) Cocktails mixt* ◆ Bar- **2.** *ein elektrisches Küchengerät, mit dem man Nahrungsmittel mischen und zerkleinern kann* ◆ Hand-, Küchen-

Mix·ge·tränk das <-(e)s, -e> *ein Cocktail*

Mix·tur die <-, -en> **1.** *Gemisch* **2.** *Gemisch aus Arzneimitteln*

Mne·mo·tech·nik die <-, (-en)> (≈ *Gedächtniskunst*) *eine Methode, die es leichter macht, sich bestimmte Dinge zu merken*

mne·mo·tech·nisch <nicht steig.> *Adj. auf die Mnemotechnik bezogen*

Mob der <-s> (*kein Plur.*) (*abwert.* ≈ *Pöbel*) *verwendet, um (eine Menge bestimmter) Menschen als sehr primitiv und schlecht zu bezeichnen*

mob·ben *mit OBJ* ■ *jmd. mobbt jmdn.* (≈ *schikanieren*) *durch das eigene Verhalten einem Kollegen so lange und intensiv zeigen, dass man ihn nicht mag, dass dieser irgendwann krank wird oder kündigt*

Mob·bing das <-s> (*kein Plur.*) (≈ *Schikane, Psychoterror*) *alle Handlungen, durch die ein Mitarbeiter von seinen Kollegen schikaniert und gequält wird, so dass er schließlich krank wird und kündigt* ◆ -beratung

Mö·bel <-> *Plur. Gegenstände, mit denen ein Zimmer ausgestattet ist, wie Tische, Betten, Schränke* ▶möblieren ◆-firma, -tischler, Büro- Küchen-, Polster-

Mö·bel·aus·stel·lung die <-,-en> *eine Messe²*, *auf der Möbel gezeigt werden*

Mö·bel·ge·schäft das <-(e)s, -e> *ein Geschäft, in dem Möbel verkauft werden*

Mö·bel·händ·ler der <-s, -> *jmd., der Möbel verkauft*

Mö·bel·in·dus·trie die <-> (*kein Plur.*) *Wirtschaftszweig, in dem Möbel hergestellt werden*

Mö·bel·la·ger das <-s, ->

Mö·bel·pa·cker der <-s, -> *jmd., der bei einer Möbelspedition arbeitet und für den Transport der Möbel zuständig ist*

Mö·bel·po·li·tur die <-, -en> *eine Flüssigkeit, mit der man die Oberfläche von Möbeln einreibt, um sie zu pflegen* Ich habe die Kommode mit Möbelpolitur eingerieben.

Mö·bel·spe·di·ti·on die <-, -en> *eine Firma, die Umzüge und den Transport von Möbeln durchführt*

Mö·bel·stoff der <-(e)s, -e> *Stoff, mit dem Polstermöbel bezogen werden*

Mö·bel·stück das <-(e)s, -e> *ein bestimmtes Möbel*

Mö·bel·tisch·ler, **Mö·bel·tisch·le·rin** der <-s, -> *Handwerker, der Möbel aus Holz herstellt*

Mö·bel·wa·gen der <-s, -> *ein Lastwagen, der bei Umzügen zum Transport von Möbeln benutzt wird*

mo·bil *Adj.* ■ *etwas/jmd. ist mobil etwas ist fahrbar/jmd. hat ein Fahrzeug* Im Katastrophengebiet wurde ein mobiler Operationssaal eingerichtet.; MILIT. Die mobilen Verbände wurden in Alarmbereitschaft versetzt. ■ **jemand ist mobil**: *jmd. ist lebendig, munter* Gestern lag er krank im Bett, heute ist er wieder mobil. ◆ Zusammenschreibung→R 4.11 alle Einsatzkräfte mobilmachen; Getrenntschreibung→R 4.2 Der Sportler wollte nochmals alle Kräfte mobil machen.

Mo·bi·le das <-s, -s> *Konstruktion aus an dünnen Fäden befestigten, leicht beweglichen Gegenständen, die sich im Luftzug bewegen*

Mo·bil·funk der <-(e)s> (*kein Plur.*) *das Übertragen von Daten mit einem Mobilfunkgerät*

Mo·bil·funk·ge·rät das <-(e)s, -e> TELEKOMM.

Mo·bi·li·ar das <-s, -e> *Möbel, Hausrat*

Mo·bi·li·sa·ti·on die <-, -en> *das Mobilisieren*

mo·bi·li·sie·ren <mobilisierst, mobilisierte, hat mobilisiert> *mit OBJ* ■ *jmd. mobilisiert jmdn./etwas* **1.** (MILIT.: ≈ *mobilmachen*) *verfügbar machen* Die Armee wurde mobilisiert. **2.** *jmdn. dazu bringen, aktiv zu werden* Der Partei gelang es, ihre Wähler zu mobilisieren. **3.** *aktivieren* In der Endphase des Spiels mobilisierten die Spieler nochmals alle Kräfte., Durch Gymnastik können Muskeln wieder mobilisiert werden.

Mo·bi·li·sie·rung die <-, -en> (*Plur. selten*)

Mo·bi·li·tät die <-> (*kein Plur.*) **1.** *Der Zustand, dass in einer Gesellschaft Menschen nicht mehr eng an einen Ort gebunden sind* Wir haben heute in vielen Ländern eine hohe Mobilität. **2.** *die Bereitschaft und Fähigkeit, seinen Wohnort zu wechseln, wenn die Wahl des Arbeitsplatzes oder Interessen der Firma dies notwendig machen*

Heutzutage ist auf dem Arbeitsmarkt Mobilität gefragt.

Mo·bil·kom·mu·ni·ka·ti·on die <-> (*kein Plur.*) *Kommunikation mit Mobilfunkgeräten, beispielsweise Handys*

mo·bil·ma·chen *ohne OBJ* ▪ *jmd. macht mobil die Streitkräfte und das Land in den Kriegszustand versetzen siehe aber auch* **mobil**

Mo·bil·ma·chung die <-, -en>

Mo·bil·te·le·fon das <-(e)s, -e> (≈ *Handy*)

mö·b·lie·ren *mit OBJ* ▪ *jmd. möbliert etwas mit Möbeln ausstatten* Wir wollen unsere Wohnung neu möblieren., Sie vermietet ein möbliertes Zimmer.

Mö·blie·rung die <-, -en> *alle Möbel, die sich in einem Raum oder Haus befinden*

Mo·çam·bique [mosam'bi:k] *s.* **Mosambik**

Moc·ca der *s.* **Mokka**

Möch·te·gern- (*umg. abwert.*) (*in Zusammensetzungen mit Substantiven*): *jmd., der etwas bestimmtes sein möchte und sich auch dafür hält, aber keine echten Fähigkeiten in dieser Rolle hat* Dieser Möchtegernschauspieler hat überhaupt kein Talent.

mo·dal <nicht steig.> *Adj.* (MUS.: ↔ *diatonisch*) *auf Modus*[3] *bezogen* modale Musik, modales System

Mo·da·li·tät die <-, -en> (*selten im Sing.*) (*geh.*) *die Art und Weise, die näheren Umstände* Die Modalitäten der Zusammenkunft sind noch zu klären., Man besprach die Modalitäten der Prüfung.

Mo·dal·verb das <-s, -en> (SPRACHWISS.: ≈ *Hilfsverb*) „dürfen“, „können“, „mögen“, „müssen“, „sollen“ und „wollen“ sind Modalverben.

Mod·der der <-s> (*kein Plur.*) (*norddt.*) *Schlamm*

Mo·de die <-, -n> **1.** *Kleidung, die dem aktuellen Zeitgeschmack entspricht* Sie geht mit der Mode., In Paris wird gerade die neue Mode gezeigt. ◆ Bade-, Haar-, Damen-, Herren-, Kinder-, Schuh-, Sommer-, Winter- **2.** *das, was zu einer bestimmten Zeit gerade üblich und beliebt ist* Diese Musik/Diese Redensart ist gerade in Mode., Dieser Tanz ist längst aus der Mode.

Mo·de·ar·ti·kel der <-s, -> *etwas, das der gängigen Mode entspricht, aber bald in Vergessenheit geraten wird* Von diesem Modeartikel spricht in einem halben Jahr kein Mensch mehr.

Mo·de·aus·druck der <-(e)s, Modeausdrücke> *ein Wort, das zu einem bestimmten Zeitpunkt in Mode ist* Viele Modeausdrücke kommen aus dem Englischen.

Mo·de·be·ruf der <-(e)s, -e> *ein Beruf, der zu einem bestimmten Zeitpunkt sehr beliebt ist*

mo·de·be·wusst *Adj. so, dass man die neueste Mode*[1] *kennt und die eigene Kleidung daran ausrichtet*

Mo·de·bran·che die [...brãʃə] <-> (*kein Plur.*) *Gesamtheit der Betriebe, die Kleidung herstellen*

Mo·de·de·si·g·ner, **Mo·de·de·si·g·ne·rin** der <-s, -> *jmd., der beruflich Mode*[1] *entwirft und vermarktet*

Mo·de·dro·ge die <-n, -n> *eine Droge, die zu einem bestimmten Zeitpunkt in bestimmten Kreisen in Mode ist*

Mo·de·far·be die <-, -n> *eine Farbe, die zu einem bestimmten Zeitpunkt in der Mode*[1] *aktuell ist* Was ist diesen Herbst Modefarbe?

Mo·de·ge·schäft das <-(e)s, -e> *Bekleidungsgeschäft*

Mo·de·haus das <-es, Modehäuser> *Modegeschäft*

Mo·de·heft das <-(e)s, -e> *Modejournal*

Mo·de·jour·nal das [...ʒʊr'na:l] <-s, -e> *ein Magazin, in dem Mode*[1] *abgebildet und beschrieben ist*

Mo·del die <-, -n> *kleine Schablone, mit der man Gebäck formt*

Mo·del das <-s, -s> (*fachspr.*) *Fotomodell* Sie ist ein erfolgreiches Model geworden., Sie arbeitet als Model.

Mo·dell das <-s, -e> **1.** (≈ *Nachbildung, Kopie*) *ein Gegenstand, der etwas verkleinert nachbildet* In welchem Maßstab hat er das Modell des Schiffes angefertigt?, Modelle von Autos, Flugzeugen und Schiffen **2.** (*wiss.*) *ein zur wissenschaftlichen Erklärung dienendes Modell*[1] *eines Objekts* das Modell eines Moleküls ◆ Erklärungs- **3.** *jmd., der sich von einem Maler malen lässt* Wer diente dem Maler als Modell für dieses Porträt? **4.** *jmd., der sich von einem Fotografen fotografieren lässt* Sie arbeitet schon länger als Modell für einen Fotografen. ◆ Akt-, Foto- **5.** (≈ *Typ*) *Entwicklungsstadium eines technischen Geräts* das neueste Modell dieses Wagens, Die Modelle 3 und 4 haben Fernbedienung. **6.** *kurz für „Modellkleid“* Sie trug das neueste Modell des italienischen Modemachers. **7.** (*geh.*) *etwas, das als Vorbild dient* Diese Gesetzgebung wurde zum Modell für viele weitere Staaten. ◆ -funktion

Mo·dell·bau der <-s> (*kein Plur.*) *die Herstellung von Modellen*[1]

Mo·dell·bau·er der <-s, -> *jmd., der* (*beruflich*) *Modelle*[1] *herstellt und repariert*

Mo·dell·bau·kas·ten der <-s, Modellbaukästen> *Kasten mit* (*maßstabgetreu verkleinerten*) *Einzelteilen, die man zu einem Modell*[1] *zusammensetzen kann*

Mo·dell·cha·rak·ter der <-s> (*kein Plur.*) *vorbildliche Art* Diese Sozialgesetzgebung besitzt Modellcharakter.

Mo·dell·ei·sen·bahn die <-, -en> *das Modell*[1] *einer Eisenbahnanlage*

Mo·del·leur der [mode'lø:ɐ̯] <-s, -e> *jmd., der beruflich Modelle entwirft*

Mo·dell·flug·zeug das <-(e)s, -e> *das Modell*[1] *eines Flugzeugs*

mo·del·lie·ren *mit OBJ/ohne OBJ* ▪ *jmd. modelliert* (*etwas*) *aus Ton Gegenstände formen* Sie hat eine Vase modelliert., Er modelliert in Ton., Ich modelliere in meiner Freizeit.

Mo·dell·kleid das <-s, -er> *Modellkleid, das nach der neuesten Mode als Einzelstück angefertigt worden ist*

Mo·dell·ver·such der <-(e)s, -e> *Versuch, der als Muster gelten soll* In dieser Region wurde ein Modellversuch zur Bekämpfung der Arbeitslosigkeit gestartet.

Mo·dell·ver·trag der <-(e)s, Modellverträge> *Vertrag, der als Muster für andere Verträge dient*

Mo·dell·zeich·ner, **Mo·dell·zeich·ne·rin** der <-s, -> *jmd. der Zeichnungen von Modellen[1 3 6] anfertigt*

mo·deln *ohne OBJ ▪ jmd. modelt als Model arbeiten* In ihrer Freizeit modelt sie für ein Versandhaus.

Mo·dem das <-s, -s> EDV *Gerät, das digitale Daten zwischen Computern über die Telefonleitung übertragen und von dieser empfangen kann*

Mo·de·ma·cher, **Mo·de·ma·che·rin** der <-s, -> *jmd., der beruflich Mode[1] entwirft*

Mo·de·narr, **Mo·de·när·rin** der <-en, -en> *jmd., der sich (allzu) sehr für Mode begeistert*

Mo·den·schau die <-, -en> *Veranstaltung, bei der Mode[1] präsentiert wird*

Mo·de·pup·pe die <-, -n> (*umg. abwert.*) *übertrieben modebewusste Frau*

Mo·der der <-s> (*kein Plur.*) *Faulendes, Verwesendes* Hier riecht es nach Moder.

mo·de·rat *Adj.* (*geh.*) *gemäßigt* In dieser Frage nimmt er eine moderate Haltung ein.

Mo·de·ra·ti·on die <-, -en> *der Vorgang, dass jmd. eine Rundfunk- oder Fernsehsendung durchführt/ eine Diskussion leitet /mit einer Gruppe im Unterricht arbeitet* ◆ -smethode, -stechnik

Mo·de·ra·tor, **Mo·de·ra·to·rin** die <-s, -en> *jmd., der eine Moderation macht*

Mo·der·ge·ruch der <-(e)s, Modergerüche> *ein fauliger Geruch*

mo·de·rie·ren *mit OBJ/ohne OBJ ▪ jmd. moderiert (etwas) eine Sendung in Fernsehen oder Rundfunk oder eine öffentliche Diskussion leiten* Wer hat die Sendung moderiert?, Die Schauspielerin moderiert auch.

mo·de·rig/mod·rig <moderiger/modriger, am moderigsten/modrigsten> *Adj. nach Moder riechend* Im Keller riecht es so moderig.

mo·dern *Adj.* (≈ *zeitgemäß* ↔ *veraltet*) *so, dass es der Zeit entspricht und den neuesten Stand der Entwicklung oder der Betrachtungsweise repräsentiert* Er ist ein moderner Mensch mit modernen Ideen., Moderne Kleidung muss vor allem praktisch sein., die moderne Form der Ernährung, Wir arbeiten hier mit modernster Technologie., Interessierst du dich für moderne Kunst?

mo·dern <moderst, moderte, hat gemodert> *ohne OBJ ▪ etwas modert faulen, verwesen*

Mo·der·ne die <-> (*kein Plur.*) **1.** (*geh.*) *die heutige Zeit und ihr Zeitgeschmack bzw. ihre Gesinnung* **2.** *moderne, zeitgemäße Richtung in der Kunst* Sie ist eine typische Vertreterin der Moderne. ◆ Post-

mo·der·ni·sie·ren **I.** *mit OBJ/ohne OBJ ▪ jmd. modernisiert (etwas)* (≈ *erneuern*) *bewirken, dass etwas in seiner Anlage und seiner Gestaltung moderner wird* Der neue Inhaber hat den gesamten Betrieb modernisiert., Wir wollen nächstes Jahr modernisieren. **II.** *mit OBJ ▪ jmd. modernisiert etwas* (≈ *aktualisieren*) *auf heutige Verhältnisse übertragen* Der Regisseur hat den antiken Stoff behutsam modernisiert.

Mo·der·ni·sie·rung die <-> (*kein Plur.*) *das Modernisieren*

Mo·der·nis·mus der <-> (*kein Plur.*) **1.** *eine positive Haltung gegenüber allen modernen Dingen* **2.** REL. *liberale Strömung in der katholischen Kirche, die zu Beginn des 20. Jahrhunderts entstand*

Mo·der·ni·tät die <-> (*kein Plur.*) (*geh.*) *moderne Art und Weise*

Mo·dern·jazz, *a.* **Mo·dern Jazz** der <-> (*kein Plur.*) *Jazzstil nach 1945*

Mo·de·schau die <-, -en> *s.* **Modenschau**

Mo·de·schmuck der <-(e)s> (*kein Plur.*) *Schmuck, der keinen großen materiellen Wert besitzt, aber modisch ist*

Mo·de·schöp·fer, **Mo·de·schöp·fe·rin** der <-s, -> *jmd., der Mode[1] entwirft (und seinen Namen und seine Ideen häufig auch für Kosmetika und bestimmte Luxusgüter zur Verfügung stellt)*

Mo·de·schrift·stel·ler, **Mo·de·schrift·stel·le·rin** der <-s, -> *ein Schriftsteller, dessen Bücher eine Zeit lang sehr beliebt sind*

Mo·de·tanz der <-es, Modetänze> *ein Tanz, der eine Zeit lang in Mode ist*

Mo·de·trend der <-s, -s> (*Mode[1]*) *Kleidung, die vorübergehend dem Zeitgeschmack entspricht* Auf der Modenschau konnten wir uns ein Bild von den aktuellen Modetrends aus Paris machen.

Mo·de·wa·re die <-, -n> *siehe* **Modeartikel**

Mo·de·welt die <-> (*kein Plur.*) *alle Personen, die beruflich mit der Herstellung und Vermarktung von Mode zu tun haben*

Mo·de·wort das <-(e)s, Modewörter> *Modeausdruck*

Mo·de·zar der <-en, -en> (*umg. scherzh.*) *ein sehr bekannter Modeschöpfer*

Mo·di·fi·ka·ti·on die <-, -en> (*geh.*) *Veränderung, Anpassung*

mo·di·fi·zie·ren *mit OBJ ▪ jmd. modifiziert etwas* (*geh. fachspr.* ≈ *umformen, abwandeln*) *verändern, anpassen* Wir sollten das Programm/die Versuchsanordnung/den Text noch etwas modifizieren. ▸modifizierbar

Mo·di·fi·zie·rung die <-, -en> (*geh. fachspr.* ≈ *Modifikation*) *Änderung, Anpassung*

mo·disch *Adj.* (*modern, schick*) *der Mode entsprechend* Er kleidet sich stets sehr modisch., eine modische Frisur; (*umg. abwert.*) ◆ neu-

Mo·dis·tin die <-, -nen> *eine Frau, die beruflich Hüte macht*

mod·rig *Adj. s.* **moderig**

Mo·dul das <-s, -e> **1.** (*fachspr.*) *austauschbares Bauteil eines (elektronischen) Geräts oder einer Maschine* **2.** (*fachspr.*) *Teil einer Weiterbildung, die aus verschiedenen Kursen besteht, die man kombinieren kann*

mo·du·lar <nicht steig.> *Adj. aus Modulen aufgebaut*

Mo·du·la·ti·on die <-, -en> **1.** PHYS. *Veränderung einer Schwingung* **2.** MUS. *Wechsel einer Tonart in* *einem Musikstück*

Mo·du·la·tor der <-s, Modulatoren> TECHN. *Gerät zum Modulieren*[3]

mo·du·lie·ren <modulierst, modulierte, hat moduliert> *mit OBJ* ■ *jmd. moduliert etwas* **1.** *den Klang der Stimme oder Sprache zu einem bestimmten Zweck abwandeln* **2.** MUS. *die Tonart ändern* **3.** (*techn.*) *die Frequenz von etwas beeinflussen*

Mo·dus, **Mo·dus** der <-, Modi> **1.** (*geh.* ≈ *Verfahrensweise*) *die Art und Weise von etwas* Der Modus für das Einstellungsverfahren wurde geändert. **2.** SPRACHWISS. Indikativ, Konjunktiv und Imperativ sind die drei Modi im Deutschen. **3.** MUS. *Kirchentonart* ■ **einen Modus vivendi finden**: *eine gute Form des (Zusammen)lebens finden*

Mo·fa das <-(s), -s> *kurz für „Motorfahrrad"; eine Art einfaches Motorrad mit einem Motor niedriger Leistung*

Mo·fa·fah·rer, **Mo·fa·fah·re·rin** der <-s, -> *jmd., der auf einem Mofa fährt*

Mo·ga·di·schu <-s> *Hauptstadt von Somalia*

Mo·ge·lei die <-, -en> (≈ *Schummelei*) *harmloser Betrug; Trick*

mo·geln <mogelst, mogelte, hat gemogelt> *ohne OBJ* ■ *jmd. mogelt (bei etwas)* (*umg.* ≈ *schummeln*) *bei einer Sache eine Art harmlosen Betrug machen* Ich habe beim Kartenspielen nicht gemogelt.

Mo·gel·pack·ung die <-, -en> *eine kleine Ware, die durch die Verpackung groß aussieht*

mö·gen[1] <magst, mochte, hat gemocht> **I.** *mit OBJ* ■ *jmd. mag jmdn./etwas* **1.** *Zuneigung empfinden* Er mag sie., Ich habe ihn immer gemocht. **2.** *eine Vorliebe für etwas haben* Sie mag Rockmusik. **II.** *ohne OBJ* ■ *jmd. mag etwas tun wollen* Ich mag jetzt nach Hause gehen.

mö·gen[2] <mag, mochte, hat mögen> (*Hilfsverb*) **1.** *verwendet, um auszudrücken, dass etwas sein könnte oder wahrscheinlich ist, aber dass man es nicht sicher weiß* Er mag etwa 50 Jahre alt sein., Sie mögen sich von früher kennen. **2.** *verwendet, um ausdrücken, dass etwas durchaus der Fall sein kann, aber dass etwas anderes trotzdem geschieht* Mag es auch noch so kalt sein, ich werde trotzdem mit dem Rad fahren. **3.** (*oft im Konjunktiv Prät.*) *eine (eigene oder fremde) Bestimmung, einen Wunsch oder Willen ausdrückend* Sie möchte erst noch die Arbeit beenden., Das möchte ich ja gern sehen!, Sie sagten, wir mögen/möchten nicht auf sie warten., Darüber mag/möchte er selbst entscheiden.

> **i Wissenswert** Das Modalverb **mögen** drückt einen Wunsch oder ein Bedürfnis aus. Das Präsens ist oft nur in veralteten Wendungen gebräuchlich: Mögest du glücklich werden! Möge ihm ein langes Leben beschieden sein! Heute überwiegt der Gebrauch des Konjunktivs: Sie möchte später einmal eine berühmte Forscherin werden. In subjektiver Aussage drückt „mögen" eine Unsicherheit oder Ratlosigkeit aus: Wie mag das wohl gewesen sein? Meist beinhaltet die Aussage einen unzureichenden Grund, dem sofort ein Gegenargument nachgeschoben wird: Möge er in dieser Sache Recht haben, dennoch ist er mächtig hinters Licht geführt worden.

mög·lich <nicht steig.> *Adj.* **1.** *so, dass etwas sein oder gemacht werden kann* Wäre es möglich, dass du etwas früher kommst?, Morgen ist es mir leichter/eher/besser möglich. **2.** (≈ *denkbar*) *so, dass man etwas Bestimmtes absehen kann* Das wäre doch ein möglicher Fall., Seid ihr auf mögliche Schwierigkeiten vorbereitet?, Es ist möglich, dass sie schon gegangen sind., Hier sind mehrere Lösungen möglich. ◆ Großschreibung→R 3.7 Wir haben das/alles Mögliche bedacht., Der Arzt hatte sein Möglichstes getan., Wir sollten im Rahmen des Möglichen bleiben., Wir haben alles Mögliche gekauft.

mög·li·cher·wei·se *Adv.* (≈ *vielleicht*) *so, dass es sein kann, aber dennoch ungewiss ist* Wir haben möglicherweise Glück., Möglicherweise war ein technischer Defekt an dem Unfall schuld.

Mög·lich·keit die <-, -en> **1.** (≈ *Chance, Gelegenheit*) *etwas, das man tun oder erreichen kann* ◆ Aufstiegs-, Erholungs-, Verdienst,- **2.** (≈ *Eventualität*) *der Umstand, dass etwas geschehen kann* Es besteht die Möglichkeit, dass wir bei dem schlechten Wetter nicht fahren können.

Mög·lich·keits·form die <-, -en> SPRACHWISS. *Konjunktiv*

mög·lichst *Adv.* **1.** *so sehr wie möglich* Sie sollten versuchen, den Täter möglichst genau zu beschreiben., Die Tüte sollte möglichst groß sein. **2.** *wenn möglich* Ich brauche das Buch möglichst heute noch.

Mo·gul, **Mo·gul** der <-s, -n> *Herrscher eines indischen Herrscherhauses*

Mo·hair der *s.* **Mohär**

Mo·ham·med <-s> (*kein Plur.*) *Prophet im Islam*

Mo·ham·me·da·ner, **Mo·ham·me·da·ne·rin** der <-s, -> (≈ *Moslem*) *jmd., der mohammedanischen Glaubens ist*

mo·ham·me·da·nisch <nicht steig.> *Adj.* (≈ *moslemisch*) *dem mohammedanischen Glauben zugehörig*

Mo·här, *a.* **Mo·hair** der <-s, -e> **1.** *Wolle der Angoraziege* **2.** *Stoff aus Mohär*

Mo·hi·ka·ner der <-s, -> *Angehöriger eines ausgestorbenen Indianerstammes* ■ **der letzte Mohikaner** (*umg. scherzh.*): *jmd., der als einziger von vielen übrig geblieben ist*

Mohn der <-(e)s> (*kein Plur.*) **1.** *eine Blume mit roten Blättern* **2.** *die Samen des Mohns*[1]

Mohn·blu·me die <-, -n> *der Mohn*[1]

Mohn·ku·chen der <-s, -> *Kuchen mit Mohn*[2]

Mohn·zopf der <-(e)s, Mohnzöpfe> *Gebäck aus Hefeteig, das mit Mohn bestreut wird*

Mohr der <-s, -en> (*veralt.; nur noch in histori-*

schem Kontext und bestimmten Wendungen) dunkelhäutiger Afrikaner

Möh·re die <-, -n> (≈ *Karotte, gelbe Rübe*) *ein Wurzelgemüse, dessen längliche, orangefarbenen Früchte man als Gemüse oder Salat isst*

Mohr·rü·be die <-, -n> (*norddt.*) *Möhre*

mo·kant *Adj.* (*geh.*) *spöttisch, abfällig* ein mokantes Lächeln

Mo·kas·sin der <-s, -s> *weicher Lederschuh*

Mo·kick das <-(s), -s> *Kurzwort aus „Moped" und „Kickstarter"; ein Kleinkraftrad*

mo·kie·ren *mit SICH* ■ *jmd. mokiert sich (über jmdn./etwas) (geh.) sich über etwas abfällig oder spöttisch äußern* Sie mokierte sich über seinen neuen Anzug.

Mok·ka der <-s, -s> **1.** *eine besonders kräftig schmeckende Kaffeesorte* **2.** *aus Mokka[1] zubereiteter Kaffee* Ich hätte gern ein Tässchen Mokka.

Mol das <-s, -e> CHEM. *Kurzform von „Molekulargewicht"*

Molch der <-(e)s, -e> *kleine Amphibie, die im Wasser lebt* Im Gartenteich sind auch Molche.

Mol·dau *Nebenfluß der Elbe* Prag liegt an der Moldau

Mol·da·wi·en <-s> *s.* **Moldova**

Mol·da·wi·er, **Mol·da·wi·e·rin** der <-s, -> *jmd., der die moldawische Staatsbürgerschaft hat*

mol·da·wisch <nicht steig.> *Adj. zu Moldawien gehörend, daher stammend*

Mol·do·va <-s> *Staat in Osteuropa*

Mo·le die <-, -n> (≈ *Kai*) *Damm in einem Hafen*

Mo·le·kül das <-s, -e> *kleinste Einheit einer chemischen Verbindung, die aus verschiedenen Atomen besteht*

mo·le·ku·lar <nicht steig.> *Adj.* CHEM. *die Moleküle betreffend*

Mo·le·ku·lar·bi·o·lo·ge, **Mo·le·ku·lar·bi·o·lo·gin** der <-n, -n> *Wissenschaftler auf dem Gebiet der Molekularbiologie*

Mo·le·ku·lar·bi·o·lo·gie die <-> (*kein Plur.*) *Zweig der Biologie, der sich mit den Vorgängen auf molekularer Ebene befasst*

Mo·le·ku·lar·ge·wicht das <-(e)s, -e> CHEM. *die aus der Summe der Gewichte aller ein Molekül ausmachenden Atome errechnete Vergleichszahl*

Mol·ke die <-> (*kein Plur.*) *bei der Käse- oder Quarkproduktion entstehende Flüssigkeit*

Mol·ke·rei die <-, -en> *Betrieb, in dem Milch verarbeitet wird* In dieser Molkerei wird vorwiegend Käse produziert.

Mol·ke·rei·pro·dukt das <-(e)s, -e> Käse und Quark sind Molkereiprodukte.

Moll das <-> (*kein Plur.*) (MUS.: ↔ *Dur*) *Tonart, die vom zweiten zum dritten Ton einen Halbton hat* ◆ -tonart

mol·lig *Adj.* **1.** *rundlich, vollschlank* Sie ist etwas mollig geworden. **2.** *behaglich* Hier ist es mollig warm.

Mol·lus·ke die <-, -n> (*selten im Sing.*) BIOL. *wirbelloses Tier*

Mo·lo·tow·cock·tail der <-s, -s> *mit Benzin gefüllte Flasche, die wie eine Handgranate geworfen wird und explodiert*

Mol·ton der <-s, -s> *ein Baumwollgewebe*

Mo·luk·ken <-> *Plur. eine indonesische Inselgruppe*

Mo·ment[1] der <-(e)s, -e> **1.** *kurze Zeitspanne* Hast du einen Moment Zeit? **2.** *bestimmter Zeitpunkt* Ich bin im Moment beschäftigt., Wir haben scheinbar den richtigen Moment verpasst.

Mo·ment[2] das <-(e)s, -e> (≈ *Faktor*) *Gesichtspunkt, Element* Das entscheidende Moment dabei ist doch, dass ..., Ihr Einwand brachte ein künstlerisches/philosophisches Moment in die Debatte. ◆ Dreh-

mo·men·tan <nicht steig.> *Adj.* **1.** *kurz, vorübergehend* eine momentane Situation/Krise **2.** (≈ *gegenwärtig*) *jetzt* Er ist momentan verreist.

Mo·ment·auf·nah·me die <-, -en> **1.** (FOTOGR.: ≈ *Schnappschuss*) *eine fotografische Aufnahme mit sehr kurzer Belichtungszeit* Auf der Ausstellung des Fotografen konnten wir sehr gelungene Momentaufnahmen sehen. **2.** (*übertr.*) *Betrachtung und Schilderung einer Situation in einem bestimmten Moment[1]* eine Momentaufnahme der aktuellen wirtschaftlichen Sitation

Mo·na·co <-s> *ein Fürstentum am Mittelmeer*

Mo·n·arch, **Mo·na·r·chin** der <-s/-en, -en> (≈ *Herrscher*) *gekrönter König oder Kaiser*

Mo·n·ar·chie die <-, -n> **1.** (*kein Plur.*) *Staatsform, an deren Spitze ein Monarch steht* **2.** *Staat, in dem ein Monarch herrscht*

mo·nar·chisch *Adj.* **1.** *auf die Monarchie bezogen* **2.** *auf einen Monarchen bezogen*

Mo·n·ar·chist, **Mo·n·ar·chis·tin** der <-en, -en> *Anhänger der Monarchie*

Mo·nat der <-(e)s, -e> *einer der zwölf Teile des Jahres* Sie waren mehrere/drei Monate lang fort., in den Monaten März und April ◆ Frühlings-, Sommer-; Herbst-, Winter-

mo·na·te·lang *Adv. so, dass es mehrere Monate dauert* ◆ Zusammenschreibung→R 4.5 Sie mussten monatelang auf den Bescheid warten.

-mo·na·tig *einige Monate dauernd oder alt* ein mehrmonatiger Urlaub, ein dreimonatiges Kind

mo·nat·lich <nicht steig.> *Adj. jeden Monat erfolgend* Die Beiträge werden monatlich abgebucht.

Mo·nats·ab·schluss der <-es, Monatsabschlüsse> WIRTSCH. *Abrechnung eines Geschäfts am Ende eines Monats*

Mo·nats·an·fang der <-(e)s, Monatsanfänge> Ihr Gehalt wird jeweils am Monatsanfang überwiesen.

Mon·ats·bei·trag der <-(e)s, Monatsbeiträge> *Geldbetrag, der pro Monat für etwas gezahlt werden muss* Ich habe den Monatsbeitrag für den Sportverein überwiesen.

Mo·nats·be·zü·ge <-> *Plur. siehe* **Monatslohn**

Mo·nats·bin·de die <-, -n> *eine Zellstoffbinde für die Monatsblutung*

Mo·nats·blu·tung die <-, -en> *Menstruation*

Mo·nats·durch·schnitt der <-(e)s, -e> *Durchschnitt von etwas, der auf den Zeitraum eines Mo-*

nats berechnet wurde

Mo·nats·en·de das <-(s), -n> Bis zum Monatsende muss sie ausziehen.

Mo·nats·frist ■ **in/innerhalb/binnen Monatsfrist**: *im Zeitraum eines Monats*

Mo·nats·ge·halt das <-(e)s, Monatsgehälter> *pro Monat ausbezahltes Gehalt*

Mo·nats·kar·te die <-, -n> *Fahrausweis, der einen Monat lang gültig ist* Ich habe mir für den Bus eine Monatskarte gekauft.

Mo·nats·letz·te der <-n, -n> *der letzte Tag eines Monats*

Mo·nats·lohn der <-(e)s, Monatslöhne> *pro Monat ausbezahlter Lohn*

Mo·nats·mie·te die <-, -n> *pro Monat gezahlte Miete*

Mo·nats·ra·te die <-, -n> *pro Monat gezahlte Rate*

Mo·nats·um·satz der <-es, Monatsumsätze> *pro Monat erzielter Umsatz*

Mo·nats·ver·dienst der <-(e)s, -e> *siehe* **Monatslohn**

Mo·nats·zeit·schrift die <-, -en> (↔ *Wochenzeitschrift*) *Zeitschrift, die einmal pro Monat erscheint*

Mönch der <-(e)s, -e> REL. *Mitglied eines geistlichen Ordens für Männer* ◆ Bettel-, Dominikaner-, Franziskaner-

mön·chisch <nicht steig.> *Adj.* **1.** *auf einen Mönch bezogen* **2.** *wie ein Mönch* mit mönchischer Strenge, ein mönchischer Lebensstil

Mönchs·klos·ter das <-s, -> REL. *Kloster eines Mönchsordens*

Mönchs·or·den der <-s, -> REL. *ein Männerorden*

Mönchs·zel·le die <-, -n> REL. *Zimmer, in dem ein Mönch im Kloster wohnt*

Mond der <-(e)s, -e> **1.** *der die Erde umkreisende Himmelskörper* Der Mond ist aufgegangen., abnehmender/zunehmender Mond, Der Mond beeinflusst Ebbe und Flut. ◆-gestein, -krater, -phase, Halb-, Neu-, Voll- **2.** *Trabant*[1] Wie heißen die Monde des Jupiter? ■ **jemanden auf den/zum Mond schießen können/mögen** (*umg.*): *auf jmdn. sehr wütend sein* **auf/hinter dem Mond leben** (*umg. abwert.*): *hinter der Zeit leben, von neueren Entwicklungen nichts wissen*

Mon·da·min® das <-(e)s> (*kein Plur.*) *Stärkemehl aus Mais*

mon·dän *Adj.* (≈ *exklusiv, nobel*) *auffallend elegant*

Mond·au·to das <-s, -s> *ein Fahrzeug, das Astronauten bei Mondlandungen benutzen*

Mond·bahn die <-, -en> ASTRON. **1.** *die Strecke, die der Mond*[1] *beim Kreisen um die Erde durchläuft* **2.** *die Strecke, die ein Mond*[2] *beim Kreisen um einen Planeten durchläuft*

mond·be·schie·nen <nicht steig.> *Adj.* (*dichter.*) *vom Licht des Mondes beschienen*

Mond·fins·ter·nis die <-> (*kein Plur.*) ASTRON. *die Verfinsterung des (vollen) Mondes, weil dieser in den Schatten der Erde tritt*

mond·hell <nicht steig.> *Adj. hell vom Licht des Mondes* Die Nacht war mondhell.

Mond·kalb das <-(e)s, Mondkälber> (*übertr. umg. abwert.*) *dummer Mensch*

Mond·lan·de·fäh·re die <-, -n> *ein Raumfahrzeug, mit dem man auf dem Mond landet*

Mond·land·schaft die <-, -en> *relativ öde, von Kratern zerfurchte Landschaft*

Mond·lan·dung die <-, -en> *Landung einer Raumfähre auf dem Mond*[1]

Mond·licht das <-(e)s> (*kein Plur.*)

Mond·nacht die <-, Mondnächte> *eine mondhelle Nacht*

Mond·preis der <-es, -e> (*umg. abwert.*) *überhöhter Preis* So ein Wucher, Mondpreise sind das hier!

Mond·ra·ke·te die <-, -n> *eine Rakete, die eine Raumkapsel zum Mond*[1] *transportiert*

Mond·schein der <-(e)s> (*kein Plur.*) **1.** (≈ *Mondlicht*) *die Helligkeit, die vom Mond ausgeht* Bei Mondschein kann ich nicht lesen. **2.** *der Anblick des Mondes in der Nacht* bei Mondschein spazieren gehen

Mond·si·chel die <-, -n> *der schmale Streifen, als den man den Mond sieht, wenn nicht Vollmond oder Neumond ist*

Mond·son·de die <-, -n> *unbemanntes Raumschiff zur Erkundung des Mondes*[1]

mond·süch·tig <nicht steig.> *Adj. an Schlafwandeln leidend*

Mond·süch·ti·ge(r) der <-n, -n> *jmd., der an Schlafwandeln leidet*

Mo·ne·gas·se, **Mo·ne·gas·sin** <-n, -n> *Einwohner von Monaco*

mo·ne·gas·sisch <nicht steig.> *Adj. zu Monaco gehörend, daher stammend*

Mo·nem das <-s, -e> SPRACHWISS. *kleinste sprachliche Einheit, die eine Bedeutung besitzt*

mo·ne·tär *Adj. das Geld betreffend* Um die monetäre Situation (des Betriebs/des Landes) ist es schlecht bestellt.

Mo·ne·ta·ris·mus der <-, Monetarismen> WIRTSCH. *eine Volkswirtschaftslehre*

Mo·ne·ten <-> *Plur.* (*umg.*) *Bargeld*

Mon·go·le, **Mon·go·lin** der <-n, -n> *Angehöriger einer Völkergruppe in Zentralasien*

Mon·go·lei die <-> (*kein Plur.*) *ein Gebiet in Zentralasien*

mon·go·lisch <nicht steig.> *Adj. den Mongolen zugehörig*

Mon·go·li·sch(e) das *die mongolische Sprache*

Mon·go·lis·mus der <-> (*kein Plur.*) MED. *eine Krankheit, die durch eine Chromosomenstörung verursacht wird*

mon·go·lo·id <nicht steig.> *Adj. erkrankt an Mongolismus*

mo·nie·ren *mit OBJ* ■ *jmd. moniert etwas* (*geh.* ≈ *bemängeln*) *beanstanden* Hast du die Mängel nicht moniert?

Mo·nis·mus der <-> (*kein Plur.*) *philosophische Lehre, die jede Erscheinung, alles Seiende auf ein einheitliches Grundprinzip zurückführt*

Mo·ni·tor der <-s, -en> *Bildschirm* (*zum Beispiel beim Fernseher, Computer*) ◆ Farb-, Flachbild-

mo·no-, *a.* **Mo·no-** (*in Zusammensetzungen*) *ein-*

zig, allein

mo·no·chrom <nicht steig> *Adj.* (↔ *polychrom*) *einfarbig*

Mo·no·ga·mie die <-> (*kein Plur.*) (≈ *Polygamie*) *Zusammenleben mit nur einem Geschlechtspartner*

Mo·no·gra·fie die *s.* **Monographie**

Mo·no·gramm das <-s, -e> *Anfangsbuchstaben von Vor- und Familienname, die zusammen ein Zeichen bilden* Er hat nur Handtücher mit seinem Monogramm.

Mo·no·gra·phie, *a.* **Mo·no·gra·fie** die <-, -n> (*wissenschaftliche*) *Abhandlung über einen einzelnen Gegenstand bzw. ein Thema* Ich lese gerade eine Monographie über Max Frisch.

mo·n·o·ku·lar <nicht steig> *Adj.* (FACHSPR.: ↔ *binokular*) *mit nur einem und nicht mit beiden Augen*

Mo·no·kul·tur die <-, -en> (LANDW.: ↔ *Mischkultur*) *Anbau von immer nur einer Art von Pflanzen auf einem Feld*

Mo·no·lith, **Mo·no·lith** der <-s/-en, e(n)> *aus einem Stein gemeißelte Säule*

Mo·no·log der <-(e)s, -e> (LIT. THEAT.: ≈ *Selbstgespräch* ↔ *Dialog*) *von einem Schauspieler gesprochene Worte, welche nicht an eine andere Person auf der Bühne gerichtet sind* Der Schauspieler hatte für das Vorsprechen den Monolog Hamlets gewählt.

mo·no·lo·gisch <nicht steig.> *Adj.* (*geh.*) *in Form eines Monologs*

mo·no·lo·gi·sie·ren <monologisierst, monologisierte, hat monologisiert> *ohne OBJ* ■ *jmd. monologisiert* (*in einem Gespräch*) *längere Zeit alleine sprechen* Ich komme gar nicht zu Wort, weil sie dauernd monologisert.

mo·no·man *Adj.* **1.** PSYCH., MED. *an Monomanie erkrankt* (*mit fixen Ideen*) **2.** (*umg.*) *nur noch an einer einzigen Sache interessiert* Er ist durch seine lange Arbeit an dem Buch richtig monoman geworden.

Mo·no·ma·nie die <-, -n> PSYCH., MED. *Erkrankung, bei der die Patienten wahnhaft auf eine einzige Vorstellung ausgerichtet sind*

Mo·noph·thong der <-s, -e> (SPRACHWISS.: ↔ *Diphthong*) *ein einfacher Vokal* „U" ist ein Monophthong, „AU" ist ein Diphthong.

Mo·no·pol das <-s, -e> **1.** *das Vorrecht, als einziger etwas herzustellen oder zu verkaufen* **2.** WIRTSCH. *der marktbeherrschende Status eines Unternehmens* Der Konzern hatte ein Monopol errichtet. ◆-kapitalismus, Staats-, Wirtschafts-

mo·no·po·li·sie·ren <monopolisierst, monopoliserte, hat monopolisiert> *mit OBJ* ■ *jmd. monopolisiert etwas* WIRTSCH. *zu einem Monopol zusammenschließen*

Mo·no·po·li·sie·rung die <-, -en> WIRTSCH. *Entwicklung eines Monopols*

Mo·no·pol·stel·lung die <-, -en> WIRTSCH. *Vormachtstellung*

Mo·no·po·ly® das <-> (*kein Plur.*) *ein Gesellschaftsspiel*

Mo·no·the·is·mus der <-s> (*kein Plur.*) (REL.: ≈ *Polytheismus*) *Glaube an einen einzigen Gott*

Mo·no·the·ist der <-en, -en> REL. *jmd., der an einen einzigen Gott glaubt*

mo·no·the·is·tisch <nicht steig.> *Adj.* REL. *in der Art des Monotheismus*

mo·no·ton *Adj.* (≈ *eintönig, stumpfsinnig, langweilig*) *gleichförmig, ohne Abwechslung und deshalb ermüdend* Die Arbeit der letzten Wochen war ziemlich monoton.

Mo·no·to·nie die <-> (*kein Plur.*) *Eintönigkeit*

Mo·no·type® die ['mɔnotaip] <-, -s> DRUCKW. *Setzmaschine für einzelne Buchstaben*

Mo·no·xid das <-s, -e> (CHEM.: ↔ *Dioxid*) *eine Art von chemischer Verbindung* ◆ Kohlen-

Mons·ter das <-s, -> (≈ *Monstrum*) *ein Fantasiewesen in der Gestalt eines schrecklichen Ungeheuers* ◆ Film-, Riesen-

Mons·t·ranz die <-, -en> REL. *reich verziertes, kostbares Gefäß für eine geweihte Hostie im katholischen Ritus*

mons·t·rös *Adj.* **1.** *in der Art eines Monsters* In dem Zeichentrickfilm gab es allerlei monströse Wesen. **2.** *sehr groß, aber nicht schön* Ich kann diesem monströsen Bauwerk nichts abgewinnen.

Mons·t·rum das <-s, Monstren> **1.** *Monster* **2.** *jmd., der schrecklich und grausam ist* Der verurteilte Mörder ist ein wahres Monstrum. **3.** *von gewaltigen Ausmaßen, aber nicht schön* Dieses Monstrum von Schrank kommt mir nicht in die Wohnung!

Mon·sun der <-s, -e> GEOGR. *jahreszeitlich wechselnder Wind in Asien*

Mon·sun·re·gen der GEOGR. *durch den Monsun verursachter, sehr starker Regen*

Mon·tag der <-(e)s, -e> *der erste Tag der Woche* ◆ Zusammenschreibung→R 4.4 Montagabend, Montagmittag, Montagmorgen, Montagnacht

Mon·ta·ge die [mɔn'ta:ʒə] <-, -n> **1.** (≈ *Aufbau, Installation*) *Aufstellen und Zusammenbau von Maschinen und technischen Geräten* **2.** (*fachspr.*) *die Technik, einen Film, ein Bild oder einen Text aus Einzelteilen unterschiedlicher Herkunft zusammenzufügen* ■ **auf Montage sein**: *beruflich als Monteur unterwegs sein* Ihr Mann ist auf Montage in Südamerika. ◆ Fahrzeug-, Heizungs-

Mon·ta·ge·band das <-(e)s, Montagebänder> *Fließband*

Mon·ta·ge·bau der <-s> (*kein Plur.*) *Bauweise mit Fertigteilen*

Mon·ta·ge·hal·le die <-, -n>

Mon·ta·ge·kos·ten <-> *Plur. für eine Montage aufgewendete Kosten*

Mon·ta·ge·tech·nik die <-, -en> KUNST LIT. *ein künstlerisches oder literarisches Verfahren, bei dem Teile nebeneinander gesetzt werden*

mon·tä·gig <nicht steig.> *Adj. so, dass etwas an einem Montag stattfindet*

mon·täg·lich <nicht steig.> *Adj. so, dass etwas jeden Montag stattfindet*

Mon·tag·mit·tag, **Mon·tag·mit·tag** der <-(e)s, -e> *Mittag eines* (*jeden*) *Montags*

mon·tags *Adv. an jedem Montag*

Mon·tag·vor·mit·tag, **Mon·tag·vor·mit·tag** der <-(e)s, -e> *Vormittag eines (jeden) Montags*

mon·tan <nicht steig.> *Adj. (fachspr.) den Bergbau oder das Hüttenwesen betreffend, dazu gehörend*

Mon·tan·in·dus·t·rie die <-> *(kein Plur.) die Industrie des Bergbaus und des Hüttenwesens*

Mon·tan·u·ni·on die <-, (-en)> *Europäische Gemeinschaft für Kohle und Stahl*

Mont·blanc der [mõ'blã] <-(s)> *(kein Plur.) höchster Berg der Alpen*

Mon·teur, **Mon·teu·rin** der [mɔn'tøːɐ̯] <-s, -e> *jmd., der beruflich Maschinen aufstellt, zusammenbaut* ▶Montage

mon·tie·ren *mit OBJ* **1.** ■ *jmd. montiert etwas aus Einzelteilen zusammenbauen* Er montiert Computer in der Fabrik., Ich habe die neue Geschirrspülmaschine schon montiert. **2.** ■ *jmd. montiert etwas (an etwas Akk.) befestigen* Er montiert gerade den Hängeschrank an die Wand.

Mon·tur die <-, -en> **1.** *(veralt.) Arbeitskleidung, Uniform* **2.** *Kleidung, die man zu bestimmten praktischen Zwecken trägt* Die Motorradfahrer kamen in voller Montur in das Lokal.

Mo·nu·ment das <-(e)s, -e> *großes oder großartiges Denkmal*

mo·nu·men·tal *Adj. (geh. ≈ gewaltig, kolossal, mächtig) in der Art eines Monuments* Der Künstler hatte eine monumentale Statue geschaffen. ◆-statue, -werk

Mo·nu·men·tal·bau der <-s, -ten> *ein sehr großes, beeindruckendes Bauwerk*

Moor das <-(e)s, -e> *(≈ Sumpf) eine Landschaft mit sehr feuchtem, weichem Boden* Man hatte das Moor trockengelegt., Vorsicht, hier kann man im Mooor versinken !

Moor·bad das <-(e)s, Moorbäder> MED. *das Baden in Moorschlamm zu Heilzwecken*

Moor·huhn das <-(e)s, Moorhühner> *skandinavische Hühnerart*

moo·rig <nicht steig.> *Adj. zum Moor gehörig* eine moorige Gegend

Moos das <-es, -e> **1.** *eine Pflanzenart, die sich besonders an Steinen und Baumstämmen, aber auch auf Wiesen findet* **2.** *(umg.) (nur Sing.) Geld*

moos·ar·tig <nicht steig.> *Adj. so, dass es Moos[2] ähnelt*

moos·be·deckt <nicht steig.> *Adj. mit Moos[2] bedeckt* Die Steine waren moosbedeckt.

moosbe·wach·sen <nicht steig.> *moosbedeckt*

moos·grün <nicht steig.> *Adj. grün wie Moos[2]*

Mo·ped das <-s, -s> *(≈ Motorrad) Kurzwort aus „Motorrad" und „Pedal"; ein Kleinkraftrad*

Mopp der <-s, -s> *ein Staubbesen*

mop·pen *mit OBJ* ■ *jmd. moppt etwas mit dem Mopp putzen* den Boden moppen

Mops der <-es, Möpse> **1.** *eine Hunderasse* **2.** *(umg.) eine dicke kleinere Person* Dein Sohn ist ein richtig frecher Mops. **3.** *(kein Sing.) (umg.) Geld*

mop·sen <mopst, mopste, hat gemopst> *mit OBJ* ■ *jmd. moppst jmdm. etwas (umg. ≈ klauen) eine Kleinigkeit stehlen* Wer hat mir meine Schokolade gemopst?

mops·fi·del <nicht steig.> *Adj. (umg.) sehr fröhlich, heiter*

Mo·ral die <-> *(kein Plur.)* **1.** *(≈ Ethik, veralt. Sittlichkeit) aus kultureller und religiöser Erfahrung gebildetes Regel-, Normen- und Wertesystem, das in einer Gesellschaft als Verhaltensmaßstab betrachtet wird* ◆Arbeits-, Sexual- **2.** *das sittliche Empfinden eines Einzelnen, einer Gruppe* Das ist doch eine doppelte Moral. **3.** *Disziplin* Die Moral der Mannschaft ist ungebrochen. ▶demoralisieren ◆Zahlungs- **4.** *eine Lehre, die aus etwas gezogen werden kann* Was ist also die Moral dieser Geschichte?

Mo·ral·be·griff der <-(e)s, -e> *Auffassung von Moral, die jmd. hat*

mo·ra·lisch *Adj.* **1.** *auf die Moral[1] bezogen* Sie hatte moralische Bedenken., Das führte schließlich zum moralischen Niedergang dieser Kultur. **2.** *auf die Moral[2] bezogen; (≈ anständig, rechtschaffen)* Sie führt einen moralischen Lebenswandel. **3.** Die moralische Einstellung des Spielers ist gut.

Mo·ral·phi·lo·so·phie die <-, -n> *(≈ Ethik)*

Mo·ral·pre·digt die <-, -en> *(oft abwert.)* Meine Mutter hat mir schon wieder eine Moralpredigt gehalten

Mo·ral·the·o·lo·gie die <-, -en> *theologische Ethik*

Mo·rä·ne die <-, -n> GEOGR. *Ablagerungen von Gesteinsschutt, die aus der Eiszeit stammen*

Mo·rast der <-(e)s, -e/Moräste> *sumpfiger, schlammiger Boden* Das Motorrad blieb im Morast stecken.

mo·ras·tig *Adj. voller Morast*

mor·bid(e) *Adj. (geh.)* **1.** *kränklich* eine morbide Blässe im Gesicht **2.** *(≈ dekadent) im (moralischen) Verfall* Zu diesem Zeitpunkt herrschten bereits morbide gesellschaftliche Verhältnisse.

Mor·bi·di·tät die <-> **1.** *(geh.) morbide Art und Weise* **2.** *(*MED.*: kein Plur.) Häufigkeit von Krankheiten in einer Bevölkerung*

Mor·chel die <-, -n> *ein Speisepilz*

Mord der <-(e)s, -e> *der Vorgang, dass jmd. aus bösem Vorsatz einen Menschen tötet* Der Angeklagte hat den Mord begangen/ist des Mordes überführt., Das war ein brutaler/feiger/kaltblütiger Mord. ■ **Mord und Totschlag** *(umg.): lauter Streit* Bei den Nachbarn war wieder Mord und Totschlag. ◆Doppel-, Kindes-, Massen-, Raub-, Selbst-, Völker-

Mord·an·kla·ge die <-, -n> Gegen den Verdächtigen wurde Mordanklage erhoben.

Mord·an·schlag der <-(e)s, Mordanschläge> *(≈ Attentat) der Versuch, jmdn. zu ermorden* Auf den Politiker wurde ein Mordanschlag verübt.

Mord·dro·hung die <-, -en> *die Drohung, dass man jmdn. ermorden wird*

mor·den **I.** *mit OBJ* ■ *jmd. mordet jmdn. (selten ≈ ermorden, umbringen)* Er mordete jeden, der sich ihm in den Weg stellte. **II.** *ohne OBJ* ■ *jmd. mordet*

Er hat aus Neid/Rache gemordet.

Mör·der, **Mör·de·rin** der <-, -> (≈ *umg. Killer*) *jmd., der einen Mord begangen hat*

Mör·der·ban·de die <-, -n> *eine Gruppe von Leuten, die gemeinsam morden*

mör·de·risch *Adj.* **1.** *so, dass es auf Leben und Tod geführt ist* Es war ein mörderischer Kampf. **2.** (*umg.* ≈ *unerträglich*) *in hohem Maße unangenehm* Wir hatten eine mörderische Hitze.

Mord·fall der <-(e)s, Mordfälle> *der Sachverhalt, dass ein Mord geschehen ist und die Polizei den Fall bearbeitet* Die Polizei konnte den Mordfall aufklären.

Mord·ge·dan·ke der <-n, -n> (*meist Plur.*) *Gedanke daran, jmdn. zu ermorden*

Mord·kom·mis·si·on die <-, -en> *Einheit der Kriminalpolizei, die Mordfälle aufklärt*

Mord·nacht die <-, Mordnächte> *Nacht, in der ein Mord passiert ist* Er hat kein Alibi für die Mordnacht.

Mord·plan der <-s, Mordpläne> *Plan, jmdn. zu ermorden*

Mord·pro·zess der <-es, -e> *Gerichtsprozess, bei dem es um einen Mord geht*

mords-, *a.* **Mords-** (*umg.*) **1.** (*in Zusammensetzungen, mit Betonung auf dem zweiten Wortteil*) *sehr ausgeprägt, intensiv* mordsdurstig, Mordsgaudi, Mordsgeschrei, mordslangweilig **2.** (*in Zusammensetzungen, mit Betonung auf dem ersten Wortteil*) *so, dass etwas großen Eindruck macht* Mordsaussicht, Mordsauto, Mordsgeschäft, Mordsidee

Mord·sa·che die <-, -n> *siehe* **Mordfall**

Mords·angst die <-> (*kein Plur.*) (*umg.*) *große Angst* eine Mordsangst haben

Mords·a r·beit die <-> (*kein Plur.*) (*umg.*) *sehr viel Arbeit* Es war eine Mordsarbeit, den Teich anzulegen.

mords·ge·fähr·lich <nicht steig.> *Adj.* (*umg.*) *sehr gefährlich*

Mords·glück das <-(e)s> (*kein Plur.*) (*umg.*) *großes Glück*

Mords·käl·te die <-> (*kein Plur.*) *große Kälte*

Mords·kerl der <-s, -e> (*umg.*) **1.** *ein sehr tüchtiger, anständiger Mann* Ich mag ihn gern, er ist einfach ein Mordskerl **2.** *ein Mann von sehr kräftiger Gestalt* Dieser Boxer ist ein Mordskerl.

Mords·krach der <-(e)s> (*kein Plur.*) (*umg.*) **1.** *großer Krach* **2.** *heftiger Streit*

Mords·lärm der <-(e)s> (*kein Plur.*) (*umg.*) *großer Lärm* Der Motor macht einen Mordslärm.

mords·mä·ßig <nicht steig.> *Adj.* (*umg.*) **1.** *sehr groß, sehr stark* Ich hatte einen mordsmäßigen Durst/Hunger. **2.** *sehr* Es war mordsmäßig laut.

Mords·schreck der <-(e)s> (*kein Plur.*) (*umg.*) *sehr großer Schreck*

Mords·spaß der <-es> (*kein Plur.*) (*umg.*) *großer Spaß*

Mords·stim·mung die <-> (*kein Plur.*) (*umg.*) *sehr gute Stimmung* Als wir ankamen, herrschte bereits eine Modsstimmung auf der Party.

Mords·wut die <-> (*kein Plur.*) (*umg.*) *sehr große Wut*

Mord·ver·dacht der <-(e)s, -e> Der Verhaftete steht unter Mordverdacht.

Mord·ver·such der <-(e)s, -e> der Versuch, jemanden zu töten

Mord·waf·fe die <-, -n> *eine Waffe, mit der ein Mord verübt wurde*

Mo·rel·le die <-, -n> *eine Kirschenart* ◆ Schatten-

Mo·res ■ **jemanden Mores lehren** (*umg.*): *jmdm. sehr deutlich die Meinung sagen*

mor·gen *Adv.* **1.** (↔ *gestern*) *am folgenden, nächsten Tag* Wir wollten sie morgen Abend/Mittag/Nachmittag besuchen., Sie ist gestern gekommen, bleibt heute und morgen, und fährt übermorgen weiter. ◆ über- **2.** ■ **Das ist … von morgen.** (↔ *heute*): *das ist … in der Zukunft* Das ist das Auto/die Technik von morgen.

Mor·gen[1] der <-s, -> (≈ *Frühe* ↔ *Abend*) *die Tageszeit am Beginn des Tages* Es war ein heiterer/strahlender Morgen., Ich habe sie heute Morgen gesehen., Ich muss früh am Morgen aufstehen.

Mor·gen[2] der <-s, -> *ein Flächenmaß* Ein Morgen Land hat etwa 3000 Quadratmeter.

Mor·gen·an·dacht die <-, -en> *kurzer Gottesdienst am Morgen*

Mor·gen·aus·ga·be die <-, -n> (↔ *Abendausgabe*) *die Ausgabe einer Zeitung, die am Morgen erscheint* Ich kaufe mir nur noch die Morgenausgabe (der Zeitung).

Mor·gen·däm·me·rung die <-, (-en)> (↔ *Abenddämmerung*) *Dämmerung bei Tagesbeginn*

mor·gend·lich <nicht steig.> *Adj.* (↔ *abendlich*) *jeden Morgen*[1] das morgendliche Duschen, Wir fahren, sobald sich der morgendliche Berufsverkehr aufgelöst hat.

Mor·gen·es·sen das <-s, -> (*schweiz.*) *Frühstück*

Mor·gen·ga·be die <-, -n> (*veralt.*) *ein Geschenk, das ein Mann seiner Frau nach der Hochzeitsnacht macht*

Mor·gen·ge·bet das <-(e)s, -e> (↔ *Abendgebet*) *Gebet, das am Morgen gesprochen wird*

Mor·gen·grau·en das <-s, -> (≈ *Morgendämmerung*) Im Morgengrauen beginnen die Vögel zu singen.

Mor·gen·gym·nas·tik die <-> (*kein Plur.*) *morgendliche Gymnastik*

Mor·gen·kaf·fee der <-s, -s> *am Morgen eingenommener Kaffee*

Mor·gen·land das <-(e)s> (*kein Plur.*) (*veralt.* ↔ *Abendland*) *der Orient*

mor·gen·län·disch *Adj.* (*veralt.* ↔ *abendländisch*) *orientalisch*

Mor·gen·luft ■ **Morgenluft wittern** (*umg.*): *eine gute Chance auf Erfolg sehen und deshalb aktiv werden*

Mor·gen·man·tel der <-s, Morgenmäntel> *ein leichter, bequemer Hausmantel*

Mor·gen·muf·fel der <-s, -> (*umg.*) *eine Person, die morgens regelmäßig nicht gut gelaunt ist*

Mor·gen·post die <-> (*kein Plur.*) *Post, die am Morgen zugeteilt wird*

Mor·gen·rock der <-(e)s, Morgenröcke> *Mor-*

genmantel

Mor·gen·rot das <-(e)s> (*kein Plur.*) (↔ *Abendrot*) *die rote Färbung des Himmels bei Sonnenaufgang*

mor·gens *Adv.* (↔ *abends*) *am Morgen*

Mor·gen·stern der <-(e)s, -e> **1.** (*kein Plur.*) (≈ *Abendstern*) *der am Morgen sehr hell leuchtende Planet Venus* **2.** *eine mittelalterliche Schlagwaffe, die aus einem Handgriff und einer gezackten Metallkugel besteht*

Mor·gen·tau der <-(e)s> (*kein Plur.*) *morgendlicher Niederschlag*

Mor·gen·toi·let·te die <-> (*kein Plur.*) *morgendliche Körperpflege*

Mor·gen·zei·tung die <-, -en> (↔ *Abendzeitung*) *siehe* **Morgenausgabe**

Mor·gen·zug der <-(e)s, Morgenzüge> *ein Eisenbahnzug, der morgens fährt* Um rechtzeitig anzukommen, habe ich den Morgenzug genommen.

mor·gig *Adj.* (↔ *gestrig*) *am nächsten Tag* Der morgige Ausflug wird sehr anstrengend.

Mo·ri·tat die <-, -en> *ein schauriges Bänkelsängerlied*

Mor·mo·ne, **Mor·mo·nin** der <-n, -n> *Mitglied einer amerikanischen Sekte*

Morphem das <-s, -e> SPRACHWISS. *die kleinste Einheit der Sprache, die Bedeutung trägt*

Morphi·nis·mus der <-> (*kein Plur.*) MED. *Abhängkeit von Morphium*

Mor·phi·um das <-s> (*kein Plur.*) *ein Rauschgift aus Opium, mit dem in der Medizin Schmerzen behandelt werden*

mor·phi·um·süch·tig <nicht steig.> *Adj. abhängig von Morphium*

Mor·pho·lo·gie die <-> (*kein Plur.*) **1.** BIOL. *Wissenschaft vom Bau und von der Organisation der Lebewesen und ihrer Bestandteile* **2.** SPRACHWISS. *Wortbildungs- und Formenlehre* ▶morphologisch

morsch *Adj.* (*von Holz*) *brüchig* Vorsicht, die Holzbrücke ist schon etwas morsch!

Mor·se·al·pha·bet das <-(e)s, (-e)> *Alphabet aus bestimmten Kombinationen von Strichen und Punkten oder langen und kurzen Stromimpulsen zur Nachrichtenübertragung*

Mor·se·ap·pa·rat der <-(e)s, -e> *Gerät das Nachrichten übermitteln kann, deren Wörter aus bestimmten Kombinationen von Strichen und Punkten oder langen und kurzen Stromimpulsen dargestellt werden*

mor·sen <morst, morste, hat gemorst> *mit OBJ/ohne OBJ* ■ *jmd. morst (etwas) Nachrichten mit einem Morseapparat übertragen* Das Schiff hat SOS/seine Position gemorst., Der Funker morst.

Mör·ser der <-s, -> **1.** *ein Gefäß zum Zerstoßen harter Stoffe* **2.** (MILIT.: ≈ *Granatwerfer*) *ein schweres Geschütz*

Mor·se·zei·chen das <-s, -> *ein Zeichen des Morsealphabets*

Mor·ta·del·la die <-> (*kein Plur.*) *eine Wurstsorte*

Mor·ta·li·tät die <-, -en> (*med.* ↔ *Natalität*) *Sterblichkeit* ◆-rate, -ziffer

Mör·tel der <-s> (*kein Plur.*) *Bindemittel (aus Sand, Zement und Wasser) beim Mauern*

Mör·tel·kel·le die <-, -n> *ein Maurerinstrument*

Mo·sa·ik das <-s, -en/(-e)> *aus kleinen Steinen zusammengesetztes Bild oder Ornament* ◆ Fußboden-, Glas-, Stein-

Mo·sa·ik·fuß·bo·den der <-s, Mosaikfußböden> *Fußboden, der mit Mosaiken ausgelegt ist*

mo·sa·isch <nicht steig.> *Adj.* REL. *auf Moses (biblische Gestalt) bezogen*

Mo·sam·bik <-s> *Staat in Ostafrika*

Mo·sam·bi·ka·ner, **Mo·sam·bi·ka·ne·rin** der <-s, -> *jmd., der die mosambikanische Staatsbürgerschaft besitzt*

mo·sam·bi·ka·nisch <nicht steig.> *Adj. zu Mosambik gehörend, daher stammend*

Mo·sam·bi·ker, **Mo·sam·bi·ke·rin** der <-s, -> *s.* **Mosambikaner**

Mo·schee die <-, -n> *ein islamisches Gotteshaus*

Mo·schus der <-> (*kein Plur.*) *ein Duftstoff*

Mö·se die <-, -n> (*vulg.*) *Vagina, Vulva*

Mo·sel die <-> (*kein Plur.*) *ein Nebenfluss des Rheins*

mo·sern <moserst, moserte, hat gemosert> *ohne OBJ* ■ *jmd. mosert (umg. abwert.) (ständig) herumnörgeln* Was gibt es da zu mosern?

Mos·kau *russische Hauptstadt*

Mos·ki·to der <-s, -s> *eine Stechmücke*

Mos·ki·to·netz das <-es, -e> *eine Netz, das vor Moskitos Schutz bietet* Wir haben unter einem Moskitonetz geschlafen.

Mos·lem, *a.* **Mus·lim**, **Mus·li·me**, **Mos·li·me** der <-s, -s (-, -nen)> REL. *Person, die dem Islam angehört*

mos·le·misch, *a.* **mus·li·misch** <nicht steig.> *Adj.* REL. *zum Islam gehörig*

Most der <-(e)s, -e> **1.** *zur Gärung bestimmter Saft aus gekelterten Trauben, junger Wein* **2.** (*landsch.*) *Fruchtsaft* ◆-presse, Apfel-, Birnen-, Süß- **3.** (*süddt. österr. schweiz.*) *Obstwein aus Äpfeln und Birnen* ◆-obst

Mos·t·rich der <-s> (*kein Plur.*) (*norddt.*) *Senf*

Mo·tel, **Mo·tel** das <-s, -s> *an Autobahnen und größeren Straßen gelegenes Hotel*

Mo·tet·te die <-, -n> MUS. *ein mehrstimmiges Musikstück für Chor*

Mo·tiv das <-s, -e> **1.** (*geh.* ≈ *Grund*) *Beweggrund* Was war das Motiv des Mörders?, Der Politiker nannte persönliche Motive für seinen Rücktritt. ◆Tat- **2.** (KUNST: ≈ *Thema, Stoff*) *Gegenstand der Darstellung* Welche Motive wurden in der Malerei jener Epoche bevorzugt? **3.** LIT. *einzelnes, in sich geschlossenes, bedeutungstragendes Element des Inhalts (das immer wieder aufgegriffen wird), typische Situation* Die Schriftstellerin hat bei ihrem neuen Roman auf Motive aus der antiken Sagenwelt zurückgegriffen. **4.** MUS. *kleinste melodische oder rhythmische Einheit in einem Musikstück* Die einzelnen Motive spielen in Richard Wagners Ring des Nibelungen eine sehr wichtige Rolle.

Mo·ti·va·ti·on die <-, -en> **1.** *Haltung, in der die Motive¹ einer Entscheidung oder Handlung zu-*

sammengefaßt sind Die Motivation seines Handelns ist mir nicht klar. **2.** *Zustand, in dem man motiviert[2] ist, etwas zu tun* Hast du genug Motivation für diese schwierige Aufgabe ?

Mo·tiv·for·schung die <-, -en> **1.** WIRTSCH. *Teilbereich der Marktforschung, der die Motive[1] der Kunden untersucht* **2.** KUNST LIT. *Erforschung von Motiven[3] in Kunst und Literatur*

mo·ti·vie·ren *mit OBJ/ohne OBJ* ■ *jmd. motiviert etwas* (≈ *rechtfertigen*) *jmd. begründet etwas* Wie hast du deine Entscheidung motiviert ? ■ *jmd. motiviert (jmdn.)* (↔ *demotivieren*) *zu etwas bewegen, anregen, ermutigen* Der Trainer hat seine Spieler gut motiviert., Er war nicht zu motivieren, mit dem Rauchen aufzuhören.

Mo·to·cross, *a.* **Mo·to-Cross** das <-, -e> *Geländerennen für Motorräder*

Mo·to·cross·ren·nen das <-s, -> (*Sportdisziplin*) *Geländerennen für Motorräder*

Mo·to·drom das <-(e)s, -e> *Rennstrecke für Auto- oder Motorradrennen*

Mo·tor, **Mo·tor** der <-s, -en> *eine Maschine, die Treibstoff oder elektrischen Strom in Bewegung umsetzt* Der neue Motor verbraucht deutlich weniger Treibstoff., Die Mechaniker versuchen, den Motor des Rennwagens besser abzustimmen. ◆ Diesel, Elektro-, Viertakt-

Mo·tor·boot, Mo·tor·boot das <-(e)s, -e> *von einem Benzinmotor getriebenes Boot*

Mo·tor·brem·se die <-, -n> KFZ *Bremsvorrichtung an einem Verbrennungsmotor*

Mo·to·ren·bau der <-(e)s> (*kein Plur.*) TECHN. *Herstellung von Motoren*

Mo·to·ren·ge·brumm das <-(e)s> (*kein Plur.*) *typisches von Motoren verursachtes Geräusch*

Mo·to·ren·ge·räusch das <-es, -e> *von einem Motor verursachtes Geräusch*

Mo·tor·fahr·zeug das <-(e)s, -e> *ein Fahrzeug mit Motorantrieb*

Mo·tor·ge·räusch das <-es, -e> *siehe* **Motorengeräusch**

Mo·tor·hau·be die <-, -n>

Mo·to·rik die <-> (*kein Plur.*) **1.** MED. *die Gesamtheit der vom Hirn gesteuerten menschlichen Bewegungsabläufe* **2.** MUS. *gleichmäßiger Rhythmus*

mo·to·risch <nicht steig.> *Adj.* **1.** *auf Bewegung bezogen* die motorischen Fähigkeiten der Hand, motorisch begabt **2.** *durch einen Motor betrieben*

mo·to·ri·siert <nicht steig.> *Adj. so, dass jmd. über ein Auto verfügt* Bist du motorisiert?

Mo·tor·öl das <-(e)s, -e> KFZ *Maschinenöl für Motoren*

Mo·tor·pum·pe die <-, -n> *eine Pumpe mit Motorantrieb*

Mo·tor·rad, **Mo·tor·rad** das <-(e)s, Motorräder> *ein Zweirad mit Motorantrieb* ein schweres Motorrad (≈ ein leistungsstarkes und schnelles Motorrad), der Fahrer/der Motor/der Sozius/der Tank eines Motorrads

Mo·tor·rad·fah·rer, **Mo·tor·rad·fah·rer**, **Mo·tor·rad·fah·re·rin** der <-s, -> *jmd., der ein Motorrad fährt*

Mo·tor·rad·ren·nen, **Mo·tor·rad·ren·nen** das <-s, -> *Rennen mit Motorrädern*

Mo·tor·rad·sport, **Mo·tor·rad·sport** der <-s> (*kein Plur.*) *alle mit Motorrädern ausgetragenen Rennen*

Mo·tor·rol·ler der <-s, -> *ein leichtes Zweirad mit Motorantrieb und relativ kleinen Rädern*

Mo·tor·sä·ge die <-, -n> *Säge mit Motorantrieb*

Mo·tor·scha·den der <-s, Motorschäden> *Defekt eines Motors*

Mo·tor·schiff das <-(e)s, -e> *ein Schiff, das von einem Motor angetrieben wird*

Mo·tor·sport der <-s> (*kein Plur.*) *Auto- und Motorradrennen*

Mo·tor·sport·fan der [...fɛn] <-s, -s> *jmd., der sich für Auto- und Motorradrennen begeistert*

Mo·tor·wä·sche die <-, -n> *Reinigung des Motors* Um Verschleiß zu vermeiden, sollte in regelmäßigen Abständen eine Motorwäsche durchgeführt werden.

Mot·te die <-, -n> *ein sehr kleiner Schmetterling, dessen Raupen vor allem Kleiderstoffe fressen* ◆ Kleider-, Mehl-

Mot·ten·fraß der <-es, -e> (*selten im Plur.*) *das Zerfressen von Kleidungsstoffen durch Motten*

Mot·ten·ku·gel die <-, -n> *Mittel zur Bekämpfung von Motten*

Mot·ten·loch das <-(e)s, Mottenlöcher> *Loch in einem Kleidungsstoff, das durch Mottenfraß entstanden ist*

Mot·ten·pul·ver das <-s, -> *Mittel zur Bekämpfung von Motten*

mot·ten·zer·fres·sen <nicht steig.> *Adj. von Motten zerfressen*

Mot·to das <-s, -s> *Wahl-, Sinnspruch* Das Fest stand unter dem Motto …

Mot·to-Par·ty die <-, -s> *ein Fest, das unter einem bestimmten Motto steht* Heute Abend steigt die Mottoparty „Beach & Fun".

mot·zen <motzt, motzte, hat gemotzt> *ohne OBJ* ■ *jmd. motzt (über etwas Akk.)* (*umg. abwert.* ≈ *meckern*) *schimpfen, nörgeln* Sie motzt ständig über die Schule.

Moun·tain·bike das ['maʊntɪnbaɪk] <-s, -s> *ein robustes Fahrrad, mit dem man auch im Gelände fahren kann*

Moun·tain·bi·ker, **Moun·tain·bi·ke·rin** der ['maʊntɪnbaɪkɐ] <-s, -> *jmd., der ein Mountainbike fährt*

Mouse die <-> (*kein Plur.*) EDV *englische Bezeichnung für Maus[2]*

Mous·sa·ka das/die <-s, -s/-, -s> KOCH. *ein Gericht aus Auberginen, Kartoffeln und Hackfleisch*

Mö·we die <-, -n> *ein Wasservogel, der sehr gut fliegen kann* Die Möwen begleiteten das Schiff und fingen Brotstückchen in der Luft

Mo·zam·bique [mosam'bi:k] <-s> *s.* **Mosambik**

Mo·zart·ku·gel die <-, -n> *eine Schokoladenkugel mit Marzipanfüllung*

Mo·zart·zopf der <-(e)s, Mozartzöpfe> *eine Zopffrisur*

Moz·za·rel·la der <-s, -s> *ein italienischer Weich-*

käse

MP3-Play·er der [...'drajple:ɪɐ] <-s, -> ELEK *ein CD-Player, der bestimmte Musikdateien lesen und abspielen kann*

Ms. *Abkürzung für „Manuskript"*

MS-DOS *Abkürzung von „Microsoft-DOS"*

MS-Kran·ke(r) der/die <-n, -n> *jmd., der an Multipler Sklerose erkrankt ist*

mtl. *Abkürzung für „monatlich"*

Mu·cke die <-, -en> ■ **jemand hat Mucken**: *jmd. ist launenhaft*

Mü·cke die <-, -n> *ein Insekt, das sticht und Blut saugt* ■ **aus einer Mücke einen Elefanten machen** (*umg.*): *etwas, das harmlos und relativ unwichtig ist, als sehr großes Problem beschreiben* ◆ Stech-

Mu·cke·fuck der <-s> (*kein Plur.*) (*umg. abwert.*) *dünner Kaffee*

mu·cken *ohne OBJ* ■ *jmd. muckt* (*umg.*) *leise aufbegehren, murren* Er hat es hingenommen, ohne zu mucken.

Mü·cken·stich der <-(e)s, -e> *der Vorgang, dass eine Mücke jmdn. in die Haut sticht*

Mucks der <-es, -e> (*umg.*) *Laut* Sie hat keinen Mucks gesagt.

muck·sen <muckst, muckste, hat gemuckst> *mit SICH* ■ *jmd. muckst sich nicht* (*umg.*) *keinen Laut von sich geben* Wir wagten es nicht, uns zu mucksen, als die Lesung begonnen hatte.

mucks·mäus·chen·still <nicht steig.> *Adj.* (*umg.*) *absolut ruhig*

mü·de *Adj.* **1.** *so, dass man das Bedürfnis nach Schlaf hat* Sie war so müde, dass sie sofort einschlief. **2.** (≈ *schläfrig, umg. kaputt, schlapp* ↔ *munter, wach*) *erschöpft, ohne Kraft* Er wollte seine müden Beine ein wenig ausruhen. ■ **nicht müde werden, etwas zu tun**: *sich nicht davon abbringen lassen, etwas zu tun* ◆ tod-

-mü·de *in Adjektiven als Zweitglied verwendet, um auszudrücken, dass man an der im Erstglied genannten Sache keine Freude mehr hat oder sie nicht mehr will* ehemüde, prozessmüde, zivilisationsmüde

Mü·dig·keit die <-> (*kein Plur.*) *der Zustand, dass man schlafen möchte* ■ (**nur**) **keine Müdigkeit vorschützen!** (*umg.*): *keine Ausflüchte!*

Mud·sha·hed der <-, Mudschahedin> *ein islamischer Kämpfer, der gegen die Armee des eigenen Landes kämpft*

Mü·es·li das <-s, -> (*schweiz.*) *Müsli*

Mu·ez·zin der <-s, -s> *islamischer Gebetsausrufer*

Muff[1] der <-(e)s, -s> *Handwärmer* (*für Frauen*)

Muff[2] der <-s> (*kein Plur.*) (*norddt.*) *moderiger, fauliger Geruch*

Muf·fe die <-, -n> (*techn.*) *ein kurzes Rohrstück zum Verbinden zweier Rohre oder Maschinenteile* ■ **Muffe haben** (*umg.*): *Angst haben*

Muf·fel der <-s, -> **1.** (*umg. abwert.*) *ein mürrischer Mensch* Der Taxifahrer war ein Muffel, er hat kaum mit mir geredet. ▸mufflig **2.** *ein Wildschaf*

-muf·fel *in Substantiven als Zweitglied verwendet, um auszudrücken, dass man an der im Erstglied genannten Sache kein Interesse hat oder sie ablehnt* Heiratsmuffel, Modemuffel, Morgenmuffel

muf·feln <muffelst, muffelte, hat gemuffelt> *ohne OBJ* ■ *jmd./etwas muffelt* **1.** *mürrisch sein* **2.** (*süddt. österr.*) *schlecht riechen*

Muf·fel·wild das <-(e)s> (*kein Plur.*) *ein Wildschaf*

muf·fig *Adj. dumpf und abgestanden* Hier riecht es muffig.

Muf·fin -s, -s ['mafin] <der> *englisches Gebäck*

Muf·lon das <-s, -s> *ein Wildschaf*

Mü·he die <-, -n> (*Plur. selten*) (≈ *Arbeit*) *die Anstrengung, die etwas bereitet* Die Planungen haben viel Mühe gekostet., Ich habe mir viel Mühe gegeben, das Fest vorzubereiten. ■ **nicht der Mühe wert sein**: *sich nicht lohnen* **etwas mit Mühe und Not erreichen**: *etwas beinahe nicht erreichen* ▸Bemühung

mü·he·los *Adj.* (≈ *bequem, unkompliziert*) *so, dass etwas nicht anstrengend ist* Er hat die schwere Kiste mühelos in den Keller getragen.

mu·hen *ohne OBJ* ■ *eine Kuh muht das für eine Kuh typische Geräusch von sich geben* Die Kühe muhten.

mü·hen *mit SICH* ■ *jmd. müht sich* (*geh.*) *sich anstrengen* Die Mannschaft mühte sich redlich, verlor aber trotzdem das Spiel. ▸sich abmühen

mü·he·voll *Adj.* (≈ *mühsam*) *mit viel Mühe verbunden* Das war eine wirklich mühevolle Arbeit.

Müh·le die <-, -n> **1.** *Gerät im Haushalt, mit dem man mahlen kann* Ich mahle den Kaffee selbst mit der Mühle. ◆ Getreide-, Hand-, Pfeffer- **2.** *Haus, in dem etwas in einer großen Maschine gemahlen wird* Wir kaufen das Mehl direkt in der Mühle, Diese Mühle wird mit Wasser/Wind betrieben ▸Müller ◆ Säge-, Wasser-, Wind- **3.** (*kein Plur.*) *ein Brettspiel* Spielst du mit mir eine Partie Mühle? ■ **etwas ist Wasser auf jemandes Mühlen**: *etwas bestärkt oder bestätigt jmdn.*

Müh·le·spiel das <-s> (*kein Plur.*) *das Spiel Mühle*[3]

Mühl·rad das <-(e)s, -räder> *ein Rad, das eine Mühle*[2] *mit Wasser antreibt*

Mühl·stein der <-(e)s, -e> *ein großer Stein zum Mahlen von Getreide*

Müh·sal die <-, -e> (*geh.*) *große, lang andauernde Mühe, Anstrengung*

müh·sam *Adj.* Das Pflastern des Weges war eine sehr mühsame Arbeit.

müh·se·lig *Adj.* (≈ *beschwerlich, anstrengend*) Die Restaurierung des Gemäldes war ein mühseliges Unterfangen.

Mu·lat·te, **Mu·lat·tin** der <-n, -n> *Nachkomme eines weißen und eines schwarzen Elternteils*

Mulch der <-(e)s, -e> LANDW. *organischer Stoff, wie Stroh, Baumrinde, mit dem man den Boden abdeckt*

mul·chen *mit OBJ* ■ *jmd. mulcht etwas* LANDW. *den Boden mit Mulch bedecken*

Mul·de die <-, -n> **1.** (≈ *Grube*) *eine Vertiefung im Gelände* **2.** (*landsch.*) *Trog*

Mu·li der <-s, -(s)> (*süddt. österr.*) *Maulesel*
Mull der <-(e)s, -e> *dünner* (*Verbands-*)*Stoff aus Baumwolle*
Müll der <-(e)s> (*kein Plur.*) *Abfall* ◆ Atom-, Bio-, Gift-, Haus-, Sonder-

i Wissenswert In Deutschland wird mit dem Thema „Müll" sehr differenziert umgegangen. Auf der Straße oder auf öffentlichen Plätzen wirft man Abfälle in die zahlreichen öffentlichen Mülleimer. Der in privaten Haushalten anfallende Müll heißt „Hausmüll". Bestimmte Abfälle aus Kunststoff, z.B. alle Arten von Verpackungen, Flaschen usw. sammelt man im so genannten „Gelben Sack". Altmaterialien wie Altmetalle oder bestimmte Kunststoffe bringt man zu einem so genannten „Wertstoffhof", einer Art Annahmestelle für diese Art von Müll. Altglas bringt man zu einem der zahlreichen „Flaschencontainer", wo man es nach weißem, grünem und braunem Glas getrennt einwirft. Batterien, bestimmte Chemikalien usw. gehören zum „Sondermüll". Alte Möbel werden als so genannter „Sperrmüll" abtransportiert. Für nicht mehr benutzte Kleidung gibt es die „Altkleidersammlungen". In Bezug auf Müll wird häufig nicht von „wegwerfen", sondern von „entsorgen" gesprochen. Wer sich an diese Regeln nicht hält, ist ein „Umweltsünder".

Müll·ab·fuhr die <-> (*kein Plur.*) **1.** *die Beseitigung von Müll durch ein Unternehmen der Gemeinde* **2.** *die Mitarbeiter der Müllabfuhr*[1]
Mul·lah der <-s, -s> REL. *ein islamischer Gelehrter*
Müll·au·to das <-s, -s> *Fahrzeug, mit dem Müll transportiert wird*
Müll·berg der <-(e)s, -e> *eine große Ansammlung von Müll*
Müll·beu·tel der <-s, -> *Plastikbeutel für den Müll*
Mull·bin·de die <-, -n> *Verbandsmaterial aus Mull*
Müll·con·tai·ner der <-s, -> *ein großer Behälter für Müll*
Müll·de·po·nie die <-, -n> *Platz, an dem große Mengen von Müll abgeladen werden*
Müll·ei·mer der <-s, -> (≈ *Abfalleimer*) *Behälter für den Hausmüll*
Müll·ent·sor·gung die <-> (*kein Plur.*) *Beseitigung von Müll*
Mül·ler, **Mül·le·rin** der <-s, -> *Handwerker, der in einer Mühle*[2] *arbeitet*
Müll·hau·fen der <-s, -> *eine große Ansammlung von Müll*
Müll·kut·scher der <-s, -> *jmd., der Müll abtransportiert*
Müll·mann der <-(e)s, -männer/-leute> Ich stelle noch die Tonne raus, morgen kommen die Müllmänner.
Müll·sor·tier·an·la·ge die <-, -n>
Müll·ton·ne die <-, -n>
Müll·tren·nung die <-> (*kein Plur.*) *das Sortieren von Müll nach unterschiedlichen Materialien, z.B Glas*
Müll·tü·te die <-, -n> *Müllbeutel*
Müll·ver·bren·nung die <-> (*kein Plur.*) *das Verbrennen von Müll in besonderen Öfen*
Müll·ver·bren·nungs·an·la·ge die <-, -n> *Platz, an dem Müll verbrannt wird*
Müll·wa·gen der <-s, -> *Fahrzeug, mit dem Müll abtransportiert wird; Müllauto*
Müll·wer·ker der <-s, -> *Müllmann*
Mull·win·del die <-, -n> *Windel aus Mull*
mul·mig *Adj.* (*umg.*) **1.** *gefährlich* Das war schon eine mulmige Situation. **2.** *unwohl, unbehaglich* (*aus Angst*) Mir wird ganz mulmig zumute.
mul·ti-, *a.* **Mul·ti-** (*in Zusammensetzungen*) *vielfältig, vielfach*
Mul·ti der <-s, -s> (*umg.*) *multinationaler Konzern* ◆ Öl-
mul·ti·fak·to·ri·ell <nicht steig.> *Adj.* (*geh.*) *so, dass etwas von mehreren Aspekten abhängig ist*
mul·ti·funk·ti·o·nal *Adj. so, dass es viele Funktionen hat*
mul·ti·kul·ti *Adj.* (*umg.*) *multikulturell*
mul·ti·kul·tu·rell *Adj. so, dass es viele Kulturen umfasst* In der Sendung wurden Probleme und Chancen einer multikulturellen Gesellschaft diskutiert.
mul·ti·la·te·ral <nicht steig.> *Adj.* (POL.: ↔ *bilateral*) *mehrere Staaten betreffend, mehrseitig* Das multilaterale Abkommen wurde gestern unterzeichnet.
Mul·ti·me·dia das <-(s)> (*kein Plur., meist ohne Artikel*) *das gleichzeitige Zusammenwirken, Anwenden verschiedener Medien* (*z.B. Ton, Grafik, Film*) *in einem Computer*
Mul·ti·me·dia-A·gen·tur die EDV *ein Unternehmen, das sich mit der Anwendung verschiedener Medien beschäftigt*
Mul·ti·me·dia·com·pu·ter der *ein Computer, der verschiedene Medien verarbeiten kann*
mul·ti·me·di·al <nicht steig.> *Adj. aus vielen Medien bestehend* Der Regisseur bediente sich bei seiner Inszenierung einer ganzen Reihe von multimedialen Effekten. *siehe auch* **Medium**
Mul·ti·me·dial·show die [...ʃoʊ] <-, -s> *eine Vorführung, bei der verschieden Mediene gleichzeitig eingesetzt werden*
Mul·ti·me·dia·zeit·al·ter das <-s, -> *Zeitalter, das sehr vom Einfluss der Medien geprägt ist*
Mul·ti·mil·li·o·när, **Mul·ti·mil·li·o·nä·rin** der <-s, -e> *jmd., der sehr viel Geld hat*
mul·ti·na·ti·o·nal <nicht steig.> *Adj.* Aus dem Betrieb ist längst ein multinationaler Konzern geworden.
mul·ti·pel <nicht steig.> *Adj.* (*geh.*) *vielfältig, vielfach*
Mul·ti·ple-Choice-Fra·ge die ['mʌltipl 'tʃɔɪs...] <-, -n> *eine Frage, bei der von vorgegebenen Antworten die richtigen anzukreuzen sind*
Mul·ti·p·le·choice·ver·fah·ren, *a.* **Mul·ti·p·le-Choice-Ver·fah·ren** das ['mʌltipl 'tʃɔɪs...] <-s, ->

Prüfungsverfahren, bei dem von vorgegebenen Anworten die richtigen anzukreuzen sind

Mul·ti·p·le Skle·ro·se die <-> (*kein Plur.*) MED. *eine Nervenkrankheit*

Mul·ti·pli·kand der <-en, -en> (MATH.: ↔ *Multiplikator*) *die Zahl, die mit einer anderen multipliziert werden soll*

Mul·ti·pli·ka·ti·on die <-, -en> (MATH.: ↔ *Division*) *das Malnehmen*

Mul·ti·pli·ka·tor der <-s, -en> (MATH.: ↔ *Multiplikand*) *die Zahl, mit der multipliziert wird*

mul·ti·pli·zie·ren *mit OBJ* ■ *jmd. multipliziert etwas mit etwas Dat.* (MATH.: ≈ *malnehmen* ↔ *dividieren*)

Mul·ti·ta·lent das <-(e)s, -e> (*umg.*) *eine Person, die viele Talente hat*

Mul·ti·vi·ta·min·saft der <-(e)s, Multivitaminsäfte> *vitaminreicher Fruchtsaft aus verschiedenen Früchten*

mul·ti·zen·trisch <nicht steig.> *Adj. so, dass etwas mehrere Zentren besitzt*

Mu·mie die <-, -n> *ein einbalsamierter (und so vor dem Verfall geschützter) Leichnam*

mu·mi·fi·zie·ren *mit OBJ* ■ *jmd. mumifiziert jmdn.* Im alten Ägypten mumifizierte man die Toten.

Mumm der <-s> (*kein Plur.*) (*umg.*) *Mut* Er hat ganz schön Mumm in den Knochen.

Mum·mel·greis der <-es, -e> (*umg. abwert.*) *alter Mann*

Müm·mel·mann der <-(e)s, Mümmelmänner> (*umg.*) *Hase*

müm·meln <mümmelst, mümmelte, hat gemümmelt> *ohne OBJ* ■ *jmd./ein Hase mümmelt schnell kauend fressen* Der Hase mümmelt eine Möhre.

Mum·men·schanz der <-es> (*kein Plur.*) (*veralt.*) *ein Maskenfest*

Mumpf der <-(e)s> (*kein Plur.*) (*schweiz.*) *Mumps*

Mum·pitz der <-es> (*umg. abwert.*) *Unsinn* Das ist doch Mumpitz, was du da sagst.

Mumps der <-> (*kein Plur.*) (≈ *Ziegenpeter*) *eine Infektionskrankheit*

Mün·chen <-s> *Hauptstadt von Bayern*

Mün·ch(e)·ner, **Mün·ch·(e)·ne·rin** der <-s, -> *Einwohner von München*

Mün·ch(e)·ner <nicht steig.> *Adj. auf München bezogen*

Mund der <-(e)s, Münder> **1.** (≈ *umg. abwert. Maul, Klappe*) *die Öffnung im Gesicht,mit der man isst und spricht* ■ **sich den Mund verbrennen** (*umg.*): *unbedacht etwas äußern* **nicht auf den Mund gefallen sein** (*umg.*): *schlagfertig sein* **den Mund voll nehmen** (*umg. abwert.*): *angeben* **den Mund halten** (*umg.*): *schweigen* **in aller Munde sein**: *sehr bekannt sein* ♦ Getrenntschreibung Er hatte nur ein paar Mund voll Suppe gegessen. **2.** *die Lippen* Er küsste sie auf den Mund

Mund·art die <-, -en> *Dialekt*

Mund·art·au·tor, **Mund·art·au·to·rin** der *ein Schriftsteller, der in einem bestimmten Dialekt schreibt*

Mund·art·dich·tung die <-> **1.** *Literatur, die in einem bestimmten Dialekt geschrieben ist* **2.** (*kein Plur.*) *die Gesamtheit dieser Literatur*

Mund·art·for·schung die <-> (*kein Plur.*) *Erforschung von Dialekten*

Mün·del das <-s, -> RECHTSW. *Person, die von einem Vormund betreut wird* ►Vormundschaft

mun·den *ohne OBJ* ■ *etwas mundet jmdm.* (*geh.*) *schmecken* Hat das Essen allen gemundet?

mün·den *ohne OBJ* ■ *etwas mündet in etwas Akk. etwas fließt oder öffnet sich in etwas hinein* Der Fluss mündet ins Meer., Die Straße mündet in einen großen Platz. ►einmünden

mund·faul <nicht steig.> *Adj.* (↔ *gesprächig*) *redeunwillig* Sei doch nicht immer so mundfaul!

Mund·fäu·le die <-, -n> *eine Entzündung der Mundschleimhaut*

mund·ge·bla·sen <nicht steig.> *Adj. von einem Glasbläser gemacht* Diese Gläser sind mundgeblasen.

mund·ge·recht <nicht steig.> *Adj. Nahrung in einzelne kleine Mengen teilen, die man ohne Mühe kauen und schlucken kann* Sie hatte ihrer kranken Tochter das Essen mundgerecht ans Bett gebracht., das Fleisch in mundgerechte Stücke schneiden

Mund·ge·ruch der <-(e)s> (*kein Plur.*) *der unangenehme Geruch, der in der Mundhöhle durch Fäulnisbakterien entsteht, wenn Mund und Zähne nicht genügend gereinigt werden*

Mund·har·mo·ni·ka die <-, -s/-harmoniken> *ein Musikinstrument*

mün·dig *Adj.* **1.** (↔ *minderjährig*) *volljährig* ►entmündigen **2.** *reif, zu eigenem Urteil fähig* der mündige Bürger, Als mündiger Mensch wird er das wohl allein entscheiden können. ►entmündigen

Mün·dig·keit die <-> (*kein Plur.*) **1.** *Zustand, in dem man mündig*[1] *ist* **2.** *Haltung, in der man mündig*[2] *ist*

münd·lich <nicht steig.> *Adj.* (↔ *schriftlich*) *mit Worten* Morgen habe ich die mündliche Prüfung.

Mund·par·tie die <-, -en> *der Teil des Gesichts um den Mund*

Mund·pfle·ge die <-> (*kein Plur.*) *alle Handlungen, die der Pflege der Zähne dienen*

Mund·pro·pa·gan·da die <-> (*kein Plur.*) *mündliche Werbung*

Mund·raub der <-(e)s, -e> (RECHTSW.: *veralt.*) *Diebstahl von Nahrungsmitteln in kleiner Menge*

Mund·schleim·haut die <-, -häute> *die Schleimhaut, die die Mundhöhle auskleidet*

M-und-S-Rei·fen der <-s, -> *kurz für „Matsch-und-Schnee-Reifen"*

Mund·stück das <-(e)s, -e> *der Teil eines Blasinstruments, der beim Spielen direkten Kontakt mit dem Mund hat* Er reinigte das Mundstück seiner Trompete/Pfeife.

mund·tot <nicht steig.> *Adj.* ■ **jemanden mundtot machen**: *jmdn. (mit allen Mitteln) am Reden hindern, nicht zu Wort kommen lassen* Er hatte seinen Widersacher mundtot gemacht.

M

Mün·dung die <-, -en> **1.** *Stelle, an der etwas mündet* Der Fluss bildet an seiner Mündung ein Delta. **2.** *die vordere Öffnung einer Schusswaffe*

Mün·dungs·feu·er das <-s, -> *Flamme, die bei einem Schuss an der Mündung*[2] *einer Waffe entsteht*

Mün·dungs·ge·biet das <-(e)s, -e> *Stelle, an der ein Fluss mündet*

Mund·was·ser das <-s, -wässer> Er gurgelt morgens und abends mit Mundwasser.

Mund·werk ■ **ein freches/loses Mundwerk haben** (*umg.*): *frech, vorlaut sein*

Mund-zu-Mund-Be·at·mung die <-, -en> *der Vorgang, dass man einen Menschen, der bewusstlos ist, beatmet, indem man seine eigene Luft in seinen Mund bläst* Dank einer sofortigen Mund-zu-Mund-Beatmung konnte der verunglückte Schwimmer gerettet werden.

Mun·go[1] der <-s, -s> *eine Schleichkatze*

Mun·go[2] der <-(s), -s> *ein Garn, ein Gewebe*

Mu·ni der <-s, -> (*schweiz.*) *Zuchtstier*

Mu·ni·ti·on die <-, -en> *Geschosse für Feuerwaffen, Sprengstoffe, Bomben*

Mu·ni·ti·ons·fa·brik die <-, -en> *Fabrik, in der Munition hergestellt wird*

Mu·ni·ti·ons·la·ger das <-s, ->

mun·keln <munkelst, munkelte, hat gemunkelt> *ohne OBJ* ■ *jmd. munkelt, dass heimlich erzählen* Man munkelt, dass … ▶Munkelei

Müns·ter das <-s, -> (≈ *Dom, Kathedrale, Kirche*) *große Klosterkirche* Wir haben gestern den Turm des Ulmer Münsters bestiegen.

mun·ter *Adj.* **1.** *heiter, gut gelaunt* Sie ist ein munteres Kind. **2.** *ungehemmt* Er machte weiterhin munter Schulden. **3.** (*wieder*) *in guter gesundheitlicher Verfassung* Ich bin wieder gesund und munter. **4.** *wach* Werde endlich munter, wir müssen los!

Mun·ter·ma·cher der <-s, -> (*umg. scherzh.*) *Anregungs-, Aufputschmittel* Kaffee ist ein Muntermacher.

Münz·amt das <-(e)s, Münzämter> *Fabrik, in der Münzen hergestellt werden*

Münz·an·stalt die <-, -en> *Münzamt*

Münz·au·to·mat der <-en, -en> *ein Automat, in den man Münzen einwirft* Getränke gibt es im Münzautomaten.

Mün·ze die <-, -n> *Geldstück aus Metall* ■ **etwas für bare Münze nehmen**: etwas Unwahres glauben **jemandem etwas in/mit barer Münze heimzahlen**: *jmdn. etwas auf die gleiche Art vergelten* ◆ Gold-, Silber-

Münz·ein·wurf der <-(e)s, Münzeinwürfe> *das Einwerfen von Münzen, beispielsweise bei einem Getränkeautomaten*

Mün·zen·samm·lung die <-, -en> *Sammlung von* (*wertvollen*) *Münzen*

Münz·fäl·scher, **Münz·fäl·sche·rin** der <-s, -> *jmd., der Falschgeld herstellt*

Münz·fäl·schung die <-> (*kein Plur.*) *die Herstellung von Falschgeld*

Münz·fern·spre·cher der <-s, -> *Telefonzelle, bei der mit Münzen gezahlt wird*

Münz·ho·heit die <-, -en> (*selten im Plur.*) *das Recht, Münzen herzustellen*

Münz·kun·de die <-> (*kein Plur.*) *Wissenschaft, die sich mit* (*alten*) *Münzen beschäftigt*

Münz·prä·gung die <-> (*kein Plur.*) *die Herstellung von Münzen*

Münz·recht das <-(e)s, -e> **1.** (*kein Plur.*) *Münzhoheit* **2.** *rechtliche Bestimmungen eines Staates über die Herstellung von Münzen*

Münz·samm·lung die <-, -en>

Münz·stät·te die <-, -n> *Fabrik, in der Münzen hergestellt werden*

Münz·wechs·ler der <-s, -> *ein Automat, der Münzen umtauscht*

Mu·rä·ne die <-, -n> *ein giftiger Meeresraubfisch*

mür·b(e) *Adj.* **1.** (↔ *fest*) *weich und brüchig* mürbes Gebäck **2.** *durch Alter und Abnutzung weich geworden* Das Leder ist mittlerweile etwas mürbe. **3.** (≈ *nachgiebig, erschöpft*) *so, dass jmd. keine Kraft zum Widerstand mehr hat* Er hatte den Gegner mürbe gemacht.

Mür·be·teig der <-(e)s, -e> *Teig, der mit kalter Butter gemacht ist*

Mürb·heit die <-> (*kein Plur.*) *mürbe Beschaffenheit*

Mu·re die <-, -n> (*süddt. österr.*) *Gesteins-, Schlammlawine*

Murks der <-es> (*kein Plur.*) (*umg. abwert.*) *schlechte, fehlerhafte Arbeit* Was soll das für ein Murks sein?, Da hat er aber tüchtig Murks gebaut.

murk·sen <murkst, murkste, hat gemurkst> *ohne OBJ* ■ *jmd. murkst* (*bei etwas*) (*umg. abwert.* ≈ *pfuschen*) *schlecht, fehlerhaft arbeiten* Beim Aufstellen des Regals hat er ganz schön gemurkst. ▶herummurksen, vermurksen

Mur·mel die <-, -n> *eine kleine Glaskugel* (*zum Spielen*)

mur·meln <murmelst, murmelte, hat gemurmelt> *mit OBJ/ohne OBJ* ■ *jmd. murmelt* (*etwas*) *jmd. spricht etwas leise und undeutlich* Er murmelte eine Entschuldigung., Er murmelte vor sich hin.

Mur·mel·tier das <-s, -e> *ein Nagetier, das im Gebirge lebt*

mur·ren *ohne OBJ* ■ *jmd. murrt* (*über etwas*) (*umg.* ≈ *meckern*) *leise schimpfen* Sie murrt in einem fort über das schlechte Wetter.

mür·risch *Adj.* (≈ *missmutig*) *verdrießlich, schlecht gelaunt, unfreundlich* Weshalb macht er so ein mürrisches Gesicht?

Mus das/der <-es, -e> *Brei* Die Nudeln sind zu Mus verkocht.

Mu·schel die <-, -n> *im Wasser lebendes Schalentier* Wir haben Muscheln gegessen. ◆ Mies-, Teich-

Mu·schel·bank die <-, -bänke> *größere Ansammlung von Muscheln im Meer*

mu·schel·för·mig *Adj. so, dass es die Form einer Muschel besitzt*

Mu·schel·scha·le die <-, -n> *äußere Hülle einer Muschel*

Mu·schi die <-, -s> **1.** *kindersprachliche Bezeich-*

nung für eine Katze **2.** (*umg.* ≈ *Vulva*)

Mu·se die <-, -n> *jede der neun Göttinnen der Künste in der griechischen Mythologie*

mu·se·al *Adj.* (*abwert.*) *wie im Museum* Diese Ausstellung wirkt museal und nicht modern.

Mu·sel·man, **Mu·sel·ma·nin** der <-en, -en> (*veralt.*) *Mohammedaner*

Mu·sen·sohn der <-(e)s, Musensöhne> (*veralt.*) *Dichter*

Mu·sen·tem·pel der <-s, -> (*veralt.*) *Theater*

Mu·set·te die [my'zɛt] <-, -s/-n> *ein französischer Tanz*

Mu·se·um das <-s, Museen> *Ort, an dem wissenschaftliche, technische, geschichtliche Sammlungen oder Kunstwerke ausgestellt werden* ◆ Freilicht-, Kunst-, Naturkunde-

Mu·se·ums·füh·rer, **Mu·se·ums·füh·re·rin** der <-s, -> **1.** *jmd., der den Besuchern eines Museums die Ausstellungsstücke zeigt* **2.** *kleines Buch, in dem die Ausstellung des Museums beschrieben ist*

mu·se·ums·reif *Adj.* (*umg. iron.*) *wie aus dem Museum, veraltet* Der Fotoapparat ist doch schon museumsreif.

Mu·se·ums·stück das <-(e)s, -e> *ein Gegenstand, der in einem Museum ausgestellt wird*

Mu·se·ums·wär·ter, **Mu·se·ums·wär·te·rin** der <-s, -> *jmd., der ein Museum beaufsichtigt*

Mu·se·ums·wert der <-(e)s> (*kein Plur.*) *der Zustand, dass etwas so wertvoll ist, dass man es im Museum ausstellen sollte* Dieses Bild besitzt Museumswert

Mu·si·cal das ['mju:zikəl] <-s, -s> *eine moderne Form von Operette und Revue*

Mu·sic·box die ['mju:zikbɔx] <-, -en> *siehe* **Musikbox**

Mu·sik die <-, -en> **1.** (*kein Plur.*) (≈ *Tonkunst*) *die Kunst, Töne zu Musik*[2] *zu gestalten* Er studiert Musik. **2.** (*Plur. selten*) *ein komponiertes Werk aus Tönen* Sie hört gern klassische Musik., Aus dem Radio tönte leise Musik., Macht ihr zu Hause Musik?, Wer hat die Musik zu diesem Film komponiert? ■ **Musik in jemandes Ohr sein:** *eine angenehme und willkommene Neuigkeit für jmdn. sein* ◆ Getrenntschreibung→R 4.3 Er ist ein Musik liebender Mensch. ◆ Bühnen-, Film-, Kirchen-, Klavier-, Orchester-

Mu·si·ka·li·en <-> *Plur. Notenbücher*

Mu·si·ka·li·en·händ·ler der <-s, -> *jmd., der Musikalien verkauft*

mu·si·ka·lisch *Adj.* **1.** *zur Musik gehörig* eine musikalische Darbietung, musikalische Formen **2.** *begabt für Musik* Sie ist ein sehr musikalischer Mensch.

Mu·si·ka·li·tät die <-> (*kein Plur.*) *Begabung für Musik*

Mu·si·kant, **Mu·si·kan·tin** der <-en, -en> (*umg.*) *Musiker, der auf der Straße oder bei einem Fest zur Unterhaltung Musik macht* ▶ musikantisch

Mu·si·kan·ten·kno·chen der <-s, -> (*umg.*) *sehr schmerzempfindlicher Teil des Ellbogens*

Mu·sik·au·to·mat der <-s, -en> **1.** *ein mechanisches Instrument, das mehrere Musikstücke spielen kann* **2.** *Musikbox*

Mu·sik·box die <-, -en> *ein Automat* (*in Gaststätten*), *der nach dem Einwurf von Geldmünzen vorher ausgewählte Musikstücke spielt*

Mu·sik·di·rek·tor der <-s, -en> *jmd., der ein Orchester oder einen Chor leitet* ◆ General-, Kirchen-

Mu·si·ker, **Mu·si·ke·rin** der <-s, -> **1.** (≈ *Interpret*) *jmd., der Musik macht* ◆ Hobby-, Jazz-, Rock- **2.** (≈ *Berufsmusiker*) *jmd., der beruflich Musik macht*

Mu·sik·er·zie·hung die <-> (*kein Plur.*) *Musik als Fach in der Schule*

Mu·sik·fest·spie·le die <-> *Plur. feierliche Veranstaltung, bei der mehrere Musikstücke aufgeführt werden*

Mu·sik·hoch·schu·le die <-, -en> *eine Hochschule, an der man ein bestimmtes Musikinstrument, Gesang, Dirigieren und Komposition studiert, weil man Berufsmusiker werden will*

Mu·sik·ins·t·ru·ment das <-(e)s, -e>

Mu·sik·ka·pel·le die <-, -n> *eine Gruppe von Musikern*

Mu·sik·kas·set·te die <-, -n>

Mu·sik·ken·ner, **Mu·sik·ken·ne·rin** der <-s, -> *jmd., der viel von Musik versteht*

Mu·sik·korps das [...ko:ɐ̯] <-, -> *Musikkapelle beim Militär*

Mu·sik·kri·ti·ker der <-s, -> *jmd., der über Konzerte in der Zeitung schreibt*

Mu·sik·leh·rer, **Mu·sik·leh·re·rin** die <-s, -> *jmd., der an einer Schule Musik unterrichtet*

Mu·sik·lieb·ha·ber der <-s, -> *jmd., der sich sehr für Musik begeistert*

Mu·sik·pä·d·a·go·ge, **Mu·sik·pä·d·a·go·gin** der <-n, -n> *Musiklehrer*

Mu·sik·schu·le die <-, -n> *Schule, an der jmd. verschiedene Musikinstrumente und Gesang lernt* Schon kleine Kinder werden an der Musikschule unterrichtet.

Mu·sik·stück das <-(e)s, -e> *ein musikalisches Werk*

Mu·sik·stun·de die <-, -n> **1.** *Unterrichtsstunde an einer Musikschule* Er nimmt in seiner Freizeit Musikstunden. **2.** *Unterrichtsstunde im Schulfach Musik*

Mu·sik·the·a·ter das (*kein Plur.*) *Verbindung von Theaterstücken mit Musik* Oper ist eine Form von Musiktheater.

Mu·sik·the·o·rie die <-> (*kein Plur.*) *Lehre von der Musik*

Mu·sik·the·ra·pie die <-> (*kein Plur.*) *Psychotherapie, bei der Musik eingesetzt wird*

Mu·sik·tru·he die <-, -n> *ein Möbelstück, in das ein Radio eingebaut ist*

Mu·sik·un·ter·richt der <-s> (*kein Plur.*) **1.** *Unterricht an einer Musikschule* **2.** *Unterricht im Schulfach Musik*

Mu·si·kus der <-s, -se/Musizi> (*scherzh.*) *Musiker*

Mu·sik·ver·lag der <-(e)s, -e> *Verlag für musikalische Werke und Bücher über Musik*

mu·sisch *Adj.* **1.** (*keine Steigerung*) (≈ *künstlerisch*) *die* (*schönen*) *Künste betreffend* Er hat eine musische Erziehung genossen., Sie besucht ein musisches Gymnasium. **2.** *künstlerisch begabt* Sie ist ein sehr musischer Mensch.

mu·si·zie·ren *ohne OBJ* ■ *jmd. musiziert Musik machen oder spielen* Wir haben in der Familie oft zusammen musiziert.

Mus·kat der <-(e)s, -e> *ein Gewürz*

Mus·kat·blü·te die <-, -n> *Hülle der Muskatnuss*

Mus·ka·tel·ler der <-s, -> *eine Weinsorte*

Mus·kat·nuss die <-, -nüsse> *ein Gewürz*

Mus·kel der <-s, -n> ANAT. *elastisches Gewebe im Körper, das der Bewegung dient* Er hat trainierte/schlaffe Muskeln. ◆ Arm-, Bauch-, Gesichts-, Herz-, Waden-

Mus·kel·an·stren·gung die <-, -en> *Tätigkeit, die die Muskeln beansprucht*

Mus·kel·fleisch das <-(e)s> (*kein Plur.*) *Fleisch, das nur aus Muskeln besteht*

Mus·kel·ka·ter der <-s> (*kein Plur.*) (*umg.*) Nach dem gestrigen Training habe ich heute einen ziemlichen Muskelkater.

Mus·kel·pa·ket das <-(e)s -e> (*umg.*) *jmd., der sehr ausgeprägte Muskeln hat* Durch den Kraftsport ist er ein richtiges Muskelpaket geworden.

Mus·kel·protz der <-(e)s, -e> (*umg. abwert.*) *jmd., der mit seinen Muskeln, seiner Stärke prahlt*

Mus·kel·schmerz der <-es, -en> *Schmerz im Muskel*

Mus·kel·schwä·che die <-> (*kein Plur.*) MED. *Erkrankung, bei der die Muskeln sehr schnell müde werden*

Mus·kel·trai·ning das <-s> (*kein Plur.*) *sportliche Übungen zur Stärkung der Muskulatur*

Mus·kel·zer·rung die <-, -en> MED. *eine Verletzung am Muskel*

Mus·ke·te die <-, -n> *ein veraltetes Gewehr mit großem Kaliber*

mus·ku·lär <nicht steig.> *Adj. auf Muskeln bezogen*

Mus·ku·la·tur die <-> (*kein Plur.*) *alle Muskeln des Körpers oder eines bestimmten Körperteils*

mus·ku·lös <nicht steig.> *Adj.* (≈ *athletisch*) *mit kräftigen Muskeln versehen* Er hat vom Rudern mukulöse Arme bekommen.

Müs·li das <-s, -s> Möchtest du ein Müsli zum Frühstück? *siehe auch* **Müesli**

mus·li·misch *s.* **moslemisch**

Muss das <-> (*kein Plur.*) *Notwendigkeit* Die neue CD ist ein absolutes Muss für Fans und solche, die es werden wollen.

Muss·be·stimm·ung die <-, -en> (↔ *Kannbestimmung*) *eine Vorschrift, die unbedingt eingehalten werden muss*

Mu·ße die <-> (*kein Plur.*) (≈ *Freizeit*) *freie Zeit, in der man in Ruhe seinen Interessen nachgehen kann* Zum Lesen fehlt mir momentan die Muße.

Mus·se·lin der <-s, -e> *eine Stoffart*

müs·sen[1] <musst, musste, hat gemusst> *ohne OBJ* ■ *jmd. muss* Wir müssen zum Zug., Ich muss mal (zur Toilette)., Der Brief muss noch heute zur Post.

müs·sen[2] <musst, musste, hat müssen> (*Hilfsverb*) **1.** *eine* (*unterschiedlich begründbare*) *Notwendigkeit ausdrückend. so dass man gezwungen ist, etwas zu tun* Ich muss noch Brot kaufen., Wir mussten zwei Stunden warten., Du musst mir unbedingt helfen., Als sie das hörte, musste sie lachen., Alle Menschen müssen sterben. **2.** *eine Vermutung oder Wahrscheinlichkeit ausdrückend* Ja, so muss es gewesen sein., Er muss jeden Augenblick kommen. **3.** (*im Konjunktiv Prät. verwendet*) *einen Wunsch ausdrückend* So schön müsste das Wetter während des ganzen Urlaubs bleiben.

> **i Wissenswert** Das Modalverb **müssen** schließt eine Notwendigkeit mit ein, die sich in der jeweiligen Situation ergibt oder durch Gesetze vorgeschrieben wird: Bei Überschreiten der Leihfrist muss eine Mahngebühr entrichtet werden. Hier bedeutet die Verwendung des Modalverbs, dass etwas notwendig und sogar unerlässlich ist. In subjektiver Aussage impliziert der Gebrauch von „müssen" eine Vermutung, die mit großer Gewissheit geäußert wird: Als er mir die riesigen Sturmböen beschrieb, muss er übertrieben haben. Der Wetterbericht sprach lediglich von einem schwachen Wind.

Mu·ße·stun·de die <-, -n> *Zeitspanne der Muße*

mü·ßig *Adj.* **1.** *faul, untätig, träge* Sie sitzt müßig herum und tut nichts. **2.** *ruhig und entspannt* Er genoss die müßigen Stunden am Wochenende. **3.** (≈ *unnütz, vergeblich*) *überflüssig* Es wäre müßig, noch weiter darüber nachzudenken. ◆ Getrenntschreibung→R 4.2 müßig gehen

Mü·ßig·gang der <-(e)s> (*kein Plur.*) (*geh.*) *das Untätig-, Faulsein, Nichtstun*

Mü·ßig·gän·ger, Mü·ßig·gän·ge·rin der <-s, -> (*geh.*) *jmd., der sehr viel freie Zeit hat und nichts tut*

Mus·tang der <-s, -s> *Bezeichnung für ein Präriepferd in Nordamerika*

Mus·ter das <-s, -> **1.** (≈ *Modell, Plan*) *Vorlage* Diese Jacke ist nach einem Muster gestrickt. ◆ Näh-, Strick- **2.** *Vorbild* Sie war ein Muster an Fleiß. **3.** (≈ *Ornament*) *regelmäßige, sich wiederholende Verzierung, Zeichnung* Welches Muster hat die Tapete? ◆ Blumen-, Karo- **4.** *Schema, feste Vorgehensweise* Die Einbrüche folgten einem festen Muster. **5.** *Warenprobe* Ich habe ein Muster dieser Wolle angefordert. ◆ Waren-

Mus·ter·bei·spiel das <-(e)s, -e> Dieses Haus ist ein Musterbeispiel für ökologisches Bauen.

Mus·ter·be·trieb der <-(e)s, -e> *eine Firma, die als Vorbild für andere gelten kann*

Mus·ter·e·x·em·plar das <-s, -e> Er ist ein Musterexemplar an Pünktlichkeit., Diese Palme ist ein Musterexemplar ihrer Art.

Mus·ter·gat·te der <-n, -n> (*oft iron.*) *ein vorbild-*

licher Ehemann

mus·ter·gül·tig <nicht steig.> *Adj. vorbildlich* In seinen Unterlagen herrscht eine mustergültige Ordnung.

Mus·ter·gül·tig·keit die <-> (*kein Plur.*) *vorbildliche Art*

mus·ter·haft *Adj. mustergültig*

Mus·ter·kar·te die <-, -n> *eine Karte mit verschiedenen Mustern*[2] (*beispielsweise Farben, Stoffe*), *die zur Auswahl stehen*

Mus·ter·kla·ge die <-, -n> JUR *ein Gerichtsfall, der als Vorlage für das Lösen anderer Fälle dient*

Mus·ter·kna·be der <-n, -n> (*abwert.*) *jmd., der übertrieben vorbildlich lebt* Ein Musterknabe tut stets, was Eltern, Lehrer oder Vorgesetzte (von ihm) wollen.

Mus·ter·kof·fer der <-s, -> *ein Koffer, der Warenproben enthält*

Mus·ter·mes·se die <-, -n> *eine Messe*[2], *auf der nur Warenproben ausgestellt werden* Auf der Mustermesse konnten sich die Händler ein Bild vom Warenangebot der Aussteller machen.

mus·tern <musterst, musterte, hat gemustert> *mit OBJ* ■ *jmd. mustert jmdn./etwas* (*irgendwie*) **1.** (≈ *taxieren*) *sehr genau und kritisch betrachten* Alle musterten den neuen Kollegen mit neugierigen Blicken. **2.** MILIT. *junge Männer auf Wehrdiensttauglichkeit prüfen* ▶ausmustern

Mus·ter·schü·ler, **Mus·ter·schü·le·rin** der <-s, -> (*abwert.*) *ein* (*allzu*) *vorbildlicher Schüler*

Mus·ter·sen·dung die <-, -en> *eine Sendung von Warenproben*

Mus·te·rung die <-, -en> MILIT. *Untersuchung, ob jmd. für den Wehrdienst geeignet ist*

Mus·te·rungs·be·scheid der <-(e)s, -e> *schriftliche Aufforderung zur Musterung*

Mus·ter·zeich·ner, **Mus·ter·zeich·ne·rin** der <-s, -> *jmd., der Muster*[3] *entwirft*

Mut der <-(e)s> (*kein Plur.*) **1.** *Stimmung, Gefühl* froher Mut **2.** (≈ *Courage* ↔ *Feigheit*) *die Haltung, dass man auf Gefahren zugeht und etwas tut, obwohl man Angst hat* Dazu gehörte großer Mut., Wir haben uns gegenseitig Mut zugesprochen., Wir sollten den Mut jetzt nicht sinken lassen., In dieser Situation half nur noch der Mut der Verzweiflung. ◆ Zusammen- oder Getrenntschreibung→R 4.14 Mir ist gar nicht zum Lachen zu Mute/zumute. ▶anmutig, zumuten ◆ Helden-, Opfer-

Mu·ta·ti·on die <-, -en> BIOL. *die bei Lebewesen einer Art von einer Generation zur nächsten auftretende plötzliche Veränderung* (*der Gene*) *bestimmter Merkmale*

mu·tie·ren <mutierst, mutierte, ist mutiert> *ohne OBJ* **1.** ■ *jmd./etwas mutiert* BIOL. *der Vorgang der Mutation* **2.** ■ *jmd./etwas mutiert zu jmdm./etwas* (*umg.*) *sich* (*negativ*) *verändern* Seit er aufs Gymnasium geht ist er zum Streber mutiert.

mu·tig *Adj.* (≈ *couragiert, tapfer*) *mit Mut*[2] Sie ist ein mutiger Mensch., Das war ein mutiger Entschluss. ▶wagemutig

mut·los *Adj.* (≈ *ängstlich, zaghaft*) *ohne Mut*[2]

Mut·lo·sig·keit die <-> (*kein Plur.*) *der Zustand, dass man keinen Mut*[2] *hat*

mut·ma·ßen <mutmaßt, mutmaßte, hat gemutmaßt> *mit OBJ* ■ *jmd. mutmaßt, dass vermuten* Wir mutmaßten, dass ...

mut·maß·lich *Adj. allem Anschein nach, vermutlich* Das ist der mutmaßliche Täter.

Mut·pro·be die <-, -n> *Handlung, mit der man zeigen soll, dass man Mut besitzt* Er hatte die Mutprobe bestanden.

Mut·ter[1] die <-, -n> *kleines Stück Metall* (*mit Loch*), *mit dem man eine Schraube befestigt* die Mutter fest anziehen

Mut·ter[2] die <-, Mütter> **1.** *eine Frau, die ein Kind oder mehrere Kinder geboren hat* **2.** *Frau, die in der Rolle einer Mutter Kinder aufzieht oder versorgt* Sie heiratet einen Witwer und will seinen Kindern eine neue Mutter sein. ▶bemuttern ◆ Braut-, Groß-, Kindes-, Tages-, Urgroß-

Müt·ter·be·ra·tung die <-> *das Informieren von Schwangeren und Müttern in einer Mütterberatungsstelle*

Müt·ter·be·ra·tungs·stel·le die <-, -n> *öffentliche Einrichtung, die Schwangeren und Müttern Ratschläge und Informationen gibt*

Mut·ter·bin·dung die <-> (*kein Plur.*) PSYCH. *emotionale Bindung eines Kindes an seine Mutter*

Mut·ter·brust die <-> (*kein Plur.*) *Brust einer Mutter, an der die Kinder gestillt werden*

Müt·ter·chen das <-s, -> *eine kleine, alte Frau*

Mut·ter·er·de die <-> (*kein Plur.*) *die oberste, humusreiche Bodenschicht*

Müt·ter·ge·ne·sungs·werk das <-(e)s> (*kein Plur.*) *eine Einrichtung, die finanziell schwachen Müttern einen Erholungsurlaub ermöglicht*

Mut·ter·got·tes, *a.* **Mut·ter Got·tes** die <-> (*kein Plur.*) REL. *Maria, die Mutter Jesu*

Mut·ter·haus das <-es, Mutterhäuser> **1.** *Haus, in dem* (*kirchliche*) *Krankenschwestern ausgebildet werden* **2.** REL. *Kloster, in dem sich die Leitung eines kirchlichen Ordens befindet*

Mut·ter·in·stinkt der <-(e), -e> *angeborenes Gefühl einer Mutter, für ihr Kind verantwortlich zu sein*

Mut·ter·kom·plex der <-es> (*kein Plur.*) **1.** *zu starke emotionale Bindung eines* (*männlichen*) *Kindes an die Mutter* **2.** *übertriebenes Bedürfnis einer Frau, für andere zu sorgen*

Mut·ter·korn das <-(e)s, -e> *eine Art Pilz, der Getreide befällt*

Mut·ter·ku·chen der <-s> (*kein Plur.*) *ein Organ, das dem Stoffaustausch zwischen Mutter und Embryo während der Schwangerschaft dient*

Mut·ter·leib der <-(e)> (*kein Plur.*) *die Gebärmutter, in der das Kind bis zu seiner Geburt lebt* ■ **von Mutterleib an**: *von Kindheit an*

müt·ter·lich *Adj.* **1.** (*nicht steig.*) *von der Mutter kommend, mit der Mutter verwandt* Sie hatte das mütterliche Geschäft übernommen. **2.** *in der Art einer Mutter* Sie ist ein sehr mütterlicher Typ.

müt·ter·li·cher·seits *Adv. aus der Verwandtschaft der Mutter* Das sind meine Großeltern mütterlicherseits.

Müt·ter·lich·keit die (*kein Plur.*) *die Eigenschaft, dass jmd. wie eine Mutter fühlt und handelt.*

Mut·ter·lie·be die <-> (*kein Plur.*) *Liebe einer Mutter zu ihrem Kind*

Mut·ter·mal das <-s, -e> *ein brauner Hautfleck*

Mut·ter·milch die <-> (*kein Plur.*) *Milch aus der Brust der Mutter, mit der sie das Baby ernährt*

Mut·ter·mord der <-(e)s> (*kein Plur.*) *das Töten der eigenen Mutter*

Mut·ter·mör·der, **Mut·ter·mör·de·rin** der <-s, -> *jmd., der seine Mutter getötet hat*

Mut·ter·mund der <-(e)s> (*kein Plur.*) MED. *Öffnung der Gebärmutter zur Scheide hin*

Mut·ter·pass der <-es, Mutterpässe> *ein kleines Buch mit medizinischen Informationen, das eine schwangere Frau von ihrem Arzt bekommt*

Mut·ter·recht das <-s> (*kein Plur.*) (≈ *Matriarchat* ↔ *Patriarchat, Vaterrecht*) *Zustand einer Gesellschaft und Kultur, wo die Frauen in Familie und Staat bestimmen* ►mutterrechtlich

Mut·ter·rol·le die <-, -n> **1.** *neue Lebensweise einer Frau, die ihr erstes Kind geboren hat* Jetzt beginnt für sie die Mutterrolle. **2.** *die Art, in der eine Frau die Aufgaben einer Mutter bei eigenen oder fremden Kindern erfüllt* Die Tante hat einige Jahre lang die Mutterrolle übernommen.

Mut·ter·schaf das <-(e)s, -e> *ein weibliches Schaf, das Junge hat*

Mut·ter·schaft die <-> (*kein Plur.*) *der Zustand, dass eine Frau Mutter ist oder wird*

Mut·ter·schafts·geld das <-(e)s> (*kein Plur.*) *Geld, das eine berufstätige Frau für eine bestimmte Zeit vor und nach der Geburt (wenn sie nicht arbeiten gehen kann) statt ihres Lohns oder Gehalts bekommt*

Mut·ter·schafts·ur·laub der <-(e)s> (*kein Plur.*) *der vom Gesetz vorgeschriebene Urlaub, den eine Frau ab sechs Wochen vor der Geburt bekommt* Die Sekretärin ist in Mutterschaftsurlaub gegangen.

Mut·ter·schiff das <-(e)s, -e> *ein Schiff, das kleinere Schiffe begleitet und mit Vorräten versorgt*

Mut·ter·schutz der <-es> (*kein Plur.*) RECHTSW. *alle Gesetze, die dem Schutz berufstätiger Frauen (eine bestimmte Zeit) vor und nach der Geburt eines Kindes dienen*

mut·ter·see·len·al·lein *Adv. völlig allein*

Mut·ter·söhn·chen das <-s, -> (*umg. abwert.*) *junger Mann, der von seiner Mutter abhängig ist oder als sehr unselbständig angesehen wird*

Mut·ter·spra·che die <-, -n> *Sprache, die jmd. als Kind von seinen Eltern lernt* Deutsch ist meine Muttersprache.

Mut·ter·sprach·ler, **Mut·ter·sprach·le·rin** der <-s, -> SPRACHWISS.

Mut·ter·stel·le ■ **an/bei jemandem die Mutterstelle vertreten**: *für jmdn. wie eine Mutter sorgen*

Mut·ter·tag der <-(e)s, -e> *Tag zu Ehren der Mütter* Am zweiten Sonntag im Mai ist Muttertag.

Mut·ter·witz der <-es> (*kein Plur.*) *Schläue, Pfiffigkeit*

Mut·ti die <-, (s)> (*umg.*) *Mutter*

mut·wil·lig *Adv.* (≈ *absichtlich, vorsätzlich*) *mit Absicht, um zu provozieren* Sie hatten das Auto mutwillig beschädigt.

Müt·ze die <-, -n> *eine Kopfbedeckung aus Wolle oder Stoff* ◆ Pelz-, Strick-, Woll-

MwSt. *Abkürzung von* **Mehrwertsteuer**

My·an·mar das <-s> *Staat in Hinterindien*

My·an·ma·re, **My·an·ma·rin** der <-n, -n> *Einwohner von Myanmar*

my·an·ma·risch *Adj. auf Myanmar bezogen*

My·ko·se die <-, -n> MED. *Pilzkrankheit*

My·om das <-(e)s, -e> MED. *eine gutartige Geschwulst des Muskelgewebes*

My·on das <-s, Myonen> PHYS. *ein Elementarteilchen*

My·ri·a·de die <-, -n> (*meist Plur.*) (*geh.*) *sehr große Anzahl* Am Nachthimmel konnte man Myriaden von Sternen sehen.

Myr·re die *s.* **Myrrhe**

Myr·rhe, *a.* **Myr·re** die <-, -n> (*Plur. selten*) *eine gut duftende Mischung aus Harz und verschiedenen Ölen*

Myr·te die <-, -n> *ein Strauch mit kleinen weißen Blüten*

Myr·ten·kranz der <-es, -kränze> *Brautkranz aus Myrtenzweigen*

Mys·te·ri·en·spiel das <-(e)s, -e> REL. *geistliches Drama der Antike und des christlichen Mittelalters*

mys·te·ri·ös *Adj.* (≈ *rätselhaft*) *geheimnisvoll, seltsam und unerklärlich* Was war das für ein mysteriöser Brief?

Mys·te·ri·um das <-s, Mysterien> (*geh.*) **1.** REL. *Geheimnis des Glaubens* **2.** *etwas Unerklärliches, Rätselhaftes* Warum er bei dem Unfall nicht verletzt wurde, das bleibt ein Mysterium.

Mys·ti·fi·ka·ti·on die <-, -en> **1.** (*geh.*) *das Mystifizieren* **2.** (*veralt.*) *Täuschung*

mys·ti·fi·zie·ren *mit OBJ* ■ *jmd. mystifiziert jmdn./etwas* **1.** (*geh.*) *etwas geheimnisvoll erscheinen lassen* die Schöpfung mystifizieren **2.** (*veralt.*) *täuschen*

Mys·ti·fi·zie·rung die <-, -en> *Mystifikation*

Mys·tik die <-> (*kein Plur.*) REL. *eine Form von religiöser Praxis, in der die Verbindung zu Gott intensiv erlebt wird* Mystik gibt es in vielen Religionen.

Mys·ti·ker, **Mys·ti·ke·rin** der <-s, -> REL. *jmd., der der Richtung der Mystik angehört*

mys·tisch <nicht steig.> *Adj.* REL. **1.** *zur Mystik gehörig* **2.** *geheimnisvoll* In der Kirche herrschte mystisches Dunkel., Er hüllte sich in mystisches Schweigen.

Mys·ti·zis·mus der <-, Mystizismen> **1.** REL. *eine Art von Wunderglaube in Religionen* **2.** *die Eigenschaft, dass jmd. sich gerne mit geheimnisvollen Dingen beschäftigt*

My·then·bil·dung die <-, -en> *das Entstehen von Mythen[1 2]*

my·thisch <nicht steig.> *Adj. zum Mythos[1] gehö-*

rig

My·tho·lo·gie die <-, -en> REL. **1.** *Gesamtheit der Mythen*[1] *eines Volkes* **2.** *Wissenschaft von den Mythen*[1]

my·tho·lo·gisch <nicht steig.> *Adj. zur Mythologie*[1] *gehörig*

My·thos, *a.* **My·thus** der <-, Mythen> **1.** *Sage oder Märchen aus alter Zeit, das religiöse oder symbolische Vorstellungen enthält* Mythen der Antike, Dieser Mythos erzählt, wie die Welt erschaffen wurde. ◆ Götter-, Helden-, Schöpfungs- **2.** *eine Vorstellung, die etwas erklärt, die man aber nicht glaubt* politische Mythen, der Mythos vom Kampf der Kulturen **3.** *jmd., der wie ein Held aus einem Mythos*[1] *wirkt.* Gandhi war schon zu Lebzeiten ein Mythos.

My·zel die <-, -n> BOT. *die unter der Erde ausgebreiteten Wurzeln der Pilze*

N n

N, n das <-, -(s)> *der vierzehnte Buchstabe des Alphabets* ein großes N, ein kleines n

na *Interj.* (*umg.*) **1.** *verwendet, um eine vertrauliche Frage einzuleiten* Na, wie geht es dir?, Na, wie hat dir das Essen gefallen? **2.** *verwendet, um Erleichterung oder Zustimmung auszudrücken* Na also!, Na endlich!, Na eben!, Na bitte! **3.** *verwendet, um eine Aufforderung einzuleiten und Ungeduld auszudrücken* Na, wird's bald?, Na, jetzt aber los!, Na, das wurde aber auch Zeit! **4.** *verwendet, um jmdn. scherzhaft zu kritisieren* Na, na, na, das tut man aber nicht! **5.** *verwendet, um Erstaunen auszudrücken* Na sowas! **6.** *verwendet, um auszudrücken, dass man etwas akzeptiert, ohne es jedoch wirklich zu wollen* Na gut., Na schön., Na ja. **7.** *verwendet, um auszudrücken, dass etwas eingetreten ist, auf das man gewartet oder das man erwartet hat* Na also, habe ich es nicht gleich gesagt!, Na bitte! **8.** *verwendet, um unhöflich auszudrücken, dass einem eine Sache oder eine Äußerung eigentlich egal ist* Na und? **9.** *verwendet, um jmdm. zu drohen* Na warte, das werde ich dir heimzahlen!

Na·be die <-, -n> TECHN. *die Mitte eines Rades, durch die die Achse führt* ◆ -ngangschaltung

Na·bel der <-s, -> ANAT. *eine kleine Vertiefung in der Mitte der Oberfläche des Bauches* ■ **der Nabel der Welt** (*umg.*): *das Zentrum der Aktivitäten, der wichtigste Platz* ◆ Bauch-

Na·bel·bruch der <-s, Nabelbrüche> MED. *eine Art Bruch im Bereich des Nabels, durch den Teile der Baucheingeweide nach außen treten*

Na·bel·schnur die <-, Nabelschnüre> *eine Art dünner Schlauch, der den Embryo im Bauch der Mutter mit Nahrung versorgt und der nach der Geburt durchtrennt wird*

nach *Präp. + Dat.* **1.** *gibt an, dass etwas später als der genannte Zeitpunkt oder das genannte Geschehen passiert* Nach dem Essen gingen wir spazieren., Sie kamen nach einer Stunde zurück., Nach dem Kino gehen wir noch etwas trinken. **2.** *gibt die Minuten an, die auf eine Stunde folgen* Es ist schon zwanzig nach vier!, Der Zug geht um zehn nach drei. *siehe auch* **vor** **3.** *gibt die Richtung zu einem Ziel hin an* Sie fahren nach Spanien., Sie ging nach Hause., Ich ziehe nach München. *siehe auch* **in** **4.** *gemäß, entsprechend* Er ging genau nach den Anweisungen vor., Nach dem Gesetz ist dies aber verboten., Den Börsenkursen nach ist die Wirtschaft in einer Krise. **5.** *bezeichnet in einer Reihenfolge etwas oder jmdn., dem sofort etwas oder jmd. folgt* Nach der Vorspeise kommt das Hauptgericht., Nach dem Letzten in der Schlange komme aber ich dran!, Einer nach dem anderen verließ den Saal. **6.** (*nachgestellt*) *hinterher* Gehen Sie den Gleisen nach und Sie kommen dann direkt zum Bahnhof., Mir nach!, Wir müssen ihm nach! **7.** (*nachgestellt*) *im Sinne von etwas* der ursprünglichen Absicht nach, dem Verhalten nach, dem Anschein nach ■ **nach und nach**: *drückt eine langsame zeitliche Entwicklung aus* Nach und nach wendeten sich die Dinge zum Guten. **nach wie vor**: *drückt aus, dass keine Veränderung stattgefunden hat* Die Regeln gelten nach wie vor! **Nach Ihnen!**: *verwendet, um höflich auszudrücken, dass man jmdm. den Vortritt gewährt*

nach·äf·fen <äffst nach, äffte nach, hat nachgeäfft> *mit OBJ* ■ *jmd. äfft jmdn./etwas nach* (*abwert.*) *jmdn. oder etwas in übertriebener Weise nachmachen* Die Schüler äfften den Gang des Lehrers nach., Er äfft häufig seinen Opa nach.

nach·ah·men <ahmst nach, ahmte nach, hat nachgeahmt> *mit OBJ* **1.** ■ *jmd. ahmt jmdn./etwas nach sich so benehmen, dass es einer Person oder einem bestimmten Verhalten sehr ähnlich ist* Er ahmt immer seinen Vater nach., Sie ahmt den Gang der Diva nach. **2.** ■ *jmd. ahmt etwas nach* (≈ *imitieren*) *einen Laut oder Worte so hervorbringen, dass es wie ein bestimmter Laut oder eine bestimmte Stimme klingt* Sie konnte gut den Ruf der Nachtigall nachahmen.

nach·ah·mens·wert *Adj. so, dass etwas es wert ist, dass andere es nachahmen*

Nach·ah·mung die <-, -en> *das Nachahmen*

Nach·ah·mungs·trieb der <-(e)s, -e> BIOL. PSYCH. *der Drang, etwas oder jmdn. nachzuahmen*[1]

Nach·bar, Nach·ba·rin der <-n/-s, -n> **1.** *jmd., der direkt neben oder ganz in der Nähe von jmdm. wohnt* ◆ Haus-, Wohnungs-, Zimmer- **2.** *jmd., der neben jmdm. sitzt* ◆ -sfamilie, -sfrau, -skind, -sleute, Bank-, Tisch- **3.** (*nur Plur.*) *die angrenzenden Staaten* unsere Nachbarn im Osten

Nach·bar·haus das <-es, Nachbarhäuser> *das Wohnhaus, das direkt neben einem Wohnhaus steht*

nach·bar·lich <nicht steig.> (*nur attr.*) *Adj.* **1.** *so,* *dass es dem Nachbarn[1] gehört* Im nachbarlichen Garten findet morgen eine Party statt. **2.** *so, dass sich Nachbarn[1] [3] gut verstehen und untereinander helfen* Die nachbarliche Hilfe war vorbildlich.

Nach·bar·recht das <-s> (*kein Plur.*) RECHTSW. *Vorschriften des Zivilrechts, die die Interessen von Nachbarn[1] regeln* Nach dem Nachbarrecht muss der Abstand zwischen den Grundstücken festgelegt werden.

Nach·bar·schaft die <-> (*kein Plur.*) **1.** *die Menge der Nachbarn[1]* Die ganze Nachbarschaft hat sich versammelt. **2.** *das Gebiet in der unmittelbaren Nähe von jmdm. oder etwas* In meiner Nachbarschaft gab es keinen Bäcker. **3.** *die Beziehung zwischen Nachbarn[1]* gute Nachbarschaft halten ◆-shilfe

nach·bar·schaft·lich <nicht steig.> (*nur attr.*) *Adj. so, dass es die Nachbarschaft betrifft*

Nach·bar·staat der <-(e)s, -en> *der Staat, der unmittelbar an einen anderen Staat grenzt*

Nach·bar·wis·sen·schaft die <-, en> *ein wissenschaftliches Fach, das in enger Beziehung zu einem anderen wissenschaftlichen Fach steht* In der Sozialgeschichte wird die Soziologie als Nachbarwissenschaft der Geschichtswissenschaft definiert.

Nach·bau der <-(e)s, -ten> ARCHIT. *eine Art Kopie eines Gebäudes*

Nach·be·ben das <-s, -> *ein Erdbeben, das einem anderen Erdbeben folgt, aber nicht mehr so stark ist* Nach dem verheerenden Erdbeben hatten die Überlebenden Angst vor Nachbeben.

nach·be·han·deln <behandelst nach, behandelte nach, hat nachbehandelt> *mit OBJ* ■ *jmd. behandelt jmdn./etwas nach jmdn. oder etwas nach etwas noch einmal behandeln* Nach der schweren Operation musste der Patient mehrmals nachbehandelt werden., Wenn man den Lack etwas nachbehandelt, glänzt er wirklich schön.

Nach·be·hand·lung die <-, -en> **1.** MED. *die medizinische Betreuung eines Patienten nach einer Operation oder einer anderen medizinischen Behandlung* **2.** *nochmalige Bearbeitung eines Gegenstandes oder Materials, meistens um eine Korrektur auszuführen* Der Zahnersatz wurde zur Nachbehandlung ins Labor geschickt.

nach·be·rei·ten <bereitest nach, bereitete nach, hat nachbereitet> *ohne OBJ* ■ *jmd. bereitet etwas nach den Inhalt von etwas vertiefen oder ergänzen* Wir sollten besonders die ersten beiden Kapitel nachbereiten., Diese Lektion müsst ihr zu Hause nachbereiten.

nach·bes·sern <besserst nach, besserte nach, hat nachgebessert> *mit OBJ* ■ *jmd. bessert etwas nach etwas noch einmal bearbeiten, um vorhandene Fehler zu korrigieren und es somit besser zu machen* Der Tischler musste den Schrank nachbessern, weil die Türen klemmten.

Nach·bes·se·rung/Nach·bess·rung die <-, -en> *Vorgang, dass etwas noch einmal bearbeitet wird, um es besser zu machen*

nach·be·stel·len <bestellst nach, bestellte nach, hat nachbestellt> *mit OBJ* ■ *jmd. bestellt etwas nach etwas zu einem späteren Zeitpunkt noch einmal bestellen* Bei diesem Geschirr können Sie natürlich Einzelteile auch nachbestellen.

Nach·be·stel·lung die <-, -en> *Vorgang, dass etwas nachbestellt wird*

nach·be·ten <betest nach, betete nach, hat nachgebetet> *mit OBJ* **1.** ■ *jmd. betet etwas nach* (*umg. abwert.*) *jmd. übernimmt ohne Kritik eine Meinung oder eine Idee von jmd. anderem und wiederholt sie* Statt sich selbst Gedanken zu machen, hat er nur die Meinung seines Freundes nachgebetet. **2.** ■ *jmd. betet etwas nach ein Gebet nachsprechen* Der Pfarrer spricht ein Gebet und die Gemeinde betet es nach.

nach·be·zah·len <bezahlst nach, bezahlte nach, hat nachbezahlt> *mit OBJ* ■ *jmd. bezahlt etwas nach jmd. bezahlt zu einem späteren Zeitpunkt für etwas zusätzlich Geld* Leider müssen Sie für diesen Zug einen Zuschlag nachbezahlen.

nach·bil·den <bildest nach, bildete nach, hat nachgebildet> *mit OBJ* ■ *jmd. bildet etwas nach jmd. gestaltet etwas so, dass es dem Original sehr ähnlich ist* Für den Film wurden viele Bauten des alten Rom nachgebildet.

Nach·bil·dung die <-, -en> **1.** *das Nachbilden* **2.** *etwas, das nachgebildet wurde* Dieses Ausstellungsstück ist nur eine Nachbildung, da das Original verschollen ist.

nach·bli·cken <blickst nach, blickte nach, hat nachgeblickt> *ohne OBJ* ■ *jmd. blickt jmdm./etwas nach* (≈ *hinterherschauen*) *auf jmdn. oder etwas blicken, der/das sich entfernt* Stumm blickte er ihr nach, als sie langsam die Straße hinunter ging.

nach·boh·ren <bohrst nach, bohrte nach, hat nachgebohrt> *ohne OBJ* ■ *jmd. bohrt* (*irgendwie*) *nach* (*umg.*) *immer wieder fragen, um eine Antwort zu bekommen* Sie musste immer wieder nachbohren, um alle Fragen zu klären.

nach·da·tie·ren <datierst nach, datierte nach, hat nachdatiert> *mit OBJ* ■ *jmd. datiert etwas nach jmd. gibt für etwas ein früheres Datum als das tatsächliche Datum an* eine Rechnung nachdatieren, einen Brief nachdatieren

nach·dem *Konj.* **1.** *drückt aus, dass die Handlung des Nebensatzes zeitlich vor der Handlung des Haupsatzes liegt* Nachdem er sie besucht hatte, ging er nach Hause., Nachdem er gefrühstückt hatte, begann er mit der Arbeit. **2.** (*umg. veralt.*≈ *weil, da*) *drückt aus, dass der Sachverhalt des Nebensatzes die Ursache für den Sachverhalt des Haupsatzes darstellt* Nachdem das Konzert länger gedauert hat, haben wir den Zug verpasst.

i Wissenswert Die Konjunktion **nachdem** leitet einen Nebensatz ein. Sie gibt an, dass die Handlung des Nebensatzes bereits abgeschlossen ist, wenn die Handlung des Hauptsatzes beginnt. Nachdem er gegessen hatte, machte er sich an die Arbeit. Im anderen Fall dagegen handelt es sich um eine Verbindung von Präposition und Artikel des nächstgenannten Substantives: Nach dem Essen ruhte sie eine Weile.

nach·den·ken <denkst nach, dachte nach, hat nachgedacht> *ohne OBJ* ■ *jmd. denkt (über jmdn./etwas) nach jmd. stellt sich etwas oder eine Situation vor, und macht sich dabei viele Gedanken* Über den Unfall hatte sie später viel nachgedacht., Denk doch erst mal nach, bevor du mit dieser Aufgabe anfängst!

nach·denk·lich *Adj.* **1.** *so, dass jmd. oft sehr konzentriert nachdenkt* Er ist ein nachdenklicher Mensch. **2.** *so, dass es offensichtlich ist, dass jmd. gerade nachdenkt* Sie machte ein nachdenkliches Gesicht, als er sie fragte. ■ **nachdenklich werden**: *von etwas betroffen sein und beginnen, darüber nachzudenken* Er wurde nachdenklich, als man ihm die Geschichte erzählte.

Nach·druck[1] der <-(e)s> (*kein Plur.*) **1.** *Mittel, mit denen jmd. etwas erreichen oder schaffen will* In dieser Angelegenheit hatte er seine Nachforschungen mit Nachdruck betrieben., Er arbeitete mit Nachdruck an diesem Projekt. **2.** *besondere Betonung, mit der jmd. auf etwas für ihn sehr Wichtiges hinweist* Um den Kern ihrer Überlegungen zu betonen, wiederholte sie die letzten Sätze mit besonderem Nachdruck., Hast du nicht gemerkt, welchen Nachdruck sie speziell auf diesen Teil ihrer Ausführungen legte?

Nach·druck[2] der <-(e)s, -e> **1.** *das Nachdrucken eines Buches o.Ä.* Nachdruck nur mit Erlaubnis des Verlags! **2.** *die unveränderte Ausgabe eines Buches oder mehrerer Bände* unveränderter Nachdruck der Ausgabe von 1970

nach·dru·cken <druckst nach, druckte nach, hat nachgedruckt> *mit OBJ* ■ *jmd./etwas druckt etwas nach jmd. oder etwas erstellt einen Nachdruck*[2] Der Verlag entschloss sich, dieses Werk unverändert nachzudrucken., Illegal hatten sie eine große Menge des Bestsellers nachgedruckt.

nach·drück·lich *Adj. mit Nachdruck*[1] Die Experten warnten nachdrücklich von den Gefahren eines solchen Versuchs.

nach·dun·keln <dunkelt nach, dunkelte nach, ist/hat nachgedunkelt> *ohne OBJ* ■ *etwas dunkelt nach etwas bekommt allmählich eine dunklere Farbe* Das Leder der Tasche dunkelt mit der Zeit nach.

nach·ei·fern <eiferst nach, eiferte nach, hat nachgeeifert> *ohne OBJ* ■ *jmd. eifert jmdm. (in etwas Dat.) nach versuchen, alles genauso zu machen, wie eine Person, die als ein Vorbild angesehen wird* Stets eiferte sie ihrer Schwester in Aussehen und Verhalten nach.

nach·ei·len <eilst nach, eilte nach, ist nachgeeilt> *ohne OBJ* ■ *jmd. eilt jmdm./etwas nach (geh.) versuchen jmdn. oder etwas, der/das schon weg ist, einzuholen* Kaum hatte sie das Haus verlassen, als er ihr schon aufgeregt nacheilte., Im raschen Galopp eilten sie der Kutsche nach.

nach·ei·nan·der, a. **nach·ei·nan·der** *Adv. verwendet, um auszudrücken, dass eine Person oder Sache nach der anderen in kurzer zeitlicher Abfolge oder räumlichen Abständen folgt* Sie kamen nacheinander aus der Bank., Wir sollten die einzelnen Arbeitsschritte besser nacheinander erledigen., Die Läufer starteten kurz nacheinander.

nach·emp·fin·den <empfindest nach, empfand nach, hat nachempfunden> *mit OBJ* ■ *jmd. empfindet etwas nach die Gefühle und Gedanken von jmdm. so gut verstehen, als ob man sie selbst hätte* Ich kann ihre Enttäuschung nachempfinden, ich war schon in der gleichen Lage. ■ **etwas ist einer Person nachempfunden**: *etwas ist so gestaltet, als ob es von jmdm. anders gemacht wäre* Dieses Gemälde ist eindeutig Vincent van Gogh nachempfunden.

Na·chen der <-s, -> (*geh.*) *kleines Boot, Kahn*

nach·er·zäh·len <erzählst nach, erzählte nach, hat nacherzählt> *mit OBJ* ■ *jmd. erzählt etwas nach den Inhalt einer Geschichte, einer Erzählung, eines Buches o.Ä. genau mit eigenen Worten wiedergeben* Selbst nach einer Woche konnte er den Film noch gut nacherzählen.

Nach·er·zäh·lung die <-, -en> *Text, der den Inhalt einer Geschichte, Erzählung, eines Buches o.Ä. genau wiedergibt* Zuerst haben wir die Geschichte gelesen, dann mussten wir eine Nacherzählung schreiben.

Nach·fahr(e) der <-(e)n, -(e)n> (*geh.* ≈ *Nachkomme* ↔ *Vorfahr(e)*) *eines der Kinder/einer der Enkel oder Urenkel usw. von einer bestimmten Person* keine Nachfahren haben, Auch alle Nachfahren des Unternehmers leiteten Betriebe.

nach·fah·ren <fährst nach, fuhr nach, ist nachgefahren> *ohne OBJ* ■ *jmd. fährt (jmdm./etwas) nach hinter jmdm. oder etwas in die gleiche Richtung fahren* Fahren sie dem Polizeiwagen nach!

nach·fas·sen <fasst nach, fasste nach, hat nachgefasst> *mit OBJ/ohne OBJ* **1.** ■ *jmd. fasst etwas nach (umg.) sich noch einmal eine Portion Essen holen* Ich bin noch nicht satt, ich fasse noch eine Portion Gemüse nach. **2.** ■ *jmd. fasst nach noch einmal zugreifen, weil man etwas beim ersten Mal nicht richtig gefasst hat* Er musste noch einmal nachfassen, sonst wäre der Schrank weggerutscht.

nach·fei·ern <feierst nach, feierte nach, hat nachgefeiert> *mit OBJ* ■ *jmd. feiert etwas nach etwas an einem späteren Zeitpunkt als an dem des eigentlichen Anlasses feiern* Wir feiern seinen Geburtstag nach, wenn er aus dem Krankenhaus kommt.

Nach·fol·ge die <-> (*kein Plur.*) *der Vorgang, dass jmd. das Amt, die Funktion oder die Arbeit eines anderen übernimmt* Nach dem Tod des Präsidenten trat er dessen Nachfolge an., In der Firma musste die Nachfolge des Chefs geregelt werden.

Nach·fol·ge·mo·dell das <-s, -e> *ein Produkt, das neu ist und ein älteres ähnliches Modell in der Herstellung und im Handel ablöst* Das Nachfolgemodell des erfolgreichen Kleinwagens verbraucht nur 3 Liter auf 100 km.

nach·fol·gen <folgst nach, folgte nach, ist nachgefolgt> *ohne OBJ* **1.** ■ *jmd. folgt jmdm. nach jmdm. folgen, um ihn einzuholen, oder um an den selben Ort zu kommen* Er folgte seiner Freundin drei Tage später in den Urlaub nach. **2.** ■ *jmd. folgt jmdm. nach die Arbeit oder die Funktion von jmdm. übernehmen* Er ist seinem Vater als Geschäftsführer nachgefolgt.

nach·fol·gend <nicht steig.> *Adj. so, dass etwas zeitlich oder räumlich folgt* Die nachfolgenden Passagen sollten die Schüler besonders sorgfältig lesen. ♦ Großschreibung→R 3.7 Das Nachfolgende/Nachfolgendes ist besonders zu beachten., Im Nachfolgenden wird dies noch genauer ausgeführt.

Nach·fol·ger, **Nach·fol·ge·rin** der <-s, -> *jmd., der das Amt oder die Funktion eines anderen übernimmt* einen Nachfolger ernennen

Nach·fol·ge·staat der <-(e)s, -en> (*selten im Sing.*) *Staat, der auf dem Gebiet eines ehemaligen Staates entstanden ist* Bosnien, Kroatien, Slowenien sind Nachfolgestaaten des ehemaligen Jugoslawiens.

nach·for·dern <forderst nach, forderte nach, hat nachgefordert> *mit OBJ* ■ *jmd. fordert etwas nach etwas zusätzlich verlangen, weil man davon beim ersten Mal nicht genug bekommen hat* Für die Überstunden forderten die Arbeiter einen extra Lohn nach.

Nach·for·de·rung die <-, -en> *Vorgang, dass etwas, meist Geld, nachgefordert wird* eine Nachforderung stellen

nach·for·schen <forschst nach, forschte nach, hat nachgeforscht> *ohne OBJ* ■ *jmd. forscht nach intensiv versuchen, weitere Informationen über jmdn./etwas zu bekommen* Um die Ursachen des Flugzeugabsturzes zu klären, muss noch genauer nachgeforscht werden.

Nach·for·schung die <-, -en> *Vorgang, dass nachgeforscht wird* Nachforschungen anstellen

Nach·fra·ge die <-, -n> **1.** (*kein Plur.*) (WIRTSCH.: ↔ *Angebot*) *Wunsch der Käufer oder Kunden, bestimmte Waren oder Dienstleitungen zu bekommen* Die Nachfrage nach tragbaren Computern steigt ständig. **2.** *eine Frage, die zusätzlich zu einer anderen gestellt wird, weil man auf die erste Frage keine ausreichende Antwort bekommen hat* Im Interview mit dem Politiker stellte der Reporter viele Nachfragen. ■ **Danke der Nachfrage!**: *verwendet als höfliche Antwort auf die Frage danach, wie es jmdm. geht* Wie geht es dir/Ihrer Frau? – Danke der Nachfrage! Mir/Ihr geht's ganz gut.

nach·fra·gen **I.** *mit OBJ* ■ *jmd. fragt etwas nach* WIRTSCH. *wünschen, bestimmte Waren oder Dienstleistungen zu bekommen* Kurze Hosen werden diesen Sommer stark nachgefragt. **II.** *ohne OBJ* **1.** ■ *jmd. fragt nach eine oder mehrere Fragen stellen, um eine Antwort auf etwas zu bekommen, das noch unklar ist* Er fragte solange nach, bis er eine Antwort bekam. **2.** ■ *jmd. fragt* (*bei jmdm./etwas*) (*wegen etwas Gen./Dat.*) *nach eine Person bei einer Institution fragen, die eine Information zu einer bestimmten Sache geben kann* Er fragte beim Finanzamt wegen der Steuererklärung nach.

Nach·fra·ge·rück·gang der <-(e)s> (*kein Plur.*) WIRTSCH. *der Vorgang, dass die Nachfrage nach bestimmten Waren oder Dienstleistungen geringer wird* einen Nachfragerückgang verzeichnen

Nach·frist die <-, -en> RECHTSW. *Zeitraum, der eine Frist verlängert* einen Antrag auf Nachfrist stellen, Für die Abgabe der Steuererklärung gewähren wir Ihnen eine Nachfrist von einem Monat.

nach·füh·len <fühlst nach, fühlte nach, hat nachgefühlt> *mit OBJ* ■ *jmd. fühlt* (*jmdm.*) *etwas nach sich in die Gefühle von jmdm. hineinversetzen, so dass man sich vorstellen kann und nachempfinden kann, was der andere fühlt* Deinen Ärger kann ich nachfühlen.

nach·fül·len <füllst nach, füllte nach, hat nachgefüllt> *mit OBJ/ohne OBJ* **1.** ■ *jmd. füllt etwas nach etwas in einen Behälter füllen, der* (*fast*) *leer geworden ist* Die Keksdose ist leer, du solltest mal wieder Plätzchen nachfüllen., Benzin nachfüllen **2.** ■ *jmd. füllt* (*jmdm.*) (*etwas*) *nach ein Glas von jmdm., das leer ist, mit einem Getränk füllen* Kein Saft mehr? Warte, ich fülle mal nach.

Nach·füll·pack der <-s, -s> *kurz für „Nachfüllpackung"* Für das Waschmittel gibt es einen preiswerten Nachfüllpack.

Nach·füll·pa·ckung die <-, -en> *ein Behälter oder eine Packung, meist mit Waschpulver oder Putzmittel gefüllt, den/die man kaufen kann und dessen/deren Inhalt man in die eigentliche, leere Verpackung oder den Behälter füllt*

nach·ge·ben <gibst nach, gab nach, hat nachgegeben> *ohne OBJ* **1.** ■ *jmd. gibt* (*jmdm./etwas*) *nach etwas erlauben oder etwas tun, zu dem man vorher nicht bereit war, weil eine andere Person dazu gedrängt oder darum gebeten hat* Er gab nach und sie einigten sich in den strittigen Punkten. **2.** ■ *etwas gibt nach etwas biegt sich stark oder geht kaputt, weil die Belastung zu stark ist* Der Ast gab unter dem Gewicht der vielen Äpfel nach und brach ab. **3.** ■ *etwas gibt* (*irgendwie*) *nach* WIRTSCH. *eine Währung oder ein oder mehrere Aktienkurse verlieren an Wert* Der Euro gab gegenüber dem Dollar etwas nach., Die Kurse an den internationalen Börsen geben stark nach.

Nach·ge·bo·re·nen *Plur.* (SOZIOL: *geh.*) *die Menschen, die nach einem bestimmten Ereignis oder Zeitpunkt geboren sind* die Nachgeborenen der 68er Generation

Nach·ge·bühr die <-, -en> *die Summe an Geld, die ein Empfänger von einem Paket, einem Brief o.Ä. der Post zahlen muss, wenn auf den Postsendungen zu wenig Briefmarken aufgeklebt sind* Weil der Brief nicht ausreichend frankiert war, musste die Empfängerin eine Nachgebühr bezahlen.

Nach·ge·burt die <-, -en> (*selten Plur.*) MED. *das Gewebe* (*Mutterkuchen*), *das nach der Geburt*

aus dem Bauch der Mutter ausgestoßen wird

nach·ge·hen <gehst nach, ging nach, ist nachgegangen> *ohne OBJ.* **1.** ■ *jmd. geht jmdm. nach* (≈ *folgen*) *hinter jmdm. in die gleiche Richtung gehen* Wir gingen ihm unauffällig bis zur Kreuzung nach. **2.** ■ *jmd. geht etwas Dat. nach eine regelmäßige Tätigkeit oder Arbeit ausüben* Sie geht einer geregelten Arbeit nach. **3.** ■ *jmd. geht etwas Dat. nach etwas überprüfen, um etwas aufzuklären, das nicht klar ist* Die Polizei ist allen Hinweisen nachgegangen, um den Mord aufzuklären. **4.** ■ *etwas geht jmdm. nach jmd. kann etwas nicht vergessen und muss ständig daran denken* Seine Worte sind mir noch lange nachgegangen. **5.** ■ *eine Uhr geht nach* (↔ *vorgehen*) *eine Uhr geht zu langsam und zeigt eine frühere Zeit an, als richtig wäre* Die Uhr geht schon wieder 10 Minuten nach.

Nach·ge·schmack der <- (e)s> (*kein Plur.*) **1.** *Geschmack, der nach dem Essen oder Trinken im Mund zurückbleibt* Nach einem scharfen Essen bleibt ein starker Nachgeschmack. **2.** *eine unangenehme Erinnerung an etwas* Der Streit hinterließ bei ihm einen bitteren Nachgeschmack.

nach·ge·wie·se·ner·ma·ßen, **nach·ge·wie·se·ner·ma·ßen** *Adv.* (AMTSSPR.: *geh.*) *verwendet, um auszudrücken, dass etwas nachgewiesen und deshalb offensichtlich ist* Die Ausgaben übersteigen nachgewiesenermaßen die Einnahmen., Der Angeklagte ist nachgewiesenermaßen schuldig.

nach·gie·big *Adj.* **1.** *so, dass etwas weich und elastisch ist* Wir hätten doch ein weniger nachgiebiges Material verwenden sollen. **2.** *so, dass jmd. jmdm. gegenüber bereit ist, schnell nachzugeben[1]* Sie war ihrem Freund gegenüber wohl zu nachgiebig.

Nach·gie·big·keit die <-> (*kein Plur.*) **1.** *Zustand, in dem etwas weich und elastisch ist* **2.** *das Verhalten, bei dem jmd. schnell nachgibt[1]*

nach·gie·ßen <gießt nach, goss nach, hat nachgegossen> *mit OBJ/ohne OBJ* ■ *jmd. gießt (jmdm.) (etwas) nach ein Glas oder eine Tasse von jmdm. noch einmal mit einem Getränk füllen* Soll ich dir noch Kaffee nachgießen?

nach·grü·beln <grübelst nach, grübelte nach, hat nachgegrübelt> *ohne OBJ* ■ *jmd. grübelt (über etwas Akk.) nach über ein Problem angestrengt und konzentriert nachdenken, um eine Lösung zu finden* Er grübelt schon seit Stunden über die Lösung dieses Problems nach.

nach·gu·cken *mit OBJ/ohne OBJ* ■ *jmd. guckt (etwas) nach* (*umg.* ≈ *nachsehen*)

nach·ha·ken *ohne OBJ* ■ *jmd. hakt bei jmdm./etwas Dat. nach* (*umg.*) *jmdm. mehrmals Fragen zu etwas stellen, weil dieser nicht alles dazu gesagt hat* Der Prüfer musste bei dieser Frage öfter nachhaken.

Nach·hall der <-(e)s> (*kein Plur.*) *das Geräusch, das man hören kann, nachdem ein bestimmtes Geräusch schon gehört wurde* In der riesigen Halle gab das Geräusch einen starken Nachhall.

nach·hal·len <hallt nach, hallte nach, hat/ist nachgehallt> *ohne OBJ* ■ *etwas hallt nach etwas gibt einen Nachhall* Die Explosion hallte bis in die Außenbezirke der Stadt nach.

nach·hal·tig *Adj. so, dass etwas lange und stark wirkt* Diese Reise hinterließ einen nachhaltigen Eindruck.

nach·hän·gen <hängst nach, hing nach, hat nachgehangen> *ohne OBJ* **1.** ■ *jmd. hängt jmdm./etwas nach sich ständig voller Sehnsucht an jmdn. oder etwas erinnern* Er hängt seinen Erinnerungen an seine erste große Liebe nach. **2.** ■ *jmd. hängt in etwas Dat. nach* (*umg.*) *noch Probleme auf einem Wissensgebiet haben, das man eigentlich beherrschen sollte* Leider hängt er in Mathe noch etwas nach, doch sonst ist er ein guter Schüler. ■ **seinen Gedanken nachhängen**: *ständig an etwas denken* Sie hängt schon tagelang irgendwelchen trüben Gedanken nach.

nach·hau·se *Adv.* (*österr. schweiz.*) *nach Hause*

Nach·hau·se·weg der <-(e)s, -e> *der Weg von einem Ort nach Hause* Ich habe den Schlüssel wohl auf dem Nachhauseweg verloren.

nach·hel·fen <hilfst nach, half nach, hat nachgeholfen> *ohne OBJ* **1.** ■ *jmd. hilft (jmdm./etwas) nach mit seiner Hilfe bewirken, dass etwas besser oder schneller funktioniert* Der Lehrer half den Schülern etwas nach, damit sie die Aufgabe lösen konnten. **2.** ■ *jmd. muss (bei jmdm.) nachhelfen* (*umg.*) *bestimmte Mittel gebrauchen, um jmdn. dazu zu bewegen, etwas zu tun* Er musste stark nachhelfen, bis sie sich mit ihm verabredete. ■ **dem Glück ein bißchen nachhelfen** (*umg.*): *etwas nicht ganz Korrektes tun, damit etwas so passiert, dass man einen Vorteil davon hat* Du könntest deinem Glück ein bißchen nachhelfen, indem du dem Lehrer mal ein Geschenk machst.

nach·her *Adv.* (≈ *danach, später* ↔ *vorher*) *verwendet, um auszudrücken, dass etwas nach einem bestimmten Zeitpunkt eintreten wird oder eintrat* Nachher will es wieder keiner gewesen sein., Zuerst trinken wir einen Kaffee und nachher noch einen Schnaps., Du kannst auch nacher noch die Wohnung aufräumen, lass uns erstmal einkaufen! ■ **Bis nacher!**: *verwendet, um sich bei jmdm. zu verabschieden, den man in kurzer Zeit wiedersehen wird*

Nach·hil·fe die <-> (*kein Plur.*) *extra Unterricht außerhalb des Schulunterrichts, für den man oft Geld bezahlen muss und den ein Schüler von jmdm. bekommt, der sehr gut in dem jeweiligen Fach ist* Der Student gibt Nachhilfe in Mathe., Die Schülerin bekommt Nachhilfe in Englisch. ◆-lehrer, -schüler, -schülerin, -unterricht

Nach·hil·fe·stun·de die <-, -n> *die Stunde, in der ein Schüler Nachhilfe bekommt* Heute Nachmittag habe ich keine Zeit, ich muss zur Nachhilfestunde.

Nach·hi·nein ■ **im Nachhinein** (↔ *im Voraus*): *nach einer bestimmten Zeit oder nach einer bestimmten Handlung* Die Verträge wurden im Nachhinein akzeptiert., Im Nachinein muss ich zugeben, dass ich mich geirrt habe.

Nach·hol·be·darf der <-(e)s> (*kein Plur.*) *Wunsch oder Verlangen nach etwas, auf das man lange Zeit verzichtet hatte und von dem man jetzt sehr viel haben möchte* Nächtelang habe ich mich auf die Prüfung vorbereitet - jetzt habe ich erst mal einen Nachholbedarf an Schlaf.

nach·ho·len *mit OBJ* **1.** ■ *jmd. holt etwas nach etwas, das man bis jetzt versäumt hat oder das nicht stattgefunden hat, zu einem späteren Zeitpunkt tun* Du hast mir versprochen, dass wir den Theaterbesuch nachholen!, Das Fußballspiel wird nächste Woche nachgeholt. **2.** ■ *jmd. holt jmdn. nach jmdn. später zu dem Ort holen, an dem man sich schon befindet* Nachdem er endlich eine Arbeit und eine Wohnung in der Stadt gefunden hatte, konnte er seine Familie nachholen.

Nach·hut die <-, -en> (MILIT.: ↔ *Vorhut*) *Gruppe von Soldaten, die am Ende einer Kolonne marschiert, um sie nach hinten im Fall eines Angriffs zu sichern* die Nachhut angreifen

nach·ja·gen *ohne OBJ* ■ *jmd. jagt jmdm./etwas nach jmdn. oder etwas verfolgen, um ihn/es auf jeden Fall zu fangen oder zu erreichen* Die Polizei jagte den Bankräubern durch die ganze Stadt nach., dem Glück nachjagen

nach·kau·fen *mit OBJ* ■ *jmd. kauft etwas nach etwas später oder als Ersatz kaufen* Die einzelnen Teile des Bestecks kann man nachkaufen.

Nach·kauf·ga·ran·tie die <-> (*kein Plur.*) *Sicherheit, dass man einzelne Teile von etwas auch noch später kaufen kann*

Nach·kom·me der <-n, -n> (↔ *Vorfahr(e)* ≈ *Nachfahre*) *eines der Kinder/einer der Enkel oder Urenkel usw. von einer bestimmten Person* Er starb ohne Nachkommen.

nach·kom·men <kommst nach, kam nach, ist nachgekommen> *ohne OBJ* **1.** ■ *jmd. kommt (irgendwann) nach später als die anderen kommen* Wir kommen in einer Stunde nach. **2.** ■ *jmd. kommt (jmdm.) (bei/mit etwas Dat.) (irgendwie) nach das gleiche Tempo einhalten können wie jmd. anderes* Sprich ein bißchen langsamer, sonst komme ich mit dem Text nicht nach., Lauf nicht so schnell, ich komme kaum nach. **3.** ■ *jmd. kommt etwas Dat. nach (geh.) genau das machen, was von einem gefordert wird* Endlich kam er seiner Verpflichtung nach., seinem Versprechen nachkommen

Nach·kom·men·schaft die <-> (*kein Plur.*) *alle Nachkommen* große Nachkommenschaft

Nach·kömm·ling der <-s, -e> **1.** *Nachkomme* **2.** *ein Kind, das mit großem zeitlichem Abstand zu seinen Geschwistern geboren wird*

Nach·kriegs·deutsch·land das <-s> (*kein Plur.*) GESCH. *Deutschland in den ersten Jahren unmittelbar nach dem Zweiten Weltkrieg*

Nach·kriegs·ge·ne·ra·ti·on die <-> (*kein Plur.*) *die Gruppe von Menschen, die unmittelbar nach einem Krieg geboren und aufgewachsen sind*

Nach·kriegs·ge·schich·te die <-> (*kein Plur.*) *die Geschichtsschreibung, die sich mit der Zeit nach dem Zweiten Weltkrieg beschäftigt*

Nach·kriegs·jahr das <-(e)s, -e> *das Jahr oder die Jahre zwischen dem Ende des Zweiten Weltkrieges und der Gründung der zwei Deutschen Staaten (1945-1949)*

Nach·kriegs·zeit die <-> (*kein Plur.*) *die Zeit unmittelbar nach einem Krieg, in Deutschland die Zeit nach unmittelbar nach dem Zweiten Weltkrieg*

Nach·lass^1 der <-es, Nachlässe> (WIRTSCH.: ≈ *Ermäßigung, Rabatt, Skonto*) *Summe des Geldes, die von dem offiziellen Preis einer Ware oder einer Dienstleistung abgezogen wird* Wenn Sie barzahlen, bekommen Sie einen Nachlass von 3 Prozent., einen Nachlass gewähren

Nach·lass^2 der <-es, Nachlässe> (AMTSSPR.: ≈ *Erbe, Hinterlassenschaft*) *alles, was jmd. nach seinem Tode hinterlässt* Der Nachlass bestand nur aus ein paar Büchern., Briefe aus dem Nachlass des Schriftstellers, den Nachlass regeln

nach·las·sen <lässt nach, ließ nach, hat nachgelassen> **I.** *mit OBJ* ■ *jmd. lässt (jmdm.) etwas nach den Preis einer Ware oder einer Dienstleistung um einen bestimmten Betrag reduzieren* Wir mussten ein Drittel des Preises nachlassen. **II.** *ohne OBJ* **1.** (↔ *zunehmen*) ■ *etwas lässt nach schwächer oder weniger intensiv werden* Die Kälte ließ nach., Der Regen müsste eigentlich bald nachlassen **2.** ■ *etwas lässt nach (↔ etwas nimmt zu) an Leistung oder an Qualität verlieren* Seine Sehkraft ließ immer mehr nach., Leider ließ die Firma bei der Qualität ihrer Produkte immer mehr nach. **3.** ■ *etwas lässt nach (↔ etwas zieht an) weniger wert werden oder sich verringern* Die Preise lassen nach., An der Börse lassen die Kurse stark nach., Der Umsatz hat merklich nachgelassen.

nach·läs·sig *Adj.* (↔ *sorgfältig* ≈ *schlampig, unordentlich*) *ohne Sorgfalt oder Interesse* nachlässig gekleidet

Nach·läs·sig·keit die <-, -en> (↔ *Sorgfalt*) *der Zustand, dass jmd. oder etwas nachlässig ist*

nach·lau·fen <läufst nach, lief nach, ist nachgelaufen> *ohne OBJ* **1.** ■ *jmd. läuft jmdm. nach hinter jmdm. laufen, um ihn einzuholen* Wenn du ihm sofort nachläufst, bekommst du ihn noch zu fassen! **2.** ■ *jmd. läuft jmdm./etwas nach sich sehr anstrengen, um etwas zu erreichen* Ich musste dem Professor ständig nachlaufen, um einen Prüfungstermin von ihm zu bekommen., einer Genehmigung nachlaufen **3.** ■ *jmd. läuft jmdm. nach sich ständig und in unterwürfiger Weise darum bemühen, jmdn. für sich zu gewinnen oder ihm zu gefallen* Er läuft ihr jetzt schon ein halbes Jahr nach und nichts passiert! **4.** ■ *jmd. läuft etwas nach sich bei jeder Gelegenheit darum bemühen, etwas zu bekommen* dem Geld nachlaufen, dem Ruhm nachlaufen

nach·le·gen <legst nach, legte nach, hat nachgelegt> *mit OBJ/ohne OBJ* **1.** ■ *jmd. legt (etwas) nach etwas weiteres, das brennt, in einen Ofen, einen Kamin oder in ein Feuer legen* Kohle nachlegen, ein Scheit Holz nachlegen **2.** ■ *jmd. legt* nach (*umg.*) *etwas weiteres sagen, nachdem man schon viel erzählt hat* „Damit ist aber noch nicht alles gesagt!" legte er nach.

Nach·le·se die <-, -n> **1.** LANDW. *Ernte von Trauben, die bei der ersten Lese übrig geblieben sind* **2.** (*geh.*) *Zusammenstellung von einzelnen Teilen aus früheren kulturellen Veranstaltungen, die im Radio oder Fernsehen gesendet wurden* Am Wochenende kommt im Radio eine Nachlese mit Höhepunkten aus den Konzerten des vergangenen Monats.

nach·lie·fern <lieferst nach, lieferte nach, hat nachgeliefert> *mit OBJ/ohne OBJ* ■ *jmd. liefert (etwas) nach eine Ware oder einen Teil einer Ware, die bestellt wurde, später liefern* Wir können binnen einer Woche nachliefern., Wir liefern die Ware in zwei Tagen nach.

Nach·lö·se·ge·bühr die <-, -en> *eine bestimmte Menge Geld, die man bezahlen muss, wenn man eine Fahrkarte im Zug nachlöst*

nach·lö·sen <löst nach, löste nach, hat nachgelöst> *mit OBJ/ohne OBJ* ■ *jmd. löst (etwas) nach eine Fahrkarte oder einen Zuschlag erst im Zug kaufen* Wenn Sie weiterfahren wollen, müssen Sie eine Karte nachlösen.

nach·ma·chen <machst nach, machte nach, hat nachgemacht> *mit OBJ* **1.** ■ *jmd. macht (jmdm.) etwas nach genau das, was ein anderer macht oder tut, auch tun* Du brauchst mir die Turnübung nur nachzumachen. **2.** (≈ *nachahmen*) ■ *jmd. macht jmdn./etwas nach sich absichtlich so verhalten oder absichtlich so handeln, dass die typischen Eigenschaften einer anderen Person oder von etwas gezeigt werden* Sie kann ihre Lehrerin verblüffend gut nachmachen., Er macht dauernd das Gebell eines Hundes nach. **3.** ■ *jmd. macht etwas nach etwas so herstellen, dass es genauso aussieht wie das Original* Kannst du diese Unterschrift nachmachen?, Das sind keine Bilder aus dem 19. Jahrhundert, die sind nur nachgemacht. **4.** ■ *jmd. macht etwas nach* (*umg.*) *einen Teil einer Arbeit machen, den man noch nicht erledigt hat, weil man es vergessen hat* Schon gut, ich werde meine Hausaufgaben bis morgen nachmachen.

nach·mes·sen <misst nach, maß nach, hat nachgemessen> *mit OBJ* **1.** ■ *jmd. misst etwas nach etwas messen, um die richtigen Ausmaße zu prüfen* Bevor wir das Bett kaufen, messen wir erstmal nach, ob es in das Zimmer passt. **2.** ■ *jmd. misst etwas nach etwas noch einmal messen, um festzustellen, ob die frühere Messung richtig war* Miss lieber nochmal nach, ich glaube das passt nicht!

Nach·mie·ter, **Nach·mie·te·rin** der <-s, -> *jmd., der eine Wohnung oder ein Haus direkt nach einem anderen Mieter mietet* Der Mieter muss sich um einen Nachmieter kümmern.

Nach·mit·tag der <-s, -e> *die Zeit zwischen Mittag und Abend* Den ganzen Nachmittag ging er spazieren., am Nachmittag ◆ Großschreibung→R 3.10 heute/gestern/morgen Nachmittag; Zusammenschreibung→R 4.4 Sie kommt Freitagnachmittag.

nach·mit·tags *Adv. während des Nachmittags* ◆ Kleinschreibung→R 3.10 Wir treffen uns immer erst nachmittags.

Nach·mit·tags·vor·stel·lung die <-, -en> *eine Zirkusvorstellung, ein Kinofilm, ein Theaterstück o.Ä., die während des Nachmittags gezeigt werden*

Nach·nah·me die <-, -n> **1.** *Bezahlen der Rechnung für eine Ware, indem man dem Briefträger das Geld gibt, wenn er die Ware bringt* Das Päckchen wurde per Nachnahme geschickt. **2.** *Sendung, die zum Zeitpunkt der Lieferung durch die Post sofort bezahlt werden muss* als Nachnahme schicken

Nach·nah·me·ge·bühr die <-, -en> *Betrag, der für eine Nachnahme[2] zu zahlen ist.*

Nach·na·me der <-ns, -n> (↔ *Vorname*) *Familienname* Müller, Meier und Schmidt sind häufige Nachnamen.

nach·neh·men <nimmst nach, nahm nach, hat nachgenommen> *mit OBJ/ohne OBJ* ■ *jmd. nimmt (sich Dat.) (etwas) nach sich noch einmal etwas von einem Essen auf den Teller tun* Nimm dir noch was von dem Fisch nach, der ist einfach köstlich!

nach·plap·pern <plapperst nach, plapperte nach, hat nachgeplappert> *mit OBJ/ohne OBJ* ■ *jmd. plappert (jmdm.) (etwas) nach* (*umg. abwert.*) *ohne Kritik das wiederholen, was ein anderer sagt, ohne es verstanden zu haben* Der plappert auch nur das nach, was der Professor gesagt hat!

Nach·por·to das <-s, -s/Nachporti> *eine Gebühr der Post, die man zahlen muss, wenn auf einem Brief, einem Päckchen, einem Paket o.Ä. nicht genügend Briefmarken kleben* Er hatte vergessen, eine Briefmarke auf den Brief zu kleben, deshalb musste ich 1,06 Euro als Nachporto zahlen!

nach·prü·fen <prüfst nach, prüfte nach, hat nachgeprüft> *mit OBJ* ■ *jmd. prüft etwas nach etwas noch einmal kontrollieren, um sicher zu sein, dass alles vorhanden oder richtig oder wahr o.Ä. ist* Vor der Fahrt solltest du den Luftdruck in den Reifen nachprüfen., Bevor Sie die Texte abgeben, prüfen Sie sie nach, ob auch alles richtig ist!

Nach·prü·fung die <-, -en> **1.** *das Nachprüfen* **2.** *Prüfung, die man nochmal macht, weil man sie beim ersten Mal nicht bestanden hat* Er musste eine Nachprüfung in zwei Fächern machen, da er beim ersten Mal nicht genügend Punkte erreicht hatte.

nach·rech·nen <rechnest nach, rechnete nach, hat nachgerechnet> *mit OBJ/ohne OBJ* **1.** ■ *jmd. rechnet (etwas) nach rechnen, um etwas zu überprüfen oder um etwas zu erfahren* Ich muss erst mal nachrechnen, ob ich mir das Auto leisten kann., Ich wollte nur nachrechnen, wie viele Tage es noch sind. **2.** ■ *jmd. rechnet (etwas) nach etwas noch einmal rechnen, um zu überprüfen, ob alles richtig ist* Du solltest noch mal nachrechnen, ich glaube in der Aufgabe ist ein Fehler.

Nach·re·de die <-, -n> RECHTSW. *etwas Negatives, was jmd. über einen anderen sagt* ■ **etwas ist üble Nachrede**: *etwas, das jmd. über einen anderen sagt, ist schlecht und schadet ihm* Wenn er weiterhin hinter deinem Rücken solche Lügen über dich verbreitet, solltest du ihn wegen übler Nachrede anzeigen.

nach·re·den <redest nach, redete nach, hat nachgeredet> *mit OBJ* ■ *jmd. redet (jmdm.) (etwas) nach (abwert.) ohne Kritik und ohne es zu verstehen, genau das, was ein anderer sagt, auch sagen* Eigentlich hat er keine Ahnung, er redet ihr alles nur nach.

nach·rei·chen <reichst nach, reichte nach, hat nachgereicht> *mit OBJ* ■ *jmd. reicht etwas nach etwas später als zu einem festgelegten Termin abgeben* Sie können die Dokumente nachreichen.

Nach·richt die <-, -en> **1.** *eine kurze Information über etwas, das aktuell ist und jmdn. interessiert* Hast du eine Nachricht von ihm bekommen?, Gestern habe ich die Nachricht über den erfolgreichen Geschäftsabschluss bekommen, Die Nachricht vom Tod des Präsidenten verbreitete sich schnell., eine Nachricht an/für jemanden ◆ Todes-, Unglücks- **2.** *(nur Plur.) Sendung im Fernsehen oder im Radio, die über die wichtigsten und aktuellen Ereignisse informiert* Nachrichten ansehen, Nachrichten hören ◆ Abend-, Kurz-, Spät-,

Nach·rich·ten·agen·tur die <-, -en> *ein Unternehmen, das Nachrichten[1] sammelt und und an Zeitungen, Fernsehsender, Rundfunkanstalten o.Ä. weiterleitet*

Nach·rich·ten·an·ge·bot das <-(e)s, -e> *Menge an Nachrichten[1], die von einer Zeitung, einem Fernsehsender, einem Radioprogramm o.Ä. angeboten werden* Das Nachrichtenangebot dieses Senders ist aber recht dürftig.

Nach·rich·ten·dienst der <-es, -e> **1.** *Nachrichtenagentur* **2.** (MILIT. POL.: *geh.*) *ein staatlicher Geheimdienst* ◆ Bundes-

nach·rich·ten·dienst·lich *Adj.* MILIT. POL. *geheimdienstlich*

Nach·rich·ten·ka·nal der <-s, Nachrichtenkanäle> *ein Sender im Fernsehen oder im Radio, der überwiegend Nachrichten ausstrahlt*

Nach·rich·ten·ma·ga·zin das <-s, -e> *eine Zeitschrift, die meistens wöchentlich erscheint und wichtige aktuelle Nachrichten[1] aus Politik, Wirtschaft, Kultur o.Ä. behandelt*

Nach·rich·ten·sa·tel·lit der <-en, -en> *ein Satellit, der kommerziell oder militärisch genutzt wird und über den Nachrichten[1] gesendet werden*

Nach·rich·ten·sen·dung die <-, -en> *Sendung im Fernsehen oder Radio mit wichtigen aktuellen Nachrichten[1]*

Nach·rich·ten·sper·re die <-, -n> *Verbot, die Öffentlichkeit oder die Presse über bestimmte Ereignisse zu informieren* eine Nachrichtensperre verhängen/aufheben

Nach·rich·ten·spre·cher, **Nach·rich·ten·spre·che·rin** der <-s, -> *jmd., der in einer Nachrichtensendung die Nachrichten[1] verliest*

Nach·rich·ten·tech·nik die <-> *(kein Plur.) Gebiet der Technik, das sich damit beschäftigt, wie Informationen technisch übertragen werden können*

Nach·rich·ten·we·sen das <-s> *(kein Plur.) alles, was mit der Übermittlung und Verbreitung von Nachrichten zusammenhängt*

nach·rü·cken <rückst nach, rückte nach, ist nachgerückt> *ohne OBJ* ■ *jmd. rückt (irgendwohin) nach ein Amt oder eine Funktion von jmdm., der eine höhere Position hat als man selbst, übernehmen* Sie rückte nach Ausscheiden des Ministers auf dessen Posten nach.

Nach·ruf der <-(e)s, -e> *ein Text, mit dem jmd., der vor kurzem gestorben ist, gewürdigt wird* Nach seinem plötzlichen Tod erschien ein Nachruf in der Zeitung.

nach·ru·fen <rufst nach, rief nach, hat nachgerufen> *mit OBJ/ ohne OBJ* ■ *jmd. ruft (jmdm.) (etwas) nach etwas sehr laut zu jmdm. sagen, der gerade weggegangen ist* Er rief ihr noch nach, sie solle auch Brot kaufen, aber da war sie schon aus dem Haus gegangen.

Nach·ruhm der <-(e)s> *(kein Plur.) Ruhm, den ein Mensch oder sein Werk nach dem Tod genießt*

nach·rüs·ten <rüstest nach, rüstete nach, hat nachgerüstet> **I.** *mit OBJ* ■ *jmd. rüstet etwas (mit etwas Dat.) nach* TECHN. *ein Gerät, eine Maschine o.Ä. ändern, um es dadurch technisch zu verbessern* Er rüstet seinen Computer ständig nach. **II.** *ohne OBJ* ■ *jmd. rüstet nach* (MILIT.: ↔ *abrüsten*) *neue Waffen beschaffen, um den gleichen Stand wie der Gegner zu erreichen*

Nach·rüs·tung die <-, -en> **1.** TECHN. *das Nachrüsten[1]* **2.** MILIT. *der Vorgang, dass neue Waffen beschafft werden, um einem Gegner gleichrangig zu sein*

nach·sa·gen <sagst nach, sagte nach, hat nachgesagt> *mit OBJ* **1.** (≈ *nachsprechen*) ■ *jmd. sagt (jmdm.) etwas nach das, was ein anderer gesagt hat, wiederholen* Er spricht es vor und du sagst es dann langsam nach. **2.** ■ *jmd. sagt jmdm. etwas nach etwas von einer Person behaupten, das meistens nicht stimmt* Ihm wird nachgesagt, dass er unpünktlich sei.

Nach·sai·son die <-, s/-en> (↔ *Vorsaison*) *Zeit nach der Hauptsaison* Die Flüge sind in der Nachsaison billiger.

nach·sal·zen <salzt nach, salzte nach, hat nachgesalzen> *mit OBJ/ohne OBJ noch mehr Salz zu einem Essen tun* Ich habe zu wenig Salz an die Kartoffeln getan, du musst sie noch nachsalzen!

Nach·satz der <-es, Nachsätze> *Nachtrag oder Ergänzung in einer (schriftlichen) Äußerung*

nach·schau·en <schaust nach, schaute nach, hat nachgeschaut> **I.** *mit OBJ* **1.** ■ *jmd. schaut etwas nach (süddt., österr., schweiz.) nachschlagen[1]* Ich weiß nicht, wann Luther gestorben ist, da muss ich erstmal im Lexikon nachschauen., im Fahrplan nachschauen **2.** (≈ *nachsehen*) ■ *jmd. schaut etwas nach überprüfen, ob alles richtig funktioniert*

Der Motor macht so komische Geräusche; können Sie mal nachschauen? **II.** *ohne OBJ* ■ *jmd. schaut jmdm./etwas nach* (≈ *nachsehen*) *hinter jmd. oder etwas hersehen, der/das sich entfernt* Wehmütig schaute er den auslaufenden Schiffen nach.

nach·schi·cken <schickst nach, schickte nach, hat nachgeschickt> *mit OBJ* ■ *jmd. schickt (jmdm.) etwas nach etwas an jmdn. schicken, der jetzt anderswo ist* Kannst du mir bitte alle Briefe an meine neue Adresse nachschicken?

nach·schie·ßen <schießt nach, schoss nach, hat nachgeschossen> *mit OBJ* ■ *jmd. schießt jmdm. etwas nach* (*umg.*) *jmdm., der schon Geld bekommen hat, noch mehr Geld geben* Papa, schießt du mir noch ein paar Euro für diesen Monat nach?

Nach·schlag der <-(e)s> (*kein Plur.*) *eine zusätzliche Portion von einem Essen* In der Kantine verlangt er stets einen Nachschlag.

nach·schla·gen[1] <schlägst nach, schlug nach, hat nachgeschlagen> *mit OBJ/ohne OBJ* ■ *jmd. schlägt (etwas) nach in ein Buch, ein Notizbuch, ein Lexikon, einen Fahrplan o.Ä. sehen, um eine Information zu finden oder zu überprüfen* Du kannst den Begriff doch im Wörterbuch nachschlagen!, Wenn du ihre genaue Ankunft wissen willst, musst du im Fahrplan nachschlagen.

nach·schla·gen[2] <schlägst nach, schlug nach, hat nachgeschlagen> *ohne OBJ* ■ *jmd. schlägt jmdm. nach jmdm., mit dem man verwandt ist, im Aussehen oder Charakter ähnlich sein* Er schlägt ganz seinem Vater nach.

Nach·schla·ge·werk das <-(e)s, -e> *ein Buch, das Stichwörter in alphabetischer Reihenfolge enthält und in dem man etwas nachschlagen*[1] *kann* Das neue Lexikon ist ein hervorragendes Nachschlagewerk.

nach·schlei·chen <schleichst nach, schlich nach, ist nachgeschlichen> *ohne OBJ* ■ *jmd. schleicht jmdm. nach jmdm. heimlich folgen und dabei versuchen, dass man nicht bemerkt wird* Warum schleichst du mir dauernd nach?

Nach·schlüs·sel der <-s, -> *Kopie von einem Schlüssel* einen Nachschlüssel machen/anfertigen lassen

nach·schrei·ben <schreibst nach, schrieb nach, hat nachgeschrieben> *mit OBJ* SCHULE ■ *jmd. schreibt etwas nach eine Prüfung oder ein Examen zu einem Zeitpunkt schreiben, der nach dem ursprünglichen Termin liegt* Weil sie krank war, durfte sie die Mathematikarbeit nachschreiben.

Nach·schrift die <-, -en> **1.** *ein zusätzlicher Text in einem Brief* Der Brief hatte eine Nachschrift. **2.** *schriftliche stichwortartige Wiedergabe eines Vortrages* Der Student fertigte fleißig eine Nachschrift der Vorlesung an.

Nach·schub der <-(e)s> (*kein Plur.*) **1.** MILIT. *alles, mit dem eine Truppe im Krieg versorgt wird* Nachschub an neuer Kleidung, den Nachschub unterbrechen ◆-truppe, -weg, Essens-, Munitions- **2.** (*umg.*) *neues Material* Wir haben Nachschub an Festplatten gekriegt. **3.** (*umg.*) *Essen und Getränke, die gebracht werden, wenn auf einer Party oder bei einer Feier schon alles verbraucht ist* Das Bier ist alle, wir brauchen dringend Nachschub!

nach·schwät·zen <schwätzt nach, schwätzte nach, hat nachgeschwätzt> *mit OBJ* ■ *jmd. schwätzt etwas nach* (*süddt., österr., abwert.*) *die Meinung anderer ohne Kritik und gedankenlos wiederholen*

Nach·se·hen das <-s> (*kein Plur.*) ■ **jemand hat das Nachsehen**: *jmd. bekommt oder erreicht nicht das, was er will* Wenn du nicht pünktlich bist, wirst du wieder das Nachsehen haben.

nach·se·hen <siehst nach, sah nach, hat nachgesehen> **I.** *mit OBJ/ohne OBJ* ■ *jmd. sieht (etwas) nach nachschlagen*[1] **II.** *mit OBJ* **1.** ■ *jmd. sieht etwas nach etwas ansehen, um zu überprüfen, ob alles richtig ist und funktioniert* Kannst du noch die Hausaufgaben der Kinder nachsehen?, Wir sollten die Bremsen besser nachsehen lassen. **2.** ■ *jmd. sieht jmdm. etwas nach die Fehler oder Schwächen von jmdm. tolerieren* Sie sieht ihm seine kleinen Schwächen nach. **III.** *ohne OBJ* ■ *jmd. sieht jmdm./etwas nach hinter jmdm. oder etwas hersehen, der/das sich von der betreffenden Person entfernt* Sie sahen dem Ballon noch lange nach.

nach·sen·den <sendest nach, sandte nach/sendete nach, hat nachgesandt/nachgesendet> *mit OBJ* ■ *jmd. sendet etwas nach* (≈ *nachschicken*) *etwas an jmdn. schicken, der mittlerweile an einem anderen Ort ist* Er ist umgezogen, deshalb wird die Post an seine neue Adresse nachgesandt. ▶Nachsendung

nach·set·zen <setzt nach, setzte nach, hat nachgesetzt> *ohne OBJ* ■ *jmd. setzt jmdm./etwas nach* (≈ *nachjagen, verfolgen*) *jmdm. oder etwas sehr schnell folgen, um ihn/es zu fangen oder einzuholen* Sofort setzte sie dem Handtaschendieb nach.

Nach·sicht die <-> (*kein Plur.*) *Verständnis oder Geduld, wenn jmd. oder etwas von jmdm. beurteilt wird* Du solltest Nachsicht mit ihr haben, sie arbeitet doch noch nicht sehr lange in dieser Abteilung.

nach·sich·tig *Adj. geduldig und verständnisvoll* Sie war stets nachsichtig gegen ihre Kinder/gegenüber ihren Kindern/mit ihren Kindern.

Nach·sil·be die <-, -n> (SPRACHWISS.: ≈ *Suffix* ↔ *Vorsilbe, Präfix*) *ein Element der Sprache, das an ein Wort angehängt wird* Die Nachsilbe „-heit" beim Wort „Faulheit" zeigt, dass es ein Femininum ist.

nach·sin·gen <singst nach, sang nach, hat nachgesungen> *mit OBJ/ohne OBJ* ■ *jmd. singt (jmdm.) (etwas) nach genau das singen, was man gehört hat oder was ein anderer gesungen oder gespielt hat* Sie sang immer die alte Melodie aus dem berühmten Film nach., einen Schlager nachsingen

nach·sin·nen <sinnst nach, sann nach, hat nachgesonnen> *ohne OBJ* ■ *jmd. sinnt über etwas Akk. nach* (*geh.*) *über etwas nachdenken* Schon den ganzen Tag sinnt sie über das Problem nach.

nach·sit·zen <sitzt nach, saß nach, hat/ist nachgesessen> *ohne OBJ* ■ *jmd. sitzt nach* SCHULE *zur Strafe länger als die anderen Schüler in der Schule bleiben* Er muss eine Stunde nachsitzen, weil er dauernd den Unterricht stört.

Nach·sor·ge die <-> (*kein Plur.*) MED. *Betreuung eines Patienten nach einer Krankheit oder Operation durch einen Arzt*

Nach·sor·ge·kli·nik die <-, -en> (MED.: ≈ *Rehabilitationsklinik*) *Krankenhaus, in dem Patienten eine Nachsorge erhalten*

Nach·spei·se die <-, -n> (KOCH.: ≈ *Nachtisch, Dessert* ↔ *Vorspeise*) *Essen, das meist süß ist, und nach dem Hauptgericht gegessen wird* ein Eis als Nachspeise

Nach·spiel das <-(e)s, -e> (*Plur. selten*) **1.** MUS. THEAT. *kleineres Stück, das der Hauptaufführung als Nachtrag folgt* **2.** *Folgen einer Handlung, die meistens unangenehm sind* Dieser Vorfall wird noch ein gerichtliches Nachspiel haben.

nach·spie·len <spielst nach, spielte nach, hat nachgespielt> **I.** *mit OBJ* **1.** ■ *jmd. spielt etwas nach ein Musikstück, das man gehört hat, selbst auf einem Instrument spielen* Kannst du das Lied nachspielen? **2.** ■ *jmd. spielt etwas nach ein Theaterstück o.Ä. aufführen, das schon anderswo so gespielt wurde* Man spielte das Musical auf der ganzen Welt nach. **II.** *ohne OBJ* ■ *jmd. lässt nachspielen* SPORT *ein Mannschaftsspiel, wie Fußball oder Handball, länger als die offizielle Spielzeit dauern lassen* Der Schiedsrichter lässt 10 Minuten nachspielen.

nach·spi·o·nie·ren <spionierst nach, spionierte nach, hat nachspioniert> *ohne OBJ* ■ *jmd. spioniert jmdm.nach heimlich das, was jmd. anderes tut, überprüfen* Der eifersüchtige Ehemann spionierte seiner Frau schon ein halbes Jahr nach.

nach·spre·chen <sprichst nach, sprach nach, hat nachgesprochen> *mit OBJ/ohne OBJ* ■ *jmd. spricht (jmdm.) (etwas) nach genau das, was man von einem anderen gehört hat, sagen* Der Minister sprach den Eid nach., Sprechen Sie mir bitte nach!

nach·spü·len <spülst nach, spülte nach, hat nachgespült> **I.** *mit OBJ/ohne OBJ* ■ *jmd. spült (etwas) nach Geschirr noch einmal spülen* **II.** *ohne OBJ* ■ *jmd. spült (mit etwas Dat.) nach* (*umg.*) *etwas schnell trinken, nachdem man schon etwas anderes getrunken oder gegessen hat*

nach·spü·ren <spürst nach, spürte nach, hat nachgespürt> *ohne OBJ* ■ *jmd. spürt jmdm./etwas nach versuchen durch Forschen oder Beobachten herauszufinden, was jmd. macht oder wo jmd./etwas sich befindet* Der Geheimdienst spürte den Terroristen schon seit langer Zeit nach., Sein ganzes Leben spürte er dem verlorenen Schatz der Piraten nach.

nächst *Präp. + Dat.* (*geh.*) **1.** *räumlich gleich daneben* Es ist das Gebäude nächst der Bank. **2.** *neben, unmittelbar folgend* Nächst diesem hat er noch drei andere Projekte.

nächst·bes·te <nicht steig.> (*nur attr., nur mit dem bestimmten Artikel*) *Adj. das, was man als erstes vorfindet* Wir hatten großen Hunger und gingen deshalb in das nächstbeste Restaurant.

Nächs·te der/die <-n, -n> **1.** *der in der Reihenfolge direkt Folgende* Der/Die Nächste, bitte!, Wer kommt als Nächstes? **2.** (*geh.*) *Mitmensch* Du sollst deinen Nächsten lieben.

nächs·te **I.** *Superl. von* **nahe** **II.** *Adj.* (*nur attr.*) **1.** *so, dass etwas am wenigsten weit entfernt ist oder räumlich zuerst kommt* An der nächsten Ecke müssen Sie links abbiegen. **2.** *so, dass etwas zeitlich direkt folgt* Nächste Woche um diese Zeit sind wir im Urlaub. **3.** *so, dass jmd. jmdm. nahe steht* Nur die nächsten Verwandten wurden eingeladen. ◆ Zusammenschreibung→R 4.5 die nächstgelegene Kreuzung, das nächsthöhere Stockwerk, der nächstmögliche Termin, die nächstliegende Lösung, das nächstfolgende Wort

nach·ste·hen <stehst nach, stand nach, hat/ist nachgestanden> *ohne OBJ* ■ *jmd. steht jmdm. (an etwas Dat.)/(in etwas Akk.) nach im Vergleich mit jmdm. auf einem Gebiet schlechter oder schwächer sein* Er stand seinen Kollegen an Pünktlichkeit in nichts nach.

nach·ste·hend <nicht steig.> *Adj.* (≈ *nachfolgend*) *so, dass etwas direkt nach einer bestimmten Stelle im Text folgt* ◆ Großschreibung→R 3.7 das Nachstehende/Nachstehendes zur Kenntnis nehmen, Im Nachstehenden finden Sie die Einzelheiten.

nach·stei·gen <steigst nach, stieg nach, ist nachgestiegen> *ohne OBJ* ■ *jmd. steigt jmdm. nach* (*umg.* ≈ *nachstellen*) (*als Mann*) *sich einer Frau immer wieder nähern und versuchen mit ihr Kontakt aufzunehmen* Jetzt steigt er ihr schon seit Monaten nach!

nach·stel·len <stellst nach, stellte nach, hat nachgestellt> **I.** *mit OBJ* **1.** ■ *jmd. stellt etwas nach eine Situation oder Szene originalgetreu wiedergeben* Wir stellen eine Szene aus Hamlet nach. **2.** ■ *jmd. stellt etwas nach* TECHN. *ein Gerät, eine Maschine o.Ä. wieder neu einstellen* Die Mechaniker stellten die Bremsen nach. **3.** ■ *jmd. stellt eine Uhr nach die Uhrzeiger wieder auf die richtige Zeit drehen* **II.** *ohne OBJ* **1.** ■ *jmd. stellt einem Tier nach* (*geh.*) *ein Tier jagen* Die Jäger stellten dem Wild nach. **2.** ■ *jmd. stellt jmdm. nach* (*abwert.*) *versuchen, mit einer Frau in Kontakt zu kommen* Der Chef stellt seiner Sekretärin nach.

Nächs·ten·lie·be die <-> (*kein Plur.*) *die Liebe und Rücksicht, die man seinen Mitmenschen entgegenbringt*

nächs·tens *Adv.* **1.** *bald* Ich hoffe, nächstens von ihr zu hören. **2.** (*geh.*) *am Ende* Nächstens willst du noch auf Weltreise gehen.

nächst·ge·le·gen (*nur attr.*) *Adj. so, dass etwas am wenigsten weit weg ist* der nächstgelegene Parkplatz

nächst·hö·her (*nur attr.*) *Adj. so, dass etwas in einer Hierarchie oder in einer Reihenfolge einen Rang oder eine Stufe höher ist* der nächsthöhere Offiziersrang, die nächsthöhere Gehaltsklasse

nächst·mög·lich <nicht steig.> (*nur attr.*) *Adj. so, dass etwas von einem bestimmten Zeitpunkt an als Nächstes möglich ist* Sie können zum nächstmöglichen Termin kündigen.

nach·su·chen <suchst nach, suchte nach, hat nachgesucht> *ohne OBJ* **1.** ■ *jmd. sucht (irgendwo) nach intensiv suchen* Ich habe überall nachgesucht, kann aber meine Brille nicht finden. **2.** ■ *jmd. sucht (bei jmdm.) um etwas Akk. nach (geh.) offiziell und sehr förmlich um etwas bitten* Er hat um seine Entlassung nachgesucht.

Nacht die <-, Nächte> **1.** (↔ *Tag*) *der Zeitraum zwischen Abend und Morgen, während dessen es völlig dunkel ist* die Nacht vom Dienstag auf Mittwoch, bis spät in die Nacht, in der Nacht zum Donnerstag, Die Nacht bricht herein., Es wird Nacht. ◆ Samstag-, Sonntag-, Montag-, Dienstag-, Mittwoch-, Donnerstag-, Freitag- **2.** *in der Nacht*[1] Wir treffen uns heute Nacht. ■ **die Heilige Nacht**: *die nacht vom 24. auf den 25. Dezember* **Gute Nacht!**: *verwendet, um jmdn. zu verabschieden, der zu Bett geht* **zur Nacht** (*geh.*): *nachts* **bei Einbruch der Nacht**: *zu Beginn der Nacht*[1] **bei Nacht und Nebel** (*umg.*): *ganz heimlich* Sie brachen bei Nacht und Nebel auf. **über Nacht**: *innerhalb sehr kurzer Zeit* Das Buch wurde über Nacht zum Bestseller. **schwarz wie die Nacht**: *völlig schwarz* **hässlich/dumm/doof usw. wie die Nacht** (*umg.*): *sehr hässlich/dumm/doof usw.* **sich die Nacht um die Ohren schlagen** (*umg.*): *die ganze Nacht*[1] *wach bleiben* **die Nacht zum Tage machen**: *in der Nacht nicht schlafen, sondern arbeiten, feiern usw.* **jemandem schlaflose Nächte bereiten**: *jmdm. große Probleme oder Sorgen bereiten* (**Na**) **dann(,) gute Nacht!** (*umg.*): *verwendet, um auszudrücken, dass man für eine bestimmte Situation das Schlimmste befürchtet* Wenn jetzt auch noch die Ölpreise steigen, dann gute Nacht! *siehe auch* **Abend**

nacht·ak·tiv *Adj.* ZOOL. *so, dass Tiere während der Nacht*[1] *aktiv sind und tagsüber schlafen*

Nacht·ar·beit die <-> (*kein Plur.*) *Arbeit in der Nacht*[1] Nachtarbeit ist für das Krankenhauspersonal normal.

Nacht·blind·heit die <-> (*kein Plur.*) *eingeschränkte Fähigkeit, bei Dunkelheit genau zu sehen*

Nacht·creme, *a.* **Nacht·krem(e)** die <-, -s> *Creme, die pflegt und am Abend auf das Gesicht aufgetragen wird, bevor man schlafen geht*

Nacht·dienst der <-(e)s, -e> *Dienst, den man besonders im Krankenhaus in der Nacht*[1] *hat* Der Assistenzarzt hat heute Nachtdienst.

Nach·teil der <-(e)s, -e> (↔ *Vorteil*) *ungünstige und negative Auswirkungen, die etwas haben kann* Dieses Auto hat den Nachteil, dass es sehr viel Benzin verbraucht. ■ (**jemandem gegenüber**) **im Nachteil sein**: *in einer schlechteren oder ungünstigeren Situation sein als ein anderer* **etwas gereicht jemandem zum Nachteil** (*geh.*): *etwas hat für jmdn. negative Folgen*

nach·tei·lig *Adj.* (≈ *negativ* ↔ *vorteilhaft*) *so, dass etwas mit Nachteilen verbunden ist* nachteilige Folgen, Dein Verhalten wirkt sich nachteilig auf das Arbeitsklima aus!

näch·te·lang **I.** *Adj. so, dass es mehrere Nächte*[1] *dauert* Nächtelange Diskussionen waren die Folge. **II.** *Adv. während mehrerer Nächte* Er hatte sich nächtelang mit der Lösung des Problems beschäftigt.

nach·ten *mit ES* ■ *es nachtet (süddt., schweiz.) Nacht*[1] *werden* Es nachtet schon.

näch·tens *Adv.* (*geh.*) *in der Nacht* Nächtens schlafen die meisten Menschen.

Nacht·es·sen das <-s, -> (*schweiz.*) *Abendessen*

Nacht·eu·le die <-, -n> (*umg. scherzh.* ≈ *Nachtschwärmer*) *jmd., der gewöhnlich spät ins Bett geht und in der Nacht*[1] *sehr aktiv ist*

Nacht·fal·ter der <-s, -> *ein nachtaktiver Schmetterling*

Nacht·flug·ver·bot das <-(e)s, -e> *Verbot, das das Starten und Landen von Flugzeugen auf Flughäfen während der Stunden meistens zwischen Mitternacht und dem frühen Morgen betrifft*

Nacht·frost der <-(e)s, Nachtfröste> *der Zustand, dass die Temperatur während der Nacht*[1] *unter Null Grad ist*

Nacht·hemd das <-(e)s, -en> *eine Art langes Hemd, das man zum Schlafen anzieht*

Nach·ti·gall die <-, -en> *ein kleiner Vogel, der häufig auch während der Nacht sehr schön singt*

näch·ti·gen *ohne OBJ* ■ *jmd. nächtigt (irgendwo) (österr.) übernachten* Er musste im Gartenhaus nächtigen.

Näch·ti·gung die <-, -en> (*österr.*) *Übernachtung*

Näch·ti·gungs·plus das <-ses> (*österr.*) *Ermäßigung oder Rabatt bei mehreren Übernachtungen in einem Hotel*

Nach·tisch der <-(e)s> (*kein Plur.*) (KOCH.: ≈ *Dessert*) *Nachspeise* Als Nachtisch gibt es Obst.

Nacht·klub der <-s, -s> (≈ *Night-Club*) *Lokal, das nachts sehr lange geöffnet hat und in dem häufig auch erotische Unterhaltung angeboten wird*

Nacht·la·ger das <-s, -> *Platz zum Schlafen, auf dem man die Nacht verbringt* Ich mache dir das Nachtlager auf dem Sofa zurecht.

Nacht·le·ben das <-s> (*kein Plur.*) *alle (in einer Stadt vorhandenen) Gelegenheiten, abends und in der Nacht auszugehen und sich zu amüsieren* Sie genießt das Nachtleben in der Großstadt.

nächt·lich <nicht steig.> (*nur attr.*) *Adj. so, dass etwas zur Nacht*[1] *gehört oder in der Nacht*[1] *stattfindet* Sie genossen die nächtliche Stille., nächtliche Vergnügungen

Nacht·lo·kal das <-(e)s, -e> *Lokal, das noch auf hat, wenn die anderen Lokale schon geschlossen sind*

Nacht·mahl das <-(e)s, -e/Nachtmähler> (*Plur. selten*) (*süddt. österr.*) *Abendessen*

Nacht·por·ti·er der <-s, -s> *Portier, der in der Nacht*[1] *an der Hotelrezeption arbeitet*

Nach·trag der <-(e)s, Nachträge> *Text, den man später zu einem schon geschriebenen Text hinzu-*

fügt einen Nachtrag zu etwas verfassen/schreiben

nach·tra·gen <trägst nach, trug nach, hat nachgetragen> *mit OBJ* **1.** ■ *jmd. trägt (jmdm.) etwas nach etwas zu jmdm., der schon weggegangen ist, tragen* Immer muss ich dir deine Tasche nachtragen; kannst du nicht mal selber daran denken? **2.** ■ *jmd. trägt etwas nach* (≈ *hinzufügen*) *etwas später sagen oder schreiben, weil man vorher vergessen hat, es an der richtigen Stelle zu erwähnen* Anmerkungen in einem Essay nachtragen **3.** ■ *jmd. trägt jmdm. etwas nach etwas Schlechtes oder Böses nicht vergessen, das einem von einem anderen zugefügt wurde* Sie hat es ihrer Freundin noch lange nachgetragen, dass sie nicht zur Hochzeit eingeladen wurde.

nach·tra·gend *Adj. so, dass sich jmd. übertrieben lange über jmdn. oder etwas ärgert* Er hat mich schon wieder auf dieses Missverständnis von damals angesprochen, er ist und bleibt ein nachtragender Mensch.

nach·träg·lich <nicht steig.> *Adj.* (≈ *im Nachhinein*) *so, dass es nach dem eigentlichen Zeitpunkt stattfindet* Ich wollte dir nachträglich zum Geburtstag gratulieren.

Nach·trags·haus·halt der <-(e)s, -e> AMTSSPR. *Haushaltsplan, der nach dem ersten Haushaltsplan aufgestellt wird, weil dieser nicht mehr stimmt*

nach·trau·ern <trauerst nach, trauerte nach, hat nachgetrauert> *ohne OBJ* ■ *jmd. trauert jmdm./etwas nach traurig sein, weil jmd. oder etwas nicht mehr da ist* Sie trauerte ihrem Garten noch lange nach., Noch immer trauert er seiner ersten großen Liebe nach.

Nacht·ru·he die <-> (*kein Plur.*) **1.** *Schlaf in der Nacht* Der Autolärm stört mich in meiner Nachtruhe **2.** *Zeit zwischen 22 Uhr und 6 Uhr, in der man keinen Lärm machen sollte, um die anderen nicht beim Schlafen zu stören*

nachts *Adv. in oder während der Nacht* Nachts schlafen die meisten Menschen., Bis 2 Uhr nachts lag ich wach. ■ **Nachts sind alle Katzen grau!** (*umg.*): *im Dunkeln fällt etwas nicht weiter auf; siehe auch* **abends**

Nacht·schal·ter der <-s, -> *Stelle meistens an der Eingangstür einer Apotheke, einer Tankstelle o.Ä., an der in der Nacht*[1] *Kunden bedient werden* Der Nachtschalter ist selbstverständlich geöffnet.

Nacht·schicht die <-, -en> *die Schicht Arbeit in der Nacht*[1]

nacht·schla·fend <nicht steig.> *Adj.* ■ **zu nachtschlafender Zeit** (*umg.*): *nachts, wenn alle Leute schlafen* Sie rief zu nachtschlafender Zeit an.

Nacht·schränk·chen das <-s, -> (≈ *Nachttisch*)

Nacht·schwär·mer der <-s, -> (*scherzh.*) *jmd., der gerne und lange nachts ausgeht und sich vergnügt*

Nacht·schwes·ter die <-, -n> *Krankenschwester, die Nachtdienst hat*

Nacht·sei·te die <-, -n> (*übertr.*) *dunkle, obskure Seite* Der Film zeigt die Nachtseiten des Großstadtlebens.

Nacht·spei·cher·o·fen der <-s, Nachtspeicheröfen> *Heizvorrichtung, die besonders den billigen Nachtstrom nutzt, diesen als Wärme speichert und die Wärme am Tag abgibt*

Nacht·strom der <-(e)s> (*kein Plur.*) *Strom, der nachts geliefert wird und billiger als der Strom bei Tag ist*

Nacht·ta·rif der <-(e)s, -e> **1.** (*höherer*) *Lohn, den man für Arbeit während der Nacht bekommt* **2.** *besonderer Tarif, der während der Nacht für Dienstleistungen, Fahrkarten, Telefonverbindungen o.Ä. gilt*

Nacht·tisch der <-(e)s, -e> *ein kleiner Schrank oder Tisch, der direkt neben dem Bett steht und auf dem zum Beispiel der Wecker und eine Lampe stehen können* ◆ -lampe

Nacht·topf der <-(e)s, Nachttöpfe> *eine Art Topf, den man vor allem früher unter das Bett stellte und benutzte, wenn man seine Notdurft verrichten musste, aber nicht zur Toilette gehen wollte*

Nacht·tre·sor der <-s, -e> *Tresor an einer Bank, in dem man nach Schalterschluss Geld deponieren kann*

Nacht-und-Ne·bel-Ak·ti·on die <-, -en> (*umg.*) *eine überraschende Aktion, die meist von der Polizei heimlich geplant und bei Nacht durchgeführt wird* In einer Nacht-und-Nebel-Aktion gelang es den Polizeikräften, die Entführer zu überwältigen.

Nacht·vor·stel·lung die <-, -en> *ein Kinofilm, ein Theaterstück, ein Kabarett o.Ä., die nachts gezeigt werden*

Nacht·wa·che die <-, -n> **1.** *Dienst, bei dem jmd. nachts etwas bewacht* **2.** GESCH. *Dienst, bei dem ein Mann nachts in der Stadt umherging, um aufzupassen, dass nichts passierte* **3.** MED. *Dienst eines Arztes oder einer Krankenschwester während der Nacht im Krankenhaus*

Nacht·wäch·ter, **Nacht·wäch·te·rin** der <-s, -> **1.** *jmd., der nachts ein Gebäude bewacht* **2.** GESCH. *jmd., der früher eine Nachtwache*[2] *hielt und auch regelmäßig die Uhrzeit ausrief*

nacht·wan·deln <nachtwandelst, nachtwandelte, hat/ist nachtgewandelt> *ohne OBJ* ■ *jmd. nachtwandelt schlafwandeln*

Nacht·zeit die <-, -en> (↔ *Tageszeit*) *Zeit während der Nacht*[1]

Nach·un·ter·su·chung die <-, -en> MED. *Untersuchung, die nach einer Operation zu einem späteren Zeitpunkt vorgenommen wird* Sie sollte einen Monat nach dem Eingriff zur Nachuntersuchung kommen.

nach·voll·zieh·bar *Adj.* (≈ *verständlich*) *so, dass man es nachvollziehen kann*

nach·voll·zie·hen <vollziehst nach, vollzog nach, hat nachvollzogen> *mit OBJ* ■ *jmd. vollzieht etwas nach jmd. kann sich denken oder vorstellen, wie etwas gewesen ist* Ich konnte ihr Verhalten beim besten Willen nicht nachvollziehen.

nach·wach·sen <wächst nach, wuchs nach, ist nachgewachsen> *ohne OBJ* ■ *etwas wächst nach etwas wächst wieder da, wo vorher etwas abge-*

schnitten oder entfernt wurde Das Gras wächst schnell wieder nach., Obwohl ich die Diesteln immer wieder ausreiße, wachsen sie sehr schnell nach.

Nach·wahl die <-, -en> *Wahl, die nach der eigentlichen Wahl zu einem späteren Zeitpunkt durchgeführt wird*

Nach·we·hen *Plur.* **1.** MED. *der Vorgang, dass sich die Gebärmutter nach der Geburt nochmals zusammenzieht* **2.** (*umg.*) *die Auswirkungen oder Folgen von etwas Beschwerlichem* Wir litten noch an den Nachwehen der langen Fahrt.

nach·wei·nen <weinst nach, weinte nach , hat nachgeweint> *ohne OBJ* ■ *jmd. weint jmdm. nach jmd. ist traurig, dass jmd. weggegangen ist oder etwas verloren ging* Bei allem, was er dir angetan hat, wirst du ihm doch wohl nicht nachweinen. ■ **jemandem/etwas keine Träne nachweinen**: *nicht traurig, sondern eher erleichtert sein, dass jmd. weggegangen ist oder etwas verloren ging* Dieser Arbeitsstelle weine ich keine Träne nach!

Nach·weis der <-es, -e> **1.** *Argumentationsweg oder Handlung, die zeigen, dass etwas richtig oder wahr ist* Er führte den wissenschaftlichen Nachweis für die Richtigkeit seiner Theorie. **2.** *Dokumente, die etwas nachweisen oder bescheinigen* den Nachweis der Flugtauglichkeit erbringen ◆ Befähigungs-, Identitäts-, Literatur-

nach·weis·bar <nicht steig.> *Adj. so, dass etwas nachgewiesen werden kann*

nach·wei·sen <weist nach, wies nach, hat nachgewiesen> *mit OBJ* **1.** ■ *jmd. weist etwas nach mit Argumenten oder wissenschaftlichen Beweisen oder Handlungen zeigen, dass etwas wahr oder richtig ist* Die Existenz dieses Tieres ist bis heute nicht nachgewiesen., Mängel am Motor konnten nicht nachgewiesen werden. **2.** ■ *jmd. weist etwas nach mit Dokumenten zeigen, dass man etwas hat oder zu etwas befähigt ist* Er konnte keinen festen Wohnsitz nachweisen., Bei der Prüfung musste er nachweisen, dass er den Text verstanden hatte. **3.** ■ *jmd. weist jmdm. etwas nach jmd. beweist, dass jmd. etwas getan hat* Es war leicht, ihm seinen Fehler nachzuweisen.

nach·weis·lich <nicht steig.> *Adj. so, dass es bewiesen ist* Ihre Aussage ist nachweislich falsch.

Nach·welt die <-> (*kein Plur.*) *alle später lebenden Menschen* etwas der Nachwelt hinterlassen/überlassen/überliefern

nach·wer·fen <wirfst nach, warf nach, hat nachgeworfen> *mit OBJ* **1.** ■ *jmd. wirft etwas nach jmd. wirft in etwas noch mehr Geldstücke hinein* Wenn Sie noch weiter telefonieren wollen, müssen sie 50 Cent nachwerfen. **2.** ■ *jmd. wirft jmdm. etwas nach* (*umg.*) *jmdm. etwas sehr leicht machen, etwas zu erreichen oder jmdm. etwas sehr billig verkaufen* Sie musste kaum lernen, die guten Noten wurden ihr geradezu nachgeworfen., Handys werden einem ja schon fast nachgeworfen!

nach·wie·gen <wiegst nach, wog nach, hat nachgewogen> *mit OBJ/ohne OBJ* ■ *jmd. wiegt* (*etwas*) *nach etwas noch einmal wiegen, um festzustellen oder zu überprüfen, ob das Gewicht richtig ist* Sind das wirklich 300 Gramm? Wiegen Sie bitte doch noch mal nach.

nach·win·ken <winkst nach, winkte nach, hat nachgewinkt/nachgewunken> *ohne OBJ* ■ *jmd. winkt jmdm./etwas nach jmd. winkt jmdm. oder etwas, der/das weggeht oder wegfährt, hinterher*

nach·wir·ken <wirkt nach, wirkte nach, hat nachgewirkt> *ohne OBJ* ■ *etwas wirkt nach etwas hat auch später noch eine Wirkung*

Nach·wir·kung die <-, -en> *weitere, spätere Wirkung, Auswirkung* Die Filmdokumentation blieb nicht ohne Nachwirkungen auf das Publikum.

Nach·wort das <-(e)s, -e> (≈ *Epilog* ↔ *Vorwort, Prolog*) *ein Text am Ende eines Buches, der Informationen zum Autor, zum Buch o.Ä. enthält* Du musst unbedingt auch das Nachwort des Buches lesen.

Nach·wuchs der <-(e)s> (*kein Plur.*) **1.** *Kind oder Kinder in einer Familie* **2.** *in einem Arbeits- oder Fachgebiet die jüngere Generation, deren Angehörige im Beruf noch nicht etabliert sind oder eine Tätigkeit noch nicht voll ausüben* der akademische Nachwuchs, der Nachwuchs des Fußballvereins ◆ -autor, -förderung, -kraft, -mangel, -schauspieler, -spieler, -talent

Nach·wuchs·ar·beit die <-> (*kein Plur.*) SPORT *Förderung und Betreuung des Nachwuchses*[2]

nach·wür·zen <würzt nach, würzte nach, hat nachgewürzt> *mit OBJ/ohne OBJ* ■ *jmd. würzt* (*etwas*) *nach jmd. tut zu etwas noch mehr Gewürze hinzu* den Salat nachwürzen

nach·zah·len <zahlst nach, zahlte nach, hat nachgezahlt> *mit OBJ/ohne OBJ* ■ *jmd. zahlt* (*etwas*) *nach eine Summe bezahlen, die man schon früher hätte bezahlen müssen* Er sollte die Fernsehgebühren für drei Monate nachzahlen., Sie musste im Zug schon wieder nachzahlen.

nach·zäh·len <zählst nach, zählte nach, hat nachgezählt> *mit OBJ/ohne OBJ* ■ *jmd. zählt* (*etwas*) *nach etwas noch einmal zählen, um zu überprüfen, ob das Ergebnis der ersten Zählung richtig ist* Man zählte alle Stimmzettel nach der Wahl ein zweites Mal nach., Der Betrag stimmt, Sie können ruhig nachzählen.

Nach·zah·lung die <-, -en> **1.** *das Nachzahlen* **2.** *Betrag, der nachzuzahlen ist* Die Nachzahlung an das Finanzamt beträgt 2000 Euro.

nach·zeich·nen <zeichnest nach, zeichnete nach, hat nachgezeichnet> *mit OBJ/ohne OBJ* **1.** ■ *jmd. zeichnet* (*etwas*) *nach etwas, das der Vorlage sehr ähnlich ist, zeichnen* **2.** ■ *jmd. zeichnet* (*etwas*) *nach* (≈ *nachziehen I.2*) *mit einem Stift eine Linie verstärken und sie so stärker sichtbar machen* Sie zeichnete den Schwung ihrer Augenbrauen mit Kajal nach. **3.** ■ *jmd. zeichnet* (*etwas*) *nach* (≈ *abpausen*) *die Linien einer Zeichnung mit Hilfe eines besonderen Papiers auf ein anderes Blatt übertragen* **4.** ■ *jmd. zeichnet etwas nach etwas in Stichwörtern wiedergeben* Sie zeichnete in wenigen Worten den Ablauf der Veranstaltung nach.

nach·zie·hen <ziehst nach, zog nach, hat/ist nachgezogen> **I.** *mit OBJ* (*haben*) **1.** ■ *jmd. zieht ein Bein nach ein Bein langsamer als das andere bewegen und deshalb hinken* Er hat ein Bein nachgezogen. **2.** ■ *jmd. zieht etwas nach* (≈ *nachzeichnen*[2]) *mit einem Stift eine Linie verstärken und sie so stärker sichtbar machen* Sie zog die Augenbrauen nach. **3.** ■ *jmd. zieht etwas nach meistens mit einem Werkzeug eine Schraube noch einmal drehen, um sie fester zu machen* Sie haben alle Schrauben nachgezogen. **II.** *ohne OBJ* **1.** ■ *jmd. zieht (jmdm.) nach jmdm., der weggegangen ist, folgen* Die hartnäckigsten Fans sind ihrem Star von Auftrittsort zu Auftrittsort nachgezogen. **2.** ■ *jmd. zieht (mit etwas Dat.) nach bei einem Brettspiel dem Zug des Gegners folgen* Nach einer halben Stunde hat er endlich mit dem Läufer nachgezogen.

Nach·zucht die <-, -en> **1.** (*kein Plur.*) *das Züchten von besonders ausgewählten Tieren* **2.** *die Nachkommen dieser Tiere*

Nach·züg·ler, **Nach·züg·le·rin** der <-s, -> **1.** *jmd., der später als alle anderen an einen Ort kommt* Bei dem Schulausflug mussten alle auf die ewigen Nachzügler warten. **2.** (*umg.*) *jmd., der wesentlich später als seine Geschwister geboren ist*

Na·cke·dei der <-s, -s> (*umg. scherzh.*) *nackter Mensch, besonders ein kleines Kind*

Na·cken der <-s, -> *der hintere Teil des Halses* den Kopf in den Nacken werfen ■ **jemandem im Nacken sitzen** (*umg.*): *jmdm. Sorgen oder Angst machen* Der Abgabetermin saß ihr im Nacken. **jemandem im Nacken sitzen**: *jmdn. verfolgen und ihm schon ganz nahe sein* Die Polizei saß den Gangstern im Nacken.

Na·cken·stüt·ze die <-, -n> *ein Stütze auf einer Rückenlehne von einem Sitz, an die man den Nacken legen kann*

nackt <nicht steig.> *Adj.* **1.** (↔ *angezogen*) *ohne Kleidung* mit nacktem Oberkörper **2.** *ohne schützende Hülle, Schicht, Schmuck* In dieser Höhe gibt es nur noch nackte Felsen., Die nackten Wände boten ein tristes Bild. **3.** (*nur attr.*) *sehr schlimm oder sehr groß* Die nackte Wut stand ihr im Gesicht geschrieben., mit nackter Verzweiflung, das nackte Elend ■ **nur das nackte Leben retten können**: *nur das Leben, aber nicht den Besitz retten können* **die nackten Tatsachen**: *nur die reinen Fakten*

Nackt·auf·nah·me die <-, -n> *Nacktfoto*

Nackt·ba·den das <-s> (*kein Plur.*) *Baden ohne Bekleidung*

Nackt·ba·de·strand der <-(e)s, Nacktbadestrände> *Strand, an dem man nackt*[1] *baden kann*

Nackt·fo·to das <-s, -s> *Foto von einer unbekleideten Person*

Nackt·heit die <-> (*kein Plur.*) *Zustand, in dem jmd. oder etwas nackt*[1 2] *ist*

Nackt·schne·cke die <-, -n> (↔ *Gehäuseschnecke*) *Schnecke ohne Schneckenhaus*

Na·del die <-, -n> **1.** *ein kleiner, dünner Gegenstand, der meist aus Metall ist und eine Spitze hat, und mit dem man näht* ◆ Häkel-, Näh-, Sicherheits-, Steck-, Stopf-, Strick-, -öhr, -spitze **2.** *ein kleiner Gegenstand, der auf einer Nadel*[1] *befestigt ist und den man irgendwo als Schmuck oder Zeichen befestigt* ◆ Ansteck-, Haar-, Krawatten- **3.** *der untere Teil einer Spritze, mit dem man in die Haut sticht* ◆ Injektions- **4.** *ein kleiner, schmaler Zeiger bei einem Gerät* Die Nadel des Kompasses zeigt nach Norden. ◆ Benzin-, Kompass-, Tacho- **5.** TECHN. *ein feines Teil, das die Form einer Nadel*[1] *hat und in einem technischen Gerät eine bestimmte Funktion ausübt* ◆ Zünd- **6.** *die feine Spitze unter dem Tonarm von einem Plattenspieler, mit der die Schallplatte abgetastet wird* Die Nadel kratzt aber ganz schön, ich glaube, ich muss sie mal wechseln. ◆ Diamant-, Saphir- **7.** (*meist Plur.*) (↔ *Blatt*) *die feinen grünen Teile, die an den Ästen von manchen Bäumen wachsen und die Form von Nadeln*[1] *haben* Fichten und Kiefern haben Nadeln und keine Blätter. ■ **wie auf Nadeln sitzen** (*umg.*): *nervös sein* **etwas ist mit der heißen Nadel genäht** (*umg. abwert.*): *verwendet als Kommentar, wenn sich eine Naht bei einem gekauften Kleidungsstück löst* **an der Nadel hängen** (*umg.*): *süchtig nach Heroin sein* **von der Nadel nicht wegkommen**: *sich nicht von der Sucht nach Heroin befreien können* ◆ Fichten-, Tannen-

Na·del·baum der <-(e)s, Nadelbäume> (BOT.: ↔ *Laubbaum*) *ein Baum, der Nadeln*[7] *und keine Blätter trägt*

Na·del·dru·cker der <-s, -> EDV *ein Drucker, der an einen Computer angeschlossen wird, und die Farbe mit Drahtstiften, die die Form von Nadeln*[5] *haben, aufträgt*

Na·del·höl·zer *Plur.* (↔ *Laubhölzer*) *die verschiedenen Arten von Nadelbäumen bzw. -sträuchern*

Na·del·kis·sen das <-s, -> *ein kleines Kissen, in das Nadeln*[1] *gesteckt werden*

na·deln <nadelst, nadelte, hat genadelt> *ohne OBJ* ■ *ein Baum nadelt die Nadeln*[7] *verlieren* Der Weihnachtsbaum nadelt.

Na·del·öhr das <-s, -e> *das kleine längliche Loch am Ende einer Nähnadel, durch das der Faden gezogen wird*

Na·del·stich der <-(e)s, -e> **1.** *Stich, den man mit einer Nadel*[1] *ausführt* **2.** *kleines Loch, das vom Stich mit einer Nadel herrührt*

Na·del·strei·fen der <-s, -> (*meist Plur.*) *feine, meist weiße Linien auf einem dunklen Stoff für Anzüge* ◆ -anzug

Na·del·wald der <-es, Nadelwälder> (BOT.: ↔ *Laubwald*) *Wald, in dem überwiegend Nadelbäume wachsen*

Na·gel[1] der <-s, Nägel> *ein schmaler Gegenstand, der meist aus Metall ist, eine Spitze und einen runden flachen Kopf hat und den man mit einem Hammer irgendwo einschlägt, um etwas zu befestigen oder aufzuhängen oder zu verbinden* den Nagel einschlagen, den Nagel mit einer Zange herausziehen, ein krummer Nagel ■ **den Nagel auf**

den Kopf treffen (*umg.*): *das Wesentliche von einer Sache erkennen und es genau beschreiben* Sie haben mal wieder den Nagel auf den Kopf getroffen! **Nägel mit Köpfen machen** (*umg.*): *eine Sache konsequent zum Abschluss bringen* Bei diesem Projekt müssen wir endlich Nägel mit Köpfen machen, sonst wird das nichts! **etwas an den Nagel hängen** (*umg.*): *mit etwas endgültig aufhören* Sie hat ihren Job an den Nagel gehängt. ◆ Eisen-, Stahl-

> **i Wissenswert** Redewendungen: Wie hast du das erraten, du hast den Nagel auf den Kopf getroffen (du hast das treffend erkannt); trotz der guten Bezahlung hat sie die Arbeit an den Nagel gehängt (sie hat es so satt gehabt, dass sie gekündigt hat); ich muss in dieser Angelegenheit unbedingt mit dir sprechen, es brennt mir auf den Nägeln (es ist sehr dringlich); sie gönnt ihrer besten Freundin nicht einmal das Schwarze unter den Nägeln (sie neidet ihr alles); die wertvollsten Antiquitäten, die teuersten Autos, ihr gelang es stets, sich alles unter den Nagel zu reißen (sie schaffte es immer, sich allem zu bemächtigen).

Na·gel[2] der <-s, Nägel> *der harte flache Teil am Ende der Finger und der Zehen* die Nägel schneiden, die Nägel lackieren, sich den Nagel einreißen ■ **etwas brennt jemandem unter den Nägeln** (*umg.*): *etwas muss dringend erledigt werden* Die Steuererklärung brennt mir unter den Nägeln! **sich etwas unter den Nagel reißen** (*umg.*): *sich etwas geschickt bei einer günstigen Gelegenheit aneignen* Hast du dir etwa schon wieder die Bücher unter den Nagel gerissen? ◆ Daumen-, Finger-, Fuß-, Zehen-,

Na·gel·bett das <-(e)s, -en/-e> ANAT. *die Fläche am Finger und am Zeh, auf der der Nagel*[2] *liegt* Am Daumen hatte sich das Nagelbett entzündet.

Na·gel·bürs·te die <-, -n> *kleine Bürste, mit der man die Nägel*[2] *saubermacht*

Na·gel·fei·le die <-, -n> *eine kleine schmale Feile, mit der man die Ränder der Nägel*[2] *glatt feilt*

Na·gel·haut die <-> (*kein Plur.*) ANAT. *die Haut, die die Nägel*[2] *an der Stelle bedeckt, an der sie aus dem Zeh oder Finger wachsen*

Nä·gel·kau·en das <-s> (*kein Plur.*) *die Handlung, dass jmd. den äußeren Rand seiner Fingernägel abkaut, weil er sehr nervös ist*

Na·gel·lack der <-(e)s, -e> *eine Art farbiger Lack, den eine Frau auf Finger- oder Fußnägel aufträgt*

Na·gel·lack·ent·fer·ner der <-s, -> *Mittel, mit dem Nagellack entfernt werden kann*

na·geln <nagelst, nagelte, hat genagelt> *mit OBJ* **1.** ■ *jmd. nagelt etwas irgendwohin etwas irgendwo mit Nägeln*[1] *befestigen* ein Brett vor die Tür nageln, ein Schild an die Wand nageln **2.** ■ *jmd. nagelt etwas etwas mit Nägeln*[1] *verbinden oder schließen* einen Knochenbruch nageln, eine Kiste nageln **3.** ■ *jmd. nagelt etwas in etwas Nägel*[1] *schlagen* genagelte Schuhe

na·gel·neu <nicht steig.> *Adj.* (*umg.*) *sehr neu* ein nagelneues Auto

Na·gel·pfle·ge die <-> (*kein Plur.*) *das Schneiden, Feilen, Saubermachen o.Ä. der Nägel*[2]

Na·gel·pro·be die <-, -en> *eine Situation, in der jmd. zeigen muss, was er kann* Die Prüfung würde für sie zur Nagelprobe werden.

Na·gel·sche·re die <-, -n> *eine kleine Schere, mit der man Nägel*[2] *schneidet*

na·gen **I.** *ohne OBJ* **1.** ■ *jmd./ein Tier nagt an etwas Dat. mit den Zähnen kleine Stücke von etwas Hartem entfernen* Der Hund nagt am Knochen. **2.** ■ *etwas nagt an jmdm. etwas quält jmdn. oder bereitet ihm große Sorgen* Das Klima nagte an seiner Gesundheit., Die dauernden Sorgen nagten an ihr., nagender Hunger **II.** *mit OBJ* **1.** ■ *ein Tier nagt etwas (in etwas Akk.) ein Tier nagt I. 1 etwas und macht dadurch ein Loch* Die Mäuse haben lauter Löcher in den Schuppen genagt. **2.** ■ *ein Tier nagt etwas (von etwas Dat.) ein Tier entfernt etwas, indem es nagt I. 1* Der Löwe nagt das Fleisch von dem Knochen.

Na·ger der <-s, -> ZOOL. *ein Nagetier*

Na·ge·tier das <-(e)s, -e> ZOOL. *ein Tier, das Pflanzen frisst und sehr scharfe und lange Vorderzähne hat, mit denen es nagen I. 1 kann* Bekannte Nagetiere sind Mäuse und Biber.

Nah·auf·nah·me die <-, -n> FOTOGR. *Foto, das jmdn. oder etwas aus sehr geringer Entfernung zeigt*

na·he *Präp. + Dat.* (*geh.*) *nicht weit entfernt von etwas* Nahe dem alten Haus findest du den Schatz! ■ **jemand bringt jemandem etwas nahe**: *jmd. bewirkt, dass sich jmd. für etwas interessiert* Dieser Lehrer konnte den Schülern die Geschichte wirklich nahe bringen. **etwas geht jemandem nahe**: *etwas berührt jmdn. so, dass er erschüttert oder traurig ist* Der Tod der Prinzessin ging ihm wirklich nahe. **einander nahe kommen**: *zwei Personen beginnen, sich zu verstehen* Allmählich kamen sie sich über ihre Leidenschaft zu Büchern nahe. **etwas kommt etwas nahe**: *etwas ist fast genau so wie etwas anderes* Deine Äußerung kommt einer Beleidigung nahe! **jemandem etwas nahe legen**: *jmd. fordert jmdn. höflich aber bestimmt auf, etwas Bestimmtes zu tun* Der Parteivorsitzende legte ihm den Austritt aus der Partei nahe. **etwas legt etwas nahe**: *etwas lässt etwas als wahrscheinlich erscheinen* Ihr Verhalten legt den Verdacht nahe, dass sie nicht die ganze Wahrheit sagt. **nahe liegend**: *sehr gut verständlich, logisch* aus nahe liegenden Gründen **einem Menschen nahe stehen**: *einem Menschen sehr verbunden sein* Der Enkel steht seinem Opa sehr nahe. ◆ Getrenntschreibung→R 4.2, R 4.3 von nahem, von nah und fern

Nä·he die <-> (*kein Plur.*) **1.** (↔ *Ferne*) *geringe räumliche Entfernung zu etwas* Der See liegt ganz in der Nähe. **2.** (↔ *Ferne*) *Zeit, die in geringer Entfernung in der Zukunft liegt* Der Sieg lag in greifbarer Nähe. **3.** *enge menschliche Beziehung*

Zwischen ihnen herrschte eine große Nähe., Angst vor Nähe haben ■ **aus der Nähe betrachtet**: *bei kritischer Betrachtung* Aus der Nähe betrachtet, war das Problem nicht zu lösen.

na·he·bei *Adv. nicht weit von hier* Der Bach fließt nahebei.

na·hen I. *ohne OBJ* ■ *etwas naht näher kommen* Die Entscheidung naht. **II.** *mit SICH* ■ *jmd. naht sich jmdm.* (*geh. veralt.*) *sich jmdm. nähern* Er nahte sich ihr demutsvoll.

nä·hen *mit OBJ/ohne OBJ* **1.** ■ *jmd. näht (etwas) mit Stoff und Faden anfertigen* Sie näht ihre Kleider selbst., Sie näht für die ganze Familie. **2.** ■ *jmd. näht etwas etwas reparieren, indem man die Teile mit Nadel und Faden verbindet* Er nähte den Riss im Hemd. **3.** ■ *jmd. näht etwas an/auf etwas Akk. etwas an oder auf etwas mit Nadel und Faden befestigen* Sie nähte einen Knopf an das Hemd., einen Flicken auf die Hose nähen **4.** ■ *jmd. näht etwas* MED. *eine Wunde mit einer Naht schließen* Die Kopfverletzung war so groß, dass man sie nähen musste.

nä·her I. *Komperativ von* **nahe II.** *Adj. so, dass etwas mit mehr Einzelheiten und deshalb genauer ist* nähere Informationen geben, die näheren Umstände in Betracht ziehen ■ **jemandem etwas näher bringen**: *jmdn. mit etwas vertraut machen* Er brachte ihr die Arbeit am Computer näher. **etwas bringt jemanden jemandem näher**: *etwas bewirkt, dass die Beziehung zwischen zwei Menschen besser wird* Der Tod ihrer Mutter brachte die Geschwister einander näher. **etwas kommt etwas näher**: *etwas ist wahrscheinlicher oder glaubwürdiger als etwas anderes* Das kommt den Tatsachen schon näher. **etwas liegt näher als etwas**: *etwas ist besser oder sinnvoller oder wahrscheinlicher als etwas anderes* Bei diesen Kosten liegt es näher, auf ein Auto zu verzichten. **jemandem/etwas näher stehen**: *jmd. hat zu jmdm. oder etwas eine engere Beziehung* Sie stand ihm näher als seine eigene Frau. ♦ Großschreibung →R 3.7 des Näheren

Nä·he·re das <-n> (*kein Plur.*) *Genaueres, Konkreteres* Näheres/Das Nähere erfahren Sie bei der Auskunft.

Nah·er·ho·lung die <-> (*kein Plur.*) *Möglichkeit, sich nicht weit vom eigenen Wohnort in einem Park, einem Wald o.Ä. auszuruhen und zu erholen*

Nah·er·ho·lungs·ge·biet das <-(e)s, -e> *Ort, an dem man sich in der Nähe von dem Wohnort erholen und ausruhen kann* Die Stadt bietet auch zahlreiche Naherholungsgebiete: Parks, Wälder, Seen.

Nä·he·rin die <-, -nen> *eine Frau, die beruflich Kleidung näht*

nä·hern <näherst, näherte, hat genähert> *mit SICH* **1.** ■ *jmd./etwas nähert sich jmdm./etwas räumlich näher zu jmdm. oder etwas kommen* Wir nähern uns jetzt dem alten Stadtkern., Vorsichtig näherte sich der Hund und blieb dann aber doch stehen. **2.** ■ *etwas nähert sich zeitlich näher kommen* Endlich nähert sich der Frühling. **3.** ■ *jmd./etwas nähert sich etwas Dat. etwas bald erreicht haben* Langsam nähern wir uns dem Kern des Problems., Die Geschichte nähert sich ihrem Ende. **4.** ■ *jmd. nähert sich jmdm. versuchen, mit jmdm. in Kontakt zu kommen, weil einem die Person gefällt* Sie versuchte, sich ihm zu nähern. **5.** ■ *etwas nähert sich etwas Dat. einer Sache immer ähnlicher werden* Die Wirtschaftspolitik näherte sich einer Katastrophe.

Nä·he·rungs·wert der <-(e)s, -e> MATH. *eine Größe oder eine Zahl, die durch Berechnung dem eigentlichen Wert nahe kommt*

na·he·zu *Partikel* (≈ *fast*) Es ist nahezu unmöglich, eine gesicherte Vorhersage zu machen.

Näh·garn das <-(e)s, -e> *eine Art feiner Faden, mit dem man Kleidung näht*

Nah·kampf der <-(e)s> (*kein Plur.*) **1.** MILIT. *ein Kampf, bei dem sich die Gegner sehr dicht gegenüberstehen* **2.** SPORT *Kampf, in dem sich die Gegner sehr nahe kommen, zum Beispiel beim Boxen*

Näh·käst·chen ■ **aus dem Nähkästchen plaudern** (*umg.*): *Geheimnisse erzählen* Im Kreis seiner Freunde plaudert der Firmenchef gerne aus dem Nähkästchen.

Näh·kas·ten der <-s, Nähkästen> *ein kleiner Kasten, in dem man Sachen aufbewahrt, die man zum Nähen braucht* Alles, was du zum Nähen brauchst, findest du im Nähkasten.

Näh·korb der <-(e)s, Nähkörbe> *ein kleiner Korb, in dem man Sachen aufbewahrt, die man zum Nähen braucht* Im Nähkorb findest du Nadel und Faden.

nahm *Prät. von* **nehmen**

Näh·ma·schi·ne die <-, -n> *eine Maschine, mit der man Kleidung o.Ä. nähen kann*

Näh·na·del die <-, -n> *eine Nadel[1], mit der man nähen kann*

nah/na·he <näher, am nächsten> *Adj.* **1.** (↔ *fern*) *so, dass etwas räumlich nicht weit entfernt von jmdm. oder etwas ist* Er steht nah bei der Tür. **2.** (↔ *fern*) *so, dass etwas zeitlich in der Zukunft nicht weit entfernt von jmdm./etwas ist* Seine Ankunft ist ganz nahe. **3.** *so, dass jmd. eng mit jmdm. verbunden ist* Sie fühlte sich ihm nah. **4.** (*umg.* ↔ *weit*) *so, dass etwas der nächste Weg ist* Wenn du diesen Weg nimmst, hast du es näher. ■ **der Nahe Osten** POL.: *der Vordere Orient* **jemandem zu nahe treten** (*geh.*): *etwas sagen oder tun, das die Gefühle von von jmdm. verletzt* **aus/von nah und fern**: *von überall her* Die Teilnehmer der Konferenz waren aus nah und fern angereist. **jemand ist nahe d(a)ran, etwas zu tun** (*umg.*): *jmd. ist fast bereit, etwas zu tun* Er was nahe dran, den Job hinzuschmeißen. ■ *jmd./etwas ist etwas Dat. nahe jmd. ist kurz davor, etwas Unangenehmes oder Gefährliches zu erleben* Sie ist den Tränen nahe., dem Untergang nahe sein

Nah·ost (*unveränderlich*) GEOGR. *der Nahe Osten, der Vordere Orient*

Nähr·bo·den der <-s, Nährböden> **1.** CHEM. *Substanz, auf der Pilz- und Bakterienkulturen gezüch-*

tet werden **2.** (*geh.*) *Grundlagen oder Voraussetzungen für eine meist negative Entwicklung* Solche Zustände sind doch der ideale Nährboden für kriminelle Machenschaften.

Nähr·creme, *a.* **Nähr·krem(e)** die <-, -s> *eine Creme, die Nährstoffe für die Haut enthält*

näh·ren **I.** *mit OBJ* **1.** ■ *jmd./ein Tier nährt jmdn./ein Tier* (*veralt.*) *ernähren* Sie hat ihre Kinder mit Muttermilch genährt. **2.** ■ *etwas nährt etwas* (*geh.*) *wachsen lassen* Sein Verhalten nährte einen schrecklichen Verdacht. **II.** *ohne OBJ* ■ *etwas nährt nahrhaft sein* Milch nährt. **III.** *mit SICH* ■ *jmd. nährt sich* (*von etwas Dat.*) (*geh. veralt.*) *sich* (*von etwas*) *ernähren* Die Pferde nähren sich von Hafer.

nahr·haft *Adj.* **1.** *gesund* Das Essen ist sehr nahrhaft. **2.** *so, dass es viele Nährstoffe hat* Das ist nahrhafter Boden.

Nähr·lö·sung die <-, -en> BIOL. CHEM. MED. *flüssige Mischung von Nährstoffen*

Nähr·salz das <-(e)s, -e> CHEM. BOT. *Mineralsalz, das notwendig für die pflanzliche Ernährung ist*

Nähr·stoff der <-(e)s, -e> (*meist Plur.*) *Stoff, den Lebewesen benötigen, um leben und wachsen zu können* reich an Nährstoffen

nähr·stoff·arm *Adj. mit wenig Nährstoffen*

nähr·stoff·reich *Adj. mit viel Nährstoffen*

Nah·rung die <-, -en> (*Plur. meist nur in der Fachsprache verwendet*) *alles, was Menschen oder Tiere essen und trinken, um zu leben* Nahrung zu sich nehmen ■ **etwas gibt einer Sache neue Nahrung**: *etwas verstärkt eine Sache* Die Fotos geben den Gerüchten über die Trennung des Schauspielerpaares neue Nahrung. ◆ Baby-, Kinder-, Tier-

Nah·rungs·ket·te die <-, -n> BIOL. *eine Reihenfolge von Lebewesen, bei der die einzelnen Glieder Nahrung für das nächst höhere Glied darstellen* Die Nahrungskette im Meer beginnt bei winzigen Krebsen und endet bei meterlangen Raubfischen.

Nah·rungs·mit·tel das <-s, -> *das, was Menschen essen oder trinken, um zu leben*

Nah·rungs·mit·tel·in·dus·t·rie die <-> (*kein Plur.*) *Zweig der Industrie, die Nahrungsmittel herstellt*

Nah·rungs·mit·tel·ver·gif·tung die <-, -en> *eine Vergiftung, die durch verdorbene Nahrung hervorgerufen wird*

Nah·rungs·su·che die <-> (*kein Plur.*) *der Vorgang, dass Tiere Nahrung für sich suchen* Die Tiere verbringen mehrere Stunden täglich mit der Nahrungssuche.

Nähr·wert der <-(e)s, -e> (*kein Plur.*) *Wert, der den Anteil von Vitaminen, Kalorien, Mineralien o.Ä. in einem Nahrungsmittel angibt* Du solltest stärker auf den Nährwert der Speisen achten!

Näh·sei·de die <-> (*kein Plur.*) *Seide, die als Faden zum Nähen gebraucht wird*

Naht die <-, Nähte> **1.** *die Linie, die beim Nähen entsteht* Das Hemd ist zwar neu, aber die Nähte an den Ärmeln sind schon aufgegangen. **2.** TECHN. *die Linie, an der zwei Stücke aus Metall, Kunststoff o.Ä. verschweißt, gelötet, geklebt o.Ä. wurden* ◆ Schweiß- **3.** MED. *die Linie, die entsteht, wenn eine Wunde genäht wurde* Nach der Operation blieb eine große Naht zurück. ■ **jemand platzt aus allen Nähten** (*umg. scherz.*): *jmd. ist sehr dick* **etwas platzt aus allen Nähten** (*umg.*): *etwas braucht so viel Platz, dass der vorhandene Raum nicht mehr genügt* Bei der Eröffnungsfeier platzte das neue Restaurant fast aus allen Nähten!

naht·los <nicht steig.> *Adj.* **1.** *ohne Naht oder sichtbare Verbindungslinie* eine nahtloses Kleid **2.** *ohne die weißen Stellen auf der Haut, die man bekommt, wenn man mit Kleidungsstücken in der Sonne liegt* nahtlose Bräune **3.** *so, dass etwas ohne Probleme oder nicht sichtbar geschieht* Der praktische und der theoretische Teil des Lehrganges gingen nahtlos ineinander über.

Naht·stel·le die <-, -n> *Stelle, an der eine Naht*[1 2] *vorhanden ist*

Nah·ver·kehr der <-s> (*kein Plur.*) (↔ *Fernverkehr*) *Verkehr von Zügen, Bussen, Autos auf kurzen Strecken* ■ **der öffentliche Nahverkehr**: *der Vekehr von Bussen, Straßenbahnen, Zügen o.Ä. in oder in der Nähe von Städten*

Nah·ver·kehrs·zug der <-(e)s, Nahverkehrszüge> *Zug, der im Nahverkehr fährt*

Näh·zeug das <-s> (*kein Plur.*) *alles, was man zum Nähen*[1] *braucht*

na·iv *Adj.* **1.** (≈ *gutgläubig*) *so, dass jmd. voller Vertrauen ist und an nichts Böses denkt* Er war wirklich naiv, als er dieses Schrottauto gekauft hat! **2.** (≈ *einfältig*) *so, dass jmd. etwas nicht richtig einschätzt und sich in bestimmten Situationen nicht entsprechend verhält* Sie war ganz schön naiv zu glauben, mit Aktien könnte man schnell Geld verdienen. **3.** *so, dass etwas sehr einfach oder sehr oberflächlich ist* Er hat doch eine völlig naive Meinung zu diesem Thema. **4.** *so, dass etwas sehr einfach dargestellt und häufig von Laien gemacht ist* naive Kunst

Na·i·vi·tät die <-> (*kein Plur.*) *die Eigenschaft, naiv*[1 2 3] *zu sein*

Na·me der <-ns, -n> **1.** *Wort oder Wörter, mit dem man eine Person oder ein Tier oder eine Sache benennt und durch das man sie genau wiedererkennt* einen Namen geben, einen Namen tragen, sich einen Namen zulegen, seinen Namen verschweigen, Guten Tag, mein Name ist Meier! ◆ Familien-, Firmen-, Hunde-, Mädchen-, Orts-, Stoff-, Tier-, Vor- **2.** (≈ *Ruf*) *die gute Meinung, die andere Menschen von einem haben* sich einen Namen machen, einen guten/schlechten Namen haben **3.** *Wort oder Wörter, unter dem man eine Gruppe von gleichen Sachen kennt und mit dem man diese Gruppe oder einen Teil davon nennt* Kupfer und Messing fasst man unter dem Namen „Metalle" zusammen. ■ **im Namen**: *an Stelle von jmdm. oder etwas* im Namen des Volkes, im Namen des Gesetzes, im Namen der Eltern **das Kind beim Namen nennen** (*umg.*): *ein Problem direkt benennen* **jemanden nur dem Namen nach kennen**: *jmdn. nicht persönlich kennen,* *aber schon von ihm gehört haben* **seinen Namen für etwas hergeben**: *etwas nicht selbst aktiv machen, aber offiziell dafür verantwortlich sein* **mein Name ist Hase** (*umg.*): *drückt aus, dass man von einer Sache nichts weiß oder nichts wissen will* ◆ Gattungs-

na·men·los <nicht steig.> *Adj.* **1.** (≈ *anonym*) *ohne Namen* Auf der Party waren nur namenlose Gesichter., die namenlosen Toten **2.** (*geh.*) *groß* Sie hatte eine namenlose Freude.

na·mens[1] *Adv. mit dem Namen* Ein Mann namens Buchmann hat angerufen, kennst du den?

na·mens[2] *Präp. + Gen.* AMTSSPR. *im Auftrag von* Namens des Bürgermeisters, …

Na·mens·ge·dächt·nis das <-ses> (*kein Plur.*) *die Fähigkeit, sich besonders gut Namen merken zu können* Ich habe ihn seit drei Jahren nicht gesehen, aber er konnte sich noch immer an meinen Namen erinnern – sein Namensgedächtnis ist wirklich ausgezeichnet!

Na·mens·schild das <-(e)s, -er> *ein kleines Schild, auf dem der Name der betreffenden Person steht*

Na·mens·tag der <-(e)s, -e> REL. *der Tag im Jahr, der einem bestimmten Heiligen in der katholischen oder orthodoxen Religion gewidmet ist*

Na·mens·ver·zeich·nis das <-ses, -se> *Verzeichnis, in dem Namen aufgelistet sind*

Na·mens·vet·ter der <-s, -> *eine Person, die den gleichen Namen wie eine andere trägt, ohne mit dieser verwandt zu sein* Dein Kollege heißt zufällig auch Schulze-Lüdenscheidt, also ein Namensvetter?

Na·mens·zug der <-(e)s, Namenszüge> (≈ *Unterschrift*)

na·ment·lich[1] <nicht steig.> *Adj. so, dass dabei jmd. oder etwas mit dem Namen genannt wird* Haben Sie die namentlichen Angaben aufgenommen?, eine namentliche Abstimmung

na·ment·lich[2] *Adv.* (*geh.* ≈ *vor allem*) *besonders* Er ist furchtbar launisch, namentlich wenn er schlecht geschlafen hat.

nam·haft *Adj.* **1.** *bekannt, berühmt* Er war ein namhafter Komponist. **2.** *beträchtlich, nennenswert* Sie überwies eine namhafte Summe. ■ **jemanden namhaft machen**: *feststellen, wer die Person ist* Leider konnte man den Spender nicht namhaft machen.

näm·lich[1] <nicht steig.> *Adj.* (*geh.*) *der-/die-/dasselbe* Am nämlichen Tag wollten auch wir einen Ausflug machen., Es waren die nämlichen Worte, mit denen er erst neulich das Unheil verkündet hatte.

näm·lich[2] *Adv.* **1.** (≈ *und zwar, genauer gesagt*) *verwendet, um etwas genauer zu definieren, was man vorher gesagt hat* Nächste Woche, nämlich am Dienstag, fahren wir in den Urlaub. **2.** (*nachgestellt*) (≈ *denn*) *verwendet, um etwas zu begründen, was man vorher gesagt hat* Er kommt später, er hatte nämlich einen Unfall.

nann·te *Prät. von* **nennen**

Na·no·tech·no·lo·gie die <-> (*kein Plur.*) *Technologiezweig, der winzigste Materiestrukturen und ihre Verwendung bei der Konstruktion winziger Maschinen zum Gegenstand hat*

na·nu *Interj. verwendet, um Überraschung oder Verwunderung auszudrücken* Nanu, wer ruft denn schon so früh an?

Na·palm® das <-s> (*kein Plur.*) CHEM. *eine pulverige Mischung aus chemischen Stoffen* (*vor allem Naphtensäure und Palmitinsäure*), *die zum Bau von Brandbomben benutzt wid*

Na·palm·bom·be die <-, -n> MILIT. *eine Brandbombe, die mit Napalm und meist Benzin gefüllt ist*

Napf der <-(e)s, Näpfe> *eine kleine, flache Schüssel* Füll doch noch mal der Katze etwas Milch in den Napf! ◆ Blech-, Ess-, Fress-, Futter-, Milch-, Trink-,

Napf·ku·chen der <-s, -> KOCH. *ein Kuchen, der in einer runden Form gebacken wird*

Naph·tha das/die <-s> (*kein Plur.*) (CHEM.: *veralt.*) *Roherdöl*

Nap·pa das <-s> (*kein Plur.*) *sehr weiches Leder* ◆ -leder

Nar·be die <-, -n> *die Stelle auf der Haut, an der man noch erkennen kann, dass dort einmal eine Wunde war*

nar·big *Adj. mit vielen Narben übersät* ein narbiges Gesicht

Nar·ko·se die <-, -n> (MED.: ≈ *Anästhesie*) *der Zustand, in dem man nichts empfindet und in den man bei einer Operation von einem Arzt versetzt wird, damit man keine Schmerzen spürt und die Operation nicht bewusst erlebt* aus der Narkose erwachen ◆ -arzt, -mittel, -schwester, Teil-, Voll-

Nar·ko·ti·kum das <-s, Narkotika> MED. *Betäubungsmittel*

nar·ko·ti·sie·ren *mit OBJ* ■ *jmd. narkotisiert jmdn.* MED. *in eine Narkose versetzen*

Narr, **När·rin** der <-en, -en> **1.** (≈ *Dummkopf*) *jmd., der nicht richtig nachdenkt und in einer Situation alles falsch macht* Was für ein Narr war ich doch, ihren Versprechungen zu glauben! **2.** GESCH. *jmd., der früher an Fürsten- oder Königshöfen Späße gemacht hat, damit sich die Adeligen amüsieren konnten und sich nicht langweilen mussten* ◆ Hof- **3.** *jmd., der sich beim Karneval lustig verkleidet* ■ **jemanden zum Narren halten** (*geh.*): *jmdn. bewusst in die Irre führen oder einen Spaß mit ihm machen* Du willst mich wohl zum Narren halten? **einen Narren an jemandem/etwas gefressen haben** (*umg.*): *jmdn. oder etwas besonders gern mögen*

nar·ra·tiv *Adj.* LIT. *in erzählender Form*

nar·ren *mit OBJ* ■ *jmd./etwas narrt jmdn.* (*geh.*) *täuschen* Die Versuchung des Geldes narrte ihn sein ganzes Leben.

Nar·ren·frei·heit die <-> (*kein Plur.*) *die Freiheit, Dinge zu tun oder zu sagen, die andere nicht tun oder sagen dürfen* Die Kinder genießen bei der Großmutter Narrenfreiheit.

Nar·ren·haus das (*kein Plur.*) (*umg. abwert.* ≈ *Irrenhaus*) ■ **etwas ist ein Narrenhaus, etwas ist**

das reinste Narrenhaus: *verwendet, um auszudrücken, dass man die irgendwo herrschenden Zustände nicht für gut hält, weil z.B. keine Disziplin herrscht* Die Abteilung ist ja das reinste Narrenhaus, hier macht jeder, was er will!

Nar·ren·kap·pe die <-, -n> *eine Art Mütze mit mehreren Zipfeln, an denen Schellen befestigt sind und die im Mittelalter von einem Narr[2] getragen wurde*

nar·ren·si·cher <nicht steig.> *Adj.* (*umg. scherzh.* ≈ *idiotensicher*) *so sicher, dass man nichts falsch machen kann* Stell dich nicht so an, die Bedienung dieses Geräts ist doch narrensicher!

Narr·heit die <-, -en> **1.** (*kein Plur.*) *Dummheit, dummer Streich* **2.** *Unsinn*

när·risch *Adj.* **1.** *unvernünftig* eine närrische Idee **2.** (*umg.*) *sehr stark und intensiv* eine närrische Freude empfinden **3.** (*nur attr.*) *so, dass etwas für den Karneval typisch ist* ein närrisches Treiben

Nar·wal der <-s, -e> (ZOOL.: ≈ *Einhornwal*) *ein Wal, der einen langen Stoßzahn vorne am Kopf hat*

Nar·ziss der <-es, -e> **1.** *jmd., der in sich selbst verliebt ist* **2.** *ein junger Mann aus der griechischen Mythologie, der in sein eigenes Spiegelbild verliebt war*

Nar·zis·se die <-, -n> (BOT.: ≈ *Osterglocke*) *eine Blume, die im Frühjahr blüht und weiße oder gelbe Blüten und lange Blätter hat*

Nar·ziss·mus der <-> (*kein Plur.*) (PSYCH.: *geh.*) *die fast schon krankhafte Liebe zu der eigenen Person*

nar·ziss·tisch *Adj. so, dass jmd. übertrieben in sich selbst verliebt ist*

NASA die ['na:za:] <-> (*kein Plur.*) *Abkürzung für die amerikanische Luft- und Raumfahrtbehörde: „National Aeronautics and Space Administration"*

na·sal <nicht steig.> *Adj.* **1.** MED. *die Nase betreffend* **2.** *so, dass bei einem bestimmten Laut ein Teil der Luft durch die Nase kommt*

Na·sal/Na·sal·laut der <-s, -e> SPRACHWISS. *Laut, bei dem ein Teil der Luft durch die Nase kommt* Der Laut „mmmmm" ist ein Nasal.

na·schen <naschst, naschte, hat genascht> **I.** *mit OBJ/ohne OBJ* ■ *jmd. nascht (etwas) ein wenig von etwas, das man sehr gerne mag und das meist süß ist, essen* Sie nascht schon wieder Schokolade. **II.** *ohne OBJ* ■ *jmd. nascht von etwas Dat. ein bisschen von einer Speise nehmen* Er hat von der Torte genascht.

Na·sche·rei die <-, -en> **1.** (*kein Plur.*) *das Naschen* **2.** (≈ *Naschwerk*) *Süßigkeiten*

nasch·haft *Adj. so, dass jmd. sehr gerne Süßigkeiten isst* Sie ist naschhaft wie eine Katze.

Nasch·kat·ze die <-, -n> (*umg.*) *jmd., der sehr gerne und häufig Süßigkeiten ist*

Na·se die <-, -n> **1.** *das in der Mitte des Gesichts befindliche Organ, mit dem man riecht und durch das man atmet* Die Nase blutet/juckt/läuft., sich die Nase putzen, nicht durch den Mund, sondern durch die Nase atmen ◆ Haken-, Knollen-, Stups- **2.** (*umg.*) *Fähigkeit, gut zu riechen* eine gute Nase haben ■ **eine Nase für etwas haben** (*umg.*): *Fähigkeit, zu wissen, was man tun muss, um etwas zu erreichen* Für Aktiengeschäfte hat sie eine gute Nase. **pro Nase** (*umg.*): *pro Person* **jemand/etwas beleidigt die/jemandes Nase** (*umg.*): *jmd. oder etwas riecht sehr unangenehm* **auf der Nase liegen** (*umg.*): *krank sein* **jemanden vor die Nase gesetzt bekommen** (*umg.*): *einen Chef bekommen, obwohl man selber Chef werden wollte* **jemandem etwas unter die Nase reiben** (*umg.*): *jmdn. ärgern, indem man ihn immer wieder auf einen Fehler aufmerksam macht* **jemandem auf der Nase herumtanzen** (*umg.*): *vor jmdm. keinen Respekt haben und ihn ärgern* Die Schüler tanzen dem Lehrer auf der Nase herum. **seine Nase in anderer Leute Angelegenheiten stecken** (*umg.*): *wissen wollen, was andere Leute tun, obwohl es einen nichts angeht* **jemanden an der Nase herumführen** (*umg.*): *jmdn. bewusst in die Irre führen* **immer der Nase nach** (*umg.*): *geradeaus* **jemandem die Tür vor der Nase zuschlagen** (*umg.*): *jmdm. gegenüber sehr unhöflich sein* **jemandem etwas aus der Nase ziehen** (*umg.*): *jmdm. alle Informationen einzeln entlocken müssen* **über jemanden/etwas die Nase rümpfen**: *jmdn. oder etwas nicht gerne mögen und Verachtung empfinden* **seine Nase in etwas stecken** (*umg.*): *sich in etwas einmischen* **die Nase von etwas voll haben** (*umg.*): *zu etwas keine Lust mehr haben* **sich eine goldene Nase verdienen** (*umg.*): *bei einem Geschäft viel Gewinn machen* **die Nase vorn haben** (*umg.*): *gegenüber anderen mehr Erfolg haben* **auf die Nase fallen** (*umg.*): *Pech haben* **seine/die Nase zu tief ins Glas stecken** (*umg.*): *zu viel Alkohol trinken* **seine/die Nase ins Buch stecken** (*umg.*): *viel lesen und dabei lernen* **die Nase hoch tragen** (*umg.*): *arrogant oder eingebildet sein* **jemandem etwas an der Nase ansehen** (*umg.*): *an dem Gesichtsausdruck von jmdm. sehen, was los oder passiert ist* **Fass dich doch an die eigene Nase!** (*umg.*): *überprüfe erstmal dein eigenes Verhalten, bevor du andere kritisierst* **Das werde ich ihr/ihm nicht auf die Nase binden!** (*umg.*): *das werde ich ihr/ihm nicht sagen* **jemandem eine lange Nase machen** (*umg.*): *sich über jmdn. lustig machen* **sich bei etwas eine blutige Nase holen** (*umg.*): *in einer gefährlichen Situation ernsthafte Schwierigkeiten bekommen*

na·se·lang ■ **alle naselang** (*umg.*): *sehr oft* Er geht alle naselang ins Fußballstadion.

nä·seln <näselst, näselte, hat genäselt> *ohne OBJ* ■ *jmd. näselt durch die Nase sprechen*

Na·sen·bein das <-(e)s, -e> ANAT. *der Knochen, auf dem das Fleisch der Nase liegt* das Nasenbein brechen

Na·sen·blu·ten das <-s> (*kein Plur.*) MED. *Vorgang, dass Blut aus den Nasenlöchern läuft* Nasenbluten haben

Na·sen·flü·gel der <-s, -> ANAT. *die zwei weichen*

Teile an den Seiten der Nase die Nasenflügel blähen sich

Na·sen·län·ge ■ **jemandem um eine Nasenlänge voraus sein** (*umg.*): *ein bisschen besser sein als ein anderer* **jemanden um eine Nasenlänge schlagen** (*umg.*): *knapp vor jmdm. gewinnen*

Na·sen·loch das <-(e)s, Nasenlöcher> ANAT. *eine der beiden Öffnungen der Nase*

Na·sen·rü·cken der <-s, -> ANAT. *der schmale obere Teil der Nase*

Na·sen·schei·de·wand die <-, Nasenscheidewände> ANAT. *der dünne Knorpel in der Nase, der das Innere der Nase in zwei Teile teilt*

Na·sen·schleim·haut die <-, Nasenschleimhäute> ANAT. *die Schleimhäute in der Nase*

Na·sen·spit·ze die <-, -n> *der weiche Teil am Ende der Nase* ■ **jemandem etwas an der Nasenspitze ansehen** (*umg.*): *am Gesicht von jmdm. erkennen können, was los ist* Ich sehe ihm an der Nasenspitze an, wenn er lügt.

Na·sen·spray das <-s, -s> *Spray, das man in die Nase sprüht, um zum Beispiel Schnupfen zu bekämpfen*

Na·sen·stü·ber der <-s, -> **1.** *leichter Stoß auf die Nase* **2.** (*umg.*) *ein leichter, sanfter Tadel* Sie versetzte ihm einen Nasenstüber.

Na·sen·trop·fen *Plur. Tropfen, die man in die Nase träufelt, um zum Beispiel Schnupfen zu bekämpfen*

Na·se·weis der <-es, -e> (*abwert.*) *junger Besserwisser, vorlautes Kind*

na·se·weis *Adj.* (*abwert.*) *vorlaut, besserwisserisch*

Nas·horn das <-s, Nashörner> (ZOOL.: ≈ *Rhinozeros*) *ein großes, schweres Tier mit einer dicken grauen Haut, das ein oder zwei Höcker vorne auf der Nase hat*

nass *Adj.* **1.** (↔ *trocken*) *völlig mit einer Flüssigkeit bedeckt oder durchdrungen* Nach dem Regen waren meine Schuhe ganz nass. ◆ klatsch-, tropf- **2.** (*nur präd.*) (≈ *frisch*) *noch nicht ganz trocken* Die Farbe ist noch nass. **3.** *so, dass es schon fast geschmolzen und deshalb schwer ist* nasser Schnee **4.** *so, dass es viel regnet* ein nasser Sommer ■ **sich nass machen**: *Urin in das Bett oder die Hosen rinnen lassen* **jemand tut etwas wie ein nasser Sack**: *jmd. tut etwas ohne Energie* Er war völlig erschöpft und lag wie ein nasser Sack auf dem Sofa.

Nass das <-es> (*kein Plur.*) (*geh.*) *Wasser* das kostbare Nass, das kühle Nass

Nas·sau·er der <-s, -> (*umg. abwert.* ≈ *Schmarotzer*) *jmd., der auf Kosten anderer lebt*

Näs·se die <-> (*kein Plur.*) *Zustand oder Eigenschaft, nass[1] zu sein* Du willst doch nicht bei der Nässe mit dem Fahrrad fahren?

näs·sen <nässt, nässte, hat genässt> *ohne OBJ* ■ *etwas nässt etwas, (meist) eine Wunde, gibt Flüssigkeit, aber kein Blut von sich*

nass·kalt <nicht steig.> *Adj. so, dass es regnet und kalt ist* Das Wetter war unangenehm nasskalt.

Nass·ra·sur die <-, -en> (↔ *Trockenrasur*) *die Handlung, dass man den Bart mit Wasser, Seife und Rasierklinge rasiert*

Nass·zel·le die <-, -n *> BAUW. *ein sehr kleines Badezimmer ohne Fenster und mit einer Duschkabine*

Nas·tuch das <-(e)s, Nastücher> (*süddt. schweiz.*) *Taschentuch*

Na·ti·on die <-, -en> **1.** *durch dieselbe Abstammung, Sprache und Kultur verbundene Gemeinschaft von Menschen, die in einem politischen System zusammenleben* die französische Nation **2.** *Staat* Auf der internationalen Konferenz waren Vertreter verschiedener Nationen anwesend. ◆ Industrie-, Seefahrer-

na·ti·o·nal <nicht steig.> *Adj.* **1.** *eine Nation betreffend* **2.** (↔ *international*) *die Angelegenheiten innerhalb eines Staates betreffend* den nationalen Notstand ausrufen **3.** (≈ *patriotisch, chauvinistisch*) *so, dass die Interessen der eigenen Nation in übertriebener Weise vertreten werden* eine nationale Partei/Gesinnung

Na·ti·o·nal·bank die <-, -en> *Staatsbank*

na·tio·nal·be·wusst *Adj. Nationalbewusstsein habend*

Na·ti·o·nal·be·wusst·sein das <-s> (*kein Plur.*) *die Einstellung, bei seinem Handeln immer bewusst an die eigene Nation zu denken*

Na·ti·o·nal·elf die <-> (*kein Plur.*) SPORT *Fußballmannschaft, die aus den besten Spielern nationaler Mannschaften besteht und bei internationalen Wettkämpfen antritt* die deutsche Nationalelf

Na·ti·o·nal·fei·er·tag der <-es, -e> *ein Feiertag, an dem an ein Ereignis erinnert wird, das für die Nation oder den Staat sehr wichtig war* Der dritte Oktober ist der Nationalfeiertag in Deutschland.

Na·ti·o·nal·flag·ge die <-, -n> *die Fahne, die mit ihren Farben und ihrer Gestaltung, offizielles Symbol einer Nation oder eines Staates ist*

Na·ti·o·nal·ge·richt das <-(e)s, -e> KOCH. *eine Speise, die für ein Land typisch ist* Viele Menschen glauben, dass das Nationalgericht der Italiener Pizza sei.

Na·ti·o·nal·hym·ne die <-, -n> *das offizielle Lied eines Landes, das zu feierlichen Anlässen und bei internationalen Ereignissen gespielt wird*

Na·ti·o·nal·is·mus der <-> (*kein Plur.*) (*oft abwert.*) **1.** *eine Art zu denken, bei der die eigene Nation als besser und wichtiger als andere Nationen gesehen wird* **2.** *das starke Gefühl, zu einer Nation zu gehören, das mit dem Wunsch verbunden ist, auch einen eigenen Staat zu gründen*

Na·ti·o·na·list, **Na·ti·o·na·lis·tin** der <-en, -en> (*oft abwert.*) *jmd., der dem Nationalismus[1 2] folgt*

na·ti·o·na·lis·tisch *Adj.* (*oft abwert.*) *übertrieben patriotisch*

Na·ti·o·na·li·tät die <-, -en> **1.** (≈ *Staatsangehörigkeit*) *Zugehörigkeit zu einem bestimmten Staat* **2.** *eine Gruppe von Menschen, die eine gemeinsame Sprache und Kultur haben und mit anderen Gruppen innerhalb eines übergeordneten Staates zusammen leben* Die ehemalige Sowjetunion war ein Staat mit vielen Nationalitäten.

Na·ti·o·na·li·tä·ten·staat der <-es, -en> *Staat, in dem mehrere verschiedene Volksgruppen oder Nationalitäten leben*

Na·ti·o·nal·mann·schaft die <-, -en> SPORT *eine Mannschaft eines Staates, die aus Spielern verschiedener nationaler Vereine besteht und die bei internationalen Wettkämpfen antritt* ◆ Fußball-

Na·ti·o·nal·rat der <-(e)s, Nationalräte> (*österr. schweiz.*) **1.** *das direkt gewählte Parlament in der Schweiz und in Österreich* **2.** *ein Mitglied des Nationalrates*[1]

Na·ti·o·nal·so·zi·a·lis·mus der <-> (*kein Plur.*) **1.** *die radikale, extrem nationalistische und rassistische politische Bewegung, die nach dem Ersten Weltkrieg in Deutschland entstand und mit der Hitler an die Macht kam* **2.** GESCH. *die Zeit der auf der nationalsozialistischen Ideologie basierenden Diktatur Hitlers in Deutschland von 1933 bis 1945*

Na·ti·o·nal·so·zi·a·list der <-en, -en> *Anhänger des Nationalsozialismus*

na·ti·o·nal·so·zi·a·lis·tisch *Adj. den Nationalsozialismus betreffend*

Na·ti·o·nal·staat der <-(e)s, -en> *Staat, dessen Bürger eine gemeinsame Sprache und Kultur haben*

Na·ti·o·nal·trai·ner der <-s, -> SPORT *Trainer der Nationalmannschaft*

Na·ti·o·nal·ver·samm·lung die <-, -en> **1.** *das Parlament in einigen Staaten, wie zum Beispiel Frankreich* **2.** *gewählte Volksvertretung, die sich mit grundlegenden Fragen einer Nation wie zum Beispiel der Verfassung beschäftigt*

NA·TO, a. **Na·to** die <-> (*kein Plur.*) POL. *Abkürzung von „North Atlantic Treaty Organization", ein Bündnis zwischen den USA, Kanada und mehreren europäischen Staaten* Die Nato ist ein westliches Verteidigungsbündnis.

> **i Wissenswert** Die **NATO** (aus dem Englischen, wörtlich: „North Atlantic Treaty Organization" wurde am 4.4.1949 mit dem Abschluss des Nordatlantikpaktes gegründet. Ihre Mitglieder waren: die USA,Kanada, Großbritannien, Frankreich, die Benelux-Länder, Dänemark, Island, Italien und Portugal. Im Jahre 1952 traten Griechenland und die Türkei bei, 1955 die BRD, 1982 Spanien. Frankreich zog sich 1966 aus der militärischen Integration zurück, blieb aber in die politische Organisation eingebunden. Die Organisation der NATO besteht aus einem Rat, dem ein Generalsekretär vorsteht. Die höchste militärische Instanz nennt sich der Militärausschuss. Er wird aus den Stabchefs der Mitgliedsländer gebildet. Bedeutendste Satzung ist Artikel 5 aus dem NATO-Vertrag. Nach ihm wird unter den Mitgliedstaaten folgende Vereinbarung geschlossen: „(...) dass ein bewaffneter Angriff gegen eine oder mehrere Staaten von ihnen in Europa oder Nordamerika als Angriff gegen sie alle angesehen wird". Die NATO hatte zunächst die Aufgabe, als Verteidigungsbündnis ein militärisches Gegengewicht zum Warschauer Pakt darzustellen.

Nat·ri·um das <-s> (*kein Plur.*) CHEM. *ein Metall, das sehr weich ist und fast nur in Verbindung mit anderen chemischen Stoffen auftritt* „Na" ist die Abkürzung für Natrium.

Nat·ron das <-s> (*kein Plur.*) CHEM. *Natriumsalz der Kohlensäure in Form von weißem Pulver, wird vor allem im Backpulver verwendet*

Nat·ter die <-, -n> **1.** BIOL. *ungiftige Schlangenart, deren Kopf deutlich vom Hals abgesetzt ist* **2.** (*umg. abwert.*) *missgünstige Frau* ■ **eine Natter am Busen nähren** (*geh.*): *jmdm. vertrauen und Gutes tun, der einen am Schluss im Stich lässt und schadet*

Na·tur die <-, -en> **1.** (*kein Plur.*) *alles, was es ohne Eingreifen des Menschen auf der Erde gibt* ein Wunder der Natur **2.** (*kein Plur.*) *Landschaft, die fast nicht von Menschen verändert wurde* freie/unberührte Natur **3.** (≈ *Wesen, Charakter*) *charakteristische Eigenschaft, die jmdn. von anderen unterscheidet* Er streitet selten, das liegt nicht in seiner Natur., Sie war von Natur aus schüchtern. **4.** *Art, wie etwas beschaffen ist* Fragen und Probleme allgemeiner Natur ■ **Das liegt in der Natur der Sache.**: *Das ist halt so, man kann auch nichts anderes erwarten.* **Das ist gegen die Natur.**: *das verstößt gegen die Moral und ist nicht richtig*

Na·tur- *in Zusammensetzungen als Erstglied verwendet, um auszudrücken, dass etwas so belassen ist wie es in der Natur vorkommt und nicht mit technischen Mittel verändert oder bearbeitet ist* -holz, -material, -stein

Na·tu·ra·li·en *Plur.* LANDW. *Rohstoffe und landwirtschaftliche Produkte, die als Zahlungsmittel verwendet werden* Wenn Sie kein Geld haben, dann können Sie auch in Naturalien bezahlen.

na·tu·ra·li·sie·ren *mit OBJ* ■ *jmd. naturalisiert jmdn.* (*geh.*) *jmdn. einbürgern*

Na·tu·ra·lis·mus der <-> (*kein Plur.*) LIT. KUNST. *eine Richtung in Literatur und Kunst zu Ende des 19.Jahrhunderts, bei der auch das Hässliche und Schlechte möglichst genau und natürlich dargestellt wird* Zola war der berühmteste Schriftsteller des französischen Naturalismus. ►Naturalist, naturalistisch

Na·tu·ral·lohn der <-(e)s, Naturallöhne> *Lohn für Arbeit, der aus Sachgütern oder Dienstleistungen besteht*

na·tur·be·las·sen *Adj. nicht von Menschen verändert* ein naturbelassener Garten

Na·tur·bur·sche der <-n, -n> (*umg.*) *unkomplizierter und kräftiger junger Mann*

Na·tur·denk·mal das <-(e)s, Naturdenkmäler> *etwas in der Natur, das nicht verändert oder beschädigt werden darf* Dieser uralte Baum ist ein geschütztes Naturdenkmal.

Na·tur·dün·ger der <-s, -> LANDW. *Dünger, der nicht künstlich hergestellt ist* Jauche ist ein verbreiteter Naturdünger.

Na·tu·rell das <-s, -e> (*geh.* ≈ *Temperament*) *Charakter und Wesen eines Menschen* ein ernstes/fröhliches/heiteres Naturell

Na·tur·er·eig·nis das <-ses, -se> *ein außergewöhnliches Ereignis in der Natur*[1] Die Nordlichter sind ein wirkliches Naturereignis.

Na·tur·er·schei·nung die <-, -en> *Naturereignis*

na·tur·far·ben *Adj. so, dass die ursprüngliche Farbe von etwas* (*meist hell, beige oder bräunlich*) *nicht verändert worden ist* Sie verarbeiten nur naturfarbene Wolle.

Na·tur·fa·ser die <-, -n> (↔ *Chemiefaser*) *eine Faser, die nicht künstlich hergestellt ist*

Na·tur·for·scher, **Na·tur·for·sche·rin** <-s, -> (*veralt.*) *jmd., der beruflich die Erscheinungen und Zusammenhänge der Natur*[1] *erforscht* Humboldt war ein berühmter Naturforscher.

Na·tur·freund, **Na·tur·freun·din** der <-es, -e> **1.** *jmd., der die Natur*[1] *liebt und gerne in der Natur ist* **2.** (*nur Plur.*) *ein Verein in Deutschland, der aus der Arbeiterbewegung hervorgegangen ist und neben Aktivitäten in der Natur*[1] *auch politisch aktiv ist*

na·tur·ge·ge·ben *Adj. so, dass Menschen darauf keinen Einfluss haben* eine naturgegebene Begabung/Schönheit

na·tur·ge·mäß[1] <nicht steig.> *Adj. so, dass es der Natur entspricht oder angepasst ist* Sie strebten eine naturgemäße Ernährung an.

na·tur·ge·mäß[2] *Adv. so, wie es von jmdm. oder etwas aufgrund seiner Natur*[4] [5] *zu erwarten ist* Diese Prüfungen sind naturgemäß sehr schwierig.

Na·tur·ge·setz das <-es, -e> *eine theoretische Formulierung eines Zusammenhanges zwischen bestimmten Dingen, Erscheinungen, Vorgängen o.Ä. in der Natur*[1]*, die aufgrund allgemeiner Herleitungen von Einzelfällen aufgestellt ist*

na·tur·ge·treu *Adj. wie in der Realität* Das Buch ist mit naturgetreuen Bildern von Tieren illustriert.

Na·tur·ge·wal·ten *Plur. die starken Kräfte wie zum Beispiel Sturm, Wind o.Ä., die in der Natur*[1] *wirken* In ihrem kleinen Boot kämpften sie gegen die Naturgewalten auf offener See an.

Na·tur·haus·halt der <-(e)s, -e> *der gesamte Prozess des Austausches von Energien und Stoffen in der Natur*[1] Die zahlreichen Eingriffe in den Naturhaushalt werden auf lange Sicht Auswirkungen auf unser Klima haben.

Na·tur·heil·kun·de die <-> (*kein Plur.*) *eine Art der Medizin, bei der Krankheiten nur mit natürlichen Mitteln und nicht mit chemisch hergestellten Medikamenten behandelt werden*

Na·tur·heil·me·tho·de die <-, -n> *eine Methode, Krankheiten mit natürlichen Mitteln zu behandeln*

Na·tur·heil·ver·fah·ren das <-s, -> *Naturheilmethode*

Na·tur·ka·ta·s·t·ro·phe die <-, -n> *eine Katastrophe, die durch sehr starke Naturgewalten entsteht* Naturkatastrophen wie Stürme, Überschwemmungen, …

Na·tur·kos·me·tik die <-, Naturkosmetika> *Kosmetik, die keine chemischen Stoffe enthält*

Na·tur·kost die <-> (*kein Plur.*) *Lebensmittel, die nicht mit Hilfe von Chemie, Hormonen, Giften o.Ä. hergestellt werden und deshalb gesund sind*

Na·tur·kost·la·den der <-s, Naturkostläden> *Geschäft, in dem Naturkost verkauft wird*

Na·tur·kraft <-, Naturkräfte> (*meist Plur.*) *Naturgewalten*

Na·tu·r·kreis·lauf der <-(e)s, Naturkreisläufe> *geregelter Prozess von Austausch und Verbindungen der Energien und Stoffe in der Natur*[1]

Na·tur·kun·de die <-> (*kein Plur.*) (*veralt.*) *Fach in der Schule, das sich mit der Natur*[1] *beschäftigte* ◆-museum

Na·tur·lehr·pfad der <-(e)s, -e> *Wanderweg, auf dem Pflanzen und Tiere mit Hilfe von Schildern beschrieben werden*

na·tür·lich[1] *Adj.* **1.** (*nicht steig.*) (↔ *künstlich*) *so, wie es normal in der Natur*[1] *vorkommt, ohne dass es der Mensch verändert* Der Fluss bildet eine natürliche Grenze. **2.** (*nicht steig.*) (≈ *verständlich*) *so, dass es erwartet wird, weil es der normalen Erfahrung entspricht* Es ist ganz natürlich, wenn du vor der Operation Angst hast., Es ist nur natürlich, wenn sie vor der Prüfung nervös ist. **3.** (*nicht steig.*) (↔ *übernatürlich*) *so, dass etwas den Naturgesetzen entspricht* eine natürliche Erklärung für das Phänomen **4.** (*nicht steig.*) (≈ *angeboren*) *so, dass etwas von Geburt an vorhanden ist* eine natürliche Begabung, eine natürliche Scheu **5.** (≈ *naturgemäß*[1]) *so, dass es der Natur*[2] *entspricht, ihr nicht schadet und gesund ist* Sie wollten sich nur noch natürlich ernähren. **6.** (≈ *ungezwungen* ↔ *gekünstelt*) *so, dass ein Mensch entspannt ist und so handelt, wie es seinem Wesen und Charakter entspricht* Er machte einen ganz natürlichen Eindruck auf mich. ■ **eine natürliche Zahl** MATH.: *eine positive ganze Zahl* **eine natürliche Person** RECHTSW.: *jmd. mit allen seinen juristischen Rechten*

na·tür·lich[2] *Adv.* **1.** (≈ *selbstverständlich*) *verwendet, um auszudrücken, dass der Sprecher etwas für eindeutig hält* Natürlich bin ich fertig, sonst würde ich ja nicht gehen! **2.** (≈ *erwartungsgemäß*) *so, wie man es erwartet hat* Er war natürlich der Letzte, der ins Ziel kam. **3.** *verwendet, um eine etwas, das klar und eindeutig ist, einzuschränken* Natürlich ist es noch früh, aber wir haben noch einen langen Weg vor uns.

na·tür·li·cher·wei·se *Adv. natürlich*

Na·tür·lich·keit die <-> (*kein Plur.*) *Eigenschaft, natürlich zu sein*

na·tur·nah *Adj. so, dass es der Natur entspricht*

Na·tur·park der <-s, -s> *ein Gebiet, in dem Pflanzen und Tiere geschützt sind und das in seinem natürlichen Zustand belassen wird*

Na·tur·pro·dukt das <-(e)s, -e> *Produkt, das aus Stoffen der Natur gewonnen wird und möglichst* *nicht zusätzlich mit fremden Stoffen behandelt wird*

Na·tur·recht das <-(e)s, -e> PHILOS. *Recht, das unabhängig von Gesetzen im Wesen und in der Vernunft des Menschen verankert ist*

na·tur·rein <nicht steig.> *Adj. so, dass Lebensmittel keine chemischen Zusatzstoffe enthalten*

Na·tur·schät·ze *Plur. meist Gebiete oder Orte der Natur[1], die sehr schön und faszinierend sind* Der Regenwald gehört zu den Naturschätzen der Welt.

Na·tur·schau·spiel das <-(e)s, -e> *ein Ereignis oder ein Vorgang in der Natur[1], das außergewöhnlich und deshalb beeindruckend ist* Es ist ein Naturschauspiel, wie die Wassermassen von den Felsen stürzen.

Na·tur·schutz der <-(e)s> (*kein Plur.*) *alle Maßnahmen und Gesetze, mit denen bestimmte Pflanzen, Tiere und Gebiete geschützt und erhalten werden* Igel stehen in Deutschland unter Naturschutz.

Na·tur·schutz·be·auf·trag·te der/die <-n, -n> *jmd., der für den Naturschutz zuständig ist*

Na·tur·schutz·be·hör·de die <-, -n> *Einheit der öffentlichen Verwaltung, die für den Naturschutz zuständig ist*

Na·tur·schutz·be·we·gung die <-, -en> *eine Bewegung von Bürgern eines Landes, die sich dafür einsetzen, Pflanzen, Tiere oder bestimmte Gebiete unter Naturschutz zu stellen*

Na·tur·schutz·bund der <-(e)s, Naturschutzbünde> *eine Art Verein, in dem eine Naturschutzbewegung organisiert ist*

Na·tur·schüt·zer, **Na·tur·schüt·ze·rin** der <-s, -> *jmd., der sich aktiv für den Naturschutz einsetzt*

Na·tur·schutz·ge·biet das <-(e)s, -e> *Gebiet in einer Landschaft, das unter Naturschutz steht*

Na·tur·stoff der <-s, -e> *Substanz, die in der Natur vorkommt*

Na·tur·ta·lent das <-(e)s, -e> *jmd., der etwas sehr schnell lernt und kann, weil er dafür eine große Begabung hat* Sie brauchte gar nicht viel zu üben, sie war ein richtiges Naturtalent.

na·tur·ver·bun·den *Adj. so, dass jmd. ein sehr enges Verhältnis zu der Natur[2] hat* Seit seiner Jugend war er ein naturverbundener Mensch.

Na·tur·volk das <-(e)s, Naturvölker> (*veralt.*) *verwendet als Bezeichnung für ein Volk, das eine naturnahe Lebensweise hat, eine geringe technische Ausstattung besitzt und deshalb stark abhängig von der Natur ist*

Na·tur·wis·sen·schaft die <-, -en> (↔ *Geisteswissenschaft*) *Wissenschaft, die sich mit den Erscheinungen und Vorgängen in der Natur[1] befasst* Physik und Biologie gehören zu den Naturwissenschaften.

Na·tur·wis·sen·schaft·ler, **Na·tur·wis·sen·schaft·le·rin** der <-s, -> *jmd., der beruflich Naturwissenschaft betreibt*

na·tur·wis·sen·schaft·lich <nicht steig.> *Adj. auf der Naturwissenschaft beruhend*

Na·tur·wun·der das <-s, -> *etwas in der Natur[1], das besonders beeindruckend und faszinierend ist*

Na·tur·zer·stö·rung die <-> (*kein Plur.*) *sehr starke Schädigung der Natur*

Na·tur·zu·stand der <-es> (*kein Plur.*) *der Zustand, in dem etwas ist, das der Mensch noch nicht verändert hat*

Nau·e die <-, -n> **1.** (*süddt.; schweiz.*) *Nachen, Kahn* **2.** (*schweiz.*) *Lastkahn*

Nau·tik die <-> (*kein Plur.*) SEEW. *Schifffahrtskunde*

Na·vi·ga·ti·on die <-> (*kein Plur.*) LUFTF. SEEW. *Berechnung und Bestimmung des Kurses und der Position von Schiffen, Flugzeugen o.Ä.*

Na·vi·ga·ti·ons·sa·tel·lit der <-en, -en> *ein Satellit, der Daten sendet, mit denen man seine Position auf der Erde bestimmen kann*

Na·vi·ga·ti·ons·sys·tem das <-es, -e> *eine Art elektronische Vorrichtung, die zur Navigation von Schiffen, Flugzeugen o.Ä. dient*

Na·vi·ga·tor der <-s, -en> *jmd., der auf einem Schiff oder in einem Flugzeug für die Navigation verantwortlich ist*

na·vi·gie·ren *mit OBJ/ohne OBJ* ■ *jmd. navigiert (etwas) (nach etwas Dat.)* LUFTF. SEEW. *die Position bestimmen und und den Kurs ausrichten* Der Kapitän navigierte das Schiff sicher., Früher navigierte man nach den Sternen.

Na·zi der <-s, -s> (*abwert.*) *Nationalsozialist* ◆-herrschaft, -regime, -verbrechen, -zeit

Na·zis·mus der <-ses> (*kein Plur.*) (*abwert.*) *Nationalsozialismus*

na·zis·tisch <nicht steig.> *Adj. nationalsozialistisch*

ne, *a.* **nee[1]** *Partikel* (*umg.*) *nein* Kommst du mit? – Ne!

ne[2] [nə] *Partikel* (*umg.*) *nicht wahr* Echt klasse Film, ne?

Ne·an·der·ta·ler, **Ne·an·der·ta·lerin** der <-s, -> GESCH. *verwendet als Bezeichnung für einen europäischen Menschentyp in der Steinzeit* (*bezeichnet nach dem Fundort der Skelette im Neandertal bei Düsseldorf*)

Ne·bel der <-s, -> **1.** *Wolken aus Dunst, die sich über dem Erdboden oder der Wasseroberfläche bilden und in denen man nicht weit sehen kann* Bei Nebel muss man die Geschwindigkeit reduzieren., Das Schiff fuhr bei Nebel auf die Klippen., der Nebel senkt sich, in dichten Nebel gehüllt ◆-schleier, Abend-, Boden-, Früh-, Herbst-, Hoch- **2.** ASTRON. *eine Gruppe von Sternen, die nicht einzeln zu erkennen sind, sondern als eine einziger Fleck am Himmel leuchten*

Ne·bel·bank die <-, Nebelbänke> *Ansammlung von dichtem Nebel mit einer großen Ausdehnung über einem Gebiet* Der schreckliche Unfall passierte, als die Autos plötzlich in eine Nebelbank rasten.

ne·bel·haft *Adj. undeutlich, verschwommen* Sie hatte nur eine nebelhafte Vorstellung von der Aktion.

Ne·bel·horn <-(e)s, Nebelhörner> SEEW. *eine Art Hupe auf einem Schiff, mit der bei Nebel andere*

Schiffe gewarnt werden

ne·be·lig/neb·lig *Adj. mit Nebel, von Nebel umgeben*

Ne·bel·krä·he die <-, -n> ZOOL. *eine graue Krähe*

Ne·bel·schein·wer·fer der <-s, -> KFZ *Scheinwerfer, der bei Nebel eingeschaltet wird, weil er besonders stark leuchtet*

Ne·bel·schluss·leuch·te die <-, -n> KFZ *Leuchte hinten am Auto, die bei Nebel eingeschaltet wird, weil sie besonders leuchtet*

Ne·bel·schwa·den *Plur. Nebel, der keine zusammenhängende Masse bildet und plötzlich auftritt*

ne·ben *Präp.* **1.** + *Dat. an der Seite von jmdm. oder etwas* Sie stand neben ihm., Das Buch lag neben dem Radio. **2.** + *Akk. an die Seite von jmdm. oder etwas* Er stellte sich neben sie., Er legte das Buch neben das Radio. **3.** + *Dat. zusätzlich zu jmdm. oder etwas* Neben ihrer Arbeit gibt sie noch Kurse., Hier gibt es neben Computern auch noch Handys zu kaufen. **4.** + *Dat. verglichen mit jmdm. oder etwas* Neben ihm bist du ein ausgezeichneter Sportler.

ne·ben·amt·lich <nicht steig.> *Adj.* (↔ *hauptamtlich*) *drückt aus, dass eine Tätigkeit oder eine Funktion zusätzlich zu einer Hauptbeschäftigung ausgeübt wird* Nebenamtlich war sie in der Partei für die Mitgliederbetreuung zuständig.

ne·ben·an *Adv. im Nachbarzimmer, in der Nachbarwohnung, im Nachbarhaus* Sie wohnt gleich nebenan., Nebenan befindet sich ein Friseur.

Ne·ben·an·schluss der <-es, Nebenanschlüsse> (TELEKOMM.: ↔ *Hauptanschluss*) *ein Telefonanschluss, der zusätzlich zu einem Hauptanschluss existiert ist*

Ne·ben·aus·ga·be die <-, -n> (*meist Plur.*) *ein bestimmter Geldbetrag, der zusätzlich zu den eigentlichen Ausgaben gezahlt werden muss* Die Nebenausgaben erhöhten den Kaufpreis des Hauses erheblich.

Ne·ben·aus·gang der <-(e)s, Nebenausgänge> (↔ *Hauptausgang*) *Ausgang, der zusätzlich zu dem Hauptausgang existiert* Das Hotel hat noch einen Nebenausgang auf der Rückseite.

Ne·ben·be·deu·tung die <-, -en> (↔ *Hauptbedeutung*) *eine Bedeutung, die zusätzlich zu der eigentlichen Bedeutung eines Wortes existiert, aber nicht sofort zu erkennen ist* Das Wort besitzt noch viele Nebenbedeutungen.

ne·ben·bei *Adv.* **1.** *zusätzlich zu einer anderen Tätigkeit, die wichtiger ist* Eigentlich ist er Professor, aber nebenbei schreibt er auch noch Kritiken für Zeitungen. **2.** *drückt aus, dass das Gesagte eine Einschränkung oder eine Ergänzung zu etwas ist* Du siehst eigentlich ganz gut aus, nebenbei bemerkt, solltest du dir aber mal die Haare schneiden., Nebenbei gesagt, hat mich ihr Verhalten nicht sonderlich überrascht.

Ne·ben·be·mer·kung die <-, -en> *eine Bemerkung, die zusäzlich zu dem schon Gesagten oder Geschriebenen gemacht wird*

Ne·ben·be·ruf der <-(e)s, -e> (↔ *Hauptberuf*) *ein Beruf, der zusätzlich zum eigentlichen Beruf ausgeübt wird*

Ne·ben·be·ruf·ler, **Ne·ben·be·ruf·le·rin** der <-s, -> WIRTSCH. *jmd., der einen Nebenberuf ausübt*

Ne·ben·be·schäf·ti·gung die <-, -en> (↔ *Hauptbeschäftigung*) *Tätigkeit oder Arbeit, die zusätzlich zu der eigentlichen Beschäftigung gemacht wird*

Ne·ben·buh·ler, **Ne·ben·buh·le·rin** der <-s, -> (≈ *Rivale*) *jmd., der neben einem anderen versucht, die Zuneigung oder Liebe einer Person zu gewinnen* Unglücklicherweise hatte er einen Nebenbuhler, der ebenfalls um diese Frau warb.

Neb·en·dar·stel·ler, **Neb·en·dar·stel·le·rin** der <-s, -> (FILM: ↔ *Hauptdarsteller*) *jmd., der in einem Film eine nicht so wichtige Rolle spielt*

Ne·ben·ef·fekt der <-(e)s, -e> *eine Auswirkung, die etwas zusätzlich zur eigentlichen Auswirkung hat* Ein Nebeneffekt der Klimaveränderung ist sicherlich die Zunahme der Stürme in Nordeuropa.

Ne·ben·ei·n·an·der, **Ne·ben·ei·n·an·der** das <-s> (*kein Plur.*) *Zustand, in dem etwas zusammen oder gleichzeitig mit etwas anderem da ist* Die Ausstellung besticht durch das Nebeneinander von alter und moderner Kunst., das friedliche Nebeneinander der Kulturen

ne·ben·ei·n·an·der *Adv.* **1.** *drückt aus, dass jmd. oder etwas räumlich neben jmdm./etwas ist* Sie wohnten direkt nebeneinander., Sie stellten sich nebeneinander auf. **2.** *drückt aus, dass jmd. oder etwas zusammen oder gleichzeitig mit jmdm./etwas ist* Katholiken und Protestanten lebten friedlich nebeneinander., Die Programme liefen nebeneinander ab. ◆ Getrenntschreibung→R 4.1 nebeneinander legen, nebeneinander stehen, nebeneinander stellen, sich nebeneinander setzen

ne·ben·ei·n·an·der·her *Adv. so, dass sich zwei oder mehrere Personen oder Sachen nebeneinander in die gleiche Richtung bewegen* Sie gingen friedlich nebeneinanderher. ■ **nebeneinanderher leben**: *zwei Menschen, die zusammen leben, entfremden sich*

Ne·ben·ein·gang der <-(e)s, Nebeneingänge> (↔ *Haupteingang*) *Eingang, der zusätzlich zu dem eigentlichen Eingang existiert* Das Museum hat einen Haupteingang und zwei Nebeneingänge.

Ne·ben·ein·künf·te *Plur.* (≈ *Nebenverdienst*)

Ne·ben·ein·nah·men *Plur. Geld, das man durch Miete, Zinsen, Verkäufe o.Ä. zusätzlich zu den eigentlichen Einkünften einnimmt* Nebeneinnahmen müssen bei der Steuererklärung gesondert aufgeführt werden.

Ne·ben·er·werb der <-s> (*kein Plur.*) *eine Tätigkeit, für die man Geld bekommt und die man zusätzlich zu seinem eigentlichen Beruf ausübt* Viele Landwirte betreiben ihren Hof nur noch als Nebenerwerb.

Ne·ben·fach das <-(e)s, Nebenfächer> (↔ *Hauptfach*) *ein Fach in der Schule oder an der Universität, in dem man weniger Unterrichtsstunden als im Hauptfach besucht*

Ne·ben·fluss der <-es, Nebenflüsse> *ein Fluss,*

der in einen anderen größeren Fluss mündet Der Main ist ein Nebenfluss des Rheins.

Ne·ben·ge·bäu·de das <-s, -> (↔ *Hauptgebäude*) *ein Gebäude, das zu einem anderen, größeren Gebäude gehört* Das Hotel bestand aus einem Hauptgebäude und einem kleinerem Nebengebäude, in dem die Angestellten wohnten.

Ne·ben·ge·dan·ke der <-n, -n> (↔ *Hauptgedanke*) *eine Idee oder eine Absicht, die jmd. zusätzlich zu einer anderen Idee oder Absicht hat* Hast du bei dieser Einladung irgendwelche Nebengedanken, oder willst du wirklich nur mit mir essen gehen?

Ne·ben·ge·räusch das <-es, -e> *ein Geräusch, das man bei einer Maschine oder einem Gerät, die laufen, hört und das stört* Dein Kassettenrekorder macht aber laute Nebengeräusche!, ein störendes Nebengeräusch

Ne·ben·gleis das <-es, -e> *Gleis, das neben dem Hauptgleis verläuft und auf dem langsamere Züge fahren*

Ne·ben·hand·lung die <-, -en> *Handlung in einem Buch oder Film, die zusätzlich zu der zentralen Handlung verläuft* Die vielen Nebenhandlungen des Buches verwirrten mich völlig.

ne·ben·her *Adv. nebenbei*[1] Ich erledige das nebenher., Er schrieb den Brief nebenher.

ne·ben·her·fah·ren <fährst nebenher, fuhr nebenher, ist nebenhergefahren> *ohne OBJ* ■ *jmd./etwas fährt nebenher jmd. oder etwas fährt neben jmdm./etwas in die gleiche Richtung* Der Hund lief auf dem Bürgersteig und der Mann fuhr mit dem Rad nebenher.

ne·ben·her·ge·hen <gehst nebenher, ging nebenher, ist nebenhergegangen> *ohne OBJ* **1.** ■ *jmd. geht nebenher jmd. geht neben jmdm. oder etwas in die gleiche Richtung* **2.** ■ *etwas geht nebenher etwas wird zur gleichen Zeit mit etwas getan, das wichtiger ist* Er arbeitet in der Forschung, die Veröffentlichungen gehen so nebenher.

ne·ben·her·lau·fen <läufst nebenher, lief nebenher, ist nebenhergelaufen> *ohne OBJ* **1.** ■ *jmd./ein Tier läuft nebenher jmd. oder ein Tier läuft neben jmdm. oder einem Tier in die gleiche Richtung* **2.** ■ *etwas läuft nebenher nebenhergehen*[2]

Ne·ben·höh·le die <-, -n> (*meist Plur.*) ANAT. *einer der beiden Hohlräume unter den Augen und neben der Nase* ◆-nentzündung, -nvereiterung, Nasen-

Ne·ben·kla·ge die <-, -n> RECHTSW. *in einem öffentlichen Strafverfahren die Klage durch einen Nebenkläger, der sich der Klage des Staatsanwaltes anschließt*

Ne·ben·klä·ger, Ne·ben·klä·ge·rin der <-s, -> RECHTSW. *jmd., der in einem Prozess vor einem Gericht zusätzlich zu dem Staatsanwalt Klage erhebt, weil er selbst schwer von der Straftat betroffen ist*

Ne·ben·kos·ten *Plur. die Kosten, die zusätzlich zu etwas entstehen* Die Nebenkosten für das Auto sind sehr hoch., In den Nebenkosten zur Miete sind Strom und Wasser enthalten.

Ne·ben·li·nie die <-, -n> *die Nachkommen der jüngeren Familienmitglieder und nicht die Nachkommen der/des Erstgeborenen* Er gehörte nur zu einer Nebenlinie der Königsfamilie.

Ne·ben·mann der <-(e)s, Nebenmänner/Nebenleute> *jmd., der neben einem sitzt oder steht* Mein Nebenmann im Kino lachte andauernd.

Ne·ben·pro·dukt das <-(e)s, -e> *das, was bei der Herstellung von etwas zufällig oder ohne große Mühe zusätzlich entsteht* Teflon® ist ein Nebenprodukt der Raumfahrttechnik.

Ne·ben·raum der <-(e)s, Nebenräume> *ein Raum, der sich neben einem anderen Raum befindet*

Ne·ben·rol·le die <-, -n> (↔ *Hauptrolle*) *eine kleine Rolle, die jmd. in einem Film oder Theaterstück spielt* ■ **jemand/etwas spielt nur eine Nebenrolle**: *jmd. oder etwas ist nicht so wichtig* Seine Karriere ist ihm sehr wichtig, deshalb spielt die Familie nur eine Nebenrolle in seinem Leben.

Ne·ben·sa·che die <-, -n> (↔ *Hauptsache*) *etwas, das nicht so wichtig ist* ■ **die schönste Nebensache der Welt** (*umg.*): *etwas, das man als schöne Beschäftigung empfindet*

ne·ben·säch·lich *Adj.* (↔ *hauptsächlich*) *so, dass es nicht wichtig ist*

Ne·ben·sai·son die <-, -s> (↔ *Hauptsaison*) *Zeit vor oder nach der Hauptsaison* Reisen ist in der Nebensaison meist billiger.

Ne·ben·satz der <-(e)s, Nebensätze> **1.** (SPRACHWISS.: ↔ *Hauptsatz*) *ein Satz, der von einem Hauptsatz abhängt und allein keinen Sinn macht* In dem Satz „Ich gehe spazieren, obwohl es regnet." ist „obwohl es regnet" der Nebensatz. **2.** *beiläufige Bemerkung* Er hatte das nur in einem Nebensatz erwähnt.

ne·ben·ste·hend *Adj. so, dass sich etwas in einem Buch, Text, einer Broschüre o.Ä. neben etwas anderem befindet* Die nebenstehende Abbildung veranschaulicht dies nochmals. ◆ Großschreibung→R 3.4, R 3.7 der/die/das Nebenstehende, Nebenstehendes, im Nebenstehenden

Ne·ben·stel·le die <-, -n> **1.** (TELEKOMM.: ≈ *Nebenanschluss*) **2.** (WIRTSCH.: ≈ *Zweigstelle, Filiale*) *ein kleines Geschäft o.Ä., das zu einem größeren Unternehmen gehört und sich an einem anderen Ort befindet* Die Bank hat auch eine Nebenstelle in dem Dorf.

Ne·ben·stra·ße die <-, -n> (↔ *Hauptstraße*) *eine kleine Straße, die nicht so wichtig ist und auf der wenig Autos fahren*

Ne·ben·stre·cke die <-, -n> (EISENB.: ↔ *Hauptstrecke*) *eine Strecke, die nicht so wichtig ist*

Ne·ben·tä·tig·keit die <-, -en> (↔ *Hauptbeschäftigung*) *Nebenbeschäftigung*

Ne·ben·va·ri·an·te *siehe auch* **Hauptvariante, Rechtschreibreform**

i Wissenswert Die Rechtschreibung eröffnet dem Schreibenden bei vielen Wörtern eine Wahl zwischen zwei gleichermaßen gültigen

N

Schreibweisen, z.B. selbständig/selbstständig. In einer Reihe von Fällen wird allerdings eine der beiden Schreibungen als die bevorzugte, als Hauptvariante (oder Hauptform) ausgewiesen. Dennoch ist auch die **Nebenvariante** (oder Nebenform) eine korrekte Schreibweise, z.B. Saxofon (Nebenvariante), Saxophon (Hauptvariante).

Ne·ben·ver·dienst der <-(e)s, -e> *Geld, das man mit einem Nebenerwerb verdient*

Ne·ben·wir·kung die <-, -en> *eine Wirkung, die zusätzlich zu einer anderen Wirkung auftritt und meist unerwünscht ist* Bei diesem Medikament sind keine Nebenwirkungen bekannt.

Ne·ben·zim·mer das <-s, -> *ein Zimmer, das neben einem anderen Zimmer liegt*

neb·lig *Adj. s.* **nebelig**

nebst *Präp. + Dat.* (*geh. veralt.*) *zusammen mit* Der Direktor reist nebst Gattin an., Er nennt ein Haus nebst einer Jacht sein Eigen.

nebst·bei *Adv.* (*österr.*) *nebenbei* Nebstbei bemerkt, möchte ich darauf hinweisen, dass …, Er hatte nebstbei noch andere Geschäfte laufen.

ne·bu·los/ne·bu·lös *Adj.* (*geh.*) *so unklar und undeutlich, dass man die genaue Bedeutung nicht erkennen kann* Ihre nebulösen Ideen überraschten mich immer wieder.

Ne·ces·saire, *a.* **Nes·ses·sär** das [nesɛ'sɛːɐ̯] <-s, -s> **1.** *eine kleine Tasche für Nähzeug* **2.** (≈ *Kulturbeutel*) *eine kleine Tasche für Sachen, die man für die tägliche Hygiene braucht, wie zum Beispiel Zahnbürste, Seife o.Ä., und die man besonders auf Reisen benutzt*

ne·cken *mit OBJ* ■ *jmd. neckt jmdn./ein Tier* (≈ *foppen*) *jmdn. oder ein Tier auf freundschaftliche Weise etwas ärgern, ohne ihn/es aber richtig wütend zu machen* Man neckt sie mit ihrer neuen Frisur., Sie necken sich eben gern.

ne·ckisch *Adj.* **1.** *schelmisch* ein neckischer Blick **2.** *auffällig und ein wenig gewagt* Sie trug ein neckisches Mützchen.

Nef·fe der <-n, -n> (↔ *Nichte*) *der Sohn des Bruders oder der Schwester*

Ne·ga·ti·on die <-, en> **1.** (*geh.* ≈ *Ablehnung*) *Vorgang, dass ein Prinzip, ein Grundsatz o.Ä. nicht anerkannt wird* die Negation bestehender Moralprinzipien **2.** SPRACHWISS. *Verneinung* Mit dem Partikel „nicht" erfolgt die Negation eines Verbs.

Ne·ga·tiv, Ne·ga·tiv das <-s, -e> (FOTOGR.: ↔ *Positiv*) *ein Foto, das direkt nach der Entwicklung des Films entsteht und bei dem das dunkel ist, was in Wirklichkeit hell war und umgekehrt* von einem Negativ Abzüge machen lassen

ne·ga·tiv, ne·ga·tiv *Adj.* **1.** *so, dass eine Antwort, ein Bescheid o.Ä. eine Ablehnung enthält und „nein" ausdrückt* Auf seine Anfrage erhielt er eine negative Antwort. **2.** (↔ *positiv*) *so, dass etwas eine Ablehnung ausdrückt* eine negative Einstellung zur Politik **3.** (≈ *ungünstig* ↔ *positiv*) *nicht so, wie es eigentlich sein sollte* ein negatives Ergebnis, eine negative Entwicklung, Es wird allmählich zur Gewohnheit, ein negatives Bild der Gesellschaft zu entwerfen. **4.** (PHYS. CHEM.: ↔ *positiv*) *mit mehr Elektronen als Protonen* eine negative elektrische Ladung **5.** (MED.: ↔ *positiv*) *so, dass bei einem Test, einer Untersuchung o.Ä. eine vermutete Krankheit nicht festgestellt wird* HIV negativ, Die Krebsvorsorgeuntersuchung erbrachte einen negativen Befund. **6.** MATH. *so, dass eine Zahl kleiner als Null ist und ein Minuszeichen hat* -1 (gesprochen: minus eins) ist eine negative Zahl.

Ne·ger, Ne·gerin <-s, -> (*umg. abwert. veralt.; da „Neger" als beleidigend empfunden werden kann, wird heute eher „Schwarzer" oder „Farbiger" gesagt*) *Bezeichnung für jmdn., dessen Haut sehr dunkel oder fast schwarz ist und der selbst oder dessen Vorfahren aus Afrika stammen*

ne·gie·ren *mit OBJ* **1.** ■ *jmd. negiert etwas* (*geh.*) *ablehnen* Er negiert die Vorstellungen der Religion. **2.** ■ *jmd. negiert etwas* (*geh.*) *verneinen* Um einen Satz zu negieren, kann man ein Negationspartikel benutzen., Sie negierte ihre Schuld.

Ne·gie·rung die <-, -en> **1.** (*geh.*) *Ablehnung* **2.** (*geh.*) *Verneinung*

Ne·g·li·gee, *a.* **Ne·g·li·gé** das [negli'ʒeː] <-s, -s> *eine Art langes, leichtes Hemd ohne Ärmel und Knöpfe, das Frauen zum Schlafen oder am Morgen tragen*

neh·men <nimmst, nahm, hat genommen> *mit OBJ* **1.** ■ *jmd. nimmt etwas jmd. ergreift etwas mit der Hand, um es festzuhalten, um es aufzuheben, um es von irgendwo zu entfernen, um es zu sich heranzuholen* Er nimmt den Stock fest in die Hand., Sie nimmt den Hund auf den Schoß., Nimm doch noch einen Teller aus dem Schrank!, Sie nahm noch ein Stück Zucker in ihren Kaffee. **2.** ■ *jmd. nimmt etwas jmd. wählt unter verschiedenen Möglichkeiten eine bestimmte, um sie für eine bestimmte Absicht zu nutzen* Nimmst du nun den Zug oder das Flugzeug?, Um schnell ins Stadtzentrum zu kommen, sollten sie die Umgehungstraße nehmen., Die Schuhe sind am schönsten, die nehme ich., Nimmst du Zucker oder Milch in deinen Kaffee? **3.** ■ *jmd./etwas nimmt jmdn./etwas* (≈ *annehmen* ↔ *ablehnen*) *jmd. oder etwas akzeptiert jmdn. oder etwas* Nimm mich so, wie ich bin., Die Wohnung nehme ich, auch wenn sie ein bisschen teuer ist., Es wäre nicht schlecht, wenn diese Firma mich nehmen würde. **4.** ■ *jmd. nimmt etwas* (*für etwas Akk.*) *jmd. bekommt oder fordert etwas als Bezahlung oder Gegenleistung o.Ä.* Für ein Kilo Kartoffeln nehmen sie auf dem Markt noch nicht so viel wie im Geschäft., Für dieses kleine Zimmer wollen sie 500 E nehmen?, Für die Hilfe nehme ich nichts. **5.** ■ *jmd. nimmt etwas* (≈ *einnehmen*) *jmd. schluckt eine Medizin, Tabletten o.Ä.* Sie müssen jeden Morgen eine Tablette nehmen. **6.** ■ *jmd./etwas nimmt etwas jmd. oder etwas bewältigt etwas, das schwierig oder ein Hindernis ist* Mein neues Auto nimmt die Steigung mit Leichtigkeit., Ohne Schwierigkeiten nahm der Reiter die letzte Hürde. **7.** ■ *jmd. nimmt etwas jmd. stellt sich etwas als Beispiel vor* Nicht alle zahlen in die Rentenkasse, nimm doch nur die Beamten, die zahlen gar nichts. **8.** ■ *jmd./etwas nimmt etwas* (MILIT.: ≈ *einnehmen*) *erobern* Die feindlichen Truppen nahmen die Stadt im Sturm. **9.** ■ *jmd. nimmt sich etwas jmd. greift etwas, um es zu haben* Nimm dir doch noch ein Bonbon. **10.** ■ *jmd. nimmt sich etwas jmd. macht von etwas, auf das er ein Recht hat, Gebrauch* Nächste Woche nehme ich mir ein paar Tage frei. **11.** ■ *jmd. nimmt sich jmdn. jmd. bezahlt jmdn., damit er eine Aufgabe erledigt* Ich glaube, du solltest dir lieber einen Anwalt nehmen. **12.** ■ *jmd. nimmt jmdm. jmdn./etwas* (*geh.* ≈ *wegnehmen*) *jdm. bewirkt, das jmd. jmdn. oder etwas nicht mehr hat* Sie hatten ihm alles genommen, nur nicht seinen Willen., Er nahm seinem Freund die Frau. **13.** ■ *jmd./etwas nimmt jmdm. etwas jmd. oder etwas verhindert, dass jmd. etwas hat* Geh da weg, du nimmst mir die Sicht., Die Kälte nimmt mir alle Lust, spazieren zu gehen. **14.** ■ *jmd./etwas nimmt etwas von jmdm. jmd. oder etwas befreit jmdn. von etwas Unangenehmen* Mit der neuen Arbeit ist mir die Sorge um die Zukunft genommen., Sie hat ihm die Angst vor dem Wasser genommen. **15.** ■ *jmd. nimmt etwas an sich jmd. bewahrt etwas auf* Kannst du bitte diese Papiere an dich nehmen? **16.** ■ *jmd. nimmt etwas auf sich jmd. erträgt freiwillig etwas Unangenehmes* Sie nahm viele Unannehmlichkeiten auf sich, um diese Position zu erreichen., Schuld auf sich nehmen **17.** ■ *jmd. nimmt jmdn./etwas mit sich* (≈ *mitnehmen*) *jmd. hat jmdn. oder etwas dabei, wenn er irgendwohin geht oder fährt* Er nahm seine Katze mit sich auf die Reise. **18.** ■ *jmd. nimmt etwas zu sich jmd. isst oder trinkt etwas* Morgens nehme ich fast nichts zu mir. **19.** ■ *jmd. nimmt jmdn. zu sich jmd. lässt jmdn. bei sich wohnen* **20.** ■ *jmd. nimmt jmdn./etwas für jmdn./etwas* (≈ *jmd. hält jmdn./etwas für jmdn./etwas*) *jmd. glaubt, dass jmd. oder etwas jmd. anderes oder eine andere Sache ist* Sie nahmen ihn für eine ehrlichen Mann, aber es stellte sich heraus, dass er ein Betrüger war. **21.** ■ *jmd. nimmt jmdn./sich/etwas irgendwie jmd. versteht oder behandelt jmdn./sich/etwas in der beschriebenen Art und Weise* Nimm dich nicht so ernst!, Leider habe ich die Prüfung zu leicht genommen und bin prompt durchgefallen. **22.** ■ *jmd. nimmt etwas als etwas jmd. deutet etwas auf eine beschriebene Weise* Du kannst es als gutes Zeichen nehmen, dass die Firma sofort auf deinen Brief geantwortet hat. ■ **jemanden zur Frau/zum Mann nehmen**: *jmdn. heiraten* **hart im Nehmen sein**: *viel aushalten können* **sich das Leben nehmen**: *sich selbst töten* **sich etwas nicht nehmen lassen**: *darauf bestehen, etwas selbst zu machen* Sie ließ es sich nicht nehmen, zu Fuß zur Kirche zu gehen. **wie man's nimmt** (*umg.*): *drückt aus, dass man etwas auch anders beurteilen kann* Geht es dir gut? – Wie man's nimmt. **es mit etwas nicht so genau nehmen**: *etwas nicht so genau machen, wie es sein sollte* Er nimmt es mit der Pünktlichkeit auch nicht so genau, immer kommt er zu spät! **Woher nehmen und nicht stehlen?** (*umg.*): *man hat nichts und weiß auch nicht, woher man etwas bekommt* **etwas in die Hand nehmen** (*umg.*): *etwas mit viel Energie und Tatkraft beginnen, was vorher vernachlässigt wurde* Der neue Chef nimmt jetzt erst mal die Produktionsentwicklung in die Hand. **Die nehmen es von den Lebendigen!** (*umg.*): *drückt aus, dass eine Sache viel zu teuer ist* **die Dinge nehmen, wie sie kommen** (*umg.*): *das Schicksal hinnehmen*

Neh·rung die <-, -en> *eine schmale Landzunge, die in das Meer ragt* die Kurische Nehrung

Neid der <-(e)s> (*kein Plur.*) *das schlechte Gefühl, das man hat, wenn andere etwas haben, das man selbst gerne hätte, aber nicht hat* ■ **grün vor Neid werden** (*umg.*): *plötzlich sehr viel Neid verspüren* **vor Neid erblassen** (*umg.*): *plötzlich sehr viel Neid verspüren*

nei·den *mit OBJ* ■ *jmd. neidet jmdm. etwas* (*geh.* ↔ *gönnen*) *gegenüber jmdm. Neid verspüren* Er neidet seinem Nachbar das neue Auto.

Nei·der, Nei·de·rin der <-s, -> *jmd., der jmdm. etwas neidet*

nei·disch *Adj. so, dass man Neid empfindet* Ich bin wirklich nicht neidisch auf dein neues Auto., Er ist neidisch auf ihre Jugend.

Nei·ge (*geh.*) ■ **etwas bis auf die/zur Neige leeren** (*geh.*): *etwas völlig austrinken* Sie leerten die Gläser bis zur Neige. **etwas geht zur Neige**: *etwas ist fast aufgebraucht oder zu Ende* Das Essen geht zur Neige., Das Geld geht zur Neige., Der Tag geht zur Neige.

nei·gen I. *mit OBJ* ■ *jmd. neigt etwas* (↔ *aufrichten*) *jmd. bringt etwas aus einer senkrechten in eine schräge Position* Er neigte die Flasche, um mir deren Inhalt besser zeigen zu können. **II.** *ohne OBJ* **1.** ■ *jmd. neigt zu etwas Dat.* (*geh.* ≈ *tendieren*) *jmd. ist so, dass er einen Zustand leicht bekommen kann oder häufig etwas tut* Er neigt zu Depressionen., zu Übertreibungen neigen **2.** ■ *jmd. neigt zu etwas jmd. zieht eine bestimmte Meinung einer anderen vor* Ich neige zu der Auffassung, dass das alles Unsinn ist. **III.** *mit SICH* **1.** ■ *etwas neigt sich* (*irgendwohin*) *etwas bewegt sich aus einer senkrechten oder waagerechten Lage in eine schräge Lage oder nach unten* Das Auto neigt sich in den Kurven gefährlich zur Seite., Die Äste neigen sich unter der Last des Schnees. **2.** ■ *jmd. neigt sich aus etwas Dat./über etwas Akk. jmd. beugt den Oberkörper nach vorne* Er neigte sich aus dem Fenster., Sie neigte sich über das Baby. ■ **etwas neigt sich dem Ende zu** (*geh.*): *etwas geht zu Ende* Der Abend neigt sich langsam dem Ende zu.

Nei·gung die <-, -en> **1.** (≈ *Gefälle*) *der Grad, um den sich eine Fläche oder eine Linie senkt* Die Straße besitzt eine leichte Neigung. **2.** (≈ *Vorliebe*) *besonderes Interesse für jmdn. oder etwas* Sie hat eine künstlerische Neigung., Er hat eine Neigung für antike Kunst **3.** (*kein Plur.*) (≈ *Tendenz, Hang*) *drückt aus, dass jmd. zu einem bestimmten Zustand oder Verhalten neigt II.1* Er hat eine leichte Neigung zum Bauchansatz.

Nei·gungs·win·kel der <-s, -> MATH. *der Winkel, der den Grad einer Neigung[1] angibt*

Nein das <-(s)> (*kein Plur.*) (↔ *Ja*) *die Antwort „nein"* Sie antwortete mit einem entschiedenen Nein., Er blieb bei seinem Nein in dieser Frage., Sie wägte das Ja und das Nein ab., Sie stimmten mit Nein.

nein *Partikel* **1.** (↔ *ja*) *als Antwort verwendet, um eine Bitte, Aufforderung, einen Befehl o.Ä. abzulehnen oder um einer Aussage nicht zuzustimmen* Kannst du mir bitte helfen? – Nein, ich habe keine Zeit., Möchtest du ein Bier? – Nein danke!, Sie müssen tun, was ich sage! – Nein. **2.** *verwendet, um einen Ausruf des Erstaunens einzuleiten* Oh/o nein, auch das noch!, Nein, wie niedlich! **3.** *verwendet, um eine Aussage zu korrigieren oder zu ergänzen* Das Wetter war schlecht, nein, geradezu schrecklich an diesem Tag. **4.** *verwendet am Ende von verneinten Fragesätzen, um eine Zustimmung zu erwarten* Du bist doch nicht mehr böse, nein? ◆ Klein- oder Großschreibung Da sage ich nicht nein/Nein.

Nein·sa·ger, **Nein·sa·ge·rin** der <-s, -> (*abwert.*) *jmd., der zu jedem Vorschlag nein sagt* Dieser Neinsager hat bisher noch jeden Vorschlag abgelehnt.

Nein·stim·me die <-, -n> (↔ *Jastimme*) *ablehnende Stimme bei einer Wahl*

Ne·k·ro·log der <-(e)s, -e> *Nachruf zur Würdigung eines Verstorbenen*

Nek·tar der <-s> (*kein Plur.*) **1.** BOT. *eine Flüssigkeit, die süß ist und von Blüten erzeugt wird* **2.** *ein Getränk aus Fruchtsaft und Wasser* ◆ Frucht-, Orangen-

Nek·ta·ri·ne die <-, -n> *eine Art Pfirsich, der eine glatte Haut hat und süß schmeckt*

Nel·ke die <-, -n> **1.** BOT. *ein Blume, die stark riecht und weiße, rosa oder rote Blüten hat* **2.** *getrocknete, tiefbraune Blüte eines tropischen Baumes, die man als Gewürz benutzt*

nen·nen <nennst, nannte, hat genannt> **I.** *mit OBJ* **1.** ▪ *jmd. nennt jmdn./etwas ... jmdn. oder etwas einen Namen geben* Sie nannte ihre Katze Schurli., Nennt mich Ismael. **2.** ▪ *jmd. nennt jmdn./etwas ... als etwas bezeichnen* Sie nannte ihn (einen) Faulpelz., Das nenne ich eine gelungene Party. **3.** ▪ *jmd. nennt jmdn. ... in bestimmter Weise ansprechen* Alle nannten ihn nur Opa. **4.** ▪ *jmd. nennt (jmdm.) etwas jmd. sagt (jmdm.) etwas* Nennen Sie mir drei Primzahlen. **II.** *mit SICH* **1.** ▪ *jmd. nennt sich ... jmd. heißt ...* Wie nennst du dich noch mal?, Als Künstler nennt er sich Ramon. **2.** ▪ *jmd./etwas nennt sich etwas* (*iron.*) *jmd. oder etwas hat einen Namen, den er/es nicht verdient* Jeden Tag so früh aufstehen – und das nennt sich nun Urlaub.

nen·nens·wert *Adj.* (≈ *erwähnenswert*) *so wichtig, dass man darüber sprechen sollte* Es gab keine nennenswerten Vorkommnisse letzte Nacht.

Nen·ner der <-s, -> (MATH.: ↔ *Zähler*) *bei einem Bruch die Zahl unter dem Bruchstrich* ▪ **etwas auf einen gemeinsamen Nenner bringen** (*umg.*): *einen Kompromiss finden* **einen gemeinsamen Nenner finden** (*umg.*): *einen Kompromiss finden*

Nenn·wert der <-es, -e> WIRTSCH. *der auf Münzen, Banknoten oder Aktien angegebene Wert*

Ne·o·fa·schis·mus der <-> (*kein Plur.*) *politische Bewegung nach dem Zweiten Weltkrieg mit den Ideen des Faschismus*

Ne·o·klas·si·zis·mus der <-> (*kein Plur.*) BAUW. *ein Baustil des 20. Jahrhunderts, der römische und griechische Bauelemente als Vorbild nimmt*

Ne·o·li·be·ra·lis·mus der <-> (*kein Plur.*) WIRTSCH. *eine Wirtschaftstheorie, die die Ideen des Liberalismus aufgreift und in moderne Verhältnisse einbindet*

Ne·o·lo·gis·mus der <-, Neologismen> SPRACHWISS. *sprachliche Neuprägung, neues Wort siehe auch* **Anglizismus**, **Wortbildung**

> **i Wissenswert** Als **Neologismus** bezeichnet man einen neu entstandenen sprachlichen Ausdruck in einer Sprache zur Bezeichnung neuer Sachverhalte oder Gegenstände. Ein Neologismus kann auf der Basis vorhandener sprachlicher Mittel und Konstruktionsweisen gebildet werden (z.B. Datenautobahn, Entsorgung), durch Bedeutungsübertragung (z.B. Computer-Virus) oder Entlehnungen aus anderen Sprachen (z.B. Software). Als Neologismen bezeichnet man auch Neubezeichnungen bereits existierender Gegenstände oder Sachverhalte, z.B. Auszubildende(r) statt Lehrling, Raumpflegerin statt Putzfrau.

Ne·on das <-s> (*kein Plur.*) CHEM. *Gas, das auch für Leuchtröhren verwendet wird, mit dem chemischen Zeichen „Ne"* ◆ -lampe

Ne·o·na·zi der <-s, -s> *jmd., der den Neonazismus vertritt*

Ne·o·na·zis·mus der <-> (*kein Plur.*) *nach 1945 aufkommende Bewegung, welche die Ideologie des Nationalsozialismus übernimmt*

ne·o·na·zis·tisch <nicht steig.> *Adj. den Neonazismus betreffend*

Ne·on·farbe die <-, -n> (*meist Plur.*) *Farben, die stark leuchten, bunt und sehr auffällig sind*

Ne·on·licht das <-(e)s, -er> *Licht, das in einer Lampe mit Hilfe von Neon erzeugt wird*

Ne·on·re·kla·me die <-, -n> *Reklame, die mit Neonröhren gestaltet ist*

Ne·on·röh·re die <-, -n> *eine Lampe in Form einer Röhre, die mit Neon gefüllt ist*

Ne·o·zo·i·kum das <-s> (*kein Plur.*) GESCH. *erdgeschichtliche Neuzeit*

Ne·pal <-s> *Staat in Asien mit Grenzen zu China*

und Indien

Ne·pa·ler, **Ne·pa·le·rin** der <-s, -> *s.* **Nepalese**

Ne·pa·le·se, **Ne·pa·le·sin** der <-n, -n> *Einwohner Nepals*

ne·pa·le·sisch <nicht steig.> *Adj. zu Nepal gehörend, daher stammend*

Ne·pa·li das <-s> (*kein Plur.*) *die Sprache Nepals*

ne·pa·lisch *Adj. s.* **nepalesisch**

Ne·phe·lin das <-s, -e> BERGB. *eine Mineralsorte*

Nepp der <-s> (*kein Plur.*) (*umg. abwert.*) *das Neppen* Das war doch der reinste Nepp!

nep·pen *mit OBJ* ■ *jmd. neppt jmdn.* (*umg. abwert.*) *für etwas, das wertlos ist, von jmdm. viel Geld verlangen*

Nerv der <-s, -en> **1.** ANAT. *eine Art Faser im Körper, über die Informationen zwischen Körperteilen und Gehirn und Rückenmark ausgetauscht werden* einen Nerv betäuben **2.** (*nur Plur.*) *die seelische Verfassung* Das halten meine Nerven nicht aus!, Man braucht gute Nerven, um Lehrer zu sein., Meine Nerven sind zum Zerreißen gespannt ■ **jemandem auf die Nerven fallen/gehen** (*umg.*): *jmdn. belästigen* **die Nerven verlieren** (*umg.*): *die Kontrolle über die eigenen Handlungen verlieren* **die Nerven behalten** (*umg.*): *trotz einer schwierigen Situation die Kontrolle über die eigenen Handlungen haben* **Nerven wie Drahtseile haben** (*umg.*): *eine übermäßige Selbstbeherrschung haben* **den Nerv haben, etwas zu tun** (*umg.*): *mutig oder frech genug sein, etwas zu tun/machen* **Du hast vielleicht Nerven!** (*umg.*): *drückt aus, dass man die Handlung oder das Gesagte von jmdm. frech und sehr gewagt findet* **Nerven zeigen** (*umg.*): *die Konzentration oder die Beherrschung langsam verlieren* **jemandem gehen die Nerven durch** (*umg.*): *jmd. verliert die Selbstbeherrschung und tut etwas Unvernünftiges oder Unverschämtes*

ner·val <nicht steig.> *Adj.* MED. *das Nervensystem oder die Tätigkeit der Nerven betreffend*

ner·ven **I.** *mit OBJ/ohne OBJ* ■ *jmd./etwas nervt (jmdn.)* (*umg.*) *jmd. oder etwas stört (jmdn.)* Die Musik nervt (mich) ganz schön! **II.** *mit OBJ* ■ *jmd. nervt jmdn.* (*mit etwas Dat.*) (*umg.*) *jmd. fragt oder bittet jmdn. so oft, dass es stört* Also, allmählich nervst du mich mit diesen blöden Fragen!

Ner·ven·arzt, **Ner·ven·ärz·tin** der <-es, Nervenärzte> MED. **1.** *ein Arzt, der auf Krankheiten der Nerven[1] spezialisiert ist* **2.** (*umg.*) *Psychiater*

ner·ven·auf·rei·bend *Adj. psychisch sehr anstrengend* Wie lange wird er diesen nervenaufreibenden Job wohl noch durchstehen?

Ner·ven·bahn die <-, -en> ANAT. *ein Bündel von vielen Nerven[1], die man unter einem Mikroskop sehen kann*

Ner·ven·bün·del das <-s, -> (*umg.*) *jmd., der sehr nervös[1] ist* Kurz vor dem Urlaub war sie ein einziges Nervenbündel.

Ner·ven·ent·zün·dung die <-, -en> MED. *eine Entzündung von Nerven[1]*

Ner·ven·gift das <-(e)s, -e> CHEM. *Gift, das auf die Nerven[1] wirkt* Nikotin ist das bekannteste Nervengift.

Ner·ven·heil·an·stalt die <-, -en> (MED.: *veralt.* ≈ *Psychiatrie*)

Ner·ven·kit·zel der <-s, -> (*umg.*) *ein Gefühl, das für manche angenehm ist und in bestimmten gefährlichen Situtionen entsteht* Er liebte den Nervenkitzel beim Fallschirmspringen.

Ner·ven·kli·nik die <-, -en> MED. *ein Krankenhaus für psychische Krankheiten*

Ner·ven·kos·tüm das <-s> (*kein Plur.*) (*umg. scherzh.*) *jmds. psychischer Zustand in Bezug darauf, wieviel Stress er ertragen kann* Ihr dünnes Nervenkostüm machte ihr vor jeder Prüfung zu schaffen.

ner·ven·krank <nicht steig.> *Adj.* **1.** MED. *an den Nerven krank* **2.** (*umg.*) *psychisch krank*

Ner·ven·krank·heit die <-, -en> **1.** *eine Krankheit der Nerven* **2.** *eine Krankeit der Psyche*

Ner·ven·krieg der <-(e)s, -e> (*meist im Sing.*) *eine Situation, in der zwei Gegner psychologische Mittel anwenden, um den jeweils anderen zu verunsichern oder zu schwächen* Die Schachpartie entwickelte sich zum Nervenkrieg.

Ner·ven·lei·den das <-s, -> (≈ *Nervenkrankheit*)

Ner·ven·sa·che ■ **Das ist reine Nervensache!** (*umg.*): *das ist eine Frage der geistigen und körperlichen Beherrschung* Das ist reine Nervensache, bei den aktuellen Börsennachrichten nicht in Panik zu verfallen.

Ner·ven·sä·ge die <-, -n> (*umg. abwert.*) *jmd., der sehr lästig ist* Das Kind ist eine fürchterliche Nervensäge!

Ner·ven·schmer·zen <-> *Plur. Schmerzen der Nerven[1]*

ner·ven·schwach *Adj.* (↔ *nervenstark*) *so, dass jmd. schwache Nerven[2] hat*

ner·ven·stark *Adj.* (↔ *nervenschwach*) *so, dass jmd. starke Nerven[2] hat*

Ner·ven·stär·ke die <-> (*kein Plur.*) *die Eigenschaft, dass jmd. viel Stress ertragen kann* Er zeichnete sich durch seine Nervenstärke aus.

Ner·ven·sys·tem das <-s, -e> ANAT. BIOL. *die Gesamtheit der Nerven[1] im Körper*

Ner·ven·zel·le die <-, -n> (ANAT. BIOL.: ≈ *Neuron*) *eine Körperzelle, von der die Erregungen ausgehen, die über die Nerven[1] weitergeleitet werden*

Ner·ven·zen·t·rum das <-s, Nervenzentren> (*übertr.*) *ein Ort, der für etwas sehr wichtig ist und von dem aus Verbindungen zu anderen Orten ausgehen* In diesem Raum standen die Server, er war das Nervenzentrum des ganzen Unternehmens.

Ner·ven·zu·sam·men·bruch der <-(e)s, Nervenzusammenbrüche> MED. *Vorgang, dass die Nerven[1] versagen, weil die seelische und körperliche Belastung zu groß war*

ner·vig *Adj.* (*umg. abwert.*) *sehr lästig und daher unangenehm* Er hatte eine furchtbar nervige Art.

nerv·lich <nicht steig.> *Adj.* (≈ *psychisch*) *die Nerven[2] betreffend* Sie war nervlich völlig am Ende., Die nervlichen Belastungen nehmen in der Stadt ständig zu.

N

ner·vös *Adj.* **1.** *innerlich unruhig oder angespannt sein* Vor ihrem Auftritt war sie sehr nervös. **2.** *das Nervensystem betreffend* Er hat ein nervöses Zucken am Auge.

Ner·vo·si·tät die <-> (*kein Plur.*) *das Nervössein*[1]

nerv·tö·tend *Adj.* (*abwert.*) *so, dass jmd. oder etwas jmdn. sehr stört und belästigt* Bei diesem nervtötenden Lärm kann doch kein Mensch arbeiten.

Nerz der <-es, -e> **1.** ZOOL. *ein kleines, schmales Tier mit einem buschigen Schwanz und braunen Fell, aus dem wertvolle Kleidungsstücke gemacht werden* ◆-farm **2.** (*kein Plur.*) *das Fell des Nerzes*[1] **3.** *ein Mantel, eine Jacke o.Ä. aus Nerz*[2] einen kostbaren Nerz tragen ◆-jacke, -kragen, -mantel

Nes·sel die <-, -n> BOT. *Kurzform für „Brennnessel“* ■ **sich in die Nesseln setzen** (*umg.*): *sich durch eine Handlung oder Äußerung in eine peinliche Situation bringen* **wie auf Nesseln sitzen** (*umg.*): *sehr nervös*[1] *sein*

Nes·sel·fie·ber das <-s> (*kein Plur.*) MED. *Nesselsucht mit Fieber*

Nes·sel·sucht die <-> (*kein Plur.*) MED. *eine allergische Reaktion der Haut gegenüber bestimmten Stoffen, bei der man große rote Flecken hat, die stark jucken und auch Fieber bekommen kann*

Nes·ses·sär das *s.* **Necessaire**

Nest das <-(e)s, -er> **1.** *der mit Zweigen und Blättern befestigte Platz, an dem Vögel ihre Eier legen und ausbrüten* Der Storch baut sein Nest auf dem Kirchturm. ◆Vogel- **2.** *eine kleine Höhle, die Insekten, Mäuse oder andere kleine Tiere bauen oder graben, um dort zu leben* ◆Ameisen -, Eichhörnchen-, Ratten-, Schlangen- **3.** (*umg. abwert.* ≈ *Kaff*) *ein kleiner Ort, an dem nichts passiert und es sehr langweilig ist* **4.** (≈ *Schlupfwinkel*) *der Ort, an dem sich Räuber, Piraten, Verbrecher verstecken* ◆Piraten-, Schmuggler- **5.** ■ **ein Nest von Schmugglern/Räubern ausheben**: *das Nest*[4] *entdecken und die Verbrecher verhaften* **das eigene Nest beschmutzen** (*abwert.*): *schlecht über die eigene Familie, das eigene Land o.Ä. reden* **sich ins gemachte/warme Nest setzen** (*umg.*): *ohne eigene Anstrengungen in eine Situation kommen, in der es einem sehr gut geht* Durch die Heirat mit der Tochter des Firmenchefs konnte er sich in gemachte Nest setzen.

Nest·be·schmut·zer der <-s, -> (*abwert.*) *jmd., der schlecht über seine eigene Familie, sein Land o.Ä. redet* Nachdem er die Missstände im eigenen Land beim Namen genannt hatte, wurde er als Nestbeschmutzer beschimpft.

nes·teln <nestelst, nestelte, hat genestelt> *ohne OBJ* ■ *jmd. nestelt an etwas Dat. jmd. versucht mit den Fingern etwas zu öffnen oder zu lösen* Er begann an dem Reißverschluss zu nesteln, als er ihn nicht gleich aufbekam.

Nest·flüch·ter der <-s, -> (↔ *Nesthocker*) **1.** *ein junges Tier, das schnell das Nest*[1] [2] *verlässt* **2.** (*übertr.*) *jmd., der sehr früh aus dem Elternhaus ausgezogen ist*

Nest·häck·chen das <-s, -> *das jüngste Kind in einer Familie, das oft sehr verwöhnt ist*

Nest·hocker der <-s, -> (↔ *Nestflüchter*) **1.** *ein junges Tier, das lange im Nest*[1] [2] *bleibt* **2.** (*übertr.*) *jmd., der sehr lange im Elternhaus lebt und sich von den Eltern versorgen lässt*

Nes·tor der <-s, -en> **1.** (*kein Plur.*) *alter und weiser König aus der griechischen Sagenwelt* **2.** (*geh.*) *herausragender ältester Vertreter einer Wissenschaft oder eines künstlerischen Fachs* Er war der Nestor der Chemie.

Nest·wär·me die <-> (*kein Plur.*) *das angenehme Gefühl, das ein Kind in der Familie hat, wenn alle es lieben und umsorgen*

Ne·ti·quet·te die <-> (*kein Plur.*) EDV *eine Art von Verhaltensregel, die Benutzer des Internets beim Schreiben von Mails oder in Chaträumen o.Ä. beachten sollten und die man von verschiedenen Servern im Internet abrufen kann*

nett[1] *Adj.* **1.** (≈ *lieb*) *so, dass jmd. freundlich und angenehm im Verhalten ist* Nett von dir, mir die Informationen zu geben., Er ist ein netter Junge., Würden Sie bitte so nett sein und die Türen schließen? **2.** (≈ *ansprechend, hübsch*) *so, dass etwas angenehm wirkt* Das ist wirklich eine nette Wohnung **3.** (*iron.*) *verwendet, um auszudrücken, dass man jmdn. oder etwas gar nicht gut findet* Das ist ja ein netter Freund, erst leihe ich ihm mein Geld und dann haut er mit meiner Frau ab!

nett[2] *Adv.* (*umg.*) **1.** ■ **ganz nett** (≈ *ziemlich*): Ich musste mich ganz nett anstrengen, um diese Prüfung noch zu schaffen **2.** ■ **ganz nett**: *verwendet, um auszudrücken, dass man etwas nur akzeptabel, aber nicht sehr schön, hervorragend o.Ä. findet* Der Film war ganz nett, aber es lohnt sich nicht, ihn noch mal anzuschauen.

net·ter·wei·se *Adv. aus Freundlichkeit* Sie hat mir netterweise ihre Wohnung während der Ferien überlassen.

Net·tig·keit die <-, -en> (*meist Plur.*) (≈ *Kompliment*) *höfliche und freundliche Worte* Nettigkeiten austauschen

net·to *Adv.* (↔ *brutto*) **1.** WIRTSCH. *ohne Verpackung* Das Gewicht beträgt netto 430 Gramm. **2.** *nachdem Steuern und andere Kosten abgezogen sind* Er hatte zweitausend Euro netto bekommen., Das macht nach Abzug der Steuern netto nur noch tausend Euro.

Net·to·ein·kom·men das <-s, -> (↔ *Bruttoeinkommen*) *das Einkommen, das man netto*[2] *bekommt*

Net·to·ge·wicht das <-(e)s, -e> *das Gewicht, das ohne Verpackung verbleibt*

Net·to·lohn der <-(e)s, Nettolöhne> (↔ *Bruttolohn*) *der Lohn, den man netto*[2] *bekommt*

Netz[1] das <-es, -e> **1.** *eine Art Gewebe, das aus Fäden, Seilen, Drähten o.Ä. besteht, die miteinander so verbunden sind, dass zwischen den einzelnen Knoten immer ein Zwischenraum bleibt* ein feines Netz, ein grobmaschiges Netz, ein Netz knüpfen, ein Netz ausbessern **2.** *ein Netz*[1], *mit dem man Tiere, besonders Fische, fangen kann* ein Netz auswerfen/einholen, die Fische gehen ins Netz ◆ Fang-, Fischer-, Schmetterlings-, Vogel- **3.** SPORT *ein Netz[1], das ein Spielfeld zum Beispiel beim Tennis in zwei Teile teilt oder Teil eines Tores ist* der Ball geht ins/übers Netz ◆ Tennis-, Tischtennis-, Volleyball- **4.** *ein Netz[1], in dem man Dinge, zum Beispiel beim Einkaufen, transportiert oder aufbewahrt* ◆ Einkaufs-, Gepäck- **5.** *ein Netz[1], das jmdn. vor etwas schützt* Die Akrobaten im Zirkus arbeiten ohne Netz., Gegen die Mücken hilft nur, ein feines Netz über das Bett zu hängen. ◆ Moskito- **6.** *ein Netz[1], das man über die Haare spannt, um sie zu schützen oder die Frisur zu bewahren* Die Arbeiterinnen mussten ein Netz tragen, damit ihre Haare nicht in die Maschine gelangten. ◆ Haar- **7.** *ein Netz[1], das eine Spinne baut, um Insekten oder kleine Tiere darin zu fangen* ■ **jemandem ins Netz gehen** (*umg.*): *von jmdm. gefangen werden* Nach langer Suche ging der Einbrecher der Polizei ins Netz. ◆ Spinnen-

Netz[2] das <-es, -e> **1.** *ein System von Verkehrswegen , die miteinander verbunden sind und über das Menschen oder Waren in verschiedene Richtungen und an verschiedene Orte gelangen können* ein gut ausgebautes Netz von Autobahnen ◆ Bahn-, Eisenbahn-, Flug-, Kanal-, Schienen-, Straßen-, Transport-, Verkehrs- **2.** *ein System von Leitungen und Vorrichtungen, über das Strom, Gas, Wasser, Nachrichten o.Ä. verteilt und transportiert werden kann* ◆ Computer-, Fernseh-, Kabel-, Strom-, Telefon- **3.** EDV *das Internet* etwas im Netz suchen **4.** EDV *Netzwerk* **5.** *Personen oder Institutionen, die in einer Organisation verbunden sind, aber an verschiedenen Orten arbeiten* ■ **das soziale Netz** SOZIOL.: *ein System von Hilfen und Unterstützungen des Staates, das den Menschen einen bestimmten Lebensstandard garantieren soll* **etwas geht ans Netz**: *ein Kraftwerk wird an die Stromproduktion angeschlossen* ◆ Handels-, Spionage-, Verkaufs-

Netz·an·schluss der <-es, Netzanschlüsse> **1.** *eine Art Vorrichtung für den Anschluss ans Stromnetz* einen Netzanschluss installieren **2.** *die Möglichkeit, ein Gerät über eine Leitung mit Strom zu versorgen*

netz·ar·tig <nicht steig.> *Adj. in Form eines Netzes[1]*

Netz·au·ge das <-s, -n> ZOOL. *Facettenauge*

Netz·bür·ger, **Netz·bür·ge·rin** der <-s, -> EDV SOZIOL. *Bezeichnung für Personen, die das Internet als eine parallele Welt mit freiheitlichen Vorstellungen sehen und nutzen*

net·zen <netzt, netzte, hat genetzt> *mit OBJ* ■ *jmd./etwas netzt jmdn./ etwas* (*geh.*) *befeuchten, leicht nass machen* Tränen netzen ihre Wangen.

Netz·ge·rät das <-(e)s, -e> ELEKTROTECHN. *Gerät, das den elektrischen Strom, der über das normale Stromnetz fließt, so verändert, dass man damit ein Gerät oder Maschine betreiben kann*

Netz·haut die <-, Netzhäute> ANAT. *Schicht des menschlichen Auges, die für das Licht empfindlich ist*

Netz·haut·ent·zün·dung die <-, -en> MED. *Entzündung der Netzhaut*

Netz·hemd das <-es, -en> *eine Art Unterhemd aus einem Netz[1]*

Netz·kar·te die <-, -en> *eine Fahrkarte für den Nahverkehr, mit der man so oft fahren kann, wie man will* Mit der Netzkarte kannst du im ganzen Stadtgebiet mit dem Bus fahren.

Netz·span·nung die <-, -en> ELEKTROTECHN. *elektrische Spannung, die ein Stromnetz liefert*

Netz·ste·cker der <-s, -> ELEKTROTECHN. *Stecker am Ende einer Leitung, der in die Steckdose gesteckt wird*

Netz·strumpf der <-(e)s, Netzstrümpfe> *ein feiner Frauenstrumpf, dessen Gewebe wie ein Netz[1] gemacht ist*

Netz·teil das <-(e)s, -e> EDV ELEKTROTECHN. *Gerät, das einen Computer oder Drucker o.Ä. mit der Steckdose verbindet und mit elektrischem Strom versorgt, indem es Wechselspannung von 220 Volt in Gleichstrom von 5 bis 12 Volt umwandelt*

Netz·teil·neh·mer, **Netz·teil·neh·me·rin** der <-s, -> *jmd., dessen Computer oder Telefon o.Ä. an einem Netzwerk angeschlossen ist*

Netz·werk <-(e)s, -e> **1.** EDV *System von mehreren Computern, die miteinander verbunden sind; in einem Netzwerk können die Teilnehmer Datenbanken, Drucker, Internetzugang usw. gemeinsam nutzen und über Mailverkehr gemeinsam kommunizieren* ◆ -karte *s.* **LAN**, **WAN** **2.** *eine* (*locker*) *organisierte Gruppe von Personen mit gleichen Interessen, die sich gegenseitig unterstützen, indem sie sich z.B. mit Informationen versorgen* ◆ Frauen-

Netz·werk·ad·mi·nis·tra·tor der <-s, -en> (EDV: ≈ *Systemadministrator*) *jmd., der beruflich ein Netzwerk[1] einrichtet und verwaltet*

Netz·werk·be·triebs·system das <-s, -e> EDV *Programm mit mehreren Unterprogrammen, das zur Steuerung eines Netzwerkes[1] notwendig ist*

Netz·werk·dru·cker der <-s, -> EDV *ein Drucker in einem Netzwerk[1], den die Teilnehmer des Netzwerks gemeinsam nutzen können*

Netz·zu·gang der <-(e)s, Netzzugänge> EDV *die Möglichkeit, sich mit dem Internet oder einem Netzwerk[1] zu verbinden*

neu *Adj.* **1.** (↔ *alt*) *so, dass etwas erst seit kurzer Zeit da ist oder vor kurzer Zeit gemacht wurde* Die Innenstadt wurde neu gestaltet., Hast du eine neue Frisur?, Für sie galt bereits die neue Prüfungsordnung. **2.** (↔ *gebraucht*) *so, dass etwas noch nicht vorher benutzt oder von jmdm. besessen wurde* Wir haben ganz neue Ware! **3.** (≈ *frisch*) *sauber* Du musst dir eine neue Hose anziehen. **4.** *so, dass etwas noch nicht lange zurückliegt oder erst vor kurzer Zeit passiert ist* die neuesten Nachrichten, Weißt du schon das Neuste? Morgen macht die Firma zu! **5.** *noch nicht bekannt* Die Forscher entdeckten einen neuen Käfer. **6.** *so, dass jmd. oder etwas erst seit kurzer Zeit an einem Ort, in einer Position, in einer Funktion ist*

N

neu in der Stadt, neu im Amt, Der Neue ist sein Geld wert, er arbeitet wie ein Pferd! **7.** *noch einmal und jetzt anders* Sie müssen den Text neu schreiben! **8.** *aus der aktuellen Ernte* neuer Wein, neue Kartoffeln ■ **jemandem ist etwas neu**: *jmd. hat von etwas noch nicht gewusst* Das ist mir neu, dass man auf dem Bahnhof nicht rauchen darf. **seit neuestem**: *seit sehr kurzer Zeit* **von neuem**: *noch einmal* ◆ Kleinschreibung→R 3.13, R 3.20 die neuen Medien, die neuen Bundesländer, die neue Linke, gutes neues Jahr!, die neuen Sprachen; Großschreibung→R 3.7, R 3.17 die Neue Welt, das Neue Testament; Getrenntschreibung→R 4.3 neu bearbeitet, neu eröffnet, neu geschaffen, neu verheiratet, d.h. wieder, erneut verheiratet; Zusammenschreibung→R 4.5 neugeboren, neuverheiratet, d.h. seit sehr kurzer Zeit verheiratet

Neu·an·kömm·ling der <-s, -e> *jmd., der neu[6] ist*

Neu·an·schaf·fung die <-, -en> *etwas, das man neu[1] gekauft hat* Ihre letzte Neuanschaffung war ein eigenes Auto.

neu·ar·tig *Adj. so, dass etwas erst seit kurzem erfunden oder bekannt wurde* eine neuartige Methode der Krebsbehandlung

Neu·auf·la·ge die <-, -n> **1.** *der neue[1] Druck eines Buches, meist mit leicht verändertem oder verbessertem Inhalt* **2.** *etwas, das neu[1] und originell sein soll, aber in Wirklichkeit schon vorhanden ist* Das, was der Politiker von sich gibt, ist auch nur eine Neuauflage alter Ideen.

Neu·bau der <-s, Neubauten> **1.** *das Bauen eines Hauses, um ein altes zu ersetzen* Der Neubau des Rathauses wird die Stadt viel Geld kosten. **2.** (↔ *Altbau*) *ein Haus, das vor kurzer Zeit gebaut wurde*

Neu·bau·ge·biet das <-(e)s, -e> *Gebiet in einer Stadt, auf dem neue Häuser gebaut werden*

Neu·bau·woh·nung die <-, -en> (↔ *Altbauwohnung*) *eine Wohnung in einem Neubau[2]*

Neu·be·ar·bei·tung die <-, -en> **1.** *die Handlung, dass jmd. etwas noch einmal überarbeitet, um es zu verbessern* Die Neubearbeitung des Aufsatzes bereitete ihm viel Mühe. **2.** *das Resultat einer Neubearbeitung[1]*

Neu·be·ginn der <(e)s> (*kein Plur.*) *neuer[7] Anfang* Nach der Krise wollte das Paar nochmal einen Neubeginn wagen.

Neu·bil·dung die <-, -en> **1.** *Vorgang, dass etwas Neues entsteht, das anders ist als das vorherige oder sich in neuer Form zusammensetzt* die Neubildung der Regierung, die Neubildung eines Wortes, die Neubildung der Zellen **2.** *das Ergebnis einer Neubildung[1]*

Neu·ein·stei·ger der <-s, -> *jmd., der in einer Firma, einem Betrieb o.Ä. erst seit sehr kurzer Zeit arbeitet*

Neu·ein·stel·lung die <-, -en> **1.** *der Vorgang, dass ein Unternehmen neue Mitarbeiter einstellt* Die Firma kündigte Neueinstellungen an. **2.** *neuer Angestellter* Ist das die Neueinstellung? Der arbeitet aber nicht besonders effizient.

Neu·e·mis·sion die <-, -en> WIRTSCH. *der Vorgang, dass ein Unternehmen zum ersten Mal seine Aktien an die Börse bringt*

Neu·en·burg <-s> (≈ *Neuchâtel*) *Kanton und Stadt in der Schweiz*

Neu·eng·land <-s> *die nördlichen Staaten an der Ostküste der USA*

neu·er·dings *Adv.* **1.** *seit kurzer Zeit* Neuerdings kann man sie im Fernsehen bewundern., Ich höre, sie macht neuerdings auch Musik. **2.** (*süddt. österr. schweiz.*) *noch einmal, wieder*

N·eu·e·rer der <-s, -> *jmd., der etwas verändern und somit modernisieren will*

neu·er·lich <nicht steig.> *Adj. erneut* Sie nahm einen neuerlichen Anlauf, die Prüfung zu machen.

Neu·er·öff·nung die <-, -en> *der Vorgang, dass etwas, das für eine Zeit geschlossen war, für das Publikum wieder geöffnet wird* Die Neueröffnung des alten Restaurants stieß auf viel Beifall.

Neu·er·schei·nung die <-, -en> *etwas (ein Buch, eine Publikation, eine CD o.Ä.), das erst seit kurzem zu kaufen ist oder sehr bald erscheint* Ich wollte mir noch die Neuerscheinungen im Buchkatalog ansehen.

Neu·e·rung die <-, -en> *eine Änderung von etwas Altem, so dass etwas Neues an seine Stelle tritt* Nicht alle waren mit den Neuerungen im Betrieb einverstanden.

Neu·er·wer·bung die <-, -en> *etwas, das erst vor kurzem erworben oder gekauft wurde* Immer mehr Bibliotheken haben kein Geld mehr für Neuerwerbungen.

Neu·fas·sung die <-, -en> **1.** *die Handlung, dass jmd. ein Buch, ein Film, ein Theaterstück o.Ä. überarbeitet und somit verbessert* **2.** *Resultat einer Neufassung[1]*

Neu·fund·land <-s> *Provinz in Kanada, die aus den Inseln Neufundland und Labrador besteht*

neu·ge·bo·ren <nicht steig.> *Adj. vor kurzem auf die Welt gekommen* In dieser Station liegen die neugeborenen Kinder. ■ **wie neugeboren**: *frisch und voller Energie* Nach dem Bad fühlte sie sich wie neugeboren.

Neu·ge·stal·tung die <-, -en> **1.** *der Vorgang, dass etwas reformiert oder verändert wird, damit es besser funktioniert* Die Neugestaltung der Endkontrolle der Produkte war die wichtigste Aufgabe des neuen Managers. **2.** *Vorgang, dass die ursprüngliche Form von etwas verändert wird, damit es besser, moderner usw. aussieht oder wirkt* Die Neugestaltung des Rathauses stieß auf breite Ablehnung. **3.** *das Resultat einer Neugestaltung[1 2]*

Neu·gier die <-> (*kein Plur.*) *der starke Wunsch, etwas Bestimmtes zu erfahren oder zu wissen oder kennen zu lernen* Ich frage ja nur aus reiner Neugier., die Neugier auf ein fremdes Land ■ **jemand platzt vor Neugier**: *jmd. will etwas unbedingt wissen* Erzähl mir nun endlich, was passiert ist, ich platze ja schon vor Neugierde!

neu·gie·rig *Adj. voller Neugierde* neugierig auf etwas sein, Ich bin neugierig, ob die Regierung das wohl schafft., neugierig wie ein Kind sein

Neu·grie·chisch das <-s> (*kein Plur.*) (↔ *Altgriechisch*) *die Sprache des modernen Griechenlands*

Neu·gui·nea <-s> *Insel nördlich von Australien*

Neu·heit die <-, -en> *etwas, das neu ist* eine Neuheit auf dem Gebiet der Unterhaltungselektronik, Dieses Programm ist eine echte Neuheit.

neu·hoch·deutsch <nicht steig.> *Adj. das Neuhochdeutsche betreffend*

Neu·hoch·deutsch/Neu·hoch·deut·sche das <-s> (*kein Plur.*) *Epoche der deutschen Sprachgeschichte* Das Neuhochdeutsche wird ungefähr seit Mitte des 17. Jahrhunderts gesprochen.

Neu·ig·keit die <-, -en> *eine Nachricht oder Information, die aktuell ist und nicht sehr lange zurückliegt* interessante Neuigkeiten wissen

Neu·in·sze·nie·rung die <-, -en> **1.** *die Handlung, dass jmd. ein ein schon bekanntes Theaterstück neu inszeniert* **2.** *das Resultat einer Neuinszenierung*[1] Die Neuinszenierung des „Othello" stieß auf geteilte Kritiken.

Neu·jahr das <-s> (*kein Plur.*) *der erste Tag des neuen Jahres* (*der erste Januar*) ■ **Pros(i)t Neujahr!**: *verwendet, um jmdm. zum Jahreswechsel um Mitternacht viel Glück und alles Gute zu wünschen; meist prostet man sich dabei mit einem Glas Sekt zu*

Neu·land das <-(e)s> (*kein Plur.*) **1.** *ein Stück Land, auf dem erst vor kurzem der Anbau von Pflanzen oder der Bau von Wohnungen möglich wurde* Wir haben erst Neuland für die Anpflanzung gewinnen müssen. **2.** *ein Gebiet oder ein Fachbereich, über das/den man noch nichts weiß* Die Wissenschaftler betraten mit ihren Forschungen völliges Neuland.

neu·lich *Adv. vor kurzem* Neulich habe ich einen wirklich guten Film gesehen.

Neu·ling der <-s, -e> *jmd., der an einem Ort oder in einer Gruppe neu ist und erst begonnen hat, sich mit etwas zu beschäftigen* In der Fußballmannschaft spielten zwei Neulinge mit wenig Erfahrung.

neu·mo·disch *Adj.* (*abwert.* ↔ *altmodisch*) *so, dass etwas modern ist, aber dem Sprecher nicht gefällt* Dieses neumodische Spielzeug geht doch sofort kaputt!

Neu·mond der <-(e)s> (*kein Plur.*) (↔ *Vollmond*) *die Zeit, in der der Mond zwischen der Erde und der Sonne steht und die Seite, die der Erde zugewandt ist, nicht beleuchtet ist, so dass man den Mond nicht sehen kann*

Neun die <-, -en> **1.** *die Zahl 9* **2.** *jmd. oder etwas mit der Nummer 9*

neun *Num. 9* Wir sind neun Leute. ■ **Alle neune!**: *verwendet, wenn beim Kegeln alle neun Kegel mit einem Wurf umgestoßen werden*

Neu·ne ■ **Ach du grüne Neune!** (*umg.*): *verwendet als Ausruf der Überraschung oder der Verwunderung* Ach du grüne Neune, ich habe nicht nur meinen Geldbeutel, sondern auch meinen Ausweis vergessen!

Neu·ner der <-s, -> (*umg.*) *etwas mit der Ziffer 9* (*zum Beispiel ein Bus*) Der Neuner fährt heute nicht.

neun·hun·dert *Num. die Zahl 900*

neun·mal·klug *Adj.* (*abwert.*) *so, dass jmd. glaubt, alles besser zu wissen* Was ist das nur für ein neunmalkluges Kind! ■ **neunmalkluges Gerede** (*abwert.*): *Äußerungen von jmdm., der alles besser zu wissen glaubt* Sein neunmalkluges Gerede ging mir auf die Nerven.

neunt ■ **zu neunt**: *mit insgesamt neun Personen* Wir sind zu neunt.

neunt <nicht steig.> (*nur attr.*) *Adj. in einer Reihenfolge an der Stelle 9* Heute ist der neunte Tag des neuen Monats.

neun·tau·send *Num. die Zahl 9000*

Neun·tel das <-s, -> *der neunte Teil von etwas*

neun·zehn *Num. die Zahl 19*

neun·zehn·te <nicht steig.> (*nur attr.*) *Adj. in einer Reihenfolge an der Stelle 19*

neun·zig *Num. die Zahl 90*

neun·zi·ger <nicht steig.> (*nur attr.*) *Adj. die zehn Jahre von 90 bis 99 betreffend* (*auf Jahrhunderte oder das Alter eines Menschen bezogen*) in den neunziger Jahren, die neunziger Jahre des letzten Jahrhunderts

Neu·or·ga·ni·sa·ti·on die <-, -en> **1.** (≈ *Reorganisation*) *der Vorgang, dass etwas neu organisiert wird, um es zu verbessern* **2.** *das Resultat einer Neuorganisation*[1]

Neu·o·ri·en·tie·rung die <-, -en> **1.** *der Vorgang, dass etwas eine neue Richtung oder Zielsetzung bekommt* die Neuorientierung der Politik **2.** *das Resultat einer Neuorientierung*[1]

Neu·phi·lo·lo·ge, **Neu·phi·lo·lo·gin** der <-n, -n> (↔ *Altphilologe*) *Wissenschaftler, der sich mit einer oder mehreren der modernen Sprachen und Literaturen Europas beschäftigt* ▶Neuphilologie, neuphilologisch

Neu·r·al·gie die <-, -n> MED. *Schmerzen, die stark und plötzlich in den Nerven auftreten*

neu·r·al·gisch *Adj.* MED. *von einer Neuralgie verursacht oder eine Neuralgie betreffend* ein neuralgisches Leiden ■ **der neuralgische Punkt** **1.** *Punkt, bei dem es* (*meist in einem System*) *oft zu Störungen kommt* Die Baustelle ist derzeit der neuralgische Punkt auf der Autobahn. **2.** *ein Thema oder eine Eigenschaft von jmdm., bei dem er sehr empfindlich reagiert* Die grauen Haare sind sein neuralgischer Punkt, sprich ihn nicht darauf an!

Neu·re·ge·lung die <-, -en> **1.** *Vorgang, dass etwas neu geregelt wird, um es zu verbessern oder zu modernisieren* Das Justizministerium machte sich endlich an eine Neureglung des Familienrechts. **2.** *das Resultat einer Neuregelung*[1]

neu·reich <nicht steig.> *Adj.* (*abwert.*) *so, dass jmd. erst seit kurzer Zeit viel Geld hat und dies auch immer, meist auf geschmacklose Art, zeigen will*

Neu·rei·che der/die <-n, -n> (*abwert.*) *jmd., der neureich ist* Vor dem Straßencafé parken die Sportwagen der Neureichen.

Neu·ro·bi·o·lo·ge, **Neu·ro·bi·o·lo·gin** der <-n, -n> *jmd., der sich berufliche mit der Neurobiologie beschäftigt*

Neu·ro·bi·o·lo·gie die <-> (*kein Plur.*) *Forschungsrichtung, die sich interdisziplinär mit der Funktion und Struktur des Nervensystems beschäftigt* ▸neurobiologisch

Neu·ro·chi·r·urg, **Neu·ro·chi·r·ur·gin** der <-en, -en> MED. *Arzt, dessen Fachgebiet die Neurochirurgie ist*

Neu·ro·chi·r·ur·gie die <-> (*kein Plur.*) MED. *Teil der Chirurgie, bei der am Nervensystem operiert wird*

Neu·ro·der·mi·tis die <-> (*kein Plur.*) MED. *eine chronische Hautkrankheit, die auf nervlichen Störungen beruht und bei der es zu Ekzemen besonders im Bereich des Halses, der Armbeugen und der Kniekehlen kommt*

Neu·ro·lo·ge der <-n, -n> MED. *ein Arzt, dessen Fachgebiet die Neurologie ist*

Neu·ro·lo·gie die <-> (*kein Plur.*) MED. *Gebiet der Medizin, das sich mit dem Nervensystem und den Krankeiten der Nerven beschäftigt*

neu·ro·lo·gisch <nicht steig.> *Adj.* MED. *die Neurologie betreffend*

Neu·ro·se die <-, -n> MED. PSYCH. *psychische Störung, die meistens durch ein schlimmes Erlebnis hervorgerufen ist, das der Betroffene noch nicht richtig verarbeitet hat*

Neu·ro·ti·ker, **Neu·ro·ti·ke·rin** der <-s, -> MED. PSYCH. *jmd., der eine Neurose hat und deshalb nicht so reagiert, wie es allgemein erwartet wird* Was für ein Neurotiker! Er muss bis zu viermal kontrollieren, ob er die Wohnungstür auch wirklich abgeschlossen hat.

neu·ro·tisch *Adj.* MED. PSYCH. *so, dass es aufgrund einer Neurose nicht normal ist* Er zeigt ein neurotisches Verhalten.

Neu·schnee der <-s> (*kein Plur.*) *Schnee, der vor kurzer Zeit gefallen ist* Es gibt einen halben Meter Neuschnee.

Neu·see·land <-s> *Staat mit einer Inselgruppe süd-östlich von Australien*

Neu·see·län·der, **Neu·see·län·de·rin** der <-s, -> *Einwohner Neuseelands*

neu·see·län·disch *Adj. zu Neuseeland gehörend, daher stammend*

neut·ral *Adj.* **1.** (≈ *unparteiisch, objektiv*) *so, dass jmd. oder etwas in einem Streit, Konflikt o.Ä. weder für noch gegen einen der Gegner ist* eine neutraler Beobachter **2.** POL. *so, dass ein Staat oder ein Land in einem Krieg keiner der beiden Seiten hilft* die neutrale Schweiz **3.** *so, dass etwas in einem Konflikt keinem der Gegner gehört* eine neutrales Gewässer **4.** *so, dass keine Emotionen aufkommen können* ein neutrales Thema ansprechen **5.** (≈ *unaufdringlich*) *so, dass etwas nicht besonders auffällt und deshalb mit vielen Sachen kombiniert werden kann* Du solltest eine neutrale Krawatte zu diesem Hemd tragen. **6.** CHEM. *so, dass etwas weder sauer noch basisch ist* **7.** PHYS. *so, dass etwas weder positiv noch negativ geladen ist*

neut·ra·li·sie·ren *mit OBJ* ■ *jmd./etwas neutralisiert etwas* (*durch etwas Akk./mit etwas Dat.*) (*geh.*) *die Auswirkungen einer Sache unwirksam machen* Man versuchte, den Ölteppich mit Chemikalien zu neutralisieren.

Neut·ra·li·tät die <-> (*kein Plur.*) **1.** *der politische Zustand eines Landes, das neutral[2] ist* Neutralität erklären, die Neutralität eines Landes garantieren/verletzen ◆-sabkommen, -sverletzung **2.** *ein objektives Verhalten* Neutralität gegenüber den verschiedenen Standpunkten bewahren

Neut·ron das <-s, -en> PHYS. *Elementarteilchen des Atomkerns ohne elektrische Ladung*

Neut·ro·nen·bom·be die <-, -n> *eine Bombe, bei der Menschen durch radioaktive Strahlung getötet werden, Dinge aber nicht oder nur wenig beschädigt werden*

Neut·ro·nen·strah·lung die <-> (*kein Plur.*) *eine Art radioaktive Strahlung*

Neut·rum das <-s, Neutra/Neutren> SPRACHWISS. **1.** (*kein Plur.*) *eines der drei Genera im Deutschen, das im Nominativ am bestimmten Artikel „das" zu erkennen ist* **2.** *ein Nomen im Neutrum[1]*

Neu·ver·schul·dung die <-, -en> *Vorgang, dass jmd. oder etwas noch einmal Schulden zu den schon bestehenden Schulden macht* die Neuverschuldung des Staates/Landes

Neu·wa·gen der <-s, -> (↔ *Gebrauchtwagen*) *ein Auto, das noch nicht gefahren worden ist*

Neu·wahl die <-, -en> *eine Wahl, die durchgeführt wird, weil die erste Wahl nicht gültig war oder weil die politische Situation eine neue Wahl erfordert* Nach dem Rücktritt der Regierung kam es zu Neuwahlen.

Neu·wert der <-(e)s, -e> *Wert eines Gegenstandes, der noch nicht gebraucht wurde* der Neuwert des Autos

neu·wer·tig *Adj. so, dass etwas schon gebraucht, aber noch fast wie neu ist* neuwertige Kleidung

Neu·zeit die <-> (*kein Plur.*) GESCH. *die Zeit vom 16. Jahrhundert bis heute* ■ **die frühe Neuzeit** GESCH.: *die Zeit von 1492* (*Entdeckung Amerikas*) *bis 1648* (*Westfälischer Frieden*)

neu·zeit·lich <nicht steig.> *Adj. so, dass etwas zur Neuzeit gehört*

New·age, *a.* **New Age** das ['nju: 'eɪdʒ] <-s> (*kein Plur.*) *neuzeitliche Bewegung, die sich für ein Zeitalter des Miteinanders verschiedener Forschungsrichtungen und alternativer Bewegungen einsetzt*

New·co·mer der ['nju:kʌmə] <-s, -> *Neuling auf einem Gebiet, der aber schon Erfolge vorweisen kann* ein Newcomer in der Musikbranche

New·look, *a.* **New Look** der ['nju: 'lʊk] <-s> (*kein Plur.*) *neuer Stil, neues Aussehen*

News ['nju:z] *Plur. aktuelle Nachrichten oder Neuigkeiten* Die letzten News erfahren Sie um Mitternacht.

Ne·xus der <-, -> (*fachspr.*) *Zusammenhang, Verknüpfung*

nib·beln <nibbelst, nibbelte, hat genibbelt> *mit OBJ* ■ *jmd. nibbelt etwas* (TECHN.: *von Blechen*) *schneiden, abtrennen*

Ni·ca·ra·gua das <-s> *Staat in Mittelamerika mit Grenzen zu Honduras und Costa Rica, dem Pazifik und dem Karibischen Meer*

Ni·ca·ra·gua·ner, **Ni·ca·ra·gua·ne·rin** der <-s, -> *Einwohner Nicaraguas*

nicht *Partikel* **1.** *verwendet, um eine Aussage zu verneinen* Das ist nicht richtig., Er ist nicht größer, sondern kleiner als sein Bruder., Ich komme nicht mit! **2.** *verwendet als Verneinung an Stelle einer ganzen Aussage* Wer kommt mit? – Ich nicht., Ich hoffe, es gibt noch genügend Mineralwasser, wenn nicht, dann musst du noch ein paar Flaschen kaufen. **3.** *verwendet, um bei Wörtern, die eine negative Bedeutung haben, diese Bedeutung abzuschwächen* Das ist nicht schlecht, aber es fehlt noch etwas., Sie war nicht unfreundlich. **4.** (*mit unbestimmtem Artikel*) *kein* Nicht einer hatte den Mut zu protestieren., Nicht einen Tag schien die Sonne! **5.** *verwendet, um eine genannte Eigenschaft zu verneinen* ■ **Nicht, dass ...** (*iron.*): *kurz für „Es ist nicht so, dass ...“* Nicht, dass mich das sonderlich interessiert, aber ich würde schon gern wissen, wann du wieder abreist. ◆ Getrennt- oder Zusammenschreibung→R 4.14 nicht amtlich/nichtamtlich, nicht selbständig, selbstständig/nichtselbständig, nichtselbstständig, nicht rostend/nichtrostend, nicht veröffentlicht/nichtveröffentlicht *s.* **nur**

Nicht·ach·tung die <-> (*kein Plur.*) *der Sachverhalt, dass jmd. etwas nicht achtet oder respektiert* die Nichtachtung der Bürgerrechte/demokratischer Grundrechte/der Menschenwürde

Nicht·an·er·ken·nung die <-> (*kein Plur.*) AMTSSPR. *der Sachverhalt, dass jmd. etwas nicht anerkennt* die Nichtanerkennung eines Attests/steuerlicher Belege

Nicht·an·griffs·pakt, **Nicht·an·griffs·pakt** der <-(e)s, -e> POL. *eine Art Vertrag, den zwei Länder schließen und in dem vereinbart wird, dass sie keinen Krieg gegeneinander führen werden*

Nicht·be·ach·tung die <-> (*kein Plur.*) (AMTSSPR.: ↔ *Einhaltung*) *der Sachverhalt, dass jmd. etwas nicht beachtet* bei Nichtbeachtung der Vorschrift, die Nichtbeachtung der Regeln

Nich·te die <-, -n> (↔ *Neffe*) *Tochter des Bruders oder der Schwester*

Nicht·ein·hal·tung die <-> (*kein Plur.*) AMTSSPR. *der Sachverhalt, dass jmd. etwas nicht einhält* Nichteinhaltung der Abgabefrist, Bei Nichteinhaltung dieser Vorschriften drohen disziplinarische Maßnahmen.

Nicht·ein·mi·schung die <-> (*kein Plur.*) POL. *Neutralität*[1]

Nicht·er·schei·nen das <-s> (*kein Plur.*) AMTSSPR. *der Sachverhalt, dass jmd. nicht persönlich bei einer Behörde, in einem Amt o.Ä. erscheint, obwohl er dazu aufgefordert wurde* Bei Nichterscheinen erfolgt eine Bußgeldforderung.

Nicht·eu·ro·pä·er, **Nicht·eu·ro·pä·e·rin** der <-s, -> *jmd., der nicht aus Europa stammt*

nich·tig *Adj.* **1.** (*geh.*) *unbedeutend, unwichtig* Irgendwelche nichtigen Gründe fallen ihm immer ein. **2.** RECHTSW. *ungültig* Ihre Klage ist hiermit für nichtig erklärt. ■ **null und nichtig sein** (*umg.*): *unwirksam sein, außer Kraft sein*

Nich·tig·keit die <-, -en> **1.** (*kein Plur.*) RECHTSW. *Ungültigkeit* **2.** (*geh. meist Plur.*) *etwas, das unwichtig und unbedeutend ist* die Nichtigkeiten dieser Welt

Nich·tig·keits·er·klä·rung die <-, -en> RECHTSW. *Erklärung, dass etwas ungültig ist*

Nicht·lei·ter der <-s, -> (ELEKTROTECHN.: ≈ *Isolator*) *Material, das einen elektrischen Widerstand hat, der größer als 1 Million Ohm ist, und deshalb keinen Strom leitet*

Nicht·rau·cher, **Nicht·rau·che·rin** der <-s, -> (↔ *Raucher*) **1.** *jmd., der nicht raucht* **2.** (*umg.*) *ein Eisenbahnabteil o.Ä., in dem nicht geraucht werden darf* Ich möchte bitte im Nichtraucher sitzen.

Nichts das <-> (*kein Plur.*) **1.** *absolute Leere* **2.** *jmd. oder etwas, der/das keinen Wert hat* Schau ihn dir an, er ist ein wirkliches Nichts!, Sie stritten um ein Nichts. ■ **vor dem Nichts stehen**: *alles verloren haben* Nachdem ihr Haus abgebrannt war, standen sie vor dem Nichts.

nichts *Pron. verwendet, um auszudrücken, dass etwas, das (gegeben) sein könnte absolut nicht (gegeben) ist* Ich sehe und höre nichts!, Sie hat schon wieder nichts zu tun., Du bist wohl mit nichts zufrieden., Man weiß nichts Genaueres., Er hat im Leben nichts geschenkt bekommen. ■ **nichts als ...**: *nur* nichts als Ärger **für nichts (und wieder nichts)** (*umg.* ≈ *umsonst*): *verwendet, um auszudrücken, dass etwas absolut kein Ergebnis oder keine Verbesserung erzielt hat* Die ganze Arbeit war für nichts (und wieder nichts). **wie nichts** (*umg.*): *sehr schnell* Du glaubst es nicht, aber mit dem Fahrrad bin ich da wie nichts! **mir nichts, dir nichts** (*umg.*): *verwendet, um auszudrücken, dass jmd. etwas ohne große Bedenken und ohne Rücksicht auf andere tut* Er hat sich mir nichts, dir nichts gleich die Hälfte vom Kuchen genommen **Nichts da!** (*umg.*): *verwendet, um unhöflich auszudrücken, dass etwas nicht getan werden darf oder soll* **Nichts wie los/weg/raus!** (*umg.*): *verwendet um auszudrücken, dass man etwas sehr schnell tun muss* ◆ Getrenntschreibung→R 4.12 nichts sagend, nichts ahnend

Nicht·schwim·mer, **Nicht·schwim·me·rin** der <-s, -> **1.** *jmd., der nicht schwimmen kann* **2.** (*umg.*) *der Teil eines Schwimmbeckens, in dem man stehen kann und deshalb nicht schwimmen können muss*

nichts·des·to·trotz *Adv.* (*umg.*) *dennoch, trotzdem* Es regnet zwar, aber nichtsdestotrotz möchte sie einen langen Spaziergang machen.

nichts·des·to·we·ni·ger *Adv. dennoch, trotzdem* Ich glaube nichtsdestoweniger fest daran.

Nichts·nutz der <-es, -e> (*veralt. abwert.* ≈ *Taugenichts*) *jmd., der nicht arbeitet und nur unwichtige Dinge tut* Er ist ein Nichtsnutz, der nur seinen

Eltern auf der Tasche liegt!

nichts·nut·zig *Adj.* (*abwert.*) *so, dass jmd. keine sinnvolle Arbeit leistet*

Nichts·tu·er, **Nichts·tu·e·rin** der <-s, -> (*abwert.* ≈ *Faulenzer*) *jmd., der faul ist und nicht arbeitet*

Nichts·tun das <-s> (*kein Plur.*) **1.** *Faulenzen* **2.** *Muße*

nichts·wür·dig *Adj.* (*geh. abwert.*) *so, dass jmd. oder etwas gemein oder schlecht ist und keine Anerkennung verdient* Was für eine nichtswürdige Person ist er doch, immer lügt und betrügt er., nichtswürdige Gedanken

Nicht·wäh·ler, **Nicht·wäh·le·rin** der <-s, -> POL. *jmd., der aus Protest oder aus Desinteresse bei einer politischen Wahl nicht wählen geht* Bei jeder Wahl gibt es einen Prozentsatz von Nichtwählern.

Nicht·zah·lung die <-> (*kein Plur.*) RECHTSW. *der Sachverhalt, dass jmd. etwas nicht bezahlt , obwohl er dazu offiziell aufgefordert wurde* Bei Nichtzahlung droht Pfändung.

Nicht·zu·tref·fen·de, *a.* **nicht Zu·tref·fen·de** das <-s> (*kein Plur.*) *etwas, das meistens auf Formularen steht und für jmdn. oder etwas nicht zutrifft* Sie können Nichtzutreffendes/nicht Zutreffendes bitte streichen!

Ni·ckel das <-s> (*kein Plur.*) CHEM. *ein Schwermetall mit dem chemischen Zeichen „Ni“, das weiß wie Silber glänzt und meist als Legierung für nichtrostendes Metall in vielen Gebrauchsgegenständen verwendet wird*

Ni·ckel·al·ler·gie die <-> (*kein Plur.*) *allergische Reaktion der Haut gegen Nickel*

ni·cken *ohne OBJ* **1.** ■ *jmd. nickt den Kopf kurz nach vorne bewegen, um zu zeigen, dass man etwas bejaht oder mit etwas einverstanden ist* Er nickte kurz, als sie ihn fragte, ob er noch einen Kaffee wolle., Beifällig nickten sie, als der Redner heftige Kritik an der Regierung übte. **2.** ■ *jmd. nickt* (*umg.*) *jmd. hält zwischendurch einen kurzen und leichten Schlaf, meist im Sitzen*

Ni·cker·chen das <-s, -> (*umg.*) *ein kurzer, leichter Schlaf* nach dem Mittagessen ein Nickerchen machen

Ni·cki der <-s, -s> *ein Pullover aus einem Material, das sich ähnlich wie Samt anfühlt*

Nid·wal·den das <-s> *kurz für „Unterwalden nid dem Wald“, Kanton in der Zentralschweiz*

nie *Adv.* **1.** (↔ *immer*) *zu keiner Zeit* Nie hatte er Zeit., Sie vergaß nie, das Licht auszumachen. **2.** *kein einziges Mal* Er war noch nie aus dem Dorf herausgekommen., Sie war noch nie in der Schweiz. **3.** *auf keinen Fall* Du wirst ihn nie dazu bringen, sich zu entschuldigen!, Du wirst wohl nie lernen, wie man das richtig schreibt. ■ **nie wieder/mehr**: *nicht noch einmal* (*in der Zukunft*) Ich glaube, so viel Pech werde ich nie wieder haben., Ich werde nie mehr unpünktlich sein, das verspreche ich. **Nie wieder ...!**: *verwendet, um auszudrücken, dass etwas nicht mehr vorkommen darf* Nie wieder Urlaub mit dem Zelt! **Nie und nimmer!**: *unter keinen Umständen, auf keinen Fall* Das glaube ich nie und nimmer!

nie·der[1] <niedriger, am niedrigsten> *Adj.* **1.** *so, dass es in einer Hierarchie auf der untersten Stufe ist* Er war nur ein niederer Beamter., Sie erforscht die niederen Tiere des Sees. **2.** *primitiv und moralisch minderwertig* Er handelte aus niederen Motiven. **3.** (*süddt. österr. schweiz.*) *niedrig* Bei den niederen Türen mussten sie aufpassen, um sich nicht den Kopf anzustoßen.

nie·der[2] *Adv.* **1.** (≈ *hinunter*) *verwendet in einer Aufforderung oder einem Befehl, um auszudrücken, dass jmd./etwas zu Boden gebracht werden muss* Nieder mit dem Kerl!, Nieder mit den Waffen! **2.** *verwendet, um auszudrücken, dass jmd. oder etwas auf keinen Fall zu akzeptieren ist* Nieder mit den Ausbeutern!, Nieder mit dem Krieg!

nie·der·beu·gen <beugst nieder, beugte nieder, hat niedergebeugt> *mit SICH* ■ *jmd. beugt sich nieder den Oberkörper oder den ganzen Köper in Richtung Boden beugen* Alle beugten sich gleichzeitig nieder, als der König den Raum betrat.

nie·der·bren·nen <brennst nieder, brannte nieder, hat/ist niedergebrannt> **I.** *mit OBJ* ■ *jmd. brennt etwas nieder absichtlich Feuer an etwas legen, um es zu zerstören* Sie haben die Scheune absichtlich niedergebrannt. **II.** *ohne OBJ* **1.** ■ *etwas brennt nieder durch Feuer zerstört werden* Der Schuppen ist völlig niedergebrannt. **2.** ■ *etwas brennt nieder durch Brennen immer kleiner werden* Die Kerze brennt allmählich nieder. **3.** ■ *die Sonne brennt* (*auf jmdn./etwas*) *nieder die Sonne scheint sehr stark und verursacht große Hitze*

nie·der·brül·len <brüllst nieder, brüllte nieder, hat niedergebrüllt> *mit OBJ* ■ *jmd./eine Gruppe von Menschen brüllt jmdn. nieder* (*umg.*) *so laut schreien, dass jmd. anderes nicht mehr weiter reden kann* Die Demonstranten brüllten den Sprecher des Unternehmens einfach nieder.

nie·der·deutsch <nicht steig.> *Adj.* (SPRACHWISS.: ≈ *plattdeutsch*) *das Niederdeutsch betreffend*

Nie·der·deutsch das <-en> (*kein Plur.*) SPRACHWISS. *die Dialekte, die vorwiegend im Norden von Deutschland gesprochen werden und die viel Ähnlichkeit mit dem Holländischen haben* Das Niederdeutsche wird in vielen Orten Norddeutschlands noch als Umgangssprache gesprochen.

nie·der·drü·cken <drückst nieder, drückte nieder, hat niedergedrückt> *mit OBJ* **1.** ■ *jmd./etwas drückt etwas nieder etwas nach unten drücken* Er drückte die Klinke nieder. **2.** (*umg.*) ■ *etwas drückt jmdn. nieder* (≈ *deprimieren*) Die schlechten Nachrichten drücken mich wirklich nieder., Er ist ziemlich niedergedrückt., Was für niederdrückende Aussichten!

nie·der·fal·len <fällst nieder, fiel nieder, ist niedergefallen> *ohne OBJ* **1.** ■ *jmd./etwas fällt nieder nach unten fallen* Die Blätter fallen langsam nieder, es wird Herbst. **2.** ■ *jmd. fällt* (*vor jmdm./etwas*) *nieder jmd. wirft sich schnell auf die Knie, um Respekt zu zeigen* Vor der Königin fiel er nieder.

Nie·der·fre·quenz die <-, -en> (PHYS.: ↔ *Hochfrequenz*) *Frequenzen zwischen 16 Hertz und 20 Kilohertz*

Nie·der·gang der <-s> (*kein Plur.*) (*geh.* ↔ *Aufstieg*) *der Vorgang,dass etwas an Bedeutung verliert* Schon bald nach dem Aufstieg begann der Niedergang dieser Kultur.

nie·der·ge·hen <gehst nieder, ging nieder, ist niedergegangen> *ohne OBJ* ■ *etwas geht nieder* **1.** *heftig auf die Erde fallen oder einen Berg hinunterrollen* Ein Platzregen ging nieder., Eine Lawine geht nieder. **2.** ■ *jmd. geht nieder bei einer kämpferischen Auseinandersetzung zu Boden fallen* Der Boxer ist zum zweiten Mal niedergegangen. **3.** *etwas geht nieder;* FACHSPR. *landen* Das Flugzeug ging auf einem Acker nieder. **4.** ■ *etwas geht nieder sich senken* Der Vorhang ging nieder und das Publikum klatschte vor Begeisterung.

nie·der·ge·schla·gen *Adj.* (≈ *bedrückt, deprimiert* ↔ *fröhlich*) *sehr traurig und ohne Energie* Als er die erneute Absage erhielt, war er völlig niedergeschlagen. ►Niedergeschlagenheit

nie·der·hal·ten <hältst nieder, hielt nieder, hat niedergehalten> *mit OBJ* **1.** ■ *jmd. hält etwas nieder etwas so festhalten, dass es unten bleibt* Also, ich halte den Zaun nieder und du springst dann darüber. **2.** ■ *jmd. hält jmdn. nieder jmdn. daran hindern, sich frei zu entwickeln* In diesem Land hielten die Militärs die Bevölkerung mit aller Gewalt nieder.

nie·der·kämp·fen <kämpfst nieder, kämpfte nieder, hat niedergekämpft> *mit OBJ* **1.** ■ *jmd. kämpft etwas nieder versuchen, ein Gefühl durch seinen Willen zu unterdrücken* Sie versuchte, ihre Müdigkeit niederzukämpfen. **2.** ■ *jmd. kämpft jmdn. nieder* SPORT *jmdn. durch seine Kraft besiegen* Endlich hatte der Ringer seinen Gegner niedergekämpft. **3.** ■ *jmd./etwas kämpft jmdn./etwas nieder* MILIT. *gegen jmdn. militärisch kämpfen und ihn besiegen*

nie·der·kau·ern <kauerst nieder, kauerte nieder, hat niedergekauert> *mit SICH* ■ *jmd. kauert sich nieder sich ganz klein machen und sich so hinsetzen* Er kauerte sich voller Angst hinter das Sofa.

nie·der·knal·len <knallst nieder, knallte nieder, hat niedergeknallt> *mit OBJ* ■ *jmd. knallt jmdn. nieder* (*umg.*) *niederschießen*

nie·der·kni·en <kniest nieder, kniete nieder, ist/hat niedergekniet> **I.** *ohne OBJ* ■ *jmd. kniet* (*vor jmdm./etwas*) *nieder auf die Knie fallen und in dieser Stellung bleiben* Vor dem Altar knieten sie in ehrfürchtiger Andacht. **II.** *mit SICH* ■ *jmd. kniet sich nieder niederknien I*

nie·der·kom·men <kommst nieder, kam nieder, ist niedergekommen> *ohne OBJ* ■ *eine Frau kommt nieder* (*geh.*) *gebären*

Nie·der·kunft die <-, Niederkünfte> (*veralt. oder geh.*) *Geburt*

Nie·der·la·ge die <-, -n> (↔ *Sieg*) *das Verlieren eines Wettkampfes, eines Streits, eines Konflikts* Die Mannschaft erlitt eine bittere Niederlage., militärische Niederlage, dem Gegener eine Niederlage bereiten

Nie·der·lan·de *Plur. Land in Westeuropa*

Nie·der·län·der, **Nie·der·län·de·rin** der <-s, -> *jmd., der die niederländische Staatsbürgerschaft hat*

nie·der·län·disch *Adj. zu den Niederlanden gehörend, daher stammend*

nie·der·las·sen <lässt nieder, ließ nieder, hat niedergelassen> *mit SICH* **1.** ■ *jmd. lässt sich irgendwo nieder* (↔ *aufstehen*) *sich auf etwas setzen* Sie ließ sich auf dem Sessel nieder. **2.** ■ *jmd. lässt sich irgendwo nieder an einen Ort ziehen, um dort zu leben* In einigen Jahren wollen wir uns dann auf dem Land niederlassen. **3.** ■ *jmd. lässt sich als etwas nieder eine Praxis, eine Kanzlei, ein Geschäft o.Ä. eröffnen* Sie ließ sich schließlich als Anwältin nieder.

Nie·der·las·sung die <-, -en> **1.** *ein Teil eines Unternehmens, einer Firma o.Ä., der an einem anderen Ort ist als die Zentrale* Die Firma hat Niederlassungen in ganz Europa. **2.** (*schweiz.*) *Aufenthaltserlaubnis*

Nie·der·las·sungs·frei·heit die <-> (*kein Plur.*) RECHTSW. *das Recht jedes Deutschen, an jedem beliebigen Ort in Deutschland zu wohnen*

nie·der·le·gen <legst nieder, legte nieder, hat niedergelegt> **I.** *mit OBJ* **1.** ■ *jmd. legt jmdn./etwas nieder* (*geh.*) *jmdn. oder etwas auf den Boden oder auf eine Unterlage legen* Der Verletzte wurde aufs Gras niedergelegt., Sie legte den Stift nieder. **2.** ■ *jmd. legt etwas nieder* (↔ *übernehmen*) *etwas nicht mehr tun oder aufgeben* Sie legte den Vorsitz nieder. **3.** ■ *jmd. legt etwas schriftlich nieder* (*geh.*) *aufschreiben* Er hatte seine Gedanken in Form von Essays niedergelegt. **II.** *mit SICH* ■ *jmd. legt sich nieder* (*geh.* ↔ *aufstehen*) *sich schlafen legen* Nach dem Mittagessen legt er sich gerne nieder. ■ **die Arbeit niederlegen**: *streiken* **die Waffen niederlegen**: *aufhören zu kämpfen*

Nie·der·le·gung die <-, -en> **1.** (*geh.*) *das Niederlegen I.1* Die Politiker schritten zur feierlichen Niederlegung des Kranzes. **2.** *der Vorgang, dass jmd. ein Amt, eine Tätigkeit o.Ä. aufgibt* Er entschloss sich zur Niederlegung aller Ämter.

nie·der·ma·chen <machst nieder, machte nieder, hat niedergemacht> *mit OBJ* **1.** ■ *jmd. macht jmdn. nieder* (MILIT.: ≈ *niedermetzeln*) *jmdn. brutal töten* Die Gegner wurden auf seinen Befahl alle niedergemacht. **2.** ■ *jmd. macht jmdn. nieder* (*abwert.*) *jmdn. sehr scharf kritisieren* Der Chef hatte ihn vor versammelter Mannschaft niedergemacht.

nie·der·met·zeln <metzelst nieder, metzelte nieder, hat niedergemetzelt> *mit OBJ* ■ *jmd. metzelt jmdn. nieder jmdn. auf sehr brutale Weise töten*

Nie·der·ös·ter·reich <-s> *Bundesland in Österreich*

nie·der·pras·seln <prasselt nieder, prasselte nieder, ist niedergeprasselt> *ohne OBJ* **1.** ■ *etwas prasselt nieder etwas fällt kräftig und schnell auf die Erde* Plötzlich wurde es dunkel und der Regen prasselte nieder. **2.** ■ *etwas prasselt* (*auf jmdn.*) *nieder jdm. bekommt etwas in großer Menge* Nach

N

seinem Vortrag prasselte die Kritik nur so auf ihn nieder.

nie·der·rei·ßen <reißt nieder, riss nieder, hat niedergerissen> *mit OBJ* **1.** ■ *jmd. reißt etwas nieder etwas einstürzen lassen* Die Arbeiter rissen das alte Haus nieder. **2.** ■ *etwas reißt jmdn. nieder jmd. wird von etwas heftig zu Boden geworfen* Die heftigen Windstöße rissen ihn fast nieder.

Nie·der·sach·sen <-s> *Bundesland im Norden von Deutschland*

nie·der·schie·ßen <schießt nieder, schoss nieder, hat niedergeschossen> *mit OBJ* ■ *jmd. schießt jmdn. nieder auf jmdn., der sich nicht wehren kann, schießen, um ihn zu töten oder schwer zu verletzen* Sie schossen die Demonstranten einfach nieder.

Nie·der·schlag der <-(e)s, Niederschläge> **1.** (*meist Plur.*) METEOR. *die Menge an Regen, Schnee, Hagel, die auf die Erde fällt* Die starken Niederschläge im Juli haben fast überall zu Hochwasser geführt. **2.** CHEM. *fester Stoff, der sich aus einer Lösung absetzt und zu Boden sinkt* ■ **etwas findet seinen Niederschlag in etwas**: *etwas kann meist in einer anderen Form wiedergefunden werden* Die Reisen des Dichters fanden ihren Niederschlag in einigen Kurzgeschichten.

nie·der·schla·gen <schlägst nieder, schlug nieder, hat niedergeschlagen> **I.** *mit OBJ* **1.** ■ *jmd. schlägt jmdn. nieder jmdn. zu Boden schlagen* **2.** ■ *jmd./etwas schlägt etwas nieder etwas mit Gewalt beenden* Die Miliz schlug die Revolte der Studenten schließlich nieder. **3.** ■ *jmd./etwas schlägt etwas nieder* RECHTSW. *eine Anklage, einen Prozess beenden* Das Gericht schlug die Anklage nieder. ■ **jemand schlägt die Augen nieder** (*geh.*): *zu Boden blicken, weil man sich schämt* Schüchtern schlug sie die Augen nieder, als er um ihre Hand anhielt. **II.** *mit SICH* **1.** ■ *etwas schlägt sich irgendwo nieder* CHEM. *etwas bildet einen Niederschlag*[2] **2.** ■ *etwas schlägt sich irgendwo nieder eine dünne Schicht von etwas bildet sich auf etwas* Als er den Raum betrat, schlug sich sofort Dunst auf seine Brillengläser. **3.** ■ *etwas schlägt sich in etwas Dat. nieder etwas kommt in etwas zum Ausdruck* Die Erlebnisse von damals haben sich in den Filmen der Regisseurin niedergeschlagen.

Nie·der·schlags·men·ge die <-, -n> METEOR. *gemessene Menge an Niederschlag*[1]

nie·der·schmet·tern <schmetterst nieder, schmetterte nieder, hat niedergeschmettert> *mit OBJ* **1.** ■ *etwas schmettert jmdn. nieder jmdn. so stark erschüttern, dass er keinen Mut und keine Freude mehr hat* Die Prüfungsergebnisse hatten ihn völlig niedergeschmettert. **2.** *jmdn. zu Boden schlagen* Er schmetterte ihn mit einem Fausthieb nieder. **3.** MILIT. *etwas mit Gewalt beenden* Der Aufstand wurde niedergeschmettert.

nie·der·schrei·ben <schreibst nieder, schrieb nieder, hat niedergeschrieben> *mit OBJ* ■ *jmd. schreibt etwas nieder aufschreiben* seine Eindrücke niederschreiben

Nie·der·schrift die <-, -en> **1.** *das Niederschreiben* die Niederschrift seiner Gedanken **2.** *Text, den man aufgeschrieben hat* Sie fertigte eine Niederschrift von dem Gespräch an.

nie·der·set·zen <setzt nieder, setzte nieder, hat niedergesetzt> **I.** *mit OBJ* ■ *jmd. setzt etwas nieder hinstellen* Setz doch die schwere Tasche nieder. **II.** *mit SICH* ■ *jmd. setzt sich nieder sich hinsetzen* Ich muss mich etwas niedersetzen und erholen.

Nie·der·span·nung die <-, -en> (ELEKTROTECHN.: ↔ *Hochspannung*) *sehr geringe elektrische Spannung* (*bis max. 1kV*)

nie·der·ste·chen <stichst nieder, stach nieder, hat niedergestochen> *mit OBJ* ■ *jmd. sticht jmdn. nieder jmd. sticht mit einer scharfen Waffe auf jmdn. ein, um ihn zu töten oder schwer zu verletzen* Der Räuber stach ihn einfach nieder.

nie·der·stim·men <stimmen nieder, stimmten nieder, haben niedergestimmt> *mit OBJ* ■ *Personen stimmen jmdn./etwas nieder mehrere Personen lehnen jmdn. oder etwas mit ihrer Stimme in einer Abstimmung mit großer Mehrheit ab* Der Antrag der Opposition wurde im Parlament niedergestimmt.

nie·der·sto·ßen <stößt nieder, stieß nieder, hat niedergestoßen> **I.** *mit OBJ* ■ *jmd. stößt jmdn. nieder jmdm. einen so starken Stoß versetzen, dass er zu Boden fällt* Er stieß seinen Gegner nieder. **II.** *ohne OBJ* ■ *ein Vogel stößt nieder* (*sein*) *ein Raubvogel fliegt senkrecht zu Boden, um dort ein Tier zu fangen* Der Adler stieß nieder und schlug den Hasen.

nie·der·stre·cken **I.** *mit OBJ* ■ *jmd. streckt jmdn./etwas nieder auf jmdn. oder etwas schlagen oder schießen, so dass er/es zu Boden fällt* Der ausgebrochene Stier musste schließlich mit mehreren Schüssen niedergestreckt werden. **II.** *mit SICH* ■ *jmd. streckt sich nieder sich hinlegen* Sie streckte sich auf dem Boden nieder.

Nie·der·tracht die <-> (*kein Plur.*) (*geh.*) **1.** (≈ *Gemeinheit, Infamie*) *die Art zu denken oder zu handeln, die gezielt und bewusst böse und hinterhältig ist* Aus purer Niedertracht hat er mein Auto zerkratzt. **2.** *eine Handlung, die durch ein hinterhältiges und böses Denken verursacht wird* Welche Niedertracht heckt er schon wieder aus?

nie·der·träch·tig *Adj. voller Niedertracht* Fast alle Menschen meiden ihn wegen seiner niederträchtigen Art.

Nie·der·träch·tig·keit die <-> (*kein Plur.*) *die Niedertracht*[2] Das ist eine Niederträchtigkeit ohne gleichen, mich so zu verleumden.

nie·der·tram·peln <trampelst nieder, trampelte nieder, hat niedergetrampelt> *mit OBJ* ■ (*jdm.*)/*ein Tier trampelt etwas nieder* (*jmd.*) *oder ein Tier tritt auf etwas, so dass es zerstört ist und sich nicht mehr aufrichtet* Die Wildschweine haben die ganze Ernte niedergetrampelt!

nie·der·tre·ten <trittst nieder, trat nieder, hat niedergetreten> *mit OBJ* ■ *jmd. tritt etwas nieder so auf etwas treten, dass es sich nicht mehr aufrichtet* die Blumen niedertreten

Nie·de·rung die <-, -en> **1.** *ein flaches Stück Land, das tiefer als seine Umgebung liegt* In der Niederung dort am See wachsen viele seltene Blumen. **2.** (*meist Plur.*) (*geh. abwert.*) *verwendet, um auszudrücken, dass man etwas für minderwertig hält oder sozial und moralisch bedenklich findet* die Niederungen der Politik, die Niederungen des Lebens

nie·der·wer·fen <wirfst nieder, warf nieder, hat niedergeworfen> *mit OBJ* **1.** ■ *jmd. wirft jmdn./sich nieder* (*eine Person*) *auf den Boden werfen* Der Ringer hatte seinen Gegner niedergeworfen., Er warf sich reuevoll vor dem König nieder. **2.** ■ *jmd./etwas wirft jmdn./etwas nieder* MILIT. POL. *besiegen oder etwas mit Gewalt beenden* Der Feind wurde niedergeworfen., Die Revolte wurde niedergeworfen.

nied·lich *Adj. so hübsch und angenehm, dass man es sofort mag* Ach wie ist er doch niedlich, der Kleine!, Du hast aber ein niedliches Kleid an.

Nied·na·gel der <-s, Niednägel> ANAT. *ein kleines Stück Haut am Fingernagel, das sich gelöst hat*

nied·rig *Adj.* **1.** (↔ *hoch*) *von geringer Höhe ist* eine niedrige Mauer, ein niedriges Haus, Der Tisch ist aber ziemlich niedrig. **2.** (≈ *tief*) *so, dass es nicht weit über dem Boden ist* Die Zweige hängen niedrig., Die Schwalben fligen niedrig. **3.** (*umg.*) *gering, wenig* Die niedrigen Mieten sind ungewöhnlich für diese Gegend. **4.** (*veralt oder geh.*) *im gesellschaftlichen Rang unten stehend* Er war ein Mensch von niedriger Herkunft. **5.** (↔ *edel*) *so, dass es moralisch keinen oder nur geringen Wert hat* niedrige Absichten, niedrige Motive ♦ Getrenntschreibung→R 4.2 niedrig gesinnt, niedrig stehend; Großschreibung→R 3.4 Hoch und Niedrig (jedermann), Hohe und Niedrige

nie·mals *Adv.* (≈ *nie* ↔ *immer*) *zu keinem Zeitpunkt* Niemals werde ich diesen schönen Tag vergessen!

Nie·mand der <-(e)s> (*kein Plur.*) (*abwert.*) *jmd., dem mit Bezug auf eine Sache keine Bedeutung beigemessen wird* Er denkt, er sei ein berühmter Schriftsteller, aber in Wirklichkeit ist er doch ein Niemand.

nie·mand *Pron. kein einziger Mensch* Ich sehe niemanden., Das kann niemand anders als du., Dies ist niemandes Angelegenheit außer meiner.

Nie·mands·land das <-(e)s> (*kein Plur.*) **1.** *das Land zwischen zwei Staatsgrenzen, das zu keinem der beiden Staaten gehört* **2.** (*unbekanntes*) *Land, in dem niemand wohnt* Die Expedition wagte sich ins Niemandsland vor. **3.** *ein Fachgebiet, auf dem noch nicht geforscht wurde oder mit dem sich noch niemand beschäftigt hat* Bis vor ein paar Jahrzehnten war die Geschichte der Frauen noch ein Niemandsland der Forschung.

Nie·re die <-, -n> **1.** ANAT. *eines der beiden inneren Organe, die Urin produzieren* **2.** (*meist Plur.*) *die Nieren[1] von bestimmten Tieren, die man essen kann* Nieren in Sherrysoße ■ **etwas geht jemandem an die Nieren** (*umg.*): *etwas belastet jmdn. seelisch und/oder emotional* Der Stress geht mir allmählich an die Nieren. **etwas auf Herz und Nieren prüfen** (*umg.*): *etwas sehr gründlich prüfen* ♦ Kalbs-, Schweine-

Nie·ren·be·cken·ent·zün·dung die <-, -en> MED. *schmerzhafte Erkrankung des Teils der Niere, in dem der Harn gesammelt wird*

nie·ren·för·mig <nicht steig.> *Adj. in Form einer Niere*

Nie·ren·ko·lik die <-, -en> MED. *starke Schmerzen im Bereich der Niere, die heftig und plötzlich auftreten*

Nie·ren·lei·den <-s> (*kein Plur.*) MED. *meist eine chronische Erkrankung der Niere*

Nie·ren·scha·le die <-, -n> MED. *nierenförmige, kleine Schale*

Nie·ren·schüt·zer der <-s, -> *eine Art breiter Gürtel, den Motorradfahrer unter der Jacke tragen, um die Nieren vor Kälte zu schützen*

Nie·ren·spen·der, **Nie·ren·spen·de·rin** der <-s, -> MED. *jmd., dessen Niere für eine Transplantation zur Verfügung steht*

Nie·ren·stein der <-(e)s, -e> MED. *eine Art harter kleiner Klumpen, der sich aufgrund einer Fehlfunktion der Niere im Harnleiter sammelt und starke Schmerzen verursacht*

Nie·ren·tisch der <-(e)s, -e> *niedriger Tisch mit einer nierenförmigen Platte, der in den fünfziger Jahren des 20.Jahrhunderts modern war*

Nie·ren·trans·plan·ta·ti·on die <-, -en> MED. *Operation, bei der jmdm. eine Niere von jmdm. anderen eingepflanzt wird*

Nie·ren·ver·sa·gen das <-s> (*kein Plur.*) MED. *gefährliche Krankeit, bei der die Niere nicht mehr funktioniert*

nie·seln <nieselt, nieselte, hat genieselt> *mit ES* ■ *es nieselt es regnet leicht, aber sehr lange* Wie ist das Wetter? – Schlecht, es nieselt.

Nie·sel·re·gen der <-s> (*kein Plur.*) *Regen mit sehr feinen Tropfen, der aber lange dauert*

nie·sen *ohne OBJ* ■ *jmd. niest plötzlich und laut viel Luft aus der Nase ausstoßen, weil man Schnupfen hat oder etwas in der Nase juckt* Wenn jemand niest, sagt man aus Höflichkeit „Gesundheit!"

Nies·reiz der <-es> (*kein Plur.*) *das Gefühl in der Nase, kurz bevor man niesen muss*

Nieß·brauch der <-(e)s> (*kein Plur.*) (RECHTSW.: ≈ *Nießnutz*) *Recht auf die Nutzung fremder Dinge, ohne sie verändern zu dürfen* An dem Grundstück haben Sie nur Nießbrauch.

Nieß·brau·cher, **Nieß·brau·che·rin** der <-s, -> RECHTSW. *jmd., der Nießbrauch hat*

Nies·wurz die <-, -en> BOT. *eine giftige Pflanze, die allergische Reaktionen wie Niesen hervorrufen kann*

Niet der/das <-(e)s, -e> TECHN. *Niete[2]*

Nie·te[1] die <-, -n> **1.** *Los, mit dem man nichts gewinnt* **2.** (*umg. abwert.* ≈ *Versager*) *jmd., der nichts kann und der zu einer bestimmten Sache nicht zu gebrauchen ist* Als Handwerker ist er eine echte Niete.

Nie·te[2] die <-, -n> *eine Art kleiner Metallstift, mit*

N

dem man zwei Teile verbinden kann

nie·ten *mit OBJ* ■ *jmd./etwas nietet etwas jmd. oder eine Maschine verbindet zwei Teile mit Nieten²*

niet- und na·gel·fest ■ **alles, was nicht niet- und nagelfest ist** (*umg.*): *alles, was man tragen kann, weil es nicht fest gemacht ist* Die Einbrecher nahmen alles mit, was nicht niet- und nagelfest war.

ni·gel·na·gel·neu *Adj.* (*umg.*) *ganz neu* Das ist mein nigelnagelneus Auto, klasse, nicht?

Night·club der ['naɪtklʌb] <-s, -s> (≈ *Nachtklub*) *eine Art Lokal, in der es Striptease gibt*

Ni·hi·lis·mus der <-> (*kein Plur.*) PHILOS. *die Überzeugung, dass alles Seiende im Prinzip sinnlos ist,weshalb alle Werte und Ziele abzulehnen sind*

Ni·ka·ra·gua·ner, **Ni·ka·ra·gua·ne·rin** der <-s, -> *s.* **Nicaraguaner**

Ni·ko·laus der <-, Nikoläuse> **1.** REL. *Namenstag des heiligen Nikolaus am 6. Dezember* ◆-tag **2.** *ein Mann mit roter Kleidung und einem langen weißen Bart, der den Kindern dem Brauch entsprechend am 6. Dezember kleine Geschenke bringt* ◆Schokoladen- **3.** *als Kurzform Bezeichnung für den 6. Dezember* (*den Nikolaustag*) Was machen wir an Nikolaus?

Ni·ko·tin das <-s> (*kein Plur.*) *ein Nervengift, das im Tabak vorkommt*

ni·ko·tin·arm *Adj. so, dass der Anteil von Nikotin in einer Zigarette nicht sehr hoch ist*

ni·ko·tin·frei <nicht steig.> *Adj. ohne Nikotin*

Ni·ko·tin·ge·halt der <-(e)s> (*kein Plur.*) *Menge an Nikotin, zum Beispiel in einer Zigarette*

Ni·ko·tin·ver·gif·tung die <-, -en> *Vergiftung, die durch zu hohem Konsum von Nikotin hervorgerufen wird*

Nil der <-/-s> (*kein Plur.*) *Fluss in Afrika, der durch Ägypten fließt und dort ins Mittelmeer mündet*

Nil·pferd das <-es, -e> (ZOOL.: ≈ *Flusspferd*) *ein sehr großes und dickes Tier mit grauer Haut, das in Afrika meist im Wasser lebt und ein großes Maul hat*

Nim·bus der <-, -se> **1.** *Heiligenschein* **2.** (*kein Plur.*) (*geh.*) *das sehr hohe Ansehen, das jmd. hat* Er ist vom Nimbus der Heiligkeit umgeben., Er hat den Nimbus, ein weiser Mann zu sein.

nim·mer *Adv.* (*süddt. österr.*) *nie mehr* Das kommt nimmer wieder.

Nim·mer·satt der <-(e)s, -e> **1.** (*umg.*) *jmd., der immer mehr haben will, weil er nie genug bekommen kann* Er war ein gieriger Nimmersatt. **2.** ZOOL. *eine Storchenart*

Nim·mer·wie·der·se·hen <-> (*kein Plur.*) ■ **auf Nimmerwiedersehen** (*umg.*): *für immer* Sie verschwand auf Nimmerwiedersehen.

nimmt *3. Person Präsens von* **nehmen**

Nip·pel der <-s, -> **1.** TECHN. *kurzes Rohr, das ein Gewinde hat und mit dem zwei Rohre verbunden werden können* **2.** (*umg.*) *verwendet, um ein kleines Stück von etwas, das hervorsteht, und dessen genauen Namen man nicht kennt, zu bezeichnen* Kannst du mal diesen Nippel durch die Lasche ziehen? **3.** (*vulg.*) *Brustwarze einer Frau*

nip·pen *ohne OBJ* ■ *jmd. nippt an etwas Dat. jmd. trinkt sehr wenig von etwas* Sie kann doch nicht betrunken sein, sie hat doch nur am Wein genippt.

Nip·pes der ['nɪpəs, nɪps, nɪp] <-> (*kein Plur.*) (*umg.*) *kleine Gegenstände, meist aus Porzellan, die man im Zimmer als Zierde aufstellt*

Nipp·sa·chen <*Plur.*> *Nippes*

nir·gend·her/nir·gends·her *Adv. nirgendwoher*

nir·gend·hin/ nir·gends·hin *Adv. nirgendwohin*

nir·gends *Adv.* (≈ *nirgendwo* ↔ *überall*) *an keinem Ort* Er konnte seine Schlüssel nirgends finden., Hat man denn nirgends seine Ruhe?

nir·gend·wo *Adv.* (≈ *nirgends* ↔ *überall*) Sie ist nirgendwo zu finden., Eine solche Gelegenheit finden Sie sonst nirgendwo.

nir·gend·wo·her *Adv. von keinem Ort, von keiner Stelle, von keiner Person, von keiner Ursache o.Ä.* Wo kommst du denn jetzt erst her? – Nirgendwoher, ich war doch den ganzen Abend zu Hause!

nir·gend·wo·hin *Adv. an keinen Ort, an keine Stelle* Wohin soll ich den Stuhl stellen? – Nirgendwohin, der bleibt da!

Ni·ros·ta® der <-> (*kein Plur.*) *Abkürzung von „nicht rostender Stahl"*

Nir·wa·na das <-/-s> (*kein Plur.*) *in der Vorstellungswelt des Buddhismus der ideale Zustand nach dem Tod* ins Nirwana eingehen

Ni·sche die <-, -n> **1.** *ein kleiner freier Platz, der in einer Wand oder Mauer ist* In der Nische stand viel Nippes. **2.** *ein Gebiet, das nicht sehr groß ist und auf dem* (*seltene*) *Tiere und Pflanzen leben* Selbst in der Stadt gibt es ökologische Nischen für Eichhörnchen.

Nis·se die <-, -n> (*meist Plur.*) ZOOL. *Eier von Läusen*

nis·ten *ohne OBJ* ■ *ein Tier nistet* (*irgendwo*) ZOOL. *ein Tier hat irgendwo ein Nest* In der Hecke nisten einige Vogelpaare.

Nist·kas·ten der <-s, Nistkästen> *ein Kasten, der in einem Baum aufgehängt wird, damit Vögel oder Fledermäuse darin ihr Nest bauen können*

Nist·platz der <-es, Nistplätze> *der Ort, an dem Vögel ihr Nest haben*

Ni·t·rat das <-(e)s, -e> CHEM. *Salz der Salpetersäure, das häufig in Dünger vorkommt und gut in Wasser gelöst werden kann*

Ni·t·rid das <-s, -e> CHEM. *Verbindung von Stickstoff und Metall*

Ni·t·rit der <-(e)s, -e> CHEM. *Salz der salpetrigen Säure*

Ni·t·ro·gly·ze·rin das <-(e)s, -e> CHEM. *ein Sprengstoff, der flüssig ist und schon bei Erschütterung explodieren kann*

Ni·t·ro·lack der <-(e)s, -e> *eine Art Lack mit einem Lösungsmittelgemisch, der sehr stark riecht*

Ni·t·ro·sa·min das <-s, -e> CHEM. *eine Stickstoffverbindung*

Ni·t·ro·ver·dün·nung die <-, -en> *ein Lösungsmittelgemisch, das in Nitrolacken vorkommt oder mit dem man ölhaltige Flecken und Farben entfer-*

nen kann

Ni·veau das [ni'vo:] <-s, -s> **1.** *eine bestimmte Ebene oder Linie, die parallel zur Oberfläche der Erde verläuft* Sie mussten das Niveau des Wasserspiegels im Stausee senken. **2.** *eine bestimmte Stufe, die sich auf einer vorgestellten Skala befindet und mit der man jmdn./etwas bewertet* Sie hat wirklich Niveau., Der Film hat ein hohes Niveau., Das ist unter meinem Niveau.

ni·veau·los *Adj.* (↔ *niveauvoll*) *so, dass etwas eine schlechte Qualität hat* Der Film war doch völlig niveaulos.

ni·veau·voll *Adj.* (↔ *niveaulos*) *mit guter Qualität* Er ist bekannt für seine niveauvollen Vorträge.

ni·vel·lie·ren *mit OBJ* ■ *jmd. nivelliert etwas* (*geh.*) *Unterschiede zwischen verschiedenen Niveaus aufheben* Man war bemüht, die sozialen Unterschiede zu nivellieren.

Ni·vel·lie·rung die <-, -en> *das Nivellieren*

nix *Pron.* (*umg.*) *nichts*

Ni·xe die <-, -n> (LIT.: ≈ *Meerjungfrau*) *ein Wesen aus der Sage oder dem Märchen, das im Wasser lebt und den Oberkörper einer Frau und den Schwanz eines Fisches hat*

nö *Pron.* (*umg.*) *nein*

no·bel <nobler, am nobelsten> *Adj.* **1.** (*geh.*) *edelmütig, edel* Er hat einen noblen Charakter **2.** (*umg.*) *großzügig* Zehn Euro, was für ein nobles Trinkgeld! **3.** (*umg. oft iron.*) *elegant, kostspielig* Nobel, nobel, wie ihr hier lebt!

No·bel·her·ber·ge <-, -n> (*umg. oft abwert.*) *ein sehr teures, luxuriöses Hotel*

No·bel·preis der <-es, -e> *von dem schwedischen Chemiker und Industriellen A. Nobel gestifteter, jährlich für hervorragende kulturelle und wissenschaftliche Leistungen verliehener Geldpreis* Wer hat 1999 den Nobelpreis für Literatur gewonnen?

No·bo·dy der ['noʊbədɪ] <-/-s, -s> *jmd., der (noch) nicht bekannt oder berühmt ist* Dieser Sänger ist doch noch ein Nobody.

noch[1] *Partikel* **1.** *verwendet, um auszudrücken, dass etwas andauert, aber bald zu Ende ist* Es schneit kaum noch., Der Film läuft noch., Hast du noch dein altes Auto oder schon ein neues?, Ich habe noch nicht gefrühstückt! **2.** *verwendet, um auszudrücken, dass vor einem bestimmten Zeitpunkt etwas geschieht* Warte, ich muss noch die Blumen gießen., Ich wollte erst noch fragen., Kannst du das noch vor dem Wochenende erledigen? **3.** *verwendet, um auszudrücken, dass etwas negative Konsequenzen für jmdn. haben wird* Das wirst du noch bereuen., Mit dem Rauchen bringst du dich noch ins Grab! **4.** *verwendet, um auszudrücken, dass man etwas in naher Zukunft tun will* Ich komme noch darauf zurück. **5.** *verwendet, um auszudrücken, dass etwas in naher Zukunft wahrscheinlich passiert* Sie wird noch kommen. **6.** *verwendet, um auszudrücken, dass etwas vor kurzem zu einer bestimmten Zeit passiert war* Sieh an, gestern war er noch krank und heute tanzt er schon wieder in der Disko! **7.** *verwendet, um auszudrücken, dass etwas sehr schnell passiert ist* Noch ehe ich aussteigen konnte, schloss die Türe., Der Fahrer starb noch am Unfallort. **8.** *verwendet, um auszudrücken, dass etwas von etwas übriggeblieben ist, aber wahrscheinlich bald zu Ende geht* Ich habe noch sieben Euro., Hast du noch ein bisschen Zeit? **9.** *verwendet, um auszudrücken, dass jmd. oder etwas zu jmdm./etwas anderem hinzukommt* Noch ein Pils, bitte!, Nimmst du noch ein Stück Kuchen?, Wer war noch da?, Wenn noch so ein Spinner kommt, kriege ich eine Krise! **10.** *verwendet, um auszudrücken, dass etwas trotz bestimmter negativer Seiten gut erscheint, wenn man es mit etwas anderem vergleicht* Da hast du noch Glück gehabt, andere mussten mit solch einer Grippe zwei Wochen im Bett bleiben!, In dieser Straße ist es noch ruhig, da müsstest du mal ins Zentrum gehen! **11.** *verwendet, um auszudrücken, dass etwas gut ist und dass es dadurch im Gegensatz zu etwas anderem steht* Dies ist eben noch Qualität!, Das waren noch Zeiten! **12.** *verwendet, um auszudrücken, dass man sich ärgert und um zu zeigen, dass man etwas als das Mindeste erwartet hätte* Du hättest noch ein paar Minuten warten können!, Das hättest du wohl noch für mich tun können! **13.** (*mit Komparativ*) *verwendet, um eine Steigerung zu verstärken* Hier ist es ja noch schöner, als ich gedacht habe! **14.** (*mit so*) *verwendet, um auszudrücken, dass etwas grundsätzlich so ist oder bleibt, auch wenn man es zu ändern versucht* Da kannst du noch so viel trainieren, der Bauch bleibt., Du kannst noch so viel schreien, erst machst du die Hausaufgaben! **15.** *verwendet, wenn man etwas fragt, das man im Augenblick nicht weiß oder vergessen hat* Wie war noch (gleich) Ihr Name?, Wie hieß noch (mal) die Hauptstadt von Malaysia? ■ **noch (ein)mal**: *ein weiteres Mal* Mach das nicht noch mal! **noch nie**: *bis jetzt nicht* Sie war noch nie in Frankreich. **noch und noch**: *sehr viel und sehr oft* Sie hat Nippes noch und noch. **noch und nöcher** (*umg. scherzh.*): *noch und noch* **Auch das noch!**: *als Ausruf verwendet, wenn etwas, das unangenehm ist, zu einer anderen unangenehmen Sache hinzukommt* Auch das noch! Erst ein Schnupfen und jetzt eine Mandelentzündung!

noch[2] *Konj. s.* **weder**

noch·ma·lig <nicht steig.> *Adj. so, dass etwas noch einmal geschieht* nochmalige Fragen, nochmalige Wiederholungen

noch·mals *Adv. noch einmal* Ich sage es dir nochmals, dass du den Hund nicht ärgern sollst., Nochmals geht das nicht gut.

No·cken der <-s, -> TECHN. *ein Vorsprung, der fest auf einer sich drehenden Welle oder Scheibe ist, und der Kraft an ein anderes Teil einer Maschine weiterleitet*

No·cken·wel·le die <-, -n> TECHN. *eine Welle mit einem Nocken*

No·ckerl das <-s, -n> (*meist Plur.*) **1.** (KOCH.: *süddt. österr.*) *ein Klößchen aus Grieß oder Mehl* Salzburger Nockerln **2.** (*süddt. österr.*) *junges Mäd-*

chen

Noc·turne die/das [nɔk'tʏrn] <-/-s, -s> MUS. *ein Musikstück für Klavier, das einen verträumten Charakter hat*

No·fu·ture·ge·ne·ra·ti·on, a. **No-Fu·ture-Ge·ne·ra·ti·on** die ['noʊ 'fju:tʃə...] <-> (*kein Plur.*) GESCH.SOZIOL. *Schlagwort für die junge Generation ohne Hoffnung auf eine Zukunft zu Beginn der achtziger Jahre des 20.Jahrhunderts*

Noi·sette die [nọa'zɛt] <-, -s> KOCH. *Schokolade mit Haselnüssen*

No·ma·de, **No·ma·din** der <-n, -n> **1.** *jmd., der mit seinem Volk und seinen Viehherden von Weide zu Weide zieht, um dort Futter für die Tiere zu finden* In manchen Teilen Afrikas gibt es noch zahlreiche Nomaden. ◆-nstamm, -nzelt **2.** (*umg.*) *jmd., der viel umherzieht und reist*

No·ma·den·le·ben das <-s> (*kein Plur.*) **1.** *die Lebensform von Nomaden*[1] **2.** *die Lebensform eines Menschen, der sehr viel reist und/oder häufig umzieht* Er ist schon wieder in der Welt unterwegs; er führt ein richtiges Nomadenleben.

No·ma·den·tum das <-s> (*kein Plur.*) *die Art, wie Nomaden*[1] *leben*

No·men das <-s, -/Nomina> SPRACHWISS. **1.** *Substantiv* **2.** *Sammelbegriff für Substantive oder Adjektive*

No·men·kla·tur die <-, -en> **1.** *die genau definierten Begriffe, mit denen in einer Wissenschaft gearbeitet wird* **2.** *die Liste und Systematisierung der Fachausdrücke einer Wissenschaft*

no·mi·nal <nicht steig.> *Adj.* **1.** SPRACHWISS. *das Nomen*[1] *betreffend* **2.** WIRTSCH. *den Nennwert betreffend*

No·mi·nal·wert der <-es, -e> WIRTSCH. *Nennwert*

No·mi·na·tiv der <-s, -e> SPRACHWISS. *der Fall (Kasus), in dem (normalerweise) das Subjekt eines Satzes steht und der auch der erste Fall genannt wird*

no·mi·nell <nicht steig.> *Adj.* **1.** (*geh.*) *nur dem Namen nach, aber nicht in Wirklichkeit* **2.** WIRTSCH. *dem Nennwert nach, aber nicht dem realen Wert nach*

no·mi·nie·ren *mit OBJ* **1.** ■ *jmd./etwas nominiert jmdn. jmdn. als Kandidaten für eine Wahl aufstellen* Die Schauspielerin wurde für den Oscar nominiert., Der Verein nominierte die Kandidaten für das Amt des neuen Präsidenten. **2.** ■ *jmd./etwas nominiert jmdn.* (*für etwas Akk.*) *jmdn. für einen sportlichen Wettkampf als Teilnehmer melden*

No·mi·nie·rung die <-, -en> *das Nominieren*

No-Name-Pro·dukt das ['noʊneɪm...] <-(e)s, -e> *Ware, die neutral verpackt ist und kein Markenoder Firmenzeichen aufweist und die meist billiger ist als ein Markenprodukt*

Non·cha·lance die [nõʃa'lã:s] <-> (*kein Plur.*) (*geh.*) *lässiges, ungezwungenes Verhalten, das angenehm wirkt*

non·cha·lant [nõʃa'lã:] *Adj. mit Nonchalance*

No·ne die <-, -n> **1.** REL. *Zeit des Stundengebets in der katholischen Kirche um 15 Uhr* **2.** MUS. *neunter Ton einer Tonleiter* **3.** MUS. *Intervall von neun Tönen*

Non·kon·for·mis·mus der <-> (*kein Plur.*) (*geh.*) *eine Einstellung oder Haltung, die von der vorherrschenden Meinung unabhängig oder frei ist*

Non·kon·for·mist, **Non·kon·for·mis·tin** der <-en, -en> (*geh.*) *jmd., der frei und unabhängig von der vorherrschenden Meinung ist*

non·kon·for·mis·tisch <nicht steig.> (*geh.*) *auf Nonkonformismus beruhend*

Non·ne die <-, -n> **1.** REL. *eine Frau, die ihr ganzes Leben Gott widmet und nicht heiratet, und sehr oft in einem Kloster lebt* **2.** ZOOL. *ein Schmetterling, der meistens in der Dämmerung oder in der Nacht aktiv ist*

Non·nen·klos·ter das <-s, -> REL. *ein Kloster für Nonnen*

Non·plus·ul·t·ra das <-s> (*kein Plur.*) *etwas, das nicht besser sein könnte* Dieser Computer ist das Nonplusultra, einen besseren bekommt man zur Zeit nicht.

Non·sens der ['nɔnzɛns] <-/-es> (*kein Plur.*) (*umg.*) *Unfug, Unsinn*

non·stop [nɔn'ʃtɔp, nɔn'stɔp] *Adv. ohne Unterbrechung oder Pause* Wir fliegen nonstop.

Non·stop·flug, a. **Non-Stop-Flug** der <-(e)s, Nonstopflüge> *Flug ohne Zwischenlandung* ◆ Schreibung mit Bindestrich→R 4.17 Wir versuchen immer, Nonstopflüge/Non-Stop-Flüge zu bekommen.

non·ver·bal, **non·ver·bal** <nicht steig.> *Adj. so, dass dazu keine Sprache benutzt wird* nonverbale Kommunikation

Nop·pe die <-, -n> (*meist Plur.*) **1.** *eine Art runder, dicker und biegsamer Zapfen, der zusammen mit vielen anderen auf etwas ist und verhindert, dass es rutscht* Die Noppen auf der Unterseite des Teppichs verhindern, dass er rutscht. **2.** *eine Art Knoten in dicken Stoffen und Garnen* Leihst du mir die Jacke mit den Noppen?

Nop·pen·soh·le die <-, -n> *ein Sohle unter Schuhen, die Noppen*[1] *hat und deshalb rutschfest ist*

Nord[1] (*ohne Art.; nicht deklinierbar*) METEOR. SEEW. *Norden* Wind aus Nord

Nord[2] der <-(e)s> (*kein Plur.*) SEEW. *Nordwind*

Nord·a·me·ri·ka <-s> **1.** (↔ *Südamerika*) *der Norden des Kontinents Amerika mit Mexiko, den USA, Kanada und Grönland* **2.** (*umg.*) *die USA*

nord·a·me·ri·ka·nisch <nicht steig.> *Adj. Nordamerika*[2] *betreffend*

Nord·at·lan·tik der <-s> (*kein Plur.*) *der nördliche Teil des Atlantiks*

Nord·at·lan·tik·pakt der <-(e)s> (*kein Plur.*) (POL.: ≈ *NATO*)

nord·deutsch *Adj.* (↔ *süddt.*) **1.** *die nördlichen Teile Deutschlands betreffend* **2.** *in Bezug auf die Sprache dieses Gebiets*

Nord·deu·tsche(r) der <-n, -n> (↔ *Süddeutsche(r)*) *jmd. aus Norddeutschland*

Nord·deutsch·land <-s> (*kein Plur.*) (↔ *Süddeutschland*) *der Norden*[2] *von Deutschland*

Nor·den der <-s> (*kein Plur.*) **1.** (↔ *Süden*) *die Himmelsrichtung, die auf der Landkarte oben ist*

Wind aus Norden, nach Norden fahren **2.** (↔ *Süden*) *der Teil von etwas, der im Norden[1] liegt* der Norden des Landes **3.** ■ **der (hohe) Norden**: *der Teil der Erde, der sehr weit im Norden[1] ist* im hohen Norden Lapplands

Nord·eu·ro·pa <-s> (↔ *Südeuropa*) *der nördliche Teil Europas*

nord·eu·ro·pä·isch <nicht steig.> *Adj.* (↔ *südeuropäisch*) **1.** *Nordeuropa betreffend* **2.** *in Bezug auf die Sprachen Nordeuropas*

Nord·fries·land <-s> (*kein Plur.*) *der nördliche Teil Frieslands*

Nord·halb·ku·gel die <-> (*kein Plur.*) (↔ *Südhalbkugel*) *die nördliche Hälfte des Globus*

Nord·ir·land <-s> *nördlicher Teil Irlands mit eigener Regierung*

nor·disch <nicht steig.> *Adj. die Länder Nordeuropas, besonders Skandinavien und Island, betreffend* nordische Sprachen, nordische Sagen

nörd·lich[1] *Adj.* **1.** (*nur attr.*) (↔ *südlich*) *so, dass jmd. oder etwas sich nach Norden orientiert* Sie fahren in nördlicher Richtung **2.** (*nur attr.*) (↔ *südlich*) *so, dass etwas oder jmd. aus dem Norden kommt* Der Wind weht aus nördlicher Richtung. **3.** (↔ *südlich*) *so, dass etwas oder jmd. im Norden ist* der nördliche Teil der Stadt

nörd·lich[2] *Präp. + Gen.* (↔ *südlich; vor Eigennamen ohne Artikel wird das Substantiv mit „von" angeschlossen*) *drückt aus, dass etwas weiter im Norden liegt als etwas* Nördlich des Flusses ist alles überschwemmt!, nördlich der Donau, Die Stadt liegt nördlich der Alpen., nördlich von Kiel, nördlich von Polen, Der Ort liegt nördlich von München.

Nord·licht das <-(e)s, -er> **1.** (*kein Plur.*) METEOR. *eine Art von farbigem Licht am Himmel der polaren Gebiete der Nordhalbkugel, das man dort nachts sehen kann* **2.** (*umg. scherz.*) *jmd. aus Norddeutschland*

Nord·meer das <-(e)s> (*kein Plur.*) *Bezeichnung für den nördlichen Teil des Atlantiks* ◆-flotte

Nord·os·ten der <-s> (*kein Plur.*) (↔ *Südwesten*) **1.** *die Richtung zwischen Norden und Osten* **2.** *der Teil eines Gebietes, der im Nordosten[1] ist* Im Nordosten kommt es teilweise zu Gewittern.

nord·öst·lich[1] *Adj.* (↔ *südwestlich*) **1.** (*nur attr.*) *so, dass etwas nach Nordosten[1] gerichtet ist oder aus Nordosten[1] kommt* Der kalte Wind kommt aus nordöstlicher Richtung. **2.** *im Nordosten[1]* im nordöstlichen Teil des Landes

nord·öst·lich[2] *Präp. + Gen.* (↔ *südwestlich; vor Eigennamen ohne Artikel wird das Substantiv mit „von" angeschlossen*) *drückt aus, dass etwas weiter im Nordosten liegt als etwas anderes* Das Volk lebt nordöstlich des Gebirges., Sie finden die Fabrik nordöstlich von Berlin.

Nord·pol der <-(e)s> (*kein Plur.*) (↔ *Südpol*) *der nördlichste Punkt der Erde*

Nord·rhein-West·fa·len <-s> *Bundesland in Westdeutschland mit Düsseldorf als Landeshauptstadt*

Nord·see die <-> (*kein Plur.*) *das Meer zwischen Deutschland, Großbritannien, Dänemark und Norwegen*

Nord-Süd-Di·a·log der <-s> (*kein Plur.*) POL. SOZIOL. *alle Kontakte zwischen den reichen Staaten auf der nördlichen und den ärmeren Staaten auf der südlichen Erdhalbkugel, die dazu dienen, das Nord-Süd-Gefälle abzubauen*

Nord-Süd-Ge·fäl·le das <-s> (*kein Plur.*) POL. *der wirtschaftliche Unterschied zwischen den reichen Staaten auf der nördlichen und den ärmeren Staaten auf der südlichen Erdhalbkugel*

Nord·wes·ten der <-s> (*kein Plur.*) (↔ *Südosten*) **1.** *die Richtung zwischen Norden und Westen* **2.** *der Teil eines Gebietes, der im Nordwesten[1] ist* Im Nordwesten des Landes kommt es teilweise zu starken Regenschauern.

nord·west·lich[1] *Adj.* (↔ *südöstlich*) **1.** (*nur attr.*) *so, dass etwas nach Nordwesten[1] gerichtet ist oder aus Nordwesten[1] kommt* Der Wind weht aus nordwestlicher Richtung. **2.** *im Nordwesten[1]* im nordwestlichen Teil des Landes

nord·west·lich[2] *Präp. + Gen.* (↔ *südöstlich; vor Eigennamen ohne Artikel wird das Substantiv mit „von" angeschlossen*) *drückt aus, dass etwas weiter im Nordwesten liegt als etwas anderes* Das Häuschen liegt nordwestlich des Sees., Die Niederlande liegen nordwestlich von Deutschland.

Nord·wind der <-(e)s, -e> (↔ *Südwind*) *Wind, der aus dem Norden kommt*

Nör·ge·lei die <-, -en> (≈ *Meckerei*) *das Nörgeln*

Nör·gel·frit·ze der <-n, -n> (*umg. abwert.*) *jmd., der viel und oft nörgelt*

nör·geln <nörgelst, nörgelte, hat genörgelt> *ohne OBJ* ■ *jmd. nörgelt* (*abwert.* ≈ *meckern*) *ständig und ohne Grund kritisieren* Was ich auch tue, er muss immer nörgeln.

Nörg·ler, **Nörg·le·rin** der <-s, -> (≈ *Meckerer*) *jmd., der nörgelt*

Norm die <-, -en> **1.** (*meist Plur.*) *eine allgemein anerkannte nicht aufgeschriebene Regel, nach der man sich verhalten soll* Normen festsetzen/aufstellen, Über die Frage der ethischen Normen entbrannte eine hitzige Diskussion. **2.** *das, was allgemein als üblich oder anerkannt angesehen wird* Ihre Größe weicht stark von der Norm ab. **3.** *eine Arbeitsleistung, die man in einer bestimmten Zeit schaffen muss* die Norm erfüllen **4.** *eine bestimmte Leistung, die ein Sportler schaffen muss, um an einem Wettkampf teilnehmen zu können* weit hinter der Norm liegen **5.** *eine Regel, wie etwas hergestellt oder getan werden muss* technische Normen

nor·mal *Adj.* **1.** *so, wie es allgemein üblich oder gewöhnlich ist oder als üblich und gewöhnlich gesehen wird* Es ist doch nicht normal, wenn es im Sommer schneit!, Es ist ganz normal, wenn das Kind mal keinen Hunger hat. **2.** *geistig und körperlich gesund* Du bist doch nicht ganz normal, immer wäschst du dir die Hände! ■ **Bist du eigentlich noch normal?** (*umg.*): *verwendet, wenn man sich über das Verhalten von jmdm. ärgert oder wenn es einen sehr erstaunt*

N

Nor·mal das <-s> (*kein Plur.; meist ohne Artikel*) (KFZ: ↔ *Super*) *Normalbenzin*

Nor·mal·ar·beits·ver·hält·nis das <-es, -e> (*meist Plur.*) SOZIOL. *ein Arbeitsverhältnis, wie es den allgemeinen Tarifverträgen entspricht*

Nor·mal·ben·zin das <-> (*kein Plur.*) (KFZ: ↔ *Superbenzin*) *das einfache Benzin, mit dem Autos fahren*

Nor·mal·bür·ger, **Nor·mal·bür·ge·rin** der <-s, -> SOZIOL. *Bezeichnung für diejenigen Bewohner eines Landes, die zum Durchschnitt der Bevölkerung gehören*

nor·ma·ler·wei·se *Adv. so, wie es sonst üblich ist oder sein sollte* Normalerweise habe ich heute frei, aber ich muss trotzdem arbeiten.

Nor·mal·fall der <-(e)s, Normalfälle> *die Situation, die gewöhnlich vorherrscht* Im Normalfall haben wir hier in der Notaufnahme nur wenig zu tun, nur am Wochenende wird es mehr.

Nor·mal·ge·wicht das <-(e)s, -e> (*meist Sing.*) (↔ *Übergewicht, Untergewicht*) *das Gewicht, das eine Person einer bestimmten Körpergröße normalerweise haben sollte*

Nor·mal·grö·ße die <-, -n> *eine durchschnittliche Größe*

nor·ma·li·sie·ren **I.** *mit OBJ* ■ *jmd./etwas normalisiert etwas bewirken, dass etwas normal wird* Sein Anruf hat ihr Verhältnis zueinander wieder normalisiert. **II.** *mit SICH* ■ *etwas normalisiert sich etwas wird normal* Das Wetter hat sich wieder normalisiert.

Nor·ma·li·tät die <-> (*kein Plur.*) *der Zustand, der normal[1] ist* die Normalität des Alltags

Nor·mal·maß das <-es, -e> **1.** *übliches oder gängiges Maß* **2.** *geeichtes Maß, das als Norm[5] gilt*

Nor·mal·null das <-s> (*kein Plur.*) AMTSSPR. SEEW. *die Höhe, die mit null festgelegt ist und sich am Meeresspiegel orientiert, und auf die sich alle anderen Höhenmessungen beziehen* 30 Meter über Normalnull

Nor·mal·sterb·li·che der/die <-n, -n> *ein durchschnittlicher Mensch* Jeder Normalsterbliche weiß, dass...

Nor·mal·ver·brau·cher, **Nor·mal·ver·brau·che·rin** der <-s, -> ■ **Otto Normalverbraucher** (*umg.*): *der durchschnittliche und gewöhnliche Bürger* Otto Normalverbraucher muss für so ein Auto lange schuften!

Nor·mal·ver·die·ner der <-s, -> *jmd., dessen Verdienst dem Durchschnitt entspricht* Kein Normalverdiener kann sich drei Autos leisten.

Nor·mal·zeit die <-, -en> (↔ *Ortszeit*) *eine Zeit, die für ein größeres Gebiet oder eine Zone festgelegt ist*

Nor·mal·zu·stand der <-s> (*kein Plur.*) *ein Zustand, der normal ist*

nor·ma·tiv *Adj.* (*geh.* ↔ *deskriptiv*) *als Richtlinie oder Norm geltend* eine normative Grammatik

nor·men *mit OBJ* (*fachspr.*) **1.** ■ *jmd./etwas normt etwas eine Norm[5] definieren, die sagt, wie ein Produkt beschaffen sein soll* Die Schrauben werden genormt. **2.** ■ *jmd./etwas normt etwas etwas so gestalten, dass es einer Norm[5] entspricht* Die einzelnen Schritte der Versuchsreihe müssen jetzt noch genormt werden.

Nor·men·kon·trol·le die <-, -n> RECHTSW. *Prüfung durch ein Gericht, ob ein Gesetz der Verfassung entspricht*

nor·mie·ren *mit OBJ* (*geh.*) **1.** ■ *jmd./etwas normiert etwas normen[1]* **2.** ■ *jmd./etwas normiert etwas etwas nach einem einheitlichen Schema gestalten* Er hat selbst seinen Tagesablauf normiert, damit nichts Ungewöhnliches geschehen kann. ▶Normierung

Nor·mung die <-, -en> (*fachspr.*) *das Normen[1]*

norm·wi·drig *Adj.* **1.** *so, dass etwas gegen eine Norm[1] verstößt* normwidriges Verhalten **2.** *so, dass etwas einer Norm[5] nicht entspricht* normwidriges Produkt

Nor·ne die <-, -n> GESCH. *nordische Schicksalsgöttin*

Nor·we·gen <-s> *ein Land in Skandinavien mit Grenzen zu Schweden und im Nordosten zu Finnland und Russland*

Nor·we·ger, **Nor·we·ge·rin** der <-s, -> *jdm., der die norwegische Staatsbürgerschaft hat*

Nor·we·ger·pul·l·o·ver der <-s, -> *ein Pullover mit einem bestimmten Muster, das typischerweise Rentiere, Eiskristalle oder Sterne enthält*

nor·we·gisch <nicht steig.> *Adj. zu Norwegen gehörend, daher stammend* Die norwegische Sprache gehört zur germanischen Sprachfamilie. *siehe auch* **deutsch**

No-Spiel <-(e)s, -e> *klassisches japanisches Theater*

Nos·t·al·gie die <-, -n> (*selten Plur.*) *eine Stimmung, in der man sich nach vergangenen Zeiten und den Produkten und Lebensweisen aus diesen Zeiten sehnt* ▶Nostalgiker(in)

Nos·t·al·giewel·le die <-, -n> *ein Trend, bei dem man die Produkte aus alten Zeiten bevorzugt* Im Zuge der Nostalgiewelle wurden alte Bauernmöbel plötzlich sehr teuer.

nos·t·al·gisch *Adj. mit Nostalgie* ein nostalgisches Gefühl

Not die <-, Nöte> **1.** (↔ *Reichtum*) *der Zustand, in dem jmd. nichts oder nur sehr wenig zum Leben hat* Weil es schon lange nicht mehr geregnet hat, herrscht hier große Not., in Not geraten ◆ Hungers- **2.** *eine schlimme Situation, in der jmd. dringend Hilfe braucht* Die Not der Flüchtlinge in dem Krisengebiet verlangt schnelle internationale Hilfe. **3.** (≈ *Verzweiflung*) *der Zustand, in dem jmd. psychisch leidet oder sehr verzweifelt ist* Sie wusste sich in ihrer Not nicht mehr zu helfen., Er hatte niemanden, dem er seine Not klagen konnte. ■ **Not leidend**: *so arm, dass kein Geld für Essen oder Kleidung vorhanden ist* die Not leidende Bevölkerung **ohne Not**: *ohne Grund* Er hat ihr ohne Not weh getan. **mit Müh und Not** (*umg.*): *gerade noch so* Sie haben den Zug mit Müh und Not erreicht. **zur Not** (*umg.*): *wenn es nicht anders geht* Zur Not kann ich dich dann zum Bahnhof bringen. **seine liebe Not mit jemandem/etwas**

haben (*umg.*): *große Probleme mit jmdm. oder etwas haben* **wenn/wo Not am Mann ist** (*umg.*): *wenn/wo Hilfe nötig ist* **In der Not frisst der Teufel Fliegen.** (*umg.*): *verwendet, um auszudrücken, dass man sich in einer schlechten Lage mit etwas begnügen muss, das man normalerweise nicht nehmen würde* **aus der Not eine Tugend machen**: *aus einer schlechten Situation noch einen Vorteil gewinnen* **Not macht erfinderisch** (*Sprichwort*): *eine ungewöhnliche Lösung für ein Problem finden* ◆ Getrennt- oder Zusammenschreibung→R 4.12, R 3.4 der/die Not Leidende/Notleidende *siehe auch* **vonnöten**

Not·an·ker der <-s, -> **1.** SEEW. *ein extra Anker, der kleiner und leichter ist als der hauptsächliche Anker und der im Fall des Verlustes des hauptsächlichen Ankers benutzt wird* **2.** (*übertr.*) *etwas, das jmdm. als letzte Möglichkeit noch helfen kann, nicht in große Schwierigkeiten zu kommen* Wenn alles nicht klappt, habe ich ja noch das Sparbuch als Notanker.

No·tar, **No·ta·rin** der <-s, -e> RECHTSW. *ein Jurist, der die Echtheit von Dokumenten beglaubigt und Rechtsgeschäfte beurkundet* einen Kaufvertrag vor dem Notar abschließen, Vor dem Notar sind erschienen: …

No·ta·ri·at das <-(e)s, -e> RECHTSW. *Büro eines Notars*

no·ta·ri·ell <nicht steig.> (*nur attr.*) *Adj. vom Notar angefertigt* Die Kopie des Zeugnisses musste ich notariell beglaubigen lassen.

Not·arzt, **Not·ärz·tin** der <-es, Notärzte> *ein Arzt, der bei Unfällen mit einem Notarztwagen kommt oder der dann Dienst hat, wenn andere Ärzte keinen Dienst haben, zum Beispiel am Wochenende oder an Feiertagen*

Not·arzt·wa·gen der <-s, -> *Wagen, mit dem ein Notarzt zum Unfall oder zu einem Patienten unterwegs ist*

No·ta·ti·on die <-, -en> **1.** MUS. *Notenschrift* **2.** (*fachspr.*) *spezielles Aufzeichnungssystem mit eigenen Zeichen und Symbolen*

Not·auf·nah·me die <-, -n> MED. *Station in einem Krankenhaus, in der Patienten sofort behandelt werden, die einen Unfall hatten oder plötzlich sehr krank geworden sind*

Not·aus·gang der <-(e)s, Notausgänge> *Ausgang, durch den man schnell aus einem Gebäude fliehen kann, wenn zum Beispiel ein Feuer ausbricht*

Not·be·helf der <-s, -e> *etwas, das man nur dann benutzt, wenn nichts Besseres da ist* Die Gartenliege diente ihr nur als Notbehelf, weil ihr neues Bett noch nicht geliefert wurde.

Not·be·leuch·tung die <-, -en> *ein schwaches Licht, das angeht oder das man benutzen kann, wenn der Strom ausfällt*

Not·brem·se die <-, -n> TECHN. *Bremse in öffentlichen Verkehrsmitteln (oder Aufzügen), die bei Gefahr von den Fahrgästen betätigt werden kann* ■ **die Notbremse ziehen** (*umg.*): *eine Sache sofort beenden*

Not·dienst der <-es, -e> *Dienst, den ein Arzt oder ein Apotheker verrichtet, wenn keine anderen Ärzte oder Apotheker Dienst haben, wie zum Beispiel am Wochenende*

Not·durft die <-> (*kein Plur.*) ■ **seine Notdurft verrichten** (*geh.*): *die Blase und/oder den Darm entleeren* Er verließ den Raum und ging auf die Toilette, um seine Notdurft zu verrichten.

not·dürf·tig <nicht steig.> *Adj. so, dass es gerade noch ausreichend, aber nicht richtig befriedigend ist* Er hat das Auto nur notdürftig repariert und muss morgen in die Werkstatt.

No·te[1] die <-, -n> MUS. **1.** *grafisches Zeichen, das einen Ton symbolisiert* Er konnte nicht nach Noten spielen, war aber ein bedeutender Gitarrist. **2.** (*nur Plur.*) *ein Blatt oder Heft, in dem die Noten*[1] *von Musikstücken stehen* Er wollte sich neue Noten kaufen.

No·te[2] die <-, -n> **1.** (SCHULE: ≈ *Zensur*) *eine Zahl, mit der die Leistung eines Schülers in einem Fach oder eine Arbeit oder ein Examen bewertet wird* Er bekam als Note eine Eins, das bedeutet „sehr gut". **2.** *die Zahl, mit der bei einem Tanzturnier oder bei einem sportlichen Wettkampf wie Turnen die Leistungen der Sportler bewertet werden*

No·te[3] die <-, -n> POL. *offizielles Schriftstück, das besonders eine Regierung von einem Diplomaten erhält* ◆ -nwechsel

No·te[4] die <-, -n> *die besondere Eigenart oder Qualität, die etwas hat* Sie gab ihrem Garten eine persönliche Note., Die Zimmer des Hauses haben eine individuelle/ künstlerische/romantische Note.

Note·book das ['noʊtbʊk] <-s, -s> EDV *kleiner tragbarer Computer s.* **Laptop**

No·ten·bank die <-, -en> WIRTSCH. *Bank mit der Berechtigung zur Ausgabe von Banknoten*

No·ten·blatt das <-(e)s, Notenblätter> MUS. *Blatt, auf dem Noten aufgeschrieben oder gedruckt sind*

No·ten·durch·schnitt der <-(e)s,-e> SCHULE *Durchschnitt aller Noten innerhalb einer Klasse oder eines einzelnen Zeugnisses*

No·ten·pa·pier das <-(e)s, -e> MUS. *Blatt, das mit Linien für Noten bedruckt ist*

No·ten·schlüs·sel der <-s, -> MUS. *ein Zeichen, das am Beginn einer Zeile auf einem Notenblatt steht und die Tonlage angibt, in denen die Noten stehen*

No·ten·stän·der der <-s, -> MUS. *ein Ständer, auf den man Notenblätter legt, um beim Musizieren die Noten lesen zu können*

Not·fall der <-(e)s, Notfälle> *eine unerwartete Situation, in der man schnell Hilfe braucht* ■ **im Notfall**: *dann, wenn es sein muss und es nicht anders geht* Im Notfall musst du halt wieder zurückkommen.

Not·fall·dienst der <-es, -e> *Notdienst, besonders von Ärzten*

not·falls *Adv. wenn es nicht anders möglich ist* Notfalls müssen wir den Urlaub eben abbrechen.

not·ge·drun·gen *Adv.* (≈ *gezwungenermaßen*) *weil die Situation es notwendig macht* Notgedrungen fing er noch mal von vorne an.

Not·gro·schen der <-s, -> *Geld, das jmd. für Zeiten gespart hat, in denen er wenig oder nichts haben wird* Wenn ich das Geld nicht pünktlich erhalte, muss ich wohl auf meinen Notgroschen zurückgreifen.

no·tie·ren I. *mit OBJ* **1.** ■ *jmd. notiert etwas aufschreiben, Notizen machen* Ja, ich habe die Namen notiert. **2.** ■ *etwas notiert etwas (mit etwas Dat.)* WIRTSCH. *den Kurs oder Preis von etwas an der Börse ermitteln und festsetzen* Die Börse notiert die Aktie mit 70 Euro. **3.** ■ *jmd. notiert jmdn. für etwas Dat. (geh.) vormerken* Notieren Sie Herrn Meier bitte für den nächsten Flug. **II.** *ohne OBJ* ■ *etwas notiert irgendwie* WIRTSCH. *einen bestimmten Kurswert an der Börse haben* Die Aktie notierte niedriger als gestern.

No·tie·rung die <-, -en> WIRTSCH. *das Notieren*

nö·tig *Adj.* **1.** (≈ *notwendig*) *so, dass es getan werden muss oder gebraucht wird* etwas ist für jemanden/etwas nötig, Der Arzt hält es für nötig, dass der Patient im Bett bleibt., Im Winter ist es nötig, sich warm anzuziehen., Wenn nötig, kann ich dir morgen beim Umzug helfen **2.** (*nur adverbial*) (*umg.* ≈ *dringend*) *so, dass etwas bald geschehen oder getan werden muss* Ich muss nötig aufs Klo! ■ **falls nötig**: *für den Fall, dass es nötig ist* **etwas nicht nötig haben**: *etwas nicht tun müssen und auch stolz darauf sein* Um Verzeihung bitten? Das habe ich nicht nötig. **jemand hat es nötig**: *jmd. muss etwas tun oder kann etwas gebrauchen* Sie will endlich Sport machen. – Sie hat's auch nötig! **es nicht für nötig halten, etwas zu tun**: *etwas nicht tun und dadurch unhöflich auf andere wirken* Wie unhöflich! Er hält es noch nicht mal für nötig, mich zu grüßen! **Das ist doch nicht nötig!/Das wäre doch nicht nötig gewesen!**: *verwendet, um sich höflich zu bedanken*

nö·ti·gen *mit OBJ* **1.** RECHTSW. ■ *jmd. nötigt jmdn., etwas zu tun mit Gewalt oder Drohung jmdn. zwingen, etwas zu tun* Man nötigte ihn, die Schriftstücke zu vernichten. **2.** ■ *jmd. nötigt jmdn., etwas zu tun jmdn. so sehr bitten, etwas zu tun, dass er es nicht ablehnen kann* Er nötigte sie, noch ein Stündchen zu bleiben. **3.** ■ *etwas nötigt jmdn., etwas zu tun eine Situation ist so, dass jmd. gezwungen ist, etwas zu tun* Der starke Regen nötigte sie, Schutz unter einem Vordach zu suchen.

nö·ti·gen·falls *Adv. wenn es sein muss* Nötigenfalls weiß sie sich zu wehren.

Nö·ti·gung die <-> (*kein Plur.*) RECHTSW. *das Nötigen*[1]

No·tiz die <-, -en> **1.** *Zeitungsnachricht* **2.** *stichwortartige Aufzeichnung, kurzer Vermerk* Er machte sich während des ganzen Vortrags Notizen ■ (**keine**) **Notiz von etwas/jemandem nehmen**: *etwas oder jmdn. (nicht) beachten* ◆ Akten-

No·tiz·block der <-(e)s, Notizblöcke> *Schreibblock, auf dem man Notizen*[2] *machen kann*

No·tiz·buch das <-(e)s, Notizbücher> *eine Art Buch mit weißen Blätter, in das man sich Notizen*[2] *machen kann*

No·tiz·zet·tel der <-s, -> *ein Zettel, auf dem man sich Notizen*[2] *gemacht hat*

Not·la·ge die <-, -n> *eine schlimme Situation* sich in einer Notlage befinden, in eine wirtschaftliche/finanzielle Notlage geraten

not·lan·den <notlandest, notlandete, ist notgelandet> *ohne OBJ* ■ *jmd./etwas notlandet mit einem Flugzeug oder Hubschrauber irgendwo landen, weil an Bord eine schlimme Situation oder ein Problem aufgetreten ist* ◆ Zusammenschreibung→R 4.7 Wir mussten notlanden/sind notgelandet.

Not·lan·dung die <-, -en> *Landung mit einem Flugzeug außerhalb eines Flugplatzes wegen einer schlimmen Situation oder einem Problem an Bord*

Not·lö·sung die <-, -en> *Lösung, die man meist in einer schlechten Situation wählt, weil keine andere Lösung vorhanden ist* Solange er keine eigene Wohnung findet, wohnt er als Notlösung bei einem Freund.

Not·lü·ge die <-, -n> *eine Lüge, mit der man eine peinliche Situation abwenden möchte oder etwas Unangenehmes oder Nachteile vermeiden möchte* Er griff zu einer Notlüge, um eine Fristverlängerung zu erhalten., eine Notlüge erfinden/gebrauchen

no·to·risch *Adj.* **1.** (*geh. abwert.*) *für eine schlechte Eigenschaft bekannt* Du bist ein notorischer Lügner. **2.** (*veralt.*) *offenkundig, bekannt* Er war ein notorischer Kunstliebhaber.

Not·ruf der <-(e)s, -e> **1.** *ein Telefonanruf bei der Polizei, der Feuerwehr oder einem Arzt, um bei einem Notfall Hilfe zu bekommen* **2.** *die Telefonnummer, unter der man im Notfall die Polizei, die Feuerwehr oder den Arzt erreicht*

Not·ruf·num·mer die <-, -n> *eine Telefonnummer für einen Notruf*[1] In Deutschland ist die Notrufnummer für die Polizei 110.

Not·ruf·säu·le die <-, -n> *eine gelbe Säule mit einem Telefon an der Autobahn, von der aus man bei einem Unfall oder einer Panne die Polizei o.Ä. anrufen kann* Wir riefen von der Notrufsäule aus den Abschleppdienst.

Not·rut·sche die <-, -n> *eine Art Rutsche aus Plastik, die sich in einem Flugzeug an den Ausgängen in einem Behälter befindet und sich automatisch nach einer Notlandung entfaltet und selbst aufbläst* Die Passagiere konnten das Flugzeug nur über die Notrutsche verlassen.

not·schlach·ten <notschlachtest, notschlachtete, hat notgeschlachtet> *mit OBJ* ■ *jmd. notschlachtet ein Tier jmd. schlachtet ein Tier, weil es krank ist oder um zu verhindern, dass sich eine ansteckende Tierkrankheit ausbreitet*

Not·si·g·nal das <-(e)s, -e> *ein Signal, das in einem Notfall gegeben wird*

Not·si·tu·a·ti·on die <-, -en> (≈ *Notlage*) *eine schlimme oder schwierige Situation*

Not·sitz der <-(e)s, -e> *ein einfacher Sitz in einem*

Zug, einem Kino o.Ä., den man benutzt, wenn alle anderen Sitze schon besetzt sind Das Kino war bereits so voll, dass ich mit dem Notsitz vorlieb nehmen musste.

Not·stand der <-(e)s, Notstände> **1.** POL. *eine sehr schwierige Sitution* In der Schulpolitik besteht ein offensichtlicher Notstand. **2.** POL. RECHTSW. *eine Krise oder gefährliche Situation, in der besondere Gesetze an die Stelle von normalerweise geltendem Recht treten* Nach dem Erdbeben wurde der Notstand ausgerufen ■ **einen Notstand beheben**: *einen Fehler oder eine schwierige Situation beseitigen*

Not·stands·ge·biet das <-(e)s, -e> *ein Gebiet, in dem der Notstand[2] ausgerufen wurde*

Not·stands·ge·setz das <-(e)s, -e> *besonderes Gesetz, das nach Ausrufung des Notstandes[2] gilt*

Not·strom·ag·gre·gat das <-(e)s, -e> *Apparat, der bei einem Stromausfall Strom erzeugt*

Not·strom·ver·sor·gung die <-> (*kein Plur.*) *Vorrichtung, die bei einem Stromausfall für eine bestimmte Zeit Strom liefert* Die Server sind alle an eine Notstromversorgung angeschlossen.

Not·tur·no das <-s, -s/Notturni> MUS. *Nocturne*

Not·un·ter·kunft die <-, Notunterkünfte> *eine einfache Unterkunft, in der man lebt, weil die eigene Wohnung zerstört oder unbewohnbar ist oder weil man fliehen musste* Während des Hochwassers lebten wir in einer Notunterkunft.

Not·ver·band der <-(e)s, Notverbände> *Verband, der zuerst bei einem Unfall auf eine Verletzung gelegt wird und nur als Ersatz für einen richtigen Verband dient* Wir legen erst einmal einen Notverband an.

Not·was·se·rung die <-> (*kein Plur.*) LUFTF. *Notlandung eines Flugzeuges auf dem Wasser* ▶notwassern

Not·wehr die <-> (*kein Plur.*) RECHTSW. *Gewalt, die ausgeübt wird, um einen Angriff abzuwehren und die nicht bestraft wird* Er wurde zuerst angegriffen, handelte also in Notwehr.

not·wen·dig *Adj.* **1.** (≈ *nötig*) *so, dass es zweckmäßig und sinnvoll ist* Ich halte eine Überprüfung für notwendig. **2.** (≈ *unausweichlich, unvermeidbar*) *so, dass etwas nicht verhindert werden kann* eine notwendige Folge/Konsequenz

not·wen·di·ger·wei·se *Adv. so, dass etwas unvermeidlich ist*

Not·wen·dig·keit die <-, -en> *das, was nötig ist* Der Arztbesuch ist eine Notwendigkeit, man kann ihn nicht vermeiden oder verschieben

Not·zucht die <-> (*kein Plur.*) (RECHTSW.: *veralt.* ≈ *Vergewaltigung*)

Nou·gat der/das *s.* **Nugat**

No·va die <-> (*kein Plur.*) **1.** ASTRON. *Stern, der auf Grund einer Explosion plötzlich heller strahlt* **2.** *Plural von* **Novum**

No·vel·le[1] die <-, -n> LIT. *eine Erzählung, die länger als eine Kurzgeschichte und kürzer als ein Roman ist und nur eine Haupthandlung hat*

No·vel·le[2] die <-, -n> POL. RECHTSW. *Änderung eines Gesetzes* eine Novelle einbringen/verabschieden

no·vel·lie·ren *mit OBJ* ■ *das Parlament novelliert ein Gesetz* (*geh.*) *das Parlament ändert ein Gesetz* ▶Novellierung

No·vem·ber der <-(s), -> *der elfte Monat des Jahres*

No·vi·ze, **No·vi·zin** der <-n, -n> REL. *jmd., der bereits im Kloster lebt, aber noch kein Gelübde abgelegt hat und sich darauf vorbereitet, Mönch oder Nonne zu werden*

No·vum das <-s, Nova> *etwas Neues, etwas noch nie Dagewesenes*

NPD die <-> (*kein Plur.*) POL. *eine Partei des äußersten rechten Spektrums in Deutschland; Abkürzung für „Nationaldemokratische Partei Deutschlands“*

NT das <-> (*kein Plur.*) (↔ *AT*) *Abkürzung von „Neue Testament“*

Nu ■ **im Nu**: *geschwind, sehr schnell, in kürzester Zeit*

Nu·an·ce die ['nỹãːsə] <-, -n> **1.** *eine feine Abstufung in Farbe, Helligkeit, Klang o.Ä.* Diese Stoffe gibt es in zahlreichen Nuancen. **2.** *ein klein wenig* Das Blau ist mir eine Nuance zu dunkel., Die Musik war eine Nuance zu laut. **3.** *Einzelheit, Feinheit* Dieser Text besticht vor allem durch seine stilistischen Nuancen.

nu·an·ciert ['nỹãsi̯ɐt] *Adj.* (*geh.*) *mit vielen Abstufungen oder Feinheiten* Der Roman gab ein nuanciertes Bild des Lebens im Berlin der Kriegszeit.

Nu·buk das ['nuːbʊk, 'nʊbʊk] <-s> (*kein Plur.*) *Kalbs- oder Rindsleder, das besonders bearbeitet wird und eine samtartige Oberfläche erhält* ◆ -leder

nüch·tern *Adj.* **1.** (↔ *betrunken*) *so, dass man keinen Alkohol zu sich genommen hat* Nach zwei Bier ist er schon nicht mehr ganz nüchtern. **2.** (≈ *sachlich*) *so, dass sich jmd. nicht von Gefühlen leiten lässt* Während alle in Panik gerieten, behielt sie einen nüchternen Kopf. **3.** (≈ *schmucklos, zweckmäßig*) *so, dass etwas ohne Schmuck ist und nur der Funktion dient* Die Räume waren äußerst nüchtern gestaltet. **4.** *ohne etwas am Morgen gegessen und getrunken zu haben, vor allem weil eine medizinische Untersuchung dies erforderlich macht* Bitte kommen Sie nüchtern zur Blutentnahme. ■ **auf nüchternen Magen**: *ohne etwas gegessen oder getrunken zu haben* **die nüchternen Tatsachen**: *die reinen Tatsachen* ▶Nüchternheit

nu·ckeln <nuckelst, nuckelte, hat genuckelt> *ohne OBJ* ■ *jmd. nuckelt an etwas Dat.* (*umg.*) *an etwas saugen* Das Baby nuckelte an seinem Daumen/an seinem Fläschchen.

Nu·del die <-, -n> KOCH. *eine Speise aus vielen (mehr oder weniger langen) Streifen aus Teig, die man in Wasser kocht und mit einer Soße, in Suppen oder als Beilage isst* ■ **komische Nudel** (*umg.*): *merkwürdige (meist weibliche) Person*

Nu·del·brett das <-(e)s, -er> *Brett, auf dem man den Teig für Nudeln dünn und flach rollt*

Nu·del·holz das <-es, Nudelhölzer> *eine Walze*

aus Holz oder Plastik, die an den beiden Seiten Griffe hat und mit der man Teig flach und dünn ausrollen kann

Nu·del·sa·lat der <-(e)s, -e> KOCH. *Salat, der aus gekochten Nudeln, Gemüse und Mayonnaise gemacht ist*

Nu·del·sup·pe die <-, -n> KOCH. *Suppe mit Nudeln als Einlage*

Nu·dis·mus der <-> *kein Plur. eine Bewegung, die dafür eintritt, dass man nackt badet und sich nackt am Strand oder in der Natur aufhält*

Nu·dist, **Nu·dis·tin** der <-en, -en> *Anhänger des Nudismus* ▶nudistisch

Nu·gat, *a.* **Nou·gat** der/das <-s, -s> *eine Art Masse aus Schokolade mit Nüssen oder Mandeln, die sehr weich und süß ist*

Nug·get das ['nagɪt] <-s, -s> *kleiner Goldklumpen*

nu·k·le·ar <nicht steig.> *Adj.* (*nur attr.*) **1.** PHYS. TECHN. *den Atomkern betreffend* **2.** *so, dass dabei Atomenergie verwendet wird* nukleare Energie **3.** MILIT. *mit Atomwaffen* nukleare Streitkräfte **4.** *Atomwaffen betreffend* nukleare Abrüstung

Nu·k·le·ar·in·dus·t·rie die <-> (*kein Plur.*) *Industriezweig, der Atomkraftwerke herstellt und für deren Vertrieb sorgt*

Nu·k·le·ar·me·di·zin die <-> (*kein Plur.*) MED. *Teilgebiet der Medizin, das für Diagnostik und Behandlung von Krankheiten radioaktive Stoffe benutzt*

Nu·k·le·ar·test der <-s, -s> MILIT. *Test einer Atombombe*

Nu·k·le·ar·waf·fe die <-, -n> (*meist Plur.*) MILIT. *Atomwaffe*

Nu·k·le·in·säu·re die <-, -n> BIOL. CHEM. *hauptsächlich im Zellkern vorkommende Verbindung mit Erbinformationen*

Null die <-, -en> **1.** *die Ziffer 0* **2.** (*umg.*) *jmd., der nichts kann und ein Versager ist* Der Kerl ist doch eine Null! ■ **noch einmal bei Null anfangen**: *noch einmal vom Anfang beginnen*

null[1] *Num.* **1.** *0* Das sind gerade mal null Komma zwei (0,2) Prozent. **2.** SPORT *verwendet, um auszudrücken, dass bei einem Fußballspiel o.Ä. eine Mannschaft keine Tore gemacht hat* Unsere Mannschaft verlor eins zu null (1:0). **3.** *verwendet, um auszudrücken, dass jmd. in einem Test oder einer Arbeit keine Punkte oder keine Fehler gemacht hat* Er hatte null Punkte., Ihre Abschlussarbeit verfasste sie mit null Fehlern. **4.** (*geh.*) *zwölf Uhr Mitternacht* Es ist null Uhr zwanzig. **5.** ■ *ein Gerät steht auf null verwendet, um auszudrücken, dass ein Gerät nicht eingeschaltet ist* Kein Wunder, dass es so kalt ist, die Heizung steht ja auch auf null! **6.** *die Temperatur auf der Celsius-Skala, bei der Wasser gefriert* Heute ist es 4 Grad unter 0. ■ **etwas für null und nichtig erklären**: *etwas für ungültig erklären* **in null Komma nichts** (*umg.*): *sofort, mit verblüffender Geschwindigkeit* **etwas ist gleich null** (*umg.*): *etwas ist ohne Wert oder Bedeutung*

null[2] <nicht steig.> (*nur attr.; nicht deklinierbar*) *Adj.* (*umg.*) *kein(e)* Von Physik hatte er wirklich null Ahnung!, null Interesse an etwas zeigen, null Bock auf etwas haben

null·acht·fünf·zehn/**null·acht·fuff·zehn** *Adv.* (*umg.*) *sehr einfach und durchschnittlich* Der Film war aber nur so nullachtfuffzehn.

Null·di·ät die <-, -en> *eine Diät, bei der man nur Wasser trinkt und Vitamine zu sich nimmt*

Null·lei·ter der <-s, -> ELEKTROTECHN. *Draht in einer elektrischen Leitung, durch den kein Strom fließt und der geerdet wird*

Null·lö·sung die <-> (*kein Plur.*) POL. GESCH. *ein Vorschlag, keine weiteren Atomraketen in Ost und West aufzustellen*

Null·me·ri·dian der <-s> (*kein Plur.*) *Meridian der Stadt Greenwich in England, auf den sich seit 1911 die weiteren geografischen Längengrade beziehen*

Null·punkt der <-(e)s, -e> **1.** *der Punkt auf einer Skala, an dem auf der einen Seite der positive und auf der anderen Seite der negative Bereich beginnt* **2.** *Temperatur auf der Celsius-Skala, bei der Wasser gefriert* **3.** (*umg.*) *Punkt, an dem alles sehr schwierig und ohne Hoffnung ist* Die Stimmung war auf dem Nullpunkt angelangt. ■ **der absolute Nullpunkt** PHYS.: *die tiefste Temperatur, die es gibt* Der absolute Nullpunkt liegt im Augenblick bei minus 273 Grad Celsius.

Null·run·de die <-, -n> WIRTSCH. *Tarifverhandlung ohne Lohnerhöhung*

Null·ta·rif der <-(e)s> (*kein Plur.*) *ohne Geld für etwas zu bezahlen* zum Nulltarif, Telefonieren zum Nulltarif, Wir fuhren den ganzen Tag zum Nulltarif mit dem Bus.

Null·wachs·tum das <-s> (*kein Plur.*) WIRTSCH. *keine Erhöhung der Produktion, des Bruttosozialprodukts o.Ä. in der Wirtschaft eines Landes*

Nul·pe die <-, -n> (*umg. norddt.*) *jmd., der blöd und langweilig ist*

Nu·me·ra·le das <-s, Numeralien/Numeralia> SPRACHWISS. *Zahlwort*

Nu·me·ri *Plural von* **Numerus**

nu·me·risch <nicht steig.> *Adj.* **1.** *der Anzahl nach* Eine numerische Überlegenheit der Truppen des Gegners machte einen Angriff unmöglich. **2.** *nur aus Ziffern gebildet* eine numerische Geheimschrift

Nu·me·rus der <-, Numeri> SPRACHWISS. *die grammatische Kategorie, die bei Nomen und Verben zeigt, ob ein oder mehrere Dinge oder Personen gemeint sind* Die Numeri im Deutschen sind Singular und Plural.

Nu·me·rus clau·sus der <-> (*kein Plur.*) AMTSSPR. *eine Regelung, die bestimmt, dass nur eine begrenzte Zahl von Studenten sich zum Studium in einem Fach an einer Universität oder Fachhochschule einschreiben kann* (*Abkürzung NC*) Der Numerus clausus für Medizin ist gesenkt worden.

Nu·mis·ma·tik die <-> (*kein Plur.*) *wissenschaftliches Gebiet, das sich mit der Geschichte, Entstehung, Herstellung, Gestaltung usw. von Münzen beschäftigt*

Num·mer die <-, -n> **1.** *Zahl, die die Position von*

jmdm. oder etwas in einer Reihe oder Liste angibt Sie wohnt in der Humboldtstraße Nummer 4., Das Los mit der Nummer 5 gewinnt. ◆ Bestell-, Haus-, Konto-, Los-, Steuer-, Zimmer- **2.** *jmd. oder etwas mit der bezeichneten Nummer* Nummer 1 ist der Torwart der Mannschaft., Gehen Sie bitte ins Zimmer Nummer 234. **3.** *die Reihe von Ziffern, die man beim Telefonieren wählt* Das Handy hat aber eine lange Nummer, die kann ich mir nicht merken., Welche Nummer hast du? – 66578. ◆ Fax-, Geheim-, Handy-, Telefon- **4.** *die Ziffern und Buchstaben, die auf dem kleinen Schild an einem Auto oder Motorrad stehen* der Wagen mit der Nummer XY-ZT 607 **5.** *die Zahl, die die Größe von Schuhen oder Kleidungsstücken angibt* Haben Sie die Schuhe eine Nummer kleiner? **6.** (≈ *Ausgabe*) *ein Heft von einer Zeitschrift oder die Ausgabe einer Zeitung* In der letzten Nummer stand nichts Besonderes. ◆ Sonder- **7.** *ein Stück im Programm von einem Zirkus, von einer Show, einem Varieté o.Ä.* Du, ich glaube als nächste Nummer kommen jetzt die Löwen. **8.** *ein witziger Typ* Der ist vielleicht eine Nummer! **9.** (*umg. vulg.*) *ein sexueller Akt* eine Nummer schieben ■ **auf Nummer sicher/Sicher gehen** (*umg.*): *sich absichern* **jemand ist die Nummer eins**: *jmd. ist der Beste auf einem Gebiet, in einer Sportart o.Ä.* **Dort ist man nur eine Nummer.**: *dort wird man nicht besonders beachtet* Auf dem Sozialamt bist du nur eine Nummer. **etwas ist eine Nummer/ein paar Nummern zu groß für jemanden** (*umg.*): *etwas ist zu schwierig für jmdn.* Ich glaube, Algebra ist ein paar Nummern zu groß für mich. **eine Nummer abziehen**: *sich bewusst so verhalten, dass man auffällt* Er zieht mit seinem neuen Auto eine ganz schöne Nummer ab, um ihr zu imponieren.

num·me·rie·ren *mit OBJ* ■ *jmd. nummeriert etwas jmd. gibt einer Sache eine bestimmte Nummer und erstellt so eine bestimmte Reihenfolge* Die Plätze im Theater sind alle nummeriert.

Num·mern·kon·to das <-s, Nummernkonten> BANKW. *Konto, das nicht unter dem Namen des Inhabers geführt wird, sondern anonym unter einer Nummer* ein Nummernkonto in der Schweiz haben

Num·mern·schild das <-(e)s, -er> KFZ *ein Schild aus Metall an einem Auto oder Motorrad o.Ä., auf dem Zahlen und meist Buchstaben als offizielles Kennzeichen dieses Fahrzeugs stehen*

nun¹ *Adv.* **1.** (≈ *jetzt*) *verwendet, um auszudrücken, dass das Gesagte sich im Augenblick des Sprechens abspielt* Nun bist du dran!, Kommen wir nun zum nächsten Punkt der Tagesordnung. **2.** (≈ *heutzutage*) *verwendet, um auszudrücken, dass das Gesagte sich in der Gegenwart des Sprechers abspielt und in einem Gegensatz zu den Verhältnissen der Vergangenheit steht* Früher wohnte ich in München, nun lebe ich in Berlin. **3.** (≈ *mittlerweile*) *verwendet, um auszudrücken, dass die jetzige Situation das Ergebnis einer zeitlichen Entwicklung ist* Nun geht es mir schon wieder besser., Am Anfang des Studiums verstand ich in der Mathematikvorlesung gar nichts, nun kann ich sogar anderen Studenten helfen. ■ **Was nun?**: *verwendet, um auszudrücken, dass man nicht weiß, was man jetzt tun soll oder was als nächstes kommt*

nun² *Partikel* **1.** *verwendet, um in Fragen seine Ungeduld darüber auszudrücken, dass man die genannte Information noch nicht erhalten hat* Hast du nun endlich den Wagen aus der Werkstatt geholt?, Bist du nun morgen zu Hause oder nicht?, Glaubst du mir nun endlich? **2.** *verwendet, um eine Satz einzuleiten oder ein neues Thema anzusprechen* Nun, das weiß ich nicht., Nun gut, nachdem wir das jetzt geklärt haben, möchte ich eine Sache noch anmerken. **3.** (*umg.*) *verwendet, um auszudrücken, dass man an etwas eben nichts ändern kann* Du musst nun mal zum Arzt, da führt kein Weg dran vorbei!, Das ist nun mal nicht zu ändern!

nun·mehr *Adv.* (*geh.*) **1.** *von diesem Zeitpunkt an, von jetzt an* Lassen Sie uns nunmehr fortfahren. **2.** *von einem Zeitpunkt in der Vergangenheit bis jetzt* Nunmehr sind es zwanzig Jahre, dass sie hier wohnt.

Nun·ti·us der <-, Nuntien> REL. *ständiger Vertreter des Papstes und Botschafter des Vatikans bei einer Regierung*

nur¹ *Adv. verwendet, um eine Einschränkung von etwas, das man vorher gesagt hat, auszudrücken* Der Urlaub war eigentlich toll, nur hätte das Wetter etwas schöner sein können., Der Film war gut, nur ein bisschen lang., Mit einer Diät kann man sicherlich abnehmen, nur gehört dazu viel Disziplin.

nur² ■ **nicht nur ..., sondern auch**: *verwendet, um auszudrücken, dass etwas zu etwas anderem hinzukommt* Das Essen war nicht nur gut, sondern auch sehr billig., Wir haben gestern Abend nicht nur den Film gesehen, sondern sind auch noch in die Kneipe gegangen. **nur dass**: *verwendet, um etwas einzuschränken, das man vorher gesagt hat* Der Lehrer ist eigentlich ganz gut, nur dass er ein bisschen streng ist.

nur³ *Partikel* **1.** *verwendet, um auszudrücken, dass etwas nur auf jmd. oder etwas Genanntes zutrifft und dies sehr wenig ist* (*und auch nicht mehr hinzukommt*) Ich habe nur zwei Seiten geschrieben., Es waren nur ein paar Freunde gekommen., Nur sie war im Zimmer und sonst niemand., Wie billig, das kostet nur einen Euro!, Sie hat ihn nur kurze Zeit gesehen, dann ist er wieder abgereist., Das war nur ein Versehen. **2.** *verwendet, um eine Aussage zu betonen* Ich besuche ihn, sooft ich nur kann., Hole dir nur, was du brauchst. ■ **nur so** (*umg.*): *sehr stark* nur so vor Angst zittern, Und plötzlich hörte man ein Gewitter, dass es nur so krachte! **nur so (umg.)** (*Betonung auf „so“*): *ohne bestimmten Grund* Warum fragst du mich? – Einfach nur so. **nur noch** (*Betonung auf „noch“*): *verwendet, um auszudrücken, dass etwas auf jdmn. oder etwas eine negative Wirkung hat* Als er immer weiter fragte, wurde sie nur noch gereizter., So viel Kaffee ist nicht gut, du wirst nur noch nervöser.

nur[4] *Partikel* **1.** *verwendet, um in einer Frage auszudrücken, dass man nicht mehr weiß, was jetzt getan werden muss* Was sie nur wollen?, Wo habe ich nur meine Brille hingelegt?, Was ist da nur passiert? **2.** *verwendet, um Bewunderung, Anerkennung, Kritik o.Ä. auszudrücken* Was sie nur alles kann!, Was ist das nur für eine schöne Stadt!, Was hast du da nur wieder gemacht! Kanst du nicht aufpassen?, Warum hast du mir nur nicht schon früher Bescheid gesagt? **3.** *verwendet, um jmdm. Mut zu machen, ihn zu beruhigen o.Ä.* Nur Mut, das wird schon klappen., Nur keine Panik, das wird schon schiefgehen! **4.** *verwendet, um einen dringenden Wunsch zu verstärken* Wenn es dir nur gefällt!, Wenn er nur pünktlich wäre!, Hätte ich das doch nur nicht gesagt! **5.** *verwendet, um eine Aufforderung als Drohung auszusprechen* Komm du mir nur nach Hause!, Sei nur nicht so sicher!, Glaub nur nicht, dass du damit durchkommst!

nu·scheln <nuschelst, nuschelte, hat genuschelt> *mit OBJ/ohne OBJ* ■ *jmd. nuschelt (etwas) (umg.) jmd. redet undeutlich, weil er seinen Mund und die Lippen beim Sprechen fast nicht bewegt* Sie nuschelte lediglich ihren Namen., Er hat so genuschelt, dass ich ihn kaum verstehen konnte. ■ **jemand nuschelt etwas in seinen Bart**: *jmd. nuschelt (auch wenn er keinen Bart hat)* Ich weiß auch nicht, was sie wollte, sie hat nur irgendetwas in ihren Bart genuschelt.

Nuss die <-, Nüsse> **1.** *eine Frucht, deren Kern essbar ist und die eine harte Schale besitzt* Nüsse knacken ◆ Hasel-, Kokos-, Muskat-, Wal- **2.** *der Kern dieser Frucht, den man oft essen kann* ■ **dumme/blöde/taube Nuss** *(abwert.)*: *ein dummer und blöder Mensch* Du blöde Nuss! **eine harte Nuss** *(umg.)*: *eine schwierige Aufgabe oder ein schwieriges Problem* Mit diesem mathematischen Beweis haben Sie eine harte Nuss zu knacken., Das ist aber eine harte Nuss für mich! ◆ -eis, -schokolade, -torte

Nuss die <-, Nüsse> *(österr.) Mokkatasse*

Nuss·baum der <-(e)s, Nussbäume> **1.** BOT. *ein Baum, der Nüsse trägt* **2.** *Holz des Nussbaums*[1]

nuss·braun *Adj. dunkelbraun*

Nuss·kna·cker der <-s, -> **1.** *eine Art Zange, mit der man die harte Schale von Nüssen aufbrechen kann* **2.** *eine bunt bemalte Figur aus Holz, die mit Hilfe einer Mechanik in ihrem Mund die Schale von Nüssen knackt*

Nuss·öl das <-s, -e> *Öl, das aus den Kernen von Nüssen*[2] *gewonnen wird*

Nuss·scha·le die <-, -n> **1.** *die harte Schale einer Nuss*[1] **2.** *(abwert.) kleines Boot*

Nüs·tern *Plur. die Nasenlöcher eines Pferds* die Nüstern blähen

Nut/Nu·te die <-, -en> (TECHN.: ↔ *Zapfen*) *Vertiefung in einem Material, die die Form einer schmalen Rinne hat*

Nut·ria der/die <-, -s> **1.** (ZOOL.: *Artikel „die"*) *südamerikanisches Nagetier mit wertvollem Pelz* **2.** *(Artikel „der") Pelz der Nutria*[1], *der zu Kleidungsstücken verarbeitet wird*

Nut·te die <-, -n> *(abwert.≈ Dirne) Prostituierte*

Nutz·an·wen·dung die <-, -en> *praktische Anwendung* geringe Nutzanwendung

nutz·bar *Adj. so, dass man es für etwas benutzen kann* nutzbare Rohstoffe ■ **etwas (für jemanden) nutzbar machen**: *etwas so machen, dass es genutzt werden kann* die Sonnenenergie für die Stromgewinnung nutzbar machen

Nutz·bar·ma·chung die <-> *(kein Plur.) der Vorgang, dass etwas so gemacht wird, dass es genutzt werden kann*

nutz·brin·gend *Adj. so, dass jmd. einen bestimmten Gewinn oder Vorteil von etwas bekommt* Sie haben ihr Geld nutzbringend angelegt.

nüt·ze ■ **jemand/etwas ist zu nichts nütze**: *jmd. ist keine Hilfe bzw. mit etwas kann man nichts Sinnvolles anfangen* Du bist doch zu nichts nütze, alles machst du kaputt!, Dieses Werkzeug hier ist doch zu nichts nütze.

Nutz·ef·fekt der <-(e)s, -e> PHYS. TECHN. *Wirkungsgrad*

Nut·zen der <-s> *(kein Plur.) der Vorteil oder Gewinn, den jmd. von etwas bekommt* Ich kann nicht erkennen, welchen Nutzen das haben soll., aus etwas Nutzen ziehen, von etwas großen Nutzen haben, wirtschaftlicher Nutzen, praktischer Nutzen ■ **etwas ist (jemandem/etwas) von Nutzen**: *etwas ist für jmdn oder etwas von Vorteil* Ihre Aufzeichnungen waren ihm sehr von Nutzen.

nut·zen <nutzt, nutzte, hat genutzt> **I.** *mit OBJ* ■ *jmd./etwas nutzt etwas (zu etwas Dat.) einen sinnvollen Gebrauch von etwas machen* Wir nutzen moderne Medien wie das Internet., Sie nutzt jede freie Stunde zur Weiterbildung., Eine moderne Volkswirtschaft muss Rohstoffe sinnvoll und sparsam nutzen., Nutze die Zeit! **II.** *ohne OBJ* **1.** ■ *etwas nutzt (jmdm./etwas) viel/etwas etwas bringt jmdm. oder etwas einen Vorteil oder hilft ihm weiter* Eine wirkliche Reform würde der Arbeitsmarktpolitik wirklich viel nutzen. **2.** ■ *etwas nutzt (jmdm./etwas) nichts/wenig etwas bringt jmdm. oder etwas keinen Vorteil* Deine Reue nutzt dir jetzt auch nichts mehr.

nüt·zen *(süddt. österr.) s.* **nutzen**

Nut·zer, Nut·ze·rin der <-s, -> **1.** AMTSSPR. *juristische Person, die etwas benutzen darf* **2.** *jmd., der etwas benutzt* Hier sind vor allem die Nutzer des Internets angesprochen.

Nutz·fahr·zeug das <-(e)s, -e> KFZ *Fahrzeug, mit dem man Lasten transportieren oder mit dem man bestimmte Arbeiten machen kann*

Nutz·flä·che die <-, -n> **1.** *Boden, auf dem man landwirtschaftliche Erzeugnisse anbauen kann* **2.** *Teil eines Gebäudes oder einer Etage, den man zu etwas nutzen kann*

Nutz·holz das <-es, Nutzhölzer> *Holz, mit dem man etwas bauen kann*

Nutz·last die <-, -en> *Last, die ein Fahrzeug transportieren kann*

Nutz·leis·tung die <-, -en> *die effektive Kraft, die eine Maschine, ein Motor, ein Gerät o.Ä. produziert*

nütz·lich *Adj.* (≈ *brauchbar, hilfreich*) *so, dass jmd. oder etwas davon einen Nutzen hat* Bei diesem Wetter ist ein Regenschirm sehr nützlich., ein nützlicher Hinweis, eine nützliche Tätigkeit, nützliche Pflanzen ■ **sich** (**bei jemandem/etwas**) **nützlich machen/jemandem** (**bei etwas**) **nützlich sein**: *helfen* Du könntest dich bei den Festvorbereitungen ruhig auch etwas nützlich machen., Er war ihr bei der Renovierung der Wohnung sehr nützlich.

Nütz·lich·keit die <-> (*kein Plur.*) *die Eigenschaft, nützlich zu sein* Über die Nützlichkeit eines solchen Geräts lässt sich streiten.

Nütz·lich·keits·den·ken das <-s> (*kein Plur.*) *die Einstellung, nur solche Dinge als wichtig zu sehen, die einen praktischen Vorteil oder Gewinn bringen*

nutz·los *Adj. so, dass es keinen Nutzen hat* Es ist völlig nutzlos, es noch einmal zu erklären, er versteht es ja doch nicht! ▶Nutzlosigkeit

nutz·nie·ßen <nutznießt, nutznießte, hat genutznießt> *ohne OBJ* ■ *jmd. nutznießt von etwas Dat.* (*geh.*) *von etwas Nutzen haben* Er nutznießt von dem Vermögen seines Vaters.

Nutz·nie·ßer, **Nutz·nie·ßerin** der <-s, -> *jmd., der von etwas profitiert, ohne viel dafür getan zu haben*

Nutz·pflan·ze die <-, -n> (↔ *Zierpflanze*) *Pflanze, die angebaut wird, um später ihre Früchte zu ernten oder sie zu essen*

Nutz·tier das <-(e)s, -e> *Tier, das man hält, damit es für einen arbeitet oder damit es Fleisch, Milch, Eier o.Ä. liefert*

Nut·zung die <-> (*kein Plur.*) *die Verwendung von etwas zu einem bestimmten Zweck* Die Nutzung der Sonnenenergie soll noch stärker gefördert werden.

Nut·zungs·recht das <-(e)s, -e> RECHTSW. *das Recht, etwas zu benutzen*

NVA GESCH. *Abkürzung von „Nationale Volksarmee“, die Armee der ehemaligen DDR*

Ny·lon® das ['najlɔn] <-s, -s> (*kein Plur.*) CHEM. *Chemiefaser zur Herstellung von Kleidungsstücken oder Textilien* ◆-strümpfe

Nym·phe die <-, -n> *eine junge Göttin, die mit anderen jungen Göttinnen in der griechischen und in der römischen Mythologie im Meer, in Teichen, Bergen, Wäldern und Bäumen leben*

nym·pho·man <nicht steig.> *Adj.* MED. PSYCH. GEH. (*als Frau*) *mit einem krankhaft gesteigerten sexuellen Trieb*

Nym·pho·ma·nie die <-> (*kein Plur.*) MED. PSYCH. GEH. *krankhaft gesteigerter sexueller Trieb bei Frauen*

Nym·pho·ma·nin die <-, -nen> MED. PSYCH. GEH *Frau mit einem krankhaft gesteigerten sexuellen Trieb*

O o

O, **o** das <-, -> *der 15. Buchstabe des Alphabets* ein großes O, ein kleines o

o *Interj.* **1.** *verwendet, um einen Ausruf der Überraschung oder Bestürzung einzuleiten* O Gott, o Gott!!, O weh!, O nein! **2.** *verwendet, um einen Ausdruck der Zustimmung oder Ablehnung einzuleiten* O ja!, O doch!, O nein! *siehe auch* **oh**

O·a·se die <-, -n> **1.** GEOGR. *ein Ort in der Wüste, an dem es Wasser und Pflanzen und teilweise sogar Bäume gibt* **2.** (*übertr.*) *ein Ort der Erholung und Entspannung* Der Park ist eine Oase der Ruhe in der Großstadt.

ob **I.** *Konj.* **1.** *verwendet, um einen indirekten Fragesatz einzuleiten* Er fragt sich, ob sie wohl noch kommt?, Ob das Wetter wohl besser wird? **2.** ■ *ob ...oder verwendet, um zwei Nebensätze einzuleiten, deren Inhalt als unwichtig für das im Hauptsatz Gesagte dargestellt wird* Er läuft jeden Morgen, ob es regnet oder schneit., Ob alt oder jung, alle sollten sich gegen Grippe impfen lassen. **II.** *Präp. + Gen.* (*geh. oder veralt.* ≈ *wegen*) Sie war enttäuscht ob seines Ausbleibens. *siehe auch* **als, und**

O·b·acht ■ **auf etwas Obacht geben** (*süddt.*): *auf etwas achten* Gib Obacht auf die Stufen!

ÖBB <-> *Plur.* (*österr.*) *Abkürzung von „Österreichische Bundesbahnen“*

Ob·dach das <-s> (*kein Plur.*) (AMTSSPR.: *veralt.*) *Unterkunft* jemandem Obdach gewähren

ob·dach·los <nicht steig.> *Adj. so, dass ein Mensch vorübergehend keine Wohnung mehr hat, weil er in Not geraten ist*

Ob·dach·lo·se der/die <-n, -n> *ein Mensch ohne Wohnung*

Ob·dach·lo·sen·a·syl das <-s, -e> *eine Unterkunft, die eine Stadt den Obdachlosen bereitstellt*

Ob·dach·lo·sig·keit die <-> (*kein Plur.*) *der Zustand, dass jmd. obdachlos ist* Besonders Menschen ohne Einkommen sind von Obdachlosigkeit bedroht.

Ob·duk·ti·on die <-, -en> MED. *der Vorgang, dass ein Arzt eine Leiche öffnet, um zu sehen, warum die Person gestorben ist*

ob·du·zie·ren *mit OBJ* ■ *jmd. obduziert eine Leiche eine Obduktion an einer Leiche durchführen* Der Gerichtsmediziner obduziert die Leiche.

O-Bei·ne <-> *Plur.* (↔ *X-Beine*) *Beine eines Menschen, die leicht nach außen gebogen sind und deren Form daher an den Buchstaben O erinnert*

o-bei·nig, *a.* **O-bei·nig** *Adj.* (↔ *x-beinig*) *mit O-Beinen*

O·be·lisk der <-en, -en> *eine Säule mit vier Seitenflächen, die oben spitz zuläuft*

o·ben *Adv.* **1.** (↔ *unten*) *so, dass etwas in der Höhe, über jmdm. oder etwas ist* Das Restaurant liegt oben auf dem Berg., Oben am Himmel sieht man nur wenige Wolken., In diesem Haus sind oben die Wohnungen und unten die Büros. **2.** *auf der Oberseite* Der Tisch hat oben eine Kratzer. **3.** *an einer früheren Textstelle* Wie oben erwähnt,..., Siehe oben! **4.** (*umg.*) *hierarchisch höher* Die Anweisung kommt von ganz oben! ■ **etwas steht jemandem bis oben** (*umg.*): *jmd. hat etwas satt* Mir stehen die Prüfungen bis oben! **von oben bis unten**: *vollständig* **von oben herab** (*umg.*): *arrogant, herablassend* **oben ohne** (*umg.*): *so, dass der Oberkörper einer Frau unbekleidet ist* ♦ Getrennt- oder Zusammenschreibung oben stehend, das oben Stehende/Obenstehende, oben Stehendes/Obenstehendes, im oben Stehenden/Obenstehenden *s.* **R 4.1**, **R 4.12**, **R 3.4**

o·ben·an *Adv. ganz oben* Diese Wünsche stehen obenan auf der Liste.

o·ben·auf *Adv.* **1.** *über allem anderen, ganz oben darauf* Ein guter Hamburger hat obenauf noch eine Scheibe Zwiebel. **2.** (*umg.*) *wieder gesund* Nach der Krankheit ist er jetzt wieder obenauf. **3.** (*umg.*) *übertrieben selbstbewusst*

o·ben·drein *Adv.* (≈ *außerdem, noch dazu*) *so, dass etwas auch noch hinzukommt, während etwas anderes bereits der Fall ist* Der Schüler war unvorbereitet und kam obendrein zu spät zum Unterricht.

O·ber der <-s, -> (≈ *Kellner*) *ein Mann, der beruflich in einem Lokal die Gäste bedient* Herr Ober, bitte zahlen!

o·be·r- (*nur attr.*) *Adj.* **1.** *so, dass sich etwas höher als etwas oder über etwas anderem befindet* das obere Stockwerk, die oberen Räume **2.** (*nur im Superl.*) *so, dass sich etwas an der höchsten Stelle befindet* Wohnungen im obersten Stockwerk kosten am meisten. **3.** (*nur im Superl.*) *so, dass sich jmd. auf dem ersten Platz in einer Hierarchie befindet* Der oberste Arzt in einem Krankenhaus ist der Chefarzt. **4.** (*nur im Superl.*) *so, dass etwas sehr wichtig und unbedingt zu beachten ist* Das oberste Gebot für die Schüler hieß früher Ordnung. ■ **die oberen Zehntausend** (*umg.*): *die sehr reichen Menschen in einer Gesellschaft*

O·ber·arm der <-(e)s, -e> *der Teil des Armes, der von der Schulter bis zum Ellenbogen reicht*

O·ber·arzt, **O·ber·ärz·tin** der <-es, Oberärzte> *ein leitender Arzt in einem Krankenhaus, der in der Hierarchie direkt unter dem Chefarzt steht*

O·ber·be·fehl der <-s> (*kein Plur.*) MILIT. *die höchste militärische Befehlsgewalt*

O·ber·be·fehls·ha·ber, **O·ber·be·fehls·ha·be·rin** der <-s, -> MILIT. *in der Armee eines Landes die Person, die den höchsten militärischen Rang hat*

O·ber·be·griff der <-(e)s, -e> *übergeordneter, umfassender Begriff* Obst ist der Oberbegriff für Äpfel, Birnen, Bananen ....

O·ber·be·klei·dung die <-> (*kein Plur.*) (↔ *Unterwäsche*) *die Kleidung, die über der Unterwäsche getragen wird*

O·ber·bett das <-(e)s, -en> *Bettdecke*

O·ber·bür·ger·meis·ter, **O·ber·bür·ger·meis·te·rin** der <-s, -> POL. *der oberste[3] Bürgermeister in einer Stadt*

o·ber·deutsch <nicht steig.> *Adj.* SPRACHWISS. *die süddeutschen, österreichischen und schweizerischen Dialekte betreffend*

O·be·re der/die/das <-n, -n> (*meist. Plur.*) *höher Stehende oder Vorgesetzte* Die Oberen haben leicht reden.

o·ber·faul <nicht steig.> *Adj.* (*umg.*) *sehr schlecht, sehr bedenklich* Die Sache ist oberfaul!

O·ber·flä·che die <-, -n> **1.** *die Seite von etwas, die nach außen weist und die der Betrachter sieht* die rauhe Oberfläche der Wand, die glatte Oberfläche des Tisches ♦ -nstruktur **2.** *die Fläche, die eine Flüssigkeit nach oben hin bildet* Auf der Oberfläche des Sees schwimmen viele Blätter. **3.** *Gesamtheit der Flächen, die einen Körper von außen begrenzen* Die Oberfläche der Erde ist zu drei Vierteln von Wasser bedeckt., die Oberfläche eines Würfels berechnen

O·ber·flä·chen·span·nung die <-, -en> PHYS. *die Kraft, die bewirkt, dass die Oberfläche[2] einer Flüssigkeit stabil bleibt*

o·ber·fläch·lich *Adj.* **1.** *so, dass etwas nur die Oberfläche[1] betrifft und nicht tief eindringt* eine oberflächliche Verletzung **2.** (≈ *flüchtig*) *so, dass man etwas ziemlich schnell und daher nicht gründlich betrachtet oder prüft* Sie hatten das Buch nur oberflächlich gelesen., die Akten nur oberflächlich durchsehen **3.** (*abwert.*) *ohne tiefes Interesse für andere Menschen oder Dinge* eine oberflächliche Person

O·ber·fläch·lich·keit die <-, -en> **1.** (*kein Plur.*) *der Zustand, dass etwas oberflächlich [2 3] ist* Die Rede des Politikers wurde wegen ihrer Oberflächlichkeit kritisiert. **2.** (*nur Plur.*) *Bemerkung, die oberflächlich[3] ist* Auf dieser Party wurden nur Oberflächlichkeiten ausgetauscht.

o·ber·gä·rig *Adj.* (↔ *untergärig*) *so, dass während des Bierbrauens Hefe bei geringer Temperatur nach oben steigt* Altbier ist ein obergäriges Bier.

O·ber·ge·schoss das <-es, -e> (↔ *Untergeschoss, Erdgeschoss*) *ein Stockwerk, das höher als das Erdgeschoss liegt* Wir wohnen im dritten Obergeschoss.

o·ber·halb *Präp.* **1.** + *Gen.* (↔ *unterhalb*) *so, dass etwas sich weiter oben befindet* Die Burg liegt oberhalb des Dorfes. **2.** ■ **oberhalb von** (*umg.*): oberhalb von der Stadt

O·ber·hand die <-> (*kein Plur.*) ■ **die Oberhand über jemanden gewinnen**: *den Zustand erreichen, dass man jmdm. überlegen ist* Nach langen Diskussionen gewannen sie schließlich die Oberhand über ihre Gegner.

O·ber·haupt das <-(e)s, Oberhäupter> (*geh.*) *jmd., der in der Hierarchie einer bestimmten Gruppe an erster Stelle steht* Der Papst ist das Oberhaupt der katholischen Kirche. ♦ Staats-

O·ber·haus das <-es, Oberhäuser> POL. **1.** *die erste von zwei Kammern eines Parlaments, vor allem in den Staaten, die zum ehemaligen Britischen Königreich gehörten* **2.** (*kein Plur.*) *Bezeichnung*

für die erste Kammer des britischen Parlaments

O·ber·haut die <-> (*kein Plur.*) (MED.: ≈ *Epidermis*) *oberste Schicht der Haut*

O·ber·hemd das <-(e)s, -en> *Hemd, das von Männern getragen wird*

O·ber·hir·te der <-n, -n> REL. *geistlicher Führer einer kirchlichen Glaubensgemeinschaft* Der Papst ist der Oberhirte der katholischen Kirche.

O·be·rin die <-, -nen> **1.** REL. *Vorsteherin eines Klosters* **2.** MED. *Oberschwester in einem Krankenhaus*

o·ber·ir·disch <nicht steig.> *Adj.* (↔ *unterirdisch*) *so, dass es über dem Erdboden liegt* Der letzte Abschnitt der neuen U-Bahnstrecke verlief oberirdisch.

O·ber·kell·ner, **O·ber·kell·ne·rin** der <-s, -> *in einem Restaurant der Kellner, der in der Hierarchie an erster Stelle steht*

O·ber·kie·fer der <-s, -> (↔ *Unterkiefer*) *der obere Teil des Kiefers*

O·ber·kom·man·do das <-s, -s> *oberste militärische Befehlsgewalt*

O·ber·kör·per der <-s, -> (↔ *Unterkörper*) *der Teil des Körpers, der von der Hüfte bis zum Hals reicht*

O·ber·lan·des·ge·richt, **O·ber·lan·des·ge·richt** das <-(e)s, -e> *das oberste Gericht in einem deutschen Bundesland*

O·ber·lauf der <-(e)s, Oberläufe> *der Teil eines Flusses, der sich nahe der Quelle befindet* Am Oberlauf des Flusses war das Wasser noch klar und rein.

O·ber·le·der das <-s> (*kein Plur.*) *das Leder des Oberteils eines Schuhs*

O·ber·lei·tung die <-, -en> TECHN. *eine Stromleitung, die über einer Fahrbahn aufgehängt ist und aus der Züge und Straßenbahnen den Strom entnehmen, um zu fahren*

O·ber·leut·nant der <-s, -s> MILIT. *Offiziersrang zwischen Leutnant und Hauptmann*

O·ber·licht das <-(e)s, -er/-e> **1.** *ein Fenster in der Decke eines Raumes* **2.** *in einem großen Fenster das oberste Teil, das sich getrennt öffnen lässt*

O·ber·lip·pe die <-, -n> (↔ *Unterlippe*) *die obere Lippe*

O·ber·pries·ter, **O·ber·pries·ter·in** der <-s, -> REL. *in einer Religionsgemeinschaft der Priester, der in der Hierarchie an erster Stelle steht*

O·ber·pri·ma die <-, Oberprimen> SCHULE *veraltete Bezeichnung für die dreizehnte Klasse in einem Gymnasium*

O·bers das <-> (*kein Plur*) (*österr.*) *Sahne* Ein Kaffee Obers ist ein Kaffee mit Sahne. ◆Schlag-

O·ber·schen·kel der <-s, -> *der Teil des Beins, der vom Knie bis zur Hüfte reicht* ◆-halsbruch

O·ber·schicht die <-, -en> (↔ *Unterschicht*) *der Teil der Bevölkerung, der über die meisten wirtschaftlichen und finanziellen Mittel verfügt*

o·ber·schlau <nicht steig.> *Adj.* (*umg. abwert.*) *so, dass jmd. sich für sehr klug hält und alles zu wissen glaubt*

O·ber·schu·le die <-, -n> (*veralt.* ≈ *Gymnasium*)

O·ber·schwes·ter die <-, -n> MED. *in einem Krankenhaus die Krankenschwester, die eine Abteilung leitet*

O·ber·sei·te die <-, -n> (↔ *Unterseite*) *die Seite von etwas, die man sehen kann, weil sie oben liegt*

O·ber·se·kun·da die <-, Obersekunden> SCHULE *veraltete Bezeichnung für die siebte Klasse in einem Gymnasium*

O·berst der <-en/-s, -en/-e> MILIT. *Offiziersrang zwischen Oberstleutnant und Brigadegeneral*

O·ber·staats·an·walt, **O·ber·staats·an·wäl·tin** der <-s, Oberstaatsanwälte> RECHTSW. *der erste Staatsanwalt an einem Landesgericht oder Oberlandesgericht*

O·ber·stu·fe die <-, -n> SCHULE *in einem Gymnasium die letzten drei Klassen vor dem Abitur*

O·ber·ter·ti·a die <-, Obertertien> SCHULE *veraltete Bezeichnung für die fünfte Klasse in einem Gymnasium*

O·ber·trot·tel der <-s, -> (*abwert.*) *ein Mensch, der alles falsch macht*

O·ber·was·ser das <-s> (*kein Plur.*) ■ **Oberwasser haben/bekommen**: *sich überlegen fühlen* Nachdem sein Chef ihn einmal gelobt hatte, bekam er wieder Oberwasser.

O·ber·wei·te die <-, -n> **1.** *das Maß, das sich ergibt, wenn bei Frauen der Umfang von Rücken und Brust gemessen wird* **2.** (*umg.*) *Brüste* Sie hat eine große Oberweite.

ob·gleich *Konj.* (*geh.* ≈ *obwohl*) *leitet einen Nebensatz ein; was im Nebensatz gesagt wird, steht im Gegensatz oder als eine gewisse Einschränkung zu dem, was im Hauptsatz gesagt wird* Obgleich der Notendurchschnitt schlecht war, haben einzelne Schüler bei der Prüfung sehr gut abgeschnitten.

Ob·hut die <-> (*kein Plur.*) (*geh.*) *Schutz, Pflege und Aufsicht, die man jmdm. gewährt* Die Waisenkinder standen unter der Obhut ihres Vormunds.

o·bi·g <nicht steig.> (*nur attr.*) *Adj. so, dass etwas in einem Text weiter oben steht* Senden Sie die Rechnung an obige Adresse.

Ob·jekt das <-(e)s, -e> **1.** *eine Sache oder ein Gegenstand, auf die bzw. den man sein Interesse richtet* das Objekt der Forschung, das Objekt der Begierde **2.** (WIRTSCH.: ≈ *Immobilie*) *ein Haus oder ein Grundstück, das zum Verkauf steht* Wir haben uns mehrere Objekte angesehen, aber keines hat uns gefallen. **3.** KUNST *ein Kunstgegenstand* Bei der Versteigerung wurden einige Objekte aus der Sammlung verkauft. **4.** (SPRACHW.: ↔ *Subjekt*) *ein Satzglied, das nicht das Subjekt des Satzes ist und meist im Akkusativ steht* Das Verb „beißen" hat ein Objekt im Akkusativ. ◆-satz, Akkusativ-

ob·jek·tiv, **ob·jek·tiv** *Adj.* (↔ *subjektiv*) *so, dass etwas sachlich und neutral ist* Der Reporter berichtete objektiv von dem Vorfall. ▶objektivieren

Ob·jek·tiv das <-s, -e> FOTOGR. *ein optisches Gerät (als Bestandteil einer Kamera), das meist mehrere Linsen hat und durch das man sehen kann*

Ob·jek·ti·vi·tät die <-> (*kein Plur.*) (↔ *Subjektivität*) *eine Sichtweise, die objektiv ist*

ob·jekt·o·ri·en·tiert <nicht steig.> *Adj.* EDV *so, dass bei einer Programmiersprache oder einer Benutzeroberfläche die Elemente als Objekte bezeichnet werden* Fast alle neuen Betriebssysteme haben eine objektorientierte Benutzeroberfläche.

Ob·jekt·satz der <-es, Objektsätze> SPRACHWISS. *ein Nebensatz, der von dem Verb des Hauptsatzes abhängt und die grammatische Funktion eines Objekts² einnimmt*

O·b·la·te die <-, -n> **1.** KOCH. *ein dünnes, rundes Gebäck aus Mehl und Wasser, das als Unterlage für anderes Gebäck, wie z.B. Lebkuchen, benutzt wird* **2.** REL. *eine aus Mehl und Wasser gebackene dünne Scheibe, die besonders in der katholischen Kirche als Abendmahlsbrot gereicht wird*

ob·lie·gen <obliegt, oblag, hat oblegen> *ohne OBJ* ■ *etwas obliegt jmdm.* (*geh.*) *für jmdn. ist etwas Pflicht oder Aufgabe* Die Erziehung der Kinder obliegt den Eltern.

Ob·lie·gen·heit die <-, -en> (*geh.*) *Pflicht, Aufgabe* Das Kehren der Straße gehört zu den Obliegenheiten des Hausmeisters.

o·b·li·gat *Adj.* (*geh.*) *so, dass etwas unvermeidlich oder unverzichtbar ist*

O·b·li·ga·ti·on die <-, -en> **1.** (*veralt.*) *Verpflichtung* **2.** WIRTSCH. *Wertpapier mit festen Zinsen*

o·b·li·ga·to·risch *Adj.* **1.** *so, dass etwas verpflichtend oder absolut notwendig ist* Mathematik ist ein obligatorisches Unterrichtsfach in der Schule. **2.** (SPRACHWISS.: ↔ *fakultativ*) *so, dass Ergänzungen des Verbs in einem Satz nicht getilgt werden dürfen, da der Satz sonst ungrammatisch würde* Das Verb „kaufen" hat zwei obligatorische Ergänzungen.

Ob·mann, Ob·män·nin/Ob·frau der <-(e)s, Obmänner/Obleute> *jmd., der eine Gruppe von Personen vertritt* Der Obmann der Gewerkschaft vertritt die Angestellten und Arbeiter gegenüber der Firmenleitung.

O·boe die <-, -n> MUS. *ein Blasinstrument aus Holz mit einem feinen, dünnen Mundstück*

O·bo·lus der <-, -/-se> (*geh.*) *ein kleiner Geldbetrag, den man als eine Art Spende gibt* ■ **seinen Obolus entrichten**: *einen kleinen Geldbetrag für eine Sache zahlen* Der Vorsitzende des Vereins ermahnte die Mitglieder, endlich ihren Obolus für die Vereinskasse zu entrichten.

Ob·rig·keit die <-, -en> (*meist Sing.*) (*veralt.*) *Personen oder Institutionen, die in der Kirche oder Politik die Macht haben* Fast die gesamte kirchliche Obrigkeit war versammelt.

Ob·rig·keits·denken das <-> (*kein Plur.*) (*abwert.*) *die Einstellung, dass man den Mächtigen ohne Kritik gehorchen muss*

Ob·rig·keits·staat der <-(e)s, -en> *ein autoritärer Staat, in dem es keine demokratischen Rechte gibt*

ob·schon *Konj.* (*geh.*) *s.* **obgleich, obwohl**

Ob·ser·va·ti·on die <-, -en> **1.** *die Überwachung oder die Beobachtung von verdächtigen Personen oder Orten¹* Die polizeiliche Observation der Verdächtigen führte zu zahlreichen Festnahmen. **2.** ASTRON. METEOR. *wissenschaftliche Beobachtung der Sterne oder des Wetters*

Ob·ser·va·to·ri·um das <-s, Observatorien> ASTRON. METEOR. *ein Gebäude, von dem aus die Sterne oder das Wetter beobachtet werden*

ob·ser·vie·ren *mit OBJ* ■ *jmd. observiert jmdn./etwas* **1.** *Personen oder Orte¹ polizeilich beobachten* Die Polizei observierte die Verdächtigen nun schon seit einem Monat. **2.** ■ *jmd. observiert etwas* ASTRON. METEOR. *die Sterne, das Wetter wissenschaftlich beobachten*

Ob·ses·si·on die <-, -en> PSYCH. *eine zwanghafte Vorstellung oder Idee, die das Handeln eines Menschen bestimmen kann* Der Gedanke, dass man ihn absichtlich ignorierte, wurde allmählich zu einer Obsession.

ob·sie·gen *ohne OBJ* ■ *etwas obsiegt* (*geh.*) *etwas siegt* Das Gute obsiegt nicht immer.

ob·s·kur *Adj.* (*geh.*) **1.** (≈ *zwielichtig*) *so, dass etwas oder jmd. verdächtig oder fragwürdig ist* Was ist das für ein obskures Lokal?, eine obskure Person **2.** (≈ *unverständlich*) *so, dass etwas nicht logisch oder unklar ist* ein obskurer Gedankengang, Niemand verstand ihn genau, weil er immer so obskur redete.

ob·so·let *Adj.* (*geh.* ≈ *veraltet*) *so, dass etwas nicht mehr gebraucht wird, weil es veraltet ist* Im Zeitalter der Personalcomputer ist die Schreibmaschine obsolet geworden.

Ob·sor·ge die <-> (*kein Plur.*) (*österr.*) *Fürsorge, Aufsicht*

Obst das <-(e)s> (*kein Plur.*) *Oberbegriff für Früchte, die an Bäumen und Sträuchern wachsen und meist roh gegessen werden* ◆-bau, -baum, -blüte, -ernte, -garten, -handlung, -kuchen, -messer, -saft, -salat, -sorte, -torte, Dörr-, Trocken-

Obst·ler der <-s, -> (*süddt.*) *ein klarer Schnaps, der aus Obst gemacht ist*

Obst·scha·le die <-, -n> **1.** *eine flache Schüssel, in die man Obst legt* eine Obstschale aus Glas **2.** *die äußere Schicht von Obst, die man vor dem Essen entfernt*

ob·s·zön *Adj. so, dass etwas anstößig oder unanständig ist* Das ist aber ein obszöner Witz!, Der Film wurde wegen seines obszönen Inhaltes zensiert., Ich mag seine obszönen Reden nicht.

Ob·s·zö·ni·tät die <-, -en> **1.** (*kein Plur.*) *die Eigenschaft, obszön zu sein* **2.** (*meist Plur.*) *etwas, dessen Inhalt obszön ist*

ob·wohl *Konj.* (≈ *obgleich* ≈ *obschon*) *leitet einen Nebensatz ein; was im Nebensatz gesagt wird, steht im Gegensatz oder als eine gewisse Einschränkung zu dem, was im Hauptsatz gesagt wird* Obwohl es regnete, ging er spazieren., Sie sang im Chor mit, obwohl sie erkältet war., Obwohl sie sich ständig streiten, sind sie gute Freunde.

Ochs [ˈɔks] ■ **jemand steht da wie der Ochs vorm Berg** (*umg.*): *jmd. weiß nicht mehr weiter* Bei dieser Prüfung stand er da wie der Ochs vorm

Berg!

Och·se der [ˈɔksə] <-n, -n> **1.** ZOOL. *ein kastrierter Stier* **2.** (*abwert.*) *ein dummer Mensch*

och·sen [ˈɔksən] <ochst, ochste, hat geochst> *ohne OBJ.* ■ *jmd. ochst (für etwas)* (*umg.*) *sich besonders anstrengen* Für diese Prüfung haben sie wirklich geochst.

Och·sen·schlepp der <-s,-e> (*österr.*) *Ochsenschwanz*

Och·sen·schwanz·sup·pe die <-, -n> *eine Suppe, die aus dem Schwanz des Ochsen gemacht ist*

Ochsen·tour die <-> (*kein Plur.*) (*umg.*) *eine berufliche Karriere oder eine Arbeit, die viel Zeit und Aufwand erfordert*

O·cker der/das <-s> (*kein Plur.*) **1.** *Farbton, der zwischen gelb und braun liegt* **2.** *ein natürlicher Farbstoff aus Mineralien mit gelbbrauner Farbe*

o·cker <nicht steig.> (*nur präd.*) *Adj.* (≈ *ockerfarben*) *gelbbraun*

öd *Adj.* **1.** (≈ *kahl*) *so, dass in einer Landschaft oder Gegend fast keine Pflanzen sind* Wir fuhren stundenlang durch diese öde Landschaft. **2.** (≈ *trostlos*) *ziemlich monoton und traurig und ohne Aussicht auf positive Entwicklungen* Sein Leben erschien ihm öd und leer. **3.** (≈ *langweilig*) *ohne echte Inhalte oder Neuigkeiten und daher reizlos* Das Schlimmste auf dieser Party waren die öden Gespräche., ein öder Tag, eine öde Stadt *s.* **anöden**, **Einöde**

O·de die <-, -n> LIT. *feierliches Gedicht* Schiller schrieb die „Ode an die Freude".

Ö·dem das <-s, -e> MED. *Stelle am Körper in der Unterhaut, die anschwillt und dick wird, weil sich dort Wasser ansammelt*

o·der *Konj.* **1.** *verwendet, um auszudrücken, dass zwischen zwei Alternativen ein absoluter Gegensatz besteht und nur eine gewählt werden kann* Es gibt nur Sieger oder Verlierer., Du kannst es tun oder lassen!, Man kann die Wohnung mieten oder kaufen. **2.** *verwendet, um auszudrücken, dass es mehrere Möglichkeiten gibt* An der Sprachschule kann man Russisch, Spanisch oder Italienisch lernen. **3.** *verwendet, um auszudrücken, dass etwas oder jmd. auch anders genannt werden kann* Personalcomputer oder kurz PC, Karl der V. oder Karl der I., wie er in Spanien genannt wurde. **4.** *verwendet, um auf eine unangenehme Konsequenz hinzuweisen* Wir müssen jetzt gehen oder wir verpassen den Zug., Du benimmst dich anständig oder du fliegst noch von der Schule. *s.* **entweder** **5.** *am Ende eines Satzes verwendet,um auszudrücken, dass der Sprecher eine Bestätigung oder Zustimmung erhofft* Jetzt ist Schluss, oder?, Du glaubst mir doch, oder?

O·der die <-> (*kein Plur.*) *Fluss an der deutsch-polnischen Grenze*

Ö·di·pus·kom·p·lex der <-es, -e> (PSYCH.: ≈ *Mutterkomplex*) *die übertriebene emotionale Bindung eines Mannes an seine Mutter*

Öd·land das <-(e)s> (*kein Plur.*) *ein Land, das nicht landwirtschaftlich genutzt wird und nicht bebaut ist*

O·dys·see die <-, -n> **1.** (*kein Plur.*) *der Titel des Buches von Homer über die Irrfahrten des Odysseus* **2.** (*geh.*) *eine Reise mit vielen Hindernissen und Schwierigkeiten* Die Heimfahrt war die reinste Odyssee.

OEu·v·re das [ˈøːvrə] <-, -s> *das gesamte Werk eines Künstlers*

O·fen der <-s, Öfen> **1.** *ein Gerät, in dem Feuer gemacht wird und mit dem man ein Zimmer heizen kann* **2.** *ein einzelnes oder in einem Herd integriertes Gerät zum Backen oder zum Zubereiten eines Bratens* ■ **ein heißer Ofen** (*umg.*): *ein schnelles Auto oder Motorrad* **Jetzt ist der Ofen aus!** (*umg.*): *drückt aus, dass etwas zu Ende ist und man nichts mehr tun kann* **hinter dem Ofen hocken, sich hinter dem Ofen verkriechen**: *drückt aus, dass jmd. immer nur im Haus bleibt und wenig Kontakt zu anderen Menschen hat* ◆ -bank, -heizung, -rohr, Gas-, Kohle-, Stahl-

o·fen·frisch <nicht steig.> *Adj. so, dass etwas gerade frisch aus dem Backofen geholt wurde* Die Bäckerei verkauft morgens ofenfrische Brötchen.

of·fen *Adj.* **1.** (≈ *geöffnet*) *so, dass man durch etwas gehen, sehen, greifen o.Ä. kann* Die Tür ist offen!, das offene Fenster, das Hemd offen lassen **2.** *so, dass keine Hindernisse vorhanden sind* Der Pass über die Alpen ist nur im Sommer offen., offene Grenzen **3.** (≈ *geöffnet* ↔ *geschlossen*) *so, dass man in ein Geschäft oder in eine Bank gehen kann* Am Samstag sind die Läden in der Innenstadt bis 16 Uhr offen. **4.** *so, dass dort viel Platz ist und man ohne Hindernisse sehen kann* Wir blickten auf das offene Meer. **5.** (≈ *unbestimmt*) *so, dass etwas noch nicht beendet oder geklärt ist* Es bleibt offen, ob sie an der Prüfung teilnimmt., Ende offen!, Es blieben noch viele Fragen offen. **6.** *so, dass etwas noch nicht bezahlt ist* Die Rechnung steht noch offen. **7.** (≈ *unbesetzt*) *so, dass etwas noch zu haben ist* In der Firma gab es noch viele offene Stellen. **8.** *so, dass sich jmd. nicht verstellt* Er hatte einen offenen Blick., Sie sagte ihm offen ihre Meinung. **9.** *so, dass etwas klar und deutlich erkennbar ist* Ihnen schlug offene Feindschaft entgegen. **10.** (≈ *aufgeschlossen*) *so, dass jmd. bereit für neue Sachen ist* Sie war offen für alles Neue., Er war offen für die Probleme seines Freundes. **11.** *so, dass eine Wunde noch nicht verheilt ist* ein offenes Bein **12.** *so, dass bei einer Sache jeder mitmachen kann* Der Kurs war offen für alle Interessenten. **13.** *so, dass etwas nicht zusammengebunden ist* Sie trug die Haare offen., Deine Schnürsenkel sind offen! ◆ Getrenntschreibung →R 4.2 offen bleiben, offen halten, offen lassen, offen legen, offen stehen

of·fen·bar **I.** *Adj.* (≈ *offensichtlich*) *so, dass etwas klar zu sehen und zu verstehen ist* Es handelt sich um eine offenbare Lüge. **II.** *Adv. vermutlich, dem Anschein nach* In dem Programm liegt offenbar ein Fehler vor.

of·fen·ba·ren <offenbarst, offenbarte, hat offenbart> **I.** *mit OBJ.* ■ *jmd. offenbart (jmdm.) etwas jmd. sagt (jmdm.) etwas, das bis dahin geheim* *war* Endlich offenbarte er das Geheimnis., Sie offenbarte ihm ihre Liebe. **II.** *mit SICH* ■ *jmd. offenbart sich jmdm.* (*als jmd./etwas*) **1.** *sich* (*jmdm.*) (*als jmd. oder etwas*) *zu erkennen geben* Sie offenbarte sich ihrer Kollegin als gute Freundin., Er offenbarte sich als guter Kenner der antiken Gedankenwelt. **2.** (*geh.*) *sich jmdm. anvertrauen* Er offenbarte sich seinem Freund.

Of·fen·ba·rung die <-, -en> **1.** (*geh.*) *etwas, das etwas klar werden lässt* die Offenbarung der Schuld **2.** (*geh.* ≈ *Erleuchtung*) *etwas, das plötzlich viele Dinge erkennen und verstehen lässt* Der Film war für mich eine Offenbarung! **3.** REL. *die Darlegung einer direkt von Gott erfahrenen Wahrheit* Die Offenbarung des Johannes ist das letzte Buch des Neuen Testaments.

Of·fen·ba·rungs·eid der <-(e)s, -e> RECHTSW. *ein Eid, der von einem Schuldner geleistet wird, nachdem dieser seinen ganzen Besitz angegeben hat und seine Schulden nicht mehr bezahlen kann* Nach dem Konkurs seiner Firma musste er den Offenbarungseid leisten.

Of·fen·heit die <-> (*kein Plur.*) **1.** (↔ *Verschlossenheit*) *das Verhalten, sich nicht zu verstellen und ehrlich zu sein* Seine Offenheit war überraschend. **2.** *der Sachverhalt, dass etwas klar und deutlich erkennbar ist* Die Offenheit der Ablehnung erschwerte die Arbeit sehr. **3.** (≈ *Aufgeschlossenheit*) *das Verhalten, für neue Sachen bereit zu sein* Sie zeigten große Offenheit für diese Probleme., Es sind vor allem Jüngere, die Offenheit gegenüber den neuen Technologien zeigen.

of·fen·her·zig *Adj.* **1.** *so, dass jmd. ohne Scheu über sich redet* Er redete offenherzig über seine Gefühle **2.** (*umg.*) *so, dass ein Kleid oder ein Kleidungsoberteil einer Frau tief ausgeschnitten ist*

of·fen·kun·dig, of·fen·kun·dig *Adj.* **1.** *s.* **offenbar** **2.** (≈ *bekannt*) *so, dass man es jetzt weiß* Es ist offenkundig, dass es in der Behörde Fälle von Korruption gibt!

of·fen·sicht·lich *Adj. so, dass etwas klar zu erkennen und sehr deutlich ist* Offensichtlich hat es bei der Abrechnung zahlreiche Fehler gegeben., Es ist offensichtlich, dass die Zahl der Arbeitslosen steigt.

of·fen·siv *Adj.* (↔ *defensiv*) **1.** MILIT. *so, dass man angreift* ▶Offensivkrieg, Offensivtaktik **2.** *so, dass ein Ziel aktiv und provokant verfolgt wird und man angreift* Die Partei ging in einen offensiven Wahlkampf. ▶Offensivspieler

Of·fen·si·ve die <-, -n> (↔ *Defensive*) **1.** MILIT. *Angriff* Die Offensive sollte in der Nacht beginnen. ◆Gegen-, Groß- **2.** *eine Handlung, die schnell und effektiv zum Ziel führen soll* Die Regierung plante eine Offensive gegen den Tabakkonsum. **3.** (*kein Plur.*) SPORT *Angriff* Nach langem Zögern ging die Mannschaft zur Offensive über.

öf·fent·lich <nicht steig.> *Adj.* **1.** (↔ *geheim*) *so, dass etwas für alle zugänglich ist und jeder daran teilnehmen kann* die öffentlichen Wahlen, eine öffentliche Diskussion **2.** (↔ *privat*) *so, dass es jeder benutzen kann* ein öffentliches Telefon, ein öffentlicher Park **3.** *so, dass es für alle gilt oder von allen ausgeht* Die Gesundheitspolitik liegt im öffentlichen Interesse., Die öffentliche Sicherheit ist eine zentrale Frage der Politik. **4.** (≈ *bekannt*) *so, dass jeder davon weiß* Die Ergebnisse der Prüfung wurden spät öffentlich gemacht. **5.** (*nur attr.*) *so, dass Leistungen oder Einrichtungen der Regierung für alle da sind* die öffentlichen Gelder, die öffentlichen Schulen ▶öffentlich-rechtlich

Öf·fent·lich·keit die <-> (*kein Plur.*) **1.** *alle Menschen eines Landes, einer Stadt o.Ä.* Die Öffentlichkeit wurde über den Skandal durch die Nachrichten informiert., Der Kanzler wandte sich im Fernsehen an die Öffentlichkeit. **2.** *ein Zustand, der öffentlich[1 2 3 4] ist* **3.** *dort, wo einen alle hören oder sehen können* in der Öffentlichkeit, in aller Öffentlichkeit

Öf·fent·lich·keits·ar·beit die <-> (*kein Plur.*) (≈ *Public Relations*) *eine Art Werbung, die ein Unternehmens oder eine Organisation in der Öffentlichkeit[1] betreibt, um das eigene Ansehen zu verbessern* Die Firma betreibt eine vorbildliche Öffentlichkeitsarbeit.

of·fe·rie·ren *mit OBJ* ■ *jmd. offeriert jmdm. etwas* **1.** WIRTSCH. *jmdm. ein schriftliches Angebot für eine Sache oder eine Dienstleistung machen* Die Bank offerierte ihren Kunden einen günstigen Kredit. **2.** (*geh. veralt.*) *jmdm. etwas anbieten* Er offerierte der Königin seine Dienste.

Of·fer·te die <-, -n> WIRTSCH. *Angebot*

Of·fice das ['ɔfɪs] <-, -s> *das englische Wort für Büro*

of·fi·zi·ell *Adj.* **1.** *so, dass etwas von einer Regierung oder einem Amt angeordnet oder bekannt gegeben wird* Von offizieller Seite wurde die Nachricht bestätigt., Die Verträge wurden offiziell anerkannt. **2.** *so, dass etwas sehr feierlich oder förmlich ist* Zu einem offiziellen Anlass gehört ein Anzug mit Krawatte. **3.** (*umg.*) *das, was öffentlich[4] gesagt wird, aber nicht unbedingt stimmt* Offiziell haben sie gearbeitet, aber in Wirklichkeit waren sie schwimmen.

Of·fi·zier, Of·fi·zie·rin der <-s, -e> MILIT. *in der militärischen Hierarchie ein hoher Rang direkt über dem des Leutnants* ◆-sanwärter, -skasino, -slaufbahn, Reserve-, Stabs-

off·line ['ɔflaɪn] <nicht steig.> *Adj.* (EDV: ↔ *online*) *so, dass ein Computer gerade nicht mit anderen Computern oder einem Kommunikationssystem verbunden ist* die Website offline zur Verfügung stellen

Off·line·be·trieb der <-s> (*kein Plur.*) (EDV: ↔ *Onlinebetrieb*) *der Zustand, dass ein Computer offline ist*

öff·nen **I.** *mit OBJ* **1.** ■ *jmd. öffnet etwas* (*mit etwas Dat.*) (≈ *aufmachen* ↔ *schließen*) *bewirken, dass etwas offen ist oder sich entfaltet* Er öffnet den Brief mit dem Messer., Sie öffnet ihren Schirm. **2.** *ein Hindernis beseitigen, damit etwas wieder benutzt werden kann* Der Zoll hat die Grenze wieder geöffnet. **3.** (*geh.*) ■ *jmd. öffnet jmdm. etwas einem anderen Menschen zeigen, was bisher verborgen war* Er hat ihr sein Herz geöffnet., Sie hat ihm die Augen für alles Schöne geöffnet. **II.** *ohne OBJ* ■ *etwas öffnet (irgendwann)* (↔ *schließen*) *ein Geschäft o.Ä. macht für Kunden auf* Die Bank öffnet um acht Uhr., Die Geschäfte haben von zehn bis sechzehn Uhr geöffnet. **III.** *mit SICH* **1.** ■ *etwas öffnet sich etwas geht auf* Er sprach: „Sesam öffne dich!", Die Tür öffnete sich wie von Zauberhand. **2.** ■ *jmd. öffnet sich etwas Dat. jmd. beginnt, sich für eine neue Sache zu interessieren* Auch ältere Menschen öffnen sich dem Internet. **3.** ■ *jmd. öffnet sich jmdm.* (*geh.* ≈ *anvertrauen*) *jmdm. zeigen, was man fühlt, weil man ihm vertraut* Der Patient öffnete sich dem Therapeuten.

Öff·ner der <-s, -> (≈ *Flaschenöffner*) *ein Gegenstand, mit dem man den Verschluss von einer Flasche entfernen kann* Die Flasche ist noch zu, kannst du mir mal den Öffner geben?

Öff·nung die <-, -en> **1.** (≈ *Loch*) *eine Stelle, wo etwas offen*[1] *ist* Die Maus kroch durch die Öffnung in der Tür. ◆ Fenster-, Mauer-, Körper-, Tür- **2.** (*kein Plur.*) *meist eine Handlung, bei der etwas offiziell*[1] *geöffnet wird* die Öffnung der Grenzen, Der Vatikan erlaubte die Öffnung seines Archivs.

Öff·nungs·zeit die <-, -en> (*meist Plur.*) *Zeit, zu der ein Geschäft oder Ähnliches geöffnet*[II] *ist*

o-för·mig/O-förmig *Adj. so, dass etwas die Form eines O hat*

oft <öfter> *Adv.* **1.** (↔ *selten*) *so, dass innerhalb eines bestimmten Zeitabschnitts es relativ viele Vorkommnisse von etwas gibt* Dieses Jahr war er oft krank., Sie geht oft ins Schwimmbad, eigentlich täglich. **2.** (≈ *häufig*) *überwiegend, in vielen Fällen* Ich kann oft nicht einschlafen **3.** *so, dass sich etwas regelmäßig in kurzen Abständen wiederholt* An Wochentagen verkehren die Busse sehr oft. **4.** *verwendet, um danach zu fragen, wie viele Male etwas geschieht oder geschehen ist* Wie oft hast du das Buch schon gelesen?

öf·ter (*Komp. von oft*[2]) *Adv. mehrmals* Man muss die Verben öfter üben., Je öfter man übt, desto besser beherrscht man die Formen. ■ **des Öfteren:** *oft* Dieser Fehler kommt bestimmt des Öfteren vor.

öf·ters *Adv. mehrere Male*

oft·ma·lig (*nur attr.*) *Adj. so, dass etwas oft*[1] *passiert*

oft·mals *Adv.* (*geh.*) *oft*[1 2]

oh *Interj. verwendet für einen Ausdruck des Erstaunens, der Freude, des Schreckens* Oh, das ist ja toll!, Oh, wie schön., Oh, mein Gott! *siehe auch* **o**

Ohm[1] das <-s, -> ELEKTROTECHN. *Maßeinheit für den elektrischen Widerstand*

Ohm[2] der <-s, -e> (*schweiz.* ≈ *Oheim*) *Onkel*

oh·ne **I.** *Präp. + Akk.* **1.** *verwendet, um auszudrücken, dass etwas oder eine Person nicht vorhanden oder dabei ist* Sie sind ohne ihre Freunde ins Kino gegangen., Ohne einen Cent verließ er das Haus. **2.** ■ **ohne weiteres:** *drückt aus, dass etwas ohne Probleme oder Hindernisse geschieht* Obwohl das ein offizieller Empfang ist, nehme ich ohne weiteres daran teil. **ohne mich:** *betont, dass der Sprecher bei einer Sache nicht mitmachen will* Ihr wollt bei diesem Wetter spazieren gehen? Ohne mich! **gar nicht so ohne:** *verwendet, um auszudrücken, dass etwas oder eine Person besonders schwierig, schön, gefährlich usw. ist* Die Prüfung ist gar nicht so ohne!, Diese Stadt ist gar nicht so ohne! **II.** *Konj.* ■ *ohne dass/ohne zu plus Inf. verwendet, um einen Nebensatz einzuleiten, der etwas benennt, was nicht geschieht oder getan wird* Er verließ den Raum, ohne dass es jemand bemerkte., Sie standen auf, ohne etwas gegessen zu haben.

oh·ne·dies *Partikel s.* **ohnehin**

oh·ne·glei·chen <nicht steig.> (*nur attr., steht immer nach dem Substantiv*) *Adj.* (≈ *beispiellos*) *so, dass es zu etwas oder zu einer Person nichts Ähnliches gibt* Das ist eine Frechheit ohnegleichen!, Er war ein Rüpel ohnegleichen.

ohne·hin, ohne·hin *Partikel drückt aus, dass etwas auf jeden Fall und unabhängig von allem eintritt* Wir müssen uns nicht mehr beeilen, wir kommen ohnehin zu spät!

oh·ne·wei·ters *Adv.* (*österr.*) *ohne weiteres s.* **ohne**[II 2]

Ohn·macht die <-, -en> **1.** *der Zustand, in dem jmd. für kurze Zeit kein Bewusstsein hat* **2.** (*kein Plur.*) *ein Zustand, in dem man sich ohne Macht und Hilfe fühlt* ■ **von einer Ohnmacht in die andere fallen** (*umg.*): *erstaunt oder sehr erschrocken sein* ◆ -sanfall, -sgefühl

ohn·mäch·tig <nicht steig.> *Adj.* **1.** *so, dass man ohne Bewußtsein ist* Sie wurde vor Schreck ohnmächtig. **2.** *so, dass man sich in einer Situation hilflos und machtlos fühlt* Sie mussten ohnmächtig zusehen, wie das Schiff unterging.

o·ho *Interj. verwendet, um Verwunderung oder Verärgerung auszudrücken* Oho, das ging aber flott!, Oho, so einfach geht das aber nicht!

Ohr das <-(e)s, -en> *eines der beiden Organe, mit denen Menschen und Tiere hören* sich die Ohren putzen, Der Hase stellt die Ohren auf. ■ **sich aufs Ohr hauen/legen** (*umg.*): *schlafen gehen* **ganz Ohr sein** (*umg.*), **die Ohren spitzen** (*umg.*): *aufmerksam zuhören* **auf den Ohren sitzen** (*umg.*): *nicht zuhören, was jmd. sagt* **jemandem mit etwas in den Ohren liegen** (*umg.*): *jmdn. immer wieder um etwas bitten* **jemandem sein Ohr leihen:** *jmdm. gut zuhören* **jemandem kommt etwas zu Ohren:** *jmd. erfährt etwas, das er nicht wissen sollte* **jemandem etwas um die Ohren hauen** (*umg.*): *jmdn. wegen einer Sache stark kritisieren* **jemanden übers Ohr. hauen** (*umg.*): *jmdn. betrügen* **ein paar/eins/eine hinter die Ohren bekommen** (*umg.*): *eine Ohrfeige bekommen* **die Ohren hängen lassen** (*umg.*): *ohne Mut oder Hoffnung sein* **Halt die Ohren steif!** (*umg.*): *verwendet, um jmdm. Mut zu wünschen* **bei jemandem auf offene Ohren stoßen:** *jmdm. nichts erklären müssen* **bis über beide Ohren in Arbeit/Schulden etc. stecken** (*umg.*): *viel Arbeit oder Schulden etc. haben* **viel um die Ohren haben** (*umg.*): *sehr beschäftigt* *sein* **bis über beide Ohren verliebt sein**: *sehr verliebt sein* **etwas geht jemandem zum einen Ohr hinein und zum anderen hinaus**: *eine Sache wird schnell vergessen, weil sie keinen Eindruck macht* **auf dem Ohr ist jemand taub** (*umg.*): *das ist ein Thema, von dem jmd. absolut nichts wissen will* ◆-enarzt, -enentzündung, -enschmerzen, -ring, -schmuck

Öhr das <-(e)s, -e> *das kleine Loch am oberen Ende einer Näh- oder Stopfnadel s.* **Nadelöhr**

oh·ren·be·täu·bend *Adj.* (*umg.*) *so, dass etwas sehr laut ist* Dieser ohrenbetäubende Lärm macht mich noch wahnsinnig!

Oh·ren·sau·sen das <-s> (*kein Plur.*) MED. *ein Geräusch im Ohr, das keine konkrete Ursache hat und stört*

Oh·ren·schmalz das <-(e)s> (*kein Plur.*) *die gelbbraune Absonderung, die sich im Gehörgang des Ohrs bildet*

Oh·ren·schüt·zer der <-s, -> *zwei Klappen, die man auf den Ohren trägt, um diese vor Kälte oder Lärm zu schützen*

Ohr·fei·ge die <-, -n> *ein Schlag mit der flachen Hand auf jmds. Wange* ■ **eine schallende Ohrfeige**: *ein lauter, starker Schlag mit der flachen Hand auf jmds. Wange*

ohr·fei·gen *mit OBJ* ■ *jmd. ohrfeigt jmdn. jmdn. mit der flachen Hand auf die Wange schlagen*

Ohr·läpp·chen das <-s, -> *der untere Teil der Ohrmuschel*

Ohr·mu·schel die <-, -n> *der äußere, sichtbare Teil des Ohrs*

Oh·ro·pax® das <-> (*kein Plur.*) *kleine Kugeln aus Wachs, die ins Ohr gesteckt werden und das Ohr vor Lärm schützen*

Ohr·ste·cker der <-s, -> *ein Schmuckstück, das meist aus Edelmetall gearbeitet ist und die Form einer kurzen Nadel hat, die man durch ein Loch im Ohrläppchen steckt und auf deren Spitze ein wertvoller Stein oder eine Perle sein kann*

Ohr·wurm der <-(e)s, Ohrwürmer> **1.** ZOOL. *ein kleines Insekt* **2.** (*umg.*) *eine Melodie, die man sich leicht merken kann und an die man immer wieder denken muss*

o·kay [o'ke:] **I.** *Adj.* **1.** (*nicht steig., nur präd.*) (*umg.*) *so, dass etwas gut und in Ordnung ist* Dein Anzug ist okay., Er war zwei Tage krank, aber heute ist er wieder okay., Ist alles okay? **2.** *so, dass etwas ausreicht, aber nicht begeisternd ist* Wie hat dir der Film gefallen? – Er war okay. **II.** *Partikel* **1.** *drückt als Antwort eine Zustimmung aus* Kommst du mit? – Okay! **2.** (≈ *oder*[5]) *am Ende eines Satzes verwendet, um auszudrücken, dass der Sprecher Zustimmung erwartet* Wir gehen alle zusammen, okay? **3.** (≈ *also*) *am Anfang eines Satzes verwendet, um eine Aufforderung oder eine Feststellung einzuleiten* Okay, fangen wir noch mal von vorne an., Okay, das war's!

O·kay das <-(s), -s> (*umg.*) *Zustimmung, Einwilligung* Gib mir dein Okay!, Das Okay vom Chef haben wir!

ok·kult *Adj. so, dass etwas übersinnlich und verborgen ist* Die Alchemie ist eine okkulte Wissenschaft.

Ok·kul·tis·mus der <-s> (*kein Plur.*) *Beschäftigung mit okkulten Dingen* ▶okkultistisch

Ok·ku·pa·ti·on die <-, -en> MILIT. POL. *die Besetzung eines Landes durch eine fremde Armee* ◆-sgebiet, -sheer, -szeit

ok·ku·pie·ren *mit OBJ* ■ *jmd. okkupiert etwas* **1.** MILIT. *ein fremdes Land besetzen* Im Laufe des Zweiten Weltkrieges okkupierte die Deutsche Wehrmacht weite Gebiete der Sowjetunion. **2.** *einen Raum oder eine Sache gegen den Willen einer Person besetzen;* (*geh.*) Der Herr hat einfach meinen Stuhl okkupiert!

Ö·ko der <-s, -s> (*umg.*) **1.** *eine Person, die sich strikt auf natürliche und gesunde Weise ernährt und großen Wert auf Umweltschutz legt* **2.** (*abwert.*) *jmd., der sich betont alternativ kleidet* Der Typ sah aus wie ein Öko.

Ö·ko·be·we·gung die <-, -en> *Menschen, die für ein Leben im Einklang mit der Natur und für verstärkten Umweltschutz eintreten*

o.k./O.K. *s.* **okay**

Ö·ko·lo·ge, **Ö·ko·lo·gin** der <-n, -n> *Wissenschaftler, der sich mit Ökologie*[1] *beschäftigt*

Ö·ko·lo·gie die <-> (*kein Plur.*) BIOL. **1.** *das System der ungestörten, wechselseitigen Beziehungen der Lebewesen zueinander und zu ihrer Umwelt* **2.** *die Wissenschaft, die sich mit Ökologie*[1] *beschäftigt*

ö·ko·lo·gisch *Adj.* **1.** *die Ökologie*[1] *betreffend* **2.** *so, dass die Ökologie*[1] *nicht geschädigt wird* Der Bauer wirtschaftet nach ökologischen Grundsätzen., Ökologische Lebensmittel kommen nach den Skandalen der letzten Zeit immer mehr in Mode.

Ö·ko·nom, **Ö·ko·nomin** der <-en, -en> *Wirtschaftswissenschaftler*

Ö·ko·no·mie die <-, -n> **1.** (≈ *Wirtschaft*) *das wirtschaftliche System eines Landes* **2.** *der wirtschaftliche Verbrauch von Waren und Geld* **3.** (*kein Plur.*) (*veralt.*) *Wirtschaftswissenschaft*

ö·ko·no·misch *Adj.* **1.** *so, dass es sich auf die Ökonomie*[1] *bezieht* ökonomische Probleme **2.** *so, dass dabei Mittel und Kräfte sparsam und wirkungsvoll eingesetzt werden* die ökonomischen Bewegungen des Läufers

Ö·ko·par·tei die <-, -en> *eine Partei, in deren Parteiprogramm der Umweltschutz eine zentrale Bedeutung hat* Die Grünen waren in ihren Anfängen vorwiegend eine Ökopartei.

Ö·ko-Sie·gel das <-s, -> *ein offizielles Zeichen, das die ökologische*[2] *Unbedenklichkeit eines Produktes bestätigt* Der „Blaue Engel" ist das bekannteste Ökosiegel.

Ö·ko-Steu·er die <-, -n> *eine Steuer, die auf nicht erneuerbare Energieträger, wie z.B. Benzin, erhoben wird und mit der die Umweltpolitik gefördert werden soll*

Ö·ko·sys·tem das <-(e)s, -e> *ein natürlicher Lebensraum mit Lebewesen* Das Ökosystem des Mittelmeers ist schwer geschädigt.

Ok·ta·e·der der <-s, -> MATH. *ein geometrischer Körper, dessen Oberfläche[3] aus acht Flächen besteht*

Ok·tan das <-s, -(e)> **1.** CHEM. *gesättigter, leicht brennbarer Kohlenwasserstoff mit acht Kohlenstoffatomen, der in Erdöl und Benzin enthalten ist* **2.** (*in Verbindung mit Zahlangaben nicht flektiert*) KFZ *Angabe für die Klopfzahl von Benzin* Benzin mit 96 Oktan ◆-zahl

Ok·ta·ve die <-, -n> **1.** MUS. *der Abstand zwischen acht Tönen einer Tonleiter* **2.** MUS. *der achte Ton einer Tonleiter*

Ok·to·ber der <-(s), -> *der zehnte Monat des Jahres*

Ok·to·ber·fest das <-es> (*kein Plur.*) *ein großes Volksfest in München, das jedes Jahr im September stattfindet*

Ok·to·ber·re·vo·lu·ti·on die <-> (*kein Plur.*) GESCH. *Revolution im Oktober 1917, mit der die Zarenherrschaft in Russland beendet wurde*

ok·t·ro·yie·ren [ɔktro̯a'jiːrən] *s.* **aufoktroyieren**

O·ku·lar das <-s, -e> TECHN. *in einem optischen Gerät die Linse, welche ganz nah am Auge ist*

o·ku·lie·ren *mit OBJ* ■ jmd. okuliert etwas BOT. *eine Pflanze veredeln, indem man sie einschneidet und in diese Schnittstelle den Spross einer anderen Pflanze einsteckt.*

Ö·ku·me·ne die <-, -n> **1.** REL. *Gesamtheit aller christlichen Kirchen* **2.** REL. *die Bewegung, die das Gemeinsame der evangelischen und katholischen Kirchen betont und z.B. gemeinsame Gottesdienste feiert*

ö·ku·me·nisch *Adj.* **1.** REL. *die Ökumene[2] betreffend* **2.** REL. *so, dass es für alle Katholiken gilt* ein ökumenisches Konzil

Ok·zi·dent der <-s> (*kein Plur.*) (↔ *Orient*) *das Abendland, der Westen*

Öl das <-(e)s, -e> **1.** (≈ *Pflanzenöl*) *ein Art flüssiges Fett, das aus Pflanzen gewonnen wird* ◆-fleck, Erdnuss-, Haut-, Oliven-, Salat-, Sonnenblumen-, Speise- **2.** (*kein Plur.*) (≈ *Erdöl*) *eine schwarze dicke Flüssigkeit, die im Inneren der Erde vorkommt und als wichtigster Energielieferant Rohstoff bei der Herstellung von Benzin und vielen Kunststoffen ist* ■ **Öl ins Feuer gießen**: *dadurch, dass man etwas sagt oder tut, eine Diskussion oder einen Streit nur noch schlimmer machen* ◆-bohrung, -embargo, -feld, -förderung, -gewinnung, -heizung, -industrie, -kanister, -konzern, -lache, -leitung, -multi, -preis, -quelle, -tanker, Heiz-, Maschinen-, Mineral-, Roh-, **3.** ■ **in Öl malen**: *mit Ölfarben malen* Der Künstler malt nur in Öl. ◆-gemälde

Öl·baum der <-(e)s, Ölbäume> (*geh.*) *Olivenbaum*

Öl·bild das <-(e)s, -er> *ein Bild, das in Öl[3] gemalt ist*

Ol·die der ['oʊldɪ] <-s, -s> (*umg.*) **1.** *ein älteres populäres Musikstück oder ein älterer Film* **2.** (*scherzh.*) *jmd., der (für die in einem bestimmten Lebensbereich gültigen Verhältnisse) relativ alt ist* Er ist mit fünfunddreißig schon ein Oldie in dieser Sportart.

Old·ti·mer der ['oʊldtaɪmə] <-s, -> *ein Auto oder Motorrad, das sehr alt und deshalb relativ wertvoll ist*

O·le·an·der der <-s, -> BOT. *ein Strauch aus den Mittelmeerländern, der weiße, rote oder rosa Blüten hat*

ö·len *mit OBJ* ■ jmd. ölt etwas *die beweglichen Teile aus Metall einer Maschine oder einer Vorrichtung mit Öl[2] versehen, damit sie sich leichter bewegen lassen* die Fahrradkette/die Scharniere/die Nähmaschine ölen ■ **wie ein geölter Blitz** (*umg.*): *sehr schnell*

Öl·film der <-(e)s, -e> (*meist Sing.*) *eine dünne Schicht Öl[2], die auf dem Wasser schwimmt* Auf der Pfütze war ein Ölfilm.

Öl·göt·ze ■ **dastehen wie ein Ölgötze** (*umg. abwert.*): *sich nicht bewegen und keine Reaktionen zeigen* Steh doch nicht da wie ein Ölgötze!

öl·hal·tig *Adj. so, dass etwas Öl[1 2] enthält* Die ölhaltigen Früchte werden gepresst.

ö·lig *Adj.* **1.** *so, dass etwas mit Öl[1 2] bedeckt oder getränkt ist* ein öliges Gericht, ein öliger Lappen **2.** (*umg. abwert.*) *so, dass sich jmd. bei jmdm. auf unangenehme Weise einschmeicheln möchte* Was für ein öliger Typ war das!

O·li·g·ar·chie die <-, -n> POL. *die Herrschaft einer kleinen Gruppe* die Oligarchie aus Militärs und Großunternehmern

o·liv <nicht steig.> *Adj. von dem graugrünen Farbton der Olive* ◆-grün

O·li·ve die <-, -n> *die grüne oder schwarze Frucht des Olivenbaums, die man essen kann und aus der man Olivenöl macht*

O·li·ven·baum der <-(e)s, Olivenbäume> *ein Baum aus den Mittelmeerländern, der bittere, sehr ölhaltige schwarze oder grüne Früchte trägt*

Öl·ja·cke die <-, -n> *eine Jacke, deren Stoff imprägniert und deshalb wasserdicht ist*

Öl·kri·se die <-, -n> POL. WIRTSCH. *eine wirtschaftliche und politische Krise, die entsteht, weil nicht mehr genug Erdöl zur Verfügung steht*

oll *Adj.* (*norddt. umg.*) **1.** *alt* eine olle Jacke ■ **je oller, je doller**: *drückt aus, dass manche Menschen mit zunehmendem Alter unvernünftiger werden* **2.** (≈ *blöd*) *drückt ein negatives Urteil aus* Der olle Zug könnte ruhig schneller fahren!

Öl·la·che die <-, -n> *eine Pfütze aus Öl[2]* Unter dem Auto bildete sich eine Öllache.

Öl·pest die <-> (*kein Plur.*) *eine Umweltkatastrophe, bei der eine große Menge Erdöl ins Meer gelangt ist und Wasser und Strand verschmutzt* Im Kampf gegen die drohende Ölpest an der Küste halfen viele Freiwillige.

Öl·platt·form die <-, -en> (≈ *Bohrinsel*) *eine große Plattform, die im Meeresboden verankert ist und auf der Maschinen stehen, mit denen Erdöl aus dem Meer gewonnen wird*

Öl·sar·di·ne die <-, -n> (*meist Plur.*) *eine der kleinen Sardinen, die in Öl[1] in einer Konservendose verkauft werden* ■ **jemand steht/sitzt irgendwo wie die Ölsardinen** (*umg.*): *Leute stehen* *oder sitzen irgendwo dicht gedrängt*

Öl·scheich der <-s, -e> (*umg.*) *bezeichnet einen Angehörigen der Familien auf der arabischen Halbinsel, die die Kontrolle über die Erdölquellen haben*

Öl·schin·ken der <-s, -> (KUNST: *abwert.*) *ein Gemälde in Öl[3], das sehr groß ist und keinen künstlerischen Wert hat*

Öl·stand der <-(e)s, Ölstände> KFZ *die Menge des Öls[2], die sich in einem Motor befindet* den Ölstand regelmäßig kontrollieren

Öl·tep·pich der <-s, -e> *meist aus einem Öltanker ausgelaufenes Erdöl, das als große Fläche auf dem Meer schwimmt* Der Ölteppich bewegte sich auf die Küste zu.

Ö·lung die <-, -en> ■ **die Letzte Ölung** REL.: *ein Sakrament in der katholischen Kirche, das jmd. kurz vor seinem Tode bekommt* Der Sterbende empfing die letzte Ölung.

Öl·wech·sel der <-s, -> KFZ *Austausch von altem gegen neues Öl[2] bei einem Kraftfahrzeug* Nach einer bestimmten Zeit ist ein Ölwechsel fällig., Diese Werkstatt nimmt auch Ölwechsel vor.

O·lym·pi·a <-s> (*kein Plur.*) **1.** *der Name einer Stätte in Griechenland, wo die ersten Olympischen Spiele stattfanden* **2.** (*geh.* ≈ *Olympiade*) *die Olympischen Spiele* ◆-gelände, -jahr, -mannschaft, -stadion

O·lym·pi·a·de die <-, -n> (≈ *Olympische Spiele*) *ein sportlicher Wettkampf, der alle vier Jahre in einem anderen Land stattfindet und an dem die besten Sportler der Welt teilnehmen*

O·lym·pi·o·ni·ke, **O·lym·pi·o·ni·kin** der <-n, -n> SPORT *Sportler, der an der Olympiade teilnimmt*

o·lym·pisch <nicht steig.> *Adj. die Olympiade betreffend* das olympische Dorf, das olympische Feuer

Öl·zweig der <-(e)s, -e> **1.** *der Zweig von einem Olivenbaum* **2.** *ein Ölzweig[1] als Symbol für den Frieden*

O·ma die <-, -s> (*umg.*) **1.** *Großmutter* Liebe Oma, zum Geburtstag alles Gute! **2.** (*abwert.*) *eine alte Frau* Mann, die olle Oma mit ihren Ratschlägen!

O·me·ga·tier das <-(e)s, -e> (BIOL.: *Verhaltensforschung* ↔ *Alphatier*) *das Tier, das in der Rangordnung eines Rudels die niedrigste Position einnimmt*

O·me·lett, *a.* **O·me·let·te** das/die [ɔmə'lɛt] <(e)s/-, -e/-s/-n> *eine Speise aus Eiern, die verrührt und dann in der Pfanne kurz gebraten werden*

O·men das <-s, -> (≈ *Vorzeichen*) *ein Zeichen oder ein Ereignis, das etwas ankündigt, was in der Zukunft passieren wird und auf das man keinen Einfluss hat* Die fallenden Börsenkurse sind ein schlechtes Omen für die Wirtschaft.

O·mi die <-, -s> (≈ *Oma[1]*)

o·mi·nös *Adj.* **1.** *so, dass etwas unheilvoll oder schlimm ist* Die Bewohner der Stadt wurden von einer ominösen Krankheit heimgesucht. **2.** *so, dass etwas zweifelhaft oder verdächtig erscheint* Bis heute sucht man nach dem ominösen Spender der Gelder.

Om·ni·bus der <-ses, -se> (≈ *Autobus*) ◆-betrieb, -haltestelle, -linie

O·na·nie die <-> (*kein Plur.*) (≈ *Masturbation*) *sexuelle Selbstbefriedigung*

o·na·nie·ren *ohne OBJ* (≈ *masturbieren*) ■ *jmd. onaniert sich sexuell selbst befriedigen*

One·night·stand der ['wʌnnaɪtstænd] <-s, -s> (*Jargon*) *eine sexuelle Affäre, die nur eine Nacht dauert*

On·kel der <-s, -> **1.** *der Bruder des Vaters oder der Mutter* **2.** (*umg.*) *Bezeichnung von und gegenüber kleineren Kindern für einen Mann* der Onkel Doktor, Gib dem Onkel die Hand!

on·line ['ɔnlaɪn] <nicht steig.> *Adj.* (EDV: ↔ *offline*) *so, dass ein Computer gerade mit anderen Computern oder mit einem Kommunikationssystem verbunden ist*

On·line·be·trieb der <-s, -e> (EDV: ↔ *Offlinebetrieb*) *der Zustand, dass ein Computer online ist*

On·line·dienst der <-es, -e> EDV *eine Firma, die Kunden den Zugang zum Internet und verschiedenen Diensten des Internets anbietet*

On·line·ge·bühr die <-, -en> EDV *Gebühr, die zu bezahlen ist, wenn der Zugang zum Internet über einen Onlinedienst erfolgt*

On·line·re·dak·teur, **On·line·re·dak·teur·in** der <-s, -e> EDV *ein Journalist, der seine Arbeiten online bei Zeitungen oder Magazinen abliefert*

On·line·ser·vice der <-, -> *s.* **Onlinedienst**

On·line-Shop der <-s, -s> EDV *ein Geschäft, das seine Waren nur im Internet anbietet*

ÖNORM die (*österr.*) *eine Industrienorm in Österreich, die in etwa der deutschen DIN-Norm entspricht*

O·nyx der <-(es), -e> *ein schwarzes Mineral, das auch für Schmuck gebraucht wird*

O·pa der <-s, -s> (*umg.*) **1.** *Großvater* Lieber Opa, zum Geburtstag alles Gute! **2.** (*abwert.*) *ein alter Mann* Mann, der olle Opa mit seinen Ratschlägen!

o·pak <nicht steig.> *Adj.* (*geh.*) **1.** *nicht durchsichtig* opakes Glas **2.** (≈ *hermetisch*) *so unverständlich und rätselhaft, dass man es nicht deuten kann* An dem opaken Text scheiterten alle Interpretationsversuche.

O·pal der <-s, -e> *ein Halbedelstein, der entweder milchig weiß ist oder in verschiedenen Farben schimmert*

OPEC die <-> (*kein Plur.*) *Organisation der Erdöl exportierenden Länder*

O·pen·air·kon·zert, *a.* **O·pen-Air-Kon·zert** das ['oʊpn'ɛə] <-(e)s, -e> *ein (großes) (Rock)konzert, das im Freien stattfindet*

O·per die <-, -n> **1.** MUS. *ein Bühnenstück, das Musik und Theater verbindet, wobei die Texte gesungen werden und ein Orchester die Musik spielt* Mozarts „Zauberflöte“ und Verdis „Aida“ sind bekannte Opern. **2.** MUS. *eine kulturelle Veranstaltung, die in großen Theaterhäusern angeboten wird* Auf dem Spielplan des Theaters stehen Schauspiel, Oper und Ballett., Heute Abend gehen wir in die Oper! **3.** (≈ *Opernhaus*) *ein Gebäude, in dem eine Oper aufgeführt wird* Die Oper in Mailand heißt Scala. ◆-nbühne, -nchor, -nsänger

O·pe·ra·teur, **O·pe·ra·teu·rin** der [opəra'tøːɐ̯] <-s, -e> MED. *ein Arzt, der eine Operation*[1] *ausführt*

O·pe·ra·ti·on die <-, -en> **1.** (MED.: ≈ *chirurgischer Eingriff*) *die Handlung, bei der ein Arzt einen Patienten operiert*[1] Die Entfernung des Blinddarms ist keine schwere Operation. ◆-stisch, -ssaal, Augen-, Herz-, Schönheits- **2.** MILIT. *eine Kampfhandlung, die geplant und relativ groß ist* „Operation Seeadler" beginnt in den frühen Morgenstunden. **3.** EDV MATH. *der Vorgang, dass Zahlen oder Zeichen durch einfache oder abstrakte und komplizierte mathematische Handlungen verknüpft werden* arithmetische Operation, logische Operation, Das Betriebssystem des Computers führt mehrere Operationen nacheinander aus. ◆ Rechen-

o·pe·ra·tiv <nicht steig.> *Adj.* MED. *so, dass etwas mittels einer Operation*[1] *geschieht* der operative Eingriff

O·pe·ra·tor der <-s, -en> **1.** EDV *jmd., der einen Großrechner oder einen bestimmten Server bedient* Der Operator ist für die Sicherung des Systems verantwortlich. **2.** MATH. *Zeichen, das für eine Rechenoperation steht* Das Zeichen „+" ist ein arithmetischer Operator.

O·pe·ret·te die <-, -n> MUS. *eine Art der Oper, die meist einen lustigen Inhalt hat und bei der nicht nur gesungen, sondern auch manchmal gesprochen wird*

o·pe·rie·ren **I.** *mit OBJ* ■ *jmd. operiert jmdn.* (*an etwas Dat.*) MED. *einen Körper oder einen Körperteil aufschneiden, um etwas zu entfernen, das der Grund einer Krankheit ist, oder um eine kosmetische Veränderung durchzuführen* Der Chirurg operierte den Patienten am Herzen., Wir müssen auf der Stelle operieren! **II.** *ohne OBJ.* ■ *jmd. operiert irgendwo* MILIT. *eine militärische Operation*[2] *durchführen* Die Truppen operierten auf unbekanntem Gelände.

O·pern·ball der <-(e)s, Opernbälle> *ein großer Ball, der in einem Opernhaus stattfindet* der Wiener Opernball

O·pern·füh·rer der <-s, -> *ein Buch, in dem die Inhalte, die Figuren und die Musik von Opern beschrieben werden*

O·pern·glas das <-es, Operngläser> *eine Art Fernglas, das sehr klein ist und mit dem man die Personen auf einer Opern- oder Theaterbühne gut sehen kann*

Op·fer das <-s, -> **1.** *etwas, das man hergibt oder auf das man verzichtet, obwohl es sehr schwer fällt* Mit dem Rauchen aufhören? Da verlangst du mir ein zu großes Opfer ab., Nur unter großen finanziellen Opfern konnten sie sich den Urlaub leisten. ◆-bereitschaft, -mut **2.** REL. *etwas, das man einer Gottheit darbringt* Das Lamm ist ein traditionelles Opfer im islamischen Glauben. ◆-gabe, -feuer, -tier, -tod, -zeremonie, Blut-, Brand-, Dank-, Menschen-, Tier- **3.** (REL.: ≈ *Spende*) *ein Geldbetrag, den man der Kirche schenkt* **4.** *jmd., der an Körper oder Geist durch etwas oder jmdn. Schaden erlitten hat oder getötet wurde* Der Krieg forderte zahlreiche Opfer., Die meisten Opfer der Katastrophe waren auf dem Land zu beklagen., Es sind meistens Kinder, die einer Epidemie zum Opfer fallen. ■ **etwas wird ein Opfer der Flammen**: *etwas wird durch ein Feuer vernichtet* Die gesamten Bücher der Bibliothek des Klosters wurden ein Opfer der Flammen. ◆ Kriegs-, Seuchen-, Todes-, Unfall-, Verkehrs-

op·fern <opferst, opferte, hat geopfert> **I.** *mit OBJ* ■ *jmd. opfert* (*jmdm.*) *etwas jmd. bringt* (*jmdm.*) *ein Opfer*[2] *dar* Sie opferten eine Ziege, um die Götter gnädig zu stimmen. **II.** *mit OBJ* ■ *jmd. opfert* (*jmdm.*)/(*für jmdn./etwas*) *etwas etwas jmdm. geben oder für jmdn. oder eine Sache etwas tun, auf das man nur schwer verzichten kann* Er opferte ihr seine ganze Zeit., Sie opferte für ihre Spielleidenschaft ihr ganzes Geld **III.** *ohne OBJ* ■ *jmd. opfert jmdm. einer Gottheit etwas darbringen* Die Seefahrer opferten dem Poseidon, um guten Wind zu bekommen. **IV.** *mit SICH* ■ *jmd. opfert sich* (*für jmdn./etwas*) **1.** *für jmdn. etwas tun, das für das eigene Wohl gefährlich sein kann* Er opferte sich, um seinen Freund zu retten. **2.** (*iron.*) *etwas tun, was jmd. anders nicht oder nur ungern tun möchte* Wer opfert sich und holt neues Bier?

Op·fer·stock der <-(e)s, Opferstöcke> *ein kleiner Kasten in einer Kirche, in den man eine Geldspende einwerfen kann*

Op·fe·rung die <-, -en> *das Opfern I. II*

O·pi·at das <-(e)s, -e> MED. *meist ein Medikament mit Bestandteilen von Opium*

O·pin·ion-Lea·der der [ə'pɪnjən-'liːdə] <-s, -> SOZIOL. *jmd., der für eine bestimmte Gruppe von Menschen eine Art Vorbild ist und der die Meinung dieser Menschen durch sein Beispiel beeinflusst*

O·pi·um das <-s> (*kein Plur.*) *eine Substanz, die aus dem Schlafmohn gewonnen wird und meistens geraucht oder auch gegessen wird* ◆-esser, -handel, -krieg, -pfeife, -schmuggel

op·po·nie·ren *ohne OBJ* ■ *jmd. opponiert* (*gegen jmdn./etwas*) (*geh.*) *sich etwas oder jmdm. widersetzen, weil man anderer Meinung ist* Die meisten Kollegen opponierten gegen den Vorschlag., Einige Schüler opponierten gegen die Autorität des Lehrers.

op·por·tun *Adj.* (*geh.*) *so, dass etwas in einer Situation angebracht oder nützlich ist* Eine weitere Erhöhung der Steuern wäre momentan nicht opportun.

Op·por·tu·nis·mus der <-ses> (*kein Plur.*) (*geh. abwert.*) *die Haltung, nur das zu tun, was dem eigenen Vorteil nützt und dabei auch die eigene Meinung zu verleugnen* Er handelte aus purem Opportunismus.

Op·por·tu·nist, **Op·por·tu·nis·tin** der <-en, -en> (*abwert.*) *jmd., der dem Opportunismus folgt* ein Volk von Opportunisten

op·por·tu·nis·tisch *Adj.* (*abwert.*) *den Opportu-*

O

nismus betreffend

Op·po·si·ti·on die <-, -en> **1.** POL. *in einem Parlament diejenigen politischen Parteien, die nicht die Regierung bilden* Die Opposition lehnte den Gesetzentwurf der Regierung ab., Aus den Reihen der Opposition kam verstärkte Kritik an dem Gesetz. ◆-sführer, -spartei **2.** *eine Gruppe von Menschen, die einer Meinung oder einer Lehre oder einer Ideologie oder Politik widersprechen* die außerparlamentarische Opposition, die kirchliche Opposition **3.** (*geh.*) *der Widerstand, der Widerspruch* Er stand in eindeutiger Opposition zu den Forderungen seiner Eltern.

Op·po·si·ti·ons·bünd·nis das <-ses, -se> POL *Zusammenschluss der Parteien in der Opposition*[1]

OP-Schwes·ter die [o'pe:] <-, -n> MED. *eine Krankenschwester im Operationssaal*

Op·tik die <-> (*kein Plur.*) **1.** PHYS. *die Lehre von dem Licht und seiner Wahrnehmung* **2.** *der Eindruck von etwas, das man sieht* Die Optik des Gebäudes hatte etwas Faszinierendes.

Op·ti·ker, **Op·ti·ke·rin** der <-s, -> *jmd., der beruflich Brillen und optische Geräte herstellt und verkauft* ◆-geschäft, -laden, Augen-

Op·ti·ma *Plur. von* **Optimum**

op·ti·mal *Adj. so, dass etwas nicht besser sein kann* die optimalen Bedingungen, das optimale Wetter

op·ti·mie·ren *mit OBJ* ■ *jmd. optimiert etwas etwas so machen, dass es besser und effektiver wird* Den Arbeitsablauf könnte man noch optimieren.

Op·ti·mis·mus der <-ses> (*kein Plur.*) (↔ *Pessimismus*) *die Einstellung, bei der nur das Gute gesehen oder erwartet wird* Sein Optimismus konnte durch nichts erschüttert werden., Sie waren voller Optimismus.

Op·ti·mist, **Op·ti·mis·tin** der <-en, -en> (↔ *Pessimist*) *jmd., dessen Einstellung von Optimismus geprägt ist*

op·ti·mis·tisch *Adj.* (↔ *pessimistisch*) *so, dass jmd. nur das Gute sieht* Sie blickte optimistisch in die Zukunft.

Op·ti·mum das <-s, Optima> *das Beste, was möglich ist* Dieses Auto bietet ein Optimum an Komfort.

Op·ti·on die <-, -en> **1.** WIRTSCH. RECHTSW. *Vormerkung für den späteren Kauf einer Ware oder Ähnliches* Ich habe bereits eine Option auf dieses Grundstück., Auf diese Aktien hatte er sich eine Option gesichert. **2.** *die Möglichkeit der Auswahl, z.B. bei einem Computerprogramm* In der Dialogbox gibt es verschiedene Optionen, Zu diesem Zeitpunkt hatten wir nur noch zwei Optionen.

Op·ti·ons·ver·trag der <-(e)s, Optionsverträge> *der Vertrag, der eine Option*[1] *zum Inhalt hat*

op·tisch *Adj.* **1.** *so, dass etwas mit den Augen wahrgenommen wird* eine optische Täuschung, Der optische Eindruck war umwerfend. **2.** (*nur attr.*) *so, dass etwas mit geschliffenen Gläsern ausgestattet ist* ein optisches Gerät **3.** *so, dass etwas in Bezug auf die Optik*[2] *wirkt* Er hatte die Blumen aus optischen Gründen entfernt.

o·pu·lent *Adj.* (*geh.*) *so, dass eine Mahlzeit gut und reichlich ist* Sie hatten ein opulentes Mahl zubereitet.

O·pus das <-, Opera> (*geh.*) **1.** (*kein Plur.*) *in Verbindung mit einer Zahl Bezeichnung für ein bestimmtes Musikstück, abgekürzt Op.* Franz Schuberts Fantasy in C major, Op. 159 **2.** *ein literarisches oder musikalisches Werk* **3.** *das gesamte Werk eines Autors oder Komponisten*

O·ra·kel das <-s, -> **1.** *ein Spruch, mit dem jmd. die Zukunft vorhersagt* ein Orakel verkünden **2.** *Ort*[1]*, vor allem im antiken Griechenland, an dem ein Priester oder eine Priesterin ein Orakel verkündet* das Orakel von Delphi

o·ra·keln <orakelst, orakelte, hat orakelt> *ohne OBJ* ■ *jmd. orakelt* (*umg.*) *mit geheimnisvollen Andeutungen darüber sprechen, was die Zukunft bringt* Man orakelte, dass er die Wahl gewinnen würde.

o·ral <nicht steig.> *Adj. den Mund betreffend* Das Mittel ist oral zu verabreichen.

O·ran·ge[1] die [o'rã:ʒə/o'raŋʒə] <-, -n> (≈ *Apfelsine*) *eine Frucht mit in einzelne Segmente unterteiltem rötlichem Fruchtfleisch, süßem Geschmack und einer Schale, die außen rotgelb und innen weiß ist* ◆-nbaum, -nmarmelade, -nsaft, -nschale

O·ran·ge[2] das [o'rã:ʒə/o'raŋʒə] <-> (*kein Plur.*) *der Farbton, der aus der Mischung von Rot und Gelb entsteht*

O·ran·gea·de die [orã'ʒa:də/oraŋ'ʒa:də] <-> (*kein Plur.*) *ein Erfrischungsgetränk aus Orangensaft, Zitronensaft, Wasser und Zucker*

O·ran·geat das [orã'ʒa:t/oraŋ'ʒa:t] <-s, -e> *in kleine Stückchen gewürfelte kandierte Orangenschale*

o·ran·ge·far·ben <-, -> *Adj. so, dass etwas die Farbe Orange hat*

O·ran·ge·rie die [orãʒə'ri:/oraŋʒə'ri:] <-, -n> *ein größeres Gewächshaus, wie es vor allem im 17. und 18. Jahrhundert als Teil von Schlossanlagen gebaut wurde und in dem exotische Gewächse, wie z.B. Orangenbäume, überwintern konnten*

O·rang-U·tan der <-s, -s> ZOOL. *Menschenaffe mit rotbraunem Fell und langen Haaren*

O·ra·to·ri·um das <-s, Oratorien> **1.** (*kein Plur.*) *Musikstück für Chor, Einzelstimme und Orchester, das einen religiösen oder ernsten Inhalt hat* **2.** *ein kleinerer Saal zum Beten oder eine Hauskapelle in einem Kloster*

Or·bit der <-s> (*kein Plur.*) *Umlaufbahn eines Satelliten um einen Himmelskörper*

Or·ches·ter das <-s, -> MUS. **1.** *eine größere Gruppe von Musikern, die zusammen spielen und die von einem Dirigenten geleitet werden* ◆ Rundfunk-, Sinfonie- **2.** (≈ *Orchestergraben*) *der Raum unten vor einer Bühne, in dem sich das Orchester*[1] *befindet*

Or·ches·ter·be·glei·tung die <-, -en> *Begleitung eines Bühnenstücks oder eines Stummfilms durch ein Orchester*[1]

Or·ches·ter·gra·ben der <-s, Orchestergräben> *s.* **Orchester[2]**

or·ches·trie·ren *mit OBJ* ■ *jmd. orchestriert etwas* MUS. *ein Musikstück für die Besetzung mit einem Orchester[1] umarbeiten*

Or·chi·dee die <-, -n> *eine teure Blume aus tropischen Ländern mit schöner Blüte*

Or·den[1] der <-s, -> REL. *ein Zusammenschluss von Männern oder Frauen, die gemeinsamen religiösen Zielen folgen und häufig in einem Kloster leben* Der Orden der Franziskaner wurde von Franz von Assisi gegründet. ◆-sbruder, -sgründer, -sregel, -sschwester

Or·den[2] der <-s, -> *ein dekorativ gestaltetes Stück Metall, das als eine Auszeichnung für besondere Verdienste dient und das man an einem Band um den Hals oder auf der Kleidung trägt* einen Orden verleihen

Or·dens·geist·liche der/die <-n, -n> *jmd., der einem Orden[1] angehört*

Or·dens·trä·ger der <-s, -> *jmd., der einen Orden[2] trägt*

or·dent·lich *Adj.* **1.** *so, dass etwas in einer bestimmten Reihenfolge und an einem bestimmten Platz ist* Er hatte sein Zimmer ordentlich aufgeräumt., Die Wäsche lag ordentlich im Schrank. **2.** (≈ *ordnungsliebend*) *so, dass es für jmdn. wichtig ist, dass seine Sachen ordentlich[1] sind* Ein Blick auf den Schreibtisch genügt, um zu sehen, dass er ein ordentlicher Mensch ist. **3.** (≈ *anständig*) *so, dass etwas einer gesellschaftlichen Norm entspricht* Kannst du dich nicht ordentlich benehmen?, Sie versuchte stets, ein ordentliches Leben zu führen. **4.** (*umg.* ≈ *richtig*) *so, dass etwas dem Zweck entspricht und gewünscht wird* Zu so einer Party gehört ein ordentliches Essen., Ich brauche morgens erstmal ein ordentliches Frühstück. **5.** (≈ *tüchtig*) *so, dass etwas sehr stark oder sehr groß bzw. viel ist* ein ordentlicher Regen, Du hast mir aber einen ordentlichen Schrecken eingejagt! **6.** (≈ *planmäßig*) *so, dass etwas den normalen Aufgaben und Pflichten entspricht* Er wurde zum ordentlichen Professor ernannt.

Or·der[1] die <-, -n/-s> MILIT. *ein Befehl* Sie hatten die Order, die Stadt zu verteidigen.

Or·der[2] die <-, -s> WIRTSCH. *der Auftrag, mit dem eine Ware bestellt wird*

or·dern <orderst, orderte, hat geordert> *mit OBJ* ■ *jmd. ordert etwas* WIRTSCH. *jmd. bestellt eine Ware*

Or·der·vo·lu·men das <-s, Or·der·vo·lu·mina> *Umfang einer Bestellung von Waren*

Or·di·nal·zahl die <-, -en> (↔ *Kardinalzahl*) *eine Zahl, die eine Stelle in einer Reihenfolge bezeichnet* Man kann die Ordinalzahl „erster" auch „1." schreiben: erster Platz oder 1. Platz.

or·di·när *Adj.* **1.** (*abwert.* ≈ *unanständig*) *so, dass etwas den Normen der Gesellschaft nicht entspricht und grob und nicht fein, sondern vulgär ist.* Ständig erzählt er ordinäre Witze., Ihre ordinären Reden sind abstoßend. **2.** (*geh.*) *so, dass etwas nicht außergewöhnlich, sondern ganz normal ist* Das ist kein besonderer Wein, sondern nur ein ganz ordinärer Landwein.

Or·di·na·rius der <-, Ordinarien> **1.** *ein ordentlicher[6] Professor an einer Hochschule* **2.** *ein Oberhirte in der katholischen Kirche, wie z.B. ein Erzbischof*

Or·di·na·ti·on[1] die <-, -en> REL. *feierliche Einsetzung eines Geistlichen in sein Amt*

Or·di·na·ti·on[2] die <-, -en> **1.** *ärztliche Sprechstunde* **2.** (*österr.*) *das Untersuchungszimmer eines Arztes*

ord·nen *mit OBJ* ■ *jmd. ordnet etwas* **1.** *Sachen in eine systematische Reihenfolge oder an bestimmte Plätze bringen* Ich muss erst noch meine Unterlagen ordnen., Meine Bücher sind nach Sachgebieten geordnet., Nach dieser Aufregung muss ich erst mal meine Gedanken etwas ordnen. **2.** (≈ *regeln*) *dafür sorgen, dass etwas nicht mehr verändert werden kann und so ist, wie es sein soll* Wir ordneten seinen Nachlass in recht kurzer Zeit.

Ord·ner[1] der <-s, -> *Person, die bei einer Veranstaltung dafür sorgt, dass sich alle an die Regeln halten* Die Veranstalter hatten dafür gesorgt, dass genügend Ordner die Demonstration begleiteten.

Ord·ner[2] der <-s, -> *ein Behälter aus Pappe oder Plastik, in dem man Papiere oder Unterlagen ordnen[1] kann* ◆Akten-

Ord·nung die <-, -en> **1.** (*kein Plur.*) *der Zustand, nachdem Sachen geordnet[1] wurden* Ich wollte endlich mal wieder Ordnung schaffen., In dem Schrank herrscht große Ordnung. **2.** (*kein Plur.*) *das Prinzip, nach dem Sachen geordnet werden* alphabetische Ordnung, chronologische Ordnung **3.** (*kein Plur.*) *die Handlung, bei der man Sachen ordnet* Sie war mit der Ordnung ihrer Unterlagen beschäftigt. **4.** (*kein Plur.*) *der Zustand, in dem eine Sache funktioniert oder jmd. wieder gesund ist* Das Radio ist nicht in Ordnung., Kannst du meinen Computer in Ordnung bringen?, Gestern war ich krank, aber heute bin ich wieder in Ordnung. **5.** (*kein Plur.*) (*umg.*) *der Zustand, in dem jmd. einverstanden oder mit etwas zufrieden ist* Ich finde nicht in Ordnung, dass er überhaupt nichts macht!, Kommst du mit ins Kino? - Geht in Ordnung! **6.** (*kein Plur.*) *der Zustand, in dem man sich nach den Normen und Gesetzen einer Gesellschaft oder Institution richtet* Die öffentliche Ordnung war nie gefährdet., Der neue Manager wollte Ordnung in das Unternehmen bringen. **7.** (*kein Plur.*) *die Gesetze und Regeln, nach denen man sich in einer Gesellschaft oder Gemeinschaft richtet* die demokratische Ordnung, die verfassungsmäßige Ordnung ◆Gesellschafts-, Grund-, Haus-, Prüfungs-, Studien- **8.** BIOL. *eine Kategorie in der Systematik der Lebewesen* In der Klasse „Säugetiere" gibt es eine Ordnung „Raubtiere". **9.** (*kein Plur.*) *in einer hierarchischen Abstufung der Platz, der angibt, wie wichtig etwas in Bezug zu einer Sache ist* Das ist ein Problem erster Ordnung!, Das ist eine Straße dritter Ordnung. ■ **jemanden zur Ordnung rufen**: *jmdn. auffordern, dass er nicht mehr gegen die Regeln ver-*

stößt Der Lehrer rief die Kinder zur Ordnung.

Ọrd·nungs·amt das <-(e)s, Ordnungsämter> *ein Amt, dass für die Ordnung[7], wie z.B. die Öffnungszeiten von Lokalen, zuständig ist*

ọrd·nungs·ge·mäß <nicht steig.> *Adj. so, dass etwas den Regeln und Normen entspricht* Ich hatte mein Motorrad ordnungsgemäß abgestellt., Er hatte die Prüfung ordnungsgemäß abgelegt.

Ọrd·nungs·hü·ter, **Ọrd·nungs·hü·te·rin** der <-s, -> (*scherzh.*) *Polizist*

Ọrd·nungs·map·pe die <-, -n> *eine Mappe, in der man Unterlagen ordentlich[1] aufbewahren kann*

Ọrd·nungs·stra·fe die <-, -n> RECHTSW. *eine Strafe für eine Ordnungswidrigkeit*

ọrd·nungs·wid·rig <nicht steig.> *Adj.* RECHTSW. *so, dass etwas gegen eine amtliche Vorschrift verstößt, aber noch keine kriminelle Handlung ist* Ordnungswidriges Parken wird mit 30E bestraft.

Ọrd·nungs·wid·rig·keit die <-, -en> RECHTSW. *der Verstoß gegen eine amtliche Vorschrift* Falsches Parken ist eine Ordnungswidrigkeit.

Ọrd·nungs·zahl die <-, -en> *s.* **Ordinalzahl**

Or·don·nạnz, *a.* **Or·do·nạnz** die <-, -en> **1.** MILIT. *Soldat, der in einem Offizierskasino bedient* **2.** (*veralt.*) *Befehl*

O·re·ga·no/O·ri·ga·no der <-> (*kein Plur.*) BOT. *eine Pflanze mit stark aromatischen Blättern, die speziell in der mediterranen Küche als Gewürz gebraucht werden*

Or·gan das <-s, -e> **1.** MED. ANAT. *im Körper ein Teil, der eine ganz spezielle Funktion hat* Herz, Leber und Magen gehören zu den inneren Organen. ◆-entnahme, -transplantation, -versagen, Atmungs-, Geschlechts-, Sinnes- **2.** (*umg.*) *Stimme* Er hat ein durchdringendes/furchtbar lautes Organ. **3.** *die Zeitung oder Zeitschrift einer Organisation, die von ihr auch herausgegeben wird* Der Verein hat ein eigenes Organ, das monatlich erscheint. **4.** (*geh.*) *eine bestimmte Abteilung in der Verwaltung oder Regierung, die bestimmte Aufgaben hat* Ihr Antrag wird an die entsprechenden Organe weitergeleitet. ◆Kontroll-, Verwaltungs-

Or·gan·bank die <-, -en> MED. *eine Institution, die Organe[1] für Organtransplantationen aufbewahrt*

Or·gan·em·pfän·ger der <-s, -> MED. *jmd., dem ein Organ[1] fehlt oder bei dem ein Organ[1] schwer geschädigt ist und bei dem eine Organtransplantation durchgeführt wird*

Or·gan·han·del der <-s> (*kein Plur.*) *der illegale Handel mit Organen[1]*

Or·ga·ni·grạmm das <-(e)s, -e> *ein Schaubild, das in Form einer Pfeilgrafik Strukturen innerhalb eines Unternehmens zeigt*

Or·ga·ni·sa·ti·on die <-, -en> **1.** *das Organisieren I. 1* **2.** *eine Gruppe von Menschen, die ein gemeinsames Ziel oder eine Aufgabe haben* Er gehörte einer politischen Organisation an. **3.** (*kein Plur.*) *etwas, das nach einem bestimmten Plan aufgebaut ist und abläuft* die Organisation der Arbeit

Or·ga·ni·sa·ti·ons·ko·mi·tee das <-s, -s> *eine Gruppe von Personen, die eine Veranstaltung vorbereiten*

Or·ga·ni·sa·ti·ons·ta·lent das <-(e)s, -e> **1.** *die Fähigkeit, etwas gut organisieren I. 1 zu können* **2.** *jmd., der Organisationstalent[1] hat*

Or·ga·ni·sa·tor, **Or·ga·ni·sa·to·rin** der <-s, -en> *jmd., der etwas organisiert I. 1*

or·ga·ni·sa·to·risch <nicht steig.> *Adj. so, dass etwas in Bezug auf das Organisieren I. 1 steht* Leider hatte die Veranstaltung organisatorische Mängel.

or·ga·nisch <nicht steig.> *Adj.* **1.** (CHEM.: ↔ *anorganisch*) *so, dass etwas die chemischen Verbindungen aus Kohlenstoff betrifft und in belebten Körpern vorkommt* die organische Säure, die organischen Verbindungen **2.** (↔ *psychisch*) *so, dass etwas ein Organ[1] betrifft* ein organisches Leiden **3.** (*geh.*) *so, dass etwas natürlich gegliedert ist und eine harmonische Einheit mit etwas bildet* Diese alte Stadt ist organisch gewachsen.

or·ga·ni·sie·ren **I.** *mit OBJ* ■ *jmd./etwas organisiert etwas Akk.* **1.** *etwas sorgfältig vorbereiten* Wer organisiert eigentlich den Abschlussball? **2.** (*umg.* ≈ *besorgen*) *dafür sorgen, dass etwas vorhanden ist* Ich organisiere die Getränke. **3.** (*umg. verhüll.*) *etwas auf nicht legalem Wege beschaffen* Unglaublich! Der hat doch einfach ein Fahrrad organisiert! **II.** *mit SICH* ■ *jmd. organisiert sich eine Gruppe von Menschen schließt sich zusammen, um ein gemeinsames Ziel zu verfolgen* Die Dorfbewohner organisierten sich zum Widerstand gegen die geplante Straße., Die Arbeiter organisierten sich in den Gewerkschaften.

or·ga·ni·siert **I.** *Part. Perf. von* **organisieren** **II.** *Adj.* **1.** (*nur attr.*) *so, dass etwas von einer kriminellen Organisation geplant und durchgeführt ist* das organisierte Verbrechen **2.** *so, dass etwas in Form von Gruppen oder Zusammenschlüssen besteht* die organisierte Protestbewegung

Or·ga·nịs·mus der <-ses, Organismen> **1.** *der Körper eines Lebewesens als System von Organen* Nach der Krankheit war ihr ganzer Organismus geschwächt. **2.** *ein (sehr) kleines Lebewesen* ◆Mikro- **3.** *ein System von einzelnen Teilen, die spezielle Aufgaben haben und sinnvoll gegliedert sind* Die Wirtschaft ist ein komplizierter Organismus.

Or·ga·nịst, **Or·ga·nịs·tin** der <-en, -en> MUS. *jmd., der Orgel in einer Kirche spielt*

Or·gan·man·dat das <-(e)s, -e> (*österr.*) *von einem Polizisten direkt verhängte und kassierte Strafe*

Or·ga·no·grạmm das <-(e)s, -e> PSYCH. *Schaubild, das die Informationsverarbeitung im Organismus wiedergibt*

Or·gan·spen·de die <-, -n> MED. *der Vorgang, dass jmd. ein Organ[1] für eine Organtransplantation zur Verfügung stellt*

Or·gan·spen·der, **Or·gan·spen·de·rin** der <-s, -> MED. *eine Person, die ein eigenes, gesundes*

Organ[1] für eine Organtransplantation spendet ◆-ausweis

Or·gan·trans·plan·ta·ti·on die <-, -en> MED. *eine Operation[1], bei der ein Organ[1] eines Organspenders in den Köper eines Organempfängers eingepflanzt wird*

Or·gas·mus der <-, Orgasmen> *der Höhepunkt des Lustempfindens beim Geschlechtsverkehr* zum Orgasmus kommen, einen Orgasmus bekommen/haben

or·gas·tisch *Adj.* (*geh.*) *den Orgasmus betreffend; wollüstig*

Or·gel die <-, -n> MUS. *ein großes Musikinstrument mit Tastatur, Pedalen, Registern und Orgelpfeifen, das meist in Kirchen steht*

Or·gel·kon·zert das <-(e)s, -e> MUS. *ein Musikstück oder ein Konzert, bei dem eine Orgel das Haupt- oder Soloinstrument ist*

Or·gel·mu·sik die <-> (*kein Plur.*) MUS. **1.** *Musik, die für Orgel geschrieben ist* **2.** *die Musik, die man hört, wenn jmd. Orgel spielt*

or·geln <orgelst, orgelte, hat georgelt> *ohne OBJ.* ■ *jmd. orgelt* (*umg.*) *auf einer Drehorgel spielen*

Or·gel·pfei·fe die <-, -n> MUS. *einer der vielen Zylinder aus Metall oder Holz, die in verschiedenen Größen auf einer Orgel angebracht sind und in denen die Töne einer Orgel erzeugt werden*

Or·gel·spie·ler der <-s, -> MUS. *jmd., der eine Orgel spielt*

Or·gie die <-, -n> **1.** *ein Fest, bei dem sehr viel gegessen und getrunken wird und auf dem es auch sexuelle Aktivitäten gibt* **2.** (*umg. abwert.*) *der Vorgang, dass etwas bei einem bestimmten Anlass sehr übertrieben wird* ◆ Fress-, Sauf-

O·ri·ent der <-s> (*kein Plur.*) (GEOGR.: ↔ *Okzident*) **1.** *die Länder des Nahen, Mittleren und Fernen Ostens* **2.** ■ **der Vordere Orient**: *die Länder zwischen Ägypten und dem Iran*

O·ri·en·ta·le, O·ri·en·ta·lin der <-n, -n> *jmd. aus dem Orient*

o·ri·en·ta·lisch <nicht steig.> *Adj. den Orient betreffend*

O·ri·en·ta·list der <-en, -en> **1.** KUNST *Maler des 19. Jahrhunderts, dessen Bilder einen idealisierten Orient zeigen* **2.** *Wissenschaftler, dessen Forschungsgebiet der Orient ist* ►Orientalistik

o·ri·en·tie·ren I. *mit OBJ* **1.** ■ *jmd. orientiert jmdn.* (*über etwas Akk.*) *informieren* Der Seminarleiter orientierte die Teilnehmer über den Veranstaltungsablauf. **2.** ■ *jmd. orientiert jmdn./etwas auf etwas Akk. jmdn. oder etwas auf ein Ziel hinlenken, auf eine Sache konzentrieren* Die Regierung orientierte alle ihre Anstrengungen auf die notwendigen Reformen. **II.** *mit SICH* **1.** ■ *jmd. orientiert sich* (*irgendwo*) (*nach/an etwas Dat.*) *in einer Umgebung oder Situation seinen Standort finden, um ein Ziel zu erreichen* In dieser Stadt muss ich mich erstmal orientieren., Der Seemann orientierte sich am Stand der Sonne, um den Kurs zu verfolgen., Wenn man sich nach dem Polarstern orientiert, kommt man nach Norden. **2.** ■ *jmd. orientiert sich an jmdm./etwas* (*geh.*) *sich nach jmdm. oder etwas richten* Sie orientierte sich am Vorbild ihrer älteren Schwester., Die Aktienkurse orientieren sich an den aktuellen Wirtschaftsdaten. ►erfolgsorientiert, konsumorientiert, linksorientiert

O·ri·en·tie·rung die <-, -en> **1.** (*geh.*) *das Orientieren I. 1* Dieser Plan mag zur vorläufigen Orientierung ausreichen. **2.** (*kein Plur.*) *das Wissen, wo man sich befindet* Zur Orientierung kann man sich die Straßennamen merken., Nach einigen Kilometern hatten wir völlig die Orientierung verloren. **3.** (*geh.*) *etwas richtet sich nach etwas aus* die Orientierung der Politik an wirtschaftlichen Erfordernissen, Die Orientierung an dieser Richtlinie sollte nochmals überdacht werden.

O·ri·en·tie·rungs·hil·fe die <-, -en> *etwas, das hilft, um in einer Gegend oder einem Fachgebiet sein Ziel zu finden* Der Kompass ist eine gute Orientierungshilfe., Dieses Buch dient als Orientierungshilfe für das Studium.

o·ri·en·tie·rungs·los *Adj. so, dass jmd. oder etwas ohne Orientierung[2] ist* Orientierungslos rannte er durch das große Gebäude., Orientierungslos steuerte das Schiff durch den Sturm.

O·ri·en·tie·rungs·sinn der <-(e)s, -e> *die Fähigkeit, intuitiv sein Ziel zu finden* Der Orientierungssinn der Zugvögel ist beeindruckend.

O·ri·en·tierungs·wert der <-(e)s, -e> *eine Zahl oder eine Menge, die benutzt wird, damit sich jmd. in Bezug auf eine Sache orientieren I. 1 kann* Ziehen Sie von Ihrer Körpergröße einen Meter ab und nehmen die verbleibenden Zentimeter als Kilogramm, so haben sie einen Orientierungswert für Ihr Idealgewicht.

Ori·ga·no der *s.* **Oregano**

O·ri·gi·nal das <-(e)s, -e> **1.** (↔ *Fälschung*) *ein Kunstwerk, das ein Künstler geschaffen hat* Das Original der „Mona Lisa" hängt im Louvre. **2.** (↔ *Kopie*) *die erste Vorlage eines geschriebenen Textes* **3.** (*umg.*) *jmd., dessen Erscheinung und dessen Verhalten ungewöhnlich und interessant ist* Dieser Lehrer war ein richtiges Original.

o·ri·gi·nal <nicht steig.> *Adj. so, dass etwas echt und nicht nachgemacht ist* original Nürnberger Lebkuchen

O·ri·gi·nal·auf·nah·me die <-, -n> MUS. *die erste Aufnahme eines Musikstückes* Die Originalaufnahme des Konzertes aus dem Jahr 1956 hat heute Seltenheitswert.

O·ri·gi·nal·do·ku·ment das <-s, -e> *das Original[2] eines Dokuments*

O·ri·gi·nal·fas·sung die <-, -en> FILM *ein Film, der nicht synchronisiert ist* Der Film läuft in der französischen Originalfassung.

o·ri·gi·nal·ge·treu <nicht steig.> *Adj. so, dass etwas fast genau wie das Original[1] wirkt* Sie sehen dort drüben eine originalgetreue Reproduktion des Kunstwerks.

O·ri·gi·na·li·tät die <-> (*kein Plur.*) **1.** (≈ *Unverwechselbarkeit*) *die Eigenschaft, dass etwas besonders und ungewöhnlich ist* Diese Möbel bestechen durch ihre Originalität. **2.** *Reichtum an neu-*

en Ideen und interessanten Einfällen Die Wissenschaftlerin bestach durch die Originalität ihres Denkens., Die Originalität des Kunstwerkes erweckte die Aufmerksamkeit des Publikums. **3.** (≈ *Echtheit*) Die Originalität des Schmuckes ist zweifelhaft.

O·ri·gi·nal·ver·pa·ckung die <-, -en> *die Verpackung, mit der ein Hersteller sein Produkt versieht* Ein Umtausch ist nur in der Originalverpackung möglich.

o·ri·gi·när *Adj.* (*geh.*) *so, dass etwas ursprünglich ist*

o·ri·gi·nell *Adj.* **1.** *so, dass etwas neu und ungewöhnlich oder auch witzig ist* Das ist mal eine originelle Idee. **2.** *so, dass jmd. witzig ist und immer neue Ideen hat* ein origineller Mensch

Or·kan der <-(e)s, -e> *ein starker Sturm, der viel Schaden anrichten kann* Ein Orkan fegte über weite Gebiete Deutschlands hinweg.

or·kan·ar·tig <nicht steig.> *Adj.* **1.** *so, dass etwas wie ein Orkan wirkt* ein orkanartiger Sturm **2.** *so, dass etwas ungewöhnlich laut und stark ist* Nach dem Konzert gab es orkanartigen Beifall.

Or·kus der <-> (*kein Plur.*) *in der römischen Mythologie das Reich der Toten, die Unterwelt*

Or·na·ment das <-(e)s, -e> *ein Muster, das als Verzierung von Stoffen, Möbeln oder Bauwerken dient* ►ornamental

Or·nat der <-(e)s, -e> (≈ *Amtstracht*) *eine spezielle Kleidung, die geistliche oder weltliche Würdenträger bei kirchlichen oder weltlichen Feiern tragen*

Or·ni·tho·lo·gie die <-> (*kein Plur.*) ZOOL. *die Wissenschaft, die sich mit den Vögeln beschäftigt* ►Ornithologe, Ornithologin, ornithologisch

Ort der <-(e)s, -e> **1.** *ein bestimmter Platz oder ein Gebiet* Sie hält sich an einem unbekannten Ort auf. ◆ Aufenthalts-, Unglücks-, Versammlungs- **2.** (*kein Plur.*) *die Stelle, wo eine Sache normalerweise ist* Das Buch steht nicht an seinem Ort! **3.** (≈ *Ortschaft*) *ein Dorf oder eine kleine Stadt* **4.** *alle Einwohner einer kleinen Stadt oder eines Dorfes* Der ganze Ort hatte sich auf dem Marktplatz versammelt. **5.** (*-s, Örter*) MATH. *Stelle* geometrische Örter ■ **am Ort**: *in einer bestimmten Stadt* die einzige Apotheke am Ort **an Ort und Stelle**: *an dem Ort[1], an dem etwas geschieht oder passiert ist* Der Kanzler informierte sich an Ort und Stelle über die Situation des Unternehmens.

Ört·chen das <-s, -> ■ **das stille Örtchen** (*umg.*): *Toilette, WC*

or·ten *mit OBJ* ■ *jmd. ortet jmdn./etwas* LUFTF. SEEW. *mit technischen Instrumenten bestimmen, wo sich jmd. oder eine Sache befindet* Es war nicht schwer, das Boot mit dem Radar zu orten.

or·tho·dox *Adj.* **1.** REL. *so, dass eine Gruppe von Menschen streng die Regeln ihrer Religion befolgt* **2.** REL. *die Kirche in Ost- und Südosteuropa, die die Autorität des Papstes nicht anerkennt und einen Patriarchen als Oberhaupt hat* ►griechisch-orthodox, russisch-orthodox **3.** (*umg.* ↔ *unorthodox*) *jmd., der immer die gleiche veraltete Meinung hat und nichts Neues zulässt*

or·tho·go·nal <nicht steig.> *Adj. rechtwinklig*

Or·tho·gra·phie, *a.* **Or·tho·gra·fie** die <-, -n> *Rechtschreibung*

or·tho·gra·phisch, *a.* **or·tho·gra·fisch** *Adj. so, dass etwas die Rechtschreibung betrifft*

Or·tho·pä·de, **Or·tho·pä·din** der <-n, -n> MED. *ein Arzt, dessen Spezialgebiet der Aufbau der Knochen und Muskeln des Menschen ist*

Or·tho·pä·die die <-> (*kein Plur.*) MED. *das Gebiet der Medizin, das sich mit dem Aufbau der Knochen und Muskeln des Menschen beschäftigt*

or·tho·pä·disch *Adj.* MED. *die Orthopädie betreffend*

ört·lich <nicht steig.> *Adj.* **1.** (≈ *regional*) *so, dass etwas auf ein bestimmtes Gebiet beschränkt ist* Man muss mit örtlichen Gewittern rechnen. **2.** (≈ *lokal*) *so, dass etwas auf eine bestimmte Körperstelle beschränkt ist* Vor der Operation[1] bekam er eine örtliche Betäubung.

Ört·lich·keit die <-, -en> *ein Ort[1], ein Gebiet oder ein Gebäude* In dieser neuen Stadt muss ich mich erstmal mit den Örtlichkeiten vertraut machen.

orts·an·säs·sig <nicht steig.> *Adj. in einem Ort[3] wohnend*

Orts·aus·gang der <-(e)s, Ortsausgänge> (↔ *Ortseingang*) *der Bereich, wo die letzten Häuser eines Ortes[3] stehen und die Straße aus dem Ort hinausführt*

Orts·bei·rat, **Orts·bei·rä·tin** der <-(e)s, Ortsbeiräte> POL. *jmd., der in der politischen Vertretung eines Ortes[3] beratend tätig ist*

orts·be·kannt *Adj.* (*umg.*) *so, dass jmd. oder etwas in einem Ort[3] von fast allen Einwohnern gekannt wird*

Orts·be·sich·ti·gung die <-, -en> *die Besichtigung eines Ortes[1]*

Orts·be·stim·mung die <-, -en> GEOGR. *durch astronomische Beobachtung ermittelte geografische Länge und Breite eines Ortes[1]*

Ort·schaft die <-, -en> *ein kleiner Ort[3]*

Orts·ein·gang der <-(e)s, Ortseingänge> *der Bereich, wo die ersten Häuser eines Ortes[3] stehen und die Straße in den Ort hineinführt*

orts·fremd *Adj.* (↔ *ortskundig*) *so, dass man einen Ort[1 3] nicht kennt*

Orts·ge·spräch das <-(e)s, -e> TELEKOMM. *ein Telefongespräch innerhalb eines Ortes[3] oder einer Stadt*

Orts·kran·ken·kas·se die <-, -n> *die Krankenkasse, in der man sich versichern kann, wenn keine spezielle oder private Krankenkasse gewählt wird* Die Abkürzung für die „Allgemeine Ortskrankenkasse" ist AOK.

orts·kun·dig *Adj. so, dass man einen Ort[1 3] gut kennt* Wir hatten einen ortskundigen Führer, der uns alles erklärte.

Orts·na·me der <-ns, -n> *der Name eines Ortes[1 3]*

Orts·netz das <-es, -e> TELEKOMM. *die Telefonnetz innerhalb einer Stadt oder eines Ortes[3]*

Orts·schild das <-(e)s, -er> *eine Tafel aus Blech am Ortseingang, auf der der Name eines Ortes[3]* *oder einer Stadt steht*

Orts·sinn der <-(e)s> (*kein Plur.*) *Orientierungssinn*

Orts·ta·rif der <-(e)s, -e> TELEKOMM. *der Preis, den man normalerweise für ein Telefongespräch innerhalb einer Stadt oder eines Ortes[3] bezahlt und der oft auch der billigste Telefontarif ist* zum Ortstarif telefonieren

Orts·teil der <-(e)s, -e> *ein Teil eines Ortes[3] oder einer Stadt*

orts·üb·lich <nicht steig.> (*nur attr.*) *Adj. so, wie es in einem Ort[3] oder einer Stadt üblich ist* die ortsüblichen Mieten

Orts·ver·band der <-(e)s, Ortsverbände> *Teil einer großen Organisation[1] in einem Ort[3] oder einer Stadt*

Orts·ver·ein der <-(e)s, -e> *die Organisation[2] eines Vereins oder einer Partei in einer Stadt oder einem Ort[3]*

Orts·wech·sel der <-s, -> *der Vorgang, wenn man einen Ort[1 3] oder eine Stadt verlässt und in einen anderen Ort[1 3] oder in eine andere Stadt zieht oder geht* Es war an der Zeit, einen Ortswechsel vorzunehmen.

Orts·zeit die <-, -en> *die Uhrzeit, die an einem Ort[1] in einer bestimmten Zeitzone angegeben wird* Wir landeten in New York um 17 Uhr Ortszeit.

Orts·zu·schlag der <-(e)s, Ortszuschläge> *ein Geldbetrag, der Beamten und Angestellten im öffentlichen Dienst zu ihrem Gehalt dazugezahlt wird, um regionale Unterschiede in den Lebenshaltungskosten auszugleichen*

Or·tung die <-, -en> *der Vorgang, dass etwas geortet wird*

Os·car der <-s, -s> *Name des Filmpreises, der jedes Jahr in Hollywood verliehen wird* Der Film „Titanic" bekam zahlreiche Oscars.

Ö·se die <-, -n> *ein kleiner Metallring, durch den man etwas hindurchziehen kann oder in den man einen Haken einhängen kann*

Os·mo·se die <-, -n> BIOL. CHEM. *der Vorgang, dass ein Lösungsmittel durch eine durchlässige Scheidewand von einer schwächeren in eine stärkere Lösung gelangt und auf diese Weise einen Konzentrationsausgleich bewirkt*

os·mo·tisch <nicht steig.> *Adj. auf der Osmose beruhend*

Os·si der <-s, -s> (*umg. abwert.* ↔ *Wessi*) *oft als Schimpfwort gebrauchte Bezeichnung für Menschen aus dem Osten[2] Deutschlands*

Ost·a·f·ri·ka <-s> (*kein Plur.*) (↔ *Westafrika*) *Teil Afrikas, der am Indischen Ozean liegt*

Os·tal·gie die <-> (*kein Plur.*) (*scherzh. zu „Osten" und „Nostalgie"*) *nostalgische Sehnsucht nach den Verhältnissen der ehemaligen DDR*

Ost·a·sien <-s> (*kein Plur.*) *die östlichen[1 3] Länder des Fernen Ostens*

Ost·berlin <-s> **1.** *der östliche[1 1] Teil Berlins* **2.** GESCH. *Bezeichnung für den Teil Berlins, der die Hauptstadt der ehemaligen DDR war*

Ost·block der <-s> (*kein Plur.*) POL. *die Bezeichnung für die ehemalige Sowjetunion und ihre Verbündeten*

ost·deutsch <nicht steig.> *Adj.* **1.** *den Osten[2] Deutschlands betreffend* **2.** *die ehemalige DDR betreffend*

Ost·deutsch·land <-s> (*kein Plur.*) **1.** *bezeichnet die östlichen I.3 Gebiete Deutschlands* **2.** *Bezeichnung für die ehemalige DDR*

Os·ten der <-s> (*kein Plur.*) **1.** (↔ *Westen*) *die Himmelsrichtung, die auf einem Kompass nach rechts zeigt* Im Osten geht die Sonne auf, im Süden nimmt sie ihren Lauf, im Westen geht sie unter. **2.** (↔ *Westen*) *der Teil von etwas, der im Osten[1] liegt* der Osten des Landes, der Osten der Stadt **3.** GESCH. *die Länder des Ostblocks* ■ **der Nahe Osten**: *das Gebiet von Ägypten bis zum Iran und die Länder dazwischen* **der Mittlere Osten**: *das Gebiet vom Iran bis einschließlich Bangladesh* **der Ferne Osten**: *das Gebiet, das China, Japan, Indonesien und die Länder dazwischen umfasst*

os·ten·ta·tiv *Adj.* (*geh.*) *so, dass etwas betont auffällig ist und mit Absicht getan wird* Er blickte ostentativ in die andere Richtung., die ostentativ zur Schau getragene Langeweile

Os·te·o·po·ro·se die <-> (*kein Plur.*) MED. *eine Krankheit, bei der die Knochen an Festigkeit verlieren*

Os·ter·ei das <-s, -er> **1.** *ein hartgekochtes Ei, dessen Schale als Osterbrauch bunt bemalt oder gefärbt ist* **2.** *ein Ei aus Schokolade, das es zu Ostern gibt*

Os·ter·feu·er das <-s, -> *ein großes Feuer, das jedes Jahr dem Brauch entsprechend zu Ostern angezündet wird und um das sich viele Leute versammeln*

Os·ter·glo·cke die <-, -n> BOT. *eine Blume, die im Frühling blüht und gelbe Blüten hat*

Os·ter·ha·se der <-n, -n> **1.** *ein Hase, von dem dem Brauch entsprechend den Kindern gesagt wird, dass er die Ostereier bringt* **2.** *die aus Schokolade hergestellte Figur eines Osterhasen[1], den man zu Ostern vor allem Kindern schenkt*

Os·ter·in·sel die <-, -n> *Insel im Südpazifik vor Lateinamerika, die berühmt für ihre Steinstatuen ist und am Ostersonntag im Jahre 1722 entdeckt wurde*

ös·ter·lich <nicht steig.> *Adj. Ostern betreffend*

Os·ter·marsch der <-es, Ostermärsche> *eine Demonstration für Frieden und Abrüstung, die jedes Jahr zu Ostern stattfindet*

Os·ter·mon·tag der <-(e)s, -e> *der zweite Feiertag zu Ostern, der ein Montag ist*

Os·tern das <-, -> *das christliche Fest im Frühling, an dem die Auferstehung von Jesus Christus gefeiert wird* ■ **Frohe Ostern!**: *verwendet, um jmdm. ein schönes Osterfest zu wünschen*

Ös·ter·reich <-s> (*kein Plur.*) *siehe auch* **Austriazismus**, **Deutsch**

i Wissenswert Die Republik Österreich ist eine parlamentarische Bundesrepublik, die aus neun Bundesländern besteht. Der Fremdenverkehr stellt einen der wichtigsten Wirtschaftszweige dar. Die Hauptstadt Wien ist mit mehr als 1,5 Millionen Einwohnern auch die größte Stadt Österreichs. Das in Österreich gesprochene und geschriebene Deutsch weicht – einmal abgesehen von den Mundarten – in erheblichem Umfang vom so genannten „Binnendeutschen" ab. Aus der so genannten „binnendeutschen" Sicht sind vor allem Wörter auffällig, die so in Deutschland nicht existieren wie z.B. sich erfangen, Lamperl, staffieren, vernadern. Daneben muss aber betont werden, dass es viele weitere Unterschiede in Aussprache, Betonung und grammatischen Details gibt.

Ös·ter·rei·cher, **Ös·ter·rei·che·rin** der <-s, -> *jmd., der die österreichische Staatsbürgerschaft hat*

ös·ter·rei·chisch <nicht steig.> *Adj. zu Österreich gehörend, daher stammend*

Os·ter·sonn·tag der <-(e)s, -e> *der erste Feiertag zu Ostern, der ein Sonntag ist*

Ost·er·wei·te·rung die <-> (*kein Plur.*) POL. *Aufnahme von Ländern des ehemaligen Ostblocks in die NATO oder die Europäische Union*

Os·ter·wo·che die <-, -n> (≈ *Karwoche*) *die Woche zwischen Palmsonntag und Ostersonntag*

Ost·eu·ro·pa <-s> (*kein Plur.*) (↔ *Westeuropa*) *die östlichen[1 3] Länder Europas*

Ost·frie·se, **Ost·frie·sin** der <-n, -n> *Bewohner Ostfrieslands*

ost·frie·sisch <nicht steig.> *Adj.*

Ost·fries·land <-s> (*kein Plur.*) *Gebiet, das die Nordseeküste von der Mündung der Ems bis zur Mündung der Elbe umfasst*

öst·lich[1] *Adj.* **1.** (*nur attr.*) (↔ *westlich*) *so, dass jmd. oder etwas sich nach Osten[1 2] orientiert* Sie fahren in östliche Richtung. **2.** (↔ *westlich; nur attr.*) *so, dass etwas oder jmd. aus dem Osten[1 2] kommt* Der Wind weht aus östlicher Richtung. **3.** (↔ *westlich*) *so, dass etwas oder jmd. im Osten[1 2] ist* der östliche Teil der Stadt **4.** (↔ *westlich*) *so, dass etwas in Bezug auf die Länder und die Bewohner Asiens steht* **5.** *so, dass etwas zum früheren Ostblock gehört*

öst·lich[2] *Präp. + Gen.* (↔ *westlich; vor Eigennamen, die ohne Artikel stehen, mit „von") drückt aus, dass etwas weiter im Osten liegt als etwas anderes* Östlich des Flusses ist alles überschwemmt!, östlich der Elbe, östlich von München, östlich von Polen

Ös·t·ro·gen das <-s, -e> MED. *weibliches Geschlechtshormon*

Ost·rom <-s> (*kein Plur.*) (GESCH.: ≈ *Byzanz*) *Bezeichnung für die Gebiete, die ab dem Jahre 330 unter der Herrschaft der neuen römischen Hauptstadt Konstantinopolis standen*

ost·rö·misch <nicht steig.> *Adj.* (GESCH.: ≈ *byzantinisch*) *in Bezug auf die Gebiete und Kultur Ostroms* die oströmische Kirche

Ost·see die <-> (*kein Plur.*) *das Meer zwischen Dänemark, Schweden, Finnland, dem Baltikum und den südlich davon gelegenen Ländern*

Ost·teil der <-(e)s, -e> (↔ *Westteil*) *östlicher Teil eines Gebietes, eines Gebäudes, einer Stadt, eines Landes*

Ost·ver·trä·ge *Plur.* POL. GESCH. *Bezeichnung für die Verträge, die 1970 zwischen der Bundesrepublik Deutschland und der ehemaligen Sowjetunion und Polen geschlossen wurden. In ihnen wurden alle Grenzen nach 1945 anerkannt und ein Gewaltverzicht beschlossen.*

ost·wärts *Adv.* (↔ *westwärts*) *so, dass etwas nach Osten[1] geht*

Ost-West-Beziehungen <-> *Plur.* POL. GESCH. *die Kontakte zwischen den Ländern des früheren Ostblocks und denen des Westens*

i Wissenswert Der Begriff **Ost-West-Konflikt** bezeichnete die Gegensätze zwischen den Supermächten USA und UdSSR. Man spricht gewöhnlich von zwei Blöcken. Diese hatten sich nach dem 2. Weltkrieg aus der unterschiedlichen politischen Tendenz der Siegermächte herausgebildet. Der Ost-West-Konflikt führte im Besonderen zu einem geteilten Deutschland und zur Bau der Berliner Mauer. Erst der politische Umsturz in Osteuropa durch die Liberalisierungspolitik Michail Gorbatschows und die deutsche Wiedervereinigung brachten einen Wandel. Mit der Verabschiedung der „Charta für ein neues Europa" auf dem KSZE-Sondergipfel (KSZE: „Konferenz für Sicherheit und Zusammenarbeit in Europa") in Paris 1990 wurde der Ost-West-Konflikt formal für beendet erklärt.

Ost·zone die <-> (*kein Plur.*) POL. GESCH. **1.** *Bezeichnung für die deutschen Gebiete, die zwischen 1945 und 1949 von der ehemaligen Sowjetunion besetzt wurden* **2.** (*umg. veralt.*) *Bezeichnung für die ehemalige DDR*

OSZE die <-> (*kein Plur.*) POL *Abkürzung von „Organisation für Sicherheit und Zusammenarbeit in Europa"*

Os·zil·la·ti·on die <-, en> ASTRON. *das Oszillieren*

os·zil·lie·ren *ohne OBJ* ▪ *etwas oszilliert* PHYS. *etwas schwingt hin und her*

Ot·ter[1] die <-, -n> ZOOL. *eine giftige Schlangenart*

Ot·ter[2] der <-s, -> (ZOOL.: ≈ *Fischotter*) *ein kleines Säugetier, das im Wasser lebt*

Ot·to·mo·tor® der <-s, -en> KFZ *Motor, der angetrieben wird, weil ein Gemisch aus Luft und Kraftstoff verbrannt wird*

ÖTV die <-> (*kein Plur.*) POL. GESCH. *Abkürzung für die Gewerkschaft „Öffentlicher Dienst, Transport und Verkehr"*

Ötz·tal das <-s> (*kein Plur.*) *ein Tal in den Alpen, das berühmt ist, weil man dort den mumifizierten*

Leichnam eines Frühmenschen fand

out [aut] <nicht steig.> (*nur präd.*) *Adj. so, dass etwas nicht mehr gefragt und unmodern ist* Dieser Haarschnitt ist total out!

ou·ten ['autn̩] **I.** *mit OBJ/mit SICH* ▪ *jmd. outet sich/jmdn. öffentlich bekennen, dass man selbst oder jmd. anders homosexuell ist* Man hat ihn schnell geoutet. **II.** *mit SICH* ▪ *jmd. outet sich (als etwas) sich öffentlich zu einer Tatsache bekennen, die peinlich ist* Er outete sich als Alkoholiker., Es gab einen Skandal, als der Priester sich outete.

Out·fit das ['autfɪt] <-(s), -s> (*umg.*) *die Kleidung einer Person* ein modisches/perfektes/sportliches Outfit

Ou·ting das ['autiŋ] <-s, -s> (*umg.*) *das Outen*[1]

Out·put der ['autput] <-s, -s> **1.** (EDV.: ↔ *Input*) *die Daten, die als Ergebnis von einem Computer geliefert werden* **2.** WIRTSCH. *die Gesamtheit der Waren, die ein Betrieb herstellt*

Out·si·der, **Out·si·de·rin** der ['autsaidɐ] <-s, -> (*Jargon*) *Außenseiter*

Out·sour·cing das ['autsoːɐ̯sɪŋ] <-s> (*kein Plur.*) WIRTSCH. *Organisationsform, bei der ein Unternehmen komplette Arbeitsbereiche oder Teile davon einer anderen Firma übergibt, um Kosten zu sparen* Häufig sind Bereiche der Datenverarbeitung vom Outsourcing betroffen.

Ou·ver·tü·re die [uver'tyːrə] <-, -n> MUS. *Musikstück, das eine Oper oder Operette einleitet*

o·val *Adj.* (≈ *eiförmig*) *länglich rund und an die Form eines Eis erinnernd*

O·va·ti·on die <-, -en> *sehr starker Beifall* ▪ **stehende Ovationen**: *der Vorgang, dass ein Publikum stehend Beifall klatscht*

O·ver·all der ['ouvərɔːl] <-s, -s> *ein Arbeitsanzug, bei dem Jacke und Hose aus einem Teil gemacht sind*

O·ver·head·pro·jek·tor der ['ouvəhɛd...] <-s, -en> *ein Gerät, mit dem man etwas, das auf spezielle Folien gezeichnet oder kopiert ist, groß auf einer Wand zeigen kann*

O·ver·kill das/der ['ouvəkɪl] <-s> (*kein Plur.*) MILIT. *der Zustand, bei dem die Zahl der Atomwaffen, die ein Staat besitzt, um ein Vielfaches größer ist, als man braucht, um den Gegner oder sogar die Erde zu zerstören*

O·vu·la·ti·on die <-, -en> (BIOL. MED.: ≈ *Eisprung*)

O·vu·la·ti·ons·hem·mer der <-s, -> MED. *ein Medikament, wie die Antibabypille, das die Ovulation verhindert*

O·xer der <-s, -> *Zaun auf Viehweiden*

O·xid, *a.* **O·xyd** das <-(e)s, -e> CHEM. *die Verbindung eines chemischen Elements mit Sauerstoff*

O·xi·da·ti·on, *a.* **O·xy·da·ti·on** die <-, -en> CHEM. *der Vorgang, dass etwas oxidiert*[II]

o·xi·die·ren, *a.* **o·xy·die·ren** <oxidiert, oxidierte/oxydierte, hat/ist oxidiert/oxydiert> CHEM. **I.** *mit OBJ* (*hat*) ▪ *etwas oxidiert/oxydiert etwas bewirken, dass sich ein chemisches Element mit Sauerstoff verbindet* **II.** *ohne OBJ* (*hat/ist*) ▪ *etwas oxidiert etwas verbindet sich mit Sauerstoff* Eisen oxidiert leicht.

O·ze·an der <-s, -e> (≈ *Weltmeer*) *ein großes Meer zwischen den Kontinenten* der Atlantische Ozean, der Indische Ozean, der Stille Ozean

O·ze·an·damp·fer der <-s, -> (*veralt.*) *ein sehr großes Schiff, das auf den Weltmeeren fährt*

o·ze·a·nisch <nicht steig.> (*nur attr.*) *Adj. zum Ozean gehörig* Das Schiff fährt in ozeanischen Gewässern.

O·ze·an·rie·se der <-n, -n> (*umg.*) *Ozeandampfer*

O·ze·lot der <-s, -e> ZOOL. *eine in Südamerika vorkommende Raubkatze, die ein braunes Fell mit schwarzen Streifen und Flecken hat*

O·zon das <-s> (*kein Plur.*) CHEM. *Sauerstoff, der aus drei Atomen besteht und ein Gas bildet* Die hohe Konzentration von Ozon in der Luft schadet der Gesundheit.

O·zon·a·larm der <-s> (*kein Plur.*) *Alarm, der ausgelöst wird, wenn es zu viel Ozon in der Atemluft im Freien gibt*

O·zon·be·las·tung die <-, -en> *der Zustand, wenn die Konzentration von Ozon in der Atemluft im Freien höher als normal ist*

O·zon·kil·ler der <-s, -> (*umg.*) *chemischer Stoff, der die Schicht aus Ozon in der Erdatmosphäre zerstört* FCKW ist ein bekannter Ozonkiller.

O·zon·loch das <-(e)s, Ozonlöcher> *ein Bereich der Erdatmosphäre, in dem es kein Ozon mehr gibt* Das Ozonloch über der Antarktis wird immer größer.

O·zon·schicht die <-> (*kein Plur.*) (METEOR.: ≈ *Ozonschild*) *eine Schicht in der Erdatmosphäre, die eine besonders hohe Konzentration von Ozon hat und verhindert, dass viele schädliche Strahlen bis auf die Erde dringen*

O·zon·schild der <-(e)s> (*kein Plur.*) *Ozonschicht*

P

Pp

P, **p** das <-, -> *der sechzehnte Buchstabe des Alphabets*

Paar das <-(e)s, -e> **1.** *zwei zusammengehörende oder sich ergänzende Menschen, Tiere oder Dinge* ein Paar Zwillinge, ein Paar Zugtiere, ein Paar Handschuhe/Schuhe/Socken/Stiefel **2.** *zwei Menschen, die miteinander (in einer Liebesbeziehung) leben* seit fünf Jahren ein Paar sein ▪ **Das sind zwei Paar Stiefel!** (*umg.*): *das sind zwei ganz verschiedene Dinge, die man nicht miteinander vergleichen kann* ◆ Großschreibung→R 3.3 das jungverheiratete Paar, das alte Paar Schuhe ◆ Braut-, Ehe-, Liebes-

paar <nicht steig.> *Adj.* (≈ *einige, mehrere* ↔ *viele*) *verwendet, um sich auf eine nicht sehr große, aber nicht genau genannte Anzahl von Personen oder Dingen zu beziehen* vor ein paar Tagen, die paar Leute, die da waren, Ich habe es ein paar Mal versucht., ein paar hundert Jahre früher ◆ Kleinschreibung→R 3.15 ein paar Worte zu etwas sagen; Getrennt- oder Zusammenschreibung→R 4.14 Wir haben uns nur ein paar Mal/paarmal getroffen.

paa·ren <paarst, paarte, hat gepaart> **I.** *mit OBJ* **1.** ■ *jmd. paart Tiere mit Tieren jmd. bringt Tiere zusammen, damit diese Nachkommen (mit bestimmten Eigenschaften) haben* Der Züchter paart Pferde aus England mit Pferden aus Asien. **2.** ■ *jmd. paart etwas mit etwas Dat. zusammenkommen lassen* Sie paarte Freundlichkeit mit einer gewissen Zurückhaltung. **II.** *mit SICH* **1.** ■ *ein Tier paart sich mit einem Tier den Akt der Begattung vollziehen* Die Vögel paaren sich zeitig im Frühjahr. **2.** ■ *etwas paart sich mit etwas Dat. etwas verbindet sich oder kommt mit etwas zusammen* Bei ihr paart sich Klugheit mit Fleiß.

Paar·hu·fer der <-s, -> ZOOL. *ein Tier, dessen Hufe zweigeteilt sind*

paa·rig <nicht steig.> *Adj. in Paaren[1] vorkommend oder angeordnet* paarige Blätter/Gliedmaßen

Paar·lauf der <-(e)s> (*kein Plur.*) SPORT *Eislaufen eines Paares*

paar·mal *Adv. einige Male* ein paarmal klingeln ◆ Zusammen- oder Getrenntschreibung→R 4.14 Das müssen wir noch ein paarmal/paar Mal üben, dann klappt es.

Paa·rung die <-, -en> (≈ *Kopulation*) *der Vollzug des Aktes der Begattung bei Tieren*

paar·wei·se *Adv. in Paaren* sich paarweise auf der Tanzfläche aufstellen, paarweise angeordnete Blätter

Pacht die <-, -en> *die zeitlich befristete Nutzung einer Sache gegen Entgelt* etwas in Pacht geben/nehmen

pach·ten <pachtest, pachtete, hat gepachtet> *mit OBJ* ■ *jmd. pachtet etwas* (↔ *verpachten*) *gegen Geld für eine bestimmte Zeit nutzen* ein Grundstück/ein Stück Land pachten ■ **etwas für sich gepachtet haben** (*übertr. abwert.*): *so tun, als ob man der Einzige wäre, der etwas hat oder kann* Der meint auch, er hätte die Weisheit gepachtet.

Päch·ter, **Päch·te·rin** der <-s, -> *jmd., der etwas gepachtet hat*

Pach·tung die <-, -en> *das Pachten*

Pacht·ver·trag der <-(e)s, Pachtverträge> *Vertrag über die Verpachtung einer Sache*

Pack[1] der <-(e)s, -e/Päcke> *kleinerer Packen* ein Pack Briefe ■ **mit Sack und Pack** (*umg.*): *mit allem, was man besitzt* Er ist mit Sack und Pack ausgezogen.

Pack[2] das <-(e)s> (*kein Plur.*) (*umg. abwert.*) *eine als verachtenswert empfundene Menschengruppe* Dass du dich immer mit diesem Pack herumtreiben musst!

Päck·chen das <-s, -> *kleines Paket* ■ **jeder hat sein Päckchen zu tragen**: *verwendet, um auszudrücken, dass jeder Mensch einen Kummer, eine Sorge oder ein Problem hat, mit dem er zurechtkommen muss*

Pack·eis das <-es> (*kein Plur.*) *Eismassen aus ineinander geschobenen Eisschollen* mit dem Schiff ins Packeis geraten

pa·ckeln <packelst, packelte, hat gepackelt> *ohne OBJ* ■ *jmd. packelt mit jmdm.* (*österr. abwert.*) *sich heimlich mit jmdm. verbünden*

pa·cken <packst, packte, hat gepackt> **I.** *mit OBJ* **1.** ■ *jmd. packt jmdn (an etwas Dat.) ergreifen und festhalten* jemanden am Ärmel packen **2.** ■ *jmd. packt etwas Dinge in ein Behältnis legen, um sie später darin zu transportieren* den Koffer packen, ein Päckchen packen, Bücher in eine Kiste packen, den Koffer packen **3.** ■ *jmd. packt etwas* (*umg.*) *bewältigen; schaffen* Das ist eine schwierige Sache, ob wir das packen?, Der Zug kommt gleich, packen wir das noch? **4.** ■ *etwas packt jmdn. überwältigen* Ihn packte die Wut., von einer Geschichte ganz gepackt sein, Die Geschichte hat mich sehr gepackt., ein packender Roman, Er kann packend erzählen. **II.** *ohne OBJ.* ■ *jmd. packt Dinge in etwas verstauen* Morgen verreise ich, ich muss heute noch packen.

Pa·cker, **Pa·cke·rin** der <-s, -> *Person, deren Beruf es ist, Dinge (zum Versand) zu verpacken*

Pack·e·sel der <-s, -> *ein Esel, der Lasten trägt* Die Waren werden auf Packeseln ins Tal gebracht., Du bist ja beladen wie ein Packesel (≈ schleppst sehr viele Einkaufstüten, Taschen o.Ä.)!

Pack·pa·pier das <-s> (*kein Plur.*) *festes Papier zum Einpacken*

Pa·ckung die <-, -en> **1.** *eine Hülle, in die eine bestimmte Ware oder Warenmenge abgepackt ist* die Brotscheiben aus der Packung nehmen ◆ Frischhalte-, Plastik- **2.** *eine bestimmte abgepackte Warenmenge* eine Packung Brot/Tee/Zigaretten **3.** MED. *ein heilender Umschlag* Der Arzt hat mir heiße Packungen (mit Heilerde) verschrieben.

Pa·ck·ungs·bei·la·ge die <-, -n> *etwas, das in eine Warenpackung mit hineingelegt worden ist (zum Beispiel ein kleiner Messbecher in einer Packung Waschpulver)*

Pack·wa·gen der <-s, -> *für Gepäck bestimmter Eisenbahnwagen in einem Personenzug*

Pad das ['pɛd] <-s, -s> *eine kleine Unterlage* ◆ Maus-

Pä·d·a·go·ge, **Pä·d·a·go·gin** der <-n, -n> (*geh.*) **1.** *Person, die beruflich in der Erziehung und Lehre tätig ist* **2.** *Person, die sich wissenschaftlich mit der Pädagogik beschäftigt*

Pä·d·a·go·gik die <-> (*kein Plur.*) *Wissenschaft von der Erziehung* ◆ Erwachsenen-, Sonder-, Sozial-

päd·a·go·gisch <nicht steig.> *Adj.* **1.** *erzieherisch* pädagogische Maßnahmen **2.** *erziehungswissenschaftlich* die pädagogische Ausbildung, eine pädagogische Hochschule besucht haben ◆ Großschreibung→R 3.18 die Pädagogische Hochschule

Pad·del das <-s, -> (≈ *Ruder*) *eine Stange, die an einer Seite oder beiden Seiten breit ausläuft und zum Fortbewegen von Booten benutzt wird*

Pad·del·boot das <-(e)s, -e> *ein (kleines) Boot,*

das mit Paddeln vorwärts bewegt wird

pad·deln <paddelst, paddelte, hat/ist gepaddelt> **I.** *mit OBJ* ■ *jmd. paddelt etwas* ((*haben*)) *mit dem Paddel vorwärts bewegen* ein Boot über den See paddeln **II.** *ohne OBJ* **1.** ■ *jmd. paddelt* ((*sein*)) *sich paddelnd bewegen* Er ist über den See gepaddelt., im Boot auf dem Fluss paddeln **2.** ■ *ein Tier paddelt so schwimmen, dass die Beine sich im Wasser unter dem Körper bewegen* Eine Ente paddelt.

Pä·d·e·rast der <-en, -en> *ein Mann, dessen homosexuelle Neigung auf Knaben gerichtet ist*

Pä·d·i·a·ter der <-s, -> (*fachspr.* ≈ *Kinderarzt*)

Pä·d·i·a·trie der <-> (*kein Plur.*) MED. *Kinderheilkunde*

Pa·di·schah der <-s- ,-s> (*veralt.*) *Titel eines islamischen Fürsten*

Pa·el·la die [pa'ɛlja] <-, -s> KOCH. *ein spanisches Gericht aus Reis, Fleisch, Fisch und Gemüse*

Pa·fe·se, *a.* **Po·fe·se** die <-, -n> (*meist Plur.*) (*süddt. österr.*) *gebackene Weißbrotschnitte*

paf·fen <paffst, paffte, hat gepafft> **I.** *mit OBJ* ■ *jmd. pafft etwas* (*umg.*) *jmd. raucht etwas* (*ohne zu inhalieren*) eine Zigarette paffen **II.** *ohne OBJ* ■ *jmd. pafft* (*umg.*) *jmd. raucht* (*ohne zu inhalieren*) Er raucht nicht richtig, er pafft nur.

Paf·fer der <-s, -> *jmd., der pafft II*

Pa·ge der ['paːʒə] <-n, -n> **1.** *junger Hoteldiener in Livree* als Page in einem Hotel arbeiten **2.** GESCH. *junger Adliger bei Hofe*

Pa·ger der ['peidʒɐ] <-s, -> *Empfangsgerät, das einen Funkempfang durch optische oder akustische Signale anzeigt*

Pa·gi·na die <-, Paginae> (*veralt.*) *Buchseite, Blattseite*

pa·gi·nie·ren <paginierst, paginierte, hat paginiert> *mit OBJ* ■ *jmd. paginiert etwas* DRUCKW. *mit Seitenzahlen versehen*

Pa·gi·nie·rung die <-, -en> *das Paginieren*

Pa·go·de die <-, -n> *ein ostasiatischer Tempel in Form eines viereckigen Turmes, der nach oben stufenweise schmaler wird*

Pail·let·te die [pai'jɛtə] <-, -n> (*meist Plur.*) *glänzendes Metallplättchen zum Aufnähen* ein mit Pailletten besticktes Abendkleid

Pa·ket das <-(e)s, -e> **1.** *etwas, das in einen Karton gepackt und zugebunden ist und mit der Post an einen Adressaten geschickt wird* ein Paket packen ◆-annahme, -schalter **2.** *etwas, das man zusammengeschnürt hat, um es irgendwohin zu bringen* ein Paket Bücher aus der Bibliothek holen **3.** *mehrere Dinge, die man nur zusammen kaufen kann* ein Paket Wertpapiere erwerben ◆Aktien-, Versicherungs-

Pa·ket·an·nah·me die <-> (*kein Plur.*) *Paketschalter*

Pa·ket·bom·be der <-, -n> *eine in einem Paket[1] versteckte Bombe*

Pa·ket·dienst der <-es, -e> *privates Unternehmen zur Beförderung von Paketen[1]*

Pa·ket·post die <-> (*kein Plur.*) *Postdienst zur Beförderung von Paketen[1]* etwas mit der Paketpost schicken

Pa·ket·schal·ter der <-s, -> *Schalter zur Annahme oder Ausgabe von Paketen[1]*

Pa·ket·zu·stel·lung die <-, -en> *Auslieferung der Pakete[1] durch die Post an den Empfänger*

Pa·kis·tan <-s> *ein Land in Vorderindien*

Pa·kis·ta·ner, **Pa·kis·ta·ne·rin** <-s, -> *jmd., der die pakistanische Staatsbürgerschaft hat*

Pa·kis·ta·ni der <-s, -s> *s.* **Pakistaner**

pa·kis·ta·nisch <nicht steig.> *Adj. zu Pakistan gehörend, daher stammend*

Pakt der <-(e)s, -e> **1.** (≈ *Bündnis*) *ein Vertrag, in dem man sich gegenseitige Unterstützung verspricht* mit jemandem einen Pakt schließen ◆Freundschafts-, Teufels- **2.** POL. *ein Bündnis zwischen Staaten* einem Pakt beitreten ◆Nichtangriffs-, Verteidigungs-

pak·tie·ren <paktieren, paktierst, hat paktiert> *ohne OBJ* ■ *jmd. paktiert mit jmdm.* **1.** (*pol.*) *einen Pakt schließen* Eine Zeit lang sah es vor dem zweiten Weltkrieg so aus, als würde Nazideutschland mit der Sowjetunion paktieren., Ihm wurde vorgeworfen, mit dem Feind paktiert zu haben. **2.** (*abwert.*) *gemeinsame Sache machen* Sehr schwierig wird es für den Bürger, wenn Drogenhändler und Polizei paktieren.

Pa·la·din, **Pa·la·din** der <-s, -e> (*übertr. abwert.*) *willfähriger Gefolgsmann*

Pa·lais der [pa'lɛː] <-, -> *Palast*

Pa·lä·o·mag·ne·tis·mus der <-> (*kein Plur.*) *der vom Erdmagnetismus in früheren erdgeschichtlichen Epochen verursachte Anteil des Gesteinsmagnetismus* (*zur Bestimmung des erdmagnetischen Feldes in früheren Epochen*)

Pa·lä·on·to·lo·gie die <-> (*kein Plur.*) *die Wissenschaft von den Lebewesen vergangener Erdzeitalter* ►Paläontologe, paläontologisch

Pa·lä·o·zo·i·kum das <-s> (*kein Plur.*) *das erdgeschichtliche Altertum*

Pa·last der <-es, Paläste> *prachtvoller Herrschaftssitz* der königliche/kaiserliche Palast, Der Dikator besaß mehrere Paläste. ◆Königs-, Papst-

Pa·läs·ti·na <-s> *Land zwischen Mittelmeer und Jordan*

Pa·läs·ti·nen·ser, **Pa·läs·ti·nen·se·rin** der <-s, -> *aus Palästina stammende(r) und dort lebende(r) Araberin* (*Araber*)

pa·läs·ti·nen·sisch <nicht steig.> *Adj. zu Palästina gehörend* den palästinensischen Staat ausrufen

Pa·lat·schin·ke der <-, -n> (*meist Plur.*) (KOCH.: *österr.*) *dünner, gefüllter Pfannkuchen*

Palauer, **Palauerin** der <-s, -> *jmd., der von den Palauinseln kommt*

Pa·lau·in·seln die *Plur. Inselgruppe im westlichen Pazifik*

Pa·la·ver das <-s, -> (*umg. abwert.*) *überflüssiges Gerede* ein großes Palaver über etwas anfangen/machen

pa·la·vern <palaverst, palaverte, hat palavert> *ohne OBJ* ■ *jmd. palavert* (*umg. abwert.*) *unnötig reden* Hört auf zu palavern, unternehmt lieber etwas!

Pa·le·tot der ['palato] <-s, -s> (*veralt. österr.*) *zweireihiger Herrenmantel*

Pa·let·te die <-, -n> **1.** *in der Malerei benutztes Werkzeug in Form eines kleinen, meist runden Bretts, auf dem (Öl-)farben gemischt werden* **2.** *ein genormtes Gestell, auf dem Waren transportiert werden* Paletten aufeinander stapeln ■ **eine breite/reiche Palette an/von etwas**: *ein vielfältiges Angebot an oder von etwas* eine breite Palette von Einsatzmöglichkeiten/Waren

Pa·lim·p·sest der/das <-s, -e> *ein beschriebenes Pergament, dessen ursprünglicher Text abgeschabt oder abgewaschen wurde und das neu beschrieben worden ist*

Pa·lin·ge·ne·se die <-, -n> **1.** REL. *Wiedergeburt durch Seelenwanderung* **2.** BIOL. *Wiederholung der stammesgeschichtlichen Entwicklung in der Entwicklung des Individuums* **3.** GEOGR. *Entstehung von Magma durch Wiederaufschmelzung von Eruptivgestein*

Pa·li·no·die die <-, -n> *eine vom selben Verfasser stammende Gegendichtung zu einem eigenen Werk, in der die früheren Behauptungen mit denselben formalen Mitteln widerrufen werden*

Pa·li·sa·de die <-, -n> (*meist Plur.*) *ein langer, oben zugespitzer Pfahl, der in den Boden gerammt wird* zur Verteidigung eine Wand aus Palisaden errichten, ein Zaun aus Palisaden

Pa·li·san·der der <-s> (*kein Plur.*) *ein südamerikanisches Edelholz*

Pal·me die <-, -n> *ein (sub)tropischer Baum mit einem (langen) Stamm, an dessen Ende große (gefiederte) Blätter wachsen* ein Strand mit weißem Sand und Palmen ■ **jemanden auf die Palme bringen** (*umg.*): *jmdn. ärgern* ◆ Dattel-, Kokos-

Pal·men·hain der <-s, -e> *kleiner, aus Palmbäumen bestehender Wald*

Pal·m·farn der <-s, -e> *Gattung der Palmfarngewächse, d.h. der stammbildenden Pflanzen mit großen, gestielten Blättern und großen Zapfen*

Pal·m·öl das <-s, -e> (≈ *Palmfett*) *aus dem Fruchtfleisch der Früchte der Ölpalme gewonnenes Fett*

Palm·sonn·tag der <-s, -e> REL. *der Sonntag vor Ostern*

Palm·top das [pa:m...] <-s, -s> EDV *ein tragbarer, sehr kleiner Computer*

Palm·we·del der <-s, -> *eines der großen Blätter der Palme*

Palm·zweig der <-(e)s, -e> (≈ *Palmwedel*)

Pam·pa die <-, -s> (*kein Plur.*) **1.** GEOGR. *Steppenlandschaft in Südamerika* **2.** (*scherzh. abwert.*) *abgelegene, schwer erreichbare Gegend* irgendwo in der Pampa wohnen

Pam·pe die <-, -n> (*umg.*) *breiige Masse*

Pam·pel·mu·se die <-, -n> (≈ *Grapefruit*) *eine Zitrusfrucht, die größer als eine Orange ist, eine gelbgrüne oder rötliche Schale hat und deren Saft wie eine Mischung aus Orangensaft und Zitronensaft (mit einem leicht bitteren Beigeschmack) schmeckt*

Pam·pel·mu·sen·baum der <-s, Pampelmusenbäume> *ein vornehmlich in Asien und im Mittelmeerraum vorkommender kleiner Baum mit großen, länglich-eiförmigen Blättern, an dem die bis sechs Kilogramm schweren Pampelmusen wachsen*

Pam·ph·let das [pam'fle:t] <-(e)s, -e> (*geh. abwert.* ≈ *Schmähschrift*) *eine meist aggressiv formulierte Schrift, die jmd. gegen jmdn. oder etwas veröffentlicht* ein Pamphlet gegen den politischen Gegner verfassen

pam·pig *Adj.* **1.** *wie Brei* eine pampige Masse **2.** (*umg. abwert.*) *unfreundlich* eine pampige Antwort, Nun werd' doch nicht gleich pampig!

Pa·na·de die <-, -n> KOCH. *eine Mischung aus Ei und Paniermehl, mit der Fleisch Fisch oder Gemüse vor dem Braten bestrichen wird*

Pa·na·ma¹ <-s> *ein mittelamerikanisches Land mit der Hauptstadt Panama*

Pa·na·ma² der <-s, -s> **1.** *fein geflochtenes Gewebe* **2.** *Abkürzung für „Panamahut"*

Pa·na·ma·er, **Pa·na·ma·e·rin** der <-s, -> *jmd., der die panamaische Staatsbürgerschaft hat*

Pa·na·ma·hut der <-es, Panamahüte> *aus jungen getrockneten Blättern der Panamapalme feingeflochtener, breitrandiger Herrenhut*

pa·na·ma·isch <nicht steig.> *Adj. zu Panama gehörend, daher stammend*

Pa·na·ma·ka·nal der <-s> (*kein Plur.*) *Kanal in Panama, der Atlantik und Pazifik verbindet*

Pan·da der <-s, -s> ZOOL. *eine asiatische Bärenart mit schwarzweißem Fell, deren Hauptnahrung Bambus ist* ◆ -bär

Pa·neel das [pa'ne:l] <-s, -e> (*einzelne Platten einer*) *Wandtäfelung*

Pan·flö·te, *a.* **Pans·flö·te** die <-, -n> MUS. *eine Flöte aus mehreren, nebeneinander angeordneten Bambusrohren*

pa·nie·ren <panierst, panierte, hat paniert> *mit OBJ* ■ *jmd. paniert etwas* KOCH. (*vor dem Braten*) *in einer Masse aus Ei und Semmelbröseln wenden*

Pa·nier·mehl das <-(e)s> (*kein Plur.*) (*gewürztes*) *Semmelbröselmehl zum Panieren*

Pa·nik die <-, -en> **1.** *unkontrolliertes Verhalten aus Angst in einer gefährlichen Situation* eine Panik bricht aus, Beim Ausbruch des Feuers gerieten die Zuschauer in Panik. **2.** *starkes Gefühl von Angst* Wenn zu viel auf sie einstürmt, gerät sie leicht in Panik. ▶panikartig ◆ -attacke, -reaktion

pa·nik·ar·tig <nicht steig.> *Adv. in großer Panik* Als das Feuer in dem Lokal ausbrach, verließen die Menschen panikartig das Gebäude.

Pa·nik·ma·che die <-> (*kein Plur.*) (*umg. abwert.*) *Versuch, andere in Panik¹ zu versetzen* Er tat die Unwettermeldungen als reine Panikmache ab., Das ist doch nur Panikmache! Es wird schon nichts weiter passieren.

Pa·nik·ma·cher der <-s, -> (*umg. abwert.*) *jmd., der Panikmache betreibt*

Pa·nik·stim·mung die <-> (*kein Plur.*) *Gesamtverfassung einer Person, die vom Gefühl der Panik ergriffen wird* Nach Bekanntwerden der Nachricht, dass der Stadt eine Plünderung bevorstehe, breitete sich in der Bevölkerung Panikstimmung aus.

pa·nisch *Adj. so, dass man seine Reaktionen nicht mehr beherrscht* panisch davonlaufen/reagieren, panische Angst haben

Pan·k·re·as die <-> (*kein Plur.*) *Bauchspeicheldrüse*

Pan·ne die <-, -n> **1.** *eine Funktionsstörung eines Geräts* eine Panne mit dem Fahrrad/Wagen haben ◆ Auto-, Reifen-, -nhilfe, -versicherung **2.** *ein durch Unachtsamkeit verursachter Fehler* Es passiert eine Panne nach der anderen.

Pan·nen·dienst der <-(e)s, -e> KFZ *ein Unternehmen, das bei Fahrzeugpannen Hilfe leistet* den Pannendienst rufen

Pa·n·op·ti·kum das <-s, Panoptiken> *eine Sammlung außergewöhnlicher oder seltsamer Gegenstände* ein Panoptikum mit Wachsfiguren

Pa·n·o·ra·ma das <-s, Panoramen> *ein Rundblick, der sich (an einer Stelle) über eine Landschaft bietet* Vom Aussichtsturm/aus dem Fenster bot sich uns ein herrliches Panorama.

pan·schen, *a.* **pant·schen** <panschst, pantschte, hat gepanscht> (*umg.*) **I.** *mit OBJ* ■ *jmd. panscht etwas (mit etwas Dat.)* (*abwert.*) *ein Getränk mit Wasser verdünnen oder verfälschen* die Milch/den Wein mit Wasser panschen **II.** *ohne OBJ* ■ *jmd. panscht (≈ planschen)* im Wasser panschen

Pan·sen der <-s, -> ZOOL. *erster Magenabschnitt beim Wiederkäuer*

Pans·flö·te *s.* **Panflöte**

Pan·ta·lons [pãta'lõ:s] <-> *Plur.* **1.** GESCH. *lange Männerhose* **2.** *eng anliegende Hose aus elastischem Strickstoff*

Pan·ter *s.* **Panther**

Pan·the·is·mus der <-> (*kein Plur.*) PHILOS. REL. *die Lehre, nach der Gott und Weltall identisch sind*

Pan·ther, *a.* **Pan·ter** der <-s, -> *eine große Raubkatze mit schwarzem Fell; ein schwarzer Leopard*

Pan·ti·ne die <-, -n> (*norddt.*) *Schuh mit Holzsohle*

Pan·tof·fel der <-s, -n> *ein Hausschuh, der hinten offen ist* weiche Pantoffeln aus Filz ■ **unterm Pantoffel stehen** (*umg. abwert.*): *als Ehemann oder Partner zu Hause nichts zu bestimmen haben*

Pan·tof·fel·held der <-en, -en> (*umg. abwert.*) *ein Ehemann, der sich gegenüber seiner Frau nicht durchsetzen kann*

Pan·tof·fel·ki·no das <-s> (*kein Plur.*) (*umg. scherzh.*) *Fernsehen*

Pan·to·let·te die <-, -n> (*Kunstwort aus „Pantoffel" und „Sandalette"*) *ein Sommerschuh mit hohem Absatz, der hinten offen ist*

Pan·to·mi·me die <-, -n> *eine schauspielerische Darstellung, die nur mit Gesten, Mimik und Bewegungen und ohne Worte auskommt*

Pan·to·mi·me, **Pan·to·mi·min** der <-, -n> *jmd., der (beruflich) pantomimische Vorstellungen gibt*

pan·to·mi·misch <nicht steig.> *Adj. mit den Mitteln der Pantomime* eine pantomimische Darstellung

pant·schen/pan·schen <pantschst, pantschte, hat gepantscht> *s.* **panschen**

Pan·zer der <-s, -> **1.** MILIT. *ein schweres, gepanzertes Kettenfahrzeug, das mit einer Kanone bewaffnet ist* **2.** ZOOL. *die aus Horn bestehende harte Schutzhülle bei manchen Tieren* der Panzer eines Käfers/einer Schildkröte

Pan·zer·ab·wehr die <-> (*kein Plur.*) **1.** MILIT. *Verteidigung gegen Panzer*[1] **2.** MILIT. *Truppe, die gegen Panzer*[1] *eingesetzt wird*

Pan·zer·ab·wehr·ka·no·ne die <-, -n> MILIT. *auf fahrbaren Untergestellen montierte Geschütze, die gegen Panzer*[1] *eingesetzt werden*

Pan·zer·faust die <-, Panzerfäuste> MILIT. *eine Handfeuerwaffe, die gegen Panzer*[1] *eingesetzt wird*

Pan·zer·glas das <-es> (*kein Plur.*) *besonders widerstandsfähiges Glas*

Pan·zer·kreu·zer der <-s, -> MILIT. *ein stark gepanzertes, schnelles Kriegsschiff*

pan·zern <panzerst, panzerte, hat gepanzert> **I.** *mit OBJ* ■ *jmd. panzert etwas (mit etwas Dat.) etwas zum Schutz vor Angriffen mit dicken Platten aus gehärtetem Stahl versehen* ein gepanzertes Fahrzeug für Geldtransporte, eine gepanzerte Limousine **II.** *mit SICH* ■ *jmd. panzert sich sich (seelisch) unempfindlich machen* sich gegen ständige Kritik panzern

Pan·zer·schrank der <-(e)s, Panzerschränke> *ein gepanzerter, besonders gesicherter Schrank* das Geld/die Dokumente/ die Wertsachen im Panzerschrank aufbewahren

Pan·zer·sper·re die <-, -n> *zur Behinderung von Panzern*[1] *aufgestellte Hindernisse*

Pan·zer·wa·gen der <-s, -> MILIT. *gepanzertes Mannschaftsfahrzeug*

Pa·pa der <-s, -s> (*umg.*) *Vater*

Pa·pa·gei, **Pa·pa·gei** der <-en/-s, -en> *ein in vielen Arten vorkommender tropischer Vogel mit buntem Gefieder, der manchmal lernt, die menschliche Sprache nachzuahmen*

Pa·pa·gei·en·krank·heit die <-> (*kein Plur.*) MED. *eine von Vögeln auf den Menschen übertragbare Infektionskrankheit, die als schwere grippeartige Allgemeinerkrankung mit Lungenentzündung verläuft*

Pa·pa·raz·zo der <-s, Paparazzi> *ein Reporter, der sehr aufdringlich ist und gerne Skandalgeschichten über Prominente veröffentlicht*

Pa·per·back das ['peɪpəbæk] <-s, -s> *Taschenbuch mit nicht verstärktem Pappeinband*

Pa·pe·ter·ie die <-, -n> (*schweiz.*) **1.** *Papierwaren* **2.** *Papierwarenhandlung*

Pa·pi der <-(s), -s> (*umg.*) *Vater*

Pa·pier das <-s, -e> **1.** (*kein Plur.*) *das aus Pflanzenfasern oder Altstoffen hergestellte dünne Material von weißer oder gelblicher Farbe, auf das man schreibt oder zeichnet und mit dem man bastelt* handgeschöpftes/holzfreies Papier, ein Blatt/ein Bogen/eine Rolle weißes Papier, einen Text auf Papier ausdrucken, ein Geschenk in Papier einwickeln, ein Lampenschirm aus Papier ◆ Brief-, Foto-, Geschenk-, Pack-, Zigaretten- **2.** *ein Schriftstück, das ein bestimmtes Thema zum Gegenstand hat* die Minister haben ein gemeinsames Papier ausgearbeitet, ein Papier unterzeichnen, in alten Papieren kramen, seine Papiere für die Abrechnung/Steuererklärung ordnen ◆ Thesen-, Wert- **3.** (*meist Plur.*) *Dokument; Ausweis* sich mit seinen Papieren ausweisen, ein Fahrzeug mit gefälschten Papieren ■ **etwas zu Papier bringen**: *etwas aufschreiben* **Papier ist geduldig**: *man kann viel schreiben, aber es ist nicht sicher, dass das Geschriebene auch nützlich oder wahr ist*

Pa·pier·ab·zug der <-s, Papierabzüge> FOT. *die vom Negativ eines Fotos als Positiv auf Papier aufgebrachte Reproduktion*

pa·pie·ren <nicht steig.> *Adj.* **1.** *aus Papier* **2.** (*übertr.*) *nüchtern, trocken, phantasielos* ein papierner Stil,

Pa·pier·geld das <-(e)s> (*kein Plur.*) (≈ *Banknoten*)

Pa·pier·ge·schäft das <-s, -e> *Papeterie*[2]

Pa·pier·hand·tuch das <-s, Papierhandtücher> *Handtuch aus Papier*

Pa·pier·hand·tuch·spen·der der <-s, -> *Box für Papierhandtücher zum unmittelbaren Gebrauch*

Pa·pier·korb der <-(e)s, Papierkörbe> *ein Korb für Papierabfälle* den Papierkorb leeren, der Papierkorb quillt über

Pa·pier·kram der <-s> (*kein Plur.*) (*umg. abwert.*) (*als lästig empfundener*) *Schriftverkehr mit Ämtern und Behörden* Die Genehmigung hat viel Papierkram erfordert.

Pa·pier·krieg der <-(e)s> (*kein Plur.*) (*umg.*) *ein langer Briefwechsel* (*mit einer offiziellen Stelle*), *der nicht zum gewünschten Ergebnis führt* einen endlosen Papierkrieg mit den Behörden führen

Pa·pier·lauf·rich·tung die <-, -en> *die Richtung, in der Papier durch eine Maschine läuft*

Pa·pier·schnit·zel der <-s, -> *kleines, abgeschnittenes Stückchen Papier*

Pa·pier·stau der <-s, -s> *Stau im automatischen Papiereinzug von Druckern und Fotokopierern*

Pa·pier·ti·ger der <-s, -> (*übertr. abwert.*) *jmd., der gefährlich erscheint, es aber nicht wirklich ist*

Pa·pier·tü·te die <-, -n> *Tüte aus Papier*

Pa·pier·wa·ren <-> *Plur. im Handel angebotene Artikel für den Schreib- und Bürobedarf* ein Geschäft für Papierwaren

Pa·pil·lo·te die <-, -n> *ein biegsamer Lockenwickler*

Papp·band der <-(e)s, Pappbände> *Buch mit einem festen Pappeinband*

Papp·be·cher der <-s, -> *Trinkbecher aus Pappe*

Pap·pe die <-, -n> *dickes, festes Material aus mehreren zusammengepressten Lagen Papier* ein Bucheinband/eine Schachtel aus Pappe ■ **nicht von Pappe sein** (*umg.*): *nicht zu unterschätzen sein*

Papp·ein·band der <-s, Pappeinbände> *Einband eines Buches aus Pappe*

Pap·pel die <-, -n> *ein Laubbaum*

päp·peln <päppelst, päppelte, hat gepäppelt> *mit OBJ* ■ *jmd. päppelt jmdn.* (*umg.*) *liebevoll umsorgen und ernähren* Sie päppelt das Kätzchen mit der Flasche. ►aufpäppeln

pap·pen <pappst, pappte, hat gepappt> (*umg.*) **I.** *mit OBJ* ■ *jmd. pappt etwas an etwas Dat.* (*umg.*) *ankleben* das Plakat an die Wand pappen **II.** *ohne OBJ* ■ *etwas pappt* (*an etwas Dat.*) (*zusammen*) *haften* Der Lehm/Der Schnee/Der Teig pappt., Der Lehm pappt an ihren Schuhen.

Pap·pen·de·ckel, *a.* **Papp·de·ckel** der <-s, -> *ein Stück Pappe, ein Stück Karton*

Pap·pen·hei·mer ■ **seine Pappenheimer kennen** (*umg.*): *wissen, was man von bestimmten Menschen erwarten kann*

Pap·pen·stiel ■ **kein Pappenstiel sein** (*umg.*): *keine Kleinigkeit sein* 1000 Euro sind kein Pappenstiel.

pap·per·la·papp *Interj.* (*umg.*) *Ausruf, mit dem man* (*auf unhöfliche Weise*) *jmds. Äußerung unterbricht und als leeres Gerede abwertet* Wir werden die Umsätze steigern, eine landesweite Werbekampagne starten … <GEDANSKT> Papperlapapp, zunächst brauchen wir mal Ideen für neue Produkte!

pap·pig *Adj.* (*umg.*) **1.** (↔ *knackig, knusprig*) *weich* pappige Brötchen, Der Salat war pappig geworden. **2.** (≈ *klebrig*) pappiger Schnee, pappiger Boden

Papp·kar·ton der <-s, -s> **1.** (*kein Plur.*) *Pappe als Material* zum Basteln Pappkarton verwenden **2.** (*größerer*) *Behälter aus Pappe* die Gläser in einen Pappkarton packen

Papp·ma·schee, *a.* **Papp·ma·ché** das <-s, -s> *formbare Masse aus mit Leim oder Stärke und Wasser vermischtem Altpapier* eine Figur aus Pappmaschee basteln

Papp·na·se die <-, -n> *aus Pappe geformte Nase, die als Kostümierung über die eigene Nase gestülpt wird*

Papp·schach·tel der <-, -n> *ein* (*kleinerer*) *Behälter aus Pappe*

Papp·schnee der <-s> (*kein Plur.*) (↔ *Pulverschnee*) *nasser, klebriger Schnee*

Papp·tel·ler der <-s, -> *Teller aus Pappe*

Pa·p·ri·ka der/die <-s, -(s)> **1.** *eine Nutzpflanze mit gelben, roten oder grünen Früchten* Paprika im Garten anbauen **2.** *die Frucht der Paprika*[1] *als Gemüse oder Gewürz* Paprika(s) für einen Salat klein schneiden **3.** (*kein Plur.*) *ein scharfes, aus den Früchten bestimmter Paprikapflanzen gewonnenes Gewürz* die Soße mit Paprika würzen

Papst der <-es, Päpste> REL. *das Oberhaupt der katholischen Kirche* in der Amtszeit des Papstes Pius, Im Rahmen seiner Reise nach … hielt der Papst einen Gottesdienst vor …, zum Papst gewählt werden

päpst·lich <nicht steig.> *Adj. den Papst betreffend oder von ihm ausgehend* die päpstliche Delegation, der päpstliche Segen, die päpstliche Haltung zu Fragen der … ■ **päpstlicher als der**

Papst sein (*umg. abwert.*): *genauer oder unerbittlicher sein als der, der hauptsächlich verantwortlich für etwas ist*

Papst·tum das <-s> (*kein Plur.*) *das Amt des Papstes als Oberhaupt der katholischen Kirche*

Pa·pua-Neu·gui·nea das [...gi'ne:a] <-s> *Staat im westlichen Pazifik, Hauptstadt ist Port Moresby*

Pa·pua-Neu·gui·neer, **Pa·pua-Neu·gui·nee·rin** der [...gi'ne:ɐ] <-s, -> *jmd., der die Staatsbürgerschaft des Staates Papua-Neuguinea hat*

pa·pua-neu·gui·neisch <nicht steig.> *Adj. zur Kultur Papua-Neuguineas gehörig*

pa·pu·a·nisch *Adj. s.* **papua-neuguineisch**

Pa·py·rus der <-, Papyri> **1.** BOT. *schilfartige Pflanze* **2.** (*kein Plur.*) *aus Papyrus*[1] *gewonnenes Schreibpapier* auf Papyrus schreiben **3.** *Papyrusrolle mit Schriften aus dem Altertum*

par-, *a.* **Par-** *s.* **para-**, **Para-**

para-, *a.* **Para-** *aus dem Griechischen übernommene Vorsilbe mit der Bedeutung „bei", „neben", „entlang",„über"*

Pa·ra·bel die <-, -n> **1.** (LIT.: ≈ *Gleichnis*) *eine kurze Erzählung, die eine Lehre gibt* **2.** MATH. *ein Kegelschnitt*

Pa·ra·bol·an·ten·ne die <-, -n> *Antenne in der Form einer Schüssel*

Pa·ra·de die <-, -n> **1.** MILIT. *ein Aufmarsch von militärischen Verbänden im Rahmen einer Festveranstaltung* zum Nationalfeiertag eine Parade abhalten, Der Präsident nahm die Parade ab. **2.** SPORT *eine Gangart des Pferdes* **3.** SPORT *das Parieren eines Angriffs* eine glänzende Parade des Torwarts ■ **jemandem in die Parade fahren**: *jmdm. heftig widersprechen*

Pa·ra·de·bei·spiel das <-(e)s, -e> (≈ *Musterbeispiel*)

Pa·ra·dei·ser der <-s, -> (*österr.*) *Tomate*

Pa·ra·de·kis·sen das <-s, -> (*veralt.*) *ein besonders prächtiges Kissen, das man nicht wirklich benutzt, sondern als Dekoration auf ein Bett oder Sofa legt*

Pa·ra·den·to·se *s.* **Parodontose**

Pa·ra·de·schritt der <-(e)s, -e> MILIT. *ein Marschschritt* im Paradeschritt vorbeimarschieren

Pa·ra·de·u·ni·form die <-, -en> MILIT. *eine Uniform für festliche Anlässe und Paraden*

pa·ra·die·ren <paradierst, paradierte, hat paradiert> *ohne OBJ* ■ *jmd. paradiert* MILIT. *in einer Parade vorbeimarschieren*

Pa·ra·dies das <-es, -e> **1.** (*kein Plur.*) REL. *dem christlichen Glauben nach Wohnstätte der ersten Menschen; Aufenthaltsort Gottes, der Engel und der Seligen* die Vertreibung von Adam und Eva aus dem Paradies, nach dem Tod (zu den Engeln) ins Paradies kommen **2.** (*übertr.*) *eine sehr schöne Gegend, in der es sich angenehm leben lässt* Die Strände dieser Südseeinsel sind ein Paradies., Der unberührte Urwald ist ein Paradies für seltene Tierarten. ◆ Vogel-, Urlaubs- **3.** (≈ *Dorado*) *ein Ort, der besonders gute Voraussetzungen für eine Sache bietet* ein Paradies für Angler/Golfspieler/Wassersportler

pa·ra·die·sisch <nicht steig.> *Adj. so schön wie im Paradies* eine paradiesische Ruhe, Hier herrschen ja paradiesische Zustände!

Pa·ra·dig·ma das <-s, Paradigmen/-ta> (*geh.*) *Beispiel; Muster* in seiner Tätigkeit einem bestimmten Paradigma folgen, sich an ein Paradigma halten

pa·ra·dig·ma·tisch <nicht steig.> *Adj. beispielhaft*

Pa·ra·dig·men·wech·sel der <-s, -> (PHILOS.: *geh.*) *die phasenhafte Veränderung von bestimmten Fragestellungen und Problemlösungsstrategien, die typisch ist für bestimmte wissenschaftliche Disziplinen oder Disziplinengruppen* Entscheidend für die Entwicklung der Naturwissenschaften ist der Paradigmenwechsel von der Aristotelischen zur Galileiischen Physik.

pa·ra·dox <nicht steig.> *Adj.* (*geh.*) *scheinbar widersinnig* Was du da sagst, ist/klingt paradox., Es ist paradox, dass es in einem reichen Land Menschen ohne Wohnung gibt.

Pa·ra·do·xon das <-s, Paradoxa> (*geh.*) *etwas, das einen Widerspruch in sich enthält*

Par·af·fin das <-s, -e> CHEM. *ein wachsähnlicher Stoff*

Par·af·fin·öl das <-s, -e> *bei der Gewinnung von Paraffin anfallendes, sehr feines Öl, das als Schmiermittel für Uhren und als Grundlage für Salben benutzt wird*

Par·af·fin·sal·be die <-, -n> *Salbe auf der Grundlage von Paraffin*

Pa·ra·graph, *a.* **Pa·ra·graf** der <-en, -en> *Absatznummerierung in* (*Gesetzes-*) *Texten* (*mit dem Zeichen „§"*

Pa·ra·gra·phen·dschun·gel der <-s> (*kein Plur.*) (*umg. abwert.*) *die verwirrende Komplexität von Gesetzen und Vorschriften, die oft sogar Fachleute kaum verstehen können* sich im Paragraphendschungel zurechtfinden

Pa·ra·gu·ay <-s> *ein Land in Südamerika*

Pa·ra·gu·ay·er, **Paraguaye·rin** der <-s, -> *jmd., der die Staatsbürgerschaft von Paraguay hat*

pa·ra·gu·ay·isch <nicht steig.> *Adj. zu Paraguya gehörend, daher stammend*

Pa·r·al·la·xe die <-, -n> *scheinbare Verschiebung des Sehobjekts je nach Standpunkt des Beobachters* Sieht man den eigenen Daumen in einiger Entfernung mit je einem Auge, so scheint sich wegen der Parallaxe der Ort des Daumens zu verschieben.

pa·r·al·lel <nichtvsteig.> *Adj.* **1.** *an allen Punkten im gleichen Abstand verlaufend* zwei parallele Geraden, parallel verlaufende Straßen **2.** (*sich*) *gleichzeitig* (*vollziehend*) parallele Entwicklungen in verschiedenen Staaten Europas

Pa·r·al·le·le die <-, -n> **1.** MATH. *eine Gerade, die an allen Punkten in gleichem Abstand zu einer anderen Gerade verläuft* eine Parallele zu einer vorhandenen Geraden zeichnen **2.** *etwas Ähnliches* Man kann Parallelen von diesem zu einem anderen Ereignis ziehen., Diese Art von Dichtung findet eine Parallele in der Malerei.

Pa·r·al·le·len·a·xi·om das <-s> (*kein Plur.*) MATH. *ein Axiom der euklidischen Geometrie, das sagt, dass, wenn eine Gerade und ein nicht auf ihr liegender Punkt vorgegeben sind, es nur eine Gerade geben kann, die sowohl durch den Punkt geht als auch zu dieser Gerade parallel läuft*

Pa·r·al·le·lo·gramm das <-s, -e> MATH. *ein Viereck, dessen gegenüberliegende Seiten gleich lang sind*

Pa·r·al·lel·schal·tung die <-, -en> (↔ *Hintereinanderschaltung*) *elektrische Schaltungsart, bei der alle Schaltelemente untereinander verbunden sind, so dass mehrere Stromzweige entstehen*

Pa·r·al·lel·stra·ße die <-, -n> *eine Straße, die parallel zu einer anderen verläuft* Ich wohne in der Parallelstraße der/zur Schillerstraße.

Pa·r·al·lel·zu·griff der <-s, -e> EDV. *gleichzeitiger Zugriff* (*mehrerer Programme oder Anwender*) *auf bestimmte Daten*

Pa·ra·ly·se die <-, -n> MED. *Lähmung*

pa·ra·ly·sie·ren <paralysierst, paralysierte, hat paralysiert> *mit OBJ* ■ *etwas paralysiert jmdn./etwas* **1.** MED. *lähmen* Das Gift paralysiert die Atmung. **2.** (*geh.*) *handlungsunfähig machen* Die Angst hatte alle Anwesenden paralysiert., Die Regierung wirkt völlig paralysiert.

Pa·ra·me·ter der <-s, -> **1.** MATH. *Hilfsvariable* **2.** TECHN. *kennzeichnende Größe* die genauen Parameter einer Maschine angeben

Pa·ra·mi·li·tär das <-s> (*kein Plur.*) *eine militärähnliche Organisation, die wie das Militär Uniform, Bewaffnung und eine straffe Organisation hat* Bereitschaftspolizei und Nationalgarde in den USA sind Beispiele für das Paramilitär.

pa·ra·mi·li·tä·risch <nicht steig.> *Adj. ähnlich wie beim Militär organisiert* paramilitärische Gruppen/Rebellen/Verbände

Pa·ra·noia die <-> (*kein Plur.*) MED. *eine psychische Erkrankung mit wahnhaften Vorstellungen, dass man verfolgt wird* ►paranoisch

Pa·ra·nuss die <-, Paranüsse> *die harte, dreikantige Frucht von* (*im Regenwaldgebiet wachsenden*) *Paranussbäumen*

Pa·ra·phra·se die <-, -n> SPRACHWISS. *Umschreibung einer Aussage mit anderen Worten*

pa·ra·phra·sie·ren <paraphrasierst, paraphrasierte, hat paraphrasiert> SPRACHWISS. *umschreiben*

Pa·ra·psy·cho·lo·gie die <-> (*kein Plur.*) *die Wissenschaft von übersinnlichen Erscheinungen* (*wie Spuk, Hexerei, Wunder, Hellsehen o.Ä.*)

Pa·ra·sit der <-en, -en> **1.** (BIOL.: ≈ *Schmarotzer*) *Bakterien-, Pflanzen- oder Tierarten, die ihre Nahrung von anderen Lebewesen nehmen und sich vorübergehend oder dauernd an oder in deren Körper aufhalten* Der Baum ist von einem Parasiten befallen. **2.** (*übertr. abwert.*) *jmd., der auf Kosten anderer lebt*

Pa·ra·si·tis·mus der <-, Parasitismen> (BIOL.: ≈ *Schmarotzertum*) *Wechselbeziehung von Parasit und Wirt*

pa·rat <nicht steig.> *Adj. so, dass es gleich zur Hand ist* etwas (für jemanden/einen Anlass) parat halten, immer eine Antwort parat haben

Pa·ra·ty·phus der <-> (*kein Plur.*) MED. *durch Salmonellen hervorgerufene, meldepflichtige Infektionskrankheit*

Pa·ra·vent der ['paravɑ̃] <-s, -s> (*veralt.*) *Ofen-, Wandschirm, spanische Wand*

Pär·chen das <-s, -> **1.** *ein Liebespaar* Überall auf den Parkbänken saßen (verliebte) Pärchen. **2.** *ein* (*zur Nachzucht bestimmtes*) *Paar aus männlichem und weiblichem Tier* Ihre beiden Hamster sind ein Pärchen.

Par·cours der [par'ku:ɐ̯] <-, -> SPORT *Hindernisbahn beim Springreiten*

Par·don der/das [par'dõ:/par'dɔŋ/par'do:n] <-s> (*kein Plur.*) (*veralt.*) *Verzeihung; Nachsicht* jemanden um Pardon bitten, (keinen/kein) Pardon kennen

Pa·ren·the·se die <-, -n> **1.** SPRACHWISS. *Einschub* (*in einer Satzkonstruktion*) **2.** (*geh.*) *Nebenbemerkung*

par excellence [par ɛksə'lɑ̃s] *Adv.* (*geh.* ≈ *schlechthin*) *verwendet, um auszudrücken, dass jmd. oder etwas ein ganz typischer Vertreter einer Gattung ist* Er ist ein Dandy par excellence.

Par·fait das [par'fɛ] <-s, -s> **1.** KOCH. *Fisch- oder Fleischpastete* **2.** KOCH. *Halbgefrorenes*

par force [par'fors] *Adv.* (*geh.*) *mit Gewalt, heftig, unbedingt* Er will par force nach Amerika.

Parforce- [par'fors] (*geh.*) *als Erstglied in Substantiven verwendet, um auszudrücken, dass das im Zweitglied Genannte sich besonders energisch oder mit Gewalt vollzieht* Parforceritt, Parforcekur

Par·fum, *a.* **Par·füm** das [parfœ̃:] <-s, -s> *eine alkoholische Flüssigkeit, die mit* (*einem hohen Gehalt von*) *Duftstoffen versehen ist und angenehm riecht* ein betörendes/herbes/schweres/sinnliches/süßes/ Parfüm, Der Modeschöpfer kreiert ein neues Parfüm., eine zu diesem Parfüm passende Pflegeserie

Par·fü·me·rie die <-, -n> *Geschäft für Parfüms und Kosmetikbedarf*

Par·füm·fläsch·chen das <-s, -> *kleine Flasche für Parfüm*

par·fü·mie·ren <parfümierst, parfümierte, hat parfümiert> **I.** *mit OBJ* ■ *jmd. parfümiert etwas mit Parfüm benetzen* ein Halstuch/die Stirn parfümieren **II.** *mit SICH* ■ *jmd. parfümiert sich sich mit Parfüm benetzen* Sie hat sich wieder sehr stark parfümiert, das ganze Büro war voll von ihrem Wohlgeruch.

Pa·ria der <-s, -s> **1.** *ein Inder, der keiner Kaste angehört* **2.** (*geh. übertr. abwert.*) *Außenseiter einer Gesellschaft oder gesellschaftlichen Gruppe, auf den die anderen herabsehen* Er war der Paria der Familie.

pa·rie·ren <parierst, parierte, hat pariert> **I.** *mit OBJ* **1.** ■ *jmd. pariert etwas einen Hieb abwehren* einen Schlag gekonnt parieren, Sie versteht es, zu parieren. **2.** ■ *jmd. pariert ein Tier zum Stehen bringen* ein Pferd parieren **II.** *ohne OBJ* ■ *jmd./ein Tier pariert* (*umg.*) *gehorchen* Der Hund pariert überhaupt nicht., Wenn ihr mitkommen wollt, müsst ihr aber (aufs Wort) parieren!

Pa·ri·ser, **Pa·ri·se·rin**[1] die <-s, -> *Einwohner von Paris*

Pa·ri·ser[2] der <-s, -> (*umg.*) *Kondom*

Pa·ri·ser·brot das <-s, -e> (*schweiz.*) *französisches Stangenbrot*

Pa·ri·tät die <-, -en> (*geh.*) (*zahlenmäßige*) *Gleichheit* die Parität von Männern und Frauen in einem Ausschuss herstellen

pa·ri·tä·tisch <nicht steig.> *Adj.* (*geh.*) *so, dass es* (*zahlenmäßig*) *gleich ist* einen Ausschuss paritätisch mit Mitgliedern beider Parteien besetzen

Park der <-s, -s/(-e)> *eine private oder öffentlich zugängliche großräumige Gartenanlage, die Blumenbeete und Rasenflächen, aber auch Bäume, Büsche, Springbrunnen, Gehwege usw. umfasst* ein Schloss mit einem gepflegten Park, einen Spaziergang im Park machen, Hunde sollte man im Park an die Leine nehmen., Im Sommer verbringen viele Angestellte ihre Mittagspause im Park. ◆-anlage, -landschaft, Schloss-, Stadt-, Volks-

Par·ka der/die <-(s), -s> *ein knielanger* (*olivfarbener*) *Anorak mit Kapuze*

Park-and-ride-Sys·tem das <-s, -e> *ein Verkehrssystem, bei dem man sein Auto auf bestimmten Parkplätzen* (*in der Nähe eines Bahnhofs*) *abstellt und mit öffentlichen Verkehrsmitteln weiterfährt*

Park·bahn die <-, -n> *Umlaufbahn eines Flugkörpers, von dem aus eine Raumsonde gestartet werden kann*

Park·bank die <-, Parkbänke> *Sitzbank in einem Park* auf der Parkbank sitzen

Park·bucht die <-, -en> *ausgebauter Stellplatz für ein Auto*

Park·deck das <-s, -s> *ein Stockwerk in einem Parkhaus* Sie befinden sich auf dem zweiten Parkdeck.

Park·e·be·ne die <-, -n> (≈ *Parkdeck*) *ein Stockwerk in einem Parkhaus*

par·ken <parkst, parkte, hat geparkt> **I.** *mit OBJ* ■ *jmd. parkt etwas ein Auto auf einen Platz stellen* sein Auto irgendwo parken, Parken Sie bitte 10 m weiter! **II.** *ohne OBJ* ■ *jmd. parkt jmds. Auto steht auf einem Platz* Hier können Sie nicht parken!

Par·kett das <-(e)s, -e/-s> **1.** *ein Fußboden*(*belag*) *aus kleinen schmalen Holzbrettern* Parkett verlegen ◆-boden **2.** THEAT. *Teil des Zuschauerraums* die Plätze im Parkett **3.** (*umg.*) *ein Bereich der Gesellschaft, in dem man sich zeigt* das politische Parkett betreten, auf diplomatischem Parkett sich richtig zu verhalten wissen

Par·kett·sitz der <-es, -e> *Sitzplatz im Parkett*[2]

Park·flä·che die <-, -n> *eine Fläche zum Parken von Autos*

Park·ge·bühr die <-, -en> *eine Gebühr für das Parken von Autos*

Park·haus das <-es, Parkhäuser> *ein Haus, in dem auf mehreren Etagen Autos geparkt werden können*

par·kie·ren *ohne OBJ* ■ *jmd. parkiert irgendwo* (*schweiz.*) *parken*

Par·kin·son-Krank·heit die <-> (*kein Plur.*) (MED.: ≈ *Schüttellähmung*) *eine erbliche Erkrankung des Nervensystems* (*benannt nach dem englischen Arzt Parkinson*), *die sich in einem Zittern der Gliedmaßen äußert*

Park·land·schaft die <-, -en> *eine* (*gestaltete*) *parkähnliche Landschaft*

Park·leit·sys·tem das <-s, -e> KFZ *ein elektronisches Anzeigesystem, das die Zahl der noch freien Parkplätze in den verschiedenen, zur Verfügung stehenden Parkhäusern anzeigt*

Park·leuch·te die <-, -n> KFZ *eine schwach leuchtende Lampe an einem Auto, die unabhängig von den anderen Lampen eingeschaltet werden kann, um die Position des parkenden Wagens bei Dunkelheit zu zeigen*

Park·licht das <-(e)s, -er> (≈ *Parkleuchte*)

Park·lü·cke die <-, -n> *ein Platz zwischen geparkten Autos, auf dem noch geparkt werden kann* eine Parklücke finden

Park·platz der <-es, Parkplätze> **1.** *ein größerer Platz, auf dem* (*gegen Entgelt*) *Autos abgestellt werden können* ein Einkaufszentrum mit großem Parkplatz **2.** *Parklücke* keinen Parkplatz mehr finden, Alle Parkplätze sind besetzt.

Park·platz·not die <-> (*kein Plur.*) *Mangel an Parkplätzen*

Park·platz·wäch·ter der <-s, -> *jmd., der angestellt ist, einen Parkplatz zu bewachen*

Park·raum der <-s> (*kein Plur.*) *die Gesamtheit der Parkplätze*

Park·schei·be die <-, -n> *eine Scheibe in der Form eines Zifferblattes, die an der Windschutzscheibe geparkter Autos befestigt ist und den Beginn der Parkzeit anzeigt*

Park·schein der <-(e)s, -e> *ein Schein, der zum Parken gegen Entgelt am Automaten gelöst wird* den Parkschein ins Fenster legen

Park·strei·fen der <-s, -> *Parkfläche entlang einer Straße*

Park·sün·der, **Park·sün·de·rin** der <-s, -> (*umg.*) *Person, die ihr Auto im Parkverbot parkt* gegen Parksünder vorgehen, (die Autos der) Parksünder abschleppen lassen

Park·uhr die <-, -en> *ein Automat, der gegen Geldeinwurf anzeigt, wie lange man einen Parkplatz benutzen darf*

Park·ver·bot das <-(e)s, -e> **1.** *Verbot, an bestimmten Stellen zu parken* Hier gilt das uneingeschränkte Parkverbot. **2.** *eine Zone, in der das Parken verboten ist* Du stehst im Parkverbot.

Park·wäch·ter, **Park·wäch·te·rin** der <-s, -> **1.** *jmd., der beruflich einen Parkplatz bewacht* **2.** *jmd., der beruflich einen Park bewacht*

Par·la·ment das <-(e)s, -e> **1.** POL. *gewählte Volksvertretung* ins Parlament gewählt werden, das Parlament tritt zusammen/verabschiedet ein Gesetz, das Parlament auflösen/einberufen **2.** *das Gebäude, in dem das Parlament*[1] *tagt* Das Parlament befindet sich im Regierungsviertel.

Par·la·men·tär der <-s, -e> *jmd., der zwischen zwei feindlichen Heeren bzw. zwei kriegführen-*

P

den Parteien als Unterhändler verhandelt und dabei den Status der Unverletzlichkeit hat

Par·la·men·ta·ri·er, **Par·la·men·ta·ri·e·rin** der <-s, -> POL. *Mitglied des Parlaments*[1]

par·la·men·ta·risch <nicht steig.> *Adj.* POL. **1.** *mit einem Parlament*[1] eine parlamentarische Demokratie **2.** *das Parlament*[1] *betreffend; im Parlament*[1] die parlamentarische Arbeit, die parlamentarische Opposition

Par·la·men·ta·ris·mus der <-> (*kein Plur.*) *Bezeichnung für jedes politische System, in dem ein aus Wahlen hervorgegangenes Parlament*[1] *als Repräsentant der Nation oder des Volkes eine zentrale Stelle im politischen Prozess hat*

Par·la·ments·aus·schuss der <-es, Parlamentsausschüsse> *Arbeitsgruppe von Parlamentsmitgliedern mit besonderen Aufgaben*

Par·la·ments·de·bat·te die <-, -n> *Debatte im Parlament*[1]

Par·la·ments·fe·rien <-> *Plur. die Zeit, in der keine Parlamentssitzungen stattfinden*

Par·la·ments·ge·bäu·de das <-, -s, -> (≈ *Parlament*) *das Gebäude, in dem das Parlament*[1] *untergebracht ist*

Par·la·ments·mit·glied das <-(e)s, -er> *Mitglied eines Parlamentes*[1]

Par·la·ments·prä·si·dent, **Par·la·ments·prä·si·den·tin** der <-en, -en> *Person, die einem Parlament*[1] *vorsteht*

Par·la·ments·re·form die <-, -en> (*pol.*) *Reform des Parlaments*[1]

Par·la·ments·sitz <-es, -e> (≈ *Mandat*) *Sitz und Stimme in einem Parlament*[1] Die Partei hat bei den Wahlen mehrere Parlamentssitze dazugewonnen.

Par·la·ments·sit·zung die <-, -en> *Zusammenkunft des Parlaments*[1]

Par·la·ments·wahl die <-, -en> *Wahl der Abgeordneten für ein Parlament*[1]

Parma-Schin·ken der <-s, -> *eine Schinkenspezialität aus der italienischen Stadt Parma*

Par·me·san der <-s> (*kein Plur.*) *ein sehr fester italienischer Käse* (*nach der italienischen Stadt Parma benannt*)

Par·nass der <-> (*kein Plur.*) **1.** *Gebirge im östlichen Griechenland* **2.** (*übertr. geh.*) *Sitz der Musen*

Pa·ro·die die <-, -n> (*geh.*) *eine komische Nachdichtung eines ernsten* (*literarischen*) *Werkes oder Textes oder Nachahmung des Stils eines Künstlers* eine Parodie auf ein Gedicht von Goethe/eine Arie von Mozart

pa·ro·die·ren <parodierst, parodierte, hat parodiert> *mit OBJ* ■ *jmd. parodiert etwas* (*geh.*) *etwas in komischer Art und Weise nachahmen* jemands Sprechweise parodieren ▶parodistisch

Pa·ro·don·to·lo·ge der <-n, -n> *Zahnmediziner, der sich auf die Behandlung von Parodontose spezialisiert hat*

Pa·ro·don·to·se, *a.* **Pa·ra·den·to·se** die <-, -n> MED. *durch Erkrankung des Zahnfleisches verursachte Lockerung der Zähne*

Pa·ro·le die <-, -n> **1.** (MILIT.: ≈ *Kennwort*) *ein geheimes Wort, mit dessen Aussprechen man* (*bei einer Kontrolle*) *zu erkennen gibt, dass man zur eigenen Truppe gehört* eine Parole ausgeben, nach der Parole fragen **2.** (*übertr.*) *Wahlspruch* Kurz vor dem Ende der schwierigen Klettertour lautete die Parole nur noch „durchhalten". **3.** (*meist Plur.*) (*umg.*) *unwahre Behauptungen* Das sind doch nur Parolen, kein Wort ist wahr!

Pa·ro·li ■ **jemandem Paroli bieten**: *jmdm.* (*erfolgreich*) *Widerstand entgegensetzen* Er konnte ihr nicht Paroli bieten.

Part der <-s, -s/-e> **1.** *Anteil; Aufgabenbereich* Was ist mein Part bei/in dieser Sache? **2.** MUS. *Stimme in einer Komposition* Die Sängerin meisterte ihren Part mit Bravour.

Par·te die <-, -n> (*österr.*) *Todesanzeige*

Par·tei die <-, -en> **1.** POL. *eine politische Organisation, in der sich Menschen mit der gleichen politischen Überzeugung zusammenschließen* Mitglied einer Partei sein, einer Partei beitreten, aus der Partei austreten ◆-buch, -funktionär, -mitglied, -spitze, -tag, Links-, Öko-, Rechts- **2.** *eine Gruppe von Personen, die* (*in einer Frage*) *die gleiche Meinung haben* Im Verlauf der Diskussion bildeten sich Parteien für und gegen das Projekt., für jemanden Partei ergreifen **3.** RECHTSW. *einer der beiden Gegner bei einem Rechtsstreit* Die Parteien einigten sich auf einen Vergleich. **4.** (≈ *Mietpartei*) *eine Person oder Familie, die eine Mietwohnung bewohnt* In unserem Haus wohnen sechs Parteien. ◆ Mehrparteienhaus

i Wissenswert Die **Parteien** repräsentieren die wichtigsten Strömungen der öffentlichen Meinung. Die beiden größten Parteien in Deutschland nennt man „Volksparteien", denn sie versuchen, die Interessen vieler Schichten der Bevölkerung zu vertreten. Diese sind die liberal-konservative Christlich-Demokratische Union (CDU) und die Sozialdemokratische Partei (SPD). Das Programm der CDU ist christlich und konservativ geprägt. Die CSU, ihre eigenständige, regionale Entsprechung in Bayern,vertritt dort außerdem den bayrischen Regionalismus und Föderalismus. Sie ist als stärkste Partei in Bayern fast stets in der Regierung vertreten. Sie bildete mit der CDU seit 1949 eine Fraktionsgemeinschaft im Bundestag. Die SPD konstituierte sich im Zuge des Sozialistengesetzes (1878-90) auf dem Parteitag von Halle im Jahre 1890. Sie wurde 1912 stärkste Fraktion im Reichstag. Nach dem 2. Weltkrieg wurde sie in Ost und West neugegründet. Sie nimmt stets entweder die Rolle der stärksten Oppositionspartei ein, bildet eine große Koalition oder stellt selbst die Regierung. Zu den kleineren Parteien gehört die Freie Demokratische Partei (FDP). Sie steht in der Tradition des deutschen Liberalismus und entstand aus mehreren, kleinen liberalen Gruppierungen. Außerdem gibt es die Grünen („Bündnis 90/die Grünen") als ökologische Partei. Sie entstand aus der Umweltschutzbewegung. Ihr Anliegen war es, die natürlichen Lebensbedingungen zu erhalten. Heute machen sie sich auch insbesondere stark für Gleichstellung und Gleichberechtigung und behandeln insbesondere soziale Themen, wie Frauen- oder Familienpolitik. Die Grünen waren 1979 erstmals in Bremen im Länderparlament vertreten, anschließend kamen sie von der Länder- in die Bundesebene. Sie vereinigten sich 1990 mit dem Forum/Bündnis 90 zur heutigen Partei Bündnis 90/ Die Grünen. Schließlich gibt es noch die„Partei des Demokratischen Sozialismus" (PDS), die als Nachfolgepartei der SED (Mehrheitspartei in der ehemaligen DDR) gebildet wurde.

Par·tei·ap·pa·rat der <-(e)s, -e> POL. *Gesamtheit der Hilfsmittel und Personen für die Verwaltung einer politischen Partei* im Parteiapparat arbeiten

Par·tei·ba·sis die <-, Parteibasen> (↔ *Parteispitze*) *überwiegende Zahl der (einfachen) Mitglieder einer politischen Partei* die Parteibasis befragen

Par·tei·be·schluss der <-es, Parteibeschlüsse> (≈ *Parteitagsbeschluss*) *ein von den Parteimitgliedern gefasster Beschluss*

Par·tei·buch das <-(e)s, Parteibücher> POL. *Mitgliedsbuch einer politischen Partei*

Par·tei·e·be·ne die <-> (*kein Plur.*) *die politische Dimension, in der Politik durch (politische) Parteien gemacht werden kann* Die Frage des Flughafenneubaus ist keine Frage, die allein auf Parteiebene entschieden werden kann.

Par·tei·en·fi·nan·zie·rung die <-> (*kein Plur.*) *Finanzierung von politischen Parteien* die Parteienfinanzierung gesetzlich regeln

Par·tei·en·land·schaft die <-> (*kein Plur.*) POL. *die Struktur der miteinander konkurrierenden Parteien in einer Region oder in einem Land*

Par·tei·en·ver·kehr der (*österr.*) *Amtsstunden, Öffnungszeiten eines Amts*

Par·tei·freund der <-(e)s, -e> *jmd., der in derselben Partei ist* Frau Müller und ihre Parteifreunde treffen sich jetzt jeden Dienstag zu einem „politischen Stammtisch".

Par·tei·füh·rer, **Par·tei·füh·re·rin** der <-s, -> *Person, die einer politischen Partei vorsteht*

Par·tei·füh·rung die <-, -en> *Führungsspitze einer politischen Partei*

Par·tei·funk·ti·o·när, **Par·tei·funk·ti·o·nä·rin** der <-s, -e> *Person, die eine (leitende) Funktion in einer Partei innehat*

Par·tei·ge·nos·se, **Par·tei·ge·nos·sin** der <-n, -n> **1.** GESCH. *Mitglied der ehemaligen Nationalsozialistischen Deutschen Arbeiterpartei im nationalsozialistischen Deutschland* **2.** (*veralt.*) (*Anrede für ein*) *Mitglied einer Arbeiterpartei*

par·tei·isch <nicht steig.> *Adj.* (↔ *neutral*) *so, dass jmd. einseitig für oder gegen jmdn. oder etwas engagiert ist und nicht objektiv urteilt* Der Schiedsrichter wirkt parteiisch., parteiisch urteilen

Par·tei·kon·gress der <-es, -e> *Versammlung der Parteimitglieder*

Par·tei·lich·keit die <-> (*kein Plur.*) (↔ *Neutralität*) *parteiische Haltung*

par·tei·los <nicht steig.> *Adj.* POL. *keiner politischen Partei angehörend*

Par·tei·mit·glied das <-(e)s, -er> POL. *Mitglied einer politischen Partei*

Par·tei·nah·me die <-> (*kein Plur.*) *das Beziehen einer Position zu Gunsten einer Person oder Sache*

Par·tei·pro·gramm das <-(e)s, -e> POL. *das Programm, in dem die wesentlichen Ziele einer politischen Partei niedergelegt sind*

Par·tei·se·kre·tär der <-s, -e> *leitender Funktionär einer Partei*

Par·teisol·dat, **Par·teisol·da·tin** der <-en, -en> (*übertr.*) *jmd., der lange Jahre mit hohem Engagement für seine Partei gearbeitet hat*

Par·tei·spen·de die <-, -n> *Spende an eine politische Partei*

Par·tei·spit·ze die <-, -n> *die Personen, die in einer politischen Partei führende Ämter innehaben*

Par·tei·spre·cher, **Par·tei·spre·che·rin** die <-s, -> *Person, die eine Partei der Öffentlichkeit gegenüber vertritt*

Par·tei·tag der <-(e)s, -e> POL. **1.** *oberste Versammlung der Delegierten einer politischen Partei, die Beschlüsse fassen kann* Der Parteitag hat das Folgende beschlossen: ... **2.** *Tagung der obersten Versammlung einer politischen Partei* Der Parteitag findet am nächsten Wochenende in Hamburg statt.

Par·tei·tags·be·schluss der <-es, -Parteitagsbeschlüsse> *ein auf einem Parteitag von den Delegierten gefasster Beschluss*

par·tei·ü·ber·grei·fend nicht steig. *Adj. so, dass es eine allgemeinere Ebene betrifft als die Parteiebene* Der Präsident bezog eine parteiübergreifende Position.

Par·tei·vor·sitz der <-es> (*kein Plur.*) *jmd., der die Funktion der Parteileitung hat*

Par·tei·vor·sit·zen·de der/die <-n, -n> POL. *die Person, die den Vorsitz einer politischen Partei innehat*

Par·tei·vor·stand der <-(e)s, Parteivorstände> *die Gruppe gewählter Parteimitglieder, die eine politische Partei leiten*

Par·tei·zu·ge·hö·rig·keit die <-> (*kein Plur.*) POL. *Zugehörigkeit zu einer politischen Partei* Bei der Vergabe dieses Amtes wurde offensichtlich nach Parteizugehörigkeit entschieden.

Par·ter·re das <-s, -s> **1.** *Erdgeschoss* (im) Parterre wohnen **2.** THEAT. *Sitzreihen zu ebener Erde*

Par·ter·re·woh·nung die <-, -en> *Wohnung im Erdgeschoss*

Par·tie die <-, -n> **1.** *ein bestimmter Teil von etwas* Die vordere Partie des Hauses war unzerstört geblieben., Die obere Partie ihres Gesichtes ist vom Sonnenhut geschützt. ◆ Front-, Heck- **2.** SPORT *ein einzelnes Spiel* eine Partie Schach spielen, Die Partie endete mit einem Sieg der Gastgeber. **3.** *Rolle in einem musikalischen Bühnenwerk* Wer übernimmt die Partie der Aida? ■ **mit von der Partie sein** (*umg.*): *bei etwas beteiligt sein* **eine gute Partie sein** (*umg.*): *viel Geld mit in eine Ehe einbringen können*

par·ti·ell <nicht steig.> *Adj.* (*geh.*) *teilweise* eine partielle Sonnenfinsternis, partieller Gedächtnisverlust

Par·ti·kel[1] die <-, -n> SPRACHWISS. *eine unflektierbare Wortart, deren Funktion oft darin besteht, Aussagen eine Bedeutungsnuance, z.B. eine Intensivierung, hinzuzufügen*

Par·ti·kel[2] das/der <-, -n> *ein sehr kleines Teilchen von etwas* Partikel von Ruß/Staub gelangen in die Atemwege.

Par·ti·ku·la·ris·mus der <-, Partikularismen> (*meist abwert.*) *Bezeichnung für das Bestreben einer teritorial begrenzten Bevölkerungsgruppe, ihre wirtschaftlichen, sozial-kulturellen und historisch-politischen Sonderinteressen zu wahren oder durchzusetzen*

Par·ti·san der <-s/-en, -en> MILIT. *jmd., der nicht zur offiziellen Armee eines Landes gehört und in kleinen Verbänden aus dem Hinterhalt heraus die feindlichen Truppen angreift* Er hat als Partisan im Widerstand gegen die deutschen Besatzer gekämpft.

Par·ti·sa·nen·krieg der <-(e)s, -e> *von Partisanen geführter Krieg*

Par·ti·tur die <-, -en> MUS. *Aufzeichnung aller Stimmen eines mehrstimmigen Musikstückes* Der Dirigent studiert die Sinfonie zuerst nur anhand der Partitur.

Par·ti·zip das <-s, -ien> SPRACHWISS. *Bezeichnung für eine Form des Verbs, die sowohl die Eigenschaften des Verbs* (*verschiedene Zeitstufen*) *als auch des Adjektivs* (*Deklinationsfähigkeit*) *hat und so eine Mittelstellung zwischen Verb und Adjektiv einnimmt, d.h.: an beiden partizipiert* „Gehend“ ist das Partizip Präsens des Verbs „gehen“.

Par·ti·zi·pa·ti·on die <-> (*kein Plur.*) (*geh.*) *die Teilhabe* die Partizipation am Erfolg des Unternehmens

par·ti·zi·pie·ren <partizipierst, partizipierte, hat partizipiert> *ohne OBJ* ■ *jmd. partizipiert an etwas Dat.* (*geh.*) *teilhaben* am Erfolg/an der Freude eines anderen partizipieren

Par·ti·zi·pium das <-s, Partizipien> (*veralt.* ≈ *Partizip*)

Part·ner, **Part·ne·rin** der <-s, -> **1.** (≈ *Lebenspartner*) *jmd., mit dem man in einer dauerhaften* (*intimen*) *Beziehung steht und oft auch in einer gemeinsamen Wohnung lebt* den Partner fürs Leben gefunden haben ◆ -probleme, -tausch, -wechsel, Ehe-, Lebens- **2.** *Person, die zu einem bestimmten Zweck mit jmdm. in einer Sache zusammenwirkt* einen Partner zum Tanzen/Tennisspielen suchen ◆ Gesprächs-, Spiel-, Tanz-, Tarif-, Vertrags- **3.** WIRTSCH. *Person, die mit an einem Unternehmen beteiligt ist* Wir sind seit fünf Jahren Partner im Geschäft. ◆ Geschäfts-

Part·ner·schaft die <-, -en> **1.** *eine* (*intime*) *Beziehung zwischen Menschen* Auch in einer guten Partnerschaft gibt es einmal Streit. ► partnerschaftlich **2.** POL. *Beziehung zwischen Einrichtungen* (*verschiedener Länder*) *zum gegenseitigen Vorteil* eine Partnerschaft zwischen zwei Städten/Universitäten/Schulen, die fruchtbare Partnerschaft zwischen beiden Ländern ◆ Städte-

Part·ner·stadt die <-, Partnerstädte> *Stadt, die zu einer* (*meist im Ausland gelegenen*) *anderen Stadt eine freundschaftliche Beziehung des kulturellen Austausches hat*

Part·ner·ver·mitt·lung die <-, -en> *eine Einrichtung, die vermittelt, dass Menschen sich kennenlernen und Partner*[1] *werden*

par·tout [par'tu:] *Adv.* (*umg.*) *unbedingt* sich partout nicht erinnern können, Er wollte partout grüne Haare haben, da haben wir sie eben grün gefärbt.

Par·ty die ['pa:tɪ] <-, -s> (*privates*) *Fest* (*von informellem Charakter*) eine Party feiern

Par·ty·dro·ge die <-, -n> (≈ *Designerdroge*) (*synthetische*) *Droge, die vor allem auf Partys genommen wird*

Par·ty·kel·ler der <-s, -> *zum Feiern von Partys ausgebauter Keller in einem Privathaus*

Par·ty·lö·we der <-n, -n> (*umg.*) *ein Mann, der auf Partys umschwärmt wird*

Par·ty-Ser·vice der <-, -> *ein Unternehmen, das Dienste zur Ausgestaltung privater oder öffentlicher Veranstaltungen* (*mit Speisen und Getränken*) *anbietet*

Par·ve·nü der <-s, -s> (*geh.*) *Emporkömmling, Neureicher*

Par·zel·le die <-, -n> *vermessenes Grundstück* ein Stück Land in Parzellen aufteilen

Par·zel·lie·rung die <-, -en> *Aufteilung in Parzellen*

Pas·cal das <-s, -> PHYS. *Maßeinheit für den Druck* (*Abkürzung: Pa*)

Pasch der <-s, -e/Päsche> *Wurf mit gleicher Augenzahl auf mehreren Würfeln*

Pa·scha der <-s, -s> **1.** GESCH. *türkischer Herrschertitel* **2.** (*umg. abwert.*) *herrischer Mann, der sich gern von seiner Frau bedienen lässt* Zu Hause spielt er gern den Pascha.

pa·schen <paschst, paschte, hat gepascht> *ohne OBJ* ■ *jmd. pascht* (*österr.*) *klatschen*

Pas·pel die <-, -n> *schmaler Nahtbesatz bei Kleidungsstücken* die Jackentaschen mit Paspeln versehen

Pass der <-es, Pässe> **1.** *amtlicher Ausweis* jemandem einen Pass ausstellen ◆ Reise- **2.** *Straße, die im Gebirge zwischen zwei Bergen verläuft* die Pässe im Winter sperren **3.** SPORT *gezieltes Zuspielen* Nach einem Pass von Meier verwandelt Müller das Spiel zum 1:0.

pas·sa·bel <passabler, am passabelsten> *Adj. einigermaßen ordentlich; annehmbar* eine ganz passable Leistung eines ansonsten schwachen Schülers

Pas·sa·ge die [pa'sa:ʒə] <-, -n> **1.** *überdachte Ladenstraße* eine Passage mit verschiedenen kleinen Läden ◆ Einkaufs- **2.** *Teil eines längeren Textes* bestimmte Passagen im Text markieren, Einige Passagen seiner Rede waren unverständlich. **3.** (*kein Plur.*) *das Fahren mit Schiff oder Flugzeug* den Fluss für die Passage größerer Schiffe vertiefen und begradigen ◆ Schiffs- **4.** *enge Stelle* eine enge Passage, durch die alle Schiffe fahren müssen

Pas·sa·gier, **Pas·sa·gie·rin** der [pasa'ʒi:ɐ̯] <-s, -e> *Fahrgast auf einem Schiff oder in einem Flugzeug* die Passagiere gehen an Bord ■ **blinder Passagier**: *Person, die ohne Fahrkarte heimlich mitreist*

Pas·sa·gier·auf·kom·men das <-s> (*kein Plur.*) WIRTSCH. *die Gesamtheit der Passagiere eines Unternehmens in einer bestimmten Zeit* das Passagieraufkommen des vergangenen Jahres

Pas·sa·gier·damp·fer der <-s, -> (↔ *Handelsdampfer*) *großes Schiff, dass ausschließlich für die Beförderung von Passagieren gebaut ist und eingesetzt wird*

Pas·sa·gier·flug·zeug das <-(e)s, -e> *Flugzeug zur Beförderung von Personen*

Pas·sa·gier·gut das <-s, Passagiergüter> *das von den Passagieren aufgegebene Gepäck*

Pas·sa·gier·ma·schi·ne die <-, -n> (↔ *Transportmaschine*) *Passagierflugzeug*

Pas·sa·gier·schiff das <-(e)s, -e> *Schiff zur Beförderung von Personen*

Pas·sah·fest das <-es, -e> *jüdisches Fest zum Gedenken an den Auszug aus Ägypten*

Pass·amt das <-es, Passämter> *Amt, das zur Ausstellung oder Verlängerung von Pässen zuständig ist*

Pas·sant, **Pas·san·tin** der <-en, -en> *Person, die irgendwo gerade vorübergeht* Die Passanten drehten sich erstaunt nach ihr um.

Pas·sat, *a.* **Pas·sat·wind** der <-(e)s, -e> *tropischer Ostwind, der in Richtung Äquator weht*

Pass·bild das <-(e)s, -er> *für einen Pass*[1] *bestimmtes Porträtfoto* Passbilder machen lassen

Pas·se die <-, -n> *Besatz an einem Kleidungsstück*

pas·see, *a.* **pas·sé** <nicht steig.> *Adj.* (*umg.*) *vorbei; nicht mehr aktuell* Solche Röcke sind schon lange passee., Diese Zeiten sind längst passee.

pas·sen <passt, passte, hat gepasst> **I.** *mit OBJ* ■ *jmd. passt etwas* SPORT *genau zuspielen* den Ball zum Mittelstürmer passen **II.** *ohne OBJ* ■ *etwas passt jmdm.* **1.** *richtig sitzen* Passt Ihnen das Kleid? **2.** *gelegen kommen* Passt es Ihnen am Montag?, Das passt mir aber gar nicht. **3.** ■ *jmd. passt beim Spiel auf seinen Einsatz verzichten* Ich habe kein Ass, ich passe., Auf diese Frage habe ich keine Antwort, ich passe.

pas·send *Adj.* **1.** *richtig; treffend* eine passende Bemerkung, ein passender Anlass, um etwas zu tun, Ich fände es passender, wenn Sie morgen früh schon zur ersten Besprechung kämen. **2.** *in exakt abgezählter Menge* Haben Sie es passend? Ich (habe kein Kleingeld und) kann nicht herausgeben.

pas·sen·der·wei·se *Adv. so, dass es passt*

Passe·par·tout das [paspar'tu:] <-s, -s> **1.** KUNST *Bildumrahmung aus leichtem Karton, die unter dem Glas des Rahmens liegt* **2.** (*schweiz.*) *Dauerkarte* **3.** (*schweiz.*) *Hauptschlüssel*

Pass·fo·to das <-s, -s> *siehe* **Passbild**

pas·sier·bar <nicht steig.> *Adj. befahrbar* Die Straße/Brücke ist wieder passierbar.

pas·sie·ren <passierst, passierte, hat/ist passiert> **I.** *mit OBJ* ■ *jmd. passiert etwas* ((*haben*)) **1.** *an einer bestimmten Stelle hindurchgehen* Alle Läufer haben den Kontrollpunkt passiert., die Grenze/das Tor passieren **2.** KOCH. *durch ein Sieb drücken* Sie passierte die Früchte. **II.** *ohne OBJ* ■ *etwas passiert* ((*sein*) ≈ *geschehen*) *etwas ereignet sich unerwartet* Ist etwas passiert?, Warum muss das immer mir passieren? ■ **... sonst passiert was!** (*umg.*): *sonst werde ich sehr ärgerlich*

Pas·sier·schein der <-(e)s, -e> *Dokument, das jmdn. berechtigt, irgendwo zu passieren*[1] Zum Betreten des Geländes benötigen Sie einen Passierschein.

Pas·si·on die <-, -en> **1.** REL. *Leidensgeschichte Jesu* ◆ -sgeschichte, -sspiel **2.** MUS. *ein großes musikalisches Werk, in dem die Passion*[1] *in einer Reihe von Musikstücken gestaltet wird* **3.** (*geh.*) *Leidenschaft, Begeisterung* Schach ist seine ganze Passion.

pas·si·o·niert <nicht steig.> *Adj.* (*geh.*) *leidenschaftlich* eine passionierte Reiterin

Pas·si·ons·frucht die <-, Passionsfrüchte> BOT. *eine tropische Frucht*

Pas·si·ons·zeit die <-> (*kein Plur.*) REL. *Zeit zwischen Aschermittwoch und Ostern*

Pas·siv das <-s, (-e)> (*Plur. selten*) (SPRACHW.: ↔ *Aktiv*) *die Satzkonstruktion, bei der die Sache oder Person, auf die die Verbalhandlung gerichtet ist, das grammatische Subjekt des Satzes ist* Das Verb steht im Passiv/kommt meist im Passiv vor., Der Satz „Der Garten wird bepflanzt" ist ein Satz im Passiv.

pas·siv *Adj.* (↔ *aktiv*) *so, dass man etwas mit sich geschehen lässt und selbst nicht tätig ist* sich bei etwas völlig passiv verhalten, passives Mitglied, passiver Widerstand ■ **passives Wahlrecht** POL.: *das Recht, sich in ein Amt wählen zu lassen* **passiver Wortschatz** SPRACHWISS.: *die Wörter, die jmd. versteht, wenn er sie hört oder liest, die er aber nicht aktiv selbst verwendet*

Pas·si·va, *a.* **Pas·si·ven** <-> *Plur.* (WIRTSCH.: ↔ *Aktiva*) *Schulden und Verbindlichkeiten*

Pas·si·vi·tät die <-> (*kein Plur.*) (*geh.*) *passives Verhalten* körperliche/geistige Passivität

Pas·siv·rau·chen das <-s> (*kein Plur.*) *das Einatmen des Rauches der Zigaretten, die von anderen in demselben Raum geraucht werden* Passivrauchen ist ähnlich schädlich wie Rauchen.

Pass·kon·trol·le die <-, -n> *Kontrolle der Pässe*[1] (*beim Grenzübertritt*)

Pass·stel·le die <-, -n> *Behörde, die Pässe*[1] *aus-*

P

stellt

Pass·stra·ße die <-, -n> *Straße, die über einen Pass[2] im Gebirge führt*

Pas·sung die <-, -en> TECHN. *die Art, wie genau zusammengehörende Werkstücke zusammenpassen*

Pass·wort das <-(e)s, Passwörter> TECHN. EDV *Kennwort, das einem Benutzer Zugang zu etwas gewährt* das Programm mit einem Passwort starten/schützen, Die Tür kann nur mit einem Passwort geöffnet werden.

Pass·wort·sper·re die <-, -en> *Begrenzung des Zugangs zu einem Programm/zu Daten/zu einem Netzwerk durch die Bedingung, vorher eine bestimmte Zeichenkette (Passwort) eingeben zu müssen*

Pas·ta die <-> (*kein Plur.*) **1.** KOCH. *Sammelbegriff für Teigwaren* **2.** *weiche Masse, die man auf etwas streicht* ◆ Zahn-

Pas·te die <-, -n> *formbare, weiche Masse* eine Paste auf die Haut/die Schuhe auftragen, eine Paste aus Fisch/Fleisch zubereiten

Pas·tell das <-(e)s, -e> KUNST *mit Pastellfarben gemaltes Bild* ◆ -kreide, -stift

Pas·tell·far·be die <-, -n> **1.** KUNST *eine Art von Künstlerfarbe, die beim Malen eine helle und zarte Wirkung ergibt* **2.** *ein heller, sanfter Farbton* ein Kleid in zarten Pastellfarben

Pas·tell·stift der <-s, -e> *Malstift für Pastellfarben*

pas·ten·ar·tig <nicht steig.> *wie Paste*

Pas·te·te die <-, -n> KOCH. *eine Speise aus Blätterteig, der mit fein gehacktem Fleisch gefüllt ist*

pas·teu·ri·sie·ren [pastøri'zi:rən] <pasteurisierst, pasteurisierte, hat pasteurisiert> *mit OBJ* ■ *jmd. pasteurisiert etwas Nahrungsmittel durch Erhitzen keimfrei machen* pasteurisierte Milch

Pas·til·le die <-, -n> *ein Arzneimittel in der Form kleiner Kugeln zum Lutschen*

Pas·ti·nak der <-s, -e> *30-100 cm hohes Doldengewächs, dessen Wurzel als Gemüse gegessen und als Viehfutter verfüttert wird*

Pas·tor, **Pas·to·rin** der <-s, -en> (*meist norddt.*) *Pfarrer(in) in einer evangelischen Gemeinde*

Patch·work das ['pɛtʃwə:k] <-s, -s> *aus bunten Flicken zusammengesetzter Stoff*

Pa·te, **Pa·tin** der <-n, -n> REL. *Taufzeuge, der außer den Eltern bei der Taufe eines Kindes anwesend ist (und für dessen christliche Erziehung mit Verantwortung übernimmt)* bei jemandem Pate stehen ■ **bei etwas Pate stehen** (*umg. übertr.*): *auf die Entstehung einer Sache Einfluss nehmen* ◆ Tauf-

Pa·ten·kind das <-(e)s, -er> *Kind, dessen Pate jmd. ist*

Pa·ten·on·kel der <-s, -> *Pate*

Pa·ten·schaft die <-, -en> **1.** *die Mitverantwortung eines Paten für die christliche Erziehung des Patenkindes* **2.** *die Beziehung einer Organisation oder Person zu einer anderen, die von ihr unterstützt wird* die Patenschaft für ein Kind in einem armen Land übernehmen

Pa·tent das <-(e)s, -e> **1.** RECHTSW. *Schutzrecht für eine Erfindung* ein Patent anmelden, etwas zum Patent anmelden **2.** *Ernennungsurkunde, die jmds. berufliche Qualifikation (in seemännischen Berufen) ausweist* das Patent als Kapitän/Lotse erwerben **3.** (*schweiz.*) *staatliche Bewilligung zur Ausübung bestimmter Berufe oder Tätigkeiten*

pa·tent *Adj.* (*umg.*) **1.** *tüchtig, geschickt* ein patenter Bursche **2.** *praktisch, brauchbar* eine patente Idee

Pa·tent·amt das <-(e)s, Patentämter> *Behörde, die Patente[1] vergibt*

Pa·tent·an·mel·dung die <-, -en> *mehrstufiges Verfahren, das u.a. eine Prüfung und Bekanntmachung des Antrags auf Patentierung sowie schließlich die Patenterteilung vorsieht*

Pa·ten·tan·te die <-, -n> *Patin*

Pa·tent·an·walt, **Pa·tent·an·wäl·tin** der <-s, Patentanwälte> *Rechtsanwalt, der auf Patentrecht spezialisiert ist*

pa·ten·tie·ren <patentierst, patentierte, hat patentiert> *mit OBJ* ■ *jmd. patentiert etwas durch ein Patent schützen* (sich) etwas patentieren lassen, ein patentiertes Verfahren

Pa·tent·in·ha·ber, **Pa·tent·in·ha·be·rin** der <-s, -> *Person, die ein Patent oder mehrere Patente besitzt*

Pa·tent·lö·sung die <-, -en> *Lösung, die alle Schwierigkeiten eines Problems lösen kann oder soll* Für dieses Problem gibt es leider keine Patentlösung.

Pa·tent·recht das <-(e)s, -e> **1.** *die Gesamtheit der Gesetze im Zusammenhang mit Patenten[1]* **2.** *das Recht zur Nutzung eines Patents[1]*

Pa·tent·re·gis·ter das <-s, -> *Register, in dem alle Patente[1] verzeichnet sind*

Pa·tent·re·zept das <-(e)s, -e> *Patentlösung*

Pa·tent·schutz der <-es> (*kein Plur.*) *Schutz, der dem Inhaber eines Patents gewährt wird, um zu verhindern, dass jmd. seine Erfindung kopiert und damit Geschäfte macht*

Pa·ter der <-s, -/Patres> REL. *ein katholischer Geistlicher, der einem Orden angehört*

Pa·ter·nos·ter[1] das <-s> (*kein Plur.*) REL. *das wichtigste christliche Gebet im Gottesdienst, das Vaterunser*

Pa·ter·nos·ter[2] der <-s, -> *Aufzug, dessen Kabinen nicht verschlossen sind und permanent langsam in Bewegung gehalten werden*

pa·the·tisch *Adj. in übertriebener Weise feierlich* etwas mit pathetischen Worten ankündigen

pa·tho·gen <nicht steig.> *Adj.* MED. *krankheitserregend*

Pa·tho·lo·ge, **Pa·tho·lo·gin** der <-n, -n> *Wissenschaftler auf dem Gebiet der Pathologie*

Pa·tho·lo·gie die <-, -n> MED. **1.** *Lehre von den Krankheiten und den daraus entstehenden Veränderungen im Körper* **2.** *eine Klinik(abteilung), in der Leichen oder Gewebe untersucht werden* einen Toten in die Pathologie einliefern

pa·tho·lo·gisch <nicht steig.> *Adj.* MED. **1.** *krankhaft* pathologische Veränderungen des Nervensystems **2.** *die Pathologie betreffend* ein pathologischer Befund

Pa·thos das <-> (*kein Plur.*) *Ausdruck feierlicher Ergriffenheit, der übertrieben wirkt* mit großem Pathos sprechen/vortragen/rezitieren

Pa·ti·ence die [pa'si̯ã:s] <-, -n> *ein Kartenspiel, bei dem die Karten in bestimmten Reihenfolgen gelegt werden*

Pa·ti·ent, **Pa·ti·en·tin** der <-en, -en> *von einem Arzt oder einer Person im Heilberuf behandelter Kranker* die Patienten eines Arztes/einer Krankengymnastin ◆ Kassen-, Privat-

Pa·ti·en·ten·kar·tei die <-, -en> *Kartei mit den für einen Arzt wichtigen Daten des Patienten*

Pa·ti·en·ten·rech·te die <-> (*meist Plur.*) *die Rechte, die ein Patient gegenüber dem Arzt oder der Klinik hat*

Pa·ti·en·ten·ver·fü·gung die <-, -en> MED. RECHTSW. *ein schriftliches Dokument, in dem man festlegt, ob man nach einem Unfall oder bei schwerster Krankheit mit allen medizinischen Mitteln am Leben erhalten werden will*

Pa·tin die <-, -nen> *weibliche Form zu Pate*[1]

Pa·ti·na die <-> (*kein Plur.*) *grüne Schicht, die sich auf Kupfer bildet* Das Kupferdach hat Patina angesetzt.

pa·ti·nie·ren <patinierst, patinierte, hat patiniert> *mit OBJ* ■ *jmd. patiniert etwas mit künstlichem Patina überziehen*

Pa·tio der ['pa:ti̯o] <-s, -s> *Innenhof* (*in spanischen Häusern*)

Pa·tis·se·rie die <-, -n> (*schweiz.*) **1.** *Konditorei* **2.** *Feingebäck*

Pa·t·ri·arch der <-en, -en> **1.** *Titel des obersten Geistlichen in der orthodoxen Kirche* **2.** *Vater in einer großen Familie, der eine herausragende Stellung hat und viel Respekt verlangt* die Patriarchen im Alten Testament

pa·t·ri·ar·chal <nicht steig.> *Adv.* **1.** *wie ein Patriarch*[2] Er wirkt sehr patriarchal. **2.** *dem Patriarchat zugehörig* eine patriarchale Gesellschaft

pa·t·ri·ar·cha·lisch <nicht steig.> *Adj.* **1.** *so, dass der Mann eine Vorrangstellung in Familie und Gesellschaft einnimmt* eine patriarchalische Gesellschaftsordnung **2.** *so, dass man als Mann Vorrechte geltend macht* ein patriarchalisches Benehmen

Pa·t·ri·ar·chat das <-(e)s> (*kein Plur.*) **1.** REL. *Amtsbereich eines Patriarchen*[1] **2.** (↔ *Matriarchat*) *Gesellschaftsform, in der dem Mann eine bevorzugte Stellung in Gesellschaft und Familie zukommt* In dieser Gesellschaft herrschte Patriarchat.

Pa·t·ri·ot, **Pa·t·ri·ot·in** der <-en, -en> *Person, die ihr Vaterland liebt und dafür eintritt* ein glühender Patriot

pa·t·ri·o·tisch *Adj. in Haltung und Gesinnung wie ein Patriot* eine patriotische Rede halten

Pa·t·ri·o·tis·mus der <-, Patriotismen> *Haltung und Gesinnung von Patrioten*

Pa·t·ri·zi·er, **Pa·t·ri·zi·e·rin** der <-s, -> **1.** GESCH. *römischer Adliger* **2.** GESCH. *wohlhabender Bürger im Mittelalter* dieses Haus gehörte einem reichen Patrizier

Pa·t·ron, **Pa·t·ro·na** der <-s, -e> **1.** GESCH. *Kirchenstifter(in)* **2.** REL. *Schutzheilige(r)* ◆ Schutz- **3.** (*schweiz.*) *Betriebsinhaber, Arbeitgeber* (*vor allem im Gastgewerbe*) **4.** (*keine Femininform*) (*umg. abwert.*) *Kerl* ein übler Patron

Pa·t·ro·nat das <-(e)s, -e> *Schirmherrschaft*

Pa·t·ro·ne die <-, -n> **1.** *Metallhülse, die Treibladung und Geschoss für Feuerwaffen enthält* eine Patrone abfeuern/einlegen **2.** *Behälter für die Tinte in einem Füllfederhalter* **3.** FOTOGR. *Filmhülse* eine neue Patrone mit einem Film in den Fotoapparat einlegen

Pa·t·ro·nen·gurt der <-es, -e> *am Oberkörper zu tragender Gurt für Patronen*[1]

Pa·t·ro·nen·ta·sche die <-, -n> *Tasche für Patronen*[1]

Pa·t·rouil·le die [pa'truljə] <-, -n> **1.** *das Patrouillieren* auf Patrouille gehen/sein **2.** *ein Trupp von Soldaten oder Polizisten, die regelmäßig ein bestimmtes Gebiet kontrollieren und überwachen* Die Patrouille hat einen Verdächtigen aufgespürt.

Pa·t·rouil·len·boot das <-es, -e> *Boot für Patrouille auf dem Wasser* Das Patrouillenboot der Küstenwache spürte wieder Flüchtlinge auf, die illegal an Land gehen wollten.

pa·t·rouil·lie·ren [patrʊ'li:rən] <patrouillierst, patrouillierte, hat/ist patrouilliert> *ohne OBJ* ■ *jmd. patrouilliert* (*irgendwo*) *als Soldat oder Polizist ein Gebiet regelmäßig kontrollieren, indem man dort herumgeht oder -fährt* Die Soldaten haben/sind vor dem Tor patrouilliert., Sie sind bis zum Tor und zurück patrouilliert.

patsch *Interj. lautmalerisch für das Geräusch, das durch das Fallen von etwas auf Wasser oder auf einen weichen Untergrund verursacht wird*

Pat·sche die <-, -n> (*umg.*) **1.** *Hand* Nimm deine Patschen weg! **2.** *Werkzeug zum Schlagen* das Feuer mit einer Patsche löschen ◆ Fliegen- **3.** *schwierige oder ausweglose Lage* in der Patsche sitzen, jemandem aus der Patsche helfen

Pat·schen der <-s, -> (*österr.*) **1.** *Hausschuh* **2.** *ein platter Reifen*

pat·schen <patschst, patschte, hat/ist gepatscht> *ohne OBJ* ■ *jmd. patscht* **1.** (*haben*) *ein klatschendes Geräusch machen, indem man auf etwas schlägt* mit der Hand ins Wasser patschen **2.** (*sein*) *ein klatschendes Geräusch machen, indem etwas auf/in etwas fällt* Der Stein ist ins Wasser gepatscht.

patsch·nass <nicht steig.> *Adj.* (*umg.*) *völlig durchnässt*

Pat·schu·li·öl das <-s, -e> *Öl der aus Asien stammenden Patschulipflanze*

Patt das <-s, (-s)> **1.** *Situation im Schachspiel, die als unentschieden gewertet wird* **2.** *Lage, in der keine von zwei Parteien im Vorteil ist* ein militärisches Patt

Pat·te die <-, -n> *doppelter Stoffstreifen wie bei einer Taschenklappe oder einem Ärmelaufschlag*

Patt·si·tu·a·ti·on die <-, -en> *Situation, in der ein Patt*[1 2] *erreicht ist*

P

pat·zen <patzt, patzte, hat gepatzt> *ohne OBJ* ■ *jmd. patzt* (*umg.*) (*kleinere*) *Fehler machen* Am Ende der Arbeit hast du leider gepatzt, deshalb ist es keine Eins geworden.

Pat·zer der <-s, -> (*umg.*) *kleiner Fehler oder Missgeschick* Da ist mir leider ein Patzer unterlaufen.

pat·zig *Adj.* (*umg.*) *trotzig und unverschämt* eine patzige Antwort geben, Nun werd' doch nicht gleich patzig!

Pau·ke die <-, -n> *eine große, kesselförmige Trommel, die mit Schlägeln geschlagen wird* im Orchester die Pauke spielen ■ **mit Pauken und Trompeten durchfallen** (*umg.*): *in einer Prüfung mit sehr schlechten Leistungen durchfallen* **auf die Pauke hauen** (*umg.*): *sehr laut feiern*

pau·ken <paukst, paukte, hat gepaukt> **I.** *mit OBJ* ■ *jmd. paukt etwas* (≈ *büffeln*) *viel Stoff lernen* Mathe/Französisch/Vokabeln pauken, für das Diktat pauken **II.** *ohne OBJ* ■ *jmd. paukt* (*umg.*) *die Pauke spielen*

Pau·ken·schlag der <-(e)s, Paukenschläge> **1.** *ein Schlag auf die Pauke* **2.** (*übertr.*) *Aufsehen erregendes Geschehen* Das war ein Paukenschlag!

Pau·ken·wir·bel der <-s, -> *Schlagart auf Pauken, die in einem schnellen Wechsel der beiden Schlägel besteht, was als Triller oder Tremolo notiert wird*

Pau·ker, Pau·ke·rin der <-s, -> **1.** MUS. *Person, die Pauke schlägt* **2.** (*umg. abwert.*) *Lehrer(in)*

Paus·ba·cke die <-, -n> (*meist Plur.*) *dicke, runde Backen* Kind mit roten Pausbacken

paus·ba·ckig, *a.* **paus·bä·ckig** *Adj.* (*umg.*) *mit dicken Backen* ein pausbackiges kleines Kind

pau·schal <nicht steig.> *Adj.* **1.** *gesamthaft; nicht in einzelne Positionen aufgeschlüsselt* pauschal bezahlen, Für den Service berechnen wir pauschal/den pauschalen Betrag von 100 Euro. ◆-angebot, -betrag, -reise **2.** (*geh.*) (*zu*) *allgemein, nicht differenziert* ein pauschales Urteil, Das ist mir zu pauschal, ich wüsste es gern genauer.

Pau·schal·be·trag der <-(e)s, Pauschalbeträge> *Pauschale*

Pau·scha·le die <-, -n> **1.** *ein vorläufige Geldsumme, die man vor der endgültigen Abrechnung bezahlt/bekommt* Wir bezahlen für die Heizung monatlich eine Pauschale, und erst am Ende des Jahres wird der Verbrauch abgerechnet. ◆Heizkosten- **2.** (↔ *Einzelabrechnung*) *ein Geldbetrag, der mehrere Teilsummen zusammenfasst, die nicht einzeln abgerechnet werden* Für seine Unkosten (Fahrtkosten, Hotelkosten, Verpflegung, Telefonkosten) erhält er eine Pauschale. ◆Monats-, Unkosten-

pau·scha·li·sie·ren <pauschalisierst, pauschalisierte, hat pauschalisiert> *mit OBJ* ■ *jmd. pauschalisiert etwas* (*geh.*) *stark verallgemeinern* Sie hat (das Ganze) zu sehr pauschalisiert.

Pau·schal·preis der <-es, -e> *Pauschale*

Pau·schal·rei·se die <-, -n> *eine Reise, bei der alle anfallenden Kosten durch einen Pauschalpreis abgedeckt sind*

Pau·schal·ur·laub der <-(e)s, -e> *Pauschalreise*

Pau·se[1] die <-, -n> **1.** *Unterbrechung, um auszuruhen* bei der Arbeit eine Pause machen, die große Pause in der Schule ◆Erholungs-, Ruhe- **2.** *Unterbrechung einer Tätigkeit* die Pause im Theater ◆Konzert-, Rede-, Sende- **3.** MUS. *das Zeichen in der Notenschrift, dass ein Taktteil nicht mit Tönen ausgefüllt ist* ◆Viertel-, Achtel-

Pau·se[2] die <-, -n> *Kopie mittels Durchzeichnen* eine Pause anfertigen

pau·sen <paust, pauste, hat gepaust> *mit OBJ* ■ *jmd. paust etwas durchzeichnen* ein Bild pausen

Pau·sen·brot das <-s, -e> *Brot, das man in einer Pause[1] isst*

pau·sen·fül·lend <nicht steig.> *Adj. so, dass eine Aktivität während der ganzen Pause stattfindet* Das war ein pausenfüllendes Gespräch.

Pau·sen·fül·ler der <-s, -> *pausenfüllende Aktivität*

pau·sen·los <nicht steig.> *Adj.* **1.** *ohne Unterbrechung* Die Feuerwehr war pausenlos im Einsatz. **2.** (*umg. abwert.*) *sehr häufig* Er schreit pausenlos herum., Sie ist pausenlos krank.

Pau·sen·pfiff der <-(e)s, -e> SPORT *der Pfiff des Schiedsrichters, der eine Halbzeit beendet und die Pause anzeigt*

Pau·sen·stand der <-(e)s> (*kein Plur.*) SPORT *Spielstand nach der ersten Halbzeit*

Pau·sen·tas·te die <-, -n> TECHN. *Taste, mit der man Geräte* (*zum Beispiel Kassettenrekorder*) *an einer bestimmten Stelle anhalten kann, so dass bei Lösen der Taste die Wiedergabe genau an dieser Stelle fortgesetzt wird*

Pau·sen·zei·chen das <-s, -> **1.** MUS. *Zeichen in der Notenschrift für eine Pause* **2.** *Erkennungszeichen eines bestimmten Senders im Radio oder Fernsehen* einen Sender am Pausenzeichen erkennen **3.** *Zeichen zur Pause* Die Schulglocke gab das Pausenzeichen.

pau·sie·ren <pausierst, pausierte, hat pausiert> *ohne OBJ* ■ *jmd. pausiert eine Tätigkeit* (*für eine begrenzte Zeit*) *unterbrechen* bei einer Arbeit für kurze Zeit pausieren, Der Sportler musste verletzungsbedingt pausieren.

Paus·pa·pier das <-s> (*kein Plur.*) *durchsichtiges Papier zum Durchpausen*

Pa·vi·an der <-s, -e> *eine relativ große Affenart, für die das rote Hinterteil charakteristisch ist*

Pa·vil·lon, Pa·vil·lon der ['pavɪl'jõ:/pavi'jõ] <-s, -s> **1.** *Gartenhaus mit kreisförmigem Grundriss* **2.** *Einzelgebäude auf einem Ausstellungsgelände*

Pay·card die ['pe:kˌa:ˌd] <-, -s> *Chipkarte, mit der man bargeldlos zahlen kann*

Pa·zi·fik der <-s> (*kein Plur.*) *der Pazifische Ozean*

pa·zi·fisch <nicht steig.> *Adj.* der Pazifische Ozean, die pazifischen Inseln ◆Groß-/Kleinschreibung→R 3.19 den Pazifischen Ozean überqueren, Urlaub auf einer pazifischen Insel machen

Pa·zi·fis·mus der <-> (*kein Plur.*) *Haltung, die Krieg und jegliche Form von Gewalt ablehnt*

Pa·zi·fist, **Pa·zi·fis·tin** der <-en, -en> *Vertreter(in) des Pazifismus*
pa·zi·fis·tisch <nicht steig.-, -> *Adj. vom Pazifismus gekennzeichnet* eine pazifistische Haltung einnehmen, die pazifistische Bewegung
PC der [pe:'tse:] <-s, -s> *Personalcomputer* Der Arbeitsplatz ist mit einem PC ausgestattet.
PdA die <-> (*kein Plur.*) *Abkürzung für „Partei der Arbeit", die kommunistische Partei in der Schweiz*
PDS die <-, -> *Abkürzung für „Partei des demokratischen Sozialismus"*
Pea·nuts die ['pi:nɑts] <-> *Plur.* **1.** *Erdnüsse* **2.** (*umg. übertr.*) *Kleinigkeiten*
Pech das <-(e)s, (-e)> **1.** *die zähflüssige schwarze Masse, die bei der Destillation von Erdöl und Teer als Rückstand übrig bleibt* ein Dach/ein Fass mit Pech abdichten **2.** (*kein Plur.*) (*umg.* ↔ *Glück*) *unglücklicher Umstand* Wir haben wirklich Pech gehabt., So ein Pech! ■ **Dein/Euer Pech!** (*umg.*): *da kann ich dich/euch nicht bedauern* **zusammenhalten wie Pech und Schwefel**: *als Freunde auch in schwierigen Situationen fest zusammenhalten*
Pech·blen·de die <-> (*kein Plur.*) (≈ *Urandioxid*) *stark radioaktives Mineral, das in würfeligen, schwarz glänzenden Kristallen oder als pulverige Masse vorkommt*
Pech·nel·ke die <-> (*kein Plur.*) *eine kleine, wild wachsende Nelke*
pech·schwarz, *a.* **pech·ra·ben·schwarz** <nicht steig.> *Adj. tief schwarz* pechschwarze Nacht
Pech·sträh·ne ■ **eine Pechsträhne haben** (*umg.*): *über eine längere Zeit kein Glück haben*
Pech·vo·gel der <-s, Pechvögel> (*umg.*) *Mensch, der ständig Pech*[2] *hat*
Pe·dal das <-s, -e> **1.** *der Teil an den Enden der Tretkurbeln eines Fahrrads, auf den man mit den Füßen tritt* kräftig in die Pedale treten **2.** *mit dem Fuß zu bedienender Hebel* zum Bremsen/zum Gas geben (auf) das Pedal treten, die Pedale einer Orgel treten
pe·dant *Adj.* (*österr.*) *pedantisch*
Pe·dant, **Pe·dan·tin** der <-en, -en> (*abwert.*) *Person, die pedantisch ist*
Pe·dan·te·rie die <-> (*kein Plur.*) (*abwert.*) *übertriebene Genauigkeit*
pe·dan·tisch *Adj.* (*abwert.*) *übertrieben genau* pedantisch auf die Einhaltung der Bestimmungen achten, pedantische Ordnung halten
Pe·dell der <-s, -e> *Hausmeister in einer Schule oder Hochschule*
Pe·di·kü·re die <-, -n> *Fußpflege(salon)* zur Pediküre gehen ◆-Set
Pe·di·ment der <-, -e> *terrassenartige Trockengebiet am Fuß eines Gebirges*
Pee·ling das ['pi:lɪŋ] <-s, -s> *kosmetische (Creme zur) Schälung der Haut* ◆-maske, -präparat
Peep·show die ['pi:pʃoʊ] <-, -s> *Ort, an dem Zuschauer gegen Münzeinwurf durch ein Guckloch eine nackte, meist weibliche Person betrachten können*
Peer·group die ['pi:əgru:p] <-, -s> PSYCH. *Gruppe von Gleichaltrigen bzw. Gleichgesinnten, an der man sich orientiert*
Pe·ga·sus der <-> (*kein Plur.*) (*geh.*) *geflügeltes Pferd der griechischen Sagenwelt; Sinnbild der Dichtkunst*
Pe·gel der <-s, -> **1.** *Höhe der Wasserlinie eines Gewässers* der Pegel beträgt …, die Pegel fallen/steigen wieder **2.** *Gerät zur Messung des Wasserstandes* der Pegel zeigt …
Pe·gel·stand der <-(e)s> (*kein Plur.*) *Pegel*[1]
Peg·ma·tit der <-s, -e> *ein grobkörniges (aus Magma entstandenes) Gestein*
Peil·an·la·ge die <-, -n> *Anlage auf Schiffen und Flugzeugen, mit deren Hilfe eine Peilung vollzogen werden kann*
pei·len <peilst, peilte, hat gepeilt> *mit OBJ* ■ *jmd. peilt etwas* SEEW. *die Richtung, Entfernung oder Tiefe bestimmen* die Position eines Schiffes peilen, Um die Position/Tiefe zu bestimmen, wird gepeilt.
Peil·funk der <-s> (*kein Plur.*) *Peilung auf funktechnischem Weg*
Peil·ge·rät das <-(e)s, -e> *ein Gerät zum Peilen*
Peil·sen·der der <-s, -> *Sender, der Funkfeuer zur Peilung für andere Schiffe oder Flugzeuge sendet*
Pei·lung die <-, -en> *Bestimmung einer Richtung bzw. eines Winkels bezgl. einer Bezugsrichtung für Flugzeuge oder Schiffe unterwegs*
Pein die <-> (*kein Plur.*) (*geh.*) *großer körperlicher oder seelischer Schmerz* Niemand konnte seine Pein verstehen., In ihrer Pein schrie sie um Hilfe.
pei·ni·gen <peinigst, peinigte, hat gepeinigt> *mit OBJ* ■ *jmd./etwas peinigt jmdn.* (*geh.*) *quälen* peinigende Schmerzen, Die Mücken peinigten uns., Die Soldaten peinigten ihre Gefangenen.
Pei·ni·ger, **Pei·ni·ge·rin** der *Person, die jmdn. quält* Er konnte seine Peiniger endlich abschütteln.
pein·lich *Adj. unangenehm und beschämend für jmdn.* von etwas peinlich berührt sein, Das ist mir sehr peinlich! ■ **peinlich genau**: *sehr sorgfältig, gründlich* auf peinliche Sauberkeit achten, peinlich genau die Regeln befolgen
Pein·lich·keit die <-, -en> **1.** (*kein Plur.*) *das Gefühl, dass einem etwas peinlich ist* Er empfand diese Handlung als Peinlichkeit. **2.** *eine Situation, die einem peinlich ist* Immer wieder geriet er in diese Peinlichkeiten.
Peit·sche die <-, -n> *ein Stock, an dem ein Riemen befestigt ist, mit dem man ein Tier (Pferd, Esel) schlägt und zum Gehen/Laufen antreibt* ■ **jemanden mit Zuckerbrot und Peitsche behandeln**: *jmdn. abwechselnd freundlich und aggressiv behandeln*
peit·schen <peitschst, peitschte, hat gepeitscht> **I.** *mit OBJ* ■ *jmd. peitscht jmdn./ein Tier mit einer Peitsche schlagen* ein Tier peitschen **II.** *ohne OBJ* ■ *jmd./etwas peitscht heftig irgendwohin schlagen oder mit der Peitsche schlagen* Der Sturm peitscht die Wellen., Der Wind/Regen peitscht gegen die Fenster.
Peit·schen·hieb der <-(e)s, -e> *ein Schlag mit ei-*

P

ner Peitsche

pe·jo·ra·tiv <nicht steig.> *Adj.* (≈ *abwertend*) *so, dass Worte eine negative Bewertung ausdrücken* ein pejorativer Ausdruck

Pe·ki·ne·se der <-n, -n> *eine langhaarige, kurzbeinige Hunderasse*

Pe·king·o·per die <-, -n> *traditionelle Form des chinesischen Theaters, die im 19. Jh. in Nordchina entstanden ist*

Pek·tin das <-s, -e> *die aus saurem Obst gewonnene Fruchtsäure, die zum Gelieren verwendet wird*

pe·ku·ni·är <nicht steig.> *Adj.* (*geh.*) *Geld oder die Finanzen betreffend* in pekuniären Schwierigkeiten sein

pe·la·gisch <nicht steig.> *Adj. im Meer und in Binnenseen lebend*

Pe·lar·go·nie die <-, -n> *eine Geranienart* ◆ Duftblatt-

Pe·le·ri·ne die <-, -n> (*veralt.*) *weiter, ärmelloser Umhang*

Pe·li·kan der <-s, -e> *großer tropischer Schwimmvogel, der mit seinem großen, mit einem Kehlsack versehenen Schnabel Fische fängt*

Pel·la·g·ra das <-s, -> *Krankheit, die durch Mangel an Vitamin B ausgelöst wird*

Pel·le die <-, -n> *Schale von Kartoffeln, Wurst und bestimmten Früchten* die Pelle von der Wurst entfernen ■ **jemandem auf die Pelle rücken** (*umg.*): (*zu*) *dicht an jmdn. heranrücken*

pel·len <pellst, pellte, hat gepellt> *mit OBJ* ■ *jmd. pellt etwas die Schale abziehen* Kartoffeln/Mandeln pellen

Pell·kar·tof·fel <-, -n> KOCH. *Kartoffel, deren Schale erst nach dem Kochen abgezogen wird* Pellkartoffeln und Quark essen

Pelz der <-es, -e> **1.** *das dichte Fell bestimmter Tiere* der Pelz des Bären, eine dichten/zottigen Pelz haben **2.** *Mantel aus Pelz*[1] einen echten Pelz tragen **3.** *das abgezogene Fell bestimmter Tiere zur Verarbeitung* Auf der Auktion werden Pelze versteigert., verschiedene Pelze zu einem Mantel verarbeiten

pelz·be·setzt <nicht steig.> *Adj. mit Pelz*[3] *versehen* ein pelzbesetzter Mantel

pelz·ge·füt·tert <nicht steig.> *Adj. innen mit Pelz*[3] *versehen* eine pelzgefütterte Jacke

Pelz·ge·schäft das <-s, -e> **1.** *ein Laden, in dem Pelze verkauft werden* **2.** *die Gesamtheit der geschäftlichen Vorgänge im Pelzhandel*

Pelz·han·del der <-s> (*kein Plur.*) *der Erwerbszweig, der mit dem An- und Verkauf von Pelzen zu tun hat*

Pelz·händ·ler der <-s, -> *jmd., der beruflich dem Pelzhandel nachgeht*

pel·zig *Adj.* **1.** *so, dass es weich und zugleich rau ist* eine Pflanze mit pelzigen Blättern **2.** *unangenehm rau und trocken* ein pelziges Gefühl im Hals haben **3.** *taub, gefühllos* Nach der Betäubungsspritze wird das Zahnfleisch pelzig.

Pelz·i·mi·ta·ti·on die <-, -en> *gewebte Nachahmungen von Tierfellen*

Pelz·kra·gen der <-s, -> *Kragen aus Pelz*

Pelz·man·tel der <-s, Pelzmäntel> *Mantel aus Pelz*

Pelz·müt·ze die <-, -n> *Mütze aus Pelz*

Pelz·tier das <-(e)s, -e> *Tier, dessen Fell in verschiedener Weise genutzt wird* Pelztiere in einer Farm halten/züchten

pem·pern <pemperst, pemperte, hat gepempert> *mit OBJ* ■ *jmd. pempert jmdn.* (*österr. vulg.*) *bumsen*

PEN-Club der <-s> (*kein Plur.*) *Abkürzung für „poets, playwrights, essayists, editors, novelists", mit der Bedeutung des englischen Wortes „pen" = „Schreibfeder"; Name der 1921 gegründeten internationalen Schriftstellervereinigung*

Pen·dant das [pãˈdã:] <-s, -s> (*geh.*) *entsprechendes Gegenstück* das Pendant zu etwas sein/bilden, Was ist in Frankreich das Pendant zum Abitur in Deutschland?

Pen·del das <-s, -> **1.** PHYS. *ein aus Aufhängung und Gewicht bestehender starrer Körper, der sich um den festen Aufhängepunkt hin- und herbewegen kann* das Pendel einer Uhr schwingt hin und her **2.** (≈ *siderisches Pendel*) *ein von Wahrsagern verwendetes Metallstück, das an einem dünnen Faden in den Händen okkultistisch begabter Personen gehalten wird und an bestimmten Stellen ausschlägt und so Antwort auf unerklärliche Fragen gibt*

Pen·del·be·we·gung die <-, -en> *schwingende Bewegung*

Pen·del·di·plo·ma·tie die <-> (*kein Plur.*) *eine Art von Diplomatie, die zwischen extremen Positionen wechselt*

Pen·del·lam·pe die <-, -en> *unter der Decke an einer Verbindungsschnur frei hängende Lampe*

pen·deln <pendelst, pendelte, hat/ist gependelt> *ohne OBJ* **1.** ■ *etwas pendelt* ((*haben*)) *schwingen* Das Gewicht hat gependelt., Die Beine pendeln in der Luft. ■ *jmd. pendelt* **2.** *jmd. benutzt ein Pendel*[2] *zum Wahrsagen* **3.** (*sein*) *regelmäßig zwischen Wohnort und Arbeitsplatz hin- und herfahren* Er ist viele Jahre zwischen Kiel und Hamburg gependelt.

Pen·del·tür die <-, -en> *Schwingtür*

Pen·del·uhr die <-, -en> *Uhr mit Pendel, der von Gewichten oder einer Feder angetrieben wird*

Pen·del·ver·kehr der <-s> (*kein Plur.*) **1.** *Betriebsart im Personen- und Güterverkehr, bei dem oft ohne festen Fahrplan auf der Hin- und Rückfahrt zwischen zwei festen Punkten Personen und Güter transportiert werden* **2.** *Verkehr zwischen Arbeitsstätte und Wohnort*

Pen·del·zug der <-s, Pendelzüge> *Zug im Pendelverkehr*[1]

pen·dent <nicht steig.> *Adj.* (*schweiz.*) *unerledigt*

Pen·denz die <-, -en> (*schweiz.*) *unerledigte Angelegenheit*

Pend·ler, **Pend·le·rin** der <-s, -> *Person, die regelmäßig zwischen Arbeitsstätte und Wohnort hin- und herfährt*

Pend·ler·vor·stadt die <-, Pendlervorstädte> *Vorstadt, in der fast nur Pendler wohnen*

Pend·ler·zug der <-s, Pendlerzüge> *Zug, der für Pendler eingerichtet ist*

pe·ne·t·rant *Adj.* (*abwert.*) **1.** *durchdringend* ein penetranter Geruch **2.** *aufdringlich* ein penetranter Kerl

Pe·ne·tranz <-> (*kein Plur.*) **1.** BIOL. *Häufigkeit, mit der ein Erbfaktor wirksam wird* **2.** (*geh. abwert.*) *Aufdringlichkeit* mit großer Penetranz immer wieder auf Fehler hinweisen

Pe·ne·tra·ti·on die <-, -en> **1.** *Eindringen eines Stoffes in einen anderen* **2.** (*abwert.*) *in der Frauenbewegung polemisch gebrauchtes Wort für den Geschlechtsakt aus der Sicht der Frau*

pe·ne·trie·ren <penetrierst, penetrierte, hat penetriert> *mit OBJ* ■ *jmd./etwas penetriert etwas* **1.** *durchsetzen* Die Mafia penetrierte alle Bereiche der Wirtschaft. **2.** (*fachspr.*) *mit dem Glied in die Scheide eindringen*

peng *Interj. lautmalerisch für einen Knall, Schuss*

pe·ni·bel <penibler, am penibelsten> *Adj. übertrieben genau* penibel auf Ordnung achten

Pe·ni·cil·lin *s.* **Penizillin**

Pe·nis der <-, -se> *das männliche Glied*

Pe·nis·pro·the·se die <-, -n> *ein Kunststoffspan, der bei Erektionsschwierigkeiten in den Penis implantiert wird*

Pe·ni·zil·lin, *a.* **Pe·ni·cil·lin** das <-s> (*kein Plur.*) MED. *ein Antibiotikum*

Pen·nä·ler der <-s, -> (*umg.*) *Schüler* (*eines Gymnasiums*)

Penn·bru·der der <-s, Pennbrüder> (*umg. abwert.*) *Penner*

Pen·ne die <-, -n> (*umg. scherzh.*) *Schule* Wir waren zusammen auf der Penne, daher kennen wir uns.

pen·nen <pennst, pennte, hat gepennt> *ohne OBJ* ■ *jmd. pennt* (*umg.*) *schlafen*

Pen·ner, **Pen·ne·rin** der <-s, -> (*umg. abwert.*) *Person, die ohne festen Wohnsitz ist und auf der Straße lebt*

Pen·si·on die [paŋ'zi̯o:n/pɛn'zi̯o:n] <-, -en> **1.** *Ruhegeld für Beamte* eine Pension erhalten ◆ Beamten- **2.** (*kein Plur.*) *Ruhestand bei Beamten* in Pension gehen **3.** *einfaches Gasthaus, in dem man übernachten kann* in einer Pension übernachten ◆ Hotel-, Privat-

Pen·si·o·när, **Pen·si·o·nä·rin** der [paŋzi̯o'nɛ:ɐ̯/pɛnzi̯o'nɛ:ɐ̯] <-s, -e> **1.** *Person im Ruhestand* **2.** (*schweiz.*) *Dauergast in einer Pension*

Pen·si·o·nat das [paŋzi̯o'na:t/pɛnzi̯o'na:t] <-(e)s, -e> *Internat* (*besonders für Mädchen*)

pen·si·o·nie·ren [paŋzi̯o'ni:rən/pɛnzi̯o'ni:rən] <pensionierst, pensionierte, hat pensioniert> *mit OBJ* ■ *jmd. pensioniert jmdn. in Ruhestand versetzen* einen Beamten pensionieren, ein pensionierter Lehrer

Pen·si·ons·be·züge die <-> *Plur. die ausgezahlte Pension*[1]

Pen·si·ons·fonds der <-, -> *Geldvorrat für Pensionsbezüge*

Pen·si·ons·gast der <-s, Pensionsgäste> *Gast in einer Pension*[3]

Pen·si·ons·ge·schäft das <-s, -e> *Verpfändung eines Wechsels in einem Land mit niedrigem Zinsfluss* (*d.h. der Wechsel wird „in Pension gegeben“*)

Pen·si·ons·kas·se die <-, -n> *Bezeichnung für Lebensversicherungsgesellschaften, die ausschließlich die Pensionssicherung betreiben*

Pen·sum das <-s, Pensen/Pensa> *zugeteilte Aufgabe oder Arbeit* sein Pensum erfüllen/abarbeiten/erledigt haben ◆ Arbeits-, Tages-

Pen·ta·gon das <-s, -e> **1.** MATH. *Fünfeck* **2.** (*kein Plur.*) POL. *das* (*in einem Gebäude mit fünfeckigem Grundriss befindliche*) *amerikanische Verteidigungsministerium*

Pent·haus das <-es, Penthäuser> *eingedeutscht für Penthouse*

Pent·house das ['pɛnthaʊ̯s] <-, -s> *luxuriöse Dachterrassenwohnung*

Pep der <-s> (*kein Plur.*) (*umg.*) *begeisternder Schwung, mitreissende Wirkung* (*Abkürzung des englischen Wortes „pepper“*) der Veranstaltung/ihrer Kleidung fehlt der richtige Pep

Pe·pe·ro·ni die <-, -> (*meist Plur.*) *kleine scharfe Paprikaschote*

pep·pig *Adj.* (*umg.*) *begeisternd; mitreißend* eine peppige Aufmachung/Veranstaltung

per *Präp. + Akk.* **1.** *gibt das Mittel an, mit dem etwas getan wird* per Post/Einschreiben schicken, per Vertrag regeln, per Bahn kommen/reisen **2.** AMTSSPR. *zur Angabe eines Termins* Die Regelung ist per 1. Juli gültig. **3.** *zur Angabe einer Maßeinheit* 10 Euro per Stück ■ **mit jemandem per du/Sie sein** (*umg.*): *jmdn. duzen/siezen*

Per·cus·si·on, *a.* **Per·kus·si·on** die [pə'kʌʃən] <-, -s> (*meist Plur.*) MUS. *die Gruppe der Schlaginstrumente* (*bei Jazz, Rock und Pop*)

Pe·re·s·t·roi·ka die <-> (*kein Plur.*) POL. *der Umbau des* (*sowjetischen*) *Systems der Politik und Wirtschaft seit Gorbatschow*

Per·fekt das <-(e)s, -e> (*Plur. selten*) SPRACHWISS. *eine Zeitform des Verbs, die ein vollendetes Geschehen bezeichnet* „hat gesendet“ ist ein Beipiel für ein Verb im Perfekt

i Wissenswert Das **Perfekt** ist eine Form des Verbs und wird mit den Hilfsverben „haben“ oder „sein“ und dem Partizip Perfekt gebildet. Bei Verben, die eine Fortbewegung von einer festen Stelle beschreiben, wird das Perfekt mit „sein“ gebildet: Das Badewasser ist aus der Wanne hinausgeschwappt. Wird eine Bewegung lediglich an einem festen Ort festgestellt, so wird das Perfekt mit „haben“ gebildet: Der Mast des Schiffes hat sich im Wind bewegt. Im Allgemeinen ist das Perfekt eine Vergangenheitsform. Es drückt vergangene Handlungen und Vorgänge aus und weist diese als in der Vergangenheit abgeschlossen aus. Sie haben jedoch stets einen Bezug zur Gegenwart: Als ich noch kein Auto hatte, bin ich immer zu Fuß zur Arbeit gegangen. Der Bezug zur Gegenwart wird in der Opposition der Aussage gegeben: Jetzt aber, da ich ein Auto besitze, brauche ich nicht mehr zu Fuß gehen. Ferner wird das Perfekt für Geschehnisse verwendet, die einen Zukunftsbezug verdeutlichen: Erst wenn sich der Vulkan beruhigt hat, können die Menschen wieder in ihre Häuser zurückkehren. In der gesprochenen Sprache, vornehmlich im südlichen deutschen Sprachraum ist das Perfekt das Erzähltempus schlechthin.

per·fekt <nicht steig.> *Adj.* **1.** *vollkommen; ideal* Sie möchte eine perfekte Mutter sein., das perfekte Verbrechen, perfekt Spanisch sprechen **2.** *abgeschlossen; fertig* einen Vertrag perfekt machen, Es ist alles perfekt, wir müssen nichts mehr vorbereiten.

Per·fek·ti·on die <-> (*kein Plur.*) *Vollkommenheit, Fehlerlosigkeit* etwas in Perfektion beherrschen

per·fid, *a.* **per·fi·de** *Adj.* (*geh.*) *gemein, hinterlistig* eine perfide Art haben

Per·fi·die die <-, -n> (*geh.*) **1.** (*kein Plur.*) *gemeine Art* etwas aus reiner Perfidie tun **2.** *gemeine Tat* Das war wieder eine ihrer Perfidien.

Per·fo·ra·ti·on die <-, -en> *vorgestanzte Linie, an der etwas abgetrennt werden kann* die Briefmarke an der Perforation vom Block abreißen

per·fo·rie·ren <perforierst, perforierte, hat perforiert> *mit OBJ* ■ *jmd./etwas perforiert etwas* (*fachspr.*) **1.** *eine Fläche in gleichmäßigen Abständen mit Löchern versehen* eine perforierte Trennwand **2.** *etwas an einer Linie entlang mit einer Perforation versehen* ein perforierter Papierblock

Per·fo·rier·li·nie die <-, -n> *die Linie, die durch Perforation entstanden ist*

Per·for·mance die [pə(r)ˈfɔːməns] <-, -s> KUNST *von einem Künstler dargebotene künstlerische Aktion*

Per·for·manz die <-> (*kein Plur.*) (SPRACHWISS.: ↔ *Kompetenz*) *tatsächliche Verwendung sprachlicher Möglichkeiten*

Per·ga·ment das <-(e)s, -e> GESCH. **1.** *in bestimmter Weise behandelte Tierhaut, auf der man schreiben kann* auf Pergament schreiben **2.** *altes, auf Pergament[1] geschriebenes Schriftstück* alte Pergamente untersuchen/entziffern

Per·ga·ment·pa·pier das <-(e)s> (*kein Plur.*) *durchscheinendes, fettdichtes Papier* die Brote in Pergamentpapier einwickeln, ein Bild auf Pergamentpapier durchpausen

Per·ga·mon das <-s> *antike Stadt in West-Anatolien*

Per·ga·mon·al·tar der <-s> *den antiken Göttern Zeus und Athene geweihter Altar, wiedererrichtet im Berliner Pergamonmuseum*

Per·go·la die <-, Pergolen> *Laube(ngang) mit rankenden Pflanzen*

pe·ri·gla·zi·al <nicht steig.> *Adj. die Umgebung von Inlandeis und Gletschern betreffend*

Pe·ri·karp das <-s, -e> *der aus der Fruchtknotenwand hervorgehende Teil der Frucht der Samenpflanze*

Pe·ri·o·de die <-, -n> **1.** *Zeitabschnitt* eine Periode kultureller Blüte ◆ Heiz-, Hitze-, Kälte- **2.** (≈ *Regel*) *Monatsblutung der Frau* Die Periode setzt ein/bleibt aus. **3.** ELEKTROTECHN. *Schwingungsdauer* **4.** MATH. *sich unendlich wiederholende Ziffern gruppe*

Pe·ri·o·den·sys·tem das <-s> (*kein Plur.*) CHEM. *Übersichtsdarstellung der chemischen Elemente in Form einer Tabelle*

Pe·ri·o·di·kum das <-s, Periodika> *regelmäßig (wöchentlich, monatlich, halbjährlich usw.) erscheinende Veröffentlichung mit demselben Titel* Zeitschriften und Jahrbücher sind Periodika

pe·ri·o·disch <nicht steig.> *Adj. regelmäßig auftretend* eine periodisch wiederkehrende/auftretende Erscheinung

pe·ri·pher <nicht steig.> *Adj.* (*geh.*) **1.** *am Rande befindlich* periphere Stadtteile **2.** (*übertr.*) *unwichtig* das sind periphere Probleme/Fragen **3.** EDV *an einen zentralen Rechner anschließbar oder angeschlossen* periphere Geräte

Pe·ri·phe·rie die <-, -n> **1.** MATH. *Kreisumfang* **2.** (*geh.*) *Randgebiet einer Großstadt* an der Peripherie wohnen

Pe·ri·phe·rie·ge·rät das <-(e)s, -e> EDV *an einen zentralen Rechner angeschlossenes Gerät*

Pe·ri·s·kop das <-(e)s, -e> SEEW. *Fernrohr in U-Booten*

Pe·ri·s·tal·tik der <-, -> *wellenförmiges Sichzusammenziehen der glatten Muskulatur von Hohlorganen, wodurch deren Inhalt transportiert wird* die Peristaltik der Speiseröhre/des Darms

Per·kus·si·on[1] die [pɛrkʊˈsi̯oːn] <-, -en> (*meist Plur.*) *Percussion* ◆ -sinstrument, -smusik

Per·kus·si·on[2] die [pɛrkʊˈsi̯oːn] <-, -en> (*fachspr.*) *Zündung durch Stoß oder Schlag* ◆ -swaffen

Per·kus·si·o·nist, **Per·kus·si·o·nis·tin** der <-en, -en> (MUS.: ≈ *Schlagzeuger*) *Musiker, der Schlaginstrumente spielt* als Perkussionist in einem Sinfonieorchester spielen

per·ku·tan <nicht steig.> *Adv.* MED. *durch die Haut*

Per·le die <-, -n> **1.** *glänzendes, hartes Kügelchen, das von bestimmten Muscheln um eingedrungene Fremdkörper herum gebildet wird* eine Kette aus Perlen **2.** *künstlich als Schmuck hergestelltes Kügelchen aus verschiedenen Materialien* Perlen aus Glas/Holz zu einer Kette fädeln **3.** *ein Tropfen Flüssigkeit* ◆ Schweiß-, Tränen- **4.** (*übertr.*) *etwas, das anderes übertrifft an Schönheit und Wert* Dieses Lied ist eine Perle der Dichtkunst.

per·len <perlt, perlte, hat/ist geperlt> *ohne OBJ* ■ *etwas perlt kleine Bläschen oder Tröpfchen erzeugen* Der Sekt hat/ist in den Gläsern geperlt., Der Tau ist von den Blättern geperlt., Schweiß ist von seiner Stirn geperlt.

Per·len·ket·te die <-, -n> *eine Kette aus (echten) Perlen[1]*

Perl·fisch der <-s, -e> (≈ *Frauenfisch*) *bis 70 cm langer heringsförmiger Karpfenfisch*

Perl·huhn das <-(e)s, Perlhühner> *ein großer Hühnervogel mit blaugrauem Gefieder*

Perl·mutt das <-s> (*kein Plur.*) *die glänzende, harte innerste Schicht der Schale von Perlmuscheln*

Perl·mut·ter das <-, -> *Perlmutt* ◆-knopf

perl·mut·tern <nicht steig.> *Adj. wie Perlmutt(er), aus Perlmutt(er)*

perl·mutt·far·ben <nicht steig.> *Adj. in den Farben von Perlmutt*

per·lus·t·rie·ren <perlustrierst, perlustrierte, hat perlustriert> *mit OBJ* ■ *jmd. perlustriert jmdn./etwas* (*österr.*) *genau (polizeilich) untersuchen*

Perl·wein der <-s, -e> *durch Zusatz von Kohlensäure leicht schäumender Weiß- oder Rotwein*

per·ma·nent <nicht steig.> *Adj.* (*geh.*) **1.** *ständig* eine permanente Ausstellung, eine permanente Bedrohung darstellen **2.** (*abwert.*) *auf lästige Art andauernd* Deine permanente Fragerei nervt uns.

Per·me·a·bi·li·tät die <-> (*kein Plur.* **1.** *Durchlässigkeit eines Materials* die Permeabilität des Bodens mit Bezug auf Wasser **2.** (BIOL.: ≈ *Osmose*) *Durchlässigkeit der Zellmembranen in einer Richtung*

Per·mu·ta·ti·on die <-, -en> **1.** MATH. *die Gesamtheit der möglichen Kombinationen von Elementen einer gegebenen Menge miteinander* Die Permutation von den Elementen 1 und 2 ist: 1,2 und 2,1. **2.** SPRACHW. *die Umstellung oder Vertauschung von Wörtern oder Satzteilen* Eine Permutation von„Der Mann liest die Zeitung" ist: „Liest der Mann die Zeitung?". **3.** MUS. *in der seriellen Musik die Vertauschung der Tonelemente im Rahmen einer festen Ordnung einer gegebenen Tonreihe*

per·ni·zi·ös <nicht steig.> *Adj.* (MED.: *geh.*) *bösartig* eine perniziöse Krankheit

Per·nod der [pɛr'nɔ] <-s, -s> *ein Aperitif aus Anis mit 45 % Alkoholgehalt*

Per·o·xyd, *a.* **Per·o·xid** das <-s, -e> CHEM. *sauerstofreiche Verbindung, die leicht Sauerstoffatome abspaltet und darum zu Oxydationszwecken verwendet werden kann*

per·pe·tu·um mo·bi·le das <-, perpetua mobiles> PHYS. *utopisches Konzept einer Maschine, die ohne Energiezufuhr ewig läuft*

per·plex <nicht steig.> *Adj.* (*umg.* ≈ *verblüfft*) *so, dass jmd. sehr überrascht und deshalb verwirrt ist* Ich war völlig perplex, als sie plötzlich vor mir stand.

Per·ron der <-s, -s> (*schweiz.*) *Bahnsteig*

Per·ser, **Per·se·rin[1]** der <-s, -> *jmd., der zum persischen Volk gehört*

Per·ser[2] der <-s, -> *kurz für „Perserteppich"*

Per·ser·kat·ze die <-, -n> *vermutlich aus Kleinasien stammende Hauskatze*

Per·ser·tep·pich der <-s, -e> *handgeknüpfter Teppich aus Persien*

Per·si·aner der <-s, -> *Pelz(mantel) aus dem lockigen Fell von Lämmern des Karakulschafes*

Per·si·en <-s> GESCH. *frühere Bezeichnung für Iran*

Per·si·fla·ge die [pɛrzi'fla:ʒə] <-, -n> LIT. *Verspottung* eine Persiflage auf ein klassisches Gedicht schreiben ▸persiflieren

per·sisch <nicht steig.> *Adj. Persien betreffend oder zu Persien gehörend* ein persischer Teppich ◆ Großschreibung→R 3.19 der Persische Golf *siehe auch* **deutsch**

Per·si·sche das <-n> (*kein Plur.*) *die persische Sprache*

Per·son die <-, -en> **1.** *ein einzelner Mensch* ein Gericht für vier Personen, 35 Euro Eintritt pro Person, Der Aufzug kann acht Personen transportieren. **2.** *ein Mensch (unter Betonung seiner einmaligen Persönlichkeit)* eine arrogante/nette/sehr interessante Person, Fragen zur Person beantworten ◆ Haupt-, Kontakt- **3.** SPRACHWISS. *eine grammatische Form des Verbs oder Pronomens* die erste/zweite Person, in der dritten Person Singular **4.** RECHTSW. *ein Mensch oder eine Organisation mit bestimmten Rechten* eine juristische Person **5.** THEAT./LIT. *eine Figur in einem Stück oder einem Roman* die Personen in Shakespears „Hamlet" sind ... ■ **ich für meine Person**: *was mich betrifft* **in eigener Person**: *persönlich* **die Arroganz/Dummheit/Freundlichkeit in Person sein**: *sehr arrogant/dumm/freundlich sein*

Per·so·nal das <-s> (*kein Plur.*) *die Personen, die in einem Betrieb beschäftigt sind* Das Personal der Klinik umfasst 1000 Personen., gut ausgebildetes Personal haben

per·so·nal <nicht steig.> *Adj.* (*geh.*) *den einzelnen Menschen in seinem Wesen betreffend* Er ist zwar fachlich nicht so hoch qualifiziert, aber er hat große personale Fähigkeiten.

Per·so·nal- *den Einzelmenschen oder das Personal betreffend (in Zusammensetzungen)*

Per·so·nal·ab·bau der <-s> (*kein Plur.*) (*verhüll.*) *Entlassungen von Personal*

Per·so·nal·ab·tei·lung die <-, -en> *Abteilung, die in einem Unternehmen für Fragen des Personals zuständig ist*

Per·so·nal·auf·sto·ckung die <-, -en> *Einstellen von mehr Personal*

Per·so·nal·aus·weis der <-es, -e> (≈ *Pass*) *amtliches Dokument, das ein Foto und Angaben zur Person des Inhabers enthält*

Per·so·nal·be·stand der <-s, Personalbestände> *Qualifizierung, Anzahl und Strukturierung des Personals*

Per·so·nal·bü·ro das <-s, -s> *Personalabteilung*

Per·so·nal·chef, **Per·so·nal·che·fin** der <-s, -s> *jmd., der eine Personalabteilung leitet*

Per·so·nal·com·pu·ter der <-s, -> *leistungsstarker Kleincomputer für einen einzelnen Arbeitsplatz oder für private Nutzung*

Per·so·nal·ent·schei·dung die <-, -en> *Entscheidung, die den Personalbestand einer Firma betrifft*

Per·so·na·li·en <-> *Plur. amtliche Angaben zur Person (Geburtsdatum, Adresse)*

per·so·nal·in·ten·siv <nicht steig.> *Adj. so, dass eine Arbeit oder Produktion viel Personal erfordert*

per·so·na·li·sie·ren <personalisierst, personalisierte, hat personalisiert> *mit OBJ* ■ *jmd. personalisiert etwas jmd. richtet etwas auf eine Person oder Personen aus* (*statt auf die Sache*) Sie haben den Fehler gemacht, die Debatte zu personalisieren – jetzt sind einige Personen verärgert, und in der Sache sind wir nicht weitergekommen!

Per·so·na·lis·mus der <-> (*kein Plur.*) PHILOS. *philosophische Richtung, die das personale Wesen des Menschen und Gottes ins Zentrum stellt und sich damit gegen die Tendenz der Naturwissenschaften stellt, den menschlichen Bereich als Sache zu behandeln* der Personalismus der dialogischen Philosophie Bubers

Per·so·nal·kos·ten die <-> *Plur.* WIRTSCH. *Kosten, die ein Unternehmen für die Entlohnung des Personals aufwenden muss*

Per·so·nal·man·gel der <-s> (*kein Plur.*) WIRTSCH. *der Mangel an* (*qualifiziertem*) *Personal*

Per·so·nal·po·li·tik die <-> (*kein Plur.*) WIRTSCH. *die Gesamtheit der Entscheidungen im Hinblick auf das Personal* die Personalpolitik eines Unternehmens

Per·so·nal·pro·no·men das <-s, Personalpronomina> SPRACHWISS. *Pronomen, das für eine Person oder Sache steht* Personalpronomen der ersten/zweiten/dritten Person

Per·so·nal·rat der <-(e)s, Personalräte> *Betriebsrat in Einrichtungen des öffentlichen Dienstes* Wahlen zum Personalrat durchführen

Per·so·nal·u·n·i·on die <-, -en> (*meist Sing.*) GESCH. *die Vereinigung zweier Staaten unter einem Herrscher* ■ **in Personalunion**: *so, dass zwei Ämter in einer Person vereinigt sind* Er war Fraktionschef und Parteivorsitzender in Personalunion.

Per·so·nal·ver·mitt·lung die <-, -en> WIRTSCH. *die professionelle Vermittlung von geeigneten Arbeitsstellen für Arbeitssuchende*

Per·so·nal·ver·tre·tung die <-, -en> (≈ *Personalrat*) *die Einrichtung, dass Arbeitnehmer durch gewählte Vertreter gegenüber ihrem Arbeitgeber ihre Interessen ausdrücken*

Per·so·nen·auf·zug der <-(e)s, Personenaufzüge> (↔ *Lastenaufzug*) *ein Aufzug für den Transport von Personen*

Per·so·nen·bahn·hof der <-s, -Personenbahnhöfe> (↔ *Güterbahnhof*) *Bahnhof, der nur für den Personenverkehr angelegt ist*

Per·so·nen·be·för·de·rung die <-> (*kein Plur.*) *Beförderung von Personen* (*mit öffentlichen Verkehrsmitteln*)

Per·so·nen·be·för·de·rungs·ent·gelt das <-s> (*kein Plur.*) *Fahrpreis, der in öffentlichen Verkehrsmitteln zu entrichten ist*

Per·so·nen·be·för·de·rungs·ta·rif der <-s, -e> *Gebührenordnung für den öffentlichen Personenverkehr*

Per·so·nen·be·schrei·bung die <-, -en> *Angaben zu Merkmalen einer Person, um sie identifizieren zu können* Nach dem Überfall versuchte der Geschädigte bei der Polizei eine möglichst genaue Personenbeschreibung zu machen.

Per·so·nen·fern·ver·kehr der <-s> (*kein Plur.*) *öffentliche Personenbeförderung über weite Strecken*

Per·so·nen(-kraft)·wa·gen der <-s, -> (↔ *Lastkraftwagen*) *Fahrzeug zur Beförderung von relativ wenigen Personen* (*Abkürzung „PKW"*)

Per·so·nen·kreis der <-es, -e> *eine Gruppe von Personen, die mindestens eine Gemeinsamkeit haben* der Personenkreis um den Präsidenten, der Personenkreis der Bildungsbeflissenen

Per·so·nen·kult der <-(e)s, -e> (*Plur. selten*) (*abwert.*) *übertriebene Betonung der Wichtigkeit von einflussreichen Einzelpersonen* einen großen Personenkult um einen Politiker/Künstler treiben

Per·so·nen·nah·ver·kehr der <-s> (*kein Plur.*) AMTSSPR. *Beförderung von Personen mit öffentlichen Verkehrsmitteln über mittlere und kleine Entfernungen* der öffentliche Personennahverkehr

Per·so·nen·na·me der <-n, -n> *Eigenname einer einzelnen Person, der aus Vorname und Familienname besteht* Ihr Personenname? – Hans Müller.

Per·so·nen·scha·den der <-s, Personenschäden> AMTSSPR. *Tatsache, dass Menschen bei einem Unfall verletzt werden* ein Unfall mit Personenschaden

Per·so·nen·schutz der <-es> (*kein Plur.*) *Sicherheitsmaßnahmen zum persönlichen Schutz von Einzelpersonen* (*meist des öffentlichen Lebens*) sich nur mit Personenschutz in der Öffentlichkeit bewegen

Per·so·nen·stand der <-es> (*nur Sing.*) (≈ *Familienstand*) *die für das Standesamt wichtigen Daten über die Lebensverhältnisse jedes Bürgers* (*Geburtsdatum, Heirat, Nachkommen, Scheidung, Tod*)

Per·so·nen·stands·re·gis·ter das <-s, -> *das Register, in dem ein Standesamt sämtliche Urkunden über den Personenstand verzeichnet*

Per·so·nen·waa·ge die <-, -n> *Waage zur Bestimmung des Körpergewichts von Personen*

Per·so·nen·wa·gen der <-s, -> *Personenkraftwagen*

per·so·ni·fi·zie·ren <personifizierst, personifizierte, hat personifiziert> *mit OBJ* ■ *jmd. personifiziert etwas* (*geh.*) **1.** LIT. *etwas Abstraktes als menschliche Gestalt darstellen* das Glück in der Gestalt der Fortuna personifizieren **2.** *verkörpern* Er ist für mich das personifizierte Böse. ▶Personifikation

per·sön·lich *Adj.* **1.** (*nicht steig.*) *von einer einzelnen Person ausgehend* eine persönliche Einladung erhalten, eine persönliche Beleidigung, seine persönliche Anteilnahme aussprechen **2.** (*nicht steig.*) *selbst; in eigener Person* persönlich zu etwas erscheinen, in persönlichem Kontakt stehen, persönlich für etwas haften **3.** (≈ *privat*) *die Person betreffend, zur Person passend* eine sehr persönliche Angelegenheit, Er hat mich über meine persönlichsten Dinge befragt., Ich finde es persönlicher, wenn du dem Geschenk noch einen kurzen Brief beilegst. **4.** (≈ *individuell*) *für jmdn. besonders kennzeichnend* Das ist seine persönliche Art. ■ **etwas sehr persönlich nehmen**: *etwas als Angriff gegen sich gerichtet nehmen* **das war nicht persönlich gemeint**: *das war nicht als Angriff gegen dich/Sie als Privatperson gemeint*

Per·sön·lich·keit die <-, -en> **1.** (*kein Plur.*) *die Gesamtstruktur einer Person² betreffend* eine extravertierte/aufgeschlossene/introvertierte/scheue/reife Persönlichkeit haben **2.** *Person mit ausgeprägtem eigenem Charakter und Willen* Die Kinder sind richtige kleine Persönlichkeiten. **3.** (*meist bekannte*) *Person* eine Persönlichkeit des öffentlichen Lebens

Per·sön·lich·keits·ent·fal·tung die <-, -en> *Entwicklung der Kräfte eines Menschen, durch die er Person ist*

Per·sön·lich·keits·merk·mal das <-s, -e> *typische Eigenart im Verhalten eines Menschen*

Per·sön·lich·keits·psy·cho·lo·gie die <-> (*kein Plur.*) PSYCH. *eine Richtung der Psychologie, die typische Faktoren des menschlichen Verhaltens erforscht und beschreibt*

Per·sön·lich·keits·recht das <-s, -e> *umfasendes Recht auf Achtung und Entfaltung der Persönlichkeit, das z.B. in der Bundesrepublik Deutschland im Grundgesetz verankert ist*

Per·sön·lich·keits·schutz der <-es> (*kein Plur.*) *der durch das Persönlichkeitsrecht gesicherte Schutz, der jeder natürlichen Person durch verfassungsmäßige Grundrechte gewährt ist*

Per·sön·lich·keits·stö·rung die <-, -en> *eine Abweichung oder Einschränkung im Erleben und Verhalten, unter der ein Mensch leidet und die er mit Hilfe einer Psychotherapie verändern kann*

Per·sön·lich·keits·wahl die <-, -en> *eine Wahl, bei der jmd. nicht wegen des politischen Programms seiner Partei gewählt wird, sondern weil man ihn als einzelne Persönlichkeit schätzt*

Per·s·pek·ti·ve die <-, -n> **1.** KUNST *zeichnerische Darstellung, die mit bestimmten Mitteln den Eindruck von Räumlichkeit hervorruft* ▸perspektivisch, Perspektivität ◆ Zentral- **2.** (≈ *Blickwinkel*) *Sicht von einem bestimmten Punkt aus* die Perspektive wechseln ◆ Frosch-, Vogel- **3.** *Zukunftsaussicht* neue Perspektiven eröffnen **4.** (*übertr.*) *persönliche Art, etwas einzuschätzen*

per·s·pek·tiv·los <nicht steig.> *Adj. ohne Zukunftsaussichten*

Per·s·pek·tiv·lo·sig·keit die <-> (*kein Plur.*) *die Tatsache, dass etwas oder jmd. keine Zukunftsaussichten hat*

Per·tus·is die <-, Pertusses> *Keuchhusten*

Pe·ru <-s> *Land in Südamerika*

Pe·ru·a·ner, **Pe·ru·a·ne·rin** der *Einwohner(in) von Peru*

pe·ru·a·nisch <nicht steig.> *Adj. zur Kultur Perus gehörig*

Pe·rü·cke die <-, -n> *künstlicher Haarersatz* eine Perücke tragen

per·vers *Adj.* (*abwert.*) **1.** (*in sexueller Hinsicht*) *widernatürlich* pervers veranlagt sein, perverse Neigungen haben **2.** *widersinnig/verdreht/abartig* Es ist doch geradezu pervers, was er für politische Äußerungen macht.

Per·ver·si·on die <-, -en> *perverses Empfinden oder Verhalten* sexuelle Perversionen

Per·ver·si·tät die <-, -en> *perverse Handlung* Diese Perversitäten sollte man nicht auch noch öffentlich zeigen.

per·ver·tie·ren <pervertierst, pervertierte, hat pervertiert> **I.** *mit OBJ* ■ *jmd. pervertiert etwas etwas ins Widernatürliche verkehren* den ursprünglichen Sinn einer Sache pervertieren **II.** *ohne OBJ* ■ *jmd./etwas pervertiert (zu jmdm./etwas) in einen schlimmen, verkommenen Zustand geraten, der in einem scharfen Kontrast zu dem Ausgangszustand steht* Der Befreier pervertierte zum Tyrannen., Die Hilfe pervertierte in eine Unterdrückung.

Per·zep·ti·on die <-, -en> *Wahrnehmung von Sinneseindrücken*

pe·sen <pest, peste, ist gepest> *ohne OBJ* ■ *jmd. pest* (*umg.*) *rasen, eilen, jagen* Jemand pest mit dem Motorrad um die Ecke.

Pe·se·te die <-, -n> *spanische Währungseinheit*

Pes·sar das <-s, -e> *Verschlussring aus Kunststoff zur Empfängnisverhütung, der den Muttermund umschließt*

Pes·si·mis·mus der <-> (*kein Plur.*) (↔ *Optimismus*) *eine Lebenseinstellung, in der man nichts Gutes erwartet oder erhofft*

Pes·si·mist, **Pes·si·mis·tin** der <-en, -en> *Person mit pessimistischer Lebenseinstellung*

pes·si·mis·tisch *Adj. ohne Hoffnungen oder Erwartungen* eine pessimistische Lebenseinstellung haben, eine Sache sehr pessimistisch beurteilen

Pest die <-> (*kein Plur.*) *eine sehr ansteckende Infektionskrankheit, die früher oft mit dem Tode endete* Im Mittelalter entvölkerte die Pest oft ganze Städte.

Pes·ti·zid das <-s, -e> (*fachspr.*) *Schädlingsbekämpfungsmittel*

Pe·ter·le das <-s> (*südd.*) *Petersilie*

Pe·ter·ling der <-s> *Petersilie*

Pe·ter·si·lie die <-> (*kein Plur.*) *durch Kultur weit verbreitete Doldenblütenpflanze, die wegen ihres Gehaltes an ätherischen Ölen in Wurzel und Früchten und des hohen Vitamin-C-Gehaltes oft als Heil- und Gewürzpflanze genommen wird* ein Bund Petersilie, etwas mit Petersilie und Schnittlauch garnieren ■ **jemandem ist die Petersilie verhagelt** (*umg.*): *jmdm. ist etwas misslungen, und darum ist er missmutig und niedergeschlagen*

Pe·ti·tes·se die <-, -n> (*geh.*) *Kleinigkeit* Wegen dieser Petitesse lohnt sich die Aufregung nicht. ■ **sich mit Petitessen aufhalten**: *seine Zeit mit Nebensächlichkeiten verbringen*

Pe·ti·ti·on die <-, -en> *offizielles Gesuch* eine Petition einreichen, eine Petition an den Bundestag richten ◆ -srecht

Pe·ti·ti·o̱ns·aus·schuss der <-es, Petitionsausschüsse> *offizielle Arbeitsgruppe (in einer Einrichtung), die sich mit der Bearbeitung von Petitionen beschäftigt* der Petitionsausschuss des Bundestages/Landtages

Pẹt·ro·dol·lar der <-s, -s> (≈ *Erdöldollar*) *Bezeichnung für die aus Erdölexporten stammenden Einnahmen, die in Dollar ausgezahlt werden*

Pe·t·ro̱·le·um das <-s> (*kein Plur.*) *aus Erdöl gewonnener Brennstoff*

Pe·t·ro̱·le·um·lam·pe die <-, -n> *eine mit Petroleum betriebene Lampe*

Pet·ti·coat der ['pɛtiko:t] <-s, -s> *weiter, steifer Unterrock*

Pẹt·ting das ['pɛtɪŋ] <-s> (*kein Plur.*) *Liebesspiel ohne eigentlichen Geschlechtsverkehr* Petting machen

pẹt·to ■ **etwas in petto haben** (*umg.*): *etwas bereithalten* Ich habe noch manche Überraschung in petto.

Pẹt·ze die <-, -n> (*umg. abwert.*) *Person, die petzt*

pẹt·zen <petzt, petzte, hat gepetzt> **I.** *mit OBJ* ■ *jmd. petzt etwas* (*umg.*) (*als Kind*) *den Eltern oder dem Lehrer sagen, dass ein anderes Kind etwas Verbotenes getan hat* **II.** *ohne OBJ* ■ *jmd. petzt* (*umg.*) *das Verhalten, dass ein Kind ein anderes bei einer Autoritätsperson verrät* Immer musst du (alles) petzen!

Pfa̱d der <-(e)s, -e> **1.** *schmaler Weg* ein schmaler/ausgetretener Pfad durch den Wald **2.** EDV *die Angabe der Position einer Datei auf dem Datenträger* ■ **auf dem Pfad der Tugend wandeln**: *sich gemäß den Vorstellungen von Moraliät und Sittlichkeit verhalten* **auf krummen Pfaden wandeln**: *Ungutes tun*

pfa̱·den *mit OBJ* ■ *jmd. pfadet etwas* (*schweiz.*) *einen verschneiten Weg räumen, so dass er befahren werden kann*

Pfa̱·der der <-, -> (*schweiz.*) *Pfadfinder*

Pfa̱d·fin·der, **Pfa̱d·fin·de·rin** der <-s, -> *Mitglied einer Jugendorganisation, die zu kritischem Engagement für eine humane und friedliche Welt anregen will*

Pfaf·fe der <-n, -n> (*abwert.*) *Geistlicher* Das hat dir doch wieder der Pfaffe eingeredet!

Pfa̱hl der <-(e)s, Pfähle> (≈ *Pfosten*) *ein an einem Ende zugespitzter Holzbalken* Pfähle in den Boden rammen ■ **ein Pfahl im Fleisch**: *ein peinigendes körperliches oder seelisches Leiden* ◆ Zaun-

Pfa̱hl·bau der <-s, -ten> *ein Bauwerk, das (im Wasser) auf Pfählen errichtet ist*

Pfa̱hl·wur·zel die <-, -n> BOT. *lange und gerade Wurzel*

Pfạlz[1] die <-, -en> GESCH. *wechselnde kaiserliche oder königliche Wohn-, Hof- und Gerichtsstätte*

Pfạlz[2] die <-> (*kein Plur.*) *Gebiet im Bundesland Rheinland-Pfalz*

Pfạ̈l·zer, **Pfạ̈l·ze·rin** der <-s, -> Person, die aus der Pfalz[2] stammt

pfạ̈l·zisch <-, -> *Adj.* die Pfalz[2] betreffend/aus ihr stammend

Pfạnd das <-(e)s, Pfänder> **1.** *Gegenstand, der als Sicherheit für eine Geldforderung eingesetzt wird* die wertvolle Armbanduhr als Pfand hinterlegen, ein Pfand einlösen **2.** *der Geldbetrag, der für Mehrwegverpackungen bezahlt und bei Rückgabe erstattet wird* auf der Flasche/dem Kasten ist Pfand, Für das Leergut erhalten Sie Pfand zurück. ◆ Dosen-, Flaschen-

pfạ̈nd·bar <nicht steig.> *Adj.* RECHTSW. *so, dass es gepfändet werden kann* Das, was zum Lebensnotwendigen gehört, ist nicht pfändbar., der pfändbare Anteil des Lohnes

Pfạnd·brief der <-(e)s, -e> WIRTSCH. *die Urkunde über die Rechte aus einer Hypothek*

pfạ̈n·den <pfändest, pfändete, hat gepfändet> *mit OBJ* ■ *jmd. pfändet etwas* RECHTSW. (*bei einer finanziellen Forderung gegen den Besitzer dessen*) *Eigentum per Gerichtsbeschluss beschlagnahmen* Sein Auto/ein Teil seines Einkommens wurde gepfändet.

Pfạnd·fla·sche die <-, -n> *Mehrwegflasche, für die Pfand bezahlt werden muss oder erstattet wird* die Pfandflaschen wieder beim Händler abgeben

Pfạnd·geld das <-(e)s> (*kein Plur.*) *Geld, das für Leergut bezahlt werden muss und bei dessen Rückgabe erstattet wird*

Pfạnd·haus das <-es, Pfandhäuser> *Geschäft, in dem man Geld leihen kann, wenn man ein Pfand[1] dort hinterlegt*

Pfạnd·lei·he die <-> (*kein Plur.*) *Unternehmen, das Geld gegen Abgabe eines Wertgegenstandes verleiht* den Pelzmantel in die Pfandleihe bringen ▶ Pfandleiher

Pfạnd·schein der <-(e)s, -e> *Beleg, den man in der Pfandleihe für beliehene Gegenstände erhält*

Pfạ̈n·dung die <-, -en> RECHTSW. *gerichtliche Beschlagnahme des Eigentums* (*bei einer finanziellen Forderung gegen dessen Besitzer*)

Pfạn·ne die <-, -n> *flaches Kochgefäß mit langem Stiel zum Braten von Speisen* Eier in der Pfanne braten ■ **jemanden in die Pfanne hauen** (*umg.*): *jmdm. absichtlich schaden, indem man ihn scharf (öffentlich) rügt* **etwas auf der Pfanne haben** (*umg.*): *etwas Besonderes leisten können, große Fähigkeiten haben*

Pfạn·nen·zie·gel der <-s, -> *eine Form der Dachpfanne aus Ziegellehm*

Pfạnn·ku·chen der <-s, -> **1.** (*süddt.*) *Eierkuchen* Pfannkuchen mit Pilzen/mit heißen Himbeeren füllen **2.** (*norddt.*) *Berliner; Krapfen*

Pfạrr·amt das <-(e)s, Pfarrämter> **1.** *Amt des Pfarrers* ein Pfarramt in einer Gemeinde antreten/neu besetzen **2.** *Gebäude mit der Dienststelle des Pfarrers* im Pfarramt wohnen

Pfạrr·be·zirk der <-(e)s, -e> *Amtsbezirk eines Pfarrers*

Pfạr·re, *a.* **Pfar·re̲i** die <-, -(e)n> *die unterste kirchliche Behörde, die von einem Pfarrer geleitet wird*

Pfạr·rer, **Pfạr·re·rin** der <-s, -> *Geistliche(r) einer Gemeinde (in der christlichen Kirche)*

Pfarr·haus das <-(e)s, Pfarrhäuser> *das Wohnhaus (mit Amtsräumen) eines Pfarrers*

Pfarr·kir·che die <-, -n> *Hauptkirche eines Pfarrbezirks*

Pfau der <-(e)s/-en, -e/-en> *ein großer Vogel, dessen männliche Tiere lange, in vielen Farben schimmernde Schwanzfedern haben* Der Pfau schlägt ein Rad.

pfauchen <pfauchst, pfauchte, hat gepfaucht> *ohne OBJ* ■ *ein Tier/etwas pfaucht (österr.) ein zischendes Geräusch machen/fauchen* Die Dampflokomotive pfaucht.

Pfau·en·au·ge das <-s, -n> ZOOL. *eine Schmetterlingsart*

Pfau·en·fe·der die <-, -n> *eine der langen Schwanzfedern des Pfaus*

Pfd. *Abkürzung für „Pfund"*

Pfef·fer der <-s> *(kein Plur.) ein scharfes Gewürz aus gemahlenen Pfefferkörnern* schwarzer/weißer Pfeffer, eine Prise Pfeffer ■ **in den Pfeffer geraten**: *in Unannehmlichkeiten kommen* **da liegt der Hase im Pfeffer**: *da ist die Schwierigkeit*

Pfef·fer·korn das <-s, Pfefferkörner> *Frucht des Pfefferstrauches*

Pfef·fer·ku·chen der <-s, -> *süßes, würziges Gebäck, das besonders zu Weihnachten gebacken wird*

Pfef·fer·minz·bon·bon das <-s, -s> *Bonbon mit Pfefferminzgeschmack*

Pfef·fer·min·ze, Pfef·fer·min·ze die <-, -n> *(Plur. selten) eine Pflanze, die wegen ihres aromatischen ätherischen Öls als Heilpflanze verwendet wird* Pfefferminze für den Winter trocknen

Pfef·fer·minz·ge·schmack, Pfef·fer·minz·ge·schmack der <-(e)s> *(kein Plur.) ein Geschmack von oder wie Pfefferminze* Zahnpasta/Kaugummi mit Pfefferminzgeschmack

Pfef·fer·minz·tee, Pfef·fer·minz·tee der <-s, -s> ein Tee aus Pfefferminzblättern

Pfef·fer·müh·le die <-, -n> *Haushaltsgerät zum Mahlen von Pfefferkörnern*

pfef·fern <pfefferst, pfefferte, hat gepfeffert> *mit OBJ* **1.** ■ *jmd. pfeffert etwas mit Pfeffer würzen* das Fleisch pfeffern und salzen **2.** ■ *jmd. pfeffert etwas irgendwohin (umg.) mit Schwung werfen* den Ball gegen die Wand pfeffern ■ **gepfefferte Preise** *(umg. abwert.)*: *stark überhöhte Preise* **jemandem eine pfeffern** *(umg.)*: *jmdm. eine kräftige Ohrfeige geben*

Pfef·fe·ro·ne der <-s, Pfefferoni/-n> *(österr.) eine scharfe Paprikaart*

Pfef·fe·ro·ni der <-,-> *(österr.) Pepperoni*

Pfef·fer·steak das <-s, -s> *ein Steak, das mit gemahlenem schwarzen Pfeffer bestreut oder in einer Soße mit grünem Pfeffer serviert wird*

Pfei·fe die <-, -n> **1.** MUS. *röhrenartiger Teil eines Instruments, durch den ein Ton erzeugt wird wie bei einer Flöte* die Pfeifen einer Orgel, auf einer Sackpfeife (Dudelsack) eine Melodie spielen **2.** *ein Gerät, das beim Hineinblasen einen schrillen Ton erzeugt* die Trillerpfeife des Schiedsrichters/des Zugschaffners **3.** *Gerät zum Rauchen von Tabak, das aus einem Kopf und einem Mundstück besteht* Pfeife rauchen, (sich) eine Pfeife stopfen ◆ Tabaks-, Wasser- **4.** *(umg. abwert.) Versager* Diese Pfeife hat schon wieder nichts kapiert! ■ **nach jemandes Pfeife tanzen müssen**: *sich nach den Wünschen von jmd. anderem richten müssen, gehorchen müssen*

pfei·fen <pfeifst, pfiff, hat gepfiffen> **I.** *mit OBJ* ■ *jmd. pfeift etwas Luft durch einen engen Spalt so blasen, dass hohe Töne entstehen* eine Melodie pfeifen, fröhlich etwas vor sich hin pfeifen, Der Vogel pfeift (ein fröhliches Lied). **II.** *ohne OBJ* **1.** ■ *jmd./etwas pfeift auf einer Pfeife[2] blasen/ein Pfeifgeräusch machen* Der Schiedsrichter hat gepfiffen., auf/mit einer Trillerpfeife pfeifen, Der Wasserkessel pfeift., Der Wind pfeift durch die Ritzen., Die Kugeln pfiffen ihm um die Ohren., Nach der Theatervorstellung wurde gepfiffen und gebuht, weil die Leute mit ihrer Kritik nicht zurückhalten konnten. **2.** ■ *einem Tier pfeifen ein Tier durch Pfeifen herbeirufen* Er pfiff seinem Hund. ■ **auf etwas pfeifen** *(umg.)*: *keinen Wert auf etwas legen* Da hast du deine Sachen zurück, ich pfeife auf deine Hilfe! **wissen, woher der Wind pfeift** *(umg.)*: *wissen, was oder wer jetzt maßgebend ist* **auf dem letzten Loch pfeifen** *(umg.)*: *mit den letzten Reserven leben müssen* **die Spatzen pfeifen es schon von den Dächern**: *jeder weiß es schon* **einem etwas pfeifen** *(umg.)*: *nicht das tun, was der andere wünscht* **auf jemanden/etwas pfeifen** *(umg.)*: *auf jmdn. oder etwas verzichten*

Pfeif·ton der <-(e)s, Pfeiftöne> hoher, schriller Ton, Die Luft entweicht mit einem lauten Pfeifton.

Pfeil der <-(e)s, -e> **1.** *Geschoss in Form eines Stabes mit einer Spitze* einen Pfeil mit dem Bogen/einer Armbrust abschießen **2.** *Symbol in der Form eines stilisierten Pfeils[1], das auf etwas anderes verweist* ein grüner Pfeil markiert den Fluchtweg ■ **seine Pfeile auf jemand abschießen**: *jmd. sehr scharf kritisieren*

Pfei·ler der <-s, -> *eine gemauerte Säule, die Teile eines Bauwerks trägt* Die Brücke ruht auf vier Pfeilern. ◆ Brücken-, Grund-, Stütz-

pfeil·ge·ra·de <nicht steig.> *Adj. in einer Bewegung geradeaus ohne die geringste Abweichung* Er schoss pfeilgerade durchs Ziel.

pfeil·schnell <-, -> *Adj. (umg.) sehr schnell*

Pfen·nig der <-(e)s, -e> bis 2001 die kleinste Einheit des deutschen Geldes, Eine Mark war einmal so viel wert wie 100 Pfennige. ■ **mit dem Pfennig rechnen müssen**: *sehr arm sein*

Pfen·nig·ab·satz der <-es, Pfennigabsätze> *hoher Absatz von Damenschuhen, der in einer ungefähr pfenniggroßen Spitze ausläuft*

Pfen·nig·fuch·ser der <-s, -> *(umg. abwert.) Person, die in Geldangelegenheiten sehr penibel ist*

pfen·nig·groß <nicht steig.> *Adj. so groß wie ein Pfennig*

Pferd das <-(e)s, -e> **1.** *hochbeiniges Säugetier mit kurzem Fell, langem Schwanz und langer*

Mähne, das als Reit- und Zugtier gehalten wird ein edles/feuriges Pferd, Ein Pferd wiehert/schlägt aus/galoppiert/tänzelt/geht durch. ◆ Reit-, Zirkus- **2.** SPORT *ein Turngerät, in der Form eines länglichen, mit Leder bezogenen Blocks, vier Beinen und zwei Griffen* am Pferd turnen ■ **Immer langsam mit den jungen Pferden!** (*umg.*): *nur nichts überstürzen* **keine zehn Pferde bringen mich da hin** (*umg.*): *ich gehe auf keinen Fall dort hin* **mit jemandem Pferde stehlen können** (*umg.*): *sich völlig auf jmdn. verlassen können* **das Pferd beim Schwanz aufzäumen** (*umg.*): *eine Sache falsch anpacken* **aufs falsche Pferd setzen** (*umg.*): *sich irren* **wie ein Pferd arbeiten** (*umg.*): *sehr hart arbeiten* **das beste Pferd im Stall** (*umg.*): *der beste Mitarbeiter* **jemandem gehen die Pferde durch**: *jmd. verliert die Beherrschung* **das hält kein Pferd aus**: *das hält der Stärkste nicht aus, das hält niemand aus*

Pfer·de·ap·fel der <-, Pferdeäpfel> (*umg.*) *der Kot von Pferden*

Pfer·de·fleisch das <-(e)s> (*kein Plur.*) KOCH. Pferdefleisch essen

Pfer·de·fuhr·werk das <-s, -e> *ein Wagen* (*meist zum Transportieren von Lasten*), *das von mindestens einem Pferd gezogen wird*

Pfer·de·fuß der <-es, Pferdefüße> **1.** *Fuß eines Pferdes* der Teufel wird oft mit einem Pferdefuß dargestellt **2.** (*umg. abwert.*) *verdeckter Mangel bei einer Sache* Dieses günstige Angebot hat doch sicher einen Pferdefuß!

Pfer·de·po·lo das <-s> *dem Hockey ähnliches Ballspiel zu Pferd*

Pfer·de·renn·bahn die <-, -en> *Bahn für Pferderennen*

Pfer·de·ren·nen das <-s, -> *Wettrennen von Pferden*

Pfer·de·schwanz der <-es, Pferdeschwänze> **1.** *Schwanz eines Pferdes* **2.** *eine Frisur, bei der das Haar im Nacken zusammengebunden wird* einen Pferdeschwanz tragen

Pfer·de·stall der <-(e)s, Pferdeställe> *Stall für die Unterbringung von Pferden*

Pfer·de·wa·gen der <-s, -> *Pferdefuhrwerk*

Pfer·de·zucht die <-, -en> **1.** (*kein Plur.*) *das Züchten von Pferden* Pferdezucht betreiben **2.** *Betrieb, der Pferde züchtet* eine Pferdezucht haben/aufbauen

Pfet·te die <-, -n> *waagerechter, tragender Dachbalken, an dem die Sparren befestigt sind*

Pfiff der <-(e)s, -e> **1.** *das beim Pfeifen erzeugte Geräusch* plötzlich einen Pfiff hören, Für seine Vorstellung erntete er Pfiffe. **2.** (*umg.*) *etwas, das einer Sache die besondere Note gibt* Mode mit besonderem Pfiff, den letzten Pfiff durch etwas bekommen

Pfif·fer·ling der <-s, -e> *ein leuchtend gelber Pilz, den man essen kann* ■ **keinen Pfifferling wert sein** (*umg.*): *nichts wert sein*

pfif·fig *Adj. gewitzt* eine pfiffige Idee

Pfif·fig·keit die <-> (*kein Plur.*) *Gewitztheit* So viel Pfiffigkeit hätte ich ihm gar nicht zugetraut.

Pfif·fi·kus der <-/-ses, -se> (*umg. scherzh.*) *Person, die pfiffig ist* Du bist ja wirklich ein Pfiffikus!

Pfings·ten das <-> (*kein Plur.*) *das christliche Fest des Heiligen Geistes* Frohe Pfingsten!, Pfingsten fiel in den Juni., Was macht ihr an/zu/über Pfingsten?

Pfingst·fest das <-(e)s, -e> *das christliche Fest des Heiligen Geistes*

Pfingst·ro·se die <-, -n> *eine ungefähr zu Pfingsten blühende Pflanze, deren Blüten der einer Rose ähnlich sind*

Pfir·sich der <-s, -e> **1.** *die Frucht des Pfirsichbaumes* Pfirsiche zu Marmelade verarbeiten **2.** *kurz für „Pfirsichbaum"*

Pfir·sich·baum der <-(e)s, Pfirsichbäume> *ein Laubbaum mit großen Früchten, die eine samtige Haut und einen großen Stein haben*

Pflan·ze die <-, -n> *ein Organismus, der meist aus Wurzeln, Blättern und einem Stiel besteht* eine blühende/abgestorbene/Fleisch fressende/immergrüne Pflanze ◆ Garten-, Gewürz-, Grün-, Topf-, Wild-, Zimmer-

pflan·zen <pflanzt, pflanzte, hat gepflanzt> **I.** *mit OBJ* ■ *jmd. pflanzt etwas* **1.** *Pflanzen mit den Wurzeln in die Erde setzen* Bäume/Salat/Blumen pflanzen **2.** *irgendwo befestigen* die Fahne auf das Dach pflanzen **3.** (*österr. umg.*) *zum Narren halten/foppen* Willst du mich pflanzen? **II.** *mit SICH* ■ *jmd. pflanzt sich irgendwohin* (*umg.*) *sich irgendwohin stellen oder setzen und nicht weggehen* sich vor den Eingang pflanzen, sich aufs Sofa pflanzen

Pflan·zen·be·stand der <-s, Pflanzenbestände> *die Gesamtheit der Pflanzen* (*auf einem begrenzten Gebiet*) Der Pflanzenbestand auf diesem Grundstück ist ganz gesund.

Pflan·zen·de·cke die <-, -n> (≈ *Vegetation*) *die Gesamtheit der Pflanzen, die ein bestimmtes Gebiet bzw. die Erdoberfläche mehr oder weniger bedecken*

Pflan·zen·ex·trakt der <-s, -e> *Essenz, die aus Pflanzen gewonnen wird*

Pflan·zen·fett das <-(e)s, -e> *aus Pflanzen gewonnenes Fett*

Pflan·zen·fres·ser der <-s, -> *Tier, das sich von Pflanzen ernährt*

Pflan·zen·gift das <-(e)s, -e> *in Pflanzen vorkommende, giftige Substanz*

Pflan·zen·kun·de die <-> (*kein Plur.*) (≈ *Botanik*) *Wissenschaft von den pflanzlichen Organismen, ihren Bau- und Funktionsprinzipien*

Pflan·zen·öl das <-s, -e> aus Pflanzen gewonnenes Öl

Pflan·zen·reich das <-(e)s> (*kein Plur.*) *Gesamtheit aller Pflanzen*

Pflan·zen·schäd·ling der <-s, -e> *Krankheitserreger oder Konkurrent* (*wie Unkräuter*) *von Kultur- und Nutzpflanzen*

Pflan·zen·schau·haus das <-es, Pflanzenschauhäuser> *Gewächshaus, in dem eine* (*ständige*) *Ausstellung einer Pflanzensammlung unterge-*

bracht ist

Pflan·zen·schutz·mit·tel das <-s, -> *chemisches Mittel, das Pflanzen vor Schädlingsbefall schützen soll*

pflanz·lich <nicht steig.> *Adj. aus Pflanzen gewonnen* eine rein pflanzliche Kost, etwas auf pflanzlicher Basis herstellen

Pflan·zung die <-, -en> **1.** *das Pflanzen* die Hinweise zur Pflanzung des Baumes beachten **2.** *eine (kleine) Plantage*

Pflas·ter das <-s, -> **1.** *selbstklebender kleinerer Wundverband* ein Pflaster auf die Wunde kleben/machen **2.** *(gepflasterter) Straßenbelag* ein holpriges/altes Pflaster, das Pflaster aufreißen ■ **ein teures Pflaster** *(umg.): eine teure Gegend* **ein heißes Pflaster** *(umg.): eine kriminelle und deshalb gefährliche Gegend* ◆ Asphalt-, Straßen-

pflas·tern <pflasterst, pflasterte, hat gepflastert> *mit OBJ* ■ *jmd. pflastert etwas (irgendwohin)* **1.** *mit Pflastersteinen belegen* die Straße/den Hof pflastern, gepflasterte Fußwege **2.** *(umg. abwert.) etwas in großer Zahl irgendwo anbringen* die Wände mit Plakaten pflastern

Pflas·ter·stein der <-(e)s, -e> *grob behauener, würfelförmiger Stein als Straßenbelag*

Pflau·me die <-, -n> **1.** *Frucht des Pflaumenbaums* Pflaumen zu Mus kochen **2.** *kurz für „Pflaumenbaum"* Die Pflaume trägt in diesem Jahr reichlich. **3.** *(umg. abwert.) Versager* Was macht diese Pflaume überhaupt richtig?

Pflau·men·baum der <-(e)s, Pflaumenbäume> *ein Obstbaum mit blauen Steinfrüchten*

Pflau·men·ku·chen der <-s, -> *Kuchen, in den Pflaumen gebacken sind*

Pflau·men·mus das <-> *(kein Plur.) süßes Mus aus Pflaumen[1]*

Pfle·ge die <-, -n> **1.** *alle Maßnahmen, die dazu dienen, Hilfsbedürftige zu versorgen* die Pflege alter und kranker Menschen, ein Tier vorübergehend in Pflege nehmen, Sie hat das Kind ihrer Schwester in Pflege. ◆ Alten-, Intensiv-, Kranken- **2.** *alle Maßnahmen, die für die Erhaltung von etwas nötig sind* die Pflege des eigenen Körpers, Bei guter Pflege werden Sie lange Freude an ihrem Fahrrad haben., die Pflege guter Beziehungen zu den Nachbarn ◆ Denkmal-, Garten-, Schönheits- **3.** *eine Creme oder Flüssigkeit mit pflegenden Inhaltsstoffen* Diese Creme ist eine Pflege für die Haut/die Schuhe/den Autolack.

pfle·ge·be·dürf·tig <nicht steig.> *Adj. so, dass ein Mensch Pflege[1] benötigt* pflegebedürftige alte/kranke Menschen

Pfle·ge·be·dürf·ti·ger, **Pfle·ge·be·dürf·ti·ge** der <Pflegebedürftigen, Pflegebedürftigen> *jmd., der pflegebedürftig ist*

Pfle·ge·be·dürf·tig·keit die <-> *(kein Plur.) der Zustand, dass jmd. pflegebedürftig ist*

Pfle·ge·dienst der <-es, -e> *ein Unternehmen, dessen Mitarbeiter alte und kranke Menschen in deren Wohnung aufsuchen, um ihnen Pflege[1] zu gewähren*

Pfle·ge·el·tern *Plur. ein Ehepaar, das für ein Kind sorgt und dabei alle elterlichen Aufgaben erfüllt*

Pfle·ge·fall der <-(e)s, Pflegefälle> *Person, deren Gebrechlichkeit durch Alter und/oder Krankheit so groß ist, dass sie ständig Pflege[1] benötigt* Er ist so krank, dass er nun ein Pflegefall geworden ist.

Pfle·ge·heim das <-(e)s, -e> *Heim, in dem alte und/oder gebrechliche Menschen gepflegt werden*

Pfle·ge·hel·fer, **Pflegehelferin** der <-s, -> *jmd., der alte und/oder gebrechliche Menschen pflegen hilft*

Pfle·ge·kind das <-(e)s, -er> *Kind, das von Eltern versorgt wird, die nicht die biologischen Eltern sind, aber alle elterlichen Aufgaben erfüllen*

Pfle·ge·kos·ten *Plur. die für die Pflege[1] anfallenden Kosten*

pfle·ge·leicht <nicht steig.> *Adj.* **1.** *so, dass etwas nur wenig Pflege[2] benötigt* pflegeleichter Stoff, Das Gerät ist sehr pflegeleicht. **2.** *(umg. übertr.) verträglich* ein sehr pflegeleichter Mitarbeiter

pfle·gen <pflegst, pflegte, hat gepflegt> *mit OBJ* ■ *jmd. pflegt jmdn./ein Tier/etwas* **1.** *Hilfsbedürftige versorgen* alte und kranke Menschen pflegen, ein krankes Kind pflegen, Sie pflegte den Vogel, bis er wieder fliegen konnte. **2.** *in gutem Zustand erhalten* den eigenen Körper/die Haare/die Fingernägel pflegen, ein gepflegtes Äußeres haben, Pflegen Sie Ihr Fahrrad, dann haben Sie lange Freude daran! **3.** *(geh.) unterhalten* gute Beziehungen zu anderen Ländern pflegen, ein seltenes Hobby pflegen **4.** *(geh.) gewöhnlich tun* Mittags pflegte er zu schlafen., Sonntags pflegen sie in die Kirche zu gehen.

Pfle·ge·per·so·nal das <-s> *(kein Plur.) Personal zur Pflege[1] von Alten und/oder Kranken* Das Heim/die Klinik sucht noch geschultes Pflegepersonal.

Pfle·ger, **Pfle·ge·rin** der *Person, die beruflich alte und/oder kranke Menschen pflegt*

Pfle·ge·satz der <-es, Pflegesätze> *die je nach Pflegestufe festgelegten Kosten, die von der Pflegeversicherung bezahlt werden, wenn jmd. ein Pflegefall ist*

Pfle·ge·sham·poo das <-s, -s> *ein Shampoo, mit dem man die Haare reinigt und zugleich pflegt*

Pfle·ge·stu·fe die <-, -n> *der Grad der Pflegebedürftigkeit eines Menschen, der in bestimmten Pflegesätzen von der Pflegeversicherung festgelegt ist*

Pfle·ge·ver·si·che·rung die <-, -en> *eine Versicherung für den Fall, dass der Versicherte ein Pflegefall wird*

pfleg·lich *Adj. sorgfältig und behutsam* die Werkzeuge pfleglich behandeln

Pfleg·ling der <-s, -e> *(veralt.) Pflegekind*

Pfleg·schaft die <-, -en> RECHTSW. *das durch das Vormundschaftsgericht geregelte Verhältnis eines Betreuers zu der Person, die er betreut*

Pflicht die <-, -en> **1.** *das Handeln, dem man sich auf Grund bestimmter Normen/Vorschriften nicht entziehen kann* seine Pflicht gegenüber jemandem/der Gesellschaft erfüllen, seine Pflichten verletzen, es als seine Pflicht betrachten …, eine Pflicht übernehmen/auf sich laden, seine schulischen Pflichten vernachlässigen ◆ Amts-, Dienst, -Schul- **2.** (*kein Plur.*) (*in bestimmten Sportdisziplinen* ↔ *Kür*) *vorgeschriebene Übungen* die Pflicht im Eislaufen/Turnen ■ **jemanden in die Pflicht nehmen** (*geh.*): *jmdn. an die Erfüllung seiner Aufgaben erinnern*

pflicht·be·wusst <nicht steig.> *Adj. so, dass man seine Pflichten kennt und erfüllt* ein pflichtbewusster Mitarbeiter/Schüler

Pflicht·en·kol·li·si·on die <-, -en> *der Vorgang, dass mehrere Pflichten, die jmd. hat, sich nicht ergänzen, sondern widersprechen*

Pflicht·ex·em·plar das <-s, -e> *ein Exemplar einer Dissertation, das der Verfasser bei der Bibliothek seiner Universität einreichen muss*

Pflicht·fach das <-(e)s, Pflichtfächer> (SCHULE: ↔ *Wahlfach*) *ein Fach, das ein Schüler belegen muss*

Pflicht·ge·fühl das <-(e)s> (*kein Plur.*) *Bewusstsein für die eigenen Pflichten* Er hat viel/überhaupt kein Pflichtgefühl.

pflicht·ge·mäß <nicht steig.> *Adj.* in Erfüllung einer Pflicht, sich pflichtgemäß verhalten

Pflicht·lek·tü·re die <-, -n> **1.** *das Lesen von bestimmten Texten, das von jmd. verlangt wird, der irgendwo teilnimmt* In diesem Seminar wird sehr viel Pflichtlektüre verlangt. **2.** *ein Buch, das als Pflichtlektüre[1] gilt* Ich habe heute meine Pflichtlektüre im Buchladen gekauft.

Pflicht·mit·glied das <-(e)s, -er> *jmd., der die gesetzlich vorgeschriebene Mitgliedschaft erfüllt* In Deutschland ist jeder ein Pflichtmitglied in einer Krankenkasse.

Pflicht·schu·le die <-, -en> *Gesamtheit der Schulen, die nicht als weiterführende Schulen gelten, sondern die grundlegende Bildung vermitteln, die der Staat garantieren soll* (*Grundschule, Hauptschule, Berufsschule*)

Pflicht·teil das <-s> (*kein Plur.*) RECHTSW. *der gesetzlich garantierte Anteil an einer Erbschaft*

Pflicht·ü·bung die <-, -en> **1.** SPORT *Pflicht[2]* **2.** (*übertr. umg. abwert.*) *etwas, das man nicht freiwillig, sondern nur aus Verpflichtung tut* Der Besuch bei ihren Kollegen war für ihren Mann reine Pflichtübung.

pflicht·ver·ges·sen <nicht steig.> *Adj.* (↔ *pflichtbewusst*) *ohne Bewusstsein für die eigenen Pflichten*

Pflicht·ver·si·che·rung die <-> (*kein Plur.*) *Gesamtheit der gesetzlich vorgeschriebenen Versicherungen* (*Krankenversicherung, Arbeitslosenversicherung, Rentenversicherung*)

Pflicht·ver·tei·di·ger, **Pflicht·ver·tei·di·ge·rin** der <-s, -> (RECHTSW.: ≈ *Offizialverteidiger*) *Verteidiger, den ein Gericht im Strafverfahren zur Verfügung stellt, wenn der Angeklagte keinen eigenen Verteidiger hat*

Pflock der <-(e)s, Pflöcke> *kurzer, dicker Holzstab mit angespitztem Ende* einen Pflock in die Erde rammen, die Ziege an einen Pflock binden

pflü·cken <pflückst, pflückte, hat gepflückt> *mit OBJ* ■ *jmd. pflückt etwas die Frucht oder die nutzbaren Teile von einer Pflanze abnehmen* Äpfel/Erdbeeren/Baumwolle/Tee pflücken, eine Birne vom Baum pflücken

Pflug der <-(e)s, Pflüge> LANDW. *ein Gerät zum Aufbrechen und Wenden des Ackerbodens* das Pferd vor den Pflug spannen, den Pflug an einen Traktor hängen

pflü·gen <pflügst, pflügte, hat gepflügt> **I.** *mit OBJ* ■ *jmd. pflügt etwas* LANDW. *mit einem Pflug bearbeiten* Der Bauer pflügt den Acker. **II.** *ohne OBJ* ■ *jmd. pflügt jmd. geht der Beschäftigung des Pflügens[1] nach* Im Frühjahr muss der Bauer pflügen.

Pflüm·li das <-, -> (*schweiz.*) *Pflaumenschnaps*

Pfor·te die <-, -n> **1.** *kleinere Tür* In der Mauer/dem Zaun befand sich eine kleine Pforte. ◆ Garten- **2.** *bewachter Eingangsbereich einer größeren Einrichtung* die Pforte des Krankenhauses/einer Firma/einer Universität, sich an der Pforte melden, die Schlüssel an der Pforte abgeben ◆ Kirchen-

Pfört·ner, **Pfört·ne·rin** der <-s, -> *jmd., der an einer Pforte[2] den Eingang bewacht*

Pfört·ner·lo·ge die [-lɔʒə] <-, -n> *Kabine für den Pförtner*

Pfos·ten der <-s, -> **1.** *senkrecht stehender Holzbalken* Das Hochbett steht auf vier starken Pfosten. **2.** SPORT *Torpfosten* Glück gehabt, der Ball traf nur den Pfosten!

Pfo·te die <-, -n> **1.** *Fuß mancher Tiere* die Pfoten eines Hundes/einer Katze, Die Katze schleicht auf leisen Pfoten. **2.** (*umg. abwert.*) *Hand* (Nimm deine) Pfoten weg!

Pfropf der <-(e)s, -e> *feste Masse, die etwas verstopft* einen Pfropf aus dem Rohr entfernen, einen Pfropf im Ohr haben

Pfrop·fen der <-s, -> (≈ *Korken*) *Flaschenverschluss* die Flasche mit dem Pfropfen wieder verschließen

pfrop·fen <pfropfst, pfropfte, hat gepfropft> *mit OBJ* **1.** ■ *jmd. pfropft etwas auf etwas* LANDW. *einen Spross zur Veredlung auf ein Gewächs aufsetzen* ein Reis auf einen Obstbaum pfropfen **2.** ■ *jmd. pfropft etwas in etwas einen Gegenstand in etwas fest hineindrücken* einen Korken in einen Flaschenhals pfropfen und sie so verschließen, etwas in einen schon vollen Koffer hineinpfropfen ■ **etwas ist gepfropft voll**: *etwas ist ganz und gar vollgestopft* Der Autobus war in der Hauptverkehrszeit gepfropft voll.

Pfrün·de die <-, -n> **1.** GESCH. REL. *Kirchenamt, das mit einem Einkommen verbunden ist* **2.** (*übertr. scherzh.*) *gutes Nebeneinkommen* seine Pfründe verteidigen

pfui *Interj. Ausruf als Ausdruck des Ekels* Pfui, fass' das doch nicht an!, Pfui Teufel, stinkt das hier!

Pfund das <-(e)s, -e> **1.** *eine Gewichtseinheit* (*500 Gramm*) ein Pfund Fleisch/Zwiebeln **2.** *eine Währungseinheit in Großbritannien und anderen Ländern* ein Pfund Sterling, ein englisches Pfund

■ **mit seinem Pfunde wuchern** (*geh. übertr.*): *seine Fähigkeiten gewinnbringend einsetzen*

pfun·dig <nicht steig.> *Adj.* (*umg.*) *toll* eine pfundige Idee

pfund·wei·se <nicht steig.> *in Mengeneinheiten von einem Pfund* Beim Karnevalszug wurden pfundweise Süßigkeiten in die Menge geworfen.

Pfusch der <-(e)s> (*kein Plur.*) **1.** (*umg. abwert.*) *mangelhaft ausgeführte Arbeit* Pfusch kaufen/liefern **2.** (*österr. ostmdt.*) *Schwarzarbeit*

pfu·schen <pfuschst, pfuschte, hat gepfuscht> *ohne OBJ* ■ *jmd. pfuscht* **1.** (*umg. abwert.*) *mangelhaft und nachlässig arbeiten* Hier hat der Maler bei der Arbeit gepfuscht. **2.** (*österr. ostmdt.*) *schwarzarbeiten* Am Wochenende geht er pfuschen. ■ **jemandem ins Handwerk pfuschen** (*umg.*): *sich ungefragt in die Zuständigkeit eines anderen einmischen*

Pfu·scher, **Pfu·sche·rin** der <-s, -> **1.** (*umg. abwert.*) *Person, die mangelhafte Arbeit abliefert* **2.** (*ostmdt. österr.*) *Person, die schwarzarbeitet*

Pfu·sche·rei die <-, -en> (*umg. abwert.*) *mangelhafte Arbeit*

Pfüt·ze die <-, -n> **1.** *Wasser, das in einer Vertiefung des Bodens steht* (*nach Regen*) Auf der Straße bildeten sich nach dem Regen einige Pfützen. ◆ Regen-, Wasser- **2.** *eine Lache von irgendeiner Flüssigkeit* Was ist das für eine Pfütze auf dem Fußboden, hast du Wasser verschüttet?, Der Hund muss seine Pfütze doch nicht gerade hierher machen!, Unter dem Auto ist eine große Pfütze von Öl/Benzin.

PGP *Abkürzung für „pretty good privacy", d.h. „recht gute Geheimhaltung"*

Pha·go·zy·to·se die <-, -n> *die Aufnahme partikulärer Substanzen* (*z.B. Bakterien*) *in den Zellleib von Einzellern* (*z.B. Amöben*)

Pha·lanx die ['fa:laŋks] <-, Phalangen> **1.** GESCH. MILIT. *besondere Formation der griechischen Schlachtreihen* **2.** (*geh. übertr.*) *geschlossene Front, mit der man sich gegen etwas wehrt* eine Phalanx gegen etwas bilden

Phal·lus der ['falʊs] <-, Phalli/Phallen> (REL. GESCH.: *geh.*) *das erigierte männliche Glied* (*als Symbol der Fruchtbarkeit*) ▶phallisch ◆ -kult

Phä·no·men das [fɛno'me:n] <-s, -e> (*geh.*) **1.** *Erscheinung, die man sinnlich wahrnehmen kann* ein gesellschaftliches/physikalisches Phänomen genauer untersuchen **2.** *ungewöhnliches Vorkommnis* ein bemerkenswertes Phänomen **3.** *außergewöhnlicher Mensch* Sie ist in ihrem Fachgebiet ein Phänomen.

phä·no·me·nal [fɛnome'na:l] <nicht steig.> *Adj.* **1.** *den Erscheinungen zugehörend* **2.** *bewundernswürdig; erstaunlich* ein phänomenales Gedächtnis

Phä·no·me·no·lo·gie die <-, -n> PHILOS. *eine von dem Philosophen Edmund Husserl begründete Grundlagendisziplin der Philosophie, die darzustellen versucht, dass alles, worauf sich das menschliche Bewusstsein richten kann, von diesem Bewusstsein mitbestimmt ist; eben diese Formen der Bestimmung gilt es nach Husserl zu erfassen, um eine naive Einstellung zur Welt durch eine reflektierte zu ersetzen*

Phan·ta·sie die *s.* **Fantasie**

Phan·ta·sie·ge·bil·de das *s.* **Fantasiegebilde**

phan·ta·sie·los *s.* **fantasielos**

Phan·ta·sie·rei·se die *s.* **Fantasiereise**

phan·ta·sie·ren *s.* **fantasieren**

phan·ta·sie·voll *s.* **fantasievoll**

Phan·tast der *s.* **Fantast**

Phan·tas·te·rei die *s.* **Fantasterei**

phan·tas·tisch *s.* **fantastisch**

Phan·tom das [fan'to:m] <-s, -e> **1.** *Trugbild, Gespenst* einem Phantom nachjagen **2.** MED. *für Lehrzwecke nachgebildeter Körper*(*teil*) die Herzdruckmassage am Phantom üben

Phan·tom·bild das <-(e)s, -er> *das nach Zeugenaussagen gezeichnete Bild eines Täters* Die Polizei fahndet nach dem Täter mit Hilfe eines Phantombildes.

Phan·tom·schmerz der <-es, -en> *der Vorgang, dass jmd. Schmerzen an einem Körperglied hat, das ihm längst amputiert worden ist*

Pha·ri·sä·er der [fari'zɛ:ɐ] <-s, -> **1.** GESCH. REL. *Angehöriger einer altjüdischen, religiös-politischen Partei* **2.** (*geh. übertr. abwert.*) *hochmütige, heuchlerische Person*

Phar·ma·for·schung die <-, -en> *Forschungen, die die Pharmamindustrie in eigenen Labors durchführt*

Phar·ma·in·dus·t·rie die <-> (*kein Plur.*) *die Arzneimittel herstellende Industrie*

Phar·ma·ko·lo·ge, **Phar·ma·ko·lo·gin** der [farmako'lo:gə] <-n, -n> *Wissenschaftler im Bereich der Lehre von Arzneimitteln*

Phar·ma·ko·lo·gie die [farmakolo'gi:] <-> (*kein Plur.*) *Lehre von den Arzneimitteln*

Phar·ma·re·fe·rent, **Phar·ma·re·fe·ren·tin** der <-en, -en> *Person, die als Vertreter für die Arzneimittelindustrie arbeitet*

Phar·ma·zeut, **Phar·ma·zeu·tin** der [farma'tsɔyt] <-en, -en> *Person, die in der Arzneimittelkunde oder -herstellung arbeitet*

Phar·ma·zeutik die [farma'tsɔytik] <-> (*kein Plur.*) *Pharmazie*

phar·ma·zeu·tisch [farma'tsɔytɪʃ] <nicht steig.> *Adj. die Wissenschaft oder Herstellung von Arzneimitteln betreffend* die pharmazeutische Industrie/Forschung

Phar·ma·zie die [farma'tsi:] <-> (*kein Plur.*) *die Lehre von den Arzneimitteln*

Phar·ming, *a.* **Farming** das ['farming] <-s, -s> (*kein Plur.*) *Ackerbausystem, Anbaumethode* Das Energy Farming ist eine Anbaumethode in der Landwirtschaft, die mit mit dem Anbau von nachwachsenden Energieträgern zu tun hat.

Pha·se die <-, -n> **1.** *zeitlicher Abschnitt innerhalb einer Entwicklung* Die letzte Phase der Vorbereitungen beginnt. ◆ Anfangs-, Haupt-, End- **2.** ASTRON. *die veränderliche Lichtgestalt, unter der der Mond aber auch die Planeten Merkur und Venus erscheinen* Vollmond und Neumond sind Phasen des Mondes. **3.** ELEKTROTECHN. *die unter Spannung stehende Zuleitung des elektrischen Netzes* **4.** PSYCH. *Abschnitt in der körperlich-geistigen Entwicklung eines Menschen* In der Phase der frühen Adoleszenz bekam er Probleme.

Phe·nol das [fe'no:l] <-s> (*kein Plur.*) *Karbolsäure*

Phe·ro·mon das [fero'mo:n] <-s, -e> *von Tieren in kleinsten Mengen produzierte, hochwirksame Substanz, die Stoffwechsel und Verhalten anderer Tiere der gleichen Art stark beeinflussen (und sie zum Beispiel anlocken)*

Phi·l·an·th·rop, **Phi·l·an·th·ro·pin** der [filan'tro:p] <-en, -en> (*veralt.* ≈ *Menschenfreund*) *jmd., der an Pädagogik und dem allgemeinen Wohl der Menschen interessiert ist*

phi·l·an·th·ro·pisch [filan'tro:pɪʃ] <-, -> *Adj.* (*veralt.* ≈ *menschenfreundlich*) *in der Art eines Philanthropen* eine philanthropische Tat

Phi·l·a·te·lie die [filate'li:] <-> (*kein Plur.*) *Briefmarkenkunde*

Phi·l·a·te·list, **Phi·l·a·te·lis·tin** der [filate'lɪst] <-en, -en> *Person, die Briefmarken sammelt*

Phil·har·mo·nie die [fɪlharmo'ni:] **1.** MUS. *Name für ein Sinfonieorchester* die Berliner Philharmonie **2.** *Gebäude, in dem ein Sinfonieorchester musiziert*

Phi·lip·pi·ne s. **Filipino**

Phi·lip·pi·nen [filɪ'pi:nən] *Plur. Inselgruppe und Staat im westlichen Pazifik*

Phi·lip·pi·ner, **Phi·lip·pi·ne·rin** der <-s, -> *Einwohner(in) der Philippinen*

phi·lip·pi·nisch [filɪ'pi:nɪʃ] <nicht steig.> *Adj. zur Kultur der Philippinen gehörig*

Phi·lis·ter der [fi'lɪstɐ] <-s, -> **1.** *urprünglich an der Mittelmeerküste von Südpalästina wohnhaftes Volk, mit dem das alte Israel in anhaltende Grenzstreitigkeiten verwickelt war (im 1.Jt. vor Chr.)* **2.** (*geh. abwert.*) *Spießbürger* ◆ Bildungs-

phi·lis·ter·haft <nicht steig.> *Adj.* (*geh. abwert.*) *spießbürgerlich*

Phi·lo·den·d·ron der/das [filo'dɛndrɔn] <-, Philodendren> BOT. *ein tropisches Klettergewächs*

Phi·lo·lo·ge, **Phi·lo·lo·gin** der [filo'lo:gə] <-n, -n> *jmd., der auf dem Gebiet der Sprach- und Literaturwissenschaft arbeitet*

Phi·lo·lo·gie die [filolo'gi:] <-, -n> *der Bereich in verschiedenen Wissenschaften, der Texte erforscht und als Sprach- und Literaturwissenschaft wesentliche Beiträge zur Erforschung von Kultur und Geschichte leistet* germanische/romanische Philologie, Klassische Philologie erforscht die Sprachen und Literaturen der Antike. ▸Altphilologie, Neuphilologie

Phi·lo·soph, **Phi·lo·so·phin** der [filo'zo:f] <-n, -n> *Person, die Philosophie betreibt*

Phi·lo·so·phie die [filozo'fi:] <-, -n> **1.** (*kein Plur.*) *Lehre von den grundlegenden Bestimmungen und Strukturen des Lebens, der Welt und des Wissens* Die Philosophie der Naturwissenschaften fragt z.B. nach dem prinzipiellen Unterschied zwischen belebter und unbelebter Materie. **2.** *ein bestimmtes, in sich geschlossenes System von Antworten auf die Frage nach Grundstrukturen* ein Anhänger der Philosophie Kants/Hegels sein ◆ Geschichts-, Kultur-, Religions- **3.** (*umg.*) *eine persönliche Betrachtungsweise für etwas* Sie hat ihre eigene Philosophie im Bezug auf Ehe und Familie.

phi·lo·so·phie·ren [filozo'fi:rən] <philosophierst, philosophierte, hat philosophiert> *ohne OBJ* ■ *jmd. philosophiert über etwas sich über die Grundlagen einer Sache Gedanken machen* Er philosophierte über die Frage „Was ist Musik?“

phi·lo·so·phisch [filo'zo:fɪʃ] <nicht steig.> *Adj. die Philosophie*[1] *betreffend oder zu ihr gehörig* philosophische Betrachtungen anstellen

Phi·mo·se die [fi'mo:ze] MED. *eine angeborene oder erworbene Verengung der Vorhaut, die ein Zurückziehen der Vorhaut über die Eichel unmöglich macht*

Phi·o·le die [fi̯'o:lə] <-, -n> *ein Glaskolben mit langem Hals*

Phleg·ma das ['flɛgma] <-s> (*kein Plur.*) (*geistige*) *Trägheit, Langsamkeit, Schwerfälligkeit* Sein ausgeprägtes Phlegma schützt ihn vor jeder Art von Aufregung.

Phleg·ma·ti·ker, **Phleg·ma·ti·ke·rin** der [flɛ'gma:tɪkɐ] <-s, -> *Person, die als ruhig, behäbig und träge charakterisiert wird*

phleg·ma·tisch [flɛ'gma:tɪʃ] *Adj. von schwerfälliger, nicht leicht erregbarer Gemütsart* Mit seiner phlegmatischen Art ist er denkbar ungeeignet als Animateur in einem Feriencamp.

pH-neu·tral <nicht steig.> *Adj. reines Wasser ist pH-neutral, d.h. es ist weder basisch noch sauer*

Pho·bie die [fo'bi:] <-, -n> MED. *starkes Angstgefühl, das in bestimmten Situationen auftritt oder beim Anblick bestimmter Dinge ausgelöst wird, und den davon betroffenen Menschen immer mehr einschränkt* Es gibt Phobien gegen Schlangen, Spinnen oder gegen große Menschenmengen.

Phon, *a.* **Fon** das <-s, -s> PHYS. *Maßeinheit für die Lautstärke*

Pho·nem das [fo'ne:m] <-s, -e> SPRACHWISS. *kleinste Bedeutungen unterscheidende Einheit in der Sprache*

Pho·ne·tik die [fo'ne:tɪk] <-> (*kein Plur.*) SPRACHWISS. *Lehre von den sprachlichen Lauten*

pho·ne·tisch [fo'ne:tɪʃ] <-, -> *Adj.* SPRACHWISS. **1.** *die Lehre von den sprachlichen Lauten betreffend* die phonetische Forschung **2.** *lautlich* die phonetische Umschrift, diese Laute unterscheiden sich phonetisch voneinander

Pho·no·tech·nik, *a.* **Fo·no·tech·nik** die <-> (*kein Plur.*) *Geräte zum Aufnehmen und Wiedergeben von Musik und Sprache*

Pho·no·ty·pis·tin, *a.* **Fo·no·ty·pis·tin** die <-, -nen> *Schreibkraft, die darauf spezialisiert ist, Texte nach dem Diktat eines Diktiergerätes niederzuschreiben*

Phos·phat das [fɔs'fa:t] <-(e)s, -e> CHEM. *Salz der Phosphorsäure*

Phos·phat·dün·ger der <-s, -> *Dünger, der Phosphat enthält*

phos·phat·frei <nicht steig.> *Adj. ohne Phosphat* phosphatfreie Lebensmittel
phos·phat·hal·tig *Adj. mit Phosphat* phosphathaltige Lebensmittel
Phos·pho·li·po·i·de die <-> *Plur.* BIOL. *fettähnliche, organische Substanzen in pflanzlichen und tierischen Zellen, vor allem als Bestandteile biologischer Membranen*
Phos·phor der ['fɔsfo:ɐ̯] <-s> (*kein Plur.*) CHEM. *ein chemisches Element*
Phos·pho·res·zenz die <-, -en> PHYS. *die Erscheinung, dass etwas phosphoresziert*
phos·pho·res·zie·ren [fɔsforɛs'tsi:rən] <phosphoreszierst, phosphoreszierte, hat phosphoresziert> *ohne OBJ* ■ *etwas phosphoresziert der Vorgang, dass bestimmte Gegenstände im Dunkeln ein grünliches Licht aussenden, nachdem sie angestrahlt worden sind* Der Lichtschalter im Flur ist mit einer phosphoreszierenden Farbe gestrichen, damit man ihn auch im Dunkeln findet. ▶phosphoreszierend
Pho·to·ap·pa·rat *s.* **Fotoapparat**
Pho·to·ef·fekt, *a.* **F·to·ef·fekt** der <-s, -e> PHYS. *das Herauslösen von Elektronen aus dem Inneren eines Festkörpers durch seine Oberfläche hindurch*
pho·to·gen *Adv. s.* **fotogen**
Pho·to·gra·phie *s.* **Fotografie**
Pho·to·me·t·rie, *a.* **Fo·to·met·r·ie** die <-> (*kein Plur.*) PHYS. *Lichtmessung*
Pho·to·sphä·re, *a.* **Fo·to·sphä·re** die <-> (*kein Plur.*) PHYS. *die etwa 400 km dicke Schicht an der Oberfläche der Sonne, aus der der größte Teil des Lichts abgestrahlt wird*
Pho·to·syn·the·se *s.* **Fotosynthese**
Pho·to·vol·ta·ik, *a.* **Fo·to·vol·ta·ik** die <-> (*kein Plur.*) TECHN. *die Technik der Umwandlung von Sonnenenergie in elektrische Energie* die Nutzung der Photovoltaik
Pho·to·zel·le, *a.* **Fo·to·zel·le** die <-, -n> ELEKTROTECH. *Vorrichtung, mit der Licht in elektrischen Strom umgewandelt wird*
Phra·se die ['fra:zə] <-, -n> **1.** (*abwert.* ≈ *Floskel*) *eine nichtssagende Redensart* eine abgedroschene/hohle Phrase, Er kann nichts als Phrasen dreschen. **2.** SPRACHWISS. *eine Einheit bildender Teil eines Satzes, der aus einem/mehreren Wörtern besteht* ◆Nominal-, Verbal- **3.** MUS. *Einheit aus mehreren Tönen innerhalb eines Musikstücks*
Phra·sen·dre·scher, **Phra·sen·dre·sche·rin** der <-s, -> (*abwert.*) *Person, die nur leere Worte spricht, aber nicht handelt*
pH-Wert der <-(e)s, -e> CHEM. *Maßzahl für den basischen oder sauren Charakter einer Lösung*
Phy·sik die <-> (*kein Plur.*) *Lehre von der Struktur und den Prozessen der unbelebten Materie*
Phy·si·ka die *Pluralform von „Physikum“*
phy·si·ka·lisch <nicht steig.> *Adj.* **1.** *die Physik betreffend* das physikalische Institut **2.** *die in der Physik wirkenden Gesetze betreffend* die physikalischen Eigenschaften eines Stoffes
Phy·si·ker, **Phy·si·ke·rin** der <-s, -> *Person, die sich wissenschaftlich mit Physik beschäftigt*
Phy·si·kum das ['fy:zikʊm] <-s, Physika> *erste Prüfung im Medizinstudium*
Phy·si·o·ge·o·gra·phie, **Phy·si·o·ge·o·gra·phie** die [fyzi̯ogeografi] <-, -n> (≈ *physische Geographie*) *eine Teildisziplin der Geographie, die sich in der Gesteinskunde und der Wasserkunde mit den physikalisch erfassbaren Formen und Erscheinungen der Erdoberfläche sowie den Phänomenen der Erdatmosphäre beschäftigt*
Phy·si·o·g·no·mie die [fyzi̯ogno'mi:] <-, -n> **1.** (*geh.*) *Gesichtsform* Er hat eine bemerkenswerte Physiognomie. **2.** (*fachspr.*) *die äußere Erscheinung eines Lebewesens*
Phy·si·o·lo·gie die [fyzi̯olo'gi:] <-> (*kein Plur.*) MED. *die Lehre von der Funktionsweise des Körpers und seiner Organe*
phy·si·o·lo·gisch [fyzi̯o'lo:gɪʃ] <nicht steig.> *Adj. zur Physiologie gehörend oder sie betreffend*
Phy·si·o·the·ra·peut, **Phy·si·o·the·ra·peu·tin** der <-en, -en> MED. *Person, die auf dem Gebiet der Physiotherapie arbeitet*
Phy·si·o·the·ra·pie die <-> (*kein Plur.*) MED. *zusammenfassende Bezeichnung für „physikalische Therapie“ und „Naturheilkunde“ als Behandlungsarten des menschlichen Körpers* Massagen oder Heilgymnastik gehören zur Physiotherapie.
phy·sisch ['fy:zɪʃ] <nicht steig.> *Adj. körperlich* physische Anstrengung, Beim Telefonieren spricht man mit einer Person, die physisch nicht anwesend ist.
Pi das <-(s), -s> **1.** *ein Buchstabe des griechischen Alphabets* **2.** (*kein Plur.*) MATH. *Zahl zur Angabe des Verhältnisses vom Kreisumfang und -durchmesser*
Pi·a·nist, **Pi·a·nis·tin** der <-en, -en> *Person, die berufsmäßig Klavier spielt* ▶pianistisch ◆Bar-, Jazz-, Konzert-
pi·a·no das <-s, -s/piani> MUS. *Vortragsbezeichnung beim Musizieren mit der Bedeutung „leise“* An dieser Stelle bitte piano spielen!
Pi·a·no das <-s, -s> (*geh.*) *Klavier*
Pi·a·no·bar die *Bar, in der öffentlich Piano gespielt wird zur Unterhaltung der Gäste*
Pic·co·lo *s.* **Pikkolo**
picheln <pichelst, pichelte, hat gepichelt> *mit OBJ* ■ *jmd. pichelt etwas* (*umg.*) *trinken, zechen* Kommst du noch mit in die Kneipe, einen picheln?
Pi·ckel der <-s, -> **1.** TECHN. *Spitzhacke* **2.** *kleine, oft eitrige Pustel der Haut*
Pi·ckel·he·ring der <-s, -e> **1.** *gepökelter Hering* **2.** *bizarr-groteske Gestalt eine dummen und überheblichen Menschen in Stücken der englischen Komödianten des 17.Jh., die als Hanswurst von deutschen Wanderbühnen übernommen wurde*
pi·cke·lig <nicht steig.> *Adj. mit vielen Pickeln* ein pickeliges Gesicht
pi·cken <pickst, pickte, hat gepickt> *mit OBJ* ■ *jmd./ein Tier pickt etwas* (*an etwas*) **1.** *mit dem Schnabel auf etwas hacken* Die Hühner picken Körner im Hof., Der Vogel pickt mit dem Schnabel nach dem Futter/nach einem anderen Vogel.

P

2. (*umg. österr.*) *durch Ankleben befestigen* einen Zettel an die Tür picken

Pi·ckerl das <-s, -n> (*österr.*) 1. *Zettel zum Ankleben* 2. *Autobahnvignette*

Pi·ck·nick das <-s, -e/-s> *Mahlzeit im Freien, aus mitgebrachten Speisen* Am Wochenende gehen wir zum Picknick ins Grüne. ◆-korb

pi·ck·ni·cken <picknickst, picknickte, hat gepicknickt> *ohne OBJ* ■ *jmd. picknickt ein Picknick einnehmen* Wir haben gestern im Park gepicknickt.

pi·co·bel·lo <nicht steig.> *Adj.* (*umg.*) *tadellos* Sie sieht heute wieder picobello aus., Ihr räumt euer Zimmer picobello auf!

Pid·gin-Eng·lisch, *a.* **Pid·gineng·lisch** das ['pidʒiningliʃ] <-> (*kein Plur.*) *vereinfachtes Englisch, das als Mischsprache von Englisch und einer anderen Sprache gesprochen wird; ursprünglich als Verkehrssprache zwischen Engländern und Ostasiaten*

piek·fein <nicht steig.> *Adj.* (*umg.*) *sehr fein* ein piekfeines Restaurant

piek·sau·ber <nicht steig.> *Adj.* (*umg.*) *sehr sauber* eine pieksaubere Küche

Piep, *a.* **Pieps** ■ **keinen Piep mehr sagen** (*umg.*): *nichts mehr sagen* **einen Piep haben** (*umg. abwert.*): *verrückt sein*

piep *Interj. lautmalerische Bezeichnung für einen leisen hohen Ton* „Piep“, machte das Vögelchen.

pie·pen <piepst, piepte, hat gepiept> *ohne OBJ* ■ *jmd./ein Tier piept einen hohen, leisen Ton von sich geben* Das Küken piepte leise. ■ **zum Piepen sein** (*umg.*): *lächerlich sein* **Bei dir piept's wohl!** (*umg.*): *du bist ja verrückt!*

pie·p·e/piep·e·gal <nicht steig.> *Adj.* (*umg. norddt.*) *völlig egal* Das ist mir doch piepe/piepegal!

Pieps der <-es, -e> *s.* **Piep**

piep·sig <nicht steig.> *Adj.* (*umg.*) *von hellem, leisem Klang* eine piepsige Stimme haben

Pier der/die <-s/-, -e/s> SEEW. *Anlegestelle für Schiffe oder Boote*

pier·cen ['piːɐsən] <piercst, piercte, hat gepiercst> *mit OBJ* ■ *jmd. piercst etwas die Körperhaut durchstechen und mit Schmuck verzieren* sich den Bauchnabel piercen lassen

Pier·cing ['piːɐsɪŋ] <-s, -s> *ein Schmuckstück aus Metall, das an einem Körperteil durch Durchstechen befestigt ist* ein Piercing am Bauchnabel haben, Bauchnabel-, Zungen-

pie·sa·cken <pisackst, pisackte, hat gepisackt> *mit OBJ* ■ *jmd./ein Tier/etwas piesackt jmdn./ein Tier* (*umg.*) *unablässig quälen, ärgern, belästigen* Die Mücken haben uns gepiesackt.

pie·seln <pieselst, pieselte, hat gepieselt> *ohne OBJ* ■ *jmd. pieselt* (*umg.*) *urinieren*

Pi·eta, *a.* **Pi·etá** die [pi̯eˈta] <-, -s> KUNST *Darstellung Marias mit dem toten Christus im Schoß*

Pi·e·tät die [pi̯eˈtɛːt] <-> (*kein Plur.*) (*geh.*) *Rücksicht auf religiöse und moralische Werte* etwas aus Gründen der Pietät (nicht) tun, Das verbietet allein schon die Pietät.

pi·e·tät·los <nicht steig.> *Adj. ohne Rücksicht auf religiöse und moralische Werte*

pi·e·tät·voll <nicht steig.> *Adj. voller Rücksicht auf religiöse und moralische Werte* pietätvoll schweigen

Pig·ment das <-(e)s, -e> 1. BIOL. *Farbstoff in lebenden Zellen* die Pigmente in der Haut/den Haaren, die Pigmente in den Blättern einer Pflanze 2. TECHN. *Farbmittel, die keine Farbstoffe sind und zum oberflächlichen Anfärben von Papier, Gummi, Seife u.a. verwendet werden*

Pig·men·tie·rung die <-, -en> *die Bildung von Pigmenten*[1]

Pig·ment·pa·pier das <-s, -e> *fotografisches Rohpapier, das mit angefärbter Gelatine beschichtet ist*

Pik[1] der <-s, -e/-s> *Bergspitze*

Pik[2] das/die <-(s)> *eine Spielkartenfarbe* Pik As

pi·kant *Adj.* 1. *süß und scharf zugleich* eine Speise pikant würzen, eine pikante Soße 2. *mit zweideutigem Inhalt, der auf Sexuelles anspielt* eine pikante Geschichte

Pik·da·me die <-> (*kein Plur.*) *ein Spielkarte*

Pi·ke die <-, -n> GESCH. *Spieß eines Landsknechtes* ■ **von der Pike auf**: *von Grund auf; von Anfang an* Er hat die Tischlerei von der Pike auf gelernt, jetzt leitet er die Firma., Er hat in dem Unternehmen von der Pike auf gedient.

pi·ken <pikst, pikte, hat gepikt> I. *mit OBJ* ■ *jmd. pikt jmdn.* (*umg.*) *leicht stechen* jemanden mit der Nadel piken II. *mit ES* ■ *es pikt* (*umg.*) *etwas macht einen leicht stechenden Schmerz* Es pikt mich am Rücken – schau mal nach, ob da noch eine Nadel steckt!, Ich gebe Ihnen jetzt die Spritze – Achtung, jetzt pikt es!

pi·kiert <nicht steig.> *Adj.* (*geh.*) *gekränkt; beleidigt* ein pikiertes Gesicht machen

Pik·ko·lo, *a.* **Pic·co·lo** der <-s, -s> *eine kleine Flasche Sekt*

Pik·ko·lo·flö·te die <-, -n> MUS. *eine kleine Querflöte*

pik·sen *s.* **piken**

Pik·ten die <-, -> *Name für mehrere englische Stämme, die im Norden (später Schottland) lebten und erst im 9. Jh. n. Chr. einem schottischen Großreich eingegliedert wurden*

Pik·to·gramm das <-s, -e> *einfache bildliche Darstellung in öffentlichen Gebäuden, die als Hinweisschild dient und die jeder versteht* Das Piktogramm zeigt, wo es zum Notausgang/Restaurant/zur Toilette geht

Pil·ger, **Pil·ge·rin** der <-s, -> *Person, die zu heiligen Stätten reist*

Pil·ger·fahrt die <- ,-en> *eine Fahrt zu heiligen Stätten*

pil·gern <pilgerst, pilgerte, ist gepilgert> *ohne OBJ* ■ *jmd. pilgert* 1. *zu religiösen Stätten reisen* nach Mekka pilgern 2. (*umg. scherzh.*) *gemächlich gehen* Wir sind ein wenig durch die Stadt gepilgert.

Pil·ke die <-, -n> *fischförmiger Köder, der zugleich als Haken beim Hochseeangeln benutzt wird*

Pil·le die <-, -n> 1. *zu einer kleinen Kugel geform-*

te Portion eines Arzneimittels täglich viele Pillen schlucken müssen ◆ Beruhigungs-, Kreislauf- **2.** *Antibabypille* die Pille nehmen

Pil·len·knick der <-s> (*kein Plur.*) *von der Antibabypille ausgelöster Geburtenrückgang*

Pi·lot, **Pi·lo·tin** der <-en, -en> **1.** *Person, die (berufsmäßig) Flugzeuge fliegt* Sie will Pilotin werden., Der Pilot des Sportflugzeuges beherrschte seine Maschine gut. **2.** *Fahrer eines Rennwagens* die Piloten der Formel 1

Pi·lot·an·la·ge die <-, -n> TECHN. *erste Anlage ihrer Art, an der die Probleme einer neuen Technologie untersucht werden können*

Pi·lo·te die <-, -n> *Pfahl, der in den Baugrund gerammt wird*

Pi·lot·fisch der <-(e)s, -e> (≈ *Lotsenfisch* ≈ *Stachelmakrele*) *schneller, z.T. weit wandernder Raubfisch mit blausilbernem Körper, der in allen tropischen und gemäßigten Meeren vorkommt*

Pi·lot·pha·se die <-, -n> *Probephase eines Projekts*

Pi·lot·pro·jekt das <-(e)s, -e> *erstes Projekt seiner Art, bei dem neue Methoden erprobt werden sollen*

Pi·lot·ver·such der <-s, -e> *erster Versuch dieser Art*

Pils das <-, -e> **1.** (≈ *Pil·se·ner*) *helles Bier von leicht bitterem, herbem Geschmack* Hier wird Pilsener gebraut. **2.** (≈ *Pil·se·ner*) *ein Glas Pilsener* ein Pils/Pilsener bestellen/trinken

Pil·se·ner, *a.* **Pils·ner** das <-s, -> *Bier aus der tschechischen Stadt Pilsen (tschechisch: Plzen)*

Pilz der <-es, -e> **1.** *eine Pflanze ohne Blüten und Blätter, die aus einem Stiel und einem flachen oder kegelförmigem Hut besteht* Pilze sammeln/suchen/bestimmen, giftige/essbare Pilze ◆ Gift-, Speise- **2.** *kleine Organismen, die sich auf Lebewesen und Speisen ansiedeln und Krankheiten verursachen können* Die Rosen sind von einem Pilz befallen., einen Pilz (auf der Haut) haben

Pilz·er·kran·kung die <-, -en> MED. *Befall durch einen Pilz*[2]

Pilz·gift das <-es, -e> *von Pilzen ausgeschiedenes Stoffwechselprodukt, das für den Menschen zum Tode führen kann; Antibiotika werden aus Pilzgiften gewonnen*

Pilz·krank·heit die <-, -en> (≈ *Pilzinfektion, Pilzerkrankung*) *durch Pilze verursachte Krankheit*

Pilz·ver·gif·tung die <-, -en> MED. *Vergiftung nach dem Genuss von giftigen Pilzen*[1]

Pi·ment der/das <-(e)s, -e> *ein Pfeffergewürz*

Pim·mel der <-s, -> (*umg.* ≈ *Penis*)

Pimpf der <-(e)s, -e> (*umg.*) *kleiner Junge*

pin·ge·lig <pingeliger, am pingeligsten> *Adj.* (*umg. abwert.*) *sehr kleinlich* Sei doch nicht so pingelig wegen dieses kleinen Fehlers!

Ping·pong das <-s> (*kein Plur.*) (*umg.*) *Tischtennis* Pingpong spielen

Pin·gu·in der <-s, -e> *ein Vogel der Antarktis, der nicht fliegen, aber gut schwimmen und tauchen kann*

Pi·nie die <-, -n> *ein Nadelbaum, der in warmen Regionen wächst*

Pi·ni·en·kern der <-s -e> (≈ *Piniennüsse*) *essbare Samen der Pinienart, die auch „Nusskiefer" heißt*

pink <nicht steig.> *Adj. von intensivem Rosa* Der Stoff ist pink. ►pinkfarben

Pin·kel[1] der <-s, -> (*umg. abwert.*) *jmd., der sich als reich und vornehm darstellt* ein feiner Pinkel

Pin·kel[2] die <-s, -n> (*norddt.*) *eine Art Wurst* Grünkohl mit Pinkel

pin·keln <pinkelst, pinkelte, hat gepinkelt> *ohne OBJ* ■ *jmd. pinkelt* (*umg.*) *urinieren; Wasser lassen* Der Hund pinkelt an den Baum., schnell in den Wald pinkeln gehen

Pin·ke·pin·ke die <-> (*kein Plur.*) (*umg.*) *Geld* Dafür brauchen wir aber Pinkepinke!

pink·far·ben <nicht steig.> *Adj. in der Farbe „pink"*

Pin·ne die <-, -n> **1.** (*noddt.*) *Reißzwecke* **2.** (*seew.*) *Hebelarm des Ruders* Wer steht an der Pinne?

Pinn·wand die <-, Pinnwände> *eine Tafel (meist aus Kork) zum Anheften von Notizen* eine Nachricht an die Pinnwand heften

Pi·noc·chio der [pi'nɔkki̯o] <-(s)> (*kein Plur.*) *eine Märchengestalt*

Pin·scher der <-s, -> **1.** *eine Hunderasse* **2.** (*umg. abwert.*) *unbedeutender Mensch* jemanden als Pinscher beschimpfen

Pin·sel der <-s, -> **1.** *ein Gerät, das aus einem Stiel mit Haaren oder Borsten besteht* ein feiner/dicker/grober Pinsel, ein Bild mit einem Pinsel malen, den Zaun mit einem Pinsel streichen, den Staub mit einem Pinsel entfernen, den Rasierschaum mit einem Pinsel auftragen ◆ Borsten-, Haar-, Maler- **2.** (*umg. abwert.*) *einfältiger Mensch* So ein alter Pinsel! ◆ Einfalts-

pin·seln <pinselst, pinselte, hat gepinselt> **I.** *mit OBJ* ■ *jmd. pinselt etwas* **1.** (*umg. abwert.*) *malen oder schreiben* ohne viel Sorgfalt ein Bild pinseln, einen Text lustlos auf das Papier pinseln **2.** *etwas mit Hilfe eines Pinsels auftragen* die Wunde mit Jod pinseln **II.** *ohne OBJ* ■ *jmd. pinselt den Pinsel benutzen* Sie pinselte stundenlang an einem Bild/auf dem Papier., Sie müssen täglich mehrmals pinseln.

Pin·te die <-, -n> (*umg. abwert. norddt.*) *Kneipe*

Pin-up-Girl das [pɪn'ʔapgøːɐ̯l] <-s, -s> *einer Zeitschrift beiliegendes Poster mit dem Foto einer (nackten) Frau*

Pin·zet·te die <-, -n> *ein Instrument, das einer kleinen Zange ähnlich ist und mit dem man sehr kleine Gegenstände greifen kann* einen Dorn mit einer Pinzette aus der Haut entfernen

Pi·o·nier, **Pi·o·nie·rin** der <-s, -e> **1.** MILIT. *Soldat(in) einer technischen Einheit* **2.** (≈ *Vorkämpfer*) *Person, die maßgeblich die Anfänge einer Entwicklung mitbestimmt hat* ein Pionier der Luftfahrt **3.** GESCH. *Mitglied einer Kinderorganisation in der DDR*

Pi·o·nier·ar·beit die <-, -en> *Arbeit eines Pioniers oder vieler Pioniere*[2]

Pi·o·nier·geist der <-(e)s> (*kein Plur.*) *der Wille,*

Wegbereiter einer neuen Entwicklung zu sein

Pi·pa·po das <-s> (*kein Plur.*) *mit allem Drum und Dran/mit allem, was dazugehört* Die Familie kam angereist mit dem ganzen Pipapo.

Pi·pe die <-, -n> (*österr.*) *Faß-, Wasserhahn*

Pipe·line die ['pajplajn] <-, -s> *Rohrleitung zum Transport von Erdöl und Erdgas über große Strecken*

Pi·pet·te die <-, -n> *enges Glasröhrchen für das Entnehmen von Flüssigkeiten*

Pi·pi·fax der <-> (*kein Plur.*) (*umg. abwert.*) *Nichtigkeiten* Mit solchem Pipifax geben wir uns gar nicht erst ab!

Pi·ran·ha der [pi'ranja] <-s, -s> *ein Raubfisch*

Pi·rat der <-en, -en> *Seeräuber*

Pi·ra·ten·sen·der der <-s, -> *Radiosender, der ohne Lizenz Programme ausstrahlt*

Pi·ra·te·rie die <-> (*kein Plur.*) *das Überfallen und Entführen von Schiffen und Flugzeugen*

Pi·ra·ya der [pi'ra:ja] *s.* **Piranha**

Pi·rog·ge die <-, -n> KOCH. *gefüllte Pastete aus Hefeteig*

Pi·rol der <-s, -e> *ein Singvogel*

Pi·rou·et·te die [pi'rʊɛtə] <-, -n> SPORT *schnelle Drehung um die eigene Achse* auf dem Eis Pirouetten drehen

Pirsch die <-> (*kein Plur.*) *eine Art der Jagd durch lautloses Anschleichen* auf die Pirsch gehen

pir·schen <pirschst, pirschte, hat/ist gepirscht> **I.** *ohne OBJ* ■ *jmd. pirscht (irgendwo) (sein) schleichen* Er ist durch den Wald gepirscht. **II.** *mit SICH* ■ *jmd. pirscht sich (irgendwohin/an etwas heran) (haben) irgendwohin schleichen* Er hat sich heimlich aus dem Haus gepirscht., Er pirschte sich ganz langsam an den Hirsch heran.

Pis·se die <-, (-n)> (*vulg.*) *Urin*

pis·sen <pisst, pisste, hat gepisst> *ohne OBJ* ■ *jmd. pisst (vulg.) urinieren*

Pis·soir das [pɪ'so̯a:ɐ̯] <-s, -e/-s> *öffentliche Toilette für Männer*

Pis·ta·zie die <-, -n> *im Mittelmeerraum wachsender Strauch mit essbaren Samenkernen* ◆-nbaum

Pis·te die <-, -n> **1.** LUFTF. *Rollbahn* Die Maschine landete sicher auf der Piste. ◆Lande- **2.** SPORT *Abfahrtshang zum Skifahren* auf/außerhalb der Piste Ski fahren ◆Ski-

Pis·ten·rau·pe die <-, -n> *Raupenfahrzeug zum Vorbereiten der Skipiste*

Pis·ten·sau die <-, Pistensäue> (*umg.*) *jmd., der sich rücksichtslos auf einer Skipiste benimmt*

Pis·ten·schreck der <-s, -en> (*umg.*) *Pistensau*

Pis·till das <-s, -e> **1.** BIOL. *Blütenstempel* **2.** KOCH. *Stampfer, Stößel* im Mörser mit dem Pistill Körner Zerkleinern

Pis·to·le die <-, -n> (≈ *Revolver*) *eine Faustfeuerwaffe mit kurzem Lauf* die Pistole laden/entsichern/auf ein Ziel richten ■ **jemandem die Pistole auf die Brust setzen**: *jmdn. zu einer sofortigen Entscheidung drängen* **wie aus der Pistole geschossen**: *sehr schnell*

Pis·to·len·ta·sche die <-, -n> eine Tasche, in der man die Pistole am Körper trägt

Pitch·pine die ['pɪtʃpajn] <-, -s> *nordamerikanische Pechkiefer*

pit·to·resk <nicht steig.> *Adj.* (*geh.*) *malerisch* eine pittoreske Altstadt

Piz·za die <-, -s/Pizzen> KOCH. *italienische Spezialität aus gebackenem, mit verschiedenen Zutaten belegtem Hefeteig*

Piz·za·lie·fe·rant der <-en, -en> *Pizzabäckerei, die auf Bestellung die Pizzas dem Kunden ins Haus bringt*

Piz·ze·ria die <-, -s/Pizzerien> *italienisches Restaurant, in dem (unter anderem) Pizza angeboten wird*

piz·zi·ka·to das <-s, -s/pizzikati> MUS. *das Zupfen der Saiten von Streichinstrumenten* ein Pizzikato spielen, Die Streicher spielten im letzten Satz die große Fuge pizzicato.

Pjöng·jang das <-s> *Hauptstadt der Republik Nordkorea*

Pkt. *Abkürzung für „Punkt“*

Pkw, *a.* **PKW** der ['pe:ka:ve:/pe:ka've:] <-(s), -s> *Abkürzung für „Personenkraftwagen“*

PKW-Produktion die <-, -en> *die Hestellung von Personenkraftwagen*

Pla·ce·bo das [pla'tse:bo] <-s, -s> MED. *ein Medikament, das, ohne dass der Patient es weiß, keine Wirkstoffe enthält*

Pla·ce·bo·ef·fekt der <-(e)s, -e> MED. *der Effekt, dass ein Placebo als Heilmittel wirkt, obwohl es keine chemischen Wirkstoffe enthält*

Plache die <-, -n> (*österr.*) *großes Leintuch*

pla·cken <plackst, plackte, hat geplackt> *mit SICH* ■ *jmd. plackt sich (umg.) sich sehr abmühen* Wir mussten uns mit den schweren Taschen placken., Sie musste sich sehr placken, um die Prüfung zu bestehen.

Pla·cke·rei die <-, -en> (*umg.*) *mühsame Arbeit* Die Obsternte ist immer eine ganz schöne Plackerei!

plä·die·ren <plädierst, plädierte, hat plädiert> *ohne OBJ* ■ *jmd. plädiert für etwas/auf etwas* **1.** RECHTSW. *vor Gericht ein bestimmtes Urteil oder Strafmaß beantragen* Sein Anwalt plädierte auf/für Freispruch **2.** (*geh.*) *für etwas stimmen oder eintreten* Ich plädiere für eine Pause.

Plä·do·y·er das [plɛdo̯a'je:] <-s, -s> **1.** RECHTSW. *abschließende Erklärung des Staatsanwalts oder Verteidigers bei einem Gerichtsprozess, in der alle Argumente zusammengefasst sind* ein Plädoyer halten **2.** (*geh.*) *Rede, in der man sich stark für oder gegen etwas ausspricht* ein Plädoyer für die Jugend/die Gleichberechtigung halten

Pla·fond der [pla'fõ] **1.** (*österr.*) *Decke, Zimmerdecke* **2.** (*schweiz.*) *obere Grenze, über die eine Grösse nicht zunehmen soll oder darf* **3.** WIRTSCH. *oberer Grenzbetrag bei der Gewährung von Krediten*

pla·fo·nie·ren <plafonierst, plafonierte, hat plafoniert> *mit OBJ* ■ *jmd. plafoniert etwas jmd. begrenzt etwas nach oben* Die Bank plafonierte den Baukredit auf dem Plafond von 30.000 E

Pla·ge die <-, -n> **1.** *etwas, das für jmdn. eine anhaltende Belastung darstellt* Verkehrslärm wird heute vielerorts zur Plage. **2.** (*umg.*) *schwere Arbeit* Es war eine richtige Plage, den Baum zu roden.

pla·gen <plagst, plagte, hat geplagt> **I.** *mit OBJ* ■ *jmd./etwas plagt jmdn./ein Tier* **1.** *quälen, peinigen* von einer Krankheit geplagt sein, Die Hitze plagt sie sehr., Sorgen plagen ihn., In dieser Gebirgsgegend plagten die Bauern ihre Esel häufig durch Überlastung. **2.** *belästigen, bedrängen* jemanden immer wieder mit seinen Fragen/Bitten plagen **II.** *mit SICH* ■ *jmd. plagt sich sich abmühen* sich mit einer Arbeit plagen, sich im Garten plagen

Pla·gi·at das <-(e)s, -e> (*geh.*) **1.** *das unerlaubte Verwenden dessen, was andere erdacht oder erarbeitet haben* ein Plagiat begehen **2.** *das Ergebnis eines Plagiats[1]* Diese Musik/dieser Film/diese Arbeit ist ein Plagiat.

Plaid das/der [pleɪd] <-s, -s> *dünne Decke aus Wolle* sich ein Plaid um die Schultern legen

Pla·kat das <-(e)s, -e> *ein großformatiges Blatt Papier, das an gut sichtbaren Stellen zu Werbezwecken aufgehängt wird* ein Plakat, das für den neuesten Film/eine Partei/ein Waschmittel/eine Veranstaltung wirbt ◆ Kino-, Reklame-, Wahl-

pla·ka·tie·ren <plakatierst, plakatierte, hat plakatiert> *mit OBJ* ■ *jmd. plakatiert etwas* **1.** *ein Plakat aufhängen oder ankleben* **2.** *etwas durch ein Plakat bekanntmachen* Die Konzertgesellschaft plakatiert das Schloßkonzert schon seit zwei Wochen.

pla·ka·tiv *Adj.* (*geh.*) *auf Wirkung bedacht; einprägsam* eine plakative Überschrift, plakative Farben benutzen, Diese Darstellung wirkt sehr plakativ.

Pla·kat·wahl·kampf der <-es, Plakatwahlkämpfe> *Wahlkampf mit Hilfe von Plakaten*

Pla·kat·wand die <-, Plakatwände> *Wand, auf der immer wieder neue Plakate aufgeklebt werden*

Pla·ket·te die <-, -n> *kleines Schildchen* (*aus Metall*) *mit einem Text oder Bild* Nach der Prüfung erhält das Fahrzeug eine Plakette.

plan <nicht steig.> *Adj.* (*fachspr.*) *eben, nicht gewölbt* Die Ebene vor uns war vollkommen plan., eine plan geschliffene Fläche

Plan der <-(e)s, Pläne> **1.** *ein Programm zur Verwirklichung eines Vorhabens* ein durchdachter/raffinierter/teuflischer Plan, einen Plan erarbeiten/abarbeiten, genau nach Plan vorgehen, Was steht noch auf unserem Plan? **2.** *Vorhaben; Absicht* einen Plan aufgeben/verwirklichen, Was sind deine weiteren Pläne?, den Plan haben, etwas zu tun ◆ Ferien-, Heirats-, Zukunfts- **3.** *eine* (*technische*) *Zeichnung, die zeigt, wie etwas* (*auf*)*gebaut ist/werden soll* Die Pläne für das Haus existieren noch/schon., einen Plan zeichnen ◆ Bau-, Konstruktions- **4.** *Übersichtskarte einer Stadt oder Region* sich nach dem Plan in der Stadt orientieren ■ **jemanden auf den Plan rufen**: *bewirken, dass jmd. eingreift oder handelt* Die Ankündigung der Baumfällarbeiten hat die Naturschützer auf den Plan gerufen. **etwas steht auf dem Plan**: *etwas ist geplant* Was steht für die nächsten zwei Wochen auf dem Plan? ◆ Stadt-

Pla·ne die <-, -n> *eine große Decke aus festem Material, mit der man etwas abdeckt* die Plane eines LKW, das Motorrad/Auto mit einer Plane abdecken, die Möbel bei Bauarbeiten mit einer Plane schützen ◆ Plastik-, Zelt-

pla·nen <planst, plante, hat geplant> *mit OBJ* ■ *jmd. plant etwas* **1.** *sich Gedanken über die Durchführung einer Sache machen* Das Projekt ist sorgfältig geplant. **2.** *beabsichtigen* Sie planen, übers Wochenende zu verreisen.

Pla·net der <-en, -en> ASTRON. *selbst nicht leuchtender Himmelskörper, der eine Sonne auf einer Umlaufbahn umkreist* den Planeten Mars erkunden ■ **der Blaue Planet**: *die Erde*

Pla·ne·ta·ri·um das <-s, Planetarien> **1.** *Gerät zur Darstellung der Lage und Bewegung von Gestirnen* **2.** *Gebäude, in dem sich dieses Gerät befindet*

Pla·ne·ten·bahn die <-, -en> *Umlaufbahn eines Planeten, auf der er sein entsprechendes Zentralgestirn umkreist*

Pla·ne·ten·ge·trie·be das <-es, -> *Getriebe, bei dem sich mindestens ein Rad* (*Planetenrad*) *ausser um seine eigene Achse auch noch mit dieser Achse um ein anderes Rad* (*Sonnenrad*) *dreht; es findet Verwendung besonders in automatischen Getrieben, Dreigangschaltungen für Fahrräder und bei Flaschenzügen*

Pla·ne·ten·sys·tem das <-s, -e> *die materielle und strukturelle Gesamtheit der Planeten* (*einschließlich der kosmischen Kleinkörper wie Kometen, Meteorite usw.*)*; wird die Sonne mit einbezogen, so spricht man von Sonnensystem*

Plan·fest·stel·lungs·ver·fah·ren das <-s, -> AMTSSPR. *behördliche Entscheidung über Enteignungen im Rahmen eines öffentlichen Bauvorhabens*

Plan·film der <-s, -e> *fotografisches Material in Form von großformatigen Filmblättern, das für Großformatkameras verwendet wird*

pla·nie·ren <planierst, planierte, hat planiert> *mit OBJ* ■ *jmd. planiert etwas ein Gelände oder Bodenflächen einebnen/plan machen* eine neue Straße/ein Gelände planieren

Pla·nier·rau·pe die <-, -n> *großes Kettenfahrzeug zum Planieren*

Plan·ke die <-, -n> **1.** *langes, starkes Brett* **2.** SEEW. *Brett, das zur Außenhaut eines Schiffes gehört bzw. zu einem Schiffsboden*

Plän·ke·lei die <-, -en> *harmloser Streit/bloßer Wortstreit/Neckerei* Eine kleine Plänkelei ist doch noch kein ernster Streit!

plän·keln <plänkelst, plänkelte, hat geplänkelt> *ohne OBJ* ■ *jmd. plänkelt* (*mit jmdm.*) *sich im Spaß ein wenig streiten* mit jemandem plänkeln

Plank·ton das <-s> (*kein Plur.*) *Gesamtheit aller im Wasser lebenden Kleinorganismen, die ausschließlich durch das Wasser bewegt werden* Pflanzliches und tierisches Plankton ist die Nahrungsgrundlage für viele Wassertiere.

plan·los <nicht steig.> *Adj.* (*abwert.*) *unüberlegt; ohne Plan* völlig planlos wirtschaften

plan·mä·ßig <nicht steig.> *Adj. nach einem Plan* planmäßig vorgehen

pla·no <nicht steig.> *Adj.* DRUCKW. *glatt, ungefalzt* Diese Druckbögen und Karten sind plano.

Pla·no·bo·gen der <-s, Planobögen> *ungefalzter Druckbogen*

Plansch·be·cken, a. **Plantsch·be·cken** das <-s, -> *kleines Wasserbassin für Kleinkinder*

plan·schen, a. **plant·schen** <planschst, planschte, hat geplanscht> *ohne OBJ* ■ *jmd. planscht im Wasser: spielen und dabei herumspritzen* im Wasser/in einer Pfütze planschen

Plan·soll das <-s> (*kein Plur.*) *die von einem zentralen Planungsstab gesetzte Zielvorgabe für wirtschaftliche Unternehmungen, in welchem Zeitraum welches Produktionsziel erreicht sein soll* (*vornehmlich in sozialistischen Staaten mit Planwirtschaft*)

Plan·stel·le die <-, -n> *ausgewiesene Arbeitsstelle im öffentlichen Dienst* eine offene/besetzte/befristete Planstelle

Plan·ta·ge die [plan'ta:ʒə] <-, -n> *landwirtschaftlicher Großbetrieb* (*in tropischen Ländern*), *der auf den Anbau mehrjähriger Nutzpflanzen spezialisiert ist* Bananen/Kaffee auf einer Plantage anbauen

Pla·num das <-s, Plana> **1.** BAUW. *plane Untergrundfläche beim Straßen- und Gleisbau* **2.** MED. *eine gedachte, durch den Körper gehende Schnittfläche*

Pla·nung die <-, -en> **1.** *Ausarbeitung eines Plans[1 2 3]* eine vorausschauende/sorgfältige/langfristige Planung, die Planung eines Vorhabens ist weit fortgeschritten **2.** *ein Plan[1 2]* sich an die Planung halten

Pla·nungs·aus·schuss der <-es, Planungsausschüsse> *Kreis von Fachleuten, die für besondere Planungsaufgaben verantwortlich sind*

plan·voll <nicht steig.> *Adj. gemäß einem Plan* Das nächste Mal müssen wir planvoll vorgehen.

Plan·wa·gen der <-s, -> *Wagen, bei dem die Ladefläche durch eine Plane geschützt ist*

Plan·wirt·schaft die <-> (*kein Plur.*) *eine staatliche, zentral gelenkte Volkswirtschaft*

Plan·ziel das <-(e)s, -e> *in der Planwirtschaft vorgegebenes Ziel, das in einem bestimmten Zeitraum erreicht werden soll*

Plap·per·maul das <-(e)s, Plappermäuler> (*umg. abwert.*) *Person, die viel redet* Kannst du nicht einmal still sein, du Plappermaul!, Er kann nichts für sich behalten, er ist ein richtiges Plappermaul.

plap·pern <plapperst, plapperte, hat geplappert> *ohne OBJ* ■ *jmd. plappert viel und Belangloses reden*

plär·ren <plärrst, plärrte, hat geplärrt> (*umg. abwert.*) **I.** *mit OBJ* ■ *jmd. plärrt etwas laut und unschön singen* ein Lied plärren **II.** *ohne OBJ* ■ *jmd. plärrt lange und quengelnd weinen* Als man ihr das Spielzeug wegnahm, fing sie laut an zu plärren., Du musst nicht so plärren, ich höre dich auch so!

Plas·ma das <-s, Plasmen> MED. *der flüssige Bestandteil des Blutes* Plasma spenden

Plas·ma·glu·ko·se die <-> (*kein Plur.*) *die im Blut gelöste Glukose* (*Zucker*) *als Nährstoff der Zellen*

Plas·men die <-> *Pluralform von „Plasma“*

Plas·tik[1] die <-, Plastiken> KUNST *Werk der Bildhauerkunst* Die Ausstellung zeigt Bilder und Plastiken des berühmten Künstlers., Plastiken aus Holz/Metall/Stein

Plas·tik[2] das <-(s)> (*kein Plur.*) *Kunststoff* Geschirr/Spielzeug aus Plastik

Plas·tik·be·cher der <-s, -> *Trinkbecher aus Plastik[2]*

Plas·tik·beu·tel der <-s, -> *Tragetasche aus Plastik[2]*

Plas·tik·bom·be die <-, -n> *Bombe aus Plastiksprengstoff*

Plas·tik·fo·lie die <-, -n> *Folie aus Plastik[2]*

Plas·tik·geld das <-(e)s> (*kein Plur.*) (*umg.*) *Kreditkarten*

Plas·tik·ge·schoss das <-es, -e> *Geschoss aus Plastik* Die Polizei verwendete zur Auflösung der nicht genehmigten Demonstration Plastikgeschosse.

Plas·tik·müll der <-s> (*kein Plur.*) *Abfall, der aus* (*lauter*) *Plastikteilen besteht*

Plas·tik·spreng·stoff der <-(e)s, -e> *Sprengstoff in Form einer weichen, formbaren Masse*

Plas·ti·lin das <-s> (*kein Plur.*) *Knetmasse zum Formen von Figuren*

plas·ti·nie·ren <plastinierst, plastinierte, hat plastiniert> *mit OBJ* ■ *jmd. plastiniert jmdn.* ANAT. *im Rahmen eines bestimmten anatomischen Verfahrens einem toten menschlichen oder tierischen Körper das Wasser entziehen und durch ein spezielles Kunstharz ersetzen und dadurch realistische anatomische Anschauungsobjekte für wissenschaftliche Zwecke erstellen* ▶Plastination

plas·tisch *Adj.* **1.** (*nicht steig.*) *bildhauerisch* die plastische Kunst **2.** *formbar* ein plastisches Material **3.** *räumlich scheinend* eine plastische Darstellung, Das Bild wirkt plastisch. **4.** *anschaulich* die plastische Schilderung eines Vorfalles **5.** (*nicht steig.*) *zu der Art von Chirurgie gehörend, die das Aussehen des Menschen verändert* Nach dem Unfall ließ er durch einen Eingriff der plastischen Chirurgie seine tiefen Narben wegoperieren.

Plas·ti·zi·tät die <-> (*kein Plur.*) **1.** *Formbarkeit* die Plastizität des Materials **2.** *räumliche Wirkung* die Plastizität der Skulpturen **3.** *Anschaulichkeit oder Deutlichkeit* die Plastizität seiner Schilderung

Pla·ta·ne die <-, -n> BOT. *ein Laubbaum mit gefleckter Rinde*

Pla·teau das [pla'to:] <-s, -s> *Hochebene*

Pla·teau·schuh der <-s, -e> *Schuh mit Plateausohle*

Pla·teau·soh·le die <-, -n> *sehr dicke Schuhsohle*

Pla·tin, **Pla·tin** das <-s> (*kein Plur.*) CHEM. *ein chemisches Element* ◆-draht, -schmuck

Pla·ti·tu·de die *s.* **Plattitüde**

pla·to·nisch <nicht steig.> *Adj.* **1.** *die Lehre Platons betreffend* die platonische Philosophie **2.** *rein geistig und nicht sexuell* eine platonische Liebe/Beziehung ■ **platonisches Jahr** (≈ *Großes Jahr, Weltjahr*): *die Dauer eines Umlaufs des Frühlingspunktes in der Ekliptik, sie beträgt 25800 Jahre* **platonische Körper**: *die 5 geometrischen Körper, die durch regelmäßige, untereinander kongruente Vielecke begrenzt werden (Tetraeder oder Pyramide, Hexaeder oder Würfel, Oktaeder, Pentagondodekaeder, Ikosaeder)*

Pla·to·nis·mus der <-> (*kein Plur.*) PHILOS. **1.** *Nachwirkung der Lehre Platons* **2.** (↔ *Empirismus*) *eine philosophisch-erkenntnistheoretische Position, die in Anlehnung an Platos Ideenlehre behauptet, dass es unabhängig von physischen Gegenständen und psychischen Gegebenheiten logische Gegenstände gibt, die zeitlos existieren und gelten*

plät·schern <plätscherst, plätscherte, hat/ist geplätschert> *ohne OBJ* ■ *etwas plätschert* **1.** (*haben*) *das gleichmäßige Geräusch von fließendem Wasser erzeugen* mit der Hand im Wasser plätschern, Das Bächlein plätschert hinter dem Haus. **2.** (*sein*) *irgendwohin fließen* Ein Bächlein ist durch die Wiese/ins Tal geplätschert., Die Wellen sind ans Ufer geplätschert., Der Regen plätschert. **3.** (*übertr.*) *ein zwangloses Gespräch führen* Das Gespräch ist so dahingeplätschert.

platt <nicht steig.> *Adj.* **1.** *flach* das platte Land, platt wie eine Flunder, den Teig platt walzen, Der Reifen ist platt. **2.** (*abwert.*) *trivial* eine platte und geistlose Geschichte ■ **platt sein** (*umg.*): *sehr erstaunt sein* **einen Platten haben** (*umg.*): *ein Loch im Reifen haben* **jemanden/etwas platt machen** (*vulg.*): *jmdn. oder etwas zerstören* ♦ Getrenntschreibung→R 4.2 etwas mit dem Finger platt drücken, etwas mit dem Fuß platt treten

Plätt·chen das <-s, -> *kleine Platte*

Platt·deutsch das <-(s)> (*kein Plur.*) SPRACHWISS. *Gesamtheit der Mundarten, die im nördlichen Deutschland gesprochen werden*

Plat·te die <-, -n> **1.** *ein flaches, dünnes, meist rechteckiges Stück aus hartem Material* eine Platte aus Stein/Holz/Glas/Beton **2.** *Schallplatte* eine Platte abspielen/auflegen/hören/umdrehen **3.** *ein großer Teller* den Braten auf einer Platte servieren **4.** *Speisen, die auf einem großen Teller angerichtet sind* eine Platte mit Käse/Wurst/Fisch ♦ Käse-, Gemüse-, Salat- **5.** (*umg.*) *Plattenbau(siedlung)* in der Platte wohnen **6.** *Glatze, Kahlkopf, Tonsur* Er hatte schon früh eine Platte. ■ **eine kalte Platte**: *kalte Speisen, die auf einer Platte[3] angerichtet sind* **immer wieder dieselbe Platte**: *sich ständig wiederholen*

Plätt·ei·sen das <-s, -> *Bügeleisen*

plät·ten <plättest, plättete, hat geplättet> *mit OBJ* ■ *jmd. plättet etwas bügeln*

Plat·ten·bau der <-(e)s, -ten> *aus vorgefertigten Stahlbetonplatten gebautes Wohnhaus*

Plat·ten·fir·ma die <-, Plattenfirmen> *Firma, die Platten[1 2] herstellt*

Plat·ten·hül·le die <-, -n> *Papphülle einer Schallplatte*

Plat·ten·kalk der <-s> (*kein Plur.*) *dünnplattig geschichteter Kalkstein*

Plat·ten·ko·pie die <-, -en> *Übertragung einer Schallplattenaufnahme auf ein anderes Speichermedium (z.B. CD)*

Plat·ten·spie·ler der <-s, -> *Gerät zum Abspielen von Schallplatten*

Plat·ten·tek·to·nik die <-> (*kein Plur.*) GEOGR. *Weiterentwicklung der Theorie von der Kontinentalverschiebung: sie geht davon aus, dass die oberste Schale der Erdoberfläche in 6 große und mehrere kleine Plattenaufgeteilt ist, die sich gegeneinander bewegen; daraus wird die Entstehung von Ozeanen, der Vulkanismus und viele andere den Globus betreffende geophysikalische Eigenschaften erklärt*

plat·ter·dings <nicht steig.> *Adv.* (*umg.*) *schlechterdings* platterdings unmöglich

Platt·form die <-, -en> **1.** *eine ebene Fläche, auf der Personen stehen können* eine schwimmende Plattform im Wasser, eine Plattform auf einem Aussichtsturm, eine Plattform, die nach oben gehoben werden kann **2.** (*geh.*) *gemeinsame Basis für die Weiterarbeit* Die Parteien versuchen eine Plattform für eine gemeinsame Arbeit zu finden.

Platt·fuß der <-es, Plattfüße> **1.** MED. *eine Abflachung der Wölbung der Füße* Plattfüße haben **2.** (*umg. scherzh.*) *Reifenpanne*

Platt·fuß·in·di·a·ner der <-s, -> **1.** (*umg. abwert.*) *Schimpfwort für jmd., der es nicht weit bringt oder erfolglos ist* **2.** (*umg. scherzh.*) *jmd., der Plattfüße hat*

Platt·heit die <-, -en> (*abwert.*) *nichtssagende, abgedroschene Worte*

Plat·ti·tü·de, *a.* **Pla·ti·tu·de** die <-, -n> (*geh. abwert.*) *Plattheit*

Platz der <-es, Plätze> **1.** *größere Fläche im Freien, die von Gebäuden umgeben ist* Auf dem Platz hinter der Fabrik lagern Ölfässer., ein großer/öffentlicher Platz, Der Platz vor dem Theater wird neu gestaltet. **2.** (*kein Plur.*) *Raum, der für etwas zur Verfügung steht* in der Wohnung wenig Platz haben, noch etwas Platz für die Unterschrift lassen, beim Schreiben Platz sparen **3.** *Ort, bestimmte Stelle* Würdest du den Platz wiederfinden?, das Buch an seinen Platz im Regal zurückstellen **4.** *Möglichkeit für eine Person, an etwas teilzunehmen* In dem Seminar gibt es noch Plätze. **5.** *Sitzplatz* Die Abteile verfügen über jeweils sechs Plätze., jemandem einen Platz anbieten **6.** SPORT *Position, die ein Wettkämpfer in der Rangliste aller Teilnehmer erobert* ein überraschender/guter/enttäuschender zweiter Platz ■ **die Gegner auf die Plätze verweisen** **7.** SPORT *Sportplatz* auf eigenem Platz 4:0 gewinnen ■ **am Platze**: *hier an diesem Ort* der beste Bäcker am Platze **auf die Plätze, fertig, los!**: *Kommando bei sportlichen Wettkämpfen* **Platz da!**: *verwendet, um auf sehr unhöfliche Weise jmdn. aufzufordern, den Weg freizugeben* **Das ist hier nicht am**

Platze!: *Das (z.B. diese Äußerung) passt hier nicht hin!* **Er/Sie ist der/die rechte Mann/Frau am rechten Platz.**: *Er oder Sie füllt seine/ihre Rolle gut aus.* **Nehmen Sie bitte Platz.**: *Setzen Sie sich bitte.* ◆ Getrenntschreibung→R 4.12 Platz sparend schreiben ◆ Fußball-, Tennis-

Platz·angst die <-> (*kein Plur.*) **1.** (PSYCH.: *umg.* ≈ *Klaustrophobie*) *Angstgefühl, das manche Menschen bekommen, wenn sie in engen oder überfüllten Räumen sind* **2.** (PSYCH.: ≈ *Agoraphobie*) *die krankhafte Unfähigkeit, große Plätze zu überqueren*

Platz·an·wei·ser, **Platz·an·wei·se·rin** der <-s, -> *Person, die im Kino oder Theater den Besuchern ihre Plätze zeigt und die Eintrittskarten kontrolliert*

Plätz·chen das <-s, -> **1.** *ein kleines Gebäck* zu Weihnachten Plätzchen backen **2.** *ein kleiner Platz* Wir suchen uns ein schattiges Plätzchen unter den Bäumen.

plat·zen <platzt, platzte, ist geplatzt> *ohne OBJ* ■ *etwas platzt* **1.** *durch Druck von innen her in Stücke gerissen werden* Der Luftballon ist geplatzt. **2.** (*umg.*) *nicht stattfinden oder scheitern* Das Treffen ist geplatzt., ein Treffen platzen lassen, Die Vereinbarung ist geplatzt. **3.** ■ *jmd. platzt sich unter dem Ansturm eines negativen Gefühls nicht mehr beherrschen können* Er platzte vor Wut/Eifersucht/Neid/Stolz. **4.** ■ *jmd. platzt irgendwo hinein jmd. kommt plötzlich in eine Versammlung und stört sie auf diese Weise* Plötzlich ging die Türe auf und er platzte in die Besprechung. ■ **vor Lachen fast platzen**: *sehr heftig lachen müssen* **aus allen Nähten platzen**: *zu dick werden oder zu sehr zunehmen* **Mir platzt gleich der Kragen!**: *Ich bin dabei, wütend zu werden!*

Platz·er·laub·nis die <-> (*kein Plur.*) SPORT *die Erlaubnis, einen Sportplatz/Minigolfplatz/Golfplatz zu benutzen*

Platz·hal·ter der <-s, -> MATH. EDV *Variable*

Platz·hirsch der <-en, -e> **1.** *stärkster Hirsch in dem Revier zur Brunftzeit* **2.** (*umg. übertr. scherzh*) *von einem Mann gesagt, der gerade im Blick auf anwesende Frauen seine Konkurrenten zu übertreffen versucht*

plat·zie·ren <platzierst, platzierte, hat platziert> **I.** *mit OBJ* ■ *jmd. platziert jmdn./etwas (irgendwohin) an eine bestimmte Stelle tun* die Vase auf den Tisch platzieren, den Ehrengast in die Mitte platzieren **II.** *mit SICH* ■ *jmd. platziert sich* **1.** SPORT *ein bestimmtes Wettkampfergebnis erzielen* sich unter den ersten Zehn platzieren **2.** (*umg. scherzh.*) *sich irgendwohin setzen* Wie/Wo sollen wir uns platzieren?, Sie hatte sich ans Ende des Tisches platziert.

Plat·zie·rung die <-, -en> **1.** *das Platzieren*[1] die Platzierung der Möbel in der neuen Wohnung, die Platzierung der Gäste **2.** SPORT *ein bestimmtes Wettkampfergebnis* eine aussichtsreiche/gute Platzierung

Platz·kar·te die <-, -n> *Karte, die einen Sitzplatz reserviert* für die Zugfahrt eine Platzkarte kaufen

Platz·kon·zert das <-(e)s, -e> *Konzert auf einem Platz im Freien* Während der Sommermonate fanden in dem Kurort täglich Platzkonzerte statt.

Plätz·li das <-, -> (*schweiz.*) *flaches Stück*

Platz·man·gel der <-s> (*kein Plur.*) *Knappheit an Platz*[2] Wegen Platzmangels mussten einige Zuschauer draußen bleiben.

Platz·mie·te die <-, -n> *Miete für die regelmäßige Benutzung eines Sitzplatzes im Theater oder Konzertsaal*

Platz·pa·t·ro·ne die <-, -n> *nicht scharfe Patrone zum Schießen*

Platz·re·gen der <-s> (*kein Plur.*) *heftiger, kurzer Regenschauer*

Platz·re·ser·vie·rung die <-, -en> *das Reservieren eines Sitzplatzes*

Platz·ver·weis der <-es, -e> *Anweisung eines Schiedsrichters an einen Spieler, das Spielfeld wegen eines schweren Verstoßes gegen die Spielregeln zu verlassen*

Platz·wet·te die <-, -n> SPORT *beim Pferderennen die Wette darauf, dass ein bestimmtes Pferd einen bestimmten (ersten, zweiten, dritten ...) Platz belegen wird*

Platz·wun·de die <-, -n> MED. *offene Wunde nach dem Aufplatzen der Haut durch einen Schlag oder Stoß* Die Platzwunde am Kopf musste genäht werden.

Plau·de·rei die <-, -en> *ein ungezwungenes Gespräch* eine kleine Plauderei mit guten Freunden

plau·dern <plauderst, plauderte, hat geplaudert> *ohne OBJ* ■ *jmd. plaudert (mit jmdm. über jmdn./etwas)* **1.** *sich mit jmdm. unterhalten* mit der Nachbarin plaudern **2.** *Geheimnisse weitererzählen* Ich sage dir etwas, aber wehe, du plauderst! **3.** (*als Gehörlose*) *sich in Gebärdensprache unterhalten*

Plau·der·stünd·chen das <-s, -> *Zeit, in der Gesprächspartner miteinander plaudern*

Plausch der <-s, -e> (*Plur. selten*) (*schweiz.*) *Vergnügen, Spass, fröhliches Erlebnis*

plau·schen <plauschst, plauschte, hat geplauscht> *ohne OBJ* ■ *jmd. plauscht (mit jmdm.) sich zwanglos unterhalten* ein wenig miteinander plauschen

plau·si·bel <plausibler, am plausibelsten> *Adj. einleuchtend; verständlich* eine plausible Erklärung

Play-back, *a.* **Play·back** das ['pleɪbæk] <-s, -s> **1.** (*kein Plur.*) *Verfahren, bei dem für eine Fernsehsendung der Ton vorher aufgenommen wird und später zum Bild abgespielt wird* **2.** *eine Aufführung im Playback-Verfahren* Wir haben an diesem Abend nur Play-backs gehört.

Play·boy der ['pleɪbɔɪ] <-s, -s> *meist junger Mann, der von seinem Vermögen im Luxus lebt*

Play·girl das ['pleɪgøːɐ̯l] <-s, -s> *leichtlebiges, gut aussehendes junges Mädchen, das sich meist in Begleitung reicher Männer befindet*

Play-off das [pleɪ'ʔɔf] <-s, -s> SPORT *System von Ausscheidungsspielen in manchen Sportarten*

Pla·zen·ta die <-, -s/Plazenten> ANAT. *Mutterku-*

chen

Pla·zet das <-s, -s> (*geh.*) *Zustimmung* jemandes Plazet einholen, sein Plazet zu einer Sache geben

Pla·zie·rung die <-, -en> *s.* **Platzierung**

Ple·be·jer der <-s, -> **1.** GESCH. *Angehöriger niederer Schichten im antiken Rom* **2.** (*geh. abwert.*) *ungebildeter Mensch*

Ple·bis·zit das <-(e)s, -e> POL. *Volksentscheid* etwas durch Plebiszit entscheiden

Plebs der/die <-es/-> (*kein Plur.*) (*geh. abwert.*) *die Masse ungebildeter Menschen* Das weiß doch sogar der Plebs!

plei·te <nicht steig.> *Adj.* zahlungsunfähig sein/werden ◆ Kleinschreibung→R 3.11 Ich bin momentan total pleite.

Plei·te die <-, -n> (*umg.*) **1.** WIRTSCH. *Zahlungsunfähigkeit* Die Pleite war nicht abzuwenden., Pleite machen/gehen **2.** (*umg. abwert.*) *Niederlage; Misserfolg* Die ganze Sache war eine Pleite. ◆ Großschreibung→R 3.11 Die Firma hat Pleite gemacht., Wir sind doch Pleite gegangen.

Plei·te·gei·er der <-s, -> (*umg. scherzh.*) *Zeichen des drohenden Konkurses* der Pleitegeier schwebt über der Firma

Plei·ti·er der [plaɪtiˈeː] <-s, -s> (WIRTSCH.: *umg.*) *Bankrotteur*

Plek·t·ron das <-s, Plektren> *Stäbchen oder Plättchen (aus Holz, Elfenbein, Metall) zum Anreissen der Saiten von Zupfinstrumenten wie Gitarre, Banjo, Mandoline u.a.*

Ple·nar·saal der <-(e)s, Plenarsäle> *Saal für Vollversammlungen* der Plenarsaal des Bundestages

Ple·nar·sit·zung die <-, -en> *Vollversammlung* eine Plenarsitzung des Bundestages

Ple·num das <-s, Plenen> (*eine Vollversammlung der*) *Gesamtheit aller Mitglieder* etwas im Plenum besprechen

Ple·o·nas·mus der <-, Pleonasmen> (*meist*) *überflüssige Häufung sinngleicher Ausdrücke* weißer Schimmel/mit meinen eigenen Händen/schwarzer Rabe

Ple·si·o·sau·ri·er, *a.* **Ple·si·o·sau·rus** der <-s, -> *ausgestorbene Reptilien, die in der Jura- und Kreidezeit bis 14 m lang wurden, ursprünglich in küstennahen Meeresgebieten zu Hause*

Ple·thi ohne Artikel ■ **Krethi und Pleti** (*umg. abwert.*): *alle möglichen Leute s.* **Krethi**

Pleu·el der <-s, -> *kurz für „Pleuelstange"*

Pleu·el·stan·ge die <-, -en> *Schubstange als Verbindungsglied zwischen der sich drehenden Kurbelwelle und einem gerade geführten Teil, z.B. einem Kolben*

Ple·xi·glas® das <-es> (*kein Plur.*) *ein harter, durchsichtiger Kunststoff* Autofenster aus Plexiglas

Plis·see das <-s, -s> *in gleichmäßige Fältchen gelegter Stoff*

Plis·see·rock der <-s, Plisseeröcke> *Rock, dessen Stoff plissiert ist*

plis·sie·ren <plissierst, plissierte, hat plissiert> *mit OBJ* ■ *jmd. plissiert etwas in Falten legen* ein plissierter Rock

Plock·wurst die <-, Plockwürste> *Dauerwurst aus Rindfleisch, Schweinefleisch und Speck*

Plom·be die <-, -n> **1.** (*veralt.*) *Zahnfüllung* **2.** *ein Metallsiegel zum Verschließen von Behältern und Räumen* eine Plombe anbringen/entfernen/beschädigen

plom·bie·ren <plombierst, plombierte, hat plombiert> *mit OBJ* ■ *jmd. plombiert etwas* **1.** (*veralt.*) *einen Zahn mit einer Füllung versehen* **2.** *mit einem Metallsiegel versehen* einen Stromzähler/einen Container plombieren

Plot der/das <-s, -s> **1.** LIT. *Handlungsablauf* der Plot eines Films/Romans **2.** EDV *mit Hilfe eines Plotters hergestelltes Bild*

Plot·ter der <-s, -> EDV *technisches Gerät, das computergesteuert grafische Darstellungen anfertigt*

Plot·ter-Pa·pier das <-s, -e> *spezielles Zeichenpapier, das in Plotter eingelegt wird*

Plöt·ze die <-, -n> *eine Fischart*

plötz·lich <nicht steig.> *Adj. überraschend und unerwartet* eine plötzliche Wende, ein plötzlicher Kälteeinbruch, Plötzlich kam sie zur Tür herein. ■ **Nun aber ein bisschen plötzlich!** (*umg.*): *unhöfliche Aufforderung, sich zu beeilen*

Plu·der·ho·se die <-, -n> *Hose mit an den Oberschenkeln sehr weit geschnittenen Hosenbeinen*

plump *Adj.* **1.** *körperlich massig* eine plumpe Figur **2.** *ungeschickt* sich plump bewegen **3.** *nicht sehr klug* eine plumpe Täuschung **4.** *sehr direkt* ein plumper Annäherungsversuch

Plump·heit die <-, -en> **1.** *plumpe Art* In dieser Plumpheit kann man doch nicht auf Kunden zugehen! **2.** *plumpe Handlung* Mit dieser Plumpheit hast du sie beleidigt.

plumps *Interj. lautmalerisch für den Laut, der beim Aufschlag eines schweren Körpers entsteht* Es machte plumps, als der Stein ins Wasser fiel.

plump·sen <plumpst, plumpste, ist geplumpst> *ohne OBJ* ■ *jmd./etwas plumpst* (*umg.*) *schwerfällig fallen* ins Wasser plumpsen, sich auf das Sofa plumpsen lassen

Plumps·klo das <-s, -s> (*umg.*) *Toilette ohne Wasserspülung*

Plum·pud·ding der [ˈplʌmpʊdɪŋ] <-s, -s> *eine Süßspeise in der Art eines Kuchens, die in England zur Weihnachtszeit gegessen wird*

Plun·der der <-s> (*kein Plur.*) **1.** (*umg. abwert.*) *wertlose Gegenstände* Was soll ich mit dem ganzen Plunder!, Auf dem Trödelmarkt gab es allerhand Plunder. **2.** *Backwerk aus Blätterteig und Hefe* ◆ -brezel, -gebäck

Plün·de·rer, **Plün·de·rin** der <-s, -> *Person, die plündert* Die Opfer des Erdbebens fürchten nun die Plünderer.

plün·dern <plünderst, plünderte, hat geplündert> *mit OBJ* ■ *jmd. plündert etwas* **1.** *eine Notlage ausnutzen, um fremdes Eigentum zu stehlen* die Häuser/Geschäfte plündern **2.** (*umg. übertr.*) *fast alles verbrauchen, was da ist* den Kühlschrank/das kalte Büfett plündern

Plün·de·rung die <-, -en> *der Diebstahl von frem-*

P

dem Eigentum während des Krieges oder bei Katastrophen Es kam zu Straßenschlachten und Plünderungen.

Plu·ral der <-s, -e> SPRACHWISS. *Mehrzahl* im Plural stehen, ein Wort in den Plural setzen

Plu·ra·le·tan·tum das <-s, -s> *Wort, das nur im Plural vorkommt;* (*sprachw.* ↔ *Singularetantum*) das Wort „Kosten" ist ein Beispiel für ein Pluraletantum

Plu·ra·lis·mus der <-> (*kein Plur.*) (*geh.* ↔ *Totalitarismus*) *Vielfalt an Weltanschauungen, Macht- und Interessengruppen innerhalb einer Gesellschaft* weltanschaulicher Pluralismus

plu·ra·lis·tisch <nicht steig.> *Adj.* (*geh.*) *vom Pluralismus gekennzeichnet* eine pluralistische Gesellschaft

plus **I.** *Konj.* MATH. *drückt eine Addition aus* Fünf plus drei ist acht. **II.** *Adv. als Zahl(enwert): positiv; größer als Null* Heute sind fünf Grad plus., In der Biologiearbeit hatte sie eine Zwei plus.

Plus das <-, -> **1.** WIRTSCH. *Überschuss* ein Plus erwirtschaften **2.** *Vorteil* Seine Sprachkenntnisse sind ein entscheidendes Plus. **3.** *das Pluszeichen* vor eine Zahl ein Plus setzen **4.** PHYS. *positive Ladung* der Strom fließt von Plus nach Minus.

Plüsch der <-(e)s, -e> *ein weicher, samtartiger (Baumwoll)Stoff* ein mit Plüsch bezogenes Sofa

Plüsch·be·zug der <-s, Plüschbezüge> *Stoff aus Plüsch, den man über Sitzmöbel oder Betten legt, um sie zu schonen/weicher zu polstern*

Plüsch·tier das <-(e)s, -e> *Nachbildung eines Tieres in Plüsch*

Plus·pol der <-(e)s, -e> ELEKTROTECHN. *Pol mit einer positiven Ladung*

Plus·punkt der <-(e)s, -e> **1.** *Zähler in einer Punktwertung* schon zehn Pluspunkte haben **2.** (*übertr.*) *Vorteil* Ihre gute Ausbildung ist ein Pluspunkt.

Plus·quam·per·fekt das <-s, -e> SPRACHWISS. *vollendete Vergangenheit* Der Satz „er hatte Hunger gehabt" benutzt das Verb „haben" im Plusquamperfekt

i Wissenswert Das **Plusquamperfekt** ist die Vergangenheitsform, die eine Vorzeitigkeit zum Ausdruck bringt. Es findet vorwiegend im schriftlichen Gebrauch Verwendung. Das Plusquamperfekt wird mit dem Imperfekt der Hilfsverben „haben" und „sein" und dem Partizip Perfekt gebildet. Aktiv- als auch Passivkonstruktionen sind möglich: Weil er seine Unterlagen zu Hause vergessen hatte, mussten wir alle nochmals umkehren. Weil die Fahrpreise erhöht worden waren, wollte niemand mehr mit der Bahn fahren.

plus·tern <plusterst, plusterte, hat geplustert> **I.** *mit OBJ* ■ *jmd./ein Tier plustert etwas etwas aufrichten, sträuben* Der Vogel plusterte seine Federn., Das Kind plusterte seine Backen. **II.** *mit SICH* ■ *jmd./ein Tier plustert sich sich größer machen* Der Vogel plusterte sich, indem er Luft zwischen die Federn nahm., Er plusterte sich, indem er seine Leistungen in den schönsten Farben darstellte.

Plus·zei·chen das <-s, -> *das mathematische Zeichen für die Addition oder einen positiven Zahlenwert* zwischen zwei Zahlen ein Pluszeichen setzen

Plu·to·ni·um das <-s> (*kein Plur.*) CHEM. *ein chemisches Element*

Pneu der <-s, -s> (*schweiz.*) *Reifen* (*für Auto und Fahrrad*)

Pneu·ma·tik der <-s, -s> **1.** PHYS. *Teilgebiet der Mechanik, das sich mit der Anwendung von Druck- und Saugluft beschäftigt* **2.** TECHN. *die technische Anwendung der Erkenntnisse aus der Pneumatik*[1]

pneu·ma·tisch <nicht steig.> *Adj.* TECHN. *mit Druckluft arbeitend* eine pneumatische Bremse/Hebebühne

Pneu·mo·tho·rax der <-(es), -e> (≈ *Lungenkollaps*) *krankhafte Ansammlung von Luft im Brustfellraum*

Po der <-(s), -s> (*umg.*) *siehe* **Popo**

Pö·bel der <-s> (*kein Plur.*) (*abwert.*) *rohe und ungebildete Menschen* Der Pöbel zog randalierend durch die Straßen.

pö·bel·haft *Adj. wie der Pöbel* ein pöbelhaftes Benehmen

pö·beln <pöbelst, pöbelte, hat gepöbelt> *ohne OBJ* ■ *jmd. pöbelt* **1.** *jmd. benimmt sich pöbelhaft* **2.** *jmd. verwendet Schimpfworte, schimpft derb*

po·chen <pochst, pochte, hat gepocht> *ohne OBJ* ■ *jmd./etwas pocht (an/auf etwas)* **1.** (*geh.*) *mit der Hand klopfen* an die Tür pochen **2.** *bestehen auf* auf sein Recht pochen **3.** *in kurzen regelmäßigen Abständen schlagen* das Herz pocht, ein pochendes Geräusch, ein pochender Schmerz

po·chie·ren [pɔ'ʃiːrən] <pochierst, pochierte, hat pochiert> *mit OBJ* ■ *jmd. pochiert etwas* KOCH. *in siedendem Wasser garen* pochierte Eier

Po·cke die <-, -n> *Eiterbläschen*

Po·cken die <-> *Plur.* (MED.: ≈ *Blattern*) *durch Pockenviren hervorgerufene sehr schwere Infektionskrankheit, die für Nichtgeimpfte meist tödlich verläuft* ◆-epidemie, -kranke

Po·cken·imp·fung die <-, -en> MED. *Impfung gegen die Pockenerkrankung*

po·cken·nar·big <nicht steig.> *Adj. von den Narben gezeichnet, die von einer Pockenerkrankung herrühren* ein pockennarbiges Gesicht

Po·cket·ka·me·ra die ['pɔkɪtkaməra] <-, -s> *kleine, handliche Kamera*

Po·dest das/der <-(e)s, -e> *Treppenabsatz; kleine erhöhte Fläche* Der Redner stand auf einem Podest, damit er von allen gesehen werden konnte.

Po·dex der <-(e)s, -e> (*umg. scherzh.*) *Gesäß*

Po·di·um das <-s, Podien> *erhöhte Plattform für eine Darbietung oder einen Redner* Der Dirigent trat zum Orchester auf das Podium.

Po·di·ums·dis·kus·si·on die <-, -en> (*auf einem Podium stattfindende*) *öffentliche Diskussion von Fachleuten zu einem bestimmten Thema*

Po·e·sie die <-> (*kein Plur.*) (*geh.*) **1.** *Dichtkunst* die Werke der Poesie **2.** (↔ *Prosa*) *Gedichte* Poesie schreiben **3.** *bezaubernde Schönheit* die Poesie der Landschaft/des Sommerabends

Po·e·sie·al·bum das <-s, Poesiealben> *Album für Gedichte und Sprüche, die an jmdn. erinnern sollen*

Po·et, **Po·e·tin** der <-en, -en> (*geh.*) **1.** *Person, die Gedichte schreibt* **2.** *Dichter(in)*

Po·e·tik die <-, -en> *die Lehre von der Dichtkunst*

po·e·tisch <nicht steig.> *Adj.* **1.** *die Dichtkunst betreffend* das poetische Werk Heinrich Heines, eine poetische Ader haben **2.** *zauberhaft; stimmungsvoll* eine poetische Stimmung, ein poetischer Film

Po·g·rom der/das <-s, -e> GESCH. POL. *gewalttätige Aktionen gegen Menschen, die einer Minderheit angehören*

Poin·te die [po̯'ɛ̃:tə] <-, -n> **1.** *überraschendes, geistreiches Ende einer kleinen Erzählung* **2.** *die entscheidende Wendung einer Geschichte/eines Witzes/einer Angelegenheit, der „springende Punkt"* bei einer Geschichte/einem Witz die Pointe (nicht) verstehen

poin·tie·ren [po̯ɛ̃'ti:rən] <pointierst, pointierte, hat pointiert> *mit OBJ* ■ *jmd. pointiert etwas unterstreichen, betonen, herausheben* Er pointierte in seinem Vortrag besonders den Umstand, …

poin·tiert [po̯ɛ̃'ti:ɐt] *Adj.* (*geh.*) *treffend ausgedrückt* eine pointierte Bemerkung

Po·kal der <-s, -e> **1.** *wertvoller, reich geschmückter Becher* Der König trank Wein aus einem Pokal. **2.** *ein Gefäß, das als Auszeichnung dem Gewinner eines (sportlichen) Wettkampfes überreicht wird* um den Pokal spielen, den Pokal gewinnen

Po·kal·sie·ger der <-s, -> SPORT *jmd., der in einem Wettbewerb um einen Pokal siegt*

Po·kal·spiel das <-s, -e> SPORT *einzelnes Spiel in einem Wettbewerb um einen Pokal*

Pö·kel der <-s, -> *Salzlake zum Pökeln*

Pö·kel·fleisch das <-(e)s> (*kein Plur.*) *durch Pökeln haltbar gemachtes Fleisch*

pö·keln <pökelst, pökelte, hat gepökelt> *mit OBJ* ■ *jmd. pökelt etwas Fleisch durch Einlegen in Salzlake haltbar machen*

Po·ker das <-s> (*kein Plur.*) *ein Kartenspiel*

Po·ker·face das ['po:kɐfeɪs] <-, -s> *undurchschaubarer Gesichtsausdruck* ein Pokerface aufsetzen/haben

po·kern <pokerst, pokerte, hat gepokert> *ohne OBJ* ■ *jmd. pokert* **1.** *Poker spielen* **2.** *ein hohes Risiko eingehen* Bei diesem Geschäft haben beide Seiten hoch gepokert.

Pol der <-s, -e> **1.** *einer der beiden Endpunkte der Erdachse* Nord-, Süd- **2.** ELEKTROTECHN. *Aus- und Eingangspunkt des elektrischen Stroms* Minus-, Plus- **3.** PHYS. *ein Anziehungszentrum am Ende eines Magneten* Magnetpol

po·lar <nicht steig.> *Adj. auf einen der beiden Pole der Erde bezogen* polare Luftmassen

Po·lar·eis das <-es> (*kein Plur.*) *das Eis an den Polarkappen der Erde*

Po·lar·ex·pe·di·ti·on die <-, -en> *eine Expedition zur Erforschung der Gebiete an den Polen der Erde*

Po·lar·for·scher, **Po·lar·for·sche·rin** der <-s, -> *Person, die an Polarexpeditionen teilnimmt*

Po·lar·front die <-, -en> *eine Bezeichnung aus dem Gebiet der Klimatheorie, die besagt, dass Tiefdruckgebiete an der Polarfront entstehen, d.h. an der der Grenzfläche zwischen polarer Kaltluft und gemäßigter oder subtropischer Warmluft*

Po·lar·ge·biet das <-s, -e> *das Gebiet um die Polkappen der Erde, das durch die Polargrenze bestimmt wird*

Po·lar·gren·ze die <-, -n> *durch klimatische Faktoren bestimmter Grenzsaum, in dem polwärts die Verbreitung von bestimmten Pflanzen, Tieren und Besiedlung u.a. endet*

Po·la·ri·sa·tion die <-, -en> **1.** *das deutliche Hervortreten von Gegensätzen* **2.** PHYS. *Bezeichnung für verschiedene physikalische Erscheinungen und Zustände von Objekten und Systemen, die durch gegensätzliche Eigenschaften oder Quantitäten gekennzeichnet sind* elektrochemische Polarisation, galvanische Polarisation, Reaktions- Polarisation

po·la·ri·sie·ren <polarisierst, polarisierte, hat polarisiert> **I.** *mit OBJ* ■ *jmd./etwas polarisiert etwas* **1.** PHYS. *magnetische oder elektrische Pole bilden* **2.** (*geh.*) *dazu beitragen, dass Gegensätze stärker hervortreten* der Politiker polarisiert sehr **II.** *mit SICH* ■ *etwas polarisiert sich* (*geh.*) *sich zu Gegensätzen entwickeln* sich polarisierende Meinungen/Standpunkte

Po·la·ri·sierung die <-, -en> *das Polarisieren I., II.*

Po·la·ri·tät die <-, -en> **1.** PHYS. *das Vorhandensein zweier elektrischer oder magnetischer Pole* **2.** (*geh.*) *Gegensätzlichkeit* die Polarität der Meinungen

Po·lar·ko·or·di·na·ten die <-> *Plur.* MATH. *Polarkoordinaten werden benutzt in einem sog. krummlinigen Koordinatensystem*

Po·lar·kreis der <-es, -e> GEOGR. *der Breitenkreis, der die nördliche bzw. südliche polare Zone der Erde von der gemäßigten Zone trennt* der nördliche/südliche Polarkreis

Po·lar·licht das <-(e)s> (*kein Plur.*) *nächtliches Leuchten in den höheren Schichten der Atmosphäre, das in den Gebieten beobachtet werden kann, die in der Nähe der Pole liegen*

Po·la·ro·id·ka·me·ra® die <-, -s> *Sofortbildkamera*

Po·lar·stern der <-s> (*kein Plur.*) ASTRON. *hellster Stern im Sternbild des Kleinen Bären*

Po·le, **Po·lin** der <-n, -n> *jmd., der die polnische Staatsbürgeschaft hat*

Po·le·mik die <-, Polemiken> **1.** (*geh.*) *unsachlicher Angriff auf etwas oder jmdn.* Das ist doch reine, durch nichts sachlich begründbare Polemik! **2.** *scharfe, streitsüchtige Auseinandersetzung zwischen Wissenschaftlern* eine Polemik gegen jemandes wissenschaftliche Ideen führen

P

po·le·misch *Adj. von scharfer Auseinandersetzung geprägt* ein polemischer Angriff

po·le·mi·sie·ren <polemisierst, polemisierte, hat polemisiert> *ohne OBJ* ■ *jmd. polemisiert (gegen jmdn./etwas) sich polemisch äußern* gegen einen politischen Gegner polemisieren

Po·len <-s> *Republik im östlichen Mitteleuropa mit der Hauptstadt Warschau*

Po·len·ta die <-, -s/Polenten> *Maisgericht*

Po·len·te die <-> *(kein Plur.) (umg.) Polizei*

Po·le·po·si·ti·on, *a.* **Po·le-Po·si·ti·on** die <-, en> *beste Startposition bei Autorennen*

po·lie·ren <polierst, polierte, hat poliert> *mit OBJ* ■ *jmd. poliert etwas die Oberfläche durch Reiben glänzend machen* den Lack/die Schuhe polieren, auf Hochglanz poliertes Geschirr

Po·li·kli·nik die <-, -en> *(eine Abteilung einer) Klinik, in der die Patienten ambulant behandelt werden, sodass sie nach der Behandlung wieder nach Hause gehen können*

Po·lio die <-> *(kein Plur.)* (MED.: ≈ *Poliomyelithis) Kinderlähmung*

Po·lit·bü·ro das <-s, -s> POL. *politisches Führungsorgan einer kommunistischen Partei* das Politbüro einer Partei

Po·li·tes·se die <-, -n> *(umg.) Hilfspolizistin*

Po·li·ti·cal Cor·rect·ness die [pɔ'litikəl kə'rektnəs] <-> *(kein Plur.) Einstellung, die alle Formen der öffentlichen Diskriminierung in Tat und Wort ablehnt*

Po·li·tik die <-, -en> *(Plur. selten)* **1.** POL. *alle Maßnahmen einer Regierung, die auf die Verwirklichung bestimmter Ziele in Staat und Gesellschaft hinwirken* die Politik der neuen Regierung, eine konservative/liberale Politik, eine arbeitnehmerfreundliche Politik machen, sich für (die) Politik (in der Welt) interessieren ◆ Kommunal-, Steuer-, Welt- **2.** *die Staatsführung als Wissenschaft* Politik studieren, sich mit Politik beschäftigen **3.** *eine auf ein bestimmtes Ziel gerichtete Verhaltensweise* die Politik eines Unternehmens, Unsere Politik soll es sein, alle in das Projekt einzubeziehen. ◆ Familien-, Firmen-, Personal-

Po·li·ti·ker, **Po·li·ti·ke·rin** der <-s, -> *Person, die (beruflich) in der Politik tätig ist*

Po·li·ti·kum, **Po·li·ti·kum** das <-s, Politika> *eine Angelegenheit von entscheidender politischer Bedeutung* etwas zum Politikum machen, Dinge aus dem Privatleben eines Regierungsmitgliedes zum Politikum machen

Po·li·tik·ver·dros·sen·heit die <-> *(kein Plur.) mangelndes Interesse der Bürger an der Politik*

po·li·tisch <nicht steig.> *Adj.* **1.** *die Politik betreffend* eine politische Frage/Angelegenheit, eine politische Karte, die politischen Wissenschaften **2.** *klug; berechnend* eine rein politische, weniger an Sachfragen orientierte Entscheidung

po·li·ti·sie·ren <politisierst, politisierte, hat politisiert> **I.** *mit OBJ* ■ *jmd./etwas politisiert jmdn./etwas* **1.** POL. *politisches Interesse oder Handeln wecken* Dieser Streik politisierte die ganze Studentschaft. **2.** *etwas politisch behandeln oder etwas zum bloßen Gegenstand der Politik machen* Man kann doch nicht alle Probleme politisieren. **II.** *ohne OBJ* ■ *jmd. politisiert in vereinfachender Weise und mit wenig Faktenwissen (erregt) über politische Fragen diskutieren* Müsst ihr immer anfangen zu politisieren!

Po·li·ti·sie·rung die <-, -en> *das Politisieren I.*

Po·li·to·lo·ge, **Po·li·to·lo·gin** der <-n, -n> *Wissenschaftler auf dem Gebiet der Politologie*

Po·li·to·lo·gie die <-> *(kein Plur.) die Politik als Wissenschaft* Politologie studieren

Po·li·tur die <-, -en> *Mittel zum Polieren*

Po·li·zei die <-> *(kein Plur.)* **1.** *die staatliche Behörde, die für öffentliche Sicherheit und Ordnung sorgt* bei der Polizei arbeiten **2.** *Mitarbeiter der Polizei*[1] die Polizei rufen, Die Polizei traf am Unfallort ein.

Po·li·zei·ak·ti·on die <-, -en> *Einsatz der Polizei* Die Polizeiaktion, auf der Durchfahrtsstraße eine nächtliche Alkoholkontrolle durchzuführen, stieß auf ein lautes Echo.

Po·li·zei·ap·pa·rat der <-(e)s, -e> *alles, was zur Polizei*[1] *gehört*

Po·li·zei·auf·ge·bot das <-(e)s, -e> *die Gesamtheit der eingesetzten Polizisten* ein großes Polizeiaufgebot

Po·li·zei·auf·sicht die <-> *(kein Plur.) die Verpflichtung, sich regelmäßig bei der Polizei zu melden* Die Flüchtlinge standen zuerst unter Polizeiaufsicht.

Po·li·zei·be·am·te, **Po·li·zei·be·am·tin** der <-n ,- n> AMTSSPR. *Mitarbeiter der Polizei*[1]

Po·li·zei·be·richt der <-s ,-e> AMTSSPR. *schriftlicher offizieller Bericht von Polizisten oder Polizistinnen, der den genauen Hergang eines Ereignisses schildert, zu dem sie gerufen worden sind* Im Polizeibericht zu dem Unfall konnte man lesen, dass …

Po·li·zei·dienst·stel·le die <-, -n> AMTSSPR. *die Diensträume der örtlichen Polizei* sich auf der nächsten Polizeidienststelle melden

Po·li·zei·di·rek·ti·on die <-, -en> AMTSSPR. *Verwaltungszentrale der Polizei*

Po·li·zei·ge·wahr·sam der <-s> *(kein Plur.)* AMTSSPR. *Haft* jemanden in Polizeigewahrsam nehmen

Po·li·zei·ge·walt die <-> *(kein Plur.)* AMTSSPR. *Befugnis der Polizei, in bestimmten Grenzen staatlich zugelassene Gewalt anzuwenden* Das Gewaltmonopol des Staates drückt sich u.a. in der Polizeigewalt aus.

Po·li·zei·kom·mis·sar der <-s- -e> AMTSSPR. *höherer Beamter der Polizei*

po·li·zei·lich <nicht steig.> *Adj. von der oder durch die Polizei* polizeilich angeordnete Maßnahmen, ein polizeilich gesuchter Verdächtiger, polizeiliche Ermittlungen

Po·li·zei·pos·ten der <-s, -> *(schweiz.) Polizeirevier*

Po·li·zei·prä·senz die <-> *(kein Plur.)* AMTSSPR. *die (sichtbare) Anwesenheit der Polizei an einem Ort* die Polizeipräsenz verstärken

Po·li·zei·prä·si·dent der <-en, -en> *Leiter des Polizeipräsidiums*

Po·li·zei·prä·si·di·um das <-s, Polizeipräsidien> **1.** *das Gebäude, in dem die oberste Polizeibehörde einer Region ist* im Polizeipräsidium arbeiten **2.** *die oberste Polizeibehörde einer Region* beim Polizeipräsidium arbeiten

Po·li·zei·re·vier das <-s, -e> **1.** *die Diensträume der örtlichen Polizei* jemanden mit auf das Polizeirevier nehmen **2.** *das Gebiet, für das eine bestimmte Einheit der örtlichen Polizei zuständig ist* im Polizeirevier Streife gehen

Po·li·zei·schutz der <es> (*kein Plur.*) *Schutz durch die Polizei* eine Person/ein Gebäude unter Polizeischutz stellen

Po·li·zei·spit·zel der <-s, -> *jmd., der heimlich im Dienst der Polizei als Spitzel arbeitet*

Po·li·zei·spre·cher der <-s, -> *jmd., der die Polizei in der Öffentlichkeit vertritt*

Po·li·zei·sta·ti·on die <-, -en> *Dienststelle der Polizei*

Po·li·zei·strei·fe die <-, -n> *Polizisten, die in einem bestimmten Gebiet einen Kontrollgang machen* von einer Polizeistreife aufgegriffen werden

Po·li·zei·stun·de die <-> (*kein Plur.*) *gesetzlich angeordnete Uhrzeit, zu der Gaststätten schließen müssen*

Po·li·zei·über·griff der <-s, -e> *Missbrauch der Polizeigewalt* Die Hausdurchsuchung ohne die entsprechende richterliche Verfügung dazu war ein Polizeiübergriff.

Po·li·zei·wa·che die <-, -n> *die Diensträume der örtlichen Polizei, die zuständig ist* sich auf der Polizeiwache melden

Po·li·zist, **Po·li·zis·tin** der <-en, -en> *Person, die bei der Polizei*[1] *arbeitet*

Po·liz·ze die <-, -n> (*österr.*) *Police* (*Versicherungsschein*)

Pol·ka die <-, -s> *ein Tanz*

Pol·len der <-s, -> *Blütenstaub*

Pol·len·al·ler·gie die <-, -n> MED. *eine Allergie gegen* (*bestimmte*) *Pollen*

Pol·len·sack der <-s, Pollensäcke> BIOL. *Teil der Staubblätter, in denen die Pollenkörner gebildet werden*

pol·nisch <nicht steig.> *Adj. der Kultur und Geschichte Polens entsprechend* das polnische Nachbarland *siehe auch* **deutsch**

Pol·ni·sche das <-n> (*kein Plur.*) *die Nationalsprache der Polen* Das Polnische wie das Russische u.a. ist eine slawische Sprache.

Po·lo das <-s> (*kein Plur.*) *eine Ballsportart, bei der die Spieler auf Pferden reiten*

Po·lo·hemd das <-s, -en> *Trikothemd mit kurzen Ärmeln*

Po·lo·nä·se, *a.* **Po·lo·nai·se** die [polo'nɛːzə] <-, -n> *ein Tanz*

Pols·ter das <-s, -> **1.** *weiches Material, das eine harte Oberfläche bedeckt* das Polster eines Sofas/Sessels ◆ Sitz-, Stuhl- **2.** *eine Hülle, die mit weichem Material gefüllt ist* ein Polster auf den Holzstuhl legen, ein Polster in die Jacke einnähen ■ **ein finanzielles Polster** (*übertr.*): *Sicherheit durch eine ausreichende Menge Geld*

Pols·ter·gar·ni·tur die <-, -en> *mehrere zusammengehörige gepolsterte Sitzmöbel*

Pols·ter·mö·bel das <-, -> *gepolstertes Sitzmöbel*

pols·tern <polsterst, polsterte, hat gepolstert> *mit OBJ* ■ *jmd. ein Tier polstert etwas mit einer weichen Schicht versehen* einen Sessel polstern, das Nest mit Federn und Gras polstern

Pols·te·rung die <-, -en> *Polster*[1] 2 eine weiche Polsterung im Auto

Pol·ter·a·bend der <-s, -e> *Abend vor einer Hochzeit, an dem nach der Tradition Geschirr zerschlagen wird, weil das dem Brautpaar Glück bringen soll*

pol·te·rig, *a.* **pol·trig** <poltriger, am poltrigsten> *Adv. polternd*

pol·tern <polterst, polterte, hat/ist gepoltert> *ohne OBJ* ■ *jmd./etwas poltert* **1.** (*haben*) *ein wiederholtes dumpfes Geräusch erzeugen* die Kinder poltern auf der Treppe, die Maschine poltert **2.** (*sein*) *sich polternd irgendwohin bewegen* Der Handwagen poltert über das Straßenpflaster., Die Steine poltern auf den Boden.

Po·ly·a·mid® das <-s, -e> CHEM. *ein Kunststoff*

Po·ly·ä·thy·len das <-s, -e> CHEM. *ein Kunststoff*

Po·ly·e·der das <-s, -> MATH. *von mindestens drei ebenen Flächen begrenzter Körper, z.B. ein Würfel*

Po·ly·es·ter der <-s, -> CHEM. *Rohstoff zur Herstellung von Lacken, Farben und Kunstfasern*

po·ly·fon *Adj. s.* **polyphon**

po·ly·gam <nicht steig.> *Adj.* (↔ *monogam*) *in Vielehe lebend*

Po·ly·ga·mie die <-> (*kein Plur.*) (↔ *Monogamie*) *Vielehe*

po·ly·glott <nicht steig.> *Adj. mehrsprachig* eine polyglotte Erziehung, polyglott sein

Po·ly·mer das <-s, -e> CHEM. *Stoff aus Makromolekülen*

Po·ly·ne·sien <-s> (*kein. Plur.*) *Inselwelt im Pazifik*

Po·ly·nom <-s,-e> MATH. **1.** MATH. *mehrgliedricger, mathematischer Ausdruck, dessen Glieder nur durch Addition bzw. Subtraktion verbunden sind* (*z.B. die Binome „(a+b), (a-b)", die Trinome „(a+b-c),(a-b-c),(a-b+c)...* **2.** MATH. *allgemeine Gleichungsform mit n Variablen und n+1 Koeffizienten*

Po·lyp der <-en, -en> **1.** ZOOL. *auf einem Untergrund fest sitzendes Nesseltier, z.B. eine Koralle* **2.** MED. Wucherung an der Schleimhaut, Polypen in der Nase haben **3.** (*vulg.*) *Polizist*

po·ly·phon, *a.* **po·ly·fon** <nicht steig.> *Adj.* MUS. *mehrstimmig* ein polyphoner Satz ▶Polyphonie

Po·ly·se·mie die <-, -n> *siehe auch* **Etymologie**, **Homonymie**

i Wissenswert **Polysemie** (Mehrdeutigkeit) liegt vor, wenn ein Ausdruck zwei oder mehr Bedeutungen aufweist, die allesamt etwas gemeinsam haben und sich meist aus einer

Grundbedeutung ableiten lassen. Der Unterschied zu Homonymen besteht nach traditioneller Auffassung darin, dass bei Letzteren die unterschiedliche Bedeutung auf verschiedene etymologische (sprachgeschichtliche) Wurzeln zurückgeführt werden kann und man somit von verschiedenen Wörtern reden muss. In diesem Wörterbuch wird Polysemie durch mehrere durchnummerierte Bedeutungen bei einem Stichwort dargestellt, während Homonyme als eigene Einträge mit hochgestellten Ziffern erscheinen.

Po·ly·tech·ni·kum das <-s, Polytechnika/Polytechniken> *eine technische Fachhochschule*

Po·ly·the·is·mus der <-, Poytheismen> (↔ *Monotheismus*) *Glaube an eine Vielzahl oberster männlicher und weiblicher Gottheiten*

Po·ly·vi·nyl·chlo·rid das <-s, Polyvenylchloride> *einer der wichtigsten Kunststoffe, der unter der Abkürzung „PVC" sehr bekannt geworden ist*

Po·ma·de die <-, -n> *salbenartiges Fett zur Haarpflege*

po·ma·dig <nicht steig.> *Adj.* **1.** *mit Pomade eingerieben* pomadige Haare **2.** (*umg. abwert.*) *träge; schwerfällig* So ein pomadiger Kerl, dem ist ja alles zu anstrengend!

Po·me·ran·ze die <-, -n> BOT. *eine Zitrusfrucht*

Po·me·ran·zen·öl das <-s, -e> (≈ *Orangenöl*) *aus den Schalen der unreifen Pomeranzen gepresstes Öl, das in der Parfüm- und Genussmittelindustrie wichtig ist*

Pom·mern <-s> GEOGR. GESCH. *ehemalige Provinz des Deutschen Reiches*

Pommes frites [pɔm'frɪt] <-> *Plur. schmale, in Fett gebackene Kartoffelstreifen*

Pomp der <-(e)s> (*kein Plur.*) (*abwert.*) *übertriebene Pracht* ein Fest mit großem Pomp feiern

Pom·pe·jer, *a.* **Pom·pe·ja·ner**, **Pom·pe·je·rin** der <-s, -> *Einwohner der ehemaligen Stadt Pompeji*

Pom·pe·ji, *a.* **Pom·pei** *italienische Stadt in Kampanien am Fuß des Vesuv, die im Jahre 79 n. Chr. beim Ausbruch dieses Vulkans vollständig verschüttet wurde*

Pom·pon der [põ'põ] <-s, -s> *Quaste oder Troddel aus Wolle oder Seide*

pom·pös <nicht steig.> *Adj.* (*abwert.*) *übertrieben prachtvoll* eine pompöse Villa

Pon·cho der ['pɔntʃo] <-s, -s> *Umhang der Indios*

Pond das <-s, -> (PHYS.: *veralt.*) *physikalische Krafteinheit für die Kraft, mit der 1 Gramm Masse in 45° geographischer Breite auf Meereshöhe angezogen wird*

Pon·ti·fex der <-es, Pontifizes/Pontifices> **1.** GESCH. *Oberpriester im antiken Rom* **2.** *kurz für „Pontifex maximus", Titel des Papstes*

Pon·ti·fi·kat das <-(e)s, -e> **1.** GESCH. *Amt des Oberpriesters* **2.** *die Amtszeit des Papstes*

Pon·ti·us Pi·la·tus ■ **von Pontius zu Pilatus laufen (müssen)** (*umg.*): *viele Wege machen (müssen), und trotzdem wenig erreichen*

Pon·ton der [pɔn'tõ/põ'tõ:] <-s, -s> SEEW. MILIT. *Hohlkörper, mit dessen Hilfe Brücken gebaut werden*

Pon·ton·brü·cke die <-, -n> *eine aus Pontons gebaute (behelfsmäßige) Brücke*

Po·ny[1] das <-s, -s> *Pferd einer kleinwüchsigen Rasse*

Po·ny[2] der <-s, -s> *eine Frisur, bei der das gleichmäßig lang geschnittene Haar in die Stirn gekämmt ist*

Pool der [pu:l] <-s, -s> *Schwimmbecken* der Pool eines Hotels/im eigenen Garten

Pop der <-(s)> *kurz für „Popmusik"*

Pop-Art, *a.* **Pop·art** die ['pɔpʔa:t] <-> (*kein Plur.*) KUNST *eine moderne Kunstrichtung*

Pop·corn das <-s> (*kein Plur.*) *gerösteter Mais*

Po·pel der <-s, -> (*umg.*) *fest gewordener Nasenschleim*

po·pe·lig/pop·lig <popeliger, am popeligsten> *Adj.* (*umg. abwert.*) *armselig; schäbig* eine popelige Spende für einen so vermögenden Mann

Po·pe·li·ne die <-, -> (*kein Plur.*) *ein Gewebe*

po·peln <popelst, popelte, hat gepopelt> *ohne OBJ* ■ *jmd. popelt (in der Nase)* (*umg.*) *in der Nase bohren*

Pop·grup·pe die <-, -n> *Gruppe von Musikern, die Popmusik macht*

Pop·mu·sik die <-> (*kein Plur.*) *volkstümliche Musik mit einem Schwerpunkt in der kommerziellen Song- bzw. Schlagermusik, die aber auch folklorenahe Formen wie z.B. Country, Western und Jazz einbezieht*

Po·po der <-s, -s> (*umg.*) *Gesäß*

Pop·per der <-s, -> (*umg.*) *in den 80er Jahren des 20. Jahrhunderts unpolitischer, angepasster, betont modisch gekleideter Jugendlicher*

pop·pig *Adj. auffällig und bunt* ein poppiges Kleid, eine poppig eingerichtete Wohnung

Pop·sän·ger der <-s, -> *jmd., der Popsongs singt*

Pop·star der <-s, -s> *Star in der Popszene*

Pop·sze·ne die <-, -n> *der Bereich der Kultur, in dem Popmusik eine Rolle spielt*

po·pu·lär *Adj. bei der großen Masse bekannt und beliebt* der populäre Schauspieler/Darsteller/Sänger/ Künstler/Entertainer

po·pu·la·ri·sie·ren <popularisierst, popularisierte, hat popularisiert> *mit OBJ* ■ *jmd. popularisiert etwas* (*geh.*) **1.** *populär machen* seine politischen Ziele popularisieren **2.** *so gestalten, dass es allgemein verständlich wird* wissenschaftliche Themen popularisieren

Po·pu·la·ri·tät die <-> (*kein Plur.*) *Beliebtheit* die Popularität eines Schauspielers/Politikers

po·pu·lär·wis·sen·schaft·lich *Adj. als wissenschaftlicher Inhalt so aufbereitet, dass es auch für Nichtfachleute verständlich ist*

Po·pu·la·ti·on die <-, -en> BIOL. *Gesamtheit aller Individuen einer Art, die an einem Ort leben* die Population der Menschenaffen in einem Gebiet

Po·pu·lis·mus der <-> (*kein Plur.*) (*abwert.*) *eine*

Politik, die mit scheinbar einfachen Lösungen die Gunst der Bevölkerung zu gewinnen versucht

Po·re die <-, -n> *eine der vielen sehr kleinen Öffnungen der Haut*

Po·ren·kap·sel die <-, -n> *Samenkapsel, die kleine Poren, d.h. Löcher, in der Aussenwand hat, durch die die Samen entweichen können*

po·ren·ver·stop·fend <nicht steig.> *so, dass durch die Poren nichts mehr dringen kann* Das Hautfett hatte die problematische Eigenschaft, porenverstopfend zu sein.

Pör·költ das <-s, -s> *ein Gulaschgericht*

Por·no der <-s, -s> (*umg.*) *kurz für „Pornofilm" oder „Pornoheft"; Film oder Buch mit pornografischem Inhalt* einen Porno sehen, Sie fand in seiner Aktentasche mehrere Pornos.

Por·no·dar·stel·ler, **Por·no·dar·stel·le·rin** der <-s, -> *jmd., der in einem Pornofilm mitwirkt*

Por·no·film der <-(e)s, -e> *Film mit pornografischem Inhalt*

Por·no·gra·fie, *a.* **Por·no·gra·phie** die <-> (*kein Plur.*) (*umg.*) *jede Form bildlicher oder sprachlicher Darstellung von Sexualität, die sich einseitig auf die körperlichen Vorgänge konzentriert (und die psychischen Aspekte ausklammert) bzw. vor der Darstellung von Perversitäten nicht zurückscheut* Kritiker haben gegen den Roman den Vorwurf der Pornografie erhoben., Das ist keine Kunst, das ist reinste Pornografie!

por·no·gra·fisch, *a.* **por·no·gra·phisch** <nicht steig.> *Adj. zur Pornografie gehörend oder sie betreffend*

Por·no·heft das <-(e)s, -e> *ein Magazin, das pornografische Fotos und Texte enthält*

Por·no·wel·le die <-, -n> *zeitlich begrenztes Auftreten überdurchschnittlich vieler pornografischer Produkte in der Öffentlichkeit und deren Konsum*

po·rös <nicht steig.> *Adj. so, dass es viele kleine Hohlräume hat* poröses Gestein, das Material ist porös geworden

Por·phyr, **Por·phyr** der <-s, -e> *eine Gesteinsart vulkanischen Ursprungs*

por·phy·risch <nicht steig.> *Adj. so, dass es die Eigenschaften von Porphyr hat*

Por·ree der <-s, -s> *Lauch*

Por·tal das <-s, -e> **1.** *ein großes (prunkvolles) Eingangstor an einem Gebäude* **2.** EDV *eine Internetseite, die als Einstieg in das Internetangebot zu einem bestimmten Thema dient*

Porte·mon·naie das *s.* **Portmonee**

Por·ter der/das <-s, -> *eine Starkbiersorte*

Port·fo·li·o das <-s, -s> **1.** WIRTSCH. *Wertpapierbestand* **2.** *Bildband; Grafikmappe*

Por·tier der [pɔrˈtie:] <-s, -s> **1.** *Pförtner in Hotels oder öffentlichen Gebäuden* **2.** *Hausmeister*

Por·ti·e·re die [pɔrˈtie:rə] <-, -n> *schwerer Vorhang für eine Türe*

por·tie·ren *mit OBJ* ■ *jmd. portiert jmdn.* (*schweiz.*) *zur Wahl vorschlagen*

Por·ti·on die <-, -en> **1.** *eine abgemessene Menge von einer Speise* sich eine große/kleine/ordentliche Portion nehmen, Das Lokal serviert großzügige Portionen, hier ist noch jeder satt geworden. **2.** (*umg.*) *eine beträchtliche Menge von etwas* Dazu gehört eine gehörige Portion Frechheit/Glück/ Unverschämtheit. ■ **eine halbe Portion** (*umg. abwert.*): eine sehr kleine, magere Person, Du bist doch nur eine halbe Portion!

Port·mo·nee, **Port·mo·nee**, *a.* **Portemonnaie** das [pɔrtmɔˈne:/ˈpɔrtmɔne:] <-s, -s> (≈ *Geldbörse*)

Por·to das <-s, -s/Porti> *die Gebühr für Postsendungen*

por·to·frei <nicht steig.> *Adj. ohne, dass Porto bezahlt werden muss* die Rücksendung erfolgt/ist portofrei

por·to·pflich·tig <nicht steig.> *Adj. so, dass Porto bezahlt werden muss* diese Sendung ist portopflichtig

Por·t·rait das [pɔrˈtrɛ:] *s.* **Porträt**

por·t·raitieren *s.* **porträtieren**

Por·t·rät das [pɔrˈtrɛ:] <-s, -s> **1.** *das Bildnis einer Person* ein Portrait malen lassen ◆-foto **2.** *eine kurze, anschauliche Beschreibung einer Person oder Sache* ein kurzes Porträt der Stadt/Firma geben, Das folgende Portät der italienischen Stadt stammt von unserem Korrespondenten ...

por·t·rä·tie·ren <porträtierst, porträtierte, hat porträtiert> *mit OBJ* ■ *jmd. porträtiert jmdn. von jmdm. ein Porträt anfertigen*

Por·tu·gal <-s> *Staat in Südwesteuropa*

Por·tu·gie·se, **Por·tu·gie·sin** der <-n, -n> *jmd., der die portugiesische Staatsbürgerschaft hat*

por·tu·gie·sisch <nicht steig.> *Adj. zu Portugal gehörend, daher stammend*

Por·tu·gie·sisch <-> (*kein Plur.*) die portugiesische Sprache, Sie spricht fließend Portugiesisch. *siehe auch* **deutsch**

Port·wein der <-(e)s, -e> *ein schwerer Rotwein von intensiv dunkelroter Farbe und süßem Geschmack, der besonders als Aperitif oder Dessertwein getrunken wird*

Por·zel·lan das <-s, -e> **1.** *ein weißer Werkstoff, aus dem Geschirr hergestellt wird* Porzellan brennen/glasieren/herstellen **2.** (*ein Stück*) *Geschirr aus Porzellan* den Tisch mit dem feinsten Porzellan decken ■ **Porzellan zerschlagen** (*übertr.*): (*vermeidbaren*) *Schaden in einer Angelegenheit anrichten*

Por·zel·lan·ge·schirr das <-s, -e> *Geschirr aus Porzellan*

Por·zel·lan·la·den der <-s, Porzellanläden> *Geschäft, in dem Waren aus Porzellan zu kaufen sind* ■ **wie ein Elefant im Porzellanladen sein** (*umg.*): *sich grob und ungeschickt benehmen*

Por·zel·lan·ma·nu·fak·tur die <-, -en> *eine Fabrik, in der (in Handarbeit) feine Porzellanwaren hergestellt werden*

Por·zel·lan·scha·le die <-, -n> *Schale aus Porzellan*

Po·sa·ment das <-(e)s, -en> *Besatz, der zur Verzierung von Kleidung verwendet wird*

Po·sau·ne die <-, -n> MUS. *ein großes Blasinstru-*

ment

Po·se die <-, -n> *eine (auf eine bestimmte Wirkung bedachte) Körperhaltung* eine aufreizende/provozierende Pose, eine Pose einnehmen

po·sie·ren <posierst, posierte, hat posiert> *ohne OBJ* ■ *jmd. posiert (geh.) eine Pose einnehmen* vor dem Spiegel posieren, für Aktaufnahmen nackt posieren

Po·si·ti·on die <-, -en> **1.** *gehobene berufliche Stellung* eine Position in der Direktion einer Bank, sich eine Position erarbeitet haben, Die Position des Chefarztes ist derzeit vakant., Wir bieten Ihnen eine verantwortliche Position in der Geschäftsleitung eines internationalen Konzerns. **2.** *die bestimmte Lage oder Stellung von etwas* Der Hebel befand sich jetzt in einer anderen Position als vorher. **3.** *Standpunkt* Unsere Positionen sind nicht vereinbar. **4.** WIRTSCH. *einzelner Posten auf einer Aufstellung* alle Positionen einzeln auflisten, Die Rechnung stimmt in einigen Positionen nicht. **5.** LUFTF. SEEW. *der Standort eines Schiffes, eines Flugzeuges oder eines Gestirns* die Position eines Schiffes/eines Flugzeuges/eines Gestirns bestimmen, die Position per Funk durchgeben **6.** (SPORT: ≈ *Rang*) *der Platz, den ein Spieler auf der Rangliste einnimmt* Er ist auf der dritten Position. **7.** THEAT. *die Stellung der Füße im klassischen Ballett* **8.** (≈ *Stellung*) *beim Geschlechtsverkehr die Lage der Partner im Verhältnis zueinander* ◆ Koitus-

po·si·ti·o·nie·ren <positionierst, positionierte, hat positioniert> *mit OBJ* ■ *jmd. positioniert jmdn./etwas* (POL.: *geh.*) **1.** *jmdn. oder sich in eine bestimmte Position[1] bringen* **2.** (WIRTSCH.: *Marketing*) *ein Produkt auf dem Markt in eine bestimmte Konkurrenzstellung zu anderen Produkten ähnlicher Art bringen* ▶ Positionierung

Po·si·ti·ons·be·stim·mung die <-, -en> *Bestimmung der Position[5]*

po·si·tiv *Adj.* **1.** *nicht steig.* (↔ *negativ*) *als Zahl oder Zahlenwert größer als Null* die positiven und die negativen Zahlen, Die Temperatur erreicht positive Werte. **2.** (↔ *negativ*) *gut und erfreulich* Endlich mal eine positive Nachricht!, eine positive Lebenseinstellung, beginnen, die Dinge wieder positiv zu sehen **3.** (*nicht steig.*) (MED.: ↔ *negativ*) *so, dass es das Vorhandensein einer Krankheit anzeigt* Der Befund war leider positiv., HIV-positiv **4.** (↔ *negativ*) *bejahend* Er antwortete positiv., einen positiven Bescheid erhalten

Po·si·tiv[1] der <-s, -e> (SPRACHWISS.: ↔ *Komparativ, Superlativ*) *die Grundform des Adjektivs*

Po·si·tiv[2] das <-s, -e> (FOTOGR.: ↔ *Negativ*) *ein aus einem Negativ gewonnenes seitenrichtiges Foto*

Po·si·tiv[3] das <-s, -e> MUS. *eine kleine Orgel mit nur einem Manual und nur wenigen Registern* Als die große Orgel umgebaut wurde, musste der Gottesdienst auf dem Positiv begleitet werden.

Po·si·ti·vis·mus der <-> (*kein Plur.*) (*philos.* ↔ *Metaphysik*) *ein Standpunkt, der häufiger von der Wissenschaftstheorie oder der Soziologie vertreten wird oder wurde; die Ansicht, dass das rationale Fundament in Tatsachenbehauptungen zu finden sei und nicht in Behauptungen, die Anspruch auf Allgemeingültigkeit machen ohne Absicherung durch Beobachtung* ◆ Neo-

Po·si·t·ron das <-s, -en> PHYS. *negatives Elektron*

Po·si·tur die <-, -en> *eine bewusst eingenommene Körperhaltung* sich in Positur setzen/werfen

Pos·se die <-, -n> *ein lustiges Bühnenstück*

Pos·sen der <-> *Plur. Streich, Spaß, Schabernack* ■ **Possen reißen**: grobe Späße machen

pos·sen·haft <nicht steig.> *Adj. wie eine Posse*

pos·ses·siv <nicht steig.> *Adj.* SPRACHWISS. *besitzanzeigend*

Pos·ses·si·va das <-> *Pluralform von „Possessivum"*

Pos·ses·si·vum das <-s, Possessiva> *besitzanzeigendes Fürwort* Das Wort „mein" ist ein Possessivum.

pos·sier·lich *Adj. niedlich anzusehen* ein possierliches kleines Tier

Post die <-> (*kein Plur.*) **1.** *das Dienstleistungsunternehmen, das Briefe und Pakete transportiert* **2.** *eine einzelne Postsendung* Es ist Post für Sie gekommen!, den Nachbarn bitten, während des Urlaubs die Post entgegenzunehmen **3.** (*umg.*) *der Briefträger, die Paketpost* Die Post kommt selten vor elf Uhr.

pos·ta·lisch <nicht steig.> *Adj.* (*geh.*) **1.** *durch die Post* jemandem etwas auf postalischem Wege zukommen lassen **2.** *die Post betreffend* die postalische Anschrift lautet ...

Post·amt das <-(e)s, Postämter> *das Gebäude, in dem die Post ihre Dienstleistungen anbietet*

Post·be·am·ter, **Post·be·am·tin** der <Postbeamten, Postbeamten> *jmd., der bei einer Post als einem Staatsbetrieb eine feste Anstellung hat*

Post·bo·te, **Post·bo·tin** der <-n, -n> *eine Person, die im Auftrag der Post Briefe und Pakete zum Empfänger bringt*

Pöst·chen das <-s, -> (*umg. oft abwert.*) *kleiner Posten[2], eine unbedeutende Arbeitsstelle*

Post·dienst·leis·tung die <-, -en> *Dienstleistung der Post*

Pos·ten der <-s, -> **1.** (MIL.: ≈ *Wachposten*) den Posten überwältigen, Posten stehen ◆ Grenz-, Wach- **2.** (≈ *Job*) *eine Stellung in einer Firma oder einer Organisation* einen verantwortungsvollen/gut bezahlten Posten haben, Dieser Posten im Verein ist ehrenamtlich. ◆ Verwaltungs- **3.** (WIRTSCH.: ≈ *Betrag*) *eine einzelne von mehreren Sachen, die auf einer Rechnung oder Liste aufgeführt sind* ... erlauben wir uns, Ihnen folgende Posten zu berechnen ... **4.** WIRTSCH. *eine bestimmte Menge einer Ware* ein Posten Jacken ■ **nicht richtig/wieder auf dem Posten sein** (*umg.*): *nicht richtig oder wieder gesund sein*

pos·ten *mit OBJ* ■ *jmd. postet etwas* (*schweiz.*) *einkaufen*

Pos·ter das/der ['poustᵊ] <-s, -> *ein großes Plakat*

Post·fach das <-(e)s, Postfächer> *ein (abschließbares) Fach im Postgebäude oder am Arbeitsplatz, in das eingehende Sendungen für einen be-*

stimmten Adressaten gelegt werden Jeder Mitarbeiter/jede Abteilung hat ein eigenes Postfach.

post fes·tum (*geh.*) *hinterher, nachträglich, zu spät*

Post·ge·bühr die <-, -en> *eine der Gebühren, die die Post für die Beförderung von allen Arten von Postsendungen erhebt*

Post·ge·heim·nis das <-ses, -se> RECHTSW. *ein Gesetz, das es verbietet, fremde Postsendungen zu öffnen und das Wissen darüber oder auch das Wissen über die postalischen Verbindungen, wer, wann, mit wem und wie postalisch in Verbindung steht, an andere weiterzugeben* das Postgeheimnis verletzen/wahren

Post·ge·werk·schaft die <-> (*kein Plur.*) *die Gewerkschaft, die die Rechte der Angestellten der Post vertritt* ■ **die Deutsche Postgewerkschaft**

Post·gi·ro·amt das <-(e)s, Postgiroämter> (*veralt.*) *eine Dienstleistung der Deutschen Postbank im Rahmen des allgemein üblichen Giroverkehrs zwischen Banken*

Post·gi·ro·kon·to das <-s, Postgirokonten> *Girokonto bei der Postbank*

post·gla·zial <nicht steig.> *Adj.* GEOGR. PHYS. *nacheiszeitlich*

post·hum, *a.* **pos·tum** *Adv.* (*geh.*) *nach jmds. Tod* etwas posthum veröffentlichen

pos·tie·ren <postieren, postierte, hat postiert> **I.** *mit OBJ* ■ *jmd. postiert etwas irgendwo aufstellen* eine Wache am Tor postieren **II.** *mit SICH* ■ *jmd. postiert sich irgendwo sich aufstellen* sich am Fenster postieren

Pos·til·le die <-, -n> REL. **1.** *Auslegung eines Bibeltextes* **2.** *auslegender Teil der Predigt* **3.** *auslegende Literatur an sich*

Post·kar·te die <-, -n> *eine in Art und Größe standardisierte, offene Mitteilungskarte, auf deren eine Seite man einen Text schreibt und deren andere Seite oft mit einem dekorativen Bild bedruckt ist*

Post·kut·sche die <-, -n> GESCH. *eine Kutsche, mit der früher Postsendungen und Reisende befördert wurden*

post·la·gernd <nicht steig.> *Adj. vom Empfänger bei der Post abzuholen* jemandem postlagernd schreiben

Post·leit·zahl die <-, -en> *die postalische Kennzahl eines Ortes* Zusammen mit Straße, Hausnummer und Wohnort gehört die Postleitzahl zur Adresse.

Post·ler der <-s, -> (*umg.*) *jmd., der bei der Post arbeitet*

post me·ri·di·em (↔ *ante meridiem; a.m.*) *nachmittags* (*in englischsprachigen Ländern*) *Abkürzung: p.m.*

Post·mi·nis·ter der <-s,-> *der Minister, der für die staatliche Regulierung der Post als Staatsbetrieb zuständig ist*

post·mo·dern <nicht steig.> *Adj.* KUNST *zur Postmoderne gehörend*

Post·mo·der·ne die <-> (*kein Plur.*) KUNST LIT. *Sammelbegriff für verschiedene Stilrichtungen der gegenwärtigen Kunst, Architektur und Kultur, die dem Funktionalismus und Rationalismus der Moderne durch einen spielerischen Umgang mit ihren Möglichkeiten entkommen wollen*

post·na·tal <nicht steig> *Adj.* MED. *nach der Geburt auftretend*

post·o·pe·ra·tiv <nicht steig.> *Adj.* MED. *nach einer Operation*

Post·scheck der <-s, -s> *Scheck der Postbank*

Post·scheck·amt das <-(e)s, Postscheckämter> *Dienstleistungszweig der Postbank*

Post·scheck·kon·to das <-s, Postscheckkonten> *ein Konto bei der Postbank, das auch den Zahlungsverkehr mittels Scheck einschließt*

Post·sen·dung die <-, -en> *etwas, das mit der Post verschickt wird*

Post·skrip·tum das <-s, Postskripta/Postskripte> *ein Nachsatz in einem Schriftstück, abgekürzt „PS"* einem Brief noch ein Postskriptum anfügen

Post·sor·tier·anlage die <-, -n> *Anlage, zum automatischen Sortieren der Post nach Postleitzahlen*

Post·stem·pel der <-s, -> *der Datumsstempel auf der Briefmarke, mit dem die Post die Marke zugleich entwertet*

Post·über·wei·sung die <-, -en> *eine Überweisung über ein Konto bei der Postbank*

Pos·tu·lat das <-(e)s, -e> (*geh.*) **1.** *eine* (*moralische*) *Forderung* Das ist ein Postulat der Vernunft. **2.** *eine wissenschaftliche Behauptung oder Annahme* von einem Postulat ausgehen, ohne es beweisen zu können **3.** (*schweiz.*) *Bezeichnung für den parlamentarischen Auftrag an den Bundesrat, zu prüfen, ob ein Gesetz oder Beschlussentwurf vorzulegen oder eine Maßnahme zu treffen sei*

pos·tu·lie·ren <polstulierst, postuierte, hat polstuliert> *mit OBJ* ■ *jmd. postuliert etwas* **1.** (≈ *einfordern*) in einem Programm bestimmte Ziele postulieren **2.** (*geh.*) *unbewiesen als gegeben voraussetzen* Wenn wir postulieren, dass das Leben auf der Erde von Außerirdischen abstammt, dann …

pos·tum *Adv. posthum*

Post·ver·triebs·stück das <-(e)s, -e> (*fachspr.*) *der einzelne Brief oder die einzelne Karte, der/die von der Post versandt wird*

Post·weg der <-> (*kein Plur.*) *Versendung mit der Post* Der Postweg ist (nicht) der sicherste., etwas auf dem Postweg versenden

post·wen·dend *Adv.* (*umg.*) *sofort* postwendend antworten

Post·wert·zei·chen das <-s, -> AMTSSPR. *Briefmarke*

Post·wurf·sen·dung die <-, -en> AMTSSPR. *eine Werbesendung, die dem Empfänger mit der Post zugestellt wird*

po·tent <nicht steig.> *Adj.* **1.** (BIOL.: ↔ *impotent*) *als Mann fähig, den Geschlechtsakt zu vollziehen* **2.** (*übertr.*) *stark; leistungsfähig* ein potenter Gegner, einen potenten Partner für ein Unternehmen finden

Po·ten·tat der <-en, -en> (*geh. abwert.*) (*uneingeschränkter*) *Herrscher*

Po·ten·ti·al das *s.* **Potenzial**

po·ten·ti·ell *s.* **potenziell**

Po·tenz die <-, -en> **1.** (BIOL.: ↔ *Impotenz*) *die Fähigkeit des Mannes, den Geschlechtsakt zu vollziehen* **2.** *Stärke; Leistungsfähigkeit* die wirtschaftliche Potenz eines Unternehmens **3.** MATH. *die Zahl, die angibt, wie oft eine Grundzahl mit sich selbst multipliziert werden soll* Die dritte Potenz von vier ist vierundsechzig.

Po·tenz·funk·tion die <-, -en> MATH. *diejenige Funktion von x, die jedem bestimmten Wert von x den Wert der n-ten Potenz von x zuordnet* (*wenn n ganzzahlig ist*) ($f(x) = x^n$)

Po·ten·zi·al, *a.* **Po·ten·ti·al** das <-s, -e> *alles, was zum Erbringen einer Leistung zur Verfügung steht* ein großes Potenzial haben ◆ Schreibung mit z oder t→R 2.20 das wissenschaftliche Potenzial der Hochschule

po·ten·zi·ell, *a.* **po·ten·ti·ell** <nicht steig.> *Adj.* (*geh.*) *möglich* potenzielle Kunden ◆ Schreibung mit z oder t→R 2.20 eine potenzielle Gefahr darstellen

Po·tenz·men·ge die <-, -en> MATH. *die Potenzmenge einer gegebenen Menge M ist die Menge aller Teilmengen von M*

Po·tenz·pil·le die <-, -n> (*umg.*) *ein Medikament zur Steigerung der sexuellen Potenz*[1]

Po·tenz·stö·rung die <-, -en> *Störung der sexuellen Potenz*[1]

Pot·pour·ri das ['pɔtpʊri/pɔtpʊ'ri:] <-s, -s> MUS. *eine Zusammenstellung bekannter Melodien*

Pots·dam <-s> *Stadt in der Nähe Berlins, die in der Geschichte Preußens und Deutschlands eine große Bedeutung hat*

Pots·da·mer *Adj. in Zusammensetzungen wie „Potsdamer Konferenz", „Potsdamer Abkommen" zur Kennzeichnung wichtiger politischer Beschlüsse, die in Potsdam getroffen wurden*

Pott der <-(e)s, Pötte> (*umg. norddt.*) **1.** *Topf* einen ganzen Pott (mit) Kaffee trinken **2.** *Schiff* Im Hafen liegen die großen Pötte.

Pou·lar·de die [pu'lardə] <-, -en> KOCH. *ein junges Masthuhn*

Pou·let das [pu'le:] <-s, -s> (*schweiz.*) *junges Masthuhn*

Po·w·er die ['paʊɐ] <-> (*kein Plur.*) **1.** (*umg.*) *Stärke; Leistung* Der 200 PS-Motor entwickelt eine wahnsinnige Power. **2.** (*umg.*) *kraftvolle Ausstrahlung* Die Frau hat Power!

Po·w·er·play das ['paʊɐpleɪ] <-s> (*kein Plur.*) SPORT *dauernder Ansturm auf das gegnerische Tor im Spiel*

Po·w·er·pro·zes·sor der <-s, -en> EDV *Prozessor, der mit reduziertem Befehlssatz arbeitet; „power" steht als Abkürzung für „Performance optimisation with enhanced risc"*

Po·widl der <-s> (*kein Plur.*) (*österr.*) *Pflaumenmus*

Po·widl·knö·del der <-s, -> *mit Pflaumenmus gefüllter Knödel*

pp MUS. *Abkürzung für „pianissimo"*

pp., *a.* **ppa.** WIRTSCH. *Abkürzung für „per procura"*

pp. *Abkürzung in dem Ausdruck „et cetera pp." für „perge", „perge": „fahre fort", „fahre fort"*

ppa. WIRTSCH. *Abkürzung für „per procura"*

PR die <-> (*kein Plur.*) *Abkürzung für „Public relations": Öffentlichkeitsarbeit* ◆ -arbeit, -maßnahme, -referat, -referent(in)

Prä·am·bel die [prɛʔambl̩] <-, -n> RECHTSW. *Einleitung* (*einer Urkunde*) die Präambel zur Verfassung

Pracht die <-> (*kein Plur.*) **1.** *die strahlende Schönheit von etwas* die Pracht des Thronsaales, die ganze Pracht des Herbstes ◆ Blumen-, Farben-, Haar- **2.** *verschwenderischer Aufwand* Die Hochzeit wurde in großer Pracht gefeiert. ■ **jemand/etwas ist eine wahre Pracht** (*umg.*): *jmd. oder etwas ist sehr schön anzusehen und macht einen sehr guten Eindruck* ◆ -exemplar, -kerl, -straße, -stück

Pracht·aus·ga·be die <-, -n> (DRUCKW.: ≈ *bibliophile Ausgabe*) *eine besonders schöne und kostbar gestaltete Ausgabe eines Buches*

präch·tig *Adj.* **1.** *aufwändig und schön gestaltet* ein prächtig ausgestalteter Thronsaal, eine prächtige Feier ausrichten, prächtige Fresken an den Wänden einer Kirche, prächtige Schnitzereien an einem Altar **2.** (*umg.*) *sehr schön, sehr gut* prächtiger Sonnenschein, ein prächtiger Urlaub, Wir verstehen uns prächtig.

Pracht·kerl, *a.* **Prachtskerl** der <-s, -s> (*umg.*) *ein Tier oder ein Mensch, das oder der in gewünschter Weise gut ist* ein Prachtkerl von einem Hund, Dieser Prachtkerl von einem Rottweiler hatte auf der Hundeausstellung praktisch keinen echten Konkurrenten.

Pracht·stück das <-(e)s, -e> (*umg.* ≈ *Prachtexemplar*) *etwas, das in gewünschter Weise gut ist* Der alte Schrank ist ja wirklich ein Prachtstück!

pracht·voll *Adj.* (≈ *prächtig*[1]) *sehr schön; reich ausgestattet* eine prachtvoll ausgestaltete Kirche

Prä·des·ti·na·ti·on die <-> (*kein Plur.*) REL. *der Glaube, dass Gott von Ewigkeit an vorherbestimmt hat welche Menschen nach ihrem Tod in Gnade und welche in Verdammnis sind* ◆ -slehre

prä·des·ti·niert <nicht steig.> *Adj.* (*geh.*) *für etwas besonders geeignet* für eine Aufgabe prädestiniert sein, Mit ihrer Sprachbegabung war sie zur Übersetzerin (geradezu) prädestiniert.

Prä·di·kat das <-(e)s, -e> **1.** *ein Urteil über die Qualität einer Sache oder Leistung* die Prüfung mit dem Prädikat „gut" bestehen, ein Wein mit Prädikat, Der Film hatte das Prädikat „wertvoll". **2.** SPRACHWISS. *die Satzaussage*

prä·di·ka·tiv <nicht steig.> *Adj.* (SPRACHWISS.: *von Adjektiven* ↔ *attributiv*) *in Verbindung mit den Verben „sein" und „werden" auftretend* ein prädikativ gebrauchtes Adjektiv, In dem Satz „Das Wetter ist schön" wird das Adjektiv „schön" prädikativ gebraucht.

Prä·fekt der <-en, -en> *ein hoher Verwaltungsbeamter in Frankreich oder Italien* ▶Präfektur

Prä·fe·renz die <-, -en> (*geh.*) *Bevorzugung* eine Präferenz für jemanden/etwas haben ▶präferieren

Prä·fix das <-es, -e> (SPRACHWISS.: ↔ *Infix, Suffix*) *Vorsilbe*

Prag <-s> *Hauptstadt Tschechiens*

prä·gen <prägst, prägte, hat geprägt> *mit OBJ* **1.** ■ *jmd. prägt etwas ein Muster in eine Oberfläche eindrücken* Münzen prägen, geprägtes Papier **2.** ■ *etwas prägt etwas/jmdn. für den Charakter eines Menschen bestimmend sein* Die Kriegsjahre haben diese Generation geprägt. **3.** ■ *ein Tier prägt ein Tier* BIOL. *der Vorgang, dass das Verhalten eines Muttertieres die neugeborenen Jungtiere in ihrem Verhalten festlegt* ▶Prägung **4.** ■ *jmd. prägt etwas eine Formulierung oder einen Terminus schaffen* einen Ausdruck prägen

PR-Agentur die <-, -en> *Unternehmen, das gegen Bezahlung Werbung und Öffentlichkeitsarbeit für jmdn./etwas macht*

Prag·ma·tik die <- , -en> **1.** (*geh.*) *Orientierung auf Nützlichkeit, Tatsächlichkeit, Knappheit* mit viel Pragmatik an eine Sache herangehen **2.** SPRACHWISS. ↔ SEMANTIK, SYNTAX (*die wissenschaftliche Beschäftigung mit dem*) *Verhältnis von sprachlichen Zeichen und ihren Benutzern* ▶pragmatisch

Prag·ma·ti·ker, **Prag·ma·ti·ke·rin** der <-s, -> (*geh.*) *jmd., der sich nur an den sachlichen Gegebenheiten orientiert*

prag·ma·tisch *Adj.* **1.** (*geh.*) *sachbezogen* eine pragmatische Lösung finden, eine pragmatische Politik machen **2.** (SPRACHWISS.: ↔ *semantisch, syntaktisch*) *auf die Pragmatik[2] bezogen*

prag·ma·ti·sie·ren <pramatisierst, pragmatisierte, hat pragmatisiert> *mit OBJ* ■ *jmd. pragmatisiert jmdn.* (*österr.*) *in das* (*unkündbare*) *Beamtenverhältnis überführen*

Prag·ma·ti·sie·rung die (*österr.*) *Verbeamtung; Übernahme in ein Beamtenverhältnis*

Prag·ma·tis·mus der <-> (*kein Plur.*) **1.** PHILOS. *eine in Amerika von Peirce und James begründete philosophische Schule, die einen sicheren Aufbau von Erkenntnis vorschlägt durch die Kombination von mathematisch-logischer und naturwissenschaftlicher Methodik* **2.** (*geh.*) *eine Einstellung, bei der man nur auf die sachlichen Gegebenheiten und auf praktisches Handeln ausgerichtet ist*

prä·g·nant *Adj.* (*geh.* ≈ *markant*) *knapp, treffend, gehaltvoll* etwas prägnant formulieren

Prä·g·nanz die <-> (*kein Plur.*) *treffende Art und Weise, etwas zu formulieren* die Prägnanz ihrer Formulierungen

Prä·gung die <-, -en> **1.** (*kein Plur.*) *das Prägen* das Recht zur Prägung von Münzen **2.** *ein eingeprägtes Muster* eine Prägung im Papier/auf einer Münze **3.** *eine bestimmte Ausformung von Eigenschaften* eine Gesellschaft westlicher Prägung, die Prägung dieser Generation durch die Kriegsereignisse **4.** BIOL. *der Vorgang, dass Tiere in den ersten Stunden nach der Geburt oder dem Schlüpfen aus dem Ei auf die Stimme oder das Verhalten des Muttertieres geprägt[3] werden, so dass sie keinem anderen Tier folgen* der von Konrad Lorenz geprägte Begriff der „Prägung" **5.** SPRACHWISS. *ein lexikalisch neuer Begriff* Dieses Wort ist eine neue Prägung.

prä·his·to·risch <nicht steig.> *Adj. vorgeschichtlich*

prah·len <prahlst, prahlte, hat geprahlt> *ohne OBJ* ■ *jmd. prahlt* (*abwert.* ≈ *angeben*) *mit übertriebenem Stolz etwas erzählen* mit seinen Erfolgen prahlen

Prah·le·rei die <-, -en> (*abwert.* ≈ *Angeberei*) *das Prahlen mit etwas* seine Prahlerei mit seinen Erfolgen

prah·le·risch *Adj.* (*abwert.* ≈ *angeberisch*) *mit übertriebenem Stolz*

Prahl·hans der <-es, Prahlhänse> (*umg. abwert.*) *Person, die dazu neigt, oft zu prahlen*

Prä·ju·diz das <-es, -e/ien> (*geh.*) *Vorentscheidung einer Rechtsfrage, die sich in einem anderen Rechtstreit erneut stellt* Englische Richter orientieren sich an Präjudizien.

prä·ju·di·zie·ren <präjudizierst, präjudizierte, hat präjudiziert> *mit OBJ* ■ *jmd. präjudiziert etwas einer Entscheidung vorgreifen* Mit der Wahl von Herrn XY als Nachfolger hat der Leiter die Entscheidung des Personalrats präjudiziert.

Prak·tik die <-, -en> **1.** *die Art und Weise, wie man bei etwas vorgeht* geschäftliche Praktiken **2.** (*abwert.*) *unrechtmäßiges Handeln* undurchsichtige Praktiken

Prak·ti·kant, **Prak·ti·kan·tin** der <-en, -en> *jmd., der ein Praktikum absolviert*

Prak·ti·ker, **Prak·ti·ke·rin** der <-s, -> (↔ *Theoretiker*) *eine Person, die große Erfahrungen in der Praxis hat und sich eher auf diese Erfahrungen verlässt als auf Theorien* Er ist ein Praktiker auf dem Gebiet der Wirtschaft/Politik., Einem solchen erfahrenen/gestandenen Praktiker macht man nichts vor.

Prak·ti·kum das <-s, Praktika> *eine Gelegenheit, für eine begrenzte Zeit in einer Firma zu arbeiten, um Berufserfahrung zu sammeln oder als eine Ausbildung zu ergänzen* bei einer Firma ein Praktikum absolvieren, sich um ein Praktikum bewerben ◆ -sstelle

prak·tisch **I.** *Adj.* **1.** (*nicht steig.*) (↔ *theoretisch*) *auf die Wirklichkeit bezogen, die Praxis betreffend* praktische Erfahrungen haben, Das bloße Lernen interessiert ihn weniger, er ist mehr praktisch veranlagt. **2.** *in der Lage, Aufgaben gut zu meistern* Sie ist sehr praktisch veranlagt, sie weiß immer, wie man etwas richtig anfängt. **3.** (↔ *unpraktisch*) *nützlich; leicht zu handhaben* Die Tasche hat Seitenfächer, einen stabilen Griff und praktische Reißverschlüsse. **II.** *Adv. fast; nahezu* Das System hat sich in praktisch allen Ländern durchgesetzt. ■ **ein praktischer Arzt**: *ein nicht spezialisierter, allgemeiner Arzt*

prak·ti·zie·ren <praktizierst, praktizierte, hat praktiziert> **I.** *mit OBJ* **1.** ■ *jmd. praktiziert etwas in der Praxis anwenden* Er praktiziert seinen (religiösen) Glauben., etwas Gelerntes auch wirklich praktizieren **2.** ■ *jmd. praktiziert etwas an eine Stelle jmd. bringt etwas mit großem Aufwand an sei-*

nen Platz Mit einer Pinzette praktizierte er den Nagel wieder in das Loch zurück. **II.** *ohne OBJ* ■ *jmd. praktiziert den Beruf des Arztes ausüben* Er praktiziert schon lange nicht mehr.

Prä·lat der <-en, -en> REL. *höherer kirchlicher Amtsträger*

Pra·li·ne die <-, -n> *ein Stück Konfekt, das mit Schokolade überzogen ist*

prall *Adj.* **1.** *voll gefüllt und fest* ein prall gefüllter Reifen/Sack, ein pralles Segel **2.** *so dick, dass die Haut straff gespannt ist* ein praller Bauch, pralle Wangen ■ **in der prallen Sonne sein**: *ohne Schutz sich in der intensiven, sommerlichen Sonne aufhalten* Sie hat eine Stunde in der prallen Sonne gelegen und schon hat sie einen Sonnenbrand!

pral·len <prallst, prallte, ist geprallt> *ohne OBJ* ■ *jmd. prallt gegen/auf etwas Akk. mit großer Kraft gegen oder auf etwas stoßen* gegen eine Mauer prallen, auf den Boden prallen ▸abprallen, Aufprall

prä·lo·gisch <nicht steig.> *Adj. in dem Zustand, der vor dem logischen Denken des Menschen liegt* Magische Vorstellungen gehören zum prälogischen Denken., Kreativität entwickelt sich aus dem prälogischen Bewusstsein.

Prä·lu·di·um das <-s, Präludien> **1.** MUS. *ein einleitendes Musikstück, dem oft die Fuge folgt* **2.** *ein Ereignis, das etwas einleitet* Der Stehempfang war nur das Präludium zu der eigentlichen Veranstaltung.

Prä·mie die <-, -n> **1.** *ein einmalig ausgezahlter zusätzlicher Geldbetrag, der als Belohnung für eine Leistung dient* zum Jahresende/für besondere Leistungen eine Prämie erhalten, Ich habe beim Preisausschreiben als Prämie ein Buch gewonnen., Für jeden Hinweis auf Ladendiebstahl zahlen wir 50 Euro Prämie. ◆ Leistungs-, Treue- **2.** *das Geld, das jmd. vom Staat oder von der Bank bekommt, der einen langjährigen Sparvertrag abgeschlossen hat* ▸prämienbegünstigt, prämiensparen ◆ Bauspar-, Spar- **3.** *Versicherungbeitrag* eine monatliche Prämie von … zahlen ▸prämienbegünstigt, prämienfrei ◆-ngeschäft, -nsparen, -nsparvertrag

prä·mie·ren, *a.* **prä·mi·ie·ren** <prämierst, prämierte, hat prämiert> *mit OBJ* ■ *jmd. prämiert jmdn./etwas mit einer Prämie[1] auszeichnen* Der Film wurde bei den Filmfestspielen prämiert., Der beste Vorschlag wird prämiert. ▸Prämierung

Prä·mis·se die <-, -n> (*geh.* ↔ *Schlussfolgerung*) *Voraussetzung, Annahme* unter der Prämisse, dass …, Sie gehen von falschen Prämissen aus!

pran·gen <prangst, prangte, hat geprangt> *ohne OBJ* ■ *etwas prangt irgendwo* (*geh.*) **1.** *irgendwo auffällig angebracht sein* Das Schild prangte groß über dem Eingang. **2.** *auffällig und schön aussehen* Der Baum prangte in herrlicher Blütenpracht.

Pran·ger der <-s, -> GESCH. *eine Säule auf einem öffentlichen Platz, an der Menschen zur Strafe für ihre Taten zur Schau gestellt wurden* Der Verbrecher wurde an den Pranger gestellt. ■ **jemanden/etwas an den Pranger stellen** (*übertr.*): *die Fehler von jmdm. oder etwas öffentlich tadeln* ▸anprangern

Pran·ke die <-, -n> **1.** (≈ *Tatze*) *die Pfote eines großen Raubtiers* die Pranke des Löwen **2.** (*umg. scherzh. abwert.*) *große Hand* Er hat ja richtige Pranken.

Prä·pa·rat das <-(e)s, -e> **1.** MED. CHEM. *ein Medikament* ein neues/teures/wirksames Präparat **2.** MED. ANAT. *ein haltbar gemachter Körperteil für die Forschung oder als Anschauungsmaterial für die Ausbildung von Medizinern* Präparate von Organen/Gliedmaßen/Tieren

prä·pa·rie·ren <präparierst, präparierte, hat präpariert> **I.** *mit OBJ* ■ *jmd. präpariert etwas* **1.** *auf Dauer haltbar machen* ein Organ/Gewebe präparieren ▸Präparator **2.** MED. *zu Forschungszwecken zerlegen* Organe/Gewebe/Versuchstiere präparieren **3.** *einen Text lesen und für die Bearbeitung vorbereiten* Ich habe die Vokabeln schon herausgeschrieben und so den lateinischen Text schon präpariert. ▸Präparation **4.** *vorbereiten* eine Skipiste präparieren, etwas für den Versand präparieren **II.** *mit SICH* ■ *jmd. präpariert sich* (*geh.*) *sich auf etwas vorbereiten* sich auf eine Exkursion präparieren, gut präpariert zur Prüfung kommen

Prä·po·si·ti·on die <-, -en> (SPRACHWISS.: ≈ *Verhältniswort*) *ein Wort, das vor einem Substantiv oder Pronomen steht und angibt, in welchem Verhältnis das Wort zur ganzen Aussage steht* Der Satz „Ich traf ihn vor der Tür" enthält die Präposition „vor"., Eine Präposition fordert einen bestimmten Kasus. ▸präpositional

> **i Wissenswert** **Präpositionen** sind Verhältniswörter. Sie geben an, in welchem Verhältnis Personen, Dinge oder Vorgänge zueinander stehen. Die Art des Verhältnisses kann lokal („hinter dem Haus"), temporal („seit drei Tagen"), kausal („dank deiner Hilfe") oder modal („mit Absicht") sein. Präpositionen können zu verschiedenen Wortarten in einem Verhältnis stehen: zu einem Verb („sich sorgen um"), zu einem Adjektiv („eifersüchtig auf") oder zu einem Nomen („die Sorge um"). Präpositionen bestimmen den Kasus: 1. Präpositionen mit Genitiv: Ungeachtet meines Schreibens äußerte er sich nicht zu dieser Angelegenheit. 2. Präpositionen mit Dativ: Ihm zufolge soll er in diese Sache verwickelt gewesen sein. 3. Präpositionen mit Akkusativ: Ohne darüber nachzudenken, stimmte er der Sache zu. Präpositionen wie an, auf, entlang, hinter, in, neben, unter, über, vor und zwischen können mit Dativ und mit Akkusativ stehen. Mit Dativ bezeichnen sie den Ort, an dem sich eine Person oder Sache befindet (wo?): Das Fahrrad steht hinter dem Haus. Präpositionen mit Akkusativ drücken eine Bewegung aus (wohin?). Ich stelle das

Fahrrad hinter das Haus. Beachte die Rechtschreibung der substantivierten Verben: beim Radfahren, zum Wandern, ins Schwärmen.

prä·po·tent *Adj.* (*geh. abwert.* ≈ *arrogant*) *so, dass jmd. so auftritt, als wäre er sehr mächtig, aber eigentlich nur angibt*

Prä·rie die <-, -n> *Grassteppe auf dem nordamerikanischen Kontinent*

Prä·ro·ga·tiv das <-s, -e> GESCH. *ein Vorrecht eines Herrschers, das er unabhängig von den Volksvertretern ausüben kann*

Prä·sens das <-, Präsentia/Präsenzien> SPRACHWISS. *Zeitform des Verbs; Gegenwart* Im Satz: „Ich lese gerade." ist „lese" ein Verb im Präsens.

i Wissenswert Das **Präsens** ist eine Zeitform des Verbs. Es bezeichnet: a. ein gegenwärtiges Geschehen, das zum Zeitpunkt des Sprechens noch andauert. Ich schreibe einen Brief. b. ein zukünftiges Geschehen: Ich komme morgen. c. allgemeingültige oder sich wiederholende Sachverhalte. Sie spielt gut Klavier. d. vergegenwärtigt Vergangenes, um es zu verlebendigen. Am 11. November 1989 fällt die Mauer.

prä·sent <nicht steig.> *Adj.* (*geh.*) *anwesend; gegenwärtig* ein stets präsentes Problem, bei einer Versammlung präsent sein ■ **etwas präsent haben** (*umg.*): *sich an etwas erinnern*

Prä·sent das <-(e)s, -e> (*geh.*) *ein Geschenk* jemandem ein Präsent machen ◆-korb

Prä·sen·ta·ti·on die <-, -en> **1.** *das Darstellen einer Sache vor einem Publikum* die Präsentation der neuen Winterkollektion, Die Präsentation der Ausstellungsobjekte im Museum ist sehr übersichtlich und informativ., die Präsentation der neuen Werbestrategie durch den Werbeleiter **2.** *das Vorlegen eines Wechsels* **3.** *Vorschlag für ein Amt* ◆-srecht

prä·sen·tie·ren <präsentierst, präsentierte, hat präsentiert> **I.** *mit OBJ* ■ *jmd. präsentiert jmdn./etwas* **1.** *zeigen; vorstellen* den Eltern den neuen Freund präsentieren, die neue Sommerkollektion präsentieren **2.** *anbieten, überreichen* eine Schale mit Gebäck präsentieren, Zum Schluss präsentierte man uns die Rechnung. **3.** *einen Wechsel vorlegen* **II.** *mit SICH* ■ *jmd. präsentiert sich irgendwie sich zeigen; sich vorstellen* Die Mannschaft präsentierte sich in Bestform. ■ **das Gewehr präsentieren** MILIT.: *das Gewehr gerade in senkrechter Position vor dem Körper halten*

Prä·sen·tier·tel·ler ■ **jemand sitzt auf dem Präsentierteller**: *jmd. fühlt sich unwohl, weil er auf einem auffälligen Platz sitzt, wo er den Blicken von allen ausgesetzt ist*

Prä·senz die <-> (*kein Plur.*) (*geh.*) **1.** (↔ *Abwesenheit*) *Anwesenheit* Durch die Präsenz der Polizei bei der Demonstration konnten Krawalle verhindert werden. ◆-liste **2.** (≈ *Geistesgegenwart*) *geistige Klarheit und Aufmerksamkeit* Er ist ein Künstler mit großer Präsenz und Ausstrahlung. ◆ Bühnen-

Prä·senz·bi·b·li·o·thek die <-, -en> *eine Bibliothek, aus der Bücher nicht ausgeliehen werden, sondern nur in den Räumen der Bibliothek gelesen werden können*

Prä·senz·dienst der <-es,-e> (*österr.*) *Grundwehrdienst*

Prä·senz·pflicht die <-, -en> (≈ *Anwesenheitspflicht*) *die Pflicht, irgendwo regelmäßig anwesend zu sein*

Prä·ser·va·tiv das <-s, -e> (≈ *Kondom*) *eine Gummihülle, die beim Geschlechtsverkehr als Mittel der Empfängnisverhütung und/oder zum Schutz vor Geschlechtskrankheiten über den Penis des Mannes gestreift wird*

Prä·ses der <-, Präsides/Präsiden> REL. *Vorsitzender in der Kirchenleitung*

Prä·si·dent, Prä·si·den·tin der <-en, -en> **1.** POL. *die Person, die das höchste Staatsamt in einer Republik bekleidet* der Präsident der Republik ◆-enamt, -enkandidatur, Bundes-, Minister-, Staats- **2.** *die Person, die einer Institution oder Organisation vorsteht* der Präsident der Akademie/des Fußballvereins/des Gerichts ◆-schaft

Prä·si·den·ten·wahl die <-, -en> *die Wahl ins Amt des Präsidenten*

prä·si·die·ren <präsidierst, präsidierte, hat präsidiert> *ohne OBJ* ■ *jmd. präsidiert irgendwo* (*geh.*) *den Vorsitz haben* in einer Versammlung präsidieren

Prä·si·di·um das <-s, Präsidien> **1.** (*kein Plur.*) *Vorsitz; Leitung* im Präsidium der Versammlung sitzen ▶präsidial, Präsidialgewalt, Präsidialsystem **2.** *leitendes Gremium, Direktion* jmdn. in das Präsidium der Akademie wählen ◆-smitglied, Partei- **3.** *Amtsgebäude der Polizei oder einer Regierung* jemanden mit aufs Präsidium nehmen

prä·skrip·tiv <nicht steig.> *Adj.* (*fachspr.* ≈ *normativ* ↔ *deskriptiv*) *so, dass etwas aussagt, wie eine bestimmte Sache sein soll*

pras·seln <prasselt, prasselte, hat/ist geprasselt> *ohne OBJ* **1.** ■ *etwas prasselt* (*haben*) *ein lautes knatterndes Geräusch machen* Das Feuer prasselte., Der Regen hat geprasselt. **2.** ■ *etwas prasselt auf etwas Akk.* (*sein*) *prasselnd irgendwohin fallen* Der Regen ist auf das Dach geprasselt.

pras·sen <prasst, prasste, hat geprasst> *ohne OBJ* ■ *jmd. prasst* (*abwert.* ≈ *schwelgen*) *verschwenderisch leben* Der Fürst prasste, aber die Bauern lebten im Elend. ▶Prasser

prä·sta·bi·li·ert <nicht steig.> *Adj.* PHILOS. *festgelegt vor der tatsächlichen Existenz von etwas* In der prästabilierten Harmonie hat Gott den inneren Zusammenhang von Leib und Seele festgesetzt.

prä·ten·ti·ös [prɛtɛnˈtsi̯øːs] *Adj.* (*geh. abwert.*) *übertrieben anspruchsvoll* ein prätentiöses Programm ▶prätendieren

Prä·te·ri·tum das <-s, Präterita> (SPRACHWISS.: ≈ *Imperfekt*) *eine Zeitform des Verbs; Vergangenheit*

Im Satz: „Er sagte nichts dazu." ist „sagte" ein Verb im Präteritum.

i Wissenswert Das **Präteritum** ist eine Zeitform des Verbs. Das Präteritum bezeichnet a. Vorgänge, die zum Zeitpunkt des Sprechens vergangen und abgeschlossen sind: Nachmittags begann es zu regnen. b. Es ist das Erzähltempus der geschriebenen Sprache. c. Es wird bei den Verben „haben", „sein", „werden", sowie bei den Modalverben statt eines Perfekts verwendet.

Prä·ven·ti·on die <-, -en> (*fachspr.* ≈ *Vorbeugung*) *eine Vorsorge, durch die man etwas Schlimmes zu verhindern versucht* Man sollte weniger auf Bestrafung und mehr auf Prävention von Verbrechen setzen., Es ist wichtig, dass Krankenkassen mehr für die Prävention von schweren Krankheiten tun.

prä·ven·tiv <nicht steig.> *Adj.* (*geh.*) *vorbeugend, abschreckend* präventive Maßnahmen ergreifen

Prä·ven·tiv·krieg der <-(e)s, -e> *ein Krieg, der dem Angriff durch einen anderen Staat zuvorkommen soll*

Prä·ven·tiv·me·di·zin die <-> (*kein Plur.*) (MED.: ↔ *Kurativmedizin*) *die Richtung der Medizin, die Vorbeugung und Früherkennung von Krankheiten betreibt*

Prä·ven·tiv·schlag der <-(e)s, -e> MILIT. *ein militärischer Angriff, der einem Angriff durch einen anderen Staat zuvorkommen soll*

Pra·xis die <-, Praxen> **1.** *die Räume, in denen ein Arzt oder ein Anwalt seinen Beruf ausübt* eine eigene Praxis eröffnen ◆-räume, Arzt-, Anwalts-, Gemeinschafts- **2.** (*kein Plur.*) *eine bestimmte Art und Weise, etwas zu tun* die Praxis der Abschiebung von Asylbewerbern **3.** (*kein Plur.*) (↔ *Theorie*) *der Bereich der praktischen Anwendung von Gedanken* Ob seine Theorie richtig war, wird sich in der Praxis zeigen. ◆-erfahrung, -test **4.** *die Zeit der Ausübung einer Tätigkeit, in der man Erfahrungen macht* Er hat schon einige Jahre berufliche Praxis hinter sich. ◆Berufs-, Fahr-, Unterrichts-, Verkaufs-

Pra·xis·be·zug der <-s> (*kein Plur.*) *Verbindung einer Theorie mit der Praxis*[3] Es ist wichtig, dass bei der Ausbildung schon von Anfang an der Praxisbezug der Lehrstoffe vermittelt wird.

pra·xis·fremd <nicht steig.> *Adj.* (↔ *praxisnah*) *ohne Bezug zur Praxis*[3] Man merkt, dass er den Plan am Schreibtisch ausgedacht hat – sein Vorschlag ist vollkommen praxisfremd! ►Praxisfremdheit

pra·xis·nah <nicht steig.> *Adj.* (↔ *praxisfremd*) *an der Praxis*[3] *ausgerichtet* eine praxisnahe Ausbildung ►Praxisnähe

Prä·ze·denz·fall der <-(e)s, Präzedenzfälle> RECHTSW. *ein Rechtsfall, an dem sich die weitere Rechtsprechung als Beispiel orientiert* Mit diesem Urteil hat das Gericht einen Präzedenzfall geschaffen.

prä·zis, a. **prä·zi·se** *Adj.* (≈ *exakt* ↔ *ungenau, vage*) *genau* etwas präzise beschreiben

prä·zi·sie·ren <präzisierst, präzisierte, hat präzisiert> *mit OBJ* ■ *jmd. präzisiert etwas genauer ausdrücken* eine Aussage/die Angaben präzisieren

Prä·zi·si·on die <-> (*kein Plur.*) (≈ *Exaktheit*) *Genauigkeit* Die Maschine arbeitet mit größter Präzision. ◆-sarbeit, -sinstrument

pre·di·gen <predigst, predigte, hat gepredigt> **I.** *mit OBJ* ■ *jmd. predigt etwas* **1.** REL. *Gottes Wort verkündigen* das Evangelium predigen **2.** (*umg.*) *etwas immer wieder in belehrender Absicht wiederholen* Seine Mutter predigte ihm immer wieder, doch pünktlich zu sein., jemandem gutes Benehmen predigen **II.** *ohne OBJ* ■ *jmd. predigt* (*irgendwann/irgendwie*) REL. *eine Predigt halten* Worüber wird der Pfarrer heute predigen?, Er predigt heute unter freiem Himmel., Heute predigt Pfarrer Müller.

Pre·di·ger, **Pre·di·ge·rin** der <-s, -> **1.** *eine Person, die im Auftrag der Kirche im Gottesdienst predigt*[1] Prediger in ein Land schicken, um das Evangelium zu verkünden **2.** *eine Person, die eindringlich zu etwas aufruft* eine Predigerin für Toleranz und gegen Rassenhass

Pre·digt die <-, -en> **1.** *eine Rede über ein religiöses Thema im Rahmen eines Gottesdienstes* der Pfarrer hält eine Predigt über die Nächstenliebe ◆Sonntags-, Weihnachts-, -amt, -stuhl, -text **2.** (*umg. abwert.*) *eine lange, eindringliche Ermahnung* jemandem eine Predigt über Pflichtbewusstsein halten ◆Moral-

Preis der <-es, -e> **1.** *das Geld, das für eine Ware beim Kauf zu bezahlen ist* angemessene/faire/überzogene Preise, Die Preise steigen/bleiben stabil/sinken/schwanken., jemandem einen guten Preis (für etwas) machen ◆Brutto-, Durchschnitts-, Einkaufs-, Eintritts-, Lebensmittel-, Netto- , Pauschal-, Sonder-, Verkaufs- **2.** (*übertr.*) *etwas, das man gibt, um einen Wert zu erlangen* Für Ruhm und Anerkennung hat er einen hohen Preis bezahlt – er hat seine Gesundheit ruiniert. **3.** *eine Auszeichnung, die jmd. für eine Leistung in einem Wettbewerb erhält* der erste Preis in einem Schönheitswettbewerb, um einen Preis wetteifern, den die Stadt/eine Gesellschaft für etwas ausgeschrieben hat, einen Preis ausschreiben/stiften ◆-träger(in), -verleihung, Friedens-, Kunst-, Literatur-, Nobel- **4.** *eine Belohnung, die jmd. für seine Teilnahme an einem Preisausschreiben bekommt* ■ **etwas unter Preis verkaufen**: *etwas viel billiger verkaufen, als der festgesetzte Preis ist* **um jeden Preis**: *auf jeden Fall, unbedingt*

Preis·an·ga·be die <-, -n> *die Angabe des Preises an einer Ware* Die Preisangabe auf dem Preisschild stimmte nicht.

Preis·an·stieg der <-(e)s, -e> WIRTSCH. *eine Erhöhung der Preise* ein Preisanstieg bei Nahrungsmitteln/Benzin

Preis·auf·schlag der <-(e)s, Preisaufschläge> WIRTSCH. *ein Betrag, der zum Preis hinzukommt*

für Einzelzimmer/Sonderanfertigungen einen Preisaufschlag verlangen

Preis·aus·schrei·ben das <-s, -> *ein Wettbewerb, bei dem man eine Preisfrage lösen muss und unter den Teilnehmern mit der richtigen Antwort ein Preis[4] verlost wird*

Preis·aus·zeich·nung die <-, -en> WIRTSCH. *die Angabe des Preises an einer Ware oder für Dienstleistungen* Waren/Dienstleistungen, die regelmäßig angeboten werden, müssen durch Preisauszeichnung gekennzeichnet sein. ◆-spflicht

preis·be·wusst <nicht steig.> *Adj. so, dass man auf einen niedrigen Preis achtet* ein preisbewusster Kunde, preisbewusst einkaufen

Preis·bin·dung die <-, -en> WIRTSCH. *die gesetzliche oder vertragliche Verpflichtung zur Einhaltung festgelegter Preise*

Prei·sel·bee·re die <-, -n> **1.** *eine rote Beere von säuerlichem Geschmack, die an kleinen Sträuchern im Wald wächst* Wildgerichte mit Preiselbeeren servieren **2.** *ein Strauch, an dem Preiselbeeren[1] wachsen*

Preis·emp·feh·lung die <-, -en> (WIRTSCH.: ↔ *Preisbindung*) *eine Empfehlung des Herstellers für den Verkaufspreis eines Produkts im Einzelhandel* unverbindliche Preisempfehlung

preisen <preist, pries, hat gepriesen> *mit OBJ* ■ *jmd. preist jmdn./etwas* (*geh.* ≈ *rühmen*) *sehr loben* den guten Service in einem Hotel preisen, die Vorzüge des neuen Mitarbeiters preisen, eine viel gepriesene Sängerin ■ **jemanden/sich glücklich preisen**: *jmdn. oder sich glücklich nennen* Er kann sich glücklich preisen, eine Lehrstelle bekommen zu haben.

Preis·er·hö·hung die <-, -n> (↔ *Preissenkung*) *der Vorgang, dass der Preis für ein Produkt heraufgesetzt wird*

Preis·fra·ge die <-, -n> **1.** *Frage in einem Preisrätsel* Die Preisfrage lautet … **2.** (*umg.*) *eine schwierige Frage* Was wir jetzt tun sollen, das ist hier die Preisfrage. **3.** *eine Frage des zu zahlenden Preises* Ob ich das kaufe, ist eine reine Preisfrage.

Preis·ga·be die <-> (*kein Plur.*) *das Preisgeben*

preis·ge·ben <gibst preis, gab preis, hat preisgegeben> *mit OBJ* **1.** ■ *jmd. gibt etwas preis verraten* ein Geheimnis preisgeben **2.** ■ *jmd. gibt jmdn./ein Lebewesen etwas Dat. preis* (≈ *ausliefern*) *aufhören, jmdn. oder ein Lebewesen zu schützen* Menschen dem Hungertod preisgeben, die Pflanzen der Hitze preisgeben, Er hat ihn dem Spott der Kollegen preisgegeben.

preis·ge·krönt <nicht steig.> *Adj. durch die Verleihung eines Preises[3] ausgezeichnet* ein preisgekrönter Film

Preis·geld das <-(e)s, -er> *Gesamtwert der in einem Wettbewerb zur Verfügung stehenden Preise[3]*

Preis·ge·richt das <-s, -e> (≈ *Jury*) *das Gremium, das über die Verleihung eines Preises[3] entscheidet* ▶Preisrichter

preis·güns·tig *Adj.* **1.** (≈ *preiswert*) *so, dass man für relativ wenig Geld relativ gut kaufen kann* ein preisgünstiges Angebot **2.** (*verhüll.*) *billig* Haben Sie es nicht etwas preisgünstiger?

Preis·kampf der <-(e)s, Preiskämpfe> WIRTSCH. *der Kampf von Unternehmen, sich gegenseitig mit immer niedrigeren Preisen[1] zu unterbieten*

Preis-Leis·tungs-Ver·hält·nis das <-ses> (*kein Plur.*) WIRTSCH. *das Verhältnis des zu zahlenden Preises[1] und der Ware oder der Leistung, die man dafür bekommt* ein günstiges Preis-Leistungs-Verhältnis

preis·lich <nicht steig.> *Adj. den zu zahlenden Preis[1] betreffend* preisliche Unterschiede

Preis-Lohn-Spi·ra·le die <-, -n> WIRTSCH. *der Vorgang, dass steigende Preise höhere Lohnforderungen nach sich ziehen, und dass höhere Löhne auch zu höheren Preisen der Konsumgüter führen*

Preis·nach·lass der <-es, Preisnachlässe> (WIRTSCH.: ≈ *Rabatt*) *eine Verringerung des zu zahlenden Preises[1]* Bei Bestellungen über 100 Stück gewähren wir einen Preisnachlass.

Preis·ni·veau das <-s, -s> WIRTSCH. *der Durchschnittswert der zu zahlenden Preise[1]* ein gestiegenes/hohes/stabiles Preisniveau

Preis·po·li·tik die <-> (*kein Plur.*) **1.** WIRTSCH. *der Teil der Politik eines Unternehmens, in dem Kalkulationen und Marktforschung bei der Festsetzung der Preise wichtig sind* **2.** POL. *alle staatlichen Maßnahmen, die auf die Preise Einfluss haben*

Preis·rät·sel das <-s, -> (≈ *Preisausschreiben*) *ein Wettbewerb, bei dem unter den Teilnehmern, die eine Frage richtig beantworten, ein Preis[4] verlost wird*

Preis·re·la·ti·on die <-, -en> *das Verhältnis zwischen vergleichbaren Preisen[1]*

Preis·rück·gang der <-s, Preisrückgänge> (↔ *Preisanstieg*) *das Sinken der Preise*

Preis·schild das <-(e)s, -er> *Schild an einer Ware mit der Angabe des Preises[1]*

Preis·schla·ger der <-s, -> *Ware zu stark herabgesetzten Preisen[1]*

Preis·schwan·kung die <-, -en> (*meist Plur.*) *der Vorgang, dass Preise öfter deutlich steigen oder sinken*

Preis·sen·kung die <-, -en> *Senkung der zu zahlenden Preise[1] für bestimmte Waren* eine Preissenkung bei Winterkleidung

Preis·span·ne die <-, -en> *der Bereich zwischen dem niedrigsten und dem höchsten Preis[1], in dem Preise für eine bestimmte Ware gewöhnlich liegen*

Preis·sta·bi·li·tät die <-> (*kein Plur.*) WIRTSCH. *das relative Gleichbleiben von Preisen[1], so dass es wenige Preisschwankungen gibt* Preisstabilität anstreben/erreichen

Preis·stei·ge·rung die <-, -en> *Erhöhung der zu zahlenden Preise[1] für bestimmte Waren* eine Preissteigerung bei Schweinefleisch

Preis·stopp der <-s, -s> *eine preispolitische Maßnahme, durch die bestimmte Höchstpreise oder Festpreise amtlich festgelegt werden*

Preis·sturz der <-es, Preisstürze> *eine plötzliche*

Preissenkung

Preis·trä·ger, **Preis·trä·ge·rin** der <-s, -> *Person, die einen Preis*[3] *in einem Wettbewerb erhalten hat*

preis·trei·bend <nicht steig.> *Adj. so, dass Preise in die Höhe getrieben werden* ▶Preistreiber, Preistreiberei

Preis·ver·fall der <-s> (*kein Plur.*) *ein starker Rückgang der Preise*[1] *bei bestimmten Waren* (*durch Überangebot*)

Preis·ver·ord·nung die <-, -en> *eine preisrechtliche Verordnung*[1] *bei bestimmten Waren* (*bei Überangebot*)

preis·wert *Adj.* **1.** (≈ *preisgünstig*) *so, dass man für relativ wenig Geld relativ gut kaufen kann* ein preiswerter Urlaub **2.** (*verhüll.*) *billig* Haben Sie es nicht etwas preiswerter?

pre·kär <nicht steig.> *Adj.* (*geh.*) *schwierig, unangenehm* sich in einer prekären Lage befinden

Prell·bock der <-s, Prellböcke> *ein Hindernis am Ende eines Gleises, um einen Zug durch Aufprall auf dieses Hindernis notfalls stoppen zu können*

prel·len <prellst, prellte, hat/ist geprellt> **I.** *mit OBJ* **1.** ■ *jmd. prellt jmdn. um etwas* (<haben> *umg.*) *jmdn. betrügen, indem man ihm nicht das gibt, was ihm zusteht* Er hat den ehrlichen Finder um seine Belohnung geprellt. ■ **die Zeche prellen**: *im Lokal die Rechnung nicht bezahlen* Der Wirt ist allein in der letzten Woche drei Mal geprellt worden. ▶Zechprellerei **2.** ■ *jmd. prellt* (*sich*) *etwas* (*haben*) *durch einen Stoß verletzen* sich das Handgelenk prellen, Ich habe (mir) den Fuß geprellt. **II.** *mit SICH* ■ *jmd. prellt sich* ((*haben*)) *sich durch einen Stoß verletzen* sich (an der Schulter) prellen

Prel·lung die <-, -en> MED. *durch einen Stoß hervorgerufene Verletzung*

Pre·mi·er der [prəˈmi̯eː/preˈmi̯eː] <-s, -s> *kurz für „Premierminister"*

Pre·mi·e·re die [prəˈmi̯eːrə] <-, -n> THEAT. FILM. MUS. *die erste Aufführung einer künstlerischen Produktion* Zur Premiere waren viele Prominente erschienen. ◆-nabend, -publikum, Welt-

Pre·mier·mi·nis·ter, **Pre·mier·mi·nis·te·rin** der <-s, -s> POL. *in manchen Ländern: Person, die die Regierung leitet* der französische Premierminister

Pres·by·ter der <-s, -> REL. **1.** *katholischer Priester* **2.** (*evangelischer*) *Vertreter der Kirchengemeinde im Presbyterium*

Pres·by·te·ri·um das <-, Presbyterien> REL. **1.** *Gesamtheit der* (*katholischen*) *Priester in einer Diözese* **2.** *Vorstand einer evangelischen Kirchengemeinde, der aus dem Pfarrer und gewählten Vertretern der Gemeinde besteht*

pre·schen <preschst, preschte, ist geprescht> *ohne OBJ* ■ *jmd. prescht irgendwohin* (*umg.*) *sehr schnell laufen oder fahren* vorwärts preschen, ins Ziel preschen, über die Kreuzung preschen

Pres·se die <-, -n> **1.** *eine mechanische Vorrichtung zum Pressen von Obst, um Saft zu gewinnen* eine hydraulische Presse, eine Presse für Obst ◆Most-, Saft-, Zitronen- **2.** (*kein Plur.*) *das Zeitungswesen und seine Mitarbeiter* die Vertreter der Presse **3.** (*kein Plur.*) *die Gesamtheit aller Zeitungen und Zeitschriften* eine Übersicht über die Kommentare der Presse ■ **eine gute Presse haben/bekommen**: *in den Zeitungen gelobt werden* ◆Auslands-, Fach-, Tages-, Welt-

Pres·se·a·gen·tur die <-, -en> *eine Agentur, die Presse*[2] *, Funk und Fernsehen mit Nachrichten beliefert*

Pres·se·amt das <-s, Presseämter> *Pressestelle einer Regierung* ◆Bundes-

Pres·se·chef der <-s, -s> *Leiter einer Pressestelle*

Pres·se·clip·ping das <-s, -s> (WIRTSCH.: *PR*) **1.** *der Vorgang, dass jmd. alle Meldungen in der Presse*[3] *zu einem Produkt oder zu einer Aktivität des Unternehmens herausschneidet* **2.** *die durch Presseclipping*[1] *gewonnene Informationsmappe, die den Stand der medialen Berichterstattung über ein Produkt oder eine Unternehmensaktivität darstellt*

Pres·se·dienst der <-s, -e> *von privaten und öffentlichen Stellen und von Presseagenturen herausgegebene Sammlung von Nachrichten und Informationen*

Pres·se·er·klä·rung die <-, -en> *an die Presse*[2] *adressierte Erklärung, die eine Person des öffentlichen Lebens abgibt* eine Presseerklärung abgeben

Pres·se·fo·to·graf, **Pres·se·fo·to·gra·fin** der <-en, -en> *eine Fotograf, der seine Fotos an die Presse*[2] *verkauft*

Pres·se·frei·heit die <-> (*kein Plur.*) RECHTSW. *das verfassungsmäßige Grundrecht der Presse*[2] *zur freien Beschaffung und Verbreitung von Information* sich auf die Pressefreiheit berufen

Pres·se·kon·fe·renz die <-, -en> *eine für Vertreter der Presse*[2] *gedachte Informationsveranstaltung* eine Pressekonferenz geben/abhalten

Pres·se·kon·zern der <-s, -e> *ein Unternehmen, das viele Zeitungen und Zeitschriften in hoher Auflage in einem oder mehreren Verlagen herausbringt*

Pres·se·mel·dung die <-, -en> *eine Meldung in der Presse*[3]

pres·sen <presst, presste, hat gepresst> **I.** *mit OBJ* **1.** ■ *jmd. presst etwas etwas durch Druck in eine bestimmte Form oder Verfassung bringen* Schallplatten pressen, (Stroh zu) Ballen pressen, Blätter/Blumen pressen, ein zu Tabletten gepresstes weißes Pulver **2.** ■ *jmd. presst etwas* (*aus etwas Dat.*) *durch Druck bewirken, dass eine Flüssigkeit oder eine breiige Substanz aus etwas heraukommt* den Saft aus Oliven/Wein/Zitronen pressen, den Inhalt aus einer Tube pressen **3.** ■ *jmd. presst etwas* (*an etwas Akk.*) *irgendwohin drücken* die Stirn ans Fenster pressen, den Freund an die Brust pressen, sich flach an die Wand pressen, die Sachen in einen Koffer pressen, Kartoffeln durch ein Sieb pressen **4.** ■ *jmd. presst jmdn. zu etwas* (*geh.*) *zwingen* jemanden zum Militärdienst pressen, Die Polizei presste ihn, Aussagen über seinen Freund zu machen. **II.** *ohne OBJ* ■ *jmd. presst heftig drücken* bei der Geburt pressen ▶Presswehen

Pres·se·no·tiz die <-, -en> *eine kleine Meldung in der Presse*[3]

Pres·se·or·gan das <-s, -e> *eine bestimmte Zeitschrift oder Zeitung, durch die eine Institution Informationen veröffentlicht*

Pres·se·recht das <-s, -e> RECHTSW. *der Bereich des Rechts, der die Pressefreiheit und die besonderen rechtlichen Bestimmungen für Angehörige der Presse betrifft*

Pres·se·schau die <-, -en> *eine Sendung im Radio, die Überblick über die aktuellen Pressestimmen zu einem Thema gibt*

Pres·se·spre·cher, **Pres·se·spre·che·rin** der <-s, -> *eine Person, die von einer Organisation oder einem Unternehmen angestellt ist, um Informationen in die Öffentlichkeit zu geben*

Pres·se·stel·le die <-, -n> *eine Einrichtung in Organisationen, die die Massenmedien über öffentlich interessante Ziele und Prozesse der Organisation informiert, und die die Berichterstattung über die Organisation aufmerksam zur Kenntnis nimmt*

Pres·se·stim·me die <-, -n> *eine Meinungsäußerung eines Journalisten in einer Zeitung zu einem aktuellen Thema*

Pres·se·ver·tre·ter der <-s, -> *eine Journalist, der eine bestimmte Zeitung oder ein bestimmtes Presseorgan vertritt*

Pres·se·we·sen das <-s> (*kein Plur.*) *alles, was mit der Presse zusammenhängt*

Pres·se·zen·sur die <-> (*kein Plur.*) *die Einschränkung der Pressefreiheit durch staatliche Eingriffe, so dass Meldungen und Meinungen nicht mehr frei veröffentlicht werden können, sondern vor der Veröffentlichung einer staatlichen Kontrolle unterzogen werden*

Pres·se·zen·t·rum das <-s, Pressezentren> *für Vertreter der Presse*[2] *vorübergehend eingerichtete Räume bei einer größeren Veranstaltung* das Pressezentrum der Konferenz/der Tour de France

pres·sie·ren <pressierst, pressierte, hat pressiert> **I.** *ohne OBJ* ■ *jmd. pressiert* (*schweiz.*) *jmd. eilt sich* Wir pressieren und können deshalb nicht länger warten. **II.** *mit ES* ■ *es pressiert jmdm.* (*umg. süddt. österr. schweiz.*) *eilig oder dringlich sein* Mir pressiert's aber jetzt!, Mit dieser Sache pressiert es (uns) sehr.

Pres·si·on die <-, -en> (*meist Plur.*) (*geh.*) *Druck; Zwang* Pressionen auf jemanden ausüben, Die staatlichen Pressionen gegen die Minderheit der Bevölkerung wurden immer stärker.

Press·luft die <-> (*kein Plur.*) TECHN. *unter Hochdruck stehende Luft*

Press·luft·boh·rer der <-s, -> *ein mit Pressluft betriebener Bohrer*

Press·luft·ham·mer der <-s, -> *ein Stoß- und Schlagwerkzeug, das durch Druckluft betrieben wird* (*und vor allem bei Straßenbauarbeiten eingesetzt wird*)

Press·we·he die <-, -n> (*meist Plur.*) MED. *die Art von Geburtswehe, bei der durch kräftiges Bauchpressen die Austreibung des Kindes aus dem Mutterleib einsetzt*

Pres·tige das [prɛsˈtiːʒə] <-s> (*kein Plur.*) (*geh.* ≈ *Ansehen*) *öffentliche Geltung oder Rang einer Person oder Institution* an Prestige gewinnen/verlieren, auf sein Prestige bedacht sein ▶prestigeträchtig

Pres·to das <-s, -s/Presti> MUS. **1.** *schnelles Tempo* **2.** *ein Musikstück in schnellem Tempo*

Pre·ti·o·sen *s.* **Preziosen**

Pre·to·ri·a das <-s> *Hauptstadt der Republik Südafrika*

Preu·ßen <-s> GESCH. *ehemaliges Königreich in Deutschland*

preu·ßisch <nicht steig.> *Adj. zu Preußen gehörend*

pre·zi·ös <nicht steig.> *Adj.* (≈ *künstlich*) *so, dass jmd. sich unnatürlich geziert benimmt* Sie hat sich auf eine preziöse Art bedankt.

Pre·zi·o·sen, *a.* **Pre·ti·o·sen** *Plur.* (*geh.*) *Kostbarkeiten; Schmuck* ◆ Schreibung mit z oder t→R 2.20 die Preziosen einer Sammlung

pri·ckeln <prickelt, prickelte, hat geprickelt> *ohne OBJ* ■ *etwas prickelt* **1.** *ein angenehm kitzelndes Gefühl verursachen* Das Brausepulver prickelt auf der Zunge., prickelnd frisches Wasser **2.** *von einem (angenehm) kitzelnden Gefühl erfüllt sein* die Haut prickelt **3.** *kleine Bläschen bilden* der Sekt prickelt im Glas, prickelndes Mineralwasser

pri·ckelnd *Adj.* (≈ *aufregend*) ein prickelndes Abenteuer, prickelnde Erwartung

Priel der <-(e)s, -e> *eine schmale Rinne im Wattenmeer, die auch bei Ebbe noch Wasser führt*

Priem der <-(e)s, -e> (*ein Stück*) *Kautabak*

prie·men <priemst, priemte, hat gepriemt> *ohne OBJ* ■ *jmd. priemt Kautabak kauen*

Pries·ter, **Pries·te·rin** der <-s, -> REL. **1.** *eine Person, die zwischen Gott und den Menschen vermittelt und dazu eine besondere Berufung (Weihe) hat* eine Priesterin im Tempel der Artemis **2.** (*keine feminine Form*) (↔ *Laie*) *katholischer Geistlicher* vom Bischof zum Priester geweiht werden

Pries·ter·amt das <-(e)s, Priesterämter> REL. *das Amt eines Priesters*[1 2]

Pries·ter·ge·wand das <-(e)s, Priestergewänder> REL. *das Gewand, das ein Priester*[2] *im Gottesdienst trägt*

Pries·ter·se·mi·nar das <-s, -e> REL. *Ausbildungsstätte für katholische Geistliche*

Pries·ter·tum das <-s> (*kein Plur.*) REL. **1.** *die Gesamtheit der Priester in einer Religionsgemeinschaft* **2.** *die allgemein festgelegte Form, innerhalb derer ein Priester sein Amt ausüben darf*

Pri·ma die <-, Primen> SCHUL. **1.** (*veralt.*) *eine der beiden letzten Klassen im Gymnasium* ◆ Ober-, Unter- **2.** (*österr.*) *erste Klasse im Gymnasium*

pri·ma <nicht steig.> *Adj.* (*umg. veralt.* ≈ *ausgezeichnet*) *sehr gut* ein prima Vorschlag, Das Wetter ist heute prima., Prima!

Pri·ma·bal·le·ri·na die <-, Primaballerinen> *eine*

P

Solotänzerin, die die Hauptrolle in einem Ballett tanzt

Pri·ma·don·na die <-, Primadonnen> *Sängerin in der Hauptrolle einer Oper*

Pri·ma·ner der <-s, -> SCHUL. *Schüler einer Prima*[1]

pri·mär <nicht steig.> *Adj.* (*geh.*) **1.** (≈ *ursprünglich*) *zuerst vorhanden* die primäre Bedeutung **2.** *wesentlich* Seine primäre Aufgabe besteht darin, dass …

Pri·mar·arzt, Pri·mar·ärz·tin der <-es, -e> (*österr.*) *leitender Arzt eines Krankenhauses*

Pri·mär·e·ner·gie die <-, -n> TECHN. *Energie, die von natürlichen, noch nicht verarbeiteten Energieträgern stammt* (*Erdöl, Erdgas, Kohle*)

Pri·ma·ri·a die <-,-e> (*österr.*) *Chefärztin*

Pri·mar·leh·rer, Pri·mar·leh·re·rin der <-s, -> (SCHUL.: *schweiz.*) *Lehrer an einer Primarschule*

Pri·mar·schu·le die <-, -en> (SCHUL.: *schweiz.*) *Grund- und Hauptschule*

Pri·mar·stu·fe die <-, -n> (SCHUL.: ↔ *Sekundarstufe*) *die Klassen 1-4 in der Grundschule*

Pri·mas der <-, -se> REL. *Ehrentitel eines Erzbischofs* der Primas der katholischen Kirche in Polen

Pri·mat[1] der <-en, -en> ZOOL. *ein Angehöriger der am höchsten entwickelten Ordnung der Säugetiere* Menschen und einige Affen gehören zu den Primaten. ▶Primatologie

Pri·mat[2] der/das <-(e)s, -e> (*fachspr.* ≈ *Vorrang*) *der höhere Rang, den jmd. oder etwas über etwas hat* der Primat der Geisteswissenschaften über die Naturwissenschaften

Pri·me die <-, -n> MUS. *ein Tonintervall* Die reine Prime ist der Gleichklang zweier Töne derselben Tonhöhe.

Pri·mel die <-, -n> BOT. *eine Frühlingsblume* ■ **eingehen wie eine Primel** (*umg.*): *seelisch und körperlich zusammenfallen* Nachdem die Entscheidung gefallen war, sie ins Internat zu schicken, ging sie ein wie eine Primel.

pri·mi·tiv *Adj.* **1.** (*fachspr.*) *auf einer niedrigen Entwicklungsstufe stehend; urtümlich* primitive einzellige Lebewesen/Lebensformen **2.** *auf einer frühen Kulturstufe stehend; nicht zivilisiert* primitive Volksstämme, das Leben/die Kultur der Primitiven **3.** *einfach und ärmlich* (*ausgestattet*) eine primitive Unterkunft, ein primitives Werkzeug, eine primitive, aber wirksame Methode **4.** (*abwert.*) *dumm, ungebildet, roh* primitive Ansichten, ein primitiver Mensch ▶Primitivling

Pri·mi·ti·vis·mus der (*kein Plur.*) KUNST *eine Richtung in der modernen Kunst, die vereinfachende Darstellung anstrebt und sich dabei an der Kunst der Primitiven*[2] *orientiert*

Pri·mi·ti·vi·tät die (*kein Plur.*) *der Zustand, dass jmd. geistig und seelisch wenig entwickelt ist* Er ist sich der Primitivität seiner Handlungsweise nicht bewusst.

Pri·mus der <-, -se/Primi> (*geh.*) *der beste Schüler einer Schulklasse* ■ **jemand ist primus inter pares** (*geh.*): *jmd. ist der Erste unter Gleichen* (*und hat keinen Vorrang*) ◆ Klassen-

Prim·zahl die <-, -en> MATH. *eine Zahl, die nur durch sich selbst und durch eins teilbar ist*

Prin·te die <-, -n> *ein Gebäck aus Lebkuchen*

Print·me·di·en <-> *Plur.* (*geh.* ↔ *Fernsehen, Rundfunk*) *Zeitungen, Zeitschriften und Bücher*

Prinz, Prin·zes·sin der <-en, -en> **1.** (*kein Plur.*) *Titel eines nicht regierenden Verwandten* (*Sohn, Tochter*) *eines regierenden Königs oder Fürsten* **2.** *der Träger des Titels eines Prinzen*[1]

Prinz·ge·mahl der <-s, -e> *der Ehemann einer regierenden Königin*

Prin·zip das <-s, -e/Prinzipien> **1.** *ein fester allgemeiner Grundsatz, nach dem jmd. lebt* So etwas ging gegen ihre Prinzipien., Er ist ein Mann mit Prinzipien., etwas aus Prinzip ablehnen, seinen Prinzipien treu bleiben ◆ Lebens-, Leistungs-, Moral- **2.** *eine allgemein gültige Grundregel* das Prinzip der Gewaltenteilung im Staat, einem bestimmten (zu Grunde liegenden) Prinzip folgen, ein demokratisches/politisches Prinzip, veraltete, starre Prinzipien ◆ Gleichheits-, Mehrheits-, Ordnungs- **3.** TECHN. *Schema, Gesetzmäßigkeit* Diese Maschine ist nach einem anderen Prinzip gebaut., nach einem bestimmten Prinzip funktionieren ■ **im Prinzip**: *eigentlich; im Grunde genommen* Im Prinzip ist das möglich, aber … **Es geht ums Prinzip**: *jmdm. ist der allgemeine Grundsatz wichtiger als der Einzelfall* **ein Mann/eine Frau von Prinzipien**: *eine Person, die sich immer an ihre festen Grundsätze hält*

prin·zi·pi·ell <nicht steig.> *Adj. grundsätzlich, im Prinzip, aus Prinzip* Das ist prinzipiell möglich., Ich bin prinzipiell dagegen/einverstanden., Es gibt da einen prinzipiellen Unterschied., eine prinzipielle Frage/Überlegung

Prin·zi·pi·en·fra·ge die <-, -n> *eine Frage oder Sache, die nur nach einem Prinzip*[1 2] *entschieden werden kann*

Prin·zi·pi·en·rei·ter, Prin·zi·pi·en·rei·te·rin der <-s, -> (*abwert.*) *jmd., der kleinlich auf einmal gefassten Grundsätzen beharrt*

prin·zi·pi·en·treu <nicht steig.> *Adj.* (↔ *prinzipienlos*) *an einmal gefassten Grundsätzen festhaltend* prinzipientreu bleiben

Prin·zi·pi·en·treu·e die <-> (*kein Plur.*) *die Eigenschaft, dass jmd. an seinen Prinzipien*[1] *immer festhält*

Pri·or, Pri·o·rin der <-s, -en> *die Person, die einem Kloster vorsteht* ▶Priorat

Pri·o·ri·tät die <-, -en> **1.** (*geh.* ≈ *Vorrang*) *höherer Rang vor etwas, größere Wichtigkeit* höchste Priorität haben, einer Sache Priorität einräumen **2.** *zeitliches Vorhergehen* Er hat die Entdeckung als erster gemacht – damit hat er die Priorität. ■ **Prioritäten setzen**: *entscheiden, was wichtig und was unwichtig ist*

Pri·se die <-, -n> *eine kleine Menge von etwas* (*die man mit zwei Fingern fassen kann*) eine Prise Salz, eine Prise Tabak

Pris·ma das <-s, Prismen> **1.** MATH. *ein geometrischer Körper mit zwei parallel liegenden, kongruenten Vielecken* **2.** PHYS. *ein Körper aus geschliffenem Glas mit mindestens zwei zueinander ge-*

neigten Flächen, in denen Lichtstrahlen gebrochen werden Weißes Licht wird im Prisma in die Spektralfarben zerlegt. ▶Prismenfernroh-, Prismenglas, Prismensucher ◆Ablenk-, Dispersions-, Reflexions-, Teiler-

Prit·sche die <-, -n> **1.** *eine einfache schmale Liege* **2.** *die Ladefläche eines Lastkraftwagens* ◆-nwagen

pri·vat *Adj.* **1.** (≈ *persönlich*) *nur die eigene Person betreffend* eine rein private Angelegenheit, private Gründe für etwas haben, private Tagebuchnotizen **2.** *familiär* im privaten Kreis, eine private Atmosphäre **3.** (↔ *dienstlich*) *nicht dienstlich, nicht offiziell* einen Kollegen auch privat kennen, seine private Meinung zu etwas äußern, ein nur privat genutztes Auto/Telefon, meine privaten Ausgaben **4.** (↔ *öffentlich*) *nicht für alle zugänglich* ein privater Weg, eine private Feier, die privaten Räume einer Gastwirtschaft, eine private Unterkunft **5.** *nicht staatlich oder öffentlich finanziert* privates Eigentum, private Geschäfte, ein privater Betrieb/Fernsehsender, eine private Schule/Universität, sein Studium privat finanzieren, privat versichert sein ◆Getrenntschreibung→R 4.3 ein privat versicherter Patient ▶Privatbank, Privateigentum

Pri·vat·a·d·res·se die <-, -n> (↔ *Dienstadresse*) *eine Adresse, die nicht dienstlich ist*

Pri·vat·an·ge·le·gen·heit die <-, -en> *eine Angelegenheit, die einen nur persönlich angeht* Das ist meine Privatangelegenheit, mische dich da bitte nicht ein.

Pri·vat·an·schrift die <-, -n> (↔ *Dienstanschrift*) *Privatadresse*

Pri·vat·au·di·enz die <-, -en> *eine Audienz, die jmdm. nicht als Amtsperson oder im Rahmen des Dienstes gegeben wird, sondern als Privatperson* Der Minister ist zur Privataudienz beim Papst eingeladen worden.

Pri·vat·bank die <-, -en> (*kein Plur.*) *eine Bank, die privatwirtschaftlich betrieben wird und nicht staatlich ist*

Pri·vat·be·sitz der <-es> (*kein Plur.*) *nicht staatlicher oder öffentlicher Besitz* Das Gemälde befindet sich in Privatbesitz.

Pri·vat·brief der <-(e)s, -e> *privater[3], nicht geschäftlicher Brief*

Pri·vat·de·tek·tiv, **Pri·vat·de·tek·ti·vin** der <-s, -e> *jmd., der nicht in öffentlichem Auftrag (als Polizist), sondern als Selbstständiger gegen Bezahlung Ermittlungen durchführt*

Pri·vat·do·zent, **Pri·vat·do·zen·tin** der <-s, -e> (↔ *Professor*) *ein Hochschullehrer, der keine feste Stelle an der Universität hat*

Pri·vat·fern·se·hen das <-s> (*kein Plur.*) (↔ *öffentlich-rechtliches Fernsehen*) *nicht im öffentlichen oder staatlichen Besitz befindliche(r) Fernsehsender*

Pri·vat·ge·brauch der <-s> (*kein Plur.*) *privater[3], nicht geschäftlicher Gebrauch* Diese Bücher stehen zwar im Büro, sind aber nur für den Privatgebrauch bestimmt.

Pri·vat·ge·spräch das <-s, -e> *privates[3], nicht dienstliches Gespräch oder Telefongespräch*

Pri·vat·haus das <-es, Privathäuser> *ein Haus, das in Privatbesitz ist und privaten[2] Zwecken dient*

Pri·vat·hoch·schu·le die <-, -n> *eine Hochschule, die nicht staatlich ist, sondern von einem privaten[5] Träger (zum Beispiel einem Unternehmen) betrieben wird*

Pri·vat·in·i·ti·a·ti·ve die <-, -n> *eine Inititative, die nicht vom Staat oder öffentlichen Einrichtungen, sondern von Privatpersonen ausgeht*

pri·va·ti·sie·ren <privatisierst, privatisierte, hat privatisiert> **I.** *mit OBJ* ■ *jmd. privatisiert etwas* (↔ *verstaatlichen*) *etwas aus öffentlichem in privaten Besitz überführen* **II.** *ohne OBJ* ■ *jmd. privatisiert ohne berufliche Einkünfte nur von dem eigenen Privatvermögen leben*

Pri·va·ti·sie·rung die <-, -en> (↔ *Verstaatlichung*) *die Überführung von staatlichem Besitz in Privatbesitz* Die Abtretung von vorher öffentlich betriebenen Bahnstrecken an private Gesellschaften ist ein Beispiel für Privatisierung.

Pri·va·tiv das <-s, -e> SPRACHWISS. *ein Wort, das das Fehlen oder Beseitigen des Basisinhaltes bezeichnet* Die Vorsilbe „un-" oder „ent-"bei Substantiven und Adjektiven ist ein privatives Affix (Wortbildungselement)., Das Wort „Untreue" ist mit dem privativen Affix „un-" gebildet., „Unzählbar" ist das Privativum zu „zählbar".

pri·va·tiv <nicht steig.> *Adj.* SPRACHWISS. *so, dass etwas durch ein Privativ bezeichnet werden kann* privative Ausdrücke

Pri·vat·kla·ge die <-, -n> RECHTSW. *eine Anklage, die eine Privatperson vor Gericht erhebt, ohne dass ein Staatsanwalt mitwirkt.* Er hat eine Privatklage gegen seinen Nachbarn wegen Beleidigung eingereicht.

Pri·vat·kli·nik die <-, -en> *eine nicht staatliche oder nicht mit öffentlichen Mitteln betriebene Klinik*

Pri·vat·le·ben das <-s> (*kein Plur.*) (↔ *Berufsleben*) *das Leben außerhalb der Öffentlichkeit oder des Dienstes* Mein Privatleben geht keinen etwas an!, Er opfert sein Privatleben seiner Karriere. ■ **jemand zieht sich ins Privatleben zurück:** *jmd. scheidet aus dem Beruf aus*

Pri·vat·leh·rer, **Pri·vat·leh·re·rin** der <-s, -> *jmd., der Kinder nicht in öffentlichem Auftrag (an einer staatlichen Schule) unterrichtet, sondern in privatem[2] Auftrag gegen Bezahlung*

Pri·vat·lek·tü·re die <-, -n> *private[2], nicht beruflichen oder dienstlichen Zwecken dienende Lektüre*

Pri·vat·mann der <-s, Privatleute> **1.** (≈ *Privatperson*) **2.** (≈ *Privatier*) *jmd., der keinen festen Beruf ausübt und von privatem Vermögen lebt*

Pri·vat·num·mer die <-, -n> *private[2], nicht dienstliche Telefonnummer*

Pri·vat·pa·ti·ent, **Pri·vat·pa·ti·en·tin** der <-en, -en> (↔ *Kassenpatient*) *ein Patient, der seine Behandlung selbst bezahlt oder einer privaten Kran-*

P

kenversicherung angehört

Pri·vat·pen·sion die <-, -en> *ein Privathaus, in dem man gegen Bezahlung Unterkunft findet*

Pri·vat·per·son die <-, -en> *eine Person, die nicht im Auftrag einer Firma, des Staates oder der Öffentlichkeit handelt* als Privatperson auftreten

Pri·vat·quar·tier das <-s, -e> *Unterkunft in einem Privathaus* Wir haben nicht in einem Hotel gewohnt, sondern uns ein Privatquartier gesucht.

Pri·vat·recht das <-s> (*kein Plur.*) (RECHTSW.: ↔ *öffentliches Recht*) *der Bereich des Rechts, der die Interessen und Beziehungen zwischen den Bürgern regelt*

Pri·vat·sa·che die <-> (*kein Plur.*) *etwas, das jmdn. persönlich betrifft* Das ist reine Privatsache, das geht keinen etwas an!

Pri·vat·samm·lung die <-, -en> *die Sammlung eines Kunstliebhabers, die zu seinem Privatbesitz gehört*

Pri·vat·schu·le die <-, -n> *eine Schule, die Kinder im nicht öffentlichen Auftrag gegen Bezahlung unterrichtet*

Pri·vat·se·kre·tär, **Pri·vat·se·kre·tä·rin** der <-s, -e> *jmd., der die private Korrespondenz und Organisation für einen privaten[2] Auftraggeber erledigt*

Pri·vat·sen·der der <-s, -> *ein Rundfunk- oder Fernsehsender, der nicht als öffentlich-rechtliche Anstalt verfasst ist*

Pri·vat·sphä·re die <-> (*kein Plur.*) *der Bereich, der das persönliche Leben einer Person betrifft* jemandes Privatsphäre (nicht) verletzen

Pri·vat·stun·de die <-, -n> (*meist Plur.*) (≈ *Privatunterricht*)

Pri·vat·un·ter·neh·men das <-s, -> *ein Unternehmen, das in privatem Besitz ist*

Pri·vat·un·ter·richt der <-s> (*kein Plur.*) *Unterricht, der nicht im Rahmen des öffentlichen Schulunterrichts erteilt wird, sondern freiwillig und nach vereinbarter Bezahlung*

Pri·vat·ver·gnü·gen das <-s> (*kein Plur.*) (*umg.*) *eine Aktivität, die jmd. ohne Verpflichtung und nur aus eigener Neigung betreibt* Nachdem sie den geforderten Vortrag gehalten hatte, arbeitete sie zu ihrem Privatvergnügen an dem Thema noch weiter.

Pri·vat·ver·mö·gen das <-s, -> *das Vermögen, das jmd. in seinem persönlichen Besitz hat*

Pri·vat·wa·gen der <-s, -> (↔ *Dienstwagen*) *ein Fahrzeug, das nur zu privaten Zwecken genutzt wird*

Pri·vat·weg der <-(e)s, -e> *ein Weg, der nicht öffentlich genutzt werden soll*

Pri·vat·wirt·schaft die <-> (*kein Plur.*) *die Gesamtheit der Unternehmen im nicht öffentlichen oder nicht staatlichen Besitz*

Pri·vat·woh·nung die <-, -en> *eine nicht beruflichen Zwecken dienende Wohnung*

Pri·vi·leg das <-(e)s, Privilegien> (*geh.* ≈ *Vorrecht*) *ein für einen Einzelnen oder eine Gruppe geltendes, besonderes Recht, von dem andere ausgeschlossen bleiben* mit Privilegien ausgestattet sein, Privilegien antasten/aufheben/genießen/verteidigen, Der Chef genießt das Privileg, vor dem Haus zu parken – alle anderen parken auf einem weiter entfernt liegenden Parkplatz., Bildung darf nicht das Privileg der Reichen sein.

pri·vi·le·gie·ren <privilegierst, privilegierte, hat privilegiert> *mit OBJ* ■ *jmd. privilegiert jmdn.* (*geh.*) *Sonderrechte einräumen* einzelne Berufsgruppen/Gesellschaftsschichten/ Gruppen/Personen besonders privilegieren, eine privilegierte Schicht der Gesellschaft

Pro das <-> (*kein Plur.*) ■ **das Pro und Kontra einer Sache abwägen**: *vergleichen, was Vorteile und Nachteile einer Sache sind*

pro *Präp. + Akk. jeweils für, je* pro Kopf (Person), drei Euro pro anwesenden Teilnehmer

Pro·ba·bi·lis·mus der <-> PHILOS. *die Auffassung, dass es keine absolut wahren, sondern nur wahrscheinliche Aussagen über die Realität gibt* ▶ probabilistisch, Probabilität

Pro·band, **Pro·ban·din** der <-en, -en> **1.** (MED. PSYCH.: ≈ *Versuchsperson*) *eine Person, an der ein wissenschaftlicher Versuch oder Test durchgeführt wird* **2.** *ein auf Bewährung entlassener Strafgefangene(r)*

pro·bat *Adj.* (*geh.*) *bewährt; geeignet* eine probate Maßnahme, ein probates Mittel gegen Mückenstiche

Pro·be die <-, -n> **1.** *der Versuch, festzustellen, ob eine Fähigkeit, eine Eigenschaft oder eine Sache (in gewünschtem Maße) bei jmdm. oder etwas vorhanden ist* etwas zur Probe versuchen, Mach die Probe, ob die Rechnung stimmt!, auf/zur Probe eingestellt werden ◆ -zeit, Lehr-, Wein- **2.** *das gemeinsame wiederholte Üben (vor einer Aufführung)* die Probe des des Chores/des Orchesters, die Proben zu einem Theaterstück ◆ General-, Orchester- **3.** *eine kleine Menge einer Sache, anhand welcher deren Eigenschaften geprüft werden können* eine Probe von einem Stoff/einem Waschmittel, vom Blut/Urin Proben entnehmen, die Proben im Labor untersuchen, Sie zeigte eine Probe ihrer Kunst. ◆ Blut-, Gewebe-, Kost-, Urin-, Waren- **4.** ■ **jemanden auf die Probe stellen**: *jmdn. in eine Situation bringen, in der sich zeigt, was für einen Charakter er hat* **etwas auf die Probe stellen**: *etwas sehr stark beanspruchen* Bei dem stundenlangen Warten wurde seine Geduld auf die Probe gestellt. **auf Probe**: *vorläufig, als Versuch* Er ist erst mal auf Probe eingestellt worden. ◆ Getrenntschreibung→R 4.1 ein Auto Probe fahren, eine Maschine Probe laufen lassen, eine Seite Probe schreiben, vor der Jury Probe singen/turnen müssen

Pro·be·ab·zug der <-s, Probeabzüge> ein erster Abzug von einer Fotografie

Pro·be·a·larm der <-s, -e> ein Alarm, der absichtlich ausgelöst wird, um den Ablauf aller Maßnahmen und Hilfsaktionen bei einem Notfall zu üben und zu verbessern

Pro·be·boh·rung die <-, -en> *eine Bohrung, bei der der Boden auf seine Beschaffenheit oder darin*

enthaltene Bodenschätze untersucht wird

Pro·be·büh·ne die <-, -n> *ein Raum mit Bühne, wo Schauspieler Proben[2] abhalten*

Pro·be·druck der <-s, -e> DRUCKW. *ein Abdruck, der als Muster dient*

Pro·be·e·x·em·plar das <-s, -e> *ein Stück (einer größeren Menge), das zur Probe[1] dient*

Pro·be·fahrt die <-, -en> *eine kurze Fahrt mit einem Fahrzeug, um dessen Fahreigenschaften zu testen*

Pro·be·jahr das <-s, -e> *eine Probezeit von einem Jahr*

Pro·be·lauf der <-(e)s, Probeläufe> TECHN. *der Betrieb einer Sache, um ihre Funktion zu testen* der Probelauf einer neuen Maschine

pro·ben <probst, probte, hat geprobt> **I.** *mit OBJ* ■ *jmd. probt (etwas)* (≈ *üben*) Er probte seinen Auftritt., Die Schauspieler proben ein neues Stück. **II.** *ohne OBJ* ■ *jmd. probt jmd. beschäftigt sich mit Proben* Wir müssen noch ein bisschen proben, bevor alles klappt., wochenlang an etwas proben

Pro·be·num·mer die <-, -n> *ein Probeexemplar einer Zeitung, die man zum Kennenlernen bestellt hat*

Pro·be·pack·ung die <-, -en> *eine Packung mit einem neuen Produkt, das zum Kennenlernen billig verkauft wird*

Pro·be·sei·te die <-, -n> DRUCKW. *ein Probedruck von einer Seite*

pro·be·wei·se *Adv. zur Probe[1]* jemanden probeweise einstellen

Pro·be·zeit die <-> (*kein Plur.*) **1.** *die befristete Zeit der Beschäftigung, in der jmd. seine Eignung zu einer Tätigkeit nachweisen muss* eine Probezeit von sechs Monaten vereinbaren, während der Probezeit keinen Urlaub nehmen können **2.** (*schweiz.*) *Bewährungsfrist*

pro·bie·ren <probierst, probierte, hat probiert> **I.** *mit OBJ* ■ *jmd. probiert etwas* **1.** (≈ *testen*) *herausfinden, ob oder wie etwas funktioniert* ein neues Verfahren/ein Kunststück probieren, Habt ihr schon probiert, ob das so funktioniert? ►ausprobieren **2.** (≈ *versuchen*) *herausfinden, ob etwas möglich ist* probieren, jemanden zu überreden, Ich habe gestern probiert, Dich telefonisch zu erreichen., Probiere mal, ob du das heben kannst! **3.** (≈ *kosten*) *den Geschmack testen* Du musst mal den Nachtisch probieren., Willst du mal probieren? **4.** *Kleidung zur Probe anziehen* ein Kleid probieren, In der Kabine kann man in aller Ruhe probieren. ►anprobieren **II.** *mit SICH* ■ *jmd. probiert sich als etwas* (*umg.*) *probeweise eine Tätigkeit oder einen Beruf ausüben* In den Ferien hat er sich als Dolmetscher probiert. ■ **Probieren geht über Studieren.** (*Sprichwort*): *eigene Erfahrung ist wichtiger als theoretisches Wissen*

Pro·b·lem das <-s, -e> **1.** *eine schwierige Frage, die gelöst werden soll oder eine schwierige Aufgabe, die bewältigt werden soll* ein Problem bearbeiten/besprechen/lösen, Ein Problem tritt auf/stellt sich., ein technisches/politisches/sprachliches Problem **2.** (*meist Plur.*) (*verhüll.*) *Ärger, Konflikt* Er hat private Probleme., ein Problem/Probleme mit dem Alkohol haben, Mit dem Kollegen hatten wir schon immer Probleme., jemandem immer nur Probleme machen ■ **(Das ist) kein Problem!**: (*Das ist*) *nicht schwierig.* **Das ist nicht mein Problem!**: *Dieses Problem muss nicht ich, sondern ein anderer lösen.* **jemand wälzt Probleme** (*umg.*): *jmd. spricht oft und lange über schwierige Fragen*

Pro·b·lem·ab·fall der <-s, Problemabfälle> (≈ *Sondermüll*)

Pro·b·le·ma·tik die <-, -en> *die Gesamtheit der Probleme in Bezug auf etwas* die Problematik der Gewalt an den Schulen ansprechen ◆ Drogen-, Steuer-, Umwelt-

pro·b·le·ma·tisch *Adj.* **1.** *so, dass etwas voller Probleme[1] ist* eine problematische Beziehung/Lage/Situation, Er hat einen sehr problematischen Charakter. **2.** *so, dass eine Handlung oder Entscheidung viele Fragen weckt, und man zweifelt, ob sie richtig ist* Er hat einen Entschluss gefasst, den ich sehr problematisch finde.

pro·b·le·ma·ti·sie·ren <problematisierst, problematisierte, hat problematisiert> *mit OBJ* ■ *jmd. problematisiert etwas* (*geh.*) *die Problematik von etwas darstellen und diskutieren*

Pro·b·lem·fall der <-(e)s, Problemfälle> *eine Sache oder Situation, die sich als problematisch erweist*

pro·b·lem·ge·la·den <nicht steig.> *Adj. so, dass etwas voller ungelöster Probleme ist*

Pro·b·lem·kind das <-(e)s, -er> *ein Kind, mit dessen Erziehung die Eltern Probleme haben*

pro·b·lem·los *Adj. ohne Probleme* Wir haben den Weg problemlos gefunden., Die Sache verlief völlig problemlos.

pro·b·lem·o·ri·en·tiert <nicht steig.> *Adj.* (↔ *lösungsorientiert*) *auf Probleme ausgerichtet* ein problemorientierter Artikel über ein Thema

Pro·b·lem·stel·lung die <-, -en> *die Art, wie sich ein Problem darstellt* Der Autor hat die Problemstellung erkannt und differenziert behandelt.

Pro·b·lem·zo·ne die <-, -n> (*verhüll.*) *ein Bereich des menschlichen Körpers, der nicht besonders attraktiv aussieht* die Problemzonen an Bauch und Po mit spezieller Gymnastik straffen

Pro·ce·de·re, *a.* **Pro·ze·de·re** das <-, -> (*geh.*) *Vorgehensweise* Wir haben uns auf das folgende Procedere geeinigt …

pro do·mo ■ **pro domo reden**: *parteilich sein, für die eigenen Interessen reden* Er lobt die neuen technologischen Entwicklungen und redet dabei natürlich pro domo, nämlich für die eigene Firma.

Pro·du·cer der [pro'dju:sɐ] <-s, -> *Hersteller* (*besonders von Filmen*)

Pro·dukt das <-(e)s, -e> **1.** (≈ *Ware*) *etwas, das durch Arbeit erzeugt wird, um verkauft zu werden* ein industrielles/landwirtschaftliches Produkt, Das Produkt ist ein Erfolg/ist neu auf dem Markt/ist noch nicht marktreif/ist innovativ/ rechnet sich nicht., Das Unternehmen exportiert seine Produkte in fünfzehn verschiedene Länder/hat sein Produkt geschickt positioniert/vertreibt seine Produkte über verschiedene Vertriebskanäle/hat sein neuestes Produkt gemeinsam mit einer Partnerfirma entwickelt. ◆-eigenschaft, -palette, -qualität, High-Tech-, Marken-, Qualitäts-, Spitzen- **2.** (≈ *Ergebnis, Folge*) *eine Wirkung, die aus etwas entsteht* Solche Verhaltensstörungen bei Kindern sind das Produkt zerrütteter Familienverhältnisse., Das ist doch nur ein Produkt seiner Fantasie. **3.** MATH. *das Ergebnis einer Multiplikation* Das Produkt aus drei und vier ist zwölf.

Pro·dukt·ei·gen·schaft die <-, -en> *die bestimmte Eigenschaft einer Ware*

Pro·duk·ten·han·del der <-s> (*kein Plur.*) LANDW. *Handel mit Produkten der heimischen Landwirtschaft*

Pro·dukt·haf·tung die <-> (*kein Plur.*) RECHTSW. *die Haftung, die ein Hersteller für die durch seine Produkte verursachten Schäden übernimmt*

Pro·duk·ti·on die <-, -en> **1.** *das Herstellen von Waren* industrielle/handwerkliche/landwirtschaftliche Produktion, die Produktion von Fahrzeugen/Lebensmitteln/Maschinen, die Produktion ins Ausland verlagern, die Produktion ankurbeln/steigern **2.** *die Gesamtheit dessen, was hergestellt wurde* die Produktion eines ganzen Tages ◆ Jahres-, Monats-, Tages- **3.** *das Entstehen von etwas* die Produktion von Schweiß/Speichel/Sperma/ roten Blutkörperchen **4.** *ein* (*filmisches*) *Kunstwerk* der Film ist eine ältere/deutsche Produktion ◆ Ko-

Pro·duk·ti·ons·ab·lauf der <-s, Produktionsabläufe> *der Ablauf der einzelnen Arbeitsschritte bei der Produktion*[1]

Pro·duk·ti·ons·an·la·ge die <-, -n> *eine technische Anlage, in der etwas hergestellt wird*

Pro·duk·ti·ons·aus·fall der <-s, Produktionsausfälle> *der Vorgang, dass der Produktionsprozess unterbrochen wird und das Unternehmen dadurch einen Verlust erleidet* Durch die Streiks kam es zu Produktionsausfällen.

Pro·duk·ti·ons·fak·tor der <-s, -en> *ein den Produktionsprozess wesentlich mitbestimmender Faktor* (*wie Arbeit, Boden und Kapital*)

Pro·duk·ti·ons·hal·le die <-, -n> *ein großer Raum in einer Fabrik für die Produktion*

Pro·duk·ti·ons·kos·ten <-> *Plur.* WIRTSCH. *die gesamten Kosten, die bei der Produktion*[1] *einer Ware anfallen*

Pro·duk·ti·ons·mit·tel <-> *Plur.* WIRTSCH. *die Gesamtheit der Hilfsmittel, die für die Produktion*[1] *notwendig sind* (*wie Maschinen, Transporte, Rohstoffe, Fabriken*)

Pro·duk·ti·ons·stät·te die <-, -n> *ein Ort, an dem etwas hergestellt wird* Die Firma hat mehrere Produktionsstätten im Ausland.

Pro·duk·ti·ons·ver·la·ge·rung die <-, -en> *der Vorgang, dass Firmen ihre Produktion zunehmend ins Ausland verlegen, um Lohnkosten zu sparen*

Pro·duk·ti·ons·zweig der <-(e)s, -e> WIRTSCH. *ein Teilbereich der Wirtschaft, der Waren produziert*

pro·duk·tiv *Adj.* **1.** (≈ *fruchtbar*) (*viele*) *Ergebnisse hervorbringend* produktive Arbeit machen, ein sehr produktiver Romanschreiber **2.** *konkrete Ergebnisse hervorbringend* eine produktive Zusammenarbeit, Ich habe viel gearbeitet und habe doch das Gefühl, nicht sehr produktiv gewesen zu sein. **3.** (≈ *konstruktiv, sinnvoll*) *so, dass es zur Lösung eines Problems beiträgt* produktive Kritik üben, produktive Vorschläge machen

Pro·duk·ti·vi·tät die <-> (*kein Plur.*) **1.** (≈ *Leistungsfähigkeit*) die Produktivität eines Betriebes steigern **2.** (≈ *Schaffenskraft*) Seine Produktivität war ungebrochen.

Pro·duk·ti·vi·täts·fort·schritt der <-s, -e> *der Fortschritt in der Produktivität*[1]

Pro·duk·ti·vi·täts·zu·wachs der <-es> (*kein Plur.*) *eine Steigerung der Produktivität*[1]

Pro·duk·tiv·kraft die <-, Produktivkräfte> *die Kraft, die zur Entwicklung der Produktion notwendig ist* (*wie zum Beispiel Intelligenz, Produktionsmittel, Technik, Wissenschaft*)

Pro·dukt·ma·na·ger, **Pro·dukt·ma·na·ge·rin** der <-s, -> *ein Manager in einem Unternehmen, der für die Entwicklung und das Marketing von Produkten verantwortlich ist*

Pro·dukt·pa·let·te die <-, -n> *die verschiedenen Produkte eines Unternehmens*

Pro·dukt·pi·ra·te·rie die <-> (*kein Plur.*) *die unberechtigte Nutzung fremder Markennamen*

Pro·dukt·spek·trum das <-s, Produktspektren> (*meist Sing.*) *die Vielfalt im Angebot von Produkten*

Pro·du·zent, **Pro·du·zen·tin** der <-en, -en> **1.** WIRTSCH. *eine Person oder Firma, die etwas herstellt* **2.** FILM *eine Person oder Firma, die einen Film finanziert und dessen Herstellung gewährleistet*

pro·du·zie·ren <produzierst, produzierte, hat produziert> **I.** *mit OBJ* ■ *jmd. produziert etwas* **1.** (*industriell*) *herstellen* Die Firma produziert seit zehn Jahren Computer/ Halbleiterelemente. **2.** FILM *finanzieren und die Herstellung gewährleisten* einen Film produzieren **3.** *entstehen lassen* Speichel produzieren, die Pflanze produziert Sauerstoff **4.** (*umg. abwert.*) *hervorbringen* Was hast du denn da wieder produziert?, Seit einer Woche produziert er nur Fehler. **II.** *mit SICH* ■ *jmd. produziert sich* (*abwert.*) *sich* (*egozentrisch*) *mit seinen Leistungen vor anderen herausstellen* Sie hat sich ja wieder vor allen produziert!

Prof. *Abkürzung von „Professor"*

pro·fan <nicht steig.> *Adj.* **1.** (↔ *sakral*) *weltlich* ein profaner Bau des Architekten, der sonst meist Kirchen baut **2.** (*geh. übertr.*) *alltäglich* über ganz profane Dinge sprechen

pro·fa·nie·ren <profanierst, profanierte, hat profaniert> *mit OBJ* ■ *jmd. profaniert etwas* (≈ *entweihen*) *etwas Heiliges ohne Würde behandeln* Das Weihnachtsfest ist immer mehr profaniert worden – es ist zum Fest des Konsums geworden! ▶Profanierung

pro·fes·si·o·na·li·sie·ren <professionalisierst,

professionalisierte, hat professionalisiert> *mit OBJ* ■ *jmd. professionalisiert etwas eigenes Können und Fähigkeiten so nutzen, dass man daraus einen Beruf macht* Er hat sein Hobby professionalisiert und lebt jetzt davon.

Pro·fes·si·o·na·li·sie·rung die <-> (*kein Plur.*) *der Vorgang, dass Tätigkeiten und Fähigkeiten zu neuen Berufen zusammengefasst werden und dass bereits bekannte Berufe sich immer mehr spezialisieren und in neuen Ausbildungen präzisiert werden*

Pro·fes·si·o·na·li·tät die <-> (*kein Plur.*) *das spezielle Können* (*und die souveräne Ausstrahlung*), *die nur ein Fachmann hat* Er konnte in dieser Situation seine Professionalität beweisen.

pro·fes·si·o·nell <nicht steig.> *Adj.* **1.** *so, dass man etwas als Beruf betreibt* ein professioneller Sportler sein **2.** *mit einer Art, die von Professionalität zeugt* eine professionelle Arbeit, Er tritt sehr professionell auf.

Pro·fes·sor, **Pro·fes·so·rin** der <-s, -en> **1.** *jmd., der an einer Universität oder Fachhochschule nach seiner Habilitation die Lehrbefugnis hat und Beamter ist* Es gibt ordentliche Professoren (mit eigenem Lehrstuhl), außerordentliche und außerplanmäßige Professoren (ohne eigenen Lehrstuhl), Professor für Anglistik/Germanistik/Molekularbiologie/ Zahnmedizin, zum Professor berufen/ernannt werden ◆ Gast-, Honorar- **2.** (*österr.*) *jmd., der an einer höheren Schule unterrichtet* ■ **ein zerstreuter Professor** (*umg. scherzh.*): *eine unkonzentrierte, vergessliche Person*

Pro·fes·sur die <-, -en> *der Lehrstuhl an einer Universität oder Fachhochschule* Die Professur für theoretische Physik ist zu besetzen.

Pro·fi der <-s, -s> (*umg.*) **1.** *Abkürzung für „Professioneller“* auf seinem Gebiet ein echter Profi sein **2.** (↔ *Amateur*) *jmd., der etwas als Beruf betreibt* die Profis beim Fußball/beim Boxen/im Radsport ◆ Box-, Halb-, Fußball-, Rad-

Pro·fil das <-s, -e> **1.** *die Ansicht von der Seite* ein Gesicht im Profil fotografieren **2.** *eine* (*mit Kerben versehene*) *Oberfläche von etwas* Autoreifen/ Schuhsohlen mit Profil **3.** (*geh.*) *stark ausgeprägte, kennzeichnende Eigenschaften* (*als Gesamtheit, die einer Person oder Sache ihren besonderen Wert geben*) einer Sache Profil geben, als Künstler ein unverwechselbares Profil haben, das Profil eines Unternehmens/eines Verlages **4.** SCHULE *fachliche Ausrichtung* eine Ausbildung/Schule mit sprachlichem Profil, das naturwissenschaftliche Profil wählen

pro·fi·lie·ren <profilierst, profilierte, hat profiliert> **I.** *mit OBJ* ■ *jmd. profiliert etwas* TECHN. *mit Kerbungen versehen* Er hat das Blech sehr fein profiliert. **II.** *mit SICH* ■ *jmd. profiliert sich als jmd./etwas* (*geh.*) *sich in seinen besonderen Eigenschaften zeigen und sein Profil³ zu erkennen geben* Sie versucht sich durch ihre Leistung zu profilieren., Das Theater hat sich durch spektakuläre Inszenierungen profiliert.

pro·fi·liert *Adj.* (*geh.*) *bedeutend; hervorstechend* ein profiliertes Theater, ein profilierter Künstler/Wissenschaftler

Pro·fil·neu·ro·se die <-, -n> (*abwert.*) *die Furcht, vor anderen zu wenig zu gelten und das aus ihr folgende Verhalten, bei dem sich jmd. auf übertriebene Weise mit seinem Können vor anderen zeigt*

Pro·fit der <-(e)s, -e> (≈ *Gewinn* ↔ *Verlust*) hohe Profite erzielen, nur den Profit im Auge haben, etwas mit Profit weiterverkaufen

pro·fi·ta·bel <profitabler, am profitabelsten> *Adj.* (≈ *lukrativ*) *so, dass etwas viel Gewinn einbringt* ein profitables Geschäft/Unternehmen

Pro·fit·den·ken das <-s> (*kein Plur.*) (*abwert.*) *nur auf Profit ausgerichtetes Denken*

Pro·fit·gier die <-> (*kein Plur.*) (*abwert.*) *die Gier nach Profit*

pro·fi·tie·ren <profitierst, profitierte, hat profitiert> *ohne OBJ* ■ *jmd. profitiert bei/von etwas Dat.* **1.** *Gewinn machen* Bei dem Geschäft haben wir profitiert. **2.** *einen Vorteil haben* Bei dieser Zusammenarbeit können alle profitieren., Von deinen guten Sprachkenntnissen kannst du später einmal profitieren.

Pro·fit·in·ter·es·se das <-s, -en> (*abwert.*) *Interesse daran, Profit zu erzielen*

Pro·fit·jä·ger der <-s, -> (*abwert.*) *jmd., der stark nach Profit strebt*

Pro·fit·ra·te die <-, -n> WIRTSCH. *Verhältnis von geleistetem Aufwand zum erzieltem Gewinn*

Pro·fit·stre·ben das <-s> (*kein Plur.*) (*abwert.*) *das Streben danach, Profit zu erzielen*

pro for·ma *Adv.* **1.** *der Form wegen; damit eine Vorschrift eingehalten wird* Er hat die Bestellung pro forma schriftlich bestätigt. **2.** *nur vorgetäuscht, zum Schein* Sie hat sich pro forma um die Stelle beworben, will aber eigentlich gar nicht arbeiten.

pro·fund *Adj.* (*geh.*) *tief reichend, gründlich* profundes Wissen, ein profunder Kenner der griechischen Geschichte ▶Profundität

Pro·g·no·se die <-, -n> (*geh.*) *eine* (*wissenschaftlich begründete*) *Voraussage einer Entwicklung* eine/keine Prognose über das Wetter abgeben wollen, die Prognose des Arztes über den weiteren Krankheitsverlauf, entwicklungspolitische Prognosen, Nach einer Prognose von Klimaexperten könnten sich solche Wetterphänomene in Zukunft häufen. ◆ Krankheits-, Wahl-, Wetter-

Pro·g·nos·tik die <-, -en> MED. *Lehre von den Prognosen* ▶prognostisch

pro·g·nos·ti·zie·ren <prognostizierst, prognostizierte, hat prognostiziert> *mit OBJ* ■ *jmd. prognostiziert etwas* (*geh.*) (*auf Grund wissenschaftlicher Erkenntnisse*)*eine künftige Entwicklung voraussagen* einen Anstieg der Beschäftigungszahlen prognostizieren, Sind dies bereits Anzeichen des prognostizierten Klimawandels?

Pro·gramm das <-s, -e> **1.** (≈ *Angebot*) *die Gesamtheit von Veranstaltungen, Darbietungen oder Sendungen in einem bestimmten Rahmen* das Programm im Fernsehen/Kino/Konzert/Radio, ein reichhaltiges/interessantes Programm anbieten/entwerfen/zusammenstellen, ein buntes Programm, etwas ins Programm aufnehmen/aus dem Programm streichen, Unser Programm bietet etwas für jede Altersgruppe., Das Touristikunternehmen hat auch Studienreisen in seinem Programm. ◆ Fernseh-, Kino-, TV-, Radio- **2.** *der geplante Ablauf von bestimmten Veranstaltungen, Darbietungen oder Sendungen* Als Nächstes in unserem Programm folgt …, Auf dem Programm steht jetzt …, das Programm eines Festes/eines Konzerts/einer Tagung ◆ -ablauf, -folge, Fest-, Konzert-, Tagungs- **3.** *kurz für „Programmheft"* etwas im Programm nachlesen ◆ -zeitschrift **4.** *die (schriftlich festgelegte) Grundsätze einer Organisation* das Programm einer Partei, ein neues Programm beschließen/überarbeiten **5.** *der geplante Ablauf eigener Aktivitäten* Unsere Reise ist ganz nach unserem Programm abgelaufen., Bei den Examensvorbereitungen habe ich mich streng an mein Programm gehalten., Wie sieht dein Programm für morgen aus? ◆ Arbeits- ,Freizeit-, Reise-, Tages-, Wochen- **6.** (≈ *Sortiment*) *die von einem Verlag angebotenen Bücher* ein Buch ins Programm nehmen ◆ -leiter **7.** *ein festgelegter Ablauf bei Automaten* eine Waschmaschine mit 20 verschiedenen Programmen ◆ -einstellung, -dauer, -wahl **8.** EDV *eine Software für eine bestimmte Anwendung* ein Programm deinstallieren/installieren/löschen/schreiben/starten/weiterentwickeln ■ **nach Programm** (*umg.*): *wie geplant* ◆ -fehler, -start, -paket, -version, Anwendungs-, Mail-, Textverarbeitungs-

Pro·gramm·ab·fol·ge die <-> (*kein Plur.*) *die Reihenfolge der einzelnen Teile eines Programms*[2]

Pro·gramm·än·de·rung die <-, -en> *eine Änderung im Ablauf oder Inhalt eines Programms*[2]

Pro·gram·ma·tik die <-, -en> (*geh.*) *Zielvorstellung* eine bestimmte Programmatik haben/verfolgen

pro·gram·ma·tisch <nicht steig.> *Adj.* **1.** (≈ *richtungweisend*) *so, dass es die Grundsätze und die Linie von etwas vorgibt* eine programmatische Rede halten **2.** *einem Programm*[4] *folgend, grundsätzlich* eine programmatische Erklärung

Pro·gramm·bau·stein der <-s, -e> *ein einzelnes Element aus einem Programm*[1]

Pro·gramm·di·rek·tor der <-s, -en> *jmd., der beim Rundfunk oder Fernsehen eine leitende Position hat und für die Gestaltung des Programms*[1] *verantwortlich ist*

Pro·gramm·fol·ge die <-, -n> *die Abfolge eines Programms*[2]

pro·gramm·ge·mäß <nicht steig.> *Adj. dem Programm folgend*

Pro·gramm·heft das <-(e)s, -e> *ein Heft mit Erläuterungen zum Programm*[2] *und Angaben zu den Künstlern oder Rednern*

Pro·gramm·hin·weis der <-es, -e> *ein Hinweis auf später ausgestrahlte Sendungen* ein Programmhinweis im Fernsehen/Radio

pro·gram·mier·bar <nicht steig.> *Adj.* EDV *so, dass man es programmieren kann* Dieser CD-Player verfügt über frei programmierbare Digitalfilter.

pro·gram·mie·ren <programmierst, programmierte, hat programmiert> *mit OBJ/ohne OBJ* ■ *jmd. programmiert (etwas)* EDV *Programme*[8] *für Computer schreiben, in einen Computer eine neue Programmiersprache eingeben* ein Computerspiel programmieren, Sie kann programmieren., Er programmiert am liebsten nachts.

Pro·gram·mie·rer, **Pro·gram·mie·re·rin** der <-s, -> EDV *jmd., der beruflich Programme*[8] *für Computer schreibt*

Pro·gram·mier·spra·che die <-, -n> EDV *eine streng formalisierte Sprache, die von einem Programmierer in einen Computer eingegeben wird, um mit ihm (eine) bestimmte Aufgabe(n) zu lösen*

Pro·gram·mie·rung die <-, -en> EDV *das Schreiben von Programmen*[8] *für Computer*

Pro·gramm·ki·no das <-s, -s> *ein Kino, das ausgewählte (ältere) Filme zeigt, die in anderen Kinos nicht mehr zu sehen sind*

Pro·gramm·punkt der <-(e)s, -e> *ein Teil in einem Programm*[2 4 5]

Pro·gramm·vor·schau die <-, -en> *ein Ausblick auf das Programm*[1] *der nächsten Zeit*

Pro·gramm·wahl die <-> (*kein Plur.*) *die Wahl eines Programms*[1] *in Rundfunk oder Fernsehen oder eines Programms*[7] *an einem Elektrogerät*

Pro·gramm·zeit·schrift die <-, -en> *eine Zeitschrift mit ausführlicher Übersicht über die Programme*[1] *(einer Woche) in Rundfunk und Fernsehen*

Pro·gres·si·on die <-, -en> **1.** (*geh.*) *eine fortschreitende Entwicklung* **2.** WIRTSCH. *Zunahme der prozentual zu zahlenden Steuer bei steigendem Einkommen der Steuerzahler*

pro·gres·siv <progressiver, am progressivsten> *Adj.* **1.** (≈ *fortschrittlich*) *auf den Fortschritt ausgerichtet* eine progressive Einstellung/Politik **2.** (*fachspr.*) *stufenweise sich steigernd* ein progressives Bevölkerungswachstum

Pro·hi·bi·ti·on die <-, -en> *ein gesetzliches Verbot, Alkohol herzustellen und zu verkaufen*

Pro·jekt das <-(e)s, -e> **1.** *eine umfangreiches Vorhaben, an dem über einen bestimmten Zeitraum gearbeitet werden soll* ein gewagtes/interessantes/realistisches Projekt, ein soziales/technologisches/wissenschaftliches Projekt, ein Projekt abschließen/beantragen dokumentieren/finanzieren/planen **2.** SCHULE *gemeinsame, selbstständige Arbeit in Arbeitsgruppen an bestimmten Themen* gemeinsam an einem Projekt in der Schule arbeiten

Pro·jekt·be·reich der <-s, -e> *ein Teilbereich innerhalb eines größeren Projekts*

Pro·jek·te·ma·cher der <-s, -> (*abwert.*) *jmd., der viele Projekte beginnt, sie aber nicht durchführt*

Pro·jekt·grup·pe die <-, -n> *eine Gruppe von Personen, die gemeinsam an einem Projekt*[1 2] *ar-*

beiten

pro·jek·tie·ren <projektierst, projektierte, hat projektiert> *mit OBJ* ■ *jmd. projektiert etwas* (*geh.*) *entwerfen; planen* ein Haus/eine Industrieanlage/eine Straße projektieren ▶Projektierung

Pro·jek·til das <-s, -e> (*geh.* ≈ *Geschoss*)

Pro·jek·ti·on die <-, -en> **1.** *die vergrößerte Wiedergabe mit einem Projektor* die Projektion von Bildern auf eine Leinwand **2.** MATH. *die Abbildung eines geometrischen Körpers auf einer Fläche* **3.** PSYCH. *der Vorgang, dass jmd. unbewusst seine eigenen Gefühle oder Vorstellungen anderen Personen zuschreibt*

Pro·jek·ti·ons·ap·pa·rat der <-s, -e> (≈ *Projektor*) *ein optisches Gerät, mit dem man transparente Vorlagen* (*Diaskop*) *oder Aufsichtsbilder vor eine Lichtquelle bringt und sie an einer hellen Wand vergrößert abbildet*

Pro·jek·ti·ons·flä·che die <-, -n> *eine Fläche, auf die projiziert[1] wird*

pro·jek·tiv <nicht steig.> *Adj. die Projektion[2] betreffend* projektive Geometrie

Pro·jekt·lei·ter, **Pro·jekt·lei·te·rin** der <-s, -> *jmd., der ein Projekt[1] leitet*

Pro·jekt·ma·na·ge·ment das <-s, -s> *Leitung und Organisation eines Projekts[1]* ▶Projektmanager(in)

Pro·jek·tor der <-s, -en> *ein Projektionsapparat zum Vorführen von Dias und Filmen*

pro·ji·zie·ren <projizierst, projizierte, hat projiziert> *mit OBJ* **1.** ■ *jmd. projiziert etwas auf etwas Akk.* (*geh.*) *ein Bild mit einem Projektor auf einer hellen Wand abbilden* ein Dia auf die Leinwand projizieren **2.** ■ *jmd. projiziert etwas auf jmdn.* PSYCH. *eigene Gefühle oder Vorstellungen anderen Personen zuschreiben*

Pro·ka·ry·on·ten die <-> *Plur.* BIOL. *Lebewesen, die keinen Zellkern haben, der durch eine Membran vom Zellplasma abgetrennt ist*

Pro·ki·schrei·ber der <-s, -> (*schweiz.*) *Overheadprojektor, Tageslichtprojektor*

Pro·kla·ma·ti·on die <-, -en> (*geh.*) *öffentliches, feierliches Verkünden* die Proklamation der Republik/der Unabhängikeit

pro·kla·mie·ren <proklamierst, proklamierte, hat proklamiert> *mit OBJ* ■ *jmd. proklamiert etwas* (*geh.*) *eine amtlich gültige Mitteilung öffentlich verkünden* die Unabhängigkeit proklamieren ▶Proklamierung

Pro-Kopf-Ein·kom·men das <-s, -> WIRTSCH. *das statistische Durchschnittseinkommen jedes Einwohners*

Pro-Kopf-Ver·brauch der <-(e)s> (*kein Plur.*) WIRTSCH. *der statistische Durchschnittsverbrauch eines Einwohners* (*an Energie, Lebensmitteln, Wasser*)

Pro·ku·ra die <-, Prokuren> WIRTSCH. RECHTSW. *die Vollmacht, alle Arten von Rechtsgeschäften für einen Betrieb durchzuführen* jemandem Prokura erteilen

Pro·ku·rist, **Pro·ku·ris·tin** der <-en, -en> WIRTSCH. RECHTSW. *Person, die Prokura hat*

Pro·laps der <-es, -e> MED. *das Heraustreten eines inneren Organs aus einer natürlichen Körperöffnung*

Pro·le·go·me·non das <-, Prolegomena> (*meist Plur.*) (*fachspr.*) **1.** *Vorrede zu einem wissenschaftlichen Werk* **2.** *Vorüberlegungen zu einer wissenschaftlichen Arbeit*

Pro·let der <-en, -en> (*abwert.*) *ungebildeter Mensch ohne Umgangsformen* ▶proletenhaft

Pro·le·ta·ri·at das <-s> (*kein Plur.*) **1.** GESCH. *die ärmsten Bürger im antiken Rom* **2.** (GESCH. POL.: *im Gesellschaftsmodell von Karl Marx*) *die Klasse der Lohnarbeiter*

Pro·le·ta·ri·er, **Pro·le·ta·ri·e·rin** der <-s, -> *Angehörige(r) des Proletariats*

pro·le·ta·risch <nicht steig.> *Adj. zum Proletariat gehörend oder es betreffend* eine proletarische Revolution

pro·le·ta·ri·sie·ren <proletarisierst, proletarisierte, hat proletarisiert> *mit OBJ* ■ *jmd. proletarisiert jmdn. eine Gruppe der Bevölkerung zu Proletariern machen* ▶Proletarisierung

Pro·log der <-s, -e> **1.** (*geh.* ≈ *Einleitung* ↔ *Epilog*) **2.** LIT. *Vorwort* der Prolog zu einem Buch **3.** SPORT *das vor der ersten Etappe eines Etappenradrennens durchgeführte Einzelzeitfahren*

pro·lon·gie·ren <prolongierst, prolongierte, hat prolongiert> *mit OBJ* ■ *jmd. prolongiert etwas* (WIRTSCH.: ≈ *stunden*) *eine Zahlungsfrist aufschieben, ein Termingeschäft verlängern* einen Kredit/Wechsel prolongieren ▶Prolongation

Pro·me·na·de die <-, -n> *ein breiter, gepflegter Spazierweg mit schöner Aussicht* Am Strand entlang verläuft eine schöne Promenade. ◆ See-, Strand-, Ufer-

pro·me·nie·ren <promenierst, promenierte, ist promeniert> *ohne OBJ* ■ *jmd. promeniert irgendwo* (*geh.* ≈ *flanieren*) *auf einer Promenade langsam auf und ab gehen* Die Hochzeitsgesellschaft promenierte im Park.

Pro·mi der/die <-s, -s> (*umg.*) *kurz für „Prominente(r)", bekannte Persönlichkeit*

Pro·mil·le das <-(s), -> **1.** MATH. *ein Tausendstel* (*1:1000*) **2.** (*umg.*) *Alkoholgehalt im Blut* Er hatte 0,6 Promille.

Pro·mil·le·gren·ze die <-> (*kein Plur.*) *der gesetzlich festgelegte Grenzwert, bis zu dem der Alkoholgehalt im Blut gehen darf, wenn man im öffentlichen Verkehr ein Fahrzeug lenkt*

Pro·mil·le·mes·ser der <-s, -> *ein Messgerät, mit dem der Alkoholgehalt im Blut bei Verkehrskontrollen gemessen wird*

pro·mi·nent *Adj.* **1.** *in der Öffentlichkeit bekannt, gesellschaftlich herausragend* ein prominenter Schauspieler, prominente Persönlichkeiten aus Politik und Wirtschaft **2.** (*geh.*) *durch Wert/Bedeutung/Bildung herausragend* Sein Buch ist an prominenter Stelle im Verlag … erschienen., Er hat seine Meinung an prominenter Stelle wiederholt geäußert.

Pro·mi·nen·te der/die <-n, -n> *jmd., der in der Öffentlichkeit bekannt ist* viele Prominente zu einer Gala einladen, als Prominenter im Blickpunkt des Interesses stehen

Pro·mi·nenz die <-> (*kein Plur.*) **1.** *die Gesamtheit der prominenten Personen* Viel Prominenz aus Politik und Wirtschaft war bei diesem Ereignis vertreten. **2.** *das Prominentsein*

Pro·mis·ku·i·tät die <-> (*kein Plur.*) (*fachspr.*) *Geschlechtsverkehr mit wechselnden Partnern ohne dauerhafte Bindung*

pro·mis·ku·i·tiv <nicht steig.> *Adj. so, dass jmd. in Promiskuität lebt*

pro·mo·ten [pro'mo:tᵊn] <promotest, promotete, hat promotet> *mit OBJ* ■ *jmd. promotet jmdn./etwas als Promoter tätig sein*

Pro·mo·ter, **Pro·mo·te·rin** der [pro'mo:tɐ] <-s, -> **1.** SPORT *eine Person oder Firma, die Sportveranstaltungen, Wettkämpfe usw. organisiert* der Promoter eines Boxers ◆ Box- **2.** *eine Person oder Firma, die Veranstaltungen im Showgeschäft* (*Tourneen, Festivals*) *organisiert* **3.** *ein Kaufmann mit speziellen Kenntnissen über Verkaufsförderung*

Pro·mo·ti·on[1] die **1.** *das akademische Verfahren, das zur Verleihung des Doktorgrades führt* (*zu dem man eine Dissertation schreiben und ein Rigorosum ablegen muss*) ◆ -sordnung, -sverfahren **2.** *die wissenschaftliche Arbeit, die zur Erlangung des Doktorgrades notwendig ist* an seiner Promotion arbeiten **3.** (*österr.*) *eine offizielle Feier, bei der die Doktorwürde verliehen wird*

Pro·mo·ti·on[2] die <-, -en> (*schweiz.*) **1.** SCHUL. *die Versetzung in die nächste Klasse* **2.** SPORT *das Vorrücken in die nächsthöhere Wettkampfklasse*

Pro·mo·ti·on[3] die [prə'moʊʃən] <-> (*kein Plur.*) *die Förderung des Absatzes durch besondere Werbung* ◆ -aktion

Pro·mo·tor der <-s, Promotoren> **1.** (*geh.*) *Förderer* **2.** (*österr.*) *die Person, die die offizielle Verleihung der Doktorwürde vornimmt*

Pro·mo·vend, **Pro·mo·ven·din** der <-en, -en> *eine Person, die an ihrer Promotion*[1] *arbeitet*

pro·mo·vie·ren <promovierst, promovierte, hat promoviert> **I.** *mit OBJ* ■ *jmd. promoviert jmdn. jmdm. die Doktorwürde verleihen* Die Fakultät hat ihn zum Dr.phil. promoviert. **II.** *ohne OBJ* ■ *jmd. promoviert* (*über etwas Akk.*) *den Doktorgrad anstreben* über ein Thema promovieren

prompt **I.** *Adj. sehr schnell* eine prompte Antwort erhalten **II.** *Adv. einer bestimmten Erwartung gerade* (*oder gerade nicht*) *entsprechend* Wie er schon befürchtet hatte – prompt auf die erste Examensfrage wusste er keine Antwort., Wir hatten gerade den Tisch draußen gedeckt – und prompt fing es an zu regnen!

Pro·no·men das <-s, Pronomina> (SPRACHWISS.: ≈ *Fürwort*) *ein deklinierbares Wort, das ein Nomen vertritt* ►pronominal ◆ Interrogativ-, Personal-, Possessiv-

Pro·pa·gan·da die <-> (*kein Plur.*) **1.** (*abwert.* ≈ *Agitation*) *die Verbreitung ideologischer Ideen und Meinungen, um die Bevölkerung in einer bestimmten Weise zu beeinflussen* nationalistische Propaganda machen, Das ist doch alles pure Propaganda! ◆ -apparat, -blatt, -film, -kampagne, -manöver, -ministerium, Kriegs-, Partei-, Wahl- **2.** (*abwert.*) *Werbung* Propaganda für jemanden/etwas machen

Pro·pa·gan·da·ma·te·ri·al das <-s, -ien> *Druckerzeugnisse, die der Propaganda*[1] *dienen sollen* (*wie Plakate, Flugblätter, Broschüren*)

Pro·pa·gan·dist, **Pro·pa·gan·dis·tin** der <-en, -en> **1.** *Person, die Propaganda*[1] *macht* **2.** *Werbefachmann* Er ist Propagandist für pharmazeutische Produkte.

pro·pa·gan·dis·tisch <nicht steig.> *Adj.* **1.** *zur Propaganda*[1] *gehörig oder sie betreffend* **2.** *zur Werbung gehörig*

pro·pa·gie·ren <propagierst, propagierte, hat propagiert> *mit OBJ* ■ *jmd. propagiert etwas* (*geh.*) *für etwas werben* eine Idee propagieren, den ökologischen Landbau unter den Bauern propagieren

Pro·pan das <-s> (*kein Plur.*) CHEM. *gasförmiger Kohlenwasserstoff, der als Brenngas dient*

Pro·pan·gas das <-es> (*kein Plur.*) (CHEM.: ≈ *Propan*) ◆ -flasche, -kocher

Pro·pel·ler der <-s, -> *eine Antriebsvorrichtung von Flugzeugen, bei der* (*meist zwei*) *flache Schaufeln sehr schnell um eine Nabe rotieren* ◆ -antrieb, -flugzeug, -schaden

Pro·pel·ler·Tur·bi·ne die <-, -n> TECHN. *eine Wasserturbine, die mit einem Laufrad angetrieben wird, die einem Propeller ähnlich ist*

pro·per *Adj.* (*umg.*) *ordentlich; sauber* Die Wohnung macht einen properen Eindruck., proper gekleidet sein

Pro·phet, **Pro·phe·tin** der [pro'fe:t] <-en, -en> **1.** REL. *jmd., der sich von Gott berufen fühlt, die göttliche Wahrheit unter den Menschen zu verkünden, der zur Umkehr mahnt und die schlimmen Folgen bösen Handelns vorhersagt* die Propheten des alten Testaments, Mohammed als Prophet Allahs **2.** (*übertr.*) *jmd., der eine Ideologie verkündet* ein Prophet des Fortschrittsglaubens **3.** (*übertr.*) *jmd., der zukünftige Ereignisse vorhersagt* Ich weiß nicht, ob die Preise für dieses Produkt dieses Jahr noch einmal steigen werden – ich bin schließlich kein Prophet!

Pro·phe·tie die [profe'ti:] <-> (*kein Plur.*) (≈ *Prophezeiung*)

pro·phe·tisch [pro'fetiʃ] <nicht steig.> *Adj.* **1.** REL. *sich auf Propheten beziehend* eine prophetische Gabe besitzen **2.** *so, dass es Zukünftiges vorhersagt* prophetische Ahnungen, Mit diesen prophetischen Worten sollte er Recht behalten.

pro·phe·zei·en [profe'tsaiən] <prophezeist, prophezeite, hat prophezeit> *mit OBJ* ■ *jmd. prophezeit etwas* **1.** (REL.: ≈ *weissagen*) *als Prophet*[1] *etwas vorhersagen* die Ankunft eines Erlösers prophezeien **2.** (*übertr. umg.*) *etwas Schlechtes vorhersagen* ein schlechtes Ende/schlechtes Wetter prophezeien

Pro·phe·zei·ung die <-, -en> (≈ *Weissagung*) **1.** *ein Akt des Vorhersagens* eine Prophezeiung aussprechen **2.** *das, was vorhergesagt worden ist* Die Prophezeiung erfüllte sich.

pro·phy·lak·tisch [profy'laktiʃ] <nicht steig.> *Adj.* (*geh.* ≈ *vorbeugend*) **1.** MED. *so, dass etwas getan wird, um eine Erkrankung zu verhindern* prophylaktische Maßnahmen gegen Karies/ Infektionskrankheiten **2.** *so, dass man eine schlimme Entwicklung zu verhindern versucht* prophylaktische Maßnahmen gegen Kriminalität

Pro·phy·la·xe die [profy'lakse] <-, -n> **1.** (MED.: ≈ *Vorbeugung*) *alle Maßnahmen, die eine Erkrankung verhüten sollen* Gesunde Ernährung ist eine gute Prophylaxe gegen Karies. **2.** *alle Maßnahmen, die schlimme Entwicklungen verhindern sollen* Prophylaxe gegen Unfälle

Pro·por·ti·on die <-, -en> **1.** (*meist Plur.*) *das Größenverhältnis verschiedener Teile eines Ganzen zueinander* Länge und Breite stehen in einer ausgewogenen Proportion zueinander., die Proportionen in einer Zeichnung richtig wiedergeben **2.** (*geh.*) *großes Ausmaß* eine Katastrophe von nie da gewesenen Proportionen **3.** MATH. *der Ausdruck für das Größenverhältnis durch einen Quotienten* Dreiviertel wird in der Proportion 3:4 ausgedrückt. **4.** (MATH.: ≈ *Verhältnisgleichung*) *eine Gleichung, in der zwei Proportionen*[3] *gleichgesetzt werden* die Proportion „3:4 = 6:8"

pro·por·ti·o·nal <nicht steig.> *Adj.* **1.** (*geh.*) *in einem ausgewogenen Verhältnis stehend* Der Ausschuss wird proportional zu den Sitzen im Parlament besetzt. ▸Proportionalität **2.** (MATH.: ≈ *verhältnisgleich*) *so, dass der Quotient zweier veränderlicher Größen gleich ist* 3:4 ist proportional 6:8., die Werte steigen proportional an, sich umgekehrt proportional verhalten ▸Proportionalität

Pro·por·ti·o·nal·wahl die <-, -en> (*schweiz. österr.*) *Verhältniswahl*

pro·por·ti·o·niert <nicht steig.> *Adj.* (*geh.*) *ein bestimmtes Größenverhältnis zeigend* Das Haus/ sein Körper ist gut/ideal/ schlecht proportioniert.

Pro·porz der <-es> (*kein Plur.*) POL. **1.** *die Zuweisung von Ämtern entsprechend den Mehrheitsverhältnissen* (*zum Beispiel von Parteien*) den Proporz wahren **2.** (*österr. schweiz.*) *Verhältniswahl* (*Kurzform für „Proportionalwahl"*)

Pro·porz·den·ken das (*abwert.*) *die Auffassung, nach der Ämter unbedingt nach dem Proporz*[1] (*und nicht primär nach der Qualität der Bewerber*) *vergeben werden müssen*

prop·pen·voll <nicht steig.> *Adj.* (*umg.*) *gedrängt voll* Der Bus/der Saal war proppenvoll.

Prop·ri·um das <-s, Propria> **1.** (*fachspr.*) *die Gesamtheit der Eigenschaften, die eine bestimmte Person hat und an denen man sie erkennt* **2.** REL. *der für einen bestimmten Tag zur Lesung im* (*katholischen*) *Gottesdienst bestimmte Text*

Propst der <-(e)s, Pröpste> REL. *der Vorsteher eines Klosters, Stifts oder Kirchenbezirks*

Pro·py·lä·en die <-> *Plur.* GESCH. KUNST *Vorhalle eines antiken Tempels*

Pro·rek·tor der <-s, -en> *Stellvertreter des Rektors*

Pro·sa die <-> LIT. *Literatur, die keine durch Versmaß oder Rhythmus gebundene Sprache verwendet* Er schreibt keine Gedichte, sondern Prosa. ◆-schriftsteller, -stil, -text, -übersetzung

pro·sa·isch *Adj.* (*geh. abwert.*) *nüchtern, sachlich und ohne Sinn für Poesie* ein prosaischer Gedanke/Mensch

Pro·sa·ist der <-en, -en> *Prosaschriftsteller*

Pro·se·lyt der <-en, -en> **1.** REL. GESCH. *ein Heide, der zur jüdischen Religion übergetreten ist* **2.** REL. *jmd., der zu einer anderen Religion übergetreten ist*

Pro·se·ly·ten·mach·e·rei die <-> (*kein Plur.*) (REL. GESCH.: *geh. abwert.*) *der aufdringliche Versuch, andere zu der Religion zu bekehren, der man selbst angehört*

Pro·se·mi·nar das <-s, -e> *ein Seminar für Studienanfänger*

Pro·sit das <-s, -s> *ein guter Wunsch beim Zutrunk: „Zum Wohl!"* Ein Prosit auf das Geburtstagskind!

pro·sit, *a.* **prost** *Interj. ein Ausruf, mit dem man sich beim Trinken gegenseitig Gutes wünscht* Prosit Neujahr!, Prosit allerseits!, Prost Mahlzeit! ■ **na dann prost!** (*iron.*): *dann steht dir oder euch ja noch Schlimmes bevor!*

Pro·so·die die <-, -n> LIT. *die Lehre vom Messen der Silben nach Länge und Tonhöhe und von der sprachlichen Artikulation* (*Akzente, Pausen, Intonation*)

Pros·pekt der/das <-(e)s, -e> **1.** *ein Heft oder Faltblatt, das mit Text und Bildern für etwas wirbt* ein Prospekt über die neuen Modelle/ über die angebotenen Reisen, im Auftrag eines Unternehmens Prospekte verteilen ◆Falt-, Reise-, Werbe- **2.** THEAT. *das Bühnenbild im Theater* **3.** KUNST *ein perspektivisch gezeichneter Platz oder die Ansicht einer Stadt* **4.** *die Schauseite der Orgel, bestehend aus dem Gehäuse und den Prospektpfeifen* **5.** (*wirtsch.*) *die Offenlegung der Vermögensverhältnisse*

pros·pek·tiv <nicht steig.> *Adj. auf das Zukünftige gerichtet, vorausschauend* prospektive Planung

Pros·pekt·zu·stel·ler der <-s, -> *jmd., der Prospekte*[1] *in Haushalten verteilt*

pro·s·pe·rie·ren <properierst, prosperierte, hat prosperiert> *ohne OBJ* ■ *etwas prosperiert* (*geh.* ≈ *gedeihen*) *sich wirtschaftlich gut entwickeln* wirtschaftlich prosperieren, ein prosperierendes Land

Pro·s·pe·ri·tät die <-> (*kein Plur.*) (*geh.*) (*wirtschaftlicher*) *Wohlstand* eine Zeit der Prosperität im Land

prost (*umg.* ≈ *prosit*)

Pro·s·ta·ta die <-, Prostatae> (ANAT.: ≈ *Vorsteherdrüse*) (*beim Mann*) *die Drüse, die die Harnröhre am Anfang umschließt*

pro·s·ti·tu·ie·ren <prostituierst, prostituierte, hat prostituiert,> *mit SICH* ■ *jmd. prostituiert sich* **1.** *gegen Bezahlung mit jmdm. Geschlechtsverkehr haben* Die Armut treibt sogar Kinder dazu, sich zu prostituieren. **2.** (*geh.*) *sein Talent in den Dienst einer unwürdigen Sache stellen* sich als

P

Künstler/Politiker prostituieren

Pro·s·ti·tu·ier·te die <-n, -n> *eine Frau, die gegen Bezahlung mit Männern Geschlechtsverkehr hat*

Pro·s·ti·tu·ti·on die <-> (*kein Plur.*) *das Anbieten oder Vollziehen des Geschlechtsverkehrs als Gewerbe* (*gegen Bezahlung*) die Prostitution eindämmen/fördern/verbieten

Pro·ta·go·nist, **Pro·ta·go·nis·tin** der <-en, -en> (*geh.*) **1.** *der Hauptdarsteller in einem Theaterstück oder Film* **2.** *die wichtigste Figur in einem Roman, Theaterstück oder Film* **3.** (≈ *Vorkämpfer*) *ein wichtiger Vertreter einer Idee, der eine Sache gesellschaftlich vorantreibt*

Pro·te·gé der [prote'ʒe:] <-s, -s> (*geh.* ≈ *Günstling*) *jmd., der protegiert wird* als Protegé des Regierungschefs gelten

pro·te·gie·ren [prote'ʒi:rən] <protegierst, protegierte, hat protegiert> *mit OBJ* ■ *jmd. protegiert jmdn.* (*geh.*) *jmdn. durch eigenen Einfluss gesellschaftlich und beruflich fördern und begünstigen* Er wird von seinem Professor protegiert.

Pro·te·in das <-s, -e> BIOL. *ein Eiweißstoff, der aus Aminosäuren aufgebaut ist* dem Körper mehr Proteine zuführen

Pro·tek·ti·on die [protɛk'ts̮i̯o:n] <-, -en> (*Plur. selten*) (*geh.*) *die Begünstigung oder Förderung einer Person in beruflicher und gesellschaftlicher Hinsicht* Er ist durch die Protektion seines Vorgängers in dieses Amt gekommen.

Pro·tek·ti·o·nis·mus der [protɛkts̮i̯o'nɪsmʊs] <-> (*kein Plur.*) WIRTSCH. POL. *handelspolitische Maßnahmen zum Schutz der inländischen Wirtschaft gegen ausländische Konkurrenz* ▶Protektionist, protektionistisch

pro·tek·tiv <nicht steig.> *Adj. als Schutz dienend* protektive Maßnahmen

Pro·tek·to·rat das <-(e)s, -e> **1.** POL. *die Schutzherrschaft eines Staates oder einer Gemeinschaft über ein Gebiet* ein Gebiet unter das Protektorat der UNO stellen **2.** POL. *ein Gebiet, das unter Protektorat[1] steht* Das Gebiet ist ein Protektorat des mächtigen Nachbarn. **3.** (*geh.* ≈ *Schirmherrschaft*) *offizielle Förderung unter dem Schutz einer Institution oder eines Amtsträgers* unter jemandes Protektorat stehen

Pro·test der <-(e)s, -e> *das deutliche Ausdrücken, dass man mit etwas nicht einverstanden ist und eine Änderung verlangt* energischer/stummer/wütender/zorniger Protest, gewaltfreier/landesweiter/öffentlicher Protest, gegen jemanden/etwas Protest anmelden/einlegen, unter Protest die Versammlung verlassen ■ **es hagelt Proteste** (*umg.*): *von verschiedenen gesellschaftlichen Gruppen wird heftig protestiert* ◆ Bürger-, Massen-, Studenten-

Pro·test·ak·ti·on die <-, -en> *eine öffentlich organisierte Aktion, mit der gegen etwas protestiert wird* Die Gewerkschaft/Umweltorganisation hat zu Protestaktionen aufgerufen.

Pro·tes·tant, **Pro·tes·tan·tin** der <-en, -en> (↔ *Katholik(in)*) *jmd., der der evangelischen Kirche angehört*

pro·tes·tan·tisch <nicht steig.> *Adj.* (↔ *katholisch*) *zum Protestantismus gehörig*

Pro·tes·tan·tis·mus der <-> (*kein Plur.*) (↔ *Katholizismus*) *eine aus der Reformation hervorgegangene christliche Glaubensrichtung, die sich von der katholischen Kirche getrennt hat und in den evangelischen Kirchen praktiziert wird*

Pro·test·be·we·gung die <-, -en> *eine gesellschaftliche Bewegung, die gegen politische oder soziale Missstände protestiert*

Pro·test·de·mon·stra·ti·on die <-, -en> *eine Demonstration, mit der gegen aktuelle politische oder soziale Missstände protestiert wird*

pro·tes·tie·ren <protestierst, protestierte, hat protestiert> *ohne OBJ* ■ *jmd. protestiert (gegen etwas Akk.) seine Ablehnung oder seinen Widerspruch äußern* gegen einen Beschluss/eine Verfahrensweise protestieren

Pro·test·kund·ge·bung die <-, -en> *eine Kundgebung, mit der* (*politischer*) *Protest ausgedrückt wird*

Pro·test·marsch der <-s, Protestmärsche> *eine Protestaktion in Form eines Aufmarschs von Demonstranten*

Pro·test·no·te die <-, -n> POL. *ein diplomatisches Schreiben, mit dem bei Vertretern einer Regierung Protest eingelegt wird* dem Botschafter eine Protestnote übergeben

Pro·test·schrei·ben das <-s, -> *ein schriftlicher Protest, mit dem jmd. öffentlich gegen etwas Stellung nimmt*

Pro·test·song der <-s, -s> *ein engagierter Song, der soziale oder politische Missstände kritisiert*

Pro·test·streik der <-s, -s> *eine Protestaktion in Form eines Streiks*

Pro·test·wäh·ler, **Pro·test·wäh·le·rin** der <-s, -> POL. *jmd., der eine bestimmte Partei wählt, um seinem Protest gegen eine andere Partei Ausdruck zu verleihen*

Pro·test·wel·le die <-, -n> *eine schnelle Abfolge von verschiedenen Protestaktionen, die weitere Protestaktionen auslösen*

Pro·teus der ['protɔys] (*geh.*) *jmd., der* (*wie die antike Figur Proteus*) *schnell seine Gesinnung ändert und sich nicht auf eine Meinung festlegt* ◆ -natur

Pro·the·se die <-, -n> MED. *ein künstlicher Ersatz eines Körperteils* eine Prothese für ein Bein/die Zähne anpassen ◆ Arm-, Bein-, Teil-, Voll-, Zahn-

Pro·the·tik die <-, -en> MED. *die Lehre von der Konstruktion der Prothesen*

pro·the·tisch <nicht steig.> *Adj.* MED. *eine Prothese betreffend* die prothetische Versorgung eines Patienten

Pro·to·koll das <-s, -e> **1.** *die schriftliche Aufzeichnung einer Beratung, eines Verhörs oder einer Sitzung* ein Protokoll aufnehmen/aufsetzen/genehmigen/ verlesen, etwas zu Protokoll geben/nehmen, Wer führt heute Protokoll? ◆ Ergebnis-, Gedächtnis-, Gerichts-, Polizei- **2.** *eine Aufzeichnung über den Ablauf eines wissenschaftlichen Versuchs* ein Protokoll über einen chemischen/

physikalischen Versuch anfertigen ◆ Narkose-, Operations-, Versuchs- **3.** *die festgelegten Verhaltensformen bei offiziellen Anlässen* sich an das Protokoll halten, Das ist so vom Protokoll vorgeschrieben.

Pro·to·kol·lant, **Pro·to·kol·lan·tin** der <-en, -en> *Person, die ein Protokoll*[1] [2]*anfertigt*

pro·to·kol·la·risch <nicht steig.> *Adj.* (*geh.*) *das Protokoll*[1] [3]*betreffend* das Gesagte protokollarisch festhalten, die protokollarischen Vorschriften einhalten, das Staatsoberhaupt mit protokollarischen Ehren empfangen

pro·to·kol·lie·ren <protokollierst, protokollierte, hat protokolliert> **I.** *mit OBJ* ■ *jmd. protokolliert etwas ein Protokoll*[1] [2] *über etwas führen* Der Polizist protokolliert die Zeugenaussagen. **II.** *ohne OBJ* ■ *jmd. protokolliert ein Protokoll*[1] [2] *führen* Wer protokolliert heute? ▶Protokollierung

Pro·ton das <-s, -en> (PHYS.: ↔ *Neutron*) *ein Elementarteilchen* (*im Atomkern*) *mit positiver Ladung*

Pro·to·nen·be·schleu·ni·ger der <-s, -> PHYS. *ein Gerät zum Beschleunigen von Protonen*

Pro·to·nen·syn·chro·tron das <-s, -e/s> (PHYS.: ≈ *Protonenbeschleuniger*)

Pro·to·plas·ma das <-, Protoplasmen> BIOL. *die lebendige Substanz in allen Zellen, in der sich Stoffwechsel und Energieaustausch abspielen*

Pro·to·typ der <-s, -en> **1.** (*geh.*) *jmd., der als Inbegriff oder als typisches Beispiel für etwas gilt* Er ist der Prototyp eines Lehrers. **2.** *ein Vorbild oder Muster, eine Grundform für etwas* Die römische Basilika ist der Prototyp für den mittelalterlichen Kirchenbau. **3.** (TECHN. WIRTSCH.: ≈ *Probemodell*) *ein Einzelstück, das zur Erprobung vor einer Serienfertigung gebaut wird* den Prototyp einer neuen Maschine/eines neuen Flugzeugs testen

pro·to·ty·pisch <nicht steig.> *Adj. den Prototyp betreffend, in der Art eines Prototyps*

Pro·to·zo·on das <-, Protozoen> BIOL. *ein mikroskopisch kleines, einzelliges Tier*

Pro·tu·be·ranz die <-, -en> ASTRON. *eine leuchtende Gasmasse, die aus dem Inneren der Sonne ausströmt*

Protz der <-es/-en, -e(n)> (*umg. abwert.* ≈ *Angeber*) *jmd., der etwas übermäßig auffällig zur Schau stellt* Er ist ein richtiger Protz, seitdem er so viel Geld hat. ▶protzenhaft ◆ Geld-, Kraft-, Muskel-, Sex-

prot·zen <protzt, protzte, hat geprotzt> *ohne OBJ* ■ *jmd. protzt mit etwas Dat.* (*umg. abwert.* ≈ *angeben*) *etwas übermäßig auffällig zur Schau stellen* vor jemandem mit seinem Geld/seiner Kraft/ seinem Wissen protzen ▶Protzerei

prot·zig *Adj.* (*umg. abwert.*) *so, dass etwas übermäßig auffällig zur Schau gestellt wird* eine protzige Villa, Protzige Armbanduhren und schwere Motorräder gelten in diesem Milieu als Statussymbole.

Pro·vence die [pro'vɑ̃s] <-> (*kein Plur.*) *Landschaft im Südosten Frankreichs* ▶provencalisch

Pro·ve·ni·enz die <-> (*kein Plur.*) (*geh.* ≈ *Herkunft*) *das Gebiet, aus dem etwas stammt* Politiker verschiedener Provenienz sind sich darin einig …

pro·ver·bi·ell <nicht steig.> *Adj.* (*geh.*) *sprichwörtlich*

Pro·vi·ant der <-s, -e> (*Plur. selten*) *Lebensmittel, die man für unterwegs als Vorrat mitnimmt* sich mit Proviant versehen ▶verproviantieren ◆ -beutel, -korb, -tasche, Reise-

Pro·vi·der der [prəvaɪdɐ] <-s, -, -> *ein Unternehmen, das Internetdienste anbietet* häufig den Provider wechseln

Pro·vinz die <-, -en> **1.** *eine staatliche oder kirchliche Verwaltungseinheit* ein Land in mehrere Provinzen teilen **2.** (*abwert.* ≈ *Land*) *eine Gegend, die kulturell* (*im Vergleich zu einer Großstadt*) *wenig bietet* Das ist ja tiefste Provinz hier! ◆ -bewohner, -blatt, -bühne, -posse, -theater

pro·vin·zi·ell <nicht steig.> *Adj.* (*abwert.* ≈ *beschränkt*) *so, dass es kulturell* (*verglichen mit einer Großstadt*) *wenig zu bieten hat* Hier in der Kleinstadt ist alles ziemlich provinziell., provinzielle Denkweisen/Maßstäbe

Pro·vinz·ler der <-s, -> *jmd., dessen Lebensart provinziell ist*

Pro·vinz·stadt die <-, Provinzstädte> (*abwert.*) *eine Stadt, die kulturell* (*verglichen mit einer Großstadt*) *wenig zu bieten hat* Für eine kleine Provinzstadt hat das Theater aber allerhand zu bieten.

Pro·vi·si·on die <-, -en> WIRTSCH. *eine Beteiligung am Gewinn aus den Aufträgen, die man für eine Firma vermittelt* Sie bekommt ein festes Grundgehalt und dazu Provision. ◆ Makler-, Vertreter-

Pro·vi·si·ons·ba·sis ■ **auf Provisionsbasis**: *unter der Voraussetzung, Provision zu erhalten* auf Provisionsbasis arbeiten/entlohnt werden

pro·vi·so·risch <nicht steig.> *Adj. nur als Notbehelf, nur vorläufig* Die provisorische Brücke muss so lange halten, bis die neue fertig gebaut ist., Wir haben eine provisorische Unterkunft gefunden.

Pro·vi·so·ri·um das <-s, Provisorien> (*geh.* ≈ *Übergangslösung*) *eine provisorische Lösung eines Problems* Das ist nur ein Provisorium, bis der richtige Zaun fertig ist.

pro·vo·kant *Adj.* (*geh.* ≈ *provozierend*) *so, dass es andere bewusst herausfordert* eine provokante Bemerkung machen

Pro·vo·ka·teur, **Pro·vo·ka·teu·rin** der [...tøːɐ] <-s, -e> (*abwert.*) *jmd., der andere bewusst zu Handlungen gegen jmdn. oder etwas herausfordert* Die Veranstaltung verlief friedlich, es waren keine Provokateure unter den Demonstranten.

Pro·vo·ka·ti·on die <-, -en> *eine bewusste Herausforderung, durch die ein Gegner zu bestimmten Handlungen bewegt werden soll* eine militärische/politische Provokation, Was sie gesagt hat, wurde als Provokation aufgefasst.

pro·vo·ka·tiv <nicht steig.> *Adj. so, dass etwas als Provokation wirkt* ein provokatives Buch, eine provokative Behauptung

pro·vo·ka·to·risch <nicht steig.> *Adj. so, dass et-*

was eine Provokation auslöst

pro·vo·zie·ren <provozierst, provozierte, hat provoziert> *mit OBJ* **1.** ■ *jmd. provoziert jmdn. eine (meist negative) Reaktion bewusst herausfordern* ein provozierendes Grinsen, andere durch sein Verhalten provozieren **2.** ■ *jmd. provoziert etwas jmd. ruft durch eine Provokation eine Wirkung hervor* eine militärische Auseinandersetzung provozieren

Pro·ze·de·re *s.* **Procedere**

pro·ze·die·ren <prozedierst, prozedierte, hat prozediert> *ohne OBJ* ■ *jmd./etwas prozediert (geh.) nach einer bestimmten Methode vorgehen, verfahren* Wir sollen uns in das Gesellschaftsrecht einarbeiten, aber wie sollen wir dabei prozedieren?

Pro·ze·dur die <-, -en> *ein bestimmtes (meist langwieriges und unangenehmes) Verfahren* eine komplizierte/langwierige/umständliche Prozedur, Die Zahnoperation war eine schmerzhafte Prozedur.

Pro·zent das <-(e)s, -e> **1.** *der hundertste Teil von einem Ganzen (1:100)* Zehn Prozent von zweihundert sind Zwanzig. **2.** *(umg.) der in Prozenten berechnete Anteil an einem Gewinn* Er bekommt für die Vermittlung dieses Geschäfts sicher seine Prozente. *s.* **hundertprozentig**

Pro·zent·punkt der <-s, -e> *die Differenz zwischen zwei Prozentzahlen* Die Zahl steigt von 20 auf 25 Prozent um 5 Prozentpunkte an.

Pro·zent·satz der <-es> *(kein Plur.) der in Prozent ausgedrückte Anteil an einer Menge* ein großer/hoher/niedriger Prozentsatz, Ein hoher Prozentsatz der Wähler ist der Wahl ferngeblieben.

pro·zen·tu·al <nicht steig.> *Adj. in Prozenten ausgedrückt* der prozentuale Anteil der Nichtwähler an der Bevölkerung

Pro·zess der <-es, -e> **1.** (RECHTSW.: ≈ *Gerichtsverfahren) ein Rechtsstreit, der vor Gericht verhandelt wird* einen Prozess gewinnen/verlieren, gegen jmdn. einen Prozess anstrengen, jmdm. den Prozess machen ◆-auftakt, -beginn, Arbeits-, Indizien-, Mord-, Sensations-, Straf-, Zivil- **2.** *ein über eine längere Zeit andauernder Vorgang, in dem sich ständig etwas verändert* ein fortschreitender/schleichender Prozess, ein natürlicher/physikalischer Prozess, Der Prozess des Alterns ist nicht aufzuhalten. ■ **mit jemandem kurzen Prozess machen** *(umg.): energisch und schnell eine Sache so entscheiden und durchführen, dass sie für einen anderen schlecht ausgeht* ◆ Alterungs-, Entwicklungs-, Genesungs-, Heilungs-, Lern-, Produktions-, Wachstums-, Zerfalls-

Pro·zess·ak·ten <-> *Plur.* RECHTSW. *zu einem Gerichtsprozess gehörende Akten*

Pro·zess·auf·takt der <-(e)s, -e> RECHTSW. *der erste Tag eines Gerichtsprozesses*

Pro·zess·geg·ner der <-s, -> RECHTSW. *der Gegner in einem Gerichtsprozess*

pro·zes·sie·ren <prozessierst, prozessierte, hat prozessiert> *ohne OBJ* ■ *jmd. prozessiert (gegen jmdn./ mit jmdm.)* RECHTSW. *einen Gerichtsprozess führen* Er hat jahrelang gegen seinen ehemaligen Chef prozessiert., Wir prozessieren mit dem Vermieter wegen der Nebenkostenabrechnung., um/wegen etwas prozessieren

Pro·zes·si·on die <-, -en> **1.** REL. *ein feierlicher kirchlicher Umzug* Eine Prozession zog durch das Dorf. ◆ Fronleichnams- **2.** *(übertr.) ein langer Zug (von Menschen)* eine lange Prozession von Flüchtlingen

Pro·zess·kos·ten die <-> *Plur.* RECHTSW. *die Kosten eines Gerichtsverfahrens*

Pro·zes·sor der <-s, -en> EDV *der Hauptteil einer Datenverarbeitungsanlage*

Pro·zess·ord·nung die <-, -en> RECHTSW. *die Bestimmungen, durch die der Ablauf eines Gerichtsprozesses geregelt wird*

prü·de *Adj. dem eigenen Körper und der Sexualität gegenüber übertrieben schamhaft* sehr prüde erzogen worden sein

Prü·de·rie die <-> *(kein Plur.) übertriebene Schamhaftigkeit der eigenen Körperlichkeit und Sexualität gegenüber* Vor lauter Prüderie geht sie nicht einmal in die öffentliche Sauna.

prü·fen <prüfst, prüfte, hat geprüft> **I.** *mit OBJ* **1.** ■ *jmd./etwas prüft jmdn./etwas die Qualität oder das Funktionieren testen* eine Maschine/eine Ware eingehend/gründlich/sorgfältig prüfen **2.** ■ *jmd. prüft etwas die Vor- und Nachteile abwägen* ein Angebot eingehend prüfen **3.** ■ *jmd. prüft etwas einen Sachverhalt auf seine Richtigkeit hin betrachten* Wir lassen den Fall durch unseren Anwalt prüfen., die Geschäftsbücher prüfen **4.** ■ *etwas prüft jmdn. (geh.) ein schweres Schicksal auferlegen* Das Leben hat ihn hart geprüft., ein schwer geprüfter Mann **5.** ■ *jmdn. prüft jmdn. durch gezielte Fragen Kenntnisse von jmdm. feststellen* einen Schüler in Mathematik/streng prüfen **6.** (SPORT: *Jargon) durch eine Aktion bewirken, dass ein Gegenspieler in besonderem Maße sein Können unter Beweis stellen muss* Lediglich Krause konnte mit einem straff geschossenen Freistoß aus 25 Metern nochmal den Bochumer Torwart prüfen. **II.** *ohne OBJ* ■ *jmd. prüft jmd. hält eine Prüfung ab* Biologie wird morgen geprüft., Welcher Lehrer prüft heute?, Es wird ein geprüfter Krankenpfleger benötigt.

Prü·fer, **Prü·fe·rin** der <-s, -> *jmd., der beruflich Prüfungen*[1 2 3 5] *durchführt*

Prüf·ling der <-s, -e> *jmd., der sich einer Prüfung*[1 5] *unterzieht*

Prüf·stand der <-(e)s> *(kein Plur.)* TECHN. *eine technische Vorrichtung zur Prüfung*[2] *von Maschinen* einen Motor auf den Prüfstand setzen

Prüf·stein der <-s> *(kein Plur.) eine schwierige Situation, in der jmd. besondere Fähigkeiten unter Beweis stellen muss* Die erste gemeinsame Reise war der Prüfstein ihrer Beziehung.

Prüf·stem·pel der <-s, -> *ein Stempel, mit dem bestätigt wird, dass jmd. oder etwas eine Prüfung*[2] *durchlaufen hat*

Prü·fung die <-, -en> **1.** SCHUL. *das Abfragen von jmds. Kenntnissen* eine (strenge) Prüfung in Mathematik, die Prüfung ablegen/bestehen, bei/in der Prüfung durchfallen **2.** TECHN. *das Testen der Qualität oder der Funktionstüchtigkeit* eine eingehende/gründliche/sorgfältige Prüfung der Maschine, Alle Produkte werden einer strengen Prüfung unterzogen. **3.** *die Kontrolle eines Sachverhalts auf seine Richtigkeit hin* die Prüfung des Falls durch einen Rechtsanwalt, die Prüfung der Geschäftsbücher einer Firma **4.** (*geh.*) *ein schwerer Schicksalsschlag* Der Tod seiner Frau war eine schwere Prüfung für ihn. ◆ Schicksals-

Prü·fungs·angst die <-, Prüfungsängste> (*große*) *Angst vor einer Prüfung*[1]

Prü·fungs·auf·ga·be die <-, -n> *eine Aufgabe, die in einer Prüfung*[1] *gestellt wird*

Prü·fungs·aus·schuss der <-es, Prüfungsausschüsse> *ein Gremium, das eine Prüfung abnimmt* (*meist bestehend aus: Prüfer, Beisitzer, Protokollführer*)

Prü·fungs·er·geb·nis das <-ses, -se> *das Ergebnis einer Prüfung*[1 2 3]

Prü·fungs·ge·bühr die <-, -en> *eine Gebühr, die für den Verwaltungsaufwand der Prüfung und für die Prüfer zu entrichten ist*

Prü·fungs·ge·gen·stand der <-s, Prüfungsgegenstände> *der Wissensbereich, auf den sich die Prüfung bezieht*

Prü·fungs·kom·mis·si·on die <-, -en> *eine Kommission, die eine Prüfung*[1] *abnimmt*

Prü·fungs·zeug·nis das <-ses, -se> *ein Zeugnis, das eine abgelegte Prüfung*[1] *bescheinigt*

Prüf·ver·fah·ren das <-s -> *die Art und Weise, wie die Funktionen von etwas geprüft*[2] *werden*

Prü·gel[1] der <-s, -> (*umg.*) *kräftiger Stock*

Prü·gel[2] die <-> *Plur.* (*umg.*) *Schläge* Prügel bekommen/einstecken

Prü·ge·lei die <-, -en> (*umg.*) eine Auseinandersetzung, bei der sich die Beteiligten prügeln

Prü·gel·kna·be der <-n, -n> (*umg.* ≈ *Sündenbock*) *jmd., dem unberechtigt die Schuld an etwas gegeben wird* jemanden zum Prügelknaben machen

prü·geln <prügelst, prügelte, hat geprügelt> **I.** *mit OBJ* ■ *jmd. prügelt jmdn./ein Tier heftig* (*mit etwas*) *schlagen* Sie prügelte den Hund mit einem Stock. **II.** *mit SICH* ■ *jmd. prügelt sich* (*mit jmdm.*) *sich mit jmdm. schlagen* Die Jungen prügeln sich auf dem Schulhof., Er hat ein blaues Auge, weil er sich geprügelt hat., Oft prügelte er sich mit seinem Bruder.

Prü·gel·stra·fe die <-> (*kein Plur.*) *körperliche Züchtigung durch heftige Schläge* (*mit etwas*) Die Prügelstrafe war früher ein erlaubtes Mittel der Erziehung.

Prunk der <-(e)s> (*kein Plur.*) (*übermäßig*) *große Pracht* der verschwenderische Prunk eines Festes/einer Kirche ◆ -bau, -gemach, -saal, -stück, -sucht

prus·ten <prustet, prustete, hat geprustet> *ohne OBJ* ■ *jmd. prustet* **1.** *mit schnaufendem Geräusch ausatmen* vor Lachen prusten **2.** *heftig und laut niesen* Er war so erkältet, dass er mitten im Konzert prustete.

PS das [peːˈɛs] <-, -> **1.** *Abkürzung für „Pferdestärke"* Wie viel PS hat das Auto? **2.** *Abkürzung für „Postskriptum"*

Psalm der <-s, -en> REL. *eines der religiösen Lieder des jüdischen Volkes, die im Alten Testament gesammelt sind* das Buch der Psalmen

Psal·ter der <-s> (*kein Plur.*) **1.** *Buch der Psalmen* **2.** *mittelalterliches liturgisches Textbuch der Psalmen zur feierlichen Rezitation im Stundengebet*

Pseu·d·e·pi·gra·phen die <-> *Plur.* FACHSPR. *Schriften aus der Antike, die fälschlich einem bestimmten Autor zugeschrieben werden*

pseu·do- *aus dem Griechischen kommendes Bestimmungswort mit der Bedeutung „falsch", „unecht", „vorgetäuscht", „fälschlich"*

Pseu·do·krupp der <-s> (*kein Plur.*) MED. *eine Kehlkopferkrankung mit plötzlichen Erstickungsanfällen*

Pseu·d·o·nym das <-s, -e> *allgemein: Deckname; Name, den ein Künstler anstelle seines bürgerlichen Namens benutzt* Sie schreibt unter einem Pseudonym.

pseu·d·o·nym <nicht steig.> *Adv. unter einem Decknamen* (*veröffentlicht*)

Psi[1] das <-s, -s> *griechischer Buchstabe*

Psi[2] das <-(s)> *bestimmendes Element bei Wortzusammensetzungen, um einen parapsychologischen Sachverhalt auszudrücken*

Psi·phä·no·men das <-s, -e> PSYCH. *eine parapsychologische Erscheinung*

pst!, *a.* **pscht!** *Interj. verwendet als Aufforderung, leise zu sein* Pst, da kommt er!

Psy·cha·go·ge, **Psy·cha·go·gin** der <-n, -n> *jmd., der sich professionell mit Psychagogik beschäftigt*

Psy·cha·go·gik die <-> (*kein Plur.*) *Bezeichnung für eine Vielzahl pädagogisch-therapeutischer Verfahren, die - oft vorbeugend - beginnende Verhaltensstörungen abzubauen versuchen* (*mit fließenden Grenzen zur Psychotherapie*)

Psy·che die <-, -n> *im heutigen Sprachgebrauch: die Gesamtheit bewusster und unbewusster Vorgänge sowie die geistigen und intellektuellen Funktionen* sich in die Psyche eines Kindes einfühlen

psy·che·de·lisch <nicht steig.> *Adj. das Bewusstsein in einen rauschartigen Zustand versetzend* psychedelische Drogen, psychedelische Musik

Psy·ch·i·a·ter, **Psy·ch·i·a·te·rin** der <-s, -> MED. *ein Arzt, der professionell Krankheiten der Psyche feststellt und medizinisch behandelt* den Rat eines Psychiaters einholen

Psy·ch·i·a·t·rie die <-> (*kein Plur.*) **1.** MED. *Teilgebiet der Medizin, das sich mit den Krankheiten der Psyche befasst* **2.** *die medizinische Abteilung, in der psychisch Kranke behandelt werden* jemanden in die Psychiatrie einweisen, aus der Psychiatrie entlassen werden

psy·ch·i·a·t·risch <nicht steig.> *Adj. die Psychiatrie betreffend* sich in psychiatrischer Behandlung befinden

psy·chisch <nicht steig.> *Adj. die Psyche betref-*

fend psychische Erkrankung, Ihre Krankheit ist eher psychisch bedingt., Sein psychischer Zustand ist instabil.

Psy·cho·a·na·ly·se die <-> (*kein Plur.*) PSYCH. *eine Form der Therapie psychischer Krankheiten und Störungen durch Bewusstmachung von ins Unterbewusste verdrängten Konflikten* ▶psychoanalytisch

Psy·cho·a·na·ly·ti·ker, **Psy·cho·a·na·ly·ti·ke·rin** der <-s, -> PSYCH. *jmd., der eine psychoanalytische Ausbildung als Therapeut hat und im Sinne der Psychoanalyse therapiert*

Psy·cho·Dro·ge die <-, -n> *das Bewusstsein erweiternde oder in einen Rauschzustand versetzende Droge*

psy·cho·gen <nicht steig.> *Adj.* PSYCH. MED. *von der Psyche ausgehend, psychisch verursacht* psychogene Ursachen einer Krankheit

Psy·cho·gramm das <-s, -e> PSYCH. *eine psychologische Studie der Persönlichkeit, deren Ergebnisse graphisch dargestellt werden*

Psy·cho·lo·ge, **Psy·cho·lo·gin** der <-n, -n> **1.** *jmd., der eine Fachausbildung auf dem Gebiet der Psychologie hat und/oder auf diesem Gebiet tätig ist* Sie arbeitet als Psychologin in einer Schule. **2.** (*umg.*) *eine Person, die das Verhalten oder die Reaktionen von Menschen gut einschätzen kann* Er ist ein guter Psychologe, er hat vorhergesehen, wie sie reagieren würde.

Psy·cho·lo·gie die <-> (*kein Plur.*) **1.** *die Lehre von den seelischen Vorgängen im Menschen* Psychologie studieren **2.** (*umg.*) *die Kunst, Menschen einzuschätzen und zu lenken* Mit ein bisschen Psychologie wirst du ihn schon überzeugen können. ◆ Arbeits-, Entwicklungs-, Erwachsenen-, Jugend-, Kinder-, Sexual-, Sozial-, Sprach-, Tier-, Verhaltens-

psy·cho·lo·gisch <nicht steig.> *Adj. die Psychologie[1, 2] betreffend*

Psy·cho·path, **Psy·cho·pa·thin** der <-en, -en> (*geh.*) *Person mit gestörtem Gefühls- und Gemütsleben und/oder einem Verhalten, das dem Bild einer selbstverantwortlichen Persönlichkeit nicht entspricht*

psy·cho·pa·thisch <nicht steig.> *in der Art eines Psychopathen* Die Art, wie sie mit ihrer Verantwortung umgeht, wirkt psychopathisch.

Psy·cho·phar·ma·ka <-> *Plur.* CHEM. MED. *Medikamente zur Behandlung psychischer Erkrankungen*

Psy·cho·phar·ma·kon das <-s, Psychopharmaka> *ein Medikament, das zur Gruppe der Psychopharmaka gehört*

Psy·cho·se die <-, -n> MED. *eine schwere seelische Erkrankung, die sich u.a. in einer mehr oder weniger deutlichen Einschränkung der Autonomie des oder der Erkrankten ausdrückt*

Psy·cho·sek·te die <-, -n> (*umg. abwert.*) *eine Sekte, die psychologische Mittel einsetzt, um ihre Anhänger von der Sektengemeinschaft abhängig zu machen*

psy·cho·so·ma·tisch <nicht steig.> *Adj. auf der Wechselseitigkeit von Körper und Psyche beruhend* psychosomatische Krankheiten

psy·cho·so·zi·al <nicht steig.> *Adj. die Art, psychologische Faktoren unter dem Aspekt ihrer sozialen Bedingtheit zu betrachten*

Psy·cho·ter·ror der <-s> (*kein Plur.*) (*umg. abwert.*) *Beeinflussung von Menschen mit auf die Psyche wirkenden Methoden der Einschüchterung und Bedrohung*

Psy·cho·test der <-s, -s> (*umg.*) *Abkürzung für „psychologischer Test“*

Psy·cho·the·ra·peut, **Psy·cho·the·ra·peu·tin** der <-en, -en> *jmd., der zur Heilung psychischer Krankheiten die Methode der Psychotherapie einsetzt*

psy·cho·the·ra·peu·tisch <nicht steig.> *Adj. die Psychotherapie betreffend, in der Art der Psychotherapie* psychotherapeutische Behandlung

Psy·cho·the·ra·pie die <-> (*kein Plur.*) MED. **1.** *eine Methode der Behandlung psychischer Störungen und Erkrankungen mit Erkenntnissen aus der Psychologie* **2.** *eine Behandlung mit der Methode der Psychotherapie* Er geht zur Psychotherapie.

PTA der/die <-s, -s> *Abkürzung für „Pharmazeutisch-technischer Assistent“ bzw. „Pharmazeutisch-technische Assistentin“*

Pub das/der [pʌb] <-s, -s> *Wirtshaus oder Bar im englischen Stil*

pu·ber·tär <nicht steig.> *Adv. für die Pubertät typisch* Sein Benehmen war völlig pubertär., pubertäre Phantasien

Pu·ber·tät die <-> (*kein Plur.*) *der zur Geschlechtsreife führende Entwicklungsabschnitt des Menschen* in der Pubertät sein ◆-smagersucht, -szeit

Pub·li·ci·ty die [pa'blɪsiti] <-> (*kein Plur.*) **1.** *das Werben um öffentliche Aufmerksamkeit* für jemanden/etwas viel Publicity machen **2.** *öffentliche Aufmerksamkeit* viel Publicity haben, an Publicity gewinnen

Pub·lic·re·la·ti·ons, *a.* **Pub·lic Re·la·ti·ons** ['pʌblik rɪ'leɪʃənz] <-> *Plur.* (≈ *PR*) *eine Art Werbung, die ein Unternehmens oder eine Organisation in der Öffentlichkeit[1] betreibt, um das eigene Ansehen zu verbessern*

pu·b·lik [pu'bli:k] <nicht steig.> *Adj. öffentlich bekannt* etwas publik machen, Wir wollen nicht, dass das publik wird.

Pu·b·li·ka·ti·on die [publika'tsi̯o:n] <-, -en> **1.** (*kein Plur.*) *das Veröffentlichen* die Publikation einer Doktorarbeit/eines Buches, die Publikation eines Textes im Internet **2.** *etwas Veröffentlichtes* die neuesten Publikationen des Verlages, als Publikation im Internet erscheinen

Pu·b·li·ka·ti·ons·hil·fe die <-, -n> (*besonders finanzielle*) *Hilfe dafür, dass etwas publiziert werden kann* Der Druckkostenzuschuss war eine entscheidende Publikationshilfe.

Pu·bli·kum das <-s> (*kein Plur.*) **1.** *die Zuschauer einer öffentlichen Darbietung* Es hatte sich ein Publikum von knapp tausend Personen eingefunden., das Publikum einer Fernseh-/Radiosendung

◆-sresonanz, Fernseh-, Konzert-, Theater-, **2.** *die Menschen, die an einer bestimmten Sache interessiert sind* das literarisch interessierte Publikum ◆Fach- **3.** *die Personen, die irgendwo (regelmäßig) verkehren* ein gemischtes/gehobenes Publikum

Pu·b·li·kums·er·folg der <-(e)s, -e> *eine (künstlerische) Darbietung, die vom Publikum[1] begeistert aufgenommen wird* Das Buch/Der Film/Der Schlager wurde ein Publikumserfolg.

Pu·b·li·kums·lieb·ling der <-s, -e> (*umg.*) *jmd., dessen öffentliche (künstlerische) Darbietungen vom Publikum[1] begeistert aufgenommen werden* zum Publikumsliebling werden

Pu·b·li·kums·ma·g·net der <-en, -en> *eine Veranstaltung, die viel Publikum anzieht* Die Ausstellung erwies sich als großer Publikumsmagnet.

Pu·b·li·kums·ver·kehr der <-s> (*kein Plur.*) **1.** *die Öffnung bestimmter Räume für die Öffentlichkeit* Heute kein Publikumsverkehr! **2.** *die Personen, die irgendwohin kommen* Gestern herrschte auf der Behörde/der Ausstellung reger Publikumsverkehr.

pu·b·li·kums·wirk·sam *Adv. so, dass es viel Publikum anzieht* Die Werbung war höchst publikumswirksam.

Pu·b·li·kums·zeit·schrift die <-, -en> *für ein breites Publikum bestimmte Zeitschrift*

pu·b·li·zie·ren <publizierst, publizierte, hat publiziert> **I.** *mit OBJ* ■ *jmd. publiziert etwas etwas veröffentlichen* ein Buch/eine Dissertation publizieren **II.** *ohne OBJ* ■ *jmd. beschäftigt sich mit dem Publizieren* Sie publiziert selbst/bei einem Verlag/im Internet.

Pu·b·li·zist, **Pu·b·li·zis·tin** der <-en ,-en> (*geh.*) *jmd., der sich in Büchern oder in den Medien zur aktuellen Politik äußert*

Pu·b·li·zis·tik die <-> (*kein Plur.*) *die Wissenschaft von der Verbreitung und Wirkung von Informationen in den Massenmedien* Publizistik studieren

Puck der [pʊk] <-s, -s> **1.** *ein Kobold* **2.** SPORT *die Hartgummischeibe beim Eishockey*

Pud·ding der <-s, -e/-s> *eine Süßspeise aus Milch, Stärkemehl oder Grieß, Zucker und Geschmacksstoffen* einen Pudding kochen ◆-form, -pulver, Erdbeer-, Schokoladen-, Vanille-

Pu·del der <-s, -> *ein kleinerer Hund mit stark gekräuseltem Fell*

Pu·del·müt·ze die <-, -n> *eine dicke Wollmütze*

pu·del·nackt <nicht steig.> *Adv.* (*umg.* ≈ *splitternackt*) *ganz und gar nackt* (*wie ein geschorener Pudel*) Sie badeten (ohne Badeanzüge) pudelnackt.

pu·del·nass <nicht steig.> *Adj.* (*umg.*) *vollständig nass*

pu·del·wohl <nicht steig.> *Adj.* (*umg.*) *so, dass man sich sehr angenehm und wohlig fühlt* sich pudelwohl fühlen

Pu·der der <-s, -> *ein feines Pulver* (*für medizinische oder kosmetische Zwecke*) ein Puder für wunde Haut, ein Puder zum Abdecken von Hautunreinheiten ▶pudern ◆Baby-, Gesichts-, Kinder-, Wund-

Pu·der·do·se die <-, -n> *Dose mit kosmetischem oder medizinischem Puder*

Pu·der·lid·schat·ten der <-s, -> *Lidschatten in Form von Puder*

pu·dern <puderst, puderte, hat gepudert> *mit OBJ* ■ *jmd. pudert etwas feines Pulver irgendwo auftragen* (sich) das Gesicht pudern, etwas mit Mehl/Staubzucker pudern

Pu·der·quas·te die <-, -n> *eine kleine Quaste zum Auftragen von Puder*

Pu·der·rouge das <-s, -s> *rote Schminke in Form von Puder*

Pu·der·zu·cker der <-s> (*kein Plur.*) *fein gemahlener Zucker*

Pu·e·blo der <-s, -s> ((*in Südamerika*)) *Dorf oder Siedlung der Puebloindianer*

Pu·er·to·ri·ca·ner der <-s, -> *jmd., der die Staatsbürgerschaft von Puerto Rico hat*

pu·er·to·ri·ca·nisch <nicht steig.> *Adj. der Kultur Puerto Ricos entsprechend*

Pu·er·to Ri·co das <-s> (*kein Plur.*) *ein mit den USA assoziierter Staat im Bereich der Westindischen Inseln mit der Hauptstadt San Juan*

puff *Interj. lautmalerisch zur Bezeichnung eines Knalls* (in Kindersprache) Der Jäger machte piff, paff, puff mit seinem Gewehr.

Puff[1] der <-(e)s, Püffe/-e> *ein kräftiger Stoß* jmdm. einen (freundschaftlichen) Puff in die Rippen geben

Puff[2] das <-(e)s> (*kein Plur.*) (≈ *Backgammon, Tricktrack*) *ein Brett- und Würfelspiel* mit jemandem Puff spielen

Puff[3] der/das <-s, -s> (*umg.* ≈ *Bordell*) *ein Haus, in dem Prostituierte Geschlechtsverkehr gegen Geld anbieten und vollziehen*

Puff·är·mel der <-s, -> *am Oberarm gebauschter langer Ärmel*

puf·fen <puffst, puffte, hat gepufft> **I.** *mit OBJ* ■ *jmd. pufft jmdn.* kräftig stoßen, jemanden (freundschaftlich) in die Rippen puffen **II.** *ohne OBJ* ■ *etwas pufft Dampf ausstoßen* Die Dampflokomotive pufft.

Puf·fer der <-s, -> **1.** TECHN. *eine Vorrichtung zur Abfederung von Stößen* **2.** (KOCH.: ≈ *Kartoffelpuffer*) *ein Gericht, bei dem geriebene rohe Kartoffeln (mit Zutaten) in der Pfanne gebraten werden* **3.** (EDV: ≈ *Pufferspeicher*) *ein Informationsspeicher zwischen einer relativ schnell arbeitenden Zentraleinheit einer EDV-Anlage und einem relativ langsam arbeitenden Gerät (wie Drucker …)* **4.** (CHEM.: ≈ *Pufferlösung*) *Bezeichnung für eine Lösung, die trotz Zusätze ihren pH-Wert nicht ändert* **5.** (*umg.*) *eine zeitliche Reserve, die man bei der Zeitplanung eines Projekts o.Ä. einplant* eine Woche als Puffer ein planen

puf·fern <pufferst, pufferte, hat gepuffert> *mit OBJ* ■ *etwas puffert etwas* TECHN. *als Puffer[1 3 4] dienen* Die Stoßdämpfer puffern die Stöße der Räder eines Autos., Bei der Datenübertragung puffert ein Puffer den Datenfluss zwischen einer schnellen und einer langsamen Komponente eines EDV-Systems.

Puf·fer·staat der <-(e)s, -en> POL. *ein neutraler Staat, der geographisch zwischen Großmächten liegt und dadurch ihre Reibungen mildert*

Puff·mut·ter die <-, Puffmütter> (*umg.*) *die Leiterin eines Bordells*

Pu ·lit·zer·preis der <-es> (*kein Plur.*) *der von dem amerikanischen Journalisten und Verleger Pulitzer 1917 gestiftete und jährlich vergebene Preis für hervorragende Leistungen auf journalistischem Gebiet*

Pulk der <-(e)s, -s> **1.** *eine größere Ansammlung von Menschen, Fahrzeugen oder Flugzeugen* ein Pulk von Neugierigen/Zuschauern bei einer Demonstration **2.** (SPORT: ≈ *Feld*[5]) Der Weltmeister fährt im Pulk mit und schont offenbar seine Kräfte.

Pul·le die <-, -n> (*umg.*) *eine Flasche* (*eines alkoholischen Getränks*) eine Pulle Bier/Schnaps ■ **volle Pulle** (*umg.*): *sehr schnell und heftig*

Pul·li der <-s, -s> (*umg.* ≈ *Pullover*)

Pul·l·o·ver der <-s, -> *ein Kleidungsstück* (*aus Wolle*) *für den Oberkörper, das über den Kopf gezogen wird* einen Pullover stricken ◆ Baumwoll-, Damen-, Mohair-, Nicki-, Norweger-, Rollkragen-, Ski-, Woll-

Pul·l·un·der der <-s, -> *ein ärmelloser Pullover*

Puls der <-es, -e> **1.** *das* (*durch den Herzschlag*) *verursachte Pochen des Blutes an den Gefäßwänden,* (*das besonders am inneren Handgelenk gut spürbar ist*) (bei) jemandem den Puls fühlen/messen, der Puls ist normal/beschleunigt/rast/beruhigt sich wieder ◆ -messer, -uhr, Ruhe- **2.** *die Anzahl der Pulsschläge pro Minute* 120 Puls haben **3.** (*umg.*) *die Innenseiten der Handgelenke* (*wo der Pulsschlag gut zu spüren ist*) sich an den Puls fassen ■ **der Puls der Zeit**: *die momentane Äußerung des Zeitgeists* Beim Besuch der letzten Weltausstellung war etwas vom Puls der Zeit zu spüren.

Puls·a·der die <-, -n> *eine große Ader, in der das Blut vom Herzen zu einem Organ gepumpt wird* die Pulsader am Handgelenk/Hals ertasten, sich die Pulsadern aufschneiden

Pul·sar der <-s, -e> ASTRON. *Bezeichnung für eine kosmische Quelle von Radiostrahlen, die mit großer Regelmäßigkeit Strahlungsimpulse abstrahlt*

Puls·fre·quenz die <-, -en> *die normalerweise mit der Herzfrequenz übereinstimmende Zahl der Pulsschläge pro Minute*

pul·sie·ren <pulsierst, pulsierte, hat pulsiert> *ohne OBJ* ■ *etwas pulsiert* **1.** *in regelmäßigen Abständen an- und abschwellen* Das Blut pulsiert in den Adern., ein pulsierendes Licht **2.** *lebendig strömen* In den Straßen der Großstädte pulsiert das Leben.

Puls·schlag der <-(e)s, Pulsschläge> **1.** (*kein Plur.*) *das regelmäßige Pochen des Blutes in den Adern* den Pulsschlag messen **2.** *ein einzelner Schlag des Pulses* die Pulsschläge pro Minute zählen

Puls·wär·mer der <-s, -> *eine wollene Hülle zum Wärmen der Handgelenke*

Pult das <-(e)s, -e> **1.** *ein Gestell in Form eines Tisches mit einer schrägen Platte* Der Redner/der Dirigent trat ans Pult. ◆ Dirigenten-, Redner-, Schalt-, Schreib-, Steh- **2.** (*schweiz.*) *Schreibtisch*

Pult·dach das <-(e)s, Pultdächer> *ein Dach, das eine schiefe Ebene bildet*

Pul·ver das <-s, -> **1.** *ein Stoff, der aus feinsten Teilchen besteht* ein feines/grobkörniges/wasserlösliches Pulver, den Kaffee zu Pulver mahlen, ein Pulver gegen Ameisen, das weiße Pulver des Kokains ◆ Back-, Brause-, Milch-, Seifen-, Wasch- **2.** (≈ *Schießpulver*) das Pulver nicht nass werden lassen/in Fässern lagern, feine Spuren des Pulvers aus einer Schusswaffe nachweisen **3.** (*umg.*) *Geld* eine Menge Pulver haben ■ **sein ganzes Pulver auf einmal verschießen** (*umg.*): *alle Ideen oder Argumente* (*unklugerweise*) *auf einmal vortragen*

Pul·ver·fass das <-es, Pulverfässer> **1.** *ein Fass für Schießpulver* **2.** (*übertr.*) *eine sehr gespannte* (*politische*) *Lage* Die Krisenregion ist ein Pulverfass, eine Kleinigkeit genügt, um einen Krieg zu entfachen. ■ **auf einem Pulverfass sitzen** (*umg.*): *in einer sehr gefährlichen, angespannten Situation sein* **der Funke im Pulverfass** (*umg.*): *das letzte auslösende Moment, das die politisch-soziale Situation zur Explosion bringt*

pul·ve·rig, *a.* **pulv·rig** *Adj. wie Pulver*[1]

pul·ve·ri·sie·ren <pulverisierst, pulverisierte, hat pulverisiert> *mit OBJ* ■ *jmd./etwas pulverisiert etwas zu Pulver*[1] *machen* pulverisierter Kaffee, Die Bestandteile von Zement werden in einer Zementmühle zu Zement pulverisiert.

Pul·ver·kaf·fee der <-s, -s> *löslicher Kaffee in Pulverform*

Pul·ver·schnee der <-s> (*kein Plur.*) *lockerer Schnee;* (↔ *Pappschnee*) Bei niedrigen Temperaturen fällt der Neuschnee meist als Pulverschnee.

pul·ver·tro·cken <nicht steig.> *trocken wie Pulver*[2]

Pu·ma der <-s, -s> *eine Raubkatze*

Pum·mel·chen das <-s, -> (*umg.*) *dickes Kind*

pum·me·lig, *a.* **pumm·lig** <pumm(e)liger, am pumm(e)ligsten> *Adj.* (*umg.*) *ziemlich dick und nicht sehr groß* ein pumm(e)liges kleines Kind

Pump (*umg.*) ■ **auf Pump**: *von geborgtem Geld* etwas auf Pump kaufen, auf Pump leben

Pum·pe die <-, -n> **1.** TECHN. *Gerät zum An- und Absaugen von Flüssigkeiten und Gasen* eine handbetriebene/elektrische Pumpe für Wasser, jmdm. eine Pumpe für das Fahrrad leihen ◆ Benzin-, Fahrrad-, Luft-, Milch-, Wasser- **2.** (*umg. scherzh.*) *Herz* Die Pumpe macht nicht mehr mit., Er hat's an/mit der Pumpe.

pum·pen <pumpst, pumpte, hat gepumpt> *mit OBJ/ohne OBJ* **1.** ■ *jmd./etwas pumpt etwas aus etwas Dat./in etwas Akk. mit einer Pumpe irgendwohin befördern* Die Menschen pumpen das Wasser aus ihren Kellern., Luft auf/in einen Reifen pumpen, Wir haben stundenlang gepumpt, bis der Keller trocken war., Die Pumpe pumpt kein Wasser mehr. **2.** ■ *jmd. pumpt etwas in etwas Akk. et-*

was in großem Maß in etwas hineingeben viel Geld/Energie in etwas pumpen **3.** ■ *jmd. pumpt jmdm. etwas* (*umg.*) *leihen* Kannst du mir 'mal fünf Euro pumpen?

Pum·per·ni·ckel der <-s, -> *eine dunkle Brotsorte* (*aus Roggenschrot*)

Pumps der [pœmps] <-, -> *ein Damenschuh mit hohem Absatz*

punc·to *s.* **in puncto**

punc·tum sa·li·ens das <-, -> (*geh.*) *der springende Punkt, das Entscheidende*

Punk der [paŋk] <-s, -s> **1.** (*kein Plur.*) *jugendlicher Protest gegen die* (*bürgerliche*) *Gesellschaft mit auffälliger Kleidung, bunten Frisuren und unangepasstem Verhalten* **2.** (*kein Plur.*) MUS. *die Musik der Punkbewegung* gern Punk hören ◆-band, -rock **3.** *Anhänger(in) der Punkbewegung* jugendliche Punks

Pun·ker, Pun·ke·rin der ['paŋkɐ] <-s, -> *Anhänger(in) der Punkbewegung* ◆-frisur

Punkt der <-(e)s, -e> **1.** *Stelle, geographischer Ort* Von dem Punkt da drüben hat man die beste Sicht über das Tal. ◆ Berührungs-, Brenn-, Eck-, Halte-, Mittel-, Treff- **2.** *ein bestimmter Zeitpunkt in einem längeren Vorgang* Man hatte jetzt den Punkt erreicht, an dem ... **3.** *das Satzzeichen, das einen Aussagesatz beendet.* Hierher gehört ein Punkt, kein Komma. **4.** *i-Punkt* Der Punkt über dem Buchstaben i. **5.** *ein Thema oder Problem auf einer Liste mehrerer Themen* Kommen wir nun zu Punkt fünf der Tagesordnung!, einen wichtigen Punkt ansprechen, sich in einem Punkt einig sein ◆ Diskussions-, Haupt-, Kern-, Streit-, Verhandlungs- **6.** MATH. *eine genau bestimmte Stelle, die eine Position, aber keine Ausdehnung hat* Die Kurven schneiden sich in einem Punkt., ein Punkt in einem Koordinatensystem ◆ Null-, Schnitt- **7.** *eine für eine Leistung vergebene Wertungseinheit* Punkte erhalten/verlieren/sammeln ◆ Minus-, Plus-, Straf- **8.** MUS. *ein Zeichen in der Notenschrift* Der Punkt hinter einer Note (punktierte Note) verlängert diese um die Hälfte ihres Wertes. **9.** *ein kleiner runder Fleck* die farbigen Punkte auf der Tischdecke, die Lampen, die sich wie Lichtpunkte auf dem Wasser spiegeln ■ **der springende Punkt**: *die ausschlaggebende Sache* **der tote Punkt**: *die Stelle, an der man nicht weiterweiß* Die Verhandlungen waren an einem toten Punkt angelangt. **jemandes wunder Punkt**: *das Thema, über das jmd. nicht gern spricht* **Mach mal 'nen Punkt!** (*umg.*): *jetzt ist es genug* **Punkt ... Uhr** (*umg.*): *genau ... Uhr* Es ist jetzt/wir treffen uns Punkt ein Uhr.

punk·ten <punktest, punktete, hat gepunktet> *ohne OBJ* ■ *jmd. punktet Wertungspunkte gewinnen* Die Mannschaft konnte heute punkten.

Punkt·ge·winn der <-(e)s, -e> SPORT *Gewinn eines Wertungspunktes*

punkt·gleich <nicht steig.> SPORT *mit gleicher Punktzahl*

punk·tie·ren <punktierst, punktierte, hat punktiert> *mit OBJ* **1.** ■ *jmd. punktiert jmdn./etwas* MED. *mit einer Kanüle ins Gewebe einstechen und Flüssigkeit entnehmen* das Rückenmark punktieren, einen Patienten punktieren **2.** MUS. *mit einem Punkt[8] versehen* eine Note punktieren **3.** *durch Punkte[9] darstellen* eine Linie punktieren

pünkt·lich *Adj. genau zum vereinbarten Zeitpunkt* Bitte seid morgen pünktlich!, Der Bus ist heute pünktlich.

Pünkt·lich·keit die <-> (*kein Plur.*) *der Umstand, dass jmd. oder etwas zum vereinbarten Zeitpunkt erscheint* Seine Pünktlichkeit lässt oft zu wünschen übrig., die Pünktlichkeit der öffentlichen Verkehrsmittel verbessern

Punkt·li·nie die <-, -n> *punktierte Linie; eine Linie, die aus Punkten besteht*

Punkt·rich·ter, Punkt·rich·te·rin der <-s, -> SPORT *jmd., der bei Wettkämpfen in bestimmten Sportarten Wertungspunkte vergibt*

Punkt·sieg der <-(e)s, -e> SPORT *Sieg nach Wertungspunkten*

Punkt·sie·ger der <-s, -> *Sieger nach Wertungspunkten*

Punkt·spiel das <-s, -e> *Meisterschaftsspiel nach Wertungspunkten*

Punkt·sym·me·t·rie die <-, -n> MATH. *die Abbildung eines Punktes auf einen anderen mit Bezug auf ein Symmetriezentrum*

punk·tu·ell <nicht steig.> *Adj. zu verschiedenen Zeitpunkten oder an verschiedenen Stellen; verschiedene, einzelne Probleme betreffend* sich mit etwas nur punktuell befassen, punktuell auftretende Schmerzen, jemandem punktuell zustimmen

Punkt·wer·tung die <-, -en> SPORT *Wertung* (*der Wettkämpfe*) *nach Punkten*

Punkt·zahl die <-, -en> *die Zahl von Wertungspunkten*

Punkt·zu·wachs der <-es, Punktzuwächse> *der Anstieg der Punktzahl*

Punsch der <-(e)s, -e/Pünsche> *ein alkoholisches Getränk aus Rum, Tee oder Rotwein mit Gewürzen* einen heißen Punsch trinken

pu·pen <pupst, pupte, hat gepupt> *ohne OBJ* ■ *jmd. pupt* (*umg. norddt.* ≈ *furzen*) *eine Blähung laut abgehen lassen*

Pu·pil·le die <-, -n> ANAT. *die Öffnung im Auge, durch die Licht eindringt* eine geweitete/verengte Pupille

Pup·pe die <-, -n> **1.** *eine kleine Nachbildung einer menschlichen Gestalt* (*als Spielzeug*) mit Puppen spielen ◆ Glieder-, Holz-, Sprech-, Stoff- **2.** *eine Handpuppe oder Marionette* vom Künstler selbst gefertigte Puppen **3.** (ZOOL.: ≈ *Larve*) *eine Insektenlarve im letzten Entwicklungsstadium* die Puppe eines Insekts ■ **bis in die Puppen** (*umg.*): *sehr lange* bis in die Puppen feiern/schlafen

Pup·pen·haus das <-es, Puppenhäuser> *ein Spielzeughaus, in dem Puppen[1] sind*

Pup·pen·kleid das <-s, -er> *ein Kleid für Puppen[1]*

Pup·pen·spiel das <-s, -e> *mit Puppen[2] gespieltes Theater*

Pup·pen·sta·di·um das <-s, Puppenstadien> ZOOL. *die Phase der Verpuppung, in der Insekten*

in einem Ruhestadium sind

Pup·pen·wa·gen der <-s, -> *Spielzeugkinderwagen für Puppen*[1]

Pups, *a.* **Pup** der <-es, -e> (*umg. norddt.* ≈ *Furz*) *Ablassen einer Blähung*

pur <nicht steig.> *Adj.* **1.** *rein, unverfälscht* Das ist purer Blödsinn!, purer Alkohol, ein Ring aus purem Gold **2.** (*umg.*) *bloß* Das war purer Zufall!

Pü·ree das <-s, -s> KOCH. *eine breiartige Speise* ein Püree aus Kartoffeln/Erbsen ◆ Kartoffel-

pü·rie·ren <pürierst, pürierte, hat püriert> *mit OBJ* ■ *jmd. püriert etwas* KOCH. *zu Püree machen*

Pü·rier·stab der KOCH. *ein elektrisches Küchengerät, das aus einem Handgriff und einem schnell rotierenden Messerwerk besteht, mit dem man Nahrungsmittel pürieren kann*

pu·ri·fi·zie·ren <purifizierst, purifizierte, hat purifiziert> *mit OBJ* ■ *jmd. purifiziert etwas/sich* (*veralt.*) *reinigen, läutern* Durch Askese versucht er sich zu purifizieren.

Pu·rim das <-s> (*kein Plur.*) *ein jüdisches Fest* (*im Februar oder März*) *zur Erinnerung an die Errettung der persischen Juden vor den Verfolgungen Hamans durch die Jüdin Esther* (*vgl. das biblische Buch Esther*)

Pu·ris·mus der <-> (*kein Plur.*) **1.** SPRACHWISS. *das Bestreben, eine Sprache möglichst von Fremdwörtern rein zu halten* **2.** KUNST *das Bestreben, Bauwerke von Stilelementen anderer Epochen zu befreien* **3.** KUNST *eine von Le Corbusier begründete Stilrichtung, die eine strenge und klare Malerei mit einfachen geometrischen Formen forderte*

Pu·ri·ta·ner, **Pu·ri·ta·ne·rin** der <-s, -> REL. *Anhänger(in) des Puritanismus*

pu·ri·ta·nisch <nicht steig.> *Adj.* **1.** REL. *den Puritanismus betreffend* **2.** (*geh.*) *sehr enthaltsam und einfach* eine puritanische Unterkunft, ein puritanisches Leben führen

Pu·ri·ta·nis·mus der <-> (*kein Plur.*) *eine religiöse Reformbewegung im England des 16. und 17. Jahrhunderts, die besonderen Wert auf ein sittenstrenges Leben legte*

Pur·pur der <-s> (*kein Plur.*) *ein Farbstoff von tiefroter Farbe*

pur·purn <nicht steig.> *Adj. die Farbe von Purpur habend* ein purpurner Samtumhang, Der Himmel färbte sich purpurn.

pur·pur·rot <nicht steig.> *Adj. von tiefroter Farbe* ein purpurroter Sonnenuntergang

Pur·zel·baum der <-(e)s, Purzelbäume> (*umg.*) *eine Rolle vorwärts* einen Purzelbaum machen

pur·zeln <purzelst, purzelte, ist gepurzelt> *ohne OBJ* ■ *jmd. purzelt* (*umg.*) *kopfüber hinfallen; stolpernd fallen* vom Stuhl/auf die Wiese purzeln

pu·schen *s.* **pushen**

pu·shen ['pʊʃn̩] <pushst, pushte, hat gepusht> *mit OBJ* ■ *jmd. pusht etwas* **1.** *mit intensiver Werbung die Käuferzahlen für etwas erhöhen* ein (neues) Produkt pushen **2.** (*umg.* ≈ *dealen*) *mit Rauschgift handeln* harte Drogen pushen **3.** (*umg.*) *jmdn. oder etwas in Schwung versetzen, um etwas auf jeden Fall zu erreichen* Dieser Künstler ist von seiner Agentur in die internationale Szene gepusht worden.

Pu·sher der ['pʊʃɐ] <-s, -> (≈ *Dealer, Drogenhändler*) *jmd., der pusht*[2]

Pus·sel·ar·beit -, -en <die> (*umg.*) *mühsame Kleinarbeit* Die Schrauben zu sortieren war eine richtige Pusselarbeit.

pus·seln <pusselst, pusselte, hat gepusselt> *ohne OBJ* ■ *jmd. pusselt* (*an etwas*) (*umg.*) *jmd. bastelt an etwas; beschäftigt sich mit Kleinigkeiten* Der Kleine pusselte an seinem Spielzeug.

Pus·te die <-> (*kein Plur.*) (*umg.*) *die Atemluft, die man braucht, um eine körperliche Anstrengung zu schaffen* jmdm. geht die Puste aus ■ **außer Puste sein** (*umg.*): *nach Atemluft ringen*

Pus·te·ku·chen ■ **Pustekuchen!**: *verwendet, um auszudrücken, dass sich etwas nicht so entwickelt hat wie erhofft*

Pus·tel die <-, -n> MED. ≈ EITERBLÄSCHEN

pus·ten <pustest, pustete, hat gepustet> **I.** *mit OBJ* ■ *jmd. pustet etwas von etwas Dat. etwas durch Ausblasen von Luft irgendwohin befördern* den Staub vom Regal pusten **II.** *ohne OBJ* ■ *jmd. pustet* (≈ *keuchen*) *außer Atem sein, schwer nach Atem ringen* vor Anstrengung pusten müssen

Pusz·ta die ['pʊsta:] <-, Puszten> *Grassteppe in Ungarn*

Pu·te die <-, -n> (≈ *Truthenne*) ■ **Dumme Pute!** (*vulg.*): *Schimpfwort gegenüber einem Mädchen oder einer Frau*

Pu·ter, **Pu·te** der <-s, -> (≈ *Truthahn*)

pu·ter·rot <nicht steig.> *Adj. sehr rot* (*im Gesicht*) vor Anstrengung/Scham/Wut puterrot werden

Putsch der <-(e)s, -e> POL. *ein Umsturzversuch* (*durch Teile des Militärs*) Die gewählte Regierung wurde durch einen Putsch gestürzt. ◆ Militär-

put·schen <putschst, putschte, hat geputscht> *ohne OBJ* ■ *jmd. putscht* POL. *einen Putsch machen*

Put·schist, **Put·schis·tin** der <-en, -en> *Person, die an einem Putsch aktiv beteiligt ist*

Put·te die <-, -n> KUNST (*besonders im Barock beliebte*) *Engelsfigur in Gestalt eines kleinen, nackten Knaben*

put·ten <puttest, puttete, hat geputtet> *mit OBJ* ■ *jmd. puttet etwas* SPORT *den Golfball mit einem Golfschläger kurz und leicht über das Grün schlagen* ■ **den Ball putten**

Put·ter der <-s, -> SPORT *Golfschläger*

Put·ting das <-s,-s> SPORT *das Putten*

Putz[1] der <-es> (*kein Plur.*) BAUW. *die auf die Mauern von Gebäuden zum Schutz aufgebrachte Mischung aus Sand, Wasser und Gips* die Leitungen unter Putz verlegen, Der Putz muss erneuert werden. ■ **auf den Putz hauen** (*umg.*): *angeben* ►Verputz

Putz[2] der <-es, -e> (*umg. veralt.*) *Schmuck, Zierde, schöne Kleidung, aufwendige Aufmachung* Sie zeigte sich in ihrem schönsten Putz.

put·zen <putzt, putzte, hat geputzt> **I.** *mit OBJ* ■ *jmd. putzt etwas* (≈ *reinigen*) *etwas von*

Schmutz befreien Fenster/Schuhe gründlich/sorgfältig putzen, Du musst (die Zähne) drei Minuten lang putzen., Gemüse putzen **II.** *ohne OBJ* ■ *jmd. putzt jmd. beschäftigt sich mit dem Reinigen* Ich muss noch putzen. **III.** *mit SICH* **1.** ■ *jmd. putzt sich* (*veralt.*) *sich fein machen* Die Stadt hat sich festlich geputzt. **2.** ■ *ein Tier putzt sich sich säubern* Der Vogel/die Katze putzt sich ausgiebig. ■ **Klinken putzen** (*umg. abwert.*): *etwas an der Türe verkaufen wollen*

Put·ze·rei die <-, -en> (*österr.*) *chemische Reinigung*

Putz·fim·mel der <-s, -> (*umg. abwert.*) *das zwanghafte Bedürfnis, ständig (die Wohnung) zu putzen*

Putz·frau die <-, -en> *eine Frau, die berufsmäßig Wohnungen oder Gebäude reinigt*

put·zig *Adj.* (*umg.*) **1.** *drollig; niedlich* ein putziges kleines Kätzchen **2.** *so, dass etwas belustigend wirkt* Das Eichhörnchen bietet ja einen putzigen Anblick!

Putz·kel·le die <-, -n> *Gerät eines Maurers zum Auftragen von Putz*[1]

Putz·ko·lon·ne die <-, -n> *eine Gruppe von Personen, die im Auftrag von Firmen Reinigungsarbeiten macht*

Putz·lap·pen der <-s, -> *Lappen zum Putzen*

Putz·ma·che·rin die <-, -nen> (*veralt.*) *Modistin*

Putz·mit·tel das <-s, -> (≈ *Reinigungsmittel*) *Mittel zum Reinigen*

putz·mun·ter <nicht steig.> *Adv.* (*umg.*) *sehr oder ganz munter*

Putz·sucht die <-> (*kein Plur.*) *zwanghafter Drang zum Putzen*

Putz·teu·fel der <-s, -> (*umg. abwert.*) *jmd., der (zwanghaft) fortwährend putzen will*

Putz·trä·ger der <-s, -> BAUW. *der Untergrund, auf dem der Putz*[1] *haftet*

Putz·tuch das <-(e)s, Putztücher> (≈ *Wischtuch*) *Tuch zum Putzen*

Putz·wol·le die <-> (*kein Plur.*) *Fasern zum Reinigen von Maschinen*

Putz·wut die <-> (*kein Plur.*) *übertriebener Drang zum Putzen* ▶putzwütig

puz·zeln ['pazl̩n/'puzl̩n] <puzzelst, puzzelte, hat gepuzzelt> *ohne OBJ* ■ *jmd. puzzelt ein Puzzle machen*

Puz·zle das ['pazl̩/'puzl̩] <-s, -s> *ein Geduldsspiel, bei dem aus vielen kleinen Einzelteilen ein Bild zusammengesetzt wird* ◆-spiel

PW der <-s, -s> (*schweiz.*) *Abkürzung für „Personenwagen"*

Pyg·mäe, **Pyg·mä·in** der <-n, -n> *Anghöriger eines kleinwüchsigen Stammes in Afrika*

pyg·mä·en·haft <nicht steig.> *Adj. kleinwüchsig*

Py·ja·ma der/das [py'dʒa:ma/py'ja:ma] <-s, -s> *Schlafanzug* ◆-hose, -jacke, -stoff

Py·lon der <-en, -e(n)> **1.** *Eingangstor ägyptischer Tempel und Paläste, die von großen Ecktürmen flankiert sind* **2.** (≈ *Stützpfeiler*) *turmartiger Teil von Schrägseilbrücken und Hängebrücken, der die Seile am höchsten Punkt hält* **3.** *ein an Rumpf oder Tragfläche eines Flugzeuges montierter Träger, an dem eine Triebwerksgondel oder eine Außenlast (z.B. ein Zusatztank oder eine Rakete) befestigt werden*

Py·lon·brü·cke die <-, -n> *eine Brücke, die an Stützpfeilern aufgehängt ist*

Py·ra·mi·de die <-, -n> **1.** MATH. *ein geometrischer Körper, der von einer vieleckigen Grundfläche und mehreren gleichen, dreieckigen Seitenflächen begrenzt wird, die sich in einem Punkt treffen* **2.** *ein sehr großer Grabbau in der Form einer Pyramide*[1] die ägyptischen Pyramiden

py·ra·mi·den·för·mig <nicht steig.> *Adj.* in Form einer Pyramide

Py·re·nä·en <-> *Plur. ein Gebirge zwischen Spanien und Frankreich*

Py·rit der <-s, -s> *Eisen-, Schwefelkies (hellgelbes oder bunt angelaufenes Mineral)*

Py·ro·ma·ne, **Py·ro·ma·nin** der <-n, -n> *jmd., der an Pyromanie leidet*

Py·ro·ma·nie die <-> (*kein Plur.*) *das krankhafte Verlangen, Feuer zu legen und sich an dessen Anblick zu weiden*

Py·ro·tech·nik die <-> (*kein Plur.*) *die Kunst, Feuerwerke zu machen*

Pyr·rhus·sieg der ['pyrʊsi:g] <-(e)s, -e> (*geh.*) *ein unter sehr hohen Verlusten errungener Erfolg, der deshalb kein Erfolg mehr ist*

Py·tha·go·re·er der <-> *Anhänger der Philosophie des Pythagoras*

py·tha·go·re·isch, *a.* **py·tha·go·rä·isch** <nicht steig.> *Adj.* MATH. *nach Pythagoras* pythagoreischer Lehrsatz

Py·thia die <-> (*kein Plur.*) **1.** REL. *Name der Apollonpriesterin am delphischen Orakel* **2.** (*übertr.*) *angebliche Wahrsagerin, die geheimnisvolle Andeutungen macht*

Py·thon der <-s, -s> **1.** (ZOOL.: ≈ *Pythonschlange*) *eine nicht giftige (bis zu zehn Meter lange) Riesenschlange in Afrika und Südasien* ◆Felsen-, Netz-, Rauten-, Tiger- **2.** REL. *in der griechischen Mythologie ein Drache, der das Orakel seiner Mutter Gäa in Delphi behütet*

Py·xis die <-, Pyxiden> **1.** *Hostienbehälter* **2.** *Name eines Sternbildes*

Qq

Q, **q** das <-, -> *der siebzehnte Buchstabe des Alphabets* ein großes Q, ein kleines q

q.e.d. MATH. *Abkürzung für „quod erat demonstrandum" (was zu beweisen war); verwendet am Ende eines mathematischen Beweises*

qua *Präp.* (*geh.*) **1.** *mittels, entsprechend* Das ist qua Gesetz festgelegt. **2.** *in der Eigenschaft als jmd. oder etwas* Er handelt qua Beamter.

Quack·sal·ber der <-s, -> (*umg. abwert.*) *jmd., der sich als Arzt bezeichnet und nur wenig von diesem Beruf versteht* Das ist kein Arzt, sondern ein gefährlicher Quacksalber.

Quack·sal·be·rei die <-> (*kein Plur.*) (*umg. abwert.*) *Tätigkeit eines Quacksalbers* Für diese Quacksalberei sollte er seine Zulassung als Arzt verlieren.

Quad·del die <-, -n> *gerötete, juckende Schwellung der Haut*

Qua·der der <-s, -> **1.** BAUW. *Steinblock* **2.** MATH. *ein geometrischer, von sechs Rechtecken begrenzter Körper* das Volumen eines Quaders berechnen

Qua·der·stein der <-s, -e> BAUW. *ein behauener Steinblock von der Form eines Quaders*

Qua·drant der <-en, -en> **1.** MATH. *Viertel eines Kreises oder einer Fläche* **2.** ASTRON. SEEW. *Messgerät zur Bestimmung der Höhe von Gestirnen*

Qua·drat das <-(e)s, -e> **1.** *ein Rechteck mit vier gleich langen Seiten* ein Quadrat mit einer Seitenlänge von drei Zentimetern, den Flächeninhalt eines Quadrates berechnen **2.** MATH. *die zweite Potenz einer Zahl* eine Zahl ins Quadrat erheben/setzen, Vier ins/zum Quadrat ist sechzehn., Das Quadrat von vier ist sechzehn (geschrieben: $4^2=16$)

qua·dra·tisch <nicht steig.> *Adj.* **1.** *in der Form eines Quadrats*[1] eine quadratische Fläche, ein quadratischer Tisch **2.** MATH. *in der zweiten Potenz* Eine quadratische Gleichung ist eine Gleichung zweiten Grades.

Qua·drat·ki·lo·me·ter der <-s, -> *ein Flächenmaß; ein Quadratkilometer ist ein Quadrat von einem Kilometer Länge und einem Kilometer Breite* Das Naturschutzgebiet hat eine Fläche von 75 Quadratkilometern. ($75 km^2$)

Qua·drat·me·ter der <-s, -> *ein Flächenmaß; ein Quadratmeter ist ein Quadrat von einem Meter Länge und einem Meter Breite* Die Wohnung hat eine Fläche von 80 Quadratmetern. ($80 m^2$)

Qua·drat·me·ter·ge·wicht das <-s, -e> *Gewicht (einer Substanz) je Quadratmeter* Laut Bauvorschrift darf das Quadratmetergewicht nicht überschritten werden.

Qua·drat·me·ter·preis der <-s, -e> *der Preis, der (beim Kaufen eines Grundstücks und beim Kaufen oder Mieten einer Wohnung) pro Quadratmeter bezahlt werden muss* Der ortsübliche Quadratmeterpreis ist im Mietspiegel festgelegt.

Qua·drat·mil·li·me·ter der <-s, -> *ein Flächenmaß; ein Quadratmillimeter ist ein Quadrat von einem Millimeter Länge und einem Millimeter Breite* Hundert Quadratmillimeter sind ein Quadratzentimeter. ($100 mm^2 = 1 cm^2$)

Quad·rat·schä·del der <-s, -> (*umg. abwert.*) **1.** *ein sehr großer Kopf* Er hat einen richtigen Quadratschädel, ihm sind alle Hüte zu klein. **2.** *starrsinniger Mensch* Es ist nicht leicht, diesen Quadratschädel zu überzeugen.

Qua·dra·tur ■ **die Quadratur des Kreises** (*geh.*): *eine nicht lösbare Aufgabe* Man verlangt von ihnen die Quadratur des Kreises – höchstes Arbeitstempo und beste Qualität!

Qua·drat·wur·zel die <-, -n> MATH. *die zweite Wurzel aus einer Zahl* Die Quadratwurzel aus sechzehn ist vier.

Qua·drat·zahl die <-, -en> MATH. *die zweite Potenz einer Zahl* Vier ist die Quadratzahl von zwei.

Qua·drat·zen·ti·me·ter der <-s, -> *ein Flächenmaß; ein Quadratzentimeter ist ein Quadrat von einem Zentimeter Länge und einem Zentimeter Breite* (*geschrieben:* cm^2)

qua·drie·ren *mit OBJ* ■ *jmd. quadriert eine Zahl* MATH. *mit sich selbst multiplizieren* eine Zahl quadrieren

Qua·dri·ga die <-, Quadrigen> GESCH. (*in der Antike*) *ein zweirädriger Wagen, der von vier Pferden gezogen und bei Kämpfen, Rennen oder Triumphzügen eingesetzt wurde* Die Quadriga ist eines der Wahrzeichen unserer Stadt.

Qua·dril·le die [ka'driljə] <-, -n> **1.** *Tanz mit je vier Tänzern oder Paaren, die sich im Karree gegenüber stehen* sich zur Quadrille aufstellen **2.** MUS. *Musikstück im 3/8 oder 2/8 Takt, das sich als Tanzmusik für die Quadrille eignet.* Das Orchester probt eine Quadrille.

qua·dro·phon <nicht steig.> *Adj.* TECHN. *so, dass bei der Übertragung von Musik oder Sprache vier Lautsprecher verwendet werden*

Qua·dro·pho·nie, *a.* **Qua·d·ro·fo·nie** die <-> (*kein Plur.*) TECHN. *Technik der quadrophonen Wiedergabe von Musik oder Sprache*

qua·dro·pho·nisch, *a.* **qua·dro·fo·nisch** <nicht steig.> *Adj. die Quadrophonie betreffend*

Quai, *a.* **Kai** der/das [ke:] <-s, -s> **1.** SEEW. *Anlegemauer für Schiffe im Hafen* die Schiffe am Quai betrachten **2.** (*schweiz.*) *Uferstraße* am Quai spazieren gehen

qua·ken *ohne OBJ* ■ *ein Tier quakt das für Frösche oder Enten typische Geräusch von sich geben* Die Frösche quaken im Teich.

quä·ken (*umg. abwert.*) **I.** *ohne OBJ* ■ *jmd./etwas quäkt gepresste, hohe Laute von sich geben* Das Baby quäkt., Aus dem Radio quäkte laute Musik. **II.** *mit OBJ* ■ *jmd. quäkt etwas mit gepresster, hoher Stimme etwas äußern* Sie quäkte etwas Unverständliches.

Quä·ker, **Quä·ke·rin** der <-s, -> REL. *Angehöriger einer christlichen, freikirchlichen Glaubensgemeinschaft, die besonders in Nordamerika verbreitet ist* Die Quäker führen ein Leben nach strengen religiösen Regeln.

Qual die <-, -en> (≈ *Pein*) *etwas, das körperlich oder seelisch Schmerzen bereitet und sehr schwer zu ertragen ist* Die Gefangenen mussten körperliche und seelische Qualen ausstehen/erdulden/ertragen., Das Warten wurde allmählich zur Qual., Die drückenden Schuhe machten die Wanderung zur Qual. ◆ Gewissens-, Seelen-

quä·len **I.** *mit OBJ* **1.** ■ *jmd. quält jmdn./ein Tier körperliches oder seelisches Leid zufügen* Die Gefangenen sind von ihren Bewachern gequält worden., Tiere soll man nicht quälen. **2.** ■ *etwas quält* *jmdn. seelisch belasten* Ihn quält sein schlechtes Gewissen., Die quälende Ungewissheit war schwer zu ertragen. **3.** ■ *jmd. quält jmdn. mit etwas Dat. belästigen* Quäle mich nicht dauernd mit deinen Fragen! **II.** *mit SICH* **1.** ■ *jmd. quält sich irgendwohin unter großen Schmerzen oder Mühen ein Ziel erreichen* Unter Schmerzen quälte sich der Läufer ins Ziel., Sie quälten sich durch das dichte Gestrüpp. **2.** ■ *jmd. quält sich mit etwas Dat. etwas mit großer Mühe tun* Mit dieser Arbeit hat er sich lange abgemüht und gequält. ▶ab-, herum-, hindurch-

Quä·le·rei die <-, -en> **1.** *körperliche oder seelische Misshandlung* Die Gefangenen/Tiere waren den Quälereien ihrer Bewacher ausgesetzt., Sie ertrug die Quälereien ihrer Klassenkameraden mit Gleichmut. ◆Tier- **2.** (*abwert.*) *mühsame Tätigkeit* Es war eine Quälerei, bei der Gluthitze auf dem Feld zu arbeiten.

Quäl·geist der <-(e)s, -er> (*umg. abwert.*) *jmd., der andere ständig mit etwas belästigt* Die kleinen Quälgeister gaben keine Ruhe, bis ihre Wünsche erfüllt waren.

Qua·li·fi·ka·ti·on die [kvalifikaˈtsi̯oːn] <-, -en> **1.** (*Eignung; Befähigung*) *durch Ausbildung oder Erfahrung erworbene Fähigkeiten* seine beruflichen und persönlichen Qualifikationen, Er hat die nötige Qualifikation für diese Tätigkeit. **2.** (*meist Sing.*) (≈ *Ausbildung*) *der Vorgang, dass jmd. an einer Aus- oder Weiterbildung teilnimmt* Sie befindet sich noch in der Qualifikation., Er macht eine Qualifikation zum Facharbeiter. **3.** (*meist Sing.*) SPORT *Berechtigung zur Teilnahme an einem Wettkampf* Sie hat die Qualifikation für die Teilnahme an den Weltmeisterschaften. **4.** (SPORT: ≈ *Ausscheidungskampf*) *Wettkampf, bei dem man die Berechtigung zur Teilnahme an weiteren Wettkämpfen erwerben kann* Heute findet die Qualifikation zur Regionalmeisterschaft statt.

Qua·li·fi·ka·ti·ons·pro·fil das <-s, -e> *Überblick über die erworbenen Fähigkeiten und Erfahrungen auf einem beruflichen Gebiet* ein Qualifikationsprofil erstellen, Sein Qualifikationsprofil entspricht nicht den Erfordernissen, die für diese Tätigkeit notwendig sind.

qua·li·fi·zie·ren **I.** *mit OBJ* **1.** ■ *etwas qualifiziert jmdn.* (*als/ für etwas Akk.*) *zu etwas befähigen* Seine Erfahrung und seine bisherigen Erfolge qualifizieren ihn für das Traineramt. **2.** ■ *etwas qualifiziert jmdn.* (*zu etwas Dat.*) *beruflich weiterbilden* Er wurde in einer zweijährigen Ausbildung zum Facharbeiter qualifiziert., gut/unzureichend qualifiziertes Personal **3.** ■ *jmd. qualifiziert etwas* (*als etwas Akk.*) (*geh.*) *als etwas einstufen* Die Tat wurde vom Gericht als Urkundenfälschung qualifiziert. **II.** *mit SICH* **1.** ■ *jmd. qualifiziert sich* (*durch etwas Akk.*) (*als/für etwas Akk.*) *Den Nachweis über eine eigene Befähigung erlangen* Sie hat sich durch ihre Leistungen für eine leitende Position qualifiziert., Die Mannschaft hat sich für die Olympischen Spiele qualifiziert. **2.** ■ *jmd. qualifiziert sich* (*zu etwas Dat.*) *sich beruflich weiterbilden* Er hat sich zum Facharbeiter qualifiziert., Um Schritt halten zu können, muss man sich immer wieder beruflich qualifizieren. ▶ab-, weiter-

qua·li·fi·ziert *Adj.* **1.** *so, dass es besondere Sachkenntnis erfordert* qualifizierte Arbeiten/Tätigkeiten **2.** (*geh.*) *durch besondere Sachkenntnis ausgezeichnet* ein qualifizierter Beitrag zur Diskussion ▶über-

Qua·li·fi·zie·rung die <-, -en> (*Plur. selten*) **1.** *eine Tätigkeit, durch die jmd. Fähigkeiten erwirbt* Sie befindet sich noch in der Qualifizierung zur Facharbeiterin. **2.** SPORT *die Berechtigung zur Teilnahme an Wettkämpfen* die Qualifizierung der Mannschaft für die Endrunde **3.** *die Aus- und Weiterbildung* Die ständige berufliche Qualifizierung der Mitarbeiter ist ein Anliegen der Firma. **4.** (*geh.*) *die Einstufung als etwas* die Qualifizierung einer Tat als Verbrechen

Qua·li·fi·zie·rungs·maß·nah·me die <-, -n> *Weiterbildungskurs, um Arbeitskräften eine höhere Qualifikation zu vermitteln* Das Arbeitsamt hat ihm eine Qualifizierungsmaßnahme angeboten.

Qua·li·tät die <-, -en> **1.** (≈ *eine bestimmte Eigenschaft von etwas*) *Beschaffenheit* Dieses Material hat eine feste/weiche/schlechte Qualität., Weine und Speisen von ausgezeichneter/ besonderer/erlesener Qualität **2.** *der Zustand, dass etwas besonders gute Eigenschaften hat und daher wertvoll ist* Wir achten bei unseren Erzeugnissen stets auf Qualität., Der Service in diesem Haus ist für seine Qualität bekannt. ◆-sprodukt, -sprüfung, -sware, Bild-, Lebens-, Spitzen- **3.** (*nur Plur.*) *positive Eigenschaften einer Person* Man schätzt diese Qualitäten an ihr., Er ist ein Mann von besonderen Qualitäten.

qua·li·ta·tiv <nicht steig.> *Adj.* (↔ *quantitativ*) *die gute oder typische Beschaffenheit einer Ware betreffend* qualitativ minderwertige Produkte, qualitative Unterschiede zwischen den Stoffen, Er hat quantitativ wenig, aber qualitativ viel geleistet.

Qua·li·täts·an·spruch der <-s, Qualitätsansprüche> *eine bestimmte Erwartung, die man an die Qualität*[1] *einer Ware oder einer Leistung stellt* Dieses Material erfüllt höchste Qualitätsansprüche.

Qua·li·täts·ar·beit die <-> (*kein Plur.*) **1.** *ein Produkt, das sorgfältig hergestellt ist und sich durch gute Eigenschaften auszeichnet* Diese Ware ist Qualitätsarbeit. **2.** *sorgfältige Arbeit* Die Firma ist bekannt für ihre Qualitätsarbeit.

Qua·li·täts·be·ur·tei·lung die <-, -en> *Urteil über die Qualität einer Ware oder Leistung* eine zufriedenstellende Qualitätsbeurteilung

qua·li·täts·be·wusst *Adj. so, dass man immer auf gute Eigenschaften und sorgfältige Herstellung von Produkten achtet* qualitätsbewusste Verbraucher, qualitätsbewusst einkaufen ▶Qualitätsbewusstsein

Qua·li·täts·kon·t·rol·le die <-, -n> *Überprüfung der einwandfreien Beschaffenheit von Waren* Die Lebensmittel unterliegen einer strengen Qualitätskontrolle.

Qua·li·täts·ma·nage·ment das <-s> (*kein Plur.*) *die Planung und Durchführung von Handlungen, die in einem Unternehmen gute Qualität der Produkte sichern sollen* Die Firma hat ihr Qualitätsmanagement neu strukturiert.

Qua·li·täts·merk·mal der <-s, -e> *die Eigenschaft einer Ware, die ihre Qualität kennzeichnet.* Dieser Wollstoff hat besondere Qualitätsmerkmale.

Qua·li·täts·min·de·rung die <-> (*kein Plur.*) *der Zustand, dass eine Ware nicht mehr gut ist oder Mängel hat* eine Ware wegen Qualitätsminderung zu einem günstigeren Preis bekommen

Qua·li·täts·si·che·rung die <-> (*kein Plur.*) *die Sicherung der Qualität eines Produkts oder einer Leistung durch entsprechende Maßnahmen* Die Firma legt viel Wert auf die Qualitätssicherung ihrer Produkte.

Qua·li·täts·sie·gel das <-s, -> *das auf einer Ware angebrachte Zeichen, durch das die Überprüfung der Qualität bestätigt wird* Das Qualitätssiegel bürgt für die hohe Güte dieser Ware.

Qua·li·täts·stei·ge·rung die <-, -en> *die Verbesserung der Qualität einer Ware oder Leistung* Durch Qualitätssteigerung konnte die Firma ihren Umsatz erhöhen.

Qua·li·täts·un·ter·schied der <-(e)s, -e> *zwischen Waren bestehender Unterschied in der Qualität* Der Qualitätsunterschied ist nicht immer am Preis erkennbar.

Qua·li·täts·ver·bes·se·rung die <-> (*kein Plur.*) *die Erhöhung der Qualität einer Ware oder Leistung* eine ständige Qualitätsverbesserung anstreben

Qua·li·täts·wa·re die <-, -n> *ein Erzeugnis von sehr guter Qualität* Qualitätsware hat ihren Preis.

Qual·le die <-, -n> ZOOL. *im Meer lebendes gallertartiges Tier mit Fangarmen* Manche Quallen können bei Hautkontakt Allergien auslösen.

Qualm der <-(e)s> (*kein Plur.*) *dichter Rauch* Aus dem Schornstein steigt Qualm auf.

qual·men I. *mit OBJ/ohne OBJ.* ■ *jmd. qualmt (etwas)* (*umg.*) *rauchen* eine Zigarre qualmen, Sie qualmt schon seit Jahren. **II.** *ohne OBJ* ■ *etwas qualmt dicken Rauch absondern* Das Feuer/der Schornstein qualmt.

qual·mig *Adj. voller Qualm* Mach mal das Fenster auf, hier ist es ganz qualmig.

qual·voll *Adj.* **1.** (≈ *schmerzhaft*) *mit großen Schmerzen verbunden* ein qualvoller Tod **2.** (≈ *quälend*) *mit großer Angst verbunden* Es verging eine Stunde qualvollen Wartens, bis endlich das Telefon klingelte.

Quant das <-s, -en> PHYS. *kleinste, nicht teilbare Einheit einer physikalischen Größe* ◆ Energie-, Licht-, Wirkungs-

Quänt·chen das <-s> (*kein Plur.*) (*umg.*) *kleine Menge von etwas* ein Quäntchen Glück, von allen Zutaten nur ein Quäntchen nehmen

Quan·ten·bio·lo·gie die <-> (*kein Plur.*) BIOL. *eine Richtung innerhalb der Biologie, deren Gegenstand die Einwirkungen von Strahlung auf lebende Organismen sind*

Quan·ten·che·mie die <-> (*kein Plur.*) CHEM. *ein Forschungsgebiet der theoretischen Chemie, bei dem die Methoden der Quantenmechanik auf chemische Problemstellungen angewandt werden*

Quan·ten·elek·tro·nik die <-> (*kein Plur.*) PHYS. *ein Teilgebiet der angewandten Physik und der Elektronik, das sich mit den quantentheoretischen Grundlagen und technischen Anwendungen der Erscheinungen bei der Wechselwirkung elektromagnetischer Strahlung mit atomaren Systemen und Festkörpern befasst*

Quan·ten·feld·the·o·rie die <-> (*kein Plur.*) PHYS. *die Verschmelzung von Quantentheorie und spezieller Relativitätstheorie*

Quan·ten·me·cha·nik die <-> (*kein Plur.*) PHYS. *Mechanik der Elementarteilchen, die es ermöglicht, das Geschehen des Mikrokosmos zu erfassen*

Quan·ten·phy·sik die <-> (*kein Plur.*) PHYS. *ein Teilbereich der Physik, der sich mit Quantenmechanik und Quantenstatistik beschäftigt*

Quan·ten·the·o·rie die <-> (*kein Plur.*) PHYS. *Theorie, nach der die Energie der Strahlung nicht gleichmäßig, sondern portionsweise abgegeben und aufgenommen wird*

Quan·ti·tät die <-, -en> (*geh.*) **1.** (*kein Plur.*) (↔ *Qualität*) *die Menge oder Anzahl, in der etwas vorhanden ist* weniger auf die Quantität, als vielmehr auf die Qualität achten **2.** (*meist Plur.*) (≈ *Portion*) *eine abgemessene Menge von etwas* Das Gift wirkt schon in kleinsten Quantitäten.

quan·ti·ta·tiv, quan·ti·ta·tiv <nicht steig.> *Adj.* (*geh.* ↔ *qualitativ*) *die Menge betreffend* ein quantitativer Unterschied

Quan·ti·täts·the·o·rie die <-> (*kein Plur.*) WIRTSCH. *Theorie, nach der ein Kausalzusammenhang zwischen Geldmenge und Preisniveau besteht*

Quan·tum das <-s, Quanten> (≈ *Portion*) *eine bestimmte Menge oder ein bestimmtes Maß einer Sache* nur ein bestimmtes Quantum Kaffee vertragen

Quap·pe die <-, -n> ZOOL. *Entwicklungsstadium des Frosches oder Lurchs* Im Tümpel fanden wir eine große Menge an Quappen. ◆ Kaul-

Qua·ran·tä·ne die [karan'tɛ:nə] <-, -n> MED. *der Vorgang, dass man Personen isoliert unterbringt, weil sie eine ansteckende Krankheit haben oder weil man vermutet, sie könnten eine haben* Die Stadt wurde unter Quarantäne gestellt., Der Patient kam sofort in Quarantäne.

Quar·gel der <-s, -> (KOCH.: *österr.*) *kleiner runder Sauermilchkäse*

Quark der <-s> (*kein Plur.*) **1.** KOCH. *aus saurer Milch hergestelltes Nahrungsmittel* Kartoffeln mit Quark und Kräutern essen ◆ Frucht-, Kräuter-, Sahne- **2.** (*umg. abwert.* ≈ *Unsinn*) Red nicht solch einen Quark!

Quark·spei·se die <-, -n> KOCH. *mit bestimmten Zutaten zubereiteter Quark*[1] eine pikante/süße

Quarkspeise

Quar·ta die <-, Quarten> SCHULE **1.** (*veralt.*) *dritte Klasse eines Gymnasiums* Der Schüler besucht die Quarta. **2.** (*österr.*) *vierte Klasse eines Gymnasiums*

Quar·tal das <-s, -e> (≈ *Vierteljahr*) *der vierte Teil eines Kalenderjahres* Das vierte Quartal beginnt mit dem ersten Oktober.

Quar·tal(s)·ab·schluss der <-es, Quartalsabschlüsse> WIRTSCH. *Abrechnung am Ende eines Quartals*

Quar·tals·en·de das <-s, -n> *das Ende eines Quartals* zum Quartalsende kündigen

Quar·tal(s)·säu·fer, **Quar·tal(s)·säu·fe·rin** der <-s, -> (*umg. abwert.*) *jmd., der in unregelmäßigen Abständen sehr viel Alkohol trinkt*

Quar·ta·ner, **Quar·ta·ner·in** der <-s, -> (SCHULE: *veralt.*) *Schüler einer Quarta*

Quar·tär das <-s> (*kein Plur.*) GEOL. *eine erdgeschichtliche Formation*

Quart·bo·gen der <-s, Quartbögen> DRUCKW. *ein Druckbogen, der so bedruckt ist, dass er, zweifach gefalzt, acht Buchseiten (vier Blätter) ergibt*

Quar·te die <-, -n> MUS. **1.** *Intervall im Abstand von vier Tonstufen* **2.** *vierter Ton auf der diatonischen Tonleiter*

Quar·tett das <-(e)s, -e> **1.** MUS. *Musikstück für vier Stimmen oder Instrumente* **2.** *Gruppe von vier Musikern* ◆ Bläser-, Streich- **3.** (*umg. scherzh.*) *Gruppe von vier Personen* Die Freundinnen waren ein fröhliches Quartett. **4.** *ein Kartenspiel* Quartett spielen

Quar·tier das <-s, -e> **1.** (*österr. schweiz.*) *Stadtviertel* **2.** *vorübergehende Unterkunft* Wir suchen ein preiswertes Quartier. ◆ Ferien-, Nacht-, Winter- **3.** MILIT. *Truppenunterkunft* Quartier machen, die Truppen in die Quartiere einweisen

Quarz der <-es, -e> GEOL. *kristallines Mineral* Glas wird aus Quarz hergestellt. ◆ Blei-, Rosen-

Quarz·glas das <-es> (*ohne Plur.*) *hochwertiges, aus reinem Quarz hergestelltes Glas* Diese Weingläser sind teuer, denn sie sind aus Quarzglas hergestellt.

Quar·zit der <-s, -e> GEOL. *sehr hartes, quarzhaltiges Gestein*

Quarz·sand der <-s> (*kein Plur.*) GEOL. *verwitterter, feinkörniger Quarz*

Quarz·uhr die <-, -en> *eine Uhr, die durch die Schwingungen von Quarzkristallen gesteuert wird* Quarzuhren müssen nicht aufgezogen werden.

qua·si *Adv.* (≈ *beinahe, so gut wie*) *sozusagen; gewissermaßen* Er ist quasi der geistige Vater dieser Idee.

quas·seln <quasselst, quasselte, hat gequasselt> *mit OBJ/ohne OBJ* ■ *jmd. quasselt (etwas)* (*umg. abwert.*) *ständig viel und schnell reden* Er quasselt immer so viel Unsinn., Nun quassele doch nicht ständig!

Quas·sel·strip·pe die <-, -n> (*umg. abwert.*) *jmd., der zu viel redet* Diese Quasselstrippe telefoniert schon seit fast zwei Stunden.

Quas·te die <-, -n> *ein dichtes Büschel von gleich langen Fäden oder Haaren* die Quaste am Schwanz eines Esels, Das Kostüm des Clowns hatte viele bunte Quasten. ◆ Puder-, Seiden-

Qua·s·ten·flos·ser der <-s, -> ZOOL. *ein Knochenfisch mit quastenförmigen Flossen, der zu einer fast ausgestorbenen Ordnung gehört* Im Museum ist die Nachbildung eines Quastenflossers zu sehen.

Quä·sti·on die <-, -en> PHILOS. GESCH. *wissenschaftliche Streitfrage, die in einer festgelegten Form im Mittelalter schriftlich diskutiert wurde*

Quäs·tor der <-s, -en> **1.** GESCH. *altrömischer Finanzbeamter* **2.** (*geh. schweiz.*) *Kassenwart einer Vereinigung*

Quatsch der <-es> (*kein Plur.*) (*umg. abwert.*) *unsinnige Tat oder Äußerung* Was machst du denn für einen Quatsch!, Red nicht solchen Quatsch! ■ **Das ist doch Quatsch (mit Soße)!** (*umg.*): *das stimmt überhaupt nicht*

quat·schen <quatschst, quatschte, hat gequatscht> *mit OBJ/ohne OBJ* (*umg.*) **1.** ■ *jmd. quatscht (etwas)* (*abwert.*) *Unsinn reden* Quatsch doch nicht so blöde!, Er hat wieder völligen Blödsinn gequatscht. **2.** ■ *jmd. quatscht miteinander plaudern* Wir quatschen oft stundenlang. **3.** ■ *jmd. quatscht* (*abwert.*) *etwas verraten* Irgendjemand hat gequatscht, jedenfalls wissen es nun alle!

Quat·sche·rei die <-> (*kein Plur.*) (*umg. abwert.*) *ständiges Reden* Seine Quatscherei geht mir auf die Nerven.

Quatsch·kopf der <-(e)s, Quatschköpfe> (*umg. abwert.*) *jmd., der viel Unsinn redet* Er ist doch bloß ein Quatschkopf, du glaubst ihm doch nicht etwa?

Quechua das ['kɛtʃu̯a] *eine südamerikanische Indianersprache* Quechua ist die zweite Amtssprache in Peru.

Que·cke die <-, -n> BOT. *eine Graspflanze, deren Wurzeln sich weit ausbreiten* Die Bekämpfung der Quecken im Garten ist sehr mühsam.

Queck·sil·ber das <-s> (*kein Plur.*) CHEM. *ein silbern glänzendes Metall, das bei Zimmertemperatur flüssig ist* Als das Fieberthermometer zu Boden fiel, zerbrach es und das Quecksilber lief aus.

Queck·sil·ber·säu·le die <-, -n> *der mit Quecksilber gefüllte Zylinder in einem Thermometer oder Barometer, der die Temperatur bzw. den Luftdruck anzeigt* Die Quecksilbersäule stieg auf 39 Grad Celsius an.

Queck·sil·ber·ther·mo·me·ter das <-s, -> *Thermometer mit einer Quecksilbersäule*

Queck·sil·ber·ver·bin·dung die <-, -en> CHEM. *Verbindung von Quecksilber mit anderen chemischen Elementen*

Queck·sil·ber·ver·gif·tung die <-, -en> MED. *eine durch Quecksilber hervorgerufene Vergiftung*

Quell der <-(e)s, -e> (*selten Plur.*) (*veralt. geh.*) *Ursprung* der Quell allen Lebens

Quel·le die <-, -n> **1.** *die Stelle, an der ein Fluss oder Bach entspringt* die Quelle der Elbe, die Länge eine Flusses von der Quelle bis zur Mündung

◆ Donau- **2.** *eine Stelle, an der Wasser aus dem Erdboden fließt* heiße/schwefelhaltige Quellen, Neben dem Felsen sprudelt eine Quelle. ▶Quellwasser ◆ Heil-, Thermal- **3.** (*übertr.* ≈ *Ursprung*) *der Ausgangspunkt oder die Ursache von etwas* die Quelle ihrer Unzufriedenheit ◆ Energie-, Fehler-, Gefahren- **4.** (*in der Geschichts- und Literaturwissenschaft*) *Dokument, Text oder Beleg, der für wissenschaftliche Forschungen genutzt wird* Der Autor zitiert verschiedene Quellen., für eine Arbeit zahlreiche Quellen studieren/benutzen ◆ -nachweis, -nstudium **5.** *die Person oder Institution, von der eine Information stammt* Ich weiß das aus zuverlässiger Quelle., Der Journalist gab seine Quelle nicht preis.

quel·len <quillt, quoll, ist gequollen> *ohne OBJ* ■ *etwas quillt* (*aus etwas Dat.*)(*irgendwohin*) **1.** (≈ *fließen*) *als Masse oder dicke Flüssigkeit irgendwo austreten* Blut quoll aus der Wunde., Der Brei quoll über den Rand des Topfes., Sein dicker Bauch quillt über den Hosenbund. **2.** (≈ *sich vollsaugen*) *durch Aufnahme von Feuchtigkeit größer werden* die Linsen einige Stunden im Wasser quellen lassen, Der Reis ist gequollen. ▶auf-, hervor-

Quel·len·an·ga·be die <-, -n> *Angabe, aus welchem Text ein Zitat stammt* Die Quellenangaben stehen am Schluss des Aufsatzes.

Quel·len·for·schung die <-> (*kein Plur.*) *die Ermittlung und Erforschung der einem* (*literarischen*) *Text zugrunde liegenden Quellen* Die Quellenforschung liefert neue Erkenntnisse zum Werk von Nietzsche.

Quel·len·kri·tik die <-> *kein Plur. historische Hilfswissenschaft, die die Zuverlässigkeit von Textquellen beurteilt*

Quel·len·steu·er die <-> (*kein Plur.*) WIRTSCH. *eine Steuer, die am Ort und zum Zeitpunkt des Entstehens einer steuerpflichtigen Einnahme erhoben wird* Quellensteuer auf Zinseinkünfte erheben

Quel·len·stu·di·um des <-s, Quellenstudien> *das Studium von historischen Dokumenten* Der Arbeit liegt ein umfangreiches Quellenstudium zugrunde.

Quell·ge·biet das <-(e)s, -e> *das Gebiet, in dem ein Fluss entspringt* das Quellgebiet der Donau

Quell·was·ser das <-s> (*kein Plur.*) *aus einer Quelle stammendes Wasser* frisches Quellwasser trinken

Quen·ge·lei die <-> (*kein Plur.*) (*umg. abwert.*) *ständiges Quengeln* Mit deiner ständigen Quengelei erreichst du bei mir gar nichts.

quen·ge·lig *Adj. so, dass jmd. ständig quengelt* ein quengeliges Kind

quen·geln <quengelst, quengelte, hat gequengelt> *ohne OBJ* (*umg. abwert.*) **1.** ■ *jmd. quengelt* (*über etwas Akk.*) *leise vor sich hin weinen* Das Kind quengelte, bis es einschlief. **2.** ■ *jmd. quengelt* (≈ *betteln*) *jmdn. ständig mit kleinen Wünschen oder Klagen bedrängen* Das Kind quengelte so lange, bis es seinen Wunsch erfüllt bekam. **3.** ■ *jmd. quengelt* (*über etwas Akk.*) (≈ *meckern, nörgeln*) *ständig über etwas klagen* Er quengelt den ganzen Tag über dieses und jenes.

quer *Adv.* **1.** (≈ *diagonal*) *schräg von einer Ecke zu anderen* quer über die Wiese laufen, einen Strich quer über die ganze Seite machen **2.** *im rechten Winkel zu einer* (*gedachten*) *Linie* ein quer gestreifter Pullover, Die Linien verlaufen quer zum Heftrand., das Auto quer (zur Fahrbahn) parken **3.** *in einer anderen als der normalen oder erwarteten Lage* Irgendetwas hat sich quer gestellt, die Tür lässt sich nicht mehr öffnen. ■ **kreuz und quer** (*umg.*): *in vielen verschiedenen Richtungen* kreuz und quer durch die Stadt irren **quer gehen** (*umg.*): *misslingen* Mir ist heute alles quer gegangen. **sich quer legen/stellen** (*umg.*): *bei etwas nicht mitmachen oder sich widersetzen* Endlich waren wir uns alle einig, da musst du dich wieder quer stellen! **quer schießen** (*umg.*): *versuchen, etwas zu stören oder zu verhindern* Muss denn immer einer quer schießen? ◆ Getrenntschreibung→R 4.1 Muss denn heute alles quer gehen? ▶überqueren, verquer

Quer·ach·se die <-, -n> MATH. TECHN. *eine Achse, die in der Breite durch einen Körper verläuft* Die Querachse verläuft im rechten Winkel zur Längsachse.

Quer·bal·ken der <-s, -> BAUW. *ein Balken, der quer zu einem anderen liegt* Die Querbalken müssen erneuert werden.

quer·beet *Adv.* (*umg.*) *ohne festgelegte Richtung* querbeet durch den Wald gehen

Quer·den·ker, **Quer·den·ke·rin** der <-s, -> *Person mit eigenständigem, originellem Denken* Er war schon immer ein Querdenker in seiner Partei gewesen.

Que·re die ■ **jemandem in die Quere kommen** (*umg.*): *jmds. Weg kreuzen oder jmdn. stören* Komm mir ja nicht in die Quere!

Quer·ein·stei·ger, **Quer·ein·stei·ge·rin** der <-s, -> *jmd., der aus einem Fach erfolgreich in ein anderes überwechselt* Obwohl er Quereinsteiger ist, ist er in seinem Beruf sehr erfolgreich., Als Kunsthistoriker in der Elektrotechnik? Na ja, als Quereinsteiger wurde er anfangs nicht von allen akzeptiert.

Que·re·le die <-, -n> (*meist Plur.*) (*geh.*) *kleine, unangenehme Streitigkeit* ständige Querelen zwischen den Nachbarn

Quer·falz der <-es, -e> *ein quer verlaufender Falz* etwas am Querfalz entlang abtrennen

quer·feld·ein <nicht steig.> *Adv. so, dass man durch ein Gelände geht, ohne sich an festgelegte Wege zu halten* querfeldein durch den Wald/über die Wiese gehen

Quer·feld·ein·ren·nen das <-s, -> (SPORT: ≈ *Crossrennen*) *im Gelände ausgetragenes Rad- oder Motorradrennen, bei dem die Rennstrecke auch durch Wiesen, Wald usw. führt*

Quer·flö·te die <-, -n> (MUS.: ≈ *Traversflöte*) *eine Flöte, die beim Spielen seitlich an den Mund gehalten wird* ein Konzert für Querflöte und Piano

Quer·for·mat das <-(e)s, -e> *ein Papierformat, bei dem die Breite größer ist als die Höhe* einen

Text im Querformat auf eine Seite drucken, eine Seite im Querformat beschreiben

Quer·hef·tung die <-> (*kein Plur.*) *die quer verlaufende Heftung eines Buches* Aus Gründen des Formats ist eine Querheftung vorteilhafter.

Quer·kopf der <-(e)s, Querköpfe> (*umg. abwert.*) *Person, die grundsätzlich anders denkt und handelt, als man es erwartet*

quer·köp·fig <nicht steig.> *Adj.* (*umg. abwert.*) *widerspenstig; sich wie ein Querkopf verhaltend* Mit seinem querköpfigen Verhalten macht er sich keine Freunde.

Quer·leis·te die <-, -n> *eine Leiste, die quer zu anderen Leisten angebracht ist* die Querleisten am Zaun erneuern

Quer·schlä·ger der <-s, -> MILIT. *ein Geschoss, das von einem Objekt zurückprallt und in eine nicht vorhersehbare Richtung weiterfliegt* Er ist von einem Querschläger getroffen worden.

Quer·schnei·der der <-s, -> TECHN. *ein Schneidegerät, mit dem man Schnitte in Querrichtung ausführen kann*

Quer·schnitt der <-(e)s, -e> **1.** MATH. TECHN. *die Darstellung der Schnittfläche eines parallel zur Querachse durchgeschnittenen Körpers* einen Querschnitt durch einen Kegel anfertigen **2.** *eine Auswahl von Dingen oder Fakten, die einen Überblick über etwas gibt* Die Ausstellung zeigt einen Querschnitt durch die Arbeit des Künstlers., In dieser Kürze kann man nur einen Querschnitt durch die Geschichte der Stadt geben.

quer·schnitt(s)·ge·lähmt <nicht steig.> *Adj.* MED. *so, dass der Körper eines Menschen unterhalb eines bestimmten Punktes gelähmt ist* Seit dem Unfall ist sie querschnittsgelähmt.

Quer·schnitt(s)·läh·mung die <-, -en> MED. *Lähmung des Körpers unterhalb einer bestimmten Stelle am Rückenmark* Durch die Querschnittslähmung ist sie an den Rollstuhl gefesselt.

Quer·stra·ße die <-, -n> *eine Straße, die eine andere Straße kreuzt* in die nächste Querstraße einbiegen

Quer·strich der <-(e)s, -e> *im rechten Winkel zu etwas gezogener Strich*

Quer·sum·me die <-, -n> MATH. *Summe der Ziffern einer mehrstelligen Zahl* Die Quersumme von 498 ist 21.

Quer·trä·ger der <-s, -> BAUW. *ein Träger, der quer zu anderen Trägern verläuft, z.B. bei Dachkonstruktionen.*

Quer·trei·ber, **Quer·trei·be·rin** der <-s, -> (*umg. abwert.*) *Person, die versucht, die Vorhaben anderer zu behindern* Dieser Quertreiber gefährdet das Projekt durch sein Verhalten.

Que·ru·lant, **Que·ru·lan·tin** der <-en, -en> (*geh. abwert.*) *Person, die häufig und aus Prinzip ihr Recht einklagt* Sie ist schon als notorische Querulantin bekannt.

Quer·ver·bin·dung die <-, -en> **1.** (*gedankliche*) *Verbindung zwischen Themen oder Dingen, die in einer* (*indirekten*) *Beziehung zueinander stehen* zwischen Themen in verschiedenen Unterrichtsfächern Querverbindungen herstellen **2.** *Verkehrsverbindung, die Orte auf einem kurzen Weg verbindet* Die neue Brücke stellt eine Querverbindung zwischen den beiden Stadtteilen dar.

Quer·weg der <-(e)s, -e> *ein Weg, der einen anderen Weg kreuzt* den nächsten Querweg links gehen

quet·schen <quetschst, quetschte, hat gequetscht> **I.** *mit OBJ* **1.** ■ *jmd. quetscht etwas* (≈ *pressen, zerdrücken*) *sehr starken Druck auf etwas ausüben und es damit beschädigen oder verformen* Kartoffeln zu Brei quetschen, Ein schwerer Stein hat seinen Fuß gequetscht. **2.** ■ *etwas quetscht jmdn./etwas irgendwohin mit großem Druck irgendwohin drängen* Er ist von dem Auto gegen die Mauer gequetscht worden. **II.** *mit SICH* **1.** ■ *jmd. quetscht sich etwas* (≈ *einklemmen*) *durch starken Druck verletzen* sich den Finger in der Tür quetschen **2.** (≈ *zwängen*) ■ *jmd. quetscht sich irgendwohin sich mit Gewalt irgendwohin drängen* Sie hat sich in den überfüllten Bus noch hineingequetscht. ▶dazwischen-, hinein-

Quet·schung die <-, -en> MED. *Verletzung durch Quetschen* eine Quetschung am Finger

Quetsch·wun·de die <-, -n> MED. *eine durch Quetschung entstandene Wunde* Die Quetschwunde muss von einem Arzt behandelt werden.

Queue der/das [kø:] <-s, -s> (≈ *Billardstock*)

Quiche die [kiʃ] <-, -s> KOCH. *ein salziger Kuchen aus Mürbe- oder Blätterteig* Zur Quiche tranken wir Cidre.

Qui·ckie der <-, -s> (*umg. jugendspr.*) **1.** *kurzer, spontan vollzogener Geschlechtsverkehr* **2.** *schnelle, spontane Aktion*

quick·le·ben·dig <nicht steig.> *Adj. sehr lebhaft und munter* ein quicklebendiges kleines Mädchen

Quick·stepp der <-s> (*kein Plur.*) *ein Gesellschaftstanz* (*schneller Foxtrott*) einen Quickstepp tanzen

quie·ken *ohne OBJ* **1.** ■ *ein Tier quiekt den für Schweine oder Mäuse typischen hohen Laut von sich geben* Die Ferkel quieken. **2.** ■ *jmd. quiekt* (*umg.*) *einen schrillen, hohen, lang gezogenen Laut von sich geben* Die Kinder quiekten vor Vergnügen.

quiet·schen <quietschst, quietschte, hat gequietscht> *ohne OBJ* ■ *jmd./etwas quietscht einen lang gezogenen hohen Laut von sich geben* Die Tür quietscht., Die Kinder quietschten vor Freude.

quietsch·fi·del <nicht steig.> *Adj.* (*umg.* ≈ *quietschvergnügt*) *sehr gut gelaunt* (*und unbekümmert*)

Quietsch·ge·räusch das <-es, -e> *ein Geräusch, das durch Quietschen entsteht* das Quietschgeräusch der Reifen auf dem nassen Asphalt

quietsch·ver·gnügt <nicht steig.> *Adj.* (*umg.* ≈ *quietschfidel*) *sehr vergnügt* (*und unbekümmert*) Während wir schuften müssen, sitzt ihr quietschvergnügt in der Sonne!

Quin·ta die <-, Quinten> SCHULE **1.** (*veralt.*) *die zweite Klasse eines Gymnasiums* Schüler der

Quinta sein **2.** (*österr.*) *die fünfte Klasse eines Gymnasiums*

Quin·ta·ner, **Quin·ta·ne·rin** der <-s, -> SCHULE *Schüler einer Quinta*

Quin·te die <-, -en> MUS. **1.** *Intervall von fünf Tonstufen* **2.** *fünfter Ton auf der Tonleiter*

Quint·es·senz die <-, -en> (*geh.*) *das, was sich als das Wesentliche einer Sache herausstellt* die Quintessenz des Buches/der Diskussion

Quin·tett das <-(e)s, -e> MUS. **1.** *Musikstück für fünf Stimmen oder Instrumente* **2.** *Gruppe von fünf Sängern oder Musikern*

Quint·ten·zir·kel der <-s> kein Plur. MUS. *kreisförmige Aufzeichnung sämtlicher Tonarten im Abstand von Quinten*

Quirl der <-(e)s, -e> *ein (elektrisches) Küchengerät, mit dem man Flüssigkeiten mit anderen Zutaten verrühren kann* Eier und Mehl mit dem Quirl verrühren

quir·len mit OBJ ■ *jmd. quirlt etwas* (≈ *rühren*) *mit einem Quirl verrühren* die Eier in der Tasse kräftig quirlen

quir·lig Adj. *lebhaft und immer in Bewegung* ein quirliges Kind

quitt <nicht steig.> Adj. (*umg.*) *in einem Zustand, in dem die gegenseitigen Verpflichtungen oder Schulden zwischen zwei Menschen ausgeglichen sind* Ich habe das Geld zurückgezahlt, jetzt sind wir quitt., Du hast genauso viel Schulden bei mir wie ich bei dir, wir sind quitt.

Quit·te die <-, -n> BOT. **1.** *Obstbaum mit gelblichen, aromatischen und sehr harten Früchten* eine Quitte pflanzen **2.** *die Frucht der Quitte* Gelee aus Quitten kochen ◆ -gelee, -schnaps

quit·tie·ren mit OBJ **1.** ■ *jmd. quittiert etwas den Empfang von etwas (durch eine Unterschrift) bescheinigen* den Empfang eines Geldbetrages/die Lieferung einer Warensendung quittieren **2.** ■ *jmd. quittiert etwas (mit etwas Dat.) auf etwas in einer bestimmten Weise reagieren* Sie quittierte seine Worte mit einem vielsagenden Blick. **3.** ■ *jmd. quittiert etwas* (*veralt.*) *ein Amt niederlegen* Nach dreißig Jahren quittiert er nun den Dienst.

Quit·tung die <-, -en> **1.** (≈ *Bon, Kassenzettel*) *eine schriftliche Bescheinigung, dass man Geld bezahlt hat* die Quittung ausstellen/aufbewahren ◆ Spenden-, Zahlungs- **2.** (*umg.* ≈ *Strafe*) *die (unangenehme) Konsequenz eines Handelns* Nun hat er die Quittung für seine Frechheit bekommen.

Quit·tungs·block der <-(e)s, Quittungsblöcke> *Abreißblock mit Formularen für Quittungen*[1]

Quiz das [kvɪs] <-, -> *ein (im Fernsehen übertragenes) Spiel, bei dem die Teilnehmer innerhalb einer bestimmten Zeit Fragen (aus verschiedenen Wissengebieten) beantworten müssen* ◆ -show

Quiz·mas·ter der ['kvɪs'ma:stər] <-s, -> *jmd., der ein Quiz leitet* Der Quizmaster stellt die neuen Kandidaten vor.

Quiz·sen·dung die ['kvɪszəndʊŋ] <-, -en> *eine Rundfunk- oder Fernsehsendung mit einem Quiz* eine Quizsendung einschalten

Quod·li·bet das <-s, -s> MUS. *mehrstimmiges scherzhaftes Gesangsstück aus verschiedenen, gleichzeitig gesungenen Liedern* ein Quodlibet singen

Quo·rum das <-s> (*kein Plur.*) *die für Beschlüsse in einem Gremium notwendige Zahl anwesender Mitglieder*

Quo·te die <-, -n> *Anteil von etwas im Verhältnis zu einer Gesamtheit* Die Quote der Verkehrsunfälle mit tödlichem Ausgang ist gesunken. ◆ Fehler-, Gewinn-

Quo·ten·re·ge·lung die <-, -en> POL. *Regelung, nach der in bestimmten (politischen) Positionen ein bestimmter Anteil von Frauen vertreten sein muss*

Quo·ti·ent der <-en, -en> MATH. **1.** *das Ergebnis einer Division* den Quotienten aus acht und vier ermitteln **2.** *ein Zahlenausdruck, der aus einem Zähler*[1] *und einem Nenner besteht*

Rr

R, r das <-, -> *der achtzehnte Buchstabe des Alphabets* ein großes R, ein kleines r

Ra·batt der <-(e)s, -e> (WIRTSCH.: ≈ *Preisnachlass*) *ein bestimmter Geldbetrag, der unter gewissen Voraussetzungen von einem Kaufpreis abgezogen wird* bei Barzahlung 5 Prozent Rabatt geben, Bei Stammkunden gewähren wir grundsätzlich Rabatt. ◆ -marke, Mengen-

Ra·bat·te die <-, -n> *ein schmales, langes Beet mit Zierpflanzen* ◆ Blumen-

ra·bat·tie·ren <rabbatierst, rabbatierte, hat rabbatiert> mit OBJ ■ *jmd. rabbattiert etwas jmd. gewährt Rabatt für etwas* rabbatierte Preise

Ra·batz der <-es> (*kein Plur.*) (*umg.*) *Unruhe, Krawall* Schluss jetzt mit dem Rabatz!

Ra·bau·ke der <-n, -n> (*umg. abwert.* ≈ *Krawallmacher*) *jmd., der sich lautstark (und oft gewalttätig) verhält*

Rab·bi der <-s, -s> REL. *Kurzform für „Rabbiner"*

Rab·bi·ner der <-s, -> REL. *jüdischer Schriftgelehrter* ► Rabbinat

Ra·be der <-n, -n> *ein großer Vogel mit kräftigem gelbem Schnabel und schwarzem Gefieder* Die Raben sitzen in den Bäumen und krächzen. ■ **klauen wie ein Rabe** (*umg.*): *häufig (und gewohnheitsmäßig) stehlen* ◆ Kolk-

Ra·ben·el·tern <-> Plur. (*abwert.*) *Eltern, die sich nicht gut um ihre Kinder kümmern*

Ra·ben·mut·ter die <-, Rabenmütter> (*abwert.*) *eine Mutter, die sich nicht gut um ihre Kinder kümmert*

ra·ben·schwarz <nicht steig.> Adj. (*umg.*) *von tiefem Schwarz* rabenschwarze Haare haben, die rabenschwarze Nacht

Ra·ben·va·ter der <-s, Rabenväter> (*abwert.*) *ein Vater, der sich nicht gut um seine Kinder kümmert*

ra·bi·at <rabiater, am rabiatesten> *Adj.* (*abwert.*) *brutal und rücksichtslos* ein rabiater Kerl, Rabiat entriss er der alten Dame die Handtasche.

Ra·bu·list der <-en, -en> (*geh. abwert.* ≈ *Wortverdreher*) *jmd., der Worte oder Sätze nach seiner eigenen Laune anders interpretiert, als sie gemeint waren* ▶ Rabulistik

Ra·che die <-> (*kein Plur.*) (≈ *Revanche*) *Vergeltung für eine* (*als böse empfundene*) *Tat* an jemandem für etwas Rache nehmen, Er hat den Mord aus Rache begangen., Er sinnt seit Jahren auf Rache. ■ **die Rache des kleinen Mannes** (*umg. scherzh.*): *eine kleine* (*relativ harmlose*) *Tat, mit der jmd. einer einflussreicheren Person etwas zu vergelten versucht* ◆ Blut-

Ra·che·akt der <-(e)s, -e> *aus Rache verübte Tat*

Ra·che·durst der <-(e)s> (*kein Plur.*) (*umg.*) *starker Drang, Rache auszuüben*

Ra·chen der <-s, -> **1.** (ANAT.: ≈ *Kehle*) *der hintere Teil des Schlundes* einen entzündeten Rachen haben ◆-spray **2.** *das* (*geöffnete*) *Maul eines Raubtieres* der weit aufgerissene Rachen des Löwen ■ **jemandem etwas in den Rachen werfen** (*umg.*): *jmdm., der gierig ist, etwas überlassen*

rä·chen **I.** *mit OBJ* ■ *jmd. rächt jmdn. Rache üben* Er rächte den Tod seines Bruders. **II.** *mit SICH* **1.** ■ *jmd. rächt sich* (*an jmdm.*) (*für etwas Akk.*) *für ein Unrecht, das man erlitten hat, an jemandem Rache üben* Der Angeklagte gab zu Protokoll, er habe sich an seinem Arbeitskollegen rächen wollen. **2.** ■ *etwas rächt sich etwas hat üble Folgen* Deine Faulheit wird sich rächen, wenn du die Prüfung machen willst und nicht gut vorbereitet bist.

Ra·chen·höh·le die <-, -n> ANAT. *die an Mund- und Nasenhöhle anschließende Erweiterung des Schlundes*

Ra·chen·ka·tarrh der <-s, -e> MED. *eine Entzündung der Rachenschleimhaut*

Ra·chen·schleim·haut die <-, Rachenschleimhäute> ANAT. *die stets feuchte Haut, die den Rachen überzieht*

Rä·cher, **Rä·che·rin** der <-s, -> *jmd., der Rache nimmt*

Ra·ch·gier die <-> (*kein Plur.*) *Rachsucht* ▶ rachgierig

Ra·chi·tis die <-, Rachitiden> MED. *eine Erkrankung, bei der die Knochen sich erweichen und verformen*

Rach·sucht die <-> (*kein Plur.*) (*geh.* ≈ *Rachgier*) *starkes Verlangen nach Rache* voller Rachsucht sein

rach·süch·tig *Adj.* (*geh.*) *von Rachsucht erfüllt* rachsüchtige Pläne schmieden

ra·ckern <rackerst, rackerte, hat gerackert> *ohne OBJ* ■ *jmd. rackert* (*umg.* ≈ *schuften*) *schwer und viel arbeiten* den ganzen Tag auf der Baustelle rackern, Tag und Nacht für das Examen rackern, sich fast zu Tode rackern

Ra·cket/Ra·kett das [ra'kɛt] <-s, -s> SPORT *Tennisschläger*

Rac·lette das ['raklɛt/ra'klɛt] <-s,-s> KOCH. **1.** *ein Gericht, bei dem man verschiedene Beilagen am Tisch mit Käse überbacken kann* **2.** *Grillgerät für Raclette*[1]

Rad das <-(e)s, Räder> **1.** *einer der runden, sich um die eigene Achse drehenden Teile eines Fahrzeugs, auf dem dieses rollt* Das Rad sitzt auf der Achse/blockiert/dreht durch., ein Rad auswechseln, An dem Kinderwagen ist ein Rad locker. ◆-achse, -aufhängung, Ersatz-, Hinter-, Stütz-, Vorder- **2.** TECHN. *ein Bauteil einer Maschine in der Form eines Rades*[1] Die Räder drehen sich/greifen ineinander/ stehen still., Das Wasser läuft über ein großes Rad. ◆ Antriebs-, Wasser-, Zahn- **3.** (≈ *Fahrrad*) das Rad abstellen/an die Mauer lehnen/putzen/reparieren, ein altes/gebrauchtes/neues/neuwertiges/gepflegtes Rad, Rad fahren ◆ Damen-, Herren-, Kinder-, Renn-, Sport- **4.** SPORT *mit gestreckten Armen und Beinen ausgeführter seitlicher Überschlag am Boden* ein Rad schlagen ■ **das fünfte Rad am Wagen sein** (*umg.*): (*in einer Gruppe*) *überflüssig sein* **ein Pfau schlägt ein Rad**: *ein Pfau spreizt die Schwanzfedern* **unter die Räder kommen** (*umg.*): (*moralisch*) *verkommen; herunterkommen* ◆ Getrenntschreibung→R 4.1 Am Wochenende sind wir Rad gefahren., Meine Tochter lernt gerade Rad fahren.; Zusammenschreibung→R 4.1 Das Radfahren macht ihr großen Spaß., Wann hast du das Radfahren gelernt?

Ra·dar, **Ra·dar** der/das <-s, -e> **1.** (*kein Plur.*) *ein Verfahren, mit dem man ermitteln kann, wo sich ein Gegenstand befindet und wie schnell er sich bewegt, indem man elektromagnetische Wellen aussendet und die von dem Gegenstand zurückgeworfenen Wellen misst* ◆-anlage, -antenne, -bereich, -bildschirm, -empfänger, -sender **2.** *ein Gerät für Messungen mit dem Radar*[1] ein(en) Radar aufstellen, mit Radar ausgestattete Flugzeuge ◆-blindlandung, -flug, -landegerät, -lotse, -navigation

Ra·dar·fal·le die <-, -n> (*umg. abwert.*) *von der Polizei zur Feststellung der Geschwindigkeit von Kraftfahrzeugen benutztes Radargerät* in eine Radarfalle fahren, eine Radarfalle errichten

Ra·dar·ge·rät das <-(e)s, -e> *ein Gerät für Messungen mit dem Radarverfahren*

Ra·dar·kon·t·rol·le die <-, -n> *mit Radar*[2] *ausgeführte Kontrolle der Geschwindigkeit von Fahrzeugen durch die Polizei* eine Radarkontrolle durchführen

Ra·dar·schirm der <-(e)s, -e> *Bildschirm eines Radargerätes* auf dem Radarschirm auftauchen/zu sehen sein

Ra·dar·sta·ti·on die <-, -en> *eine Beobachtungsstation, in der mit Radargeräten Messungen durchgeführt werden*

Ra·dar·tech·nik die <-, -en> (≈ *Funkmesstechnik*) *die Technik der Messungen mit Radar* ▶ Radartechniker

Ra·dar·wa·gen der <-s, -> *ein mit einem Radarge-*

rät ausgestatteter Wagen der Polizei, mit dem Radarkontrollen im Straßenverkehr durchgeführt werden

Ra·dar·wel·le die <-, -n> PHYS. TECHN. *elektromagnetische Welle, die von einem Radargerät ausgesendet wird*

Ra·dau der <-s> (*kein Plur.*) (*umg. abwert.* ≈ *Krawall*) *Lärm* Radau machen

Ra·dau·bru·der der <-s, Radaubrüder> (*umg. abwert.* ≈ *Krawallmacher*) *jmd., der Krawall macht*

Rad·damp·fer der <-s, -> *ein Dampfschiff, das mit Rädern[2] angetrieben wird, die wie Schaufeln geformt sind*

ra·de·bre·chen <radebrechst, radebrechte, hat geradebrecht> **I.** *mit OBJ* ■ *jmd. radebrecht etwas etwas in einer fremden Sprache nur mühsam und nicht korrekt ausdrücken* Er kann nur ein paar Worte Russisch radebrechen. **II.** *ohne OBJ* ■ *jmd. radebrecht in einer fremden Sprache nur mühsam und nicht korrekt sprechen* Sie radebrechte so, dass man nicht verstand, was sie wollte.

ra·deln <radelst, radelte, ist geradelt> *ohne OBJ* ■ *jmd. radelt* (*umg.*) *mit dem Fahrrad fahren* zur Arbeit/durch den Wald radeln

Rä·dels·füh·rer, **Rä·dels·füh·re·rin** der <-s, -> (*abwert.*) *Person, die zu Aufruhr oder kriminellem Handeln anstiftet* Die Polizei sucht die Rädelsführer der Bande., Er galt als der Rädelsführer des Putsches gegen die Regierung.

Rä·der·fahr·zeug das <-s, -e> *ein Fahrzeug, das sich auf Rädern fortbewegt*

Rä·der·werk das <-(e)s> (*kein Plur.*) *alle Räder[2] einer Maschine* Das Räderwerk der Turmuhr kann man besichtigen.

Rad fah·ren <fährst Rad, fuhr Rad, ist Rad gefahren> *ohne OBJ* ■ *jmd. fährt Rad* (≈ *radeln*) *mit dem Fahrrad fahren*

Rad·fah·rer, **Rad·fah·re·rin** der <-s, -> **1.** *jmd., der auf einem Fahrrad fährt* eine gesonderte Fahrspur für Radfahrer einrichten, Radfahrer sollten die Radwege benutzen. **2.** (*umg. abwert.*) *jmd., der Vorgesetzten gegenüber besonders unterwürfig und schmeichlerisch ist und Untergebene schlecht behandelt*

Rad·fahr·weg der <-(e)s, -e> AMTSSPR. *ein Verkehrsweg, der nur für Fahrräder zugelassen ist*

Ra·di der <-s, -> (*süddt. österr.*) *Rettich*

ra·di·al <nicht steig.> *Adj. von einem Mittelpunkt aus strahlenförmig verlaufend* ein Rennrad mit radial gespeichten Laufrädern

Ra·di·en *Plur. von* **Radius**

ra·die·ren <radierst, radierte, hat radiert> *ohne OBJ* ■ *jmd. radiert* **1.** *etwas, das man mit Bleistift auf ein Papier geschrieben oder gemalt hat, mit einem Radiergummi entfernen* ◆ aus-, weg- **2.** KUNST *eine Radierung anfertigen*

Ra·dier·gum·mi der <-s, -s> *ein kleines Stück Gummi oder Hartplastik zum Radieren[1]*

Ra·die·rung die <-, -en> KUNST **1.** *ein künstlerisches Verfahren zum Druck eines Bildes mit Hilfe einer Metallplatte, in die ein Bild geritzt und geätzt wurde* **2.** *ein Bild, das mit Hilfe einer Radierung[1] hergestellt wurde* Radierungen eines Künstlers ausstellen

Ra·dies·chen das <-s, -> *eine dem Rettich verwandte Knollenpflanze, deren Knollen meist rote Schalen haben und als Salat gegessen werden*

ra·di·kal *Adj.* **1.** *vollständig, gründlich* etwas radikal ablehnen, etwas radikal ausmerzen/beseitigen, Sie hat ihre Ernährungsgewohnheiten aus gesundheitlichen Gründen radikal verändert. **2.** *sehr stark* ein radikaler Abbau von Arbeitsplätzen, die Preise radikal reduzieren **3.** *rücksichtslos, brutal* radikale Mittel einsetzen, ein radikales Vorgehen **4.** POL. *eine extreme politische Position vertretend* radikale Ansichten haben, eine radikale Partei ◆ links-, rechts-

Ra·di·ka·le(r) der/die <-n, -n> POL. *jmd., der einer extremen politischen Position anhängt (und meist auch Gewalt als zur Durchsetzung dieser Position zulässiges Mittel ansieht)* ◆ Links-, Rechts-

Ra·di·ka·len·er·lass der <-es> (*kein Plur.*) POL. *eine gesetzliche Bestimmung, nach der ein Mitglied einer extremistischen Organisation oder Partei nicht im öffentlichen Dienst arbeiten darf*

ra·di·ka·li·sie·ren <radikalisierst, radikalisierte, hat radikalisiert> *mit OBJ* ■ *jmd. radikalisisiert jmdn./etwas ins politisch oder religiös Extreme treiben* die Jugend/eine Partei radikalisieren

Ra·di·ka·lis·mus der <-> (*kein Plur.*) *eine extreme politische oder religiöse Einstellung, die keine Toleranz übt und ihre Ziele mit allen Mitteln durchsetzen will*

Ra·di·ka·li·tät die <-> (*kein Plur.*) *radikale Art* Die Radikalität und Disziplin, mit der sie sich das Rauchen abgewöhnt hat, ist bewundernswert., Die Radikalität seiner Ideen erschreckte seine Parteigenossen.

Ra·di·kal·kur die <-, -en> **1.** *Behandlung mit starken Medikamenten oder Methoden* Hier hilft nur eine Radikalkur. **2.** (*umg. übertr.*) *rabiates Vorgehen* Das Gesundheitsystem kann nur durch eine Radikalkur reformiert werden.

Ra·dio das <-s, -s> **1.** *Rundfunkgerät* das Radio anmachen/leiser stellen ◆ Auto-, Koffer- **2.** (*kein Plur.*) *der Rundfunk* etwas kommt im Radio/wird im Radio übertragen, Radio hören ◆ -programm, -sendung

ra·di·o·ak·tiv <nicht steig.> *Adj.* PHYS. *so, dass etwas durch Radioaktivität gekennzeichnet ist* radioaktive Abfälle aus Kernkraftwerken, radioaktiver Niederschlag

Ra·di·o·ak·ti·vi·tät die <-> (*kein Plur.*) PHYS. *die Eigenschaft instabiler Atomkerne bestimmter Elemente, ohne äußere Einflüsse zu zerfallen und eine energiereiche Strahlung auszusenden*

Ra·di·o·as·tro·no·mie die <-> (*kein Plur.*) PHYS. *das Gebiet der Astronomie, das die elektromagnetische Strahlung im Weltall untersucht*

Ra·di·o·fre·quenz·strah·lung die <-, -en> (*kein Plur.*) PHYS. *die elektromagnetische Strahlung kosmischer Objekte*

ra·di·o·gen <nicht steig.> *Adj.* PHYS. *durch radioaktiven Zerfall entstanden*

Ra·di·o·ge·rät das <-(e)s, -e> (≈ *Rundfunkgerät*)
Ra·di·o·gramm das <-s, -e> *eine durch Radiographie hergestellte fotografische Aufnahme*
Ra·di·o·gra·phie die <-, -n> **1.** *das Durchstrahlen und Fotografieren mit Hilfe ionisierender Strahlen* **2.** *Verfahren zum Nachweis von Radioaktivität*
Ra·di·o·kar·bon·me·tho·de die <-, -n> CHEM. GEOL. *ein Verfahren zur Bestimmung des Alters von organischen Stoffen, bei dem der Gehalt an radioaktivem Kohlenstoff gemessen wird*
Ra·di·o·lo·ge, **Ra·di·o·lo·gin** der <-en, -en> MED. *jmd., der eine Spezialausbildung auf dem Gebiet der Radiologie hat (und auf diesem Gebiet arbeitet)*
Ra·di·o·lo·gie die <-> (*kein Plur.*) MED. **1.** *die Wissenschaft von der (medizinischen) Anwendung der Radioaktivität* **2.** *eine (Abteilung einer) Klinik, in der Patienten mittels radioaktiver Strahlen behandelt und untersucht werden*
Ra·di·o·me·trie die <-> (*kein Plur.*) PHYS. **1.** *Messung von Wärmestrahlung* **2.** *Messung von Radioaktivität*
Ra·di·o·re·kor·der der <-s, -> *Radiogerät mit eingebautem Kassettenrekorder*
Ra·di·o·sen·der der <-s, -> *eine Rundfunkstation, die Sendungen ausstrahlt*
Ra·di·o·te·les·kop das <-s, -e> *ein Gerät, das Radiofrequenzstrahlen aus dem Weltall misst*
Ra·di·o·we·cker der <-s, -> *eine Weckuhr mit eingebautem Radio*
Ra·di·um das <-s> (*kein Plur.*) CHEM. *ein radioaktives chemisches Element*
Ra·di·us der <-, Radien> (MATH.: ≈ *halber Durchmesser*) *bei einem Kreis oder einer Kugel die Entfernung vom Mittelpunkt zum Rand* den Radius errechnen/messen ◆ Erd-, Kreis-
Rad·kap·pe die <-, -n> KFZ *die Metallabdeckung der Nabe bei Rädern von Kraftfahrzeugen*
Rad·kas·ten der <-s, Radkästen> KFZ *in der Karosserie vorgeformter Raum für ein Rad*
Rad·kranz der <-es, Radkränze> TECHN. *äußerer Rand eines Zahnrades*
Rad·na·be die <-, -n> TECHN. *die Nabe eines Rades*
Ra·don, **Ra·don** das <-s> (*kein Plur.*) CHEM. *ein radioaktives chemisches Element*
Rad·renn·bahn die <-, -en> *eine (oft überdachte) ovale Bahn für spezielle Radrennen, die auf Bahnen ausgetragen werden* die Steilkurven der Radrennbahn
Rad·ren·nen das <-s, -> *auf Rennrädern ausgetragenes Rennen* Die Tour de France und der Giro d'Italia sind große Radrennen., die Rennleitung/der Sieger/die Streckenführung/die Teilnehmer/die Zuschauer eines Radrennens
Rad·renn·fah·rer, **Rad·renn·fah·re·rin** der <-s, -> *jmd., der an Radrennen teilnimmt*
Rad·sport der <-(e)s> (*kein Plur.*) *der Rennsport, der auf Fahrrädern betrieben wird* Radsport betreiben, die Wettkämpfe im Radsport ◆-disziplin, -funktionär, -verein, -weltmeisterschaft, -weltverband, Bahn-, Straßen-
Rad·sturz der <-(e)s, Radstürze> (TECHN.: ≈ *Achssturz*) *die Neigung der Ebene eines Rades gegenüber der Senkrechten*
Rad·tour die <-, -en> *Ausflug auf dem Fahrrad* eine Radtour zum Bodensee machen
Rad·wech·sel der <-s, -> *Austauschen eines schadhaften Rades* einen Radwechsel am Auto/am Fahrrad vornehmen
Radweg der <-es, -e> *nur für Fahrräder zugelassener Verkehrsweg*
RAF die [ɛrʔaːˈʔɛf] <-> (*kein Plur.*) *Abkürzung von „Rote Armee Fraktion", einer extremistischen Gruppe, die in den siebziger und achtziger Jahren in Deutschland Terroranschläge verübt hat*
raf·fen <raffst, raffte, hat gerafft> *mit OBJ* ■ *jmd. rafft etwas* **1.** *einen Stoff in Falten legen und hochziehen* geraffte Vorhänge, Die Ärmel kann man noch ein wenig raffen. **2.** (≈ *straffen*) (*einen Text*) *kürzen* einen Beitrag/einen Text etwas raffen, Wenn ich ein wenig raffe, brauche ich nicht so viel Platz. **3.** (*abwert.*) *viel Besitz an sich bringen* Besitz/Geld raffen, Sie haben schon so viel und können doch nicht aufhören, noch mehr zu raffen. **4.** *etwas schnell ergreifen und wegnehmen* Sie raffte die Wäsche gerade noch rechtzeitig von der Leine, bevor der Regen begann. ◆ weg-, zusammen- **5.** (*umg. abwert.* ≈ *kapieren*) *verstehen* Der rafft überhaupt nichts., Hast du's endlich auch gerafft?
Raff·gier die <-> (*kein Plur.*) (*abwert.* ≈ *Habgier*) *der ständige Drang, viel Besitz an sich zu bringen*
raff·gie·rig *Adj.* (*abwert.* ≈ *habgierig*) *ständig bestrebt, viel Besitz an sich zu bringen*
Raf·fi·na·de die <-, -n> (*fachspr.*) *feinkörniger, gereinigter Zucker*
Raf·fi·ne·rie die <-, -n> **1.** *industrielle Reinigungsanlage für Zucker* Zucker in der Raffinerie verarbeiten **2.** *industrielle Anlage zur Verarbeitung von Erdöl* Erdöl in einer Raffinerie aufbereiten
Raf·fi·nes·se die <-, -n> (*geh.*) **1.** (*kein Plur.*) *die sehr geschickte Art, für den eigenen Vorteil zu handeln* ein Geschäft mit viel Raffinesse einfädeln **2.** (*meist Plur.*) *die besonders feine oder bequeme Ausstattung oder Gestaltung von etwas* eine Wohnung mit allen Raffinessen
raf·fi·nie·ren <raffinierst, raffinierte, hat raffiniert> *mit OBJ* ■ *jmd. raffiniert etwas* TECHN. *verfeinern* Zucker raffinieren, raffiniertes Speiseöl
raf·fi·niert *Adj.* **1.** (≈ *durchtrieben*) *voller Raffinesse[1]* ein raffinierter Plan, ein raffinierter Dieb/Geschäftemacher/Lügner **2.** (↔ *schlicht*) *mit besonderer Ausstattung oder Gestaltung* ein raffiniertes Kleid, ein raffiniert gewürztes Essen
Raff·ke der <-s, -s> (*umg. abwert.*) *Person, die ständig bestrebt ist, viel Besitz an sich zu bringen*
RAF-Mitglied das <-(e)s, -er> *Person, die Mitglied der RAF ist*
Ra·ga der <-s, -s> MUS. *einer der vielen Typen von Melodien in der indischen Musik, die sich auf bestimmte Stimmungen oder Tageszeiten beziehen*
Ra·ge die [ˈraːʒə] <-> (*umg.*) *Wut; Zorn* in Rage geraten/kommen, jemanden in Rage bringen
ra·gen <ragst, ragte, hat geragt> *ohne OBJ*

■ *jmd./etwas ragt in etwas/aus etwas heraus/über etwas hinaus nach oben oder aus einem Hintergrund heraus gerichtet sein* Die Berge ragen in den Himmel., Das Mikrofon ragt ins Bild., Der Kopf eines Zuschauers ragte über die Menge. ◆ empor-, heraus-

Ra·gout das [ra'gu:] <-s, -s> KOCH. *ein Gericht aus kleinen Fleisch-, Fisch-, Geflügel- oder Gemüsestücken in einer Soße* ◆ Geflügel-, Hammel-, Reh-

Rag·time der ['rægtaɪm] <-> (*kein Plur.*) MUS. *ein afroamerikanischer Musikstil* (*vor allem in der Klaviermusik*)

Ra·h(e) die <-, -en> SEEW. *Querstange am Mast*

Rahm der <-(e)s> (*kein Plur.*) (*süddt. österr. schweiz.*) *Sahne* Erdbeeren mit süßem Rahm

Rah·men der <-s, -> **1.** *die aus Holz, Metall oder Kunststoff bestehende Einfassung eines Bildes* (*und die dazugehörige Verglasung und Rückwand*) ein Rahmen aus Holz/Metall/Kunststoff, einen passenden Rahmen für ein Foto suchen, ein vergoldeter/verzierter/verschnörkelter Rahmen ◆ Bilder-, Holz-, Wechsel- **2.** *die Einfassung eines Fensters oder einer Tür* Die Tür hängt schief im Rahmen., Die Rahmen der Fenster müssen erneuert werden. ◆-konstruktion **3.** *das Gestell des Fahrzeugs* Der Rahmen des Fahrrades besteht aus Aluminium., ein Rahmen Aluminium/Carbon/Stahl/Titan, einen Rahmen aufbauen/komplettieren, ein nasslackierter/pulverbeschichteter Rahmen (in Rahmenhöhe 58 cm) ◆-bauer, -größe, -höhe, Alu-, Carbon-, Fahrrad-, Renn-, Stahl-, Titan- **4.** *die äußeren Umstände oder Bedingungen einer Sache* einer Feier einen würdigen Rahmen verleihen, Im Rahmen der Festwochen treten viele bekannte Künstler auf. ■ **aus dem Rahmen fallen**: *ungewöhnlich sein* **den Rahmen sprengen**: *über das gebotene Maß hinausgehen* ◆ Finanz-, Handlungs-, Kosten-, Zeit-

rah·men <rahmst, rahmte, hat gerahmt> *mit OBJ* ■ *jmd. rahmt etwas* (≈ *einfassen*) *mit einem Rahmen*[1] *versehen* ein Bild (in Gold) rahmen, ein Diapositiv rahmen, ein gerahmter Spiegel ◆ ein-

Rah·men·be·din·gung die <-, -en> (*meist Plur.*) *äußere Bedingung* günstige Rahmenbedingungen für Verhandlungen schaffen

Rah·men·er·zäh·lung die <-, -en> LIT. *Rahmenhandlung*

Rah·men·hand·lung die <-, -en> LIT. *eine umfassende epische Einheit, die viele Binneneinheiten* (*z.B. Nebenhandlungen*) *umschließen kann*

Rah·men·pro·gramm das <-, -e> *ein Programm, das bei einer Veranstaltung neben dem Hauptteil stattfindet*

Rah·men·richt·li·ni·e die <-, -n> RECHTSW. *ein Gesetz, das als allgemeine Richtlinie* (*ohne Einzelheiten*) *formuliert ist*

Rahm·so·ße die <-, -n> KOCH. *mit Sahne verfeinerte Soße*

Rah·ne die <-, -n> (*süddt. österr.*) *rote Rübe siehe auch* **Rande**

Rain der <-(e)s, -e> *ein schmaler Wiesenstreifen zwischen oder am Rand von Äckern* Am Rain blühen bunte Wiesenblumen.

Ra·kel die <-, -n> DRUCKW. *ein flaches Gerät, mit dem überflüssige Farbe von einer Druckform entfernt wird* ◆-druck

rä·keln, *a.* **re·keln** <räkelst, räkelte, hat geräkelt> *mit SICH* ■ *jmd. räkelt sich sich wohlig strecken* Ich räk(e)le mich gern auf meinem schönen Sofa.

Ra·ke·te die <-, -n> **1.** *ein zylindrischer, spitz zulaufender Flugkörper, der sehr hohe Geschwindigkeiten erreichen und die Erdatmosphäre verlassen kann* die verschiedenen Stufen einer Rakete, Die Rakete startet/transportiert einen Satelliten in den Weltraum. ◆-nstart, -ntechnik, -ntreibstoff, -nzeitalter **2.** MILIT. *eine Waffe in Form einer Rakete*[1] *mit einem Sprengkopf* Ziele mit Raketen angreifen, atomare Raketen stationieren ◆ Atom-, Interkontinental- **3.** *ein Feuerwerkskörper, der einer kleinen Rakete*[1] *ähnelt, in die Luft geschossen wird und dort viele farbige Funken erzeugt* mit Raketen und Böllern das neue Jahr begrüßen

Ra·ke·ten·ab·schuss·ba·sis die <-, Raketenabschussbasen> MILIT. *Anlage zum Abschießen von Raketen*[2]

Ra·ke·ten·ab·wehr·sys·tem das <-s, -e> MILIT. *Waffensystem zum Orten und Vernichten anfliegender, feindlicher Raketen*[2]

Ra·ke·ten·ba·sis die <-, Raketenbasen> (MILIT.: ≈ *Raketenabschussbasis*)

ra·ke·ten·be·stückt <nicht steig.> *Adj.* MILIT. *mit Raketen ausgestattet* ein raketenbestücktes U-Boot

Ra·ke·ten·flug·zeug das <-s, -e> TECHN. *ein Flugzeug, das durch Raketentriebwerke angetrieben wird*

Ra·ke·ten·stu·fe die <-, -n> TECHN. *einzelne Stufe einer mehrstufigen Rakete*[1]

Ra·ke·ten·trieb·werk das <-s, -e> TECHN. *ein Triebwerk mit chemothermischem, elektrischem oder nuklearem Antrieb, das einen starken Rückstoß erzeugt, so dass der Flugkörper sich unabhängig von der Atmosphäre bewegen kann*

Ra·kett, *a.* **Ra·ckett** das [ra'kɛt] <-(e)s, -e/-s> SPORT *Tennisschläger*

Ral·le die <-, -n> BIOL. *eine Familie der Wasservögel*

Ral·lye die ['rali/'rɛli] <-, -s> SPORT *ein Etappenrennen für Autos*

RAM das [ram] <-(s), -(s)> EDV *Abkürzung von „Random Access Memory": Speicher für den direkten Zugriff*

Ra·ma·dan der <-s> (*kein Plur.*) REL. *Fastenmonat im Islam*

ram·meln <rammelte, hat gerammelt> *ohne OBJ* ■ *Tiere rammeln sich paaren*

ram·men <rammst, rammte, hat gerammt> *mit OBJ* ■ *jmd. rammt etwas* **1.** *mit Wucht gegen etwas stoßen* Das Schiff hat den Öltanker gerammt., Er hat das Fahrzeug seitlich gerammt. **2.** *etwas mit kräftigen Schlägen irgendwo hineintreiben* einen Pfahl mit dem Vorschlaghammer in den Boden rammen

Ram·pe die <-, -n> **1.** *eine Art Sockel an einem*

Gebäude, der das Be- und Entladen von Fahrzeugen erleichert den LKW an der Rampe entladen ◆ Lade- **2.** *Auffahrt in Form einer schiefen Ebene* eine Rampe für Kinderwagen/Rollstuhlfahrer anbauen **3.** *der vordere Bühnenrand* Die Schauspieler traten an die Rampe und verbeugten sich.

Ram·pen·licht ■ **im Rampenlicht stehen**: *von der Öffentlichkeit stark beachtet werden*

ram·po·nie·ren <ramponierst, ramponierte, hat ramponiert> *mit OBJ* ■ *jmd. ramponiert etwas* (*umg.*) *stark beschädigen* ramponiert aussehen, ein Fahrzeug bei einem Unfall ramponieren, jemandes Ansehen in der Öffentlichkeit ramponieren

Ramsch der <-(e)s> (*kein Plur.*) (*umg. abwert.*) **1.** (≈ *Plunder*) *wertlose Gegenstände* Wirf doch den ganzen Ramsch einfach weg! **2.** (≈ *Ausschuss*) *Sachen von schlechter Qualität* In diesem Laden gibt es neuerdings nur noch Ramsch. ▶verramschen ◆ -laden

ran (*umg.*) *s.* **heran**

Ranch die [rɛntʃ] <-, -(e)s> *nordamerikanische Farm mit Viehzucht* ▶Rancher

Rand der <-(e)s, Ränder> **1.** *äußerer Teil einer Fläche* am Rand(e) der Stadt wohnen, Der Kuchen ist an den Rändern verbrannt. **2.** *Kante; Begrenzung* der Rand eines Glases, am Rand(e) des Abgrundes stehen, sich an den Rand des Feldes setzen ◆ Feld-, Straßen-, Weges- **3.** *der unbeschriebene Teil an den äußeren Enden eines Blattes Papier* eine Notiz auf den Rand schreiben, links einen Rand von drei Zentimetern lassen ◆ Seiten- **4.** *Umrahmung* ein Umschlag mit schwarzem Rand **5.** (*vulg.*) *Mund* einen losen Rand haben, Halt den Rand! ■ **außer Rand und Band sein** (*umg.*): *sehr aufgeregt und wild sein* Die Kinder sind ja heute außer Rand und Band!, mit jemandem/etwas zu Rande/zurande kommen; (*umg.*) *mit jmdm. oder etwas zurechtkommen* **am Rand(e) einer Sache stehen/sein** (*umg.*): *ein schlimmes Ereignis zu erwarten haben* am Rande des Ruins stehen

Ran·da·le <-> *Plur.* (*umg. abwert.*) *Lärm* (*und mutwillige Beschädigung von Sachen*) Randale machen

ran·da·lie·ren <randalierst, randalierte, hat randaliert> *ohne OBJ* ■ *jmd. randaliert Lärm machen* (*und mutwillig Sachen beschädigen*) die Betrunkenen zogen randalierend durch die Straßen, Nach dem Fußballspiel wurde wieder randaliert. ▶Randalierer

Rand·be·mer·kung die <-, -en> **1.** *Worte, die auf den Rand*[3] *einer Textseite geschrieben sind* **2.** (≈ *Nebenbemerkung*) *eine Äußerung, die man nicht sehr betont, sondern nur am Rande eines Gesprächs macht* In einer Randbemerkung deutete er an, dass …

Rand·be·zirk der <-s, -e> (≈ *Randgebiet*)

Ran·de die <-, -n> (*süddt. österr. schweiz.*) *rote Rübe s.* **Rahne**

Rand·er·schei·nung die <-, -en> *eine Erscheinung, die neben etwas auftritt und für die Hauptsache nicht besonders wichtig ist* Eine Randerscheinung bei Grippe ist, dass man auf einmal bestimmte Speisen nicht mehr mag.

Rand·fi·gur die <-, -en> *eine Person, die nur am Rande auftritt und in einer bestimmten Situation nicht besonders wichtig ist* Er begleitete sie zu der Party, fühlte sich dort aber als Randfigur und war froh, als er sich verabschieden konnte.

Rand·ge·biet das <-(e)s, -e> *das am weitesten von Zentrum entfernte Gebiet* die Randgebiete des Landes/der Klimazone/der Stadt

Rand·grup·pe die <-, -n> SOZ. *eine Personengruppe, die gesellschaftlich isoliert und benachteiligt ist* gesellschaftliche Randgruppen

rand·los <nicht steig.> *Adj. ohne Fassung oder Rahmung* eine randlose Brille

Rand·pro·blem das <-s, -e> *nebensächliches Problem*

Rand·strei·fen der <-s, -> *der Streifen am Rand einer Staße* Auf dem Randstreifen dürfen Autos normalerweise nicht halten, ausser wenn sie eine Panne haben.

Rang der <-(e)s, Ränge> **1.** (*kein Plur.*) *wichtige Position, große Bedeutung* ein Ereignis von hohem Rang, ein Wissenschaftler/eine Politikerin von hohem Rang, die Probleme entsprechend ihrem Rang bearbeiten **2.** *Platz in einer Wertung* sich bis auf den zweiten Rang vorarbeiten, Rang vier belegen **3.** MILIT. *Dienstgrad* Welchen Rang hat er? **4.** (THEAT.: ≈ *Balkon, Galerie*) *erhöht gelegene Sitzplätze* einen Platz im Rang, Karten für den Rang haben ■ **jemandem den Rang ablaufen** (*umg.*): *besser abschneiden als jmd.* **alles, was Rang und Namen hat** (*umg.*): *alle bedeutenden Persönlichkeiten*

Rang·ab·zei·chen das <-s, -> MILIT. *Zeichen, das den militärischen Rang ausweist*

Ran·ge·lei die <-, -en> (*umg.*) *leichter Streit* (*um Vorteile*) *unter Körpereinsatz* Es kam zu einer Rangelei um die besten Plätze.

ran·geln <rangelst, rangelte, hat gerangelt> *ohne OBJ* ■ *jmd. rangelt mit jmdm.* (*um etwas Akk.*) *sich balgen* Sie rangelten miteinander um die besten Plätze vor der Bühne.

Ranger der ['reɪndʒɐ] <-s, -s> (*in den USA*) *Soldat mit besonderer Ausbildung im Nah- und Einzelkampf*

Rang·fol·ge die <-, -n> *Abfolge nach Wertigkeit oder Bedeutung* sich an eine Rangfolge halten

Ran·gier·bahn·hof der [raŋ'ʒiːr-] <-(e)s, Rangierbahnhöfe> *Gleisanlage zum Rangieren von Eisenbahnwaggons*

ran·gie·ren [raŋ'ʒiːrən] <rangierst, rangierte, hat rangiert> **I.** *mit OBJ.* ■ *jmd./etwas rangiert etwas Eisenbahnwaggons verschieben* Güterwagen auf ein anderes Gleis rangieren, Vorsicht, hier wird gerade rangiert! **II.** *ohne OBJ* ■ *jmd./etwas rangiert irgendwo* (*geh.*) *eine Position belegen* Sie rangiert an siebter Stelle., Das Problem rangiert bei uns ganz vorn.

Ran·gier·gleis das [raŋ'ʒiːr-] <-es, -e> *ein Eisenbahngleis zum Rangieren von Eisenbahnwaggons*

Rang·lis·te die <-, -n> *gemäß der Wertigkeit oder Bedeutung von etwas/jmdm. erstellte Liste* ◆ Welt-

Rang·ord·nung die <-, -en> **1.** *durch die Wertigkeit oder Bedeutung bestimmte Ordnung* die Rangordnung der Studienabschlüsse **2.** (≈ *Hierarchie*) *durch die gesellschaftliche Stellung bestimmte Ordnung* in der Rangordnung höher stehen als ein anderer

Ran·gun das [raŋ'gu:n] <-s> *Name der Hauptstadt von Birma (Myanmar)*

rank ■ **rank und schlank** (*geh.*): *sehr schlank*

Rank¹ der <-(e)s, Ränke> (*meist Plur.*) (*veralt. oder geh.*) *Intrige; Hinterlist; Kniff* Ränke schmieden

Rank² der <-(e)s, Ränke> (*meist Plur.*) (*schweiz.*) *Wegbiegung*

Ran·ke die <-, -n> *ein dünner Pflanzenteil, der sich um etwas schlingen kann* ◆ Efeu-, Wein-

ran·ken <rankst, rankte, hat/ist gerankt> **I.** *ohne OBJ* ■ *etwas rankt irgendwohin* (*sein*) *irgendwohin sich schlingend wachsen* Der Wein ist an der Mauer in die Höhe gerankt. **II.** *mit SICH* ■ *etwas rankt sich irgendwo* (*haben*) **1.** (*als Pflanze*) *lang an etwas* (*einer Mauer oder einem Zaun*) *hoch wachsen* Der Wein hat sich um das Gerüst gerankt/an der Mauer nach oben gerankt. **2.** (*als Phantasie*) *eine Vorstellung von jmdm. oder etwas begleiten* Erzählungen/Legenden/Mythen ranken sich um einen König/ein altes Schloß

Rän·ke·schmied, **Rän·ke·schmie·din** der <-(e)s, -e> (*geh. veralt. abwert.*) *Person, die Intrigen plant und ausführt*

ran·kom·men <kommst ran, kam ran, ist rangekommen> *ohne OBJ* ■ *jmd. kommt an etwas Akk. ran* (*umg.* ≈ *herankommen*)

ran·krie·gen <kriegst ran, kriegte ran, hat rangekriegt> *mit OBJ* ■ *jmd. kriegt jmdn. ran* (*mit etwas Dat.*) (*umg.*) **1.** *jmdm. eine unbequeme Arbeit auftragen* Ich habe ihn rangekriegt, dass er den Mülleimer endlich ausleeren sollte. **2.** *jmdn. dazu zwingen, dass er eine Forderung erfüllt* Er schuldet mir immer noch zehn Euro – aber ich werde ihn rankriegen! *s.* **herankriegen**

ran·ma·chen <machst ran, machte ran, hat rangemacht> **I.** *mit OBJ* ■ *jmd. macht etwas an etwas Akk. ran* (*umg.*) *jmd. befestigt etwas an etwas* einen Knopf an ein Kleidungsstück ran machen **II.** *mit SICH* **1.** ■ *jmd. macht sich an etwas Akk. ran mit etwas beginnen* Ich habe mich ans Umgraben rangemacht. **2.** ■ *jmd. macht sich an jmdn. ran jmd. nimmt* (*auf plumpe Art*) *mit jmdm. Kontakt auf* Auf dem Heimweg hat er versucht, sich an sie ran zu machen. *s.* **heranmachen**

Ran·zen der <-s, -> **1.** (≈ *Schultasche*) *die* (*lederne*) *Tasche, in der ein Schüler seine Schulbücher, Hefte und Schreibgeräte transportiert* seinen Ranzen für den nächsten Tag packen **2.** (*umg. abwert.*) *dicker Bauch* einen ganz schönen Ranzen haben

ran·zig <nicht steig.> *Adj.* ((*von Butter und Fetten*)) *verdorben, nicht mehr genießbar* ranzige Butter

Rap der [ræp] <-(s), -s> MUS. *Musikstil mit rhythmischem Sprechgesang*

ra·pid, *a.* **ra·pi·de** <nicht steig.> *Adj.* (*geh.*) *sehr schnell* Es ging rapide bergab mit ihm.

Rap·pe der <-n, -n> (↔ *Schimmel*) *ein Pferd mit schwarzem Fell*

Rap·pel der <-s, -> (*umg.*) *ein Anfall* (*von Zorn*), *eine verrückte Laune* plötzlich einen/den Rappel kriegen

rap·peln <rappelst, rappelte, hat gerappelt> *ohne OBJ* ■ *etwas rappelt* (*umg.*) **1.** (≈ *klappern*) *das Geräusch machen das man hört, wenn lose Gegenstände gegeneinander schlagen* Irgendetwas rappelte in der Kiste., Der alte Wecker rappelt. **2.** (*österr.*) *verrückt sein* Bei dir rappelt's wohl?

Rap·pen der <-s, -> *schweizerische Währungseinheit* Hundert Rappen sind ein Franken.

rap·pen ['ræpn̩] *ohne OBJ* ■ *jmd. rappt* MUS. *im Stil des Rap singen* ein gerappter Song, Er rappt.

Rap·per, **Rap·pe·rin** der ['ræpə] <-s, -> MUS. *jmd., der im Stil des Rap singt*

Rap·port der <-(e)s, -e> **1.** MILIT. *dienstliche Meldung* zum Rapport befohlen werden, Rapport erstatten **2.** *sich regelmäßig wiederholende Muster auf Geweben*

Raps der <-es, (-e)> *eine leuchtend gelb blühende Nutzpflanze mit ölhaltigen Samen* Raps anbauen, Treibstoff für Autos aus Raps gewinnen ◆ -feld

rar <rarer, am rarsten> *Adj.* **1.** *nur in geringer Menge vorhanden* Dieser Artikel ist rar., Schreibmaschinen sind im Büroalltag rar geworden. **2.** (≈ *selten*) eine rare Gelegenheit ■ **sich rar machen** (*umg.*): *sich selten bei anderen sehen lassen* Er macht sich in letzter Zeit sehr rar (bei uns).

Ra·ri·tät die <-, -en> **1.** *etwas Seltenes* Gute Filme sind in diesem Sender zu einer Rarität geworden., Das Restaurant bietet viele Raritäten der französischen Küche. **2.** *Sammlerstück* Mit diesem Bild besitzt du eine Rarität.

ra·sant *Adj.* **1.** *sehr schnell* sich rasant entwickeln, rasant fahren **2.** *sehr erregend* eine rasante Party, die Frau mit dem rasanten Kleid

Ra·sanz die <-> (*kein Plur.*) *hohe Geschwindigkeit* die Rasanz der technologischen Entwicklung

rasch *Adj. schnell* sich rasch umziehen, sich rasch entscheiden

ra·scheln <raschelst, raschelte, hat geraschelt> *ohne OBJ* ■ *jmd./etwas raschelt das Geräusch von bewegten Blättern erzeugen* Im Gebüsch raschelt etwas., mit dem Papier rascheln

Ra·sen der <-s, -> (*meist Sing.*) **1.** *eine abgegrenzte Grasfläche* Bitte den Rasen nicht betreten!, der gepflegte Rasen des Golfplatzes ◆ -fläche **2.** (SPORT: *umg.*) *Spielfeld* Die Spieler laufen auf den Rasen.

ra·sen <rast, raste, ist/hat gerast> *ohne OBJ* ■ *jmd./etwas rast* **1.** (*sein*) *sich schnell dahinbewegen* Musst du hier so rasen?, Die Rennfahrer rasten an der Tribüne vorbei. **2.** (*sein*) *ein schnelles Tempo haben* Der Puls/das Herz/die Uhr rast., Die Zeit rast. **3.** (*haben*) *wüten; toben* rasende Wut, Er hat vor Wut gerast, Du machst mich noch rasend!

ra·send <nicht steig.> *Adj.* **1.** *sehr schnell* in rasendem Tempo, in rasender Fahrt **2.** *sehr stark* rasende Kopfschmerzen **3.** (*umg.*) *sehr* Ich würde rasend gerne kommen, aber …

Ra·sen·mä·her der <-s, -> *ein Gerät zum Mähen von Rasenflächen*

Ra·sen·spren·ger der <-s, -> *eine Vorrichtung zum Bewässern von Rasenflächen*

Ra·ser, **Ra·se·rin** der <-s, -> (*umg. abwert.*) *jmd., der zu schnell Auto fährt*

Ra·se·rei die <-> (*kein Plur.*) **1.** (*abwert.*) *das Schnellfahren* Die Raserei kostet jährlich viele Menschenleben. **2.** *wildes Wüten* sich in der Raserei selbst nicht mehr kennen, in Raserei geraten

Ra·sier·ap·pa·rat der <-(e)s, -e> **1.** *ein elektrisches Gerät zum Rasieren* **2.** *ein Gerät aus einem Stiel und einer Halterung für die Rasierklinge zur Nassrasur*

ra·sie·ren <rasierst, rasierte, hat rasiert> **I.** *mit OBJ* ■ *jmd. rasiert jmdn./etwas Barthaare oder Körperhaare mit einem Rasierapparat entfernen* den Bart rasieren, den Kranken frisieren und rasieren **II.** *mit SICH* ■ *jmd. rasiert sich* sich morgens vor dem Spiegel/sich zweimal täglich rasieren, sich die Beine/sich unter den Achseln rasieren

Ra·sie·rer der <-s, -> (*umg.*) *elektrischer Rasierapparat*

Ra·sier·klin·ge die <-, -n> *Klinge zum Rasieren*

Ra·sier·mes·ser das <-s, -> *sehr scharfes Messer zum Rasieren*

Ra·sier·pin·sel der <-s, -> *Pinsel zum Auftragen des Schaumes bei der Nassrasur*

Ra·sier·sei·fe die <-, -n> *schäumende Seife für die Nassrasur*

Ra·sier·was·ser das <-s, -> *Flüssigkeit zur Hautpflege vor oder nach der Rasur*

Ra·sier·zeug das <-s> (*kein Plur.*) *alles, was man zum Rasieren braucht*

Rä·son die [rɛˈzɔŋ/rɛˈzõː] <-> (*kein Plur.*) (*veralt. geh.*) *Vernunft; Einsicht* endlich zur Räson kommen, jemanden zur Räson bringen, jemandem Räson beibringen

Ras·pel die <-, -n> **1.** KOCH. *ein Gerät zum Reiben* eine Raspel für den Käse **2.** TECHN. *grobe Feile* das Holz mit einer Raspel bearbeiten

ras·peln <raspelst, raspelte, hat geraspelt> *mit OBJ* ■ *jmd. raspelt etwas* **1.** KOCH. *mit einer Raspel[1] zu kleinen Stücken reiben* **2.** TECHN. *mit einer groben Feile bearbeiten* Holz raspeln

räss *Adj.* (*schweiz.*) **1.** *scharf gewürzt, beißend* **2.** (*besonders von Frauen*) *unfreundlich*

rass *Adj.* (*österr.*) **1.** (*von Speisen*) *scharf, beißend* **2.** (*vom Personen*) *bösartig, kratzbürstig*

Ras·se die <-, -n> **1.** *eine der großen Gruppen, in die man Menschen u.a. nach ihrer Hautfarbe, ihrer Körper-, Kopf- und Gesichtsform einteilt* die gelbe/rote/schwarze/weiße Rasse **2.** (*durch Züchtung entstandene*) *Tiere mit gemeinsamen Merkmalen, die sie von anderen derselben Art unterscheiden* ein Hund/eine Katze/ein Rind von einer bestimmten Rasse ◆ Tier- **3.** (*geh.*) *ausgeprägter Charakter; Temperament* ein Wein mit Rasse, die Frau hat Rasse ■ **die menschliche Rasse**: *die Menschen* (*im Unterschied zu den Tieren*)

Ras·se·hund der <-s, -e> *ein reinrassiger Hund*

Ras·sel die <-, -n> *ein einfaches Musikinstrument, das durch Schütteln Töne erzeugt*

Ras·sel·ban·de die <-, -n> (*umg.*) *eine Schar lärmender Kinder*

ras·seln <rasselst, rasselte, hat/ist gerasselt> *ohne OBJ* **1.** ■ *jmd. rasselt* (*haben*) *eine Rassel schütteln* **2.** ■ *jmd./etwas rasselt* (*haben*) *ein rasselndes Geräusch machen* mit den Schlüsseln rasseln **3.** ■ *jmd. rasselt durch etwas Akk.* (*umg.* ≈ *durchfallen, sein*) *nicht bestehen* durch eine Prüfung rasseln

Ras·sen·dis·kri·mi·nie·rung die <-> (*kein Plur.*) *die Benachteiligung oder Herabsetzung von Menschen aufgrund von deren Zugehörigkeit zu einer bestimmten Rasse[1]*

Ras·sen·hass der <-es> (*kein Plur.*) *Hass gegen Menschen, die einer bestimmten Rasse[1] angehören*

Ras·sen·i·de·o·lo·gie die <-, -n> *die Ideologie, durch die Rassendiskriminierung gerechtfertigt werden soll*

Ras·sen·kra·wall der <-s, -e> (*gewalttätige*) *Aktionen, durch die Menschen, die unter Rassendiskriminierung leiden, ihren Protest ausdrücken*

Ras·sen·tren·nung die <-> (*kein Plur.*) *Trennung und Ungleichbehandlung von Menschen verschiedener Rassen[1] im öffentlichen Leben und bei der Rechtsprechung*

Ras·sen·un·ru·hen <-> *Plur.* POL. (*gewaltsames*) *politisches Protestieren von Gruppen, die durch Rassendiskriminierung oder -trennung benachteiligt sind*

Ras·sen·wahn der <-s> (*kein Plur.*) (*abwert.*) *die zum Wahn gesteigerte Überzeugung, dass die eigene Rasse anderen Rassen überlegen sei*

ras·sig *Adj.* **1.** *voller Temperament* eine rassige Frau, ein rassiger Jüngling **2.** *schnell und schön* ein rassiges Auto **3.** *edel und kostbar* ein rassiges Pferd

ras·sisch <nicht steig.> *Adj. eine Rasse[1] [2]betreffend oder zu ihr gehörend* rassische Merkmale/Unterschiede/Vorurteile

Ras·sis·mus der <-> (*kein Plur.*) *die Ansicht, dass Menschen einer bestimmten Rasse[1] weniger wert sind als andere, und dass ihre politische und soziale Unterdrückung deshalb gerechtfertigt ist*

Ras·sist, **Ras·sis·tin** der <-en, -en> *Person mit rassistischen Ansichten*

ras·sis·tisch <nicht steig.> *Adj. von der Ansicht geprägt, dass Menschen einer bestimmten Rasse[1] weniger wert sind als andere* eine Straftat mit rassistischem Hintergrund

Rast die <-, -en> (*Plur. selten*) *eine* (*kurze*) *Erholungspause während einer körperlichen Aktivität* bei der Arbeit/der Bergtour/der Radtour/ der Wanderung eine Rast einlegen, kurz Rast machen

ras·ten <rastest, rastete, hat gerastet> *ohne OBJ*

■ *jmd. rastet eine Erholungspause machen* auf einer Wiese für eine halbe Stunde rasten, bei der Arbeit nicht rasten (noch ruhen) ■ **Wer rastet, der rostet** (*Sprichwort*): *wenn man etwas zu lange nicht gemacht hat, kommt man aus der Übung*

Ras·ter das <-s, -> **1.** TV TECHN. *ein System von sehr schmalen Streifen oder sehr kleinen Punkten, aus denen sich ein (Fernseh-)Bild zusammensetzt* ◆ -mikroskop **2.** DRUCKW. *eine Platte mit einem feinen Netz von Linien, die man benutzt, um ein Bild in viele einzelne Punkte zu zerlegen* **3.** (*geh. übertr.*) *ein bestimmtes, festes Denkmuster* das Erlebte in ein Raster einzuordnen versuchen, Der Künstler passt mit seinen Werken in kein bestimmtes Raster.

Ras·ter·fahn·dung die <-, -en> *eine Fahndungsmethode der Polizei, bei der mit Hilfe von EDV ein größerer Personenkreis mit bestimmten Merkmalen untersucht wird*

Rast·hof der <-(e)s, Rasthöfe> *Gasthaus (an Autobahnen)*

rast·los <nicht steig.> *Adj.* **1.** *ohne Ruhepause* rastlos arbeiten/suchen **2.** (↔ *beständig*) (*innerlich*) *unruhig, unstet* ein rastloser Mensch, der nie Ruhe findet, ein rastloses Leben führen

Rast·lo·sig·keit die <-> (*kein Plur.*) (↔ *Beständigkeit*) (*innere*) *Ruhelosigkeit* ein Leben voller Rastlosigkeit

Rast·platz der <-es, Rastplätze> **1.** *ein Parkplatz am Rand einer Autobahn, wo man Rast machen kann* **2.** *ein Platz im Freien, den man sich sucht, um Rast zu machen*

Rast·stät·te die <-, -n> *Gasthaus an Autobahnen* an einer Raststätte halten

Ra·sur die <-, -en> *der Vorgang des Rasierens* ◆ Nass-, Trocken-

Rat der <-(e)s, Räte> **1.** (*kein Plur.*) *die Worte, mit denen man jmdm. sagt, was er der eigenen Meinung nach tun solle und die man besonders dann ausspricht, wenn man darum gebeten wird oder wenn die andere Person ein Problem hat oder sich in einer mehr oder weniger schwierigen Lage befindet* Darf ich dir einen Rat geben?, auf einen guten Rat hören, einen Rat befolgen/einholen/missachten **2.** (*kein Plur.*) *Ausweg aus einer schwierigen Lage* sich keinen Rat wissen, Wer kann hier Rat schaffen? **3.** (*gewählte, beratende*) *Versammlung, Gremium* der Rat der Ältesten, der Rat der Stadt, der Europäische Rat ◆ Gemeinde-, Stadt- **4.** *eine (männliche) Person, die Mitglied in einem Rat*[3] *ist* ■ **mit Rat und Tat helfen**: *mit allen zur Verfügung stehenden Mitteln helfen* **mit sich zu Rate gehen**: *sich etwas gründlich überlegen* **Rat schaffen**: *einen Ausweg aus einer Schwierigkeit finden* **der Rat der Weisen**: *eine Gruppe von Wirtschaftsexperten, die Prognosen über die wirtschaftspolitische Entwicklung geben* ◆ Getrennt- oder Zusammenschreibung→R 4.3, R 4.12 sich Rat suchend an jemanden wenden, Die Rat Suchenden/Ratsuchenden können sich an unsere Auskunftsstelle wenden.; Getrennt- oder Zusammenschreibung→R 4.14 Experten zu Rate/zurate ziehen ◆ Land-, Ministerial-, Stadt- *siehe auch* **zurate**

Ra·ta·touille die/das [rata'tuj] <-/-s, -s> KOCH. *ein französisches Gemüsegericht aus Auberginen, Paprika, Tomaten und anderen Zutaten*

Ra·te die <-, -n> **1.** WIRTSCH. *einer der vereinbarten Geldbeträge, mit denen man bei Ratenzahlung einen Teil der Gesamtsumme bezahlt* etwas auf Raten kaufen, etwas in Raten zahlen **2.** *das Verhältnis zwischen zwei statistischen Größen, das die Häufigkeit von bestimmten Ereignissen bestimmt* ◆ Geburten-, Produktions-, Sterbe- **3.** *festgelegter Preis für einen Transport* ◆ Schiffs-

Rä·te·de·mo·kra·tie die <-, -n> (POL. GESCH.: ↔ *repräsentative Demokratie*) *die Regierungsform, bei der direkt gewählte Gremien (Räte) die Macht haben und es keine parlamentarische Kontrolle gibt*

ra·ten <rätst, riet, hat geraten> **I.** *ohne OBJ* ■ *jmd. rät jmdm. (zu etwas Dat.) eine Empfehlung geben* jmdm. zur Besonnenheit/Vorsicht raten, Er hatte ihr geraten, das nicht zu tun. ◆ ab-, be-, zu- **II.** *mit OBJ* ■ *jmd. rät (etwas) versuchen, ohne genaue Kenntnisse die richtige Antwort auf eine Frage zu finden* Er hat ihr Alter gleich geraten., Rätsel raten, Rate mal, wer eben angerufen hat!, Ich weiß es nicht, ich kann nur raten., Richtig/Falsch geraten! ■ **jemandem ist nicht zu raten** (*umg.*): *jmd. nimmt keinen Rat an* **jemand weiß sich nicht zu raten** (*umg.*): *jmd. ist ratlos* ◆ er-

Ra·ten·ge·schäft das <-(e)s, -e> WIRTSCH. *ein Geschäft, bei dem Ratenkauf vereinbart wurde*

Ra·ten·kauf der <-(e)s, Ratenkäufe> WIRTSCH. ≈ TEILZAHLUNGSKAUF *Kauf auf Teilzahlung*

ra·ten·wei·se <nicht steig.> *Adj. in Raten*[1]

Ra·ten·zah·lung die <-, -en> WIRTSCH. **1.** *Zahlung einer Rate* mit den Ratenzahlungen im Rückstand sein **2.** (*kein Plur.*) *Zahlung einer Summe in Teilbeträgen* etwas auf Ratenzahlung kaufen

Ra·te·spiel das <-s, -e> *ein Spiel, bei dem etwas geraten werden muss*

Rä·te·sys·tem das <-s, -e> (POL. GESCH.: ≈ *Rätedemokratie*)

Rat·ge·ber, **Rat·ge·be·rin** der <-s, -> **1.** *ein Nachschlagewerk* einen Ratgeber für gesunde Ernährung herausgeben **2.** (≈ *Berater*) *jmd., der jmdm. (fachliche) Empfehlungen geben kann* sich einen kompetenten Ratgeber für etwas suchen, Er war ein guter Ratgeber in dieser Angelegenheit.

Rat·haus das <-es, Rathäuser> *der Amtssitz eines Bürgermeisters und Sitz der Stadtverwaltung*

Ra·ti·fi·ka·ti·on die <-, -en> POL. *rechtskräftige Bestätigung eines völkerrechtlichen Vertrags durch die Unterschrift eines Staatsoberhaupts*

ra·ti·fi·zie·ren <ratifizierst, ratifizierte, hat ratifiziert> *mit OBJ* ■ *jmd. ratifiziert etwas einen völkerrechtlichen Vertrag rechtskräftig und verbindlich machen* ein Friedensabkommen ratifizieren ▶ Ratifizierung

Rä·tin die <-, -nen> *eine Frau, die Mitglied in einem Rat*[3] *ist* ◆ Betriebs-, Stadt-

Ra·ti·on die [ra'tsio:n] <-, -en> (≈ *Anteil*) *die*

jmdm. zugeteilte Menge von etwas (*besonders Nahrungsmittel*) die tägliche Ration an Nahrungsmitteln ■ **die eiserne Ration** (*umg.*): *Proviant* (*eines Soldaten*), *der für den Notfall aufbewahrt werden muss* ◆ Brot-, Milch-, Tages-, Wasser-

ra·ti·o·nal [ratsi̯o'na:l] *Adj.* (*geh.* ≈ *vernunftgemäß, vernünftig* ↔ *emotional*) *von der Vernunft gesteuert* rational denken, rational an eine Sache herangehen ■ **rationale Zahlen**: *Zahlen, die sich durch Brüche ganzer Zahlen ausdrücken lassen*

ra·ti·o·na·li·sie·ren [ratsi̯onali'zi:rən] <rationalisierst, rationalisierte, hat rationalisiert> *mit OBJ* **1.** WIRTSCH. ■ *jmd. rationalisiert etwas zweckmäßiger und effektiver gestalten* die Arbeit rationalisieren **2.** PSYCH. *einen Vorgang oder ein Erleben so erklären, dass die eigentlichen Gefühlsinhalte dabei übergangen werden*

Ra·ti·o·na·li·sie·rung die [ratsi̯onali'zi:rʊŋ] <-, -en> *das Rationalisieren*[1] [2] ◆ -seffekt, -smaßnahme

Ra·ti·o·na·lis·mus der [ratsi̯ona'lɪsmʊs] <-> (*kein Plur.*) **1.** PHILOS. *die Lehre, die nur vernunftgeleitetes Denken als Quelle von Erkenntnis ansieht* **2.** *eine Haltung, die durch Rationalismus*[1] *geprägt ist* ► Rationalist, rationalistisch

Ra·ti·o·na·li·tät die [ratsi̯onalitɛ:t] <-> (*kein Plur.*) **1.** (*geh.*) *Verhalten und Denken, das von Vernunft gekennzeichnet ist* **2.** MATH. *die Eigenschaft von Zahlen, sich als Bruch darstellen zu lassen*

ra·ti·o·nell [ratsi̯o'nɛl] *Adj.* (≈ *effektiv, zweckmäßig*) *mit einem guten Verhältnis zwischen eingesetzter Arbeit oder Kosten und dem Resultat oder Nutzen* rationell arbeiten, seine Mittel rationell einsetzen

ra·ti·o·nie·ren [ratsi̯o'ni:rən] <rationierst, rationierte, hat rationiert> *mit OBJ* ■ *jmd. rationiert etwas jedem Mitglied einer bestimmten Gruppe nur eine festgelegte Menge von etwas abgeben oder zuteilen* das Benzin/das Brot rationieren, Aufgrund der wirtschaftlichen Notlage wurden im Land die Lebensmittel rationiert.

Ra·ti·o·nie·rung die [ratsi̯o'ni:rʊŋ] <-, -en> *die beschränkte Abgabe oder Zuteilung festgelegter Mengen von etwas* die Rationierung von Wasser bei großer Trockenheit

rat·los <nicht steig.> *Adj. ohne Vorstellung darüber, wie man ein bestimmtes Problem lösen kann* in einer Sache völlig ratlos sein

Rat·lo·sig·keit die <-> (*kein Plur.*) *das Ratlossein* Es herrschte allgemeine Ratlosigkeit.

Rä·to·ro·ma·ni·sche das <-n> (*kein Plur.*) *die Sprache, die in einem Teil der Schweiz gesprochen wird und sich aus dem Italienischen und dem Französischen zusammensetzt*

rat·sam <nicht steig.> *Adj.* (≈ *empfehlenswert*) *nützlich, sinnvoll* Er hielt es für ratsam/ratsamer, ab sofort zu schweigen.

Rat·sche, *a.* **Rät·sche** die <-, -n> **1.** *ein Gerät zum Erzeugen von Geräuschen, bei dem ein nur an einem Ende befestigter Holzstreifen an einem feststehenden Zahnrad vorbeigezogen wird und so in Schwingung gerät* **2.** TECHN. *ein Zahnkranz mit ein- und ausklinkbarer Sperrvorrichtung, z.B. bei einer Handbremse von Kraftwagen*

rat·schen, *a.* **rät·schen** <ratscht, ratschte, hat geratscht> *ohne OBJ* ■ *jmd. ratscht* (*umg. süddt.*) *schwatzen* mit jmdm. ratschen

Rat·schlag der <-(e)s, Ratschläge> *ein zu einem bestimmten Problem gegebener Rat*[1]

rat·schla·gen <ratschlagst, ratschlagte, hat geratschlagt> *ohne OBJ* ■ *jmd. ratschlagt* (*veralt.*) *sich miteinander beraten* Wir ratschlagen gerade darüber, welches Geschenk wir kaufen wollen.

Rat·schluss der <-es, Ratschlüsse> (*geh.*) *göttlicher Wille oder göttlicher Beschluss* der ewige Ratschluss Gottes

Rät·sel das <-s, -> **1.** *eine spielerische* (*manchmal schwierige*) *Denkaufgabe, bei der jmd. eine Lösung finden oder erraten muss* jemandem ein Rätsel aufgeben, ein Rätsel lösen ◆ Kreuzwort-, Silben- **2.** *etwas Unverständliches oder Geheimnisvolles* Sie ist für mich ein Rätsel., Es ist ein Rätsel, wie sie das geschafft haben., Die Wissenschaftler stehen vor einem Rätsel. ■ **jemandem Rätsel aufgeben**: *unverständlich sein* Ihr Verhalten gibt uns Rätsel auf. **in Rätseln sprechen**: *Unverständliches sagen;* (*umg.*) Du sprichst in Rätseln! **vor einem Rätsel stehen**: *etwas nicht begreifen können* Wie konnte das geschehen? Wir stehen vor einem Rätsel! ◆ Getrenntschreibung→R 4.1 Wollen wir ein wenig Rätsel raten?; Zusammenschreibung→R 4.1 Das Rätselraten hat Spaß gemacht.

rät·sel·haft *Adj.* **1.** *geheimnisvoll* eine rätselhafte Geschichte, unter rätselhaften Umständen verschwinden **2.** (*umg.*) *unverständlich* Es ist mir rätselhaft, wie ich das machen soll.

Rät·sel·ra·ten das <-s> (*kein Plur.*) **1.** *das Lösen von Rätseln* Die Kinder beschäftigen sich mit Rätselraten. **2.** (*umg.*) *vergeblicher Versuch, etwas herauszufinden* Nach der Wahl herrschte in der Partei großes Rätselraten, wie es zu dem schlechten Wahlergebnis kommen konnte.

Rats·herr der <-n, -en> (*veralt.*) *Mitglied eines Stadtrates*

Rats·kel·ler der <-s, -> *Gaststätte im Untergeschoss eines Rathauses*

Rats·sit·zung die <-, -en> *Sitzung eines Rates*[3]

rat·su·chend <nicht steig.> *Adj. so, dass jmd. einen Rat*[1] *oder Hinweis bekommen möchte* Er stand vor dem Bahnhof und schaute ratsuchend um sich.

Rats·ver·samm·lung die <-, -en> *Versammlung eines Rates*[3]

Rat·tan das ['ratan] <-s, -e> (≈ *Peddigrohr*) *ein Rohr aus den Stängeln bestimmter Palmen, das für Korbwaren verwendet wird*

Rat·te die <-, -n> *ein großes Nagetier mit langem Schwanz, das wie eine Maus aussieht*

Rat·ten·fal·le die <-, -n> *eine Falle zum Fangen von Ratten*

Rat·ten·fän·ger der <-s, -> **1.** *ein Hund, der besonders gut für den Rattenfang geeignet ist* **2.** GESCH. *die sagenhafte Gestalt eines Mannes, der in der Stadt Hameln aufgetreten sein soll und* *mit seinem Flötenspiel zuerst alle Ratten, dann alle Kinder der Stadt anlockte* **3.** (*übertr.*) *jmd., der die Fähigkeit hat, andere zu ihrem Nachteil in etwas hineinzulocken* Hör' nicht auf diesen Rattenfänger!

Rat·ten·gift das <-(e)s, -e> *Gift zum Vernichten von Ratten* Rattengift im Keller auslegen

Rat·ten·schwanz der <-(e)s, Rattenschwänze> (*umg.*) *eine Reihe von mehreren unangenehmen Konsequenzen* Aus diesem Missverständnis folgte ein Rattenschwanz von Problemen.

rat·tern <ratterst, ratterte, hat/ist gerattert> *ohne OBJ* ■ *etwas rattert* **1.** (*haben*) (≈ *klappern*) *das Geräusch verursachen, das man hört, wenn Gegenstände* (*aus Metall*) *gegeneinander schlagen* Der Auspuff rattert. **2.** (*sein*) *sich mit einem ratternden Geräusch bewegen* Das alte Auto ist über die Kreuzung gerattert., Der Zug rattert über die Gleise.

rat·ze·kahl <nicht steig.> *Adj.* (*umg.*) *völlig kahl* den Kopf ratzekahl scheren

rau <rau, rauer, am rau(e)sten> *Adj.* **1.** (↔ *glatt*) *mit einer Oberfläche, die nicht glatt ist* Die Haut fühlt sich rau an. **2.** (*Wetter*) *durch Kälte, Wind und viel Regen gekennzeichnet* ein raues Klima, der raue Winter im Gebirge **3.** (≈ *heiser*) eine raue Stimme **4.** *nicht sehr freundlich* ein rauer Ton, jemandem einen rauen Empfang bereiten

Raub der <-(e)s, -e> (*Plur. selten*) **1.** *die Handlung des Raubens* einen Raub begehen, wegen Raubes verurteilt weden, der Raub der Kunstschätze, ein spektakulärer Raub in der Kriminalgeschichte **2.** (≈ *Beute*) *geraubte Gegenstände* seinen Raub gut verstecken, Der Fuchs schleppte seinen Raub in den Bau. ■ **ein Raub der Flammen werden** (*geh.*): *verbrennen*

Raub·bau der <-(e)s> (*kein Plur.*) (≈ *Ausbeutung*) *rücksichtslose* (*wirtschaftliche*) *Nutzung von etwas, wodurch Schäden erzeugt werden* der Raubbau an der Natur ■ **Raubbau mit der Gesundheit treiben** (*sich zu sehr anstrengen, zu viel arbeiten o.Ä. und dadurch seiner Gesundheit Schaden zufügen*)

Raub·druck der <-(e)s, -e> DRUCKW. *Abdrucken eines Textes unter Verletzung der Urheberrechte*

rau·ben <raubst, raubte, hat geraubt> **I.** *mit OBJ* ■ *jmd./ein Tier raubt jmdn./etwas* **1.** *gewaltsam aneignen* Das Bild ist geraubt worden., Ihm wurde die Tasche mit allen Papieren geraubt., Die Erpresser hatten zwei Kinder geraubt., Der Fuchs hat ein Kaninchen geraubt. **2.** ■ *jmd./etwas raubt jmdm. etwas entziehen* Das raubt mir den Schlaf (≈ bewirkt, dass ich nicht schlafen kann)., Er raubt ihr den letzten Nerv (≈ ist ihr so lästig, dass sie nervös wird). **II.** *ohne OBJ* ■ *jmd./ein Tier raubt jmd. oder ein Tier betätigt sich als Räuber* Die Feinde raubten und plünderten.

Räu·ber, **Räu·be·rin** der <-s, -> **1.** *Person, die raubt* Die bewaffneten Räuber drangen in die Bank ein. **2.** (*umg. abwert.*) *jmd., der zu viel Geld für etwas verlangt* **3.** (BIOL.: ≈ *Raubtier*) Der Fuchs ist ein Räuber., Die Elster ist eine Räuberin, sie raubt fremde Vogelnester aus. ■ **unter die Räuber fallen**: *an jmdn. geraten, der viel zu viel Geld für seine Waren oder Dienste nimmt* In diesem Lokal kommt man sich vor, als wäre man unter die Räuber gefallen.

Räu·ber·ban·de die <-, -n> *eine Gruppe von Personen, die gemeinsam Raube begehen* Die Räuberbande treibt zurzeit in der Stadt ihr Unwesen., der Anführer einer Räuberbande

Räu·ber·ge·schich·te die <-, -n> **1.** *eine Geschichte, die von Räubern handelt* **2.** *eine aufregende, spannende Geschichte, die jmd. als wahre Geschichte erzählt, die man aber für unglaubwürdig hält*

Räu·ber·höh·le die <-, -n> (*umg.*) *ein Zimmer, das sehr unordentlich ist* Das Kinderzimmer ist schon wieder eine richtige Räuberhöhle.

räu·be·risch <nicht steig.> *Adj.* **1.** *in der Art eines Raubes*[1] räuberische Erpressung **2.** BIOL. *so, dass es wie ein Raubtier lebt* räuberische Lebensweise, räuberisch lebende/sich räuberisch ernährende Fische

Raub·gier die <-> (*kein Plur.*) *die Gier, etwas durch Raub in seinen Besitz zu bringen* ▸raubgierig

Raub·kat·ze die <-, -n> *ein Raubtier aus der Familie der Katzen*

Raub·ko·pie die <-, -n> *das Kopieren einer Veröffentlichung unter Verletzung der Urheberrechte* Raubkopien von CDs/Computerprogrammen/ Videokassetten

raub·ko·pie·ren <raubkopierst, raubkopierte, hat raubkopiert> *mit OBJ* ■ *jmd. raubkopiert etwas eine Veröffentlichung unter Verletzung der Urheberrechte kopieren* eine CD raubkopieren, ein raubkopiertes Computerspiel

Raub·mord der <-(e)s, -e> RECHTSW. *ein Verbrechen, bei dem jmd. beraubt und dann ermordet wird*

Raub·mör·der, **Raub·mör·de·rin** der <-s, -> RECHTSW. *Person, die einen Raubmord begeht*

Raub·pres·sung die <-, -en> *eine Raubkopie einer Schallplattenaufnahme*

Raub·rit·ter der <-s, -> GESCH. *ein verarmter Ritter im Mittelalter, der Straßenraub beging*

Raub·tier das <-(e)s, -e> *ein Tier, das stark entwickelte Eckzähne und meist scharfe Reißzähne hat und sich zumeist vom Fleisch anderer Tiere ernährt*

Raub·ü·ber·fall der <-(e)s, Raubüberfälle> RECHTSW. *ein Überfall in Verbindung mit Raub*

Raub·vo·gel der <-s, Raubvögel> *ein Vogel, der sich vom Fleisch anderer Tiere ernährt*

Rauch der <-(e)s> (*kein Plur.*) *von einem brennenden Stoff aufsteigende Wolke aus Gasen sowie Ruß- und Ascheteilchen* beißender/schwarzer/weißer Rauch, Vom Feuer steigt Rauch auf., den Rauch einer Zigarette einatmen ■ **sich in Rauch auflösen** (*umg.*): *plötzlich nicht mehr da sein*

Rauch·ab·zug der <-(e)s, Rauchabzüge> *eine Vorrichtung, die Rauch ableitet* ein Rauchabzug über dem Herd/dem Kamin

Rauch·be·läs·ti·gung die <-, -en> *Belästigung durch Rauch (von Zigaretten)*

Rauch·bom·be die <-, -n> MILIT. *eine Bombe, die starken Rauch entwickelt und die man zur Markierung eines Gebiets abwirft*

rau·chen <rauchst, rauchte, hat geraucht> **I.** *mit OBJ/ ohne OBJ* ■ *jmd. raucht (etwas) den Rauch von brennendem Tabak einatmen* Pfeife/dreißig Zigaretten pro Tag/Zigarren/Zigarillos rauchen, sich das Rauchen (von Zigaretten) abgewöhnen, Rauchst du? **II.** *ohne OBJ* ■ *etwas raucht Rauch ausstoßen* Die Asche/Der Schornstein/Der Vulkan raucht. **III.** *mit ES* ■ *es raucht etwas lässt Rauch aufsteigen* Dort raucht es, vielleicht brennt dort ein Haus? ■ **passiv rauchen**: *den Rauch von Zigaretten einatmen, die andere rauchen* **mir raucht der Kopf** (*umg.*): *verwendet, um auszudrücken, dass man die Anstrengung intensiver geistiger Arbeit im Kopf spürt* **etwas tun, dass es nur so raucht** (*umg.*): *etwas sehr schnell, mit ganzer Kraft tun* **die Friedenspfeife rauchen** (*umg.*): *einen Streit gütlich beilegen*

Rauch·ent·wick·lung die <-> (*kein Plur.*) *das Entstehen von Rauch* Der Müll verbrannte unter starker Rauchentwicklung.

Rau·cher, Rau·che·rin der <-s, -> **1.** *jmd., der (regelmäßig) raucht I* ein gelegentlicher/starker Raucher, sich als Raucher einem gesundheitlichen Risiko aussetzen, In unserer Abteilung gibt es fast keine Raucher mehr. **2.** *kurz für „Raucherabteil"*

Räu·cher·aal der <-s, -e> *geräucherter Aal*

Rau·cher·ab·teil das <-(e)s, -e> (↔ *Nichtraucherabteil*) *ein Zugabteil, in dem Tabak geraucht werden darf*

Rau·cher·bein das <-(e)s, -e> MED. *durch das Rauchen von Tabak hervorgerufene Gefäßerkrankung im Bein*

Rau·cher·e·cke die <-, -n> *bestimmter Teil eines Raumes oder eines Platzes, wo geraucht werden darf*

Rau·cher·hus·ten der <-s> (*kein Plur.*) MED. *durch starkes Rauchen von Tabak hervorgerufener chronischer Husten*

Räu·cher·lachs der <-es, -e> *geräucherter Lachs*

räu·chern <räucherst, räucherte, hat geräuchert> **I.** *mit OBJ* ■ *jmd. räuchert etwas Lebensmittel mit Rauch behandeln und dadurch haltbar machen* geräucherter Käse/Lachs/Schinken/Speck **II.** *ohne OBJ* ■ *jmd. räuchert Stoffe abbrennen, um einen (angenehmen) Duft zu verbreiten* mit Weihrauch räuchern

Räu·cher·speck der <-s> (*kein Plur.*) *geräucherter Speck*

Räu·cher·stäb·chen das <-s, -> *zu Stäbchen geformte aromatische Stoffe, die man verbrennt, um einen (angenehmen) Duft zu verbreiten*

Rauch·fang der <-s, -fänge> *Kamin*

Rauch·fang·keh·rer der <-s, -> (*österr.*) *Schornsteinfeger*

Rauch·fleisch das <-(e)s> (*kein Plur.*) *durch Räuchern haltbar gemachtes Fleisch*

rauch·frei <nicht steig.> *Adj. so, dass irgendwo nicht geraucht werden darf* eine rauchfreie Zone im Restaurant/auf dem Bahnsteig

Rauch·gas das <-es, -e> (*meist Plur.*) *mit Ruß vermischte Abgase*

Rauch·gas·ent·schwe·fe·lung die <-> (*kein Plur.*) TECHN. *das Herausfiltern von Schwefel aus industriellen Abgasen*

Rauch·glas das <-es> (*kein Plur.*) *eine Art von Glas, das dunkel und getrübt aussieht*

Rauch·glock·e die <-, -n> *eine sichtbare Schicht von Dunst und Rauch über einer Großstadt*

rau·chig *Adj.* **1.** *von Rauch erfüllt* die rauchige Luft in einer Kneipe **2.** (*als Stimme*) *tief und rau* die rauchige Stimme einer Jazzsängerin **3.** *wie Rauch (schmeckend)* rauchiger Whisky

Rauch·mel·der der <-s, -> *ein Gerät, das auf Rauch in der Luft reagiert und ein Alarmsignal abgibt*

Rauch·säu·le die <-, -n> *senkrecht aufsteigender Rauch*

Rauch·sig·nal das <-s, -e> *ein Signal, das jmd. gibt, indem er ein Feuer anzündet, so dass der Rauch weithin sichtbar ist* Der Schiffbrüchige gab Rauchsignale.

Rauch·ver·bot das <-(e)s, -e> *Verbot, an einem Ort Tabak zu rauchen*

Rauch·ver·gif·tung die <-, -en> *Vergiftung durch Rauchgase* Mehrere Opfer erlitten schwere Rauchvergiftungen.

Rauch·ver·zeh·rer der <-s, -> *ein Gerät, das Tabakrauch aufsaugen und damit die Luft im Zimmer verbessern soll*

Rauch·wa·ren <-> *Plur.* **1.** *Tabakwaren* **2.** *Pelzwaren*

Rauch·wol·ke die <-, -n> *eine große Menge Rauch, die nach oben steigt* Eine Rauchwolke stand über dem brennenden Haus.

Rauch·zei·chen das <-s, -> (≈ *Rauchsignal*)

Räu·de die <-, -n> *eine mit Haarausfall verbundene Krankheit bei Haustieren*

räu·dig <nicht steig.> *Adj. an der Räude erkrankt* ein räudiger Hund

rauf *Adv. kurz für „herauf" oder „hinauf"*

Rau·fa·ser·ta·pe·te die <-, -n> *eine Tapete mit rauer Oberfläche, die man mit Wandfarbe überstreicht*

Rauf·bold der <-s, -e> (*umg. abwert.*) *jmd., der oft rauft*

rau·fen <raufst, raufte, hat gerauft> **I.** *mit OBJ* ■ *jmd. rauft etwas abreißen, rupfen* Flachs raufen **II.** *mit SICH* ■ *jmd. rauft sich mit jmdm. (um etwas Akk.) (ohne böse Absicht zum Spaß) miteinander kämpfen* Sie rauften sich um ein Stück Kuchen. ■ **sich die Haare raufen**: *als ein Ausdruck von Ärger und/oder Ungeduld an seinen eigenen Haaren reißen* Ich könnte mir die Haare raufen, dass ich ihm geglaubt habe – jetzt hat er mich betrogen.

Rau·fe·rei die <-, -en> *eine Prügelei, die (meist zum Spaß) aus einem kleinen Streit entsteht* Auf der Wiese kam es zu einer kleinen Rauferei zwischen den Klassenkameraden.

rau·haa·rig <nicht steig.> *Adj.* (*als Haar von Tieren*) *hart und kraus*

Rau·heit die <-> (*kein Plur.*) die Tatsache, dass etwas rau ist, die Rauheit der Oberfläche, die Rauheit ihrer Stimme, die Rauheit des Klimas

Raum der <-(e)s, Räume> **1.** (*kein Plur.*) ASTRON. *kurz für „Weltraum"* den erdnahen Raum erkunden, ein mehrstündiger Aufenthalt im Raum, die Erde vom Raum aus betrachten **2.** (≈ *Zimmer*) eine Wohnung mit drei Räumen, einen separaten Raum zum Arbeiten haben ◆Arbeits-, Büro-, Geschäfts-, Schlaf-, Wohn- **3.** (*Plur. selten*) *Gebiet* im Kölner Raum wohnen, den Raum Berlin weiträumig umfahren ◆Alpen-, Mittelmeer- **4.** MATH. PHYS. *eine Ausdehnung, die nach Länge, Breite und Höhe strukturiert wird* ein luftleerer/mit einem Gas gefüllter Raum, die Größe eine Raumes berechnen, sich in Raum und Zeit bewegen **5.** (*kein Plur.*) *nutzbarer Platz* Raum für jemanden/etwas lassen, viel Raum beanspruchen, Raum sparende Möbel ■ **Raum für etwas lassen** (*geh.*): *etwas erlauben; zulassen* viel Raum für Vermutungen lassen **etwas im Raum stehen lassen**: *ein Problem zunächst ungelöst lassen* **einer Sache Raum geben**: *Gelegenheit lassen, dass sich etwas entfalten kann* ◆ Getrennt- oder Zusamenschreibung →R 4.12 eine Raum sparende/raumsparende Lösung für kleine Wohnungen; Zusammenschreibung→R 4.12 ein noch raumsparenderes/das raumsparendste Modell

Raum·a·kus·tik die <-, -en> *die akustischen Eigenschaften eines Raumes[2]*

Raum·auf·tei·lung die <-, -en> **1.** *die Art, wie die Räume[2] aufgeteilt sind* die Raumaufteilung in einer Wohnung **2.** *die Art, wie ein zur Verfügung stehender Raum[5] genutzt wird* eine schlechte Raumaufteilung in einem Heft

Raum·aus·stat·ter, **Raum·aus·stat·te·rin** der <-s, -> *jmd., der beruflich Räume mit Teppichen, Tapeten und Möbeln einrichtet*

Raum·bild das <-(e)s, -er> *ein Bild, das durch eine besondere Technik so hergestellt ist, dass es dreidimensional wirkt*

räu·men <räumst, räumte, hat geräumt> **I.** *mit OBJ* **1.** ■ *jmd. räumt etwas* (*irgendwohin*) *etwas irgendwo wegnehmen und an eine andere Stelle legen* die Bücher in den Schrank räumen, die Wäsche vom Tisch räumen **2.** ■ *jmd. räumt etwas* (*einen Ort*) *verlassen* die Plätze räumen, Die Arbeiter räumten die besetzte Fabrik., Die Truppen räumten die Stadt. **3.** ■ *jmd. räumt etwas etwas* (*von etwas*) *frei machen* Die Polizei ließ das Haus räumen., Die Unglücksstelle ist geräumt worden., die Regale von Wintersachen räumen, Schnee räumen **II.** *ohne OBJ* ■ *jmd. räumt aufräumen* Ich muss in meinem Zimmer noch ein bisschen räumen.

Raum·fäh·re die <-, -n> (≈ *Shuttle*) *ein Raumfahrzeug in Form eines großen Flugzeugs, das* (*im Gegensatz zu einer Rakete*) *mehrfach verwendet werden kann* die Besatzung/der Kommandant/die Landung/ der Start der Raumfähre

Raum·fah·rer, **Raum·fah·re·rin** der <-s, -> (≈ *Astronaut*) *jmd., der an Raumflügen teilnimmt*

Raum·fahrt die <-> (*kein Plur.*) *die Erkundung des Weltraums mit Raumschiffen und Satelliten* die bemannte/unbemannte Raumfahrt, ein Pionier der Raumfahrt ◆-agentur, -behörde, -industrie, -ingenieur, -projekt, -technik, -unternehmen, -zeitalter

Raum·fahr·zeug das <-(e)s, -e> *ein Flugkörper für bemannte Raumflüge*

Räum·fahr·zeug das <-(e)s, -e> *ein Fahrzeug zum Räumen von Schnee*

Raum·flug der <-(e)s, Raumflüge> *die Erkundung des Weltraums mit bemannten Raumfahrzeugen*

Raum·for·schung die <-> (*kein Plur.*) *Erforschung des Weltalls* ▶Raumforscher

Raum·in·halt der <-(e)s, -e> MATH. PHYS. *Inhalt eines Raumes[4]* den Rauminhalt eines Quaders/eines Kegels/ einer Kugel berechnen

Raum·kap·sel die <-, -n> *ein Weltraumfahrzeug mit ungefähr kegelförmiger Gestalt, das in der Spitze einer Rakete in den Weltraum transportiert wird und sich dort dann selbstständig bewegt* Die Astronauten sind in der Raumkapsel sicher zur Erde zurückgekehrt., die Besatzung/die Flugbahn der Raumkapsel, der Wiedereintritt der Raumkapsel in die Erdatmosphäre

Raum·klang der <-s, Raumklänge> *der Eindruck, den man von dem Klang in einem Raum[2] hat*

Raum·kli·ma das <-s> (*kein Plur.*) *Wärme und Luftfeuchtigkeit in einem Raum[2]*

Räum·kom·man·do das <-s, -s> *eine Gruppe von Arbeitern, die beauftragt sind, etwas zu räumen I.3*

Raum·leh·re die <-> (*kein Plur.*) (≈ *Geometrie*)

räum·lich <nicht steig.> *Adj.* **1.** *als Erscheinung des Raumes[4] wahrnehmbar* etwas räumlich darstellen, ein räumliches Bild vermitteln, das räumliche Sehen, räumlich hören **2.** *den Raum[5] betreffend* räumlich beengt wohnen **3.** (≈ *regional*) *den Raum[3] betreffend* die räumliche Gliederung Deutschlands

Räum·lich·keit die <-, -en> (*meist Plur.*) *Raum[2]* eine Gaststätte mit Räumlichkeiten für Feiern

Raum·man·gel der <-s> (*kein Plur.*) (≈ *Platzmangel*) *der Zustand, dass man zu wenig Raum[5] hat*

Raum·ord·nung die <-, -en> *die Gesamtheit der Vorschriften über die Nutzung von Grund und Boden* ◆-spolitik

Raum·pfle·ger, **Raum·pfle·ge·rin** der <-s, -> *jmd., der beruflich Büro- oder Wohnräume reinigt*

Räum·pflug der <-(e)s, -Räumpflüge> *ein fahrbares Gerät, mit dem Straßen von Schnee und anderem geräumt werden können*

Raum·pla·nung die <-, -en> *die Planung über die Nutzung von Grund und Boden*

Raum·schiff das <-(e)s, -e> *ein Flugkörper für bemannte Raumflüge*

Raum·son·de die <-, -n> *Sonde zur Erkundung des Weltraums*

raum·spa·rend <nicht steig.> *Adj.* (≈ *platzsparend*) *so, dass man Raum*[5] *gewinnt*

Raum·sta·ti·on die <-, -en> *im Weltraum auf einer festen Umlaufbahn positionierte, ständig im Weltraum bleibende Station* die sowjetische Raumstation MIR, die Raumstation ISS

Raum·tei·ler der <-s, -> *ein Möbelstück, mit dem man einen Wohnraum unterteilt*

Räu·mung die <-, -en> **1.** *das Räumen*[3] die tägliche Räumung der Straßen von Schnee, die Räumung der Lager von Wintersachen **2.** *das Räumen*[2] die Räumung einer Wohnung gerichtlich anordnen, Das Militär braucht zwei Wochen zur Räumung des Gebietes.

Räu·mungs·kla·ge die <-, -n> RECHTSW. *eine gerichtliche Klage, mit der der Vermieter erreichen will, dass der Mieter die Wohnung endgültig verlassen muss* bei Gericht eine Räumungsklage einreichen

Räu·mungs·ver·kauf der <-(e)s, Räumungsverkäufe> WIRTSCH. *Verkauf von Waren zu reduzierten Preisen vor Aufgabe eines Geschäftes*

rau·nen <raunst, raunte, hat geraunt> *mit/ohne OBJ* ■ *jmd. raunt (etwas) mit gedämpfter Stimme sprechen* Er raunte ihr etwas ins Ohr., Sie raunte leise Worte., Wenn du so raunst, verstehe ich nichts.

raun·zen <raunzt, raunzte, hat geraunzt> *ohne OBJ* ■ *jmd. raunzt* **1.** *(österr.) jammern, um etwas zu ertrotzen (von Kindern)* **2.** *(landsch.) widersprechen, nörgeln* **3.** *(umg.) sich grob und laut äußern*

Rau·pe die <-, -n> **1.** BIOL. *ein Entwicklungsstadium des Schmetterlings* Die Raupe verpuppt sich und wird zu einem Schmetterling. **2.** TECHN. Kettenfahrzeug ◆-nfahrzeug, -nschlepper

Rau·reif der <-(e)s> *(kein Plur.) Eiskristalle an Blättern und Zweigen*

raus *Präp. (umg.* ≈ *heraus)*

raus·be·kom·men *(umg.* ≈ *herausbekommen)*

Rausch der <-(e)s, Räusche> **1.** *der Zustand, der sich durch den Genuss von (viel) Alkohol oder den Konsum von Drogen einstellt, in dem das Bewusstsein getrübt und die Wahrnehmung eingeschränkt ist und es oft zu einem euphorischen Hochgefühl kommt* seinen Rausch ausschlafen, sich einen Rausch antrinken, sich im Rausch befinden **2.** *eine große Erregung, in der man sich nicht unter Kontrolle hat* Die Fans steigerten sich in einen (wahren) Rausch hinein.

rausch·arm <nicht steig.> *Adj.* TECHN. *so, dass die akustische Wiedergabe (zum Beispiel bei einem Tonband) möglichst wenig Nebengeräusche erzeugt*

rau·schen <rauschst, rauschte, hat/ist gerauscht> *ohne OBJ* **1.** ■ *etwas rauscht (haben) das Geräusch von sich schnell bewegendem Wasser erzeugen bzw. von Blättern, die sich im Wind bewegen* Der Bach/Das Meer/Der Wald rauscht. **2.** ■ *etwas rauscht irgendwohin (sein) sich rauschend irgendwohin bewegen* Das Wasser ist in die Schleuse/über die Straße gerauscht. **3.** ■ *jmd. rauscht irgendwohin (umg. sein) so, dass sich jmd., ohne andere noch wahrzunehmen, bewegt* Sie ist wütend aus dem Zimmer gerauscht., Eingenommen von sich selbst rauschte er ohne Gruß an mir vorbei. **4.** ■ *etwas rauscht* TECHN. *Signale in informationsverarbeitenden elektronischen Anlagen werden beeinträchtigt* **5.** TECHN. *undifferenziertes Hintergrundgeräusch bei der Wiedergabe über Radio, Tonband und Fernsehen*

rausch·frei <nicht steig.> *Adj.* TECHN. *ohne Hintergrundrauschen* eine rauschfreie Wiedergabe

Rausch·gift das <-(e)s, -e> *eine der illegalen Drogen, die in einen Rausch*[1] *versetzen* Heroin und Kokain gehören zu den Rauschgiften, Alkohol nicht.

Rausch·gift·de·zer·nat das <-s, -e> *Polizeieinheit zur Bekämpfung von Kriminalität im Zusammenhang mit der Beschaffung und dem Missbrauch von Rauschgift*

Rausch·gift·han·del der <-s> *(kein Plur.) illegaler Handel mit Rauschgift*

Rausch·gift·händ·ler, Rausch·gift·händ·le·rin der <-s, -> *jmd., der mit Rauschgift handelt*

Rausch·gift·ring der <-s, -e> *eine Vereinigung von Rauschgifthändlern*

Rausch·gift·sucht die <-> *(kein Plur.) der krankhafte Zwang, regelmäßig Rauschgift nehmen zu müssen*

rausch·gift·süch·tig *Adj. so, dass man den krankhaften Zwang hat, regelmäßig Rauschgift zu nehmen*

Rausch·gift·süch·ti·ge der/die <-n, -n> *Person, die rauschgiftsüchtig ist*

raus·e·keln <ekelst raus, ekelte raus, hat rausgeekelt> *mit OBJ* ■ *jmd. ekelt jmdn. raus (umg. abwert.) jmdn. auf gemeine Weise dazu bringen, einen Ort oder eine Gemeinschaft zu verlassen* jemanden aus einem Zimmer/aus einem Team rausekeln

raus·flie·gen <fliegst raus, flog raus, ist rausgeflogen> *ohne OBJ* ■ *jmd. fliegt (irgendwo) raus (umg.) entlassen werden* Er ist rausgeflogen – die Firma hat ihm fristlos gekündigt., Die Schule hat sich geweigert, ihn länger als Schüler zu behalten – er ist einfach rausgeflogen.

raus·ge·ben *(umg.* ≈ *herausgeben II)*

raus·gu·cken <guckst raus, guckte raus, hat rausgeguckt> *ohne OBJ (umg.)* **1.** ■ *jmd. guckt raus hinaussehen* Die Fenster waren so vereist, dass man nicht rausgucken konnte. **2.** ■ *etwas guckt unter etwas Dat./aus etwas Dat. raus (hervorstehen, hervorstrecken) Er hatte den Hut nicht sehr tief in die Stirn gezogen – so guckten unter dem Hutrand seine Haare raus.*

raus·kom·men *(umg.* ≈ *herauskommen)*

raus·neh·men *(umg.* ≈ *herausnehmen)*

räus·pern <räusperst, räusperte, hat geräuspert> *mit SICH* ■ *jmd. räuspert sich durch Hüsteln die Kehle frei machen* sich leise/verleen/vernehmlich räuspern

raus·rück·en *(umg.* ≈ *herausrücken)*

raus·schmei·ßen <schmeißt raus, schmiss raus,

hat rausgeschmissen> *mit OBJ* (*umg.*) **1.** ▪ *jmd. schmeißt jmdn. raus jmdn. mit Heftigkeit auffordern, etwas zu verlassen* jemanden aus der Firma/dem Lokal/dem Zimmer rausschmeißen **2.** ▪ *jmd. schmeißt etwas raus nach draußen werfen* Papier zum Fenster rausschmeißen

Raus·schmei·ßer der <-s, -> (*umg.*) *jmd., der unliebsame Gäste aus einem Lokal entfernt*

Rau·te die <-, -n> MATH. *ein Viereck mit zwei gleich langen parallelen Seiten, zwei stumpfen und zwei spitzen Innenwinkeln*

Rave der/das [reːv] <-(s), -s> *eine Tanzveranstaltung mit Technomusik*

Ra·ver, **Ra·ve·rin** [reːvɐ] <-s, -> *Anhänger(in) von Technomusik*

Ra·vi·o·li <-> *Plur.* KOCH. *kleine gefüllte Teigtaschen*

Ra·yon der [ra'jõː] <-s, -s> **1.** (*österr. schweiz.*) *Bezirk, Dienstbereich* **2.** (*schweiz.*) *Abteilung eines Warenhauses*

Raz·zia die <-, Razzien/(-s)> *überraschende Kontrolle der Polizei vor Ort* in einem Nachtklub eine Razzia machen

Rea·der der ['riːdɐ] <-s, -> *zu einem bestimmten Thema zusammengestelltes Lesebuch*

Re·a·gens, *a.* **Re·a·genz** das <-, Reagenzien> CHEM. *chemisch reagierender Stoff zur Bestimmung von Substanzen*

Re·a·genz·glas das <-es, Reagenzgläser> *langes zylindrisches Glasgefäß für chemische Versuche*

Re·a·genz·pa·pier das <-s, -e> CHEM. *mit einem Reagenz präparierter Papierstreifen zur Bestimmung (der Eigenschaften) von Substanzen*

re·a·gie·ren <reagierst, reagierte, hat reagiert> *ohne OBJ* ▪ *jmd./etwas reagiert irgendwie* (*auf jmdn./etwas*) **1.** *als Antwort auf irgendeinen Vorgang oder ein bestimmtes Verhalten an den Tag legen* auf die Streiks mit Aussperrungen reagieren, Er schien auf ihre Worte kaum/nur mit Unverständnis zu reagieren., Wie wollen wir auf die Einladung reagieren? **2.** *eine körperliche Veränderungen auf einen Reiz zeigen* Der Patient reagiert nicht mehr,, Die Pupillen reagieren auf Licht., Der Zahn reagiert auf heiße und kalte Speisen. **3.** ▪ *etwas reagiert mit etwas Dat.* CHEM. *ein Stoff durchläuft durch Kontakt mit einem anderen Stoff einen chemischen Prozess* Der Stickstoff hat mit dem Sauerstoff reagiert., Die beiden Chemikalien reagieren nicht miteinander.

Re·ak·ti·on die [reak'tsi̯oːn] <-, -en> **1.** *das Reagieren[1]* Was war seine Reaktion auf deine Bitte? ◆ -sgeschwindigkeit ,-skontrolle, -sweise **2.** *das Reagieren[2]* Der Patient zeigt keine Reaktionen mehr. **3.** CHEM. *das Reagieren[3]* eine chemische Reaktion **4.** POL. *das Streben bestimmter politischer Gruppen, an veralteten politischen Strukturen festzuhalten*

re·ak·ti·o·när *Adj.* (≈ *rückschrittlich*) *zur Reaktion[4] gehörend*

Re·ak·ti·o·när der <-s, -e> *jmd., der die Ziele der Reaktion[4] vertritt*

re·ak·ti·ons·fä·hig <nicht steig.> *Adj. fähig zu reagieren[1 2 3]*

Re·ak·tor der <-s, -en> TECHN. **1.** (≈ *Atomreaktor, Kernreaktor*) *eine Anlage, in der mit Hilfe von radioaktivem Material elektrische Energie gewonnen wird* **2.** *eine Vorrichtung, in der eine physikalische oder chemische Reaktion abläuft*

Re·ak·tor·si·cher·heit die <-> (*kein Plur.*) *technische Sicherheit von Reaktoren[1]*

Re·ak·tor·un·glück das <-(e)s, -e> (*schwerer*) *Störfall im Betrieb eines Reaktors[1]*

re·al *Adj.* **1.** (↔ *fiktiv*) *wirklich vorhanden* die reale Welt, eine reale Chance haben **2.** (≈ *realistisch*) *an den wirklichen Gegebenheiten orientiert* seine Fähigkeiten real einschätzen **3.** (WIRTSCH.: ↔ *nominell*) *auf der tatsächlichen Kaufkraft des Geldes beruhend* das reale Einkommen

Re·al·ein·kom·men das <-s, -> WIRTSCH. *Einkommen unter dem Aspekt der Kaufkraft* ein gestiegenes Realeinkommen

Re·a·li·en die <-> *Plur. die wirklichen Dinge, die realen Fakten*

re·a·li·sier·bar <nicht steig.> *Adj. so, dass es verwirklicht werden kann* ein realisierbarer Plan/Vorschlag, Das Vorhaben ist nicht realisierbar.

re·a·li·sie·ren <realisierst, realisierte, hat realisiert> *mit OBJ* ▪ *jmd. realisiert etwas* **1.** (*geh.*) *verwirklichen* Absichten/einen Plan/ein Projekt realisieren **2.** WIRTSCH. *in Geld umwandeln* einen Gewinn realisieren **3.** *sich bewusst machen* Er hat zu spät realisiert, dass er in Gefahr ist., ein Problem/eine Tatsache realisieren

Re·a·li·sie·rung die <-, -en> (*Plur. selten*) *das Realisieren[1 2 3]*

Re·a·lis·mus der <-> (*kein Plur.*) **1.** *die Haltung, bei der Beurteilung von etwas nur die wirklichen Gegebenheiten als Maßstab zu benutzen* Wir schätzen die Kompetenz und den Realismus dieses Mitarbeiters. **2.** KUNST LIT. *eine Kunstrichtung in Malerei und Literatur* **3.** (PHILOS.: ↔ *Idealismus*) *das Denkmodell, nach dem angenommen wird, dass eine Wirklichkeit unabhängig von und außerhalb unseres Bewusstseins vorhanden ist*

Re·a·list, **Re·a·lis·tin** der <-en, -en> **1.** *eine Person, die alles nüchtern beurteilt und sich nur an Fakten orientiert* Seien wir Realisten, der Bau wird sich wohl nicht verwirklichen lassen. **2.** KUNST LIT. PHILOS. *jmd., der den Realismus[2 3] vertritt*

Re·a·lis·tik die <-> (*kein Plur.*) *realistische Art der Darstellung*

re·a·lis·tisch *Adj.* **1.** (≈ *wirklichkeitsnah*) *so, dass es möglichst gut eine bestimmte Wirklichkeit abbildet* eine realistische Schilderung des Alltags, Bei diesem realistischen Automodell sind selbst kleinste Details liebevoll ausgearbeitet. **2.** (≈ *sachlich und nüchtern*) *so, dass man sich nur an Fakten orientiert* etwas realistisch betrachten **3.** KUNST LIT. PHILOS. *den Realismus[2 3] betreffend*

Re·a·li·tät die <-, -en> **1.** (*kein Plur.*) *Wirklichkeit* die Realität im Gegensatz zur Fiktion, In der Realität ist manches anders, als man es sich erträumt hat. **2.** *Tatsache* nicht die Augen vor den Realitäten verschließen **3.** (*im Plur.*) (*österr.*) *Immobilien*

re·a·li·täts·fern <nicht steig.> *Adj.* (↔ *realitätsnah*) *nicht an der Wirklichkeit orientiert* realitätsferne Vorstellungen haben, ein realitätsferner Film

Re·a·li·täts·leug·nung die <-, -en> PSYCH. *der Vorgang, dass bestimmte bedeutsame, unangenehme Vorgänge oder Inhalte des Erlebens unbewusst geleugnet werden, so dass man nicht glaubt, dass sie real sind*

re·a·li·täts·nah <nicht steig.> *Adj.* (↔ *realitätsfern*) *an der Wirklichkeit orientiert* ein realitätsnahes Kunstwerk, realitätsnahe Vorschläge machen

Re·a·li·ty-TV das [ri'ɛliti ...] <-> (*kein Plur.*) *ein Fernsehprogramm, das wirkliche Ereignisse vor Ort filmt und live überträgt*

Re·al·le·xi·kon das <-s, Reallexika> (≈ *Sachwörterbuch*) *ein Lexikon, das nur Sachbegriffe eines bestimmten Fachgebiets enthält*

Re·al·lohn der <-s, Reallöhne> (WIRTSCH.: ↔ *Nominallohn*) *die wirkliche Kaufkraft des Lohns*

Re·al·po·li·tik die <-> (*kein Plur.*) (↔ *Ideenpolitik*) *Politik, die sich an den realen Gegebenheiten orientiert und auf diese reagiert, aber keine eigenen Ideen formuliert*

Re·al·schu·le die <-, -n> (≈ *Mittelschule*) *eine weiterführende Schule, die praktisch und technisch ausgerichtet ist und nach der 10. Klasse abgeschlossen wird*

Re·al·so·zi·a·lis·mus der <-> (*kein Plur.*) (POL.: ↔ *utopischer Sozialismus*) *die Form des Sozialismus, in der die Partei die tatsächliche Herrschaft ausübt*

Re·be die <-, -n> **1.** (≈ *Weinstock*) neue Reben pflanzen **2.** (≈ *Weinranke*) die Reben hängen voller Trauben

Re·bell, Re·bel·lin der <-en, -en> **1.** POL. *eine Person, die gemeinsam mit anderen gegen ein bestehendes politisches System oder eine Regierung kämpft* Die Armee der Rebellen steht kurz vor der Hauptstadt. ◆-nführer **2.** *jmd., der sich gegen etwas auflehnt* In seiner Jugend war er ein Rebell gegen alles Althergebrachte.

re·bel·lie·ren <rebellierst, rebellierte, hat rebelliert> *ohne OBJ* **1.** ■ *jmd. rebelliert* (*gegen jmdn./etwas*) *sich* (*auch unter Anwendung von Gewalt*) *gegen jmdn. oder etwas auflehnen mit dem Versuch, etwas zu verändern* gegen die Unterdrückung/die vorherrschende Lehrmeinung rebellieren **2.** ■ *etwas rebelliert* (*umg.*) *Probleme bereiten* Bei zu vielen kalten Getränken kann leicht der Magen rebellieren.

Re·bel·li·on die <-, -en> *Aufstand; Auflehnung* eine Rebellion gegen die Regierung, ihre Rebellion gegen das Elternhaus

re·bel·lisch *Adj.* **1.** *so, dass man sich gegen Bestehendes auflehnt und versucht, es zu verändern* rebellische Truppen, die rebellische Jugend **2.** (*umg. übertr.*) *unruhig, ungeduldig* Die Wespen machen mich gerade richtig rebellisch.

Reb·huhn das <-(e)s, Rebhühner> *ein Hühnervogel*

Reb·stock der <-(e)s, Rebstöcke> *eine einzelne Pflanze von Wein*[1] Der Rebstock trägt gut/reichlich.

Re·chaud der/das [re'ʃo:] <-s, -s> **1.** *eine Vorrichtung zum Warmhalten von Speisen* **2.** (*österr.*) *Gas-, Spirituskocher*

Re·chen der <-s, -> **1.** *ein Gartengerät mit langem Stiel und quer dazu angeordneten Zinken, zum Zusammenziehen von Gras, Heu o.Ä. und Lockern des Bodens* **2.** *eine gitterähnliche Vorrichtung am Einlauf von Klär- und Wasserkraftwerken, die grobes Treibgut auffangen soll* **3.** (*schweiz.*) *Harke*

re·chen <rechst, rechte, hat gerecht> *mit /ohne OBJ* ■ *jmd. recht* (*schweiz.*) *harken* die Wiese rechen, das trockene Laub von der Wiese rechen, Nach dem Mähen kannst du gleich noch rechen.

Re·chen·an·la·ge die <-, -n> EDV *eine Anlage zur programmgesteuerten Datenverarbeitung*

Re·chen·art die <-, -en> MATH. *eine der grundlegenden mathematischen Operationen des Addierens, Subtrahierens, Multiplizierens und Dividierens* ◆ Grund-

Re·chen·auf·ga·be die <-, -n> *eine mathematisches Problem, bei dem eine Lösung errechnet werden muss*

Re·chen·buch das <-(e)s, Rechenbücher> (*umg.*) *Lehrbuch für den Mathematikunterricht in der Schule*

Re·chen·feh·ler der <-s, -> *Fehler beim Rechnen*

Re·chen·ge·schwin·dig·keit die <-, -en> EDV *Verarbeitungsgeschwindigkeit eines Computers*

Re·chen·ma·schi·ne die <-, -n> *Rechengerät, das die Grundrechenarten durchführt*

Re·chen·schaft die <-> (*kein Plur.*) *ein Bericht über zurückliegende Tätigkeiten* vor jemandem Rechenschaft ablegen, jemanden zur Rechenschaft ziehen ■ **jemandem keine Rechenschaft schuldig sein**: *vor jmdm. keine Gründe für sein Handeln darlegen müssen* Dir bin ich keine Rechenschaft schuldig!

Re·chen·schafts·be·richt der <-(e)s, -e> AMTSSPR. *ein schriftlicher Bericht, in dem eine Institution über ihre Tätigkeit, sowie Einnahmen und Ausgaben in einem bestimmten Zeitabschnitt berichtet* einen Rechenschaftsbericht geben

Re·chen·schie·ber der <-s, -> MATH. *ein Rechengerät, mit mehreren logarithmischen Skalen, die man gegeneinander verschieben kann*

Re·chen·werk das <-s, -e> EDV *der Teil einer programmierten Rechenanlage, der die programmierbaren arithmetischen Operationen* (*Addition, Multiplikation usw.*), *logische Verknüpfungen und Verschiebeoperationen durchführt*

Re·cher·che die [re'ʃɛrʃə] <-, -n> (*meist Plur.*) *Nachforschung* eine Recherche über etwas, Recherchen für einen Zeitungsbericht anstellen

re·cher·chie·ren [reʃɛr'ʃi:rən] <recherchierst, recherchierte, hat recherchiert> *mit/ohne OBJ* ■ *jmd. recherchiert* (*etwas*) *untersuchen; nachforschen* Zusammenhänge einer Sache gründlich recherchieren, als Journalist recherchieren

rech·nen <rechnest, rechnete, hat gerechnet> **I.** *mit OBJ* **1.** ■ *jmd. rechnet jmdn./etwas* (≈ *dazu-*

zählen) Wir sind zwanzig Personen, die Kinder nicht gerechnet., Wenn man die Eintrittskarten mit zu den Gesamtkosten rechnet, … **2.** ■ *jmd. rechnet jmdn./etwas zu etwas Dat. als Teil von etwas betrachten* Ich rechne ihn zu meinen guten Freunden. **II.** *ohne OBJ* **1.** ■ *jmd. rechnet* MATH. *Rechenoperationen durchführen* mit ganzen/negativen/rationalen Zahlen/ mit Dezimalbrüchen rechnen, Sie kann gut rechnen. **2.** ■ *jmd. rechnet* (*mit etwas Dat.*) *sparsam wirtschaften* Sie kann gut (mit dem Geld) rechnen. **3.** ■ *jmd. rechnet* (*mit etwas Dat.*) (*das Eintreffen von jmdm. oder etwas*) *erwarten* Damit hatte ich nicht gerechnet., mit zwanzig Gästen rechnen, Wir haben fest mit dir gerechnet.

rẹch·ner·ge·steu·ert <nicht steig.> *Adj.* EDV *von einem Computer gesteuert*

rẹch·ner·ge·stützt <nicht steig.> *Adj.* EDV *mit Unterstützung eines Computers*

rẹch·ne·risch <nicht steig.> *Adj.* **1.** *durch Rechnen* (*festgestellt*) Rein rechnerisch ist das unmöglich., ein Versuchsergebnis rechnerisch überprüfen, etwas rechnerisch ermitteln **2.** *auf dem Gebiet des Rechnens* rechnerische Fähigkeiten, rechnerisches Können

Rẹch·nung die <-, -en> **1.** *die Handlung, dass man durch Rechnen, Überlegen oder Planen ein bestimmtes Resultat bestimmt oder erarbeitet* Unsere Rechnung stimmt nicht., Nach meiner Rechnung müssten es 25 sein., Unsere Rechnung geht nicht auf – wir erreichen heute unser Ziel nicht mehr. **2.** *Aufstellung über den zu zahlenden Preis* eine Rechnung begleichen, Die Rechnung, bitte!, jemandem etwas in Rechnung stellen, In der Rechnung ist die gesetzliche Mehrwertsteuer berücksichtigt. ■ **die Rechnung ohne den Wirt machen** (*umg.*): *sich täuschen, weil man eine wichtige Person oder einen wichtigen Umstand nicht in seinen Plänen berücksichtigt hat* **eine alte Rechnung begleichen** (*umg.*): *mit jmdm. einen Streit aus der Vergangenheit austragen* **einer Sache Rechnung tragen**: *einer Sache gerecht werden* ◆ -sblock, -snummer, Arzt-, Gas-, Hotel-, Strom-, Wasser-

Rẹch·nungs·be·trag der <-(e)s, Rechnungsbeträge> *der Gesamtbetrag einer Rechnung*

Rẹch·nungs·da·tum das <-s, Rechnungsdaten> *das Datum auf einer Rechnung* Zahlung 14 Tage nach Rechnungsdatum

Rẹch·nungs·füh·rer der <-s, -> *Buchhalter*

Rẹch·nungs·hof der <-s, Rechnungshöfe> *eine Behörde, die Rechnungsprüfung in der öffentlichen Verwaltung durchführt* ◆ Bundes-

Rẹch·nungs·jahr das <-(e)s, -e> WIRTSCH. *der Zeitraum von 12 Monaten, auf den sich die Abrechnung einer Firma oder einer öffentlichen Einrichtung bezieht*

Rẹch·nungs·num·mer die <-, -n> *die Nummer auf einer Rechnung* bei der Bezahlung die Rechnungsnummer angeben

Rẹch·nungs·prü·fung die <-, -en> *die Überprüfung aller wirtschaftlichen Prozesse in öffentlichen Haushalten*

Rẹcht das <-(e)s, -e> **1.** *ein Anspruch, den jmd. auf etwas erheben kann* ein Recht auf etwas haben, zu seinem Recht kommen, jemandem ein bestimmtes Recht aberkennen, seine Rechte einklagen/geltend machen, Rechte und Pflichten ◆ Besuchs-, Gebrauchs-, Gewohnheits-, Nutzungs-, Vorkaufs- **2.** (*Plur. selten*) *Gesamtheit der gesetzlichen Regelungen und Bestimmungen* von Rechts wegen, nach französischem Recht, Recht bekommen/behalten/haben/sprechen, das Recht brechen/durchsetzen, nach Recht und Gesetz entscheiden ◆ Arbeits-, Sozial-, Straf-, Zivil- **3.** (*kein Plur.*) (↔ *Unrecht*) *das nach* (*persönlichem*) *Empfinden Richtige* im Recht sein, sich im Recht fühlen, etwas mit Recht tun, etwas besteht zu Recht ■ **von Rechts wegen**: *nach dem geltenden Gesetz* **etwas mit Fug und Recht behaupten**: *etwas mit vollem Recht behaupten* **nach Recht und Billigkeit urteilen**: *nach dem Gesetz und dem Gerechtigkeitsgefühl urteilen* ◆ Großschreibung→R 3.3 Ich muss dir Recht geben., Er hatte Recht damit.

rẹcht *Adj.* (*schweiz.*) **1.** (*von Menschen*) *rechtschaffen, anständig* **2.** (*von Sachen*) *ordentlich, gut*

rẹcht *Adv.* **1.** *richtig* Wenn ich Sie recht verstehe …, Das geschieht ihm recht. **2.** (≈ *ziemlich*) Er war recht nett., Heute ist es recht warm., Es ist mir nicht recht wohl heute. **3.** *sehr* Ich danke Ihnen recht herzlich. ■ **Nun erst recht!** (*umg.*): *nun gerade; allem Widerstand zum Trotz* **es jemandem recht machen**: *es so machen, wie jmd. es gern möchte* (*damit er zufrieden ist*) **etwas ist jemandem recht**: *etwas ist so, dass jmd. damit einverstanden ist*

Rẹch·te[1] die <-n, -n> (↔ *Linke*) **1.** (*kein Plur.*) *rechte Hand* mit der Rechten schreiben **2.** (*kein Plur.*) *rechte Seite* zu meiner Rechten **3.** (*kein Plur.*) (POL.: ↔ *Linke*) *das konservative bis nationalistische politische Spektrum* Durch seine Politik stärkt er die Rechte. **4.** SPORT *mit dem rechten Arm geführter Boxhieb* eine gerade Rechte

Rẹch·te[2] der/die <-n, -n> (POL.: ↔ *Linke*) *Person, die einer konservativen bis nationalistischen politischen Richtung oder Partei angehört* Die Rechten haben zu einer Demonstration aufgerufen., Die Gaststätte ist bekannt als Treffpunkt der Rechten.

rẹchte(**r**) *Adj.* **1.** (↔ *linke*(*r*)) auf der rechten Seite, die rechte Hand, mein rechter Fuß **2.** *richtig* Du bist auf dem rechten Weg., zur rechten Zeit, Dies ist der rechte Mantel, nicht der andere. ■ **nach dem Rechten sehen** (*umg.*): *nachsehen, ob alles in Ordnung ist*

Rẹcht·eck das <-(e)s, -e> MATH. *ein Viereck, mit vier rechten Innenwinkeln*

rẹcht·e·ckig <nicht steig.> *Adj.* MATH. *in der Form eines Rechtecks*

rẹch·tens <nicht steig.> *Adj. zu Recht, mit Recht* ■ **etwas ist rechtens**: *etwas ist* (*juristisch*) *korrekt* rechtens verurteilt werden, Ihr Anspruch ist rechtens.

recht·fer·ti·gen <rechtfertigst, rechtfertigte, hat rechtfertigt> *mit/ohne OBJ* ■ *jmd. rechtfertigt sich/etwas* (*für etwas Akk.*) *Gründe dafür nennen, warum das eigene Verhalten richtig war* Das ist durch nichts zu rechtfertigen., sein Verhalten rechtfertigen, sich für eine Sache rechtfertigen, Du musst dich nicht rechtfertigen!

Recht·fer·ti·gung die <-, -en> **1.** *die Worte, mit denen sich jmd. rechtfertigt* zur Rechtfertigung seiner Handlungsweise etwas vorbringen, ihre einzige Rechtfertigung war … **2.** REL. (*in der christl. Lehre*) *Gerechtigkeit, die dem Menschen durch Gott zugesprochen wird*

recht·gläu·big <nicht steig.> *Adj.* (≈ *orthodox*) *streng gläubig; gläubig auf eine Art, die man für einzig richtig hält* ▶ Rechtgläubigkeit

recht·ha·be·risch *Adj.* (*abwert.*) *mit der Neigung, immer Recht behalten zu wollen* ▶ Rechthaberei

recht·lich <nicht steig.> *Adj.* **1.** *in Bezug auf Recht und Gesetz* eine Person rechtlich belangen, Rein rechtlich gesehen liegt der Fall anders., verheiratete und unverheiratete Paare einander rechtlich gleichstellen **2.** (*landsch.*) *redlich, ehrlich* ein rechtlicher Mann

recht·los <nicht steig.> *Adj.* **1.** *ohne Rechte zu besitzen* Die Sklaven der Antike waren rechtlose Menschen. **2.** *gesetzlos* Im Kriegsgebiet herrschte praktisch ein rechtloser Zustand.

Recht·lo·sig·keit die <-> (*kein Plur.*) **1.** *die Tatsache, dass man keine Rechte besitzt* die Rechtlosigkeit der Sklaven **2.** *gesetzloser Zustand* Im Lande herrschte Rechtlosigkeit.

recht·mä·ßig <nicht steig.> *Adj. gemäß Recht und Gesetz richtig* der rechtmäßige Besitzer

Recht·mä·ßig·keit die <-> (*kein Plur.*) *die Tatsache, dass etwas rechtmäßig ist* die Rechtmäßigkeit seines Anspruchs auf den Besitz

rechts *Adv.* (↔ *links*) *auf der rechten Seite; zu der rechten Seite hin* sich nach rechts wenden/nach rechts blicken/ rechts abbiegen ◆ Getrenntschreibung→R 4.12 politisch rechts stehende Parteien, eine rechts abbiegende Straße, Er spielt rechts außen.

Rechts·ab·bie·ger der <-s, -> (↔ *Linksabbieger*) *Verkehrsteilnehmer, der nach rechts abbiegt*

Rechts·an·spruch der <-(e)s, Rechtsansprüche> *nach Recht und Gesetz gültiger Anspruch* einen Rechtsanspruch auf etwas haben/geltend machen

Rechts·an·walt, **Rechts·an·wäl·tin** der <-(e)s, Rechtsanwälte> *jmd., der eine juristische Ausbildung besitzt und berufsmäßig die rechtlichen Interessen von Klienten* (*vor Gericht*) *vertritt* sich einen Rechtsanwalt nehmen

Rechts·auf·fas·sung die <-, -en> RECHTSW. *bestimmte Auslegung eines Gesetzes* die geltende Rechtsauffassung

Rechts·aus·kunft die <-, Rechtsauskünfte> RECHTSW. *Auskunft über einen juristischen Tatbestand* Rechtsauskunft erteilen

Rechts·au·ßen der <-(s), -> (SPORT: ↔ *Linksaußen*) *Fußballspieler, der auf dem rechten Flügel spielt*

Rechts·bei·stand der <-(e)s> (*kein Plur.*) RECHTSW. *jmd., der juristisch ausgebildet ist und Personen vor Gericht vertreten darf, ohne Rechtsanwalt zu sein*

Rechts·be·leh·rung die <-, -en> RECHTSW. *eine schriftliche Belehrung über gesetzlich geregelte Vorschriften, die bestimmten amtlichen Mitteilungen beigegeben werden muss*

Rechts·be·ra·ter, **Rechts·be·ra·te·rin** der <-s, -> *jmd., der beruflich Beratung in juristischen Fragen erteilt*

Rechts·be·ra·tung die <-, -en> *Beratung in juristischen Fragen* Rechtsberatung anbieten

Rechts·be·schwer·de die <-, -n> RECHTSW. *ein Rechtsmittel, mit dem man gegen bestimmte Gerichtsbeschlüsse Widerspruch einlegen kann*

Rechts·beu·gung die <-, -en> RECHTSW. *der Vorgang, dass in einem Gerichtsverfahren vorsätzlich das Gesetz falsch angewendet wird* einen Richter wegen Rechtsbeugung anklagen

rechts·bün·dig <nicht steig.> *Adj.* (DRUCKW. EDV: ↔ *linksbündig*) *die Art der Textformatierung, bei der alle Zeilen am rechten Rand auf der gleichen Höhe enden* rechtsbündig schreiben

recht·schaf·fen <nicht steig.> *Adj.* **1.** *die Gesetze oder das Recht achtend und daher ehrenwert* rechtschaffene Leute/Menschen **2.** *sehr, groß, stark* rechtschaffen müde sein, sich rechtschaffen mühen, rechtschaffener Hunger

Recht·schaf·fen·heit die <-> (*kein Plur.*) *die Tatsache, dass jmd. rechtschaffen ist* jemandes Rechtschaffenheit in Frage stellen

Recht·schreib·feh·ler der <-s, -> *Schreibung, die gegen die geltenden Regeln der Rechtschreibung verstößt*

Recht·schreib·re·form die <-, -en> *Reform der Regeln der Rechtschreibung*

i Wissenswert Am 1. Juli 1996 unterzeichneten die vier deutschsprachigen Staaten (Deutschland, Österreich, Schweiz, Liechtenstein) und weitere vier Staaten mit deutschsprachigen Minderheiten (Belgien, Italien, Rumänien, Ungarn) das Wiener Abkommen zur **Reform der deutschen Rechtschreibung**. Damit wurde die langjährige Überarbeitung der deutschen Rechtschreibung abgeschlossen, die seit 1901/1902 galt. Die Neuregelung ist offiziell am 1. August 1998 in Kraft getreten. Das bedeutet, dass Schulen die neue Rechtschreibung lehren und Ämter sie anwenden. In einer bis zum 31. Juli 2005 dauernden Übergangsphase sollen alte und neue Schreibungen nebeneinander gleichberechtigt Bestand haben. Verantwortlich für die Richtlinien der deutschen Rechtschreibung ist eine spezielle Kommission am Institut für Deutsche Sprache (IDS) in Mannheim. Insgesamt verändert sich durch die neue Rechtschreibung relativ wenig am Schriftbild, sodass auch ältere Texte weiterhin problemlos gelesen werden können. Am auffälligsten ist die neue Doppel-s-Schreibweise für das bisherige „ß“ nach kurzem Vokal. Weniger häufig sind die neuen Getrenntschreibungen wie „kennen lernen“ statt „kennenlernen“. Neben den eindeutigen Änderungen gibt es auch Wörter, die man auf zwei Arten schreiben kann. Dies ist meist der Fall bei Fremdwörtern, die sich jetzt in eingedeutschter Schreibweise oder so wie bisher schreiben lassen, z.B. Ketschup, auch Ketchup.

Rẹcht·schreib·schwä·che die <-> (*kein Plur.*) (≈ *Legasthenie*) *eine bisher nur zum Teil erklärbare Störung, durch die jmd. große Schwierigkeiten beim Lesen und in der Rechtschreibung hat*

Rẹcht·schrei·bung die <-> (*kein Plur.*) (≈ *Orthographie*) *die Gesamtheit aller Regeln, die die Schreibung der Wörter einer Sprache (und die Zeichensetzung) regeln*

rẹchts·ex·t·rem <nicht steig.> *Adj.* POL. *dem Rechtsextremismus zuneigend, zu ihm gehörend* rechtsextreme Ansichten/Gruppierungen/Parteien, rechtsextrem wählen

Rẹchts·ex·t·re·mis·mus der <-> (*kein Plur.*) POL. *eine radikale politische Einstellung, die demokratiefeindlich ist und den Nationalismus propagiert*

Rẹchts·ex·t·re·mist, **Rẹchts·ex·t·re·mis·tin** der <-en, -en> POL. *Person, die den Rechtsextremismus vertritt*

rẹchts·ex·t·re·mis·tisch <nicht steig.> *Adj.* (POL.: ≈ *rechtsextrem*)

rẹchts·fä·hig <nicht steig.> *Adj.* RECHTSW. *nach der Rechtsordnung fähig, als natürliche oder juristische Person Träger von Rechten und Pflichten zu sein* Eine natürliche Person wird durch die Geburt rechtsfähig, eine juristische Person durch staatliche Genehmigung. ▶Rechtsfähigkeit

rẹchts·frei <nicht steig.> *Adj.* RECHTSW. ■ **ein rechtsfreier Raum**: *ein öffentlicher Bereich, der noch nicht durch Gesetze geregelt ist*

Rẹchts·grund·lage die <-, -n> RECHTSW. *die juristische Grundlage (für etwas)* sich mit seinem Handeln auf eine Rechtsgrundlage berufen

rẹchts·gül·tig <nicht steig.> *Adj.* RECHTSW. *nach Recht und Gesetz gültig* ein rechtsgültiges Urteil, Das Urteil ist nicht rechtsgültig. ▶Rechtsgültigkeit

Rẹchts·gut·ach·ten das <-s, -> RECHTSW. *ein juristisches Gutachten* ▶Rechtsgutachter

Rẹchts·hän·der, **Rẹchts·hän·de·rin** der <-s, -> (↔ *Linkshänder*) *jmd., der bei allen Aktivitäten bevorzugt die rechte Hand einsetzt* ▶Rechtshändigkeit

Rẹchts·hil·fe die <-> (*kein Plur.*) RECHTSW. *die Unterstützung, die ein Gericht einem anderen Gericht (zum Beispiel im Ausland) bei der Bearbeitung eines Falles gibt* ◆-abkommen

Rẹchts·kraft die <-> (*kein Plur.*) RECHTSW. *rechtliche Gültigkeit* Rechtskraft erlangen

rẹchts·kräf·tig <nicht steig.> *Adj.* RECHTSW. *rechtlich (end)gültig* ein rechtskräftiges Urteil, ein rechtskräftig verurteilter Straftäter

Rẹchts·kun·de die <-> (*kein Plur.*) *ein Schulfach, in dem Grundkenntnisse über die Rechtsordnung vermittelt werden*

Rẹchts·kur·ve die <-, -n> (↔ *Linkskurve*) *nach rechts laufende Kurve einer Straße* mit dem Auto (in) eine Rechtskurve fahren

Rẹchts·la·ge die <-, -n> RECHTSW. *eine bestimmte Situation, so wie sie in der Sicht des Juristen einzuschätzen ist* dem Beschuldigten die Rechtslage erklären

Rẹchts·las·tig·keit die <-> (POL.: *umg.*) *die Tendenz von jmdm. oder einer Gruppe, rechtsextreme Ziele zu haben* Diese Zeitschrift fällt uns schon länger wegen der Rechtslastigkeit ihrer Artikel auf.

rẹchts·läu·fig <nicht steig.> *Adj.* (↔ *linksläufig*) *so, dass etwas von links nach rechts verläuft* Die lateinische Schrift ist rechtsläufig, die hebräische Schrift dagegen linksläufig.

Rẹchts·leh·re die <-> (*kein Plur.*) (≈ *Rechtswissenschaft*)

Rẹchts·mit·tel das <-s, -> RECHTSW. *rechtliches Mittel gegen eine Gerichtsentscheidung* ein Rechtsmittel gegen ein Urteil einlegen, jemanden über die Rechtsmittel belehren

Rẹchts·nach·folge die <-, -n> RECHTSW. *das Übergehen von Rechten und Pflichten auf eine andere Person* Nachdem der bisherige Vermieter seine Häuser verkauft hat, hat jetzt der neue Hauseigentümer auch die Rechtsnachfolge in allen Angelegenheiten der Vermietung.

Rẹchts·norm die <-, -en> RECHTSW. *durch das Gesetz festgelegte Norm*

Rẹchts·pfle·ge die <-> (*kein Plur.*) RECHTSW. *Anwendung der Gesetze und Ausübung aller Tätigkeiten, die die Rechtsnormen erfüllen sollen* ▶Rechtspfleger

Rẹchts·phi·lo·so·phie die <-> PHIL. *der Bereich der Philosophie, der die Grundlagen des Rechts und der Gerechtigkeit sowie Probleme der Geltung des Rechts erforscht*

Rẹchts·po·si·ti·vis·mus der <-> (*kein Plur.*) RECHTSW. *die Auffassung, dass das vom Staat gesetzte Recht nicht begründet werden müsse*

Rẹcht·spre·chung die <-> (*kein Plur.*) (RECHTSW.: ≈ *Jurisdiktion*) **1.** *die Gesamtheit aller Entscheidungen der Gerichte* die Rechtsprechung auf einem Gebiet **2.** *die Gerichtsbarkeit*

rẹchts·ra·di·kal <nicht steig.> *Adj.* (POL.: ↔ *linksradikal*) *dem Rechtsradikalismus zuneigend*

Rẹchts·ra·di·ka·lis·mus der <-> (*kein Plur.*) (POL.: ≈ *Rechtsextremismus*)

Rẹchts·rutsch der <-es> (*kein Plur.*) (*umg.*) *ein Wahlergebnis, bei dem unerwartet eine rechtsextreme Partei viele Stimmen dazugewonnen hat*

Rẹchts·schutz der <-es> (*kein Plur.*) *der durch Gesetze garantierte Schutz* Rechtsschutz genießen

Rẹchts·schutz·ver·si·che·rung die <-, -en> *eine*

Versicherung, die im Falle eines Rechtsstreits für den Versicherten die Kosten übernimmt

rẹchts·si·cher <nicht steig.> *Adj.* RECHTSW. *so, dass Rechtssicherheit besteht*

Rẹchts·si·cher·heit die RECHTSW. *Schutz des Vertrauens des einzelnen Staatsbürgers in eine Rechtmäßigkeit, die durch die Rechtsordnung und Rechtspflege garantiert wird*

Rẹchts·staat der <-(e)s, -en> *ein Staat, der das geltende Recht in allen Bereichen verwirklicht und der Kontrolle unabhängiger Gerichte unterstellt* in einem Rechtsstaat leben

rẹchts·staat·lich <nicht steig.> *Adj. in der Art eines Rechtsstaates* ein rechtsstaatliches Verfahren

Rẹchts·staat·lich·keit die <-> (*kein Plur.*) *die Tatsache, dass der Staat das geltende Recht in allen Bereichen verwirklicht und der Kontolle unabhängiger Gerichte unterstellt* die Rechtsstaatlichkeit wahren

Rẹchts·streit der <-(e)s, -e> RECHTSW. *Auseinandersetzung vor Gericht* ▸Rechtsstreitigkeit

rẹchts·the·o·re·tisch <nicht steig.> *Adj.* PHILOS. RECHTSW. *so, dass eine rechtswissenschaftliche Frage rein begrifflich betrachtet wird* rechtstheoretische Erörterungen der Rechtsphilosophie

Rẹchts·ver·dre·her der <-s, -> (*umg. abwert.*) *jmd., der versucht, eine illegale Handlungsweise als legal darzustellen*

Rẹchts·ver·kehr der <-s> (*kein Plur.*) (↔ *Linksverkehr*) *Organisationsform des Straßenverkehrs, bei der auf der rechten Fahrbahnseite gefahren wird*

Rẹchts·weg der <-(e)s, -e> RECHTSW. *das, was man unternimmt, um einen Fall vor Gericht zu bringen* den Rechtsweg beschreiten ■ **unter Ausschluss des Rechtsweges**: *ohne die Möglichkeit, Rechte aus etwas bei Gericht geltend zu machen*

rẹchts·wid·rig <nicht steig.> *Adj.* RECHTSW. *gegen geltendes Recht verstoßend* sich rechtswidrig verhalten ▸Rechtswidrigkeit

rẹchts·wirk·sam <nicht steig.> *Adj.* RECHTSW. *rechtskräftig* Das Urteil wird rechtswirksam, wenn kein Einspruch erhoben wird.

Rẹchts·wis·sen·schaft die <-> (*kein Plur.*) (≈ *Jura*) *die Wissenschaft vom Recht und seiner Anwendung* Rechtswissenschaft studieren

rẹcht·wink·lig <nicht steig.> *Adj. einen Winkel von neunzig Grad bildend* ein rechtwinkliges Dreieck

rẹcht·zei·tig <nicht steig.> *Adj.* (↔ (*zu*) *spät*) *so, dass man ausreichend Zeit für etwas hat und sich daher nicht beeilen muss* sich rechtzeitig auf den Weg zum Bahnhof machen

Rẹck das <-(e)s, -e> SPORT *ein Turngerät in Form einer waagerechten Stange, die von zwei senkrechten Stützen gehalten wird* Turnübungen am Reck, der Abgang vom Reck

Rẹ·cke der <-n, -n> LIT. *Held in der mittelalterlichen Literatur* der kühne Recke Siegfried

rẹ·cken <reckst, reckte, hat gereckt> **I.** *mit OBJ* ■ *jmd. reckt etwas dehnen; strecken* die Glieder recken, den Hals recken **II.** *mit SICH* ■ *jmd. reckt sich sich dehnen; sich ausstrecken* sich recken und strecken

Re·cọr·der der *s.* **Rekorder**

re·cy·cel·bar, *a.* **re·cy·c·le·bar** [ri'sa̯ikl...] <nicht steig.> *Adj. so, dass es recycelt werden kann*

re·cy·celn [ri'sa̯ikl̩n] <recycelst, recycelte, hat recycelt> *mit OBJ* ■ *jmd. recycelt etwas gebrauchte Gegenstände und Materialien sammeln und* (*Teile davon*) *wieder verwerten* Altmetall/Glas/Müll/Papier/Plastikabfälle recyceln

Re·cy·c·ling das [ri'sa̯iklɪŋ] <-s> (*kein Plur.*) *das Sammeln und* (*teilweise*) *Wiederverwerten von gebrauchten Gegenständen und Materialien als Rohstoffe für neue Produkte* das Recycling von Altpapier

re·cyc·ling·ge·recht [ri'sa̯iklɪŋ...] <nicht steig.> *Adj. so, dass es gesammelt und wieder verwertet werden kann* eine recyclinggerechte Verpackung

Re·cy·c·ling·pa·pier das [ri'sa̯iklɪŋ...] <-s, -e> *Papier, das aus altem, wiederverwertetem Papier hergestellt ist*

Re·dak·teur, **Re·dak·teu·rin** der [redak'tøːɐ̯] <-s, -e> *jmd., der beruflich für Zeitungen, Zeitschriften, Bücher, Rundfunk- oder Fernsehsendungen Beiträge verantwortlich auswählt, bearbeitet oder selbst schreibt* Redakteur in einem Verlag/beim Fernsehen sein ◆ Nachrichten-, Rundfunk-, Verlags-, Zeitungs-

Re·dak·ti·on die [redak'tsi̯oːn] <-, -en> **1.** (*kein Plur.*) *die Tätigkeit des Redakteurs; das Redigieren* Die Redaktion der Sendung hatte Herr Schulze., Die Redaktion dieses Buches nimmt viel Zeit in Anspruch. ◆ -sschluss, -stermin **2.** *die Gesamtheit der Redakteure eines bestimmten Arbeitsbereiches* Die Redaktion einer Zeitung/für Lehrbücher trifft sich zur Sitzung. ◆ Fernseh-, Rundfunk-, Zeitschriften- **3.** *die Büroräume, in denen Redakteure tätig sind* Sie hat heute noch lange in der Redaktion zu tun.

re·dak·ti·o·nẹll [redaktsi̯o'nɛl] <nicht steig.> *Adj. von einer Redaktion* [2], *die Redaktion* [1] *betreffend* eine redaktionelle Entscheidung, der redaktionelle Teil der Zeitung, die redaktionelle Bearbeitung eines Buches/einer Sendung

Re·dạk·tor der <-s, -en> (*schweiz.*) *Redakteur*

Re̱·de die <-, -n> **1.** (≈ *Ansprache*) *das, was man öffentlich vor Zuhörern zu einem bestimmten Anlass sagt* (beim Amtsantritt) eine Rede (vor hundert Zuhörern) halten, jemandes Rede unterbrechen ◆ Begrüßungs-, Fest-, Trauer-, Wahl- **2.** *das Reden* freche Reden führen, jemandem mit schönen Reden falsche Hoffnungen machen, Das war genau/schon immer meine Rede (≈ das habe ich schon immer gesagt)., Wovon ist im Moment die Rede?, Es ist die Rede davon, dass er zurücktreten will., Die Rede kam auf die geplante Feier., die Rede auf ein interessantes Thema bringen **3.** (*kein Plur.*) (*geh.* ≈ *Gerücht*) Von ihm geht die Rede, dass er schwer krank sein soll., Der Rede nach sollen es drei Einbrecher gewesen sein. ■ **Davon kann keine Rede sein.** (*umg.*): *das ist nicht* *richtig* **Nicht der Rede wert!** (*umg.*): *meist als Antwort auf Worte des Dankes verwendet, um auszudrücken, dass man für jmdn. etwas gern getan hat und es einem nicht schwer gefallen ist* **jemanden zur Rede stellen**: *jmdn. auffordern, sich zu rechtfertigen* **jemandem Rede und Antwort stehen**: *jmdm.* (*auf seine Nachfrage hin*) *erklären, warum man etwas getan hat* **Rede und Gegenrede**: *die Argumente für und gegen etwas* **etwas ist nicht der Rede wert**: *etwas ist nicht wichtig* **große Reden schwingen** (*umg. abwert.*): *prahlerisch reden* **direkte Rede** SPRACHWISS.: *die* (*in Anführungszeichen gesetzte*) *wörtliche Wiedergabe des Gesprochenen* **indirekte Rede** SPRACHWISS.: *die in Gliedsätzen* (*im Konjunktiv*) *wiedergegebene Umschreibung dessen, was gesagt wurde* **die gebundene Rede** LIT.: *Aussagen in Form von Versen*

Re·de·fi·gur die <-, -en> LIT. *rhetorische Figur*

Re·de·frei·heit die <-> (*kein Plur.*) RECHTSW. *das Recht auf freie Meinungsäußerung*

re·de·ge·wandt <nicht steig.> *Adj.* (≈ *eloquent*) *geschickt im mündlichen Ausdruck* Er ist sehr redegewandt – er begeistert seine Zuhörer.

Re·de·ge·wandt·heit die <-> (*kein Plur.*) (≈ *Eloquenz*) *Geschicktheit im mündlichen Ausdruck*

Re·de·kunst die <-> (*kein Plur.*) (≈ *Rhetorik*) *die Kunst der Gestaltung einer überzeugenden Rede*

re·den <redest, redete, hat geredet> **I.** *mit OBJ* ■ *jmd. redet etwas* **1.** (≈ *sagen, sprechen*) *sich mit Sätzen sprachlich äußern* Er redet viel Unsinn/wenig Vernünftiges., Es ist viel davon geredet worden, aber geschehen ist nichts. **2.** *eine Ansprache halten* Wir haben dies und das miteinander geredet. **II.** *ohne OBJ* ■ *jmd. redet* (*mit jmdm.*) *mündlich Gedanken austauschen* Was habt ihr miteinander geredet?, über ein Thema (stundenlang) miteinander reden, Sie reden und reden und kommen zu keinem Ergebnis., Lass uns darüber reden, damit es nicht zum Streit kommt., mit jemandem unter vier Augen reden, Reden wir von etwas anderem!, viel/wie ein Wasserfall/nur wenig reden, Rede bitte etwas deutlicher!, vor großem Publikum reden, Jetzt redet gerade der Präsident., Der Professor redet heute über Wirtschaftspolitik. ■ **von sich reden machen**: *mit etwas, das man getan hat, bekannt oder berühmt werden* **gut reden haben** (*umg.*): *leicht über die Probleme anderer urteilen können, weil man selbst nicht betroffen ist* Du hast gut reden, dir geht es ja besser!

Re·dens·art die <-, -en> *idiomatische sprachliche Wendung* Das ist nur so eine Redensart., ein Wörterbuch der deutschen Sprichwörter und Redensarten

Re·de·schwall der <-(e)s> (*kein Plur.*) (*abwert.*) *erregtes Sprechen ohne Pause, so dass ein anderer nicht zum Sprechen kommt* Darf ich deinen Redeschwall einmal unterbrechen?

Re·de·ver·bot das <-(e)s, -e> *das Verbot, etwas zu einer Sache zu sagen* Er bildet sich ein, als Chef den Mitarbeitern ein Redeverbot erteilen zu können.

Re·de·wei·se die <-, -n> *eine bestimmte sprachliche Ausdrucksweise* eine gebildete/gestelzte/gut verständliche Redeweise

Re·de·wen·dung die <-, -en> **1.** (≈ *Redensart*) **2.** SPRACHWISS. *mehrere Wörter in einer relativ festen Verbindung, die eine nicht aus den einzelnen Wörtern erschließbare Bedeutung haben* Die Wörter „sich an die eigene Nase fassen“ bilden eine Redewendung, denn ihre Bedeutung „sich auf eigene Mängel oder Fehler konzentrieren“ hat mit den Bedeutungen der Wörter „Nase“ und „fassen“ nichts zu tun.

Re·de·zeit die <-, -en> *die Zeit, die jmdm.* (*im Rahmen einer Diskussion*) *für seinen Redebeitrag zur Verfügung steht* sich an die Redezeit halten

re·di·gie·ren [redi'gi:rən] <redigierst, redigierte, hat redigiert> *mit OBJ* ■ *jmd. redigiert etwas einen Text abschließend überarbeiten, so dass er veröffentlicht werden kann* einen Beitrag/einen Text redigieren ▶Radakteur, Redaktion

red·lich *Adj.* (*geh.*) **1.** *ehrlich; aufrichtig* ein redlicher Mensch, redliche Absichten haben **2.** *ernsthaft, sehr* sich redlich anstrengen/bemühen, redlich müde sein ▶Redlichkeit

Red·ner, **Red·ne·rin** der <-s, -> **1.** *jmd., der gerade eine Rede hält* Der Redner tritt ans Rednerpult/hält inne/ räuspert sich/reißt sein Publikum mit **2.** *jmd., der öfter Reden hält* der geborene/ein glänzender/ein miserabler Redner sein, Er ist kein (besonders guter) Redner.

Red·ner·büh·ne die <-, -n> *Bühne, auf der eine Rede gehalten wird* auf die Rednerbühne treten

Red·ner·pult das <-(e)s, -e> *ein Pult, an dem ein Redner steht*

Re·dou·te die [re'du:tə] <-, -n> **1.** (*österr.*) *Maskenball* **2.** (GESCH.: ≈ *Schanze*) *Teil einer Festung*

red·se·lig <nicht steig.> *Adj. mit der Neigung, gern und viel zu reden* ein redseliger junger Mann, Du bist ja nicht besonders redselig heute!

Red·se·lig·keit die <-> (*kein Plur.*) *die Neigung, gern und viel zu reden*

Re·duk·ti·on die [redʊk'tsi̯o:n] <-, -en> **1.** (*geh.* ≈ *Verminderung*) *das Verringern* eine Reduktion der Kosten ◆ Kosten-, Preis- **2.** *das Vereinfachen* einen komplizierten Text auf einige einfache Aussagen reduzieren

re·dun·dant <nicht steig.> *Adj.* (*geh.* ≈ *überflüssig*) *als Information nicht notwendig* redundante Information, redundante Stellen im Text streichen

Re·dun·danz die <-, -en> (*geh.*) **1.** (*kein Plur.*) *die Tatsache, dass etwas als Information überflüssig ist* die Redundanz einer Information **2.** *überflüssige Information* auf Redundanzen verzichten

re·du·zie·ren <reduzierst, reduzierte, hat reduziert> (*geh.*) **I.** *mit OBJ* ■ *jmd. reduziert etwas verringern* die Aufenthaltsdauer/den Preis/den Umfang reduzieren, den Preis um einen bestimmten Betrag reduzieren **II.** *mit SICH* ■ *etwas reduziert sich sich verringern* Die Zahl der Teilnehmer hat sich auf die Hälfte reduziert., Der Preis hat sich reduziert. ▶reduzierbar, Reduzierung

Ree·de die <-, -n> SEEW. *Ankerplatz von Schiffen in*

Hafennähe auf Reede liegen

Ree·der, **Ree·de·rin** der <-s, -> SEEW. *jmd., der Schiffe besitzt und damit Güter oder Personen befördert*

Ree·de·rei die <-, -en> SEEW. *ein Unternehmen, das Güter oder Personen mit Schiffen befördert* bei einer Reederei arbeiten

re·ell *Adj.* **1.** (≈ *fair*) *solide und anständig* reelle Preise, eine reelle Firma **2.** *nicht steig.* (↔ *fiktiv*) *wirklich vorhanden* eine reelle Chance zum Sieg haben, sich mit reellen Dingen beschäftigen, nicht mit gedachten, die Lage reell einschätzen ■ **reelle Zahlen** MATH.: *rationale und irrationale Zahlen*

Reet das <-(e)s> (*kein Plur.*) (*norddt.* ≈ *Riedgras*) *Schilfgras* ein Dach mit Reet decken

Reet·dach das <-(e)s, Reetdächer> (*norddt.*) *mit Reet gedecktes Dach*

reet·ge·deckt <nicht steig.> *Adj. mit Schilfgras gedeckt*

Re·ex·port der ['reːʔɛkspɔrt] <-(e)s, -e> WIRTSCH. *erneute Ausfuhr importierter Ware*

REFA die WIRTSCH. *Abkürzung für „Reichsausschuss für Arbeitszeitermittlung", der Name des Verbandes für Arbeitsstudien, 1924 in Berlin gegründet, seit 1995 REFA-Verband für Arbeitsgestaltung, Betriebsorganisation und Unternehmensentwicklung*

REFA-Fach·mann, **REFA-Fach·frau** der <-(e)s, -leute> WIRTSCH. *jmd., der spezialisiert ist auf dem Gebiet der REFA-Lehre, um Arbeitsvorgänge nach ihrer Zeitgliederung untersuchen zu können*

Re·fek·to·ri·um das <-s, Refektorien> *Speisesaal* (*in einem Kloster*)

Re·fe·rat das <-(e)s, -e> **1.** *ein mündlicher Vortrag, dem ein ausgearbeiteter Text über ein Thema zugrundeliegt* im Seminar ein Referat (über Schiller) halten, ein Referat ausarbeiten ◆ Einführungs-, Kurz- **2.** (AMTSSPR.: ≈ *Ressort*) *eine Abteilung einer Behörde mit bestimmten Aufgaben* das Referat für osteuropäische Angelegenheiten leiten ◆ Fach-, Kultur-, Sach-

Re·fe·ree der [refəˈriː] <-s, -s> (*österr. schweiz.*) *Schiedsrichter*

Re·fe·ren·dar, **Re·fe·ren·da·rin** der <-s, -e> *jmd., der in einem Beruf* (*in dem man später in den höheren Beamtendienst kommen wird*) *im Anschluss an ein Studium eine praktische Ausbildung macht* als Referendar an einer Schule/einem Gericht arbeiten ◆ Rechts-, Studien-

Re·fe·ren·da·ri·at das <-s, -e> *die Zeit, in der man als Referendar ausgebildet wird*

Re·fe·ren·dum das <-s, Referenden/Referenda> POL. *Volksentscheid* etwas durch ein Referendum entscheiden, ein Referendum abhalten

Re·fe·rent, **Re·fe·ren·tin** der <-en, -en> **1.** *Person, die ein Referat*[1] *hält* der Referentin im Anschluss Fragen stellen **2.** AMTSSPR. *Mitarbeiter eines Referats*[2] der Referent für Jugendfragen

Re·fe·renz die <-, -en> **1.** (*geh.* ≈ *Empfehlung*) *meist positive Beurteilung einer Person oder ihrer Arbeit* jemanden um eine Referenz bitten, gute Referenzen haben **2.** *Person, die über eine andere und deren Arbeit Auskunft geben kann* jemanden als Referenz angeben

re·fe·rie·ren <referierst, referierte, hat referiert> (*geh.*) **I.** *mit OBJ* ■ *jmd. referiert etwas inhaltlich zusammenfassen und dabei kritisch beurteilen* den Inhalt des Artikels kurz referieren, die neuesten Forschungsergebnisse referieren **II.** *ohne OBJ* ■ *jmd. referiert* (*über etwas Akk.*) *ein Referat*[1] *halten* über ein Thema referieren

Re·fi·nan·zie·rung die <-, -en> WIRTSCH. *der Vorgang, dass ein Unternehmen einen Kredit aufnimmt, um selbst einen Kredit geben zu können*

re·flek·tie·ren <reflektierst, reflektierte, hat reflektiert> *mit/ohne OBJ* **1.** ■ *etwas reflektiert* (*etwas*) (PHYS.: ↔ *absorbieren*) *zurückwerfen* Die Fensterscheibe/Der Spiegel reflektiert das Licht., Der Spiegel/Die Wasseroberfläche reflektiert stark., reflektierte Strahlen/Wellen, stark reflektierende Oberflächen **2.** ■ *jmd. reflektiert* (*etwas*) (*geh.* ≈ *überdenken*) seine Lage kritisch reflektieren **3.** ■ *jmd. reflektiert auf etwas Akk. Interesse an etwas haben* Reflektieren Sie noch auf dieses Grundstück, über dessen Kauf wir schon einmal gesprochen haben?, Auf diese Stelle reflektiere ich nicht mehr, da ich mittlerweile eine andere gefunden habe.

Re·flek·tor der <-s, -en> TECHN. *ein Gerät, das Strahlen bündeln und zu einer Richtungsänderung bringen kann*

Re·flex der <-es, -e> **1.** *der Schein von zurückgeworfenem Licht* Das Licht bildet glitzernde Reflexe auf der Wasseroberfläche. **2.** MED. *das Ansprechen auf einen Nervenreiz* angeborene Reflexe, einen Reflex auslösen, seine Reflexe unter Kontrolle halten ◆ Greif-, Kniescheiben- **3.** *unwillkürliche Reaktion im Verhalten* Dass ich beim Ton der Sirene aufsprang, war ein bloßer Reflex.

Re·flex·be·we·gung die <-, -en> *unwillkürlich und schnell ausgeführte Bewegung* Unwillkürlich kam es zu einer Reflexbewegung.

Re·fle·xi·on die <-, -en> **1.** (PHYS.: ≈ *Reflex*) *das Zurückwerfen von Wellen* die Reflexion des Lichtes ◆ -sprisma, -svermögen, -swinkel **2.** PHILOS. *das Nachdenken über Bedingungen und Grenzen des Denkens* philosophische Reflexionen über etwas anstellen

re·fle·xiv <nicht steig.> *Adj.* **1.** SPRACHWISS. *rückbezüglich* „Sich freuen" ist ein reflexives Verb. **2.** PHILOS. *auf Reflexion*[2] *bezogen*

Re·fle·xiv·pro·no·men das <-s, Reflexivpronomina> SPRACHWISS. *„Mich, dich, sich" sind Reflexivpronomina.*

Re·fle·xiv·verb das <-s, -en> SPRACHWISS. *ein Verb, das nur reflexiv verwendet wird* Das Verb „schämen" ist ein Reflexivverb.

Re·flex·zo·nen·the·ra·pie die <-, -en> MED. *eine Form von Therapie durch Massage an bestimmten äußeren Punkten des Körpers, um innere Bereiche des Körpers zu beeinflussen*

Re·form die <-, -en> *eine Umgestaltung und Erneuerung von vorhandenen gesellschaftlichen oder politischen Verhältnissen, um sie zu verbes-*

sern eine Reform des Rentensystems/des Bildungswesens ▶Reformer ◆ Bildungs-, Gesetzes-, Rechtschreib-, Steuer-, Studien-

Re·for·ma·ti·on die <-> (*kein Plur.*) *die religiöse Erneuerungsbewegung der Kirche im 16. Jahrhundert unter Martin Luther, die zur Gründung der evangelischen Kirchen führte* ▶Reformator, reformatorisch

Re·for·ma·ti·ons·tag der <-es> (*kein Plur.*) *evangelisches Fest am 31. Oktober zum Gedenken an den Thesenanschlag an der Schlosskirche zu Wittenberg durch Martin Luther im Jahre 1517, der als Beginn der Reformation gilt*

re·form·be·dürf·tig <nicht steig.> *Adj. in einem Zustand, in dem Reformen notwendig sind*

re·form·freu·dig <nicht steig.> *Adj. zu Reformen neigend* eine reformfreudige Regierung

Re·form·haus das <-(e)s, Reformhäuser> *ein Geschäft, in dem Reformkost verkauft wird*

re·for·mie·ren <reformierst, reformierte, hat reformiert> *mit OBJ* ■ *jmd. reformiert etwas* (≈ *erneuern*) *Reformen durchführen* das Schulwesen reformieren

re·for·miert <nicht steig.> *Adj.* **1.** *so, dass eine Reform durchgeführt wurde* das reformierte Sozialgesetz **2.** *zu dem Zweig der evangelischen Kirchen gehörig, der sich auf den Reformator Calvin gründet* Er ist Mitglied der reformierten Kirche.

Re·form·kost die <-> (*kein Plur.*) *natürliche, vollwertige Nahrungsmittel, die nicht industriell bearbeitet sind*

Re·form·kraft die <-, Reformkräfte> (*meist Plur.*) POL. *eine politisch-gesellschaftliche Macht, die Reformen anstößt* die Reformkraft der Grünen

Re·form·pä·da·go·gik die <-> (*kein Plur.*) *eine neue Richtung in der Pädagogik seit dem Beginn des 20. Jahrhunderts, deren bekannteste Form die Waldorfschulen hervorgebracht hat*

Re·form·pro·zess der <-es, -e> *das allmähliche Voranschreiten von Reformen in einem bestimmten Bereich*

Re·form·stau der <-s, -s> (*umg.*) *der Zustand, das notwendige Reformen nicht durchgeführt, sondern verschoben werden*

Re·form·werk das <-s, -e> POL. *das konkrete Ergebnis einer* (*Gesetzes-*)*Reform* das Reformwerk der neuen Gesundheitsgesetzgebung

Re·f·rain der [rəˈfrɛ̃ː] <-s, -s> (≈ *Kehrreim*) *der regelmäßig sich wiederholende Teil eines Liedes* den Refrain eines Liedes mitsingen

Re·fu·gi·um das <-s, Refugien> (*geh.* ≈ *Zufluchtsort*) *ein Ort, an den man sich gern zurückzieht, um Ruhe zu haben* In der großen Wohnung hat jeder sein eigenes Refugium., Das Seengebiet ist ein Refugium für Störche.

re·fun·die·ren <refundierst, refundierte, hat refundiert> *mit OBJ* ■ *jmd. refundiert etwas* (*österr.*) *rückvergüten, ersetzen, erstatten*

Re·gal das <-s, -e> *Gestell zur Aufbewahrung von Dingen* ein Regal für Bücher/Gläser/Spielzeug ◆ -brett, -fläche, Bücher-, Holz-, Keller-, Wand-

Re·gat·ta die <-, Regatten> SPORT *eine Wettfahrt für Boote* ◆ Ruder-, Segel-

re·ge <reger, am regsten> *Adj.* **1.** (≈ *lebhaft*) *ständig in Aktion oder in Bewegung* Auf den Straßen herrscht reger Betrieb/Verkehr., regen Anteil an etwas nehmen, auf eine rege Beteiligung hoffen, eine rege Vorstellungskraft haben **2.** (*geistig*) *beweglich; aktiv* eine rege Schülerin, geistig noch sehr rege sein

Re·gel die <-, -n> **1.** (≈ *Norm*) *Vorschrift* Regeln beachten/einhalten/missachten/verletzen, für etwas Regeln aufstellen, die Regeln im Straßenverkehr/ beim Handball/beim Schach kennen ◆ Bauern-, Lebens-, Rechtschreib-, Spiel- **2.** (*kein Plur.*) (≈ *Brauch, Gewohnheit*) *die* (*allgemein*) *übliche Verfahrensweise* etwas zur Regel werden lassen, In der Regel ist hier sonntags geschlossen., Das ist für mich eine feste Regel. **3.** (≈ *Menstruation*) *die Monatsblutung bei Frauen* Die Regel bleibt aus., die letzte/nächste Regel, Sie hat ihre Regel.

Re·gel·ar·beits·zeit die <-, -en> *die vereinbarte regelmäßige Arbeitszeit* eine wöchentliche Regelarbeitszeit von … Stunden

Re·gel·blu·tung die <-, -en> (≈ *Menstruation*) *die Monatsblutung bei Frauen*

Re·gel·fall der <-(e)s, Regelfälle> (*meist Sing.*) *der normale Fall* im Regelfall, Das ist nicht der Regelfall.

re·gel·los <nicht steig.> *Adj. ohne erkennbare Ordnung oder Regeln* völlig regellos auftretende Ereignisse, Es herrscht ein regelloses Durcheinander.

re·gel·mä·ßig *Adj.* **1.** *in festen Abständen* (*wiederkehrend*) eine regelmäßige Veranstaltung, regelmäßig stattfinden, auf regelmäßiges Essen achten, ein regelmäßiges Muster **2.** SPRACHWISS. *nach einem bestimmten Muster gebildet* regelmäßige Verben, eine regelmäßige Deklination/Konjugation **3.** (*umg.*) *immer wieder einmal* An dieser Stelle mache ich regelmäßig einen Fehler., Er kommt regelmäßig zu spät! **4.** *gleichmäßig, ebenmäßig* regelmäßige Gesichtszüge

Re·gel·mä·ßig·keit die <-, -en> (*Plur. selten*) **1.** *ein Umstand oder Zustand, der regelmäßig wiederkehrt* sich mit großer Regelmäßigkeit verspäten, die Regelmäßigkeit der Anordnung **2.** *Ebenmäßigkeit* die Regelmäßigkeit der Gesichtszüge, die Regelmäßigkeit im Wuchs der Pflanze

re·geln <regelst, regelt, hat geregelt> **I.** *mit OBJ* **1.** ■ *jmd. regelt etwas durch Regeln oder Anweisungen in eine bestimmte Ordnung bringen* den Verkehr regeln, den Zugang zu bestimmten Studienfächern regeln, etwas durch Gesetze regeln **2.** ■ *jmd./etwas regelt etwas* TECHN. *einstellen* die Einstellung eines Gerätes/die Heizung/die Luftfeuchtigkeit/die Temperatur regeln, ein Hebel/ein Ventil zum Regeln der Luftzufuhr **3.** ■ *jmd. regelt etwas irgendwie klären oder in Ordnung bringen* Das können wir unter uns regeln., Wie wollen wir die Angelegenheit regeln? **II.** *mit SICH* ■ *etwas regelt sich etwas kommt ohne direkten äußeren Einfluß in Ordnung* Wenn Sie regelmäßig Sport treiben, wird sich auch Ihr Blutdruck wieder regeln.

re·gel·recht <nicht steig.> *Adj.* (*umg.* ≈ *geradezu*) *wirklich; richtig* Seine Kritik war nicht nur scharf, sie war regelrecht vernichtend., Er war regelrecht betrunken.

Re·gel·schmer·zen die <-> *Plur.* MED. *Schmerzen bei der Regelblutung*

Re·gel·stu·di·en·zeit die <-> *Plur. die für einzelne Studiengänge festgesetzte Zeit, die ein Studium dauern soll und die nur in besonderen Fällen überschritten werden darf*

Re·ge·lung die <-, -en> **1.** (*kein Plur.*) *der Vorgang des Regelns* die Regelung des Verkehrs, die Regelung der Luftzufuhr, die Regelung einer Angelegenheit ◆-stechnik, Lautstärken-, Temperatur- **2.** *Vorschrift* Wir haben folgende Regelung getroffen ..., Diese Regelungen gelten bis auf weiteres. ◆Neu-, Übergangs-

Re·gel·werk das <-(e)s, -e> *Gesamtheit der Regeln zu einem Sachbereich* Das Regelwerk zu Fragen der Katalogisierung macht zu solch einem Fall keine Angaben.

re·gel·wid·rig <nicht steig.> *Adj. gegen eine Regel verstoßend* sich regelwidrig verhalten, Das war ein klares Foul, absolut regelwidrig gespielt! ►Regelwidrigkeit

Re·gen der <-s> (*kein Plur.*) **1.** *Niederschlag von Wassertropfen* Der Wetterbericht meldet Regen., Regen fällt/nieselt/rauscht/strömt., Der Regen prasselt auf das Dach/klatscht gegen die Fensterscheiben/wird stärker/ lässt langsam nach. ◆-menge, Eis-, Gewitter-, Schnee- **2.** *etwas, das in der Form vieler einzelner Teile niedergeht* Ein Regen von Konfetti ging auf die Zuschauer nieder., ein Regen von Geschenken/guten Wünschen ■ **jemanden im Regen stehen lassen** (*umg.*): *jmdn. in einer schwierigen Lage ohne Unterstützung lassen* **ein warmer Regen** (*umg.*): *unerwartetes Geld, das einem aus einer gegenwärtigen schwierigen Lage hilft* Der Gewinn war ein warmer Regen für seinen durch den Urlaub strapazierten Geldbeutel. **vom Regen in die Traufe kommen** (*umg.*): *von einer unangenehmen Situation in die nächste kommen*

re·gen <regst, regte, hat geregt> **I.** *mit OBJ* ■ *jmd. regt etwas ein wenig bewegen* Er war gerade aufgewacht und fing an, die Glieder zu regen. **II.** *mit SICH* **1.** ■ *jmd./ein Tier/etwas regt sich sich* (*ein wenig*) *bewegen* Ich kann mich kaum noch regen., Es ist ganz still, kein Blatt regt sich., Der Vogel, der aus dem Nest gefallen war, regt sich wieder. **2.** ■ *etwas regt sich* (*in jmdm.*) *sich bemerkbar machen* In mir regte sich Widerstand/Widerwillen/ der Wunsch zu essen., Sein Gewissen hat sich endlich geregt., Wenn du auch etwas haben willst, musst du dich schon selbst regen!

re·gen·arm <nicht steig.> *Adj.* (↔ *regenreich*) *mit geringen Niederschlägen* die regenarmen Landstriche an der Ostküste

Re·gen·bö die <-, -en> *starker Windstoß mit heftigem Regen*

Re·gen·bo·gen der <-s, Regenbögen> *die Naturerscheinung, bei der Sonnenlicht an Regentropfen in seine Spektralfarben zerlegt wird und sich am Himmel als farbiger Bogen zeigt* Am Himmel stand ein großer Regenbogen.

Re·gen·bo·gen·haut die <-, Regenbogenhäute> (ANAT.: ≈ *Iris*) *der farbige Teil des Auges rund um die Pupille*

Re·gen·bo·gen·pres·se die <-> (*kein Plur.*) UMG. *bunt gestaltete Zeitungen und Zeitschriften, die sich sensationslüstern auf die neuesten Nachrichten zumeist aus dem Privatleben von Prominenten konzentrieren*

re·gen·dicht <nicht steig.> *Adj. so, dass kein Regen durchdringen kann* ein regendichter Mantel

Re·ge·ne·ra·ti·on die [regenera'tsi̯o:n] <-, -en> **1.** (*geh.*) *Erneuerung; Wiederherstellung* Nach der langen Krankheit braucht sie noch ein paar Tage zur Regeneration. **2.** BIOL. *das erneute Wachsen* die Regeneration von abgestorbenem/ zerstörtem Gewebe **3.** TECHN. *die erneute Nutzbarmachung von Verbrauchtem* die Regeneration von Motorenöl

re·ge·ne·ra·tiv <nicht steig.> *Adj. die Regeneration² ³ betreffend* regenerative Energiequellen

re·ge·ne·rie·ren <regenerierst, regenerierte, hat regeneriert> **I.** *mit OBJ* **1.** ■ *etwas regeneriert jmdn./etwas* (*geh.*) *neue Kraft geben* Der Urlaub hat mich/meine Gesundheit/ meine Kräfte regeneriert. **2.** ■ *jmd. regeneriert etwas* TECHN. *erneut nutzbar machen* Getriebeöl regenerieren **II.** *mit SICH* ■ *jmd./etwas regeneriert sich* **1.** (*geh.*) *sich erholen* sich im Urlaub vollständig regenerieren **2.** BIOL. *nachwachsen* Das Gewebe hat sich wieder regeneriert., Organe regenerieren sich nicht.

Re·gen·fall der <-, Regenfälle> *das Fallen von Regen* heftige Regenfälle

Re·gen·front die <-, -en> METEOR. *Grenzfläche einer feuchten Luftmasse*

Re·gen·ge·biet das <-(e)s, -e> METEOR. *ein ausgeprägtes Tiefdruckgebiet, das viele Wolken und ergiebigen Regen mit sich bringt* Zum Wochenende überquert ein Regengebiet den Vorhersagebereich.

Re·gen·guss der <-es, Regengüsse> *starker Regen*

Re·gen·man·tel der <-s, Regenmäntel> *wetterfester Übermantel zum Schutz vor Regen*

re·gen·reich <nicht steig.> *Adj.* (↔ *regenarm*) *mit viel Regen* die regenreichen Landstriche an der Westküste, Die kommenden Tage werden sehr regenreich.

Re·gen·rin·ne die <-, -n> *Rinne zur Ableitung von Regenwasser* eine Regenrinne am Dach

Re·gen·schau·er der <-s, -> *kurzer, heftiger Regen* Es muss mit Regenschauern und kräftigen Windböen gerechnet werden.

Re·gen·schirm der <-(e)s, -e> *Schirm zum Schutz vor Regen* den Regenschirm aufspannen/ zuklappen/im Zugabteil vergessen

Re·gent, **Re·gen·tin** der <-en, -en> *König(in), Kaiser(in) oder Fürst(in), der(die) gerade regiert* Münzen mit dem Bildnis der Regentin, der Sommersitz des Regenten ►regieren

Re·gen·tag der <-(e)s, -e> *Tag mit lang anhaltendem Regen* ein trüber, verhangener Regentag im

November

Re·gen·trop·fen der <-s, -> *eine sehr kleine Menge von Regenwasser* Die Regentropfen trommeln auf das Dach.

Re·gent·schaft die <-, -en> **1.** *das Regierungsamt (eines Monarchen)* die Regentschaft übernehmen **2.** *die Amtszeit eines Regenten* Das Schloss wurde während der Regentschaft Augusts des Starken gebaut. **3.** *stellvertretende Herrschaftsausübung für einen Monarchen, falls dieser minderjährig, regierungsunfähig oder gerade außer Landes ist*

Re·gen·wald der <-(e)s, Regenwälder> *immergrüner Wald in feuchten Gebieten mit tropischem und subtropischem Klima* die Abholzung/der Schutz des Regenwaldes

Re·gen·was·ser das <-s> (*kein Plur.*) *das Wasser, das als Regen vom Himmel fällt* das Regenwasser in einer Tonne sammeln

Re·gen·wet·ter das <-s> (*kein Plur.*) *Wetter, das vornehmlich durch Regen bestimmt ist* Morgen gibt es Regenwetter., Soll denn das Regenwetter nie aufhören?

Re·gen·wol·ke die <-, -n> *eine der Wolken, aus denen Regen fällt* Dunkle Regenwolken türmen sich am Himmel.

Re·gen·wurm der <-(e)s, Regenwürmer> *ein Wurm, der in der Erde lebt und bei Regen an die Oberfläche kriecht* Regenwürmer lockern den Boden auf.

Re·gen·zeit die <-, -en> *in tropischen Klimazonen die regenreiche Jahreszeit*

Reg·gae der ['rɛgeɪ] <-s> (*kein Plur.*) *ursprünglich aus Jamaika stammender Stil der Rockmusik, für den der besondere Rhythmus typisch ist* der Reggae des unvergessenen Bob Marley

Re·gie die [re'ʒiː] <-> (*kein Plur.*) **1.** *die Anleitung und Überwachung, die eine erfahrene Person gibt* unter der Regie des Seminarleiters/des Skilehrers/des Ausbilders Übungen machen **2.** THEAT. FILM *künstlerische Leitung* Unter der Regie von ... wurde ein neuer Film gedreht/ein neues Stück inszeniert. ■ **etwas in eigener Regie machen** (*umg.*): *etwas ohne fremde Hilfe und in eigener Verantwortung machen* ◆ -konzept, Film-, Opern-

Re·gier·bar·keit die <-> (*kein Plur.*) (↔ *Anarchie*) *der Zustand, in dem ein Staat oder Volk regiert werden kann*

re·gie·ren <regierst, regierte, hat regiert> **I.** *mit OBJ* **1.** ■ *jmd./etwas regiert jmdn./etwas (politisch) beherrschen* Der König regierte das Land., Sie regiert die ganze Familie., Heute regiert der Karneval die Stadt (≈ ist der Karneval überall in der Stadt das beherrschende Thema). **2.** ■ *etwas regiert etwas* SPRACHWISS. (*einen bestimmten Fall*) *verlangen* Das Verb „brauchen" regiert den Akkusativ. **II.** *ohne OBJ* ■ *jmd. regiert* **1.** *jmd. oder etwas herrscht* gerecht regieren, In diesem Land/dieses Land regiert eine Militärjunta., Gegenwärtig regiert eine Koalition aus zwei Parteien. **2.** (*übertr.* ≈ *vorherrschen*) *stark in Erscheinung treten* Am Rosenmontag regiert am Rhein der Karneval., Zu jener Zeit regierten Hunger und Armut im Land. ◆ Großschreibung→R 3.17 der Regierende Bürgermeister

Re·gie·rung die <-, -en> **1.** *das Gremium, das ein Land regiert und alle Personen, die ihm angehören* eine neue Regierung wählen, die alte Regierung ablösen/abwählen, im Namen der Regierung handeln, ein Mitglied der Regierung, ein Beschluss der Regierung ◆ Bundes-, Koalitions-, Landes-, Militär-, Zentral- **2.** (*kein Plur.*) *das Regieren* jemanden an die Regierung bringen, die Regierung antreten/übernehmen, unter der Regierung von ...

Re·gie·rungs·an·tritt der <-(e)s, -e> *Übernahme der Regierung*[2] Bei seinem Regierungsantritt hielt der neu gewählte Ministerpräsident eine programmatische Rede.

Re·gie·rungs·be·tei·li·gung die <-, -en> *Beteiligung einer einzelnen politischen Partei an der Regierung*[1]

Re·gie·rungs·be·zirk der <-s, -e> *eine Gebiet (mit Städten und Landkreisen), das einer bestimmten Verwaltungsbehörde zugeordnet ist*

Re·gie·rungs·bil·dung die <-, -en> *das Zusammenstellen einer Regierung*[1] den Wahlsieger mit der Regierungsbildung beauftragen

Re·gie·rungs·chef, **Re·gie·rungs·che·fin** der <-s, -s> (*umg.*) *die Person, die einer Regierung*[1] *vorsteht*

Re·gie·rungs·er·klä·rung die <-, -en> *eine offizielle Erklärung zur Erläuterung des Standpunktes der Regierung*[1] *in einer bestimmten Frage* eine Regierungserklärung zur Außenpolitik abgeben

re·gie·rungs·fä·hig <nicht steig.> *Adj. so, dass gewählte Volksvertreter einer Partei oder einer Koalition die Mehrheit haben und daher eine Regierung*[1] *bilden können*

Re·gie·rungs·ge·schäf·te *Plur. Amtsgeschäfte einer Regierung*[1] die Regierungsgeschäfte führen, wärend der Regierungschef abwesend ist

Re·gie·rungs·ko·a·li·ti·on die <-, -en> POL. *Bündnis mehrerer Parteien, um eine gemeinsame Regierung*[1] *zu stellen*

Re·gie·rungs·krei·se die <-> *Plur. die zu einer Regierung*[1] *gehörenden oder bei ihr beschäftigten Personen* wie aus Regierungskreisen verlautet, ...

Re·gie·rungs·mit·glied das <-(e)s, -er> *jmd., der zur Regierung*[1] *gehört*

Re·gie·rungs·po·li·tik die <-> (*kein Plur.*) *die Politik, die von der Regierung*[1] *gemacht wird* die offizielle Regierungspolitik

Re·gie·rungs·prä·si·dent / der <-en, -en> **1.** (*schweiz.*) *Präsident des Regierungsrates (Kantonsregierung)* **2.** *Leiter eines Regierungsbezirks* ▶Regierungspräsidium

Re·gie·rungs·rat der <-s, -räte> **1.** (*schweiz.*) *Kantonsregierung, Mitglied einer Kantonsregierung* **2.** *ein hoher Beamter in der Verwaltung*

Re·gie·rungs·spre·cher, **Re·gie·rungs·spre·che·rin** der <-s, -> *Person, die im Auftrag der Regierung*[1] *offizielle Erklärungen zur Regierungspolitik gegenüber der Presse und der Öffentlichkeit abgibt*

Re·gie·rungs·um·bil·dung die <-, -en> *die Umbildung einer Regierung*[1] eine Regierungsumbildung vornehmen

Re·gie·rungs·ver·tre·ter der <-s, -> *jmd., der der Regierung*[1] *angehört und sie bei einem offiziellen Anlass vertritt*

Re·gie·rungs·vier·tel das <-s, -> *das Gebiet in der Hauptstadt, in dem die Gebäude der Regierung*[1] *(zum Beispiel Ministerien) liegen*

Re·gie·rungs·vor·lage die <-, -n> *ein Gesetzesentwurf, der dem Parlament von der Regierung*[1] *vorgelegt wird, um darüber im Parlament zu beraten*

Re·gie·rungs·wech·sel der <-s, -e> *der Abtritt einer alten und Antritt einer neuen Regierung*[1] In Italien hat ein Regierungswechsel stattgefunden.

Re·gie·rungs·zeit die <-> *(kein Plur.) die Zeit, die eine Regierung*[1] *oder ein Regierungschef im Amt ist* die Regierungszeit Konrad Adenauers

Re·gime das [reˈʒiːm] <-s, -(s)> *(abwert.) eine diktatorische, undemokratische Regierung(sform), in der eine Person oder eine Gruppe von Personen (auch unter Einsatz von Gewalt und Unterdrückung) ihre Macht behauptet und durchsetzt* ein totalitäres Regime ◆-gegner, -kritiker, Besatzungs-, Militär-, Terror-, Willkür-

re·gime·kri·tisch <nicht steig.> *Adj.* POL. *kritisch gegenüber einem Regime* die regimekritischen Äusserungen eines Schriftstellers

Re·gi·ment das <-(e)s, -e/-er> **1.** *(Plur. <-e>) Herrschaft; Führung* ein strenges Regiment führen, unter dem Regiment von … stehen **2.** *(Plur. <-er>)* MILIT. *(große) Truppeneinheit* ein Regiment führen, bei einem Regiment dienen

Re·gi·on die <-, -en> *Landesgebiet, Landesbereich* die Region Südbaden/Schleswig-Holstein, Aus welcher Region kommen Sie?, die Schwarzwaldregion, die Regionen Deutschlands und ihre Mundarten ◆Seen-, Ufer-, Wald-

re·gi·o·nal <nicht steig.> *Adj. zu einem bestimmten (Landes)gebiet gehörend, aus ihm stammend* regionale Unterschiede in Europa, Das wird regional unterschiedlich gehandhabt., Schwarzwälder Schinken ist eine regionale Spezialität.

Re·gi·o·na·lis·mus der <-, Regionalismen> *das Vertreten der eigenen Interessen einer Region innerhalb eines Landes oder Staates* ▶Regionalist

Re·gis·seur, **Re·gis·seu·rin** der [reʒɪˈsøːɐ̯] <-s, -e> FILM THEAT. *verantwortlicher künstlerischer Leiter einer Film- oder Theaterproduktion* ◆Film-, Opern-, Schauspiel-, Theater-

Re·gis·ter das <-s, -> **1.** *(≈ Index) eine (alphabetisch) geordnete Liste mit Stichwörtern zu in einem Buch behandelten Themen* einen Begriff im Register nachschlagen ◆Namens-, Sach-, Schlagwort- **2.** *amtliches Verzeichnis* das Register der Geburten/der Sterbefälle in einer Gemeinde, ein Register führen, ein langes Register von Vorstrafen ◆Geburten-, Sterbe-, Straf-, Vorstrafen- **3.** MUS. *(bei bestimmten Instrumenten) eine Gruppe von Tasten oder Pfeifen, die einen bestimmten Klang erzeugen* die Register einer Orgel, ein Register ziehen **4.** MUS. *der Stimmbereich beim Singen, der mit gleicher Einstellung der Stimmbänder aktiviert werden kann* ■ **alle Register (seines Könnens) ziehen** *(umg.): alle seine Fähigkeiten zeigen oder einsetzen* ◆-arie, Brust-, Falsett-, Kopf-

Re·gis·ter·ton·ne die <-, -n> *ein Raummaß für Schiffe* ◆Brutto-

Re·gis·t·ra·tur die <-, -en> AMTSSPR. *ein Büro, in dem Urkunden und Akten einer Behörde aufbewahrt werden* in der Registratur arbeiten

re·gis·t·rie·ren <registrierst, registrierte, hat registriert> *mit OBJ* **1.** ■ *jmd./etwas registriert jmdn./etwas offiziell verzeichnen* etwas in den Akten registrieren, sich als Teilnehmer eines Wettkampfes registrieren lassen **2.** ■ *jmd. registriert etwas bemerken* Sie hatte seine Ankunft nicht registriert., Das hatte ich einfach nicht registriert. **3.** ■ *etwas registriert etwas* TECHN. *aufzeichnen; messen* die geringste Schwankung der Spannung/leise Töne registrieren, Temperaturschwankungen genau registrieren ▶Registriergerät **4.** ■ *jmd. registriert etwas* MUS. *an der Orgel Register ziehen*

Re·gis·t·rier·kas·se die <-, -n> *automatisch rechnende Kasse* die Registrierkassen am Ausgang des Supermarktes

Reg·le·ment das [regləˈmã] <-s, -s> **1.** *(≈ Regelwerk) die Gesamtheit der Vorschriften in einem Bereich* ein strenges Reglement, Das Reglement besagt in solch einem Fall …, gegen das Reglement verstoßen **2.** *(schweiz. ≈ Satzungen, Statuten) Bestimmungen, die für einen bestimmten Bereich, für bestimmte Tätigkeiten gelten*

reg·le·men·tie·ren <reglementierst, reglementierte, hat reglementiert> *mit OBJ* ■ *jmd./etwas reglementiert jmdn./etwas (geh. abwert.) durch strenge Vorschriften regeln* das Studium zu reglementieren versuchen, Lehrer wagen heute zumeist nicht mehr, ihre Schüler zu reglementieren. ▶Reglementierung

Reg·ler der <-s, -> TECHN. *eine Vorrichtung, mit der man etwas einstellen kann* den Regler für die Luftzufuhr (bis zum Anschlag) nach rechts drehen ◆Lautstärke-, Helligkeits-, Kontrast-, Temperatur-

reg·los <nicht steig.> *Adj. ohne sich zu bewegen* Da lag ein regloser Körper auf dem Boden., völlig reglos dastehen

reg·nen **I.** *ohne OBJ* ■ *etwas regnet in großen Mengen herunterfallen* Die Blütenblätter regnen vom Baum. **II.** *mit ES* ■ *es regnet* **1.** *als Niederschlag von Wasser vom Himmel fallen* Es regnet in Strömen/heftig/nur noch leicht/schon wieder/den ganzen Tag/jetzt schon seit drei Tagen. **2.** *in Form vieler Teile herunterfallen* Es regnet Konfetti auf die Zuschauer.

reg·ne·risch <nicht steig.> *Adj. mit der Neigung zu häufigem Regen; mit Regen verbunden* regnerisches Wetter, drei regnerische Urlaubswochen, das regnerische Klima der Insel

Re·gress der <-es, -e> **1.** RECHTSW. WIRTSCH. *Schadensersatz, Entschädigung* jmdn. in Regress nehmen, Regress (von jemandem) fordern ◆-klage, -pflicht **2.** (PHILOS.: ↔ *Progress*) *Rückgang von der*

Wirkung zur Ursache

Re·gress·an·spruch der <-(e)s, Regressansprüche> RECHTSW. *Anspruch auf einen Regress*[1] keinen Regressanspruch haben

Re·gres·si·on die <-, -en> PSYCH. *die unbewusste Rückkehr eines Erwachsenen in kindliches Erleben oder Verhalten* infantile Regression

re·gress·pflich·tig <nicht steig.> *Adj.* RECHTSW. *zum Regress*[1] *verpflichtet*

re·gu·lär <nicht steig.> *Adj.* **1.** (↔ *irregulär*) *dem üblichen Verfahren oder Reglement entsprechend* Das ist bei diesen Wetterbedingungen kein reguläres Rennen/Spiel mehr!, ein reguläres Gerichtsverfahren **2.** *normal* den regulären Zug, keinen Sonderzug nehmen, Erwachsene bezahlen den regulären Preis. **3.** MATH. *gleich groß* (*von den Innenwinkeln und Seiten von Vielecken*) reguläre Vielecke

re·gu·la·tiv <nicht steig.> *Adj. auf Grund einer Regel* ▶ Regulativ

Re·gu·la·tor der <-s, -en> *eine Pendeluhr*

re·gu·lie·ren <regulierst, regulierte, hat reguliert> **I.** *mit OBJ* ■ *jmd. reguliert etwas* **1.** TECHN. *die richtige Stärke einstellen* Die Lautstärke kann man nur noch per Fernbedienung regulieren. **2.** AMTSSPR. *wieder gutmachen* einen Schaden regulieren, Das wird von meiner Versicherung reguliert. **3.** *lenken, in den richtigen Ablauf bringen* einen Flusslauf/den Verkehr regulieren **II.** *mit SICH* ■ *etwas reguliert sich sich regeln* Hoffen Sie nicht darauf, dass sich das Problem/Ihr Übergewicht von selbst reguliert.

Re·gu·lie·rung die <-, -en> *das Regulieren*[1 2 3] die Regulierung der Temperatur, die Regulierung eines Schadens, die Regulierung des Verkehrs

Re·gung die <-, -en> (*geh.*) **1.** *schwache Bewegung* ohne jede Regung **2.** *Empfindung des Gefühls* jemandem seine geheimsten Regungen offenbaren ◆ Gefühls-, Gemüts-

re·gungs·los <nicht steig.> *Adj.* (*geh.*) *ohne jegliche Bewegung* regungslos verharren

Reh das <-(e)s, -e> *ein mittelgroßes Wildtier mit rotbraunem Fell und kurzem Geweih* scheu wie ein Reh, in der Morgendämmerung Rehe beobachten ◆ -braten, -rücken

Re·ha·bi·li·ta·ti·on die <-, -en> **1.** MED. *der Prozess der Wiedereingliederung von geistig oder körperlich Erkrankten oder Behinderten ins Arbeitsleben* Maßnahmen zur Rehabilitation **2.** *die Wiederherstellung des öffentlichen Ansehens einer Person oder Sache* die Rehabilitation politisch Verfolgter, die Rehabilitation des Ansehens einer Firma

re·ha·bi·li·tie·ren <rehabilitierst, rehabilitierte, hat rehabilitiert> *mit OBJ* ■ *jmd. rehabilitiert jmdn./etwas* **1.** MED. *wieder ins Arbeitsleben eingliedern* einen Behinderten/Infarktpatienten rehabilitieren **2.** (≈ *entlasten*) *das öffentliche Ansehen einer Person oder Sache wieder herstellen* einen Politiker rehabilitieren, Er hat sich durch sein faires Verhalten wieder rehabilitiert.

Re·ha·bi·li·tie·rung die <-, -en> **1.** MED. *Wiedereingliederung eines geistig oder körperlich Behinderten* **2.** *Wiederherstellung des öffentlichen Ansehens einer Person oder Sache*

Reh·bock der <-(e)s, Rehböcke> *männliches Reh*

Reh·bra·ten der <-s, -> KOCH. *Braten(fleisch) vom Reh*

Rei·bach ■ **bei etwas (einen) Reibach machen** (*umg. abwert.*): *einen sehr hohen Gewinn bei etwas erzielen*

Rei·be die <-, -n> *ein Küchengerät zum Reiben von Gemüse, Obst oder Käse*

Reib·ei·sen das <-s, -> (≈ *Reibe*)

rei·ben <reibst, rieb, hat gerieben> **I.** *mit OBJ* ■ *jmd./ein Tier reibt etwas* (*an etwas Dat.*) **1.** *über etwas unter Ausübung von Druck mehrmals hin- und herfahren* (sich) die Augen/die Hände reiben, das Besteck blank reiben, Die Katze reibt ihren Kopf an meinen Beinen. **2.** ■ *jmd. reibt etwas kräftig wischend bearbeiten* die Schuhe sauber reiben, die Haare trocken reiben, den Fleck aus der Jacke reiben **3.** ■ *jmd. reibt etwas* (≈ *raspeln*) *mit Hilfe einer Reibe zerkleinern* die Möhren reiben, ein geriebener Apfel **II.** *ohne OBJ* ■ *etwas reibt* (*an etwas Dat.*) *eine Oberfläche berühren und sich* (*gegen Widerstand*) *bewegen* Die Schuhe reiben (am Fuß)., Der Stuhl reibt an der Wand., Das Rad reibt am Schutzblech., Die beiden Teile reiben aneinander. **III.** *mit SICH* ■ *jmd. reibt sich mit jmdm./etwas* (*umg.*) *mit jmdm. ständig in Streit geraten* sich mit seinen Eltern/seiner Umwelt reiben

Rei·be·rei die <-, -en> (*meist Plur.*) (*umg. abwert.*) *Streitigkeit* Ständig kam es zwischen ihnen zu Reibereien., Kleine Reibereien sind unter Geschwistern an der Tagesordnung.

Rei·bung die <-, -en> PHYS. *der Widerstand, der bei der Bewegung zweier sich berührender Gegenstände auftritt* Durch Reibung entstehen Energieverluste. ◆ -skoeffizient, -skraft, -sschicht, -swinkel

Rei·bungs·e·lek·tri·zi·tät die <-> (*kein Plur.*) PHYS. *die entgegengesetzte elektrische Aufladung, die beim Reiben zweier Isolatoren auftritt*

Rei·bungs·flä·che die <-, -n> *die Fläche, an der eine Reibung entsteht*

rei·bungs·los *Adj. ohne Probleme oder Hemmnisse* einen reibungslosen Ablauf gewährleisten, nahezu reibungslos ablaufen

Rei·bungs·ver·lust der <-s, -e> **1.** PHYS. *Leistungsverlust durch Reibung* **2.** (*übertr.*) *Verlust an psychischer Energie durch Konflikte, die man mit jmdm. hat*

Rei·bungs·wi·der·stand der <-(e)s, -Reibungswiderstände> PHYS. *der durch Reibung erzeugte mechanische Widerstand gegen eine Bewegung*

Reich das <-(e)s, -e> **1.** (*gesch.*) *der Herrschaftsbereich eines absoluten Herrschers* Der König empfing Fürsten aus allen Teilen seines Reiches. ◆ -sgrenzen, -shauptstadt, Kaiser-, König-, Zaren-, Welt- **2.** (*umg.*) *der persönliche Bereich, in dem man ungestört ist* Hier haben die Kinder ihr kleines Reich. **3.** *ein Bereich, in dem etwas bestimmend ist* das Reich der Wissenschaft/der Märchen und Sagen/der Fantasie der Toten ■ **das Dritte Reich** GESCH.: *Deutschland in der Zeit des Nationalsozialismus* **das Reich der Mitte**: *China* ♦ Großschreibung→R 3.17, R 3.19 das Dritte Reich, das Römische Reich ♦ Pflanzen-, Tierreich

reich *Adj.* **1.** (≈ *wohlhabend* ↔ *arm*) *so, dass man viel materiellen Besitz hat* Dann bist du ja jetzt ein reicher Mann., in einem Viertel der Reichen wohnen, Es gab immer schon reiche und arme Leute., der reiche Norden und der arme Süden des Landes **2.** *mit viel Aufwand* ein reich verziertes Kleid, ein reich gedeckter Tisch, ein reich geschmückter Altar **3.** (≈ *reichhaltig*) *so, dass es vieles enthält* Unser Restaurant bietet eine reiche Auswahl an regionalen Spezialitäten. ♦ arten-, inhalts-, kinder-, varianten- **4.** (≈ *reichlich* ↔ *spärlich*) *in großem Umfang* reiche Beute machen, reiche Erfahrungen haben ■ **reich an etwas sein**: *viel von etwas haben* reich an Erfahrungen/Bodenschätzen sein ♦ Großschreibung→R 3.7 eine Botschaft für Arm und Reich vermitteln; Getrenntschreibung→R 4.3 reich geschmückter Tisch, reich verzierte Fassaden

rei·chen <reichst, reichte, hat gereicht> **I.** *mit OBJ* ■ *jmd. reicht jmdm. etwas* (*geh.* ≈ *anreichen, darreichen*) *geben* Reichst du mir mal bitte die Butter/das Salz?, jmdm. die Hand reichen, jmdm. die Wange zum Kuss reichen, dem Säugling die Brust reichen **II.** *ohne OBJ* **1.** ■ *etwas reicht genügend vorhanden sein* Reicht das Geld noch für die Straßenbahn?, Das reicht aber nicht!, Langsam reicht's mir!, Der Stoff reicht nicht für einen Mantel. **2.** ■ *etwas reicht* (*irgendwohin*) *sich erstrecken* Unser Grundstück reicht bis an den Fluss., Er reicht mir nur bis zur Schulter. **3.** ■ *jmd./etwas reicht irgendwohin erreichen* (*können*) Ich reiche mit der Hand nicht bis ganz unter den Schrank., Wasser, soweit das Auge reicht!, Er kann mich nicht hören – meine Stimme reicht nicht so weit. ■ **jemandem nicht das Wasser reichen können** (*umg.*): *mit jmdm. nicht konkurrieren können*

reich·hal·tig *Adj. so, dass es viel oder viel Verschiedenes enthält* ein reichhaltiges Mahl, ein reichhaltiges Angebot ► Reichhaltigkeit

reich·lich **I.** *Adj.* **1.** *ziemlich groß oder umfangreich* sich eine reichliche Portion genehmigen **2.** *weit* die Hose ist etwas reichlich, die Schuhe für ein Kind etwas reichlicher kaufen **3.** *etwas mehr als* eine reichliche Stunde benötigen, ein reichlicher halber Liter Milch **II.** *Adv. sehr; ziemlich* Es ist gestern reichlich spät geworden.

Reich·tum der <-s, Reichtümer> **1.** (*kein Plur.*) (≈ *Überfluss*) *der Besitz vieler materieller Güter* Macht Reichtum glücklich?, in unermesslichem Reichtum leben, der sagenhafte Reichtum der Kaiser **2.** (*nur Plur.*) (≈ *Güter, Vermögen*) *die Werte, die einen Reichtum ausmachen* Reichtümer anhäufen, die Reichtümer der Erde **3.** (*kein Plur.*) (≈ *Vielfalt*) *eine reichhaltige Menge* der Reichtum der Flora und Fauna im tropischen Regenwald, der Reichtum des Landes an Bodenschätzen ♦ Arten-, Ideen-, Varianten-

Reich·wei·te die <-, -n> **1.** *die größtmögliche Entfernung, die etwas erreichen kann* in Reichweite seines Armes, Raketen mit einer Reichweite von vielen tausend Kilometern, die Reichweite eines Senders, Das Auto hat eine Reichweite von 800 Kilometern mit einer Tankfüllung. **2.** *Nähe, Erreichbarkeit* sein Handy in Reichweite legen, Kaum war er an mir vorbeigelaufen, war er schon außer Reichweite. **3.** (*übertr.*) *die Bedeutung; Tragweite* die Reichweite einer Entscheidung

Reif[1] der <-(e)s> (*kein Plur.*) (≈ *Raureif*) *gefrorener Tau in Form von feinen Eiskristallen* Über Nacht hat sich Reif gebildet., Reif bedeckt die Bäume und Wiesen.

Reif[2] der <-(e)s, -e> *ein großer Schmuckring* ein Reif für den Arm/den Hals, einen Reif um die Stirn tragen ♦ Arm-, Haar-, Silber-

reif *Adj.* **1.** *so dass man es verzehren oder verwerten kann* reifes Obst, Die Kirschen werden reif., Das Getreide ist reif., reifer Käse/Wein **2.** *geschlechtsreif* Mädchen sind früher reif als Jungen. **3.** *charakterlich weit entwickelt* eine reife Persönlichkeit, Für sein Alter ist er schon sehr reif. **4.** *vollendet* eine reife Leistung des Künstlers, das reife Spätwerk des Denkers **5.** ■ *reif für etwas* (*nicht steig.*) *in dem Zustand, dass etwas Neues möglich oder notwendig ist* Die Zeit ist reif für neue Ideen., Der Aufsatz ist reif für die Veröffentlichung., Der Plan ist noch nicht reif (zur Verwirklichung). ■ **im reiferen Alter** (*geh. verhüll.*): *nicht mehr jung* ♦ bühnen-, konzert-, krankenhaus-, unterschrifts-, urlaubs-

Rei·fe die <-> (*kein Plur.*) *die Tatsache, dass etwas oder jmd. reif*[1 2 3] *ist*

Rei·fen der <-s, -> **1.** *der aus Gummi bestehende, mit Luft gefüllte äußere Teil eines Rades, der die Felge umschließt* einen Reifen aufpumpen/auswechseln/flicken ♦ Auto-, Fahrrad-, Winter- **2.** *ein Eisenring um Fässer und Räder* Das Fass wird durch einen Reifen zusammengehalten. **3.** *ein großer Ring zum Spielen* (*für Kinder und Jugendliche*) Im Zirkus sahen wir einen Löwen durch einen brennenden Reifen springen., den Reifen treiben (als Spiel) **4.** *Ring als Schmuck für den Arm* ♦ Arm-

rei·fen <reifst, reifte, ist gereift> *ohne OBJ* **1.** ■ *etwas reift* (*sein*) *reif*[1] *werden* Das Getreide/Das Obst reift., Der Wein reift in den Fässern. ► ausreifen, heranreifen **2.** ■ *jmd. reift* (*sein*) *sich zur* (*menschlichen und persönlichen*) *Reife entwickeln* Sie ist seit dem vergangenen Jahr gereift, eine gereifte Persönlichkeit **3.** ■ *etwas reift in jmdm. bei jmdm. stellt sich allmählich etwas ein* Die Entscheidung ist allmählich in uns gereift.

Rei·fen·druck der <-(e)s, Reifendrücke> TECHN. *der Luftdruck in einem Reifen* verschiedene Reifendrücke auf den Vorder- und Hinterrädern, den Reifendruck überprüfen

Rei·fen·pan·ne die <-, -n> (*umg.*) *ein defekter Reifen*

Rei·fen·wech·sel der <-s, -> *der Wechsel eines Reifens* einen Reifenwechsel durchführen

Rei·fe·prü·fung die <-, -en> (*veralt.* ≈ *Abitur*)

Rei·fe·zeug·nis das <-ses, -se> (*veralt.* ≈ *Abiturzeugnis*)

reif·lich *Adj. sorgfältig, gründlich, genau* sich etwas reiflich überlegen, nach reiflicher Prüfung des Sachverhalts

Rei·gen der <-s, -> (*geh.*) *ein Tanz im Kreis mit Gesang* einen Reigen tanzen ■ **den Reigen eröffnen** (*geh.*): *den Anfang in einer Gruppe machen* **den Reigen beschließen** (*geh.*): *etwas als letzter in einer Gruppe tun* ◆-tanz

Rei·he die <-, -n> **1.** *eine Anordnung von Personen oder Dingen entlang einer Linie* sich in einer Reihe anstellen, eine lange Reihe von Menschen, Die Häuser stehen in einer Reihe., Die Pflanzen werden in Reihen gesät., im Theater in der ersten Reihe sitzen ◆Baum-, Säulen-, Sitz- **2.** (≈ *Serie*) *mehrere aufeinander folgende Ereignisse* Die Reihe der Einbrüche/Morde/Unfälle reißt nicht ab. ◆Versuchs- **3.** *eine Gruppe von Personen* jemanden in seine Reihen aufnehmen, einen Verräter in den eigenen Reihen haben **4.** (≈ *Anzahl*) *eine größere Menge* Eine ganze Reihe Besucher ist schon eingetroffen., Eine Reihe alter Bücher kann ausgesondert werden. **5.** (≈ *Reihenfolge*) *eine geregelte Abfolge von etwas* Immer der Reihe nach!, jemanden außer der Reihe bedienen, Jetzt sind Sie an der Reihe!, Die Reihe ist an dir! **6.** MATH. *die Folge der durch dasselbe Bildungsgesetz bestimmten mathematischen Größen* Die Reihe der natürlichen Zahlen wird gebildet durch die fortgesetzte Addition von 1 zu der jeweils erreichten positiven ganzen Zahl, bei 1 anfangend., die geometrische Reihe, die arithmetische Reihe, konvergente Reihen ■ **aus der Reihe tanzen** (*umg.*): *sich nicht an Regeln halten* **das kommt schon wieder in die Reihe**: *das wird schon wieder gut werden* **in Reih und Glied stehen**: *in geordneter Reihe stehen*

rei·hen <reihst, reihte, hat gereiht> **I.** *mit OBJ* ■ *jmd. reiht etwas* **1.** *als Reihe hintereinander anordnen* Perlen auf eine Schnur reihen **2.** *etwas mit großen Stichen nähen* einen Saum reihen **II.** *mit SICH* ■ *etwas reiht sich an etwas Akk.* (*geh.*) *eine Reihe bilden* Bild reiht sich an Bild.

Rei·hen·fol·ge die <-, -n> *eine geordnete Abfolge von Dingen oder Ereignissen* etwas in einer alphabetischen/numerischen Reihenfolge ordnen (≈ nach Anfangsbuchstaben oder nach Zahlen ordnen), die Patienten in der Reihenfolge ihrer Anmeldung ins Behandlungszimmer bitten

Rei·hen·haus das <-es, Reihenhäuser> *ein* (*kleineres*) *Haus, das mit anderen des gleichen Typs Wand an Wand in einer Reihe gebaut ist*

Rei·hen·un·ter·su·chung die <-, -en> *eine vom Gesundheitsamt angeordnete ärztliche Untersuchung vieler Personen oder bestimmter Personengruppen*

rei·hen·wei·se *Adv.* **1.** *in Reihen* sich reihenweise aufstellen **2.** (*umg.* ≈ *massenweise*) *in Mengen* Die Leute erkrankten reihenweise an Grippe., Grundstücke reihenweise aufkaufen

Rei·her der <-s, -> *ein an Gewässern lebender, großer, schlanker Vogel mit langen Beinen, einem langen Hals und langem Schnabel* ■ **kotzen wie ein Reiher** (*vulg.*): *sich heftig erbrechen*

rei·hern <reiherst, reiherte, hat gereihert> *ohne OBJ* ■ *jmd. reihert* (*vulg.*) *sich erbrechen*

-rei·hig *eine bestimmte Zahl von Reihen*[1] *aufweisend* dreireihig, fünfreihig

reih·um *Adv. so, dass es von einem zum anderen oder nächsten in einer Runde von Leuten geht* den Hut zum Sammeln von Geld reihum gehen lassen

Reim der <-(e)s, -e> **1.** *der Sachverhalt, dass bei verschiedenem Anlaut die Endsilben von Wörtern gleich klingen* Kennst du einen Reim auf das Wort „Sonne"? – „Wonne!", Reime schmieden **2.** *ein Vers in Form eines Reimes*[1] ein Gedicht in Reimen, einen Reim auswendig kennen ■ **sich keinen Reim auf etwas machen können** (*umg.*): *sich etwas nicht erklären können* **sich seinen eigenen Reim auf etwas machen** (*umg.*): *sich seine eigenen Gedanken zu etwas machen*

rei·men <reimst, reimte, hat gereimt> **I.** *ohne OBJ* ■ *jmd. reimt* **1.** *Reime bilden* Sie kann gut reimen. **2.** *in Reimen ausdrücken* Er hat seine Geburtstagswünsche alle gereimt. **II.** *mit SICH* ■ *etwas reimt sich in den Endsilben gleich klingen* „Herz" reimt sich auf „Schmerz". ■ **Das reimt sich nicht!** (*umg.*): *das passt nicht zusammen*

re·im·por·tie·ren [re?impor't:rən] <reimportierst, reimportierte, hat reimportiert> *mit OBJ* ■ *jmd. reimportiert etwas* WIRTSCH. *schon exportierte Güter wieder einführen* ▶Reimport

rein[1] *Adv.* (*umg.* ≈ *herein, hinein*)

rein[2] *Adj.* **1.** (≈ *sauber*) *völlig frei von Schmutz* reine Wäsche, Das Waschmittel kann Ihre Wäsche ganz rein waschen., das Zimmer rein halten/machen **2.** *nicht steig.* (≈ *pur*) *nicht mit etwas anderem vermischt* ein Pullover aus reiner Wolle, ein rein wollener Pullover, ein rein seidenes Hemd, Es war kein Vergnügen, sondern die reine Qual., Das ist die reine Wahrheit., Das war reiner Zufall., reiner Alkohol, Es war die reine Freude, ihm zuzuhören., Er tat es aus reiner Höflichkeit. **3.** (≈ *klar; ungetrübt*) *so, dass etwas völlig frei von Mängeln oder von* (*störenden*) *Einflüssen ist* eine akzentfreie, reine Aussprache, reines Oxford-Englisch sprechen, ein Himmel von reinem Blau, ein Instrument/eine Stimme mit einem reinen Klang **4.** (*moralisch*) *unschuldig* eine reine Seele, die reine Jungfrau Maria, ein reines Gewissen/Herz haben **5.** (*umg. meist im Superl.*) *sehr deutlich oder vollständig ausgeprägt* Das ist reiner Blödsinn!, Im Verhältnis zu seiner Frau war er der reinste Faulenzer., Im Vergleich zu unserem letzten Ferienaufenthalt haben wir dieses Jahr das reinste Paradies erlebt., Das ist die reinste Ausbeutung. ■ **reinen Tisch machen** (*umg.*): *vorhandene Streitigkeiten oder Unklarheiten beseitigen* **sich reinwaschen**: *seine Unschuld beweisen* **mit jemandem/etwas ins Reine kommen**: *eine Angelegenheit* (*mit jmdm.*) *klären* mit seiner Vergangenheit ins Reine kommen ◆ Großschreibung→R 3.3, R 3.4, R 3.7 mit jemandem ins Reine kommen, einen Text ins Reine schreiben; Getrenntschreibung→R 4.2 die Wäsche mit einem Waschmittel rein/reiner waschen; Getrennt- oder Zusammenschreibung→R 4.3, R 4.5 ein rein wollener/reinwollener Pullover, eine rein seidene/reinseidene Bluse, ein rein goldener/reingoldener Ring, eine rein silberne/reinsilberne Kette *siehe auch* **reinseiden**, **reinwaschen**, **reinwollen**

rein³ *Adv.* **1.** (≈ *nur*) *verwendet, um auszudrücken, dass ausschließlich die genannte Sache und sonst nichts zutrifft* aus rein privaten Gründen, rein berufliche Ausgaben, eine rein subjektive Sichtweise **2.** *völlig, direkt, ganz* Das ist rein unmöglich!, Du glaubst mir rein gar nichts!

Rei·ne·clau·de die [rɛːnəˈkloːdə] *s.* **Reneklode**

Rei·ne·ma·che·frau die <-, -en> *eine Frau, die beruflich für andere Wohnungen oder Büros säubert*

Rei·ne·ma·chen das <-s> (*kein Plur.*) (*umg.*) *Räume säubern* ◆ Zusammenschreibung→R 4.4

Rein·er·lös der <-es, -e> (WIRTSCH.: ≈ *Reingewinn*) *der Erlös unter Abzug der aufgewendeten Kosten* Der Reinerlös aus den eingenommenen Geldern wurde gespendet.

Rei·net·te, *a.* **Re·net·te** die [rɛˈnɛtə] <-, -n> *eine Apfelsorte*

Rein·fall der <-(e)s, Reinfälle> (*umg. abwert.*) *etwas, das wider Erwarten einen schlechten Verlauf genommen hat* Wie war deine Einladung/der Film/das Konzert? – Ein Reinfall!, Das Geschäft war ein Reinfall, wir haben nur draufzahlen müssen!

rein·fal·len <fällst rein, fiel rein, ist reingefallen> *ohne OBJ* ■ *jmd. fällt rein* (*umg.*) **1.** *in etwas hineinfallen* Wo bist du denn reingefallen?, Er ist in die Grube reingefallen, weil sie nicht abgesperrt war. **2.** (≈ *hereinfallen*) *sich betrügen lassen*

Rein·ge·winn der <-(e)s, -e> (WIRTSCH.: ≈ *Reinerlös*) *der Gewinn unter Abzug der aufgewendeten Kosten*

Rein·hal·tung die <-> (*kein Plur.*) *die Erhaltung eines sauberen Zustands* die Reinhaltung der Luft, für eine gewissenhafte Reinhaltung der Laborräume sorgen

rein·hau·en *ohne OBJ* ■ *jmd. haut rein* (*umg.*) **1.** *mit aller Entschlossenheit und Intensität eine Arbeit vorantreiben* Wenn wir jetzt richtig reinhauen, sind wir zwei Stunden früher fertig. **2.** (*umg.*) *viel und gierig essen* „Hau rein!" sagte ein Bauarbeiter seinem Kollegen, indem er ihm eine große Knackwurst reichte.

Rein·heit die <-> (*kein Plur.*) **1.** (≈ *Sauberkeit*) *die völlige Abwesenheit von Schmutz* Der Fußboden glänzte vor Reinheit. **2.** *Klarheit* die Reinheit der Aussprache/des Klangs **3.** *der Zustand, dass eine Substanz nicht mit anderen Substanzen vermischt ist* die Reinheit einer Substanz, Das Opfer muss an Heroin höchster Reinheit gelangt sein. **4.** (*geh.*) *moralische Unschuld* die Reinheit des Gewissens/des Herzens

Rein·heits·ge·bot das <-(e)s> (*kein Plur.*) *ein Gesetz aus dem 16. Jahrhundert, das festlegt, dass in Deutschland zum Bierbrauen nur Hopfen, Gerste, Hefe und Wasser verwendet werden dürfen*

Rein·heits·grad der <-(e)s, -e> *der Grad an Reinheit³*

rei·ni·gen <reinigst, reinigte, hat gereinigt> *mit OBJ* ■ *jmd. reinigt etwas* **1.** *sauber machen* die Fenster/den Fußboden/die Toiletten reinigen **2.** *Textilien durch chemische Behandlung säubern* Den Mantel kann man nicht in der Maschine waschen, man muss ihn reinigen lassen. **3.** *von etwas frei machen* die Abgase von Rußpartikeln reinigen, den Tiegel von Fett reinigen

Rei·ni·gung die **1.** *das Reinigen¹ ² ³* Die Reinigung des Büros übernimmt …, Die Reinigung einer Hose kostet …, die Reinigung der Abgase von schädlichen Substanzen ◆ Gebäude-, Straßen- **2.** *ein Betrieb, der Textilien reinigt²* den Mantel in die Reinigung bringen/geben ◆ Express-

Rei·ni·gungs·cre·me die <-, -s> *eine Creme, die man anstelle von Seife benutzt, um die Haut zu reinigen*

Rei·ni·gungs·mas·ke die <-, -n> *eine Creme, die man einige Zeit auf die Gesichtshaut einwirken lässt und dann abwäscht*

Rei·ni·gungs·mit·tel das <-s, -> *Substanz zum Reinigen¹*

Re·in·kar·na·ti·on die <-, -en> REL. *die in den asiatischen Religionen, aber auch in der Antike verbreitete Vorstellung, dass alle Lebewesen über ihren Tod hinaus in einem Kreislauf des Lebens weiterexistieren und sich in irgendeiner Weise wieder verkörpern*

rein·lich *Adj. sehr auf Sauberkeit bedacht* Eine Katze ist ein reinliches Tier., Sie ist sehr reinlich.

rein·ras·sig <nicht steig.> *Adj.* **1.** (BIOL.: ↔ *gekreuzt*) *von einer einzigen Rasse abstammend* ein reinrassiger Schäferhund **2.** (*umg.*) *für seine Art typisch* Das ist ein reinrassiger Sportwagen.

rein·schnei·en <schneist rein, schneite rein, ist reingeschneit> *ohne OBJ* ■ *jmd. schneit rein* (*umg.*) *überraschend zu Besuch kommen* Wir sind auf dem Heimweg bei unseren Freunden reingeschneit.

rein·schrei·ben *mit OBJ* ■ *jmd. schreibt etwas rein* (*österr.*) *in Reinschrift ausführen*

Rein·schrift die <-, -en> *endgültige Textfassung* die Reinschrift eines Aufsatzes, eine Reinschrift von etwas anfertigen

rein·sei·den <nicht steig.> *Adj. aus purer Seide* ein reinseidenes Tuch ◆ Zusammenschreibung →R 4.5 reinseidene Stoffe *siehe aber auch* **rein**

rein·wa·schen <wäschst rein, wusch rein, hat reingewaschen> *mit OBJ* ■ *jmd. wäscht sich/jmdn. rein von einer Schuld befreien* Er ist von dem Vorwurf des Betruges reingewaschen worden. ◆ Zusammenschreibung→R 4.11 Du wirst dich nicht ganz reinwaschen können, ein kleiner Verdacht bleibt immer haften. *siehe aber auch* **rein**

rein·wür·gen <würgst rein, würgte rein, hat rein-

gewürgt> *mit OBJ* **1.** ■ *jmd. würgt etwas rein (umg.) jmd. isst etwas mit Widerwillen* Er hat diesen ekelhaften Eintopf schnell reingewürgt. **2.** ■ *jmd. würgt jmdm. etwas rein (umg.) jmd. zwingt jmdn. so zu etwas, dass er sich kaum wehren kann* Er hat mir mit dem freundlichsten Gesicht eine zusätzliche Arbeit reingewürgt.

rein·zie·hen <ziehst, rein, zog rein, hat/ist reingezogen> *(umg.)* **I.** *mit OBJ (haben)* **1.** ■ *jmd. zieht etwas rein ziehend hineinbefördern* einen Brief durch einen schmalen Spalt zu sich reinziehen **2.** ■ *jmd. zieht sich etwas rein (Jargon) konsumieren* sich Drogen reinziehen; *sich eine neue CD reinziehen* **3.** ■ *jmd. zieht jmdn. (mit) rein in ein Problem verwickeln* Ich lasse mich nicht mit in die Sache reinziehen!, Sie hat ihn in den ganzen Streit mit reingezogen. **II.** *ohne OBJ (sein)* ■ *etwas zieht rein nach innen strömen* Der Zigarettenqualm zieht durch das Fenster zu uns rein.

Reis[1] das <-es, -er> (≈ *Rispe*) *kleiner Zweig* Zum Okulieren braucht man das Reis einer veredelten Baumsorte.

Reis[2] der <-es> *(kein Plur.)* **1.** BOT. *ein Getreide, das in Asien Grundnahrungsmittel ist* Reis wird in Südostasien angebaut. ◆-anbau, -ernte, -feld **2.** KOCH. *die Körner des Reises als Speise* Als Beilage nehmen wir Reis. ◆-suppe, -wein, Basmati-, Milch-, Langkorn-

Reis·brei der <-(e)s> *(kein Plur.)* KOCH. *ein Brei aus gekochtem Reis*[2] *mit Zutaten*

Rei·se die <-, -n> *die Fahrt oder der Flug zu einem entfernt gelegenen Ziel* die Reise nach Australien buchen/planen/vorbereiten, für die Reise Fahrkarten besorgen/Koffer packen/ Proviant einpacken, Die Reise führt uns zuerst von München nach Hamburg, dann geht es über den Kanal nach Südengland., viel auf Reisen sein, auf der Reise viel erleben, Wir wünschen Ihnen eine gute Reise! ■ **die letzte Reise antreten** *(verhüll.)*: *sterben* ◆Auslands-, Flug-, Geschäfts-, Schiffs-, Urlaubs-

Rei·se·an·den·ken das <-s, -> (≈ *Souvenir*) *etwas, das man zur Erinnerung an eine Reise kauft* ein Geschäft für Reiseandenken

Rei·se·a·po·the·ke die <-, -n> *auf eine Reise mitgenommene Medikamente* Mittel gegen Durchfall gehören in jede Reiseapotheke.

Rei·se·au·to·bus der <-ses, -se> *ein Bus, mit dem man längere Reiserouten fahren kann*

Rei·se·be·schrei·bung die <-, -en> LIT. *ein Text, der von einer Reise erzählt* Können Sie mir eine Reisebeschreibung über Italien empfehlen?

Rei·se·bran·che die <-, -n> WIRTSCH. *die Gesamtheit der Unternehmen, die Reisen und Dienstleistungen im Zusammenhang mit dem Reisen anbieten* Die Reisebranche hat Verluste gemacht.

Rei·se·bü·ro das <-s, -s> **1.** *ein Unternehmen, in dem man Reisen buchen kann* ◆-kaufmann **2.** *Geschäftsraum eines Reisebüros*[1]

Rei·se·car der <-s, -s> *(schweiz.) Bus für Gesellschaftsfahrten, Reiseomnibus*

rei·se·fer·tig <nicht steig.> *Adj. bereit zur Reise oder zum Aufbruch* Wir sind reisefertig, es kann losgehen.

Rei·se·fie·ber das <-s> *(kein Plur.) der Zustand, dass man vor dem Beginn einer Reise aufgeregt und voller Erwartung ist*

Rei·se·füh·rer der <-s, -> **1.** *Buch mit Informationen über ein Reiseziel* einen Reiseführer kaufen **2.** (≈ *Fremdenführer*)

Rei·se·ge·fähr·te, **Rei·se·ge·fähr·tin** der <-n, -n> *jmd., mit dem man eine Reise gemeinsam macht*

Rei·se·ge·päck das <-(e)s> *(kein Plur.) Gepäck für eine Reise* das Reisegepäck ins Hotel fahren lassen

Rei·se·grup·pe die <-, -n> *mehrere Personen, die zusammen eine organisierte Reise unternehmen*

Rei·se·jour·na·list, **Rei·se·jour·na·lis·tin** der <-en, -en> *ein Journalist, der auf professionelle Art über Reisen und Reisemöglichkeiten Berichte veröffentlicht*

Rei·se·kos·ten <-> *Plur.* AMTSSPR. *die mit einer Reise zusammenhängenden Kosten* Bahnfahrt, Unterkunft und Verpflegung gehören zu den Reisekosten und werden Ihnen erstattet.

Rei·se·krank·heit die <-> *(kein Plur.)* MED. *ein körperliches Unwohlsein, das manche Menschen bei der Benutzung von Bussen, Flugzeugen und Schiffen befällt* ein Mittel gegen Reisekrankheit einnehmen

Rei·se·land das <-(e)s, Reiseländer> *ein Land, das häufig Ziel von Reisen ist* Spanien und Italien sind beliebte Reiseländer.

Rei·se·lei·ter, **Rei·se·lei·te·rin** der <-s, -> *jmd., der beruflich Reisegruppen betreut*

Rei·se·lek·tü·re die <-, -n> *ein Buch, das man auf eine Reise mitnimmt, um es unterwegs zu lesen*

Rei·se·li·te·ra·tur die <-> *(kein Plur.) die Gesamtheit der Texte, die sich mit dem Reisen und mit Reiseberichten beschäftigen*

rei·se·lus·tig <nicht steig.> *Adj. so, dass man gern und viel reist*

rei·se·mü·de <nicht steig.> *Adj. so, dass man schon oft gereist ist und keine Lust mehr zum Reisen hat*

rei·sen <reist, reiste, ist gereist> *ohne OBJ* ■ *jmd. reist eine Reise machen* mit Bahn/Bus/Flugzeug/ dem eigenen Wagen reisen, nach Asien/Italien reisen, in Gesellschaft/dienstlich/privat/inkognito reisen, reisende Kaufleute ▶verreisen

Rei·sen·de der/die <-n, -n> *jmd., der eine Reise unternimmt* ◆Bahn-, Flug-, Geschäfts-, Schiffs-

Rei·se·pass der <-es, Reisepässe> (≈ *Pass*) *ein amtliches Dokument, das die Staatsangehörigkeit und die wichtigsten persönlichen Daten seines Inhabers und dessen Passbild enthält* sich mit dem Reisepass ausweisen, ein Visum in seinem Reisepass haben, an der Grenze den Reisepass vorzeigen

Rei·se·plä·ne <-> *Plur. die Absicht, eine Reise zu machen und die Vorstellungen davon, wohin und wie man reisen möchte* Welche Reisepläne habt ihr für diesen Sommer?, noch keine konkreten Reisepläne haben

Rei·se·pros·pekt der <-, -n> *ein Prospekt, der für eine Reise wirbt*

Rei·se·scheck der <-s, -s> *bargeldloses Zahlungsmittel für Reisen*

Rei·se·spe·sen <-> *Plur.* AMTSSPR. *Kosten einer Geschäftsreise* die Reisespesen erstattet bekommen

Rei·se·ta·ge·buch das <-s, Reisetagebücher> *ein Tagebuch, in das man während einer Reise schreibt, was man dort erlebt*

Rei·se·ta·sche die <-, -n> *eine größere Tasche, die man auf Reisen mitnimmt*

Rei·se·un·ter·la·gen die <-> *Plur. alle wichtigen Dokumente, die man auf einer Reise braucht, wie Pass, Fahrkarten, Tickets, Hoteladresse …*

Rei·se·ver·an·stal·ter der <-s, -> WIRTSCH. *ein Betrieb, der Reisen organisiert* Viele Reiseveranstalter bieten kurzfristig noch Reisen nach Spanien zum günstigen Tarif an.

Rei·se·ver·kehr der <-s> (*kein Plur.*) *Straßenverkehr durch Urlauber* Auf den Autobahnen und Bundesstraßen herrscht reger Reiseverkehr.

Rei·se·ver·kehrs·kauf·mann, **Rei·se·ver·kehrs·kauf·frau** der <-s, Reiseverkehrskaufleute> *jmd., der beruflich bei einem Reiseveranstalter arbeitet*

Rei·se·wel·le die <-, -n> *sehr starker Straßenverkehr zu Beginn und Ende der Schulferien* Wir warten die Reisewelle am Wochenende noch ab und fahren erst Montag los.

Rei·se·zeit die <-, -en> **1.** *die Zeit, in der man reist* Das Frühjahr ist eine gute Reisezeit für den Besuch dieser Inseln. ◆Haupt- **2.** *die Dauer einer Fahrt* Nach zwei Stunden Reisezeit hatten sie Köln erreicht.

Rei·se·ziel das <-(e)s, -e> *das Ziel einer Reise* Unser Reiseziel ist in diesem Jahr Dänemark/Kopenhagen.

Reis·feld das <-(e)s, -er> *Feld, auf dem Reis[1] angebaut wird* Die chinesischen Bauern bestellen die Reisfelder.

Rei·sig das <-s> (*kein Plur.*) *kleine trockene Zweige von Bäumen oder Büschen* Der Igel überwintert gern in einem Haufen Reisig. ◆-besen, -bündel, Birken-, Tannen-

Reiß·aus ■ **Reißaus nehmen** (*umg.*): *weglaufen; fliehen*

Reiß·brett das <-(e)s, -er> *Zeichenbrett für das technische Zeichnen* etwas auf dem Reißbrett entwerfen, Das Haus ist auf dem Reißbrett schon fertig.

rei·ßen <reißt, riss, hat/ist gerissen> **I.** *mit OBJ* **1.** ■ *jmd./etwas reißt jmdn./etwas (aus etwas Dat.) (haben) mit einem heftigen Ruck entfernen* den Nagel aus der Wand reißen, Er hat mir den Brief aus der Hand gerissen., Der Lärm riss mich aus dem Schlaf. **2.** ■ *jmd./etwas reißt etwas (in etwas Akk.) (haben) durch kräftiges Ziehen in gegensätzlichen Richtungen in einzelne Stücke zerteilen* das Papier in Stücke reißen, ein Loch in den Stoff reißen ►zerreißen **3.** ■ *etwas reißt etwas irgendwohin (haben) durch kräftiges Ziehen an eine Stelle bringen* Der Orkan hat den Telefonmasten zu Boden gerissen., Die Lawine hat ihn in den Abgrund gerissen. ■ **etwas reißt jmdn. in den Tod** (*etwas tötet jmdn.*): Durch das Zugunglück wurden viele Menschen in den Tod gerissen. **4.** ■ *ein Tier reißt ein Tier ein Tier tötet ein anderes so, dass es in Stücke zerteilt wird* Der Löwe riss drei Lämmer. **5.** ■ *jmd. reißt etwas an sich jmd. bringt gewaltsam etwas in seinen Besitz oder unter seine Kontrolle* Er hat die Herrschaft an sich gerissen., Sie reißt immer das Gespräch an sich. **II.** *ohne OBJ* ■ *etwas reißt (sein) entzweigehen* Dieses Material reißt leicht., Wenn ihr weiter so langsam macht, reißt mir der Geduldsfaden. **III.** *mit SICH (haben)* **1.** *sich verletzen* ■ *jmd. reißt sich an etwas Dat.* Ich habe mich an dem rostigen Nagel gerissen. **2.** ■ *jmd./ein Tier reißt sich von etwas Dat. sich befreien* Der Hund riss sich von der Kette. **3.** ■ *jmd. reißt sich um etwas Akk. sich um ein und dieselbe Person/Sache/denselben Vorteil heftig bemühen;* (*umg.*) sich um dieselbe Frau reißen, sich um denselben Auftrag reißen, sich um die besten Plätze reißen, sich darum reißen, zuerst an die Reihe zu kommen ■ **sich etwas unter den Nagel reißen** (*umg.*): *sich etwas unrechtmäßig aneignen* **Witze reißen** (*umg.*): *Witze machen* **wenn alle Stricke reißen** (*umg.*): *wenn es sonst keine andere Möglichkeit mehr gibt* **die Maske/den Schleier vom Gesicht reißen** (*geh.*): *jmdn. entlarven* **sich hin- und hergerissen fühlen**: *sich nicht entscheiden können*

Rei·ßen das <-s> (*kein Plur.*) *Schmerzen durch Rheumatismus* Seit einigen Monaten habe ich das Reißen im rechten Arm.

rei·ßend <nicht steig.> *Adj.* **1.** *schnell und wild strömend* ein reißender Fluss **2.** *heftig ziehend* reißende Schmerzen **3.** (*als Raubtier*) *gefährlich* ein reißendes Tier dressieren ■ **etwas findet reißenden Absatz** (*umg.*): *eine Ware wird sehr schnell und in großer Menge verkauft*

rei·ße·risch <nicht steig.> *Adj.* (*abwert.*) *so, dass eine Publikation oder eine Rede auf primitive Art wirkungsvoll ist* ein reißerisch aufgemachter Zeitungsartikel, mit reißerischen Schlagzeilen um die Gunst der Leser werben

Reiß·fes·tig·keit die <-> (*kein Plur.*) *der Zustand, dass ein Material sehr fest ist und nicht reißt II*

Reiß·na·gel der <-, Reißnägel> (≈ *Reißzwecke*)

Reiß·ver·schluss der <-es, Reißverschlüsse> *ein Verschlussmechanismus (für Kleidung, Taschen o.Ä.), bei dem sich zwei Leisten mit kleinen Zähnchen gegenüberliegen, die man durch ein bewegliches Element dazu bringt, einen festen Verschluss zu bilden* Der Reißverschluss klemmt., den Reißverschluss an der Hose/am Zelt zuziehen

Reiß·wolf der <-(e)s, Reißwölfe> *ein Gerät zum Zerkleinern von Papier oder Textilien*

Reiß·zahn der <-(e)s, Reißzähne> *ein Backenzahn eines Raubtieres, der zum Zerreißen der Beute dient*

Reiß·zwe·cke die <-, -n> *eine Art kleiner Nagel zum Befestigen leichter Gegenstände* ein Blatt Papier mit Reißzwecken an der Wand befestigen

rei·ten <reitest, ritt, hat/ist geritten> **I.** *mit OBJ*

■ *jmd. reitet ein Tier* **1.** (*haben*) *auf einem Reittier sitzen und sich von diesem in eine gewünschte Richtung transportieren lassen* ein Pferd/einen Esel reiten, auf einem Elefanten/einem Kamel reiten **2.** ■ *jmd. reitet etwas* (*haben/sein*) *als Reiter(in) teilnehmen* Sie hat/ist schon viele Rennen geritten. **3.** ■ *jmd. reitet ein Tier irgendwohin* (*haben*) *ein Tier reitend*[1] *an einen Ort führen* Er hat das Pferd auf die Wiese geritten. **II.** *ohne OBJ* **1.** ■ *jmd. reitet* (*auf einem Tier*) (*sein*) *rittlings auf einem Tier sitzen* (*und sich fortbewegen*) auf einem Esel/Elefanten/Kamel/Pferd reiten **2.** ■ *jmd. reitet* (*sein*) *Reitsport betreiben* Sie reitet seit ihrem achten Lebensjahr., Wann bist du das letzte Mal geritten? **3.** ■ *jmd. reitet auf etwas Dat. rittlings auf etwas sitzen* (*und sich fortbewegen*) Das Kind reitet auf den Schultern des Vaters. ■ **jemanden/etwas über den Haufen reiten** (*umg.*): *jmdn. oder etwas zum Stürzen bringen, weil er von dem Reittier getroffen worden ist* **etwas zu Tode reiten** (*umg.*): *etwas so oft sagen, bis es niemand mehr hören will* Er hat das Thema zu Tode geritten. **jemanden reitet der Teufel** (*umg.*): *jmd. folgt einer üblen Vorstellung oder Verhaltensweise*

Rei·ter, **Rei·te·rin** der <-s, -> **1.** *jmd., der gerade reitet* Ich sah die beiden Reiter am Waldrand hinter den Bäumen verschwinden. **2.** *jmd., der öfter oder als Sport ein Pferd reitet* ◆ Dressur-, Turnier-

Reit·ger·te die <-, -n> *eine kleine Reitpeitsche*

Reit·peit·sche die <-, -n> *eine Peitsche für den Reitsport*

Reit·pferd das <-(e)s, -e> *ein Pferd, das besonders zum Reiten geeignet ist* Er hält Reitpferde und auch Rennpferde.

Reit·schu·le die <-, -n> **1.** *eine Schule, in der man das Reiten erlernen kann* **2.** (*süddt. schweiz.*) *Karussell*

Reit·stie·fel der <-s, -> *spezielle Stiefel zum Reiten*

Reit·stun·de die <-, -n> *Unterrichtsstunde im Reiten*

Reit·tier das <-es, -e> *ein Tier, das zum Reiten genommen wird* Er ist an den Elefanten als Reittier gewöhnt., Esel/Elefanten/Pferde und Kamele eignen sich als Reittiere.

Reit·weg der <-(e)s, -e> *speziell für Reiter bestimmter Weg* (*im Wald*)

Reiz der <-es, -e> **1.** MED. *eine äußere oder innere Einwirkung auf den Körper, die bestimmte Reaktionen hervorruft* Kälte, Wärme, Licht und Gerüche sind Reize, die auf den Körper einwirken., auf bestimmte Reize allergisch reagieren ◆ -intensität, Brech-, Husten-, Juck-, Nies-, Schmerz- **2.** (≈ *Anziehung*) *etwas, das Interesse und positive Erwartungen weckt* einen gewissen Reiz auf jemanden ausüben, Die Sache ist nicht ohne Reiz/hat ihren eigenen Reiz., Der besondere Reiz bei der Sache besteht darin, dass … ▶Anreiz **3.** (*meist Plur.*) *Eigenschaften, die faszinierend oder anregend wirken* Sie hat gewisse Reize, auf die Männer leicht ansprechen., Diese Landschaft hat auch ihre Reize., die weiblichen Reize

reiz·bar *Adj. so, dass man sich leicht ärgert oder aufregt* Er ist übermüdet und sehr leicht reizbar.

Reiz·bar·keit die <-> (*kein Plur.*) *der Zustand, dass man sich leicht ärgert oder aufregt* Dass sie aufgeregt und nervös ist, sieht man an ihrer Reizbarkeit.

rei·zen <reizt, reizte, hat gereizt> *mit OBJ* **1.** ■ *etwas reizt etwas den Körper durch bestimmte Stoffe oder Handlungen dazu bringen, dass er eine bestimmte Reaktion zeigt* Das Gas reizt die Augen., Der Geruch reizt die Schleimhäute. **2.** ■ *etwas reizt jmdn.* (≈ *verlocken*) *jmds. Interesse und positive Erwartungen wecken* Das Angebot reizt sie., Es reizt mich schon, ein Jahr im Ausland zu arbeiten. **3.** ■ *jmd./etwas reizt jmdn./ein Tier jmdn. ärgern oder in Aufregung versetzen* Sein Verhalten reizt mich., Hunde sollte man nicht reizen, sonst beißen sie., jemanden zum Widerspruch reizen **4.** ■ *jmd. reizt* FACHSPR. (*beim Skat*) *durch Nennen höherer Zahlen das Spiel in die Hand bekommen* Wie hoch hat er gereizt?

rei·zend *Adj.* **1.** (≈ *nett*) *sehr freundlich* eine reizende junge Frau, Das finde ich ja ganz reizend von Ihnen! **2.** *sehr hübsch* ein reizendes kleines Haus, ein reizender kleiner Kurort in den Bergen **3.** (*iron.*) *auf unangenehme Weise überraschend* Reizende Aussichten!, Eine reizende Bescherung!

Reiz·kli·ma das <-s> (*kein Plur.*) *ein Klima, das dem Körper Reize*[1] *bietet, die als heilsam gelten*

reiz·los <reizloser, am reizlosesten> *Adj.* **1.** (≈ *fade, langweilig* ↔ *reizvoll*) *ohne Reize*[2] eine völlig reizlose Landschaft **2.** *nicht steig.* MED. *nicht entzündet* ein reizloser Rachen

Reiz·schwel·le die <-, -n> PSYCH. *der niedrigste Grad an Erregung eines Nervs, der notwendig ist, um einen Reiz*[1] *zu fühlen*

Reiz·stoff der <-(e)s, -e> *ein Stoff, der einen Reiz*[1] *auslöst*

Reiz·ü·ber·flu·tung die <-> (*kein Plur.*) *der Umstand, dass der einzelne Mensch zu vielen Reizen*[1] *ausgesetzt ist* die Reizüberflutung durch das Fernsehen

Rei·zung die <-, -en> **1.** *der Akt des Reizens*[1] eine mechanische Reizung der Haut durch Reiben, eine durch Rauch ausgelöste Reizung der Augen **2.** MED. *eine leichte Entzündung* eine Reizung des Blinddarms ◆ Blinddarm-

reiz·voll *Adj.* (↔ *reizlos*) **1.** (≈ *attraktiv*) *hübsch* ein reizvoller Anblick **2.** *verlockend* ein reizvolles Angebot

Reiz·wä·sche die <-> (*kein Plur.*) *Unterwäsche, die sexuell aufreizen soll*

re·keln, *a.* **rä·keln** <rekelst, rekelte, hat gerekelt> *mit SICH* ■ *jmd. rekelt sich sich wohlig dehnen und strecken* sich genüsslich auf dem Sofa rekeln, Ich räk(e)le mich gern.

Re·k·la·ma·ti·on die <-, -en> *Beanstandung* die Reklamation einer schadhaften Ware

Re·kla·me die <-, -n> (*umg.*) **1.** (≈ *Werbung*) *die Maßnahmen, mit denen ein Unternehmen bei möglichst vielen Menschen Interesse für ein Pro-*

dukt oder eine Dienstleistung wecken will für ein Produkt Reklame machen, Das ist eine gute Reklame für unser Projekt. ◆ Auto-, Waschmittel-, Zigaretten- **2.** (*kein Plur.*) (*umg.*) *Mittel, wie Filme oder Prospekte, mit denen Werbung gemacht wird* Der Briefkasten ist wieder voller Reklame., die Reklame im Fernsehen lästig finden ◆ Fernseh-, Kino-, Zeitungs-

re·kla·mie·ren <reklamierst, reklamierte, hat reklamiert> **I.** *mit OBJ* ■ *jmd. reklamiert etwas* **1.** (*geh.*) *beanspruchen* Aufmerksamkeit für sich reklamieren **2.** (≈ *beanstanden*) *sich bei einem Geschäft beschweren, weil eine Ware schadhaft ist oder nicht korrekt geliefert wurde* Der Kunde hat reklamiert, dass ein Schalter am Gerät nicht funktioniert. **II.** *ohne OBJ* ■ *eine Reklamation erheben* Viele Kunden haben schon reklamiert. ▸ Reklamierung

re·kon·s·t·ru·ie·ren <rekonstruierst, rekonstruierte, hat rekonstruiert> *mit OBJ* ■ *jmd. rekonstruiert etwas* **1.** *den ursprünglichen Zustand von etwas wiederherstellen oder nachbauen* eine Siedlung aus der Steinzeit rekonstruieren **2.** *den Ablauf eines Geschehens in allen Einzelheiten nachvollziehen und darstellen* den Tathergang/das Unfallgeschehen rekonstruieren

Re·kon·s·t·ruk·ti·on die <-, -en> **1.** (*kein Plur.*) *die Tätigkeit des Rekonstruierens*[1 2] viel Mühe auf die Rekonstruktion der Siedlung/der Ereignisse verwenden **2.** *das Ergebnis des Rekonstruierens*[1 2] Die fertige Rekonstruktion der steinzeitlichen Siedlung kann besichtigt werden.

Re·kon·va·les·zent, **Re·kon·va·les·zen·tin** der <-en, -en> MED. *jmd., der nach einer Krankheit beginnt, sich wieder zu erholen, der aber noch nicht gesund ist*

Re·kon·va·les·zenz die <-> (*kein Plur.*) (MED.: ≈ *Genesung*) *die Zeit, in der jmd. ein Rekonvaleszent ist* Der Kranke benötigt noch ein paar Tage der Rekonvaleszenz.

Re·kord der <-(e)s, -e> **1.** SPORT *die beste Leistung, die in einer Disziplin* (*bezogen auf einen Zeitraum, ein Land o.Ä.*) *aufgestellt wurde* einen Rekord aufstellen/einstellen, Das dürfte ein neuer Rekord sein. ◆ -höhe, -weite, -zeit, Europa-, Welt- **2.** (*übertr.*) *ein sehr hohes Maß oder ein sehr hoher Wert, der selten erreicht wird* Fünfzig Drogentote im ersten Quartal stellen einen traurigen Rekord dar., Die Temperaturen erreichen heute einen Rekord von 37 Grad Celsius.

Re·kord·be·such der <-(e)s, -e> *überaus starker Besuch einer öffentlichen Veranstaltung* Bei dieser Ausstellung wurde ein Rekordbesuch verzeichnet.

Re·kor·der, *a.* **Re·cor·der** der <-s, -> *ein Gerät zur Aufzeichnung und Wiedergabe von Ton- oder Bildsignalen* einen Film/die Musik mit dem Rekorder aufnehmen, etwas mit dem Rekorder abspielen ◆ Kassetten-, Video-

Re·kord·in·ha·ber, **Re·kord·in·ha·be·rin** der <-s, -> *jmd., der einen Rekord*[1] *hält* der Rekordinhaber in dieser Disziplin

Re·kord·leis·tung die <-, -en> *eine außergewöhnliche Leistung, die ein Höchstmaß von etwas darstellt*

Re·k·rut, **Re·k·ru·tin** der <-en, -en> *jmd., der sich in der militärischen Grundausbildung befindet*

re·k·ru·tie·ren <rekrutierst, rekrutierte, hat rekrutiert> (*geh.*) **I.** *mit OBJ* ■ *jmd. rekrutiert jmdn. zu einem bestimmten Zweck zusammenstellen* Arbeitskräfte für einen Arbeitseinsatz rekrutieren **II.** *mit SICH* ■ *etwas rekrutiert sich aus sich zusammensetzen* Unser Team rekrutiert sich aus lauter jungen Forschern. ▸ Rekrutierung

rek·tal <nicht steig.> *Adj.* MED. *den Mastdarm betreffend* das Zäpfchen rektal einführen

Rek·ti·on die <-, -en> SPRACHWISS. *die Fähigkeit mehrer Wortarten, den Kasus eines nachfolgenden Wortes festzulegen* die Rektion des Verbs

Rek·tor, **Rek·to·rin** der <-s, -en> *die ranghöchste Person, die eine Schule oder Universität leitet*

Rek·to·rat das <-(e)s, -e> *Büro des Rektors oder der Rektorin*

Re·kul·ti·vie·rung die <-, -en> (*fachspr.*) *die Kultivierung von etwas, das schon einmal kultiviert war* die Rekultivierung ehemaliger Tagebaugebiete

re·kur·rie·ren <rekurrierst, rekurrierte, hat rekurriert> *ohne OBJ* **1.** ■ *jmd. rekurriert* (RECHTSW.: *österr. schweiz.*) *Beschwerde, Berufung, Rekurs einlegen* **2.** ■ *jmd. rekurriert auf etwas Akk. auf etwas, das schon gesagt wurde, zurückkommen*

Re·kurs der <-es, -e> **1.** (*geh.*) *ein Rückgriff auf etwas, das schon vorkam oder gesagt wurde* ein Rekurs auf zuvor Gesagtes **2.** (RECHTSW.: *österr. schweiz.*) *Beschwerde*

Re·lais das [rəˈlɛː] <-, -> ELEKTROTECHN. *elektrische Schaltvorrichtung*

Re·la·ti·on die [relaˈt͡si̯oːn] <-, -en> (*geh.*) *die Beziehung oder Verbindung zwischen zwei Dingen oder Begriffen* Zwischen diesen Dingen besteht eine gewisse Relation., Die Strafe steht in keiner Relation zu dem Verbrechen., Die Relationen müssen gewahrt bleiben. ◆ Größen-, Preis-

re·la·ti·o·nal <nicht steig.> *Adj. in Relation*

re·la·tiv, **re·la·tiv** <nicht steig.> *Adj.* **1.** (*geh.* ↔ *absolut*) *von bestimmten Bedingungen abhängig* relative Begriffe/Größen, Schönheit ist ein relativer Begriff, die relative Mehrheit im Parlament, Das Ergebnis ist nicht perfekt, aber relativ **2.** (≈ *ziemlich*) *verhältnismäßig, vergleichsweise* relativ schönes Wetter/viel Geld/gute Ergebnisse, Das Ergebnis ist nicht perfekt, aber relativ gut ausgefallen.

re·la·ti·vie·ren *mit OBJ* ■ *jmd. relativiert etwas etwas mit etwas anderem in Beziehung setzen und es dadurch in seiner Geltung einschränken oder in seiner tatsächlichen Bedeutung klarer erkennen lassen* Ich möchte diese Aussage relativieren, sie gilt nur unter besonderen Bedingungen.

Re·la·ti·vis·mus der <-, Relativismen> PHILOS. *die erkenntnistheoretische Lehre, nach der nicht die Dinge selbst, sondern nur die Beziehungen der Dinge zueinander erkannt werden können*

Re·la·ti·vi·tät die <-> (*kein Plur.*) (↔ *Absolutheit*) *die Tatsache, dass etwas auf etwas anderes bezogen ist und in diesem Zusammenhang gesehen werden muss*

Re·la·ti·vi·täts·the·o·rie die <-> (*kein Plur.*) PHYS. *von Albert Einstein entwickelte physikalische Theorie zur Struktur von Raum, Zeit und Bewegung* die allgemeine/die spezielle Relativitätstheorie

Re·launch der [ri'lɔːntʃ] <-s, -es> (WIRTSCH.: *geh.*) *Neugestaltung eines alten Produkts*

re·la·xen [ri'lɛksn̩] <relaxt, relaxte, hat relaxt> *ohne OBJ* ■ *jmd. relaxt* (*umg.*) *sich körperlich entspannen* Die Hotelgäste relaxen am Pool.

re·le·gie·ren <relegierst, relegierte, hat relegiert> *mit OBJ* ■ *jmd. relegiert jmdn.* (*geh.*) *von der Schule verweisen* einen Schüler aus Disziplingründen relegieren

re·le·vant *Adj.* (*geh.* ↔ *irrelevant*) *wichtig in einem bestimmten Zusammenhang* Diese Frage ist jetzt nicht relevant., sich den wirklich relevanten Themen zuwenden

Re·le·vanz die <-> (*kein Plur.*) (*geh.* ↔ *Irrelevanz*) *Wichtigkeit in einem bestimmten Zusammenhang* eine Frage von einiger Relevanz, Der Beitrag hat keine Relevanz für unser Thema.

Re·li·ef das [re'li̯ɛf] <-s, -s/-e> KUNST *aus einer Fläche herausgearbeitetes plastisches Kunstwerk* das Relief über dem Kirchenportal

Re·li·gi·on die <-, -en> **1.** *der Glaube an einen Gott oder an mehrere Götter und die damit verbundene Praxis in Kult und Lebensformen* die buddhistische/christliche/jüdische/ islamische Religion, Die Religion verbietet den Genuss von Alkohol., Die Religion schreibt das tägliche Gebet vor., einer Religion angehören ◆ Natur-, Staats-, Welt- **2.** (*kein Plur.*) SCHULE *Religion[1] als Schulfach* eine gute Note in Religion haben

Re·li·gi·ons·be·kennt·nis das <-ses, -se> (≈ *Konfession*) *die in einer Religionsgemeinschaft ausgeprägte Form der Religion[1], der jmd. angehört und zu der er sich öffentlich bekennt*

Re·li·gi·ons·frei·heit die <-> (*kein Plur.*) RECHTSW. *das Recht auf freie Ausübung einer Religion[1]*

Re·li·gi·ons·ge·mein·schaft die <-, -en> *die Gesamtheit der Angehörigen einer Religion[1]* verschiedene christliche Religionsgemeinschaften

re·li·gi·ons·los <nicht steig.> *Adj. so, dass man keiner Religion[1] angehört* Sie ist religionslos.

Re·li·gi·ons·stif·ter der <-s, -> *eine Person, die als Begründer einer Religion[1] verstanden und verehrt wird*

Re·li·gi·ons·un·ter·richt der <-(e)s> (*kein Plur.*) *Schulunterricht, in dem Wissen über die Religionen[1] vermittelt wird*

re·li·gi·ös <nicht steig.> *Adj. die Religion[1] betreffend, zu ihr gehörig* ein religiöser Mensch, ein religiöses Elternhaus, seine Kinder religiös erziehen ►Religiosität

Re·likt das <-(e)s, -e> (*geh.*) *Überrest* Diese Mauer ist ein Relikt aus der römischen Besatzungszeit.

Re·ling die <-, -s/-e> SEEW. *das Geländer an Deck eines Schiffes* sich über die Reling lehnen

Re·li·quie die <-, -n> REL. *Überreste, die zum Körper oder zu den Gebrauchsgegenständen eines Heiligen gehört haben, und die in der Heiligenverehrung eine Rolle spielen* ◆ -nschrein

Re·make das ['riːmeɪk] <-s, -s> FILM *Neufassung eines bereits verfilmten Stoffes* Diese Produktion ist ein Remake eines alten Films.

Re·mi·nis·zenz die <-, -en> (*geh.*) **1.** *eine einzelne Erinnerung* eine Reminiszenz an die Kindheit **2.** *etwas, das durch Ähnlichkeit an etwas anderes erinnert* Der Film enthält viele Reminiszenzen des Regisseurs an sein großes Vorbild., Mancher hat Reminiszenzen und glaubt, es seien originale Ideen.

re·mis [rə'miː] <nicht steig.> *Adv.* SPORT *unentschieden* Das Schachspiel endete remis.

Re·mit·ten·de die <-, -n> *ein fehlerhaftes Buch, das an den Verlag zurückgeschickt wird*

Re·mix der ['riːmix] <-es, -e> MUS. *eine neu arrangierte Aufnahme eines bereits existierenden Songs*

rem·peln <rempelst, rempelte, hat gerempelt> *mit/ohne OBJ* ■ *jmd. rempelt jmdn.* (*umg.*) *jmdn. grob* (*und mutwillig*) *mit seinem Körper stoßen* Er rempelt ständig seinen Nachbarn., Musst du denn so rempeln? ►an-

re·mu·ne·rie·ren <remunerierst, remunerierte, hat remuneriert> *mit OBJ* ■ *jmd. remuneriert etwas* (*österr.*) *entschädigen*

Ren, Ren das <-s, -s> ZOOL. *in nördlichen Polargebieten lebendes, dem Hirsch ähnliches, großes Säugetier mit schaufelförmigem Geweih*

Re·nais·sance die [rənɛ'sãːs] <-, -n> **1.** (*kein Plur.*) GESCH. *die Epoche, die den Beginn der Neuzeit markiert und in der eine große Begeisterung für die Kunst und die Errungenschaften der griechischen und römischen Antike herrschte* berühmte Bauten/ein Baumeister/ das Kunstverständnis/das Menschenbild der Renaissance ◆ -architektur, -bau, Früh-, Spät- **2.** (*geh.*) *eine Zeit, in der eine bestimmte kulturelle Form wieder wichtig wird, die es schon einmal gegeben hat* Diese Mode/dieser Baustil erlebt zurzeit eine Renaissance.

re·na·tu·rie·ren <renaturierst, renaturierte, hat renaturiert> *mit OBJ* ■ *jmd. renaturiert etwas* (*fachspr.*) *eine Landschaft oder ein Gebiet Land möglichst in den ursprünglichen Zustand zurückversetzen* eine Flussaue renaturieren ►Renaturierung

Ren·dez·vous, *a.* **Ren·dez-vous** das [rãde'vuː] <-, -> **1.** (*veralt.* ≈ *Stelldichein*) *Verabredung* (*von Liebespaaren*) ein Rendezvous haben, sich zu einem Rendezvous verabreden **2.** *ein Treffen von Raumfahrzeugen im Weltall*

Ren·di·te die [rɛn'diːtə] <-, -n> (WIRTSCH.: ≈ *Gewinn*) *Ertrag oder Verzinsung von Wertpapieren oder von Kapitalanlagen* eine hohe Rendite abwerfen

Re·ne·gat der <-en, -en> (*geh.* ≈ *Abtrünniger*) *jmd., der sich von einem Glauben oder einer*

Ideologie losgesagt hat

Re·nek·lo·de, *a.* **Rei·nec·lau·de** die <-, -n> BOT. *eine Pflaumenart*

Re·net·te, *a.* **Rei·net·te** die <-, -n> *eine Apfelsorte*

re·ni·tent *Adj.* (*geh. abwert.* ≈ *rebellisch*) *so, dass man sich dem Willen einer Autorität heftig widersetzt* ein renitentes Benehmen, ein renitenter Schüler ►Renitenz

Renn·bahn die <-, -en> **1.** SPORT *eine in sich abgeschlossene Anlage zum Durchführen von Rennen* ◆ Pferde-, Rad- **2.** (*kurz für „Autorennbahn"*) *eine zum Spielen dienende Nachbildung einer Autorennstrecke, auf der die Spieler elektrisch betriebene Spielzeugrennwagen fahren lassen*

Ren·nen das <-s, -> *ein sportlicher Wettbewerb, bei dem es darum geht, eine bestimmte Distanz möglichst schnell zurückzulegen* Das Rennen wird gestartet/geht über zweihundert Kilometer/ ist entschieden., Das Rennen ist sehr schnell/ kommt in die entscheidende Phase/erreicht jetzt das Finale., Ein Fahrer bestimmt das Rennen/dominiert das Rennen/ gewinnt das Rennen/verliert das Rennen um Haaresbreite/ entscheidet das Rennen für sich/lässt sich den Sieg in diesem Rennen nicht mehr nehmen/fährt das Rennen nach Hause. ■ **das Rennen machen** (*umg.*): *gewinnen* **gut im Rennen liegen** (*umg.*): *gute Aussichten auf Erfolg haben* **das Rennen ist gelaufen** (*umg.*): *alle Entscheidungen sind gefallen, es bleibt nichts mehr zu tun* **jemanden aus dem Rennen werfen** (*umg.*): *jmdn. aus einer Position verdrängen, in der er Aussicht auf einen Sieg oder Erfolg gehabt hätte* ◆ Auto-, Bahn-, Cross-, Galopp-, Hunde-, Motorrad-, Querfeldein-, Rad-, Straßen-, Trab-

ren·nen <rennst, rannte, ist/hat gerannt> **I.** *mit OBJ* ■ *jmd. rennt etwas in etwas* (*haben*) *mit Gewalt in etwas hineinstoßen* jemandem ein Messer in die Brust rennen **II.** *ohne OBJ* (*sein*) **1.** ■ *jmd. rennt* (*irgendwohin*) *schnell laufen* über die Straße/aus dem Zimmer rennen, um die Wette/um sein Leben/auf Zeit rennen, schnell/wie der Blitz rennen, im Zimmer hin und her rennen **2.** ■ *jmd. rennt gegen etwas Akk. gegen etwas stoßen* mit dem Kopf gegen die Wand rennen, aus Versehen gegen die Tür rennen **3.** ■ *jmd. rennt* (*irgendwohin*) (*umg. abwert.*) *ständig irgendwohin gehen* Musst du denn jede Woche ins Kino rennen?, Er rennt mit jedem Kummer gleich zu seiner Mutter! ■ **jemanden/etwas über den Haufen rennen** (*umg.*): *jmdn. oder etwas umrennen* **ins Unglück/in sein Verderben rennen** (*umg.*): *sein Unglück durch unvernünftiges Handeln selbst verschulden*

Ren·ner der <-s, -> (*umg.*) **1.** *schnelles Rennpferd, Rennauto oder Rennrad* **2.** (WIRTSCH.: ≈ *Hit* ↔ *Ladenhüter*) *Ware, die sich sehr gut verkauft* Diese Tasche ist ein echter Renner.

Renn·fah·rer, **Renn·fah·re·rin** der <-s, -> *jmd., der Rennen fährt* Der Rennfahrer ist topfit/ist auf dem Zenit seiner Laufbahn/ist seit fünf Jahren Profi/ ist einer der Leistungsträger seiner Mannschaft/ muss zur Dopingkontrolle/ist Nummer Eins der Weltrangliste. ◆ Auto-, Motorrad-, Rad-

Renn·pferd das <-es, -e> *ein Pferd, das bei Pferderennen geritten wird*

Renn·rad das <-(e)s, Rennräder> *ein sportliches Fahrrad, das besonders bei Radrennen benutzt wird*

Renn·rei·ter der <-s, -> *jmd., der an einem Pferderennen teilnimmt*

Renn·sport der <-(e)s> (*kein Plur.*) *die Gesamtheit der sportlichen Wettbewerbe, die in Form von Rennen ausgetragen werden*

Renn·stall der <-(e)s, Rennställe> *Mannschaft, die an Rennen teilnimmt* Der Rennstall (des Weltmeisters) verfügt über einen Millionenetat/sucht einen neuen Sponsor/wird mit Material von … gesponsert/ gehört einem Unternehmen aus der Telekommunikationsbranche/ geht bei allen wichtigen Rennen an den Start.

Renn·stre·cke die <-, -n> *die Strecke, auf der ein Rennen ausgetragen wird* Tausende Zuschauer säumen die Rennstrecke.

Renn·wa·gen der <-s, -> *bei Autorennen eingesetzter Wagen*

Re·nom·mee das <-s, -s> (*geh.*) (*guter*) *Ruf* ein Renommee als gutes Restaurant haben, Das Renommee dieses Theaters hat sehr gelitten.

re·nom·mie·ren <renommierst, renommierte, hat renommiert> *ohne OBJ* ■ *jmd. renommiert* (*mit etwas Dat.*) (*geh.* ≈ *angeben*) *prahlen; eigene Stärken immer wieder betonen* mit seinem neuen Auto renommieren, Sie renommiert doch nur, es ist doch nichts dahinter. ►Renommiersucht

re·nom·miert <nicht steig.> *Adj.* (*geh.* ≈ *anerkannt*) *so, dass es einen guten Ruf hat* ein renommierter Künstler/Verlag, ein renommiertes Restaurant/Unternehmen

re·no·vie·ren <renovierst, renovierte, hat renoviert> *mit OBJ* ■ *jmd. renoviert etwas ein Gebäude oder Gebäudeteile neu herrichten* die Fassade/ein altes Haus/ ein Geschäft/eine Kirche/die Wohnung renovieren

Re·no·vie·rung die <-, -en> *das Renovieren von Gebäuden oder Gebäudeteilen* Die Renovierung des Hauses hat eine Menge Geld gekostet. ◆ -sarbeiten, -skosten

ren·ta·bel <rentabler, am rentabelsten> *Adj.* (WIRTSCH.: ≈ *lukrativ*) *lohnend; Gewinn bringend* ein rentables Geschäft, ein rentables Unternehmen, rentabel wirtschaften

Ren·ta·bi·li·tät die <-> (*kein Plur.*) WIRTSCH. *die Tatsache, dass etwas lohnend oder Gewinn bringend ist*

Ren·te die <-, -n> **1.** *de rregelmäßig gezahlte Geldbetrag, auf den man aufgrund seines sozialen Status oder gemäß seiner Versicherung Anspruch hat* als Waise/Witwe eine Rente beantragen, nach einem Unfall eine Rente von der Versicherung erhalten ◆ Invaliden-, Waisen-, Witwen-, Zusatz- **2.** *der regelmäßig gezahlte Geldbetrag, auf den man nach Abschluss des Arbeitslebens oder im Falle* *dauernder Arbeitsunfähigkeit Anspruch hat* im Ruhestand Rente erhalten, die Rente beantragen, die Renten anpassen/erhöhen ◆-nempfänger, -nerhöhung **3.** (*kein Plur.*) (*umg.*) *Ruhestand* in Rente gehen/sein **4.** BANKW. *Zinseinkünfte* ◆-nmarkt, -npapiere

Ren·ten·al·ter das <-s> (*kein Plur.*) *das Alter, in dem man Anspruch auf eine Rente*[2] *hat* das Rentenalter erreichen

Ren·ten·an·pas·sung die <-, -en> *Anpassung der Renten*[2] *an die Preissteigerung*

Ren·ten·an·spruch der <-(e)s, Rentenansprüche> *der im Berufsleben erworbene Anspruch auf Rente*[2]

Ren·ten·bei·trag der <-(e)s, -e> *der vom Arbeitseinkommen anteilig zu zahlende Beitrag zur Rentenversicherung*

Ren·ten·ver·si·che·rung die <-, -en> *der Teil der Sozialversicherung, in den die Rentenbeiträge eingezahlt und aus dem die Renten*[2] *gezahlt werden*

Ren·tier das <-(e)s, -e> (≈ *Ren*) *in nördlichen Polargebieten lebendes, dem Hirsch ähnliches, großes Säugetier mit schaufelförmigem Geweih*

ren·tie·ren <rentiert, rentierte, hat rentiert> *mit SICH* ■ *etwas rentiert sich* (*geh.*) *sich lohnen* Diese Arbeit/Geldanlage rentiert sich nicht, der Aufwand ist größer als der Gewinn.

Rent·ner, **Rent·ne·rin** der <-s, -> *eine Person im Ruhestand, die Rente*[1 2] *bezieht*

re·or·ga·ni·sie·ren <reorganisierst, reorganisierte, hat reorganisiert> *mit OBJ* ■ *jmd. reorganisiert etwas* (*geh.*) *planvoll umgestalten* den gesamten Produktionsprozess reorganisieren ▶Reorganisation

Rep der <-s, -s> (*umg.*) *Person, die eine rechtsextreme politische Haltung vertritt* ein Treffpunkt der Reps

re·pa·ra·bel <nicht steig.> *Adj.* (↔ *irreparabel*) *so, dass es noch repariert werden kann*

Re·pa·ra·ti·on die [reparaˈtsi̯oːn] <-, -en> POL. *an einen Siegerstaat gezahlte Entschädigung für Kriegsschäden* Reparationen zahlen ◆-szahlung

Re·pa·ra·tur die <-, -en> *das Reparieren von etwas* eine Reparatur durchführen, Manche Reparatur kommt teurer als eine Neuanschaffung. ◆ Auto-, Fahrrad-

Re·pa·ra·tur·werk·statt die <-, Reparaturwerkstätten> *eine Werkstatt oder Firma, in der Reparaturen durchgeführt werden* das Auto in die Reparaturwerkstatt bringen

re·pa·rie·ren <reparierst, reparierte, hat repariert> *mit OBJ* ■ *jmd. repariert etwas Schäden beheben und damit etwas wieder gebrauchsfähig machen* das Fahrrad/die Schreibmaschine reparieren

Re·per·toire das [repɛrˈto̯aːɐ̯] <-s, -s> *die Gesamtheit aller Stücke, die ein einzelner Künstler oder ein Ensemble jederzeit aufführen kann* ein Theater mit einem breiten/vielfältigen Repertoire, das Repertoire überarbeiten ◆-theater

Re·p·lik die <-, -en> **1.** (*geh.*) *Erwiderung* eine glänzende/treffende Replik, eine Replik auf etwas **2.** KUNST *Nachbildung eines Kunstwerks durch den Künstler* die Replik einer Plastik aus seiner frühen Schaffensperiode

Re·por·ta·ge der [repɔrˈtaːʒə] <-, -n> *ein Bericht, der Ereignisse festhält oder dokumentiert* eine Reportage im Fernsehen/im Radio/in der Zeitung, eine Reportage über Kinderarbeit/ über den Bau eines Staudammes, eine Reportage drehen/machen/schreiben ◆ Fernseh-, Radio-, Rundfunk-, Zeitungs-

Re·por·ter, **Re·por·te·rin** der <-s, -> *eine Person, die im Auftrag einer Zeitung oder eines Fernseh- oder Rundfunksenders berichtet* als Reporter für das Fernsehen in Amerika arbeiten ◆ Sport-

Re·prä·sen·tant, **Re·prä·sen·tan·tin** der <-en, -en> (≈ *Vertreter*) *eine Person, die eine Gruppe von Menschen oder eine Institution vertritt* ein hoher Repräsentant der Regierung/der UNO, Ein Repräsentant (aus) jeder Klasse nahm an der Schulkonferenz teil.

Re·prä·sen·tan·ten·haus das <-es, Repräsentantenhäuser> POL. *Abgeordnetenhaus* Dem englischen Unterhaus entspricht in vielen Staaten (z.B. USA, Australien, Neuseeland) das Repräsentantenhaus.

Re·prä·sen·tanz die <-, -en> WIRTSCH. *die Vertretung einer Firma oder einer Institution im Ausland* eine Repräsentanz in Japan haben/eröffnen

Re·prä·sen·ta·ti·on die [reprɛzɛntaˈtsi̯oːn] <-, -en> **1.** *politische Vertretung* die Repräsentation eines Staates im Ausland durch einen Botschafter **2.** (*kein Plur.*) *standesgemäßes Auftreten* der Repräsentation dienen

re·prä·sen·ta·tiv *Adj.* **1.** *so typisch, dass es als Stellvertreter seiner Art aufgefasst werden kann* ein repräsentativer Vertreter seiner Art **2.** *stellvertretend für eine Gesamtheit stehend* eine repräsentative Meinungsumfrage, eine repräsentative Auswahl **3.** *standesgemäß* eine repräsentative Feier, ein repräsentatives Haus **4.** POL. *so, dass Interessengruppen nach ihrem politischen Gewicht von Repräsentanten vertreten werden* eine repräsentative Demokratie

Re·prä·sen·ta·tiv·um·fra·ge die <-, -n> FACHSPR. *eine begrenzt durchgeführt Umfrage, bei der die Ergebnisse stellvertretend für die Gesamtheit der möglichen Befragungen genommen werden*

re·prä·sen·tie·ren <repräsentierst, repräsentierte, hat repräsentiert> **I.** *mit OBJ* ■ *jmd./etwas repräsentiert etwas* **1.** *typisch sein für etwas* Diese Zahlen repräsentieren die Meinung der Mehrheit der Bevölkerung. **2.** *vertreten* Ein Diplomat repräsentiert sein Land., Die gewählten Schülervertreter repräsentieren ihre Klassen. **3.** *darstellen* Dieses Bild repräsentiert einen Wert von zehntausend Dollar. **II.** *ohne OBJ* ■ *jmd. repräsentiert standesgemäß auftreten* Als Diplomat muss er gut repräsentieren können.

Re·pres·sa·lie die <-, -n> (*meist Plur.*) (*geh.*) *eine Maßnahme, mit der jmd. Druck ausübt, um etwas zu erzwingen* mit Repressalien drohen, jemanden durch die Androhung von Repressalien zu Zugeständnissen zwingen

Re·pres·si·on die <-, -en> (*geh.*) *die Unterdrückung von Widerstand* politischen Repressionen ausgesetzt sein

re·pres·siv *Adj.* (*geh.*) *unterdrückend* repressive Maßnahmen einsetzen

Re·print der [ri:prɪnt] <-s, -s> *Nachdruck eines Druckwerkes*

re·pri·va·ti·sie·ren <reprivatisierst, reprivatisierte, hat reprivatisiert> *mit OBJ* ■ *jmd. reprivatisiert etwas* (↔ *verstaatlichen*) *etwas wieder in privaten Besitz überführen* einen Betrieb reprivatisieren

Re·pro·duk·ti·on die <-, -en> *Nachbildung, Kopie* die Reproduktion eines Fotos/Gemäldes ◆-smedium, -stechnik, -sverfahren

re·pro·du·zie·ren <reproduzierst, reproduzierte, hat reproduziert> *ohne OBJ* ■ *jmd. reproduziert etwas* **1.** *ein Kopie machen, vervielfältigen* ein Foto/ein Gemälde reproduzieren **2.** (*geh.*) *so wiederherstellen, wie es war* eine Situation aus der Erinnerung reproduzieren

re·pro·fä·hig <nicht steig.> *Adj.* (DRUCKW.: *umg.*) *so, dass es reproduziert[1] werden kann*

Re·pro·vor·lage die <-, -n> (DRUCKW.: *umg.*) *eine Vorlage für eine Reproduktion*

Rep·til das <-s, -ien/-e> *ein Wirbeltier, das Eier legt und dessen Körper mit Schuppen aus Horn bedeckt ist* Krokodile, Echsen, Schlangen und Schildkröten gehören zu den Reptilien.

Re·pu·b·lik die <-, -en> (↔ *Monarchie*) *eine Staatsform oder ein Staat, mit einer demokratisch gewählten Regierung und einem auf begrenzte Zeit gewählten Präsidenten oder einer Präsidentin als Staatsoberhaupt; das Wahlvolk versteht sich in der Republik als der eigentliche Inhaber der souveränen Macht* die Republik ausrufen ◆ Bundes-, Volks-

re·pu·b·li·ka·nisch <nicht steig.> *Adj. zur Republik gehörend, für sie eintretend*

Re·pu·ta·ti·on die <-> (*kein Plur.*) (*geh.*) *guter Ruf* eine Reputation als Künstler haben

Re·qui·em das ['re:kvi̯ɛm] <-s, -s> MUS. *Totenmesse* das Requiem von Mozart

re·qui·rie·ren <reqiqirierst, requirierte, hat requiriert> *mit OBJ* ■ *jmd. requiriert etwas* MILIT. *für militärische Zwecke beschlagnahmen* Fahrzeuge/Lebensmittel requirieren

Re·qui·sit das <-s, -en> THEAT. *ein Gegenstand, der bei einer Aufführung auf der Bühne gebraucht wird* für die Requisiten sorgen

resch *Adj.* (*österr.*) *knusprig* resche Semmeln

Re·se·da, *a.* **Re·se·de** die <-, Reseden> BOT. *Kräuter, die grünlichgelb blühen und wohlriechend sind* ◆ Garten-

Re·ser·vat das <-s, -e> **1.** *ein zugeteiltes Stück Land, auf dem die Ureinwohner eines Landes leben* Die Indianer Nordamerikas leben in Reservaten. ◆ Indianer- **2.** *ein Schutzgebiet für Tiere, in dem sie vor Ausrottung geschützt sind* ein Reservat für Wildtiere ◆ Tier-

Re·ser·ve die <-, -n> **1.** *ein Vorrat, der für den Notfall aufbewahrt wird* eine Reserve für den Winter haben, unsere Reserven sind aufgebraucht, die letzten Reserven mobilisieren, etwas in Reserve haben ◆ Energie-, Geld-, Kraft-, Rohstoff-, Wasser- **2.** MILIT. *die ehemaligen Armeemitglieder, die zu einem gegebenen Zeitpunkt nicht aktive Soldaten sind* Leutnant der Reserve ◆-offizier **3.** *sehr zurückhaltendes Verhalten* ■ **jemanden aus der Reserve locken** (*umg.*): *jmdn. dazu bringen, dass er sich äußert* **die eiserne Reserve**: *Aufbewahrtes, das man nur im größten Notfall angreift* **stille Reserven** WIRTSCH.: *in der Bilanz nicht aufgeführte Geldreserven*

Re·ser·ve·bank die <-> (*kein Plur.*) SPORT *die Sitzbank für Spieler, die für andere Spieler eingewechselt werden können* auf der Reservebank sitzen

Re·ser·ve·spie·ler, **Re·ser·ve·spie·le·rin** der <-s, -> SPORT *Spieler(innen), die für andere Spieler eingewechselt werden können*

re·ser·vie·ren <reservierst, reservierte, hat reserviert> *mit OBJ* ■ *jmd. reserviert etwas* (*für jmdn.*) *jmdm., der später dafür bezahlen wird, einen Platz freihalten oder eine Ware zurücklegen* Plätze im Theater/einen Tisch im Lokal reservieren, Bitte reservieren Sie uns einen Tisch für vier Personen., einen Sitzplatz im Zug reservieren lassen

re·ser·viert *Adj. so, dass sich jmd. sehr distanziert und zurückhaltend verhält* sich sehr reserviert geben/verhalten, Nachdem die Meinungsverschiedenheit zwischen uns deutlich geworden war, zeigte sie sich mir gegenüber sehr reserviert.

Re·ser·vist, **Re·ser·vis·tin** der <-en, -en> MILIT. *Soldat der Reserve[2]*

Re·ser·voir das [rezɛr'vo̯a:ɐ̯] <-s, -e> **1.** *ein größerer Behälter, in dem etwas gespeichert wird* ein Reservoir für das Regenwasser **2.** *Vorrat* ein großes Reservoir an Wasser, aus einem großen Reservoir an Wissen schöpfen

Re·si·denz die <-, -en> **1.** *der Wohnsitz eines hohen weltlichen oder kirchlichen Würdenträgers* die Residenz des Königs/Präsidenten/Bischofs **2.** *eine Stadt, in der ein hoher weltlicher oder kirchlicher Würdenträger seinen Wohnsitz hat* sich in der Residenz aufhalten ◆-stadt

re·si·die·ren <residierst, residierte, hat residiert> *ohne OBJ* ■ *jmd. residiert* (*geh.*(*von hochgestellten Personen*)) *regieren und seinen Wohnsitz haben* Der Bischof residierte in Aachen.

Re·si·g·na·ti·on die <-> (*kein Plur.*) (*geh.*) *das Aufgeben aller Hoffnung, weil man von etwas enttäuscht ist* in Resignation verfallen ▶resignativ

re·si·g·nie·ren <resignierst, resignierte, hat resigniert> *ohne OBJ* ■ *jmd. resigniert die Hoffnung aufgeben, entmutigt aufgeben* Sie hat lange gegen ihr Schicksal angekämpft und schließlich doch resigniert.

re·sis·tent <nicht steig.> *Adj.* BIOL. MED. *unempfindlich gegen schädliche Stoffe oder Einflüsse* Pflanzen durch Züchtung resistent gegen Schädlinge machen

Re·sis·tenz die <-, -en> BIOL. MED. *Unempfindlich-*

keit des Organismus gegenüber schädlichen äußeren Einwirkungen die Resistenz gegen eine Krankheit

re·so·lut *Adj. so, dass man den Willen hat, Entschlüsse zu fassen und sie durchzusetzen* eine resolute Frau ▶Resolutheit

Re·so·lu·ti·on die <-, -en> *eine schriftliche Erklärung zu einem offiziellen Beschluss* eine Resolution verabschieden/verlesen ◆ Friedens-

Re·so·nanz die <-, -en> **1.** PHYS. *das Mitschwingen eines Körpers mit einem anderen Körper* Im Körper einer Gitarre entstehen Resonanzen. **2.** (*geh. übertr.*) *Reaktion; Zuspruch* Der Vorschlag fand (keine) große Resonanz., Die Ausstellung fand große/stieß auf große Resonanz beim Publikum.

re·sor·bie·ren <resorbierst, resorbierte, hat resorbiert> *mit OBJ* ■ *etwas resorbiert etwas* BIOL. MED. *flüssige oder gelöste Stoffe in das Zellinnere aufnehmen* Wenn der Darm wichtige Nahrungsstoffe nicht resorbieren kann, kann man krank werden.

Re·sorp·ti·on die [rezɔrp'tsi̯o:n] <-, -en> BIOL. MED. *die Aufnahme flüssiger oder gelöster Stoffe in das Zellinnere* ◆-sstörung

Re·s·pekt der <-(e)s> (*kein Plur.*) **1.** (≈ *Achtung, Wertschätzung*) *die Haltung, dass man eine Person und ihre berufliche und soziale Stellung für wichtig hält und dies in seinem Verhalten deutlich zeigt* jemandem Respekt entgegenbringen/schuldig sein, die Eltern mit Respekt behandeln, großen Respekt vor einer/jemandes Leistung haben ■ **bei allem Respekt** (*umg.*): *verwendet, um auszudrücken, dass man jmdn. zwar respektiert, aber dennoch Kritik an ihm üben will* **2.** (*umg.*) *Angst* Der Löwe hat ein Respekt einflößendes Gebiss., Respekt vor einer Aufgabe haben ◆ Getrenntschreibung- oder Zusammenschreibung →R 4.12 Ihr Verhalten war Respekt einflößend/respekteinflößend.; Zusammenschreibung→R 4.12 eine äußerst/sehr respekteinflößende Persönlichkeit; Getrenntschreibung→R 4.12 eine großen Respekt einflößende Persönlichkeit ◆-sperson

re·s·pek·ta·bel <nicht steig.> *Adj. so, dass man Respekt davor hat* eine respektable Leistung, eine respektable Persönlichkeit

re·s·pek·tie·ren <respektierst, respektierte, hat respektiert> *mit OBJ* **1.** ■ *jmd. respektiert jmdn./etwas* (≈ *achten, schätzen*) *Respekt*[1] *empfinden* seine Eltern/die Lehrer respektieren **2.** ■ *jmd. respektiert etwas* (≈ *akzeptieren*) *beachten; einhalten* die Rechte des anderen respektieren, die Gesetze respektieren

re·s·pekt·los *Adj.* (↔ *respektvoll*) *ohne (den nötigen) Respekt*[1] ein respektloses Verhalten gegenüber dem Lehrer ▶Respektlosigkeit

re·s·pekt·voll *Adj.* **1.** (↔ *respektlos*) *mit deutlich gezeigtem Respekt*[1] den Schuldirektor respektvoll grüßen, in respektvollem Abstand hinter dem Präsidenten gehen **2.** *Angst zeigend* sich in respektvollem Abstand (von einem gefährlichen Tier) halten

Re·s·pi·ra·ti·on die [respira'tsi̯o:n] <-> (*kein Plur.*) BIOL. MED. *Atmung* die Respiration behindern

Res·sen·ti·ment das [rɛsãti'mã:] <-s, -s> (*geh.* ≈ *Abneigung*) Ressentiments gegen etwas hegen

Res·sort das [rɛ'so:ɐ̯] <-s, -s> *abgegrenzter Aufgabenbereich (in einem Amt)* Das gehört nicht zu meinem/in mein Ressort., Das fällt in das Ressort des Kollegen. ◆-verantwortlichkeit

Res·sour·ce die [rɛ'sʊrsə] <-, -n> (*meist Plur.*) (*geh.*) **1.** *eine Quelle für Hilfsmittel oder Rohstoffe* die natürlichen Ressourcen eines Landes, die personellen Ressourcen eines Unternehmens, die Ressourcen besser ausschöpfen/nutzen **2.** *Geldmittel* Unsere Ressourcen sind erschöpft., Die Stadt bessert die Ressourcen des Projekts auf. ◆-nverwaltung **3.** *psychische Kräfte zur Bewältigung von Problemen*

Rest der <-(e)s, -e> **1.** *etwas, das von etwas übrig geblieben ist* Reste aus dem Topf kratzen, Den Rest können Sie behalten., Die kläglichen Reste der Mahlzeit bekam der Hund. ◆ Speise-, Stoff- **2.** (*kein Plur.*) *etwas, das noch zu tun bleibt* Den Rest machen wir morgen. ■ **jemandem den Rest geben** (*umg.*): *jmdn. völlig zugrunde richten* **der Rest vom Schützenfest** (*umg.*): *das Übriggebliebene, der Rest*[1] *vom Ganzen* **der Rest ist Schweigen** (*umg.*): (*sagt man*) *wenn jmd. verstummt und nicht mehr weiter weiß* ◆-finanzierung, -forderung, -summe, -zahlung

Rest·auf·la·ge die <-, -n> DRUCKW. *die Restbestände der Auflage eines Druckwerkes*

Res·tau·rant das [rɛsto'rã:] <-s, -s> (↔ *Café, Kneipe*) *eine Gaststätte, in der Speisen und Getränke serviert werden*

Res·tau·ra·ti·on[1] die [restaura'tsi̯o:n] <-, -en> **1.** *die fachgerechte Wiederherstellung von Kunstwerken* die Restauration eines Bildes/einer Statue/eines unter Denkmalschutz stehenden Gebäudes **2.** (*geh.*) *Wiederherstellung früherer gesellschaftlicher und politischer Verhältnisse* Nach dem Umsturz folgte eine Zeit der Restauration.

Res·tau·ra·ti·on[2] die [rɛstora'tsi̯o:n] <-, -en> (*österr.*) *Gaststätte*

Res·tau·ra·tor, **Res·tau·ra·to·rin** der [restau̯'ra:to:ɐ̯] <-s, -en> *jmd., der beruflich fachgerecht Kunstwerke wiederherstellt*

res·tau·rie·ren [restau̯'ri:rən] <restaurierst, restaurierte, hat restauriert> *mit OBJ* ■ *jmd. restauriert etwas fachgerecht künstlerisch wiederherstellen* ein Bild/ein Gemälde/ein Kirchenportal/ein altes Schloss restaurieren

Rest·be·stand der <-(e)s, Restbestände> *Rest*[1]

Rest·be·trag der <-(e)s, Restbeträge> *Rest*[1] *an Geld* einen Restbetrag herausgeben

Res·te·ver·kauf der <-s, Resteverkäufe> WIRTSCH. *Verkauf von Resten*[1]

Re·s·ti·tu·ti·on die [restitu'tsi̯o:n] <-, -en> (*geh.*) *Wiederherstellung* die Restitution alter Verhältnisse, eine Zeit der politischen Restitution

rest·lich <nicht steig.> *Adj. übrig geblieben* Die restlichen Karten werden an der Abendkasse verkauft.

rest·los <nicht steig.> *Adj. ohne Rest, vollständig* Die Karten sind restlos ausverkauft., alles restlos aufessen/verbrauchen

Rest·pos·ten der <-s, -> WIRTSCH. *übrig gebliebene Waren* Restposten billig verkaufen

Re·s·t·rik·ti·on die [restrɪk'ts̮i̯oːn] <-, -en> (*geh.*) *Beschränkung* jemandem Restriktionen auferlegen

re·s·t·rik·tiv *Adj.* (*geh.*) *beschränkend* restriktive Maßnahmen

Rest·ri·si·ko das <-s, Restrisiken> (*geh.*) *trotz aller Vorsichtsmaßnahmen noch vorhandene Gefahr* Die Therapie/Das Verfahren ist mit einem gewissen Restrisiko verbunden.

Re·struk·tu·rie·rung die <-, -en> (*geh.*) *Neuordnung* die Restrukturierung einer Organisation/einer Firma

Re·sul·tan·te die <-, -n> MATH. *die Summe zweier Kräfte, die im Kräfteparallelogramm dargestellt sind*

Re·sul·tat das <-(e)s, -e> (*geh.*) *Ergebnis* zu einem Resultat kommen, gute Resultate erzielen ◆ End-, Gesamt-

re·sul·tie·ren <resultiert, reslutierte, hat resultiert> *ohne OBJ* (*geh.*) **1.** ■ *etwas resultiert aus etwas Dat. sich ergeben* aus etwas resultieren, Seine Aggressivität resultiert aus seiner Unsicherheit. **2.** ■ *etwas resultiert in etwas Dat. zur Folge haben* in etwas resultieren, Unsicherheit resultiert oft in aggressivem Verhalten.

Re·sü·mee das <-s, -s> (*geh.* ≈ *Fazit*) *Zusammenfassung; Schlussfolgerung* ein kurzes Resümee aus der heutigen Veranstaltung ziehen/geben, Was ist ihr Resümee aus dem Erlebten?

re·tar·die·ren <retardierst, retardierte, hat retardiert> *mit/ohne OBJ* ■ *etwas retardiert* (*etwas*) *verzögern, hemmen* Sein Wachstum ist etwas retardiert., retardierende Momente, das Tempo retardieren ▶Retardation, Retardierung

Re·tard·kap·sel die <-, -n> MED. *ein Medikament, das seinen Wirkstoff über einen längeren Zeitraum an den Organismus abgibt*

Re·tor·te die <-, -n> CHEM. **1.** *Glaskolben für chemische Versuche* Versuche in einer Retorte durchführen **2.** *Reaktionsbehälter für die Gaserzeugung aus Kohle* ■ **aus der Retorte** (*umg. abwert.*): *künstlich hergestellt* (*als Ersatz für Natürliches*) Lebensmittel aus der Retorte

Re·tor·ten·ba·by das <-s, -s> (*umg.*) *ein Kind, das mit Hilfe künstlicher Befruchtung gezeugt wurde*

re·tour [re'tuːɐ̯] *Adv.* (*süddt. österr. schweiz.*) *zurück* Sie bekommen noch 5 Euro retour., Wir sind auf den Berg und retour gelaufen.

Re·tour·bil·let das [re'tuːɐ̯bɪljɛt] <-s, -s> (*süddt. österr. schweiz.*) *Rückfahrkarte*

Re·tour·geld das <-(e)s> (*kein Plur.*) (*süddt. österr. schweiz.*) *Wechselgeld*

re·tour·nier·en <retounierst, reournierte, hat retourniert> *mit OBJ* ■ *jmd. retourniert etwas* (*schweiz.*) *zurückgeben, zurücksenden*

re·tro-, *a.* **Retro-** (*nur in Zusammensetzungen*) *zurück, rückwärts, Rück-*

Re·tro·look der [...lʊk] *eine Mode oder ein Designstil, der bewusst an eine frühere Mode oder das Design einer früheren Zeit erinnert* Dieses Radio im aktuellen Retrolook erinnert ein wenig an die gute alte Musikbox.

re·t·ro·s·pek·tiv <nicht steig.> *Adj.* (*geh.*) *zurückblickend* ein retrospektiver Bericht

Re·t·ro·s·pek·ti·ve die <-, -n> **1.** KUNST *eine Ausstellung der wichtigsten Werke eines Künstlers* eine Retrospektive mit Werken eines Malers/mit Filmen eines Regisseurs **2.** (*geh.*) *Rückblick* Ereignisse in der Retrospektive betrachten

ret·ten <rettest, rettete, hat gerettet> **I.** *mit OBJ* **1.** ■ *jmd./etwas rettet jmdn./etwas aus einer Gefahr befreien* Menschen aus den Flammen retten, Er konnte nur sein nacktes Leben retten. ▶erretten **2.** ■ *jmd. rettet etwas erhalten* Die Ärzte konnten seinen Arm/sein Leben nicht mehr retten, Das Gebäude ist nicht mehr zu retten, es muss abgerissen werden. **3.** ■ *jmd. rettet etwas einen Misserfolg verhindern* den Abend/die Situation retten **II.** *mit SICH* ■ *jmd. rettet sich sich in Sicherheit bringen* Einige Betroffene konnten sich mit Mühe retten., Er konnte sich gerade noch ins Haus retten. ■ **sich vor etwas nicht retten können** (*umg.*): *etwas im Überfluss haben* Sie konnte sich vor Angeboten nicht retten. **nicht mehr zu retten sein** (*umg. abwert.*): *unvernünftig oder verrückt sein* Bist du denn noch zu retten? So etwas würde ich nie tun!

Ret·ter, **Ret·te·rin** der <-s, -> *jmd., der in einer Gefahr Hilfe leistet* Die Retter trafen wenig später an der Unfallstelle ein., seinem Retter danken ◆ Lebens-

Ret·tich der <-s, -e> *ein scharf schmeckendes Wurzelgemüse*

Ret·tung die <-> (*kein Plur.*) **1.** *das Retten* Die Rettung der Opfer nahm mehrere Stunden in Anspruch. **2.** (*umg. österr.*) *Rettungsdienst, Krankenwagen*

Ret·tungs·boot das <-(e)s, -e> SEEW. *ein Boot für die Rettung bei Seenot* die Rettungsboote zu Wasser lassen

Ret·tungs·dienst der <-(e)s, -e> *die gesetzlich geregelte Zusammenarbeit von Hilfsorganisationen im Rettungswesen*

Ret·tungs·hub·schrau·ber der <-s, -> *ein Hubschrauber zum Transport von Verletzten* mit dem Rettungshubschrauber in eine Unfallklinik geflogen werden

Ret·tungs·in·sel die <-, -n> *Schlauchboote mit Zeltdach zur Rettung von Schiffbrüchigen*

ret·tungs·los <nicht steig.> *Adj. ohne Aussicht auf Rettung* rettungslos verloren

Ret·tungs·mann·schaft die <-, -en> *eine Gruppe* (*ausgebildeter*) *Personen zur Rettung von Personen aus Gefahrensituationen* Rettungsmannschaften für die Suche nach Verschütteten einsetzen

Ret·tungs·ring der <-(e)s, -e> *schwimmfähiger Ring zur Rettung vor dem Ertrinken* dem Ertrinkenden einen Rettungsring zuwerfen

Ret·tungs·sa·ni·tä·ter der <-s, -> *Sanitäter im Rettungsdienst*

Ret·tungs·sta·ti·on die <-, -en> *die jederzeit*

zum Einsatz bereite Dienststelle, zu der eine Rettungsmannschaft gehört

Ret·tungs·wa·che die <-, -en> *Rettungsstation*

Ret·tungs·wa·gen der <-s, -> *Krankenwagen zum Transport und zur Erstversorgung von Verletzten* Der Rettungswagen trifft am Unfallort ein.

Ret·tungs·we·sen das <-s> (*kein Plur.*) *Gesamtheit der Maßnahmen und Organisationen, die der Rettung von Menschen bei Unfällen und Katastrophen dienen*

Ret·tungs·wes·te die <-, -n> *Schwimmweste zur Rettung vor dem Ertrinken* die Rettungswesten anlegen

Re·turn der [ri'tø:ɐ̯n] <-s, -s> SPORT *im Tischtennis oder Tennis Rückschlag nach dem gegnerischen Aufschlag*

Re·tu·sche die <-, -n> **1.** (*kein Plur.*) *das Retuschieren* **2.** *eine Stelle, an der retuschiert wurde*

re·tu·schie·ren <retuschierst, retuschierte, hat retuschiert> *mit OBJ* ■ *jmd. retuschiert etwas eine Druckvorlage oder ein Foto nachträglich verbessern* ein retuschiertes Bild

Reue die <-> (*kein Plur.*) *das Gefühl des Bedauerns darüber, dass man etwas Böses oder Falsches getan hat* (keine) Reue empfinden, Der Täter zeigte keinerlei Reue. ▶reuelos, reuevoll

reu·en <reut, reute, hat gereut> (*geh.*) **I.** *mit OBJ* ■ *etwas reut jmdn. zum Bedauern veranlassen* Sein Verhalten reute ihn schon bald., Der Kauf reute uns bald, das Gerät war nicht zu gebrauchen. **II.** *mit ES* ■ *es reut jmdn. Bedauern empfinden* Es reute sie, dass sie sich nicht freundlicher verhalten hatte. ▶bereuen

reu·mü·tig *Adj. voller Reue* reumütig zurückkehren, sich reumütig zu seiner Tat bekennen

Reu·se die <-, -n> *ein trichterförmiges Netz zum Fischfang* Reusen aufstellen

re·üs·sie·ren <reüssierst, reüssierte, hat reüssiert> *ohne OBJ* ■ *jmd. reüssiert (mit etwas Dat.) (geh.) Erfolg haben (mit etwas)* Er reüssierte mit seinem ersten Buch., Schon im ersten Jahr reüssierten sie.

Re·van·che die [re'vã:ʃ(ə)] <-, -n> **1.** *eine Möglichkeit, eine Niederlage in einem erneuten Wettkampf auszugleichen* Der Verlierer forderte Revanche., Der Sieger gab dem Verlierer Revanche. ◆-partie, -spiel **2.** *Rache; Vergeltung* Revanche für erlittenes Unrecht nehmen/suchen ◆-politik

re·van·chie·ren [revã'ʃi:rən] <revanchierst, revanchierte, hat revanchiert> *mit SICH* **1.** ■ *jmd. revanchiert sich für etwas Akk. Rache üben* Für diese Bosheit werde ich mich bei passender Gelegenheit revanchieren! **2.** ■ *jmd. revanchiert sich für etwas Akk. mit etwas Dat. seinen Dank zeigen* Ich revanchiere mich gelegentlich für deine Hilfe (mit einer Einladung zum Essen). **3.** ■ *jmd. revanchiert sich für etwas Akk. mit etwas Dat.* SPORT *eine erlittene Niederlage durch einen Sieg ausgleichen* sich für ein verlorenes Spiel beim Rückspiel mit einem Sieg revanchieren

Re·van·chis·mus der [revã:ʃ...] <-> (*kein Plur.*) POL. *eine Politik, die das Ziel verfolgt, im Krieg verlorene Gebiete zurückzuerobern*

Re·ve·rend der ['rɛvərənd] <-s, -s> *Geistlicher in englischsprachigen Ländern siehe aber* **Referent**

Re·ve·renz die [reve'rɛnts] <-, -en> *Ehrerbietung* jemandem seine Reverenz erweisen *siehe aber* **Referenz**

Re·vers¹ das/der [re'və:ɐ] <-, -> *Kragen an Mantel oder Jackett* mit hochgeschlagenem Revers

Re·vers² der <-es, -e> **1.** *schriftliche, rechtliche Verpflichtung* einen Revers unterschreiben **2.** (≈ *Wappen-, Bildseite*) *die Rückseite einer Münze oder Medaille*

re·ver·si·bel <nicht steig.> *Adj.* (↔ *irreversibel*) *umkehrbar* dieser Prozess ist reversibel

re·vi·die·ren <revidierst, revidierte, hat revidiert> *mit OBJ* ■ *jmd. revidiert etwas* **1.** (*geh.*) *prüfen und berichtigen* seine Meinung revidieren, einen Text revidieren, ein Gerichtsurteil revidieren **2.** (*schweiz.*) *überholen, wieder in Stand setzen*

Re·vier das <-s, -e> **1.** (≈ *Bezirk*) *ein abgegrenztes Gebiet, für das jmd. zuständig ist* das Revier eines Försters/Jägers, Die Polizisten gehen im Revier Streife. ◆Forst-, Jagd-, Polizei- **2.** (*umg.* ≈ *Wache*) *Amtsräume der örtlichen Polizei* sich auf dem Revier melden, die Nacht auf dem Revier verbringen müssen **3.** *das Gebiet, das ein Tier als sein eigenes betrachtet* das Revier eines Fuchses, ein Tier markiert/verteidigt sein Revier ◆-kampf, -verhalten

Re·vi·si·on die <-, -en> **1.** *die Überprüfung und Berichtigung von etwas* die Revision eines Textes **2.** WIRTSCH. *Überprüfung von Geschäftsbüchern* eine Revision durchführen **3.** RECHTSW. *der Antrag an ein Gericht höherer Instanz, das Urteil eines anderen Gerichts zu überprüfen und zu ändern* in Revision gehen ◆-santrag, -sgericht, -sorgan, -sprozess

Re·vi·si·o·nis·mus der <-> (*kein Plur.*) **1.** POL. *Bezeichnung für Bestrebungen, die auf eine Abänderung der Verfassung oder völkerrechtlichen Verträge zielen* **2.** POL. *eine Richtung im Marxismus, die behauptet, dass die gesellschaftlichen Veränderungen ohne Revolution innerhalb des bestehenden gesellschaftlichen Rahmens mittels Reformen durchgeführt werden können* ▶Revisionist, revisionistisch

Re·vi·sor, Re·vi·so·rin der <-s, -en> *Person, die beruflich Revisionen[1 2] durchführt*

Re·vi·val das [rɪ'vaɪvl] <-s, -s> *die Wiederbelebung oder Erneuerung von etwas, das bereits einmal erfolgreich war* Zehn Jahre nach seinen großen Erfolgen erlebt das Festival ein Revival.

Re·vol·te die <-, -n> (≈ *Rebellion*) *ein mit gewaltsamen Handlungen verbundener Aufstand einer Gruppe von Personen gegen ihre Beherrscher, Bewacher o.Ä.* die Revolte von Häftlingen in einem Gefängnis, eine Revolte blutig niederschlagen ◆Gefängnis-

re·vol·tie·ren <revoltierst, revoltierte, hat revoltiert> *ohne OBJ* ■ *jmd. revoltiert* **1.** (≈ *rebellieren*) *einen Aufstand machen* Die Sträflinge revoltierten gegen ihre Aufseher. **2.** (*geh.*) *sich auflehnen* gegen Bestimmungen/Verordnungen revoltieren,

Die Schüler revoltieren gegen die ungerechte Behandlung.

Re·vo·lu·ti·on die <-, -en> **1.** POL. *der Vorgang, dass die in einem Staat bestehenden politischen und gesellschaftlichen Verhältnisse mit Gewalt zerschlagen und eine neue Regierung und Gesellschaftsordnung etabliert werden* die Französische Revolution ◆-sführer, -jahr, Gegen-, Konter-, Volks-, Welt- **2.** (*übertr.*) *die grundlegende Neuerung von etwas* Die Zwölftonmusik war eine Revolution in der Musik. **3.** ASTRON. *der Umlauf eines Himmelskörpers um ein Zentralgestirn* die Revolution des Mondes um die Erde

re·vo·lu·ti·o·när *Adj. in der Art einer Revolution*[1] [2] revolutionäre Umwälzungen, eine revolutionäre Entdeckung/Erfindung/Technik

Re·vo·lu·ti·o·när, **Re·vo·lu·ti·o·nä·rin** der <-s, -e> **1.** (≈ *Rebell*) *Person, die an einer Revolution*[1] *beteiligt ist* Die Revolutionäre griffen zum Mittel der Gewalt. **2.** *Person, die umwälzende Entdeckungen macht* als Wissenschaftler ein Revolutionär in seinem Fachgebiet sein

re·vo·lu·ti·o·nie·ren <revolutionierst, revolutionierte, hat revolutioniert> *mit OBJ* ■ *jmd. revolutioniert etwas etwas vollständig und grundlegend verändern*

Re·vo·luz·zer der <-s, -> (*umg. abwert.*) *Person, die sich wie ein Revolutionär*[1] *verhält, ohne einer zu sein*

Re·vol·ver der <-s, -> *eine Handfeuerwaffe mit kurzem Lauf und einem trommelförmigen Magazin* ◆-held, -kugel, -schuss, Trommel-

Re·vol·ver·blatt das <-(e)s, Revolverblätter> (*umg. abwert.*) *eine Zeitung, die überwiegend über Skandale berichtet*

Re·vue die [re'vy:] <-, -n> **1.** THEAT. *ein Bühnenstück, das aus einer losen Abfolge von Tanz- und Gesangsnummern besteht* eine Revue aufführen ◆-film, -girl, -star **2.** *eine Zeitschrift mit Überblicksinformationen zu einem bestimmten Gebiet* eine literarische/naturwissenschaftliche Revue ■ **etwas Revue passieren lassen** (*geh.*): *etwas vor seinem inneren Auge vorbeiziehen lassen* Er ließ noch einmal den Tag Revue passieren.

Re·zen·sent, **Re·zen·sen·tin** der <-en, -en> (≈ *Kritiker*) *Person, die eine Rezension verfasst* (*hat*)

re·zen·sie·ren <rezensierst, rezensierte, hat rezensiert> *mit OBJ* ■ *jmd. rezensiert etwas eine Rezension schreiben* einen Artikel/ein Buch/ein Theaterstück rezensieren

Re·zen·si·on die <-, -en> *ein Artikel, in dem etwas kritisch beurteilt wird* eine Rezension eines Artikels/Buches/ Theaterstücks schreiben

re·zent <nicht steig.> *Adj.* (*fachspr.*) *gegenwärtig lebend* rezente Kulturen/Lebewesen

Re·zept das <-(e)s, -e> **1.** MED. *ein Schein, auf dem von einem Arzt Medikamente verschrieben werden* ein Rezept ausschreiben/bekommen, Dieses Medikament gibt es nur auf Rezept., in der Apotheke ein Rezept vorlegen ▸rezeptieren ◆-block **2.** *kurz für „Kochrezept"* ein Buch mit Rezepten zum Backen/Kochen, ein altes/asiatisches/italienisches Rezept ausprobieren ◆Koch-, -buch **3.** (*übertr.*) *Lösungsmöglichkeit für ein Problem* Dafür habe ich auch kein Rezept., nach Rezepten für die Bekämpfung der Arbeitslosigkeit suchen ◆Patent-

Re·zep·ti·on die [retsɛp'tsi̯o:n] <-, -en> **1.** (*geh.*) *die geistige Aufnahme und Verarbeitung von etwas* die Rezeption eines Kunstwerkes/der Werke Goethes ▸rezipieren **2.** *Empfangstheke im Hotel* die Schlüssel an der Rezeption abgeben **3.** (*psych. biol.*) *Reizaufnahme durch Rezeptoren*

re·zep·tiv <nicht steig.> *Adj.* (*fachspr.*) *so, dass jmd. etwas geistig nur aufnimmt, aber nicht aktiv verarbeitet* Rezeptives Lernen ist nicht besonders wirksam. ▸Rezeptivität

Re·zep·tor der <-s, -en> (*biol.*) *für den Empfang von innen oder außen kommenden Reizen* (*Licht, Wärme, Berührung ...*) *empfindliche Teile von Zellen oder Organen* Exterorezeptoren für die Reize von aussen, Enterorezeptoren für die Reize von innen

re·zept·pflich·tig <nicht steig.> *Adj.* (↔ *rezeptfrei*) *so, dass ein Arzneimittel nicht ohne Rezept*[1] *erhältlich ist* ein rezeptpflichtiges Medikament

Re·zep·tur die <-, -en> *Angaben über die Zusammensetzung* die Rezeptur für die Herstellung einer Salbe/eines Arzneimittels/eines Genussmittels

Re·zes·si·on die <-, -en> (WIRTSCH.: ↔ *Boom*) *Rückgang oder Flaute in der wirtschaftlichen Entwicklung* Auf eine Phase der Konjunktur folgt eine Phase der Rezession. ▸rezessiv

Re·zi·pi·ent, **Re·zi·pi·en·tin** der <-en, -en> (*geh.*) *eine Person, die etwas geistig aufnimmt und verarbeitet* beim Verfassen eines Buches an die künftigen Rezipienten denken

re·zi·pie·ren <rezipierst, rezipierte, hat rezipiert> *mit OBJ* ■ *jmd. rezipiert etwas* (*geh.*) *geistig aufnehmen und verarbeiten* ein Buch/einen Text rezipieren

re·zi·p·rok <nicht steig.> *Adj.* (*fachspr.*) *wechselseitig* eine reziproke Abhängigkeit, sich zueinander reziprok verhalten, reziproke Kreuzung bei Kreuzungsversuchen ▸Reziprozität

Re·zi·ta·tiv das <-s, -e> MUS. *instrumental begleiteter Sprechgesang* Dem Rezitativ folgt meist eine Arie.

re·zi·tie·ren <rezitierst, rezitierte, hat rezitiert> *mit OBJ* ■ *jmd. rezitiert etwas* (*geh.*) *öffentlich vortragen* Der Redner rezitierte Gedichte von Goethe und Schiller. ▸Rezitation, Rezitator

Rha·bar·ber der <-s> (*kein Plur.*) *eine Pflanze mit großen Blättern, deren Stiele in verarbeiteter Form gegessen werden können* ■ **Rhabarber, Rhabarber**: *Wiederholung des Wortes, um etwas als* (*Volks-*) *Gemurmel zu kennzeichnen, das man nicht verstehen kann* ◆-kompott, -kuchen

Rhap·so·die die <-, -n> **1.** LIT. *eine freie Gedichtform* **2.** MUS. *freie Form des Instrumentalstücks* die Ungarische Rhapsodie von Franz Liszt

Rhein der <-(e)s> (*kein Plur.*) *der längste Fluss Deutschlands, der in der Gotthardgruppe entspringt und nördlich des Rhein-Maas-Deltas in*

den Niederlanden in die Nordsee fließt ▸linksrheinisch, rechtsrheinisch, rheinisch

Rhein·land <-s> *eine Region in Deutschland zu beiden Seiten des Mittel- und Niederrheins* aus dem Rheinland stammen ▸rheinländisch

Rhein·land-Pfalz <-> *Bundesland im mittleren Westen Deutschlands mit der Landeshauptstadt Mainz*

Rhe·sus·fak·tor der <-s> (*kein Plur.*) MED. *ein erbliches Merkmal der roten Blutkörperchen* den Rhesusfaktor bestimmen, einen positiven/negativen Rhesusfaktor haben

Rhe·to·rik die <-> (*kein Plur.*) (*geh.*) *die* (*Lehre von der*) *Kunst der Rede* ein Meister der Rhetorik sein, Unterricht in Rhetorik nehmen ▸Rhetoriker

rhe·to·risch <nicht steig.> *Adj.* (*geh.*) *die Rhetorik betreffend* rhetorische Fähigkeiten haben/erwerben, eine rhetorisch gute Rede halten ■ **eine rhetorische Frage**: *eine Frage, auf die man keine ernsthafte Antwort erwartet, weil die Antwort feststeht*

i Wissenswert In diesem Wörterbuch finden sich Angaben wie „verhüllend" (verhüll.) und „abwertend" (abwert.). Dies bezieht sich auf die Tatsache, dass man mit dem Gebrauch bestimmter Wörter auch eine persönliche Wertung eines Menschen oder eines Sachverhalts ausüben kann. Mit Verhüllung ist gemeint, dass man nicht den „eigentlichen" Ausdruck benutzt, z.B. „dahinscheiden" für „sterben". Sprachliche Abwertung findet z.B. statt, wenn man ein Geschäft als „Saftladen" bezeichnet.

Rheu·ma das <-s> (*kein Plur.*) MED. *kurz für „Rheumatismus"* ▸Rheumatiker ◆Gelenk-, Muskel-, -klinik, -kur, -mittel, -wäsche

rheu·ma·tisch <nicht steig.> *Adj.* MED. **1.** *den Rheumatismus betreffend* rheumatische Beschwerden haben, Ihre Schmerzen sind rheumatischer Natur. **2.** *an Rheumatismus leidend* ein rheumatischer Patient

Rheu·ma·tis·mus der <-> (*kein Plur.*) MED. *eine chronische entzündliche bzw. degenerative Erkrankung, die zur Versteifung der Gelenke führen kann*

Rheu·ma·to·lo·gie die <-> (*kein Plur.*) MED. *die Lehre von den rheumatischen Erkrankungen und ihrer Behandlung* Facharzt für Rheumatologie

Rhi·no·ze·ros das <-/-ses, -se> **1.** ZOOL. *Nashorn* **2.** (*umg. abwert.*) *Dummkopf* So ein (Riesen-)Rhinozeros!

Rho·do·dend·ron der/das <-s, Rhododendren> *eine blühende Zierpflanze* die blühenden Büsche der Rhododendren im Park

Rho·dos das <-> (*kein Plur.*) **1.** *griechische Insel im Mittelmeer vor der Südwestküste der Türkei* **2.** *griechische Stadt am Nordostende der Insel Rhodos*[1]

Rhom·bus der <-, Rhomben> MATH. *Raute*

Rhön·rad das <-(e)s, Rhönräder> *ein Sportgerät für gymnastische Übungen in Form eines großen Reifens, in dem der Turner aufrecht stehen kann*

rhyth·misch *Adj.* **1.** *in einem* (*geregelten*) *Takt* rhythmische Bewegungen, rhythmische Musik, sich rhythmisch verändern **2.** *den Rhythmus betreffend* kein rhythmisches Gefühl haben

Rhyth·mus der <-, Rhythmen> **1.** MUS. *taktmäßige Gliederung* ein schneller Rhythmus ◆Sprech-, Tanz- **2.** *regelmäßiger Wechsel* der Rhythmus von Tag und Nacht, seinen eigenen Rhythmus haben ◆Arbeits-, Bio-, Schlaf-, Tages-

Ri·ad das <-s> (*kein Plur.*) *Hauptstadt von Saudi Arabien*

Ri·bi·sel die <-, -n> (*österr.*) *Johannisbeere* rote/schwarze Ribisel

Richt·an·ten·ne die <-, -n> TECHN. *eine Antenne, mit der man elektromagnetische Wellen empfängt und die man in verschiedene Richtungen bewegen kann*

rich·ten <richtest, richtet, hat gerichtet> **I.** *mit OBJ* ■ *jmd. richtet etwas* (*auf etwas Akk.*) **1.** *einem Gegenstand eine solche Stellung geben, dass er in eine bestimmte Richtung zeigt* die Pistole auf jemanden richten, das Fernrohr auf den Mond richten, die Aufmerksamkeit auf etwas/jemanden richten (≈ sich auf etwas oder jmdn. konzentrieren), den Blick in die Ferne richten (≈ in die Ferne blicken) **2.** (*umg. süddt. österr. schweiz.*) *in Ordnung bringen* Ich muss am Wochenende das Fahrrad richten., alles für das Mittagessen richten, seine Kleidung (wieder) richten, Du wirst das schon richten! **3.** ■ *jmd. richtet jmdn.* (*veralt.*) *ein Urteil vollstrecken* einen zum Tode Verurteilten richten ▸Gericht, Recht, Richter **II.** *ohne OBJ* ■ *jmd. richtet über jmdn./etwas* (*geh.*) *urteilen* Du kannst nicht über ihn richten. **III.** *mit SICH* **1.** ■ *jmd. richtet sich an jmdn./etwas sich* (*fragend oder bittend*) *wenden* sich an die Behörden richten, sich mit einer Anfrage an den zuständigen Minister richten **2.** ■ *jmd./etwas richtet sich gegen jmdn./etwas* (≈ *zielen*) Seine Anspielungen richten sich gegen mich. **3.** ■ *jmd. richtet sich nach jmdm./etwas sich auf jmdn. oder etwas einstellen* Ich richte mich ganz nach dir., sich nach der Uhr/den Vorschriften richten, Richte dich in Zukunft danach! **4.** MILIT. *sich in Reihe und Glied aufstellen* Richtet euch! ■ **jemanden zugrunde richten**: *jmdn. in seiner Existenz vernichten* Der Konkurrenzkampf hat seine Firma zugrunde gerichtet.

Rich·ter, Rich·te·rin der <-s, -> **1.** RECHTSW. *jmd., der vom Staat beauftragt ist, Recht zu sprechen* Der Richter fällt das Urteil/vertagt die Verhandlung. ◆Verfassungs- **2.** (*geh. übertr.*) *jmd., der über etwas urteilt* sich zum Richter über etwas/jemanden machen

rich·ter·lich <nicht steig.> *Adj. einen Richter oder eine Richterin betreffend, von ihnen stammend* eine richterliche Entscheidung, die richterliche Unabhängigkeit

Rich·ter- Ska·la die <-> (*kein Plur.*) *Skala zum Messen der Stärke von Erdbeben* Die Erdstöße erreichten den Wert 4 auf der Richter-Skala.

Rich·ter·spruch der <-(e)s, Richtersprüche> RECHTSW. *von einem Richter gefällter Urteilsspruch*

Richt·funk der <-s> (*kein Plur.*) *Funkverkehr, bei dem elektromagnetische Wellen durch Richtantennen ausgestrahlt werden*

Richt·ge·schwin·dig·keit die <-, -en> *empfohlene Geschwindigkeit*

rich·tig **I.** *Adj.* **1.** (*nicht steig.*) (↔ *falsch*) *fehlerfrei oder den Regeln entsprechend* Die Rechenaufgabe hat nur eine richtige Lösung., Du hast richtig geantwortet., die richtige Lösung eines Rätsels, ein Wort richtig aussprechen/schreiben/trennen/ verwenden **2.** ((*nicht steig.*) ↔ *falsch*) *den Tatsachen entsprechend* eine richtige Aussage machen, Es ist nicht richtig, was du sagst., einen Irrtum richtig stellen, Meine Uhr geht nicht richtig. **3.** *moralisch gut* Du hast dir nichts vorzuwerfen, dein Verhalten war richtig., Du hättest dich richtiger verhalten, wenn ... **4.** (↔ *falsch*) *einem bestimmten Zweck oder Ziel dienlich* Ich denke, ihr habt richtig entschieden., etwas richtig machen, das Richtige tun **5.** *echt; wirklich* aus richtigem Gold bestehen, noch ein richtiges Kind sein, mit richtigem Geld bezahlen, Er ist ein richtiger Fachmann auf seinem Gebiet., Du bist ein richtiger Dummkopf! **II.** *Adv.* *tatsächlich; wahrhaft* jemandem richtig böse sein, Jetzt bin ich aber richtig froh!, Sie waren richtig nett zu mir. ■ **mit jemandem/einer Sache ist nicht alles richtig** (*umg.*): *es geht nicht mit rechten Dingen zu; es ist etwas Unheimliches im Spiel* **bei ihm ist es** (**im Oberstübchen**) **nicht ganz richtig** (*umg. abwert.*): *er ist nicht richtig bei Verstand* **Du bist mir der Richtige!** (*iron.*): *Du bist der, den wir am wenigsten brauchen können!* **richtigliegen mit etwas** (*umg.*): *das in der Situation Richtige tun; etwas zutreffend beurteilen* Mit dieser Einschätzung liegen wir wohl ganz richtig. ◆ Großschreibung→R 3.7 Das ist nicht das Richtige für Kinder.; Getrenntschreibung→R 4.2 eine richtig gehende Uhr, Ich muss da etwas richtig stellen. Es stimmte nicht ganz, was du gesagt hast., Er wird es schon richtig machen., Ich weiß nicht, ob ich da richtig liege. *siehe auch* **richtiggehend**

rich·tig·ge·hend *Adv.* (*umg.*) *regelrecht; richtig* Wir sind richtiggehend betrogen worden!, Er war richtiggehend betrunken. *siehe aber auch* **richtig**

Rich·tig·keit die <-> (*kein Plur.*) **1.** *die Tatsache, dass etwas richtig ist* Die Richtigkeit dieser These ist stark umstritten. **2.** *der Zustand, dass etwas rechtmäßig ist* Das hat schon schon seine Richtigkeit, dass er diese Forderung stellt.

Richt·li·nie die <-, -n> (*meist Plur.*) *Anweisung zum Handeln* sich an die vorgegebene Richtlinie halten

Richt·schnur die <-> (*kein Plur.*) **1.** TECHN. *straff gespannte Schnur zum Abstecken gerader Linien* **2.** (*übertr.*) *etwas, woran man sein Handeln ausrichtet* Gründlichkeit zur Richtschnur seines Arbeitens machen

Rich·tung die <-, -en> **1.** *das Ziel, auf das etwas zugeht* Es geht immer Richtung Norden., Der Kompass zeigt die Richtung an., Wir fuhren Richtung Hamburg., eine andere Richtung einschlagen, einem Gespräch eine andere Richtung geben ◆ Fahrt-, Gegen-, Ziel- **2.** (≈ *geistige Strömung*) *eine bestimmte* (*von mehreren Personen vertretene*) *Ansicht in Kunst, Politik oder Wissenschaft* Der Impressionismus ist eine Richtung der modernen Kunst., Welcher Richtung schließt ihr euch an? ◆ Kunst-, Mode-, Stil- **3.** (*umg.*) *Art; Charakter* Ich bevorzuge Parfüms der würzig-süßlichen Richtung., Ich interessiere mich für Sciencefiction. Ich hätte gern ein Buch in dieser Richtung.

rich·tung·wei·send <nicht steig.> *Adj.* *so, dass etwas eine Entwicklung besonders prägt* ein richtungweisendes Kunstwerk

Richt·wert der <-(e)s, -e> *ein Zielwert, den man für etwas anstreben soll* Der Richtwert in dieser Druckerei ist 10000 Blatt pro Stunde.

Ri·cke die <-, n> ZOOL. *weibliches Reh*

rie·chen <riechst, roch, hat gerochen> **I.** *mit/ohne OBJ* ■ *jmd. riecht etwas/an etwas Dat.* *mit der Nase einen Geruch aufnehmen* den Duft der Blüten riechen, Riechst du etwas?, Ich habe Schnupfen, ich rieche nichts., an einer Blüte riechen **II.** *ohne OBJ* ■ *jmd./etwas riecht* **1.** *einen bestimmten Geruch abgeben* angenehm/nach Schweiß/süßlich/streng/würzig/muffig/stark riechen **2.** ■ *etwas riecht nach etwas Dat.* (*umg. übertr.*) *vermuten lassen* Das riecht nach Verrat! **III.** *mit ES* ■ *es riecht nach etwas Dat.* *der Geruch erinnert an irgendetwas* es riecht nach Fisch/ Gas/Holz/Käse/Verbranntem ■ **etwas/jemanden nicht riechen können** (*umg. abwert.*): *etwas oder jmdn. heftig ablehnen* **Das kann ich doch nicht riechen!** (*umg.*): *das kann ich doch nicht wissen* **Lunte riechen** (*umg.*): *Verdacht schöpfen* **den Braten riechen** (*umg.*): *die Absicht ahnen oder bemerken* ▶Geruch

Rie·cher der <-s, -> (*umg.*) **1.** (≈ *Nase*) Er hat einen ziemlich langen Riecher. **2.** *sicheres Gespür für bestimmte Situationen* einen guten Riecher für etwas haben, für Finanzfragen einen ausgesprochenen Riecher haben

Ried[1] das <-(e)s, -e> *Schilfgras siehe auch* **Reet**

Ried[2] die <-, -en> (*österr.*) *Nutzfläche in Weinbergen*

Rie·ge die <-, -n> SPORT *Mannschaft von Turnern* ◆ Damen-, Herren-

Rie·gel der <-s, -> **1.** *der Bolzen zum Verschließen einer Tür* den Riegel vor die Tür schieben **2.** *zu einer schmalen, länglichen Form gepresstes Stück aus Schokolade* ■ **einer Sache einen Riegel vorschieben**: *etwas* (*Unliebsames*) *verhindern*

Rie·men der <-s, -> **1.** *ein schmaler, langer Lederstreifen* eine Peitsche mit mehreren Riemen, Seine Tasche trug er an einem über die Schulter gelegten Riemen. ◆ Leder-, Pedal-, Schulter- **2.** ■ **den Riemen enger schnallen** (*umg.*): *sparen* **sich am Riemen reißen** (*umg.*): *sich beherrschen; seine Kräfte zusammennehmen, um etwas zu erreichen*

Rie·se, **Rie·sin** der <-n, -n> **1.** (↔ *Zwerg*) *eine Märchen- und Sagengestalt, die sehr viel größer*

als ein Mensch ist Das tapfere Scheiderlein hat beide Riesen zum Narren gehalten. **2.** (*umg.*) *etwas, das im Verhältnis zu vergleichbaren Objekten sehr groß ist* ein Riese von einem Mann/Baum/Berg, ein Riese in der Möbelbranche sein, unter den Mathematikern ein Riese ◆ Bau-, Industrie-, Rüstungs-

rie·seln <rieselt, rieselte, ist gerieselt> *ohne OBJ* ■ *etwas rieselt* **1.** *langsam in kleinen Mengen irgendwohin fließen* Dort rieselt ein kleines Bächlein. **2.** *langsam nach unten fallen* Leise rieselt der Schnee., Der Putz rieselt von den Wänden. ▶Rieselwasser, Rieselung

Rie·sen- *als Erstelement verwendet, um auszudrücken, dass die im Zweitelement genannte Sache sehr groß ist* eine Riesenenttäuschung, eine Riesenfreude, Riesenhunger haben, eine Riesenüberraschung

Rie·sen·rad das <-(e)s, Riesenräder> *eine Art Karussell auf Volksfesten, das sich in vertikaler Richtung dreht* (mit dem) Riesenrad fahren

Rie·sen·schlan·ge die <-, -n> *eine sehr große Schlange*

Rie·sen·schritt der <-(e)s, -e> (*umg.*) **1.** *großer Schritt* mit Riesenschritten weglaufen **2.** (*übertr.*) *etwas, das sich sprunghaft verändert* ein Riesenschritt in der Entwicklung, die Zeit eilt in Riesenschritten

riesig **I.** *Adj.* **1.** (↔ *winzig*) *von sehr großer Ausdehnung* ein riesiges Areal/Firmengelände/Gebiet **2.** *sehr groß* riesige Beträge/Gewinne/Mengen/Verluste **3.** *nicht steig.* (*umg.*) *großartig* Ich finde es einfach riesig, wie sie das schafft., Das ist riesig von dir, dass du mir hilfst! **II.** *Adv.* (*umg.* ≈ *sehr*) sich riesig freuen

Ries·ling der <-s, -e> *eine Weinsorte*

Ries·ter-Ren·te die <-> (*kein Plur.*) *im Rahmen der Altersvorsorge eine vom Staat bezuschusste private Zusatzvorsorge; der Anleger zahlt regelmäßig Geld auf eine Art Konto und erhält dafür eine staatliche Förderung; dies ist an bestimmte Bedingungen geknüpft und kann über eine Versicherung oder eine Bank erfolgen*

Riff das <-(e)s, -e> (≈ *Klippe*) *eine Erhebung im Wasser* das Schiff ist auf ein Riff gefahren, Die Korallen wachsen zu einem Riff. ◆ Korallen-

rif·feln <riffelst, riffelte, hat geriffelt> *mit OBJ* ■ *jmd. riffelt etwas mit feinen Kerben versehen* eine geriffelte Oberfläche

ri·gid(e) *Adj.* (*geh.* ↔ *flexibel*) *sehr streng* eine Regelung sehr rigide handhaben ▶Rigidität

ri·go·ros *Adj.* (*geh.*) *sehr streng und rücksichtslos* die Gelder rigoros kürzen, rigoros gegen etwas/jemanden vorgehen, etwas rigoros ablehnen ▶Rigorosität

Rik·scha die <-, -s> *in Asien verbreitetes zweirädriges Gefährt zur Beförderung von von Personen, das von einem Menschen gezogen wird*

Ril·le die <-, -n> *eine lange, schmale Vertiefung in einer (glatten) Oberfläche* die Rillen einer Schallplatte

Rind das <-(e)s, -er> **1.** *ein großes Tier mit rotbraunem oder schwarzweißem Fell und Hörnern, das Gras frisst und als landwirtschaftliches Nutztier zur Fleisch- und Milchproduktion gehalten wird* **2.** KOCH. *kurz für „Rindfleisch"*

Rin·de die <-, -n> *die relativ harte, raue, rotbraune oder fast schwarze Oberfläche, die einen Baumstamm auf der Außenseite bedeckt* ▶entrinden

Rin·der·bra·ten der <-s, -> KOCH. *gebratenes Rindfleisch*

Rin·der·wahn·sinn der <-s> (*kein Plur.*) (≈ *BSE*) *eine übertragbare Rinderkrankheit*

Rind·fleisch das <-(e)s> (*kein Plur.*) *Fleisch vom Rind*[1]

Rinds·le·der das <-s> (*kein Plur.*) *Leder vom Rind*[1]

Rind·viech das <-(e)s, -er> (*umg. abwert.*) *Person, die sich sehr dumm verhält* Du Rindviech!

Rind·vieh das <-s> (*kein Plur.*) **1.** *Gesamtheit aller Rinder* (*auf einem Bauernhof*) **2.** (≈ *Rindviech*)

Ring der <-(e)s, -e> **1.** *ein kreisförmiger, mehr oder weniger dicker Gegenstand aus einem Edelmetall, den man als Schmuck am Finger trägt* an jedem Finger einen Ring tragen, Er steckte seiner Braut einen Ring an den Finger., ein goldener Ring mit einem Rubin ◆ Ehe-, Gold-, Silber-, Trau-, Verlobungs- **2.** *ein kreisförmiges Gebilde* Gardinen mit Ringen an eine Stange hängen, dunkle Ringe um die Augen haben ◆ Gummi-, Holz-, Ohr-, Servietten- **3.** *eine kreisförmig angelegte Mauer oder Straße* Die alte Wehranlage bildet einen Ring um die ganze Stadt. **4.** SPORT *die rechteckige Fläche, auf der Boxkämpfe ausgetragen werden* in den Ring steigen, nach zehn Runden im Ring gezeichnet sein **5.** *eine Gruppe von Menschen, die gemeinsam kriminelle Handlungen begehen* Die Polizei konnte einen Ring von Drogendealern/ Menschenhändlern/Schmugglern zerschlagen. ◆ Rauschgift-, Spionage-, Verbrecher- **6.** (*landsch.* ≈ *Marktplatz*)

Rin·gel·blu·me die <-, -n> (≈ *Calendula*) *eine Zierpflanze mit gelben Blüten*

rin·geln <ringelst, ringelte, hat geringelt> *sich ringeln* ■ *etwas ringelt sich sich winden* Die Schlange ringelte sich um den Ast., Ihre Haare ringeln sich hinter den Ohren.

Rin·gel·nat·ter die <-, -n> *eine am Wasser lebende Schlange mit halbmondförmigen Flecken am Kopf*

Rin·gel·spiel das <-(e)s, -e> (*österr.*) *Karussell*

rin·gen <ringst, rang, hat gerungen> *ohne OBJ* **1.** ■ *jmd. ringt* (*mit jmdm.*) *einen* (*sportlichen*) *Ringkampf austragen* mit jemandem ringen, um den Weltmeistertitel ringen, Die Jungen ringen zum Spaß miteinander. **2.** ■ *jmd. ringt* (*um etwas Akk./nach etwas Dat.*) (*geh.*) *sich sehr anstrengen, um etwas zu erlangen* um Anerkennung ringen, nach Atem/Luft ringen, nach Worten ringen **3.** ■ *jmd. ringt mit sich* (*geh.*) *sich innerlich mit etwas auseinander setzen* Er rang mit sich, aber es gelang ihm nicht, ihr zu verzeihen. ■ **mit dem Tod(e) ringen** (*geh.*): *im Sterben liegen*

Rin·ger, **Rin·ge·rin** der <-s, -> SPORT *jmd., der das*

Ringen[1] als Sport betreibt

Ring·fin·ger der <-s, -> *der Finger der Hand, der sich neben dem kleinen Finger befindet* der linke/rechte Ringfinger

ring·för·mig <nicht steig.> *Adj. in Form eines Ringes* Die Stadtmauer umschließt die Stadt ringförmig.

Ring·kampf der <-(e)s, Ringkämpfe> SPORT *ein sportlicher Wettkampf, bei dem die Kämpfer nach bestimmten Regeln versuchen, den Gegner mit bestimmten Griffen zu Boden zu werfen*

Rin·glot·te *s.* **Reneklode**

rings *Adv. im Kreis um etwas herum* sich rings im Kreis aufstellen, Rings um die Stadt verläuft eine Mauer.

rings·he·rum *Adv. im Kreis um etwas herum* In der Mitte lag der Ball. Die Kinder stellten sich ringsherum auf.

rings·um *Adv. überall im Umkreis* Ringsum läuteten die Glocken.

rings·um·her *Adv. überall im Umkreis* Die Leute kamen von ringsumher., Ringsumher blühten die Blumen.

Rin·ne die <-, -n> *eine lange Vertiefung, durch die Wasser abfließen kann* Das Wasser fließt in einer Rinne., eine Rinne am Dach für das Regenwasser ◆ Dach-, Regen-

rin·nen <rinnt, rann, ist geronnen> *ohne OBJ* ■ *etwas rinnt (spärlich) fließen* Das Wasser rinnt aus dem undichten Gefäß., Der Schweiß rann ihm von der Stirn.

Rinn·sal das <-(e)s, -e> *Flüssigkeit, die als ganz schmaler Streifen rinnt* In der Trockenzeit wird der Fluss zu einem kleinen Rinnsal.

Rinn·stein der <-(e)s, -e> *Wasserablauf am Straßenrand*

Rip·pe die <-, -n> **1.** ANAT. *einer der gebogenen Knochen, die von der Wirbelsäule zum Brustbein führen und zusammen den Brustkorb bilden* sich eine Rippe brechen, Er ist so mager, dass man bei ihm die Rippen zählen kann. **2.** KOCH. *ein Stück Fleisch mit Rippenknochen* ◆ Schweins-, Rinder- **3.** *etwas, das ähnlich wie eine Rippe[1] geformt ist* die Rippe eines Heizkörpers, die Rippen eines Gewölbes, die Rippen eines Blattes ◆ Kühl- **4.** *schmale, lange Vertiefung* die Rippen im Kordstoff, ein Pullover mit Rippen ■ **jemand kann sich etwas nicht aus den Rippen schneiden** (*umg.*): *jmd. weiß nicht, wo er etwas (Geld, Zeit) hernehmen soll* Ich weiß nicht, wie ich die viele Arbeit schaffen soll – schließlich kann ich es mir doch nicht aus den Rippen schneiden! ◆ -nmuster

Rip·pen·fell das <-s,> (*kein Plur.*) ANAT. *das an den Rippen innen anliegende Hautgewebe* ◆ -entzündung

Rip·pen·stoß der <-es, Rippenstöße> *ein (leichter) Stoß gegen die Rippen, mit dem jmd. einen anderen ermuntern will, etwas zu tun* ein freundschaftlicher Rippenstoß

Ripp·li das <-s, -,> (*schweiz.*) *Schweinerippchen*

Rips der <-> (*kein Plur.*) *gewebter Stoff mit Rippen[3]*

Ri·si·ko das <-s, Risiken> (≈ *Wagnis*) *der Umstand, dass etwas gefährliche oder schädliche Folgen haben kann* Der Plan birgt Risiken in sich., alle Risiken bedenken wollen ■ **ein Risiko eingehen**: *sich auf ein Wagnis einlassen* **etwas auf eigenes Risiko tun**: *selbst die Verantwortung für die Folgen von etwas übernehmen*

Ri·si·ko·ab·si·che·rung die <-, -en> *der Vorgang, dass jmd. mit Risiken rechnet und sich gegen mögliche Schäden finanziell absichert*

Ri·si·ko·a·na·ly·se die <-, -n> *das Analysieren möglicher Risiken*

ri·si·ko·be·haf·tet <nicht steig.> *Adj. mit Risiken verbunden*

ri·si·ko·be·reit <nicht steig.> *Adj. bereit, ein Risiko einzugehen*

Ri·si·ko·be·wer·tung die <-, -en> *die Einschätzung, wie groß ein Risiko werden könnte*

Ri·si·ko·fak·tor der <-s, -en> *eine Tatsache oder ein Verhalten, das negative Folgen begünstigt* Rauchen ist einer der wichtigsten Risikofaktoren für die Gesundheit, denn es begünstigt Lungenkrebs.

ri·si·ko·frei <nicht steig.> *Adj. ohne Risiken*

ri·si·ko·freu·dig <nicht steig.> *Adj. so, dass jmd. gern ein Risiko eingeht*

Ri·si·ko·ge·biet das <-(e)s, -e> *ein Gebiet oder Land, in dem politische Unsicherheit herrscht und wo es deshalb viele Risiken für Touristen oder dort arbeitende Ausländer gibt*

Ri·si·ko·ge·burt die <-, -en> *eine Geburt, bei der Gefahr für das Leben von Mutter und/oder Kind besteht*

Ri·si·ko·grup·pe die <-, -n> *eine Personengruppe, die besonderen (gesundheitlichen) Gefahren ausgesetzt ist*

ri·si·ko·los <nicht steig.> *Adj. ohne Risiken*

Ri·si·ko·pa·ti·ent, **Ri·si·ko·pa·ti·en·tin** der <-, -en> MED. *ein Patient, der wegen einer früheren Erkrankung oder einer bestimmten erblichen Veranlagung durch eine Krankheit oder Operation besonders gefährdet ist*

Ri·si·ko·prä·mi·e die <-, -n> **1.** WIRTSCH. *ein Zuschlag der für mögliche wirtschaftliche Risiken eingeplant ist* **2.** *der Anteil, den ein Unternehmer als Vergütung bekommt dafür, dass er ein bestimmtes Risiko übernimmt*

ri·si·ko·reich <nicht steig.> *Adj. voller Risiken* ein risikoreiches Unternehmen

ris·kant *Adj. mit einem Risiko verbunden* ein riskantes Geschäft, eine riskante Kletterpartie

ris·kie·ren *mit OBJ* ■ *jmd. riskiert etwas* **1.** *etwas so tun, dass man mögliche negative Folgen hinnimmt* Das riskiere ich!, einen Unfall riskieren, Du riskierst, dass dir gekündigt wird! **2.** *etwas durch sein Handeln so in Gefahr bringen, so dass man es verlieren könnte* sein Leben/seine Gesundheit riskieren, Du riskierst deine Stelle. ■ **Kopf und Kragen riskieren** (*umg.*): *das eigene Leben riskieren* **einen Blick riskieren** (*umg.*): *sich etwas Interessantes kurz ansehen*

Ri·sot·to der/das <-s, -s> KOCH. *ein Reisgericht*

Ris·pe die <-, -n> *Teil einer Pflanze mit sehr feinen Zweigen* ◆ -ntomate

Riss der <-es, -e> *eine Stelle, an der etwas gerissen ist und an der jetzt ein Zwischenraum (in einer Oberfläche) besteht* Risse im Mauerwerk, einen Riss in der Hose haben, einen Riss flicken/leimen/zunähen

riss·fest <nicht steig.> *Adj. reißfest*

ris·sig *Adj. voller Risse* rissige Haut, rissiges Leder

Rist der <-es, -e> SPORT *Fuß- oder Handrücken* den Ball vom Rist abprallen lassen

Ri·tar·dan·do das <-s, Ritardandi> MUS. *allmähliches Langsamwerden des Tempos*

Ri·ten *Plur. von* **Ritus**

Ritt der <-(e)s, -e> *das Reiten* ein Ritt auf einem Pferd/über das Feld

Rit·ter der <-s, -> **1.** GESCH. *ein adliger, berittener Kämpfer des Mittelalters, zu dessen Ausrüstung besonders Rüstung, Schwert und Schild gehörten* jemanden zum Ritter schlagen, Rüstung, Schild und Schwert eines Ritters **2.** *Bezeichnung für jmdn., der einen bestimmten höheren Orden bekommen hat* Er ist Ritter der Ehrenlegion. ■ **ein Ritter ohne Furcht und Tadel**: *jmd., der vorbildlich und tapfer handelt*

Rit·ter·burg die <-, -en> GESCH. *die Burg eines Ritters*[1]

Rit·ter·dich·tung die <-, -en> LIT. *die Dichtung, die zur höfischen ritterlichen Kultur des Mittelalters gehört und deren Ideale zum Ausdruck bringt*

Rit·ter·dienst der <-es, -e> GESCH. *der Dienst, den ein Ritter*[1] *bei Hofe zu leisten hatte*

Rit·ter·gut das <-es, Rittergüter> GESCH. *ein Landgut, das einem Adligen aus dem Ritterstand gehört*

Rit·ter·kreuz das <-es, -e> GESCH. *eine Kriegsauszeichnung im Nationalsozialismus* das Ritterkreuz verliehen bekommen

rit·ter·lich <nicht steig.> *Adj.* **1.** *zu einem Ritter*[1] *gehörend* der Mut als ritterliche Tugend **2.** *(als Mann gegenüber einer Frau) im Verhalten hilfreich und höflich* Er benahm sich ihr gegenüber sehr ritterlich.

Rit·ter·lich·keit die <-> *(kein Plur.) die ritterliche*[2] *Haltung und Verhaltensweise*

Rit·ter·ro·man der <-s, -e> LIT. *ein Roman, der vom Leben und den Idealen der Ritter handelt*

Rit·ter·rüs·tung die <-, -en> GESCH. *gepanzerter Kampfanzug des Ritters*[1]

Rit·ter·stand der <-(e)s> *(kein Plur.) der Stand der adligen Krieger im Mittelalter, die ihrem Fürsten zu Dienst verpflichtet waren*

ritt·lings *Adv. in der Art eines Reiters sitzend* rittlings auf einem Stuhl sitzen

Ri·tu·al das <-s, -e/-ien> **1.** *der Ablauf oder die festgelegte Form einer religiösen Handlung, die sich immer wiederholt* ein christliches/heidnisches Ritual **2.** *(umg. scherzh.) oft in gleicher Form wiederholte Handlung* Der Hund vollführt immer das gleiche Ritual, wenn er seinen Herrn begrüßt.

ri·tu·a·li·sie·ren *mit OBJ* ■ *jmd. ritualisiert etwas jmd. lässt eine Handlung zum Ritual*[2] *werden* Kinder mögen es, wenn man bestimmte alltägliche Handlungen (zum Beispiel das Zu-Bett-Gehen) ritualisiert.

ri·tu·ell <nicht steig.> *Adj.* **1.** *zu einem religiösen Ritual*[1] *gehörend* rituelle Waschungen **2.** *regelmäßig und feierlich* das rituelle Mittagessen der Familie am Sonntag

Ri·tus der <-, Riten> **1.** *Form der traditionellen Ausübung von Religion* der Ritus im Gottesdienst **2.** *Gewohnheit bei häufig wiederholten Handlungen* der Ritus, sonntags einen Besuch bei Verwandten zu machen

Rit·ze die <-, -n> (≈ *Spalt*) *schmaler Schlitz* Durch eine Ritze in der Tür/im Mauerwerk fiel Licht nach draußen.

Ritzel das <-s, -> TECHN. *ein kleines Zahnrad, das größere Zahnräder antreibt*

rit·zen <ritzt, ritzte, hat geritzt> **I.** *mit OBJ* ■ *jmd. ritzt etwas in etwas Akk. mit einem spitzen Gegenstand ein Muster, eine Linie o.Ä. in eine harte Oberfläche einschneiden* etwas in die Rinde eines Baumes ritzen **II.** *mit SICH* ■ *jmd. ritzt sich (irgendwo) sich mit einem spitzen Gegenstand die Haut verletzen* Ich habe mich an einem Dorn geritzt.

Ri·va·le, **Ri·va·lin** der <-n, -n> **1.** (≈ *Konkurrent*) *jmd., der sich um dasselbe Amt oder dieselbe Stelle bewirbt wie ein anderer* sein Rivale um das Amt des Bürgermeisters, alle Rivalen aus dem Feld schlagen **2.** *jmd., der um die Liebe derselben Person wirbt wie ein anderer* eine Rivalin/einen Rivalen haben

ri·va·li·sie·ren *ohne OBJ* ■ *jmd. rivalisiert mit jmdm. (um etwas Akk.) (geh. ≈ wetteifern) dasselbe erreichen wollen wie ein anderer und deshalb mit ihm um den Vorrang kämpfen* Sie rivalisiert seit Jahren mit ihrer jüngeren Schwester., rivalisierende Mannschaften, mit jemandem um etwas rivalisieren, Parteien rivalisieren um die Gunst der Wähler

Ri·va·li·tät die <-, -en> *(geh.) der Zustand, dass jmd. mit jmdm. rivalisiert* Zwischen beiden Schwestern besteht eine Rivalität., die Rivalität zweier Parteien, seine Rivalitäten offen austragen

Ri·zi·nus, **Ri·zi·nus** der <-, -/-se> *eine Heilpflanze, aus deren Samen das Rizinusöl gewonnen wird*

Ri·zi·nus·öl das <-(e)s> *(kein Plur.)* MED. *ein abführendes Medikament*

Roast·beef das ['ro:stbi:f] <-s, -s> KOCH. *Braten aus dem Rippenstück des Rinds, der nicht ganz durchgebraten ist*

Rob·be die <-, -n> *ein im Meer lebendes Säugetier mit langem Körper, dichtem kurzem Fell und Gliedmaßen, die wie Flossen geformt sind* ◆ -nbaby, -nfang, -nfell, -njagd

rob·ben <robbst, robbte, ist gerobbt> *ohne OBJ* ■ *jmd. robbt irgendwo sich kriechend am Boden fortbewegen* Die Rekruten robben durchs Gelände.

Ro·be die <-, -n> **1.** *Amtstracht (von Geistlichen oder Richtern)* ◆ Amts-, Richter- **2.** *Abendkleid* eine festliche Robe anziehen

Ro·bi·nie die <-, -n> BOT. *eine Laubbaumart, die im Frühsommer zarte, duftende Blüten trägt*

Ro·bin·son der <-> (*kein Plur.*) *jmd., der auf einer einsamen Insel fern von der Zivilisation lebt* (*nach der Figur in Defoes Roman „Robinson Crusoe"*)

Ro·bo·ter der <-s, -> **1.** TECHN. *eine automatische, programmierbare Fertigungsmaschine* Die Schweißarbeiten an der Karosserie werden von einem Roboter ausgeführt. **2.** *eine Maschine, deren Gestalt menschenähnlich ist und die automatisch Bewegungen ausführen kann* Roboter kommen häufig in Sciencefiction-Romanen vor. ▶roboterhaft

Ro·bo·ter·tech·nik die <-> (*kein Plur.*) *der Bereich der Technik, der sich mit dem Konstruieren von Robotern[1] beschäftigt*

Ro·bot·fahr·zeug das <-s, -e> *ein Fahrzeug, das durch Roboter[1] gesteuert wird*

ro·bust <robuster, am robustesten> *Adj.* **1.** *widerstandsfähig, nicht empfindlich* eine robuste Gesundheit haben, Arbeitskleidung/eine Jacke/ein Zelt aus robustem Material, Eine robuste Pflanze hält auch Hitze und Trockenheit aus. **2.** *kräftig gebaut* Er hat einen robusten Körperbau. ▶Robustheit

Ro·cha·de die [rɔ'xa:də/rɔ'ʃa:də] <-, -n> *Doppelzug mit König und Turm beim Schachspiel*

rö·cheln <röchelst, röchelte, hat geröchelt> *ohne OBJ* ■ *jmd. röchelt schwer und mit rasselndem Geräusch atmen* der röchelnde Atem eines Sterbenden/total Erschöpften

Ro·chen der <-s, -> *ein großer Meeresfisch mit plattem Körper und pfeilförmigem Schwanz*

Rock[1] der <-(e)s, Röcke> **1.** *ein Kleidungsstück für Frauen und Mädchen, das von der Taille ab nach unten hängt* ein kurzer/langer/weiter Rock, ein Rock mit Schlitz/aus einem Wollstoff ◆ Falten-, Maxi-, Mini- **2.** (*veralt. landsch.*) *Jacke eines Mannes* der Rock eines Soldaten ◆-ärmel, -kragen, -tasche, Soldaten-, Uniform-

Rock[2] der <(-s)> (*kein Plur.*) (≈ *Rockmusik*) Ich höre bevorzugt Rock und Jazz., Mick Jagger und Keith Richards als Ikonen des Rock ◆-band, -festival, -gruppe, -konzert, -musik, -star, Art-, Country-, Deutsch-, Hard-, Jazz-, Prog-, Punk-

Rock and Roll/Rock 'n' Roll der ['rɔkn̩'ro:l] **1.** (*kein Plur.*) *eine Stilrichtung der populären Musik, die in den fünfziger Jahren in Amerika aufkam und sehr schnell in Europa beliebt wurde, die auf einem treibenden Rhythmus und besonders dem Einsatz der elektrischen Gitarre aufbaut und die auch einen speziellen Frisuren- und Bekleidungsstil hervorbrachte* Elvis, der King des Rock and Roll **2.** *ein Tanz* einen Rock 'n' Roll tanzen ◆-tänzer

Rock·band die ['rɔkbɛnt] <-, -s> *eine Gruppe, die Rockmusik spielt* die Rolling Stones, eine der erfolgreichsten Rockbands aller Zeiten, der Auftritt/der Bassist/die Bühnenshow/die Groupies/ der Keyboarder/die Konzerte/der Manager/die Roadies/ der Sänger/der Schlagzeuger/die Tourneedaten/die Verstärkeranlage der Rockband, Die Rockband geht ins Studio/geht auf Tour/ spielt ein Album ein/hat sich vor zwei Jahren aufgelöst.

ro·cken <rockst, rockte, hat gerockt> *ohne OBJ* ■ *jmd. rockt Rockmusik machen*

Ro·cker der <-s, -> **1.** MUS. *Rockmusiker* **2.** *Angehöriger einer Rockerbande*

Ro·cker·ban·de die <-, -n> *eine Gruppe von* (*jugendlichen*) *Personen, die Lederkleidung tragen, schwere Motorräder fahren* (*und sich oft gewalttätig verhalten*)

Ro·cker·braut die <-, Rockerbräute> (*umg.*) *Freundin eines Rockers[2]*

Rock·grup·pe die <-, -n> (≈ *Rockband*)

ro·ckig <nicht steig.> *Adj. in der Art von Rockmusik* ein rockiger Song, Das letzte Album der Band klang rockiger.

Rock·mu·sik die <-> (*kein Plur.*) *ein Musikstil der populären Musik, der durch schnelle Rhythmen und die Verwendung elektrischer Instrumente gekennzeichnet ist* Aus den Boxen dröhnt laute Rockmusik., ein Lexikon der Rockmusik

Rock·ve·te·ran der <-s, -en> (*umg.*) *Rockmusiker, der nicht mehr ganz jung ist*

Ro·del der <-s, -> (*süddt.*) *ein* (*sportlicher*) *Schlitten*

Ro·del·bahn die <-, -en> *Bahn zum Schlittenfahren*

ro·deln <rodelst, rodelte, hat/ist gerodelt> *ohne OBJ* ■ *jmd. rodelt Schlitten fahren* Gestern haben wir den ganzen Tag gerodelt., Sie ist von diesem Berg ins Tal gerodelt. ▶Rodelschlitten, Rodelsport

ro·den *mit OBJ* ■ *jmd. rodet etwas in einem Waldgebiet Bäume fällen, um den Boden dann für Ackerbau zu kultivieren* Bäume/ein Waldstück roden

Ro·deo der/das <-s, -s> *eine Art Wettkampfveranstaltung nordamerikanischer Cowboys, bei der die Teilnehmer möglichst lange auf gesattelten wilden Pferden reiten müssen*

Rod·ler, Rod·le·rin der <-s, -> *jmd., der rodelt*

Ro·dung die <-, -en> **1.** (*kein Plur.*) *das Roden* Technik für die Rodung von Bäumen ◆ Brand- **2.** *ein gerodetes Stück Land* auf einer Rodung Getreide anbauen

Ro·gen der <-s, -> *Fischeier*

Rog·gen der <-s> (*kein Plur.*) *ein Getreide* Roggen anbauen/zu Mehl verarbeiten

Rog·gen·brot das <-(e)s, -e> Brot aus Mehl vom Roggen

Rog·gen·mehl das <-s> (*kein Plur.*) *Mehl aus Roggen*

roh *Adj.* **1.** (≈ *gar*) *nicht gekocht; nicht gebraten* rohes Gemüse essen **2.** *unbearbeitet* rohes Holz, rohe Diamanten, ein roher Entwurf, rohe Schätzungen **3.** (*abwert.* ≈ *grob, brutal*) *brutal und gefühllos* ein roher Mensch, Sei doch nicht so roh! ◆ Großschreibung→R 3.7 Mein Vortrag ist im Rohen fertig., Die Holzfigur ist aus dem Rohen gearbeitet.

Roh·bau der <-s, Rohbauten> BAUW. *ein Neubau, der bisher aus Mauern, Decken und Dach besteht*

Das Haus ist im Rohbau fertig.

Roh·bi·lanz die <-, -en> WIRTSCH. *vorläufige Zusammenstellung der wichtigsten Kosten, um die Jahresbilanz vorzubereiten*

Roh·ei·sen das <-s> (*kein Plur.*) *Eisen im unverarbeiteten Zustand*

Roh·fas·sung die <-, -en> *rohe*[2] *Fassung eines Textes*

Roh·ge·winn der <-(e)s, -e> (WIRTSCH.: ≈ *Bruttogewinn*) *der Betrag, von dem noch die Aufwendungen abgezogen werden müssen*

Roh·heit die <-, -en> (*abwert.*) **1.** (*kein Plur.*) *die Eigenschaft, brutal und gefühllos zu sein* **2.** *rohe, gewaltsame Handlung* Er hat sie lange mit seinen Roheiten gequält.

Roh·kaf·fee der <-s, -e> *ungerösteter Kaffee*

Roh·kost die <-> (*kein Plur.*) *Kost aus ungegartem Gemüse und Obst* sich von Rohkost ernähren

Roh·ling der <-, -e> **1.** (*umg. abwert.*) *brutaler Mensch* **2.** TECHN. *ein Werkstück, das noch weiter bearbeitet werden muss*

Roh·ma·te·ri·al das <-s, -ien> *Material, das für weitere Bearbeitung bestimmt ist*

Roh·öl das <-(e)s, -e> TECHN. *nicht raffiniertes Erdöl*

Roh·pa·pier das <-s, -e> *Spezialpapier, aus dem Fotopapier hergestellt wird*

Rohr das <-(e)s, -e> **1.** TECHN. *ein langer, zylindrischer Hohlkörper zum Transport von Gasen oder Flüssigkeiten* Rohre für Abwasser/Gas/Wasser verlegen ◆ Abwasser-, Gas-, Heizungs-, Leitungs-, Wasser- **2.** *das Rohr*[1]*, aus dem bei Feuerwaffen die Kugel austritt* das Rohr einer Kanone, aus allen Rohren feuern **3.** (*kein Plur.*) BOT. *eine Schilfpflanze mit langen, rohrförmigen Stängeln* Das Ufer ist dicht mit Rohr bewachsen., Rohr ernten/flechten/verarbeiten, Möbel/Stühle aus Rohr ◆-geflecht, -stock **4.** (*süddt. österr.*) *Ofen zum Backen oder Braten* den Kuchen im Rohr backen ■ **volles Rohr** (*umg.*): *mit aller Kraft* volles Rohr fahren/schießen/schreien **jemand ist wie ein schwankendes Rohr im Wind** (*umg.*): *jmd. ist unsicher in seinen Entschlüssen*

Rohr·blatt das <-(e)s, Rohrblätter> MUS. *Teil am Mundstück eines Blasinstruments* ◆-instrument

Rohr·bruch der <-(e)s, Rohrbrüche> *Schaden an einem Rohr*[1] *für Wasser* einen Rohrbruch beheben, Wegen eines Rohrbruches stand die Straße unter Wasser.

Röh·re die <-, -n> **1.** *eine kleinere Leitung zum Transport von Flüssigkeiten und Gasen* für einen chemischen Versuch Kolben und Röhren aufbauen ◆ Glas-, Leuchtstoff-, Neon- **2.** *Ofen zum Backen oder Braten* die Gans/den Kuchen in die Röhre schieben **3.** PHYS. TECHN. *eine geschlossene Röhre*[1]*, in der Elektronen fließen* ◆-ngerät -nverstärker, Fernseh-, Radio- **4.** ■ **in die Röhre gucken** (*umg.*): *leer ausgehen*

röh·ren *ohne OBJ* **1.** ■ *ein Tier röhrt ein Hirsch gibt einen Brunftschrei von sich* Im Herbst hört man die Hirsche röhren. **2.** ■ *jmd. röhrt* (*umg. abwert.*) *mit lauter, dröhnender Stimme rufen*

röh·ren·för·mig <nicht steig.> *Adj. in Form einer Röhre*[1]

Rohr·flech·ter der <-s, -> *jmd., der beruflich Rohr*[3] *verarbeitet*

Rohr·lei·tung die <-, -en> *miteinander verbundene Rohre*[1] eine Rohrleitung verlegen ◆-ssystem

Röhr·ling der <-s, -e> *ein Pilz mit feinen Röhren an der Unterseite*

Rohr·mat·te die <-, -n> *Matte aus Rohr*[3] Die Rohrmatte dient als Sichtschutz.

Rohr·netz das <-es, -e> *Leitungsnetz aus Rohren*[1]

Rohr·rah·men der <-s, -> KFZ *ein stabiler Rahmen aus Stahlrohren für Kraftfahrzeuge*

Rohr·stuhl der <-(e)s, Rohrstühle> *ein Stuhl aus geflochtenem Rohr*[3]

Rohr·zan·ge die <-, -n> *Zange zum Greifen und Biegen von Rohren*[1]

Rohr·zu·cker der <-s> (*kein Plur.*) *aus Zuckerrohr gewonnener Zucker*

Roh·sei·de die <-> (*kein Plur.*) *eine besondere Art von Seide*

Roh·stoff der <-(e)s, -e> *ein aus der Natur gewonnener Stoff, der zur Verarbeitung* (*in der Industrie*) *bestimmt ist* Erdöl ist der Rohstoff für viele Kunststoffe., Rohstoffe auf dem Weltmarkt kaufen/ liefern/verarbeiten, ein an Rohstoffen armes/reiches Land ◆-bedarf, -lieferant, -mangel, -preis, -quelle, -verknappung, -versorgung

Roh·stoff·re·ser·ven <-> *Plur.* WIRTSCH. *die Vorräte an Rohstoffen* Rohstoffreserven erschließen

Roh·wol·le die <-> (*kein Plur.*) *noch nicht bearbeitete Wolle*

Roh·zu·cker der <-s, -> *nicht raffinierter Zucker*

Roh·zu·stand der <-(e)s> (*kein Plur.*) *der unbearbeitete Zustand von etwas* ein Edelstein/Eisenerz im Rohzustand

Ro·ko·ko, Ro·ko·ko das <-(s)> (*kein Plur.*) *eine europäische Stilepoche im 18. Jahrhundert, die gekennzeichnet ist durch verspielte Formen und eine heitere Grundstimmung* ein Schloss im Stil des Rokoko ◆-malerei, -möbel, -stil

Roll·bahn die <-, -en> LUFTF. *Start- und Landebahn für Flugzeuge*

Roll·bal·ken der <-s, -> (EDV: ≈ *Scrollbar*) *in einer grafischen Benutzeroberfläche am Rande eines Fensters angebrachtes Balkenelement, innerhalb dessen ein Symbol sich bewegt und damit die relative Position zum Dateianfang bzw. Dateiende anzeigt*

Roll·bra·ten der <-s, -> KOCH. *zu einer Rolle geformtes Bratenfleisch*

Roll·brett das <-(e)s, -er> (≈ *Skateboard*)

Roll·con·tai·ner der ['rɔlkɔntɛnɾ] <-s, -> *ein kleiner Büroschrank auf Rollen*[1]

Rol·le die <-, -n> **1.** TECHN. *ein zylindrisches, um die eigene Achse bewegliches Bauteil* das Seil läuft über eine Rolle, eine Rolle zum Glätten der Oberfläche, auf Rollen gelagert/fahrbar sein **2.** *etwas, das zusammengewickelt ist und die Form einer Rolle*[1] *hat* eine Rolle Garn, eine Rolle Drops ◆ Papier-, Schrift-, Tapeten- **3.** (SPORT: ≈ *Überschlag*) *eine Bewegung, bei der der Körper um* *die eigene Querachse gedreht wird* eine Rolle rückwärts/vorwärts machen **4.** THEAT. *eine Figur in einem Film oder Theaterstück, die von einem Schauspieler verkörpert wird* die Rolle des König Lear spielen, In der Rolle des König Lear sehen Sie … ◆-nbesetzung, -ntext, Parade- **5.** *die Art und Weise, wie jmd. oder etwas die in der Gesellschaft bestehenden Erwartungen erfüllt* die Rolle des Trainers bei der Entwicklung eines Athleten, die Rolle der Frau in der modernen Gesellschaft, Welche Rolle spielst du dabei?, Das Geld spielt eine große Rolle bei dem Projekt. ■ **bei etwas eine Rolle spielen**: *bei etwas mitwirken oder beteiligt sein* **seine Rolle ausgespielt haben**: *seine Stellung oder sein Ansehen verlieren* **aus der Rolle fallen**: *sich unpassend benehmen* **sich in die Rolle eines anderen versetzen**: *sich in die Lage eines anderen hineindenken*

rol·len <rollst, rollte, hat/ist gerollt> **I.** *mit OBJ* **1.** ■ *jmd. rollt etwas irgendwohin* (*haben*) *bewirken, dass etwas sich ständig um sich selbst dreht und dabei fortbewegt* Er rollte das Fass durch die Tür., den Ball über den Hof rollen **2.** ■ *jmd. rollt etwas irgendwohin* (*haben*) *jmd. bewegt etwas auf Rädern* den Rollstuhl durch den Gang rollen **3.** ■ *jmd. rollt etwas in etwas Akk. jmd. wickelt etwas ein* Ich habe das Plakat in Zeitungspapier gerollt., Er hat sich in seine Decke gerollt. ►einrollen **II.** *ohne OBJ* ■ *etwas rollt* (*irgendwohin*) **1.** (*sein*) *etwas bewegt sich, indem es sich ständig um sich selbst dreht* Der Ball rollte über die Straße., Tränen rollten über ihre Wangen. **2.** (*sein*) *etwas bewegt sich auf Rädern* Der Zug rollt schon. **III.** *mit SICH* ■ *jmd./ein Tier rollt sich* (*haben*) *sich wälzen* Der Hund rollte sich im Dreck.

Rol·len·be·set·zung die <-, -en> *die Verteilung einzelner Rollen*[4] *auf die Darsteller*

Rol·len·bild das <-(e)s, -er> (≈ *Rollenverständnis*) *bestimmte Auffassung von einer Rolle*[5]

Rol·len·druck der <-s, -e> DRUCKW. *Druck auf Papierbahnen, die auf große Rollen*[2] *aufgerollt sind* ◆-maschine

Rol·len·er·war·tung die <-, -en> SOZ. PSYCH. *die gesellschaftliche Erwartung, wie sich jmd. in einer bestimmten Rolle*[5] *verhalten sollte*

Rol·len·fach das <-s, Rollenfächer> *die Art von Rollen*[4], *für die ein bestimmter Schauspieler besonders geeignet ist* Es gibt das Rollenfach des jugendlichen Helden, des naiven Tölpels, des fiesen Verbrechers, des Vamps …

Rol·len·i·den·ti·fi·ka·ti·on die <-, -en> SOZ. PSYCH. *das Problem, dass man sich leicht mit sozialen Rollen*[5] *identifiziert* (*zum Beispiel der Rolle eines Geschlechts, eines Alters, eines Berufs*) *und dadurch seine persönliche Entwicklung zu sehr einschränkt*

Rol·len·kon·flikt der <-s, -e> SOZ. PSYCH. *das Problem, dass zwischen verschiedenen Rollen*[5], *die jmd. erfüllen soll, Widersprüche bestehen, oder dass jmd. für eine bestimmte Rolle nicht wirklich geeignet ist und darunter leidet*

Rol·len·spiel das <-s, -e> PSYCH. *das spielerische Erproben und Erleben von sozialen Rollen*[5], *mit dem Ziel, sich mit ihnen auseinanderzusetzen*

Rol·len·stu·di·um das <-s, Rollenstudien> *die Arbeit des Schauspielers an einer Rolle*[4]

Rol·len·tausch der <-s> (*kein Plur.*) *der Vorgang, dass zwei Personen absichtlich ihre gewöhnliche Rolle*[5] *miteinander tauschen* Zwischen Mann und Frau findet heute vielfach ein Rollentausch statt: er bleibt zuhause, sie verdient den Lebensunterhalt.

Rol·len·text der <-(e)s, -e> *Text einer Rolle*[4]

Rol·len·ver·hal·ten das <-s> (*kein Plur.*) *Verhalten gemäß einer bestimmten Rolle*[5]

Rol·len·ver·tei·lung die <-, -en> *die Verteilung der Aufgaben und Rollen in der Gesellschaft*

Rol·len·zwang der <-s, Rollenzwänge> *der Zustand, dass jmd. sich durch eine Rollenerwartung in seiner Freiheit eingeschränkt fühlt*

Rol·ler der <-s, -> **1.** *ein fahrbares Kinderspielzeug in der Art eines Trittbretts, auf dem man stehen kann, auf dessen Unterseite Rollen*[1] *angebracht sind und das man mit einer einfachen Vorrichtung lenken kann* (mit dem) Roller fahren ►rollern **2.** *kurz für „Motorroller"*

Roll·feld das <w-(e)s, -er> LUFTF. *die Gesamtheit der Rollbahnen* (*mit Start- und Landebahnen*) *auf einem Flugplatz*

Roll·film der <-s, -e> FOROGR. *ein Film, der auf eine Metallspule gewickelt ist*

Rol·li der <-s, -s> (*umg. Rollkragenpullover*)

Roll·kra·gen·pul·lo·ver der <-s, -s> *ein Pullover mit einem Kragen, der am Hals umgeschlagen wird*

Roll·la·den der <-s, Rollläden/-> *ein aufrollbarer, aus waagerechten Latten bestehender Sichtschutz für Fenster, der außen angebracht ist* die Rollläden herunterlassen/hochziehen ◆ Schreibung mit Dreifachkonsonanten→R 1.7, 2.7 neue Rollläden anbringen

Roll·mops der <-, Rollmöpse> KOCH. *ein marinierter Hering*

Rol·lo das <-s, -s> (≈ *Rouleau*) *leichter Rollladen aus Stoff oder Kunststoff, der innen angebracht wird* ein Rollo am Fenster anbringen, das Rollo herunterlassen/hochziehen

Roll·schie·ne die <-, -n> *die Schiene, auf der ein Rollsitz entlangfährt*

Roll·schuh der <-(e)s, -e> *ein Schuh, auf dessen Unterseite vier Rollen*[1] *angebracht sind und mit dem man sich mit ähnlichen Bewegungen wie ein Schlittschuhläufer fortbewegt* Rollschuh laufen ◆-läufer, -sport

Roll·sitz der <-(e)s, -e> SPORT *der auf einer Schiene laufende Sitz im Ruderboot*

Roll·splitt der <-(e)s, -e> *kleine Steinchen als Fahrbahnbelag*

Roll·steg der <-s, -e> (LUFTF.: ≈ *Gangway*) *die rollbare Treppe, auf der Passagiere aus dem Flugzeug steigen*

Roll·stuhl der <-(e)s, Rollstühle> *ein Stuhl mit Rädern oder Rollen für Kranke und Behinderte* auf den Rollstuhl angewiesen sein

Roll·stuhl·fah·rer, **Roll·stuhl·fah·re·rin** der

R

<-s, -> *jmd., der (krankheitsbedingt) dauerhaft im Rollstuhl fährt* die Interessen der Rollstuhlfahrer berücksichtigen

roll·stuhl·ge·recht <nicht steig.> *Adj.* AMTSSPR. *so, dass es von Personen im Rollstuhl problemlos benutzt werden kann* rollstuhlgerecht bauen/planen, eine rollstuhlgerechte Toilette/Wohnung

Roll·trep·pe die <-, -n> *ein von einem Motor angetriebenes Laufband, das Menschen zwischen den Stockwerken eines Gebäudes transportiert* die Rolltreppe benutzen/nehmen, mit der Rolltreppe fahren

ROM das [rɔm] <-(s), -(s)> EDV *Abkürzung für „Read Only Memory": ein Informationsspeicher, dessen Inhalt nur gelesen, aber nicht verändert werden kann* ◆-speicher

Rom *die Hauptstadt Italiens* ■ **Es führen viele Wege nach Rom.** (*Sprichwort*): *Man kann auf verschiedene Weise zum selben Ziel kommen.*

Ro·ma·dur, **Ro·ma·dur** der <-(s), -s> KOCH. *eine Käsesorte*

Ro·man der <-s, -e> **1.** LIT. *eine längere literarische Erzählung, die vom Schicksal einer einzelnen Person oder einer Gruppe handelt* einen Roman schreiben, ein historischer/psychologischer/ utopischer Roman, einen spannenden Roman lesen/ nicht aus der Hand legen können/verschlingen ◆-autor, -gestalt, -handlung, -held, -leser, -titel, Bildungs-, Brief- Kriminal-, Liebes- **2.** (*umg. übertr. abwert.*) *eine zu ausführliche Erzählung oder Abhandlung* Ihr solltet die Fragen kurz beantworten und keine Romane schreiben., Sie erzählt ja immer ganze Romane am Telefon!

Ro·man·ci·er der [romã'si̯e:] <-s, -s> (*geh.* ≈ *Romanschriftsteller*)

Ro·man·fi·gur die <-, -en> LIT. *eine Figur aus einem Roman*[1]

ro·man·haft <nicht steig.> *Adj. in der Art der Handlung von Romanen*[1]

Ro·ma·nik die <-> (*kein Plur.*) *ein Baustil des frühen Mittelalters* Der Rundbogen ist ein Merkmal der Romanik.

ro·ma·nisch <nicht steig.> *Adj.* **1.** SPRACHWISS. *aus dem Lateinischen entstanden* Französisch und Italienisch sind romanische Sprachen. **2.** KUNST *die Romanik betreffend* eine romanische Kirche **3.** (*schweiz.*) *rätoromanisch*

Ro·ma·nis·tik die <-> (*kein Plur.*) *die Wissenschaft von den romanischen*[1] *Sprachen und Literaturen* Romanistik studieren ▶Romanist, romanistisch

Ro·man·schrift·stel·ler, **Ro·man·schrift·stel·le·rin** der <-s, -> *jmd., der Romane*[1] *schreibt*

Ro·man·tik die <-> (*kein Plur.*) KUNST LIT. MUS. *eine Epoche zu Beginn des 19.Jahrhunderts, in der die Betonung des Gefühls und der Fantasie und eine Rückwendung zum christlichen Mittelalter wichtig war* die deutsche/englische/französische Romantik, ein Dichter/Maler der Romantik

Ro·man·ti·ker, **Ro·man·ti·ke·rin** der <-s, -> **1.** *ein gefühlsbetonter Mensch, der zu Träumereien neigt* **2.** *Vertreter der Romantik*

ro·man·tisch *Adj.* **1.** *voller Gefühl oder das Gefühl ansprechend* ein romantischer Typ sein, romantische Stunden miteinander verbringen, eine romantische Stimmung, ein romantisches Tal in den Bergen **2.** KUNST LIT. MUS. *die Romantik betreffend, aus ihr stammend* ein romantisches Bild/Gedicht, ein romantischer Künstler **3.** (*abwert.* ≈ *schwärmerisch*) *wirklichkeitsfern* romantische Vorstellungen (von etwas) haben

ro·man·ti·sie·ren <romantisierst, romantisierte, hat romantisiert> *mit OBJ* ■ *jmd. romantisiert etwas* **1.** *etwas im Stil der Romantik gestalten* Der Autor hat die Geschichte romantisiert, indem er Märchenfiguren eingefügt hat., Das Buch ist in einer romantisierenden Sprache geschrieben. **2.** *etwas nicht realistisch erfassen, sondern es sich sehr ideal vorstellen* Man sollte die Lebensverhältnisse im Mittelalter nicht romantisieren. ▶Romantisierung

Ro·man·ver·fil·mung die <-, -en> FILM **1.** *der Vorgang, dass ein Regisseur nach der Vorlage eines Romans einen Spielfilm dreht* **2.** *ein Spielfilm, der nach der Vorlage eines Romans gedreht worden ist*

Ro·man·ze die <-, -n> **1.** LIT. *Form eines epischen Gedichts* **2.** MUS. *ausdrucksvolles Musikstück* **3.** (*geh.*) *Liebesverhältnis von kurzer Dauer* Es war nur eine kleine Romanze zwischen ihnen.

Rö·mer, **Rö·me·rin**[1] der <-s, -> **1.** GESCH. *Angehörige(r) des Römischen Reiches* **2.** *Einwohner(in) der Stadt Rom*

Rö·mer[2] der <-s, -> *ein Weinglas mit kugeligem Kelch aus buntem Glas*

rö·misch <nicht steig.> *Adj.* **1.** *auf die Stadt Rom bezogen, zu ihr gehörig* die römischen Bauwerke/ Restaurants/Straßen **2.** GESCH. *auf das Römische Reich bezogen* die römischen Bürger, die römischen Kaiser, das römische Imperium, der römische Philosoph Seneca ◈Großschreibung→R 3.17, R 3.19 das Römische Reich

Rom·mee, *a.* **Rom·mé** das ['rɔme:/rɔ'me:] <-s, -s> *ein Kartenspiel*

Ron·deau das [rõ'do:] <-s, -s> (*österr.*) *Rondell*

Ron·dell das <-s, -e> *ein rundes Beet in einer Gartenanlage*

Ron·do das <-s, -s> **1.** MUS. *ein mittelalterliches Tanzlied* **2.** LIT. *Gedichtform mit zwei Reimen* **3.** MUS. *ein Instrumentalstück, bei dem das Hauptthema immer wiederkehrt*

rönt·gen ['rœntgn̩] <röntgst, röntgte, hat geröntgt> *mit OBJ* MED. TECHN. *mit Röntgenstrahlen durchleuchten* ein gebrochenes Bein/eine Schweißnaht röntgen

Rönt·gen·arzt der <-es, Röntgenärzte> *Facharzt für Röntgenologie*

Rönt·gen·auf·nah·me die <-, -n> MED. TECHN. **1.** *der Vorgang, dass etwas mit Röntgenstrahlen durchleuchtet wird* eine Röntgenaufnahme von einem gebrochenen Bein machen **2.** *Röntgenbild*[2] Bitte bringen Sie Ihre Röntgenaufnahme mit!

Rönt·gen·bild das <-es, -er> **1.** *das Bild, das beim Durchleuchten mit Röntgenstrahlen auf dem*

Röntgenschirm erscheint **2.** *fotografische Aufnahme des Röntgenbildes*[1]

Rönt·gen·blick der <-(e)s, -e> (*umg. scherzh.*) *die Fähigkeit, die verborgenen Gedanken und Gefühle anderer Menschen zu durchschauen*

Rönt·gen·di·ag·no·se die <-, -n> MED. TECHN. *eine medizinische Diagnose mit Hilfe einer Röntgenaufnahme* ▸Röntgendiagnostik

Rönt·gen·ge·rät das <-(e)s, -e> MED. TECHN. *ein Untersuchungsgerät, das Röntgenstrahlen benutzt*

Rönt·gen·pass der <-es, Röntgenpässe> MED. *ein Dokument, das festhält, wann und wie oft ein Patient mit Röntgenstrahlen untersucht wurde*

Rönt·gen·schirm der <-s, -e> MED. TECHN. *der Teil des Röntgengeräts, auf dem das mit Röntgenstrahlen durchleuchtete Organ sichtbar ist*

Rönt·gen·strahl der <-s, -en> (*meist Plur.*) PHYS. *ein extrem kurzwelliger elektromagnetischer Strahl, der feste Objekte durchdringen kann* ▸Röntgenstrahlung

Rönt·gen·the·ra·pie die <-, -n> MED. TECHN. *Heilbehandlung mit Röntgenstrahlen*

Roo·ming-in das ['ru:mɪŋ'ɪn] <-(s), -s> *die Einrichtung in modernen Kliniken, dass das neugeborene Kind nicht von der Mutter getrennt wird, sondern im selben Raum wie sie bleibt*

Roque·fort der ['rɔkfo:ɐ̯/rɔk'fɔ:r] <-s, -s> *eine Käsesorte*

ro·sa <nicht steig.> (*unveränderlich*) *Adj. von der Farbe, die aus der Mischung von Rot und Weiß entsteht* eine rosa Bluse, ein Strauß mit rosa Rosen

ro·sa·far·ben <nicht steig.> *Adj. rosa* eine rosafarbene Bluse, ein Strauß mit rosafarbenen Rosen

ro·sa·rot <nicht. steig.> *Adj.* (≈ *rosa*) Der Himmel färbt sich rosarot. ■ **alles durch die rosarote Brille sehen** (*umg.*): *alles nur positiv sehen*

Ro·se die <-, -n> **1.** *eine Blütenpflanze mit Stacheln und großen, wohlriechenden Blüten* Rosen pflanzen/verschneiden **2.** *eine Blüte der Rose*[1] ein Strauß mit Rosen ■ **auf Rosen gebettet sein**: *in sicheren und bequemen Verhältnissen ohne Sorgen leben*

Ro·sé[1] der <-s, -s> (≈ *Roséwein*)

Ro·sé[2] das <-(s), -(s)> *ein zartes Rosa* Sie trug ein Kostüm in zartem Rosé.

ro·sé <nicht steig.> (*unveränderlich, nicht präd.*) *Adj. zartrosa* Ihr Kleid ist rosé.

Ro·sen·kohl der <-s> (*kein Plur.*) *eine Nutzpflanze, bei der kleine Kohlröschen an einem langen Stängel wachsen*

Ro·sen·kranz der <-es, Rosenkränze> REL. **1.** *eine Kette mit einem Kreuz und vielen Perlen, mit denen man im katholischen Ritus die gesprochenen Gebete zählt* **2.** *eine Reihung von bestimmten Gebeten zur Verehrung der Gottesmutter Maria* einen Rosenkranz beten

Ro·sen·mon·tag der <-s, -e> *der Montag vor dem Fastnachtsdienstag* Am Rosenmontag erreicht der Karneval im Rheinland seinen Höhepunkt.

Ro·sen·quarz der <-es, -e> *ein Edelstein aus rosafarbenem Quarz*

Ro·sen·stock der <-(e)s, Rosenstöcke> BOT. *eine Rosenpflanze*

Ro·sen·strauch der <-(e)s, Rosensträucher> *eine Rose, die als Strauch wächst*

Ro·sen·was·ser der <-s, -> *das Wasser, das bei der Herstellung von Rosenöl übrigbleibt und das zum Aromatisieren (zum Beispiel beim Backen) benutzt wird*

Ro·sen·zucht die <-> *das Züchten von edlen Rosen*

Ro·set·te die <-, -n> KUNST *ein rundes Glasfenster oder Ornament an Bauwerken* Eine Rosette schmückt jeden Bogen des Gewölbes.

Ro·sé ·wein der <-s, -e> *ein Wein von hellroter Farbe, der durch ein besonderes Verfahren aus dunkelroten Trauben gekeltert wird*

ro·sig *Adj.* **1.** *rosafarben* eine rosige Gesichtsfarbe/rosige Wangen haben, rosige kleine Ferkel **2.** *hoffnungsvoll* rosige Aussichten, Die Lage sieht nicht sehr rosig aus.

Ro·si·ne die <-, -n> eine getrocknete Weinbeere ■ **sich die Rosinen aus dem Kuchen heraus picken** (*umg.*): *sich immer nur das Beste aus allem heraussuchen* **Rosinen im Kopf haben** (*umg. abwert.*): *unrealistische große Pläne haben*

Ros·ma·rin der <-s> (*kein Plur.*) *eine Gewürz- und Heilpflanze* Im Garten wächst Rosmarin., mit Rosmarin würzen

Ross das <-es, -e/Rösser> (*geh.*) *Pferd* ein stolzes Ross, eine von Rössern gezogene Kutsche ■ **auf dem hohen Ross sitzen** (*umg. abwert.*): *hochmütig sein* **hoch zu Ross** (*scherzh.*): *auf einem Pferd reitend*

Ross·haar·ma·trat·ze die <-, -n> *eine Matratze, die mit Pferdehaar gefüllt ist*

Ross·kas·ta·ni·e die <-, -n> *ein großer, kräftiger Baum mit großen Blättern, der im Herbst Früchte in stachligen Kapseln trägt*

Ross·kur die <-, -en> (*umg. abwert.* ≈ *Pferdekur*) *eine sehr anstrengende medizinische Behandlung* Die Behandlung hat geholfen, aber sie war die reinste Rosskur!

Röss·li·spiel das <-s, -e> (*schweiz.*) *Karussell*

Rost[1] der <-(e)s> (*kein Plur.*) CHEM. *der rotbraune Stoff, der entsteht, wenn Eisen durch Feuchtigkeit und Luft zersetzt wird* Das Geländer hat Rost angesetzt. ◆-ansatz, -befall, -fleck, -stelle

Rost[2] der <-(e)s, -e> *ein Gitter aus Metall* eine Grube mit einem Rost abdecken, die Bratwürste auf dem Rost über dem offenen Feuer braten, sich die Füße auf einem Rost abtreten ◆-bratwurst, Brat-

Rost[3] der <-(e)s> (*kein Plur.*) BOT. *eine Krankheit von Pflanzen, bei der durch Pilze die Blätter der Pflanze braun verfärbt werden* ein Mittel gegen Rost an Rosen ◆-pilz

rost·an·fäl·lig <nicht steig.> *so, dass etwas leicht rosten kann*

Rost·bil·dung die <-> (*kein Plur.*) *das Entstehen von Rost*

Rost·bra·ten der <-s, -> *auf dem Rost*[2] *zubereiteter Braten*

Röst·brot das <-(e)s, -e> *geröstetes Brot*

ros·ten <rostest, rostete, ist/hat gerostet> *ohne OBJ* **1.** ■ *etwas rostet Rost[1] ansetzen* das Auto/die Schaufel/das Eisengitter rostet **2.** ■ *jmd. rostet* (*scherzh.*) *jmd. wird träge, weil er sich nicht bewegt* ■ **Wer rastet, der rostet.** (*Sprichwort*): *Wer sich ausruht, wird leicht träge.*

rös·ten *mit OBJ* ■ *jmd. röstet etwas auf einem Rost[2] über Feuer braten* Fleisch/Kartoffeln/Kastanien über dem Feuer rösten, geröstete Kastanien, gerösteter Kaffee

Rös·ter der <-s, -> (≈ *Toaster*) *ein Gerät, mit dem man Brötchen oder Toastbrot röstet*

Rost·fraß der <-es> (*kein Plur.*) *die Zerstörung von Eisen durch Rost*

rost·frei <nicht steig.> *Adj. so, dass es keinen Rost ansetzt* ein Messer aus rostfreiem Edelstahl

röst·frisch <nicht steig.> *Adj. frisch geröstet*

Rös·ti die <-> *Plur.* (KOCH.: *schweiz.*) *ein Gericht aus grob geraspelten und in Fett gebratenen Kartoffeln*

ros·tig <nicht steig.> *Adj.* **1.** *mit Rost behaftet* rostige Nägel/Schrauben **2.** (*umg. übertr.*) *Anzeichen der Alterung zeigend* eine rostig gewordene Stimme, Die Glieder sind rostig geworden.

Rost·lau·be die <-, -n> (*scherzh.*) *altes, rostiges Fahrrad* (*oder Auto*)

Rost·schutz·far·be die <-, -n> *Metallanstrich zum Schutz vor Rost[1]*

Rost·schutz·mit·tel das <-s, -> (≈ *Rostschutzfarbe*)

Rost·um·wand·ler der <-s, -> CHEM. *ein Mittel, das eine Rostschicht in eine Art von Korrosionsschutz umwandelt*

Rös·tung die <-, -en> *das Rösten*

Rot das <-s, -> **1.** *die Farbe des Blutes* bei Rot über die Ampel fahren, Die Ampel steht auf/zeigt Rot., das leuchtende Rot der Mohnblumen, ein kräftiges/leuchtendes/sattes/tiefes Rot **2.** *eine Farbe beim Kartenspiel* Rot ausspielen

rot <röter, am rötesten> *Adj.* **1.** *von der Farbe Rot* rot werden, Fehler rot anstreichen, ein rot kariertes Hemd ◆ blut-, fuchs-, kupfer-, wein- **2.** (*umg.*) *politisch den Sozialdemokraten oder Kommunisten zugeordnet* das rote China, Er hat ziemlich rote Ansichten., eine Koalition zwischen Roten/Rot und Grünen/Grün ■ **rot werden**: *im Gesicht eine rote Farbe bekommen* vor Scham rot werden **die Roten** (*umg. abwert.*): die Kommunisten **die Rote Armee** GESCH.: *die Armee der ehemaligen UdSSR* **das Rote Kreuz**: *eine große Hilfsorganisation für humanitäre und medizinische Hilfe* **der rote Faden** (*umg.*): *der gedankliche Zusammenhang* den roten Faden verlieren **der rote Hahn** (*umg.*): *Feuer; Brand* **der Rote Planet**: *der Mars* ◆ Großschreibung→R 3.17 das Rote Kreuz, die Rote Armee, das Rote Meer, Rote Be(e)te; Getrenntschreibung→R 4.3, R 4.12 die rot glühende Sonne, rot geweinte Augen haben, rot gestreifter Stoff *siehe aber* **rotglühend**

Rot·ar·mist der <-en , -en> *Angehöriger der Roten Armee*

Ro·ta·ti·on die [rotaˈtsi̯oːn] <-, -en> *Drehung um die eigene Achse* die Rotation der Erde ◆ -sbewegung, -skörper

Ro·ta·ti·ons·druck der <-(e)s, -e> DRUCKW. *ein Druckverfahren, bei dem das Papier zwischen zwei rotierenden Walzen hindurchgeführt wird* ◆ -walze

Ro·ta·ti·ons·ge·schwin·dig·keit die <-, -en> PHYS. *Winkelgeschwindigkeit bei der Rotation*

Ro·ta·ti·ons·kol·ben·mo·tor der <-s, -en> TECHN. *ein Verbrennungsmotor mit rotierenden Kolben*

Ro·ta·ti·ons·prin·zip das <-s> (*kein Plur.*) POL. *das von der Partei „Die Grünen" entwickelte Prinzip, dass alle Parteiämter in regelmäßigen Abständen neu besetzt werden müssen*

rot·ba·ckig <nicht steig.> *Adj. mit roten Backen* ein rotbackiges Kind

rot·blond <nicht steig.> *Adj. von einem leicht rötlichen Blond* rotblondes Haar

rot·braun <nicht steig.> *Adj. von einem leicht bräunlichen Rot*

Rot·bu·che die <-, -n> *ein Laubbaum, dessen Holz eine rötliche Farbe hat*

Rö·te die <-> (*kein Plur.*) *die rote Färbung* die Röte ihres Gesichts/des Himmels

Ro·te-Ar·mee-Frak·ti·on die <-> (*kein Plur.*) (*häufig zu „RAF" abgekürzt*) *eine terroristische Vereinigung in Deutschland* der Rote(n)-Armee-Fraktion angehören

Rö·tel der <-s> (*kein Plur.*) KUNST *eine Mischung von Roteisenstein und Ton, die man in Form eines Stifts zum Zeichnen verwendet* ◆ -stift, -zeichnung

Rö·teln die <-> *Plur.* MED. *eine ansteckende, fiebrige Krankheit, bei der man rote Flecken auf der Haut bekommt* gegen Röteln geimpft sein

Rö·teln- Impf·stoff der <-s, -e> MED. *Impfstoff gegen Röteln*

rö·ten **I.** *mit OBJ* ■ *etwas rötet etwas rot[1] machen* Die untergehende Sonne rötete den Himmel., Die Kälte rötet ihre Wangen., vom Weinen gerötete Augen haben **II.** *mit SICH* ■ *etwas rötet sich* (*geh.*) *rot[1] werden* Der Himmel rötet sich, es wird Morgen., Seine Wangen röten sich vor Scham.

rot·glü·hend <nicht steig.> *Adj.* (*fachspr.*) (*als Metall*) *so weit erhitzt, dass es in roter Farbe glüht* Eisen zum Schmieden rotglühend machen *siehe aber auch* **rot**

rot·grün <nicht steig.> *Adj.* (*umg.*) *von Sozialdemokraten und Grünen gebildet* ein rotgrünes Regierungsbündnis

rot·grün-blind <nicht steig.> *Adj.* MED. *der Zustand, dass jmd. nicht fähig ist, die Farben rot und grün zu unterscheiden* ► Rot-Grün-Blindheit

rot·haa·rig <nicht steig.> *Adj. mit roten Haaren* ein rothaariges Mädchen

Rot·haut die <-, Rothäute> (*umg.*) *nordamerikanischer Indianer*

Rot·hirsch der <-s, -e> *ein großer Hirsch, dessen Fell rotbraun gefärbt ist*

ro·tie·ren *ohne OBJ* **1.** ■ *etwas rotiert sich um die eigene Achse drehen* Die Erde rotiert., Das Rad rotiert. ■ *jmd. rotiert* **2.** ■ *jmd. rotiert* POL. *jmd. verlässt nach dem Rotationsprinzip sein Amt* **3.** ■ *jmd. rotiert* (*umg.*) *jmd. ist hektisch, weil er sehr viel arbeitet* den ganzen Tag rotieren, Sie ist nur noch am Rotieren.

Rot·käpp·chen das <-s> (*kein Plur.*) *ein kleines Mädchen aus dem gleichnamigen Märchen der Brüder Grimm*

Rot·kehl·chen das <-s, -> *ein kleiner brauner Singvogel mit hellroter Kehle*

Rot·kohl der <-s> (*kein Plur.*) (↔ *Weißkohl*) *ein blauviolett aussehende Kohlgemüse*

röt·lich <nicht steig.> *Adj. von leicht rotem Farbton*

Rot·licht·lam·pe die <-, -n> *eine Lampe, deren infrarotes Licht heilsame Wärme abgibt*

Rot·licht·vier·tel das <-s, -> *der Stadtteil* (*einer Großstadt*), *in dem sich Bordelle, Erotikshops und Vergnügungsbetriebe befinden*

Ro·tor der <-s, -en> *rotierender Flügel eines Flugzeugs mit Drehflügeln* ein Hubschrauber mit zwei Rotoren

Rot·stift der <-(e)s, -e> **1.** *ein rot schreibender Stift* die Fehler mit dem Rotstift korrigieren **2.** (*kein Plur.*) (*umg. übertr.*) *Sparmaßnahmen* den Rotstift ansetzen, dem Rotstift zum Opfer fallen

Rot·te die <-, -n> (*abwert.*) *eine ungeordnete Gruppe von Menschen, die sich zufällig zusammenfinden, um zu randalieren* Eine ganze Rotte Fußballrowdys machte die Straßen unsicher. ▶zusammenrotten

Ro·tun·de die <-, -n> BAUW. *ein Gebäude mit kreisrundem Grundriss*

rot·vi·o·lett <nicht steig.> *Adj. von rötlich blauem Farbton*

Rot·wein der <-s, -e> (↔ *Roséwein, Weißwein*) *aus blauen Trauben vergorener Wein*

Rot·wild das <-(e)s> (*kein Plur.*) *Rehe und Hirsche*

Rotz der <-es> (*kein Plur.*) (*vulg.*) *Nasenschleim*

rot·zen <rotzt, rotzte, hat gerotzt> *ohne OBJ* ■ *jmd. rotzt* (*vulg. abwert.*) *sich* (*laut*) *schnäuzen oder ausspeien*

rot·zig <nicht steig.> *Adj.* (*vulg. abwert.*) **1.** *voller Nasenschleim* ein rotziges Taschentuch **2.** *frech* eine rotzige Antwort, ein rotziger Bengel

Rotz·na·se die <-, -n> **1.** (*umg.*) *eine laufende Nase* ständig den Kindern die Rotznasen abwischen müssen **2.** (*umg. abwert. scherzh.*) *freches Kind* Na, du kleine Rotznase! ▶rotznasig

Rouge das [ruːʒ] <-s, -s> (*Plur. selten*) *auf die Wangen aufzutragender rötlicher Puder*

Rouge·pin·sel der [ruːʒ...] <-s, -> *ein Pinsel zum Auftragen von Rouge*

Rou·la·de die [ruˈlaːdə] <-, -n> KOCH. *zu einer Rolle geformte und meist mit Speck und Zwiebel gefüllte Scheibe Rindfleisch*

Rou·leau das [ruˈloː] <-s, -s> *Rollo*

Rou·lett das [ruˈlɛt] <-(e)s, -e/-s> (≈ *Roulette*)

Rou·lette das [ruˈlɛt] <-s, -s> **1.** *ein Glücksspiel, das in Spielkasinos gespielt wird und bei dem man auf Zahlen oder Farben Geldbeträge setzt, die man entweder verliert oder durch Gewinn steigert* **2.** *die drehbare Scheibe, die zum Roulette[1] gehört*

Round·ta·ble·ge·spräch, a. **Round-Ta·ble-Ge·spräch** das [raʊndˈteɪbl̩...] <-s, -e> POL. WIRTSCH. *Bezeichnung für eine Konferenz unter gleichberechtigten Teilnehmern* zu einem Roundtablegespräch zusammenkommen

Rou·te die [ˈruːtə] <-, -n> *festgelegter Streckenverlauf* die Route ändern/festlegen/planen/studieren, Welche Route wollen wir einschlagen/wählen? ◆ Fahrt-, Flug-, Reise-, Schiffs-

Rou·ti·ne die [ru...] <-> (*kein Plur.*) **1.** *die Geschicklichkeit, die jmd. durch lange Übung erworben hat* Routine in etwas haben, Ihm fehlt noch etwas Routine bei der Arbeit. **2.** *etwas, das durch längere Anwendung zur Gewohnheit geworden ist* zur Routine werden, tägliche Routine **3.** (*abwert.*) *etwas, das nur noch mechanisch ausgeführt wird, aber keinen großen Sinngehalt mehr hat* Das monatliche Treffen ist zur Routine erstarrt, wir müssen uns etwas Neues einfallen lassen.

Rou·ti·ne·ar·beit die [ru...] <-, -n> *eine häufig getane Arbeit, die man souverän beherrscht* Die täglichen Routinearbeiten gehen schnell von der Hand.

Rou·ti·ne·kon·trol·le die [ru...] <-, -n> *eine regelmäßig durchgeführte Kontrolle* Bei einer Routinekontrolle des französischen Zolls war die Ehefrau des Rennfahrers mit einer ganzen Wagenladung Dopingmittel erwischt worden.

rou·ti·ne·mä·ßig [ru...] <nicht steig.> *Adj. aus Gewohnheit; regelmäßig* etwas routinemäßig kontrollieren

Rou·ti·ne·prü·fung die [ru...] <-, -en> *eine regelmäßig durchgeführte Überprüfung* eine Routineprüfung der Sicherheitstechnik

Rou·ti·ne·sa·che die [ru...] <-, -n> *eine sich ständig wiederholende Sache, die auf immer gleiche Weise abläuft*

Rou·ti·ne·un·ter·su·chung die [ru...] <-, -en> MED. *eine regelmäßige ärztliche Untersuchung*

Rou·ti·ni·er der [rutiˈni̯eː] <-s, -s> (*geh.*) *eine Person, die in einem bestimmten Bereich viel Erfahrung, Wissen und Geschick besitzt* Er ist ein Routinier in seinem Fachgebiet, auf ihn können wir nicht verzichten.

rou·ti·niert [ru...] *Adj. durch Erfahrung sehr kenntnisreich und geschickt* Sie ist eine routinierte Geschäftsfrau/Übersetzerin.

Row·dy der [ˈraʊ̯di] <-s, -s> (*abwert.*) *gewalttätige* (*jugendliche*) *Person* Die Veranstaltung wurde von randalierenden Rowdys gestört. ▶rowdyhaft, Rowdytum

ro·y·a·l·blau <nicht steig.> *Adj.* (≈ *königsblau*) *kobaltblau*

Ro·y·a·list, **Ro·y·a·lis·tin** der [roajaˈlɪst] <-en, -en> *jmd., der für das Königtum eintritt* Die Royalisten kämpfen für die Wiedereinsetzung eines Königs/die Erhaltung der Monarchie. ▶Royalismus

Rp SCHWEIZ. *Abkürzung von „Rappen"*

RT *Abkürzung für „Registertonne"*

Ruander, **Ruanderin** der <-s, -> *jmd., der die ruandische Staatsbürgerschaft hat*
ruandisch <nicht steig.> *Adj. zu Ruanda gehörend, daher stammend*
rub·beln <rubbelst, rubbelte, hat gerubbelt> *mit OBJ* ■ *jmd. rubbelt etwas* (*umg.*) *heftig reiben* die Hände rubbeln, bis sie warm sind, die Haut mit dem Handtuch rubbeln
Rü·be die <-, -n> **1.** BOT. *eine Nutzpflanze, deren dicke Wurzel Tieren und Menschen zur Nahrung dient* Zucker aus Rüben herstellen, die Schweine mit Rüben füttern ◆-nfutter, -nsaft, -nsirup, -nzucker, Zucker- **2.** (*umg.* ≈ *Kopf*) jemandem eins über die Rübe geben, eine harte Rübe haben, sich die Rübe einrennen/stoßen ■ **rote Rübe**: *rote Be(e)te* **gelbe Rübe**: *Möhre*
Ru·bel der <-s, -> *russische Währungseinheit* ■ **der Rubel rollt** (*umg.*): *Es wird gerade viel Geld ausgegeban.*
Rü·ben·zu·cker der <-s> (*kein Plur.*) *Zucker, der aus Rüben gewonnen wird*
rü·ber *Adv.* (*umg.* ≈ *herüber*)
rü·ber·schie·ben *mit OBJ* ■ *jmd. schiebt etwas rüber* (*umg.*) *jmdm. Geld geben*
Ru·bin der <-s, -e> *ein roter Edelstein* ▶-rot ◆-ring
Ru·b·rik die <-, -en> **1.** *Spalte in einer Zeitung* Das steht bei den Anzeigen unter der Rubrik „Sonstiges". **2.** *die Überschrift, unter die etwas oder jmd. eingeordnet wird* die Bücher unter verschiedenen Rubriken ins Regal sortieren, eine Information unter einer bestimmten Rubrik suchen ▶rubrizieren
ruch·bar <nicht steig.> *Adj.* (*geh.*) *durch Gerüchte bekannt* Seine Taten sind ruchbar geworden.
ruch·los <nicht steig.> *Adj.* (*geh.* ≈ *gewissenlos*) *ohne Skrupel* eine ruchlose Tat, Ein ruchloser Mörder trieb sein Unwesen in der Stadt. ▶Ruchlosigkeit
Ruck der <-(e)s, -e> (*Plur. selten*) *eine plötzliche, kurze Bewegung* mit einem Ruck aufstehen, Es gab einen Ruck nach vorn. ■ **sich einen Ruck geben** (*umg.*): *sich entschließen, endlich etwas zu tun*
Rück·ant·wort die <-, -en> *die Antwort auf ein Schreiben* in der Rückantwort Bezug auf das Schreiben nehmen, das man beantwortet ◆-karte
ruck·ar·tig <nicht steig.> *Adj.* **1.** *mit einer kurzen, plötzlichen Bewegung* ruckartig aufstehen/losfahren **2.** *unregelmäßig und sprunghaft* ruckartige Veränderungen
Rück·bil·dung die <-, -en> MED. **1.** *das Abklingen einer* (*durch eine Krankheit ausgelösten*) *Veränderung* **2.** (≈ *Atrophie*) *das Verkümmern von Organen oder Gliedmaßen*
Rück·blick der <- (e)s, -e> **1.** *die Betrachtung von Vergangenem in der Erinnerung* Im Rückblick erscheinen viele Dinge positiver. **2.** *ein zusammenfassender Bericht über Vergangenes* einen kurzen Rückblick über die bisherige Entwicklung geben ◆Jahres-, Lebens-, Tages-
rück·bli·ckend <nicht steig.> *Adj. im Rückblick*[1] Rückblickend kann man das Folgende sagen …

ruckeln *ohne OBJ* ■ *jmd./etwas ruckelt* (*an etwas Dat.*) (*umg.*) *etwas mit einem leichten Ruck hin- und herbewegen*
Rü·cken der <-s, -> **1.** *der hintere Teil des Oberkörpers beim Menschen* sich mit dem Rücken an die Wand lehnen, Schmerzen im Rücken haben, auf dem Rücken der Pferde ◆-gymnastik, -muskulatur, -stütze **2.** *der obere Teil des Rumpfes bei Tieren* auf dem Rücken eines Pferdes/Kamels sitzen, auf dem Rücken der Pferde **3.** *die gegenüber der Schneide liegende Kante der Messerklinge* das Messer mit dem Rücken nach rechts neben den Teller legen **4.** *der Teil des Bucheinbandes, der die Bindung umschließt* Auf dem Rücken des Buches stehen Titel und Autor. ◆ Buch-, Leder- **5.** ■ **mit dem Rücken zur Wand stehen**: *sich wehren müssen, da man in einer schwierigen Lage ist* **jemandem den Rücken zukehren**: *nichts mit jmdm. zu tun haben wollen* **jemandem den Rücken freihalten/stärken**: *jmdn. bei etwas unterstützen* **jemandem in den Rücken fallen**: *sich plötzlich gegen jmdn. stellen, mit dem man bisher verbunden war* **etwas/jemanden im Rücken haben**: auf die Unterstützung von jemandem/etwas vertrauen können **etwas hinter jemandes Rücken tun**: *etwas heimlich tun* **jemandem läuft es eiskalt den Rücken hinunter** (*umg.*): *jmd. erschrickt oder fürchtet sich sehr*
rü·cken <rückst, rückte, hat/ist gerückt> **I.** *mit OBJ* ■ *jmd. rückt etwas irgendwohin* (*haben*) **1.** *etwas an eine bestimmte Stelle schieben* Er rückte den Schrank zur Seite., Wer hat den Tisch vor die Tür gerückt? **2.** (*übertr.*) eine Frage/ein Thema in den Hintergrund/ Mittelpunkt/Vordergrund rücken **II.** *ohne OBJ* (*sein*) **1.** ■ *jmd. rückt irgendwohin die eigene Position etwas verändern* Können Sie ein Stück nach vorn rücken?, Sie ist etwas zur Seite gerückt, damit du dich setzen kannst. **2.** ■ *etwas rückt irgendwohin* (*übertr.*) Der Zeitpunkt rückt näher., Der Wunsch ist in weite Ferne gerückt. ■ **jemandem auf die Pelle rücken** (*umg.*): *jmdn. sehr bedrängen*
Rü·cken·la·ge die <-, -n> (↔ *Bauchlage, Seitenlage*) *das Liegen auf dem Rückenn*
Rü·cken·leh·ne die <-, -n> *Lehne für den Rücken an Sitzmöbeln*
Rü·cken·mark das <-s> (*kein Plur.*) ANAT. *der Nervenstrang in der Wirbelsäule* das Rückenmark punktieren ◆-sentzündung, -sverletzung
Rü·cken·marks·an·äs·the·sie die <-, -n> MED. *Betäubung durch eine Injektion ins Rückenmark*
Rü·cken·par·tie die <-, -n> *der hintere Teil eines Kleidungsstückes*
Rü·cken·schmer·zen die <-> *Plur. Schmerzen im Bereich des Rückens*[1]
rü·cken·schwim·men *ohne OBJ* ((*meist nur im Inf.*)) *in dem Stil schwimmen, bei dem man mit dem Rücken auf dem Wasser liegt* Er kann gut rückenschwimmen., Sie lernt gerade rückenschwimmen/das Rückenschwimmen.
Rü·cken·tra·ge die <-, -n> *ein Tragkorb, der auf dem Rücken*[1] *getragen wird*

Rụ·cken·wind der <-(e)s> (*kein Plur.*) (↔ *Gegenwind*) *Wind, der (bezogen auf etwas, das sich bewegt) von hinten kommt* Heute haben wir Rückenwind, da geht es schneller.

rụ̈ck·er·stat·ten <hat rückerstattet> *mit OBJ* ■ *jmd. hat etwas rückerstattet* (↔ *vorstrecken*) *zurückerstatten* seine Auslagen/die Fahrtkosten rückerstatten lassen

Rụ̈ck·er·stat·tung die <-, -en> (↔ *Vorauszahlung*) *das Rückerstatten* mehrere Rückerstattungen für Fahrkosten erhalten

Rụ̈ck·fahr·kar·te die <-, -n> (↔ *einfache Fahrkarte*) *Fahrkarte, die für die Hin- und Rückfahrt gültig ist*

Rụ̈ck·fahr·schein·wer·fer der <-s, -> KFZ *Scheinwerfer, der beim Einlegen des Rückwärtsgangs aufleuchtet*

Rụ̈ck·fahrt die <-, -en> (↔ *Hinfahrt*) *Fahrt von einem Ziel zum Ausgangspunkt zurück*

Rụ̈ck·fall der <-(e)s, Rückfälle> **1.** (MED.: ≈ *Rezidiv*) *erneutes Auftreten von Krankheitssymptomen, nachdem die Krankheit schon fast überwunden war* bei einer Krankheit einen Rückfall erleiden **2.** *das Zurückfallen in einen schlechteren Zustand* Das ist ein Rückfall in Zustände, die wir längst überwunden glaubten. ◆-kriminalität, -täter

rụ̈ck·fäl·lig <nicht steig.> *Adj. nach einer Besserung wieder in den alten Zustand zurückkehrend* als Drogensüchtiger/Raucher/Straftäter rückfällig werden ▶Rückfälligkeit

Rụ̈ck·fens·ter das <-s, -> (KFZ: ↔ *Windschutzscheibe*) *das Fenster am hinteren Fahrzeugteil*

rụ̈ck·fet·tend <nicht steig.> *Adj. so, dass eine Seife, ein Duschgel o.Ä. die Haut beim Waschen nicht austrocknet, weil sie pflegende Fette in die Haut einbringt*

Rụ̈ck·flug der <-(e)s, Rückflüge> (↔ *Hinflug*) *Flug von einem Ziel zum Ausgangsort zurück* ◆-ticket

Rụ̈ck·for·de·rung die <-, -en> *die Aufforderung, Geld oder bestimmte Güter zurückzugeben*

Rụ̈ck·fra·ge die <-, -n> *erneutes Nachfragen, um einen Sachverhalt zu klären* Bei Rückfragen können Sie mich gern anrufen.

Rụ̈ck·ga·be die <-, -en> (*Plur. selten*) *das Zurückgeben einer Sache* Wir bitten um Rückgabe des Buches in vier Wochen., die Rückgabe einer fehlerhaften Ware

Rụ̈ck·ga·be·recht das <-(e)s> (*kein Plur.*) RECHTSW. *das Recht des Kunden, eine Ware an den Verkäufer zurückzugeben*

Rụ̈ck·gang der <-(e)s, Rückgänge> (≈ *Verringerung*) einen Rückgang in der Produktion zu verzeichnen haben

rụ̈ck·gän·gig <nicht steig.> *Adj.* **1.** (≈ *rückläufig*) *sich vermindernd* rückgängige Verkaufszahlen **2.** *so, dass ein Vertrag wieder aufgelöst wird* einen Vertrag rückgängig machen **3.** *ungeschehen* Was geschehen ist, lässt sich nicht mehr rückgängig machen.

Rụ̈ck·ge·win·nung die <-> (*kein Plur.*) *erneute Gewinnung* die Rückgewinnung von Rohstoff aus recycelten Abfällen

Rụ̈ck·grat das <-(e)s> (*kein Plur.*) (≈ *Wirbelsäule*) sich das Rückgrat bei einem Unfall verletzen ■ **jemandem das Rückgrat brechen** (*übertr.*): *jmdn. so unter Druck setzen, dass er den Widerstand aufgibt* **kein Rückgrat haben** (*umg. abwert.*): *keinen festen Charakter haben*

Rụ̈ck·halt der <-(e)s> (*kein Plur.*) *das Gefühl von Bestätigung und Sicherheit durch eine andere Person* in jemandem (einen) Rückhalt haben, bei jemandem Rückhalt suchen/finden

rụ̈ck·halt·los <nicht steig.> *Adj. uneingeschränkt* jemandem rückhaltlos vertrauen, jemandem rückhaltlos die Wahrheit sagen

Rụ̈ck·hand die <-> (*kein Plur.*) (SPORT: ↔ *Vorhand*) *Schlagtechnik beim Tennis*

Rụ̈ck·kehr die <-> (*kein Plur.*) (↔ *Abreise*) *das Zurückkommen* die Rückkehr nach Hause

Rụ̈ck·keh·rer, **Rụ̈ck·keh·re·rin** der <-s, -> *jmd., der wieder nach Hause (oder wieder an einen Ausgangspunkt) zurückkommt* die Rückkehrer freudig begrüßen

Rụ̈ck·la·ge die <-, -n> (*meist Plur.*) (*geh.*) *gespartes Geld* keinerlei Rücklagen haben

Rụ̈ck·lauf der <-(e)s, Rückläufe> *Reaktion auf eine Anfrage oder Umfrage* Bei unserer Umfrage hatten wir bisher nur einen spärlichen Rücklauf. ◆-quote

rụ̈ck·läu·fig <nicht steig,> *Adj.* (≈ *abnehmend*) rückläufige Absatzzahlen/Umsätze/Zahlen

Rụ̈ck·licht das <-(e)s, -er> *hinterer Scheinwerfer an Kraftfahrzeugen und Fahrrädern*

rụ̈ck·lings *Adv.* **1.** *rückwärts; nach hinten* rücklings hinfallen **2.** *hinterrücks; von hinten* jemanden rücklings überfallen

Rụ̈ck·marsch der <-(e)s, Rückmärsche> (MILIT.: ↔ *Vormarsch*) *Rückzug von Truppen* auf dem Rückmarsch sein

Rụ̈ck·mel·dung die <-, -en> **1.** *Reaktion auf eine Anfrage oder Umfrage* eine Rückmeldung aus dem Publikum bekommen **2.** (≈ *Feedback*) *persönliche Antwort auf die Wirkung oder Leistung einer anderen Person* dem Kollegen eine Rückmeldung geben

Rụ̈ck·nah·me die <-, -n> *das Zurücknehmen*

Rụ̈ck·nah·me·pflicht die <-, -en> *die Pflicht, eine Ware zurück zu nehmen*

Rụ̈ck·por·to das <-s, -s/Rückporti> *das Porto für das Zurücksenden eines Briefes* Bitte das Rückporto in den Brief legen!

Rụ̈ck·rech·nung die <-, -en> WIRTSCH. *das Berechnen des Verbrauchs an Material als Teil der gesamten Kostenrechnung*

Rụ̈ck·rei·se die <-, -n> (↔ *Hinreise*) *die Reise von einem Zielort zurück*

Rụ̈ck·rei·se·ver·kehr der <-s> (*kein Plur.*) *der Verkehr, der an bestimmten Wochenenden besonders stark ist, weil viele Leute auf der Rückreise aus den Ferien sind*

Rụ̈ck·ruf der <-s, -e> **1.** *ein Telefongespräch, mit dem man auf einen Anruf antwortet* **2.** *der Vor-*

R

gang, dass man eine Bestellung oder einen Auftrag rückgängig macht

Rück·ruf·ak·ti·on die <-, -en> WIRTSCH. *eine Aktion, bei der eine Firma die Kunden auffordert, schadhafte Produkte zurückzugeben, um eventuelle Unfälle zu vermeiden*

Ruck·sack der <-(e)s, Rucksäcke> *auf dem Rücken mit Schultergurten zu tragendes Gepäckstück*

Ruck·sack·tou·rist, **Ruck·sack·tou·ris·tin** der <-en, -en> (*umg. abwert.*) *Person, die mit leichtem Gepäck reist und teure Hotels meidet*

Rück·schau die <-, -en> (≈ *Rückblick*) *die wertende Betrachtung von Vergangenem* Rückschau auf die vergangenen Wochen/Jahre halten

Rück·schein der <-s, -> *eine Bescheinigung, in der jmd. bei Empfang unterschreibt, dass er eine Einschreibsendung oder ein Paket erhalten hat*

Rück·schlag der <-(e)s, Rückschläge> **1.** *etwas, das unerwartet eine positive Entwicklung teilweise rückgängig macht* Unsere Bemühungen erlebten/erlitten einen Rückschlag. **2.** SPORT *das Zurückschlagen des Balles* (*bei einem Ballspiel*)

Rück·schluss der <-es, Rückschlüsse> *Schlussfolgerung über andere Sachverhalte aus dem, was man bisher weiß* aus dem, was man sieht, Rückschlüsse über die Ursachen/möglichen Folgen ziehen

Rück·schritt der <-(e)s, -e> (↔ *Fortschritt*) *Rückfall in einen Zustand, den man schon überwunden hatte* Das neue Gesetz ist leider ein Rückschritt gegenüber dem alten.

Rück·sei·te die <-, -n> (↔ *Vorderseite*) *rückwärtige Seite* die Rückseite eines Hauses/einer Postkarte/ des Schrankes

Rück·sicht die <-, -en> **1.** (≈ *Taktgefühl, kein Plur.*) *umsichtiges Verhalten, bei dem man die Bedürfnisse und Wünsche anderer Menschen beachtet* Nimm bitte Rücksicht darauf, dass der alte Mann nicht so schnell gehen kann! **2.** (≈ *Betracht, kein Plur.*) *das Beachten gegebener Verhältnisse* Mit Rücksicht auf das unsichere Wetter haben wir die Bergtour noch einmal verschoben., Rücksicht auf die schwierige finanzielle Lage nehmen ▶berücksichtigen **3.** (*Plur.*) *durch Rücksicht[2] begründete Überlegungen* Aus politischen Rücksichten hat er das Problem verschwiegen. ■ **ohne Rücksicht auf Verluste** (*umg.*): *so, dass man sich nicht darum kümmert, ob ein anderer oder man selbst Nachteile durch etwas haben könnte*

Rück·sicht·nah·me die <-> (*kein Plur.*) **1.** *die Haltung oder das Verhalten, dass man auf eine Person Rücksicht[1] nimmt* **2.** *die Haltung oder das Verhalten, dass man Rücksicht[2] auf eine Gegebenheit nimmt*

rück·sichts·los *Adj.* (↔ *rücksichtsvoll*) **1.** (≈ *schonungslos*) *so, dass man keine Rücksicht auf Personen nimmt* Er hat seine Kollegin sehr rücksichtslos behandelt und sie vor anderen blamiert. **2.** (≈ *bedenkenlos, skrupellos*) *so, dass man keine Rücksicht auf gegebene Verhältnisse nimmt* ein rücksichtsloser Verkehrsrowdy, eine rücksichtslose Wirtschaftspolitik gegenüber Entwicklungsländern

Rück·sichts·lo·sig·keit die <-, -en> **1.** (*kein Plur.*) *der Zustand, dass man sich rücksichtslos verhält* Ihre Rücksichtslosigkeit hat alle empört. **2.** *rücksichtslose Handlung* eine ganze Reihe von groben Rücksichtslosigkeiten begehen

rück·sichts·voll <nicht steig.> *Adj.* (↔ *rücksichtslos*) *so, dass man Rücksicht[1] auf Personen nimmt* Er ist ein sehr rücksichtsvoller Mensch., Sie wartete rücksichtsvoll, bis er weitersprechen konnte.

Rück·sitz der <-es, -e> *hinterer Sitz im Auto* die Rücksitze eines Autos, der Rücksitz eines Motorrads

Rück·spie·gel der <-s, -> (↔ *Außenspiegel*) *ein Spiegel an oder in einem Fahrzeug, in dem man das Geschehen im Verkehr hinter dem Fahrzeug beobachten kann* in den Rückspiegel schauen, bevor man überholt

Rück·spiel das <-s, -e> (SPORT: ↔ *Hinspiel*) *das zweite Spiel von zwei Spielen, die zwischen zwei Mannschaften vereinbart sind*

Rück·spra·che die <-> (*kein Plur.*) *ein Gespräch, bei dem noch nicht geklärte Fragen geklärt werden können* mit jemandem Rücksprache nehmen, bevor man etwas entscheidet, um Rücksprache in einer unklaren Angelegenheit bitten

Rück·stand der <-(e)s, Rückstände> **1.** (↔ *Vorsprung*) *das Zurückbleiben einer Entwicklung hinter der Planung* Der Läufer konnte den Rückstand aufholen., mit der Arbeit zwei Wochen im Rückstand sein **2.** *zurückbleibender Bestandteil eines Materials* Wenn im Gerät Rückstände bleiben, können diese später zu Schäden führen., die Rückstände aus einer Produktion sinnvoll weiterverwerten **3.** (WIRTSCH.: ≈ *Außenstände*) *noch nicht gezahltes Geld* noch erhebliche Rückstände haben ◆ Beitrags-, Miet-

rück·stän·dig *Adj.* **1.** (≈ *unterentwickelt*) *noch nicht richtig entwickelt* eine rückständige Gesellschaft/Industrie/Infrastruktur **2.** (≈ *rückschrittlich* ↔ *fortschrittlich*) rückständige Auffassungen von etwas haben

Rück·stän·dig·keit die <-> (*kein Plur.*) *die Tatsache, dass etwas rückständig[1] [2]ist*

Rück·stell·kraft die <-> (*kein Plur.*) PHYS. *die Kraft, die bewirkt, dass ein Pendel wieder in die Ruhe zurückkehrt*

Rück·stel·lung die <-, -en> *das Zurückstellen*

Rück·stoß der <-es, Rückstöße> **1.** PHYS. *die Kraft, die daurch freigesetzt wird, dass ein Körper Masse abstößt, und die auf diesen Körper als Antrieb zurückwirkt* **2.** PHYS. *durch Rückstoß[1] ausgelöster Stoß nach rückwärts*

Rück·stu·fung die <-, -en> *das Zurückstufen auf eine niedrigere Stufe*

Rück·tritt der <-(e)s, -e> **1.** *der Vorgang, dass jmd. ein Amt aufgibt* der Rücktritt der Ministerin/ der Regierung, seinen Rücktritt einreichen/erklären ◆ -sabsicht, -sdrohung, -serklärung, -sforderung, -sgesuch **2.** RECHTSW. *das Zurücktreten von einem Vertrag* ◆ Reise- **3.** (*umg.*) *kurz für „Rücktrittbremse“* ein Fahrrad mit/ohne Rücktritt

Rück·tritt·brem·se die <-, -n> *eine Bremse an einem Fahrrad, die durch Bewegen der Tretkurbeln entgegen der Fahrtrichtung wirkt*
Rück·tritts·er·klä·rung die <-, -en> *die Erklärung des Rücktritts von einem Amt oder Vertrag*
Rück·tritts·recht das (*kein Plur.*) RECHTSW. *das Recht des Kunden, von einem Kaufvertrag zurückzutreten*
rück·ver·gü·ten *mit OBJ* ■ *jmd. rückvergütet etwas* WIRTSCH. *einen bereits gezahlten Betrag (teilweise) rückerstatten* Versicherungsbeiträge/eingezahlte Anteile an einer Genossenschaft rückvergüten
Rück·ver·gü·tung die <-, -en> WIRTSCH. **1.** (*kein Plur.*) *das Rückvergüten* **2.** *ein Betrag, der rückvergütet wird* eine Rückvergütung von … erhalten
rück·ver·si·chern *mit SICH* ■ *jmd. rückversichert sich sich ängstlich nach allen Seiten hin absichern* Ich habe mich rückversichert, dass alle anderen ohne Ausnahme mit meiner Entscheidung einverstanden sind. ▶Rückversicherung
Rück·wand die <-, Rückwände> *die hintere Wand von etwas* die Rückwand des Schrankes/der Garage
rück·wär·tig <nicht steig.> *Adj. nach hinten gerichtet* die rückwärtige Seite des Hauses
rück·wärts *Adv.* (↔ *vorwärts*) **1.** *mit der Rückseite voran* rückwärts fahren/gehen **2.** *nach hinten* rückwärts schauen ■ **rückwärts gehen**: sich verschlechtern ◆ Getrenntschreibung→R 4.1, R 4.12 Mit der Wirtschaft ist es in dieser Gegend immer weiter rückwärts gegangen., Die Regierung macht eine rückwärts gewandte Politik.
Rück·wärts·gang der <-(e)s> (*kein Plur.*) KFZ *der Gang für das Rückwärtsfahren* den Rückwärtsgang einlegen
rück·wärts·ge·wandt <nicht steig.> *Adj.* **1.** *nach hinten gewandt* **2.** *auf Vergangenes gerichtet* Er lebt sehr rückwärtsgewandt und spricht viel von Erinnerungen.
Rück·weg der <-(e)s, -e> (↔ *Hinweg*) *der Weg von einem Ziel zurück* sich auf den Rückweg machen
ruck·wei·se *Adv. in kurzen, unregelmäßigen Schüben* Es ging ruckweise vorwärts.
Rück·wen·dung die <-, -en> *die erneute Hinwendung zu etwas, das in der Vergangenheit wichtig war*
rück·wir·kend <nicht steig.> *Adj. von einem in der Vergangenheit liegenden Zeitpunkt an gültig* Die Bestimmung/Lohnerhöhung/Regelung gilt rückwirkend ab dem ersten März.
Rück·wir·kung die <-, -en> **1.** *die Wirkung, die von jmdm. ausgeht und die ihn auf ihn zurück wirkt* **2.** RECHTSW. *Wirkung eines Gesetzes auf einen bestimmten Zeitpunkt vorher*
Rück·zah·lung die <-, -en> **1.** *das Erstatten von Geld* die Rückzahlung des Geldes beantragen **2.** *Geld, das zurückgezahlt wird* eine Rückzahlung in Höhe von … erhalten ◆-sbedingung, -sfrist
Rück·zie·her ■ **einen Rückzieher machen** (*umg. abwert.*): *etwas, das man früher versprochen hat, doch nicht tun, weil man negative Konsequenzen fürchtet*
Rück·zug der <-(e)s, Rückzüge> **1.** MILIT. *das Verlassen eines Gebietes* Die Truppen befinden sich auf dem Rückzug. ◆-sbefehl, -sbewegung, -sgefecht **2.** *das Aufgeben eines Betätigungsfeldes* der Rückzug aus dem beruflichen/politischen Leben **3.** (*schweiz.*) *Abhebung (von einem Bankguthaben)*
Rü·de der <-n, -n> ZOOL. *männlicher Hund*
rü·de *Adj.* (*abwert.*) *sehr unfreundlich, grob* eine rüde Abfuhr/Absage/Antwort erhalten, ein rüdes Benehmen
Ru·del das <-s, -> *eine größere Gruppe gemeinsam lebender wilder Tiere* ein Rudel Hirsche/Wölfe ▶rudelweise
Ru·der das <-s, -> **1.** *eines der zum Vorantreiben eines Ruderbootes benutzten schaufelartigen Werkzeuge* die Ruder eintauchen/einziehen **2.** *Steuerungsvorrichtung an einem Schiff oder Flugzeug* Der Steuermann steht am/hinter dem Ruder. ■ **am Ruder sein** (*umg. übertr.*): *bestimmen, was getan wird; an der Macht sein* Welche Partei ist in der Gemeinde gerade am Ruder? **das Ruder herumwerfen** (*umg. übertr.*): *die Richtung seines Handelns völlig ändern* Die Regierung war gezwungen, das Ruder herumzuwerfen.
Ru·der·boot das <-(e)s, -e> *ein Boot, das mit Rudern[1] angetrieben wird*
Ru·de·rer, Ru·de·rin der <-s, -> *Person, die ein Boot rudert*
ru·dern <ruderst, ruderte, hat/ist gerudert> **I.** *mit OBJ* ■ *jmd. rudert etwas irgendwohin* ((*haben*)) *ein Ruderboot vorwärts bewegen* Wir haben das Boot über den See gerudert., Sie ruderte das Boot näher ans Ufer. **II.** *ohne OBJ* ■ *jmd. rudert (irgendwohin)* **1.** (*sein*) *sich rudernd irgendwohin bewegen* Wir sind im Boot/mit dem Boot über den See gerudert., Wir sind jetzt zwei Stunden gerudert. **2.** (*haben*) *Bewegungen wie mit einem Ruder[1] machen* mit den Armen Halt suchend in der Luft rudern
Ru·der·re·gat·ta die <-, Ruderregatten> SPORT *Wettrennen für Ruderboote*
Ru·di·ment das <-(e)s, -e> **1.** (*geh.*) *Überrest aus einer früheren Zeit* die Rudimente einer Befestigungsanlage aus dem Mittelalter **2.** BIOL. *ein zurückgebildetes, funktionslos gewordenes Organ* Der Steiß des Menschen ist das Rudiment eines Schwanzes.
ru·di·men·tär <nicht steig.> *Adj. so, dass etwas nur unvollständig entwickelt ist*
Rüeb·li das <-s, -> (*schweiz.*) *Möhre; Karotte*
Ruf der <-(e)s, -e> **1.** *eine kurze Lautäußerung, mit der man jmdm. ein Zeichen oder eine Information geben will* Ein lauter Ruf um Hilfe ertönte aus dem Fenster., einen Ruf hören **2.** *die Lautäußerung mancher Tiere* der Ruf des Käuzchens/des Kuckucks/der Wölfe **3.** *das Herbeiholen* der Ruf nach der Polizei **4.** (*geh.*) *das Herbeiwünschen* der Ruf nach Freiheit, der Ruf nach mehr Sicherheit **5.** TELEKOMM. *kurz für „Telefonanruf“* einen Ruf weiterleiten ◆-umleitung **6.** (≈ *Ansehen*) ei-

nen guten Ruf haben, jemanden in einen schlechten Ruf bringen, Er steht in dem Ruf, kompetent und fleißig zu sein., Sie wird sich das sehr gut überlegen, denn sie hat einen Ruf zu verlieren (≈ besitzt einen guten Ruf und könnte diesen in Gefahr bringen). **7.** *die Berufung auf einen Lehrstuhl* einen Ruf an eine Universität ablehnen/annehmen/ erhalten, Sie ist einem Ruf nach Tübingen gefolgt.

Ruf·an·la·ge die <-, -n> TECHN. *eine Anlage, mit der über Draht oder Funk Nachrichten übermittelt werden können*

ru·fen I. *mit OBJ* **1.** ■ *jmd. ruft etwas jmd. äußert etwas mit lauter Stimme* Er rief ein paar Worte hinter ihr her. **2.** ■ *jmd. ruft jmdn. jmd. verlangt mit lauter Stimme nach jmdm.* Er rief den Kellner., Die Mutter ruft ihr Kind zu sich **3.** ■ *jmd. ruft jmdn. jmd. verlangt telefonisch nach jmdm.* Wir müssen sofort einen Arzt rufen. **II.** *ohne OBJ* ■ *jmd./etwas ruft (zu etwas Dat.) jmd. oder etwas gibt das Zeichen, dass jmd. an einen bestimmten Ort kommen soll* Die Glocke ruft zum Gottesdienst., Die Mutter ruft zu Tisch.

Rüf·fel der <-s, -> (*umg.*) *Tadel* einen Rüffel für/ wegen etwas bekommen

rüf·feln *mit OBJ* ■ *jmd. rüffelt jmdn.* (*umg.*) *jmdm. einen Rüffel erteilen* Der Chef hat den Lehrling gerüffelt, weil er zu spät zur Arbeit gekommen ist.

Ruf·mord der <-(e)s, -e> *die absichtliche Schädigung des Ansehens einer Person oder Sache in der Öffentlichkeit* systematisch Rufmord gegen jemanden/etwas betreiben ◆-kampagne

Ruf·na·me der <-ns, -n> *derjenige von mehreren Vornamen, mit dem man gewöhnlich angesprochen wird* Sie heißt Anna Maria, ihr Rufname ist Anna.

Ruf·num·mer die <-, -n> (TELEKOMM.: ≈ *Telefonnummer*)

Ruf·um·lei·tung die <-, -en> TELEKOMM. *Umleitung eines Anrufes, der den Angerufenen zuerst unter seiner Rufnummer erreicht, der dann aber durch eine entprechende Schaltung an einen anderen Anschluss (derselben Person) automatisch weitergeleitet wird*

Ruf·wei·te ■ **in Rufweite sein**: *in einer Entfernung sein, die man mit Rufen überbrücken kann* in Rufweite von jemandem stehen, außer Rufweite sein

Ruf·zei·chen das <-s, -> **1.** (*österr.*) *Ausrufezeichen* **2.** *Freizeichen beim Telefon* **3.** *akustisches Erkennungszeichen im zivilen Funkverkehr, das eine Identifzierung der Station möglich macht*

Rug·by das ['rakbi/'rʌgbɪ] <-(s)> (*kein Plur.*) SPORT *ein Kampfspiel zwischen zwei Mannschaften mit einem ovalen Ball, der geworfen und getragen werden darf*

Rü·ge die <-, -n> *strenger Tadel* jemandem eine (öffentliche) Rüge erteilen

rü·gen <rügst, rügte, hat gerügt> *mit OBJ* (*geh.*) **1.** ■ *jmd. rügt jmdn. streng tadeln* jemandem eine Rüge erteilen **2.** ■ *jmd. rügt etwas* (≈ *beanstanden*) Er rügt ihre Unpünktlichkeit.

Ru·he die <-> (*kein Plur.*) **1.** (≈ *Stille*) *die (völlige) Abwesenheit von Geräuschen* Hier im Wald herrschte völlige Ruhe., eine himmlische/paradiesische Ruhe **2.** *die Abwesenheit von Bewegung* der See lag in völliger Ruhe, sich in Ruhe befinden, zur Ruhe kommen **3.** *die Abwesenheit von Aufregung, Sorgen oder Störungen* Der Patient braucht mehrere Wochen Ruhe., Nach den Strapazen der letzten Monate muss sie zur Ruhe kommen., etwas in Ruhe und ohne Druck bearbeiten, Lass mich endlich in Ruhe!, Zwischen den beiden Streithähnen herrscht im Moment Ruhe, sie reden wieder miteinander., Sie haben sich heftig die Meinung gesagt, jetzt herrscht wieder Ruhe. **4.** (≈ *Muße*) *Erholung, Ausruhen* ◆-pause **5.** *das Ausruhen im Bett* zur Ruhe gehen, Angenehme Ruhe! ◆ Bett- **6.** *ausgeglichene, unaufgeregte Wesensart* Ich schätze an ihm seine Ruhe und Besonnenheit., Ruhe ausstrahlen ■ **die Ruhe selbst sein** (*umg.*): *sich keine Erregung anmerken lassen; sehr beherrscht sein* **sich nicht aus der Ruhe bringen lassen** (*umg.*): *von jmdm. gesagt, der träge und gegen Kritik unempfindlich ist* **keine Ruhe finden/nicht zur Ruhe kommen**: *sich mit Sorgen quälen oder überlastet sein* **jemandem keine Ruhe lassen**: *immer wieder mit einem Anliegen an jmdn. herantreten* **die Ruhe vor dem Sturm** (*übertr.*): *lastendes Schweigen vor einer (heftigen) Aueinandersetzung* **Nun gib doch endlich Ruhe!**: (*meist an Kinder gerichtete*) *Aufforderung, mit lästigem Lärmen aufzuhören* **jemanden zur letzten Ruhe bringen**: *jmdn. beerdigen* **Nun hat die arme/liebe Seele Ruh!** (*umg.*): *von jmdm. gesagt, dessen heftiges Drängen und Wünschen endlich befriedigt ist*

Ru·he·kis·sen das (*umg. iron.*) *eine Leistung, von der jmd. glaubt, dass sie so groß sei, dass sie weitere Leistungen erst einmal überflüssig macht* Der letzte Publikumserfolg scheint für ihn ein richtiges Ruhekissen zu sein.

ru·he·lie·bend <nicht steig.> *Adj. so, dass jmd. die Ruhe sehr schätzt*

ru·he·los *Adj.* **1.** *ohne innere Ruhe* ein ruheloser Mensch, der nie mit Erreichtem zufrieden ist **2.** *ständig in Bewegung* ruhelos hin und her laufen

Ru·he·lo·sig·keit die <-> (*kein Plur.*) *die Tatsache, dass man ruhelos[1] [2]ist* Seine Ruhelosigkeit steckt alle an.

ru·hen <ruhst, ruhte, hat geruht> *ohne OBJ* **1.** ■ *jmd. ruht* (*geh.*) *sich erholen* im Schatten eines Baumes ruhen, nach der Arbeit eine Stunde ruhen **2.** ■ *etwas ruht nicht fortgesetzt werden* die Arbeit ruhen lassen, Momentan ruhen die Arbeiten. **3.** ■ *etwas ruht auf etwas Dat.* (*geh.*) *liegen* Die Brücke ruht auf drei Pfeilern., Seine Hand ruhte auf ihrer Schulter., Ihr Blick ruht auf seinem Antlitz., Die ganze Verantwortung ruht auf seinen Schultern. **4.** ■ *jmd. ruht* (*geh.*) *schlafen* Haben Sie gut geruht? **5.** ■ *jmd. ruht* (*geh. verhüll.*) *begraben sein* Hier ruht in Frieden …

Ru·he·pau·se die <-, -n> *eine Pause zur Erholung* eine Ruhepause einlegen

Ru·he·stand der <-(e)s> (*kein Plur.*) *die Zeit im Leben, in der man (Rente erhält und) nicht mehr beruflich tätig ist* jemanden in den Ruhestand versetzen, im Ruhestand sein, in den Ruhestand gehen ◆ Vor-

Ru·he·ständ·ler, **Ru·he·ständ·le·rin** der <-s, -s> (*umg.*) *jmd., der im Ruhestand ist*

Ru·he·stät·te die <-, -n> (*geh. verhüll.*) *Grab* die letzte Ruhestätte

Ru·he·stel·lung die <-, -en> MILIT. *Stellung, in der sich die Truppe in Ruhe befindet*

Ru·he·stö·rung die <-, -en> *Störung der Ruhe*[1] eine nächtliche Ruhestörung

Ru·he·tag der <-(e)s, -e> **1.** *ein Tag, an dem ein Restaurant oder eine Einrichtung für die Öffentlichkeit geschlossen ist* Die Gaststätte hat montags Ruhetag. **2.** (SPORT: *Radsport*) *ein Tag während eines Etappenrennens, an dem kein Rennen stattfindet*

ru·hig **I.** *Adj.* **1.** (≈ *still* ↔ *laut*) *ohne Geräusch oder Lärm* ein ruhiges Hotelzimmer, eine ruhige Straße, Kannst du bitte einmal ruhig sein? **2.** (≈ *unbewegt* ↔ *unruhig*) *ohne Bewegung* ganz ruhig dasitzen, die Beine ruhig halten, der See/Wald lag ruhig da **3.** (↔ *unruhig*) *ohne Aufregung* eine ruhige Zeit, ein ruhiger kleiner Ort, nach einer Aufregung allmählich wieder ruhig werden, ein ruhiges Gewissen haben, Ich bin ganz ruhig, mich trifft keine Schuld., Keiner konnte in diesem spannenden Moment ruhig bleiben. **4.** (↔ *nervös, unruhig*) *innerlich ausgeglichen* eine ruhige Wesensart **II.** *Adv. ohne weiteres, problemlos, unbesorgt* du kannst ruhig hier bleiben, du kannst ruhig weitermachen ■ **Nur ruhig Blut!** (*umg.*): *Bloß keine Aufregung!* **eine ruhige Kugel schieben** (*umg.*): *sich ein bequemes Leben machen* **eine ruhige Farbe** (↔ *eine grelle/schreiende Farbe*): *ein gedeckte Farbe (ohne Kontraste)* ◆ Getrenntschreibung→R 4.2 einen Patienten mit Medikamenten ruhig stellen, Das Bein muss ruhig gestellt werden.

ru·hig·stel·len <stellst ruhig, stellte ruhig, hat ruhig gestellt> *mit OBJ* ■ *jmd. stellt etwas ruhig* **1.** MED. (*ein gebrochenes Glied*) *stilllegen, bewegungslos machen* **2.** (PSYCH.: ≈ *sedieren*) *jmdn. in einem krankhaften psychischen Ausnahmezustand mit Psychopharmaka in einen ruhigeren Zustand versetzen*

Ruhm der <-(e)s> (*kein Plur.*) (≈ *Berühmtheit*) *der Sachverhalt, dass sehr viele Menschen eine Person oder Sache kennen und wertschätzen, weil die Person oder Sache eine bedeutende Leistung vollbracht hat* Ruhm erlangen, seinen Ruhm als Musiker begründen ■ **sich nicht mit Ruhm bekleckern** (*umg. scherzh.*): schlechte Leistungen zeigen **etwas ist kein Ruhmesblatt**: *eine Begebenheit oder Tat ist nicht wert, gerühmt zu werden* Die deutsche Kolonialpolitik ist kein Ruhmesblatt in der deutschen Geschichte.

rüh·men <rühmst, rühmte, hat gerühmt> (*geh.* ≈ *preisen*) **I.** *mit OBJ* ■ *jmd. rühmt jmdn./etwas sehr loben* Sie rühmten seinen Mut., jemanden wegen seiner Klugheit/seines Fleißes rühmen, Ihre Schönheit ist von allen gerühmt worden. **II.** *mit SICH* ■ *jmd. rühmt sich (etwas Gen.) mit etwas prahlen; Stolz auf etwas sein* sich seiner Sprachkenntnisse rühmen, sich rühmen, der beste Sportler der Schule zu sein, Ich kann mich rühmen, Herrn X persönlich zu kennen.

rühm·lich (*umg. iron.*) ■ **eine rühmliche Ausnahme sein**: *ungewöhnlicherweise anders oder besser sein als alles andere* Alle seine Romane sind schlecht, dieser hier ist die rühmliche Ausnahme. **kein rühmliches Ende nehmen** (*umg.*): *ein schlechtes Ende nehmen*

ruhm·los <nicht steig.> *Adj.* (↔ *ruhmreich*) *ohne Ruhm* Er blieb ein ruhmloser Autor.

ruhm·reich *Adj.* (*geh.* ↔ *ruhmlos*) *sehr berühmt* eine ruhmreiche Tat, der ruhmreiche Feldherr/Sieger

Ruhm·sucht die <-> (*kein Plur.*) (*abwert.*) *übermäßiges, gieriges Streben nach Ruhm*

ruhm·voll *Adj.* (≈ *ruhmreich*)

Ruhr[1] die <-, -en> (*Plur. selten*) MED. *eine Infektionskrankheit des Darmes mit starkem Durchfall*

Ruhr[2] die <-> *rechter Nebenfluss des Niederrheins* ◆ -festspiele, -gebiet, -kohle

Rühr·ei das <-(e)s, -er> KOCH. *eine Speise, für die Eigelb und Eiweiß verquirlt und in der Pfanne gebraten werden*

rüh·ren <rührst, rührte, hat gerührt> **I.** *mit OBJ* **1.** ■ *etwas rührt jmdn. innerlich berühren* Rührt dich das denn überhaupt nicht?, Der Anblick rührte sie. **2.** ■ *jmd. rührt etwas umrühren* den Brei kräftig rühren, etwas fünf Minuten lang mit dem Schneebesen rühren **II.** *ohne OBJ* ■ *etwas rührt von etwas Dat.* (*geh.*) *seine Ursache haben* Die Schmerzen rühren von seiner Krankheit. **III.** *mit SICH* ■ *jmd. rührt sich* **1.** *sich bewegen* Hier kann man sich ja nicht rühren! **2.** (*umg.*) *sich (bei jmdm.) melden* Wenn du etwas brauchst, rührst du dich bitte!, Sie hat sich nicht mehr gerührt, wahrscheinlich ist alles in Ordnung so. **3.** MILIT. *nach dem Stillstehen beim Antreten eine entspanntere Körperhaltung einnehmen* ■ **ein menschliches Rühren fühlen** (*scherzh.*): *den Drang fühlen, seine Notdurft zu verrichten* **Die Werbetrommel rühren** (*umg.*): *für etwas intensiv werben* **Mich hat fast der Schlag gerührt!** (*umg.*): *ich war fassungslos* **etwas rührt jemanden zu Tränen** (*geh.*): *jmd. wird gefühlsmäßig so sehr angesprochen, dass er weinen muss* **keinen Finger rühren** (*umg.*): *nichts tun* **wie vom Donner gerührt** (*umg.*): *fassungslos; bewegungslos vor Schreck* **Rührt Euch!** MILIT.: *militärisches Kommando* ◆ Getrenntschreibung→R 4.2 den Teig glatt rühren

rüh·rend *Adj. innerlich bewegend* Das ist rührend von dir!, sich rührend um jemanden kümmern, eine rührende Abschiedsszene

rüh·rig *Adj. unternehmungsfreudig* ein rühriger Mensch, immer rührig sein und nicht ruhen

Rühr·löf·fel der <-s, -> *Kochlöffel zum Rühren*

Rühr·mich·nicht·an das <-, -> (≈ *Springkraut*) *eine Pflanze, die ihre Samen bei Berührung fort-*

schleudert

rühr·se·lig *Adj.* (*abwert.* ≈ *sentimental*) *mit der vordergründigen Absicht, innerlich bewegend zu sein* eine rührselige Geschichte ▶Rührseligkeit

Rüh·rung die <-> (*kein Plur.*) *innere Bewegung* vor Rührung nicht sprechen können, seine Rührung zu verbergen suchen

Ru·in der <-s> (*kein Plur.*) (≈ *Bankrott*) *wirtschaftlicher Zusammenbruch* Das Unternehmen steht vor dem Ruin., das führt zum/in den Ruin

Ru·i·ne die <-, -n> *die Überrest(e) eines Gebäudes oder Bauwerkes* Nach dem Bombenangriff/Erdbeben blieben von der Stadt nur noch Ruinen., die Ruinen einer alten Stadtmauer ◆Burg-, Fabrik-, Schloss-

ru·i·nie·ren <ruinierst, ruinierte, hat ruiniert> *mit OBJ* **1.** ■ *etwas ruiniert jmdn. in den Ruin treiben* Der Umbau des Hauses hat ihn ruiniert. **2.** ■ *jmd. ruiniert etwas mit etwas Dat. schädigen* Er hat (sich) mit dem Rauchen seine Gesundheit ruiniert., Ich habe (mir) mit der Farbe meine neue Hose ruiniert.

rülp·sen <rülpst, rülpste, hat gerülpst> *ohne OBJ* ■ *jmd. rülpst Luft aus dem Magen geräuschvoll durch den Mund entweichen lassen* laut rülpsen

Rülp·ser der <-s, -> *das Geräusch beim Rülpsen* ein lauter Rülpser

Rum, **Rum** der <-s, -s/-e> *stark alkoholhaltiger Trinkbranntwein aus vergorenem Zuckerrohr* Tee mit Rum trinken

rum *Adv. kurz für „herum"*

Ru·mä·ne, **Ru·mä·nin** der <-n, -n> *jmd., der die rumänische Staatsangehörigkeit hat*

Ru·mä·ni·en <-s> *Staat im südöstlichen Mitteleuropa*

ru·mä·nisch <nicht steig.> *Adj.* **1.** *zu Rumänien gehörend, daher stammend* **2.** *in der Sprache der Rumänen* Sie antwortet rumänisch (in rumänischer Sprache)., Sie spricht sogar Rumänisch (die rumänische Sprache)., das Rumänische gut beherrschen *siehe auch* **deutsch**

Rum·ba die <-, -s> *ein lateinamerikanischer Tanz*

rum·hän·gen <hängst rum, hing rum, hat rumgehangen> *ohne OBJ* ■ *jmd. hängt rum* (*umg.*) *sich irgendwo zum Zeitvertreib aufhalten* Im Urlaub wollen sie nichts weiter als ein bisschen Spaß haben und zusammen rumhängen., Nach der Schule hängt er häufig mit seinen Freunden auf dem Schulhof rum.

rum·krie·gen <kriegst rum, kriegte rum, hat rumgekriegt> *mit OBJ* ■ *jmd. kriegt jmdn. rum* (*umg.* ≈ *herumkriegen*)

Rum·mel der <-s> (*kein Plur.*) (*umg.*) **1.** *Betriebsamkeit* In der Stadt herrschte ein ziemlicher Rummel. ◆Weihnachts- **2.** *Aufsehen* großen Rummel um etwas machen ◆Medien- **3.** (*norddt. ostmdt.* ≈ *Kirmes*) *Jahrmarkt; Volksfest* auf den Rummel gehen

Rum·mel·platz der <-es, Rummelplätze> *ein Platz, auf dem ein Jahrmarkt oder Volksfest stattfindet* Auf dem Rummelplatz gab es Schießbuden und Karussells.

Rum·my das ['rœmi/'rʌmɪ] <-s, -s> (*österr.*) *s.* **Rommee**

ru·mo·ren <rumorst, rumorte, hat rumort> *ohne OBJ* ■ *jmd./etwas rumort* (*sich bewegen und*) *dumpfe, unbestimmte Geräusche machen* In der Kiste rumort etwas., In meinem Bauch rumort es.

Rum·pel·kam·mer die <-, -n> (*umg.* ≈ *Abstellkammer*) alte Sachen in der Rumpelkammer entdecken

rum·peln <rumpelst, rumpelte, hat/ist gerumpelt> *ohne OBJ* **1.** ■ *etwas rumpelt* (*haben*) *polternde Geräusche verursachen* Was hat da denn gerade so gerumpelt? **2.** ■ *etwas rumpelt irgendwohin* (*sein*) *sich rumpelnd fortbewegen* Der Wagen ist über die Pflasterstraße gerumpelt.

Rumpf der <-(e)s, Rümpfe> **1.** (≈ *Torso*) *der Körper* (*eines Menschen oder eines Tieres*) *ohne Kopf und Gliedmaßen* **2.** SEEW. LUFTF. *der Teil des Schiffes oder Flugzeuges, in dem die Passagiere bzw. die Fracht untergebracht sind* Der Rumpf des Flugzeuges hat sich in den Boden gebohrt., Der Rumpf des Schiffes wies keine Schäden auf.

rümp·fen <rümpfst, rümpfte, hat gerümpft> ■ **die Nase rümpfen**: *verächtlich die Nase kraus ziehen* die Nase über etwas rümpfen

Rump·steak das ['rʊmpste:k] <-s, -s> KOCH. *ein kurz gebratenes Stück Hüftfleisch vom Rind*

rum·trei·ben <treibst rum, trieb rum, hat rumgetrieben> (*umg.* ≈ *herumtreiben*)

Rum·trei·ber der <-s, -> (*umg. abwert.*) *jmd., der sich rumtreibt*

Run der ['ran] <-s, -s> *Andrang, Ansturm auf etwas* der Run auf die Geschäfte im Sommerschlussverkauf

rund[1] *Adj.* **1.** (↔ *eckig*) (*ungefähr*) *kreis- oder kugelförmig* ein runder Ball, ein runder Turm, eine runde Öffnung, Ihre Augen wurden immer runder. ◆halb-, kreis-, kugel- **2.** (*umg.* ↔ *schmal*) *dick; füllig* ein runder Bauch, ein rundes Gesicht, Du bist ganz schön rund geworden! **3.** (*umg.* ↔ *genau*) *nach dem Runden*[2] die runde Summe von 100 Euro **4.** (*umg.*) *etwa, ungefähr* rund zweitausend Leute, Es dauerte rund zwei Stunden., Ich habe noch rund hundert Euro. ■ **rund um die Uhr** (*umg.*): *24 Stunden lang* Die Geschäfte haben rund um die Uhr geöffnet. **es geht rund** (*umg.*): *es ist viel los; es gibt viel Betrieb*

rund[2] *Adv. im Kreis um etwas herum* Rund um den See wuchsen herrliche Blumen., eine Wanderung rund um den See ■ **rund um die Welt** (*umg.*): *um den ganzen Globus herum* ein Flug rund um die Welt

Rund·blick der <-(e)s, -e> (≈ *Panorama*) *Ausblick nach allen Seiten* einen herrlichen Rundblick vom Gipfel des Berges haben

Rund·bo·gen der <-s, Rundbögen> BAUW. *halbkreisförmiger Bogen zum Überdecken von Öffnungen und zur Verbindung von Stützen; wichtiges Element der römischen Architektur*

Rund·bo·gen·stil der <-s> (*kein Plur.*) BAUW. *Stilrichtung des 19. Jh., die als Neuromanik auftrat und sehr oft den Rundbogen verwendete*

Rụnd·brief der <-(e)s, -e> *gleichzeitig an verschiedene Empfänger versandter Brief gleichen Inhalts* in einem Rundbrief alle Mitglieder zur Jahresversammlung einladen

Rụn·de die <-, -n> **1.** SPORT *einer von mehreren Teilen eines Wettkampfes* nach der dritten Runde ausscheiden müssen, Der Boxkampf endete nach der zehnten Runde., eine Runde Karten spielen **2.** *eine Strecke, die an ihren Ausgangspunkt zurückkehrt* Die Läufer haben noch acht Runden vor sich., eine Runde durch das Dorf gehen, mehrere Runden über der Stadt fliegen **3.** *eine Gruppe Personen, die miteinander bekannt sind* Die Runde der alten Freunde saß beisammen., sich in gemütlicher Runde zusammensetzen **4.** (*umg.*) *von mehreren Personen genossene Getränke, die eine Person bezahlt* eine Runde ausgeben/bezahlen, eine Runde für den ganzen Saal ■ **über die Runden kommen** (*umg.*): *gerade genügend Geld zum Leben haben* **die Runde machen** (*umg.*): *überall schnell bekannt werden* das Gerücht machte von einem Tag auf den anderen die Runde **eine (Ehren-)Runde drehen** (*umg.*): *in der Schule eine Klasse wiederholen müssen, weil die Versetzung nicht erfolgte* **jemandem über die Runden helfen** (*umg.*): *jmdm. in Schwierigkeiten weiterhelfen*

rụn·den <rundest, rundete, hat gerundet> **I.** *mit OBJ* **1.** ■ *jmd. rundet etwas eine runde Form geben* die Lippen runden **2.** ■ *jmd. rundet etwas (auf etwas Akk.)* MATH. *statt eines Zahlenwerts die nächsthöhere oder niedrigere Zahl der Rechnung zu Grunde legen* die 2,58 auf 2,6 runden, gerundete Zahlen ▶abrunden, aufrunden **II.** *mit SICH* ■ *etwas rundet sich runde Formen bekommen* Der Bauch der Schwangeren rundet sich., Etwas rundet sich zu einem Ganzen.

Rụnd·fahrt die <-, -en> *eine Fahrt, die wieder zum Ausgangspunkt zurückführt* eine Rundfahrt mit dem Schiff auf dem See machen

Rụnd·flug der <-(e)s, Rundflüge> *ein Flug, der wieder zum Ausgangspunkt zurückführt* Rundflüge über Berlin anbieten

Rụnd·funk der <-s> (*kein Plur.*) **1.** *die Gesamtheit der Rundfunksender* Rundfunk und Fernsehen übertragen das Ereignis. **2.** TECHN. *das drahtlose Übertragen von Informationen in Wort und Ton durch elektromagnetische Wellen* die Erfindung des Rundfunks, die Übertragung mittels Rundfunk

Rụnd·funk·an·stalt die <-, -en> AMTSSPR. *öffentlich-rechtlicher Rundfunksender*

Rụnd·funk·emp·fang der <-s> (*kein Plur.*) *die Übertragung von Sendungen mittels Rundfunk*[2] Der Rundfunkempfang ist heute immer wieder gestört.

Rụnd·funk·emp·fän·ger der <-s, -> (≈ *Radio*) *ein Gerät, mit dem Sendungen des Rundfunks*[1 2] *zu empfangen sind*

Rụnd·funk·ge·büh·ren *Plur. für das Empfangen von öffentlich-rechtlichen Rundfunksendern zu entrichtende Gebühren*

Rụnd·funk·ge·rät das <-(e)s, e> (≈ *Rundfunkempfänger*)

Rụnd·funk·hö·rer der <-s, -> *Hörer von Rundfunksendungen*

Rụnd·funk·pro·gramm das <-s, -e> **1.** *von einem Rundfunksender ausgestrahltes Programm* Was bietet das Rundfunkprogramm heute? **2.** *Zeitschrift mit einer Übersicht über Sendungen des Rundfunks* etwas im Rundfunkprogramm nachlesen

Rụnd·funk·rat der <-s> *Gremium, in dem wichtige Vertreter der Gesellschaft daran beteiligt sind, an grundsätzlichen Entscheidungen über die Gestaltung des Rundfunkprogrammms mitzuwirken*

Rụnd·funk·sen·der der <-s, -> **1.** *Station, die Sendungen über Rundfunk*[2] *überträgt* **2.** TECHN. *eine technische Anlage, die von einer Rundfunkanstalt betrieben wird und Signale in modulierte elektromagnetische Wellen umsetzt und abstrahlt*

Rụnd·funk·sen·dung die <-, -en> *über Rundfunk*[2] *ausgestrahlte Sendung*

Rụnd·funk·spre·cher der <-s, -> *jmd., der die Ansagen im Rundfunk macht*

Rụnd·funk·wer·bung die <-, -en> *die über Rundfunk ausgestrahlte Werbung*

Rụnd·gang der <-s, Rundgänge> **1.** *ein Weg, der an seinen Ausgangspunkt zurückführt* einen Rundgang durch eine Ausstellung machen **2.** *ein Gang als architektonische Einheit, der einen Kreis beschreibt* Ein gut ausgebauter Rundgang umschließt den Innenhof.

rund·he·r·aus <nicht steig.> *Adv. ohne Überlegung* rundheraus antworten

rund·he·r·ụm *Adv.* **1.** *überall in der Umgebung* nach der Explosion war rundherum alles verbrannt. **2.** *um etwas herum* in der Mitte einen Punkt machen und rundherum einen Kreis ziehen **3.** (*umg.*) *vollkommen* rundherum zufrieden sein

Rụnd·holz das <-es, Rundhölzer> **1.** *rohes oder bearbeitetes Holt, das im Querschnitt rund ist (so, wie es am Baum gewachsen ist)* **2.** (*koch.*) *Nudelholz*

rụnd·lich *Adj. dicklich* ein rundliches Gesicht haben ◆ Rundlichkeit

Rụnd·rei·se die <-, -n> *eine Reise, die an ihren Ausgangspunkt zurückführt* eine Rundreise durch Italien machen

Rụnd·schrei·ben das <-s, -> (≈ *Rundbrief*) *gleichzeitig an verschiedene Empfänger versendeteter Brief gleichen Inhalts* ein Rundschreiben an alle Mitglieder versenden

Rụnd·sicht die <-, -en> (≈ *Rundblick*)

Rụnd·stahl der <-s, Rundstähle> *gewalzter, gezogener, im Querschnitt kreisrunder Stahl*

Rụnd·strick·na·del die <-, -n> *eine Stricknadel, die teilweise so flexibel ist, dass sie zu einem Kreis zusammengebogen werden kann* mit der Rundstricknadel einen Strumpf/ einen Pullover stricken

rund·ụm *Adv.* **1.** *im Kreis, nach allen Seiten* Er schaute rundum und sah nur zufriedene Gesichter. **2.** *ringsumher, im Umkreis* rundum nur Industrieanlagen **3.** (*übertr.*) *ganz, völlig* rundum glücklich/zufrieden

Rụnd·ụm·be·schnitt der <-s, -e> *Beschnitt von allen Seiten* Die Hecke braucht wieder einen Rundumbeschnitt.

Rụnd·ụm·schutz der <-es> (*kein Plur.*) *ein Schutz, mit dem man sich gegen Gefahren aus verschiedenen Richtungen schützt* Dieses Vitaminpräparat bietet einen Rundumschutz gegen verschiedene Formen von Vitaminmangel.

Rụn·dung die <-, -en> **1.** *Wölbung* die Rundung einer Kuppel **2.** *gerundete Form* die Rundung der Stirn ■ **die Rundungen (einer Frau)** (*umg.*): *der Busen und der Po einer Frau*

Rụnd·wan·der·weg der <-s, -e> *ein Wanderweg, der zum Ausgangspunkt zurückkehrt*

rụnd·weg <nicht steig.> *Adv. ohne Zögern, direkt, kompromisslos* jemandem etwas rundweg abschlagen

Ru·ne die <-, -n> GESCH. *Schriftzeichen der Germanen*

Ru·nen·schrift die <-> (*kein Plur.*) GESCH. *Schrift der Germanen*

Rụn·gen·wa·gen der <-, -> *offener Güterwagen, auf dem die Ladung durch am Wagenrand senkrecht stehenden Balken gehalten wird*

Rụn·kel die <-, -n> (*österr. schweiz.*) *Runkelrübe*

rụnter *Adv. kurz für „herunter"*

rụnter·hau·en <haust runter, haute runter, hat runtergehaut> *mit OBJ* ■ *jmd. haut jmdm. eine runter* (*umg.*) *eine Ohrfeige geben*

rụn·ter·la·den <lädst runter, lud runter, hat runtergeladen> *mit OBJ* ■ *jmd. lädt (sich) etwas runter* (*umg. edv*) *etwas aus dem Datenbestand des Internets in eine eigene Datei kopieren*

Rụn·zel die <-, -n> (*tiefe*) *Falte* Runzeln bekommen

rụn·ze·lig, a. **rụnz·lig** *Adj. voller (tiefer) Falten* ein runzeliges Gesicht, eine runzelige Haut bekommen

rụn·zeln <runzelst, runzelte, hat gerunzelt> *mit OBJ* ■ *jmd. runzelt etwas in Falten legen* die Stirn runzeln

rụnz·lig *Adj. s.* **runzelig**

Rü·pel der <-s, -> (*abwert.*) *Person ohne Umgangsformen*

Rü·pe·lei die <-, -en> (*abwert.*) *sehr unhöfliches Benehmen*

rü·pel·haft *Adj. in der Art eines Rüpels* sich rüpelhaft benehmen, eine rüpelhafte Antwort geben

rụp·fen <rupfst, rupfte, hat gerupft> *mit OBJ* **1.** ■ *jmd. rupft etwas Federn herausreißen* Gänse rupfen **2.** ■ *jmd. rupft etwas abreißen* Gras rupfen **3.** ■ *jmd. rupft jmdn.* (*umg. scherzh.*) *viel Geld verlieren lassen* Ihr habt mich ja gestern in der Gaststätte ganz schön gerupft! ■ **mit jemandem ein Hühnchen rupfen** (*umg.*): *jmdm. einen Vorwurf machen*

Rụp·fen der <-s> (*kein Plur.*) *das grobe Jutegewebe, aus dem z.B. Säcke hergestellt werden*

Rụpf·fes·tig·keit die <-> (*kein Plur.*) *die Beschaffenheit eines Materials so, dass es nicht leicht durch Reißen daran beschädigt werden kann* Die Bezüge auf den Stühlen haben eine hohe Rupffestigkeit

Ru·pie die ['ru:pi̯ə] <-, -n> *Währungseinheit in Indien und anderen asiatischen Ländern*

rụp·pig *Adj.* (*umg. abwert.*) *sehr unfreundlich; barsch* eine ruppige Art haben, eine ruppige Antwort geben

Rü·sche die <-, -n> *Verzierung an einem Kleid*

rüschen <rüschst, rüschte, hat gerüscht> *ohne OBJ* ■ *jmd. rüscht etwas einen Stoff in eine Reihe kleiner Falten legen*

Rü·schen·blu·se die <-, -n> *eine Bluse mit Rüschen am Kragen oder an den Ärmeln*

Rü·schen·hemd das <-(e)s, -en> *ein Hemd mit Rüschen am Kragen und an den Ärmeln*

Rush·hour die ['rʌʃaʊə] <-, -s> *Hauptverkehrszeit* In der Rushhour sind die Straßen immer verstopft.

Ruß der <-es> (*kein Plur.*) *das schwarze, fettige Pulver, das sich aus dem Rauch eines Feuers niederschlägt* der Ruß in einem Schornstein

Ruß·bil·dung die <-, -en> *die Art, wie Ruß entsteht* die Rußbildung bei Dieselmotoren

Rụs·se, **Rụs·sin** der <-n, -n> *jmd., der die russische Staatsangehörigkeit hat*

Rüs·sel der <-s, -> **1.** *die (schlauchartig verlängerte) Nase mancher Tiere* der Rüssel eines Elefanten/eines Schweins **2.** *das Saugorgan mancher Insekten* der Rüssel einer Fliege/Mücke **3.** (*umg. abwert.*) *Nase* Nimm gefälligst deinen Rüssel aus meinem Buch!

Ruß·e·mis·si·o·nen der <-, -> *das Ausströmen von Gasen, in denen Rußpartikel enthalten sind*

ru·ßen <rußt, rußte, hat gerußt> *ohne OBJ* ■ *etwas rußt Ruß bilden* Die Kerze/Der Schornstein rußt.

ru·ßig *Adj.* voller Ruß, ein rußiges Ofenrohr

rụs·sisch *Adj.* **1.** *zu Russland, seiner Politik und Kultur gehörig* die berühmte russische Gastfreundschaft **2.** *in der Sprache der Russen* Sie antwortet russisch (in russischer Sprache)., Sie lernt zurzeit Russisch (die russische Sprache)., Wie heißt das auf Russisch? ■ **russisches Roulette spielen**: *die Trommel eines Revolvers mit nur eine Kugel laden, frei rotieren lassen und abdrücken siehe auch* **deutsch**

Rụss·land <-s> *die aus dem Zerfall der Sowjetunion 1989 hervorgegangene Republik Russland, die die Nachfolge der Russischen Sozialistischen Föderativen Sowjetrepublik angetreten hat*

Ruß·par·ti·kel der <-s, -n> *die bei der unvollständigen Verbrennung von Kohlenwasserstoffen entstehenden kleinen Teilchen aus Kohlenstoff und Kohlenstoffverbindungen*

rüs·ten <rüstest, rüstete, hat gerüstet> **I.** *mit OBJ* ■ *jmd. rüstet etwas* (*schweiz.*) **1.** *Vorbereitungen treffen* das Mittagessen rüsten **2.** (*Gemüse, Salat*) *putzen, richten* **II.** *ohne OBJ* ■ *jmd. rüstet* MILIT. *die Landesverteidigung mit Waffen versehen* Das Land hat viele Jahre für einen eventuellen Krieg gerüstet. **III.** *mit SICH* ■ *jmd. rüstet sich für etwas Akk. sich vorbereiten* sich für den Ausflug/die Reise rüsten, gut gerüstet an eine Aufgabe gehen

Rü·ster der <-, -n> *das Holz der Ulme*

rüs·tig *Adj.* (*als alter Mensch*) *körperlich gesund, aktiv und beweglich* ein rüstiger Rentner, Sie ist noch sehr rüstig für ihr Alter.

rus·ti·kal *Adj. in ländlichem Stil gehalten* eine rustikale Gaststätte, ein rustikales Essen, rustikale Möbel

Rüs·tung die <-, -en> **1.** *Schutzbekleidung aus Metallteilen für einen Ritter; seit dem 17. Jh. nur noch Prunkkleidung* Das Museum zeigt alte Rüstungen. ◆ Ritter- **2.** (*kein Plur.*) (MILIT.: ↔ *Abrüstung*) *das Anschaffen von Waffen* der Finanzbedarf für Rüstung ◆-sausgaben, -spolitik, -swettlauf

Rüs·tungs·be·schrän·kung die <-, -en> *der Gegenstand internationaler Verhandlungen, durch Rüstungskontrolle zur Minderung von Rüstung*² *und den durch sie bedingten Kriegsgefahren zu kommen*

Rüs·tungs·e·tat der [-e'ta:] <-s, -s> *die von einem Staat im Staatshaushalt bereitgestellten finanziellen Mittel für Rüstung*²

Rüs·tungs·ex·port der <-(e)s, -e> *Export von Waffen*

Rüs·tungs·geg·ner, **Rüs·tungs·geg·ne·rin** der <-s, -> *jmd., der für die Begrenzung bzw. Abschaffung von Rüstung*² *öffentlich auftritt*

Rüs·tungs·in·dus·t·rie die <-> (*kein Plur.*) *die Gesamtheit der Betriebe* (*eines Landes*), *die Waffen fertigen*

Rüs·tungs·kon·trol·le die <-, -n> *die vertragliche Begrenzung des Rüstens II*

Rüs·tungs·kon·troll·ver·hand·lun·gen *Plur. internationale Verhandlungen über Maßnahmen, die einer allgemeinen Abrüstungsstrategie dienen* (*Beschränkung von Rüstungsvorhaben, Absprachen über wechselseitige Kontrollen, über Standorte, technische Ausführung von Waffen usw.*)

Rüs·tungs·smüll der <-s> (*kein Plur.*) *Müll, der durch entsorgte Rüstüng*² *entsteht*

Rüst·zeit die <-, -en> *nach der REFA-Lehre die Zeit, die für die Vorbereitung der zu leistenden Arbeit aufgewendet werden muss* Die Zeit, die für den Umbau einer Maschine aufgewendet werden muss, um mit ihr das neue Modell bearbeiten zu können, ist Teil der Rüstzeit.

Rüst·zeug das <-(e)s> (*kein Plur.*) *das Wissen und Können, das Voraussetzung für etwas ist* das nötige Rüstzeug für ein Studium/den Beruf

Ru·te die <-, -n> *dünner, biegsamer Stock* Ruten von einer Weide schneiden, die Kühe mit einer Rute antreiben, eine Rute zum Angeln verwenden ■ **mit eiserner Rute regieren**: *mit großer Strenge regieren* **sich unter jemandes Rute beugen**: *sich jmds. Herrschaft beugen*

Ru·ten·gän·ger der <-s, -, -> *jmd., der mit einer Wünschelrute Wasseradern sucht*

Rüt·li·schwur der <-s> (*kein Plur.*) *der Treueeid der drei ersten Schweizer Eidgenossen im Jahr 1291*

Rutsch ■ **in einem Rutsch** (*umg.*): *ohne Unterbrechung* etwas auf einen Rutsch erledigen **(einen) guten Rutsch ins neue Jahr!** (*umg.*): *verwendet als Glückwunsch zum Jahreswechsel*

Rutsch·bahn die <-, -en> (*für Kinder gebautes*) *Gerüst mit schräger Bahn, auf der sie nach unten rutschen können*

Rut·sche die <-, -n> (*umg.* ≈ *Rutschbahn*)

rut·schen <rutschst, rutschte, ist gerutscht> *ohne OBJ* **1.** ■ *jmd. rutscht über eine Fläche gleiten* Die Kinder rutschen (auf der Rutschbahn) ins Wasser., auf den Knien durch das Zimmer rutschen **2.** ■ *jmd. rutscht ausgleiten* Heute hat es gefroren, man rutscht auf der Straße., Bei Nässe besteht die Gefahr, dass man mit dem Auto beim Bremsen ins Rutschen kommt. ►ausrutschen, Rutschgefahr **3.** ■ *etwas rutscht keinen festen Sitz haben* Die Brille/Die Hose rutscht., Das ist mir aus der Hand gerutscht. **4.** ■ *jmd. rutscht* (*umg.*) *zur Seite rücken* Kannst du ein wenig rutschen, damit ich auch noch Platz habe?

rutsch·fest <nicht steig.> *Adj. so, dass man darauf nicht ausgleitet* rutschfeste Schuhe/Sohlen

rut·schig *Adj. so, dass man darauf ausgleitet* ein rutschiger Untergrund, rutschige Schuhe

Rutsch·par·tie die <-, -n> **1.** (*scherzh.*) *unabsichtliches Ausgleiten* Bei dieser Kälte ist der Weg zum Konzertsaal sicher eine Rutschpartie. **2.** *eine Fahrt auf der Rutschbahn*

Rüt·tel·ma·schi·ne die <-, -n> *eine Maschine, die ein Sieb in eine Schüttelbewegung versetzt, um auf diese Weise etwas* (*z.B. Getreide*) *sieben zu können*

rüt·teln <rüttelst, rüttelte, hat gerüttelt> **I.** *mit OBJ* ■ *jmd. rüttelt jmdn./etwas heftig hin und her bewegen* jemanden an der Schulter/am Arm/aus dem Schlaf rütteln **II.** *ohne OBJ* ■ *jmd./etwas rüttelt* (*an etwas Dat.*) **1.** *heftig hin und her bewegen* an einer Tür rütteln, der Sturm rüttelt an den Fensterläden **2.** ■ *jmd. rüttelt* (*an etwas Dat.*) (*übertr.*) *etwas stark in Frage stellen* Luther rüttelte am Selbstverständinis der damaligen Kirche **3.** (*von Raubvögeln*) *mit schnellen Flügelschlägen flattern, ohne sich von der Stelle zu bewegen* Der Habicht rüttelte eine ganze Weile über dem Feld, bevor er sich auf eine Maus herabstürzte. ■ **daran ist nicht zu rütteln**: *daran kann nichts geändert werden*

Rüt·tel·sieb das <-s, -e> *das Sieb in einer Rüttelmaschine*

Rwan·da das *englische Schreibung für „Ruanda"*

Rwan·der, **Rwan·de·rin** der <-s, -> *s.* **Ruander**

rwan·disch *Adj. s.* **ruandisch**

S s

S, s das <nicht steig.> *der neunzehnte Buchstabe des Alphabets* ein großes S, ein kleines s ■ **Größe S** (*bei Konfektionsgrößen*): *Abkürzung für „small"* (*klein*)

i Wissenswert Der **s-Laut** kann im Deutschen drei verschiedene Schreibungen annehmen: s, ß oder ss. Folgt nach dem s-Laut ein Konsonant, so schreibt man s: Last, Durst, leisten. Ebenso schreibt man s, wenn einem stimmhaften s ein langgesprochener Vokal vorausgeht: Rose, lose. Geht einem stimmlosen s ein langgesprochener Vokal voraus, so schreibt man ß: Fuß, Maß, Straße. Nach kurzem Vokal folgt immer ss: Fluss, muss, Nuss. Ausnahmen: Ananas, Finsternis, Globus, Kürbis.

Saal der <-(e)s, Säle> *ein großer Raum für Veranstaltungen* Der Saal füllt sich langsam/ist gerammelt voll/ist festlich geschmückt/ist für die Karnevalsveranstaltung reserviert. ◆-beleuchtung, -bestuhlung, -ordner, Ball-

Saal·die·ner der <-s, -> POL. *jmd., der als Bediensteter im Parlament dafür sorgt, dass Sitzungen ohne Probleme durchgeführt werden können*

Saar·land <-s> *Bundesland im Westen Deutschlands*

Saat die <-, -en> **1.** *das Säen* **2.** (*kein Plur.*) *Samenkörner, die gesät werden sollen* **3.** *etwas, das gesät wurde und bereits aufgegangen ist* **4.** (*übertr.*) *etwas, das in seinen Grundzügen angelegt wurde* Die Saat der Gewalt ist aufgegangen.

Saat·gut das <-(e)s> (*kein Plur.*) (≈ *Saat*[2])

Sab·bat der <-s, -e> *ein jüdischer Ruhetag, der mit bestimmten Ritualen begangen wird*

Sab·bat·jahr das <-(e)s, -e> WIRTSCH. *der Umstand, dass ein Arbeitnehmer für ein Jahr von seiner Arbeit freigestellt wird und er in diesem Jahr zum Beispiel einen längeren Auslandsaufenthalt, eine Weiterbildungsmaßnahme o.Ä. durchführen kann*

sab·bern <sabberst, sabberte, hat gesabbert> *ohne OBJ* ■ *jmd. sabbert* (*umg.*) *Speichel aus dem Mund fließen lassen* Das Baby/Der Hund sabbert. ▶Sabber

Sä·bel der <-s, -> *eine Waffe in der Art eines Schwerts mit leicht gekrümmter Klinge*

sä·beln <säbelst, säbelte, hat gesäbelt> *mit OBJ* ■ *jmd. säbelt etwas* (*umg.*) *grob schneiden* sich eine dicke Scheibe vom Brot säbeln, mit dem Taschenmesser die Wurst in Stücke säbeln

Sa·bo·ta·ge die [zabo'taːʒə] <-, -n> (*meist Sing.*) *eine Handlung, mit der jmd.* (*oft zu politischen Zwecken*) *einen Plan anderer vereitelt, indem er absichtlich Maschinen, Arbeitsmittel oder Waren zerstört*

Sa·bo·ta·ge·akt der [zabo'taːʒə...] <-(e)s, -e> *eine Handlung, mit der etwas sabotiert wird* Der Brand in der Montagehalle ist aller Wahrscheinlichkeit nach auf einen Sabotageakt zurückzuführen.

Sa·bo·teur, **Sa·bo·teu·rin** der [zabo'tøɐ] <-s, -e> *jmd., der Sabotage begeht*

sa·bo·tie·ren <sabotierst, sabotierte, hat sabotiert> *mit OBJ* ■ *jmd. sabotiert etwas Sabotage betreiben; planmäßig und absichtlich behindern* Man sabotierte die Wahl von allen Seiten., Die Entwicklung des Prototyps wurde offensichtlich sabotiert.

SACD die <-, -s> *Abkürzung für „Super Audio CD"; eine Art besondere CD, auf der sehr viel mehr Daten als auf einer herkömmlichen CD gespeichert sind und die daher über einen erheblich verbesserten Klang verfügt* ◆-Player

Sach·an·la·ge die <-, -n> (*meist Plur.*) WIRTSCH. *das Vermögen eines Betriebes, das aus Sachwerten, z.B. Grundstücken, Maschinen o.Ä. besteht*

Sa·cha·rin/**Sac·cha·rin** das [zaxa'riːn] <-s> (*kein Plur.*) *ein* (*künstlich hergestellter*) *Süßstoff*

Sach·be·ar·bei·ter, **Sach·be·ar·bei·te·rin** der <-s, -> *jmd., der in einer Behörde oder in einer Firma Vorgänge in einem bestimmten Aufgabengebiet bearbeitet*

Sach·be·schä·di·gung die <-, -en> RECHTSW. *die vorsätzliche Beschädigung von fremdem Eigentum*

Sach·buch das <-(e)s, Sachbücher> *ein Buch, das von einem bestimmten Sachgebiet oder Sachthema handelt* (*im Gegensatz zu Romanen, Erzählungen usw.*) Das Verlagsprogramm umfasst vor allem Sachbücher und Lexika.

sach·dien·lich *Adj. so, dass etwas zu einer bestimmten Sache beiträgt oder für sie nützlich ist* Es ist nicht sachdienlich, wenn Sie sich über Fehler des Kollegen lustig machen!, Jede Polizeidienststelle nimmt sachdienliche Hinweise entgegen.

Sa·che die <-, -n> **1.** (*kein Sing.*) (≈ *Gegenstand*) *ein einzelnes physisches Objekt, das nicht weiter beschrieben ist* Du könntest mal aufräumen, überall in der Wohnung liegen deine Sachen herum., Ich suche nur noch meine Sachen zusammen. **2.** (≈ *Angelegenheit, Sachverhalt*) Wie stehen die Ermittlungen in dieser Sache?, Das wäre doch die einfachste Sache der Welt gewesen., Wir wollen die Sache gleich erledigen., Die Sache ist nämlich die, dass ..., Das ist doch meine Sache!, Dies gehört doch nicht zur Sache., Ich verstehe nichts von der Sache. **3.** *nur im Plur.* (*umg.*) *Kilometer pro Stunde* Das Auto schoss mit 170 Sachen an uns vorbei. ■ **sagen, was Sache ist** (*umg.*): *offen seine Meinung sagen* **gemeinsame Sache machen** (*umg.*): *sich mit jmdm. zu einer* (*illegalen*) *Unternehmung zusammentun* **sich einer Sache gewiss/sicher sein**: *von der Richtigkeit seines Handelns überzeugt sein* **bei der Sache sein**: *konzentriert und aufmerksam sein* **zur Sache kommen**: *zum eigentlichen Thema kommen*

Sa·cher·tor·te die <-, -n> *eine* (*nach dem Hotel Sacher in Wien benannte*) *Schokoladentorte*

Sach·fra·ge die <-, -n> (*meist Plur.*) *eine Frage, die sich nur auf einen bestimmten Sachverhalt bezieht* Vor der Unterzeichnung des Vertrags müssen noch einige zentrale Sachfragen erörtert werden.

Sach·ge·biet das <-(e)s, -e> *ein bestimmter Arbeitsbereich oder Themenbereich* Eine gute Allgemeinbildung umfasst viele Sachgebiete.

sach·ge·mäß <nicht steig.> *Adj. so, dass etwas der Natur einer bestimmten Sache entspricht* Bei sachgemäßer Anwendung wäre das Gerät nicht beschädigt worden.

Sach·kennt·nis die <-, -se> *genaues Verständnis eines Themenbereichs* Sie verfügt über beeindruckende/große/profunde Sachkenntnis.

sach·kun·dig *Adj. so, dass jmd. über Sachkenntnis verfügt* Er ist ein sachkundiger Kenner dieser Materie.

Sach·la·ge die <-, -n> *eine Situation, die zu einem bestimmten Zeitpunkt besteht* Nach genauer Prüfung der Sachlage haben wir entschieden, dass die Mitgliedsbeiträge erhöht werden müssen.

Sach·leis·tung die <-, -en> *etwas, das jmd. anstelle von Geld als Bezahlung bekommt*

sach·lich *Adj.* (≈ *objektiv* ↔ *unsachlich*) *so, dass es dabei nur um die Sache und nicht um persönliche Gefühle geht* Ich habe nichts gegen sachliche Kritik., Bleiben Sie doch bitte sachlich!

säch·lich <nicht steig.> *Adj.* (SPRACHWISS.: ≈ *neutral*) *so, dass es weder männlich noch weiblich ist*

Sach·lich·keit die <-> (*kein Plur.*) (≈ *Objektivität*) *die Haltung, sich an den Tatsachen zu orientieren und Gefühle nicht mit einzubeziehen* Die Gesprächsatmosphäre war von kühler Sachlichkeit geprägt.

Sach·man·gel der <-s, Sachmängel> RECHTSW. *Fehlerhaftigkeit einer gekauften Sache*

Sach·re·gis·ter das <-s, -> (≈ *Index*) *ein Verzeichnis aller Sachbegriffe, die in einem Buch vorkommen* Enthält das Fachbuch ein Sachregister?

Sach·scha·den der <-, Sachschäden> *ein Schaden[2] an einem Gegenstand* Bei dem Unfall entstand hoher Sachschaden.

Sach·se, **Säch·sin** der <-n, -n> *Einwohner Sachsens*

säch·seln <sächselst, sächselte, hat gesächselt> *ohne OBJ* ■ *jmd. sächselt in sächsischer Mundart sprechen*

Sach·sen <-s> *Bundesland im Osten Deutschlands*

Sach·sen-An·halt <-s> *Bundesland im Osten Deutschlands*

säch·sisch <nicht steig.> *Adj. zu Sachsen gehörend, daher stammend*

sacht(e) <sachter, am sachtesten> *Adj.* (≈ *behutsam* ↔ *grob*) *sanft und vorsichtig* ■ **Nun mal sachte!** (*umg.*): *Nun mal vorsichtig!* **Sachte, sachte!** (*umg.*): *Vorsicht, Vorsicht!*

Sach·ver·halt der <-(e)s, -e> *alle Tatsachen und Umstände, die für eine bestimmte Angelegenheit von Bedeutung sind* Zur Klärung des Sachverhaltes, wie es zu dem Brand kommen konnte, wurden zahlreiche Zeugen befragt.

Sach·ver·stand der <-(e)s> (*kein Plur.*) (≈ *Sachkenntnis*) Er hat bei der Lösung des Problems viel Sachverstand bewiesen.

sach·ver·stän·dig *Adj. so, dass jmd. über Sachkenntnis verfügt* Im Saal saß ein sehr sachverständiges Publikum.

Sach·ver·stän·di·ge der/die <-n, -n> RECHTSW. *jmd., der aufgrund seiner großen Sachkenntnis zum Beispiel vor Gericht als Gutachter auftreten kann*

Sach·ver·stän·di·gen·gut·ach·ten das <-s, -> RECHTSW. *ein Gutachten, das von einem Sachverständigen erstellt wird* Die Versicherung forderte ein Sachverständigengutachten zum Unfallhergang an.

Sach·ver·stän·di·gen·rat der <-(e)s, Sachverständigenräte> POL. *eine Gruppe von Sachverständigen, die bei politischen Entscheidungen Ratschläge geben*

Sach·wert der <-(e)s, -e> (*meist Plur.*) *eine Sache, die materiellen Wert besitzt* Er hat sein Geld vor allem in Sachwerten angelegt.

Sach·zwang der <-(e)s, Sachzwänge> *ein Zwang, der durch eine bestimmte Sachlage ausgelöst wurde* Der Politiker musste so entscheiden, da eine Reihe von Sachzwängen ihm keine andere Wahl ließ.

Sack der <-(e)s, Säcke> **1.** *eine Art großer Beutel aus Stoff, Papier oder Kunststoff, in dem man feste Stoffe transportieren kann* Ich habe zwei Säcke Kartoffeln bestellt., den Müll in Säcken abtransportieren, den Zement in Säcken anliefern ◆ Müll-, Plastik-, Sand- **2.** (*vulg.*) *Schimpfwort für einen Mann* Du blöder/fauler Sack! **3.** (*vulg.*) *Hodensack* **4.** (*österr. süddt. schweiz.*) *Hosentasche* ■ **mit Sack und Pack** (*umg.*): *mit allem, was man hat* Sie kam mit Sack und Pack bei uns an. **jemanden in den Sack stecken** (*umg.*): *jmdm. überlegen sein*

Sack·bahn·hof der <-(e)s, Sackbahnhöfe> (≈ *Kopfbahnhof*) *ein Bahnhof, in dem die Gleise enden*

Sä·ckel der <-s, -> **1.** (*süddt. österr.*) *Hosentasche* **2.** (*veralt.*) *Geldbeutel, Kasse*

Sa·ckerl das <-s, -n> (*süddt. österr.*) *Tüte*

Sack·gas·se die <-, -n> *eine Straße, die nicht mehr weiterführt* ■ **in einer Sackgasse stecken** (*umg. übertr.*): *nicht mehr weiterwissen*

Sack·geld das <-(e)s, -er> (*süddt. österr. schweiz.*) *Taschengeld*

Sack·hüp·fen das <-s> (*kein Plur.*) *ein Kinderspiel, bei dem die Kinder mit beiden Beinen in Säcken stecken und um die Wette hüpfen*

Sack·kar·re die <-, -n> *ein Transportgerät mit zwei Rädern, mit dem man Säcke und schwere Gegenstände fahren kann*

Sack·mes·ser das <-s, -> (*süddt. schweiz.*) *Taschenmesser*

Sack·tuch das <-(e)s, Sacktücher> (*österr.*) *Taschentuch*

Sa·dis·mus der <-> (*kein Plur.*) **1.** (↔ *Masochismus*) *die krankhafte Veranlagung, beim Quälen anderer sexuelle Erregung zu empfinden* **2.** (*abwert.*) *die perverse Lust daran, anderen Menschen Grausamkeiten anzutun* Taten, die von einem widerlichen Sadismus zeugen

Sa·dist, **Sa·dis·tin** der <-en, -en> **1.** (↔ *Masochist*) *jmd., der die Neigung zum Sadismus[1] hat* **2.** (*abwert.*) *jmd., der andere gerne quält*

sa·dis·tisch *Adj.* (↔ *masochistisch*) *auf den Sadismus bezogen*

Sa·do·ma·so·chis·mus der <-> (*kein Plur.*) *die Veranlagung, beim Quälen anderer und beim Gequältwerden sexuelle Erregung zu empfinden*

sä·en *mit OBJ* ■ *jmd. sät etwas Saatgut ausbringen* ■ **etwas ist dünn gesät**: *von etwas ist nur wenig vorhanden* In dieser Branche sind Ausbildungsplätze dünn gesät.

Sa·fa·ri die <-, -s> *eine Reise nach Afrika mit der Möglichkeit, Großwild zu beobachten* Natürlich sind wir bei unserem Urlaub in Afrika auch auf eine Safari gegangen.

Sa·fa·ri·park der <-s, -s/(-e)> *ein afrikanischer Park, in dem man Großwild beobachten kann*

Safe der/das ['se:f] <-s, -s> (≈ *Tresor*) *ein gepanzerter Geldschrank* Meine Wertsachen hatte ich in einem Safe des Hotels sicher verwahrt.

Safersex, *a.* **Safer Sex** der [seɪfəsɛks] <-> (*kein Plur.*) *Geschlechtsverkehr, bei dem die Partner Kondome benutzen, um sich vor Aids und anderen Geschlechtskrankheiten zu schützen*

Sa·f·ran der <-s> (*kein Plur.*) **1.** *ein gelber Farbstoff* **2.** *ein Gewürz, das besonders im Mittelmeerraum angebaut wird*

Saft der <-(e)s, Säfte> **1.** *die Flüssigkeit im Gewebe von Pflanzen* Im Frühjahr steigt der Saft in die Bäume., Die Wiesen stehen in vollem Saft. **2.** *ein Getränk aus ausgepresstem Obst oder Gemüse* Möchtest du ein Glas frisch gepressten Saft? ◆-presse, Apfel-, Birnen-, Kirsch-, Orangen- **3.** *kurz für „Fleischsaft“* Der Braten schmort im eigenen Saft. **4.** (*umg.*) *Strom, Energie* Die Batterie hat keinen Saft mehr. ■ **jemanden im eigenen Saft schmoren lassen**: *jmdm., der aus eigener Schuld in eine schwierige Situation geraten ist, nicht helfen*

saf·tig *Adj.* **1.** *reich an Saft*[1 2 3] saftiges Obst, saftiges Bratenfleisch **2.** (*umg.*) (*in unangenehmer Weise*) *heftig* Ich habe ihr einen saftigen Brief geschrieben., Wir hatten eine saftige Rechnung zu zahlen.

Saft·la·den der <-s, Saftläden> (*umg. abwert.*) *verwendet, um auszudrücken, dass man sich über ein Geschäft oder eine Firma ärgert* Und so ein Saftladen nennt sich Fachgeschäft!

Sa·ge die <-, -n> *eine ursprünglich mündlich überlieferte Erzählung über außergewöhnliche, wunderbare Geschehnisse* Ich habe mir ein Buch mit deutschen/griechischen/römischen Sagen gekauft. ◆-ngestalt, -nheld, Helden-

Sä·ge die <-, -n> *ein Schneidewerkzeug mit einer Art Klinge, die einzelne Zähne hat* ◆ Blatt-, Ketten-, Kreis-, Motor-, Stich-

Sä·ge·blatt das <-(e)s, Sägeblätter> *die Klinge einer Säge*

Sä·ge·bock der <-(e)s, Sägeböcke> *das Gestell, auf das man Holz zum Sägen legt*

Sä·ge·mehl das <-s> (*kein Plur.*) *die vielen kleinen Holzspäne, die beim Sägen als Abfall entstehen*

sa·gen *mit OBJ* **1.** ■ *jmd. sagt* (*jmdm.*) *etwas als Satz oder Wort aussprechen* Ich habe laut und deutlich „ja“ gesagt!, Das war eine sehr gute, man könnte fast sagen, hervorragende Leistung. **2.** ■ *jmd. sagt* (*jmdm.*) *etwas als Äußerung an jmdn. richten* Ich wollte ihr nur ein paar nette Worte sagen. **3.** ■ *jmd. sagt* (*jmdm.*) *etwas jmdm. etwas mitteilen* Sage ihr bitte nichts davon. **4.** ■ *jmd. sagt etwas zu etwas Dat. ein bestimmtes Wort benutzen* Wie sagt man auf Französisch dazu? **5.** ■ *jmd. sagt etwas mit etwas Dat. Gedanken formulieren, etwas zum Ausdruck bringen* Das hat sie schön gesagt., Ich wollte damit sagen, dass ... **6.** ■ *jmd. sagt etwas zu etwas Dat. eine Haltung mit Worten zum Ausdruck bringen* Was würde dein Vater dazu sagen? **7.** ■ *etwas sagt, dass ... zum Inhalt haben* Diese Bestimmung sagt eindeutig, dass ... **8.** ■ *jmd. sagt etwas ... behaupten* Der Zeuge sagt aber, dass ... ■ **leichter gesagt als getan sein**: *schwer zu realisieren sein* **will sagen** (*umg.*): *genauer ausgedrückt* **sich** (**von jemandem**) **nichts sagen lassen** (*umg.*): (*von jmdm.*) *keinen Rat annehmen* **etwas wohl sagen können** (*umg.*): *wirklich wahr sein* **etwas laut sagen können** (*umg.*): *völlig richtig sein und so behauptet werden können* **sage und schreibe** (*umg.*): *tatsächlich, wahrhaftig* Wir haben sage und schreibe eine Stunde warten müssen. **etwas/nichts zu sagen haben** (*umg.*): *das Recht/kein Recht haben, Entscheidungen zu treffen* Er hat in der Firma doch nichts zu sagen. **jemandem etwas/nichts sagen**: *etwas* (*nicht*) *kennen, nicht von Bedeutung sein* Sagt dir der Name etwas?, Diese Art von Musik sagt mir nichts ◆ Getrennt- oder Zusammenschreibung→R 4.14 viel sagend/vielsagend, nichts sagend/nichtssagend

sä·gen **I.** *mit OBJ/ohne OBJ.* ■ *jmd. sägt etwas Holz mit einer Säge in einzelne Stücke teilen* Er sägt die Bretter für das Regal., Er sägt mit einer Kreissäge. **II.** *ohne OBJ* ■ *jmd. sägt* (*umg. scherzh.*) *schnarchen* Er hat die halbe Nacht so gesägt, dass ich nicht schlafen konnte.

sa·gen·haft <nicht steig.> *Adj.* **1.** *aus einer Sage stammend* Die sagenhafte Gestalt des ... **2.** (*umg.*) *sehr* Sie sieht sagenhaft gut aus.

sa·gen·um·wo·ben <nicht steig.> *Adj.* (*geh.*) *so, dass etwas in vielen Sagen vorkommt* ein sagenumwobener Ort/Schatz

Sä·ge·spä·ne <-> *Plur.* (≈ *Sägemehl*) *die beim Sägen von Holz als Abfall entstehenden kleinen Holzstückchen* Abends musste ich in der Schreinerei immer die Sägespäne zusammenkehren.

Sä·ge·werk das <-(e)s, -e> *ein Betrieb, in dem Baumstämme so gesägt werden, dass Bretter daraus entstehen*

Sa·go der/das <-s> (*kein Plur.*) *gekörntes Stärkemehl* (*aus Palmenmark oder Kartoffelstärke*), *das man z.B. bei der Zubereitung von Pudding oder Grütze benutzen kann*

Sa·ha·ra, **Sa·ha·ra** die <-> (*kein Plur.*) *eine Wüste in Nordafrika*

Sa·hel·zo·ne die <-> (*kein Plur.*) *ein sehr heißes Gebiet in Nordafrika*

Sah·ne die <-> (*kein Plur.*) **1.** *der fetthaltigste Teil der Milch* **2.** *Sahne*[1], *die man durch Zentrifugieren gewinnt* **3.** *kurz für „Schlagsahne“* ►sahnig

◆-torte, Kaffee-

Saib·ling der <-(e)s, -e> *ein Fisch, der zu den Lachsen gehört*

Sai·son die [zɛ'zõ(:), zɛ'zɔŋ] <-, -s/-en> **1.** *der für eine bestimmte Sache wichtigste Zeitabschnitt eines Jahres* Die Saison für Spargel beginnt im Mai., Vor der Saison sind die Hotelpreise billiger., Wir hatten eine lebhafte/ruhige Saison. ◆-ende, -eröffnung, Haupt-, Nach-, Vor- **2.** *ein bestimmter Zeitabschnitt im Hinblick auf Aktuelles* Man hat die Mode der kommenden Saison vorgestellt.

sai·so·nal [zɛzo'nal] <nicht steig.> *Adj.* (≈ *saisonbedingt*)

Sai·son·ar·beit die [zɛ'zõ(:)...] <-, -en> (*meist Sing.*) *Arbeit, die nur während einer bestimmten Saison anfällt*

Sai·son·ar·bei·ter, **Sai·son·ar·bei·te·rin** der [zɛ'zõ(:)...] <-s, -> *jmd., der für die Dauer einer Saison beschäftigt ist* Bei der Ernte arbeiten hier viele Saisonarbeiter.

sai·son·be·dingt [zɛ'zõ(:)...] <nicht steig.> *Adj. von der Saison abhängig* Im Fernsehen sprach man von saisonbedingter Arbeitslosigkeit.

Sai·son·be·schäf·tig·te(r) der [zɛ'zõ(:)...] <-n, -n> *Saisonarbeiter*

Sai·son·be·schäf·ti·gung die [zɛ'zõ(:)...] <-, -en> (≈ *Saisonarbeit*)

Sai·son·be·trieb der [zɛ'zõ(:)...] <-(e)s, -e> *Geschäft, das nur während einer bestimmten Saison geöffnet ist* Das Hotel am Meer ist ein reiner Saisonbetrieb, der während der Wintermonate geschlossen ist.

Sai·son·ge·schäft das [zɛ'zõ(:)...] <-(e)s, -e> *Geschäft, das von einer bestimmten Saison abhängt* Der Verkauf dieser Artikel ist ein reines Saisongeschäft.

Sai·so·ni·er, *a.* **Sai·son·ni·er** der [zɛzõ'nie:] <-s, -e> (*schweiz.*) *Saisonarbeiter*

Sai·te die <-, -n> MUS. *einer der langen dünnen Fäden (aus Metall oder Kunststoff), die an bestimmten Musikinstrumenten wie Gitarren den Klang erzeugen, wenn man sie schlägt, zupft oder streicht* ■ **andere Saiten aufziehen** (*umg.*): *strenger werden* ◆-ninstrument, Gitarren-, Klavier-

Sa·ke der <-> (*kein Plur.*) *japanischer Reiswein*

Sak·ko das <-s, -s> (≈ *Jackett*) *eine Art Jacke, die Männer zusammen mit einem Hemd oder Pullover tragen* ◆ Leinen-, Sport-, Tweed-

sa·k·ral *Adj.* (↔ *profan*) **1.** *so, dass es geweiht ist und religiösen Zwecken dient* **2.** *so, dass es Heiliges und Religiöses betrifft* ◆ Trennungsvariante-n→R 5.4

Sa·k·ral·bau der <-(e)s, Sakralbauten> *ein Gebäude, das religiösen Zwecken dient* Eine Kirche ist ein Sakralbau.

Sa·k·ra·ment das <-(e)s, -e> *eine gottesdienstliche Handlung* Das Kind empfängt das Sakrament der Taufe., Der Priester spendet das Sakrament der Ehe.

Sa·k·ri·leg das <-(e)s, -e> (≈ *Frevel*) *ein Vergehen gegen heilige Personen, Gegenstände oder Stätten*

Sa·k·ris·tei die <-, -en> *ein Nebenraum in einer Kirche*

sa·k·ro·sankt <nicht steig.> *Adj.* (*geh.*) *unverletzlich, unantastbar* Solche Rechte sind doch nicht sakrosankt, man kann sie auch wieder wegnehmen!

sä·ku·lar *Adj.* (*geh.*) *weltlich*

Sä·ku·la·ri·sa·ti·on die <-> (*kein Plur.*) *die Verstaatlichung von Kirchenbesitz*

sä·ku·la·ri·sie·ren <säkularisiert, säkularisierte, hat säkularisiert> *mit OBJ* ■ *jmd. säkularisiert etwas* **1.** *Kirchenbesitz verstaatlichen* Klöster säkularisieren **2.** *aus kirchlichen Bindungen lösen und weltlich betrachten* In dieser Zeit wurde auch die Kunst säkularisiert.

Sa·la·man·der der <-s, -> *eine Molchart*

Sa·la·mi die <-, -(s)> *eine haltbare, harte Wurst aus Rind- und Schweinefleisch und Gewürzen* eine italienische/ungarische Salami, eine luftgetrocknete französische Salami

Sa·lär das <-s, -e> (*süddt., österr., schweiz.*) *Gehalt, Lohn*

Sa·lat der <-(e)s, -e> **1.** *eine Pflanze, deren größere, meist grüne, vitaminreiche Blätter man isst* ◆ Eisberg-, Feld-, Kopf- **2.** *eine Speise aus Salat[1], der meist mit Essig, Öl, Kräutern und Gewürzen angemacht ist* ◆-dressing, -soße **3.** *eine kalte Speise aus Gemüse, Nudeln, Reis, Fleisch oder Fisch, die mit Gewürzen und einer Soße angerichtet ist* Ich habe einen Salat aus frischen Tomaten, Schafskäse, Bohnen und Zwiebeln vorbereitet. ■ **Da haben wir den Salat!** (*umg.*): *jetzt ist das Unangenehme passiert (vor dem ich gewarnt habe)* ◆ Bohnen-, Kartoffel-, Nudel-

Sa·lat·gur·ke die <-, -n> *eine Gurke, die sich besonders für die Zubereitung von Salaten[2] eignet*

Sa·lat·öl das <-(e)s, -e> *ein Speiseöl, mit dem Salatsoße zubereitet wird*

Sa·lat·schleu·der die <-, -n> *ein Küchengerät, mit dem man das Wasser von frisch gewaschenem Salat[1] entfernt*

Sa·lat·schüs·sel die <-, -n> *ein rundes Gefäß, in dem man Salat[2] serviert*

Sal·be die <-, -n> *ein Arzneimittel in der Art einer Paste zum Auftragen auf die Haut oder Schleimhaut* Ich habe mir eine desinfizierende/krampflösende/pflegende Salbe besorgt. ◆ Heil-, Wund-

Sal·bei der <-s> (*kein Plur.*) *eine Heilpflanze* ◆-bonbon, -tee

sal·ben *mit OBJ* ■ *jmd. salbt jmdn. mit Salbe bestreichen*

Sal·ben·topf der <-(e)s, Salbentöpfe> *ein kleines rundes Gefäß, in dem Salbe aufbewahrt werden*

sal·bungs·voll *Adj.* (*abwert.*) *übertrieben feierlich* Er hielt eine sehr salbungsvolle Rede.

sal·die·ren <saldierst, saldierte, hat saldiert> *mit OBJ* ■ *jmd. saldiert etwas* **1.** (BANKW.: ≈ *abrechnen*) *Einnahmen und Ausgaben ausgleichen* Sie hat das Konto saldiert. **2.** WIRTSCH. *eine Schuld tilgen*

Sal·do der <-s, -s/Salden/Saldi> **1.** BANKW. *Differenzbetrag, der sich nach Aufrechnung der Soll-*

und Habenseite eines Kontos ergibt **2.** WIRTSCH. *noch fälliger Restbetrag einer noch nicht vollständig beglichenen Rechnung*

Sa·li·ne die <-, -n> *eine Anlage zur Kochsalzgewinnung*

Salm der <-(e)s, -e> *ein Lachs*

Sal·mi·ak der <-s> (*kein Plur.*) *eine Ammoniakverbindung*

Sal·mi·ak·geist der <-(e)s> (*kein Plur.*) *ein scharfes Reinigungsmittel*

Sal·mo·nel·le die <-, -n> (*meist Plur.*) *ein Bakterium, das Darminfektionen hervorruft* ◆ -ninfektion

Sa·lo·mon·in·seln <-> *Inselstaat nördlich von Australien*

sa·lo·mo·nisch *Adj.* (*geh.*) *weise, klug* eine salomonische Entscheidung, ein salomonisches Urteil

Sa·lon der [za'lõ:, za'lɔŋ, zalo:n] <-s, -s> **1.** *ein repräsentativer Gesellschafts- oder Empfangsraum* **2.** *ein elegantes Ladengeschäft* ◆ Friseur-, Kosmetik-

sa·lon·fä·hig [za'lõ:...] *Adj.* (*in den Umgangsformen*) *den gesellschaftlichen Normen entsprechend*

Sa·lon·lö·we der [zalo:n...] <-n, -n> (*abwert.*) *eine Person, die zwar sehr elegant und gebildet, aber auch sehr oberflächlich ist*

Sa·loon der [sə'lu:n] <-s, -s> *ein Lokal im Wildweststil*

sa·lopp <salopper, am saloppsten> *Adj.* **1.** (↔ *elegant*) *sportlich und bequem* Sie trägt bevorzugt saloppe Kleidung. **2.** *unbekümmert, zwanglos, locker* Sein Benehmen war reichlich salopp.

Sal·pe·ter der <-s> (*kein Plur.*) CHEM. *ein Salz* (*das zur Herstellung von Düngemittel und Schießpulver verwendet wird*)

Sal·pe·ter·säu·re die <-> (*kein Plur.*) *eine farblose Säure, die stark oxidiert* Salpetersäure löst Silber und die meisten unedlen Metalle.

Sal·sa der <-> (*kein Plur.*) **1.** *ein lateinamerikanischer Tanz* **2.** *eine Variante der lateinamerikanischen Rockmusik*

Sal·to der <-s, -s/Salti> *ein Sprung mit einem Überschlag* Er sprang mit einem Salto vom Sprungbrett ins Wasser.

salü/salü (*schweiz. umg.*) *eine Grußformel* (*zur Begrüßung und zum Abschied*)

Sa·lut der <-(e)s, -e> MILIT. *die Begrüßung eines Ehrengastes mit lauten Schüssen*

sa·lu·tie·ren <salutierst, salutierte, hat salutiert> *ohne OBJ* ■ *jmd. salutiert* MILIT. *einen militärischen Gruß erweisen* Die Soldaten salutieren vor ihrem Vorgesetzten.

Sal·va·do·ri·a·ner, **Sal·va·do·ri·a·ne·rin** der <-s, -> *Bewohner von El Salvador*

sal·va·do·ri·a·nisch *Adj.* *zu El Salvador gehörend, daher stammend*

sal·ve ■ **Salve!** (*lateinischer Gruß*): *Sei gegrüßt!*

Sal·ve die <-, -n> MILIT. *der Vorgang, dass gleichzeitig aus mehreren Gewehren oder Geschützen gefeuert wird*

Salz das <-es, -e> **1.** (*kein Plur.*) *Kochsalz, das als Gewürz verwendet wird* ► salzarm, versalzen ◆ Koch-, Jod- **2.** CHEM. *eine Verbindung aus einer Säure und Metallen* ■ **jemandem Salz in/auf die Wunde streuen**: *jmdn. eine ohnehin als schwierig empfundene Situation durch eigene Äußerungen noch schmerzlicher empfinden lassen*

Salz·berg·werk das <-(e), -e> *ein Bergwerk, in dem Salz abgebaut wird*

sal·zen <salzt, salzte, hat gesalzt> *mit OBJ* ■ *jmd. salzt etwas mit Salz[1] würzen*

Salz·fäss·chen das <-s, -> *ein kleines Gefäß, in das Salz gefüllt wird*

Salz·ge·halt der <-(e)s, -e> *die Menge an Salz, die in einer Substanz enthalten ist* der Salzgehalt des Meerwassers

Salz·gur·ke die <-, -n> *eine kleine Gurke, die in Salz eingelegt wurde*

salz·hal·tig *Adj.* *so, dass etwas Salz enthält*

Salz·he·ring der <-s, -e> *ein gesalzener Hering, der sehr lange haltbar ist*

sal·zig *Adj.* **1.** (≈ *salzhaltig*) **2.** *so, dass etwas nach Salz schmeckt*

Salz·kar·tof·fel die <-, -n> (*meist Plur.*) *in Salzwasser gekochte Kartoffel*

Salz·säu·le ■ **zur Salzsäule erstarren**: *sehr entsetzt oder fassungslos sein und unbeweglich dastehen*

Salz·säu·re die <-> (*kein Plur.*) *eine stark ätzende Säure*

Salz·stan·ge die <-, -n> (*meist Plur.*) *ein Gebäck in der Form langer, sehr dünner Stangen, die mit Salz bestreut sind*

Salz·stock der <-(e)s, Salzstöcke> *eine Stelle in der Erde, an der Salz lagert*

Salz·teig der <-(e)s, -e> *ein Teig aus Mehl, Salz und Wasser, den man zum Basteln verwendet* Vor Weihnachten bastelten wir Figuren aus Salzteig.

Salz·was·ser das <-s> (*kein Plur.*) (↔ *Süßwasser*) *salzhaltiges Wasser*

Sa·ma·ri·ter der <-s, -> **1.** *ein selbstlos helfender Mensch* **2.** (*schweiz.*) *Sanitäter*

Sam·ba die <-/-s, -s> *ein lateinamerikanischer Tanz*

Sam·bia <-s> *Staat in Afrika*

Sam·bi·er, **Sam·bi·e·rin** der <-s, -> *jmd., der die sambische Staatsbürgerschaft besitzt*

sam·bisch *Adj.* *zu Sambia gehörend, daher stammend*

Sa·men der <-s, -n> **1.** *aus Pflanzenblüten entwickeltes kleines Korn, aus dem sich eine neue Pflanze entwickeln kann* Die Samen gehen auf/keimen. **2.** (*kein Plur.*) (≈ *Sperma*)

Sa·men·bank die <-, -banken> *eine Einrichtung, in der Spermien für die künstliche Befruchtung konserviert und gelagert werden*

Sa·men·er·guss der <-es, Samenergüsse> (≈ *Ejakulation*) *das Ausspritzen der Samenflüssigkeit beim männlichen Orgasmus*

Sa·men·korn das <-s, Samenkörner> *Samen[1]*

Sa·men·zel·le die <-, -n> *männliche Keimzelle*

Sä·me·rei·en die <-> (≈ *Saatgut*)

sä·mig *Adj.* *dickflüssig* Die Soße könnte etwas sämiger sein.

Säm·ling der <-s, -e> *eine gerade gekeimte Jungpflanze*

Sam·mel·band der <-(e)s, Sammelbände> *ein Buch, das Texte eines oder verschiedener Autoren enthält* Der Sammelband enthält Beiträge verschiedener, sehr namhafter Autoren.

Sam·mel·be·griff der <-(e)s, -e> (≈ *Kollektivum*) *ein Wort, das eine Gruppe gleichartiger Lebewesen oder Dinge zusammenfasst*

Sam·mel·be·häl·ter der <-s, -> *ein großer Behälter, in dem etwas gesammelt wird* Ich bringe das Altglas zum Sammelbehälter.

Sam·mel·be·stel·lung die <-, -en> *die Bestellung von Waren für mehrere Kunden, zum Beispiel bei einem Versand*

Sam·mel·büch·se die <-, -n> *eine Büchse zum Einsammeln von Geldspenden*

Sam·mel·fahr·kar·te die <-, -n> **1.** *eine Fahrkarte für mehrere Personen* **2.** *eine Fahrkarte, die für mehrere Fahrten verwendet werden kann*

Sam·mel·la·ger das <-s, -> *ein Ort, an dem große Gruppen von Menschen zusammengebracht werden* Die Flüchtlinge wurden in einem Sammellager untergebracht.

Sam·mel·lin·se die <-, -n> PHYS. *ein geschliffenes Glas, das Lichtstrahlen bündelt*

Sam·mel·map·pe die <-, -n> *ein Ordner, in dem Schriftstücke oder Zeichnungen gesammelt werden*

sam·meln <sammelst, sammelte, hat gesammelt> **I.** *mit OBJ/ohne OBJ* ■ *jmd. sammelt (etwas) Leute bitten, etwas (für einen bestimmten Zweck) zu geben, etwas zusammentragen* Sie sammelt Unterschriften., Er sammelt für wohltätige Zwecke., Das Altglas wird gesammelt und wiederverwertet. **II.** *mit OBJ* ■ *jmd. sammelt etwas* **1.** *bestimmte Dinge suchen und mitnehmen* Beeren/Pilze/Tannenzapfen sammeln **2.** *eine Sammlung[1] von etwas aufbauen* Autogramme/Bierdeckel/Briefmarken/ CDs/Modellautos/Schallplatten sammeln **3.** *in sich aufnehmen* Ich konnte im Ausland viele neue Eindrücke sammeln. **III.** *mit SICH* **1.** ■ *jmd. sammelt sich irgendwo (von mehreren Personen) sich an einem bestimmten Ort treffen* Die Reisegruppe sammelte sich nach dem Stadtrundgang auf dem Parkplatz. **2.** ■ *jmd. sammelt sich innere Ruhe, Konzentration finden* Die Schauspielerin muss sich erst sammeln, bevor sie auf die Bühne geht.

Sam·mel·platz der <-es, Sammelplätze> **1.** *ein Ort, an dem sich Menschen versammeln* **2.** (≈ *Sammelstelle*) *ein Ort, an dem etwas gesammelt und gelagert wird* ein Sammelplatz für Altpapier

Sam·mel·punkt der <-(e)s, -e> (≈ *Sammelplatz*)

Sam·mel·su·ri·um das <-s, Sammelsurien> (*umg.*) *buntes Allerlei* Im Keller hatte er ein Sammelsurium von alten Werkzeugen.

Sam·met der <-(e)s, -e> (*dichter.*) *Samt*

Samm·ler, Samm·le·rin der <-s, -> *jmd., der eine Sammlung[1] anlegt*

Samm·ler·stück das <-(e)s, Sammlerstücke> *ein Gegenstand, der einem Sammler als attraktiv für seine Sammlung[1] erscheinen kann* Bei diesem Teller handelt es sich um ein Sammlerstück.

Samm·ler·wert der <-(e)s, -e> *der Geldbetrag, den Sammler für ein Objekt zahlen*

Samm·lung die <-, -en> **1.** *eine größere Zahl von Gegenständen der gleichen Art, die jmd. aus Neigung zusammengetragen hat* Er besitzt eine riesige/eindrucksvolle/in Jahrzehnten entstandene Sammlung von Gemälden/von Briefmarken aus aller Welt., Seine Sammlung von CDs/von Modellautos füllt zahlreiche Regale/Vitrinen. **2.** *der Umstand, dass etwas für bestimmte Zwecke eingesammelt wird* eine Sammlung von Altkleidern, Für die Sammlung von Altglas wurden neue Container aufgestellt. **3.** *innere Ruhe, Konzentration*

Sa·moa <-s> *eine Inselgruppe im Pazifik*

Sa·mo·a·ner, Sa·mo·a·ne·rin der <-s, -> *Bewohner von Samoa*

sa·mo·a·nisch *Adj. zu Samoa gehörend, daher stammend*

Sa·mo·war, Sa·mo·war der <-s, -e> *ein Gerät, das man in Russland verwendet, um Tee zuzubereiten*

Sam·p·le das ['za:mp(ə)l] <-s, -s> **1.** *eine repräsentative Stichprobe (bei Meinungsumfragem)* **2.** WIRTSCH. *Muster, Probe*

Sam·p·ler der ['sɑ:mplə] <-s, -> *ein Tonträger, zum Beispiel eine CD, mit einer Auswahl von Musikstücken verschiedener Musiker, Sänger und Gruppen eines Genres*

Sams·tag der <-(e)s, -e> *der sechste Tag der Woche* ♦ Zusammenschreibung→R 4.4 (am) Samstagabend, Samstagmittag, Samstagmorgen, Samstagnachmittag *siehe auch* **Dienstag**

sams·tags *Adv.* samstags abends *siehe auch* **dienstags**

Samt der <-(e)s, -e> *ein Stoff mit ganz kurzen Fasern, die eine sehr weiche und leicht schimmernde Oberfläche ergeben* ■ **sich in Samt und Seide kleiden** (*umg.*): *sich sehr vornehm kleiden*

samt I. *Präp. + Dat.* (*umg.*) *zusammen mit* Sie wollen samt den Kindern kommen **II.** *Adv.* ■ **samt und sonders**: *ausnahmslos* Die Zuschauer waren samt und sonders von der Vorstellung begeistert.

Samt·hand·schuh ■ **jemanden mit Samthandschuhen anfassen** (*umg.*): *jmdn. übertrieben vorsichtig behandeln*

sämt·lich *Pron.* **1.** (≈ *gesamt*) Er hat sein sämtliches Vermögen verspielt. **2.** *so, dass es alle Exemplare einer Gesamtheit umfasst* Ich habe mir Goethes sämtliche Werke gekauft.

Sa·mu·rai der <-(s), -(s)> *ein Angehöriger des japanischen (Ritter)Adels* ♦-rüstung, -schwert

Sa·naa <-s> *Hauptstadt des Jemens*

Sa·na·to·ri·um das <-s, Sanatorien> *ein Ort, wo Menschen besonders nach schweren Krankheiten wieder zu Kräften kommen können*

Sand der <-(e)s> (*kein Plur.*) **1.** *die lockere Substanz aus vielen kleinen Körnern, die meist von gelb-brauner Farbe ist und einen Teil des Bodens ausmacht* Am Strand gab es feinen/groben/weißen Sand., Die Kinder bauen im Sand eine Burg. ▸sandfarben, sandig, versanden ◆-haufen **2.** ■ **jemandem Sand in die Augen streuen** (*umg.*): *jmdm. etwas vortäuschen* **im Sand(e) verlaufen** (*umg.*): *ergebnislos, erfolglos bleiben* Die Verhandlungen verliefen im Sande. **wie Sand am Meer** (*umg.*): *in sehr großer Menge*

San·da·le die <-, -n> (*meist Plur.*) *ein leichter offener Sommerschuh, der mit Riemen am Fuß befestigt wird*

San·da·let·te die <-, -n> *eine modische Sandale für Damen*

Sand·bank die <-, Sandbänke> *eine große Ablagerung von Sand auf dem Meeresboden, die eine Art Hügel bildet* Das Schiff ist auf eine Sandbank aufgelaufen.

Sand·bo·den der <-s, Sandböden> *Boden, der überwiegend aus Sand besteht*

Sand·burg die <-, -en> *die Nachbildung einer Burg, die Kinder (am Strand) aus Sand bauen*

Sand·dorn der <-s, -e> *ein Strauch mit gelbroten Beeren*

san·deln <sandelst, sandelte, hat gesandelt> *ohne OBJ* ■ *jmd. sandelt* **1.** (*landsch.*) *im oder mit Sand spielen* **2.** (*österr. umg. abwert.*) *untätig, träge sein*

Sand·kas·ten der <-s, Sandkästen> **1.** *eine eingefasste, mit Sand gefüllte Spielgrube für kleinere Kinder* **2.** *ein mit Sand gefüllter Kasten, der bei der Diskussion militärischer Strategien als Hilfsmittel dient*

Sand·kas·ten·freund·schaft die <-, -en> *eine sehr lange Freundschaft, die schon seit der Kindheit besteht*

Sand·korn das <-(e)s, Sandkörner> *eines der vielen Körner, aus denen Sand besteht*

Sand·ku·chen der <-s, -> *ein ungefüllter, trockener Kuchen*

Sand·ler, **Sand·le·rin** der <-s, -> (*österr. abwert.*) *Obdachloser, Streuner*

Sand·mann der <-(e)s> (*kein Plur.*) (≈ *Sandmännchen*)

Sand·männ·chen das <-s> (*kein Plur.*) *eine erfundene Figur, die Kindern angeblich Sand in die Augen streut und sie dadurch zum Einschlafen bringt*

Sand·pa·pier das <-s, -e> (≈ *Schleifpapier*) *festes Papier mit einer sehr rauen Oberfläche, mit dem man etwas abschleifen kann*

Sand·sack der <-(e)s, Sandsäcke> *ein mit Sand gefüllter Sack* Als das Hochwasser stieg, wurde der gefährdete Damm mit Sandsäcken gesichert.

Sand·stein der <-s, -e> *ein besonders weiches Gestein* Die Skulpturen sind aus Sandstein.

Sand·strand der <-(e)s, Sandstrände> *ein Meeresstrand mit sandiger Beschaffenheit*

Sand·sturm der <-(e)s, Sandstürme> *ein in Wüstengegenden auftretender Sturm, der viel Sand aufwirbelt*

Sand·uhr die <-, -en> *eine Uhr zur Messung von Zeitabschnitten, bei der Sand durch eine dünne Öffnung in einer bestimmten Zeit von einem oberen in ein unteres Gefäß rieselt*

Sand·wich der/das ['sɑntvɪtʃ] <-(e)s, -(e)s> *zwei Scheiben (Weiß-)Brot mit Belag dazwischen*

sanft *Adj.* **1.** (*behutsam* ↔ *grob*) *so, dass es vorsichtig und mit sehr wenig Kraft geschieht* Sie spürte eine sanfte Berührung/ein sanftes Streicheln. **2.** (≈ *mild*) *so, dass man Freundlichkeit und Ruhe ausstrahlt* Sie lächelte sanft. **3.** (↔ *schroff*) *so, dass es in einer Landschaft keine starken Kontraste gibt und es sehr harmonisch aussieht* Sanfte Hügel charakterisieren diese Landschaft. **4.** *unaufdringlich und nicht intensiv* Sanfte Musik tönte aus den Lautsprechern. **5.** *schwach spürbar* Ein sanfter Regen fiel.

Sänf·te die <-, -n> *eine Vorrichtung mit einem Sitz, in der sich früher Könige tragen ließen*

Sanft·mut die <-> (*kein Plur.*) *eine sanfte*[2] *Wesensart*

sanft·mü·tig *Adj. von sanfter*[2] *Wesensart* Sie hat ein sanftmütiges Wesen.

Sän·ger, **Sän·ge·rin** der <-s, -> *jmd., der (beruflich) singt*

San·g·ria die <-, -s> *ein Getränk aus Rotwein und klein geschnittenen Früchten*

san·gu·i·nisch [saŋgu̯'iːnɪʃ] <nicht steig.> *Adj. von heiterem, lebhaftem Temperament*

sang- und klang·los *Adv.* (*umg.*) *ohne viele Worte, unbemerkt* Sie ist sang- und klanglos verschwunden.

sa·nie·ren <sanierst, sanierte, hat saniert> **I.** *mit OBJ* ■ *jmd. saniert etwas* **1.** *renovieren, modernisieren* Man hatte die gesamte Altstadt in den vergangenen Jahren saniert. **2.** WIRTSCH. *wieder leistungsfähig machen* Der Betrieb wurde komplett saniert. **3.** (*fachspr.*) *reformieren* Man wollte das Gesundheitswesen sanieren. **II.** *mit SICH* ■ *jmd./etwas saniert sich seine wirtschaftlichen Probleme überwinden* Der Unternehmer hat sich wieder saniert.

Sa·nie·rung die <-, -en> *das Sanieren I* ◆-sarbeiten, -skonzept, -smaßnahme

sa·nie·rungs·be·dürf·tig *Adj. so, dass etwas saniert werden muss*

sa·ni·tär <nicht steig.> *Adj. die Hygiene betreffend, ihr dienend* Die sanitären Verhältnisse in den Slums sind katastrophal., sanitäre Anlagen, wie beispielsweise Duschen und Toiletten

Sa·ni·tät die <-> (*kein Plur.*) (*österr. schweiz.*) **1.** *die Sanitätstruppe beim Militär* **2.** *Rettungsdienst, Ambulanzdienst*

Sa·ni·tä·ter, **Sa·ni·tä·te·rin** der <-s, -> *jmd., der in erster Hilfe und Krankenpflege ausgebildet ist* Es dauerte nicht lange, bis die Sanitäter am Unfallort eintrafen.

Sa·ni·täts·dienst der <-(e)s, -e> (*meist Sing.*) MILIT. *der Truppenteil, der für die medizinische Versorgung der Soldaten zuständig ist*

Sa·ni·täts·we·sen das <-> (*kein Plur.*) MILIT. *das militärische Gesundheitswesen*

Sankt *als Teil von Personen- und Ortsnamen die Bedeutung „heilig" ausdrückend, abgekürzt: „St."* Diese Kirche ist Sankt Michael geweiht.

Sankt Gal·len <-s> *Stadt und Kanton in der Schweiz*

Sank·ti·on die <-, -en> 1. (*meist Sing.*) (*geh.*) *Genehmigung* Die Behörde sollte in diesem Fall ihre Sanktion verweigern. 2. (*meist Plur.*) *eine Maßnahme, die jmd. als Druckmittel gegen eine Person oder ein Land einsetzt, um diese zu einem bestimmten Verhalten zu zwingen* Es wurde beschlossen, gegen das Land Sanktionen zu verhängen.

sank·ti·o·nie·ren <sanktionierst, sanktionierte, hat sanktioniert> *mit OBJ* ■ *jmd. sanktioniert etwas* (*geh.*) *billigen, gutheißen, legitimieren* Der Plan wurde behördlich sanktioniert., Die Zerstörung der intakten Flusslandschaft darf auch aus wirtschaftlichen Gründen nicht sanktioniert werden.

Sankt Pe·ters·burg <-s> *Stadt in Russland*

Sank·tu·a·ri·um das <-s, Sanktuarien> REL. *Altarraum in der katholischen Kirche*

San-Ma·ri·ne·se, **San-Ma·ri·ne·sin** der <-n, -n> *jmd., der die san-marinesische Staatsbürgerschaft besitzt*

san-ma·ri·ne·sisch *Adj. zu San Marino gehörend, daher stammend*

San Ma·ri·no <-s> *Staat in Südeuropa, der von Italien umgeben ist*

Sans·k·rit, **Sans·k·rit** das <-s> (*kein Plur.*) *altindische Literatur- und Gelehrtensprache*

San·ti·a·go (**de Chi·le**) [-'tʃi:le] <-s> *Hauptstadt von Chile*

Sa·phir, **Sa·phir** der <-s, -e> *ein blauer Edelstein*

Sa·ra·ban·de die <-, -n> MUS. 1. *ein französischer Tanz* 2. *Satz einer Suite oder Sonate*

Sa·ra·je·vo <-s> *Hauptstadt von Bosnien-Herzegowina*

Sar·de, **Sar·din** der <-n, -n> *jmd., der die sardische Staatsbürgerschaft besitzt*

Sar·del·le die <-, -n> *ein heringsähnlicher Fisch*

Sar·di·ne die <-, -n> *eine Heringsart* ◆ -nbüchse, Öl-

Sar·di·ni·en <-s> *eine italienische Mittelmeerinsel*

sar·disch <nicht steig.> *Adj. zu Sardinien gehörend, daher stammend*

Sar·di·sch(e) das <-n> *die sardische Sprache*

Sarg der <-(e)s, Särge> *eine Art große Kiste aus Holz, in der Tote bestattet werden* ◆ -träger, Eichen-

Sa·ri der <-(s), -s> *das traditionelle Gewand indischer Frauen*

Sar·kas·mus der <-, Sarkasmen> 1. (*kein Plur.*) *bitterer, verletzender Spott* 2. *eine sarkastische Äußerung*

sar·kas·tisch *Adj. mit bitterem, verletzendem Spott* eine sarkastische Bemerkung

Sar·ko·phag der <-s, -e> 1. *ein großer, prunkvoller (in Kirchen aufgestellter) Steinsarg, in dem hohe Persönlichkeiten beigesetzt werden* 2. *der Sarg eines Pharaos in der altägyptischen Kultur*

Sa·rong der <-(s), -s> *ein buntes Tuch, das sich indonesische Frauen um den Körper wickeln und wie einen Rock tragen*

Sa·tan der <-s, -e> 1. (*kein Plur.*) REL. *der Teufel* 2. (*umg. abwert.*) *ein sehr boshafter Mensch* Er/Sie war ein richtiger Satan.

sa·ta·nisch *Adj.* (*geh.* ≈ *teuflisch*) *sehr böse* Sie hatten einen satanischen Plan ausgeheckt.

Sa·ta·nis·mus der <-> (*kein Plur.*) (≈ *Teufelsanbetung*)

Sa·ta·nist, **Sa·ta·nis·tin** der <-en, -en> *Anhänger des Satanismus*

Sa·tel·lit, **Sa·tel·lit** der <-en, -en> *ein Flugkörper, der mit einer Rakete ins Weltall befördert wurde und dort die Erde auf einer festen Umlaufbahn umkreist, um bestimmte wissenschaftliche oder technische Aufgaben zu erfüllen* Das Konzert wird per/via Satellit in alle Welt übertragen. ◆ -enantenne, -entelefon, -enverbindung

Sa·tel·li·ten·bild, **Sa·tel·li·ten·bild** das <-(e)s, -er> METEOR. *von einem Satelliten zur Erde übermitteltes Bild*

Sa·tel·li·ten·fern·se·hen, **Sa·tel·li·ten·fern·se·hen** das <-s> (*kein Plur.*) *Fernsehen, bei dem die Sendungen über Satellit übertragen werden*

Sa·tel·li·ten·fo·to, **Sa·tel·li·ten·fo·to** das <-s, -s> BESONDERS METEOR. *ein Foto, das von einem Satelliten aus aufgenommen wird* ein Satellitenfoto der Sahara

sa·tel·li·ten·ge·stützt, **sa·te·li·ten·ge·stützt** <nicht steig.> *Adj. mit Hilfe eines oder mehrerer Satelliten*

Sa·tel·li·ten·schüs·sel, **Sa·tel·li·ten·schüs·sel** die <-, -n> (*umg.*) *eine schüsselförmige Antenne zum Empfang des Satellitenfernsehens*

Sa·tel·li·ten·staat, **Sa·tel·li·ten·staat** der <-(e)s, -en> *ein Staat, der von einer Großmacht abhängig ist*

Sa·tel·li·ten·stadt, **Sa·tel·li·ten·stadt** die <-, Satellitenstädte> (≈ *Trabantenstadt*) *größere Ansiedlung am Rande einer Großstadt, die weitgehend eigenständig ist*

Sa·tin der [sa'tɛ̃:] <-s, -s> *ein Stoff mit glänzender Oberfläche* ◆ -bettwäsche, -bluse

Sa·ti·na·ge die [...-ʒə] <-, -n> *das Glätten von Stoff oder Papier*

sa·ti·nie·ren <satinierst, satinierte, hat satiniert> *mit OBJ* ■ *jmd. satiniert etwas Stoff oder Papier glätten*

Sa·ti·re die <-, -n> LIT. 1. (*kein Plur.*) *eine Kunstgattung, die durch Spott, Ironie und Übertreibung bestimmte Personen, Anschauungen, Ereignisse oder Zustände kritisieren oder verächtlich machen will* 2. *eine Dichtung der Satire*[1]

Sa·ti·ri·ker, **Sa·ti·ri·ke·rin** der <-s, -> 1. *jmd., der Satiren*[2] *schreibt* 2. *jmd., der sich gern spöttisch und ironisch äußert*

sa·ti·risch <nicht steig.> *Adj.* 1. *in der Art einer Satire*[1] 2. *bissig, spöttisch*

satt *Adj.* 1. (↔ *hungrig*) *so, dass der Magen gefüllt ist und man keinen Hunger verspürt* Ich kann nichts mehr essen, ich bin völlig satt. 2. (*kräftig* ↔ *blass*) *so, dass eine Farbe sehr intensiv ist* Die Wiesen stehen in einem satten Grün. 3. (*umg.*) *an-*

S

sehnlich In dem Lokal hatten sie satte Preise. ■ **jemanden/etwas satt haben/sein** (*umg.*): *genug von jmdm. oder etwas haben* Langsam habe ich sein ständiges Gejammer satt.

Sat·tel der <-s, Sättel> **1.** *der gepolsterte Sitz, auf dem ein Reiter auf dem Pferd sitzt* **2.** *der zum Sitzen bestimmter Teil des Fahrrads oder Motorrads* ■ **jemanden in den Sattel heben** (*umg.*): *jmdm. zu einer Position oder einem Job verhelfen* **fest im Sattel sitzen** (*umg.*): *in einer Stellung oder Position unumstritten sein*

Sat·tel·dach das <-(e)s, Satteldächer> *bestimmte Form eines Hausdaches*

sat·tel·fest *Adj. so, dass man auf einem Gebiet sichere Kenntnisse besitzt*

sat·teln <sattelst, sattelte, hat gesattelt> *mit OBJ* ■ *jmd. sattelt ein Tier mit einem Sattel versehen*

Sat·tel·schlep·per der <-s, -> *ein Zugfahrzeug, auf dem ein langer Anhänger aufliegt*

Sat·tel·ta·sche die <-, -n> *am Fahrradsattel befestigte kleine Tasche (für Flickzeug)*

Sat·tel·zeug das <-(e)s> (*kein Plur.*) *alle Dinge, die jmd. zum Satteln eines Pferdes braucht*

sät·ti·gen <sättigt, sättigte, hat gesättigt> *ohne OBJ* ■ *etwas sättigt den Hunger stillen* Die Erbsensuppe hat ziemlich gesättigt.

Sät·ti·gung die <-, -en> (*kein Plur.*) **1.** *das Stillen des Hungers* Ich verspüre ein Gefühl der Sättigung. **2.** (*übertr.*) *der Zustand, in dem so viele Produkte auf dem Markt vorhanden sind, dass man keine neuen Produkte verkaufen kann* Die Sättigung des Marktes ließ den Umsatz zurückgehen. **3.** CHEM. *der Zustand, in dem ein Gas oder eine Flüssigkeit keine andere Substanz mehr aufnehmen oder lösen kann*

Satt·ler, Satt·le·rin der <-s, -> *ein Handwerker, der größere Gegenstände aus Leder (beispielsweise Sättel und Koffer) herstellt und repariert*

satt·sam *Adv. genügend, hinlänglich* Es ist sattsam bekannt, dass …

Sa·turn der <-s> (*kein Plur.*) *ein Planet des Sonnensystems*

Sa·tyr der <-s/-n, -n> *in der griechischen Mythologie ein lüsterner Waldgeist, der wie ein Bock aussieht*

Satz der <-es, Sätze> **1.** *eine in sich gegliederte, zusammenhängende sprachliche Äußerung* Wir müssen in der Prüfung einen Satz grammatisch analysieren., Kannst du diesen Satz ins Englische übersetzen?, Er brach mitten im Satz ab und ging. ◆ -analyse, Befehls-, Frage-, Haupt-, Neben- **2.** (*kurz für „Lehrsatz"*) der Satz des Pythagoras **3.** *das Herstellen einer Druckvorlage* Das Manuskript geht nächste Woche in (den) Satz. **4.** *ein gesetzter Text* Der Satz muss an einigen Stellen nochmals korrigiert werden. **5.** MUS. *ein in sich geschlossener Teil eines mehrteiligen Musikstücks* Ich höre gerade den zweiten Satz meiner Lieblingssinfonie. **6.** *eine bestimmte Menge zusammengehöriger Dinge* ein Satz Töpfe **7.** SPORT *ein Spielabschnitt bei bestimmten Ballspielen* nach dem ersten Satz führen ◆ -ball **8.** *ein großer Sprung* Sie machte vor Freude einen Satz., Er machte einen Satz über die Pfütze. **9.** (≈ *Tarif*) *ein bestimmter Geldbetrag, dessen Höhe festgelegt ist* ◆ Beitrags-, Höchst-, Steuer-, Tages-, Zins-

Satz·aus·sa·ge die <-, -n> (SPRACHWISS.: ≈ *Prädikat*)

Satz·ball der <-(e)s, Satzbälle> SPORT *spielentscheidender Ballwechsel bei bestimmten Ballspielen, zum Beispiel beim Tennis, Badminton, Volleyball*

Satz·er·gän·zung die <-, -en> (SPRACHWISS.: ≈ *Objekt*)

Satz·ge·fü·ge das <-s, -> SPRACHWISS. *ein Satz, der aus einem Haupt- und mindestens einem Nebensatz zusammengesetzt ist*

Satz·ge·gen·stand der <-(e)s, Satzgegenstände> (SPRACHWISS.: ≈ *Subjekt*)

Satz·glied das <-(e)s, -er> SPRACHWISS. *ein Wort oder eine Wortgruppe innerhalb eines Satzes mit einer bestimmten Funktion (die nur gemeinsam verschoben oder ersetzt werden kann)* Subjekt, Objekt und Prädikat sind Satzglieder.

Satz·leh·re die <-> (*kein Plur.*) (SPRACHWISS.: ≈ *Syntax*)

Sat·zung die <-, -en> RECHTSW. *ein schriftlich niedergelegtes Regelwerk, zum Beispiel eines Vereins* ▶ satzungsgemäß, satzungswidrig

Satz·vor·la·ge die <-, -n> DRUCKW. *ein Manuskript, das die Vorlage für das Setzen eines Textes bildet*

Satz·zei·chen das <-s, -> (SPRACHWISS.: ≈ *Interpunktionszeichen*) *eines der Zeichen, die in einem geschriebenen oder gedruckten Text dazu benutzt werden, die grammatische und logische Struktur der Sätze zu verdeutlichen* Punkt, Komma und Fragezeichen sind Satzzeichen., Den richtigen Gebrauch der Satzzeichen nennt man „Zeichensetzung" oder „Interpunktion".

Sau die <-, -en/Säue> **1.** *ein weibliches Schwein* die Sau und ihre Ferkel **2.** (*vulg. abwert.*) *ein Schimpfwort* ■ **jemanden zur Sau machen** (*vulg.*): *jmdn. sehr ausschimpfen oder tadeln* **unter aller Sau sein** (*vulg.*): *sehr schlecht sein* **keine Sau** (*vulg.*): *niemand*

sau·ber *Adj.* **1.** (≈ *rein* ↔ *schmutzig*) *frei von Verschmutzungen* Die Wäsche ist sauber., Du kannst das saubere Geschirr wegstellen., Hier gibt es noch saubere Bäche und Seen. ▶ Sauberkeit **2.** (≈ *ordentlich*) *gut und sorgfältig* Sie hat eine saubere Schrift., Der Entwurf ist sauber ausgearbeitet. **3.** *so, dass es allen oder allem gerecht wird* Ich denke, wir haben eine saubere Lösung dieses Problems gefunden., Ein Projekt muss auch sauber abgeschlossen werden. **4.** (≈ *korrekt*) *so, dass es keine Fehler hat* Sie hat eine sehr saubere Aussprache. **5.** (*iron.*) *nicht anständig* Da hat dich dein sauberer Freund schön hereingelegt. ◆ Getrenntschreibung → R 4.2 sauber halten, sauber machen, sauber schreiben

säu·ber·lich *Adj. sorgfältig und genau* Er hat die Wäsche fein säuberlich zusammengelegt., All ihre Unterlagen waren säuberlich geordnet.

Sau·ber·mann der <-(e)s, Saubermänner> (*umg. oft. abwert.*) **1.** *jmd., der sehr anständig und or-*

dentlich ist Der Moderator ist ein richtiger Saubermann. **2.** *jmd., der darauf achtet, dass die Moral gewahrt wird* Der Politiker will sich als Saubermann profilieren.

säu·bern <säuberst, säuberte, hat gesäubert> *mit OBJ* ■ *jmd. säubert etwas* **1.** *sauber[1] machen* **2.** *von Unerwünschtem befreien* Wir haben die Beete vom Unkraut gesäubert., Man versuchte, das berüchtigte Stadtviertel von Kriminellen zu säubern. ►Säuberung

Sau·boh·ne die <-, -n> (≈ *Feldbohne*) *eine Bohnenart*

Sau·ce die ['zo:sə] <-, -n> KOCH. *fachsprachlich für „Soße"*

Sau·ci·e·re die [zo'si̯e:rə] <-, -n> *eine Servierschüssel für Soßen*

Sau·di-A·ra·ber, Sau·di-A·ra·be·rin der <-s, -> *jmd., der die saudi-arabische Staatsbürgerschaft hat*

Sau·di-A·ra·bi·en das <-s, -> *arabischer Staat*

sau·di-a·ra·bisch <nicht steig.> *Adj. zu Saudi-Arabien gehörend, daher stammend*

sau·dumm <nicht steig.> *Adj.* (*umg. abwert.*) *sehr dumm* eine saudumme Bemerkung, Leider ist ein saudummes Problem aufgetreten.

sau·er <saurer, am sauersten> *Adj.* **1.** (↔ *süß*) *von der Geschmacksart, die für Zitronen oder Essig typisch ist* Die Kirschen schmecken sauer., der saure Geschmack der Kirschen **2.** (*umg.*) *verärgert, wütend* Bist du immer noch sauer auf mich?, Er hat darauf ziemlich sauer reagiert. **3.** (CHEM.: ↔ *basisch*) *mit den chemischen Eigenschaften einer Säure*

Sau·er·amp·fer der <-s, -> *eine Wiesenpflanze mit säuerlichen Blättern*

Sau·er·bra·ten der <-s, -> *in Essig marinierter und geschmorter Rinderbraten*

Sau·e·rei die <-, -en> (*umg. abwert.* ≈ *Schweinerei*)

Sau·er·kir·sche die <-, -n> *eine säuerlich schmeckende Kirschenart*

Sau·er·kraut das <-(e)s> (*kein Plur.*) *geschnittener Weißkohl, der mit Salz und Gewürzen haltbar gemacht wurde und meist warm gegessen wird* Mittags gab es Schweinebraten, Sauerkraut und Klöße.

Sau·er·land <-s> *eine Region in Westfalen*

säu·er·lich *Adj.* **1.** *so, dass etwas leicht sauer schmeckt* **2.** *so, dass jmd. verärgert oder unzufrieden ist und sich das in seinem Gesichtsausdruck zeigt* ein säuerliches Gesicht machen

Sau·er·milch die <-> (*kein Plur.*) *saure Dickmilch*

Sau·er·stoff der <-(e)s> (*kein Plur.*) *ein chemisches Element, das besonders in der Luft vorkommt* Luft enthält Sauerstoff, ohne den wir nicht leben könnten.

Sau·er·stoff·fla·sche die <-, -n> *eine Stahlflasche zum Speichern von Sauerstoff*

Sau·er·stoff·ge·rät das <-(e)s, -e> *ein Gerät für die künstliche Sauerstoffzufuhr, damit man sich beispielsweise in Umgebungen aufhalten kann, in denen es nicht genug Sauerstoff zum Atmen gibt*

Sau·er·stoff·man·gel der <-s> (*kein Plur.*) *der Zustand, in dem ein Organ oder das Blut nicht genug Sauerstoff bekommt* Es wurde ein akuter Sauerstoffmangel im Blut festgestellt.

Sau·er·teig der <-(e)s, -e> *gegorener Hefeteig*

sau·er·töp·fisch *Adj.* (*veralt.* ≈ *griesgrämig*) *so, dass man oft schlechte Laune hat*

sau·fen <säufst, soff, hat gesoffen> *mit OBJ/ohne OBJ* **1.** ■ *ein Tier säuft* (*etwas*) *größere Mengen Flüssigkeit aufnehmen* Das Pferd säuft Wasser., Die Kuh säuft an der Tränke. **2.** ■ *jmd. säuft* (*etwas*) (*vulg.*) (*gewohnheitsmäßig*) *große Mengen Alkohol trinken* Er säuft Schnaps und Bier., Sie säuft schon am Morgen. ►Säufer

Sau·fe·rei die <-, -en> (*umg. abwert.*) **1.** (≈ *Trunksucht*) **2.** *eine Zusammenkunft, bei der im Übermaß Alkohol getrunken wird*

sau·gen <saugst, saugte/sog, hat gesaugt/gesogen> **I.** *mit OBJ/ohne OBJ* ■ *jmd. saugt* (*etwas*) (*saugte, hat gesaugt*) *Schmutz mit einem Staubsauger entfernen* Er saugt den Teppich im Wohnzimmer., Sie saugt im Schlafzimmer. **II.** *mit OBJ* ■ *jmd. saugt etwas Flüssigkeit in den Mund ziehen oder mit einem Rüssel aufnehmen* Er saugt die Milch durch einen Strohhalm., Die Mücke saugt Blut. **III.** *ohne OBJ* ■ *jmd. saugt* (*an etwas Dat.*) *mit dem Mund, den Lippen an etwas ziehen* Er saugt an seiner Pfeife.

säu·gen <säugt, säugte, hat gesäugt> *mit OBJ* ■ *ein Tier säugt ein Tier mit Muttermilch füttern; Muttermilch saugen lassen* Die Katze säugt ihre Jungen.

Sau·ger der <-s, -> **1.** (*umg.*) *kurz für „Staubsauger"* **2.** (*umg.*) *Schnuller*

Säu·ger der <-s, -> (≈ *Säugetier*)

Säu·ge·tier das <-s, -e> *ein Tier, das seine Jungen säugt*

saug·fä·hig *Adj. so, dass ein Textil Feuchtigkeit gut aufsaugt*

Saug·fla·sche die <-, -n> *eine Trinkflasche für Säuglinge*

Saug·glo·cken·ge·burt die <-, -en> MED. *eine Entbindung, bei der der Arzt mit einem glockenförmigen Gerät ein Vakuum erzeugt und so das Kind aus dem Bauch der Mutter holt*

Saug·he·ber der <-s, -> *ein gebogenes Glasrohr, mit dem man Flüssigkeiten aus einem Gefäß saugt*

Säug·ling der <-s, -e> *ein kleines Kind, das noch gestillt oder mit der Flasche genährt wird* ◆-salter, -sheim, -snahrung, -spflege

Säug·lings·schwes·ter die <-, -n> *eine Krankenschwester, die auf Säuglingspflege spezialisiert ist*

Säug·lings·sta·ti·on die <-, -en> *die Station in einem Krankenhaus, auf der Säuglinge nach der Geburt untergebracht werden*

Saug·napf der <-(e)s, Saugnäpfe> ZOOL. *ein Organ, mit dem sich bestimmte Tierarten an Oberflächen festsaugen können* Tintenfische besitzen Saugnäpfe.

Saug·re·flex der <-es> (*kein Plur.*) MED. *das angeborene Verhalten von Säuglingen, an der Mutter-*

brust zu saugen

Saug·rohr das <-(e)s, -e> (≈ *Pipette*) *ein Glasrohr, das man durch Saugen mit Flüssigkeit füllt*

Sau·hau·fen der <-s> (*kein Plur.*) (*umg. abwert.*) *eine ungeordnete Gruppe von Menschen* Diese Mannschaft ist doch ein einziger Sauhaufen!

Sau·hund der <-(e)s, -e> (*vulg. abwert.*) *ein gemeiner, hinterhältiger Mensch* Diesem Sauhund solltest du nicht trauen!

Sau·klaue die <-> (*kein Plur.*) (*umg. abwert.*) *eine schwer lesbare Handschrift* Er hat eine echte Saukklaue. Ich kann kein Wort entziffern.

Säu·le die <-, -n> **1.** *ein starker steinerner Pfosten, der das Dach eines Bauwerks stützt* Hier liegen die Überreste der Säulen eines antiken griechischen Tempels. **2.** (*übertr.*) *jmd., der ein wesentlicher Verfechter von etwas ist oder etwas, auf dem ein Gedankengebäude wesentlich ruht* Chomskys Theorie ruht im wesentlichen auf den Säulen …

säu·len·för·mig <nicht steig.> *Adj. in der Form einer Säule*[1]

Säu·len·gang der <-(e)s, Säulengänge> (≈ *Arkade*) *von Säulen*[1] *gesäumter Gang*

Säu·len·hal·le die <-, -n> *eine Wandelhalle, die von Säulen*[1] *getragen wird*

Saum der <-(e)s, Säume> *ein Stoffrand, den man umschlägt und festnäht, damit der Stoff nicht ausfranst*

sau·mä·ßig *Adj.* (*umg. abwert.*) **1.** *sehr schlecht* Das Wetter im Urlaub war saumäßig – jeden Tag Dauerregen. **2.** *sehr* Das war wirklich ein saumäßig schlechter Film.

säu·men[1] *mit OBJ* **1.** ■ *jmd. säumt etwas* (≈ *einfassen*) *mit einem Saum versehen* **2.** ■ *jmd./etwas säumt etwas* (*geh.*) *sich zu beiden Seiten von etwas befinden* Tausende von Zuschauern säumten beim Radrennen die Strecke.

säu·men[2] *ohne OBJ* ■ *jmd. säumt* (*geh.* ≈ *zaudern*) *zögern* Du solltest nicht länger säumen.

säu·mig *Adj.* (*geh.*) *so, dass jmd. etwas nicht rechtzeitig getan hat* Wir schicken dem säumigen Schuldner eine Mahnung.

Säum·nis die/das <-, -se/-ses, -se> **1.** (*geh.* ≈ *Zaudern*) *Zögern* Sie erledigten die Arbeit ohne Säumnis. **2.** (*geh.* ≈ *Versäumnis*) **3.** RECHTSW. *das Versäumen eines Termins bei Gericht*

Saum·tier das <-(e)s, -e> *ein Lasttier, das besonders im Gebirge eingesetzt wird*

Sau·na die <-, -s/Saunen> *ein holzverkleideter Raum, den man stark aufheizt, um darin für kurze Zeit stark zu schwitzen* ◆-besuch, -gang

sau·nie·ren <saunierst, saunierte, hat sauniert> *ohne OBJ* ■ *jmd. sauniert in eine Sauna gehen*

Säu·re die <-, -n> **1.** (*kein Plur.*) *die Eigenschaft, dass etwas sauer*[1] *ist* **2.** (CHEM.: ↔ *Base*) *eine chemische Verbindung mit bestimmten Eigenschaften* ▶säurebeständig, säurefrei, säurehaltig

Sau·re·gur·ken·zeit, *a.* **Sau·re-Gur·ken-Zeit** die <-> (*kein Plur.*) (≈ *Sommerloch*) *der Zeitraum* (*im Hochsommer*), *in dem sich* (*saisonbedingt*) *politisch, geschäftlich oder kulturell wenig ereignet* ◆ Bindestrichschreibung→R 3.21, 4.15 Wegen der Sauren-Gurken-Zeit gibt es kaum aufregende Neuigkeiten.

Sau·ri·er der <-s, -> *eine urweltliche Riesenechse* ◆Flug-

Saus ■ **in Saus und Braus leben** (*umg.*): *sorglos, in großem Überfluss leben*

säu·seln <säuselst, säuselte, hat gesäuselt> *ohne OBJ* **1.** ■ *etwas säuselt ein leises, rauschendes Geräusch von sich geben* Der Wind säuselt in den Laubkronen der Bäume. **2.** ■ *jmd. säuselt mit einer leisen, kaum hörbaren Stimme sprechen* „Ich liebe dich", säuselte er (ihr ins Ohr).

sau·sen *ohne OBJ* **1.** ■ *jmd./ein Tier/etwas saust* (≈ *rasen*) *sich sehr schnell bewegen* Der Hund sauste um die Ecke **2.** ■ *etwas saust ein starkes, an- und abschwellendes Geräusch von sich geben* das Sausen des Sturmes ■ **etwas sausen lassen** (*umg.*): *auf etwas verzichten*

Sau·ser der <-s> **1.** (≈ *Schwips*) *ein leichter Rausch* **2.** (*kein Plur.*) *frisch gepresster, mehr oder weniger stark gärender Wein*

Sau·se·schritt ■ **im Sauseschritt** (*umg.*): *äußerst schnell* Die Zeit verfliegt im Sauseschritt.

Sau·stall der <-(e)s> (*kein Plur.*) (*umg. abwert.*) *der Zustand, dass es irgendwo sehr unordentlich und schmutzig ist* Seine Wohnung ist ein richtiger Saustall.

Sau·wet·ter das <-s> (*kein Plur.*) (*umg.* ≈ *Mistwetter*) *sehr schlechtes Wetter*

sau·wohl *Adj.* (*umg.*) *sehr wohl* Ich habe mich dort einfach sauwohl gefühlt.

Sa·van·ne die <-, -n> *offenes Grasland mit Büschen und Baumgruppen* (*in tropischen Gebieten*)

Sa·xo·phon, *a.* **Sa·xo·fon** das <-s, -e> *ein Blasinstrument*

Sa·xo·pho·nist, *a.* **Sa·xo·fo·nist**, **Sa·xo·pho·nis·tin/Sa·xo·fo·nis·tin** der <-en, -en> *jmd., der Saxophon spielt*

S-Bahn die <-, -en> *kurz für „Schnellbahn"* ◆-fahrplan, -haltestelle

S-Bahn·hof der <-(e)s, S-Bahnhöfe> *ein Bahnhof der S-Bahn*

SB-Tank·stel·le die [ɛs'be:-] <-, -n> *eine Tankstelle, bei der nicht ein Tankwart, sondern die Autofahrer selbst das Benzin in den Tank füllen*

Scam·pi <-> *Plur. eine bestimmte Art von kleinen Krebsen*

scan·nen ['skɛnən] *mit OBJ* ■ *jmd. scannt etwas* EDV *mit einem Scanner abtasten*

Scan·ner der ['skɛnɐ] <-s, -> EDV *ein elektronisches Gerät, das ein Bild mit einem Lichtstrahl abtastet und die übermittelten Daten digitalisiert, z.B. für die Weiterverarbeitung mit dem Computer*

Scha·be[1] die <-, -n> *ein flaches Insekt mit Flügeln, das als Schädling gilt*

Scha·be[2] die <-, -n> *ein Werkzeug zum Schaben*

scha·ben *mit OBJ* ■ *jmd. schabt etwas* **1.** *eine Substanz von einer Oberfläche entfernen, indem man mit einem Wekzeug darüber streicht* Ich muss erst den alten Lack von der Tür schaben.

2. (≈ *schälen*) *die äußerste Schicht durch wiederholtes Darüberfahren mit etwas Scharfem entfernen* Hast du schon die Möhren geschabt?

Scha·ber·nack der <-(e)s, -e> *lustiger Streich, Scherz* Sie hat Schabernack mit ihm getrieben.

schä·big *Adj.* **1.** (≈ *armselig*) *abgenutzt und ungepflegt* schäbige Kleidung **2.** (≈ *gemein*) *unredlich* Mit diesem schäbigen Kerl will ich nichts zu tun haben.

Scha·b·lo·ne die <-, -n> **1.** *eine ausgeschnittene oder ausgestanzte Vorlage, mit der man mehrere gleiche Formen zeichnen kann* **2.** (*abwert.* ≈ *Klischee*) Er denkt doch nur in Schablonen.

Scha·b·ra·cke die <-, -n> **1.** *eine verzierte Satteldecke* **2.** (*umg. abwert.*) *ein alter, abgenutzter Gegenstand* **3.** (*umg. abwert.*) *ein altes Pferd* **4.** (*umg. abwert.*) *eine alte* (*hässliche*) *Frau*

Schach das <-s> (*kein Plur.*) *ein Brettspiel für zwei Spieler, die ihre jeweils sechzehn Spielfiguren abwechselnd auf einem Spielbrett mit hellen und dunklen Karos ziehen, um den gegnerischen König matt zu setzen* ■ **jemanden in Schach halten** (*umg.*): *jmdn. daran hindern, etwas zu tun, was für andere gefährlich werden könnte* ◆ -spiel, -spieler, -turnier, -weltmeister

Schach·brett das <-(e)s, -er> *ein quadratisches Spielbrett mit acht mal acht abwechselnd weißen und schwarzen quadratischen Feldern*

Schach·com·pu·ter der <-s, -> *ein Computer, der so programmiert ist, dass man gegen ihn Schach spielen kann*

Scha·cher der <-s> (*kein Plur.*) (*abwert.*) *das Aushandeln von Preisen, bei dem man mit allen Tricks den größtmöglichen Profit erzielen will*

Schä·cher der <-s, -> *biblische Bezeichnung für „Mörder" oder „Räuber"*

Scha·che·rer der <-s, -> (*abwert.*) *jmd., der Schacher treibt*

scha·chern <schacherst, schacherte, hat geschachert> *ohne OBJ* ■ *jmd. schachert* (*umg. abwert.*) *Schacher treiben*

Schach·fi·gur die <-, -en> *eine Spielfigur beim Schach* König, Bauern, Springer und Türme sind Schachfiguren.

schach·matt *Adj.* **1.** *so, dass man beim Schach das Spiel verliert* Mit diesem Zug hatte er seinen Gegner schachmatt gesetzt. **2.** (*umg.*) *sehr müde* Nach der Bergtour waren wir alle schachmatt.

Schach·par·tie die <-, -n> *eine Partie*[2] *Schach*

Schacht der <-(e)s, Schächte> **1.** *ein ins Erdinnere führender Grubenbau, der die Erdoberfläche mit einer Lagerstätte* (*zum Beispiel von Kohle*) *verbindet* Die Bergleute fahren in den Schacht ein. **2.** *ein künstlich angelegter, tiefer Hohlraum, der senkrecht ins Erdinnere führt* Die Arbeiter heben einen Schacht für einen Brunnen aus. **3.** *ein hoher, enger Raum, der von allen Wänden umschlossen wird* Der Aufzug ist im Schacht stecken geblieben.

Schach·tel die <-, -n> *ein aus festem Karton gefertigter Behälter mit Deckel* Die alten Fotos sind in einer Schachtel im Schrank. ■ **alte Schachtel** (*umg. abwert.*): *alte Frau* ◆ Papp-

Schach·tel·halm der <-(e)s, -e> *eine kleine Pflanze, die zu den Farnen gehört*

Schach·tel·satz der <-es, Schachtelsätze> (*meist abwert.*) *ein langer, kompliziert gebauter Satz, der aus mehreren Teilsätzen besteht*

schäch·ten *mit OBJ* ■ *jmd. schächtet ein Tier ein Tier* (*gemäß religiöser Vorschrift*) *durch einen Schnitt in den Hals und Ausblutenlassen schlachten*

Schach·zug der <-(e)s, Schachzüge> **1.** *ein Zug beim Schachspiel* **2.** (*übertr.*) *eine strategische Handlung mit einem bestimmten Ziel* Das war wirklich ein geschickter/kluger Schachzug.

scha·de *verwendet, um auszudrücken, dass man etwas bedauert* Ich kann leider doch nicht mitkommen. – Schade! ■ **es ist schade, dass ...**: *es ist bedauerlich, dass ...* **es ist um jemanden/etwas (nicht) schade**: *was mit jmdm. oder etwas geschieht, ist* (*nicht*) *bedauerlich* Um das alte Fahrrad ist es nicht schade. **jemand/etwas ist für jemanden/etwas zu schade**: *jmd. oder etwas ist zu gut für jmdn. oder etwas* Die neue Hose ist für die Arbeit viel zu schade.

Schä·del der <-s, -> (*beim Menschen und bei Tieren*) *alle Skelettstücke des Kopfes* Der Schädel des Menschen wird aus 22 Knochen gebildet., jemandem den Schädel einschlagen ■ **jemandem brummt der Schädel** (*umg.*): *jmd. hat Kopfschmerzen* ◆ -bruch, -decke, Toten-

Schä·del·ba·sis·bruch der <-(e)s, Schädelbasisbrüche> *ein Knochenbruch in einem bestimmten Bereich des Schädels*

Scha·den der <-s, Schäden> **1.** *eine Zerstörung von etwas, die durch die Einwirkung von Gewalt verursacht ist* Der Orkan hat große/verheerende Schäden/Schäden in Millionenhöhe angerichtet/hinterlassen. **2.** *eine Stelle, an der etwas beschädigt ist* Er hat den Schaden am Auto reparieren lassen. **3.** *eine gesundheitliche Beeinträchtigung* Das Unfallopfer erlitt schwere körperliche Schäden.

scha·den <schadest, schadete, hat geschadet> *ohne OBJ* ■ *etwas schadet* (*jmdm.*) *in negativer Weise beeinträchtigen* Rauchen schadet der Gesundheit., Das frühe Aufstehen wird dir nicht schaden!

Scha·den·er·satz/Scha·dens·er·satz der <-es> (*kein Plur.*) RECHTSW. *eine finanzielle Entschädigung für erlittenen Schaden* Wir haben ihn auf Schadenersatz verklagt., Er musste Schadenersatz leisten., Der Firma droht eine Klage auf Schadenersatz in Millionenhöhe.

Scha·den·freu·de die <-> (*kein Plur.*) *die Haltung, über das Missgeschick eines anderen Freude zu empfinden*

scha·den·froh *Adj. so, dass jmd. Schadenfreude empfindet* Er brach in schadenfrohes Gelächter aus.

Scha·dens·er·satz der <-es> (*kein Plur.*) *s.* **Schadenersatz**

scha·den(s)·er·satz·pflich·tig <nicht steig.> *Adj.* RECHTSW. *so, dass jmd.* (*jmdm.*) *Schadensersatz zahlen muss* Der Beklagte war schadenersatzpflichtig.

scha·dens·er·satz·pflich·tig <nicht steig.> *Adj. s.* **schadenersatzpflichtig**

Scha·dens·sum·me die <-, -n> *ein Geldbetrag, den man zahlen muss, um entstandene Schaden zu beheben*

Scha·dens·ver·hü·tung die <-> (*kein Plur.*) *die Vermeidung eines Schadens (durch besondere Sicherheitsmaßnahmen)*

schad·haft *Adj. fehlerhaft, beschädigt* Wir lassen die schadhaften Stellen des Daches ausbessern.

schä·di·gen <schädigst, schädigte, hat geschädigt> *mit OBJ* ■ *jmd./etwas schädigt jmdn./etwas Schaden zufügen* Ein solches Geschäftsgebaren Einzelner schädigt das Ansehen der ganzen Branche. ►Schädigung

schä·di·gend *Adj.* (≈ *schädlich*)

schäd·lich *Adj. so, dass sich etwas negativ auf jmdn. oder etwas auswirkt* Rauchen ist schädlich für die Gesundheit., Die schädliche Wirkung dieser Chemikalien ist seit langem bekannt. ►Schädlichkeit

Schäd·ling der <-(e)s, -e> *ein Tier oder eine Pflanze, die in größerer Zahl an Kulturpflanzen und Speisevorräten Schaden anrichten* ◆-sbefall, Pflanzen-

Schäd·lings·be·kämp·fung die <-> (*kein Plur.*) *das Bekämpfen von Schädlingen mit pflanzlichen oder chemischen Mitteln* ◆-smittel

schad·los ■ **sich an jemandem/etwas schadlos halten**: *sich sehr viel von etwas nehmen*

Schad·stoff der <-(e)s, -e> (*fachspr.*) *ein (chemischer) Stoff, der in größeren Mengen der Umwelt und den Lebewesen schadet* Durch den Einbau dieses Filters in den Kamin wird der Ausstoß an Schadstoffen stark vermindert. ◆-emission

schad·stoff·arm <schadstoffärmer, am schadstoffärmsten> *Adj. so, dass etwas wenig Schadstoffe enthält oder freisetzt* schadstoffarme Produktionsverfahren

Schad·stoff·be·las·tung die <-, -en> *die Belastung von Menschen und Umwelt durch Schadstoffe* Man sucht nach Lösungen, um die Schadstoffbelastung in der Innenstadt zu reduzieren.

schad·stoff·ge·prüft <nicht steig.> *so, dass etwas von einer unabhängigen Stelle auf den Gehalt an Schadstoffen überprüft wurde* schadstoffgeprüfte Textilien

Schad·stoff·grenz·wert der <-(e)s, -e> *höchster Gehalt an Schadstoffen, den etwas haben darf*

Schaf das <-(e)s, -e> *ein mittelgroßes Säugetier, für das das wollige gelblich-weiße oder bräunlich-schwarze Fell und beim Männchen die Hörner charakteristisch sind* Auf den Wiesen weiden Schafe und Lämmer., das Mähen der Schafe ■ **das schwarze Schaf sein** (*umg.*): *in einer Gemeinschaft unangenehm auffallen oder der Außenseiter sein* ◆-herde, -rasse, -schur, -wolle, Berg-, Wild-

Schaf·bock der <-(e)s, Schafböcke> *ein männliches Schaf*

Schäf·chen das <-s, -> *ein kleines Schaf* ■ **sein(e) Schäfchen ins Trockene bringen** (*umg.*): *sich einen Vorteil auf Kosten anderer verschaffen* **Schäfchen zählen** (*umg.*): *vor sich hinzählen, weil man nicht einschlafen kann*

Schäf·chen·wol·ke die <-, -n> (*meist Plur.*) (≈ *Schönwetterwolke*) *kleine, weiße, flöckchenartige Wolke*

Schä·fer, **Schä·fe·rin** der <-s, -> *jmd., der beruflich Schafe hütet, betreut und züchtet* ◆-handwerk, -karren

Schä·fer·hund der <-(e)s, -e> **1.** *ein großer Hund, der oft als Wachhund oder Polizeihund eingesetzt wird* **2.** *der Hund eines Schäfers*

Schä·fer·stünd·chen das <-s, -> *ein heimliches Zusammentreffen von Verliebten*

Schaff das <(e)s, -e> (*süddt. österr.*) *offenes Gefäß, Zuber*

Schaf·fell das <-(e)s, -e> *Fell eines Schafs*

Schaf·fen das <-s> (*kein Plur.*) (*alle*) *Arbeiten eines Künstlers* Die Krankheit lähmte das Schaffen des Malers.

schaf·fen[1] <schaffst, schuf, hat geschaffen> *mit OBJ* ■ *jmd. schafft etwas* **1.** *hervorbringen, schöpferisch gestalten* Der Künstler hat ein Werk von bleibendem Wert geschaffen. **2.** *bewirken, dass etwas entsteht* Die Firma wollte neue Arbeitsplätze schaffen., Ich muss erst etwas Platz schaffen. ■ **wie geschaffen sein für etwas**: *sehr geeignet sein für etwas* Sie ist für diese Arbeit wie geschaffen.

schaf·fen[2] <schaffst, schaffte, hat geschafft> **I.** *mit OBJ* ■ *jmd. schafft etwas* **1.** (≈ *bewältigen*) *etwas erfolgreich abschließen* Sie hat die Prüfung erst im zweiten Anlauf geschafft. **2.** ■ *jmd. schafft etwas (irgendwohin) irgendwohin bringen* Ich habe die Kiste auf den Dachboden geschafft. **3.** ■ *etwas schafft jmdn.* (*umg.*) *erschöpfen* Die Arbeit hat mich ziemlich geschafft. **II.** *ohne OBJ* ■ *jmd. schafft* (*süddt.*) *arbeiten* Er schafft am Bau. ■ **jemandem zu schaffen machen** (*umg.*): *jmdm. Sorgen bereiten* **mit jemandem/etwas nichts zu schaffen haben (wollen)** (*umg.*): *mit etwas nichts zu tun haben (wollen)* **sich an etwas zu schaffen machen** (*umg.*): *etwas in verdächtiger Weise tun* Sieh mal, da macht sich einer an deinem Fahrrad zu schaffen.

Schaf·fens·drang der <-(e)s> (*kein Plur.*) (≈ *Kreativität*) *das starke Bedürfnis, schöpferisch zu arbeiten* Nach dem Urlaub war er wieder voller Schaffensdrang.

Schaf·fens·kraft die <-> (*kein Plur.*) (≈ *Kreativität*) *die Fähigkeit, ausdauernd (schöpferisch) tätig zu sein* Die Schaffenskraft des Malers war bis ins hohe Alter ungebrochen.

Schaff·hau·sen <-s> *Stadt und Kanton in der Schweiz*

Schaff·ner, **Schaff·ne·rin** der <-s, -> *jmd., der in Eisenbahnzügen Fahrkarten kontrolliert und verkauft*

Schaf·gar·be die <-, -n> *eine Heilpflanze*

Schaf·käl·te/Schafs·käl·te die <-> (*kein Plur.*) *ein Kälteeinbruch, der in Mitteleuropa häufig ab*

Mitte Juni auftritt und von regnerischem Wetter begleitet wird

Schaf·kä·se der *s.* **Schafskäse**

Schaf·kopf/Schafs·kopf der <-(e)s> (*kein Plur.*) *ein Kartenspiel für drei oder vier Spieler*

Scha·fott das <-(e)s, -e> *ein Gerüst für Hinrichtungen durch Enthauptung*

Schafs·käl·te die *s.* **Schafkälte**

Schafs·kä·se/Schaf·kä·se der <-s, -> (*in Salzlake gereifter*) *Käse aus Schafmilch*

Schafs·kopf der *s.* **Schafkopf**

Schafs·pelz ■ **jemand ist ein Wolf im Schafspelz**: *jmd. wirkt unscheinbar und harmlos, ist aber sehr gefährlich und böse*

Schaf·stall der <-(e)s, Schafställe> *ein Stall, in dem Schafe untergebracht sind*

Schaft der <-(e)s, Schäfte> **1.** *der Teil eines Stiefels, der oberhalb des Knöchels ist* **2.** *dergerade, schlanke Teil von etwas* der Schaft des Messers/ des Speers **3.** (*süddt. schweiz.*) *Regal, Gestell, Schrank*

Schaf·zucht die <-> (*kein Plur.*) *das Züchten von Schafen*

Schah der <-s, -s> **1.** (*kein Plur.*) *ein persischer Herrschertitel* **2.** *Träger des Titels eines Schahs*[1]

Scha·kal der <-s, -e> *ein in Asien und Afrika vorkommendes, hundeähnliches Raubtier*

Schä·kel der <-s, -> TECHN. *ein Gerät, mit dem man Ketten*[6] *verbindet*

Schä·ker der <-s, -> *jmd., der häufig schäkert*

schä·kern <schäkerst, schäkerte, hat geschäkert> *ohne OBJ* ■ *jmd. schäkert* **1.** *flirten* **2.** *scherzen*

Schal der <-(e)s, -e/-s> *ein langes, schmales Halstuch* ein wollener/bunt karierter/ selbst gestrickter/seidener Schal

schal *Adj.* (≈ *abgestanden*) *so, dass die Kohlensäure aus einem Getränk verschwunden ist* Das Bier ist schal.

Schäl·chen das <-s, -> *eine kleine Schale*

Scha·le[1] die <-, -n> **1.** *ein im Verhältnis zu seiner Größe sehr flaches Gefäß* Auf der Kommode steht eine Schale mit Nüssen/mit Obst. ◆ Obst- **2.** (*österr.*) *Tasse* eine Schale Kaffee

Scha·le[2] die <-, -n> **1.** *die äußere Hülle oder Hülse eines Samens, einer Frucht oder einer Nuss* Ich habe die Kartoffeln mit der Schale gekocht. **2.** *das Gehäuse von bestimmten Weichtieren* Die Schalen dieser Muscheln sind besonders schön. ■ **sich in Schale werfen** (*umg.*): *sich besonders elegant anziehen*

schä·len **I.** *mit OBJ* ■ *jmd. schält etwas* **1.** *die äußere dünne Schicht oder Haut von etwas entfernen* Äpfel/Kartoffeln/Möhren schälen ▶Schäler **2.** *ablösen* das Fleisch vom Knochen schälen **II.** *mit sich* ■ *etwas schält sich viele kleine Stücke abfallen lassen* Ihre Haut schälte sich nach dem Sonnenbrand.

Scha·len·sitz der <-es, -e> KFZ *ein schalenförmiger Sitz in einem Sportwagen*

Schalk ■ **jemandem sitzt der Schalk im Nacken/jemand hat den Schalk im Nacken**: *jmd. ist ein Schelm oder Spaßvogel*

Schall der <-(e)s> (*kein Plur*) **1.** PHYS. *die sich wellenförmig ausbreitende Schwingung, die die Ursache von Geräuschen ist* Das Flugzeug fliegt schneller als der Schall., Dieses Material absorbiert/ dämpft den Schall. **2.** (*geh.*) *schallender Klang, nachhallendes Geräusch* Ein heller Schall drang an sein Ohr ■ **Schall und Rauch sein** (*umg.*): keine Bedeutung haben

schall·däm·mend <nicht steig.> *Adj. so, dass etwas die Ausbreitung des Schalls*[1] *begrenzt* ▶Schalldämmung

Schall·dämp·fer der <-s, -> *eine Vorrichtung an Feuerwaffen oder Maschinen, die den Schall*[1] *dämpft*

schall·dicht <nicht steig.> *Adj. so isoliert, dass der Schall*[1] *nicht herausdringen kann* Der Raum war absolut schalldicht.

schal·len <schallt, schallte/scholl, hat geschallt/ geschollen> *ohne OBJ* ■ *etwas schallt weithin tönen, widerhallen* Plötzlich schallten laute Rufe durch den Wald., Sie brach in schallendes Gelächter aus.

Schall·ge·schwin·dig·keit die <-> (*kein Plur.*) *die Geschwindigkeit, mit der sich Schallwellen ausbreiten*

Schall·mau·er ■ **ein Flugzeug durchbricht die Schallmauer**: *ein Flugzeug erreicht Schallgeschwindigkeit und überwindet mit einem lauten Knall den dabei auftretenden sehr hohen Luftwiderstand*

Schall·pe·gel der <-s, -> *Schall*[1] *, der an einer bestimmten Stelle gemessen wird*

Schall·plat·te die <-, -n> *ein Tonträger in der Art einer größeren runden Vinylscheibe, in deren eingepressten Rillen Musikinformationen gespeichert sind* Kannst du bitte die Schallplatte abspielen/auflegen/umdrehen/in ihre Hülle stecken? ◆ -hülle, -nsammlung

Schall·schutz der <-es> (*kein Plur.*) *eine Art Mauer, die Wohngebiete vor Lärm schützt* Längs der neuen Bahnstrecke wurde ein Schallschutz errichtet. ◆ -mauer, -wand

Schall·wel·le die <-, -n> PHYS. *Welle, durch die sich der Schall ausbreitet*

Schal·mei die <-, -en> *eine Rohrflöte*

Scha·lom *hebräische Begrüßungsformel*

Scha·lot·te die <-, -n> *eine Art kleine Zwiebel*

Schalt·an·la·ge die <-, -n> ELEKTROTECHN. *eine Vorrichtung, mit der elektrische Leitungen verbunden oder getrennt werden*

Schalt·brett das <-(e)s, -er> (≈ *Schalttafel*)

schal·ten <schaltest, schaltete, hat geschaltet> **I.** *mit OBJ/ohne OBJ* ■ *jmd. schaltet* (*etwas*) *auf etwas Akk. eine bestimmte Betriebsart an einem technischen Gerät auswählen* Er schaltet die Heizung auf Sommerbetrieb., Sie hat aufs dritte Programm geschaltet. **II.** *ohne OBJ* ■ *jmd./etwas schaltet* **1.** ■ *jmd. schaltet in etwas Akk. an einem Getriebe ein bestimmtes Übersetzungsverhältnis einstellen* Du solltest in den zweiten Gang schalten. **2.** ■ *etwas schaltet auf etwas Akk.* (*Ampel*) *zum grünen, gelben oder roten Licht wechseln*

Die Ampel hat auf Rot geschaltet. **3.** ▪ *jmd. schaltet (umg.) reagieren* Als er geschaltet hatte, war es schon zu spät. ▪ **schalten und walten** (*umg.*): *selbst bestimmen, was man tut*

Schal·ter[1] der <-s, -> *eine mechanische Vorrichtung für das Schalten I* Du musst nur am Schalter drehen/den Schalter umlegen/betätigen/auf die Position … stellen. ◆ Kipp-

Schal·ter[2] der <-s, -> *eine Art Theke, an der in Banken, an Bahnhöfen, an Flughäfen und Postämtern die Kunden bedient werden und die häufig durch eine Glasscheibe vom übrigen Raum abgetrennt ist* Der Schalter war schon geschlossen, als sie kam. ◆-beamte, Fahrkarten-

Schal·ter·hal·le die <-, -n> *die Halle, in der sich (am Bahnhof) Schalter*[2] *befinden* Die Schalterhalle im Bahnhof wird gerade renoviert.

Schal·ter·stun·den <-> *Plur. Öffnungszeiten eines Schalters*[2]

Schalt·ge·trie·be das <-s, -> TECHN. *ein Getriebe, das man durch Schalten II.1 bedient*

Schalt·jahr das <-(e)s, -e> *ein alle vier Jahre auftretendes Jahr, in dem der Februar 29 Tage hat*

Schalt·knüp·pel der <-s, -> *knüppelförmiger Schalter*[1] *(z.B. im Auto) für das Schalten II. 1*

Schalt·kreis der <-es, -e> ELEKTROTECHN. *Einheit einer elektrischen Schaltung*

Schalt·plan der <-(e)s, Schaltpläne> ELEKTROTECHN. *die grafische Darstellung der Schaltung eines elektrischen Geräts*

Schalt·pult das <-(e)s, -e> (≈ *Schalttafel*) *eine Art Pult mit eingebauten Schaltgeräten zur Steuerung einer Anlage*

Schal·tung die <-, -en> **1.** ELEKTROTECHN. *die Anordnung der elektrischen Verbindungen zwischen Stromquellen, Maschinen, Geräten und Geräteteilen* **2.** *die Gesamtheit von verbundenen Bauteilen und zugehörigen elektrischen Verbindungen* eine integrierte Schaltung **3.** *kurz für „Gangschaltung“* **4.** (*fachspr.*) *das Positionieren* Ich habe die Schaltung von Anzeigen in allen wichtigen Tageszeitungen veranlasst.

Scha·lung die <-, -en> BAUW. *eine Hohlform zum Gießen von Betonteilen*

Scha·lup·pe die <-, -n> SEEW. **1.** *ein kleines Küstenschiff* **2.** *ein Beiboot mit Riemen oder Segel*

Scham die <-> (*kein Plur.*) **1.** *das Gefühl, sich zu schämen* Sie wurde rot vor Scham. **2.** (*geh.*) *die Gegend der äußeren Geschlechtsorgane* Sie bedeckte ihre Scham.

Scha·ma·ne, **Scha·ma·nin** der <-n, -n> *eine Person, die mit magischen Fähigkeiten ausgestattet ist, mit Geistern in Verbindung treten kann und die bei manchen Völkern Priester oder Medizinmann ist*

Scha·ma·nis·mus der <-> (*kein Plur.*) *der Glaube an die Fähigkeit von Schamanen*

Scham·berg der <-(e)s, -e> (*kein Plur.*) ANAT. *die leichte Erhebung über den äußeren Geschlechtsorganen*

Scham·drei·eck das <-s> *das Schamhaar einer Frau*

schä·men <schämst, schämte, hat geschämt> *mit SICH* ▪ *jmd. schämt sich die Empfindung haben, (in moralischer Hinsicht) versagt zu haben oder sich eine Blöße gegeben zu haben* Sie schämte sich vor ihren Freunden., Er hat sich in Grund und Boden geschämt.

Scham·ge·fühl das <-(e)s> (*kein Plur.*) *die Fähigkeit, sich (aus moralischen oder sexuellen Gründen) zu schämen*

Scham·ge·gend die <-> (*kein Plur.*) *die Scham*[2]

Scham·haar das <-(e)s, -e> (*meist Plur.*) *eines der Haare, die im Bereich der Geschlechtsteile wachsen*

scham·haft *Adj.* (↔ *schamlos*) *voller Scham*[1] ▶Schamhaftigkeit

Scham·lip·pe die <-, -n> (*meist Plur.*) *Hautfalte des äußeren weiblichen Geschlechtsorgans* die großen/kleinen Schamlippen

scham·los *Adj.* **1.** (≈ *unanständig* ↔ *schamhaft*) *ohne Scham*[1] **2.** (≈ *gewissenlos*) Er hat sie schamlos hintergangen. **3.** (≈ *dreist*) Das ist doch eine schamlose Lüge!

Scha·mot·t(e) der/die <-> (*kein Plur.*) *feuerfester Ton*

scha·mot·tie·ren *ohne OBJ* ▪ *jmd. schamottiert etwas (österr.) mit feuerfestem Ton auskleiden*

Scham·pon das *s.* **Shampoo**

Scham·pus der <-> (*kein Plur.*) (*umg.*) *Champagner*

Scham·rö·te die <-> (*kein Plur.*) *die rote Farbe im Gesicht, die man bekommt, wenn man sich schämt* Die Schamröte stieg ihr ins Gesicht.

Scham·tei·le <-> *Plur. die Geschlechtsteile des Menschen*

Schan·de die <-> (*kein Plur.*) *eine große Schädigung von jmds. Ansehen oder Ehre* Dieser Vorfall brachte Schande über ihn., Er machte ihr Schande., Es ist eine Schande, dass …, Zu meiner Schande muss ich gestehen, dass …, Sie glaubte, sie würde diese Schande nicht überleben. ◆ Groß- oder Kleinschreibung→R 4.14 zu Schanden/zuschanden machen

schän·den <schändest, schändete, hat geschändet> *mit OBJ* **1.** ▪ *jmd. schändet etwas entweihen* Das Denkmal wurde wiederholt geschändet. **2.** ▪ *jmd. schändet etwas jmds. Ehre Schaden zufügen* Damit hat er den Ruf der gesamten Familie geschändet. **3.** ▪ *jmd. schändet jmdn. (veralt.) sexuell missbrauchen* ▶Schändung

Schand·fleck der <-(e)s, -e> (*abwert.*) *eine Sache, die den guten Gesamteindruck von etwas zerstört* Der hässliche Neubau ist ein Schandfleck für das ganze Viertel.

schänd·lich *Adj. so, dass man sich dafür schämen muss* Es ist schändlich, dass sich niemand um diese Leute kümmert., Er hat sie auf schändlichste Weise betrogen/hintergangen.

Schand·tat die <-, -en> (*abwert.*) *eine böse und schändliche Tat* Man traute ihm diese Schandtat zu. ▪ **zu jeder Schandtat bereit sein** (*umg.*): *zu jedem Spaß bereit sein*

Schank·bier das <-(e)s, -e> (↔ *Flaschenbier*)

Bier, das direkt vom Fass in Gläser gefüllt wird In diesem Lokal gibt es nur frisch gezapftes Schankbier.

Schan·ker der <-s, -> MED. *ein im Zusammenhang mit Geschlechtskrankheiten auftretendes Geschwür*

Schän·ke/Schen·ke die <-, -n> *ein kleines Lokal, in dem man (nur) Getränke bekommt*

Schank·tisch der <-(e)s, -e> (≈ *Theke*)

Schank·wirt der <-(e)s, -e> *ein Wirt, der in einer Schankwirtschaft arbeitet*

Schank·wirt·schaft die <-, -en> *eine Gaststätte, in der nur Getränke verkauft werden*

Schan·ze die <-, -n> **1.** MILIT. *eine Befestigung zur Verteidigung* **2.** SPORT *kurz für „Sprungschanze"*

Schar[1] die <-, -en> *eine Gruppe von Menschen oder Tieren* Die Kinder kamen in Scharen. ►scharenweise

Schar[2] die <-, -en> LANDW. *kurz für „Pflugschar"*

Scha·ra·de die <-, -n> *ein Wort- oder Silbenrätsel*

scha·ren <scharst, scharte, hat geschart> **I.** *mit OBJ* ■ *jmd. schart jmdn. (um sich) sich versammeln lassen* Er schart die Zuhörer um sich. **II.** *mit SICH* ■ *jmd. schart sich um (jmdn./etwas) (geh.) eine Gruppe von Menschen bilden, die sich um jmdn. oder etwas versammelt* Die Schüler scharen sich um den Lehrer.

scharf *Adj.* **1.** (↔ *stumpf*) *so, dass es gut schneidet* Vorsicht, das Messer ist sehr scharf!, An den scharfen Kanten kann man sich leicht verletzen. **2.** *nicht abgerundet* Ich habe mich an der scharfen Kante gestoßen. **3.** (↔ *mild*) *stark gewürzt* Die Soße ist mir zu scharf. **4.** (≈ *aggressiv*) *so, dass es die Oberfläche von etwas angreift* ein scharfes Reinigungsmittel **5.** *sehr kalt* Nachmittags setzte ein scharfer Wind ein. **6.** *genau wahrnehmend* Sie hat scharfe Augen. **7.** *nicht verschwommen* Das Foto ist leider nicht ganz scharf. **8.** *genau erfassend* Er besitzt einen scharfen Verstand. **9.** (≈ *heftig*) Seine Pläne haben scharfe Kritik hervorgerufen., Sie hat mir scharf widersprochen. **10.** *heftig* Ich musste scharf bremsen. **11.** *bissig* Sie haben einen scharfen Hund auf dem Bauernhof. **12.** *so, dass es töten kann* Hier wird mit scharfer Munition geschossen. **13.** (*umg.*) *eindrucksvoll* Er hat ein total scharfes Auto. **14.** (*umg.*) *sexuell anregend* ein Film mit einigen scharfen Szenen ◆ Groß- oder Kleinschreibung→R 3.9 etwas auf das/aufs Schärfste/schärfste verurteilen; Getrenntschreibung→R 4.2 einen Hund scharf machen, scharf schießen

Scharf·blick der <-(e)s> (*kein Plur.*) *die Fähigkeit, Personen oder Situationen zu durchschauen* Dank seines Scharfblicks durchschaute er die Situation als Erster.

Schär·fe die <-> (*kein Plur.*) **1.** *die Eigenschaft, gut zu schneiden* Sie prüft die Schärfe des Messers. **2.** *durch starkes Würzen bewirkter ausgeprägter Geschmack* Ich habe die Schärfe der Soße mit Sahne gemildert. **3.** *ätzende Wirkung* Die Schärfe des Putzmittels greift die Haut an. **4.** (≈ *Stärke*) Die Schärfe des Frostes war nicht vorherzusehen. **5.** *in hohem Maße ausgebildete Wahrnehmung von Reizen* Die Schärfe ihrer Augen ist verblüffend. **6.** *Klarheit, Deutlichkeit* Ich bin überrascht über die Schärfe der Fotos. **7.** *genaues Erfassen, Wahrnehmen* Alle bewunderten die Schärfe ihres Verstandes. **8.** (≈ *Schonungslosigkeit*) Die Schärfe seiner Kritik war verletzend.

schär·fen <schärfst, schärfte, hat geschärft> *mit OBJ* ■ *jmd. schärft etwas* **1.** *durch Schleifen scharf machen* **2.** (*geh.*) *in seiner Funktion verbessern* den Verstand schärfen

scharf·kan·tig <nicht steig.> *Adj. mit scharfen Kanten*

scharf·ma·chen <machst scharf, machte scharf, hat scharf gemacht> *mit OBJ* **1.** ■ *jmd. macht ein Tier scharf Hunde so dressieren, dass sie auf Befehl Menschen angreifen* **2.** ■ *jmd. macht jmdn. scharf (umg. ≈ aufhetzen) gegen jmdn. aufbringen* Er hat mit seinen polemischen Reden die Zuhörer scharf gemacht **3.** (*umg.*) *sexuell erregen*

Scharf·rich·ter der <-s, -> (≈ *Henker*)

Scharf·schüt·ze der <-n, -n> *ein im Rahmen von militärischen oder polizeilichen Aktionen eingesetzter Schütze, der mit besonderer Ausrüstung auch entfernte Ziele genau trifft*

scharf·sich·tig *Adj. so, dass man klug ist und Schwierigkeiten erkennt* Nur seiner scharfsichtigen Einschätzung der Situation war es zu verdanken, dass kein Unglück passierte.

Scharf·sinn der <-(e)s> (*kein Plur.*) *wacher Verstand* ►scharfsinnig

scharf·zün·gig *Adj. so, dass man ironisch ist und scharfe Kritik übt* Er war ein äußerst scharfzüngiger Kritiker.

Schar·lach[1] der/das <-s, -e> (*meist Sing.*) *ein kräftig roter Farbton*

Schar·lach[2] der <-s> (*kein Plur.*) MED. *eine fiebrige Infektionskrankheit*

Schar·la·tan der <-s, -e> (*abwert.*) *jmd., der bestimmte Fähigkeiten vortäuscht* Dieser Arzt ist doch ein Scharlatan.

Scharm der *s.* **Charme**

schar·mant *Adj. s.* **charmant**

Schar·müt·zel das <-s, -> (MILIT.: *veralt.*) *kleines Gefecht*

Schar·nier das <-s, -e> *Drehgelenk an Türen und Fenstern* Ich habe die quietschenden Scharniere geölt.

Schär·pe die <-, -n> *breites, um die Hüfte oder schräg über den Oberkörper getragenes Schmuckband, zum Beispiel als Teil von Uniformen*

schar·ren <scharrst, scharrte, hat gescharrt> *ohne OBJ* ■ *ein Tier scharrt die Füße, die Hufe, die Krallen immer wieder über den Boden schleifen lassen* Der Stier scharrt im Sand.

Schar·te die <-, -n> *Kerbe an einem glatten oder geschliffenen Rand* Das Messer hat viele Scharten. ■ **eine Scharte auswetzen** (*umg.*): *eine Niederlage wettmachen*

schar·wen·zeln <scharwenzelst, scharwenzelte, ist scharwenzelt> *ohne OBJ* ■ *jmd. scharwenzelt*

S

(*um jmdn.*) (*umg. abwert.*) *sich übertrieben geschäftig in der Nähe einer Person aufhalten, um sich bei dieser einzuschmeicheln* Immer scharwenzelt er um seinen Vorgesetzten.

Scha̱sch·lik der/das <-s, -s> *an einem kleinen Spieß zusammen mit Zwiebeln, Paprika, Tomaten und Speck gebratene Fleischstückchen*

scha̱s·sen <schasst/schassest, schasste, hat geschasst> *ohne OBJ* ■ *jmd. schasst jmdn.* (*umg.*) *kurzerhand entlassen* Der Abteilungsleiter wurde geschasst.

Scha̱t·ten der <-s, -> *der Bereich, der hinter einem undurchsichtigen Körper von einer Lichtquelle* (*der Sonne*) *nicht getroffen wird und daher dunkel ist* Es waren dreißig Grad im Schatten., Die Schatten werden länger., Der Baum spendet Schatten. ■ **in jemandes Schatten stehen**: *weniger beachtet, anerkannt werden als eine andere Person* **nicht über seinen Schatten springen können** (*umg.*): *nicht anders handeln können, als es dem eigenen Wesen entspricht* **jemanden in den Schatten stellen** (*umg.*): *bessere Leistungen zeigen als ein anderer* **seine Schatten vorauswerfen**: *sich durch bestimmte Vorzeichen ankündigen* ◆ Getrenntschreibung→R 4.12 ein Schatten spendender Baum

Scha̱t·ten·bo·xen das <-s> (*kein Plur.*) SPORT *Boxtraining, bei dem man gegen einen nicht vorhandenen, nur in der Phantasie existierenden Gegner kämpft*

Scha̱t·ten·ka·bi·nett das <-(e)s, -e> POL. *ein von der Opposition gebildetes Kabinett, das bei einem Regierungswechsel sofort die Regierung übernehmen kann*

Scha̱t·ten·mo·rel·le die <-, -n> *eine Sauerkirschsorte*

Scha̱t·ten·sei·te die <-, -n> **1.** *die dem Licht bzw. der Sonne abgewandte Seite von etwas* Wir liefen auf der Schattenseite der Straße. **2.** (*übertr.*) *die negative Seite von etwas* Leider hatte der Urlaub auch seine Schattenseiten – überhöhte Preise, überfüllter Strand und eine Baustelle am Hotel.

Scha̱t·ten·spiel das <-(e)s, -e> *eine Art Puppenspiel, bei dem man die Silhouetten ausgeschnittener Figuren auf einer von hinten angeleuchteten, lichtdurchlässigen Wand sieht*

Scha̱t·ten·wirt·schaft die <-> (*kein Plur.*) *alle wirtschaftlichen Aktivitäten* (*beispielsweise Schwarzarbeit*), *die nicht von der Steuer erfasst werden*

schat·ti̲e̲·ren <schattierst, schattierte, hat schattiert> *mit OBJ* ■ *jmd. schattiert etwas* (*in der künstlerischen Darstellung*) *auf einem Bild dunkle Tonabstufungen malen, um die räumliche Wirkung zu erhöhen*

Schat·ti̲e̲·rung die <-, -en> **1.** (*kein Plur.*) *das Schattieren* **2.** *Nuance, Abstufung* Es gibt dieses Blau in zahlreichen Schattierungen.

scha̱t·tig *Adj.* (↔ *sonnig*) ■ *im Schatten liegend* ein schattiges Plätzchen

Scha·tu̱l·le die <-, -n> (*geh.*) *ei Kästchen* (*beispielsweise zur Aufbewahrung von Schmuck*)

Scha̱tz der <-es, Schätze> **1.** *eine* (*an einem Ort*) *angehäufte Menge kostbarer Dinge* In der Höhle fand man einen Schatz., Auf der Insel soll ein Schatz vergraben sein. ◆ -kiste, -suche, -sucher, Gold- **2.** (*meist Plur.*) *angesammelte Dinge von persönlichem Wert* Er hat mir stolz seine Schätze gezeigt, über 500 Schallplatten. **3.** *Reichtümer verschiedenster Art* Das Museum besitzt einen großen Schatz an wertvollen Münzen. **4.** (*umg.*) *liebevolle Anrede für jmdn.* Wollen wir nicht ins Kino gehen, (mein) Schatz?

Schä̱tz·chen das <-s, -> *Schatz*[4]

schä̱t·zen <schätzt, schätzte, hat geschätzt> *mit OBJ* **1.** ■ *jmd. schätzt jmdn./etwas irgendwie nach dem äußeren Eindruck einschätzen* Ich hätte ihn jünger geschätzt. **2.** ■ *jmd. schätzt etwas bewerten* Ein Gutachter schätzte den Schaden am Auto. **3.** ■ *jmd. schätzt, dass …* (*umg.*) *vermuten* Ich schätze, dass wir bald fertig sein werden. **4.** ■ *jmd. schätzt jmdn./etwas* (*als etwas*) *von jmdm. oder etwas eine hohe Meinung haben* Ich schätze ihn als sehr guten Freund., Er schätzt ihre freundliche Art., Sie schätzt ein gutes Glas Wein., Ich weiß es zu schätzen, dass … ◆ Getrenntschreibung→R 4.1f. jmdn. gering schätzen, jmdn. schätzen lernen

schä̱t·zens·wert *Adj. so, dass man von etwas oder jmdm. eine hohe Meinung haben kann* eine schätzenswerte Person/Erfahrung

Scha̱tz·käst·chen das <-s, -> (*scherzh.*) *ein Kästchen, in dem jmd. Gegenstände aufbewahrt, die für ihn wertvoll sind*

Scha̱tz·meis·ter der <-s, -> (≈ *Kassierer*) *jmd., der zum Beispiel in einem Verein oder einer Partei die Kasse verwaltet*

Schä̱t·zung die <-, -en> *das Schätzen*[1 2]

schä̱t·zungs·wei·se *Adv.* (↔ *genau*) *ungefähr, auf einem Schätzwert beruhend* Bis zur nächsten Tankstelle sind es schätzungsweise 30 Kilometer.

Schä̱tz·wert der <-(e)s, -e> *ungefährer, durch Schätzen*[1 2] *ermittelter Wert*

Scha̲u̲ die <-, -en> **1.** (≈ *Ausstellung*) *eine Veranstaltung, bei der etwas ausgestellt oder gezeigt wird* ◆ Hunde-, Landwirtschafts-, Leistungs-, Moden-, Tier-, Verkaufs- **2.** ■ **die/eine Schau sein** (*umg.*): *toll sein* **eine Schau abziehen** (*umg.*): *sich auffällig benehmen* **jemandem die Schau stehlen** (*umg.*): *mehr Aufsehen erregen, eine bessere Leistung bringen als ein anderer*

Scha̲u̲·bild das <-(e)s, -er> **1.** *eine gezeichnete Darstellung von etwas* Das Buch enthält ein aufklappbares Schaubild des menschlichen Körpers. **2.** (≈ *Diagramm*)

Scha̲u̲·bu·de die <-, -n> *eine Bude auf einem Jahrmarkt, in der etwas vorgeführt wird*

Scha̲u̲·büh·ne die <-, -n> (*veralt.* ≈ *Theater*)

Scha̲u̲·der der <-s, -> **1.** *plötzliches Frösteln* Als er in den kalten Raum kam, überlief ihn ein Schauder. **2.** *ein heftiges Gefühl von Angst und Entsetzen* Bei diesem Anblick ergriff sie ein Schauder. ◆ Getrennt- oder Zusammenschreibung→R 4.12 Schauder erregend/schaudererregend; Getrenntschreibung→R 4.3, R 4.12 heftigen/kalten Schauder erregend; Zusammenschreibung→R 4.12 sehr schaudererregend, noch schaudererregender

schau·der·haft *Adj.* **1.** *sehr unangenehm* Das Wetter war schauderhaft. **2.** (*umg.*) *sehr, überaus* Es war schauderhaft kalt.

schau·dern <schauderst, schauderte, hat geschaudert> *ohne OBJ* **1.** ■ *jmd. schaudert (bei etwas Dat.) frösteln* Sie schauderte beim Eintritt in das kalte Zimmer. **2.** ■ *jmdm. schaudert Schauder empfinden* Bei diesem Gedanken schaudert mir., Mich schaudert schon allein der Gedanke daran.

schau·en <schaust, schaute, hat geschaut> *ohne OBJ* **1.** ■ *jmd. schaut (auf etwas Akk. /irgendwohin) den Blick auf etwas richten* Schau doch nicht ständig auf die Uhr! **2.** ■ *jmd. schaut irgendwie in einer bestimmten Weise blicken* Er schaute verlegen weg. **3.** ■ *jmd. schaut nach jmdm.* (*süddt. österr. schweiz.*) *sich kümmern* Sie versprach, täglich nach den Kindern zu schauen. **4.** ■ *jmd. schaut, dass ...* (*süddt. österr. schweiz. umg.*) *sich bemühen* Schau lieber, dass dir das nicht auch passiert!

Schau·er[1] der <-s, -> *ein kurzer Regenguss* Wir wurden von einem heftigen/kurzen/gewittrigen Schauer überrascht. ◆ Gewitter-, Hagel-, Regen-

Schau·er[2] der <-s, -> (*geh.*) *Schauder[1 2]*

Schau·er·ge·schich·te die <-, -n> **1.** *eine unheimliche Geschichte* eine Schauergeschichte über Vampire **2.** (*umg. abwert.*) *eine übertriebene Darstellung von etwas, das angeblich besonders schlimm gewesen sein soll* Sie hat wieder Schauergeschichten von ihrem/über ihren Krankenhausaufenthalt erzählt.

schau·er·lich *Adj.* **1.** (≈ *unheimlich*) Das ist wirklich eine schauerliche Geschichte. **2.** *sehr* Es war schauerlich kalt.

Schau·er·mann der <-(e)s, Schauerleute> SEEW. *ein Hafenarbeiter, der für das Be- und Entladen des Schiffs zuständig ist*

Schau·fel die <-, -n> **1.** *ein Gerät mit einem langen Stiel und einem breiten Stück Metall/Plastik an einem Ende, mit dem man Erde, Sand o.Ä. bewegt* Er nahm eine Schaufel und füllte Sand in die Mischmaschine., Schaufel und Besen sind in der Küche. **2.** *Teil an einem Bagger, das Erde, Sand o.Ä. bewegt* Der Bagger hat eine auswechselbare Schaufel.

schau·feln <schaufelst, schaufelte, hat geschaufelt> **I.** *mit OBJ/ohne OBJ* ■ *jmd. schaufelt (etwas) mit einer Schaufel oder den hohlen Händen bewegen* Sie schaufeln Kohle in den Keller., Er musste eine ganze Weile schaufeln, um den Schnee vor der Garage zu beseitigen. **II.** *mit OBJ* ■ *jmd. schaufelt etwas durch Schaufeln[1] erzeugen* Er hat ein Loch geschaufelt.

Schau·fens·ter das <-s, -> *ein großes Fenster eines Geschäfts, in dem Waren ausgestellt werden* Sie dekorieren gerade die Schaufenster neu. ◆ -auslage, -dekoration

Schau·fens·ter·bum·mel der <-s, -> *ein Spaziergang durch die Einkaufsstraßen, bei dem man Schaufenster betrachtet*

Schaufens·ter·de·ko·ra·teur der [...dekoratøɐ̯] <-s, -e> *jmd., der beruflich Waren in Schaufenstern kunstvoll anordnet*

Schau·fens·ter·pup·pe die <-, -n> *eine lebensgroße Gliederpuppe, an der in Schaufenstern Kleidung ausgestellt wird*

Schau·kas·ten der <-s, Schaukästen> (≈ *Vitrine*) *ein Kasten mit Glasfront, in dem etwas ausgestellt ist* Die alten, wertvollen Bücher sind in Schaukästen ausgestellt., Die Prüfungstermine wurden in Schaukästen ausgehängt.

Schau·kel die <-, -n> *ein Spielgerät zum Schaukeln II, das aus einem Brett besteht, das an zwei Seilen befestigt ist* Auf dem Spielplatz steht eine große Schaukel.

schau·keln <schaukelst, schaukelte, hat geschaukelt> **I.** *mit OBJ* **1.** ■ *jmd. schaukelt jmdn. jmdn. oder etwas hin und her bewegen, in eine schwingende Bewegung versetzen* Die Mutter schaukelt das Baby in der Wiege. **2.** ■ *jmd. schaukelt etwas* (*umg.*) *bewerkstelligen, zustande bringen* Wir werden die Sache schon schaukeln. **II.** *ohne OBJ* ■ *jmd./etwas schaukelt sich hin und her oder vor und zurück bewegen* Das Kind schaukelt im Garten., Die Lampions schaukeln im Wind., Die Boote schaukeln auf dem Wasser.

Schau·kel·pferd das <-(e)s, -e> *ein Spielzeugpferd auf Kufen zum Schaukeln II*

Schau·kel·stuhl der <-(e)s, Schaukelstühle> *ein Lehnstuhl auf Kufen, in dem man beim Sitzen eine leicht schaukelnde Bewegung ausführen kann*

Schau·lau·fen das <-s, -> SPORT *Eiskunstlaufen zur Unterhaltung (und nicht im Rahmen eines Wettbewerbs)* Das Schaulaufen der Eiskunstläufer wird im Fernsehen übertragen.

Schau·lus·ti·ge der/die <-n, -n> (*abwert.*) *jmd., der aus Sensationsgier die Vorgänge an einer Unglücksstelle betrachtet* Die vielen Schaulustigen behinderten die Arbeiten der Rettungskräfte am Unfallort.

Schaum der <-(e)s, Schäume> (*meist Sing.*) *eine Masse aus vielen kleinen Luftbläschen, die sich auf oder aus Flüssigkeit bildet*

Schaum·bad das <-(e)s, Schaumbäder> *ein Badezusatz, der besonders viel Schaum entwickelt*

schäu·men <schäumst, schäumte, hat geschäumt> *ohne OBJ* ■ *etwas schäumt Schaum entwickeln* Das Badewasser schäumt. ■ **vor Wut schäumen** (*umg.*): *sehr wütend sein*

Schaum·gum·mi der <-s, -(s)> *Schaumstoff aus Kautschuk*

schau·mig <nicht steig.> *Adj. zu Schaum geworden* Zuerst muss man das Eiweiß schaumig schlagen.

Schaum·löf·fel der <-s, -> *ein Küchengerät in der Form eines Löffels mit Löchern darin, mit dem man Schaum von Flüssigkeiten nimmt*

Schaum·schlä·ger, **Schaum·schlä·ge·rin** der <-s, -> (*umg. abwert.*) *Angeber*

Schaum·stoff der <-(e)s, -e> *ein leichtes, poröses Kunststoffmaterial*

Schaum·wein der <-(e)s, -e> (≈ *Sekt*)

S

Schau·ob·jekt das <-(e)s, -e> *ein Gegenstand, der zur Schau gestellt wird*

Schau·platz der <-es, Schauplätze> *ein Ort, an dem etwas Bestimmtes stattfindet oder stattgefunden hat* Dies ist der Schauplatz des Verbrechens., Schauplatz der Handlung ist Zypern.

Schau·pro·zess der <-es, -e> RECHTSW. *ein öffentliches Gerichtsverfahren, mit dem eine bestimmte Wirkung bei der Bevölkerung erzielt werden soll*

schau·rig *Adj.* **1.** (≈ *grus(e)lig*) Dies war wirklich eine schaurige Geschichte. **2.** (*umg.*) *sehr unangenehm, sehr schlecht* Wir hatten schauriges Wetter., Sie spricht ein schauriges Französisch.

Schau·spiel das <-(e)s, -e> **1.** (*kein Plur.*) (≈ *Drama*) *eine literarische Gattung, bei der eine Handlung durch die beteiligten Personen auf der Bühne dargestellt wird* **2.** *ein Bühnenstück mit ernstem Inhalt und positivem Ausgang* **3.** *ein beeindruckender Anblick, den ein Ereignis bietet* Der Sonnenuntergang war ein beeindruckendes Schauspiel.

Schau·spie·ler, **Schau·spie·le·rin** der <-s, -> *jmd., dessen Beruf es ist, im Theater, in Kino- oder Fernsehfilmen Rollen darzustellen* ◆ Bühnen-, Film-

Schau·spie·ler·en·sem·ble das [...äsä:bl] <-s, -s> *eine Gruppe von Schauspielern, die an einem Theater fest angestellt sind und regelmäßig zusammen auftreten*

schau·spie·lern <schauspielerst, schauspielerte, hat geschauspielert> *ohne OBJ* ■ *jmd. schauspielert* **1.** (*umg.*) *ohne Ausbildung als Schauspieler auftreten* **2.** (*abwert.*) *etwas vortäuschen* Glaub ihm nicht, er schauspielert doch nur.

Schau·spiel·haus das <-es, Schauspielhäuser> *ein Theater, in dem vor allem Schauspiele aufgeführt werden*

Schauspiel·kar·ri·e·re die <-, -n> *eine berufliche Karriere als Schauspieler*

Schauspiel·leh·rer, **Schau·spiel·leh·re·rin** der <-s, -> *jmd., der an einer Schauspielschule unterrichtet*

Schau·spiel·schu·le die <-, -n> *eine Schule zur Ausbildung von Schauspielern*

Schau·spiel·un·ter·richt der <-(e)s> (*kein Plur.*) *Unterricht an einer Schauspielschule*

Schau·stel·ler, **Schau·stel·le·rin** der <-s, -> *jmd., der auf Jahrmärkten ein Fahrgeschäft betreibt oder etwas vorführt*

Scheck/Cheque, *a.* **Check** der <-s, -s> *ein Dokument, auf dem steht, dass eine Bank einen bestimmten Geldbetrag (vom Konto des Ausstellers) an den Überbringer auszahlen soll* Er hat einen Scheck über 500 Euro ausgestellt., Sie hat einen ungedeckten Scheck erhalten., Ich löse den Scheck morgen ein., Zahlen Sie mit Scheck oder in bar? ◆ -betrug, Reise-

Sche·cke der/die <-, -n> *ein scheckiges Pferd*

Scheck·heft das <-(e)s, -e> *ein Mäppchen mit Scheckformularen*

sche·ckig <nicht steig.> *Adj.* (*von Pferden und Rindern*) *mit weißen Flecken im dunklen Fell* ■ **sich scheckig lachen** (*umg.*): *sehr über etwas lachen* ◆ Getrenntschreibung→R 4.3 sich scheckig lachen

Scheck·kar·te die <-, -n> *ein (Plastik-)Kärtchen, mit dem der Inhaber eines Bankkontos bis zu einem bestimmten Betrag Schecks ausstellen und Bargeld an einem Geldautomaten abheben kann*

scheel *Adj.* (≈ *missgünstig*) Sie hat mich scheel angesehen. ◆ Getrenntschreibung→R 4.3 scheel blickend

Schef·fel der <-s, -> *ein altes Hohlmaß*

schef·feln <scheffelst, scheffelte, hat gescheffelt> *mit OBJ* ■ *jmd. scheffelt etwas* (*umg. abwert.*) *viel Geld verdienen* Er hat viel Geld/ein Vermögen gescheffelt.

schef·fel·wei·se *Adv.* *in großen Mengen* Er gibt sein Geld scheffelweise aus.

Schei·be die <-, -n> **1.** *ein flacher, runder Gegenstand, der relativ dünn ist* eine Scheibe aus Holz/Metall, In früheren Zeiten glaubten die Menschen, die Erde sei eine Scheibe. **2.** *ein dünnes, flaches, abgeschnittenes Stück bestimmter Lebensmittel* eine Scheibe Brot/Käse/Wurst, Ich habe die Zitrone in Scheiben geschnitten. **3.** *kurz für „Fensterscheibe"* Das helle Sonnenlicht zeigt den Schmutz auf den Scheiben. **4.** (*umg.*) *Schallplatte, CD* Das sind die heißesten Scheiben des Monats. ■ **sich eine Scheibe von jemandem abschneiden können** (*umg.*): *jmdn. als Beispiel oder Vorbild nehmen können*

Schei·ben·gar·di·ne die <-, -n> *eine Gardine, die dicht an der Fensterscheibe befestigt wird*

Schei·ben·ho·nig der <-s> (*kein Plur.*) **1.** *in Scheiben geschnittener Wabenhonig* **2.** (*umg. verhüll.*) *Scheiße*

Schei·ben·kleis·ter der <-s> (*kein Plur.*) (*umg. verhüll.*) *Scheiße*

Schei·ben·wasch·an·la·ge die <-, -n> KFZ *eine Vorrichtung in Autos, die Wasser auf Windschutz- und Heckscheibe spritzt, um Schmutz von den Scheiben zu entfernen*

Schei·ben·wi·scher der <-s, -> KFZ *ein Wischblatt, das bei Regen die Windschutzscheibe eines Autos frei von Regentropfen und Schmutz hält*

Scheich der <-(e)s, -s/-e> **1.** *Oberhaupt eines arabischen Herrschaftsgebiets* **2.** *Oberhaupt eines arabischen Dorfes oder Familienverbandes*

Scheich·tum das <-(e)s, Scheichtümer> *Herrschaftsgebiet eines Scheichs[1]*

Schei·de die <-, -n> **1.** (ANAT.: ≈ *Vagina*) *Teil der weiblichen Geschlechtsorgane: der muskelhaltige, dehnbare Schlauch, der von der Gebärmutter zur äußeren Scham führt und mit Schleimhaut ausgekleidet ist* ◆ -nausfluss, -nkrampf, -nzäpfchen **2.** *die schmale Hülle für die Klinge eines Schwertes oder eines Messers*

schei·den <scheidest, schied, hat/ist geschieden> **I.** *mit OBJ* (*haben*) **1.** ■ *jmd. scheidet jmdn./etwas eine Ehe durch ein Gerichtsverfahren auflösen* Sie haben sich kurz nach ihrer Hochzeit schon wieder scheiden lassen., Die Ehe wurde geschieden. **2.** ■ *jmd. scheidet etwas* (*fachspr.*) *voneinander* *trennen* Die Forscher haben die beiden chemischen Substanzen geschieden. **II.** *ohne OBJ* ■ *jmd. scheidet (aus etwas Dat.) (sein) eine Funktion ablegen* Er schied frühzeitig aus dem Amt. **III.** *mit SICH* ■ *etwas scheidet sich (haben) sich unterscheiden, auseinander gehen* In diesem Punkt scheiden sich aber unsere Ansichten/Meinungen!

Schei·de·wand die <-, Scheidewände> (≈ *Trennwand*) ◆ Nasen-

Schei·de·was·ser das <-s> (*kein Plur.*) CHEM. *Salpetersäure, mit der man Gold und Silber in Legierungen voneinander trennt*

Schei·de·weg ■ **am Scheideweg stehen** (*umg.*): *vor einer folgenschweren Entscheidung stehen*

Schei·dung die <-, -en> *die gerichtliche Auflösung einer Ehe* Sie haben die Scheidung eingereicht.

Schei·dungs·an·walt, **Schei·dungs·an·wäl·tin** der <-(e)s, Scheidungsanwälte> *ein Anwalt, der sich auf Ehescheidungen spezialisiert hat*

Schei·dungs·grund der <-(e)s, Scheidungsgründe> *der Grund für eine Ehescheidung, der zu einer Scheidungsklage vor Gericht berechtigt*

Schei·dungs·kind der <-(e)s, -er> *ein Kind, dessen Eltern geschieden sind* Scheidungskinder stehen häufig unter sehr großem psychischem Druck.

Schei·dungs·kla·ge die <-, -n> RECHTSW. *eine Klage vor Gericht, mit der jmd. seine Ehe beenden will*

Schei·dungs·pro·zess der <-es, -e> RECHTSW. *eine gerichtliche Verhandlung, bei der es um eine Ehescheidung geht*

Schein der <-(e)s, -e> **1.** *eine offizielle Bescheinigung in der Art eines (kurzen) Texts auf einem Blatt Papier* Ich stelle Ihnen gerne einen Schein aus., Der Schein ist leider abgelaufen. **2.** *kurz für „Geldschein“* **3.** (*kein Plur.*) *Anschein, äußerer Eindruck* Du solltest wenigstens versuchen, den Schein zu wahren **4.** (*kein Plur.*) *etwas, das in Wirklichkeit nicht so ist, wie es sich äußerlich darstellt* Seine Freundlichkeit war nur Schein. **5.** *Schimmer, Lichtstrahl* Er saß im Schein der Lampe/einer Kerze.

Schein·a·sy·lant, **Schein·a·sy·lan·tin** der <-en, -en> (*abwert.*) *jmd., der bei seinem Antrag auf Asyl falsche Angaben gemacht hat, damit er in einem Land leben kann, in dem er eigentlich kein Asyl bekommen würde*

schein·bar *Adv.* **1.** *nur dem Anschein nach, aber nicht in Wirklichkeit* Das ist doch nur ein scheinbarer Gegensatz, tatsächlich unterscheiden sich ihre Meinungen gar nicht so stark voneinander. **2.** (≈ *offenbar*) Unsere Nachbarn sind scheinbar in den Urlaub gefahren.

schei·nen <scheinst, schien, hat geschienen> *ohne OBJ* **1.** ■ *etwas scheint (irgendwie) leuchten, strahlen* Die Sonne schien den ganzen Tag. **2.** ■ *jmd./etwas scheint (irgendwie) den Anschein erwecken* Er scheint reicht zu sein., Es scheint mir, dass …

Schein·fir·ma die <-, Scheinfirmen> (≈ *Briefkastenfirma*) *eine Firma, die zwar im Handelsregister verzeichnet ist, in Wirklichkeit aber keine Geschäfte tätigt*

schein·hei·lig *Adj.* (*abwert.*) *heuchlerisch*

Schein·tod der <-(e)s, -e> (*meist Sing.*) MED. *ein Zustand ohne Lebenszeichen, in dem jmd., der noch lebt, wie tot erscheint*

schein·tot <nicht steig.> *Adj.* MED. *ohne sichtbare Lebenszeichen*

Schein·wer·fer der <-s, -> *eine Lampe mit starker Leuchtkraft* Die Kirche wird nachts von Scheinwerfern angestrahlt., Der linke Scheinwerfer am Auto ist kaputt. ◆ Auto-, Bühnen-

Scheiß der <-> (*kein Plur.*) (*vulg.*) *verwendet, um etwas als äußerst schlecht und wertlos zu bezeichnen* Mach bloß keinen Scheiß!, Was soll der Scheiß?, Mann, ist das ein Scheiß!

Scheiß·dreck der <-(e)s> (*kein Plur.*) (*vulg.*) *Scheiße*[1 2 3] ■ **etwas geht jemanden einen Scheißdreck an**: *etwas geht jmdn. gar nichts an* Das geht dich einen Scheißdreck an! **etwas kümmert jemanden einen Scheißdreck**: *etwas ist jmdm. völlig egal* Das kümmert mich einen Scheißdreck!

Schei·ße die <-> (*kein Plur.*) (*vulg.*) **1.** *Kot* ein Haufen Scheiße **2.** (≈ *Mist*) *etwas, worüber man sich ärgert* Der Film war große Scheiße. **3.** *verwendet, um seinen Ärger auszudrücken* Scheiße, ich habe vergessen, sie anzurufen., So eine Scheiße! ■ **in der Scheiße stecken** (*vulg.*): *in großen Schwierigkeiten sein*

scheiß·e·gal *Adv.* (*vulg.*) *völlig egal*

schei·ßen <scheißt, schiss, hat geschissen> *ohne OBJ* ■ *jmd. scheißt* (*vulg.* ≈ *kacken*) *den Darm entleeren* Er hätte sich vor Angst beinahe in die Hosen geschissen. ■ **auf etwas scheißen** (*vulg.*): *keinen Wert (mehr) auf etwas legen*

Schei·ße·rei die <-> (*kein Plur.*) (*vulg.*) *Durchfall*

scheiß·freund·lich <nicht steig.> *Adj.* (*umg. abwert.*) *übertrieben und auf unechte Weise freundlich* Er war auf einmal scheißfreundlich zu mir.

Scheiß·haus das <-es, Scheißhäuser> (*vulg.*) *Toilette*

scheiß·vor·nehm <nicht steig.> *Adj.* (*umg. abwert.*) *betont vornehm* Das Lokal ist ein scheißvornehmer Laden.

Scheit das <-(e)s, -e/er> (*süddt. österr. schweiz.*) *Stück Holz*

Schei·tel der <-s, -> **1.** *eine Linie, entlang der das Haar geteilt wird* Er hat sich einen Scheitel gezogen., Sie trägt neuestens einen Scheitel. **2.** *der oberste Punkt (eines Gewölbes, einer Kurve)* ■ **vom Scheitel bis zur Sohle** (*umg.*): *ganz und gar, von Kopf bis Fuß*

schei·teln <scheitelst, scheitelte, hat gescheitelt> *mit OBJ* ■ *jmd. scheitelt etwas durch einen Scheitel*[1] *abteilen* Er scheitelt das Haar neuerdings in der Mitte.

Schei·ter·hau·fen der <-s, -> *ein Holzstoß, auf dem im Mittelalter Menschen durch Verbrennen hingerichtet wurden*

schei·tern <scheiterst, scheiterte, ist gescheitert> *ohne OBJ* ■ *jmd./etwas scheitert (an etwas Dat.)*

S

(*aus einem bestimmten Grund*) *nicht erfolgreich sein* Das Experiment war gescheitert., Die Verhandlungen sind gescheitert. ◆ Großschreibung →R 3.4f. Dieser Plan ist von vornherein zum Scheitern verurteilt., Was brachte die Verhandlungen zum Scheitern?

Schẹlf der/das <-s, -e> GEOGR. *Festlandsockel*

Schẹl·lack der <-(e)s, -e> *ein Harz, das zur Herstellung von Lacken und Kunststoffen verwendet wird*

Schẹl·le¹ die <-, -n> *ein Haltebügel an Rohren*

Schẹl·le² die <-, -n> (*landsch.*) *Klingel, kleines Glöckchen*

Schẹl·le³ die <-, -n> (*landsch.*) *Ohrfeige*

schẹl·len <schellst, schellte, hat geschellt> *ohne OBJ* ■ *jmd./etwas schellt* (*landsch.* ≈ *klingeln*) Hat nicht eben das Telefon geschellt?, Es hat an der Tür geschellt.

Schẹl·len·baum der <-(e)s, Schellenbäume> *ein Musikinstrument, das aus einer langen Stange mit daran befestigen kleinen Glocken besteht*

Schẹll·fisch der <-(e)s, -e> *eine Dorschart*

Schẹlm der <-(e)s, -e> *Spaßvogel, Schalk*

Schẹl·men·ro·man der <-(e)s, -e> LIT. *Gattungsbezeichnung für Romane, in denen das Leben von spitzbübischen Schelmen, Landstreichern oder Glücksrittern* (*meist in der Ich-Form*) *geschildert wird*

schẹl·misch *Adj. verschmitzt, pfiffig* Er blickte mich schelmisch an.

Schẹl·te die <-> (*kein Plur.*) (*veralt.*) *Tadel, Vorwurf* Das Kind bekam Schelte, weil es zu spät nach Hause kam.

schẹl·ten <schiltst, schalt, hat gescholten> *mit OBJ/ohne OBJ* ■ *jmd. schilt jmdn.* (*veralt.*) *schimpfen* Der Vater hat seinen Sohn heftig gescholten.

Sche̱·ma das <-s, -s/Schemata/Schemen> **1.** (*gedankliches*) *Konzept, Vorstellung, die man von einem Sachverhalt, dessen Beurteilung und Ausführung hat* Er geht stets nach einem bestimmten Schema vor., Sie lässt sich in kein Schema pressen., Wir brauchen uns nicht an ein festes/starres Schema zu halten. **2.** *eine Zeichnung mit den wichtigsten Merkmalen einer Sache* Das Buch enthält zahlreiche Schemata von elektrischen Schaltungen. ■ **nach Schema F** (*abwert.*): *gedankenlos und routinemäßig*

sche·ma̱·tisch *Adj.* **1.** *routinemäßig, mechanisch* Das ist eine völlig schematische Tätigkeit. **2.** *so, dass etwas einem Schema folgt* Auf Seite 23 findet man eine schematische Darstellung dieser Konstruktion.

Sche̱·mel der <-s, -> *ein* (*kleiner*) *Hocker*

sche̱·men·haft *Adj.* (*geh.*) *undeutlich, schattenhaft* In der Dämmerung war das Dorf nur schemenhaft zu erkennen.

Schẹn·kel der <-s, -> **1.** *der Teil des Beines von der Hüfte bis zum Knie* ◆ Ober-, Unter- **2.** MATH. *eine der beiden Geraden, die einen Winkel bilden* ▸gleichschenklig

schẹn·ken <schenkst, schenkte, hat geschenkt> *mit OBJ* **1.** ■ *jmd. schenkt jmdm. etwas als Geschenk geben* Ich habe ihr zum Geburtstag einen Bildband über Italien geschenkt. **2.** ■ *jmd. schenkt jmdm. etwas zuteil werden lassen* Das intensive Gespräch hat ihr neue Kraft geschenkt., der Nachbarin ein Lächeln schenken **3.** ■ *jmd. schenkt jmdm./sich etwas jmdm. oder sich etwas ersparen* Sie hat sich und anderen nie etwas geschenkt, sondern immer hohe Ansprüche gestellt., Diese Arbeit kannst du dir schenken. ■ **fast/halb geschenkt sein** (*umg.*): *sehr billig sein*

Schẹn·ke/Schạ̈n·ke die <-, -n> *ein kleines Lokal, in dem man* (*nur*) *Getränke bekommt*

Schẹn·kung die <-, -en> RECHTSW. *Geld oder Sachwerte, die jmd. einer anderen Person gibt* Die Schenkung wurde beurkundet.

schẹp·pern <schepperst, schepperte, hat gescheppert> *ohne OBJ* ■ *etwas scheppert* (*umg.*) **1.** (≈ *klappern*) *das Geräusch machen, das man hört, wenn Dinge aus Metall gegeneinander schlagen* **2.** ■ **es hat gescheppert** (*umg.*): *ein Autounfall hat sich ereignet* Auf der Kreuzung hat es gestern mal wieder gescheppert.

Schẹr·be die <-, -n> *eines der vielen Stücke, die entstehen, wenn ein Gegenstand zerbricht* Ich bin in eine Scherbe getreten., Der Krug ging in Scherben., Die Vase zersprang in tausend Scherben. ◆ -nhaufen, Glas-

Sche̱·re die <-, -n> **1.** *ein Schneidewerkzeug mit zwei Klingen, die sich aufeinander zubewegen, mit dem man vor allem Papier und Stoff schneidet* Reich mir bitte die Schere, damit ich das Bild ausschneiden kann. ◆ Draht-, Nagel-, Papier- **2.** ZOOL. *eines der Greiforgane von Krebsen und Hummern* die Scheren eines Krebses

sche̱·ren¹ <scherst, scherte/schor, hat geschert/geschoren> *mit OBJ* ■ *jmd. schert ein Tier* **1.** *die Haare, das Fell kurz schneiden* Wann werden die Schafe geschoren? ▸Schur **2.** *etwas abschneiden, kürzen* Du musst die Hecke/den Rasen scheren. ◆ Getrenntschreibung→R 4.3, R 4.12 kurz geschorenes Haar

sche̱·ren² <scherst, scherte, hat geschert> **I.** *mit SICH* ■ *jmd. schert sich* (*um jmdn./etwas*) (*umg.*) *sich kümmern, etwas beachten.* Sie schert sich nur wenig um ihn., Er schert sich nicht um die Vorschriften. **II.** *mit OBJ* ■ *etwas schert jmdn.* (*veralt.*) *stören, angehen* Was scheren mich seine Probleme?, Es schert mich herzlich wenig, dass …

sche̱·ren³ <scherst, scherte, hat geschert> *mit SICH* ■ *jmd. schert sich* (*irgendwohin*) (*meist in Befehlen oder Verwünschungen verwendet*) *sich möglichst schnell irgendwohin begeben* Scher dich fort/an die Arbeit/zum Teufel!

Sche̱·ren·schlei·fer, Sche̱·ren·schlei·fe·rin der <-s, -> *jmd., der beruflich Scheren und Messer schleift und schärft*

Sche̱·ren·schnitt der <-(e)s, -e> *eine aus Papier ausgeschnittene Silhouette*

Sche·re·rei̱ die <-, -en> (*meist Plur.*) (*umg.*) *Ärger, Unannehmlichkeit* Mach mir bloß keine Scherereien!, Ich will keine Scherereien haben!

Scherf·lein ■ **sein Scherflein zu etwas beitragen/beisteuern** (*umg.*): *einen geringen (finanziellen) Beitrag für etwas leisten*

Scher·ge der <-n, -n> (*abwert.*) *Befehlsvollstrecker, Handlanger* Er gehörte auch zu den Schergen des Diktators.

Sche·rung die <-, -en> TECHN. *der Vorgang, dass ein Material durch zwei gegeneinander wirkende Kräfte verformt wird*

Scherz der <-es, -e> (≈ *Witz*) *etwas, das man mit der Absicht sagt oder tut, andere zu erheitern* Das war ein netter/gelungener/völlig harmloser Scherz., Sie hat es doch nur zum/im Scherz gesagt.

Scherz·ar·ti·kel der <-s, -> *ein kleiner Gegenstand, mit dem jmd. jmdm. (besonders im Karneval) einen Streich spielen kann* Der Laden verkauft Knallfrösche, Masken und andere Scherzartikel.

Scherz·bold der <-(e)s, -e> (*umg.*) *jmd., der gerne Scherze macht*

scher·zen <scherzt, scherzte, hat gescherzt> *ohne OBJ* ■ *jmd. scherzt Scherze machen* Wir haben die ganze Fahrt gescherzt., Er scherzt nicht!

Scherz·fra·ge die <-, -n> *eine Rätselfrage mit einer unerwarteten, lustigen Antwort*

scherz·haft <nicht steig.> *Adj. so, dass etwas nicht ernst gemeint ist* Das war bloß eine scherzhafte Übertreibung.

Scherz·keks der <-es, -e> (*umg.*) *jmd., der immer zu einem Scherz aufgelegt ist*

Scherzl das <-s, -> (*süddt. österr.*) *das erste oder letzte Stück von Nahrungsmitteln, die man in Scheiben schneidet (beispielsweise Brot oder Wurst)*

Scheu die <-> (*kein Plur.*) **1.** (≈ *Schüchternheit*) *die Eigenschaft, dass ein Mensch oder ein Tier Fremden gegenüber sehr vorsichtig und zurückhaltend ist* Das Kind legte langsam seine Scheu ab., Er überwand seine Scheu. **2.** *scheues Verhalten* Das Wild zeigte keinerlei Scheu.

scheu <scheuer, am scheu(e)sten> *Adj.* **1.** *so, dass jmd. sehr vorsichtig und ein wenig ängstlich ist* Der Maler ist ein überaus scheuer Mensch., Sie wechselten scheue Blicke. **2.** (↔ *zutraulich*) *so, dass ein Tier Menschen nicht an sich herankommen lässt* Rehe sind sehr scheu.

scheu·chen <scheuchst, scheuchte, hat gescheucht> *mit OBJ* **1.** ■ *jmd. scheucht ein Tier vertreiben* Ich habe die Fliegen vom Teller gescheucht. **2.** ■ *jmd. scheucht jmdn. irgendwohin (umg.) antreiben* Ich scheuchte ihn schließlich zum Arzt.

scheu·en <scheust, scheute, hat gescheut> **I.** *mit OBJ* ■ *jmd. scheut etwas zu vermeiden versuchen* Sie haben keine Kosten/keine Mühen gescheut, um doch noch Karten für dieses Konzert zu bekommen. **II.** *mit SICH* ■ *jmd. scheut sich (vor etwas Dat.) zurückschrecken* Sie scheute sich nicht davor, ins kalte Wasser zu gehen. **III.** *ohne OBJ* ■ *ein Pferd scheut in Panik geraten und dadurch für den Menschen unberechenbar werden* Das Pferd hat gescheut.

Scheu·er·bürs·te die <-, -n> *Bürste zum Scheuern I*

Scheu·er·lap·pen der <-s, -> *Lappen zum Scheuern I*

Scheu·er·leis·te die <-, -n> *Leiste*[1] *aus Holz, die man an den Seiten des Fußbodens anbringt, um die Wand zu schützen*

Scheu·er·mit·tel das <-s, -> *Putzmittel zum Scheuern I*

scheu·ern <scheuerst, scheuerte, hat gescheuert> **I.** *mit OBJ* ■ *jmd. scheuert etwas hartnäckigen Schmutz mit einer Bürste beseitigen* Ich muss noch die Bratpfanne/den Boden in der Küche scheuern. **II.** *ohne OBJ* ■ *etwas scheuert reiben* Der Kragen hat am Hals gescheuert. ■ **jemandem eine scheuern** (*umg.*): *jmdm. eine Ohrfeige geben*

Scheu·klap·pe die <-, -n> (*meist Plur.*) *eine der beiden Klappen, die am Geschirr von Pferden befestigt werden und so dem Pferd die Sicht zur Seite nehmen* ■ **Scheuklappen haben/tragen** (*umg. abwert.*): *die Wirklichkeit nicht zur Kenntnis nehmen wollen*

Scheu·ne die <-, -n> *ein Gebäude (auf einem Bauernhof), in dem Heu und Stroh gelagert wird* Die frische Heu wird in die Scheune gebracht.

Scheu·re·be die <-> (*kein Plur.*) *eine Reb- und Weinsorte*

Scheu·sal das <-s, -e> (*abwert.*) **1.** *ein hässliches, gefährliches, Grauen erregendes Tier* Der Hund ist ein richtiges Scheusal. **2.** (≈ *Ungeheuer*) *ein brutaler Mensch* Dieses Verbrechen konnte nur von einem wahren Scheusal begangen worden sein.

scheuß·lich *Adj.* **1.** *so unschön, dass es kaum erträglich ist* Was ist dies für ein scheußliches Gebäude? **2.** (≈ *entsetzlich*) Das scheußliche Verbrechen konnte endlich aufgeklärt werden. **3.** (*umg.*) *unangenehm* Wir hatten scheußliches Wetter. **4.** *in äußerstem Maße* Es war scheußlich kalt.

Schi der *s.* **Ski**

Schi·aus·rüs·tung die *s.* **Skiausrüstung**

Schicht die <-, -en> **1.** *eine sehr dünne, größere Fläche einer Substanz, die über oder unter etwas liegt* eine Schicht Farbe auftragen, Auf dem Wasser treibt eine dünne Schicht Öl. **2.** *kurz für „Gesellschaftsschicht"* Auf der Veranstaltung waren Leute aus allen Schichten. **3.** *einer der Abschnitte eines Arbeitstages in einem Betrieb, in dem 24 Stunden gearbeitet wird* In welcher Schicht arbeitest du?, Ich gehe zur Schicht. ◆-beginn, -ende, -wechsel, Früh-, Nacht-, Spät-

Schicht·ar·beit die <-> (*kein Plur.*) *Arbeit mit regelmäßig wechselnden Arbeitszeiten* ►Schichtarbeiter

schich·ten <schichtest, schichtete, hat geschichtet> *mit OBJ* ■ *jmd. schichtet etwas in Schichten*[1] *übereinander legen* Wir haben den ganzen Nachmittag Holz geschichtet.

schicht·wei·se *Adv. in Schichten*[1] Das Dämmmaterial wurde schichtweise verlegt., Ich habe die

Farbe schichtweise auftragen.

Schick der <-(e)s> (*kein Plur.*) (≈ *Eleganz*) *modische Eleganz in der Kleidung* Alle bewunderten den unauffälligen Schick ihrer Kleidung.

schick, a. **chic** *Adj.* **1.** *modisch und elegant* ein sehr schickes Kleid **2.** *gut aussehend* eine schicke junge Frau **3.** (*umg.*) *der Mode entsprechend und Begeisterung hervorrufend* Er hat sich ein schickes Auto gekauft., Das gilt heute als schick. ◆ Schreibung der Nebenform nur unflektiert Diese Mode ist sehr chic.

schi·cken <schickst, schickte, hat geschickt> **I.** *mit OBJ/ohne OBJ* ■ *jmd. schickt* (*nach jmdm./etwas*) *jmdn. zu bestimmten Diensten o.Ä. holen lassen* Wir haben den Nachbarn nach einem Arzt geschickt., Er hat nach einem Krankenwagen geschickt. **II.** *mit OBJ* **1.** ■ *jmd. schickt* (*jmdm.*) *etwas* (*per Post*) *senden* Ich habe ihr einen Brief geschickt. **2.** ■ *jmd. schickt jmdn. irgendwohin jmdm. auftragen, irgendwohin zu gehen* Sie hat das Kind in die Schule geschickt. **III.** *mit SICH* **1.** ■ *etwas schickt sich sich gehören* Es schickt sich nicht, so etwas zu sagen. **2.** ■ *jmd. schickt sich* (*süddt.*) *beeilen* Ich musste mich ziemlich schicken, um nicht zu spät zu kommen.

Schi·cke·ria die <-> (*kein Plur.*) (*umg. abwert.*) *die wohlhabende, sich* (*übertrieben*) *modebewusst kleidende Gesellschaftsschicht, die sich für wichtig hält* Er gehört zur Münchner Schickeria.

Schi·cki·mi·cki der <-s, -s> (*umg. abwert.*) *jmd., der sich betont modisch gibt oder kleidet*

schick·lich <nicht steig.> *Adj.* (*geh.*) *angemessen, passend* Es ist nicht schicklich, sich so in Gesellschaft zu verhalten.

Schick·sal das <-s, -e> **1.** (*kein Plur.*) *eine höhere Macht, die das Leben beeinflusst* Das Schicksal hat es gut mit ihm gemeint., vom Schicksal benachteiligte Menschen, an ein gütiges Schicksal glauben, sich in sein Schicksal ergeben **2.** *ein Ereignis, das das Leben eines Menschen entscheidend beeinflusst, ohne, dass man daran etwas ändern kann* Dies waren typische Schicksale der Kriegsgeneration. ■ **(Das ist) Schicksal!** (*umg.*): *so ist es eben* **jemanden seinem Schicksal überlassen** (*umg.*): *jmdm. nicht helfen*

schick·sal·haft <nicht steig.> *Adj.* **1.** *vom Schicksal[1] beeinflusst* Es schien, als sei ihr Weg schicksalhaft vorgezeichnet. **2.** *so, dass ein Ereignis das gesamte weitere Leben eines Menschen beeinflusst* Dies war eine schicksalhafte Begegnung, denn ... sollte seine Kollegin fünf Jahre später heiraten.

schick·sal·s·er·ge·ben <nicht steig.> *Adj.* *so, dass jmd. alles, was ihm passiert, hinnimmt, ohne etwas daran ändern zu wollen*

Schick·sals·fra·ge die <-, -n> *ein Frage, von deren Entscheidung sehr viel für jmdn. oder etwas abhängt*

Schick·sals·schlag der e <-(e)s, Schicksalsschläge> *ein sehr trauriges, das Leben entscheidend prägendes Erlebnis*

Schie·be·dach das <-(e)s, Schiebedächer> KFZ *eine Art Luke im Dach eines Autos, die man durch Schieben öffnen kann*

Schie·be·fens·ter das <-s, -> *ein Fenster, das man durch Verschieben nach oben oder zur Seite öffnet*

schie·ben <schiebst, schob, hat geschoben> **I.** *mit OBJ/ohne OBJ* ■ *jmd. schiebt* (*etwas*) (↔ *ziehen*) *gegen etwas drücken und es damit vorwärts bewegen* Der Vater schiebt den Kinderwagen., Ich hatte einen Platten, also musste ich schieben. **II.** *mit OBJ* ■ *jmd. schiebt etwas auf jmdn./etwas jmdn. oder etwas für etwas Unangenehmes verantwortlich machen* Er ist sich keiner Schuld bewusst und schiebt immer alles auf andere., Er hat die Schuld/den Verdacht auf mich geschoben. **III.** *mit SICH* ■ *jmd./etwas schiebt sich irgendwohin sich langsam an eine Stelle bewegen* Eine Wolke hat sich vor die Sonne geschoben.

Schie·ber[1] der <-s, -> *ein Riegel an Türen, Geräten oder Maschinenteilen*

Schie·ber[2] der <-s, -> (*abwert.* ≈ *Schwarzmarkthändler*)

Schie·ber·müt·ze die <-, -n> (*umg.*) *eine große Schirmmütze*

Schie·be·tür die <-, -en> *eine Tür, die man durch seitliches Verschieben öffnet*

Schie·be·tü·ren·schrank der <-(e)s, Schiebetürenschränke> *ein Schrank mit Schiebetüren*

Schie·bung die <-, -en> (*umg. abwert.*) *ungerechtfertigte Bevorzugung* Dieses Amt hat er doch nur durch Schiebung erhalten.

schiech [ʃiax] *Adj.* (*süddt. österr.*) *hässlich*

Schieds·ge·richt das <-(e)s, -e> **1.** RECHTSW. *an Stelle eines staatlichen Gerichts eingesetzte Institution* **2.** SPORT *Gremium von Kampf- oder Schiedsrichtern als höchste Entscheidungsinstanz* ▶schiedsgerichtlich

Schieds·rich·ter, **Schieds·rich·te·rin** der <-s, -> SPORT *jmd., der bei Ballspielen das Spiel unparteiisch leitet und für die korrekte Einhaltung der Regeln sorgt* ▶schiedsrichterlich

Schieds·spruch der <-(e)s, Schiedssprüche> RECHTSW. *Entscheidung eines Schiedsgerichts*

schief *Adj.* **1.** *so, dass es nicht genau senkrecht, sondern nach links oder rechts geneigt ist* Die Wand ist schief., Siehst du den schiefen Pfosten dort?, Der Tisch steht schief., Das Bild hängt schief., Er hat die Absätze schief gelaufen. ■ **schief gehen/laufen** (*umg.*): *anders verlaufen, als man gedacht oder geplant hatte* **2.** ■ **da ist jemand (aber) schief gewickelt** (*umg.*): *jmd. stellt sich etwas ganz anders vor als es in Wirklichkeit ist* **3.** *sich gründlich irren* ◆ Getrenntschreibung→R 4.2 schief gehen/laufen, schief liegen, schief gewickelt sein; Zusammenschreibung →R 4.11 schieflachen

i Wissenswert Das Adjektiv „schief“ wird normalerweise klein geschrieben („die schiefe Ebene“, „der schiefe Winkel“). In feststehenden Wendungen und Namen jedoch wird es großgeschrieben („der Schiefe Turm von Pisa“). In einer Verbalverknüpfung wird „schief" vom Verb getrennt, wenn es sich als erweiterbar oder steigerbar erweist („schief stehen", „schief halten", „schief gewachsen"), im anderen Fall wird es mit dem Verb zusammengeschrieben: „Ich habe mich darüber schiefgelacht" „Schief" und „schräg" müssen im Kontext genau voneinander unterschieden werden. Die Angabe „schräg" bedeutet, dass ein Gegenstand von einer senkrechten oder waagerechten Bezugslinie in gerader Richtung abweicht, ohne einen rechten Winkel zu bilden. Der Regenschirm schwebte schräg im Raum. Der Nagel wurde schräg in die Wand geschlagen. „Schief" dagegen ist negativ konnotiert und bezeichnet in wertender Form, dass ein Gegenstand nicht in die vorgesehene, gerade Lage gebracht wurde. Schau, die Mauer ist ganz schief. Das Bild hängt schief.

Schie·fer der <-s> (*kein Plur.*) **1.** *ein dunkelblaues Gestein* **2.** (*österr. landsch.*) *Holzsplitter*

Schie·fer·dach das <-(e)s, Schieferdächer> *ein Hausdach, das mit viereckigen Platten aus Schiefer*[1] *gedeckt ist*

Schie·fer·ta·fel die <-, -n> *eine Schreibtafel aus Schiefer*[1]

schief·la·chen <lachst schief, lachte schief, hat schiefgelacht> *mit SICH* ■ *jmd. lacht sich schief* (*umg.*) *heftig lachen*

schie·len <schielst, schielte, hat geschielt> *ohne OBJ* ■ *jmd. schielt* **1.** *einen Sehfehler haben, bei dem ein Auge in eine andere Richtung als das andere blickt* Er schielt auf einem Auge. **2.** (*umg.*) *heimlich* (*irgendwohin*) *gucken; spähen* Sie schielte durchs Schlüsselloch. ■ **nach etwas schielen** (*umg.*): *etwas unbedingt haben wollen* Er schielte nach ihren Ersparnissen.

Schien·bein das <-(e)s, -e> *der vordere Unterschenkelknochen*

Schie·ne die <-, -n> **1.** *einer der beiden Eisenstränge, auf denen sich Schienenfahrzeuge fortbewegen* Man verlegt neue Schienen für die Straßenbahn., Der Zug ist aus den Schienen gesprungen. ◆ Eisenbahn-, Straßenbahn- **2.** MED. *eine Stütze, die gebrochene Gliedmaßen ruhig halten soll* ▶schienen

Schie·nen·bus der <-ses, -se> *ein Schienenfahrzeug des öffentlichen Personennahverkehrs*

Schie·nen·er·satz·ver·kehr der <-s> (*kein Plur.*) *der Verkehr mit Bussen, die die Reisenden ausnahmsweise befördern, wenn der Schienenverkehr gestört ist*

Schie·nen·fahr·zeug das <-(e)s, -e> *ein Fahrzeug, das auf Schienen fährt, z.B. eine Lokomotive*

Schie·nen·räu·mer der <-s, -> *eine Vorrichtung an Straßenbahn- und Eisenbahnwagen, das Hindernisse von den Gleisen entfernt*

Schie·nen·stoß der <-es, Schienenstöße> *die Stelle, an der Schienen verschweißt oder verschraubt worden sind*

Schie·nen·ver·kehr der <-s> (*kein Plur.*) *Verkehr mit Schienenfahrzeugen*

schier <nicht steig.> **I.** *Adj.* (*landsch.* ≈ *rein*) Das hat er aus schierer Bosheit getan. **II.** *Adv.* (≈ *fast*) *beinahe* Das ist doch schier nicht möglich!

Schier·ling der <-(e)s, -e> *eine Giftpflanze*

Schieß·be·fehl der <-(e)s, -e> *der Befehl, mit Feuerwaffen auf Menschen zu schießen*

Schieß·bu·de die <-, -n> **1.** *ein Geschäft eines Schaustellers auf einem Jahrmarkt oder einer Kirmes, bei dem man mit Gewehren auf Ziele schießen kann* **2.** (*Jargon*) *das Schlagzeug* (*in Jazz- und Rockmusik*)

schie·ßen[1] <schießt, schoss, hat geschossen> **I.** *mit OBJ/ohne OBJ* ■ *jmd. schießt* (*jmdn.*) (*irgendwohin*) *einen Schuss mit einer Feuerwaffe abgeben* Jemand hat ihn ins Bein geschossen., Jemand hat ihm ins Herz geschossen., Er hatte zuerst seiner Geisel und dann sich in den Kopf geschossen., Hände hoch oder ich schieße., Er hat mit einer Pistole geschossen. **II.** *mit OBJ* **1.** ■ *jmd. schießt ein Tier ein Tier durch einen Schuss töten* Der Jäger schoss ein Wildschwein. **2.** ■ *jmd. schießt* (*einen Ball*) *einen Ball werfen oder mit dem Fuß treffen und ihn so in eine bestimmte Richtung bewegen* Der Stürmer hat in diesem Spiel zwei Tore geschossen. ■ **Fotos schießen** (*umg.*): *fotografieren* Ich schieße noch schnell ein paar Fotos.

schie·ßen[2] <schießt, schoss, ist geschossen> *ohne OBJ* **1.** ■ *jmd./etwas schießt irgendwohin sich mit sehr hoher Geschwindigkeit bewegen* Das Auto schoss um die Kurve. **2.** ■ *etwas schießt irgendwohin sehr plötzlich auftreten* Die Röte schoss mir ins Gesicht. **3.** ■ *etwas schießt irgendwohin sich mit sehr hoher Geschwindigkeit bewegen, mit sehr hoher Geschwindigkeit fließen* Blut schießt aus der Wunde. **4.** ■ *etwas schießt sehr schnell wachsen* Wir sollten den Salat ernten, bevor er schießt. ■ **zum Schießen sein** (*umg.*): *sehr zum Lachen sein* ◆ Großschreibung→R 3.4f. zum Schießen sein

Schie·ße·rei die <-, -en> *ein heftiger Schusswechsel*

Schieß·hund ■ **aufpassen wie ein Schießhund** (*umg.*): *scharf aufpassen, damit einem nichts entgeht*

Schieß·platz der <-(e)s, Schießplätze> *Platz für Schießübungen*

Schieß·pul·ver das <-s> (*kein Plur.*) *explosive, pulverförmige Substanz*

Schieß·schar·te die <-, -n> *eine schmale Öffnung im Mauerwerk von Festungsanlagen*

Schieß·schei·be die <-, -n> *eine Zielscheibe, auf die bei Schießübungen geschossen wird*

Schieß·stand der <-(e)s, Schießstände> (*Teil einer*) *Anlage für Schießübungen*

Schiet der <-s> (*kein Plur.*) (*norddt. umg.*) **1.** *Dreck, Scheiße* **2.** *lästige, unangenehme Sache*

So'n Schiet!

Schiet·kram der <-s> (*kein Plur.*) (*norddt. umg.*) *Schiet*[2]

Schi·fah·rer, **Schi·fah·re·rin** der *s.* **Skifahrer**

Schiff das <-(e)s, -e> **1.** *ein größeres Wasserfahrzeug mit eigenem Antrieb* Das Schiff legt ab/sticht in See/verkehrt auf einer bestimmten Linie/ havariert/schlägt leck/sinkt/liegt (irgendwo) auf Grund/geht irgendwo vor Anker/liegt im Hafen/ läuft unter deutscher Flagge. ◆-sbau, -sreise, -srumpf, Fluss-, Fracht-, Kreuzfahrt-, Küsten-, Passagier-, Segel- **2.** *in einer christlichen Kirche der lang gezogene Innenraum, in dem sich während des Gottesdienstes die Gemeinde aufhält* Viele Kirchen haben drei Schiffe. ◆Haupt-, Lang-, Mittel-, Quer-, Seiten-

schiff·bar <nicht steig.> *Adj. mit Schiffen befahrbar* Ab hier ist der Fluss schiffbar.

Schiff·bruch der <-(e)s> (*kein Plur.*) *Untergang oder schwere Beschädigung eines Schiffes* ■ **Schiffbruch erleiden** (*umg.*): *einen Misserfolg haben, scheitern*

Schiff·brü·chi·ge der/die <-n, -n> *jmd., der vom Schiffbruch betroffen ist* Alle Schiffbrüchigen konnten geborgen werden.

Schiff·chen das <-s, -> **1.** *kleines Schiff* **2.** MILIT. UMG. *eine (zur Uniform getragene) Kopfbedeckung*

schif·fen <schiffst, schiffte, hat geschifft> **I.** *ohne OBJ* ■ *jmd. schifft (vulg.) urinieren* **II.** *mit ES (umg.) heftig regnen* Es schifft schon seit Stunden.

Schif·fer, **Schif·fe·rin** der <-s, -> *Führer eines (Fluss-)Schiffes*

Schif·fer·kla·vier das <-s, -e> *Akkordeon*

Schiff·fahrt die <-> (*kein Plur.*) *der gesamte Schiffsverkehr auf dem Wasser* ◆-sweg

Schiffs·arzt der <-(e)s, Schiffsärzte> *Arzt, der auf einem Schiff Mannschaft und Passagiere betreut*

Schiff·schau·kel die <-, -n> *eine Schaukel für zwei Personen, die es auf Jahrmärkten gibt und die wie ein Schiff aussieht*

Schiffs·fracht die <-> (*kein Plur.*) *Waren, die auf einem Schiff transportiert werden*

Schiffs·he·be·werk das <-(e)s, -e> *eine Anlage zum Heben und Senken von Schiffen, mit der große Höhenunterschiede überwunden werden können*

Schiffs·jun·ge der <-n, -n> *ein Jugendlicher, der auf einem Schiff zum Matrosen ausgebildet wird*

Schiffs·ka·tas·tro·phe die <-, -n> *ein sehr schweres Unglück, das einem Schiff passiert*

Schiffs·koch der <-s, Schiffsköche> *ein Koch, der an Bord eines Schiffes arbeitet*

Schiffs·pa·pie·re die <-> *Plur. alle Urkunden und Unterlagen, die sich auf ein Schiff, die Ladung und die Mannschaft beziehen*

Schiffs·schrau·be die <-s, -n> *die Antriebsschraube eines Motorschiffes*

Schiffs·tau·fe die <-, -n> *die feierliche Namensgebung eines Schiffes, die vor der ersten Fahrt durchgeführt wird, wobei jmd. eine Flasche Sekt o.Ä. an der Seite des Schiffes zerschlägt*

Schiffs·zwie·back der <-(e)s, Schiffszwiebäcke> *sehr trockener, lang haltbarer Zwieback*

Schi·ge·biet das *s.* **Skigebiet**

Schi·gym·nas·tik die *s.* **Skigymnastik**

Schi·is·mus der [ʃiˈɪsmʊs] <-s> (*kein Plur.*) *die auf einer der beiden Hauptrichtungen des Islam basierende Lehre*

Schi·it der [ʃiˈiːt] <-en, -en> *Anhänger des Schiismus*

schi·i·tisch [ʃiˈiːtɪʃ] <nicht steig.> *Adj. auf den Schiismus bezogen*

Schi·ka·ne die <-, -n> **1.** *böswillig bereitete Schwierigkeit, Quälerei* Diese Regelung ist doch reine Schikane **2.** SPORT *besonders schwieriger Abschnitt einer Automobilrennstrecke* ■ **mit allen Schikanen** (*umg.*): *sehr luxuriös, sehr komfortabel* Er hat eine Stereoanlage mit allen Schikanen.

schi·ka·nie·ren <schikanierst, schikanierte, hat schikaniert> *mit OBJ* ■ *jmd. schikaniert jmdn. mit Schikanen ärgern, quälen* Er schikaniert ständig seine Mitarbeiter.

Schi·ko·ree der/die *s.* **Chicorée**

Schi·kurs der *s.* **Skikurs**

Schi·lauf der *s.* **Skilauf**

Schi·läu·fer, **Schi·läu·fe·rin** der *s.* **Skiläufer**

Schil·cher der <-s, -> (*österr.*) *hellroter Wein*

Schild[1] der <-(e)s, -e> **1.** (*als Teil der Ausrüstung des mittelalterlichen Ritters*) *eine Metallplatte, mit der man Schwerthiebe eines Gegners abwehrt* **2.** TECHN. *äußere Betonhülle eines Reaktorkerns zum Schutz vor dem Austritt radioaktiver Strahlung* ■ **etwas im Schilde führen** (*umg.*): *eine bestimmte Absicht haben*

Schild[2] das <-(e)s, -er> **1.** *Tafel, Platte, auf der etwas geschrieben steht* ein Schild anbringen/aufstellen **2.** *Etikett* Ich habe ein Schild auf die Flaschen geklebt.

Schild·bür·ger·streich der <-s, -e> (*abwert.*) *Handlung, die ihren eigentlichen Zweck in törichter Weise verfehlt*

Schild·drü·se die <-, -n> ANAT. *eine Drüse in der Halsgegend, die den Stoffwechsel beeinflusst* ◆-nhormon, -nüberfunktion, -nunterfunktion

schil·dern <schilderst, schilderte, hat geschildert> *mit OBJ* ■ *jmd. schildert (jmdm.) etwas ausführlich und anschaulich beschreiben* Die Zeugin konnte den Unfallhergang in allen Einzelheiten schildern. ►Schilderung

Schil·der·wald der <-(e)s> (*kein Plur.*) (*umg.*) *Häufung von Verkehrszeichen*

Schild·krö·te die <-, -n> *mit einem Bauch- und Rückenpanzer ausgestattetes Reptil, das sich an Land schwerfällig bewegt* ◆Riesen-, Wasser-

Schild·müt·ze die <-, -n> *Mütze mit länglichem Schirm*[3] *an der Vorderseite*

Schi·leh·rer, **Schi·leh·re·rin** der *s.* **Skilehrer**

Schilf das <-(e)s, -e> (*meist Sing.*) *an Gewässerrändern wachsendes Gras mit rohrförmigen Halmen* ◆-dach, Ufer-

Schi·lift der *s.* **Skilift**

Schil·ler·lo·cke die <-, -n> **1.** *ein Blätterteiggebäck* **2.** *ein geräuchertes Stück vom Dornhai*

schil·lern <schillert, schillerte, hat geschillert> *ohne OBJ* ■ *etwas schillert vielfarbig glänzen* Die Seifenblase schillerte im Sonnenlicht.

schil·lernd *Adj.* (≈ *dubios*) *undurchschaubar, zwiespältig* In diesem Kreis verkehren zahlreiche schillernde Persönlichkeiten.

Schil·ling der <-s, -e> *ehemalige österreichische Währungseinheit*

schil·pen *ohne OBJ* ■ *ein Vogel schilpt s.* **tschilpen**

Schi·mä·re, *a.* **Chi·mä·re** die <-, -n> *Trugbild, Hirngespinst*

Schim·mel¹ der <-s, -> (↔ *Rappe*) *weißes Pferd*

Schim·mel² der <-s, -> *weißlicher, grauer oder grünlicher Belag (aus Schimmelpilzen), der sich auf faulenden organischen Stoffen oder feuchtem Untergrund bildet* Auf der Wand unter dem Waschbecken hat sich Schimmel gebildet.

schim·me·lig/schimm·lig <schimm(e)liger, am schimm(e)ligsten> *Adj. von Schimmel überzogen* Das Brot ist leider schon schimmlig.

schim·meln <schimmelt, schimmelte, hat geschimmelt> *ohne OBJ* ■ *etwas schimmelt Schimmel² ansetzen* Das Brot schimmelt.

Schim·mel·pilz der <-es, -e> *die Pilzart, die Schimmel² hervorruft*

Schim·mer der <-s> (*kein Plur.*) *matter Lichtschein, schwacher Glanz* Sie saßen im Schimmer einer Kerze., Die Perlen besitzen einen eigentümlichen Schimmer. ■ **keinen blassen Schimmer von etwas haben** (*umg.*): *keine Ahnung von etwas haben*

schim·mern <schimmert, schimmerte, hat geschimmert> *ohne OBJ* ■ *etwas schimmert einen Schimmer abgeben* Das Mondlicht schimmert durch die Bäume.

schimm·lig *Adj. s.* **schimmelig**

Schim·pan·se der <-n, -n> *ein Menschenaffe*

Schimpf der <-(e)s, -e> (*meist Sing.*) *Schmach, Beleidigung* Er wurde mit Schimpf und Schande verjagt.

schimp·fen <schimpfst, schimpfte, hat geschimpft> **I.** *mit OBJ/ohne OBJ* ■ *jmd. schimpft jmdn. seinen Ärger oder seine Wut über jmdn. oder etwas mit heftigen Worten zum Ausdruck bringen* Die Mutter schimpft ihren Sohn., Mein Mann schimpft schon seit Stunden. **II.** *ohne OBJ* ■ *jmd. schimpft (mit jmdm.) (über etwas) jmdn. mit heftigen Worten kritisieren* Der Vater schimpft mit der Tochter., Am Stammtisch haben sie über die Politik geschimpft. **III.** *mit SICH* ■ *jmd./etwas schimpft sich (etwas/irgendwie) (umg. iron.) sich nennen (lassen)* Und so einer schimpft sich nun Arzt.

schimpf·lich *Adj. schändlich, entehrend* Er hatte sie schimpflich behandelt.

Schimpf·wort das <-(e)s, -e/ Schimpfwörter> *ein Ausdruck, mit dem man jmdn. beleidigt*

Schin·del die <-, -n> *kleines Holzbrett als Teil von Dachverkleidungen* ◆ -dach

schin·den <schindest, schund/schindete, hat geschunden> **I.** *mit OBJ* **1.** ■ *jmd. schindet jmdn. jmdn. so hart arbeiten lassen, dass es wie eine Folter ist* Man hat die Sklaven zu jener Zeit schwer geschunden., Die Lasttiere wurden fast zu Tode geschunden. **2.** ■ *jmd. schindet etwas (umg.) etwas herausschlagen* Sie versuchte Zeit/Eindruck/Mitleid zu schinden. **II.** *mit SICH* ■ *jmd. schindet sich (umg.) sich abquälen* Sie hat sich in ihrer Jugend oft geschunden.

Schin·der, **Schin·de·rin** der <-s, -> (*abwert.*) *jmd., der andere schindet I.1* Er gilt als übler Schinder.

Schin·de·rei die <-, -en> (*umg. abwert.*) *Plackerei, Qual* Diese Arbeit war eine furchtbare Schinderei.

Schind·lu·der ■ **mit jemandem/etwas Schindluder treiben** (*umg. abwert.*): *jmdn. oder etwas schändlich behandeln* Er treibt doch Schindluder mit seiner Gesundheit.

Schin·ken der <-s, -> **1.** *eine geräucherte oder gekochte Keule eines Schlachttieres, meist eines Schweines* ◆ Koch-, Roh- **2.** (*umg. scherzh. oder abwert.*) *großes Buch* **3.** (*umg. scherzh. oder abwert.*) *alter Film* **4.** (*umg. scherzh. oder abwert.*) *Gemälde von minderer Qualität*

Schin·ken·speck der <-(e)s> (*kein Plur.*) *Speck, der zu einem Teil aus magerem Schinken besteht*

Schin·ken·wurst die <-, Schinkenwürste> *Wurst aus Schinken, Schweinefleisch und Speck*

Schip·pe die <-, -n> (*norddt.*) *Schaufel* ■ **jemanden auf die Schippe nehmen** (*umg.*): *jmdn. veralbern, über jmdn. spotten*

schip·pen <schippst, schippte, hat geschippt> *mit OBJ/ohne OBJ* ■ *jmd. schippt (etwas) schaufeln* Schnee schippen

schip·pern <schipperst, schipperte, ist geschippert> *ohne OBJ* ■ *jmd. schippert irgendwohin (umg.) mit dem Schiff fahren* Wir sind über den Bodensee geschippert.

Schi·ri der <-s, -s> (SPORT: *umg.*) *kurz für „Schiedsrichter"*

Schirm der <-(e)s, -e> **1.** *kurz für „Regenschirm" oder „Sonnenschirm"* **2.** *kurz für „Bildschirm"* **3.** *abstehender Teil an der Vorderseite mancher Mützen* ◆ -mütze

Schirm·herr, **Schirm·her·rin** der <-en, -en> *prominente Persönlichkeit, die z.B. bei Sport- oder Wohltätigkeitsveranstaltungen als Förderer und Betreuer auftritt* ◆ Schirmherrschaft

Schirm·stän·der der <-s, -> *ein Behälter, in den man den (nassen) Regenschirm stellen kann*

Schi·rok·ko der <-s> (*kein Plur.*) *heißer, von Nordafrika nach Südeuropa wehender Mittelmeerwind*

Schis·ma das <-, Schismen/Schismata> (REL.: ≈ *Kirchenspaltung*)

Schi·sprin·ger der *s.* **Skispringer**

Schiss der <-es, -e> (*meist Sing.*) (*umg.*) *Angst* Hast du etwa Schiss vor der Prüfung?

Schis·ser der <-s, -> (*umg. abwert.*) *ängstliche Person, Feigling*

Schi·stock der *s.* **Skistock**

schi·zo·phren <nicht steig.> *Adj.* **1.** PSYCH. MED. *an Schizophrenie leidend, für sie typisch, auf ihr be-*

ruhend **2.** (*geh.*) *in sich widersprüchlich, absurd* Eine solche Ansicht ist doch schizophren., Unsere Situation ist ziemlich schizophren.

Schi·zo·phre·nie die <-> (*kein Plur.*) **1.** PSYCH. MED. *eine psychische Erkrankung, in deren Folge Symptome wie Bewusstseinsspaltung, Denkstörungen und Halluzinationen auftreten* **2.** (*geh.*) *das Schizophrensein*[2] Das zeigt doch die ganze Schizophrenie einer solchen Politik.

schlab·bern <schlabberst, schlabberte, hat geschlabbert> (*umg.*) **I.** *mit OBJ/ohne OBJ* ■ *jmd./ein Tier schlabbert (etwas) auflecken* Die Katze schlabbert die Milch., Der Hund schlabbert aus dem Napf. **II.** *ohne OBJ* ■ *etwas schlabbert (von locker fallender Kleidung) sich schlenkernd hin und her bewegen* Der Rock schlabbert.

Schlacht die <-, -en> *ein großes Gefecht zwischen feindlichen Truppen* Die beiden Heere lieferten sich eine blutige Schlacht., Die Schlacht tobte/wütete mehrere Tage lang. ◆-feld, Panzer-, See-

schlach·ten <schlachtest, schlachtete, hat geschlachtet> *mit OBJ* ■ *jmd. schlachtet ein Tier ein Tier wegen seines Fleisches töten* Der Fleischer schlachtet Schweine/Rinder/Hühner. ►Schlachtung

Schlach·ten·bumm·ler, **Schlach·ten·bumm·le·rin** der <-s, -> (SPORT: *umg.*) *ein Anhänger einer (Fußball-)Mannschaft, der diese zu auswärtigen Spielen begleitet*

Schlach·ter, **Schlach·te·rin** der <-s, -> (*norddt.*) *Fleischer, Metzger*

Schlach·te·rei die <-, -en> (*norddt.*) *Fleischerei, Metzgerei*

Schlacht·hof der <-(e)s, Schlachthöfe> *ein Betrieb, in dem Schlachtvieh geschlachtet, zerlegt und weiterverarbeitet wird*

Schlacht·plan der <-(e)s, Schlachtpläne> MILIT. *Plan über das strategische Vorgehen der Truppen in einer Schlacht* ■ **einen Schlachtplan aushecken/machen** (*umg.*): *einen Plan für eine Unternehmung oder Reise etc. aufstellen*

Schlacht·ruf der <-(e)s, -e> *eine Parole, die Fans ihrer Mannschaft bei einem Sportwettkampf zurufen, um sie anzufeuern*

Schlacht·vieh das <-s> (*kein Plur.*) *zur Schlachtung gehaltenes Tier*

Schla·cke die <-, -n> *die Abfallmasse, die bei einem Schmelzprozess oder einer Verbrennung (von Steinkohle) zurückbleibt*

schla·ckern <schlackerst, schlackerte, hat geschlackert> *ohne OBJ* ■ *etwas schlackert sich lose hin und her bewegen* Ich bin so erschrocken, dass mir immer noch die Knie schlackern. ■ **mit den Ohren schlackern** (*umg.*): *sehr überrascht oder erstaunt sein*

Schlaf der <-(e)s> (*kein Plur.*) *der Ruhezustand des Körpers, in dem das Bewusstsein ausgeschaltet ist und viele Körperfunktionen herabgesetzt sind* Sie hat einen festen/leichten/tiefen Schlaf., Er konnte einfach keinen Schlaf finden., Du hast im Schlaf gesprochen., Sie singt ihr Kind in den Schlaf., Ich komme mit wenig Schlaf aus.

Schlaf·an·zug der <-(e)s, Schlafanzüge> *beim Schlafen getragener Anzug aus Hose und Oberteil*

Schläf·chen das <-s, -> (*umg.*) *kurzer Schlaf* Er macht mittags immer ein Schläfchen.

Schlaf·couch die <-, -s> *eine Couch, die man aufklappen und zu einem Bett umbauen kann*

Schlä·fe die <-, -n> *der seitliche Teil des Kopfes oberhalb der Wangen* ■ **graue Schläfen**: *an den Schläfen ergrautes Haar*

schla·fen <schläfst, schlief, hat geschlafen> *ohne OBJ* ■ *jmd. schläft* **1.** *sich im Zustand des Schlafs befinden* Die Kinder schlafen tief und fest., Wir sollten sie noch schlafen lassen. **2.** (*umg. abwert.*) *unaufmerksam sein* Hast du im Unterricht schon wieder geschlafen?, Die anderen Firmen haben geschlafen und den neuen Trend verpasst. **3.** ■ *jmd. schläft mit jmdm. mit jmdm. Geschlechtsverkehr haben* ■ **über etwas noch einmal schlafen müssen** (*umg.*): *über etwas noch einmal nachdenken müssen*

Schlä·fen·bein das <-s, -e> *der Knochen des Schädels, der unter der Schläfe liegt*

Schla·fens·zeit die <-, -en> (*meist Sing.*) *die Zeit, zu der jmd. üblicherweise schlafen geht* Ab ins Bett, Kinder, es ist längst Schlafenszeit!

schlaff *Adj.* **1.** (↔ *gespannt*) *so, dass es nicht unter Spannung steht* Das Seil hing schlaff herab. **2.** *nicht straff (und daher faltig)* Im Alter wird die Haut schlaffer. **3.** (≈ *schlapp*) *kraftlos* Das schwüle Wetter macht mich ganz schlaff. ►Schlaffheit

Schlaf·fi der <-s, -s> (*umg. abwert.*) *jmd., der träge und kraftlos ist und keine Lust hat, etwas zu unternehmen*

Schlaf·for·schung die <-> (*kein Plur.*) MED. *die wissenschaftliche Erforschung des Schlafes (der Menschen)*

Schla·fitt·chen ■ **jemanden am/beim Schlaffitchen packen/nehmen/kriegen**: *jmdn. packen, festhalten und schimpfen*

Schlaf·krank·heit die <-> (*kein Plur.*) *eine Tropenkrankheit, bei der man sehr müde ist*

Schlaf·lied das <-(e)s, -er> *ein Lied, mit dem man kleine Kinder in den Schlaf zu singen versucht*

schlaf·los <nicht steig.> *Adj. nicht in der Lage einzuschlafen oder durchzuschlafen* Vor Kummer verbrachte ich schlaflose Nächte. ►Schlaflosigkeit

Schlaf·mit·tel das <-s, -> *ein Medikament gegen Schlaflosigkeit*

Schlaf·müt·ze die <-, -n> **1.** (*umg.*) *jmd., der viel schläft* Aufstehen, ihr Schlafmützen! **2.** (*umg. abwert.*) *langsamer, langweiliger Mensch*

Schlaf·raum der <-(e)s, Schlafräume> *ein größerer Raum mit vielen Betten*

schläf·rig *Adj. so müde, dass man fast einschläft* Wenn du schläfrig wirst, solltest du ins Bett gehen., Die Musik macht mich ganz schläfrig.

Schlaf·rock der <-(e), Schlafrock> (*veralt.* ≈ *Morgenmantel*) ■ **Äpfel im Schlafrock** KOCH.: *Bratäpfel in einer Teighülle*

Schlaf·saal der <-(e)s, Schlafsäle> *ein größerer Raum mit vielen Betten* Das Internat hat mehrere Schlafsäle.

Schlaf·sack der <-(e)s, Schlafsäcke> *eine Hülle in der Art eines weich gepolsterten und isolierten Sackes, in der man schlafen kann, beispielsweise wenn man im Freien übernachtet*

Schlaf·stö·rung die <-, -en> (*meist Plur.*) *eine Störung, die darin besteht, dass jmd. nicht einschlafen kann oder häufig nachts aufwacht* Sie leidet unter Schlafstörungen.

Schlaf·ta·b·let·te die <-, -n> *siehe* **Schlafmittel**

schlaf·trun·ken <nicht steig.> *Adj.* (*geh.*) *nach dem Schlaf noch nicht ganz wach*

Schlaf·wa·gen der <-s, -> *ein Eisenbahnwagen, dessen Abteile mit Betten ausgerüstet sind*

schlaf·wan·deln <schlafwandelst, schlafwandelte, ist schlafgewandelt> *ohne OBJ* ■ *jmd. schlafwandelt* (*ohne Bewusstsein*) *im Schlaf herumlaufen und Dinge tun* ▶Schlafwandler

schlaf·wand·le·risch <nicht steig.> *Adj. ohne jegliche Unsicherheit* Das Tanzpaar bewegt sich mit schlafwandlerischer Sicherheit.

Schlaf·zim·mer das <-s, -> *der Raum einer Wohnung, in dem man schläft*

Schlaf·zim·mer·blick der <-(e)s> (*kein Plur.*) (*umg.*) *aufreizender, lasziver Blick*

Schlag der <-(e)s, Schläge> **1.** *eine mit dem Arm oder der Faust geführte, heftige Bewegung gegen ein Ziel* Er hat den Gegner mit einem Schlag niedergestreckt. ◆ Faust- **2.** *ein lauter Knall* Auf dem Dachboden hat es einen fürchterlichen Schlag gemacht. **3.** *Unheil, Unglück, Schicksalsschlag* Der Unfall war ein schwerer Schlag für ihn. **4.** *eine militärische Angriffsaktion* Die Gefahr eines atomaren/nuklearen Schlags ist gesunken. **5.** *kurz für „Stromschlag"* Das Kind hat an den Elektrozaun gegriffen und einen Schlag erhalten. **6.** (*umg.*) *kurz für „Schlaganfall"* **7.** (*umg.*) *einen großen Löffel voll* Ich hätte gerne noch einen Schlag Eintopf. ■ **ein Schlag ins Gesicht** (*umg.*): *eine Beleidigung* **mit einem Schlag(e)**: *auf einmal* **Schlag auf Schlag**: *schnell aufeinander folgend* **jemanden trifft der Schlag** (*umg. übertr.*): *jmd. ist in höchstem Maße überrascht* Mich trifft der Schlag! Was machst du denn hier?

Schlag·a·der die <-, -n> (≈ *Arterie*)

Schlag·an·fall der <-(e)s, Schlaganfälle> (*med.*) *eine plötzliche Unterversorgung des Gehirns mit Sauerstoff*

schlag·ar·tig <nicht steig.> *Adj. plötzlich, unvermittelt* Als er die Bühne betrat, wurde es schlagartig still im Publikum.

Schlag·baum der <-(e)s, Schlagbäume> (≈ *Schranke*)

Schlag·boh·rer der <-s, -> *eine leistungsstarke elektrische Bohrmaschine*

schla·gen <schlägst, schlug, hat geschlagen> **I.** *ohne OBJ* **1.** ■ *jmd. schlägt jmdn. irgendwie prügeln* Man hatte das wehrlose Opfer bewusstlos/krankenhausreif geschlagen. **2.** ■ *jmd. schlägt etwas in etwas Akk. etwas mit einem Hammer in etwas hineinklopfen* Ich muss erst einen Nagel in die Wand schlagen. **3.** ■ *jmd. schlägt jmdn.* (SPORT: ≈ *besiegen*) Die heimische Mannschaft hat den Gegner/hoch/verdient/überraschend/mit 2:0 geschlagen. **II.** *ohne OBJ* **1.** ■ *jmd. schlägt auf/gegen etwas Akk. einen Schlag*[1] *mit der Hand auf einen Gegenstand ausüben* Er hat mit der Faust auf den Tisch geschlagen., Sie hat mehrmals gegen die Türe geschlagen. **2.** ■ *jmd. schlägt auf/gegen etwas Akk. in kurzen regelmäßigen Abständen gegen etwas prallen* Der Regen schlägt ans Fenster/gegen die Scheiben. **3.** ■ *etwas schlägt irgendwie in kurzen regelmäßigen Abständen spürbar sein* Sein Herz schlug vor Aufregung/Freude/Angst schneller/wie verrückt. **4.** ■ *etwas schlägt etwas die Zeit durch Töne anzeigen* Die Turmuhr hat gerade 12 geschlagen. **5.** ■ *jmd. schlägt nach jmdm. jmdm. im Aussehen oder im Verhalten ähneln* Während die Tochter dem Vater ähnelt, schlägt der Sohn der Mutter nach. **III.** *mit SICH* **1.** ■ *jmd. schlägt sich mit jmdm. sich prügeln* Der Junge hat sich mit seinem Freund geschlagen. **2.** ■ *jmd. schlägt sich* (*irgendwie*) *eine Situation in einer bestimmten Weise meistern* Sie hatte sich in diesem Wettkampf tapfer geschlagen.

schla·gend *Adj.* (*umg.*) *so, dass etwas sehr logisch und überzeugend ist* Er konnte den schlagenden Beweis dafür liefern, dass …

Schla·ger der <-s, -> *ein populäres Musikstück mit eingängiger Melodie und einfachem Text* ◆ -festival, -sänger

Schlä·ger[1] der <-s, -> SPORT *ein Gerät aus Holz oder Kunststoff, mit dem man den Ball oder den Puck spielt*

Schlä·ger[2] der <-s, -> (*abwert.*) *ein brutaler Randalierer*

Schlä·ge·rei die <-, -en> *eine brutale Prügelei* Sie wurden auf dem Nachhauseweg in eine Schlägerei verwickelt.

schlä·gern <schlägerst, schlägerte, hat geschlägert> *ohne OBJ* ■ *jmd. schlägert* (*österr.*) (*holz*)*fällen*

schlag·fer·tig *Adj. so, dass jmd. sehr schnell auf Aussagen reagiert und besonders einfallsreiche Antworten gibt* Das war wirklich eine schlagfertige Antwort. ▶Schlagfertigkeit

Schlag·hose die <-, -n> MODE *eine Hose, bei der die Beine nach unten hin weiter werden* In den 1960er Jahren waren Schlaghosen sehr in Mode.

Schlag·in·s·t·ru·ment das <-(e)s, -e> *ein Musikinstrument, dessen Töne auf unterschiedliche Weise durch Anschlagen entstehen* Die Trommel ist ein Schlaginstrument.

Schlag·kraft die <-> (*kein Plur.*) **1.** (≈ *Wirksamkeit*) Der Schlagkraft seiner Argumente konnte niemand etwas entgegensetzen. **2.** MILIT. *Kampfstärke*

schlag·kräf·tig *Adj. so, dass etwas sehr überzeugend ist* Der Polizei liegen schlagkräftige Beweise vor.

Schlag·loch das <-(e)s, Schlaglöcher> *ein Loch im Fahrbahnbelag* Fahr langsamer, die Straße hat viele Schlaglöcher.

Schlag·o·bers das <-> (*kein Plur.*) (*österr.*) *Schlagsahne*

Schlag·rahm der <-(e)s> (*kein Plur.*) (*landsch.*) *Schlagsahne*

Schlag·sah·ne die <-> (*kein Plur.*) **1.** *Sahne zum Schlagen* Ich muss noch Schlagsahne kaufen. **2.** *geschlagene Sahne* ein Eis mit Schlagsahne

Schlag·sei·te die <-> (*kein Plur.*) *starke seitliche Neigung eines Schiffes* Das Schiff hat Schlagseite. ■ **Schlagseite haben** (*umg.*): *betrunken sein*

Schlag·stock der <-(e)s, Schlagstöcke> *eine Schlagwaffe (aus Hartgummi) in Form eines Stocks*

Schlag·uhr die <-, -en> *eine Uhr, die die Zeit durch ein schlagendes Geräusch anzeigt*

Schlag·wort das <-(e)s, -e/(Schlagwörter)> **1.** *eingängiger Ausdruck, der oft als Parole, als Mittel zur Propaganda gebraucht wird* Was waren die Schlagworte der Französischen Revolution? **2.** (*oft abwert.*) *ein abgegriffener, verschwommener Begriff, der häufig und ohne viel nachzudenken im Zusammenhang mit einem bestimmten Thema gebraucht wird* Umweltschutz sollte mehr als ein bloßes Schlagwort sein. **3.** (*Plur. <-wörter>*) *kennzeichnendes, den Inhalt eines Buches charakterisierendes Wort (für die Karteien, Kataloge einer Bibliothek, in der die Bücher nach Schlagwörtern sortiert sind)* ◆ -katalog

Schlag·zei·le die <-, -n> *eine optisch markant hervorgehobene Artikelüberschrift in Tageszeitungen* ■ **Schlagzeilen machen** (*umg.*): *viel Aufsehen erregen und so Gegenstand häufiger Medienberichterstattung werden*

Schlag·zeug das <-(e)s, -e> *ein im Sitzen zu spielendes Musikinstrument, das aus verschiedenen Trommeln und Becken besteht* ▸ Schlagzeuger

schlak·sig *Adj.* (*umg. abwert.*) *sehr groß und dünn und ein wenig ungeschickt* ein schlaksiger Bursche

Schla·mas·sel der/das <-s> (*kein Plur.*) (*umg.*) *eine verfahrene, schwierige Situation* Wir sitzen ganz schön im Schlamassel., Da haben wir den Schlamassel.

Schlamm der <-(e)s, (-e/ Schlämme)> *eine feuchte Masse aus Erde und Wasser* Nach ausgiebigen Regenfällen bedeckte Schlamm die Wege., Die Taucher wühlten den Schlamm auf dem Grund des Sees auf. ▸ schlammig

Schlamm·bad das <-(e)s, Schlammbäder> *Baden in Schlamm meist bei einer Kur, um bestimmte Krankheiten zu lindern*

Schlämm·krei·de die <-, -n> *gereinigte Kreide für Zahnputzmittel und Anstriche*

Schlamm·pa·ckung die <-, -en> *eine Packung mit Schlamm, die besonders bei Rheuma angewandt wird*

Schlamm·schlacht die <-, -en> (*umg.*) *ein unsachlicher und sehr emotional geführter (politischer) Streit, der in der Öffentlichkeit ausgetragen wird*

Schlam·pe die <-, -n> (*umg. abwert.*) **1.** *eine unordentliche Frau* **2.** *eine Frau, die sehr viele sexuelle Beziehungen hat*

schlam·pen <schlampst, schlampte, hat geschlampt> *ohne OBJ* ■ *jmd. schlampt* (*umg. abwert.*) *nachlässig und ohne Sorgfalt arbeiten* Die Handwerker haben bei der Verlegung des Parkettbodens geschlampt. ▸ Schlamper, schlampig

Schlam·pe·rei die <-, -en> (*umg. abwert.*) **1.** *eine nachlässige Arbeit* Ich werde mich über die Schlamperei der Handwerker beschweren. **2.** *Unordnung* Die Schlamperei mit den Fotos muss ein Ende haben.

Schlan·ge[1] die <-, -n> **1.** *ein Reptil ohne Beine mit einem länglichen Körper und einer gespaltenen Zunge, das sich in Windungen fortbewegt und dessen Biss giftig sein kann* Die Kobra ist eine giftige Schlange. ◆ -nbiss, -ngift, Gift-, Riesen- **2.** (*abwert.*) *Bezeichnung für eine hinterlistige Frau* Die falsche Schlange hat mich angelogen.

Schlan·ge[2] die <-, -n> *Menschen, die in einer (langen) Reihe (vor einem Schalter, einer Ladentür o.Ä.) warten* An der Kasse bildete sich schnell eine Schlange. ■ **Schlange stehen**: *in einer langen Reihe von Menschen stehen* ◆ Warte-

schlän·geln <schlängelst, schlängelte, hat geschlängelt> *mit SICH* **1.** ■ *ein Tier schlängelt sich sich in Windungen gleitend fortbewegen* Die Kobra schlängelt sich über den Boden **2.** ■ *etwas schlängelt sich irgendwo in einer Schlangenlinie verlaufen* Der Weg schlängelt sich durch das Tal. **3.** ■ *jmd. schlängelt sich durch etwas Akk. geschmeidig hindurchbewegen* Ich schlängelte mich durch die Menschenmenge nach vorn zur Bühne.

Schlan·gen·gur·ke die <-, -n> *eine besonders lange Gurke*

Schlan·gen·le·der das <-s, -> *aus der Haut von Schlangen gewonnenes Leder*

Schlan·gen·li·nie die <-, -n> *eine stark kurvige Linie* Der Betrunkene fuhr in Schlangenlinien.

Schlan·gen·mensch der <-en, -en> *ein Akrobat, dessen Kunst darin besteht, seinen Körper mit höchster Gelenkigkeit zu bestimmten Posen zu verdrehen*

schlank <schlanker, am schlank(e)sten> *Adj.* (↔ *dick, korpulent*) (*bezogen auf die Körpergröße*) *von relativ geringem Körpergewicht* Sie ist sehr schlank., Er hat eine schlanke Figur. ◆ gerten-

Schlank·heits·kur die <-, -en> (*umg.*) *Diät zur Gewichtsreduktion*

schlapp *Adj.* **1.** *müde, erschöpft* Nach der Bergtour waren alle völlig schlapp. **2.** (*umg. abwert.*) *langweilig* Ist dieser schlappe Kerl tatsächlich ihr neuer Freund? *siehe auch* **schlappmachen**

Schlap·pe die <-, -n> *Misserfolg, Rückschlag* Die Partei musste bei der Wahl eine schwere Schlappe einstecken.

Schlap·pen der <-s, -> (*umg.*) *ein bequemer Hausschuh*

schlapp·ma·chen <machst schlapp, machte schlapp, hat schlappgemacht> *ohne OBJ* ■ *jmd. macht schlapp* (*umg.*) *nicht mehr durchhalten, weil man keine Kraft mehr hat* Er wollte nicht auf halbem Weg schlappmachen.

Schlapp·schwanz der <-es, Schlappschwänze> (*umg. abwert.*) *ein schwacher, wenig energischer*

Mensch

Schla·raf·fen·land das <-(e)s> (*kein Plur.*) *ein Wunderland, in dem man ohne zu arbeiten alles bekommt, was man sich wünscht*

schlau <schlauer, am schlau(e)sten> *Adj. listig und klug* So schlau bin ich auch schon!, Das hat der Bursche schlau angestellt. ■ **aus jemandem nicht schlau werden** (*umg.*): *jmdn. nicht durchschauen* **aus etwas nicht schlau werden** (*umg.*): *etwas nicht verstehen* ▸Schläue

Schlau·ber·ger der <-s, -> (*umg., oft scherzh. oder abwert.*) *jmd., der schlau und pfiffig ist*

Schlauch der <-(e)s, Schläuche> **1.** *eine biegsame Röhre zur Leitung von Flüssigkeiten* Aus dem Schlauch tritt Wasser aus. **2.** (↔ *Mantel*) *der mit Luft gefüllte innere Teil eines Reifens* Ich brauche einen neuen Schlauch für mein Fahrrad. ■ **auf dem Schlauch stehen** (*umg.*): *etwas nicht gleich verstehen, begriffsstutzig sein*

Schlauch·boot das <-(e)s, -e> *ein aufblasbares Gummiboot*

schlau·chen <schlaucht, schlauchte, hat geschlaucht> *mit OBJ/ohne OBJ* ■ *etwas schlaucht (jmdn.) anstrengen* Der Umzug hat mich ziemlich geschlaucht.

schlau·er·wei·se *Adv. so, dass es schlau ist* Er hat ihr schlauerweise noch nichts davon erzählt.

Schlau·fe die <-, -n> *Schleife, Schlinge* (*zum Sichfesthalten, zum Durchziehen eines Gürtels*)

Schlau·mei·er der <-s, -> (*umg., oft scherzh. oder abwert.*) *Schlauberger*

schlecht *Adj.* (↔ *gut*) **1.** *so, dass die Qualität niedriger als der Durchschnitt ist* schlechtes Essen, Sie haben schlechte Arbeit geleistet., Deine Leistungen sind schlecht. **2.** *schwach, nicht ausreichend* Er hat ein schlechtes Gedächtnis., Das Konzert war schlecht besucht., Die Wunde heilt schlecht., Das ist ein ziemlich schlecht bezahlter Job. **3.** *ungünstig, nachteilig, schlimm* Das waren schlechte Zeiten., Das Wetter war sehr schlecht., Sie ist schlecht gelaunt., Um den Patienten ist es schlecht bestellt., Mit dem Kauf dieses Grundstücks waren wir schlecht beraten., Er hat einen schlecht sitzenden Anzug. **4.** *unangenehm* Das ist eine schlechte Angewohnheit von ihm. **5.** *böse* Er ist und bleibt ein schlechter Mensch. **6.** *körperlich unwohl* Mir ist auf dem Schiff schlecht geworden. ■ **mehr schlecht als recht** (*umg.*): *nicht besonders gut* **jemanden schlecht machen** (*umg.*): *Nachteiliges über jmdn. erzählen* ◆ Getrenntschreibung→R 4.2, R 4.3, R 4.12 schlecht beraten, schlecht bezahlt, schlecht gehen, schlecht gelaunt, schlecht machen, schlecht sitzend

schlech·ter·dings *Adv.* (*veralt.*) *geradezu* Das ist schlechterdings unmöglich.

schlecht·hin *Adv.* **1.** ■ *der/die/das ... schlechthin der/die/das ... in vollkommener Ausprägung* Ich meine, sie ist die Opernsängerin schlechthin. **2.** *ganz und gar* Das ist schlechthin unmöglich.

Schlech·tig·keit die <-, -en> **1.** (*kein Plur.*) *Niederträchtigkeit, Gemeinheit* So viel Schlechtigkeit hätte ich ihm nicht zugetraut. **2.** *eine schlechte und böse Tat*

Schlecht·wet·ter·pe·ri·o·de die <-, -n> *eine Phase, in der das Wetter immer schlecht ist*

schle·cken <schleckst, schleckte, hat geschleckt> *mit OBJ/ohne OBJ* ■ *jmd./ein Tier schleckt etwas* **1.** (*umg.* ≈ *lecken*) Die Katze schleckt Milch., Der Junge schleckt an einem Eis. **2.** (*norddt.*) *naschen* Das Mädchen schleckt Bonbons., Der Junge schleckt gern.

Schle·cker·maul das <-(e)s, Schleckermäuler> (*umg. scherzh.*) *jmd., der gern Süßes ist* Sie ist ein richtiges Schleckermaul.

Schle·gel der <-s, -> **1.** (*süddt. österr.*) *Hinterkeule von Schlachttieren* **2.** *ein Werkzeug zum Schlagen* (*beispielsweise einer Trommel*)

Schleh·dorn der <-(e)s, -e> (*kein Plur.*) (≈ *Schwarzdorn*) *ein Strauch mit Dornen, der kleine runde blaue Früchte trägt*

Schle·he die <-, -n> **1.** (≈ *Schwarzdorn*) *Schlehdorn* **2.** *Frucht des Schlehdorns*

Schlei·che die <-, -n> ZOOL. *eine schlangenähnliche Echse* ◆ Blind-

schlei·chen <schleichst, schlich, ist geschlichen> **I.** *ohne OBJ* ■ *jmd. schleicht langsam und leise gehen* Sie schlich auf Zehenspitzen durchs Zimmer. **II.** *mit SICH* ■ *jmd. schleicht sich irgendwohin sich vorsichtig, lautlos und schleichend bewegen* Er schlich sich leise aus dem Raum.

schlei·chend <nicht steig.> *Adj. so, dass es langsam immer schlimmer wird* Diese Krankheit nimmt einen schleichenden Verlauf.

Schleich·han·del der <-s> (*kein Plur.*) *ein illegaler, heimlicher Handel, bei dem die normalen Handelswege und rechtliche Bestimmungen umgangen werden*

Schleich·weg der <-(e)s, -e> *ein verborgener, nur wenigen Personen bekannter Weg*

Schleich·wer·bung die <-> (*kein Plur.*) *indirekte Werbung für Produkte oder Firmen in den Medien, beispielsweise durch Nennung eines Produktnamens während eines Interviews im Radio oder Fernsehen*

Schleie die <-, -n> *eine Karpfenart*

Schlei·er der <-s, -> **1.** *ein Tuch aus feinem, meist durchsichtigem Stoff, das Kopf und Gesicht bedeckt* **2.** *Dunst-, Nebelschleier* ■ **den Schleier lüften** (*umg.*): *das Geheimnis enthüllen*

Schlei·er·eu·le die <-, -n> *eine Eulenart, für die die ausgeprägten Federn um die Augen herum charakteristisch sind*

schlei·er·haft <nicht steig.> *Adj.* (*umg.* ≈ *rätselhaft*) Es ist mir völlig schleierhaft, wie das passieren konnte.

Schlei·er·kraut das <-(e)s> (*kein Plur.*) *eine Pflanze mit weißen Blüten, die oft in Blumensträußen verwendet wird*

Schlei·fe die <-, -n> **1.** *eine Schlinge; eine leicht lösbare Verknüpfung* (*aus Schnur oder Band*) Mir ist die Schleife am Schuhband aufgegangen. **2.** *ein zu zwei Schlaufen gebundenes schmales Stoffband, das als Verzierung dient* Sie trägt eine Schleife im Haar. **3.** *eine sehr stark gekrümmte*

Kurve Der Fluss macht eine Schleife.

schlei·fen[1] <schleifst, schleifte, hat geschleift> **I.** *mit OBJ* ■ *jmd. schleift etwas* **1.** *etwas (mühsam) über den Boden oder eine ebene Fläche ziehen* Er schleifte den Kartoffelsack in den Keller. **2.** ■ *jmd. schleift jmdn. irgendwohin (umg. abwert.) jmdn., der eigentlich nicht will, überreden, irgendwohin mitzugehen* Sie hat mich in die Oper geschleift. **II.** *ohne OBJ* ■ *etwas schleift (an etwas Akk.) sich bewegen und dabei andauernd etwas berühren* Das Schutzblech schleift am Rad. ■ **alles schleifen lassen** *(umg.): alles vernachlässigen*

schlei·fen[2] <schleifst, schliff, hat geschliffen> *mit OBJ* **1.** ■ *jmd. schleift etwas ein Schneidegerät (durch Reiben an etwas Hartem) schärfen* Ich muss das Messer/die Scheren schleifen. **2.** ■ *jmd. schleift jmdn.* MILIT. *brutal drillen* Der Ausbilder schleift die Rekruten. ▶Schleifer

Schleif·ma·schi·ne die <-, -n> *ein Gerät zum Schleifen[1]*

Schleif·pa·pier das <-(e)s, -e> *(≈ Schmirgelpapier)*

Schleim der <-(e)s, -e> **1.** *eine zähflüssige Substanz, die von bestimmten Drüsen gebildet wird* Er hat Schleim im Hals., Schnecken sondern Schleim ab. **2.** *eine breiartige Speise (für Kranke)*

schlei·men <schleimst, schleimte, hat geschleimt> *ohne OBJ* **1.** ■ *etwas schleimt Schleim[1] absondern* **2.** ■ *jmd. schleimt (abwert.) heuchlerisch und übertrieben schmeicheln* ▶Schleimer

Schleim·haut die <-, Schleimhäute> MED. *Haut, die Schleim[1] absondert* Die Schleimhaut in der Nase ist gereizt.

schlei·mig *Adj.* **1.** *mit Schleim bedeckt, wie Schleim* Die Schnecke ist ganz schleimig., Was ist das für ein schleimiges Zeug? **2.** *(abwert.) scheinheilig* Diese schleimigen Typen kann doch niemand ausstehen.

schlem·men <schlemmst, schlemmte, hat geschlemmt> *mit OBJ/ohne OBJ* ■ *jmd. schlemmt (etwas) (umg.) viel und gut essen* Wir haben Austern geschlemmt., In diesem Lokal kann man so richtig schlemmen. ▶Schlemmer, Schlemmerei

schlen·dern <schlenderst, schlenderte, ist geschlendert> *ohne OBJ* ■ *jmd. schlendert langsam und gemütlich gehen* Wir sind abends noch ein wenig durch die Fußgängerzone geschlendert.

Schlen·d·ri·an der <-(e)s> *(kein Plur.) (umg. abwert.) Schlamperei, Nachlässigkeit, Trägheit* Pass auf, dass der alte Schlendrian nicht wieder einreißt!

Schlen·ker der <-s, -> *eine plötzliche, unerwartete Bewegung* Er konnte mit dem Auto gerade noch einen Schlenker nach links machen.

schlen·kern <schlenkerst, schlenkerte, hat geschlenkert> *mit OBJ/ohne OBJ* ■ *jmd. schlenkert (etwas) locker hin und her bewegen* Sie schlenkert die Arme., Er saß auf der Mauer und schlenkerte mit den Beinen.

Schlep·pe die <-, -n> *der lange, hintere Teil eines festlichen Kleides, der beim Gehen über den Boden schleift* Die Kinder trugen die Schleppe des Hochzeitskleids.

schlep·pen <schleppst, schleppte, hat geschleppt> **I.** *mit OBJ* **1.** ■ *jmd. schleppt jmdn./etwas eine schwere Last tragen* Hast du die Einkaufstaschen allein nach oben geschleppt? **2.** ■ *jmd. schleppt etwas irgendwohin hinter sich herziehen* Das Schiff wurde in den Hafen geschleppt. **3.** ■ *jmd. schleppt jmdn. irgendwohin (umg. übertr.) jmdn., der eigentlich nicht will, überreden, irgendwohin mitzugehen* Sie hat mich in die Oper geschleppt. **II.** *mit SICH* ■ *jmd. schleppt sich (irgendwohin) langsam und mühevoll gehen* Sie konnte sich mit letzter Kraft zum Telefon schleppen und die Polizei anrufen.

schlep·pend *Adj.* **1.** *schwerfällig* Mit schleppenden Schritten kam er die Treppe herauf. **2.** *langsam und mühsam* Die Arbeiten gingen nur schleppend voran.

Schlep·per der <-s, -> **1.** *ein kleineres, speziell ausgerüstetes Schiff, das große Schiffe ziehen kann* **2.** *(≈ Traktor)* **3.** *(umg. abwert.) jmd., der illegale Einwanderung als Fluchthelfer unterstützt, um sich daran zu bereichern* ◆-kriminalität

Schlepp·lift der <-(e)s, -e> *eine Vorrichtung, die Skifahrer den Berg hinaufzieht*

Schlepp·netz das <-es, -e> *ein Netz zum Fischen, das von Booten durch das Wasser gezogen wird* ◆-fischerei

Schlepp·tau ■ **in jemandes Schlepptau** *(umg.): in jmds. Begleitung oder Gefolge* Der Sänger verließ die Halle mit zahllosen Fans im Schlepptau. **jemanden ins Schlepptau nehmen**: *jmdm. behilflich sein*

Schle·si·en <-s> *(hist.) das bis zum Ende des Zweiten Weltkriegs zu Deutschland gehörende Gebiet beiderseits der oberen und mittleren Oder*

Schles·wig-Hol·stein <-s> *Bundesland im Norden Deutschlands*

Schleu·der die <-, -n> **1.** *eine Waffe, die ein Geschoss schleudern II.1 kann,* ◆ Stein- **2.** *ein Gerät, in dem man Dingen mit Hilfe der (von der Rotation eines Behälters erzeugten) Zentrifugalkraft Flüssigkeiten entziehen kann* ◆ Salat-, Wäsche-

Schleu·der·ball der <-(e)s, Schleuderbälle> SPORT **1.** *ein Ball aus Leder den man an einer Schlaufe festhält und schleudert* **2.** *ein Ballspiel, bei dem ein Schleuderball[1] möglichst weit geworfen werden muss*

Schleu·der·ge·fahr die <-> *(kein Plur.) die Gefahr, dass ein Kraftfahrzeug auf nasser oder vereister Fahrbahn ins Schleudern III kommt*

schleu·dern <schleuderst, schleuderte, hat/ist geschleudert> **I.** *mit OBJ/ohne OBJ* ■ *jmd. schleudert etwas (haben)* **1.** *mit einer Zentrifuge Honig aus den Waben herauslösen* Der Imker schleudert Honig. **2.** *die Wäsche in einer Waschmaschine mit einer Zentrifuge sehr schnell drehen lassen, damit das Wasser aus der Kleidung gepresst wird* Hat die Wäsche schon geschleudert?, Die Waschmaschine schleudert gerade. **II.** *mit OBJ* ■ *jmd. schleudert etwas irgendwohin Akk. (haben) mit heftigem Schwung werfen, etwas in rasche Bewe-*

gung versetzen Er schleuderte den brennenden Papierkorb aus dem Fenster., Durch den Aufprall wurde sie aus dem Auto geschleudert. **III.** *ohne OBJ* ■ *etwas schleudert* (*sein*) *in voller Fahrt seitlich aus der Spur rutschen* Der Wagen schleuderte und kam von der Fahrbahn ab. ■ **ins Schleudern geraten/kommen** (*umg.*): *unsicher werden* Bei dieser Frage bin ich etwas ins Schleudern geraten.

Schleu·der·preis der <-es, -e> (*meist Plur.*) (*umg.*) *ein äußerst günstiger Preis* Die auslaufende Wintermode wurde zu Schleuderpreisen verkauft.

Schleu·der·sitz der <-es, -e> *eine mit einem Fallschirm versehene Vorrichtung in Kampfflugzeugen, die den Piloten im Notfall aus dem Flugzeug katapultiert*

schleu·nigst *Adv.* (≈ *sofort*) Gib mir jetzt schleunigst das Buch!

Schleu·se die <-, -n> **1.** *eine Anlage, in der Schiffe gehoben oder gesenkt werden können, um Höhenunterschiede zu überwinden* **2.** *eine Klappe zum Stauen und Freigeben eines Wasserlaufs* **3.** *den einzigen Zugang zu einem abgeschirmten Raum darstellender Raum, in dem z.B. Desinfektionen vorgenommen werden* Bevor er das Labor betreten durfte, musste er eine Schleuse passieren.

schleu·sen <schleust, schleuste, hat geschleust> *mit OBJ* **1.** ■ *jmd. schleust jmdn. irgendwohin bringen, leiten* Ich habe ihn durch die Stadt bis zur Autobahn geschleust. **2.** ■ *jmd. schleust etwas irgendwohin* (*umg.*) *einschmuggeln* Sie versuchten, geheime Unterlagen ins Ausland einzuschleusen.

Schleu·sen·wär·ter der <-s, -> *jmd., der beruflich eine Schleuse[1] bedient*

Schleu·ser·kri·mi·na·li·tät die <-> (*kein Plur.*) *illegales Schleusen[2]*

Schli·che ■ **jemandem auf die Schliche kommen/ hinter jemandes Schliche kommen/jemandes Schliche durchschauen**: *jmds. Absichten durchschauen*

schlicht **I.** *Adj.* **1.** (↔ *raffiniert*) *einfach und schnörkellos* Sie trug ein Kleid von schlichter Eleganz. **2.** *nicht besonders gebildet* Dort lebten eher schlichte Leute. **II.** *Partikel* (≈ *eindeutig*) *so, dass kein Zweifel besteht* Das ist schlicht gelogen., Das ist schlicht und einfach falsch!

schlich·ten <schlichtest, schlichtete, hat geschlichtet> *mit OBJ* ■ *jmd. schlichtet etwas Konfliktparteien beruhigen und den Konflikt entschärfen* Es gelang ihr, den Streit zu schlichten. ►Schlichtung

Schlich·tungs·ver·fah·ren das <-s, -> *ein Verfahren zur Schlichtung von Tarifkonflikten*

schlicht·weg <nicht steig.> *Adj. klar, eindeutig, ganz einfach* Was du da sagst, ist schlichtweg nicht wahr.

Schlick der <-(e)s> (*kein Plur.*) *Schlamm* (*am Boden von Gewässern*)

schlie·ßen <schließt, schloss, hat geschlossen> **I.** *mit OBJ/ohne OBJ* **1.** *die Geschäftszeit eines Ladens, Lokals oder Restaurants oder einer öffentlichen Einrichtung beenden* Wir schließen das Geschäft in wenigen Minuten., Wir schließen gleich. **2.** ■ *jmd. schließt* (*etwas*) *einen Laden auflösen, dessen Geschäftsbetrieb für immer beenden* Leider müssen wir unser Geschäft Ende des Jahres schließen., Wir schließen schon nächste Woche. **3.** ■ *jmd. schließt* (*mit etwas Dat.*) *beenden* Sie schloss ihr Referat mit den Worten …, Der Redner schloss mit einem nachdrücklichen Appell. **II.** *mit OBJ* ■ *jmd. schließt etwas* **1.** *zumachen* Ich habe alle Türen und Fenster geschlossen. **2.** *als Schlussfolgerung ableiten* Daraus muss ich schließen, dass … **III.** *ohne OBJ* ■ *etwas schließt als Laden oder öffentliche Einrichtung die Geschäftszeit beenden* Das Museum schließt um zwanzig Uhr.

Schließ·fach das <-(e)s, Schließfächer> **1.** *ein verschließbares Fach, in dem man an Bahnhöfen sein Gepäck aufbewahren kann* **2.** *ein verschließbares Fach, in dem man in Banken Wertsachen aufbewahren kann*

schließ·lich *Adv.* **1.** (≈ *endlich*) Als er schließlich kam, … **2.** (≈ *immerhin*) Du solltest ihn informieren, er ist schließlich dein Vorgesetzter.

Schlie·ßung die <-, -en> **1.** *die Einstellung des Betriebs* Die Schließung des Unternehmens war nicht mehr zu verhindern. **2.** *der Abschluss* (*eines Vertrags*) Die Schließung eines solchen Vertrages würde bedeuten, dass …

Schließ·zy·lin·der der <-s, -> *der zylinderförmige Teil eines Schlosses, den man mit dem Schlüssel dreht*

Schliff der <-(e)s, -e> **1.** *die Art und Weise, wie die Oberfläche von etwas durch Schleifen geformt ist* Die Kristallgläser haben einen schönen Schliff. **2.** (*kein Plur.*) (*umg.*) *gutes Benehmen* Es täte ihm gut, wenn ihm jemand etwas Schliff beibrächte. ■ **einer Sache den letzten Schliff geben** (*umg.*): *eine Sache vervollkommnen*

schlimm *Adj.* **1.** *so, dass etwas üble Folgen nach sich zieht* Das war ein schlimmer Fehler. **2.** *sehr unangenehm, arg* Wir haben damals eine schlimme Zeit durchgemacht., Das ist doch halb so schlimm! **3.** *niederträchtig, sehr böse* Er ist ein schlimmer Gauner. **4.** (*umg.*) *entzündet* Sie hat einen schlimmen Zahn. ♦ Großschreibung→R 3.4, R 3.7 Es ist das Schlimmste, dass …, Das ist längst noch nicht das Schlimmste., Ich fürchte das Schlimmste., „Worauf war sie gefasst?" „Sie war auf das/aufs Schlimmste gefasst"., Es wird doch nicht zum Schlimmsten kommen., Alles hatte sich zum Schlimmsten gewendet., etwas/wenig/nichts Schlimmes; Groß- oder Kleinschreibung →R 3.9 „Wie wurde sie zugerichtet?" „Sie wurde aufs Schlimmste/schlimmste zugerichtet".

schlimms·ten·falls *Adv. im schlimmsten Fall, der eintreten kann* Schlimmstenfalls beginnen wir eben wieder von vorn.

Schlin·ge die <-, -n> *ein Stück Draht, Schnur oder Stoff, das zu einer runden Form gebogen ist* Er musste den verletzten Arm in einer Schlinge tragen.

Schlin·gel der <-s, -> (*scherzh.*) *Schelm, Bengel*

schlin·gen[1] <schlingst, schlang , hat geschlun-

gen> **I.** *mit OBJ* ■ *jmd. schlingt etwas (um etwas Akk.) (in Form einer Schlinge) um etwas legen* Er hat ein Seil um den Pfosten geschlungen., Sie schlang die Arme um seinen Hals. **II.** *mit SICH* ■ *etwas schlingt sich um etwas Akk. sich (in Form einer Schlinge) um etwas herum winden* Efeu hatte sich um den ganzen Baum geschlungen.

schlin·gen[2] <schlingst, schlang, hat geschlungen> *mit OBJ/ohne OBJ* ■ *jmd. schlingt (etwas) Essen hastig und ohne gründlich zu kauen herunterschlucken* Schling nicht so!

schlin·gern <schlingerst, schlingerte, hat geschlingert> *ohne OBJ* ■ *ein Fahrzeug schlingert sich als Fahrzeug sehr unruhig bewegen und immer wieder von der Fahrtrichtung abkommen* Das Boot/Der Anhänger schlingert.

Schling·pflan·ze die <-, -n> *eine Pflanze, deren Äste sich um etwas schlingen II* Efeu ist eine Schlingpflanze.

Schlips der <-es, -e> (≈ *Krawatte*) ■ **sich auf den Schlips getreten fühlen** (*umg.*): *beleidigt reagieren, gekränkt sein*

schlit·teln <schlittelst, schlittelte, ist geschlittelt> *ohne OBJ* ■ *jmd. schlittelt (österr. schweiz.) rodeln*

Schlit·ten der <-s, -> **1.** *ein einfaches Fahrzeug mit Kufen, auf dem man in sitzender Position über Schnee gleitet* Acht Hunde ziehen den Schlitten., Wir wollen nachmittags Schlitten fahren. **2.** (*umg.*) *ein schneller (Sport-)Wagen* Ich frage mich, wie der sich so einen Schlitten leisten kann. ■ **mit jemandem Schlitten fahren** (*umg.*): *jmdn. schikanieren, grob zurechtweisen*

Schlit·ten·fahrt die <-, -en> *die Fahrt mit einem Schlitten*[1]

Schlit·ten·hund die <-(e)s, -e> *ein Hund, der darauf dressiert ist, einen Schlitten durch den Schnee zu ziehen*

schlit·tern <schlitterst, schlitterte, ist geschlittert> *ohne OBJ* **1.** ■ *jmd./etwas schlittert (über etwas Akk.) über eine glatte Oberfläche rutschen* Die Kinder sind über das Eis geschlittert. **2.** ■ *etwas schlittert ins Rutschen kommen* Das Auto schlitterte auf der glatten Fahrbahn und prallte gegen die Leitplanke.

Schlitt·schuh der <-s, -e> *mit Kufen versehener Schuh zum Gleiten auf Eis* Sie geht mit ihm Schlittschuh laufen. ◆ Getrenntschreibung→R 4.1 ◆-bahn, -läufer

Schlitz der <-es, -e> **1.** *eine lange und schmale Öffnung* die Münzen in den Schlitz des Automaten werfen **2.** *länglicher Ausschnitt an einem Kleidungsstück* ein Rock mit Schlitz

Schlitz·au·ge das <-s, -n> **1.** (*meist Plur.*) *ein schmales längliches Augen* **2.** (*umg. abwert.*) *jmd., der Schlitzaugen*[1] *hat*

schlit·zen <schlitzt, schlitzte, hat geschlitzt> *mit OBJ* ■ *jmd. schlitzt etwas einen Schlitz in etwas schneiden* einen Rock schlitzen

Schlitz·ohr das <-es, -en> (*umg.*) *jmd., der schlau und listig seine Ziele verfolgt* ▶schlitzohrig

Schlö·gel der <-s, -> (*österr.*) *Keule*[3]

schloh·weiß <nicht steig.> *Adj. vollkommen weiß* Im Alter hatte sie schlohweißes Haar.

Schloss[1] das <-es, Schlösser> *eine größere Wohnanlage einer adligen Familie* ◆-anlage, -garten, -herr, -hof, -mauern, -park, Lust-, Stadt-, Wasser-

Schloss[2] das <-es, Schlösser> *eine Vorrichtung, mit der man etwas abschließen kann* Der Schlüssel dreht sich im Schloss., Wir mussten das Schloss an der Tür austauschen lassen. ■ **hinter Schloss und Riegel sitzen** (*umg.*): *im Gefängnis sein* ◆Tür-, Zahlen-

Schlos·ser, **Schlos·se·rin** der <-s, -> *jmd., der beruflich Metall verarbeitet*

Schlos·se·rei die <-, -en> *Werkstatt, Betrieb eines Schlossers*

Schloss·ge·spenst das <-(e)s, -er> *ein Gespenst, das (angeblich) in einem alten Schloss spukt*

Schloss·hund ■ **heulen wie ein Schlosshund** (*umg.*): *laut und heftig weinen*

Schlot der <-(e)s, -e/Schlöte> **1.** *Schornstein (einer Fabrik)* **2.** *Vulkanöffnung* ■ **rauchen wie ein Schlot** (*umg.*): *ein sehr starker Raucher sein*

schlot·te·rig *Adj. s.* **schlottrig**

schlot·tern <schlotterst, schlotterte, hat geschlottert> *ohne OBJ* ■ *jmd. schlottert zittern* Er schlotterte vor Angst/vor Kälte.

schlott·rig/schlot·te·rig *Adj.* (≈ *zittrig*) Sie hatte vor Angst ganz schlottrige Knie.

Schlucht die <-, -en> *ein sehr tiefes Tal mit steilen Wänden* ◆Gebirgs-

schluch·zen <schluchzt, schluchzte, hat geschluchzt> *ohne OBJ* ■ *jmd. schluchzt sehr heftig weinen, weil man emotional stark erregt ist* Sie schluchzte bitterlich.

Schluck der <-(e)s, -e> **1.** *die Menge Flüssigkeit, die man auf einmal in den Mund nehmen kann* Er trank einen kräftigen/tüchtigen/großen/kleinen Schluck Kaffee. **2.** *der Vorgang des Hinunterschluckens* Sie trank mit hastigen Schlucken.

Schluck·auf der <-s> (*kein Plur.*) *Zusammenziehungen des Zwerchfells, die sich in einem glucksenden Atemgeräusch äußern* Er hat (einen) Schluckauf (bekommen).

schlu·cken <schluckst, schluckte, hat geschluckt> **I.** *mit OBJ/ohne OBJ* ■ *jmd. schluckt etwas (in) die Speiseröhre hinabgleiten lassen* Er hat beim Schwimmen Wasser geschluckt., Sie hatte entzündete Mandeln und konnte kaum schlucken. **II.** *mit OBJ* (*umg.*) **1.** ■ *jmd. schluckt etwas akzeptieren, hinnehmen* Entweder sie schluckt das endlich oder wir schauen uns nach jemand anderem um! **2.** ■ *etwas schluckt etwas* (*umg.*) *verbrauchen* Dieser große Wagen schluckt Unmengen von Sprit. **3.** ■ *jmd./eine Firma o.Ä. schluckt etwas* (*umg.*) *jmd., eine Firma o.Ä. bringt etwas in seinen Besitz* Der Tante-Emma-Laden an der Ecke wurde von einer Supermarktkette geschluckt.

Schlu·cker ■ **armer Schlucker** (*umg.*): *armseliger, bedauernswerter Mensch*

Schluck·imp·fung die <-, -en> MED. *Schutzimpfung, bei der der Impfstoff geschluckt I wird*

Schluck·specht der <-s, -e> (*umg. abwert.*) *jmd.,*

der gern und viel Alkohol trinkt

schluck·weise *Adv. in Schlucken* Sie nahm den heißen Tee schluckweise zu sich.

schlu·de·rig *Adj. s.* **schludrig**

schlu·dern <schluderst, schluderte, hat geschludert> *ohne OBJ* ■ *jmd. schludert* (*umg. abwert.*) *schlecht arbeiten* Musst du bei deinen Hausaufgaben immer so schludern?

schlu·drig/schlu·de·rig <schlud(e)riger, am schlud(e)rigsten> *Adj.* (*umg. abwert.*) *nachlässig, schlampig* Er ist ein schludriger Mensch., Die Handwerker haben schludrig gearbeitet.

schlum·mern <schlummerst, schlummerte, hat geschlummert> *ohne OBJ* **1.** ■ *jmd. schlummert* (*geh.*) *sich in einem leichten Schlaf befinden* ▶Schlummer **2.** ■ *etwas schlummert in jmdm. unentdeckt verborgen liegen* In ihr schlummern ungeahnte Talente.

Schlund der <-(e)s, Schlünde> **1.** *der Übergang vom Rachen zur Speiseröhre* **2.** (*geh.*) *tiefe Öffnung* Wir blickten in den Schlund des erloschenen Vulkans.

schlüp·fen <schlüpfst, schlüpfte, ist geschlüft> *ohne OBJ* **1.** ■ *jmd. schlüpft irgendwohin sanft und lautlos gleiten* Die Kinder schlüpften heimlich zur Türe hinaus. **2.** ■ *ein Vogel schlüpft* (*von Vögeln*) *aus dem Ei kommen* Wann sind die Küken geschlüpft? **3.** ■ *jmd. schlüpft in etwas Akk. ein Kleidungsstück anziehen* Ich muss nur noch in die Schuhe schlüpfen, dann können wir gehen.

Schlüp·fer der <-s, -> *eine Unterhose für Damen und Kinder*

Schlupf·loch das <-(e)s, Schlupflöcher> *ein Versteck*

schlüpf·rig *Adj.* **1.** *glatt und feucht* **2.** (*abwert.*) *anstößig, unanständig* Er erzählte einen schlüpfrigen Witz nach dem anderen. ▶Schlüpfrigkeit

Schlupf·win·kel der <-s, -> *Versteck* Die Katze hatte einen neuen Schlupfwinkel zum Schlafen gefunden.

Schlup·pe die <-, -n> (*norddt. mitteldt.*) *Schlinge, Schlaufe*

schlur·fen <schlurfst, schlurfte, ist geschlurft> *ohne OBJ* ■ *jmd. schlurft schleppend und geräuschvoll gehen* Er schlurfte aus dem Zimmer.

schlür·fen <schlürfst, schlürfte, hat geschlürft> *mit OBJ/ohne OBJ* ■ *jmd. schlürft* (*etwas*) *mit gespitzten Lippen geräuschvoll trinken* Sie schlürfte die heiße Suppe., Du kannst in diesem Lokal doch nicht so laut schlürfen!

Schluss der <-es, Schlüsse> **1.** (*kein Plur.*) (≈ *Ende* ↔ *Beginn*) *der Zeitpunkt, an dem etwas aufhört* Am Schluss der Vorstellung gab es viel Applaus. **2.** (≈ *Ende* ↔ *Beginn*) *letzter Teil von etwas* Der Schluss des Romans/des Films hat mir nicht gefallen. **3.** (≈ *Schlussfolgerung*) Aus dem Gesagten ziehe ich den Schluss, dass … ■ **mit jemandem Schluss machen** (*umg.*): *eine Liebesbeziehung zu jmdn. beenden* Sie hat mit ihrem Freund Schluss gemacht. **Schluss machen mit etwas** (*umg.*): *aufhören mit etwas*

Schluss·be·mer·kung die <-, -en> (↔ *Vorbemerkung*) *eine abschließende Bemerkung*

Schluss·be·trach·tung die <-, -en> (↔ *Einleitung*) *eine abschließende Bemerkung bei einem Aufsatz, einem Vortrag oder einer Diskussion, die das Gesagte nochmals zusammenfasst*

Schlüs·sel der <-s, -> **1.** *eine Art Stift aus Metall, der in ein Schloss eingeführt und darin gedreht wird, um es zu schließen und zu öffnen* Ich habe den Schlüssel abgebrochen/verloren/nachmachen lassen/ ins Schloss gesteckt/abgezogen/stecken lassen. ◆-anhänger, -bart, -bund **2.** TECHN. *kurz für „Schraubenschlüssel"* **3.** MUS. *kurz für „Notenschlüssel"* **4.** *Verteilungsquote* Nach welchem Schlüssel werden die Beiträge ermittelt?

Schlüs·sel·bein das <-(e)s, -e> ANAT. *ein Knochen des Schulterbereichs* ◆-bruch

Schlüs·sel·blu·me die <-, -n> *eine Wald- und Wiesenblume mit gelben Blüten, die im Frühling blüht*

Schlüs·sel·brett das <-(e)s, -er> *an der Wand befestigtes Brettchen mit Haken zum Aufhängen von Schlüsseln*[1]

Schlüs·sel·bund der/das <-(e)s, -e> *mehrere, gemeinsam an einem Ring befestigte Schlüssel*

Schlüs·sel·dienst der <-es, -e> *eine Firma, die das Türschloss öffnet, wenn jmd. seinen Schlüssel nicht bei sich hat* Der Schlüsseldienst musste die Haustür öffnen, nachdem ich meinen Schlüssel verloren hatte.

Schlüs·sel·er·leb·nis das <-ses, -se> PSYCH. *ein entscheidendes, wichtiges Erlebnis im Leben eines Menschen* Der schwere Unfall war ein Schlüsselerlebnis für ihn.

schlüs·sel·fer·tig <nicht steig.> *Adj. so, dass man einziehen kann* Das Haus/Der Neubau wird schlüsselfertig übergeben.

Schlüs·sel·fra·ge die <-, -n> *entscheidende Frage*

Schlüs·sel·in·dus·trie die <-, -n> WIRTSCHAFT. *ein Industriezweig, dessen Produkte für andere Industriezweige von großer Bedeutung ist*

Schlüs·sel·kind das <-(e)s, -er> (*umg.*) *ein Kind berufstätiger Eltern, das nachmittags allein zu Hause ist* (*und den Wohnungsschlüssel an einer Schnur um den Hals trägt*)

Schlüs·sel·kom·pe·tenz die <-, -en> *eine Fähigkeit, die im Berufsleben sehr wichtig ist* Auf diesem Seminar sollen die Teilnehmer wichtige Schlüsselkompetenzen, wie Teamgeist und Flexibilität erwerben.

Schlüs·sel·loch das <-(e)s, Schlüssellöcher> *die Öffnung, in die man den Schlüssel steckt* Habt ihr durchs Schlüsselloch geguckt?

Schlüs·sel·po·si·ti·on die <-, -en> *eine sehr wichtige Stellung* Der Spieler nimmt in der Mannschaft eine Schlüsselposition ein und kann nicht einfach ersetzt werden.

Schlüs·sel·qua·li·fi·ka·ti·on die <-, -en> *eine sehr wichtige Qualifikation*[1]

Schlüs·sel·reiz der <-es, -e> BIOL. PSYCH. *ein spezifischer Reiz, der ein bestimmtes* (*instinktives*) *Verhalten auslöst*

Schlü·s·sel·ring der <-(e)s, -e> *ein Ring aus Me-*

tall, der mehrere Schlüssel zusammenhält

Schlüs·sel·rol·le ■ **jemandem/etwas kommt in einer Angelegenheit eine Schlüsselrolle zu:** *jmd. oder etwas hat großen Einfluss auf eine Angelegenheit*

Schlüs·sel·tech·no·lo·gie die <-, -n> *eine Technologie, die für einen bestimten Bereich besonders wichtig ist*

schluss·fol·gern <schlussfolgerst, schlussfolgerte, hat geschlussfolgert> *mit OBJ* ■ *jmd. schlussfolgert, dass ... den Schluss ziehen* Er schlussfolgerte, dass … ▶Schlussfolgerung

Schluss·for·mel die <-, -n> *fester sprachlicher Ausdruck am Ende eines Briefes*

schlüs·sig *Adj. so, dass es in sich logisch ist* ein schlüssiger Beweis

Schluss·leuch·te die <-, -n> *Schlusslicht*[1]

Schluss·licht das <-(e)s, -er> **1.** KFZ *das Licht am hinteren Teil eines Autos oder Fahrzeugs* Das Auto hat ein defektes Schlusslicht. **2.** (*umg.*) *das letzte Glied in einer Reihe* Geht ihr vor, wir bilden das Schlusslicht. **3.** (↔ *Primus*) *Letzter, Schlechtester* Er ist das Schlusslicht in seiner Klasse.

Schluss·pfiff der <-(e)s, -e> SPORT *der Pfiff des Schiedsrichters, der ein Ballspiel beendet*

Schluss·punkt der <-(e)s, -e> **1.** *der Punkt am Ende eines Satzes* **2.** *der endgültige Abschluss von etwas* Ein Feuerwerk bildete den Schlusspunkt der Feierlichkeiten.

Schluss·strich ■ **einen Schlussstrich unter etwas ziehen** (*umg.*): *etwas* (*Unangenehmes*) *beenden* Wir hätten schon längst einen Schlussstrich unter diese Angelegenheit ziehen sollen.

Schluss·ver·kauf der <-(e)s, Schlussverkäufe> *am Sommer- oder Winterende durchgeführter Ausverkauf von Kleidung zu reduzierten Preisen*

Schluss·wort das <-(e)s, -e> *abschließender Kommentar am Ende einer Veranstaltung* Das Schlusswort hat Herr/Frau …

Schmach die <-> (*kein Plur.*) (*geh.* ≈ *Schande*) *etwas, das für jmdm. eine große Kränkung ist* Er empfand es als Schmach, nicht eingeladen worden zu sein.

schmach·ten *ohne OBJ* (*geh.*) **1.** ■ *jmd. schmachtet Hunger, Durst leiden, etwas entbehren* Er schmachtete in der Hitze. **2.** ■ *jmd. schmachtet nach jmdm./etwas. sich nach jmdm. oder etwas sehnen* Sie schmachtete nach ihrem Geliebten.

Schmacht·fet·zen der <-s, -> (*umg. abwert.*) *ein sentimentales Buch, Lied, ein sentimentaler Film*

schmäch·tig *Adj. sehr schlank und zierlich* Sie ist ziemlich klein und schmächtig.

schmach·voll *Adj.* (*geh.*) *demütigend* Die Mannschaft musste eine schmachvolle Niederlage hinnehmen.

schmack·haft *Adj. wohlschmeckend* ■ **jemandem etwas schmackhaft machen** (*umg.*): *jmdm. etwas so darstellen, dass er es für gut hält und Lust darauf bekommt*

Schmäh der <-s, -(s)> (*österr. umg.*) **1.** *Trick, Schwindel* **2.** (*kein Plur.*) (*oberflächliche*) *Freundlichkeit, lustige, witzige Art* Das ist der berühmte Wiener Schmäh.

schmä·hen <schmähst, schmähte, hat geschmäht> *mit OBJ* ■ *jmd. schmäht jmdn.* (*geh.*) *beleidigen, schlecht machen, beschimpfen* Man schmähte ihn als Verräter.

schmäh·lich *Adj.* (*geh.*) *schändlich, demütigend* Er hatte sie schmählich im Stich gelassen.

schmal *Adj.* (↔ *breit*) *so, dass etwas im Verhältnis zu seiner Länge nur eine geringe Breite aufweist* eine schmale Straße

schmä·lern <schmälerst, schmälerte, hat geschmälert> *mit OBJ* ■ *etwas schmälert etwas etwas in seinem Wert kleiner machen* Das kann meinen Erfolg nicht schmälern.

Schmalz[1] das <-es, -e> *eine weiße Masse, die man aus tierischem Fett auslässt*[3] Brote mit Schmalz bestreichen ◆-brot, -topf, Gänse-, Grieben-, Schweine-

Schmalz[2] der <-es> (*kein Plur.*) (*umg. abwert.*) *Sentimentalität* Er sang mit viel Schmalz. ▶schmalzig

Schman·kerl das <-s, -> (*süddt. österr. schweiz.*) *Leckerbissen* Zum Nachtisch gibt es noch ein besonderes Schmankerl.

schma·rot·zen <schmarotzt, schmarotzte, hat schmarotzt> *ohne OBJ* ■ *jmd. schmarotzt* **1.** (*abwert.*) *auf Kosten anderer leben* **2.** BIOL. (*von Tieren und Pflanzen*) *auf oder in anderen Tieren oder Pflanzen als Parasit leben* ▶Schmarotzer

Schmar·ren der <-s, -> **1.** (KOCH.: *süddt. österr.*) *Eierkuchen, den man in der Pfanne bäckt und dann in kleine Stücke zerteilt* ◆Kaiser- **2.** (*kein Plur.*) (*umg. abwert.*) *Unsinn* So ein Schmarren!

Schmatz der <-es, -e> (*umg.*) *ein geräuschvoller Kuss*

schmat·zen <schmatzt, schmatzte, hat geschmatzt> *ohne OBJ* ■ *jmd. schmatzt mit geräuschvollen Lippenbewegungen essen* Du sollst beim Essen nicht so schmatzen!

Schmaus der <-es, Schmäuse> (*meist Sing.*) (*veralt. oder scherzh.*) *gutes Essen in großer Menge* Wir haben einen Schmaus gehalten.

schmau·sen <schmaust, schmauste, hat geschmaust> *ohne OBJ* ■ *jmd. schmaust* (*veralt. oder scherzhaft*) *genussvoll essen*

schme·cken <schmeckst, schmeckte, hat geschmeckt> **I.** *mit OBJ* ■ *jmd. schmeckt etwas mit dem Geschmackssinn feststellen oder herausfinden* Schmeckst du die exotischen Gewürze in der Suppe? **II.** *mit OBJ/ohne OBJ* **1.** ■ *etwas schmeckt* (*jmdm.*) (*irgendwie*) *das geschmackliche Empfinden von jmdm. in bestimmter Weise ansprechen* Die Suppe schmeckt (mir) nicht/hervorragend/ausgezeichnet., Es hat allen (gut) geschmeckt. **2.** ■ *etwas schmeckt irgendwie einen Geschmack in der genannten Weise haben* Die Suppe schmeckt scharf/süßsauer/exotisch., Das Eis schmeckt nach Vanille.

schmei·chel·haft *Adj. so, dass etwas sehr angenehm für jmdn. ist* Das war sehr schmeichelhaft für ihn., Ihre Worte waren wenig schmeichelhaft.

schmei·cheln <schmeichelst, schmeichelte, hat

geschmeichelt> *ohne OBJ* **1.** ■ *jmd. schmeichelt jmdm. jmdn. übertrieben und wortreich loben, um sich beliebt zu machen* Er schmeichelt seinem Vorgesetzten. **2.** ■ *etwas schmeichelt jmdm. jmds. Selbstgefühl heben* Seine Komplimente schmeicheln mir. **3.** ■ *etwas schmeichelt etwas Dat. etwas vorteilhaft zur Geltung bringen* Lange Röcke schmeicheln ihrer Figur. ▶Schmeichler, schmeichlerisch

schmei·ßen <schmeißt, schmiss, hat geschmissen> (*umg.*) **I.** *mit OBJ* **1.** ■ *jmd. schmeißt etwas irgendwohin irgendwohin werfen* Sie kam ins Zimmer und schmiss verärgert die Tasche in die Ecke. **2.** ■ *jmd. schmeißt etwas in etwas Akk. heftig zuschlagen* Ich habe versehentlich die Tür ins Schloss geschmissen. **3.** ■ *jmd. schmeißt etwas beenden, aufgeben* Weshalb hast du die Ausbildung geschmissen? **4.** ■ *jmd. schmeißt etwas mit etwas geschickt fertig werden* Sie schmeißt hier den ganzen Laden. **5.** ■ *jmd. schmeißt etwas ausgeben* Zur Feier des Tages schmeiße ich eine Runde Bier. **6.** ■ *jmd. schmeißt jmdn. von etwas Dat. hinausweisen* Der Direktor hat ihn von der Schule geschmissen. **II.** *ohne OBJ* ■ *jmd. schmeißt (mit etwas Dat.)* **1.** *mit etwas werfen* Die Demonstranten schmissen mit Farbbeuteln nach ihm. **2.** ■ *jmd. schmeißt mit Geld um sich viel Geld bedenkenlos ausgeben* Sie schmissen mit Geld nur so um sich. **III.** *mit SICH* **1.** ■ *jmd. schmeißt sich (irgendwohin) (umg.) sich irgendwohin werfen* Als ich nach Hause kam, habe ich mich zuerst einmal aufs Sofa geschmissen. **2.** ■ *jmd. schmeißt sich in etwas Akk. (umg.) sich zu einem Anlass sorgsam kleiden* Er hat sich zur Feier des Tages in Schale/in einen Anzug geschmissen.

Schmeiß·flie·ge die <-, -n> *große Fliege von blau glänzender Farbe*

Schmelz der <-es, -e> **1.** *kurz für „Zahnschmelz"* **2.** (≈ *Glasur*) *glänzender Überzug* **3.** *Weichheit des Ausdrucks* der Schmelz in der Stimme des Sängers

schmel·zen <schmilzt, schmolz, hat/ist geschmolzen> **I.** *mit OBJ* ■ *jmd. schmilzt etwas (haben) durch Hitze flüssig werden lassen* Hier wird das Eisen/das Gold geschmolzen. ▶Schmelze **II.** *ohne OBJ* ■ *etwas schmilzt (sein) aufgrund steigender Temperatur flüssig werden* Der Schnee ist geschmolzen., Butter schmilzt in der Sonne.

Schmelz·hüt·te die <-, -n> *siehe* **Hütte**

Schmelz·kä·se der <-es, -> *ein cremiger Käse, den man streichen kann*

Schmelz·o·fen der <-s, Schmelzöfen> TECHN. *großer Ofen in einer Metall verarbeitenden Fabrik zum Schmelzen von Metallen*

Schmelz·punkt der <-(e)s, -e> *die Temperatur, bei der ein Stoff schmilzt*

Schmelz·tie·gel der <-s, -> **1.** *ein Topf zum Schmelzen von Metallen* **2.** *ein Ort, an dem Menschen aus vielen unterschiedlichen Ländern leben* Menschen verschiedenster Nationalitäten haben diese Stadt zu einem wahren Schmelztiegel gemacht.

Schmelz·was·ser das <-s> (*kein Plur.*) *das Wasser, das aus geschmolzenem Eis oder Schnee entsteht* Schmelzwasser aus dem Gebirge lässt im Frühjahr die Flüsse anschwellen.

Schmer·bauch der <-(e)s, Schmerbäuche> (*umg. abwert.*) *dicker Bauch*

Schmerz der <-es, -en> **1.** (*kein Plur.*) *jede Form leidvollen seelischen Empfindens* der Schmerz der Enttäuschung, Der Tod des Freundes hat ihn mit tiefem Schmerz erfüllt., Sie versuchte über diesen Schmerz hinwegzukommen. **2.** (*meist Plur.*) *eine unangenehme körperliche Empfindung, die von einem Körperteil/einer Körperregion ausgeht* Seit wann spüren Sie diesen stechenden/starken/bohrenden Schmerz in der Schulter?, Sie sagt, sie habe anhaltende/unerträgliche Schmerzen in den Gelenken. ▶schmerzempfindlich ◆-patient, -therapeut, -therapie, Bauch-, Kopf-, Zahn-

schmer·zen <schmerzt, schmerzte, hat geschmerzt> **I.** *mit OBJ* ■ *etwas schmerzt jmdn. Schmerz empfinden lassen* Der Verlust schmerzte sie sichtlich. **II.** *ohne OBJ* ■ *etwas schmerzt Schmerz empfinden lassen* Mein Bein schmerzt.

Schmer·zens·geld das <-(e)s, -er> RECHTSW. *eine finanzielle Entschädigung für einen erlittenen körperlichen oder seelischen Schaden* jemanden auf (die Zahlung von) Schmerzensgeld verklagen, einen Anspruch auf Schmerzensgeld haben

schmerz·frei <nicht steig.> *Adj. ohne Schmerz*[2] Nach der Behandlung werden Sie wieder völlig schmerzfrei sein.

schmerz·haft *Adj. so, dass etwas Schmerz*[2] *bereitet* Die Verletzung war äußerst schmerzhaft.

schmerz·lich *Adj. so, dass etwas Schmerz*[1] *bereitet* Sie versuchte über den schmerzlichen Verlust hinwegzukommen.

schmerz·lin·dernd <nicht steig.> *Adj. so, dass etwas oder ein Medikament den Schmerz*[2] *verringert* Die kalten Umschläge wirken schmerzlindernd.

schmerz·los <nicht steig.> *Adj. so, dass etwas keinen Schmerz*[2] *erzeugt* Dies ist eine völlig schmerzlose Behandlungsmethode.

Schmerz·mit·tel das <-s, -> *Arzneimittel gegen Schmerzen*[2]

schmerz·stil·lend <nicht steig.> *Adj. so, dass es Schmerzen lindert* Die Ärztin verabreicht dem Patienten ein schmerzstillendes Mittel.

Schmerz·ta·b·let·te die <-, -n> *s.* **Schmerzmittel**

Schmet·ter·ball der <-(e)s, Schmetterbälle> SPORT *ein hart geschlagener Ball in bestimmten Ballspielen*

Schmet·ter·ling der <-s, -e> **1.** *ein Insekt mit zwei farbigen Flügelpaaren* **2.** (*kein Plur.*) (SPORT: ≈ *Delphinschwimmen*) *ein Schwimmstil, bei dem beide Arme gleichzeitig aus dem Wasser bewegt werden* ◆-sschwimmen

schmet·tern <schmetterst, schmetterte, hat geschmettert> **I.** *mit OBJ/ohne OBJ.* ■ *jmd. schmettert etwas kraftvoll schlagen* Die Volleyballspielerin schmetterte den Ball ins Aus., Der Tennisspieler

S

schmettert mit der Vorhand. **II.** *mit OBJ* ■ *jmd. schmettert etwas (irgendwohin) gegen etwas werfen* Sie hat die Vase an die Wand geschmettert. **III.** *ohne OBJ* ■ *jmd./etwas schmettert irgendwie laute Töne erklingen lassen* Hörner/Posaunen schmetterten weithin hörbar.

Schmied der <-(e)s, -e> *ein Handwerker, der Metalle schmiedet*[I]

Schmie·de die <-, -n> *Werkstatt des Schmieds*

schmie·de·ei·sern <nicht steig.> *Adj. aus Eisen geschmiedet*

Schmie·de·ham·mer der <-s, Schmiedehämmer> *ein sehr schwerer Hammer, mit dem ein Schmied Metall bearbeitet*

schmie·den <schmiedest, schmiedete, hat geschmiedet> **I.** *mit OBJ/ohne OBJ* ■ *jmd. schmiedet (etwas) Metall in glühendem Zustand auf dem Amboss mit dem Hammer bearbeiten* Er schmiedet den Stahl zu einer Klinge., Der Schmied schmiedet noch mit der Hand. **II.** *mit OBJ* ■ *jmd. schmiedet etwas aus glühendem Metall formen* Er schmiedet gerade einen Kessel.

schmie·gen <schmiegst, schmiegte, hat geschmiegt> *mit OBJ* ■ *jmd. schmiegt sich/etwas (an jmdn./etwas) einen Körperteil/sich an etwas Weiches/jmdn. drücken, um zärtlich zu sein oder sich geborgen zu fühlen* Sie schmiegt ihre Wange an das weiche Fell der Katze., Er schmiegte sich in ihre Arme., Sie schmiegt sich in eine warme Decke.

Schmie·re die <-, -n> **1.** *ein Schmiermittel* **2.** *feuchter, klebriger Schmutz* ■ **Schmiere stehen** *(umg.): bei einer unerlaubten Handlung Wache stehen*

schmie·ren <schmierst, schmierte, hat geschmiert> **I.** *mit OBJ* ■ *jmd. schmiert etwas* **1.** *Maschinen oder Geräte mit Öl oder Fett einfetten* Du solltest die Maschine/die Fahrradkette schmieren. ■ **etwas läuft/funktioniert wie geschmiert**: *etwas läuft oder funktioniert ohne Probleme* **2.** *mit etwas bestreichen* Er hatte ihr ein paar Brote geschmiert. **3.** *(abwert.) etwas auf eine Wand oder irgendwohin schreiben, obwohl dies verboten ist* Wer hat diese Parolen an die Wand geschmiert?, Er hat das ganze Buch voll geschmiert. **4.** *(abwert.) bestechen* Der Beamte wurde geschmiert. ■ **jemandem eine schmieren** *(umg.): jmdm. eine Ohrfeige geben* **II.** *ohne OBJ* ■ *etwas schmiert ein Stift, Kugelschreiber oder Füllfederhalter macht Flecken, weil er die Farbe oder Tinte nicht gleichmäßig abgibt* Der Kugelschreiber schmiert. ◆ Getrenntschreibung→R 4.2, R 4.3 voll schmieren, voll geschmiert

Schmie·re·rei die <-, -en> *(umg. abwert.) etwas, das jmd. irgendwohin geschmiert I.3 hat* In der ganzen Stadt findet man diese Schmiererei an den Hauswänden.

Schmier·film der <-(e)s, -e> *eine dünne schmutzige Schicht, die einen Gegenstand bedeckt* Bei Regen bildet sich häufig ein Schmierfilm auf der Windschutzscheibe des Autos und beeinträchtigt die Sicht.

Schmier·fink der <-en/-s, -en> *(umg. abwert.)* **1.** *ein Kind, das nicht schön schreibt* **2.** *ein Kind, das sich oft schmutzig macht, beschmiert* **3.** *jmd., der (politische) Parolen an (Haus-)Wände schreibt oder sprüht*

Schmier·geld das <-(e)s, -er> *(umg. abwert. ≈ Bestechungsgeld)* Die Firma hatte Millionen an Schmiergeldern gezahlt. ◆ -skandal, -zahlung

Schmier·heft das <-(e)s, -e> *ein kleines Buch, in das man Entwürfe und Ideen für einen Aufsatz o.Ä. schreibt*

schmie·rig *Adj.* **1.** *voller feuchtem und klebrigem Schmutz* Der ganze Herd ist schmierig., Nach dem Regen waren die Straßen schmierig. **2.** *(abwert.) auf unehrliche, unangenehme Art freundlich* Kennst du diese schmierigen Typen?

Schmier·mit·tel das <-s, -> *ein Mittel zum Schmieren I.1 von Maschinen oder Geräten*

Schmier·öl das <-s, -e> *Öl zum Schmieren I.1*

Schmier·pa·pier das <-s, -e> *(umg. ≈ Konzeptpapier)*

Schmier·sei·fe die <-> *(kein Plur.) eine einfache Seife*

Schmier·stoff der <-(e)s, -e> *(≈ Schmiermittel)*

Schmier·zet·tel der <-s, -> *(umg. ≈ Notizzettel)*

Schmin·ke die <-, -n> *ein kosmetisches Mittel, zum Beispiel farbige Creme oder Puder, das Frauen auf das Gesicht auftragen, um besser auszusehen*

schmin·ken <schminkst, schminkte, hat geschminkt> *mit OBJ* ■ *jmd. schminkt jmdn./etwas Schminke auftragen* Die Kosmetikerin schminkt ihre Kundin., Sie schminkt ihre Lippen/ihre Augen., Sie schminkt sich regelmäßig (die Lippen/die Augen).

schmir·geln <schmirgelst, schmirgelte, hat geschmirgelt> *mit OBJ* ■ *jmd. schmirgelt etwas ein Objekt mit einer rauen Oberfläche immer wieder kraftvoll über einen Gegenstand führen, um von dessen Oberfläche den Lack, die Farbe o.Ä. in Form von vielen kleinen Partikeln zu entfernen* Wir müssen den Zaun schmirgeln, bevor wir ihn streichen., Ich schmirg(e)le die Farbe vom Holz. ►Schmirgelpapier

Schmiss der <-es> *(kein Plur.)* **1.** *(umg.) Schwung* Die Melodie hat Schmiss. ►schmissig **2.** *im studentischen Verbindungswesen: eine Narbe oder eine Wunde, die von einem Säbelhieb aus einem Zweikampf, der so genannten Mensur, herstammt*

Schmö·ker der <-s, -> *(umg. abwert.) ein dickes Buch, das oft literarisch nicht sehr anspruchsvoll ist*

schmö·kern <schmökerst, schmökerte, hat geschmökert> *ohne OBJ* ■ *jmd. schmökert genussvoll zum Zeitvertreib lesen* Sie liegt auf dem Sofa und schmökert in einem Krimi.

Schmoll·e·cke ■ **sich in die Schmollecke zurückziehen**: *sich beleidigt zurückziehen*

schmol·len <schmollst, schmollte, hat geschmollt> *ohne OBJ* ■ *jmd. schmollt beleidigt schweigen* Ich weiß nicht, was er hat, er schmollt schon seit einigen Stunden.

Schmoll·mund der <-(e)s, Schmollmünder> **1.** *ein Mund mit vollen Lippen* **2.** *zu einem Ausdruck des Schmollens verzogener Mund*

Schmor·bra·ten der <-s, -> KOCH. *ein geschmorter I Rinderbraten*

schmo·ren <schmorst, schmorte, hat geschmort> **I.** *mit OBJ* ■ *jmd. schmort etwas* KOCH. *nach kurzem Anbraten langsam in Brühe gar werden lassen* Sie schmort das Fleisch im eigenen Saft. **II.** *ohne OBJ* **1.** ■ *etwas schmort* KOCH. *nach kurzem Anbraten in Brühe langsam gar werden* Der Braten schmort auf dem Herd. **2.** ■ *jmd. schmort irgendwo* (*umg.*) *der Hitze ausgesetzt sein* Ich habe in der Sauna/in der Sonne geschmort. ■ **jemanden schmoren lassen** (*umg.*): *jmdn. warten lassen* Sie hat mich zwei Stunden schmoren lassen, ehe sie angerufen hat.

Schmor·topf der <-(e)s, Schmortöpfe> *ein Topf, den man zum Schmoren[1] benutzt*

Schmuck der <-(e)s> (*kein Plur.*) **1.** *Gegenstände wie beispielsweise Ringe, Ketten, Ohrringe, die man am Körper trägt, um schöner auszusehen* Sie trägt kostbaren/wertvollen/goldenen/silbernen Schmuck. ◆ Mode- **2.** *alles, was Personen und Dinge schöner macht* Ihr ganzer Schmuck sind ihre wundervollen Haare., Die Blumen tragen viel zum Schmuck des Hauses bei.

schmü·cken <schmückst, schmückte, hat geschmückt> *mit OBJ* **1.** ■ *jmd. schmückt etwas* (*mit etwas DAt.*) *mit bestimmten Dingen dekorativ verschönern* Wir schmücken gerade den Saal (mit Girlanden) für die Feier. **2.** ■ *etwas schmückt etwas etwas verschönert etwas* Girlanden schmückten den Saal.

schmuck·los *Adj. so, dass etwas ohne Schmuck[2] ist und sehr einfach und schlicht aussieht* ein völlig schmuckloser Raum ▶Schmucklosigkeit

Schmuck·stück das <-s, -e> **1.** *ein Gegenstand, wie beispielsweise ein Ring oder eine Kette, den man am Körper trägt, um schöner auszusehen* Sie erbte wertvolle Schmuckstücke. **2.** *ein besonders schöner Gegenstand* (*unter anderen Gegenständen*) Diese Briefmarke ist das Schmuckstück meiner Sammlung.

schmu·de·lig/schmudd·lig *Adj.* (*umg. abwert.*) *schmutzig, verdreckt* Das Lokal machte einen sehr schmuddeligen Eindruck.

Schmu·del·kind das <-(e)s, -er> (*umg. abwert.*) *ein Kind, das schmutzig und ungepflegt aussieht*

Schmu·del·wet·ter das <-s> (*kein Plur.*) (*umg.*) *nasskaltes Wetter* Bei diesem Schmuddelwetter kann man sich leicht erkälten.

Schmug·gel der <-s> (*kein Plur.*) *das Schmuggeln*

schmug·geln <schmuggelst, schmuggelte, hat geschmuggelt> **I.** *mit OBJ* ■ *jmd. schmuggelt jmdn./etwas Personen oder Waren illegal über die Grenze in ein anderes Land bringen* Er schmuggelte Rauschgift in großen Mengen., Er wurde erwischt, als er schmuggelte. ▶Schmuggelware **II.** *mit OBJ* ■ *jmd. schmuggelt* (*jmdm.*) *etwas* (*irgendwohin*) (*umg.*) *heimlich irgendwohin bringen* Sie behauptete, jemand habe ihr die Waffe in die Handtasche geschmuggelt.

Schmugg·ler, Schmugg·le·rin der <-s, -> *jmd., der schmuggelt[1]*

Schmugg·ler·ring der <-(e)s, -e> *eine Gruppe oder Bande von Schmugglern* Der Schmugglerring wurde zerschlagen.

schmun·zeln <schmunzelst, schmunzelte, hat geschmunzelt> *ohne OBJ* ■ *jmd. schmunzelt den Mund zu einem kleinen Lächeln verziehen* Er musste schmunzeln, als er an diese Episode dachte.

Schmus der <-es> (*kein Plur.*) (*umg. abwert.*) *schmeichelnde Worte* Nimm seine Worte nicht ernst – das ist doch alles nur Schmus!

schmu·sen <schmust, schmuste, hat geschmust> *ohne OBJ* ■ *jmd. schmust* (*mit jmdm.*) *Zärtlichkeiten austauschen* mit den Kindern/dem Partner schmusen

Schmutz der <-es> (*kein Plur.*) *Dreck, Unrat* Die Straßen waren voller Schmutz., An deinen Schuhen klebt Schmutz., Ich muss noch den Schmutz zusammenkehren/aufwischen. ■ **jemanden/etwas durch den Schmutz ziehen**: *Schlechtes, die Unwahrheit über jmdn. oder etwas sagen* Sein Name/Seine Familie wurde durch den Schmutz gezogen. ◆ Getrenntschreibung→R 4.3 Schmutz abweisend ◆ -fleck, -lappen, Straßen-

schmutz·ab·wei·send *Adj. so, dass ein Material den Schmutz gar nicht oder nur sehr schwer aufnimmt* ein schmutzabweisender Teppichboden

schmut·zen <schmutzt, schmutzte, hat geschmutzt> *ohne OBJ* ■ *etwas schmutzt schmutzig werden* Helle Kleidung schmutzt leicht.

Schmutz·fink der <-en/-s, -en> (*umg. abwert.*) **1.** *jmd., der etwas schmutzig macht* **2.** *jmd., der* (*in den Augen anderer*) *etwas Unsittliches, Unmoralisches oder Verwerfliches getan hat* Ich möchte nicht wissen, was für Zeitschriften sich dieser Schmutzfink schon wieder gekauft hat.

schmut·zig *Adj.* **1.** *voll Schmutz* Das Hemd/das Fenster ist schmutzig. **2.** (≈ *obszön*) eine schmutzige Fantasie, schmutzige Witze **3.** (≈ *anrüchig*) *illegal* Mit diesen schmutzigen Geschäften will ich nichts zu tun haben.

Schmutz·ti·tel der <-s, -> DRUCKW. *das erste Blatt in einem Buch, auf dem nur der Buchtitel steht*

Schna·bel der <-s, Schnäbel> *der spitze, vorspringende Fortsatz am Kopf von Vögeln* ■ **reden/sprechen, wie einem der Schnabel gewachsen ist** (*umg.*): *das sagen, was einem gerade einfällt*

Schna·bel·schuh der <-(e)s, -e> *ein Schuh mit sehr langer, gebogener Spitze, der im Mittelalter getragen wurde*

Schna·bel·tier das <-(e)s, -e> *ein Säugetier, das Eier legt und vor allem in Australien lebt*

Schna·ke die <-, -n> *eine Stechmücke*

Schnal·le die <-, -n> **1.** *der Verschluss eines Gürtels oder Riemens* **2.** (*umg. abwert.*) *verwendet als Schimpfwort für eine weibliche Person* **3.** (*österr.*) *Klinke*

schnal·len <schnallst, schnallte, hat geschnallt>

mit OBJ **1.** ■ *jmd. schnallt etwas irgendwohin Akk. irgendwo anbringen* Hast du die Skier schon auf den Dachträger des Autos geschnallt?, Ich schnalle mir den Rucksack auf den Rücken. **2.** ■ *jmd. schnallt etwas* (*umg.*) *begreifen* Ich musste es ihm drei Mal erklären, bevor er es endlich schnallte.

Schnal·len·schuh der <-(e)s, -e> *ein Halbschuh, den man mit einer Schnalle[1] schließt*

schnal·zen <schnalzt, schnalzte, hat geschnalzt> *ohne OBJ* ■ *jmd. schnalzt mit etwas Dat. ein lautes, knallendes Geräusch von sich geben* Er schnalzte mit der Zunge/mit den Fingern/mit einer Peitsche.

Schnäpp·chen das <-s, -> (*umg.*) *etwas, das man besonders günstig gekauft hat* Der Hut war ein echtes Schnäppchen. ◆-jagd, -jäger

Schnäpp·chen·füh·rer der <-s, -> *ein kleines Buch, in dem Geschäfte verzeichnet sind, die Schnäppchen anbieten*

schnap·pen <schnappst, schnappte, hat geschnappt> **I.** *mit OBJ* **1.** ■ *jmd./ein Tier schnappt jmdn./etwas/nach jmdm./nach etwas versuchen, jmdn. oder etwas mit dem Maul bzw. den Zähnen zu fassen* Der Hund hat die Wurst/nach der Wurst geschnappt. **2.** ■ *jmd. schnappt jmdn.* (*an etwas Dat.*) *schnell ergreifen* (*und festhalten*) Ich schnappte ihn gerade noch am Ärmel. **3.** (*umg.*) *festnehmen* Die Polizei hat ihn dabei geschnappt, wie er … **II.** *ohne OBJ* ■ *jmd. schnappt nach Luft* (≈ *japsen*) *vor Erschöpfung mit Mühe tief einatmen* Sie schnappte nach Luft.

Schnapp·schuss der <-es, Schnappschüsse> (*umg.*) *ein nicht gestelltes Foto; eine ungezwungene Momentaufnahme, bei der die Beteiligten nicht bestimmte Posen einnehmen* Er hat auf der Party einige nette Schnappschüsse gemacht.

Schnaps der <-es, Schnäpse> *ein Getränk mit sehr hohem Alkoholgehalt* Dieser Schnaps wird aus Obst/Kartoffel/Getreide gebrannt., ein hochprozentiger/starker Schnaps, Korn ist ein klarer Schnaps aus Getreide. ■ **Dienst ist Dienst und Schnaps ist Schnaps** (*umg.*): *verwendet, um auszudrücken, dass man dienstliche und private Angelegenheiten trennen sollte* ◆-flasche, -glas, Anis-, Kartoffel-, Verdauungs-

Schnaps·bren·ne·rei die <-, -en> (*umg.*) *ein Betrieb, der Schnaps herstellt*

Schnaps·dros·sel die <-, -n> (*umg. abwert.*) *jmd., der regelmäßig sehr viel Alkohol trinkt*

Schnaps·i·dee die <-, -n> (*umg.*) *ein unsinniger, verrückter Einfall* Wer ist denn auf diese Schnapsidee gekommen?

Schnaps·zahl die <-, -en> (*scherzh.*) *eine Zahl, die aus mehreren gleichen Ziffern besteht* 666 ist eine Schnapszahl.

schnar·chen <schnarchst, schnarchte, hat geschnarcht> *ohne OBJ* ■ *jmd. schnarcht im Schlaf beim Atmen ein dumpfes, kehliges Geräusch von sich geben*

schnar·ren <schnarrt, schnarrte, hat geschnarrt> *ohne OBJ* ■ *etwas schnarrt ein knarrendes, rasselndes Geräusch von sich geben* Die Klingel schnarrte laut.

schnat·tern <schnatterst, schnatterte, hat geschnattert> *ohne OBJ* ■ *ein Tier schnattert* **1.** (*von Gänsen und Enten*) *schnell aufeinanderfolgende Laute von sich geben* Die Gänse schnattern. **2.** ■ *jmd. schnattert* (*umg.*) *eifrig, erregt* (*über etwas Unwichtiges*) *sprechen* stundenlang mit der Freundin am Telefon schnattern

schnau·ben <schnaubst, schnaubte, hat geschnaubt> *ohne OBJ* ■ *jmd./ein Tier schnaubt* **1.** *geräuschvoll durch die Nase atmen* Das Pferd schnaubt. **2.** *vor Entrüstung außer sich sein* Er schnaubte vor Wut.

schnau·fen <schnaufst, schnaufte, hat geschnauft> *ohne OBJ* ■ *jmd. schnauft* (*umg.*) *schwer atmen* Sie schnaufte angestrengt beim Treppensteigen.

Schnauz der <-es, Schnäuze> (*schweiz.*) *Schnurrbart*

Schnauz·bart der <-(e)s, Schnauzbärte> *kräftiger Schnurrbart*

Schnau·ze die <-, -n> **1.** *das lange Maul mancher Tiere, das mit der Nase verbunden ist* Der Hund hat eine lange/spitze Schnauze. **2.** (*vulg.*) *Mund* Halt die Schnauze! ■ **die Schnauze voll haben** (*umg.*): *keine Lust mehr haben, die Geduld verlieren*

schnau·zen <schnauzt, schnauzte, hat geschnauzt> *mit OBJ/ohne OBJ* ■ *jmd. schnauzt* (*, dass..*) (*umg.*) *schimpfen* „Pass doch auf", schnauzte sie., Er schnauzt ständig beim Autofahren.

schnäu·zen <schnäuzt, schnäuzte, hat geschnäuzt> *mit SICH* ■ *jmd. schnäuzt sich* (*die Nase*) *durch kräftiges Ausblasen von Luft die Nase reinigen* sich die Nase schnäuzen

Schnau·zer der <-s, -> **1.** *eine Hunderasse mit relativ kurzem Fell und einer Art Schnauzbart* **2.** (*umg.*) *Schnauzbart*

Schne·cke die <-, -n> *ein Weichtier ohne Beine mit zwei Fühlern auf dem Kopf, das sich sehr langsam bewegt* Die Schnecken haben alle Salatpflänzchen im Garten aufgefressen. ■ **jemanden zur Schnecke machen** (*umg.*): *jmdn. heftig ausschimpfen*

schne·cken·för·mig <nicht steig.> *Adj. so, dass etwas wie ein Schneckenhaus geformt ist; spiralförmig*

Schne·cken·haus das <-es, Schneckenhäuser> *aus Kalk bestehendes, spiralförmiges Gebilde, das manche Schnecken auf dem Rücken tragen* ■ **sich in sein Schneckenhaus zurückziehen** (*umg.*): *sich von anderen Menschen zurückziehen*

Schne·cken·tem·po das <-s> (*kein Plur.*) (*umg.*) *extrem langsames Tempo* Die Straßen waren so glatt, dass wir nur im Schneckentempo fahren konnten.

Schnee der <-s> (*kein Plur.*) *der weiße Niederschlag aus gefrorenem Wasser in Form von Schneeflocken, der besonders im Winter fällt* Über Nacht ist Schnee gefallen., Auf den Pisten liegt frisch gefallener/verharschter/pappiger/nasser Schnee., Der Schnee taut/bleibt liegen/bedeckt die Dächer/wird von der Sonne aufgeleckt/glitzert in der Sonne/liegt einen halben Meter hoch. ■ **Schnee von gestern/vom letzten/vom vergangenen Jahr** (*umg.*): *etwas, das niemanden mehr interessiert* ◆ Neu-, Pulver-

Schnee·ball der <-s, Schneebälle> *zu einer kleinen Kugel geformter Schnee*

Schnee·ball·schlacht die <-, -en> *ein Spiel, bei dem man sich mit Schneebällen bewirft*

Schnee·be·sen der <-s, -> *ein Küchengerät zum Rühren*

Schnee·brett das <-(e)s, -er> *eine Lawinenart* Der Skiwanderer hatte ein Schneebrett losgetreten.

Schnee·de·cke die <-> (*kein Plur.*) *eine Schicht aus Schnee, die den Boden bedeckt* Auf der Fahrbahn lag eine geschlossene Schneedecke.

Schnee·fall der <-(e)s, Schneefälle> (*meist Plur.*) *Niederschlag in Form von Schnee* Wegen der anhaltenden Schneefälle hat sich die Lawinengefahr drastisch erhöht.

Schnee·flo·cke die <-, -n> *ein einzelnes Gebilde aus Schneekristallen*

Schnee·frä·se die <-, -n> *ein Gerät, das den Schnee von der Straße entfernt, indem es ihn zur Seite schleudert*

Schnee·glät·te die <-> (*kein Plur.*) *glatte Straßen, die durch nicht geräumten, festgefahrenen Schnee verursacht werden*

Schnee·glöck·chen das <-s, -> *eine weiße Frühlingsblume, die als eine der ersten Blumen im Jahr blüht und deren Blüten in ihrer Form an kleine Glocken erinnern*

Schnee·ka·no·ne die <-, -n> *ein Gerät, das künstlichen Schnee erzeugt*

Schnee·ket·te die <-, -n> (*meist Plur.*) *über Autoreifen gezogene Vorrichtung aus Metallketten, die das Fahren auf Schnee erleichtern*

Schnee·kö·nig ■ **sich freuen wie ein Schneekönig** (*umg.*): *sich sehr freuen*

Schnee·mann der <-(e)s, Schneemänner> *aus Schnee geformte Figur* Die Kinder haben im Garten einen Schneemann gebaut.

Schnee·mo·bil das <-s, -e> *ein schweres, mit Ketten versehenes Fahrzeug, mit dem man bei sehr viel Schnee fahren kann*

Schnee·pflug der <-(e)s, Schneepflüge> **1.** *ein Gerät, mit dem man Schnee von den Straßen räumt* **2.** (*kein Plur.*) *eine Technik beim Skifahren, bei der die Skispitzen sich vorne berühren, so dass man besonders langsam fährt*

Schnee·rau·pe die <-, -n> (≈ *Schneemobil*)

Schnee·re·gen der <-s> (*kein Plur.*) *mit Schnee vermischter Regen*

Schnee·schau·er der <-s, -> *kurzer, sehr heftiger Schneefall*

Schnee·schau·fel die <-, -n> *eine sehr breite Schaufel[1], mit der man Schnee von der Straße entfernt*

Schnee·schmel·ze die <-> (*kein Plur.*) *das Schmelzen des Schnees im Frühjahr* Die Schneeschmelze im Frühjahr lässt Bäche und Flüsse anschwellen.

Schnee·schuh der <-(e)s, -e> *ein großer, geflochtener Rahmen, den man unter dem Schuh befestigt, um bei tiefem Schnee nicht einzusinken*

schnee·si·cher <nicht steig.> *Adj. so, dass es in einer Gegend im Winter sehr viel schneit und man dort Skifahren kann* Diese Region wird von Wintersportlern bevorzugt, da sie sehr schneesicher ist.

Schnee·sturm der <-(e)s, Schneestürme> *ein Sturm, bei dem es stark schneit*

Schnee·trei·ben das <-s> (*kein Plur.*) *heftiger Schneefall, der von starkem Wind begleitet wird*

Schnee·ver·hält·nis·se <-> *Plur. die Menge und Beschaffenheit des Schnees, der an einem Ort gefallen ist* Aufgrund der guten Schneeverhältnisse sind in den meisten Skigebieten Abfahrten bis ins Tal möglich.

Schnee·ver·we·hung die <-, -en> (*an bestimmten Stellen*) *vom Wind zusammengewehter und aufgehäufter Schnee* Die Straße war wegen der Schneeverwehungen nicht passierbar.

Schneewe·he die <-, -n> (≈ *Schneeverwehung*)

schnee·weiß <nicht steig.> *Adj. von hellem, reinen Weiß*

Schnee·witt·chen das <-s> (*kein Plur.*) *eine Märchenfigur, die hinter den sieben Bergen bei den sieben Zwergen lebt*

Schnee·zaun der <-(e)s, Schneezäune> *ein Zaun, der Straßen oder Grundstücke vor Schneeverwehungen schützt*

Schneid der <-(e)s> (*kein Plur.*) *Tatkraft, Mut* Sie hat Schneid (bewiesen). ■ **jemandem den Schneid abkaufen**: *jmdm. den Mut nehmen*

Schnei·de die <-, -n> *die scharfe Seite einer Klinge*

schnei·den <schneidest, schnitt, hat geschnitten> **I.** *mit OBJ* **1.** ■ *jmd. schneidet etwas mit einem Messer, einer Schere o.Ä. etwas in einzelne Teile zergliedern* Ich schneide Brot in Scheiben/Wurst in Stücke/Käse in Würfel. **2.** ■ **Fingernägel/Haare schneiden**: *Fingernägel oder Haare kürzen* Die Mutter schneidet sich und ihrem Kind die Fußnägel., Sie schneidet ihrem Freund die Haare. **3.** ■ *jmd. schneidet etwas aus etwas Da16.12.03t. durch Schneiden[1] bewirken, dass ein Rohstoff in eine bestimmte Form gebracht wird* Mit dieser Maschine kann man Bretter aus Baumstämmen schneiden., aus Pappkarton Figuren schneiden **4.** ■ *jmd. schneidet jmdn. jmdm. eine Schnittwunde beibringen* Der Friseur hatte ihn beim Rasieren geschnitten. **5.** ■ *jmd. schneidet etwas* (≈ *cutten*) Der Film muss erst noch geschnitten werden. **6.** ■ *jmd. schneidet etwas/eine Kurve* (*eine Kurve*) *nicht ausfahren* Das Motorrad hatte die Kurve geschnitten., Der Fahrer hat mich beim Überholen geschnitten. **7.** ■ *jmd. schneidet jmdn. jmdn., der unerwünscht ist, absichtlich übersehen* Seit diesem Vorfall schneiden ihn seine Kollegen. ■ **Grimassen schneiden**: *das Gesicht zu*

Grimassen verziehen Musst du immer solche Grimassen schneiden? **II.** *ohne OBJ* ■ *etwas schneidet* (*irgendwie*) *für das Schneiden I.1 in der genannten Weise geeignet sein* Das Messer schneidet gut/schlecht.

Schnei·der, **Schnei·de·rin** der <-s, -> *ein Handwerker, der Maßbekleidung aus Stoff anfertigt* ■ **frieren wie ein Schneider** (*umg.*): *sehr frieren* **aus dem Schneider sein** (*umg.*): *das Schlimmste überstanden haben* ►Schneiderei, schneidern ◆ Maß-

Schnei·der·sitz der <-es> (*kein Plur.*) *das Sitzen mit gekreuzten Beinen*

Schnei·de·zahn der <-(e)s, Schneidezähne> *einer der vorderen Zähne im Gebiss*

schnei·dig *Adj.* (≈ *flott*) *mit einer attraktiven Erscheinung* Er ist ein schneidiger Bursche.

schnei·en <schneit, schneite, hat geschneit> *mit ES* ■ *es schneit Schnee fällt vom Himmel* Es hat die ganze Nacht geschneit.

Schnei·se die <-, -n> *ein Geländeabschnitt, wo Bäume gefällt wurden* Der Orkan hat eine Schneise durch den Wald geschlagen. ◆ Einflug-

schnell *Adj.* **1.** (↔ *langsam*) *mit hoher Geschwindigkeit* Er spricht/läuft/fährt schnell. **2.** *so, dass es innerhalb kurzer Zeit geschieht* Sie hat einen schnellen Entschluss gefasst., Wir waren überraschend schnell fertig., Er findet sich schnell zurecht. **3.** *so, dass es eine hohe Geschwindigkeit ermöglicht* Sie haben sich ein schnelles Boot/Auto gekauft., Ich brauche einen schnelleren Computer. **4.** (*umg.*) *so, dass man es ohne großen Zeitaufwand erworben hat* Er hat das schnelle Geld gemacht. **5.** (≈ *rasch*) *zügig, flott* Jetzt ist schnelles Handeln erforderlich. ■ **auf die Schnelle** (*umg.*): *sehr rasch, ohne Anstrengung* Sie wollte auf die Schnelle noch einen Brief schreiben., Wo bekomme ich auf die Schnelle noch Karten für dieses Konzert?

Schnell·bahn die <-, -en> (≈ *S-Bahn*) *ein schneller elektrischer Zug, der in Großstädten und ihrer Umgebung fährt*

Schnell·boot das <-(e)s, -e> MILIT. *ein kleineres, schnelles Kriegsschiff*

Schnell·ein·greif·trup·pe die <-, -n> MILIT. *eine Truppe, die für besondere Einsätze in Krisengebieten zusammengestellt wird*

schnel·len <schnellst, schnellte, ist geschnellt> *ohne OBJ* ■ *etwas schnellt irgendwohin* **1.** *sich schnell und plötzlich irgendwohin bewegen* Der Frosch schnellte aus dem Wasser. **2.** *schnell und plötzlich ansteigen* Die Aktienkurse schnellten in die Höhe.

Schnell·feu·er·waf·fe die <-, -n> *eine Waffe, die mit einer besonderen Vorrichtung ausgestattet ist, so dass die einzelnen Schüsse sehr schnell aufeinander folgen*

Schnel·lig·keit die <-> (*kein Plur.*) (↔ *Langsamkeit*) *hohe Geschwindigkeit*

Schnell·im·biss der <-es, -e> *eine Verkaufsstelle, wo man kleinere Gerichte schnell erhält und dort im Stehen verzehrt*

Schnell·koch·topf der <-(e)s, Schnellkochtöpfe> *ein dicht verschließbarer Kochtopf, in dem Speisen unter hohem Dampfdruck schnell garen*

schnell·le·big *Adj. so, dass viele Veränderungen in rascher Folge dafür kennzeichnend sind* Wir leben in einer sehr schnelllebigen Zeit.

schnells·tens *Adv.* (≈ *baldmöglichst*) Ich brauche schnellstens eine neue Wohnung.

schnellst·mög·lich *Adv. so schnell wie möglich* Das Geld muss schnellstmöglich überwiesen werden.

Schnell·stra·ße die <-, -n> *eine gut ausgebaute Straße für schnellen Autoverkehr*

schnell·trock·nend <nicht steig.> *Adj. so, dass ein Material besonders schnell trocken wird*

Schnell·ver·fah·ren das <-s, -> **1.** *eine besonders schnelle Produktion* **2.** RECHTSW. *ein Gerichtsverfahren, bei dem die schriftliche Anklage fehlt* etwas im Schnellverfahren erledigen, jemanden im Schnellverfahren aburteilen

Schnell·zug der <-(e)s, Schnellzüge> *ein Eisenbahnzug, der nur an den wichtigsten Bahnhöfen anhält und deshalb sein Ziel schneller als andere Züge erreicht*

Schnep·fe die <-, -n> **1.** *ein Sumpfvogel* **2.** (*umg. abwert.*) *verwendet als Schimpfwort für eine weibliche Person*

Schnick·schnack der <-(e)s> (*kein Plur.*) (*umg. abwert.*) *wertloses oder überflüssiges Zeug* In seiner Wohnung liegt überall irgendwelcher Schnickschnack herum.

schnie·fen *ohne OBJ* ■ *jmd. schnieft* (*umg.*) *die Luft geräuschvoll durch die Nase einziehen* Sie schnieft, weil sie Schnupfen hat.

Schnipp·chen ■ **jemandem ein Schnippchen schlagen** (*umg.*): *jmdm. einen Streich spielen, jmds. Absicht* (*in scherzhafter Weise*) *durchkreuzen*

schnip·peln <schnippelst, schnippelte, hat geschnippelt> *mit OBJ/ohne OBJ* ■ *jmd. schnippelt* (*etwas*) (*umg.*) *etwas* (*ab*)*schneiden* Wir haben Bohnen geschnippelt., Wer hat an der Wurst geschnippelt?

schnip·pen <schnippst, schnippte, hat geschnippt> **I.** *mit OBJ* ■ *jmd. schnippt etwas mit einer kurzen Bewegung bewirken, dass etwas von etwas herabfällt* Er schnippt die Asche der Zigarette in den Aschenbecher. **II.** *ohne OBJ* ■ *jmd. schnippt* (*mit den Fingern*) *ein bestimmtes Geräusch erzeugen, indem man zwei Finger gegeneinander reibt* mit den Fingern schnippen

schnip·pisch *Adj.* (*abwert.*) *kurz angebunden und respektlos; frech* eine schnippische Bemerkung

Schnip·sel der <-s, -> *ein kleines Stückchen Papier oder Stoff*

schnip·seln <schnipselst, schnipselte, hat geschnipselt> *mit OBJ/ohne OBJ* ■ *jmd. schnipselt* (*etwas*) (*umg.*) *schneiden* Wer hat an der Zeitung geschnipselt?

schnip·sen <schnipst, schnipste, hat geschnipst> **I.** *mit OBJ* ■ *jmd. schnipst etwas Akk. schnippen I* **II.** *ohne OBJ* ■ *jmd. schnipst* (*mit den Fingern*) *schnippen II*

Schnitt der <-(e)s, -e> **1.** *das Schneiden* Er teilte die Birne mit einem Schnitt., einen Ast mit einem Schitt vom Baum abtrennen **2.** MED. *Einschnitt* Der kleine/lange/tiefe Schnitt ist inzwischen gut verheilt. **3.** *die Art, wie etwas gestaltet oder angelegt ist* Das Kleid hat einen flotten Schnitt., Die Wohnung besitzt einen großzügigen Schnitt. **4.** *das Schneiden von Filmen* Der Cutter ist für den Schnitt des Films verantwortlich. **5.** (≈ *Schnittmuster*) Die Handarbeitszeitschrift enthält einige Schnitte. **6.** (≈ *Querschnitt, Längsschnitt*) Ein waagerechter/senkrechter Schnitt zeigt den inneren Aufbau des Organs. **7.** (*umg.* ≈ *Durchschnitt*) Was verdient man hier im Schnitt? **8.** *Durchschnittsgeschwindigkeit* Mit einem Schnitt von 40 km/h war das heute eine schnelle Etappe.

Schnitt·blu·me die <-, -n> (*meist. Plur.*) (↔ *Topfblume*) *frisch geschnittene Blume*

Schnit·te die <-, -n> (*landsch.*) (*belegte*) *Scheibe Brot*

Schnitt·flä·che die <-, -n> **1.** *Fläche, die von einem Schnitt*[1] *herrührt* Das Brot schimmelt an der Schnittfläche. **2.** MATH. *alle gemeinsamen Punkte zweier geometrischer Körper*

schnit·tig *Adj. elegant und sportlich* ein schnittiger Wagen

Schnitt·kä·se der <-s> (*kein Plur.*) *in Scheiben geschnittener Käse*

Schnitt·lauch der <-(e)s> (*kein Plur.*) *ein grünes Küchengewürz, dessen lange, dünne Stiele wie Gras aussehen*

Schnitt·men·ge die <-, -n> MATH. *die Menge der Elemente, die zwei oder mehreren Mengen gleichzeitig angehören*

Schnitt·mus·ter das <-s, -> *Muster, nach dem Teile eines Kleidungsstücks geschnitten werden* In der Modezeitschrift waren viele Scnittmuster abgedruckt.

Schnitt·punkt der <-(e)s, -e> MATH. *ein Punkt, in dem sich zwei Geraden oder Linien schneiden*

Schnitt·stel·le die <-, -n> (EDV: ≈ *Port*) *eine Verbindungsstelle für den Datenaustausch zwischen einzelnen Geräten*

Schnitt·ver·let·zung die <-, -en> (≈ *Schnittwunde*) *Schnitt*[2]

Schnit·zel[1] das <-s, -> *eine größere Scheibe Fleisch, die man brät* ein paniertes Schnitzel ◆ Kalbs-, Jäger-, Puten-, Schweine-, Zigeuner-

Schnit·zel[2] das <-s, -> (≈ *Fetzen*) *ein* (*kleines*) *Papierstückchen*

Schnit·zel·jagd die <-, -en> *ein Kinderspiel, bei dem man jmdn. oder etwas* (*z.B. einen Schatz*) *im Freien mittels einer Spur von Schnitzeln*[2] *sucht*

schnit·zen <schnitzt, schnitzte, hat geschnitzt> *mit OBJ/ohne OBJ* ■ *jmd. schnitzt* (*etwas*) *Gegenstände aus Holz herausarbeiten* Er schnitzt Figuren., Sie schnitzt in ihrer Freizeit.

Schnit·zer, **Schnit·ze·rin** der <-s, -> **1.** *jmd., der* (*beruflich*) *schnitzt* ◆ Holz- **2.** (*umg.*) *Fehler* Das war aber ein grober Schnitzer.

schnö·de *Adj.* (*geh. abwert.*) *erbärmlich, verachtenswert* Sie tat es um des schnöden Mammons willen.

Schnor·chel der <-s, -> *ein Rohr, das beim Tauchen nahe der Wasseroberfläche aus dem Wasser ragt und durch das man atmen kann* ►schnorcheln

Schnör·kel der <-s, -> *geschwungene, bogenförmige Verzierung* eine Kommode mit vielen Schnörkeln, Ich erkenne ihre Schrift an den Schnörkeln. ►schnörk(e)lig

schnör·kel·los *Adj. sehr sachlich und schlicht* ein schnörkelloser Stil, eine schnörkellose Sprache/Formulierung

schnor·ren <schnorrst, schnorrte, hat geschnorrt> *mit OBJ/ohne OBJ* ■ *jmd. schnorrt* (*etwas*) (*umg. abwert.*) *um Kleinigkeiten betteln* Er schnorrte den ganzen Abend Zigaretten., Sie schnorrt ständig bei ihren Freunden. ►Schnorrer

Schnö·sel der <-s, -> (*umg. abwert.*) (*junger*) *arroganter Mann*

schnu·cke·lig/schnuck·lig *Adj.* (*umg.*) *niedlich, hübsch und klein* ein schnuckeliges Kind, eine schnuckelige Wohnung in der Altstadt

Schnüf·fe·lei die <-, -en> (*umg. abwert.*) **1.** (*meist Sing.*) (*umg. abwert.*) *fortwährendes Schnüffeln I.2* Seine Schnüffelei hatte fast ihre Ehe zerstört. **2.** (*kein Plur.*) (*umg.*) *ständiges Schnüffeln II*

schnüf·feln <schnüffelst, schnüffelte, hat geschnüffelt> **I.** *ohne OBJ* **1.** ■ *ein Tier schnüffelt* (≈ *schnuppern*) *an etwas riechen* Der Hund schnüffelt an einem Baum. **2.** ■ *jmd. schnüffelt irgendwo* (*umg. abwert.*) *im Privatbereich von jmdm. heimlich etwas suchen* Woher willst du wissen, dass sie während deiner Abwesenheit nicht in deinem Zimmer geschnüffelt hat? **II.** *mit OBJ/ohne OBJ* ■ *jmd. schnüffelt* (*etwas*) (*umg.*) (*als Drogenersatz*) *an Klebstoffen riechen, um sich zu berauschen* Er schnüffelt Alleskleber., Viele Jugendliche in diesem Viertel schnüffeln.

Schnüff·ler, **Schnüff·le·rin** der <-s, -> **1.** (*umg. abwert.*) *jmd., der schnüffelt I.2* **2.** (*umg.*) *jmd., der schnüffelt II*

Schnul·ler der <-s, -> (*umg.*) *eine Art kleiner Sauger, den man Säuglingen in den Mund steckt* (*um sie zu beruhigen*)

Schnul·ze die <-, -n> (*umg. abwert.*) *rührseliger, kitschiger Schlager oder Film ohne künstlerischen Wert*

Schnup·fen der <-s, -> *eine Erkältungskrankheit, bei der sich Flüssigkeit in der Nase ansammelt und die meist mit Husten und Verschleimung der Atemwege verbunden ist* Es ist kein Wunder, wenn man sich bei diesem Wetter einen Schnupfen holt. ►verschnupft ◆ -mittel, Heu-

schnup·fen <schnupfst, schnupfte, hat geschnupft> *mit OBJ/ohne OBJ* ■ *jmd. schnupft* (*etwas*) *etwas beim Einatmen in die Nase ziehen* Er schnupft., Er schnupft Tabak/Kokain.

Schnupf·ta·bak der <-s, -e> *Tabak, der nicht geraucht, sondern geschnupft wird*

schnup·pe <nicht steig.> *Adj.* ■ **etwas ist jemandem schnuppe** (*umg.*): *etwas ist jmdm. gleichgültig* Das ist mir doch schnuppe!

Schnup·per·leh·re die <-> (*kein Plur.*) (*umg.*) *kurzes Praktikum in einem Betrieb, bei dem Jugendliche Einblicke in einen Beruf gewinnen können*

schnup·pern <schnupperst, schnupperte, hat geschnuppert> *ohne OBJ* ■ *jmd./ein Tier schnuppert* (*an etwas*) (*umg.*) *prüfend den Geruch von etwas einziehen* Die Frau schnupperte an der Parfümflasche., Der Hund hat nur am Fressen geschnuppert.

Schnur die <-, Schnüre> *ein langes, dünnes Gebilde, das aus Fasern, Fäden o.Ä. gewoben ist und das man z.B. braucht, um etwas zuzubinden* Wir sollten das Paket sicherheitshalber mit einer Schnur zusammenbinden. ◆ Hut-, Paket-

Schnür·band das <-(e)s, Schnürbänder> (*norddt.*) *Schnürsenkel*

Schnür·chen ■ **wie am Schnürchen** (*umg.*): *völlig reibungslos und ohne Probleme* Der Umzug klappte wie am Schnürchen.

schnü·ren <schnürst, schnürte, hat geschnürt> *mit OBJ* ■ *jmd. schnürt etwas zubinden, zusammenbinden* Sie schnürt ihrem kleinen Sohn die Schuhe., Er schnürt ein Paket., Man schnürte das Reisig zu Bündeln.

schnur·ge·ra·de <nicht steig.> *Adj.* (*umg.*) *ohne Kurven* Wir fuhren lange Zeit auf einer schnurgeraden Straße.

schnur·los <nicht steig.> *Adj. ohne Kabel* ein schnurloses Telefon

Schnurr·bart der <-(e)s, Schnurrbärte> *oberhalb der Oberlippe wachsender Bart* (*bei Männern*) ▶schnurrbärtig

schnur·ren <schnurrt, schnurrte, hat geschnurrt> *ohne OBJ* ■ *ein Tier schnurrt ein gleichförmiges, tiefes Geräusch von sich geben* Die Katze schnurrt vor Wohlbehagen.

Schnür·schuh der <-s, -e> *ein Schuh, den man schnürt*

Schnür·sen·kel der <-s, -> (*landsch.*) *eine dünne Schnur, mit der ein Schnürschuh zugebunden wird*

schnur·stracks *Adv.* (≈ *sofort*) *auf direktem Weg und ohne sich mit etwas aufzuhalten* Nach der Arbeit bin ich schnurstracks nach Hause gegangen.

Schnu·te die <-, -n> **1.** (*norddt. umg.*) *Mund* **2.** (*umg.*) *ein verdrossener, enttäuschter Gesichtsausdruck* eine Schnute ziehen

Scho·ber der <-s, -> **1.** (*süddt. österr.*) *eine kleine Hütte auf dem Feld, in der man Heu und Stroh lagert* **2.** (*süddt. österr.*) *Heuhaufen*

Schock der <-s, -s/-e> **1.** *eine seelische Erschütterung, die durch ein plötzliches und unangenehmes Ereignis ausgelöst wird* Die Kündigung war ein Schock für ihn. ▶geschockt **2.** MED. *ein akutes Kreislaufversagen* Das Unfallopfer stand unter Schock.

Schock·far·be die <-, -n> (*umg.*) *eine Farbe, die so hell und intensiv ist, dass es für den Betrachter unangenehm ist*

scho·ckie·ren <schockierst, schockierte, hat schockiert> *mit OBJ* ■ *jmd./etwas schockiert jmdn. in* (*sittliche*) *Entrüstung versetzen* Seine ausfallenden Bemerkungen hatten alle Anwesenden schockiert.

Schock·the·ra·pie die <-, -n> **1.** MED. *die medizinische Behandlung eines Schocks[2]* **2.** PSYCH. *ein Verfahren zur Behandlung von seelisch Kranken, bei dem der Arzt bewusst einen Schock[2] bei den Patienten auslöst*

scho·fel <schofler, am schofelsten> *Adj.* (*umg. abwert.*) *schäbig, schändlich* Er hat sich ihr gegenüber sehr schofel verhalten.

scho·f(e)·lig <schof(e)liger, am schof(e)ligsten> *Adj.* (*umg. abwert.*) *schofel*

Schöf·fe, **Schöf·fin** der <-n, -n> RECHTSW. *jmd., der gemeinsam mit den Richtern ein Urteil fällt, aber selbst kein Jurist ist* ▶-ngericht

Scho·ko·la·de die <-, -n> **1.** *eine mit Zucker vermischte Kakaomasse* ein Riegel/eine Tafel Schokolade ◆-nriegel, -ntorte, Bitter-, Nuss-, Vollmilch- **2.** *ein Getränk aus Milch und Schokolade[1]* Sie trank eine heiße Schokolade.

Schol·le[1] die <-, -n> *ein flacher, essbarer Fisch* ◆-nfilet

Schol·le[2] die <-, -n> *ein relativ großes Stück Eis oder Erde* ◆ Eis-

schon **I.** *Adv.* **1.** (≈ *bereits*) *verwendet, um auszudrücken, dass etwas schneller als erwartet eintritt* Die Gäste sind schon da., Er war schon nach zwei Wochen mit der Arbeit fertig. **2.** *verwendet, um auszudrücken, dass zwei Vorgänge sehr kurz hintereinander ablaufen* Das Licht in der Halle erlosch und schon begann die Band zu spielen. **3.** *verwendet, um Erstaunen oder Unmut darüber auszudrücken, dass das Genannte mehr* (*an Zahl, Menge oder Ausmaß*) *darstellt als vermutet bzw. geschätzt wurde* Das Kind ist schon acht Jahre alt., Sie sind jetzt schon der Hundertste, der mich das fragt., Ich habe schon mehr als fünfzig Fehler gefunden. **4.** *verwendet, um auszudrücken, dass weniger notwenig ist als manche meinen* Ein gutes Rennrad bekommt man heute schon für unter 1000 Euro. **5.** *so, dass es von jmdm. stammt, der vor langer Zeit gelebt hat* Schon Aristoteles sagte, dass … **6.** *verwendet, um zu betonen, dass allein das Genannte genügt* (*um etwas auszulösen*) Schon der bloße Gedanke daran ekelt mich an. **II.** *Partikel* **1.** *verwendet, um eine Aussage zu verstärken* Du wirst schon sehen! **2.** (≈ *endlich*) *verwendet, um Ungeduld auszudrücken* Nun komm schon! **3.** (≈ *zwar*) *verwendet, um eine Einschränkung einzuleiten* Sie ist schon intelligent, nur stört mich ihre forsche Art. **4.** (≈ *bestimmt*) *verwendet, um die Wahrscheinlichkeit einer Aussage zu betonen* Sie wird schon anrufen. **5.** *verwendet, um auszudrücken, dass man jmdn. oder etwas wenig schätzt* Was du schon weißt! **6.** ■ *schon …, dann … verwendet, um eine bestimmte Forderung einzuleiten* Wenn ich mich schon dafür hergebe, dann will ich auch ordentlich bezahlt werden.

schön *Adj.* **1.** *so, dass es jmdm. gefällt* Sie ist eine schöne Frau., Er hat einen schönen Garten. **2.** *so, dass das Wetter trocken und sonnig (und warm) ist* Heute ist ein schöner Sommertag. **3.** (≈ *nett*) *anständig und angemessen* Es wäre schön, wenn ihr sie im Krankenhaus besuchen würdet. **4.** (≈ *beträchtlich*) Achtzig Jahre sind ein schönes Alter., Hunderttausend Euro sind eine schöne Stange Geld. **5.** (*iron.*) *unerfreulich* Das ist ja eine schöne Bescherung!, Das sind wirklich schöne Aussichten! **6.** *zur Verstärkung einer Aufforderung* Immer schön langsam!, Passt schön auf! ■ **wie man so schön sagt/wie es so schön heißt** (*umg. oft iron.*): *wie man oft (mit einem Sprichwort) sagt* ◆ Großschreibung→R 3.4, R 3.7 die Schönste unter ihnen, der Schönste der Schönen, die Welt des Schönen, das Gefühl für das Schöne und Gute, etwas Schönes, nichts Schöneres; Groß- oder Kleinschreibung→R 3.9 aufs Schönste/schönste übereinstimmen; Getrenntschreibung→R 4.2 Er will das schöner machen als du., schön/schöner färben, schön/schöner sein, schön/schöner reden, schön/schöner singen, schön/schöner schreiben, schön/schöner werden; Zusammenschreibung →R 4.11 schönfärben (beschönigen), schönreden (schmeicheln), schönschreiben (in Schönschrift schreiben), schöntun (schmeicheln, schöne Worte machen)

Schon·be·zug der <-(e)s, Schonbezüge> *ein Stück Stoff, das man über bestimmte Gegenstände spannt, um diese vor Schmutz zu schützen* Ich habe neue Schonbezüge für die Autositze gekauft.

scho·nen <schonst, schonte, hat geschont> **I.** *mit OBJ* ■ *jmd. schont jmdn./etwas jmdn. oder etwas rücksichtsvoll behandeln* Der Trainer schont seine Spieler., Der Sänger schont seine Stimme., Wir haben die Polstermöbel stets geschont., Diese Nachricht müssen wir ihr schonend beibringen. **II.** *mit SICH* ■ *jmd. schont sich sich nur wenig belasten* Er schonte sich etwas nach der Krankheit.

schön·fär·ben *mit OBJ* ■ *jmd. färbt etwas schön* (*abwert.* ≈ *beschönigen*) *etwas allzu günstig darstellen* Das hat er aber schöngefärbt, in Wirklichkeit ist alles viel schlimmer. ►Schönfärberei

schön·geis·tig <nicht steig.> *Adj. die Kunst betreffend*

Schön·heit die <-, -en> **1.** (*kein Plur.*) *die Eigenschaft, dass jmd. oder etwas schön[1] ist* Wir bewunderten die Schönheit der Landschaft. ◆ -spflege **2.** *eine Frau, die schön[1] ist* Sie ist eine Schönheit.

Schön·heits·chirurg der <-en, -en> *ein Facharzt für Schönheitsoperationen*

Schön·heits·farm die <-, -en> *eine Einrichtung, in der man sich umfassend kosmetisch behandeln lassen kann*

Schön·heits·feh·ler der <-s, -> *ein kleiner Makel an jmdm. oder etwas*

Schön·heits·i·de·al das <-s, -e> *die verbreitete Meinung darüber, wann jmd. oder etwas schön ist* das Schönheitsideal des antiken Griechenland

Schön·heits·kö·ni·gin die <-, -nen> (*umg.*) *die Gewinnerin eines Schönheitswettbewerbs*

Schön·heits·o·pe·ra·ti·on die <-, -en> *eine kosmetische[1] Operation, bei der Schönheitsfehler oder Fehlbildungen im Gesicht oder am Körper beseitigt werden*

Schon·kost die <-> (*kein Plur.*) *besonderes Essen für Kranke oder Genesende, das den Magen wenig belastet*

Schön·ling der <-s, -e> (*umg. abwert.*) *ein attraktiver junger Mann, der allzu viel Wert auf sein Aussehen legt*

schön·re·den *mit SICH* ■ *jmd. redet sich etwas schön* (*abwert.*) *sich selbst einreden, dass etwas gut sei* Das hast du aber schöngeredet. *siehe aber auch* **schön**

schön·trin·ken *mit SICH* ■ *jmd. trinkt sich etwas schön* (*umg. abwert.*) *sich durch Alkoholgenuss in eine gute Stimmung bringen und dann sogar Gefallen an etwas finden, das einem in nüchternem Zustand überhaupt nicht gefällt*

schön·tun <tust schön, tat schön, hat schöngetan> *ohne OBJ* ■ *jmd. tut jmdm. schön* (*abwert.* ≈ *schmeicheln*)

Scho·nung[1] die <-> (*kein Plur.*) *die vorsichtige Behandlung von etwas* Sein Magen verlangt Schonung. ►schonungslos

Scho·nung[2] die <-, -en> *ein Waldgebiet mit jungen Bäumen*

Schon·zeit die <-, -en> *die bestimmte Zeit im Jahr, während der bestimmte Arten von Wild nicht gejagt werden dürfen*

Schopf der <-(e)s, Schöpfe> **1.** *dichtes Kopfhaar* ■ **die Gelegenheit beim Schopfe fassen** (*umg.*): *die Gelegenheit nutzen* **2.** (*schweiz.*) *Schuppen, Nebengebäude*

Schopf·bra·ten der <-s, -> (*österr.*) *Schweinebraten vom Nacken*

schöp·fen <schöpfst, schöpfte, hat geschöpft> *mit OBJ* ■ *jmd. schöpft etwas aus etwas Dat.* **1.** *irgendwo Flüssigkeit mit einem Behälter herausholen* Wir schöpften mit Eimern Wasser aus dem Boot. ►Schöpfkelle, Schöpflöffel **2.** (*geh.*) (*Kraft oder Wissen*) *aus etwas für sich erhalten* In der schweren Zeit konnte sie viel Kraft aus ihrem Glauben schöpfen.

Schöp·fer[1] der <-s, -> **1.** *jmd., der etwas Wichtiges geschaffen hat* der Schöpfer eines Kunstwerks **2.** (*kein Plur.*) REL. *Gott* Gott, der Schöpfer aller Dinge

Schöp·fer[2] der <-s, -> (≈ *Schöpflöffel*)

schöp·fe·risch <nicht steig.> *Adj.* (≈ *kreativ*) Er ist ein sehr schöpferischer Mensch., eine schöpferische Leistung

Schöp·fung die <-, -en> **1.** (*kein Plur.*) REL. *die von Gott erschaffene Welt* Der Mensch gilt als Krone der Schöpfung. **2.** (*geh.*) *ein Kunstwerk* Was wäre die Musik ohne die Schöpfungen eines Mozart oder eines Beethoven?

Schop·pen der <-s, -> *ein Glas mit einem Viertelliter (oder einem halben Liter) Bier oder Wein* einen Schoppen trinken

Schöp·ser·ne das <-n, -n> (*österr.*) *Hammelfleisch*

S

Schorf der <-(e)s, -e> *die hart gewordene Schicht aus Blut und Haut die sich auf einer Wunde bildet* Auf der Wunde hat sich ein Schorf gebildet. ▶schorfig

Schor·le die/das <-, -n> *ein Mischgetränk aus Wein oder Saft und Wasser*

Schorn·stein der <-(e)s, -e> (≈ *Kamin*)

Schorn·stein·fe·ger, **Schorn·stein·fe·ge·rin** der <-s, -> *jmd., der beruflich Schornsteine reinigt*

Schoß der <-es, Schöße> *die Fläche, die Oberschenkel und Unterleib beim Sitzen bilden* Das Kind sitzt auf dem Schoß der Mutter. ■ **etwas fällt jemandem in den Schoß** (*umg.*): *jmd. erreicht etwas, ohne sich besonders anzustrengen*

Schoß·hund der <-(e)s, -e> *ein kleiner Hund*

Schöss·ling der <-s, -e> *ein aus einer Pflanze wachsender Trieb, aus dem man eine neue Pflanze ziehen kann*

Scho·te die <-, -n> *eine längliche und schmale Fruchtform* Erbsen wachsen in Schoten.

Schot·te, **Schot·tin** der <-n, -n> *Einwohner Schottlands*

Schot·ter der <-s> (*kein Plur.*) **1.** *kleine Steine als Untergrund im Straßen- und Gleisbau* ◆-decke **2.** (*in Bächen und Flüssen*) *Geröll* **3.** (*umg.*) *Geld*

schot·tern <schotterst, schotterte, hat geschottert> *mit OBJ* ■ *jmd. schottert etwas mit Schotter[1] bestreuen* Die Arbeiter schottern die Straße., Der Weg ist geschottert.

schot·tisch <nicht steig.> *Adj. zu Schottland gehörend, daher stammend* In dieser Kneipe gibt es eine reiche Auswahl an schottischen Whiskys.

Schott·land <-s> *Land im Norden Großbritanniens*

schraf·fie·ren <schraffierst, schraffierte, hat schraffiert> *mit OBJ* ■ *jmd. schraffiert etwas mit parallelen Strichen versehen* Er hat die betreffenden Flächen auf dem Plan schraffiert. ▶Schraffierung

Schraf·fur die <-, -en> *eine schraffierte Fläche* Die Grünflächen sind auf dem Plan durch Schraffur hervorgehoben.

schräg *Adj.* **1.** *in einem bestimmten Winkel von einer* (*gedachten*) *Linie abweichend* Die Räume unter dem Dach haben schräge Wände., Sie wohnt schräg gegenüber. **2.** (*umg.*) *von der Norm abweichend* Er hört ziemlich schräge Musik. ■ **jemanden schräg ansehen** (*umg.*): *jmdn. abschätzend oder herablassend ansehen*

Schrä·ge die <-, -n> *eine schräge Wand* Das Dachzimmer hat eine Schräge.

Schräg·heck das <-s, -s> KFZ *ein Heck eines Autos, das schräg nach unten abfällt*

Schräg·schrift die <-> (*kein Plur.*) (≈ *Kursivschrift*)

Schräg·strich der <-(e)s, -e> *ein schräger Strich zwischen zwei alternativ zu verwendenden oder zusammengehörenden Wörtern*

Schram·me die <-, -n> *eine Verletzung der Haut oder Beschädigung einer Oberfläche* Ich bin ausgerutscht und habe mir eine Schramme am Ellenbogen geholt., Die Tischplatte hat ein paar Schrammen.

Schram·mel·mu·sik die <-> (*kein Plur.*) (MUS.: *österr.*) *Wiener Volksmusik*

schram·men <schrammst, schrammte, hat geschrammt> *mit OBJ* ■ *jmd. schrammt etwas Akk. etwas so berühren, dass eine Schramme entsteht* Er hat sich das Bein an der Tischkante geschrammt.

Schrank der <-(e)s, Schränke> ; *ein großes Möbelstück zur Aufbewahrung von Wäsche, Kleidung, Geschirr oder Büchern, das relativ hoch ist und über* (*abschließbare*) *Türen verfügt* ein großer/massiver/schwerer Schrank, die Kleider in den Schrank hängen, Wäsche in den Schrank einräumen ◆-boden, -fach, -tür, Akten-, Bauern-, Kleider-, Stahl-

Schrank·bett das <-(e)s, -en> *ein Bett, das man hochklappen kann, so dass es tagsüber wie ein Schrank aussieht*

Schran·ke die <-, -n> **1.** *eine lange Stange, die man von der senkrechten Ruhelage in eine waagerechte Position herablassen kann, um einen Weg, eine Straße oder einen Eisenbahnübergang zu sperren* ▶beschrankt ◆Bahn- **2.** *eine* (*gesellschaftliche oder moralische*) *Grenze* Der Regisseur hat mit der Inszenierung dieser Oper alle Schranken durchbrochen. ▶schrankenlos

Schrank·wand die <-, Schrankwände> (≈ *Anbauwand*) Wir wollen uns eine neue Schrankwand fürs Wohnzimmer kaufen.

Schrap·nell das <-s, -e/-s> *ein früher verwendetes Geschoss*

Schrau·be die <-, -n> *ein kleinerer Metallstift mit Kopf und Gewinde, den man in Verbindung mit einer Mutter benutzt, um Dinge zu befestigen* Die Schraube sitzt fest/hat sich gelockert. ■ **bei jemandem ist eine Schraube locker** (*umg. abwert.*): *jmd. ist nicht ganz bei Verstand*

schrau·ben <schraubst, schraubte, hat geschraubt> *mit OBJ* **1.** ■ *jmd. schraubt etwas von etwas Dat.* (≈ *abschrauben*) *etwas, das mit Schrauben befestigt ist, lösen* Wir haben das alte Schild von der Wand geschraubt. **2.** ■ *jmd. schraubt etwas an etwas Dat.* (≈ *anschrauben*) *etwas mit Schrauben an etwas befestigen* die Lampe an die Decke schrauben **3.** ■ *jmd. schraubt etwas in/auf etwas Akk. etwas mit einem Gewinde befestigen* Sie schraubt eine Glühbirne in die Lampe., Er schraubt einen Deckel auf das Glas. ▶Schraubdeckel, Schraubverschluss **4.** ■ *jmd. schraubt etwas höher bewirken, dass etwas wächst* Er hat seine Ansprüche ständig höher geschraubt.

Schrau·ben·bol·zen der <-s, -> *ein Bolzen, der mit einem Gewinde zum Schrauben versehen ist*

Schrau·ben·dre·her der <-s, -> *ein Werkzeug, mit dem man Schrauben festdreht*

Schrau·ben·zie·her der <-s, -> (≈ *Schraubendreher*)

Schraub·stock der <-(e)s, Schraubstöcke> *ein Gerät zum Einspannen von Werkstücken*

Schraub·zwin·ge die <-, -n> *ein Gerät, mit dem*

man Werkstücke einspannen und festhalten kann

Schre·ber·gar·ten der <-s, Schrebergärten> *ein kleiner Garten in einer Gartenkolonie*

Schreck der <-(e)s> (*kein Plur.*) *das Gefühl der Erschütterung oder Angst, wenn man plötzlich eine Gefahr oder drohendes Unheil erkennt* Sie hat einen furchtbaren/großen/ tüchtigen/ziemlichen Schreck bekommen., Du hast mir aber einen Schreck eingejagt!, Der Schreck sitzt mir immer noch in den Gliedern., sich erst langsam vom Schreck erholen

Schre·cken der <-s, -> **1.** (*kein Plur.*) (≈ *Schreck*) Er versetzte uns in Angst und Schrecken. **2.** *ein Ereignis, das Angst und Furcht verbreitet* Die Reportage dokumentiert die Schrecken des Krieges. **3.** *eine Person, die bei anderen Personen Angst auslöst* Der Professor war der Schrecken jedes Prüflings. ◆ Getrennt- oder Zusammenschreibung→R 4.12 Schrecken erregend/schreckenerregend; Getrenntschreibung→R 4.3, R 4.12 großen Schrecken erregend; Zusammenschreibung →R 4.12 noch schreckenerregender, am schreckenerregendsten

schre·cken <schreckst, schreckte, hat geschreckt> *mit OBJ* ■ *jmd./etwas schreckt jmdn./etwas erschrecken, ängstigen*

Schreck·ge·spenst das <-(e)s, -er> *die Vorstellung einer drohenden Gefahr* Man sollte jetzt nicht das Schreckgespenst eines Krieges heraufbeschwören.

schreck·haft *Adj. so, dass man leicht einen Schreck bekommt*

schreck·lich *Adj.* **1.** (≈ *entsetzlich*) *so, dass etwas Schrecken und Entsetzen auslöst* eine schreckliche Geschichte/Nachricht/Vorahnung **2.** (*umg. abwert.*) *so unangenehm, dass es quälend ist* An der Unfallstelle bot sich ein schrecklicher Anblick. **3.** (*umg.*) *furchtbar* Wir hatten eine schreckliche Hitze. ◆ Groß- oder Kleinschreibung→R 3.9 jemanden auf das Schrecklichste/schrecklichste zurichten; Großschreibung→R 3.4, R 3.7 auf das Schrecklichste gefasst sein, Das ist das Schrecklichste, was passieren kann.

Schreck·schrau·be die <-, -n> (*umg. abwert.*) *eine als sehr unsympathisch empfundene Frau*

Schreck·schuss·pis·to·le die <-, -n> *eine Pistole zum Abschießen von Gas- oder Platzpatronen*

Schreck·se·kun·de die <-, -n> *die Reaktionszeit, die jmd. nach einem Schreck benötigt, bis er wieder handeln kann*

Schred·der der <-s, -> *eine Maschine, mit der man Schrott zertrümmert und zerkleinert, um ihn besser entsorgen zu können* ▶schreddern

Schrei der <-(e)s, -e> *ein sehr lauter Ausruf, den jmd. macht, weil er große Angst oder starken Schmerz oder große Wut oder große Freude verspürt* Ein Schrei durchbrach die Stille., Sie stieß einen lauten Schrei aus. ■ **der letzte Schrei** (*umg.*): *die allerneueste Mode* ▶Geschrei ◆ Entsetzens-, Freuden-, Hilfe-, Wut-

Schreib·block der <-(e)s, Schreibblöcke> *ein Block mit Schreibpapier*

Schrei·be die <-> (*kein Plur.*) (*umg.*) *die Art oder der Stil, wie jmd. schreibt* Er hat die typische Schreibe eines Journalisten.

Schrei·ben das <-s, -> *ein förmlicher Brief, der meist einen sehr sachlichen Inhalt hat und von einem Amt oder einer ähnlichen Einrichtung ausgestellt wurde* Auf unsere Anfrage hin haben wir jetzt ein amtliches Schreiben erhalten. ◆ Antwort-

schrei·ben <schreibst, schrieb, hat geschrieben> **I.** *mit OBJ/ohne OBJ* **1.** ■ *jmd. schreibt (etwas) Schriftzeichen auf einer Unterlage (zumeist auf Papier) aufbringen* Sie schreibt den Text auf weißes Papier., Er schreibt ordentlich/gut lesbar/unleserlich/deutlich/in Druckbuchstaben/mit einem Kugelschreiber. **2.** ■ *jmd. schreibt (jmdm.) (etwas) etwas (in einer bestimmten Art) schriftlich formulieren* Sie schreibt Gedichte/einen Brief/ein Gutachten/eine wissenschaftliche Arbeit., Er schreibt für die Zeitung., Sie schreibt lebendig/spannend/anschaulich/auf Deutsch. **3.** ■ *jmd. schreibt (etwas) als Autor verfassen* Er schreibt Krimis/Romane., Ihr Bruder malt und sie schreibt. **4.** ■ *jmd. schreibt (jmdm.) (etwas) eine schriftliche Nachrichten senden* Ich schreibe schnell noch ein paar Postkarten., Wie lange hat er nicht geschrieben? **II.** *mit OBJ* ■ *jmd. schreibt etwas* MUS. *komponieren* Wer hat die Musik zu diesem Film geschrieben? **III.** *ohne OBJ* ■ *jmd. schreibt (an etwas Dat.)* **1.** *im Begriff sein, einen (langen) Text zu verfassen* Ich schreibe schon seit Jahren an meiner Doktorarbeit., Du musst den Text noch ins Reine schreiben. **2.** (*Schreibgerät*) *funktionieren* Der Kugelschreiber schreibt nicht. **IV.** *mit SICH* ■ *jmd./etwas schreibt sich irgendwie eine bestimmte Schreibweise haben* Wie schreibt sich ihr Name?

Schrei·ber, **Schrei·be·rin** der <-s, -> *jmd., der etwas schreibt* Kennt man den Schreiber dieser Zeilen?

Schrei·ber·ling der <-s, -e> (*abwert.*) *ein schlechter Autor oder Journalist*

schreib·faul <nicht steig.> *Adj. so, dass man nur ungern Briefe schreibt*

Schreib·feh·ler der <-s, -> (≈ *Rechtschreibfehler*) *eine falsche Schreibung eines Wortes*

Schreib·ge·rät das <-(e)s, -e> *ein Werkzeug wie ein Stift, ein Füllfederhalter o. Ä., mit dem man schreibt* Bleistifte, Kugelschreiber und Füller sind Schreibgeräte.

schreib·ge·schützt <nicht steig.> *Adj.* EDV *so, dass man eine Datei nicht editieren kann*

Schreib·heft das <-(e)s, -e> *ein (Schul-)Heft zum Schreiben*

Schreib·kraft die <-, Schreibkräfte> *eine Person, die Schreibarbeiten (auf dem Computer) ausführt*

Schreib·map·pe die <-, -n> *eine Mappe für Schreibpapier*

Schreib·ma·schi·ne die <-, -n> *eine mechanische oder elektrische Maschine, mit der man Buchstaben-, Ziffern- und Zeichenstempel auf Papier drucken kann, indem man Tasten niederdrückt* ◆ Getrenntschreibung→R 4.1 Schreibmaschine schrei-

S

ben

Schreib·pult das <-(e)s, -e> *ein Pult mit einer schrägen Platte, vor das man sich stellt, um im Stehen darauf zu schreiben*

Schreib·schrift die <-> (*kein Plur.*) (↔ *Druckschrift*) *mit der Hand geschriebene Schrift*

Schreib·stu·be die <-, -n> **1.** MILIT. *ein Büro in einer Kaserne, in dem Verwaltungsarbeiten ausgeführt werden* **2.** (*veralt.* ≈ *Büro*)

Schreib·tisch der <-(e)s, -e> *ein Tisch, an dem man Schreibarbeiten ausführt*

Schreib·tisch·lam·pe die <-, -n> *eine kleinere Lampe, die man auf den Schreibtisch stellt*

Schreib·tisch·leuch·te die <-, -n> (≈ *Schreibtischlampe*)

Schreib·tisch·tä·ter, **Schreib·tisch·tä·te·rin** der <-s, -> (*abwert.*) *jmd., der sich im Rahmen seiner Tätigkeit* (*zum Beispiel als Beamter, Wirtschaftsführer, Publizist*) *an der Ausführung einer Straftat beteiligt*

Schrei·bung die <-, -en> *Orthographie, Schreibweise*[1] eine alternative/falsche/korrekte Schreibung

Schreib·wa·ren <-> *Plur. alle Dinge, die man zum Schreiben braucht, wie Stifte, Papier o.Ä* ◆-handlung

Schreib·wei·se die <-, -n> **1.** *die Art, wie ein Wort geschrieben wird* **2.** (≈ *Stil*) *die Art und Weise, wie ein Text geschrieben ist* Die Schreibweise dieses Autors gefällt mir.

schrei·en <schreist, schrie, hat geschrien> **I.** *mit OBJ/ohne OBJ* **1.** ■ *jmd. schreit* (*etwas*) *Schreie ausstoßen* Sie schrie aus Leibeskräften/vor Schmerzen/vor Lachen. **2.** ■ *jmd. schreit sehr laut sprechen* Der Lärm war so laut, dass wir schreien mussten, um uns zu verstehen. **3.** ■ *jmd. schreit nach etwas Akk. laut nach etwas verlangen* Die Kühe schrien nach Wasser. **II.** *mit SICH* ■ *jmd. schreit sich* (*irgendwie*) Die Fans hatten sich bei dem Fußballspiel heiser geschrien. ■ **zum Schreien sein** (*umg.*): *sehr komisch sein, sehr zum Lachen reizen*

schrei·end *Adj.* **1.** *sehr grell* ein Kleid in schreienden Farben **2.** (≈ *unerhört*) *sehr krass* Es war eine schreiende Ungerechtigkeit, dass …

Schrei·hals der <-es, Schreihälse> (*umg. abwert.*) *jmd., der viel schreit* Das Kind ist ein furchtbarer Schreihals.

Schrein der <-(e)s, -e> (*geh. fachspr.*) *ein Behälter in der Art eines Kastens für kostbare, meist religiöse Dinge*

Schrei·ner, **Schrei·ne·rin** der <-s, -> *ein Handwerker, der Möbel aus Holz anfertigt* ▶Schreinerei

schrei·nern <schreinerst, schreinerte, hat geschreinert> *mit OBJ/ohne OBJ* ■ *jmd. schreinert etwas* (*süddt. westmdt.*) *in Handwerksarbeit aus Holz fertigen* Wir haben das Regal selbst geschreinert., Er schreinert nach Feierabend.

schrei·ten <schreitest, schritt, ist geschritten> *ohne OBJ* ■ *jmd. schreitet langsam und würdevoll gehen* Das Brautpaar schreitet zum Altar.

Schrift die <-, -en> **1.** *ein grafisches Zeichensystem als Kommunikationsmittel, bei dem entweder bestimmte Zeichen, die Buchstaben, symbolisch für bestimmte Laute stehen oder bestimmte Bildzeichen für bestimmte Bedeutungen stehen* Wer hat die Schrift erfunden?, Sie kann die chinesische Schrift lesen. ◆ Bilder-, Buchstaben-, Laut- **2.** *Wörter, die auf etwas geschrieben sind* Die Schrift auf dem Plakat war kaum noch lesbar. ◆-art, -größe **3.** *eine bestimmte Art von Handschrift* Sie hat eine schöne/unleserliche Schrift., jemands Schrift kaum entziffern können **4.** *eine bestimmte Art von Druckschrift* Das Textverarbeitungsprogramm beinhaltet auch zwanzig verschiedene Schriften. **5.** *ein längerer gedruckter Text* In diesen Regalen befinden sich medizinische/theologische Schriften. ■ **die Heilige Schrift**: *die Bibel*

schrift·lich <nicht steig.> *Adj.* (↔ *mündlich*) *so, dass es aufgeschrieben ist* die schriftlichen Prüfungen, eine schriftliche Notiz, Über dieses Gespräch gibt es schriftliche Aufzeichnungen.

Schrift·rol·le die <-, -n> *ein zusammengerolltes beschriebenes Stück Pergament oder Papyrus, das früher als Buch verwendet wurde*

Schrift·satz der <-es, Schriftsätze> **1.** DRUCKW. *die Druckvorlage für das Drucken von Büchern* **2.** RECHTSW. *eine schriftliche Erklärung oder ein schriftlicher Antrag eines Anwalts in einem Gerichtsverfahren*

Schrift·set·zer, **Schrift·set·ze·rin** der <-s, -> DRUCKW. *jmd., der beruflich Textvorlagen mittels technischer Verfahren in Druckvorlagen umsetzt*

Schrift·spra·che die <-, -n> *die Hoch- oder Standardsprache* (*die einer überregionalen Norm entspricht*)

Schrift·stel·ler, **Schrift·stel·le·rin** der <-s, -> *jmd., der literarische Werke schreibt* ▶schriftstellerisch ◆-verband

Schrift·stück das <-(e)s, -e> *ein offizielles, amtliches Schreiben*

Schrift·ver·kehr der <-s> (*kein Plur.*) (≈ *Korrespondenz*) Die Angelegenheit zog einen ausgiebigen Schriftverkehr mit den Behörden nach sich.

Schrift·zei·chen das <-s, -> *ein geschriebenes oder gedrucktes Zeichen, das zu einer Schrift*[1] *gehört* arabische/chinesische Schriftzeichen

schrill *Adj.* **1.** (≈ *durchdringend* ↔ *dumpf*) *von einem hohen und* (*unangenehm*) *intensiven Ton* Sie hat eine schrille Stimme. **2.** (*jugendspr.*) (*in positiver Weise*) *ungewöhnlich* Er hat sich ein ziemlich schrilles Outfit für den Techno-Rave besorgt.

Schrimp das *s.* **Shrimp**

Schritt der <-(e)s, -e> **1.** *die Bewegung beim Gehen, bei der man einen Fuß vor den anderen setzt* Sie beschleunigte/verlangsamte ihre Schritte., Treten Sie bitte einen Schritt zurück. **2.** (*kein Plur.*) (≈ *Gang*) *die Art und Weise, wie jmd. geht* Ich erkenne ihn schon am Schritt. **3.** *die* (*ungefähre*) *Entfernung eines Schrittes*[1] Er kam bis auf wenige Schritte an die Bühne heran., Sie standen nur ein paar Schritte entfernt. **4.** (≈ *Maßnahme*) *eine geplante Maßnahme, die einem bestimmten Zweck* *dient* Die nächsten Schritte wollen wohl überlegt sein., Wir werden die notwendigen Schritte einleiten, um … **5.** *der Teil der Hose, an dem die Beine zusammentreffen* Die Hose spannt im Schritt. ■ **Schritt für Schritt** (*umg.*): *Stück für Stück* **Schritt fahren**: *langsam fahren* **auf Schritt und Tritt**: *ständig, immer und überallhin* Er folgte ihr auf Schritt und Tritt. **den ersten Schritt tun** (*umg.*): *den Anfang machen*

Schritt·ge·schwin·dig·keit die <-> (*kein Plur.*) (≈ *Schritttempo*) *das Tempo, das ungefähr dem eines Fußgängers entspricht* In der Nähe von Schulen dürfen Autos oft nur mit Schrittgeschwindigkeit fahren.

Schritt·län·ge die <-, -n> **1.** *die Länge eines Schrittes*[1] **2.** *die Entfernung zwischen Schritt*[5] *und Fuß, die ein Schneider misst*

schritt·wei·se *Adv.* *in Schritten*[4] ein Problem schrittweise lösen

schroff *Adj.* **1.** *steil abfallend oder ansteigend, zerklüftet* Siehst du die schroffen Klippen dort drüben? **2.** (≈ *abweisend, brüsk*) *sehr unfreundlich* Sie gab mir eine ziemlich schroffe Antwort.

schröp·fen <schröpfst, schröpfte, hat geschröpft> *mit OBJ* ■ *jmd. schröpft jmdn.* (*umg. abwert.*) *unverhältnismäßig viel Geld abnehmen*

Schrot der/das <-(e)s, -e> **1.** *kleine Bleikugeln als Munition bestimmter Feuerwaffen* ◆-flinte, Blei- **2.** (*kein Plur.*) *grob gemahlenes Getreide* ■ **von echtem Schrot und Korn sein** (*umg.*): *ein ganzer Kerl sein*

Schrott der <-(e)s, -e> (*meist Sing.*) **1.** *Altmetall, (zerkleinerte) Metallabfälle* **2.** (*umg. abwert.*) *unbrauchbares Zeug* Was willst du mit all dem Schrott im Keller denn machen? ◆-halde, -händler, -haufen, -platz

schrott·reif <nicht steig.> *Adj.* *so, dass es nur noch Schrott ist* Er hatte sein Auto schrottreif gefahren.

schrub·ben <schrubbst, schrubbte, hat geschrubbt> *mit OBJ/ohne OBJ* ■ *jmd. schrubbt (etwas) mit einem Schrubber oder einer Bürste reinigen* Ich muss noch die Badewanne schrubben., Sie schrubbte das Fett von den Kacheln., Wir haben lange geschrubbt, bis der Fußboden in der Küche endlich sauber war. ▶Schrubber

Schrul·le die <-, -n> **1.** (*umg.* ≈ *Tick*) *eine seltsame Angewohnheit* Das ist so eine Schrulle von ihm. **2.** (*umg. abwert.*) *eine (alte) Frau mit Schrullen*[1]

schrul·lig *Adj.* (*umg.*) (*von alten Menschen*) *seltsam, wunderlich, eigensinnig* eine schrullige Alte

schrum·pe·lig *Adj.* *s.* **schrumplig**

schrump·fen <schrumpft, schrumpfte, ist geschrumpft> *ohne OBJ* ■ *etwas schrumpft (durch Feuchtigkeitsverlust) an Größe verlieren* ▶Schrumpfung

schrump·lig/schrum·pe·lig <schrump(e)liger/am schrump(e)ligsten> *Adj.* *sehr trocken und faltig* Die Kartoffeln sind schrumplig.

Schrun·de die <-, -n> *eine Risswunde in der (Horn-)Haut*

Schub der <-(e)s, Schübe> **1.** (PHYS.: ≈ *Vortriebskraft*) *die Kraft, mit der etwas nach vorn gestoßen wird* Das Raketentriebwerk erzeugt einen ungeheuren Schub. **2.** MED. *ein in Abständen auftretender Anfall* Rheuma tritt in Schüben auf.

Schu·ber der <-s, -> **1.** *eine Schutzhülle aus Karton für Bücher* Das zweibändige Nachschlagewerk im Schuber erhalten Sie für nur fünfzig Euro. **2.** (*österr.*) *Riegel*[1]

Schub·fach das <-(e)s, Schubfächer> *eine große Schublade*[1] Die Kommode hat zwei Schubfächer.

Schub·kar·re die <-, -n> *mit zwei Rädern, einer Ladefläche und zwei Griffen versehenes (einfaches) Fahrzeug, das man schiebt* Wir verteilten mehrere Schubkarren Humus auf den Beeten.

Schub·kas·ten der <-s, Schubkästen> (≈ *Schubfach*)

Schub·kraft die <-, Schubkräfte> *Schub*[1]

Schub·la·de die <-, -n> **1.** *ein Fach in einem Möbelstück, das man herausziehen kann* **2.** ■ **jemand/etwas passt in keine Schublade** (*umg.*): *jmd. oder etwas lässt sich nicht in eine der gängigen Kategorien einordnen*

Schubs der <-es, -e> (*umg.*) *ein leichter Stoß* Sie gab ihm einen Schubs und er fiel ins Wasser.

schub·sen <schubst, schubste, hat geschubst> *mit OBJ* ■ *jmd. schubst jmdn.* (*umg.*) *jmdm. einen Schubs versetzen*

schüch·tern *Adj.* **1.** (≈ *scheu*) *gehemmt und anderen Menschen gegenüber zurückhaltend* Wenn man sieht, wie aufgeschlossen er heute ist, möchte man gar nicht glauben, dass er früher so schüchtern war. **2.** *vorsichtig, zaghaft* Sie lächelte schüchtern., Das war nur ein schüchterner Versuch. ▶Schüchternheit

Schuft der <-(e)s, -e> (*abwert. veralt.*) *ein niederträchtiger, gemeiner Mensch*

schuf·ten <schuftest, schuftete, hat geschuftet> *mit OBJ* ■ *jmd. schuftet* (*umg.*) *hart arbeiten* Für diesen Erfolg hat sie Tag und Nacht geschuftet.

Schuf·te·rei die <-> (*kein Plur.*) (*umg. abwert.*) *das Schuften* Die ganze Schufterei hat sich nicht einmal gelohnt.

schuf·tig *Adj.* (*abwert.*) *rücksichtslos* ▶Schuftigkeit

Schuh der <-(e)s, -e> *ein aus Leder oder Textil gemachtes Kleidungsstück für den Fuß* Der Schuh drückt/ist zu eng/sollte eine Nummer größer sein/passt perfekt., Sie hat sich elegante/modische Schuhe gekauft., die Schuhe abtreten/ablaufen/binden/bürsten/eincremen/putzen ■ **jemandem etwas in die Schuhe schieben** (*umg.*): *jmdn. einer Sache beschuldigen* ◆-absatz, -geschäft, -sohle, Damen-, Herren-, Leder-, Stöckel-, Sport-, Straßen-, Turn-, Wander-

Schuh·band das <-(e)s, Schuhbänder> (*landsch.* ≈ *Schnürsenkel*)

Schuh·bürs·te die <-, -n> *eine kleine Bürste, mit der man Schuhe reinigt*

Schuh·creme die <-, -s> *ein Pflegemittel für Schuhe*

Schuh·grö·ße die <-, -n> *die Größe der Schuhe,*

die in Zahlen ausgedrückt wird Er hat Schuhgröße 44.

Schuh·löf·fel der <-s, -> *eine Art Löffel mit sehr langem Stiel, der das Anziehen von Schuhen erleichtert*

Schuh·ma·cher, **Schuh·ma·che·rin** der <-s, -> *ein Handwerker, der Schuhe repariert* ▶Schuhmacherei

Schuh·platt·ler der <-s, -> *ein bayrischer Volkstanz*

Schuh·putz·mit·tel das <-s, -> *ein Mittel, mit dem man Schuhe reinigt und pflegt*

Schuh·schrank der <-(e)s, Schuhschränke> *ein Schrank mit aufklappbaren Schubladen, in dem man Schuhe aufbewahrt*

Schuh·span·ner der <-s, -> *ein Gegenstand, den man in die Schuhe, die man gerade nicht trägt, hineinsteckt, um sie in Form zu halten*

Schuh·werk das <-(e)s> (*kein Plur.*) *eine bestimmte Art von Schuhen* Für die Wanderung wird festes Schuhwerk empfohlen.

Schu·ko·ste·cker® der <-s, -> *kurz für „Schutzkontaktstecker"*

Schul·ab·brech·er, **Schul·ab·bre·che·rin** der <-s, -> *jmd., der die Schule ohne Schulabschluss vorzeitig beendet*

Schul·ab·gän·ger, **Schul·ab·gän·ge·rin** der <-s, -> *jmd., dessen Schulzeit beendet ist*

Schul·ab·schluss der <-es, Schulabschlüsse> *ein Zeugnis darüber, dass man eine bestimmte Schule besucht hat und am Ende der Schulzeit bestimmte Prüfungen erfolgreich abgelegt hat* Welchen Schulabschluss haben Sie?, Mittlere Reife und Abitur sind Schulabschlüsse.

Schul·an·fän·ger, **Schul·an·fän·ge·rin** der <-s, -> *ein Kind während der ersten Schuljahre*

Schul·ar·beit die <-, -en> (*meist Plur.*) (≈ *Hausaufgabe*) Hast du schon deine Schularbeiten gemacht?

Schul·auf·ga·be die <-, -n> **1.** (≈ *Hausaufgabe*) **2.** (*landsch.* ≈ *Klassenarbeit*)

Schul·aus·flug der <-(e)s, Schulausflüge> *von einer Schulklasse gemachter Ausflug*

Schul·bank die <-, Schulbänke> (*früher*) *eine Art Bank, auf der Schüler sitzen, die mit einem Schreibpult verbunden ist* ■ (**noch**) **die Schulbank drücken** (*umg.*): (*noch*) *zur Schule gehen*

Schul·bil·dung die <-> (*kein Plur.*) *die Bildung, die jmd. in der Schule erworben hat* Sie hat eine gute/keine abgeschlossene Schulbildung.

Schul·buch das <-(e)s, Schulbücher> *ein Lehrbuch, das man in der Schule verwendet*

Schul·bus der <-ses, -se> *ein Autobus, der Schüler zur Schule und von der Schule nach Hause bringt*

Schuld die <-, -en> **1.** (*kein Plur.*) *der Umstand, dass jmd. für etwas Negatives verantwortlich ist* Ihn trifft keine Schuld (an dem Unfall)., Die Schuld liegt bei mir., Ihm wurde die Schuld (dafür) zugeschrieben., Er hat Schuld daran, dass … ◆-zuweisung, Allein-, Mit- **2.** (*kein Plur.*) *ein sittliches Versagen, eine moralische Verfehlung* Sie hat (eine) schwere Schuld auf sich geladen., Ich bin mir keiner Schuld bewusst. **3.** (*nur Plur.*) *das Geld, das man jmdm. noch bezahlen muss, weil man es ausgeliehen oder etwas gekauft und noch nicht bezahlt hat* Er hat Schulden bei der Bank., Man hat ihm seine Schulden gestundet/erlassen. ◆ Kleinschreibung→R 3.11 schuld sein (an etwas); Großschreibung→R 3.3 die Schuld (an etwas) haben, jemandem die Schuld (für etwas) geben; Getrennt- oder Zusammenschreibung→R 4.14 sich etwas/nichts zu Schulden/zuschulden kommen lassen

schuld·be·wusst *Adj. so, dass jmd. sich schämt, weil er weiß, dass er sich nicht richtig verhalten hat* Er blickte mich schuldbewusst an, nachdem ich ihn auf seinen Fehler angesprochen hatte. ◆ aber Getrennt- und Großschreibung→R 3.3 sich keiner Schuld bewusst sein *siehe auch* **Schuld**

schul·den <schuldest, schuldete, hat geschuldet> *mit OBJ* ■ *jmd. schuldet jmdm. etwas* **1.** *jmdm. Geld zurückzahlen müssen* Ich glaube, du schuldest mir noch Geld. **2.** *aus moralischen Gründen jmdm. etwas schuldig sein* Sie schuldet mir noch eine Erklärung., Ich schulde ihm großen Respekt.

Schul·den·berg der <-(e)s, -e> (*umg.*) *eine sehr große Menge von Schulden*[3] Der Schuldenberg ist bereits auf 300 000 Euro angewachsen.

Schul·den·er·lass der <-es, -e> (*umg.*) *die Tatsache, dass jmd. seine Schulden*[3] *nicht zurückzahlen muss*

schul·den·frei <nicht steig.> *Adj. nicht mehr von Schulden*[3] *belastet* Nach Jahren war das Haus endlich schuldenfrei.

Schul·den·last die <-, -en> *die Belastung durch sehr viele Schulden*[3]

schuld·fä·hig <nicht steig.> *Adj.* RECHTSW. *so, dass jmd. geistig fähig ist, zu erkennen, dass eine Tat nicht richtig ist* Die Angeklagte wurde für schuldfähig erklärt ▶Schuldfähigkeit

Schuld·fra·ge die <-> (*kein Plur.*) *die Frage nach der Schuld*[1] *von jmdm. oder etwas* Die Schuldfrage muss noch geklärt werden.

Schuld·ge·fühl das <-s, -e> *das Bewusstsein, sich nicht richtig verhalten zu haben* Ein tiefes Schuldgefühl plagte ihn.

Schul·dienst der <-es> (*kein Plur.*) *die Tätigkeit als Lehrer oder Lehrerin an einer Schule* Sie ist aus dem Schuldienst ausgeschieden.

schul·dig <nicht steig.> *Adj.* **1.** *verantwortlich für eine böse Tat oder ein Verbrechen* Der Angeklagte bekannte sich schuldig., Sie hat sich dieser Tat schuldig gemacht. ▶Schuldige **2.** *so, dass jmd. jmdm. etwas geben muss* Was bin ich Ihnen schuldig?, Sie ist mir noch eine Erklärung schuldig. ■ **jemanden schuldig sprechen**: *jmdn. gerichtlich verurteilen* **jemandem nichts schuldig bleiben**: *auf eine (scharfe) Kritik ebenso heftig reagieren*

Schul·dig·keit ■ **seine Schuldigkeit tun**: *seine Pflicht erfüllen*

Schuld·kom·plex der <-es, -e> *ein sehr starkes Schuldgefühl*

schuld·los <nicht steig.> *Adj. ohne Schuld* An

dem Unfall warst du nicht ganz schuldlos. ▶Schuldlosigkeit

Schuld·ner, **Schuld·ne·rin** der <-s, -> (↔ *Gläubiger*) *jmd., der einem anderen etwas schuldet*[1]

Schuld·schein der <-(e)s, -e> *eine schriftliche Bestätigung einer Schuld*[3]

Schuld·spruch der <-(e)s, Schuldsprüche> RECHTSW. *der Rechtsspruch, mit dem ein Angeklagter verurteilt wird*

schuld·un·fä·hig <nicht steig.> *Adj.* RECHTSW. *nicht schuldfähig* ▶Schuldunfähigkeit

Schu·le die <-, -n> **1.** *die Institution, die Kindern und Jugendlichen Bildung vermittelt* Er besuchte eine höhere Schule., Man diskutierte die Probleme der Schule in der heutigen Zeit. ◆Grund-, Haupt-, Real- **2.** *ein einzelnes Gebäude, das eine Schule*[1] *beherbergt* Ich fahre mit dem Fahrrad/dem Schulbus/dem Zug zur Schule. **3.** *alle Schüler und Lehrer* Alle Schulen der Stadt nahmen an dem Wettbewerb teil. **4.** (*kein Plur.*) (*umg.*) *Unterricht* Wann ist heute die Schule aus?, Wir haben bis zwei Uhr Schule. **5.** (*kein Plur.*) *eine bestimmte Ausbildung oder Erziehung, die jmd. erhalten hat* Dies war eine hervorragende Schule für das Leben., Er ist durch eine harte Schule gegangen. **6.** *eine* (*von einer herausragenden Person geprägte*) *Richtung in der Kunst oder Wissenschaft* ein Buch über die Schule Dürers, die Prager Schule der Linguistik ■ **aus der Schule plaudern** (*umg.*): *vertrauliche Dinge weitererzählen* **Schule machen** (*umg.*): *viele Nachahmer finden*

schu·len *mit OBJ* ■ *jmd. schult jmdn./etwas* (*in etwas Dat.*) **1.** *Kenntnisse durch Seminare vermitteln* Ein Trainer schulte die Mitarbeiter im Umgang mit dem neuen Textverarbeitungsprogramm. ▶Schulung **2.** *leistungsfähiger machen* Sie schult ihr Gedächtnis.

Schü·ler, **Schü·le·rin** <-s, -> **1.** *ein Jugendlicher, der in einer Schule ausgebildet wird* Alle Schüler versammelten sich in der Pausenhalle. ◆-ausweis **2.** *jmd., der etwas* (*bei einem Künstler oder Wissenschaftler*) *gelernt hat* Sie ist eine Schülerin von Sigmund Freud.

Schü·ler·aus·tausch der <-s> (*kein Plur.*) *die Einrichtung, dass Schulklassen aus verschiedenen Ländern sich gegenseitig besuchen* (*und im Gastland Unterricht haben*) Unsere Schule bietet einen Schüleraustausch mit Frankreich an.

Schü·ler·lot·se, **Schü·ler·lot·sin** der <-n, -n> *ein älterer Schüler, der darauf achtet, dass jüngere Schüler* (*verkehrsreiche*) *Straßen sicher überqueren können*

Schü·ler·mit·ver·wal·tung die <-, -en> **1.** (*kein Plur.*) *das Mitspracherecht der Schüler an der Gestaltung des Schullebens* **2.** *ein Gremium, das sich aus Klassen- und Schulsprechern zusammensetzt, abgekürzt „SMV" oder „SV"*

Schü·ler·zahl die <-, -en> (*meist Plur.*) *die Anzahl aller Schüler an einer Schule oder in einem Land* In den letzten Jahren sind die Schülerzahlen drastisch gestiegen.

Schü·ler·zei·tung die <-, -en> *eine Zeitung, die die Schüler einer Schule selbstständig erstellen* (*mit Themen aus dem eigenen Schulalltag*)

Schul·fach das <-(e)s, Schulfächer> *einer der Sachbereiche, die im Schulunterricht vermittelt werden*

Schul·fe·ri·en <-> *Plur. die Wochen im Jahr, während denen kein Schulunterricht stattfindet* Nächste Woche beginnen die Schulferien.

Schul·fern·se·hen das <-s> (*kein Plur.*) *Fernsehsendung*(*en*) *für Schüler, die auch im Unterricht verwendet werden können*

schul·frei <nicht steig.> *Adj. so, dass kein Schulunterricht stattfindet* Morgen haben wir schulfrei.

Schul·freund, **Schul·freun·din** der <-(e)s, -e> (≈ *Schulkamerad*)

Schul·geld das <-(e)s, -er> *Geld, das man zahlen muss, damit man eine Privatschule besuchen kann*

Schul·heft das <-(e)s, -e> *ein Schreibheft, das Schüler in der Schule benutzten*

Schul·hof der <-(e)s, Schulhöfe> *die zu einem Schulgelände gehörende freie Fläche, auf der sich die Schüler während der Pausen aufhalten*

schu·lisch <nicht steig.> *Adj. die Schule betreffend oder zu ihr gehörend* Sie hat stets gute schulische Leistungen erbracht.

Schul·jahr das <-es, -e> *der Zeitraum von ungefähr einem Jahr, in dem man in einer bestimmten Schulklasse ist* In einer Woche fängt das neue Schuljahr an., Meine Tochter ist jetzt im vierten Schuljahr.

Schul·ka·me·rad, **Schul·ka·me·ra·din** der <-en, -en> *jmd., der gemeinsam mit jmdm. Schüler ist*

Schul·kind das <-(e)s, -er> *ein Kind, das die Schule besucht*

Schul·klas·se die <-, -n> *die Schülerinnen und Schüler, die gemeinsam unterrichtet werden*

Schul·lei·ter, **Schul·lei·te·rin** der <-s, -> *der Direktor einer Schule*

Schul·lei·tung die <-, en> **1.** (*kein Plur.*) *die Leitung*[1] *einer Schule* **2.** *der Direktor einer Schule* Darüber muss die Schulleitung entscheiden.

Schul·map·pe die <-, -n> (≈ *Schultasche*)

Schul·me·di·zin die <-> (*kein Plur.*) *die allgemein anerkannten Regeln der Heilkunde, die an den Universitäten im Medizinstudium gelehrt werden*

schul·meis·tern <schulmeisterst, schulmeisterte, hat geschulmeistert> *mit OBJ/ohne OBJ* ■ *jmd. schulmeistert* (*jmdn.*) (*abwert.*) *in arroganter Weise belehren* Ständig muss er seine Mitmenschen schulmeistern., Sie schulmeistert gern/oft.

Schul·ord·nung die <-, -en> *alle Vorschriften, die den Ablauf des Schulunterrichts regeln*

Schul·pflicht die <-> (*kein Plur.*) *die gesetzliche Verpflichtung, dass Kinder ab einem bestimmten Alter eine Schule besuchen müssen*

schul·pflich·tig <nicht steig.> *Adj. so alt, dass ein Kind zur Schule gehen muss* Wir haben zwei schulpflichtige Kinder.

Schul·ran·zen der <-s, -> (≈ *Schultasche*)

Schul·rat, **Schul·rä·tin** der <-(e)s, Schulräte> *ein Beamter der staatlichen Aufsicht über die Schulen*

Schul·re·form die <-, -en> *eine Reform des Schulwesens*

Schul·sa·chen <-> *Plur. alle Dinge, wie Hefte, Bücher o.Ä., die Schüler in der Schule brauchen*

Schul·schluss der <-es> (*kein Plur.*) (≈ *Unterrichtsschluss*)

Schul·spei·sung die <-> (*kein Plur.*) *eine warme Mahlzeit, die an die Schüler einer Schule ausgegeben wird*

Schul·spre·cher, Schul·spre·che·rin der <-s, -> *ein Schüler, der von seinen Mitschülern gewählt wird, damit er die Interessen der Schüler gegenüber den Lehrern vertritt*

Schul·stun·de die <-, -n> *einer der in sich abgeschlossenen zeitlichen Abschnitte, in die ein Schultag gegliedert ist* Wir haben am Donnerstag in den ersten beiden Schulstunden Sport.

Schul·sys·tem das

i Wissenswert In Deutschland kommen die Kinder zwischen sechs und sieben Jahren in die Schule. Nach einer vierjährigen Grundschulzeit können sie zwischen drei Schulen der Sekundarstufe wählen – der Haupt- oder Realschule oder dem Gymnasium. Die Hauptschule umfasst fünf Jahre. Die Absolventen suchen dann gewöhnlich eine Lehrstelle, um einen Beruf zu erlernen. Die Realschule schließen die Schüler nach sechs Jahren ab. Entweder können sie anschließend auf das Gymnasium oder ein Fachgymnasium wechseln, oder aber eine Berufsausbildung machen. Das Abitur erhalten Schüler nach neun Jahren Gymnasium. Danach können sie auf die Universität gehen. Eine Fachhochschulreife hingegen berechtigt zu einem Studium auf einer Fachhochschule. In manchen Städten können die Kinder auch eine Gesamtschule, eine Mischung dieser drei Schularten, besuchen. Nach den Bestimmungen des Grundgesetzes für die BRD liegt die Kulturhoheit bei den Bundesländern, d.h. es gibt keinen bundeseinheitlichen Beschluss für Kulturfragen, denn jedes Bundesland gibt einzeln die Richtlinien vor. Dies betrifft die Struktur und Organisation der Schule, die Lehrpläne, Zielsetzungen und das Unterrichtsmaterial, aber auch die Organisation der Schulferien. Jedes der 16 Bundesländer hat sein eigenes Schulgesetz.

Schul·ta·sche die <-, -n> *eine Tasche, in der Schüler die für den Unterricht benötigten Dinge transportieren*

Schul·ter die <-, -n> *einer der beiden seitlichen Teile des Oberkörpers, die zwischen dem Hals und den Oberarmen liegen* Er hat breite/schmale/hängende Schultern. ■ **Schulter an Schulter**: *sehr dicht nebeneinander, gemeinsam* Sie kämpften Schulter an Schulter. **etwas auf die leichte Schulter nehmen** (*umg.*): *etwas nicht genügend ernst nehmen* **jemandem die kalte Schulter zeigen** (*umg.*): *jmdn. nicht beachten*

Schul·ter·blatt das <-(e)s, Schulterblätter> ANAT. *einer der beiden flachen, breiten Knochen oben auf beiden Seiten des Rückens*

schul·ter·frei <nicht steig.> *Adj. so, dass ein Kleidungsstück die Schultern nicht bedeckt* Sie trug ein schulterfreies Kleid.

Schul·ter·ge·lenk das <-(e)s, -e> ANAT. *das Gelenk zwischen Schulter und Oberarm*

Schul·ter·klap·pe die <-, -n> (*meist Plur.*) MILIT. *ein militärisches Rangabzeichen aus Stoff, das man auf die Schultern von Uniformen aufnäht*

schul·ter·lang <nicht steig.> *Adj. so, dass Haare bis auf die Schultern reichen*

schul·tern <schulterst, schulterte, hat geschultert> *mit OBJ* ■ *jmd. schultert etwas auf die Schulter nehmen* Die Soldaten schultern ihr Gewehr/ihr Gepäck.

Schul·ter·pols·ter das <-s, -> *ein kleines Stoffkissen, das man auf Höhe der Schultern in Mäntel, Jacken oder Blusen einnäht, damit die Schultern breiter aussehen*

Schul·ter·schluss der <-es> (*kein Plur.*) *das enge Zusammenhalten* (*von Organisationen*) Die Abstimmung zeigte, dass es zu einem Schulterschluss der Verbände gekommen war.

Schult·heiß der <-es, -e> **1.** (*veralt.*) *Gemeindevorsteher* **2.** (*schweiz.*) *im Kanton Luzern: Präsident des Regierungsrates*

Schul·tü·te die <-, -n> *eine große, spitze Tüte aus Pappe, die die Eltern mit Süßigkeiten und kleinen Geschenken füllen und ihrem Kind zum ersten Schultag schenken*

Schu·lung die <-, -en> *ein Kurs oder Lehrgang, in dem ein bestimmter Inhalt vermittelt wird* Den Mitarbeitern wurden Schulungen im Umgang mit dem neuen Textverarbeitungsprogramm angeboten. ◆-sleiter, -sraum, -sunterlagen, PC-, Programm-, Verkaufs-

Schul·un·ter·richt der <-s> (*kein Plur.*) *der Unterricht an einer Schule*

Schul·ver·sa·ger der <-s, -> *ein Schüler, für den die Anforderungen an einer Schule zu hoch sind*

Schul·wan·de·rung die <-, -en> *eine Wanderung, die alle Schüler einer Schule unternehmen*

Schul·weg der <-s, -e> *der Weg vom Haus der Eltern eines Schülers zur Schule*

Schul·we·sen das <-s> (*kein Plur.*) *alle Behörden und Personen, die mit der Schule zu tun haben*

Schul·zeit die <-> (*kein Plur.*) *die Zeit, die ein Schüler an der Schule verbringt, vom ersten Schultag bis zum Schulabschluss*

Schul·zei·tung die <-, -en> (≈ *Schülerzeitung*)

Schul·zen·trum das <-s, Schulzentren> *ein großer Gebäudekomplex, in dem sich mehrere Schulen befinden*

Schul·zeug·nis das <-ses, -se> (≈ *Zeugnis*[1])

schum·meln <schummelst, schummelte, hat geschummelt> *ohne OBJ* ■ *jmd. schummelt* (*bei etwas Dat.*) (*umg.*) *sich nicht an die Spielregeln halten, mit Tricks spielen* Er hat beim Würfeln geschummelt.

schum·me·rig/schumm·rig <schumm(e)riger, am schumm(e)rigsten> *Adj.* (≈ *dämmrig*) *nicht sehr hell* In der Altstadt gibt es viele schummerige Hinterhöfe., Wir saßen im schummrigen Licht des Lokals.

Schund der <-(e)s> (*kein Plur.*) (*abwert.*) (*moralisch*) *Minderwertiges* Mit so einem Schund gebe ich mich doch nicht ab., Ich habe den ganzen Schund weggeworfen.

Schund·li·te·ra·tur die <-> (*kein Plur.*) (*abwert.*) *minderwertige Literatur*

Schund·ro·man der <-s, -e> (*abwert.*) *ein Roman von sehr schlechter Qualität*

schun·keln <schunkelst, schunkelte, hat geschunkelt> *ohne OBJ* ■ *jmd. schunkelt die eigenen Arme bei den (Sitz)Nachbarn einhaken und den Oberkörper (gemeinsam mit anderen Personen) im Takt zur Musik hin und her bewegen* Die Stimmung im Festzelt war gut und alle schunkelten zur Musik.

Schup·fen der <-s, -> (*süddt. österr.*) *Schuppen*

Schup·pe die <-, -n> **1.** (*meist Plur.*) ZOOL. *eine der vielen kleinen Platten, die die Haut von Tieren wie Fischen oder Schlangen bedecken* **2.** (*kein Sing.*) *kleine weiße Hautstückchen, die sich von der Kopfhaut lösen und in den Haaren liegen* ein Haarwasser gegen Schuppen ■ **es fällt jemandem wie Schuppen von den Augen** (*umg.*): *jmd. erkennt plötzlich einen Zusammenhang* ▶schuppig

Schup·pen der <-s, -> **1.** *eine kleinere, einfache (Holz-)Hütte zum Aufbewahren von Geräten oder Maschinen* **2.** (*umg.*) *Lokal, Kneipe*

schup·pen I. *mit OBJ* ■ *jmd. schuppt ein Tier Schuppen entfernen* Du musst den Fisch erst schuppen. **II.** *mit SICH* ■ *etwas schuppt sich Schuppen[2] absondern* Die Haut schuppt sich nach dem Sonnenbrand.

Schup·pen·flech·te die <-, -n> MED. *eine Hautkrankheit, bei der sich rote Flecken und Schuppen[2] auf der Haut bilden*

Schups der <-es, -e> (*süddt.*) *leichter Stoß*

schup·sen <schupst, schupste, hat geschupst> *mit OBJ* ■ *jmd. schupst jmdn.* (*süddt.*) *jmdm. einen Schups versetzen* Sie hat mich ins Wasser geschupst.

Schur die <-, -en> *der Vorgang, dass Schafen die Wolle abgeschnitten wird*

schü·ren *mit OBJ* ■ *jmd. schürt etwas* **1.** (*durch Stochern*) *anfachen* Sie schürt das Feuer im Ofen. **2.** (*umg.*) *bewirken, dass eine negative Stimmung stärker wird* Sein Hass/Neid wurde durch ihr Verhalten nur geschürt.

schür·fen I. *mit OBJ* ■ *jmd. schürft etwas* BERGB. *abbauen* Hier wird Erz geschürft. **II.** *ohne OBJ* ■ *jmd. schürft (nach etwas Dat.)* BERGB. *graben, um Bodenschätze zu finden* Früher schürfte man hier nach Gold. **III.** *mit SICH* ■ *jmd. schürft sich (an etwas Dat.) die Haut durch Reiben an einem rauen Gegenstand verletzen* Er stürzte und schürfte sich am Knie. ▶Schürfwunde

Schür·ha·ken der <-s, -> *eine Eisenstange zum Schüren[1]*

schu·ri·geln <schurigelst, schurigelte, hat geschurigelt> *mit OBJ* ■ *jmd. schurigelt jmdn.* (*umg. abwert.* ≈ *schikanieren*) *fortwährend quälen* Er schurigelt seine Untergebenen.

Schur·ke, **Schur·kin** der <-n, -n> (*veralt. abwert.*) *gemeiner Mensch* Wer so etwas tut, ist doch ein ausgemachter Schurke! ▶schurkisch

Schur·ken·streich der <-(e)s, -e> (*veralt. abwert.*) *eine gemeine Tat*

Schur·wol·le die <-> (*kein Plur.*) *Wolle, die von lebenden Schafen stammt und bei der Schur gewonnen wird*

Schurz der <-es, -e> **1.** *eine bei der Arbeit getragene Schürze* Der Schmied trägt einen ledernen Schurz. **2.** *kurz für „Lendenschurz"*

Schür·ze die <-, -n> *eine Kleidungsstück, das man bei der Arbeit trägt, damit die Kleidung nicht schmutzig wird* sich zum Kochen eine Schürze umbinden

schür·zen <schürzt, schürzte, hat geschürzt> *mit OBJ* ■ *jmd. schürzt etwas* **1.** *raffen und in die Höhe halten* Sie schürzte ihren Rock und watete durch den Bach. **2.** (*die Lippen*) *leicht nach vorne schieben und kräuseln* Sie schürzte hochmütig die Lippen.

Schür·zen·jä·ger der <-s, -> (*umg. abwert.*) *ein aufdringlicher Mann, der ständig Frauen umwirbt*

Schuss der <-es, Schüsse> **1.** *die Handlung, dass jmd. eine Feuerwaffe abfeuert* Er gab einen Schuss ab., Das Opfer wurde von zwei Schüssen getroffen. **2.** (≈ *Geschoss*) Der Schuss hat getroffen/hat sein Ziel verfehlt. **3.** SPORT *die Handlung, dass jmd. den Ball schießt* Das war ein guter Schuss aufs Tor. **4.** SPORT *der geschossene Ball* Leider ging der Schuss ins Aus. **5.** (*umg.*) *Injektion einer Droge* Experten sehen in Fixerstuben nicht nur einen Ort, wo sich Süchtige einen Schuss setzen können. **6.** (*kein Plur.*) (*umg.*) *eine geringe Menge einer bestimmten Flüssigkeit* Gib mir bitte noch einen Schuss Milch in den Kaffee., Glühwein mit Schuss (≈ mit einer bestimmten Menge Schnaps) ■ **ein Schuss in den Ofen sein** (*umg. abwert.*): *ein Misserfolg sein* **weit vom Schuss sein** (*umg.*): *weit entfernt sein* **gut in Schuss sein** (*umg.*): *in Ordnung und sehr gepflegt sein* Ihr Garten ist immmer in Schuss. **einen Schuss haben** (*umg. abwert.*): *verrückt sein*

Schüs·sel die <-, -n> *ein meist rundes Gefäß, dessen Tiefe im Vergleich zu seinem Durchmesser relativ gering ist* In welcher Schüssel soll ich den Salat anmachen? ◆Salat-, Suppen-

schus·se·lig/schuss·lig <schuss(e)lig, am schuss(e)ligsten> *Adj. so, dass jmd. oft unkonzentriert und deshalb sehr ungeschickt ist* Jawohl, ich bezeichne ihn als schusselig, weil er nämlich aufgrund mangelnder Konzentration ständig etwas vergisst oder irgendwelche Fehler macht.

Schuss·li·nie ■ **in die Schusslinie geraten** (*umg.*): *in die öffentliche Kritik geraten*

Schuss·waf·fe die <-, -n> *eine Feuerwaffe, in der*

ein Geschoss durch die Explosion von Schießpulver abgefeuert wird Revolver, Pistolen und Gewehre sind Schusswaffen.

Schuss·wech·sel der <-s, -> *eine gewaltsame Auseinandersetzung, bei der zwei Gruppen mit Feuerwaffen aufeinander schießen* Polizei und Entführer lieferten sich einen Schusswechsel.

Schuss·wun·de die <-, -n> *eine Wunde, die durch einen Schuss[1] verursacht wurde*

Schus·ter der <-s, -> (≈ *Schuhmacher*)

schus·tern <schusterst, schusterte, hat geschustert> *ohne OBJ* ■ *jmd. schustert* **1.** (*umg. veralt.*) *als Schuhmacher arbeiten* **2.** (*umg. abwert.* ≈ *pfuschen*) *nicht sorgfältig arbeiten*

Schutt der <-(e)s> (*kein Plur.*) *Steine und Reste von Mauerwerk, die nach der Zerstörung eines Gebäudes übrigbleiben* Das Haus wurde abgerissen und der Schutt sofort weggefahren., Auf dem Schild steht „Schutt abladen verboten!“ ■ **in Schutt und Asche liegen**: *völlig zerstört sein* ◆-abladeplatz, -halde, -haufen, Bau-

Schüt·tel·frost der <-(e)s> (*kein Plur.*) MED. *ein Zustand, in dem man stark zittert und friert und dabei hohes Fieber hat*

Schüt·tel·läh·mung die <-, -en> (MED.: ≈ *Parkinsonsche Krankheit*) *eine Krankheit, die zu einem ständige Zittern, besonders der Hände, führt*

schüt·teln <schüttelst, schüttelte, hat geschüttelt> **I.** *mit OBJ* **1.** ■ *jmd. schüttelt jmdn./etwas kurz und kräftig hin und her bewegen* Er schüttelte allen zum Abschied die Hand., Man soll die Flasche vor dem Öffnen kräftig schütteln. **2.** ■ *jmd. schüttelt etwas von etwas Dat. durch Schütteln zum Herunterfallen bringen* Sie schütteln Oliven vom Baum., die Krümel vom Mantel schütteln **3.** ■ *jmd. schüttelt etwas hin und her bewegen* Er schüttelte verwundert den Kopf. **II.** *mit SICH* ■ *jmd./ein Tier schüttelt sich schnelle Bewegungen mit dem Körper machen* Als der Hund aus dem Wasser kam, schüttelte er sich., Sie schüttelten sich vor Lachen.

Schüt·tel·reim der <-(e)s, -e> *ein lustiger Reim, bei dem man die Anfangsbuchstaben der Wörter vertauscht* „Nur Laffen ehren, was Affen lehren“ ist ein Schüttelreim.

schüt·ten **I.** *mit OBJ* ■ *jmd. schüttet etwas irgendwohin* **1.** *eine Flüssigkeit oder eine pulverförmige Substanz irgendwohin gießen oder strömen lassen* Ich schütte den Kaffee aus der Packung in eine Vorratsdose., den Wein in eine Karaffe schütten **2.** **II.** *mit ES* ■ *es schüttet* (*umg.* ≈ *gießen*) *stark regnen* Es schüttet seit Tagen.

schüt·ter *Adj. so, dass Haar nur noch spärlich wächst* Sein Haar ist schütter geworden., Er hatte schon früh schütteres Haar.

Schütt·gut das <-(e)s> (*kein Plur.*) *Ware, die unverpackt auf der Ladefläche eines Fahrzeugs transportiert wird* Kohle und Getreide sind Schüttgüter.

Schutz der <-es> (*kein Plur.*) *etwas, das jmds. Sicherheit vergrößert und Gefahren und Schäden abwehrt* Wir fanden in einer kleinen Hütte Schutz vor dem Unwetter., Warme Kleidung ist der beste Schutz vor einer Erkältung., Die Schutz suchenden Wanderer liefen zu einem Bauernhaus., Die Täter entkamen im Schutz der Nacht. ■ **jemanden in Schutz nehmen**: *jmdn. gegen die Vorwürfe anderer verteidigen* ◆ Getrenntschreibung →R 4.3, R 4.12 Schutz suchend ►schutzbedürftig

Schutz·be·foh·le·ne der/die <-n, -n> RECHTSW. *eine Person, die dem Schutz einer anderen Person anvertraut ist*

Schutz·blech das <(e)s, -e> *der Teil einer Autokarosserie bzw. das gebogene Blech über den Rädern eines Fahrrads, das vor Regenwasser, Staub und Schmutz schützt*

Schutz·bril·le die <-e, -n> *eine besondere Brille, die die Augen bei bestimmten Arbeiten vor Verletzungen schützt* Schweißer müssen bei der Arbeit Schutzbrillen tragen.

Schüt·ze der <-n, -n> **1.** *jmd., der mit einer Waffe schießt* ◆-nverein **2.** SPORT *jmd., der ein Tor geschossen hat* **3.** (*kein Plur.*) *Tierkreiszeichen für die Zeit vom 23.11. bis 21.12.* **4.** *jmd., der im Zeichen des Schützen[3] geboren ist* ◆-nverein

schüt·zen <schützt, schützte, hat geschützt> *mit OBJ* ■ *jmd./etwas schützt jmdn./etwas (vor jmdm./etwas)* **1.** *dafür Sorge tragen, dass jmd. oder etwas nicht angegriffen wird* Die Polizei nennt die Namen der Zeugen nicht, um sie zu schützen., Sie schützt sich und ihre Kinder mit einer starken Sonnencreme vor Sonnenbrand. **2.** ■ *jmd./etwas schützt etwas unter gesetzlichen Schutz stellen* Man hat diese Pflanzen/diese Tiere geschützt, um sie vor der Ausrottung zu bewahren., Er hat den Text urheberrechtlich schützen lassen., Diese Erfindung ist durch ein Patent geschützt.

Schüt·zen·fest das <-(e)s, -e> *ein Volksfest, das mit einem Wettkampf von Schützen[1] verbunden ist*

Schutz·en·gel der <-s, -> *ein engelhaftes Wesen, das Menschen vor Gefahren beschützt* Bei dem Unfall musst du wohl einen Schutzengel gehabt haben!

Schüt·zen·gra·ben der <-s, Schützengräben> *ein Graben, der Soldaten als Schießstand dient und ihnen Schutz vor feindlichen Geschossen gibt*

Schüt·zen·hil·fe die <-> (*kein Plur.*) (*umg.*) *Unterstützung bei einem Vorhaben* Er hat mir während der ganzen Zeit Schützenhilfe geleistet.

Schüt·zen·kö·nig, **Schüt·zen·kö·ni·gin** der <-s, -e> *Sieger eines Wettschießens bei einem Schützenfest*

Schüt·zen·pan·zer der <-s, -> MILIT. *ein leichteres gepanzertes Kampffahrzeug*

Schutz·fär·bung die <-, -en> ZOOL. *die Färbung der Haut mancher Tiere, die so an deren Umgebung angepasst ist, dass sie für ihre Feinde nur schwer sichtbar sind*

Schutz·film der <-(e)s, -e> *eine dünne Schicht Lack o.Ä., die man auf einen Gegenstand aufträgt, um ihn vor Beschädigung zu schützen* Das Holz wurde mit einem Schutzfilm überzogen.

Schụtz·ge·biet das <-(e)s, -e> *ein abgegrenztes Gebiet, das nur zu einem bestimmten Zweck genutzt werden darf siehe auch* **Naturschutzgebiet**

Schụtz·geld das <-(e)s, -er> (*verhüll.*) *Geldzahlungen, die eine kriminelle Bande von Lokalen oder Geschäften erpresst* ◆-erpressung

Schụtz·haft die <-> (*kein Plur.*) *eine Haft, die den Häftling vor Verbrechern schützen soll*

Schụtz·hand·schuh der <-s, -e> *zum Schutz vor Hitze, Feuer usw. getragener Arbeitshandschuh*

Schụtz·hei·li·ge der/die <-n, -n> (REL.: ≈ *Schutzpatron*) *ein Heiliger, von dem man glaubt, dass er eine Stadt oder einen Berufstand besonders beschützt*

Schụtz·helm der <-(e)s, -e> *ein Helm, den man als Schutz vor herabfallenden Gegenständen oder als Schutz im Falle eines Sturzes vom Motorrad trägt*

Schụtz·hüt·te die <-, -n> *eine Hütte im Gebirge, die Wanderern Schutz bei Wettereinbrüchen bietet*

Schụtz·impf·stoff der <-(e)s, -e> *ein Stoff, den der Arzt dem Patienten bei einer Schutzimpfung verabreicht*

Schụtz·imp·fung die <-, -en> MED. *eine Impfung, die zum Schutz vor bestimmten Krankheiten verabreicht wird*

Schụtz·klei·dung die <-, -en> (*meist Sing.*) *Kleidung, die bei bestimmten Arbeiten vor Gefahren wie Strahlen, Giftstoffen o.Ä. schützt*

Schụ̈tz·ling der <-s, -e> *jmd., für den man verantwortlich ist und für den man sorgt* Der Trainer feierte mit seinen Schützlingen den Sieg.

schụtz·los *Adj. ohne Schutz* Wir waren dem Unwetter schutzlos ausgeliefert. ▶Schutzlosigkeit

Schụtz·mann der <-(e)s, Schutzmänner/Schutzleute> (*umg. veralt.* ≈ *Polizist*)

Schụtz·mar·ke die <-, -n> (≈ *Warenzeichen*) *ein Name oder ein Zeichen für ein Produkt, das gesetzlich davor geschützt ist, dass es jmd. kopieren kann*

Schụtz·mas·ke die <-, -n> *zum Schutz vor Gasen, Rauch oder Feuer getragene Maske*

Schụtz·pa·t·ron, **Schụtz·pa·t·ro·nin** der <-s, -e> (≈ *Schutzheiliger*)

Schụtz·po·li·zei die <-> (*kein Plur.*) *die Abteilung der Polizei, die für den Schutz der Bürger zuständig ist*

Schụtz·schicht die <-, -en> (≈ *Schutzfilm*)

Schụtz·um·schlag der <-(e)s, Schutzumschläge> *der (Papier-) Umschlag eines Buches*

Schụtz·weg der <-(e)s, -e> (*österr.*) *ein gekennzeichneter Fußgängerüberweg*

Schụtz·zoll der <-(e)s, Schutzzölle> POL. WIRTSCH. *ein besonderer Zoll, der beim Import von Waren erhoben wird, um die Wirtschaft eines Landes vor der ausländischen Konkurrenz zu schützen*

schwạb·be·lig/schwạbb·lig <schwabb(e)liger, am schwabb(e)ligsten> *Adj.* (*umg.*) *so, dass es weich ist und wackelt* Der Pudding ist schwabblig., ein schwabbeliger Bauch

Schwa̱·be, **Schwä̱·bin** der <-n, -n> *Einwohner Schwabens*

Schwa̱·ben das <-> (*kein Plur.*) *Region im Südwesten Deutschlands*

Schwa̱·ben·al·ter das <-s> (*kein Plur.*) (*scherz.*) *das 40. Lebensjahr*

schwä̱·bisch *Adj. zu Schwaben gehörend, daher stammend* ■ **das Schwäbische Meer**: *Bezeichnung für den Bodensee*

schwạch <schwächer, am schwächsten> *Adj.* **1.** (↔ *stark*) *so, dass jmd. wenig körperliche Kraft besitzt, nicht kräftig ist* Um das zu tragen, bist du zu schwach., Sie ist nach ihrer Krankheit noch sehr schwach. **2.** (↔ *stark*) *nicht sehr leistungsfähig* Er hat schwache Nerven/ein schwaches Herz., Der Motor des Bootes ist ziemlich schwach. **3.** (↔ *fest*) *dünn, nicht stabil, nicht fest* Das Eis ist noch zu schwach zum Schlittschuhlaufen. **4.** (↔ *gut*) *nicht sehr zahlreich* Das Konzert war nur schwach besucht. **5.** (↔ *gut*) *schlecht, nicht gut* Er war ein schwacher Schüler., Das war ein schwacher Film. **6.** *wenig ausgeprägt, nicht heftig* Abends erhob sich ein schwacher Wind., Das war auch nur ein schwacher Trost. ◆ Getrenntschreibung→R 4.3, R 4.12 ein schwach begabter Schüler, eine schwach betonte Silbe, eine schwach bevölkerte Gegend, die schwach bewegte See

Schwạ̈·che die <-, -n> **1.** (*kein Plur.*) *das Schwachsein*[1, 2] **2.** *eine schlechte Eigenschaft eines Menschen* Jeder hat seine Schwächen., Stärken und Schwächen **3.** *ein Mangel an Können und Begabung* Sie hat ihre Schwächen auf dem Gebiet der Mathematik. **4.** (*kein Plur.*) (≈ *Faible*) *besondere Vorliebe* Er hat eine Schwäche für schnelle Autos. **5.** *eine nachteilige Eigenschaft einer Sache* Der Film hat einige Schwächen.

Schwạ̈·che·an·fall der <-(e)s, Schwächeanfälle> *ein plötzlich auftretender Zustand, in dem man sich körperlich schwach*[1, 2] *fühlt* Sie erlitt einen Schwächeanfall.

schwạ̈·chen *mit OBJ* ■ *jmd./etwas schwächt jmdn./etwas* **1.** *körperlich schwächer machen* Die Krankheit schwächt den Patienten. **2.** (*in seiner Wirkung*) *mindern, herabsetzen* Diese Vorgänge können die Position des Ministers schwächen.

Schwạch·kopf der <-(e)s, Schwachköpfe> (*umg. abwert.*) *Dummkopf*

schwạ̈ch·lich *Adj.* (↔ *robust*) *so, dass jmd. nur über geringe körperliche und gesundheitliche Kraft verfügt* Als Kind war ich eher schwächlich.

Schwạch·punkt der <-(e)s, -e> *ein Teil eines Ganzen, der besonders anfällig für Störungen ist* Der einzige Schwachpunkt dieses Plans ist, dass …

Schwạch·sinn der <-s> (*kein Plur.*) **1.** MED. *eine Geisteskrankheit* **2.** (*umg. abwert.*) *Blödsinn* Er hat doch nur Schwachsinn geredet! ▶schwachsinnig

Schwạch·sin·ni·ge der/die <-n, -n> *jmd., der an Schwachsinn*[1] *leidet*

Schwạch·stel·le die <-, -n> (≈ *Schwachpunkt*)

Schwạch·strom der <-(e)s> (*kein Plur.*) (ELEKTRO-

TECHN.: ↔ *Starkstrom*) *Strom mit einer relativ geringen Spannung*

Schwä·chung die <-, -en> **1.** *das Entkräften* Die Infektion bewirkte eine Schwächung des gesamten Körpers. **2.** *in seiner Wirksamkeit herabsetzen* Der Ausfall des Spielers führte zu einer Schwächung der ganzen Mannschaft.

Schwa·de(n) die <-, -n> *abgemähtes Gras oder Getreide, das in einer Reihe liegt*

Schwa·den der <-s, -> (*meist Plur.*) *eine dichte, wolkenartige Ansammlung von Nebel, Rauch oder Dunst* Dichte Schwaden von Nebel zogen über die Felder. ◆ Dunst-, Nebel-, Rauch-

Schwa·d·ron die <-, -en> MILIT. *eine berittene militärische Einheit*

schwa·d·ro·nie·ren <schwadronierst, schwadronierte, hat schwadroniert> *ohne OBJ* ■ *jmd. schwadroniert über etwas Akk.* (*abwert.*) *laut, wortreich und prahlerisch von etwas erzählen* Er schwadronierte den ganzen Abend über seine Erfolge in der Firma.

schwa·feln <schwafelst, schwafelte, hat geschwafelt> *ohne OBJ* ■ *jmd. schwafelt* (*umg. abwert.*) *viel und gedankenlos reden*

Schwa·ger, **Schwä·ge·rin** der <-s, -> *der Ehemann oder die Ehefrau von Bruder oder Schwester*

Schwai·ge die <-, -n> (*süddt. österr.*) *Sennhütte*

Schwal·be die <-, -n> *ein Zugvogel, der sehr schnell fliegt*

Schwall der <-(e)s, -e> *eine sehr große Menge von etwas, besonders von einer Flüssigkeit* Ein Schwall Wasser ergoss sich ins Boot., Wir wurden mit einem Schwall von Worten begrüßt. ◆ Wort-

Schwamm der <-(e)s, Schwämme> **1.** *eine Pilzart, die auf Holz oder feuchten Mauern wächst* **2.** *ein Meereslebewesen mit sehr elastischem Körper* **3.** *ein weicher, saugfähiger Gegenstand, der mit seinen großen Poren viel Wasser aufnehmen kann und zum Reinigen benutzt wird* Er wischte die Tafel mit dem Schwamm ab. **4.** (*österr.*) *Pilz* **5.** ■ **Schwamm drüber!** (*umg.*): *Reden wir nicht mehr darüber!*

Schwam·merl das <-s, -(n)> (*süddt. österr. umg.*) *Pilz*

schwam·mig *Adj.* (*abwert.*) **1.** (≈ *vage*) *nicht präzise* Mit dieser schwammigen Antwort gebe ich mich nicht zufrieden., Sie hat ihre Thesen ziemlich schwammig formuliert. **2.** (≈ *aufgedunsen*) *so, dass jmds. Gewebe aussieht als wäre leicht angeschwollen* ein schwammiges Gesicht/ein schwammiger Körper

Schwan der <-(e)s, Schwäne> *ein großer Schwimmvogel, für den besonders der lange Hals und das weiße Gefieder charakteristisch sind* ■ **mein lieber Schwan!** (*umg.*): *verwendet, um auszudrücken, dass man sehr erstaunt oder verärgert ist*

schwa·nen <schwant, schwante, hat geschwant> *ohne OBJ* ■ *etwas schwant jmdm.* (*umg.*) *jmd. ahnt etwas* Mir schwant, dass …, Mir schwant nichts Gutes.

schwan·ger <nicht steig.> *Adj. so, dass eine Frau ein Kind erwartet* Sie ist im vierten Monat schwanger. ▶Schwangerschaft

Schwan·ge·re die <-n, -n> *eine Frau, die schwanger ist*

schwän·gern <schwängerst, schwängerte, hat geschwängert> *mit OBJ* ■ *jmd. schwängert jmdn.* (*veralt.*) (*außerhalb der Ehe*) *eine Frau schwanger machen*

Schwan·ger·schafts·ab·bruch der <-s, Schwangerschaftsabbrüche> (≈ *Abtreibung*) *Abbruch einer Schwangerschaft*

Schwan·ger·schafts·gym·nas·tik die <-> (*kein Plur.*) *gymnastische Übungen, die Frauen während der Schwangerschaft durchführen sollen, um die Geburt zu erleichtern*

Schwan·ger·schafts·kon·flikt·be·ra·tung die <-, -en> *ein Gespräch bei einer besonderen Beratungsstelle, das jede Frau durchführen muss, die ihr Kind abtreiben möchte*

Schwan·ger·schafts·strei·fen der <-s, -> (*meist Plur.*) *dunkle Streifen, die sich bei Frauen während der Schwangerschaft auf der Haut von Bauch und Hüften bilden, weil die Haut sehr stark gedehnt wird*

Schwan·ger·schafts·test der <-s, -s> *ein Test, mit dem man feststellen kann, ob eine Frau schwanger ist*

Schwan·ger·schafts·ver·hü·tung die <-> (*kein Plur.*) (≈ *Empfängnisverhütung*) *alle Maßnahmen wie Anti-Baby-Pille, Kondome o.Ä., die vermeiden, dass eine Frau nach dem Geschlechtsverkehr mit einem Mann schwanger wird*

Schwank der <-(e)s, Schwänke> **1.** *eine lustige Erzählung* **2.** THEAT. *ein einfaches, lustiges Theaterstück*

schwan·ken *ohne OBJ* ■ *jmd./etwas schwankt* **1.** (≈ *wanken*) Der Betrunkene schwankt nach Hause. **2.** (*umg.*) *zögern* Er schwankte lange, ob er annehmen sollte oder nicht. **3.** *nicht stabil sein* Die Preise für diese Artikel schwanken., Die Temperaturen schwanken oft in dieser Jahreszeit. ▶Schwankung

Schwanz der <-es, Schwänze> **1.** *der lange Teil am Rücken oder Ende des Körpers eines Tieres* Der Hund wedelt mit dem Schwanz. **2.** (*vulg.*) *Penis* ■ **den Schwanz hängen lassen** (*umg.*): *den Mut verlieren* **kein Schwanz** (*vulg.*): *niemand, kein Mensch*

schwän·zeln <schwänzelst, schwänzelte, ist geschwänzelt> *ohne OBJ* ■ *ein Hund schwänzelt mit dem Schwanz[1] wedeln* Der Hund schwänzelt.

schwän·zen <schwänzt, schwänzte, hat geschwänzt> *mit OBJ/ohne OBJ* ■ *jmd. schwänzt* (*etwas*) (*umg.*) *dem Unterricht fernbleiben, weil man keine Lust dazu hat* Er hat die Schule/zwei Stunden geschwänzt., Hat sie schon öfter geschwänzt?

schwap·pen <schwappt, schwappte, hat/ist geschwappt> *ohne OBJ* **1.** ■ *etwas schwappt* (*haben*) (*von Flüssigkeiten*) *sich hin und her bewegen, überfließen* Das Wasser schwappte, als ich mich in die Badewanne setzte. **2.** ■ *etwas schwappt aus etwas Dat.* (*sein*) (*von Flüssigkeiten*) *sich hin und her bewegen und dann überfließen* Die Suppe schwappte aus dem Topf.

Schwarm <-(e)s, Schwärme> **1.** *eine große Zahl von Tieren der gleichen Art, die sich scheinbar ungeordnet gemeinsam fortbewegen* Ein Schwarm Vögel hat sich in den Bäumen niedergelassen., Den Fischern ging ein Schwarm Heringe ins Netz. ◆ Bienen-, Vogel- **2.** (*kein Plur.*) (*umg.*) *jmd., den man verehrt, Idol* Er war der Schwarm aller Mädchen in der Klasse., Sie war mein erster Schwarm.

schwär·men <schwärmst, schwärmte, hat /ist geschwärmt> *ohne OBJ* **1.** ■ *ein Insekt schwärmt irgendwo* (*sein*) *sich in einem Schwarm bewegen* Die Bienen schwärmen in alle Richtungen. **2.** ■ *jmd. schwärmt für jmdn.* (*haben*) *heftig verehren, als Schwarm[2] betrachten* Ich habe lange für diesen Sänger geschwärmt. **3.** ■ *jmd. schwärmt von jmdm./etwas begeistert von jmdm. oder etwas sprechen* Sie schwärmte von ihrem Urlaub in Süditalien. ◆ Großschreibung→R 3.4 ins Schwärmen geraten ▶ Schwärmerei

Schwar·te die <-, -n> **1.** *ein Stück Haut eines Tieres mit viel Fett* die Schwarte des Schweinebratens **2.** (*umg. abwert.*) *ein dickes Buch*

schwarz <nicht steig.> *Adj.* **1.** *von der Farbe des Nachthimmels* Wir haben eine schwarze Katze., Zur Beerdigung trug er einen schwarzen Anzug., Er lässt sich die grauen Haare schwarz färben., Schwarze Autos sehen elegant aus. **2.** (*umg.*) *illegal* Die Flüchtlinge versuchten, schwarz über die Grenze zu gelangen., Man hatte schwarz Schnaps gebrannt. ■ **in den schwarzen Zahlen sein** (WIRTSCH.: ↔ *in den roten Zahlen sein*): *Gewinne machen* **jemandem wird schwarz vor Augen**: *jmdm. wird schlecht oder schwindlig* **schwarz sehen** (*umg.*): *die Zukunftsaussichten negativ und pessimistisch einschätzen* **schwarz malen** (*umg.*): *etwas pessimistisch darstellen* **etwas schwarz auf weiß haben** (*umg.*): *etwas schriftlich haben* **das schwarze Brett**: *ein Anschlagbrett* **der schwarze Tod**: *die Beulenpest* ◆ Getrenntschreibung→R 4.2f., R 4.12 (für die Prüfung) schwarz sehen, (die Zukunft) schwarz malen, schwarz gestreifter Stoff, schwarz gefärbtes Haar, eine schwarz geränderte Karte; Zusammenschreibung→R 4.11 schwarzarbeiten, schwarzfahren, (als Fernsehbesitzer) schwarzsehen; Kleinschreibung→R 3.20 das schwarze Brett, das schwarze Schaf, der schwarze Tod, schwarzer Peter; Großschreibung→R 3.4, R 3.7, R 3.17 ein Schwarzer/eine Schwarze, die Farbe Schwarz, das Schwarze Meer, der Schwarze Erdteil, In den Terrarien sind Spinnen, darunter ist auch eine Schwarze Witwe.

Schwarz·ar·beit die <-> (*kein Plur.*) *nicht angemeldete, bezahlte, illegale Arbeit, bei der der Arbeitnehmer keine Steuern und der Arbeitgeber keine Sozialversicherungsbeiträge abführt*

schwarz·ar·bei·ten *ohne OBJ* ■ *jmd. arbeitet schwarz Schwarzarbeit verrichten* ◆ Zusammenschreibung→R 4.11 Am Samstag haben sie auf einer Baustelle schwarzgearbeitet. ▶ Schwarzarbeiter

Schwarz·brot das <-(e)s, -e> (↔ *Weißbrot*) *dunkles Brot aus Roggenmehl*

Schwarz·dorn der <-(e)s, -e> (≈ *Schlehdorn*) *ein Strauch mit Dornen, der kleine runde Früchte von blauer Farbe und saurem Geschmack trägt*

Schwar·ze der/die <-n, -n> (≈ *Farbige*) *ein Mensch mit schwarzer Hautfarbe*

Schwär·ze die <-> (*kein Plur.*) **1.** *die schwarze[1] Farbe von etwas* **2.** *tiefe Dunkelheit* Geräusche drangen aus der Schwärze der Nacht.

Schwar·ze Meer das <-n -(e)s> *ein Binnenmeer zwischen Europa und Asien*

schwär·zen <schwärzt, schwärzte, hat geschwärzt> *mit OBJ* ■ *jmd./etwas schwärzt etwas schwarz[1] machen* Der Ruß schwärzte unsere Gesichter.

schwarz·fah·ren <fährst schwarz, fuhr schwarz, ist schwarzgefahren> *ohne OBJ* ■ *jmd. fährt schwarz* (*umg.*) *ohne Fahrkarte fahren* Er ist im Bus schwarzgefahren und wurde erwischt. ◆ Zusammenschreibung→R 4.11 Im Urlaub sind wir immer schwarzgefahren. ▶ Schwarzfahrer

Schwarz·geld das <-(e)s, -er> (*umg.*) *Geld, das jmd. ungesetzlich oder unerlaubt erwirbt und nicht versteuert*

schwarz·haa·rig <nicht steig.> *Adj. mit schwarzen Haaren*

Schwarz·markt der <-(e)s> (*kein Plur.*) *der ungesetzliche Handel mit illegalen oder rationierten Waren* Nach dem Krieg blühte der Schwarzmarkt. ◆ -preise

Schwarz·se·her, **Schwarz·se·he·rin** der <-s, -> (*abwert.* ≈ *Pessimist* ↔ *Optimist*) *jmd., der immer glaubt, dass die Dinge einen negativen Verlauf nehmen*

Schwarz·specht der <-(e)s, -e> *ein großer schwarzer Specht mit roten Federn an Kopf und Nacken*

Schwarz·wald der <-(e)s> (*kein Plur.*) *eine waldreiche Mittelgebirgslandschaft im Südwesten Deutschlands*

Schwarz·wäl·der, **Schwarz·wäl·de·rin** der <-s, -> *Einwohner des Schwarzwalds*

Schwarz·weiß·bild das <-(e)s, -er> FOTOGR. *ein Bild oder Foto, das nur die Farben Schwarz, Weiß und Grau enthält*

Schwarz·weiß·film der <-(e)s, -e> FILM. FOTOGR. *ein Film, dessen Bilder nur aus den Farben Schwarz, Weiß und Grau aufgebaut sind*

Schwarz·weiß·ma·le·rei die <-, -en> *Darstellung von etwas in starken Kontrasten*

Schwarz·wild das <-(e)s> (*kein Plur.*) (*fachspr.*) *Wildschweine*

Schwarz·wur·zel die <-, -n> (*meist Plur.*) *eine Gemüsepflanze mit einer langen schwarzen Wurzel*

Schwatz der <-es, -e> (*umg.* ≈ *Plausch*) *eine kürzere, zwanglose Unterhaltung* Wir haben uns zufällig in der Stadt getroffen und einen Schwatz ge-

S

halten.

schwat·zen/ schwät·zen <schwatzt/schwätzt, schwatzte/schwätzte, hat geschwatzt/geschwätzt> **I.** *mit OBJ/ohne OBJ* ■ *jmd. schwatzt/ schwätzt (etwas) (abwert.) sinnlose Dinge sagen* Sie schwatzt doch nur dummes Zeug., Reg dich nicht auf, er schwatzt doch nur. **II.** *ohne OBJ* ■ *jmd. schwatzt/schwätzt* **1.** *(≈ plaudern) sich zwanglos unterhalten* Sie standen beisammen und schwatzten ein wenig. **2.** *sich in der Schule während des Unterrichts leise mit einem Mitschüler unterhalten* Die beiden schwatzen ständig im Unterricht. **3.** *(umg. abwert.) ein Geheimnis verraten* Einer von euch muss geschwatzt haben.

Schwät·zer, Schwät·ze·rin der <nicht steig.> *(umg. abwert.) jmd., der schwatzt I*

schwatz·haft *Adj. (abwert.) so, dass jmd. viel schwatzt I.3* Sie ist eine schwatzhafte Person. ▶Schwatzhaftigkeit

Schwe·be ■ **in der Schwebe**: *noch ungewiss, noch unentschieden* Der Ausgang des Verfahrens ist zur Stunde noch in der Schwebe.

Schwe·be·bahn die <-, -en> *eine Bahn, die sich an Drahtseilen oder an einer Schiene hängend fortbewegt*

Schwe·be·bal·ken der <-s, -> SPORT *ein Turngerät (für Frauen) in Form eines schmalen langen Balkens auf einem Gestell*

schwe·ben <schwebst, schwebte, hat/ist geschwebt> *ohne OBJ* **1.** ■ *etwas schwebt irgendwo (haben) sich ohne zu sinken in der Luft (oder im Wasser) im Gleichgewicht halten* Eine Wolke schwebte am Himmel., Staubteilchen schweben in der Luft. **2.** ■ *etwas schwebt irgendwohin (sein) sich langsam durch die Luft irgendwohin bewegen* Eine Vogelfeder schwebte zu Boden. ■ **in Lebensgefahr schweben**: *in lebensbedrohlicher Gefahr sein* **ein schwebendes Verfahren**: *ein noch nicht beendetes, noch nicht entschiedenes (Gerichts-)Verfahren*

Schweb·stoff der <-(e)s, -e> *(meist Plur.)* CHEM. *ein Stoff, der sich fein über die Oberfläche einer Flüssigkeit verteilt und nicht absinkt*

Schwe·de, Schwe·din der <-n, -n> *jmd., der die schwedische Staatsbürgerschaft hat*

Schwe·den <-s> *(kein Plur.) ein Staat in Nordeuropa*

schwe·disch <nicht steig.> *Adj. zu Schweden gehörend, daher stammend* ein schwedisches Gericht, Sie spricht schwedisch (in schwedischer Sprache)., Sie spricht gut Schwedisch (die schwedische Sprache)., Wie heißt das Wort auf Schwedisch? *siehe auch* **deutsch**

Schwe·fel der <-s> *(kein Plur.) ein gelbes chemisches Element, das unangenehm riecht* ▶schwefelhaltig ◆-säure

Schwe·fel·bad das <-(e)s, Schwefelbäder> *das Baden in schwefelhaltigem Wasser, das bestimmte Krankheiten lindern soll*

Schwe·fel·di·o·xid/ Schwe·fel·di·o·xyd das <-s> *(kein Plur.)* CHEM. *ein Gas, das aus der Verbrennung von Schwefel entsteht*

Schwe·fel·was·ser·stoff der <-(e)s> *(kein Plur.)* CHEM. *ein hochgiftiges Gas, das nach faulen Eiern riecht*

Schweif der <-(e)s, -e> *(geh. ≈ Schwanz)* ◆ Kometen-

schwei·fen <schweifst, schweifte, ist geschweift> *ohne OBJ* ■ *jmd. schweift durch etwas Akk. (geh.) ziellos umherwandern* Sie schweiften durch Wald und Wiesen.

Schwei·ge·geld das <-(e)s, -er> *an eine Person gezahltes Bestechungsgeld, damit diese nicht verrät, was sie über eine illegale Handlung oder eine Straftat weiß*

Schwei·ge·marsch der <-es, Schweigemärsche> *ein Marsch, bei dem die Marschierenden schweigen, um öffentlich auf etwas aufmerksam zu machen oder gegen etwas zu protestieren*

Schwei·ge·mi·nu·te die <-, -n> *eine kurze Zeitspanne, in der die Anwesenden einer Versammlung bewusst schweigen[1], um ihr Gedenken an einen Verstorbenen oder an ein Unglück zum Ausdruck zu bringen* Man gedachte in einer Schweigeminute der Opfer des schrecklichen Attentats.

Schwei·gen das <-s> *(kein Plur.) der Zustand, dass jmd. schweigt* Im Saal herrschte eisiges Schweigen. ■ **jemanden zum Schweigen bringen**: *jmdn. (durch Gewaltandrohung) veranlassen, nichts über eine bestimmte Sache zu sagen*

schwei·gen <schweigst, schwieg, hat geschwiegen> *ohne OBJ* ■ *jmd. schweigt* **1.** *nicht sprechen* Nach seiner Rede schwiegen alle Anwesenden (betreten/betroffen/ratlos). **2.** *keine Erklärung oder Äußerung abgeben* Was diesen Vorfall/diese Anschuldigungen betrifft, so schweigen die Behörden noch immer. ■ **jemand schweigt wie ein Grab**: *jmd. ist verschwiegen und behält Geheimnisse für sich* **ganz zu schweigen von ...**: *verwendet, um auszudrücken, dass zu einer unangenehmen Sache noch eine andere (meist unangenehmere) Sache hinzukommt* Die Zugfahrt war schon wegen der Hitze sehr anstrengend, ganz zu schweigen von der Verspätung.

Schwei·ge·pflicht die <-> *(kein Plur.) die Verpflichtung bestimmter Berufsgruppen, die persönlichen Daten ihrer Klienten niemandem preiszugeben* Die ärztliche Schweigepflicht verbietet es dem Arzt, Auskünfte über seine Patienten zu geben.

schweig·sam *Adj. (↔ redselig) mit der Neigung, nur wenig zu sprechen* Er ist ein sehr schweigsamer Mensch. ▶Schweigsamkeit

Schwein das <-(e)s, -e> **1.** ZOOL. *ein Säugetier, für das der gedrungene Körperbau, kurze Beine und der geringelte Schwanz charakteristisch sind* Schweine grunzen/quieken., In diesem Stall werden Schweine gemästet/gezüchtet. ◆-ebraten, -efett, -efleisch, -estall, Haus-, Wild- **2.** *(vulg. abwert.) ein Schimpfwort für jmdn., den man als moralisch minderwertig betrachtet* Das Schwein hat ihn umgebracht! ■ **Schwein haben** *(umg.)*: *Glück haben* **kein Schwein** *(umg.)*: *niemand*

Schwei·ne·bauch der <-(e)s> (*kein Plur.*) *Fleisch vom Bauch eines geschlachteten Schweins*

Schwei·ne·fraß der <-(e)s> (*kein Plur.*) (*umg. abwert.*) *sehr schlechtes Essen*

Schwei·ne·geld das <-(e)s> (*kein Plur.*) *nur mit dem unbestimmten Artikel „ein" (umg.) sehr viel Geld* Das Auto hat ein Schweinegeld gekostet., In seinem neuen Job verdient er ein Schweinegeld.

Schwei·ne·hund der <-(e)s, -e> (*vulg. abwert.*) *Schwein²* ■ **der innere Schweinehund**: *Feigheit und Trägheit gegenüber einem als richtig erkannten Tun* Bevor ich beginne, Sport zu treiben, muss ich erstmal meinen inneren Schweinehund überwinden.

Schwei·ne·ko·te·lett das <-s, -s> *ein Rippenstück vom geschlachteten Schwein*

Schwei·ne·mast die <-> (*kein Plur.*) *das Mästen von Schweinen*

Schwei·ne·mast·be·trieb der <-(e)s, -e> *ein Betrieb, in dem Schweine gemästet werden*

Schwei·ne·pries·ter der <-s, -> (*Schimpfwort für einen*) *Mann, den man verachtet*

Schwei·ne·rei die <-, -en> (*vulg. abwert.*) **1.** (≈ *Saustall*) *Schmutz und Unordnung* Hast du diese Schweinerei angerichtet? **2.** (≈ *Gemeinheit*) Das ist doch eine unerhörte Schweinerei von ihm gewesen!

Schwei·ne·stall der <-s, -ställe> **1.** *ein Stall, in dem Schweine gehalten werden* **2.** (*vulg. abwert.* ≈ *Saustall*) *ein unaufgeräumter, unordentlicher Raum* Räum endlich mal deinen Schweinestall auf!

Schwein·i·gel der <-s, -> *jmd., der obszöne, unanständige Dinge oder Witze erzählt*

schwei·nisch *Adj.* (*umg. abwert.*) *obszön, unanständig* ein schweinischer Witz

Schweins·bra·ten der <-s, -> (*süddt. österr. schweiz.*) *Schweinebraten*

Schweins·le·der das <-s> (*kein Plur.*) *Leder, das man aus der Haut von Schweinen herstellt*

Schweins·stel·ze die <-, -n> (*österr.*) *Eisbein*

Schweiß der <-es> (*kein Plur.*) *die salzige Flüssigkeit, die die Schweißdrüsen absondern* Schweiß stand ihm auf der Stirn., Der Schweiß fließt bei dieser Hitze in Strömen., Er war in Schweiß gebadet., Ihm brach (vor Angst) der Schweiß aus. ■ **im Schweiße seines Angesichts**: *mit großer Anstrengung, mit harter Arbeit* ◆-geruch, -tropfen, Angst-

Schweiß·aus·bruch der <-(e)s, Schweißausbrüche> *plötzliches starkes Schwitzen* Ihre Kreislaufprobleme verursachen häufig Schweißausbrüche.

schweiß·be·deckt <nicht steig.> *Adj. von Schweißtropfen bedeckt* Ihr ganzes Gesicht war schweißbedeckt.

Schweiß·bren·ner der <-s, -> *ein Gerät zum Schweißen*

Schweiß·drü·se die <-, -n> *eine Drüse, die vor allem bei großer Wärme oder starker körperlicher Anstrengung Schweiß abgibt, um so dem Körper Kühlung zu verschaffen*

schwei·ßen <schweißt, schweißte, hat geschweißt> *mit OBJ/ohne OBJ* ■ *jmd. schweißt etwas Metallteile mittels großer Hitze zusammenfügen* Die Arbeiter schweißen die Eisenbahnschienen/die Rohre., Er schweißt in der Werkstatt. ▶Schweißer

Schweiß·fuß der <-es, Schweißfüße> (*meist Plur.*) *ein Fuß, der sehr viel Schweiß absondert und unangenehm riecht* Er hat Schweißfüße.

schweiß·ge·ba·det <nicht steig.> *Adj. nass von Schweiß* Sie wachte schweißgebadet aus einem Traum auf.

Schweiß·ge·ruch der <-(e)s> (*kein Plur.*) *der unangenehme Geruch von Schweiß*

schweiß·hem·mend *Adj. so, dass etwas die Bildung von Schweiß vermindert* ein schweißhemmendes Deodorant

Schweiß·naht die <-, Schweißnähte> *eine Naht, an der Metallteile miteinander verschweißt sind*

Schweiß·per·le die <-, -n> (*meist Plur.*) *einzelner Schweißtropfen* Schweißperlen standen auf seiner Stirn.

schweiß·trei·bend *Adj. so, dass etwas die Absonderung von Schweiß steigert* Ich soll ein schweißtreibendes Mittel einnehmen., Die Arbeit war ziemlich schweißtreibend.

Schweiz <-> (*kein Plur.*) *Staat in Westeuropa siehe auch* **Deutsch**, **Helvetismus**

> **i Wissenswert** Die Schweiz ist eine Republik mit dem offiziellen Namen Confoederatio Helvetica, abgekürzt „CH". Sie ist in 23 Kantone gegliedert. Die Schweizer werden auch als „Eidgenossen" bezeichnet. Die vier Amtssprachen der Schweiz sind Deutsch, Französisch, Italienisch und Rätoromanisch. Die Schweiz ist nicht nur wegen ihrer herrlichen, Gebirgslandschaften bekannt, die eine Basis des Fremdenverkehrs als wichtigem Wirtschaftszweig sind. Auch Uhren aus der Schweiz genießen Weltruf, beispielhaft für die sprichwörtliche Gründlichkeit und Präzision, die Produkten aus der Schweiz ein hohes Ansehen verschafft hat. Die Hauptstadt der Schweiz ist Bern. Am in der Schweiz gesprochenen Deutsch sind - aus der so genannten „binnendeutschen" Sicht - vor allem Wörter auffällig, die so in Deutschland nicht existieren, wie z.B. Corner, Großkind, Jupe, Schifflände. Sie werden aus deutscher Sicht als Helvetismen bezeichnet. Daneben muss aber betont werden, dass es viele weitere Unterschiede in Aussprache, Betonung und grammatischen Details gibt.

Schwei·zer, **Schwei·ze·rin** der <nicht steig.> *jmd., der die schweizerische Staatsbürgerschaft besitzt*

Schwei·zer·deutsch das <-> (*kein Plur.*) *Dialekt der deutschsprachigen Schweiz*

schwei·zer·deutsch <nicht steig> *Adj. auf die deutschsprachige Schweiz bezogen*

Schwei·zer·gar·de die <-> (*kein Plur.*) *die päpstliche Garde*

schwei·ze·risch <nicht steig.> *Adj. zur Schweiz gehörend, daher stammend*

schwe·len *ohne OBJ* ■ *etwas schwelt in der Art brennen, die entsteht, wenn ein Feuer fast schon gelöscht ist* Das Feuer schwelte immer noch an einigen Stellen, nachdem der Brand ansonsten gelöscht worden war.

schwel·gen *ohne OBJ* **1.** ■ *jmd. schwelgt genussvoll und viel essen und trinken* In diesem Lokal kann man so richtig schwelgen. **2.** ■ *jmd. schwelgt in etwas Dat. etwas voll und ganz genießen* Wir schwelgten in Erinnerungen.

Schwel·le die <-, -n> **1.** (≈ *Türschwelle*) **2.** (≈ *Eisenbahnschwelle*) **3.** *die Zeit kurz vor dem Anfang von etwas* an der Schwelle zu einem neuen Zeitalter stehen

schwel·len <schwillst, schwoll, ist geschwollen> *ohne OBJ* ■ *etwas schwillt sich ausdehnen* Nach den starken Regenfällen schwoll der Bach zu einem reißenden Fluss., Mein Knöchel schwillt, wenn ich längere Zeit laufen muss.

Schwel·len·angst die <-> (*kein Plur.*) PSYCH. *Angst vor dem Betreten fremder Räume*

Schwel·len·land das <-(e)s, -länder> *Entwicklungsland am Übergang zum Industrieland*

Schwell·kör·per der <-s, -> ANAT. *Gewebe der äußeren Geschlechtsorgane, das sich mit Blut füllen und dadurch vergrößern kann*

Schwel·lung die <-, -en> MED. **1.** *der Zustand, dass Gewebe geschwollen ist* Der Wespenstich verursachte eine Schwellung., Die Schwellung klingt langsam ab. **2.** *Stelle mit einer Schwellung*[1] Der Arzt untersuchte die Schwellung am Knie.

Schwem·me die <-, -n> WIRTSCH. *Überangebot*

schwem·men *mit OBJ* ■ *etwas schwemmt etwas irgendwohin* **1.** *von strömendem Wasser irgendwohin getragen werden* Während des Sturmes wurde viel Treibgut an den Strand geschwemmt. **2.** ■ *jmd. schwemmt etwas* (*österr.*) *Wäsche spülen*

Schwemm·land das <-(e)s> (*kein Plur.*) *vom Meer oder von Flüssen angeschwemmter Boden*

Schwen·gel der <-s, -> *der bewegliche Teil einer Pumpe, mit dem man das Wasser aus dem Boden pumpt*

Schwenk der <-(e)s, -s/-e> **1.** *eine* (*schnelle*) *Drehung oder Bewegung in eine andere Richtung* Der LKW machte plötzlich einen Schwenk nach rechts und fuhr in eine Einfahrt. **2.** *eine Bewegung der Kamera beim Filmen* Die Kamera machte einen Schwenk auf die Zuschauer.

schwen·ken <schwenkst, schwenkte, hat/ist geschwenkt> **I.** *mit OBJ* ■ *jmd. schwenkt etwas* (*haben*) **1.** *mit ausladenden Bewegungen hin und her bewegen* Die Fans schwenkten ihre Fahnen. **2.** *in eine andere Richtung drehen, in eine andere Position bringen* Er schwenkte die Kamera nach links. **3.** KOCH. *etwas in einer Flüssigkeit kurz hin und her bewegen* Er schwenkte das Gemüse in heißem Fett. **II.** *ohne OBJ* ■ *jmd./etwas schwenkt irgendwohin* (*sein*) *einbiegen* Das Auto schwenkte nach links in eine Nebenstraße.

schwer **I.** *Adj.* (↔ *leicht*) **1.** *von hohem Gewicht* Wer soll denn den schweren Koffer tragen? **2.** ■ *Zahlenangabe plus schwer so, dass es das genannte Gewicht hat* Der Fisch war vier Kilo schwer., Der Kartoffelsack ist einen Zentner schwer. **3.** *stark, heftig* Schwere Regenfälle brachten die Flüsse zum Anschwellen., Er hatte ein schweres Verbrechen begangen. **4.** *nicht einfach, viel Kraftaufwand erfordernd* Diese Arbeit ist doch zu schwer für dich! **5.** (↔ *einfach*) *schwierig* Es war eine ziemlich schwere Prüfung. **6.** *anspruchsvoll* Sie hört gern schwere Musik. **II.** *Adv.* (*umg.*) *sehr* Er war schwer beleidigt., Das hatte sie schwer beeindruckt/enttäuscht. ◆ Getrenntschreibung→R 4.2f., R 4.12 Die Lösung dieser Aufgabe wird dir doch nicht schwer fallen!, Du solltest ihr das Leben nicht so schwer machen., Musst du dieses Erlebnis so schwer nehmen?, Mit dieser Aufgabe wirst auch du dich schwer tun., eine schwer behinderte Frau, ein schwer beschädigtes Auto, ein schwer beladener Anhänger, ein schwer bewaffneter Verbrecher, ein schwer erziehbares Kind, ein schwer kranker Patient, eine schwer lösliche Substanz, ein schwer verständliches Buch, ein schwer verletztes/verwundetes Unfallopfer; Getrennt- oder Zusammenschreibung→R 4.12 Dieser Sitzplatz ist reserviert für schwer Beschädigte/Schwerbeschädigte., Dieser Sitzplatz ist reserviert für schwer Behinderte/Schwerbehinderte., ein schwer wiegendes/schwerwiegendes Problem; Zusammenschreibung→R 4.11 eine schwerreiche Frau, schwerbehindert/schwerstbehindert, schwerbeschädigt

Schwer·be·hin·der·te/schwer Be·hin·der·te der/die <-n, -n> *Mensch mit einer schweren körperlichen Behinderung* ◆ Zusammen- oder Getrenntschreibung→R 4.12 eine Auffahrt für Schwerbehinderte/schwer Behinderte

Schwer·be·schä·dig·te/schwer Be·schä·dig·te der/die <-n, -n> *Schwerbehinderte* ◆ Zusammen- oder Getrenntschreibung→R 4.12

Schwe·re die <-> (*kein Plur.*) **1.** (PHYS.: ≈ *Gewicht*) die Schwere eines Gegenstands **2.** (*geh.*) *der Zustand, dass ein Körperteil sich müde und kraftlos anfühlt* Er spürte eine bleierne Schwere in den Beinen. **3.** *das Ausmaß einer* (*negativen*) *Tat* Sie ist sich der Schwere ihres Vergehens nicht bewusst. **4.** (≈ *Schwierigkeitsgrad*) Bei der Schwere der Aufgaben ist es erlaubt, Hilfsmittel zu benutzen.

schwe·re·los <nicht steig.> *Adj. so, dass jmd. oder etwas nicht der Schwerkraft unterliegt* ▶Schwerelosigkeit

Schwe·re·nö·ter der <-s, -> (*umg. scherzh.*) *ein Mann, der Frauen gegenüber besonders keck und liebenswürdig ist*

schwer·fäl·lig *Adj.* (≈ *unbeholfen*) (*geistig oder körperlich*) *ungeschickt* Er scheint mir ein etwas schwerfälliger Mensch zu sein., An Land wirken Seerobben sehr schwerfällig. ▶Schwerfälligkeit

Schwer·ge·wicht das <-(e)s> (*kein Plur.*) SPORT

die höchste der Gewichtsklassen, in man die Athleten in bestimmten Disziplinen aufgrund ihres Körpergewichts einteilt Der Boxer wurde Weltmeister im Schwergewicht. ▶Schwergewichtler

schwer·ge·wich·tig *Adj. so, dass jmd. ein sehr hohes Körpergewicht hat*

schwer·hö·rig <nicht steig.> *Adj. so, dass jmd. ein schlechtes Gehör hat* ▶Schwerhörigkeit

Schwer·in·du·s·t·rie die <-> (*kein Plur.*) *Sammelbezeichnung für die Eisen- und Stahlindustrie und den Bergbau*

Schwer·kraft die <-> (*kein Plur.*) (≈ *Gravitation*) *die Anziehungskraft, die ein Himmelskörper ausübt*

Schwer·kran·ke der/die <-n, -n> *jmd., der sehr schwer erkrankt ist*

schwer·lich *Adv.* (*geh.* ≈ *kaum*) Ich kann mir nur schwerlich vorstellen, dass ...

schwer·lös·lich *Adj. so, dass sich ein Stoff nur sehr langsam mit einer Flüssigkeit vermischt*

Schwer·me·tall das <-(e)s, -e> *ein Metall mit hohem spezifischem Gewicht* Blei ist ein Schwermetall.

Schwer·mut die <-> (*kein Plur.*) (≈ *Melancholie*) *ein länger anhaltender Zustand, in dem man sehr traurig und niedergeschlagen ist*

Schwer·mü·tig·keit die <-> (*kein Plur.*) (≈ *Schwermut*) ▶schwermütig

Schwer·punkt der <-(e)s, -e> **1.** PHYS. *der Punkt, der für das Gleichgewicht eines Körpers ausschlaggebend ist* **2.** *wichtigster Punkt* (*einer Tätigkeit, eines Problems oder einer Frage*) Ich habe meinen Schwerpunkt im Studium auf die Sprachwissenschaft gelegt.

schwer·punkt·mä·ßig <nicht steig.> *Adj. so, dass sich jmd. oder eine Tätigkeit nur mit bestimmten ausgewählten Bereichen beschäftigt* In diesem Semester werden wir uns schwerpunktmäßig mit englischer Literatur befassen.

Schwer·punkt·the·ma das <-s, Schwerpunktthemen> *Thema, mit dem man sich hauptsächlich beschäftigt* Das Schwerpunktthema der Diskussion ist die Bekämpfung der Arbeitslosigkeit.

schwer·reich <nicht steig.> *Adj.* (*umg.*) *sehr reich*

Schwerst·ar·beit die <-> (*kein Plur.*) *sehr schwere körperliche Arbeit*

Schwert das <-(e)s, -er> **1.** *eine Waffe mit Handgriff und langer, scharfer Klinge, die vor allem im Mittelalter benutzt wurde* **2.** SEEW. *ein Bauteil am Schiffskiel* ■ **ein zweischneidiges Schwert**: *etwas, das Vorteile, aber auch Nachteile hat*

Schwert·fisch der <-(e)s, -e> *ein Fisch mit einem sehr langen, spitz zulaufenden Oberkiefer, der wie ein Schwert*[1] *aussieht*

Schwert·li·lie die <-, -n> (≈ *Iris*) *eine Sommerblume mit violetten, gelben oder blau gefärbten Blüten*

Schwer·ver·bre·cher, **Schwer·ver·bre·che·rin** der <-s, -> *jmd., der eine sehr schlimme Straftat begangen hat*

Schwer·ver·letz·te der/die <-n, -n> *jmd., der eine sehr schlimme Verletzung hat*

Schwer·ver·wun·de·te der/die <-n, -n> (≈ *Schwerverletzte*)

schwer·wie·gend *Adj. eine* (*meist negative*) *Sache, die wichtig ist, weil sie große Konsequenzen hat* ein schwerwiegendes Problem ◆Getrennt- oder Zusammenschreibung→R 4.12 schwer wiegend/schwerwiegend, die schwerwiegenden ökologischen Folgen der Schiffskatastrophe; Zusammenschreibung→R 4.12 Das waren schwerwiegendere/schwerwiegendste Überlegungen.; Getrenntschreibung→R 4.12 ein am schwersten wiegendes Problem, schwerer wiegende Probleme

Schwes·ter die <-, -n> **1.** *eine weibliche Person, die die selben Eltern hat wie jmd.* **2.** *kurz für „Krankenschwester"* **3.** *Ordens- oder Klosterschwester*

Schwes·ter·par·tei die <-, -en> *Partei, die die gleichen politischen Ziele verfolgt wie eine andere Partei* CDU und CSU sind Schwesterparteien.

Schwie·ger·el·tern <-> *Plur. die Eltern von Ehemann oder Ehefrau*

Schwie·ger·mut·ter die <-, Schwiegermütter> *die Mutter von Ehemann oder Ehefrau*

Schwie·ger·sohn der <-(e)s, Schwiegersöhne> *der Ehemann der Tochter*

Schwie·ger·toch·ter die <-, Schwiegertöchter> *die Ehefrau des Sohnes*

Schwie·ger·va·ter der <-s, Schwiegerväter> *der Vater des Ehemanns oder der Ehefrau*

Schwie·le die <-, -n> (*meist Plur.*) *eine Stelle an der Hand, an der sich starke Hornhaut gebildet hat*

schwie·rig *Adj.* **1.** (↔ *einfach*) *so, dass man viele Fähigkeiten haben muss, um eine Aufgabe zu lösen* Die Prüfung soll sehr schwierig sein. **2.** *kompliziert und unangenehm* Unverhofft gerieten wir in eine schwierige Situation. **3.** (↔ *umgänglich*) *so, dass man mit jmdm. nicht leicht auskommen kann* ein schwieriger Mensch

Schwie·rig·keit die <-, -en> **1.** (*meist Sing.*) *der Umstand, dass etwas nicht einfach ist, sondern dass dabei Probleme gelöst werden müssen* Das ist die Schwierigkeit bei dieser Übung. **2.** (*meist Plur.*) (≈ *Problem*) Wir mussten beim Bau unseres Hauses viele Schwierigkeiten überwinden., Er hat finanzielle Schwierigkeiten.

Schwimm·an·zug der <-(e)s, Schwimmanzüge> (≈ *Badeanzug*)

Schwimm·bad das <-(e)s, Schwimmbäder> *eine Sport- und Freizeitanlage mit einem oder mehreren Schwimmbecken, Umkleideräumen* (*und Liegewiesen im Freien*)

Schwimm·be·cken das <-s, -> *ein großes Wasserbecken, in dem man schwimmen kann*

schwim·men <schwimmst, schwamm, hat/ist geschwommen> **I.** *ohne OBJ* **1.** ■ *jmd./ein Tier schwimmt* (*haben/sein*) *sich in einer bestimmten Körperhaltung mit bestimmten Bewegungen im Wasser fortbewegen* Ich schwimme gerne., Sie schwimmt auf dem Rücken., Fische schwimmen im Aquarium., Auf dem See schwimmt ein

Schwan. **2.** ■ *jmd. schwimmt irgendwohin* (*sein*) *an einen Ort schwimmen I.1* Ich bin ans andere Ufer geschwommen. **3.** ■ *etwas schwimmt irgendwo* (*haben/sein*) *auf der Oberfläche treiben* Auf der Wasseroberfläche schwammen unzählige Blätter. **4.** ■ *etwas schwimmt* (*haben/sein*) *sehr nass sein* Was hast du denn gemacht, dass die ganze Küche schwimmt? **5.** ■ *jmd. schwimmt in etwas Dat.* (*sein*) *sehr viel von etwas besitzen* Sie schwimmt förmlich im Geld. **II.** *mit OBJ/ohne OBJ* ■ *jmd. schwimmt* (*etwas*) (*haben/sein*) *in einem Sportwettkampf schwimmen I.1* Sie hat/ist diese Strecke in neuer Weltrekordzeit geschwommen., Er schwimmt morgen im Finale. ■ **ins Schwimmen geraten** (*umg.*): *unsicher werden*

Schwim·mer, **Schwim·me·rin** der <-s, -> **1.** *jmd., der schwimmen kann* **2.** SPORT *jmd., der Schwimmen als Sport betreibt*

Schwimm·flos·se die <-, -n> *eine Art Schuh aus Gummi, der wie die Flosse eines Tieres aussieht und mit dem man schneller schwimmen und tauchen kann* Ich nehme meine Taucherbrille und die Schwimmflossen mit an den See.

Schwimm·flü·gel der <-s, -> *einer von zwei Ringen aus Plastik, die man mit Luft füllt und an den Armen von Kindern befestigt, damit diese im Wasser nicht untergehen können*

Schwimm·fuß der <-es, Schwimmfüße> *der bei Wasservögeln wie Enten und Gänsen in besonderer Weise ausgeprägte Fuß, bei dem zwischen den Zehen Haut wächst, die den Vortrieb im Wasser verbessert*

Schwimm·haut die <-, Schwimmhäute> (*meist Plur.*) *die Haut zwischen den Zehen mancher Tiere, wie Enten, Schwäne o.Ä.*

Schwimm·rei·fen der <-s, -> *Reifen aus Plastik, den man mit Luft füllt und den Nichtschwimmer sich um den Oberkörper legen, damit sie im Wasser nicht untergehen können*

Schwimm·ver·ein der <-(e)s, -e> *ein Sportverein für Schwimmer[2]*

Schwimm·vo·gel der <-s, Schwimmvögel> (≈ *Wasservogel*) *ein Vogel, der Schwimmhäute an den Füßen hat*

Schwimm·wes·te die <-, -n> *eine* (*meist orangefarbene*) *aufblasbare Weste, die verhindern soll, dass man im Wasser* (*zum Beispiel nach einem Schiffsunglück*) *untergeht und ertrinkt*

Schwin·del der <-s> (*kein Plur.*) **1.** MED. *eine Störung des Gleichgewichtssinns, bei der man meint, alles drehe sich* Sie leidet zeitweise an/unter Schwindel. ►schwindelerregend ◆-anfall **2.** (*umg. abwert.*) *Täuschung, Betrug* Ich bin tatsächlich auf diesen Schwindel hereingefallen. ◆ Getrennt- oder Zusammenschreibung→R 4.12 Schwindel erregend/schwindelerregend; Getrenntschreibung→R 4.12 Die Preise kletterten in Schwindel erregende Höhen.; Zusammenschreibung→R 4.12 sehr schwindelerregend, noch schwindelerregender

Schwin·de·lei die <-, -en> (*abwert.*) *Schwindel[2]*

schwin·del·frei <nicht steig.> *Adj. so, dass man in größerer Höhe nicht zu Schwindel[1] neigt*

schwin·de·lig *Adj. s.* **schwindlig**

schwin·deln[1] <schwindelst, schwindelte, hat geschwindelt> *ohne OBJ* ■ *es schwindelt jmdm./jmdn.* (*unpersönlich verwendet*) *Schwindelgefühle haben* Mir/Mich schwindelte (es) beim Blick in die Tiefe.

schwin·deln[2] <schwindelst, schwindelte, hat geschwindelt> *ohne OBJ* ■ *jmd. schwindelt* (*umg.*) *nicht ganz die Wahrheit sagen* Das glaube ich dir nicht, du hast doch geschwindelt. ►Schwindler

schwin·den <schwindest, schwand, ist geschwunden> *ohne OBJ* ■ *etwas schwindet* (*geh.*) *weniger werden, abnehmen* Die Vorräte schwinden allmählich., Mir schwand der Mut. ■ **jemandem schwinden die Sinne**: *jmd. wird ohnmächtig*

schwind·lig/schwin·de·lig <schwind(e)liger, am schwind(e)ligsten> *Adj. so, dass jmd. Schwindel[1] fühlt* Mir war nach der Karussellfahrt ganz schwindlig.

Schwind·sucht die <-> (*kein Plur.*) (*veralt.*) *Tuberkulose* ►schwindsüchtig

Schwin·ge die <-, -n> (*geh.*) *ein* (*großer*) *Flügel* Der Adler breitete seine Schwingen aus.

schwin·gen <schwingst, schwang, hat/ist geschwungen> **I.** *mit OBJ* ■ *jmd. schwingt etwas* (*haben* ≈ *schwenken*) *etwas schnell durch die Luft bewegen* Die Fans schwangen ihre Fahnen. **II.** *ohne OBJ* ■ *etwas schwingt* (*haben/sein*) **1.** *sich* (*regelmäßig*) *zwischen zwei Punkten hin- und herbewegen* Das Pendel der Uhr schwingt im Takt. **2.** (≈ *vibrieren*) Die Saiten des Klaviers schwingen. **III.** *mit SICH* ■ *jmd. schwingt sich* (*auf etwas Akk.*) *sich festhalten und gleichzeitig mit Schwung auf oder über etwas springen* Er schwang sich aufs Fahrrad.

Schwing·tür die <-, -en> *eine Tür, die man nach innen und nach außen öffnen kann*

Schwin·gung die <-, -en> *der Umstand, dass etwas schwingt II* Die Saiten einer Geige versetzt man mit einem Bogen in Schwingungen.

Schwipp·schwa·ger, **Schwipp·schwä·ge·rin** der <-s, Schwippschwäger> (*umg.*) *Schwager des Ehepartners*

Schwips der <-es, -e> (*umg.*) *der Zustand, dass man leicht betrunken ist* Ich habe keinen Rausch, höchstens einen Schwips. ►beschwipst

schwir·ren <schwirrst, schwirrte, ist geschwirrt> *ohne OBJ* ■ *etwas/ein Insekt schwirrt* **1.** *mit einem vibrierenden Geräusch fliegen* Pfeile schwirrten durch die Luft., Mücken schwirren durchs Zimmer. **2.** (*übertr.*) *voll von etwas sein* Mir schwirrten allerlei Ideen durch den Kopf.

schwit·zen <schwitzt, schwitzte, hat geschwitzt> *ohne OBJ* ■ *jmd. schwitzt aufgrund großer Wärme, Anstrengung oder Aufregung Schweiß absondern* ◆ Großschreibung→R 3.4, R 3.7 ins Schwitzen geraten

Schwitz·was·ser das <-s> (*kein Plur.*) (≈ *Kondenswasser*)

Schwof der <-(e)s, -e> (*umg. veralt.*) *eine Tanzver-*

anstaltung

schwor *siehe* **schwören**

schwö·ren <schwörst, schwor, hat geschworen> **I.** *mit OBJ/ohne OBJ* ■ *jmd. schwört etwas einen Schwur leisten* Er schwor einen Eid., Sie schwor mit erhobener Hand., Sie schworen auf die Bibel/auf die Verfassung. **II.** *mit OBJ* ■ *jmd. schwört jmdm. etwas nachdrücklich versichern* Ich schwöre dir, dass es wahr ist. **III.** *mit SICH* ■ *jmd. schwört sich, etwas zu tun sich etwas fest vornehmen* Wir haben uns geschworen, nie wieder in dieses Lokal zu gehen.

schwul *Adj.* (*umg.*) (*von Männern*) *homosexuell*

schwül *Adj. feuchtwarm* Die schwüle Luft setzt mir sehr zu. ►Schwüle

schwuls·tig *Adj. geschwollen, aufgeschwollen* Das Kind hat schwulstige Lippen.

schwüls·tig *Adj.* (*abwert.* ≈ *überladen*) *übertrieben feierlich* eine schwülstige Rede

Schwund der <-(e)s> (*kein Plur.*) **1.** (≈ *Abnahme*) *der Vorgang, dass etwas abnimmt* **2.** *die Menge, um die etwas kleiner geworden ist*

Schwung der <-(e)s> (*kein Plur.*) **1.** *die Kraft von jmdm. oder etwas, das sich bewegt* Als der Hang flacher wurde, verlor der Skiläufer an Schwung. **2.** (≈ *Elan*) *Tatkraft* Voller Schwung gingen wir an die Arbeit. **3.** *eine innere Kraft, die andere Menschen mitreißen kann* neuen Schwung in etwas bringen **4.** (*umg.*) *eine größere Anzahl von etwas* Ich habe einen ganzen Schwung Ansichtskarten geschrieben. ■ **Schwung holen**: (*sich auf einer Schaukel oder einem Turngerät*) *ausholend in Bewegung setzen* **in Schwung geraten**: (*gut*) *zu funktionieren beginnen*

schwung·haft *Adj. lebhaft, rege* In jener Zeit setzte ein schwunghafter Handel mit Gewürzen ein.

schwung·voll *Adj.* **1.** *mit viel Elan* die schwungvolle Inszenierung einer Operette **2.** *rasch und kraftvoll* eine schwungvolle Bewegung

Schwur der <-s, Schwüre> *ein sehr feierliches Versprechen* Er leistete einen Schwur., Er hat den Schwur gebrochen.

Schwur·ge·richt das <-(e)s, -e> *Strafkammer für schwere Straftaten*

Schwyz <-> *Kanton und Stadt in der Schweiz*

Sci·ence-fic·tion die [saɪəns'fɪkʃn̩] <-> (*kein Plur.*) *eine Literaturgattung, in der es um zukünftige Gesellschaftsformen geht* (*und in der meist bahnbrechende wissenschaftlich-technische Entwicklungen vorkommen*)

Score der ['skɔ:] <-s, -s> SPORT *Spielstand, Spielergebnis*

Scotch der ['skɔtʃ] <-s, -s> *schottischer Whisky*

Scrab·b·le® das ['skrɛb(ə)l] <-s, -> *ein Gesellschaftsspiel, bei dem die Spieler Wörter aus Buchstaben bilden*

Scrat·ching das ['skrɛtʃɪŋ] <-s> (*kein Plur.*) *in bestimmten Stilen der Popmusik das Erzeugen akustischer Effekte, indem man laufende Schallplatten auf einem Plattenspieler mir der Hand hin und herbewegt*

SDR *Abkürzung für „Süddeutscher Rundfunk“*

Sé·an·ce die [se'ã:s(ə)] <-, -n> *eine spiritistische Sitzung mit einem Medium*

Sechs die <-, -en> **1.** *die Ziffer 6* **2.** *das höchste Ergebnis beim Würfeln* Sie hat eine Sechs gewürfelt. **3.** *die schlechteste Schulnote* eine Sechs im Zeugnis haben

sechs *Num.* Wir waren sechs/zu sechsen/zu sechst. *siehe auch* **acht**

Sechs·eck das <-(e)s, -e> *geometrische Figur mit sechs Ecken*

Sech·ser der ['sɛksɐ] <-s, -> **1.** (*umg.*) *Sechs* **2.** *sechs richtige Zahlen im Lotto* Dieser Glückspilz hatte doch tatsächlich einen Sechser im Lotto!

sechs·fach *Adj. so, dass etwas sechsmal so viel ist oder sechsmal ausgeführt wird* ♦ Schreibung mit Ziffer 6fach, Ich brauche das Dokument in sechsfacher Kopie.; Großschreibung→R 3.7 das Sechsfache/6fache *siehe auch* **achtfach**

sechs·hun·dert *Num. als Zahl 600*

sechs·jäh·rig *Adj. so, dass jmd. oder etwas sechs Jahre alt ist oder sechs Jahre andauert* ♦ Schreibung mit Ziffer und Bindestrich→R 4.15 6-jährig, der/die 6-Jährige; Großschreibung→R 3.7 der/die Sechsjährige *siehe auch* **achtjährig**

Sechs·kant das/der <-(e)s, -e> *Körper aus Metall, dessen Querschnitt ein Sechseck darstellt*

sechs·mal *Adv. so, dass sich etwas sechs Male ereignet hat oder mit dem Faktor sechs multipliziert wird* sechsmal so groß ♦ Schreibung mit Ziffer und Bindestrich→R 4.15 6-mal *siehe auch* **achtmal**

sechs·stel·lig <nicht steig.> *Adj.* (*als Zahl*) *mit sechs Stellen*[6] Er hat einen sechsstelligen Betrag überwiesen., 100.000 ist eine sechsstellige Zahl.

Sechs·ta·ge·ren·nen das <-s, -> SPORT *ein sechs Tage dauerndes Bahnradrennen in einer Sporthalle*

sechs·tau·send *Num. 6000*

sechs·te *Adj. an der Stelle 6 in einer Reihenfolge* das sechste Mal ♦ Großschreibung→R 3.7 als Sechste durch das Ziel kommen *siehe auch* **achte**

Sechs·tel das <-s, -> *der sechste Teil von etwas* ein Sechstel der Gesamtsumme *siehe auch* **Achtel**

sechs·tel *siehe auch* **achtel**

sechs·tens *Adv. in einer Reihenfolge oder Hierarchie an der Stelle 6; als Ziffer 6.*

sech·zehn *Num. als Zahl 16*

sech·zehn·te *Adj. an der Stelle 16 in einer Reihenfolge* ♦ Großschreibung→R 3.7 Du kommst erst als Sechzehnte an die Reihe.

Sech·zehn·tel[1] das <-s, -> *der sechzehnte Teil von etwas*

Sech·zehn·tel[2] die <nicht steig.> MUS. *Note, die den sechzehnten Teil des Wertes einer ganzen Note hat*

Sech·zehn·tel·no·te die <-, -n> MUS. *Sechzehntel*[2]

sech·zig *Num. als Zahl 60* Sie ist sechzig Jahre alt., Er wird heute sechzig., Tempo sechzig *siehe auch* **achtzig**

Sech·zi·ger·jah·re, **Sech·zi·ger·jah·re**, *a.* **sech·zi·ger Jah·re** die <-n> (*kein Plur.*) Der Roman spielt in den Sechzigerjahren. ◆ Schreibung mit Ziffer (und Bindestrich) →R 4.15 60er Jahre/60er-Jahre *siehe auch* **Achtzigerjahre**

sech·zig·jäh·rig *Adj. so, dass jmd. oder etwas sechzig Jahre alt ist oder sechzig Jahre andauert* ◆ Schreibung mit Ziffer und Bindestrich →R 4.15 60-jährig, der/die 60-Jährige; Großschreibung →R 3.7 der/die Sechzigjährige *siehe auch* **achtzigjährig**

sech·zigs·te *Adj. an der Stelle 60 in einer Reihenfolge* Sie feiert heute ihren sechzigsten Geburtstag. *siehe auch* **achtzigste**

Sech·zigs·tel das <-s, -> *der sechzigste Teil von etwas* ein Sechtzigstel der Gesamtmenge *siehe auch* **Achtzigstel**

Se·cond·hand·la·den der ['sɛkənd'hænd...] <-s, Secondhandläden> *Geschäft, in dem gebrauchte Kleidung zum Kauf angeboten wird*

See[1] der <-s, -n> *ein größeres Gewässer, das auf allen Seiten von Land umgeben ist* ◆ -ufer, Bade-, Bagger-, Stau-

See[2] die <-> (*kein Plur.*) **1.** *das Meer* Wir fahren dieses Jahr an die See. **2.** *die bestimmte Art des Wellengangs am Meer* Das Schiff pflügte durch die schwere/aufgewühlte See. ■ **auf hoher See**: *weit draußen auf dem Meer* **in See stechen**: (*von Schiffen*) *auslaufen* **zur See fahren**: *auf einem Seeschiff Dienst tun* ◆ -fahrt, -hafen, -handel

See·ad·ler der <-s, -> *ein Greifvogel, der am Wasser lebt*

See·bad das <-(e)s, Seebäder> *Kurort am Meer*

See·bär der <-s, -en> ■ **ein (alter) Seebär** (*umg. scherzh.*): *ein erfahrener Seemann*

See·be·ben das <-s, -> *ein Erdbeben unter dem Meer*

See·e·le·fant der <-en, -en> *eine große Robbenart*

See·fah·rer der <-s, -> (*veralt.*) *jmd., der (als Kapitän) weite Schifffahrten auf dem Meer macht*

see·fest <nicht steig.> *Adj. so, dass jmd. auf einem Schiff nicht seekrank wird*

See·fisch der <-(e)s, -e> *Fisch, der im Meer lebt*

See·funk der <-s> (*kein Plur.*) *der Austausch von Nachrichten zwischen Schiffen auf dem Meer*

See·gang der <-(e)s> (*kein Plur.*) *die bestimmte Art des Wellengangs auf dem Meer* Wir hatten während der Überfahrt starken/schweren/leichten Seegang.

See·gras das <-es> (*kein Plur.*) *grasähnliche Pflanze, die in der Nähe der Küste auf dem Meeresboden wächst*

See·hecht der <-(e)s, -e> *ein Schellfisch, der sich von Fischen ernährt*

See·hund der <-(e)s, -e> *eine Robbenart*

See·i·gel der <-s, -> *ein Tier, das am Meeresboden lebt und einen kugelförmigen Körper und Stacheln hat*

see·krank <nicht steig.> *Adj. so, dass jmd. wegen der schwankenden Bewegung eines Schiffes Übelkeit empfindet* Ich wurde während der Überfahrt leicht seekrank. ▶Seekrankheit

See·lachs der <-es, -e> *ein sehr großer Meeresfisch*

Seel·chen das <-s, -> (*umg.*) *jmd., der sehr empfindsam und nicht sehr belastbar ist*

See·le die <-, -n> **1.** (*kein Plur.*) (≈ *Psyche*) *alles Denken, Fühlen und Empfinden eines Menschen* eine empfindsame/kindliche Seele, Ihre ganze Seele lag offen vor mir. **2.** REL. *der körperlose, unsterbliche Teil eines Menschen* **3.** *Mensch* Seine Frau war eine gute Seele., Das Dorf zählt noch knapp 200 Seelen. ■ **sich die Seele aus dem Leib schreien** (*umg.*): *sehr laut schreien* **jemandem auf der Seele brennen** (*umg.*): *ein großes Anliegen für jmdn. sein* **jemandem aus der Seele reden/sprechen**: *das sagen, was der andere empfindet* **sich etwas von der Seele sprechen/schreiben**: *über das, was einen bedrückt, sprechen oder schreiben, damit man sich wieder besser fühlt*

See·len·le·ben das <-s> (*kein Plur.*) *Gefühle, Gedanken und Empfinden eines Menschen*

See·len·ru·he ■ **in aller Seelenruhe**: *extrem langsam* Er packte in aller Seelenruhe seinen Koffer.

see·len·ru·hig *Adv.* (*umg.*) *geduldig und ruhig* Seelenruhig hörte er sich die Vorwürfe an.

see·len·ver·wandt *Adj. so, dass zwei Menschen sehr ähnliche Gedanken und Gefühle haben und sich deshalb sehr gut verstehen*

See·len·wan·de·rung die <-> (*kein Plur.*) (REL.: ≈ *Reinkarnation*)

See·leu·te <-> *Plur. siehe* **Seemann**

see·lisch <nicht steig.> *Adj. psychisch* das seelische Gleichgewicht eines Menschen

See·lö·we der <-n, -n> *eine Robbenart*

Seel·sor·ge die <-> (*kein Plur.*) *Betreuung einer Gemeinde durch einen Priester* ▶Seelsorger

See·luft die <-> (*kein Plur.*) (≈ *Meeresluft*) Die frische Seeluft tut den Atemwegen gut.

See·macht die <-, Seemächte> (↔ *Landmacht*) *Staat, dessen militärischer Einfluss auf seiner Kriegsflotte beruht*

See·mann der <-(e)s, Seemänner/Seeleute> *jmd., der auf einem Hochseeschiff beschäftigt ist*

See·manns·garn das <-(e)s> (*kein Plur.*) *erfundene oder stark übertriebene Erzählung eines Seemanns* ■ **Seemannsgarn spinnen**: *von erstaunlichen, auf einer Seereise angeblich erlebten Dingen erzählen*

See·mei·le die <-, -n> *ein Längenmaß (= 1,852 km)*

See·not die <-> (*kein Plur.*) *Situation, in der ein Schiff in großer Gefahr ist* Das Schiff geriet bei bei einem schweren Sturm in Seenot.

Se·en·plat·te die <-, -n> *relativ flache Landschaft mit vielen Seen*

se·en·reich *Adj. so, dass es in einer bestimmten Region viele Seen gibt* eine seenreiche Landschaft

See·pferd·chen das <-s, -> *ein kleines Meerestier, dessen Kopf wie ein Pferdekopf aussieht*

See·räu·ber der <-s, -> (≈ *Pirat*) ▶Seeräuberei ◆ -schiff

See·recht das <-(e)s> (*kein Plur.*) *das internationale Recht, das die Nutzung der Meere regelt*

▶seerechtlich

See·rei·se die <-, -n> *Schiffsreise auf dem Meer*

See·ro·se die <-, -n> *eine Blume mit großen Blättern und Blüten, die im Wasser wächst* ein Teich voller Seerosen

See·sack der <-(e)s, Seesäcke> *ein großer Beutel aus festem wasserdichtem Stoff, in dem man Kleidung transportiert oder aufbewahrt*

See·sand der <-(e)s> (*kein Plur.*) *der feine Sand im Meer oder am Ufer eines Meeres*

See·scha·den der <-s, Seeschäden> *Beschädigung eines Schiffes, die auf dem Meer entstanden ist*

See·schiff das <-(e)s, -e> *ein seetüchtiges Schiff*

See·schlan·ge die <-, -n> *eine giftige Wasserschlange, die in warmen Meeren in der Nähe der Küste lebt*

See·stern der <-(e)s, -e> *ein sternförmiges Meerestier*

See·stra·ße die <-, -n> *Strecke, die über das Meer führt, und auf der Schiffe fahren*

See·streit·kräf·te <-> *Plur.* MILIT. *Schiffe und Truppen der Marine eines Landes, die für den Krieg auf See bestimmt sind*

See·tang der <-(e)s> (*kein Plur.*) *eine große Alge, die im Meer in der Nähe der Küste wächst*

see·tüch·tig *Adj. in so gutem Zustand, dass ein Schiff für das Fahren auf dem offenen Meer geeignet ist* ◆Seetüchtigkeit

See·u·fer das <-s, -> *Ufer eines Sees*[1]

See·un·ge·heu·er das <-s, -> (≈ *Meerungeheuer*) *ein großes, böses Fabelwesen, von dem man glaubt, dass es im Meer lebt*

see·un·tüch·tig *Adj.* (↔ *seetüchtig*) *so, dass ein Schiff für das Fahren auf dem offenen Meer nicht geeignet ist* ▶Seeuntüchtigkeit

See·vo·gel der <-s, Seevögel> *am Meer lebender Vogel, der Seefische fängt*

See·war·te die <-, -n> *wissenschaftliches Institut, das die Meere erforscht und die Bedingungen für die Seefahrt beobachtet*

see·wärts *Adv. auf das Meer zu, in Richtung des Meeres*

See·weg der <-(e)s, -e> (↔ *Landweg/Luftweg*) Damals reiste man noch auf dem Seeweg nach Amerika.

See·wind der <-(e)s, -e> (↔ *Landwind*) *Wind vom Meer her zum Land hin*

Seewolf der <-(e)s, Seewölfe> *ein Speisefisch mit sehr großem kräftigem Gebiss, der im Meer lebt*

See·zun·ge die <-, -n> *ein Plattfisch*

Se·gel das <-s, -> *eine der großen Tuchflächen an den Masten von Segelschiffen, welche die Windkraft aufnehmen* Der Kapitän ließ die Segel setzen. ■ **jemandem den Wind aus den Segeln nehmen** (*umg.*): *jmds. Aktivität bremsen*

Se·gel·boot das <-(e)s, -e> *ein kleines Schiff mit einem Segel*

Se·gel·flie·gen das <-s> (*kein Plur.*) *das Fliegen mit einem Segelflugzeug*

Se·gel·flie·ger, **Se·gel·flie·ge·rin** der <-s, -> *jmd., der mit einem Segelflugzeug fliegt*

Se·gel·flie·ge·rei die <-> (*kein Plur.*) *Segelfliegen, das jmd. als Sport betreibt*

Se·gel·flug·zeug das <-(e)s, -e> *ein leichtes einsitziges Flugzeug ohne Motor, das in der Luft segeln*[2] *kann*

Se·gel·jacht/Se·gel·yacht die <-, -en> *ein leichtes, schnelles Schiff mit Segeln*

se·gel·klar <nicht steig.> *Adj. so, dass ein Segelboot oder Segelschiff bereit für die Fahrt ist*

Se·gel·klub der <-s, -s> *Zusammenschluss von Seglern* Der Segelklub veranstaltet am Wochenende eine Regatta.

se·geln <segelst, segelte, ist gesegelt> *ohne OBJ* ■ *jmd./etwas segelt* **1.** *sich mit Hilfe eines Segels und der Windkraft in einem Boot/Schiff fortbewegen* Das Schiff segelt vor dem/hart am/gegen den Wind., Er ist schon um die Welt gesegelt. **2.** *sich in der Luft gleitend, schwebend fortbewegen* Der Adler segelt hoch oben in der Luft.

Se·gel·ohr das <-s, -en> (*meist Plur.*) (*umg.*) *abstehendes Ohr* Er hat Segelohren.

Se·gel·schiff das <-(e)s, -e> *größeres Schiff mit Segeln*

Se·gel·tuch das <-(e)s> (*kein Plur.*) *festes, wasserdichtes Tuch aus Leinen*

Se·gen der <-s, -> **1.** (*meist Sing.*) REL. *Bitte* (*für jmdn. oder etwas*) *um göttliche Hilfe und göttlichen Schutz, die von Gebetworten, Formeln und Gebärden begleitet wird* An Ostern erteilt der Papst den Segen „urbi et orbi". **2.** (*kein Plur.*) (*umg.*) *Einwilligung* Meinen Segen hast du! **3.** (*kein Plur.*) *Glück, Wohltat* Die Hilfsmaßnahmen sind ein Segen für die Not leidende Bevölkerung., Das war eine Segen bringende Erfindung. ◆Getrenntschreibung→R 4.3 Segen bringend, Segen spendend

se·gens·reich *Adj.* **1.** *so, dass etwas Glück, Erfolg bringt* Ich wünsche dir eine segensreiche Zukunft. **2.** *so, dass etwas Nutzen bringt* eine segensreiche Erfindung

Seg·ler, **Seg·le·rin** der <-s, -> *jmd., der das Segeln mit einem Segelboot betreibt*

Seg·ment das <-s, -e> **1.** (*geh.*) *Teil, Abschnitt* **2.** MATH. *Kreisabschnitt, Kugelabschnitt* **3.** MED. *Abschnitt eines Körperteils* Der Arzt untersucht die einzelnen Segmente der Wirbelsäule.

seg·nen *mit OBJ* ■ *jmd. segnet jmdn./etwas* REL. *einen Segen*[1] *erteilen* Der Pfarrer segnet die Gemeinde.

Se·gre·ga·ti·on die <-, -en> SOZIOL. *Politik, bei der Personen, die einer Minderheit* (*religiös, ethnisch o.Ä.*) *angehören, aus der Gemeinschaft ausgegrenzt werden*

Seh·be·hin·der·te(r) der <-n, -n> *jmd., der wegen einer Augenkrankheit eine sehr geringe Sehkraft besitzt*

se·hen <siehst, sah, hat gesehen> **I.** *mit OBJ* ■ *jmd. sieht jmdn./etwas* **1.** *mit den Augen erkennen* Als er mich sah, winkte er. **2.** *ansehen* Diesen Film musst du sehen. **3.** *jmdn.* (*zufällig*) *treffen* Ich habe sie schon lange nicht mehr gesehen. **4.** *einschätzen* Sie sehen diese Dinge falsch. **II.** *oh-*

ne OBJ ■ *jmd. sieht* **1.** *irgendwie sehen*[1] Er sieht sehr schlecht ohne Brille. **2.** *irgendwohin sehen*[1] Sie sieht abends immer aus dem Fenster., Er sieht nach oben zu den Sternen. **3.** *sich kümmern* Wer sieht eigentlich nach den Pflanzen, wenn ihr im Urlaub seid? **III.** *mit SICH* ■ *jmd. sieht sich gezwungen/veranlasst, etwas zu tun meinen, etwas tun zu müssen* Ich sehe mich gezwungen/veranlasst, diesen Schritt zu unternehmen. ■ **etwas gern sehen**: *etwas gern haben* Ich sehe es nicht so gern, wenn ihr auf der Straße spielt. **sich sehen lassen können**: *beachtenswert sein* Das Ergebnis kann sich sehen lassen. **jemanden vom Sehen kennen**: *jmdn. zwar schon öfter gesehen, aber noch nicht mit ihm gesprochen haben* ◆ Großschreibung→R 3.4f. jemanden vom Sehen kennen

se·hens·wert *Adj. so, dass es sich lohnt, etwas anzuschauen* Die Ausstellung ist wirklich sehenswert.

Se·hens·wür·dig·keit die <-, -en> *ein Gebäude, ein Platz, ein Museum o.Ä., das besonders schön oder interessant ist, so dass es Touristen oft besichtigen* Vormittags wollen wir einige Sehenswürdigkeiten dieser Stadt besichtigen.

Se·her, **Se·he·rin** der <-s, -> *jmd., der die Zukunft voraussehen kann*

Seh·feh·ler der <-s, -> MED. *eine Abweichung von der normalen Funktion des Auges* Der Sehfehler lässt sich mit einer Brille korrigieren.

Seh·kraft die <-s> (*kein Plur.*) *die Fähigkeit, scharf zu sehen* Im Alter ließ seine Sehkraft stark nach.

Seh·ne die <-, -n> ANAT. *einer der festen Stränge im Körper, der Muskeln und Knochen verbindet* Ich habe mir beim Sport eine Sehne gezerrt.

seh·nen *mit SICH* ■ *jmd. sehnt sich (nach jmdm./etwas) ein sehr starkes Verlangen empfinden* Er sehnte sich nach Urlaub/nach seiner Freundin.

Seh·nen·riss der <-es, -e> MED. *Verletzung, bei der eine Sehne im Körper durchtrennt wurde*

Seh·nen·zer·rung die <-, -en> MED. *Verletzung, die entsteht, wenn eine Sehne zu stark gedehnt wird*

Seh·nerv der <-s, -en> *Nerv, der in der Netzhaut des Auges endet*

seh·nig *Adj.* **1.** *voller Sehnen* Aus dem sehnigen Fleisch kann man bestenfalls eine Suppe machen. **2.** *muskulös und ohne Fett* Siehst du die sehnigen Beine der Radrennfahrer?

sehn·lich <sehnlicher, am sehnlichsten> (*meist im Superl. verwendet*) *Adj. sehnsüchtig* Es wäre mein sehnlichster Wunsch, bald wieder gesund zu werden., Sie wünscht sich nichts sehnlicher als ein Kind.

Sehn·sucht die <-, Sehnsüchte> *ein sehr starkes Verlangen nach jmdm. oder etwas* Sie hatte Sehnsucht nach ihrem Freund/nach Italien.

sehn·süch·tig *Adj. voller Sehnsucht* Er wartete sehnsüchtig auf die Rückkehr seiner Frau.

sehr *Adv. in hohem Maße* Das Essen war sehr gut/sehr schlecht/sehr reichlich., Ich habe mich sehr angestrengt/sehr bemüht/sehr beeilt., Ich danke sehr!, Ihr Kaffee, bitte sehr.

Seh·schär·fe die <-, -n> *der Grad, in dem man Einzelheiten klar erkennen kann*

Seh·stö·rung die <-, -en> *eine Störung des Sehvermögens*

Seh·test der <-s, -s> *ein Test, mit dem man überprüft, wie gut jmd. sehen kann*

Seh·ver·mö·gen das <-s> (*kein Plur.*) *die Fähigkeit, zu sehen*

Seh·wei·se die <-, -n> *die Art und Weise, wie jmd. eine Situation oder einen Sachverhalt o.Ä. beurteilt* Ich kann dieser Sehweise nicht zustimmen.

seicht <seichter, am seichtesten> *Adj.* **1.** *flach, nicht tief* Die Kinder spielten im seichten Wasser **2.** (*abwert.*) *oberflächlich, banal* Seine Romane werden immer seichter.

Sei·de die <-> (*kein Plur.*) **1.** *ein dünner Faden, der von einem Insekt (dem Seidenspinner) produziert wird, aus dem man einen weichen, glänzenden Stoff herstellt* **2.** *Gewebe aus Seide*[1] Der Schal ist aus reiner Seide.

Sei·del das <-s, -> *ein Bierkrug*

Sei·del·bast der <-(e)s, -e> *ein Strauch mit giftigen roten Beeren*

sei·den *Adj. aus Seide* eine seidene Bluse *siehe auch* **reinseiden**

Sei·den·glanz der <-es> (*kein Plur.*) *der matte Glanz von Seide*

Sei·den·pa·pier das <-s> (*kein Plur.*) *sehr dünnes, weiches Papier*

Sei·den·rau·pe die <-, -n> *Raupe des Seidenspinners*

Sei·den·rau·pen·zucht die <-> (*kein Plur.*) *Aufzucht von Seidenraupen, um Seide zu gewinnen*

Sei·den·spin·ner der <-s, -> *eine Schmetterlingsart (in Südostasien), die die Fäden produziert, aus denen Seide hergestellt wird*

sei·den·weich <nicht steig.> *Adj. sehr weich* Sie hat seidenweiches Haar.

sei·dig *Adj. weich und sehr glatt* Ich strich mit der Hand über das seidige Fell der Katze.

Sei·fe die <-, -n> *eine feste oder flüssige Substanz, die man zum Waschen und zur Körperpflege verwendet und die in Verbindung mit Wasser schäumt* ein Stück Seife am Waschbecken ◆ -nblase, -nlauge, -schaum, Baby-, Flüssig-

Sei·fen·kis·ten·ren·nen das <-s, -> *Wettfahrt (von Kindern) auf einer steilen Strecke in selbst gebastelten kleinen Fahrzeugen mit vier Rädern*

Sei·fen·o·per die <-, -n> (TV: *umg.* ≈ *Soap*) *anspruchslose Fernsehserie, die meist am frühen Abend gesendet wird*

Sei·fen·scha·le die <-, -n> *kleine Schale, in der man ein Stück Seife aufbewahrt*

sei·hen *mit OBJ* ■ *jmd. seiht etwas Flüssigkeiten durch ein Sieb gießen und dadurch filtern*

Sei·her der <-s, -> (*landsch.*) *Sieb*

Seil das <-(e)s, -e> *ein langer Strick aus einem festem Material* Der Bergsteiger ist mit einem Seil gesichert. ◆ Abschlepp-, Hanf-, Spring-, Stahl-

Seil·bahn die <-, -en> *ein Beförderungsmittel, mit dem man große Höhenunterschiede überwindet,* *bei dem eine Kabine an einem Seil hängt und nach oben oder nach unten gezogen wird* Wir sind mit der Seilbahn zum Gipfel gefahren.

Sei·ler der <-s, -> *ein Handwerker, der beruflich Seile herstellt*

seil·hüp·fen *ohne OBJ* (*nur im Infinitiv und als Part. Perf.*) *seilspringen*

Seil·schaft die <-, -en> *mehrere Bergsteiger, die bei einer Bergtour durch ein Seil miteinander verbunden sind*

Seil·schwe·be·bahn die <-, -en> (≈ *Schwebebahn*)

seil·sprin·gen *ohne OBJ* (*nur im Inf. und als Part. Perf.*) (*als Spiel*) *über ein Springseil springen* Ich bin als Kind gern seilgesprungen.

Seil·tän·zer, **Seil·tän·ze·rin** der <-s, -> *ein Akrobat, der auf einem hohen Seil Kunststücke macht*

Seil·win·de die <-, -n> *ein Gerät, das von einer Kurbel oder einem Motor angetrieben wird und mit dem man schwere Gegenstände mit Hilfe eines Seils heben kann*

Sein das <-s> (*kein Plur.*) *Dasein, Existieren* philosophische Reflexionen über das Sein

sein[1] <bist, war, ist gewesen> *ohne OBJ* **1.** ■ *jmd./etwas ist etwas sich in einem bestimmten Zustand, in einer bestimmten Lage befinden* Er ist müde/sehr lustig., Das ist aber seltsam., Sie ist sechs Jahre alt., Ich war in großer Not/Gefahr. **2.** ■ *jmdm. ist (es) irgendwie* (*unpersönlich verwendet*) *von jmdm. als eine bestimmte Empfindung wahrgenommen werden* Mir ist (es) kalt/heiß., Ihr war schlecht. **3.** ■ *jmd./etwas ist jmd./etwas verwendet, um eine Gleichsetzung auszudrücken* Seine Schwester ist Lehrerin., Paris ist die Hauptstadt Frankreichs. **4.** ■ *es ist* (*unpersönlich verwendet*) *verwendet, um eine bestimmte Uhrzeit anzugeben* Beim Gongschlag war es Punkt zwölf Uhr. **5.** ■ *jmd./etwas ist irgendwo sich an einem bestimmten Ort befinden* Ich war gerade unter der Dusche., Sie ist in Italien., Das Auto ist momentan in der Werkstatt. **6.** ■ *etwas ist irgendwann an einem bestimmten Ort zu einer bestimmten Zeit* (*unter bestimmten Umständen*) *stattfinden* Der Kurs ist um acht Uhr., Das letzte Hochwasser war vor drei Jahren. **7.** ■ *etwas darf/kann/...* (*nicht*) *sein* (*nicht*) *geschehen dürfen/können/...* So etwas darf doch nicht sein! **8.** ■ *jmd./etwas ist irgendwo da sein, existieren* Im Wald sind viele Wildschweine., Der alte König ist nicht mehr., Das war einmal. ■ **sei es ..., sei es ...**: *entweder ... oder ...* **es sei denn, dass ...**: *außer, wenn ...* **es sei ...** MATH.: *es gelte als Annahme* Es sei f(x) eine Funktion ... **mit etwas ist es nichts** (*umg.*): *etwas läuft nicht so ab oder findet nicht so statt, wie es geplant war* ◆ Getrenntschreibung→R 4.1 Das hättest du besser sein lassen.

sein[2] <bist, war, ist gewesen> (*Hilfsverb*) **1.** *... werden können* Er ist einfach nicht zu überreden. **2.** *... werden müssen* Die Fehler sind unverzüglich zu korrigieren. **3.** *dient der Bildung von Perfekt und Plusquamperfekt* Die Äpfel sind gereift., Wir waren zu spät gekommen. **4.** *dient der Bildung des Zustandspassivs* Die Tür ist geöffnet.

sein[3] *Pron. Possesivpronomen der dritten Pers. Sing.* Das ist seine Frau/sein Haus., Das sind seine Pferde. ◆ Groß- oder Kleinschreibung→R 3.15 jedem das Seine/das seine, Er sollte das Seine/das seine dazu beitragen., Sie ist die Seine/die seine., Er kümmert sich um die Seinen/die seinen.; Kleinschreibung→R 3.8 „Wessen Mantel ist das?" „Ist es der seine."

sei·ner·seits *Adv. was ihn oder es angeht* Er seinerseits wollte das auch nicht.

sei·ner·zeit *Adv.* (≈ *früher*) Er sagte, seinerzeit habe es das nicht gegeben.

sei·nes·glei·chen (*unveränderliches Pronomen*) *Pron. Menschen, die so sind wie die genannte Person* Er trifft sich am liebsten mit seinesgleichen.

sei·net·hal·ben *Adv. veraltet für „seinetwillen"*

sei·net·we·gen *Adv.* **1.** *ihm zuliebe* Ich bin nur seinetwegen gekommen. **2.** *aus Gründen, die ihn betreffen* Seinetwegen haben wir den Zug verpasst.

sei·net·wil·len *Adv.* ■ **um seinetwillen**: *mit Rücksicht auf ihn* Sie hat es um seinetwillen getan.

sei·ni·ge (*immer mit dem bestimmten Artikel verwendet*) *Pron.* ◆ Kleinschreibung→R 3.8 „Wessen Mantel ist das?" „Es ist der seinige."; Groß- oder Kleinschreibung→R 3.15 Er grüßte die Seinigen/die seinigen., Er hatte das Seinige/das seinige getan.

seis·misch *Adj. auf Erdbeben bezogen* Es wurden seismische Erschütterungen verzeichnet.

Seis·mo·graph der <-en, -en> *ein Gerät, mit dem man Erdbeben feststellen und messen kann* ▶seismographisch

Seis·mo·lo·gie die <-> (*kein Plur.*) *die Wissenschaft, die sich mit Erdbeben und ihren Ursachen beschäftigt*

seit **I.** *Präp. + Dat. verwendet, um auszudrücken, dass sich etwas ab einem genannten Zeitraum vollzieht oder ab dann der Fall ist* Seit Anfang des Jahres raucht er nicht mehr., Ich habe sie seit einer Woche nicht gesehen., Ich kenne sie erst seit kurzem., Er treibt seit neuestem Sport. **II.** *Konj. verwendet, um auszudrücken, dass sich die im Hauptsatz genannte Sache ab der im Nebensatz genannten Zeit vollzieht oder ab dann der Fall ist* Seit sie diese Aufgabe übernommen hat, ist das Klima in der Abteilung wieder prima.

seit·dem **I.** *Adv. von einem bestimmten Zeitpunkt in der Vergangenheit an* Er hat seitdem keine Zigarette mehr geraucht. **II.** *Konj.* (≈ *seit II*) Seitdem sie sich kennen, telefonieren sie täglich.

i Wissenswert „Seitdem" ist eine Konjunktion. Semantisch wird von dem genannten Zeitpunkt in der Vergangenheit an eine Zäsur gesetzt, die üblicherweise eine Veränderung beinhaltet. Seitdem er das Geheimnis entdeckt hatte, war sein Leben nicht mehr wie früher. „Seit dem" ist eine syntaktische Verbindung von

Präposition und Artikel, an die nur ein Substantiv angeschlossen werden kann: Seit dem Frühstück benahm er sich sehr ungewöhnlich.

Sei·te die <-, -n> **1.** *ein einzelnes Blatt aus einem Heft, einem Buch oder einer Zeitschrift, das bedruckt oder beschrieben und nummeriert ist* Der Sportteil beginnt auf Seite zehn., Er riss eine Seite aus der Zeitschrift heraus. **2.** *eine der ebenen Flächen, die einen Körper begrenzen* Ein Würfel hat sechs Seiten. **3.** *der Bereich links und rechts der Mitte* Die Stereoanlage steht in der Mitte, auf jeder Seite befindet sich ein Lautsprecher. **4.** *rechter oder linker Teil eines Gegenstandes* Die linke Seite des Autos war völlig kaputt. **5.** *räumlich rechts oder links gelegener Teil* Wir wohnen auf der anderen Seite des Sees/Flusses. **6.** *Stelle, die in einem bestimmten seitlichen Abstand zu etwas liegt* Gehen Sie bitte etwas zur Seite! **7.** *der seitliche Teil des menschlichen Körpers* Ich drehe mich im Schlaf immer auf die Seite. **8.** (≈ *Eigenschaft*) *Charakterzug* Er hat gute und schlechte Seiten. **9.** (≈ *Aspekt*) *ein bestimmter Aspekt von etwas* Wir sollten endlich über die finanzielle Seite dieses Projekts sprechen. **10.** *eine von zwei Personen oder Gruppen mit unterschiedlichen Standpunkten* Beide Seiten äußerten sich zufrieden über den Ausgang der Verhandlungen. **11.** *Person oder Gruppe, die einen bestimmten Standpunkt vertritt oder eine bestimmte Funktion ausübt* Von offizieller Seite erfahren wir gerade, dass … ■ **etwas auf die Seite legen** (*umg.*): *etwas sparen* **jemandem zur Seite stehen**: *jmdm. beistehen* ♦ Getrennt- und Zusammenschreibung→R 4.14 von Seiten/vonseiten, auf Seiten/aufseiten, zu Seiten/zuseiten

Seiten·air·bag der [...ɛːɐ̯bɛk] <-s, -s> KFZ *ein Airbag, der an der Seite eines Pkws angebracht ist, um die Menschen im Fahrzeug bei einem Stoß von der Seite zu schützen*

Sei·ten·auf·prall·schutz der <-es> (*kein Plur.*) KFZ *ein Stahlrohr, das an der Seite eines Pkws besfestigt ist und die Menschen im Fahrzeug bei Stößen von der Seite schützt*

Sei·ten·aus das <-> (*kein Plur.*) SPORT *der Bereich neben dem Spielfeld* Der Pass ging ins Seitenaus.

Sei·ten·aus·gang der <-(e)s, Seitenausgänge> (≈ *Nebenausgang*) *ein Ausgang, der sich an der Seite eines Gebäudes befindet*

Sei·ten·blick der <-(e)s, -e> *kurzer Blick, den jmd. auf jmdn. richtet, um ihm etwas mitzuteilen* Er warf mir einen Seitenblick zu und gab mir so seine Zustimmung zu erkennen.

Sei·ten·ein·gang der <-(e)s, Seiteneingänge> (≈ *Nebeneingang*) *ein Eingang, der sich an der Seite eines Gebäudes befindet*

Sei·ten·flü·gel der <-s, -> **1.** *der seitliche Teil eines Gebäudes* **2.** *Nebengebäude*

Sei·ten·gang der <-(e)s, Seitengänge> *ein Gang, der an der Seite eines Gebäudes verläuft* In der Kirche gibt es zwei Seitengänge.

Sei·ten·hieb der <-(e)s, -e> (*umg.*) *eine bissige oder spöttische Bemerkung* Mit einem Seitenhieb auf die Konkurrenz sagte der Vorstandsvorsitzende, dass …

sei·ten·lang <nicht steig.> *Adj. umfangreich* ein seitenlanger Bericht, Er hat sich seitenlang über dieses Thema ausgelassen.

Sei·ten·li·ni·e die <-, -n> (≈ *Nebenlinie*) *Verwandschaftszweig einer Familie*

sei·ten·rich·tig <nicht steig.> *Adj.* (↔ *seitenverkehrt*) (*von Bildern*) *so abgebildet wie das Orginal*

sei·tens *Präp.* AMTSSPR. *von seiten* Seitens der Behörden liegen keine Aussagen vor.

Sei·ten·schiff das <-(e)s, -e> *schmaler und niedriger Raumteil in einer Kirche*

Sei·ten·sprung der <-(e)s, Seitensprünge> *vorübergehende sexuelle Beziehung außerhalb der Ehe oder einer festen Beziehung*

Sei·ten·ste·chen das <-s> (*kein Plur.*) *stechender Schmerz links oder rechts in der Bauchgegend, der nach schnellem Laufen* (*bei untrainierten Personen*) *eintritt* Ich kann nicht mehr rennen, weil ich Seitenstechen habe.

Sei·ten·stra·ße die <-, -n> (≈ *Nebenstraße*)

Sei·ten·strei·fen der <-s, -> *die äußere Spur einer Autobahn oder Straße, auf der man nicht fahren und nur bei einer Panne halten darf*

Sei·ten·ta·sche die <-, -n> *eine Tasche an der Seite eines Kleidungsstückes* Der Mantel hat zwei Seitentaschen.

sei·ten·ver·kehrt <nicht steig.> *Adj.* (≈ *spiegelbildlich*)

Sei·ten·wech·sel der <-s, -> SPORT *der Vorgang, dass bei Ballspielen* (*nach der Halbzeit*) *die Mannschaften die Spielfeldhälften wechseln*

Sei·ten·weg der <-(e)s, -e> *ein kleiner Weg, der von einer größeren Straße abgeht*

Sei·ten·wind der <-(e)s> (*kein Plur.*) *Wind, der seitlich zur Richtung, in der man sich bewegt, weht*

Sei·ten·zahl die <-, -en> **1.** *die Gesamtheit aller Seiten eines Druckwerks* **2.** *die Zahl, mit der eine Seite eines Textes o.Ä. nummeriert ist* Das Textverarbeitungsprogramm fügt die Seitenzahlen bei längeren Texten natürlich automatisch ein.

seit·her *Adv.* (≈ *seitdem I*) Ich habe sie seither nicht mehr gesehen.

seit·lich **I.** *Adj. rechts oder links liegend, von oder nach rechts oder links* Die seitlichen Zufahrtsstraßen wurden gesperrt., Der Anhänger scherte seitlich aus. **II.** *Präp.* + *Gen. neben* Der Weg führt seitlich des Baches entlang.

Seit·pferd der <-(e)s, -e> SPORT *ein Sportgerät*

seit·wärts *Adv. zur Seite* Er drehte sich seitwärts und schlief weiter.

Se·k·ret das <-s, -e> MED. BIOL. *eine flüssige Absonderung* (*von Drüsen und Wunden*)

Se·k·re·tär der <-s, -e> **1.** *ein kaufmännischer Angestellter, der u. a. beruflich für den Chef Briefe schreibt, Termine vereinbart und Telefongespräche führt* **2.** *Dienstbezeichnung für bestimmte Be-*

amte ◆ Staats- **3.** *jmd., der in einer Organisation eine sehr hohe Position hat* **4.** *ein Schreibtisch, der wie ein Schrank aussieht* **5.** *ein afrikanischer Raubvogel*

Se·k·re·ta·ri·at das <-(e)s, -e> **1.** *Stelle, die einer Institution, Abteilung usw. zugeordnet ist und die Korrespondenz, Terminplanung und Büroorganisation übernimmt* **2.** *Büro eines Sekretärs oder einer Sekretärin* ◆ Trennungsvarianten→R 5.4

Se·k·re·tä·rin die <-n, -nen> *eine Frau, die beruflich für ihren Chef Briefe schreibt, Termine vereinbart und die Büroorganisation übernimmt*

Sekt der <-(e)s, -e> *Wein, der eine (geringe) Menge Kohlensäure in Form perlender Bläschen enthält und gut gekühlt getrunken wird* ◆ -flasche, -frühstück, -glas, -kelch

Sek·te die <-, -n> **1.** *eine Glaubensgemeinschaft, die im Gegensatz zu den großen Religionsgemeinschaften relativ wenig Mitglieder hat* ◆ -nführer **2.** (*abwert.*) *eine kleinere (Glaubens) Gemeinschaft, oft mit einem hierarchischen Aufbau, deren Ansichten meist sehr radikal und einseitig sind und den ethischen Grundwerten der Gesellschaft widersprechen*

Sekt·früh·stück das <-s, -e> *ein Frühstück, zu dem Sekt und Delikatessen gereicht werden*

sekt·ie·re·risch *Adj.* **1.** *auf eine Sekte bezogen* **2.** REL. POL. *so, dass jmd. oder eine Gruppe Vorstellungen besitzt, die sich sehr von den wichtigsten Religionen oder den wichtigsten politischen Parteien unterscheiden*

Sek·ti·on die <-, -en> *Abteilung (in einer größeren Organisation)*

Sekt·küh·ler der <-s, -> *eine Art (versilberter) Metalleimer voll Eis, in den man Sekt oder Weißwein zum Kühlen stellt*

Sekt·lau·ne die <-> (*kein Plur.*) (*scherzh.*) *gute Laune, die jmd. bekommt, wenn er Alkohol getrunken hat und die dazu führt, dass man oft Dinge tut, die man im nüchternen Zustand nicht tun würde* etwas aus einer Sektlaune heraus/in einer Sektlaune tun

Sek·tor der <-s, -en> **1.** *Sachgebiet, Arbeitsgebiet* Er ist ein Fachmann auf dem Sektor der Unfallchirurgie. **2.** MATH. *Kreisausschnitt* **3.** (*hist.*) *eines der vier Gebiete in Berlin oder Wien, in die diese Städte nach dem Zweiten Weltkrieg aufgeteilt wurden und die jeweils von einer der vier Siegermächte besetzt und verwaltet wurden* der amerikanische/britische/französische/russische Sektor

Se·kun·dant der <-en, -en> *Betreuer und Berater bei einem Duell oder einem Schach- oder Boxwettkampf*

se·kun·där <nicht steig.> *Adj.* (↔ *primär*) *zweitrangig, nicht so wichtig* Dieser Aspekt ist von sekundärer Bedeutung.

Se·kun·dar·arzt der <-es, Sekundarärzte> (*österr.*) *Assistenzarzt*

Se·kun·dar·leh·rer der <-s, -> (*schweiz.*) *Lehrer an einer Sekundarschule*

Se·kun·där·li·te·ra·tur die <-> (*kein Plur.*) *wissenschaftliche Literatur über ein (literarisches) Werk*

Se·kun·dar·schu·le die <-, -n> (*schweiz.*) *Mittelschule bis höhere Schule*

Se·kun·dar·stu·fe die <-, -n> *in Deutschland die Schulstufe, die auf die Primarstufe (1.-4. Klasse) folgt und die in Sekundarstufe I (5.-10. Klasse) und Sekundarstufe II (11.-13. Klasse) aufgeteilt ist*

Se·kun·de die <-, -n> **1.** *einer der sechzig gleichen Teile einer Minute* Er läuft die hundert Meter in weniger als zehn Sekunden. **2.** (*umg.*) *ein sehr kurzer Zeitraum* Warten Sie mal eine Sekunde, ich bin gleich fertig!

se·kun·den·lang <nicht steig.> *Adj. für einen Moment* Man konnte ein sekundenlanges Leuchten am Himmel sehen. ◆ aber Getrenntschreibung vier Sekunden lang

se·kun·die·ren <sekundierst, sekundierte, hat sekundiert> *ohne OBJ* ■ *jmd. sekundiert jmdm. als Sekundant beistehen*

selbe *Pron. verwendet, um auszudrücken, dass zwei Dinge oder Personen identisch sind* Wir saßen im selben Flugzeug., Zum Fest kamen dieselben Gäste wie letztes Jahre. ◆ Zusammenschreibung derselbe, dieselbe, dasselbe

sel·ber *Pron.* (*umg.* ≈ *selbst*)

sel·big *Pron.* (*veralt.*) *bezieht sich auf eine Person oder eine Sache, die vorher genannt wurde* Er wollte noch am selbigen Tag zurückkommen.

selbst **I.** *Pron.* **1.** *verwendet, um zu betonen, dass sich eine Aussage ausschließlich auf die genannte Person (oder Sache) bezieht* Der Patient wird vom Chefarzt selbst operiert., Ich habe sie nicht selbst gesprochen., Das muss er selbst wissen., Du sollst selbst dort anrufen., Was willst du tun, wenn es kein Softwareproblem ist, sondern der Computer selbst die Schwierigkeiten verursacht? **2.** *verwendet, um zu betonen, dass nicht ein anderer etwas hergestellt hat* Wir haben selbst gebackenes Brot gegessen und selbst gebrautes Bier getrunken. **II.** *Adv.* (≈ *sogar*) *verwendet, um auszudrücken, dass etwas für jmdn. überraschend oder nicht typisch ist* Selbst du wirst zu diesem Vorschlag nicht nein sagen können. ■ **sich von selbst verstehen**: *selbstverständlich sein* **etwas funktioniert wie von selbst**: *problemlos funktionieren* ◆ Getrenntschreibung selbst gebrautes Bier, ein selbst ernannter Experte, selbst verdientes Geld, ein selbst gebackener Kuchen; Zusammenschreibung selbstentzündlich, selbstklebend, selbstredend, selbstvergessen

i Wissenswert Das Pronomen „selbst" ist undeklinierbar, es bezieht sich auf ein Bezugswort. Es steht stets nach diesem und wird betont. „Selbst" drückt aus, dass ausschließlich die Person, auf die sich dieses Bezugswort bezieht, gemeint ist: „Er selbst hat es mir erzählt". In Verbindung mit Adjektiven und Adverben werden diese und das Pronomen getrennt geschrieben: selbst gebackene Marmelade, selbst gestrickt, selbst gebastelt. Einzig die

S

verbale Fügung wird zusammengeschrieben: selbstvergessen, selbstredend, selbstklebend. In der Umgangssprache wird auch die Wendung „selber“ gebraucht. Sie gehört der Alltagssprache an.

Sẹlbst·ach·tung die <-> (*kein Plur.*) *Gefühl für die eigene menschliche Würde*

Sẹlb·stän·di·ge/Sẹlbst·stän·di·ge der/die <-n, -n> (↔ *Angestellter*) *jmd., der selbständig[3] ist*

Sẹlb·stän·dig·keit/Sẹlbst·stän·dig·keit die <-> (*kein Plur.*) **1.** *die Eigenschaft, selbständig[1] zu sein* Die Schüler sollen Selbständigkeit üben. **2.** *die Eigenschaft, selbständig[2] zu sein* Die Kolonie wurde in die Selbständigkeit entlassen. **3.** *die Eigenschaft, selbständig[3] zu sein* Sie hat die Selbständigkeit dem Angestelltendasein vorgezogen.

sẹlb·stän·dig/sẹlbst·stän·dig <selbständiger, am selbständigsten> *Adj.* **1.** *nur mit eigenem Wissen und Können und ohne fremde Hilfe* Die Schüler sollen die Aufgabe selbständig lösen. **2.** (≈ *autonom*) *unabhängig* Wann wurde diese Kolonie ein selbständiger Staat? **3.** (↔) *so, dass man nicht angestellt ist, sondern eine eigene Firma hat* Er möchte sich später gern mit seiner Geschäftsidee selbständig machen. ■ **sich selbständig machen**: *eine eigene Firma gründen*

Sẹlbst·an·zei·ge die <-, -n> RECHTSW. *der Vorgang, dass jmd., der eine Straftat begangen hat, sich freiwillig bei der Polizei meldet und Anzeige gegen sich selbst erstattet* Vor Gericht wurde ihm hoch angerechnet, dass er Selbstanzeige erstattet hat.

Sẹlbst·aus·lö·ser der <-s, -> FOTOGR. *Vorrichtung an einer Kamera, die automatisch Bilder macht*

Sẹlbst·be·die·nung die <-> (*kein Plur.*) *der Umstand, dass Kunden in einem Geschäft oder Lokal selbst die von ihnen gewünschten Waren oder Speisen auswählen und zur Kasse tragen* In Supermärkten herrscht Selbstbedienung. ◆-sladen, -srestaurant

Sẹlbst·be·frie·di·gung die <-> (*kein Plur.*) (≈ *Masturbation, Onanie*) *das Reizen der eigenen Geschlechtsorgane, um sich selbst sexuelle Lust und Befriedigung zu verschaffen*

Sẹlbst·be·haup·tung die <-> (*kein Plur.*) *das Verteidigen der eigenen Person und der eigenen Interessen gegenüber anderen*

Sẹlbst·be·herr·schung die <-> (*kein Plur.*) *die Fähigkeit, die eigenen Gefühle und das eigene Handeln durch den Verstand zu kontrollieren* Er verlor vor Wut die Selbstbeherrschung.

Sẹlbst·be·stä·ti·gung die <-> (*kein Plur.*) PSYCH. (*Gefühl der*) *Anerkennung des eigenen Wertes oder der eigenen Leistung* (*durch andere*)

Sẹlbst·be·stim·mung die <-> (*kein Plur.*) (↔ *Fremdbestimmung*) *der Umstand, dass jmd. unabhängig ist und seine eigenen Angelegenheiten selbst vertritt und regelt*

Sẹlbst·be·stim·mungs·recht das <-(e)s> (*kein Plur.*) RECHTSW. *das Recht eines Landes oder einer Person auf Selbstbestimmung*

Sẹlbst·be·trug der <-(e)s> (*kein Plur.*) *der Umstand, dass jmd. bewusst die Realität ignoriert und durch Wunschbilder ersetzt* Er fiel letztlich seinem Selbstbetrug zum Opfer.

sẹlbst·be·wusst *Adj. so, dass sich jmd. des eigenen Wertes und des eigenen Könnens bewusst ist* ►Selbstbewusstsein

Sẹlbst·bräu·ner der <-s, -> *ein meist flüssiges Mittel, das die Haut dunkler werden lässt, wenn man es mehrmals auf die Haut aufträgt* Sie geht ins Solarium und benützt Selbstbräuner, um im Winter nicht so blass auszusehen

Sẹlbst·bräu·nungs·creme die <-, -s> *eine Creme, die die Haut dunkler werden lässt, wenn man sie mehrmals auf die Haut aufträgt*

Sẹlbst·bräu·nungs·milch der <-> (*kein Plur.*) *eine Körpermilch, die die Haut dunkler werden lässt, wenn man sie mehrmals auf die Haut aufträgt*

Sẹlbst·dar·stel·ler, Sẹlbst·dars·tel·le·rin der <-s, -> SOZIOL. *jmd., der mit seinen Handlungen und Äußerungen stets auf sich aufmerksam machen will und anderen zeigen will, was er geleistet hat* ►Selbstdarstellung

Sẹlbst·dis·zi·plin die <-> (*kein Plur.*) *die Fähigkeit, sich selbst zu beherrschen* Das Trainingsprogramm erfordert ein hohes Maß an Selbstdisziplin von den Sportlern.

Sẹlbst·ein·schät·zung die <-, -en> *Einschätzung der eigenen Person bezüglich bestimmter Vorzüge und Fehlern*

Sẹlbst·er·hal·tungs·trieb der <-(e)s, -e> *der natürliche Trieb, in Gefahrensituationen das eigene Leben zu retten*

sẹlbst·ge·fäl·lig *Adj.* (*abwert.* ≈ *eitel*) *zu sehr von sich selbst überzeugt* ►Selbstgefälligkeit

sẹlbst·ge·recht *Adj.* (*abwert.*) *so, dass jmd. sein eigenes Verhalten nie selbst kritisiert* ►Selbstgerechtigkeit

Sẹlbst·ge·spräch das <-(e)s, -e> (*meist Plur.*) *die Handlung, dass jmd. zu sich selbst spricht* Der alte Mann führt häufig Selbstgespräche.

sẹlbst·haf·tend <nicht steig.> *Adj. selbstklebend*

Sẹlbst·hass der <-es> (*kein Plur.*) PSYCH. *Hass, der sich gegen die eigene Person richtet*

sẹlbst·herr·lich *Adj.* (*abwert.*) *so, dass jmd. nur seine eigenen Interessen und Ziele verfolgt* Sie setzte sich selbstherrlich über alle Bedenken der anderen hinweg.

Sẹlbst·hil·fe die <-> (*kein Plur.*) *die Handlung, ein Problem selbst aktiv zu lösen* (*und nicht auf fremde Hilfe zu warten*) Die Bürger griffen zur Selbsthilfe und gründeten einen Verein zur Erhaltung des Handwerksmuseums.

Sẹlbst·hil·fe·grup·pe die <-, -n> *eine Gruppe von Personen mit gleichartigen Problemen, die sich gegenseitig unterstützen* eine Selbsthilfegruppe für Angstpatienten

Sẹlbst·i·ro·nie die <-> (*kein Plur.*) *die Eigenschaft, dass jmd. seine eigenen Fehler und Schwächen mit Ironie betrachtet* ►selbstironisch

Selbst·jus·tiz die <-> (*kein Plur.*) RECHTSW. *illegale Handlung, bei der eine Person, die von einem Verbrechen betroffen ist, selbst den Täter bestraft* Die Frau des Opfers übte Selbstjustiz und erschoss den Täter nach der Verhandlung.

Selbst·kle·be·fo·li·e die <-, -n> *Folie, die auf einer Seite mit einer klebrigen Schicht überzogen ist*

selbst·kle·bend <nicht steig.> *Adj. so, dass ein Gegenstand (eine Briefmarke, eine Folie o.Ä.) mit einer klebrigen Schicht überzogen ist und man ihn daher ohne Klebstoff befestigen kann* selbstklebende Fotoecken

Selbst·kon·t·rol·le die <-> (*kein Plur.*) *die Beherrschung der eigenen Handlungen und Äußerungen*

Selbst·kos·ten <-> *Plur.* WIRTSCH. *Kosten, die man für die Herstellung und den Vertrieb von Produkten aufbringen muss*

Selbst·kos·ten·preis der <-es, -e> WIRTSCH. *Preis, der nur die Selbstkosten deckt, bei dem der Hersteller oder Verkäufer keine Gewinne macht* Nachdem der Artikel nicht den gewünschten Absatz fand, wurde er unter dem Selbstkostenpreis verkauft., Bei der Veranstaltung wurden Getränke zum Selbstkostenpreis verkauft.

Selbst·kri·tik die <-, -en> (*meist Sing.*) *Kritik am eigenen Verhalten* Nach der Niederlage übten auch die einzelnen Spieler Selbstkritik.

selbst·kri·tisch *Adj. so, dass man Selbstkritik übt*

Selbst·laut der <-(e)s, -e> (≈ *Vokal*)

selbst·los *Adj.* (≈ *uneigennützig*) *so, dass man bei seinen Handlungen nicht an die eigenen Vorteile denkt* Er hat in dieser Situation selbstlos gehandelt.

Selbst·lo·sig·keit die <-> (*kein Plur.*) *selbstlose Art*

Selbst·mit·leid das <-s> (*kein Plur.*) (*abwert.*) *Mitleid, das jmd. mit sich selbst empfindet* Als ihn seine Freundin verlassen hatte, versank er wochenlang in Selbstmitleid.

Selbst·mord der <-(e)s, -e> *das Töten der eigenen Person* Er hatte in seiner Verzweiflung Selbstmord begangen/verübt.

Selbst·mord·an·schlag der <-(e)s, Selbstmordanschläge> *Attentat, das meist gegen eine große Menge von Menschen gerichtet ist, bei dem der Täter in Kauf nimmt, dass er selbst stirbt*

Selbst·mord·at·ten·tat das <-(e)s, -e> (≈ *Selbstmordanschlag*)

Selbst·mord·at·ten·tä·ter der <-s, -> *jmd., der einen Selbstmordanschlag durchführt*

Selbst·mör·der, **Selbst·mör·de·rin** der <-s, -> *jmd., der Selbstmord begangen hat*

selbst·mör·der·isch *Adj. sehr gefährlich, halsbrecherisch* Es ist ein selbstmörderisches Vorhaben, den Gipfel bei diesem schlechten Wetter besteigen zu wollen.

Selbst·mord·ver·such der <-(e)s, -e> *Versuch, sich selbst zu töten* Die psychisch kranke Frau hat bereits zwei gescheiterte Selbstmordversuche hinter sich.

Selbst·por·t·rät das <-s, -s> *ein Bild, das ein Maler von sich selbst angefertigt hat*

selbst·re·dend <nicht steig.> *Adj.* (*umg.*) *selbstverständlich* Wir waren uns selbstredend der Risiken einer solchen Operation bewusst, aber es gab keine andere Möglichkeit, um den Patienten zu retten.

Selbst·schuss·an·la·ge die <-, -n> *Vorrichtung, die einen Schuss*[1] *auslöst, wenn man sie berührt und die meist der Sicherung von Gebäuden dient*

selbst·sicher *Adj. selbstbewusst* Er hat ein sehr selbstsicheres Auftreten.

Selbst·stän·di·ge/Selb·stän·di·ge der/die <-n, -n> *jmd., der selbstständig*[3] *ist*

Selbst·stän·dig·keit/Selb·stän·dig·keit die <-> (*kein Plur.*) **1.** *die Eigenschaft, selbstständig*[1] *zu sein* Die Schüler sollen Selbstständigkeit üben. **2.** *die Eigenschaft, selbstständig*[2] *zu sein* Die Kolonie wurde in die Selbstständigkeit entlassen. **3.** *die Eigenschaft, selbstständig*[3] *zu sein* Sie hat die Selbstständigkeit dem Angestelltendasein vorgezogen.

selbst·stän·dig/selb·ständig *Adj.* **1.** *nur mit eigenem Wissen und Können und ohne fremde Hilfe* Die Schüler sollen die Aufgabe selbstständig lösen. **2.** *unabhängig, autonom* Wann wurde diese Kolonie ein selbstständiger Staat? **3.** *so, dass man nicht angestellt ist, sondern eine eigene Firma hat* Er ist seit zwei Jahren selbstständig. ■ **sich selbstständig machen**: *eine eigene Firma gründen*

Selbst·stu·di·um das <-s> (*kein Plur.*) *das Lernen aus Büchern und nicht auf einer Schule* Sie hat sich ihr Wissen auf diesem Gebiet durch/im Selbststudium angeeignet.

Selbst·sucht die <-> (*kein Plur.*) (*abwert.*) *die Eigenschaft, nur an die eigene Person und die eigenen Bedürfnisse zu denken*

selbst·süch·tig *Adj.* (*abwert.*) *egoistisch*

selbst·tä·tig <nicht steig.> *Adj. automatisch* Die Automatik schaltet das Gerät selbsttätig ab.

Selbst·täu·schung die <-, -en> *siehe* **Selbstbetrug**

selbst·tra·gend <nicht steig.> *Adj.* TECHN. *so, dass eine Konstruktion nicht umfällt, obwohl sie nicht durch Pfeiler, Balken o.Ä. gestützt wird* eine selbsttragende Wand

Selbst·ü·ber·schät·zung die <-, -en> *der Vorgang oder Zustand, dass man die eigenen Fähigkeiten zu hoch einschätzt*

Selbst·ü·ber·win·dung die <-, -en> *die Handlung, Vorbehalte und negative Gefühle zu besiegen* Dieser Schritt hat sie viel Selbstüberwindung gekostet.

selbst·ver·ges·sen *Adj. völlig in Gedanken versunken*

selbst·ver·ständ·lich **I.** *Adj. natürlich, von allein verständlich* Zusätzlich zur Miete fallen selbstverständlich auch Nebenkosten an. **II.** *Adv. natürlich* „Kommst du mit?" „Selbstverständlich!"

Selbst·ver·ständ·lich·keit die <-> (*kein Plur.*) *selbstverständliche Art* Es ist doch eine Selbstverständlichkeit, in so einem Fall zu helfen.

Selbst·ver·tei·di·gung die <-> (*kein Plur.*) *alle Maßnahmen und Techniken, mit denen man sich vor körperlichen Angriffen schützt*

Selbst·ver·tei·di·gungs·kurs der <-es, -e> *Lehrgang, bei dem man Maßnahmen und Techniken der Selbstverteidigung lernt*

Selbst·ver·trau·en das <-> (*kein Plur.*) *Glaube an die eigenen Fähigkeiten* Er hat ein starkes/angeknackstes Selbstvertrauen.

Selbst·ver·wirk·li·chung die <-, -en> *Entfaltung der eigenen Persönlichkeit, in dem man seine Fähigkeiten und Talente nutzt*

Selbst·wahr·neh·mung die <-, -en> PSYCH. *die Art, wie ein Mensch sich selbst erlebt*

Selbst·wert·ge·fühl das <-(e)s, -e> *Bewusstsein des eigenen Wertes*

Selbst·zer·flei·schung die <-> (*kein Plur.*) (*geh.*) (*allzu*) *ausgeprägte Selbstkritik*

selbst·zu·frie·den *Adj.* (*oft abwert.*) *so mit sich zufrieden, dass man eigene Fehler und Schwächen nicht mehr sieht*

Selbst·zweck der <-(e)s> (*kein Plur.*) *Zweck ohne äußeres Ziel* Putzen ist für ihn zum Selbstzweck geworden.

Selbst·zwei·fel der <-s, -> (*meist Plur.*) *Zweifel an den eigenen Fähigkeiten und Handlungen* Nach der Niederlage wurde er von Selbstzweifeln geplagt.

sel·chen *mit OBJ* ■ *jmd. selcht etwas Akk.* (*süddt. österr.*) *räuchern* Das Fleisch/Die Wurst wurde geselcht.

Se·lek·ti·on die <-, -en> **1.** BIOL. *natürliche Auslese, Zuchtwahl* **2.** (*geh.*) *Auslese, Auswahl* Die Selektion der Kandidaten erfolgte äußerst sorgfältig.

se·lek·tiv <nicht steig.> *Adj. so, dass man bestimmte Dinge oder Aspekte auswählt und andere vernachlässigt* In dieser Sache sollten wir selektiv vorgehen.

Se·len das <-> *ein chemisches Element mit dem Zeichen „Se"*

se·lig *Adj.* **1.** REL. *so, dass man nach dem Tod von allen Schwierigkeiten und Bedürfnissen befreit ist* **2.** *sehr glücklich* Sie zeigte ein seliges Lächeln. ♦ Getrenntschreibung→R 4.2 jemanden selig sprechen

Se·lig·keit die <-> (*kein Plur.*) **1.** REL. *seliger[1] Zustand nach dem Tod im Reich Gottes* Sie lebte in der Hoffnung, die ewige Seligkeit zu erlangen. **2.** *wunschloses Glück* Sie strahlte vor Seligkeit.

Sel·le·rie der/die <-(s), -(s)/-n> *eine Gemüsepflanze, deren Knolle, Blätter und Wurzeln sehr intensiv schmecken*

sel·ten *Adj.* **1.** *nicht oft, in nur geringer Zahl vorkommend* Das ist eine sehr seltene Pflanze., Wir haben uns in letzter Zeit selten gesehen. **2.** *besonders* Wir haben eine selten schöne Blume gesehen.

Sel·ten·heit die <-> (*kein Plur.*) **1.** *geringe Häufigkeit* Diese Pflanzenart wurde wegen ihrer Seltenheit geschützt. **2.** *etwas, das nicht häufig vorkommt* Derart unberührte Naturlandschaften sind inzwischen eine Seltenheit.

Sel·ters® die/das <-s> (*kein Plur.*) *ein Mineralwasser*

selt·sam *Adj. sonderbar, eigenartig, merkwürdig* Er ist ein seltsamer Mensch., Hast du schon von dieser seltsamen Geschichte gehört?, Es ist seltsam, dass …

selt·sa·mer·wei·se *Adv. auf seltsame Art und Weise* Seltsamerweise hat niemand bemerkt, was geschehen war.

Selt·sam·keit die <-> (*kein Plur.*) *seltsame Art*

Se·man·tik die <-> (*kein Plur.*) SPRACHWISS. *die Lehre von der Bedeutung der Wörter und Sätze*

se·man·tisch <nicht steig.> *Adj.* SPRACHWISS. *auf die Semantik bezogen*

Se·mes·ter das <-s, -> **1.** *eine der beiden organisatorischen Einheiten, in die das Studienjahr an einer Universität oder Fachhochschule eingeteilt wird* Sie ist jetzt im dritten Semester., noch drei Semester bis zum Examen benötigen ♦-arbeit, -beginn, -ende, Frei-, Sommer-, Winter- **2.** ■ **ein älteres/höheres Semester** (*umg. scherzh.*): *ein älterer Mensch*

Se·mi·fi·na·le das <-s, -> (SPORT: ≈ *Halbfinale*)

Se·mi·ko·lon das <-s, -s/Semikola> (≈ *Strichpunkt*)

Se·mi·kon·duk·tor der <-s, -en> PHYS. TECHN. *Halbleiter*

Se·mi·nar das <-s, -e/-ien> **1.** *ein Bereich oder Institut an einer Universität, der oder das einen bestimmten Fachbereich vertritt* Leiter des Germanistischen Seminars **2.** *Kurs* (*an einer Universität*) Ich besuche ein Seminar über mittelhochdeutsche Lyrik. **3.** REL. *kurz für „Priesterseminar"*

se·mi·per·me·a·bel <nicht steig.> *Adj.* (*fachspr.*) *so, dass nur bestimmte Substanzen ein Material durchdringen können* eine semipermeable Membran

Se·mit, **Se·mi·tin** der <-en, -en> *Angehöriger einer Sprachengemeinschaft und Völkergruppe Vorderasiens und Nordafrikas, zu deren heutigen Nachkommen beispielsweise Araber und Juden gehören*

se·mi·tisch <nicht steig.> *Adj. auf die Semiten oder ihre Sprache bezogen*

Se·mi·vo·kal der <-s, -e> SPRACHWISS. *Halbvokal*

Sem·mel die <-, -n> (*süddt. österr. schweiz.*) *Brötchen* ■ **wie warme Semmeln weggehen** (*umg.*): *sehr schnell verkauft werden*

Se·nat der <-(e)s, -e> **1.** GESCH. *Gremium im antiken Rom, das bestimmte politische und gesetzgeberische Funktionen besaß* **2.** *eine Kammer des Parlaments in den USA* **3.** *Landesregierung in Berlin, Bremen und Hamburg* **4.** *beratendes Gremium an Universitäten, in dem alle Personengruppen vertreten sind, die an einer Hochschule arbeiten*

Se·na·tor, **Se·na·to·rin** der <-s, -en> *Mitglied eines Senats*

se·na·to·risch <nicht steig.> *Adj. auf den Senat bezogen*

Sen·de·be·reich der <-(e)s, -e> *Bereich, in dem man Radio- oder Fernsehsendungen besonders gut empfangen kann*

Sen·de·lei·ter der <-s, -> *jmd., der die Aufnahme einer Radio- oder Fernsehsendung leitet*

Sen·de·mi·nu·te die <-, -n> *eine Minute der gesamten Sendezeit*

sen·den <sendest, sandte/sendete, hat gesandt/gesendet> **I.** *mit OBJ/ohne OBJ* ■ *jmd. sendet (etwas) eine Radio-, Fernsehsendung ausstrahlen* Wir senden den Film in der Originalfassung mit deutschen Untertiteln., Früher hat das Fernsehen nur in Schwarzweiß gesendet. **II.** *mit OBJ* **1.** ■ *jmd. sendet jmdn. (irgendwohin) (geh.) jmdn. schicken* In das Erdbebengebiet wurden Hilfsmannschaften gesandt/gesendet. **2.** ■ *jmd. sendet jmdm. etwas (geh.) etwas schicken* Wir senden unseren Freunden immer Urlaubskarten.

Sen·der der <-s, -> *kurz für „Rundfunksender" oder „Fernsehsender"*

Sen·de·rei·he die <-, -n> *eine Folge von Rundfunk- oder Fernsehbeiträgen zu einem bestimmten Thema*

Sen·der·such·lauf der <-s, Sendersuchläufe> *eine Vorrichtung an Radio- oder Fernsehgeräten, die automatisch die Frequenz sucht, auf der man einen Sender am besten empfangen kann*

Sen·de·schluss der <-es> *(kein Plur.) Programmende*

Sen·de·zeit die <-, -en> *die Zeit, in der eine Sendung ausgestrahlt wird* Der Krimi lief zur besten Sendezeit.

Sen·dung die <-, -en> **1.** WIRTSCH. *Lieferung* **2.** *Fernseh- oder Radiosendung*

Sen·dungs·be·wusst·sein das <-s> *(kein Plur.) Überzeugung einer Person/einer Gruppe/eines Landes auserwählt zu sein, eine Mission zu erfüllen* politsches/religiöses/kulturelles Sendungsbewusstsein, Die Kolonialmächte wurden von ihrem Sendungsbewusstsein angetrieben.

Senf der <-(e)s, -e> **1.** *eine breiige Masse aus gemahlenen Senfkörnern, Essig und Gewürzen* Ich hätte gerne ein Paar Würstchen mit Senf. **2.** *eine Gewürzpflanze, aus der Senf[1] hergestellt wird* ■ **seinen Senf dazu geben** *(umg.): (ungebetene) Bemerkungen zu etwas machen*

sen·gend *Adj. sehr heiß* Bei der sengenden Mittagshitze gehe ich nicht aus dem Haus.

se·nil *Adj. (geh. oft abwert.) (aufgrund des hohen Alters) geistig nicht mehr sehr leistungsfähig*

Se·ni·li·tät die <-> *(kein Plur.) (geh. oft abwert.) das Senilsein*

Se·ni·or, **Se·ni·o·rin** der <-s, -en> *(↔ Junior) älterer Mitbürger*

Se·ni·o·ren·heim das <-(e)s, -e> *(≈ Altersheim)*

Se·ni·o·ren·kar·te die <-, -n> *eine Eintrittskarte, eine Fahrkarte o.Ä., die an Senioren zu einem vergünstigten Preis verkauft wird*

Se·ni·o·ren·tel·ler der <-s, -> *(↔ Kinderteller) kleinere, für ältere Menschen angebotene Portion im Restaurant*

Senk·blei das <-s> *(kein Plur.)* (BAUW. SEEW.: *≈ Lot[1]) ein Stück Blei, das an einer Schnur hängt, mit dem man messen kann, wie tief etwas ist oder feststellen kann, ob etwas senkrecht ist*

Sen·ke die <-, -n> *größere Bodenvertiefung, Mulde im Gelände*

Sen·kel der <-s, -> *kurz für „Schnürsenkel"*

sen·ken **I.** *mit OBJ* ■ *jmd. senkt etwas* **1.** *(↔ heben) nach unten bewegen, bewirken, dass etwas nach unten kommt* Sie senkte den Kopf., Man senkte den Sarg ins Grab. **2.** *(↔ erhöhen) geringer machen, reduzieren* Wir müssen versuchen, die Preise/die Kosten zu senken. **3.** *bewirken, dass etwas niedriger wird* Das Fieber des Patienten konnte gesenkt werden. **II.** *mit SICH* ■ *etwas senkt sich sinken, allmählich niedriger werden* Der Boden in diesem Gebiet senkt sich. ■ **die Stimme senken** *(geh.): leiser sprechen*

senk·recht *Adj. (↔ waagerecht) vertikal von unten nach oben verlaufend* Es war völlig windstill und der Rauch stieg senkrecht nach oben.

Senk·rech·te die <-n, -n> *senkrechte Linie* ■ **das einzig Senkrechte** *(umg.): das einzig Richtige*

Senk·recht·start der <-s, -s> *großer Erfolg in kurzer Zeit* Mit seinem neuen Buch hat der Autor im letzten Jahr einen regelrechten Senkrechtstart hingelegt.

Senk·recht·star·ter, **Senk·recht·star·te·rin** der <-s, -> *jmd., der schnell (und ohne große Anstrengung) großen Erfolg hat* Dieser Musiker ist der Senkrechtstarter dieses Frühjahrs.

Sen·kung die <-, -en> **1.** *(≈ Herabsetzung, Reduzierung ↔ Erhöhung) das Senken* Man diskutierte eine mögliche Senkung der Steuern. **2.** MED. *das Senken* Sie sollten Maßnahmen zur Senkung Ihres Blutdrucks ergreifen.

Senn der <-(e)s, -e> *(süddt. österr. schweiz.) Almhirt*

Sen·ner, **Sen·ne·rin** der <-s, -> *(süddt. österr. schweiz.) Senn*

Sen·ne·rei die <-, -en> *(süddt. österr. schweiz.) eine Alm, auf der Milch zu Käse und Butter verarbeitet wird*

Senn·hüt·te die <-, -n> *eine Hütte auf einer Alm*

Sen·sa·ti·on die <-, -en> *ein Ereignis, das Aufsehen erregt* Der Auftritt dieser Rockband war die Sensation des Festivals.

sen·sa·ti·o·nell *Adj. so, das etwas Aufsehen erregt* Das Geschäft wirbt mit sensationell niedrigen Preisen.

Sen·sa·ti·ons·pres·se die <-> *(kein Plur.) (abwert. ≈ Boulevardpresse) Zeitungen, die weniger an objektiver Berichterstattung als vielmehr an reißerischen Schlagzeilen interessiert sind*

Sen·se die <-, -n> *ein Gerät mit einem langen Handgriff und einer gebogene scharfen Klinge, das man zum Schneiden von hohem Gras benutzt* ■ **jetzt ist aber Sense** *(umg.): jetzt ist aber Schluss*

sen·si·bel <sensibler, am sensibelsten> *Adj. sehr empfindsam, feinfühlig* Er ist ein sensibler Junge.

sen·si·bi·li·sie·ren <sensibilisierst, sensibilisierte, hat sensibilisiert> *mit OBJ* ■ *jmd. sensiblisiert jmdn. (für etwas Akk.) (geh.) für etwas empfänglich machen, Bewusstsein für etwas schaffen* Man muss die Öffentlichkeit für die Probleme des Umweltschutzes noch stärker sensibilisieren.

Sen·si·bi·li·tät die <-> (*kein Plur.*) (*geh.*) *das Sensibelsein*

sen·si·tiv *Adj.* (*geh.*) *überaus feinfühlig, empfindlich*

Sen·sor der <-s, -en> TECHN. **1.** *ein Schalter an elektrischen Geräten, den man betätigt, indem man ihn leicht berührt* **2.** (≈ *Messfühler*)

Sen·tenz die <-, -en> *ein einprägsamer, allgemein gültiger Sinnspruch* In diesem Zusammenhang fällt mir eine Sentenz des römischen Philosophen Seneca ein.

Sen·ti·ment das [sãti'mã] <-s, -s> *Empfindung, Gefühl*

sen·ti·men·tal *Adj.* (*oft abwert.* ≈ *rührselig*) *übertrieben gefühlsbetont* Das Ende des Films war mir zu sentimental., Aus dem Radio ertönte ein sentimentales Lied nach dem anderen.

Sen·ti·men·ta·li·tät die <-, -en> (*oft abwert.* ≈ *Rührseligkeit*) *übertriebene Empfindlichkeit* Komm schon, wir haben jetzt keine Zeit mehr für Sentimentalitäten!

se·pa·rat <nicht steig.> *Adj. vom Rest abgetrennt, gesondert* Das Haus hat einen separaten Eingang.

Se·pa·ra·tis·mus der <-> (*kein Plur.*) (*oft abwert.*) *das Streben, sich von einer politischen, religiösen oder ähnlichen Gruppe zu trennen und eine eigenständige Gruppierung zu bilden*

Se·pa·ra·tist der <-en, -en> *Vertreter des Separatismus*

Sé·pa·rée, **Se·pa·ree** das [zepa're:] <-s, -s> (*veralt.*) *kleiner Nebenraum in einem Restaurant für ungestörte* (*intime*) *Zusammenkünfte*

se·pa·rie·ren <separierst, separierte, hat separiert> *mit OBJ* ■ *jmd. separiert jmdn./etwas* (*veralt.*) *absondern, trennen* Die kranken Tiere müssen schnellstens von den gesunden separiert werden.

Sep·sis die <-, Sepsen> MED. *Blutvergiftung*

Sep·tem·ber der <-(s), -> *der neunte Monat des Jahres* ■ **der elfte September**: *verwendet, um sich auf den Anschlag auf das World Trade Center am 11. September 2001 zu beziehen* die Welt nach dem elften September

Sep·tett das <-(e)s, -e> MUS. *Stück für sieben Stimmen oder sieben Instrumente*

Sep·tim/Sep·ti·me die <-, -en> MUS. **1.** *siebter Ton der diatonischen Tonleiter* **2.** *Abstand von sieben Tonstufen*

sep·tisch <nicht steig.> *Adj.* MED. *mit Krankheitserregern, Keimen behaftet*

se·quen·ti·ell *s.* **sequenziell**

Se·quenz die <-, -en> **1.** *Folge* (*von etwas Gleichartigem*) Man beachte vor allem die folgende Sequenz von Tönen! **2.** FILM *kleinere, in sich abgeschlossene Einheit* Die Einstellungen in dieser Sequenz gefallen mir besonders gut.

se·quen·zi·ell, *a.* **se·quen·ti·ell** <nicht steig.> *Adj.* EDV *fortlaufend, nacheinander zu verarbeiten*

Se·re·na·de die <-, -n> MUS. *in fünf bis sieben Sätzen ausgeführte Komposition für ein* (*kleines*) *Orchester* Sie hat sich eine CD mit Serenaden von Mozart gekauft.

Ser·geant der [zɛr'ʒant, sɛr'ʒã, 'sɑdʒənt] <-en/-s, -en/-s> MILIT. **1.** (*kein Plur.*) *französische bzw. englische Bezeichnung für den Dienstgrad eines Unteroffiziers* **2.** *Unteroffizier*

Se·rie die <-, -n> **1.** *eine bestimmte Anzahl gleichartiger Dinge, die ein Ganzes darstellen, ergeben* Mir fehlen nur noch zwei Briefmarken dieser Serie. **2.** *Produkte, die in gleichartiger Ausführung und hoher Stückzahl hergestellt werden* Gibt es noch Ersatzteile für die Autos dieser Serie? **3.** *eine inhaltlich und thematisch zusammengehörige Folge von Fernseh- oder Rundfunksendungen oder von Veröffentlichungen* Momentan läuft im Fernsehen eine Serie über die Kreuzzüge. **4.** (*umg.*) *eine Aufeinanderfolge von Ereignissen ähnlicher Art* Eine Serie von Einbrüchen beschäftigt zurzeit die Polizei. ■ **in Serie gehen**: *in die Massenproduktion gehen*

Se·ri·en·brief der <-(e)s, -e> *ein Brief, der an mehrere Personen geschickt wird*

se·ri·en·mä·ßig <nicht steig.> *Adj.* **1.** *so, dass ein Produkt in gleichartiger Ausfertigung in hoher Stückzahl hergestellt wird* Nach ausgiebigen Tests wird das Auto nun serienmäßig gefertigt. **2.** *so, dass etwas zu einer Serie*[2] *von Produkten gehört* Das Auto wird serienmäßig mit Airbag und ABS ausgeliefert.

Se·ri·en·mör·der, **Se·ri·en·mör·de·rin** der <-s, -> *jmd., der mehrere Morde begangen hat*

Se·ri·en·tä·ter, **Se·ri·en·tä·te·rin** der <-s, -> *jmd., der mehrere gleichartige Straftaten verübt hat*

se·ri·ös *Adj.* (↔ *unseriös*) *anständig, ordentlich, zuverlässig, vertrauenswürdig* Mein Nachbar ist ein seriöser, älterer Herr., Das Hotel macht einen seriösen Eindruck., Solche Geschäftspraktiken sind nicht gerade seriös.

Ser·mon der <-s, -e> **1.** (*veralt.*) *Predigt* **2.** (*umg. abwert.*) *langweiliges Geschwätz* Geduldig ließ ich seinen Sermon über mich ergehen.

Ser·pen·ti·ne die <-, -n> **1.** *eine in vielen Windungen verlaufende Straße an* (*steilen*) *Berghängen* **2.** *eine enge Kurve*

Se·rum das <-s, Seren/Sera> MED. **1.** *wässriger Bestandteil des Blutes, der nicht gerinnt* **2.** *Impfstoff*

Ser·ver der ['sø:və] <-s, -> EDV *ein Zentralcomputer, mit dem mehrere andere Computer verbunden sind*

Ser·vice[1] der/das ['zø:ɐvɪs] <-> (*kein Plur*) **1.** *Bedienung* Der Service in diesem Lokal ist erstklassig. **2.** *alle Leistungen und Dienste, die ein Betrieb oder ein Geschäft seinen Kunden bietet, Kundendienst* Der Service des Autohauses hat mich enttäuscht. **3.** SPORT *Aufschlag beim Tennis*

Ser·vice[2] das [zɛr'vi:s] <-, -s> *mehrteiliges Ess- oder Tafelgeschirr* ◆ Ess-, Kaffee-, Tafel-, Tee-

Ser·vice·hot·line die ['zø:ɐvɪshɔtlaɪn] <-, -s> *Telefonnummer, bei der man anrufen kann, wenn man Fragen zu einem Produkt hat oder ein gekauftes Produkt nicht richtig funktioniert*

Ser·vice·per·so·nal das ['zø:ɐvɪs...] <-s> (*kein

Plur.) *alle Kellner und Kellnerinnen in einem Restaurant oder Hotel*

Ser·vice·sek·tor der ['zøːɐvɪs...] <-s> (*kein Plur.*) *Dienstleistungssektor*

Ser·vice·un·ter·neh·men das ['zøːɐvɪs...] <-s, -> *Unternehmen, das Dienstleistungen erbringt*

ser·vie·ren <servierst, servierte, hat serviert> **I.** *mit OBJ/ohne OBJ* ■ *jmd. serviert* (*jmdm.*) (*etwas Akk.*) *Essen auftragen* Sie servierte ihren Gästen eine köstliche Nachspeise., Der Kellner serviert in wenigen Minuten. **II.** *ohne OBJ* ■ *jmd. serviert* (SPORT: *veralt.*) (*beim Tennis*) *Aufschlag haben*

Ser·vie·re·rin die <-, -nen> (≈ *Kellnerin*)

Ser·vier·tisch der <-(e)s, -e> *ein kleiner Tisch, auf dem man Speisen und Geschirr abstellt*

Ser·vier·toch·ter die <-, Serviertöchter> (*schweiz.*) *Kellnerin*

Ser·vier·wa·gen der <-s, -> *ein kleiner Tisch mit Rollen zum Abstellen von Speisen, Geschirr*

Ser·vi·et·te die <-, -n> *ein Tuch aus Stoff oder Papier zum Abwischen des Mundes nach dem Essen*

ser·vil *Adj.* (*geh. abwert.*) *unterwürfig, kriecherisch*

Ser·vo·brem·se die <-, -n> KFZ *eine Bremse mit einer Vorrichtung, die die Bremswirkung verstärkt*

Ser·vo·len·kung die <-, -en> KFZ *eine Lenkung mit einer Vorrichtung, die das Lenken erleichtert*

Ser·vo·mo·tor der <-s, -en> TECHN. *Hilfsmotor*

ser·vus *Interj.* (*süddt. österr. umg.*) *freundschaftlicher Gruß zur Begrüßung, beim Abschied*

Se·sam der <-s, -s> **1.** *eine Pflanze mit ölhaltigem Samen* **2.** *Samen des Sesams*[1]

Ses·sel der <-s, -> *ein weich gepolstertes Sitzmöbel, das meist Lehnen für die Arme und den Rücken hat*

Ses·sel·lift der <-(e)s, -e> *eine Seilbahn, bei der man in Einzelsitzen oder in Doppelsitzen sitzt* Ein Sessellift bringt die Skifahrer zur Gipfelstation.

sess·haft <nicht steig.> *Adj.* **1.** *so, dass man einen festen Wohnsitz hat* Das Nomadenvolk wurde schließlich sesshaft. **2.** *so, dass man seinen Wohnsitz nicht häufig wechseln will* Die Einwohner dieses Dorfes sind sehr sesshaft.

Ses·si·on die <-, -en> (*geh.*) *eine Tagung oder Sitzungsperiode, die sich über einen längeren Zeitraum erstreckt*

Set das <-(s), -s> **1.** *mehrere zusammengehörende gleichartige Dinge* Ich habe mir ein neues Set Töpfe gekauft. **2.** *eine kleine Tischdecke für ein Gedeck*

Set·up das ['sɛtap] EDV *ein Installation*(*sprogramm*) Um das neue Computerprogramm zu installieren, musst du zuerst das Setup ausführen.

set·zen <setzt, setzte, hat/ist gesetzt> **I.** *mit OBJ* (*haben*) **1.** ■ *jmd. setzt jmdn./etwas* (*irgendwohin*) *jmdn. in eine sitzende Position bringen* Sie setzte das Kind auf ihren Schoß. **2.** ■ *jmd. setzt etwas auf etwas Akk. etwas an eine bestimmte Stelle bringen und längere Zeit dort lassen* Setz dem Kind eine Mütze auf den Kopf! **3.** ■ *jmd. setzt etwas mit Hilfe technischer Verfahren eine Druckvorlage erstellen* In welcher Schriftart soll das Manuskript gesetzt werden? **4.** ■ *jmd. setzt etwas auf etwas Akk. etwas irgendwohin schreiben* Hast du deinen Namen schon auf die Liste gesetzt? **5.** ■ *jmd. setzt etwas festlegen, dass etwas wichtig ist* Ich muss bei der Prüfungsvorbereitung Prioritäten setzen. **6.** ■ *jmd. setzt etwas die Segel bei einem Schiff hochziehen* Das Schiff setzte die Segel. **II.** *mit OBJ/ohne OBJ* ■ *jmd. setzt* (*etwas*) (*auf etwas Akk.*) (*haben*) *beim Glücksspiel auf etwas setzen* Ich habe auf die Nummer 37 gesetzt., Ich habe 100 Euro auf die Neun gesetzt., Auf welches Pferd hast du gesetzt? **III.** *ohne OBJ* ■ *jmd. setzt über etwas Akk.* (*sein*) *mit einem Sprung ein Hindernis überwinden* Sie nahm Anlauf und setzte über den Graben. **IV.** *mit SICH* ■ *jmd./etwas setzt sich* (*haben*) **1.** *eine sitzende Position einnehmen* Er setzte sich auf den Stuhl/aufs Rad/an den Tisch/ins Gras. **2.** *in einer Flüssigkeit zu Boden sinken* Der aufgewirbelte Sand im Aquarium hatte sich inzwischen wieder gesetzt. **3.** BAUW. *noch einer gewissen Bewegung unterliegen und dann seine endgültige Position erreichen* Die Mauern setzen sich noch. ►Setzriss **4.** ■ **jemanden an die Luft/vor die Tür setzen** (*umg.*): *jmdm.* (*die Arbeit oder die Wohnung*) *kündigen* **sich/etwas in Bewegung setzen**: *jmd. oder etwas fängt an, sich zu bewegen* Der Zug setzte sich in Bewegung. **etwas in/außer Betrieb setzen**: *etwas ein- oder ausschalten* **jemanden auf Diät setzen**: *jmdm. eine Diät verordnen* **ein Kind in die Welt setzen** (*umg.*): *ein Kind zeugen* **es setzt etwas** (*umg.*): *es gibt Prügel*

Set·zer, Set·ze·rin der <-s, -> (≈ *Schriftsetzer*)

Set·ze·rei die <-, -en> *ein Betrieb, in dem Texte gesetzt werden*

Setz·ling der <-(e)s, -e> *ein junger Pflanzenableger*

Seu·che die <-, -n> *eine ansteckende Krankheit, die sich rasch verbreitet*

Seu·chen·be·kämp·fung die <-> (*kein Plur.*) *die Bekämpfung von Seuchen*

Seu·chen·ge·biet das <-(e)s, -e> *ein Gebiet, in dem eine Seuche ausgebrochen ist*

Seu·chen·ge·fahr die <-, -en> *Gefahr, dass eine Seuche ausbricht* Wegen der großen Seuchengefahr wurde die Bevölkerung geimpft.

Seu·chen·herd der <-(e)s, -e> *ein Gebiet, von dem aus sich eine Seuche ausbreitet*

seuf·zen <seufzt, seufzte, hat geseufzt> *ohne OBJ* ■ *jmd. seufzt einen Seufzer ausstoßen* Er seufzte tief/schwer/erleichtert.

Seuf·zer der <-s, -> *das tiefe und laute Ein- und Ausatmen, das Kummer, Sehnsucht oder Erleichterung ausdrückt*

Sevilla [ze'vɪlja] <-s> *Stadt im Süden Spaniens*

Sex der <-(es)> (*kein Plur.*) (*umg.*) *Geschlechtsverkehr* (*und die dazugehörigen Handlungen*) Hatten Sie Sex miteinander?, Er war nur auf schnellen Sex aus., die gesellschaftliche Einstellung zum Sex, Beim Sex wirkte er ziemlich verklemmt.

Sex·bom·be die <-, -n> (*umg.*) *eine sexuell besonders attraktive Frau*

Se·xis·mus der <-> (*kein Plur.*) *Bezeichnung für alle Formen der Unterdrückung und Benachteiligung der Frau durch den Mann, die nur aufgrund ihres Geschlechts erfolgen*

Se·xist der <-en, -en> *jmd., der sexistisch denkt und handelt*

se·xis·tisch *Adj. in der Art des Sexismus*

Sex·ma·ga·zin das <-s, -e> (≈ *Pornoheft*) *ein Magazin, das pornografische Fotos und Texte enthält*

Sex·ob·jekt das <-(e)s, -e> (*umg.*) *jmd., der jmdm. nur zur Befriedigung der sexuellen Wünsche dient* Frauen werden von manchen Männern als Sexobjekte angesehen.

Sex·shop der <-s, -s> *ein Laden, in dem Bücher, Hefte und Filme mit sexuellem Inhalt und Mittel zur sexuellen Stimulation verkauft werden*

Sex·ta die <-> (*kein Plur.*) **1.** (*veralt.*) *erste Klasse des Gymnasiums* **2.** (*österr.*) *sechste Klasse des Gymnasiums*

Sex·ta·ner der <-s, -> *Schüler, der die Sexta besucht*

Sex·tant der <-en, -en> SEEW. *ein Instrument, mit dem Seefahrer die Position ihres Schiffes bestimmen, indem sie die Höhe eines Gestirns ermitteln*

Sex·te die <-, -n> MUS. **1.** *sechster Ton der diatonischen Tonleiter* **2.** *Abstand von sechs Tonstufen*

Sex·te·le·fon das <-s, -e> *eine Telefonnumer, bei der man anrufen und sich gegen Bezahlung im Gespräch sexuell stimulieren lassen kann*

Sex·tett das <-(e)s, -e> MUS. *ein Stück für sechs Stimmen oder sechs Instrumente*

Sex·tou·ris·mus der <-> (*kein Plur.*) (*umg.*) *Reisen in bestimmte Länder, die von Männern in der Hoffnung auf sexuelle Erlebnisse unternommenen werden*

Se·xu·al·de·likt das <-(e)s, -e> *Sexualstraftat*

Se·xu·al·for·scher, **Se·xu·al·for·sche·rin** der <-s, -> *ein Wissenschaftler, der sich mit der Erforschung der* (*menschlichen*) *Sexualität beschäftigt*

Se·xu·al·hor·mon das <-(e)s, -e> *ein Hormon, das die Ausbildung der Geschlechtsmerkmale und die Fortpflanzung steuert*

Se·xu·a·li·tät die <-> (*kein Plur.*) *alle Gefühle, Handlungen und Bedürfnisse, die mit dem Geschlechtsverkehr zusammenhängen*

Se·xu·al·ku·nde die <-> (*kein Plur.*) SCHUL. *ein Schulfach* (*meist im Rahmen des Biologieunterrichts*), *in dem die biologischen Grundlagen der menschlichen Sexualität vermittelt werden*

Se·xu·al·le·ben das <-s> (*kein Plur.*) *alle sexuellen Aktivitäten* (*eines Menschen, eines Tieres*)

Se·xu·al·mord der <-(e)s, -e> *das Töten eines Menschen, das dem Mörder sexuelle Befriedigung verschafft*

Se·xu·al·part·ner, **Se·xu·al·part·ne·rin** der <-s, -> *eine Person, mit der jmd. Geschlechtsverkehr hat*

Se·xu·al·straf·tat die <-, -en> *ein Verbrechen, bei der jmd. eine Person zu sexuellen Handlungen zwingt*

Se·xu·al·trieb der <-(e)s> (*kein Plur.*) *der Trieb, der das Sexualleben steuert*

Se·xu·al·ver·bre·cher der <-s, -> *jmd., der eine andere Person zu sexuellen Handlungen zwingt*

Se·xu·al·wis·sen·schaft die <-> (*kein Plur.*) *die Wissenschaft, die die Sexualität und das sexuelle Verhalten erforscht*

se·xu·ell <nicht steig.> *Adj. in Bezug auf alle Gefühle, Handlungen und Bedürfnisse, die mit dem Geschlechtsverkehr zusammenhängen* sexuelle Bedürfnisse/Phantasien/Praktiken/Vorlieben

se·xy *Adj. in sexueller Hinsicht attraktiv*

Sey·chel·len [ze'ʃɛlən] <-> ■ *die Seychellen Inselgruppe und Staat im Indischen Ozean*

Sey·chel·ler, **Sey·chel·le·rin** der [ze'ʃɛlɐ] <-s, -> *jmd., der die seychellische Staatsbürgerschaft besitzt*

sey·chel·lisch [ze'ʃɛlɪʃ] <nicht steig.> *Adj. zu den Seychellen gehörend, daher stammend*

se·zie·ren <sezierst, sezierte, hat seziert> *mit OBJ/ohne OBJ* ■ *jmd. seziert* (*jmdn.*) ANAT. *eine Leiche im Rahmen anatomischer Studien öffnen und zerlegen* Der Arzt seziert eine Leiche., Dem Studenten wurde übel, als er sezierte.

S-för·mig, *a.* **s-för·mig** *Adj. so, dass etwas wie ein S geformt ist* eine s-förmige Kurve/Linie

SGML EDV *kurz für „Standard Generalized Markup Language"; eine Sprache zur Beschreibung der Struktur von Textdokumenten*

Shake das [ʃeɪk] <-s, -s> *ein Mixgetränk* ◆ Milch-

sham·poo·nie·ren [ʃampu:'ni:rən] <shampoonierst, shampoonierte, hat shampooniert> *mit OBJ* ■ *jmd. shampooniert etwas/jmdm. etwas mit Shampoo behandeln* Sie shampooniert den Teppich/der Kundin die Haare.

Sham·poo/Scham·pon das [ʃam'pu:, 'ʃampu, ʃam'po:, 'ʃampo] <-(s), -s> *flüssiges Haarwaschmittel*

She·riff der ['ʃɛrɪf] <-s, -s> **1.** *hoher Verwaltungsbeamter in England oder Irland* **2.** *höchster Vollzugsbeamter einer Stadt in den USA*

Sher·ry der ['ʃɛri] <-s, -s> *spanischer Likörwein*

Shet·land·pony das ['ʃɛtlənd...] <-s, -s> *kleines Pferd mit langen Haaren, großem Kopf und spitzen Ohren*

Shirt das [ʃə:t] <-s, -s> (*Baumwoll-*)*Hemd, T-Shirt*

Shit der/das [ʃɪt] <-s> (*kein Plur.*) (*umg.*) *Haschisch* Shit rauchen

Shoo·ting das ['ʃu:tɪŋ:] <-s, -s> *das Aufnehmen mehrerer Bilder von Fotomodellen durch einen Fotografen für einen bestimmten Anlass* Heute findet ein Shooting für eine Werbekampagne statt.

Shoo·ting·star der ['ʃu:tɪŋ'sta:] <-s, -s> *Senkrechtstarter*

Shop der [ʃɔp] <-s, -s> *Laden, Geschäft*

shop·pen *ohne OBJ* ■ *jmd. shoppt* (*umg.*) *einen Einkaufsbummel machen, einkaufen*

Shop·ping das ['ʃɔpɪŋ] <-s> (*kein Plur.*) *das Einkaufen; Einkaufsbummel*

Shop·ping-Cen·ter, *a.* **Shop·ping·cen·ter** das ['ʃɔpɪŋsɛntɐ] <-s, -> (*großes*) *Einkaufszentrum*

Shorts [ʃorts] <-> *Plur. kurze, sportliche Hose*

Short·story/Short Story die ['ʃɔːt 'stɔːrɪ] <-s, -s> *Kurzgeschichte*

Show die [ʃoʊ] <-, -s> *Vorführung eines großen Unterhaltungsprogramms (im Fernsehen), Schau*

Show·busi·ness das ['ʃoʊbɪznɪs] <-> (*kein Plur.*) *Unterhaltungsindustrie* Sie arbeitet im Showbusiness.

Show·ge·schäft das ['ʃoʊ...] <-s> (*kein Plur.*) *Showbusiness* Er ist erst vor kurzem ins Showgeschäft eingestiegen.

Show·mas·ter der ['ʃoʊmɑstə] <-s, -> *Unterhaltungskünstler, der eine Show arrangiert und präsentiert*

Show·star der ['ʃoʊ...] <-s, -s> *jmd., der durch seine Tätigkeit als Showmaster oder seine Auftritte in Shows bekannt geworden ist*

Shri̱mp, *a.* **Schri̱mp** der <-s, -s> (*meist Plur.*) *kleine Garnele, Nordseekrabbe*

Shut·le der [ʃʌtl̩] <-s, -s> **1.** *Raumfähre* **2.** *Pendelverkehr mit öffentlichen Verkehrsmitteln* ◆-bus

Si̱·am <-s> *frühere Bezeichnung für Thailand*

Si̱·am·kat·ze die <-, -n> *eine Rassekatze mit blauen Augen und meist hellem Fell*

Si·bi̱·rer, **Si·bi̱·re·rin** der <-s, -> *Bewohner von Sibirien*

Si·bi̱·ri·en <-s> *Teil Russlands, in dem es im Winter sehr kalt wird*

si·bi̱·risch <nicht steig.> *Adj. zu Sibirien gehörend, daher stammend*

si·byl·li̱·nisch <nicht steig.> *Adj.* (*geh.*) *rätselhaft, geheimnisvoll* sibyllinische Worte

sịch (*Reflexivpronomen der 3. Pers. Sing. und Plur.*) *Pron.* **1.** *rückbezüglich verwendet* Sie hat sich verschluckt., Damit hat er sich selbst geschadet., Was bilden Sie sich eigentlich ein? **2.** *wechselbezüglich verwendet: „einander"* Sie lieben sich. ■ **an und für sich**: *eigentlich*

Sị·chel die <-, -n> *ein kleines Werkzeug mit einer halbkreisförmigen Klinge, mit dem man Gras o.Ä. schneidet*

sị·chel·för·mig <nicht steig.> *so, dass etwas wie die Klinge einer Sichel geformt ist*

sị·cher **I.** *Adj.* **1.** *geschützt, nicht von Gefahren, von Risiken bedroht* Er hat einen sicheren Arbeitsplatz., Wir haben alles aus sicherer Entfernung beobachtet. **2.** (≈ *zuverlässig*) *so, dass man sich auf die Richtigkeit von etwas verlassen kann* Unsere Informationen stammen aus einer sicheren Quelle. **3.** *so, dass jmd. (aufgrund von Erfahrung) keine Fehler macht, keine Irrtümer begeht* In diesen Dingen hat sie einen sehr sicheren Geschmack. **4.** (↔ *unsicher*) *selbstbewusst* Ich bewundere ihr sicheres Auftreten. **5.** *gewiss* Der Sprinter lief einem sicheren Sieg entgegen. **II.** *Adv. höchstwahrscheinlich* Die Entscheidung ist sicher nicht sehr leicht gewesen., Du hast sicher schon gemerkt, dass ... ◆ Großschreibung→R 3.7 im Sichern sein, das Sicherste sein; Groß- oder Kleinschreibung auf Nummer Sicher/Nummer sicher gehen; Getrenntschreibung→R 4.2 In diesen Schuhen kannst du sicher gehen., Das ist ein sicher wirkendes Medikament.; Zusammenschreibung→R 4.11 Sie will in dieser Angelegenheit absolut sichergehen., Die Polizei konnte das Diebesgut sicherstellen.

Sị·cher·heit die <-, -en> **1.** (*kein Plur.*) *das Geschütztsein vor Gefahren, vor Risiken* Die Sicherheit der Arbeitsplätze ist oberstes Gebot., Das Auto bietet ein Höchstmaß an Sicherheit. **2.** (*kein Plur.*) *Gewissheit* Er wird mit Sicherheit noch kommen. **3.** (*kein Plur.*) *Gewandtheit* Die Turnerin sprang den Salto mit traumwandlerischer Sicherheit. **4.** WIRTSCH. *Bürgschaft* Um den Kredit zu erhalten, muss ich der Bank Sicherheiten bieten.

Sị·cher·heits·ab·stand der <-(e)s, Sicherheitsabstände> *der Mindestabstand eines Fahrzeugs zu dem vorausfahrenden Fahrzeug* den Sicherheitsabstand einhalten

Sị·cher·heits·dienst der <-(e)s, -e> *eine private oder staatliche Organisation, die für die Sicherheit[1] der Bürger zuständig ist* der amerikanische Sicherheitsdienst

Sị·cher·heits·glas das <-es> (*kein Plur.*) (≈ *Verbundglas*) *besonders dickes Glas, das aus mehreren Schichten besteht und nicht splittert*

Sị·cher·heits·grün·de ■ **aus Sicherheitsgründen**: *um zu vermeiden, dass für die Betroffenen Gefahr entsteht* Wegen der Schlechtwetterfront wurden aus Sicherheitsgründen alle Flüge abgesagt.

Sị·cher·heits·gurt der <-(e)s, -e> *Gurt, mit dem man sich an einem Autositz oder in einem Flugzeug festschnallt* Hast du den Sicherheitsgurt angelegt?

sị·cher·heits·hal·ber *Adv. vorsichtshalber* Ich werde sie sicherheitshalber noch einmal fragen.

Sị·cher·heits·kraft die <-, Sicherheitskräfte> (*meist Plur.*) *bewaffneter Polizist, der für die Sicherheit der Bürger oder des Staates zuständig ist*

Sịcher·heits·mann der <-(e)s, -leute> *Sicherheitskraft*

Sị·cher·heits·maß·nah·me die <-, -n> *Maßnahme, die dem Schutz von Personen dient* Vor dem Staatsbesuch wurden strengste Sicherheitsmaßnahmen getroffen.

Sị·cher·heits·na·del die <-n, -n> *zu einer ovalen Gestalt gebogene Nadel, deren eines Ende in das andere eingehakt werden kann*

Sị·cher·heits·po·li·tik die <-> (*kein Plur.*) POL. *Politik mit dem Ziel, Kriege zu vermeiden oder zu beenden*

sị·cher·heits·po·li·tisch <nicht steig.> *auf die Sicherheitspolitik bezogen*

Sị·cher·heits·rat der <-(e)s> (*kein Plur.*) *Behörde der Vereinten Nationen, abgekürzt „UN", die sich mit Konflikten zwischen Staaten beschäftigt*

Sị·cher·heits·ri·si·ko das <-s> (*kein Plur.*) *eine Person oder Sache, die die Sicherheit einer Organisation, eines Landes o.Ä. gefährdet* Weil er ein Sicherheitsrisiko darstellte, wurde er nicht in die Pläne eingeweiht.

Sị·cher·heits·schloss das <-es, Sicherheitsschlösser> *besonders sicheres Türschloss*

Sị·cher·heits·stan·dard der <-s, -s> *das gesetz-*

lich vorgeschriebene Maß an Sicherheit[1], das ein Produkt aufweisen muss Die Sicherheitsstandards bei Kindersitzen für das Auto sind sehr hoch.

Si·cher·heits·vor·keh·rung die <-, -en> *Sicherheitsmaßnahme*

si·cher·lich *Adv. ganz gewiss*

si·chern <sicherst, sicherte, hat gesichert> *mit OBJ* **1.** ■ *jmd. sichert etwas sicher machen* Ich habe das Tor mit einem zusätzlichen Schloss gesichert. **2.** ■ *jmd. sichert etwas gewährleisten* Er hat seine Existenz gesichert. **3.** ■ *jmd. sichert sich/jmdm. etwas verschaffen* Ich konnte mir und meiner Freundin Plätze in der ersten Reihe sichern. **4.** ■ *jmd. sichert etwas an einem Tatort polizeilich ermitteln* Die Polizei sicherte die Spuren. **5.** ■ *jmd. sichert etwas (auf etwas Akk.)* EDV *Daten speichern* Glücklicherweise habe ich den Text zusätzlich auf Diskette gesichert.

si·cher·stel·len <stellst sicher, stellte sicher, hat sichergestellt> *mit OBJ* ■ *jmd. stellt etwas sicher* **1.** *garantieren* Die Veranstalter mussten den reibungslosen Ablauf des Konzerts sicherstellen. **2.** *beschlagnahmen* Die Polizei konnte wichtiges Beweismaterial sicherstellen. ◆ Zusammenschreibung→R 4.11

Si·che·rung die <-, -en> **1.** *das Schützen* Die Sicherung der Arbeitsplätze ist oberstes Gebot. **2.** ELEKTROTECHN. *eine Vorrichtung, die im Gefahrfall einen Stromkreis unterbricht* Ich muss noch die durchgebrannte Sicherung ersetzen. **3.** *Mechanismus an einer Schusswaffe, der verhindert, dass sich eine Kugel aus dem Lauf löst*

Si·che·rungs·kas·ten der <-s, Sicherungskästen> ELEKTROTECHN. *ein kleiner Kasten an der Wand, in dem sich alle Sicherungen[2] einer elektrische Anlage befinden*

Si·che·rungs·ko·pie die <-, -n> EDV *eine Kopie einer Datei, die jmd. für den Fall anfertigt, dass die Originaldatei beschädigt oder versehentlich gelöscht wird*

Sicht die <-> (*kein Plur.*) **1.** *die Möglichkeit, etwas zu sehen* Von hier oben aus hat man eine herrliche Sicht über das gesamte Tal., Die Sicht betrug streckenweise nur 50 Meter., Du verstellst mir die Sicht! **2.** *Blickwinkel* Aus meiner Sicht gibt es keinerlei Einwände. ■ **auf lange Sicht**: *für längere Zeit* **auf kurze Sicht**: *für kürzere Zeit*

sicht·bar *Adj.* **1.** *erkennbar, wahrnehmbar* Diese Lebewesen werden erst unter dem Mikroskop sichtbar. **2.** (≈ *offenkundig*) *so, dass es jeder erkennen kann* Der Patient hat sichtbare Fortschritte gemacht.

Sicht·blen·de die <-, -n> *Sichtschutz*

sich·ten <sichtest, sichtete, hat gesichtet> *mit OBJ* ■ *jmd. sichtet etwas Akk.* **1.** *sehen* Man hatte Land/einen Eisberg gesichtet. **2.** *prüfend durchgehen* Ich muss noch die Akten sichten.

Sicht·flug der <-(e)s> (*kein Plur.*) LUFTF. *das Fliegen in einer Höhe, in der der Boden deutlich erkennbar ist*

Sicht·gren·ze die <-> (*kein Plur.*) *die Grenze, bis zu der man Gegenstände sehen und deutlich erkennen kann*

sicht·lich <nicht steig.> *Adj. offenkundig* Nach dem Sieg seiner Mannschaft war der Trainer sichtlich erleichtert.

Sicht·schutz der <-es> (*kein Plur.*) *eine Vorrichtung, wie ein Vorhang, eine Jalousie o.Ä., mit der man verhindert, dass andere auf jmds. Grundstück, in jmds. Wohnung o.Ä. sehen können* Ich habe eine Hecke als Sichtschutz gepflanzt.

Sich·tung die <-> (*kein Plur.*) **1.** *das Sichten* Nach der Sichtung eines Eisbergs ließ der Kapitän den Kurs des Schiffes ändern. **2.** *das Sichten und Prüfen* Die Sichtung der Akten wird einige Tage dauern.

Sicht·ver·hält·nis·se <-> *Plur. der Grad, wie gut man (angesichts der Wetterverhältnisse) sehen kann*

Sicht·ver·merk der <-(e)s, -e> (≈ *Visum*) *Vermerk auf einem Pass über die Erlaubnis zur Einreise in ein fremdes Land*

sicht·ver·merk·frei <nicht steig.> *Adj. so, dass für etwas kein Visum nötig ist* Die Ausreise ist sichtvermerkfrei.

Sicht·wei·se die <-, -n> *Art und Weise, wie jmd. Dinge betrachtet und beurteilt; Sicht[2]*

Sicht·wei·te die <-, -n> *Entfernung, bis zu der man Gegenstände sehen und deutlich erkennen kann* Die Sichtweite auf der Autobahn betrug nur 200 Meter.

Si·cker·gru·be die <-, -n> *eine Grube, durch die Regenwasser und Abwasser aus dem Haushalt schnell im Boden versickern kann*

si·ckern <sickert, sickerte, ist gesickert> *ohne OBJ* ■ *etwas sickert (irgendwohin) langsam irgendwohin fließen* Das Wasser sickert langsam in den Boden.

Si·cker·was·ser das <-s, Sickerwässer> **1.** *Regenwasser, das in den Boden fließt* **2.** *Wasser, das an einer beschädigten Stelle in einem Deich, Damm o.Ä. ausfließt, ohne, dass es jmd. merkt*

Side·board das ['saɪdbɔːd] <-s, -s> *Anrichte, Büfett*

Sie (*Pronomen der 2. Pers. Sing. und Plur.*) *Pron. Höflichkeitsanrede* Kann ich Sie für einen Augenblick sprechen?, Ich begrüße Sie, meine Damen und Herren! ◆ Großschreibung→R 3.23

sie (*Pronomen der 2. Pers. Sing. und Plur.*) *Pron.* „Geht Ihre Tochter schon zur Schule?" „Ja, sie ist in der zweiten Klasse.", „Wo sind die Handwerker?" „Sie machen Mittag."

Sieb das <-(e)s, -e> *aus Kunststoff oder Metall gefertigter Gegenstand in der Form einer Kelle mit gelochter Oberfläche, durch die man feste Bestandteile von einer Flüssigkeit trennen kann* Kannst du die Nudeln in ein Sieb gießen? ■ **ein Gedächtnis wie ein Sieb haben** (*umg.*): *alles immer schnell vergessen*

sie·ben[1] *mit OBJ* ■ *jmd. siebt etwas durch ein Sieb passieren* Sie siebt das Mehl., Die Kinder sieben am Strand. ■ **gesiebt werden** (*umg.*): *eine Auswahl treffen, aussortieren* Bei der Prüfung wurde schwer gesiebt.

sie·ben[2] *Num. die Zahl 7* Wir sind sieben/zu siebt/zu sieben., sieben auf einen Streich, die sieben fetten und die sieben mageren Jahre, die sieben Weltwunder, die sieben Raben (im Märchen), die sieben Schwaben, Wir treffen uns um sieben (Uhr). ■ **für jemanden ein Buch mit sieben Siegeln sein**: *jmdm. völlig unverständlich sein* **um sieben Ecken mit jemandem verwandt sein** (*umg.*): *weitläufig mit jmdm. verwandt sein* ◆ Großschreibung→R 3.17 Sieben Berge (in Niedersachsen) *siehe auch* **acht**

Sie·ben·bür·gen <-s> *Gebiet in Rumänien*

sie·ben·fach *Adj. so, dass etwas siebenmal so viel ist oder siebenmal ausgeführt wird* ◆ Schreibung mit Ziffer 7fach *siehe auch* **achtfach**

sie·ben·hun·dert *Num. die Zahl 700*

sie·ben·jäh·rig *Adj. so, dass etwas sieben Jahre alt ist oder sieben Jahre andauert* ◆ Großschreibung→R 3.17 der Siebenjährige Krieg *siehe auch* **achtjährig**

sie·ben·mal *Adv. so, dass sich etwas sieben Male ereignet hat oder mit dem Faktor sieben multipliziert wird* siebenmal so viel ◆ Schreibung mit Ziffer und Bindestrich→R 4.15 7-mal *siehe auch* **achtmal**

Sie·ben·mei·len·stie·fel <-> *Plur.* ■ **Siebenmeilenstiefel anhaben**: *sehr schnell gehen können* Du hast wohl Siebenmeilenstiefel an! **mit Siebenmeilenstiefeln**: *sehr schnell* Die technische Entwicklung schritt mit Siebenmeilenstiefeln voran.

Sie·ben·me·ter der <-s, -> SPORT (*beim Handball und Hockey*) *Strafwurf aus sieben Meter Entfernung auf das gegnerische Tor*

Sie·ben·sa·chen <-> *Plur.* (*umg.*) *jmds. persönliche Dinge* Hast du nun endlich deine Siebensachen gepackt?

Sie·ben·schlä·fer der <-s, -> **1.** *ein kleines Nagetier* **2.** *Bezeichnung für den 27. Juni, einem Datum, das nach den Bauernregeln für das Wetter der nachfolgenden sieben Wochen sehr wichtig ist*

sie·ben·tau·send *Num. die Zahl 7000*

sieb·te *Adj. an der Stelle 7 in einer Reihenfolge* das siebte Jahr ◆ Großschreibung→R 3.7 Du bist nun schon die Siebte, die mich das fragt. *siehe auch* **achte**

Sieb·tel das <-s, -> *der siebte Teil eines Ganzen* Ich habe gerade mal ein Siebtel der Gesamtmenge geschafft. *siehe auch* **Achtel**

sieb·tens *Adv. als Zahl 7. siehe auch* **achtens**

sieb·zehn *Num. die Zahl 17* Sie ist siebzehn Jahre alt.

sieb·zehn·te *Adj. an der Stelle 17 in einer Reihenfolge* Sie feiert morgen ihren siebzehnten Geburtstag. ◆ Großschreibung→R 3.7 Du kommst als Siebzehnte an die Reihe. *siehe auch* **achtzehnte**

Sieb·zehn·tel das <-s, -> *der siebzehnte Teil eines Ganzen* Das ist nur ein Siebzehntel vom Ganzen.

Sieb·zehn·und·vier das <-s> *ein Glücksspiel mit Karten, bei dem die Spieler 21 Punkte erreichen können*

sieb·zig *Num. die Zahl 70* Sie ist mit siebzig Jahren noch fit. *siehe auch* **achtzig**

Sieb·zi·ger·jah·re, **Sieb·zi·ger·jah·re**, *a.* **sieb·zi·ger Jah·re** die <-n> (*Plur.*) *die Jahre zwischen 1970 und 1979* Der Roman spielt in den Siebzigerjahren. ◆ Schreibung mit Ziffer (und Bindestrich) 70er Jahre/70er-Jahre *siehe auch* **Achtzigerjahre**

sieb·zig·jäh·rig *Adj.* ◆ Großschreibung→R 3.7 der/die Siebzigjährige *siehe auch* **achtzigjährig**

sieb·zigs·te *Adj. an der Stelle 70 in einer Reihenfolge* Morgen ist ihr siebzigster Geburtstag. *siehe auch* **achtzigste**

Sieb·zigs·tel das <-s, -> *der siebzigste Teil eines Ganzen*

sie·deln <siedelst, siedelte, hat gesiedelt> *ohne OBJ* ■ *jmd. siedelt (irgendwo) sich an einem bestimmten Ort niederlassen, um sich ein neues Zuhause zu schaffen* Hier siedelten schon die Römer.

sie·den <siedet, siedete/sott, hat gesiedet/gesotten> *ohne OBJ* ■ *etwas siedet kochen* Das Wasser siedet, du kannst den Kaffee jetzt aufgießen. ◆ Getrenntschreibung→R 4.3 siedend heiß

Sie·de·punkt der <-(e)s, -e> **1.** PHYS. *Temperatur, bei der eine bestimmte Substanz zu kochen beginnt* **2.** (*übertr.*) *Höhepunkt* Die Stimmung im Saal erreicht langsam ihren Siedepunkt.

Sied·ler, **Sied·le·rin** der <-s, -> *jmd., der sich in einem Gebiet niederlässt, in dem noch keine Menschen wohnen, um dort ein neues Zuhause zu schaffen*

Sied·lung die <-, -en> **1.** *Gruppe von gleichartigen, kleinen Wohnhäusern mit Garten am Stadtrand* Wir wohnen in einer neuen Siedlung. **2.** *menschliche Niederlassung* Das ist das Modell einer altrömischen Siedlung.

Sied·lungs·ge·biet das <-(e)s, -e> *Gebiet, in dem Menschen siedeln oder gesiedelt haben*

Sieg der <-(e)s, -e> (↔ *Niederlage*) **1.** MILIT. *der Gewinn einer militärischen Auseinandersetzung oder eines Krieges* Der Feldherr konnte mit seinem Heer in der Schlacht einen Sieg davontragen. **2.** SPORT *der Gewinn eines Spiels, Rennens oder Turniers* Die Mannschaft freute sich über den haushohen/verdienten/überlegenen Sieg. ◆ Heim-

Sie·gel das <-s, -> **1.** *Stempel, zum Abdrucken eines Emblems in eine weiche Masse* **2.** *Abdruck eines Siegels*[1] ■ **ein Buch mit sieben Siegeln sein**: *etwas Unbekanntes sein* **unter dem Siegel der Verschwiegenheit**: *unter strengster Geheimhaltung*

sie·geln <siegelst, siegelte, hat gesiegelt> *mit OBJ* ■ *jmd. siegelt etwas Akk. mit einem Siegel*[1] *ein Siegel*[2] *aufbringen*

Sie·gel·ring der <-(e)s, -e> *Ring mit eingraviertem Siegel*[1]

sie·gen *ohne OBJ* ■ *jmd./etwas siegt den Sieg davontragen* Frechheit siegt.

Sie·ger, **Sie·ge·rin** der <-s, -> *jmd., der den Sieg davongetragen hat*

Sie·ger·eh·rung die <-, -en> SPORT *Zeremonie, in der der Sieger eines Wettkampfs geehrt wird*

Sie·ger·macht die <-, Siegermächte> *Staat, der einen Krieg gewonnen hat*

Sie·ger·mie·ne die <-> (*kein Plur.*) *Miene, die den Stolz über einen Sieg ausdrückt* Der Gewinner der Landtagswahl trat mit Siegermiene ans Mikrofon.

Sie·ger·po·dest das <-(e)s, -e> *eine kleine Treppe mit drei Stufen, auf der die Sieger bei der Siegerehrung stehen*

Sie·ger·po·kal der <-s, -e> *Pokal, den der Gewinner eines sportlichen Wettkampfs als Preis bekommt*

sie·ges·be·wusst *Adj.* (≈ *siegessicher*) Der Politiker trat siegesbewusst ans Rednerpult.

Sie·ges·rausch der <-(e)s> (*kein Plur.*) *Zustand sehr starker Erregung, in dem sich jmd. befindet, wenn er einen Sieg errungen hat oder wenn der Sieg bevorsteht*

sie·ges·si·cher *Adj. so, dass jmd. überzeugt davon ist, dass er erfolgreich sein wird* Der Redner blickte siegessicher ins Publikum.

Sie·ges·zug der <-(e)s> (*kein Plur.*) *eine Serie von großen Erfolgen* Das neue Produkt wird bald seinen Siegeszug antreten.

sieg·reich *Adj. so, dass jmd. oder etwas einen Sieg errungen hat* Die siegreiche Mannschaft wurde mit Beifall am Flughafen empfangen.

Si·er·ra Le·o·ne <-s> *Staat in Afrika*

Si·er·ra-Le·o·ner, **Si·er·ra-Le·o·ne·rin** der <-s, -> *jmd., der die sierra-leonische Staatsbürgerschaft besitzt*

si·er·ra-le·o·nisch <nicht steig.> *Adj. zu Sierra Leone gehörend, daher stammend*

Si·es·ta die <-, -s/Siesten> *Mittagsruhe* Sie hält eine kurze Siesta.

sie·zen <siezt, siezte, hat gesiezt> *mit OBJ* ■ *jmd. siezt jmdn.* (↔ *duzen*) *jmdn. mit Sie anreden* Sie kennen sich schon seit langer Zeit und siezen sich trotzdem noch immer.

Sight·see·ing das ['saɪtsiːɪŋ] <-(s), -s> *Besichtigung von Sehenswürdigkeiten* (*durch Touristen*)

Sight·see·ing·tour die ['saɪtsiːɪŋtuːɐ̯] <-, -en> *Rundfahrt, bei der Touristen die Sehenswürdigkeiten einer Stadt besichtigen* Im Reisepreis ist eine umfangreiche Sightseeingtour enthalten.

Si·g·nal das <-s, -e> **1.** *Zeichen, dem eine feste Bedeutung zugeordnet ist* Er gab das Signal zum Angriff/zum Aufbruch. **2.** (*im Schienenverkehr*) *Vorrichtung in der Art eines Mastes, die dem Zugführer anzeigt, ob er fahren darf oder halten muss*

Sig·nal·an·la·ge die <-, -n> *Anlage, die im Straßenverkehr den Verkehrsteilnehmern bestimmte Zeichen gibt* Eine Ampelanlage ist eine Signalanlage.

Si·gna·le·ment das [...'mãː/...'mɛnt] <-s, -s> (*österr. schweiz.*) *kurze Personenbeschreibung*

Sig·nal·far·be die <-, -n> *besonders helle, leuchtende Farbe, die sehr stark auffällt*

Sig·nal·flag·ge die <-, -n> *Flagge mit einer bestimmten Bedeutung, mit der man auf See anderen Schiffen Nachrichten übermittelt*

si·g·na·li·sie·ren <signalisierst, signalisierte, hat signalisiert> *mit OBJ* **1.** ■ *jmd. signalisiert* (*jmdm.*) *etwas ankündigen, anzeigen* Sein Blick signalisierte ihr, dass er gehen wollte. **2.** ■ *etwas signalisiert etwas auf etwas hinweisen* Das Ergebnis der Meinungsumfrage signalisiert eine deutliche Trendwende. **3.** ■ *jmd. signalisiert etwas* (*schweiz.*) *den Verkehr ausschildern*

Signal·licht das <-(e)s, -er> **1.** *Licht, das* (*in der Dunkelheit*) *auf etwas oder eine Gefahr hinweist* **2.** (*schweiz.*) *Verkehrsampel*

Sig·nal·pfei·fe die <-, -n> *eine Pfeife, mit der man bestimmte Zeichen gibt*

Sig·nal·pis·to·le die <-, -n> *eine Pistole, mit der man Signalrakten abfeuert*

Sig·nal·ra·ke·te die <-, -n> (≈ *Leuchtrakete*)

Sig·nal·ton der <-e, Signaltöne> *ein akustisches Signal*[1]

Si·g·nal·wir·kung die <-, -en> *eine Wirkung einer Sache, die bei vielen Menschen ein bestimmtes Verhalten auslöst* Die erste Demonstration hatte Signalwirkung und zog eine Reihe weiterer nach sich.

Si·g·na·tur die <-, -en> **1.** (*geh.* ≈ *Unterschrift*) **2.** *eine Kombination von Zahlen und Buchstaben, mit der ein Buch in einer Bibliothek registriert ist*

si·g·nie·ren <signierst, signierte, hat signiert> *mit OBJ* ■ *jmd. signiert etwas* (*als prominente Person*) *seine Unterschrift auf etwas setzen* Nach der Lesung signierte der Autor sein neues Buch.

si·g·ni·fi·kant *Adj.* (*geh.*) *kennzeichnend, typisch, charakteristisch* Er besitzt einige sehr signifikante Merkmale und Eigenschaften.

Sil·be die <-, -n> **1.** *einer der Teile, aus denen längere Wörter bestehen* Das Wort „Silbe" besteht aus zwei Silben. ►einsilbig, mehrsilbig ◆Nach-, Vor- **2.** ■ **keine Silbe verstehen** (*umg.*): *nichts verstehen* **keine Silbe sagen**: *schweigen*

Sil·ben·rät·sel das <-s, -> *Rätsel, bei dem man aus einzelnen Silben Wörter bildet*

Sil·ben·tren·nung die <-, -en> *die Worttrennung am Ende einer Zeile*

Sil·ben·tren·nungs·pro·gramm das <-s, -e> EDV *eine Funktion eines Textverarbeitungsprogramms, die automatisch die Wörter in einem Text am Ende einer Zeile trennt*

Sil·ber das <-s> (*kein Plur.*) **1.** *ein wertvolles, weiß glänzendes Edelmetall* **2.** *Besteck, Geschirr aus Silber*[1]

Sil·ber·be·steck das <-(e)s, -e/(-s)> *silbernes Besteck*

Sil·ber·blick der <-(e)s> (*kein Plur.*) (*umg. scherzh.*) *Ausdruck für einen leicht schielenden Blick*

Sil·ber·dis·tel die <-, -n> *eine Pflanze ohne Stängel mit großer weißer Blüte*

sil·ber·far·ben *Adj. von der Farbe des Silbers*[1] ein silberfarbenes Fahrrad

Sil·ber·fisch·chen das <-s, -> *ein kleines Insekt, das in feuchten Räumen* (*als Ungeziefer*) *lebt*

Sil·ber·ge·halt der <-(e)s, -e> *die Menge Silber, die etwas oder ein Stoff enthält*

Sil·ber·ge·schirr das <-s, -e> *silbernes Geschirr*

sil·ber·hal·tig <nicht steig.> *Adj. so, dass etwas Silber[1] enthält*

sil·ber·hell <nicht steig.> *Adj.* **1.** (*≈ glockenhell*) *so, dass etwas sehr hoch, hell und schön klingt* eine silberhelle Stimme, ein silberhelles Lachen **2.** (*dichter.*) *so, dass etwas so hell glänzt wie Silber[1]* silberhelles Quellwasser

Sil·ber·hoch·zeit die <-, -en> *der 25. Jahrestag der Hochzeit*

sil·be·rig <nicht steig.> *Adj. silbern[2] siehe auch* **silbrig**

Sil·ber·lö·we der <-n, -n> (*≈ Puma*)

Sil·ber·me·dail·le die <-, -n> (SPORT: *↔ Bronzemedaille, Goldmedaille*) *die Auszeichnung für den zweiten Platz in einem Wettkampf*

Sil·ber·mün·ze die <-, -n> *eine Münze aus Silber*

sil·bern <nicht steig.> *Adj.* **1.** *aus Silber[1]* eine silberne Armbanduhr/Kette/Teekanne **2.** *hell und glänzend wie Silber[1]* Das Mondlicht schimmerte silbern.

Sil·ber·pa·pier das <-s> (*kein Plur.*) (*≈ Aluminiumfolie*) *dünne Folie aus Aluminium, die zum Verpacken von Lebensmitteln dient* Schokolode ist in Silberfolie verpackt.

Sil·ber·streif/Sil·ber·strei·fen ■ **ein Silberstreif/Silberstreifen am Horizont:** *Anlass zur Hoffnung, dass sich eine schwierige Situation bald bessern wird*

Sil·ber·zwie·bel die <-, -n> *eine kleine, in Essig eingelegte Zwiebel*

silb·rig <nicht steig.> *Adj. silbern[2]* Ihr Haar hatte einen silbrigen Glanz.

Sil·hou·et·te die [zilu̯ˈɛtə] <-, -n> (*≈ Umriss*) *die Linie, die die Gestalt von etwas umreißt* Die Silhouetten der Bäume hoben sich gegen den Abendhimmel ab.

Si·li·ci·um/Si·li·zi·um das <-s> (*kein Plur.*) *ein chemisches Element mit dem Symbol „Si"*

Si·li·kon·im·plan·tat das <-(e)s, -e> *eine Art kleines Kissen aus Silikon, das vor allem Schönheitschirurgen zur Vergrößerung der weiblichen Brust verwenden*

Si·li·kon/Si·li·con das <-s> (*kein Plur.*) *ein Kunststoff, der besonders für die Herstellung von Computerchips verwendet wird*

Si·lo der/das <-s, -s> *eine Art Turm, in dem Landwirte Getreide und Tierfutter lagern* ►Silage

Sil·va·ner der <-s, -> *eine Reb- und Weinsorte*

Sil·ves·ter der/das <-s, -> *der letzte Tag des Jahres*

Sim·bab·we <-s> *Staat in Afrika*

Sim·bab·wer, Sim·bab·we·rin der <-s, -> *Einwohner Simbabwes*

sim·bab·wisch <nicht steig.> *Adj. zu Simbabwe gehörend, daher stammend*

Si·mi·li·stein der <-s, -e> (*fachspr.*) *ein unechter, nachgeahmter Edelstein*

SIM-Kar·te die <-, -n> TELEKOMM. *ein kleines, rechteckiges Teil aus Kunststoff in einem Mobiltelefon, auf dem wichtige Daten gespeichert sind*

Sim·pel der <-s, -> (*landsch. umg. abwert.*) *einfältiger Mensch*

sim·pel <simpler, am simpelsten> *Adj.* **1.** (*↔ kompliziert*) *einfach, unkompliziert* Ich werde Ihnen ein simples Beispiel nennen. **2.** (*oft abwert. ↔ anspruchsvoll*) *schlicht* Wir waren in einem simplen Hotel., Dieses simple Paar Schuhe kostete 100 Euro. **3.** (*abwert.*) *dumm, beschränkt*

Sims der/das <-es, -e> *langer Mauervorsprung, der horizontal verläuft*

Sim·sa·la·bim *Interj. eine Zauberformel*

Sim·se die <-, -n> *ein Riedgras*

sim·sen <simst, simste, hat gesimst> *ohne OBJ* ■ *jmd. simst* (*umg. ≈ SMSen*) *eine SMS verschicken*

Si·mu·lant, Si·mu·lan·tin der <-en, -en> (*abwert.*) *jmd., der eine Krankheit vortäuscht*

si·mu·lie·ren <simulierst, simulierte, hat simuliert> **I.** *mit OBJ/ohne OBJ* ■ *jmd. simuliert* (*etwas*) (*abwert.*) *eine Krankheit vortäuschen* Er simuliert Gedächtnisschwund., Sie simuliert doch nur. **II.** *mit OBJ* ■ *jmd. simuliert etwas* (*fachspr. geh.*) *wirklichkeitsgetreu nachahmen* Wir simulieren den Start/die Landung der Rakete am Computer.

si·mul·tan <nicht steig.> *Adj. gleichzeitig* Das Interview wird simultan übersetzt.

Si·mul·tan·dol·met·schen das <-s> (*kein Plur.*) (*↔ Konsekutivdolmetschen*) *das Übersetzen eines Vortrags, einer Rede o.Ä., während der Redner spricht*

Si·mul·tan·dol·met·scher, Si·mul·tan·dol·met·sche·rin der <-s, -> *jmd., der beruflich simultan dolmetscht*

Si·nai <-s> *ägyptische Halbinsel*

Sin·fo·nie·kon·zert/Sym·pho·nie·kon·zert das <-(e)s, -e> *Konzert eines Sinfornieorchesters*

Sin·fo·nie·or·ches·ter/Sym·pho·nie·or·ches·ter das <-s, -> *großes Orchester, das klassische Musik spielt*

Sin·fo·nie/Sym·pho·nie die <-, -n> *großes Orchesterwerk in mehreren Sätzen*

sin·fo·nisch der <nicht steig.> *Adj. in der Art einer Sinfonie*

Sin·ga·pu·r <-s,> *Hafenstadt in Südostasien*

Sin·ga·pu·rer, Sin·ga·pu·re·rin der <-s, -> *Einwohner von Singapur*

sin·ga·pu·risch <nicht steig.> *Adj. zu Singapur gehörend, daher stammend*

sin·gen <singst, sang, hat gesungen> **I.** *mit OBJ/ohne OBJ* ■ *jmd. singt* (*etwas*) (*irgendwie*) *mit der Stimme ein Lied oder eine Melodie erzeugen* Wir singen jetzt ein Lied!, Sie singt gut/schlecht/laut/leise., Er singt im Chor., Im Garten singen die Vögel. **II.** *mit OBJ* ■ *jmd. singt jmdn. in den Schlaf durch Singen zum Schlafen bringen* Sie singt ihr Kind in den Schlaf. **III.** *ohne OBJ* ■ *jmd. singt* (*umg.*) *als Angeklagter Aussagen machen* (*die andere belasten*) Der Angeklagte hat im Verhör schließlich doch gesungen.

Sin·ge·rei die <-, -en> (*umg. abwert.*) **1.** (*meist Sing.*) *dauerndes Singen* Ihre Singerei ist wirklich unerträglich. **2.** (*kein Plur.*) *Singen als Hobby oder Beruf* Er hat die Singerei inzwischen zu seinem Beruf gemacht.

Sin·gha·le·se, Sin·gha·le·sin der <-n, -n> *Ange-*

höriger eines Volksstammes in Sri Lanka

sin·gha·le·sisch <nicht steig.> *Adj. auf die Singhalesen bezogen*

Sin·gha·le·sisch(e) das <-n> (*kein Plur.*) *die Sprache der Singhalesen*

Sin·g·le[1] das [sɪŋl̩] <-(s), -(s)> SPORT *Spiel zwischen zwei Einzelspielern*

Sin·g·le[2] die [sɪŋl̩] <-, -s> *kleine Schallplatte mit je einem Musikstück auf jeder Seite oder CD mit nur wenigen Musikstücken*

Sin·g·le[3] der [sɪŋl̩] <-s, -(s)> *allein stehender Mensch* Seit sie sich von ihrem Freund getrennt hat, lebt sie als Single.

Sin·gle·haus·halt der [sɪŋl̩...] <-s, -e> *Haushalt einer allein stehenden Person*

Sin·gle·par·ty die [sɪŋl̩...] <-, -s> *eine Veranstaltung (meist in einer Diskothek), die Singles[3] besuchen, mit dem Ziel einen Partner zu finden*

Sing·sang der <-s> (*kein Plur.*) *einfache, eintönige Melodie*

Sin·gu·lar der <-s> (*kein Plur.*) (SPRACHWISS.: ≈ *Einzahl* ↔ *Plural*)

Sing·vo·gel der <-s, Singvögel> *ein Vogel, der melodische Töne von sich geben kann* Die Nachtigall ist ein Singvogel.

sin·ken <sinkst, sank, ist gesunken> *ohne OBJ* ■ *jmd./etwas sinkt* **1.** *niedersinken* Der Sieger des Marathonlaufs sank im Ziel völlig erschöpft zu Boden. **2.** (≈ *versinken*) *als Wasserfahrzeug unter die Wasseroberfläche geraten, immer mehr an Tiefe gewinnen und schließlich den Meeresboden berühren* Die Titanic ist nach der Kollision mit einem Eisberg gesunken. **3.** (↔ *steigen*) *geringer werden* Das Fieber sinkt glücklicherweise.

Sink·stoff der <-(e)s, e> (*meist Plur.*) *von fließendem Wasser mitgeführte Substanz, die schwerer ist als Wasser und daher zu Boden sinkt*

Sinn der <-(e)s, -e> **1.** (*meist Plur.*) *die Fähigkeit, etwas wahrzunehmen und zu empfinden* Der Mensch besitzt fünf Sinne: das Sehen, Hören, Riechen, Schmecken und Tasten. **2.** (*kein Sing.*) (*geh.*) *Bewusstsein, Wahrnehmungsfähigkeit* Meine Sinne waren völlig verwirrt., Ihr schwanden die Sinne und sie glitt vom Stuhl. **3.** (*kein Plur.*) *jmds. Denken, Gedanken* Ich hoffe, wir haben in deinem Sinne gehandelt. **4.** (*kein Plur.*) *gedanklicher Gehalt* Was ist nun der verborgene/tiefere Sinn dieses Buches? **5.** *Ziel und Zweck* Wir dachten über den Sinn des Lebens nach. ■ **der sechste/ein sechster Sinn**: *ein besonderes Gespür, Instinkt* **jemandem in den Sinn kommen**: *einfallen* **etwas im Sinn haben**: *vorhaben* **ohne Sinn und Verstand**: *ohne Überlegung*

Sinn·bild das <-(e)s, -er> (≈ *Symbol*) *etwas, das als Bild für einen abstrakten Sachverhalt steht*

sinn·bild·lich <nicht steig.> *Adj.* (≈ *symbolisch*)

sin·nen <sinnst, sann, hat gesonnen> *ohne OBJ* ■ *jmd. sinnt (auf etwas)* **1.** (*geh.*) *nachdenken, grübeln* **2.** *planen* Er sann auf Rache/Vergeltung.

Sin·nen·freu·den <-> *Plur.* (*geh.*) *intensive Lust und Freude an sinnlichen, leiblichen, erotischen und sexuellen Dingen*

sinn·ent·leert *Adj.* (*geh.*) *so, dass es keinen Sinn[4 5] mehr hat*

sinn·ent·stel·lend *Adj. so, dass der Sinn[4] von etwas verfälscht dargestellt wird* Bei deiner Übersetzung sind dir einige sinnentstellende Fehler unterlaufen.

Sin·nes·än·de·rung die <-, -en> (≈ *Sinneswandel*)

Sin·nes·or·gan das <-s, -e> (*meist Plur.*) *ein Organ, das der Sinneswahrnehmung dient*

Sin·nes·stö·rung die <-, -en> *gestörte Funktionsweise eines oder mehrerer Sinne[1]*

Sin·nes·täu·schung die <-, -en> *etwas, das man zu hören oder sehen glaubt, obwohl es nicht existiert*

Sin·nes·wahr·neh·mung die <-, -en> *das Wahrnehmen der Welt durch Sehen, Hören, Riechen, Tasten und Schmecken*

Sin·nes·wan·del der <-s, -> *Änderung der Einstellung einer Person, einer Sache*

sinn·fäl·lig *Adj. leicht verständlich, einleuchtend* Kannst du mir eine sinnfällige Erklärung für sein Verhalten geben?

sinn·ge·mäß <nicht steig.> *Adj. nicht wörtlich* Ich habe das Gedicht sinngemäß übersetzt.

sinn·ge·treu <nicht steig.> *Adj. sinngemäß* Er hat eine sinngetreue Übersetzung angefertigt.

sin·nie·ren <sinnierst, sinnierte, hat sinniert> *ohne OBJ* ■ *jmd. sinniert (über etwas) nachdenken, grübeln* Worüber sinnierst du denn?

sin·nig *Adj.* (*oft iron.*) *sinnvoll* Das war wirklich ein sehr sinniger Vorschlag.

sinn·lich *Adj.* **1.** (*nicht steig.*) *auf den Sinn[1] bezogen, mit den Sinnen[1] wahrnehmbar* Wir wurden von sinnlichen Reizen förmlich überflutet. **2.** (*nicht steig.*) *in Bezug auf den Körper (und nicht auf den Verstand)* Er ist ein Freund der sinnlichen Genüsse. **3.** *auf sexuellen Genuss ausgerichtet* Ihn überkam ein sinnliches Verlangen. **4.** *so, dass es die Sexualität anspricht* Sie hat einen sehr sinnlichen Mund.

Sinn·lich·keit die <-> (*kein Plur.*) *das sinnliche[4] Wesen von jmdm. oder etwas* Der Lippenstift unterstreicht die Sinnlichkeit ihrer Lippen.

sinn·los <nicht steig.> *Adj. ohne Vernunft, ohne Sinn und Grund* Was redet er da für sinnloses Zeug?, Wie ist es überhaupt zu diesem sinnlosen Streit gekommen?, Du hast dich völlig sinnlos geärgert., Er hat sich sinnlos betrunken.

Sinn·lo·sig·keit die <-> (*kein Plur.*) *sinnlose Art und Weise* Wir unterhielten uns lange über die Sinnlosigkeit von Kriegen.

sinn·reich <nicht steig.> *Adj. zweckmäßig, gut durchdacht, sinnvoll[1]* eine sinnreiche Erfindung/Einrichtung/Vorrichtung

Sinn·spruch der <-(e)s, Sinnsprüche> *Lebensregel in Form eines Spruchs, Satzes*

sinn·ver·wandt <nicht steig.> *Adj. bedeutungsähnlich* Hast du ein Wörterbuch der sinnverwandten Wörter?

sinn·voll *Adj.* **1.** *durchdacht, vernünftig, nützlich* Das ist endlich mal eine sinnvolle Erfindung. **2.** *be-*

friedigend Sie wollte einer sinnvollen Arbeit nachgehen.

sinn·wid·rig <nicht steig.> *Adj. so, dass es dem Sinn[4] von etwas nicht entspricht* eine sinnwidrige Auslegung/Deutung des Gesetzes

Si·no·lo·ge, **Si·no·lo·gin** der <-n, -n> *jmd., der Sinologie studiert oder studiert hat*

Si·no·lo·gie die <-> (*kein Plur.*) *die Wissenschaft von Sprache, Literatur und Kultur Chinas*

Sint·flut die <-> (*kein Plur.*) REL. *verheerende Überschwemmung als Strafe Gottes*

sint·flut·ar·tig <nicht steig.> *Adj. an die Sintflut erinnernd* sintflutartige Regenfälle

Si·phon der ['zi:fõ, zi'fo:n] <-s, -s> **1.** *Vorrichtung in sanitären Anlagen, die verhindert, dass unangenehme Gerüche austreten* **2.** *Gefäß zum Herstellen, Aufbewahren und Ausschenken von Getränken, die unter Kohlendioxiddruck stehen*

Sip·pe die <-, -n> **1.** *eine Gruppe von mehreren untereinander verwandten Familien, die nach bestimmten Regeln und Bräuchen zusammenleben* **2.** (*scherzh. oder abwert.*) *Familie, Verwandtschaft*

Sipp·schaft die <-, -en> (*abwert.*) *Verwandtschaft*

Si·re·ne die <-, -n> **1.** *Alarmvorrichtung, Warngerät* Die Sirenen heulten. **2.** *weibliche Gestalten aus der griechischen Sagenwelt, die mit ihrem betörenden Gesang Männer anlocken, um sie zu töten*

Si·rup der <-s, -e> *dickflüssiger Fruchtsaft*

Si·sy·phus·ar·beit die <-, -en> (*meist Sing.*) *vergebliche Arbeit, die nie zu einem Erfolg führt*

Sit·com die <-, -s> *Situationskomödie*

Sit-in das [sɪt'ɪn] <-(s), -s> *Sitzstreik*

Sit·te die <-, -n> (*meist Plur.*) **1.** *bestimmte, in einer Gruppe, Gemeinschaft übliche, traditionell überlieferte Gewohnheit, Gepflogenheit* Sie erforscht die Sitten und Gebräuche der nordamerikanischen Indianer. **2.** *für das Zusammenleben in einer Gesellschaft grundlegender ethischer, moralischer Wert* der Verfall der Sitten, Wir sprachen über den Verfall der Sitten im antiken Rom. **3.** *Benehmen, Umgangsformen* Er hat gegen Anstand und Sitte verstoßen. **4.** (*kein Plur.*) *kurz für „Sittenpolizei“*

Sit·ten·bild das <-(e)s, -er> *Beschreibung der Sitten[1] einer bestimmten Epoche und Gesellschaft*

Sit·ten·leh·re die <-> (*kein Plur.*) (≈ *Ethik*) *Lehre vom moralischen, sittlichen Verhalten*

sit·ten·los *Adj. ohne Sitten[2]*

Sit·ten·lo·sig·keit die <-> (*kein Plur.*) *sittenloser Zustand*

Sit·ten·strolch der <-(e)s, -e> (*umg. abwert.*) *Mann, der Frauen und Kinder sexuell belästigt*

sit·ten·wid·rig *Adj.* RECHTSW. *so, dass etwas gegen die Sitten[2] verstößt, die in einer Gesellschaft gelten* sittenwidriges Verhalten

Sit·tich der <-s, -e> *eine kleine Papageienart, die meist sehr bunte Federn und einen langen Schwanz hat*

sitt·lich <nicht steig.> *Adj.* **1.** *die Sitten[2] betreffend* Sie äußerte sittliche Bedenken., Ihm fehlt noch die sittliche Reife. **2.** *so, dass jmd. oder etwas in moralischer Weise ein Vorbild darstellt* Er ist ein sittlicher Mensch.

Sitt·lich·keit die <-> (*kein Plur.*) **1.** *Sitte[2]* Das gefährdet die öffentliche Sittlichkeit. **2.** *sittliches[2] Empfinden* Ein solches Verhalten verbietet ihm seine Sittlichkeit.

sitt·sam *Adj.* (*veralt.*) *anständig, wohlerzogen und zurückhaltend* Sie ist ein sittsames Mädchen.

Sitt·sam·keit die <-> (*kein Plur.*) *sittsame Art, Anstand*

Si·tu·a·ti·on die <-, -en> *Lage, Verhältnisse* Wir gerieten in eine schwierige/heikle/gefährliche/fast ausweglose Situation., Die politische Situation in diesem Land wird als stabil bezeichnet.

Si·tu·a·ti·ons·ko·mik die <-> (*kein Plur.*) *Komik, die einzig infolge einer grotesken, absurden, albernen Situation entsteht*

Si·tu·a·ti·ons·ko·mö·di·e die <-, -n> *Komödie, die vor allem aufgrund von Verwechslungen, Intrigen und unglaublichen Zufällen lustig wirkt*

si·tu·iert <nicht steig.> *Adj.* (*geh.*) ■ **gut situiert sein**: *wohlhabend sein*

Sitz der <-es, -e> **1.** *einzelne Sitzgelegenheit in Fahrzeugen und Flugzeugen* Das Auto hat weiche/harte/bequeme Sitze. **2.** *eine Stelle* (*in einer Institution*) *mit Stimmberechtigung* Die Partei hatte damals 50 Sitze im Parlament. **3.** *Ort, an dem sich eine Institution, eine Firma befindet* Die Zentrale des Konzerns hat ihren Sitz im Ausland.

Sitz·blo·cka·de die <-, -n> *eine Art der Demonstration, bei der Personen den Zugang zu bestimmten Einrichtungen versperren, indem sie sich auf die Zufahrtswege setzen*

Sitz·ecke die <-, -n> *ein Tisch und mehrere, dazu passende Sitzmöbel, die in einer Zimmerecke stehen*

sit·zen <sitzt, saß, hat/ist gesessen> *ohne OBJ* **1.** (*haben/sein*) (↔ *stehen*) ■ *jmd. sitzt* (*irgendwie*) (*irgendwo*) *mit aufgerichtetem Oberkörper eine Position einnehmen, in der das Gesäß auf einer festen Unterlage ruht* Er sitzt auf einem Hocker/Schemel/Sessel/Stuhl., auf einer Bank/einem Sofa sitzen **2.** ■ *jmd. sitzt* (*irgendwie*) (*irgendwo*) (*haben/sein*) *sich in sitzender Haltung irgendwo aufhalten* (*und sich mit einer Arbeit beschäftigen*) Sie saß (stundenlang/eifrig) über seinen Hausaufgaben/am Computer/am Schreibtisch., Er sitzt vor dem Fernseher/im Wirtshaus. **3.** ■ *jmd. sitzt* (*umg.; haben/sein*) *im Gefängnis sein* Für diese Tat muss er mindestens drei Jahre sitzen. **4.** ■ *jmd. sitzt in etwas Dat.* (*haben/sein*) *Mitglied eines Gremiums, einer Institution sein* Er sitzt im Stadtrat/im Parlament **5.** ■ *etwas sitzt irgendwie* (*haben*) *passen* Das Kleid sitzt wie angegossen/überhaupt nicht. ■ **einen sitzen haben** (*umg.*): *beschwipst sein* **sitzen bleiben** (*umg.*): *ein Schuljahr wiederholen müssen* **jemanden sitzen lassen** (*umg.*): *jmdn. im Stich lassen oder jmdn. verlassen* ◆ Getrenntschreibung→R 4.1 in der Schule sitzen bleiben, den Freund/die Freundin sitzen lassen

S

Sitz·flä·che die <-, -n> **1.** *der Teil einer Sitzgelgenheit, auf dem man sitzt* **2.** (*umg. scherzh.*) *Gesäß*

Sitz·fleisch das <-es> (*kein Plur.*) ■ **kein Sitzfleisch haben** (*umg.*): *nicht lange still sitzen können, keine Ausdauer haben* **jemand hat Sitzfleisch**: *jmd. bleibt als Gast sehr lange und denkt nicht ans Weggehen*

Sitz·ge·le·gen·heit die <-, -en> *etwas, wie ein Stuhl, Sessel o.Ä., auf das sich jmd. setzen kann* Sie wurde müde und sah sich nach einer Sitzgelegenheit um.

Sitz·grup·pe die <-, -n> *ein Sofa und mehrere Sessel, die eine Einheit bilden*

Sitz·möbel das <-s, -> *Möbelstück, auf dem jmd. sitzen kann* Stühle, Hocker und Sessel sind Sitzmöbel.

Sitz·ord·nung die <-, -en> *festgelegte Verteilung der Besucher einer Feier, Veranstaltung o.Ä. auf die Plätze in einem Saal oder an einem Tisch* Da viele Hochzeitsgäste abgesagt hatten, wurde die Sitzordnung geändert.

Sitz·platz der <-es, Sitzplätze> (↔ *Stehplatz*) *ein Platz zum Sitzen* Wir hatten im Stadion einen Sitzplatz.

Sitz·rie·se der <-n, -n> (*umg. scherzh.*) *Person mit langem Oberkörper und kurzen Beinen, die im Sitzen größer aussieht als im Stehen*

Sitz·streik der <-(e)s, -s> *eine Art der Demonstration, bei der sich die Demonstranten auf einen öffentlichen Platz setzen*

Sit·zung die <-, -en> *eine Zusammenkunft mehrerer Leute* (*eines Gremiums*), *um etwas zu beraten, zu entscheiden* Ich eröffne hiermit die Sitzung., Die Sitzung des Bundestages wird im Fernsehen übertragen.

Sit·zungs·be·richt der <-(e)s, -e> (*schriftliche*) *Zusammenfassung einer Sitzung*

Sit·zungs·saal der <-(e)s, Sitzungssäle> *großer Raum, in dem Sitzungen abgehalten werden*

Sitz·ver·tei·lung die <-> (*kein Plur.*) *Art, wie die Sitze*[2] *in einem Parlament, Gremium o.Ä. auf die Mitgleider verteilt sind*

Si·zi·li·a·ner, **Si·zi·li·a·ne·rin** der <-s, -> *Einwohner Siziliens*

si·zi·li·a·nisch <nicht steig.> *Adj. zu Sizilien gehörend, daher stammend*

Si·zi·li·en <-s> (*kein Plur.*) *zu Italien gehörende, größte Insel des Mittelmeeres*

Ska·la die <-, Skalen/-s> **1.** *der Teil an Messinstrumenten, an dem man das Ergebnis einer Messung ablesen kann und der meist aus Strichen und Zahlen besteht* die Skala eines Thermometers **2.** *eine grafische Darstellung verschiedener Werte, Farben o.Ä., mit denen man etwas vergleichen kann* ◆ Bewertungs-, Farb(en)-, Lohn-, Noten-

Skalp der <-s, -e> GESCH. *Kopfhaut und Haare, die manche Indianerstämme in Nordamerika ihren besiegten Gegnern abtrennten und als Trophäe aufbewahrten*

Skal·pell das <-s, -e> MED. *ein kleines scharfes Messer, mit dem Ärzte bei einer Operation Schnitte ausführen*

skal·pie·ren *mit OBJ* ■ *jmd. skalpiert jmdn. den Skalp abziehen*

Skan·dal der <-s, -e> *ein Ereignis, das viele Menschen empört und Aufsehen erregt* Bei der Preisverleihung kam es zu einem handfesten Skandal. ▸skandalös

skan·dal·um·wit·tert *Adj. so, dass es schon oft Skandale um eine Person oder Sache gegeben hat* Die skandalumwitterte Punkband gibt morgen ein Konzert.

skan·die·ren <skandierst, skandierte, hat skandiert> *mit OBJ/ohne OBJ* **1.** ■ *jmd. skandiert* (*etwas*) *Verse mit starker Betonung der Hebungen lesen* Er skandiert ein Gedicht., Sie skandiert vor der Klasse. **2.** ■ *jmd. skandiert* (*etwas*) *rhythmisch und abgehackt sprechen oder rufen* Die Menge skandierte die Parole., Die Demonstranten skandierten mit erhobenen Fäusten.

Skan·di·na·vi·en <-s> (*kein Plur.*) *Bezeichnung für den Teil Nordeuropas, zu dem Schweden, Norwegen, Finnland und Dänemark gehören*

Skan·di·na·vi·er, **Skan·di·na·vi·e·rin** der <-s, -> *Einwohner Skandinaviens*

skan·di·na·visch <nicht steig.> *Adj. zu Skandinavien gehörend, daher stammend*

Skat der <-(e)s, -e/-s> *ein Kartenspiel für drei Personen* ◆ -abend, -bruder, -spiel

Skate·board das ['skeɪtbɔ:d] <-s, -s> *ein Sportgerät in der Form eines Bretts, an dessen Unterseite Rollen angebracht sind und auf dem man steht und fährt*

ska·ten ['skeɪtn̩] <skatest, skatete, ist geskatet> *ohne OBJ* ■ *jmd. skatet* (*umg.*) **1.** *mit einem Skateboard fahren* **2.** *auf Inlineskatern laufen*

Ska·ter der ['skeɪtɐ] <-s, -> **1.** *jmd., der mit einem Skateboard fährt* **2.** *jmd., der auf Inlineskatern läuft*

Ske·lett das <-(e)s, -e> *alle Knochen eines Menschen oder Tieres*

Skep·sis die <-> (*kein Plur.*) (≈ *Zweifel*) *der Glaube, dass etwas nicht richtig sein oder nicht funktionieren könnte* Er stand diesem Vorhaben von Beginn an mit großer Skepsis gegenüber.

Skep·ti·ker, **Skep·ti·ke·rin** der <-s, -> *jmd., der häufig Skepsis empfindet* Er konnte selbst die Skeptiker überzeugen.

skep·tisch *Adj.* **1.** *so, dass jmd. zur Skepsis neigt* Einen skeptischen Menschen überzeugt man nicht so leicht. **2.** *so, dass etwas auf Skepsis beruht* Seine Antwort klang eher skeptisch.

Skep·ti·zis·mus der <-> (*kein Plur.*) *skeptische Einstellung*

Sketch der ['skɛtʃ] <-(e)s, -es/e> *eine kurze, humorvolle Szene* einen Sketch einstudieren

Ski, *a.* **Schi** der <-(s), -er> *eines der beiden schmalen, langen Bretter aus Holz, Metall oder Kunststoff, mit denen man auf Schnee gleitet* ◆ Getrenntschreibung→R 4.1 Ski fahren, Ski laufen ◆ -anzug, -belag, -bindung, -brille, -gymnastik, -hose, -kleidung, -piste, -schuh, Abfahrts-, Après-, Langlauf-

Ski·aus·rüs·tung, *a.* **Schi·aus·rüs·tung** die <-,

-en> *alle Dinge, wie Skier, spezielle Kleidung, Skibrille etc., die man zum Ski fahren braucht*

Ski·fah·rer, a. **Schi·fah·rer**, **Ski·fah·re·rin** der <-s, -> *Skiläufer*

Ski·ge·biet, a. **Schi·ge·biet** das <-(e)s, -e> *eine Region, in der man (im Winter) Ski laufen kann*

Ski·gym·nas·tik, a. **Schi·gym·nas·tik** die <-> (*kein Plur.*) *eine spezielle Gymnastik, die die für das Skifahren wichtigen Muskelgruppen kräftigt*

Ski·ha·serl, a. **Schi·ha·serl** das <-s, -(n)> (*süddt. österr. scherzh.*) *junge Frau, die Ski läuft*

Ski·kurs, a. **Schi·kurs** der <-es, -e> *ein Kurs, in dem man lernt, Ski zu laufen*

Ski·lau·f, a. **Schi·lau·f** der <-s> (*kein Plur.*) *alle Sportarten, bei der die Sportler auf Skiern über den Schnee gleiten* Wir berichten von der Weltmeisterschaft im alpinen Skilauf.

Ski·lau·fen, a. **Schi·lau·fen** das <-s> (*kein Plur.*) *Skilauf*

Ski·läu·fer, a. **Schi·läu·fer**, **Ski·läu·fe·rin** der <-s, -> *jmd., der in seiner Freizeit oder beruflich Ski läuft*

Ski·leh·rer, a. **Schi·leh·rer**, **Ski·leh·re·rin** der <-s, -> *jmd., der Schülern das Skilaufen beibringt*

Ski·lift, a. **Schi·lift** der <-s, -e> *ein Aufzug, der Skifahrer auf den Berg bringt oder zieht*

Skin·head der ['skinhɛd] <-s, -s> *ein Jugendlicher, der eine rechtsradikale politische Einstellung hat und der seine Einstellung dadurch ausdrückt, dass er seinen Kopf kahl rasiert*

Ski·schu·le, a. **Schi·schu·le** die <-, -n> *eine Schule, die Skikurse anbietet*

Ski·sprin·gen, a. **Schi·sprin·gen** das <-s> (*kein Plur.*) *eine Wintersportart, bei der man auf Skiern über eine steile Schanze fährt, abspringt und versucht, möglichst weit durch die Luft zu fliegen* ▶Skispringer

Ski·stock, a. **Schi·stock** der <-(e)s, Skistöcke> *einer der beiden Stöcke, die oben mit einem Griff versehen sind und die Skifahrer benutzen, um Schwung zu holen und das Gleichgewicht zu halten*

Skiz·ze die <-, -n> **1.** *eine einfache, mit wenigen Strichen angefertigte Zeichnung, die das Wesentliche zeigt* Ich habe eine Skizze des Hauses angefertigt. ◆Anfahrts-, Weg- **2.** *eine Skizze[1], die ein Künstler macht und die ihm dann als Vorlage für ein Gemälde dient* ◆-nblock **3.** *ein kurzer Text, der sich auf das Wesentliche beschränkt und es nicht weiter ausarbeitet* Ich habe bereits eine Skizze der Rede entworfen., Er hielt seine Reiseeindrücke in einer Skizze fest.

skiz·zen·haft <nicht steig.> *Adj.* (≈ *andeutungsweise*) *so, dass man es nur in Umrissen darstellt und keine Details angibt*

skiz·zie·ren <skizzierst, skizzierte, hat skizziert> *mit OBJ* **1.** ■ *jmd. skizziert etwas eine Skizze[1] entwerfen* Ich skizziere den Grundriss des Hauses. **2.** ■ *jmd. skizziert etwas etwas in groben Zügen darstellen oder entwerfen* Sie skizzierte den Inhalt des Buches., Er skizzierte seinen Vortrag.

Skla·ve, **Skla·vin** der <-n, -n> **1.** *ein Mensch, der als das Eigentum von jmdm. lebt, für diesen arbeitet und selbst keine Rechte hat* die römischen Sklaven der Antike **2.** (*übertr.*) *jmd., der ausschließlich für eine Sache lebt* ein Sklave der Arbeit/seines Ehrgeizes

Skla·ven·hal·ter der <-s, -> *jmd., der Sklaven als Eigentum besitzt*

Skla·ven·han·del der <-s> (*kein Plur.*) *Handel mit Sklaven*

Skla·ve·rei die <-> (*kein Plur.*) **1.** *völlige wirtschaftliche und rechtliche Abhängigkeit eines Sklaven von einem Sklavenhalter* Wann wurde die Sklaverei abgeschafft? **2.** (*übertr.*) *harte Arbeit* Diese Arbeit ist die reinste Sklaverei.

skla·visch *Adj.* (*geh. abwert.*) *übertrieben gehorsam und unterwürfig* Er hält sich stets sklavisch an die Anweisungen seines Chefs.

Skle·ro·se die <-, -n> MED. *eine Erkrankung, bei der das Gewebe und die Organe verhärten* ▶sklerotisch

Skon·to der/das <-s, -s/Skonti> *ein Nachlass im Preis einer Ware, der gewährt wird, wenn der Kunde diese sofort bezahlt* Bei Barzahlung geben wir 3 Prozent Skonto.

Skoo·ter der ['skuːtɐ] <-s, -> *ein kleines elektrisches Fahrzeug, mit dem auf speziellen Bahnen gefahren wird* ◆Auto-

Skor·but der <-(e)s> (*kein Plur.*) MED. *eine Krankheit, die entstehen kann, wenn jmd. zu wenig Vitamine zu sich nimmt*

Skore das <-s, -s> (*schweiz.*) *Score*

Skor·pi·on der <-s, -e> **1.** *ein mit den Spinnen verwandtes Tier, das einen giftigen Stachel hat* **2.** (*kein Plur.*) *Name eines Tierkreiszeichens für die Zeit vom 24. Oktober bis 22. November* **3.** *jmd., der im Zeichen des Skorpions[2] geboren ist* Sie ist (ein) Skorpion.

Skript das <-(e)s, -s/-en> **1.** *ein Text, in dem die wichtigsten Inhalte von etwas (stichwortartig) aufgeschrieben sind* Kannst du mir dein Skript der Vorlesung leihen? **2.** (FILM: ≈ *Drehbuch*)

Skru·pel der <-s, -> (*meist Plur.*) *moralische Bedenken, die jmdn. daran hindern, etwas Unrechtes zu tun* Der Täter handelte ohne jeden Skrupel. ▶skrupellos, Skrupellosigkeit

Skulp·tur die <-, -en> (≈ *Plastik*) *eine Figur, die ein Bildhauer angefertigt hat* Im Park stehen zahlreiche Skulpturen aus Bronze., klassische Skulpturen der griechischen Antike

skur·ril *Adj.* (*geh.*) *auf eine komische Art sonderbar* eine skurrile Geschichte, Habe ich dir schon von seiner skurrilen Idee erzählt?

Sky·line die ['skajlajn] <-, -s> *die Silhouette einer (großen) Stadt, die besonders durch Hochhäuser und große Gebäude gekennzeichnet ist* die Skyline von New York

Sla·lom der <-s> (*kein Plur.*) SPORT *ein Wettkampf im Ski- und Kanusport, bei dem man immer wieder Kurven fahren muss, weil die Strecke in dieser Weise zwischen vielen senkrechten Stäben hindurchführt*

Slang der ['slɛŋ] <-s, -s> (*oft abwert.*) *eine saloppe*

S

Form der Umgangssprache, für die besonders bestimmte Ausdrücke typisch sind

Slap·stick der ['slɛpstik] <-s, -s> *derber komischer Gag (zum Beispiel in Stummfilmen)*

Sla·we, **Sla·win** der <-n, -n> *Angehöriger einer osteuropäischen Völkergruppe*

sla·wisch <nicht steig.> *Adj. auf die Slawen oder ihre Sprachen bezogen*

Sla·wist, **Sla·wis·tin** der <-en, -en> *Wissenschaftler auf dem Gebiet der Slawistik*

Sla·wis·tik die <-> *(kein Plur.) die Wissenschaft von den slawischen Sprachen und deren Literaturen*

Slip der <-s, -s> *eine knapp geschnittene, eng anliegende Unterhose* ◆ Damen-, Herren-, Tanga-

Slip·ein·la·ge die <-, -n> *ein langes dünnes Stück aus Zellstoff mit einem Klebestreifen an der Unterseite, das Frauen aus hygienischen Gründen in ihren Slip legen*

Slo·wa·ke, **Slo·wa·kin** der <-n, -n> *jmd., der die slowakische Staatsbürgerschaft besitzt*

Slo·wa·kei die <-> *Staat in Mitteleuropa*

slo·wa·kisch <nicht steig.> *Adj. auf die Slowakei oder die Sprache der Slowaken bezogen*

Slo·we·ne, **Slo·we·nin** der <-n, -n> *jmd., der die slowenische Staatsbürgerschaft besitzt*

Slo·we·ni·en <-s> *Staat in Südosteuropa*

slo·we·nisch <nicht steig.> *Adj. auf Slowenien oder die Sprache der Slownen bezogen*

Slum der ['slam] <-s, -s> *(meist Plur.) (≈ Elendsviertel) ein Gebiet (am Rande von Großstädten), in dem Menschen in sehr großer Armut leben*

Small·talk/Small Talk der/das ['smɔ:l'tɔ:k] <-s, -s> *(geh.) die oberflächliche Unterhaltung über belanglose Themen, die man meist mit Personen führt, die man nicht gut kennt*

Sma·ragd der <-(e)s, -e> *ein Edelstein von grüner Farbe*

sma·ragd·grün <nicht steig.> *Adj. von leuchtendem, hellerem Grün*

smart *Adj.* **1.** *(≈ chic) elegant gekleidet* **2.** *(oft abwert.) sehr geschickt im Umgang mit anderen Menschen (und dabei auf den eigenen Vorteil bedacht)* eine smarte Geschäftsfrau

Smi·ley das [smaɪlɪ] <-s, -s> *(EDV: ≈ Emoticon) ein Symbol aus Satzzeichen, Buchstaben und Zahlen, das wie ein kleines Gesicht aussieht und das man in E-Mails oder beim Chatten im Internet verwendet, um ohne Worte seine Gefühle auszudrücken* Ich habe im Internet eine ausführliche Liste mit Smileys und ihren Bedeutungen gefunden.

Smog der <-s> *(kein Plur.) eine Schicht aus Rauch und Abgasen, die in der Luft über einer Stadt oder einer Fabrik liegt*

Smog·a·larm der <-(e)s, -e> *der Alarm, der ausgelöst wird, wenn der Smog über einer Stadt ein bestimmtes Maß überschreitet*

Smo·king der ['smo:kɪŋ] <-s, -s> *festlicher, meist schwarzer Abendanzug für Männer*

SMS die [ɛsem'ɛs] <-, -> *kurz für „Short Message Service"; eine kurze Nachricht von maximal 160 Zeichen, die man von einem Handy zu einem anderen schickt*

Snack der ['snɛk] <-s, -s> *(≈ Imbiss) kleine Zwischenmahlzeit*

Snob der <-s, -s> *(abwert.) jmd., der sich überlegen fühlt, weil er einer höheren gesellschaftlichen Schicht angehört und der andere Personen herablassend behandelt* ▶Snobismus

sno·bis·tisch *Adj. (abwert.) in der Art eines Snobs*

Snow·board das ['snəʊbɔ:d] <-s, -s> *ein breites Brett mit einer Art Skibindung, auf dem man mit beiden Beinen steht und über den Schnee gleitet*

snow·boar·den ['snəʊbɔ:dn̩] <snowboardest, snowboardete, hat/ist gesnowboardet> *ohne OBJ* ■ *jmd. snowboardet mit einem Snowboard über Schnee gleiten*

Snow·boar·der, **Snow·boar·de·rin** der ['snəʊbo:də] <-s, -> *jmd., der snowboardet*

so **I.** *Adv.* **1.** *verwendet, um die Art und Weise auszudrücken, auf die eine Handlung abläuft* So gesehen hat er Recht., Er spricht heute so, morgen so. **2.** *mit diesen Worten steht es in .../sagt es ...* Man führt diesen Versuch aus, so das Lehrbuch, indem man ..., die Ideen, so Platon, gehören zum Bereich des ... **3.** *in diesem (hohen) Maß, Grad* Einen so kalten Winter hatten wir schon lange nicht mehr., Seid bitte nicht so laut. **4.** ■ *so plus Adjektiv überaus, sehr* Ich bin ja so froh! **5.** ■ *so wie ... ebenso, genauso* Alles lief so, wie wir es geplant hatten. **6.** *(umg. ≈ solch)* Das ist so eine tolle CD!, So ein Pech! **7.** *(umg.) ohne den vorher genannten Gegenstand* Ich hatte meine Brille vergessen, da habe ich versucht, die Speisekarte so zu lesen. **8.** *(umg. ≈ etwas) verwendet, um auszudrücken, dass eine Zeit- oder Mengenangabe nicht genau, sondern ungefähr ist* Wir werden euch so in einer Stunde abholen. **9.** ■ *... oder so,* ■ *... und so (umg.) drückt (nach einer Aussage) aus, dass man etwas nicht genau weiß oder nicht exakt sagen will* Wir waren hundert Besucher oder so., Hier sieht man öfter Wild, Rehe, Hirsche und so. **10.** *verwendet, um auszudrücken, dass etwas beendet oder abgeschlossen ist* So, das wäre erledigt! **11.** *(geh. ≈ daher, deshalb) drückt eine logische Folge aus* Du bist nicht gekommen, so haben wir schon einmal angefangen. **II.** *Konj.* **1.** *(in der Verbindung „so dass") drückt aus, dass das im Nebensatz ausgedrückte Geschehen eine Folge des im Hauptsatz ausgedrückten Geschehens ist* Er hatte Fieber, so dass er nicht zur Schule gehen konnte. **2.** *(≈ wenn (auch)) verwendet, um einen Nebensatz einzuleiten, in dem eine Einschränkung ausgedrückt wird* So Leid es mir auch tut, ich kann nicht kommen. **3.** *drückt einen Vergleich aus* So schön das Auto ist, so teuer ist es. **III.** *Partikel* **1.** *(≈ wirklich) verwendet, um eine Aussage zu bekräftigen* Mir ist das so egal! **2.** *drückt am Anfang einer Aussage aus, dass man etwas nicht genauer sagen will* Man macht sich so seine Gedanken. **3.** *drückt Ungeduld oder Verärgerung aus* So lasst uns endlich gehen! ◆ Getrennt- oder Zusammenschreibung →R 4.14 so dass/sodass; Getrenntschreibung dein so genannter Freund, der so genannte Treibhauseffekt, So viel für heute., Rede nicht so viel., Du kannst haben, so viel du willst., Er hat noch einmal/doppelt so viel Geld wie ich., Ich habe so viel Zeit, dass …, Die Sache ist so weit., Es geht ihr so weit gut., Er ist noch nicht so weit., Es kommt noch so weit, dass …, Ich bin so wenig bereit dazu wie du., Sie soll sich so wenig wie möglich bewegen., Er hat so wenig Geld wie ich.; Zusammenschreibung Soviel ich weiß, ist sie krank., Soweit mir bekannt ist, sind die Museen heute geschlossen., Sowenig er darüber auch weiß, er hält stets kluge Reden., Er arbeitet im Garten, sooft er kann.

s.o. *kurz für „siehe oben"; verwendet, um in einem geschriebenen Text anzuzeigen, dass etwas an einer früheren Stelle im Text schon einmal vorkommt*

so·bald *Konj.* (≈ *sowie*) *verwendet, um auszudrücken, dass etwas* (*im Hauptsatz ausgedrückt*) *dann geschieht, wenn eine bestimmte Bedingung* (*im Nebensatz ausgedrückt*) *erfüllt ist* Ich melde mich bei dir, sobald ich in Hamburg angekommen bin.

So·cke die <-, -n> (↔ *Strumpf*) *ein kurzer Strumpf, der etwas über den Knöchel reicht* ■ **sich auf die Socken machen** (*umg.*): *losgehen* **ganz von den Socken sein** (*umg.*): *sehr überrascht sein*

So·ckel der <-s, -> **1.** *ein Block aus Stein, auf dem eine Statue o.Ä. steht* **2.** *unterer, abgesetzter Teil, auf dem ein Gebäude oder ein Möbelstück steht*

So·da die/das <-/-s> **1.** *Natriumsalz der Kohlensäure, das man in Wasser auflösen kann* **2.** *kurz für „Sodawasser"*

so·dann *Adv.* (*veralt.*) **1.** (≈ *danach, darauf*) **2.** (*geh.* ≈ *außerdem*) Auf dem Tisch waren Brot, Butter, sodann Käse, Wurst …

so·dass/so dass *Konj. verwendet, um auszudrücken, dass das im Nebensatz ausgedrückte Geschehen eine Folge des im Hauptsatz ausgedrückten Geschehens ist* Es regnete Tag und Nacht, sodass/so dass schließlich die Flüsse über die Ufer traten.

So·da·was·ser das <-s> (*kein Plur.*) *Mineralwasser mit Kohlensäure*

Sod·bren·nen das <-s> (*kein Plur.*) *ein brennendes Gefühl in Magen und Speiseröhre, das entsteht, wenn im Magen zu viel Magensäure gebildet wird*

So·do·mie die <-> (*kein Plur.*) *Geschlechtsverkehr mit Tieren*

so·e·ben *Adv. in diesem Augenblick* Er kommt soeben zur Tür herein.

So·fa das <-s, -s> (≈ *Couch*) *ein bequemes, gepolstertes Sitzmöbel für mehrere Personen*

so·fern *Konj.* (≈ *wenn*) Sofern ich es schaffe, werde ich früher kommen.

so·fort *Adv.* (≈ *augenblicklich, umgehend*) *unmittelbar nach einer Handlung, ohne zeitliche Verzögerung* Ihr seid jetzt sofort ruhig! ▶Soforthilfe, Sofortwirkung

So·fort·bild·ka·me·ra die <-, -s> FOTOGR. *eine Kamera, die nach dem Fotografieren ein fertiges Foto herstellt*

so·for·tig *Adj.* (≈ *unverzüglich*) *so, dass etwas ohne zeitliche Verzögerung eintritt* Das Gesetz tritt mit sofortiger Wirkung in Kraft.

So·fort·maß·nah·me die <-, -n> *eine Maßnahme, die man sofort ergreift, weil sie besonders dringend ist* Das Parlament beschloss Sofortmaßnahmen zur Bekämpfung der Arbeitslosigkeit.

Sof·tie der <-s, -s> (*umg.* ↔ *Macho*) *Mann von sanftem, zärtlichem Wesen*

Soft·por·no der <-s, -s> *ein Erotikfilm, in dem die sexuellen Handlungen nicht sehr detailliert dargestellt werden*

Soft·ware die <-> (*kein Plur.*) (EDV: ↔ *Hardware*) *alle Teile eines Computersystems, die man nicht anfassen kann, zum Beispiel die Programme, die ein Computer benötigt, um arbeiten zu können* ◆-entwickler, -firma

Sog der <-(e)s, -e> *eine Strömung in Luft oder Wasser, die Körper mit sich zieht* Der Schwimmer geriet in den Sog eines Wasserstrudels. ◆-wirkung

so·gar *Adv.* **1.** *verwendet, um auszudrücken, dass das Gesagte nicht erwartbar war und daher besonders erwähnenswert ist* Sogar sie hat geholfen., Wir sind sogar mit dem Schiff gefahren. **2.** ■ *…, sogar … verwendet, um den Grad einer Eigenschaft zu steigern* Er ist ein guter, sogar ein sehr guter Lehrer., eine schwere, bisweilen sogar tödliche Krankheit

so·gleich *Adv.* (≈ *sofort*) Sie musste sogleich operiert werden.

Soh·le die <-, -n> **1.** *der unterste Teil des Schuhs, der den Boden berührt* ◆Gummi-, Leder-, Schuh- **2.** *kurz für „Fußsohle"* **3.** BERGB. *unterste Begrenzungsfläche oder einzelnes Stockwerk eines Grubenbaus* ■ **eine heiße/kesse Sohle aufs Parkett legen** (*umg.*): *sehr flott tanzen* **auf leisen Sohlen**: *still und heimlich* **sich die Sohlen ablaufen** (*umg.*): *sehr lange nach etwas suchen und dabei viel laufen* Um dieses Brautkleid zu finden, habe ich mir wirklich die Sohlen abgelaufen.

soh·len *mit OBJ* ■ *jmd. sohlt etwas* (≈ *besohlen*) *Schuhe mit Sohlen*[1] *versehen, besohlen* Die Stiefel müssen gesohlt werden.

Sohn der <-(e)s, Söhne> **1.** (↔ *Tochter*) *männliches Kind* Sie hat schon erwachsene Söhne., Das Ehepaar hat zwei Töchter und einen Sohn. ◆Adoptiv-, Pflege-, Schwieger-, Stief- **2.** (*übertr.*) *jmd., der aus der genannten Stadt stammt* ein echter Sohn Mannheims

Soi·ree die [soa're:] <-, -n> *festliche Abendgesellschaft*

So·ja die <-, Sojen> *Sojabohne*

So·ja·boh·ne die <-, -n> *eine Nutzpflanze, die besonders in Asien angepflanzt wird und deren ölhaltige Samen man beispielsweise als Gemüse und Ersatz für Fleisch verwenden kann*

So·ja·öl das <-s> (*kein Plur.*) *Speiseöl aus Sojabohnen, das besonders in der asiatischen Küche verwendet wird*

Soja·spross der <-es, -en> (*meist Plur.*) *Keimling der Sojabohne, den man für Gemüse oder Salat*

S

verwenden kann

so·lang(e) *Konj. verwendet, um auszudrücken, dass das im Hauptsatz ausgedrückte Geschehen während des im Nebensatz ausgedrückten Geschehens Gültigkeit hat* Solange ich arbeite, will ich nicht gestört werden.

so·lar *Adj. auf die Sonne bezogen*

So·lar·an·la·ge die <-, -n> *eine Anlage, die aus der Energie des Sonnenlichts Strom erzeugt*

So·lar·e·ner·gie die <-> (*kein Plur.*) *mit Solaranlagen gewonnene Energie*

So·la·ri·um das <-s, Solarien> *eine Einrichtung, in der man sich mit künstlichem UV-Licht bestrahlen lässt, um die Haut zu bräunen*

So·lar·mo·bil das <-s, -e> *ein Auto, das mit aus Sonnenenergie erzeugtem elektrischen Strom angetrieben wird*

So·lar·zel·le die <-, -n> *ein Element, das die Energie der Sonnenstrahlen in elektrische Energie umwandelt*

sol·cher·art[1] *Pron.* (*geh.*) *von der bekannten Art* Mit solcherart Personen möchte ich nichts zu tun haben.

sol·cher·art[2] *Adv.* (*geh.*) *auf solche Art und Weise* Er war solcherart bedrückt, dass er den ganzen Abend kein Wort sprach.

solch/sol·cher/sol·che/sol·ches *Pron.* **1.** *so geartet, so beschaffen* Mit solchen Leuten will ich nichts zu tun haben. **2.** *so groß, so stark* Ich hatte solches Fieber! **3.** (*geh.*) *dermaßen* Bei solch herrlichem Wetter kann man einfach nicht in der Wohnung bleiben.

Sold der <-(e)s, -e> (*meist Sing.*) *das Geld, das ein Soldat für seine Arbeit bekommt*

Sol·dat, Sol·da·tin der <-en, -en> *jmd., der als Angehöriger der Truppe Mitglied der Armee ist* ◆-enfriedhof, -enlied, -ensprache, -enzeit, Berufs-, Marine-, Zeit-, Zinn-

Söld·ner der <-s, -> *ein Soldat, der für Geld seinen Kriegsdienst da leistet, wo gerade Soldaten gebraucht werden* ◆-heer

So·le die <-, -n> *Wasser, das Kochsalz enthält*

so·lid(e) *Adj.* **1.** *so fest und massiv gebaut, dass es belastbar ist* Die Konstruktion scheint sehr solide. **2.** (≈ *fundiert*) *so, dass alles Wichtige vorhanden ist* Sie besitzt solide Fachkenntnisse. **3.** (≈ *anständig*) Er ist ein solider Mensch.

so·li·da·risch *Adj. so, dass man gemeinsame Interessen hat, sich verbunden fühlt und sich gegenseitig hilft* Die gesamte Bevölkerung erklärte sich mit den Streikenden solidarisch.

so·li·da·ri·sie·ren <solidarisierst, solidarisierte, hat solidarisiert> *mit SICH* ■ *jmd. solidarisiert sich mit jmdm. sich aufgrund ähnlicher Interessen zusammenschließen und sich gegenseitig helfen* Zahlreiche Passanten solidarisierten sich mit den Demonstranten.

So·li·da·ri·tät die <-> (*kein Plur.*) *das Solidarischsein* Die Solidarität der Streikenden war ungebrochen.

So·li·da·ri·täts·zu·schlag der <-(e)s> (*meist Sing.*) POL. WIRTSCH. *eine Art besondere Steuer, die eingeführt wurde, um die deutsche Wiedervereinigung zu finanzieren*

So·li·di·tät die <-> (*kein Plur.*) **1.** *Stärke* **2.** *Ansehnlichkeit*

So·list, So·lis·tin der <-en, -en> *ein Künstler, der ein Solo singt, spielt oder tanzt*

Soll das <-(s), -s> **1.** (BANKW. WIRTSCH.: ≈ *Sollseite* ↔ *Haben*) *die Seite des Kontos, auf der die Geldbeträge stehen, die abgebucht werden* **2.** *der Zustand, dass der Kontostand im Minus ist* Sein Konto ist im Soll. **3.** WIRTSCH. *die Arbeit oder Leistung, die von jmdm.* (*nach einem Plan*) *gefordert wird* Ich habe mein Soll für heute erfüllt.

sol·len[1] <sollst, sollte, hat gesollt> *ohne OBJ* **1.** ■ *jmd. soll plus Inf.* (*umg.*) *verwendet, um auszudrücken, dass von jmdm. etwas verlangt wird* Du sollst zum Chef kommen., Ich soll mich mit ihm morgen schon um acht Uhr am Bahnhof treffen. **2.** ■ *jmd. soll plus Inf. verwendet, um auszudrücken, dass etwas ein Gebot der Moral ist* Man soll nicht stehlen oder lügen. **3.** ■ *jmd./etwas soll plus Inf. verwendet, um auszudrücken, dass das Behauptete angeblich der Fall ist, aber man sich dessen nicht sicher ist oder es anzweifelt* Ihr Mann soll angeblich Pilot sein., Morgen soll es Gewitter geben, aber niemand weiß das natürlich sicher. **4.** ■ *etwas soll irgendwohin verwendet, um auszudrücken, dass etwas an einen bestimmten Platz gebracht werden soll* Der Sessel soll dort in die Ecke. **5.** ■ *etwas soll etwas sein verwendet, um auszudrücken, dass man über etwas verärgert ist und es für schlecht hält* Und dass soll ein gutes Restaurant sein – mein Essen war kalt und das Personal total unfreundlich!

> **i Wissenswert** Das Modalverb **sollen** wird verwendet, um eine Verpflichtung oder Forderung einer anderen Person zum Ausdruck zu bringen. Diese kann ein Gebot, eine Vorschrift oder aber eine gesellschaftliche Norm sein und in Form einer Aufforderung, Empfehlung oder eines Ratschlags geäußert werden: Wenn ich dich schon mitnehme, dann sollst du wenigstens andern gegenüber etwas höflicher sein. In subjektiver Aussage gibt der Sprecher wieder, was von einer Person oder einem Sachverhalt behauptet wird, ohne aber diese Aussage verifiziert zu haben. Er selbst steht dem Gesagten dabei eher skeptisch gegenüber: Felix soll in den Bankraub verwickelt sein. (Man behauptet/Es heißt, Felix sei in den Bankraub verwickelt).

sol·len[2] <sollst, sollte, hat sollen> (*Hilfsverb*) **1.** (*oft im Konj. Prät. verwendet*) *verwendet, um einen Ratschlag oder eine Empfehlung auszudrücken* Du solltest zum Arzt gehen!, Wir sollten nicht länger warten! **2.** *verwendet, um einen Ratschlag oder eine* (*Auf-*)*Forderung* (*mit verschiedenen Ursachen/Urhebern*) *auszudrücken* Hunde sollen an der Leine geführt werden., Ich soll den Brief übergeben., Die Schüler sollen ihren Aufsatz bis Montag schreiben., Du sollst deinen Nächsten lieben., Du sollst nicht so viel rauchen., Du sollst sofort nach Hause kommen, sagt dein Vater. **3.** *verwendet, um einen Wunsch oder eine Absicht auszudrücken* Er soll sich wie zu Hause fühlen., Sollen wir gehen? **4.** (*im Konj. Prät. verwendet*) *verwendet, um eine Bedingung auszudrücken* Sollte es morgen regnen, bleiben wir zu Hause. **5.** *verwendet, um ein - aus der Perspektive der Vergangenheit gesehen - zukünftiges Ereignis auszudrücken* Das sollte sich noch als verhängnisvoll erweisen., Wir sollten nichts mehr von ihm hören und sehen., Es hat nicht sein sollen. **6.** *drückt eine Behauptung, Vermutung, einen Zweifel aus* Nach Zeugenaussagen soll der Vermisste noch zweimal gesehen worden sein., Er soll dort gewesen sein., Sollte das wirklich wahr sein?

Soll·sei·te die <-, -n> (BANKW. WIRTSCH.: ≈ *Soll*[1])

Soll·zin·sen <-> *Plur.* BANKW. WIRTSCH. *die Zinsen, die jmd. bezahlen muss, wenn er Schulden auf seinem Konto hat oder wenn er sich bei der Bank Geld geliehen hat*

So·lo das <-s, -s/Soli> *der Teil eines Musikstücks oder Balletts, bei dem nur ein einzelner Künstler singt, spielt oder tanzt* ◆-gesang, -instrument, -karriere, -part, -spiel, -tanz, -tänzer, Gitarren-, Schlagzeug-

so·lo <nicht steig.> *Adj.* **1.** *als Solist* **2.** (*umg.*) *allein, ohne Begleitung* Ich komme heute solo auf die Party.

So·lo·al·bum das <-s, Soloalben> MUS. *ein Album, das ein Musiker, der normalerweise in einer berühmten Band spielt, ohne die anderen Bandmitglieder aufnimmt* Wenn die aktuelle Tournee beendet ist, möchte der Sänger der Band ein Soloalbum veröffentlichen.

So·lo·thurn <-s> *Stadt und Kanton in der Schweiz*

sol·vent *Adj.* (WIRTSCH.: ↔ *insolvent*) *zahlungsfähig*

Sol·venz die <-> (*kein Plur.*) (WIRTSCH.: ↔ *Insolvenz*) *Zahlungsfähigkeit*

So·ma·lia <-s> *Staat in Ostafrika*

So·ma·li·er, **So·ma·li·e·rin** der <-s, -> *jmd., der die somalische Staatsbürgerschaft besitzt*

so·ma·lisch <nicht steig.> *Adj. zu Somalia gehörend, daher stammend*

so·mit, **so·mit** *Adv.* (≈ *folglich*) Der Kandidat hat die meisten Fragen richtig beantwortet und ist somit der Gewinner.

Som·me·lier der [somel'je:] (≈ *Weinkellner*) *jmd., der in einem Haus der gehobenen Gastronomie die Gäste bei der Auswahl der zu den einzelnen Speisen bzw. Gängen passenden Weine berät*

Som·mer der <-s, -> *die zwischen Frühjahr und Herbst gelegene Jahreszeit, in der es meist warm ist und in der es abends relativ lange hell bleibt* ein heißer/verregneter Sommer ◆-beginn, -ende, -fahrplan, -fest, -haus, -hitze, -kleidung, -kollektion, -mantel, -reifen, -semester, -smog, -tag, -theater, -urlaub, -wetter, Früh-, Hoch-, Spät-

Som·mer·fe·ri·en <-> *Plur. die* (*langen*) *Schulferien während des Sommers*

Som·mer·fri·sche die <-> (*kein Plur.*) (*veralt.*) *Erholungsurlaub im Sommer* Sie fahren zur Sommerfrische an die See/aufs Land. ▶Sommerfrischler

som·mer·lich *Adj.* **1.** *so, dass etwas an das warme Klima im Sommer angepasst ist* Ich habe nur sommerliche Kleidung eingepackt. **2.** *so, dass etwas für den Sommer typisch ist oder nur im Sommer auftritt* Wir haben schon seit Tagen sommerlich warmes Wetter.

Som·mer·loch das <-(e)s> (*kein Plur.*) (*umg.* ≈ *Sauregurkenzeit*) *der Zeitraum im Sommer, in dem sich politisch, geschäftlich oder kulturell wenig ereignet, weil viele Leute im Urlaub sind*

som·mers *Adv.* (*geh.*) *im Sommer* Wir machen sommers wie winters lange Spaziergänge.

Som·mer·son·nen·wen·de die <-> (*kein Plur.*) *der Zeitpunkt, an dem die Sonne ihren höchsten Stand innerhalb eines Jahres erreicht*

Som·mer·spie·le <-> *Plur.* **1.** (↔ *Winterspiele*) *die Olympischen Spiele, die im Sommer stattfinden* **2.** *eine Reihe von Theateraufführungen, die im Sommer an bestimmten Orten stattfinden*

Som·mer·spros·se die <-, -n> (*meist Plur.*) *einer der vielen kleinen braunen Flecken, die manche Menschen auf der Haut haben und die im Sommer stärker hervortreten*

som·mer·spros·sig <nicht steig.> *Adj. von Sommersprossen bedeckt* ein sommersprossiges Gesicht

Som·mer·zeit die <-> (*kein Plur.*) **1.** *die Jahreszeit des Sommers* **2.** *der Zeitraum im Sommer, in dem die Uhren um eine Stunde vorgestellt werden* die mitteleuropäische Sommerzeit

So·na·te die <-, -n> MUS. *ein Musikstück für ein oder mehrere Instrumente, das aus drei oder vier Teilen besteht* ◆ Klavier-, Violin-

Son·de die <-, -n> **1.** MED. *ein dünner Schlauch, den man man in den Körper einführt, um ein Organ zu untersuchen* ◆ Magen- **2.** *kurz für „Raumsonde“*

Son·der- *verwendet, um in Zusammensetzungen mit Substantiven auszudrücken, dass etwas eigentlich nicht üblich ist, aber ausnahmsweise aus einem bestimmten Anlass zusätzlich zu etwas dazukommt* ◆-aktion, -bedeutung, -deponie, -fahrt, -erlaubnis, -ermittler, -kommission, -leistung, -maschine, -parteitag, -programm, -rabbat, -regelung, -steuer

Son·der·ab·fall der <-(e)s, Sonderabfälle> (≈ *Sondermüll*)

Son·der·an·ge·bot das <-(e)s, -e> *eine Ware, die für eine begrenzte Zeit zu einem besonders niedrigen Preis angeboten wird* Diesen Artikel gibt es zurzeit im Sonderangebot.

Son·der·aus·ga·be die <-, -n> *eine Ausgabe einer Zeitung, eines Buches, einer Briefmarke o.Ä., die einmalig zu eine bestimmten Ereignis herausgegeben wird*

son·der·bar *Adj.* (*≈ seltsam, merkwürdig*) *so, dass es rätselhaft ist und man keine Erklärung dafür hat* Ich finde es sonderbar, dass … ▸sonderbarerweise

Son·der·be·richt der <-(e)s, -e> *ein Bericht im Fernsehen oder in einer Zeitung, der wegen eines besonders wichtigen oder dramatischen Ereignisses erscheint* Wir bringen im Anschluss an die Nachrichten einen Sonderbericht über die Flugzeugentführung.

Son·der·brief·mar·ke die <-, -n> *eine Briefmarke, die aus einem besonderen Anlass gedruckt wird und die meist bei Sammlern sehr beliebt ist*

Son·der·fall der <-(e)s, Sonderfälle> *besonderer, eine Ausnahme darstellender Fall* In Sonderfällen kann die Prüfung auch ein zweites Mal wiederholt werden.

son·der·glei·chen (*immer nachgestellt beim Substantiv*) *Adv.* (*≈ ohnegleichen*) *so einzigartig, dass man es mit nichts vergleichen kann* Das ist eine Frechheit sondergleichen.

son·der·lich (*nur in Verbindung mit einer Verneinung*) *Adj.* (*≈ besonders*) Die Party war nicht sonderlich toll., Dieser Wein ist kein sonderlich guter Jahrgang.

Son·der·ling der <-(e)s, -e> (*abwert.*) *jmd., der sehr eigenwillig ist und sich nicht in eine Gruppe integrieren oder sich ihr anpassen will*

Son·der·mar·ke die <-, -n> (*umg. ≈ Sonderbriefmarke*)

Son·der·müll der <-s> (*kein Plur.*) *Müll, den man in spezieller Weise entsorgen muss, weil er giftige Stoffe enthält* Batterien gehören in den Sondermüll.

Son·der·müll·de·po·nie die <-, -n> *ein Platz, auf dem Sondermüll gelagert wird*

son·dern¹ *mit OBJ* ■ *jmd. sondert jmdn./etwas von jmdm./etwas* (*geh.*) (*ab*)*trennen* Als Nächstes sollten wir die brauchbaren Vorschläge von den unbrauchbaren sondern.

son·dern² *Konj.* (*≈ vielmehr*) *drückt nach einer verneinten Aussage aus, dass nun das Zutreffende gesagt wird* Er studiert nicht Anglistik, sondern Germanistik., Ich bin nicht wie geplant gestern, sondern erst heute angekommen.

Son·der·num·mer die <-, -n> *Sonderausgabe einer Zeitung oder Zeitschrift*

Son·der·preis der <-es, -e> *ein besonders niedriger Preis, der nur für eine bestimmte Zeit gilt* Wir haben die Waschmaschine zu einem Sonderpreis gekauft.

Son·der·recht das <-(e)s, -e> (*≈ Privileg*) *ein Recht, das nur eine bestimmte Gruppe von Personen hat* Alle hier sind gleich wichtig, niemand genießt Sonderrechte.

son·ders ■ **samt und sonders**: *ausnahmslos* Die Zuschauer waren samt und sonders von der Vorstellung begeistert.

Son·der·schu·le die <-, -n> *eine besondere Schule für Kinder, die Schwierigkeiten mit dem Lernen haben*

Son·der·stel·lung die <-, -en> *eine besondere Bedeutung, die einer Person oder einer Sache* (*in der Gesellschaft*) *zukommt* eine Sonderstellung einnehmen/haben

Son·der·wunsch der <-(e)s, Sonderwünsche> (*meist Plur.*) *besonderer Wunsch einer einzelnen Person*

Son·der·zei·chen das <-s, -> DRUCKW. EDV *ein Zeichen, das weder ein Buchstabe noch eine Ziffer ist*

Son·der·zug der <-(e)s, Sonderzüge> *ein Eisenbahnzug, der nicht im Fahrplan steht und aus einem bestimmten Anlass eingesetzt wird.* Da während der Messe mit vielen Reisenden gerechnet wird, stehen in dieser Zeit Sonderzüge zur Verfügung.

son·die·ren <sondierst, sondierte, hat sondiert> *mit OBJ* ■ *jmd. sondiert etwas* (*geh.*) (*vorsichtig*) *erkunden* Wir haben zunächst einmal die Lage sondiert. ▸Sondierung

So·nett das <-(e)s, -e> LIT. *eine Gedichtform, die meist aus zwei Strophen mit je vier Zeilen und zwei Strophen mit je drei Zeilen besteht* Shakespeares Sonette

Song der <-s, -s> (*umg.*) *Lied* (*in der Pop- und Rockmusik*) ein Song der Beatles

Sonn·a·bend der <-s, -e> (*norddt.*) *Samstag*

sonn·a·bends *Adv.* (*norddt.*) *samstags*

Son·ne die <-, -n> **1.** (*kein Plur.*) *der große Stern am Himmel, der tagsüber Licht und Wärme spendet* die aufgehende/untergehende Sonne, Die Sonne stand hoch am Himmel. ◆-naktivität, -nenergie, -neinstrahlung, -nlicht, -nschutzmittel, -nuntergang, Abend-, Mittags-, Morgen- **2.** (*kein Plur.*) *Licht und Wärme der Sonne* Die Sonne hat uns gebräunt., Ich vertrage die Sonne nicht. **3.** ASTRON. *der zentrale Stern eines Sonnensystems*

son·nen *mit SICH* ■ *jmd. sonnt sich irgendwo sitzen oder liegen und sich von der Sonne bescheinen lassen* Wir haben uns jeden Nachmittag am Strand gesonnt.

Son·nen·an·be·ter der <-s, -> (*scherzh.*) *jmd., der sich gerne sonnt*

Son·nen·auf·gang der <-(e)s, Sonnenaufgänge> (↔ *Sonnenuntergang*) *das Aufgehen² der Sonne am Morgen*

Son·nen·bad das <-(e)s, Sonnenbäder> *das Liegen in der Sonne* Sie nimmt im Garten ein Sonnenbad.

Son·nen·bank die <-, Sonnenbänke> *ein Gerät* (*in einem Solarium*), *das künstliches UV-Licht ausstrahlt und mit dem man die Haut bräunen lassen kann*

Son·nen·blu·me die <-, -n> *eine Blume mit großer gelber Blüte und einem sehr langen Stängel, aus deren Samen man Öl machen kann*

Son·nen·brand der <-(e)s> (*kein Plur.*) *Rötung und Verbrennung der Haut, die man bekommt, wenn man zu lange in der Sonne war* Er hatte sich gleich am ersten Urlaubstag einen Sonnenbrand geholt.

Son·nen·bril·le die <-, -n> *eine Brille mit dunklen Gläsern, die die Augen vor starkem Sonnenlicht* *schützen*

Son·nen·creme die <-, -s/-n> *eine spezielle Creme, die die Haut vor Sonnenbrand schützt* eine Sonnencreme mit hohem Lichtschutzfaktor

Son·nen·dach das <-(e)s, Sonnendächer> (≈ *Markise*)

Son·nen·fins·ter·nis die <-> (*kein Plur.*) ASTRON. *der Vorgang, dass sich der Mond vor die Sonne schiebt und man daher das Licht der Sonne nicht mehr sehen kann* In einigen Monaten wird eine totale Sonnenfinsternis zu beobachten sein, eine partielle/totale Sonnenfinsternis

Son·nen·fleck der <-(e)s, -e> (*meist Plur.*) ASTRON. *ein dunkles Gebiet auf der Oberfläche der Sonne*

son·nen·hung·rig *Adj.* (*umg.*) *so, dass man ein großes Bedürfnis nach Sonne und sonnigem Wetter hat* Jedes Jahr verbringen ganze Scharen sonnenhungriger Touristen ihren Urlaub am Mittelmeer.

Son·nen·hut der <-(e)s, Sonnenhüte> *ein großer breiter Hut* (*aus Stroh*), *der den Kopf vor der Sonne schützt*

Son·nen·kol·lek·tor der <-s, -en> (*meist Plur.*) TECHN. *eine Vorrichtung, mit der man aus der Energie der Sonne elektrischen Strom herstellen kann*

Son·nen·milch die <-> (*kein Plur.*) *eine spezielle Lotion, die man auf die Haut aufträgt, um sich vor Sonnenbrand zu schützen*

Son·nen·öl das <-s, -e> *ein spezielles Öl, das man auf die Haut aufträgt, um sich vor Sonnenbrand zu schützen*

Son·nen·schein der <-(e)s> (*kein Plur.*) *der Zustand, dass der Himmel nicht bewölkt ist und man die Sonne sehen kann* Wir fuhren bei strahlendem Sonnenschein los.

Son·nen·schirm der <-(e)s, -e> *ein großes rundes Stück Stoff, das auf einer Stange zu einer Art Dach aufgespannt werden kann und das vor der Sonne schützt, wenn man z.B. auf einer Terrasse oder einem Balkon sitzt*

Son·nen·stich der <-(e)s, -e> MED. *Kopfschmerzen und Übelkeit, die man bekommt, wenn man sich zu lange in der Sonne aufhält*

Son·nen·strahl der <-s, -en> (*meist Plur.*) *ein einzelner Lichtstrahl, der von der Sonne ausgeht* Kurz nach dem Gewitter drangen bereits wieder einzelne Sonnenstrahlen durch die Wolken.

Son·nen·sys·tem das <-(e)s, -e> ASTRON. *eine Sonne*^{3} *und die Planeten, die sie umkreisen*

Son·nen·tag der <-(e)s, -e> (↔ *Regentag*) *ein Tag, an dem die Sonne scheint und es* (*fast*) *keine Wolken gibt*

Son·nen·uhr die <-, -en> *ein Gerät, das bei Sonnenschein die Zeit anzeigt, indem der Schatten eines Stabes auf einer Skala auf eine bestimmte Marke zeigt*

Son·nen·un·ter·gang der <-(e)s, Sonnenuntergänge> (↔ *Sonnenaufgang*) *der Vorgang, dass am Abend die Sonne sinkt und es dann dämmert und Nacht wird*

Son·nen·wen·de die <-, -n> *der Zeitpunkt, zu dem die Sonne ihren höchsten oder niedrigsten Stand innerhalb eines Jahres erreicht* ◆ Sommer-, Winter-

son·nig *Adj.* **1.** (↔ *schattig*) *so, dass es vom Licht der Sonne beschienen wird* Viele Pflanzen benötigen einen sonnigen Standort. **2.** *so, dass es viel Sonnenschein gibt* Wir hatten während des gesamten Urlaubs sonniges Wetter. **3.** *so, dass jmd. immer gute Laune hat* Mit ihrem sonnigen Gemüt verbreitet sie gute Laune.

Sonn·tag der <-s, -e> *der siebte Tag der Woche, an dem die meisten Berufstätigen nicht arbeiten müssen und der der Erhohlung dient* am Sonntag mit der Familie einen Ausflug machen, als Arzt im Krankenhaus auch am Sonntag Dienst haben, am Sonntag in die Kirche gehen ◆ Zusammenschreibung→R 4.4 (am) Sonntagabend, Sonntagmittag, Sonntagmorgen, Sonntagnacht ◆-sanzug, -sausflug, -sbraten, -sfahrverbot, -sgottesdienst, -skleid, -sruhe, -sschule, Oster-, Palm-, Pfingst- *siehe auch* **Dienstag**

sonn·täg·lich <nicht steig.> *Adj.* **1.** *so, dass es regelmäßig am Sonntag stattfindet* der sonntägliche Kirchgang/Spaziergang **2.** *so, wie es für einen Sonntag typisch ist* Die ganze Familie war sonntäglich gekleidet., die sonntägliche Ruhe

sonn·tags *Adv. am Sonntag siehe auch* **dienstags**

Sonn·tags·ar·beit die <-> (*kein Plur.*) *Arbeit, die jmd. am Sonntag verrichtet*

Sonn·tags·aus·flüg·ler der <-s, -> *jmd., der am Sonntag einen Ausflug macht*

Sonn·tags·blatt das <-(e)s, Sonntagsblätter> *eine Zeitung, die am Sonntag erscheint*

Sonn·tags·fah·rer, **Sonn·tags·fah·re·rin** der <-s, -> (*abwert.*) *jmd., der schlecht Auto fährt, weil er wenig Fahrpraxis hat*

Sonn·tags·zei·tung die <-, -en> *eine Zeitung, die am Sonntag erscheint*

So·no·gra·phie die <-, -n> MED. *Untersuchung mit Ultraschall*

sonst *Adv.* **1.** (≈ *normalerweise*) *verwendet, um auszudrücken, dass etwas in den meisten anderen Situationen der Fall ist* Sogar mein sonst so besonnener Freund verlor in dieser Situation die Nerven. **2.** (≈ *darüber hinaus*) *zusätzlich zu dem, was bereits gesagt wurde* Haben Sie sonst noch Fragen? **3.** (≈ *andernfalls, ansonsten*) *verwendet, um auszudrücken, dass das im zweiten Teil des Satzes Gesagte eintreffen wird, wenn nicht die im ersten Teil genannte Bedingung erfüllt wird* Wir sollten jetzt gehen, sonst kommen wir zu spät.

sons·tig *Adj. so, dass es über das Erwähnte hinausgeht* Sie dürfen bei der Prüfung ein Wörterbuch benutzen, sonstige Hilfsmittel sind hingegen nicht erlaubt.

so·oft *Konj. immer wenn* Er arbeitet im Garten, sooft er kann. ◆ aber Getrenntschreibung So oft darfst du diese Pflanze nicht gießen! *siehe auch* **so**

So·p·ran der <-s, -e> MUS. **1.** (*kein Plur.*) *die höchste Singstimme bei Frauen und Knaben* ◆-lage, -partie, -stimme **2.** *jmd., der Sopran*^{1} *singt*

So·pra·nist, **So·pra·nis·tin** der <-en, -en> *ein*

Sänger oder eine Sängerin, der/die Sopran[1] singt

Sor·be, **Sor·bin** der <-n, -n> *Angehöriger einer slawischen Volksgruppe*

Sor·bet/Sor·bett der/das [sɔr'be:] <-s, -s> KOCH. *eisgekühltes Getränk*

sor·bisch <nicht steig.> *Adj. auf die Sorben oder ihre Sprache bezogen*

Sor·ge die <-, -n> **1.** *das Gefühl, dass man Angst hat, weil man befürchtet, es könnte etwas Schlimmes passieren* Ihre Sorge war groß, dass …, Ich bin in großer Sorge, weil …, Sie machen sich zu viele Sorgen, es wird schon klappen! **2.** (*meist Plur.*) *das bedrückendes Gefühl, das man hat, wenn man Probleme in einem bestimmten Bereich hat* Sie hatte quälende/finanzielle/berufliche Sorgen. **3.** (*kein Plur.*) (≈ *Fürsorge*) *das Bemühen um jmds. Wohlergehen oder das Funktionieren von etwas* Er wollte dafür Sorge tragen, dass alles reibungslos abläuft.

sor·gen **I.** *ohne OBJ* **1.** ▪ *jmd. sorgt* (*irgendwie*) *für jmdn. sich kümmern um* Sie haben stets gut für ihre Kinder gesorgt. **2.** ▪ *jmd. sorgt für etwas Akk. sich darum bemühen, dass etwas vorhanden ist oder etwas erreicht wird* Wer sorgt für die Getränke?, Bitte sorgen Sie dafür, dass der Termin eingehalten wird. **II.** *mit SICH* ▪ *jmd. sorgt sich um jmdn./etwas beunruhigt sein, weil man um jmds. Wohlergehen fürchtet* Sie sorgte sich um ihr krankes Kind.

sor·gen·frei *Adj.* (≈ *unbekümmert*) *frei von Sorgen* Er genoss ein sorgenfreies Leben., sorgenfrei in die Zukunft blicken können

Sor·gen·kind das <-(e)s, -er> *ein Kind, das seinen Eltern viel Kummer und viele Probleme bereitet*

sor·gen·voll *Adj.* (≈ *bedrückt*) *erfüllt von Sorgen* Er machte ein sorgenvolles Gesicht.

Sor·ge·pflicht die <-> (*kein Plur.*) RECHTSW. *die Verpflichtung der Eltern, für ihre Kinder* (*in wirtschaftlicher Hinsicht*) *zu sorgen*

Sor·ge·recht das <-(e)s> (*kein Plur.*) RECHTSW. *das Recht der Eltern, für ein minderjähriges Kind zu sorgen und es nach ihren Vorstellungen zu erziehen* Bei der Scheidung bekam die Mutter das Sorgerecht für ihren Sohn zugesprochen.

Sorg·falt die <-> (*kein Plur.*) (≈ *Genauigkeit, Gewissenhaftigkeit*) *so, dass man sehr genau arbeitet und sich bemüht, keine Beschädigungen zu machen* Man hat das Gemälde mit äußerster Sorgfalt restauriert., äußerste Sorgfalt walten lassen ►sorgfältig

sorg·los *Adj.* **1.** (≈ *unachtsam*) *nicht so sorgfältig, wie es sich gehört* Es ist eine Schande, wie sorglos man mit den kostbaren Vasen umgeht. **2.** *so, dass man sich über die Zukunft keine Sorgen macht* Er lebt stets sorglos in den Tag. ►Sorglosigkeit

sorg·sam *Adj. gewissenhaft und vorsichtig* Die Wunde wurde sorgsam desinfiziert.

Sor·te die <-, -n> **1.** *eine Gruppe von Dingen oder Pflanzen, die sich durch bestimmte Eigenschaften und Merkmale von gleichartigen anderen Dingen oder Pflanzen unterscheiden* Ich habe mehrere Sorten Tee probiert., Diese Sorte Äpfel ist gut zum Backen geeignet., Welche Sorte Tomaten/Radieschen hast du gesät? **2.** (*nur Plur.*) BANKW. *Devisen*

sor·tie·ren <sortierst, sortierte, hat sortiert> *mit OBJ* ▪ *jmd. sortiert etwas* (*irgendwie*) (*nach bestimmten Kriterien*) *ordnen* Ich muss noch meine Unterlagen sortieren., die Namen in einer Liste alphabetisch sortieren

Sor·ti·ment das <-(e)s, -e> *alle Waren* (*aus einem bestimmten Bereich*), *die ein Geschäft anbietet* In dieser Buchhandlung gibt es ein großes/reichhaltiges/breites Sortiment an Fachliteratur.

SOS das [ɛso:'ɛs] <-> (*kein Plur.*) *internationales Signal, gedeutet als „save our souls“* (*rettet unsere Seelen*) *oder „save our ship“* (*rettet unser Schiff*), *mit dem man auf See um Hilfe ruft, wenn ein Schiff in Not ist*

So·ße/Sau·ce die <-, -n> KOCH. *eine Speise in der Art einer dicken, würzigen Flüssigkeit, die man zu Fleisch, Fisch oder Gemüse isst* ◆ Braten-, Geflügel-, Salat-

Souf·f·lé, *a.* **Souf·f·lee** das [zu'fle:] <-s, -s> KOCH. (*Eier-*)*Auflauf*

Souf·f·leur, **Souf·f·leu·se** der [zʊ'flø:ɐ, (zʊ'flø:zə)] <-s, -e> THEAT. *jmd., dessen Beruf es ist, Schauspielern auf der Bühne ihren Text flüsternd einzusagen, wenn sie diesen vergessen haben*

souf·f·lie·ren [zu'fli:rən] <soufflierst, soufflierte, hat souffliert> *mit OBJ/ohne OBJ* ▪ *jmd. souffliert* (*jmdm.*) (*etwas*) *leise vorsagen, einsagen* Er hat dem Schauspieler den Einsatz souffliert., Sie musste häufig soufflieren.

Soul der ['soʊl] <-s> *afroamerikanische Jazz- oder Rockmusik, die stark auf den Ausdruck von Gefühlen ausgerichtet ist*

Sound der [saʊnt] <-s> (*kein Plur.*) *typischer Klang der Musik einer bestimmten Musikgruppe, eines bestimmten Instrumentes oder eines bestimmten Musikstils* Das ist der unverkennbare Sound der Rolling Stones.

Sound·kar·te die <-, -n> EDV *ein Gerät, das die Wiedergabe von Musik durch einen Computer ermöglicht*

Sound·track der <-s, -s> *ein Tonträger, auf dem bestimmte Musikstücke aus einem Film zusammengestellt sind*

Sou·per das [zu'pe:/su'pe:] <-s, -s> (*geh.*) *festliches Abendessen*

Sou·ta·ne/Su·ta·ne die <-, -n> *das lange Gewand eines katholischen Geistlichen*

Sou·ter·rain das [zu:tɛ'rɛ̃:, 'zu:tɛrɛ̃] <-s, -s> *Kellergeschoss* ◆ -wohnung

Sou·ve·nir das [zuvəni:ɐ̯, suvəni:ɐ̯] <-s, -s> *ein kleiner Gegenstand, den man im Urlaub kauft und der einen an die Reise erinnern soll* Ich habe einige Souvenirs aus Rom mitgebracht.

Sou·ve·nir·la·den der <-s, Souvenirläden> *ein Geschäft, das Souvenirs an Touristen verkauft*

Sou·ve·rän der [zuvə'rɛ:n, suvərɛ:n] <-s, -e> **1.** *jmd., der mit uneingeschränkter Macht herrscht* **2.** (*schweiz.*) *alle stimmberechtigten Bürger*

sou·ve·rän [zuvə'rɛ:n, suvərɛ:n] *Adj.* **1.** *so, dass ein Staat nicht von einem anderen Staat regiert wird* *und politisch unabhängig ist* Wann wurde diese Kolonie ein souveräner Staat? **2.** *so überlegen und selbstsicher, dass man eine Situation oder seinen Gegner unter Kontrolle hat* Er hat ein sehr souveränes Auftreten., Die Mannschaft gewann souverän. **3.** (*veralt.*) *so, dass man über uneingeschränkte Macht verfügt* Ein König war früher ein souveräner Herrscher. ▶Souveränität

so·viel *Konj.* ■ **soviel ich weiß ...**: *verwendet, um auszudrücken, dass das Gesagte nur auf dem eingeschränkten Wissen des Sprechers beruht, also auch falsch oder unvollständig sein könnte* Soviel ich weiß, ist sie krank. ◆ aber Getrenntschreibung So viel für heute., Rede nicht so viel., Du kannst haben, so viel du willst., Er hat doppelt/noch einmal so viel Geld wie ich., Ich habe so viel Zeit, dass ... *siehe auch* **so**

> **i Wissenswert** ...: Die Konjunktion „soviel“ drückt aus, dass sich aus der Aussage ein Informationsstand ableiten lässt. Soviel ich weiß, soll es heute nicht zu regnen beginnen. Die Fügung „so viel“ drückt aus, dass etwas im selben hohen Maß oder Umfang zutrifft. Nimm, so viel du willst!

so·weit *Konj.* (≈ *soviel*) Soweit mir bekannt ist, sind die Museen heute geschlossen. ◆ aber Getrenntschreibung Die Sache ist so weit., Es geht ihr so weit gut., Er ist noch nicht so weit., Es kommt noch so weit, dass ... *siehe auch* **so**

> **i Wissenswert** Syntaktisch ist „soweit“ eine Konjunktion. Sie ist gleichbedeutend mit der Fügung „in dem Maße, wie“. Soweit ich weiß, müsste er morgen aus dem Urlaub zurück sein. „So weit“ dagegen bezeichnet eine Bereitschaft einer Person, auf ein kommendes Ereignis vorbereitet zu sein. Wir können jetzt gehen, ich bin so weit.

so·we·nig *Konj. verwendet, um auszudrücken, dass das im Nebensatz Gesagte im Widerspruch zur Aussage des Hauptsatzes steht* Sowenig er auch darüber weiß, er hält stets kluge Reden. ◆ aber Getrenntschreibung Ich bin so wenig dazu bereit wie du., Sie soll sich so wenig wie möglich bewegen., Er hat so wenig Geld wie sie. *siehe auch* **so**

> **i Wissenswert** Als Konjunktion wird „sowenig“ konzessiv gebraucht. Sowenig Erfahrung er auch hat, er kennt sich in seiner Sache aus. (= Obwohl er nur sehr wenig Erfahrung hat...). Im Gegensatz zu „so viel“ drückt „so wenig“ aus, dass etwas im selben niedrigen Maß oder Umfang zutrifft: Ich will dich so wenig wie möglich belasten.

so·wie *Konj.* **1.** (≈ *sobald*) Sowie ich das Buch ausgelesen habe, gebe ich es dir zurück. **2.** (≈ *und*) *verwendet, um in einer Aufzählung gleichartiger Dinge das letztgenannte Element anzuschließen* Äpfel, Birnen sowie Aprikosen mag ich sehr gern.

so·wie·so, **so·wie·so** *Adv.* (≈ *ohnehin*) *so, dass es unabhängig von allem ist und auf jeden Fall geschieht* Du kannst mir die Bücher mitgeben, ich gehe sowieso in die Bibliothek.

So·w·jet der [zɔ'vjɛt, 'zɔvjɛt] <-s, -s> (*hist.*) (*in der ehemaligen Sowjetunion*) *Organ der Selbstverwaltung*

So·w·jet·bür·ger, **So·w·jet·bür·ge·rin** der <-s, -> (*hist.*) *jmd., der die sowjetische Staatsbürgerschaft hat*

so·w·je·tisch <nicht steig.> *Adj.* (*hist.*) *auf die Sowjetunion bezogen*

So·w·jet·u·ni·on die <-> (*hist.*) *der ehemalige Staat in Osteuropa und Nordasien, der der Vorläufer der GUS ist*

so·wohl *Konj.* ■ **sowohl ... als auch**: *verwendet, um auszudrücken, dass zwei Aussagen gleichzeitig richtig sind* Mir gefällt sowohl klassische Musik als auch Rockmusik., Er ist sowohl Regisseur als auch Schauspieler.

> **i Wissenswert** Einem „sowohl“ muss stets ein „als auch“ folgen: Er spricht sowohl Chinesisch als auch Japanisch. Das „auch“ kann weggelassen werden: seine Freunde wie seine Feinde, der Vater wie die Mutter. Handelt es sich bei der Verbindung um zwei Substantive, so kann „als“ und auch „wie“ stehen, wohingegen bei Verbindung von Nebensätzen nur die Fügung „sowohl - als“ verwendet wird: Sowohl sein Neffe wie/als auch seine Nichte beglückwünschten ihn. Er hatte sowohl seinen Koffer gepackt als auch das Taxi bestellt.

so·zi·al *Adj.* **1.** *auf die Art und Weise bezogen, in der Menschen in einer Gesellschaft zusammenleben* soziale Spannungen, die sozialen Verhältnisse **2.** *auf die Gesellschaft bezogen* Diese Erfindung war zweifellos ein sozialer Fortschritt. **3.** *so, dass es dem Wohl der Allgemeinheit und insbesondere ärmeren oder schwächeren Menschen dient* Er ist sozial eingestellt., Die sozialen Einrichtungen benötigen mehr Geld.

> **i Wissenswert** „Sozial“ und „soziologisch“ werden oft verwechselt. Sie haben jedoch unterschiedliche Wortbedeutungen, die unterschieden werden müssen. „Sozial“ hat die Bedeutung von „die Gesellschaft betreffend, gemeinnützig“ an, während „soziologisch“ sich auf die Gesellschaftswissenschaft bezieht: „die Soziologie, Gesellschaftswissenschaft betreffend“. Beispiel: Er verfügt über die Fähigkeit, sozial zu denken. Das ist aber eine soziologische Betrachtungsweise, meinst du nicht?

So·zi·al·ab·ga·ben <-> *Plur. das Geld, das Arbeit-*

nehmer dem Staat zahlen, um bei Krankheit, Arbeitslosigkeit und im Alter versorgt zu sein

So·zi·al·amt das <-(e)s, Sozialämter> *die Behörde, bei der man Sozialhilfe bekommt*

So·zi·al·ar·bei·ter, So·zi·al·ar·bei·te·rin der <-s, -> *jmd., der beruflich bestimmte Personen betreut, die aufgrund ihrer sozialen Verhältnisse Hilfe benötigen*

So·zi·al·de·mo·krat, So·zi·al·de·mo·kra·tin der <-en, -en> *jmd., der Mitglied der sozialdemokratischen Partei ist*

So·zi·al·de·mo·kra·tie die <-> (*kein Plur.*) *eine politische Ausrichtung, die die Grundsätze des Sozialismus und der Demokratie zu verbinden sucht* ▸sozialdemokratisch

So·zi·al·ein·kom·men das <-s, -> *das Geld, das der Staat und die Versicherung an jmdn. bezahlt, der sich nicht selbst versorgen kann und auf finanzielle Hilfe angewiesen ist*

So·zi·al·fall der <-(e)s, Sozialfälle> *jmd., der auf Sozialhilfe angewiesen ist*

So·zi·al·ge·schich·te die <-> (*kein Plur.*) *der Teil der Geschichtswissenschaft, der sich vor allem mit gesellschaftlichen Gruppen, Schichten und Strukturen befasst*

So·zi·al·hil·fe die <-> (*kein Plur.*) *das Geld, das der Staat Menschen in Not gibt, damit sie alle Dinge bezahlen können, die sie zum Leben unbedingt brauchen* ▸Sozialhilfeempfänger

So·zi·a·li·sa·ti·on die <-> (*kein Plur.*) PSYCH. *der Vorgang, dass ein Mensch sich an den Umgang mit anderen Menschen gewöhnt und sich in die Gesellschaft integriert*

so·zi·a·li·sie·ren <sozialisierst, sozialisierte, hat sozialisiert> *mit OBJ* **1.** ■ *jmd. sozialisiert jmdn.* PSYCH. *jmdn. in die Gemeinschaft einordnen* ◆ resozialisieren **2.** ■ *jmd. sozialisiert etwas* WIRTSCH. (*einen Betrieb, der bisher*) *Privateigentum* (*war,*) *verstaatlichen*

So·zi·a·lis·mus der <-s> (*kein Plur.*) **1.** (*in den Theorien von Marx und Engels*) *die dem Kommunismus vorausgehende gesellschaftliche Entwicklungsstufe in Form einer Gesellschaft, die auf Gleichheit, Solidarität und Gerechtigkeit basiert, in der es keinen Privatbesitz an den wichtigsten Produktionsmitteln, keine Ausbeutung der Arbeiter und keine Bevormundung bei der Güterverteilung mehr gibt* **2.** *der tatsächlich existierende Sozialismus*[1] (*zum Beispiel in den Ländern des ehemaligen Ostblocks*), *der für den gesellschaftlichen Besitz der Produktionsmittel und die Kontrolle bei der Warenproduktion und -verteilung eintritt*

So·zi·a·list, So·zi·a·lis·tin der <-en, -en> *Vertreter des Sozialismus*

so·zi·a·lis·tisch <nicht steig.> *Adj. auf den Sozialismus bezogen*

So·zi·al·kun·de die <-> (*kein Plur.*) *ein Schulfach, in dem politische und gesellschaftliche Zusammenhänge vermittelt werden*

So·zi·al·leis·tungen <-> *Plur. alle Leistungen des Staates und des Arbeitgebers, die der Verbesserung der Arbeits- und Lebensbedingungen sowie der wirtschaftlichen Absicherung des Arbeitnehmers dienen*

so·zi·al·li·be·ral <nicht steig.> *Adj.* POL. **1.** *so, dass gleichzeitig soziale*[3] *und wirtschaftliche Ziele verfolgt werden* eine sozialliberale Politik **2.** *so, dass eine liberale Partei und eine sozialdemokratische Partei gemeinsam an etwas beteiligt sind* eine sozialliberale Koalition/Regierung

So·zi·al·mie·ter, So·zi·al·mie·te·rin der <-s, -> *jmd., der in einer Sozialwohnung wohnt*

So·zi·al·pä·da·go·ge, So·zi·al·pä·da·go·gin der <-n, -n> *jmd., der in der Sozialpädagogik tätig ist*

So·zi·al·pä·da·go·gik die <-> *der Bereich der Pädagogik, der sich mit der Erziehung und Betreuung von* (*gefährdeten*) *Kindern und Jugendlichen außerhalb der Familie und der Schule befasst*

so·zi·al·pä·da·go·gisch <nicht steig.> *Adj. auf die Sozialpädagogik bezogen*

So·zi·al·po·li·tik die <-> (*kein Plur.*) *eine Politik, die das Ziel hat, die sozialen Verhältnisse der Bevölkerung zu verbessern* ▸sozialpolitisch

So·zi·al·pro·dukt das <-(e)s> (*kein Plur.*) (*wirtsch.*) *s.* **Bruttosozialprodukt**

So·zi·al·staat der <-(e)s, -en> *ein Staat, der versucht, seine Bürger durch ein System von Sozialleistungen in finanziellen Notsituationen* (*zum Beispiel aufgrund von Arbeitslosigkeit*) *vor dem Abgleiten in die Armut zu schützen*

So·zi·al·ver·siche·rung die <-> (*kein Plur.*) *die Versicherung des Arbeitnehmers, die die wirtschaftliche Absicherung im Falle von Arbeitslosigkeit, Krankheit und Alter gewährleistet*

so·zi·al·ver·träg·lich *Adj. so, dass keine sozialen Ungerechtigkeiten entstehen* ▸Sozialverträglichkeit

So·zi·al·wis·sen·schaf·ten <-> *Plur.* (≈ *Soziologie*)

So·zi·al·wis·sen·schaft·ler der <-s, -> (≈ *Soziologe*)

so·zi·al·wis·sen·schaft·lich <nicht steig.> *Adj.* (≈ *soziologisch*)

So·zi·al·woh·nung die <-, -en> *eine Wohnung in Wohnhäusern, die der Staat für Leute erbaut hat, die wenig Geld haben und für die man wenig Miete bezahlen muss*

so·zi·o·kul·tu·rell *Adj. das kulturelle* (*Werte-*)*System einer sozialen Gruppe betreffend*

So·zi·o·lekt der <-(e)s, -e> SPRACHWISS. *eine Variante einer Sprache, die für eine bestimmte gesellschaftliche Gruppe oder Schicht typisch ist*

So·zi·o·lo·ge, So·zi·o·lo·gin der <-n, -n> *Wissenschaftler auf dem Gebiet der Soziologie*

So·zi·o·lo·gie die <-> (*kein Plur.*) *die Wissenschaft, die sich mit dem gesellschaftlichen* (*Zusammen-*)*Leben, mit dem Verhalten des Menschen in der Gesellschaft oder in einer Gruppe befasst*

so·zi·o·lo·gisch <nicht steig.> *Adj. auf die Soziologie bezogen*

so·zi·o·ö·ko·no·misch <nicht steig.> *Adj. Gesellschaft und Wirtschaft betreffend*

So·zi·us der <-, -se/Sozii> **1.** (*Plur. Sozii*) WIRTSCH.

jmd., der an einer Firma oder einem Geschäft beteiligt ist **2.** (*Plur. Soziusse*) *jmd., der auf einem Motorrad hinter dem Fahrer sitzt*

so·zu·sa·gen *Adv.* (≈ *gewissermaßen*) *verwendet, um auszudrücken, dass der verwendete Begriff nur ungefähr zutrifft* Das Gemälde war sozusagen das Vorbild vieler ähnlicher Bilder anderer Künstler.

Spach·tel der/die <-s/- , -/-n> *ein Werkzeug, mit dem vor allem Maurer arbeiten und mit dem man Gips, Putz, Mörtel o.Ä. auf einer Fläche verteilt und glatt macht*

spach·teln <spachtelst, spachtelte, hat gespachtelt> *mit OBJ/ohne OBJ* ■ *jmd. spachtelt (etwas) etwas mit einem Spachtel auf einer Fläche verteilen und glatt machen* Er spachtelt Gips in die Fugen., Sie spachtelt die Decke., Er spachtelt mit Gips.

Spa·gat[1] der/das <-(e)s, -e> **1.** *eine Körperhaltung (beim Turnen, Ballett o.Ä.), bei der die Beine so weit gespreizt sind, dass sie eine Gerade bilden* Der Turner macht einen Spagat. **2.** (*übertr.*) *der Vorgang, dass jmd. gleichzeitig Dinge tut oder Aufgaben erfüllt, die sehr gegensätzlich sind und sich oft ausschließen* Ihm gelingt der Spagat zwischen Kreativität und eiserner Disziplin.

Spa·gat[2] der <-(e)s, -e> (*österr.*) *Schnur, Bindfaden*

Spa·ghet·ti, *a.* **Spa·get·ti** <-> *Plur. sehr lange dünne Nudeln*

Spa·ghet·ti·trä·ger, *a.* **Spa·get·ti·trä·ger** der <-s, -> *sehr schmale Träger*[2]*, die besonders Kleider oder Oberteile haben, die man im Sommer anzieht* ein Sommerkleid mit Spaghettiträgern

spä·hen *ohne OBJ* **1.** ■ *jmd. späht (irgendwohin) mit den Augen heimlich jmdn. oder etwas suchen* Sie spähte durchs Schlüsselloch. **2.** ■ *jmd. späht (nach jmdm./etwas) nach jmdm. oder etwas Ausschau halten* Er spähte vergeblich nach ihr.

Spä·her, **Spä·he·rin** der <-s, -> (≈ *Kundschafter*) *jmd., der besonders im Krieg heimlich feindliches Gebiet betritt und versucht, möglichst viele Informationen und Erkenntnisse über den Feind zu gewinnen*

Spa·lier das <-s, -e> **1.** *ein Gitter an einer Hauswand, an dem Kletterpflanzen nach oben wachsen* Der Efeu rankt sich am Spalier empor. **2.** *zwei Reihen von Menschen, die sich einander gegenüber aufstellen* Die Hochzeitsgäste bildeten ein Spalier für das neuverheiratete Paar.

Spalt der <-(e)s, -e> *eine lange, schmale Öffnung* einen Spalt im Felsen finden, die Tür einen Spalt öffnen

Spal·te die <-, -n> **1.** (≈ *Spalt*) *eine längliche Öffnung in etwas* eine Spalte in einer Mauer **2.** (≈ *Kolumne*) *ein Teil eines gedruckten Textes, der in der Form eines länglichen Blocks angeordnet ist* zwei Spalten Text auf jeder Seite des Wörterbuches **3.** (*österr.*) *eine einzelne Scheibe einer Frucht* Die Mutter schneidet den Apfel in Spalten

spal·ten <spaltest, spaltete, hat gespalten/gespaltet> **I.** *mit OBJ* **1.** ■ *jmd. spaltet etwas etwas (mit einem Werkzeug) der Länge nach in zwei oder mehrere Teile zerteilen* Er spaltet Holz mit einer Axt. **2.** ■ *jmd./etwas spaltet jmdn./etwas jmd. oder etwas bewirkt, dass eine Einheit nicht mehr besteht* Die Affäre drohte die Partei zu spalten. **II.** *mit SICH* **1.** ■ *etwas spaltet sich etwas teilt sich* Die Haare/Die Fingernägel spalten sich. **2.** ■ *etwas spaltet sich sich teilen, eine Einheit aufgeben* Die Partei hatte sich gespalten.

Spal·tung die <-, -en> **1.** *das Spalten I,1, II,2* **2.** (PHYS.: ≈ *Kernspaltung*)

Span der <-(e)s, Späne> (*meist Plur.*) *eines der vielen kleinen Stücke aus Holz oder Metall, die beim Sägen oder Hobeln entstehen* ■ **Wo gehobelt wird, (da) fallen Späne.**: *Jede an sich gute Sache hat auch negative Seiten.*

Span·fer·kel das <-s, -> *ein junges Ferkel, das noch gesäugt wird*

Span·ge die <-, -n> **1.** *ein kleiner (verzierter) Gegenstand aus Metall oder Kunststoff, den Frauen als Schmuck im Haar tragen oder mit dem man ein Kleidungsstück zusammenhält* eine Spange im Haar tragen, Der Umhang wurde von einer Spange zusammengehalten. **2.** *kurz für „Zahnspange"*

Span·gen·schuh der <-(e)s, -e> *ein Schuh für Damen, der mit einem kleinen Lederriemen und einem Knopf zum Schließen versehen ist*

Spa·ni·el der <-s, -s> *ein kleiner Jagdhund mit langen Haaren und großen Ohren*

Spa·ni·en <-s> *Land in Südwesteuropa*

Spa·nier, **Spa·nie·rin** der <-s, -> *jmd., der die spanische Staatsbürgerschaft besitzt*

spa·nisch <nicht steig.> *Adj. auf Spanien oder die spanische Sprache bezogen* ein spanisches Gericht, Sie spricht spanisch (in spanischer Sprache)., Sie lernt gerade Spanisch (die spanische Sprache)., Wie heißt das denn auf Spanisch? ■ **jemandem spanisch vorkommen** (*umg.*): *jmdm. seltsam vorkommen* **spanischer Reiter**: *ein Hindernis* **spanischer Stiefel**: *ein Folterwerkzeug* **spanische Wand**: *Paravent* ◆ Großschreibung→R 3.17, R 3.19 der Spanische Erbfolgekrieg, die Spanische Fliege (Insekt) *siehe auch* **deutsch**

Spa·nisch/Spa·ni·sche das <-(s)> (*kein Plur.*) *die spanische Sprache siehe auch* **Deutsch**

Spann der <-(e)s, -e> (≈ *Rist*) *der obere Teil des Fußes*

Spann·be·ton der <-s> (*kein Plur.*) *besonders stabiler Beton, der Stahl enthält*

Span·ne die <-, -n> **1.** (≈ *Zeitraum*) Um den Programmierfehler zu finden bleibt, lediglich eine Spanne von wenigen Stunden. **2.** WIRTSCH. *der Gewinn, den ein Händler beim Verkauf einer Ware macht (als der Unterschied zwischen Einkaufs- und Verkaufspreis der Ware)* ◆ Gewinn-, Handels-

span·nen **I.** *mit OBJ* **1.** ■ *jmd. spannt etwas an den Enden von etwas ziehen und es so befestigen, dass es straff ist* Wir spannten eine Plane über das Auto. **2.** ■ *jmd. spannt ein Tier vor etwas Akk. die Gurte eines Zugpferdes an einem Fuhrwerk o.Ä. befestigen* Man spannte die Pferde vor den Wagen. **II.** *ohne OBJ* ■ *etwas spannt (irgendwo) (umg.) zu eng sein* Das Kleid spannt an den Hüften. **III.** *mit SICH* ■ *etwas spannt sich straff werden* Das Schiffstau spannte sich und riss.

span·nend *Adj.* (↔ *langweilig*) *so, dass man neugierig wird, wie sich eine Geschichte, ein Film, ein Buch o.Ä. weiter entwickelt* ein spannender Krimi/Roman, Das Buch ist so spannend, dass ich es nicht aus der Hand legen kann.

Span·ner der <-s, -> **1.** (*abwert.* ≈ *Voyeur*) **2.** ZOOL. *in vielen Arten vorkommender Schmetterling*

Spann·la·ken das <-s, -> *ein elastisches Betttuch, das man über eine Matratze spannt*

Spann·tep·pich der <-(e)s, -e> (*schweiz.*) *Teppichboden*

Span·nung die <-, -en> **1.** ELEKTROTECHN. *die Stärke des elektrischen Stroms, die man in Volt misst* Vorsicht, diese Leitung steht unter Spannung! ◆-sabfall, -sgefälle, -smesser, -sprüfer, -sregler, Hoch-, Gleich-, Wechsel- **2.** (*kein Plur.*) *die Nervosität und Neugier, die man empfindet, wenn man auf eine wichtige Entscheidung wartet oder wenn Gefahr droht* Die Zuschauer erwarten mit Spannung die zweite Halbzeit des Finales., Man spürt förmlich die Spannung in der Halle, das nächste Tor bringt die Entscheidung! **3.** (*meist Plur.*) (≈ *Krise*) *ein Zustand, in dem sehr leicht ein Streit oder eine problematische Situation entstehen kann* Thema der Gespräche waren auch die sozialen/politischen/wirtschaftlichen Spannungen.

Span·nungs·mes·ser der <-s, -> ELEKTROTECHN. *ein Gerät, mit dem man die Spannung[1] messen kann*

Spann·wei·te die <-, -n> *die Länge der beiden Flügel eines Vogels bzw. der beiden Tragflächen eines Flugzeugs*

Span·plat·te die <-, -n> *eine Platte aus gepressten und verleimten Holzspänen*

Spar·brief der <-(e)s, -e> BANKW. *eine Bescheinigung darüber, dass man Geld für längere Zeit angelegt hat*

Spar·buch das <-(e)s, Sparbücher> BANKW. *ein kleines Heft, in dem steht, wie viel Geld man auf einem bestimmten Bankkonto hat und in dem die Bank verzeichnet, wenn man Geld abhebt, einzahlt usw.* Er hat ein Sparbuch für seinen Sohn angelegt.

Spar·büch·se die <-, -n> (≈ *Spardose*)

Spar·do·se die <-, -n> *ein Gefäß, in das man Münzen und Geldscheine legt, die man spart I*

Spar·ein·la·ge die <-, -n> *eine Geldsumme, die man bei einer Bank eingezahlt hat und die in einem Sparbuch vermerkt ist*

spa·ren **I.** *mit OBJ/ohne OBJ* ■ *jmd. spart (etwas/Geld) (auf/für etwas Akk.) Geld nicht ausgeben, sondern (für einen bestimmten Zweck) aufheben* Sie spart ihr Taschengeld., Wir sparen auf ein neues Auto., Ich habe für das Fahrrad ein Jahr sparen müssen. ▶Sparförderung, Spargroschen, Sparplan, Sparpolitik, Sparpreis, Sparquote, Sparvorschlag, Sparzins, Sparzwang **II.** *mit OBJ* **1.** ■ *jmd./etwas spart etwas weniger von etwas verbrauchen* Wir sparen Energie., Ein solches Verfahren spart Kosten. **2.** ■ *jmd./etwas spart sich/jmdm. etwas* (≈ *sich ersparen*) *so handeln, dass man etwas nicht tun muss bzw. eine (unangenehme) Situation vermeidet* Auf diese Weise sparten wir uns viel Arbeit und Ärger

Spa·rer, **Spa·re·rin** der <-s, -> *jmd., der spart I*

Spar·flam·me ■ **auf Sparflamme** (*umg. scherzh.*): *mit geringem Kraftaufwand* Er arbeitet nur noch auf Sparflamme.

Spar·gel der <-s, -> *eine Gemüsepflanze mit weißen Stängeln, die in sandigem Boden unter der Erde wachsen und die als besondere Spezialität gelten* zum Spargel Schinken, eine helle Soße und Weißwein servieren ◆-beet, -gemüse, -kraut, -spitze, -suppe, -topf, -zeit

Spar·gut·ha·ben das <-s, -> *das Guthaben, das in einem Sparbuch eingetragen ist*

Spar·heft das <-(e)s, -e> (*schweiz.*) *Sparbuch*

Spar·kas·se die <-, -n> *eine Bank, die von einer Stadt oder Gemeinde betrieben wird*

Spar·kon·to das <-s, Sparkonten> *ein Bankkonto, auf dem gespartes Geld deponiert ist*

spär·lich *Adj. so, dass nur wenig von etwas vorhanden ist* Sie erhält nur eine spärliche Rente., Das Konzert war spärlich besucht.

Spar·maß·nah·me die <-, -n> *eine Maßnahme, mit der man den Verbrauch von Geld, Energie, Kraft o.Ä. einschränkt* Die Regierung beschloss eine Reihe von Sparmaßnahmen.

Spar·prä·mie die <-, -n> (*schweiz.*) *Geld, das jmd. vom Staat bekommt, wenn er Geld auf einem besonderen Konto anlegt und spart*

Spar·ren der <-s, -> *einer der schrägen Balken, die das Dach eines Hauses stützen*

Spar·ring das ['ʃparɪŋ] <-s> (*kein Plur.*) SPORT *Trainingskampf beim Boxen* ◆-spartner

spar·sam *Adj.* **1.** *so, dass jmd. wenig (Geld) verbraucht* ein sparsamer Mensch, Schotten und Schwaben gelten als besonders sparsam. **2.** *so, dass etwas wenig Benzin, Energie o.Ä. benötigt* Das Auto ist sehr sparsam im Verbrauch. **3.** (≈ *spärlich*) *so, dass es nur auf das Notwendige beschränkt ist* Sie leben in einer sparsam eingerichteten Wohnung.

Spar·sam·keit die <-> (*kein Plur.*) *sparsame Art* Ich nenne das nicht mehr Sparsamkeit, sondern Geiz., Man kann auch die Sparsamkeit übertreiben.

Spar·schwein das <-(e)s, -e> *eine Sparbüchse, die wie ein Schwein geformt ist*

Spar·strumpf der <-(e)s, Sparstrümpfe> *ein Strumpf, in dem manche Menschen ihr gespartes Geld aufbewahren*

spar·ta·nisch *Adj.* (*geh.*) *sehr einfach und auf das Nötigste beschränkt* Ein Bett, ein Tisch und ein Stuhl – das Zimmer war wirklich spartanisch eingerichtet.

Spar·te die <-, -n> **1.** *ein bestimmter Teil oder Bereich eines Ganzen* In dieser Sparte werden laufend Arbeitsplätze angeboten., In der Sparte „Nutzfahrzeuge“ ist der Umsatz gefallen, in der Sparte „Sportwagen“ dagegen gestiegen. **2.** (≈ *Ru-*

brik) ein bestimmter Teil einer Zeitung mit einem bestimmten Thema Er schreibt für die Sparte Kultur.

Spar·ten·ka·nal der <-s, Spartenkanäle> *ein Fernseh- oder Radiosender, der nur Sendungen aus einem bestimmten Bereich, wie z.B. Kultur, Nachrichten, Musik, ausstrahlt*

Spaß der <-es, Späße> **1.** (*≈ Scherz*) *etwas, das man sagt oder tut, damit andere es lustig finden und darüber lachen* Das war ein gelungener/harmloser/schlechter Spaß., Er hat doch nur Spaß gemacht. **2.** (*kein Plur.*) *das Vergnügen und die Freude, die man bei einer Sache empfindet* Wir hatten viel Spaß bei dem Ausflug., Das macht mir keinen Spaß!, Viel Spaß!, Er hat uns den ganzen Spaß verdorben.

spa·ßen *ohne OBJ* ■ *jmd. spaßt (mit jmdm./etwas) scherzen* Ich spaße nicht! ■ **mit jemandem/etwas ist nicht zu spaßen**: *jmd. oder etwas ist sehr ernst zu nehmen*

spa·ßes·hal·ber *Adv. so, dass man keine bestimmte Absicht damit verbindet, sondern es nur zum Spaß tut*

spa·ßig *Adj. lustig und unterhaltsam* ein spaßiger Film, Er ist ein spaßiger Bursche, der immer Witze macht.

Spaß·ma·cher der <-s, -> *jmd., der gern Scherze macht, um andere zu unterhalten*

Spaß·ver·der·ber, **Spaß·ver·der·be·rin** der <-s, -> (*≈ Spielverderber*) *jmd., der bei einem Spaß nicht mitmacht und so anderen die Freude daran nimmt*

Spaß·vo·gel der <-s, Spaßvögel> (*umg.*) *jmd., der gerne scherzt*

spas·tisch <nicht steig.> *Adj.* MED. *so, dass die Muskeln des Körpers sich zu sehr zusammenziehen* Sie ist spastisch gelähmt.

spät *Adj.* **1.** *am Ende eines bestimmten Zeitraums* Wir sind erst spät in der Nacht nach Hause gekommen., So spät in der Saison sind nur wenige Feriengäste im Hotel. **2.** *so, dass es nach dem sonst üblichen oder erwartbaren Zeitpunkt liegt* Ostern liegt dieses Jahr spät., Bis später! ■ **von früh bis spät**: *den ganzen Tag* ◆ Getrenntschreibung→R 4.1 Dann wird es wohl zu spät sein., eine spät vollendete Oper, ein spät geborenes Kind, die spät Kommenden, die zu spät Gekommenen; Schreibung mit Bindestrich→R 4.15 Bitte entschuldigen Sie mein Zu-spät-Kommen! ►Spät- -antike, -film -frucht, -obst, -phase, -renaissance

spät·a·bends *Adv. spät am Abend* Wir sind erst spätabends nach Hause gekommen.

Spät·aus·sied·ler, **Spät·aus·sied·le·rin** der <-s, -> *ein Einwohner eines anderen Staates, der deutsche Vorfahren hat und der alle Rechte eines Deutschen erhält, wenn er nach Deutschland zieht*

Spät·bu·cher, **Spät·bu·che·rin** der <-s, -> *jmd., der einen Urlaub erst kurz vor Beginn der Reise bucht, um weniger Geld zu bezahlen*

Spa·tel der/die <-s, -> *ein kleiner Spachtel*

Spa·ten der <-s, -> *eine Art Schaufel, mit der man den Boden umgräbt oder ein Loch aushebt* Er gräbt den Garten mit einem Spaten um.

spä·ter (*Komp. zu „spät"*) **I.** *Adj.* (*≈ zukünftig*) *so, dass das Genannte erst in der Zukunft existiert oder der Fall ist* Was werden wohl die späteren Generationen über uns denken?, Damals lernte sie ihren späteren Mann kennen. **II.** *Adv. nach einer gewissen Zeit* Kann ich Sie später zurückrufen?, Bis später!

spä·tes·tens *Adv.* (*↔ frühestens*) *so, dass es nicht später als bis zu dem genannten Zeitpunkt ist* Ich bin spätestens in einer Stunde wieder hier., Sie müssen bis spätestens morgen 12 Uhr das Hotel verlassen.

Spät·fol·ge die <-, -n> *ein Schaden oder eine negative Folge von etwas, die erst (viel) später auftreten als die Handlung, die sie verursacht hat* Der rätselhafte Tod des Sportlers soll eine Spätfolge von Doping sein.

Spät·ge·burt die <-, -en> (*↔ Frühgeburt*) **1.** *die Geburt eines Kindes, die später stattfindet als erwartet* **2.** *ein Kind, das durch eine Spätgeburt[1] zur Welt gekommen ist*

Spät·herbst der <-(e)s, -e> *die Zeit kurz vor Winterbeginn*

Spät·le·se die <-, -n> **1.** *die Ernte von reifen Weintrauben gegen Ende des Herbstes* **2.** *qualitativ hochwertiger Wein aus Trauben der Spätlese[1]*

Spät·nach·rich·ten <-> *Plur. eine Nachrichtensendung in Fernsehen oder Rundfunk, die spätabends oder nachts gesendet wird*

Spät·pro·gramm das <-(e)s> (*kein Plur.*) *alle Sendungen, die spätabends oder nachts im Fernsehen oder Rundfunk kommen und die oft für Jugendliche nicht geeignet sind*

Spät·scha·den der <-s, Spätschäden> (*meist Plur.*) *die Folge eines (organischen) Schadens, die erst (lange) nach der eigentlichen Schädigung auftritt* Er leidet heute noch an den Spätschäden des Unfalls.

Spät·schicht die <-, -en> (*↔ Frühschicht*) *eine Arbeitsschicht, die spätabends beginnt* Er hat die ganze Woche Spätschicht in der Fabrik.

Spät·som·mer der <-s, -> *die Zeit kurz vor Herbstbeginn*

Spät·vor·stel·lung die <-, -en> FILM THEAT. *eine Aufführung eines Theaterstückes oder Kinofilms, die spätabends stattfindet* Ich habe Kinokarten für die Spätvorstellung um 22 Uhr reserviert.

Spät·werk das <-(e)s> (*kein Plur.*) *alle Werke eines Künstlers, die er in der letzten Phase seiner Arbeit geschaffen hat* im Museum eine Ausstellung des Spätwerks von Picasso ansehen

Spatz der <-(es)/-en, -en> (*≈ Sperling*) *ein kleiner Vogel mit grauen und brauen Federn* ■ **das pfeifen die Spatzen von den/allen Dächern** (*umg.*): *das wissen längst alle*

Spat·zen·hirn das <-s, -e> (*umg. abwert.*) *geringe Intelligenz* Wie soll er das mit seinem Spatzenhirn verstehen?

Spätz·le <-> *Plur. kleine längliche Nudeln, die man besonders im Süden Deutschlands isst*

Spät·zli <-> *Plur.* (*schweiz.*) *Spätzle*

Spät·zün·der der <-s, -> ■ **jemand ist ein Spätzünder** (*umg. scherzh.*): *jmd. begreift Dinge eher langsam*

spa·zie·ren *ohne OBJ* ■ *jmd. spaziert* (*irgendwohin*) *langsam, nur zum Vergnügen und ohne bestimmtes Ziel gehen* Wir spazierten auf und ab. ◆ Getrenntschreibung→R 4.1 spazieren gehen, spazieren führen, spazieren fahren

spa·zie·ren füh·ren <führst spazieren, führte spazieren, hat spazieren geführt> *mit OBJ* ■ *jmd. führt ein Tier spazieren mit einem Tier spazieren gehen und es dabei leiten* Ich muss noch den Hund spazieren führern. *siehe aber auch* **spazieren**

Spa·zier·fahrt die <-, -en> *ein Ausflug mit dem Auto, der meist kein festes Ziel hat*

Spa·zier·gang der <-(e)s, Spaziergänge> *das Spazieren* Komm doch mit, wir wollen noch einen Spaziergang machen! ◆ Sonntags-, Strand-, Wald-

Spa·zier·gän·ger, **Spa·zier·gän·ge·rin** der <-s, -> *jmd., der einen Spaziergang macht*

Spa·zier·stock der <-(e)s, Spazierstöcke> *ein Stock mit einem runden Griff, auf den sich* (*ältere*) *Menschen beim Gehen stützen*

Spa·zier·weg der <-(e)s, -e> *ein Weg, an dem viele Menschen gerne Spaziergänge machen*

Specht der <-(e)s, -e> *ein Vogel, der mit seinem Schnabel an Bäume klopft, um Insekten zu fangen*

Spe·cial das ['spɛʃəl] <-s, -s> *eine Sendung im Fernsehen oder im Rundfunk, die sich nur mit einem bestimmten Thema, einer bestimmten Persönlichkeit oder einem bestimmten Ereignis beschäftigt*

Speck der <-(e)s> (*kein Plur.*) **1.** *ein Stück Schweinefleisch mit viel Fett* geräucherter/durchwachsener Speck, Spiegeleier mit Speck **2.** (*umg. scherzh.*) *Fettpolster* Sie hat ganz schön Speck um die Hüften.

spe·ckig <speckiger, am speckigsten> *Adj. so, dass etwas sehr gebraucht aussieht und vor Fett oder Schmutz glänzt* Der Hemdkragen war schon ganz speckig.

Speck·röll·chen das <-s, -> (*umg. scherzh.*) *Speck*[2]

Speck·sei·te die <-, -n> *ein großes Stück Speck vom Schwein*

Speck·stein der <-(e)s> (*kein Plur.*) *ein sehr weiches Mineral, das sich fettig anfühlt und aus dem man beispielsweise Skulpturen formen kann*

Spe·di·teur der [ʃpedi'tøːɐ̯] <-s, -e> *jmd., der eine Spedition betreibt*

Spe·di·ti·on die <-, -en> *ein Unternehmen, das Güter und Möbel mit Lastwagen befördert* ◆ -sunternehmen

spe·di·tiv *Adj.* (*schweiz.*) *rasch, zügig*

Speer der <-(e)s, -e> **1.** (≈ *Lanze, Spieß*) *ein langer Stab mit einer scharfen Spitze, der früher als Waffe diente* **2.** SPORT *ein Stab, der ungefähr wie ein Speer*[1] *aussieht und den man möglichst weit werfen muss* ◆ -werfer, -wurf

Spei·che die <-, -n> **1.** *eine der vielen ganz dünnen Stangen, die bei einem Rad die Felge mit der Nabe verbinden* **2.** (ANAT.: ↔ *Elle*) *einer der beiden Knochen, die den Unterarm bilden*

Spei·chel der <-s> (*kein Plur.*) *die Flüssigkeit, die sich im Mund bildet und die das Kauen und Schlucken von Nahrung leichter macht*

Spei·chel·le·cker der <-s, -> (*umg. abwert.*) *jmd., der seinem Vorgesetzten gegenüber besonders unterwürfig ist, um sich beliebt zu machen und sich Vorteile zu verschaffen* ▸Speichelleckerei

Spei·cher der <-s, -> **1.** (*süddt. westmdt.*) *Dachboden* Die alte Holzkiste steht auf dem Speicher. **2.** *ein Gebäude, in dem man Vorräte oder Waren aufbewahrt* Das Getreide wird im Speicher gelagert. ◆ Getreide-, Korn- **3.** EDV *der Teil eines Computers, in dem Informationen und Daten gespeichert sind* ◆ -baustein, -element, -erweiterung, -kapazität, -optimierung, -platz, Arbeits-, Festplatten-

spei·cher·in·ten·siv *Adj.* EDV *so, dass Daten, Programme o.Ä. besonders viel Platz auf dem Speicher*[3] *benötigen*

Spei·cher·me·di·um das <-s, Speichermedien> (EDV: ≈ *Datenträger*) *ein Gegenstand wie eine Diskette, eine CD o.Ä., auf dem man Daten speichern kann*

spei·chern <speicherst, speicherte, hat gespeichert> *mit OBJ* **1.** ■ *jmd. speichert etwas* (*irgendwo*) *lagern* **2.** ■ *jmd. speichert etwas* (*irgendwo*) EDV *Daten auf einem Speicher*[3] *sichern, damit man sie wieder verwenden kann* Ich habe die Daten auf der Festplatte/auf einer Diskette gespeichert.

Spei·cher·platz der <-es> (*kein Plur.*) EDV *die Menge an Daten und Informationen, die auf einen Datenträger passen* Auf der Diskette ist kein Speicherplatz mehr frei.

Spei·che·rung die <-> (*kein Plur.*) *das Speichern*[1] [2]

spei·en <speist, spie, hat gespien> *mit OBJ/ohne OBJ* (*geh.*) **1.** ■ *jmd. speit* (*etwas*) *spucken, sich erbrechen* Der Kranke spie Blut., Ihr wurde schlecht und sie musste speien. **2.** ■ *etwas speit* (*etwas*) *eine Flüssigkeit kommt aus etwas heraus* Der Vulkan speit Lava., Die Brunnenfiguren speien wieder.

Spei·se die <-, -n> (≈ *Gericht*) *eine bestimmte Menge verschiedener Nahrungsmittel, die in einer bestimmten Weise zubereitet sind* Es gab kalte/warme Speisen. ◆ -nfolge, Lieblings-, Nach-, Vor-

Spei·se·brei der <-(e)s,> (*kein Plur.*) *die dicke, flüssige Masse, die aus Speisen entsteht, wenn diese im Magen des Menschen verdaut werden*

Spei·se·eis das <-es> (*kein Plur.*) *Eis*

Spei·se·kam·mer die <-, -n> *ein kleiner Raum* (*neben der Küche*), *in dem man Vorräte aufbewahrt*

Spei·se·kar·te die <-, -n> *ein Heft, das meist auf den Tischen eines Restaurants liegt und in dem die Speisen und Getränke stehen, die man in dem Restaurant bestellen kann*

spei·sen <speist, speiste, hat gespeist> **I.** *mit OBJ/*

ohne OBJ ■ *jmd. speist (etwas) (geh.) essen* Wir speisten Lachs., In diesem Lokal kann man exklusiv/vorzüglich speisen. **II.** *mit OBJ* **1.** ■ *jmd. speist jmdn. (geh.) armen Menschen etwas zu essen geben* Man speiste die Armen. **2.** ■ *etwas speist etwas (≈ versorgen)* Der Stausee wird von zwei Flüssen gespeist., Die Taschenlampe wird von einer Batterie gespeist.

Spei·sen·auf·zug der <-(e)s, Speisenaufzüge> *ein kleiner Aufzug[1], mit dem man fertige Speisen von der Küche eines Hotels o.Ä. zum Restaurant befördert*

Spei·sen·fol·ge die <-, -n> *(≈ Menü) alle Gänge einer größeren Mahlzeit*

Spei·se·öl das <-(e)s, -e> *Pflanzenöl, das man zum Kochen verwendet*

Spei·se·raum der <-(e)s, Speiseräume> *(≈ Speisesaal)*

Spei·se·röh·re die <-, -n> ANAT. *das Organ in Form eines Schlauches, durch das das Essen vom Mund in den Magen gelangt*

Spei·se·saal der <-(e)s, Speisesäle> *ein großer Raum, beispielsweise in einem Hotel, in dem Menschen Mahlzeiten einnehmen*

Spei·se·wa·gen der <-s, -> EISENB. *ein Wagen in einem Eisenbahnzug mit eingebauter Küche und einer Art Restaurant, in dem man essen kann*

Spek·ta·kel[1] das <-s, -> *ein Ereignis, das aufregend ist und Aufsehen erregt* Der Vulkanausbruch war ein beeindruckendes Spektakel.

Spek·ta·kel[2] der <-s, -> *(umg.) Lärm, Radau, Krach* Mach doch nicht einen solchen Spektakel!

spek·ta·ku·lär *Adj. so, dass etwas Aufsehen erregt*

spek·t·ral <nicht steig.> *Adj.* PHYS. *das Spektrum[1] betreffend*

Spek·t·ral·far·be die <-, -n> *(meist Plur.)* PHYS. *eine der reinen Farben mit einer bestimmten Wellenlänge, aus denen sich das weiße Licht zusammensetzt*

Spek·t·rum das <-s, Spektren/Spektra> **1.** PHYS. *die verschiedenen Regenbogenfarben, aus denen sich das weiße Licht zusammensetzt* **2.** *(geh.) eine Auswahl, die die Vielfalt von etwas zeigt* Die Ausstellung deckt ein breites Spektrum der zeitgenössischen Kunst ab.

Spe·ku·lant, Spe·ku·lan·tin der <-en, -en> *jmd., der sich auf unsichere Geschäfte einlässt* ◆ Börsen-

Spe·ku·la·ti·on die <-, -en> **1.** *(≈ Mutmaßung) der Vorgang, dass man über etwas, das man nicht genau weiß, Überlegungen anstellt* Über den Ausgang der Verhandlungen lassen sich momentan bestenfalls Spekulationen anstellen., Das ist doch reine Spekulation! **2.** WIRTSCH. *ein Geschäft, bei dem man auf Gewinne durch zukünftige Veränderungen von Preisen hofft* Die Spekulation mit Grundstücken/Aktien hat ihm viel Geld eingebracht. ◆ Börsen-

Spe·ku·la·ti·ons·ge·winn der <-(e)s, -e> WIRTSCH. *Geld, das jmd. durch Spekulation[2] gewonnen hat*

Spe·ku·la·ti·us der <-, -> *ein flaches, würziges Gebäck, das man vor allem in der Weihnachtszeit isst*

spe·ku·la·tiv <nicht steig.> *Adj.* **1.** *so, dass etwas nicht auf Tatsachen beruht, sondern nur aus Vermutungen besteht* Solche Ideen/Gedanken sind doch rein spekulativ. **2.** WIRTSCH. *die Spekulation[2] betreffend oder auf ihr beruhend*

spe·ku·lie·ren <spekulierst, spekulierte, hat spekuliert> *ohne OBJ* **1.** ■ *jmd. spekuliert (über etwas Akk.) (≈ mutmaßen) darüber nachdenken oder sprechen, wie sich etwas, von dem man nicht viel weiß, entwickeln wird* Über den Ausgang des Gerichtsverfahrens wurde viel spekuliert. **2.** ■ *jmd. spekuliert (an der Börse)* WIRTSCH. *in der Hoffnung auf große Gewinne riskante Geschäfte machen* Sie spekuliert mit Grundstücken/Aktien., an der Börse spekulieren **3.** ■ *jmd. spekuliert (auf etwas Akk.) (umg.) mit etwas rechnen* Er spekuliert auf eine Erbschaft/auf eine gute Note/auf eine neue Wohnung.

Spe·lun·ke die <-, -n> *(umg. abwert.) eine Kneipe, die keinen guten Ruf hat*

Spel·ze die <-, -n> **1.** *die dünne Hülse eines Getreidekorns* **2.** *Teil des Blütenstandes von Gräsern*

spen·da·bel <spendabler, am spendabelsten> *Adj. (umg.) großzügig, freigiebig*

Spen·de die <-, -n> *Geld, das man freiwillig für einen sozialen oder wohltätigen Zweck gibt* eine Spende machen, Spenden für einen wohltätigen Zweck sammeln

spen·den **I.** *mit OBJ/ohne OBJ* ■ *jmd. spendet (etwas) (für jmdn./etwas) als Spende geben* Man spendete viel Geld für die Opfer des Erdbebens., Er spendet für einen guten Zweck. **II.** *mit OBJ* **1.** ■ *jmd./etwas spendet etwas etwas abgeben, (um anderen zu helfen)* Er spendet regelmäßig Blut., Sie hat eine Niere gespendet., Der Baum spendet Schatten. **2.** *(geh.)* ■ *jmd./etwas spendet (jmdm.) etwas jmdm. zuteil werden lassen* Er spendet ihr Trost., Das Publikum spendete dem Künstler viel Beifall.

Spen·den·af·fä·re die <-, -n> *der Vorgang, dass Spendengelder nicht für den Zweck genutzt worden sind, für den sie bestimmt waren* Führende Politker der Partei waren in die Spendenaffäre verwickelt.

Spen·den·ak·ti·on die <-, -en> *eine Aktion, wie beispielsweise ein Benefizkonzert o.Ä., bei der Menschen dazu aufgefordert werden, Geld für einen guten Zweck zu spenden*

Spen·den·auf·ruf der <-(e)s, -e> *der Aufruf an die Bevölkerung, Geld oder Dinge für einen (bestimmten) wohltätigen Zweck zu spenden*

Spen·den·geld das <-(e)s, -er> *(meist Plur.) Geld aus Spenden* Die Partei wird verdächtigt, Spendengelder veruntreut zu haben.

Spen·den·kon·to das <-s, -s/Spendenkonten> *ein Konto, auf das man Spenden für einen bestimmten Zweck einzahlen kann* Bei der Bank wurde ein Spendenkonto für die Opfer des Hochwassers eingerichtet.

Spen·der, **Spen·de·rin** der <-s, -> **1.** *jmd., der etwas spendet* Allen Spendern wurde gedankt. **2.** *ein spezielles Gefäß, aus dem man flüssige oder breiartige Substanzen wie Flüssigseife oder Zahncreme in kleinen Portionen entnehmen kann* ◆ Seifen-

Spen·der·blut das <-(e)s> (*kein Plur.*) *Blut, das jmd. für eine Transfusion gespendet hat*

Spen·der·nie·re die <-, -n> MED. *eine Niere, die jmd. für eine Organtransplantation gespendet hat*

spen·die·ren <spendierst, spendierte, hat spendiert> *mit OBJ* ■ *jmd. spendiert (jmdm.) etwas* (*umg.*) *jmdm. etwas, z.B. ein Getränk oder ein Essen, bezahlen* Ich spendiere dir jetzt ein Bier!

spen·dier·freu·dig *Adj. so, dass jmd. gerne anderen etwas spendiert* Sie ist heute sehr spendierfreudig, sie zahlt schon die dritte Runde.

Spen·dier·ho·sen ■ **jemand hat die Spendierhosen an** (*umg.*): *jmd. ist in einer spendierfreudigen Laune*

Spen·gler, **Speng·le·rin** der <-s, -> (*süddt. österr. schweiz.*) *Klempner*

Spen·zer der [s'pɛntsɐ] <-s, -> *ein kurze, eng anliegende Jacke*

Sper·ber der <-s, -> *ein kleiner Greifvogel mit graubraunen Federn*

Spe·renz·chen/Spe·ren·zi·en <-> *Plur.* (*umg. abwert.*) *Schwierigkeiten, die jmd. jmdm. bereitet, weil er etwas nicht tun will* Mach jetzt bloß keine Sperenzchen!

Sper·ling der <-s, -e> (≈ *Spatz*)

Sper·ma das <-s, Spermen/Spermata> *die Flüssigkeit, die die männlichen Samenzellen enthält*

Sper·mi·um das <-s, Spermien> BIOL. *reife, männliche Keimzelle*

Sper·mi·zid das <-(e), -e> MED. *ein Mittel zur Empfängnisverhütung, das die männlichen Samenzellen abtötet*

sperr·an·gel·weit *Adv.* (*umg.*) ■ **sperrangelweit offen**: *sehr weit geöffnet* Die Tür steht schon wieder sperrangelweit offen.

Sper·re die <-, -n> **1.** *eine Vorrichtung wie eine Schranke, ein Zaun o.Ä., die verhindern soll, dass andere einen bestimmten Weg einschlagen oder einen bestimmten Platz betreten* Die Polizisten errichteten auf der Straße eine Sperre. ◆ Straßen- **2.** *das Verbot, an offiziellen Wettkämpfen teilzunehmen* Nachdem er des Dopings überführt worden war, verhängte man über den Sportler eine Sperre von zwei Jahren.

sper·ren **I.** *mit OBJ* **1.** ■ *jmd. sperrt etwas dafür sorgen, dass niemand weitergehen oder weiterfahren kann* Die Polizei sperrte die Straße. **2.** ■ *jmd. sperrt (jmdm.) etwas verhindern, dass jmd. etwas weiter benutzen kann* Man sperrte ihm das Telefon/das Konto. **3.** SPORT ■ *jmd. sperrt jmdn. einem Spieler oder einer Mannschaft verbieten, an einem offiziellen Wettkampf teilzunehmen* Nach dem groben Foul wurde der Spieler für sechs Wochen gesperrt. **4.** ■ *jmd. sperrt ein Tier irgendwohin ein Tier in einen Raum bringen, aus dem es nicht entweichen kann* Der bissige Hund wurde in einen Käfig gesperrt. **II.** *mit SICH* ■ *jmd. sperrt sich (gegen etwas Akk.) sich weigern, etwas zu tun* Sie sperrte sich gegen den Plan.

Sperr·feu·er das <-s, -> MILIT. *Feuer, das in einem Gefecht verhindern soll, dass der Gegner angreifen kann*

Sperr·frist die <-, -en> RECHTSW. *ein Zeitraum, in dem jmd. bestimmte Dinge nicht tun darf*

Sperr·ge·biet das <-(e)s, -e> *ein Gebiet, das nur bestimmte Personen betreten dürfen* Bei diesem Areal handelt es sich um ein militärisches Sperrgebiet, das nicht betreten werden darf.

Sperr·holz das <-es> (*kein Plur.*) *eine Platte, die aus mehreren dünnen verleimten Schichten Holz besteht*

sper·rig *Adj. groß und unhandlich* Ich weiß nicht, wie wir diesen sperrigen Schrank transportieren sollen. ▶ Sperrigkeit

Sperr·müll der <-s> (*kein Plur.*) *Müll, der aus sperrigen Gegenständen, wie beispielsweise Möbeln, besteht und der gesondert abgeholt werden muss*

Sperr·sitz der <-es, -e> *im Zirkus die vorderen, im Kino oder Theater die hinteren Plätze*

Sperr·stun·de die <-, -n> (≈ *Polizeistunde*)

Spe·sen <-> *Plur. Unkosten und Auslagen, die jmd. beispielsweise im Rahmen von Geschäftsreisen hat und die vom Arbeitgeber ersetzt werden* ■ **außer Spesen nichts gewesen** (*umg.*): *verwendet, um auszudrücken, dass eine Sache nicht den gewünschten Erfolg gebracht hat* ◆ -aufstellung, -rechnung

Spes·sart der <-s> *ein deutsches Mittelgebirge*

Spe·zi der (*süddt. österr.*) *guter Freund*

Spe·zi·al- **1.** *drückt aus, dass jmd. oder etwas eine ganz bestimmte Funktion hat und sich so von anderen unterscheidet* ◆ -ausführung, -geschäft, -glas, -handschuh, -papier, -vollmacht **2.** *drückt aus, dass sich jmd. oder etwas auf ein bestimmtes Teilgebiet eines Fachs bezieht* ◆ -kenntnisse, -literatur, -wissen

Spe·zi·al·aus·bil·dung die <-, -en> *eine Ausbildung, in der man besondere Kenntnisse auf einem betimmten Gebiet oder für eine besondere Aufgabe erwirbt*

Spe·zi·al·ge·biet das <-(e)s, -e> *das Gebiet, auf das sich jmd. spezialisiert hat*

spe·zia·li·sie·ren <spezialisierst, spezialisierte, hat spezialisiert> *mit SICH* ■ *jmd. spezialisiert sich auf etwas Akk. sich auf ein Fachgebiet konzentrieren* Der Verlag spezialisierte sich früh auf die Erstellung von Wörterbüchern.

Spe·zia·li·sie·rung die <-, -en> *das Spezialisieren*

Spe·zia·list, **Spe·zia·lis·tin** der <-en, -en> (≈ *Experte*) *ein Fachmann oder eine Fachfrau mit einem bestimmten Spezialgebiet* Sie ist eine Spezialistin für Steuerrecht., Mehrere Spezialisten arbeiten an der Lösung des Problems. ◆ Computer-

Spe·zia·li·tät die <-, -en> **1.** *eine Speise, die für eine bestimmte Region oder ein bestimmtes Restaurant typisch ist* In diesem Lokal gibt es vorwiegend bayerische Spezialitäten., Ich empfehle Ihnen die Spezialität des Hauses. **2.** *etwas, das jmd. besonders gut kann* Die Lösung von komplizierten Rätseln ist seine Spezialität.

spe·zi·ell **I.** *Adj.* **1.** (≈ *besonders* ↔ *allgemein*) *so, dass es vom Allgemeinen abweicht und für einen besonderen Fall gilt* Sollten Sie spezielle Fragen oder Wünsche haben, können Sie sich gerne an mich wenden. **2.** (≈ *besonders*) Das Essen habe ich speziell für dich gekocht., Der Stuhl wurde speziell für mich angefertigt. **II.** *Adv. in besonders hohem Maße, vor allem* Ich mag Wein, speziell aus dieser Gegend. ◆ Großschreibung→R 3.4, R 3.7 im Speziellen

Spe·zi·es die ['ʃpe:tsi̯ɛs, 'spe:tsi̯ɛs] <-, -> *Art, Sorte, Gattung*

Spe·zi·fi·ka·ti·on die <-,- en> **1.** (*kein Plur.*) *Aufzählung im Einzelnen, detaillierte Darlegung* **2.** (*nur Plur.*) *die technischen Angaben, die ein Gerät beschreiben*

Spe·zi·fi·kum das <-s, Spezifika> (*geh.*) *eine Eigenschaft oder ein Merkmal, das jmdn./etwas von anderen unterscheidet*

spe·zi·fisch <nicht steig.> *Adj. so, dass es für jmdn. oder etwas charakteristisch und typisch ist und eine Art kennzeichnet* Ein spezifisches Merkmal des Menschen ist seine Fähigkeit, sprechen zu können., In der Physik bezeichnet das spezifische Gewicht das Gewicht eines Körpers im Verhältnis zu seinem Volumen. ◆ alters-, branchen-, geschlechts-

spe·zi·fi·zie·ren <spezifizierst, spezifizierte, hat spezifiziert> *mit OBJ* ■ *jmd. spezifiziert etwas etwas genau und ausführlich erklären* Können Sie die Ein- und Ausgaben/dieses Problem spezifizieren? ▶Spezifizierung

Sphä·re die <-, -n> **1.** *Himmelsgewölbe* **2.** *ein Bereich, in dem jmd. Einfluss hat oder der jmdn. interessiert* die private/öffentliche/politische Sphäre ◆ Interessen-, Intim-, Privat-

Sphinx der/die <-> (*kein Plur.*) *ein Fabelwesen (aus der ägyptischen Mythologie) mit dem Leib eines Löwen und dem Kopf eines Menschen*

Spi·ckel der <-s, -> (*schweiz.*) *Zwickel an Kleidungsstücken*

spi·cken **I.** *mit OBJ* **1.** ■ *jmd. spickt etwas* KOCH. *kleine Speckstücke in mageres Fleisch stecken* Er spickte den Rinderbraten. **2.** ■ *jmd. spickt etwas mit etwas Dat.* (*umg.*) *sehr reichlich mit etwas ausstatten* Sie spickte ihren Vortrag mit Fremdwörtern. **II.** *ohne OBJ* ■ *jmd. spickt (bei jmdm.)* (*umg.*) *bei einer Prüfung abschreiben* Er hatte beim Sitznachbarn gespickt und eine Sechs bekommen.

Spick·zet·tel der <-s, -> (*landsch.*) *kleiner Zettel zum Spicken II*

Spie·gel der <-s, -> **1.** *eine glatte Glasfläche, die zeigt, was sich vor ihr befindet* Sie schminkt sich vor dem Spiegel., Er steht den ganzen Tag vorm Spiegel. ◆ Schmink-, Taschen-, Wand- **2.** (*übertr.*) *etwas, worin die wesentlichen Eigenschaften von von etwas (indirekt) sichtbar werden* Die Texte dieser Autorin sind ein Spiegel unserer Zeit ■ **jemandem den Spiegel vorhalten**: *jmdn. auf seine Fehler oder seine schlechten Eigenschaften hinweisen*

Spie·gel·bild das <-(e)s, -er> *das Bild, das man in einem Spiegel[1] sieht* ▶spiegelbildlich

spie·gel·blank <nicht steig.> *Adj.* (*umg.*) *sehr sauber*

Spiegel·ei das <-s, -er> *ein gebratenes Ei, bei dem das Eigelb in der Mitte vom Eiweiß umgeben ist*

spie·gel·glatt <nicht steig.> *Adj.* (*umg.*) *sehr glatt* Die Straßen waren spiegelglatt.

spiegel·gleich <nicht steig.> *Adj.* (*veralt.* ≈ *symmetrisch*)

spie·geln <spiegelst, spiegelte, hat gespiegelt> **I.** *mit OBJ* **1.** ■ *etwas spiegelt jmdn./etwas* (≈ *widerspiegeln*) *etwas als Spiegelbild zeigen* Das Schaufenster spiegelt die vorbeigehenden Spaziergänger. **2.** (*übertr.*) ■ *etwas spiegelt jmdn./etwas* (≈ *widerspiegeln*) *etwas abbilden, reflektieren* Seine Romane spiegeln die sozialen Zustände jener Zeit. **3.** ■ *jmd. spiegelt etwas* MED. *ein Organ mit einer Art Spiegel von innen untersuchen* Der Darm/Der Magen musste gespiegelt werden, um eine eindeutige Diagnose stellen zu können. **II.** *ohne OBJ* ■ *etwas spiegelt glänzen* Die Fliesen spiegeln vor Sauberkeit. **III.** *mit SICH* ■ *jmd./etwas spiegelt sich (irgendwo) als Spiegelbild erkennbar sein* Die Bäume spiegeln sich im Fluss.

Spie·gel·re·flex·ka·me·ra die <-, -s> FOTOGR. *eine Kamera, die einen kleinen Spiegel enthält, durch den man das, was man fotografieren will, genau so sieht, wie es auf dem Foto erscheint*

Spie·gel·schrank der <-(e)s, Spiegelschränke> *ein Kleiderschrank, auf dessen Türen oder dessen Vorderseite Spiegel angebracht sind*

Spie·gel·schrift die <-> (*kein Plur.*) *seitenverkehrte Schrift*

Spiel das <-(e)s, -e> **1.** *eine Tätigkeit, die man nur zum eigenen Vergnügen macht und die keinen äußeren Zweck hat* Kinder üben im Spiel wichtige Fähigkeiten. **2.** *eine zum Zwecke des Spiels[1] dienende Aktivität, die meist einen eigenen Namen hat, nach bestimmten Regeln ausgeübt wird und zum Zeitvertreib dient* Schach ist ein Spiel für zwei Personen., Nicht alle Spiele sind Glücksspiele. ◆ Brett-, Dame-, Geschicklichkeits-, Mühle-, Karten-, Puzzle-, Versteck- **3.** SPORT *ein Ballspiel, das als sportlicher Wettkampf ausgetragen wird* Das Spiel endete 2:0., Das war ein dramatisches/hochklassiges/wichtiges Spiel. ◆ Auswärts-, Basketball-, Freundschafts-, Fussball-, Handball-, Heim-, Tennis-, Mannschafts- **4.** TECHN. *die Bewegungsfreiheit, die zwei Bauteile gegeneinander haben* Der Schalter hat zu viel Spiel! **5.** (*kein Plur.*) *die Art, wie jmd. ein Instrument spielt* Sie bewunderten das leidenschaftliche Spiel des Pianisten. **6.** *Interpretation einer Rolle durch einen Schauspieler* Die Kritik war von dem Spiel der jungen Schauspielerin begeistert. ■ **ein Spiel mit dem Feuer**: *ein Verhalten, das riskant und gefährlich ist* **viel aufs Spiel setzen** (*umg.*): *viel wagen* **leichtes Spiel mit jemandem haben** (*umg.*):

S

jmdn. leicht beeinflussen oder überreden können **jemanden/etwas aus dem Spiel lassen**: *jmdn. oder etwas nicht in eine Angelegenheit hineinziehen*

Spiel·an·zug der <-(e)s, Spielanzüge> *ein Anzug, den (kleine) Kinder beim Spielen tragen*

Spiel·bank die <-, -en> (≈ *Spielkasino*)

spie·len **I.** *mit OBJ/ohne OBJ* **1.** ■ *jmd. spielt (etwas) ein (bestimmtes) Spiel ausführen* Sie spielen Fußball/Schach/Karten., Die Kinder spielen Fangen., Die Kinder spielen im Garten/im Hof., Der Trainer wusste noch nicht, ob der verletzte Spieler am Samstag spielen kann. **2.** ■ *jmd. spielt (etwas) (mit einem Instrument) Musik machen* Er spielt Flöte/Klavier., Sie spielt in einem Orchester. **3.** ■ *jmd. spielt (etwas) an einem Glücksspiel teilnehmen* Sie spielen Lotto., Er spielt mit hohem Einsatz/um viel Geld. **II.** *mit OBJ* **1.** ■ *jmd. spielt jmdn./etwas als Schauspieler eine Rolle darstellen* Er spielt die Hauptfigur/den Hamlet. **2.** ■ *jmd. spielt etwas ein Theaterstück aufführen* Die Schultheatergruppe spielt zwei Einakter. **3.** ■ *jmd. spielt jmdn./etwas (oft abwert.) so tun, als ob* Er spielt den Boss/den Starken. **4.** ■ *jmd. spielt etwas Musik abspielen* Sie spielt immer die gleichen Lieder/CDs. **III.** *ohne OBJ* **1.** ■ *jmd. spielt (gegen jmdn.) einen Sportwettkanpf austragen* Die Heimmannschaft hat gegen die favorisierten Gäste unentschieden gespielt. **2.** ■ *etwas spielt (irgendwann) (irgendwo) stattfinden* Die Handlung des Romans spielt im vergangenen Jahrhundert. **3.** ■ *jmd. spielt mit jmdm./etwas es mit jmdm. oder etwas nicht ernst meinen* Sie hat mit seinen Gefühlen nur gespielt.

spie·lend <nicht steig.> *Adj.* (≈ *mühelos*) *so, dass es jmdm. sehr leicht fällt, etwas zu tun* Er hat die Prüfung spielend geschafft.

Spie·ler, **Spie·le·rin** der <-s, -> **1.** SPORT *jmd., der als Mitglied einer Mannschaft an einem Ballspiel teilnimmt.* **2.** *jmd., der regelmäßig Glücksspiele betreibt* Er hat als Spieler ein Vermögen verloren.

Spie·le·rei die <-, -en> (*abwert.*) *etwas, das man für unsinnig oder überflüssig hält* Was haben denn die ganzen Spielereien an deinem Auto gekostet?

spie·le·risch *Adj.* **1.** *wie im Spiel*[1] Der Hund schnappte spielerisch nach meiner Hand., Er bewältigte die Aufgabe mit spielerischer Leichtigkeit. **2.** *die Technik des Spiels*[3] *betreffend* Die Mannschaft zeigte eine hervorragende spielerische Leistung.

Spie·ler·wech·sel der <-s, -> SPORT *der Austausch eines Spielers einer Mannschaft gegen einen anderen während eines Wettkampfs*

Spiel·feld das <-(e)s, -er> SPORT *ein Platz, auf dem Mannschaftsspiele stattfinden*

Spiel·film der <-(e)s, -e> *ein Film mit einer erfundenen Handlung, der der Unterhaltung dient*

Spiel·geld das <-(e)s> (*kein Plur.*) *bedrucktes Papier, das wie Geld aussieht und das man in manchen Spielen verwendet*

Spiel·hal·le die <-, -n> *ein großer Raum mit vielen Spielautomaten*

Spiel·höl·le die <-, -n> (*abwert.*) *ein Ort, an dem (illegales) Glücksspiel betrieben wird*

Spiel·ka·me·rad, **Spiel·ka·me·ra·din** der <-en, -en> *ein Kind, das mit einem anderen Kind gemeinsam spielt*[1]

Spiel·kar·te die <-, -n> *einzelne Karte als Teil eines Kartenspiels*

Spiel·ka·si·no das <-s, -s> *eine Institution, in der man Glücksspiele spielen kann*

Spiel·kon·so·le die <-, -n> *ein Gerät, mit dem man Computerspiele am Fernseher spielen kann*

Spiel·mann der <-(e)s, Spielleute> **1.** (*im Mittelalter*) *fahrender Musikant* **2.** *jmd., der in einer Musikkapelle (einer militärischen Einheit oder eines Vereins) ist, die an Umzügen teilnimmt*

Spiel·mar·ke die <-, -n> (≈ *Jeton*) *eine Art Münze aus Kunststoff, die bei Glücksspielen für einen bestimmten Geldbetrag steht*

Spie·lo·thek die <-, -en> (≈ *Spielhalle*)

Spiel·plan der <-(e)s, Spielpläne> *das Programm der Schauspiele, Opern und Operetten, die in einem Theater (während einer Spielzeit) aufgeführt werden* Das umstrittene Stück wurde vom Spielplan abgesetzt.

Spiel·platz der <-es, Spielplätze> *ein Platz mit verschiedenen Geräten, wie z.B. Schaukeln, Rutschen oder Wippen, auf dem Kinder spielen können* Die Kinder sind auf dem Spielplatz.

Spiel·raum der <-(e)s, Spielräume> *der Freiraum, den jmd. hat, um etwas zu tun und frei über etwas zu entscheiden* Das Hochwasser stieg von Stunde zu Stunde, so dass der Spielraum zum Handeln immer geringer wurde., Für die Fertigstellung des Prototypen haben wir noch genügend Spielraum.

Spiel·re·gel die <-, -n> **1.** *eine der Regeln, die den Ablauf eines Spiels bestimmen* **2.** (*übertr.*) *eine Regel für das korrekte Verhalten in einer bestimmten Situation* In der Familie sollten sich alle an die Spielregeln halten., Er kannte die Spielregeln der Diplomatie.

Spiel·sa·chen <-> *Plur.* (≈ *Spielzeug*) *die Gegenstände, mit denen Kinder spielen*

Spiel·stra·ße die <-, -n> *eine Straße, in der Kinder spielen dürfen und in der Autos deswegen sehr langsam fahren müssen*

Spiel·tag der <-(e)s, -e> SPORT *ein Tag, an dem eines oder mehrere Spiele*[3] *einer Meisterschaft stattfinden* der erste Spieltag der Fußballbundesliga

Spiel·trieb der <-(e)s> (*kein Plur.*) *die natürliche Lust und die Freude am Spielen*

Spiel·ver·der·ber, **Spiel·ver·der·be·rin** der <-s, -> (*abwert.*) *jmd., der bei einer Sache nicht mitmacht und anderen dadurch den Spaß verdirbt* Er ist ein richtiger Spielverderber.

Spiel·wa·ren <-> *Plur.* *Spielsachen, die in einem Geschäft zum Kauf angeboten werden* ◆ -abteilung, -geschäft

Spiel·zeit die <-, -en> **1.** *ein Zeitabschnitt, während dessen an einem Theater Aufführungen stattfinden* Für die kommende Spielzeit wurden sieben neue Schauspieler verpflichtet., Die Spielzeit beginnt mit einer Premiere. **2.** SPORT *die Zeit, die ein Spiel dauert* Die reguläre Spielzeit ist gleich vorbei, aber der Schiedsrichter lässt nachspielen.

Spiel·zeug das <-(e)s> (*kein Plur.*) (≈ *Spielsachen*)

Spieß <-es, -e> **1.** (*früher*) *eine Waffe mit langem Stiel und einer scharfen Spitze* **2.** (≈ *Bratspieß*) *ein Stab aus Metall, den man durch Bratenfleisch steckt, und mit dem man den Braten über dem Feuer oder Grill dreht* Das Spanferkel wird am Spieß gebraten. **3.** *ein längeres, dünnes Stück Metall, das man durch Stücke von Fleisch und Gemüse steckt, um sie gemeinsam zu garen* ■ **den Spieß umkehren** (*umg.*): (*bei einem Streit, einer Auseinandersetzung*) *die Rollen vertauschen* **brüllen/schreien wie am Spieß** (*umg.*): *sehr laut brüllen oder schreien*

Spieß·bür·ger, **Spieß·bür·ge·rin** der <-s, -> (≈ *Spießer abwert.*) *jmd., der* (*auf unangenehme Art*) *konservativ und engstirnig ist* ▶ spießbürgerlich

spie·ßen <spießt, spießte, hat gespießt> **I.** *mit OBJ* ■ *jmd. spießt etwas* (*auf etwas Akk.*) *einen spitzen Gegenstand so durch etwas hindurchstecken, dass es darauf festgehalten wird* Sie spießt das Fleisch auf die Gabel. **II.** *mit SICH* (*österr.*) **1.** ■ *etwas spießt sich verklemmen* In der Schublade spießt sich etwas. **2.** ■ *etwas spießt sich sich nicht so entwickeln, wie man es sich gewünscht hat* Das Verfahren spießt sich.

Spie·ßer, **Spie·ße·rin** der <-s, -> (*abwert.* ≈ *Spießbürger*)

Spieß·ge·sel·le der <-, -n> (*meist Plur.*) (*abwert.* ≈ *Helfershelfer, Komplize*) *jmd., der anderen bei einem Verbrechen hilft*

spie·ßig *Adj.* (*umg. abwert.* ≈ *spießbürgerlich*) *in der Art eines Spießbürgers*

Spieß·ru·ten·lauf der <-(e)s> (*kein Plur.*) *der Zustand, dass man von allen möglichen Seiten her mit Feindseligkeit, Bedrohung, Kritik und Spott konfrontiert wird*

Spike der ['ʃpajk, 'spajk] <-s, -s> **1.** *einer der vielen kleinen Nägel an manchen Laufschuhen oder Autoreifen, die verhindern, dass man rutscht, wenn es glatt ist* **2.** (*nur Plur.*) SPORT *rutschfester Laufschuh* (*mit Spikes*[1])

Spi·nat der <-(e)s> (*kein Plur.*) *eine Pflanze mit grünen Blättern, die man als Gemüse isst*

Spind der <-(e)s, -e> **1.** *ein kleiner, einfacher Schrank* **2.** MILIT. *der Schrank, in dem Kleidung und Ausrüstung eines Soldaten untergebracht sind*

Spin·del die <-, -n> *der Teil des Spinnrades, auf den die Fäden gewickelt werden, wenn man Wolle spinnt*

spin·del·dürr <nicht steig.> *Adj.* (*umg.*) *überaus schlank*

Spin·del·trep·pe die <-, -n> BAUW. *Wendeltreppe*

Spi·nett das <(e)s, -e> *ein kleines Tasteninstrument* (*des 16. und 17. Jahrhunderts*)

Spin·ne die <-, -n> *in vielen Arten vorkommendes kleines Tier mit acht Beinen, das ein Netz macht, in dem es Insekten fängt* Viele Menschen haben Angst vor Spinnen. ◆-nnetz

spin·ne·feind ■ **(mit) jemandem spinnefeind sein** (*umg.*): *mit jmdm. verfeindet sein* Die beiden sind sich schon seit langem spinnefeind.

spin·nen <spinnst, spann, hat gesponnen> **I.** *mit OBJ/ohne OBJ* **1.** ■ *jmd. spinnt* (*etwas*) *Garn herstellen* Sie spinnt ihre Wolle selbst., Sie spinnt noch am Spinnrad. **2.** ■ *eine Spinne spinnt* (*etwas*) *Fäden erzeugen und ein Netz daraus machen* Die Spinne spinnt ihr Netz., Die Spinne spinnt vor allem nachts. **II.** *ohne OBJ* ■ *jmd. spinnt* (*umg. abwert.*) *verrückt sein* Spinnst du?

Spin·ner, **Spin·ne·rin** der <-s, -> (*umg. abwert.*) *jmd., der spinnt II*

Spin·ne·rei die <-, -en> **1.** *eine Fabrik, in der Garn hergestellt wird* **2.** (*umg. abwert.*) *sinnlose, unvernünftige Idee oder Sache* Solche Spinnereien kannst du dir in Zukunft nicht mehr leisten., Für derartige Spinnereien haben wir jetzt keine Zeit mehr.

Spinn·ma·schi·ne die <-, -n> *Maschine zum Spinnen I.1*

Spinn·rad das <-(e)s, Spinnräder> *Gerät zum Spinnen I.1*

Spinn·we·be die <-, -n> *ein Spinnennetz oder ein Faden eines Spinnennetzes* Unter dem Dach hingen zahllose Spinnweben.

Spi·on, **Spi·o·nin** der <-s, -e> **1.** *jmd., der spioniert* **2.** (≈ *Türspion*) *ein kleines Loch in der Wohnungstür, durch das man sehen kann, wer davor steht*

Spi·o·na·ge die [ʃpio'na:ʒə] <-> (*kein Plur.*) *das Spionieren* ◆-abwehr, -agent, -fall, -tätigkeit, Betriebs-

Spi·o·na·ge·netz das <-es, -e> (≈ *Spionagering*)

Spi·o·na·ge·ring der <-(e)s, -e> *eine Gruppe von Spionen, die in einem bestimmten Gebiet zusammenarbeiten*

spi·o·nie·ren *ohne OBJ* ■ *jmd. spioniert* (*für jmdn.*) *heimlich militärische, politische oder wirtschaftliche Geheimnisse auskundschaften und diese Informationen an den Auftraggeber weitergeben*

Spi·ra·le die <-, -n> **1.** *eine Linie, die von einem* (*Mittel-*)*Punkt ausgeht, und in immer größer werdenden Kreisen verläuft* **2.** *ein Gegenstand in der Form einer Spirale*[1] **3.** (*umg.*) *eine Art Spirale*[2], *die zur Schwangerschaftsverhütung in die Gebärmutter eingesetzt wird* Sie ließ sich eine Spirale einsetzen.

spi·ral·för·mig <nicht steig.> *Adj. in der Form einer Spirale*

Spi·ri·tis·mus der <-> (*kein Plur.*) *Glaube an übermenschliche Erscheinungen, an die Beschwörung von Geistern* (*Verstorbener*)

Spi·ri·tist, **Spi·ri·tis·tin** der <-en, -en> *jmd., der auf dem Gebiet des Spiritismus aktiv ist*

spi·ri·tis·tisch *Adj. auf den Spiritismus bezogen, zu ihm gehörend* eine spiritistische Sitzung

Spi·ri·tu·al das/der ['spɪrɪtʊəl] <-s, -s> *geistliches*

Volkslied der Schwarzen im südlichen Nordamerika

spi·ri·tu·ell *Adj.* (*geh.*) **1.** (≈ *geistig*) die spirituelle Entwicklung fördern **2.** (*selten*) *geistlich* Sie sangen spirituelle Lieder.

Spi·ri·tu·o·se die <-, -n> (*meist Plur.*) *ein starkes alkoholisches Getränk*

Spi·ri·tus der <-> (*kein Plur.*) *eine Flüssigkeit mit einem hohen Anteil an Alkohol, mit der man beispielsweise Feuer macht* Beim Zelten haben wir mit Spiritus gekocht. ◆-brenner, -lampe

Spi·ri·tus·ko·cher der <-s, -> *ein kleines, einfaches Gerät zum Kochen, das man mit Spiritus beheizt*

Spi·tal das/der <-s, Spitäler> (*österr. schweiz.*) *Krankenhaus*

Spitz der <-es, -e> *ein kleiner Hund mit spitzer Schnauze*

spitz *Adj.* **1.** (↔ *stumpf*) *so geformt, dass die Seiten an einem Ende immer schmaler werden und auf einen Punkt zulaufen* Ich brauche einen spitzen Bleistift. **2.** (≈ *bissig*) *so, dass man am Tonfall hören kann, dass der Sprecher böse ist eine spitze Bemerkung machen* Die letzten Worte hatte sie mit spitzer Stimme gesagt.

Spitz·bart der <-(e)s, Spitzbärte> *ein Bart, der das Kinn bedeckt und nach unten spitz zuläuft*

spitz·be·kom·men <bekommst spitz, bekam spitz, hat spitzbekommen> *mit OBJ* ■ *jmd. bekommt etwas spitz* (*umg.* ≈ *spitzkriegen*) *etwas zufällig erfahren*

Spitz·ber·gen <-s> *Teil einer Inselgruppe nördlich von Norwegen*

Spitz·bo·gen der <-s, Spitzbögen> BAUW. *ein Bogen, der nach oben hin spitz[1] zuläuft*

Spitz·bu·be der <-n, -n> **1.** (*abwert.* ≈ *Gauner*) **2.** (*umg.* ≈ *Frechdachs*) *jmd., der pfiffig und ein bisschen frech ist* Der Kleine ist ein richtiger Spitzbube.

spitz·bü·bisch <nicht steig.> *Adj. verschmitzt, schalkhaft* ein spitzbübisches Lächeln

Spit·ze[1] die <-, -n> **1.** *das spitze[1] Ende von etwas* Verletze dich nicht an der Spitze der Nadel/des Messers. **2.** *der höchste Punkt von etwas* Auf der Spitze des Kirchturms ist ein großes, goldenes Kreuz angebracht. **3.** *der vorderste Teil von etwas* Das Bordrestaurant befindet sich an der Spitze des Zuges. **4.** *eine Gruppe von Personen, die etwas leiten* Die gesamte Spitze des Unternehmens hat den Plänen zugestimmt. ◆ Führungs-, Konzern- **5.** (*kein Sing.*) *führende, einflussreiche Persönlichkeiten* Die Spitzen von Kunst und Wissenschaft nahmen an der Tagung teil. **6.** ■ *... km/h Spitze* (*nachgestellt in Verbindung mit einer Zahlenangabe*) *die höchste Geschwindigkeit, die ein Fahrzeug erreichen kann* Das Auto fährt 230 km/h Spitze. **7.** (*umg.*) ■ **einsame Spitze sein** (*umg.*): *erstklassig sein* Der Film ist einsame Spitze!, Das war einsame Spitze! **etwas auf die Spitze treiben**: *bis zum Äußersten gehen* **etwas ist nur die Spitze des Eisberges**: *etwas ist nur der geringere Teil einer unangenehmen Sache, die noch weit mehr umfasst*

Spit·ze[2] die <-, -n> *eine scharfe Bemerkung, mit der man jmdn. kritisieren will* Das war eine Spitze gegen dich.

Spit·ze[3] die <-, -n> *ein Stoff, der mit kunstvollen Mustern verziert ist* mit Spitze verzierte Unterwäsche ◆-ngardinen

Spit·zel der <-s, -> (*abwert.* ≈ *Schnüffler*) *jmd., der spitzelt*

spit·zeln <spitzelst, spitzelte, hat gespitzelt> *ohne OBJ* ■ *jmd. spitzelt* (*für jmdn.*) *für einen Auftraggeber bestimmte Personen beobachten und aushorchen*

spit·zen <spitzt, spitzte, hat gespitzt> *mit OBJ* ■ *jmd. spitzt etwas spitz machen* den Bleistift spitzen ■ **die Ohren spitzen** (*umg.*): *gut zuhören*

Spit·zen- **1.** *verwendet, um auszudrücken, dass jmd. einen sehr hohen Rang hat* ◆-manager, -politiker **2.** (*umg.*) *verwendet, um auszudrücken, dass jmd. oder etwas als besonders gut angesehen wird* ◆-film, -hotel, -klasse, -lage, -mannschaft, -qualität, -spieler, -technologie **3.** *verwendet, um auszudrücken, dass etwas das höchste Maß von etwas darstellt* ◆-steuersatz, -temperatur, -verdienst, -wert

Spit·zen·blu·se die <-, -n> *eine Bluse, die mit Spitze[3] verziert ist*

Spit·zen·ge·schwin·dig·keit die <-, -en> *die höchste Geschwindigkeit, die ein Fahrzeug erreichen kann*

Spit·zen·hau·be die <-, -n> *eine Art Mütze mit Spitze[3], die Frauen früher trugen*

Spit·zen·kan·di·dat, **Spit·zen·kan·di·da·tin** der <-en, -en> *ein Mitglied einer politschen Partei, das bei einer Wahl die Liste der Kandidaten anführt*

Spit·zen·kleid das <-(e)s, -er> *mit Spitze[3] verziertes Kleid*

Spit·zen·kraft die <-, -kräfte> *hervorragende Arbeitskraft*

Spit·zen·leis·tung die <-, -en> *herausragende Leistung*

spit·zen·mä·ßig *Adj.* (*umg.*) *erstklassig, hervorragend*

Spit·zen·platz der <-es, Spitzenplätze> *einer der besten Ränge, die man bei einem Wettkampf belegen kann* Der Marathonläufer konnte einen Spitzenplatz erringen.

Spit·zen·qua·li·tät die <-> (*kein Plur.*) *hervorragende Qualität*

Spit·zen·rei·ter, **Spit·zen·rei·te·rin** der <-s, -> *der Beste in einer Tabelle*

Spit·zen·tanz der <-es> (*kein Plur.*) *ein Tanz im Ballett, den die Tänzer auf den Zehenspitzen ausführen*

Spit·zer der <-s, -> *ein kleines Gerät, mit dem man Bleistifte spitz macht*

spitz·fin·dig *Adj.* (*abwert.* ≈ *haarspalterisch, kleinlich*) *so, dass man unwichtige Kleinigkeiten besonders betont*

Spitz·fin·dig·keit die <-, -en> **1.** (*kein Plur.*) (*abwert.*) *spitzfindige Art* **2.** *einzelne, von Spitzfin-*

digkeit[1] gekennzeichnete Kritik

spitz·krie·gen *mit OBJ* ■ *jmd. kriegt etwas spitz* (*umg.* ≈ *spitzbekommen*) *etwas zufällig erfahren*

Spitz·maus die <-, -mäuse> *eine Mäuseart, die Insekten frisst*

Spitz·na·me der <-ns, -n> *ein Name, den jmd. jmdm. zum Spaß oder aus Spott gibt* Er heißt Wolfgang, aber sein Spitzname ist „Wolli".

Spitz·we·ge·rich der <-(e)s, -e> *eine Wiesenpflanze mit schmalen Blüten*

spitz·win·ke·lig/spitz·wink·lig *Adj. in oder mit einem Winkel, der kleiner als 90<GRAD> ist*

Spleen der [ʃpliːn, spliːn] <-s, -s/-e> (*umg.* ≈ *Marotte, Tick*) *eine seltsame Angewohnheit, die auf andere komisch wirkt*

spleenig [ˈʃpleːnɪç, ˈspleːnɪç] *Adj. so, dass jmd. einen Spleen hat oder leicht verrückt ist* ein spleeniger Einfall

Splitt der <-(e)s> (*kein Plur.*) *kleine spitze Steinchen, die man beim Straßenbau verwendet* ◆ Roll-

Split·ter der <-s, -> *ein kleines, flaches, spitzes Stück, das von Holz, Metall oder Glas abgebrochen ist* ◆ Glas-, Holz-

split·ter·fa·ser·nackt <nicht steig.> *Adj.* (*umg.*) *völlig nackt*

Split·ter·grup·pe die <-, -n> *eine kleine Gruppe, die sich von einer größeren politischen oder ideologischen Gruppe abgetrennt hat*

split·tern <splittert, splitterte, ist gesplittert> *ohne OBJ* ■ *etwas splittert auseinander brechen und dabei Splitter bilden* Das Holz/Die Glasscheibe splitterte.

Split·ter·par·tei die <-, -en> *s.* **Splittergruppe**

Split·ting das <-s> (*kein Plur.*) **1.** *ein Verfahren bei der Berechnung der Einkommensteuer von Ehepaaren* ◆ Ehegatten- **2.** WIRTSCH. *Teilung einer Aktie, deren Kurs sich vervielfacht hat* **3.** POL. *Verteilung der Erst- und Zweitstimme auf verschiedene Parteien*

Spoi·ler der [ˈʃpɔylɐ, ˈspɔylɐ] <-s, -> KFZ *eine Vorrichtung am Heck eines Autos, die das Fahrzeug besser am Boden haften lässt, wenn man schnell fährt*

spon·sern <sponserst, sponserte, hat gesponsert> *ohne OBJ* ■ *jmd. sponsert jmdn./etwas* (*Sportler, Veranstaltungen*) *finanziell unterstützen*

Spon·si·on die <-, -en> (*österr.*) *Verleihung des Magistergrades*

Spon·sor, **Spon·so·rin** der <-s, -en> *jmd., der einen Sportler, eine Veranstaltung o.Ä. finanziell unterstützt*

Spon·so·ring das <-s, -> *das Sponsern* Die Firma gibt jedes Jahr eine Million Euro für Sponsoring aus.

spon·tan *Adj. so, dass es nicht lange geplant ist, sondern einem plötzlichen Entschluss folgt* Sie haben uns ganz spontan ihre Hilfe angeboten., Wir haben diesen Entschluss ganz spontan gefasst.

Spon·ta·ne·i·tät/Spon·ta·ni·tät die <-> (*kein Plur.*) *spontane Art oder spontanes Handeln*

Sponti der <-s, -s> (*umg.*) *Angehöriger einer kleinen politisch linken Gruppe*

spo·ra·disch *Adj. so, dass es nur manchmal und nicht regelmäßig erfolgt* Wir sehen uns nur noch sporadisch.

Spo·re die <-, -n> (*meist Plur.*) BIOL. *bei bestimmten Pflanzen wie Algen und Pilzen eine Zelle, die der Vermehrung dient*

Spo·ren <-> *Plur. ein kleiner spitzer Gegenstand an den Stiefeln eines Reiters, mit denen er das Pferd antreibt* Der Reiter gibt seinem Pferd die Sporen.

Sport der <-(e)s> (*kein Plur.*) **1.** *eine der körperlichen Aktivitäten, die man zum Vergnügen, zur Kräftigung des Körpers oder als Wettbewerb betreibt* Er treibt begeistert/regelmäßig/gelegentlich Sport. ◆ -anzug, -artikel, -arzt, -ausrüstung, -dress, -hose, -stadion, Breiten-, Freizeit-, Leistungs-, Wettkampf- **2.** *das sportliche Geschehen* Im Anschluss an die Nachrichten folgen die Meldungen vom Sport. **3.** *eine bestimmte Sportart* Welchen Sport treibst du? ◆ Kampf-, Motor-, Rad-, Schwimm-, Winter- **4.** *das Schulfach, in dem Sport[1] unterrichtet wird* ◆ -lehrer, -stunde, -unterricht

Sport·an·la·ge die <-, -n> *eine Anlage, auf der man Sport treiben kann und auf der Sportveranstaltungen stattfinden*

Sport·art die <-, -en> *eine der Disziplinen des Sports* Manche Sportarten stärken besonders die Ausdauer, manche die Kraft., Tennis ist eine sehr beliebte Sportart.

Sport·ar·ti·kel der <-s, -> (*meist Plur.*) *alle Dinge, die man braucht, um Sport zu treiben*

Sport·be·richt der <-(e)s, -e> *ein Bericht* (*im Fernsehen, in einer Zeitung*) *über sportliche Ereignisse*

Sport·fest das <-es, -e> *eine Veranstaltung mit sportlichen Wettkämpfen, die von einer Schule, einem Sportverein o.Ä. organisiert wird*

Sport·geist der <-(e)s> (*kein Plur.*) (≈ *Fairness*)

Sport·ge·schäft das <-(e)s, -e> *ein Geschäft, in dem man Sportartikel kaufen kann*

Sport·ge·tränk das <-(e)s, -e> *eine für sportliche Aktivitäten entwickelte Limonade, die anregt und vom Körper besonders schnell aufgenommen wird*

Sport·hal·le die <-, -n> (≈ *Turnhalle*) *eine Halle, in der bestimmte Sportarten wie z.B. Gymnastik, Turnen oder Ballspiele ausgeübt werden*

Sport·leh·rer, **Sport·leh·re·rin** der <-s, -> *Lehrer für Sport[4]*

Sport·ler, **Sport·le·rin** der <-s, -> *jmd., der Sport treibt* Die Sportler trainieren/schinden sich/ geraten ins Schwitzen/stehen unter der Dusche/kleiden sich um/werden massiert. ◆ Amateur-, Berufs-, Freizeit-, Hobby-, Profi-

sport·lich *Adj.* **1.** *auf den Sport bezogen* Sie sollte sich sportlich betätigen., Ihre sportlichen Leistungen haben sich verbessert. **2.** *durch* (*viel*) *Sport geprägt und daher kraftvoll und dynamisch* Er hat einen sportlichen Körper. **3.** (≈ *fair*) *so, dass man*

S

den sportlichen Gegner respektiert und sich korrekt nach den Regeln verhält Die Mannschaft wurde für ihr sportliches Verhalten ausgezeichnet. **4.** *so, dass etwas sehr dynamisch wirkt* ein sportliches Auto **5.** *so, dass Kleidung einfach und zweckmäßig, aber trotzdem elegant ist* Sie bevorzugt sportliche Kleidung.

Sport·platz der <-es, Sportplätze> *größere Anlage im Freien, auf der man Sport treibt*

Sport·re·por·ter, **Sport·re·por·te·rin** der <-s, -> *ein Reporter, der von Sportereignissen berichtet*

Sports·ka·no·ne die <-e, -n> (*umg.*) *jmd., der sehr viel Sport treibt und dabei sehr erfolgreich ist* Sie ist eine richtige Sportskanone, sie läuft, fährt Rad und spielt Tennis.

Sport·stät·te die <-, -n> *ein Ort, an dem man Sport treiben kann, zum Beispiel ein Stadion oder eine Sporthalle*

Sport·stun·de die <-, -n> *Schulstunde im Fach Sport*[4]

Sport·teil der <-(e)s> (*kein Plur.*) *der Teil einer Zeitung, in dem Berichte über den Sport stehen* Hast du den Sportteil schon gelesen?

Sport·un·fall der <-(e)s, Sportunfälle> *ein Unfall, der beim Sport passiert ist*

Sport·ver·an·stal·tung die <-, -en> *eine Veranstaltung mit sportlichem Wettbewerb*

Sport·ver·band der <-(e)s, Sportverbände> *eine Organisation, in der sich mehrere Sportvereine zusammengeschlossen haben, um gemeinsam ihre Interessen zu vertreten*

Sport·ver·ein der <-(e)s, -e> *ein Verein für Personen, die einen bestimmten Sport ausüben*

Sport·ver·let·zung die <-, -en> *eine Verletzung, die sich jmd. beim Sport zugezogen hat*

Sport·wa·gen der <-s, -> **1.** KFZ *ein sportliches Auto, in dem meist nur zwei Personen sitzen können, das schnell fahren kann und relativ teuer ist* **2.** *ein Kinderwagen, in dem ein Kleinkind bei der Ausfahrt sitzt*

Spot der <-s, -s> **1.** *kurzer Werbefilm oder in Hörfunksendungen eingeblendeter Werbetext* **2.** *kurz für „Spotlight“*

Spot·light das <-s, -s> *ein Lichtstrahl, der auf einen Punkt gerichtet ist*

Spott der <-(e)s> (*kein Plur.*) *Äußerungen und Handlungen, mit denen man sich über jmdn. lustig macht und dabei seine Gefühle verletzt* Er hatte zum Schaden auch noch den Spott., Man trieb Spott mit ihr.

Spott·bild das <-(e)s, -er> (*veralt.*) *Karikatur*

spott·bil·lig <nicht steig.> *Adj.* (*umg.*) *sehr billig*

Spöt·te·lei die <-, -en> **1.** (*kein Plur.*) *das Spötteln* **2.** *spöttische Bemerkung* Er soll endlich mit seinen Spötteleien aufhören!

spöt·teln <spöttelst, spöttelte, hat gespöttelt> *ohne OBJ* ■ *jmd. spöttelt* (*über jmdn./etwas*) *leicht spotten* Sie spöttelten über seinen neuen Anzug.

spot·ten *ohne OBJ* ■ *jmd. spottet* (*über jmdn./etwas*) *sich über etwas oder jmdn. lustig machen* Er spottete über ihr neues Auto. ■ **etwas spottet jeder Beschreibung** (*umg.*): *etwas ist in irgendeiner Hinsicht so extrem, dass man es gar nicht ausdrücken kann*

Spöt·ter, **Spöt·te·rin** der <-s, -> *jmd., der (gern) spottet* Er ist ein böser Spötter!

spöt·tisch *Adj. voll Spott* Sie sah mich spöttisch an/machte eine spöttische Bemerkung.

Spott·preis der <-es, -e> (*umg.*) *überaus günstiger Preis*

sprach·be·gabt *Adj. so, dass jmd. Sprachen schnell und leicht lernen kann*

Spra·che die <-, -n> **1.** (*kein Plur.*) *die Fähigkeit des Sprechens* Er hat nach einem Schock die Sprache verloren. **2.** *ein System von Lauten und Wörtern, das bestimmten Regeln folgt und das Menschen benutzen, um sich zu verständigen* Er beschäftigt sich mit der Verarbeitung von Sprache mithilfe des Computers., Die Linguistik erforscht die Sprache. ◆ Sprachbeherrschung, Sprachforscher, Sprachgenie, Sprachkenntnisse, Sprachsystem, Fremd-, Landes-, Mutter-, Umgangs-, Welt- **3.** *eine einzelne Sprache*[2]*, die von einer bestimmten Gruppe von Menschen gesprochen wird* Sie beherrscht neben der deutschen auch die englische, französische, spanische und russische Sprache., Er beschäftigt sich mit der Sprache der Jugendlichen. ◆ Gauner-, Jäger-, Jugend-, Rechts-, Seemanns- **4.** *eine bestimmte Art des Sprechens bzw. des sprachlichen Ausdrucks* Ich habe ihn an der Sprache erkannt., Der Autor schreibt in einer sehr natürlichen/gekünstelten/schlichten Sprache. **5.** (*übertr.*) *etwas, das mit bestimmten Elementen und deren regelhafter Verwendung bestimmte Bedeutungen vermitteln kann* die Sprache der Malerei/der Musik ◆ Formen- **6.** ■ **Heraus mit der Sprache!** (*umg.*): *Nun sag schon, was los ist!* **etwas zur Sprache bringen**: *etwas ansprechen und diskutieren wollen* **die Sprache bringen auf ...**: *das Thema lenken auf ...* **mit der Sprache (nicht) herausrücken**: *etwas (gar nicht oder) nur zögernd sagen, erzählen* **zur Sprache kommen**: *erwähnt, erörtert werden*

i Wissenswert Als wichtigstes Kommunikationsmittel von Menschen ist **Sprache** zugleich artenspezifisch. Nur der Mensch verfügt über Sprache. Der Begriff bedeutet gleichzeitig (a) Sprache als System und (b) Sprache als eine bestimmte Einzelsprache. Die Fähigkeit, eine Sprache zu lernen, ist dem Menschen angeboren. Artikulierte Laute bilden gleichsam die physische Grundlage von Sprache - oder Ketten von Schriftzeichen in der Schrift, deren Erfindung etwa ins vierte Jahrtausend vor Christus fällt. Das System Sprache lässt sich als aus verschiedenen Teilsystemen aufgebaut betrachten, die eigene Gesetzmäßigkeiten haben. Die Zahl der heute auf der Erde gesprochenen Sprachen setzt man zwischen 3.000 und 5.000 an. Nur ein

> kleiner Teil davon sind aber entwickelte Schriftsprachen.

Spra̲·chen·zent·rum das <-(e)s, -zentren> *zu einer Universität gehörendes Institut, in dem sprachpraktische Kurse in Fremdsprachen (begleitend zum Studium) gegeben werden*

Spra̲ch·er·ken·nungs·prog·ramm das <-(e)s, -e> EDV *ein Computerprogramm, das von Menschen gesprochene Wörter in geschriebenen Text umwandeln kann*

Spra̲ch·er·werb der <-(e)s> (*kein Plur.*) SPRACHWISS. *das Lernen der Muttersprache*

Spra̲ch·fa·mi·lie die <-, -n> *eine Gruppe verwandter Sprachen, die auf eine gemeinsame Sprache zurückgeführt werden können*

Spra̲ch·feh·ler der <-s, -> *das Verhalten, einen bestimmten Laut regelmäßig falsch auszusprechen* Er hat einen Sprachfehler, er lispelt nämlich.

Spra̲ch·ge·brauch der <-(e)s> (*kein Plur.*) *die Art, wie Sprache verwendet wird* Der Linguist untersucht den heutigen Sprachgebrauch/den Sprachgebrauch der Behörden., Nach allgemeinem Sprachgebrauch ist dieser Ausdruck nicht üblich.

Spra̲ch·ge·fühl das <-(e)s> (*kein Plur.*) *das Gefühl dafür, was in einer Sprache richtig und angemessen ist*

Spra̲ch·ge·mein·schaft die <-, -en> *alle Menschen, die die gleiche Muttersprache haben*

Spra̲ch·ge·schich·te die <-> (*kein Plur.*) *die (Wissenschaft von der) Geschichte einer Sprache*

spra̲ch·ge·wal·tig *Adj.* (*geh.*) *so, dass man die Ausdrucksmittel einer Sprache sehr gut beherrscht und wirkungsvoll einsetzen kann* Er ist ein sehr sprachgewaltiger Autor.

Spra̲ch·kennt·nis·se <-> *Plur. Kenntnis einer oder mehrerer Fremdsprachen*

spra̲ch·kun·dig <nicht steig.> *Adj. so, dass jmd. mehrere Sprachen verstehen und sprechen kann*

Spra̲ch·kurs der <-es, -e> *ein Kurs, in dem eine Sprache (als Fremdsprache) gelehrt wird*

Spra̲ch·la·bor das <-s, -e> *ein Raum mit speziellen technischen Geräten, mit denen man Übungen machen kann, die für das Erlernen einer Sprache wichtig sind*

Spra̲ch·leh·re die <-> (*kein Plur.*) (*veralt.* ≈ *Grammatik*)

spra̲ch·lich <nicht steig.> *Adj. auf die Sprache bezogen* auf die sprachlichen Feinheiten Acht geben, die sprachliche Entwicklung kleiner Kinder

spra̲ch·los <nicht steig.> *Adj.* ■ **jemand ist vor ... sprachlos**: *jmd. kann zeitweise nicht sprechen, weil er von der genannten Sache überwältigt ist* Er war vor Erstaunen/vor Freude/vor Schreck völlig sprachlos.

Spra̲ch·pfle·ge die <-> (*kein Plur.*) *alle Versuche, sprachliche Normen festzulegen und aufrechtzuerhalten*

Spra̲ch·raum der <-(e)s, Sprachräume> *ein Gebiet, in dem man eine bestimmte Sprache oder einen bestimmten Dialekt spricht*

Spra̲ch·rei·se die <-, -n> *eine Auslandsreise, die mit einem Sprachkurs (am Reiseziel) verbunden ist*

Spra̲ch·rohr ■ **jemand macht sich zum Sprachrohr von jemandem**: *jmd. drückt die Probleme von jmdm. oder von einer Gruppe aus* Er machte sich zum Sprachrohr der Unterdrückten und Armen.

Spra̲ch·stö·rung die <-, -en> *siehe* **Sprachfehler**

Spra̲ch·wis·sen·schaft die <-> (*kein Plur.*) *Linguistik* vergleichende Sprachwissenschaft studieren, Professor für angewandte/theoretische Sprachwissenschaft *siehe auch* **Linguistik**

> **i Wissenswert** Die **Sprachwissenschaft** beschäftigt sich mit Beschreibung und Erklärung von Sprache und Sprachen. In diese Disziplin fällt eine Vielzahl von Teildisziplinen, welche die unterschiedlichsten Aspekte des Forschungsgegenstands Sprache zu ihrem Schwerpunkt machen. Die Phonologie erforscht die Lautstruktur von Sprache, die Syntax das Zusammenwirken der einzelnen Sprachzeichen zu (Satz-)Konstruktionen. In den Bereich der Semantik fallen alle Fragen nach der Bedeutung sprachlicher Zeichen, die Pragmatik untersucht das Verhältnis zwischen Sprache und Sprachbenutzer. Die Sprachwissenschaft kann sich mit einem einzigen - insbesondere dem heutigen - Zustand von Sprache beschäftigen, das nennt man synchrone Sprachwissenschaft, oder mit der geschichtlichen Entwicklung von Sprache, das nennt man diachrone Sprachwissenschaft. Während die Sprachwissenschaft lange Zeit die Analyseebene des Satzes nicht überschritten hatte, wendet sie sich seit geraumer Zeit auch dem Studium von Texten zu (Textlinguistik).

spra̲ch·wis·sen·schaft·lich <nicht steig.> *Adj. auf die Sprachwissenschaft bezogen*

Spra̲ch·zen·t·rum das <-s, Sprachzentren> *der Teil des Gehirns, in dem Sprache verarbeitet wird*

Spray das [ʃpreː, spreː] <-s, -s> *eine Flüssigkeit in einem Behälter, die durch einen Zerstäuber in Form sehr vieler kleinster Tröpfchen versprüht wird* Hast du schon ein Spray gegen Mücken gekauft? ◆ Deo-, Duft-, Raum-, WC-

Spray·er der [ʃpreːɐ, spreːɐ] <-s, -> *jmd., der mit Farbe aus einer Sprühdose Worte, Parolen oder Bilder an eine Wand oder Mauer malt*

Spre̲ch·bla·se die <-, -n> *in Comiczeichnungen eine Art gezeichneter Kreis, in dem die Worte, die eine Figur spricht, geschrieben sind*

Spre̲ch·chor der <-(e)s, Sprechchöre> *der Vorgang, dass viele Menschen gleichzeitig die gleichen Worte rufen und diese immer wieder wiederholen* Die Fans feuerten ihre Mannschaft in/mit Sprechchören an.

sprẹ·chen <sprichst, sprach, hat gesprochen> **I.** *mit OBJ* **1.** ■ *jmd. spricht etwas (irgendwie) eine Sprache sprechen* Er spricht ein gutes Deutsch/akzentfrei Italienisch. **2.** ■ *jmd. spricht etwas etwas sagen* Er sprach die ganze Zeit kein Wort. **3.** ■ *jmd. spricht jmdn. ein Gespräch mit jmdm. haben* Ich muss Sie unbedingt sprechen! **4.** ■ *jmd. spricht etwas etwas verkünden* Der Papst sprach den Segen., Die Richterin sprach das Urteil. **II.** *ohne OBJ* **1.** ■ *jmd. spricht die Fähigkeit haben, Wörter und Sätze zu bilden* Das Kind kann noch nicht richtig sprechen. **2.** ■ *jmd. spricht sich sprachlich artikulieren* Sie konnte bei der Prüfung vor Nervosität kaum sprechen. **3.** ■ *jmd. spricht irgendwie sich in einer bestimmten Art ausdrücken* Er sprach laut/leise/deutlich/undeutlich/mit hoher Stimme/ins Mikrofon/mit einem Akzent. **4.** ■ *jmd. spricht etwas (irgendwie) eine bestimmte Sprache sprechen* In Brasilien spricht man Portugiesisch. **5.** ■ *jmd. spricht von jmdm./etwas,* ■ *jmd. spricht über jmdn./etwas (im Gespräch) Worte sagen, die eine bestimmte Person oder Sache zum Thema haben* Wir haben erst kürzlich davon gesprochen, dass ..., Er spricht nur noch über seinen Unfall., Hast du mit ihm schon darüber gesprochen? **6.** ■ *jmd. spricht zu jmdm./etwas eine Rede vor Publikum über ein bestimmtes Thema halten* Der Vorstandsvorsitzende sprach zu den Aktionären., Professor Meier spricht heute zum Thema .../über ... **7.** ■ *etwas spricht für/gegen jmdn./etwas etwas wirkt sich positiv/negativ auf die Beurteilung von jmdm. oder etwas aus* Es spricht für/gegen ihn, dass ... ■ **für sich (selbst) sprechen**: *keiner weiteren Erläuterung bedürfen* **auf jemanden/etwas schlecht/nicht gut zu sprechen sein**: *über jmdn. oder etwas verärgert sein*

Sprẹ·cher, Sprẹ·che·rin der <-s, -> **1.** *jmd., der von einer Gruppe ausgewählt und damit beauftragt wurde, ihre Interessen zu vertreten* Man hat sie zur Sprecherin der Bürgerinitiative gewählt. ◆ Klassen-, Schul- **2.** *jmd., der beruflich für eine Institution deren offizielle Aussagen an die Öffentlichkeit vermittelt* Der Sprecher des Innenministeriums tritt soeben ans Mikrofon. ◆ Presse-, Regierungs- **3.** *jmd., der beim Rundfunk oder bei Fernsehen die Nachrichten spricht* ◆ Nachrichten-, Radio-, Rundfunk-

Sprẹch·er·zie·hung die <-> *(kein Plur.) ein Unterricht, in dem jmd. (zum Beispiel ein Schauspieler, ein Sprecher³) bestimmte (Atem-)Techniken und Übungen durchführt und lernt, wie man deutlich und ohne Akzent spricht*

Sprẹch·ge·sang der <-(e)s, Sprechgesänge> *eine Mischung aus Gesang und sehr rhythmischem Sprechen, die beispielsweise in der Oper (Rezitativ) oder in der Rapmusik eingesetzt wird*

Sprẹch·mu·schel die <-> *(kein Plur.) der Teil des Telefonhörers, in den man hineinspricht*

Sprẹch·stun·de die <-, -n> *die Zeit, in der ein Arzt Patienten empfängt*

Sprẹch·stun·den·hil·fe die <-, -n> *(≈ Arzthelferin) eine Frau, die in einer Arztpraxis Organisationsaufgaben übernimmt*

Sprẹch·werk·zeu·ge <-> *Plur. alle Organe, die das Sprechen ermöglichen*

Sprẹch·zim·mer das <-s, -> *der Raum, in dem ein Arzt Patienten empfängt*

sprei·zen <spreizt, spreizte, hat gespreizt> **I.** *mit OBJ* ■ *jmd. spreizt etwas so weit wie möglich seitwärts strecken* die Finger/die Beine spreizen **II.** *mit SICH* ■ *jmd. spreizt sich sich (zum Schein) zieren* Er spreizte sich noch, ehe er die Wahl annahm.

Spreiz·fuß der <-es, Spreizfüße> *(meist Plur.) ein Fuß, der vorne besonders breit und flach ist*

Sprẹn·gel der <-s, -> **1.** *das Gebiet, das ein Bischof oder Pfarrer betreut* **2.** *(österr.) Verwaltungsbezirk, Dienstbereich*

sprẹn·gen¹ **I.** *mit OBJ/ohne OBJ* ■ *jmd. sprengt (etwas) etwas explodieren lassen und so zerstören* Man sprengte den alten Fabrikschornstein., Morgens wird im Steinbruch immer gesprengt. **II.** *mit OBJ* **1.** ■ *jmd. sprengt etwas etwas explodieren lassen und so zerstören* Sie wollen einen Tunnel durch den Berg sprengen. **2.** ■ *etwas sprengt etwas etwas durch hohen Druck zum Platzen bringen* Der gefrorene Saft hat die Flasche gesprengt. **3.** ■ *jmd. sprengt etwas eine Veranstaltung stören, so dass sie beendet wird* Demonstranten haben die Veranstaltung gesprengt.

sprẹn·gen² *mit OBJ* ■ *jmd. sprengt etwas mit Wasser besprühen* Sie sprengt morgens immer den Rasen.

Sprẹng·kopf der <-(e)s, Sprengköpfe> MILIT. *der Teil einer Rakete, der die Sprengladung in sich trägt*

Sprẹng·kör·per der <-s, -> *ein Gegenstand, der mit Sprengstoff gefüllt ist*

Sprẹng·kraft die <-> *(kein Plur.) Wirkungskraft einer Sprengladung*

Sprẹng·la·dung die <-, -en> *eine bestimmte Menge Sprengstoff*

Sprẹng·stoff der <-(e)s, -e> *eine Substanz, mit der man eine Explosion erzeugen kann*

Spreu die <-> *(kein Plur.) der Abfall, der beim Dreschen von Getreide anfällt* ■ **die Spreu vom Weizen trennen**: *das Wertlose vom Wertvollen trennen*

Sprịch·wort das <-(e)s, Sprichwörter> *kurzer, weithin bekannter Satz, in dem eine bestimmte Erfahrung, eine praktische Lebensweisheit (verbunden mit einem Rat) meist bildlich zum Ausdruck kommt, zum Beispiel „Morgenstund' hat Gold im Mund."*

sprịch·wört·lich *Adj. so, wie man es aus einem Sprichwort kennt* Das ist der sprichwörtliche Tropfen auf den heißen Stein.

sprie·ßen <sprießt, spross, ist gesprossen> *ohne OBJ* ■ *etwas sprießt (geh.) keimen, zu wachsen beginnen* Die Saat sprießt schon., Überall sprießen die Knospen.

Sprịng·brun·nen der <-s, -> *ein Brunnen, der Wasser in einzelnen Strahlen abgibt, die in einem*

Becken aufgefangen werden

sprin·gen[1] <springst, sprang, ist/hat gesprungen> **I.** *ohne OBJ* **1.** ■ *jmd. springt (irgendwie) (irgendwohin) (sein) sich mit einem oder beiden Beinen irgendwo kräftig abstoßen und sich dann mit einem großen Satz[8] irgendwohin durch die Luft bewegen* Er kann hoch/weit springen., Sie sprang ins Wasser., Der Hund sprang aufgeregt durchs Zimmer. **2.** ■ *jmd. springt (schweiz. süddt.) laufen, rennen, eilen* Wenn Du rechtzeitig am Flughafen sein willst, musst Du aber springen. **II.** *mit OBJ* ■ *jmd. springt etwas* (SPORT: *haben/sein*) *einen bestimmten Sprung[1] ausführen (und dabei eine bestimmte Leistung erzielen)* Sie springt einen Salto., Er hat/ist einen neuen Weltrekord im Weitsprung gesprungen. ■ **etwas springen lassen** (*umg.*): *etwas spendieren*

sprin·gen[2] <springt, sprang, ist gesprungen> *ohne OBJ* ■ *etwas springt Risse bekommen, zerfallen* Das Glas ist gesprungen.

Sprin·ger, **Sprin·ge·rin** der <-s, -> **1.** *ein Sportler in einem Sprungwettbewerb* **2.** (*umg.*) *eine Schachfigur* **3.** *jmd., den eine Firma an verschiedenen Arbeitsplätzen einsetzt*

Sprin·ger·stie·fel der <-s, -> *hohe, feste Schnürschuhe (wie sie von Fallschirmspringern getragen werden)*

Spring·rei·ten das <-s> (*kein Plur.*) SPORT *eine Sportart, bei der jmd. auf einem Pferd über verschiedene Hindernisse springen muss*

Spring·seil das <-(e)s, -e> *ein Stück Seil, das man beim Seilspringen an seinen beiden Enden mit den Händen hält und das man durch die Luft kreisen lässt und über das man dann immer wieder springt, wenn das Seil den Boden berührt*

Sprink·ler der <-s, -> **1.** *eine Vorrichtung, mit der man den Garten (bei heißem Wetter) mit Wasser besprüht* **2.** *ein kleines Gerät an der Decke, aus dem automatisch Wasser kommt, wenn es in einem Haus brennt*

Sprint der <-s, -s> **1.** SPORT *eine Laufdisziplin, bei der man eine relativ kurze Strecke zurücklegt* der Sprint über die 100 Meter ▶Sprinter **2.** SPORT *der Vorgang, dass in einem Radrennen vor Erreichen der Ziellinie die Fahrer das Tempo sehr stark erhöhen* Erik Zabel gewann den Sprint des Hauptfelds. **3.** *der Vorgang, dass jmd. eine kurze Strecke in schnellem Lauf zurücklegt* Ohne den kleinen Sprint hätte er wohl die Straßenbahn verpasst.

Sprit der <-(e)s, -e> (*meist Sing.*) (*umg.*) *Benzin, Treibstoff*

Sprit·ze die <-, -n> **1.** *eine kurze Plastikröhre, mit der man durch Verschieben eines Kolbens in der Röhre ein flüssiges Medikament durch eine sehr dünne Nadel, die man in eine Ader oder die Haut sticht, in den Körper hineindrücken kann* Der Arzt zieht die Spritze auf/bereitet eine Spritze vor. **2.** (≈ *Injektion*) *das, was mit einer Spritze[1] in den Körper hineingebracht wird* Er bekam eine Spritze zur Beruhigung., Die Spritze wirkt schon. ◆ Beruhigungs-, Betäubungs- **3.** *ein Gerät mit einem langen Wasserschlauch, das die Feuerwehr zum Löschen benutzt* **4.** *ein Gerät, mit dem man eine Flüssigkeit oder eine weiche Masse irgendwohin spritzen kann* ◆ Blumen-, Teig-, Torten-, Wasser-

sprit·zen <spritzt, spritzte, hat gespritzt> **I.** *mit OBJ/ohne OBJ* **1.** ■ *jmd. spritzt (jmdm.) (etwas)* MED. *jmdm. eine Injektion geben* Die Ärztin spritzt ein Gegenmittel., Der Arzt spritzt gut/schlecht. **2.** ■ *jmd. spritzt (etwas) (irgendwohin) Tropfen einer Flüssigkeit irgendwohin gelangen lassen* Die Maler haben Farbe auf den Boden gespritzt., Sie hat ihm Wasser ins Gesicht gespritzt., Vorsicht, du spritzt! **3.** ■ *jmd. spritzt (etwas/mit etwas) (irgendwohin) eine Flüssigkeit mit Druck durch eine enge Öffnung pressen, so dass ein Strahl entsteht* Die Feuerwehr spritzt Wasser in die Flammen., Ich habe mit dem Gartenschlauch gespritzt. **4.** ■ *jmd. spritzt (etwas) mit Pflanzenschutzmittel besprühen* Die Bauern spritzen ihre Felder., Im Gewächshaus spritze ich nicht. **II.** *mit OBJ* **1.** ■ *jmd. spritzt jmdn. nass jmdn. nass machen* Das vorbeifahrende Auto hat mich nass gespritzt. **2.** ■ *jmd. spritzt etwas mit Lack oder Farbe bedecken, die man aus einer Spritze[4] austreten lässt* Er hat den Kotflügel neu gespritzt. **III.** *ohne OBJ* ■ *etwas spritzt (irgendwohin) sich in Tropfen in verschiedene Richtungen durch die Luft verteilen* Das Fett in der heißen Pfanne spritzt.

Sprit·zen·haus das <-es, Spritzenhäuser> (*veralt.*) *das Gebäude, in dem die Feuerwehr früher ihre Spritzen[3] und ihre Fahrzeuge aufbewahrt hat und das oft auch als Gefängnis genutzt wurde*

Sprit·zer der <-s, -> **1.** *kleiner durch Flüssigkeit entstandener Fleck* Du hast einen Spritzer auf deinem Hemd. ◆ Farb- **2.** *eine geringe Menge einer Flüssigkeit* Ein Spritzer Zitrone rundet den Geschmack der Soße ab.

Spritz·ge·bäck das <-(e)s, -e> *mit einer Teigspritze geformtes Gebäck*

sprit·zig *Adj.* **1.** *flott, schwungvoll* eine spritzige Komödie **2.** *prickelnd, erfrischend* Dieser spritzige Weißwein wird besonders gern im Sommer getrunken.

Spritz·tour die <-, -en> (*umg.*) *kurzer Ausflug mit dem Auto* am Wochenende eine Spritztour mit dem neuen Wagen machen

sprö·de *Adj.* **1.** *so, dass es sehr trocken ist und leicht brechen kann* spröde Fingernägel **2.** *so trocken, dass es rissig und rau ist* Ihre Haut wirkt trocken und spröde. **3.** *so verschlossen, dass man abweisend wirkt* Sie ist eine spröde Person, die unnahbar wirkt. ▶Sprödigkeit

Spross der <-es, -e> **1.** BOT. *junger Pflanzentrieb* **2.** (*geh.*) *Nachkomme* Der letzte Spross der Adelsfamilie lebt heute auf Schloss Wieladingen.

Spross·ach·se die <-, -n> BOT. *Stamm oder Stängel einer Pflanze*

Spros·se die <-, -n> *eine der waagerechten Stangen einer Leiter*

Spros·sen·kohl der <-s> (*kein Plur.*) (*österr.*) *Rosenkohl*

Spros·sen·wand die <-, Sprossenwände> SPORT *eine Art sehr breite Leiter, die an der Wand befes-*

tigt ist und an der man Turnübungen machen kann

Sprọ̈ss·ling der <-(e)s, -e> (*umg. scherzh.*) *Sohn*

Sprọt·te die <-, -n> *ein kleiner Fisch, der ungefähr wie ein Hering aussieht und den man geräuchert isst*

Sprụch der <-(e)s, Sprüche> **1.** (≈ *Sentenz*) *ein Satz, den man sich leicht merken kann und der meist eine allgemeine Regel oder eine Lebensweisheit ausdrückt* ◆ Merk-, Sinn- **2.** (≈ *Slogan*) *eine (kurze) sprachliche Fügung, die in immer gleicher Form verwendet wird* ■ **Sprüche machen/klopfen** (*umg. abwert.*): *angeberische, prahlerische Dinge sagen* ◆ Trink-, Werbe-, Zauber-

Spru̱·del der <-s, -> *Mineralwasser mit viel Kohlensäure*

spru̱·deln <sprudelt, sprudelte, hat/ist gesprudelt> *ohne OBJ* **1.** ■ *etwas sprudelt (irgendwohin) (sein) schäumen und irgendwo (schnell) herausfließen, irgendwohin strömen* Die Quelle sprudelt aus dem Felsen. **2.** ■ *etwas sprudelt (haben) Bläschen bilden und schäumen* Der Sekt/Die Limonade sprudelt im Glas. **3.** ■ *etwas sprudelt aus jmds. Mund (umg. (haben)) schnell und viel sprechen* Die Worte sprudelten nur so aus seinem Mund.

Spru̱d·ler der <-s, -> (*österr.*) *Quirl*

sprü̱·hen <sprühst, sprühte, hat/ist gesprüht> **I.** *mit OBJ* ■ *jmd. sprüht etwas (irgendwohin) (haben) eine Flüssigkeit in sehr kleinen Tröpfchen irgendwohin spritzen* Sie sprüht regelmäßig Wasser auf die Blätter ihrer Pflanzen. **II.** *ohne OBJ* **1.** ■ *etwas sprüht (irgendwohin) (sein) in sehr kleinen Tröpfchen durch die Luft fliegen* Die Gischt sprühte über das Deck. **2.** ■ *jmd. sprüht vor etwas Dat. (haben) gute Laune haben und daher besonders witzig und lebhaft sein* Dein Freund sprüht ja nur so vor Temperament/vor Witz.

Sprü̱h·re·gen der <-s> (*kein Plur.*) *ein sehr leichter Regen, bei dem nur ganz kleine Wassertröpfchen durch die Luft fliegen*

Sprụng der <-(e)s, Sprünge> **1.** *das Springen* Wagst du den Sprung vom 5-Meter-Turm?, Mit diesem Sprung stellte sie einen neuen Weltrekord auf. **2.** (≈ *Riss*) *eine Stelle, wo eine feste Oberfläche entlang einer Linie beschädigt ist* Die Fensterscheibe/das Glas/der Spiegel hat einen Sprung. ■ **ein Sprung ins kalte Wasser** (*umg.*): *der Beginn einer neuen Tätigkeit ohne Vorbereitung* **keine großen Sprünge machen können** (*umg.*): *finanziell eingeschränkt sein* (**auf**) **einen Sprung** (*umg.*): *für kurze Zeit* **einen Sprung in der Schüssel haben** (*umg.*): *verrückt sein* **ein großer Sprung nach vorn**: *ein großer Fortschritt*

Sprụng·bein das <-(e)s, -e> SPORT *das Bein, mit dem man sich beim Springen abstößt*

Sprụng·brett das <-(e)s, -er> *ein Brett, das federt und von dem man mit Schwung ins Wasser springen kann* Er machte vom Sprungbrett aus einen Salto ins Wasser.

Sprụng·ge·lenk das <-(e)s, -e> ANAT. *das Gelenk, das den Fuß mit dem Bein verbindet*

sprụng·haft *Adj.* **1.** (≈ *unbeständig*) *so, dass sich jmd. nie lange mit einer Sache beschäftigt und seine Meinung sehr oft ändert* Er ist ein sehr sprunghafter Mensch. **2.** *sehr rasch* Man konnte einen sprunghaften Anstieg der Preise beobachten. ▶Sprunghaftigkeit

Sprụng·schan·ze die <-, -n> SPORT *ein Turm, an den eine steile Bahn angebaut ist, welche Skispringer herunterfahren, bevor sie durch die Luft fliegen*

Sprụng·tuch das <-(e)s, Sprungtücher> *ein sehr festes, großes Tuch, das mehrere Menschen festhalten und in das Menschen aus einem brennenden Haus spingen können, um sich zu retten*

Sprụng·turm der <-(e)s, Sprungtürme> SPORT *in einem Schwimmbad ein Turm mit Sprungbrettern, von denen aus man ins Wassser springen kann*

Spụ·cke die <-> (*kein Plur.*) (*umg.*) *Speichel* ■ **jemandem bleibt die Spucke weg**: *jmd. ist völlig überrascht*

spụ·cken <spuckst, spuckte, hat gespuckt> *mit OBJ/ohne OBJ* **1.** ■ *jmd. spuckt (etwas) Speichel (oder eine im Mund befindliche Substanz) durch die fast geschlossenen Lippen mit Druck aus dem Mund pressen* Sie spuckte den Kaugummi auf den Boden., Er spuckte ins Gras. **2.** ■ *jmd. spuckt (etwas) (landsch.) etwas erbrechen; sich übergeben* Er spuckte Blut., Ihr wurde schlecht und sie musste spucken.

Spụck·napf der <-(e)s, Spucknäpfe> *ein Gefäß, in das man spucken[1] kann*

Spu̱k der <-(e)s> (*kein Plur.*) *ein unheimlicher Vorgang, von dem man glaubt, er werde von einem Geist verursacht* Der Spuk beginnt stets um Mitternacht.

spu̱·ken **I.** *ohne OBJ* **1.** ■ *jmd. spukt (irgendwo) als Gespenst oder Geist nachts irgendwo umhergehen* Die Geister der Ritter sollen in dieser Burg spuken. **2.** ■ *etwas spukt in jmds. Kopf (übertr.) jmd. muss immer wieder an etwas denken* Diese seltsame Idee spukt immer noch in seinem Kopf. **II.** *mit ES* ■ *es spukt (irgendwo) irgendwo gibt es Erscheinungen von Geistern* Hier soll es spuken.

Spü̱l·be·cken das <-s, -> *ein Küchenmöbel mit einem oder zwei Becken, in denen man Geschirr spült*

Spu̱·le die <-, -n> **1.** *ein Gegenstand, auf den Garn aufgewickelt ist* Ich brauche eine neue Spule Garn. **2.** ELEKTROTECHN. *ein Schaltelement aus einem langen, dünn gewickelten Kupferdraht, durch den elektrischer Strom fließt*

Spü̱·le die <-, -n> (≈ *Spülbecken*)

spu̱·len *mit OBJ* ■ *jmd. spult etwas auf/von etwas auf eine Spule[1] wickeln oder von einer Spule[1] abwickeln*

spü̱·len **I.** *mit OBJ/ohne OBJ* **1.** ■ *jmd. spült (etwas) Geschirr abwaschen* Ich spüle noch schnell die Töpfe., Sie spült und er trocknet ab. **2.** ■ *jmd. spült (etwas) im Wasser Seife oder Waschmittel aus gewaschener Wäsche entfernen* Sie spült den Wollpullover in lauwarmem Wasser., Die Waschmaschine spült gerade zum zweiten Mal. **II.** *mit OBJ* ■ *etwas spült jmdn./etwas irgendwohin Wasser bewegt jmdn. oder etwas irgendwohin* Die Wellen spülten jede Menge Treibgut an den Strand., Er wurde von einer hohen Welle über Bord gespült.

Spül·lap·pen der <-s, -> *Lappen zum Spülen I.1*

Spül·ma·schi·ne die <-, -n> *Maschine zum Spülen von Geschirr*

spül·ma·schi·nen·fest *Adj. so, dass Geschirr so unempfindlich ist, dass man es mit einer Spülmaschine spülen kann*

Spül·mit·tel das <-s, -> *Reinigungsmittel zum Spülen von Geschirr*

Spül·stein der <-(e)s, -e> (*landsch. veralt.*) *Spülbecken*

Spü·lung die <-, -en> **1.** *eine Vorrichtung, mit der man die Toilette mit Wasser reinigt, wenn man sie benutzt hat* **2.** *eine medizinische Maßnahme, bei der man mit einer Flüssigkeit bestimmte Organe reinigt*

Spül·was·ser das <-s> (*kein Plur.*) *Wasser, mit dem gespült I wird*

Spul·wurm der <-(e)s, Spulwürmer> *ein Wurm, der als Schmarotzer im Darm von Menschen und Tieren lebt*

Spund[1] der <-(e)s, Spünde> *ein keiner Stab, mit dem man Bier- und Weinfässer verschließt*

Spund[2] der <-(e)s, -e> (*umg.*) *junger, unerfahrener Mann* ◆ Jung-

Spur die <-, -en> **1.** *der Abdruck, der im Boden entsteht, wenn jmd. darauf geht oder fährt* Die Kinder hinterließen Spuren im Schnee. ◆ Fuß-, Reifen-, Schleif-, Tier- **2.** (*meist Plur.*) *eine sichtbare Veränderung, die durch einen Vorgang oder jmds. Handeln entstanden ist* Der Orkan hatte seine Spuren hinterlassen., Die Polizei sicherte die Spuren am Tatort. **3.** *abgegrenzter Streifen auf einer Fahrbahn* Er fährt ständig auf der linken Spur. ◆ Linksabbieger-, Rechtsabbieger-, Stand-, Überhol- **4.** KFZ *die Stellung von linkem und rechtem Rad zueinander* Ich muss unbedingt die Spur einstellen lassen. **5.** *eine winzige Menge einer Substanz* Man konnte Spuren dieses chemischen Elements nachweisen. ■ **jemandem auf die Spur kommen** (*umg.*): *jmdn. als Täter ermitteln* **auf jemandes Spuren wandeln**: *jmds. Vorbild folgen*

spür·bar *Adj. so, dass man es deutlich wahrnehmen kann* Es ist spürbar kälter geworden.

spu·ren **I.** *mit OBJ/ohne OBJ* ■ *jmd. spurt (etwas) eine Spur mit Skiern in den Schnee machen, der andere Skifahrer folgen können* Man spurt die Loipen., Man hat bereits überall gespurt. **II.** *ohne OBJ* ■ *jmd. spurt* (*umg.*) *gehorchen*

spü·ren *mit OBJ* ■ *jmd. spürt etwas* **1.** *fühlen, wahrnehmen* Ich spüre einen Schmerz in der Magengegend. **2.** *instinktiv merken* Ich spürte, dass irgendetwas nicht stimmte.

Spu·ren·e·le·ment das <-(e)s, -e> (*meist Plur.*) BIOL. *eine Substanz, die für ein Lebewesen unentbehrlich ist, aber nur in geringsten Mengen benötigt wird*

Spu·ren·si·che·rung die <-, -en> **1.** (*kein Plur.*) *die Arbeit der Polizei, bei der die Spuren eines Verbrechens dokumentiert werden* **2.** *die Polizeiabteilung, die die Spurensicherung[1] ausführt* Die Kollegen von der Spurensicherung sind gerade am Tatort.

Spür·hund der <-(e)s, -e> (≈ *Suchhund*) *ein speziell trainierter Hund der Polizei, der Drogen auffinden und Fährten verfolgen kann*

spur·los <nicht steig.> *Adv. ohne Spuren zu hinterlassen* Sie ist kurz vor Ende der Party spurlos verschwunden., Diese Krankheit ging nicht spurlos an ihm vorüber.

Spurt der <-(e)s, -e/-s> (SPORT: ≈ *Sprint*) *das Spurten[1]*

spur·ten <spurtest, spurtete, ist gespurtet> *ohne OBJ* **1.** ■ *jmd. spurtet* (SPORT: ≈ *sprinten*) *bei einem Wettlauf das letzte Stück vor dem Ziel so schnell wie möglich zurücklegen* **2.** ■ *jmd. spurtet* (*irgendwohin*) (*umg.*) *schnell laufen* Wir mussten spurten, um die Straßenbahn nicht zu verpassen.

Spur·wech·sel der <-s, -> *beim Fahren mit dem Auto das Wechseln von einer Spur[3] auf eine andere*

spu·ten *mit SICH* ■ *jmd. sputet sich* (*umg.*) *sich beeilen*

Sput·nik der <-s, -s> *Name des ersten russischen Erdsatelliten*

Squash das ['skvɔʃ] <-> (*kein Plur.*) *ein Ballspiel, bei dem zwei Spieler abwechselnd einen kleinen Ball mit Schlägern gegen eine Wand spielen*

Squaw die ['skvɔ:] <-, -s> **1.** *die indianische Bezeichnung für eine Indianerin* **2.** *die indianische Bezeichnung für die Ehefrau eines Indianers*

Sri Lan·ka <-s> *Inselstaat im Indischen Ozean*

Sri·lan·ker, **Sri·lan·ke·rin** der <-s, -> *Einwohner von Sri Lanka*

sri·lan·kisch *Adj. zu Sri Lanka gehörend, daher stammend*

SS die [ɛslɛs] <-> (*kein Plur.*) *eine Art militärische Polizei im Nationalsozialismus*

Staat der <-(e)s, -en> **1.** *ein politisches System, das das Zusammenleben einer Gemeinschaft von Menschen innerhalb eines festgelegten Gebietes dauerhaft regelt und ermöglicht* **2.** (≈ *Land*) Welche Staaten sind Mitglieder der Europäischen Union?

i Wissenswert Der **Staat** ist ein politisches Gebilde zur Ordnung und Verwaltung einer geographisch abgegrenzten Bevölkerung. Es setzt sich aus dem Volk, das innerhalb dieses Gebietes ansässig ist, dem Staatsgebiet und der herrschenden Staatsgewalt zusammen. Letztere kann verschiedenartige Machtstrukturen annehmen, die sich gewöhnlich in drei Staatsformen unterteilen lässt, in Monarchie, Diktatur und Demokratie. Die Verfassungsform der Monarchie („Alleinherrschaft“) sieht einen „legitimierten“ Monarchen als Träger der Staatsgewalt vor. Dies kann ein Kaiser, König

S

oder Fürst sein. Diktatur bedeutet Herrschaft eines einzelnen Diktators mit Hilfe einer Gruppe. Das Volk bleibt dabei von jeglicher Mitsprache ausgeschlossen. Demokratie schließlich bedeutet „Volksherrschaft". Das Volk hat dabei die Möglichkeit, im politischen Entscheidungsprozess indirekt mitzuwirken. Denn es wählt Vertreter, die Abgeordneten, die im Parlament vertreten sind. Dieses Parlament bestimmt schließlich die Regierung. In der Bundesrepublik werden Abgeordnete in verschiedenen Zeitabständen in die Kreistage, Landtage und den Bundestag gewählt.

Staa·ten·bund der <-(e)s, Staatenbünde> (≈ *Konföderation*) *Zusammenschluss gleichberechtigter, unabhängiger Staaten*

Staa·ten·ge·mein·schaft die <-, -en> *ein Zusammenschluss aus mehreren Staaten*

staa·ten·los <nicht steig.> *Adj. so, dass man ohne Staatsangehörigkeit ist* ►Staatenlose

staat·lich <nicht steig.> *Adj.* **1.** (≈ *national*) *auf den Staat bezogen, zu ihm gehörend* die staatlichen Interessen vertreten, staatliche Angelegenheiten der Bundes- und der Länderebene **2.** (≈ *öffentlich*) *so, dass es dem Staat gehört* Die staatlichen Betriebe wurden nach und nach privatisiert. **3.** *so, dass es vom Staat ausgeht oder durchgeführt wird* Man forderte staatliche Unterstützung zur Rettung des Konzerns.

staat·li·cher·seits *Adv.* AMTSSPR. *von Seiten des Staates*

Staats·akt der <-(e)s, -e> *eine feierliche Festveranstaltung einer Regierung*

Staats·ak·ti·on ■ **eine Staatsaktion aus etwas machen**: *etwas Unbedeutendes übertrieben wichtig nehmen und zu großen Aufwand darauf verwenden*

Staats·an·ge·hö·ri·ge der/die <-n, -n> *Bürger eines Staates* Sind Sie deutscher Staatsangehöriger?

Staats·an·ge·hö·rig·keit die <-, -en> (≈ *Nationalität*) *der Umstand, dass jmd. Bürger eines bestimmten Staates ist und alle Rechte und Pflichten eines Bürgers besitzt* die deutsche/französische/italienische Staatsangehörigkeit, Er besitzt die Schweizer Staatsangehörigkeit., die Diskussion um die doppelte Staatsangehörigkeit

Staats·an·walt, **Staats·an·wäl·tin** der <-(e)s, Staatsanwälte> (↔ *Verteidiger*) *die Person, die vor Gericht die Anklage vertritt*

Staats·an·walt·schaft die <-, -en> *Anklage- und Untersuchungsbehörde des Staates vor Gericht*

Staats·aus·ga·be die <-, -n> (*meist Plur.*) (↔ *Staatseinnahme*) *das Geld, das der Staat für bestimmte Dinge ausgibt*

Staats·bank die <-, -en> *eine Bank, die vom Staat betrieben wird*

Staats·be·such der <-(e)s, -e> (≈ *Regierungsbesuch*) *der Vorgang, dass ein Staatsoberhaupt der Regierung eines Landes einen offiziellen Besuch abstattet* Der englische Premierminister traf zu einem zweitägigen Staatsbesuch in Berlin ein.

Staats·be·trieb der <-(e)s, -e> *ein Betrieb, der dem Staat gehört* ehemalige Staatsbetriebe privatisieren

Staats·bür·ger, **Staats·bür·ge·rin** der <-s, -> (≈ *Staatsangehöriger*)

staats·bür·ger·lich <nicht steig.> *Adj. zu einem Staatsbürger gehörend* die staatsbürgerlichen Rechte und Pflichten

Staats·bür·ger·schaft die <-> (*kein Plur.*) (≈ *Staatsangehörigkeit*)

Staats·die·ner der <-s, -> *jmd., der im Staatsdienst tätig ist*

Staats·dienst der <-(e)s> (*kein Plur.*) *berufliche Tätigkeit als Beamter oder Angestellter beim Staat* Er will in den Staatsdienst gehen.

Staats·ei·gen·tum das <-(e)s> (*kein Plur.*) *Eigentum des Staates*

Staats·ein·nah·me die <-, -n> (*meist Plur.*) (↔ *Staatsausgabe*) *das Geld, das dem Staat aus Steuern, Abgaben o.Ä. zur Verfügung steht*

Staats·emp·fang der <-(e)s, Staatsempfänge> *eine feierliche Veranstaltung, die von der Regierung veranstaltet wird und zu der bestimmte geladene Gäste Zutritt haben*

Staats·e·x·a·men das <-s, -/Staatsexamina> *eine Prüfung, die man an einer Universität bei bestimmten Studiengängen am Ende des Studiums ablegen muss und die von staatlichen Prüfern durchgeführt wird*

Staats·ge·biet das <-(e)s, -e> *Territorium eines Staates*

Staats·ge·heim·nis das <-ses, -se> *ein Geheimnis, das die Sicherheit des Staates betrifft* ■ **das ist (doch) kein Staatsgeheimnis** (*umg.*): *das kann doch jeder wissen, das kann man ruhig erzählen*

Staats·ge·walt die <-> (*kein Plur.*) *alle Rechte eines Staates und die Mittel, diese Rechte durchzusetzen*

Staats·haus·halt der <-(e)s, -e> *der Etat eines Staates*

Staats·kas·se die <-, -n> **1.** *das Bargeld, über das ein Staat verfügt* **2.** (≈ *Fiskus*)

Staats·macht die <-> (*kein Plur.*) *die Macht, die von einem Staat ausgeübt wird*

Staats·mann der <-(e)s, Staatsmänner> (*geh.*) *bedeutender Politiker*

staats·män·nisch <nicht steig.> *Adj. zu einem guten Staatsmann gehörend und ihn auszeichnend*

Staats·mi·nis·ter der <-s, -> **1.** *ein Minister, der kein eigenes Ressort hat* **2.** *Titel bestimmter Staatssekretäre* **3.** *jmd., der den Titel Staatsminister*[2] *trägt*

Staats·o·ber·haupt das <-(e)s, Staatsoberhäupter> (≈ *Regierungschef*)

Staats·o·per die <-, -n> *eine Oper, die dem Staat gehört*

Staats·or·ga·ne <-> *Plur.*

i Wissenswert **Staatsorgane** regeln das politische Leben. In Deutschland sind dies das Parlament und die Regierung. Das Parlament besteht aus zwei Kammern, dem Bundestag und dem Bundesrat. Der Bundestag setzt sich aus den vom Volk gewählten Abgeordneten zusammen. Seine Aufgabe ist es, Gesetze zu beschließen und den Bundeskanzler zu wählen. Im Bundesrat sind die einzelnen Länder vertreten. Sie müssen den vom Bundestag und von der Bundesregierung verfassten Gesetzen zustimmen. Die Bundesregierung besteht aus dem Bundeskanzler und seinen Ministern. Des weiteren gibt es den Bundespräsidenten. Er repräsentiert die Bundesrepublik Deutschland, besitzt aber keine direkte politische Entscheidungsgewalt.

Staats·par·tei die <-, -en> *die Partei, die in bestimmten Staaten alleine die Macht ausübt und alle wichtigen Institutionen des Staates kontrolliert*

Staats·prä·si·dent, **Staats·prä·si·den·tin** der <-en, -en> *Oberhaupt einer Republik*

Staats·rä·son die <-> (*kein Plur.*) *der Grundsatz, in bestimmten Situationen die Rechte des Staates über die Rechte des einzelnen Bürgers zu stellen*

Staats·rat der <-(e)s, Staatsräte> **1.** GESCH. *Gruppe von Politikern, die in der ehemaligen DDR als Staatsoberhaupt fungierten* **2.** (*schweiz.*) *Regierung in manchen Kantonen* **3.** (*schweiz.*) *Mitglied eines Staatsrates²*

Staats·recht das <-(e)s> (*kein Plur.*) *alle rechtlichen Bestimmungen, die einen Staat, seinen Aufbau und seine Aufgaben betreffen* ▶staatsrechtlich

Staats·re·gie·rung die <-, -en> *die Regierung eines Staates*

Staats·schuld die <-, -en> (*meist Plur.*) *das gesamte Geld, das sich der Staat bei Banken und anderen Staaten geliehen hat*

Staats·se·k·re·tär, **Staats·se·k·re·tä·rin** der <-s, -e> *höchster Staatsbeamter* (*in einem Ministerium*)

Staats·si·cher·heit die <-> (*kein Plur.*) **1.** *die Sicherheit eines Staates* **2.** GESCH. *kurz für „Staatssicherheitsdienst"*

Staats·si·cher·heits·dienst der <-(e)s> (*kein Plur.*) GESCH. *Geheimdienst in der ehemaligen DDR, abgekürzt „SSD" oder umgangssprachlich auch „Stasi"*

Staats·streich der <-(e)s, -e> (≈ *Putsch*) *der Vorgang, dass Mitglieder der Regierung oder das Militär eine Regierung stürzen und dann die Macht im Staat übernehmen*

Staats·the·a·ter das <-s, -> *ein Theater, das größtenteils vom Staat finanziert wird*

Staats·ver·trag der <-(e)s, Staatsverträge> *Vertrag zwischen einzelnen Staaten oder zwischen Ländern eines Bundesstaates*

Stab¹ der <-(e)s, Stäbe> **1.** *eine Gruppe von Mitarbeitern oder Experten, die gemeinsam an einer bestimmten Sache arbeiten* Für die Entwicklung des Prototypen wurde ein eigener Stab unter der Leitung von Herrn Dr. Meier gebildet. **2.** MILIT. *die Gruppe von Offizieren, die den Kommandeur unterstützt*

Stab² der <-(e)s, Stäbe> *runde, dünne Stange aus Holz oder Metall*

Sta·bel·le die <-, -n> (*schweiz.*) *ein Stuhl, dessen Beine und Lehne einzeln in die Sitzfläche eingelassen sind*

Stab·heu·schre·cke die <-, -n> *Heuschrecke mit einem sehr langen, dünnen, braunen Körper*

Stab·hoch·sprung der <-(e)s> (*kein Plur.*) SPORT *eine Disziplin, bei der man sich mit einem biegsamen Stab² in eine möglichst große Höhe aufschwingt, um über eine Latte zu springen*

sta·bil *Adj.* **1.** (↔ *labil*) *so, dass es beständig und nicht gefährdet ist* Ein stabiles Hoch bestimmt in den nächsten Tagen unser Wetter., Die politische Lage in diesem Land wird als stabil eingeschätzt. **2.** (≈ *robust, fest*) *so, dass etwas nicht leicht kaputtgeht* ein stabiler Schrank/Tisch **3.** *nicht anfällig* Er hat einen stabilen Kreislauf.

sta·bi·li·sie·ren **I.** *mit OBJ* **1.** ■ *jmd. stabilisiert etwas etwas stützen oder befestigen, damit es nicht umfallen kann* Man hat das Gerüst inzwischen mit Stützen stabilisiert. **2.** ■ *jmd. stabilisiert etwas dafür sorgen, dass sich der Zustand von etwas nicht verändert* Man suchte nach Maßnahmen, um die Währung zu stabilisieren. **3.** ■ *etwas stabilisiert etwas widerstandsfähig machen* Vor der Operation muss der Kreislauf des Patienten stabilisiert werden. **II.** *mit SICH* ■ *etwas stabilisiert sich stabil werden* Der Kreislauf des Patienten hat sich mittlerweile stabilisiert., Die Aktienkurse haben sich wieder stabilisiert. ▶Stabilisierung

Sta·bi·li·tät die <-> (*kein Plur.*) *die Eigenschaft stabil¹ ² zu sein*

Stab·reim der <-(e)s, -e> (LIT.: ≈ *Alliteration*) *Reim mit mehreren gleich anlautenden betonten Wörtern in einer Zeile*

Sta·chel der <-s, -n> *ein längeres, spitzes Teil mancher Pflanzen bzw. Körperteil mancher Tiere* Dieser Kaktus hat sehr lange Stacheln., Der Stachel der Biene/Wespe steckt noch in der Haut.

Sta·chel·bee·re die <-, -n> *eine kleine grüne runde Frucht, deren Schale manchmal etwas behaart ist und die sauer schmeckt* ◆ Stachelbeermarmelade, Stachelbeerstrauch

Sta·chel·draht der <-(e)s, Stacheldrähte> *Draht mit spitzen Stacheln, den man für Zäune und Absperrungen verwendet* ◆ -zaun

sta·che·lig/stach·lig <stach(e)liger, am stach(e)ligsten> *Adj. mit (vielen) Stacheln versehen*

Sta·del das <-s, -> (*süddt. österr. schweiz.*) *Scheune (zur Aufbewahrung von Heu)*

Sta·di·en <-> *Plur. Plural von Stadion und Stadium*

Sta·di·on das <-s, Stadien> *eine große Anlage für Sportveranstaltungen mit einer Tribüne für die Zu-*

S

schauer ◆-lautsprecher, -sprecher, Fussball-, Olympia-, Sport-

Sta·di·um das <-s, Stadien> *bestimmter Zustand, Abschnitt in einer Entwicklung*

Stadt die <-, Städte> **1.** *eine Siedlung mit vielen Häusern und öffenlichen Gebäuden, in denen Menschen leben und arbeiten und die eine eigene Verwaltung hat* Die Stadt Augsburg wurde von den Römern gegründet., Sie wohnt im Zentrum/am Rande der Stadt., Er fährt morgens zur Arbeit in die Stadt. ◆-archiv, -bauamt, -bevölkerung, -bücherei, -chronik, -entwicklung, -erneuerung, -geschichte, -museum, -wappen, -wohnung, Groß-, Hafen-, Hanse-, Haupt-, Industrie-, Klein-, Messe-, Universitäts-, Welt- **2.** (*kein Plur.*) *alle Einwohner einer Stadt* Die ganze Stadt war auf den Beinen. **3.** *kurz für „Stadtverwaltung"* Bei der Stadt sind entsprechende Formulare erhältlich.

stadt·aus·wärts *Adv.* (↔ *stadteinwärts*) *aus der Stadt hinaus* stadtauswärts fahren

Stadt·au·to das <-s, -s> (*umg.*) *ein kleines, nicht sehr schnelles Auto, das für den Stadtverkehr besonders gut geeignet ist*

Stadt·au·to·bahn die <-, -en> *eine Autobahn, die durch eine Stadt führt*

Stadt·bahn die <-, -en> *Bahn in einer Großstadt und ihrer Umgebung, abgekürzt „S-Bahn"*

stadt·be·kannt <nicht steig.> *Adj. in der ganzen Stadt bekannt* Es ist stadtbekannt, dass …

Stadt·be·zirk der <-(e)s, -e> (≈ *Stadtviertel*)

Stadt·bi·bli·o·thek die <-, -en> *von einer Stadt unterhaltene Bibliothek*

Stadt·bild das <-(e)s, -er> *das Erscheinungsbild einer Stadt im Ganzen* Industrieanlagen prägen das Stadtbild.

Stadt·bum·mel der <-s, -> *ein Spaziergang durch die (Innen)Stadt* Wir wollen heute Abend noch einen Stadtbummel machen.

Städt·chen das <-s, -> *kleine Stadt*

Städ·te·bau der <-(e)s> (*kein Plur.*) *das Planen und Bauen von Städten*

stadt·ein·wärts *Adv.* (↔ *stadtauswärts*) *in die Stadt hinein*

Städ·te·part·ner·schaft die <-, -en> *freundschaftlicher Vertrag zwischen Städten verschiedener Länder mit dem Ziel, den kulturellen Austausch zu fördern*

Städ·ter, **Städ·te·rin** der <-s, -> (≈ *Stadtbewohner*) *jmd., der in einer Stadt aufgewachsen ist und dort lebt*

Städ·te·rei·se die <-, -n> *kurze Reise in eine (große) Stadt*

Stadt·ex·press der <-es> (*kein Plur.*) (*in Deutschland*) *ein Nahverkehrszug*

Stadt·flucht die <-> (*kein Plur.*) (↔ *Landflucht*) *der Vorgang, dass viele Menschen von der Stadt aufs Land ziehen*

Stadt·füh·rer der <-s, -> **1.** *eine Person, die Touristen durch eine Stadt führt und ihnen die Sehenswürdigkeiten dieser Stadt zeigt und erklärt* **2.** *ein kleines Buch (für Touristen), das einen Stadtplan und Informationen über die Geschichte und die Sehenswürdigkeiten einer Stadt enthält*

Stadt·ge·biet das <-(e)s, -e> *Territorium einer Stadt*

Stadt·ge·spräch das <-(e)s> (*kein Plur.*) *ein aktuelles Thema, über das man in einer Stadt häufig spricht* Die Neugestaltung des Rathausplatzes wurde zum Stadtgespräch.

Stadt·hal·le die <-> (*kein Plur.*) *ein großer Raum oder ein Gebäude, in dem öffentliche Veranstaltungen stattfinden*

städ·tisch <nicht steig.> *Adj. für eine Stadt typisch, zu ihr gehörend* Sie bevorzugt die städtische Lebensweise., Er hat einen Platz im städtischen Altersheim bekommen.

Stadt·mau·er die <-, -n> *die dicke, hohe Mauer, die früher zur Verteidigung einer Stadt um diese herum gebaut wurde* Nur Teile der mittelalterlichen Stadtmauer sind erhalten.

Stadt·mit·te die <-> (*kein Plur.*) (≈ *Zentrum*) *der innerste Bereich einer Stadt, in dem die meisten Geschäfte sind*

Stadt·park der <-s, -s> *öffentlicher Park in einer Stadt*

Stadt·plan der <-(e)s, Stadtpläne> *eine Karte einer Stadt, in der alle Straßen und Plätze eingezeichnet sind*

Stadt·pla·ner der <-s, -> *jmd., der in der Stadtplanung tätig ist*

Stadt·pla·nung die <-> (*kein Plur.*) *die Planung der Bebauung, Nutzung und Erschließung eines Stadtgebietes*

Stadt·rand der <-(e)s, Stadtränder> *die Gebiete am Rand einer Stadt, die an das Umland angrenzen* ◆-siedlung

Stadt·rat, **Stadt·rä·tin** der <-(e)s, Stadträte> **1.** *ein Gremium, das die Bürger einer Stadt vertritt und das über Verwaltung und Stadtplanung entscheidet* in den Stadtrat gewählt werden **2.** *Mitglied des Stadtrats[1]*

Stadt·rund·fahrt die <-, -en> *eine Fahrt durch eine (größere) Stadt, bei der sich Touristen die Sehenswürdigkeiten ansehen können* Wir haben in London eine Stadtrundfahrt gemacht., Zu unserer Städtereise nach Paris gehört auch eine Stadtrundfahrt.

Stadt·staat der <-(e)s, -en> **1.** *eine Stadt, die ein selbstständiger Staat ist* Athen war ein Stadtstaat. **2.** *eine Stadt, die ein selbstständiges deutsches Bundesland ist* Hamburg und Bremen sind Stadtstaaten.

Stadt·teil der <-s, -e> *ein Teil einer Stadt, der eine gewisse Einheit bildet*

Stadt·the·a·ter das <-s, -> *ein Theater, das größtenteils von einer Stadt finanziert wird*

Stadt·tor das <-s, -e> *Tor in einer Stadtmauer*

Stadt·vä·ter <-> *Plur.* (*umg. scherzh.*) *leitende Mitglieder der Stadtverwaltung, Stadträte*

Stadt·ver·kehr der <-s> (*kein Plur.*) *Straßenverkehr in einer Stadt*

Stadt·ver·wal·tung die <-, -en> *alle Ämter und Behörden einer Stadt*

Stadt·vier·tel das <-s, -> (≈ *Stadtteil*)

Stadt·wer·ke <-> *Plur. ein Unternehmen, das von einer Stadt betrieben wird und das diese mit Strom und Gas versorgt*

Stadt·zen·t·rum das <-s, Stadtzentren> *Innenstadt*

Sta·fet·te die <-, -n> (*früher*) *eine Reihe von Personen, die etwas im Wechsel von einem Ort zu einem entfernteren anderen Ort bringen*

Staf·fa·ge die [ʃta'fa:ʒə] <-, -n> *etwas, das nur nur dazu dient, dass nach außen ein guter Eindruck entsteht*

Staf·fel die <-, -n> **1.** SPORT *eine Gruppe von vier Sportlern, die in einem Wettkampf eine bestimmte Strecke nacheinander laufen, schwimmen oder fahren* Er läuft bei der 4 x 100-m-Staffel mit. **2.** MILIT. *Einheit der Luftwaffe* **3.** TV *eine Einheit einer Fernsehserie, die aus mehreren Folgen besteht* Demnächst beginnt die 3. Staffel von „Deep Space Nine".

Staf·fe·lei die <-, -en> *ein Gerüst, auf dem beim Malen (von Ölbildern) die Leinwand aufgestellt wird*

Staf·fel·lauf der <-(e)s, -läufe> SPORT *ein Laufwettbewerb, bei dem mehrere Staffeln[1] gegeneinander antreten*

Staf·fel·läu·fer der <-s, -> SPORT *jmd., der an einem Staffellauf teilnimmt*

staf·feln <staffelst, staffelte, hat gestaffelt> *mit OBJ* ■ *jmd. staffelt etwas (irgendwie) nach bestimmten Kriterien in verschiedene Kategorien einteilen* Man hat die Mitgliedsbeiträge neuerdings nach anderen Kriterien gestaffelt. ►Staffelung

Stag·fla·ti·on die <-, -en> WIRTSCH. *Inflation, die von wirtschaftlichem Stillstand begleitet wird*

Sta·g·na·ti·on die <-, -en> (*geh.*) *das Stagnieren (auf wirtschaftlichem Gebiet)*

sta·g·nie·ren <stagnierst, stagnierte, hat stagniert> *ohne OBJ* ■ *etwas stagniert in seiner Entwicklung stocken, still stehen* Der beginnende Wirtschaftsaufschwung stagnierte.

Stahl der <-(e)s, -e/Stähle> **1.** *Eisen in einer bestimmten Legierung, die besonders gut geformt und verarbeitet werden kann* Das Messer ist aus rostfreiem Stahl. ◆-band, -blech, -draht, -feder, -gerüst, -konstruktion, -platte, -rohr, -saite, -stab, -wolle, Edel- **2.** LIT. *Schwert, Dolch* ■ **Nerven aus Stahl** (*umg.*): *gute Nerven* ◆ Getrenntschreibung →R 4.12 die Stahl verarbeitende Industrie

Stahl·ar·bei·ter, **Stahl·ar·bei·te·rin** der <-s, -> *jmd., der in der Stahlindustrie arbeitet*

Stahl·be·ton der <-s> (*kein Plur.*) *besonders stabiler Beton, der mit Stahl[1] versehen ist* ◆-platte

stahl·blau <nicht steig.> *Adj. von leuchtender blauer Farbe* Er hat stahlblaue Augen.

stäh·len *mit OBJ* ■ *jmd. stählt etwas (geh.) etwas oder sich kräftig und stark machen* Er stählt seine Muskeln., Sie stählt sich.

stäh·lern <nicht steig.> *Adj.* **1.** *aus Stahl[1] hergestellt* **2.** (*geh.*) *sehr kräftig* Er hat stählerne Muskeln.

stahl·hart <nicht steig.> *Adj. sehr hart*

Stahl·helm der <-(e)s, -e> *der Helm aus Stahl[1], den Soldaten tragen*

Stahl·in·du·s·t·rie die <-> (*kein Plur.*) *der Industriezweig, in dem Stahl[1] hergestellt und verarbeitet wird*

Stahl·ross das <-es, -rösser> (*umg. scherzh.*) *Fahrrad*

Stahl·trä·ger der <-s, -> *Stütze aus Stahl[1]* In die Hallendecke wurden Stahlträger eingezogen.

Stahl·werk das <-(e)s, -e> *ein Industriebetrieb, der Stahl[1] herstellt*

Sta·ke die/der <-, -n/-s, -> (*norddt.*) *lange Stange aus Holz zum Staken*

sta·ken <stakst, stakte, hat gestakt> *mit OBJ* ■ *jmd. stakt etwas (norddt.) ein Boot mit einer langen Stange fortbewegen* Er stakte das Boot durch das Schilf.

Sta·ket das <-(e)s, -e> *Lattenzaun*

Stak·ka·to das <-s, -s/Stakkati> MUS. *musikalischer Vortrag mit kurzen, gestoßenen, betonten Tönen*

stak·sen <stakst, stakste, ist gestakst> *ohne OBJ* ■ *jmd. stakst (irgendwohin) sich steif fortbewegen* Der Storch stakst durch die Wiese.

Sta·lag·mit der <-s/-en, -e(n)> (↔ *Stalaktit*) *ein Tropfstein, der sich in einer Tropfsteinhöhle vom Boden nach oben aufbaut*

Sta·lak·tit der <-s/-en, -e(n)> (↔ *Stalagmit*) *ein Tropfstein, der in einer Tropfsteinhöhle von der Decke nach unten hängt*

Stall der <-(e)s, Ställe> *ein Gebäude oder Raum, in dem man Vieh unterbringt* ◆-dung, -gebäude, -geruch, -magd, -mist, Kuh-, Pferde-, Schweine-

Stall·knecht der <-(e)s, -e> (*veralt.*) *jmd., der das Vieh in einem Stall versorgt*

Stall·meis·ter der <-s, -> *jmd., der ein Gestüt beaufsichtigt*

Stal·lung die <-, -en> (*meist Plur.*) *großer Stall*

Stamm der <-(e)s, Stämme> **1.** (≈ *Baumstamm*) *der dicke Teil eines Baumes, aus dem die Äste wachsen* **2.** *eine größere Gruppe von Menschen mit derselben Sprache, demselben Glauben, derselben Kultur und denselben Gebräuchen, die meist in einem bestimmten Gebiet leben* ein afrikanischer Stamm, die germanischen Stämme ◆-eshäuptling, Eingeborenen-, Indianer-, Volks- **3.** *die Gruppe von Menschen, die den festen Kern von etwas ausmacht* Die Mannschaft benötigt einen Stamm an guten Spielern. ◆-kundschaft, -mannschaft, -personal, -publikum, Besucher-, Kunden- **4.** SPRACHWISS. *der zentrale Teil eines Wortes ohne Vorsilben, Nachsilben und Endungen*

Stamm·baum der <-(e)s, Stammbäume> *die Aufzeichnung aller Nachkommen eines Elternpaares über einen langen Zeitraum* Er kann seinen Stammbaum bis ins Mittelalter zurückverfolgen.

stam·meln <stammelst, stammelte, hat gestammelt> *mit OBJ/ohne OBJ* ■ *jmd. stammelt (etwas) mit vielen Pausen, sehr undeutlich und stockend sprechen, meist weil man nervös ist oder Angst hat* Er stammelte eine Entschuldigung., Sie stammelte vor Verlegenheit. ►Gestammel

S

stam·men *ohne OBJ* **1.** ■ *jmd./etwas stammt aus etwas Dat. seinen Ursprung in einem bestimmten Gebiet haben* Seine Frau stammt aus München., Die Tomaten stammen aus Italien. **2.** ■ *etwas stammt aus etwas Dat. seinen Ursprung in einem bestimmten zeitlichen Bereich haben* Das Wandgemälde stammt noch aus dem Mittelalter., Das Fundament des Tempels stammt aus dem vierten Jahrhundert. **3.** ■ *jmd. stammt aus etwas Dat. seine Herkunft in einem bestimmten Bereich haben* Sie stammt aus einer wohlhabenden Familie., Das Wort „Matratze" stammt ursprünglich aus dem Arabischen. **4.** ■ *etwas stammt von jmdm. von jmdm. gesagt oder gemacht worden sein* Das Zitat stammt von Schiller., Dieses Bild stammt von van Gogh.

Stamm·form die <-, -en> SPRACHWISS. *als Stammformen des Verbs gelten im Deutschen die 1. Pers. Sing. Präs., die 1. Pers. Sing. Prät. und das Part. Perf.*

Stamm·gast der <-(e)s, Stammgäste> *jmd., der oft und regelmäßig ein bestimmtes Lokal, Restaurant o.Ä. besucht*

Stamm·hal·ter der <-s, -> (*scherzh.*) *der erstgeborene Sohn einer Familie*

stäm·mig *Adj. kräftig und korpulent*

Stamm·knei·pe die <-, -n> (*umg.*) *ein Lokal, das jmd. oft und regelmäßig besucht*

Stamm·kun·de, **Stamm·kun·din** der <-n, -n> *jmd., der oft in einem Geschäft Kunde ist*

Stamm·lo·kal das <-s, -e> *ein Lokal, das jmd. oft und regelmäßig besucht*

Stamm·platz der <-es, Stammplätze> *der immer gleiche Platz, an dem jmd. zum Beispiel in einem Lokal sitzt* Er hat im Theater/im Lokal seinen Stammplatz.

Stamm·sil·be die <-, -n> SPRACHWISS. *die Silbe, die der Stamm[4] eines Wortes ist*

Stamm·tisch der <-(e)s, -e> **1.** *der immer gleiche (reservierte) Tisch, an dem bestimmte Gäste in einem Lokal sitzen und der besonders gekennzeichnet ist* **2.** *die Gruppe von Personen, die sich regelmäßig in einem Lokal treffen und am Stammtisch[1] sitzen* Er geht sonntags immer zum Stammtisch. ◆-politiker, -runde

Stamm·tisch·po·li·tik die <-> (*kein Plur.*) (*abwert.*) *eine unsachliche politische Diskussion (wie sie besonders am Stammtisch geführt wird)*

Stamm·vo·kal der <-(e)s, -e> SPRACHWISS. *Vokal der Stammsilbe*

Stamm·wäh·ler, **Stamm·wäh·le·rin** der <-s, -> (↔ *Wechselwähler*) *jmd., der immer dieselbe Partei wählt*

Stam·perl das <-s, -n> (*süddt. österr.*) *Schnapsglas*

stamp·fen <stampfst, stampfte, hat/ist gestampft> **I.** *mit OBJ* ■ *jmd. stampft etwas* (*haben*) *(mit einem Gerät) fest auf etwas drücken und es so zerkleinern* Er hat Kartoffeln gestampft. **II.** *ohne OBJ* **1.** ■ *jmd. stampft (irgendwohin)* (*haben*) *kräftig mit dem Fuß auftreten* Sie stampfte aus Wut auf den Boden. **2.** ■ *jmd. stampft (irgendwohin)* (*sein*) *sich mit lauten Schritten fortbewegen* Sie stampfte durch den Raum. **3.** ■ *etwas stampft* (*haben*) *in Betrieb sein und dabei laute Geräusche machen* Die Maschine stampft.

Stamp·fer der <-s, -> *Gerät zum Stampfen I*

Stand der <-(e)s, Stände> **1.** (*kein Plur.*) *das aufrechte Stehen* Der Turner landete nach dem Sprung im Stand., Er kann aus dem Stand einen Salto springen. **2.** (*meist Sing.*) *der Platz, wo etwas steht* Der Stand für Taxen ist dort drüben. ◆Taxi- **3.** *Bude, Marktstand* Am Wochenmarkt findet man Stände mit Gemüse, Gewürzen und Blumen. **4.** (*kein Plur.*) (≈ *Stadium*) *bestimmte Stufe in einer Entwicklung* Das ist der momentane Stand der Verhandlungen., Die technischen Entwicklungen auf diesem Gebiet haben einen hohen Stand erreicht. **5.** *gemessene Menge, Größe oder Höhe von etwas* Der Stand des Wassers beträgt augenblicklich drei Meter. **6.** (*kein Plur.*) *kurz für „Berufsstand"* **7.** (*kein Plur.*) *kurz für „Familienstand"* **8.** (*früher*) *die gesellschaftliche Schicht, zu der jmd. gehörte* Die unteren Stände wurden zu jener Zeit ausgebeutet. ■ **einen schweren Stand haben** (*umg.*): *sich nur schwer durchsetzen können* ◆ Getrennt- oder Zusammenschreibung→R 4.14 im Stand(e)/imstand(e) sein

Stan·dard der <-s, -s> (≈ *Norm, Maßstab, Richtschnur*) *das, was die meisten Menschen als normal betrachten und woran man sich orientieren kann* Eine solche Ausstattung bei Autos gehört mittlerweile zum Standard., sich an den gängigen technischen Standards orientieren ◆-abweichung, -ausführung, -ausrüstung, -kosten, -lösung, -modell, -typ, -werte, -zeit

Stan·dard·brief der <-(e)s, -e> *ein Brief mit einer festgelegten Größe und einem festgelegten bestimmten Gewicht, für den man ein bestimmtes Porto bezahlen muss*

stan·dar·di·sie·ren *mit OBJ* ■ *jmd. standardisiert etwas etwas zur Norm machen* ►Standardisierung

Stan·dard·spra·che die <-, -n> (SPRACHWISS.: ≈ *Hochsprache*) *die Form einer Sprache, die keine regionalen oder sozialen Merkmale aufweist*

Stan·dard·tanz der <-es, Standardtänze> *einer der Tänze, die man bei Turnieren tanzt* Langsamer Walzer, Wiener Walzer, Quickstep, Slow Fox und Tango sind Standardtänze.

Stan·dard·werk das <-(e)s, -e> *ein Buch, das für ein bestimmtes Fachgebiet besonders wichtig und allgemein als grundlegend akzeptiert ist*

Stan·dar·te die <-, -n> MILIT. *kleine Fahne einer Truppe*

Stand·bein das <-(e)s, -e> **1.** (SPORT: ↔ *Spielbein*) *das Bein, auf dem man steht* **2.** KUNST *das Bein, das den größten Teil der Last einer Statue o.Ä. trägt* ■ **ein zweites Standbein**: *eine sichere Alternative, die jmd. im Beruf o.Ä. zur Absicherung hat* Er ist Musiker, aber als studierter Betriebswirt hat er ein zweites Standbein.

Stand·bild das <-(e)s, -er> **1.** (≈ *Statue*) **2.** ELEKTROTECHN. *ein Bild auf dem Bildschirm eines Fern-*

sehers, das sich nicht bewegt und nicht verändert und das erscheint, wenn man beim Abspielen eines Videofilms den Videorecorder anhält

Stand-by das [stɛnt'bai] <-(s), -s> **1.** *eine Flugreise, bei der sich Reisende kurz vor dem Abflug in eine Warteliste eintragen, um mitfliegen zu können, falls noch Plätze frei werden* **2.** ELEKTROTECHN. *die Betriebsart, bei der ein Elektrogerät zwar ausgeschaltet ist, jedoch auf die Fernbedienung reagiert* ◆ -betrieb

Ständ·chen das <-s, -> *ein Musikstück, das man aus einem bestimmten Anlass für jmdn. spielt, beispielsweise um ihm zu gratulieren* Er brachte seiner Freundin ein Ständchen. ◆ Geburtstags-

Stän·der der <-s, -> **1.** *ein Gestell aus Stangen, Latten oder Rohren, auf das man etwas legt oder stellt oder an das man etwas hängt* ◆ Fahrrad-, Gepäck-, Kleider-, Noten-, Schirm- **2.** (*vulg.*) *Penis im erigierten Zustand*

Stän·de·rat der <-(e)s, Ständeräte> (*schweiz.*) **1.** *eine Art Parlament in der Schweiz, das aus Vertretern der einzelnen Kanone besteht* **2.** *Mitglied des Ständerates*[1]

Stän·der·lam·pe die <-, -n> (*schweiz.*) *Stehlampe*

Stan·des·amt das <-(e)s, Standesämter> *die Behörde, vor der Eheschließungen vollzogen werden und bei der man Geburten und Todesfälle meldet*

stan·des·amt·lich <nicht steig.> *Adj. so, dass etwas im Standesamt stattfindet und von Standesbeamten durchgeführt wird* Die standesamtliche Trauung findet vor der kirchlichen Trauung statt.

Stan·des·be·am·te, **Stan·des·be·am·tin** der <-n, -n> *Beamte(r) auf dem Standesamt*

stan·des·ge·mäß *Adv. so, dass etwas der gesellschaftlichen Gruppe entspricht, der jmd. angehört* Der junge Adelige heiratete standesgemäß.

stand·fest *Adj. so, dass etwas sicher steht und nicht umfallen kann* Die neue Leiter ist sehr standfest.

Stand·fes·tig·keit die <-> (*kein Plur.*) *der feste, sichere Stand von etwas*

Stand·ge·richt das <-(e)s, -e> *ein militärisches Gericht, das sich aus Offizieren zusammensetzt und das in Kriegszeiten besonders schnell Urteile fällen kann*

stand·haft *Adj. so, dass man nicht nachgibt und auf seiner Meinung besteht* Sie weigerte sich standhaft, meinen Anweisungen zu folgen.

Stand·haf·tig·keit die <-> (*kein Plur.*) *Beharrlichkeit, Entschlossenheit*

stand·hal·ten <hältst stand, hielt stand, hat standgehalten> *ohne OBJ* **1.** ■ *etwas hält etwas Dat. stand einer Belastung widerstehen können* Das Gebäude hielt dem Erdbeben stand. **2.** ■ *jmd. hält jmdm./etwas stand* (≈ *widerstehen*) *nicht nachgeben und sich nicht beeinflussen lassen* Er konnte der Versuchung standhalten.

stän·dig <nicht steig.> *Adj.* **1.** *oft, häufig, (fast) ununterbrochen* Er ist ständig krank. **2.** *so, dass etwas dauerhaft besteht* Ist das Ihr ständiger Wohnsitz?

Stan·ding·o·va·tions/Stan·ding O·va·tions die ['stændɪŋoʊ'veɪʃənz] <-> *Plur. lang anhaltender Beifall, bei dem das Publikum von den Sitzplätzen aufsteht*

Stand·licht das <-(e)s> (*kein Plur.*) *Licht am Auto, das man im Dunkeln einschaltet, wenn man anhält*

Stand·ort der <-(e)s, -e> **1.** *der Ort, an dem sich etwas befindet* Ist dies der Standort für die neue Fabrik?, Diese Pflanze wächst auch an einem schattigen Standort. **2.** WIRTSCH. *ein Ort, an dem wirtschaftliche Tätigkeit stattfindet* Der Standort Deutschland ist nicht gefährdet. ◆ -nachteil, -wahl, -wechsel

Stand·ort·fak·tor der <-s, -en> WIRTSCH. *ein Kriterium, das berücksichtigt wird, wenn eine Firma ihren Standort*[2] *wählt*

Stand·ort·vor·teil der <-(e)s, -e> WIRTSCH. *etwas, das einen Standort*[2] *besser macht als andere*

Stand·pau·ke ■ **jemandem eine Standpauke halten** (*umg.*): *jmdn. streng zurechtweisen*

Stand·platz der <-es, Standplätze> *Stand*[2]

Stand·punkt der <-(e)s, -e> (≈ *Ansicht, Meinung, Auffassung*) *die Art und Weise, wie man eine Situation, ein Problem beurteilt* Er konnte ihr seinen Standpunkt nicht klar machen., Ich stehe auf dem Standpunkt, dass …

Stand·recht das <-(e)s> (*kein Plur.*) *Regeln und Gesetze eines Standgerichts*

Stand·seil·bahn die <-, -en> *eine Seilbahn, deren Wagen auf Schienen fahren*

Stand·spur die <-, -en> (*auf Autobahnen*) *die Spur neben der rechten Fahrbahn, auf der Fahrzeuge in Notfällen anhalten können*

Stand·uhr die <-, -en> *hohe, auf dem Boden stehende Uhr*

Stan·ge die <-, -n> **1.** *langer relativ dünner runder Stab aus Holz oder Metall* **2.** *längliches Stück von etwas* Ich muss noch eine Stange Zimt kaufen. **3.** *zehn Schachteln Zigaretten in einer Verpackung* ■ **bei der Stange bleiben** (*umg.*): *etwas zu Ende bringen* **jemandem die Stange halten** (*umg.*): *jmdn. nicht im Stich lassen, für ihn eintreten* **eine (ganze/hübsche/schöne) Stange** (*umg.*): *sehr viel* Die Reparatur hat eine hübsche Stange Geld gekostet.

Stän·gel der <-s, -> *der Stiel einer Pflanze (der die Blüte trägt)*

Sta·nit·zel/Sta·nitzl der <-s, -> (*österr.*) *spitz zulaufende Tüte*

stän·kern <stänkerst, stänkerte, hat gestänkert> *ohne OBJ* ■ *jmd. stänkert (gegen jmdn.)* (*umg.*) *Streit verursachen, indem man jmdn. ständig kritisiert oder provoziert*

Stan·ni·ol das <-s, -e> *dünne, silbrig glitzernde Folie aus Aluminium*

Stan·ni·ol·pa·pier das <-s> (*kein Plur.*) (≈ *Alufolie, Silberpapier*) *Stanniol*

stan·zen <stanzt, stanzte, hat gestanzt> *mit OBJ* **1.** ■ *jmd. stanzt etwas (aus etwas Dat.) mit einer Maschine Stücke mit einer bestimmten Form aus*

S

etwas ausschneiden Mit dieser Maschine kann man Löcher stanzen. **2.** ■ *jmd. stanzt etwas (auf etwas Akk.) (≈ prägen) ein Muster auf etwas machen*

Sta·pel der <-s, -> **1.** (≈ *Stoß*[3]) *Haufen von gleichen, aufeinander gelegten Dingen* Ich muss den ganzen Stapel Wäsche noch bügeln. ◆ Bretter-, Bücher-, Holz-, Wäsche- **2.** SEEW. *Gerüst, auf dem Schiffe gebaut werden* Das Schiff läuft morgen vom Stapel.

sta·peln <stapelst, stapelte, hat gestapelt> **I.** *mit OBJ* ■ *jmd. stapelt etwas einen Stapel*[1] *aus Dingen bilden* Er stapelt Holz im Hof. **II.** *mit SICH* ■ *etwas stapelt sich übereinander liegen und einen Stapel*[1] *bilden* Die Bücher stapeln sich inzwischen auf dem Fußboden.

sta·pel·wei·se *Adv. in großen Mengen* Sie hat stapelweise Klamotten in ihrem Schrank, die sie nie trägt.

stap·fen <stapfst, stapfte, ist gestapft> *ohne OBJ* ■ *jmd. stapft (irgendwohin/durch etwas) auf einer weichen Oberfläche, in die man einsinken kann, mit großen Schritten gehen* Wir stapften durch den Schnee.

Star[1] der <-(e)s, -e> *ein Singvogel mit dunklem Gefieder, hellen Flecken und einem kurzem Hals*

Star[2] der <-(e)s> (*kein Plur.*) MED. *eine Augenkrankheit, bei der der Sehnerv schwach wird oder sich die Linse des Auges trübt* Er ist am grünen/grauen Star erkrankt. ◆ -operation

Star[3] der <-s, -s> *jmd., der sehr berühmt ist (und viele Fans hat)* ◆ -anwalt, -aufgebot, -besetzung, -gast, -journalist, -kult, -parade, -rummel, Film-, Pop-, Rock-, Schlager-, Super-

Star·al·lü·ren <-> *Plur. (abwert.) sehr launenhaftes, arrogantes Benehmen, das jmd. hat, der sich für besser hält als andere* Starallüren haben

stark <stärker, am stärksten> *Adj.* **1.** (↔ *schwächlich*) *so, dass jmd. viel körperliche Kraft hat* Das Kind ist groß und stark geworden. **2.** (↔ *schwach*) *leistungsfähig, widerstandsfähig* Sie hat starke Nerven/ein starkes Herz. **3.** *dick und belastbar* Das Haus hat starke Mauern. **4.** *sehr gehaltvoll* Ich brauche jetzt erst einmal einen starken Kaffee. **5.** *zahlreich* Die Veranstalter der Demonstration rechnen mit einer starken Beteiligung. **6.** *sehr gut* Die Spieler boten eine starke Leistung. **7.** *sehr ausgeprägt, intensiv, sehr kräftig* Die starken Schneefälle halten unvermindert an., Sie hatte starke Schmerzen. **8.** (*jugendspr.*) *ausgezeichnet, großartig* Das war ein starker Film., Die Musik war echt stark. **9.** (*umg. verhüll.*) *dick* ■ **sich für jemanden/etwas stark machen**: *sich für jmdn. oder etwas einsetzen* ◆ Getrenntschreibung→R 4.2 sich für jemanden stark machen, stark sein

Stär·ke[1] die <-, -n> **1.** *Bestandteil von bestimmten Lebensmitteln, wie Getreide, Kartoffeln und Reis* Kartoffeln enthalten Stärke. **2.** *ein Mittel, mit dem man Wäsche steif macht*

Stär·ke[2] die <-, -n> **1.** (*kein Plur.*) *große körperliche Kraft* **2.** (*kein Plur.*) *Macht* Die militärische Stärke des Landes ist nur schwer einzuschätzen. **3.** *Dicke, Festigkeit* Wir haben Bretter verschiedener Stärken besorgt. **4.** *Anzahl, Größe* Die Stärke der Armee sollte reduziert werden. **5.** *besondere Begabung, Fähigkeit auf einem bestimmten Gebiet* Chemie war noch nie seine Stärke. **6.** *vorteilhafte Eigenschaft* Es zählt zu seinen Stärken, dass er auch in schwierigen Situationen einen kühlen Kopf behält. **7.** *Ausmaß, Intensität* Die Stärke des Erdbebens brachte die meisten Häuser zum Einsturz.

stär·ke·hal·tig *Adj. so, dass etwas Stärke enthält*

stär·ken **I.** *mit OBJ* **1.** ■ *etwas stärkt jmdn./etwas* (↔ *schwächen*) *kräftigen* Regelmäßiges Laufen stärkt die Kondition. **2.** ■ *jmd./etwas stärkt jmdn./etwas jmdm. oder etwas neue Kraft geben, unterstützen* Es gelang mir, ihre Hoffnungen wieder zu stärken. **3.** ■ *etwas stärkt etwas wirkungsvoller machen* Der Ausgang der Wahl stärkte die Position des siegreichen Kandidaten. **4.** ■ *jmd. stärkt etwas Wäsche mit Stärke steif machen* **II.** *mit SICH* ■ *jmd. stärkt sich etwas essen und trinken*

Stark·strom der <-(e)s, Starkströme> ELEKTROTECHN. *starker elektrischer Strom* ◆ -leitung, -technik

Stär·kung die <-, -en> **1.** *das Stärken I.1* **2.** *Speisen und Getränke* Ich muss jetzt erst einmal eine kleine Stärkung zu mir nehmen. **3.** *das Stärken I.3*

starr *Adj.* **1.** (≈ *steif, unbeweglich*) *so, dass sich die einzelnen Teile nicht einzeln bewegen lassen* Sie war starr vor Schrecken/Kälte. **2.** *regungslos* Sie blickte starr vor sich hin. **3.** (≈ *streng*) *so, dass man etwas nicht verändern oder an eine neue Situation anpassen kann* Man hielt an den starren Regeln fest. **4.** *so, dass jmd. seine Meinung nicht aufgibt; unnachgiebig* Seine starre Haltung belastete die Verhandlungen.

Star·re die <-> (*kein Plur.*) *das Starrsein*[1 2]

star·ren *ohne OBJ* **1.** ■ *jmd. starrt (irgendwohin/auf jmdn./etwas) starr*[2] *blicken* Er starrte an die Decke. **2.** ■ *etwas starrt vor etwas Dat. strotzen* Die Hose starrte vor Schmutz.

Starr·heit die <-> (*kein Plur.*) *das Starrsein*

Starr·kopf der <-(e)s, Starrköpfe> (≈ *Dickkopf*)

starr·köp·fig *Adj. (abwert.) starrsinnig*

Starr·krampf der <-(e)s> (*kein Plur.*) MED. *kurz für „Wundstarrkrampf"*

Starr·sinn der <-(e)s> (*kein Plur.*) *Eigensinn, Sturheit*

starr·sin·nig *Adj. (abwert.) eigensinnig, stur*

Start der <-s, -s/ (-e)> **1.** *Beginn, Anfang (meist einer beruflichen Tätigkeit)* Sie hatte einen schweren Start ins Berufsleben. **2.** SPORT *Beginn eines Rennens* Der Start musste wiederholt werden. **3.** (↔ *Landung*) *Vorgang, dass ein Flugzeug oder eine Rakete den Boden verlässt* Die Piloten mussten den Start vorzeitig abbrechen. **4.** *Ort, Platz, an dem ein Start*[2 3] *erfolgt*

Start·auf·la·ge die <-> (*kein Plur.*) DRUCKW. *erste Auflage eines Buchs*

Start·bahn die <-, -en> (LUFTF.: ↔ *Landebahn*) *eine Art Straße, von der Flugzeuge abfliegen*

start·be·reit <nicht steig.> *Adj. so, dass jmd.*

oder etwas fertig zum Start[2] [3] ist

Start·block der <-(e)s, Startblöcke> *eines der kleinen Podeste, von denen bei Schwimmwettbewerben die Teilnehmer ins Wasser springen* vom Startblock springen

star·ten <startest, startete, hat/ist gestartet> **I.** *mit OBJ (haben)* **1.** ■ *jmd. startet etwas den Motor anlassen* Er startete den Motor. **2.** ■ *jmd. startet etwas beginnen lassen* Wir haben eine große Unterschriftenaktion gestartet. **II.** *ohne OBJ (sein)* **1.** ■ *jmd. startet (irgendwo)* SPORT *einen Wettkampf beginnen* Sie startete auf der Innenbahn. **2.** ■ *jmd. startet für jmdn./etwas* SPORT *an einem Wettkampf teilnehmen* Er startet für Italien. **3.** ■ *etwas startet abfliegen* Das Flugzeug startete pünktlich. **4.** ■ *jmd. startet (irgendwann) (irgendwohin) aufbrechen* Wir starten morgen in den Urlaub.

Start·hil·fe die <-, -n> **1.** KFZ *der Vorgang, dass man eine leere Autobatterie und eine volle Autobatterie mit einem Kabel verbindet, damit das Auto mit der leeren Batterie wieder fahren kann* Weil sein Auto nicht ansprang, musste ich ihm Starthilfe geben. **2.** *(finanzielle) Unterstützung zur Gründung einer Firma*

Start·hil·fe·ka·bel das <-s, -> KFZ *Kabel, mit dem man die Batterien von zwei Autos verbindet, wenn man Starthilfe gibt*

start·klar <nicht steig.> *Adj. startbereit*

Start·li·nie die <-> *(kein Plur.)* SPORT *Linie, hinter der die Sportler auf den Start[2] eines Rennens warten*

Start·lis·te die <-, -n> SPORT *Liste, auf der die Namen aller Teilnehmer eines Wettkampfs stehen*

Start·num·mer die <-, -n> *ein Stück Stoff mit einer Nummer, das ein Teilnehmer eines Rennens auf Brust und Rücken trägt*

Start·pis·to·le die <-, -n> *Pistole, mit der man den Startschuss[1] für ein Rennen abgibt*

Start·schuss der <-es, Startschüsse> **1.** *Schuss als Startsignal* **2.** *(übertr.) etwas, das zeigt, dass man mit einem Vorhaben beginnen kann* Der Beschluss des Stadtrats war der Startschuss für den Bau der neuen Sportanlage.

Start·sig·nal das <-s, -e> *Signal, das zeigt, dass ein Rennen beginnt*

Start-up der/das [staːˈtʌp] <-s, -s> WIRTSCH. *eine Firma, die gerade erst neu gegründet wurde* ◆ -firma, -unternehmen

Start·zei·chen das <-s, -> *Startsignal*

State·ment das [ˈsteɪtmɛnt] <-s, -s> *(öffentliche) Erklärung, Verlautbarung*

Sta·tik die <-> *(kein Plur.)* **1.** (PHYS.: ↔ *Dynamik) Lehre von den Kräften, die an ruhenden Körpern auftreten* **2.** BAUW. *Kräfte, die dafür sorgen, dass ein Gebäude stabil ist und nicht einstürzt*

Sta·ti·ker, **Sta·ti·ke·rin** der <-s, -> *jmd., der sich mit Statik beschäftigt*

Sta·ti·on die <-, -en> **1.** *Abschnitt* Er sprach offen über die wichtigsten Stationen seiner Karriere. **2.** (≈ *Haltestelle) Stelle, an der Züge oder öffentliche Verkehrsmittel anhalten, damit Menschen ein- und aussteigen können* Ich muss an der nächsten Station aussteigen. **3.** *Anlage für (wissenschaftliche) Tätigkeiten* Auf dem Berg wird eine meteorologische Station eingerichtet. **4.** *Abteilung in einem Krankenhaus* Auf welcher Station liegt sie?, chirurgische/gynäkolgische/neurologische/psychatrische/urologische Station

sta·ti·o·när <nicht steig.> *Adj.* (MED.: ↔ *ambulant) im Krankenhaus* Die Verletzung muss stationär behandelt werden.

sta·ti·o·nie·ren *mit OBJ* ■ *jmd. stationiert jmdn./etwas (irgendwo) jmdn. oder etwas für längere Zeit an einen bestimmten Ort bringen* Man stationierte Truppen an der Grenze.

Sta·ti·o·nie·rung die <-, -en> *das Stationieren*

Sta·ti·ons·arzt, **Sta·ti·ons·ärz·tin** der <-es, Stationsärzte> *leitender Arzt auf einer Station[4]*

Sta·ti·ons·schwe·ster die <-, -n> *leitende Krankenschwester auf einer Station[4]*

sta·tisch <nicht steig.> *Adj.* **1.** (PHYS.: ↔ *dynamisch) das von Kräften erzeugte Gleichgewicht betreffend* **2.** BAUW. *die Statik[2] betreffend*

Sta·tist, **Sta·tis·tin** der <-en, -en> FILM THEAT. *ein Schauspieler, der eine kleine Rolle ohne Text hat*

Sta·tis·tik die <-, -en> **1.** *Darstellung (in Form einer Tabelle, einer Kurve oder eines Diagramms), die zeigt, wie häufig bestimmte Dinge auftreten* Die Statistik war gefälscht. **2.** *Wissenschaft, die sich mit der Erstellung und der Bedeutung von Statistiken[1] beschäftigt*

sta·tis·tisch <nicht steig.> *Adj. die Statistik betreffend*

Sta·tiv das <-s, -e> FOTOGR. FILM *ein Gestell mit drei Beinen, auf dem man eine Kamera befestigt, damit das Foto/die Aufnahme nicht verwackelt* Er schraubte seinen Fotoapparat auf ein Stativ.

statt **I.** *Präp. + Gen. anstatt, anstelle* Statt eines Buches hatte sie sich eine CD gekauft., Sie tat es statt seiner., an Eides statt **II.** *Konj. anstatt* Statt zur Schule zu gehen, ging er auf den Sportplatz. ◆ Zusammenschreibung Er hat das Studium abgebrochen, stattdessen macht er jetzt eine Lehre.; Getrenntschreibung Der Professor, statt dessen sein Mitarbeiter erschienen war, war verreist.

statt·des·sen, *a.* **statt des·sen** *Adv. anstelle* Er hat das Studium abgebrochen, stattdessen macht er jetzt eine Lehre.

Stät·te die <-, -n> *(geh.) Ort mit einer besonderen Bedeutung, Stelle, an der etwas Außerordentliches passiert ist* Hier lebte und arbeitete der große Künstler, dies ist die Stätte seines Wirkens., Wir befinden uns hier an einer historischen Stätte.

statt·fin·den <findet statt, fand statt, hat stattgefunden> *ohne OBJ* ■ *etwas findet (irgendwann) (irgendwo) statt geschehen* Das Konzert findet nächste Woche statt.

statt·ge·ben <gibst statt, gab statt, hat stattgegeben> *ohne OBJ* ■ *jmd. gibt etwas Dat. statt* AMTSSPR. *etwas gewähren* Dem Einspruch wird stattgegeben.

statt·haft <nicht steig.> *Adj. (geh.) erlaubt, zulässig* Es ist nicht statthaft, während der Prüfung miteinander zu sprechen.

Statt·hal·ter der <-s, -> 1. *Stellvertreter* 2. (*schweiz.*) *oberster Beamter eines Bezirks*

statt·lich *Adj.* 1. *groß, ansehnlich* Unser Rathaus ist ein stattliches Gebäude. 2. *beträchtlich* Wir mussten eine stattliche Summe für die Reparatur bezahlen.

Sta·tue die <-, -n> (≈ *Standbild*) *Figur aus einem festen Material, zum Beispiel Metall oder Stein, die wie ein Mensch oder Tier aussieht* Auf dem Marktplatz steht die Statue eines Heiligen.

Sta·tu·et·te die <-, -n> *kleine Statue*

sta·tu·ie·ren *mit OBJ* ■ *jmd. statuiert etwas festsetzen, bestimmen* ■ **ein Exempel statuieren**: *ein warnendes Beispiel geben*

Sta·tur die <-, -en> *Art, wie der Körper eines Menschen gebaut ist; Wuchs* Er ist von kräftiger Statur.

Sta·tus der <-> (*kein Plur.*) (*gesellschaftliche, politische, rechtliche, wirtschaftliche*) *Stellung*

Sta·tus quo der <-> (*kein Plur.*) (*geh.*) *gegenwärtiger Zustand*

Sta·tus·sym·bol das <-(e)s, -e> *Gegenstand, mit dem jmd. anderen seine* (*hohe*) *gesellschaftliche Stellung zeigen will* Ich betrachte seinen Luxuswagen als reines Statussymbol.

Sta·tut das <-(e)s, -en> (*meist Plur.*) *Satzung*

Stau der <-(e)s, -s> 1. *eine Reihe von Autos, die auf der Straße stehen und nicht weiterfahren können, weil der Verkehr behindert wird* Bei Ferienbeginn wird auf den Autobahnen mit langen Staus gerechnet. 2. (*meist Sing.*) *große Ansammlung von Wasser, das nicht weiterfließen kann* Vor dem Wehr hatte sich ein gefährlicher Stau gebildet.

Staub der <-(e)s> (*kein Plur.*) *viele kleine Partikel unterschiedlicher Substanzen, die durch die Luft schweben und sich auf der Oberfläche von Gegenständen in einer dünnen Schicht ablagern* Sie saugt Staub/staubsaugt. ■ **sich aus dem Staub machen** (*umg.*): *heimlich verschwinden* **viel Staub aufwirbeln** (*umg.*): *große Aufregung verursachen* ◆ Getrennt- oder Zusammenschreibung→R 4.14 Staub saugen/staubsaugen, Er hat Staub gesaugt/staubgesaugt.; Getrenntschreibung →R 4.3 Staub abweisend; Zusammenschreibung →R 4.5 staubbedeckt

Staub·beu·tel der <-s, -> 1. BOT. *Teil eines Staubblattes* 2. *Papiertüte im Staubsauger*

Staub·blatt das <-(e)s, Staubblätter> BOT. *Blütenteil, der den Blütenstaub enthält*

Stau·be·cken das <-s, -> *Becken, in dem Wasser gestaut wird*

stau·ben *ohne OBJ* ■ *etwas staubt Staub absondern, aufsteigen lassen* Die Kissen stauben.

Staub·fän·ger der <-s, -> (*umg. abwert.*) *Gegenstand, der in der Wohnung herumsteht, ohne dass man ihn benutzt, und auf dem sich der Staub sammelt*

Staub·ge·fäß das <-es, -e> BOT. *Staubblatt*

stau·big *Adj. voller Staub*

Staub·korn das <-(e)s, Staubkörner> *eines der vielen kleinen Teilchen, aus denen Staub besteht*

staub·sau·gen <saugst staub, saugte staub, hat staubgesaugt> *ohne OBJ* (*Teppiche*) *mit einem Staubsauger reinigen* ◆ Zusammen- oder Getrenntschreibung→R 4.14 staubsaugen/Staub saugen *siehe auch* **Staub**

Staub·sau·ger der <-s, -> *elektrisches Gerät, mit dem man Flächen* (*vor allem Teppiche*) *von Staub befreien kann*

Staub·teil·chen das <-s, -> *Staubkorn*

Staub·tuch das <-(e)s, Staubtücher> *weiches Tuch, mit dem man Staub wegwischt*

Staub·wol·ke die <-, -n> *eine große Menge an aufgewirbeltem Staub*

Staub·zu·cker der <-s> (*kein Plur.*) (*österr.*) *Puderzucker*

stau·chen *mit OBJ* 1. ■ *jmd. staucht etwas sehr heftig auf etwas stoßen* 2. ■ *jmd. staucht etwas mit viel Kraft auf etwas drücken und es dadurch kleiner machen* 3. ■ *jmd. staucht etwas* TECHN. *einen Gegenstand mit Druck verformen* 4. ■ *jmd. staucht sich etwas* (*selten*) *verstauchen* Sie hat sich den Knöchel gestaucht. 5. ■ *jmd. staucht jmdn.* (*umg.*) *jmdn. schimpfen* Meine Mutter hat mich gestern ziemlich gestaucht.

Stau·damm der <-(e)s, Staudämme> *große Mauer, mit der Wasser in einem Stausee gestaut wird*

Stau·de die <-, -n> *ein Strauch*

stau·en I. *mit OBJ* ■ *jmd./etwas staut etwas durch ein Hindernis dafür sorgen, dass etwas nicht abfließt* Ein Damm staut den Fluss. II. *mit SICH* ■ *etwas staut sich durch ein Hindernis zum Stillstand kommen und sich ansammeln* Der Verkehr staute sich kilometerlang.

Stau·mau·er die <-, -n> *Staudamm*

Staumeldung die *Hinweis auf Staus*[1] *auf Straßen im Radio oder Fernsehen*

stau·nen *ohne OBJ* ■ *jmd. staunt über jmdn./etwas sich wundern, überrascht sein oder Respekt empfinden* Er staunte nicht schlecht über ihren Vorschlag.

Stau·pe die <-, -n> *eine Hundekrankheit, bei der sich Organe entzünden*

Stau·raum der <-(e)s> (*kein Plur.*) *Raum, der für das Verstauen von Gepäck zur Verfügung steht* Ein Sportwagen verfügt meist über wenig Stauraum.

Stau·see der <-s, -n> *künstlicher See, der durch Aufstauen von Wasser entstanden ist*

Stau·ung die <-, -en> 1. *das Stauen* / 2. *Stau*

Std. *Kurzform für „Stunde"*

Steak das ['ste:k] <-s, -s> *eine Scheibe* (*Rind*)*Fleisch, die man nur kurz brät* ◆ -haus, -messer, Hüft-, Rinder-, Schweine-

Stea·rin das <-s> (*kein Plur.*) *ein fester, weißer Stoff, aus dem man Kerzen und kosmetische Produkte herstellt*

Stech·ap·fel der <-s, Stechäpfel> *eine giftige Pflanze mit großen weißen Blüten und stacheligen Früchten*

Stechen das <-s> (*kein Plur.*) *ein kurzer Schmerz, der in kurzen Abständen immer wieder auftritt und der sich wie viele Stiche*[1] *anfühlt* Ich habe ein Stechen in der Magengegend.

ste·chen <stichst, stach, hat gestochen> **I.** *mit OBJ/ohne OBJ* **1.** ■ *jmd. sticht (jmdm./etwas/sich) (etwas) (irgendwohin) mit einem spitzen Gegenstand in etwas eindringen, jmdn. verletzen* Sie stach ihren kleinen Bruder aus Versehen mit einer Nadel., Sie sticht in den Braten, um zu prüfen, ob er schon gar ist., Er stach seinem Opfer mitten ins Herz. **2.** ■ *ein Tier sticht (jmdn.) einen (Tier-)Stachel in die Haut bohren* Eine Biene stach das Kind/mir in den Fuß., Mücken stechen. **II.** *ohne OBJ* ■ *etwas sticht heiß brennen* Die Sonne sticht heute wieder! **III.** *mit SICH* ■ *jmd. sticht sich an etwas Dat. sich an einem spitzen Gegenstand verletzen* Ich habe mich am Kaktus gestochen. ■ **etwas sticht jemandem ins Auge** (*umg.*): *etwas fällt jmdm. auf*

ste·chend *Adj.* **1.** *so, dass ein Schmerz in kurzen Abständen auftritt* **2.** *scharf, beißend* Als wir die Türe öffneten, schlug uns ein stechender Geruch entgegen.

Stech·kar·te die <-, -n> *Karte, die man in eine Stechuhr steckt*

Stech·mü·cke die <-, -n> *eine Mückenart*

Stech·pal·me die <-, -n> *eine Palmenart mit Stacheln an den Blättern*

Stech·uhr die <-, -en> *Gerät in Fabriken und größeren Unternehmen, das täglich auf einer Karte registriert, wann die Mitarbeiter die Arbeit beginnen und beenden*

Steck·brief der <-(e)s, -e> *Plakat mit dem Foto und der Beschreibung eines Straftäters, das die Polizei aufhängt, um den Täter zu finden*

Steck·do·se die <-, -n> *Vorrichtung in der Wand, in die der Stecker eines elektrischen Geräts gesteckt wird*

Ste·cken der <-s, -> (*landsch.*) *Stock*

ste·cken <steckst, steckte, hat/ist gesteckt> **I.** *mit OBJ (haben)* **1.** ■ *jmd. steckt etwas irgendwohin etwas durch eine Öffnung in etwas hineintun* Er steckte den Brief in ein Kuvert., Sie steckte die Hände in die Manteltaschen. **2.** ■ *jmd. steckt (jmdm./sich) etwas irgendwohin etwas an etwas befestigen* Er steckte ihr den Ring an den Finger. **3.** ■ *jmd. steckt jmdn. irgendwohin (umg.) jmdn. an einen bestimmten Ort bringen* Die Mutter steckte das kranke Kind ins Bett. **4.** ■ *jmd. steckt etwas in etwas Akk. (umg.) investieren* Sie steckt viel Zeit in ihre Hobbys. **II.** *ohne OBJ* **1.** ■ *jmd./etwas steckt irgendwo (haben/sein) an einem Ort sein und nicht wegkommen* Der Nagel steckte sehr fest in der Wand. **2.** ■ *der Schlüssel steckt (haben) sich im Schloss*[2] *befinden* Hat der Schlüssel im Schloss gesteckt, als du kamst? **3.** ■ *jmd./etwas steckt irgendwo (umg. (haben)) sich irgendwo befinden* Ich habe die Kinder schon überall gesucht, wo stecken sie bloß wieder? **4.** ■ *etwas steckt in jmdm. (umg. (haben)) bestimmte Talente besitzen* In ihr stecken ungeahnte Fähigkeiten. ■ **hinter etwas stecken**: *Veranlasser von etwas sein* ◆ Getrenntschreibung→R 4.1 im Schnee stecken bleiben, in einer Rede stecken bleiben, den Schlüssel im Schloss stecken lassen

Ste·cken·pferd das <-(e)s, -e> (*umg.*) *Hobby, Lieblingsbeschäftigung* Fußball ist sein Steckenpferd.

Ste·cker der <-s, -> *Anschlussteil eines elektrischen Geräts, das in eine Steckdose gesteckt wird* Vor dem Öffnen des Geräts sollte man stets den Stecker abziehen!

Steck·ling der <-s, -e> *ein kleiner Teil einer Pflanze, aus dem eine neue Pflanze entsteht, wenn man ihn abschneidet und in die Erde pflanzt*

Steck·na·del die <-, -n> *kleinere Nadel, mit der man Stoffstücke aneinander befestigt* ■ **jemanden/etwas wie eine Stecknadel im Heuhaufen suchen**: *jmdn. oder etwas intensiv, aber vergeblich suchen*

Steck·rü·be die <-, -n> (≈ *Kohlrübe*)

Steck·schlüs·sel der <-s, -> *Schraubenschlüssel, den man über eine Mutter steckt*

Steg der <-(e)s, -e> **1.** *kleine, schmale Brücke* **2.** *eine Art Brücke aus Holz, die (ein Stück weit hinaus) in einen See, ins Meer gebaut ist* Das Boot legte am Steg an. **3.** *der Teil zwischen den Gläsern einer Brille, der auf der Nase liegt* **4.** *ein kleines Brett auf einem Saiteninstrument, auf dem die Saiten liegen*

Steg·reif ■ **aus dem Stegreif**: *unvorbereitet, spontan* Er hielt aus dem Stegreif eine kurze Ansprache.

Steh·auf·männ·chen das <-s, -> (*umg.*) *jmd., der alle Niederlagen schnell überwindet und immer wieder neu beginnt*

Steh·aus·schank der <-(e)s, Stehausschänke> *ein kleines Lokal, in dem man im Stehen etwas trinken oder essen kann*

Steh·ca·fé das <-s, -s> *ein Café, in dem man im Stehen etwas trinken kann*

ste·hen <stehst, stand, hat/ist gestanden> *ohne OBJ* **1.** (↔ *sitzen*) ■ *jmd. steht irgendwo mit aufrechtem Körper an einer Stelle bleiben* Wir mussten im Bus stehen. **2.** ■ *etwas steht irgendwo sich befinden* Auf dem Feld steht eine kleine Kapelle., Im Garten stehen mehrere Obstbäume., Das Essen stand schon auf dem Tisch. **3.** ■ *etwas steht nicht mehr funktionieren* Die Uhr steht. **4.** ■ *etwas steht irgendwo irgendwo gedruckt, geschrieben sein* Was stand auf diesem Plakat? **5.** ■ *jmd. steht vor etwas Dat. mit etwas Schwierigem konfrontiert sein* Wir standen damals vor enormen Problemen. **6.** ■ *etwas steht (umg.) fertig sein* Morgen muss das Referat stehen! **7.** ■ *etwas steht jmdm. (irgendwie) jmdm. gut passen und gut an jmdm. aussehen* Das Kleid steht ihr gut. **8.** ■ *jmd. steht zu etwas Dat. die Verantwortung für etwas übernehmen* Er stand zu seiner Tat. **9.** ■ *jmd. steht zu jmdm. zu jmdn. halten, jmdm. helfen* Sie stand zu ihrem Freund., Die Mannschaft steht zu ihrem Trainer. **10.** ■ *jmd. steht zu etwas Dat. etwas beurteilen* Wie stehen Sie zu dieser Entscheidung? **11.** (*umg.*) ■ *jmd. steht auf jmdn./etwas (umg.) jmdn. oder etwas sehr mögen* Er steht auf diese Musik. ■ **jemandem bis zum Hals(e)/bis oben/bis hierhin stehen** (*umg.*): (*einer Sache*) *überdrüssig werden* ◆ Getrenntschreibung→R 4.1 (mit dem Auto plötzlich) stehen bleiben, (das schmutzige Geschirr) stehen lassen; Großschreibung→R 3.4f. ein guter Platz zum Stehen, im Stehen essen

Steh·kra·gen der <-s, -> *ein enger, steifer Kragen, der nach oben steht* Sie trug eine Bluse mit Stehkragen.

Steh·lam·pe die <-, -n> *ein Lampe, die nicht an der Decke hängt, sondern auf dem Boden oder auf dem Tisch steht*

Steh·lei·ter die <-, -n> *ein Leiter, die frei steht und die man nicht an die Wand lehnt*

steh·len <stiehlst, stahl, hat gestohlen> *mit OBJ/ohne OBJ* ■ *jmd. stiehlt (jmdm.) (etwas) heimlich jmdm. etwas wegnehmen und es behalten* Als Kinder haben wir Obst beim Nachbarn gestohlen., Hast du schon gehört, dass er im Kaufhaus gestohlen hat? ■ **jemandem/etwas gestohlen bleiben können** (*umg.*): *nichts (mehr) mit jmdn. oder etwas zu tun haben wollen*

Steh·platz der <-(e)s, Stehplätze> (↔ *Sitzplatz*) Wir hatten im Stadion einen Stehplatz.

Stei·er·mark die <-> *ein Bundesland in Österreich*

steif *Adj.* **1.** (↔ *weich*) *relativ hart, so dass man es nur schwer in eine andere Form bringen kann* Die Wäsche war steif gefroren. **2.** *so, dass man etwas nicht mehr bewegen kann* Seit dem Unfall hat er ein steifes Bein. **3.** *ungelenk* Sieh mal, was er für einen steifen Gang hat. **4.** *so, dass etwas sehr streng den Regeln der Gesellschaft entspricht; förmlich* Ich mag diese steifen Empfänge nicht. **5.** (≈ *erigiert*) *im Zustand der Erektion* ein steifer Penis ■ **steif und fest behaupten, dass ...**: *hartnäckig behaupten, dass ...* ◆ Getrenntschreibung →R 4.2 (die Ohren) steif halten ▶ Steifheit

Steig der <-(e)s, -e> *steiler, kleiner (Gebirgs-)Pfad*

Steig·bü·gel der <-s, -> *einer der beiden Bügel aus Metall, in die man die Füße beim Reiten steckt*

Stei·ge die <-, -n> **1.** (*landsch.*) *steile Stiege, Treppe* **2.** (*süddt. österr.*) *steiler Weg, steile Straße* **3.** (*süddt. österr.*) *flache, offene Kiste, die Obst enthält* Ich habe eine Steige Orangen gekauft.

Steig·ei·sen das <-s, -> **1.** *Eisen mit scharfen Zacken, das man unter die Schuhe schnallt, um nicht auszurutschen, wenn man auf einen Gletscher oder einen vereisten Berg steigt* **2.** *eine Art Leiter aus Eisen in Mauern und Schornsteinen*

stei·gen <steigst, stieg, ist gestiegen> *ohne OBJ* **1.** ■ *etwas steigt in der Luft nach oben gehen* Der Ballon steigt immer höher. **2.** ■ *jmd. steigt irgendwohin sich nach oben bewegen* Der Schornsteinfeger steigt aufs Dach. **3.** ■ *etwas steigt im Niveau höher werden* Die Temperaturen steigen endlich wieder. **4.** ■ *jmd. steigt in/auf etwas Akk. sich mit einer Bewegung an oder auf einen Platz bringen* Er stieg ins Auto/aufs Fahrrad und fuhr los.

stei·gern <steigerst, steigerte, hat gesteigert> **I.** *mit OBJ* **1.** ■ *jmd. steigert etwas etwas erhöhen, verbessern, intensivieren* Das Unternehmen steigert seine Produktion., Der Sportler steigerte kontinuierlich seine Leistungen. **2.** ■ *jmd. steigert etwas* SPRACHWISS. *ein Adjektiv oder Adverb in die Formen bringen, mit denen man einen Vergleich ausdrückt* Adjektive kann man steigern. **II.** *ohne OBJ* ■ *jmd. steigert ein Angebot machen* Hast du schon einmal bei einer Auktion gesteigert? **III.** *mit SICH* **1.** ■ *etwas steigert sich anwachsen* Sein Zorn steigerte sich. **2.** ■ *jmd. steigert sich sich verbessern* Die Mannschaft steigerte sich von Spiel zu Spiel.

Stei·ge·rung die <-, -en> **1.** *das Steigern I.1* Das Unternehmen rechnet mit einer beachtlichen Steigerung des Umsatzes. **2.** SPRACHWISS. *das Steigern I.2*

Stei·ge·rung die <-, -en> (*schweiz.*) *Versteigerung*

Steig·rie·men der <-s, -> *Riemen an einem Sattel, an dem der Steigbügel befestigt ist*

Stei·gung die <-, -en> **1.** *Grad, in dem etw. steiler oder höher wird* Die Straße hat eine Steigung von 7,5 Prozent. **2.** *ansteigende Straße*

steil *Adj. so, dass etwas mit einer starken Steigung ansteigt oder mit einem großen Gefälle abfällt* Siehst du den steil ansteigenden/abfallenden Hang dort drüben? ▶ Steilheit

Steil·hang der <-(e)s, Steilhänge> *ein Hang, der sehr steil nach unten abfällt* Der Skifahrer rast den Steilhang hinunter.

Steil·küs·te die <-, -n> *steil abfallende Küste*

Steil·u·fer das <-s, -> *steil abfallendes Ufer*

Steil·wand die <-, Steilwände> *eine sehr steile Felswand*

Stein der <-(e)s, -e> **1.** (*kein Plur.*) *sehr harte, im Laufe der Erdgeschichte entstandene Masse, aus der Felsen bestehen* Der Künstler hatte die Statue in Stein gehauen **2.** *natürliches Gestein, Gesteinsstück* Für die Mauer haben wir grob behauene Steine verwendet. **3.** *kurz für „Spielstein“* **4.** *kurz für „Edelstein“* Ihr gefiel dieser in Gold gefasste Stein sehr gut. **5.** *relativ großer, harter Kern in bestimmten Früchten* Ich habe den Stein einer Kirsche/Pflaume verschluckt. ■ **der Stein der Weisen** (*geh.*): *die ideale Lösung für etwas* **der Stein des Anstoßes** (*geh.*): *Ursache dafür, dass sich jmd. über etwas geärgert hat oder dass ein Problem entstanden ist* **jemandem fällt ein Stein vom Herzen** (*umg.*): *jmd. ist erleichtert* **Stein und Bein schwören** (*umg.*): *etwas hartnäckig behaupten* **jemandem Steine in den Weg legen** (*umg.*): *es jmdm. schwer machen, etwas zu tun oder ein Ziel zu erreichen* **den Stein ins Rollen bringen** (*umg.*): *den Anstoß geben; der Auslöser sein* **bei jemandem einen Stein im Brett haben** (*umg.*): *bei jmdm. sehr beliebt sein*

Stein·ad·ler der <-s, -> *ein großer, brauner Adler, der im Gebrige lebt*

stein·alt <nicht steig.> *sehr alt*

Stein·bock der <-(e)s, Steinböcke> **1.** *Tier, das im Gebirge lebt und lange, nach hinten gebogene Hörner hat* **2.** (*kein Plur.*) *Name des Tierkreiszeichens für die Zeit vom 23.Dezember bis 20.Januar*

3. *jmd., der im Zeichen des Steinbocks² geboren ist*

Stein·bruch der <-(e)s, Steinbrüche> *Ort, an dem Gestein aus einem Felsen abgebaut wird, das man als Baumaterial o.Ä. verwendet*

Stein·butt der <-(e)s, -e> *ein runder, flacher Fisch*

stei·nern *Adj.* **1.** *aus Stein bestehend* Über den Fluss führt eine alte steinerne Brücke. **2.** *hart, ohne Gefühl* Er hat ein steinernes Herz.

Stein·er·wei·chen ■ **zum Steinerweichen**: *so, dass es bei anderen Mitleid erregt* Das Kind weinte zum Steinerweichen.

Stein·frucht die <-, Steinfrüchte> *Frucht mit einem (relativ großen) harten Kern in der Mitte, in dem sich der Samen befindet*

Stein·gut das <-(e)s> (*kein Plur.*) *ein Gegenstand, der aus Ton hergestellt und mit einer Glasur überzogen ist*

stein·hart <nicht steig.> *Adj. sehr hart*

stei·nig *Adj.* **1.** *voller Steine* Der Weg führte durch steiniges Gelände. **2.** *mit vielen Schwierigkeiten, mühevoll* Bis zum Ziel hatte sie noch einen steinigen Weg vor sich.

stei·ni·gen <steinigst, steinigte, hat gesteinigt> *mit OBJ* ■ *jmd. steinigt jmdn. Steine auf jmdn. werfen und ihn dadurch töten*

Stei·ni·gung die <-, -en> *das Steinigen*

Stein·koh·le die <-> (*kein Plur.*) *sehr harte schwarze Kohle, die man zum Heizen verwendet*

Stein·koh·len·ber·gwerk das <-(e)s, -e> *Bergwerk, in dem Steinkohle abgebaut wird*

Stein·mar·der der <-s, -> *ein kleines Raubtier mit graugelbem Fell und einem weißen Felck am Hals*

Stein·metz der <-(es), -e(n)> *Handwerker, der Steine bearbeitet*

Stein·obst das <-(e)s> (*kein Plur.*) *Früchte mit einem (relativ großen) harten Kern in der Mitte, in dem sich der Samen befindet* Kirschen und Pflaumen zählt man zum Steinobst.

Stein·pilz der <-es, -e> *Speisepilz mit dunkelbraunem Hut*

stein·reich <nicht steig.> *Adj.* (*umg.*) *sehr reich*

Stein·schlag der <-(e)s, Steinschläge> *Abstürzen von Steinen, die sich im Gebirge von großen Felsen lösen* ◆ -gefahr, -schäden

Stein·wurf ■ (**nur**) **einen Steinwurf weit entfernt** (*veralt.*): *nicht sehr weit weg*

Stein·zeit die <-> (*kein Plur.*) (*lange vergangene*) *Zeit, in der Menschen Werkzeuge aus Stein hergestellt haben* ▸steinzeitlich

Stein·zeit·mensch der <-en, -en> *jmd., der in der Steinzeit gelebt hat*

Steiß·bein das <-(e)s, -e> *kleiner Knochen am unteren Ende der menschlichen Wirbelsäule*

Stell·dich·ein das <-(s), -(s)> (*veralt.*) *Verabredung* Sie hatte ein Stelldichein mit ihrem Freund. ■ **sich ein Stelldichein geben**: *sich versammeln, sich treffen* Alles, was Rang und Namen hat, gab sich auf dem Empfang ein Stelldichein.

Stel·le die <-, -n> **1.** *Ort, Platz innerhalb eines Raumes, Gebäudes, an dem etwas geschieht oder an dem jmd. oder etwas ist* Wir wollten uns eigentlich an der vereinbarten Stelle treffen., Das ist eine schöne Stelle zum Rasten. **2.** *kleiner Bereich an einem Körper oder an einem Gegenstand mit bestimmten Merkmalen* Die verletzte Stelle wurde verarztet., Die rostigen Stellen im Lack lasse ich neu lackieren. **3.** *relativ kurzer Teil in einem Text oder in einem musikalischen Werk* Er hat mehrere Stellen aus dem Buch zitiert., Diese Stelle des Musikstückes gefällt mir besonders gut. **4.** *Platz in einer Reihenfolge* Die Mannschaft liegt in der Tabelle an zweiter Stelle. **5.** (≈ *Arbeitsplatz, Posten*) *Position, in der jmd. in einem Unternehmen oder einer Institution arbeitet* Sie hat eine Stelle als Verkaufsleiterin bekommen. **6.** MATH. *Dezimalstelle* einen Wert auf fünf Stellen hinter dem Komma genau angeben ■ **auf der Stelle**: *sofort* ◆ Getrennt- oder Zusammenschreibung→R 4.14 an Stelle/anstelle

stel·len **I.** *mit OBJ* **1.** ■ *jmd. stellt etwas irgendwohin etwas an einen bestimmten Platz bringen, so dass es dort steht oder ist* Er stellt die Leiter an die Wand., Die Kinder stellen die Teller auf den Tisch., Sie stellt die Kiste auf den Boden. **2.** ■ *jmd. stellt etwas irgendwie Speisen und Getränke an einen Ort bringen, wo sie eine bestimmte Temperatur behalten oder bekommen* Ich stelle das Essen warm, bis du kommst., Sie haben die Getränke kalt gestellt. **3.** ■ *jmd. stellt etwas ein technisches Gerät in eine bestimmte Position bringen* Wer hat die Weichen/Signale gestellt? **4.** ■ *jmd. stellt etwas irgendwie die Einstellungen eines Geräts verändern, korrigieren* Kannst du die Heizung wärmer stellen?, Hast du die Uhren schon gestellt? **5.** ■ *jmd. stellt jmdn. jmdn., der flieht, ergreifen und festnehmen* Der Bankräuber konnte nach kurzer Flucht gestellt werden. **6.** ■ *jmd. stellt (jmdm.) etwas etwas kostenlos verleihen, hergeben* Die Firma stellt mir einen Dienstwagen. **II.** *mit SICH* **1.** ■ *jmd. stellt sich irgendwohin sich an einen bestimmten Platz begeben und dort stehen* Er stellte sich ans Fenster. **2.** ■ *jmd. stellt sich irgendwie etwas vortäuschen* Sie stellte sich taub. **3.** ■ *jmd. stellt sich jmdm./etwas eine Herausforderung, Auseinandersetzung annehmen* Der Trainer stellte sich den Fragen der Journalisten. **4.** ■ *jmd. stellt sich jmdm. sich als Täter freiwillig bei der Polizei melden* Der Dieb stellte sich einen Tag nach der Tat. **5.** ■ *jmd. stellt sich hinter jmdn./etwas zu jmdm. stehen, zu jmdm. halten* Der Chef stellte sich hinter seine Angestellten.

Stel·len·ab·bau der <-s> (*kein Plur.*) *der Vorgang, dass ein Unternehmen Mitarbeiter entlässt und keine neuen Mitarbeiter für die betreffenden Stellen⁵ einstellt*

Stel·len·an·ge·bot das <-(e)s, -e> *ein freier Arbeitsplatz, den ein Unternehmen anbietet*

Stel·len·aus·schrei·bung die <-, -en> *Stellenangebot, das in einer Zeitung, im Internet o.Ä. steht*

Stel·len·ge·such das <-(e)s, -e> *Bewerbung um einen Arbeitsplatz*

Stel·len·markt der <-(e)s> (*kein Plur.*) (≈ *Arbeitsmarkt*) *das Angebot von und die Nachfrage nach*

S

Arbeitsplätzen

Stel·len·su·che die <-> (*kein Plur.*) *Suche nach einem Arbeitsplatz*

stel·len·wei·se *Adv. an bestimmten Stellen* Stellenweise hat es geregnet.

Stel·len·wert der <-(e)s, -e> *Bedeutung, die jmd. oder etwas* (*innerhalb eines Systems*) *hat* Saubere Kleidung/Gutes Essen besitzt für ihn einen hohen Stellenwert.

Stell·platz der <-es, Stellplätze> *Parkplatz, den man mieten kann* Ich suche in der Innenstadt einen Stellplatz für mein Auto.

Stel·lung die <-, -en> **1.** *die Art und Weise, wie man den Körper hält* In dieser Stellung könnte ich nicht schlafen. **2.** *Stelle*[5] Sie bekleidet eine hohe Stellung in der Firma., Er ist in eine leitende Stellung aufgerückt. **3.** (*kein Plur.*) *Rang, Position* Seine Stellung als führender Musikkritiker wurde erschüttert. **4.** MILIT. *Bereich im Gelände, der für die Verteidigung gut geeignet ist oder der dafür gebaut wurde* Die Soldaten konnten die Stellung halten. ■ **Stellung nehmen**: *seine Meinung äußern* **Stellung beziehen**: *einen Standpunkt einnehmen*

Stel·lung·nah·me die <-, -n> *Meinung, die jmd. zu einem Thema hat und* (*öffentlich*) *äußert* Der Politiker will zu den Vorfällen keine Stellungnahme abgeben.

stel·lungs·los <nicht steig.> *Adj. arbeitslos*

Stel·lungs·su·chen·de der/die <-en, -en> *jmd., der einen Arbeitsplatz sucht*

stell·ver·tre·tend <nicht steig.> *Adj. als Stellvertreter* Er wurde zum stellvertretenden Vorsitzenden gewählt.

Stell·ver·tre·ter, **Stell·ver·tre·te·rin** der <-s, -> *jmd., der einen anderen vertritt und für eine gewisse Zeit seine Aufgaben übernimmt*

Stell·werk das <-(e)s, -e> (*im Zugverkehr*) *Anlage, mit der man Weichen und Signale bedient*

Stel·ze die <-, -n> (*meist Plur.*) *eine von zwei Stangen mit einer kleinen Fläche, auf die man die Füße stellt und die man sich zur Verlängerung der Beine anschnallen kann, so dass man damit laufen kann* Auf dem Jahrmarkt konnte man Stelzen gehen/laufen.

stel·zen <stelzt, stelzte, ist gestelzt> *ohne OBJ* ■ *jmd. stelzt* **1.** *auf Stelzen gehen* **2.** (*umg.*) *sich mit steifen Schritten bewegen* Sie stelzt wie ein Storch.

Stelz·vo·gel der <-s, Stelzvögel> *ein Vogel mit langen Beinen* Der Storch ist ein Stelzvogel.

Stemm·ei·sen das <-s, -> (≈ *Beitel*) *ein scharfes Werkzeug aus Eisen, mit dem man Holz bearbeitet, indem man mit einem Hammer darauf schlägt*

stem·men **I.** *mit OBJ* **1.** ■ *jmd. stemmt etwas eine Last über den Kopf in die Höhe heben* Er stemmt Gewichte/Hanteln. **2.** ■ *jmd. stemmt sich/etwas irgendwohin sich oder einen Körperteil fest gegen etwas drücken* Er stemmte sich mit aller Kraft gegen die Tür., Sie stemmte die Arme in die Hüften. **3.** ■ *jmd. stemmt etwas ein Loch mit einem Meißel machen* **II.** *mit SICH* ■ *jmd. stemmt sich gegen etwas Akk. versuchen, etwas zu verhindern* Wir stemmten uns vergeblich gegen diesen Vorschlag.

Stem·pel der <-s, -> **1.** *ein kleines Gerät, das an der Unterseite aus einem Zeichen oder einem Schriftzug aus Gummi besteht, und das man zunächst auf ein Stempelkissen drückt, um dann damit Zeichen oder eine Schrift auf Papier zu drucken* **2.** *Abdruck, der beim Stempeln entsteht* **3.** BIOL. *der mittlere Teil einer Blüte* ■ **jemandem/etwas seinen Stempel aufdrücken**: *jmdn. oder etwas stark prägen, beeinflussen*

Stem·pel·far·be die <-, -n> *Farbe, mit der man einen Stempel*[1] *einfärbt*

Stem·pel·geld das <-(e)s, -er> (*umg.*) *Geld, das ein Arbeitsloser vom Staat bekommt*

Stem·pel·kis·sen das <-s, -> *ein Stück Filz in einem Kästchen, das die Stempelfarbe enthält*

stem·peln <stempelst, stempelte, hat gestempelt> *mit OBJ* ■ *jmd. stempelt etwas einen Stempel*[1] *auf ein Stempelkissen drücken und einen Abdruck auf ein Dokument machen* Er stempelt das Eingangsdatum auf den Brief., Die Briefmarken sind gestempelt. ■ **stempeln gehen** (*umg.*): *Arbeitslosenunterstützung beziehen*

Ste·no die <-s> (*kein Plur.*) (*meist ohne Artikel verwendet*) (*umg.*) *kurz für „Stenografie“* ◆ -bleistift, -block, -kurs

Ste·no·gra·fie, *a.* **Ste·no·gra·phie** die <-> (*kein Plur.*) (≈ *Kurzschrift*) *eine Schrift mit Abkürzungen von und besonderen Zeichen für Wörter und Silben, mit der man sehr schnell schreiben kann* ◆ Rechtschreibvarianten→R 1.14

ste·no·gra·fie·ren, *a.* **ste·no·gra·phie·ren** *mit OBJ/ohne OBJ* ■ *jmd. stenografiert* (*etwas*) *in Stenografie* (*mit*)*schreiben* Sie hat die Rede stenografiert., Kannst du stenografieren?

Ste·no·gra·fin, *a.* **Ste·no·gra·phin** die <-, -nen> *jmd., der beruflich stenografiert*

ste·no·gra·fisch, *a.* **ste·no·gra·phisch** <nicht steig.> *Adj.* **1.** *die Stenografie betreffend* Wir haben wieder neue stenografische Zeichen gelernt. **2.** *in Stenografie geschrieben* Ich habe mir einige stenografische Notizen gemacht.

Ste·no·gramm das <-(e)s, -e> *ein Text* (*einer Rede, eines Diktats*), *der in Stenografie geschrieben ist*

ste·no·gra·phisch <nicht steig.> *Adj. siehe* **stenografisch**

Ste·no·ty·pist, **Ste·no·ty·pis·tin** der <-en, -en> *jmd., der die Stenografie und das Maschineschreiben beherrscht*

Stenz der <-es, -e> (*umg. abwert.*) *junger, eitler Mann*

Stepp der <-s, -s> *ein Tanz, bei dem man mit speziellen Schuhen den Rhythmus erzeugt* Können Sie Stepp tanzen?

Stepp·de·cke die <-, -n> *Bettdecke, die meist mit Daunen gefüllt ist und durch Nähte unterteilt ist*

Step·pe die <-, -n> *großes Gebiet, in dem fast nur Gras wächst und in dem es selten regnet*

step·pen[1] <steppst, steppte, hat gesteppt> *ohne OBJ* ■ *jmd. steppt Stepp tanzen*

step·pen² <steppst, steppte, hat gesteppt> *mit OBJ* ■ *jmd. steppt etwas beim Nähen die Stiche so anordnen, dass auf beiden Seiten des Stoffes keine Lücken dazwischen sind*

Stepp·ke der <-s, -s> (*umg.*) *kleiner Junge*

Ster der [ʃteːɐ̯] <-s, -e/-s> *ein Maß für Hohlräume* Er hat ein Ster/fünf Ster Holz aufgeschichtet.

Ster·be·be·glei·ter, **Ster·be·be·glei·te·rin** der <-s, -> *jmd., der einem sehr kranken Menschen bis zu dessen Tod beisteht und ihn körperlich und seelisch betreut*

Ster·be·bett das <-(e)s, -en> *das Bett, in dem jmd. liegt, der stirbt, oder in dem jmd. gelegen hat, als er gestorben ist* ■ **in/auf dem Sterbebett liegen**: *im Sterben liegen*

Ster·be·fall der <-(e)s, Sterbefälle> (≈ *Todesfall*) *die Tatsache, dass jmd. gestorben ist* Wir haben einen Sterbefall in der Familie.

Ster·be·geld das <-(e)s> (*kein Plur.*) *Geld, das eine Versicherung an die Angehörigen eines Verstorbenen zahlt, damit sie davon die Beerdigung bezahlen*

Ster·be·hil·fe die <-> (*kein Plur.*) *Euthanasie*

ster·ben <stirbst, starb, ist gestorben> *ohne OBJ* ■ *jmd. stirbt aufhören zu leben* Sie starb an einer seltenen Krankheit/bei einem Unfall., Sein Großvater war 1918 gestorben., Von zehn Patienten im letzten Jahr sind acht gestorben.

ster·bens·krank <nicht steig.> *Adj. sehr schwer krank*

Ster·bens·wört·chen ■ **kein/nicht ein Sterbenswörtchen sagen/verraten**: *nichts sagen oder verraten*

Ster·be·ra·te die <-, -n> *Ausmaß, in dem Personen in einer Bevölkerungsgruppe sterben*

Ster·be·sa·k·ra·men·te <-> *Plur.* REL. *Zeremonie, die ein Pfarrer mit einem (schwerkranken) Menschen vor seinem Tod durchführt* Er hat die Sterbesakramente empfangen.

Ster·be·ur·kun·de die <-, -n> *standesamtliche Urkunde darüber, dass jmd. gestorben ist*

sterb·lich <nicht steig.> *Adj. so, dass man einmal sterben muss und nicht ewig lebt* Alle Menschen sind sterblich. ■ **sterbliche Überreste** (*geh. verhüll.*): *Leichnam*

Sterb·lich·keit die <-> (*kein Plur.*) **1.** *die Eigenschaft, einmal sterben zu müssen* **2.** *die durchschnittliche Anzahl von Sterbefällen*

Sterb·lich·keits·zif·fer die <-, -n> *Sterberate*

Ste·reo das <-s> (*kein Plur.*) *kurz für „Stereofonie"; Technik, mit der man Musik o.Ä. so aufnehmen und wiedergeben kann, dass der Klang räumlich wirkt* Das Konzert wurde in Stereo aufgenommen/ausgestrahlt.

Ste·reo·an·la·ge die <-, -n> *System, das meist aus einem Radio, einem CD- oder Plattenspieler, einem Kassettenrecorder, einem Verstärker und Lautsprechern besteht und mit dem man Musik in Stereo hören kann*

Ste·reo·auf·nah·me die <-, -n> *Aufnahme in Stereo*

ste·reo·phon *Adj. so, dass der Klang räumlich wirkt*

Ste·re·o·typ das <-s, -e> PSYCH. *feste, einfache Vorstellung, die jmd. von sich, anderen oder einer Sache hat und die sich nicht verändert; Vorurteil*

ste·re·o·typ *Adj.* (*geh.*) *so, dass etwas immer die gleiche Form, den gleichen Ablauf hat* Der Verdächtige wiederholte beim Verhör stets dieselben stereotypen Antworten.

ste·ril <nicht steig.> *Adj.* **1.** *frei von Bakterien und Keimen* **2.** BIOL. MED. *unfruchtbar* **3.** *ohne besondere persönliche Merkmale* eine sterile Atmosphäre/Umgebung

Ste·ri·li·sa·ti·on die <-, -en> *das Sterilisieren*

ste·ri·li·sie·ren *mit OBJ* **1.** ■ *jmd. sterilisiert etwas keimfrei machen* Die Operationsinstrumente wurden sterilisiert. **2.** ■ *jmd. sterilisiert jmdn./ein Tier* MED. *unfruchtbar machen* Der Tierarzt sterilisierte die Katze.

Ste·ri·li·sie·rung die <-, -en> *das Sterilisieren*

Ste·ri·li·tät die <-> (*kein Plur.*) **1.** *Keimfreiheit* **2.** BIOL. MED. *Unfruchtbarkeit, Zeugungsunfähigkeit*

Stern der <-(e)s, -e> **1.** *einer der hellen Punkte, die man nachts am Himmel sieht* **2.** *Planeten oder Sternbilder, von denen die Menschen glauben, dass sie ihr Schicksal beeinflussen* Die Sterne stehen günstig. **3.** *Himmelskörper, der selbst leuchtet* **4.** *eine kreisrunde Figur mit mehreren Zacken (zum Beispiel als Qualitäts- oder Rangabzeichen)* ■ **Sterne sehen** (*umg.*): *durch einen Schlag auf den Kopf ein Flimmern vor den Augen haben* **nach den Sternen greifen** (*geh.*): *etwas Unerreichbares haben wollen* **in den Sternen (geschrieben) stehen**: *noch ganz ungewiss sein*

Stern·bild das <-(e)s, -er> *eine der Gruppen von Sternen, die in klaren Nächten als eine Figur am Himmel sichtbar sind* Erkennst du das Sternbild des Großen Wagens?

Ster·nen·ban·ner das <-s> (*kein Plur.*) *die Flagge der USA*

Ster·nen·him·mel der <-s> (*kein Plur.*) *der nächtliche Himmel mit seinen Sternen*

ster·nen·klar <nicht steig.> *Adj. so, dass man nachts die Sterne gut erkennt* Bei sternenklarer Nacht kann es Frost geben.

Ster·nen·zelt das <-(e)s> (*kein Plur.*) (*geh.*) *der nächtliche Himmel mit seinen Sternen*

stern·ha·gel·voll <nicht steig.> *Adj.* (*umg.*) *sehr betrunken*

stern·hell <nicht steig.> *Adj. hell vom Licht der Sterne*

Stern·kun·de die <-> (*kein Plur.*) (≈ *Astronomie*)

Stern·schnup·pe die <-, -n> *ein kurzes Licht, das nachts plötzlich am Himmel auftaucht und das durch einen Meteoriten erzeugt wird*

Stern·sin·gen das <-s> (*kein Plur.*) *alter Brauch, bei dem Kinder in den Tagen um Dreikönige singend von Haus zu Haus ziehen und dafür Geld und Süßigkeiten bekommen*

Stern·stun·de die <-, -n> (*geh.*) *Zeitpunkt, an dem etwas für eine weitere Entwicklung sehr Wichtiges passiert*

S

Stern·war·te die <-, -n> *wissenschaftliches Institut, in dem die Gestirne beobachtet werden*

Stern·zei·chen das <-s, -> (≈ *Tierkreiszeichen*) *eines der zwölf Symbole, die nach bestimmten Sternbildern benannt sind und von denen manche Menschen glauben, dass sie ihr Schicksal beeinflussen* „Welches Sternzeichen hast du?" „Ich bin Krebs/Schütze/Steinbock/Skorpion."

Sterz der <-es, -e> **1.** *Schwanz, Steiß bei einigen Tieren* **2.** (*süddt. österr.*) *einfache Speise aus Mehl, Grieß oder Mais*

stet *Adj.* (*geh.*) *ständig, dauernd* An der Küste wehte ein steter Wind.

Ste·tho·s·kop das <-(e)s, -e> MED. *das Gerät, mit dem ein Arzt die Töne von Herz und Lunge abhört*

ste·tig *Adj. ständig, fortwährend* Die Produktionszahlen sind stetig gestiegen.

Ste·tig·keit die <-> (*kein Plur.*) *Beständigkeit, Kontinuität*

stets *Adv. immer* Sie ist stets gut gelaunt.

Steu·er[1] das <-s, -> (*bei Autos runde*) *Vorrichtung, mit der man ein Fahrzeug in eine bestimmte Richtung lenkt* Sie setzte sich hinter das Steuer und startete den Wagen., Er konnte gerade noch das Steuer herumreißen und dem Hindernis ausweichen. ◆-gerät, -hebel, -knüppel, -ruder

Steu·er[2] die <-, -n> *der Teil des Einkommens, des Vermögens, des Preises von Waren o.Ä., den man an den Staat zahlt* Der Staat treibt Steuern ein/erhebt Steuern/erhöht/senkt die Steuern., Er hatte Steuern hinterzogen., Sie kann Fachliteratur von der Steuer abziehen. ◆-ausfall, -einnahmen, -erlass, -erleichterung, -geheimnis, -gesetz, -hoheit, -last, -paket, -politik, -progression, -reform, -satz, -schuld, -tarif, Einkommen-, Erbschaft(s)-, Gewerbe-, Hunde-, Katzen-, Kirchen-, Mehrwert-, Umsatz-, Verbauch(s)-, Vergnügung(s)-, Vermögen(s)-,

Steu·er·be·ra·ter, **Steu·er·be·ra·te·rin** der <-s, -> *jmd., der beruflich Klienten dabei hilft, die Steuererklärung zu machen*

Steu·er·be·scheid der <-(e)s, -e> *Bescheid vom Finanzamt über die Steuer, die man nachzahlen muss oder erstattet bekommt*

Steu·er·bord das/der <-(e)s> (*kein Plur.*) (SEEW.: ↔ *Backbord*) *von hinten gesehen die rechte Seite eines Schiffes*

steu·er·bords *Adv. auf der rechten Seite eines Schiffes*

Steu·er·er·hö·hung die <-, -en> *das Erhöhen einer bestimmten Steuer durch den Staat*

Steu·er·er·klä·rung die <-, -en> *schriftliches Dokument, das man jedes Jahr beim Finanzamt abgeben muss und in dem steht, wie viel Geld man im vergangenen Jahr verdient hat* Hast du deine Steuererklärung schon gemacht/abgegeben?

Steu·er·fach·ge·hil·fe, **Steu·er·fach·ge·hil·fin** der <-n, -n> *jmd., der bei einem Steuerberater angestellt ist und bestimmte Arbeiten übernimmt*

Steu·er·fahn·der der <-s, -> *Beamter, der überprüft, ob die Menschen genügend Steuern gezahlt haben*

Steu·er·flucht die <-> (*kein Plur.*) *der Vorgang, dass jmd. oder ein Unternehmen in ein anderes Land zieht, um Steuern zu sparen*

steu·er·frei <nicht steig.> *Adj.* (↔ *steuerpflichtig*) *so, dass man* (*für etwas*) *keine Steuern bezahlen muss* Niedrige Einkommen sind steuerfrei.

Steu·er·frei·be·trag der <-(e)s, Steuerfreibeträge> *ein bestimmter Teil des Verdienstes, der steuerfrei ist*

Steu·er·gel·der <-> *Plur. das gesamte Geld, das der Staat an Steuern bekommt*

Steu·er·hin·ter·zie·hung die <-, -en> RECHTSW. *der Vorgang, dass jmd. gegenüber dem Finanzamt sein Einkommen oder einen Teil seines Einkommens verheimlicht, um so weniger Steuern zahlen zu müssen* Er musste wegen Steuerhinterziehung ins Gefängnis.

Steu·er·klas·se die <-, -n> *eine von mehreren Stufen, der ein Steuerzahler* (*je nachdem, ob er verheiratet ist oder Kinder hat*) *zugewiesen wird und nach der bestimmt wird, wie viel Steuern er bezahlen muss*

steu·er·lich <nicht steig.> *Adj. die Steuer betreffend* Auf diese Weise können Sie steuerliche Vergünstigungen erlangen.

Steu·er·mann der <-(e)s, Steuermänner/Steuerleute> *jmd., der ein Schiff steuert*

steu·ern <steuerst, steuerte, hat gesteuert> **I.** *mit OBJ/ohne OBJ* ▪ *jmd. steuert* (*etwas*) *bewirken, dass sich ein Fahrzeug in eine bestimmte Richtung bewegt* Er steuert ein Auto/ein Schiff., Sie steuerte nach rechts/nach links. **II.** *mit OBJ* **1.** ▪ *jmd. steuert etwas bewirken, dass sich etwas in eine bestimmte Richtung bewegt* Er hatte das Gespräch geschickt gesteuert. **2.** ▪ *etwas steuert etwas bewirken, dass bei einer Maschine, in einem System bestimmte Vorgänge ablaufen* Ein Computer steuert die Klimaanlage.

Steu·er·o·a·se die <-, -n> *ein Land, das nur geringe Steuern erhebt*

steu·er·pflich·tig <nicht steig.> *Adj.* (↔ *steuerfrei*) *so, dass man* (*für etwas*) *Steuern bezahlen muss*

Steu·er·rad das <-(e)s, Steuerräder> *Lenkrad*

Steu·e·rung die <-, -en> *das Steuern*

Steu·er·zah·ler, **Steu·er·zah·le·rin** der <-s, -> *jmd., der Steuern zahlen muss* Das kostet den Steuerzahler Millionen.

Ste·ward, **Ste·war·dess** der ['stju:ɐt, 'stju:ɐdɛs] <-s, -s> *jmd., der beruflich auf Schiffen oder in Flugzeugen die Passagiere betreut*

sti·bit·zen <stibitzt, stibitzte, hat stibitzt> *mit OBJ* ▪ *jmd. stibizt* (*jmdm.*) *etwas* (*umg.*) *jmdm. etwas wegnehmen* Wer hat (mir) das letzte Stück Schokolade stibitzt?

Stich der <-(e)s, -e> **1.** *Eindringen eines spitzen Gegenstandes oder eines Stachels in die Haut* Der Stich ging tief. **2.** *Wunde, Verletzung, die ein Stich*[1] *verursacht hat* Der Stich heilt gut. **3.** *Einstechen einer Nähnadel und Durchziehen des Fadens* Die aufgetrennte Stelle lässt sich mit wenigen Stichen nähen. **4.** *stechender Schmerz* Er spürte einen Stich im Brustkorb. **5.** *Übergang von einer Farbe in eine andere* Der Stoff hat einen Stich ins Blaue. **6.** *kurz für „Kupferstich" oder „Stahlstich"* ■ **einen Stich haben** (*umg.*): *verrückt sein* **jemanden im Stich lassen** (*umg.*): *jmdm. in einer schwierigen Situation nicht helfen*

Sti·che·lei die <-, -en> **1.** (*kein Plur.*) *Spöttelei* **2.** *einzelne leicht spöttische Bemerkung*

sti·cheln <stichelst, stichelte, hat gestichelt> *ohne OBJ* ■ *jmd. stichelt (gegen jmdn.) harmlose spöttische Bemerkungen über jmdn. machen, um ihn zu ärgern*

stich·fest *siehe* **hiebfest**

Stich·flam·me die <-, -n> *helle Flamme, die plötzlich in die Höhe schießt*

stich·hal·tig *Adj. so überzeugend, dass man etwas nicht mit Argumenten widerlegen kann* Wir können stichhaltige Beweise vorlegen.

Stich·hal·tig·keit die <-> (*kein Plur.*) *das Stichhaltigsein* Ich habe ihre Argumentation bereits auf ihre Stichhaltigkeit hin überprüft.

Stich·ling der <-s, -e> *ein kleiner Fisch ohne Schuppen*

Stich·pro·be die <-, -n> *Überprüfung eines einzelnen Teils einer Menge, von dem man auf die ganze Menge und deren Eigenschaften schließen kann* Wir machen ständig Stichproben, um die gleich bleibende Qualität unserer Waren zu gewährleisten.

Stich·punkt der <-(e)s, -e> *einzelnes Wort oder Notizen, mit dem oder denen man sich die wichtigsten Informationen eines Vortrags o.Ä. aufschreibt, um sich später wieder daran zu erinnern* Hast du dir während des Vortrags keine Stichpunkte gemacht?

Stich·sä·ge die <-, -n> *eine kleine Säge, mit der man besonders runde Formen schneiden kann*

Stich·tag der <-(e)s, -e> (*amtlich*) *festgesetzter Termin, der für Berechnungen oder Erhebungen maßgebend ist*

Stich·waf·fe die <-, -n> *eine spitze Waffe* Das Messer oder der Säbel sind Stichwaffen.

Stich·wahl die <-, -en> *Wahl, die zu einer Entscheidung zwischen den beiden Kandidaten führt, die in einer vorangegangenen Wahl die meisten Stimmen, aber keine absolute Mehrheit erreicht haben*

Stich·wort[1] das <-(e)s, Stichwörter> **1.** *im Wörterbuch das zu erklärende Wort* **2.** *einzelnes Wort eines Stichwortregisters*

i Wissenswert Die **Stichwörter** im Wörterbuch sind zentrale Elemente der Einträge. Ihr Anfangsbuchstabe entscheidet über ihre alphabetische Einordnung im Wörterbuch. Die Stichwörter enthalten aber selbst bereits nützliche Informationen. Trennpunkte im Stichwort zeigen an, wo ein Wort getrennt werden kann. Ein kleiner Punkt unter einem Vokalbuchstaben zeigt, dass das Stichwort auf diesem kurz gesprochenen Vokal betont wird. Eine Unterstreichung unter einem Vokalbuchstaben zeigt, dass das Stichwort auf diesem lang ausgesprochenen Vokal betont wird.

Stich·wort[2] das <-(e)s, -e> **1.** *Wort, auf das hin etwas geschieht oder gesagt wird* Das war das Stichwort für den Auftritt des Schauspielers., Er gab das Stichwort zum Aufbruch. **2.** *einzelnes Wort, mit dem man sich die wichtigsten Informationen eines Vortrags o.Ä. aufschreibt* Ich habe das Gespräch in Stichworten aufgezeichnet.

stich·wort·ar·tig <nicht steig.> *Adj. in Stichworten*

Stich·wort·re·gis·ter das <-s, -> *Verzeichnis von (thematisch wichtigen) Wörtern am Ende eines Sachbuches mit Angabe der Seitenzahlen, so dass man die Begriffe im Text finden kann*

Stich·wun·de die <-, -n> *Wunde, die durch eine Stichwaffe verursacht wurde* Man hatte ihm eine tiefe Stichwunde zugefügt.

sti·cken *mit OBJ/ohne OBJ* ■ *jmd. stickt (etwas) Stoff mit Stichen[3] verzieren* Sie hat ein Monogramm in ihr Handtuch gestickt., Abends stickt sie gern.

Sti·cker der ['ʃtɪkɐ, 'stɪkɐ] <-s, -> (≈ *Aufkleber*) *ein Stück Folie mit einem Bild oder Text, das man irgendwohin kleben kann*

Sti·cke·rei die <-, -en> *gesticktes Bild oder Muster*

sti·ckig *Adj. muffig, verbraucht* Nach kurzer Zeit war die Luft im Seminarraum so stickig, dass wir die Fenster öffnen mussten.

Stick·o·xid, *a.* **Stick·o·xyd** das <-s, -e> *Verbindung von Stickstoff und Sauerstoff*

Stick·stoff der <-(e)s> (*kein Plur.*) *farbloses Gas, das als Abgas die Luft verschmutzt*

stie·ben <stiebst, stob, hat gestoben> *ohne OBJ* **1.** ■ *etwas stiebt in kleinen Teilen durch die Luft fliegen* Funken stieben aus den Flammen. **2.** ■ *jmd. stiebt irgendwohin schnell davonlaufen oder davonfliegen* Die aufgeschreckten Vögel stoben auseinander.

Stief·bru·der der <-s, Stiefbrüder> *Sohn des Mannes oder der Frau, die der leibliche Vater oder die leibliche Mutter nach dem Tod eines Elternteils oder nach einer Scheidung geheiratet hat*

Stie·fel der <-s, -> *ein fester Schuh, der bis zum Knie reicht* ◆-absatz, -schaft, -spitze, Damen-, Gummi-, Halb-, Herren-, Leder-, Reit-, Schnür-, Winter-

Stie·fel·knecht der <-(e)s, -e> *Gerät, das einem hilft, die Stiefel auszuziehen*

Stief·el·tern <-> *Plur. Elternpaar, bei dem der Stiefvater oder die Stiefmutter noch einmal geheiratet hat und mit dem das Kind nicht blutsverwandt ist*

Stief·kind das <-(e)s, -er> *ein Kind aus einer früheren Ehe eines Ehepartners*

Stief·mut·ter die <-, Stiefmütter> *nicht leibliche Mutter*

Stief·müt·ter·chen das <-s, -> *eine Blume mit Blüten in allen Farben, die besonders im Garten wächst und sehr früh blüht*

stief·müt·ter·lich *Adj. so, dass man sich nicht genug um jmdn. oder etwas kümmert* Mein einst bester Freund hat mich bei meinem Besuch ziemlich stiefmütterlich behandelt.

Stief·schwe·ster die <-, -n> *siehe* **Stiefbruder**

Stief·sohn der <-(e)s, Stiefsöhne> *siehe* **Stiefkind**

Stief·toch·ter die <-, Stieftöchter> *siehe* **Stiefkind**

Stief·va·ter der <-s, Stiefväter> *nicht leiblicher Vater*

Stie·ge die <-, -n> **1.** *steile Treppe aus Holz* **2.** *(süddt. österr. schweiz.) Treppe* **3.** *Obstkiste, Steige[3]*

Stie·gen·haus das <-es, Stiegenhäuser> *(süddt. österr.) Treppenhaus*

Stieg·litz der <-es, -e> *ein Singvogel, dessen Kopf rot, schwarz und weiß gefärbt ist und der einen gelben Fleck auf den Flügeln hat*

Stiel der <-(e)s, -e> **1.** *der lange, feste Griff, an dem man ein Gerät oder Werkzeug festhält* **2.** *(Blumen-)Stängel*

Stiel·au·gen <-> *Plur.* ■ **Stielaugen machen/bekommen/kriegen** *(umg.): zeigen, dass man überrascht und etwas neidisch ist*

Stier der <-(e)s, -e> **1.** *männliches Rind, Bulle* **2.** *(kein Plur.) Name des Tierkreiszeichens für die Zeit vom 21. April bis 20. Mai* **3.** *jmd., der im Zeichen des Stieres[2] geboren ist*

stier *Adj. ohne Ausdruck, starr* Er trat mit einem stieren Blick in den Raum.

stie·ren *ohne OBJ* ■ *jmd. stiert irgendwohin starren* Sie stierte an die Decke.

Stier·kampf der <-(e)s, Stierkämpfe> *Veranstaltung, bei der ein Mann einen Stier (mit einem roten Tuch) reizt und dann versucht, den Stier zu töten*

Stift[1] der <-(e)s, -e> **1.** *eine Art Nagel ohne Kopf, mit dem man vor allem Bretter verbindet* **2.** *Kurzwort für ein Schreibgerät, zum Beispiel für „Bleistift"*

Stift[2] das <-(e)s, -e> REL. *eine kirchliche Institution, zum Beispiel ein Altersheim oder ein Kloster, die Land, Gebäude und Vermögen bekommen hat und die einem bestimmten Zweck dient*

Stift[3] der <-(e)s, -e> *(umg.) Lehrling, Auszubildender*

stif·ten *mit OBJ* **1.** ■ *jmd. stiftet etwas (für etwas Akk.) spenden* Das Reisebüro stiftete eine Reise für die Tombola. **2.** ■ *jmd. stiftet etwas etwas gründen und finanziell unterstützen* Er stiftete ein Museum/ein Forschungszentrum. **3.** ■ *jmd. stiftet etwas einen bestimmten Zustand schaffen* Er versuchte, Frieden zu stiften.

Stifts·kir·che die <-, -n> *Kirche, die zu einem Stift[2] gehört*

Stif·tung die <-, -en> **1.** RECHTSW. *eine große Summe Geld, die einem bestimmten Zweck dient, und mit der etwas gegründet oder etwas/jmd. gefördert wird* **2.** *Institution, Organisation, die durch eine Stiftung[1] unterhalten wird* **3.** *das Stiften[1]*

Stift·zahn der <-(e)s, Stiftzähne> *ein künstlicher Zahn, der mit einem Stift[1] besfestigt ist*

Stig·ma das <-s, Stigmen/Stigmata> **1.** REL. *eine der fünf Wunden, die Jesus Christus bei seiner Kreuzigung zugefügt wurden* **2.** *(geh.) Merkmal, wodurch jmd. oder etwas in bestimmter (negativer) Weise gekennzeichnet ist*

Stil der <-(e)s, -e> **1.** *Art und Weise, in der jmd. spricht oder schreibt* Sie hat einen eleganten/lebendigen/eigenwilligen/flüssigen/holprigen/guten/schlechten Stil. **2.** *für einen Künstler oder eine Epoche typische Ausdrucksform; charakteristische Art, in der ein Kunstwerk oder ein Bauwerk gestaltet ist* Die Kirche ist im romanischen/gotischen Stil erbaut. **3.** *(kein Plur.) Art und Weise, wie man sich verhält* ■ **in großem Stil**: *in großem Ausmaß* Er macht Geschäfte in großem Stil.

Stil·blü·te die <-, -n> *(umg.) eine Äußerung, die durch falsche oder ungeschickte Verbindung von Wörtern komisch wirkt*

Stil·bruch der <-(e)s, Stilbrüche> *eine Kombination aus zwei Stilen[2], die nicht zueinander passen*

Sti·lett das <-(e)s, -e> *kleiner Dolch*

Stil·fi·gur die <-, -en> SPRACHWISS. *eines der Mittel, mit denen man einen Text besonders gestaltet und ausschmückt* Die rhetorische Frage und die Ellipse sind Stilfiguren.

sti·li·sie·ren *mit OBJ* ■ *jmd. stilisiert etwas (geh.) etwas abstrahieren und es nur in den wesentlichen Merkmalen darstellen, zeichnen*

Sti·lis·tik die <-, -en> **1.** *(kein Plur.) Lehre vom Stil[1]* **2.** *Lehrbuch der Stilistik[1]*

sti·lis·tisch <nicht steig.> *Adj. den Stil[1 2] betreffend*

still *Adj.* **1.** *(↔ laut) frei von Geräuschen* Als der Autor zu lesen begann, wurde es ganz still im Saal. **2.** *(≈ leise, ruhig) so, dass man keine Geräusche macht* Sei doch still! **3.** *ohne sich zu bewegen* Kannst du nicht still halten? **4.** *ohne viel Aktivität; ruhig, zurückgezogen* Als sie in Rente gingen, führten sie ein stilles Leben., Er ist ein sehr stiller Mensch. **5.** *so, dass etwas nicht ausgesprochen wird, aber dennoch erkennbar ist* Einen stillen Vorwurf konnte sie ihm nicht ersparen. **6.** *(≈ heimlich) so, dass es andere nicht wissen* Eine stille Hoffnung war ihm geblieben. ■ **im Stillen**: *von anderen nicht bemerkt* ◆ Zusammenschreibung →R 4.11 stillhalten, stilllegen, stillschweigen, stillsitzen, stillstehen; Getrenntschreibung→R 4.2 (ruhig und) still sein/werden, (ruhig und) still sitzen/stehen/halten; Großschreibung→R 3.4, R 3.7, R 3.17 im Stillen, Stiller Ozean

Stil·le die <-> *(kein Plur.) (≈ Ruhe) stiller[1 2] Zustand* Im Haus herrschte völlige Stille. ■ **in aller Stille**: *ohne Aufsehen, im engsten (Familien-)Kreis* Er wurde in aller Stille begraben.

stil·len **I.** *mit OBJ/ohne OBJ* ■ *jmd. stillt (jmdn.) ein Baby Milch an der Brust der Mutter trinken lassen* Die Mutter stillt ihr Baby., Stillt sie noch? **II.** *mit*

OBJ **1.** ■ *jmd. stillt etwas ein Bedürfnis befriedigen* Er wollte seinen Hunger/Durst/Ehrgeiz stillen. **2.** ■ *jmd. stillt etwas etwas zum Stillstand bringen* Das Blut konnte gestillt werden.

still·hal·ten <hältst still, hielt still, hat stillgehalten> *ohne OBJ* **1.** ■ *jmd. hält still sich nicht bewegen* **2.** ■ *jmd. hält still etwas hinnehmen, ohne zu widersprechen* ◆ Zusammenschreibung→R 4.11 Du musst jetzt ganz stillhalten. *siehe aber auch* **still**

Still·le·ben das <-s, -> *Bild, auf dem Gegenstände, zum Beispiel Früchte, Blumen und Alltagsgegenstände, dargestellt sind*

still·le·gen <legst still, legte still, hat stillgelegt> *mit OBJ* ■ *jmd. legt etwas still eine Firma oder einen Betrieb für immer schließen und die Produktion einstellen* ◆ Zusammenschreibung→R 4.11 Dieser Firmensitz wurde schon vor Jahren stillgelegt.

Still·le·gung die <-, -en> *das Stilllegen*

stil·los *Adj.* **1.** *ohne Stil*[2]; *geschmacklos* Ich finde es schade, dass man gerade hier ein derart stilloses Haus errichtet hat. **2.** *so, dass es nicht dem guten Benehmen entspricht* Wein aus Biergläsern zu trinken ist einfach stillos.

Still·schwei·gen das <-s> (*kein Plur.*) *das Verhalten, sich zu bestimmten (geheimen oder unangenehmen) Dingen nicht zu äußern; Diskretion* Man vereinbarte, über das Abkommen vorläufig noch Stillschweigen zu bewahren.

still·schwei·gen <schweigst still, schwieg still, hat stillgeschwiegen> *ohne OBJ* ■ *jmd. schweigt still sich nicht äußern* Sie hat stillgeschwiegen, obwohl die Reporter sie mit Fragen bedrängten. ◆ Zusammenschreibung→R 4.11 Du musst unbedingt stillschweigen.

still·schwei·gend *Adj. so, dass über etwas nicht gesprochen wird oder über etwas nicht gesprochen werden muss* Zwischen ihnen bestand ein stillschweigendes Einvernehmen/eine stillschweigende Übereinkunft.

still·sit·zen <sitzt still, saß still, hat/ist stillgesessen> *ohne OBJ* ■ *jmd. sitzt still sitzen, ohne sich zu beschäftigen* ◆ Zusammenschreibung→R 4.11 Er muss immer aktiv sein, er kann einfach nicht stillsitzen. *siehe aber auch* **still**

Still·stand der <-(e)s> (*kein Plur.*) **1.** *Zustand, in dem sich etwas nicht mehr bewegt* Öffnen der Türen nur bei Stillstand des Zuges! **2.** *Zustand ohne Aktivität, Entwicklung* In den polizeilichen Ermittlungen ist ein Stillstand eingetreten.

still·ste·hen <stehst still, stand still, hat/ist stillgestanden> *ohne OBJ* ■ *jmd./etwas steht still nicht mehr in Betrieb oder in Bewegung sein* ■ **Stillgestanden!**: *Kommando beim Militär an die Soldaten, damit sie in strammer Körperhaltung und ohne sich zu bewegen stehen* ◆ Zusammenschreibung→R 4.11 Wenn ich das richtig sehe, werden bald alle Maschinen stillstehen. *siehe aber auch* **still**

still·ver·gnügt *Adj. so, dass sich jmd. freut, ohne dass man dies an seinem Verhalten oder seiner Mimik erkennen kann*

Stil·mö·bel das <-s, -> *Möbel im Stil*[2] *einer bestimmten Epoche*

Stil·schicht die <-, -en>

> **i Wissenswert** Man kann innerhalb der Sprache verschiedene **Stilschichten** unterscheiden. Die Frage, wo genau die Grenzen zwischen diesen Schichten verlaufen, wird viel diskutiert. In diesem Wörterbuch werden als Stilschichten ausgewiesen: der dichterische Gebrauch (dichter.); die gehobene Stilschicht (geh.). Letztere liegt oberhalb der normalen Umgangssprache. Die Umgangssprache (umg.) soll man als die Alltagssprache verstehen, die in der normalen Kommunikation in den meisten Lebenssituationen verwendet wird und die nicht in der einen oder anderen Weise auffällig oder gekennzeichnet ist. Unterhalb davon wird die Stilschicht des Vulgären (vulg.) angesetzt, die groben und anstößigen Wortschatz enthält, der in jedem Fall in seiner Verwendung stark eingeschränkt ist .

stil·voll *Adj. mit (bewusst eingesetztem) Stil; geschmackvoll* Er hat eine sehr stilvoll eingerichtete Wohnung.

Stimm·band das <-(e)s, Stimmbänder> (*meist Plur.*) ANAT. *Organ im Kehlkopf, mit dem man Laute erzeugt und das die Höhe der Stimme bestimmt* ◆-entzündung

stimm·be·rech·tigt <nicht steig.> *Adj. so, dass man das Recht besitzt, bei einer Abstimmung oder einer Wahl zu wählen*

Stimm·be·rech·tig·te der/die <-n, -n> *jmd., der stimmberechtigt ist*

Stimm·be·tei·li·gung die <-, -en> (*schweiz.*) *Teilnahme an Volksabstimmungen*

Stimm·bil·dung die <-> (*kein Plur.*) **1.** *Erzeugung der Stimme im Kehlkopf* **2.** *Schulung der Stimme*[2]*, die besonders Sänger oder Schauspieler durchführen, um schöner und ausdrucksvoller singen und sprechen zu können*

Stimm·bruch der <-(e)s> (*kein Plur.*) *Veränderung der Stimme des Jungen in der Pubertät* Er singt nicht mehr im Chor, seit er im Stimmbruch ist.

Stimm·bür·ger der <-s, -> (*schweiz.*) *stimmberechtigter Bürger*

Stim·me die <-, -n> **1.** *Töne, die beim Sprechen oder Singen erzeugt werden* Er hat eine hohe/tiefe/laute/leise/belegte/heisere Stimme., Er sprach mit bebender/zitternder Stimme. ◆ Frauen-, Jungen-, Kinder-, Mädchen-, Männer-, Tier-, Vogel- **2.** *Fähigkeit zu sprechen, (gut) zu singen* Sie hat einen rauen Hals und kann heute nicht sprechen., Er hat doch keine Stimme! ◆ Sing-, Sprech- **3.** MUS. *ein bestimmter Teil einer Komposition* Sie singen im Chor die erste/zweite Stimme. ◆ Alt-, Bariton-, Bass-, Flöten-, Geigen-, Solo-, Sopran-,

Tenor- **4.** *Meinung, die jmd. (besonders in der Öffentlichkeit) ausdrückt* Angesichts dieser negativen Entwicklungen wurden zunehmend kritische Stimmen laut. **5.** *Entscheidung für oder gegen etwas (bei einer Abstimmung oder Wahl)* Welche Partei hat die meisten Stimmen erhalten?, Die Stimmen werden noch ausgezählt. ◆-nanteil, -nauszählung, -ngewinn, -nmehrheit, -nverhältnis, -nverlust, -nzuwachs

stim·men <stimmst, stimmte, hat gestimmt> **I.** *mit OBJ/ohne OBJ* ■ *jmd. stimmt (etwas) die Saiten eines Instruments so einstellen, dass sie die richtige Tonhöhe haben* Sie stimmt ihre Geige., Das Orchester stimmt noch. **II.** *mit OBJ* ■ *etwas stimmt jmdn. irgendwie ein bestimmtes Gefühl erzeugen* Die Mitteilung stimmte ihn traurig/fröhlich. **III.** *ohne OBJ* **1.** ■ *etwas stimmt richtig, wahr sein* Meine Vermutung stimmte also doch!, Die Rechnung stimmt nicht. **2.** ■ *jmd. stimmt für/gegen jmdn./etwas* POL. *bei einer Wahl für oder gegen jmdn. oder etwas sein*

Stim·men·fang ■ **auf Stimmenfang gehen** *(umg.): sich als Politiker darum bemühen, möglichst viele Wähler für sich zu gewinnen*

Stim·men·fän·ger, **Stim·men·fän·ge·rin** der <-s, -> (POL.: *umg.*) *jmd., der auf Stimmenfang geht*

Stim·men·ge·wirr das <-s> *(kein Plur.) die Situation, dass viele Menschen gleichzeitig und durcheinander sprechen*

Stimm·ga·bel die <-, -n> *ein kleines Gerät aus Stahl mit zwei Zinken, das einen bestimmten Ton erzeugt, wenn man es in Schwingungen versetzt, und mit dem man ein Instrument stimmt II*

stimm·haft *Adj.* (SPRACHWISS.: ↔ *stimmlos*) *so, dass man einen Buchstaben weich ausspricht* „b", „d" und „g" sind stimmhafte Konsonanten.

stim·mig *Adj. so, dass alles harmonisch zusammenpasst* Seine Theorie ist (in sich) stimmig.

Stim·mig·keit die <-> *(kein Plur.) das Stimmigsein*

Stimm·la·ge die <-, -n> *Höhe der menschlichen Stimme* Alt, Sopran, Bass und Tenor sind Stimmlagen.

stimm·lich <nicht steig.> *Adj. auf den Zustand der Stimme[1] bezogen* Sie ist stimmlich sehr begabt.

stimm·los *Adj.* (SPRACHWISS.: ↔ *stimmhaft*) *so, dass man einen Buchstaben hart ausspricht* „p", „t" und „k" sind stimmlose Konsonanten.

Stimm·recht das <-(e)s, -e> *das Recht, bei einer Wahl oder Abstimmung seine Stimme[5] abgeben zu können*

Stim·mung die <-, -en> **1.** *seelischer Zustand eines Menschen; Laune* Er war guter/schlechter/gereizter Stimmung **2.** *Atmosphäre* Der Maler hat die Stimmung des Sonnenaufgangs sehr gut getroffen. **3.** *Meinung einer bestimmten Gruppe zu einem Thema* Die Stimmung in der Bevölkerung hatte sich gewandelt.

Stim·mungs·auf·hel·ler der <-s, -> MED. *Medikament gegen Depressionen*

Stim·mungs·ka·no·ne die <-, -n> *(umg. scherzh.) jmd., der andere gut unterhält*

stim·mungs·voll *Adj. so, dass etwas bestimmte Stimmungen, zum Beispiel Freude oder Nachdenklichkeit, erzeugt* Er hat das Gedicht sehr stimmungsvoll vorgetragen.

Stimm·zet·tel der <-s, -> *ein Formular, das man bei einer Wahl ausfüllt und mit dem man eine bestimmte Partei oder einen bestimmten Kandidaten wählt* Er füllt gerade in der Wahlkabine seinen Stimmzettel aus.

Sti·mu·lans das <-, Stimulantia/Stimulanzien> *Mittel, zum Beispiel Koffein, das wach und munter macht*

Sti·mu·lanz die <-, -en> *Anreiz*

Sti·mu·la·ti·on die <-, -en> *(geh. fachspr.) Stimulierung*

sti·mu·lie·ren <stimulierst, stimulierte, hat stimuliert> *mit OBJ* ■ *jmd./etwas stimuliert jmdn. (geh. fachspr.) jmdn. anregen, anspornen* Der Erfolg hatte sie stimuliert.

Sti·mu·lus der <-, Stimuli> *(geh.) Reiz; Anreiz*

Stink·bom·be die <-, -n> *ein Scherzartikel in der Form eines kleinen Behälters, der mit einer Flüssigkeit gefüllt ist, die bewirkt, dass es irgendwo stinkt, wenn sie aus dem Behälter herausläuft*

Stin·ke·fin·ger der <-s> *(kein Plur.) (umg.) nach oben gestreckter Mittelfinger, den jmd. jmdm. zeigt, um ihn zu beleidigen*

stin·ken <stinkst, stank, hat gestunken> *ohne OBJ* **1.** ■ *jmd./etwas stinkt sehr unanagenehm riechen* **2.** ■ *etwas stinkt jmdm. (umg.) Anlass zum Ärgern geben* Seine dauernde Unpünktlichkeit stinkt mir.

stink·faul <nicht steig.> *Adj. (umg.) sehr faul*

stink·fein <nicht steig.> *Adj. (umg.) sehr fein oder vornehm*

stink·lang·wei·lig <nicht steig.> *Adj. (umg.) sehr langweilig*

stink·nor·mal <nicht steig.> *Adj. (umg.) völlig normal*

stink·sau·er <nicht steig.> *Adj. (umg.) sehr wütend*

Stink·tier das <-(e)s, -e> *ein Nagetier, das in Amerika vorkommt und das in gefährlichen Situationen eine übel riechende Substanz versprüht*

Stink·wut die <-> *(kein Plur.) (umg.) sehr große Wut*

Sti·pen·di·at, **Sti·pen·di·a·tin** der <-en, -en> *jmd., der ein Stipendium erhält*

Sti·pen·di·um das <-s, Stipendien> *Geld, mit dem der Staat, Stiftungen und bestimmten Institutionen Studenten, Wissenschaftler und Künstler untersützen*

stip·pen <stippst, stippte, hat gestippt> *mit OBJ* ■ *jmd. stippt etwas in etwas Akk. (umg.) etwas kurz in etwas eintauchen* Er stippt sein Brot in die Milch.

Stipp·vi·si·te die <-, -n> *(umg.) kurzer Besuch bei jmdm.* Wenn ich schon in der Gegend bin, werde ich eine Stippvisite bei meiner ehemaligen Schulfreundin machen.

Stirn die <-, -en> *der Teil des Kopfes zwischen Augen und Haaransatz* Er hat eine hohe/niedrige/flache Stirn., Sie runzelte die Stirn. ■ **jemandem/etwas die Stirn bieten**: *jmdm. oder etwas ohne Angst entgegentreten* **die Stirn haben, etwas zu tun**: *so frech und dreist sein, etwas (Böses) zu tun* ◆ Zusammenschreibung→R 4.5 stirnrunzelnd ◆-bein, -falte, -glatze, -haar, -locke, -wand, -wunde

Stirn·band das <-(e)s, Stirnbänder> *Band aus Stoff, das man um die Stirn und den Hinterkopf trägt*

Stirn·höh·le die <-> (*kein Plur.*) *Hohlraum im Innern der Stirn über der Nase*

Stirn·sei·te die <-, -n> *Vorderseite* Er saß an der Stirnseite des Tisches.

stö·bern <stöberst, stöberte, hat gestöbert> *ohne OBJ* ■ *jmd. stöbert (irgendwo nach etwas Dat.) nach etwas längere Zeit wühlend suchen* Er stöberte in der Kiste nach den alten Klassenfotos.

sto·chern <stocherst, stocherte, hat gestochert> *ohne OBJ* ■ *jmd. stochert in etwas Dat. mit einem spitzen Gegenstand mehrmals in etwas stechen* Ich habe mir bei der Zubereitung solche Mühe gegeben, aber sie stocherte nur im Essen.

Stock[1] der <-(e)s, Stöcke> **1.** *Stab aus Holz o.Ä., auf den man sich beim Gehen stützt oder mit dem man jmdn. schlägt* Er geht am Stock. ◆ Krück-, Schlag-, Ski-, Spazier- **2.** *strauchartige Pflanze, zum Beispiel ein Rebstock*

Stock[2] der <-(e)s, -> *Etage, Stockwerk* Sie wohnen im zweiten Stock.

Stock·bett das <-(e)s, -en> (≈ *Etagenbett*) *Konstruktion, bei der zwei Betten übereinander gebaut sind*

stock·dumm, **stock·dumm** <nicht steig.> *Adj.* (*umg.*) *sehr dumm*

stock·dun·kel, **stock·dun·kel** <nicht steig.> *Adj.* (*umg.*) *sehr dunkel*

Stö·ckel·schuh der <-(e)s, -e> *Damenschuh mit hohem, schmalem Absatz*

sto·cken *ohne OBJ* **1.** ■ *etwas stockt (jmdm.) kurz stillstehen, aussetzen* Ihr stockte der Atem. **2.** ■ *etwas stockt im normalen Ablauf zeitweise unterbrochen sein* Der Verkehr/Das Gespräch stockte. **3.** ■ *jmd. stockt (bei/in etwas Dat.) bei einer Tätigkeit innehalten* Sie stockte mitten im Vortrag und blickte unsicher von ihrem Manuskript auf. ■ **ins Stocken geraten**: *unsicher und mit vielen Pausen reden*

Sto·ckerl das <-s, -n> (*süddt. österr.*) *Hocker*

stock·fins·ter <nicht steig.> *Adj. völlig dunkel*

Stock·fisch der <-(e)s, -e> **1.** *auf Stöcken getrockneter Dorsch* **2.** (*umg. abwert.*) *ein wenig gesprächiger Mensch*

stock·kon·ser·va·tiv *Adj.* (*umg.*) *überaus konservativ*

stock·sau·er *Adj.* (*umg.*) *sehr verärgert über jmdn. oder etwas*

stock·steif <nicht steig.> *Adj. völlig steif* Er saß stocksteif da.

Stock·werk das <-(e)s, -e> *Etage* Das Haus hat nur drei Stockwerke.

Stock·zahn der <-(e)s, Stockzähne> (*süddt. österr. schweiz*) *Backenzahn*

Stoff der <-(e)s, -e> **1.** *Gewebe, aus dem Kleidung und Tücher bestehen* Sie hat sich ein Kleid aus edlem Stoff gekauft. ◆-bahn, -ballen, -muster, Baumwoll-, Mantel-, Seiden-, Vorhang- **2.** (≈ *Substanz*) *chemisch einheitliche Verbindung mit bestimmten, typischen Eigenschaften* Wir verwenden nur pflanzliche/natürliche Stoffe als Zutaten. ◆ Ballast-, Brenn-, Duft-, Farb-, Impf-, Kleb-, Kraft-, Leucht-, Nähr-, Schaum-, Süß- **3.** (*umg.*) *Rauschgift* Er konnte sich keinen Stoff beschaffen. **4.** *etwas, das das Thema für einen Film, eine wissenschaftliche Arbeit, eine Diskussion o.Ä. bietet* Das wäre ein interessanter Stoff für einen Film/für ein Buch. ◆ Gesprächs-, Roman-

Stof·fel der <-s, -> (*umg. abwert.*) *ungeschickter, unhöflicher Mensch* ▸stoffelig, stofflig

stoff·lich *Adj. auf den Stoff*[1, 2, 4] *bezogen*

Stoff·samm·lung die <-, -en> *Sammlung von Ideen und Material zu einem Thema, über das man etwas schreiben will*

Stoff·tier das <-(e)s, -e> (≈ *Plüschtier*) Als Kind hatte sie eine Katze als Stofftier.

Stoff·wech·sel der <-s, -> (*meist Sing.*) *die biochemischen Prozesse, bei denen aus Nahrung Energie gewonnen wird* ◆-krankheit, -produkt, -störung, Fett-

stöh·nen *ohne OBJ* **1.** ■ *jmd. stöhnt (vor etwas Dat.) einen lang gezogenen Laut von sich geben* Er stöhnte vor Schmerzen. **2.** ■ *jmd. stöhnt über etwas Akk. sich über etwas beklagen* Alle stöhnten über das schlechte Wetter.

sto·isch *Adj.* (*geh.* ≈ *unerschütterlich, gleichmütig, gelassen*) *so, dass man nicht leicht die Ruhe verliert oder sich aufregt* Er hat alles mit stoischer Gelassenheit ertragen.

Sto·la die <-, Stolen> *eine Art breiter Schal, den Frauen um die Schulter tragen*

Stol·len der <-s, -> *unterirdischer Gang (in einem Bergwerk)* Die Arbeiter treiben einen Stollen in den Berg.

Stol·le/Stol·len der <-s, -> *ein Kuchen, den man in der Weihnachtszeit isst*

stol·pern <stolperst, stolperte, ist gestolpert> *ohne OBJ* **1.** ■ *jmd. stolpert über etwas Akk. mit dem Fuß gegen ein Hindernis stoßen und aus dem Gleichgewicht geraten* Das Kind stolperte über einen Stein. **2.** ■ *jmd. stolpert über jmdn./etwas an jmdm. oder etwas scheitern* Der Politiker ist über die Affäre gestolpert.

Stolz der <-es> (*kein Plur.*) **1.** *ausgeprägtes Selbstwertgefühl* Er hat meinen Stolz verletzt. **2.** *Freude und Zufriedenheit über eine Leistung oder einen Besitz* Sie verkündete voller Stolz, dass sie ihr Ziel erreicht habe., Man konnte ihm den Stolz auf seinen Sohn ansehen.

stolz *Adj.* **1.** *so, dass man sich über etwas, das man geleistet hat oder das man besitzt, freut* Sie war stolz auf ihren beruflichen Erfolg. **2.** *überheblich, hochmütig* Er ist viel zu stolz, um sich bei mir zu entschuldigen. **3.** (*umg.*) *beträchtlich* Das ist ein stolzer Preis!

stol·zie·ren *ohne OBJ* ■ *jmd. stolziert aufrecht und mit erhobenem Kopf gehen, um anderen zu zeigen, dass man sich für sehr wichtig hält* Sieh mal, er stolziert wie ein Pfau.

Stop *Interj. drückt (beipielsweise auf Verkehrsschildern) aus, dass man anhalten muss*

Stopf·ei das <-(e)s, -er> *ein kleiner, runder Gegenstand aus Holz oder Plastik, den man als Unterlage beim Stopfen I verwendet*

stop·fen I. *mit OBJ/ohne OBJ.* ■ *jmd. stopft (etwas) Kleidungsstücke, die z.B. ein Loch haben, mit Nadel und Faden ausbessern* Sie stopft die Socken., Sie stopft stets mit einem speziellen Garn. **II.** *mit OBJ* **1.** ■ *jmd. stopft etwas (≈ abdichten) eine Lücke, eine Öffnung o.Ä. mit etwas füllen und dadurch schließen* Er konnte das Leck im Tank stopfen. **2.** ■ *jmd. stopft etwas irgendwohin/in etwas Akk. etwas nicht sorgfältig irgendwo hineinschieben* Sie stopfte die Wäsche in den Koffer. **III.** *ohne OBJ* **1.** ■ *etwas stopft die Verdauung hemmen* Schokolade stopft. **2.** ■ *etwas stopft (umg.) satt machen* Nudeln stopfen.

Stopf·garn das <-(e)s, -e> *Nähgarn zum Stopfen I*

Stopf·na·del die <-, -n> *Nadel zum Stopfen I*

Stopp der <-s, -s> **1.** *das Anhalten* Der Rennwagen musste zu einem Stopp an die Box. **2.** *Unterbrechung* Man forderte einen Stopp der Rüstungsexporte.

stopp *Interj.* Halt, stopp! ◆ aber auf Verkehrsschildern stop

Stop·pel die <-, -n> (*meist Plur.*) **1.** *Rest eines Getreidehalmes auf abgemähten Feldern* **2.** *nachgewachsenes kurzes Barthaar*

Stop·pel·bart der <-(e)s, Stoppelbärte> *sehr kurzer Bart*

Stop·pel·feld das <-(e)s, -er> *abgemähtes Getreidefeld mit Stoppeln*[1]

stop·pe·lig/stopp·lig <stopp(e)liger, am stopp(e)ligsten> *Adj. so, dass es Stoppeln hat*

Stop·pel·zie·her der <-s, -> (*österr.*) *Korkenzieher*

stop·pen I. *mit OBJ* **1.** ■ *jmd. stoppt jmdn. bewirken, dass jmd. aus einer Bewegung heraus zum Stehen kommt; jmdn. anhalten* Die Polizei stoppte das Auto. **2.** ■ *jmd. stoppt etwas bewirken, dass etwas zum Stillstand kommt* Niemand konnte diese Entwicklung jetzt noch stoppen. **3.** ■ *jmd. stoppt etwas mit einer Stoppuhr messen* **II.** *ohne OBJ* **1.** ■ *jmd./etwas stoppt aus einer Bewegung zum Stehen kommen; anhalten* Das Auto stoppte gerade noch rechtzeitig. **2.** ■ *jmd. stoppt (irgendwohin) trampen* Sie stoppt regelmäßig von Berlin nach Stuttgart.

stopp·lig *Adj. s.* **stoppelig**

Stopp·schild das <-(e)s, -er> *Verkehrsschild an einer Kreuzung, an dem man anhalten muss*

Stopp·uhr die <-, -en> *Uhr, mit der man beim Sport Zeiten genau misst*

Stöp·sel -s, - **1.** *ein kleiner Gegenstand, mit dem man eine Öffnung schließt; Pfropfen* Er zog den Stöpsel aus der Badewanne. **2.** (*umg.*) *kleiner Junge*

Stör der <-(e)s, -e> *großer Fisch, der auf dem Rücken blaugrau und auf der Unterseite weiß gefärbt ist*

Storch der <-es, Störche> *großer Vogel mit weißen und schwarzen Federn, einem langen, roten Schnabel und langen, roten Beinen, der sein Nest oft auf Hausdächern baut*

Storch·schna·bel der <-s, Storchschnäbel> **1.** *Schnabel eines Storches* **2.** (*kein Plur.*) *Geranie*

Store der [ʃtoːɐ̯, stoːɐ̯] <-s, -s> **1.** *Vorhang für das Fenster aus fast durchsichtigem Stoff* **2.** (*schweiz.*) *Markise, Sonnendach*

stö·ren *mit OBJ/ohne OBJ* **1.** ■ *jmd. stört (jmdn.) (bei etwas Dat.) jmdn. aus seiner Ruhe, seiner Tätigkeit herausreißen* Er hat mich beim Lesen gestört., Störe ich? **2.** ■ *jmd. stört etwas etwas in seinem Ablauf behindern* Die Schüler stören den Unterricht., Er stört ununterbrochen. **3.** ■ *etwas stört jmdn. jmdm. überhaupt nicht gefallen, missfallen* Seine fettigen Haare stören mich., Ihre vulgäre Ausdrucksweise stört.

Stö·ren·fried der <-(e)s, -e> (*abwert.*) *jmd., der gerne stört*[2]

Stör·fak·tor der <-s, -en> *jmd. oder etwas, der/das etwas in seinem normalen Ablauf behindert*

Stör·fall der <-(e)s, Störfälle> *Defekt in einer technischen Anlage, zum Beispiel in einem Atomkraftwerk*

stor·nie·ren *mit OBJ* ■ *jmd. storniert etwas etwas rückgängig machen* Ich habe den Auftrag/die Buchung storniert.

Stor·nie·rung die <-, -en> *das Stornieren*

Stor·no der/das <-s, Storni> BANKW. WIRTSCH. *Rückbuchung, das Stornieren* ◆-gebühren, -kosten

stör·risch *Adj.* (≈ *widerspenstig, dickköpfig*) *so, dass jmd. nicht das tun will, was andere von ihm verlangen* Er ist störrisch wie ein Esel.

Stö·rung die <-, -en> **1.** *Dinge oder Handlungen, die stören*[1] Bitte entschuldigen Sie die Störung! **2.** *Behinderung des Ablaufes* Ich werde eine Störung meiner Vorlesung nicht dulden.

stö·rungs·frei <nicht steig.> *Adj.* TECHN. *so, dass etwas oder ein Gerät richtig funktioniert*

Sto·ry die ['stoːri] <-, -s> **1.** *Inhalt eines Films oder Romans* **2.** (*umg.*) *ungewöhnliche Geschichte* Und die Story soll ich dir glauben? **3.** *Bericht, Report* Der Reporter ist immer auf der Jagd nach einer neuen Story.

Stoß der <-es, Stöße> **1.** *kurzer, kräftiger Schlag* Er versetzte ihm einen kräftigen Stoß in den Bauch. **2.** (*meist Plur.*) *kräftige Bewegung, mit der man sich beim Schwimmen und beim Rudern bewegt* Sie schwamm mit kräftigen Stößen. **3.** (*umg.*) *aufgeschichtete Menge von etwas* Auf dem Boden lag ein Stoß Bücher. ■ **jemandem einen Stoß versetzen**: *jmdn. plötzlich stark erschüttern und verunsichern*

Stoß·dämp·fer der <-s, -> KFZ *Vorrichtung in Autos, die verhindert, dass diese bei Löchern in der Straße zu sehr erschüttert werden und auf und ab* *schwingen*

Stö·ßel der <-s, -> *kleiner Stab aus Stein, Keramik oder Eisen, mit dem man Substanzen (insbesondere Körner) zerreibt*

sto·ßen <stößt, stieß, hat/ist gestoßen> **I.** *mit OBJ (haben)* **1.** ■ *jmd. stößt jmdn. (irgendwohin) jmdm. einen Stoß*[1] *geben* Er stieß mich mit dem Ellenbogen in die Rippen. **2.** ■ *jmd. stößt etwas in etwas Akk. etwas mit einem Stoß*[1] *irgendwohin bewegen* Sie hat den Pflock in die Erde gestoßen. **3.** *(schweiz.)* ■ *jmd. stößt etwas drücken, schieben* **II.** *ohne OBJ* **1.** ■ *jmd. stößt an/gegen jmdn./etwas (haben) jmdm. oder etwas einen Stoß*[1] *geben* Voller Zorn hat er mit dem Fuß gegen die Autotür gestoßen. **2.** ■ *jmd. stößt an/gegen jmdn./etwas (sein) jmdn. oder etwas versehentlich kurz und mit viel Kraft berühren (und sich dabei dabei weh tun)* Sie ist mit dem Kopf an die Decke gestoßen. **3.** ■ *jmd. stößt auf jmdn./etwas (sein) jmdn. oder etwas zufällig finden* Man ist dort auf Erdöl gestoßen. **4.** ■ *jmd. stößt auf etwas Akk. (sein) überraschend auf etwas treffen* Wir stießen auf Ablehnung. **III.** *mit SICH (haben)* **1.** ■ *jmd. stößt sich an etwas Dat. sich weh tun* Ich habe mich (an der Tischkante) gestoßen. **2.** ■ *jmd. stößt sich an etwas Dat. sich über etwas ärgern, was man nicht als angemessen betrachtet* Ich stieß mich an seinem schlechten Benehmen.

stoß·fest *Adj. so, dass es von Stößen nicht beschädigt werden kann* Diese Lackierung/Diese Uhr ist stoßfest.

Stoß·ge·bet das <-(e)s, -e> *ein kurzes Gebet, das jmd. spricht, wenn plötzlich eine Gefahr auftritt* Als es brenzlig wurde, schickte sie schnell noch ein Stoßgebet zum Himmel.

Stoß·stan·ge die <-, -n> KFZ *Stange, die hinten und vorne an einem Automobil angebracht ist, um dieses bei einem leichten Zusammenstoß zu schützen*

Stoß·ver·kehr der <-(e)s> *(kein Plur.) sehr starker Verkehr zu einer bestimmten Tageszeit*

stoß·wei·se *Adv.* **1.** *kurz und ruckartig* Sein Atem ging stoßweise. **2.** *in Stößen*[3] Wir erhielten stoßweise schriftliche Anfragen.

Stoß·zeit die <-, -en> **1.** *Zeit des Stoßverkehrs* **2.** *Zeit, in der es in Geschäften die meiste Arbeit gibt*

stot·tern <stotterst, stotterte, hat gestottert> *ohne OBJ* ■ *jmd. stottert eine Sprachstörung haben, bei der man einzelne Laute mehrfach wiederholt*

Straf·an·zei·ge die <-, -n> AMTSSPR. *der Vorgang, dass jmd. die Polizei oder den Staatsanwalt darüber informiert, dass eine Straftat begangen wurde* Gegen den mutmaßlichen Täter wurde Strafanzeige erstattet.

Straf·ar·beit die <-, -en> *zusätzliche Hausaufgabe, die Schüler als Strafe bekommen*

Straf·bank die <-, Strafbänke> SPORT *eine Bank, auf der Spieler einer Mannschaft eine Zeit lang sitzen müssen, wenn sie bei einem Wettkampf gegen die Regeln verstoßen haben*

straf·bar <nicht steig.> *Adj. so, dass Strafe darauf steht* Sie hat zweifelsohne eine strafbare Handlung begangen., Er hatte sich strafbar gemacht.

Straf·be·fehl der <-(e)s, -e> RECHTSW. *eine Strafe, die bei einer geringen Straftat vom Gericht ohne Verhandlung ausgesprochen wird*

Stra·fe die <-, -n> **1.** *eine Maßnahme, durch die jmd. bestraft wird* Der Richter hat eine harte/strenge/drakonische/leichte/milde Strafe über den Angeklagten verhängt., Er musste eine mehrjährige Strafe verbüßen. ◆ Geld-, Gefängnis-, Haft- **2.** *unangenehme Folge* Das ist die Strafe für deinen Übermut. **3.** *Geldbuße* Wir mussten Strafe zahlen.

stra·fen *mit OBJ* ■ *jmd. straft jmdn. (für/wegen etwas) bestrafen* Er strafte ihn hart/schwer/unnachsichtig., Sie sah ihn strafend an. ■ **mit jemandem/etwas gestraft sein**: *großen Kummer mit jmdm. oder etwas haben*

Straf·er·lass der <-es, -e> *Aufhebung einer verhängten Strafe, Amnestie*

straff *Adj.* **1.** *fest gespannt, glatt, nicht locker oder schlaff* straffe Haut, Du musst ziehen, bis das Seil straff ist., Sie hat eine straffe Haut. **2.** *effektiv, auf das Wesentliche beschränkt* Das Unternehmen ist straff organisiert. ► Straffheit, Straffung

straf·fäl·lig <nicht steig.> *Adj.* AMTSSPR. *so, dass jmd. eine Straftat begangen hat (und vom Gericht dafür bestraft wurde)*

straf·fen *mit OBJ* **1.** ■ *jmd. strafft etwas etwas spannen* Du musst das Seil/die Zügel straffen. **2.** ■ *jmd. strafft etwas etwas gut organisieren und auf das Wesentliche beschränken* Wir haben versucht, den Lehrplan/das Trainingsprogramm zu straffen.

straf·frei <nicht steig.> *Adj. ohne Strafe* straffrei ausgehen/bleiben

Straf·frei·heit die <-> *(kein Plur.) der Zustand, dass jmd. straffrei ist* Im Falle einer Aussage wurde ihm Straffreiheit zugesichert.

Straf·ge·fan·ge·ne der/die <-n, -n> *jmd., der verurteilt wurde und im Gefängnis sitzt*

Straf·ge·richt das <-(e)s, -e> **1.** RECHTSW. *Gericht, das für Strafprozesse zuständig ist* **2.** *(geh.) Bestrafung Schuldiger (durch eine höhere Macht)* ein Strafgericht des Himmels; ein Strafgericht abhalten

Straf·ge·setz das <-es, -e> RECHTSW. *eines der Gesetz, in dem die Strafen für Verbrechen geregelt sind*

Straf·ge·setz·buch das <-(e)s, -bücher> RECHTSW. *Sammlung der Strafgesetze, abgekürzt mit „StGB"*

Straf·la·ger das <-s, -> *Lager, in dem Sträflinge Freiheitsstrafen verbüßen*

sträf·lich *Adj. verantwortungslos; so, dass man es eigentlich bestrafen müsste* Kein Wunder, dass etwas passierte, das war doch sträflicher Leichtsinn., Er hat seine Familie sträflich vernachlässigt.

Sträf·ling der <-(e)s, -e> *Strafgefangener*

Sträf·lings·klei·dung die <-> *(kein Plur.) Kleidung mit Streifen für Sträflinge, die wie ein Schlafanzug geschnitten ist*

straf·los <nicht steig.> *Adj. straffrei*

Straf·man·dat das <-(e)s, -e> **1.** *eine Geldstrafe,*

S

die man bezahlen muss, wenn man zum Beispiel falsch geparkt hat oder zu schnell gefahren ist **2.** *ein Stück Papier, auf dem steht, dass man ein Strafmandat*[1] *bekommen hat*

Straf·maß das <-es> (*kein Plur.*) *Art und Höhe der Strafe* Das Strafmaß wurde auf zehn Jahre festgesetzt.

straf·mil·dernd <nicht steig.> *Adj.* RECHTSW. *so, dass etwas bewirkt, dass das Strafmaß verringert wird* Es wirkte strafmildernd, dass sich der Täter freiwillig gestellt hatte.

straf·mün·dig <nicht steig.> *Adj.* RECHTSW. *alt genug, um nach dem Strafrecht bestraft zu werden*

Straf·por·to das <-s, -s/Strafporti> *Nachgebühr*

Straf·pre·digt die <-, -en> (*umg.*) *eindringliche Ermahnung* Meine Eltern haben mir gestern mal wieder eine Strafpredigt gehalten.

Straf·pro·zess der <-es, -e> RECHTSW. *ein Prozess, bei dem die Strafe für eine Straftat bestimmt wird*

Straf·raum der <-(e)s, Strafräume> SPORT (*beim Fußball*) *Raum um das Tor, in dem der Torwart den Ball mit der Hand berühren darf*

Straf·recht das <-(e)s> (*kein Plur.*) *die Gesetze, in denen die Strafen für Verbrechen geregelt sind*

straf·recht·lich <nicht steig.> *Adj. auf das Strafrecht bezogen* Sie muss mit einer strafrechtlichen Verfolgung ihrer Tat rechnen.

Straf·stoß der <-es, Strafstöße> SPORT *Elfmeter*

Straf·tat die <-, -en> (≈ *Delikt*) *Handlung, die gegen das Gesetz verstößt*

Straf·ver·fah·ren das <-s, -> *Strafprozess*

Straf·ver·fol·gung die <-, -en> RECHTSW. *Ermittlungen, die der Staatsanwalt durchführt, wenn der Verdacht besteht, dass jmd. eine Straftat begangen hat*

Straf·ver·tei·di·ger, **Straf·ver·tei·di·ge·rin** der <-s, -> *Anwalt* (*des Angeklagten*) *in Strafprozessen*

Straf·voll·zug der <-(e)s> (*kein Plur.*) AMTSSPR. (*Art und Weise der*) *Durchführung einer Freiheitsstrafe*

Straf·voll·zugs·an·stalt die <-, -en> AMTSSPR. *Gefängnis*

straf·wür·dig *Adj.* RECHTSW. *so, dass etwas eine Strafe verdient* ein strafwürdiges Verhalten

Straf·zet·tel der <-s, -> (*umg.*) *Strafmandat* Wir hatten falsch geparkt und dafür einen Strafzettel erhalten.

Strahl der <-(e)s, -en> **1.** (*meist Plur.*) *eine Art schmaler Streifen, der von Licht ausgeht* Im Strahl der Taschenlampe erkannte er den Einbrecher., Die Strahlen der Frühjahrssonne erwärmen die Luft. ◆ Laser-, Licht-, Sonnen- **2.** (*meist Sing.*) *Flüssigkeit, die schnell aus einer engen Öffnung herausfließt* Ein Strahl Wasser schoss aus dem gebrochenen Rohr. ◆ Dampf-, Düsen-, Wasser- **3.** (*kein Sing.*) PHYS. *ein Strom materieller Teilchen oder elektromagnetischer Wellen* ◆ -nbrechung, -nbündel, -nquelle, -nschäden, -nunfall, -ntod, Energie-, Infrarot-, Ionen-, Kathoden-, Radio-, Radar-, Röntgen-, Wärme-

strah·len *ohne OBJ* **1.** ■ *etwas strahlt Strahlen aussenden* Die Sonne strahlt., Radioaktives Material strahlt. **2.** ■ *jmd. strahlt* (*vor etwas Dat.*) *ein fröhliches Gesicht machen* Sie strahlte vor Begeisterung/vor Freude., Er strahlte übers ganze Gesicht/über beide Backen.

Strah·len·be·las·tung die <-> (*kein Plur.*) MED. *Belastung eines Organismus durch die Einwirkung ionisierender Strahlen*

Strah·len·bio·lo·gie die <-> (*kein Plur.*) *die wissenschaftliche Erforschung der Wirkung von Strahlen*[3]

Strah·len·schutz der <-es> (*kein Plur.*) *Vorrichtungen und Maßnahmen zum Schutz vor* (*gefährlichen*) *Strahlen*[3]

Strah·ler der <-s, -> **1.** *eine Lampe* **2.** *ein Gerät, das Wärme abstrahlt*

Strah·lung die <-, -en> *Ausbreitung von Strahlen*[3] ◆ Atom-, Kern-, Radio-, Röntgen-

Strähn·chen das <-s, -> (*meist Plur.*) (*umg.*) *farbige Strähne*

Sträh·ne die <-, -n> *eine größere Menge glatter Haare, die zusammen sind* Sie ließ sich farbige Strähnen ins Haar färben., Er hat schon ein paar graue Strähnen im Haar. ◆ Haar-

sträh·nig *Adj. so, dass das Haar Strähnen bildet und kraftlos aussieht* Er hat strähnige Haare.

stramm *Adj.* **1.** *kräftig gebaut und gesund aussehend* Sie hat einen strammen Jungen zur Welt gebracht. **2.** *gerade aufgerichtet, mit angespannter Muskulatur* **3.** *straff* Du musst erst die Leine stramm ziehen! ◆ Getrenntschreibung (ein Seil) stramm ziehen; Zusammenschreibung→R 4.11 (vor dem Hauptmann) strammstehen

stramm·ste·hen <stehst stramm, stand stramm, hat/ist strammgestanden> *ohne OBJ* ■ *jmd. steht stramm* (*besonders als Soldat*) *eine stramme*[2] *Haltung annehmen* ◆ Zusammenschreibung→R 4.11 Wir mussten strammstehen.

Stram·pel·ho·se die <-, -n> *eine Hose für Babys, die man über der Schulter befestigt*

stram·peln <strampelst, strampelte, hat/ist gestrampelt> *ohne OBJ* **1.** ■ *jmd. strampelt* (*haben*) *mit den Beinen zappeln* Das Baby strampelte. **2.** ■ *jmd. strampelt* (*umg.* (*sein*)) *radeln* **3.** ■ *jmd. strampelt* (*umg.* (*haben*)) *sich abmühen* Sie muss ziemlich strampeln, um ihr Ziel doch noch zu erreichen.

Stramp·ler der <-s, -> *Strampelhose*

Strand der <-(e)s, Strände> *der Rand eines Gewässers, besonders des Meeres* Es gab dort einen sandigen/steinigen/breiten/schmalen Strand. ◆ -bad, -burg, -café, -hotel, -kleid, Bade-, FKK-, Hotel-, Kies-, Palmen-, Sand-

stran·den *ohne OBJ* **1.** ■ *ein Schiff strandet auf Grund laufen und nicht mehr wegkommen* Der Tanker ist gestrandet. **2.** ■ *jmd. strandet* (*geh.*) *scheitern* Er ist in seinem Studium gestrandet.

Strand·gut das <-(e)s> (*kein Plur.*) *Gegenstände, die das Meer ans Ufer spült*

Strand·ha·fer der <-s> (*kein Plur.*) *ein Gras, das in den Dünen wächst*

Strand·korb der <-(e)s, Strandkörbe> *eine Art*

großer, vorne offener Korb mit einem Dach, in dem man sich am Strand setzen kann Als wir an der Nordsee waren, haben wir auch einen Strandkorb gemietet.

Strang der <-(e)s, Stränge> **1.** *Seil, Strick* **2.** *Bündel von Wollfäden oder eines Garns* **3.** ANAT. *Bündel von Muskeln oder Nerven* ■ **an einem/am gleichen Strang ziehen** (*umg.*): *das gleiche Ziel verfolgen* **über die Stränge schlagen** (*umg.*): *leichtsinnig und unüberlegt handeln* **wenn alle Stränge reißen**: *im Notfall*

Stran·ge die <-, -n> (*schweiz.*) *Strang*[2]

stran·gu·lie·ren *mit OBJ* ■ *jmd. stranguliert jmdn./sich jmdn. oder sich durch Erdrosseln töten*

Stra·pa·ze die <-, -n> *große körperliche Anstrengung*

stra·pa·zie·ren *mit OBJ* **1.** ■ *jmd./etwas strapaziert etwas stark beanspruchen und Spuren hinterlassen; nicht schonen* Zu häufiges Duschen strapaziert die Haut. **2.** ■ *jmd./etwas strapaziert jmdn./etwas stark in Anspruch nehmen* Das Spiel hatte die Nerven des Trainers strapaziert.

stra·pa·zier·fä·hig *Adj. so beschaffen, dass man es strapazieren kann* Hierbei handelt es sich um einen sehr strapazierfähigen Teppich.

stra·pa·zi·ös *Adj. anstrengend* Das war ein ziemlich strapaziöser Ausflug.

Straps der <-es, -e> (*meist Plur.*) *Strumpfhalter*

Stra·ße die <-, -n> **1.** *ein breiter, befestigter Weg für Fahrzeuge, der meist eine harte Oberfäche besitzt* Die Straße ist eng/breit/belebt/ruhig/vereist/holprig/gut ausgebaut/kurvenreich/verstopft. ◆-nabschnitt, -nanzug, -narbeit, -nbelag, -nbeleuchtung, -nbiegung, -necke, -nhandel, -nmeisterei, -nname, -npflaster, -nräuber, -nreinigung, -nrennen, -nschuh, -nseite, -nverkehr, Asphalt-, Berg-, Dorf-, Einkaufs-, Fern-, Haupt, Land-, Neben- Seiten-, Teer- **2.** *Menschen, die in einer Straße wohnen* Die ganze Straße beteiligte sich an dem Fest. **3.** *Meerenge* Das Schiff fuhr durch die Straße von Gibraltar. ■ **jemanden auf die Straße setzen/werfen**: *jmdm. seine Wohnung oder seinen Arbeitsplatz kündigen* **auf die Straße gehen**: *demonstrieren*

Stra·ßen·bahn die <-, -en> *ein Eisenbahnzug, der auf Schienen durch die Stadt fährt* ◆-fahrer, -fahrerin, -haltestelle, -schaffner, -wagen

Stra·ßen·bau der <-(e)s> (*kein Plur.*) *die Unternehmen und die Leute, die Straßen bauen* ◆-amt, -arbeiten, -behörde, -ingenieur, -maschine

Stra·ßen·be·lag der <-(e)s, Straßenbeläge> *die harte Oberfläche einer Straße*

Stra·ßen·be·nut·zungs·ge·bühr die <-, -en> (≈ *Maut, Straßenzoll*) *Geld, das man in manchen Ländern bezahlen muss, um auf manchen Straßen (Autobahnen) fahren zu dürfen*

Stra·ßen·bord das <-(e)s, -e> (*schweiz.*) *Straßenrand*

Stra·ßen·ca·fé das <-s, -s> *ein Café an einer Straße, das auch Tische und Stühle im Freien hat*

Stra·ßen·e·cke die <-, -n> *Punkt, an dem zwei Straßen aufeinander treffen* Treffen wir uns an der Straßenecke?

Stra·ßen·fe·ger der <-s, -> **1.** (*landsch.*) *jmd., der beruflich die Straßen und Plätze einer Stadt reinigt* **2.** (*umg. scherzh.*) *Fernsehsendung, die von sehr vielen Menschen gesehen wird*

Stra·ßen·fest das <-(e)s, -e> *ein Fest, das auf einer Straße oder einem Platz stattfindet*

Stra·ßen·glät·te die <-> (*kein Plur.*) *glatte Straßen, die (besonders im Winter) durch Eis und Schnee verursacht werden*

Stra·ßen·gra·ben der <-s, Straßengräben> *Graben neben einer Landstraße* im Straßengraben landen

Stra·ßen·kind das <-(e)s, -er> (*meist Plur.*) *obdachloses Kind, das (besonders in großen Städten) auf der Straße lebt und das bettelt o.Ä., um überleben zu können*

Stra·ßen·kreu·zung die <-, -en> *Kreuzung*

Stra·ßen·la·ge die <-> (*kein Plur.*) *die Eigenschaften, die ein Kraftfahrzeug während der Fahrt zeigt, besonders wenn man in Kurven oder auf schlechten Straßen fährt* eine gute/schlechte Straßenlage haben

Stra·ßen·la·ter·ne die <-, -n> *eine der Lampen, die nachts die Straße beleuchten*

Stra·ßen·mu·si·kant, **Stra·ßen·mu·si·kan·tin** der <-en, -en> *jmd., der im Freien (besonders in einer Fußgängerzone) Musik macht, um Geld zu verdienen*

Stra·ßen·na·me der <-ns, -n>

> **i Wissenswert** Das erste Wort eines **Straßennamens** wird großgeschrieben, ebenso Adjektive und Zahlwörter als Teil eines Straßennamens, Artikel und Präpositionen jedoch nur, wenn sie am Anfang stehen: Breite Straße, Lange Gasse, In der Mittleren Hohlgasse. Zusammengeschrieben werden Straßennamen aus einfachen oder zusammengesetzten Substantiven, ungebeugten Adjektiven sowie ungebeugten Familiennamen: Brunnengasse, Schlossallee, Toulonplatz;Altmarkt, Neugasse, Hochstraße; Maierhof, Schulzgehöft. Getrennt werden Straßennamen geschrieben, wenn sie eine Präposition, einen Artikel oder ein gebeugtes Adjektiv enthalten oder abgeleitete Orts- und Ländernamen sind: An den Drei Erlen, Am Bocksbau, Schlesischer Ring, Münchner Gasse. Einen Bindestrich setzt man, wenn der Straßennamen gleichgewichtig aus mehreren Komponenten besteht: Albrecht-Dürer-Straße, Annette-von-Droste-Hülshoff-Weg. Innerhalb eines Satzes werden Straßennamen gebeugt: Ich wohne schon seit sieben Jahren in der Breiten Straßen. Das Haus liegt an der Oberen Riedstraße.

Stra·ßen·netz das <-es, -e> *Gesamtheit der Straßen (einer Stadt, eines Landes)*

Stra·ßen·rand der <-(e)s> (*kein Plur.*) *der äußere Teil einer Straße* Kannst du kurz am Straßenrand anhalten?

Stra·ßen·schild das <-(e)s, -er> *Schild, auf dem der Name einer Straße steht*

Stra·ßen·schlacht die <-, -en> *ein heftiger Kampf zwischen verschiedenen Gruppen von Personen, der in den Straßen einer Stadt stattfindet* Die Hooligans lieferten sich mit der Polizei eine Straßenschlacht.

Stra·ßen·sper·re die <-, -n> *Hindernis, das jmd. (zum Beispiel die Polizei) auf der Straße aufstellt und das andere am Weiterkommen hindert*

Stra·ßen·ver·kehr der <-s> (*kein Plur.*) *der Verkehr auf Straßen*[1]

Stra·ßen·ver·kehrs·ord·nung die <-> (*kein Plur.*) *die Gesetze, die regeln, wie man sich im Straßenverkehr richtig verhält, abgekürzt „StVO"*

Stra·ßen·wacht die <-> (*kein Plur.*) *ein Verein, der seinen Mitgliedern hilft, wenn sie eine Autopanne haben*

Stra·ßen·zoll der <-(e)s, Straßenzölle> *Straßenbenutzungsgebühr*

Stra·te·ge, **Stra·te·gin** der <-n, -n> *jmd., der nach einem genauen Plan oder nach einer (militärischen) Strategie vorgeht*

Stra·te·gie die <-, -n> *genauer Plan für die Handlungen, mit denen man ein (militärisches) Ziel verwirklichen will* Wir suchen noch nach einer geeigneten Strategie für die Verhandlungen.

stra·te·gisch *Adj. so, dass es auf einer Strategie beruht* strategisches Vorgehen

Stra·to·s·phä·re die <-> (*kein Plur.*) *die Schicht der Erdatmosphäre in etwa 11-50 km Höhe*

sträu·ben *mit SICH* **1.** ■ *etwas sträubt sich (jmdm.) sich aufrichten und vom Körper abstehen* Das Fell der Katze sträubte sich., Mir sträubten sich vor Angst die Haare. **2.** ■ *jmd. sträubt sich (gegen etwas Akk.) sich gegen etwas wehren, sich widersetzen* Sie sträubte sich mit allen Mitteln/mit Händen und Füßen dagegen, dass …

Strauch der <-(e)s, Sträucher> *Busch*

strau·cheln <strauchelst, strauchelte, ist gestrauchelt> *ohne OBJ* **1.** ■ *jmd. strauchelt (geh.) mit dem Fuß hängenbleiben und (fast) zu Fall kommen, stolpern* Das Pferd strauchelte. **2.** ■ *jmd. strauchelt scheitern* Als Schauspieler ist er gestrauchelt.

Strauß[1] der <-es, Sträuße> *mehrere zusammengebundene Blumen, die man jmdm. als Geschenk o.Ä. gibt oder die man in eine Vase stellt* Er brachte seiner Freundin einen Strauß Rosen. ◆ Blumen-, Braut-, Geburtstags-, Hochzeits-, Nelken-, Rosen-

Strauß[2] der <-es, -e> *ein großer Vogel, der sehr schnell laufen kann und der manchmal seinen Kopf in den Sand streckt*

Strau·ßen·ei das <-(e)s, -er> *relativ großes Ei, das ein Strauß*[2] *legt*

Stre·be die <-, -n> *ein Balken oder eine Stange, der/die ein Dach, eine Wand o.Ä. stützt* ◆ -balken, -bogen, -pfeiler

stre·ben <strebst, strebte, hat/ist gestrebt> *ohne OBJ* **1.** ■ *jmd. strebt nach etwas Dat. (haben) mit viel Ehrgeiz versuchen, etwas zu erreichen* Er strebte stets nach guten Leistungen/nach Erfolg. **2.** ■ *jmd. strebt (abwert. (haben)) sehr fleißig lernen* **3.** ■ *jmd. strebt irgendwohin (sein) sich in Richtung auf ein Ziel bewegen und sich dabei von nichts ablenken lassen* Eilig strebte er ins Büro.

Stre·ber, **Stre·be·rin** der <-s, -> (*abwert.*) *übertrieben fleißiger und ehrgeiziger Schüler*

Stre·be·rei die <-, -en> (*abwert.*) *das Streben*[2]

streb·sam *Adj. fleißig, eifrig*

Stre·cke die <-, -n> **1.** *Stück eines Weges* Wir haben heute eine beträchtliche Strecke zurückgelegt. **2.** *Abschnitt einer Eisenbahnlinie* Auf dieser Strecke verkehrt leider kein ICE. **3.** SPORT *abgemessener Weg, den ein Sportler in einem Wettlauf zurücklegen muss* Er lief diese Strecke in neuer Bestzeit. **4.** MATH. *durch zwei Punkte begrenzte schmale Linie* ■ **auf der Strecke bleiben** (*umg.*): *aufgeben müssen* **ein Tier zur Strecke bringen**: *ein Tier erlegen*

stre·cken **I.** *mit OBJ* **1.** ■ *jmd. streckt sich/etwas sich oder einen Körperteil so dehnen, dass man oder der Körperteil die volle Länge erreicht* Er stand vom Schreibtisch auf und streckte sich/seine Glieder. **2.** ■ *jmd. streckt etwas (irgendwohin) einen Körperteil in eine Richtung recken* Sie streckte ihren Kopf aus dem Fenster. **3.** ■ *jmd. streckt etwas etwas verdünnen* Man hatte die Soße mit Wasser gestreckt. **II.** *mit SICH* ■ *jmd. streckt sich irgendwohin sich auf dem Rücken irgendwohin legen* Sie streckten sich ins Gras.

Stre·cken·ar·bei·ter der <-s, -> *jmd., der Eisenbahngleise baut und repariert*

Stre·cken·netz das <-es, -e> *Gesamtheit der Straßen, die von einem öffentlichen Verkehrsmittel befahren werden* ◆ -plan

stre·cken·wei·se *Adv. an bestimmten Stellen* Der Zug fuhr streckenweise sehr schnell.

Stre·ckung die <-, -en> **1.** *das Strecken* **2.** MED. *eine Phase, in der ein Kind sehr schnell wächst*

Streck·ver·band der <-(e)s, Streckverbände> MED. *ein Verband, mit dem der Arzt den gebrochenen Knochen streckt, damit die gebrochenen Teile an der richtigen Stelle zusammenwachsen*

Street·ball der ['stri:tbɔl] <-(s)> (*kein Plur.*) *eine Variante des Basketballs mit drei Spielern, die auf Höfen und Plätzen gespielt wird*

Street·wor·ker der [stri:twɜ:kɐ] <-s, -> *Sozialarbeiter, der gefährdete (junge) Menschen vor Ort betreut*

Streich der <-(e)s, -e> **1.** (*geh.*) *Hieb, Schlag* **2.** *Handlung von Kindern mit dem Ziel, jmdn. zu necken, zu ärgern, hereinzulegen* Das war ein übermütiger/lustiger/dummer Streich. ■ **jemandem einen Streich spielen**: *jmdn. hereinlegen*

Strei·chel·ein·hei·ten <-> *Plur. (umg. scherzh.) das Maß an Zärtlichkeit, Lob und Zuwendung, das jmd. braucht, damit es einem gut geht* seine Streicheleinheiten bekommen

strei·cheln <streichelst, streichelte, hat gestrei-

chelt> *mit OBJ/ohne OBJ* ■ *jmd. streichelt (jmdn./ein Tier) mit der Hand sanft und zärtlich über ein Körperteil eines Menschen oder eines Tieres gleiten* Er streichelt die Katze/der Katze das Fell., Sie streichelte ihm über den Kopf.

strei·chen <streichst, strich, hat gestrichen> **I.** *mit OBJ/ohne OBJ* ■ *jmd. streicht etwas (irgendwie) mit dem Pinsel Farbe verteilen* Er hat die Türen weiß gestrichen., Er streicht mit grüner Farbe. **II.** *mit OBJ* **1.** ■ *jmd. streicht etwas irgendwohin eine weiche Substanz irgendwo verteilen* Ich habe Butter/Honig auf die Brötchen gestrichen., Er strich mehrmals täglich Salbe auf die Wunde. **2.** ■ *jmd. streicht etwas irgendwohin etwas irgendwohin bewegen* Sie streicht sich ständig die Haare aus dem Gesicht. **3.** ■ *jmd. streicht etwas etwas ungültig machen, entfernen, löschen* Du solltest in deinem Aufsatz noch ein paar Absätze streichen., Streich meinen Namen bitte von der Liste., Wir haben unseren Urlaub in diesem Jahr gestrichen. **III.** *ohne OBJ* ■ *jmd. streicht durch/über etwas Akk. etwas mit der Hand leicht berühren und die Hand dabei bewegen* Er strich ihr sanft übers Haar.

Strei·ch·er der <-s, -> *jmd., der in einem Orchester ein Streichinstrument spielt*

streich·fä·hig *Adj. so, dass sich Butter, Käse o.Ä. gut aufs Brot streichen II. 1 lässt* ▶ Streichfähigkeit

Streich·holz das <-es, Streichhölzer> (≈ *Zündholz*) *ein kleines Stäbchen aus Holz, an dessen Ende sich eine brennbare Masse befindet, und das man anzünden kann, indem man es an einer rauen Fläche reibt*

Streich·holz·schach·tel die <-, -n> *ein kleine Schachtel mit Streichhölzern*

Streich·in·s·t·ru·ment das <-(e)s, -e> *ein Instrument mit Saiten, über die man mit einem Bogen streicht* Die Geige und das Cello sind Streichinstrumente.

Streich·kä·se der <-s, -> *streichfähiger Käse*

Streich·or·che·ster das <-s, -> *ein Orchester, in dem nur Streicher spielen*

Streich·quar·tett das <-(e)s, -e> **1.** *vier Streicher (mit zwei Geigen, einer Bratsche und einem Cello)* **2.** *ein Musikstück für ein Streichquartett*

Strei·chung die <-, -en> *Kürzung* Du solltest in deinem Aufsatz noch einige Streichungen vornehmen.

Streif·band das <-(e)s, Streifbänder> *ein Band aus Papier (zum Beispiel um ein Bündel Geldscheine)*

Strei·fe die <-, -n> *eine Gruppe von meist zwei Polizisten, die umherfahren, um zu sehen, ob alles in Ordnung ist* Die Polizei geht auf Streife. ◆ Funk-, Polizei-

Strei·fen der <-s, -> **1.** *langes, schmales Teil einer Fläche, das sich vom Rest unterscheidet* Der Stoff hat farbige Streifen. ◆-bildung, -muster Farb-, Schmutz-, Längs-, Quer-, Zebra- **2.** *langes, schmales Stück* Wir sollten den Karton in Streifen schneiden. ◆ Gras-, Kleb-, Licht-, Mittel-, Papier-, Rand-, Stand-, Stoff-, Wald-

strei·fen <streifst, streifte, hat/ist gestreift> **I.** *mit OBJ (haben)* **1.** ■ *jmd. streift jmdn./etwas jmdn. oder etwas leicht und kurz berühren* Sie streifte seinen Arm. **2.** ■ *jmd. streift etwas von etwas Dat. etwas von etwas entfernen* Er streifte die Farbe vom Pinsel., Sie streifte ihren Ring vom Finger. **3.** ■ *jmd. streift etwas ein Thema kurz ansprechen* Wir haben dieses Thema nur gestreift. **II.** *ohne OBJ* ■ *jmd. streift durch etwas Akk. (sein) ohne Ziel herumgehen* Wir streiften durch Wiesen und Felder

Strei·fen·dienst der <-(e)s, -e> **1.** *der Dienst von Polizisten, die auf Streife gehen* Er wurde zum Streifendienst abkommandiert. **2.** *die Polizisten, die auf Streife gehen*

Strei·fen·kar·te die <-, -n> *ein Fahrkarte für mehrere Fahrten*

Strei·fen·wa·gen der <-s, -> *Fahrzeug, mit dem Polizisten auf Streife umherfahren*

Streif·zug der <-(e)s, Streifzüge> **1.** *eine Fahrt oder eine Wanderung, bei der man ein Gebiet erkundet* Wir haben einen Streifzug durch die Gegend gemacht. **2.** *kurzer Überblick über ein Thema* Wir unternahmen einen Streifzug durch die Musikgeschichte der vergangenen 300 Jahre.

Streik der <-(e)s, -s> *die Handlung, dass die Arbeiter und Angestellten eines Betriebs, einer Fabrik o.Ä. für eine bestimmte Zeit nicht arbeiten, um ein bestimmtes Ziel, zum Beispiel höhere Löhne, zu erreichen* Um ihre Forderungen durchzusetzen, traten die Arbeiter in den Streik., Ein Streik wird ausgerufen/abgebrochen. ◆-aufruf, -drohung, -welle, Hunger-, General-, Massen-, Sitz-, Solidaritäts-, Warn-

Streik·bre·cher, **Streik·bre·che·rin** der <-s, -> *jmd., der sich nicht an einem Streik beteiligt und regulär zur Arbeit geht*

strei·ken *ohne OBJ* **1.** ■ *jmd. streikt einen Streik durchführen* **2.** *(umg.) plötzlich nicht mehr funktionieren* Der Motor streikt.

Strei·ken·de der/die <-n, -n> *jmd., der sich an einem Streik beteiligt*

Streik·po·sten der <-s, -> *jmd., der während des Streiks aufpasst, dass niemand zur Arbeit geht* Vor den Fabriktoren wurden Streikposten gegen mögliche Streikbrecher aufgestellt.

Streik·recht das <-(e)s, -e> *das Recht, Streiks durchzuführen*

Streit der <-(e)s, -e> *meist Sing.* (≈ *Auseinandersetzung, Zank, Zwist*) *der Vorgang, dass (meist zwei) Menschen verärgert miteinander sprechen und sich aggressiv behandeln, weil sie unterschiedliche Meinungen vertreten* Wegen dieser Kleinigkeit hat er doch tatsächlich einen Streit angefangen/einen Streit vom Zaun gebrochen.

streit·bar *Adj. bereit zu kämpfen, sich zu verteidigen* Er ist ein streitbarer Mensch.

strei·ten <streitest, stritt, hat gestritten> **I.** *ohne OBJ* **1.** ■ *jmd. streitet (mit jmdm.) (um/über etwas Akk.) jmdn. aggressiv behandeln und verärgert mit jmdm. sprechen, weil man eine andere Meinung vertritt* Die Kinder stritten um das Spiel-

S

zeug., Hört doch endlich auf zu streiten! **2.** ■ *jmd. streitet (mit jmdm.) über etwas Akk. heftig über etwas diskutieren* Sie stritten über die Auslegung der wissenschaftlichen Theorie. **3.** ■ *jmd. streitet für/gegen etwas (geh.) für etwas kämpfen* Sie stritt für ihre Ideen/für ihren Glauben. **II.** *mit SICH* ■ *jmd. streitet sich (mit jmdm.) über etwas Akk. streiten I. 1* Sie streiten sich ständig.

Strei·ter, Strei·te·rin der <-s, -> *(geh.) Kämpfer, Verfechter* Er ist ein Streiter für den Frieden.

Strei·te·rei die <-, -en> *(abwert.) ständiges Streiten* Hört doch mit eurer ewigen Streiterei auf!

Streit·fall der <-(e)s, Streitfälle> *umstrittene Frage, ungelöstes Problem*

Streit·fra·ge die <-, -n> *Streitfall*

Streit·ge·spräch das <-(e)s, -e> *Diskussion* Über dieses Problem habe ich mit ihr schon mehrere Streitgespräche geführt.

strei·tig <nicht steig.> *Adj.* ■ **jemandem jemanden/etwas streitig machen**: *jmdn. oder etwas für sich beanspruchen*

Strei·tig·keit die <-, -en> *(meist Plur.) heftige Auseinandersetzung*

Streit·kräf·te <-> *Plur.* MILIT. *Truppen* Die Streitkräfte des Landes wurden in Alarmbereitschaft versetzt.

streit·lus·tig *Adj. so, dass man bereit ist, mit jmdm. zu streiten I. 1* Er blickte sie streitlustig an.

Streit·sa·che die <-, -n> RECHTSW. *Rechtsstreit*

Streit·schrift die <-, -en> *(≈ Pamphlet) ein Text, in dem etwas sehr heftig kritisiert oder gefordert wird*

streit·süch·tig *Adj. so, dass jmd. häufig und gern streitet I. 1* Sie ist ein streitsüchtiger Mensch.

streng *Adj.* **1.** *(↔ nachsichtig, mild) hart, unerbittlich und ohne Mitleid* Das war ein sehr strenges Urteil., Er sah sie streng an. **2.** *so, dass jmd. Gehorsam und Disziplin fordert* Ich habe strenge Eltern. **3.** *(≈ strikt) so, dass es genau bestimmten Regeln entspricht* Sie müssen eine strenge Diät halten! **4.** *deutlich* Hier muss streng unterschieden werden. **5.** *intensiv und unangenehm* Ein strenger Geruch schlug ihnen entgegen. **6.** *mit sehr niedrigen Temperaturen* Wir hatten einen strengen Winter. ◆ Groß- oder Kleinschreibung→R 3.9 auf das/aufs Strengste/strengste; Getrenntschreibung→R 4.2f., 4.12 streng nehmen, streng genommen /

Stren·ge die <-> *(kein Plur.) strenge Art; Härte; Unnachgiebigkeit*

streng·gläu·big *Adj.* REL. *sehr fromm*

Strep·to·kok·ken <-> *Plur. eine Bakterienart*

Stress der <-es> *(kein Plur.) eine sehr große körperliche oder seelische Belastung durch zu viel Arbeit, Probleme o.Ä.* Wir standen beim Abitur ziemlich unter Stress. ◆-bewältigung

stres·sen <stresst, stresste, hat gestresst> *mit OBJ/ohne OBJ* ■ *jmd./etwas stresst (jmdn.) (umg.) Stress bei jmdm. auslösen* Sie hat mich mit ihrer dauernden Fragerei gestresst., Die Prüfungsvorbereitung hat gestresst.

Stress·fak·tor der <-s, -en> *etwas, das bei jmdm. Stress verursacht*

stress·frei *Adj. so, dass etwas keinen Stress verursacht*

stres·sig *Adj. (umg.) so, dass es Stress auslöst*

Stress·si·tu·ation die <-, -en> *ein Situation, die Stress bei jmdm. auslöst*

Stretch der [strɛtʃ] <-(e)s, -es> *ein sehr elastisches Gewebe* ◆-jeans, -material, -stoff

Stretch·ho·se die [strɛtʃ...] <-, -n> *eine Hose aus Stretch, die eng am Körper anliegt*

Stret·ching das ['strɛtʃɪŋ] <-s, -s> *gymnastische Übungen, mit denen man Muskeln und Sehen elastisch macht*

Streu die <-, -en> *(meist Sing.) Stroh, das man auf dem Boden eines Stalles verteilt*

streu·en **I.** *mit OBJ/ohne OBJ* ■ *jmd. streut (etwas) im Winter Salz, Sand o.Ä. auf glatten Straßen verteilen* Er streute Sand/Salz auf den vereisten Fußweg., Nachdem es nachts geschneit hatte, musste man morgens streuen. **II.** *mit OBJ* ■ *jmd. streut etwas (irgendwohin) mehrere kleine Dinge werfen oder fallen lassen und sie dabei über eine Fläche verteilen* Sie streute noch etwas Salz über das Gemüse.

Streu·er der <-s, -> *ein kleines Gefäß mit Löchern im Deckel, das man verwendet, um Salz, Pfeffer o.Ä. irgendwohin zu streuen²*

streu·nen *ohne OBJ* ■ *jmd./ein Tier streunt (irgendwohin) (oft abwert.) ohne Ziel umherlaufen* Der Hund streunt., Hier gibt es viele streunende Katzen.

Streu·salz das <-es> *(kein Plur.) Salz, das man im Winter auf glatte Straßen streut*

Streu·sand der <-(e)s> *(kein Plur.) Sand, den man im Winter auf glatte Straßen streut*

Streu·sel der/das <-s, -> *(meist Plur.) kleine Stücke aus Zucker, Mehl und Butter, mit denen man einen Kuchen verziert* Es gab Kuchen mit Streuseln.

Streu·sel·ku·chen der <-s, -> *ein Kuchen mit Streuseln*

Streu·ung die <-, -en> *der Vorgang, dass etwas (proportional) verteilt oder verbreitet wird*

Strich der <-(e)s, -e> **1.** *gerade, gemalte oder gezeichnete Linie* ◆Binde-, Bleistift-, Kreide-, Längs-, Pinsel-, Quer-, Schräg-, Trennungs- **2.** *(kein Plur.) Art und Weise, wie man beim Malen den Pinsel führt* **3.** *(meist Plur.) das Streichen II.3* Das Drehbuch könnte noch einige Striche vertragen. ■ **keinen Strich tun** *(umg.): nichts arbeiten* **unter dem Strich** *(umg.): insgesamt, tatsächlich* **nach Strich und Faden** *(umg.): gehörig, gründlich* Sie hat mich nach Strich und Faden belogen. **jemandem gegen den Strich gehen** *(umg.): jmdm. nicht passen* **auf den Strich gehen** *(umg.): sich prostituieren* **einen Strich unter etwas machen/ziehen** *(umg.): etwas als beendet betrachten* **jemandem einen Strich durch die Rechnung machen** *(umg.): die Pläne von jmdm. durchkreuzen*

Strich·code der <-s, -s> *ein Code aus mehreren senkrechten, meist schwarzen Strichen auf einer*

Ware, der Angaben über den Preis o.Ä. der Ware enthält und der an der Kasse eines Geschäftes mit dem Scanner abgetastet wird

stri·cheln <strichelst, strichelte, hat gestrichelt> *mit OBJ* ■ *jmd. strichelt etwas* (≈ *schraffieren*) *eine Fläche mit kleinen Strichen ausfüllen*

Stri·cher der <-s, -> (*umg.*) *ein männlicher Jugendlicher, der sich prostituiert*

Strich·männ·chen das <-s, -> *eine einfache, aus mehreren Strichen bestehende Zeichnung eines Menschen, wie sie vor allem Kinder anfertigen*

Strich·punkt der <-(e)s, -e> (≈ *Semikolon*) *das Zeichen „;“*

strich·wei·se *Adv. in manchen Gegenden* Strichweise hat es Nachtfrost gegeben.

Strich·zeich·nung die <-, -en> *eine einfache Zeichnung, die nur aus Strichen und Linien besteht*

Strick der <-(e)s, -e> *dicke Schnur* ■ **jemandem einen Strick aus etwas drehen** (*umg.*): *einen Fehler, eine Verfehlung von jmdm. ausnutzen und gegen ihn verwenden* **wenn alle Stricke reißen** (*umg.*): *wenn es keinen anderen Ausweg mehr gibt*

stri·cken *mit OBJ/ohne OBJ mit zwei Nadeln Maschen aus Wolle machen und daraus ein Kleidungsstück herstellen* Sie hat den Pullover selbst gestrickt., Ich stricke gerade.

Strick·ja·cke die <-, -n> *eine gestrickte Jacke aus Wolle, die vorne einen Reißverschluss oder Knöpfe hat*

Strick·lei·ter die <-, -n> *eine Leiter aus Stricken mit Sprossen aus Holz oder Kunststoff*

Strick·ma·schi·ne die <-, -n> *eine Maschine, mit der man Strickwaren herstellen kann*

Strick·müt·ze die <-, -n> *eine Mütze, die aus Wolle gestrickt ist*

Strick·na·del die <-, -n> *eine der beiden langen Nadeln, mit denen man strickt*

Strick·wa·ren <-> *Plur. gestrickte Kleidungsstücke*

Strick·wes·te die <-, -n> *eine Weste, die aus Wolle gestrickt ist*

Strick·zeug das <-(e)s> (*kein Plur.*) **1.** *das, was man gerade strickt* **2.** *alles, was man zum Stricken benötigt*

strie·geln <striegelst, striegelte, hat gestriegelt> *mit OBJ* ■ *jmd. striegelt ein Tier das Fell eines Tieres (besonders eines Pferdes) mit einer harten Bürste sauber machen* Sie striegelt gerade das Pferd.

Strie·me die <-, -n> *eine Wunde, die wie ein dunkler Streifen aussieht und die meist durch Schläge ensteht*

Strie·men der <-s, -> *Strieme*

Strie·zel[1] der <-s, -> (*landsch.*) *ein frecher Junge, der anderen oft Streiche spielt*

Strie·zel[2] der <-s, -> (*landsch.*) *ein kleiners Gebäck aus Hefe, das zu einer Art Zopf geflochten wird*

strikt *Adj.* (≈ *streng*) *so, dass keine Ausnahme und kein Widerspruch geduldet wird* Die Anweisungen müssen strikt befolgt werden!

strin·gent *Adj.* (*geh.*) *in sich stimmig, logisch, überzeugend* Das nenne ich eine stringente Beweisführung.

Strin·genz die <-> (*kein Plur.*) (*geh.*) *Schlüssigkeit, Stimmigkeit*

Strip der <-s, -s> *kurz für „Striptease“*

Strip·pe die <-, -n> **1.** (*landsch.*) *Schnur, Kabel* **2.** (*umg.*) *Telefon* Sie hängt den ganzen Tag an der Strippe., Ich habe deinen Freund an der Strippe.

strip·pen *ohne OBJ* ■ *jmd. strippt* (*umg.*) *Striptease vorführen*

Strip·per, **Strip·pe·rin** der <-s, -> (*umg.*) *jmd., der Striptease vorführt*

Strip·tease der/das ['stripti:s] <-s> (*kein Plur.*) *erotische Darbietung, bei der sich eine Person langsam auszieht* ◆-bar, -lokal, -tänzer, -tänzerin

strit·tig *Adj.* (≈ *umstritten*) *so, dass es unterschiedliche Meinungen zu einem Thema, Problem o.Ä. gibt* Die Verhandlungspartner konnten in der strittigen Frage noch keine Einigung erzielen.

Striz·zi der <-s, -s> (*süddt. österr.*) **1.** *Zuhälter* **2.** *leichtsinniger Mann*

Stro·bo·s·kop das <-s, -e> *Gerät, das sehr kurze Blitze von hoher, genau bestimmbarer Frequenz von sich gibt (zum Beispiel zur Messung der Drehzahl eines Motors)*

Stroh das <-s> (*kein Plur.*) *die trockenen, gelben Halme des Getreides* ■ **Stroh im Kopf haben** (*umg.*): *dumm sein* ◆-haufen, -matte, -presse

Stroh·bal·len der <-s, -> *Stroh, das zu einem Quader zusammengepresst wurde*

stroh·blond <nicht steig.> *Adj. von sehr hellem Blond* Sie hat strohblondes Haar.

Stroh·blu·me die <-, -n> *eine Blume, die sich gut trocknen lässt*

Stroh·dach das <-(e)s, Strohdächer> *mit Stroh gedecktes Dach*

stroh·dumm <nicht steig.> *Adj. sehr dumm*

Stroh·feu·er das <-s, -> *kurzzeitiges intensives Gefühl der Begeisterung oder Liebe*

Stroh·halm der <-(e)s, -e> **1.** *ein trockener Getreidehalm, der keine Körner mehr hat* **2.** (≈ *Trinkhalm*) *ein kleines Rohr aus Plastik, mit dem man Getränke einsaugen kann* ■ **sich (wie ein Ertrinkender) an einen Strohhalm klammern** (*umg.*): *nicht aufgeben, noch auf eine unwahrscheinliche Möglichkeit hoffen*

Stroh·hut der <-(e)s, Strohhüte> *ein Hut aus Stroh, den man besonders im Sommer trägt*

stro·hig *Adj.* **1.** *ohne Glanz und hart, wie Stroh* Sie hat strohiges Haar. **2.** *ohne Geschmack und trocken* Der Zwieback hat einen strohigen Geschmack

Stroh·kopf der <-es, Strohköpfe> (*umg. abwert.*) *Dummkopf*

Stroh·mann der <-(e)s, Strohmänner> *jmd., der an Stelle eines anderen Geschäfte macht oder Verträge abschließt*

Stroh·wit·we die <-, -n> (*umg. scherzh.*) *Frau, die vorübergehend ohne ihren Partner lebt*

Stroh·wit·wer der <-s, -> (*umg. scherzh.*) *Mann, der vorübergehend ohne seine Partnerin lebt*

Strolch der <-(e)s, -e> **1.** (*abwert.*) *Mann, der verwahrlost aussieht und durchtrieben oder gewalttätig ist* **2.** (*umg. scherzh.*) *frecher Junge*

Strom¹ der <-(e)s> (*kein Plur.*) *fließende elektrische Ladung* Der Strom wird eingeschaltet/abgeschaltet., Überall versucht man, Strom zu sparen. ◆-ableser, -abnehmer, -einspeisung, -kabel, -konzern, -leitung, -preis, -rechnung, -stoß, Atom-, Gleich-, Wechsel-, Schwach-, Stark-

Strom² der <-(e)s, Ströme> **1.** *ein großer, breiter Fluss* Der Fluss schwillt zu einem reißenden/gewaltigen Strom an. ◆Golf-, Meeres- **2.** *in größeren Mengen aus etwas herausfließende Flüssigkeit* Aus dem Leck des Tanklastzuges ergoss sich ein Strom von Öl über die Straße. ◆Lava-, Tränen- **3.** *Menschenmenge* Ein Strom von Besuchern wälzte sich zum Messegelände. ■ **mit dem Strom schwimmen**: *sich der herrschenden Meinung anpassen* **gegen/wider den Strom schwimmen**: *sich nicht der herrschenden Meinung anpassen* **in Strömen**: *sehr reichlich, heftig* Es goss in Strömen.

strom·ab·wärts *Adv. bei einem Fluss: mit der Strömung*

strom·auf·wärts *Adv. bei einem Fluss: gegen die Strömung*

Strom·aus·fall der <-(e)s, Stromausfälle> *Ausfall des elektrischen Stroms*

strö·men <strömt, strömte, ist geströmt> *ohne OBJ* **1.** ■ *etwas strömt irgendwohin* (*von Flüssigkeiten oder Gas*) *sich* (*in großen Mengen*) *in eine Richtung bewegen* Gas strömte aus der Leitung. **2.** ■ *jmd. strömt irgendwohin sich in Massen in eine bestimmte Richtung fortbewegen* Die Menschen strömten in die Kinos.

Stro·mer, Stro·me·rin der <-s, -> (*umg. abwert.*) *Landstreicher*

Strom·kreis der <-es, -e> *System von Kabeln, in denen elektrischer Strom fließen kann*

strom·li·ni·en·för·mig *Adj.* (PHYS. TECHN.: ≈ *aerodynamisch*) *so, dass der Widerstand der Luft beim Fahren eines Fahrzeugs besonders gering ist*

Strom·netz das <-es, -e> *Versorgungsnetz elektrischer Leitungen*

Strom·quel·le die <-, -n> *eine Vorrichtung oder ein Gegenstand, die/der elektrischen Strom liefert* Als Stromquelle diente uns eine Batterie.

Strom·schlag der <-(e)s, Stromschläge> *der Stoß, den jmd. bekommt, wenn Strom durch seinen Körper fließt* Er berührte versehentlich den Draht und bekam einen Stromschlag.

Strom·schnel·le die <-, -n> *Abschnitt eines Flusses, auf dem das Wasser schnell über Felsen fließt*

Strom·stär·ke die <-, -n> *die Menge elektrischen Stroms, die in einer bestimmten Zeit durch einen Leiter fließt* Die Stromstärke wird in Ampere gemessen.

Strö·mung die <-, -en> **1.** *fließende Bewegung von Wasser oder Luft* Das Wehr konnte der reißenden Strömung standhalten., Sie wurde plötzlich von einer starken Strömung erfasst und wäre beinahe ertrunken. **2.** *eine der verschiedenen Meinungen in einer großen Gruppe* Man diskutierte mit Vertretern verschiedener politischer Strömungen.

Strom·ver·brauch der <-(e)s> (*kein Plur.*) *die Menge Strom, die jmd., ein Haushalt o.Ä.* (*in einem bestimmten Zeitraum*) *verbraucht* Unser Stromverbrauch ist in den letzten Monaten stark angestiegen.

Strom·ver·sor·gung die <-> (*kein Plur.*) *das Bereitstellen von elektrischem Strom für die Bewohner einer Stadt*

Stron·ti·um das <-s> (*kein Plur.*) *ein chemisches Element mit dem Zeichen „Sr"*

Stro·phe die <-, -n> *ein abgeschlossener Abschnitt in einem Gedicht oder Lied*

strot·zen <strotzt, strotzte, hat gestrotzt> *ohne OBJ* ■ *jmd./etwas strotzt vor etwas Dat. etwas in großem Maße haben* Er strotzt vor Gesundheit.

strub·be·lig/strubb·lig <strubb(e)liger, am strubb(e)ligsten> *Adj. ungekämmt, zerzaust*

Stru·del der <-s, -> **1.** *Wirbel im Wasser* **2.** (*süddt. österr.*) *gerollter Kuchen aus Teig, den man mit Obst, Quark o.Ä. füllt* ◆-teig, Apfel-, Kirsch-, Mohn-, Quark-

Struk·tur die <-, -en> *die Art, wie etwas* (*ein System*) *aufgebaut und gegliedert ist* Der Chemiker untersucht die Struktur des Moleküls., Die soziale/wirtschaftliche Struktur des Landes hat sich verändert., Du solltest ein wenig Struktur in dein Leben bringen. ◆-änderung, -element, -reform, -wandel, Bevölkerungs-, Gesellschafts-, Makro-, Mikro-, Organisations-, Sprach-, Wirtschafts-

struk·tu·rell <nicht steig.> *Adj. in Bezug auf die Struktur* Wir haben einige strukturelle Verbesserungen vorgenommen., Wir kennen die strukturellen Zusammenhänge noch nicht.

struk·tu·rie·ren *mit OBJ* ■ *jmd. strukturiert etwas* (*irgendwie*) *etwas gliedern, etwas mit einer Struktur versehen* Du hast deine Doktorarbeit wirklich gut strukturiert.

Struk·tu·rie·rung die <-, -en> *das Strukturieren*

Strumpf der <-(e)s, Strümpfe> *ein Kleidungsstück, das den Fuß und einen Teil des Beines bedeckt und das man in den Schuhen trägt* ◆Damen-, Herren-, Kinder-, Knie-, Nylon-, Perlon-, Seiden-, Woll-

Strumpf·band das <-(e)s, Strumpfbänder> *Band aus Gummi zum Festhalten der Strümpfe*

Strumpf·hal·ter der <-s, -> **1.** *Strumpfband* **2.** *Hüfthalter*

Strumpf·ho·se die <-, -n> *eine Art Hose aus Wolle, Nylon o.Ä., die eng am Körper anliegt und die man wie einen Strumpf trägt und die besoders Frauen und Kinder tragen* ◆Damen-, Fein-, Kinder-, Nylon-, Perlon- Seiden-, Woll-

Strumpf·wa·ren <-> *Plur. alle Arten von Strümpfen, die man kaufen kann*

strup·pig *Adj. zerzaust* Hast du den struppigen Hund gesehen?

Struw·wel·pe·ter der <-s> (*kein Plur.*) (*Figur aus*

einem Kinderbuch) Junge mit struppigen Haaren

Strych·nin das <-s> (*kein Plur.*) *ein Giftstoff, der auf die Atmung, die Nerven und den Kreislauf wirkt*

Stu·be die <-, -n> (*Wohn-)Zimmer, größerer Raum*

Stu·ben·ar·rest der <-(e)s, -e> *Strafe, bei der man das Haus oder die Wohnung nicht verlassen darf*

Stu·ben·ge·lehr·te der/die <-n, -n> (*veralt. abwert.*) *jmd., der sein Wissen aus Büchern erlernt hat, seine Kenntnisse aber noch nicht in der Praxis angwendet hat und der deswegen als unerfahren und weltfremd gilt*

Stu·ben·ho·cker, **Stu·ben·ho·cke·rin** der <-s, -> (*umg. abwert.*) *jmd., der nicht gern ausgeht*

stu·ben·rein <nicht steig.> *Adj. so erzogen, dass Hunde und Katzen ihre Notdurft im Freien verrichten und nicht auf dem Teppich oder in der Wohnung* Der junge Hund ist bereits stubenrein.

Stuck der <-(e)s> (*kein Plur.*) *Ornamente an Decken und Wänden, die aus einem Gemisch aus Gips, Kalk, Sand und Wasser hergestellt werden*

Stück das <-(e)s, -e> **1.** *abgetrennter Teil eines Ganzen* Er hat ein Stück Papier abgerissen und sich meine Telefonnummer darauf notiert. ◆ Fleisch-, Knochen-, Kuchen-, Torten- **2.** *eine bestimmte, begrenzte Menge einer Substanz o.Ä., die ein Ganzes bildet* Ich muss noch ein Stück Butter besorgen., Er hat sich ein Stück Land gekauft. ◆ Kleidungs-, Möbel-, Schrift-, Zucker- **3.** *einzelner Gegenstand, einzelne Pflanze, einzelnes Tier aus einer größeren Menge von Gleichartigem* Bitte fünf Stück von den roten Rosen dort! **4.** *Theaterstück, Musikstück* ■ **große Stücke auf jemanden halten** (*umg.*): *viel von jmdm. halten*

Stück·ar·beit die <-, -en> **1.** (*kein Plur.*) (≈ *Akkordarbeit*) *Arbeit, die nach der Menge der geleisteten Arbeit (und nicht nach Zeit) bezahlt wird* **2.** (*umg.*) *Arbeit mit vielen Mängeln und Fehlern*

Stu·cka·teur, **Stu·cka·teu·rin** der <-s, -e> *jmd., der beruflich Stuck herstellt*

Stü·cke·schrei·ber der <-s, -> *ein Schriftsteller, der vor allem Theaterstücke schreibt*

Stück·gut das <-(e)s> (*kein Plur.*) *etwas, das als Einzelstück zu transportieren ist* ◆ -befrachtung, -fracht, -ladung, -transport

Stück·kos·ten <-> *Plur.* WIRTSCH. *das Geld, das ein Betrieb im Durchschnitt bezahlen muss, um ein einzelnes Stück*[3] *einer bestimmten Ware herzustellen*

Stück·preis der <-es, -e> WIRTSCH. *Preis eines einzelnen Stücks*[3]

Stück·zahl die <-, -en> WIRTSCH. *Anzahl der Stücke*[3]*, die von einer Ware in einer bestimmten Zeit produziert werden müssen oder produziert wurden*

Stu·dent, **Stu·den·tin** der <-en, -en> *jmd., der an einer Hochschule studiert* ◆ BWL-, Jura-, Kunst-, Medizin-, Sprachen-, VWL-

Stu·den·ten·aus·weis der <-es, -e> *Ausweis, den Studenten von ihrer Hochschule bekommen*

Stu·den·ten·be·we·gung die <-, -en> *Protestbewegung, die von Studierenden ausgeht*

> **i Wissenswert** Der Begriff **Studentenbewegung** bezeichnet eine studentische Protestbewegung, die in den westlichen Ländern große Verbreitung fand. Zunächst entstand sie in den USA in Opposition gegen den Vietnamkrieg (1964–75) und griff auf Westeuropa, insbesondere auf England, Frankreich, Italien und die Bundesrepublik über. Die Studentenbewegung war mehrheitlich demokratisch-sozialistisch gesinnt und begründete sich theoretisch aus dem Marxismus heraus. Sie äußerte sich in Demonstrationen, Straßenschlachten, Häuserbesetzungen und reichte nach einer zunehmenden Radikalisierung im Extremfall bis zu Terrormaßnahmen im Untergrund (RAF, Bewegung „2. Juli", „Rote Zellen").

Stu·den·ten·bu·de die <-, -n> (*umg.*) *ein Zimmer, in dem ein Student wohnt*

Stu·den·ten·fut·ter das <-s> (*kein Plur.*) *Mischung aus verschiedenen Nüssen und Rosinen*

Studen·ten·heim das <-(e)s, -e> *Studentenwohnheim*

Stu·den·ten·schaft die <-, -en> *alle Studenten einer Hochschule oder eines Landes*

Stu·den·ten·wohn·heim das <-s, -e> *ein Haus mit vielen, besonders günstigen Zimmern oder Wohnungen, in dem nur Studenten wohnen*

stu·den·tisch <nicht steig.> *Adj. auf die Studenten bezogen, typisch für Studenten* Hast du dir das studentische Leben so vorgestellt?, Sie arbeitet am Lehrstuhl als studentische Hilfskraft.

Stu·die die <-, -n> **1.** *Entwurf zu einem Kunstwerk* Der Maler fertigte zunächst verschiedene Studien an. **2.** *wissenschaftliche Untersuchung eines Themas*

Stu·di·en·auf·ent·halt der <-(e)s, -e> *ein längerer Aufenthalt, den jmd. an einem Ort (besonders im Ausland) verbringt, um dort zu studieren* Während meines einjährigen Studienaufenthaltes in Amerika habe ich viele Erfahrungen gesammelt.

Stu·di·en·be·ra·ter der <-s, -> *jmd., der bei einer Hochschule angestellt ist und Studenten über die verschiedenen Studiengänge informiert*

Stu·di·en·fach das <-(e)s, Studienfächer> *eines der verschiedenen Gebiete, die man an einer Hochschule studieren kann*

Stu·di·en·fahrt die <-, -en> *mehrtägiger Schulausflug*

Stu·di·en·gang der <-(e)s, Studiengänge> *Ausbildung, die man an einer Hochschule bis zum Examen macht* ◆ Aufbau-, Diplom-, Erst-, Fachhochschul-, Lehramts-, Magister-, Universitäts-, Zweit-

Stu·di·en·ge·bühr die <-, -en> *Geld, das man für ein Studium an die Hochschule zahlen muss*

stu·di·en·hal·ber *Adj. im Rahmen des Studiums*[1]

Er hält sich studienhalber im Ausland auf.

Stu·di·en·jahr das <-(e)s, -e> *ein Unterrichtsjahr an einer Hochschule, das meist in zwei Semester unterteilt ist*

Stu·di·en·rat, **Stu·di·en·rä·tin** der <-(e)s, Studienräte> *Titel für einen Lehrer an einer höheren Schule*

Stu·di·en·re·fe·ren·dar, **Stu·di·en·re·fe·ren·da·rin** der <-s, -e> *Lehrer, der nach dem ersten Staatsexamen seine praktische Ausbildung an der Schule macht*

stu·die·ren **I.** *mit OBJ/ohne OBJ* ■ *jmd. studiert (etwas) eine Hochschule besuchen, um dort etwas zu lernen* Sie studiert Englisch/Medizin., Er studiert in München/im dritten Semester., Sie studiert noch. **II.** *mit OBJ* **1.** ■ *jmd. studiert etwas etwas genau beobachten und untersuchen* Sie studiert die Sitten und Gebräuche fremder Völker. **2.** ■ *jmd. studiert etwas etwas genau lesen, prüfen* Er studiert gerade die Akten.

Stu·die·ren·de der/die <-n, -n> *jmd., der studiert I*

Stu·dio das <-s, -s> **1.** *Raum, in dem ein Künstler arbeitet* **2.** *Raum, in dem Radio- oder Fernsehsendungen aufgenommen werden*

Stu·di·o·sus der <-, Studiosi> (*umg. scherzh.*) *Student*

Stu·di·um das <-s, Studien> **1.** (*kein Plur.*) *akademische Ausbildung an einer Universität* Er brach das Studium der Medizin frühzeitig ab. ◆ Aufbau-, Diplom-, Erst-, Fachhochschul-, Lehramts-, Magister-, Universitäts-, Zweit- **2.** *eingehende wissenschaftliche Beschäftigung mit etwas* Sie hat mehrere Bücher über ihre Studien der Sitten und Gebräuche fremder Völker geschrieben. **3.** *das Studieren II.2* Er war ganz in das Studium seiner Zeitung vertieft.

Stu·fe die <-, -n> **1.** *eine von mehreren Flächen einer Treppe* **2.** *Stadium einer Entwicklung* ■ **sich mit jemandem auf die gleiche/auf eine Stufe stellen**: *im Niveau einander gleichstellen*

stu·fen *mit OBJ* **1.** ■ *jmd. stuft etwas etwas mit einer Art Treppe versehen* Man hat den Hang gestuft. **2.** ■ *jmd. stuft etwas (irgendwie)* (≈ *staffeln*) *etwas nach bestimmten Kategorien einteilen* die Preise stufen

stu·fen·för·mig <nicht steig.> *Adj. in der Form einer Stufe*[1]

Stu·fen·heck das <-s, -s> KFZ *Heck eines Autos, das in zwei oder mehreren Stufen abfällt*

stu·fen·wei·se *Adv. allmählich, graduell*

stu·fig *Adj. so geschnitten, dass die Haare unterschiedliche Längen haben* Können sie mir die Haare stufig schneiden?

Stuhl[1] der <-(e)s, Stühle> *ein Möbelstück, auf dem eine Person sitzen kann und das meist vier Beine und eine Rückenlehne hat* Ich setze mich auf den Stuhl dort drüben. ■ **fast vom Stuhl fallen** (*umg.*): *sehr verblüfft, überrascht sein* **jemanden (nicht) vom Stuhl hauen/reißen** (*umg.*): *jmdn. (nicht) sehr begeistern, erstaunen* **sich zwischen zwei Stühle setzen**: *sich zwei Möglichkeiten gleichermaßen verscherzen* ◆ Büro-, Dreh-, Klapp-, Küchen-, Lehn-, Liege-, Roll-, Schaukel-, Schreibtisch-

Stuhl[2] der <-(e)s> (*kein Plur.*) MED. **1.** *kurz für „Stuhlgang"* **2.** *Kot des Menschen*

Stuhl·bein das <-(e)s, -e> *eine der meist vier Stützen, auf denen ein Stuhl steht*

Stuhl·gang der <-(e)s> (*kein Plur.*) **1.** *das Entleeren des Darms* **2.** *Kot des Menschen*

Stuhl·leh·ne die <-, -n> *Teil eines Stuhls, der den Rücken stützt*

Stul·le die <-, -n> (*norddt.*) *Scheibe Brot mit Wurst, Käse o.Ä.*

Stul·pe die <-, -n> *Teil am Ende von Ärmeln, Handschuhen, Stiefeln, der nach außen gedreht ist*

stül·pen *mit OBJ* **1.** ■ *jmd. stülpt etwas auf/über etwas Akk. etwas auf oder über etwas decken* Das Kind stülpte der Puppe eine Mütze über den Kopf. **2.** ■ *jmd. stülpt etwas nach außen die innere Seite von etwas nach außen wenden* Er stülpte die Hosentaschen nach außen.

stumm *Adj.* **1.** *so, dass man nicht sprechen kann* Er ist von Geburt an stumm. **2.** *ohne zu sprechen, schweigsam* Sie blickte mich stumm an., Alle blieben stumm.

Stum·mel der <-s, -> *letztes kleines Stück von etwas* Er schreibt mit dem Stummel eines Bleistifts.

Stumm·film der <-(e)s, -e> *Film ohne Ton*

Stum·pen der <-s, -> **1.** (*landsch.*) *Baumstumpf* **2.** *kurze Zigarre ohne Spitze*

Stüm·per, **Stüm·pe·rin** der <-s, -> (*abwert.* ≈ *Pfuscher, Nichtskönner*) *jmd., der seine Arbeit schlecht und mit wenig Sorgfalt verrichtet und viele Fehler macht*

Stüm·pe·rei die <-, -en> (*abwert.*) **1.** (*kein Plur.*) *stümperhafte Arbeit, Pfusch* **2.** *einzelne stümperhafte Arbeit, Leistung*

stüm·per·haft *Adj.* (*abwert.*) *in der Art eines Stümpers, schlecht* Er hat eine ziemlich stümperhafte Arbeit abgeliefert.

stüm·pern <stümperst, stümperte, hat gestümpert> *ohne OBJ* ■ *jmd. stümpert* (*umg. abwert.*) *stümperhaft arbeiten*

Stumpf der <-(e)s, Stümpfe> *ein kurzes Stück, das von etwas übrig ist* Seine Zähne waren nur noch Stümpfe.

stumpf <stumpfer, am stumpf(e)sten> *Adj.* **1.** (↔ *scharf*) *so, dass es nicht gut schneidet* Das Messer ist völlig stumpf! **2.** *nicht (mehr) spitz* Der Bleistift ist stumpf. **3.** (↔ *teilnahmslos, abgestumpft*) *ohne geistige Aktivität und Gefühle* Er lebte nach dem Tod seiner Frau nur noch stumpf dahin. ▶abstumpfen, Stumpfheit

Stumpf·sinn der <-(e)s> (*kein Plur.*) **1.** *Teilnahmslosigkeit* Er verfiel nach und nach dem Stumpfsinn. **2.** *Langeweile, Monotonie* Diese Arbeit ist doch der reine Stumpfsinn.

stumpf·sin·nig *Adj.* **1.** *teilnahmslos* **2.** *langweilig, monoton*

stumpf·win·ke·lig, *a.* **stumpf·wink·lig** *Adj.* (↔ *spitzwinklig*) *in oder mit einem Winkel über 90°*

Stun·de die <-, -n> 1. *einer der 24 gleichen Teile eines Tages* ◆ Dreiviertel-, Viertel- 2. *Zeitspanne von kürzerer Dauer* Sie verbrachten schöne Stunden miteinander. 3. *Augenblick, in dem etwas Bestimmtes passiert* Das war die Stunde der Rache/der Bewährung. 4. *Schul-, Unterrichtsstunde* ■ **jemands Stunde ist gekommen/hat geschlagen**: *jmds. Tod steht bevor* **die Stunde der Wahrheit**: *der Augenblick, in dem sich etwas beweisen, sich jmd. oder etwas bewähren muss* ◆ Ballett-, Chemie-, Deutsch-, Englisch,- Gitarren-, Klavier-, Mathe-, Nachhilfe-, Physik-, Reit-, Sport-

stun·den *mit OBJ* ■ *jmd. stundet jmdm. etwas den Termin hinausschieben, an dem jmd., etwas zurückzahlen muss* Man stundete ihm die Zahlung/die fällige Rate ein weiteres Mal.

Stun·den·ki·lo·me·ter der <-s, -> (*meist Plur.*) (*umg.*) *Angabe der Geschwindigkeit in Kilometern pro Stunde, abgekürzt „km/h"*

stun·den·lang <nicht steig.> *Adj.* 1. *so, dass etwas mehrere Stunden dauert* 2. *so, dass etwas sehr lange dauert* Er telefoniert schon stundenlang mit ihr. ◆ aber Getrenntschreibung eine Stunde lang, zwei/fünf Stunden lang

Stun·den·lohn der <-(e)s, Stundenlöhne> *pro Stunde bezahlter Lohn*

Stun·den·plan der <-(e)s, Stundenpläne> *Plan, der zeigt, wann jmd. etwas Bestimmtes machen muss und besonders wann Schüler in welchem Fach Unterricht haben*

Stun·den·satz der <-es, Stundensätze> *die Höhe eines Stundenlohns*

stun·den·wei·se *Adv.* 1. *ein paar Stunden* Sie arbeitet stundenweise im Büro. 2. *pro Stunde* Er wird stundenweise bezahlt.

Stun·den·zei·ger der <-s, -> *der kleinere der beiden Zeiger einer Uhr, der die Stunde anzeigt*

stünd·lich <nicht steig.> *Adj.* 1. *so, dass etwas jede Stunde erfolgt* Sie soll das Medikament stündlich einnehmen. 2. *so, dass man erwartet, dass etwas sehr bald geschehen wird* Sie kann stündlich ankommen.

Stunk der <-s> (*kein Plur.*) (*umg. abwert.*) *Streit, Ärger* Sie hat Stunk mit ihrem Freund., Jetzt gibt es Stunk!

Stunt·man der ['stantmɛn] <-s, -men> FILM *ein Mann, der in gefährlichen Filmszenen einen Schauspieler vertritt*

Stunt·show die ['stantʃoʊ] <-, -s> *eine Vorführung, bei der ein Stuntman Zuschauern zeigt, wie er arbeitet und gefährliche Kunststücke vorführt*

stu·pend *Adj.* (*geh.*) *verblüffend, beeindruckend* Er verfügt wirklich über stupende Kenntnisse!

stu·pi·de/stu·pid <stupider, am stupidesten> *Adj.* (*geh. abwert.*) 1. *beschränkt, dumm, geistlos* Er ist ein stupider Mensch. 2. *langweilig, monoton* Die Arbeit war stupide.

Stups der <-es, -e> *leichter Stoß* Sie hat ihm einen Stups gegeben.

stup·sen <stupst, stupste, hat gestupst> *mit OBJ* ■ *jmd. stupst jmdn.* (*umg.*) *jmdn. leicht stoßen*

Stups·na·se die <-, -n> *relativ kleine Nase, deren Spitze leicht nach oben gebogen ist*

stur *Adj.* (≈ *eigensinnig, unnachgiebig*) *so, dass jmd. seine Meinung nicht ändert und nicht bereit ist, sich an andere Situationen anzupassen und auf andere Menschen einzugehen*

Stur·heit die <-> (*kein Plur.*) *Eigensinn, Unnachgiebigkeit*

Sturm der <-(e)s, Stürme> 1. *starker Wind, Unwetter* Ein Sturm kommt auf/erhebt sich/wird zum Orkan/flaut ab. ◆ -böe, -bruch, -glocke, -läuten, -tief, -warnung, Sand-, Schnee-, Wirbel- 2. MILIT. *schneller Angriff, mit dem Ziel, den Gegner zu überraschen* Der Sturm der/auf die Festung sollte in den Morgenstunden beginnen. ◆ -angriff, -leiter 3. SPORT *bei Ballspielen diejenigen Spieler, die das gegnerische Tor angreifen sollen* Der Sturm ist mit den aufgebotenen Spielern stark besetzt. ■ **Sturm laufen gegen etwas**: *heftig dagegen ankämpfen* **Sturm läuten/klingeln**: *kräftig und lange läuten oder klingeln* ◆ -spitze

Sturm·ab·tei·lung die <-> (*kein Plur.*) GESCH. *eine uniformierte und bewaffnete Polizei im Nationalsozialismus, abgekürzt „SA"*

stür·men <stürmst, stürmte, hat/ist gestürmt> I. *mit OBJ* ■ *jmd. stürmt etwas* (MILIT.: *haben*) *angreifen* Die Soldaten stürmten die Festung. II. *ohne OBJ* 1. ■ *es stürmt* (*haben*) *sehr windig sein* Draußen stürmt und schneit es. 2. ■ *jmd. stürmt irgendwohin* (*sein*) *schnell irgendwohin gehen* Er stürmte ins Büro.

Stür·mer, **Stür·me·rin** der <-s, -> SPORT *Spieler, der im Sturm*[3] *spielt*

Sturm·flut die <-, -en> *sehr hohe Flut, die mit einem Sturm einhergeht*

sturm·frei *Adj.* ■ **sturmfrei haben/sturmfreie Bude haben**: *allein im Haus der Eltern sein und machen können, was man will* Ich hab bald zwei Wochen sturmfreie Bude, weil meine Eltern in den Urlaub fahren.

stür·misch *Adj.* 1. *durch Sturm*[1] *geprägt, sehr windig* Wir hatten überwiegend stürmisches Wetter., Er blickte hinaus auf die stürmische See. 2. *ungestüm, wild* Sie hat ein stürmisches Wesen., Er ist ein stürmischer Liebhaber.

Sturm·scha·den der <-s, Sturmschäden> *Schaden an einem Gebäude o.Ä., der durch einen Sturm*[1] *verursacht wurde*

Sturm·stär·ke die <-, -n> *Windstärke, die so groß ist, dass man nicht mehr von einem Wind, sondern von einem Sturm*[1] *spricht*

Sturm·vo·gel der <-s, Sturmvögel> *ein Vogel, der auf dem offenen Meer lebt und der besonders gut fliegen kann* Der Albatros gehört zu den Sturmvögeln.

Sturz der <-es, Stürze> 1. *der Vorgang, dass jmd. auf den Boden fällt* Er hatte sich bei einem Sturz vom Fahrrad den Arm gebrochen. 2. *der Vorgang, dass jmd. gezwungen ist, von seinem Amt zurückzutreten* Nach dem Sturz der Regierung wurden Neuwahlen angekündigt. 3. *plötzliches starkes Sinken* ◆ Kurs-, Preis-, Temperatur-

stür·zen <stürzt, stürzte, hat/ist gestürzt> I. *mit*

OBJ **1.** ■ *jmd. stürzt jmdn. irgendwohin (haben) jmdn. so stoßen, dass er aus großer Höhe nach unten fällt* Er hatte sein Opfer von der Brücke gestürzt. **2.** ■ *jmd. stürzt jmdn. jmdn. entmachten, zum Rücktritt zwingen* Der König wurde gestürzt. **3.** ■ *jmd./etwas stürzt jmdn./etwas in etwas Akk. jmdn. oder etwas in eine negative Situation bringen* Er hatte das Unternehmen in den Ruin gestürzt. **II.** *ohne OBJ (sein)* **1.** ■ *etwas stürzt irgendwohin nach unten fallen* Der Wasserfall stürzt über eine Felskante in die Tiefe. **2.** ■ *jmd. stürzt irgendwohin zu Boden fallen* Er ist vom Rad gestürzt. **3.** ■ *jmd. stürzt irgendwohin plötzlich und schnell irgendwohin laufen* Sie stürzte ans Telefon. **III.** *mit SICH (haben)* **1.** ■ *jmd. stürzt sich irgendwohin in die Tiefe springen, um Selbstmord zu begehen* Er stürzte sich aus dem Fenster. **2.** ■ *jmd. stürzt sich auf jmdn. schnell zu jmdm. hinlaufen und ihn angreifen* Er stürzte sich auf mich und stieß mich um. **3.** ■ *jmd. stürzt sich in etwas Akk. anfangen, etwas intensiv zu tun* Er stürzte sich ins Vergnügen/in die Arbeit.

Sturz·flug der <-(e)s, Sturzflüge> LUFTF. *steiler Flug nach unten*

Sturz·flut die <-, -en> *ein große Menge Wasser, das mit viel Kraft nach unten fließt*

Sturz·helm der <-(e)s, -e> *Helm, der den Kopf schützen soll, wenn jmd. (vom Motorrad oder vom Fahrrad) fällt* Motorradfahrer müssen einen Sturzhelm tragen.

Stuss der <-es> *(kein Plur.) (umg. abwert.) unsinnige Äußerung, Handlung* Sie redet doch nur Stuss., Er hat einen ziemlichen Stuss verzapft.

Stu·te die <-, -n> *das weibliche Tier bei Pferd, Kamel und Esel*

Stutz der <-es, Stütze> *(schweiz.)* **1.** *steiler Abschnitt eines Wegs* **2.** *(umg., Plur.: Stutz) Franken*

Stütz der <-es, -e> *(meist Sing.)* SPORT *Haltung beim Turnen, bei der man sich mit gestreckten Armen auf ein Gerät stützt II. 1* in den Stütz springen

Stüt·ze die <-, -n> **1.** *Pfahl, Pfosten, der verhindert, dass etwas schief steht, umfällt oder nach unten sinkt* **2.** *jmd., der einem anderen hilft und ihm in einer schwierigen Situation beisteht* Sie war mir in dieser Situation eine große Stütze. **3.** *(umg.) Arbeitslosenunterstützung* Er lebt von der Stütze.

Stut·zen der <-s, -> **1.** *kurzes Gewehr* **2.** *kurzes Rohrstück* **3.** *Knie- oder Wadenstrumpf* **4.** *besonderer Strumpf, der bis zum Knie reicht und den Fussballspieler tragen*

stüt·zen <stützt, stützte, hat gestützt> **I.** *mit OBJ* **1.** ■ *jmd./etwas stützt jmdn./etwas (ab)sichern, (zusätzlichen) Halt geben* Man musste das Dach mit Trägern stützen. **2.** ■ *etwas stützt etwas (übertr.) zeigen, dass etwas wahr oder richtig ist* Seine Aussagen stützen den Verdacht, dass ..., Sie stützte ihre Argumentation durch eine Reihe von Beispielen. **II.** *mit SICH* **1.** ■ *jmd. stützt sich auf jmdn./etwas das Gewicht eines Körperteils auf jmdm. oder etwas ruhen lassen* Er musste sich auf einen Stock stützen **2.** ■ *etwas stützt sich auf etwas Akk. auf etwas beruhen* Ihre Thesen stützen sich auf eine Reihe von Forschungsergebnissen.

stut·zen¹ <stutzt, stutzte, hat gestutzt> *mit OBJ* ■ *jmd. stutzt etwas einen Teil von etwas abschneiden* Ich sollte mal wieder die Hecke stutzen.

stut·zen² <stutzt, stutzte, hat gestutzt> *ohne OBJ* ■ *jmd. stutzt erstaunt sein*

stut·zig ■ **stutzig werden**: *misstrauisch werden* **jemanden stutzig machen**: *bewirken, dass jmd. misstrauisch wird*

Stütz·punkt der <-(e)s, -e> *ein mit bestimmten Einrichtungen versehener Ort, der als Basis/Ausgangspunkt für etwas dient* Dort drüben ist ein Stützpunkt der Luftwaffe/der Marine.

Stütz·strumpf der <-(e)s, Stützstrümpfe> MED. *ein spezieller Strumpf aus elastischem Gewebe, den man beispielsweise nach einer Operation tragen muss und der verhindert, dass das Blut von den Beinen nicht mehr zum Herz zurückfließt*

STVO [ɛste:fau̯'lo:] *Kurzform für „Straßenverkehrsordnung"*

sty·len ['staɪlən] *mit OBJ* ■ *jmd. stylt jmdn./etwas (umg.) etwas in einer bestimmten (modischen) Weise gestalten* Frisuren stylen, entwerfen

Sty·ro·por® das <-s> *(kein Plur.) ein leichtes, weißes Material, das man besonders für Verpackungen und Isolierungen verwendet*

Su·a·he·li¹ der/die <-(s), -(s)/-, -(s)> *jmd., dessen Muttersprache Suaheli² ist*

Su·a·he·li² das <-(s)> *(kein Plur.) eine Sprache, die man in vielen Teilen Afrikas spricht*

Sub·jekt das <-(e)s, -e> **1.** *(*SPRACHWISS.*: ≈ Satzgegenstand) der Teil eines Satzes, in dem dasjenige (zum Beispiel eine Person, eine Sache, ein Sachverhalt o.Ä.) genannt wird, über das etwas im Verb ausgesagt wird* Das Subjekt steht im Nominativ. **2.** *(abwert.) verachtenswerter Mensch* Er ist ein übles Subjekt.

sub·jek·tiv, sub·jek·tiv <nicht steig.> *Adj. (geh. ↔ objektiv) nur von der eigenen Meinung, Erfahrung geprägt, unsachlich* Dein Urteil scheint mir sehr subjektiv zu sein.

Sub·jek·ti·vi·tät die <-> *(kein Plur.) (geh. ↔ Objektivität)*

Sub·kon·ti·nent der <-(e)s, -e> GEOGR. *größerer Teil eines Kontinents, der aufgrund seiner Größe und Gestalt eine gewisse Eigenständigkeit hat, zum Beispiel der indische Subkontinent*

Sub·kul·tur die <-, -en> *eigenständige Kultur einer Gruppe, meist Untergrundkultur, die in einem bestimmten Ausschnitt der Gesellschaft entstanden ist und eigene Werte und Normen besitzt*

sub·ku·tan *Adj.* MED. *unter der Haut oder unter die Haut* Der Patient bekommt eine subkutane Injektion.

sub·lim *Adj. so, dass er nur sehr sensible Menschen erkennen oder verstehen können* ein sublimer Witz

Sub·or·di·na·ti·on die <-, -en> SPRACHWISS. *Unterordnung*

Sub·s·k·rip·ti·on die <-, -en> *der Vorgang, dass sich jmd. dazu verpflichtet, ein Buch oder eine*

Aktie, zu kaufen, sobald es sie gibt ▶Subskribent, subskribieren

Sub·stan·dard der <-s> (*kein Plur.*) **1.** SPRACHWISS. *Sprachebene, die unterhalb der Hochsprache liegt* **2.** (*österr.*) *schlechte Qualität* ◆-wohnung

sub·stan·ti·ell *Adj. s.* **substanziell**

Sub·stan·tiv das <-s, -e> (SPRACHWISS.: ≈ *Nomen, Hauptwort*) *ein Wort, das einen Menschen, eine Sache, ein Tier o.Ä. bezeichnet und im Deutschen mit einem großen Buchstaben am Anfang des Wortes geschrieben wird* Substantive können mit einem Artikel verbunden werden und können meist im Singular und Plural stehen. ▶substantiviert, Substantivierung, substantivisch

Sub·s·tanz die <-, -en> **1.** *Stoff[2], Materie* Es gibt feste, flüssige und gasförmige Substanzen., Wir unterscheiden organische und anorganische Substanzen. **2.** (*kein Plur.*) (≈ *Gehalt*) *der Inhalt an Gedanken und an Ideen* Den Untersuchungen fehlt es an Substanz. ■ **jemandem an die Substanz gehen**: *an jmds. körperlichen und geistigen Kräften zehren*

sub·s·tan·zi·ell, *a.* **sub·s·tan·ti·ell** *Adj.* (*geh.*) *gehaltvoll, die Substanz[2] betreffend*

Sub·sti·tut[1] das <-(e)s, -e> (≈ *Surrogat*) *etwas, das als Ersatz für etwas dient*

Sub·sti·tut[2] der <-en, -en> (*im Einzelhandel*) *Assistent, Vertreter*

Sub·s·trat das <-(e)s, -e> BIOL. *Nährboden*

sub·su·mie·ren *mit OBJ* ■ *jmd. subsumiert etwas* (*unter etwas Akk.*) (*geh.*) *etwas in eine Kategorie einordnen, etwas einem Oberbegriff zuordnen*

sub·til *Adj.* (*geh.*) **1.** *so, dass viele Nuancen berücksichtig werden; differenziert* Das ist ein subtiler Unterschied. **2.** *verbessert, verfeinert* Wir haben inzwischen viel subtilere Methoden entwickelt. **3.** *sehr zurückhaltend und mit viel Feingefühl* Hast du ihren subtilen Hinweis nicht verstanden?

Sub·ti·li·tät die <-, -en> (*geh.*) *Detail, Feinheit*

Sub·tra·hend der <-en, -en> MATH. *eine Zahl, die man von einer anderen Zahl abzieht*

sub·tra·hie·ren *mit OBJ/ohne OBJ* ■ *jmd. subtrahiert* (*etwas*) (*von etwas Dat.*) (MATH.: ↔ *addieren*) *eine Zahl von einer anderen abziehen*

Sub·trak·ti·on die <-, -en> MATH. *das Subtrahieren*

Sub·tro·pen <-> *Plur. Gebiet, das zwischen den Tropen und den gemäßigten Klimazonen liegt*

Sub·un·ter·neh·mer, **Sub·un·ter·neh·me·rin** der <-s, -> WIRTSCH. *jmd., der für eine Firma, die einen Auftrag übernommen hat, einen Teil dieses Auftrags ausführt*

Sub·ven·ti·on die <-, -en> WIRTSCH. *Geld, das ein Betrieb oder ein Wirtschaftszweig als Unterstützung vom Staat bekommt*

sub·ven·ti·o·nie·ren *mit OBJ* ■ *jmd. subventioniert jmdn./etwas* WIRTSCH. *jmdn. oder etwas durch Subventionen fördern, unterstützen*

Sub·ven·ti·o·nie·rung die <-, -en> *das Subventionieren*

sub·ver·siv *Adj.* (*geh.*) *mit dem Ziel, durch geheime Tätigkeiten eine staatliche Ordnung zu verändern und schließlich einen Umsturz herbeizuführen* Subversive Elemente hatten offenbar eine Reihe von Anschlägen geplant.

Such·ak·ti·on die <-, -en> *eine organisierte Suche* (*der Polizei*)

Su·che die <-> (*kein Plur.*) *das Suchen* Die Suche nach den Vermissten wurde erfolglos abgebrochen., Ich bin auf der Suche nach einem Job.

su·chen **I.** *mit OBJ/ohne OBJ* ■ *jmd. sucht* (*etwas*) (*irgendwo*) *versuchen, jmdn. oder etwas zu finden* Ich suche meinen Schlüssel., Wir haben stundenlang vergeblich/schon überall gesucht. **II.** *mit OBJ* **1.** ■ *jmd. sucht etwas etwas durch Nachdenken finden wollen* Wir alle suchen eine Antwort auf diese Fragen. **2.** ■ *jmd. sucht etwas etwas durch Bemühen finden wollen* Ich suche eine neue Wohnung/einen neuen Job., Er suchte Rat bei seinen Kollegen. **III.** *ohne OBJ* ■ *jmd. sucht nach jmdm./etwas versuchen, etwas zu finden* Er suchte nach einer Ausrede/nach einem passenden Wort.

Such·hund der <-(e)s, -e> (≈ *Spürhund*) *ein Hund, der dazu ausgebildet wurde, Menschen* (*besonders Verletzte in einer Lawine*) *oder Dinge* (*besonders Rauschgift*) *zu finden* Der Suchhund fand das Lawinenopfer. ◆ Lawinen-, Polizei-

Such·lauf der <-(e)s> (*kein Plur.*) *ein Teil eines Radios oder Fernsehers, das automatisch einen Sender sucht und einstellt*

Such·ma·schi·ne die <-, -n> EDV *ein Programm im Internet, das dabei hilft, Internetseiten zu einem bestimmten Thema zu finden*

Such·mel·dung die <-, -en> *die Information im Radio oder Fernsehen, dass die Polizei jmdn. sucht*

Sucht die <-, Süchte> **1.** *der Zustand, dass jmd. von etwas* (*zum Beispiel von Alkohol, von Heroin*) *abhängig ist* ◆-mittel, -potential, -verhalten, Alkohol-, Drogen-, Tabletten-, Trunk- **2.** *übersteigertes Verlangen, etwas zu tun* Die Sucht nach Vergnügungen treibt ihn auch spät am Abend noch aus dem Haus. ◆Genuss-, Herrsch-, Putz-, Spiel-, Streit-, Vergnügungs-

Sucht·ge·fahr die <-, -en> *die Gefahr, dass jmd. süchtig[1] wird* ▶suchtgefährdet

süch·tig <nicht steig.> *Adj.* **1.** *so, dass man eine Sucht[1] hat, von etwas abhängig ist* Wer hatte seiner Tochter das Rauschgift gegeben, sie süchtig gemacht? **2.** *mit einem übersteigerten Verlangen* Er ist geradezu süchtig nach immer neuen Reizen.

Süch·ti·ge der/die <-n, -n> *Suchtkranke*

Süch·tig·keit die <-> (*kein Plur.*) *der Zustand, dass jmd. süchtig[1] ist*

Sucht·kran·ke der/die <-n, -n> *jmd., der an einer Sucht[1] leidet*

Sud der <-(e)s, -e> *Flüssigkeit, die beim Braten oder Kochen von Fleisch und Fisch entsteht* Das Fleisch sollte eine Weile in dem mit Kräutern verfeinerten Sud ziehen.

Süd (SEEW., METEOR.: ↔ *Nord*) *Süden[1]*

Süd·a·me·ri·ka <-s> (↔ *Nordamerika*) *der südli-*

che Teil des amerikanischen Kontinents

süd·a·me·ri·ka·nisch <nicht steig.> *Adj.* (↔ *nordamerikanisch*) *auf Südamerika bezogen, zu ihm gehörend*

süd·deutsch <nicht steig.> *Adj.* (↔ *norddeutsch*) *auf Süddeutschland bezogen, zu ihm gehörend*

Süd·deut·sche der/die <-n, -n> (↔ *Norddeutsche*) *jmd., der aus Süddeutschland stammt*

Süd·deutsch·land <-s> (*kein Plur.*) (↔ *Norddeutschland*) *der südliche Teil Deutschlands*

su·deln <sudelst, sudelte, hat gesudelt> *ohne OBJ* ■ *jmd. sudelt* (*umg. abwert.*) **1.** *Schmutz machen* **2.** *schmieren, unsauber schreiben* ► Sudelei, sudelig

Sü·den der <-s> (*kein Plur.*) **1.** (↔ *Norden*) *die Himmelsrichtung, die auf der Landkarte unten ist* Wind aus Süden, Mittags steht die Sonne im Süden., nach Süden fahren **2.** (↔ *Norden*) *der Teil von etwas, der im Süden*[1] *liegt* der Süden des Landes, Sie wohnt im Süden von München. **3.** (≈ *Südeuropa*) Im Frühling fahren wir in den Süden.

Süd·eu·ro·pa <-s> (↔ *Nordeuropa*) *der südliche Teil Europas*

süd·eu·ro·pä·isch <nicht steig.> *Adj.* (↔ *südeuropäisch*) *auf Südeuropa bezogen, zu ihm gehörend*

Süd·frucht die <-, Südfrüchte> (*meist Plur.*) *Früchte, die in warmen Ländern wachsen* Bananen und Orangen sind Südfrüchte.

Süd·halb·ku·gel die <-> (*kein Plur.*) (↔ *Nordhalbkugel*) *die südliche Halbkugel der Erde, vom Äquator zum Südpol*

süd·län·disch <nicht steig.> *Adj. in Bezug auf die Länder am Mittelmeer und ihre Bewohner* Sie mag die südländische Mentalität.

süd·lich **I.** *Adj.* **1.** (↔ *nördlich*) *nach Süden* Das Schiff fuhr in Richtung Süden. **2.** (↔ *nördlich*) *von Süden* (*nach Norden*) Ein warmer, südlicher Wind wehte. **3.** *südländisch* **II.** *Präp. + Gen./von im Süden* Er wohnt südlich des Mains., Er wohnt in einem Dorf südlich von München.

Süd·os·ten der <-> (*kein Plur.*) (↔ *Nordwesten*) *Himmelsrichtung zwischen Süden und Osten*

süd·öst·lich **I.** *Adj.* (↔ *nordwestlich*) **1.** *nach Südosten gerichtet* Das Schiff fuhr in südöstliche Richtung. **2.** *von Südosten kommend* Der Wind wehte aus südöstlicher Richtung. **II.** *Präp. + Gen./von* (↔ *nordwestlich*) *im Südosten* Das Industriegebiet liegt nur wenige Kilometer südöstlich der Stadt., Er wohnt in einem Dorf südöstlich von München.

Süd·pol der <-s> (*kein Plur.*) (↔ *Nordpol*) *der südliche Pol der Erde*

Süd·see die <-> (*kein Plur.*) *Pazifischer Ozean*

Süd·staa·ten <-> *Plur. die Bundesstaaten im Süden der USA*

süd·wärts *Adv.* (↔ *nordwärts*) *nach Süden*

Süd·wes·ten der <-> (*kein Plur.*) (↔ *Nordosten*) *Himmelsrichtung zwischen Süden und Westen*

süd·west·lich **I.** *Adj.* (↔ *nordöstlich*) **1.** *nach Südwesten gerichtet* Das Schiff fuhr in südwestlicher Richtung. **2.** *von Südwesten kommend* Der Wind wehte aus südwestlicher Richtung. **II.** *Präp. + Gen./von* (↔ *nordöstlich*) *im Südwesten* Das Industriegebiet liegt nur wenige Kilometer südwestlich der Stadt., Er wohnt südwestlich von Berlin.

Süd·wind der <-(e)s, -e> (↔ *Nordwind*) *Wind, der aus Süden kommt*

Suff der <-(e)s> (*kein Plur.*) (*umg. abwert.*) **1.** (≈ *Alkoholismus*) Er ist dem Suff verfallen. **2.** *betrunkener Zustand* Er hat im Suff einen Streit angefangen., Er hat in seinem Suff die Tür nicht mehr gefunden.

süf·fig *Adj.* (*umg.*) *wohlschmeckend, gut trinkbar* Das ist ein süffiger Wein/ein süffiges Bier.

Süf·fi·sance die *s.* **Süffisanz**

süf·fi·sant *Adj.* (*geh. abwert.*) *überheblich, selbstgefällig, spöttisch* Er lächelte süffisant.

Süf·fi·sanz, *a.* **Süf·fi·sance** die <-> (*kein Plur.*) *süffisantes Wesen*

Suf·fix der <-es, -e> (SPRACHWISS.: ≈ *Nachsilbe* ↔ *Infix, Präfix*) *eine Silbe, die man an ein Wort anhängt*

Suf·fra·get·te die <-, -n> GESCH. *eine der Frauen, die zu Beginn des 20. Jahrhunderts in England und Amerika für die Rechte der Frauen* (*besonders das Wahlrecht*) *gekämpft haben*

Su·fi der <-(s), -s> *Vertreter des Sufismus*

Su·fis·mus der <-> (*kein Plur.*) *eine mystische Richtung des Islams*

sug·ge·rie·ren *mit OBJ* (*geh.*) **1.** ■ *jmd./etwas suggeriert* (*jmdm.*) *etwas jmdm. etwas geschickt einreden und ihn bewusst beeinflussen* Das Wahlprogramm suggeriert, dass die meisten Steuern im Falle eines Wahlsieges gesenkt werden. **2.** ■ *etwas suggeriert etwas einen bestimmten Eindruck entstehen lassen* Die vielen Fremdwörter sollen Wissenschaftlichkeit suggerieren.

Sug·ges·ti·on die <-, -en> (*geh.*) **1.** (*kein Plur.*) *Beeinflussung eines Menschen, mit dem Ziel, ihn zu einem bestimmten Verhalten zu veranlassen* Die Meinung vieler Menschen wurde durch Suggestion manipuliert. **2.** *etwas, das jmdm. suggeriert wird* Sie erlagen schließlich der Suggestion. **3.** (*kein Plur.*) *beeinflussende Wirkung, Kraft* Er erlag der Suggestion ihrer Worte.

sug·ges·tiv *Adj.* **1.** *auf Suggestion*[1] *beruhend* **2.** *so, dass jmd. oder etwas einen anderen Menschen stark beeinflusst* Von ihm geht eine suggestive Wirkung aus.

Sug·ges·tiv·fra·ge die <-, -n> *eine Frage, die so gestellt wird, dass eine bestimmte Antwort besonders nahe liegt*

Suh·le die <-, -n> *Pfütze voller Schlamm*

suh·len *mit SICH* ■ *ein Tier suhlt sich sich als Tier im Dreck wälzen* Die Wildschweine suhlten sich im Schlamm.

Süh·ne die <-> (*kein Plur.*) (*geh.*) *Buße*

süh·nen *mit OBJ* ■ *jmd. sühnt etwas* (*geh.*) *büßen* Er sühnte seine Verbrechen., Die Skifahrerin sühnte ihren Leichtsinn mit einem Sturz.

Sui·te die ['svi:t(e)] <-, -en> **1.** MUS. *Musikstück, das aus einer Folge von mehreren, in sich ge-*

schlossenen Sätzen besteht **2.** *mehrere besonders luxuriöse Hotelzimmer, die man zusammen buchen kann* ◆ Präsidenten-

Su·i·zid der/das <-(e)s, -e> *(geh.) Selbstmord* ◆ -gefahr,

Su·jet das [syʒ'eː] <-s, -s> *(geh.) Gegenstand einer (künstlerischen) Gestaltung*

Suk·kurs der <-es, -e> MILIT. *Unterstützung, Verstärkung*

suk·zes·siv <nicht steig.> *Adj. (geh.) allmählich, nacheinander, schrittweise* eine sukzessive Veränderung *siehe aber auch* **sukzessive**

suk·zes·si·ve *Adv. (geh.) nach und nach* Die Veränderung ging sukzessive vor sich, sodass sie von einigen kaum bemerkt wurde. *siehe auch* **sukzessiv**

Sul·fat das <-(e)s, -e> CHEM. *Salz der Schwefelsäure*

Sul·fid das <-(e)s, -e> CHEM. *Salz des Schwefelwasserstoffs*

Sul·fit, Sul·fit das <-s, -e> CHEM. *Salz der schwefligen Säure*

Sul·tan der <-s, -e> **1.** *(kein Plur.) ein arabischer Herrschertitel* **2.** *Träger dieses Titels*

Sul·ta·ni·ne die <-, -n> *große Rosine ohne Kerne*

Sulz die <-, -en> *(süddt. österr. schweiz.) Sülze*

Sül·ze die <-, -n> *gekochtes Fleisch, das in kleine Stücke geschnitten und in Gelee eingelegt worden ist*

Sum·mand der <-en, -en> MATH. *eine Zahl, die man mit einer anderen Zahl addiert*

sum·ma·risch *Adj. sehr kurz zusammengefasst* Der Lehrer gab einen summarischen Überblick über den Prüfungsstoff.

Sum·me die <-, -n> **1.** *das Ergebnis, das man erhält, wenn man Zahlen addiert* **2.** *ein bestimmter Geldbetrag* eine beträchtliche/große/hübsche/kleine Summe Geld

sum·men **I.** *mit OBJ/ohne OJ* ■ *jmd. summt (etwas) mit geschlossenen Lippen Laute erzeugen* Er summte ein Lied., Sie summte leise vor sich hin. **II.** *ohne OBJ* ■ *ein Tier/etwas summt ein relativ hohes, gleichförmiges Geräusch erzeugen* Die Bienen summen.

Sum·mer der <-s, -> **1.** *eine Vorrichtung, die summt II* **2.** *ein Schalter, mit dem man von der Wohnung aus die Haustür automatisch öffnen kann*

sum·mie·ren *mit SICH* ■ *etwas summiert sich immer mehr werden* Die Kosten hatten sich im Laufe der Zeit summiert.

Su·mo der <-s> *(kein Plur.) japanische Form des Ringkampfes*

Su·mo·rin·ger, Su·mo·rin·ge·rin der <-s, -> *Sportler, der Sumo betreibt*

Sumpf der <-es, Sümpfe> **1.** *ein Gebiet mit sehr feuchtem, weichen Boden, der oft mit Wasser bedeckt ist* ◆ -boden, -land, -loch, -niederung, -pflanze, -wald **2.** *(übertr.) ein Ort, an dem die Menschen wenig Moral besitzen* der Sumpf der Korrutpion/des Lasters ◆ Großstadt-

Sumpf·fie·ber das <-s> *(kein Plur.) Malaria*

Sumpf·ge·biet das <-(e)s, -e> *ein sumpfiges Gebiet*

sump·fig *Adj. in der Art eines Sumpfes*[1]

Sund der <-(e)s, -e> *Meerenge*

Sün·de die <-, -n> **1.** *Handlung, die gegen religiöse Gesetze oder Gebote verstößt* **2.** *Handlung, die schlecht oder unvernünftig ist* In dem Urlaubsort prangert man inzwischen die baulichen Sünden der Vergangenheit an.

Sün·den·bock der <-(e)s, Sündenböcke> *jmd., der eigentlich unschuldig an etwas ist, dem man aber die Schuld an etwas gibt*

Sün·der, Sün·de·rin der <-s, -> *jmd., der eine Sünde*[1] *begangen hat*

sün·dig *Adj. mit Sünde*[1] *behaftet*

sün·di·gen *ohne OBJ* ■ *jmd. sündigt eine Sünde begehen*

Sun·na die <-> *(kein Plur.) alle überlieferten Aussprüche und Handlungen des islamischen Propheten Mohammed, an denen sich Menschen islamischen Glaubens orientieren sollen*

Sun·nit, Sun·ni·tin der <-en, -en> *Anhänger der orthodoxen Hauptrichtung des Islams, die sich auf die Sunna stützt*

sun·ni·tisch <nicht steig.> *Adj. auf die Sunna oder die Sunniten bezogen*

su·per *Adj. (umg. ≈ spitze, toll) hervorragend, überragend* Das Konzert war super!

Su·per das <-s> *(kein Plur.) Kurzform für „Superbenzin"* Er tankt Super.

su·per-, Su·per- **1.** *drückt in Verbindungen mit Adjektiven aus, dass etwas das normale Maß übersteigt* ◆ -bequem, -billig, -fein, -günstig, -leicht, -modern, -reich, -schlau, -schön, -weich **2.** *drückt in Verbindungen mit Substantiven aus, dass man jmdn. oder etwas sehr gut findet* ◆ -ding, -film, -frau, -hit, -mann, -preis, -spiel, -talent

Su·per-8-Ka·me·ra die [zupɐ'laxt...] <-, -s> *eine Videokamera mit einem schmalen Film (acht Millimeter breit), die besonders Amateure benutzen*

Su·per·ben·zin das <-s, -e> *(↔ Normalbenzin) Benzin von sehr guter Qualität (mit hoher Oktanzahl)*

Su·per-GAU der <-s, -s> TECHN. *der schwerste Unfall, der in einem Kernkraftwerk passieren kann*

Su·per·la·tiv der <-s, -e> SPRACHWISS. *Form des Adjektivs oder Adverbs, die das höchste Maß ausdrückt* „Am größten" ist der Superlativ von „groß".

Su·per·macht die <-, Supermächte> *(umg.) Weltmacht mit großer militärischer und wirtschaftlicher Stärke*

Su·per·mann der <-(e)s, Supermänner> **1.** *(umg. scherzh.) ein Mann, der besonders männlich wirkt* **2.** *(umg.) ein Mann, der große Leistungen vollbringt*

Su·per·markt der <-(e)s, Supermärkte> *ein großes Selbstbedienungsgeschäft*

Su·per·no·va die <-> ASTRON. *eine sehr helle Nova*

Su·per·star der <-s, -s> *ein besonders beliebter Star*

Sup·pe die <-, -n> *eine flüssige, meist warm gegessene Speise* ■ **die Suppe auslöffeln müssen** (*umg.*): *die Konsequenzen tragen müssen* **jemandem die Suppe versalzen** (*umg.*): *jmdm. den Spaß verderben* ◆ Bohnen-, Erbsen-, Gemüse-, Kartoffel-, Nudel-, Ochsenschwanz-, Spargel-, Tomaten-, Zwiebel-

Sup·pen·grün das <-s> (*kein Plur.*) *Gemüse zum Würzen der Suppe*

Sup·pen·huhn das <-(e)s, Suppenhühner> *Huhn zum Kochen, das zur Herstellung einer Suppe verwendet wird*

Sup·pen·löf·fel der <-s, -> *ein Esslöffel, mit dem man Suppe isst*

Sup·pen·schüs·sel die <-, -n> *eine Schüssel, in der man Suppe serviert*

Sup·pen·tel·ler der <-s, -> *ein tiefer Teller, aus dem man Suppe isst*

Sup·pen·wür·fel der <-s, -> *Brühwürfel*

Sup·ple·ment das <-(e)s, -s> *ein zusätzlicher Band, Beiheft*

su·pra·na·ti·o·nal *Adj.* (≈ *überstaatlich*) *so, dass mehrere Länder einbezogen sind* Die Europäische Union ist eine supranationale Organisation.

Su·re die <-, -n> *ein Kapitel des Korans*

Surf·brett das ['sə:f...] <-(e)s, -er> *Sportgerät zum Surfen[1] in der Form eines nahezu ovalen Brettes, mit dem man über das Wasser gleitet*

sur·fen ['sə:fn̩] <surfst, surfte, hat/ist gesurft> *ohne OBJ* ■ *jmd. surft* **1.** *auf einem Surfbrett über einen See oder über das Meer segeln, über Wellen reiten* **2.** EDV *im Internet verschiedenste Adressen anklicken und Informationen abrufen, ohne dabei etwas wirklich Spezielles zu suchen*

Sur·fer, **Sur·fe·rin** der [sə:fɐ] <-s, -> *jmd., der surft*

Sur·fleisch das <-(e)s> (*kein Plur.*) (*österr.*) *Pökelfleisch*

Su·ri·nam <-s> *ein südamerikanischer Staat*

Su·ri·na·mer, **Su·ri·na·me·rin** der <-s, -> *jmd., der die surinamische Staatsbürgerschaft besitzt*

su·ri·na·misch *Adj. zu Surinam gehörend, daher stammend*

sur·re·al <nicht steig.> *Adj.* (*geh.*) *so, dass jmdm. etwas unwirklich erscheint*

Sur·re·a·lis·mus der <-> (*kein Plur.*) KUNST *Kunstrichtung, die das Traumhafte, das Unbewusste künstlerisch gestaltet*

sur·ren *ohne OBJ* **1.** ■ *etwas surrt ein leises, gleichmäßiges Geräusch erzeugen* Der Ventilator surrt. **2.** ■ *ein Insekt surrt (irgendwohin) mit einem surrenden[1] Geräusch fliegen* Insekten surren um die Lampe.

Sur·ro·gat das <-(e)s, -e> (*fachspr.*) *etwas, das ein Ersatz für etwas sein soll, aber von geringerer Qualität ist*

Su·shi das ['zu:ʃi] <-s, -s> KOCH. *eine japanische Speise aus rohem Fisch und Reis*

su·s·pekt *Adj.* (*geh.*) *verdächtig, fragwürdig, zweifelhaft* Die Sache ist mir suspekt.

sus·pen·die·ren *mit OBJ* **1.** ■ *jmd. suspendiert jmdn. (von etwas Dat.) bestimmen, dass jmd. seine Arbeit (für eine bestimmte Zeit) nicht mehr machen darf* Er wurde vom Dienst suspendiert **2.** ■ *jmd. suspendiert jmdn. (von etwas Akk.) jmdn. von der Verpflichtung befreien, dass er an etwas teilnehmen muss*

Sus·pen·die·rung die <-, -en> *das Suspendieren*

Sus·pen·si·on die <-, -en> *das Suspendieren*

süß *Adj.* **1.** (↔ *sauer*) *von der Geschmacksart, die für Zucker oder Honig typisch ist* **2.** (↔ *herb*) *von süßem[1] Geruch* Das Parfüm duftet sehr süß. **3.** (*umg.*) *entzückend, niedlich* Sie ist wirklich ein süßes Kind!

Sü·ße die <-> (*kein Plur.*) *süßer Geschmack oder Geruch*

sü·ßen <süßt, süßte, hat gesüßt> *mit OBJ* ■ *jmd. süßt etwas süß[1] machen* Ich süße meinen Tee.

Süß·holz das <-es> (*kein Plur.*) ■ **Süßholz raspeln** (*umg.*): *schön tun, schmeicheln*

Sü·ßig·keit die <-, -en> (*meist Plur.*) *eine kleine süße Sache zum Essen, wie Schokolade, Bonbons, Pralinen o.Ä.* Sie nascht gerne Süßigkeiten.

Süß·kir·sche die <-, -n> *eine große, süße Kische*

süß·lich *Adj. leicht süß[1 2]*

süß·sau·er, **süß·sau·er** <nicht steig.> *Adj. so, dass etwas gleichzeitig süß und sauer schmeckt* Die asiatische Küche bevorzugt die süßsaure Geschmacksrichtung.

Süß·spei·se die <-, -n> *eine süße Speise, die man vor allem als Nachtisch isst*

Süß·stoff der <-es, -e> *ein künstlicher Stoff, den man statt Zucker zum Süßen verwendet*

Süß·wa·ren <-> *Plur. Lebensmittel mit viel Zucker*

Süß·was·ser das <-s> (*kein Plur.*) (↔ *Salzwasser*) *Wasser in Seen und Flüssen*

Su·ta·ne/Sou·ta·ne die *s.* **Soutane**

Sweat·shirt das ['swɛtʃə:t] <-s, -s> *bequemer Pullover aus Baumwolle*

Swim·ming·pool der ['svɪmɪŋpu:l] <-s, -s> *ein Schwimmbecken* Unsere Nachbarn haben einen Swimmingpool im Garten.

Swing der [svɪŋ] <-(s)> (*kein Plur.*) *ein Jazzstil*

Sylt <-s> *eine Insel in der Nordsee, die zu Deutschland gehört*

Sym·bi·o·se die <-, -n> BIOL. *Zusammenleben zweier Lebewesen verschiedener Arten zu beiderseitigem Vorteil*

sym·bi·o·tisch *Adj.* BIOL. *eine Symbiose darstellend oder bildend*

Sym·bol das <-(e)s, -e> (≈ *Sinnbild*) *eine Sache oder ein Zeichen, das für etwas anderes steht* Das Kreuz ist das Symbol des Christentums.

Sym·bo·lik die <-> (*kein Plur.*) **1.** *die symbolische Bedeutung von etwas* eine Handlung von tiefer Symbolik **2.** *alle Symbole, die in einem bestimmten Gebiet verwendet werden und ihre Bedeutung* die Symbolik im Christentum

sym·bo·lisch <nicht steig.> *Adj.* **1.** *ein Symbol darstellend* Dieser Kniefall vor dem Mahnmal hatte symbolische Bedeutung. **2.** *mit Hilfe von Symbolen*

sym·bo·li·sie·ren *mit OBJ* ■ *jmd./etwas symbolisiert etwas versinnbildlichen* Das Herz symbolisiert die Liebe.

Sym·bo·lis·mus der <-> (*kein Plur.*) KUNST *eine Kunstrichtung, die den künstlerischen Inhalt in Symbolen wiederzugeben versucht*

Sym·me·t·rie die <-, -n> (↔ *Asymmetrie*) *spiegelbildliche Gleichheit*

Sym·me·trie·ach·se die <-, -n> MATH. (*gedachte Linie*) *durch die Mitte eines Körpers*

sym·me·t·risch <nicht steig.> *Adj.* (≈ *spiegelbildlich*) *so, dass etwas auf beiden Seiten der Symmetrieachse gleich aussieht*

Sym·pa·thie die <-, -n> (↔ *Antipathie*) *das Gefühl, dass man jmdn. mag oder dass einem jmd. angenehm ist* ◆-bonus, -erklärung, -streik

Sym·pa·thie·be·kun·dung die <-, -en> *die Handlung, dass jmd. sagt oder zeigt, dass einem jmd. oder etwas sympathisch ist*

Sym·pa·thie·trä·ger der <-s, -> *jmd., der einen sympathischen Eindruck auf andere macht.*

Sym·pa·thi·sant, **Sym·pa·thi·san·tin** der <-en, -en> *jmd., der mit einer Sache oder jmdm. sympathisiert*

sym·pa·thisch *Adj. so, dass es Sympathie erweckt* Sie hat ein sympathisches Lächeln.

sym·pa·thi·sie·ren *ohne OBJ* ■ *jmd. sympathisiert mit jmdm./etwas jmdm. oder etwas Sympathie entgegenbringen* Er sympathisiert mit diesem Politiker/mit dieser politischen Richtung.

Sym·pho·nie die *s.* **Sinfonie**

Sym·pho·nie·kon·zert das *s.* **Sinfoniekonzert**

Sym·pho·nie·or·ches·ter das *s.* **Sinfonieorchester**

Sym·po·si·um das <-s, Symposien> *Tagung von Wissenschaftlern, Fachleuten*

Sym·p·tom das <-s, -e> **1.** MED. (*typisches*) *Anzeichen, Merkmal einer Krankheit* **2.** (*geh.*) *Anzeichen, Kennzeichen einer* (*negativen*) *Entwicklung*

sym·p·to·ma·tisch *Adj. typisch, kennzeichnend, bezeichnend*

Sy·na·go·ge die <-, -n> *Raum oder Gebäude, in dem Juden ihre Gottesdienste feiern*

Sy·nap·se die <-, -n> BIOL. MED. *etwas, das in den Nervenzellen eines Lebewesens für die Übertragung von Reizen zuständig ist*

syn·chron <nicht steig.> *Adj.* (*fachspr.* ↔ *asynchron*) *gleichzeitig* (*ablaufend*)

syn·chro·ni·sie·ren *mit OBJ/ohne OBJ* ■ *jmd. synchronisiert* (*etwas*) FILM *die Texte der Schauspieler in einem Film durch Texte in einer anderen Sprache ersetzen* Man hat den amerikanischen Film gut/schlecht synchronisiert., Der Schauspieler synchronisiert auch.

Syn·chro·ni·sie·rung die <-, -en> *das Synchronisieren*

Syn·det·sei·fe die <-, -n> *eine Seife für Menschen mit besonders empfindlicher Haut*

Syn·di·kat das <-(e)s, -e> **1.** WIRTSCH. *Zusammenschluss von Unternehmen, die gemeinsam über die Preise und den Verkauf ihrer Waren bestimmen, Kartell* **2.** *Zusammenschluss von Kriminellen*

Syn·di·kus der <-ses, -se/Syndizi> RECHTSW. *jmd., der ein Unternehmen, eine Institution in juristischen Fragen berät*

Syn·drom das <-(e)s, -e> **1.** MED. *Gruppe von Symptomen, die für eine bestimmte Krankheit typisch sind* **2.** *Gruppe von Faktoren, die einen bestimmten Zustand anzeigen*

Syn·ko·pe die <-, -n> **1.** MUS. *Betonung eines normalerweise unbetonten Teils eines Taktes* **2.** SPRACHWISS. *Ausfall eines unbetonten Vokals zwischen zwei Konsonanten im Innern eines Wortes*

Sy·n·o·de die <-, -n> REL. **1.** *Versammlung von Vertretern der evangelischen Kirche* **2.** *beratende und beschließende Versammlung von Bischöfen in einem Konzil*

Sy·n·o·nym das <-s, -e> (SPRACHWISS.: ↔ *Antonym*) *Wort mit gleicher* (*oder ähnlicher*) *Bedeutung* siehe auch **Antonym**

> **i Wissenswert** Ein **Synonym** ist ein Wort, das ungefähr die gleiche Bedeutung hat wie ein anderes Wort. Ein Synonym ist damit das Gegenteil von einem Antonym. In diesem Wörterbuch werden manchmal Synonyme verwendet, um eine bestimmte Bedeutung eines Stichworts zu erläutern. Vor diesen Synonymen findet man als Hinweiszeichen die Doppeltilde.

sy·n·o·nym <nicht steig.> *Adj.* SPRACHWISS. *gleichbedeutend, sinnverwandt*

Sy·n·op·se/Sy·n·op·sis/Sy·n·op·sis die <-, -n> (*fachspr.*) *vergleichende Gegenüberstellung von Texten*

sy·n·op·tisch <nicht steig.> *Adj.* (*geh. fachspr.*) *in der Art einer Synopse* (*angeordnet*)

syn·tak·tisch <nicht steig.> *Adj.* (SPRACHWISS.: ↔ *pragmatisch, semantisch*) *den Satzbau betreffend*

Syn·tax die <-> (*kein Plur.*) (SPRACHWISS.: ≈ *Satzbau, Satzlehre* ↔ *Pragmatik, Semantik*) *die Regeln, die bestimmen, wie man in einer Sprache aus Wörtern Sätze bildet*

Syn·the·se die <-, -n> **1.** PHILOS. *Verbindung verschiedener Begriffe, Denkansätze, Theorien, von These und Antithese zu einer neuen, höheren Einheit* **2.** CHEM. *Zusammenfügung von Elementen zu einer Verbindung* ◆-gas, -produkt

Syn·the·si·zer der ['zʏntəsaizɐ] <-s, -> *elektronisches Musikinstrument, mit dem man den Klang anderer Instrumente imitieren kann*

Syn·the·tics <-> *Plur. Sammelbezeichnung für Gewebe aus Kunststofffasern*

syn·the·tisch <nicht steig.> *Adj. chemisch hergestellt, künstlich zusammengefügt*

syn·the·ti·sie·ren *mit OBJ* ■ *jmd. synthetisiert etwas* CHEM. *durch Synthese*[2] *herstellen* Das Hormon konnte schon vor Jahren erstmals synthetisiert werden.

Sy·phi·lis die <-> (*kein Plur.*) MED. *eine Geschlechtskrankheit, bei der die Haut, die Organe und das Gehirn beeinträchtigt werden können*

Sys·tem das <-(e)s, -e> **1.** *die Prinzipien, nach denen etwas geordnet ist* Nach welchem System hast du deine Videokassetten geordnet? **2.** (*fachspr.*) *eine Einheit, die aus verschiedenen Komponenten besteht, zum Beispiel ein Computersystem, eine Stereoanlage, das ökologische System* ◆Nerven-, Planenten-, Sonnen-, Währungs- **3.** (≈ *Staatsform*) *die Art, wie eine Regierung oder ein Staat aufgebaut und gegliedert ist* ein demokratisches, kommunistisches, korruptes, politisches, totalitäres System ◆-feind, -kritiker, -veränderung, Gesellschafts-, Herrschafts-, Regierungs-

Sys·te·ma·tik die <-, -en> (*geh.*) *nach bestimmten Kriterien durchgeführte Gliederung eines Stoffes oder Sachbereichs*

sys·te·ma·tisch *Adj. so, dass etwas sorgfältig, nach einem bestimmten Plan organisiert ist, einem bestimmten Prinzip folgt*

sys·te·ma·ti·sie·ren *mit OBJ* ■ *jmd. systematisiert etwas etwas in eine bestimmte Ordnung bringen*

Sys·tem·bau·wei·se die <-, -n> *Fertigbauweise*

Sys·tem·kri·tik die <-> (*kein Plur.*) *Kritik am System*[3]

Sys·tem·soft·ware die <-> (*kein Plur.*) EDV *alle Programme, die man vom Hersteller bekommt, wenn man einen Computer kauft und die man unbedingt braucht, um den Computer benutzen zu können*

Sys·tem·zwang der <-(e)s, Systemzwänge> *der Umstand, dass jmd. durch ein System*[3] *daran gehindert wird, etwas zu tun, was er tun möchte*

Sze·ne die <-, -n> **1.** *einer der kürzeren Abschnitte in einem Film oder in einem Akt eines Theaterstücks* ◆Anfangs-, Film-, Kampf-, Liebes-, Schluss- **2.** *Schauplatz* Die Szene stellt ein Wohnzimmer dar. **3.** *Ereignis, Vorfall* Es war eine ergreifende Szene, als sich Mutter und Tochter nach Jahren der Trennung zum ersten Mal in die Arme schließen konnten. **4.** *Streit, Auseinandersetzung* Sie machte ihm eine Szene. **5.** (*meist Sing.*) *eine Gruppe von Menschen mit einem bestimmten Lebensstil und bestimmten* (*künstlerischen*) *Aktivitäten, Milieu* Er kennt sich in der literarischen Szene bestens aus. ◆-bar, -gänger, Drogen-, Jazz-, Kunst-, Literatur-, Musik-, Theater-

Sze·ne·knei·pe die <-, -n> (*umg.*) *ein Lokal, in das vor allem die Mitglieder einer bestimmten Szene*[5] *gehen*

Sze·ne·rie die <-, -n> **1.** *Szene*[2] **2.** *eindrucksvolle Landschaft*

Sze·ne·treff der <-, -n> (*umg.*) *ein Ort, zum Beispiel ein Lokal, eine Diskothek, in dem sich vor allem die Mitglieder einer bestimmten Szene*[5] *versammeln*

sze·nisch *Adj.* **1.** *in Szenen*[1] *dargestellt* Der Autor hat eine szenische Erzählweise **2.** *auf die Szene*[2] *bezogen*

Szi·en·tis·mus der <-> (*kein Plur.*) (*fachspr.*) *die Haltung, dass man sich nur an Tatsachen und den* (*exakten*) *Wissenschaften orientiert* (*und nicht an Religion und Glauben*)

Tt

T, t das <-, -> *der zwanzigste Buchstabe des Alphabets* ein großes T, ein kleines t

Ta·bak, Ta·bak der <-s, -e> **1.** BOT. *eine Nutzpflanze, die Nikotin enthält und deren Blätter zu Tabak*[2] *verarbeitet werden* Tabak anbauen/ernten/pflanzen **2.** *aus den Blättern der Tabakpflanze gewonnenes Genussmittel* Tabak kauen/rauchen/schnupfen, aromatischer/kräftiger/würziger Tabak ◆-blatt, -industrie, Pfeifen-, Schnupf-, Zigaretten-

Ta·bak·händ·ler, **Ta·bak·händ·le·rin** der <-s, -> *jmd., der ein Geschäft für Tabakwaren führt*

Ta·bak·pflan·ze die <-, -n> *Nutzpflanze, die Nikotin enthält und deren Blätter zu Tabak*[2] *verarbeitet werden*

Ta·baks·pfei·fe die <-, -n> *Gegenstand zum Rauchen von Tabak mit einem Kopf, in dem der Tabak verbrennt, und einem Mundstück zum Inhalieren des Rauchs*

Ta·bak·steu·er die <-, -n> *auf Tabakwaren erhobene Steuer*

Ta·bak·tra·fik der (*österr.*) *ein Tabakladen, in dem man auch Briefmarken, Zeitungen o.Ä. erhält.*

Ta·bak·wa·ren *Plur. alle aus Tabak*[2] *hergestellten Produkte* In einem Geschäft für Tabakwaren kann man Zigaretten, Zigarren, Pfeifentabak, Kautabak oder Schnupftabak kaufen.

Ta·bas·co® der <-s> (*kein Plur.*) *eine sehr scharfe Soße zum Würzen von Speisen*

ta·bel·la·risch <nicht steig.> *Adj. in Form einer Tabelle*[1] eine tabellarische Aufstellung/Übersicht, ein tabellarischer Lebenslauf (≈ ein nicht als fortlaufender Text, sondern als Tabelle geschriebener Lebenslauf)

Ta·bel·le die <-, -n> **1.** *eine Liste, bei der Begriffe oder Zahlen in einer Art Gittermuster angeordnet werden* die zu bestimmten Tageszeiten gemessenen Temperaturen in eine Tabelle eintragen, die Spalten und Zeilen einer Tabelle **2.** SPORT *die Aufstellung der Mannschaften eines Wettbewerbs nach der erreichten Wertung* die Tabelle anführen

Ta·bel·len·form die <-> (*kein Plur.*) *Darstellungsform mit Tabellen*[1] Das lässt sich am besten in Tabellenform darstellen.

Ta·bel·len·füh·rer der <-s, -> (SPORT: ↔ *Tabellenletzter*) *die Mannschaft, die in einem Wettkampf die beste Wertung erreicht hat* Tabellenführer in der Bundesliga sein ▶Tabellenführung

Ta·bel·len·kal·ku·la·ti·on die <-, -en> EDV (*Software zum*) *Berechnen, Darstellen und Erfassen von Daten in Tabellenform* mit (einem Programm für) Tabellenkalkulation arbeiten, Zum Programmpaket gehört auch eine Tabellenkalkulation.

Ta·bel·len·platz der <-es, Tabellenplätze> SPORT *der Platz, den eine Mannschaft in einem Wettbewerb nach der erreichten Wertung einnimmt* Die beiden Mannschaften spielen um den dritten Tabellenplatz.

Ta·bẹl·len·stand der <-(e)s> (*kein Plur.*) SPORT *Gesamtübersicht über die erreichte Wertung in einem Wettbewerb* der Tabellenstand in der Bundesliga

Ta·ber·na·kel der/das <-s, -> REL. (*meist in katholischen Kirchen*) *Aufbewahrungsort für die geweihten Hostien und Altarsakramente*

Tạ·b·lar das <-s, -e> (*schweiz.*) *Regalbrett oder Einlegeboden in einem Schrank*

Ta·b·leau das [ta'blo:] <-s, -s> **1.** THEAT. *wirkungsvoll gruppierte Darsteller auf der Bühne* **2.** (*österr.*) *Übersicht; Tabelle*

Ta·b·lẹtt das <-(e)s, -s/-e> *eine Art flaches Brett aus Holz, Metall oder Kunststoff, auf dem man Geschirr tragen kann* das Geschirr/die Speisen auf einem Tablett zum Esstisch tragen, ein Tässchen Kaffee auf einem silbernen Tablett servieren

Ta·b·lẹt·te die <-, -n> *ein Medikament in Form einer kleinen gepressten Scheibe* eine Tablette dieses Medikaments täglich einnehmen, Tabletten einnehmen/schlucken/verschreiben, eine Tablette in der Mitte durchbrechen/teilen/in Wasser auflösen ◆-npackung, -schachtel, Schmerz-

Ta·b·lẹt·ten·miss·brauch der <-(e)s> (*kein Plur.*) *der Vorgang, dass jmd. bestimmte Tabletten immer häufiger einnimmt und dann von ihnen abhängig wird* Tablettenmissbrauch mit Schlaftabletten

Ta·b·lẹt·ten·süch·ti·ge der/die <-n, -n> *jmd., der davon abhängig ist, bestimmte Tabletten einzunehmen, weil er sonst Entzugserscheinungen bekommt*

Ta·bu das <-s, -s> (*geh.*) *eine Sache, die nicht getan und/oder über die nicht (öffentlich) gesprochen werden darf* Sexualität galt lange Zeit in öffentlichen Diskussionen als Tabu., ein Tabu brechen ▸tabulos

ta·bu <nicht steig.> (*nur präd.*) *Adj.* **1.** *so, dass man nicht gern darüber spricht* Dieses Thema ist tabu., Sexualität war früher in den meisten Familien tabu. **2.** *so, dass jmd. es nicht tun oder benutzen darf* Alkoholische Getränke/Zigaretten sind für ihn tabu., Klettern ist nach seinem Unfall tabu für ihn.

ta·bu·i·sie·ren *mit OBJ* ■ *jmd. tabuisiert etwas* (*geh.*) *zum Tabu erklären* (Das Sprechen über) Sexualität sollte auch in der Schule nicht tabuisiert werden.

Ta·bu·la ra·sa ■ **Tabula rasa machen** (*geh.*): *rücksichtslos Ordnung oder Klarheit schaffen*

Ta·bu·la·tor der <-s, -en> EDV *eine Markierung fester Spaltenabstände in der Textverarbeitung*

Ta·che·les ■ **Tacheles (mit jemandem) reden** (*umg.*): *jmdm. sehr offen die Meinung sagen*

ta·chi·nie·ren *ohne OBJ* ■ *jmd. tachiniert* (*umg. österr.*) *faulenzen* ▸Tachinierer

Ta·cho der <-s, -s> (KFZ: *umg.*) *kurz für „Tachometer"*

Ta·cho·me·ter der/das <-s, -> KFZ *ein Gerät, das die Geschwindigkeit eines Fahrzeugs misst* Der Tachometer zeigte 120 km/h. ◆-nadel

Tack·ling das ['tæklɪŋ] <-s, -s> SPORT *eine Abwehrtechnik beim Fußball, bei der der Verteidiger zwischen die Beine des Gegners hineingrätscht*

Ta·del der <-s, -> (*geh.*) *eine Kritik, mit der man ausdrückt, dass jmd. Mängel hat oder sich falsch verhält* jemandem einen Tadel erteilen, einen Tadel aussprechen, ein berechtigter/harter/schwerer Tadel, Lob und Tadel ▸Tadelei

ta·del·los <nicht steig.> *Adj. so, dass man es nicht beanstanden muss* eine tadellose Arbeit, Das Kleid sitzt tadellos.

ta·deln <tadelst, tadelte, hat getadelt> *mit OBJ* ■ *jmd. tadelt jmdn./etwas* (*geh.*) *energisch sagen, dass einem etwas nicht gefällt und dass man es nicht gut findet* jemanden/jemandes Verhalten tadeln, jemanden tadelnd ansehen

Tad·schi·ke, Tad·schi·kin der <-n, -n> *Einwohner Tadschikistans*

tad·schi·kisch *Adj. zu Tadschikistan gehörend, daher stammend*

Tad·schi·kis·tan <-s> *Staat in Mittelasien*

Ta·fel die <-, -n> **1.** (*geh.*) *ein großer Esstisch* eine festlich gedeckte Tafel, zur Tafel bitten, Die Gäste versammeln sich um die Tafel. ◆-besteck, -geschirr, -musik, -schmuck, -tuch, Fest-, Kaffee- **2.** *eine Art größeres Brett, auf dem man mit Kreide schreiben kann und von dem man das Geschriebene mit einem Schwamm wieder abwischen kann* etwas an die Tafel schreiben, die Tafel (ab)wischen ◆Schul-, Wand- **3.** *ein flaches Stück* (*eines bestimmten Materials*) eine Tafel Schokolade/Wachs ■ **die Tafel aufheben** (*geh.*): *die gemeinsame Mahlzeit beenden*

Ta·fel·dienst der <-(e)s> SCHULE **1.** *die regelmäßig wechselnde Aufgabe, nach der Unterrichtsstunde die Tafel[2] des Klassenzimmers zu wischen* **2.** *die beiden Schüler, die Tafeldienst[1] haben*

ta·feln <tafelst, tafelte, hat getafelt> *ohne OBJ* ■ *jmd. tafelt* (*geh.*) *festlich speisen* mit jemandem (stundenlang) tafeln

tä·feln <täfelst, täfelte, hat getäfelt> *mit OBJ* ■ *jmd. täfelt etwas* (*mit etwas Dat.*) *etwas mit einer Stein- oder Holzverkleidung versehen* die Wand täfeln, eine mit Holz getäfelte Wand

Ta·fel·obst das <-es> (*kein Plur.*) *zum Verzehr vorgesehenes Obst von guter Qualität*

Ta·fel·run·de die <-> (*kein Plur.*) *eine um einen Tisch versammelte Gesellschaft* eine fröhliche Tafelrunde ■ **die Ritter der Tafelrunde** LIT.: *die Ritter von König Artus, die sich der Sage nach um einen runden Tisch versammelten*

Ta·fel·sil·ber das <-s> (*kein Plur.*) **1.** *silbernes Essbesteck* das von der Großmutter geerbte Tafelsilber **2.** (*übertr.*) *sehr wertvoller Besitz* Mit diesen wertvollen Grundstücken verkauft die Stadt ihr Tafelsilber.

Ta·fel·spitz der <-> (*kein Plur.*) (KOCH.: *österr.*) *Hüftstück vom Rind*

Tä·fe·lung die <-, -en> *Wandverkleidung aus Holz*

Ta·fel·was·ser das <-s, Tafelwässer> (*geh.* ≈ *Mineralwasser*)

Tä·fer das <-s, -> (*schweiz.*) *Täfelung*

Ta·ferl·klass·ler der <-s, -> (*österr.*) *Schulanfänger(in)*

Taft der <-(e)s, -e> *ein glänzender Stoff aus Seide oder Kunstseide* ein Abendkleid/Vorhänge aus Taft

Tag der <-(e)s, -e> **1.** *der Zeitraum von vierundzwanzig Stunden, der ab Mitternacht gerechnet wird* noch drei Tage dauern, heute in acht Tagen/über acht Tage, Er wird noch am heutigen Tag eintreffen., der gestrige/heutige/morgige Tag, ein arbeitsreicher/schöner Tag, ein regnerischer/sonniger Tag, Die Tage der Woche heißen Sonntag, Montag, Dienstag,... ◆ Arbeits-, Feier-, Sommer-, Winter-, Wochen- **2.** *der Zeitraum, in dem es (durch Sonnenlicht) hell ist* Es wird Tag., Der Tag bricht an., Der Tag geht in die Nacht über. ►taghell **3.** *ein Zeitpunkt, an dem es (durch Sonnenlicht) hell ist* sich etwas bei Tage besehen, Bei Tag(e) sieht die Farbe ganz anders aus. **4.** ■ *der Tag der .../des ... ein Fest, eine Zusammenkunft, ein besonderes Ereignis, das mit einem bestimmten Thema in Verbindung steht* Tag der offenen Tür (≈ ein Tag, an dem die Räume einer Institution von interessierten Besuchern besichtigt werden können), der Tag der deutschen Einheit (≈ der dritte Oktober), Die Stadt veranstaltet in der nächsten Woche die Tage der französischen Kultur. **5.** (*Plur.*) *ein unbestimmter Zeitraum von mehreren Tagen oder Jahren* die Tage ihres Glücks, Es geschah in jenen Tagen ..., Das kennt man noch bis in unsere Tage., auf seine alten Tage, seine letzten Tage in einem Altenheim verbringen **6.** (*Plur.*) (*umg.* ≈ *Menstruation, Periode, Regel*) *Regelblutung* Sie hat ihre Tage., während der Tage Binden/Tampons verwenden ■ **über/unter Tag(e)** BERGB.: *über/unter der Erde* Die Kohle wird hier über/unter Tage abgebaut. **eines Tages**: *irgendwann* **zu Tag(e) kommen/treten**: *bekannt werden* **an den Tag legen**: *zeigen, offenbaren* Ausdauer/Fleiß/Mut an den Tag legen **ein Unterschied wie Tag und Nacht** (*umg.*): *ein sehr großer Unterschied* ◆ Großschreibung→R 3.3 Tag und Nacht, Tag für Tag, am/bei Tag, vor vierzehn Tagen, des Tags, am nächsten Tag, im Laufe des heutigen Tag(e)s; Kleinschreibung→R 3.10 tags darauf, tags zuvor; Getrennt- oder Zusammenschreibung→R 4.14 ein Geheimnis/einen Schatz zu Tage/zutage fördern *siehe auch* **tagelang**, **zutage**

tag·aus ■ **tagaus, tagein**: *immer wieder* Tagaus, tagein müssen wir Hausaufgaben machen!

Ta·g·dienst der <-(e)s, -e> (↔ *Nachtdienst*) *Dienst bei Tage*

Ta·ge·bau der <-(e)s> (*kein Plur.*) BERGB. *der Abbau von Bodenschätzen an der Erdoberfläche* Braunkohle im Tagebau gewinnen

Ta·ge·buch das <-(e)s, Tagebücher> *ein Buch, in das man seine täglichen Erlebnisse oder Gedanken schreibt* Tagebuch führen, Sie konnte nicht glauben, dass er in ihrem Tagebuch gelesen hatte., seine intimsten Gedanken dem Tagebuch anvertrauen ◆ -eintrag, Reise-

Ta·ge·dieb der <-(e)s, -e> (*veralt. umg. abwert.*) *Person, die faul und nichtsnutzig ist*

Ta·ge·geld das <-es> (*kein Plur.*) AMTSSPR. *der Geldbetrag, den ein Angestellter pro Tag für Unterkunft und Verpflegung auf Dienstreisen erhält*

ta·ge·lang <nicht steig.> *Adj.* (*abwert.*) *mehrere Tage dauernd* Es hat jetzt schon tagelang geregnet., tagelanges Warten ◆ aber Getrenntschreibung mehrere Tage lang

Ta·ge·löh·ner, **Ta·ge·löh·ne·rin** der <-s, -> VERALT. *jmd., der tageweise gegen Lohn arbeitet* Er arbeitete als Tagelöhner in der Landwirtschaft/einer Fabrik.

ta·gen **I.** *ohne OBJ* ■ *jmd. tagt eine Sitzung veranstalten, an einer Sitzung teilnehmen* Der Kongress tagt in Wien., Sie tagten stundenlang, ehe sie zu einer Übereinkunft kamen. ►Tagung **II.** *mit ES* ■ *es tagt* (*geh.*) *Tag werden* Es tagte bereits, als er davonritt.

Ta·ges·ab·lauf der <-s, Tagesabläufe> *die bestimmte Weise, in der für jmdn. ein Tag verläuft* Arbeit und Gebet bestimmen den Tagesablauf der Mönche., Training, Essen und Schlafen bestimmen den Tagesablauf der Rennfahrer.

Ta·ges·an·bruch der <-s> (*kein Plur.*) *der Zeitpunkt, an dem es morgens hell wird* Bei Tagesanbruch brachen sie zur Besteigung des Gipfels auf.

Ta·ges·er·eig·nis das <-ses, -se> *wichtiges Ereignis eines Tages* Die Zeitung berichtet über die wichtigsten Tagesereignisse.

Ta·ges·form die <-> (*kein Plur.*) SPORT *die Leistungsfähigkeit, die jmd. an einem bestimmten Tag hat* Leistungen, die von der Tagesform abhängig sind

Ta·ges·ge·richt das <-(e)s, -e> *ein Gericht, das in einem Restaurant an einem bestimmten Tag angeboten wird*

Ta·ges·ge·sche·hen das <-s> (*kein Plur.*) *die aktuellen Ereignisse des Tages* Die Nachrichten geben eine Zusammenfassung des Tagesgeschehens.

Ta·ges·ge·spräch das <-(e)s> (*kein Plur.*) *ein aktuelles Ereignis, über das zu einem bestimmten Zeitpunkt viele Leute sprechen* Die Hochzeit des Chefs war das Tagesgespräch im Büro.

Ta·ges·kar·te die <-, -n> **1.** *eine Eintrittskarte oder Fahrkarte, die einen ganzen Tag gültig ist* eine Tageskarte für Straßenbahn und Bus/für die Museen der Stadt **2.** *die Speisekarte, die für einen bestimmten Tag gilt* ein Gericht von der Tageskarte wählen

Ta·ges·licht das <-(e)s> (*kein Plur.*) *das Sonnenlicht bei Tage* Bei Tageslicht wirkt sie viel blasser als bei Kunstlicht., Das Tageslicht fällt durch große Fenster in den Raum. ■ **ans Tageslicht kommen** (*übertr.*): (*öffentlich*) *bekannt werden*

Ta·ges·mut·ter die <-, Tagesmütter> *eine Frau, die tagsüber die Kinder anderer Leute betreut* als Tagesmutter arbeiten, die Kinder zu einer Tagesmutter geben

Ta·ges·ord·nung die <-, -en> *ein Plan über die Inhalte und den Ablauf einer Sitzung* die Tagesordnung verlesen, Was steht (als Nächstes) auf der Tagesordnung?, etwas auf die Tagesordnung setzen ■ **an der Tagesordnung sein** (*umg. abwert.*): *gewöhnlich oder regelmäßig geschehen* Einbrüche und Überfälle sind in dieser Gegend an der Tagesordnung. **zur Tagesordnung übergehen** (*umg.*): *etwas unbeachtet lassen und sich anderen Dingen zuwenden* Wir können doch über diesen schrecklichen Ereignissen nicht einfach so zur Tagesordnung übergehen!

Ta·ges·ord·nungs·punkt der <-(e)s, -e> *einzelnes Thema auf einer Tagesordnung* einen Tagesordnungspunkt besprechen, zum nächsten Tagesordnungspunkt übergehen

Ta·ges·pres·se die <-> (*kein Plur.*) *die Gesamtheit aller Zeitungen, die an einem Tag erschienen sind*

Ta·ges·satz der <-es, Tagessätze> **1.** RECHTSW. *ein nach dem Einkommen bemessener Geldbetrag pro Tag, zu dessen Zahlung jmd. anstelle einer Haftstrafe verurteilt werden kann* zu dreißig Tagessätzen in Höhe von 50 Euro verurteilt werden **2.** AMTSSPR. *der Geldbetrag, der für Unterbringung und Behandlung in einem Krankenhaus pro Tag angerechnet wird*

Ta·ges·schau die <-, -en> *tägliche aktuelle Nachrichtensendung im Fernsehen*

Ta·ges·stun·den <-> *Plur.* (↔ *Nachtstunden*) *die Stunden, an denen es hell ist* die Tagesstunden für Arbeiten im Freien nutzen

Ta·ges·sup·pe die <-, -n> *in einem Restaurant täglich wechselndes Suppenangebot* Als Tagessuppe gibt es heute …

Ta·ges·um·satz der <-es, Tagesumsätze> WIRTSCH. *der Umsatz, den ein Unternehmen an einem Tag erzielt*

Ta·ges·zeit die <-, -en> *ein bestimmter zeitlicher Abschnitt des Tages* Im Sommer ist der Morgen eine sehr schöne Tageszeit., Hier ist zu dieser/um diese Tageszeit immer viel Betrieb.

Ta·ges·zei·tung die <-, -en> *täglich erscheinende Zeitung* eine Tageszeitung abonniert haben/lesen

ta·ge·wei·se *Adv. an einzelnen Tagen* Sie hilft tageweise bei einer Familie im Haushalt mit.

Ta·ge·werk das <-(e)s, -e> (*geh.*) *die an einem Tag geleistete Arbeit* sein Tagewerk vollbracht haben

Tag·geld das <-(e)s, -er> (*schweiz.*) *Tagegeld*

tag·hell <nicht steig.> *Adj. vollständig hell* Scheinwerfer machen das Stadion auch nachts taghell.

Ta·g·li·a·tel·le [talja'tɛlə] <-> *Plur. eine italienische Bandnudelart*

täg·lich <nicht steig.> *Adj. so, dass es jeden Tag geschieht* die tägliche Arbeit/Körperpflege/Routine, sich zweimal täglich die Zähne putzen, täglich bis in die Nacht hinein arbeiten, ein täglich verkehrender Zug, das tägliche Brot ▶alltäglich

tags *Adv. bei Tage*[2] Im Urlaub haben sie tags Ausflüge unternommen und abends sind sie tanzen gegangen. ■ **tags zuvor/darauf**: *am vorhergehenden/folgenden Tag*

Tag·sat·zung die <-, -en> (*österr.*) *Verhandlungstermin bei Gericht*

Tag·schicht die <-, -en> (↔ *Nachtschicht*) *Schichtarbeit bei Tage*

tags·ü·ber *Adv. während des Tages* Sie geht tagsüber arbeiten und abends besucht sie die Schule.

tag·täg·lich <nicht steig.> *Adj. jeden Tag* die tagtägliche Mühe

Tag·traum der <-s, Tagträume> (≈ *Imagination*) *eine Art Traum oder eine Fantasie, die jmd. bei wachem Bewußtsein hat*

Ta·gung die <-, -en> *eine Versammlung oder Sitzung, die zu einem bestimmten Thema oder Anlass veranstaltet wird* eine Tagung von Experten zum Thema Doping ◆-sgebühr, -shotel, -steilnehmer, Fach-, Jahres-

Tag·werk das <-(e)s, -e> (*meist Sing.*) (*schweiz.*) *Tagewerk*

Ta·hi·ti <-s> (*kein Plur.*) *eine Insel in Polynesien*

Tai·fun der <-s, -e> *ein tropischer Wirbelsturm, der besonders in Ostasien vorkommt*

Tai·ga die <-> (*kein Plur.*) *ein sehr großes Waldgebiet in Sibirien*

Tail·le die ['taljə] <-, -n> *die schmalste Stelle des menschlichen Rumpfes* Das Kleid betont die Taille sehr., einen Gürtel um die Taille tragen, eine schlanke Taille haben ▶tailliert

Takt[1] der <-(e)s, -e> **1.** (*kein Plur.*) MUS. *die bestimmte Art des Wechsels zwischen betonten und unbetonten Noten* den Takt schlagen, den Takt eines Musikstücks bestimmen **2.** MUS. *eine einzelne Einheit bei der Gliederung eines Musikstückes nach dem Takt*[1] beim Üben ein Stück vom dritten Takt an wiederholen, ein Stück nach wenigen Takten erkennen **3.** *der rhythmisch gegliederte Ablauf einer Bewegung* beim Rudern/Sägen/Seilspringen aus dem Takt kommen, der Takt einer Maschine/eines Motors **4.** TECHN. *ein einzelner Arbeitsschritt bei der Produktion am Fließband* ▶getaktet

Takt[2] der <-(e)s> (*kein Plur.*) (≈ *Feingefühl*) *die Fähigkeit, besonders in peinlichen Situationen oder bei traurigen Anlässen sich richtig zu verhalten und besonders die richtigen Worte zu finden* keinen Takt haben, Er hat in dieser Sache viel Takt bewiesen., ein Mensch mit viel/ohne jeden Takt

Takt·ge·fühl das <-s> (*kein Plur.*) (≈ *Takt*[2]) *das Gefühl für Anstand* viel/kein Taktgefühl haben, mit viel Taktgefühl an eine Sache herangehen

tak·tie·ren *ohne OBJ* ■ *jmd. taktiert geschickt und planvoll vorgehen* Die Unterhändler müssen vorsichtig taktieren, um zum Erfolg zu kommen.

Tak·tik die <-, -en> *eine Methode, nach der man vorgeht, um ein Ziel zu erreichen* eine bestimmte Taktik anwenden, seine Taktik ändern, Unsere Taktik war offenbar erfolgreich.

Tak·ti·ker, **Tak·ti·ke·rin** der <-s, -> *jmd., der geschickt und planvoll handelt oder für geschicktes und planvolles Handeln bekannt ist* Er ist ein kluger Taktiker, wir können seinem Verhandlungsgeschick vertrauen., Sie ist keine Taktikerin, sie denkt und handelt meist spontan.

tak·tisch <nicht steig.> *Adj. die Taktik betreffend*

T

eine taktische Entscheidung treffen, taktisch klug vorgehen

takt·los *Adj.* (↔ *taktvoll*) *ohne Anstand und Feingefühl, ohne Takt*[2] eine taktlose Bemerkung machen, ein taktloser Mensch

Takt·lo·sig·keit die <-, -en> **1.** (*kein Plur.*) *die Eigenschaft taktlos zu sein* Seine Taktlosigkeit hat ihm schon oft geschadet. **2.** *taktlose Handlung* Das war wirklich eine grobe Taktlosigkeit von dir!, Er hat eine Taktlosigkeit begangen.

Takt·stock der <-(e)s, Taktstöcke> MUS. *der Stab, mit dem der Takt*[1] *beim Dirigieren vorgegeben wird* Der Dirigent hebt den Taktstock.

Takt·strich der <-(e)s, -e> MUS. *in der Notenschrift verwendetes Zeichen zur Angabe von Beginn und Ende eines einzelnen Taktes*[1 2]

takt·voll *Adj.* (↔ *taktlos*) *mit Anstand und mit Feingefühl* sehr taktvoll reagieren, eine taktvolle Reaktion, ein taktvoller Mensch

Tal das <-(e)s, Täler> (↔ *Berg*) *ein Gebiet, das zwischen Bergen liegt und relativ flach ist* ein grünes/liebliches/sanftes/tiefes Tal, Im Winter sind die Täler im Hochgebirge von der Außenwelt abgeschnitten., Der Fluss verläuft durch ein tief eingeschnittenes Tal. ■ **zu Tal(e)**: *ins Tal hinunter; bergab* zu Tal fahren ◆ Fluss-, Gebirgs-

tal·ab·wärts *Adv.* (↔ *talaufwärts*) *in einem Tal hinunter* Der Fluss transportiert viel Geröll talabwärts.

Ta·lar der <-s, -e> *ein langes, schwarzes Gewand, das als Amtstracht bestimmter Berufsstände getragen wird* ein Pfarrer/Richter im Talar, einen Talar anlegen/tragen

tal·auf·wärts *Adv.* (↔ *talabwärts*) *in einem Tal hinauf* Wir sind am Fluss entlang talaufwärts gewandert.

Ta·lent das <-(e)s, -e> **1.** (≈ *Begabung*) *eine bestimmte große Fähigkeit für etwas, die jmd. nicht durch Lernen oder Ausbildung erworben hat, sondern bereits von Geburt an besitzt* Sein Talent wurde schon in jungen Jahren sichtbar., Er bringt für diesen Sport viel Talent mit., das Talent für die Musik von der Mutter geerbt haben **2.** *jmd., der ein bestimmtes Talent*[1] *hat* junge Talente fördern, Er ist ein großes musikalisches/künstlerisches Talent., ein Talent auf dem Gebiet der Mathematik sein ◆ Ball-, Bewegungs-, Nachwuchs-, Show-, Sport-

ta·len·tiert *Adj.* (≈ *begabt*) *so, dass man (eine bestimmte) Begabung hat* Der Musiker ist sehr talentiert., eine talentierte junge Frau

Ta·ler der <-s, -> GESCH. *eine alte deutsche Münze*

Tal·fahrt die <-, -en> **1.** *die Fahrt vom Berg hinab ins Tal* die Talfahrt mit einer Seilbahn/auf dem Schlitten/auf Skiern **2.** (*übertr.*) *eine sehr negative Entwicklung* die Talfahrt des Dollar/des Euro/ der Wirtschaft/einer Aktie

Talg der <-(e)s, (-e)> **1.** *aus dem Fettgewebe von Tieren gewonnenes Fett* Kerzen aus Talg ◆-kerze **2.** *Fett, das von den Drüsen der Haut abgesondert wird* ◆-drüse

Talg·drü·se die <-, -n> ANAT. *eine Drüse, die Talg*[2] *absondert* die Talgdrüsen in der Haut

Ta·lis·man der <-s, -e> *ein Gegenstand, den jmd. immer bei sich trägt, weil er Glück bringen soll* einen Talisman bei sich haben

Talk der [tɔ:k] <-s, -s> (*umg.*) *kurz für „Talkshow“*

tal·ken ['tɔ:kn̩] <talkst, talkte, hat getalkt> *ohne OBJ* ■ *jmd. talkt* (*umg.*) *in einer Talkshow mitwirken* Am Nachmittag wird auf diesem Sender ununterbrochen getalkt.

Tal·kes·sel der <-s, -> *ein tief eingeschnittenes Tal, das ringsum von Bergen umgeben ist* Das Dorf liegt in einem Talkessel.

Talk·mas·ter, **Talk·mas·te·rin** der ['tɔ:kma:stɐ] <-s, -> *Person, die eine Talkshow leitet*

Talk·show die ['tɔ:kʃo:] <-, -s> *eine Fernsehsendung, in der sich geladene Gäste miteinander unterhalten*

Tal·mud der <-(e)s> (*kein Plur.*) REL. *die Sammlung religiöser Schriften des Judentums* ▶talmudisch, Talmudist

Ta·lon der [ta'lõ] <-s, -s> **1.** *Kontrollabschnitt (an einer Eintrittskarte)* **2.** *Stapel von nicht ausgegebenen Spielkarten*

Tal·soh·le die <-, -n> **1.** *die tiefste Stelle eines Tals* beim Abstieg die Talsohle erreichen **2.** (*übertr.*) *der Tiefpunkt einer negativen Entwicklung* Nachdem die Talsohle durchschritten ist, geht es wieder aufwärts.

Tal·sper·re die <-, -n> *ein durch eine große Mauer angestauter Fluss, der einen See bildet* eine Talsperre für Trinkwasser/mit einem Wasserkraftwerk

Tal·sta·ti·on die <-, -en> *im Tal befindliche Station einer Seilbahn oder eines Skiliftes*

tal·wärts *Adv. vom Berg hinab ins Tal* talwärts laufen/fahren

Ta·ma·ris·ke die <-, -n> BOT. *ein Strauch mit rosafarbenen Blüten*

Tam·bour der ['tambu:ɐ, tam'bu:ɐ] <-s, -e/-en> (*veralt. oder schweiz.*) *Trommler*

Tam·bu·rin das <-s, -e> MUS. *eine kleine Schellentrommel*

Tam·pon, Tam·pon der <-s, -s> **1.** MED. *gepresste Watte* die Wunde mit einem Tampon säubern ▶tamponieren **2.** *ein Tampon*[1]*, der zu einer Art kleinem Stab gepresst ist, zum Aufnehmen des Blutes bei der Regelblutung*

Tam·tam das <-s, -s> **1.** MUS. *ein asiatisches Musikinstrument in Form eines Beckens, das mit einem Klöppel geschlagen wird* das Tamtam schlagen **2.** (*kein Plur.*) (*umg. abwert.*) *große Aufregung um eine Nichtigkeit* ein großes Tamtam um etwas machen

Tand der <-(e)s> (*kein Plur.*) (*umg. abwert.*) *wertlose Dinge*

tän·deln <tändelst, tändelte, hat getändelt> *ohne OBJ* ■ *jmd. tändelt* **1.** (*geh. abwert.*) *etwas ohne Ernst tun; etwas spielerisch tun* Sie tändeln doch nur, es kommt nichts dabei heraus. **2.** (*veralt.*) *flirten* mit jemandem tändeln ▶Tändelei

Tan·dem das <-s, -s> **1.** *ein Fahrrad, auf dem zwei Personen fahren können, die hintereinander sit-*

zen mit/auf einem Tandem fahren, Ich fahre nicht gern Tandem. **2.** (*übertr.*) *zwei Personen, die sich wechselseitig ihre Kenntnisse mitteilen und so gemeinsam lernen* Ein englischer Student und eine italienische Studentin bilden ein Tandem und lernen voneinander ihre Sprachen. **3.** TECHN. *zwei hintereinander geschaltete Antriebe oder Motoren* ◆-betrieb

Tạnd·ler der <-s, -> (*süddt. österr.*) **1.** *jmd., der trödelt* **2.** *fahrender Händler*

Tạng der <-(e)s, (-e)> *rote oder braune Meeresalgen* Der Tang wurde ans Ufer getrieben.

Tạn·ga der ['taŋga] <-s, -s> *sehr knapp geschnittener Bikini oder Slip* ◆-slip

Tan·gẹn·te die <-, -n> **1.** MATH. *eine Gerade, die eine Kurve an einem Punkt berührt* die Tangente zu einem Kreis ziehen **2.** (≈ *Umgehungsstraße*) die nördliche Tangente der Stadt ausbauen, um die Stadt vom Verkehr zu entlasten

tan·gen·ti·a̱l [taŋgɛn'ts̮i̯a:l] <nicht steig.> *Adj.* MATH. *in der Art einer Tangente* eine Flugbahn, die tangential zu einer Umlaufbahn verläuft

tan·gi̱e·ren *mit OBJ* **1.** ■ *etwas tangiert etwas* MATH. *als Tangente*[1] *berühren* Mehrere Linien tangieren die Kurve. **2.** (*geh.*) ■ *etwas tangiert jmdn./etwas betreffen; beeinflussen* Seine Kritik tangiert mich überhaupt nicht, ich mache weiter wie bisher., Die Einsparungen tangieren unser Projekt nur am Rande.

Tạn·go der <-s, -s> **1.** *ein Paartanz aus Argentinien* (einen) Tango tanzen **2.** *ein einzelnes Musikstück oder Lied im Stil des Tango*[1] einen Tango spielen ◆-rhythmus

Tạnk der <-s, -s/(-e)> **1.** *ein großer Behälter für Flüssigkeiten und Gase* einen Tank für Regenwasser aufstellen, Das Öl lagert in großen Tanks. ◆Benzin-, Öl-, Wasser- **2.** *der Behälter für den Kraftstoff im Auto oder an einem Motorrad* Der Tank ist leer., ein Loch im Tank haben ◆-füllung

Tạnk·de·ckel der <-s, -> *Verschlussdeckel eines Tanks*[2] den Tankdeckel verschließen

tạn·ken **I.** *ohne OBJ* ■ *jmd. tankt den Tank des Autos mit Kraftstoff füllen* Wir müssen bald wieder tanken., voll tanken **II.** *mit OBJ* ■ *jmd. tankt etwas* (*umg. übertr.*) *etwas auf sich wirken lassen und es genießen* Ich muss etwas Sonne und frische Luft tanken.

Tạn·ker der <-s, -> SEEW. *ein großes Lastschiff mit Behältern zum Transport von Erdöl* ein havarierter Tanker ◆-katastrophe, Öl-

Tạnk·last·zug der <-(e)s, Tanklastzüge> *ein Lastzug zum Transport von Flüssigkeiten*

Tạnk·stel·le die <-, -n> *ein Geschäft, das (hauptsächlich) Kraftstoff für Autos verkauft*

Tạnk·wa·gen der <-s, -> *ein Lastwagen zum Transport von Flüssigkeiten*

Tạnk·wart, **Tạnk·war·tin** der <-(e)s, -e> *jmd., der beruflich an einer Tankstelle Kraftstoff verkauft*

Tạn·ne die <-, -n> *kurz für „Tannenbaum"*

Tạn·nen·baum der <-(e)s, Tannenbäume> **1.** *ein Nadelbaum mit dunkelgrünen, würzig riechenden Nadeln und dunkelbraunen schuppigen Zapfen* **2.** (*umg.* ≈ *Weihnachtsbaum*)

Tạn·nen·na·del die <-, -n> (*meist Plur.*) *Nadel vom Zweig einer Tanne*

Tạn·nen·wald der <-(e)s, Tannenwälder> *aus Tannen bestehender Wald*

Tạn·nen·zap·fen der <-s, -> *die zapfenförmige, aus verholzten Schuppen bestehende Frucht der Tanne*

Tan·sa·ni̱a, **Tan·sa̱·nia** <-s> *ein Staat in Afrika*

Tan·sa·ni̱·er, **Tan·sa·ni̱·e·rin** der <-s, -> *Einwohner(in) Tansanias*

tan·sa̱·nisch <nicht steig.> *Adj. zu Tansania gehörend* die tansanische Regierung

Tạn·te die <-, -n> **1.** *die Schwester von Vater oder Mutter* **2.** *die Ehefrau des Onkels*

Tạn·te-Ẹm·ma-La·den der <-s, Tante-Emma-Läden> (*umg.*) *ein kleines Einzelhandelsgeschäft* der Tante-Emma-Laden um die Ecke, Die Supermärkte haben die Tante-Emma-Läden verdrängt.

Tan·ti·e̱·me die [tã'ti̯e:mə] <-, -n> (*nur Plur.*) **1.** (WIRTSCH.: ≈ *Gewinnanteil*) Tantiemen aus etwas beziehen **2.** *die Vergütung, die Autoren für die Veröffentlichung oder Aufführung ihrer Werke erhalten* Er bekommt Tantiemen für die Aufführung seines Stückes.

Tạnz der <-es, Tänze> **1.** (*kein Plur.*) *der Vorgang, dass Menschen rhythmische, festgelegte Bewegungen zu Musik ausführen* Sie liebt Musik und Tanz., Der Tanz ist eine beliebte Freizeitbeschäftigung., ein Mädchen zum Tanz auffordern ◆Gesellschafts-, Paar-, Volks- **2.** *eine bestimmte Stilrichtung des Tanzens* Der Tango ist ein lateinamerikanischer Tanz. ◆Ausdrucks-, Ballett-, Jazz-, Stepp-, **3.** (*kein Plur.*) (*umg.*) *Tanzveranstaltung* Um fünf Uhr ist Tanz im Café Heinrich., zum Tanz einladen/gehen **4.** *ein einzelnes Musikstück, zu dem getanzt wird* Wollen Sie diesen Tanz mit mir tanzen?, Die Kapelle kündigt den letzten Tanz an. **5.** (*kein Plur.*) (≈ *Ballett*) *der Tanz*[1] *als Kunstform* die Geschichte des Tanzes im zwanzigsten Jahrhundert **6.** (*kein Plur.*) (*umg. abwert.* ≈ *Theater*) *übertrieben große Aufregung um jmdn. oder etwas* Ich verstehe nicht, warum ihr einen solchen Tanz um diese angebliche Neuheit macht.

Tạnz·bein ■ **das Tanzbein schwingen** (*umg. scherzh.*): *tanzen*

tặn·zeln <tänzelst, tänzelte, hat/ist getänzelt> *ohne OBJ* **1.** ■ *jmd./ein Tier tänzelt* (*haben*) *tänzerische Bewegungen machen* Das Pferd hat nervös getänzelt., Er tänzelte von einem Bein auf das andere. **2.** ■ *jmd./ein Tier tänzelt irgendwohin* (*sein*) *sich irgendwohin mit tänzerischen Bewegungen begeben* Die Mädchen sind über die Bühne getänzelt., Das Pferd tänzelte zum Start.

tạn·zen <tanzt, tanzte, hat getanzt> *mit OBJ/ohne OBJ* ■ *jmd. tanzt (etwas) sich rhythmisch zur Musik bewegen* Sie tanzt einen Wiener Walzer., Sie tanzt gerne/sehr gut., mit jemandem tanzen

Tặn·zer, **Tặn·ze·rin** der <-s, -> **1.** *jmd., der tanzt* die Tänzer auf der Tanzfläche beobachten **2.** *jmd., der Mitglied eines Ballettensembles ist* **3.** *jmd.,* *der Tanzsport betreibt*

Tanz·flä·che die <-, -n> *die Fläche, auf der getanzt wird*

Tanz·kurs der <-es, -e> *ein Unterricht, in dem man Tänze erlernen kann* einen Tanzkurs besuchen, im Tanzkurs Tango üben

Tanz·lo·kal das <-s, -e> *eine Gaststätte, in der regelmäßig Tanzveranstaltungen stattfinden*

Tanz·mu·sik die <-> (*kein Plur.*) *Musik, die speziell für den Zweck komponiert ist, dass Menschen dazu tanzen* Die Kapelle spielte Tanzmusik.

Tanz·sport der <-s> (*kein Plur.*) *das als Sportart betriebene Tanzen*

Tanz·stun·de die <-, -n> (≈ *Tanzkurs*) *Unterricht, in dem man Tänze erlernen kann* zur Tanzstunde gehen

Tanz·tur·nier das <-s, -e> SPORT *ein Wettbewerb im Tanzsport* aus einem Tanzturnier als Sieger hervorgehen

tanz·wü·tig *Adj.* (*scherzh.*) *so, dass man gerne tanzt*

Ta·pet ■ **etwas aufs Tapet bringen** (*umg.*): *etwas zum Gesprächsthema machen*

Ta·pe·te die <-, -n> *relativ dickes Papier, das in großen Bahnen an Wände geklebt wird und das mit einem Muster verziert ist oder auf das man Wandfarbe streicht* eine einfarbige/gemusterte Tapete, Tapeten aussuchen/mit Kleister einstreichen/ von der Wand lösen/zuschneiden ◆-nkleister, -nmuster, -nrolle, Raufaser-

Ta·pe·ten·wech·sel ■ **einen Tapetenwechsel brauchen** (*umg.*): *Urlaub oder Erholung brauchen*

ta·pe·zie·ren *mit OBJ/ohne OBJ* ■ *jmd. tapeziert (etwas) Wände mit Tapeten bekleben* die Wände/ ein Zimmer tapezieren, Wir haben selbst tapeziert.

Ta·pe·zier·tisch der <-(e)s, -e> *ein ausklappbarer Arbeitstisch, auf dem beim Tapezieren die Tapeten zugeschnitten und mit Kleister eingestrichen werden*

tap·fer *Adj.* **1.** *so, dass man Anstrengungen oder Schmerzen ohne zu klagen erträgt* Die Kinder sind auf der Wanderung sehr tapfer gelaufen., beim Zahnarzt tapfer sein **2.** (≈ *mutig*) *so, dass man unerschrocken gegen Feinde oder Widerstände kämpft* Sie haben sich tapfer verteidigt., ein tapferer Kämpfer

Tap·fer·keit die <-> (*kein Plur.*) **1.** (≈ *Unerschrockenheit*) Tapferkeit im Kampf zeigen **2.** *das klaglose Erdulden von Anstrengungen oder Schmerzen* Der Arzt lobte das Kind für seine Tapferkeit.

Ta·pir, Ta·pir der <-s, -e> *ein in Südamerika und Asien lebendes Rüsseltier*

tap·pen <tappst, tappte, ist getappt> *ohne OBJ* ■ *jmd. tappt irgendwo mit schwerem, unsicherem Schritt laufen* langsam in der Dunkelheit zur Tür tappen, tappende Schritte ■ **(völlig) im Dunkeln tappen** (*umg.*): *nicht Bescheid wissen*

täp·pisch *Adj.* (*abwert.*) *unbeholfen* sich bei etwas täppisch anstellen, täppische Bewegungen

Ta·ran·tel die <-, -n> *eine in Südeuropa vorkommende giftige Spinne* Der Biss einer Tarantel ist schmerzhaft. ■ **wie von der Tarantel gestochen** (*umg.*): *sehr schnell und ruckartig* Er sprang auf wie von der Tarantel gestochen.

Ta·ran·tel·la die <-, -s> MUS. *ein italienischer Volkstanz*

Ta·rif der <-s, -e> **1.** *zwischen Arbeitgebern und Gewerkschaften ausgehandelte Höhe der Löhne und Gehälter* eine Anhebung der Tarife aushandeln, Lohn nach Tarif zahlen, eine Zulage über Tarif zahlen **2.** *der Preis für eine Lieferung oder Dienstleistung* Das ist der übliche Tarif für das Einrichten eines PCs durch einen Fachmann., die Tarife für Ferngespräche/ die Straßenbahn/den Strom senken

Ta·rif·ab·schluss der <-es, Tarifabschlüsse> *zwischen Arbeitgebern und Gewerkschaften ausgehandelte Vereinbarung über die Höhe der Löhne und Gehälter*

ta·rif·lich <nicht steig.> *Adj. auf den Tarif[1] bezogen* tarifliche Vereinbarungen

Ta·rif·lohn der <-(e)s, Tariflöhne> *durch den Tarif[1] bestimmter Lohn*

Ta·rif·part·ner der <-s, -> *die Verhandlungspartner, die die Höhe der zu zahlenden Löhne und Gehälter miteinander aushandeln* Arbeitgeber und Gewerkschaften sind Tarifpartner.

Tarif·run·de die <-, -n> *die jährlich wiederkehrenden Verhandlungen der Tarifpartner in allen Bereichen der Wirtschaft, in denen die Höhe der zu zahlenden Löhne und Gehälter festgelegt wird* Mit einer Forderung nach 1,5 Prozent mehr Lohn und Gehalt haben die Gewerkschaften die diesjährige Tarifrunde eröffnet

Ta·rif·ver·hand·lung die <-, -en> (*meist Plur.*) *Verhandlung zur Neufestlegung der Höhe der zu zahlenden Löhne und Gehälter* Tarifverhandlungen abbrechen/führen/scheitern lassen

Ta·rif·ver·trag der <-(e)s, Tarifverträge> *Vertrag über die Höhe der zu zahlenden Löhne und Gehälter*

tar·nen **I.** *mit OBJ* ■ *jmd. tarnt etwas* **1.** MILIT. *durch bestimmte Maßnahmen dafür sorgen, dass etwas sich nicht mehr oder kaum noch von der umgebenden Landschaft abhebt* ein gut getarntes Versteck, Die Panzer waren gut getarnt. **2.** *verschleiern; als etwas anderes ausgeben* eine Waffe als harmloses Werkzeug tarnen **II.** *mit SICH* **1.** ■ *jmd. tarnt sich sich so verändern, dass man kaum sichtbar ist* Viele Tiere können sich durch Anpassung an die Farbe der Umgebung hervorragend tarnen. **2.** ■ *jmd. tarnt sich als etwas sich wie eine andere Person kleiden oder ausrüsten, um für diese gehalten zu werden* Der Einbrecher hatte sich als Handwerker getarnt, um in die Wohnung zu gelangen.

Tarn·far·be die <-, -n> (*dunkelgrüne bis olivgrüne*) *Farbe zum Tarnen im Gelände* etwas mit Tarnfarbe streichen, Ein Tier nimmt eine Tarnfarbe an.

Tarn·kap·pen·bom·ber der <-s, -> *ein Kampfflugzeug, das so beschaffen ist, dass es vom gegnerischen Radar nicht erkannt wird*

Tar·nung die <-, -en> **1.** (*kein Plur.*) *das Tarnen* zur Tarnung dunkle Kleidung tragen **2.** *etwas, das zur Tarnung dient* hinter der Tarnung hervortreten

Ta·rock das/der <-s, -s> *ein Kartenspiel*

Tar·tan® der <-s> (*kein Plur.*) *ein wetterfester Kunststoffbelag für Laufbahnen in Stadien* ◆-bahn

Ta·sche die <-, -n> **1.** (↔ *Koffer*) *ein Gepäckstück aus Leder oder Kunststoff, das man meist in der Hand oder an einem Riemen über der Schulter trägt und das im Gegensatz zu einem Koffer eine weiche Hülle hat* eine Tasche aus Leder/Kunststoff/Stoff, eine Tasche zum Einkaufen/für Akten ◆Akten-, Einkaufs-, Hand-, Reise-, Sport-, Umhänge- **2.** *in ein Kleidungsstück eingenähter kleiner Hohlraum mit einer Öffnung, in dem man kleinere Gegenstände verwahren kann* die Taschen des Mantels/auf der Brust eines Hemdes/in der Hose, etwas in die Tasche stecken, die Hände aus den Taschen nehmen/in die Taschen stecken ◆Brust-, Gesäß-, Hemden-, Mantel- **3.** ■ **jemanden in die Tasche stecken** (*umg.*): *jmdm. überlegen sein* **jemandem auf der Tasche liegen** (*umg. abwert.*): *auf jmds. Kosten leben* **etwas aus eigener Tasche zahlen** (*umg.*): *etwas vom eigenen Geld bezahlen*

Ta·schen·buch das <-(e)s, Taschenbücher> (↔ *gebundenes Buch, Hardcover*) *ein Buch mit einem weichen Pappeinband* Der Roman ist jetzt als Taschenbuch erschienen.

Ta·schen·dieb, **Ta·schen·die·bin** der <-(e)s, -e> *jmd., der Geld und Wertsachen aus Taschen*[1] [2]*stiehlt* Bitte achten Sie auf Taschendiebe!

Ta·schen·for·mat das <-(e)s, -e> *ein kleines Format, das in eine Tasche*[2] *passt* ein Fahrplan/ein Wörterbuch im Taschenformat

Ta·schen·geld das <-(e)s> (*kein Plur.*) *das Geld, das die Eltern regelmäßig ihren Kindern geben und über dessen Verwendung die Kinder selbst entscheiden dürfen* Wieviel Taschengeld bekommst du?, sich etwas vom Taschengeld kaufen/zusammensparen, sich etwas zum Taschengeld hinzuverdienen

Ta·schen·ka·len·der der <-s, -> *ein kleines Notizbuch*

Ta·schen·lam·pe die <-, -n> *eine kleine tragbare (batteriebetriebene) Lampe*

Ta·schen·mes·ser das <-s, -> *ein kleineres Werkzeug, aus dem verschiedene Messerklingen (und oft weitere kleine Werkzeuge wie Flaschenöffner u.Ä.) ausgeklappt werden können*

Ta·schen·rech·ner der <-s, -> *eine kleine (elektronische) Rechenmaschine*

Ta·schen·schirm der <-es, -e> *ein kleiner (faltbarer) Regenschirm*

Ta·schen·tuch das <-(e)s, Taschentücher> *ein kleines Tuch aus Stoff oder Papier, mit dem man sich die Nase putzen kann* mit einem Taschentuch die Brille reinigen, eine Packung Taschentücher ◆Papier-, Stoff-, Tempo-

Ta·schen·uhr die <-, -en> *eine (mechanische) Uhr, die man an einer Kette in der Hosentasche trägt*

Ta·schen·wör·ter·buch das <-(e)s, Taschenwörterbücher> *ein kleinformatiges Wörterbuch*

Tas·se die <-, -n> **1.** *ein Trinkgefäß mit einem Henkel, das für das Trinken warmer Getränke vorgesehen ist* Kaffee/Milch/Tee aus einer Tasse trinken, Man trinkt doch Wein nicht aus Tassen! ◆Henkel-, Kaffee-, Suppen-, Tee- **2.** *der Inhalt einer Tasse*[1] Man nehme zwei Tassen Mehl/Milch/Wasser …, eine Tasse Kaffee/Kakao/Tee trinken ■ **nicht alle Tassen im Schrank haben** (*umg. abwert.*): *verrückt sein* **eine trübe Tasse** (*umg. abwert.*): *ein langweiliger Mensch*

Tas·ta·tur die <-, -en> *eine Vorrichtung, die aus Tasten*[1] *besteht, mit denen man etwas in ein Gerät eingibt* die Tastatur eines Computers/einer Schreibmaschine/eines Geldautomaten/eines Telefons, die Tastatur an den PC anschließen, die kleine Tastatur auf dem Handy

Tas·te die <-, -n> **1.** *ein kleiner, flacher Knopf an einem Gerät, den man drückt, um Daten einzugeben oder eine Funktion auszulösen* die Tasten eines Computers/einer Schreibmaschine/eines Telefons, zum Öffnen der Tür eine Taste drücken **2.** *eines der Elemente, auf die man bei bestimmten Instrumenten drückt, um Töne zu erzeugen* auf den Tasten des Klaviers herumklimpern

tas·ten **I.** *mit OBJ* ■ *jmd. tastet etwas* (≈ *befühlen*) *mit der Hand über etwas gleiten und prüfend fühlen* Der Arzt konnte den Knoten mit der Hand tasten. **II.** *ohne OBJ* ■ *jmd. tastet nach etwas Dat. mit der Hand nach etwas suchen* im Dunkeln nach dem Lichtschalter tasten **III.** *mit SICH* ■ *jmd. tastet sich irgendwohin fühlend den Weg irgendwohin finden* sich durch das Dunkel/zur Tür tasten, sich langsam vorwärts tasten

Tas·ten·in·stru·ment das <-s, -e> MUS. *ein Musikinstrument, bei dem man durch Niederdrücken von Tasten Töne erzeugt* Klavier, Orgel und Cembalo sind Tasteninstrumente.

Tast·sinn der <-(e)s> (*kein Plur.*) *die Sinneswahrnehmung, die durch das Fühlen mit den Händen entsteht* Blinde entwickeln einen außerordentlich guten Tastsinn.

Tat die <-, -en> **1.** (≈ *Handlung*) *etwas, das jmd. getan hat* Sie hat viele gute Taten getan., eine abscheuliche/bedeutende/folgenreiche/große/ ungeheuerliche/widerwärtige Tat, die Folgen/Hintergründe/Konsequenzen einer Tat, den Worten Taten folgen lassen, zur Tat schreiten ◆Helden- **2.** (≈ *Straftat*) *ein Verbrechen* Was ist das Motiv für die Tat?, Wie wurde die Tat begangen?, auf frischer Tat ertappt werden, für seine Tat verurteilt werden ■ **in der Tat** (*geh.*): *wirklich; wahrhaftig* Das hat er in der Tat gesagt? **etwas in die Tat umsetzen**: *etwas verwirklichen* seine Ideen in die Tat umsetzen ◆-hergang, -motiv, -umstand, -waffe, -zeuge

Ta·tar, **Ta·ta·rin**[1] der <-en, -en> *Angehöriger eines Volksstammes, der in Russland, der Ukraine und Westsibirien verbreitet ist*

Ta·tar[2] das <-s> (*kein Plur.*) KOCH. *eine Speise aus*

T

rohem Rinderhackfleisch, Eiern und Gewürzen, die man kalt isst

Tat·be·stand der <-(e)s, Tatbestände> **1.** (≈ *Faktum*) *die Lage, wie sie sich darstellt* ein unverrückbarer Tatbestand, einen Tatbestand anzweifeln, Dass die Mannschaft verloren hat, ist ein Tatbestand. **2.** RECHTSW. *die juristische Bewertung einer Handlung* Der Tatbestand der Erpressung gilt als erfüllt.

Ta·ten·drang der <-s> (*kein Plur.*) (↔ *Passivität*) *der Drang, etwas zu tun* jung und voller Tatendrang sein, voller Tatendrang an eine Aufgabe gehen

ta·ten·los <nicht steig.> *Adj.* (*abwert.*) *ohne zu handeln* bei dem Überfall tatenlos zusehen

Tä·ter, **Tä·te·rin** der <-s, -> *eine Person, die eine Straftat begangen hat* Die Täterin wurde (des Mordes) überführt., Die Täter konnten ermittelt werden. ◆-profil, Straf-

Tä·ter·schaft die <-> (*kein Plur.*) **1.** *die Tatsache, dass man eine Straftat begangen hat* die Täterschaft leugnen, jemandem seine Täterschaft nachweisen **2.** (*schweiz.*) *alle an einer Straftat beteiligten Täter*

tä·tig <nicht steig.> *Adj.* **1.** *so, dass man in einem bestimmten Beruf arbeitet* als Architekt/Lehrerin/Maurer tätig sein **2.** (≈ *tatkräftig*) *so, dass man praktisch handelt* tätige Hilfe/Nächstenliebe **3.** (≈ *aktiv* ↔ *untätig*) *so, dass man aktiv ist und handelt* Wir sind den ganzen Tag tätig gewesen, jetzt wollen wir uns ausruhen., Wann wird die Stadt endlich tätig in dieser Sache? **4.** (≈ *aktiv*) *so, dass es in Betrieb ist oder eine bestimmte Aktivität zeigt* Der Vulkan ist seit einigen Wochen wieder tätig., ein tätiger Vulkan, Das Herz hat aufgehört tätig zu sein., Diese Seilbahn ist nicht mehr tätig.

tä·ti·gen *mit OBJ* ■ *jmd. tätigt etwas* (*geh.*) *ausführen* ein Geschäft tätigen

Tä·tig·keit die <-, -en> **1.** (*kein Plur.*) (≈ *Aktivität*) *das Tätigsein* jemanden in seiner Tätigkeit unterbrechen, emsige/fieberhafte Tätigkeit entfalten **2.** (≈ *Job*) *berufliche Beschäftigung* eine neue Tätigkeit aufnehmen/suchen, eine Tätigkeit als Verkäuferin angeboten bekommen, Sie hat in der Vergangenheit schon verschiedene Tätigkeiten ausgeübt. **3.** (*kein Plur.*) *das In-Betrieb-Sein* Die Anlage ist schon sehr lange in/außer Tätigkeit., Die Tätigkeit des Herzens überwachen., die erneute Tätigkeit des Vulkans

Tä·tig·keits·be·reich der <-(e)s, -e> *der Bereich, in dem jmd. tätig ist* seinen Tätigkeitsbereich erweitern

Tä·tig·keits·wort das <-(e)s, Tätigkeitswörter> (SPRACHWISS.: ≈ *Verb*) *ein Wort, das oft eine Handlung oder einen Vorgang ausdrückt, das wichtiger Baustein der Satzaussage ist und das nach Person, Numerus, Tempus und Modus konjugiert werden kann siehe auch* **Verb**

Tat·kraft die <-> (*kein Plur.*) (≈ *Energie*) *der Drang, tätig zu sein oder zu handeln* ein Mensch voller Tatkraft, voller Tatkraft an eine Aufgabe gehen

tat·kräf·tig *Adj.* (≈ *energisch*) *voller Drang, tätig zu sein oder zu handeln* jemanden tatkräftig unterstützen, tatkräftige Hilfe leisten, ein tatkräftiger Mitarbeiter

tät·lich <nicht steig.> *Adj.* (≈ *gewalttätig*) *so, dass man Gewalt gegen jmdn. gebraucht* ein tätlicher Angriff, tätliche Auseinandersetzungen verhindern, gegen jemanden tätlich werden

Tät·lich·keit die <-, -en> (AMTSSPR.: *geh.*) *ein Akt körperlicher Gewalt* Es kam zu Tätlichkeiten zwischen ihnen/gegenüber dem Opfer.

Tat·ort der <-(e)s, -e> *der Ort, an dem eine Straftat begangen wurde* Spurensicherung am Tatort betreiben, den Tatort absperren/sichern, die Beamten waren in weniger als zehn Minuten am Tatort, Am Tatort konnte die Tatwaffe sichergestellt werden.

tä·to·wie·ren <tätowierst, tätowierte, hat tätowiert> *mit OBJ* ■ *jmd. tätowiert etwas* (*in etwas Akk.*) *eine Tätowierung anbringen* einen Adler/Anker/Initialen in jemandes Oberarm tätowieren, jemanden tätowieren, tätowierte Arme haben

Tä·to·wie·rung die <-, -en> **1.** *der Vorgang, dass jmd. mit einer speziellen Nadel Farbe so in jmds. Haut einritzt, dass ein Bild oder Schriftzug entsteht, die dann fest in der Haut bleiben und sich nicht abwaschen lassen* die Tätowierung von einem Fachmann vornehmen lassen **2.** *ein mittels Tätowierung[1] entstandenes Bild* mit Tätowierungen bedeckte Arme, sich eine Tätowierung entfernen lassen

Tat·sa·che die <-, -n> (≈ *Faktum*) *etwas, das geschehen ist und das man auch beweisen kann* Das ist nicht einfach meine Meinung, das sind Tatsachen!, den Tatsachen entsprechen, auf Tatsachen beruhen, die Tatsachen verdrehen ■ **vollendete Tatsachen**: *etwas, das geschehen und nicht mehr rückgängig zu machen ist* jemanden vor vollendete Tatsachen stellen, vollendete Tatsachen schaffen ◆-nmaterial

Tat·sa·chen·be·richt der <-(e)s, -e> *ein Bericht in Film, Funk oder Presse über* (*beweisbare*) *Geschehnisse* einen Tatsachenbericht aus dem Krisengebiet senden/veröffentlichen

tat·säch·lich <nicht steig.> **I.** *Adj.* (≈ *faktisch*) *so, dass es der Wirklichkeit entspricht* der tatsächliche Ablauf der Ereignisse, das tatsächliche Einkommen, die tatsächlichen Verhältnisse berücksichtigen **II.** *Adv.* (≈ *wirklich; wahrhaftig*) *verwendet, um auszudrücken, dass man leichte Zweifel an dem Gesagten hat oder davon sehr überrascht ist* Und das hast du tatsächlich dem Chef gesagt?, Habt ihr das tatsächlich so gesehen?, Tatsächlich? Das ist ja nicht zu glauben!

tät·scheln <tätschelst, tätschelte, hat getätschelt> *mit OBJ* ■ *jmd. tätschelt jmdn./etwas* (*in der Art eines angedeuteten ganz leichten Schlagens*) *leicht* (*und zärtlich*) *mit der Hand mehrfach berühren* Sie tätschelte den Kopf ihres Hundes., jemandes Wange tätscheln

tat·schen <tatschtst, tatschte, hat getatscht> *ohne OBJ* ■ *jmd. tatscht an etwas Akk.* (*umg. ab-*

wert.) *in plumper* (*und aufdringlicher*) *Weise berühren* Musst du mit deinen Händen an die geputzten Scheiben tatschen?, Du sollst mir nicht dauernd auf das Knie tatschen!

Tat·too[1] das [tə'tu:] <-(s), -s> *englische Bezeichnung für „Zapfenstreich“*

Tat·too[2] der/das [tə'tu:] <-s, -s> **1.** (≈ *Tätowierung*) **2.** *eine Art Abziehbild, das wie eine Tätowierung aussieht*

Tat·ver·dacht der <-s> (*kein Plur.*) *der Verdacht, dass eine bestimmte Person eine Straftat begangen hat* jemanden unter Tatverdacht festnehmen

Tat·ze die <-, -n> *Fuß oder Pfote bei großen Raubtieren* die Tatzen des Bären ◆ Bären-

Tau[1] das <-(e)s, -e> *ein dickes Seil* die Taue auswerfen/kappen, etwas mit einem Tau befestigen

Tau[2] der <-(e)s> *der Niederschlag, der sich am Morgen auf Gras bildet* von Tau bedecktes/feuchtes Gras

taub <nicht steig.> *Adj.* **1.** (↔ *stumm*) *so, dass man nicht hören kann* Er war von Geburt an taub., auf einem Ohr taub sein **2.** *leer; ohne den erwarteten Inhalt* In dieser Grube hat man kein Gold, sondern nur taubes Gestein gefunden., eine taube Nuss **3.** *so, dass man in einem bestimmten Körperteil keine oder nur wenig Empfindungen spürt* Mein Bein fühlt sich ganz taub an., ein taubes Gefühl im Mund haben ◆ Getrenntschreibung→R 4.2 sich (absichtlich) taub stellen

Tau·be[1] die <-, -n> *ein größerer grauer Vogel, der wild lebt oder als Haustier gehalten wird* Tauben züchten ◆ Brief-

Tau·be[2] der/die <-n, -n> *jmd., der taub*[1] *ist*

Tau·ben·schlag der <-(e)s, Taubenschläge> *eine Anlage, in der Tauben gehalten werden* einen Taubenschlag im Hof stehen haben ■ **irgendwo geht es zu wie in einem Taubenschlag** (*umg.*): *irgendwo gehen viele Menschen ein und aus*

Täu·be·rich der <-s, -e> ZOOL. *männliche Taube*[1]

Taub·heit die <-> (*kein Plur.*) **1.** *die Tatsache, dass man nicht hören kann* Taubheit von Geburt an **2.** *Gefühllosigkeit eines Körperteils* eine Taubheit in den Beinen spüren

Taub·nes·sel die <-, -n> BOT. *eine brennnesselähnliche Pflanze*

taub·stumm <nicht steig.> *Adj.* (*abwert.*) *so, dass man gleichzeitig nicht hören und nicht sprechen kann*

Taub·stum·me der/die <-n, -n> *jmd., der taubstumm ist*

tau·chen <tauchst, tauchte, hat/ist getaucht> **I.** *mit OBJ* ■ *jmd. taucht etwas in etwas Akk.* (*haben*) *etwas so in eine Flüssigkeit hineinbringen, dass es* (*für eine kurze Zeit*) *vollständig von der Flüssigkeit bedeckt ist* Er tauchte seine Hand in den Bach., Sie tauchte den Pinsel in die Farbe., Er tauchte seinen Kopf/den Kopf des anderen (unter Wasser). **II.** *ohne OBJ* ■ *jmd. taucht* (*sein/haben*) (*mit dem ganzen Körper, insbesondere auch dem Kopf*) *so in Wasser hineingehen und darin schwimmen, dass man vollständig von dem Wasser bedeckt ist* Er kann länger tauchen als sein Freund., Die Ente taucht unter Wasser, um Futter zu suchen., nach Perlen tauchen, in einem Gewässer/einer Höhle tauchen

Tau·cher, **Tau·che·rin** der <-s, -> *jmd., der in Gewässern taucht* // Der Rumpf des Schiffes wurde von Tauchern untersucht. ◆ Marine-, Rettungs-, Sport-,

Tau·cher·an·zug der <-(e)s, Taucheranzüge> *beim Tauchen in Gewässern getragener Schutzanzug*

Tau·cher·aus·rüs·tung die <-> (*kein Plur.*) *die Ausrüstung, die man zum Tauchen braucht und zu der besonders Sauerstoffflasche und Schutzbrille gehören*

Tau·cher·bril·le die <-, -n> *die Schutzbrille, die man beim Tauchen trägt*

Tau·cher·flos·sen <-> *Plur. die Schwimmflossen, die man beim Tauchen trägt*

Tauch·sie·der der <-s, -> *ein elektrisches Gerät, bei dem eine Art Spirale aus Metall, die sehr heiß wird, in Wasser hineingetaucht wird und dieses erhitzt*

tau·en <taut, taute, hat/ist getaut> **I.** *ohne OBJ* ■ *etwas taut* (↔ *gefrieren*) (*als etwas, das gefroren ist*) *schmelzen* Das Eis/Der Schnee ist getaut. **II.** *mit ES* ■ *es taut* (METEOR.: ≈ *gefrieren*) *Eis und Schnee schmelzen* Bei Temperaturen über null Grad taut es., Wenn es taut, sollte man sich nicht mehr aufs Eis begeben.

Tauf·be·cken das <-s, -> *beim Taufen verwendetes Wasserbecken in einer Kirche*

Tau·fe die <-, -n> **1.** REL. (*im Christentum*) *das Empfangen der Gnade Gottes in der sakramentalen Handlung, bei der jmd.* (*meist ein Baby*) *von einem Priester mit Wasser am Kopf besprengt wird* die Taufe empfangen/erhalten **2.** *der Akt des Taufens* die Taufe feiern, während der Taufe das Kind im Arm halten

tau·fen *mit OBJ* **1.** ■ *jmd. tauft jmdn.* REL. *in die Gemeinschaft der christlichen Kirche aufnehmen, indem man die Stirn mit geweihtem Wasser benetzt* einen Jungen auf den Namen Johannes taufen **2.** ■ *jmd. tauft jmdn. auf den Namen ... einen Namen geben* Sie haben ihren Hund auf den Namen Waldi getauft., ein Schiff auf den Namen Victoria taufen

Tauf·pa·te, **Tauf·pa·tin** der <-n, -n> *jmd., der außer den Eltern bei der Taufe eines Kindes anwesend und Zeuge dieser Taufe ist* (*und für die christliche Erziehung des Kindes mit Verantwortung übernimmt*)

Tauf·schein der <-(e)s, -e> *ein Dokument, das eine vollzogene Taufe belegt*

tau·gen *ohne OBJ* **1.** ■ *jmd./etwas taugt für etwas Akk. geeignet sein* Er taugt nicht für diese schwere Arbeit., Das Fahrrad taugt nicht für größere Touren. **2.** ■ *etwas taugt jmdm.* (*umg. süddt. österr.*) *gut gefallen* Das taugt mir. ■ **etwas/nichts taugen** (*umg.*): *nützlich/unnütz sein*

Tau·ge·nichts der <-/-es, -e> (*abwert. veralt.*) *jmd., der faul und in seinem Handeln nicht vorbildlich ist*

taug·lich *Adj. geeignet; brauchbar für etwas* Er ist für diese schwere Arbeit nicht tauglich., tauglich für den Militärdienst

Taug·lich·keit die <-> (*kein Plur.*) *die Eigenschaft, tauglich zu sein* die Tauglichkeit eines jungen Mannes für den Wehrdienst bestätigen

Tau·mel der <-s> (*kein Plur.*) **1.** *ein rauschhaftes Gefühl* (*von Freude und Begeisterung*) ein Taumel der Begeisterung, im Taumel der Freude **2.** *ein Schwindelgefühl* von einem Taumel befallen werden

tau·me·lig/taum·lig *Adj. schwankend und unsicher* taumelig werden, Ihr war schon nach einem Glas Bier ganz taumelig zumute.

tau·meln <taumelst, taumelte, hat/ist getaumelt> *ohne OBJ* **1.** ■ *jmd. taumelt* (≈ *wanken* (*haben/sein*)) *sich schwankend bewegen* Der Betrunkene taumelte stark. **2.** ■ *jmd. taumelt irgendwohin* (*sein*) *sich schwankend irgendwohin bewegen* Die Betrunkenen sind über die Straße getaumelt.

Tau·nus der *ein waldreiches Bergland in der Nähe von Frankfurt*

Tausch der <-(e)s> (*kein Plur.*) *das Tauschen* etwas zum Tausch anbieten, Der Tausch der Plätze ging ganz schnell., Im Tausch für das Poster gebe ich dir eine CD., einen guten/schlechten Tausch machen ▶Umtausch ◆-börse, -geschäft, Studienplatz-, Wohnungs-

Tausch·bör·se die *eine Veranstaltung, bei der sich Leute treffen, die etwas sammeln, und bei der diese Leute ihre Sammelstücke tauschen können* ◆Platten-

tau·schen <tauschst, tauschte, hat getauscht> **I.** *mit OBJ* ■ *jmd. tauscht etwas* (*mit jmdm.*) **1.** *jmdm. etwas geben und dafür von ihm etwas Gleichwertiges erhalten* Ich tausche meinen Fernseher gegen dein Radio., Briefmarken tauschen, die Plätze tauschen **2.** *etwas Gleiches erwidern* Sie tauschten einen Händedruck zur Begrüßung., ein paar freundliche Worte tauschen, bei der Eheschließung Ringe tauschen, Briefe tauschen **II.** *ohne OBJ* ■ *jmd. tauscht* (*mit jmdm.*) *so leben, wie es sonst ein anderer tut* Ich möchte nicht mit ihm tauschen!

täu·schen <täuschst, täuschte, hat getäuscht> **I.** *mit OBJ* ■ *jmd. täuscht jmdn. jmdn. absichtlich in die Irre führen* Mit falschen Papieren und Lügengeschichten konnte der Betrüger seine ahnungslosen Opfer immer wieder täuschen. **II.** *ohne OBJ* ■ *etwas täuscht einen falschen Eindruck erwecken* Das Bild täuscht, die Berge sind in Wirklichkeit nicht so nah. **III.** *mit SICH* **1.** ■ *jmd. täuscht sich* (≈ *sich irren*) *etwas glauben oder annehmen, das nicht der Fall ist* Ich habe mich getäuscht, es war alles ganz anders. **2.** ■ *jmd. täuscht sich in jmdm./etwas jmdn. oder etwas für besser halten als er oder es tatsächlich ist* Ich habe mich in ihm getäuscht, er ist nicht ehrlich. ■ **Wenn mich nicht alles täuscht, dann ...** (*umg.*): *Ich bin mir sehr sicher, dass ...*

täu·schend <nicht steig.> *Adj. so, dass es einen falschen Eindruck erweckt* etwas täuschend nachahmen, Die täuschende Ähnlichkeit der Zwillinge führte dazu, dass sie oft verwechselt wurden.

Tausch·han·del der <-s> (*kein Plur.*) *ein Handel, bei dem eine Ware nicht mit Geld, sondern mit einer anderen Ware bezahlt wird* jemandem einen Tauschhandel anbieten

Täu·schung die <-, -en> **1.** (*kein Plur.*) *das Täuschen I* auf eine plumpe Täuschung hereinfallen, zur Täuschung des Gegners in die andere Richtung laufen **2.** *eine falsche Vorstellung oder Wahrnehmung von etwas* Das ist nur eine (optische) Täuschung, dort ist nicht wirklich Wasser.

Täu·schungs·ma·nö·ver das <-s, -> *eine Handlung, die dazu dient, jmdn. in die Irre zu führen* den Gegner mit einem Täuschungsmanöver ablenken

tau·send *Num. die Zahl 1000* Es sind genau tausend Stück. ◆ Kleinschreibung→R 3.16 ein paar tausend Leute, einige/viele tausende Menschen, zu tausenden herbeigeströmt kommen, Es waren tausende von Menschen, die im Stadion waren., sich viele tausend Mal(e) wiederholen, tausend und abertausend(e) *siehe aber auch* **Tausend[2]**

Tau·send[1] die <-, -en> *die Zahl 1000*

Tau·send[2] das <-s, -e> **1.** *eine Einheit von Tausend Stücken oder Personen* ein ganzes Tausend Briefmarken/Soldaten **2.** *eine unbestimmte große Menge* Tausende von Vögeln überwintern hier. ◆ Großschreibung→R 3.3 einige/viele Tausende funkelnder Sterne, zu Tausenden umkommen, Es sind Tausende von Vögeln, die hier überwintern., etwas viele Tausend Mal(e) wiederholen, Tausend und Abertausend(e) *siehe aber auch* **tausend**

Tau·sen·der der <-s, -> **1.** (*umg.*) *ein Geldschein im Wert von 1000* Hast du schon einmal einen Tausender in der Hand gehabt? **2.** MATH. *die vierte Stelle vor dem Komma* Die Zahl 5631(,00) enthält fünf Tausender, sechs Hunderter, drei Zehner und einen Einer.

tau·sen·der·lei <nicht steig.> *Adj.* (*umg.*) *vielfach verschieden* tausenderlei Ausreden/Entschuldigungen haben, sich tausenderlei Dinge merken müssen

tau·send·fach <nicht steig.> *Adj.* **1.** *tausend Mal vervielfältigt* etwas tausendfach vergrößern, das Tausendfache einer Zahl **2.** (*umg.*) *sehr oft* eine tausendfach bewährte Methode

Tau·send·füß·er, *a.* **Tau·send·füß·ler** der <-s, -> *ein Insekt mit sehr vielen Beinen*

tau·send·jäh·rig <nicht steig.> *Adj. so, dass es seit 1000 Jahren existiert* das tausendjährige Stadtjubiläum, auf eine tausendjährige Geschichte zurückblicken

tau·send·mal *Adv.* (*umg.*) *sehr oft* Das habe ich dir schon tausendmal gesagt! ◆ Zusammenschreibung→R 4.6 Da kannst du tausendmal bitten, du bekommst es trotzdem nicht! *siehe aber auch* **tausend**

tau·sends·te(r, s) <nicht steig.> *Adj.* in einer Reihenfolge an der Stelle 1000, der tausendste Jahrestag, Das habe ich dir nun schon zum tausendsten

Mal gesagt! ■ **vom Hundertsten ins Tausendste kommen** (*umg.*): *sich in Einzelheiten verlieren* ◆ Großschreibung→R 3.16 als Besucher der Tausendste in einer Ausstellung sein

Tau·sends·tel das <-s, -> *der tausendste Teil von etwas* ein Tausendstel des Gesamtbetrages

tau·sends·tel <nicht steig.> *Adj.* eine tausendstel Minute ◆ Getrenntschreibung eine tausendstel Sekunde *siehe aber auch* **Tausendstelsekunde**

Tau·sends·tel·se·kun·de die <-, -n> *der tausendste Teil einer Sekunde* ein Rückstand von einer Tausendstelsekunde

Tau·to·lo·gie die <-> (*kein Plur.*) SPRACHWISS. *ein Ausdruck, in dem eine Aussage doppelt vorhanden ist* Der Ausdruck „weißer Schimmel" ist eine Tautologie, weil die Eigenschaft „weiß" bereits in der Bedeutung von „Schimmel" enthalten ist.

Tau·trop·fen der <-s, -> *einer der vielen kleinen Wassertropfen, aus denen Tau besteht* Tautropfen hängen an den Blättern.

Tau·wet·ter das <-s> (*kein Plur.*) **1.** *eine Wetterlage (im Winter), bei der die Temperatur (nach einer Frostperiode) über dem Gefrierpunkt liegt und Schnee und Eis schmelzen* Tauwetter setzt ein., Durch das Tauwetter hat sich die Lawinengefahr erhöht. **2.** POLIT. *die Zeit, in der es zwischen zwei Staaten wieder bessere diplomatische Beziehungen und freundlichen Austausch gibt* Nach Ende des Kalten Krieges begann in Europa das politische Tauwetter.

Tau·zie·hen das <-s> (*kein Plur.*) **1.** *ein sportlicher Wettbewerb, bei dem zwei Gruppen an den beiden Enden eines Taus ziehen und versuchen, die jeweils andere Gruppe über eine bestimmte Linie zu ziehen* **2.** (*umg. übertr.*) *ein zäher und langer Kampf um etwas* Um die Gelder, die zu verteilen waren, gab es ein wochenlanges Tauziehen.

Ta·ver·ne die <-, -n> *einfaches griechisches Gasthaus*

Ta·xa·me·ter der <-s, -> *in einem Taxi das Gerät, das die Gebühren zählt, die der Fahrgast nach der Fahrt bezahlen muss*

Tax·card die [tækska:t] <-, -s> (*schweiz.*) *Telefonkarte*

Ta·xe die <-, -n> (*umg. norddt.*) *Taxi*

Ta·xi das <-(s), -s> *ein Auto, mit dem man sich gegen Bezahlung an ein bestimmtes Ziel fahren lassen kann* ein Taxi rufen, für den Heimweg das Taxi nehmen, Soll ich Ihnen ein Taxi bestellen? ◆ -fahrer, -unternehmen, Funk-

ta·xie·ren *mit OBJ* **1.** ■ *jmd. taxiert etwas* (≈ *einschätzen*) *den Wert bestimmen* ein Grundstück (auf … Euro) taxieren **2.** ■ *jmd. taxiert jmdn.* (*umg.*) *prüfend ansehen* Er taxierte sie mit einem Blick.

Ta·xi·stand der <-(e)s, Taxistände> *ein bestimmter Bereich, in dem Taxis auf Kundschaft warten*

Team das [ti:m] <-s, -s> **1.** *eine Gruppe von Personen, die gemeinsam an etwas arbeiten* ein Ergebnis im Team erarbeiten, ein Team für die Arbeit an einem Projekt zusammenstellen ◆ Arbeits-, Ärzte-, Projekt- **2.** (SPORT: ≈ *Mannschaft*) Der Trainer stellt das Team für den nächsten Wettkampf zusammen.

Team·ar·beit die [ti:m…] <-> (*kein Plur.*) *die gemeinsame Arbeit einer Gruppe an einer bestimmten Aufgabe*

team·fä·hig [ti:m…] *Adj. in der Lage, mit anderen in einer Gruppe zusammenzuarbeiten* einen teamfähigen Mitarbeiter suchen ▶Teamfähigkeit

Team·geist der [ti:m…] <-es> (*kein Plur.*) *Zusammengehörigkeitsgefühl und kameradschaftliches Verhalten unter den Mitgliedern eines Teams* In der Gruppe herrschte ein richtiger Teamgeist., im Laufe der Zeit Teamgeist entwickeln

Team·work das [ti:m…] <-s> (*kein Plur.*) (≈ *Teamarbeit*) Wir wollen unser Projekt in Teamwork entwerfen.

Tech·nik die <-, -en> **1.** (*kein Plur.*) *die Gesamtheit der Verfahren und Arbeitsmittel, mit denen der Mensch sich seine Umwelt nutzbar macht* der rasante Fortschritt der Technik, der neueste Stand der Technik, auf dem Gebiet der Technik arbeiten/forschen **2.** (*kein Plur.*) *die Maschinen und Ausrüstungen, die irgendwo benutzt werden* Der Betrieb arbeitet mit moderner Technik., Die veraltete Technik durch neue Maschinen ersetzen. **3.** (*kein Plur.*) (≈ *Funktionsweise*) *die Art und Weise, wie etwas aus verschiedenen Teilen aufgebaut ist und wie diese Teile zusammenwirken* die Technik einer Maschine verstehen **4.** (≈ *Methode*) *ein Verfahren, um etwas Bestimmtes auszuführen* handwerkliche Technik(en), die Technik(en) der Arbeit mit Nachschlagewerken erlernen, die Technik des Boxens/Rückenschwimmens erlernen, die erstaunlichen Techniken asiatischer Kampfsportarten, ein Fußballer mit einer ausgefeilten Technik, eine neuartige/veraltete Technik anwenden ◆ Arbeits-, Holz-, Schreib-, Zeichen-

Tech·ni·ker, Tech·ni·ke·rin der <-s, -> **1.** *jmd., der einen technischen*[1] *Beruf ausübt* einen Techniker zu Rate ziehen ◆ Chemo-, Elektro-, Medizin-, Zahn- **2.** *jmd., der eine Technik*[4] *besonders gut beherrscht* Er ist der Techniker in der Fußballmannschaft., Diese Geigerin ist eine brillante Technikerin.

Tech·nik·fol·gen·ab·schät·zung die <-> (*kein Plur.*) *eine wissenschaftliche Disziplin, die sich mit den Folgen neuer Technologien für Gesellschaft und Umwelt beschäftigt*

Tech·ni·kum das <-s, Technika/Techniken> *eine technische Fachhochschule* ◆ Poly-

tech·nisch <nicht steig.> *Adj.* **1.** *auf die Ausstattung mit Geräten und ihre Funktionsweise bezogen* technische Details der Ausstattung, eine technische Störung beheben/haben, technisches Verständnis haben, die technischen Wissenschaften **2.** *auf eine Verfahrensweise bezogen* technische Einzelheiten für eine Konferenz besprechen, eine Veranstaltung technisch vorbereiten, etwas technisch beherrschen, ohne es wirklich zu verstehen, aus technischen Gründen geschlossen haben ■ **Technische Hochschule/Universität**: *Universität, die technisches Wissen vermittelt und auf technischem Gebiet forscht* ◆ Großschrei-

T

bung→R 3.17, R 3.19 Technisches Hilfswerk, Technischer Überwachungsverein

Te̩·chno das/der ['tɛkno] <-(s)> MUS. *elektronische, stark von rhythmischen Bässen bestimmte Tanzmusik* Techno hören ◆-club, -fan, -musik, -party

Tech·no·kra̲t, **Tech·no·kra̲·tin** der <-en, -en> (*geh. abwert.*) **1.** *Vertreter oder Anhänger der Technokratie* **2.** (*abwert.*) *jmd., der sein Denken und Handeln nur auf Funktionalität ausrichtet un dabei wenig Rücksicht auf Personen nimmt*

Tech·no·kra·ti̲e die <-, -n> *die Vorherrschaft von Technik und Verwaltung in allen Lebensbereichen, bei der nur funktionale Ziele als wichtig gelten, persönliche, soziale und kulturelle Aspekte aber nicht beachtet werden*

tech·no·kra̲·tisch <nicht steig.> *Adj.* (*abwert.*) **1.** *die Technokratie betreffend* **2.** *in der Art eines Technokraten*[2]

Tech·no·lo·gi̲e die <-, -n> **1.** *Verfahren; Methode* eine bestimmte Technologie anwenden, eine neue Technologie entwickeln/erproben ◆Bio-, Umwelt- **2.** *die Wissenschaft von der Umwandlung von Rohstoffen in Fertigprodukte* die Technologie der Eisengewinnung/Erdölverarbeitung ◆Bio-, Gen- **3.** *Ausstattung mit Maschinen und Fertigungsanlagen* veraltete Technologie durch neue ersetzen

Tech·no·lo·gi̲e·park der <-s, -s> WIRTSCH. *ein Gelände, auf dem Firmen mit den neuesten Technologien*[1, 3] *angesiedelt sind*

Tech·no·lo·gi̲e·trans·fer der <-s, -s> WIRTSCH. *Verkauf oder Weitergabe von technologischen Neuerungen* (*an andere Länder*)

tech·no·lo̲·gisch <nicht steig.> *Adj. die Technologie betreffend* technologische Neuerungen

TED der [tɛd] <-s> (*kein Plur.*) *kurz für „Teledialog": Telefonumfrage, die elektronisch ausgewertet wird und mit der man z.B. die Meinung von Fernsehzuschauern zu einem Thema ermitteln kann* einen TED durchführen, die Ergebnisse des TEDs

Te̩d·dy der <-s, -s> *Stofftier in Form eines Bären* ◆-bär

Te̲e der <-s, -s> **1.** *in Asien wachsender Strauch, dessen Blätter geerntet und weiterverarbeitet werden* der Anbau von Tee ◆-anbau, -plantage **2.** *die Blätter des Tees*[1] Tee ernten/fermentieren, chinesischer/grüner/indischer/schwarzer Tee ◆-ernte **3.** KOCH. *das aus Tee*[2] *gewonnene anregende Getränk* Tee kochen/trinken, Nehmen Sie Milch/Zitrone/Zucker zum Tee?, eine Kanne/Tasse Tee, schwarzer Tee mit Milch und Kandiszucker **4.** KOCH. *ein heißes Getränk, das durch das Aufgießen frischer oder getrockneter Blätter, Blüten oder Früchte bestimmter Pflanzen mit heißem Wasser entsteht* Tee aus Pfefferminzblättern/Huflattichblüten/Hagebutten kochen, Früchte/Kräuter für Tee aufgießen/trocknen ◆Früchte-, Kräuter-

Te̲e·beu·tel der <-s, -> *eine einzelne Portion Tee*[2, 4] *in einem Beutel zum Aufgießen*

Te̲e·but·ter die (*österr.*) *Markenbutter*

Te̲e·ei das <-s, -er> *eiförmiger Filter für Tee*[2, 4]

Te̲e·fil·ter der <-s, -> *Filter für die Zubereitung des Tees*[3, 4]

Te̲e·ge·bäck das <-s> (*kein Plur.*) *zum Tee*[3, 4] *gereichtes Gebäck*

Te̲e·kan·ne die <-, -n> *für die Zubereitung von Tee*[3, 4] *benutzte Kanne*

Te̲e·kes·sel·ra·ten das <-s> *ein Spiel, bei dem Wörter erraten werden müssen, die gleich gesprochen oder geschrieben werden, aber verschiedene Bedeutungen haben*

Te̲e·licht das <-(e)s, -e> *eine kleine flache Kerze in einem Aluminiumbehälter*

Te̲e·löf·fel der <-s, -> (≈ *Kaffeelöffel*) *kleinerer Löffel*

Teen der [ti:n] <-s, -s> (*meist Plur.*) *kurz für „Teenager(in)"* die Teens und Twens

Teen·a·ger, **Teen·a·ge·rin** der ['ti:ne:dʒɐ] <-s, -> (*umg.*) *Jugendliche(r) im Alter zwischen 13 und 19 Jahren* Reiseangebote/Musikveranstaltungen für Teenager

Tee·nie/**Tee·ny** der ['ti:ni] <-s, -s> (*umg.*) *kurz für „Teenager"* Der Sänger ist zu einem Idol der Teenies geworden.

Te̲er der <-(e)s> (*kein Plur.*) *aus Kohle oder Holz gewonnener schwarzer, zäher Stoff, der beim Straßenbau und zum Abdichten gegen Nässe verwendet wird* Teer kochen, das Dach mit Teer abdichten

te̲e·ren *mit OBJ* ■ *jmd. teert etwas mit Teer bedecken* ein Dach teeren, eine frisch geteerte Straße

Te̲er·pap·pe die <-, -n> *mit Teer bestrichene Pappe*

Te̲e·ser·vice das [...zɛr'vi:s] <-, -s> *Geschirr, das speziell zum Zubereiten und Trinken von Tee*[3] *benutzt wird*

Te̲e·stu·be die <-, -n> *Gaststätte oder Raum, wo Tee*[3, 4] *getrunken werden kann*

Te̲e·wa·gen der <-s, -> (≈ *Servierwagen*) *ein kleiner Wagen auf Rädern, der zum Transportieren und Servieren von Speisen dient*

Te̩f·lon® das <-s> (*kein Plur.*) *ein hitzefester Kunststoff* Die Pfanne ist mit Teflon beschichtet. ◆-pfanne

Te̲ich der <-(e)s, -e> *ein kleiner See* Auf dem Teich im Park gibt es Schwäne und Enten. ◆Fisch-, Zier-

Te̲ich·ro·se die <-, -n> *eine gelb blühende Wasserpflanze, deren Blätter auf dem Wasser schwimmen*

Te̲ig der <-(e)s, -e> *eine weiche Masse, die* (*meist*) *aus Mehl, Wasser und anderen Zutaten besteht und die, wenn man sie im Ofen bäckt, zu einem Kuchen wird* einen Teig zubereiten, den Teig ausrollen/backen/gehen lassen/kneten ◆Blätter-, Brot-, Kuchen-, Mürb-, Rühr-

te̲i·gig *Adj.* **1.** *so, dass es weich ist und man es kneten kann* eine teigige Masse **2.** *nicht richtig durchgebacken* (*und daher noch wie roher Teig*) Das Brot ist innen noch ganz teigig. **3.** (≈ *blass*) ein teigiges Gesicht **4.** *voller Teig* Ich kann nicht ans Telefon gehen, ich habe gerade teigige Hände.

Teig·wa·ren <-> *Plur. Oberbegriff für Nudeln*

Teil der/das <-(e)s, -e> **1.** (*Artikel: der*) (≈ *Bestandteil*) *etwas, das zusammen mit anderen ein Ganzes bildet* Der vordere Teil des Hauses ist verputzt., die Universiät als Teil des Bildungssystems, Der größere Teil der Wähler ist zur Wahl gegangen., Ein großer Teil der Ernte wurde vernichtet., Ich habe den ersten Teil der Rede verpasst., Den schwierigeren Teil der Arbeit haben wir erledigt., Der aufmerksame Teil der Klasse hat verstanden, was der Lehrer gesagt hatte., Er ist der gebende Teil in der Beziehung der beiden. **2.** (*Artikel: der/das*) (≈ *Anteil/Beitrag*) *etwas, das jmdm. zukommt oder das jmd. zu etwas beiträgt* sein(en) Teil von etwas abbekommen/zu etwas beitragen, Wir haben unser(en) Teil zum Erfolg des Projekts beigetragen., Ich habe mir mein(en) Teil dabei gedacht., etwas zu gleichen Teilen bezahlen **3.** (*Artikel: das*) (≈ *Bauteil, Einzelteil, Element*) *ein einzelner, für sich betrachteter Gegenstand, der zusammen mit anderen Elementen Bestandteil eines Ganzen ist* die Uhr in ihre einzelnen Teile zerlegen, das defekte Teil ausbauen/reparieren, Das Haus wird aus vorgefertigten Teilen gebaut., Dieses Teil muss ausgetauscht werden., jedes einzelne Teil der Maschine säubern **4.** (*Artikel: das*) (*umg.* ≈ *Stück*) *ein bestimmter Gegenstand* Hast du ein neues Handy? Was kostet so ein Teil?, Jedes Teil kostet nur noch 5 Euro. ■ **jemand denkt sich sein Teil bei etwas** (*umg.*): *seine eigenen Gedanken über etwas für sich behalten* **ein gut Teil** (*umg.*): *ziemlich viel*

Teil·ab·schnitt der <-s, -e> (≈ *Teilstück*) *einzelner Abschnitt von etwas* einen Teilabschnitt der Autobahn fertig stellen

teil·bar <nicht steig.> *Adj.* MATH. *so, dass man bei Division eine ganze Zahl erhält* 8 ist durch 4 teilbar.

Teil·bar·keit die <-> (*kein Plur.*) MATH. *die Eigenschaft, teilbar zu sein*

Teil·be·trag der <-(e)s, Teilbeträge> *einzelner Betrag, der Teil einer größeren Summe ist* einen Teilbetrag des Gesamtpreises vorab überweisen

Teil·chen das <-s, -> **1.** *eines der sehr vielen kleinen Teile, aus denen manche Stoffe bestehen* winzige Teilchen von Staub und Rauch **2.** PHYS. *kurz für „Elementarteilchen"* Teilchen beschleunigen/zerstrahlen

Teil·chen·be·schleu·ni·ger der <-s, -> PHYS. *eine Anlage der physikalischen Forschung, in der Elementarteilchen auf sehr hohe Geschwindigkeiten beschleunigt (und zur Kollision gebracht) werden, um daraus Einsichten in den Aufbau der Materie zu erhalten*

tei·len **I.** *mit OBJ/ohne OBJ* ■ *jmd. teilt etwas* (*mit jmdm.*) *jedem einen Anteil geben* Die Geschäftspartner teilen das Geld/den Gewinn., Wir können die Arbeit teilen, dann geht es schneller., Wenn dir das zu viel ist, können wir ja teilen!, Sie hat immer mit ihrer Schwester geteilt. **II.** *mit OBJ* **1.** ■ *jmd./etwas teilt etwas* (*in etwas Akk.*) *in einzelne Stücke zerlegen* den Kuchen in Stücke teilen, eine Fläche in mehrere Grundstücke teilen, Ein Vorhang teilt den Raum. **2.** ■ *jmd. teilt etwas* (MATH.: ≈ *dividieren*) eine Zahl durch eine andere teilen, 10 geteilt durch 5 ergibt 2. **3.** ■ *jmd. teilt etwas Anteil nehmen* jemandes Begeisterung/Freude/Schmerz/Sorgen teilen, Ich kann deine Meinung nicht teilen. **4.** ■ *mehrere Personen teilen* (*sich*) *etwas gemeinsam nutzen* Zehn Mieter teilen (sich) einen Trockenraum., Mehrere Personen teilen (sich) ein Fahrzeug., sich den Gewinn teilen **III.** *mit SICH* ■ *etwas teilt sich sich aufteilen* Wir teilen uns nun in zwei Gruppen., Die Zellen teilen sich., Der Fluss/die Straße teilt sich.

Tei·ler der <-s, -> MATH. *die Zahl, die als Divisor einer Zahl eine ganze Zahl ergibt* 10, 1, 5 und 2 sind Teiler von 10., der größte/kleinste gemeinsame Teiler zweier Zahlen

Teil·ge·biet das <-(e)s, -e> *einzelnes Gebiet innerhalb eines Faches* die Akustik, ein Teilgebiet der Physik

teil·ha·ben <hast teil, hatte teil, hat teilgehabt> *ohne OBJ* ■ *jmd. hat an etwas Dat. teil* (*geh.*) *an etwas beteiligt sein* an jemandes Gespräch teilhaben, eine Gruppierung/Partei an der Macht teilhaben lassen

Teil·ha·ber, **Teil·ha·be·rin** der <-s, -> WIRTSCH. *jmd., der an einer Firma finanziell beteiligt ist* Die Firma hat mehrere Teilhaber.

teil·haf·tig <nicht steig.> (*mit Gen.*) *Adj.* (*veralt.*) *so, dass jmd. Anteil an etwas hat* Sie wurde eines großen Glücks teilhaftig.

Teil·lie·fe·rung die <-, -en> WIRTSCH. *einzelne Lieferung, die Teil einer größeren Bestellung ist* Möbel/ein mehrbändiges Lexikon in Teillieferungen erhalten

Teil·nah·me die <-> (*kein Plur.*) **1.** (*kein Plur.*) *Beteiligung, Mitwirkung* die Teilnahme an Wahlen/einem Kurs/an einem Preisausschreiben, Wegen mangelnder Teilnahme musste die Veranstaltung ausfallen., seine Teilnahme an einer Konferenz zusagen **2.** (≈ *Interesse*) mit seinen Worten auf viel/wenig Teilnahme stoßen **3.** (≈ *Mitgefühl*) jemandem seine Teilnahme zum Tod eines Angehörigen aussprechen

teil·nahms·los <nicht steig.> *Adj.* (≈ *apathisch*) *ohne Interesse oder Mitwirkung an irgendetwas; passiv* völlig teilnahmslos wirken/dasitzen, etwas völlig teilnahmslos mit sich geschehen lassen

Teil·nahms·lo·sig·keit die <-> (*kein Plur.*) *die Tatsache, dass kein Interesse oder keine Mitwirkung an etwas vorhanden ist* Seine Teilnahmslosigkeit gibt Anlass zu Besorgnis.

teil·nahms·voll <nicht steig.> *Adj. voller Mitgefühl* teilnahmsvoll nach jemandes Befinden fragen, teilnahmsvolle Worte sprechen

teil·neh·men <nimmst teil, nahm teil, hat teilgenommen> *ohne OBJ* ■ *jmd. nimmt an etwas Dat. teil* **1.** *anwesend sein* Sie hat regelmäßig am Unterricht teilgenommen., An der Konferenz nahmen 200 Wissenschaftler aus aller Welt teil. **2.** *sich an etwas beteiligen; aktiv an etwas mitwirken* Er nimmt an einem Wettbewerb teil, an einem Aus-

T

flug/an einem Gespräch/an einer Weihnachtsfeier teilnehmen **3.** (*geh.*) *Mitgefühl haben* an jemandes Kummer/Schicksal/Sorgen teilnehmen

Teil·neh·mer, **Teil·neh·me·rin** der <-s, -> **1.** *jmd., der sich an etwas beteiligt oder daran mitwirkt* die Teilnehmer einer Konferenz/eines Wettkampfs/eines Preisausschreibens **2.** (TELEKOMM.: *fachspr.*) *Gesprächspartner am Telefon* Der Teilnehmer meldet sich nicht.

teils *Adv.* ■ **teils …, teils …**: *verwendet, um auszudrücken, dass verschiedene Dinge gleichzeitig zutreffen* Das Wetter war teils heiter, teils wolkig., Die Prüfungsteilnehmer erreichten teils gute, teils sehr gute Ergebnisse.

Teil·stre·cke die <-, -n> *ein einzelner Streckenabschnitt von etwas* Eine Teilstrecke der Autobahn/der Eisenbahnverbindung ist fertig gestellt.

Tei·lung die <-, -en> **1.** (*kein Plur.*) *das Teilen* die Teilung eines Betrages/des Geldes/einer Zahl, Eine Teilung der Arbeit/der Aufgaben wäre sinnvoll. ◆ Gewalten-, Zell- **2.** *die Tatsache, dass etwas geteilt ist* die Teilung der Aufgabenbereiche, die Teilung der Welt in Arm und Reich

teil·wei·se *Adv. so, dass es nicht vollständig, sondern nur in einzelnen Teilen der Fall ist* ein Gebäude teilweise wieder aufbauen, Ich habe nur teilweise verstanden, was gesagt wurde., Es ist teilweise schon bekannt geworden, dass …

Teil·zah·lung die <-, -en> (≈ *Ratenzahlung*) *die Zahlung in einzelnen Teilbeträgen* ein Auto/Möbel auf Teilzahlung kaufen

Teil·zeit ■ **Teilzeit arbeiten**: (*nach vertraglicher Vereinbarung*) *weniger als die volle Wochenarbeitszeit arbeiten* Sie arbeitet (in) Teilzeit und muss pro Woche achtzehn Stunden arbeiten. ◆ -arbeit, -beschäftigung, -kraft

teil·zeit·be·schäf·tigt <nicht steig.> *Adj. so, dass man* (*nach vertraglicher Vereinbarung*) *weniger als die volle Wochenarbeitszeit arbeitet* Sie ist teilzeitbeschäftigt und arbeitet zwanzig Wochenstunden., Die Firma stellt hauptsächlich Teilzeitbeschäftigte ein.

Teil·zeit·kraft die <-, Teilzeitkräfte> *Person, die Teilzeit arbeitet*

Teint der [tɛ̃:] <-s, -s> *Farbe und Beschaffenheit der Gesichtshaut* einen dunklen/frischen/rosigen Teint haben

Tek·to·nik die <-> (*kein Plur.*) GEOL. *die Lehre vom Bau und den Bewegungen der Erdkruste* ▸tektonisch

Te·le·ar·beit die <-> (*kein Plur.*) *der Vorgang, dass jmd. bei einer Firma angestellt ist, aber seine Arbeit in der eigenen Wohnung ausübt* (*und mit der Firma über E-Mail und Telefon kommuniziert*) ◆ -splatz

Te·le·fax das <-es, -e> (≈ *Fax*) **1.** *kurz für „Telefaxgerät“* über Telefax verfügen, ein Telefax anschaffen ◆ -anschluss, -nummer **2.** *eine mittels Fernkopierer übermittelte Nachricht* ein Telefax erhalten

te·le·fa·xen <telefaxt, telefaxte, hat getelefaxt> *mit OBJ* ■ *jmd. telefaxt etwas* (≈ *faxen*) *per Telefax übermitteln* eine Nachricht telefaxen

Te·le·fax·ge·rät das <-(e)s, -e> (≈ *Faxgerät*) *ein Gerät, das die Daten eines geschriebenen Texts über die Telefonleitung übermittelt bzw. Daten eines geschriebenen Texts über die Telefonleitung empfängt und dann als Text auf Papier ausdruckt*

Te·le·fon das <-s, -e> *ein Gerät, mit dem man Gespräche mit Partnern führen kann, die an einem anderen, mehr oder weniger weit entfernten Ort sind* Das Telefon klingelt/läutet., Ein schnurloses Telefon hat kein Kabel., Ich muss das Läuten des Telefons überhört haben., Ich habe schon mehrfach angerufen, aber niemand geht ans Telefon., Könnten Sie bitte meine Frau ans Telefon holen? ◆ -anschluss, -gesellschaft, -hörer, -kabel, Auto-, Mobil-, Karten-, Zug-

Te·le·fon·an·la·ge die <-, -n> *aus mehreren* (*mit einer Zentrale*) *verbundenen Telefonen bestehende Anlage* (*in einer Institution oder Firma*)

Te·le·fon·an·ruf der <-(e)s, -e> *ein Gespräch mittels Telefon* einen Telefonanruf entgegennehmen/weiterleiten

Te·le·fo·nat das <-(e)s, -e> (*geh.*) *ein Gespräch mittels Telefon*

Te·le·fon·buch das <-(e)s, Telefonbücher> *alle Telefonnummern einer Stadt oder Region, die in einem Buch verzeichnet sind*

Te·le·fon·ge·bühr die <-, -en> *für das Telefonieren zu entrichtende Gebühr*

Te·le·fon·ge·spräch das <-(e)s, -e> *ein Gespräch mittels Telefon* ein Telefongespräch führen

te·le·fo·nie·ren *ohne OBJ* ■ *jmd. telefoniert* (*mit jmdm.*) *ein Ferngespräch führen* Bitte warten Sie einen Augenblick, der Kollege telefoniert gerade., Haben wir nicht erst gestern telefoniert?

te·le·fo·nisch <nicht steig.> *Adj. mit dem oder über das Telefon* etwas telefonisch bestellen/bestätigen

Te·le·fo·nist, **Te·le·fo·nis·tin** der <-en, -en> *jmd., der beruflich Telefongespräche entgegennimmt und weiterleitet*

Te·le·fon·kar·te die <-, -n> *eine Chipkarte, mit der ein Kartentelefon benutzt werden kann* eine abgelaufene Telefonkarte

Te·le·fon·lei·tung die <-, -en> *eine Leitung zur Übermittlung von Telefongesprächen* eine Telefonleitung verlegen

Te·le·fon·netz das <-es, -e> *Netz von Telefonleitungen* ein veraltetes Telefonnetz erneuern/modernisieren

Te·le·fon·num·mer die <-, -n> *die Nummer, die man wählen muss, um einen Anschluss oder einen Teilnehmer mittels Telefon zu erreichen* jemandem seine Telefonnummer geben

Te·le·fon·sex der <-> (*kein Plur.*) *der Vorgang, dass Personen bestimmte kommerzielle Telefonnummern wählen, unter denen man sich gegen Bezahlung im Gespräch sexuell stimulieren lassen kann*

Te·le·fon·zen·t·ra·le die <-, -n> *die zentrale Vermittlungsstelle einer Telefonanlage mit mehreren Teilnehmern* in der Telefonzentrale anrufen und sich verbinden lassen

te·le·gen *Adj.* (*geh.*) *so, dass man in Fernsehaufnahmen besonders gut und attraktiv aussieht* das telegene Lächeln des Politikers

Te·le·graf der <-en, -en> (TELEKOMM.: ≈ *Fernschreiber*) *Gerät zur Übermittlung von Nachrichten mittels elektrischer Impulse, die nach einem bestimmten System gesendet werden* ◆-enleitung, -enmast

Te·le·gra·fie die <-> (*kein Plur.*) *das Übermitteln von Nachrichten mittels elektronischer Impulse nach einem bestimmten System*

te·le·gra·fie·ren *mit OBJ/ohne OBJ* **1.** ■ *jmd. telegrafiert etwas eine Nachricht durch Telegrafie übermitteln* **2.** ■ *jmd. telegrafiert etwas ein Telegramm schicken* Sie hat aus Rom telegrafiert.

te·le·gra·fisch <nicht steig.> *Adj. mit Hilfe der Telegrafie* eine Nachricht telegrafisch empfangen/übermitteln

Te·le·gramm das <-(e)s, -e> *eine telegrafisch übermittelte Nachricht, die dem Empfänger in Form eines Briefes zugestellt wird*

Te·le·gramm·stil ■ **im Telegrammstil:** *in einer besonders knappen Ausdrucksweise* (*angelehnt an den stark verkürzten Stil von Telegrammen*)

Te·le·ki·ne·se die <-> (*kein Plur.*) *der Vorgang, dass ein Mensch einen Gegenstand nur durch geistige Kraft bewegen kann, ohne dass er ihn physisch berührt*

Te·le·kol·leg das <-s, -s> SCHULE *Unterricht, bei dem die Inhalte mittels Fernsehen vermittelt werden*

Te·le·kom·mu·ni·ka·ti·on die <-> (*kein Plur.*) *Nachrichtenübertragung mit elektronischen Mitteln*

Te·le·ob·jek·tiv das <-s, -e> FOTOGR. *ein Objektiv für das Fotografieren weit entfernter Gegenstände*

Te·le·o·lo·gie die <-> (*kein Plur.*) PHILOS. *eine Auffassung, die davon ausgeht, dass sich alle Entwicklungen auf ein vorher angelegtes oder bestimmtes Ziel hin bewegen* ► teleologisch

Te·le·pa·thie die <-> (*kein Plur.*) *das Wahrnehmen von Dingen, Gedanken oder Vorgängen über weite Entfernung ohne Hilfe der Sinnesorgane* Ich habe gerade gedacht, dass sie lange nicht angerufen hat, da hat schon das Telefon geklingelt und sie war dran – das war wohl Telepathie! ► telepathisch

Te·le·s·kop das <-(e)s, -e> *eine Art sehr starkes Fernrohr, mit dem man Dinge sehen kann, die sehr weit entfernt sind* ◆ Radio-

Te·le·spiel das <-(e)s, -e> *ein elektronisches Spiel, das* (*mit entsprechenden Zusatzgeräten*) *am Fernsehbildschirm gespielt wird*

Te·le·vi·si·on die <-> (*kein Plur.*) *das Fernsehen* (*abgekürzt „TV"*)

Te·lex das <-, -(e)> (TELEKOMM.: ≈ *Fernschreiben*) **1.** *ein System, bei dem Nachrichten in eine Maschine eingetippt und über eine Telefonleitung an ein Empfängergerät gesendet werden* **2.** *eine Nachricht, die mit Telex[1] gesendet wird* ein Telex empfangen/senden

te·le·xen <telext, telexte, hat getelext> *mit OBJ* ■ *jmd. telext etwas* TELEKOMM. *mit oder als Telex schicken*

Tel·ler der <-s, -> **1.** *eine meist runde Platte, von der Speisen gegessen werden* ein flacher/tiefer Teller, die Teller spülen/auf den Tisch stellen ◆ Glas-, Papp-, Porzellan-, Suppen- **2.** *die Menge* (*einer Speise*), *die auf einem Teller[1] Platz hat* ein Teller Brei/Eintopf/Suppe

Tel·ler·mi·ne die <-, -n> MILIT. *eine Landmine, die ungefähr wie ein Teller[1] aussieht*

Tellerrand ■ **über den Tellerrand hinausschauen** (*umg.*): (*gelegentlich*) *Dinge kennenlernen und berücksichtigen, die nicht im eigenen alltäglichen Umfeld liegen*

Tel·ler·wä·scher, Tel·ler·wä·sche·rin der <-s, -> *jmd., dessen Arbeit es ist* (*in Gaststätten*) *Geschirr zu spülen*

Tel·lur das <-s> (*kein Plur.*) CHEM. *ein chemisches Element*

Tem·pel der <-s, -> *ein Bauwerk, in dem bestimmte nichtchristliche Religionen ihre Götter anbeten* der Tempel der Aphrodite/des Jupiter, ägyptische/antike/griechische Tempel

Tem·pe·ra·far·be die <-, -en> KUNST *eine Deckfarbe aus anorganischen Pigmenten, Öl und einem Bindemittel*

Tem·pe·ra·ment das <-s, -e> **1.** *Wesensart* In der Klasse gibt es die unterschiedlichsten Temperamente., Es gibt die Lehre von den vier Temperamenten, dem cholerischen, sanguinischen, phlegmatischen und melancholischen Temperament, ein ruhiges/lebhaftes Temperament haben, Das kann man nicht lernen, das ist einfach eine Frage des Temperaments., Sie hat ihr Temperament (≈ ihr impulsives und starkes Temperament) von der Großmutter geerbt. **2.** (*kein Plur.*) *lebhafte Wesensart* kein/viel Temperament haben, sein Temperament zügeln, Er wurde sehr laut und aufgeregt – sein Temperament ist eben mit ihm durchgegangen., Sie hat ihr Temperament (≈ ihr impulsives und starkes Temperament) von der Großmutter geerbt.

tem·pe·ra·ment·voll *Adj. lebhaft, voller Schwung* temperamentvoll sein, eine temperamentvolle Sängerin, ein temperamentvoller Tanz

Tem·pe·ra·tur die <-, -en> **1.** *die messbare Wärme, die etwas hat* Bei einer Temperatur von einhundert Grad Celsius siedet Wasser., Die Temperatur beträgt 31° C., Temperaturen von 60° C sind hier keine Seltenheit., Die Temperaturen sinken/steigen/bleiben etwa gleich. ◆-rückgang, -schwankung, Durchschnitts-, Höchst-, Nacht-, Spitzen-, Tages-, Tiefst- **2.** MED. *leichtes Fieber* Das Kind hat Temperatur, aber noch kein Fieber.

tem·pe·rie·ren <temperierst, temperierte, hat temperiert> *mit OBJ* ■ *jmd. temperiert etwas eine gleichmäßige mittlere Temperatur herstellen* Ich habe kurz geheizt, damit die Wohnung etwas temperiert ist, wenn wir zurückkommen., ein angenehm temperiertes Bad

Tem·po das <-s, -s/Tempi> **1.** (*Plur.* <-s>) (≈ *Ge-*

schwindigkeit) ein hohes/scharfes Tempo, das Tempo beschränken/erhöhen/reduzieren/verlangsamen, ein bestimmtes/durchschnittliches Tempo fahren, Kann der Läufer dieses Tempo durchhalten?, Der Favorit des Rennens verschärft nun das Tempo. **2.** (*Plur. Tempi*) MUS. *Zeitmaß eines Musikstücks* die Tempi beachten/richtig umsetzen

Tem·po·li·mit das <-s, -s> (≈ *Höchstgeschwindigkeit*) *die maximale Geschwindigkeit, mit der man auf einer bestimmten Straße oder einem bestimmten Streckenabschnitt fahren darf* ein Tempolimit einhalten/überschreiten/vorgeben

tem·po·rär <nicht steig> *Adj.* (*geh.* ≈ *vorübergehend*) *so, dass es nur für eine begrenzte Zeit gültig ist* Das Beratungsbüro war nur eine temporäre Einrichtung., eine temporäre Maßnahme

Tem·po·sün·der, **Tem·po·sün·de·rin** der <-s, -> (*umg.*) *jmd., der gegen ein Tempolimit verstößt*

Tem·pus das <-, Tempora> SPRACHWISS. *die Zeitform des Verbs, die anzeigt, welcher zeitliche Zusammenhang zwischen einer Handlung und dem Sprechzeitpunkt besteht* eine Verbform nach Person, Numerus und Tempus bestimmen, Das Präsens ist das Tempus der Gegenwart, das Präteritum ist ein Tempus der Vergangenheit.

Ten·denz die <-, -en> (*geh.*) **1.** *die Richtung, in die eine Entwicklung geht* Aktienkurse haben eine steigende oder fallende Tendenz, In der Meinung der Wähler kurz vor den Wahlen hatten die Regierungsparteien eine steigende Tendenz. **2.** (≈ *Neigung*) *die Eigenschaft, dass jmd. auf eine bestimmte Situation normalerweise mit einem bestimmten Verhalten reagiert* Er hat die Tendenz, bei Schwierigkeiten schnell aufzugeben., eine Tendenz zur Melancholie/zum Selbstmitleid haben **3.** (*meist Plur.*) (≈ *Strömung*) *der Vorgang, dass viele Personen sich zu einer bestimmten Meinung oder Weltanschauung hingezogen fühlen* nationalistische Tendenzen in der Gesellschaft, naturalistische Tendenzen in der Kunst, geistige/kulturelle/soziale Tendenzen ◆ Mode-

ten·den·zi·ell <nicht steig.> *Adj.* (*geh.*) *der allgemeinen Entwicklung einer Tendenz*[1] *nach* Das ist tendenziell richtig, muss aber noch präzisiert werden.

ten·den·zi·ös *Adj.* (*abwert.* ≈ *einseitig* ↔ *objektiv*) *nicht objektiv, sondern von einer bestimmten Tendenz*[3] *beeinflusst* tendenziöse Berichterstattung

Ten·der der <-s, -> GESCH. *ein Vorratswagen, der sich hinter einer Dampflokomotive befindet und Kohle und Wasser enthält*

ten·die·ren <tendierst, tendierte, hat tendiert> *ohne OBJ* ■ *jmd./etwas tendiert zu etwas Dat.* (*geh.*) *zu etwas neigen; auf etwas gerichtet sein* politisch nach links/rechts/zu keiner bestimmten Partei tendieren, zu unüberlegtem Handeln tendieren, Ich tendiere dazu, das Angebot abzulehnen.

Ten·ne die <-, -n> *ein Platz in einer Scheune, wo man früher das Dreschen des Getreides besorgte*

Ten·nis das <-> (*kein Plur.*) SPORT *ein Spiel, das von zwei Spielern oder von zwei Paaren von Spielern gespielt wird, indem ein relativ kleiner Ball mit Schlägern über ein Netz geschlagen wird*

Ten·nis·hal·le die <-, -n> *Halle zum Tennisspielen*

Ten·nis·platz der <-es, Tennisplätze> *Spielfeld zum Tennisspielen*

Ten·nis·schlä·ger der <-s, -> *Schläger zum Tennisspielen*

Ten·nis·spiel das <-(e)s, -e> **1.** (*kein Plur.*) *das Tennisspielen* Das Tennisspiel verlangt viel Kraft und Ausdauer. **2.** *einzelnes Spiel im Tennis* ein Tennisspiel besuchen/im Fernsehen verfolgen

Te·nor der ['te:noɐ̯] <-s> (*kein Plur.*) (*geh.*) *der grundsätzliche Sinn einer Äußerung, der unabhängig von einzelnen Feinheiten der sprachlichen Formulierung ist* Der Tenor ihrer Rede war eher versöhnlich., Der Tenor war bei allen Meinungsäußerungen gleich.

Te·nor der [te'no:ɐ̯] <-s, Tenöre> MUS. **1.** (*kein Plur.*) *die hohe Stimmlage bei Männern* Tenor singen, einen jugendlichen Tenor haben **2.** *ein Sänger, der Tenor*[1] *singt* der Tenor eines Opernensembles, Luciano Pavarotti ist ein Tenor., ein Stück für zwei Tenöre **3.** (*kein Plur.*) *die Sänger mit Tenor*[1] *in einem Chor* Der Tenor übertönte die anderen Stimmen.

Ten·sid das <-s, -e> CHEM. *die waschaktive Substanz in Waschmitteln*

Ten·ta·kel der/das <-s, -> (*meist Plur.*) **1.** (BOT.: ≈ *Fanghaar*) *eines der langen dünnen Haare, mit denen Fleisch fressende Pflanzen ihre Nahrung greifen* **2.** (ZOOL.: ≈ *Fangarm*) *einer der langen dünnen Arme, mit denen Tintenfische ihre Nahrung greifen* die Tentakel eines Tintenfisches

ten·tie·ren *mit OBJ* ■ *jmd. tentiert etwas* (*österr. umg. veralt.*) *beabsichtigen*

Tenue das [te'ny:] <-s, -s> (*schweiz.* ≈ *Uniform*) *vorgeschriebene Art der Kleidung*

Tep·pich der <-s, -e> **1.** *ein* (*größeres*) *Textil, das aus sehr vielen Maschen geknüpft oder gewebt ist, oft ein Muster hat und das man auf den Fußboden legt, damit es schöner aussieht und von unten wärmt* ein geknüpfter/gewebter Teppich, den Teppich reinigen/saugen ◆ -brücke, -läufer, Hirten-, Orient-, Perser- **2.** ■ **etwas unter den Teppich kehren** (*umg. abwert.*): *etwas verschweigen; nicht an die Öffentlichkeit kommen lassen* **Bleib mal auf dem Teppich!** (*umg.*): *verwendet, um jmdn. dazu aufzufordern, Vernunft und Mäßigung walten zu lassen und z.B. Forderungen nicht zu übertreiben*

Tep·pich·bo·den der <-s, Teppichböden> *ein Material, das man auf dem Fußboden verlegt und das so geschnitten wird, dass es genau in einen Raum passt* einen Teppichboden verlegen lassen

Tep·pich·klop·fer der <-s, -> *ein Gerät, das wie ein Tennisschläger aussieht, und mit dem man gegen einen Teppich schlägt, damit sich der Staub aus ihm löst*

Ter·min der <-s, -e> **1.** *eine festgesetzte Verabre-*

dung oder ein festgesetzter Zeitpunkt, zu dem etwas geschehen soll einen Termin einhalten/festlegen/machen/überschreiten/ vereinbaren/vergessen/verschieben, Ich habe um sechzehn Uhr einen Termin beim Arzt/Frisör/ Steuerberater., Kast Du alle Termine in den Kalender eingetragen?, einen dringenden Termin haben ▸terminieren ◆ Liefer-, Prüfungs-, Zahlungs- **2.** RECHTSW. *ein Verhandlungstermin vor Gericht* einen Termin anberaumen/aufheben, zum Termin erscheinen

Ter·mi·nal der/das ['tø:ɐminl̩] <-s, -s> **1.** (*Artikel: das*) EDV *ein Lese- bzw. Eingabegerät für Daten* Überweisungen am Terminal tätigen, Daten am Terminal eingeben, ein Rechner mit mehreren Terminals **2.** (*Artikel: der/das*) LUFTF. *Abfertigungshalle für Passagiere* **3.** (*Artikel: der/das*) *Be- und Entladestelle auf Bahnhöfen oder in Häfen* der neue Terminal für Container

ter·min·ge·mäß <nicht steig.> *Adj. einem vereinbarten Termin entsprechend* eine Arbeit termingemäß fertig stellen

ter·min·ge·recht <nicht steig.> *Adj. genau zum festgesetzten Termin* eine Arbeit termingerecht abgeben

Ter·min·ka·len·der der <-s, -> *ein Kalender, in dem Termine[1] aufgeschrieben werden* ein prall gefüllter Terminkalender, als Sekretärin dem Chef den Terminkalender führen

Ter·mi·no·lo·gie die <-, -n> (*geh.*) *die Gesamtheit der Begriffe einer Fachsprache* die juristische Terminologie, die Terminologie der Mathematik/ Physik ▸terminologisch

Ter·min·plan der <-(e)s, Terminpläne> **1.** *ein Verzeichnis über jmds. Termine[1]* Was steht heute auf dem Terminplan?, einen vollen Terminplan haben **2.** *ein Plan über die zeitliche Abläufe eines Vorhabens* zur Vorbereitung einer Konferenz einen genauen Terminplan erstellen, sich an den Terminplan halten

Ter·mi·nus der <-, Termini> (*geh.* ≈ *Fachbegriff*) *eine festgelegte Bezeichnung aus einem Fachgebiet* ein Terminus aus der Sprachwissenschaft/der Biologie ◆ Fach-

Ter·mi·nus ad quem der <-, Termini> (*geh.*) *ein Termin, bis zu dem etwas getan sein muss* Morgen ist der Terminus ad quem, darum gebe ich morgen die Examensarbeit ab.

Ter·mi·nus a quo der <-, Termini> (*geh.*) *ein Termin, von dem an etwas getan wird oder werden soll* Der 1. August ist der Terminus a quo, ab dem das neue Gesetz in Kraft tritt.

Ter·mi·te die <-, -n> (*meist Plur.*) ZOOL. *ein Staaten bildendes, in den Tropen lebendes Insekt*

Ter·pen·tin das/der <-s, -e> *eine Substanz, die aus dem Harz verschiedener Nadelbäume hergestellt wird und mit der man Farben und Lacke verdünnt*

Ter·rain das [tɛ'rɛ̃:] <-s, -s> **1.** *ein Gelände* (*mit einer bestimmten Beschaffenheit*) ein dicht bewachsenes/schwieriges/unebenes/ unwegsames Terrain **2.** (≈ *Grundstück*) das für den Bau vorgesehene Terrain **3.** MILIT. *ein Gebiet, das man unter Kontrolle hat oder unter Kontrolle bringen will* ein Terrain gewinnen/sondieren/verlieren/verteidigen ■ **sich auf neues Terrain begeben**: *etwas Neues oder Unbekanntes ausprobieren*

Ter·ra in·co·gni·ta die <-> (*kein Plur.*) *unbekanntes Gebiet*

Ter·ra·ri·um das <-s, Terrarien> ZOOL. *ein Behälter, in dem Lurche und Kriechtiere leben und beobachtet werden* Echsen/Frösche/Schlangen in einem Terrarium halten

Ter·ras·se die <-, -n> **1.** *die leicht abgegrenzte Fläche an einem Haus, auf der man bei schönem Wetter sitzt* im Sommer auf der Terrasse frühstücken, für die Terrasse Gartenmöbel und einen Sonnenschirm anschaffen ◆ Dach-, Garten- **2.** *eine Art große Stufe, die an einem Hang angelegt wurde, damit man darauf etwas anbauen kann* ein Gelände, das in Terrassen ansteigt, ein Hang mit Terrassen, auf denen Wein angebaut wird ◆ -nbau, Felsen-

Ter·raz·zo der <-(s), Terrazzi> *ein Fußbodenbelag, der ungefähr wie ein Mosaik aussieht*

ter·res·t·risch <nicht steig.> *Adj.* (*fachspr.*) *die Erde betreffend* ein Programm/einen Sender terrestrisch (und nicht über Satellit) empfangen

Ter·ri·er der <-s, -> *eine kleine Hundeart, die in verschiedenen Rassen gezüchtet wird*

Ter·ri·ne die <-, -n> (≈ *Suppenschüssel*) *eine große Schüssel, in der man Suppe serviert* ◆ Suppen-

Ter·ri·to·ri·um das <-s, Territorien> **1.** (POL.: ≈ *Hoheitsgebiet*) *das Gebiet, das zu einem bestimmten Staat gehört* sich auf dem Territorium der Bundesrepublik Deutschland befinden, das Territorium eines Staates verletzen **2.** (≈ *Gebiet*) In diesem Territorium gibt es noch Bären., Wölfe benötigen ein großes Territorium, um zu überleben., ein großes Territorium mit ausgedehnten Wäldern und Seen

Ter·ror der <-s> (*kein Plur.*) **1.** *der Vorgang, dass eine bestimmte Gruppe von Menschen Gewalttaten wie Bombenanschläge und Morde ausführt, um Angst und Schrecken zu verbreiten; mit dem Terror wollen die Terroristen bestimmte Ziele durchsetzen.* ein Regime mit Terror aufrechterhalten, Angst und Terror im Land verbreiten, unter dem Terror bewaffneter Banden leiden ◆ Bomben- **2.** *ein über längere Zeit andauerndes Verhalten gegenüber anderen Menschen, bei dem man mit Drohungen, Zwang und Gewalt diese einschüchtern und schließlich beherrschen will* ◆ Psycho-

Ter·ror·an·schlag der <-s, Terroranschläge> *ein Gewaltverbrechen mit dem Ziel, Angst und Schrecken zu verbreiten* (, *um bestimmte Ziele durchzusetzen*) einen Terroranschlag verüben, erneute Terroranschläge befürchten

ter·ro·ri·sie·ren *mit OBJ* ■ *jmd. terrorisiert jmdn./ etwas* **1.** *durch Terror[1] erschrecken und einschüchtern* die Bevölkerung/ein Land terrorisieren **2.** *durch Terror[2] unterdrücken* Sie terrorisiert ihn seit Jahren mit ihrem Misstrauen.

Ter·ro·ris·mus der <-> (*kein Plur.*) *die Anwen-*

T

dung von Terror zur Einschüchterung von Personengruppen und zur Durchsetzung bestimmter (politischer) Ziele den Terrorismus bekämpfen, Terrorismus als Mittel zur Durchsetzung politischer Ziele ablehnen

Ter·ro·rist, **Ter·ro·ris·tin** der <-en, -en> *jmd., der Terror*[1] *zur Einschüchterung bestimmter Personengruppen und zur Durchsetzung politischer Ziele anwendet* eine mit internationalem Haftbefehl gesuchte Terroristin

ter·ro·ris·tisch <nicht steig.> *Adj. auf den Terrorismus bezogen, zu ihm gehörend* eine terroristische Gruppe, ein terroristischer Anschlag, terroristische Methoden anwenden

Ter·ti·är das [tɛrˈtsi̯ɛːɐ̯] <-s> (*kein Plur.*) (*fachspr.*) *der ältere Teil der Erdneuzeit*

Ter·ti·um com·pa·ra·ti·o·nis das <-> (*kein Plur.*) (*geh. fachspr.*) *das Gemeinsame von zwei Dingen oder Begriffen, die man vergleicht*

Terz die <-, -en> MUS. *dritter Ton in der Tonleiter*

Ter·zett das <-(e)s, -e> MUS. *Gesangsstück für drei Personen*

Te·sa·film® der <-(e)s> (*kein Plur.*) *ein Klebestreifen*

Tes·sin <-s> *ein Kanton der Schweiz*

Test der <-(e)s, -s/-e> **1.** (≈ *Prüfung*) *eine Reihe von Aufgaben oder Fragen, die jmd. bearbeiten oder beantworten soll, damit jmd. seine Leistung bzw. Eignung für etwas prüfen kann* einen Test auswerten/korrigieren/schreiben, die Eignung/Tauglichkeit eines Bewerbers durch Tests ermitteln ◆ Begabungs-, Eignungs-, Intelligenz-, Sprach- **2.** (≈ *Check*) *ein Verfahren, bei dem man das Funktionieren von etwas prüft* ◆ Funktions-, Seh-

Tes·ta·ment das <-(e)s, -e> **1.** *eine schriftliche Erklärung, in der jmd. festlegt, was mit seinem Besitz nach seinem Tod geschehen soll* ein Testament anfechten/machen/vollstrecken, ein Testament beim Notar hinterlegen ◆ -seröffnung, -svollstreckung **2.** REL. *in der christlichen Religion der Bund Gottes mit den Menschen* ■ **das Alte/Neue Testament**: *die beiden Teile der Bibel*

tes·ta·men·ta·risch <nicht steig.> *Adj.* RECHTSW. *mit einem oder durch ein Testament*[1] etwas testamentarisch verfügen

Tes·ta·ments·er·öff·nung die <-, -en> RECHTSW. *die Bekanntgabe des Inhalts eines Testaments*[1]

Tes·ta·ments·voll·stre·cker, **Tes·ta·ments·voll·stre·cke·rin** der <-s, -> RECHTSW. *vom Verfasser des Testaments*[1] *festgelegte Person, die die Bestimmungen aus dem Testament umsetzen soll*

Test·bild die <-(e)s, -er> TV *außerhalb des Programms ausgestrahltes Fernsehbild, mit dem die Qualität des Fernsehempfangs getestet werden kann*

tes·ten *mit OBJ* ■ *jmd. testet etwas einem Test unterziehen* die Bewerber/eine neue Maschine/ein Verfahren testen, ein Produkt vor der Markteinführung testen

tes·tie·ren *mit OBJ* ■ *jmd. testiert etwas* (*geh.*) *bescheinigen, schriftlich bestätigen* ▶ Testat

Test·per·son die <-, -en> *eine Person, mit der etwas getestet wird* sich als Testperson zur Verfügung stellen

Test·pi·lot, **Test·pi·lo·tin** der <-en, -en> *jmd., der als Pilot(in) neue Flugzeuge testet*

Te·ta·nus·schutz·imp·fung die <-, -en> MED. *Schutzimpfung gegen Wundstarrkrampf*

Tete-a-tete/Tête-à-tête das [tɛtaˈtɛːt] <-, -s> (*geh. veralt.*) *vertrauliches Gespräch* ein Tete-a-tete mit jemandem haben

teu·er <teurer, am teuersten> *Adj.* **1.** (↔ *billig*) *so, dass man viel Geld dafür bezahlen muss* ein teures Restaurant (≈ ein Restaurant, in dem die Speisen und Getränke viel kosten), etwas sehr teuer kaufen, sich teure Schuhe kaufen, ein teures Hobby haben **2.** (*übertr.*) *so, dass es große Nachteile bringt* Diese Entscheidung wird dich noch teuer zu stehen kommen., ein teuer erkaufter Sieg **3.** (*geh.*) *lieb; wert* mein teurer Freund, Ihr Andenken ist mir lieb und teuer., der teure Verstorbene

Teu·e·rung die <-, -en> *der allgemeine Anstieg der Preise* eine Teuerung beim Benzin/bei den Mieten

Teu·e·rungs·ra·te die <-, -n> *Ausmaß der Teuerung*

Teu·fel, **Teu·fe·lin** der <-s, -> **1.** (*kein Plur./keine weibliche Form*) (REL.: ≈ *Satan*) *in der christlichen Religion der Widersacher Gottes* Fausts Pakt mit dem Teufel, den Teufel austreiben, vom Teufel versucht werden **2.** *eine böse und dämonische Sagengestalt* Die Teufel sprangen um den brodelnden Kessel herum., Der finstere Wald war von Geistern und Teufeln bevölkert. **3.** *eine bösartige Person, ein bösartiges Tier* Er ist ein richtiger Teufel, immer muss er streiten!, Dem Hund komme ich nicht noch einmal zu nahe, der ist ein richtiger Teufel! **4.** *jmd., der wild oder tollkühn ist* fahren wie der/ein Teufel, Der kleine Junge ist ein Teufel, wie der turnen kann!, Du bist ja ein Teufel, wie hast du das denn wieder gemacht? ■ **ein armer Teufel** (*umg. abwert.*): *ein armer oder bedauernswerter Mensch* **Pfui Teufel!** (*umg.*): *Ausruf des Abscheus oder Ekels* **Weiß der Teufel ...!** (*umg.*): *ich weiß nicht ...*(*und es ist mir auch egal*) Weiß der Teufel, wer das wieder ist! **auf Teufel komm raus** (*geh.*): *ohne Rücksicht, mit vollem Krafteinsatz* auf Teufel komm raus arbeiten/fahren **Dort ist der Teufel los!** (*geh.*): *dort geht es turbulent oder wild zu* **jemanden/etwas wie der Teufel das Weihwasser fürchten** (*umg.*): *jmdn. oder etwas sehr fürchten* **den Teufel an die Wand malen** (*umg.*): *sich vorstellen, dass großes Unheil geschehen wird* **in Teufels Küche kommen** (*umg.*): *in große Schwierigkeiten kommen* **jemanden reitet der Teufel** (*umg.*): *jmd. handelt sehr unvorsichtig und leichtsinnig*

Teu·fels·aus·trei·bung die <-, -en> (≈ *Exorzismus*) *der Vorgang, dass durch bestimmte Praktiken der Teufel oder böse Geister, von denen man glaubt, sie seien in einen Menschen gefahren, aus*

ihm vertrieben werden sollen

Teu·fels·kerl der <-s, -e> (*umg.*) *verwendet, um auszudrücken, dass man jmdn. als stark, mutig und geschickt betrachtet* Er ist wirklich ein Teufelskerl, wie er das wieder gemacht hat!

Teu·fels·kreis der <-es> (*kein Plur.*) *eine ausweglose Situation, bei der sich Ursache und Wirkung einer Sache gegenseitig verstärken* in einem Teufelskreis stecken, den Teufelskreis durchbrechen, Ohne Arbeit hat man irgendwann keinen festen Wohnsitz, ohne festen Wohnsitz bekommt man keine Arbeit, es ist ein Teufelskreis.

teuf·lisch *Adj.* **1.** (*abwert.* ≈ *diabolisch*) *hinterhältig, böse und grausam* ein teuflischer Plan, ein teuflisches Lachen, eine teuflische Idee **2.** (*umg.*) *sehr* ≈ *verflixt* eine teuflisch schwere Mathematikaufgabe

Teu·ro der <-(s), -(s)> (*umg. scherzh. zu „teuer" und „Euro") verwendet als Ausdruck für „Euro", um auszudrücken, dass mit der Einführung des Euro viele Waren und Dienstleistungen teurer geworden sind*

Text der <-(e)s, -e> **1.** *eine meist längere sprachliche Äußerung, die in sich zusammenhängt, einen bestimmten Inhalt hat und als mündliche Äußerung oder in geschriebener Form vorliegt* einen Text durchlesen/korrigieren/ redigieren/schreiben/vortragen, verschiedene Texte miteinander vergleichen, Dieser Text müsste bis morgen ins Englische übersetzt werden., einen Text am Computer bearbeiten ◆ Gebrauchs-, Gedicht-, Gesetzes-, Übungs-, Vortrags- **2.** MUS. *die zu einem Lied gehörenden Worte* Kennst du den Text zu diesem Lied/zu dieser Melodie?, den Text vergessen haben/auswendig kennen

Text·dich·ter, **Text·dich·te·rin** der <-s, -> *Person, die Texte[2] für Musikstücke dichtet*

tex·ten *mit OBJ/ohne OBJ* ■ **jmd. textet etwas** (*umg.*) *Texte für Schlager oder die Werbung verfassen* Er textet Schlager., Sie textet für mehrere Agenturen.

Tex·ter, **Tex·te·rin** der <-s, -> *jmd., der beruflich Texte für Schlager oder die Werbung verfasst* Er schreibt seine Texte nicht selbst, dafür hat er einen Texter. ◆ Werbe-

tex·til <nicht steig.> *Adj. aus Stoff gefertigt* ein textiler Fußbodenbelag

Tex·til·fa·b·rik die <-, -en> *eine Fabrik, die Stoffe herstellt*

Tex·til·fa·ser die <-, -n> *Faser zur Herstellung von Stoffen*

Tex·ti·lien *Plur. Kleidung und Stoffe* ein Geschäft für Textilien, Textilien verkaufen

Tex·til·in·dus·t·rie die <-> (*kein Plur.*) (*die Gesamtheit der*) *Betriebe, die Textilien herstellen*

Tex·til·wa·ren <-> *Plur. Kleidung und Stoffe* die Abteilung für Textilwaren, Textilwaren führen wir nicht.

Text·stel·le die <-, -n> *ein bestimmter Abschnitt eines Textes* eine Textstelle aus einem Buch vorlesen

Text·ver·ar·bei·tung die <-> (*kein Plur.*) EDV **1.** (*kein Plur.*) *das Schreiben und Bearbeiten von Texten am Computer* **2.** *ein Computerprogramm für die Textverarbeitung[1]* Im Programmpaket ist eine Textverarbeitung inbegriffen. ◆ -programm

TH die [teːˈhaː] <-, -s> *Abkürzung von „Technische Hochschule"*

The·a·ter das <-s, -> **1.** *ein großes Gebäude, in dem Schauspiele aufgeführt werden* Das Theater befindet sich in der Nähe des Opernhauses. **2.** *eine Gruppe von Menschen, die Schauspiele im Theater[1] aufführt* beim Theater arbeiten, Das Theater zeigt eine Neuinszenierung eines Brecht-Stückes., Das Theater musste geschlossen werden/wird heute eröffnet., (als Schauspieler) zum Theater gehen ◆ -direktor, -regisseur, -schauspieler **3.** (*kein Plur.*) *die Aufführung eines bestimmten Schauspiels* Wann beginnt das Theater heute?, ins Theater gehen **4.** (*umg. abwert.*) *große Aufregung; Ärger* Macht bitte kein Theater!, Zu Hause gab es wieder großes Theater., Müsst ihr denn solch ein Theater machen? ■ **Theater spielen** (*umg.*): *etwas nur vortäuschen* Sie haben sich so freundlich benommen wie schon lange nicht, aber sie haben nur Theater gespielt!

The·a·ter·auf·füh·rung die <-, -en> *Aufführung eines Stückes im Theater[1]* eine Theateraufführung besuchen

The·a·ter·be·such der <-(e)s, -e> *der Besuch einer Theateraufführung* Am Abend stand ein Theaterbesuch auf dem Programm.

The·a·ter·kar·te die <-, -n> *Eintrittskarte für das Theater[3]*

The·a·ter·kas·se die <-, -n> *Kasse, an der Theaterkarten verkauft werden*

The·a·ter·pro·be die <-, -n> *die Probe für die Aufführung eines Theaterstücks* eine öffentliche Theaterprobe

The·a·ter·stück das <-(e)s, -e> (LIT.: *geh.* ≈ *Schauspiel*) *ein Stück, das für die Aufführung auf der Bühne geschrieben wurde* ein Theaterstück aufführen/inszenieren/schreiben

The·a·ter·vor·stel·lung die <-, -en> *die Aufführung eines Stückes im Theater*

the·a·t·ra·lisch *Adj.* **1.** (*geh. abwert.*) *im Verhalten übertrieben gefühlsbetont und darauf aus, bei jmdm. eine bestimmte Wirkung zu erzielen* ein theatralischer Auftritt, theatralisch zur Schau getragenes Bedauern, theatralische Gesten **2.** (*nicht steig.*) *das Theater betreffend* das theatralische Fach, einen Roman in eine theatralische Form umarbeiten

The·is·mus der <-> (*kein Plur.*) REL. *die Lehre von einem persönlichen Gott als Schöpfer der Welt*

The·ke die <-, -n> **1.** (≈ *Tresen*) *der Schanktisch in einem Gasthaus* Der Wirt steht hinter der Theke und zapft Bier., ein Glas Bier an der Theke trinken **2.** (≈ *Ladentisch*) *ein Tisch, an dem in einem Laden die Kunden bedient werden* die Theke eines Ladens, das Geld/die Waren auf die Theke legen ◆ Kühl-, Laden-

The·ma das <-s, Themen/Themata> **1.** *der Leitgedanke, der wichtigste Gegenstand oder Inhalt,* *um den es in einem Text, einem Gespräch oder einem Film geht* über ein Thema diskutieren/sprechen, vom Thema abkommen, beim Thema bleiben, das Thema anschneiden/meiden/verfehlen/wechseln, eine Konferenz zum Thema Stadtplanung, eine wissenschaftliche Arbeit zum Thema Wortbildung ◆ Diskussions-, Gesprächs-, Lieblings- **2.** MUS. *eine immer wiederkehrende charakteristische Tonfolge in einem Musikstück* ein Thema variieren, Variationen zu einem Thema von Bach ▶ thematisch, thematisieren

The·ma·tik die <-, -en> (*geh.*) *die Gesamtheit mehrerer zusammengehöriger Themen*[1] Zur Thematik der Jugendarbeit gehört auch Suchtprävention.

Them·se die <-> (*kein Plur.*) *ein Fluss in England*

The·o·lo·ge, The·o·lo·gin der <-n, -n> REL. *jmd., der Theologie studiert hat* ein evangelischer/katholischer Theologe

The·o·lo·gie die <-, -n> *die wissenschaftliche Lehre von einer Religion, ihrer Geschichte und Überlieferung* evangelische/islamische/katholische Theologie lehren

the·o·lo·gisch <nicht steig.> *Adj. auf die Theologie bezogen, zu ihr gehörend* ein theologischer Streit

The·o·re·ti·ker, The·o·re·ti·ke·rin der <-s, -> **1.** *eine Person, die sich wissenschaftlich mit der Theorie*[1] *eines Fachgebietes auseinander setzt* ein großer Theoretiker auf dem Gebiet der Physik **2.** (*abwert.* ↔ *Praktiker*) *jmd., der nur über Dinge nachdenkt, ohne Sinn für deren Umsetzung in die Wirklichkeit zu haben* Das haben sich wieder einmal Theoretiker am grünen Tisch ausgedacht. Das kann gar nicht funktionieren!

the·o·re·tisch <nicht steig.> **I.** *Adj.* **1.** *auf die Theorie*[1] *bezogen, zu ihr gehörend* die theoretischen Grundlagen der Sprachwissenschaft ◆ erkenntnis-, sprach-, wissenschafts- **2.** (*abwert.* ↔ *praktisch*) *so, dass es nur aus abstrakten Überlegungen besteht und keinen Bezug zur praktischen Umsetzung hat* Das ist mir alles zu theoretisch. Kommen wir doch einmal zur praktischen Seite des Ganzen! **II.** *Adv.* (*umg.* ≈ *eigentlich*) *verwendet, um auszudrücken, dass etwas aller Voraussicht nach so sein müsste* Theoretisch müssten wir in einer Stunde fertig sein.

the·o·re·ti·sie·ren *ohne OBJ* ■ *jmd. theoretisiert* (*geh. abwert.*) *Überlegungen anstellen, ohne sie an der Wirklichkeit zu überprüfen* endlos/lange über ein Thema theoretisieren

The·o·rie die <-, -n> **1.** *ein abstraktes wissenschaftliches Modell, das einen Ausschnitt der Wirklichkeit zu erklären versucht* die physikalische Theorie der Quantenmechanik, linguistische Theorien über den Spracherwerb ◆ -gebäude, Erkenntnis-, Grundlagen-, Quanten-, Relativitäts- **2.** (*kein Plur.*) (↔ *Praxis*) *eine Denkweise, die Probleme nur gedanklich, ohne Einbeziehung der Praxis zu lösen versucht* In der Theorie klingt das ja alles sehr gut, aber ob sich das verwirklichen lässt?, Das ist doch alles bloße Theorie!, der Gegensatz zwischen Theorie und Praxis

The·ra·peut, The·ra·peu·tin der <-en, -en> MED. *jmd., der beruflich Heilbehandlungen durchführt* mit einem körperlichen/psychischen Leiden zum Therapeuten gehen, einen Termin bei der Therapeutin haben

the·ra·peu·tisch <nicht steig.> *Adj.* MED. *die Heilbehandlung betreffend* therapeutische Maßnahmen gegen die Depressionen/Schmerzen, etwas aus therapeutischen Gründen anordnen/tun

The·ra·pie die <-, -n> MED. **1.** *verschiedene Maßnahmen, die zusammen bewirken sollen, dass eine Krankheit geheilt wird* eine Erfolg versprechende Therapie für/gegen eine Krankheit, eine medikamentöse Therapie anwenden/einleiten/vorschlagen, mit der Therapie beginnen ◆ Bewegungs-, Strahlen- **2.** *kurz für „Psychotherapie"*

the·ra·pie·ren *mit OBJ* ■ *jmd. therapiert jmdn./etwas* MED. *mit einer bestimmten Therapie behandeln* eine Krankheit/einen Patienten therapieren

ther·mal <nicht steig.> *Adj.* (*fachspr.*) *auf Wärme bezogen* die thermale Behandlung einer Krankheit

Ther·mal·bad das <-(e)s, Thermalbäder> **1.** *ein Ort, in dem Wasser aus Thermalquellen zu Heilbehandlungen genutzt wird* zur Kur in ein Thermalbad fahren **2.** *eine Einrichtung, in der man in Wasser aus Thermalquellen baden kann*

Ther·mal·quel·le die <-, -n> *eine natürliche Quelle, aus der warmes Wasser kommt*

Ther·me die <-, -n> (*öffentliches Bad um eine*) *warme Quelle* die Thermen im antiken Rom

Ther·mik die <-, -en> (*Plur. selten*) METEOR. *bei der Erwärmung des Bodens aufsteigende Luftströmung* die Thermik für den Segelflug/eine Ballonfahrt/den Flug mit dem Gleitschirm nutzen

ther·misch <nicht steig.> *Adj.* (*fachspr.*) *auf die Wärme bezogen* die thermische Energie aus dem Erdinneren, ein Werkstück thermisch behandeln

Ther·mo·dy·na·mik, Ther·mo·dy·na·mik die <-> (*kein Plur.*) PHYS. *das Teilgebiet der Physik, das sich mit der Wirkung von Wärme beschäftigt* ▶ thermodynamisch

Ther·mo·ho·se die <-, -n> *besonders stark wärmende Hose*

Ther·mo·me·ter das <-s, -> *ein Gerät zur Temperaturmessung* Das Thermometer zeigt dreißig Grad im Schatten., Die Quecksilbersäule des Thermometers kletterte bis zum späten Nachmittag auf sechsunddreißig Grad. ◆ Fieber-

ther·mo·nu·k·le·ar, ther·mo·nu·k·le·ar <nicht steig.> *Adj.* PHYS. *die bei Kernreaktionen frei werdende Wärme betreffend*

Ther·mos·fla·sche® die <-, -n> *eine Isolierflasche, die dafür sorgt, dass heiße Getränke heiß und kalte Getränke kalt bleiben*

Ther·mo·s·tat der <-(e)s/-en, -e(n)> TECHN. *ein Gerät, das die Temperatur misst, sie mit einem bestimmten Sollwert vergleicht und entsprechend eine Heizung an- oder abschaltet* ein Heizungsventil mit eingebautem Thermostat

The·se die <-, -n> *eine Behauptung als Teil einer* (*wissenschaftlichen*) *Theorie* eine These anfechten/aufstellen/verteidigen/vertreten, eine gewagte/wissenschaftliche These ▸thesenhaft ◆Haupt-, Kern-

Thing das <-(e)s, -e> *germanische Volksversammlung*

Thon der <-s> (*kein Plur.*) (*schweiz.*) *Thunfisch*

Tho·ra, Tho·ra die <-, -> REL. *in der jüdischen Religion die fünf Bücher Moses*

Tho·rax der <-(es), -e> ANAT. *Brustkorb* den Thorax röntgen

Thrill der [θrɪl] <-s> (*kein Plur.*) (*umg.* ≈ *Kick*) *etwas, das jmdn. in eine* (*angenehme*) *Spannung versetzt; Nervenkitzel*

Thril·ler der ['θrɪlə] <-s, -> *ein sehr spannender und aufregender Roman oder Film* ◆Polit-, Psycho-

Throm·bo·se die <-, -n> MED. *der Vorgang, dass ein Blutgefäß durch einen kleinen Klumpen Blut verstopft wird*

Throm·bo·zyt der <-en, -en> (MED.: ↔ *Erythrozyt*) *Blutplättchen, rotes Blutkörperchen*

Thron der <-(e)s, -e> **1.** *der besonders reich verzierte Sessel eines Herrschers* Der restaurierte Thron des Königs kann in der Ausstellung besichtigt werden., sich vom Thron erheben ◆Königs-, Kaiser- **2.** (*übertr.*) *Herrschaft* die Anwärterschaft auf den Thron, auf den Thron verzichten, jemandem auf dem Thron folgen ■ **jemanden auf den Thron heben**: *jmdm. eine große Bedeutung und großen Rang zusprechen* **jemands Thron wackelt** (*umg.*): *jmds. Position ist in Gefahr*

Thron·be·stei·gung die <-, -en> *die Machtübernahme eines Königs oder einer Königin*

thro·nen <thronst, thronte, hat gethront> *ohne OBJ* **1.** ■ *etwas thront irgendwo* (*umg.*) *sich weit oben befinden* Die Burg thront auf dem Gipfel des Berges. **2.** ■ *jmd. thront* (*irgendwo*) (*iron.*) *stolz und unbeweglich auf einem Ehrenplatz sitzen* Das Leittier thront auf dem am höchsten gelegenen Platz., an der Stirnseite der Tafel/auf einem Ehrenplatz thronen

Thron·fol·ge die <-, -n> **1.** *die durch Geburt oder Vererbung festgelegte Reihenfolge, nach der Mitglieder eines Königshauses Anspruch auf den Thron haben* der nächste König gemäß/nach der Thronfolge **2.** *der Machtantritt eines neuen Königs oder einer neuen Königin* die Thronfolge antreten

Thron·fol·ger, Thron·fol·ge·rin der <-s, -> *Person, die dem bisherigen König oder der bisherigen Königin auf dem Thron folgt, wenn diese(r) abdankt*

Thun·fisch, *a.* **Tun·fisch** der <-es, -e> ZOOL. *ein großer, im Meer lebender Speisefisch*

Thur·gau das <-s> *eine Landschaft in der Schweiz*

Thü·rin·gen <-s> *ein deutsches Bundesland*

Thü·rin·ger, Thü·rin·ge·rin der <-s, -> *Einwohner(in) Thüringens*

thü·rin·gisch <nicht steig.> *Adj. zu Thüringen gehörend*

Thy·mi·an der <-s, -e> **1.** BOT. *eine Gewürz- und Heilpflanze* **2.** KOCH. *ein aus den Blättern des Thymians[1] gewonnenes Küchengewürz* etwas mit Thymian würzen

Ti·a·ra die <-, Tiaren> REL. *die Krone des Papstes*

Ti·bet, Ti·bet <-s> *Hochland in Zentralasien*

Ti·be·ter, Ti·be·te·rin der <-s, -> *Angehörige(r) einer in Zentralasien lebenden Volksgruppe*

ti·be·tisch <nicht steig.> *Adj. zu Tibet gehörend* das tibetische Volk, die tibetische Sprache

Tick der <-(e)s, -s> **1.** MED. *ein nervöses Zucken der Muskulatur, das man nicht beeinflussen kann* einen Tick haben **2.** (*umg. abwert.*) *eine seltsame Angewohnheit* Der Kerl hat doch einen Tick!, Wundere dich nicht darüber, das ist so ein Tick von mir. **3.** (*umg.*) *ein ganz klein wenig* einen Tick mehr Salz in das Essen geben, einen Tick schneller fahren

ti·cken <tickt, tickte, hat getickt> *ohne OBJ* ■ *etwas tickt das leise, regelmäßige Geräusch machen, das für eine mechanische Uhr typisch ist* Die Uhr/der Zähler tickt. ■ **nicht** (**mehr**) **richtig ticken** (*umg. abwert.*): *verrückt, nicht normal sein* Du tickst doch/wohl nicht richtig!

Ti·cket das <-s, -s> *Fahrschein oder Eintrittskarte* ein Ticket lösen, Die Tickets kosten im Vorverkauf 40 Euro. ◆Bahn-, Flug-

Tie·break, *a.* **Tie-Break** der/das ['taɪbreɪk] <-s, -s> SPORT *Satzverkürzung beim Tennis*

Tief das <-s, -s> **1.** (METEOR.: ↔ *Hoch*) *ein Gebiet mit niedrigem Luftdruck* Ein Tief nähert sich unserem Gebiet vom Westen her., Ein atlantisches Tief sorgt in den nächsten Tagen für mildes, aber unbeständiges Wetter. ◆Regen-, Sturm- **2.** *seelische Niedergeschlagenheit* ein Tief haben, jemandem aus einem Tief heraushelfen

tief *Adj.* **1.** (↔ *flach*) *von großer Ausdehnung nach unten* ein tiefes Loch, ein tiefes Tal, eine dreihundert Meter tiefe Bohrung, ein tiefer See, sich ins tiefe Wasser trauen, tief in ein(em) Polster einsinken, ein tiefer Teller, eine tief verschneite Landschaft **2.** (↔ *hoch*) *so, dass es nur wenig Abstand zum Erdboden oder einer Bezugsfläche hat* Tiefer liegende Ortschaften sind hochwassergefährdet., eine tief über dem Horizont stehende Sonne, eine tiefe Verbeugung **3.** (*weit*) *unterhalb einer Bezugsfläche* Das Büro liegt Stockwerke tiefer als unsere Wohnung., sich tief unten befinden, die tieferen/tiefer gelegenen Schichten der Erdkruste, tief nach unten fallen, ein tief ausgeschnittenes Kleid **4.** *weit nach innen oder hinten reichend* Wie tief ist der Schrank?, eine tiefe Höhle, eine tiefe Wunde, eine tief gehende Schnittverletzung, ein Loch tief in die Wand bohren, tief in den Wald/ins Landesinnere vordringen **5.** *in der Mitte eines Zeitraums gelegen* bis tief in die Nacht hinein arbeiten, im tiefsten Mittelalter **6.** (↔ *hoch*) *auf einer Messskala: gering* tiefe Temperaturen, Das Barometer steht tief., Die Luftverschmutzung hat einen tiefen Wert erreicht. **7.** (≈ *intensiv*) *sehr stark* tiefe Einsamkeit/Reue/Trauer, tief betrübt sein, tief bewegt Abschied nehmen, tief erschüttert sein, tiefes Rot/Schwarz, tief schlafen, tief in Gedanken versunken sein, tief einatmen **8.** *nicht oberflächlich*

T

eine tiefe Einsicht, der tiefere Sinn einer Sache, tief schürfende Gespräche, tief greifende Veränderungen **9.** *mit geringer Frequenz* eine tiefe Stimme, die tieferen Töne ◆ Getrenntschreibung→R 4.2 tief sitzende Ängste, tief liegende Augen haben, moralisch tief stehende Personen, ein tief verschneiter Wald *siehe auch* **tiefgekühlt**, **tieftraurig**

Tief·bau der <-(e)s> (*kein Plur.*) (↔ *Hochbau*) *alle Bauarbeiten auf und unter der Erde* Für den Bau von Straßen ist der Tiefbau zuständig. ◆-bauamt

Tief·druck·ge·biet das <-(e)s, -e> (METEOR.: ↔ *Hochdruckgebiet*) *Gebiet tiefen Luftdrucks*

Tie·fe die <-, -n> **1.** *Abgrund* in die Tiefe blicken/stürzen **2.** (↔ *Höhe*) *die Ausdehnung, die etwas nach unten hat* die Tiefe des Schachtes ◆ Meeres- **3.** (↔ *Breite, Höhe*) *die Ausdehnung, die nach innen oder hinten verläuft* die Tiefe eines Regals/Schrankes, die Tiefe einer Wunde/einer Höhle **4.** *die Entfernung,in der sich etwas unterhalb einer Bezugsfläche befindet* sich in 100 Metern Tiefe befinden **5.** (*kein Plur.*) (≈ *Intensiät*) *die Stärke eines Gefühls bzw. die Strahlkraft einer Farbe* die Tiefe seines Gefühls/der Empfindungen, Das intensive Rot des Himmels gewann noch an Tiefe. **6.** (*kein Plur.*) *geistiger Gehalt* Dem Roman fehlt es an Tiefe., die Tiefe seiner Erkenntnisse **7.** (*kein Plur.*) *die Töne mit der niedrigen Frequenz* Die Tiefe ihrer Stimme führt oft dazu, dass man sie für einen Mann hält.

Tief·e·be·ne die <-> (*kein Plur.*) *eine ebene Landschaft in geringer Höhe über dem Meeresspiegel*

Tie·fen·psy·cho·lo·gie die <-> (*kein Plur.*) PSYCH. *die Wissenschaft von den Vorgängen im menschlichen Unterbewusstsein und deren Auswirkung auf die Psyche* ►tiefenpsychologisch

Tie·fen·schär·fe die <-> (*kein Plur.*) FOTOGR. *der Bereich vor und hinter der eingestellten Entfernung, in dem ein Foto ein scharfes Abbild zeigt*

Tief·flie·ger der <-s, -> **1.** MILIT. *en tief fliegendes Flugzeug* **2.** (*umg. abwert.*) *eine Person, der man nicht besonders viel zutraut* ein geistiger Tiefflieger

Tief·flug der <-(e)s, Tiefflüge> *das Fliegen in geringer Flughöhe*

Tief·gang der <-(e)s> (*kein Plur.*) **1.** SEEW. *der Abstand zwischen dem Kiel eines Schiffes und der Wasseroberfläche* ein Schiff mit großem/geringem Tiefgang **2.** (*übertr.* ≈ *Tiefgründigkeit*) *der tiefe geistige Sinn von etwas* ein Abend/Gespräche mit wenig Tiefgang

tief·ge·kühlt <nicht steig.> *Adj. durch sehr niedrige Temperatur haltbar gemacht* tiefgekühlte Pizza

tief·grün·dig *Adj.* (≈ *tiefsinnig* ↔ *oberflächlich, seicht*) *auf tiefen geistigen Sinn bezogen* tiefgründige Gespräche führen

Tief·kühl·fach das <-(e)s, Tiefkühlfächer> *Kühlschrankfach für tiefgekühlte Nahrungsmittel*

Tief·kühl·kost die <-> (*kein Plur.*) *tiefgekühlte Nahrungsmittel*

Tief·kühl·tru·he die <-, -n> *Kühltruhe für tiefgekühlte Nahrungsmittel*

Tief·land das <-(e)s, -e/Tiefländer> (↔ *Gebirge*) *eine (ebene) Landschaft in geringer Höhe über dem Meeresspiegel* In den Bergen schneit es, im Tiefland fällt Regen.

Tief·punkt der <-es, -e> (↔ *Höhepunkt*) *der niedrigste oder schlechteste Punkt einer Entwicklung* Die Stimmung war am Tiefpunkt angelangt., Die Verkaufszahlen haben einen Tiefpunkt erreicht.

Tief·schlag der <-(e)s, Tiefschläge> *ein unglückliches Ereignis, das Schaden anrichtet* Im letzten halben Jahr hatte sie nur Tiefschläge zu verarbeiten., Der Weggang des Projektleiters war ein Tiefschlag für unsere Arbeit.

Tief·see die <-> (*kein Plur.*) *die Teile des Ozeans mit sehr großer Wassertiefe* in der Tiefsee nach Bodenschätzen suchen ◆-fisch, -flora, -forschung, -graben, -kabel, -tauchen

tief·sin·nig *Adj.* (≈ *tiefgründig* ↔ *oberflächlich*) *mit großer geistiger Tiefe* tiefsinnige Gedanken ►Tiefsinn

Tief·stand der <-(e)s, Tiefstände> **1.** *der niedrigste Stand einer Entwicklung* der diesjährige Tiefstand der Arbeitslosenzahlen **2.** *ein bedenklich schlechter Stand von etwas* ein kultureller/moralischer/sozialer Tiefstand der Gesellschaft

tief·sta·peln <stapelst tief, stapelte tief, hat tiefgestapelt> *ohne OBJ* ■ *jmd. stapelt tief die Bedeutung einer Sache oder das eigene Können absichtlich schlechter darstellen, als es in Wirklichkeit ist* Jetzt stapelst du aber tief!

tief·trau·rig <nicht steig.> *Adj. sehr traurig* ein tieftrauriges Gesicht machen ◆ Zusammenschreibung→R 4.5 eine tieftraurige Geschichte erzählen

Tie·gel der <-s, -> **1.** TECHN. *ein Gefäß, in dem etwas stark erhitzt oder zum Schmelzen gebracht wird* Metall in einem Tiegel zum Schmelzen bringen ◆ Schmelz- **2.** KOCH. *ein flacher Topf mit Stiel* Butter im Tiegel erhitzen **3.** *ein relativ kleines, flaches Gefäß, in dem z.B. Kosmetika aufbewahrt werden* ◆ Creme-, Salben-

Tier das <-(e)s, -e> **1.** (BIOL.: ↔ *Mensch, Pflanze*) *ein (meist) frei bewegliches Lebewesen, das Sinnes- und Atmungsorgane hat und sich von pflanzlichen und tierischen Organismen ernährt* die Welt der Pflanzen und die Welt der Tiere, ein höher entwickeltes Tier, ein zahmes/wildes Tier, einheimische und exotische Tiere ◆ Haus-, Nutz-, Raub-, Säuge-, Wild-, Wirbel- **2.** (↔ *Mensch*) *ein Tier[1], das triebhaft und nicht vernunftbegabt ist* Tiere halten/züchten/schlachten, Ein Tier folgt seinen Instinkten. ■ **das Tier im Menschen**: *das, was am Menschen triebhaft und irrational ist* **3.** (*abwert.*) *ein triebhafter und roher Mensch* Er isst/benimmt sich wie ein Tier!, Das sind keine Menschen, die das getan haben, das sind Tiere! ■ **ein hohes Tier** (*umg. scherzh.*): *eine prominente Person*

Tier·art die <-, -en> ZOOL. *alle Tiere, die relativ gleiche Merkmale haben und miteinander frucht-*

bare Nachkommen zeugen können

Tier·arzt, **Tier·ärz·tin** der <-es, Tierärzte> (≈ *Veterinär*) *jmd., der eine Ausbildung auf dem Gebiet der Tiermedizin hat und beruflich Krankheiten bei Tieren behandelt* ►tierärztlich

Tier·chen das <-s, -> *ein kleines Tier* Ein winziges Tierchen krabbelt über die Blüte. ■ **jedem Tierchen sein Pläsierchen** (*umg.*): *man soll jedem Menschen seine Eigenarten lassen*

Tier·hal·tung die <-> (*kein Plur.*) *der Besitz von Heimtieren*

Tier·heim das <-(e)s, -e> *eine Einrichtung, in der herrenlose Heimtiere aufgenommen, betreut und wieder an Menschen vermittelt werden* einen Hund ins Tierheim bringen

tie·risch *Adj.* **1.** (*keine Steigerung*) *zum Tier gehörend oder von Tieren stammend* tierische Fette in der Ernährung meiden, tierische Verhaltensweisen **2.** (*abwert.*) *sehr roh und brutal* ein brutales, fast tierisches Vorgehen, ein tierisches Verbrechen **3.** (*umg.*) *ungewöhnlich viel oder stark* sich tierisch(e) Mühe geben, eine tierische Hitze, tierischen Durst haben, Es war tierisch anstrengend. ■ **mit tierischem Ernst**: *ohne Humor*

Tier·kreis der <-es> (*kein Plur.*) (ASTRON.: ≈ *Zodiakus*) *die Folge von zwölf Sternbildern auf einem Kreis, den die Sonne scheinbar um die Erde zieht*

Tier·kreis·zei·chen das <-s, -> ASTRON. *ein Sternzeichen, das im Tierkreis liegt*

tier·lie·bend <nicht steig.> *Adj. so, dass man Tiere sehr gern hat und gut zu ihnen ist*

Tier·me·di·zin die <-> (*kein Plur.*) *die Wissenschaft von den Krankheiten der Tiere und deren Heilung*

Tier·nah·rung die <-> (*kein Plur.*) *Futter für Tiere*

Tier·park der <-s, -s> *zoologischer Garten*

Tier·quä·le·rei die <-> (*kein Plur.*) *unnötiges Quälen und bewusstes Misshandeln von Tieren* Er ist wegen Tierquälerei zu einer Geldstrafe verurteilt worden.

Tier·schutz der <-es> (*kein Plur.*) *alle Maßnahmen zum Schutz von Tieren vor Missbrauch und Tierquälerei*

Tier·schüt·zer, **Tier·schüt·ze·rin** der <-s, -> *jmd., der sich auf dem Gebiet des Tierschutzes betätigt*

Tier·schutz·ver·ein der <-s, -e> *ein Verein, dessen Ziel es ist, sich für den Schutz von Tieren einzusetzen*

Tier·ver·such der <-(e)s, -e> *das Erproben von Medikamenten, Kosmetika oder medizinischen Verfahren an lebenden Tieren*

Tier·welt die <-> (*kein Plur.*) (≈ *Fauna* ↔ *Flora, Pflanzenwelt*) *die Gesamtheit der Tiere* (*in einer Region*) die Tierwelt und die Pflanzenwelt, die faszinierende Tierwelt Afrikas

Tier·zucht die <-> (*kein Plur.*) *das Züchten bestimmter Tiere*

Ti·ger der <-s, -> *eine große, in Asien und in Sibirien lebende Raubkatze mit einem gelb und schwarz gestreiften Fell* der sibirische Tiger

ti·gern *ohne OBJ* ■ *jmd. tigert irgendwo* (*umg.*) *ziellos irgendwo herumlaufen* durch die Stadt/den Wald tigern

Til·de die <-, -n> **1.** SPRACHWISS. *ein wellenförmiges Zeichen, das in manchen Sprachen über bestimmten Buchstaben steht* einen Buchstaben mit/ohne Tilde schreiben **2.** DRUCKW. *in Wörterbüchern und Lexika ein wellenförmiges Zeichen, das in den Einträgen für das Stichwort steht*

til·gen *mit OBJ* ■ *jmd. tilgt etwas* **1.** *beseitigen* einen Fehler tilgen, Spuren tilgen, einen Namen aus einer Liste tilgen, etwas aus seinem Gedächtnis tilgen **2.** *abtragen* Schulden durch Zurückzahlen tilgen ►tilgbar

Til·gung die <-, -en> (*Plur. selten*) *das Tilgen* die Tilgung einer Schuld/eines Kredits, die Tilgung eines Eintrags in einer Liste ♦ -srate

Timb·re das ['tɛ̃:brə] <-s, -s> MUS. *die Klangfarbe in der Stimme, an der man eine bestimmte Person erkennen kann*

ti·men ['tajmən] <timst, timte, hat getimt> *mit OBJ* ■ *jmd. timt etwas* (*umg.*) *zeitlich genau abstimmen* den Ablauf einer Veranstaltung exakt timen, ein gut getimter Ball

Ti·ming das ['tajmɪŋ] <-s> (*kein Plur.*) *die* (*gelungene*) *zeitliche Abstimmung von Handlungen* optimales/präzises Timing, Bei einer Großveranstaltung ist das Timing sehr wichtig.

Tink·tur die <-, -en> MED. *eine flüssige Arznei, die man auf eine Körperstelle reibt*

Tin·nef der <-s> (*kein Plur.*) **1.** (*umg. abwert.*) *wertloses Zeug* Auf dem Trödelmarkt gibt es neben echten Antiquitäten auch viel Tinnef. **2.** (*umg. abwert.*) *Unsinn* eine Menge Tinnef reden

Tin·te die <-, -n> *eine meist schwarze oder blaue Flüssigkeit, mit der man schreiben kann* die Feder in die Tinte tauchen, sich mit Tinte bekleckern, die noch feuchte Tinte trocknen lassen ■ **in der Tinte sitzen** (*umg.*): *sich in Schwierigkeiten befinden* ♦ -nfass, -nfleck

Tin·ten·fisch der <-es, -e> *ein Meerestier mit acht Fangarmen, das sich bei Gefahr mit dem Ausstoßen einer dunklen Flüssigkeit* (≈ *Sepia*) *schützt*

Tin·ten·strahl·dru·cker der <-s, -> (EDV: ↔ *Laserdrucker*) *ein Drucker, der die Zeichen eines Textes auf Papier bringt, indem ein kleiner Strahl Tinte darauf gespritzt wird*

Tipp der <-s, -s> **1.** *nützlicher Hinweis oder Rat* jemandem einen wertvollen Tipp geben, ein guter/heißer Tipp, einige Tipps für Anfänger ♦ Experten-, Geheim-, Insider- **2.** *Vorhersage* (*des Ergebnisses bei Wetten oder beim Lotto und Toto*) Mein Tipp ist, dass es heute regnet., einen richtigen Tipp beim Lotto/bei einer Wette haben

Tip·pel·bru·der der <-s, Tippelbrüder> (*umg. abwert.*) *Obdachloser*

tip·peln <tippelst, tippelte, ist getippelt> *ohne OBJ* ■ *jmd. tippelt irgendwohin* **1.** (*umg. abwert.*) *einen weiten Weg zu Fuß gehen* Der Bus war ausgefallen, da mussten wir den ganzen Weg bis in die Schule tippeln! **2.** *kurze Schritte machen* Mit dem engen Rock und den hohen Schuhen konnte sie nur noch tippeln.

T

tip·pen[1] *mit OBJ/ohne OBJ* **1.** ■ *jmd. tippt etwas (umg.) auf einer Tastatur schreiben* einen Brief tippen, Sie kann mit zehn Fingern/schnell/gut/fehlerlos tippen. ▶vertippen **2.** ■ *jmd. tippt an etwas Akk. leicht berühren* jemandem/jemanden auf die Schulter tippen, (sich) mit dem Finger an die Stirn tippen, mit dem Fuß auf die Bremse tippen ■ **an etwas nicht tippen können** *(umg.): eine Leistung nicht erreichen können* Er ist im Weitsprung so gut – daran kann ich nicht tippen!

tip·pen[2] *mit OBJ/ohne OBJ* **1.** ■ *jmd. tippt auf jmdn./etwas (≈ raten)* richtig/falsch tippen, Ich tippe (auf) die Nummer drei., Ich tippe (darauf), dass sie heute pünktlich ist. **2.** ■ *jmd. tippt einen Tippschein (für die Lotterie) ausfüllen* Haben Sie diese Woche schon getippt?, Ich habe noch nie sechs Richtige getippt.

Tipp-Ex® das <-> *(kein Plur.) eine weiße Flüssigkeit, die man mit einem kleinen Pinsel über falsche Stellen in einem Text streicht und auf die man nach dem Trocknen wieder schreiben kann*

Tipp·feh·ler der <-s, -> *ein Fehler, den jmd. beim Schreiben auf einer Tastatur macht* Hier steht ein „m" statt einem „n", das ist wohl ein Tippfehler, da hat sich jemand vertippt.

Tipp·schein der <-(e)s, -e> *eine Art Formular, das man bei einem Lotteriespiel ausfüllt, indem man bestimmte Zahlen ankreuzt* einen Tippschein abgeben/ausfüllen

tipp·topp <nicht steig.> *nur präd. Adj. (umg.)* **1.** *(≈ einwandfrei, tadellos) so sauber und aufgeräumt, dass es nichts zu beanstanden gibt* Die Wohnung war tipptopp in Ordnung. **2.** *ohne Fehler oder Mängel* Deine Prüfungsarbeit war tipptopp!

Ti·ra·de die <-, -n> *(geh. ≈ Wortschwall) ein heftiger Strom von Worten, die jmd. in großer Erregung äußert* eine Tirade von Schimpfwörtern/von unverständlichen Flüchen

Ti·ra·mi·su das <-s,-s> *eine italienische Süßspeise*

ti·ri·lie·ren *ohne OBJ* ■ *ein Vogel tiriliert (geh.) einen hohen singenden Ton von sich geben* die Vögel tirilieren

Ti·rol <-s> *ein Bundesland in Österreich*

Ti·ro·ler, **Ti·ro·le·rin** der <-s, -> *Einwohner(in) von Tirol*

Tisch der <-(e)s, -e> **1.** *ein Möbelstück mit einer waagerechten Platte und (drei oder vier) Beinen, an dem man isst oder arbeitet* sich an den Tisch setzen, etwas auf den Tisch stellen/vom Tisch nehmen ◆ Beistell-, Computer-, Couch-, Drucker-, Ess-, Garten-, Holz-, Klapp-, Schreib- **2.** *eine waagerechte Plattform* der Tisch einer Sprungschanze **3.** *die Personen, die am Tisch sitzen* Der ganze Tisch war mit dem Vorschlag einverstanden. ■ **bei/nach/vor Tisch**: *bei/nach/vor einer Mahlzeit* Kollege Müller ist gerade zu Tisch gegangen. **am grünen Tisch** *(abwert.): ohne Rücksicht auf die Wirklichkeit* etwas vom grünen Tisch aus planen **der runde Tisch** *(übertr.): Beratung unter gleichberechtigten Partnern* einen runden Tisch einberufen **jemanden unter den Tisch trinken** *(umg.): jmdn. betrunken machen* **etwas unter den Tisch fallen lassen** *(umg.): etwas verschweigen oder verheimlichen* **reinen Tisch machen** *(umg.): offen mit jmdm. reden; eine Angelegenheit klären* **etwas vom Tisch wischen** *(umg.): etwas als unwichtig abtun* **auf den Tisch hauen** *(umg.): sich energisch durchsetzen*

Tisch·bein das <-(e)s, -e> *eine der (meist vier) Stützen, auf denen eine Tischplatte ruht*

Tisch·de·cke die <-, -n> *ein (größeres) Tuch, mit dem man eine Tischplatte vollständig bedeckt*

tisch·fer·tig <nicht steig.> *Adj. so, dass man es ohne weitere Zubereitung essen kann* ein tischfertiges Gericht

Tisch·fuß·ball·spiel das <-s> *(kein Plur.) ein Spielgerät, bei dem man mit beweglichen Figuren auf einer Art Tisch ein Fußballspiel nachahmen kann, indem man durch Drehen der Figuren eine kleine Kugel ins gegnerische Tor zu lenken versucht*

Tisch·ge·sell·schaft die <-, -en> *die an einem Tisch[1] versammelten Personen*

Tisch·grill der <-s> *ein kleiner (elektrischer) Grill, der auf einen Tisch[1] passt*

Tisch·lam·pe die <-, -n> *eine kleine Lampe, die auf einem Tisch[1] steht*

Tisch·ler, **Tisch·le·rin** der <-s, -> *jmd., der beruflich Möbel und andere Gebrauchsgegenstände aus Holz herstellt* Der Tischler hobelt ein Brett/baut einen Schrank.

Tisch·le·rei die <-, -en> *ein Betrieb, in dem Möbel und andere Gebrauchsgegenstände aus Holz hergestellt werden*

Tisch·nach·bar, **Tisch·nach·ba·rin** der <-n, -n> *jmd., der an einem Tisch[1] neben jmdm. sitzt* sich mit der Tischnachbarin unterhalten

Tisch·plat·te die <-, -n> *das größere Brett, das die waagerechte Oberseite eines Tisches[1] darstellt*

Tisch·rech·ner der <-s, -> *eine Art großer Taschenrechner, der auf einem (Schreib)tisch steht*

Tisch·re·de die <-, -n> *vor einer Tischgesellschaft gehaltene Rede*

Tisch·ten·nis das <-> *(kein Plur.)* SPORT *ein Sport, bei dem ein kleiner Ball von (zwei) Spielern mit Schlägern über die Platte eines Tisches gespielt wird* ◆ -platte-, -schläger, -spieler

Tisch·tuch das <-(e)s, Tischtücher> *eine große Tischdecke*

Tisch·wä·sche die <-> *(kein Plur.) Tischtücher und Servietten*

Tisch·wein der <-(e)s, -e> *Wein, der besonders zu Mahlzeiten getrunken wird*

Ti·tan[1] das <-s> *(kein Plur.) ein mattgrau schimmerndes Metall, das sehr leicht, aber sehr widerstandsfähig ist*

Ti·tan[2] der <-en, -en> *(meist Plur.)* **1.** *in der griechischen Sage ein von Zeus gestürzter riesenhafter Gott* **2.** *(geh.) ein Mensch, der außergewöhnliche Leistungen vollbringt*

Ti·tel der <-s, -> **1.** *eine Bezeichnung, die man als Zusatz zu seinem Nachnamen verwendet und die einen akademischen Rang oder ein Amt bezeich-*

net jemandem den Titel eines Doktors der Philosophie verleihen, jemanden mit seinem Titel anreden, ein akademischer Titel, Er möchte gern mit seinem Titel als „Herr Oberregierungsrat" angeredet werden. ◆ Adels-, Doktor-, Ehren-, Professoren- **2.** *der Name oder die Überschrift eines Kunstwerks oder Buches* ein Bild ohne Titel, Ich habe den Titel des Filmes vergessen. ◆ Buch-, Film- **3.** (≈ *Titelseite*) den Titel eines Buches gestalten, im Titel eines Buches genannt sein **4.** SPORT. *die Bezeichnung für einen bestimmten sportlichen Rang, den jmd. bei einem Wettkampf erworben hat* der Titel des Europameisters/Weltmeisters ◆ -verteidiger **5.** RECHTSW. *ein Rechtsanspruch* einen Titel vollstrecken **6.** AMTSSPR. *Geldmittel für einen bestimmten Zweck in einem öffentlichen Haushalt* die Reisekosten aus einem anderen Titel bezahlen als die Honorare

Ti·tel·bild das <-(e)s, -er> *das Bild auf der Titelseite*

Ti·tel·blatt das <-(e)s, Titelblätter> *die Seite eines Buches, auf der der Titel[2] steht* auf dem Titelblatt eines Buches stehen, Das Titelblatt war herausgerissen.

Ti·tel·rol·le die <-, -n> *die Hauptrolle, deren Name im Titel[2] des Films, Theaterstücks oder der Oper erscheint* im Faust die Titelrolle (des Doktor Faust) spielen

Ti·tel·sei·te die <-, -n> *die erste Seite einer Zeitschrift* auf der Titelseite einer Zeitschrift erscheinen

Ti·tel·ver·tei·di·ger der <-s, -> SPORT *der Sportler oder die Mannschaft, der/die einen Titel[4] verteidigt* Die Mannschaft trifft in diesem Spiel auf den Titelverteidiger.

Tit·te <-, -n> (*meist Plur.*) (*vulg.*) *weibliche Brust*

ti·tu·lie·ren *mit OBJ* ■ *jmd. tituliert jmdn. irgendwie* (*geh.*) *bezeichnen* Der Angeklagte soll den Kläger als „Vollidioten" tituliert haben.

Toast der [to:st] <-(e)s, -e/-s> **1.** (≈ *Trinkspruch*) *die Worte, mit denen man jmdm. Glück und Gesundheit wünscht, wenn man gemeinsam Wein oder Sekt trinkt* einen Toast auf jemanden ausbringen **2.** *eine Scheibe Weißbrot, die geröstet wurde* einen Toast mit Käse essen, der Duft von frischem Kaffee und Toast

toas·ten ['to:stn̩] <toastest, toastete, hat getoastet> *mit OBJ* ■ *jmd. toastet etwas* (*Weißbrotscheiben*) *rösten*

Toas·ter der [to:stɐ] <-s, -> *ein elektrisches Gerät zum Rösten von Weißbrotscheiben*

to·ben <tobst, tobte, hat/ist getobt> *ohne OBJ* **1.** ■ *jmd. tobt* (*haben*) *aus Wut oder Begeisterung schreien und gestikulieren* Der Chef tobt., Das begeisterte Publikum tobte. **2.** ■ *etwas tobt* (*haben*) *mit großer Gewalt wirken* Der Sturm tobt. **3.** (*haben/sein*) *herumtollen* Die Kinder haben stundenlang im Garten getobt., Die Hunde sind durch den Garten getobt.

Tob·sucht die <-> (*kein Plur.*) (*krankhaft*) *wild geäußerte Wut* Sie reizte ihn nur äußerst ungern, denn sie fürchtete seine Tobsucht.

tob·süch·tig <nicht steig.> *Adj. so, dass man seine Wut in* (*krankhaft*) *wilder Weise äußert* einen tobsüchtigen Nachbarn haben

Tob·suchts·an·fall der <-(e)s, Tobsuchtsanfälle> *ein Anfall von* (*krankhaft*) *wild geäußerter Wut* einen Tobsuchtsanfall bekommen

Toch·ter die <-, Töchter> **1.** (↔ *Sohn*) *ein weibliches Kind* eine Tochter haben **2.** (*übertr.*) *eine Frau, die in enger Beziehung zu einem Ort oder einer Zeit steht* eine berühmte Tochter der Stadt, eine typische Tochter ihrer Zeit **3.** WIRTSCH. *kurz für „Tochtergesellschaft"*

Toch·ter·ge·sell·schaft die <-, -en> (WIRTSCH.: ≈ *Filiale*) *ein Betrieb, der Teil eines größeren Unternehmens ist*

Tod der <-es, -e> (*Plur. selten*) **1.** (*kein Plur.*) *das Sterben* ein friedlicher/plötzlicher/schrecklicher Tod, jemanden/ein Tier zu Tode hetzen **2.** *die personifizierte Gestalt dessen, der den Tod[1] bringt* Der Tod hat ihn geholt., dem Tod ins Auge blicken, dem Tod von der Schippe springen **3.** *das* (*wirtschaftliche*) *Ende einer Sache* Die Überschwemmung/die Konkurrenz bedeutet den Tod für viele kleinbäuerliche Betriebe. ■ **zu Tode** (*umg.*): *sehr; bis ins Innerste* zu Tode erschrocken sein, zu Tode betrübt/erschöpft sein, sich zu Tode langweilen **jemanden auf den Tod nicht leiden können** (*umg.*): *jmdn. überhaupt nicht leiden können* **sich den Tod holen** (*umg.*): *sich sehr erkälten* **dem Tod ins Auge sehen** (*geh.*): *in Todesgefahr sein* **jemand ist dem Tod von der Schippe gesprungen** (*umg.*): *jmd. ist einer tödlichen Gefahr entkommen*

tod·brin·gend <nicht steig.> *Adj.* (≈ *tödlich*) *zum Tode[1] führend* eine todbringende Krankheit

tod·ernst <nicht steig.> *Adj. sehr ernst* ein todernstes Gesicht machen

To·des·angst die <-, Todesängste> **1.** *sehr große Angst* Todesängste ausstehen **2.** *Angst vor dem Sterben* in Todesangst um Hilfe rufen

To·des·an·zei·ge die <-, -n> *eine Zeitungsanzeige oder gedruckte briefliche Mitteilung, in der bekannt gegeben wird, dass jmd. gestorben ist*

To·des·dro·hung die <-, -en> *der Vorgang, dass jmd. sagt, er werde jmdn. umbringen*

To·des·fall der <-(e)s, Todesfälle> *die Tatsache, dass jmd. gestorben ist* einen Todesfall in der Familie haben, Bei Todesfall wird die Versicherungssumme (der Lebensversicherung) an den Ehegatten ausgezahlt.

To·des·kampf der <-(e)s, Todeskämpfe> *das* (*qualvolle*) *Sterben* sich im Todeskampf befinden

To·des·kan·di·dat, **To·des·kan·di·da·tin** der <-en, -en> *jmd., der bald sterben wird* Ein Geistlicher spendete dem Todeskandidaten Trost.

To·des·op·fer das <-s, -> *eine Person, die bei einem Unfall oder einer Katastrophe stirbt* Das Erdbeben/die Epidemie/das Unglück forderte zahlreiche Todesopfer.

To·des·stoß ■ **einer Sache den Todesstoß versetzen** (*geh.*): *die Entwicklung von etwas stoppen* Das Ausscheiden des wichtigsten Mitarbeiters versetzte dem Projekt den Todesstoß.

To·des·stra·fe die <-> (*kein Plur.*) *die Bestrafung von Verurteilten mit dem Tod*[1] die Todesstrafe aussprechen/verhängen, die Abschaffung der Todesstrafe fordern, Die Gegner der Todesstrafe mehren sich.

To·des·tag der <-(e)s, -e> **1.** *der Tag, an dem jmd. stirbt* Niemand weiß, wann sein eigener Todestag kommt. **2.** *der Jahrestag des Todes von jmdm.* Der 250. Todestag von Johann Sebastian Bach wurde feierlich begangen.

To·des·ur·sa·che die <-, -n> *die Ursache für jmds. Sterben* Herzversagen als Todesursache feststellen

To·des·ur·teil das <-s, -e> **1.** RECHTSW. *Verurteilung zur Todesstrafe* ein Todesurteil aussprechen/fällen/vollstrecken **2.** (*übertr.*) *ein Ereignis, das die Ursache für das Ende einer Sache oder Person ist* Die Diagnose der Ärzte bedeutete für ihn das Todesurteil., Die Erhöhung der Rohstoffpreise ist das Todesurteil für viele Kleinbetriebe., Der Ausbau der alten Straße ist das Todesurteil für viele Bäume.

To·des·ver·ach·tung ■ **mit Todesverachtung** (*umg.*): *ohne sich seine Angst oder seinen Abscheu anmerken zu lassen* Sie aßen die Heuschrecken mit Todesverachtung., Mit Todesverachtung sprang sie vom 10-Meter-Turm ins Wasser.

Tod·feind, **Tod·fein·din** der <-es, -e> *großer, erbitterter Feind*

tod·krank <nicht steig.> *Adj.* *so krank, dass man bald sterben wird* Er war todkrank und hatte nur noch wenige Monate zu leben.

töd·lich <nicht steig.> *Adj.* **1.** *so, dass man daran sterben wird* eine tödliche Krankheit, der tödliche Biss einer Giftschlange, einen tödlichen Stromschlag erhalten **2.** (*umg.*) *sehr schlimm oder stark* tödlich beleidigt sein, tödlicher Hass, etwas mit tödlicher Sicherheit wissen, sich tödlich langweilen

tod·mü·de <nicht steig.> *Adj.* (*umg.*) *sehr müde*

tod·schick <nicht steig.> *Adj.* (*umg.*) *sehr schick*

tod·si·cher <nicht steig.> *Adj.* (*umg.*) *absolut sicher* ein todsicherer Tipp, Ich werde da sein, todsicher!, Das war todsicher ein Fehler.

Tod·sün·de die <-, -n> REL. *sehr schwere Sünde* eine Todsünde begehen

Töff das/ der <-s, -> (*schweiz. mundartlich*) *Motorrad*

Tof·fee das ['tɔfi] <-s, -s> *ein weiches Karamellbonbon*

To·fu der <-(s)> (*kein Plur.*) KOCH. *eine Speise aus Sojabohnen, die wie Quark aussieht*

To·ga die <-, Togen> *ein weites Obergewand, das die Männer in der antiken römischen Welt trugen*

To·hu·wa·bo·hu das <-(s), -s> (*umg.*) *wildes Durcheinander* In dem Zimmer herrscht vielleicht ein Tohuwabohu!

Toi·let·te die [toa'lɛtə] <-, -n> **1.** *ein Becken, in das man die Blase und den Darm entleeren kann* sich auf die Toilette setzen, auf der Toilette sitzen, die Toilette spülen ◆-nsitz, -nspülung **2.** (≈ *WC*) *der Raum, in dem sich die Toilette*[1] *befindet* auf die Toilette gehen, eine öffentliche Toilette ◆Behinderten-, Damen-, Gäste-, Herren- **3.** (*kein Plur.*) (*veralt.*) *Körperpflege und Ankleiden* stundenlang Toilette machen, einige Minuten für die morgendliche Toilette benötigen

Toi·let·ten·ar·ti·kel der <-s, -> *Artikel für die Körperpflege*

Toi·let·ten·pa·pier das <-s> (*kein Plur.*) *Papier, das nach dem Entleeren der Blase oder des Darms zum Säubern benutzt wird* eine Rolle Toilettenpapier

Toi·let·ten·sei·fe die <-> (*kein Plur.*) *Seife für die Körperpflege*

To·kai·er, *a.* **To·ka·jer** der <-s> (*kein Plur.*) *ein ungarischer Süßwein*

To·kio <-s> *die Hauptstadt Japans*

to·le·rant *Adj.* (↔ *intolerant*) *so, dass man andere Auffassungen achtet und duldet* eine tolerante Einstellung haben, ein tolerantes Land, tolerant gegenüber anderen Religionen/politischen Auffassungen sein

To·le·ranz die <-, -en> **1.** (*kein Plur.*) *Achtung und Duldung gegenüber anderen Auffassungen, Meinungen und Einstellungen* Toleranz gegenüber einer anderen Lebensweise/Religion zeigen **2.** TECHN. *das Maß, in dem etwas von einem Standardwert abweicht* Die Werte liegen innerhalb der zulässigen Toleranz von 2 mm.

To·le·ranz·gren·ze die <-, -n> *die Grenzen, innerhalb derer etwas toleriert werden kann* Der Lärm liegt oberhalb meiner Toleranzgrenze., Die Werte liegen innerhalb der Toleranzgrenze.

to·le·rie·ren *mit OBJ* ■ *jmd. toleriert etwas* (*geh.*) **1.** *das Verhalten einer Person dulden* (*obwohl es nicht der eigenen Auffassung von gutem Verhalten entspricht*) Die Aktivitäten dieser Gruppe werden von der Polizei toleriert., Das kann ich gerade noch tolerieren. **2.** *etwas dulden, das vom Standardwert abweicht* Diese Abweichung vom Normwert kann aus Sicherheitsgründen nicht toleriert werden.

toll **I.** *Adj.* **1.** (*umg.*) *verwendet, um auszudrücken, dass man etwas sehr gut findet* eine tolle Idee/Leistung, Das Konzert gestern war wirklich toll., Er kann ganz toll zeichnen. **2.** (*veralt.*) *verrückt* Was ist denn das für eine Idee! Du bist wohl toll?, wie toll in der Gegend herumspringen **II.** *Adv.* (*umg.*) *sehr heftig* Es regnet ganz toll., Hat es denn toll wehgetan?

Tol·le die <-, -n> (*umg.*) *Haar, das wie eine Welle frisiert ist und vom Kopf leicht nach oben absteht*

Toll·kir·sche die <-, -n> BOT. *eine Staudenpflanze mit schwarzen, sehr giftigen Beeren*

toll·kühn *Adj.* *sehr wagemutig* ein tollkühnes Unternehmen, Das ist nicht mutig, das ist tollkühn! ▶Tollkühnheit

Toll·patsch der <-(e)s, -e> (*umg. abwert.*) *ungeschickter Mensch*

Toll·wut die <-> (*kein Plur.*) *eine gefährliche Infektionskrankheit, die von Tieren auf Menschen übertragen werden kann*

Töl·pel der <-s, -> (*umg. abwert.*) *ungeschickter*

Mensch ▶ tölpelhaft

To·ma·hawk der ['tɔmahaːk] <-s, -s> *Streitaxt der nordamerikanischen Indianer*

To·ma·te die <-, -n> *eine Frucht, die an Sträuchern wächst, rund und etwas kleiner als z.B. ein Apfel ist und eine dünne, rote Schale hat* ■ **Tomaten auf den Augen haben** (*umg. abwert.*): *etwas, das alle anderen sehen, nicht bemerken* ◆ -nsaft, -salat, -soße, Rispen-, Strauch-

To·ma·ten·ket·schup, *a.* **To·ma·ten·ket·chup** der/das [...'kɛtʃap] <-(s), -s> (*kein Plur.*) *eine dicke Soße aus Tomaten und Gewürzen, die oft zu Würstchen gegessen wird*

To·ma·ten·mark das <-(e)s> (*kein Plur.*) *das (zu Brei verarbeitete) Fruchtfleisch reifer Tomaten*

Tom·bo·la die <-, -s/Tombolen> *eine Veranstaltung, bei der die Teilnehmer Lose ziehen und bestimmte Gegenstände gewinnen können* auf einem Fest eine Tombola veranstalten, ein Los bei der Tombola ziehen

To·mo·gra·phie, *a.* **To·mo·gra·fie** die <-, -n> MED. *ein Verfahren, bei dem der innere Aufbau des Körpers eines Patienten durch ein radiologisches Gerät sichtbar gemacht werden kann* ◆ Computer-

Ton[1] der <-(e)s, -e> *eine besondere Art Erde, aus der Töpferwaren hergestellt werden* Ton abbauen/brennen/verarbeiten, Gefäße aus Ton

Ton[2] der <-(e)s, Töne> **1.** *ein Laut, den man hören kann und der eine bestimmte Frequenz hat* ein dumpfer/hoher/langer/kurzer/schriller/tiefer Ton, in gedämpftem Ton sprechen, ein paar Töne auf dem Klavier spielen, keinen Ton von sich geben ◆ Flöten-, Geigen-, Orgel- **2.** (SPRACHWISS.: ≈ *Betonung*) Der Ton liegt auf der ersten Silbe. **3.** (*kein Plur.*) *die bestimmte Art, in der jmd. spricht* etwas in barschem/freundlichem Ton sagen, Unter den Kollegen herrscht ein ungezwungener/rauer Ton., bei etwas/jemandem gegenüber den richtigen Ton finden ◆ Umgangs-, Plauder- **4.** *Farbschattierung* ein Bild in frischen/fröhlichen/gedeckten Tönen malen, seine Wohnung in hellen Tönen streichen ■ **der gute Ton**: *das gute Benehmen* Das gehört einfach zum guten Ton. **sich im Ton vergreifen**: *jmdm. gegenüber zu unfreundlich oder zu respektlos sprechen* **Der Ton macht die Musik !**: *es ist oft wichtiger, wie jmd. etwas sagt als was er sagt* **den Ton angeben**: *eine führende Position innerhalb einer Gruppe einnehmen* **große Töne spucken** (*umg. abwert.*): *angeben* ◆ Blau-, Grün-, Rot-

ton·an·ge·bend <nicht steig.> *Adj. maßgeblich, bestimmend* in einer Gruppe tonangebend sein

Ton·arm der <-(e)s, -e> TECHN. *das bewegliche Teil am Plattenspieler, an dessen vorderem Ende sich eine Vorrichtung zum Abtasten der Schallplatte befindet* den Tonarm justieren

Ton·art die <-, -en> **1.** MUS. *ein von einem Grundton und einem Tongeschlecht bestimmtes System von Tönen[1] und Harmonien* Das Lied steht in der Tonart A-Dur/d-Moll. **2.** *eine bestimmte Art sich zu äußern und damit Gefühle auszudrücken* Es ist nicht das, was er sagt, was uns verärgert, es ist die Tonart, in der er mit uns spricht., eine andere Tonart anschlagen

Ton·auf·nah·me die <-, -n> *das Aufnehmen von Sprache, Musik oder Geräuschen mit Aufnahmegeräten*

Ton·band das <-(e)s, Tonbänder> *ein Magnetband, auf dem man Sprache oder Musik aufzeichnen kann* eine Rede/die Musik auf Tonband aufzeichnen

Ton·band·auf·nah·me die <-, -n> *Aufzeichnung auf Tonband* eine Tonbandaufnahme anhören/löschen/machen

Ton·band·ge·rät das <-(e)s, -e> *Gerät zur elektromagnetischen Aufzeichnung von Sprache oder Musik auf einem Band*

tö·nen[1] *mit OBJ* ■ *jmd./etwas tönt etwas (irgendwie) einen bestimmten Farbton geben* die Haare rot tönen, getönte Haare haben, Die untergehende Sonne tönt den Himmel rosa.

tö·nen[2] *ohne OBJ* **1.** ■ *etwas tönt erklingen; schallen* Aus dem Lautsprecher tönt die Stimme des Ansagers., Durch das Fenster tönt laute Musik., Die Klingel tönt hoch/schrill. **2.** ■ *jmd.tönt* (*umg. abwert.*) *großspurig reden* Er tönt wieder über sein Lieblingsthema.

Ton·er·de die <-> (*kein Plur.*) *Erde, die Ton[1] enthält*

tö·nern <nicht steig.> *Adj. aus Ton[1]* ein tönernes Gefäß

Ton·fall der <-(e)s, Tonfälle> *eine bestimmte Art, sich zu äußern und damit Gefühle auszudrücken* ein barscher/freundlicher/vorwurfsvoller Tonfall

Ton·film der <-s, -e> *Film mit Ton[2]* die Erfindung des Tonfilms, einer der ersten Tonfilme

Ton·ge·fäß das <-es, -e> *tönernes Gefäß*

Ton·ge·schlecht das <-(e)s, -er> MUS. *eine Gattung der Tonart mit bestimmten Merkmalen* Bei den Tongeschlechtern unterscheidet man Moll und Dur.

To·nic das ['tɔnɪk] <-(s), -s> *eine Limonade mit Chininzusatz*

To·ni·ka die <-, Toniken> MUS. *Grundton eines Musikstücks*

To·ni·kum das <-s> MED. *ein stärkendes Mittel*

Ton·la·ge die <-, -n> *die Höhe der Töne[2]* in einer hohen Tonlage singen/sprechen

Ton·lei·ter die <-, -n> MUS. *eine festgelegte, auf einem Grundton aufbauende Folge von acht Tönen*

ton·los <nicht steig.> *Adj. ohne Ausdruck* mit tonloser Stimme sprechen

Ton·na·ge die [tɔ'naːʒə] <-, -n> SEEW. *der Rauminhalt eines Schiffes*

Ton·ne die <-, -n> **1.** *ein großes zylindrisches Gefäß, in dem meist Flüssigkeiten aufbewahrt werden* das Regenwasser in einer Tonne sammeln, eine Tonne mit Öl/Wasser ◆ Benzin-, Öl-, Wasser- **2.** *die Menge, die in eine Tonne[1] passt* an einem Tag zwei Tonnen Regenwasser sammeln **3.** *eine Gewichtseinheit* (≈ *1000 Kilogramm*) 10 Tonnen Kohle, eine Tonne wiegen **4.** (*umg. abwert.*) ein großer, dicker Mensch, Er ist nicht nur dick, er ist eine Tonne!

ton·nen·wei·se <nicht steig.> *Adv.* (*umg.*) *in großer Menge* tonnenweise Sand anfahren, tonnenweise Obst und Gemüse vernichten

Ton·stu·dio das <-s, -s> *ein Raum, der technisch so ausgestattet ist, dass man darin Musik und Sprache aufzeichnen kann* Aufnahmen mit einem Sänger in einem Tonstudio machen, ein Tonstudio einrichten

Ton·sur die <-, -en> GESCH. *die kreisrunde kahl geschorene Schädelstelle von* (*bestimmten*) *Geistlichen* Mönche trugen früher Tonsuren.

Ton·tau·ben·schie·ßen das <-s> (*kein Plur.*) SPORT *das als Sport betriebene Schießen auf Scheiben aus Ton*[1]*, die in die Luft geworfen werden*

Ton·tech·ni·ker, **Ton·tech·ni·ke·rin** der <-s, -> *jmd., dessen Beruf es ist, Tonaufnahmen technisch zu überwachen*

Ton·trä·ger der <-s, -> *ein Datenträger, auf dem akustische Informationen gespeichert sind* Schallplatten, Tonbänder oder CDs bezeichnet man als Tonträger.

Tö·nung die <-, -en> **1.** *der Vorgang, dass man eine Farbe auf etwas aufträgt, damit es diese Farbe annimmt* Die Tönung der Haare kann man selbst vornehmen., Der Friseur rät zum Kürzen der Haare und zu einer Tönung. **2.** (≈ *Haartönung*) *das Färbemittel für eine Tönung*[1] *der Haare* **3.** *Farbton* Der Himmel hat eine intensive rote Tönung., Die Haare haben eine leichte blonde Tönung.

Top das <-s, -s> *ein knapp geschnittenes Oberbekleidungsstück für Frauen* zur Hose ein ärmelloses Top tragen

top- **1.** *verwendet, um auszudrücken, dass etwas im höchsten oder besten Zustand ist* Topform, Tobjob, Topleistung **2.** *verwendet, um auszudrücken, dass etwas auf einer Qualitätsskala an der Spitze steht* Topangebot, Topqualität **3.** *verwendet, um auszudrücken, dass jmd. an führender Stelle steht* Topmanager, Topsänger, Topverkäufer

To·pas, **To·pas** der <-es, -e> *ein Halbedelstein*

Topf der <-(e)s, Töpfe> **1.** *ein Kochgefäß, das meist aus Metall besteht, eine runde Grundfläche hat, oft über einen Deckel verfügt und höher als eine Pfanne ist* die Kartoffeln im Topf kochen, Wasser in einem Topf zum Kochen bringen, das Fleisch im Topf garen **2.** *die Menge, die in einen Topf*[1] *passt* einen ganzen Topf Nudeln essen, ein Topf Kartoffeln **3.** *ein Tongefäß, in dem etwas aufbewahrt wird* Pfefferkuchen/Honig in einem Topf aufbewahren, die Blumen in einen Topf pflanzen **4.** (*umg. scherzh.*) *Toilette* Ich muss mal auf den Topf. ■ **alles in einen Topf werfen** (*umg.*): *keine Unterschiede machen*

Töpf·chen das <-s, -> *ein Gefäß, auf dem kleine Kinder ihre Notdurft verrichten* aufs Töpfchen gehen

Top·fen der <-s, -> (*süddt. österr.*) *Quark*

Töp·fer, **Töp·fe·rin** der <-s, -> *jmd., der Gefäße und Gegenstände aus Ton herstellt* ◆-werkstatt

Töp·fe·rei die <-, -en> (≈ *Töpferwerkstatt*) *eine Werkstatt, in der Gefäße und Gegenstände aus Ton*[1] *hergestellt werden*

Töp·fer·schei·be die <-, -n> *eine rotierende Scheibe, auf der Gefäße und Gegenstände aus Ton geformt werden*

Töp·fer·wa·re die <-, -n> *Gefäße und Gegenstände aus Ton*

top·fit <nicht steig.> *Adj.* (*umg.*) *körperlich und geistig sehr gut in Form* zum Wettkampf topfit sein, auch im hohen Alter geistig topfit sein

Topf·lap·pen der <-s, -> *ein Stofflappen, den man zum Schutz vor Hitze in der Hand hält, wenn man heiße Kochtöpfe anfasst*

Topf·pflan·ze die <-, -n> *in einem Blumentopf wachsende Pflanze*

To·po·gra·phie, *a.* **To·po·gra·fie** die <-, -n> GEOGR. *die Beschreibung und Darstellung von Teilen der Erdoberfläche* die Topographie Nordamerikas

to·po·gra·phisch, *a.* **to·po·gra·fisch** <nicht steig.> *Adj. die Topographie betreffend, zu ihr gehörend* eine topographische Darstellung Europas

To·pos der <-, Topoi> **1.** LIT. *ein häufig verwendetes Motiv in der literarischen Tradition* **2.** (*fachspr.*) *allgemein anerkannter Begriff oder eine häufig benutzte Redensart*

Topp der <-s, -e(n)/-s> SEEW. *oberste Mastspitze* ein über die Toppen geflaggtes Schiff

topp *Interj. verwendet, um auszudrücken, dass eine Wette oder Vereinbarung gilt* Topp, die Wette gilt!

toppen *vt* ■ *jmd./etwas toppt etwas* (*umg.*) *übertreffen* Diese Leistung ist nicht zu toppen!

top·sec·ret [tɔp'si:krɪt] <nicht steig.> *Adj.* (*nur präd., nicht Adverb*) *streng geheim* Die Verhandlungen sind topsecret.

Top·star der <-s, -s> *eine Person, die auf ihrem Gebiet sehr erfolgreich und öffentlich sehr bekannt ist* ein Topstar des amerikanischen Films, die Topstars der Rockmusik der siebziger Jahre

Tor[1] der <-en, -en> (*geh. abwert.*) *ein dummer oder unklug handelnder Mensch* Wir sind doch Toren gewesen, warum haben wir das Angebot nicht angenommen?

Tor[2] das <-(e)s, -e> **1.** (≈ *Portal*) *eine große Tür* (*mit zwei Flügeln*)*, die den* (*Haupt*)*eingang zu einem Gebäude bildet* das Tor bewachen/öffnen/schließen, ein neues Tor einbauen ◆Eingangs-, Kasernen-, Scheunen- **2.** *Einfahrt, Durchfahrt* durch ein Tor in den Hof gelangen, ein Tor in der Stadtmauer ◆Garagen-, Hof-, Park-, Schloss- **3.** SPORT *ein großer Rahmen, in dem ein Netz gespannt ist und in den bei bestimmten Mannschaftsspielen der Ball geschossen wird* für seine Mannschaft im Tor stehen, das Tor mit dem Ball/Puck zu treffen versuchen **4.** SPORT *Treffer in das Tor*[3] ein Tor erzielen/schießen/verhindern/vorbereiten ◆-schütze, Anschluss-, Ausgleichs-, Sieg-

Tor·bo·gen der <-s, Torbögen> *ein bogenförmig gebautes Tor*[2] unter einem Torbogen stehen

To·re·ro, **To·re·ra** der <-s, -s> (≈ *Stierkämpfer*) *jmd., der im Stierkampf den Stier reizt und in einer bestimmten rituellen Weise tötet*

Torf der <-(e)s> (*kein Plur.*) *eine bestimmte Art von Erde, die aus zersetzten Pflanzenresten besteht* Torf auf die Beete streuen

Torf·moor das <-s, -e> *Moorlandschaft, in der Torf vorkommt*

Tor·heit die <-, -en> (*geh. abwert.*) *Dummheit; unkluges Verhalten* eine große Torheit begehen ◆ Mode-

Tor·hü·ter, **Tor·hü·te·rin** der <-s, -> (SPORT: ≈ *Torwart*) *der Spieler, der im Tor*[3] *steht und der gegnerische Schüsse auf das Tor*[3] *abwehren soll*

tö·richt *Adj.* (*geh. abwert.*) *dumm; unklug* eine törichte Frage, ein törichtes Verhalten

tor·keln <torkelst, torkelte, hat/ist getorkelt> *ohne OBJ* **1.** ■ *jmd. torkelt* (*haben* ≈ *wanken*) *gehen und dabei schwanken, vor allem weil man betrunken ist* Der Betrunkene hat getorkelt. **2.** ■ *jmd. torkelt irgendwohin* (*sein*) *schwankend irgendwohin gehen* Die Betrunkenen sind über die Straße getorkelt.

Tor·li·nie die <-, -n> SPORT *die Linie zwischen den beiden Pfosten eines Tores*

Törn der <-s, -s> SEEW. *Fahrt mit einem Segelboot* ◆ Segel-

Tor·na·do der <-s, -s> METEOR. *ein Wirbelsturm in Nordamerika*

Tor·nis·ter der <-s, -> **1.** MILIT. *ein Gepäckstück, das Soldaten auf dem Rücken tragen* **2.** (*veralt.*) *Schulranzen*

tor·pe·die·ren *mit OBJ* ■ *jmd. torpediert etwas* **1.** MILIT. SEEW. *mit einem Torpedo beschießen* ein Schiff torpedieren **2.** (*abwert.*) *gezielt verhindern* die Friedensverhandlungen torpedieren

Tor·pe·do der <-s, -s> MILIT. SEEW. *eine Art Rakete, die sich unter Wasser bewegt und die von einem Unterseeboot abgefeuert wird* ein Torpedo abschießen

Tor·pe·do·boot das <-(e)s, -e> MILIT. SEEW. *mit Torpedos ausgerüstetes Schnellboot*

Tor·pfos·ten der <-s, -> SPORT *eines der Begrenzungselemente eines Tores*[3] mit einem Schuss den Torpfosten treffen

Tor·raum der <-(e)s, Torräume> SPORT *bestimmter Bereich vor dem Tor*[3]

Tor·schluss·pa·nik die <-> (*kein Plur.*) (*umg.*) *die Befürchtung, dass man etwas Wichtiges versäumt oder dass man für eine Sache zu alt ist* Manche Leute bekommen Torschlusspanik, wenn sie mit dreißig noch nicht den richtigen Partner gefunden haben.

Tor·schüt·ze, **Tor·schüt·zin** der <-n, -n> SPORT *jmd., der ein Tor*[4] *erzielt*

Tor·so der <-s, Torsos/Torsi> **1.** *eine Art Statue, die einen menschlichen Körper ohne Kopf und Gliedmaßen darstellt* einen Körper als Torso darstellen, Von der Statue ist nur noch ein Torso erhalten geblieben. **2.** (*geh.*) *unvollständiges Bruchstück* Die Sinfonie/der Roman ist ein Torso geblieben.

Tor·te die <-, -n> *ein (meist) runder Kuchen, der (meist) aus verschiedenen Schichten von Teig, Creme, Sahne und Früchten besteht* ◆-nstück, Creme-, Kirsch-, Nuss-, Obst-, Sacher-, Schokoladen-

Tor·te·lett/Tor·te·let·te das <-s, -s> *ein kleines Gebäckstück in der Art einer Torte*

Tor·tel·li·ni <-> *Plur.* KOCH. *kleine runde Teigtaschen, die mit einer Füllung versehen sind*

Tor·ten·he·ber der <-s, -> *eine Art sehr breiter und flacher Löffel, mit dem man ein Tortenstück von der Tortenplatte heben kann*

Tor·ten·plat·te die <-, -n> *eine Art großer Teller, auf dem Torten serviert werden*

Tor·til·la die [tɔrˈtɪlja] <-, -s> KOCH. **1.** *ein spanischer Kartoffelpfannkuchen* **2.** *eine Art Fladenbrot*

Tor·tur die <-, -en> (*geh.*) *ein unangenehmes Erlebnis, das für jmdn. eine Qual ist* Die mehrtägige Reise im Bus war eine Tortur., Die Zahnoperation wird sicher eine Tortur werden.

Tor·wart, **Tor·war·tin** der <-(e)s, -e> (SPORT: ≈ *Torhüter*) *der Spieler, der gegnerische Schüsse auf das Tor*[3] *abwehren soll*

to·sen *ohne OBJ* ■ *etwas tost* (≈ *brausen*) *das laute Rauschen von sich geben, dass man hört, wenn ein Fluss sehr schnell fließt oder starker Wind durch das Laub der Bäume weht* In der Felsenschlucht toste ein wilder Bach., tosender Beifall

tot <nicht steig.> *Adj.* **1.** (↔ *lebendig*) *so, dass jmd. oder ein Tier nicht (mehr) lebt* ein toter Mensch, ein totes Tier, (klinisch) tot sein, jemanden für tot erklären, ein tot geborenes Kind, nur noch tot geborgen werden können, Das Opfer fiel tot um/brach tot zusammen., sich tot stellen, wie tot daliegen, totes Holz/Gewebe **2.** (≈ *unbelebt*) *so, dass darin keine Lebensvorgänge ablaufen* tote Materie, nichts als tote Steine **3.** *so, dass es nicht mehr benutzt wird oder nicht mehr seine Funktion erfüllt* ein totes Gleis, ein toter Flussarm, eine tote Sprache, Hinter der Tür ist toter Raum, dort können wir nichts hinstellen. **4.** (*umg.*) *so, dass es nicht mehr funktioniert* Die Telefonleitungen/elektrischen Leitungen sind tot., Plötzlich war der Fernseher tot, es war nichts mehr auf dem Bildschirm zu sehen. **5.** (↔ *frisch, lebendig*) *so, dass es leblos wirkt* tote Augen, Die Stadt/die Landschaft wirkte tot., Grau ist eine tote Farbe. ■ **ein toter Winkel**: *ein nicht einsehbarer oder erreichbarer Raum* sich im toten Winkel hinter einem Fahrzeug befinden **totes Gestein** BERGB.: *Gestein ohne nutzbare Bodenschätze* **tote Hose** (*umg.*): *Langeweile* Am Sonntag war mal wieder nichts los – tote Hose! ◆ Großschreibung→R 3.17 das Tote Meer, das Tote Gebirge; Getrenntschreibung→R 4.1, R 4.2, R 4.3 Das Tier wird wohl tot sein, es bewegt sich gar nicht!, Damit man ihn nicht findet, hat er sich tot gestellt., ein tot geborenes Kind *siehe auch* **totarbeiten**, **totärgern**, **totkriegen**, **totlachen**, **totmachen**, **totsagen**, **totschießen**, **totschlagen**, **totschweigen**, **tottrampeln**, **tottreten**→**R 4.11**

to·tal <nicht steig.> *Adj.* (≈ *völlig*) *verwendet, um auszudrücken, dass die genannte Sache nicht nur teilweise gilt, sondern absolut der Fall ist* total überfordert sein, Es herrschte totales Chaos., Die

T

Straße war total überflutet., Das habe ich total vergessen!

to·ta·li·tär <nicht steig.> *Adj.* (POL.: *geh. abwert.*) *so, dass ein Land nicht demokratisch regiert wird, sondern von einem Diktator oder einer einzigen Gruppe* totalitäre Machthaber/Regimes/Staaten

To·ta·li·ta·ris·mus der <-> (*kein Plur.*) (POL.: *geh. abwert.*) *diktatorische, undemokratische Machtausübung in allen Lebensbereichen*

To·tal·scha·den der <-s, Totalschäden> KFZ *ein Schaden, bei dem eine Reparatur nicht mehr sinnvoll oder möglich ist* Am Fahrzeug entstand Totalschaden.

tot·ar·bei·ten *mit SICH* ■ *jmd. arbeitet sich tot* (*umg.*) *sehr hart arbeiten* ♦ Zusammenschreibung→R 4.11 Du wirst dich schon nicht totarbeiten!

tot·är·gern *mit SICH* ■ *jmd. ärgert sich tot* (*umg.*) *sich sehr ärgern* ♦ Zusammenschreibung→R 4.11 Ich könnte mich totärgern, dass ich das versäumt habe.

To·te der/die <-n, -n> *jmd., der gestorben ist* Die/der Tote wird aufgebahrt/beigesetzt. ■ **wie ein Toter/eine Tote schlafen** (*umg.*): *tief und fest schlafen* **ein Lärm, mit dem man Tote aufwecken kann** (*umg.*): *ein großer Lärm*

To·tem das <-s, -s> REL. *ein Lebewesen (eine Pflanze oder ein Tier), das bei einem Naturvolk als heiliger Vorfahre angesehen wird, nicht getötet werden darf und häufig in Figuren verehrt wird* ►Totemismus ♦-figur, -glaube, -tier

tö·ten *mit OBJ/ohne OBJ* ■ *jmd. tötet jmdn./ein Tier* **1.** *bewirken, dass ein Lebewesen nicht mehr lebt* jemanden fahrlässig/grausam/mit einer Waffe/vorsätzlich töten, sich selbst töten, ein getötetes Tier **2.** (≈ *vernichten*) einen Nerv töten, die Zeit töten ■ **etwas tötet jemanden** (*umg.*): *jmd. kann etwas nicht ertragen* Es tötet mich, mit anzusehen, was da geschieht., Die Musik tötet ihn.

To·ten·bett ■ **auf dem Totenbett liegen**: *im Sterben begriffen sein* **am Totenbett**: *bei einem Sterbenden* jemandem etwas am Totenbett versprechen

to·ten·blass <nicht steig.> *Adj. sehr blass* vor Schreck totenblass werden

To·ten·fei·er die <-, -n> *die Feier zu Ehren einer oder eines Toten*

To·ten·grä·ber der <-s, -> **1.** *jmd., der beruflich Gräber für die Bestattung von Toten aushebt* **2.** ZOOL. *ein Aaskäfer, dessen Larven sich von toten Tieren ernähren*

To·ten·kopf der <-(e)s, Totenköpfe> (*umg.*) *der menschliche Schädel, der in bestimmten Abbildungen als Symbol gebraucht wird* Ein Totenkopf ist das Zeichen für Gefahr/tödliches Gift., die Piratenflagge mit dem Totenkopf

To·ten·mas·ke die <-, -n> *eine Art Maske, die man angefertigt hat, indem man vom Gesicht eines Toten einen Gipsabdruck gemacht hat*

To·ten·mes·se die <-, -n> *zu Ehren einer oder eines Verstorbenen gelesene Messe*

To·ten·schein der <-(e)s, -e> *ein Dokument, das ein Arzt ausfüllt und mit dem er den Tod von jmdm. beurkundet*

to·ten·still <nicht steig.> *Adj. sehr still* Im Saal wurde es totenstill, als der Zauberkünstler sein Kunststück vorführte.

To·ten·stil·le die <-> (*kein Plur.*) *völlige Stille* Im Haus herrschte Totenstille.

To·ten·wa·che die <-, -n> *die Wache an der Bahre eines oder einer Verstorbenen bis zur Beerdigung* die Totenwache halten

tot·fah·ren <fährst tot, fuhr tot, hat totgefahren> *mit OBJ* ■ *jmd. fährt jmdn./ein Tier tot* (*umg.*) *durch Überfahren mit einem Fahrzeug töten*[1] auf der Straße einen Fuchs totfahren ♦ Zusammenschreibung→R 4.11 jemanden mit dem Auto totfahren, ein totgefahrener Igel

Tot·ge·burt die <-, -en> MED. *ein Kind oder Junges, das bereits bei seiner Geburt tot*[1] *ist*

Tot·ge·glaub·te der/die <-n, -n> *eine Person, von der man annimmt, dass sie tot*[1] *ist* Plötzlich kehrte der Totgeglaubte heim.

Tot·ge·sag·te der/die <-n, -n> *eine Person, von der man (irrtümlicherweise) annimmt, sie sei tot*[1] Totgesagte leben länger.

totkriegen (*umg.*) ■ **nicht totzukriegen sein**: *so voller Energie sein, dass man lange nicht ermüdet* ♦ Zusammenschreibung→R 4.11 Die Kinder sind ja heute einfach nicht totzukriegen!

tot·la·chen *mit SICH* ■ *jmd. lacht sich (über etwas Akk.) tot* (*umg.*) *sehr lachen* sich über einen Witz fast totlachen ♦ Zusammenschreibung→R 4.11 Ich habe mich halb totgelacht.

tot·lau·fen <läufst tot, lief tot, hat totgelaufen> *mit SICH* ■ *etwas läuft sich tot nach längerem Andauern zum Erliegen kommen* ♦ Zusammenschreibung→R 4.11 Die Proteste haben sich totgelaufen.

tot·ma·chen *mit OBJ* ■ *jmd. macht ein Tier tot* (*umg. verhüll.*) *ein kleineres Tier töten*[1] ♦ Zusammenschreibung→R 4.11 eine Fliege totmachen

To·to das <-s> (*kein Plur.*) SPORT *ein Glücksspiel, bei dem man auf den Ausgang von Sportwettkämpfen Wetten abschließt* Toto spielen ♦ Fußball-

tot·sa·gen *mit OBJ* ■ *jmd. sagt jmdn. tot (irrtümlich) sagen, dass jmd. tot*[1] *ist* ♦ Zusammenschreibung→R 4.11 Er war von allen totgesagt worden, erfreute sich aber bester Gesundheit. *siehe auch* **Totgesagte**

tot·schie·ßen <schießt tot, schoss tot, hat totgeschossen> *mit OBJ* ■ *jmd. schießt jmdn./ein Tier tot* (*umg.*) *durch Erschießen töten*[1] ♦ Zusammenschreibung→R 4.11 jemanden/ein Tier totschießen

Tot·schlag der <-es> (*kein Plur.*) RECHTSW. *die Tötung*[1] *eines Menschen ohne niedere Absicht* wegen Totschlages verurteilt werden

tot·schla·gen <schlägst tot, schlug tot, hat totgeschlagen> *mit OBJ* ■ *jmd. schlägt jmdn./ein Tier tot* (*umg.*) *durch Schlagen töten*[1] ein Tier/jemanden mit einem Knüppel/einem schweren Gegenstand totschlagen ■ **Du kannst mich totschla-**

gen, aber… (*umg.*): *du kannst machen, was du willst, aber…* Du kannst mich totschlagen, aber ich kann mich an nichts mehr erinnern! ◆ Zusammenschreibung→R 4.11

Tot·schlä·ger der <-s, -> **1.** RECHTSW. *jmd., der Totschlag verübt hat* ein gerichtlich verurteilter Totschläger **2.** *eine Schlagwaffe, die mit Stahl oder Blei sehr schwer gemacht ist*

tot·schwei·gen <schweigst tot, schwieg tot, hat totgeschwiegen> *mit OBJ* ■ *jmd. schweigt jmdn./etwas tot* (*abwert.*) *über jmdn. oder etwas bewusst schweigen, um ihn oder es in Vergessenheit geraten zu lassen* ◆ Zusammenschreibung →R 4.11 einen kritischen Politiker/ein Problem/ ein Thema totschweigen

tot·tram·peln <trampelst tot, trampelte tot, hat totgetrampelt> *mit OBJ* ■ *jmd. trampelt jmdn. tot* (*umg.*) *töten[1], indem man darauftritt* ◆ Zusammenschreibung→R 4.11 Einige der Opfer sind von den in Panik geratenen Massen totgetrampelt worden.

tot·tre·ten <trittst tot, trat tot, hat totgetreten> *mit OBJ* ■ *jmd. tritt jmdn./ein Tier tot töten[1], indem man darauftritt* ◆ Getrenntschreibung→R 4.11 aus Versehen einen Frosch/einen Käfer tottreten

Tö·tung die <-, -en> (*kein Plur.*) **1.** RECHTSW. *das Töten[1]* die Tötung eines Menschen, wegen fahrlässiger/vorsätzlicher Tötung verurteilt werden **2.** *das Schlachten* die Tötung der Tiere in einem Schlachthaus

Touch der [tatʃ] <-s, -s> (*umg.*) *gewisse äußere Merkmale von etwas, die eine Zuordnung zu einer bestimmten Sache oder Kategorie erlauben* Das Haus/die Wohnung hat einen südländischen Touch., sich gern einen künstlerischen Touch geben, einen Touch ins Intellektuelle haben

tou·chie·ren [tu'ʃi:rən] *mit OBJ* ■ *jmd./etwas touchiert etwas* SPORT *nur ganz leicht berühren*

tough ['taf] <nicht steig.> *Adj.* (*umg.*) *so, dass man Widerstände überwindet und sich nicht schnell unterkriegen lässt*

Tou·pet das [tu'pe:] <-s, -s> *eine Art Perücke, die aber nur teilweise das eigene Haar ersetzt* sein Haar mit einem Toupet voller erscheinen lassen

tou·pie·ren [tu'pi:rən] *mit OBJ* ■ *jmd. toupiert etwas* (*Haaren*) *durch eine bestimmte Kämmtechnik ein fülligeres Aussehen geben* die Haare toupieren

Tour die [tu:ɐ̯] <-, -en> **1.** *ein Ausflug oder eine Ausfahrt* eine kleine Tour mit dem Rad/mit dem neuen Wagen, eine zweiwöchige Tour durch die Berge ◆ Berg-, Kletter-, Rad- **2.** *eine bestimmte zurückzulegende Strecke* die kürzere/längere/reizvollere Tour wählen, Die heutige Tour geht durch mehrere Ortschaften. **3.** (*nur Plur.*) TECHN. *Umdrehungen pro Minute* auf Touren kommen, auf vollen Touren laufen ►hochtourig **4.** (*umg. abwert.* ≈ *Masche*) *eine bestimmte Art* (*des Verhaltens*), *mit der jmd. etwas erreichen will* Komm mir bloß nicht auf die Tour!, es auf die freundliche Tour bei jemandem versuchen ■ **jemandem die Tour vermasseln** (*umg.*): *jmds.* (*schlechte*) *Absichten durchkreuzen* **in einer Tour** (*umg. abwert.*): *immerzu; ständig* Er fragt in einer Tour. **etwas läuft auf vollen Touren** (*umg.*): *etwas ist in vollem Gange*

tou·ren ['tu:rən] *ohne OBJ* ■ *jmd. tourt durch etwas Akk.* (*umg.*) *im Rahmen einer Tournee durch etwas reisen* Die Band tourt im Herbst durch einundvierzig deutsche Städte.

Tou·ren·ski, *a.* **Tou·ren·schi** der [tu:ren-] <-s, -er> SPORT *ein relativ breiter Ski für Skiwanderungen*

Tou·ren·zahl die [tu:ren-] <-, -en> KFZ *Zahl der Umdrehungen*

Tou·ris·mus der <-> (*kein Plur.*) (≈ *Fremdenverkehr*) *der Vorgang, dass* (*relativ viele*) *Menschen in fremde Länder oder im eigenen Land in bestimmte Gegenden fahren, um dort Urlaub zu machen und/oder Sehenswürdigkeiten anzusehen* ◆ -hochburg, -zentrum, Massen-, Rucksack-

Tou·rist, **Tou·ris·tin** der <-en, -en> *jmd., der als Urlauber ein Land besucht* ◆ Auto-, Bahn-

Tou·ris·ten·klas·se die <-> *preiswertere, weniger komfortable Klasse in Schiffen und Flugzeugen*

Tou·ris·ten·vi·sum das <-s, Touristenvisa/Touristenvisen> *Einreisegenehmigung für Urlauber*

Tou·ris·tik die <-> (*kein Plur.*) *Verkehr von Touristen* ◆ Bahn-, Fern-, Flug-

Tou·ris·tik·un·ter·neh·men das <-s, -> *ein Unternehmen, das Urlaubsreisen veranstaltet*

tou·ris·tisch <nicht steig.> *Adj. auf die Touristik bezogen*

Tour·nee die [tʊr'ne:] <-, -s/-n> *der Vorgang, dass ein Künstler, eine Band o.Ä. durch viele Städte reisen und in jeder Stadt auftreten* auf Tournee gehen, eine Tournee machen ◆ -daten, Deutschland-, Welt-

To·w·er der ['taʊə] <-s, -> LUFTF. *Kontrollturm der Flughafenbehörde*

Town·ship die ['taʊnʃɪp] <-, -s> *von Farbigen bewohnte Stadtsiedlung in Südafrika*

To·xi·ko·lo·ge, **To·xi·ko·lo·gin** der <-n, -n> *jmd., der Fachkenntnisse über die Wirkung von Giftstoffen besitzt und auf diesem Gebiet forscht*

to·xisch <nicht steig.> *Adj.* (*fachspr.*) *giftig* eine toxische Wirkung haben, toxische Stoffe fachgerecht lagern

Trab der <-(e)s> (*kein Plur.*) (↔ *Galopp*) *die mittlere Gangart des Pferdes* Das Pferd fällt in (den) Trab., im Trab laufen, leichter/scharfer/schneller Trab ■ **sich in Trab setzen** (*umg. scherzh.*): *loslaufen* Wir müssen uns allmählich in Trab setzen. **jemanden auf Trab bringen** (*umg.*): *jmdn. zum schnelleren Arbeiten antreiben*

Tra·bant der <-en, -en> **1.** ASTRON. *ein Himmelskörper, der sich auf einer Kreisbahn um einen anderen Himmelskörper bewegt* der Mond als Trabant der Erde **2.** GESCH. *Markenbezeichnung eines in der DDR produzierten Autos*

Tra·ban·ten·stadt die <-, Trabantenstädte> *Siedlung am Rande einer Großstadt*

Trab·bi, *a.* **Tra·bi** der <-s, -s> (*umg.*) *Trabant[2]*

T

tra·ben <trabst, trabte, ist getrabt> *ohne OBJ* **1.** ■ *ein Pferd trabt* (↔ *galoppieren*) *im Trab laufen* Das Pferd trabt über die Wiesen. **2.** ■ *jmd. trabt irgendwohin* (*umg. scherzh.*) (*pflichtgemäß*) *laufen* Nach der Pause trabten die Schüler wieder in ihre Klassenzimmer.

Tracht die <-, -en> *die besondere Kleidung, die typisch für eine Volksgruppe, eine Berufsgruppe oder eine bestimmte Gegend ist* die Tracht der Bergleute/Zimmerleute, Das russische Volksensemble trat in Tracht auf. ■ **eine Tracht (Prügel) bekommen** (*umg.*): verprügelt werden ◆-enanzug, -enkleid, -enmode, Amts-, Landes-, Ordens-

trach·ten *ohne OBJ* ■ *jmd. trachtet nach etwas Akk.* (*geh.* ≈ *streben*) *etwas erreichen wollen* nach Macht und Einfluss trachten ■ **jemandem nach dem Leben trachten** (*geh.*): *jmdn. umbringen wollen*

träch·tig <nicht steig.> *Adj. so, dass ein weibliches Säugetier ein ungeborenes Junges im Leib trägt* eine trächtige Kuh/Katze

Tra·di·ti·on die [tradi'tsi̯o:n] <-, -en> *etwas, das seit vielen Generationen überliefert ist und als kultureller Wert gilt* etwas ist irgendwo (so) Tradition, eine alte Tradition achten/pflegen, mit einer Tradition brechen, Die Tradition will es, dass … ◆ Familien-, Kultur-, Stammes-

tra·di·ti·o·nell [traditsi̯o'nɛl] <nicht. steig.> *Adj.* **1.** *auf eine Tradition gegründet* der traditionelle Starkbieranstich, der traditionelle Festakt zum Nationalfeiertag, der traditionelle Sitz der Regierung **2.** (≈ *herkömmlich* ↔ *innovativ*) *der gängigen Praxis entsprechend*

Tra·fik der (*österr.*) *Kiosk*

Tra·fo der <-(s), -s> ELEKTROTECHN. *Kurzform von „Transformator"*

träg(e) *Adj.* **1.** *so langsam, dass es lustlos und müde wirkt* ein sich träge bewegendes Tier, nach dem guten Essen träge werden, ein träge fließender Fluss **2.** PHYS. *Zustand der Trägheit*[2] die träge Masse

Trag·bah·re die <-, -n> *eine Art Liege, die man tragen kann und auf der man Kranke oder Verletzte transportiert*

trag·bar <nicht steig.> *Adj.* **1.** *so, dass man es tragen kann* ein tragbarer Computer/Fernseher **2.** *so, dass man Kleidungsstücke im normalen Leben tragen kann ohne irgendwie aufzufallen* tragbare Kleidung/Mode **3.** *so, dass man es dulden kann* Sein Verhalten ist nicht tragbar., Der Minister ist nach dem Bestechungsskandal nicht mehr tragbar. **4.** *so, dass man es bezahlen kann* Die finanziellen Belastungen des Hausbaues waren für die Familie nicht mehr tragbar.

tra·gen <trägst, trug, hat getragen> **I.** *mit OBJ* **1.** ■ *jmd. trägt etwas sich fortbewegen und dabei etwas mit sich transportieren* Sie trägt die Reisetasche., ein Kind auf dem Arm tragen, Der Wind trägt den Duft der Blumen über die Wiese. **2.** ■ *jmd. trägt etwas als Kleidungsstück oder Haartracht haben* einen Anzug/eine Krawatte/einen Minirock/einen goldenen Ring tragen, das Haar offen/schulterlang/locker in die Stirn gekämmt tragen **3.** ■ *etwas trägt etwas mit etwas versehen sein* Alle Wagen tragen eine Nummer., Er trägt diesen Namen mit Stolz. **4.** ■ *jmd. trägt etwas irgendwie einen Körperteil auf eine bestimmte Weise halten* den Kopf gesenkt tragen, die Nase hoch tragen **5.** ■ *jmd. trägt etwas bezahlen* die Kosten des Verfahrens tragen müssen, Die Versicherung trägt die Kosten der Reparatur., Das Heim/die Schule wird zum großen Teil von der Kirche getragen. **6.** ■ *jmd. trägt etwas* (*geh.*) *wesentlich zu etwas beitragen oder etwas unterstützen* eine Veranstaltung tragen, mit seinem Einsatz ein Projekt tragen, eine tragende Rolle bei etwas spielen, der tragende Gedanke dieses Romans **7.** ■ *jmd. trägt etwas* (*in verblasster Bedeutung*) *haben* die Schuld tragen, Verantwortung für etwas tragen **II.** *mit OBJ/ohne OBJ* **1.** ■ *jmd. trägt etwas/an etwas Akk. ertragen; erdulden* sein Los/seine schwere Krankheit mit Geduld tragen, etwas mit Fassung tragen, Er trägt schwer an seinem Schicksal. **2.** ■ *etwas trägt* (*etwas*) *eine Last aushalten* Hoffentlich kann uns die Brücke tragen., Das Eis trägt schon., eine frei tragende Konstruktion **3.** ■ *etwas/ein Tier trägt* (*etwas*) *Frucht bringen* Der Baum trägt Äpfel., Der Baum trägt gut/reichlich., Die Kuh trägt ein Kälbchen., Die Kuh/Katze trägt/ist tragend. **III.** *ohne OBJ* ■ *etwas trägt irgendwie in eine bestimmte Entfernung reichen* Das Gewehr/der Schuss trägt weit., In den Bergen trägt die Stimme weit. **IV.** *mit SICH* ■ *etwas trägt sich wirtschaftlich lebensfähig sein* Das Geschäft trägt sich bereits nach einem Jahr. ■ **zur Schau tragen**: *zeigen* Gelassenheit zur Schau tragen **sich mit dem Gedanken tragen, etwas zu tun** (*geh.*): *überlegen, ob man etwas tun soll*

Trä·ger, Trä·ge·rin der <-s, -> **1.** (*keine weibliche Form*) TECHN. *ein Bauteil, das etwas stützt* Träger aus Stahl stützen das Dach. ◆ Eisen-, Stahl- **2.** *die schmalen Streifen* (*aus Stoff*), *die manche Kleidungsstücke auf den Schultern halten* ein Kleid mit schmalen Trägern, die Träger des Büstenhalters/der Lederhose **3.** *jmd., der eine Last transportiert* Die Träger setzen den Sarg ab. ◆ Gepäck-, Koffer-, Sarg- **4.** *eine Person oder Sache, die mit etwas versehen ist* der Träger eines berühmten Namens, der Träger des Nobelpreises ◆ Namens-, Preis- **5.** AMTSSPR. *eine Körperschaft oder Einrichtung, die offiziell für eine Einrichtung finanziell und organisatorisch verantwortlich ist* Träger/Trägerin dieser Schule ist die Kirche/die Stadt.

trä·ger·los <nicht steig.> *Adj. ohne Träger*[2]

Trä·ger·ra·ke·te die <-, -n> *eine Rakete, die etwas transportiert* Die Trägerrakete transportiert einen Satelliten ins All.

Tra·ge·ta·sche die <-, -n> *ein* (*Plastik*)*beutel, in dem man eingekaufte Waren transportiert*

trag·fä·hig <nicht steig.> *Adj.* **1.** *so stabil, dass es Belastungen standhält* eine tragfähige Konstruktion **2.** *so, dass es eine gute Grundlage für die weitere Arbeit bildet* ein tragfähiger Kompromiss, eine tragfähige Mehrheit

Trag·fä·hig·keit die <-> (*kein Plur.*) *die Eigenschaft, tragfähig zu sein* die Tragfähigkeit einer Brücke, die Tragfähigkeit eines Kompromisses

Trag·flä·che die <-, -n> *einer der beiden großen Flügel eines Flugzeuges, die an den Seiten angebracht sind und an denen sich meist Düsen oder Propeller befinden*

Träg·heit die <-> (*kein Plur.*) **1.** (≈ *Passivität*) *die Eigenschaft, träge zu sein* Sie hat schon immer eine Neigung zur Trägheit, ihr fehlt der Antrieb. **2.** PHYS. *die Eigenschaft der Körper, ihre Position oder Bewegung beizubehalten, solange keine äußere Kraft auf sie einwirkt* die Trägheit der Masse

Tra·gik die <-> (*kein Plur.*) **1.** *etwas, das jmds. Schicksal schwer macht und (großes) Leid zufügt* Die Tragik seines Lebens bestand in seiner unerfüllten Liebe. **2.** LIT. *die unausweichliche Notwendigkeit, so zu handeln, dass etwas Verhängnisvolles passiert* die Tragik in einem Drama/in einem Roman

tra·gi·ko·misch <nicht steig.> *Adj. tragisch und zugleich komisch* ein tragikomischer Held

tra·gisch <nicht steig.> *Adj.* **1.** *leidvoll und schwer zu ertragen* ein tragischer Unfall/Verlust **2.** LIT. *so, dass es unausweichlich zu einem schlimmen Ende führt* ein tragisches Stück, ein tragischer Held

Trag·last die <-, -en> TECHN. *etwas, das transportiert wird* Die zulässige Traglast des Aufzugs beträgt 800 kg.

Tra·gö·die die <-, -n> **1.** (*umg.*) *ein großes Unglück, das jmdm. widerfährt* Der plötzliche Tod ihrer Mutter ist für die Kinder eine schreckliche Tragödie. ◆ Ehe-, Eifersuchts-, Familien- **2.** THEAT. LIT. *ein tragisches*[2] *Bühnenstück* eine Tragödie von Shakespeare aufführen

Trag·wei·te die <-> (*kein Plur.*) (*geh.*) *die Konsequenzen, die eine Sache für andere Menschen mit sich bringt* eine Entscheidung von großer Tragweite, die Tragweite seines Handelns nicht absehen können

Trai·ler der ['treɪlə] <-s, -> **1.** KFZ *ein Fahrzeuganhänger zum Transport von Lasten* das Boot mit einem Trailer transportieren **2.** *ein kurzer Werbefilm für einen Film* mit einem Trailer für einen Film werben

Trai·nee der [treɪ'ni:] <-s, -s> jmd., der eine akademische Ausbildung hat und der innerhalb einer Firma geschult wird, um später dort eine (Führungs-)aufgabe zu übernehmen ◆-ausbildung, -programm

Trai·ner, **Trai·ne·rin** der ['trɛ:nɐ, 'tre:nɐ] <-s, -> **1.** SPORT *eine speziell ausgebildete Person, die Sportler ausbildet* der Trainer einer Fußballmannschaft/eines Boxers ◆-ausbildung, -lehrgang, -schein, Box-, Fußball-, Handball- **2.** (*schweiz.*) *Trainingsanzug* **3.** WIRTSCH. *jmd., der in Seminaren den Mitarbeitern von Firmen Wissen und Arbeitstechniken vermittelt und ihnen damit hilft, ihr Verhalten zu verbessern und ihre Arbeit besser zu machen*

trai·nie·ren [trɛ'ni:rən/tre:'ni:rən] **I.** *mit OBJ* **1.** ■ *jmd. trainiert jmdn. sportlich ausbilden* Er trainiert die Mannschaft/die Hochspringerin schon seit Jahren/mit Erfolg. **2.** ■ *jmd. trainiert etwas durch Übungen leistungsfähiger machen* mit bestimmten Methoden das Gedächtnis trainieren **II.** *mit OBJ/ohne OBJ* ■ *jmd. trainiert (etwas) systematisch üben* Wir trainieren heute die Ausdauer/den Startsprung/ den Sprint., mit Schulanfängern das Verhalten im Straßenverkehr trainieren, Wir haben lange trainiert, bis wir es konnten., Die Sportler trainieren hart/regelmäßig/stundenlang/bis zur Erschöpfung.

Trai·ning das ['trɛ:nɪŋ/'tre:nɪŋ] <-s, -s> **1.** *das systematische Durchführen sportlicher Übungen* ein regelmäßiges/straffes Training, ein Training der Muskulatur/der Ausdauer, Training im Freien/in der Halle ◆-sintensität, -smethodik, Ausdauer-, Kraft- **2.** *das Üben bestimmter Fähigkeiten* das Training des Gedächtnisses/des Orientierungssinnes ■ **im Training sein** (*umg.*): *etwas gut können* Beim Laufen bin ich zur Zeit gut im Training. ◆ Kreislauf-

Trai·nings·an·zug der <-(e)s, Trainingsanzüge> *ein Sportanzug, der aus einer Jacke und einer passenden Hose mit langen Beinen besteht*

Trai·nings·la·ger das <-s, -> *ein mehrtägiger Aufenthalt von Sportlern an einem bestimmten Ort, bei dem intensiv trainiert wird* ins Trainingslager fahren

Trakt der <-(e)s, -e> *Abschnitt eines Gebäudes* Der Speiseraum befindet sich im südlichen Trakt des Gebäudes.

Trak·tan·den·lis·te die <-, -n> (*schweiz.*) *Tagesordnung*

Trak·tan·dum das <-s, -den> (*schweiz.*) *Tagesordnungspunkt*

Trak·tat das/der <-(e)s, -e> (*veralt. geh.*) *eine (kurze) wissenschaftliche oder religiöse Abhandlung* ein(en) Traktat verfassen

trak·tie·ren *mit OBJ* ■ *jmd. traktiert jmdn. (mit etwas Dat.) (geh.) so behandeln, dass es unangenehm ist* jemanden mit Schlägen/Vorwürfen traktieren, Ich habe mich heute vom Zahnarzt traktieren lassen müssen.

Trak·tor der <-s, -en> *landwirtschaftliche Zugmaschine* den Pflug mit einem Traktor ziehen

Trak·to·rist, **Trak·to·ris·tin** der <-en, -en> (*in der ehemaligen DDR*) *eine Person, die in einem großen landwirtschaftlichen Betrieb Traktoren fährt und wartet*

träl·lern <trällerst, trällerte, hat geträllert> *mit OBJ/ohne OBJ* ■ *jmd. trällert (etwas) in hohen Tönen singen* Er trällerte ein fröhliches Lied., Sie trällerte fröhlich vor sich hin.

Tram die <-s, -s> (*süddt. österr. schweiz.*) *Trambahn*

Tram·bahn die <-, -en> (*süddt. österr. schweiz.*) *Straßenbahn*

Tra·mi·ner der <-s, -> **1.** (*kein Plur.*) *eine Rebsorte* **2.** *Wein aus Traminer*[1] ◆ Gewürz-

Tram·pel der <-s, -> (*umg. abwert.*) *ein ungeschickter Mensch* Dieser Trampel hat aus Versehen die schöne Dekoration heruntergerissen!, Er ist ein Trampel. Warum musste er das heikle Thema gerade vor den Betroffenen ansprechen?

tram·peln <trampelst, trampelte, hat/ist getrampelt> *ohne OBJ* **1.** ■ *jmd. trampelt (irgendwie) ((haben)) mit den Füßen laut auf etwas treten* Wer hat denn da so getrampelt? Könnt ihr nicht etwas leiser sein?, Die Zuschauer klatschten Beifall und trampelten mit den Füßen. **2.** ■ *jmd. trampelt irgendwo (abwert. (sein)) mit schweren Schritten gehen und dabei nicht darauf achten, ob man etwas beschädigt* Wer ist auf meine Beete getrampelt?, durchs Zimmer trampeln

Tram·pel·pfad der <-(e)s, -e> *ein schmaler Weg, der nicht angelegt wurde, sondern dadurch entstanden ist, dass viele Menschen dort entlanggegangen sind* zur Abkürzung des Weges einen Trampelpfad über die Wiese nehmen

Tram·pel·tier das <-(e)s, -e> **1.** ZOOL. *ein Kamel mit zwei Höckern* **2.** *(umg. abwert.) ein ungeschickter Mensch*

tram·pen ['trɛmpn̩] <trampst, trampte, ist getrampt> *ohne OBJ* ■ *jmd. trampt (irgendwohin) per Anhalter reisen* Im Urlaub sind wir nach Südfrankreich getrampt.

Tram·per, **Tram·pe·rin** der ['trɛmpɐ] <-s, -> *jmd., der trampt* einen Tramper mitnehmen

Tram·po·lin, **Tram·po·lin** das <-s, -e> SPORT *ein Sportgerät in Form einer stark federnd aufgehängten Matte, auf der man hohe Sprünge ausführen kann*

Tram·way die ['tramvai] <-, -s> *(österr.) Straßenbahn*

Tran der <-(e)s, -e> **1.** *aus Walen, Robben und bestimmten Fischen gewonnenes Fett* **2.** *(umg. abwert.) geistige Abwesenheit* im Tran sein, Er hat das in seinem Tran nicht bemerkt.

Tran·ce die ['trɑ̃:s(ə)] <-, -n> *ein Zustand, bei dem jmd. nicht ohnmächtig ist, aber kein klares Bewusstsein hat und seine Umwelt nicht genau wahrnimmt* Die Tänzer gerieten in Trance., von einer Musik/einer Droge in Trance versetzt werden

tran·chie·ren *s.* **transchieren**

Tran·chier·mes·ser *s.* **Transchiermesser**

Trä·ne die <-, -n> *(meist Plur.) ein Tropfen der Flüssigkeit, die von den Tränendrüsen abgesondert wird, wenn man weint* Tränen der Freude/der Trauer laufen ihm über die Wangen., bittere Tränen vergießen/weinen, in Tränen ausbrechen ■ **unter Tränen**: weinend, Sie berichtete unter Tränen, was vorgefallen war. **zu Tränen gerührt sein**: *so gerührt sein, dass man weinen muss* **Tränen lachen (müssen)**: *so lachen (müssen), dass man weinen muss* **jemandem/etwas keine Träne nachweinen**: *den Verlust von jmdm. oder etwas nicht bedauern* ◆ Abschieds-, Freuden-

trä·nen *ohne OBJ* ■ *ein Auge tränt Tränen absondern* Das eine Auge tränt immer., Bei diesem Wind tränen mir die Augen.

Trä·nen·drü·se die <-, -n> ANAT. *die Drüse, die Tränenflüssigkeit absondern kann*

Trä·nen·flüs·sig·keit die <-, -en> *die Flüssigkeit, die von den Tränendrüsen abgesondert wird, um das Auge feucht zu halten*

Trä·nen·gas das <-es> *(kein Plur.)* MILIT. *ein Gas, das die Augen zum Tränen reizt und das als eine Art Waffe eingesetzt wird* Die Polizei ging mit Tränengas und Wasserwerfern gegen die Demonstranten vor.

Trä·nen·sack der <-(e)s, Tränensäcke> *eine stark ausgeprägte Hautfalte unter den Augen*

Trank der <-(e)s, Tränke> *(geh. ≈ Trunk) ein Getränk* jemandem einen Trank reichen, ein köstlicher Trank

Trän·ke die <-, -n> *eine Stelle, an der es Wasser gibt und an der Tiere trinken können* ein Pferd zur Tränke führen

trän·ken *mit OBJ* ■ *jmd. tränkt ein Tier das Vieh mit Wasser versorgen* die Pferde tränken

Tran·qui·li·zer der ['træŋkwɪlaɪzə] <-s, -> MED. *ein Beruhigungsmittel* Tranquilizer verschrieben bekommen/zu sich nehmen

Trans·ak·ti·on die <-, -en> WIRTSCH. *eine Unternehmung in Bezug auf oder mit Geld* eine größere/riskante Transaktion vornehmen, finanzielle Transaktionen

trans·at·lan·tisch <nicht steig.> *Adj. jenseits des Atlantiks gelegen* das transatlantische Bündnis

tran·schie·ren, **tran·chie·ren** [trã'ʃi:ren] *mit OBJ* ■ *jmd. transchiert etwas* KOCH. *einen Braten oder Geflügel in Stücke zerlegen*

Tran·schier·mes·ser, **Tran·chier·mes·ser** das <-s, -> KOCH. *ein scharfes Messer zum Transchieren*

Trans·fer der <-s, -s> **1.** *(geh.) die Weitergabe von etwas (ins Ausland)* der Transfer von Geld/von Wissen und Technologien **2.** *der Weitertransport* Der Transfer vom Flughafen zum Hotel ist im Preis inbegriffen. **3.** SPORT *der Wechsel von Berufsspielern zu anderen Vereinen*

trans·fe·rie·ren *mit OBJ* **1.** ■ *jmd. tranferiert etwas irgendwohin* WIRTSCH. *(ins Ausland) verlegen* Geld auf ein Konto/ins Ausland transferieren **2.** ■ *jmd. tranferiert jmdn. irgendwohin* SPORT *einen Berufsspieler an einen anderen Verein abgeben* einen Fußballer gegen eine Ablösesumme zu einem anderen Verein transferieren **3.** ■ *jmd. tranferiert jmdn. irgendwohin (österr.) an einen anderen Ort oder eine andere Stelle versetzen* einen Beamten in eine andere Stadt/an eine andere Behörde transferieren

Trans·for·ma·tor der <-s, -en> ELEKTROTECHN. *ein Gerät, das die Spannung von elektrischem Strom verändert*

trans·for·mie·ren *mit OBJ* **1.** ■ *jmd./etwas transformiert etwas (geh.) umwandeln* ein ehemaliges Industrieviertel in eine Wohn- und Kulturstätte transformieren **2.** ■ *etwas transformiert etwas* ELEKTROTECHN. *die Stromspannung umwandeln* Starkstrom in Schwachstrom transformieren

Trans·fu·si·on die <-, -en> MED. *der Vorgang, dass man Blut (aus einer Blutkonserve) in jmds. Kreislauf hineingelangen lässt* eine Transfusion bekommen

Tran·sis·tor der <-s, -en> ELEKTROTECHN. *ein elektrisches Bauelement, das einen Halbleiter enthält* ◆ -radio, -verstärker

Tran·sit, Tran·sit der <-s, -e> WIRTSCH. *der Transport von Waren und/oder Personen von einem Land in ein anderes durch ein drittes Land*

tran·si·tiv <nicht steig.> *Adj.* (SPRACHWISS.: ↔ *intransitiv*) *so, dass es ein Akkusativobjekt fordert* ein transitives Verb

Tran·sit·ver·kehr der <-(e)s> *der Verkehr, der ein Land auf dem Weg in andere Länder durchquert* Der Transitverkehr wird durch die wirtschaftliche Zusammenarbeit in Europa noch zunehmen.

Tran·sit·vi·sum das <-s, Transitvisa/Transitvisen> POL. *ein Visum zur Durchreise durch ein Land* ein Transitvisum für ein Land beantragen/haben

Trans·mis·si·on die <-, -en> TECHN. (*Vorrichtung zur*) *Kraftübertragung*

trans·na·ti·o·nal <nicht steig.> *Adj.* WIRTSCH. *so, dass es mehrere Länder betrifft oder einbezieht* transnationale Konzerne

Trans·pa·rent das <-(e)s, -e> (≈ *Spruchband*) *ein großes Stück Stoff, auf dem eine* (*kurze*) *Botschaft steht und das vor allem bei Demonstrationen getragen wird* Die Demonstranten trugen Transparente mit ihren Forderungen.

trans·pa·rent <nicht steig.> *Adj.* (*geh.*) **1.** (≈ *durchscheinend*) *so, dass man hindurchsehen kann* ein transparenter Stoff, Laternen aus transparentem Papier basteln **2.** (≈ *nachvollziehbar*) *so, dass andere Menschen das Funktionieren oder den Grund von etwas verstehen können* die Entscheidungen der Regierung für alle Betroffenen transparenter machen, eine transparente Politik/Verwaltung ▸Transparenz

Trans·pi·ra·ti·on die <-> (*kein Plur.*) **1.** GEH. *das Schwitzen* starke Transpiration **2.** BOT. *die Abgabe von Feuchtigkeit* die Transpiration der Pflanzen

tran·spi·rie·ren *ohne OBJ* ■ *jmd. transpiriert* **1.** (*geh.*) *schwitzen* stark transpirieren **2.** BOT. *Feuchtigkeit abgeben* die Pflanzen transpirieren über die Blätter

Trans·plan·tat das <-(e)s, -e> MED. *ein Organ oder Gewebeteil, das man jmdm. eingepflanzt hat*

Trans·plan·ta·ti·on die [transplanta'tsi̯oːn] <-, -en> MED. *der Vorgang, dass man ein Organ oder Gewebeteil eines Menschen* (*des Spenders*) *einem anderen Menschen* (*dem Empfänger*) *einpflanzt* (*weil das eigene Organ des Empfängers krank ist und nicht* (*mehr richtig*) *funktioniert*) eine Transplantation einer Niere/der Haut ◆ Herz-, Knochen-, Organ-

trans·plan·tie·ren <transplantierst, transplantierte, hat transplantiert> *mit OBJ* ■ *jmd. transplantiert jmdm. etwas* MED. *eine Transplantation durchführen* eine Niere/Haut transplantieren

trans·po·nie·ren *mit OBJ* ■ *jmd. transponiert etwas* MUS. *in eine andere Tonart übertragen*

Trans·port der <-(e)s, -e> **1.** *der Vorgang, dass man Waren oder Personen auf einem bestimmten Weg mit einem Fahrzeug von einem Ort zu einem bestimmten Ziel bringt* der Transport von Kohle auf dem Schienenweg, der Transport von Kranken/Verletzten ◆ Bahn-, Güter-, Kranken-, Möbel **2.** *die Waren oder Personen und das Fahrzeug, die zusammen an einem Transport[1] beteiligt sind* einen Transport (mit Geld) überfallen, Der Transport auf der Autobahn darf nicht überholt werden., ein Transport mit Häftlingen

trans·por·ta·bel <nicht steig.> *Adj. so, dass es* (*leicht*) *von einem zu einem anderen Ort befördert werden kann* ein transportables Fernsehgerät

Trans·port·band das <-(e)s, Transportbänder> TECHN. *z.B. in einem Flughafen ein breites Band aus festem Gummi, das sich über Rollen bewegt, und auf das man z.B. Koffer stellt, um diese irgendwohin gelangen zu lassen* die Koffer auf ein Transportband stellen

Trans·por·ter der <-s, -> *ein* (*großes*) *Fahrzeug für die Beförderung von Waren* ein Transporter mit Betonteilen/Tieren

trans·port·fä·hig <nicht steig.> *Adj. so, dass die Beförderung an einen anderen Ort möglich ist* Der Patient ist nicht transportfähig.

trans·por·tie·ren <transportierst, transportierte, hat transportiert> *mit OBJ* **1.** ■ *jmd. transportiert jmdn./ein Tier/etwas befördern* Waren/Personen/Tiere transportieren **2.** ■ *etwas transportiert etwas* (*geh. übertr.* ≈ *vermitteln*) *einen geistigen Inhalt verständlich machen* einen Gedanken in einem Kunstwerk/mit Worten transportieren **3.** ■ *etwas transportiert* (*etwas*) TECHN. *vorwärts bewegen* Die Kamera transportiert (den Film) nicht mehr.

Trans·port·kos·ten <-> *Plur.* WIRTSCH. *die Kosten für die Beförderung an einen Ort* Die Transportkosten sind im Preis inbegriffen.

Trans·port·mit·tel das <-s, -> *ein Fahrzeug, Schiff oder Flugzeug für den Transport[1]* zwischen Auto/Bahn/Flugzeug und Schiff als Transportmittel wählen, ein umweltfreundliches Transportmittel

Trans·port·un·ter·neh·men das <-s, -> *ein Unternehmen, das Güter und/oder Personen transportiert*

Trans·se·xu·el·le der/die <-n, -n> *ein Mensch, der von seinen Gefühlen her glaubt, er würde lieber dem anderen Geschlecht angehören, und der oft eine* (*operative*) *Umwandlung seines Geschlechts anstrebt*

Trans·ves·tit der <-en, -en> *ein Mensch, der Kleidung des anderen Geschlechts trägt* (*weil das seiner sexuellen Veranlagung entspricht*)

trans·zen·dent <nicht steig.> *Adj.* (*geh.*) *so, dass es jenseits dessen ist, was der Mensch normalerweise mit seinen Sinnen wahrnehmen oder erfahren kann* ▸Transzendenz

Tra·pez das <-es, -e> **1.** MATH. *ein Viereck mit zwei parallel verlaufenden Seiten, die unterschiedlich lang sind* **2.** SPORT *eine an zwei Seilen aufgehängte waagerechte Stange für akrobatische Übungen* Vorführungen am Trapez

trap·peln <trappelst, trappelte, hat/ist getrap-

pelt> *ohne OBJ* **1.** ■ *jmd. trappelt* (*(haben)*) *kurz und schnell treten* mit den Füßen trappeln **2.** ■ *jmd./ein Tier trappelt irgendwohin* (*(sein)*) *mit kurzen schnellen Schritten irgendwohin laufen* Die Pferde sind über den Hof getrappelt.

Trap·per der <-s, -> *Pelzjäger in Nordamerika*

Tras·se die <-, -n> *ein Verkehrsweg* (*in seinem Verlauf*) den Verlauf einer Trasse ändern/festlegen/planen

Tratsch der <-(e)s> (*kein Plur.*) (*umg. abwert.* ≈ *Klatsch*) *das* (*schlechte*) *Reden über die Angelegenheiten anderer*

trat·schen <tratschst, tratschte, hat getratscht> *ohne OBJ* ■ *jmd. tratscht* (*umg. abwert.* ≈ *klatschen*) *über die Angelegenheiten anderer* (*schlecht*) *reden* mit dem Nachbarn über die Leute im Haus tratschen

Trau·al·tar ■ **mit jemandem vor den Traualtar treten** (*veralt. geh.*): *jmdn. heiraten*

Trau·be die <-, -n> **1.** BOT. *Blüten oder Früchte, die so wachsen, dass es ungefähr wie eine Pyramide aussieht* in Trauben wachsende Beeren/Blüten, die Johannisbeeren/den Wein in Trauben abpflücken **2.** *kurz für „Weintraube"* Trauben zu Wein keltern **3.** *eine* (*um ein Zentrum herum*) *dicht gedrängte Menge* eine Traube von Bienen/Menschen

Trau·ben·saft die <-es, Traubensäfte> *Saft aus Weintrauben*

Trau·ben·zu·cker der <-s> (*kein Plur.*) (≈ *Glukose*) *natürlicher Zucker, der in Obst und Honig vorkommt*

trau·en **I.** *mit OBJ* ■ *jmd. traut jmdn. jmdn. verheiraten* Der Pfarrer hat die beiden getraut., Sie wurden gestern in St. Magnus getraut., sich kirchlich/standesamtlich trauen lassen **II.** *ohne OBJ* ■ *jmd. traut jmdm./etwas* (≈ *vertrauen*) *Vertrauen entgegenbringen* Er konnte seinem Freund nicht mehr trauen., Sie trauten ihren Augen nicht, als sie das sahen., Ich traue mir selbst nicht mehr, so oft habe ich mich geirrt., Diesem Versprechen traue ich nicht so recht. **III.** *mit SICH* ■ *jmd. traut sich* (≈ *wagen*) *den Mut haben, etwas zu tun* sich nachts nicht allein auf die Straße trauen, Ich traue mich nicht, ins tiefe Wasser zu gehen.

Trau·er die <-> (*kein Plur.*) **1.** *der große seelische Schmerz, den man über einen Verlust empfindet* tiefe Trauer über den/beim Tod eines Angehörigen empfinden, die Trauer über den Verlust von Dingen, an die man sich gewöhnt hat, eine Zeit der Trauer **2.** *Trauerkleidung* in Trauer erscheinen, Trauer tragen

Trau·er·an·zei·ge die <-, -n> *eine Anzeige in der Zeitung, mit der der Tod eines Menschen bekannt gegeben wird*

Trau·er·fall der <-(e)s, Trauerfälle> *der Tod eines Angehörigen* einen Trauerfall in der Familie haben

Trau·er·fa·mi·li·e die <-, -n> (*schweiz.*) *die trauernden Hinterbliebenen*

Trau·er·flor der <-s, -e/Trauerflöre> *ein dünnes schwarzes Band, das man als Zeichen der Trauer irgendwo befestigt* eine Fahne mit Trauerflor versehen, einen Trauerflor tragen

Trau·er·jahr das <-(e)s, -e> *das erste Jahr nach dem Tod eines nahen Angehörigen*

Trau·er·klei·dung die <-> (*kein Plur.*) *die schwarze Bekleidung, die die Hinterbliebenen als Zeichen der Trauer tragen, wenn ein Angehöriger gestorben ist*

Trau·er·kloß der <-es, Trauerklöße> (*umg. abwert.*) *jmd., der langweilig und durch nichts aufzuheitern ist*

Trau·er·marsch der <-es, Trauermärsche> MUS. *ein langsamer Marsch, der für Beerdigungen oder Trauerfeiern komponiert wurde* Die Kapelle spielte einen Trauermarsch.

Trau·er·mie·ne die <-, -n> (*umg. abwert.*) *ein* (*betont*) *trauriges Gesicht* Setzt nicht solch eine Trauermiene auf, es ist doch alles halb so schlimm!

trau·ern <trauerst, trauerte, hat getrauert> *ohne OBJ* ■ *jmd. trauert um jmdn./etwas großen seelischen Schmerz* (*über den Verlust von jmdm. oder etwas*) *empfinden* um einen geliebten Menschen/den Verlust der Heimat trauern, die trauernde Witwe, der/die Trauernde

Trau·er·spiel das <-(e)s, -e> **1.** (THEAT. LIT.: ≈ *Tragödie*) *ein Bühnenstück mit traurigem Ausgang* ein Trauerspiel aufführen/schreiben **2.** (*umg. abwert.*) *eine schlimme und beklagenswerte Angelegenheit* Seine Leistungen in der Schule sind ein Trauerspiel!, Es ist ein Trauerspiel, was man hier für sein Geld geboten bekommt!

Trau·er·wei·de die <-, -n> *ein zu den Weiden gehörender Laubbaum, dessen Äste fast senkrecht herabhängen*

Trau·er·zug der <-(e)s, Trauerzüge> *trauernde Menschen, die den Sarg mit einem Toten zur Beisetzung begleiten* Der Trauerzug bewegte sich durch die Stadt.

Trau·fe ■ **vom Regen in die Traufe kommen**: *von einer schlechten Lage in eine noch schlimmere geraten*

träu·feln <träufelst, träufelte, hat/ist geträufelt> **I.** *mit OBJ* ■ *jmd. träufelt etwas auf etwas Akk.* (*haben*) *eine kleine Menge Flüssigkeit in Tropfen auf etwas fallen lassen* Medizin auf ein Stück Würfelzucker träufeln **II.** *ohne OBJ* ■ *etwas träufelt von etwas Dat.* (*veralt.* (*sein*)) *in vielen kleinen Tropfen fallen* Das Wasser ist vom Dach geträufelt.

Traum der <-(e)s, Träume> **1.** *eine Folge von Bildern und Vorstellungen, die im Schlaf auftreten und an die man sich am Morgen manchmal noch erinnern kann* nach einem schlechten Traum schweißgebadet aufwachen, Sie ist ihm im Traum erschienen., einen Traum deuten ◆ Alb-, Angst-, -deutung **2.** *jmds. sehnlicher Wunsch, etwas zu besitzen oder zu tun* Es war sein Traum, einmal durch Amerika zu reisen. ■ **Das fällt mir nicht im Traum(e) ein!** (*umg.*): *das werde ich ganz bestimmt nicht tun* **ein Traum von ...** (*umg.*): *ein großartiger/großartiges .../eine großartige ...* ein Traum von einem Mann, ein Traum von einem Haus **aus der Traum!**: *Der Traum[2] hat sich nicht erfüllt.* ◆ -ehe, -haus, -hochzeit, -reise, Jugend-,

Lebens-

Trau·ma das <-s, Traumen/Traumata> **1.** PSYCH. *eine starke seelische Erschütterung* ein schweres Trauma haben, Die Kriegserlebnisse wurden für sie zu einem lebenslangen Trauma. **2.** MED. *eine Verletzung durch einen starken Schlag oder Stoß gegen ein Körperteil* ein Trauma im Bereich des Schädels ◆ Schädel-

trau·ma·tisch <nicht steig.> *Adj.* **1.** PSYCH. *so, dass es ein Trauma[1] auslöst* ein traumatisches Erlebnis **2.** MED. *durch ein Trauma[2] entstanden* traumatische Verletzungen im Schädelbereich

trau·ma·ti·siert <nicht steig.> *Adj.* MED. PSYCH. *so, dass man ein Trauma[1 2] erlitten hat*

Traum·be·ruf der <-(e)s, -e> *der Beruf, den jmd. sich immer gewünscht hat* Ärztin war ihr Traumberuf., Als Pilot arbeitet er heute in seinem Traumberuf.

Traum·deu·tung die <-> (*kein Plur.*) *der Versuch, in jmds. Träumen[1] eine Bedeutung zu erkennen*

träu·men **I.** *mit OBJ/ohne OBJ* ■ *jmd. träumt (etwas) einen Traum[1] haben* Er träumte jede Nacht schreckliche Dinge., Heute Nacht habe ich wieder geträumt., nachts von jemandem/etwas träumen **II.** *ohne OBJ* **1.** ■ *jmd. träumt von etwas Akk. sich sehr wünschen* von einem Urlaub am Meer/einem Lottogewinn träumen **2.** ■ *jmd. träumt geistesabwesend sein* Im Unterricht träumt er oft, deshalb verpasst er manchmal, was gesagt wird., Träumt nicht, jetzt wird es spannend! ■ **Jemand hat sich etwas nicht träumen lassen**: *jmd. hat mit etwas überhaupt nicht gerechnet und ist völlig überrascht*

Träu·mer, **Träu·me·rin** der <-s, -> **1.** (↔ *Realist*) *jmd., der sich wenig an der Wirklichkeit und mehr an seinen Wunschvorstellungen orientiert* Er war zeit seines Lebens ein Träumer. **2.** *jmd., der (oft) geistesabwesend ist* Er ist ein kleiner Träumer, oft merkt er erst viel zu spät, worum es geht.

Träu·me·rei die <-, -en> (*umg.*) *eine Wunschvorstellung, die nicht verwirklicht werden kann* Das sind doch nur Träumereien, dafür haben wir doch nicht die Zeit/das Geld!

träu·me·risch <nicht steig.> *Adj.* **1.** (≈ *geistesabwesend* ↔ *konzentriert*) *so, dass man nicht auf seine Umwelt achtet, weil man intensiv an etwas denkt* träumerisch in die Luft starren, einen träumerischen Gesichtsausdruck haben **2.** (≈ *schwärmerisch*) träumerische Gedichte schreiben

traum·haft *Adj.* **1.** *nicht der Wirklichkeit entsprechend* traumhafte Vorstellungen von seinem zukünftigen Beruf haben **2.** (*umg.*) *großartig, fantastisch* traumhaftes Wetter, einen traumhaft schönen Urlaub verbringen, traumhaft gut aussehen/singen können

Traum·paar das <-(e)s, -e> *ein Mann und eine Frau, von denen viele glauben, dass sie sehr gut zueinander passen* das Traumpaar des deutschen Films/des Eiskunstlaufs

Traum·tän·zer, **Traum·tän·ze·rin** der <-s, -> (*umg. abwert.* ↔ *Realist*) *jmd., der sich viel zu wenig an der Wirklichkeit orientiert und sich in seinem Handeln von Wunschvorstellungen leiten lässt*

Traum·wand·ler der <-s, -> *jmd., der nachts (oft bei Vollmond) im Schlaf umhergeht, ohne sich dessen bewusst zu sein*

traum·wand·le·risch ■ **mit traumwandlerischer Sicherheit**: *so, dass man in seinen Bewegungen oder seinem Handeln über eine große (instinktive) Sicherheit verfügt (und sich daher nicht bewusst konzentrieren muss)*

trau·rig *Adj.* **1.** (↔ *fröhlich*) *so, dass man einen seelischen Schmerz empfindet und bedrückt ist* ein trauriger Mensch, ein trauriges Gesicht, traurig aussehen/sein/werden **2.** *so, dass es traurig[1] macht* ein trauriger Anlass, eine traurige Nachricht erhalten, ein trauriger Film **3.** (≈ *bedauerlich*) *so, dass man sich nicht darüber freut* Das ist aber traurig, dass ihr schon gehen müsst!, Ich finde es sehr traurig, dass es so wenige Freiwillige gibt. **4.** (*abwert.*) *schlecht* in einem traurigen Zustand sein, Die traurige Bilanz eines Wochenendes: Vier Tote bei zwei Verkehrsunfällen., eine traurige Rolle bei etwas spielen ▸ Traurigkeit

Trau·ring der <-(e)s, -e> (≈ *Ehering*) *ein Ring, den man zur Erinnerung an die Trauung trägt*

Trau·schein der <-(e)s, -e> *ein Dokument, das die Trauung beurkundet*

traut *Adj.* (*veralt. geh.*) **1.** *gemütlich* im trauten Heim **2.** *vertraut* in trauter Zweisamkeit, sein trauter Freund

Trau·ung die <-, -en> *der Vorgang, dass ein Mann und eine Frau ein Ehepaar werden* die kirchliche/standesamtliche Trauung

Trau·zeu·ge, **Trau·zeu·gin** der <-n, -n> *eine Person, die der Trauung als Zeuge beiwohnt*

Tra·vel·ler·scheck der ['trɛvəlɐʃɛk] <-s, -s> (≈ *Reisescheck*)

Tra·ves·tie·show die <-, -s> *eine Show, bei der vorwiegend Männer in Frauenkleidung auftreten*

Treck der <-s, -s> *ein Zug von Menschen und Fahrzeugen* ein Treck von Flüchtlingen ◆ Flüchtlings-

Tre·cker der <-s, -> (*umg.* ≈ *Traktor*)

Tre·cking *s.* **Trekking**

Treff der <-s, -s> (*umg.*) **1.** *Zusammenkunft* einen Treff vereinbaren, zu einem Treff kommen **2.** *eine Stelle, an der bestimmte Personen (regelmäßig) zusammenkommen* sich an einem Treff einfinden

Tref·fen das <-s, -> *Zusammenkunft* ein Treffen der Schüler beider Schulen, ein Treffen absagen/durchführen/planen/vereinbaren, zu einem Treffen kommen

tref·fen <triffst, traf, hat/ist getroffen> **I.** *mit OBJ/ohne OBJ* **1.** ■ *jmd. trifft jmdn./etwas (haben) einen Schlag oder Schuss so platzieren, dass er direkt sein Ziel erreicht* Er traf ihn mit einer rechten Geraden., Der Ball hat das Tor/ins Tor getroffen, Ich habe (den Ball) wieder nicht getroffen!, Er wurde am Kopf getroffen. **2.** ■ *etwas trifft jmdn. (haben) jmdm. ein trauriges Gefühl geben* Deine Anschuldigungen treffen mich tief., Ihr Tod hat ihn schwer getroffen., So ein Verlust trifft schwer., Es trifft schon, wenn man einfach übergangen

T

wird. **3.** ■ *etwas trifft jmdn. an jmds. Adresse gehen* Deine Vorwürfe treffen den Falschen. **4.** (*haben*) *richtig wählen oder richtig raten* jemandes Geschmack treffen, Habe ich richtig getroffen?, eine treffende Bemerkung machen **II.** *mit OBJ* **1.** ■ *jmd. trifft jmdn.* (*haben*) *zufällig oder verabredet begegnen* Ich habe ihn rein zufällig getroffen., Ich treffe ihn heute (sicher) noch., Wann treffen wir euch wieder? **2.** ■ *etwas trifft jmdn.* (*haben*) *auf jmdn. fallen* Das Los hat mich getroffen., Ihn trifft keine Schuld. **3.** ■ *jmd. trifft etwas* (*haben*) *in verblasster Bedeutung: tun, durchführen* Vorkehrungen/Verfügungen treffen, eine Vereinbarung/Entscheidung treffen, eine schwere Wahl treffen müssen **III.** *ohne OBJ* ■ *jmd. trifft auf etwas Akk.* (*sein*) *unerwartet finden oder begegnen* Sie sind bei den Bohrungen auf Erdöl getroffen., Wir sind in der Stadt auf ihn getroffen., Sie sind auf einen harten Gegner getroffen., auf unerwarteten Widerstand treffen **IV.** *mit SICH* ■ *jmd. trifft sich* (*haben*) (*wie vereinbart*) *zusammenkommen* Sie trafen sich in einem Café., Sie haben sich regelmäßig getroffen. **V.** *mit ES* ■ *es trifft sich irgendwie* (*haben*) *geschehen* Das trifft sich günstig., Es hat sich so getroffen, ohne dass wir es beabsichtigt hatten.

tref·fend *Adj. genau, richtig, passend* eine treffende Bemerkung, ein treffender Vergleich

Tref·fer der <-s, -> **1.** *etwas, das das Ziel erreicht* ein Treffer ins Tor, Jeder Schuss war ein Treffer. ◆-quote, Sieg- **2.** (↔ *Niete*) *ein Los, das gewinnt* einen Treffer haben ■ **einen Treffer landen** (*umg.*): *das Ziel treffen; richtig raten*

treff·lich <nicht steig.> *Adj.* (*veralt. geh.*) (*sehr*) *gut* eine treffliche Idee

Treff·punkt der <-(e)s, -e> *ein Ort, an dem zwei oder mehrere Personen zu einem vereinbarten Zeitpunkt zusammenkommen* einen Treffpunkt vereinbaren

treff·si·cher *Adj.* **1.** *so, dass man beim Schießen sehr oft das Ziel trifft* ein treffsicherer Schütze **2.** *richtig, passend* eine treffsichere Bemerkung, ein treffsicheres Urteil haben, ein treffsicherer Geschmack

Treib·eis das <-es> (*kein Plur.*) *große Eisschollen, die auf dem Meer schwimmen*

Trei·ben das <-s> (*kein Plur.*) **1.** *der Vorgang, dass irgendwo viele Menschen sind und viele verschiedene Dinge tun* das bunte Treiben auf dem Markt **2.** (*abwert.*) *unrechtmäßiges Tun* dem Treiben der Verbrecherbande ein Ende bereiten

trei·ben <treibst, trieb, hat/ist getrieben> **I.** *mit OBJ* (*haben*) **1.** ■ *jmd./etwas treibt jmdn./ein Tier/etwas irgendwohin dazu bringen, sich in eine Richtung zu bewegen* Er trieb die Kühe auf die Alm., Das Problem trieb ihn fast zur Verzweiflung., Der Wind treibt die Blätter vor sich her., Das Boot wird (von der Strömung) an Land getrieben. **2.** ■ *jmd./etwas treibt jmdn. zu etwas Dat. dazu bringen,* (*schnell*) *etwas zu tun* sich getrieben fühlen, etwas zu tun, jemanden zur Eile treiben, die treibende Kraft bei etwas sein **3.** ■ *etwas treibt etwas* (TECHN.: ≈ *antreiben*) *die Energie für etwas bereitstellen und es bewegen* Wasserkraft treibt die Turbinen. **4.** ■ *jmd. treibt etwas in etwas Akk. etwas mit Kraft oder Gewalt in etwas eindringen lassen* einen Nagel in die Wand treiben, einen Pflock in den Boden treiben, einen Tunnel in die Erde treiben **5.** ■ *jmd./etwas treibt jmdn. in etwas Akk./zu etwas Dat. in einen schlimmen Zustand bringen* jemanden zur Verzweiflung/in den Tod treiben, Die Rezession trieb die Firma in den Ruin., Diese Arbeit treibt mich zum Wahnsinn. **6.** ■ *etwas treibt jmdm. etwas irgendwohin hervortreten lassen* jemandem den Schweiß auf die Stirn/ die Tränen in die Augen/die Röte ins Gesicht treiben **7.** ■ *jmd. treibt etwas* LANDW. *wachsen lassen* Salat im Gewächshaus treiben **8.** ■ *jmd. treibt es mit jmdm.* (*vulg. abwert.*) *Geschlechtsverkehr haben* es mit jemandem treiben, Haben sie es wieder (miteinander) getrieben? **9.** (≈ *betreiben*) ■ *jmd. treibt etwas machen* Sport treiben, ein Handwerk treiben, Was treibst du so?, Treibt es nicht zu toll! **10.** ■ *jmd. treibt etwas etwas Übles tun* Missbrauch/Unfug treiben, seinen Spott mit jemandem treiben **II.** *mit OBJ/ohne OBJ* ■ *eine Pflanze treibt* (*etwas*) ((*haben*)) *hervorbringen* Die Pflanze treibt Blüten/Blätter., Der Baum treibt schon sehr zeitig. **III.** *ohne OBJ* **1.** ■ *etwas treibt irgendwo* ((*sein*)) *fortbewegt werden* Am Himmel treiben dunkle Wolken., Das Boot ist an Land getrieben., Das Eis treibt auf dem Wasser., in der Menschenmenge treiben **2.** ■ *etwas treibt* ((*haben*)) *starken Harndrang hervorrufen* Der Tee treibt., eine treibende Wirkung haben ■ **die Dinge treiben lassen**: *bei etwas nicht regelnd eingreifen*

Trei·ber, Trei·be·rin[1] der <-s, -> **1.** *jmd., der beruflich Tiere an eine* (*bestimmte*) *Stelle treibt* die Treiber mit ihren Elefanten, als Treiber arbeiten **2.** (*umg. abwert.*) *jmd., der andere zur Arbeit oder Eile treibt* Ständig macht er den Treiber! **3.** *jmd., der bei der Treibjagd das Wild aufscheucht*

Trei·ber[2] der <-s, -> EDV *ein Computerprogramm zum Betreiben von Zusatzgeräten* einen neuen Treiber für den Bildschirm/den Drucker/die Maus installieren

Treib·gas das <-es, -e> *ein Gas, das den Inhalt von Spraydosen unter Druck setzt, so dass er bei Druck auf das Ventil austritt*

Treib·gut das <-(e)s> (*kein Plur.*) *Gegenstände, die vom Wasser an den Strand gespült werden*

Treib·haus das <-es, Treibhäuser> *eine Art Haus, dessen Wände und dessen Dach aus großen Glasscheiben bestehen und in dem man Pflanzen anbaut* Blumen/Gemüse/Pflanzen im Treibhaus züchten

Treib·haus·ef·fekt der <-(e)s> (*kein Plur.*) *der Vorgang, dass Umweltverschmutzung dazu führt, dass die Erdatmosphäre immer wärmer wird*

Treib·holz das <-es> (*kein Plur.*) *Holz, das vom Wasser an den Strand gespült wird*

Treib·jagd die <-, -en> *eine Jagd, bei der Tiere von Hunden und Treibern zu den Jägern getrie-*

ben werden

Treib·sand der <-(e)s> (*kein Plur.*) *feiner, lockerer Sand, in dem man leicht versinken kann*

Treib·stoff der <-(e)s, -e> *zum Antrieb eines Verbrennungsmotors benötigter Kraftstoff* Benzin/Diesel als Treibstoff benötigen

Trek·king, *a.* **Tre·cking** das <-s, -s> *das Wandern durch unwegsames und für Touristen nicht erschlossenes Gebiet*

Tre·mo·lo das <-s, -s/Tremoli> MUS. *übersteigertes Zittern in der Stimme eines Sängers*

Trench·coat der ['trɛntʃkoʊt] <-(s), -s> *ein leichter Übermantel, den man meist über einem Anzug trägt* Der Kommissar trug einen Hut, eine dunkle Brille und hatte den Kragen seines Trenchcoats hochgeschlagen.

Trend der <-s, -s> (≈ *Tendenz*) *die grundsätzliche Richtung, in die sich etwas entwickelt* Der Trend entwickelt sich immer mehr zum Studium im Ausland., der Trend zur weltweiten Vernetzung über das Internet

tren·dig *Adj.* (*umg.* ≈ *trendy*) *so, dass es einem Modetrend entspricht*

Trend·set·ter, **Trend·set·te·rin** der <-s, -> (*umg.*) *Person, die den maßgeblichen Anstoß zu einem neuen Trend gibt* zum Trendsetter werden

Trend·wen·de die <-, -n> *der Umkehrpunkt einer Entwicklung, ab dem eine gegenteilige Entwicklung eintritt* die Trendwende auf dem Arbeitsmarkt herbeiführen

tren·dy <nicht steig.> (*nur präd., nicht Adverb*) *Adj. trendig* Diese Sportart/Diese Frisur ist trendy.

trenn·bar <nicht steig.> *Adj.* SPRACHWISS. *so, dass man es trennen kann* ein trennbares Präfix

tren·nen **I.** *mit OBJ* ■ *jmd. trennt etwas/Personen,* ■ *jmd. trennt jmdn./etwas von jmdm./etwas* **1.** *bewirken, dass zwei Personen oder Gegenstände nicht mehr zusammen sind bzw. keine Verbindung mehr zwischen ihnen besteht* zwei Streithähne trennen, den Ärmel aus/von der Jacke trennen, zwei Teile, die aneinander haften, zu trennen versuchen **2.** ■ *jmd. trennt etwas von etwas* (≈ *unterscheiden*) *bewusst als verschiedene Dinge betrachten* eine sachliche Diskussion nicht von einem persönlichen Angriff trennen können, Öffentlichkeit und Privatleben trennen **3.** ■ *etwas trennt etwas* (*von etwas Dat.*) *ein Hindernis, einen Zwischenraum oder einen Abstand bilden* Ein Zaun trennt beide Gärten., Ein Fluss/ein Gebirge trennt beide Länder., Noch zwei Wochen trennen uns von dem großen Ereignis., 500 m/10 Sekunden trennen den Spitzenreiter von seinen Verfolgern. **4.** SPRACHWISS. *am Zeilenende nur einen Teil eines Wortes schreiben, einen Trennstrich machen und den restlichen Teil des Wortes auf die nächste Zeile schreiben* ein Wort nach Sprechsilben trennen **5.** ELEKTROTECHN. TELEKOMM. *unterbrechen* eine Telefonverbindung trennen, eine Stromleitung mit einem Schalter trennen **II.** *mit SICH* **1.** ■ *jmd./etwas trennt sich auseinander gehen* Wir haben uns am Bahnhof getrennt., Die Mannschaften trennten sich 2:0 nach einer Verlängerung., Hier trennen sich unsere Wege. **2.** ■ *jmd. trennt sich* (*von jmdm.*) *eine Beziehung beenden* Sie haben sich nach 20 Jahren Ehe getrennt., Sie hat sich von ihrem Partner getrennt. **3.** **4.** ■ *jmd. trennt sich von etwas Akk. weggeben* sich beim Umzug von alten Möbeln trennen, sich von lieb gewordenen Gewohnheiten trennen ■ **Müll trennen**: verschiedene Sorten Müll getrennt in verschiedene Abfalltonnen, Container o.Ä. entsorgen

Tren·nung die <-, -en> **1.** *das Trennen* die Trennung des Mülls, die Trennung zweier Streithähne, die Trennung eines Wortes, die Trennung einer Telefonverbindung **2.** *das Sichtrennen* die Trennung vom Partner/von alten Gewohnheiten/von der Heimat **3.** *das Getrenntsein* Nach langer Trennung sahen sich die Eheleute wieder.

Tren·nungs·strich der <-(e)s, -e> SPRACHWISS. *das Zeichen in Form eines kurzen, waagerechten Strichs, das am Zeilenende die Trennung eines Wortes anzeigt* ■ **einen Trennungsstrich ziehen**: *etwas endgültig beenden* unter eine Beziehung einen Trennungsstrich ziehen

Trenn·wand die <-, Trennwände> *eine Wand, die Bereiche eines Raumes voneinander trennt* eine Trennwand einbauen/einziehen

Tren·se die <-, -n> *ein Gebiss in Form eines Eisenstabes zum Befestigen des Pferdezaumzeugs*

trepp·ab *Adv.* (↔ *treppauf*) *auf einer Treppe nach unten* treppab laufen

Trep·pe die <-, -n> **1.** *ein Weg, auf dem man nach oben oder nach unten gehen kann, der aus vielen Stufen besteht und an dessen Rand meist eine Art Stange, das Geländer, ist* das Geländer/die Stufen der Treppe, die Treppe hinauf-/hinuntergehen ◆-nabsatz, -nstufe, Holz-, Stein-, Wendel- **2.** (*umg.*) *Etage, Stockwerk* Sie wohnen eine Treppe tiefer., Sie wohnen vier Treppen hoch. ■ **die Treppe hinauffallen** (*umg. abwert.*): *Karriere machen, ohne es selbst verdient zu haben*

Trep·pen·ge·län·der das <-s, -> *eine Art Stange, die an der Seite einer Treppe*[1] *verläuft und an der man sich festhalten kann*

Trep·pen·haus das <-es, Treppenhäuser> *eine Art schmale, hohe Halle in einem Mehrfamilienhaus, in der sich die Treppe*[1] *befindet* die Nachbarin im Treppenhaus treffen, Das Treppenhaus wird jede Woche gereinigt.

Trep·pen·stu·fe die <-, -n> *einzelne Stufe einer Treppe*[1]

Tre·sen der <-s, -> (*norddt.*) *Schanktisch oder Ladentisch* Die Verkäuferin/Der Wirt steht hinter dem Tresen.

Tre·sor der <-s, -e> (≈ *Safe*) *ein Schrank, dessen Wände aus sehr starken Stahlplatten bestehen, dessen Tür nur mit einem Zahlenschloss geöffnet werden kann und in dem man Bargeld, Wertpapiere und wertvolle Dokumente aufbewahrt* Der Tresor wurde aufgebrochen.

Tre·sor·raum der <-(e)s, Tresorräume> *ein Raum, in dem ein Tresor steht* der Tresorraum einer Bank

Tres·se die <-, -n> *eine schmückende Borte* (*meist an Uniformen*)

Tres·ter der <-s, -> *die Rückstände, die beim Keltern von Wein entstehen* ◆-schnaps

Tret·boot das <-(e)s, -e> *ein kleines Boot, in dem man zum Vergnügen auf einem See oder Fluss fährt und das man mit einer Tretkurbel antreibt*

tre·ten <trittst, trat, hat/ist getreten> **I.** *mit OBJ/ohne OBJ* ■ *jmd. tritt (etwas)* ((*haben*)) *mit dem Fuß stoßen* Der Mann hat den Hund getreten., jemanden in den Hintern treten, Ich war das nicht, mein Banknachbar hat getreten! **II.** *mit OBJ* (*haben*) **1.** ■ *jmd. tritt etwas mit dem Fuß betätigen* die Kupplung treten **2.** ■ *jmd. tritt etwas* (*in etwas Akk.*) *durch Treten mit dem Fuß erzeugen oder irgendwie verändern* ein Loch in die Tür treten, einen Weg treten, etwas platt treten **3.** ■ *jmd. tritt etwas irgendwohin mit dem Fuß irgendwohin befördern* einen Pflock in den Boden treten, einen Ball ins Tor treten, sich einen Dorn in den Fuß treten **III.** *ohne OBJ* (*sein*) **1.** ■ *jmd. tritt irgendwohin sich mit einem Schritt irgendwohin bewegen* Er trat in das Zimmer., beiseite/zur Seite/neben jemanden treten, in eine Pfütze treten **2.** ■ *jmd. tritt in etwas Akk. sich in einen Zustand begeben* in den Dienst/den Ruhestand treten, mit jemandem in Verbindung treten **3.** ■ *jmd. tritt auf etwas Akk. den Fuß auf etwas setzen* jemandem auf den Fuß treten, auf den Rasen/auf einen Regenwurm treten **4.** ■ *jmd. tritt auf etwas Akk./in etwas Akk. mit dem Fuß Kraft auf oder in etwas gelangen lassen* auf die Bremse/in die Pedalen treten **5.** ■ *etwas tritt in etwas in verblasster Bedeutung* in Aktion/Erscheinung/Kraft treten, ins Bewusstsein treten ◆ Getrenntschreibung→R 4.2 eine Büchse platt/noch platter treten, Wenn die Tür aufgehen soll, musst du fest/fester treten. *siehe aber* **festtreten**

Tret·müh·le die <-> (*kein Plur.*) (*umg. abwert.*) *etwas, das sehr monoton und ohne Abwechslung ist und daher keinen Spaß macht* die Tretmühle des Alltags, in eine Tretmühle geraten

Treu ■ **auf Treu und Glauben**: *im Vertrauen darauf, dass alles richtig ist*

treu *Adj.* **1.** (≈ *loyal*) *so, dass man immer zu einer einmal eingegangenen Bindung zu etwas oder jmdm. steht* jemandem/einer Sache treu sein, ein treuer Freund/Mitarbeiter, jemandem treu ergeben sein, treu seine Pflicht erfüllen ◆ gesetzes-, linien-, verfassungs- **2.** (↔ *untreu*) *so, dass man außerhalb der eigenen Partnerschaft keine sexuellen Beziehungen zu anderen Menschen hat* eine treue Ehefrau, Er ist seiner Frau immer treu gewesen/geblieben. **3.** (≈ *treuherzig*) *naiv und gutgläubig* jemanden treu ansehen, der treue Blick (eines Hundes), treu und brav hinter jemandem herlaufen **4.** (*veralt.*) *dem Original entsprechend* eine treue Wiedergabe des Klanges, Sie ist ein treues Abbild ihrer Mutter., sich selbst treu bleiben ◆ Getrenntschreibung→R 4.2 seiner Freundin treu bleiben; Getrenntschreibung→R 4.3, 4.12 jemandem treu ergeben sein, ein treu gesinnter Freund, ihre treu sorgenden Eltern

Treue die <-> (*kein Plur.*) **1.** (≈ *Loyalität*) *das Festhalten an einer einmal eingegangenen Bindung zu jmdm. oder etwas* die Treue eines Freundes/Mitarbeiters, unverbrüchliche Treue geloben ◆-bruch, -schwur **2.** (↔ *Untreue*) *die Tatsache, dass man außerhalb einer Partnerschaft keine sexuellen Beziehungen hat* die eheliche Treue, die Treue zum Partner/zur Partnerin **3.** (*veralt.*) *der hohe Grad der Übereinstimmung mit dem Original* die Treue eines Abbildes/der Wiedergabe

Treu·eid der <-(e)s, -e> *der Eid, ein einmal gegebenes Versprechen zu halten oder an einer eingegangenen Bindung festzuhalten* einen Treueid schwören

Treu·hand die <-> (*kein Plur.*) *kurz für „Treuhandgesellschaft"*

Treu·hän·der, **Treu·hän·de·rin** der <-s, -> *eine Person, der die Wahrnehmung der Rechte und die Verwaltung des Vermögens anderer übertragen wurde*

Treu·hand·ge·sell·schaft die <-, -en> RECHTSW. *eine Gesellschaft, der die Wahrnehmung der Rechte und die Verwaltung des Vermögens anderer übertragen wurde*

treu·her·zig *Adj. naiv und gutgläubig* jemanden treuherzig ansehen, treuherzig alles glauben, was man gesagt bekommt

Treu·her·zig·keit die <-> (*kein Plur.*) *naive Gutgläubigkeit* mit der Treuherzigkeit eines Kindes

treu·los <nicht steig.> *Adj. so, dass man ein einmal gegebenes Versprechen bricht oder eine eingegangene Bindung verlässt* ein treuloser Sohn, treulos handeln ▶Treulosigkeit

Tri·an·gel, **Tri·an·gel** der/das <-s, -> MUS. *ein Musikinstrument in der Form eines metallenen Dreiecks, das mit einem Klöppel geschlagen wird und dann einen sehr hellen Ton erzeugt*

Tri·as die <-> (*kein Plur.*) *eine geologische Formation des Erdmittelalters*

Tri·ath·let, **Tri·ath·le·tin** der <-en, -en> SPORT *jmd., der Triathlon betreibt*

Tri·ath·lon das/der <-s, -s> SPORT *ein Dreikampf, der (in dieser Reihenfolge) aus Schwimmen, Radfahren und Laufen besteht* ein Triathlon über die Kurz-/Mittel-/Langdistanz

Tri·bu·nal das <-s, -e> *ein öffentliches Forum, in dem über Recht und Unrecht von politischen Handlungen (besonders bei Rechtsverstößen von Staaten) wie bei einem Gericht geurteilt wird* jemanden vor ein Tribunal stellen, ein Tribunal abhalten ◆ Kriegsverbrecher-

Tri·bü·ne die <-, -n> **1.** *ein Podest für Redner* auf die Tribüne gehen, von der Tribüne aus sprechen **2.** *ein Gerüst mit aufsteigenden Reihen, auf denen die Sitzplätze für die Zuschauer in einem Stadion sind* auf einer Tribüne sitzen, Tribünen errichten

Tri·but der <-(e)s, -e> GESCH. *Abgabe, Steuer* Tribut zahlen/eintreiben ■ **jemandem/einer Sache Tribut zollen** (*geh.*): *jmdn. oder eine Sache anerkennen* **einen hohen Tribut an etwas fordern** (*geh.*): *einen großen Schaden an etwas verursachen* Das Erdbeben forderte einen hohen Tribut an Menschenleben. ▶tributpflichtig

Tri·chi·ne die <-, -n> ZOOL. *ein schmarotzender Fadenwurm, der von Tieren auf Menschen übertragen werden kann*

Trich·ter der <-s, -> **1.** *ein relativ kurzes Rohr, das oben relativ weit und unten eng ist und mit dem man Flüssigkeiten durch eine Öffnung in einen Behälter füllen kann* Benzin mit einem Trichter in den Tank füllen **2.** *etwas, das die Form eines Trichters[1] hat* Der Bombeneinschlag hinterließ einen riesigen Trichter. ■ **jemanden auf den richtigen Trichter bringen** (*umg.*): *jmdn. auf die richtige Lösung bringen*

trich·ter·för·mig <nicht steig.> *Adj. wie ein Trichter[1] geformt* eine trichterförmige Öffnung

Trick der <-s, -s> **1.** (*abwert.*) *eine Handlung, mit der man jmdn. täuscht und betrügt* üble/raffinierte Tricks von Betrügern, auf einen Trick hereinfallen ◆-dieb, Gauner- **2.** (≈ *Kunstgriff*) *ein geschickter Handgriff oder eine bestimmte Technik, die ein Könner oder Fachmann auf einem Gebiet beherrscht, und mit der man etwas gut lösen oder jmdn. verblüffen kann* einen Trick anwenden/üben/vorführen, einem erfahrenen Fachmann ein paar Tricks abschauen, Der Schrank lässt sich nur mit einem Trick öffnen, die Tricks eines Zauberkünstlers

Trick·auf·nah·me die <-, -n> *eine Filmaufnahme, bei der mit technischen Kunstgriffen eine verblüffende Wirkung erzielt wird*

Trick·be·trü·ger, **Trick·be·trü·ge·rin** der <-s, -> *jmd., der andere mit List und Tricks[1] um ihr Vermögen betrügt*

Trick·film der <-(e)s, -e> *ein Film, bei dem das, was gefilmt wird, mit technischen Mitteln künstlich erzeugt wird* ein Trickfilm mit Puppen, ein gezeichneter/computeranimierter Trickfilm

trick·reich *Adj. listig und geschickt* ein trickreicher Politiker, bei etwas trickreich vorgehen

trick·sen <trickst, trickste, hat getrickst> *ohne OBJ* ■ *jmd. trickst* (*umg.*) *etwas geschickt oder auf nicht ganz legale Weise tun* etwas irgendwie tricksen können, Bei der Abrechnung habt ihr wohl ein bisschen getrickst?

Trieb der <-(e)s, -e> **1.** *eine Art innerer Drang, der auf Instinkt beruht und der Tieren und Menschen bestimmte Verhaltensweisen vorgibt* die natürlichen Triebe des Menschen, mütterliche Triebe verspüren, der Trieb nach Selbsterhaltung, seine Triebe ausleben/kontrollieren, keinerlei Trieb zur Arbeit haben ◆Bewegungs-, Freiheits-, Nahrungs- **2.** (*umg.*) *sexuelles Verlangen* (keinen) Trieb haben ◆Sexual- **3.** BOT. *ein neuer Pflanzenteil* frische/junge/zarte Triebe an einem Baum

Trieb·fe·der die <-, -n> **1.** TECHN. *eine Feder, die einen Mechanismus antreibt* die Triebfeder einer mechanischen Uhr **2.** (*übertr.* ≈ *Motivation*) *das, was die Energie für jmds. Handeln liefert* Ehrgeiz ist die Triebfeder seines Handelns.

trieb·haft <nicht steig.> *Adj.* (↔ *rational*) *so, dass man in seinem Handeln stark von Trieben und nicht von der Vernunft gelenkt wird* ein triebhaftes Handeln, Der Richter schätzte den Angeklagten als triebhaften Menschen ein.

Trieb·kraft die <-, Triebkräfte> *eine Person oder Sache, die eine Entwicklung vorantreibt* Der Wunsch zu helfen war die Triebkraft ihres Handelns.

Trieb·tä·ter, **Trieb·tä·te·rin** der <-s, -> (RECHTSW.: ≈ *Sexualverbrecher*) *jmd., der Sexualverbrechen begeht* einen Triebtäter überführen/verurteilen

Trieb·wa·gen der <-s, -> EISENB. *ein Schienenfahrzeug mit eigenem Antrieb*

Trieb·werk das <-(e)s, -e> *eine Maschine, die die Energie zum Antrieb (eines Flugzeuges) liefert* Bei dem Flugzeug ist ein Triebwerk ausgefallen., die Triebwerke der Rakete zünden ◆Düsen-, Raketen-

trie·fen <triefst, triefte/troff, ist/hat getrieft/getroffen> *ohne OBJ* **1.** ■ *etwas trieft aus etwas Dat.* ((*sein*)) *in großen Mengen aus etwas heraus und herunterfließen* Das Blut triefte aus seiner Nase., Das Wasser ist aus dem Fell des Hundes getrieft. **2.** ■ *etwas trieft* ((*haben*)) *von einer Flüssigkeit so erfüllt sein, dass die Flüssigkeit herausläuft* Deine Nase trieft!, Seine Kleider haben vor Nässe getrieft. ■ **vor Mitleid triefen** (*abwert.*): *übertrieben viel Mitleid zeigen*

trif·tig *Adj.* (*umg.*) *so, dass es überzeugt* triftige Gründe für etwas haben, ein triftiger Beweis für seine Unschuld

Tri·go·no·me·t·rie die <-> (*kein Plur.*) MATH. *die Messung und Berechnung von Dreiecken* ►trigonometrisch

Tri·ko·lo·re die <-, -n> *dreifarbige* (*französische*) *Nationalflagge*

Tri·kot[1] der/das [tri'ko:/'trɪko] <-s, -s> *ein elastisches Gewebe*

Tri·kot[2] das [tri'ko:/'trɪko] <-s, -s> SPORT *eine Art eng anliegendes Hemd, das man beim Sport trägt* Die Fußballer spielen im gelben Trikot., im Trikot des Spitzenreiters fahren ◆-tasche, -werbung, Fußball-, Rad-

Tri·ko·ta·ge die [triko'ta:ʒə] <-, -n> (*meist Plur.*) *aus Trikot[1] gefertigte Ware*

Tri·kot·wer·bung die [tri'ko:...] <-> (*kein Plur.*) SPORT *auf Trikots[2] aufgedruckte Werbung*

tril·lern <trillerst, trillerte, hat getrillert> *mit OBJ/ohne OBJ* ■ *jmd./ein Tier trillert* (*in einer hohen Tonlage*) *pfeifen* Eine Amsel trillert ihr Lied., Sie trillert fröhlich vor sich hin.

Tril·ler·pfei·fe die <-, -n> *eine Pfeife, mit der man einen lauten Ton erzeugen kann*

Tril·li·ar·de die <-, -n> *tausend Trillionen*

Tril·li·on die <-, -en> *eine Million Billionen*

Tri·lo·gie die <-, -n> *eine Folge von drei zueinander gehörenden Teilen* (*eines literarischen Werkes*)

Tri·mes·ter das <-s, -> **1.** *ein Zeitraum von drei Monaten* **2.** (↔ *Semester*) *ein Drittel eines Unterrichtsjahres*

trim·men **I.** *mit OBJ* **1.** ■ *jmd. trimmt etwas* SEEW. LUFTF. *zweckgemäß verstauen* die Ladung trimmen **2.** ■ *jmd. trimmt ein Tier/etwas* (*einem Hund das Fell*) *scheren* einen Hund trimmen, ein frisch getrimmtes Fell haben, ein sorgfältig getrimmter Schnurrbart **3.** ■ *jmd. trimmt jmdn. leistungsfähig machen* die Spieler für das Punktspiel trimmen, die Schüler für die Prüfung trimmen **4.** ■ *jmd. trimmt jmdn./sich/etwas auf irgendetwas* (*umg.*) *jmdm., sich oder etwas durch besondere Anstrengungen einen gewünschten Anschein geben* jemanden/sich auf jung trimmen, ein Möbelstück auf antik trimmen **II.** *mit SICH* ■ *jmd. trimmt sich* SPORT *sich fit halten* sich durch regelmäßiges Laufen/Gedächtnisübungen trimmen, Trimm dich!

Trimm·pfad der <-(e)s, -e> *ein Rundweg, den man als sportliches Training laufend absolviert und an dessen einzelnen Stationen* (*einfache*) *Geräte für gymnastische Übungen stehen*

trink·bar <nicht steig.> *Adj.* **1.** *so, dass Menschen es trinken können, ohne Schaden zu nehmen* Das Wasser in diesem Gebirgsbach ist sicher trinkbar. **2.** (*scherzh.*) *so, dass ein Getränk mäßig gut schmeckt* Das Bier/Der Kaffee war halbwegs trinkbar.

trin·ken <trinkst, trank, hat getrunken> **I.** *mit OBJ/ohne OBJ* ■ *jmd. trinkt* (*etwas*) **1.** *eine Flüssigkeit durch den Mund in den Magen gelangen lassen* Bei großer Hitze sollte man ausreichend trinken., Sie trinkt gerne Bier/Mineralwasser/Tee/Wein., Die Pferde trinken Wasser., Störe das Kind nicht, es trinkt gerade!, Du musst mehr trinken. **2.** ■ *jmd. trinkt* (*etwas*) *auf etwas Akk. jmdm. zu Ehren Alkohol zu sich nehmen* Wir tranken ein Glas Sekt auf seine bestandene Prüfung., Wir trinken auf die Gesundheit des Geburtstagskindes. **II.** *ohne OBJ* ■ *jmd. trinkt in krankhafter Weise regelmäßig zu viel Alkohol trinken; Alkoholiker sein* Hast du gewusst, dass sie trinkt?

Trin·ker, **Trin·ke·rin** der <-s, -> (≈ *Alkoholiker*) *jmd., der in krankhafter Weise regelmäßig zu viel Alkohol trinkt*

trink·fest <nicht steig.> *Adj. so, dass man viel Alkohol trinken kann, ohne betrunken zu werden* Früher ist er trinkfester gewesen, jetzt reicht schon wenig, um ihn betrunken zu machen.

Trink·ge·la·ge das <-s, -> *ein ausschweifendes Fest, bei dem sehr viel Alkohol getrunken wird*

Trink·geld das <-(e)s, -er> *ein Geldbetrag, den man im Restaurant oder beim Friseur zusätzlich zum geforderten Preis freiwillig bezahlt* (*und damit zeigt, dass man mit der gebotenen Leistung zufrieden war*)

Trink·glas das <-es, Trinkgläser> *ein Glas, aus dem man trinkt*

Trink·halm der <-(e)s, -e> *ein kleines Rohr* (*aus Plastik*) *mit dem man Getränke einsaugen kann*

Trink·spruch der <-(e)s, Trinksprüche> (≈ *Toast*) *ein Spruch, den man bei einem Fest sagt und mit dem man die Gäste auffordert, gemeinsam auf jmdn. oder etwas zu trinken I.2* einen Trinkspruch auf jemanden/etwas ausbringen

Trink·was·ser das <-s> (*kein Plur.*) *zum Trinken durch den Menschen geeignetes Wasser* In dieser Gegend herrscht große Knappheit an Trinkwasser., etwas als Trinkwasser verwenden, Kein Trinkwasser! ◆-aufbereitung, -versorgung

Tri·o das <-s, -s> **1.** *eine Gruppe von drei Leuten* Das Trio hat mehrere Einbrüche verübt., Die Schulfreunde waren ein fröhliches/lustiges Trio. **2.** *eine Gruppe, die aus drei Musikern besteht* Das Trio spielt heute Stücke von Bach. ◆Jazz- **3.** MUS. *ein Musikstück für drei Instrumente* ein Trio für Violine, Flöte und Klavier

Trip der <-s, -s> **1.** (*umg.*) *eine kurze Reise, die jmd. zum Vergnügen macht* ein kurzer Trip nach Paris, einen Trip in die Berge machen ◆Wochenend- **2.** (*umg.*) *durch Drogen erzeugter Rauschzustand* auf einem Trip sein **3.** (*umg.*) *die für einen Trip[2] benötigte Menge Drogen* einen Trip brauchen ■ **auf dem ... Trip sein** (*umg. abwert.*): *sich zeitweise sehr stark mit der genannten Sache identifizieren und beschäftigen* Sie ist gerade auf dem ökologischen Trip.

trip·peln <trippelst, trippelte, ist getrippelt> *ohne OBJ* ■ *jmd. trippelt mit kleinen, schnellen Schritten gehen* Die Tänzerinnen sind über die Bühne getrippelt.

Trip·per der <-s, -> MED. *eine Geschlechtskrankheit* sich den Tripper holen

Trip·ty·chon das <-s, Triptychen/Triptycha> KUNST **1.** *ein dreiteiliger Altaraufsatz* **2.** *drei einzelne Gemälde, die zusammen eine Einheit bilden*

trist *Adj.* (*geh.*) *traurig; trübe* eine triste Stimmung, tristes Wetter, ein tristes Leben führen, eine triste Gegend

Tris·tesse die [tris'tes] <-> (*kein Plur.*) (*geh.*) *die bedrückende Ödheit, die irgendwo herrscht, wo sich nicht viel ereignet und es nur wenig Perspektiven gibt* die Tristesse des Alltags/der Vorstädte

Tritt der <-(e)s, -e> **1.** *ein einzelner Schritt* Der Fuß schmerzte bei jedem Tritt., Es sind Tritte im Kies zu hören. **2.** (≈ *eine Fußspur*) deutlich die Tritte erkennen können **3.** (*kein Plur.*) *die Art, wie jmd. geht* mit festem/unsicherem Tritt gehen **4.** *ein einzelner Stoß mit dem Fuß* jemandem einen Tritt versetzen ◆Fuß-

Tritt·brett das <-(e)s, -e> *eine Art breite Leiste unterhalb der Tür eines Fahrzeugs, auf der man stehen kann* Der Rangierarbeiter steht auf dem Trittbrett des Eisenbahnwaggons.

Tritt·brett·fah·rer der <-s, -> (*abwert.*) *jmd., der eine Sache oder eine Situation für sich ausnutzt, für die er selbst nichts getan hat* Die Polizei nimmt an, dass es sich bei dem Anrufer nicht um den Erpresser selbst, sondern um einen Trittbrettfahrer handelt.

Tritt·lei·ter die <-, -n> *eine frei aufstellbare Leiter* Der Maler benutzt eine Trittleiter.

Tri·umph der [tri'ʊmf] <-(e)s, -e> **1.** *etwas, das für jmdn. einen großen Erfolg oder bedeutenden Sieg darstellt* einen Triumph/Triumphe feiern können, jemandem seinen Triumph gönnen, der Triumph der Mannschaft bei der Meisterschaft, ein Triumph der Medizin über eine bisher unheilbare Krankheit **2.** (*kein Plur.*) *die große Freude über einen Triumph[1]* etwas mit Triumph in der Stimme sagen, Sie genießt ihren Triumph.

Tri·umph·bo·gen der <-s, Triumphbögen> KUNST *ein Tor, das meist zur Erinnerung an einen militärischen Sieg gebaut wurde* Die Truppen marschierten bei der Siegesparade durch den Triumphbogen.

Tri·umph·ge·schrei das <-s> (*kein Plur.*) *laute Rufe der Freude über einen Sieg oder Erfolg* Mit lautem Triumphgeschrei begrüßten die Fans die siegreiche Mannschaft.

tri·um·phie·ren [triʊm'fi:rən] *ohne OBJ* **1.** ■ *jmd./etwas triumphiert über jmdn./etwas den Sieg über jmdn. oder etwas davontragen* über die gegnerische Mannschaft/den Feind/seinen Kontrahenten triumphieren, Am Ende triumphierte ihre Neugier über ihre Schüchternheit. **2.** ■ *jmd. triumphiert über einen Erfolg oder Sieg deutlich Freude oder Stolz zeigen* Die Sieger triumphierten laut, als der Schlusspfiff gefallen war., jemanden triumphierend ansehen, ein triumphierendes Lächeln

Tri·umph·zug der <-(e)s, Triumphzüge> GESCH. *ein festlicher Umzug zur Feier eines Sieges oder Erfolges* im Triumphzug durch die Stadt ziehen ■ **seinen/ihren Triumphzug antreten** (*übertr.*): *große Verbreitung finden und großen Erfolg haben* Das Flugzeug/das Fernsehen/das Internet hat seinen Triumphzug um die Welt angetreten.

tri·vi·al *Adj.* (*geh. abwert.*) **1.** *uninteressant, weil es alltäglich ist* das triviale Alltagsleben, Das sind die trivialen Fakten, ohne jede Beschönigung. **2.** (*künstlerisch*) *anspruchslos* ein trivialer Film, Das Buch war recht trivial., triviale Äußerungen zu etwas machen

Tri·vi·al·li·te·ra·tur die <-> (*kein Plur.*) *Unterhaltungsliteratur ohne künstlerischen Anspruch*

tro·cken <trock(e)ner, am trockensten> *Adj.* **1.** (↔ *feucht*) *so, dass kein Wasser darin ist* trockener Boden/Sand, sich trockene Kleider anziehen, warmes und trockenes Sommerwetter, trockene Luft, eine trockene Haut haben, trockene Schleimhäute haben, einen trockenen Husten haben, sich trocken rasieren, Bei Regen können wir unter diesem Dach trocken sitzen/stehen., bei Regen im Trockenen sitzen **2.** (≈ *herb* ↔ *lieblich*) *so, dass Wein oder Sekt nur eine geringe Süße haben* Wir empfehlen zur Forelle einen trockenen Riesling. **3.** *ohne Beilagen* das Brot/die Kartoffeln trocken essen **4.** *betont sachlich oder ohne schmückendes Beiwerk* ein trockener Unterricht/Vortrag, die trockenen Fakten, Das Buch las sich etwas trocken., einen trockenen Humor haben **5.** (*umg.*) *so, dass man als ehemaliger Alkoholiker keinen Alkohol mehr trinkt* seit zwei Jahren trocken sein ■ **trocken sitzen** (*umg.*): *nichts (mehr) zu trinken haben* **auf dem Trockenen sitzen** (*umg.*): *kein Geld mehr haben* **auf dem Trockenen sein** (*umg.*): *mit etwas nicht weiterkommen* **seine Schäfchen im Trockenen haben** (*umg.*): *sich finanziell gesichert haben* ♦ Getrenntschreibung→R 4.2 Ihr könnt uns doch hier nicht völlig trocken sitzen lassen!; Großschreibung→R 3.7 Ich kann nicht mit ausgehen, momentan sitze ich auf dem Trockenen., Er hat seine Schäfchen im Trockenen, deshalb zeigt er auch nicht mehr viel Einsatz. *siehe auch* **trockenreiben**, **trockenschleudern**, **trockenstehen**, **trockenwischen→R 4.11**

Tro·cken·au·to·mat der <-en, -en> (≈ *Wäschetrockner*) *ein Elektrogerät zum Trocknen von Wäsche*

Tro·cken·dock das <-s, -s> SEEW. *ein Dock zur Reparatur von Schiffen, aus dem das Wasser herausgepumpt wird, nachdem das Schiff eingefahren ist* im Trockendock liegen

Tro·cken·eis das <-es> (*kein Plur.*) *gefrorenes Kohlendioxid, das als Kühlmittel oder zum Erzeugen von (Bühnen)effekten in Form von Nebelschwaden benutzt wird*

Tro·cken·hau·be die <-, -n> *eine Haube zum Trocknen der Haare, die Wärme abstrahlt*

Tro·cken·heit die <-> (*kein Plur.*) **1.** (↔ *Feuchtigkeit, Nässe*) *die Tatsache, dass wenig Feuchtigkeit vorhanden ist* die Trockenheit der Luft, Eine große/lang anhaltende Trockenheit herrschte im Land. **2.** *die Tatsache, dass ein Vortrag oder Unterricht sehr nüchtern und sachlich ist und seine Zuhörer nicht anspricht* die Trockenheit des Unterrichtsstoffes

tro·cken·le·gen *mit OBJ* ■ *jmd. legt etwas trocken bewirken, dass etwas nicht mehr nass ist* einen Sumpf trockenlegen ♦ Zusammenschreibung→R 4.11 einen Säugling trockenlegen

Tro·cken·milch die <-> (*kein Plur.*) *Milch, die in der Form eines Pulvers vorliegt, weil man ihr das Wasser entzogen hat*

tro·cken·rei·ben <reibst trocken, rieb trocken, hat trockengerieben> *mit OBJ* ■ *jmd. reibt etwas trocken etwas reiben, bis es nicht mehr nass ist* ♦ Zusammenschreibung→R 4.11 die Haut mit einem Handtuch trockenreiben

tro·cken·schleu·dern <schleuderst trocken, schleuderte trocken, hat trockengeschleudert> *mit OBJ* ■ *jmd. schleudert etwas trocken Wäsche schleudern, bis sie nicht mehr nass ist* ♦ Zusammenschreibung→R 4.11 die nasse Wäsche trockenschleudern

tro·cken·ste·hen <steht trocken, stand trocken, hat trockengestanden> *ohne OBJ* ■ *eine Kuh steht trocken* LANDW. *keine Milch geben* ♦ Zusammenschreibung→R 4.11 eine Herde trockenstehen lassen

tro·cken·wi·schen <wischst trocken, wischte trocken, hat trockengewischt> *mit OBJ* ■ *jmd. wischt etwas trocken etwas wischen, bis es nicht mehr nass ist* ♦ Zusammenschreibung→R 4.11 den Tisch/die Bank trockenwischen

Tro·cken·zeit die <-, -en> (↔ *Regenzeit*) *die Jahreszeit in den Tropen und Subtropen, in der es nicht oder nur wenig regnet* während der Trockenzeit, die Trockenzeit beginnt/endet

trock·nen <trocknest, trocknete, hat/ist getrocknet> **I.** *mit OBJ* ■ *jmd./etwas trocknet etwas* ((*haben*)) **1.** *trocken machen* Der Wind hat die Wäsche getrocknet., die Wäsche in der Maschine trocknen, (sich) die Haare mit einem Handtuch trocknen, den Fußboden mit einem Lappen trocknen, die Augen mit einem Taschentuch trocknen **2.** ■ *jmd. trocknet etwas trocken werden lassen* Kräuter auf dem Dachboden trocknen, getrocknete Pflaumen **II.** *ohne OBJ* ■ *etwas trocknet* ((*sein*)) *trocken werden* Die Wäsche ist im Wind getrocknet., Meine Haare trocknen immer schnell.

Trö·del der <-s> (*kein Plur.*) (*umg. abwert.*) *wertlose Gegenstände* Auf dem Markt gab es allerhand Trödel.

Trö·de·lei die <-, -en> (*umg. abwert.* ≈ *Bummelei*) *das Vergeuden von Zeit* Er regt mich auf mit seiner ewigen Trödelei!

trö·deln <trödelst, trödelte, hat getrödelt> *ohne OBJ* ■ *jmd. trödelt* (*umg. abwert.* ≈ *bummeln*) *sorglos sein und sich viel Zeit lassen* (*und dadurch Zeit vergeuden*) Wenn du nicht so getrödelt hättest, müssten wir uns jetzt nicht so beeilen!

Tröd·ler, **Tröd·le·rin** der <-s, -> **1.** *jmd., der mit alten gebrauchten Sachen handelt* **2.** (*umg. abwert.*) *jmd., der trödelt* Du bist ein alter Trödler! Wegen dir verpassen wir den Zug.

Trog der <-(e)s, Tröge> *eine lange flache Wanne, aus der Kühe und Schweine ihr Futter fressen* Die Schweine drängen sich am Trog.

Troi·ka die ['trɔy̆ka] <-, -s> **1.** *ein Dreigespann* **2.** *Gruppe von drei Personen, die gemeinsam etwas tun* eine Troika an die Spitze einer Partei stellen

Troll der <-(e)s, -e> (≈ *Kobold*) ein Märchenwald voller Elfen und Trolle

trol·len *mit SICH* ■ *jmd. trollt sich* (*umg.*) *weggehen* Ich habe ihm gesagt, er solle sich trollen.

Trol·ley·bus der ['troli-] <-ses, -se> (*schweiz.*) *Omnibus mit Oberleitung*

Trom·mel die <-, -n> **1.** *ein Musikinstrument in der Form eines Zylinders, dessen Grundflächen mit Fellen bespannt sind und auf dem man einen Rhythmus schlagen kann* die Trommel schlagen, der dumpfe Klang der Trommeln, die einzelnen Trommeln des Schlagzeugs **2.** TECHN. *ein Bauteil, das die Form einer Trommel[1] hat, innen hohl ist und sich dreht* die Trommel eine Waschmaschine/eines Revolvers/eines Zementmischers

Trom·mel·fell das <-(e)s, -e> ANAT. *ein dünnes Häutchen im Mittelohr, das Schallwellen überträgt*

Trom·mel·feu·er das <-s> (*kein Plur.*) MILIT. *anhaltendes starkes Geschützfeuer*

trom·meln <trommelst, trommelte, hat getrommelt> **I.** *mit OBJ/ohne OBJ* ■ *jmd. trommelt* (*etwas*) *die Trommel schlagen* ein Musikstück/einen Rhythmus trommeln, in schnellem Rhythmus/laut trommeln **II.** *ohne OBJ* ■ *jmd. trommelt an/auf/gegen etwas Akk. auf etwas immer wieder schnell schlagen* mit den Fäusten an die Tür trommeln, mit den Hufen auf den Boden trommeln, das trommelnde Geräusch der Geschütze

Trom·mel·re·vol·ver der <-s, -> *eine Schusswaffe, bei der mehrere Patronen in einer sich drehenden Trommel[2] untergebracht sind*

Trom·mel·wir·bel der <-s, -> *mehrere, kurz nacheinander folgende Schläge auf eine Trommel[1]*

Tromm·ler, **Tromm·le·rin** der <-s, -> *jmd., der eine Trommel[1] schlägt*

Trom·pe·te die <-, -n> *ein Blechblasinstrument*

trom·pe·ten *ohne OBJ* **1.** ■ *jmd. trompetet* (*umg.*) *Trompete blasen* **2.** ■ *ein Tier trompetet ein lautes Geräusch machen, das dem einer Trompete ähnelt* Der Elefant trompetet.

Trom·pe·ter, **Trom·pe·te·rin** der <-s, -> *jmd., der Trompete spielt* ◆ Jazz-

Tro·pen <-> *Plur. die heiße Klimazone beiderseits des Äquators* ◆-bekleidung, -hitze, -klima, -nacht, Sub-

Tro·pen·an·zug der <-(e)s, Tropenanzüge> *ein leichter Anzug, der für den Aufenthalt* (*von nicht Einheimischen*) *in den Tropen gedacht ist*

Tro·pen·helm der <-(e)s, -e> *in den Tropen* (*von nicht Einheimischen*) *getragener Sonnenschutzhelm*

Tro·pen·ins·ti·tut das <-(e)s, -e> *Klinik für Tropenkrankheiten*

Tro·pen·krank·heit die <-, -en> MED. *speziell in tropischen Ländern auftretende Krankheit*

Tropf[1] der <-(e)s, -e> MED. *eine Vorrichtung, mit der Kranke flüssige Nahrung oder Medikamente direkt in die Adern geleitet bekommen, wobei die Substanz aus einer an einem Ständer aufgehängten Flasche in einer definierten Menge gleichmäßig in einen Schlauch tropft, der über eine Injektionsnadel mit der Ader verbunden ist* am Tropf hängen, an den Tropf angeschlossen werden

Tropf[2] der <-(e)s, Tröpfe> (*veralt. umg. abwert.*) *einfältiger Mensch*

tröp·feln <tröpfelt, tröpfelte, hat/ist getröpfelt> **I.** *ohne OBJ* **1.** ■ *etwas tröpfelt* ((*haben*)) *einzelne Tropfen fallen lassen* Der Wasserhahn tröpfelt. **2.** ■ *etwas tröpfelt zusammen* (*umg.* (*sein*)) *einzeln zusammenkommen* Einige Spenden sind schon zusammen getröpfelt. **II.** *mit ES* ■ *es tröpfelt* ((*haben*)) *es regnet leicht* Nimm den Schirm mit, es tröpfelt schon!

Trop·fen der <-s, -> *eine kleine Menge einer Flüssigkeit* (*in einer kugeligen Form*) Der Regen fällt in dicken Tropfen., von der Medizin zehn Tropfen nehmen, Im Glas ist noch ein Tropfen Wein. ■ **ein Tropfen auf den heißen Stein** (*umg.*): *so wenig, dass es nicht hilft* Die Spende war nur ein Tropfen auf den heißen Stein für das Land. **steter Tropfen höhlt den Stein** (*umg.*): *mit Ausdauer kommt man zum Ziel* **ein guter Tropfen** (*umg.*): *ein guter Wein*

trop·fen <tropfst, tropfte, hat/ist getropft> **I.** *mit OBJ* ■ *jmd. tropft etwas irgendwohin* ((*haben*)) *in Tropfen irgendwohin fallen lassen* Er tropfte ein wenig Wasser auf die Blumen., Sie tropfte ihm eine Medizin in die Augen. **II.** *ohne OBJ* **1.** ■ *etwas tropft* ((*haben*)) *Tropfen fallen lassen* Der Wasserhahn hat getropft., Meine Nase tropft. **2.** ■ *etwas tropft aus/von etwas Dat.* ((*sein*)) *in Tropfen herunterfallen* Wasser tropft von der Dachrinne., Das

Regenwasser ist aus ihren Kleidern getropft. **III.** *mit ES* ■ *es tropft leicht regnen* Vorhin hat es ein wenig getropft.

trọp·fen·wei·se *Adv. in einzelnen Tropfen* das Gewürz tropfenweise in die Soße geben

trọpf·nass <nicht steig.> *Adj. sehr nass* Ihre Kleider waren tropfnass.

Trọpf·stein·höh·le die <-, -n> *eine Höhle, in der sich durch tropfendes Wasser (zapfenförmige) Ablagerungen aus Kalk an Decke und Boden gebildet haben*

Tro·phäe die [tro'fɛ:e] <-, -n> **1.** *etwas, das in einem Krieg oder bei der Jagd erbeutet worden ist* Die Wände der Jagdhütte hingen voller Trophäen., Die Sieger brachten Fahnen als Trophäen mit. **2.** SPORT *Auszeichnung bei einem sportlichen Wettkampf* Die Sammlung seiner sportlichen Trophäen füllt ein ganzes Regal.

trọ·pisch <nicht steig.> *Adj.* **1.** *auf die Tropen bezogen, zu ihnen gehörend* tropische Regionen/Vegetation, tropisches Klima **2.** (*umg.*) *sehr heiß* Hier herrscht eine tropische Hitze!

Trọss der <-es, -e> **1.** (MILIT.: ≈ *Konvoi*) *eine Wagenkolonne mit Verpflegung und Munition* **2.** (*übertr.*) *Menschen in jmds. Gefolge* der Minister und der ganze Tross der Presseleute

Trọs·se die <-, -n> *ein starkes Drahtseil* die Trossen eines Kranes/eines Schiffs

Trost der <-(e)s> (*kein Plur.*) *Worte, die bewirken, dass jmd. einen schweren Kummer besser ertragen kann* jemandem mit Worten/Taten Trost spenden, bei/in etwas Trost suchen/finden ■ **ein schwacher Trost** (*umg.*): *etwas, das unter den gegebenen Umständen nur wenig nützt* **nicht (recht) bei Trost sein** (*umg. abwert.*): *verrückt sein*

trös·ten **I.** *mit OBJ* ■ *jmd. tröstet jmdn. jmds. Leid oder Sorgen erträglicher machen* Sie tröstete ihn so gut es ging., Das konnte sie auch nicht trösten. **II.** *mit SICH* **1.** ■ *jmd. tröstet sich mit etwas Dat. versuchen, einen Kummer auszugleichen* Sie tröstet sich mit der Vorstellung, dass ihr Verlust auch etwas Gutes hat., Sie tröstet sich mit Alkohol. **2.** ■ *jmd. tröstet sich mit jmdm. nach einer Trennung bereits wieder einen neuen Freund oder eine neue Freundin haben* Er tröstet sich bereits mit einer neuen Freundin.

tröst·lich <nicht steig.> *Adj. so, dass es für jmdn. einen Trost darstellt oder (in einer schwierigen Situation) beruhigend ist* die tröstliche Nachricht, dass sich die Mühe doch noch gelohnt hat

trost·los *Adj.* **1.** (≈ *hoffnungslos*) *so, dass eine Situation schlecht und bedrückend ist und es kaum Hoffnung auf Besserung gibt* eine trostlose Lage **2.** (≈ *trist*) *so unschön und langweilig, dass man in schlechte Stimmung kommt* eine trostlose Gegend, trostloses Wetter

Trost·lo·sig·keit die <-> (*kein Plur.*) **1.** (≈ *Hoffnungslosigkeit*) *der Zustand, dass eine Situation schlecht und bedrückend ist und es kaum Hoffnung auf Besserung gibt* Die Trostlosigkeit ihres Lebens hat gerade die Älteren verbittert. **2.** *die Tatsache, dass etwas unschön ist und schlechte Stimmung macht* Die Trostlosigkeit der Landschaft deprimierte sie.

Trost·preis der <-es, -e> *etwas, das man in einem Wettbewerb oder Spiel dem Verlierer gibt* einen Trostpreis bekommen

Trọtt der <-(e)s, -e> **1.** *langsame Gangart bei Pferden* im Trott gehen **2.** (*umg. abwert.*) *eine eingefahrene Verhaltensweise* der tägliche Trott, in den alten Trott verfallen ◆ Alltags-

Trọt·tel der <-s, -> (*umg. abwert.*) *dummer Mensch*

trọt·ten <trottest, trottete, ist getrottet> *ohne OBJ* **1.** ■ *ein Pferd trottet langsam gehen* Das Pferd trottet über den Hof. **2.** ■ *jmd. trottet irgendwohin* (*umg. abwert.*) *langsam und lustlos gehen* morgens in die Schule trotten

Trot·ti·nẹtt das <-s, -e> (*schweiz.*) *Roller*

Trot·toir das [trɔ'to̯a:ɐ̯] <-s, -e/-s> (*süddt. schweiz.*) *Gehweg; Bürgersteig*

Trọtz der <-es> (*kein Plur.*) *das dauernde (erfolglose) Aufbegehren gegen den Willen anderer* aus Trotz etwas tun

trọtz *Präp. + Gen./Dat. verwendet um auszudrücken, dass etwas geschieht, obwohl die nach „trotz" genannte Sache es verhindern kann* Trotz aller Bemühungen blieb er erfolglos., Trotz des schlechten Wetters ging er ohne Schirm aus dem Haus., Trotz Regen/schlechtem Wetter fand die Feier statt., Trotz allem haben sie gewonnen.

Trọtz·al·ter das <-s> (*kein Plur.*) PSYCH. *die Zeit, in der kleine Kinder häufig Trotzanfälle haben*

Trọtz·an·fall der <-(e)s, -anfälle> (*kein Plur.*) PSYCH. *der in einem bestimmten Entwicklungsabschnitt häufige und für ihn typische Vorgang, dass kleine Kinder durch ein bestimmtes Verhalten (andauerndes Schreien, sich zu Boden werfen) Trotz gegen den Willen der Eltern signalisieren*

trọtz·dem *Adv.* (≈ *dennoch*) *verwendet, um auszudrücken, dass das genannte Geschehen erfolgt, obwohl Gründe dagegen sprechen* Keiner hilft mir, aber ich werde es trotzdem versuchen.

trọt·zen <trotzt, trotzte, hat getrotzt> *ohne OBJ* **1.** ■ *jmd./etwas trotzt etwas Dat.* (*geh.*) *Widerstand entgegensetzen* Er trotzte seinem Schicksal., Das Schiff trotzte Sturm und Wellen. **2.** ■ *jmd. trotzt sich nicht dem Willen anderer fügen* Das Kind trotzt wieder.

trọt·zig *Adj. so, dass man sich nicht dem Willen anderer fügt* ein trotziges Kind

Trọtz·kopf der <-(e)s, Trotzköpfe> (*umg. abwert.*) *ein trotziger Mensch*

Trọtz·re·ak·ti·on die <-, -en> *eine Handlung, die man aus Trotz begeht*

Trou·ba·dour der ['tru:badu:ɐ̯, truba'du:ɐ̯] <-s, -e/-s> GESCH. *ein fahrender Minnesänger in Südfrankreich im 12. und 13. Jahrhundert*

trü·be *Adj.* **1.** (↔ *hell*) *so, dass es nur wenig Helligkeit gibt* trübes Licht, ein trüber Tag, trübes Wetter, trübe Farben **2.** (↔ *klar*) *nicht klar; nicht durchsichtig* trübe Brillengläser, trübes Glas, ein trüber Spiegel, das trübe Wasser des Tümpels, trüber Saft **3.** (↔ *fröhlich*) *bedrückt; traurig* trübe Aussichten, eine trübe Stimmung, trübe vor sich hinstarren ■ **eine trübe Tasse** (*umg. abwert.*): *ein langweiliger Mensch, der mit nichts zu begeistern ist* **im Trüben fischen** (*umg.*): *unklare Verhältnisse für sich ausnutzen*

Tru·bel der <-s> (*kein Plur.*) (*umg.*) **1.** *Aufregung* Das habe ich im Trubel ganz vergessen., der Trubel der Ereignisse **2.** *ein Durcheinander von Personen* In der Stadt/zum Volksfest herrscht viel Trubel.

trü·ben <trübst, trübte, hat getrübt> **I.** *mit OBJ* ■ *etwas trübt etwas* **1.** *bewirken, dass etwas weniger klar oder hell ist* Das eingeleitete Abwasser trübt den See., Wolken trüben den Himmel. **2.** *beeinträchtigen* Beziehungen/die Stimmung/jemandes Freude trüben, Tränen trüben seinen Blick., Mitleid trübte seine scharfe Urteilskraft. **II.** *mit SICH* ■ *etwas trübt sich* **1.** *an Klarheit oder Helligkeit verlieren* Der Himmel trübt sich, es wird regnen., Das Wasser trübte sich vom Blut des erlegten Tieres., Sein Augenlicht trübt sich immer mehr. **2.** *nicht in gutem Zustand bleiben* Ihre Freundschaft trübte sich.

Trüb·sal die <-, -e> (*Plur. selten*) (*geh.*) *tiefe Traurigkeit* voller Trübsal sein, vor lauter Trübsal etwas Schönes nicht bemerken ■ **Trübsal blasen** (*umg.*): *gelangweilt und traurig sein*

trüb·se·lig *Adj.* **1.** *so, dass es Traurigkeit zum Ausdruck bringt* trübselig blicken/sein, eine trübselige Gesellschaft **2.** *so, dass es niedergeschlagen macht* ein trübseliger Abend/Ort

trüb·sin·nig *Adj. so, dass es Traurigkeit zum Ausdruck bringt* trübsinnig vor sich hin starren

Trü·bung die <-, -en> **1.** *das Getrübtsein* eine Trübung des Wassers, eine Trübung des Auges/der Linse **2.** *Beeinträchtigung* eine Trübung der guten Beziehungen, eine Trübung der guten Stimmung

Truck der [trak] <-s, -s> *ein großer Lastwagen; Sattelschlepper*

tru·deln <trudelst, trudelte, ist getrudelt> *ohne OBJ* ■ *etwas trudelt sich in langsamen kreisförmigen Bewegungen* (*von oben nach unten*) *bewegen* Die Blätter trudeln zu Boden., Das Boot trudelt führerlos auf den Wellen., Das Flugzeug gerät ins Trudeln.

Trüf·fel die <-, -n> (*meist Plur.*) **1.** BOT. *ein Speisepilz* **2.** *eine runde, gefüllte Praline*

Trug ■ **Lug und Trug** (*geh. abwert.*): *Lüge und Betrug* Das ist doch alles nur Lug und Trug!

Trug·bild das <-(e)s, -er> (*geh.*) *ein Bild, das einer Sinnestäuschung oder der Einbildung entspringt* Das Wasser, das sie zu sehen glaubten, war nur ein Trugbild, das durch eine Luftspiegelung entstanden war.

trü·gen <trügst, trog, hat getrogen> *mit OBJ/ohne OBJ* ■ *etwas trügt irreführen* Der Anschein hat mich nicht getrogen., Der Schein trügt. ■ **Wenn mich nicht alles trügt, ...** (*umg.*): *wenn ich mich nicht irre*

trü·ge·risch <nicht steig.> *Adj. so, dass etwas zu falschen Erwartungen verführt* trügerische Hoffnungen, ein trügerisch ruhiges Wasser

Trug·schluss der <-es, Trugschlüsse> *eine falsche Schlussfolgerung* einem Trugschluss unterliegen

Tru·he die <-, -n> *eine Art größerer Kasten mit einem Deckel, der meist zur Aufbewahrung von Kleidung dient* ◆ Holz-, Kleider-, Schatz-, Wäsche-

Trüm·mer <-> *Plur. die Überreste oder Bruchstücke* (*von etwas Zerstörtem*) die Trümmer einer zerstörten Stadt, in den Trümmern der Häuser nach Überlebenden suchen, die Trümmer eines abgestürzten Flugzeuges, Auf dem Röntgenbild waren die Trümmer des Knochens zu sehen. ■ **etwas in Trümmer legen**: *etwas völlig zerstören* **vor den Trümmern von etwas stehen** (*übertr.*): *etwas ehemals Gutes zerstört haben* Er stand vor den Trümmern seiner Ehe/seiner Existenz. ◆ Fels-, Mauer-

Trüm·mer·hau·fen der <-s, -> *ein Haufen Trümmer* Das Haus war nur noch ein Trümmerhaufen.

Trumpf der <-(e)s, Trümpfe> *die bestimmte Karte oder Farbe, die beim Kartenspiel einen höheren Wert hat als alle anderen* Herz ist Trumpf., Die Buben sind/gehören zum Trumpf., einen Trumpf ausspielen ■ **noch einen Trumpf in der Hand haben** (*übertr.*): *über etwas verfügen, das Vorteile verschafft* **etwas ist Trumpf** (*übertr.*): *etwas ist* (*zur Zeit*) *das Wichtigste* Sport ist Trumpf in diesem Jugendcamp.

Trunk der <-(e)s, Trünke> (*Plur. selten*) (*geh.*) **1.** (≈ *Getränk*) ein kühler Trunk, jemanden mit einem Trunk willkommen heißen **2.** (*kein Plur.*) (*veralt.*) *das krankhafte regelmäßige Trinken von Alkohol* dem Trunk verfallen sein

trun·ken *Adj.* (*geh.*) **1.** (≈ *betrunken*) ein trunkener Gast **2.** *überwältigt, wie berauscht* trunken vor Freude/Glück

Trun·ken·bold der <-(e)s, -e> (*geh. abwert.*) *jmd., der viel Alkohol trinkt*

Trun·ken·heit die <-> (*kein Plur.*) AMTSSPR. *das Betrunkensein* jemandem wegen Trunkenheit am Steuer den Führerschein entziehen

Trunk·sucht die <-> (*kein Plur.*) (*veralt.* ≈ *Alkoholismus*) *der krankhafte Zwang, Alkohol trinken zu müssen* ▶ trunksüchtig

Trupp der <-s, -s> *eine Gruppe von Personen, die gemeinsam etwas tun* ein Trupp Arbeiter/Soldaten/Touristen ◆ Bau-, Such-

Trup·pe die <-, -n> **1.** *eine Gruppe von darstellenden Künstlern* die Truppe eines Theaters/Zirkus ◆ Artisten-, Ballett-, Schauspieler-, Zirkus- **2.** MILIT. *eine Einheit der Armee* Truppen abziehen/stationieren/verlagern ◆ Besatzungs-, Elite-, Kampf- **3.** ■ **die Truppe** (*umg.*): *die Armee* bei der Truppe sein, der Dienst bei der Truppe

Trup·pen·ab·zug der <-(e)s> (*kein Plur.*) *Abzug von Einheiten einer Armee*

Trup·pen·be·we·gung <-, -en> MILIT. *das Verlegen von Einheiten einer Armee an einen anderen Ort* Truppenbewegungen in einer bestimmten Region beobachten/melden

Trup·pen·stär·ke die <-, -n> MILIT. *die zahlenmäßige Stärke von militärischen Einheiten* die Truppenstärke der Armee erhöhen/verringern

Trup·pen·teil der <-(e)s, -e> MILIT. *eine militärische Einheit mit bestimmten Aufgaben* Truppenteile ins Hinterland verlegen

Trup·pen·ü·bungs·platz der <-es, Truppenübungsplätze> MILIT. *ein Gebiet, in dem militärische Gefechtsübungen abgehalten werden*

Trust der [trast] <-(e)s, -e/-s> WIRTSCH. *Konzern*

Tru·te die <-, -n> (*schweiz.*) *Truthuhn*

Trut·hahn der <-(e)s, Truthähne> (≈ *Puter*) *ein männliches Truthuhn*

Trut·hen·ne die <-, -n> (≈ *Pute*) *weibliches Truthuhn*

Trut·huhn das <-s, Truthühner> *ein besonders großes, als Haustier gehaltenes Huhn mit einem nackten Hals und Kopf*

Tsat·si·ki *s.* **Zaziki**

Tschad der <-(s)> *Staat in Afrika* der Tschad, im Tschad

tschau *s.* **ciao**

Tsche·che, Tsche·chin der <-n, -n> *Einwohner(in) der Tschechischen Republik*

Tsche·chien <-> *kurz für „Tschechische Republik"*

tsche·chisch <nicht steig.> *Adj.* die tschechische Sprache, Sie spricht tschechisch (in tschechischer Sprache), nicht polnisch., Sie hat Tschechisch (die tschechische Sprache) gelernt. *siehe auch* **deutsch**

Tsche·chi·sche Re·pu·b·lik <Tschechischen Republik> *Staat in Mitteleuropa*

tschüs, *a.* **tschüss** *Interj.* (*umg.*) *Ausruf beim Abschied „Auf Wiedersehen!"*

T-Shirt das ['ti:ʃə:t] <-s, -s> ein einfaches Baumwollhemd mit meist kurzen Ärmeln und rundem Halsausschnitt

T-Trä·ger der <-s, -> TECHN. *ein Metallträger mit einem Querschnitt in der Form des Buchstabens „T"*

TU die [te:'ʔu:] <-, -s> *Abkürzung von „Technische Universität"*

Tu·ba die <-, Tuben> MUS. *ein Blechblasinstrument*

Tu·be die <-, -n> *ein Behälter für weiche Materialien, der aus biegsamem Metall oder Kunststoff besteht und einen Verschluss hat* eine Tube Ölfarbe/Zahncreme, die Tube am Ende säuberlich aufrollen ■ **auf die Tube drücken** (*umg.*): *schnell fahren oder sich beeilen* Drück mal ein bisschen auf die Tube, wir haben keine Zeit mehr!

Tu·ber·kel·ba·zil·lus der <-, Tuberkelbazillen> MED. *Erreger der Tuberkolose*

Tu·ber·ku·lo·se die <-, -n> MED. *eine Infektionskrankheit, die besonders die Lungen (aber auch anderes Gewebe) befällt*

Tuch das <-(e)s, -e/Tücher> **1.** (*Plur. Tuche*) *fest gewebter Stoff* ein aus teurem Tuch geschneiderter Maßanzug **2.** (*Plur. Tücher*) (≈ *Halstuch*) *ein Stück Stoff, das meist ein dekoratives Muster hat und das Frauen als Schmuck um den Hals tragen* ein Tuch aus Seide ◆ Hals-, Seiden- **3.** (*Plur. Tücher*) (≈ *Lappen*) etwas mit einem weichen Tuch reinigen ◆ Scheuer-, Staub-, Taschen-

Tu·chent die <-s, -en> (*süddt. österr.*) *Federbett*

Tuch·füh·lung ■ **mit jemandem auf Tuchfühlung gehen** (*umg.*): *jmdm. körperlich sehr nahe kommen*

tüch·tig *Adj.* **1.** (≈ *fleißig*) *so, dass man bei der Arbeit sehr viel leistet* ein tüchtiger Mitarbeiter, tüchtig arbeiten ◆ geschäfts-, lebens- **2.** (*umg.* ≈ *gewaltig, kräftig*) *sehr stark; sehr viel; sehr groß* eine tüchtige Portion, ein tüchtiger Schlag, tüchtig essen/zulangen, Es regnet tüchtig.

Tüch·tig·keit die <-> (*kein Plur.*) *Fleiß; Fähigsein* die Tüchtigkeit einer Mitarbeiterin sehr schätzen

Tü·cke die <-, -n> **1.** (*kein Plur.*) *Bosheit; Hinterlist* die Tücke eines Tieres/eines Menschen **2.** *hinterlistiger Trick* eine Tücke anwenden, mit List und Tücke **3.** *Gefährlichkeit; Unberechenbarkeit* die Tücke des scheinbar ruhigen Wassers, Das Gerät hat so seine Tücken. ■ **Das ist die Tücke des Objekts !** (*umg.*): *Das ist eine versteckte Schwierigkeit (der Sache).*

tu·ckern <tuckerst, tuckerte, hat/ist getuckert> *ohne OBJ* (*umg.*) **1.** ■ *etwas tuckert* ((*haben*)) *gleichmäßige Motorengeräusche machen* Der Traktor/das alte Auto hat getuckert. **2.** ■ *jmd./etwas tuckert irgendwohin* ((*sein*)) *sehr langsam fahren* Die Autos/Wir sind langsam über die Landstraße getuckert.

tü·ckisch <nicht steig.> *Adj.* **1.** (≈ *hinterlistig*) *so, dass man aus böser Absicht jmdn. in eine Falle locken will* ein tückischer Plan, ein tückischer Charakter, ein tückischer Trick **2.** *gefährlich; unberechenbar* ein tückisches Gewässer/Gerät, eine tückische Krankheit

Tüf·te·lei die <-, -en> (*umg.*) *das Tüfteln* Diese Arbeit ist wirklich eine ganz schöne Tüftelei!

tüf·teln <tüftelst, tüftelte, hat getüftelt> *ohne OBJ* ■ *jmd. tüftelt* (*umg.*) *geduldig eine Lösung für ein schwieriges Problem suchen* Wir mussten lange tüfteln, bis wir das Rätsel gelöst hatten.

Tu·gend die <-, -en> **1.** *eine moralisch gute Eigenschaft* die Tugend der Ehrlichkeit/Geduld/Gerechtigkeit, viele Tugenden haben **2.** (*kein Plur.*) *moralisch vorbildliches Verhalten* sich ein Vorbild an jemandes Tugend nehmen

tu·gend·haft *Adj.* *voller Tugend*[2] tugendhaftes Verhalten

Tül·le die <-, -n> (≈ *Ausgussrohr*) *das relativ dünne Rohr einer Kanne, aus der die Flüssigkeit beim Gießen herauskommt* die Tülle der Gießkanne/der Teekanne

Tul·pe die <-, -n> *eine Frühlingsblume, die aus einer Zwiebel wächst*

tumb *Adj.* (*geh. abwert.*) *einfältig*

tum·meln <tummelst, tummelte, hat getummelt> *mit SICH* ■ *jmd. tummelt sich* **1.** *sich (in großer Zahl) irgendwo lebhaft bewegen* Die Kinder tummeln sich im Freibad. **2.** (*umg. norddt.*) *sich beeilen* Tummelt euch!

Tum·mel·platz der <-es, Tummelplätze> **1.** *ein Ort, wo sich jmd. oft und gern aufhält* ein Tummelplatz für die Kinder **2.** (*abwert.*) *ein Ort, wo sich negativ bewertete Dinge oder Personen versammeln* ein Tummelplatz für Bakterien/Ungeziefer, ein Tummelplatz für Verbrecher

Tụmm·ler der <-s, -> ZOOL. *ein großes, dem Delphin ähnliches Meeressäugetier*

Tu̱·mor, Tu·mo̱r der <-s, -en/-e> MED. *eine Geschwulst* ein bösartiger/gutartiger Tumor, die operative Entfernung eines Tumors

Tụ̈m·pel der <-s, -> *ein sehr kleiner Teich* Das war kein See, nicht mal ein Teich, eher schon ein Tümpel.

Tu·mụlt der <-(e)s, -e> (≈ *Krawall*) *Lärm oder Bewegung in einer Menschenmenge* Am Rande der Demonstration ist ein Tumult ausgebrochen., Was ist denn das für ein Tumult da draußen? ▸tumultuarisch

Tu̱n das <-s> (*kein Plur.*) (*geh.* ≈ *Handeln*) *das, was jmd. tut* jemandes Tun missbilligen ■ **Tun und Lassen**: *alles, was jmd. tut oder nicht tut* Du bist für dein Tun und Lassen selbst verantwortlich.

tu̱n <tust, tat, hat getan> **I.** *mit OBJ* **1.** ■ *jmd. tut etwas* (*umg.*) *arbeiten; leisten* Und was habt ihr heute getan?, viel zu tun haben, Heute tu(e) ich gar nichts., viel Gutes/Nützliches/Böses tun **2.** (*umg.*) ■ *jmd. tut etwas handeln; machen* Tu doch endlich etwas!, Tut das ja nicht wieder!, Ich habe doch gar nichts getan!, Man tut, was man kann. **3.** ■ *jmd. tut etwas irgendwohin* (*umg.*) *irgendwohin legen oder einordnen* Wohin hast du meine Tasche getan?, das Schnitzel in die Pfanne tun, die Wäsche in die Maschine tun, nicht wissen, wohin man etwas oder jemanden tun soll (≈ sich nicht erinnern können, in welcher Situation man jmdn. oder etwas bereits einmal gesehen hat) **4.** ■ *jmd. tut jmdm. etwas Leid zufügen* Was habt ihr dem armen Kerl getan?, Tu(e) mir bitte nichts!, Was habe ich dir denn getan, dass du mir böse bist? **5.** ■ *jmd. tut jmdm. Gutes Gutes zufügen* Er hat ihm viel Gutes getan., Tu mir den Gefallen und rauche nicht! **6.** ■ *jmd. tut etwas in verblasster Bedeutung: machen* eine Verbeugung/einen Luftsprung/einen Seufzer tun, seinen letzten Atemzug tun, seine Wirkung tun, einen Blick hinter sich tun **7.** (*mit Inf.*) (*umg. süddt.*) *als Ausdruck einer Möglichkeit* Ich täte dir gern helfen, aber ich kann nicht. **8.** (*mit Inf.*) (*umg.*) *zur Hervorhebung der Aussage des Verbs* Er schwatzte klug daher, aber wissen tat er nichts. **9.** ■ *etwas tut etwas etwas bewirkt etwas* Das Mittel tut Wunder., Was tut das schon?, Das tut nichts. **II.** *ohne OBJ* **1.** ■ *jmd. tut irgendwie* (*umg.*) *etwas vortäuschen; sich verstellen* sehr freundlich/interessiert/beleidigt tun, tun, als ob man schläft, Tu doch nicht so, es interessiert dich doch gar nicht!, Er ist nicht wirklich krank, er tut nur so. **2.** ■ *etwas tut jmdm. irgendwie eine Empfindung auslösen* Etwas Ruhe wird dir wohl tun., Das Bad hat ihr gut getan., Das wird dir noch Leid tun! **III.** *mit ES* (*umg.*) **1.** ■ *es tut sich etwas/nichts geschehen* Es tut sich etwas., Es tut sich immer noch nichts. **2.** ■ *etwas tut es ausreichen* Wenn du keinen Schlafsack hast, tut es auch eine Decke! ■ **mit jemandem etwas/nichts zu tun haben** (*umg.*): *in irgendeiner/keiner Verbindung zu jmdm. oder etwas stehen* Ich will mit der Sache nichts zu tun haben!, Die beiden Dinge/Personen haben nichts miteinander zu tun. **jemandem ist es um etwas zu tun**: *jmd. richtet sein Augenmerk auf etwas* Ihm war es um unsere Sicherheit zu tun., Euch ist es doch nur um euren Vorteil zu tun! **Damit ist es nicht getan!**: *das ist noch nicht alles*

Tụ̈n·che die <-, -n> (*weiße*) *Kalkfarbe zum Anstreichen*

tụ̈n·chen <tünchst, tünchte, hat getüncht> *mit OBJ* ■ *jmd. tüncht etwas anstreichen* die Wände weiß tünchen

Tụn·d·ra die <-, Tundren> BOT. *baumlose Steppe in Finnland und Russland*

Tu·nẹll das <-s, -e> (*süddt. österr.*) *s.* **Tunnel**

tu·nen ['tju:nən] <tunst, tunte, hat getunt> *mit OBJ* ■ *jmd. tunt etwas die Leistung technischer Geräte gegenüber der Standardausführung nachträglich erhöhen* einen Motor tunen, Die getunte Version des Serienmodells verfügt über 250 PS.

Tu·ner der ['tju:nɐ] <-s, -> *ein Radio als Bestandteil einer Stereoanlage*

Tu·ne̱·sien <-s> *Staat in Nordafrika*

Tu·ne̱·sier, Tu·ne̱·sie·rin der <-s, -> *jmd., der die tunesische Staatsbürgerschaft hat*

tu·ne̱·sisch <nicht steig.> *Adj. zu Tunesien gehörend, daher stammend*

Tu̱n·fisch der *s.* **Thu̱nfisch**

Tu̱·nicht·gut der <-(e)s, -e> (*veralt. abwert.*) *eine Person, die Unfug treibt* Ein junger Tunichtgut hat das Schild besprüht.

Tu̱·ni·ka die <-, Tuniken> *altrömisches Untergewand*

Tu·ning das ['tju:nɪŋ] <-s> (*kein Plur.*) *die nachträgliche Erhöhung der Leistung technischer Geräte gegenüber der Standardausführung*

Tụn·ke die <-, -n> (*umg. norddt.*) *Soße* Braten mit Tunke

tụn·ken *mit OBJ* ■ *jmd. tunkt etwas in etwas Akk.* (*umg. norddt.*) *eintauchen* Brotstücke in die Soße tunken

tu̱n·lich *Adj.* (*veralt. geh.*) *ratsam* etwas für tunlich halten

tu̱n·lichst *Adv.* (*geh.* ≈ *möglichst*) *nach Möglichkeit* Wir bitten Sie, das tunlichst zu unterlassen!

Tụn·nel, *a.* **Tu·nẹll** der <-s, -/-s> *eine Art großer Gang, der durch einen Berg oder unter einem Gewässer hindurchführt und in dem eine Straße verläuft* ◆-bau, Alpen-, Eisenbahn-, Kanal-

Tụn·te die <-, -n> (*vulg. abwert.*) *Homosexueller* ▸tuntig

Tụ̈p·fel·chen das <-s, -> *kleiner Punkt* ein Kleid mit kleinen Tüpfelchen ■ **das Tüpfelchen auf dem i** (*umg.*): *etwas, das eine Sache perfekt macht*

Tụp·fen der <-s, -> *einzelner* (*runder*) *Farbfleck* ein Osterei mit bunten Tupfen bemalen

tụp·fen *mit OBJ* **1.** ■ *jmd. tupft etwas etwas mehrfach leicht berühren* den Mund mit einer Serviette tupfen, die Wunde mit Zellstoff sauber tupfen **2.** ■ *jmd. tupft etwas auf etwas Akk./von etwas Dat. etwas mit mehrfacher leichter Berührung* *auftragen oder entfernen* Medizin auf die Wunde tupfen

Tup·fer der <-s, -> MED. *ein Stück Mull oder Watte, mit dem man Flüssigkeit aufnehmen kann* die Wunde mit einem Tupfer reinigen

Tür die <-, -en> **1.** *eine große Öffnung in einer Wand, durch die man hindurchgehen kann und die große flache Platte, mit der man die Öffnung schließen kann* Die Tür steht offen/ist abgesperrt/ist angelehnt., die Tür zum Nebenzimmer/am Seiteneingang, die Tür anlehnen/öffnen/schließen/ins Schloss werfen, durch die Tür treten, jemanden zur Tür begleiten, einer Dame die Tür aufhalten ◆-klinke, -scharnier, -schloss, Eingangs-, Laden-, Schiebe- ,Schrank-, Zimmer- **2.** *eine Tür[1] an einem Fahrzeug* Die Türen schließen, Vorsicht bei der Abfahrt des Zuges! ◆ Auto-, Wagen- **3.** ■ **offene Türen einrennen** (*umg.*): *jmdn. von etwas überzeugen wollen, der bereits diese Überzeugung hat* **mit der Tür ins Haus fallen** (*umg.*): *jmdm. etwas unvermittelt mitteilen* **vor der Tür stehen** (*umg.*): *unmittelbar bevorstehen* Die Ferien stehen vor der Tür. **zwischen Tür und Angel** (*umg.*): *in Eile, ohne die nötige Ruhe* **jemandem stehen alle Türen offen**: *jmd. hat beste Chancen für eine Karriere* **hinter verschlossenen Türen**: *im Geheimen* etwas zwischen Tür und Angel besprechen

Tür·an·gel die <-, -n> *eines der Gelenke, an denen eine Tür[1] aufgehängt ist*

Tur·ban der <-s, -e> *ein langer Schal, der zu einer Art Kappe gewundenen ist und in arabischen Ländern und in Indien von Männern als Kopfbedeckung getragen wird*

Tur·bi·ne die <-, -n> TECHN. *eine mit Wasserkraft, Dampf oder Gas betriebene Maschine, die elektrischen Strom erzeugt*

tur·bu·lent *Adj. so, dass es sehr ereignisreich und aufregend ist* turbulente Szenen, Es ging turbulent zu.

Tur·bu·lenz die <-, -en> PHYS. *ein Wirbel in einem Strom von Gasen oder Flüssigkeiten* An den Tragflächen treten Turbulenzen auf., In dem Gewässer gibt es stellenweise gefährliche Turbulenzen.

Tür·fal·le die <-, -n> (*schweiz.*) *Türklinke*

Tür·griff der <-(e)s, -e> *der Griff, mit dem man eine Tür[2] öffnet und schließt*

Tür·ke, **Tür·kin** der <-n, -n> *jmd., der die türkische Staatsbürgerschaft hat*

Tür·kei die <-> *ein Staat in Vorderasien*

Tür·kis der <-es, -e> *ein Halbedelstein von intensiver blau-grüner Farbe*

tür·kisch <nicht steig.> *Adj. zur Türkei gehörend, daher stammend* die türkische Sprache, Sie sprechen zu Hause nur türkisch (in türkischer Sprache), nicht deutsch., Er hat das Türkische/Türkisch (die türkische Sprache) in der Volkshochschule gelernt. *siehe auch* **deutsch**

tür·kis·far·ben <nicht steig.> *Adj. von grünlichblauer Farbe* das türkisfarbene Meer

Tür·klin·ke die <-, -n> *der bewegliche Handgriff einer Tür, mit der man diese Tür öffnet oder schließt*

Tür·klop·fer der <-s, -> *ein bewegliches (Metall)teil an einer Tür, mit dem man an die Tür klopfen kann*

Turm der <-(e)s, Türme> **1.** *ein Gebäude, das sehr schmal und hoch ist und meist einzeln steht (oder den oberen Teil eines anderen Gebäudes bildet)* auf einen Turm steigen, vom Turm ins Wasser springen, die Türme des Kölner Doms/des Ulmer Münsters, einen Turm aus Bausteinen/Kisten bauen ◆-spitze, Aussichts-, Kirch-, Leucht-, Schloss-, Wasser- **2.** *eine Schachfigur, die die Form eines Turms[1] hat*

Tur·ma·lin der <-s, -e> (*kein Plur.*) *ein Schmuckstein*

tür·men <türmst, türmte, hat/ist getürmt> **I.** *mit OBJ* ■ *jmd. türmt etwas auf etwas,* ■ *jmd. türmt etwas zu etwas Akk.* ((*haben*)) *aufeinander stapeln* Er hat die Bücher zu einem großen Haufen getürmt., Sie hat auf den Stapel weitere Bücher getürmt. **II.** *ohne OBJ* ■ *jmd. türmt* ((*sein*) *umg.*) *fliehen* Als es gefährlich wurde, ist er getürmt., aus dem Gefängnis türmen **III.** *mit SICH* ■ *etwas türmt sich* ((*haben*)) *sich stapeln* Die Bücher haben sich in der Ecke getürmt.

turm·hoch <nicht steig.> *Adj.* (*umg.*) *sehr hoch* ein turmhoher Kran

Turm·sprin·gen das <-s> (*kein Plur.*) SPORT *eine Sportart, bei der man von einem Sprungturm in ein Schwimmbecken springt und dabei bestimmte Figuren wie Saltos und Drehungen ausführt*

Turm·uhr die <-, -en> *an einem Turm[1] angebrachte Uhr*

Tur·nen das <-s> (*kein Plur.*) **1.** *die Gesamtheit verschiedener sportlicher Übungen, die an Geräten oder auf dem Boden ausgeführt werden* das Turnen am Barren/am Reck/an den Ringen ◆ Kunst- **2.** SCHULE *Unterricht im Turnen[1]* im Turnen eine gute Note haben

tur·nen <turnst, turnte, hat/ist geturnt> **I.** *mit OBJ/ohne OBJ* ■ *jmd. turnt* (*an etwas Dat.*) ((*haben*)) *Turnübungen machen* eine Kür/eine bestimmte Übung turnen, am Barren/am Reck/an den Ringen turnen **II.** *ohne OBJ* ■ *jmd. turnt irgendwo* ((*sein*)) *sich geschickt irgendwohin bewegen* Sie ist über den Balken geturnt., Die Affen sind durch die Bäume geturnt.

Tur·ner, **Tur·ne·rin** der <-s, -> **1.** *jmd., der Turnübungen macht* **2.** *ein Sportler, der Gerätesport betreibt*

Turn·ge·rät das <-(e)s, -e> *zum Turnen verwendetes Sportgerät* Reck, Barren und Ringe sind Turngeräte.

Turn·hal·le die <-, -n> *eine Halle, in der geturnt wird (und Ballspiele ausgetragen werden)*

Turn·ho·se die <-, -n> *zum Turnen getragene Hose*

Tur·nier das <-s, -e> **1.** GESCH. *ein Wettkampf der mittelalterlichen Ritter, bei dem diese zu Pferd gegeneinander kämpfen müssen* **2.** *ein sportlicher Wettkampf, an dem viele Sportler in mehreren Wettbewerben teilnehmen und dessen Finale nur* *die Teilnehmer erreichen, die alle Wettkämpfe des Turniers gewonnen haben* ein internationmales Turnier im Tennis austragen, Morgen haben wir ein Turnier., wegen einer Verletzung aus dem Turnier ausscheiden, im Finalspiel des Turniers stehen ◆-sieg, -sieger(in), Fußball-, Handball, Hockey-, Tennis-

Tur·nier·pferd das <-es, -e> (SPORT: *Reitsport*) *ein im Wettkampf gerittenes Pferd*

Tur·nier·rei·ter, **Tur·nier·rei·te·rin** der <-s, -> *jmd., der an Reitturnieren teilnimmt*

Turn·saal der <-(e)s> (*österr.*) *Turnhalle*

Turn·schuh der <-s, -e> (*meist Plur.*) *beim Sport getragener Schuh*

Turn·stun·de die <-, -n> *Unterrichtsstunde im Sport*

Turn·ü·bung die <-, -en> *einzelne Übung im Turnen*

Turn·un·ter·richt der <-(e)s> (*kein Plur.*) (*veralt.* ≈ *Sportunterricht*)

Tur·nus der <-, -se> *ein festgelegter Zeitraum, in dem sich etwas wiederholt* in monatlichem Turnus stattfinden, Im Turnus von vier Jahren finden Wahlen statt.

Tür·öff·ner der <-s, -> *eine elektrische Vorrichtung, mit der eine (entfernt gelegene) Tür geöffnet werden kann*

Tür·rah·men der <-s, -> *der Rahmen, in dem eine Tür[1] befestigt ist*

Tür·schild das <-es, -er> *ein an einer Tür[1] angebrachtes Schild, auf dem steht, wer in der Wohnung oder in dem Haus wohnt bzw. um wessen Büro es sich handelt*

Tür·schnal·le die <-, -n> (*österr.*) *Türklinke*

Tür·ste·her der *jmd., der am Eingang zu einer Diskothek darüber entscheidet, welche Gäste eintreten dürfen und welche nicht*

Tür·stock der <-(e)s,-e> (*österr.*) *Türrahmen*

tur·teln <turtelst, turtelte, hat geturtelt> *ohne OBJ* ■ *jmd. turtelt mit jmdm.* (*veralt.*) *Zärtlichkeiten miteinander austauschen* Die beiden turteln miteinander.

Tusch der <-(e)s, -e> MUS. *der Vorgang, dass die Musiker einer Kapelle ganz kurz einen Ton kräftig anklingen lassen, um einen bestimmten Moment im Ablauf einer Veranstaltung zu betonen* Die Kapelle spielte einen Tusch, nachdem der Höhepunkt der Vorstellung angekündigt wurde.

Tu·sche die <-, -n> *eine (meist schwarze) Tinte zum Zeichnen*

tu·scheln <tuschelst, tuschelte, hat getuschelt> *mit OBJ/ohne OBJ* ■ *jmd. tuschelt (etwas) (über etwas Akk.)* (*umg.*) *flüsternd sprechen* jemandem etwas ins Ohr tuscheln, miteinander (über etwas) tuscheln

Tusche·zeich·nung die <-, -en> *mit Tusche gefertigte Zeichnung*

Tus·si die <-, -s> **1.** (*umg. abwert.*) *junge Frau oder Mädchen* Was ist denn das für eine komische Tussi? **2.** (*jugendspr.*) *Freundin* Ist das seine neue Tussi?

Tü·te die <-, -n> **1.** *ein Beutel aus Papier oder Plastik* das Gemüse in eine Tüte stecken, eine Tüte Bonbons/Mehl/Zucker kaufen **2.** *der Inhalt einer Tüte* eine ganze Tüte Popcorn auf einmal essen ■ **Kommt nicht in die Tüte!**: *umg.* das gestatte ich keinesfalls

tu·ten *ohne OBJ* ■ *etwas tutet* (*umg.*) **1.** *ein hupendes Geräusch von sich geben* Der Dampfer/das Signalhorn tutet. **2.** (*umg.*) *auf einem Horn einen langgezogenen Ton spielen* ■ **von Tuten und Blasen keine Ahnung haben** (*umg.*): *überhaupt keine Ahnung haben*

Tu·tor, **Tu·to·rin** der <-s, -en> *eine Person, die Studenten betreut und mit ihnen intensiv den Lehrstoff durcharbeitet*

Tut·ti·frut·ti das <-(s), -(s)> *eine italienische Süßspeise*

TV das [teːˈfau̯/tiːˈviː] <-> (*kein Plur.*) *Abkürzung von „Television": Fernsehen*

TV-Mo·de·ra·tor, **TV-Mo·de·ra·to·rin** der <-s, -en> *jmd., der eine Fernsehsendung leitet und moderiert*

Tweed der [twiːt, twiːd] <-s, -s/-e> *eine Stoffart* ein Mantel aus Tweed

Twen der <-(s), -s> *jmd., der zwischen 20 und 29 Jahren alt ist* Mode für Teens und Twens

Twin·set das/der <-(s), -s> *Pullover und Jacke (für Damen) aus dem gleichen Material*

Twist[1] der <-es, -e> *Stopfgarn*

Twist[2] der <-s, -s> *ein Tanz*

Typ[1] der <-s, -en> **1.** *eine bestimmte Art von Dingen oder Personen, die sich durch gemeinsame Merkmale von anderen unterscheiden* Er ist der Typ Mensch, der sich durch nichts aus der Ruhe bringen lässt., Dieser Typ von Filmen ist doch langweilig!, Fehler dieses Typs treten häufiger auf. ◆ Haut-, Krankheits-, Menschen-, Schläger-, Verbrecher- **2.** *ein bestimmtes Modell eines in Serie gefertigten Gerätes* ein älterer Typ dieses Fahrzeugs, Ein völlig neuer Typ dieses Gerätes ist auf dem Markt. ■ **jemandes Typ sein** (*umg.*): *jmdm. angenehm sein; jmdm. gefallen* Der neue Kollege ist einfach nicht mein Typ! ◆ Auto-, Flugzeug-

Typ[2] der <-s/-en, -en> (*umg.*) **1.** *Person* Dein Typ wird verlangt!, einen netten Typ(en) kennen lernen, Wie findest du denn den neuen Typ(en) in eurer Klasse? **2.** (*abwert.*) *Kerl* Was will der Typ von dir?, Was war das denn für ein Typ?

Ty·pe die <-, -n> **1.** (DRUCKW.: *veralt.*) *gegossener Druckbuchstabe* **2.** (*umg. abwert.*) *auffällige Person* eine lustige Type

Ty·pen·be·zeich·nung die <-, -en> **1.** (DRUCKW.: *veralt.*) *Schriftartbezeichnung* **2.** *Bezeichnung eines bestimmten Modells eines in Serie hergestellten Gerätes*

Ty·phus der <-> (*kein Plur.*) MED. *eine gefährliche, mit schweren Durchfällen verbundene Infektionskrankheit*

ty·pisch *Adj.* **1.** (*nicht steig.*) *so, dass es für etwas bezeichnend und charakteristisch ist* die für eine Erkältung typischen Symptome, die typischen Merkmale von etwas aufweisen **2.** *so, dass es einen Typ[1] verkörpert* Er ist ein typischer Karrieremensch., Sie ist eine typische Schauspielerin., Das ist doch wieder typisch Mann (≈ in der Art genau so, wie es Männer meistens tun)!

ty·pi·sie·ren *mit OBJ* FACHSPR. ■ *jmd. typisiert etwas nach gemeinsamen Merkmalen ordnen* die Fundstücke nach bestimmten Merkmalen typisieren

Ty·pi·sierung die <-,-en> **1.** (*kein Plur.*) *das Typisieren* **2.** (*österr.*) *amtliche Zulassung eines Fahrzeugs*

Ty·po·gra·phie, *a.* **Ty·po·gra·fie** die <-, -n> DRUCKW. *die bestimmte Weise, wie ein gedruckter Text durch verschiedene Schriftarten gestaltet ist* eine gelungene Typographie

ty·po·gra·phisch, *a.* **ty·po·gra·fisch** <nicht steig.> *Adj.* DRUCKW. *die Gestaltung eines Druckerzeugnisses betreffend* typographische Gesichtspunkte beachten

Ty·pus der <-, Typen> (*geh.*) *Typ*[1]

Ty·rann der <-en, -en> **1.** (GESCH. POL.: ≈ *Diktator*) *jmd., der allein ein Land regiert und auch Gewalt einsetzt, um an der Macht zu bleiben und seine Ziele zu erreichen* Das Land wurde von einem grausamen Tyrannen regiert. **2.** (*abwert.* ≈ *Despot*) *herrschsüchtiger Mensch* Ihr anfänglich so netter Ehemann entpuppte sich später als Tyrann.

Ty·ran·nei die <-, -en> **1.** (≈ *Gewaltherrschaft*) der Tyrannei im Land ein Ende bereiten **2.** (*abwert.*) *herrschsüchtiges Verhalten* die Tyrannei eines Vorgesetzten nicht länger ertragen können

ty·ran·nisch <nicht steig.> *Adj. in der Art von Tyrannen* eine tyrannische Herrschaft ausüben, eine tyrannische Frau haben

ty·ran·ni·sie·ren *mit OBJ* ■ *jmd. tyrannisiert jmdn./etwas anderen Menschen den eigenen Willen aufzwingen und sie mit Gewalt unterdrücken* seine Untergebenen tyrannisieren, die ganze Familie mit seinen Launen tyrannisieren

Uu

U, u das <-, -> *der einundzwanzigste Buchstabe des Alphabets* ein großes U, ein kleines u

u.a. *Abkürzung von „und andere(s)"*

u.Ä. *Abkürzung von „und Ähnliche(s)"*

U-Bahn die <-, -en> (≈ *Untergrundbahn*) *ein Fahrzeug, das in großen Städten für den öffentlichen Nahverkehr auf Schienen unter der Erde fährt* Am besten wir nehmen die U-Bahn, das geht am schnellsten. ◆ -haltestelle

U-Bahn·hof der <-(e)s, U-Bahnhöfe> *eine der Haltestellen einer U-Bahn*

U-Bahn-Netz das <-es, -e> *alle Wege, auf denen eine U-Bahn in einer Großstadt fährt*

U-Bahn-Schacht der <-(e)s, U-Bahn-Schächte> *eine Art enger schmaler Tunnel, durch den die U-Bahn fährt*

U-Bahn-Sta·tion die <-, -en> *eine der Haltestellen einer U-Bahn*

Ü·bel das <-s, -> **1.** (≈ *Missstand, Misere*) *etwas, das schlecht oder schlimm ist* das Übel der Korruption bekämpfen, einem lästigen Übel abhelfen **2.** (*geh. veralt.*) *Krankheit, Leiden* ein langwieriges Übel ■ **das kleinere Übel wählen**: *sich bei zwei unangenehmen Dingen für das weniger schlimme entscheiden* **von Übel sein** (*geh.*): *schlecht oder schädlich sein* In der Bibel steht: Deine Rede sei ja oder nein, alles andere ist von Übel. **etwas ist ein notwendiges Übel**: *etwas muss akzeptiert werden, obwohl man dazu keine Lust hat*

ü·bel *Adj.* **1.** *so, dass es unangenehm ist, weil es schlecht schmeckt oder riecht* ein übler Geruch/Geschmack, eine übel riechende Flüssigkeit **2.** *moralisch schlecht, gefährlich für jmdn.* ein übler Kerl/Zeitgenosse, eine üble Gegend **3.** *so, dass es sich für jmdn. ungünstig auswirkt* üble Machenschaften, üble Folgen haben, in eine üble Lage geraten **4.** (≈ *schlecht*) übel gelaunt sein **5.** (≈ *böse*) üble Schimpfwörter, übles Gerede ■ **jemandem ist/wird übel**: *jmd. hat/bekommt das Gefühl, sich übergeben zu müssen* **jemandem etwas übel nehmen**: *auf jmdn. lange Zeit böse sein wegen etwas, das er getan oder gesagt hat* Ich kann dir das nicht übel nehmen. **jemandem übel wollen** (*geh.*): *jmdm. schaden wollen* Denkst du, dass sie uns übel wollen? **jemandem übel gesinnt sein**: *die Absicht haben, jmdm. zu schaden* **(gar) nicht (so) übel** (*umg.*): *ganz gut* Der Film war gar nicht übel. **nicht übel Lust haben (etwas zu tun)**: *große Lust haben, etwas zu tun, was eigentlich nicht möglich ist* Ich hätte nicht übel Lust, ihm eine zu knallen! ◆ Getrenntschreibung →R 4.2, R 4.3, R 4.12 Warum ist er heute so übel gelaunt?, Es entwichen übel riechende Dämpfe., Übel gesinnte Menschen können unserem Vorhaben schaden., Mit der Auswahl dieser Firma waren wir übel beraten.

Ü·bel·keit die <-> (*kein Plur.*) *das Gefühl, sich übergeben zu müssen* Kopfschmerzen und Übelkeit verspüren

Ü·bel·tä·ter, **Ü·bel·tä·terin** der <-s, -> *Person, die etwas Schlechtes oder eine (leichtere) Gesetzesverletzung begangen hat* Die Polizei konnte die Übeltäter dingfest machen., Wer waren die Übeltäter, die die Scheibe eingeworfen haben?

ü·ben **I.** *mit OBJ/ohne OBJ* ■ *jmd. übt etwas etwas immer wieder tun, um es zu erlernen und dann besser zu beherrschen* Sie übt das Klavierspielen jeden Tag., Hast du heute schon Vokabeln/Mathe geübt?, Du musst mehr üben. **II.** *mit SICH* ■ *jmd. übt sich in etwas Dat.* (*geh.*) *versuchen, etwas anzuwenden* sich in Geduld/Ausdauer üben ■ **Kritik/Nachsicht/Gerechtigkeit üben** (*geh.*): *kritisieren/nachsichtig sein/gerecht sein* **Früh übt sich(, wer ein Meister werden will.)**: *wenn man etwas gut beherrschen will, muss man rechtzeitig anfangen zu üben* ▸ geübt, Übung

ü·ber[1] *Präp.* **1.** + *Akk.* (↔ *unter*) *drückt aus, dass* *jmd. oder etwas an eine Position oberhalb von etwas bewegt wird oder sich bewegt* Sie hängt die Lampe über den Tisch., Den Spiegel hängen wir über das Waschbecken. **2.** + *Akk. drückt aus, dass jmd. oder etwas den höchsten Punkt von etwas überquert* Er sprang mit Leichtigkeit über das Hindernis., Sie kletterten über den den Zaun. **3.** + *Akk. drückt aus, dass sich etwas auf einer Oberfläche von einem Punkt zu einem anderen Punkt bewegt* Das Boot gleitet über das Wasser., Er streicht ihr mit der Hand über den Kopf. **4.** + *Akk. drückt aus, dass sich etwas auf jmdn. oder etwas legt oder etwas auf jmdn./etwas gelegt wird oder jmd./etwas mit etwas ganz oder zum Teil bedeckt wird* Nebel legte sich über die Landschaft., Sie deckte ein Tuch über den Tisch. **5.** + *Akk. bezeichnet einen Ort, eine Stelle o.Ä., der/die von jmdm. überquert, überschritten, überfahren o.Ä. wird* Sie ging schnell über den Platz., Sie liefen über den Rasen. **6.** + *Akk. drückt aus, dass jmd. oder etwas eine bestimmte Grenze, Linie, Strecke o.Ä. überschreitet* Sie rannten weit über das Ziel hinaus., Der Fluss trat über die Ufer. **7.** + *Akk. drückt aus, dass bei einer Bewegung zu einem Ziel hin ein oder mehrere Orte auf diesem Weg liegen* Der ICE nach Berlin fährt über Bielefeld und Hannover. **8.** + *Akk. bezeichnet einen bestimmten Zeitraum* über das Wochenende, über die Ferien, über die Feiertage, über Nacht **9.** + *Akk. drückt aus, dass eine zeitliche Grenze überschritten wird* Heute über ein Jahr treffen wir uns wieder., Es ist weit über der vereinbarten Zeit., Er ist über das Alter hinaus, in dem man jedes Wochenende in die Disko geht. **10.** + *Akk. verwendet bei bestimmten Verben, um das Thema oder den Inhalt von etwas anzugeben* über jemanden/etwas sprechen/schreiben/diskutieren/reden/informieren, über etwas abstimmen/entscheiden/urteilen **11.** + *Akk. bezeichnet den Grund für etwas* über etwas sehr froh/traurig sein, sich über jemanden/etwas ärgern **12.** + *Akk. verwendet, um das Mittel oder die Mittelsperson anzugeben* Wir können 60 Programme über Satellit empfangen., Ich fand die Wohnung über einen Makler., etwas über Telefon erfahren **13.** + *Akk.* (≈ *in Höhe von*) *im Wert von* einen Betrag über 200 Euro, eine Rechnung über 50 Euro ausstellen **14.** + *Akk. drückt aus, dass eine physische oder psychische Grenze überschritten wird* Das geht über meinen Verstand., Die Arbeit geht über seine Kraft. **15.** + *Akk.* (*zwischen zwei Substantiven im Plur.*) *verwendet, um auszudrücken, dass etwas in großer Menge vorkommt* Geschenke über Geschenke bekommen, Der Lehrer fand Fehler über Fehler in dem Diktat. **16.** + *Dat. bezeichnet die Position von jmdm. oder etwas, die oberhalb von jmdm. oder etwas ist* über dem Dach/der Tür/unseren Köpfen/den Wolken, Der Spiegel hängt über dem Waschbecken., Sie wohnt über ihm. **17.** + *Dat. verwendet, um auszudrücken, dass sich jmd. oder etwas direkt auf jmdm./etwas befindet und ihn/es ganz oder zum Teil bedeckt* Er trug eine Jacke über dem Hemd., Nebel lag über dem Tal. **18.** + *Dat. verwendet, um auszudrücken, dass jmd. oder etwas in einer Reihenfolge oder einer Hierarchie auf einem höheren Platz als jmd. anderer/etwas anderes steht* Der Meister steht über dem Lehrling. **19.** + *Dat. verwendet, um auszudrücken, dass etwas während etwas anderem geschieht* Über der Arbeit hat sie ihre Sorgen vergessen., Über all dem Trubel habe ich das Wichtigste vergessen. **20.** + *Dat. verwendet, um auszudrücken, dass etwas einen höheren Wert oder eine Zahl als etwas anderes hat* Die Preise lagen über dem Durchschnitt., Die Temperatur liegt über dem Gefrierpunkt.

ü·ber² *Adv.* **1.** (≈ *mehr als*) *verwendet, um auszudrücken, dass eine Zahl, ein Wert, ein Maß o.Ä. überschritten wird* über 18 Jahre alt, über eine Million Euro in ein Projekt investiert haben, über einen Meter breit sein, seit über einer Stunde warten **2.** (≈ *hindurch*) *verwendet, um einen Zeitraum zu bezeichnen, von dessen Anfang bis zum Ende etwas geschieht oder dauert* Sie diskutierten den ganzen Tag über., den ganzen August über Sonne haben ■ **über und über**: *verwendet, um auszudrücken, dass eine sehr große Zahl oder Menge von etwas etwas vollständig bedeckt* Das Brot war über und über mit Fliegen bedeckt.

ü·ber³ *Adj.* (*umg.*) *übrig* Hast du noch Geld über? ■ **jmdn./etwas über haben** (*umg.*): *jmdn. oder etwas nicht mehr mögen* Diese ewige Nörgelei habe ich allmählich über!

ü·ber·all, **ü·ber·all** *Adv.* **1.** (↔ *nirgends, nirgendwo*) *an jedem Ort* Überall liegen deine Sachen herum., Dort sind sie überall schon gewesen. **2.** *in jeder Situation* Sie mischt sich überall ein. **3.** *bei allen Leuten* Ich habe hier überall gefragt, aber keiner konnte mir eine Auskunft geben.

ü·ber·all·her *Adv.* ■ **von überallher**: *aus allen Richtungen* Die Fans kamen von überallher zu dem Konzert., Von überallher tönte Musik.

ü·ber·all·hin *Adv. an jeden Ort* Überallhin wird er von seinem Hund begleitet., Die Züge fahren überallhin.

ü·ber·al·tert <nicht steig.> *Adj.* **1.** *mit verhältnismäßig mehr alten als jungen Menschen* Bekommen wir eine überalterte Gesellschaft?, eine überalterte Belegschaft **2.** (≈ *veraltet*) *nicht modern* eine völlig überalterte Technik

Ü·ber·an·ge·bot das <-(e)s, -e> (↔ *Mangel*) *der Zustand, dass es mehr Waren oder Arbeitskräfte gibt, als gebraucht werden* ein Überangebot an Akademikern/an Waren

ü·ber·ängst·lich <nicht steig.> *Adj. so, dass jmd. so viel Angst hat, dass es nicht mehr normal ist* eine überängstliche Mutter

ü·ber·an·stren·gen <überanstrengst, überanstrengte, hat überanstrengt> **I.** *mit OBJ* ■ *jmd. überanstrengt etwas etwas zu sehr anstrengen und dadurch einen Schaden verursachen* Ich habe meine Gelenke beim Sport überanstrengt. **II.** *mit SICH* ■ *jmd. überanstrengt sich sich zu sehr anstrengen und dadurch Schaden nehmen* Gestern hat er sich beim Sport völlig überanstrengt.

Ü·ber·an·stren·gung die <-, -en> *das Überanstrengen* vor Überanstrengung schlecht einschlafen können

ü·ber·ant·wor·ten <überantwortest, überantwortete, hat überantwortet> *mit OBJ* **1.** ■ *jmd. überantwortet jmdn./etwas jmdm.* (*geh.*) (*die Verantwortung für*) *jmdn. oder etwas an jmdn. geben* Der Bereich wurde einem neuen Kollegen überantwortet., Die Briefe habe ich einem Boten überantwortet., Das Kind wurde seinem Vormund überantwortet. **2.** ■ *jmd. überantwortet jmdn. jmdm.* RECHTSW. *jmdn. einem Gericht ausliefern*

ü·ber·ar·bei·ten <überarbeitest, überarbeitete, hat überarbeitet> **I.** *mit OBJ* ■ *jmd. überarbeitet etwas etwas erneut bearbeiten, damit es besser wird* einen Text überarbeiten, die völlig überarbeitete Fassung des Buches **II.** *mit SICH* ■ *jmd. überarbeitet sich zu viel arbeiten und dadurch der Gesundheit schaden* Er hat sich völlig überarbeitet., Du wirst dich schon nicht überarbeiten!

ü·ber·ar·bei·tet *Adj. so, dass jmd. durch zu viel Arbeiten erschöpft ist* Sie ist total überarbeitet.

Ü·ber·ar·bei·tung die <-, -en> **1.** (*kein Plur.*) *der Vorgang, dass etwas überarbeitet I wird* Die Überarbeitung des Textes kostet ihn viel Mühe. **2.** *das Resultat einer Überarbeitung I* die dritte Überarbeitung, Von diesem Werk liegen mehrere Überarbeitungen vor. **3.** (*kein Plur.*) *der Zustand, in dem sich jmd. befindet, der sich überarbeitet II* Die ständige Überarbeitung schadet ihrer Gesundheit.

ü·ber·aus *Partikel* (*geh.* ≈ *sehr*) ein überaus freundlicher junger Mann

ü·ber·ba·cken <überbackst/überbäckst, überbackte/überbuk, hat überbacken> *mit OBJ* ■ *jmd. überbackt etwas* (*mit etwas Dat.*) *eine Speise meist mit Käse belegen und dann im Ofen backen* mit Käse überbackene Schweinerückensteaks

Ü·ber·bau der <-(e)s, -e/-ten> **1.** (*Plur.* <-bauten>) BAUW. *ein Bauteil, das sich meist auf Säulen oder Pfeilern befindet* Der freie Platz vor dem Gebäude erhält einen Überbau, der auf Pfeilern ruht. **2.** (*Plur.* <-e>) (PHILOS.: ↔ *Basis*) *im Marxismus das, was in einer bestimmten wirtschaftlichen Epoche als geistige kulturelle Strömung vorhanden ist*

ü·ber·be·an·spru·chen <überbeanspruchst, überbeanspruchte, hat überbeansprucht> *mit OBJ* ■ *jmd. überbeansprucht* (*jmdn.*)*/etwas zu stark in Anspruch nehmen* (*und dadurch Schaden zufügen*) Du überbeanspruchst meine Geduld mit deinen Fragen!, die Gelenke überbeanspruchen

Ü·ber·be·an·spru·chung die <-, -en> *das Überbeanspruchen* Die Ursache für die Beschwerden ist eine Überbeanspruchung der Gelenke.

Ü·ber·bein das <-(e)s, -e> MED. *eine Art harter Knoten, der unter der Haut im Gewebe auf der Hand oder auf dem Fuß sitzt*

ü·ber·be·kom·men <bekommst über, bekam über, hat überbekommen> *mit OBJ* ■ *jmd. bekommt jmdn./etwas über* (*umg.*) *jmdn. oder etwas nicht mehr mögen, weil man das Gefühl hat, seine Gesellschaft zu oft erlebt oder zu viel von einer Sache konsumiert zu haben* Ich bekomme dieses fette Essen bald über., Allmählich bekomme ich diese Nervensäge über.

ü·ber·be·las·ten <überbelastest, überbelastete, hat überbelastet> *mit OBJ* **1.** ■ *jmd. überbelastet etwas etwas zu stark belasten und dadurch Schaden verursachen* Durch die Behinderung des einen Beines wird das gesunde Bein überbelastet. **2.** ■ *jmd. überbelastet etwas etwas mit einer zu schweren Last beladen* Das Auto ist total überbelastet, damit darfst du so nicht fahren. **3.** ■ *jmd./etwas überbelastet jmdn. jmdn. mit etwas so sehr anstrengen, dass es über seine Kräfte geht* Mit allen diesen Aufgaben war sie überbelastet und bekam einen Nervenzusammenbruch.

Ü·ber·be·las·tung die <-, -en> *Zustand, in dem jmd. oder etwas überbelastet ist*

ü·ber·be·legt <nicht steig.> *Adj. so, dass zu viele Menschen darin aufgenommen worden sind* Das Krankenhaus/Das Hotel/Der Kurs ist völlig überbelegt.

ü·ber·be·lich·ten <überbelichtest, überbelichtete, hat überbelichtet> *mit OBJ* ■ *jmd. überbelichtet etwas* (FOTOGR.: ↔ *unterbelichten*) *zu viel Licht auf einen Film einfallen lassen* ein überbelichteter Film, Das Bild ist leider überbelichtet.

Ü·ber·be·lich·tung die <-, -en> FOTOGR. *das Überbelichten*

Ü·ber·be·schäf·ti·gung die <-, -en> (*Plur. selten*) WIRTSCH. *der Zustand, dass mehr Arbeitskräfte beschäftigt sind, als wirtschaftlich sinnvoll ist* die Überbeschäftigung in einem Unternehmen/Wirtschaftszweig abbauen

ü·ber·be·setzt <nicht steig.> *Adj. so, dass zu viele Personen oder Arbeitskräfte darin sind* Der Zug ist am Wochenende immer überbesetzt., Die Abteilung ist mit 100 Mitarbeitern überbesetzt.

ü·ber·be·to·nen <überbetonst, überbetonte, hat überbetont> *mit OBJ* ■ *jmd. überbetont etwas zu stark betonen oder zu wichtig nehmen* den sachlichen/unterhaltenden Charakter einer Sache überbetonen, Es gab Mängel bei der Vorbereitung, man sollte sie aber nicht überbetonen.

ü·ber·be·trieb·lich *Adj.* (↔ *innerbetrieblich*) *so, dass mehrere Betriebe oder Unternehmen beteiligt sind* eine überbetriebliche Ausbildung von Lehrlingen, überbetriebliche Tarifvereinbarung/Mitbestimmung

ü·ber·be·völ·kert <nicht steig.> *Adj. s.* **übervölkert**

Ü·ber·be·völ·ke·rung die *s.* **Übervölkerung**

ü·ber·be·wer·ten <überbewertest, überbewertete, hat überbewertet> *mit OBJ* ■ *jmd. überbewertet jmdn./etwas jmdn. oder etwas zu wichtig nehmen oder ihm einen größeren Wert geben, als er/es verdient* Man sollte die kleinen Schwächen dieses Planes nicht überbewerten., Du darfst seine heftige Reaktion nicht überbewerten.

Ü·ber·be·wer·tung die <-, -en> (*Plur. selten*) *das Überbewerten* eine Überbewertung akademischer Bildung

U

ü·ber·be·zahlt <nicht steig.> *Adj.* **1.** (↔ *unterbezahlt*) *so, dass im Verhältnis zur erbrachten Leistung zu viel Geld gezahlt wird* Der Mitarbeiter/die Stelle ist mit diesem Gehalt völlig überbezahlt. **2.** (*umg.*) *so, dass für etwas zu viel Geld gezahlt wurde* Die Wohnung ist mit 1.500 Euro für fünfzig Quadratmeter absolut überbezahlt!

ü·ber·bie·ten <überbietest, überbot, hat überboten> *mit OBJ* **1.** ■ *jmd. überbietet jmdn. mehr Geld für etwas bieten als eine andere Person* Auf der Versteigerung überbot sie alle anderen Interessenten für das Gemälde. **2.** ■ *jmd. überbietet jmdn./etwas (an etwas Dat.) besser sein oder mehr von etwas haben als alle anderen* Mit dieser Darbietung überbot er alle anderen Teilnehmer., Alle Teilnehmer überboten sich (gegenseitig) in ihren Darbietungen., An Dummheit ist er nicht zu überbieten!

ü·ber·bin·den <überbindest, überband, hat überbunden> *mit OBJ* ■ *jmd. überbindet jmdm. etwas (schweiz.) jmdm. etwas auferlegen oder übertragen* Die Aufgaben wurden ihm überbunden.

Ü·ber·bleib·sel das <-s, -> (*umg.* ≈ *Rest*) *etwas, das von etwas übrig geblieben ist* Das sind die Überbleibsel von unserem gestrigen Festmahl., Dieser Brauch ist ein Überbleibsel aus dem Mittelalter.

Ü·ber·blick der <-(e)s, -e> **1.** (*kein Plur.*) *die Fähigkeit, besonders die Zusammenhänge von etwas zu erkennen* Man kann leicht den Überblick über die komplexen wirtschaftlichen Entwicklungen verlieren., Hast du noch den Überblick?, Mir fehlt da der Überblick. **2.** *ein zusammenfassendes Bild von etwas* sich einen Überblick über die Lage verschaffen, einen kurzen Überblick über die Geschichte der Region geben **3.** (≈ *Rundblick, Aussicht*) vom Gipfel des Berges einen guten Überblick über die Umgebung haben

ü·ber·bli·cken <überblickst, überblickte, hat überblickt> *mit OBJ* **1.** ■ *jmd. überblickt etwas die Zusammenhänge von etwas erfassen* Die Sache ist so schwierig, dass man sie gar nicht ganz überblicken kann., nur einen kleinen Teil seines Fachgebietes überblicken **2.** ■ *jmd. überblickt etwas über etwas gut hinweg sehen können* Von hier oben kann man die ganze Stadt überblicken.

ü·ber·brin·gen <überbringst, überbrachte, hat überbracht> *mit OBJ* ■ *jmd. überbringt etwas jmdm. etwas bringen, geben oder sagen* jemandem einen Brief/eine Nachricht überbringen

Ü·ber·brin·ger, **Ü·ber·brin·gerin** der <-s, -> *Person, die jmdm. etwas bringt, gibt oder sagt* Tadeln Sie die Verantwortlichen, nicht den Überbringer der schlechten Botschaft!

ü·ber·brü·cken <überbrückst, überbrückte, hat überbrückt> *mit OBJ* **1.** ■ *jmd. überbrückt etwas einen Zeitraum zwischen zwei Zeitpunkten irgendwie ausfüllen* Sie überbrückte das halbe Jahr zwischen Studienabschluss und Berufseintritt mit einer langen Reise. **2.** ■ *jmd./etwas überbrückt etwas (mit etwas Dat.) zwei voneinander entfernte Punkte verbinden* die Schlucht mit einem Steg überbrücken, die elektrischen Anschlüsse mit einem Kabel überbrücken, Entfernungen mit etwas überbrücken **3.** ■ *jmd. überbrückt etwas (mit etwas Dat.) eine schwierige Situation, in der etwas fehlt, für eine bestimmte Zeit irgendwie erträglich machen* den Lohnausfall mit einem Kredit überbrücken, den Mangel an Arbeitskräften mit Aushilfen überbrücken

Ü·ber·brü·ckungs·hil·fe die <-, -en> *eine bestimmte Summe Geld, die jmdm., der arbeitslos ist, vom Arbeitsamt für eine bestimmte Zeit gewährt wird, wenn er sich selbständig machen will*

Ü·ber·bu·chung die <-, -en> LUFTF. *der Sachverhalt, dass mehr Plätze in einem Flugzeug verkauft worden sind, als Personen hinein passen, so dass nicht alle mitfliegen können* Bei Überbuchung hat der Passagier das Recht auf Rückerstattung des Flugpreises.

ü·ber·da·chen <überdachst, überdachte, hat überdacht> *mit OBJ* ■ *jmd. überdacht etwas ein Dach über etwas bauen* eine Freifläche überdachen, ein überdachtes Stadion

ü·ber·dau·ern <überdauerst, überdauerte, hat überdauert> *mit OBJ* ■ *etwas überdauert etwas etwas bleibt trotz etwas bestehen* Ihre Freundschaft hat auch schwere Zeiten überdauert., Die Felszeichnungen haben Wind und Wetter überdauert.

ü·ber·de·cken <überdeckst, überdeckte, hat überdeckt> *mit OBJ* **1.** ■ *etwas überdeckt etwas ganz zudecken* Schlamm überdeckte nach der Flut die Wiesen. **2.** ■ *etwas überdeckt etwas (≈ verdecken) sich über etwas befinden und daher verhindern, dass man es sehen kann* Das Fresko war von Ruß und Dreck überdeckt.

ü·ber·deh·nen <überdehnst, überdehnte, hat überdehnt> *mit OBJ* ■ *jmd. überdehnt etwas etwas zu sehr dehnen, so dass dabei ein Schaden entsteht* die Muskeln beim Sport überdehnen

ü·ber·den·ken <überdenkst, überdachte, hat überdacht> *mit OBJ* ■ *jmd. überdenkt etwas (nochmals) über etwas nachdenken* Ich werde das Problem nochmals überdenken.

ü·ber·deut·lich *Adj. sehr deutlich*

ü·ber·dies, **ü·ber·dies** *Adv.* (*geh.* ≈ *außerdem*) Er hat nicht nur gelogen, sondern überdies auch gestohlen.

ü·ber·di·men·si·o·nal <nicht steig.> *Adj. viel größer als im Normalfall* eine Werbefigur in Form einer überdimensionalen, drei Meter hohen Zahnbürste

ü·ber·do·sie·ren <überdosierst, überdosierte, hat überdosiert> *mit OBJ* ■ *jmd. überdosiert etwas von etwas (meist einem Medikament oder einer Droge) eine zu große Menge verwenden* Er hat das Medikament überdosiert.

Ü·ber·do·sis die <-> (*kein Plur.*) MED. *eine zu hohe Dosis* Sie starb an einer Überdosis Heroin/Schlaftabletten.

ü·ber·dre·hen <überdrehst, überdrehte, hat überdreht> *mit OBJ* ■ *jmd. überdreht etwas zu stark an etwas drehen und es dadurch beschädi-*

gen ein Gewinde/eine Schraube überdrehen

ü·ber·dreht *Adj.* (*umg.*) *so lebhaft, dass es nicht mehr angenehm ist* Die Kinder sind übermüdet und völlig überdreht.

Ü·ber·druck der <-(e)s, Überdrucke> (*meist Sing.*) (PHYS.: ↔ *Unterdruck*) *ein Druck, der stark über dem normalen Druck liegt* im Inneren eines Behälters einen Überdruck erzeugen ◆-ventil

Ü·ber·druss der <-es> (*kein Plur.*) *das Gefühl der Abneigung gegen etwas, von dem man glaubt, man habe es zu oft erlebt oder sich zu viel mit einer Sache beschäftigt* aus Überdruss am Leben Selbstmord begehen, bis zum Überdruss Vokabeln üben

ü·ber·drüs·sig <nicht steig.> *Adj.* (*geh.*) *so, dass man jmdn. oder etwas nicht mehr mag oder will* Er war des Lebens überdrüssig., Sie wurde seiner allmählich überdrüssig.

ü·ber·dün·gen <überdüngst, überdüngte, hat überdüngt> *mit OBJ* ■ *jmd. überdüngt etwas zu viel Dünger auf etwas tun* Es ist wichtig, die Pflanzen nicht zu überdüngen., ein völlig überdüngter Boden

Ü·ber·dün·gung die <-> (*kein Plur.*) *das Überdüngen* Eine ständige Überdüngung der Felder/der Pflanzen ist schädlich.

ü·ber·durch·schnitt·lich <nicht steig.> *Adj. mehr oder besser als der Durchschnitt* ein überdurchschnittlicher Schüler, überdurchschnittlich gute Schulnoten haben, überdurchschnittlich viel essen, überdurchschnittlich groß sein

ü·ber·eck *Adv. mit einer Seite quer vor einer Ecke* einen Tisch übereck stellen

Ü·ber·ei·fer der <-s> (*kein Plur.*) (*abwert.*) *zu großer Eifer* etwas im Übereifer tun

ü·ber·eif·rig <nicht steig.> *Adj.* (*abwert.*) *allzu eifrig* In seiner übereifrigen Art hat er wieder vorschnell gehandelt.

ü·ber·eig·nen <übereignest, übereignete, hat übereignet> *mit OBJ* ■ *jmd. übereignet jmdm. etwas* (*geh.*) *jmdm. etwas als rechtmäßiges Eigentum geben* Er übereignete ihr in seinem Testament das Haus.

ü·ber·ei·len <übereilst, übereilte, hat übereilt> *mit OBJ* ■ *jmd. übereilt etwas* (*etwas*) *zu schnell oder zu früh tun, ohne daran zu denken, was danach passiert* Seien wir vorsichtig, dass wir die Entscheidung nicht übereilen!, übereilte Beschlüsse fassen, eine übereilte Abreise

ü·ber·ei·n·an·der[1] *Adv. drückt aus, dass sich eine Sache jeweils über einer anderen befindet* Er legt die Hemden im Schrank übereinander., die Beine übereinander schlagen, die Tassen übereinander stapeln, Er stapelte alles übereinander. ◆Getrenntschreibung→R 4.1 die Stühle übereinander schichten/stellen, die Bilder übereinander hängen

ü·ber·ei·n·an·der[2] *Pron.* (*verwendet bei reziproken Verben mit der Präposition „über") verwendet, um auszudrücken, dass die genannte Handlung sich wechselseitig auf das Subjekt, das im Plural steht, bezieht* Peter und Maria schimpfen übereinander. (Peter schimpft über Maria und Maria schimpft über Peter.), übereinander reden/lachen, nichts Schlechtes übereinander sagen

ü·ber·ein·kom·men <kommst überein, kam überein, ist übereingekommen> *ohne OBJ* ■ *jmd. kommt mit jmdm. überein, etwas zu tun* (*geh.*) *mit jmdm. eine Vereinbarung treffen, etwas zu tun oder zu machen o.Ä.* Wir sind miteinander übereingekommen, nicht mehr darüber zu reden., Ich bin mit ihm dahingehend übereingekommen, dass er den halben Preis zahlt.

Ü·ber·ein·kom·men das <-s, -> (*geh.*) *Vereinbarung* Wir haben das Übereinkommen getroffen, dass wir die Kosten gemeinsam tragen.

Ü·ber·ein·kunft die <-, Übereinkünfte> (*geh.*) *Vereinbarung* zu einer Übereinkunft gelangen, eine Übereinkunft erzielen

ü·ber·ein·stim·men <stimmst überein, stimmte überein, hat übereingestimmt> *ohne OBJ* **1.** ■ *jmd. stimmt mit jmdm.* (*in etwas Dat.*) *überein mit jmdm. einer Meinung sein* In diesem Punkt/in dieser Frage stimmen wir völlig überein., Beide Parteien haben gestern Abend übereinstimmend erklärt, dass … **2.** ■ *jmd./etwas stimmt mit etwas überein keinen Unterschied aufweisen* Die Nummern stimmen überein., Der errechnete Betrag stimmt mit dem Kassenstand überein., Der Verdächtige stimmt mit dem Phantombild überein., nach der übereinstimmenden Meinung aller Experten

Ü·ber·ein·stim·mung die <-, -en> **1.** *der Zustand, dass mehrere Personen die gleiche Meinung über etwas haben* Es herrscht Übereinstimmung in fast allen Punkten. **2.** *Gleichheit* Die Übereinstimmung des Originals mit der Kopie ist erstaunlich.

ü·ber·emp·find·lich <nicht steig.> *Adj.* (*abwert.*) *zu empfindlich* Du solltest nicht immer so überempfindlich reagieren, wenn jemand mal deine Arbeit kritisiert!, überempfindliche Augen haben, Sein Immunsystem reagiert überempfindlich auf bestimmte Reize.

Ü·ber·emp·find·lich·keit die <-, -en> *die Eigenschaft, überempfindlich zu sein* Seine Überempfindlichkeit gegenüber Kritik macht ihm das Leben schwer., eine Überempfindlichkeit gegenüber Sonnenlicht

ü·ber·es·sen <überisst, überaß, hat übergessen> *mit SICH* ■ *jmd. überisst sich* (*an etwas Dat.*) *zu viel von etwas essen, so dass man nichts mehr davon mag* Das Essen war gut und reichlich, leider habe ich mich übergessen!, Pizza schmeckt gut, man kann sich aber auch daran überessen!

ü·ber·fah·ren <überfährst, überfuhr, hat überfahren> *mit OBJ* **1.** ■ *jmd. überfährt jmdn./etwas jmdn. oder ein Tier schwer oder tödlich verletzen, indem man mit einem Fahrzeug über ihn/es hinwegfährt* Der Fußgänger ist von der Staßenbahn überfahren worden., Die Katze wurde überfahren. **2.** ■ *jmd. überfährt etwas weiterfahren, ohne es zu beachten* ein Stoppschild/eine rote Ampel überfahren **3.** ■ *jmd. überfährt etwas über etwas hinwegfahren* eine Brücke/eine Kreuzung überfahren **4.** ■ *jmd. überfährt jmdn.* (*umg.*) *eine Person mit einem plötzlichen Vorschlag, einer Bitte, einer Idee o.Ä. dazu bringen, etwas gegen ihren eigenen Willen zu tun* Ich wollte heute keine Überstunden machen, aber der Chef hat mich wieder überfahren., Lass dich doch nicht immer so überfahren, sag, was du willst!

ü·ber·fah·ren <fährst über, fuhr über, hat/ist übergefahren> **I.** *mit OBJ* ■ *jmd. fährt jmdn.* (*über etwas Akk.*) *über* (*haben ≈ übersetzen*) *jmdn. mit einem Boot von einer Seite zur anderen bringen* Der Fährmann hat uns (über den Fluss) übergefahren. **II.** *ohne OBJ* ■ *jmd. fährt mit etwas Dat. über* (*sein*) *mit einem Boot von einer Seite zur anderen fahren* Wir sind mit der Fähre (von Calais nach Dover) übergefahren.

Ü·ber·fahrt die <-, -en> *die Fahrt über ein Gewässer von einer Seite zu einer anderen Seite* Wir hatten eine ruhige Überfahrt., Die Überfahrt mit der Fähre nach Dänemark dauert ungefähr eine Stunde.

Ü·ber·fall der <-(e)s, Überfälle> **1.** *gewaltsamer plötzlicher Angriff* einen Überfall auf eine Bank verüben, einen Überfall planen, an einem bewaffneten Überfall beteiligt sein, ein militärischer Überfall auf das Nachbarland **2.** (*umg. scherzh.*) *ein plötzlicher Besuch, den man nicht erwartet*

ü·ber·fal·len <überfällst, überfiel, hat überfallen> *mit OBJ* **1.** ■ *jmd. überfällt jmdn./etwas einen gewaltsamen plötzlichen Angriff auf jmdn. oder etwas verüben* eine Bank/eine Tankstelle überfallen, Er wurde überfallen und ausgeraubt., ein Nachbarland überfallen **2.** ■ *jmd. überfällt jmdn.* (*umg. scherzh.*) *jmdn.* (*plötzlich*) *besuchen kommen* Wir haben auf dem Heimweg noch unsere Freunde überfallen., Dürfen wir euch am Wochenende einmal überfallen? **3.** ■ *jmd. überfällt jmdn.* (*umg.*) *jmdn. plötzlich und unerwartet um etwas bitten; jmdm. einen Vorschlag machen; jmdm. eine Idee unterbreiten o.Ä.* jemanden mit einer Bitte/einem Anliegen überfallen, Jede Woche überfällt er mich mit einer neuen Idee. **4.** ■ *etwas überfällt jmdn. plötzlich von einem negativen Gefühl befallen werden* Angst/Müdigkeit/Traurigkeit überfiel sie.

ü·ber·fäl·lig <nicht steig.> *Adj.* **1.** *so, dass etwas schon lange hätte da sein sollen* Der Zug ist überfällig. **2.** *so, dass etwas schon lange hätte gemacht werden sollen* Eine Reform war schon lange überfällig. **3.** *so, dass etwas noch nicht beglichen ist* eine überfällige Rechnung zahlen

Ü·ber·fall(s)·kom·man·do das <-s, -s> (*umg.*) *eine spezielle Gruppe der Polizei, die bei gefährlichen Aktionen gegen Verbrecher eingesetzt wird* Die Polizei rückte mit einem Überfallkommando an.

ü·ber·fi·schen <überfischst, überfischte, hat überfischt> *mit OBJ* ■ *jmd. überfischt etwas im Meer oder in einem Fluss oder in einem See so viele Fische fangen, dass es fast keine mehr darin gibt* Teile des Mittelmeeres sind schon überfischt.

ü·ber·flie·gen <überfliegst, überflog, hat überflogen> *mit OBJ* **1.** ■ *jmd. überfliegt etwas über ein Gebiet, einen Ort o.Ä. hinwegfliegen* In wenigen Minuten überfliegen wir den Bodensee. **2.** ■ *jmd. überfliegt etwas etwas oberflächlich lesen* Ich habe den Artikel nur kurz überflogen.

Ü·ber·flie·ger, Ü·ber·flie·gerin der <-s, -> (*umg.*) *Person, die überdurchschnittlich begabt ist und sehr schnell Karriere macht*

ü·ber·flie·ßen <fließt über, floss über, ist übergeflossen> *ohne OBJ* **1.** ■ *etwas fließt über so mit Flüssigkeit voll sein, dass sie an den Rändern herunterfließt* Die Badewanne/das Bierglas ist übergeflossen. **2.** ■ *etwas fließt über über den Rand hinauslaufen* Das Wasser/das Bier/das Benzin ist übergeflossen. **3.** ■ *etwas fließt ineinander über sich vermischen* Die Farben fließen ineinander über. ■ **Ihre/seine Augen fließen über.** (*geh.*): *sie/er weint* **Das Herz fließt ihm/ihr über vor lauter Freude.** (*geh.*): *er/sie freut sich sichtlich* **jemand fließt über vor Dankbarkeit** (*geh.*): *jmd. ist sehr dankbar*

ü·ber·flü·geln <überflügelst, überflügelte, hat überflügelt> *mit OBJ* ■ *jmd. überflügelt jmdn. bessere Leistungen* (*auf einem Gebiet*) *haben als andere* Erst hatte sie Schwierigkeiten in der Schule, aber später hat sie alle überflügelt.

Ü·ber·fluss der <-es> (*kein Plur.*) *der Zustand, dass eine Menge von etwas, die viel größer ist als der Bedarf, vorhanden ist* etwas im Überfluss haben, ein Überfluss an Bodenschätzen, Manche Menschen leben im Überfluss, andere wieder sind bitterarm. ■ **zu allem Überfluss**: *obendrein*

Ü·ber·fluss·ge·sell·schaft die <-, -en> (*Plur. selten*) (*abwert.*) *Gesellschaft, in der alles in größerer Menge vorhanden ist, als gebraucht wird*

ü·ber·flüs·sig <nicht steig.> *Adj. nicht nötig* viel überflüssiges Gepäck mitschleppen, Es ist alles ganz klar, weitere Erklärungen sind überflüssig., Ich glaube, ich bin hier überflüssig.

ü·ber·flu·ten <überflutet, überflutete, hat überflutet> *mit OBJ* ■ *etwas überflutet etwas überfließen und unter Wasser setzen* Die Niederungen werden jedes Frühjahr vom Wasser des Flusses überflutet., Das Rheinhochwasser hat Teile der Kölner Altstadt überflutet.

ü·ber·for·dern <überforderst, überforderte, hat überfordert> *mit OBJ* ■ *jmd./etwas überfordert jmdn.* (↔ *unterfordern*) *so hohe Anforderungen an jmdn. stellen, dass er sie nicht erfüllen kann* sich im Beruf/in der Schule überfordert fühlen, Du darfst seine Geduld nicht überfordern! ►Überforderung

ü·ber·frach·ten *mit OBJ* ■ *jmd. überfrachtet etwas* (*abwert.*) *etwas mit so vielen Eigenschaften, Wörtern, Ideen o.Ä. versehen, dass es schadet* Wir dürfen die Veranstaltung nicht mit Höhepunkten überfrachten, das führt zum Überdruss., ein mit Fremdwörtern überfrachteter Stil ►Überfrachtung

ü·ber·fragt ■ **überfragt sein** (*umg.*): *etwas nicht wissen* Da bin ich wirklich überfragt!

Ü·ber·frem·dung die <-, -en> (*Plur. selten*) (*ab-*

wert.) *verwendet, um einen angeblichen Zustand zu beschreiben, in dem zu viele Einflüsse von anderen Kulturen vorherrschen*

ü·ber·fres·sen <überfrisst, überfraß, hat überfressen> *mit SICH* ■ *jmd. überfrisst sich* (*an etwas Dat.*) (*vulg.*) *sich überessen*

ü·ber·frie·ren <überfriert, überfror, ist überfroren> *ohne OBJ* ■ *etwas überfriert an der Oberfläche gefrieren* Überfrierende Nässe hat zu vielen Unfällen geführt., Die Straße/die Nässe auf der Straße war am Morgen überfroren.

ü·ber·füh·ren <überführst, überführte, hat überführt/übergeführt> *mit OBJ* **1.** (*überführt*) ■ *jmd. überführt jmdn./etwas* (*irgendwohin*) *von einem Ort zu einem anderen bringen* Er überführt den Wagen morgen nach Süddeutschland., Der Tote wird morgen zum Friedhof überführt. **2.** (*übergeführt*) *von einem Zustand in einen anderen bringen* die Behörde in Privateigentum überführen, Gas in Flüssigkeit überführen

ü·ber·füh·ren <überführst, überführte, hat überführt> *mit OBJ* ■ *jmd. überführt jmdn.* (*etwas Gen.*) *jmdm. etwas* (*meist ein Verbrechen oder eine Straftat*) *nachweisen* Er ist des Mordes überführt worden., Die Polizei konnte den Täter überführen.

Ü·ber·füh·rung die <-, -en> **1.** *Transport von jmdm. oder etwas von einem Ort zu einem anderen Ort* die Überführung eines Patienten/eines Toten **2.** (≈ *Übergang*) *eine Art Brücke, über die man eine Straße, einen Verkehrsweg o.Ä. überqueren kann* eine Überführung über eine Straße/die Bahngleise **3.** *der Nachweis einer Straftat* die Überführung des Täters **4.** *der Wechsel in einen anderen Zustand* die Überführung des Staatsbetriebes in Privateigentum

Ü·ber·fül·le die <-> (*kein Plur.*) (≈ *Überfluss*) *der Zustand, dass etwas in sehr großer Menge oder Zahl vorhanden ist* der Urwald mit seiner Überfülle an exotischen Pflanzen und Tieren

ü·ber·füllt *Adj. so, dass zu viele Menschen oder Sachen darin sind* Die Eisenbahnzüge waren an den Feiertagen ständig überfüllt., Seine Regale waren überfüllt mit Büchern und Zeitschriften.

Ü·ber·fül·lung die <-, -en> *der Zustand, dass etwas überfüllt ist* Die Ausstellung musste zeitweise wegen Überfüllung geschlossen werden.

Ü·ber·funk·tion die <-> (*kein Plur.*) (MED.: ↔ *Unterfunktion*) *eine Krankheit, bei der ein Organ zu stark tätig ist* eine Überfunktion der Schilddrüse

ü·ber·füt·tern <überfütterst, überfütterte, hat überfüttert> *mit OBJ* ■ *jmd. überfüttert ein Tier so viel füttern, dass es schadet* Sie sollten ihr Haustier nicht ständig überfüttern. ■ **jemanden mit etwas überfüttern** (*umg. übertr.*): *jmdn. so vielen Einflüssen aussetzen oder jmdm. so viel geben, dass es schadet* Die Kinder waren mit den täglich angebotenen Attraktionen so überfüttert, dass sie nur noch in Ruhe gelassen werden wollten.

Ü·ber·ga·be die <-, -n> **1.** *das Abliefern* die Übergabe der Ware **2.** *das Übertragen* die Übergabe eines Amtes an den Nachfolger **3.** MILIT. *das Ausliefern* die Übergabe der Stadt an den Feind

Ü·ber·gang der <-(e)s, Übergänge> **1.** *das Überqueren* Der Übergang über den Fluss sollte im Morgengrauen erfolgen. **2.** (≈ *Überführung*) *etwas, worüber man gehen kann* Hier gibt es einen gesicherten Übergang über die Straße., einen provisorischen Übergang über einen Fluss bauen **3.** *Wechsel in einen anderen Zustand* der Übergang in einen anderen Aggregatzustand, der Übergang in privates Eigentum

Ü·ber·gangs·frist die <-, en> AMTSSPR. *ein bestimmter Zeitraum, in dem noch ein Zustand gilt, der vor Beginn dieses Zeitraums bestand, aber der nach Ende dieses Zeitraumes nicht mehr gültig ist* Den Besitzern eines alten Führerscheins wird eine Übergangsfrist von zwei Jahren eingeräumt, danach müssen sie ein neues Dokument beantragen.

Ü·ber·gangs·geld das <-es, -er> AMTSSPR. *eine bestimmte Summe Geld, die jmd. für einen bestimmten Zeitraum bekommt, bis er wieder ein regelmäßiges Einkommen hat* Den Arbeitern, die vorzeitig in den Ruhestand traten, wurde ein Übergangsgeld in Höhe von 60 Prozent ihres letzten Nettolohns bis zum Bezug der Rente gezahlt.

Ü·ber·gangs·lö·sung die <-, -en> *eine Lösung, die nur solange gilt, bis eine richtige Lösung gefunden ist* Diese Behelfsbaracken sind nur eine Übergangslösung.

Ü·ber·gangs·man·tel der <-s, Übergangsmäntel> *leichter Mantel für Frühjahr und Herbst*

Ü·ber·gangs·sta·dium das <-s, Übergangsstadien> *ein Zustand, während dessen sich etwas zu einem neuen Zustand entwickelt* ein Übergangsstadium zwischen Kindheit und Erwachsenenalter

Ü·ber·gangs·zeit die <-, -en> *Zeitraum, während dessen ein Wechsel von einem Zustand in einen anderen geschieht* eine Übergangszeit zwischen Sommer und Winter

ü·ber·ge·ben[1] <übergibst, übergab, hat übergeben> *mit OBJ* **1.** ■ *jmd. übergibt jmdm. etwas jmdm. etwas geben, über das er ab diesem Zeitpunkt verfügen kann* jemandem einen Brief übergeben, Lösegeld in einem Koffer übergeben, jemandem Wertgegenstände zur Aufbewahrung übergeben **2.** MILIT. *etwas* (*dem Feind*) *ausliefern, nachdem man kapituliert hat* eine Stadt (an den Feind) übergeben **3.** ■ *jmd. übergibt jmdn. jmdm. jmdn., der eine Straftat begangen hat, den zuständigen Behörden ausliefern* den Verbrecher der Justiz übergeben **4.** *ein Amt oder eine Funktion an jmdn. weitergeben* sein Amt dem Nachfolger/an den Nachfolger übergeben, die Führung des Geschäftes dem Sohn/an den Sohn übergeben **5.** ■ *jmd. übergibt etwas* (*jmdm./etwas*) *etwas eröffnen, damit alle es nutzen können* Der Bürgermeister übergab in einer Feierstunde den Bürgern die neue Stadtbibliothek.

ü·ber·ge·ben[2] <übergibst, übergab, hat übergeben> *mit SICH* ■ *jmd. übergibt sich sich erbrechen* sich übergeben müssen

ü·ber·ge·hen <geht über, ging über, ist überge-

gangen> *ohne OBJ* **1.** ■ *etwas geht in etwas Akk. über etwas verändert seinen Zustand* in einen anderen Aggregatzustand übergehen **2.** ■ *jmd. geht zu etwas Dat. über mit etwas aufhören und etwas Neues zu tun beginnen* Das Thema ist abgeschlossen, wir können zum nächsten Punkt übergehen. **3.** ■ *jmd. geht zu etwas Dat. über etwas verlassen, um zu etwas zu wechseln* zum gegnerischen Lager/zu einer anderen Partei übergehen **4.** ■ *etwas geht in etwas Akk. über etwas vermischt sich mit etwas, bis dass kein Unterschied mehr zu erkennen ist* Am Horizont ging das Meer in den Himmel über., Das Rot geht allmählich in das Blau über. **5.** ■ *etwas geht in jmds. Besitz über* (*geh.*) *etwas wird Eigentum von jmdm. oder einer Institution* Die Felder gingen in den Besitz der Gemeinde über., Die bedeutende Sammlung des Verstorbenen ging in den Besitz des Museums über.

ü·ber·ge·hen <übergehst, überging, hat übergangen> *mit OBJ* **1.** ■ *jmd. übergeht etwas etwas* (*absichtlich*) *auslassen und nicht darauf eingehen* Den nächsten Punkt auf der Tagesordnung können wir übergehen. **2.** ■ *jmd. übergeht jmdn.* (≈ *ignorieren*) *jmdn. nicht beachten* jemanden bei der Danksagung übergehen **3.** ■ *jmd. übergeht jmdn. jmdn. bei etwas nicht in Erwägung ziehen* Er fühlte sich bei der Beförderung übergangen.

ü·ber·ge·nau <nicht steig.> *Adj.* (*abwert.* ≈ *pedantisch*) *zu genau* Er ist übergenau, daher braucht er für alles doppelt so lange.

ü·ber·ge·ord·net <nicht steig.> (*nur attr.*) *Adj.* **1.** *im* (*dienstlichen*) *Rang höher stehend* sich an die übergeordnete Dienststelle wenden **2.** (↔ *untergeordnet*) *so, dass etwas bedeutender oder wichtiger ist als etwas anderes* ein übergeordnetes Problem

Ü·ber·ge·päck das <-s> (*kein Plur.*) *das Gepäck, das über die Menge des Gepäcks, die man bei einer Flugreise ohne Kosten mitnehmen darf, hinausgeht* Pro Kilo Übergepäck muss zusätzlich gezahlt werden.

Ü·ber·ge·wicht das <-(e)s> (*kein Plur.*) **1.** (↔ *Untergewicht*) *zu hohes Körpergewicht* Sie sollten abnehmen, Sie haben (zehn Kilo) Übergewicht!, Übergewicht kann gesundheitsschädlich sein. **2.** *Gewicht, das oberhalb einer vorgeschriebenen Grenze liegt* Das Paket hat aber Übergewicht, da müssen Sie noch einmal extra bezahlen. **3.** *Zustand, in dem ein wirtschaftlicher, militärischer o.Ä. Bereich stärker ist als ein anderer* Der Konzern bekam ein bedrohliches Übergewicht im Bereich der Programmanwendungen. **4.** *Vorgang, dass man das Gleichgewicht verliert, weil man sich zu stark nach vorne oder hinten gebeugt hat* Als er sich aus dem Fenster beugte, bekam er Übergewicht und stürzte auf die Straße.

ü·ber·ge·wich·tig <nicht steig.> *Adj.* (↔ *untergewichtig*) *so, dass man Übergewicht[1] hat* Mit 120 Kilo kann man ihn durchaus übergewichtig nennen.

ü·ber·gie·ßen <übergießt, übergoss, hat übergossen> *mit OBJ* ■ *jmd. übergießt jmdn./sich/etwas* (*mit etwas Dat.*) *eine Flüssigkeit über/auf jmdn./sich/etwas gießen* den grünen Tee nie mit kochendem Wasser übergießen

ü·ber·glück·lich <nicht steig.> *Adj. sehr glücklich* Bei der Hochzeit waren sie verliebt und überglücklich.

ü·ber·grei·fen <greifst über, griff über, hat übergegriffen> *ohne OBJ* **1.** ■ *etwas greift auf etwas Akk. über etwas verbreitet sich und betrifft dann etwas anderes* Die Gewalt greift auch auf andere Stadtteile über., Das Duzen greift allmählich auch auf die Chefetagen über. **2.** ■ *jmd. greift über mit einer Hand über die andere Hand auf die andere Seite greifen* beim Klavierspielen/beim Turnen am Barren mit der Hand übergreifen

ü·ber·grei·fend <nicht steig.> *Adj. so, dass es für mehrere Gebiete bestimmend ist* übergreifende Maßnahmen für verschiedene Bereiche, ein übergreifendes Merkmal der verschiedenen Werke des Künstlers

Ü·ber·griff der <-(e)s, -e> *Vorgang, dass jmd. ohne Recht eine Einmischung in die Angelegenheiten von jmdm. begeht* Das stellt einen Übergriff auf die Rechte der anderen dar., militärische Übergriffe in den Grenzgebieten

Ü·ber·grö·ße die <-, -n> *ein Größenmaß, das über dem durchschnittlichen Größenmaß von Kleidern oder Schuhen liegt* Wir führen Mode auch in Übergrößen!

ü·ber·ha·ben <hast über, hatte über, hat übergehabt> *mit OBJ* **1.** ■ *jmd. hat etwas über* (*umg.*) *ein Kleidungsstück auf dem Körper oder einem anderen Kleidungsstück tragen* Sie hatte nur ein T-Shirt über. **2.** ■ *jmd. hat jmdn./etwas über* (*umg.*) *jmdn. oder etwas nicht mehr wollen* Allmählich habe ich diesen ganzen Kram über! *s.* **überbekommen**

ü·ber·hand ■ **etwas nimmt überhand**: *etwas beginnt, so häufig zu werden, dass es schädlich ist* Die Rehe haben so überhand genommen, dass der Wald stark geschädigt wurde., Drogendelikte nehmen überhand. ◆ Getrenntschreibung→R 4.1 Die Einbrüche haben in dieser Gegend überhand genommen.

Ü·ber·hand·nah·me die <-> (*kein Plur.*) (*geh.*) *der Vorgang, dass etwas überhand nimmt*

Ü·ber·hang der <-s, Überhänge> **1.** *etwas, das über etwas hinausragt* Die Felsen bilden an dieser Stelle einen Überhang. **2.** *etwas, das überflüssig ist* ein Überhang an Waren/Arbeitskräften

ü·ber·hän·gen[1] <hängst über, hing über, hat übergehangen> *ohne OBJ* ■ *etwas hängt über einen Überhang[1] bilden* Wir konnten nicht sehen, dass die Steilküste am Rand gefährlich überhing., Überhängende Teile müssen bei einem Transport entsprechend gekennzeichnet werden.

ü·ber·hän·gen[2] <hängst über, hängte über, hat übergehängt> *mit OBJ* ■ *jmd. hängt sich/jmdm. etwas über sich oder jmdm. etwas über die Schultern hängen* sich einen Mantel überhängen

ü·ber·häu·fen <überhäufst, überhäufte, hat überhäuft> *mit OBJ* ■ *jmd. überhäuft jmdn./etwas* *mit etwas Dat. jmdm. sehr viele Sachen oder sehr viel von etwas geben oder etwas mit sehr vielen Sachen oder mit sehr viel von etwas bedecken* die Geliebte mit Geschenken/den Kollegen mit Arbeit überhäufen, Das Grab war mit Blumen überhäuft.

ü·ber·haupt *Partikel* **1.** *verwendet, um auszudrücken, dass etwas nicht nur in diesem besonderen Fall oder zu diesem besonderen Zeitpunkt, sondern auch im Allgemeinen zutrifft* Das halte ich überhaupt für die beste Lösung., Er ist überhaupt ein ganz netter Junge. **2.** *verwendet zur Verstärkung einer Verneinung* Ich kenne hier überhaupt niemanden., Sie spricht überhaupt kein Französisch., Hast du denn überhaupt nichts gelernt? **3.** (≈ *eigentlich*) *verwendet in Fragen, die man beiläufig stellt aber bei denen man etwas Grundsächliches anspricht* Was willst du überhaupt?, Was habt ihr überhaupt miteinander besprochen? **4.** *verwendet in Fragen, die sich auf etwas vorher Erwähntes beziehen und in denen man Zweifel ausdrückt, ob die Voraussetzungen für den erwähnten Sachverhalt zutreffen* Du willst das Auto deiner Freundin benutzen. Darfst du das denn überhaupt? ■ **und überhaupt** (*umg.*): *außerdem* Und überhaupt: Was willst du eigentlich?, Alle haben nur rumgestanden und geredet, und überhaupt war die ganze Party total langweilig.

ü·ber·heb·lich *Adj.* (*abwert.* ≈ *anmaßend, arrogant* ↔ *bescheiden*) *so, dass man andere spüren lässt, dass man sich für etwas Besseres hält* Sei doch nicht so überheblich, auch du kannst einmal Fehler machen!

Ü·ber·heb·lich·keit die <-, -en> (*abwert.* ≈ *Arroganz, Dünkel*) *der Zustand, dass jmd. überheblich ist* Mit ihrer Überheblichkeit wird sie sich sicher keine Freunde machen.

ü·ber·hei·zen <überheizt, überheizte, hat überheizt> *mit OBJ* ■ *jmd. überheizt etwas sehr viel mehr als notwendig heizen* völlig überheizte Räume/Zugabteile

ü·ber·hit·zen <überhitzt, überhitzte, hat überhitzt> *mit OBJ* ■ *jmd. überhitzt etwas etwas zu heiß werden lassen* Einen Motor sollte man nicht überhitzen., ein überhitzter Motor ■ **überhitzte Konjunktur** WIRTSCH.: *eine zu schnelle Steigerung der wirtschaftlichen Entwicklung*

ü·ber·höht <nicht steig.> *Adj. zu hoch* überhöhte Preise verlangen, aufgrund überhöhter Geschwindigkeit von der Fahrbahn abkommen

ü·ber·ho·len <überholst, überholte, hat überholt> **I.** *mit OBJ/ohne OBJ* ■ *jmd. überholt (jmdn./etwas) an jmdm. oder etwas vorbeifahren oder -laufen, nachdem man eine Zeit lang hintergefahren oder -gelaufen ist* einen Lastwagen/Traktor/Autobus überholen, Überholen Sie vorsichtig!, Der Läufer hat auf der letzten Runde alle überholt. **II.** *mit OBJ* **1.** ■ *jmd. überholt jmdn./etwas jmdn. oder etwas (leistungsmäßig) hinter sich lassen und damit besser sein* Sie hat in der Schule alle anderen überholt., Das Land hat wirtschaftlich die Nachbarländer überholt. **2.** ■ *jmd./etwas überholt etwas etwas ausbessern oder reparieren, nachdem man es geprüft hat* Die Werft baut und überholt Schiffe., Sie ließ ihr altes Auto in der Werkstatt überholen.

Ü·ber·hol·ma·nö·ver das <-s, -> *das Überholen I eines anderen Fahrzeugs* ein riskantes Überholmanöver

Ü·ber·hol·spur die <-, -en> *Fahrspur, die für das Überholen I anderer Fahrzeuge dient und meistens auf Schnellstraßen wie Autobahnen vorhanden ist* ständig auf der Überholspur fahren ■ **ein Leben auf der Überholspur führen** (*umg.*): *sehr dynamisch und erfolgreich sein*

ü·ber·holt <nicht steig> *Adj.* (*umg.* ≈ *veraltet* ↔ *zeitgemäß*) *nicht mehr modern und zeitgemäß* überholte Ansichten/Technologien

Ü·ber·hol·ver·bot das <-(e)s, -e> *Verbot, andere Fahrzeuge zu überholen I* Auf der kurvenreichen Strecke herrscht striktes Überholverbot.

ü·ber·hö·ren <überhörst, überhörte, hat überhört> *mit OBJ* **1.** ■ *jmd. überhört jmdn./etwas jmdn. oder etwas absichtlich nicht hören wollen* Diese Bemerkung will ich überhört haben., Mahnungen und Kritik überhören **2.** ■ *jmd. überhört jmdn./etwas jmdn. oder etwas nicht hören, weil man es akustisch nicht wahrnimmt* Bei diesem Krach überhöre ich bestimmt noch das Telefon.

ü·ber·ir·disch <nicht steig.> *Adj.* (*geh.*) *so, dass es (fast) nicht wirklich scheint* eine Landschaft von fast überirdischer Schönheit

ü·ber·kan·di·delt *Adj.* (*umg. abwert.* ≈ *überspannt*[1]) *sonderbar, skurril* Er ist ein wenig überkandidelt, nicht anders als viele andere Künstler.

Ü·ber·ka·pa·zi·tät die <-, -en> WIRTSCH. *etwas, das so reichlich vorhanden ist, dass es nicht sinnvoll genutzt werden kann* Überkapazitäten (an Arbeitskräften) abbauen

ü·ber·kip·pen <kippst über, kippte über, ist übergekippt> *ohne OBJ* ■ *jmd./etwas kippt über das Gleichgewicht verlieren und fallen, weil eine Seite zu schwer geworden ist* Halt bloß das Regal fest, sonst kippt es noch über! ■ **jemands Stimme kippt über**: *die Stimme von jmdm. wird plötzlich sehr schrill und laut*

ü·ber·kle·ben <überklebst, überklebte, hat überklebt> *mit OBJ* ■ *jmd. überklebt etwas etwas verdecken, indem man etwas darüber klebt* Irgendwer hat unsere Wahlplakate mit anderen Plakaten überklebt!, eine falsche Adresse auf dem Brief überkleben

Ü·ber·kleid das <-(e)s, -er> (*schweiz.*) (*blauer*) *Arbeitsanzug der Arbeiter s.* **Blaumann**

ü·ber·ko·chen <kocht über, kochte über, ist übergekocht> *ohne OBJ* **1.** ■ *etwas kocht über etwas kocht so stark, dass es über den Rand des Gefäßes läuft* Die Milch ist übergekocht. **2.** ■ *jmd. kocht über vor Wut/Zorn* (*übertr.*) *seinem Zorn oder seiner Wut freien Lauf lassen* Er kochte über vor Zorn – ein richtiger Tobsuchtsanfall!

ü·ber·kom·men[1] <überkommt, überkam, hat überkommen> *mit OBJ* ■ *etwas überkommt jmdn. eine sehr intensive Empfindung befällt jmdn. plötzlich* Plötzlich überkam sie ein Gefühl von

Angst., Ihn hat plötzlich Lust auf Vanilleeis überkommen.

ü·ber·kom·men² <nicht steig.> *Adj.* (*geh.*) *aus der Vergangenheit überliefert* nach überkommenen Traditionen leben, von den Vorfahren überkommene Bräuche pflegen

ü·ber·la·den¹ <überlädst, überlud, hat überladen> *mit OBJ* ■ *jmd. überlädt etwas auf etwas zu viel Last laden* Wir dürfen den Wagen nicht überladen, sonst brechen die Achsen., ein völlig überladenes Fahrzeug

ü·ber·la·den² *Adj.* (*übertr. abwert.* ↔ *schlicht*) *so, dass etwas zu stark mit etwas versehen ist und so als störend empfunden wird* Sein Stil ist schwülstig und mit Fremdwörtern überladen., Das Innere dieser barocken Kirche wirkt mir zu überladen.

ü·ber·la·gern <überlagert, überlagerte, hat überlagert> **I.** *mit OBJ* **1.** ■ *etwas überlagert etwas über etwas anderem sein und es verdecken* Taube Gesteinsschichten überlagern das Erz. **2.** ■ *etwas überlagert etwas etwas Negatives beeinflusst etwas anderes, das meist positiv ist* Trauer überlagerte das ganze Fest. **II.** *mit SICH* ■ *etwas überlagert sich sich so angleichen, dass keine Unterschiede zu erkennen sind* sich überlagernde Sender

Ü·ber·land·bus der <-ses, -se> *ein Bus, der Orte außerhalb von großen Städten miteinander verbindet* Zwischen den kleinen Ortschaften verkehrt ein Überlandbus.

Ü·ber·land·lei·tung die <-, -en> *Stromleitung, die große Entfernungen überbrückt² und über hohe Masten geführt wird* In der Nähe von Überlandleitungen sollte man keine Drachen steigen lassen.

ü·ber·lang *Adj. so, dass es viel länger ist als normal*

Ü·ber·län·ge die <-, -n> **1.** *der Sachverhalt, dass die Länge von etwas wesentlich größer als normal ist* Fahrzeuge mit Überlänge **2.** *der Sachverhalt, dass die Dauer von etwas wesentlich größer als normal ist* Wegen Überlänge muss man für diesen Fim einen Euro Zuschlag bezahlen.

ü·ber·lap·pen <überlappt, überlappte, hat überlappt> *mit SICH* ■ *etwas überlappt sich* (*mit etwas Dat.*) (≈ *sich überschneiden*) *teilweise übereinander liegen* Die beiden Veranstaltungen überlappen sich zeitlich.

ü·ber·las·sen <überlässt, überließ, hat überlassen> **I.** *mit OBJ* **1.** ■ *jmd. überlässt jmdm. etwas jmdm. etwas zur Verfügung stellen, so dass er es für eine bestimmte Zeit oder dauerhaft benutzen kann* Er überließ ihr sein Auto. **2.** ■ *jmd. überlässt jmdm. jmdn./etwas jmdm. eine Person oder ein Tier meist für eine kurze Zeit zur Betreuung geben* Kann ich dir die Kinder über das Wochenende überlassen?, Den Hund habe ich im Urlaub der Nachbarin überlassen. **3.** ■ *jmd. überlässt jmdm. etwas jmdn. etwas selbst entscheiden lassen* Die Entscheidung überlasse ich dir., Das musst du mir schon selbst überlassen, wie ich das mache. **4.** ■ *jmd. überlässt jmdm./etwas etwas jmdn. oder etwas nicht mehr vor jmdm. oder etwas schützen* Er überließ seine Soldaten dem Feind., ein Haus dem Verfall überlassen **II.** *mit SICH* ■ *jmd. überlässt sich etwas Dat. sich einer starken Empfindung hingeben* sich der Trauer überlassen ■ **jemanden sich selbst überlassen**: *jmdn. allein lassen* Ihr könnt ihn doch bei dieser schwierigen Sache nicht sich selbst überlassen!

ü·ber·las·sen <lässt über, ließ über, hat übergelassen> *mit OBJ* ■ *jmd. lässt* (*jmdm.*) *etwas über* (*umg. norddt.*) *etwas übrig lassen* Könnt ihr noch etwas von dem Kuchen überlassen?

ü·ber·las·ten <überlastest, überlastete, hat überlastet> *mit OBJ* **1.** ■ *jmd. überlastet etwas etwas zu stark mit etwas belasten* den Lkw mit Waren überlasten **2.** ■ *jmd./etwas überlastet etwas* (*mit etwas Dat.*) *zu viel Energie oder Kraft beanspruchen* Mit deinen ganzen elektrischen Installationen wirst du noch unsere Stromleitung überlasten!, Sie dürfen ihre Nerven nicht überlasten, sonst brechen Sie zusammen.

ü·ber·las·tet *Adj.* **1.** *zu schwer beladen* Das Boot/Der Aufzug ist mit 6 Personen überlastet. **2.** *so, dass jmd. zu viel Arbeit, zu viel Aufgaben, zu viele Sorgen o.Ä. hat* Sie ist im Moment völlig (mit Arbeit) überlastet. **3.** *so, dass ein System oder ein Organ zu sehr beansprucht ist und nicht mehr richtig funktioniert* Das Computernetz/Stromnetz/Telefonnetz ist überlastet., Der Kreislauf/das Herz ist überlastet.

Ü·ber·las·tung die <-, -en> *der Zustand, dass jmd. oder etwas überlastet ist* die Überlastung des Stromnetzes/Aufzuges, Die ständige Überlastung hat bei ihr zu Gesundheitsschäden geführt.

Ü·ber·lauf der <-(e)s, Überläufe> TECHN. *Stelle, an der eine Flüssigkeit kontrolliert abfließen kann* der Überlauf an einem Waschbecken/an einem Behälter

ü·ber·lau·fen <läufst über, lief über, ist übergelaufen> *ohne OBJ* **1.** ■ *etwas läuft über über den Rand treten und darüber fließen* Das Wasser läuft über. **2.** ■ *etwas läuft über den Inhalt nicht mehr fassen können und ihn über den Rand fließen lassen* Das Glas läuft über., Die Talsperre droht überzulaufen. **3.** ■ *jmd. läuft* (*zu jmdm.*) *über zur gegnerischen Seite wechseln* Die Soldaten sind zum Feind übergelaufen.

ü·ber·lau·fen *Adj. so, dass an einem Ort zu viele Menschen anwesend sind* völlig überlaufene Urlaubsorte

Ü·ber·läu·fer, **Ü·ber·läu·fe·rin** der <-s, -> *Person, die zur gegnerischen Seite wechselt* ein Überläufer vom Gegner/von einer anderen Partei

ü·ber·le·ben <überlebst, überlebte, hat überlebt> **I.** *mit OBJ* ■ *jmd. überlebt jmdn. länger leben als jmd. anderer* Sie hat ihren Mann um viele Jahre überlebt. **II.** *mit OBJ/ohne OBJ* ■ *jmd. überlebt etwas eine sehr gefährliche Situation durchleben und dabei nicht sterben* Sie haben den Bombenangriff/das schwere Erdbeben überlebt., Nur wenige haben überlebt. **III.** *mit SICH* ■ *etwas überlebt sich* *unmodern werden* Diese Auffassung hat sich überlebt., Das sind doch völlig überlebte Moralvorstellungen!

Ü·ber·le·ben·de der/die <-n, -n> *Person, die eine gefährliche Situation überlebt hat* Überlebende des Flugzeugabsturzes/des Bombenangriffes, Überlebende der nationalsozialistischen Konzentrationslager

ü·ber·le·bens·groß <nicht steig.> *Adj. größer als normal* ein überlebensgroßes Standbild

Ü·ber·le·bens·trai·ning das <-s> (*kein Plur.*) *das Trainieren von Fähigkeiten, die man benötigt, um in gefährlichen oder schwierigen Situationen überleben II zu können*

ü·ber·le·gen[1] <überlegst, überlegte, hat überlegt> *mit OBJ/ohne OBJ* ■ *jmd. überlegt (sich)(etwas) nachdenken über etwas, um dann eine Entscheidung zu treffen oder etwas erkennen zu können* Hast du auch alles richtig überlegt?, Hast du dir schon etwas überlegt?, Sie überlegte lange, ehe sie zustimmte., Lass mich mal in Ruhe/richtig überlegen!, Wenn ich (es mir) richtig überlege, will ich gar nicht mitkommen!

ü·ber·le·gen[2] *Adj. deutlich besser als jmd. anderer oder etwas anderes* Die neue Technologie ist der alten zweifellos überlegen., ein überlegener Sieger

ü·ber·le·gen <legst über, legte über, hat übergelegt> *ohne OBJ* ■ *jmd. legt jmdm./sich etwas über etwas über jmdn. oder sich legen* Er legte sich/mir eine Decke über.

Ü·ber·le·gen·heit die <-> (*kein Plur.*) *der Zustand, in dem jmd. oder etwas deutlich besser ist als jmd./etwas anderer/anderes* die Überlegenheit der gegnerischen Mannschaft durch Kampfgeist wettmachen, Die Überlegenheit der neuen Technik ist unbestritten.

ü·ber·legt *Adj.* (≈ *besonnen*) *so, dass man gründlich nachgedacht hat, bevor man handelt* überlegtes Handeln, etwas wohl überlegt tun

Ü·ber·le·gung die <-, -en> *das Überlegen[1]* etwas erst nach reiflicher Überlegung tun ■ **Überlegungen (zu/über etwas) anstellen** (*geh.*): sich etwas überlegen[1] **etwas in seine Überlegungen einbeziehen** (*geh.*): *einzelne Gesichtspunkte beim Überlegen[1] mit berücksichtigen*

ü·ber·lei·ten <leitest über, leitete über, hat übergeleitet> *ohne OBJ* ■ *etwas leitet zu etwas über eine Verbindung mit etwas Neuem bilden* zum nächsten Thema überleiten, Dieser Gedanke leitet zu unserem anschließenden Tagesordnungspunkt über.

Ü·ber·lei·tung die <-, -en> *das Überleiten* eine geschickte Überleitung zum nächsten Thema

ü·ber·le·sen <überliest, überlas, hat überlesen> *mit OBJ* **1.** ■ *jmd. überliest etwas etwas versehentlich nicht lesen* in der Eile wichtige Informationen überlesen, Das Kleingedruckte sollte man besser nicht überlesen. **2.** ■ *jmd. überliest etwas* (≈ *überfliegen*) *etwas schnell und flüchtig lesen* den Fahrplan kurz überlesen

ü·ber·lie·fern <überlieferst, überlieferte, hat überliefert> *mit OBJ* ■ *etwas ist/wird überliefert etwas ist oder wird an spätere Generationen weitergegeben* überlieferte Bräuche, Die Märchen sind von Generation zu Generation mündlich überliefert worden.

Ü·ber·lie·fe·rung die <-, -en> **1.** (*kein Plur.*) *der Vorgang, dass etwas überliefert wird* etwas durch mündliche Überlieferung weitergeben **2.** *das Ergebnis einer Überlieferung[1]* alte Überlieferungen pflegen

ü·ber·lis·ten <überlistest, überlistete, hat überlistet> *mit OBJ* ■ *jmd. überlistet jmdn. mit einer List jmdn. täuschen und dadurch für sich einen Vorteil gewinnen* die Wache am Tor überlisten ►Überlistung

ü·berm *Präp.* (*umg.*) *über dem*

Ü·ber·macht die <-> (*kein Plur.*) *eine Überlegenheit, die auf der Anzahl oder der Stärke beruht* gegen die Übermacht nichts ausrichten können, sich der Übermacht des Gegners geschlagen geben

ü·ber·mäch·tig *Adj. so stark, dass man nicht widerstehen kann* Das Verlangen nach einer Zigarette wurde übermächtig.

ü·ber·ma·len <übermalst, übermalte, hat übermalt> *mit OBJ* ■ *jmd. übermalt etwas etwas durch Malen überdecken oder verstecken* Sie hat das Bild übermalt, weil es ihr nicht gefiel., Den Fleck an der Wand kann man leicht übermalen.

ü·ber·man·nen *mit OBJ* ■ *etwas übermannt jmdn.* (*geh.*) *etwas kommt plötzlich so stark über jmdn., dass er nichts dagegen tun kann* Große Müdigkeit übermannte sie., Sie wurde vom Schlaf übermannt.

Ü·ber·maß das <-es> (*kein Plur.*) *eine Menge, die viel größer oder stärker ist als normal* Solch ein Übermaß an Leid lässt sich nur schwer ertragen., etwas im Übermaß tun/haben

ü·ber·mä·ßig[1] <nicht steig.> *Adj. in so großem Maße, dass es größer oder stärker ist als normal* Ein übermäßiger Konsum von Fleisch schadet der Gesundheit.

ü·ber·mä·ßig[2] *Adv.* (≈ *extrem*) *im Übermaß* übermäßig viel, übermäßig laut, übermäßig rauchen

ü·ber·mensch·lich <nicht steig.> *Adj. mehr, als es einem Menschen normalerweise möglich ist* eine übermenschliche Anstrengung/Leistung verlangen, In dieser schweren Zeit haben sie Übermenschliches geleistet.

ü·ber·mit·teln <übermittelst, übermittelte, hat übermittelt> *mit OBJ* ■ *jmd. übermittelt jmdm. etwas bewirken, dass Informationen zu jmdm. oder irgendwohin gelangen* Botschaften per E-Mail/Fax übermitteln, Habt ihr ihm meine Grüße/Glückwünsche übermittelt? ►Übermittlung

ü·ber·mor·gen *Adv.* (↔ *vorgestern*) *an dem Tag, der nach dem morgigen Tag kommt* bis übermorgen warten müssen, Wir treffen uns übermorgen Mittag., Übermorgen sind Ferien!

ü·ber·mü·det *Adj. zu stark ermüdet* völlig übermüdet nach Hause kommen

Ü·ber·mü·dung die <-> (*kein Plur.*) *der Zustand, in dem man zu sehr müde ist* sich vor Übermü-

U

dung nicht auf den Beinen halten können

Ü·ber·mut der <-es> (*kein Plur.*) *ein Verhalten, bei dem man die Folgen seines Tuns nicht bedenkt, weil man sehr lustig ist oder keine Hemmungen hat* vor lauter Übermut nicht wissen, was man tun soll, Die Kinder haben das nur aus Übermut getan, sie haben es nicht böse gemeint. ■ **Übermut tut selten gut.** (*Sprichwort*): *verwendet, um auszudrücken, dass es sehr oft negative Folgen hat, wenn man allzu übermütig ist.*

ü·ber·mü·tig *Adj. voll von Übermut* übermütige Kinder, Das war nur ein übermütiger Scherz.

ü·bern *Präp.* (*umg.*) *über den*

ü·ber·nächs·te <nicht steig.> (*nur attr.*) *Adj. nach der oder dem Nächsten kommend* An der übernächsten Kreuzung müssen Sie rechts abbiegen.

ü·ber·nach·ten <übernachtest, übernachtete, hat übernachtet> *ohne OBJ* ■ *jmd. übernachtet irgendwo die Nacht nicht zu Hause, sondern an einem anderen Ort verbringen* bei Freunden/im Hotel übernachten

ü·ber·näch·tigt <nicht steig.> *Adj. so, dass man in der Nacht nicht oder kaum geschlafen hat und deshalb sehr müde ist* übernächtigt wirken/aussehen/sein

Ü·ber·nach·tung die <-, -en> **1.** *das Übernachten* ein Ausflug mit Übernachtung im Zelt, Drei Übernachtungen mit Frühstück kosten 300 Euro. **2.** *Gelegenheit zum Übernachten* eine Übernachtung buchen/finden/suchen ◆ -smöglichkeit

Ü·ber·nach·tungs·zahl die <-, -en> *die Menge der Übernachtungen, die in einer touristischen Region gebucht wurden*

Ü·ber·nah·me die <-, -n> **1.** *das Übernehmen von etwas* die Übernahme des Konkurrenzunternehmens, die Übernahme der Kosten durch die Versicherung, die Übernahme von Wörtern aus einer anderen Sprache, die Übernahme der Meinung eines anderen **2.** *etwas, das übernommen wurde* Es handelt sich bei diesem Wort um eine Übernahme aus dem Englischen., wörtliche Übernahmen aus einem bereits erschienenen Werk

ü·ber·na·tür·lich *Adj. so, dass etwas nicht mit den Gesetzen der Natur erklärt werden kann* übernatürliche Kräfte/Erscheinungen

ü·ber·neh·men <übernimmst, übernahm, hat übernommen> **I.** *mit OBJ* **1.** ■ *jmd. übernimmt etwas an sich nehmen* Waren an der Grenze übernehmen, die Passagiere eines verunglückten Schiffes übernehmen **2.** ■ *jmd./etwas übernimmt jmdn. jmdn., der vorher eine andere Arbeit gemacht hat oder woanders gearbeit hat, in ein neues Beschäftigungsverhältnis aufnehmen* Sie ist von der Firma übernommen worden., jemanden in eine Firma/eine Arbeitsgruppe/den öffentlichen Dienst übernehmen **3.** ■ *jmd. übernimmt etwas eine Firma, ein Geschäft o.Ä. kaufen* Die Firma ist von der Konkurrenz übernommen worden. **4.** ■ *jmd. übernimmt etwas ein Geschäft, eine Firma o.Ä. als Nachfolger oder als neuer Besitzer weiterführen* Der Sohn hat das Geschäft des Vaters übernommen. **5.** ■ *jmd. übernimmt etwas sich bereit finden, eine Aufgabe zu erfüllen* Mach mal Pause, ich übernehme die Aufsicht., Sie hat die Aufgabe übernommen, alle zu informieren., die Leitung der Firma übernehmen **6.** ■ *jmd. übernimmt etwas etwas, das jmd. anderer gemacht hat oder sich ausgedacht hat, für sich verwenden* Textpassagen aus dem Original übernehmen, die Zahlen einfach aus dem Bericht des Vorjahres übernehmen, die Meinung eines anderen unkritisch übernehmen, die neue Methode übernehmen **7.** ■ *jmd. übernimmt etwas* (≈ *aufkommen*) *für etwas bezahlen* Die Versicherung übernimmt die Kosten für den Unfall. **8.** ■ *etwas übernimmt etwas* SEEW. *ein Schiff lädt etwas* Der Frachter übernimmt im Hafen die Container. ■ **die Verantwortung für etwas übernehmen**: *etwas verantworten* **die Garantie für etwas übernehmen**: *für etwas garantieren* **die Haftung für etwas übernehmen**: *für etwas haften* **II.** *mit SICH* ■ *jmd. übernimmt sich* (*mit etwas Dat.*) *versuchen, mehr zu tun, als man kann* Mit diesem Thema hat er sich sicher übernommen, das ist zu schwierig für ihn., Ich habe mich gestern übernommen, es war einfach zu viel für mich!

ü·ber·neh·men <nimmst über, nahm über, hat übergenommen> *mit OBJ* ■ *jmd. nimmt etwas über* (*umg.*) *um die Schultern legen* Wenn es kühl wird, kannst du ja den Mantel übernehmen.

ü·ber·ord·nen <ordnest über, ordnete über, hat übergeordnet> *mit OBJ* (↔ *unterordnen*) **1.** ■ *jmd. ordnet etwas über etwas für wichtiger halten als alles andere* die Arbeit allen anderen Dingen überordnen **2.** ■ *jmd. ordnet jmdm./etwas jmdn./etwas über jmdn. oder etwas im Rang oder Funktion höher über jmdn. oder etwas stellen* Ihr ist jetzt noch eine Abteilungsleiterin übergeordnet worden., sich an übergeordnete Stellen wenden **3.** ■ *jmd ordnet etwas etwas Dat. über etwas als höher oder umfassender einstufen* den allgemeinen Begriff „Lebewesen" den Begriffen „Pflanze" und „Tier" überordnen

ü·ber·par·tei·lich *Adj. so, dass jmd. oder etwas keiner Partei angehört und politisch neutral ist* eine überparteiliche Zeitung, das überparteiliche Amt des Bundespräsidenten

Ü·ber·pro·duk·ti·on die <-> (*kein Plur.*) WIRTSCH. *zu hohe Produktion* die Überproduktion in der Landwirtschaft durch Regelungen eindämmen

ü·ber·pro·por·ti·o·nal <nicht steig.> *Adj. so, dass die Zahl von etwas bezogen auf die Gesamtzahl der gleichen Sache viel zu hoch ist* In diesem Fach gibt es überproportional viele Studienabbrecher., In leitenden Positionen gibt es oft überproportional viele Männer.

ü·ber·prüf·bar *Adj. so, dass etwas überprüft[1] werden kann*

ü·ber·prü·fen <überprüfst, überprüfte, hat überprüft> *mit OBJ* **1.** ■ *jmd. überprüft etwas etwas sehr genau prüfen, um festzustellen, ob alles in Ordnung ist* alle Sicherheitssysteme/die Geschäftsbücher überprüfen **2.** ■ *jmd. überprüft jmdn. feststellen, um wen es sich handelt* Die Sicherheitskräfte überprüften jeden Besucher.

Ü·ber·prü·fung die <-, -en> *das Überprüfen* Eine Überprüfung hat ergeben, dass …, etwas bei einer Überprüfung feststellen

ü·ber·qua·li·fi·ziert *Adj. qualifizierter, als es nötig und gefordert ist* Mit Ihrem Doktortitel sind Sie für diese Arbeit überqualifiziert, daher können wir Sie leider nicht beschäftigen.

ü·ber·quel·len <quillst über, quillt über, ist übergequollen> *ohne OBJ* **1.** ■ *etwas quillt über so viel Volumen bekommen, dass es über den Rand eines Behälters hinaus geht* Der Pudding quillt über! **2.** ■ *etwas quillt über so voll sein, dass der Inhalt über den Rand hinaus geht* Dein Kleiderschrank quillt ja über, so viele Klamotten hast du!, Der Abfalleimer quillt über. **3.** ■ *jmd. quillt vor etwas Akk. über so viele Gefühle in sich haben, dass man sie nicht zurückhalten kann* Du quillst ja über vor Freude, was ist denn passiert?

ü·ber·que·ren <überquerst, überquerte, hat überquert> *mit OBJ* ■ *jmd. überquert etwas über etwas gehen oder fahren* eine Brücke/einen Fluss/ein Gebirge/eine Straße überqueren, Vorsicht beim Überqueren der Straße!

ü·ber·ra·gen <überragst, überragte, hat überragt> *mit OBJ* **1.** ■ *jmd./etwas überragt jmdn./etwas größer oder höher als jmd. anderer oder etwas anderes sein* Er überragt seinen Bruder um zehn Zentimeter., Das Gebäude überragte die anderen um ein Mehrfaches. **2.** ■ *jmd. überragt jmdn. an etwas Akk. viel mehr von etwas haben als ein anderer* Sie überragte alle anderen Frauen an Schönheit., Sie überragte ihn an Intelligenz und Witz.

ü·ber·ra·gen <ragt über, ragte über, hat übergeragt> *ohne OBJ* ■ *etwas ragt über* (≈ *hervorstehen*) *mit etwas nicht zur Deckung kommen, sondern über dessen Rand hinaus zu sehen sein* überragende Latten einfach absägen, Das Dach ragt etwas über.

ü·ber·ra·gend *Adj.* (≈ *hervorragend*) *so, dass jmd. oder etwas so gut ist, dass es* (*fast*) *nicht besser geht* Er war ein überragender Schriftsteller., überragende Leistungen

ü·ber·ra·schen <überraschst, überraschte, hat überrascht> **I.** *mit OBJ* **1.** ■ *jmd. überrascht jmdn. unerwartet und plötzlich etwas tun oder sagen* Sie haben den Gegner im Morgengrauen überrascht., Der Minister überraschte alle mit seiner neuen Idee **2.** ■ *jmd. überrascht jmdn.* (*mit etwas Dat.*) *jmdm. eine Freude machen, indem man unerwartet etwas tut* Ich überrasche meine Frau mit einem Blumenstrauß., Sie überraschte ihn mit einem spontanen Besuch. **3.** ■ *jmd. überrascht jmdn.* (*mit jmdm./etwas*) (*bei etwas Dat.*) *pötzlich in dem Moment da sein, in dem jmd. etwas tut, was nicht gut, peinlich, oder verboten ist* Sie überraschte ihr Kind beim Naschen., Die Polizei überraschte die Diebe beim Versuch, in die Bank einzubrechen **4.** ■ *etwas überrascht jmdn. etwas, das unangenehm ist, geschieht plötzlich* Beim Spaziergang hat uns ein Gewitter überrascht. **II.** *mit OBJ/ohne OBJ* ■ *jmd./etwas überrascht* (*jmdn.*) *plötzlich und unerwartet passieren oder vorhanden sein* Mich überrascht hier gar nichts mehr., Er überraschte mit einem ausgezeichneten Vortrag/mit einer neuen Theorie., sehr überrascht sein über etwas ■ **Lassen wir uns überraschen!/Ich lass mich überraschen!** (*umg.*): *verwendet, um auszudrücken, dass man einfach abwarten sollte, was geschieht*

ü·ber·ra·schend *Adj. unerwartet und plötzlich* überraschender Besuch, ein überraschender Wetterwechsel, ein überraschender Erfolg

ü·ber·rascht[1] *Partizip Perfekt von* **überraschen**

ü·ber·rascht[2] *Adj.* **1.** *so, dass man auf etwas nicht vorbereitet ist und sich deshalb wundert* Er war überrascht, dass sie doch noch kam., Sie war über seine Freude sehr überrascht. **2.** ■ **angenehm überrascht**: *so, dass man Freude über etwas Unerwartetes empfindet* Über die vielen freundlichen Briefe war er angenehm überrascht., Er war von seinem neuen Kollegen angenehm überrascht.

Ü·ber·ra·schung die <-, -en> **1.** *ein Ereignis, das man nicht erwartet hat* Am nächsten Morgen gab es eine böse Überraschung: Unser Gepäck war gestohlen worden., Es war für alle eine Überraschung, dass diese Partei die Wahl gewonnen hat. **2.** *etwas, das geschenkt wird und von dem derjenige, der es bekommt, nichts weiß* Ich habe eine Überraschung für deinen Geburtstag., Das sollte eine Überraschung werden! **3.** (*kein Plur.*) *das Überraschtsein* sich seine Überraschung nicht anmerken lassen, Zu ihrer Überraschung wurde sie auch noch entlassen.

Ü·ber·re·ak·ti·on die <-, -en> *unangemessen starke Reaktion* Eine Allergie ist eine krankhafte Überreaktion des Immunsystems.

ü·ber·re·den <überredest, überredete, hat überredet> *mit OBJ* ■ *jmd. überredet jmdn.* (*zu etwas*) *durch Worte so beeinflussen, dass jmd. etwas tut, was er eigentlich nicht wollte* Ich überredete ihn mitzukommen.

Ü·ber·re·dung die <-> (*kein Plur.*) *das Überreden* dazu war viel Überredung nötig ◆-skunst

ü·ber·re·gi·o·nal <nicht steig.> *Adj.* (↔ *regional*) *so, dass es nicht nur in einer Region gilt* ein überregionaler Sender/Wettbewerb, eine überregionale Zeitung

ü·ber·rei·chen <überreichst, überreichte, hat überreicht> *mit OBJ* ■ *jmd. überreicht jmdm. etwas* (≈ *übergeben*) *mit feierlichem Verhalten jmdm. etwas geben* Den Preisträgern wurden Urkunden und Blumen überreicht., jemandem ein Geschenk überreichen

ü·ber·reif <nicht steig.> *Adj. zu reif* überreifes Obst zu Saft verarbeiten

ü·ber·rei·zen <überreizt, überreizte, hat überreizt> *mit OBJ* **1.** ■ *etwas überreizt jmdn. jmdn. zu vielen Reizen aussetzen und ihn dadurch unkonzentriert und nervös machen* Zu viele Informationen überreizen den Menschen. **2.** ■ *jmd./etwas überreizt die Nerven von jmdm. jmdn. erregt und nervös machen* Du überreizt allmählich meine

Nerven mit deinem dauernden Gerede!

ü·ber·ren·nen <überrennst, überrannte, hat überrannt> *mit OBJ* **1.** ■ *jmd. überrennt jmdn./etwas* MILIT. *einen Gegner sehr schnell besiegen* die gegnerischen Truppen/die gegnerischen Posten überrennen **2.** ■ *jmd./ein Tier rennt jmdn./etwas über jmdn. oder etwas umstoßen und darüber hinweg laufen* Er hat alle überrannt, die ihm im Wege standen.

ü·ber·re·prä·sen·tiert *Adj.* (↔ *unterrepräsentiert*) *so, dass eine größere Zahl vorhanden ist, als gewünscht oder normal ist* Im Bundestag sind die Beamten als Berufsgruppe überrepräsentiert.

Ü·ber·rest der <-(e)s, -e> (*meist Plur.*) *Rest von etwas* die Überreste einer römischen Siedlung/des Festmahls von gestern ■ **die sterblichen Überreste** (*geh.*): *die Leiche* Sie bestatteten seine sterblichen Überreste in der alten Krypta.

Ü·ber·roll·bü·gel der <-s, -> KFZ *ein Bogen, der mit der Karosserie eines Fahrzeuges verbunden ist und sich über den Innenraum meist eines Cabriolets spannt* Ein Überrollbügel schützt die Insassen, wenn sich der Wagen überschlägt.

ü·ber·rol·len <überrollst, überrollte, hat überrollt> *mit OBJ* **1.** ■ *jmd./etwas überrollt jmdn./etwas über jmdn. oder etwas mit einem Fahrzeug hinweg fahren* Beim Zurücksetzen überrollte der LKW die Mülltonnen., Die Gegner wurden von den Panzern einfach überrollt. **2.** ■ *jmd. überrollt jmdn.* (≈ *überrumpeln*)

ü·ber·rum·peln <überrumpelst, überrumpelte, hat überrumpelt> *mit OBJ* ■ *jmd. überrumpelt jmdn. jmdn. überraschend angreifen oder jmdm. plötzlich ein Anliegen vorbringen, so dass er nicht mehr so handeln kann, wie er eigentlich wollte* Sie haben den Gegner mit einem plötzlichen Angriff überrumpelt., Jetzt hast du mich aber mit deiner Frage wirklich überrumpelt! ►Überrump(e)lung

ü·ber·run·den <überrundest, überrundete, hat überrundet> *mit OBJ* **1.** ■ *jmd. überrundet jmdn.* SPORT *jmdn. bei einem Rennen auf einer Rundstrecke überholen und zu diesem Zeitpunkt eine Runde mehr zurückgelegt haben als der Gegner* Der Läufer hat seinen Kontrahenten zum zweiten Mal überrundet. **2.** ■ *jmd. überrundet jmdn.* (≈ *überflügeln*) *unerwartet bessere Leistungen haben als jmd. anderer* In Mathe hat sie alle überrundet.

ü·bers *Präp.* (*umg.*) *über das*

ü·ber·sät *Adj. völlig von etwas bedeckt* ein mit Narben übersätes Gesicht, Die Straße war mit Scherben übersät.

ü·ber·sät·tigt *Adj. so reich an etwas, dass man es nicht mehr genügend schätzt* übersättigte Wohlstandsbürger, mit etwas völlig übersättigt sein ►Übersättigung

ü·ber·säu·ert *Adj. so, dass zu viel Säure in etwas ist* ein übersäuerter Boden, Die übersäuerte Muskulatur schmerzt.

Ü·ber·schall·flug·zeug das <-(e)s, -e> *ein Flugzeug, das schneller als der Schall fliegen kann*

Ü·ber·schall·ge·schwin·dig·keit die <-> (*kein Plur.*) *Geschwindigkeit, die größer ist als die Schallgeschwindigkeit*

ü·ber·schat·ten <überschattet, überschattete, hat überschattet> *mit OBJ* **1.** ■ *etwas überschattet etwas einen Schatten auf etwas werfen* Die Lichtung wurde von hohen Eichen überschattet., Buschige Augenbrauen überschatteten seine dunklen Augen. **2.** ■ *etwas überschattet etwas* (*übertr.*) *ein schlechtes Ereignis trübt ein an sich positives Ereignis* Die Feierlichkeiten wurden von dem drohenden Krieg überschattet.

ü·ber·schät·zen <überschätzt, überschätzte, hat überschätzt> *mit OBJ* ■ *jmd. überschätzt jmdn./sich/etwas* (↔ *unterschätzen*) *glauben, dass jmd./man selbst/etwas stärker oder klüger oder besser oder leichter ist als in Wirklichkeit* Da habe ich mich wirklich überschätzt, die Aufgabe kann ich nicht lösen., Er hat seine Kräfte überschätzt., Wahrscheinlich habe ich ihn überschätzt, er schafft es wohl doch nicht.

ü·ber·schau·bar *Adj.* **1.** *so, dass man etwas gut geistig erfassen oder die Konsequenzen davon erkennen kann* Die Risiken dieses Einsatzes waren nicht mehr überschaubar. **2.** (≈ *übersichtlich*[2]) Die Darstellung war einfach und überschaubar. **3.** *nicht zu zahlreich oder nicht zu umfangreich* eine überschaubare Menge, ein überschaubarer Geldbetrag, Das Projekt soll überschaubar bleiben. ►Überschaubarkeit

ü·ber·schau·en <überschaust, überschaute, hat überschaut> *mit OBJ* (*geh.*) **1.** ■ *jmd. überschaut etwas etwas in seiner Gesamtheit geistig erfassen oder die Konsequenzen davon erkennen* Die Lage ist schwer zu überschauen., Ich glaube nicht, dass er überhaupt noch überschaut, was die Folgen seines Handelns sind. **2.** (≈ *überblicken*[2] *übersehen*[1]) ■ *jmd. überschaut etwas über etwas gut hinweg sehen können* Von dem Aussichtsturm kann man die gesamte Stadt überschauen.

ü·ber·schäu·men <schäumst über, schäumte über, ist übergeschäumt> *ohne OBJ* **1.** ■ *etwas schäumt über so viel Schaum entwickeln, dass es über den Rand eines Gefäßes läuft* Achtung, der Sekt schäumt über! **2.** ■ *etwas schäumt über den schäumenden Inhalt nicht mehr fassen können* Das Glas schäumt über. **3.** ■ *jmd./etwas schäumt über* (*vor etwas Akk.*) *ein so intensives Gefühl haben, dass es nicht mehr zurückgehalten werden kann* Er schäumt über vor Wut!, Sie schäumt über vor Freude., Die Stimmung auf der Party schäumte über. ■ **ein überschäumendes Temperament haben** (*umg. übertr.*): *sehr temperamentvoll sein*

ü·ber·schla·fen <überschläfst, überschlief, hat überschlafen> *mit OBJ* ■ *jmd. überschläft etwas* (*umg.*) *etwas erst am nächsten Tag und nicht sofort entscheiden* Überschlafen Sie die Sache, morgen sieht es anders aus!, Deinen Vorschlag muss ich erst einmal überschlafen.

Ü·ber·schlag der <-(e)s, Überschläge> **1.** *der Vorgang, dass etwas sich in einer waagerechten Achse um sich selbst dreht* Nach dem Überschlag blieb der Wagen auf dem Dach liegen., Er versuchte, einen Überschlag rückwärts auf dem Schwebebalken zu machen **2.** (*umg.*) *ungefähre Berechnung* Sie machte einen Überschlag, um den ungefähren Betrag zu ermitteln.

ü·ber·schla·gen <überschlägst, überschlug, hat/ist übergeschlagen> **I.** *mit OBJ* ■ *jmd. überschlägt etwas* (*haben*) (*meist die Beine*) *übereinander legen* die Beine übergeschlagen haben, mit übergeschlagenen Beinen dasitzen **II.** *ohne OBJ* ■ *etwas schlägt in etwas Akk. über* (*sein*) *sich in eine andere entgegengesetzte Form verwandeln* Die Zustimmung zu seiner Politik schlug innerhalb einer Woche in völlige Abneigung über.

ü·ber·schla·gen <überschlägst, überschlug, hat überschlagen> **I.** *mit OBJ* **1.** ■ *jmd. überschlägt etwas* (≈ *überblättern*) *etwas in einer bestimmten Abfolge auslassen* ein paar Seiten im Buch überschlagen **2.** ■ *jmd. überschlägt etwas etwas ungefähr und schnell berechnen* Sie überschlug, wieviel sie getrunken hatte und was zu zahlen war. **II.** *mit SICH* **1.** ■ *jmd./etwas überschlägt sich sich in einer waagerechten Achse um sich selbst drehen* Das Auto hat sich mehrfach überschlagen., Nachdem er das Gleichgewicht auf den Skiern verloren hatte, überschlug er sich einige Male und blieb im Schnee liegen. **2.** ■ *jmd. überschlägt sich vor etwas Dat.* (*umg. abwert.*) *etwas auf eine Art und Weise tun, dass es sehr übertrieben wirkt* Er überschlug sich vor Dankbarkeit., sich vor Höflichkeit überschlagen ■ **jemands Stimme überschlägt sich**: *die Stimme von jmdm. wird plötzlich sehr schrill und laut* **die Ereignisse überschlagen sich**: *sehr schnell hintereinander geschehen viele aufregende Dinge* Nach dem Fall der Mauer überschlugen sich die Ereignisse.

ü·ber·schnap·pen <schnappst über, schnappte über, ist übergeschnappt> *ohne OBJ* ■ *jmd. schnappt über* (*umg. abwert.* ≈ *durchdrehen*) *verrückt werden* Sag mal, was ist los, bist du übergeschnappt?

ü·ber·schnei·den <überschneidest, überschnitt, hat überschnitten> *mit SICH* **1.** ■ *etwas überschneidet sich einen gemeinsamen Punkt oder eine gemeinsame Fläche haben* Die Linien überschneiden sich., Die Mengen überschneiden sich. **2.** ■ *etwas überschneidet sich inhaltlich teilweise gleich sein* Die beiden Themen überschneiden sich. **3.** ■ *etwas überschneidet sich* (*teilweise*) *gleichzeitig geschehen* Die Termine überschneiden sich., Wir brauchen einen zweiten Fernseher, das Ende des Films überschneidet sich mit der ersten Halbzeit des Fußballspiels!

Ü·ber·schnei·dung die <-, -en> **1.** *der Sachverhalt, dass zwei Linien oder Flächen einen Punkt oder eine Fläche gemeinsam haben* Überschneidung der Linien/Kreise/Ebenen **2.** *der Sachverhalt, dass zwei Dinge teilweise den gleichen Inhalt haben* Überschneidungen bei den Themen vermeiden **3.** (*teilweise*) *Gleichzeitigkeit zweier Ereignisse* Es kommt zu Überschneidungen bei den Terminen.

ü·ber·schrei·ben <überschreibst, überschrieb, hat überschrieben> *mit OBJ* **1.** ■ *jmd. überschreibt etwas einen Text mit einer Überschrift versehen* Der Artikel war überschrieben mit … **2.** ■ *jmd. überschreibt etwas über etwas schreiben und es damit ersetzen* Um die Festplatte wirklich zu löschen, müssen sie Sie mit Zeichen überschreiben., ein Wort mit einem anderen überschreiben **3.** ■ *jmd. überschreibt jmdm. etwas* RECHTSW. *jmdm. etwas als Eigentum geben, indem man diesen Vorgang in einem offiziellen Dokument festlegt* Sie haben den Kindern das Haus überschrieben.

ü·ber·schrei·ten <überschreitest, überschritt, hat überschritten> *mit OBJ* **1.** ■ *jmd. überschreitet etwas eine Grenze oder Linie passieren* die Grenze zum Nachbarland überschreiten, Die Truppen haben die Grenze des Landes überschritten. **2.** ■ *jmd. überschreitet etwas sich mehr erlauben oder zugestehen, als man darf* Sie überschreiten Ihre Kompetenzen! **3.** ■ *etwas überschreitet etwas über ein bestimmtes Maß oder eine Grenze irgendwie hinausgehen* Die Hitze überschreitet das erträgliche Maß. **4.** ■ *jmd. überschreitet eine Geschwindigkeit schneller fahren als eine festgelegte oder erlaubte Geschwindigkeit* Sie haben die zulässige Geschwindigkeit um mehr als 50 Stundenkilometer überschritten!

Ü·ber·schrift die <-, -en> *das, was als Titel über einem Text steht* eine fett gedruckte Überschrift ◆ Haupt-, Kapitel-, Unter-

ü·ber·schul·det *Adj. so, dass zu viele Schulden da sind* Er hat sich total überschuldet, als er selbständig wurde., ein überschuldetes Geschäft

Ü·ber·schul·dung die <-, -en> (*meist Sing.*) *der Zustand, dass zu viele Schulden vorhanden sind* die Überschuldung eines Unternehmens

Ü·ber·schuss der <-es, Überschüsse> **1.** (WIRTSCH.: ↔ *Defizit*) *Geld, das übrig bleibt, wenn von den Einnahmen alle Unkosten abgezogen worden sind* einen Überschuss erwirtschaften, Wir haben noch einen Überschuss in der Kasse. **2.** (↔ *Mangel*) *etwas, von dem viel mehr vorhanden ist, als man wirklich braucht* ein Überschuss an Akademikern/Ärzten/Lehrern, Überschuss produzieren

ü·ber·schüs·sig <nicht steig.> (*nur attr.*) *Adj. so, dass viel mehr vorhanden ist, als man wirklich braucht* Die überschüssige Wärme wird an die Umwelt abgegeben.

ü·ber·schüt·ten <überschüttest, überschüttete, hat überschüttet> *mit OBJ* **1.** ■ *jmd. überschüttet jmdn. mit etwas Dat.* (*übertr.*) *jmdm. eine große Menge von etwas geben* Er wurde mit Lob/mit Vorwürfen/mit Geschenken überschüttet. **2.** ■ *jmd. überschüttet jmdn./etwas mit etwas Dat. in großer Menge über jmdn. oder etwas gießen* Du sollst die Blumen nicht mit Wasser überschütten, sondern nur vorsichtig gießen!

Ü·ber·schwang der <-(e)s> (*kein Plur.*) (*geh.*) *ein übertriebenes Maß an Gefühl* Im Überschwang ihrer Freude vergaß sie alles andere.

ü·ber·schwäng·lich *Adj. mit einem übertrieben Maß an Gefühl* jemandem überschwänglich für etwas danken ◆ Schreibung nach dem Stammprinzip→R 1.7 Überschwänglicher Dank ist ein Dank mit Überschwang.

ü·ber·schwap·pen <schwappt über, schwappte über, ist übergeschwappt> *ohne OBJ* (*umg.*) **1.** ■ *etwas schwappt über* (*als Flüssigkeit*) *über den Rand eines Behälters herauslaufen, wenn der Behälter heftig bewegt wird* Der Kaffee ist übergeschwappt. **2.** ■ *etwas schwappt über* (*als offener Behälter*) *so viel Flüssigkeit in sich haben, dass sie mit einem heftigen Schwung über den Rand läuf* Die Tasse ist übergeschwappt.

ü·ber·schwem·men <überschwemmt, überschwemmte, hat überschwemmt> *mit OBJ* **1.** ■ *etwas überschwemmt etwas eine Fläche vollständig mit Wasser bedecken* Der Fluss überschwemmt regelmäßig die Wiesen., Das Wasser aus der Waschmaschine überschwemmte die ganze Küche. **2.** ■ *etwas überschwemmt jmdn./etwas* (*übertr. abwert.*) *so viel von etwas liefern, dass es zu einem Überschuss*[2] *kommt* Die Fernsehzuschauer werden von der Masse der Talkshows regelrecht überschwemmt., Der Markt wurde mit Billigprodukten überschwemmt.

Ü·ber·schwem·mung die <-, -en> **1.** *der Vorgang, dass eine große Menge von Wasser eine Fläche vollständig bedeckt* In dieser Gegend kommt es häufig zu Überschwemmungen., Nach der Überschwemmung der Altstadt wurde der Notstand ausgerufen. **2.** (*kein Plur.*) (*übertr. abwert.*) *der Vorgang, dass jmd. oder etwas übermäßig mit etwas beliefert wird* die Überschwemmung des Marktes mit Billigprodukten

Ü·ber·schwem·mungs·ge·biet das <-(e)s, -e> *Gebiet, das sehr oft überschwemmt*[1] *wird* für die Regulierung eines Flusses erforderliche Überschwemmungsgebiete, Im Überschwemmungsgebiet werden sinkende Pegelstände gemeldet.

Ü·ber·see ■ **aus Übersee**: *aus einem Land auf der anderen Seite des Atlantiks* Schiffe, die aus Übersee kommen **in Übersee**: *in einem Land auf der anderen Seite des Atlantiks* in Übersee Urlaub machen **nach Übersee**: *in ein Land auf der anderen Seite des Atlantiks* nach Übersee exportiert werden

Ü·ber·see·damp·fer der <-s, -> (*veralt.*) *ein großes Schiff, das über die Weltmeere fährt* mit einem Überseedampfer reisen

Ü·ber·see·han·del der <-s> (*kein Plur.*) *Handel mit Ländern auf der anderen Seite des Atlantiks*

ü·ber·see·isch <nicht steig.> *Adj. aus, in oder nach Übersee* überseeische Provinzen, überseeischer Handel

ü·ber·seh·bar *Adj.* (≈ *überschaubar*) Die Menge der Aufgaben war nicht mehr übersehbar., Das gesamte Projekt muss übersehbar bleiben.

ü·ber·se·hen <übersiehst, übersah, hat übersehen> *mit OBJ* **1.** ■ *jmd. übersieht etwas* (≈ *überblicken*) *über etwas gut hinweg sehen können* Von hier oben übersieht man das Umland der Stadt., Vom Riesenrad aus übersieht man die gesamte Festwiese. **2.** ■ *jmd. übersieht etwas etwas in seiner Gesamtheit geistig erfassen oder die Konsequenzen davon erkennen* Die Situation war schwer zu übersehen., Wer übersieht noch das gesamte Projekt? **3.** ■ *jmd. übersieht jmdn./etwas* (≈ *ignorieren*) *absichtlich jmdn. oder etwas nicht beachten* Die Mängel des Neubaus sind nicht zu übersehen., Seit ihrem heftigen Streit übersieht sie ihn einfach, wenn sie ihm irgendwo zufällig begegnet. **4.** ■ *jmd. übersieht jmdn./etwas jmdn. oder etwas ohne Absicht nicht beachten* Oh, entschuldigen Sie bitte, ich habe Sie wohl übersehen., Ich weiß auch nicht wie das passieren konnte, aber ich habe das Stoppschild einfach übersehen.

ü·ber·se·hen <siehst über, sah über, hat übergesehen> *mit SICH* ■ *jmd. sieht sich etwas über* (*umg.*) *so viel von etwas sehen, dass man es nicht mehr ertragen kann* Ich habe mir das Tapetenmuster übergesehen.

ü·ber·sen·den <übersendest, übersandte/übersendete, hat übersandt/übersendet> *mit OBJ* ■ *jmd. übersendet jmdm. etwas* (*geh.*) *etwas mit der Post schicken* Anbei übersenden wir Ihnen die Unterlagen.

ü·ber·set·zen <setzt über, setzte über, hat/ist übergesetzt> **I.** *mit OBJ* ■ *jmd. setzt jmdn./etwas über* (*haben*) *jmdn. oder etwas mit einem Boot o.Ä. an das andere Ufer bringen* Der Fährmann hat die Wanderer übergesetzt. **II.** *ohne OBJ* ■ *jmd. setzt über* (*sein/haben*) *mit einem Boot o.Ä. über einen Fluss, See, Kanal o.Ä. an das andere Ufer fahren* Er hat/ist mit der Fähre übergesetzt., Die Fähre ist/hat übergesetzt.

ü·ber·set·zen[1] <übersetzt, übersetzte, hat übersetzt> *mit OBJ/ohne OBJ* ■ *jmd. übersetzt* (*etwas*) *etwas Geschriebenes oder Gesprochenes von einer Sprache in eine andere übertragen* die Konferenzmaterialien vom Englischen ins Französische übersetzen, Ich habe frei, nicht wortwörtlich übersetzt.

ü·ber·set·zen[2] <übersetzt, übersetzte, hat übersetzt> *mit OBJ* TECHN. ■ *etwas übersetzt etwas in etwas Akk. die Kraft, die von einer Welle, einem Rad, einem Getriebe o.Ä. ausgeht, über eine zweite Welle, ein zweites Rad, ein zweites Getriebe o.Ä. in ein schnelleres oder langsameres Verhältnis übertragen* Das Getriebe eines Fahrrades übersetzt die Antriebsdrehzahl der Pedalen in die Umdrehungsdrehzahl der Räder.

Ü·ber·set·zer, **Ü·ber·set·ze·rin** der <-s, -> *Person, die einen Text von einer Sprache in eine andere überträgt* Der Übersetzer diese Werkes wurde mit einem Preis ausgezeichnet. ◆ Fach-, Literatur-

Ü·ber·set·zung[1] die <-, -en> **1.** *ein Text, der von einer Sprache in eine andere übertragen wurde* eine Übersetzung aus dem Russischen **2.** *das Übersetzen*[1] Die Übersetzung der Werke Hegels bereitet erhebliche Schwierigkeiten. ◆ -swissenschaft, Roh-

Ü·ber·set·zung[2] die <-, -en> TECHN. *Verhältnis, in dem eine Kraft übersetzt*[2] *wird* die Übersetzung von einer höheren in eine niedrigere Drehzahl, ein Fahrrad mit 27 verschiedenen Übersetzungen

◆-sverhältnis

Ü·ber·sicht die <-, -en> **1.** (*kein Plur.*) (≈ *Überblick*[1]) *die Fähigkeit, etwas in seiner Gesamtheit und seinen Zusammenhängen zu erfassen* die Übersicht verlieren, sich eine Übersicht verschaffen **2.** *eine Darstellung, die etwas kurz zusammenfasst* eine Übersicht über die Umsatzentwicklung

ü·ber·sicht·lich *Adj.* **1.** *so, dass man es gut überschauen*[2] *kann* Ein übersichtliches Gelände ist schlecht zum Versteckspiel geeignet. **2.** *so klar, dass man es gut verstehen kann* Die Darstellung war einfach und übersichtlich.

Ü·ber·sicht·lich·keit die <-> (*kein Plur.*) **1.** *die Eigenschaft, dass man etwas gut übersehen*[1] *kann* Die Übersichtlichkeit des Geländes erleichtert die Überwachung. **2.** *Einfachheit und Klarheit* Der Darstellung mangelt es an Übersichtlichkeit.

ü·ber·sie·deln, ü·ber·sie·deln <übersiedelst/siedelst über, übersiedelte/siedelte über, ist übersiedelt/übergesiedelt> *ohne OBJ* ■ *jmd. siedelt irgendwohin über den Wohnort wechseln* Wir sind nach Hamburg übersiedelt/übergesiedelt., Das Unternehmen siedelt ins Ausland über/übersiedelt ins Ausland.

Ü·ber·sied·ler, Ü·ber·sied·ler, Ü·ber·sied·le·rin der <-s, -> *Person, die übersiedelt*

ü·ber·sinn·lich *Adj. so, dass es mit den normalen Sinnen nicht zu verstehen ist* übersinnliche Wahrnehmungen haben

ü·ber·span·nen <überspannst, überspannte, hat überspannt> *mit OBJ* **1.** ■ *etwas überspannt etwas* (*geh.*) *sich über etwas spannen* Die Brücke überspannt das Tal. **2.** ■ *jmd. überspannt etwas zu sehr spannen* eine Gitarrensaite überspannen ■ **den Bogen überspannen** (*übertr. abwert.*): *zu hohe Forderungen stellen*

ü·ber·spannt *Adj.* (*umg. abwert.*) **1.** *leicht verrückt* ein überspanntes Wesen haben **2.** *so, dass es nicht der Realität entspricht* überspannte Forderungen, überspannte Pläne

ü·ber·spie·len <überspielst, überspielte, hat überspielt> *mit OBJ* **1.** ■ *jmd. überspielt etwas etwas von einem Datenträger* (*einer Videokassette, einer Tonkassette, einer Schallplatte o.Ä.*) *auf einen anderen Datenträger übertragen* Überspielst du mir bitte den Film?, eine CD auf Kassette überspielen **2.** ■ *jmd. überspielt etwas etwas Unangenehmes durch geschicktes Verhalten verbergen* Er konnte seine Unerfahrenheit gut überspielen.

ü·ber·spitzt *Adj. übertrieben, aber noch verständlich* Ich formuliere es jetzt überspitzt, um deutlich zu machen, worum es mir geht.

ü·ber·sprin·gen <springt über, sprang über, ist übergesprungen> *ohne OBJ* ■ *etwas springt über sich schnell von einer Stelle zu einer anderen bewegen* Zwischen den beiden Enden des Drahtes sprangen Funken über.

ü·ber·sprin·gen <überspringst, übersprang, hat übersprungen> *mit OBJ* **1.** ■ *jmd./ein Tier überspringt etwas über etwas einen Sprung machen* einen Graben/eine Pfütze überspringen, Das Pferd übersprang das Hindernis mühelos. **2.** ■ *jmd. überspringt etwas* (≈ *auslassen*) *nicht berücksichtigen und daher weglassen* Den nächsten Punkt auf der Tagesordnung können wir überspringen., beim Lesen mehrere Zeilen überspringen

ü·ber·spru·deln <sprudelt über, sprudelte über, ist übergesprudelt> *ohne OBJ* **1.** ■ *etwas sprudelt über eine Flüssigkeit sprudelt so sehr, dass sie über den Rand eines Gefäßes fließt* **2.** ■ *etwas sprudelt über etwas ist sehr intensiv oder sehr deutlich* ein übersprudelndes Temperament, übersprudelnde Freude

ü·ber·staat·lich <nicht steig.> *Adj. so, dass mehrere Staaten einbezogen sind* eine überstaatliche Organisation

ü·ber·ste·hen <steht über, stand über, hat/ist übergestanden> *ohne OBJ* ■ *etwas steht über über etwas herausragen* Der Balken steht über.

ü·ber·ste·hen <überstehst, überstand, hat überstanden> *mit OBJ* ■ *jmd./etwas übersteht etwas eine gefährliche oder unangenehme Situation hinter sich bringen* Alle Passagiere haben den Flugzeugabsturz lebendig überstanden., Die Stadt hat den Krieg ohne größere Zerstörungen überstanden., Er hat eine schwere Krankheit überstanden., Hoffentlich übersteht das Zelt den Sturm!

ü·ber·stei·gen <übersteigst, überstieg, hat überstiegen> *mit OBJ* **1.** ■ *jmd. übersteigt etwas über etwas steigen* einen Zaun übersteigen **2.** ■ *etwas übersteigt etwas über etwas hinausgehen* Die Aufgabe übersteigt ihre Kräfte., Die Kosten übersteigen meine finanziellen Möglichkeiten., Das übersteigt meinen Verstand!

ü·ber·stei·gert *Adj.* (≈ *übertrieben*) *so, dass es viel größer oder stärker ausgeprägt ist als angemessen* ein übersteigertes Selbstvertrauen, übersteigerte Hoffnungen/Erwartungen

ü·ber·steu·ern <übersteuerst, übersteuerte, hat übersteuert> *ohne OBJ* ■ *jmd. übersteuert* KFZ (*in einer Kurve*) *zu stark lenken, so dass das Fahrzeug mit dem Heck nach außen drängt*

ü·ber·steu·ert *Adj.* **1.** ELEKTROTECHN. *so, dass Töne über einen Verstärker verzerrt wiedergegeben werden, weil die Spannung am Signaleingang zu hoch ist* Die Anlage ist total übersteuert. **2.** KFZ-W. *so, dass ein Fahrzeug in einer Kurve mit dem Heck zu stark nach außen drängt*

ü·ber·stim·men <überstimmst, überstimmte, hat überstimmt> *mit OBJ* ■ *jmd. überstimmt jmdn./etwas jmdn. oder etwas in einer Abstimmung durch Stimmenmehrheit scheitern lassen* einen Gegner/einen Vorschlag überstimmen, Wir wurden überstimmt.

ü·ber·strah·len <überstrahlst, überstrahlte, hat überstrahlt> *mit OBJ* ■ *etwas überstrahlt etwas heller strahlen als etwas anderes* Der Stern überstrahlt das Licht der benachbarten Sterne.

ü·ber·stra·pa·zie·ren <- hat überstrapaziert> (*nur Infinitiv oder Partizip Perfekt*) *mit OBJ* ■ *jmd./etwas hat etwas überstrapaziert zu sehr beanspruchen* Du wirst seine Geduld noch einmal überstrapazieren., Er hat meine Nerven überstrapaziert., Das sind wirklich überstrapazierte Argumente.

ü·ber·strei·chen <überstreichst, überstrich , hat überstrichen> *mit OBJ* ■ *jmd. überstreicht etwas Farbe über etwas streichen, um es zu verdecken* Wasserflecken kann man nicht mit normaler Farbe überstreichen.

ü·ber·strei·fen <streifst über, streifte über, hat übergestreift> *mit OBJ* ■ *jmd. streift etwas über etwas schnell anziehen* Bevor er aus dem Haus ging, streifte er sich noch einen leichten Mantel über.

ü·ber·strö·mend *Adj. so stark, dass es klar sichtbar ist* überströmende Freude/Dankbarkeit/Herzlichkeit

ü·ber·strömt *Adj. mit Blut, Schweiß oder Tränen bedeckt* sein von Tränen überströmtes Gesicht ◆ blut-, schweiß-, tränen-

ü·ber·stül·pen <stülpst über, stülpte über, hat übergestülpt> *mit OBJ* ■ *jmd. stülpt jmdm./sich/etwas etwas über etwas mit der Öffnung nach unten auf jmdn./sich/etwas setzen* Sie stülpte sich noch rasch eine Wollmütze über, bevor sie rodeln gingen.

Ü·ber·stun·de die <-, -n> (*meist Plur.*) *Arbeit, die über die vereinbarte Arbeitszeit hinaus geleistet wird* Überstunden machen/abbauen/ausbezahlt bekommen ◆ -nabbau

ü·ber·stür·zen <überstürzt, überstürzte, hat überstürzt> **I.** *mit OBJ* ■ *jmd. überstürzt etwas zu schnell handeln, ohne zu überlegen, welche Konsequenzen das Handeln haben wird* eine Entscheidung überstürzen, überstürzt abreisen, Überstürze nur nichts, denk lieber in Ruhe nach! **II.** *mit SICH* ■ *jmd. überstürzt sich, etwas zu tun sehr schnell etwas tun* Er überstürzte sich, ihr jeden Wunsch zu erfüllen ■ **die Ereignisse überstürzen sich**: *es geschehen in einem kurzen Zeitraum viele interessante oder unerwartete Dinge*

ü·ber·ta·rif·lich *Adj.* WIRTSCH. *mehr, als im Tarifvertrag festgelegt* eine übertarifliche Zulage zum Gehalt

ü·ber·teu·ert *Adj. zu teuer* überteuerte Lebensmittel

ü·ber·töl·peln <übertölpelst, übertölpelte, hat übertölpelt> *mit OBJ* ■ *jmd. übertölpelt jmdn.* (*umg. abwert.*) *jmdn. auf einfache Art betrügen* Da hast du dich aber mit einem billigen Trick übertölpeln lassen!

ü·ber·tö·nen <übertönst, übertönte, hat übertönt> *mit OBJ* ■ *jmd./etwas übertönt jmdn./etwas lauter als jmd./etwas anderer/anderes sein* Der Straßenlärm übertönte unser Gespräch., Er übertönte mit seiner Stimme alle anderen im Raum.

Ü·ber·topf der <-(e)s, Übertöpfe> *eine Art Topf aus Keramik oder Kunststoff o.Ä., der schön aussieht und in den man einen einfachen Blumentopf stellt*

Ü·ber·trag der <-(e)s, Überträge> *eine Zahl, die man als Ergebnis einer Rechnung auf einer Seite bekommt und die man in eine neue Rechnung auf einer neuen Seite übernimmt* Der Übertrag von der vorherigen Seite beträgt 545 Euro.

ü·ber·trag·bar <nicht steig> *Adj. so, dass man es an andere weitergeben kann* eine übertragbare Monatskarte

ü·ber·tra·gen <überträgst, übertrug, hat übertragen> **I.** *mit OBJ* **1.** ■ *etwas überträgt etwas* (*auf etwas Akk.*) *Kraft oder Energie von einem Gerät an ein anderes Teil weitergeben* die Kraft vom Motor auf die Räder übertragen **2.** ■ *jmd./etwas überträgt etwas* (*auf jmdn./ein Tier*) *etwas, das der Gesundheit schadet, an jmdn. oder ein Tier weitergeben* Füchse können Tollwut durch Bisse auf den Menschen übertragen., HIV wird durch Körperflüssigkeiten übertragen., eine Krankheit übertragen **3.** ■ *jmd. überträgt etwas auf jmdn. etwas an jmdn. weitergeben* Die Eintrittskarten können nicht auf andere übertragen werden., Der Firmengründer übertrug die Leitung des Unternehmens auf seinen Sohn. **4.** ■ *jmd. überträgt jmdm. etwas jmdm. eine bestimmte Aufgabe zuweisen* Man hatte ihr die gesamte Buchführung übertragen. **5.** ■ *jmd. überträgt Blut jmdm. Blut von jmdm. anderem geben* Nach dem Unfall bekam er sofort Blut übertragen. **6.** ■ *jmd. überträgt etwas auf etwas Akk. etwas auf einen anderen Bereich anwenden* Erkenntnisse aus der Biologie auf die Technik übertragen **7.** ■ *jmd. überträgt etwas in etwas Akk. einen Text oder Teile eines Textes übersetzen oder in eine andere Form bringen* einen Roman ins Englische übertragen, Sie hat die vereinzelten Sätze in einen zusammenhängenden Text übertragen **8.** ■ *etwas überträgt etwas in etwas Akk.* (≈ *umwandeln*) *Signale oder Impulse in eine andere Form bringen* Ein Modem überträgt digitale in analoge Signale und umgekehrt. **9.** ■ *etwas überträgt etwas* EDV TELEKOMM. *Informationseinheiten oder Daten* (*in einem bestimmten Zeitintervall*) *weiterleiten* Das Netzwerk überträgt die Daten mit einer Geschwindigkeit von 10 Megabits pro Sekunde. **10.** ■ *jmd. überträgt etwas auf/in etwas Akk. etwas an einer anderen Stelle noch einmal schriftlich aufnehmen* Übertragen Sie die Zahlen in das Formular!, die gemessenen Werte in ein Diagramm übertragen **11.** ■ *etwas überträgt etwas ein Ereignis live im Radio oder Fernsehen senden* Das Konzert wird in voller Länge im Fernsehen/im Radio übertragen. **12.** ■ *jmd. überträgt etwas* (*auf etwas Akk.*) *überspielen*[1] eine CD auf einen MPG3-Player übertragen **II.** *mit SICH* **1.** ■ *etwas überträgt sich* (*auf jmdn.*) *von einem Lebewesen zu einem anderen Lebewesen gelangen* Das Virus überträgt sich durch Körperflüssigkeiten. **2.** ■ *etwas überträgt sich* (*auf jmdn.*) *jmdn. mit einem bestimmten Verhalten oder einer Eigenschaft so beeinflussen, dass er ein ähnliches Verhalten oder eine ähnliche Eigenschaft zeigt* Ihre Nervosität überträgt sich auch auf die Kinder. ■ **übertragene Bedeutung**: *eine Bedeutung, die nicht dem eigentlichen Wortsinn entspricht* ein Wort/eine Wendung in übertragener Bedeutung verwenden, In übertragener Bedeutung heißt „Rad fahren", dass man Untergebene schlecht behandelt und Übergeordneten gegenüber immer freundlich und dienstbereit ist.

Ü·ber·tra·gung die <-, -en> **1.** (*kein Plur.*) *der Vorgang, dass jmd. etwas, das irgendwo aufgeschrieben ist, an einer anderen Stelle schreibt* die Übertragung der Ergebisse in die Tabelle, die Übertragung der Zahlen des Vormonats in die Liste für den aktuellen Monat **2.** *eine nicht wörtliche, sondern eher sinngemäße und freie Übersetzung* die Übertragung eines Textes aus dem Chinesischen, Es handelt sich eher um eine freie Übertragung als um eine wörtliche Übersetzung **3.** (≈ *Ansteckung*) *der Vorgang, dass durch den Kontakt mit einem Kranken ein anderer Mensch auch krank wird* die Übertragung einer Krankheit **4.** (≈ *Übergabe*) *der Vorgang, dass Aufgaben, Funktionen oder Rechte von einer Person an eine andere gegeben werden* die Übertragung der Aufgaben an den Nachfolger **5.** *der Vorgang, dass ein bestimmtes Wissen oder eine bestimmte Vorgehensweise in einem anderen Bereich angewendet wird* die Übertragung der Erkenntnisse in die Praxis/auf andere Bereiche **6.** *der Vorgang, dass ein Konzert oder eine Veranstaltung von Rundfunk oder Fernsehen aufgezeichnet und gesendet werden* Sie hören eine Übertragung aus dem Konzertsaal der Stadt. ◆ Live- **7.** MED. *der Vorgang, dass in den Körper eines Menschen eine Substanz aus dem Körper eines anderen Menschen gebracht wird* die Übertragung von Blut/von Knochenmark ◆ Blut- **8.** TECHN. *der Vorgang, dass die Kraft von etwas auf etwas anderes geleitet wird* die Übertragung der Kraft des Motors auf die Räder

Ü·ber·tra·gungs·feh·ler der <-s, -> **1.** EDV TELEKOMM. *Fehler, der in einem Netzwerk oder im Internet auftritt, während Daten übertragen[9] werden* **2.** *Fehler, der beim Übertragen[7] auftritt*

Ü·ber·tra·gungs·ge·schwin·dig·keit die <-, -en> EDV TELEKOMM. *Übertragungsrate*

Ü·ber·tra·gungs·pro·to·koll das <-s, -e> EDV TELEKOMM. *Komponente in einem Programm, die für die Vermittlung von Daten in einem Netzwerk oder über das Internet zuständig ist* TCP/IP ist heute das am meisten verwendete Übertragungsprotokoll.

Ü·ber·tra·gungs·ra·te die <-, -n> (EDV TELEKOMM.: ≈ *Übertragungsgeschwindigkeit*) *die Anzahl der Informationseinheiten, die in einem bestimmten Zeitintervall übertragen werden* Diese Festplatte hat nur eine geringe Übertragungsrate.

Ü·ber·tra·gungs·wa·gen der <-s, -> (≈ *Ü-Wagen*) *Fahrzeug, von dem aus Sendungen für Radio oder Fernsehen übertragen werden*

ü·ber·tref·fen <übertriffst, übertraf, hat übertroffen> *mit OBJ* **1.** ■ *jmd./etwas übertrifft jmdn./etwas (in etwas Dat.) (auf einem Gebiet) bessere Leistungen oder bessere Qualitäten vorweisen als jmd. anderer/etwas anderes* In Mathematik übertrifft sie alle ihre Klassenkameraden., Das neue Modell übertrifft das alte im Hinblick auf die Sicherheit. **2.** ■ *jmd./etwas übertrifft jmdn./etwas an etwas Dat. mehr von einer Eigenschaft haben als jmd. anderer/etwas anderes* Sie übertrifft ihn an Intelligenz., Das neue Programm übertrifft das alte vor allem an Stabilität. **3.** ■ *etwas übertrifft etwas größer oder höher sein als etwas anderes* Das übertrifft alle unsere Erwartungen!, Die heutigen Einnahmen übertreffen die gestrigen. ■ **jemand hat sich selbst übertroffen**: *jmd. hat etwas Außergewöhnliches geleistet* Mit diesem Roman hat sich der Autor selbst übertroffen.

ü·ber·trei·ben <übertreibst, übertrieb, hat übertrieben> *mit OBJ/ohne OBJ* **1.** ■ *jmd. übertreibt etwas behaupten, dass etwas größer, besser, schlechter usw. ist als in Wirklichkeit* In seinem Bericht hat er das Ausmaß der Schäden stark übertrieben., Stimmt das wirklich? Hast du nicht etwas übertrieben? **2.** ■ *jmd. übertreibt etwas/mit etwas Dat. mehr tun, als gut oder nötig ist* Er übertreibt die Sparsamkeit., Hundert Kilometer Jogging pro Woche? Du übertreibst es mit dem Sport!, Übertreibst du nicht ein bisschen mit dem Abnehmen? ■ **Man kann's auch übertreiben.** (*umg. abwert.*): *verwendet als Kritik an jmdm., der zu viel von etwas macht oder unverschämt wird*

Ü·ber·trei·bung die <-, -en> *das Übertreiben* Das kann man ohne jede Übertreibung so sagen.

ü·ber·tre·ten <trittst über, trat über, ist/hat übergetreten> *ohne OBJ* **1.** ■ *jmd. tritt zu etwas Dat. über (sein) zu einer anderen Partei, Religionsgemeinschaft, Organisation o.Ä. wechseln* Er war zur konkurrierenden Partei übergetreten., Sie ist zum katholischen Glauben übergetreten. **2.** ■ *jmd. tritt über* (SPORT: *sein/haben*) *beim Absprung über die Absprunglinie treten* Die Springerin ist/hat beim dritten Versuch übergetreten. **3.** ■ *etwas tritt über ein Fluss oder ein Bach fließt nach starkem Regen oder starker Schneeschmelze über die Ufer* Nach dem starken Regen besteht die Gefahr, dass der Fluss wieder übertritt.

ü·ber·tre·ten <übertrittst, übertrat, hat übertreten> *mit OBJ* ■ *jmd. übertritt etwas etwas missachten; gegen etwas verstoßen* ein Gesetz/ein Verbot übertreten

Ü·ber·tre·tung die <-, -en> *Missachtung; Verstoß* die Übertretung eines Gesetzes

ü·ber·trie·ben[1] *Partizip Perfekt von* **übertreiben**

ü·ber·trie·ben[2] *Adj. zu groß, zu schlecht, zu stark o.Ä.* Seine Vorsicht ist nicht übertrieben., übertriebene Ängste

ü·ber·trie·ben[3] *Adv. zu sehr* Sie ist übertrieben vorsichtig.

Ü·ber·tritt der <-(e)s, -e> **1.** *Wechsel zu einer anderen Organisation, Religionsgemeinschaft, Partei o.Ä.* der Übertritt zu einer anderen Partei, der Übertritt zum christlichen Glauben **2.** *Ereignis dieses Wechselns* Die Zahl der Übertritte zu anderen Parteien ist gestiegen.

ü·ber·trump·fen <übertrumpfst, übertrumpfte, hat übertrumpft> *mit OBJ* ■ *jmd. übertrumpft jmdn.* (≈ *übertreffen[1]*) Er lief eine hervorragende Zeit, aber sein Kontrahent hat ihn noch übertrumpft.

ü·ber·tün·chen <übertünchst, übertünchte, hat

übertüncht> *mit OBJ* ■ *jmd. übertüncht etwas übermalen* die Schmiererei an der Wand übertünchen

ü·ber·ver·si·chert <nicht steig.> *Adj.* (↔ *unterversichert*) *so, dass man zu viele Versicherungen abgeschlossen hat*

ü·ber·völ·kert *Adj. mit so vielen Menschen, dass es ungünstige Folgen hat* übervölkerte Großstädte, von Touristen übervölkerte Urlaubsgebiete

Ü·ber·völ·ke·rung die <-> (*kein Plur.*) *der Zustand, dass etwas übervölkert ist* an Übervölkerung leidende Länder/Regionen

ü·ber·voll <nicht steig.> *Adj. zu voll* eine übervolle Tasse, das Glas übervoll gießen, eine übervolle Straßenbahn

ü·ber·vor·tei·len <übervorteilst, übervorteilte, hat übervorteilt> *mit OBJ* ■ *jmd. übervorteilt jmdn.* (*geh.*) *sich einen Vorteil bei einem Geschäft, einem Verkauf, einem Vertrag o.Ä. verschaffen, indem man den anderen, der nicht so viel von diesem Geschäft, Verkauf, Vertrag o.Ä. versteht, benachteiligt* Bei diesem Mietvertrag hat euch der Vermieter eindeutig übervorteilt.

ü·ber·wa·chen <überwachst, überwachte, hat überwacht> *mit OBJ* **1.** ■ *jmd./etwas überwacht jmdn./etwas jmdn. oder etwas dauernd beobachten, um zu kontrollieren, ob alles richtig funktioniert* Die Produktion läuft vollautomatisch und wird von Computern überwacht., In der Intensivstation wird der Kranke ständig überwacht. **2.** ■ *jmd./etwas überwacht jmdn./etwas jmdn. oder etwas beobachten, um zu kontrollieren, ob etwas Verbotenes oder eine Straftat geschieht* einen Platz/ein Geschäft mit Videokameras überwachen, einen Verdächtigen/ein Gebäude polizeilich überwachen lassen

Ü·ber·wa·chung die <-, -en> **1.** *das Überwachen[1]* die vollautomatische Überwachung der Produktion **2.** *das Überwachen[2]* die Überwachung eines Verdächtigen/eines Gebäudes

Ü·ber·wa·chungs·ka·me·ra die <-, -s> *ein kleine Videokamera, die zur Überwachung[2] dient* In dem Park hatte die Polizei verschiedene Überwachungskameras installiert.

Ü·ber·wa·chungs·staat der <-(e)s, -en> (*Plur. selten*) (*abwert.*) *Staat, in dem Bürger ständig von der Polizei überwacht werden, auch wenn sie nichts Verbotenes getan haben*

ü·ber·wäl·ti·gen <überwältigst, überwältigte, hat überwältigt> *mit OBJ* **1.** ■ *jmd. überwältigt jmdn.* (≈ *bezwingen*) *jmdn. wehrlos machen* einen Dieb überwältigen, beim Wettkampf den Gegner überwältigen **2.** ■ *etwas überwältigt jmdn. gefühlsmäßig so stark bewegen, dass jmd. nichts dagegen tun kann* Die Eindrücke auf der Reise durch Kanada haben sie überwältigt., ein überwältigendes Erlebnis, Ein Gefühl der Angst/Trauer überwältigte sie.

ü·ber·wäl·ti·gend[1] *Partizip Präsens von* **überwältigen**

ü·ber·wäl·ti·gend[2] *Adj.* **1.** *sehr groß oder stark* Die überwältigende Mehrheit stimmte für das Gesetz., ein überwältigender Sieg **2.** (≈ *außerordentlich, großartig*) *so, dass etwas sehr intensiv ist und eine starke Wirkung hat* ein überwältigender Anblick, ein überwältigendes Erlebnis

ü·ber·wech·seln <wechselst über, wechselte über, ist übergewechselt> *ohne OBJ* **1.** ■ *jmd. wechselt irgendwohin über sich von einer Seite auf eine andere Seite bewegen* zur anderen Straßenseite/auf die linke Fahrspur überwechseln **2.** ■ *jmd. wechselt in etwas Akk./zu etwas Dat. über von einer Organisation, Religionsgemeinschaft, Partei o.Ä. in eine andere Organisation, Religionsgemeinschft, Partei o.Ä. gehen* ins Lager der Kernkraftbefürworter überwechseln, Er ist zum jüdischen Glauben übergewechselt., zu einer anderen Partei überwechseln

ü·ber·wei·sen <überweist, überwies, hat überwiesen> *mit OBJ* **1.** ■ *jmd. überweist etwas veranlassen, dass Geld vom eigenen auf ein anderes Konto gelangt* Bitte überweisen Sie uns den Betrag vorab!, 500 Euro auf jemands Konto überweisen **2.** ■ *jmd. überweist jmdn.* (*an jmdn./etwas/zu jmdm./etwas*) MED. *zu einem anderen Arzt oder in ein Krankenhaus schicken* Der Arzt hat den Patienten zum Radiologen überwiesen.

Ü·ber·wei·sung die <-, -en> **1.** *das Überweisen* eine Überweisung vornehmen, die Überweisung zum Facharzt **2.** *eine Summe Geld, die überwiesen[1] wurde* eine Überweisung über 200 Euro **3.** *ein Schein, mit dem Geld überwiesen[1] wird oder mit dem ein Patient überwiesen[2] wird* eine Überweisung über einen bestimmten Betrag ausstellen, Bitte bringen Sie Ihre Überweisung mit zum Facharzt! ◆-sformular, -sschein

Ü·ber·wei·sungs·auf·trag der <-s, Überweisungsaufträge> *Formular, das man ausfüllt, um Geld zu überweisen[1]*

ü·ber·weit *Adj. sehr weit* ein überweites Kleid für die Schwangerschaft

Ü·ber·wei·te die <-, -n> *ein Maß, das weiter ist als normal* Kleider in Überweite

ü·ber·wer·fen <wirfst über, warf über, hat übergeworfen> *mit OBJ* ■ *jmd. wirft sich/jmdm. etwas über sich oder jmdm. etwas locker und schnell um die Schultern legen* sich/jemandem einen Umhang überwerfen

ü·ber·wer·fen <überwirfst, überwarf, hat überworfen> *mit SICH* ■ *jmd. überwirft sich mit jmdm. sich heftig mit jmdm. streiten und dann keinen Kontakt mehr mit ihm haben, weil man sich nicht versöhnt hat* Die Geschwister haben sich überworfen., Sie hat sich mit ihrer Freundin überworfen.

ü·ber·wie·gen <überwiegt, überwog, hat überwogen> **I.** *mit OBJ/ohne OBJ* ■ *etwas überwiegt* (*etwas*) *wichtiger, entscheidender, stärker o.Ä. als etwas anderes sein* Die Gegenstimmen überwogen letztlich die der Befürworter., Schließlich überwog bei ihr doch die Neugier. **II.** *ohne OBJ* ■ *jmd./etwas überwiegt stärker oder in größerer Zahl vertreten sein* In den technischen Studiengängen überwiegen noch die Männer., Die Landwirtschaft überwiegt in dieser Region., Hier wird überwiegend Mais angebaut., Das schlechte Wetter überwiegt in dieser Woche., bei überwiegend regnerischem Wetter

ü·ber·win·den <überwindest, überwand, hat überwunden> **I.** *mit OBJ* **1.** ■ *jmd./etwas überwindet etwas etwas mit dem Einsatz von Kraft bewältigen* ein Hindernis überwinden, Das Auto überwand die Steigungen ohne Schwierigkeiten., Die Zugvögel können große Entfernungen überwinden. **2.** ■ *jmd./etwas überwindet etwas eine Krankheit besiegen oder etwas sehr Schlimmes abschaffen* eine schwere Krankheit/Schwierigkeiten überwinden, eine wirtschaftliche Krise überwinden, den Hunger in der Welt überwinden **3.** ■ *jmd. überwindet etwas etwas, das meist eine Eigenschaft oder ein schlechtes Gefühl ist, erfolgreich bekämpfen* ein Gefühl des Ekels überwinden, die Angst/die Abneigung gegen etwas/jemanden überwinden **4.** ■ *jmd. überwindet jmdn.* (*geh.*) *jmdn. besiegen* den Feind überwinden **II.** *mit SICH* ■ *jmd. überwindet sich* (*zu etwas Dat.*) *etwas tun oder sagen, obwohl man es nicht wollte* Sie überwand sich und gab ihrem ärgsten Feind die Hand., Um Insekten zu essen, muss man sich ziemlich überwinden.

Ü·ber·win·dung die <-> (*kein Plur.*) *der Vorgang, dass man etwas tut, obwohl man einen Widerwillen dagegen spürt* Das Frühaufstehen/Baden in kaltem Wasser kostet Überwindung.

ü·ber·win·tern <überwinterst, überwinterte, hat überwintert> *ohne OBJ* **1.** ■ *jmd./ein Tier überwintert irgendwo während des Winters irgendwo bleiben* Viele Rentner überwintern im warmen Süden., Die Zugvögel überwintern im Süden. **2.** ■ *etwas überwintert irgendwo während des Winters irgendwo geschützt lagern* die Pflanzen im Keller überwintern lassen

ü·ber·wu·chern <überwuchert, überwucherte, hat überwuchert> *mit OBJ* ■ *etwas überwuchert etwas Pflanzen wachsen schnell über etwas hinweg* Efeu überwucherte die Mauer., von Unkraut überwucherte Gräber

Ü·ber·zahl die <-> (*kein Plur.*) *die Mehrheit von Personen, die anderen Personen gegenüberstehen* Die Feinde waren in der Überzahl.

ü·ber·zäh·lig *Adj. mehr von etwas, als benötigt wird* Sie verteilte die Arbeitsblätter in der Klasse und legte die überzähligen Exemplare auf den Lehrertisch.

ü·ber·zeich·nen <überzeichnest, überzeichnete, hat überzeichnet> *mit OBJ* ■ *jmd. überzeichnet etwas* (*geh.*) *etwas übertrieben darstellen, indem man bestimmte Eigenschaften überdeutlich hervorhebt* Die Charaktere in diesem Fim waren sehr überzeichnet.

ü·ber·zeich·net *Adj.* WIRTSCH. *so, dass ein Wertpapier mit viel mehr Wert gehandelt wird als es wirklich wert ist* Die Aktien am Neuen Markt waren fast alle extrem überzeichnet.

ü·ber·zeu·gen **I.** *mit OBJ* ■ *jmd. überzeugt jmdn.* (*von etwas Dat.*) *erreichen, dass jmd. sich einer bestimmten Meinung anschließt, etwas glaubt oder etwas als richtig ansieht* Ihre Argumente haben uns alle überzeugt., Er konnte auch die Zweifler von seinem Plan überzeugen., Seine Begründung hat mich nicht überzeugt., überzeugende Argumente **II.** *mit OBJ/ohne OBJ* ■ *jmd./etwas überzeugt* (*jmdn.*) *einen guten Eindruck machen* Die Leistung der Schülerin hat den Lehrer überzeugt., Die Leistung der Mannschaft hat überzeugt. **III.** *mit SICH* ■ *jmd. überzeugt sich von etwas Dat. etwas genau kontrollieren, um zu sehen, ob es korrekt oder wahr ist* Bitte überzeugen Sie sich selbst von der Richtigkeit meiner Angaben!

ü·ber·zeu·gend[1] *Partizip Präsens von* **überzeugen**

ü·ber·zeu·gend[2] *Adj. so, dass etwas überzeugt I* überzeugende Argumente, ein überzeugendes Ergebnis

ü·ber·zeugt[1] *Partizip Perfekt von* **überzeugen**

ü·ber·zeugt[2] *Adj.* **1.** *so, dass jmd. nicht an etwas zweifelt* Er ist überzeugt von seiner Stärke., Sie sind überzeugt von ihrer Unschuld., Jeder ist überzeugt davon, dass Richtige zu tun. **2.** (*nur attr.*) *so, dass man absolut sicher ist, das Richtige zu tun* ein überzeugter Anhänger des Neoliberalismus, ein überzeugter Pazifist ■ **jemand ist von sich selbst überzeugt** (*abwert.*): *jmd. ist sehr selbstbewusst und ein wenig arrogant* Du bist aber ganz schön von dir selbst überzeugt!

Ü·ber·zeu·gung die <-, -en> *eine Meinung, die sich jmd. gebildet hat* seine Überzeugungen verraten, zu seinen Überzeugungen stehen, Es ist meine feste Überzeugung, dass er unschuldig ist., zu der Überzeugung gelangen, dass …, die Überzeugung gewinnen, dass …

Ü·ber·zeu·gungs·kraft die <-> (*kein Plur.*) *Fähigkeit zu überzeugen I* etwas mit großer Überzeugungskraft vortragen, die Überzeugungskraft der vorgetragenen Argumente

ü·ber·zie·hen <ziehst über, zog über, hat übergezogen> *mit OBJ* ■ *jmd. zieht etwas über sich etwas über ein anderes Kleidungsstück anziehen* (sich/jemandem) einen Pullover überziehen ■ **jemandem eins überziehen** (*umg.*): *jmdn. schlagen* Er hat ihm eins übergezogen.

ü·ber·zie·hen <überziehst, überzog, hat überzogen> **I.** *mit OBJ* **1.** ■ *jmd./etwas überzieht etwas etwas gleichmäßig mit einem Belag bedecken* Metallteile mit einer Chromschicht überziehen, Die Bäume sind mit Raureif überzogen. **2.** ■ *jmd. überzieht etwas* (≈ *beziehen*) *Stoff so über ein Möbel breiten, dass er relativ fest gespannt ist und die gesamte Fläche bedeckt* das Bett überziehen **II.** *mit OBJ/ohne OBJ* **1.** ■ *jmd. überzieht* (*etwas*) *ein zeitliche Begrenzung nicht einhalten* Der Lehrer hat (die Unterrichtszeit) heute wieder zehn Minuten überzogen. **2.** ■ *jmd. überzieht* (*etwas*) *mehr Geld vom Konto abheben, als darauf vorhanden ist* Ich habe (mein Konto) schon wieder überzogen! **III.** *mit SICH* ■ *etwas überzieht sich* (*mit etwas Dat.*) (≈ *sich bedecken*) *sich so verändern, dass überall die genannte Sache ist* Der Himmel hat sich (mit Regenwolken) überzogen.

U

Ü·ber·zie·hung die <-, -en> *das Überziehen II. 1, 2* die Überziehung der Sendezeit/der Unterrichtszeit, Die Überziehung des Kontos kann teuer werden.

Ü·ber·zie·hungs·kre·dit der <-s, -e> (BANKW.: ≈ *Dispositionskredit*) *ein Kredit, der es erlaubt, bis zu einer bestimmten Grenze mehr Geld von einem Konto abzuheben als darauf vorhanden ist* jemandem einen Überziehungskredit von 5000 Euro einräumen

ü·ber·zo·gen¹ *Partizip Perfekt von* **überziehen**

ü·ber·zo·gen² *Adj.* (*abwert.* ≈ *übertrieben*) *so, dass es nicht realistisch ist* völlig überzogene Ansprüche haben

ü·ber·züch·tet *Adj. so, dass bei der Zucht eine übertriebene Auswahl getroffen wurde und es deshalb zu Fehlentwicklungen gekommen ist* eine überzüchtete Hunderasse mit zu kurzen Beinen und zu langen Ohren

Ü·ber·zug der <-(e)s, Überzüge> **1.** *dünne Schicht auf etwas* den Kuchen mit einem Überzug versehen, Die Bäume haben einen Überzug aus Raureif. **2.** *eine Art Hülle aus Stoff, die etwas schützt* ein Überzug für die Kissen/das Bett/die Autositze

üb·lich *Adj. so, wie es meistens oder normalerweise ist* etwas mit den üblichen Methoden untersuchen, Das ist nur die übliche Streiterei zwischen den beiden., nicht mehr als das allgemein Übliche verlangen

üb·li·cher·wei·se *Adv. so, dass es normalerweise so gehandhabt wird* Üblicherweise muss man sich erst einen Termin geben lassen.

U-Boot das <-es, -e> (≈ *Unterseeboot*) *ein Schiff, das unter Wasser fahren kann und meist militärisch eingesetzt wird* ◆ Atom-, Forschungs-

U-Boot-Krieg der <-es, -e> MILIT. *Krieg auf dem Meer, bei dem vor allem U-Boote eingesetzt werden*

U-Boot-Stütz·punkt der <-(e)s, -e> MILIT. *eine Art Hafen, der speziell für U-Boote angelegt ist*

üb·rig <nicht steig.> *Adj. als Rest bleibend* Was ist von dem Geld noch übrig geblieben?, Wir haben vier Brötchen gegessen und die übrigen in den Brotschrank gelegt., Die übrigen Aufgaben erledigen wir morgen. ■ **etwas tut ein Übriges**: *etwas bewirkt als letzter Faktor, dass ein bestimmter Zustand erreicht wird* Sie müssen die Blumen nur gut düngen und dann vors Fenster stellen, die Sonne tut dann ein Übriges., Du kannst dir nicht vorstellen, wie schlecht mir ist. Erst habe ich zu viel gegessen und dann hat wohl der letzte Schnaps ein Übriges getan. **im Übrigen**: *außerdem; sonst* **etwas lässt** (**viel/sehr**) **zu wünschen übrig**: *etwas ist gar nicht so, wie man es möchte* Der Komfort hier im Hotel lässt aber viel zu wünschen übrig. **viel/wenig/nichts für jemanden übrig haben**: *jmdn. sehr/wenig/nicht mögen* ◆ Großschreibung→R 3.7 Wir gehen spazieren. Die/Alle Übrigen wollen zu Hause bleiben., Ich habe den größten Teil der Arbeit erledigt. Das/Alles Übrige mache ich morgen., Du kannst ein Übriges tun und mir noch etwas helfen., Im Übrigen habe ich eine interessante Neuigkeit für euch!; Getrenntschreibung→R 4.2 Habt ihr von dem Geld noch etwas übrig behalten?, Wird für mich noch etwas übrig bleiben?, Ihr könnt für die anderen noch etwas übrig lassen!

üb·ri·gens *Partikel ;verwendet, um auszudrücken, dass man etwas nur nebenbei erwähnt und dass es nicht zum Thema des gegenwärtigen Gesprächs gehört* Übrigens haben die beiden in der letzten Woche geheiratet., Übrigens, da fällt mir ein, ich muss noch schnell zu Hause anrufen.

Ü·bung die <-, -en> **1.** (*kein Plur.*) *das ständige Wiederholen von etwas, um es besser zu beherrschen* etwas zur Übung wiederholen, Zum Erlernen einer Fremdsprache gehört tägliche Übung. **2.** (*kein Plur.*) (≈ *Routine*) *das Geübtsein; die Fertigkeit auf einem bestimmten Gebiet, weil man viel geübt hat* Zum sicheren Fahren gehört viel Übung., Die Eleganz ihrer Tanzschritte verrät viel Übung., aus der Übung kommen/sein **3.** *eine einzelne Aufgabe, die man wiederholt, um auf einem bestimmten Gebiet besser zu werden* kurze Übungen auf dem Klavier, eine Übung zur Kräftigung des Bizeps **4.** *eine bestimmte Aufgabe, um etwas Gelerntes zu festigen* Wir machen nun die Übung 3 auf der Seite 21., Die Übungen zum Passiv könnt ihr zu Hause machen. **5.** SPORT *eine Reihenfolge von Bewegungen beim Turnen* eine Übung am Schwebebalken vorturnen **6.** *Handlungen, die von der Polizei, der Feuerwehr, der Armee gemacht werden, um sich auf ihre Aufgaben gut vorzubereiten* Zuerst dachten wir, es würde wirklich brennen, doch dann haben wir gesehen, dass die Feuerwehr nur eine Übung gemacht hat. ■ **Übung macht den Meister** (*Sprichwort*): *nur wer viel übt, kann etwas richtig und gut*

Ü·bungs·buch das <-(e)s, Übungsbücher> *ein Buch, in dem Übungen*[3 4] *zu einem bestimmten Lernstoff stehen*

Ü·bungs·sa·che ■ **etwas/das ist reine Übungssache**: *etwas kann man nur durch Üben lernen*

u.d.M. *unter dem Meeresspiegel*

ü.d.M. *über dem Meeresspiegel*

UdSSR die [u:de:ʔɛsʔɛsʔɛr] <-> (*kein Plur.*) GESCH. *Abkürzung von „Union der Sozialistischen Sowjetrepubliken“*

u.E. *unseres Erachtens*

U-Ei·sen das <-s, -> TECHN. *Eisenstück in der Form des Buchstabens „U“*

U·fer das <-s, -> *das Land am Rand eines Gewässers* ein mit Schilf bewachsenes Ufer, ein steiles/sandiges Ufer, das Ufer des Flusses/Sees, das rettende Ufer erreichen ■ **ein Fluss tritt über die Ufer**: *ein Fluss führt zu viel Wasser und breitet sich über das anliegende Land aus* Der Fluss trat über die Ufer und überschwemmte weite Gebiete. **jemand ist vom anderen Ufer** (*umg. abwert.*): *jmd. ist homosexuell*

U·fer·bö·schung die <-, -en> *Böschung, die am Ufer verläuft*

u·fer·los *Adj.* (*übertr.* ≈ *endlos*) *ohne Ende oder in* *unvernünftiger Weise ausgedehnt* eine uferlose Debatte ◆Großschreibung→R 3.7 Der Streit führt ins Uferlose.

uff *Interj. verwendet, um auszudrücken, dass etwas sehr anstrengend oder schwierig war und man froh ist, es hinter sich zu haben* Uff! Das haben wir geschafft.

UFO, **U·fo** das <-(s), -s> *Abkürzung von „unidentified flying object": unbekanntes Flugobjekt, von dem man glaubt, es komme aus dem Weltraum*

u-för·mig, *a.* **U-för·mig** <nicht steig.> *Adj. geformt wie der Buchstabe „U"* die Tische im Klassenzimmer u-förmig aufstellen

U·gan·da <-s> *ein Staat in Ostafrika mit Grenzen zu Kenia, Tansania, Sudan, Ruanda und Zaire*

U·gan·der, **U·gan·derin** der <-s, -> *Einwohner(in) von Uganda*

u·gan·disch <nicht steig.> *Adj. auf Uganda bezogen, dorther stammend* der ugandische Botschafter

Uhr die <-, -en> **1.** *ein Gerät, mit dem die Zeit gemessen wird* eine analoge/digitale/goldene/mechanische Uhr, Die Uhr tickt/geht genau/geht vor/geht nach., eine Uhr (um eine Stunde) vorstellen/nachstellen, die Uhr aufziehen **2.** (*kein Plur.*) *bei Zeitangaben als Maß der vollen Stunde* Es ist genau/Punkt zwölf Uhr., Wir treffen uns acht Uhr abends. ■ **Wie viel Uhr ist es?**: *Wie spät ist es?* **rund um die Uhr** (*umg.*): *dauernd* **dort gehen die Uhren anders** (*umg.*): *dort gelten andere Regeln oder Werte* **nach jemandem kann man die Uhr stellen** (*umg.*): *jmd. ist immer sehr pünktlich* Keine Sorge, er wird gleich kommen. Man kann wirklich die Uhr nach ihm stellen.

Uhr·arm·band das <-(e)s, Uhrarmbänder> *das Band, mit dem eine Armbanduhr am Arm befestigt wird*

Uh·ren·in·dus·t·rie die <-> (*kein Plur.*) *die Gesamtheit der Unternehmen, die Uhren herstellen*

Uhr·ket·te die <-, -n> *die Kette, an der eine Taschenuhr befestigt ist*

Uhr·ma·cher, **Uhr·ma·che·rin** der <-s, -> *Person, die beruflich Uhren repariert und auch verkauft* eine Uhr zum Uhrmacher bringen, um sie reparieren zu lassen

Uhr·werk das <-(e)s, -e> *der Mechanismus, der eine mechanische Uhr antreibt*

Uhr·zei·ger der <-s, -> *einer der Zeiger einer mechanischen Uhr*

Uhr·zei·ger·sinn ■ **im Uhrzeigersinn**: *nach rechts drehend* **gegen den Uhrzeigersinn**: *nach links drehend*

Uhr·zeit die <-, -en> *die in Stunden und Minuten angegebene Zeit* Können Sie mir die genaue Uhrzeit sagen?, Zu welcher Uhrzeit sind wir verabredet?

> **i Wissenswert** Im Deutschen wird, neben der Angabe der genauen **Uhrzeit** in Stunden und Minuten (Es ist jetzt zehn Uhr und fünfundfünfzig Minuten, verkürzt: es ist zehn Uhr fünfundfünfzig) die Angabe nach der angebrochenen oder nicht vollendeten Viertelstunde gegeben. Dabei muss man alternative Wendungen unterscheiden. Es ist neun Uhr. Es ist neun Uhr fünfzehn, oder: Es ist viertel zehn, oder: Es ist Viertel nach neun. Es ist neun Uhr fünfundzwanzig, oder: Es ist fünf vor halb zehn. Es ist neun Uhr dreißig, oder: Es ist halb zehn (Uhr). Es ist neun Uhr fünfunddreißig, oder: Es ist fünf nach halb zehn. Es ist neun Uhr fünfundvierzig, oder: Es ist drei viertel zehn. oder: Es ist Viertel vor zehn. Es ist zwölf Uhr nachts, oder: Es ist Mitternacht. Es ist zwölf Uhr mittags, oder: Es ist Mittag. Es gibt zwei Möglichkeiten, die gleichnamige Uhrzeit vormittags von jener nachmittags zu unterscheiden. Man hängt die Ergänzung „morgens/ mittags" bzw. „nachmittags/ abends/ nachts" an die betreffende Uhrzeit: Es ist acht Uhr morgens, es ist zwölf Uhr mittags, es ist drei Uhr nachmittags, es ist sechs Uhr abends, es ist elf Uhr nachts. Oder man nennt die genaue Uhrzeit im 24-Stunden-System: Es ist fünfzehn Uhr, es ist achtzehn Uhr, es ist dreiundzwanzig Uhr.

U·hu der <-s, -s> *ein großer, in der Dämmerung jagender Raubvogel in Europa, der aussieht wie eine große Eule*

U·kas der <-ses, -se> (*umg. veralt.*) *Erlass; Verordnung*

U·k·ra·i·ne die [ukra'i:nə, u'krainə] <-> (*kein Plur.*) *ein Staat in Osteuropa auf dem Gebiet der ehemaligen UdSSR*

U·k·ra·i·ner, **U·k·ra·i·ne·rin** der [ukra'i:nə/u'krainɐ] <-s, -> *Einwohner(in) der Ukraine*

u·k·ra·i·nisch [ukra'ʔi:nɪʃ/u'krainɪʃ] <nicht steig> *Adj. die Ukraine betreffend, aus ihr stammend* die ukrainische Sprache/ukrainisch sprechen, das Ukrainische beherrschen

UKW [u:ka:'ve:] *Abkürzung von „Ultrakurzwelle"* etwas auf UKW hören, kein UKW empfangen

Ulk der <-(e)s, -e> *meist Sing.* (≈ *Scherz, Spaß*) *etwas, das man nur zum Spaß tut* seinen Ulk mit jemandem machen, Das war doch nur ein Ulk!

ul·ken *ohne OBJ* ■ *jmd. ulkt scherzen*

ul·kig *Adj.* (≈ *komisch*) *so, dass man darüber lachen muss* ein ulkiger Anblick

Ul·me die <-, -n> *ein Laubbaum mit eiförmigen Blättern*

Ul·ti·ma Ra·tio die <-> (*kein Plur.*) *die letzte mögliche Lösung oder das letzte mögliche Mittel* Das ist aber noch nicht die Ultima Ratio, da lässt sich sicher noch etwas verbessern!

ul·ti·ma·tiv *Adj.* (*geh.*) **1.** *in Form eines Ultimatums* eine ultimative Forderung stellen **2.** (*umg.*) *so, dass es den äußersten (technischen) Stand von etwas repräsentiert* das ultimative Computerspiel für die absoluten Freaks

Ul·ti·ma·tum das <-s, Ultimaten> *eine Forderung, verbunden mit der Androhung von Strafen oder*

U

schlimmer Folgen, wenn diese Forderung nicht innerhalb einer gesetzten Frist erfüllt wird jemandem ein Ultimatum stellen, ein Ultimatum verstreichen lassen, Die Terroristen hatten ein Ultimatum bis 20 Uhr gestellt.

Ul·ti·mo der <-s, -s> WIRTSCH. *der letzte Tag in einem Monat* Aktien noch bis Ultimo handeln ◆ -geschäft

Ul·t·ra·kurz·wel·le die <-, -n> PHYS. *Welle mit extrem kurzer Länge, die von einem Sender ausgeht* ein Radioprogramm auf Ultrakurzwelle/UKW

ul·t·ra·mo·dern <nicht steig.> *Adj. sehr modern* ein ultramoderner Neubau

Ul·t·ra·schall der <-(e)s> (*kein Plur.*) **1.** PHYS. *Schall mit so hoher Frequenz, dass sie das menschliche Gehör nicht wahrnehmen kann* **2.** MED. *kurz für „Ultraschalluntersuchung"* eine Überweisung zum Ultraschall

Ul·t·ra·schall·ge·rät das <-(e)s, -e> MED. *ein Gerät zum Herstellen von Bildern (von Organen des menschlichen Körpers), das mit Ultraschall[1] arbeitet*

Ul·t·ra·schall·un·ter·su·chung die <-, -en> MED. *Untersuchung mit einem Ultraschallgerät*

ul·t·ra·vi·o·lett <nicht steig.> *Adj.* PHYS. *im Spektrum des Sonnenlichtes neben dem Violett liegend* Die ultraviolette Strahlung ist für das menschliche Auge nicht sichtbar.

um¹ *Präp. + Akk.* **1.** *drückt eine Bewegung oder Anordnung im Raum aus, die die Form eines Bogen oder eines Kreises hat* um die Ecke fahren, um die Welt reisen, Die Erde dreht sich um die Sonne., um einen Tisch sitzen, sich ein Tuch um die Schultern legen, einmal um den Block herum gehen, um Ulm herum **2.** *drückt eine Bewegung aus, die in alle Richtungen verläuft und von einem Punkt ausgeht* Er schlug wie wild um sich., Die Panik griff sofort um sich., Nach dem Brand griff ein schrecklicher Gestank um sich. **3.** *verwendet zur Angabe einer Uhrzeit oder eines Zeitpunktes* Die Vorstellung beginnt um 6 Uhr., Um diese Zeit war ich schon zu Hause. **4.** *verwendet zur Angabe einer ungefähren Uhrzeit oder eines ungefähren Zeitpunktes* Wir treffen uns dann so um Mittag., Die Party fängt so um 9 herum an., So um Weihnachten herum nehme ich immer zwei Kilo zu. **5.** *verwendet bei der Angabe eines Maßes, eines Preises oder mit einer Mengenangabe* sich um 10 Meter verschätzen, sich um fünf Euro verrechnet haben, das Kleid um einige Zentimeter kürzen **6.** *verwendet zur Bezeichnung eines größeren oder kleineren Wertes im Vergleich mit einem anderen Wert* Sie ist um 3 Jahre jünger als er., um einen Kopf größer sein **7.** *verwendet zur ungefähren Angabe eines Preises, für den etwas zu haben ist* Es wird so um die 40 Euro kosten. **8.** *verwendet zur Angabe einer bestimmten Reihe ohne Unterbrechung* Tag um Tag warten, eines um das andere Mal, Seite um Seite lesen, Fehler um Fehler begehen **9.** *verwendet als Anschluss von Ergänzungen bei bestimmten Verben, Substantiven und Adjektiven* Ich beneide sie um ihren Erfolg., das Buch um ein Vorwort ergänzen, um eine Spende bitten, Er will um jeden/keinen Preis studieren., Es tut mir Leid um ihn!, um etwas besorgt sein ■ **um alles in der Welt**: *drückt aus, dass jmd. sich etwas sehr wünscht oder sehr gerne machen würde* Sie wollte um alles in der Welt einmal nach Australien reisen. **nicht um alles in der Welt**: *auf gar keine Fall* Nicht um alles in der Welt würde ich in dieses Land fahren/mich in ein Flugzeug setzen!

um² *Konj.* **1.** ■ *um ... zu plus. Inf.* (*nur bei gleichem Subjekt in Haupt- und Nebensatz*) *verwendet in einem Nebensatz zur Angabe eines Zwecks oder einer Absicht* Er stand auf, um besser sehen zu können., Sie rief an, um sich zu entschuldigen. *s.* **damit 2.** (*nur bei gleichem Subjekt in Haupt- und Nebensatz*) ■ (*zu*) ... (*genug*), *um ... zu plus Inf. verwendet, um auszudrücken, dass der Sachverhalt im Nebensatz als Norm gilt und der Sachverhalt dazu im Hauptsatz eine Übereinstimmung oder einen Verstoß darstellt* Er ist wahrhaftig dumm genug, um das zu glauben!, Ich bin noch nicht wach genug, um das zu verstehen., Sie ist zu müde, um zu arbeiten. *s.* **so dass**, **als dass**

um³ *Adv.* **1.** (≈ *circa*) *verwendet, um einen ungefähren Wert zu bezeichnen* Das wird so um die 500 Euro kosten. **2.** (≈ *vorbei*) *so, dass eine definierte Zeitspanne abgelaufen ist* Die Frist ist um., Die Ferien sind bald um. ■ **um jemandes/etwas willen**: *verwendet, um einen Grund für etwas anzugeben* um unserer Freundschaft willen, etwas um der Sache willen tun **um Gottes/Himmels willen**: *verwendet,um eine Aussage zu verstärken* Um Gottes/Himmels willen, tu das nicht! ◆ Getrenntschreibung→R 4.1 Bald wird dieses Jahr wieder um sein.

um·än·dern <änderst um, änderte um, hat umgeändert> *mit OBJ* ■ *jmd. ändert etwas um etwas in einer bestimmten Weise verändern* einen Text umändern, eine Hose umändern, damit sie wieder passt ▶Umänderung

um·ar·bei·ten <arbeitest um, arbeitete um, hat umgearbeitet> *mit OBJ* ■ *jmd. arbeitet etwas um etwas so bearbeiten, dass es wesentlich verändert wird und eine andere Form oder ein anderes Aussehen bekommt* einen Roman für die Bühne umarbeiten, einen Mantel umarbeiten lassen ▶Umarbeitung

um·ar·men <umarmst, umarmte, hat umarmt> *mit OBJ* ■ *jmd. umarmt jmdn. die Arme um jmdn. legen, weil man sich freut oder jmdn. sehr gerne hat* Sie umarmte ihn., Lass dich umarmen!

Um·ar·mung die <-, -en> *das Umarmen* eine herzliche/stürmische Umarmung, sich aus jemandes Umarmung befreien

Um·bau der <-(e)s, -e/-ten> *das Umbauen* Wegen Umbau(es) geschlossen!, mehrere Umbauten/Umbaue an einem Gebäude vornehmen

um·bau·en <baust um, baute um, hat umgebaut> *mit OBJ* ■ *jmd. baut etwas (zu etwas Dat.) um die Art, wie etwas gebaut ist, verändern (und damit meist eine neue Funktion geben)* ein Theater zu einem Kino umbauen

um·bau·en <umbaust, umbaute, hat umbaut> *mit OBJ* ■ *jmd. umbaut etwas etwas mit Bauten oder Gebäuden umgeben* einen Garten mit einer Mauer umbauen, Das Museum soll mit Häusern umbaut werden.

um·be·nen·nen <benennst um, benannte um, hat umbenannt> *mit OBJ* ■ *jmd. benennt etwas um einer Sache einen neuen Namen geben* die Forschungsabteilung in Entwicklungsabteilung umbenennen

Um·ber *s.* **Umbra**

um·be·set·zen <besetzt um, besetzte um, hat umbesetzt> *mit OBJ* ■ *jmd. besetzt etwas um etwas mit neuen Personen besetzen* ein Ministerium umbesetzen, eine Rolle in einem Theaterstück umbesetzen

um·bet·ten <bettest um, bettete um, hat umgebettet> *mit OBJ* **1.** ■ *jmd. bettet jmdn. um jmdn., der krank ist, in ein anderes Bett legen* Die Krankenschwester musste den Patienten noch einmal umbetten. **2.** ■ *jmd. bettet jmdn. um einen Leichnam in ein anderes Grab legen* Nach Ablauf einer bestimmten Frist wird der Leichnam umgebettet.

um·bie·gen <biegst um, bog um, hat/ist umgebogen> **I.** *mit OBJ* ■ *jmd. biegt etwas um* (*haben*) *etwas biegen, so dass es eine andere Form bekommt oder in eine andere Richtung zeigt* Er hat den Draht am Ende umgebogen., ein umgebogener Nagel, Die Kinder haben schon wieder das Hinweisschild umgebogen! **II.** *ohne OBJ* ■ *jmd. biegt um* (*sein, umg.*) *umkehren* Wollen wir nicht lieber umbiegen?

um·bil·den <bildest um, bildete um, hat umgebildet> *mit OBJ* ■ *jmd. bildet etwas um etwas verändern, indem man es mit anderen Personen besetzt* Schon nach zwei Monaten bildete der Kanzler sein Kabinett um, indem er zwei Minister austauschte.

um·bin·den <bindest um, band um, hat umgebunden> *mit OBJ* ■ *jmd. bindet jmdm./sich etwas um etwas durch Binden um einen Körperteil herum befestigen* In der Küche bindet er sich immer eine Schürze um., sich eine Krawatte umbinden

um·blät·tern <blätterst um, blätterte um, hat umgeblättert> *mit OBJ/ohne OBJ* ■ *jmd. blättert etwas um eine Seite in einem Buch, einem Heft o.Ä. wenden, um zu einer neuen Seite zu kommen* Ich habe zwei Seiten auf einmal umgeblättert., Kannst du bitte umblättern?

um·bli·cken <blickst um, blickte um, hat umgeblickt> *mit SICH* ■ *jmd. blickt sich um nach hinten sehen* Blick dich nicht um!

Um·bra das <-s> (*kein Plur.*) *ein dunkelbrauner Farbstoff*

um·bre·chen <brichst um, brach um, hat umgebrochen> **I.** *mit OBJ* **1.** ■ *jmd. bricht etwas um etwas nach einer Seite hin brechen* einen Ast umbrechen **2.** (LANDW.: ≈ *umgraben*) den Acker umbrechen **II.** *ohne OBJ* ■ *etwas bricht um einen Bruch bekommen und umstürzen* Während des Sturms brach der alte Baum um.

um·bre·chen <umbrichst, umbrach, hat umbrochen> *mit OBJ* ■ *jmd. umbricht etwas* DRUCKW. *Seiten-, Spalten- oder Zeilenenden eines gesetzten Tetxs festlegen* eine Zeile an einer bestimmten Stelle umbrechen

um·brin·gen <bringst um, brachte um, hat umgebracht> *mit OBJ* ■ *jmd. bringt jmdn./sich um* (*umg.*) *töten* Vermutlich ist der Vermisste umgebracht worden. ■ **Bring dich nicht um!** (*umg.*): *Mach dir nicht so viel Mühe!* **etwas bringt mich noch um** (*umg.*): *etwas quält mich oder macht mir viel Mühe*

Um·bruch der <-s, Umbrüche> **1.** *eine Veränderung, die grundlegend und folgenreich ist* sich im Umbruch befinden, eine Gesellschaft im Umbruch **2.** DRUCKW. *das Festlegen von Seiten-, Spalten- oder Zeilenenden in einem Text* den Umbruch machen **3.** DRUCKW. *ein in Seiten, Spalten und Zeilen eingeteilter Text* den Umbruch Korrektur lesen ◆ -korrektur

Um·bruch·pha·se die <-, -n> *Zeitabschnitt, in dem eine Gesellschaft einen Umbruch*[1] *durchmacht* Aufgrund der rasanten Entwicklung im Bereich der Informationstechnologie befinden sich Gesellschaft und Arbeitswelt in einer Umbruchphase.

um·bu·chen <buchst um, buchte um, hat umgebucht> *mit OBJ/ohne OBJ* **1.** ■ *jmd. bucht etwas um eine Buchung verändern* einen Flug/eine Reise umbuchen, Wenn Sie umbuchen wollen, müssen Sie eine Gebühr zahlen. **2.** ■ *jmd. bucht etwas um* BANKW. *Geld auf ein anderes Konto bringen* einen Geldbetrag umbuchen

um·de·kla·rie·ren *mit OBJ* ■ *jmd. deklariert etwas um* WIRTSCH. *Produkte anders bezeichnen als vorher* die Waren umdeklarieren

um·den·ken <denkst um, dachte um, hat umgedacht> *ohne OBJ* ■ *jmd. denkt um nachdenken und so zu einer neuen Auffassung gelangen* Unter den veränderten Verhältnissen werden viele umdenken müssen.

um·dis·po·nie·ren <disponierst um, disponierte um, hat umdisponiert> *ohne OBJ* ■ *jmd. disponiert um eine fertige Planung verändern* Bei Regen können wir nicht im Garten feiern, da müssen wir umdisponieren.

um·dre·hen <drehst um, drehte um, hat/ist umgedreht> **I.** *mit OBJ* (*haben*) **1.** ■ *jmd. dreht etwas um etwas einmal im Kreis um sich selbst drehen* den Schlüssel im Schloss umdrehen **2.** ■ *jmd. dreht jmdn./etwas um etwas von einer Seite auf die andere wenden* einen Kranken im Bett umdrehen, den Braten mehrfach im Topf umdrehen, Ich will das Bild nicht mehr sehen, dreh es um! **3.** ■ *jmd. dreht jmdm. den Arm um den Arm von jmdm. so stark bewegen, dass es sehr weh tut* ■ **jeden Euro/jeden Cent einzeln/zweimal umdrehen** (**müssen**) (*umg.*): *sparen* (*müssen*) **II.** *ohne OBJ* ■ *jmd. dreht um* (*sein, umg.*) *wieder die Richtung einschlagen, aus der man gerade gekommen ist* Wir sind schon sehr weit auf den See hinausgeschwommen, lasst uns lieber umdrehen! **III.** *mit SICH* (*haben*) **1.** ■ *jmd. dreht sich* (*nach*

U

jmdm./etwas)um den Oberkörper oder den ganzen Körper nach hinten drehen, um zu sehen, was dort ist Wenn du dich umdrehst, siehst du, wer hinter dir geht., Sie drehte sich nach dem schönen Mann um. **2.** ■ *jmd. dreht sich um sich von einer Körperseite auf die andere legen* sich im Bett häufig umdrehen, sich beim Sonnen umdrehen, damit man gleichmäßig braun wird

Um·dre·hung die <-, -en> *eine volle Drehung um die eigene Achse in Form eines Kreises* eine Geschwindigkeit von 1000 Umdrehungen pro Minute erreichen, Das Riesenrad hielt schon nach vier Umdrehungen wieder an.

Um·dre·hungs·zahl die <-, -en> TECHN. *Zahl der Umdrehungen*

um·ei·n·an·der *Adv.* (*bei reziproken Verben mit der Präposition „um") verwendet, um auszudrücken, dass die genannte Handlung wechselseitig durch die beiden Personen oder Dinge erfolgt, die im Subjekt des Satzes ausgedrückt sind* Bruder und Schwester kümmern sich umeinander. (Der Bruder kümmert sich um die Schwester und die Schwester kümmert sich um den Bruder.), Die beiden Bäume sind umeinander gewachsen. ◆ Getrenntschreibung→R 4.1 sich beim Tanzen umeinander drehen

um·er·zie·hen <erziehst um, erzog um, hat umerzogen> *mit OBJ* ■ *jmd. erzieht jmdn. um* POL. *jmdn. durch Zwang dazu bringen, seine Meinung zu ändern* Die politischen Gegner sollten in Lagern umerzogen werden.

um·fah·ren <fährst um, fuhr um, hat umgefahren> *mit OBJ* ■ *jmd. fährt jmdn./etwas um so gegen jmdn. oder etwas fahren, dass er/es umfällt oder beschädigt wird* ein Straßenschild/eine Absperrung umfahren, Pass auf, dass du beim Überqueren der Straße nicht umgefahren wirst!

um·fah·ren <umfährst, umfuhr, hat umfahren> *mit OBJ* ■ *jmd. umfährt etwas um etwas herumfahren* Autofahrer werden gebeten, den Stau weiträumig zu umfahren., die Schlaglöcher in der Straße vorsichtig umfahren

Umfahrung die <-, -en> **1.** *das Umfahren* **2.** (*österr. schweiz.*) *Umgehungsstrasse*

um·fal·len <fällst um, fiel um, ist umgefallen> *ohne OBJ* **1.** ■ *jmd./etwas fällt um aus einer senkrechten Position plötzlich in eine waagerechte Position fallen* Die Flasche/Das Glas ist umgefallen., Sie ist mit dem Fahrrad umgefallen., tot/ohnmächtig umfallen **2.** ■ *jmd. fällt um* (*umg. abwert.*) *seine ursprüngliche Meinung unter Druck ändern und tun, was jmd. anderes will oder sagt* Nachdem man ihm mit Kündigung gedroht hatte, ist er doch umgefallen und hat der neuen Regelung zugestimmt. ■ **zum Umfallen müde sein** (*umg.*): *sehr müde sein*

Um·fang der <-(e)s, Umfänge> **1.** *die Länge der Linie, die eine geometrische Figur oder einen Gegenstand begrenzt* den Umfang eines Kreises berechnen, den Umfang der Brust/der Hüften messen **2.** (≈ *Ausmaß*) *die Größenordnung von etwas* den vollen Umfang eines Problems unterschätzt haben, Das Unwetter richtete Schäden in beträchtlichem Umfangan. **3.** *Größe; Ausdehnung* ein Buch mit 500 Seiten Umfang, ein Programm von beträchtlichem Umfang

um·fan·gen <umfängst, umfing, hat umfangen> *mit OBJ* **1.** ■ *jmd. umfängt jmdn./etwas* (*geh.* ≈ *umarmen*) *jmdn. oder etwas mit den Armen umfassen* **2.** (≈ *umhüllen*) ■ *etwas umfängt jmdn./etwas um jmdn. oder etwas herum sein* Nebel umfing die Wanderer.

um·fang·reich *Adj. groß oder vieles umfassend* umfangreiche Sicherheitsmaßnahmen treffen, umfangreiche Nachforschungen anstellen

um·fas·sen <umfasst, umfasste, hat umfasst> *mit OBJ* **1.** ■ *jmd. umfasst jmdn./etwas seine Finger, Hände oder Arme um jmdn. oder etwas legen* Er kann den Baumstamm nicht umfassen., die Tasse mit heißem Tee mit beiden Händen umfassen **2.** ■ *etwas umfasst etwas* (≈ *beinhalten, einschließen*) *etwas als Teil von sich haben* Die Ausbildung umfasst Kurse und Praktika., ein dreihundert Seiten umfassendes Buch, eine mehrere Jahre umfassende Ausbildung **3.** ■ *jmd. umfasst etwas* (*mit etwas Dat.*) *etwas um etwas herum bauen* Er umfasste sein Grundstück mit einer hohen Mauer.

um·fas·send[1] *Partizip Präsens von* **umfassen**

um·fas·send[2] *Adj.* **1.** *sehr vieles enthaltend oder einschließend* umfassende Maßnahmen gegen die Ausbreitung der Seuche einleiten, eine umfassende Ausbildung erhalten **2.** (≈ *vollständig*) *so, dass alles gesagt oder berücksichtigt wird* ein umfassendes Geständnis ablegen

Um·feld das <-(e)s, -er> **1.** *die Gesamtheit der gesellschaftlichen, politischen und wirtschaftlichen Bedingungen, unter denen sich jmd./etwas entwickelt* Kinder aus einem schwierigen sozialen Umfeld brauchen besondere Betreuung., Das wirtschaftliche Umfeld war für die Arbeitsmarktentwicklung nicht günstig. **2.** *die Personen, mit denen jmd. häufig Kontakt hat* Es war jemand aus dem Umfeld des Präsidenten, der die Presse informiert hatte.

um·flie·gen <fliegst um, flog um, ist umgeflogen> *ohne OBJ* ■ *jmd./etwas fliegt um* (*umg.* ≈ *umfallen*) *plötzlich aus einer senkrechten Position in eine waagerechte Position fallen* Pass auf, die Säule fliegt gleich um!

um·flie·gen <umfliegst, umflog, hat umflogen> *mit OBJ* **1.** ■ *jmd. umfliegt etwas einer Sache fliegend ausweichen* eine Gewitterfront/ein Gebirge mit dem Flugzeug umfliegen **2.** ■ *jmd./etwas umfliegt jmdn./etwas im Kreis um etwas herum fliegen* Mehrere Male umflog er mit seinem Drachen den Kirchturm., Die Bienen umfliegen die Blüten., Tausende von Mücken umflogen sie.

um·for·men *mit OBJ* **1.** ■ *jmd. formt etwas um in der Form verändern* Eisen lässt sich umformen, wenn man es erhitzt., Eisen durch Schmieden/Gießen/Walzen umformen **2.** ■ *jmd. formt etwas um* (≈ *umwandeln*) *bewirken, dass etwas in einen anderen Zustand übergeht* einen Satz ins Passiv umformen, eine Gesellschaft umformen, kinetische Energie in elektrische Energie umformen ▸Umformung

Um·fra·ge die <-, -en> *der Vorgang, dass man viele Menschen befragt, um ihre Meinungen zu bestimmten Sachverhalten zu erforschen* Eine repräsentative Umfrage hat ergeben, dass das Projekt von einer Mehrheit der Bürger abgelehnt wird., eine Umfrage durchführen ◆-ergebnis, Meinungs-, Wahl-

Um·frage·wer·te *Plur. Ergebnisse einer Umfrage*

um·fül·len <füllst um, füllte um, hat umgefüllt> *mit OBJ* ■ *jmd. füllt etwas um etwas von einem Gefäß in ein anderes füllen* Er füllte den Kaffee aus der Packung in eine Vorratsdose um.

um·funk·ti·o·nie·ren <funktionierst um, funktionierte um, hat umfunktioniert> *mit OBJ* ■ *jmd. funktioniert etwas (in etwas Akk./zu etwas Dat.) um einer Sache eine andere oder neue Funktion geben* Mein neues Sofa kann ich schnell zum Bett umfunktionieren., die Schule zu einer Notunterkunft umfunktionieren

Um·gang der <-(e)s> (*kein Plur.*) **1.** *die Personen, mit denen man befreundet ist oder häufig Kontakt hat* einen guten Umgang haben **2.** *die Art der Kontakte, die man mit jmdm. hat* freundlichen Umgang mit jemandem haben **3.** *die Art und Weise, wie man jmdn. oder etwas behandelt* Der neue Manager musste noch den freundlichen Umgang mit den Angestellten lernen., Ein pfleglicher/schonender Umgang erhöht die Lebensdauer des Gerätes. ■ **kein Umgang für jemanden sein**: *ein schlechter Einfluss auf jmdn. sein* Das ist kein Umgang für meinen Sohn!

um·gäng·lich *Adj. so freundlich, dass ein Zusammensein angenehm oder ohne Probleme ist* ein umgänglicher Kollege/Mensch

Um·gangs·for·m die <-, -en> (*meist Plur.*) *das Benehmen eines Menschen* Er hat gute/keine Umgangsformen.

Um·gangs·spra·che die <-> (*kein Plur.*) (SPRACHWISS.: ↔ *Schriftsprache*) *die Sprache, mit der man sich im Alltag normalerweise verständigt*

um·gangs·spra·chlich <nicht steig.> *Adj.* SPRACHWISS. *in der Umgangssprache* Das ist ein umgangssprachlicher Ausdruck für ….

Um·gangs·ton der <-(e)s> (*kein Plur.*) *die Art, wie man üblicherweise irgendwo miteinander spricht* Hier herrscht ein rauer/herzlicher Umgangston.

um·gar·nen <umgarnst, umgarnte, hat umgarnt> *mit OBJ* ■ *jmd. umgarnt jmdn.* (*geh.*) *jmdn. mit Freundlichkeiten überhäufen, um ihn für sich zu gewinnen* Sie umgarnte ihn mit Schmeicheleien.

um·ge·ben <umgibst, umgab, hat umgeben> **I.** *mit OBJ* **1.** ■ *etwas umgibt jmdn./etwas von allen Seiten um jmdn. oder etwas herum sein* Hohe Berge umgeben das Tal., Er ist gern von interessanten Menschen umgeben. ▸umgebend **2.** ■ *jmd. umgibt etwas mit etwas Dat. etwas um etwas herum errichten oder bauen* Er umgab sein Grundstück mit einer hohen Mauer. **II.** *mit SICH* ■ *jmd. umgibt sich mit jmdm./etwas sich jmdn. oder etwas als Gesellschaft oder Umfeld aussuchen* sich mit guten Freunden/erlesenen Kunstwerken umgeben

Um·ge·bung die <-, -en> **1.** *das Gebiet, die Gegend oder die Landschaft, die einen Ort oder eine Stelle umgibt* Das Hotel liegt in reizvoller Umgebung., Bademöglichkeiten befinden sich in unmittelbarer Umgebung., Wo kann man hier in der Umgebung gut essen? **2.** *die Dinge oder Personen, die um einen sind und mit denen man regelmäßig Kontakt hat* sich an seine Umgebung gewöhnen, eine vertraute Umgebung haben **3.** ZOOL. *das natürliche Umfeld von Tieren* Manche Tiere können sich perfekt an ihre Umgebung anpassen.

um·ge·hen <gehst um, ging um, ist umgegangen> *ohne OBJ* **1.** ■ *etwas geht um etwas Übernatürliches zeigt sich* Ein Gespenst geht im Schloss um., Ein Vampir/Ein Wiedergänger geht um. **2.** ■ *etwas geht um etwas verbreitet sich* Es geht das Gerücht um, dass …, Zurzeit geht in unserer Schule die Grippe um. **3.** ■ *jmd. geht mit jmdm./etwas irgendwie um jmdn. oder etwas irgendwie behandeln* Bitte gehen Sie pfleglich mit den Büchern um!, Wie gehst du denn mit deiner Mutter um?

um·ge·hen <umgehst, umging, hat umgangen> *mit OBJ* **1.** ■ *jmd. umgeht etwas um etwas herumgehen* Wir mussten auf unserem Weg mehrere Teiche und ein Sumpfgebiet umgehen. **2.** ■ *jmd. umgeht etwas* (≈ *vermeiden*) *etwas, das unangenehm oder schwierig ist, vermeiden* Schwierigkeiten schon im Vorfeld umgehen, Wir operieren nur, wenn es sich nicht umgehen lässt. **3.** ■ *jmd. umgeht etwas jmdn. oder etwas nicht respektieren und tun, was man will* den Chef umgehen, die Vorschriften umgehen, das Gesetz umgehen

um·ge·hend[1] *Partizip Präsens von* **umgehen**[1]

um·ge·hend[2] <nicht steig.> *Adj.* (≈ *sofortig, unverzüglich*) *so schnell wie möglich* ein umgehender Bescheid, Bitte melde dich umgehend zu Hause!

Um·ge·hung die <-, -en> **1.** (*kein Plur.*) *das Umgehen*[2] unter Umgehung der Vorschriften **2.** (*geh.*) *kurz für „Umgehungsstraße"*

Um·ge·hungs·stra·ße die <-, -n> *eine Straße, die um einen Ort herum führt und zur Entlastung des Verkehrs in dieser Gegend dient* eine Umgehungsstraße um eine Stadt bauen

um·ge·kehrt[1] *Partizip Perfekt von* **umkehren**

um·ge·kehrt[2] <nicht steig.> *Adj.* (≈ *entgegengesetzt*) *so, dass es das genaue Gegenteil der üblichen Aufstellung, Reihenfolge o.Ä. ist* ein Glas umgekehrt auf den Tisch stellen, ein Gedicht umgekehrt aufsagen, sich umgekehrt auf einen Stuhl setzen, Von Hamburg bis Berlin ging die Fahrt schnell, aber umgekehrt haben wir lange Zeit im Stau gestanden.

um·ge·stal·ten <gestaltest um, gestaltete um, hat umgestaltet> *mit OBJ* ■ *jmd. gestaltet etwas um etwas in neuer Form oder mit einem neuen Aussehen gestalten* die Abteilung/den Eingangsbereich umgestalten

um·gie·ßen <gießt um, goss um, hat umgegossen> *mit OBJ* ■ *jmd. gießt etwas um* (≈ *umfüllen*) *Flüssigkeit von einem Behälter in einen anderen Behälter füllen* Wein aus einer Flasche in eine Karaffe umgießen

um·gra·ben <gräbst um, grub um, hat umgegraben> *mit OBJ* ■ *jmd. gräbt etwas um die oberste Schicht des Erdbodens mit einem Werkzeug Stück für Stück anheben und umdrehen* die Erde mit dem Spaten umgraben

um·grup·pie·ren *mit OBJ* ■ *jmd. gruppiert jmdn./etwas um eine Gruppe von Personen oder Sachen so ändern, dass eine neue Anordnung entsteht* die Gäste für das Foto/die Bilder an der Wand umgruppieren, die Teams für die Arbeit an einem neuen Projekt umgruppieren

um·gu·cken *mit SICH* ■ *jmd. guckt sich um* (*umg.* ≈ *umsehen*) *irgendwo alles ansehen, um sich einen Eindruck zu verschaffen* sich erstaunt/neugierig umgucken ■ **Du wirst dich noch umgucken!**: *Du wirst dich noch wundern!*

um·ha·ben <hast um, hatte um, hat umgehabt> *mit OBJ* ■ *jmd. hat etwas um* (*umg.*) *ein Kleidungsstück um ein Körperteil tragen* eine Krawatte/eine Fliege/eine Schürze umhaben

Um·hang der <-(e)s, Umhänge> (≈ *Cape*) *Kleidungsstück in Form eines großen Tuches, das man sich über die Schultern legt* einen schwarzen Umhang tragen

um·hän·gen <hängst um, hängte um, hat umgehängt> *mit OBJ* **1.** ■ *jmd. hängt jmdm. etwas um jmdm. etwas über oder um die Schulter oder um den Hals hängen* Er hängte ihr eine wärmende Decke um., den Siegern die Medaillen umhängen, Der Jäger hängte sich die Flinte um. **2.** ■ *jmd. hängt etwas um etwas von einem Platz an einen anderen Platz hängen* Er hängte das Bild um.

Um·hän·ge·ta·sche die <-, -n> *eine Tasche mit einer langen Schlaufe, die man über die Schulter hängt*

um·hau·en <haust um, haute um, hat umgehauen> *mit OBJ* (*umg.*) **1.** ■ *jmd. haut jmdn. um jmdn. so schlagen, dass er zu Boden fällt* den Gegner mit einem einzigen Fausthieb umhauen **2.** ■ *etwas haut jmdn. um eine sehr starke Wirkung auf jmdn. haben* Diese Nachricht hat mich total umgehauen., Im Zimmer war es so stickig, dass es mich fast umhaute.

um·her *Adv. in bzw. aus allen Richtungen* Weit umher war die Landschaft ausgetrocknet., Von überall umher trafen Glückwünsche ein.

um·her·bli·cken <blickst umher, blickte umher, hat umhergeblickt> *ohne OBJ* ■ *jmd. blickt umher in verschiedene Richtungen blicken* suchend umherblicken

um·her·ge·hen <gehst umher, ging umher, ist umhergegangen> *ohne OBJ* ■ *jmd. geht umher ohne bestimmtes Ziel in alle Richtungen gehen* Er ging ziellos/unruhig umher.

um·her·ir·ren <irrst umher, irrte umher, ist umhergeirrt> *ohne OBJ* ■ *jmd. irrt umher in alle Richtungen gehen, ohne den Weg zu wissen* im Wald/in der Stadt umherirren, Wir sind lange umhergeirrt, ehe wir das Stadion gefunden hatten.

um·her·schlen·dern <schlenderst umher, schlenderte umher, ist umhergeschlendert> *ohne OBJ* ■ *jmd. schlendert umher ziellos in alle Richtungen schlendern* Wir sind in der Pause ein wenig im Hof umhergeschlendert.

um·hin·kom·men <kommst umhin, kam umhin, ist umhingekommen> *ohne OBJ* ■ *jmd. kommt nicht umhin, etwas zu tun/machen/sagen o.Ä.* (*geh.*) *nicht vermeiden können, etwas zu tun* Wir werden nicht umhinkommen, Tante Clementine auch einzuladen.

um·hin·kön·nen <kannst umhin, konnte umhin, hat umhingekonnt> *ohne OBJ* ■ *jmd. kann nicht umhin, etwas zu tun* (*geh.*) *nicht vermeiden können, etwas zu tun/machen/sagen o.Ä.* Auch wenn ich verstehen kann, was ihr getan habt, kann ich nicht umhin, euch zu bestrafen.

um·hö·ren <hörst um, hörte um, hat umgehört> *mit SICH* ■ *jmd. hört sich* (*nach etwas Dat.*) *um versuchen, etwas in Erfahrung zu bringen, indem man verschiedene Personen fragt* Ich werde mich erst nach einem besseren Angebot umhören., Er hat sich bei Freunden umgehört und erfahren, dass …

um·hül·len <umhüllst, umhüllte, hat umhüllt> *mit OBJ* **1.** ■ *etwas umhüllt jmdn./etwas jmdn. oder etwas mit etwas umgeben* Ein Schleier umhüllt ihren Körper., Zarte grüne Blätter umhüllen die Knospe., Nebel umhüllt den Berg. **2.** ■ *jmd. umhüllt jmdn./sich/etwas jmdn./sich/etwas mit etwas bedecken oder umgeben* Sie umhüllte ihren Oberkörper mit einem Badetuch.

um·ju·beln <umjubelst, umjubelte, hat umjubelt> *mit OBJ* ■ *jmd. umjubelt jmdn./etwas jmdn. oder etwas mit viel Jubel feiern* Die Fans umjubelten sie., ein umjubelter Künstler

Um·kehr die <-> (*kein Plur.*) *das Umkehren II* jemanden zur Umkehr zwingen, Nachdem wir so weit gekommen waren, war an eine Umkehr nicht mehr zu denken.

um·kehr·bar <nicht steig.> *Adj. so, dass man es ins Gegenteil verkehren kann* Diese Entwicklung/dieser Prozess ist nicht umkehrbar., eine umkehrbare Gleichung

um·keh·ren <kehrst um, kehrte um, hat/ist umgekehrt> **I.** *mit OBJ* (*haben*) **1.** ■ *jmd. kehrt etwas um etwas in sein Gegenteil verkehren* eine Entwicklung umkehren **2.** ■ *jmd. kehrt etwas um etwas von innen nach außen wenden* eine Jacke umkehren, um sie auszubürsten **II.** *ohne OBJ* (*sein*) ■ *jmd./etwas kehrt um sich wieder in die Richtung bewegen, aus der man gerade gekommen ist* Auf halbem Weg kehrte er um., Weil es einen technischen Defekt gab, musste das Flugzeug umkehren. **III.** *mit SICH* (*haben*) ■ *etwas kehrt sich um etwas verändert sich in sein Gegenteil* Ihr Verhältnis hatte sich vollkommen umgekehrt, jetzt bestimmte sie und er ordnete sich unter. ■ **jemandem kehrt sich der Magen um**: *jmdm. wird* *schlecht und er muss sich übergeben* Bei diesem Anblick kehrte sich mir der Magen um.

um·kip·pen <kippst um, kippte um, hat/ist umgekippt> **I.** *mit OBJ (haben)* ■ *jmd. kippt etwas um so an etwas stoßen, dass es umfällt* Er hat die Kaffeetasse/den Kaffee umgekippt. **II.** *ohne OBJ (sein)* **1.** ■ *jmd./etwas kippt um seine Lage so verändern, dass man/es umfällt* Das Boot ist umgekippt., Er ist mit dem Stuhl umgekippt. **2.** ■ *jmd. kippt um (umg.) ohnmächtig werden* Sie ist bei der Hitze umgekippt. **3.** ■ *etwas kippt um sich plötzlich ins Gegenteil wandeln* Ihre Liebe kippte in Hass um, als sie hörte, dass sie betrogen worden war., Die Stimmung im Publikum drohte umzukippen. ■ **ein Gewässer ist umgekippt** *(fachspr.): ein Gewässer ist ökologisch tot, weil es ohne Sauerstoff und völlig verschmutzt ist*

um·klam·mern <umklammerst, umklammerte, hat umklammert> *mit OBJ* ■ *jmd. umklammert jmdn./etwas jmdn. oder etwas mit Fingern, Händen, Armen ganz fest umfassen* Das Kind umklammerte die Hand der Mutter., In Todesangst umklammerte der Ertrinkende das rettende Seil.

Um·klam·me·rung die <-, -en> *das Umklammern* sich aus einer Umklammerung lösen

um·klap·pen <klappst um, klappte um, hat umgeklappt> *mit OBJ* ■ *jmd. klappt etwas um etwas, das beweglich gelagert ist, nach hinten, nach vorn, nach oben, nach unten oder zur Seite in eine andere Stellung legen* die hintere Sitzbank im Auto umklappen, den Kragen eines Mantels umklappen

Um·klei·de·ka·bi·ne die <-, -n> *ein kleiner Raum, der meist in einem Kleidungsgeschäft oder einem Kaufhaus ist und in dem man Kleidung, die man kaufen will, probiert*

um·klei·den <kleidest um, kleidete um, hat umgekleidet> *mit SICH* ■ *jmd. kleidet sich um (geh. ≈ sich umziehen) sich andere Kleider anziehen* sich im Schlafzimmer/in der Garderobe umkleiden

Um·klei·de·raum der <-es, Umkleideräume> *Raum, in dem man sich umzieht, wenn man zum Beispiel Sport machen will*

um·kni·cken <knickst um, knickte um, hat/ist umgeknickt> **I.** *mit OBJ (hat)* ■ *jmd./etwas knickt etwas um etwas so stark biegen, dass es knickt und umfällt* Der Orkan hat den Mast des Bootes einfach umgeknickt. **II.** *ohne OBJ (sein)* ■ *etwas knickt um etwas wird geknickt und fällt um* Die Bäume knickten im Unwetter reihenweise um. ■ **mit dem Fuß umknicken**: *mit dem Fuß ungeschickt auftreten, so dass das Fußgelenk stark gebogen wird und sehr schmerzt*

um·kom·men <kommst um, kam um, ist umgekommen> *ohne OBJ* **1.** ■ *jmd. kommt um eines nicht natürlichen Todes sterben* bei einem Erdbeben/Bombenangriff umkommen, Durch die lang anhaltende Dürre sind viele Menschen und Tiere umgekommen. **2.** ■ *etwas kommt um verfaulen* Durch den Regen ist ein großer Teil der Ernte umgekommen. ■ **nichts umkommen lassen** *(umg.): keine Vorräte verderben lassen* **vor Langeweile/Müdigkeit umkommen** *(umg.): sich sehr langweilen oder sehr müde sein*

Um·kreis der <-es> *(kein Plur.)* **1.** *das Gebiet um etwas herum* Die Explosion zerstörte die Häuser im Umkreis von drei Kilometern. **2.** *die Personen, mit denen jmd. beruflich zu tun hat* Aus dem Umkreis der Ministerin wurde bekannt, dass …

um·krei·sen <umkreist, umkreiste, hat umkreist> *mit OBJ* ■ *jmd./etwas umkreist jmdn./etwas sich in einem Kreis um etwas bewegen* Lauernd umkreiste er seinen Gegner., Die Erde umkreist die Sonne.

um·krem·peln <krempelst um, krempelte um, hat umgekrempelt> *mit OBJ* **1.** ■ *jmd. krempelt etwas um die Ärmel eines Hemds oder die Beine einer Hose mehrere Male umschlagen* die Ärmel/Hosenbeine umkrempeln **2.** ■ *jmd. krempelt etwas um umkehren I.2* Er krempelt seine Tasche um, um zu sehen, ob er noch einen Euro hat. **3.** *(umg. übertr.)* ■ *jmd. krempelt jmdn./etwas um jmdn. oder etwas völlig verändern* Du kannst versuchen, ihn zu beeinflussen, ganz umkrempeln wirst du ihn nicht., die Verwaltung der Firma völlig umkrempeln

um·la·den <lädst um, lud um, hat umgeladen> *mit OBJ* ■ *jmd. lädt etwas um etwas an eine andere Stelle oder in ein anderes Fahrzeug laden* die Container auf Schiffe umladen

Um·la·ge die <-, -n> WIRTSCH. *die Geldsumme, die als Teil der Gesamtkosten von einer einzelnen Person oder von einem Haushalt zu zahlen ist* Die Umlage für die Treppenreinigung beträgt 15 Euro pro Mietpartei. ►umlegen

um·la·gern <lagerst um, lagerte um, hat umgelagert> *mit OBJ* ■ *jmd. lagert jmdn. um jmdn. oder etwas anders lagern* einen Kranken im Bett umlagern, Waren in andere Räume umlagern

um·la·gern <umlagerst, umlagerte, hat umlagert> *mit OBJ* ■ *jmd. umlagert jmdn./etwas sich um jmdn. oder etwas drängen* Die Künstlerin wurde von Autogrammjägern umlagert., Die Eingänge wurden von Wartenden umlagert.

Um·land das <-(e)s> *(kein Plur.) das ländliche Gebiet, das sich um eine Stadt herum befindet* Am Wochenende machen wir gerne Ausflüge ins Umland.

Um·lauf der <-(e)s, Umläufe> **1.** *(kein Plur.) die Weitergabe von etwas an einen Kreis von Personen* Falschgeld in Umlauf bringen, Informationen befinden sich im Umlauf **2.** *ein Text, der von einer Person zur anderen gereicht wird, bis alle ihn gelesen haben* einen Umlauf abzeichnen/weitergeben **3.** *das Kreisen von etwas um etwas auf einer Bahn* der Umlauf der Erde um die Sonne

Um·lauf·bahn die <-, -en> *Bahn, auf der etwas um etwas kreist* die Umlaufbahn eines Satelliten kreuzen

um·lau·fen <läuft um, lief um, hat/ist umgelaufen> **I.** *mit OBJ (haben)* ■ *jmd. läuft jmdn./etwas um so heftig gegen jmdn. oder etwas laufen, dass er/es umfällt* Er hätte mich fast umgelaufen. **II.** *ohne OBJ (sein)* **1.** ■ *etwas läuft um etwas läuft in einem Personenkreis von einem zum anderen*

Gerüchte laufen um., Das Schreiben des Direktors ist bereits umgelaufen. **2.** ■ *etwas läuft um sich in einem Kreislauf bewegen* das im Körper umlaufende Blut, Das Wasser läuft in dem Heizungssystem um.

um·lau·fen <umläufst, umlief, hat umlaufen> *mit OBJ* **1.** ■ *jmd./etwas umläuft etwas um etwas herum laufen* Der Hund umläuft die Herde. **2.** ■ *etwas umläuft etwas etwas bewegt sich auf einer Bahn um etwas* Die Erde umläuft die Sonne.

Um·laut der <-(e)s, -e> SPRACHWISS. *einer der Vokale, über die beim Schreiben zwei Punkte gesetzt werden* Die Laute „ä, ö, ü" sind die Umlaute im Deutschen.

um·le·gen <legst um, legte um, hat umgelegt> *mit OBJ* **1.** ■ *jmd./etwas legt etwas um etwas von einer senkrechten in eine waagerechte Lage bringen* Vor der Brücke legte das Schiff den Mast/Schornstein um., Der Sturm legte die Bäume um., den Rücksitz im Auto umlegen **2.** ■ *jmd./etwas legt etwas um etwas in eine andere Lage bringen, indem man es auf eine andere Seite legt, stellt, klappt o.Ä.* einen Hebel umlegen, eine Seite im Kalender umlegen **3.** ■ *jmd. legt jmdn./etwas um jmdn. oder etwas an einen anderen Ort oder in eine andere Lage legen* einen Kranken in eine andere Station umlegen, die Pakete im Regal umlegen, um mehr Platz zu haben **4.** ■ *jmd. legt etwas um etwas zeitlich verschieben* Er legte seinen Termin um. **5.** ■ *jmd. legt etwas auf jmdn. um (Kosten für) etwas gleichmäßig auf verschiedene Personen verteilen, so dass jeder gleich viel bezahlen muss* Die Kosten für die Fahrt werden auf alle Mitreisenden umgelegt. ►Umlage **6.** ■ *jmd. legt jmdm./sich etwas um etwas umhängen* Sie legte sich einen Mantel um., sich einen Schal umlegen **7.** ■ *jmd. legt jmdn. um (vulg.) jmdn. ermorden* Den leg' ich um!

um·lei·ten <leitest um, leitete um, hat umgeleitet> *mit OBJ* ■ *jmd. leitet etwas um etwas in eine andere Bahn oder eine andere Richtung lenken* Die Polizei hat den Verkehr auf eine andere Strecke umgeleitet.

Um·lei·tung die <-, -en> **1.** *die Strecke, auf die der Verkehr umgeleitet wird* eine Umleitung fahren, Bitte benutzen Sie die ausgeschilderten Umleitungen! **2.** *(kein Plur.) das Umleiten* die Umleitung des Verkehrs/eines Flusses

um·ler·nen <lernst um, lernte um, hat umgelernt> *ohne OBJ* **1.** ■ *jmd. lernt um einen neuen Beruf erlernen* Nachdem er seinen erlernten Beruf nicht mehr ausüben konnte, hat er umgelernt. **2.** ■ *jmd. lernt um seine Ansichten ändern* Aufgrund der veränderten Bedingungen haben viele umlernen müssen., Er war nicht bereit umzulernen, obwohl er merkte, dass seine Ansichten veraltet waren.

um·lie·gend <nicht steig.> *(nur attr.) Adj. in der Umgebung von etwas liegend* die umliegenden Dörfer

um·mel·den <meldest um, meldete um, hat umgemeldet> *mit OBJ* ■ *jmd. meldet jmdn./sich/etwas um jmdn./sich/etwas irgendwo abmelden und woanders anmelden* Nach einem Wohnungswechsel muss man sich ummelden., seinen Telefonanschluss/seine Versicherung/sich ummelden

um·mo·deln <modelst um, modelte um, hat umgemodelt> *mit OBJ* ■ *jmd. modelt etwas um (umg.) verändern; abändern* Weil du nun plötzlich nicht mehr mitmachen willst, müssen wir alles noch einmal ummodeln!

um·nach·tet *Adj. (geh.) verwirrt und (geistig) nicht mehr klar* ein umnachteter Geist, Er ist geistig umnachtet.

Um·nach·tung die <-> *(kein Plur.) (geh. abwert.) der Zustand, in dem jmd. so verwirrt ist, dass er nicht weiß, was er tut* Das muss er im Zustand völliger geistiger Umnachtung getan haben.

um·nie·ten <nietest um, nietete um, hat umgenietet> *mit OBJ* ■ *jmd. nietet jmdn. um (umg. vulg. ≈ abknallen) jmdn. erschießen*

um·or·ga·ni·sie·ren <organisierst um, organisierte um, hat umorganisiert> *mit OBJ* ■ *jmd. organisiert etwas um etwas anders oder neu organisieren* die Abläufe in einem Unternehmen umorganisieren ►Umorganisation

um·pa·cken <packst um, packte um, hat umgepackt> *mit OBJ* ■ *jmd. packt etwas um etwas auspacken und dann anders packen* Ich muss schon wieder den Kofferraum umpacken, der Campingstuhl passt nicht hinein., die Taschen nochmals umpacken, damit alles hineinpasst

um·pflan·zen <pflanzt um, pflanzte um, hat umgepflanzt> *mit OBJ* ■ *jmd. pflanzt etwas um etwas an einen anderen Ort pflanzen* Morgen pflanze ich die Geranien in einen anderen Topf um.

um·pflü·gen <pflügst um, pflügte um, hat umgepflügt> *mit OBJ* ■ *jmd. pflügt etwas um etwas durch Pflügen lockern* ein Feld/den Boden umpflügen

um·po·len <polst um, polte um, hat umgepolt> *mit OBJ* ■ *jmd. polt etwas um* PHYS. ELEKTROTECHN. *den Minuspol mit dem Pluspol vertauschen*

um·pro·gram·mie·ren <programmierst um, programmierte um, hat umprogrammiert> *mit OBJ* ■ *jmd. programmiert etwas um* EDV *für etwas ein neues Programm schreiben* die Netzverbindung umprogrammieren

um·quar·tie·ren <quartierst um, quartierte um, hat umquartiert> *mit OBJ* ■ *jmd. quartiert jmdn. um jmdm. ein anderes Quartier geben* Wegen eines Wasserschadens müssen die Gäste in der oberen Etage umquartiert werden.

um·rah·men <umrahmst, umrahmte, hat umrahmt> *mit OBJ* **1.** ■ *etwas umrahmt etwas eine Art Rahmen um etwas bilden* Blonde Locken umrahmten ihr Gesicht. **2.** ■ *etwas umrahmt etwas als Begleitung zu etwas stattfinden* Musikalische Darbietungen umrahmten die Feierstunde.

Um·rah·mung die <-> *(kein Plur.)* **1.** *ein Rahmen um etwas* Die Umrahmung des Fensters war etwas geschmacklos. **2.** *ein Begleitprogramm zu etwas* Die Umrahmung der Verleihung des Filmpreises war dieses Jahr etwas dürftig.

um·ran·den <umrandest, umrandete, hat umrandet> *mit OBJ* **1.** ■ *etwas umrandet etwas einen Rand um etwas bilden* Blumen umrandeten das Grab. **2.** ■ *jmd. umrandet etwas einen Rand um etwas machen* Sie umrandete den Text rot, um ihn hervorzuheben., schwarz umrandetes Briefpapier

Um·ran·dung die <-, -en> *der Rand um etwas*

um·räu·men <räumst um, räumte um, hat umgeräumt> *mit OBJ* **1.** ■ *jmd. räumt etwas um etwas anders ordnen, indem man es an einen anderen Platz stellt* die Bücher im Regal umräumen **2.** ■ *jmd. räumt etwas um den Inhalt von etwas anders ordnen* das Wohnzimmer umräumen

um·rech·nen <rechnest um, rechnete um, hat umgerechnet> *mit OBJ* ■ *jmd. rechnet etwas (in etwas Akk.) um ausrechnen, wie groß ein Betrag oder ein Wert in einer anderen Währung oder Maßeinheit ist* Euro in britische Pfund umrechnen, Meilen in Kilometer umrechnen

Um·rech·nung die <-> *(kein Plur.) das Umrechnen*

Um·rech·nungs·kurs der <-es, -e> *der Kurs, zu dem Währungen umgerechnet werden*

um·rei·ßen <reißt um, riss um, hat umgerissen> *mit OBJ* ■ *jmd./etwas reißt jmdn./etwas um jmdn. oder etwas plötzlich mit viel Kraft zu Boden werfen* Der Sturm hat zahlreiche Bäume umgerissen., In ihrer Eile hat sie ein Kind umgerissen, das im Weg stand.

um·rei·ßen <umreißt, umriss, hat umrissen> *mit OBJ* ■ *jmd. umreißt etwas etwas nicht ausführlich, sondern nur mit den wichtigsten Argumenten beschreiben* jemandem sein zukünftiges Aufgabengebiet umreißen, Ich will nur kurz umreißen, worum es mir geht.

um·ren·nen <rennst um, rannte um, hat umgerannt> *mit OBJ* ■ *jmd. rennt jmdn./etwas um (umg.) gegen jmdn. oder etwas rennen und ihn/es dadurch zu Boden werfen* Die Zuschauer hatten die Absperrungen umgerannt und stürmten auf das Spielfeld., In seiner Eile rannte er alle um, die im Weg standen.

um·rin·gen <umringst, umringte, hat umringt> *mit OBJ* ■ *jmd. umringt jmdn./etwas einen kleinen Kreis um jmdn. oder etwas bilden* Die Schüler umringten den Lehrer.

Um·riss der <-es, -e> (≈ *Kontur*) *die äußeren Ränder oder Linien, die die Form von jmdm./etwas bestimmen* den Umriss einer Person/eines Tieres erkennen, Gegen das Licht konnte man alles nur in Umrissen erkennen. ■ **in Umrissen schildern**: *ohne Details beschreiben* **etwas nimmt feste Umrisse an**: *etwas wird allmählich konkret* Die Pläne nehmen allmählich feste Umrisse an.

um·rüh·ren <rührst um, rührte um, hat umgerührt> *mit OBJ* ■ *jmd. rührt etwas um etwas durch Rühren bewegen und somit gut mischen* Du musst den Teig gut umrühren, sonst gibt es Klumpen.

um·run·den <umrundest, umrundete, hat umrundet> *mit OBJ* ■ *jmd./etwas umrundet etwas um etwas in einem Kreis herum gehen, fahren, fliegen o.Ä.* Die Altstadt kann man gut in einer Stunde zu Fuß umrunden., die Erde im Flugzeug umrunden

um·rüs·ten <rüstest um, rüstete um, hat umgerüstet> *mit OBJ* ■ *jmd. rüstet etwas um etwas technisch anders ausstatten* ein Fahrzeug auf Winterbetrieb umrüsten

ums *Präp. + Akk. (umg. ≈ um das)*

um·sat·teln <sattelst um, sattelte um, hat umgesattelt> *ohne OBJ* ■ *jmd. sattelt (auf etwas Akk.) um (umg.) sich beruflich verändern* Während des Pädagogikstudiums hat sie auf Soziologie umgesattelt., Weil das Geschäft mit Obst und Gemüse nicht gut lief, haben sie auf Getränke umgesattelt.

Um·satz der <-es, Umsätze> WIRTSCH. *Gesamtwert dessen, was (von einer Firma, einem Unternehmen, einem Geschäft) an Waren oder Dienstleistungen verkauft wird* Die Umsätze steigen., Am Samstag machen die Kneipen den größten Umsatz.

Um·satz·be·tei·li·gung die <-, -en> *(meist Sing.)* WIRTSCH. *(finanzielle) Beteiligung am Umsatz* Alle Mitarbeiter dieser Firma erhalten eine Umsatzbeteiligung.

Um·satz·rück·gang der <-(e)s> *(kein Plur.)* WIRTSCH. *Rückgang des Umsatzes* Das Unternehmen hat einen Umsatzrückgang zu verzeichnen.

um·satz·schwach *Adj.* WIRTSCH. *mit nur geringem Umsatz* die umsatzschwachen Bereiche der Firma ausgliedern

Um·satz·stei·ge·rung die <-, -en> WIRTSCH. *Steigerung des Umsatzes* eine Umsatzsteigerung von fünf Prozent zu verzeichnen haben

Um·satz·steu·er die <-> *(kein Plur.)* WIRTSCH. *Steuer, die auf den Umsatz gezahlt werden muss*

Um·satz·zu·wachs der <-es, Umsatzzuwächse> WIRTSCH. *Zuwachs an Umsatz*

um·säu·men <umsäumst, umsäumte, hat umsäumt> *mit OBJ* **1.** ■ *jmd. umsäumt etwas mit einem Saum umgeben* einen Rock/Mantel/ein Stück Stoff umsäumen **2.** ■ *etwas umsäumt etwas (geh.) etwas als Rand umgeben* Ein Wald umsäumt den See., Blonde Locken umsäumen sein Gesicht.

um·schal·ten <schaltest um, schaltete um, hat umgeschaltet> **I.** *mit OBJ/ohne OBJ* **1.** ■ *jmd. schaltet (etwas) um eine Einstellung an einem Gerät mit einer Taste, einem Schalter, einem Hebel, einem Knopf o.Ä. ändern* das Netz auf Wechselstrom umschalten, (die Tastatur) auf Großbuchstaben umschalten **2.** ■ *jmd schaltet (auf etwas Akk.) um einen anderen Sender oder ein anderes Programm wählen* Schalte doch nicht dauernd (auf einen anderen Sender) um! **II.** *ohne OBJ* ■ *etwas schaltet um seine Einstellung selbstständig ändern* Nach einer bestimmten Zeit schaltet das Gerät auf den Stromsparmodus um.

Um·schalt·tas·te die <-, -n> *die Taste, die sich links und rechts auf einer Tastur befindet und mit der man von kleinen zu großen Buchstaben umschalten kann* die Umschalttaste auf der Tastatur eines Computers/einer Schreibmaschine betätigen

um·schau·en *mit SICH* ■ *jmd. schaut sich (nach jmdm./etwas) um (süddt. österr.) sich umsehen* sich (nach jemandem/etwas) umschauen

um·schif·fen <umschiffst, umschiffte, hat umschifft> *mit OBJ* **1.** ■ *jmd./etwas umschifft etwas mit einem Schiff um etwas herum fahren* das Kap der guten Hoffnung umschiffen **2.** ■ *jmd. umschifft etwas eine schwierige Situation umgehen* Probleme umschiffen, Durch den Kompromiss konnte er die Schwierigkeiten umschiffen.

Um·schlag¹ der <-(e)s, Umschläge> **1.** *eine Hülle, in die man einen Brief steckt, wenn man ihn abschicken will* den Brief in einen Umschlag stecken **2.** *eine Art Hülle, mit der man ein Buch, ein Heft o.Ä. schützen kann* der Umschlag des Schulheftes/eines Buches **3.** *ein umgenähter Rand an einem Kleidungsstück* die Hosenbeine mit einem Umschlag versehen **4.** MED. *warme oder kalte Tücher, die zur Behandlung auf ein Körperteil gelegt werden*

Um·schlag² der <-(e)s, Umschläge> **1.** *völlige Veränderung von etwas* ein plötzlicher Umschlag des Wetters/der Stimmung **2.** *(kein Plur.)* WIRTSCH. *das Verladen oder Umladen von Waren auf ein Schiff oder ein Fahrzeug*

um·schla·gen <schlägst um, schlug um, hat/ist umgeschlagen> **I.** *mit OBJ (haben)* **1.** ■ *jmd. schlägt etwas um (≈ umblättern)* die Seite in einem Buch umschlagen **2.** ■ *jmd. schlägt etwas um etwas auf eine andere Seite falten* die Ärmel/den Kragen umschlagen **3.** ■ *jmd. schlägt etwas (mit etwas Dat.) um etwas durch Schlagen zum Umstürzen bringen* Bäume mit der Axt umschlagen **4.** ■ *jmd./etwas schlägt etwas um* WIRTSCH. *etwas auf ein Schiff oder ein Fahrzeug verladen oder umladen* Im Hafen werden Container/Güter umgeschlagen. **5.** ■ *jmd. schlägt jmdm./sich etwas um etwas um die Schultern von jmdm. oder sich legen* jemandem/sich eine Decke umschlagen **II.** *ohne OBJ (sein)* **1.** ■ *etwas schlägt um sich völlig verändern* Das Wetter/Die Stimmung ist umgeschlagen. **2.** ■ *etwas schlägt um durch einen starken Stoß plötzlich umkippen* Das Boot ist umgeschlagen.

Um·schlag·ha·fen der <-s, Umschlaghäfen> *ein Hafen, in dem Waren von Schiffen auf Fahrzeuge und umgekehrt verladen werden* ein Umschlaghafen für Getreide/Öl

Um·schlag·platz der <-es, Umschlagplätze> WIRTSCH. *ein Platz, an dem Waren umgeladen werden, um dann weiter in andere Gebiete transportiert zu werden* Das Land ist zum Umschlagplatz für den internationalen Drogenhandel geworden.

um·schlie·ßen <umschließt, umschloss, hat umschlossen> *mit OBJ* **1.** ■ *etwas umschließt etwas etwas mit etwas vollständig umgeben* Eine Mauer umschließt die gesamte Burg., Bei Flut ist das Gebiet vollständig vom Meer umschlossen. **2.** ■ *jmd. umschließt etwas etwas mit der Hand oder den Händen so fassen, dass man es fest hat* eine Tasse mit beiden Händen umschließen, Der Kapitän hatte das Ruder fest umschlossen in der Hand. **3.** ■ *jmd. umschließt jmdn. jmdn. fest umarmen* Er umschloss sie mit seinen Armen.

um·schlin·gen <umschlingst, umschlang, hat umschlungen> *mit OBJ* **1.** ■ *jmd. umschlingt jmdn. die Arme fest um jmdn. legen* jemanden mit beiden Armen umschlingen, Das Paar saß eng umschlungen auf der Bank. **2.** ■ *etwas umschlingt etwas etwas windet sich eng wie eine Schlinge um etwas* Efeu umschlingt den Baumstamm.

um·schmei·ßen <schmeißt um, schmiss um, hat umgeschmissen> *mit OBJ* ■ *jmd./etwas schmeißt etwas um (umg.) durch eine Stoß bewirken, dass jmd. oder etwas umfällt* Als er aufstand, hat er das Glas mit seinem Ellenbogen umgeschmissen.

um·schnal·len *mit OBJ* ■ *jmd. schnallt (jmdm./sich) etwas um etwas um jmdn. oder sich legen und mit einer Schnalle befestigen* sich einen Gürtel umschnallen

um·schrei·ben <schreibst um, schrieb um, hat umgeschrieben> *mit OBJ* **1.** ■ *jmd. schreibt etwas um einen Text noch einmal schreiben und ihn verändern, um ihn bessser zu machen* Er hat das Buch/den Beitrag/das Manuskript/ den Text/den Vortrag mehrmals umgeschrieben. **2.** ■ *jmd. schreibt etwas um* RECHTSW. *Immobilien schriftlich jmd. anderem übertragen, in dem man die Eintragung im Grundbuch ändern lässt* Die Eltern haben das Haus auf ihre Kinder umschreiben lassen.

um·schrei·ben <umschreibst, umschrieb, hat umschrieben> *mit OBJ* **1.** ■ *jmd. umschreibt etwas etwas mit anderen Worten ausdrücken* Man kann es auch so umschreiben ..., Er wollte es nicht direkt aussprechen und hat es nur umschrieben. **2.** *(≈ umreißen)* ■ *jmd. umschreibt etwas etwas in kurzer Form mit den wichtigsten Informationen darstellen* Wie würden Sie Ihre Tätigkeit umschreiben?, kurz umschreiben, was in den nächsten Tagen zu tun ist

Um·schrei·bung die <-, -en> **1.** *(kein Plur.) das Wiedergeben mit anderen Worten* im Unterricht die Umschreibung von Begriffen üben **2.** *(≈ Paraphrase) der Ausdruck, mit dem etwas in anderen Worten wiedergegeben wird* eine freundliche Umschreibung für etwas Unangenehmes suchen

Um·schrift die <-, -en> SPRACHWISS. **1.** *(≈ Transkription) die Zeichen, die verwendet werden, um die Aussprache von Wörtern wiederzugeben* eine phonetische Umschrift, Bei diesem Wort fehlt die (Angabe der) Umschrift. **2.** *(≈ Transliteration) Übertragung der Buchstaben von Wörtern aus einem Alphabet in ein anderes Alphabet*

um·schu·len **I.** *mit OBJ* **1.** ■ *jmd. schult jmdn. um jmdn. auf eine andere Schule schicken* Da seine Eltern umgezogen waren, wurde er nach der zweiten Klasse umgeschult. **2.** ■ *jmd. schult jmdn. (zu etwas Dat.) um jmdn. für einen neuen Beruf ausbilden* Das Arbeitsamt hat die arbeitslose Kindergärtnerin zur Arzthelferin umgeschult. **II.** *ohne OBJ* ■ *jmd. schult um einen neuen Beruf erlernen, weil man mit dem alten Beruf keine Arbeit findet* Er findet keine Anstellung mehr in seinem erlernten Beruf, deshalb will er jetzt umschulen.

Ụm·schü·ler, **Ụm·schü·le·rin** der <-s, -> *jmd., der eine Umschulung macht*

Ụm·schu·lung die <-, -en> *die Ausbildung zu einem anderen Beruf, der auf dem Arbeitsmarkt mehr gefragt ist* eine Umschulung zum Versicherungskaufmann machen

ụm·schüt·ten <schüttest um, schüttete um, hat umgeschüttet> *mit OBJ* **1.** ■ *jmd. schüttet etwas um ein Gefäß so anstoßen, dass es umfällt und der Inhalt ausläuft* Er hat sein Weinglas umgeschüttet. **2.** (*umg.* ≈ *umgießen*) ■ *jmd. schüttet etwas (in etwas Akk.) um Flüssigkeit in ein anderes Gefäß schütten* Wein aus der Flasche in eine Karaffe umschütten

um·schwạ̈r·men <umschwärmst, umschwärmte, hat umschwärmt> *mit OBJ* **1.** ■ *etwas umschwärmt jmdn./etwas in großen Mengen um jmdn. oder etwas fliegen* Im Sommer wird man hier dauernd von Mücken umschwärmt., Bienen umschwärmen die ersten Blüten. **2.** ■ *jmd. umschwärmt jmdn. jmdn. sehr verehren und bewundern und dessen Nähe suchen* Viele begeisterte Anhänger umschwärmten den Künstler., von jungen Mädchen umschwärmte Popstars

um·schwạ̈rmt[1] *Partizip Perfekt von* **umschwärmen**

um·schwạ̈rmt[2] *Adj. bewundert und von vielen Personen umgeben* ein umschwärmter Schauspieler

Ụm·schwei·fe ■ **ohne Umschweife**: *direkt und ohne zu zögern* ohne Umschweife zur Sache kommen, Er erzählte alles so, wie es war, ohne Umschweife.

ụm·schwen·ken <schwenkst um, schwenkte um, hat umgeschwenkt> *ohne OBJ* **1.** ■ *etwas schwenkt um plötzlich aus einer anderen Richtung kommen* Der Wind schwenkte plötzlich nach Osten um. **2.** ■ *jmd. schwenkt um* (*umg. abwert.*) *plötzlich seine Meinung ändern* Bei der Abstimmung sind einige Minister umgeschwenkt.

um·schwịr·ren *mit OBJ* ■ *etwas umschwirrt etwas* (≈ *umschwärmen*) *in großen Mengen um etwas fliegen* Fliegen umschwirren den Misthaufen.

Ụm·schwung der <-s, Umschwünge> *eine plötzliche Änderung* ein Umschwung der Konjunktur/des Wetters/der Stimmung ◆ Wetter-

Ụm·schwung der <-(e)s> (*kein Plur.*) (*schweiz.*) *Land, das zu einem Haus gehört und es umgibt*

ụm·se·hen <siehst um, sah um, hat umgesehen> *mit SICH* **1.** ■ *jmd. sieht sich irgendwo um nach allen Seiten sehen und die Umgebung genau anschauen* sich in der Altstadt umsehen **2.** ■ *jmd. sieht sich (nach jmdm./etwas) um den Kopf drehen und über die eigene Schulter nach hinten sehen* Sie sah sich um, weil sie wissen wollte, wer hinter ihr ging. **3.** ■ *jmd. sieht sich (nach etwas Dat.) um etwas suchen* Sieh dich mal nach einem billigen Computer um. **4.** ■ *jmd. sieht sich nach jmdm. um jndn. als neuen Partner oder Mitarbeiter suchen* Er sah sich auf der Kreuzfahrt auch nach einer neuen Frau um.

ụm·sei·tig <nicht steig.> *Adj.* (*geh.*) *auf der Rückseite eines Blattes* Beachten Sie bitte die umseitigen Erläuterungen!

ụm·set·zen <setzt um, setzte um, hat umgesetzt> **I.** *mit OBJ* **1.** ■ *jmd. setzt etwas um etwas an eine andere Stelle setzen* ein Verkehrsschild/einen Pflock umsetzen **2.** ■ *jmd. setzt jmdn. um jmdm. einen anderen Platz geben* Der Lehrer hat die Schüler umgesetzt. **3.** ■ *jmd. setzt etwas um etwas umpflanzen* Bäume/Pflanzen umsetzen **4.** ■ *jmd. setzt etwas in etwas Akk. um* (*umg.*) *etwas gegen etwas eintauschen* sein ganzes Geld in Klamotten umsetzen **5.** ■ *jmd./etwas setzt etwas um* WIRTSCH. *etwas verkaufen* Die Veranstalter haben bereits 5000 Eintrittskarten umgesetzt. **6.** ■ *jmd. setzt etwas um verwirklichen; praktisch anwenden* ein Vorhaben/einen Plan in die Praxis umsetzen, das eben Gelernte bei der Arbeit umsetzen **7.** ■ *etwas setzt etwas in etwas Akk. um* (≈ *umwandeln*) *etwas in etwas anderes umwandeln* Die Anlage setzt Windenergie in elektrischen Strom um. **II.** *mit SICH* ■ *jmd. setzt sich um seinen Platz wechseln* Mir ist es hier zu dunkel/rauchig/zugig, ich setze mich um.

Ụm·set·zung die <-, -en> **1.** *die praktische Anwendung* Die Umsetzung unserer Ideen braucht Zeit und Geduld. **2.** *das Umsetzen*

Ụm·sicht die <-> (*kein Plur.*) (↔ *Leichtsinn*) *ein ruhiges Denken, bei dem man vorausschaut und die Folgen seiner Handlungen beachtet* Diese Arbeit erfordert viel Umsicht.

ụm·sich·tig *Adj. mit Umsicht* Die Helfer an der Unfallstelle handelten umsichtig und trotzdem schnell.

ụm·sie·deln <siedelst um, siedelte um, hat/ist umgesiedelt> **I.** *mit OBJ* (*haben*) ■ *jmd. siedelt jmdn./etwas um veranlassen, dass jmd. oder etwas seinen ständigen Aufenthaltsort wechselt* Der Ort musste einem Tagebau weichen, die Bewohner wurden umgesiedelt., Tiere/Pflanzen an einen neuen Standort umsiedeln **II.** *ohne OBJ* (*sein*) **1.** ■ *jmd. siedelt (irgendwohin) um seinen Wohnort wechseln* Er ist von Europa nach Amerika umgesiedelt. **2.** ■ *jmd. siedelt um* (≈ *aussiedeln*) *als Angehöriger der deutschen Minderheit in Osteuropa in die Bundesrepublik ziehen* Die Familie ist aus Russland nach Deutschland umgesiedelt.

Ụm·sie·de·lung *s.* **Umsiedlung**

Ụm·sied·ler, **Ụm·sied·le·rin** der <-s, -> (≈ *Aussiedler*) *Person, die umgesiedelt ist*

Ụm·sied·lung, *a.* **Ụm·sie·de·lung** die <-, -en> *das Umsiedeln* die zwangsweise Umsiedlung der Bewohner einer Gegend

ụm·sin·ken <sinkst um, sank um, ist umgesunken> *ohne OBJ* ■ *jmd./etwas sinkt um zur Seite sinken und zu Boden fallen* Es taut, unser Schneemann ist leider umgesunken., Sie ist vor Schreck ohnmächtig umgesunken.

ụm·so[1] *Konj. zusammen mit „je" verwendet, um auszudrücken, dass der Sachverhalt im Hauptsatz (umso …) sich in gleicher Weise verändert, wie* *der Sachverhalt im Nebensatz (je ...); statt „umso" kann man auch „desto" verwenden* Je gründlicher wir arbeiten, umso besser ist das Ergebnis., Je früher wir losfahren, umso früher kommen wir auch an. ◆ Zusammenschreibung→R 4.6 Je mehr er arbeitete, umso mehr verdiente er.

um·so² *Partikel (vor einem Komparativ) verwendet, um eine Aussage zu verstärken* Nach dieser Entscheidung ist es jetzt umso wichtiger, dass man einen klaren Kopf bewahrt., Wenn die Computer billiger werden, dann umso besser!, Wenn er auch die zweite Prüfung wiederholen muss, dann umso schlimmer!

um·sonst *Adv.* **1.** *(≈ vergeblich) ohne Erfolg* Alle unsere Anstrengungen sind umsonst gewesen!, Nun haben wir umsonst alles vorbereitet, wenn die Veranstaltung ausfällt! **2.** *(umg. ≈ gratis) ohne Bezahlung* umsonst mit dem Bus fahren dürfen, Ich tue das umsonst, ich will nichts dafür haben! ■ **nicht umsonst**: *aus gutem Grund* Das habe ich nicht umsonst gesagt, ich wollte euch warnen!

um·sor·gen <umsorgst, umsorgte, hat umsorgt> *mit OBJ* ■ *jmd. umsorgt jmdn. jmdn. intensiv betreuen oder viel Aufmerksamkeit schenken* einen Kranken Tag und Nacht umsorgen, die Kinder liebevoll umsorgen

um·span·nen <umspannst, umspannte, hat umspannt> *mit OBJ* **1.** ■ *jmd. umspannt etwas um etwas herumfassen* einen Baum mit den Armen umspannen können **2.** ■ *etwas umspannt etwas sich über eine genannte Zeit erstrecken* Der Roman umspannt zwei Jahrzehnte deutscher Geschichte.

Um·spann·werk das <-es, -e> ELEKTROTECHN. *eine technische Anlage zur Veränderung der Spannung des Stromes*

um·spie·len <umspielst, umspielte, hat umspielt> *mit OBJ* **1.** ■ *etwas umspielt etwas (geh.) um etwas herum sein und dabei ständig kleine Bewegungen ausführen* Wellen umspielten das kleine Boot., Das wehende Haar umspielte ihr schönes Gesicht. **2.** ■ *jmd. umspielt jmdn. (SPORT: umg.) an jmdm. bei einem Fußballspiel mit dem Ball vorbei gehen* Mit Leichtigkeit umspielte der Stürmer die gegnerische Abwehr. ■ **ein Lächeln umspielt jemands Gesicht/Mund**: *ein leichtes Lächeln ist auf dem Gesicht von jmdm. zu sehen*

um·sprin·gen <springst um, sprang um, ist umgesprungen> *ohne OBJ* **1.** ■ *etwas springt (von etwas Dat.) auf etwas Akk. um plötzlich die Stellung oder Richtung wechseln* Die Anzeige ist soeben auf die aktuelle Zeit umgesprungen., Der Wind ist auf Nordost umgesprungen. **2.** ■ *jmd. springt mit jmdm./etwas irgendwie um (umg. abwert.) jmdn. oder etwas irgendwie behandeln* Er ist grob mit ihr umgesprungen.

um·spu·len <spulst um, spulte um, hat umgespult> *mit OBJ* ■ *jmd. spult etwas um machen, dass etwas von einer Spule auf eine andere Spule übertragen wird* Nach der Vorstellung muss der Film noch umgespult werden.

um·spü·len <umspült, umspülte, hat umspült> *mit OBJ* ■ *etwas umspült etwas um etwas herum fließen* Der Fluss umspülte die kleine Insel.

Um·stand der <-(e)s, Umstände> **1.** *eine Tatsache, die ein Geschehen in bestimmter Weise beeinflusst* Dieser Umstand ist mir nicht entgangen., Das schlechte Ergebnis ist auf die schwierigen/widrigen Umstände zurückzuführen., Unter diesen Umständen trete ich vom Vertrag zurück., Dem Patienten geht es den Umständen entsprechend gut. **2.** *(nur Plur.) großer (und unnötiger) Aufwand* Machen Sie sich keine Umstände!, Es macht mir keine Umstände, Ihnen zu helfen., So viele Umstände waren nötig für solch ein mageres Ergebnis! ■ **unter Umständen**: *vielleicht* **unter allen Umständen**: *auf jeden Fall* **unter (gar) keinen Umständen**: *auf (gar) keinen Fall* **in anderen Umständen sein** *(verhüll. veralt.)*: *schwanger sein* **mildernde Umstände** RECHTSW.: *Tatsachen, die bei einem Gerichtsurteil berücksichtigt werden und es milder machen können*

um·stän·de·hal·ber *Adv. weil es wegen einer bestimmten Situation nötig ist* Das Haus ist umständehalber zu verkaufen.

um·ständ·lich *Adj.* **1.** *(≈ aufwändig, zeitraubend) nicht geschickt und mit viel unnötigem Aufwand* etwas sehr umständlich erklären, umständliche Vorbereitungen treffen **2.** *so, dass jmd. zu viel unnötigem Aufwand neigt* ein umständlicher Mensch/Mitarbeiter

Um·stands·klei·dung die <-> *(kein Plur.) besonders weit geschnittene Kleidung, die eine Frau während der Schwangerschaft trägt*

Um·stands·wort das <-(e)s, Umstandswörter> *(SPRACHWISS.: veralt.) Adverb*

um·ste·cken <steckst um, steckte um, hat umgesteckt> *mit OBJ* ■ *jmd. steckt etwas um etwas an eine andere Stelle stecken* Du musst die Stecker umstecken, sonst funktioniert das nicht.

um·ste·hend <nicht steig.> *Adj.* **1.** *(geh. ≈ umseitig)* Bitte beachten Sie die umstehenden Hinweise! **2.** *in der Nähe stehend* Keiner der umstehenden Menschen war bereit zu helfen.

um·stei·gen <steigst um, stieg um, ist umgestiegen> *ohne OBJ* **1.** ■ *jmd. steigt (von etwas Dat.)(in etwas Akk.) um das Verkehrsmittel wechseln* Sie müssen an der nächsten Haltestelle (in eine andere Bahn/in den Bus) umsteigen. **2.** ■ *jmd. steigt (von etwas Dat.) auf etwas Akk. um (umg.) von etwas zu etwas Anderem oder Neuem wechseln* Sie ist auf ein anderes Medikament umgestiegen., Er ist vom Auto auf das Fahrrad umgestiegen.

um·stel·len <stellst um, stellte um, hat umgestellt> **I.** *mit OBJ* **1.** ■ *jmd. stellt etwas um etwas an einen anderen Ort stellen* Er hat alle Möbel umgestellt. **2.** ■ *jmd. stellt etwas um etwas anders einstellen* einen Hebel/eine Weiche umstellen, den Sender im Radio umstellen **3.** ■ *jmd. stellt jmdn./etwas auf etwas Akk. um die Gewohnheiten von jmdm. oder die Einstellunge von etwas ändern* einen Patienten auf fettarme Kost umstellen, die Heizung auf Sommerbetrieb umstellen **II.** *mit SICH* ■ *jmd. stellt sich (irgendwo) (auf etwas Akk.) um sich einer neuen Situation oder neuen Umstän-*

den anpassen Du wirst dich auf der neuen Arbeitsstelle ganz schön umstellen müssen!

um·stel·len <umstellst, umstellte, hat umstellt> *mit OBJ* ■ *jmd. umstellt jmdn./etwas jmdn. oder etwas mit Personen so umringen, dass niemand fliehen kann* ein Gebäude mit Polizisten umstellen, Der Feind ist umstellt.

Um·stel·lung die <-, -en> *das Anpassen an eine neue Situation* Der Besuch einer anderen Schule war eine große Umstellung für das Kind., die Umstellung der Heizung auf Sommerbetrieb

Um·stieg der <-(e)s> (*kein Plur.*) *das Umsteigen² auf etwas* Der Umstieg vom Auto auf Busse und Bahnen ist gar nicht so schwer.

um·stim·men <stimmst um, stimmte um, hat umgestimmt> *mit OBJ* ■ *jmd. stimmt jmdn. um jmdn. mit Argumenten dazu bewegen, seine Meinung zu ändern* Ich lasse mich nicht umstimmen.

um·sto·ßen <stößt um, stieß um, hat umgestoßen> *mit OBJ* **1.** ■ *jmd. stößt jmdn./etwas um an jmdn. oder etwas so kräftig stoßen, dass er/es umfällt* Er hat das Glas umgestoßen., Sie sprang auf und stieß alle Schachfiguren um. **2.** ■ *jmd. stößt etwas um etwas völlig ändern* Er hat seine Pläne total umgestoßen.

um·strit·ten *Adj. so, dass es sowohl Befürworter als auch Gegner von etwas gibt* eine umstrittene Heilmethode/wissenschaftliche These, umstrittene Tierversuche, ein umstrittener Wissenschaftler

um·struk·tu·rie·ren <strukturierst um, strukturierte um, hat umstrukturiert> *mit OBJ* ■ *jmd. strukturiert etwas um etwas eine neue Struktur geben* die Verwaltung/ein Unternehmen umstrukturieren ►Umstrukturierung

um·stül·pen <stülpst um, stülpte um, hat umgestülpt> *mit OBJ* **1.** ■ *jmd. stülpt etwas um die Innenseite von etwas nach außen kehren* einen Handschuh/die Hosentaschen umstülpen **2.** ■ *jmd. stülpt etwas um einen Behälter mit der Öffnung nach unten drehen* die Schüssel mit dem Pudding umstülpen

Um·sturz der <-es, Umstürze> (POL.: ≈ *Putsch*) *Vorgang, dass eine legitime Regierung durch Gewalt gestürzt und eine andere politische (autoritäre) Ordnung eingeführt wird* einen Umsturz planen, Im Land vollzog sich ein Umsturz.

um·stür·zen <stürzt um, stürzte um, hat/ist umgestürzt> **I.** *mit OBJ* (*haben*) **1.** ■ *jmd. stürzt etwas um* (≈ *umwerfen*) *durch einen Stoß bewirken, dass etwas umfällt* einen Turm aus Bauklötzen umstürzen **2.** ■ *jmd. stürzt etwas um etwas mit Gewalt grundlegend verändern* die bisherige Ordnung/die Regierung umstürzen ►Umsturz **3.** ■ *jmd. stürzt etwas um etwas völlig ändern* seine gesamten Pläne noch einmal umstürzen **II.** *ohne OBJ* (*sein*) ■ *etwas stürzt um* (≈ *umfallen*) *aus einer senkrechten Lage heftig zur Seite auf den Boden fallen* Der Baum ist umgestürzt und hat mehrere Fahrzeuge beschädigt., Das Auto ist umgestürzt.

Um·sturz·ver·such der <-(e)s, -e> (≈ *Putschversuch*) *der Versuch, einen Umsturz durchzuführen* Hohe Militärs waren an dem Umsturzversuch beteiligt.

Um·tausch der <-(e)s> (*kein Plur.*) *das Umtauschen* Verbilligte Waren sind vom Umtausch ausgeschlossen., der Umtausch von Geld in eine andere Währung

um·tau·schen <tauschst um, tauschte um, hat umgetauscht> *mit OBJ* **1.** ■ *jmd. tauscht etwas um etwas wieder dahin bringen, wo es gekauft wurde und dafür etwas anderes erhalten* Nach Weihnachten wollen viele Leute ihre Geschenke umtauschen., fehlerhafte Ware umtauschen **2.** ■ *jmd. tauscht etwas um Geld gegen eine andere Währung oder Wertpapiere gegen andere finanzielle Optionen tauschen* Dollar in Euro umtauschen, die Aktien gegen Fondsanteile umtauschen

um·top·fen <topfst um, topfte um, hat umgetopft> *mit OBJ* ■ *jmd. topft etwas um Pflanzen in einen neuen Topf mit frischer Erde tun* Der Frühling ist die beste Zeit, um die Zimmerpflanzen umzutopfen.

um·trei·ben <treibt um, trieb um, hat umgetrieben> *mit OBJ* ■ *etwas treibt jmdn. um jmdn. beunruhigen und nicht zur Ruhe kommen lassen* Er macht kein Auge mehr zu, denn sein schlechtes Gewissen treibt ihn um.

Um·trie·be <-> *Plur.* (*abwert.*) *geheime oder verbotene Aktivitäten meist mit dem Ziel, einen Umsturz einzuleiten* Die Militärs entwickelten staatsfeindliche Umtriebe.

Um·trunk der <-(e)s, Umtrünke> *Treffen mit mehreren Personen aus einem bestimmten Anlass, um gemeinsam (Alkohol) zu trinken und Spaß zu haben* einen fröhlichen Umtrunk abhalten, Nach der Ausgabe der Abschlusszeugnisse findet noch ein kleiner Umtrunk statt.

um·tun <tust um, tat um, hat umgetan> **I.** *mit SICH* ■ *jmd. tut sich nach etwas um* (*umg.*) *versuchen, etwas zu bekommen* sich nach einer günstigen Wohnung umtun, sich nach einer Arbeit umtun **II.** *mit OBJ* ■ *jmd. tut jmdm./sich etwas um* (*umg.*) *umbinden* sich eine Krawatte umtun

U-Mu·sik die <-> (*kein Plur.*) (↔ *E-Musik*) *Unterhaltungsmusik*

um·ver·tei·len <verteilst um, verteilte um, hat umverteilt> *mit OBJ* ■ *jmd. verteilt etwas (auf etwas Akk.) um* WIRTSCH. *etwas in neuer Weise verteilen* Das Unternehmen verteilte die Gewinne auf verschiedene Zweigstellen um.

um·wäl·zen <wälzt um, wälzte um, hat umgewälzt> *mit OBJ* **1.** ■ *etwas wälzt etwas um* TECHN. *etwas (meist Wasser oder Luft) in Bewegung versetzen und dadurch mischen* Die Anlage wälzt das Wasser im Becken um, um es besser zu durchlüften **2.** ■ *jdm. wälzt etwas um etwas von einer Seite auf die andere wälzen* einen schweren Stein umwälzen

um·wäl·zend¹ *Partizip Präsens von* **umwälzen**

um·wäl·zend² *Adj. so, dass etwas grundlegende Veränderungen bewirkt* umwälzende wissenschaftliche Erkenntnisse

Um·wälz·pum·pe die <-, -n> *eine Pumpe, die et-*

was umwälzt[1]

Um·wäl·zung die <-, -en> *grundlegende Veränderung in einem Bereich* Umwälzungen in Wissenschaft und Technik/in der Gesellschaft

um·wan·deln <wandelst um, wandelte um, hat umgewandelt> *mit OBJ* ■ *jmd./etwas wandelt etwas um etwas zu etwas anderem machen* Wasserkraft in Strom umwandeln, eine befristete Anstellung in eine unbefristete umwandeln, die Tankstelle in ein Museum umwandeln ■ **jemand ist wie umgewandelt**: *jmd. hat sich in seinem Verhalten völlig geändert* Seit dem Auslandsaufenthalt ist er wie umgewandelt.

Um·wand·lung die <-, -en> *das Umwandeln* die Umwandlung von Sonnenenergie in elektrischen Strom

um·wech·seln <wechselst um, wechselte um, hat umgewechselt> *mit OBJ* ■ *jmd. wechselt etwas um (Geld) wechseln* Können Sie mir einen 100-Euro-Schein umwechseln?, einen Schein in Münzen umwechseln

Um·weg der <-(e)s, -e> *ein Weg zu einem Ziel, der länger als der direkte Weg dorthin ist* einen Umweg machen, Der Weg über den Bahnhof ist ein Umweg. ■ **etwas auf Umwegen erfahren**: *etwas nicht direkt, sondern über andere erfahren* Er hat auf Umwegen erfahren, dass seine Frau einen Geliebten hat.

Um·welt die <-> (*kein Plur.*) **1.** *Erde, Wasser, Luft, Pflanzen- und Tierwelt in ihrer Gesamtheit und ihren Wechselbeziehungen* die Umwelt schützen/bewahren/zerstören/verschmutzen **2.** *die Verhältnisse, in denen ein Mensch lebt und die ihn beeinflussen* Er ist von seiner Umwelt geprägt worden., Sie ist in dieser Umwelt groß geworden. **3.** *die Personen, mit denen man regelmäßig Kontakt hat* bei seiner Umwelt mit einem Vorschlag auf wenig Verständnis stoßen

Um·welt·be·auf·trag·te der/die <-n, -n> *Person, die dafür zuständig ist, dass die Bestimmungen des Umweltschutzes in einem bestimmten Bereich, einer Institution o.Ä. eingehalten erden* der Umweltschutzbeauftragte einer Firma

Um·welt·be·din·gun·gen <-> *Plur. die Bedingungen, die ein Lebewesen in seiner Umwelt*[1] *hat* Die Pflanze passt sich an die jeweiligen Umweltbedingungen an., Im Hochgebirge herrschen extreme Umweltbedingungen für Lebewesen.

Um·welt·be·hör·de die <-, -n> *Behörde, die für Fragen des Umweltschutzes zuständig ist*

Um·welt·be·las·tung die <-, -en> (*meist Sing.*) *Belastung, der die Umwelt*[1] *in schädlicher Weise ausgesetzt ist* Die Treibhausgase sind eine ernsthafte Umweltbelastung.

um·welt·be·wusst *Adj. mit dem Bewusstsein, die Umwelt*[1] *zu schützen* umweltbewusst leben

Um·welt·be·wusst·sein das <-s> (*kein Plur.*) *das Bewusstsein, der Umwelt*[1] *nicht zu schaden und sie zu schützen* das Umweltbewusstsein bei jemandem wecken/stärken/herausbilden, kein Umweltbewusstsein haben

Um·welt·ein·fluss der <-es, Umwelteinflüsse> (*meist Plur.*) *die Menge der Einflüsse, denen jmd. oder etwas aus der ihn/es umgebenden Welt ausgesetzt ist* Das Gestein ist ständig Umwelteinflüssen wie Hitze, Kälte, Wasser und Trockenheit ausgesetzt.

Um·welt·fak·tor der <-s, -en> *das, was die Umwelt eines Lebewesens bestimmt* Die Ansiedelung dieser Pflanze ist von verschiedenen Umweltfaktoren wie Licht, Feuchtigkeit, Wärme und Bodenbeschaffenheit abhängig.

um·welt·feind·lich *Adj. so, dass es sich schlecht auf die Umwelt*[1] *auswirkt* eine umweltfeindliche Politik/Technik

Um·welt·for·schung die <-> (*kein Plur.*) *Erforschung der Wechselbeziehungen zwischen den einzelnen Bestandteilen der Umwelt*[1] *und ihrer Veränderung* Ein Projekt im Rahmen der Umweltforschung beschäftigt sich mit den Folgen der Erwärmung des Klimas.

um·welt·freund·lich *Adj. so, dass es die Umwelt*[1] *schützt* eine umweltfreundliche Politik, umweltfreundliche Techniken der Energiegewinnung, umweltfreundliches Papier

um·welt·ge·fähr·dend *Adj. so, dass es die Umwelt*[1] *in Gefahr bringt* die umweltgefährdende Lagerung von Giftstoffen

Um·welt·gift das <-(e)s, -e> *Giftstoff, der die Umwelt schädigt* die Schädigung der Pflanzen durch Umweltgifte

Um·welt·gip·fel der <-s, -> POL. *ein Treffen von Vertretern der Regierungen der Welt, auf dem Probleme der Umwelt*[1] *besprochen und Lösungen gesucht werden* Der Umweltgipfel in Rio brachte nicht die erhofften Resultate.

Um·welt·ka·ta·s·t·ro·phe die <-, -n> *ein schwerer Unfall, bei dem es in großem Umfang zur Umweltverschmutzung kommt* Durch das Tankerunglück kam es zu einer schweren Umweltkatastrophe.

i Wissenswert Als **Umweltkatastrophe** werden Unfälle bezeichnet, die eine schwerwiegende Umweltzerstörung zur Folge haben. Dabei kann es sich um Industrieunfälle handeln, wie das Reaktorunglück in Tschernobyl im Jahre 1986, dessen ausgetretene Radioaktivität sogar in Westeuropa gemessen wurde, aber auch die Ölpest, die als Folge eines Tankerunglücks an der Küste der Bretagne (1967) entstand.Veränderungen der Natur, beispielsweise der Vormarsch der Wüsten, vermehrte Bodenerosionen, der in skandinavischen Seen gemessene Schwefelsäuregehalt oder die Beschleunigung des Treibhauseffekts fallen ebenfalls darunter. Mitte der 80er Jahre kam es zu einem erhöhten Bewusstsein für die aufgrund der Überindustrialisierung und des Raubbaus an der Natur gefährdete Umwelt. Die alle zehn Jahre einberufenen UN-Konferenzen zum Umwelt schutz jedoch endeten meist mit unbefriedigenden Ergebnissen.

Um·welt·kri·mi·na·li·tät die <-> (*kein Plur.*) *eine kriminelle Handlung, bei der die Umwelt*[1] *schwer geschädigt wird und die von der Polizei verfolgt wird*

Um·welt·mi·nis·te·rium das <-s> (*kein Plur.*) POL. *das Ministerium in einer Regierung, das besonders für den Schutz der Umwelt zuständig ist* Nach dem Tankerunglück leitete das Umweltministerium weitgehende Maßnahmen ein.

Um·welt·or·ga·ni·sa·ti·on die <-, -en> *Organisation, die für den Umweltschutz eintritt*

Um·welt·pa·pier das <-(e)s> (*kein Plur.*) *Papier, das aus Altpapier und ohne Chemikalien hergestellt wird und dessen Herstellung deshalb die Umwelt*[1] *weniger belastet*

Um·welt·po·li·tik die <-> (*kein Plur.*) *eine Politik, deren Ziel es ist, die Umwelt*[1] *zu schützen und zu erhalten*

um·welt·po·li·tisch <nicht steig.> *Adj. die Umweltpolitik betreffend* umweltpolitische Maßnahmen

Um·welt·scha·den der <-s, Umweltschäden> (*meist Plur.*) *die Schädigung der Umwelt*[1] Die Verschmutzung des Gewässers durch giftige Chemikalien hatte massive Umweltschäden zur Folge.

um·welt·scho·nend *Adj. so, dass es die Umwelt*[1] *nicht schädigt* eine umweltschonende Technik, Das Fahrrad ist ein umweltschonendes Fortbewegungsmittel.

Um·welt·schutz der <-es> (*kein Plur.*) *alle Maßnahmen, die dazu dienen, die Umwelt*[1] *zu erhalten, zu schützen und nicht zu gefährden* Maßnahmen/Gesetze zum Umweltschutz, sich im Umweltschutz engagieren, dem Umweltschutz dienen

Um·welt·schutz·auf·la·ge die <-, -n> *Bedingung, die eingehalten werden muss, um die Umwelt*[1] *zu schützen* Beim Bau einer neuen Fabrikanlage müssen die Umweltschutzauflagen eingehalten werden.

Um·welt·schüt·zer, **Um·welt·schüt·ze·rin** der <-s, -> *Person, die aktiv für den Umweltschutz eintritt*

Um·welt·schutz·ge·setz das <-es, -e> *ein Gesetz, das speziell die Umwelt*[1] *schützt* die Einhaltung/Nichtachtung von Umweltschutzgesetzen

Um·welt·schutz·or·ga·ni·sa·ti·on die <-, -en> *Organisation, die für den Umweltschutz eintritt* „Greenpeace" ist eine internationale Umweltschutzorganisation.

Um·welt·schutz·pa·pier das <-(e)s> (*kein Plur.*) *Umweltpapier*

Um·welt·schutz·tech·nik die <-, -en> *eine Technik, die dem Umweltschutz dient*

Um·welt·sün·der, **Um·welt·sün·de·rin** der <-s, -> (*umg.*) *Umweltverschmutzer*

Um·welt·tech·nik die <-, -en> (≈ *Umweltschutztechnik*)

Um·welt·ver·schmut·zer, **Um·welt·ver·schmut·ze·rin** der <-s, -> (*abwert.*) *Person oder Firma, die die Umwelt*[1] *verschmutzt*

Um·welt·ver·schmut·zung die <-> (*kein Plur.*) **1.** *das Verschmutzen der Umwelt* die Umweltverschmutzung durch veraltete Produktionsanlagen **2.** *die Tatsache, dass die Umwelt verschmutzt ist* Das Waldsterben ist auf die Umweltverschmutzung zurückführen.

um·welt·ver·träg·lich *Adj. so, dass es die Umwelt in möglichst geringem Maße belastet* eine umweltverträgliche Variante für den Neubau der Autobahn suchen

Um·welt·ver·träg·lich·keits·prü·fung die <-, -en> AMTSSPR. *Prüfung, die kontrolliert, ob etwas für die Umwelt*[1] *schädlich oder nur wenig belastend ist* die Umweltverträglichkeitsprüfung für den Neubau einer Autobahn durchführen

Um·welt·zer·stö·rung die <-, -en> **1.** (*kein Plur.*) *das Zerstören der Umwelt*[1] mit etwas massive Umweltzerstörung betreiben **2.** *vorhandene Schädigung der Umwelt* die Umweltzerstörungen als Ergebnis der Tankerkatastrophe

um·wen·den <wendest um, wendete/wandte um, hat umgewendet/umgewandt> **I.** *mit OBJ* ■ *jmd. wendet etwas um* (*geh.* ≈ *umdrehen*) *auf die andere Seite drehen* eine Seite im Buch umwenden, den Eierkuchen in der Pfanne umwenden, einen Stein umwenden, um zu sehen, was darunter ist **II.** *mit SICH* ■ *jmd. wendet sich um* (*geh.*) *sich umdrehen III. 1* Sie wendete sich um und sah dem hinter ihr Stehenden ins Gesicht.

um·wer·ben <umwirbst, umwarb, hat umworben> *mit OBJ* ■ *jmd. umwirbt jmdn.* (*mit etwas Dat.*) (*veralt.*) *mit verschiedenen Mitteln versuchen, jmds. Gunst zu erlangen* jemanden mit Geschenken/freundlichen Worten umwerben, ein sehr umworbener Schauspieler

um·wer·fen <wirfst um, warf um, hat umgeworfen> *mit OBJ* **1.** ■ *jmd. wirft jmdn./etwas um durch einen Stoß bewirken, dass jmd. oder etwas umfällt* Das Kind hat die Vase umgeworfen., Er hat den gegnerischen Spieler umgeworfen. **2.** ■ *jmd. wirft jmdm./sich etwas um jmdm. oder sich etwas locker um die Schultern legen* jemandem/sich schnell einen Mantel umwerfen **3.** ■ *etwas wirft jmdn. um* (*umg.*) *jmdn. sehr beeindrucken oder sehr in Erstaunen versetzen* Die Neuigkeit hat sie umgeworfen., eine umwerfende Erkenntnis, umwerfend aussehen **4.** ■ *etwas wirft etwas um* (*umg.*) *eine Situation so vollständig verändern, dass man ganz neue Pläne machen muss* Das hat alle meine Pläne umgeworfen.

um·wi·ckeln <umwickelst, umwickelte, hat umwickelt> *mit OBJ* ■ *jmd. umwickelt etwas mehrere Streifen Stoff, Papier o.Ä. in mehreren Lagen um etwas herumführen* den Arm mit einer Binde umwickeln, das Paket mit Klebeband umwickeln

um·zäu·nen <umzäunst, umzäunte, hat umzäunt> *mit OBJ* ■ *jmd. umzäunt etwas um etwas herum einen Zaun errichten* einen Garten umzäunen

U

um·zie·hen[1] <ziehst um, zog um, hat/ist umgezogen> *mit OBJ* ■ *jmd. zieht jmdn./sich um jmdm. oder sich andere Kleidung anziehen* ein Kind/einen Kranken/sich umziehen, Hast du dich schon umgezogen?

um·zie·hen[2] <ziehst um, zog um, hat/ist umgezogen> *ohne OBJ* ■ *jmd. zieht (irgendwohin) um den Wohnort oder die Wohnung wechseln* Ich bin in den vergangenen Jahren mehrmals umgezogen., Sie ist von Leipzig nach Frankfurt umgezogen., Sie sind in eine größere Wohnung umgezogen.

um·zin·geln <umzingelst, umzingelte, hat umzingelt> *mit OBJ* ■ *jmd. umzingelt jmdn./etwas jmdn. oder etwas von allen Seiten mit Personen umstellen, damit niemand flüchten kann* den Feind umzingeln, Die Burg war von Feinden umzingelt und die Bewohner mussten sich ergeben.

Um·zug der <-(e)s, Umzüge> **1.** *ein Zug von Menschen auf der Straße, der besonders zu Festen oder Veranstaltungen stattfindet* ein festlicher Umzug zum Jubiläum der Stadt **2.** *Wohnungswechsel* ein Umzug in eine neue Wohnung

Um·zugs·kos·ten <-> *Plur. das Geld, das man für einen Umzug*[2] *bezahlen muss* die Umzugskosten vom Arbeitgeber erstattet bekommen

UN die [uːˈɛn] <-> *(kein Plur.) kurz für „United Nations": „Vereinte Nationen"*

un·ab·än·der·lich, un·ab·än·der·lich <nicht steig.> *Adj. so, dass es sich nicht ändern lässt* ein unabänderlicher Beschluss, eine unabänderliche Tatsache

un·ab·ding·bar, un·ab·ding·bar <nicht steig.> *Adj. auf jeden Fall notwendig* Latein ist für dieses Studium eine unabdingbare Voraussetzung.

un·ab·hän·gig *Adj.* **1.** *(≈ autonom, souverän) so, dass jmd. oder etwas über sich selbst entscheiden kann und nicht von den Befehlen anderer abhängt* ein unabhängiges Land, sich frei und unabhängig fühlen, eine unabhängige Tageszeitung **2.** *nicht von jmdm. oder etwas beeinflusst* Die Veranstaltung findet statt, unabhängig vom Wetter., Das ist unabhängig von meinem Willen geschehen., Die Minister haben unabhängig voneinander dieselbe Entscheidung getroffen. **3.** *nicht auf jmdn. oder etwas angewiesen* sich von den Eltern unabhängig machen, Diese Tiere können unabhängig vom Menschen nicht mehr existieren. ■ **und unabhängig davon, ob ...**: *egal, ob...*

Un·ab·hän·gig·keit die <-> *(kein Plur.) Zustand, in dem jmd. oder etwas unabhängig ist* Die Provinz strebt die Unabhängigkeit vom Mutterland an., die Unabhängigkeit der Entscheidung nicht beeinflussen, bis zur eigenen finanziellen Unabhängigkeit noch auf die Eltern angewiesen sein, die Unabhängigkeit der Presse

un·ab·kömm·lich, un·ab·kömm·lich <nicht steig.> *Adj. (geh.) so, dass man (irgendwo) dringend gebraucht wird und nicht weggehen kann* Ich bin heute leider unabkömmlich, können wir den Termin auf morgen verlegen?

un·ab·läs·sig, un·ab·läs·sig <nicht steig.> *Adj. (geh. ≈ dauernd, ständig) ohne Unterbrechungen* sich unablässig streiten

un·ab·seh·bar, un·ab·seh·bar <nicht steig.> *Adj. so, dass man es nicht vorher einschätzen kann* ein Unfall mit unabsehbaren Folgen für die Umwelt ◆ Großschreibung→R 3.7 sich ins Unabsehbare ausdehnen

un·ab·sicht·lich <nicht steig.> *Adj. ohne Absicht* etwas unabsichtlich tun

un·ab·wend·bar, un·ab·wend·bar <nicht steig.> *Adj. so, dass man es nicht verhindern kann* Die Katastrophe war unabwendbar.

un·acht·sam *Adj.* **1.** *(≈ unaufmerksam) so, dass man nicht aufpasst* im Straßenverkehr/im Unterricht unachtsam sein **2.** *nicht sorgsam* ein Gerät unachtsam behandeln und deshalb beschädigen

Un·acht·sam·keit die <-, -en> **1.** *(kein Plur.) die Tatsache, dass man unachtsam ist* Seine Unachtsamkeit hatte schwere Folgen. **2.** *eine unachtsame Handlung* Das war nur eine kleine Unachtsamkeit von ihr.

un·ähn·lich *Adj. nicht ähnlich* Sie ist ihrer Schwester völlig unähnlich.

un·an·fecht·bar, un·an·fecht·bar <nicht steig.> *Adj. (geh.) so, dass man es nicht anzweifeln kann* ein unanfechtbares Urteil

Un·an·fecht·bar·keit, Un·an·fecht·bar·keit die <-> *(kein Plur.) (geh.) Zustand, in dem etwas unanfechtbar ist* die Unanfechtbarkeit des Urteils

un·an·ge·bracht <nicht steig.> *Adj. in der gegebenen Lage oder Situation nicht passend* eine unangebrachte Bemerkung machen, Ihre Kritik war völlig unangebracht.

un·an·ge·foch·ten <nicht steig.> *Adj. (geh.) von niemandem bezweifelt oder gehindert* der unangefochtene Sieger des Wettbewerbs, Unangefochten passierte er die Wachen am Eingang.

un·an·ge·mel·det <nicht steig.> *Adj. ohne vorherige Anmeldung* unangemeldeter Besuch, unangemeldet bei jemandem vorsprechen

un·an·ge·mes·sen <nicht steig.> *Adj. (geh.) nicht den Umständen oder Verhältnissen entsprechend* ein unangemessen hohes Gehalt, eine unangemessene Lebensführung

un·an·ge·nehm *Adj.* **1.** *(≈ unsympathisch) so, dass jmd. oder etwas nicht sympathisch ist* ein unangenehmer Mensch/Zeitgenosse, ein unangenehmes Verhalten **2.** *so, dass man etwas als übel empfindet* eine unangenehme Musik, unangenehm riechen, unangenehm schmecken **3.** *(≈ heikel) so, dass es schwierig oder kompliziert ist* eine unangenehme Frage/Situation **4.** *(≈ peinlich) so, dass man es als peinlich empfindet* Das ist mir aber sehr unangenehm! **5.** *so, dass es stört* Er fällt immer unangenehm auf!

un·an·ge·passt <nicht steig.> *Adj. nicht so, wie es allgemein erwartet wird* unangepasstes Verhalten, unangepasste Jugendliche

un·an·ge·tas·tet <nicht steig.> *Adj. (geh.)* **1.** *so, dass nichts verbraucht wird* Vorräte/Ersparnisse unangetastet lassen **2.** *so, dass es nicht beeinträchtigt wird* jemands Rechte unangetastet lassen

un·an·greif·bar, un·an·greif·bar <nicht steig.> *Adj. so, dass man nicht dagegen vorgehen kann* eine unangreifbare Position, Der Chef betrachtete sich als unangreifbar.

un·an·nehm·bar, un·an·nehm·bar <nicht steig.> *Adj.* (↔ *akzeptabel*) *so, dass man es nicht akzeptieren kann* unannehmbare Forderungen stellen

Un·an·nehm·lich·keit die <-, -en> (*meist Plur.*) (*geh.*) *etwas, das Schwierigkeiten, Ärger oder Mühe macht* Unannehmlichkeiten auf sich nehmen, jemandem Unannehmlichkeiten bereiten

un·an·sehn·lich *Adj.* (≈ *hässlich* ↔ *attraktiv*) *nicht schön* ein unansehnliches Äußeres haben

Un·an·sehn·lich·keit die <-, -en> *der Zustand, dass etwas unansehnlich ist*

un·an·stän·dig *Adj. so, dass es gegen die guten Sitten verstößt* ein unanständiger Witz, unanständig viel Geld für etwas verlangen

Un·an·stän·dig·keit die <-, -en> **1.** (*kein Plur.*) *unanständige Art* Mit deiner Unanständigkeit bist du überall aufgefallen. **2.** *etwas Unanständiges* Das war eine große Unanständigkeit von ihm.

un·an·tast·bar, un·an·tast·bar <nicht steig.> *Adj.* (*geh.*) *so, dass man es nicht in Frage stellen darf* eine unantastbare Regel, Die Würde des Menschen ist unantastbar.

Un·an·tast·bar·keit, Un·an·tast·bar·keit die <-> (*kein Plur.*) (*geh.*) *der Zustand, dass etwas unantastbar ist* die Unantastbarkeit der freien Gedankenäußerung

un·ap·pe·tit·lich *Adj.* **1.** *so, dass man es nicht essen möchte, weil es ekelig ist* ein unappetitliches Essen **2.** *ungepflegt und schmutzig* ein unappetitlicher Anblick, Die Toiletten in der Gaststätte sahen ziemlich unappetitlich aus.

Un·art die <-, -en> (*geh.*) *eine Angewohnheit oder ein Verhalten, die/das andere stört* jemandem seine Unarten abgewöhnen, Das ist so eine Unart von ihm., die Unarten eines Kindes erdulden

un·ar·tig *Adj.* (≈ *ungezogen*) *nicht mit einem Verhalten, wie Erwachsene es allgemein von einem Kind erwarten* ein unartiges Kind

un·äs·the·tisch *Adj. nicht ästhetisch*

un·at·trak·tiv *Adj. nicht attraktiv*

un·auf·fäl·lig *Adj.* **1.** (≈ *dezent*) *so, dass es nicht auffällt* sich unauffällig kleiden/verhalten, ein unauffälliges Muster **2.** (≈ *diskret*) *ohne bemerkt zu werden* Sie steckte ihm unauffällig das Geld zu.

un·auf·find·bar, un·auf·find·bar <nicht steig.> *Adj. so, dass es nicht gefunden werden kann* Mein Notizbuch ist leider unauffindbar geblieben.

un·auf·ge·for·dert <nicht steig.> *Adj. ohne vorherige Aufforderung* sich unaufgefordert irgendwo/bei jemandem melden

un·auf·ge·klärt <nicht steig.> *Adj. so, dass die Gründe, Hintergründe, Motive von etwas nicht bekannt sind* unaufgeklärte Verbrechen der Kriminalgeschichte

un·auf·halt·sam, un·auf·halt·sam <nicht steig.> *Adj. so, dass man es nicht aufhalten kann* ein unaufhaltsamer Verfall/Fortschritt

un·auf·hör·lich, un·auf·hör·lich <nicht steig.> *Adj.* (*geh.* ≈ *andauernd*) *ohne Unterbrechungen* unaufhörlich stören/klingeln

un·auf·merk·sam *Adj.* **1.** (≈ *abgelenkt* ↔ *konzentriert*) *so, dass jmd. nicht konzentriert und aufmerksam ist* im Unterricht unaufmerksam sein, ein unaufmerksamer Schüler **2.** (↔ *zuvorkommend*) *so, dass sich jmd. nicht um seine Gäste kümmert* als Gastgeber unaufmerksam gegenüber den Gästen sein

Un·auf·merk·sam·keit die <-> (*kein Plur.*) **1.** *Mangel an Aufmerksamkeit* die Unaufmerksamkeit einiger Schüler/Zuschauer **2.** *Mangel an Zuvorkommenheit* Ich habe vergessen, Ihnen etwas anzubieten. Bitte entschuldigen Sie meine Unaufmerksamkeit!

un·auf·rich·tig *Adj.* (↔ *ehrlich*) *nicht aufrichtig* ein unaufrichtiger Mensch/Charakter, eine unaufrichtige Antwort

un·auf·schieb·bar, un·auf·schieb·bar <nicht steig.> *Adj. so, dass man es sofort tun muss* Dieser Termin ist leider unaufschiebbar.

un·aus·bleib·lich, un·aus·bleib·lich <nicht steig.> *Adj.* (≈ *unvermeidlich, zwangsläufig*) *so, dass es geschehen muss* Das ist die unausbleibliche Folge ihres unvernünftigen Verhaltens.

un·aus·denk·bar, un·aus·denk·bar <nicht steig.> *Adj.* (*geh.*) *so schlimm, dass man es sich nicht vorstellen kann* Die Folgen solch einer Katastrophe wären unausdenkbar.

un·aus·ge·füllt <nicht steig.> *Adj.* **1.** *leer, nicht ausgefüllt* ein unausgefülltes Formular **2.** *ohne eine sinnvolle Aufgabe* sich unausgefüllt fühlen, ein unausgefülltes Leben

un·aus·ge·gli·chen *Adj.* **1.** *so, dass jmd. mit sich selbst nicht zufrieden ist, weil er das Gefühl hat, dass ihm etwas fehlt* sich ohne sein Hobby unausgeglichen fühlen, ein unausgeglichener Mensch **2.** *so, dass etwas nicht gleichmäßig verteilt oder ausgeglichen ist* eine unausgeglichene Mannschaft, eine unausgeglichene Bilanz

Un·aus·ge·gli·chen·heit die <-> (*kein Plur.*) **1.** *der Zustand, dass jmd. unausgeglichen ist* Seine Unausgeglichenheit macht ihn reizbar. **2.** *Ungleichgewicht zwischen verschiedenen Dingen* Die Unausgeglichenheit innerhalb des Teams wirkt sich ungünstig aus.

un·aus·ge·go·ren <nicht steig.> *Adj. nicht fertig durchdacht und deshalb mangelhaft* unausgegorene Ideen/Pläne

un·aus·ge·reift *Adj.* (*abwert.*) *unausgegoren*

un·aus·lösch·lich, un·aus·lösch·lich <nicht steig.> *Adj.* (*geh.*) *so, dass es nicht vergessen werden kann* sich unauslöschlich einprägen, ein unauslöschlicher Eindruck

un·aus·sprech·lich, un·aus·sprech·lich <nicht steig.> *Adj.* **1.** *so, dass es sehr schwer auszusprechen ist* ein unaussprechliches Wort für alle, die diese Sprache nicht beherrschen **2.** (≈ *unbeschreiblich*) *so, dass es sich kaum beschreiben lässt* unaussprechliche Freude/Trauer

un·aus·steh·lich, un·aus·steh·lich *Adj.* (*abwert.* ≈ *unerträglich*) *so, dass jmd. schwer zu ertragen ist* ein unausstehlicher Mensch, Du bist heute wieder unausstehlich!

un·aus·weich·lich, un·aus·weich·lich <nicht steig.> *Adj. so, dass es sich nicht verhindern lässt* die unausweichliche Folge einer Sache

un·bän·dig <nicht steig.> *Adj.* **1.** (≈ *ausgelassen*) *so, dass man sehr wild ist und sich durch nichts zur Ruhe bringen lässt* unbändig herumspringen, Die Kinder sind ja wieder unbändig heute! **2.** *sehr intensiv; sehr groß* unbändige Freude/Wut, sich unbändig über etwas freuen

un·barm·her·zig *Adj.* **1.** (≈ *gnadenlos*) *ohne Nachsicht oder Mitleid* eine unbarmherzige Strafe, unbarmherzig alle Fehler ahnden, ein unbarmherziger Gegner **2.** (*geh.*) *sehr stark* eine unbarmherzige Kälte, Die Sonne brannte unbarmherzig vom Himmel.

Un·barm·her·zig·keit die <-> (*kein Plur.*) *der Mangel an Mitleid* Der Richter war für seine Unbarmherzigkeit bekannt.

un·be·ab·sich·tigt <nicht steig.> *Adj.* (≈ *unabsichtlich*) *so, dass man etwas zwar verursacht, aber es nicht gewollt hat* jemandem unbeabsichtigt schaden, eine unbeabsichtigte Bewegung machen

un·be·ach·tet <nicht steig.> *Adj. von niemandem beachtet* sich unbeachtet von der Öffentlichkeit abspielen

un·be·an·stan·det <nicht steig.> *Adj. ohne Beanstandung und Kritik* unbeanstandet bleiben, Unbeanstandete Mängel können später nicht mehr geltend gemacht werden.

un·be·baut <nicht steig.> *Adj. so, dass keine Gebäude darauf stehen* ein unbebautes Grundstück

un·be·dacht <nicht steig.> *Adj. so, dass etwas nicht genug überlegt ist* eine unbedachte Handlung/Äußerung, einer Sache unbedacht zustimmen

un·be·darft *Adj.* (*abwert.* ≈ *naiv*) *so, dass man ziemlich weltfremd ist oder nichts über eine Sache weiß* ein völlig unbedarfter Mensch, Sie ist auf diesem Gebiet völlig unbedarft. ►Unbedarftheit

un·be·denk·lich <nicht steig.> *Adj. so, dass man es ohne Bedenken tun oder benutzen kann* ein unbedenkliches Verfahren, ein für die Gesundheit unbedenkliches Mittel, Das Angebot können Sie völlig unbedenklich annehmen!

un·be·deu·tend *Adj.* **1.** *nicht wichtig* eine völlig unbedeutende Einzelheit, Es ist unbedeutend, was er gesagt hat, wichtig ist, was er tut. **2.** *geringfügig* eine unbedeutende Menge

un·be·dingt[1] (*nur attr.*) *Adj.* (*geh.* ≈ *absolut*) *uneingeschränkt* unbedingter Gehorsam, eine unbedingte Notwendigkeit

un·be·dingt[2] *Adv. auf jeden Fall; dringend* Das müsst ihr euch unbedingt anschauen!, Musst du das unbedingt wissen?

un·be·ein·druckt, un·be·ein·druckt <nicht steig.> *Adj. nicht beeindruckt* Er blieb völlig unbeeindruckt, als er die Neuigkeit hörte.

un·be·fahr·bar, un·be·fahr·bar *Adj. so, dass man darauf nicht fahren kann* Im Winter sind die schlammigen Straßen/Wege völlig unbefahrbar.

un·be·fan·gen *Adj.* **1.** *ohne Hemmungen* mit jemandem ganz unbefangen umgehen/reden, völlig unbefangen an eine Aufgabe herangehen **2.** *unparteiisch und objektiv* unbefangen an die Sache herangehen

Un·be·fan·gen·heit die <-> (*kein Plur.*) **1.** (≈ *Zwanglosigkeit*) *der Zustand, dass jmd. ohne Hemmungen ist* etwas mit der Unbefangenheit eines Kindes tun **2.** (≈ *Objektivität*) *der Zustand, dass jmd. nicht Partei für jmdn. oder etwas ergreift* die Unbefangenheit eines Zeugen/der Geschworenen anzweifeln

un·be·frie·di·gend *Adj. nicht befriedigend* eine unbefriedigende Leistung

un·be·frie·digt *Adj.* **1.** (≈ *unzufrieden*) *so, dass man mit etwas nicht zufrieden ist* unbefriedigt über die eigene Leistung **2.** *so, dass jmds. sexuelle Wünsche nicht erfüllt sind*

un·be·fugt <nicht steig.> *Adj. nicht befugt oder berechtigt* unbefugt jemandes Briefe lesen

Un·be·fug·te der <-n, -n> *jmd., der keine Befugnis hat, etwas zu tun* Zutritt für Unbefugte verboten!

un·be·gabt *Adj.* (↔ *talentiert*) *so, dass jmd. kein Talent zu etwas hat* einen Musiker für unbegabt halten, auf einem Gebiet völlig unbegabt sein

un·be·greif·lich, un·be·greif·lich *Adj.* (↔ *verständlich*) *so, dass man es nicht verstehen kann* Es ist mir unbegreiflich, wie sie das tun konnte., eine völlig unbegreifliche Geschichte

un·be·grenzt <nicht steig.> *Adj. ohne Einschränkung oder Begrenzung* unbegrenzt viel Zeit/Geld zur Verfügung haben, unbegrenzt gültig sein

un·be·grün·det <nicht steig.> *Adj. ohne Grund oder Berechtigung* ein unbegründeter Vorwurf, jemanden völlig unbegründet verdächtigen

un·be·haart <nicht steig.> *Adj. ohne Haare* die unbehaarte Brust des Knaben

Un·be·ha·gen das <-s> (*kein Plur.*) (*geh.*) **1.** *ein Gefühl des Unwohlseins* ein Unbehagen in der Magengegend spüren **2.** *ein Gefühl des Zweifels* Bei dieser Entscheidung befällt mich ein gewisses Unbehagen., etwas mit einem gewissen Unbehagen tun

un·be·hag·lich *Adj.* **1.** *so, dass es nicht angenehm oder bequem ist* eine unbehagliche Angelegenheit, ein unbehagliches Zimmer, Es ist unbehaglich kalt hier. **2.** *so, dass man ein unangenehmes Gefühl spürt* sich unbehaglich fühlen

un·be·han·delt *Adj.* **1.** *so, dass es nicht medizinisch versorgt ist* eine unbehandelte Krankheit **2.** *so, dass keine chemischen Stoffe bei der Herstellung eingesetzt wurden* unbehandeltes Gemüse, unbehandelte Baumwolle

un·be·hel·ligt, un·be·hel·ligt <nicht steig.> *Adj. ohne bei einem Tun gestört oder gehindert zu werden* jemanden unbehelligt etwas tun lassen, unbehelligt wieder zu Hause ankommen

un·be·hol·fen *Adj. mit wenig Geschick oder*

Übung unbeholfene erste Gehversuche, unbeholfen wirken

Un·be·hol·fen·heit die <-> (*kein Plur.*) *Ungeschicklichkeit* seine Unbeholfenheit im Umgang mit kleinen Kindern

un·be·irr·bar, un·be·irr·bar <nicht steig.> *Adj. ohne sich beirren oder beeinflussen zu lassen* seine Ziele unbeirrbar verfolgen

un·be·kannt <nicht steig.> *Adj.* **1.** *nicht bekannt* Diese Person ist mir völlig unbekannt., in ferne, unbekannte Länder reisen **2.** (↔ *prominent*) *nicht berühmt* ein noch unbekannter Künstler ■ **eine Anzeige gegen unbekannt** AMTSSPR.: *eine Anzeige gegen einen nicht bekannten Täter* ♦ Großschreibung→R 3.17 das Grabmal des Unbekannten Soldaten

Un·be·kann·te[1] der/die <-n, -n> *Person, die man nicht kennt* Sie war der Polizei keine Unbekannte., der große Unbekannte in ihrem Leben

Un·be·kann·te[2] der/die <-n, -n> MATH. *Zahl, deren Wert durch einen Buchstaben dargestellt wird* eine Gleichung mit zwei Unbekannten

un·be·klei·det <nicht steig.> *Adj.* (≈ *nackt*) *so, dass man kein Kleidungsstück anhat*

un·be·küm·mert, un·be·küm·mert *Adj.* (≈ *sorglos*) *so, dass man nicht von Sorgen und Problemen bedrückt wird* ein unbekümmertes Leben führen

un·be·las·tet *Adj.* **1.** (≈ *unbekümmert*) *nicht mit Sorgen oder Pflichten belastet* ein unbelastetes Leben **2.** *so, dass keine Schuld oder kein Vergehen vorliegt* eine unbelastete Vergangenheit, nur politisch unbelastete Mitarbeiter einstellen

un·be·lebt <nicht steig.> *Adj.* **1.** *nicht zu den Lebewesen gehörig* die unbelebte Natur/Materie **2.** *einsam* eine unbelebte Gegend

un·be·lehr·bar, un·be·lehr·bar <nicht steig.> *Adj. so, dass man sich nicht belehren lässt und aus seinen Fehlern nicht lernt* ein unbelehrbarer Mensch, Gib dir keine Mühe, sie ist unbelehrbar!

un·be·leuch·tet <nicht steig.> *Adj. nicht beleuchtet* unbeleuchtete Straßen

un·be·liebt *Adj. nicht beliebt* ein unbeliebter Mitarbeiter, Mit seiner Meinung machte er sich bei seinen Kollegen unbeliebt.

Un·be·liebt·heit die <-> (*kein Plur.*) *die Tatsache, dass man unbeliebt ist* die Unbeliebtheit einer Mitarbeiterin

un·be·mannt <nicht steig.> *Adj. so, dass keine Menschen in einem Raumschiff o.Ä. sind* ein unbemanntes Raumschiff, die unbemannte Raumfahrt, Ein unbemanntes Spionageflugzeugt nennt man Drohne.

un·be·merkt <nicht steig.> *Adj. so, dass es niemandem auffällt* sich unbemerkt irgendwo einschleichen, Dieser Fehler konnte nicht unbemerkt bleiben.

un·be·nom·men <nicht steig.> ■ **etwas ist/bleibt jemandem unbenommen** (*geh.*): *jmd. kann tun und machen, was er für richtig hält* Er bleibt dir unbenommen, zu gehen.

un·be·nutzt <nicht steig.> *Adj. nicht benutzt* ein unbenutztes Taschentuch

un·be·o·bach·tet <nicht steig.> *Adj. ohne beobachtet zu werden* sich unbeobachtet aus dem Zimmer schleichen, etwas in einem unbeobachteten Moment tun, sich unbeobachtet fühlen

un·be·quem *Adj.* **1.** *so, dass es nicht angenehm ist, weil man nicht gut sitzt oder liegt oder weil ein Kleidungsstück nicht gut passt* ein unbequemer Stuhl, in unbequemer Haltung sitzen, Der Anzug ist elegant, aber unbequem. **2.** *so, dass es für jmdn. lästig oder peinlich ist* Er stellt mir immer so unbequeme Fragen., eine unbequeme Aufgabe vor sich haben **3.** (≈ *unangepasst*) *nicht angepasst und kritisch* ein unbequemer Mensch

Un·be·quem·lich·keit die <-, -en> **1.** (*kein Plur.*) *die Tatsache, dass etwas nicht angenehm für den Körper ist* die Unbequemlichkeit einiger moderner Möbel **2.** *eine lästige Lage oder Situation* Unbequemlichkeiten gern aus dem Wege gehen, jemandem Unbequemlichkeiten bereiten

un·be·re·chen·bar, un·be·re·chen·bar <nicht steig.> *Adj.* **1.** (*abwert.*) (*in seinen Reaktionen*) *nicht einzuschätzen* ein unberechenbarer Mensch/Charakter, Manchmal ist sie völlig unberechenbar. **2.** *nicht vorhersehbar* unberechenbares Wetter

un·be·rührt <nicht steig.> *Adj.* **1.** *noch nicht benutzt* Das Essen stand unberührt auf dem Tisch., ein unberührtes Bett **2.** *so, dass es jmdn. nicht beeinflusst* von jemandes Leid völlig unberührt bleiben ■ **ein unberührtes Mädchen** (*veralt.*): *ein Mädchen, das noch keinen Geschlechtsverkehr hatte* **die unberührte Natur**: *die Natur, die der Mensch nicht verändert hat*

un·be·scha·det, un·be·scha·det[1] (*nur präd.*) *Adj.* (*geh.*) *ohne Schaden genommen zu haben* unbeschadet aus einer Sache hervorgehen

un·be·scha·det, un·be·scha·det[2] *Präp. + Gen.* (*geh.* ≈ *trotz*) *drückt aus, dass etwas nicht in Betracht gezogen wird* Unbeschadet seiner Jugend war er doch schon recht vernünftig.

un·be·schä·digt <nicht steig.> *Adj. nicht beschädigt* Das Auto ist bei dem Unfall völlig unbeschädigt geblieben.

un·be·schol·ten *Adj.* (*geh.*) *tadellos; mit einem guten Ruf* ein unbescholtener Bürger

un·be·schrankt <nicht steig.> *Adj. ohne Schranken* ein unbeschrankter Bahnübergang

un·be·schränkt <nicht steig.> *Adj. nicht eingeschränkt* unbeschränkte Befehlsgewalt über etwas haben

un·be·schreib·lich, un·be·schreib·lich <nicht steig.> *Adj. so intensiv, groß, schön o.Ä., dass es nicht zu beschreiben ist* ein unbeschreibliches Aussehen haben, unbeschreiblich schön, ein unbeschreiblicher Lärm

un·be·schrie·ben <nicht steig.> *Adj. nicht beschrieben* unbeschriebene Seiten ■ **ein unbeschriebenes Blatt** (*umg.*): *eine Person, von der man noch nichts weiß oder die noch keine Erfahrung auf einem Gebiet hat*

un·be·schwert *Adj.* (≈ *sorglos*) *ohne Sorgen* eine

unbeschwerte Kindheit, nach der bestandenen Prüfung völlig unbeschwert in den Urlaub fahren können ▶Unbeschwertheit

un·be·se·hen, **un·be·se·hen** <nicht steig.> *Adv. ohne vorherige Prüfung* etwas unbesehen glauben/übernehmen

un·be·setzt <nicht steig.> *Adj. nicht besetzt* Der Posten/Die Position/die Stelle war lange Zeit unbesetzt.

un·be·sieg·bar, **un·be·sieg·bar** <nicht steig> *Adj. so, dass man jmdn. oder etwas nicht besiegen kann* ein unbesiegbarer Gegner, eine unbesiegbare Armee

un·be·siegt <nicht steig.> *Adj. nicht besiegt* Die feindlichen Truppen blieben unbesiegt.

un·be·son·nen <nicht steig.> *Adj.* (≈ *unüberlegt*) *ohne vorherige Überlegung; unvorsichtig* eine unbesonnene Tat, ein unbesonnener, draufgängerischer Mensch

Un·be·son·nen·heit die <-, -en> (*geh.*) **1.** (*kein Plur.*) *unbesonnene Art* etwas Unkluges aus lauter Unbesonnenheit tun **2.** *unbesonnene Handlung* Diese Unbesonnenheit kam uns teuer zu stehen.

un·be·sorgt *Adj. ohne sich Sorgen zu machen* Sei ganz unbesorgt, das wird schon gut gehen!

un·be·stän·dig *Adj.* **1.** (≈ *wechselhaft*) *so, dass es sich oft ändert und nie lange stabil bleibt* unbeständiges Wetter **2.** *so, dass jmd. sich nicht lange Zeit einer Sache widmet und immer wieder die Veränderung sucht* Er ist ein unbeständiger Charakter/Mensch, auf den wenig Verlass ist.

Un·be·stän·dig·keit die <-> (*kein Plur.*) **1.** (≈ *Wechselhaftigkeit*) Die Unbeständigkeit des Wetters ist typisch für diese Region. **2.** *eine Art, die unbeständig*[2] *ist* Ihre Unbeständigkeit hat sie schon viele gute Freunde gekostet.

un·be·stä·tigt <nicht steig.> *Adj. von offizieller Seite nicht bestätigt* Nach noch unbestätigten Meldungen liegt die Zahl der Todesopfer über eintausend.

un·be·stech·lich, **un·be·stech·lich** <nicht steig.> *Adj.* **1.** *nicht bestechlich* Als Beamter/Politiker muss er unbestechlich sein. **2.** *nicht beeinflussbar* ein unbestechliches Urteil, ein unbestechlicher Beobachter

Un·be·stech·lich·keit die <-> (*kein Plur.*) **1.** *die Eigenschaft, nicht bestechlich zu sein* Unbestechlichkeit ist eine wichtige Tugend in der Politik. **2.** *die Eigenschaft, nicht beeinflussbar zu sein* die Unbestechlichkeit eines Urteils

un·be·stimmt <nicht steig.> *Adj.* **1.** *so, dass es nicht genau feststeht* eine unbestimmte Menge, Der Zeitpunkt und der Ort unseres Treffens sind noch unbestimmt. **2.** (≈ *diffus*) *so, dass es nicht genau zu beschreiben ist* ein unbestimmtes Gefühl haben, unbestimmte Ängste vor etwas haben **3.** (≈ *vage* ↔ *konkret*) *so, dass es nicht ausreichend genau ist* unbestimmte Angaben zu etwas machen, Das ist mir zu unbestimmt, kannst du das nicht genauer erklären? ▶Unbestimmtheit

un·be·streit·bar, **un·be·streit·bar** <nicht steig.> *Adj. so, dass es nicht bezweifelt werden kann* eine unbestreitbare Tatsache, ein unbestreitbarer Vorteil

un·be·strit·ten, **un·be·strit·ten** <nicht steig.> *Adj. allgemein anerkannt und von niemanden bezweifelt* Es ist unbestritten, dass …, der unbestrittene Experte auf diesem Gebiet

un·be·tei·ligt *Adj.* **1.** *so, dass kein Interesse gezeigt wird* völlig unbeteiligt zuschauen/am Rand sitzen **2.** *so, dass man an etwas nicht teilnimmt* an einem Unfall/einer Tat unbeteiligt sein, Bei dem Militäreinsatz wurde das Leben unbeteiligter Menschen gefährdet.

un·be·tont <nicht steig.> *Adj.* SPRACHWISS. *nicht betont* eine unbetonte Silbe

un·beug·sam <nicht steig.> *Adj. so, dass man niemandem nachgibt und immer seinen eigenen Willen und seine Freiheit verteidigt* unbeugsamen Widerstand leisten, einen unbeugsamen Willen haben

un·be·wacht <nicht steig.> *Adj. nicht bewacht* ein unbewachter Parkplatz

un·be·waff·net <nicht steig.> *Adj. nicht bewaffnet* ein unbewaffneter Täter/Polizeibeamter

un·be·wäl·tigt <nicht steig.> *Adj. so, dass etwas noch immer Schwierigkeiten und Probleme bereitet* eine unbewältigte Vergangenheit, unbewältigte Aufgaben

un·be·weg·lich <nicht steig.> *Adj.* **1.** (≈ *steif, starr*) *so, dass es nicht mehr zu bewegen ist* ein unbewegliches Bein haben **2.** (≈ *regungslos*) *ohne sich zu bewegen* unbeweglich in seinem Versteck verharren **3.** (≈ *starr, ausdruckslos*) *so, dass es sich nicht verändert* eine unbewegliche Miene machen **4.** (*abwert.*) *so, dass man nicht bereit ist, seine Meinung zu ändern oder sich an neue Situationen anzupassen* Im Alter ist sie in ihren Auffassungen unbeweglich geworden.

Un·be·weg·lich·keit die <-> (*kein Plur.*) **1.** *Steifheit* Die Unbeweglichkeit seines Armes ist ihm beim Sport hinderlich. **2.** *Regungslosigkeit* in Unbeweglichkeit verharren **3.** *Ausdruckslosigkeit* die Unbeweglichkeit seines Gesichts **4.** (*abwert.*) *mangelnde Bereitschaft, seine Meinung zu ändern oder sich neuen Situationen anzupassen* Die Unbeweglichkeit beider Partner führte zum Scheitern der Verhandlungen.

un·be·wohnt <nicht steig.> *Adj. so, dass niemand dort wohnt* eine unbewohnte Insel, ein unbewohntes Haus

un·be·wusst <nicht steig.> *Adj.* **1.** *so, dass man es nicht bewusst weiß oder wahrnimmt* unbewusste Ängste **2.** *so, dass man sich nicht darauf konzentriert* etwas unbewusst wahrnehmen **3.** (≈ *unabsichtlich*) *aus Versehen* Das habe ich unbewusst und nicht mit Absicht getan!

un·be·zahl·bar, **un·be·zahl·bar** <nicht steig.> *Adj.* **1.** *so teuer, dass man es nicht bezahlen kann* Die Mieten in der Innenstadt sind unbezahlbar. **2.** *so nützlich oder wichtig, dass es keinen Gegenwert hat* Deine Hilfe/Sein Rat ist einfach unbezahlbar!, Gesundheit ist unbezahlbar.

un·be·zahlt <nicht steig.> *Adj.* **1.** (*noch*) *nicht* *bezahlt* eine unbezahlte Rechnung **2.** *ohne Geld dafür zu bekommen* unbezahlte Überstunden machen

un·be·zähm·bar, un·be·zähm·bar <nicht steig.> *Adj. so, dass man es nicht zurückhalten kann* eine unbezähmbare Neugier, ein unbezähmbares Verlangen nach Schokolade

un·be·zwing·lich <nicht steig.> *Adj.* **1.** *nicht zu besiegen oder zu erobern* ein unbezwinglicher Feind, eine unbezwingliche Festung **2.** (≈ *unbezähmbar*) *nicht zu unterdrücken* eine unbezwingliche Müdigkeit/Sehnsucht

Un·bil·den <-> *Plur.* (*veralt. geh.*) *unangenehme Wirkungen* die Unbilden der Witterung

Un·bill die <-s> (*kein Plur.*) (*veralt. oder geh.*) *Unrecht, das jmdm. angetan wird* viel Unbill zu ertragen haben, die Unbill der Gewalt

un·blu·tig <nicht steig.> *Adj. so, dass dabei niemand getötet oder verletzt wird* ein unblutiger Aufstand, Das Geiseldrama konnte unblutig beendet werden.

un·brauch·bar <nicht steig.> *Adj.* **1.** *nicht brauchbar* Ein kaputter Reifen ist unbrauchbar. **2.** *nicht nützlich* ein unbrauchbarer Vorschlag

un·bü·ro·kra·tisch <nicht steig.> *Adj. so, dass ein Handeln praktisch und unkompliziert ist und dabei auch von Regeln usw. Ausnahmen gemacht werden können* eine unbürokratische Lösung für etwas finden, schnelle und unbürokratische Hilfe für die Opfer der Flutkatastrophe

un·cool [unkul] *Adj.* (*umg.* ↔ *cool*) *so, dass jmd. oder etwas langweilig und nicht interessant ist*

und *Konj.* **1.** *verwendet in Aufzählungen, um gleichwertige Wörter, Satzteile und Sätze zu verbinden* Mädchen und Jungen, Sie ist Frau und Mutter., Sie war jung und schön., Ich bin fünfzehn Jahre alt und gehe zur Schule., Sie hörte es nur einmal klingeln und sofort ging sie ans Telefon. **2.** *verwendet, um eine verstärkte Wirkung und eine Fortdauer von etwas auszudrücken, indem man gleiche Verben miteinader verbindet* Es regnete und regnete., Sie redete und redete. **3.** *verwendet, um zwei Adjektive im Komparativ zu verbinden, womit man eine unbegrenzte Steigerung ausdrückt, die über die Norm hinausgeht* Das Auto fuhr schneller und schneller., Er kletterte höher und höher. **4.** *verwendet, um zwei Sätze zu verbinden, die einen Gegensatz ausdrücken* Er hat gewonnen und ich habe wieder verloren., Wir müssen es schaffen(,) und wenn es noch so schwer ist!, Und ist es auch Wahnsinn, so hat es doch Methode! **5.** *verwendet, um zwei Sätze zu verbinden, wobei der Inhalt des ersten Satzes die Bedingung für den Inhalt des zweiten Satzes darstellt* Klicken Sie auf das Symbol und das Programm wird gestartet., Sie hat nicht gelernt und eine schlechte Zensur bekommen. **6.** *verwendet, um zwei Sätze zu verbinden, die ein Geschehen zur gleichen Zeit ausdrücken* Die Mutter liest und die Kinder schlafen., Sie kocht und hört dabei Radio. **7.** *verwendet, um zwei Sätze zu verbinden, die ein aufeinanderfolgendes Geschehen ausdrücken* Die Geschäfte schließen und die Leute gehen nach Hause., Er steht um 6 Uhr auf und kocht (dann) erstmal Kaffee. **8.** *verwendet, um zwei Sätze zu verbinden, wobei der erste Satz eine Einschränkung oder einen Ausdruck der Höflichkeit zu dem Inhalt des zweiten Satzes darstellt und durch eine adverbiale Bestimmung ersetzt werden kann* Er ist imstande und tut das wirklich! (Am Ende wird er das wirklich tun!), Es fehlte nicht viel und das Haus wäre explodiert! (Fast wäre das Haus explodiert!), Bist du so nett und hilfst mir? (Hilfst du mir netterweise?), Sei so freundlich und gib mir mal den Zucker. (Gib mir bitte mal den Zucker.) **9.** *verwendet, um Ablehnung, Zweifel, Ironie o.Ä. auszudrücken* Ich und singen? Niemals!, Der und intelligent? Na, ich weiß nicht., Die Kinder müssen jetzt ins Bett. – Und die Erwachsenen?, Und ich? Bekomme ich etwa kein Geschenk? **10.** (MATH.: ≈ *plus*) *verwendet, um bei der Addition Zahlen miteinander zu verbinden* Drei und drei ist sechs. ■ **Und wenn schon!** (*umg.*): *verwendet, um auszudrücken, das etwas nicht so schlimm oder eigentlich egal ist* **und so weiter** (**Abkürzung: „usw."**): *verwendet, um auszudrücken, dass man in einer Aufzählung noch weitere gleichwertige Dinge auflisten könnte* In der Buchhandlung gibt es Romane, Sachbücher, Fotobände usw. **und, und, und** (*umg.*): *verwendet, um auszudrücken, dass man noch weitere gleichwertige Dinge oder Sachverhalte auflisten könnte* Im Urlaub werde ich schwimmen, faulenzen, mich sonnen, viel essen und, und, und. ◆ (kein) Komma vor „und"→R Z 2.14 Peter spielte Klavier(,) und die anderen hörten zu., Ich glaube, dass sie es nicht vergessen hat(,) und dass sie kommen wird.; Komma vor „und"→R Z.15 Ich lese gern Krimis, und zwar solche, bei denen eine Kommissarin ermittelt., Die Kinder saßen am Tisch, in ihr Spiel vertieft, und bemerkten nichts., Er lud alle ein, die er kannte, und so waren es plötzlich viel zu viele Gäste. *s.* **na, zwar**

Un·dank der <-s> (*kein Plur.*) (*geh.*) ■ **(von jemandem) nur Undank ernten**: *keinen Dank (von jmdm.) für eine gute Tat oder Hilfe bekommen* **Undank ist der Welt(en) Lohn** (*Sprichwort*): *oft bekommt man für eine gute Tat oder Hilfe keinen entsprechenden Dank*

un·dank·bar *Adj.* **1.** *nicht dankbar* ein undankbarer Mensch, Das ist aber sehr undankbar von dir! **2.** *so schwer oder kompliziert, dass es sich eigentlich nicht lohnt, es zu tun* eine undankbare Aufgabe

Un·dank·bar·keit die <-> (*kein Plur.*) *Mangel an Dankbarkeit*

un·da·tiert <nicht steig.> *Adj. ohne eine Datumsangabe* ein undatierter Brief/Scheck

un·de·fi·nier·bar <nicht steig> *Adj.* (*umg. abwert.*) *nicht genau zu bestimmen oder zu identifizieren* Ein undefinierbarer Geruch drang aus dem Zimmer., Sie tranken eine undefinierbare grünliche Flüssigkeit.

un·denk·bar <nicht steig.> *Adj.* (≈ *unvorstellbar*)

U

so schlimm, dass man es sich nicht vorstellen kann Es ist undenkbar, dass ein Mensch so etwas Grausames tut!

un·denk·lich ■ **seit/vor undenklichen Zeiten** (*veralt. geh.*): *vor sehr, sehr langer Zeit*

Un·der·co·ver·a·gent, **Un·der·co·ver-** der [ˈʌndəkʌvəagɛnt] <-en, -en> *ein Polizist, der in einer kriminellen Gruppe ermittelt und so tut, als ob er dazu gehöre, damit die anderen ihn nicht als Polizisten erkennen*

Un·der·dog der [ˈʌndədɔg] <-s, -s> (*Jargon*) *Person, die unterlegen oder sozial benachteiligt ist*

Un·der·ground der [ˈʌndəgraʊnd] <-s> (*kein Plur.*) (*geh.*) **1.** *der Bereich einer Gesellschaft, der außerhalb des Gesetzes oder der Moral steht* **2.** *Kunstrichtung, die versucht, sich vom etablierten Kunstbetrieb abzusetzen* ◆ -comic, -film

Un·der·state·ment das [ʌndəˈsteɪtmənt] <-s, -s> (*geh.*) *das bewusste Untertreiben* (*, das jmd. als Stilmittel einsetzt*) Dieser Designer liebt das Understatement und setzt auf schlichte Eleganz.

un·deut·lich *Adj.* **1.** *so, dass man es schwer verstehen kann* undeutlich sprechen **2.** *so, dass es keine klaren Formen hat* Die Schrift war nur undeutlich zu erkennen. **3.** *so, dass es unklar und verschwommen ist* sich undeutlich an etwas erinnern, eine undeutliche Vorstellung von etwas haben

un·dicht <nicht steig.> *Adj. nicht dicht* Der Reifen/die Flasche ist undicht.

un·dif·fe·ren·ziert <nicht steig.> *Adj.* (*geh.*) *so, dass die Einzelheiten von etwas nicht genug beachtet werden* ein sehr undifferenziertes Urteil fällen

Un·ding (*umg.*) ■ **Es ist ein Unding, dass ...**: *es ist schlecht, dass ...* Es ist ein Unding, dass er immer unentschuldigt fehlt.

un·di·p·lo·ma·tisch *Adj. mit wenig Takt oder Geschick* bei etwas sehr undiplomatisch vorgehen, eine undiplomatische Frage

un·dis·zi·p·li·niert *Adj. nicht diszipliniert* undisziplinierte Schüler

un·durch·dring·lich, **un·durch·dring·lich** <nicht steig.> *Adj. so dicht, dass nichts hindurchdringen kann* undurchdringlicher Nebel, ein undurchdringliches Dickicht

un·durch·läs·sig <nicht steig.> *Adj. so, dass es etwas nicht hindurchlässt* Die Jacke ist für Wind und Regen undurchlässig.

un·durch·schau·bar *Adj. nicht zu erkennen* undurchschaubare Absichten/Pläne

un·durch·sich·tig *Adj.* **1.** (*keine Steigerung*) *so, dass man nicht durchsehen kann* undurchsichtige Scheiben, undurchsichtige Gardinen **2.** (*abwert.*) *so, dass es nicht zu durchschauen und deshalb verdächtig ist* undurchsichtige Geschäfte machen

un·e·ben <nicht steig.> *Adj. nicht eben* ein unebener Fußboden/Untergrund

Un·e·ben·heit die <-, -en> **1.** (*kein Plur.*) *unebene Beschaffenheit* Dass der Tisch wackelt, liegt an der Unebenheit des Bodens. **2.** *ein Stelle, die höher oder tiefer als ihre Umgebung ist* die Unebenheiten im Fußboden beseitigen

un·echt <nicht steig.> *Adj.* **1.** (↔ *falsch*) *so, dass etwas nur vorgetäuscht ist* unechte Gefühle **2.** (↔ *künstlich*) *nachgemacht* ein unechter Stein, unechte Haare/Zähne

un·e·he·lich <nicht steig.> *Adj. nicht in einer Ehe geboren* ein uneheliches Kind

Un·eh·re die <-> (*kein Plur.*) ■ **jemandem gereicht etwas zur Unehre** (*geh.*): *etwas macht jmdm. Schande*

un·eh·ren·haft *Adj. nicht ehrenhaft* ein unehrenhaftes Verhalten

un·ehr·lich *Adj.* **1.** *nicht ehrlich* ein unehrlicher Mensch, Das war unehrlich von dir, ihm nicht die Wahrheit zu sagen! **2.** *so, dass es rechtlich nicht einwandfrei ist* unehrlich erworbener Reichtum

Un·ehr·lich·keit die <-> (*kein Plur.*) *unehrliches Handeln* Ihre Unehrlichkeit hat uns enttäuscht.

un·ei·gen·nüt·zig *Adj.* (↔ *egoistisch*) *so, dass man nicht an den eigenen Vorteil denkt* jemandem uneigennützig helfen

un·ein·ge·schränkt <nicht steig.> *Adj.* (≈ *vorbehaltlos*) *ohne Einschränkungen* uneingeschränkt gültig sein, jemands uneingeschränktes Vertrauen besitzen

un·ein·heit·lich <nicht steig.> *Adj. nicht einheitlich* uneinheitliche Meinungen/Ergebnisse

un·ei·nig <nicht steig.> *Adj. verschiedener Meinung* Wir sind uns/ich bin mit ihr in dieser Sache uneinig.

Un·ei·nig·keit <-, -en> **1.** (*kein Plur.*) *die Tatsache, dass man nicht einer Meinung ist* Uneinigkeit führt oft zu Streit. **2.** *Punkt, in dem man verschiedener Ansicht ist* Uneinigkeiten aus dem Weg räumen

un·ein·nehm·bar, **un·ein·nehm·bar** <nicht steig.> *Adj. so, dass man es nicht erobern kann* eine uneinnehmbare Festung

un·eins <nicht steig.> *Adj. verschiedener Meinung* mit jemandem in einer Frage uneins sein, Sie sind sich noch immer uneins, was zu tun ist. ■ **mit sich selbst uneins sein** (*umg.*): *unentschlossen und unzufrieden mit sich sein*

un·emp·fäng·lich *Adj. nicht zugänglich* unempfänglich für die Bitten/das Leid anderer sein

un·emp·find·lich *Adj.* **1.** *nicht empfindlich* unempfindlich gegen Kälte sein **2.** *so, dass etwas jmdn. nicht berührt* unempfindlich gegenüber jeder Kritik **3.** (≈ *strapazierfähig*) *so robust, dass es viel aushält* ein unempfindlicher Stoff, der gut für Sportkleidung geeignet ist

un·end·lich <nicht steig.> *Adj.* **1.** *so groß oder ausgedehnt, dass es ohne räumliche oder zeitliche Grenzen scheint* das unendliche Weltall, eine unendliche Wartezeit, in unendliche Ferne rücken, die unendlichen Weiten der Steppe **2.** (≈ *sehr*) *in einem sehr hohen Maße* unendlich traurig/glücklich sein, etwas mit unendlicher Vorsicht tun **3.** MATH. PHILOS. *größer als jeder endliche Wert* eine unendliche Reihe, von eins bis unendlich, die Frage, ob das Weltall unendlich ist ■ **bis ins Unendliche**: *immer wieder* ◆ Großschreibung→R

3.7 Das haben wir nun bis ins Unendliche geübt!, Das Unendliche ist schwer zu begreifen.

Un·end·lich·keit die <-> (*kein Plur.*) **1.** (*geh.* ≈ *Ewigkeit*) *etwas, das keine Grenzen in der Zeit oder dem Raum hat* **2.** *die unermessliche Größe oder Ausdehnung* die Unendlichkeit des Meeres **3.** (*umg.*) *sehr lange Zeit* eine Unendlichkeit warten müssen

un·ent·behr·lich, un·ent·behr·lich <nicht steig.> *Adj.* (≈ *unverzichtbar*) *so, dass man nicht darauf verzichten kann* ein unentbehrlicher Helfer

un·ent·gelt·lich, un·ent·gelt·lich <nicht steig.> *Adj. ohne Bezahlung* unentgeltlich arbeiten, etwas unentgeltlich nutzen dürfen

un·ent·schie·den <nicht steig.> *Adj.* **1.** *noch nicht entschieden* Es ist noch unentschieden, ob er mitkommt. **2.** SPORT *so, dass zwei Mannschaften den gleichen Punktestand haben* Das Spiel steht/endete unentschieden.

un·ent·schlos·sen <nicht steig.> *Adj. noch nicht in der Lage, sich zu entscheiden* ein unentschlossener Mensch, Sie wirkten noch unentschlossen.

Un·ent·schlos·sen·heit die <-> (*kein Plur.*) *mangelnde Fähigkeit, sich zu entscheiden* Seine Unentschlossenheit hat ihm schon manches gute Geschäft verdorben.

un·ent·schuld·bar, un·ent·schuld·bar <nicht steig.> *Adj. so, dass man es nicht entschuldigen kann* ein unentschuldbarer Fehler/Irrtum

un·ent·schul·digt <nicht steig.> *Adj. ohne sich entschuldigt zu haben* unentschuldigt im Unterricht fehlen

un·ent·wegt, un·ent·wegt <nicht steig.> *Adj.* **1.** (≈ *ununterbrochen, unablässig*) *ohne Pausen* unentwegt stören/dazwischenreden, Die Feuerwehr war unentwegt im Einsatz. **2.** (≈ *beharrlich*) *so, dass jmd. etwas verfolgt, ohne aufzugeben* ein unentwegter Kämpfer für seine Ideale

u·n·er·ach·tet *Präp. + Gen.* (*geh.* ≈ *trotz*) Unerachtet seiner Erfolge wurde er nicht wiedergewählt.

un·er·bitt·lich, un·er·bitt·lich <nicht steig.> *Adj.* **1.** *durch nichts umzustimmen* ein unerbittlicher Verfechter seiner Lehre, ein unerbittlicher Richter **2.** *hart und durch nichts zu verhindern* ein unerbittliches Schicksal, ein unerbittliches Urteil ▶Unerbittlichkeit

un·er·fah·ren <nicht steig.> *Adj. so, dass man auf einem Gebiet keine Erfahrung hat* noch jung und unerfahren sein, ein unerfahrener neuer Mitarbeiter ▶Unerfahrenheit

un·er·find·lich, un·er·find·lich ■ **aus unerfindlichen Gründen**: *aus Gründen, die man nicht kennt oder versteht*

un·er·freu·lich *Adj.* (≈ *ärgerlich*) *so, dass es Ärger oder Trauer bereitet* eine unerfreuliche Angelegenheit

un·er·gie·big *Adj. so, dass man es kaum oder gar nicht nutzen kann* eine unergiebige Quelle, die nur wenig Wasser spendet, Diese Vorlesung war für mich ziemlich unergiebig.

un·er·gründ·lich, un·er·gründ·lich <nicht steig.> *Adj. rätselhaft oder nicht durchschaubar* ein unergründliches Geheimnis/Rätsel, die unergründlichen Tiefen des Ozeans

un·er·heb·lich <nicht steig.> *Adj.* **1.** *gering* eine unerhebliche Veränderung, Es entstand nur unerheblicher Schaden. **2.** (*umg.* ≈ *unbedeutend*) *nicht wichtig* Es ist unerheblich, was ich dazu meine.

un·er·hört *Adj.* **1.** (≈ *skandalös*) *empörend* Es ist unerhört, was er sich erlaubt!, Das ist eine unerhörte Frechheit! **2.** *außerordentlich* ein unerhört spannender Film, unerhörtes Glück haben

un·er·kannt <nicht steig.> *Adj. ohne erkannt oder identifiziert zu werden* Die Täter konnten unerkannt entkommen.

un·er·klär·lich, un·er·klär·lich *Adj. so, dass man es sich nicht erklären kann* ein unerklärlicher Zufall, aus unerklärlichen Gründen, Es ist mir unerklärlich, wie das geschehen konnte.

un·er·läss·lich, un·er·läss·lich *Adj.* (*geh.*) *unbedingt notwendig* Diese Impfungen sind für die Reise unerlässlich., eine unerlässliche Voraussetzung für etwas

un·er·laubt <nicht steig.> *Adj.* (AMTSSPR.: ≈ *verboten*) unerlaubter Waffenbesitz

un·er·le·digt <nicht steig> *Adj. nicht erledigt* In der Eile musste vieles unerledigt bleiben.

un·er·mess·lich, un·er·mess·lich *Adj.* (*geh.*) *so groß oder umfangreich, dass es nicht vorstellbar ist* unermesslich reich sein, die unermesslichen Weiten des Weltalls, unermessliche Freiheit/Freude/Schmerzen ■ **bis ins Unermessliche**: *in scheinbar grenzenlosem Maße* ◆ Großschreibung→R 3.7 Die Schmerzen steigerten sich bis ins Unermessliche.

un·er·müd·lich, un·er·müd·lich *Adj. mit großer Ausdauer, Geduld oder Ehrgeiz* etwas unermüdlich üben/trainieren, unermüdliche Hilfe, unermüdlicher Einsatz

un·er·quick·lich *Adj.* (*geh.* ≈ *unangenehm*) *unerfreulich* ein sehr unerquickliches Gespräch

un·er·reich·bar, un·er·reich·bar <nicht steig.> *Adj.* **1.** *so, dass man nicht dahin gelangen kann* in unerreichbarer Höhe, das Geld so verwahren, dass es für Diebe unerreichbar ist **2.** *nicht zu erreichen oder verwirklichen* sich unerreichbare Ziele stecken, Dieses Traumergebnis ist für die Konkurrenten unerreichbar. **3.** (*umg.*) *nicht* (*per Telefon*) *zu sprechen* Der Professor ist im Augenblick unerreichbar, versuchen Sie es morgen noch einmal. ■ **in unerreichbarer Ferne**: *so weit weg, dass man es nicht erreichen kann* Das Eigenheim ist nach dem Verlust der Arbeitsstelle in unerreichbare Ferne gerückt

un·er·reicht <nicht steig.> *Adj.* (*geh.*) *so, dass es* (*noch*) *von niemandem wiederholt ist* eine unerreichte Perfektion beim Gesang, Dieses Ergebnis ist seither unerreicht geblieben.

un·er·sätt·lich, un·er·sätt·lich *Adj. nicht zufrieden zu stellen* ein unersättlicher Hunger, der unersättliche Drang nach Freiheit

un·er·schöpf·lich, un·er·schöpf·lich <nicht

U

steig.> *Adj.* **1.** *so, dass es scheinbar nie aufgebraucht werden kann* nahezu unerschöpfliche Reserven, Seine Energie/Kraft/Geduld ist unerschöpflich. **2.** *so, dass man immer wieder darüber reden kann* ein unerschöpfliches Thema

un·er·schüt·ter·lich, un·er·schüt·ter·lich *Adj. durch nichts zu erschüttern* unerschütterliche Freundschaft/Treue, unerschütterlich an etwas glauben

un·er·schwing·lich, un·er·schwing·lich *Adj.* (≈ *unbezahlbar*) *zu teuer* Die Preise/Mieten sind hier für den Normalverdiener unerschwinglich.

un·er·setz·lich, un·er·setz·lich *Adj. nicht zu ersetzen* ein unersetzlicher Verlust

un·er·sprieß·lich, un·er·sprieß·lich *Adj. nicht angenehm und nutzlos* ein unersprießliches Gespräch

un·er·träg·lich, un·er·träg·lich *Adj.* **1.** *so schlimm, dass es schwer zu ertragen ist* unerträgliche Schmerzen, Die Hitze ist heute unerträglich. **2.** (≈ *unausstehlich*) *so, dass der Umgang mit jmdm. sehr unangenehm ist* ein unerträglicher Mensch/Charakter

un·er·wähnt <nicht steig.> *Adj.* (*geh.*) *nicht erwähnt* Ich möchte das nicht unerwähnt lassen., Das Problem ist unerwähnt geblieben.

un·er·war·tet, un·er·war·tet <nicht steig.> *Adj. so, dass man es nicht erwartet oder dass man nicht daran gedacht hat* unerwarteter Besuch, Das kam für sie völlig unerwartet.

un·er·wi·dert <nicht Steig.> *Adj.* **1.** *so, dass man keine Antwort erhält* ein unerwiderter Brief **2.** *so, dass Gefühle nicht erwidert werden* Seine Liebe ist unerwidert geblieben.

un·er·wünscht <nicht steig.> *Adj.* (≈ *unwillkommen*) *nicht erwünscht* Du bist hier unerwünscht!

UNESCO die <-> (*kein Plur.*) *Abkürzung von „United Nations Educational, Scientific and Cultural Organization“, eine Organisation der UNO für die Bereiche der Bildung, Wissenschaft und Kultur*

un·fä·hig *Adj.* **1.** (*abwert.* ≈ *inkompetent*) *so, dass man für etwas schlecht qualifiziert ist* Er ist nicht nur faul, sondern auch völlig unfähig!, eine unfähige Mitarbeiterin **2.** (*zu etwas*) *nicht in der Lage* Sie ist unfähig, längere Zeit zuzuhören.

Un·fä·hig·keit die <-> (*kein Plur.*) **1.** (*abwert.* ≈ *Inkompetenz*) *Mangel an Können oder Qualifikation* einen Mitarbeiter wegen Unfähigkeit entlassen **2.** *die Tatsache, dass man zu etwas nicht in der Lage ist* Er bedauert seine Unfähigkeit, ein Instrument zu spielen., Die Unfähigkeit zu lügen ist kein Mangel.

un·fair *Adj. so, dass es nicht den Regeln entspricht oder gerecht ist* sich unfair verhalten, eine unfaire Entscheidung, ein unfaires Urteil, Die gegnerische Mannschaft kämpfte unfair.

Un·fall der <-(e)s, Unfälle> *ein Ereignis, das unbeabsichtigt geschieht und Schaden anrichtet und bei dem auch Menschen verletzt oder getötet werden können* ein Unfall mit dem Auto/beim Sport, einen Unfall haben, in einen Unfall verwickelt sein, in/bei einem Unfall verunglücken, ein tödlicher/schwerer Unfall, Ein Unfall hat sich ereignet/hat Todesopfer gefordert /hätte vermieden werden können. ◆ Arbeits-, Auto-, Betriebs-, Sport-, Verkehrs-

Un·fall·arzt, Un·fall·ärz·tin der <-es, Unfallärzte> MED. *Arzt oder Ärztin, die Unfallopfer direkt am Ort medizinisch betreut*

Un·fall·be·tei·lig·te der/die <-n, -n> *Person, die in einen Unfall verwickelt ist*

Un·fall·flucht die <-> (*kein Plur.*) (RECHTSW.: ≈ *Fahrerflucht*) *die Flucht von jmdm. von der Stelle, an der er einen Unfall verursacht hat*

un·fall·ge·schä·digt <nicht steig.> *Adj. so, dass man bei einem Unfall* (*körperlichen*) *Schaden erlitten hat* Die Unfallgeschädigten wurden ins nahe gelegene Krankenhaus transportiert. ◆ Zusammenschreibung→R 4.5 mehrere unfallgeschädigte Personen

Un·fall·kli·nik die <-, -en> MED. *Spezialklinik, in der Verletzte von Unfällen behandelt werden*

Un·fall·op·fer das <-s, -> *Person, die bei einem Unfall* (*körperlichen*) *Schaden erlitten hat*

Un·fall·ri·si·ko das <-s, Unfallrisiken> *die Wahrscheinlichkeit, dass ein Unfall geschieht* Sportarten mit hohem Unfallrisiko, eine riskante Fahrweise, die ein hohes Unfallrisiko birgt

Un·fall·scha·den der <-s, Unfallschäden> *ein Schaden, der durch einen Unfall verursacht worden ist* ein Fahrzeug mit Unfallschaden

Un·fall·sta·ti·on die <-, -en> (MED.: ≈ *Notfallstation*) *Station eines Krankenhauses, in der bei Unfällen Verletzte zuerst behandelt werden*

Un·fall·stel·le die <-, -n> *Ort, an dem ein Unfall geschehen ist* die Unfallstelle absperren/räumen/weiträumig umfahren

un·fall·träch·tig *Adj. so, dass es bei einer Sache oder an einem bestimmten Ort ein hohes Unfallrisiko gibt* eine unfallträchtige Kreuzung

Un·fall·ver·si·che·rung die <-, -en> *Versicherung, die im Fall eines Unfalles die Kosten für alle Schäden trägt*

Un·fall·wa·gen der <-s, -> **1.** *Fahrzeug, das bei einem Unfall beschädigt wurde* einen Unfallwagen abschleppen **2.** *Wagen, der schon einmal in einen Unfall verwickelt war* feststellen, ob es sich bei einem Gebrauchtwagen um einen Unfallwagen handelt

un·fass·bar, un·fass·bar *Adj.* (*geh.*) *so, dass man es nicht begreifen kann* die unfassbare Nachricht von seinem Tode, Es ist (für alle) unfassbar, wie das geschehen konnte.

un·fehl·bar, un·fehl·bar <nicht steig.> *Adj.* **1.** *so, dass man keinen Fehler macht* sich für unfehlbar halten **2.** *so, dass man sich in Bezug auf etwas nie täuscht* ein unfehlbares Urteil/einen unfehlbaren Geschmack haben

Un·fehl·bar·keit die <-> (*kein Plur.*) *die Eigenschaft, keine Fehler zu machen* an seine eigene Unfehlbarkeit glauben, die Unfehlbarkeit seines Urteils, die Unfehlbarkeit des Papstes

un·fein <nicht steig.> *Adj.* (*geh. abwert.*) *nicht*

dem Anstand und den guten Manieren entsprechend Ihr Benehmen war äußerst unfein., In der Nase bohren gilt als unfein.

un·flä·tig *Adj.* (*geh. abwert.*) *so, dass es gegen den Anstand verstößt* jemanden unflätig beschimpfen, unflätige Ausdrücke verwenden

un·för·mig *Adj.* **1.** *groß und dick* ein unförmiger Körper, Er ist im Laufe der Jahre immer unförmiger geworden. **2.** *in der Größe oder Form nicht passend* eine unförmige Nase haben, Die Sessel sehen unförmig aus.

un·frei <nicht steig.> *Adj.* **1.** (↔ *autonom*) *so, dass man in wirtschaftlicher und polititscher Weise von jmdm. abhängig ist* ein unfreies Volk, Unter den Bauern gab es Freie und Unfreie. **2.** *gehemmt* sich in jemands Gegenwart unfrei fühlen **3.** AMTSSPR. *nicht frankiert* eine Postsendung unfrei schicken

un·frei·wil·lig *Adj.* **1.** *gegen den eigenen Willen* Er ist unfreiwillig mitgegangen., eine unfreiwillige Pause einlegen müssen **2.** *versehentlich oder nicht beabsichtigt* unfreiwillig komisch sein, die unfreiwillige Komik von etwas

un·freund·lich *Adj.* **1.** *nicht freundlich* unfreundlich zu jemandem sein, eine unfreundliche Art haben **2.** *unangenehm* ein unfreundliches Klima/Wetter

Un·frie·de(n) der <Unfriedens> (*kein Plur.*) (*geh.*) *Streit* Zwischen beiden herrscht schon seit längerer Zeit Unfrieden.

un·frucht·bar <nicht steig.> *Adj.* **1.** *so, dass irgendwo wenig wächst* ein unfruchtbarer Boden, eine unfruchtbare Gegend **2.** *so, dass man keine Kinder zeugen kann* Der Mann/Die Frau ist unfruchtbar.

Un·frucht·bar·keit die <-> (*kein Plur.*) **1.** *der Zustand, dass irgendwo wenig wächst* die Unfruchtbarkeit der Felder infolge der Trockenheit **2.** *der Zustand, keine Kinder zeugen zu können* Die Unfruchtbarkeit vieler Paare kann behandelt werden.

Un·fug der <-(e)s> (*kein Plur.*) (*abwert.*) **1.** *etwas, das falsch und dumm ist* Erzählt doch nicht solchen Unfug! **2.** *etwas, das Schaden anrichtet oder sehr stört* Was habt ihr denn da wieder für Unfug angerichtet? ■ **grober Unfug** RECHTSW.: *eine Handlung, bei der man aus Leichtsinn jmdn. gefährdet oder Sachschaden anrichtet*

Un·gar, Un·ga·rin der <-n, -n> *jmd., der die ungarische Staatsbürgerschaft hat*

un·ga·risch <nicht steig.> *Adj. zu Ungarn gehörend* die ungarische Sprache, Sie antwortet ungarisch (in ungarischer Sprache), nicht englisch., Ungarisch/das Ungarische (die ungarische Sprache)lernen ◆ Kleinschreibung→R 3.19 ungarischer Gulasch/Paprika

Un·garn <-s> *Land in Südosteuropa mit Grenzen zu Österreich, Slowenien, Serbien, Kroatien, Rumänien, der Slowakischen Republik und der Ukraine*

un·gast·lich <nicht steig.> *Adj. nicht gastfreundlich* eine ungastliche Atmosphäre, ein ungastliches Haus

un·ge·ach·tet, un·ge·ach·tet *Präp. + Gen.* (*geh.*) *trotz* Ungeachtet dessen, dass es regnete, ging er spazieren., ungeachtet aller Ermahnungen

un·ge·ahnt, un·ge·ahnt <nicht steig.> *Adj. so, dass man es sich bisher noch nicht vorstellen konnte* Diese Technik eröffnet ungeahnte Möglichkeiten., vor ungeahnten Schwierigkeiten stehen

un·ge·bär·dig *Adj.* (*geh.*) *wild; schwer zu beherrschen* sich ungebärdig aufführen, ein ungebärdiges Kind

un·ge·be·ten <nicht steig.> *Adj. so, dass jmd. oder es nicht erwünscht ist* ein ungebetener Gast, ungebeten auf etwas antworten

un·ge·bil·det *Adj.* (*abwert.*) *ohne Bildung* ungebildete Menschen

un·ge·bo·ren <nicht steig.> *Adj. noch im Mutterleib; noch nicht geboren* ein ungeborenes Kind, der Schutz des ungeborenen Lebens, Das Ungeborene wird durch das Rauchen geschädigt.

un·ge·bräuch·lich *Adj. so, dass ein Wort oder ein Ausdruck in der Sprache selten verwendet wird* ein ungebräuchliches Wort/Verfahren

un·ge·braucht <nicht steig.> *Adj.* (≈ *unbenutzt*) *nicht gebraucht* ein ungebrauchtes Hemd/Handtuch

un·ge·bremst <nicht steig.> *Adj.* **1.** *nicht gebremst* Der Wagen fuhr ungebremst den Berg hinunter. **2.** *so, dass es von nichts behindert wird* eine ungebremste Entwicklung nehmen

un·ge·bro·chen *Adj. so, dass es trotz negativer Einflüsse nicht geschwächt ist* ein ungebrochener Wille, mit ungebrochener Kraft

un·ge·bühr·lich <nicht steig.> *Adj.* (*geh.*) **1.** *nicht so, wie es der Anstand und die guten Sitten verlangen* sich ungebührlich betragen, ungebührliches Benehmen **2.** *das normale Maß überschreitend* ungebührlich hohe Forderungen stellen

un·ge·bun·den *Adj.* **1.** *in losen Blättern* ein ungebundenes Exemplar dieses Buches **2.** *unabhängig; ohne feste Verpflichtungen* jung und ungebunden sein, Im Urlaub wollen wir ungebunden sein. **3.** (≈ *ledig*) *nicht verheiratet* Er/Sie ist noch ungebunden.

un·ge·deckt <nicht steig.> *Adj.* BANKW. *so, dass etwas nicht ausgezahlt werden kann, weil die entsprechende Menge Geld auf dem Konto nicht vorhanden ist* ein ungedeckter Scheck

Un·ge·duld die <-> (*kein Plur.*) **1.** *die Unfähigkeit, ruhig zu warten* voller Ungeduld sein, Unter den Wartenden machte sich Ungeduld breit. **2.** *die Unfähigkeit, ruhig mit Schwierigkeiten oder Fehlern von anderen umzugehen* Ungeduld im Umgang mit Lernenden/Kindern ist meist schädlich. **3.** *ein Zustand, in dem man nach Veränderungen strebt* die Ungeduld der Jugend/eines Forschers

un·ge·dul·dig *Adj.* **1.** *unfähig, ruhig zu warten* Das Publikum wurde ungeduldig, als niemand auf der Bühne erschien. **2.** *unfähig, mit Schwierigkeiten oder Fehlern von anderen ruhig umzugehen* beim Erklären/beim Lösen schwieriger Aufgaben schnell ungeduldig werden **3.** *nach Veränderungen strebend* die ungeduldige Jugend, ungeduldig nach der Lösung eines Problems suchen

un·ge·eig·net *Adj.* (*für einen Zweck*) *nicht geeignet* für einen Beruf ungeeignet sein, eine ungeeignete Methode, die Wahrheit zu erfahren

un·ge·fähr, un·ge·fähr[1] *Adv. nicht genau* nach ungefähren Schätzungen, Es hat sich ungefähr so abgespielt: … ■ **(nicht) von ungefähr**: (*nicht*) *zufällig* Das habe ich nicht von ungefähr gesagt., Sein Interesse für klassische Musik kommt nicht von ungefähr, schließlich war sein Vater Dirigent.

un·ge·fähr, un·ge·fähr[2] *Partikel verwendet bei Angaben der der Zeit, der Länge, des Maßes o.Ä., um auszudrücken, dass der angegebene Wert nicht genau ist, sondern ein wenig darüber oder darunter liegen kann* Wir treffen uns ungefähr um 10 Uhr., Das sind ungefähr 3 Meter Stoff., Zur Hochzeit haben wir ungefähr 100 Personen eingeladen.

un·ge·fähr·det *Adj. ohne einer Gefahr ausgesetzt zu sein* Hier können Sie ungefährdet schwimmen.

un·ge·fähr·lich *Adj. so, dass keine große Gefahr damit verbunden ist* eine vollkommen ungefährliche Krankheit, Dieser Weg ist ungefährlich, der andere nicht.

un·ge·färbt <nicht steig.> *Adj. nicht gefärbt* ungefärbte Haare

un·ge·hal·ten *Adj.* (*geh.*) *verärgert* ungehalten reagieren, Sie war sehr ungehalten über diesen Vorschlag.

un·ge·heizt <nicht steig.> *Adj. nicht geheizt* ungeheizte Räume

un·ge·hemmt *Adj.* **1.** (≈ *frei*) *ohne Hemmungen* ungehemmt über die Vergangenheit reden **2.** *unkontrolliert* Er fing ungehemmt zu schreien/weinen an.

Un·ge·heu·er das <-s, -> **1.** *ein großes, böses Wesen aus dem Märchen oder der Sage* In der Höhle haust ein Ungeheuer. **2.** *ein Mensch oder Tier, der/das sehr böse ist* Der Hund war ein Ungeheuer., Sein Vater ist das reinste Ungeheuer.

un·ge·heu·er, un·ge·heu·er[1] *Adj. sehr groß oder außerordentlich* eine ungeheure Entfernung/Tiefe/Höhe, ein Krater von ungeheuren Ausmaßen, ungeheure Kenntnisse besitzen, eine ungeheure Menge Menschen, eine ungeheure Kraftanstrengung

un·ge·heu·er, un·ge·heu·er[2] *Adv. sehr* sich ungeheuer anstrengen, ungeheuer viel Geld verdienen, ungeheuer viel wissen ■ **ins Ungeheure steigen**: *sehr groß werden* ♦ Großschreibung →R 3.7 Die Baukosten sind ins Ungeheure gestiegen., Das Ungeheure an der Sache ist, dass wir nichts bemerkt haben.

un·ge·heu·er·lich, un·ge·heu·er·lich *Adj.* (*abwert.* ≈ *skandalös*) *schrecklich; empörend* eine ungeheuerliche Anschuldigung

un·ge·hin·dert <nicht steig.> *Adj. so, dass man von niemandem dabei gestört oder aufgehalten wird* ungehindert die Grenze/Kontrollen passieren

un·ge·ho·belt, un·ge·ho·belt *Adj.* **1.** TECHN. *nicht mit dem Hobel bearbeitet* ungehobelte Bretter verwenden **2.** (*abwert.*) *primitiv und mit schlechtem Benehmen* ein ungehobelter Kerl/Klotz

un·ge·hö·rig <nicht steig.> *Adj. so, dass es dem Anstand und den guten Sitten widerspricht* sich ungehörig benehmen

Un·ge·hö·rig·keit die <-, -en> (*geh.*) *ungehöriges Verhalten* Diese Ungehörigkeit(en) muss ich mir nicht gefallen lassen!

un·ge·hor·sam *Adj. nicht bereit, Anordnungen von jmdm. zu befolgen* ein ungehorsames Kind, ungehorsames Verhalten

Un·ge·hor·sam der <-s> (*kein Plur.*) *ungehorsames Verhalten* Jetzt musst du für deinen Ungehorsam büßen!

un·ge·kämmt *Adj. nicht gekämmt* mit ungekämmten Haaren zur Arbeit gehen

un·ge·klärt <nicht steig.> *Adj.* (*noch*) *nicht geklärt* eine ungeklärte Frage, ungeklärte Kriminalfälle

un·ge·kün·digt <nicht steig.> *Adj. mit einer Arbeitstelle, die nicht gekündigt wurde* ein ungekündigtes Arbeitsverhältnis, sich in ungekündigter Stellung befinden

un·ge·küns·telt *Adj.* (≈ *natürlich*) *so, dass man sich nicht verstellt und seine Gefühle offen zeigt* eine ungekünstelte Art haben, ungekünstelte Freude/Anteilnahme zeigen

un·ge·kürzt <nicht steig.> *Adj. nicht gekürzt* ein Text in ungekürztem Wortlaut, eine Oper/ein Theaterstück/einen Film in der ungekürzten Version aufführen

un·ge·la·den <nicht steig.> *Adj.* **1.** *nicht eingeladen* ungeladene Gäste **2.** *nicht mit Munition versehen* eine ungeladene Waffe bei sich tragen

un·ge·le·gen *Adj.* (*geh.*) *so, dass es jmdm. zu einem bestimmten Zeitpunkt oder in einer bestimmten Situation nicht passt, weil er schon etwas anderes geplant hat* Das kommt mir jetzt aber sehr ungelegen.

Un·ge·le·gen·heit die <-, -en> (*geh.*) *Unannehmlichkeit* jemandem Ungelegenheiten bereiten

un·ge·lenk *Adj.* **1.** *geringe Übung zeigend* eine ungelenke Handschrift haben **2.** *unbeholfen, ungeschickt* Das neugeborene Kälbchen machte erste ungelenke Schritte.

un·ge·lernt <nicht steig.> *Adj. so, dass man für eine Arbeit keine Ausbildung besitzt* als ungelernter Arbeiter angestellt werden, Als ungelernte Arbeitskraft verdient man weniger als die Facharbeiter.

un·ge·liebt <nicht steig.> *Adj. nicht geliebt* eine ungeliebte Arbeit, ein ungeliebtes Kind

un·ge·lo·gen *Partikel* (*umg.*) *ohne zu lügen; ganz ehrlich* Das ist die reine Wahrheit, ungelogen!

un·ge·löst *Adj. nicht gelöst* Der Satz von Fermat war lange Zeit ein ungelöstes Problem der Mathematik.

Un·ge·mach das <-(e)s> (*kein Plur.*) (*veralt. oder geh.*) *Schwierigkeiten* Nun musste sie großes Ungemach erleiden.

un·ge·macht <nicht steig.> ■ **ein ungemachtes Bett**: *ein benutztes Bett, das nicht in Ordnung gebracht wurde*

un·ge·mein, **un·ge·mein** *Adj. sehr groß, stark, heftig o.Ä.* ungemeiner Ärger

un·ge·mein, **un·ge·mein** *Adv. sehr* ungemein ehrgeizig/beliebt sein, Das tat ungemein weh.

un·ge·müt·lich *Adj.* **1.** *so beschaffen, eingerichtet oder gestaltet, dass man sich darin nicht wohl fühlt* ein ungemütliches Büro/Zimmer, Viele Menschen warten auf den ungemütlichen Gängen der Behörde. **2.** *nicht angenehm* ungemütlich sitzen, jemandem ein paar ungemütliche Fragen stellen ■ **ungemütlich werden** (*umg.*): *ärgerlich werden*

un·ge·nannt <nicht steig.> *Adj. nicht mit Namen bekannt* Er blieb im Hintergrund und wollte lieber ungenannt bleiben.

un·ge·nau *Adj.* **1.** *nicht genau* eine ungenaue Messung, ungenaue Angaben machen **2.** *nicht sorgfältig* ungenau arbeiten

Un·ge·nau·ig·keit die <-, -en> **1.** (*kein Plur.*) *die Eigenschaft, ungenau zu sein* die Ungenauigkeit der Messungen/der Angaben **2.** *etwas Ungenaues* Uns sind ein paar Ungenauigkeiten unterlaufen.

un·ge·niert, **un·ge·niert** ['ʊnʒeniːɐ̯t/ʊnʒe'niːɐ̯t] *Adj.* (≈ *unbefangen*) *ohne Hemmungen* völlig ungeniert drauflosreden, sich ungeniert am Büffet bedienen

un·ge·nieß·bar, **un·ge·nieß·bar** *Adj.* **1.** *so, dass es sich nicht zum Essen eignet* Diese Pilze sind ungenießbar. **2.** (*umg.*) *so, dass es schlecht schmeckt* Das Essen in dieser Gaststätte ist einfach ungenießbar! **3.** (*umg. abwert. scherzh.*) *unerträglich; unausstehlich* Du bist ja heute wieder einmal ungenießbar!

un·ge·nü·gend <nicht steig.> *Adj.* **1.** *so, dass es nicht gut genug ist* ungenügend vorbereitet sein, ungenügend beleuchtete Straßen **2.** (↔ *sehr gut*) *in Deutschland verwendet als Bezeichnung für die schlechteste Note in der Schule* Die Arbeit war "ungenügend", eine glatte 6!

un·ge·nutzt <nicht steig.> *Adj. so, dass niemand davon Gebrauch macht* ungenutzte Räume/Geräte ■ **eine Gelegenheit ungenutzt verstreichen/vorübergehen lassen**: *eine Gelegenheit nicht nutzen*

un·ge·ord·net <nicht steig.> *Adj. nicht geordnet* seine Gedanken in ungeordneter Reihenfolge aufschreiben

un·ge·pflegt *Adj.* (*abwert.*) **1.** *nicht gepflegt* eine ungepflegte Erscheinung, ungepflegte Fingernägel **2.** *so, dass es nicht regelmäßig in Ordnung gehalten ist* ein ungepflegtes Haus, ein ungepflegter Garten

un·ge·ra·de <nicht steig> *Adj.* MATH. *so, dass eine Zahl nicht ohne Rest durch zwei teilbar ist* Drei ist eine ungerade Zahl.

un·ge·recht *Adj. nicht gerecht* eine ungerechte Entscheidung, Die Arbeit/Das Geld ist ungerecht verteilt worden.

un·ge·recht·fer·tigt *Adj. ohne Grund* jemanden ungerechtfertigt beschuldigen, eine ungerechtfertigte Strafe

Un·ge·rech·tig·keit die <-, -en> **1.** (*kein Plur.*) *ungerechte Art und Weise einer Sache oder Person* Ihre Ungerechtigkeit empörte alle., die Ungerechtigkeit eines Urteils, die Ungerechtigkeit der sozialen Verhältnisse im Land **2.** *etwas, das ungerecht ist* Bei der Verteilung der Spenden hat es auch viele Ungerechtigkeiten gegeben., die Augen vor den Ungerechtigkeiten nicht verschließen **3.** *ein Zustand, der ungerecht ist* die Ungerechtigkeiten im Land bekämpfen

un·ge·reimt <nicht steig.> *Adj.* **1.** (*abwert.*) *so, dass es keinen Sinn ergibt* ungereimtes Zeug reden **2.** LIT. *ohne Reim* ungereimte Verse

Un·ge·reimt·heit die <-, -en> (*abwert.*) *etwas, das keinen Sinn ergibt* In seinen Aussagen gab es zahlreiche Ungereimtheiten., Mit diesen Ungereimtheiten wirst du wohl keinen überzeugen können!

un·gern *Adv. nicht gern* Ich stimme (nur sehr) ungern zu.

un·ge·rührt (*nicht attr.*) *Adj. so, dass man kein Gefühl zeigt* Während sie ihm ihr Leid klagte, blieb er völlig ungerührt.

un·ge·sal·zen <nicht steig> *Adj. nicht gesalzen* ein ungesalzenes Gericht

un·ge·sät·tigt <nicht steig.> *Adj.* (CHEM.: *geh.*) *die Doppel- und Dreifachbindung von Atomen betreffend* ungesättigte Fettsäuren

un·ge·sche·hen ■ **etwas ungeschehen machen**: *etwas, das passiert ist und unangenehm ist, wieder rückgängig machen* Ich wünschte, ich könnte diese Worte ungeschehen machen!

un·ge·schickt *Adj.* **1.** *plump und unbeholfen ist* eine ungeschickte Bewegung machen, sich bei etwas ungeschickt anstellen **2.** *so, dass jmd. keinen Sinn für das Praktische hat* ein ungeschickter Mensch **3.** *so, dass es nicht besonders klug oder diplomatisch ist* eine ungeschickte Bemerkung machen, Das war aber sehr ungeschickt von dir, dieses Thema anzuschneiden! **4.** (↔ *elegant*) *so umständlich oder missverständlich gesagt, dass man sich daran stört* eine ungeschickte Formulierung

un·ge·schlacht *Adj.* (*geh. abwert.*) **1.** *groß und plump* ein ungeschlachter Kerl **2.** *ohne Höflichkeit* ein ungeschlachtes Benehmen

un·ge·schla·gen <nicht steig.> *Adj. noch nie besiegt* eine ungeschlagene Mannschaft

un·ge·schlif·fen <nicht steig.> *Adj.* **1.** *nicht geschliffen* ein ungeschliffener Diamant **2.** (*abwert.*) *ohne gutes Benehmen* ein ungeschliffener Kerl, ungeschliffene Manieren haben

un·ge·schminkt *Adj.* **1.** (*keine Steigerung*) *nicht geschminkt* ein ungeschminktes Gesicht, ungeschminkt auf die Bühne treten **2.** *ohne Beschönigung* die ungeschminkte Wahrheit, Ungeschminkter als eben kann man es wohl nicht mehr sagen.

un·ge·schnit·ten <nicht steig.> *Adj.* FILM *in voller Länge und ohne Kürzungen* die ungeschnittene

U

Fassung eines Klassikers der Filmgeschichte

un·ge·scho·ren <nicht steig.> *Adj. nicht geschoren* Die Schafe sind noch ungeschoren. ■ **jemand ist** (**noch einmal**) **ungeschoren davongekommen**: *jmd. hat* (*noch einmal*) *Glück gehabt und ist ohne Schaden oder Strafe geblieben* Der Dieb ist wieder ungeschoren davongekommen

un·ge·schrie·ben <nicht steig.> *Adj.* ■ **ein ungeschriebenes Gesetz**: *etwas, das allgemein als Norm akzeptiert wird, aber nirgendwo aufgeschrieben ist*

un·ge·schult *Adj. ohne eine spezielle Ausbildung* ungeschultes Personal

un·ge·se·hen <nicht steig> *Adj.* **1.** *von niemandem bemerkt* Die Täter konnten ungesehen entkommen. **2.** *ohne es vorher angesehen zu haben* etwas ungesehen unterschreiben

un·ge·sel·lig *Adj. so, dass man die Gesellschaft anderer meidet* ein ungeselliger Mensch, eine ungesellige Art haben

un·ge·setz·lich <nicht steig.> *Adj. im Widerspruch zu den Gesetzen* eine ungesetzliche Handlung, nichts Ungesetzliches getan haben

un·ge·si·chert <nicht steig.> *Adj.* **1.** *nicht mit Absperrungen o.Ä. gesichert* eine ungesicherte Baustelle **2.** *nicht bestätigt* noch ungesicherte Fakten/Informationen

un·ge·sit·tet *Adj. so, dass es gegen die guten Manieren und den Anstand verstößt* sich ungesittet benehmen

un·ge·stillt <nicht steig.> *Adj. so, dass es nicht befriedigt ist* eine ungestillte Sehnsucht haben

un·ge·stört <nicht steig.> *Adj. ohne Störung* eine ungestörte Entwicklung, ungestört arbeiten können

un·ge·straft <nicht steig.> *Adv. ohne bestraft zu werden* noch einmal ungestraft davonkommen

Un·ge·stüm das <-(e)s> (*kein Plur.*) (*geh.*) *Verhalten, das heftig und stürmisch ist* mit jugendlichem Ungestüm ans Werk gehen

un·ge·stüm <nicht steig.> *Adj.* (*geh.* ≈ *stürmisch*) *mit sehr viel Energie und Temperament* jemanden ungestüm umarmen, ein ungestümes Wesen haben

un·ge·sühnt <nicht steig.> *Adj.* (*geh.*) *so, dass etwas nicht bestraft wird* Das Verbrechen blieb ungesühnt.

un·ge·sund *Adj.* **1.** *auf eine Krankheit hindeutend* eine ungesunde Blässe haben, ungesund aussehen **2.** *so, dass es krank macht* eine ungesunde Lebensweise, Fettes Essen/Rauchen ist ungesund. **3.** *schlecht* eine ungesunde Entwicklung/Tendenz

un·ge·teilt <nicht steig.> (*nur attr.*) *Adj. ganz* Ich bitte um Ihre ungeteilte Aufmerksamkeit.

un·ge·trübt <nicht steig.> *Adj. durch nichts Schlechtes beeinträchtigt* ungetrübte Freude, Sein Vertrauen/Verhältnis zu ihr ist ungetrübt.

Un·ge·tüm das <-(e)s, -e> (*geh.*) **1.** (≈ *Ungeheuer*) (*in Märchen oder Sage*) *verwendet für ein großes und gefährliches Wesen, das den Menschen feindlich gesinnt ist* In der Höhle hauste ein fürchterliches Ungetüm. **2.** (*umg. abwert.*) *etwas, das einem sehr groß oder hässlich vorkommt* ein Ungetüm von einem Hund, Sie trug ein wahres Ungetüm von einer Brille auf der Nase.

un·ge·übt *Adj. so, dass es an Übung und Routine fehlt* ungeübte Bewegungen/Hände, Sie ist im Fahren noch ungeübt.

un·ge·wiss *Adj.* **1.** *so, dass man nicht weiß, wie etwas sich entwickeln wird* Es ist ungewiss, ob und wann er kommt., in eine ungewisse Zukunft blicken, eine Fahrt ins Ungewisse machen **2.** (*geh.*) *unbestimmt; vage* ungewisse Befürchtungen haben ■ **jemanden über etwas im Ungewissen lassen**: *jmdn. nicht über etwas informieren* Wir haben sie über unsere Absichten nicht im Ungewissen gelassen. **etwas liegt im Ungewissen**: *etwas ist noch nicht entschieden* Die Zukunft liegt im Ungewissen.

Un·ge·wiss·heit die <-, -en> **1.** (*kein Plur.*) *der Zustand, dass man nicht weiß, wie sich etwas entwickeln wird* Sie konnten die quälende Ungewissheit nicht länger ertragen. **2.** (≈ *Unwägbarkeit*) *ein Aspekt* (*in einer Planung*), *der ungewiss[1] ist* Ein paar Ungewissheiten bleiben auch bei sorgfältiger Planung bestehen.

un·ge·wöhn·lich[1] *Adj. anders als gewöhnlich* eine ungewöhnliche Bitte, Es ist ungewöhnlich, dass sie noch nicht angerufen hat.

un·ge·wöhn·lich[2] *Adv.* (≈ *außerordentlich*) ein ungewöhnlich großes Interesse, ein ungewöhnlich warmer Winter

un·ge·wohnt *Adj. anders als es für jmdn. normal und bekannt ist* eine ungewohnte Umgebung, ein ungewohnter Anblick, Die Arbeit am Computer ist für mich noch sehr ungewohnt.

un·ge·wollt <nicht steig.> *Adj. ohne, dass man es will* ein ungewollter Verrat, ungewollt schwanger weden

un·ge·zählt <nicht steig.> *Adj.* **1.** (*geh.*) *in sehr großer Zahl* ungezählte Male bei jemandem anrufen, jemandem ungezählte Briefe schreiben **2.** *ohne es vorher gezählt zu haben* das Geld ungezählt einstecken

Un·ge·zie·fer das <-s> (*kein Plur.*) *Tiere oder Insekten, die an Tieren, Pflanzen oder Vorräten Schaden anrichten* Ungeziefer in der Speisekammer haben, Flöhe sind ein sehr unangenehmes Ungeziefer für Menschen und Tiere.

un·ge·zie·mend *Adj.* (*geh.*) *so, dass es nicht der Situation und den Umständen entspricht* ein ungeziemendes Benehmen, Für den Empfang sind Jeans ungeziemend.

un·ge·zo·gen *Adj.* **1.** *nicht so, wie es der Anstand verlangt* ein ungezogenes Kind, sich ungezogen benehmen **2.** *frech* ungezogene Antworten geben

Un·ge·zo·gen·heit die <-, -en> **1.** (*kein Plur.*) *ungezogene Art* Die Ungezogenheit der Kinder ärgerte die Mutter. **2.** *Frechheit* Was war das wieder für eine Ungezogenheit von dir?

un·ge·zü·gelt *Adj. ohne Beherrschung* ein ungezügeltes Temperament haben, ungezügelt trinken

un·ge·zwun·gen *Adj. frei und ohne Hemmungen* sich ungezwungen unterhalten

Un·ge·zwun·gen·heit die <-> (*kein Plur.*) (*geh.*) *ungezwungene Art* sich in aller Ungezwungenheit bewegen, eine erfrischende Ungezwungenheit an den Tag legen

un·gif·tig <nicht steig.> *Adj. nicht giftig* ungiftige Pilze

Un·glau·be(n) der <Unglaubens> (*kein Plur.*) **1.** *Zweifel daran, dass etwas richtig oder wahr ist* Sie lauschte seinen Worten voller Unglauben. **2.** REL. *Zweifel an der Existenz eines Gottes* im Unglauben erzogen werden/aufwachsen

un·gläu·big *Adj.* **1.** *so, dass man an etwas nicht glaubt* jemanden ungläubig anstarren **2.** REL. *nicht an einen Gott glaubend* ungläubige Menschen

Un·gläu·bige der <-n, -n> **1.** REL. *jmd., der nicht an einen Gott glaubt* **2.** REL. *verwendet im Islam, um alle die zu bezeichnen, die keine Muslime sind*

un·glaub·lich, un·glaub·lich[1] *Adj.* **1.** *so, dass man es nicht glauben kann* Das ist ja eine unglaubliche Geschichte! **2.** (*umg.*) *sehr groß* eine unglaubliche Frechheit, ein unglaubliches Tempo, eine unglaubliche Hitze

un·glaub·lich, un·glaub·lich[2] *Adv.* (*umg.*) *sehr* unglaublich viel/schön/teuer

un·glaub·wür·dig *Adj. so, dass man jmdm. oder etwas nicht glauben kann* ein unglaubwürdiger Zeuge, eine unglaubwürdige Geschichte

un·gleich[1] <nicht steig.> *Adj.* **1.** *so, dass es in einer bestimmten Hinsicht einen Unterschied gibt* zwei ungleiche Brüder, zwei ungleiche Schuhe tragen, ungleich lange Beine haben **2.** *so, dass von zwei Gegenern der eine viel stärker ist* ein ungleicher Kampf, ein ungleiches Fußballspiel

un·gleich[2] *Adv.* (*geh.*) *sehr viel* Sie war ungleich schöner als ihre Schwester., Er fuhr ungleich schneller als sein Konkurrent.

Un·gleich·ge·wicht das <-(e)s, -e> *Zustand, in dem es keine Ausgewogenheit gibt* ein Ungleichgewicht der Kräfte auf beiden Seiten

un·gleich·mä·ßig *Adj.* **1.** *nicht gleichmäßig* ein ungleichmäßiges Muster **2.** *nicht zu gleichen Teilen* ungleichmäßig verteilt sein

Un·glück das <-(e)s, -e> **1.** *ein Ereignis, bei dem Menschen verletzt oder getötet oder Sachen schwer beschädigt werden* ein Unglück verhüten, Ihm ist ein Unglück widerfahren., bei einem Unglück ums Leben kommen ◆ Bergwerks-, Erdbeben-, Lawinen-, Zug- **2.** *Zustand, der von Kummer, Schmerzen und Trauer gekennzeichnet ist* Der Krieg hat viel Unglück über das Land gebracht., in großem Unglück leben **3.** (≈ *Missgeschick*) *Pech* beruflich/persönlich Unglück haben, Mir ist ein Unglück passiert, ich habe die Vase umgeworfen. ■ **zu allem Unglück**: *obendrein* Erst hat er die Arbeit verloren und dann ist er zu allem Unglück auch noch krank geworden! **jemand rennt in sein Unglück**: *etwas tun, was schlimme Folgen für einen selbst haben wird* **Ein Unglück kommt selten allein.**: *nach einem Missgeschick kommt fast immer auch ein zweites Missgeschick*

un·glück·lich *Adj.* **1.** (≈ *traurig*) unglücklich sein, ein unglückliches Gesicht machen, Sie war unglücklich über den Verlust. **2.** (≈ *ungünstig*) ein unglücklicher Zufall **3.** *mit fatalen Konsequenzen* einen unglücklichen Verlauf nehmen, eine unglückliche Bewegung machen **4.** *so, dass man es falsch verstehen kann* eine unglückliche Formulierung, sich unglücklich ausdrücken ■ **unglücklich verliebt sein**: *jmdn. lieben, der die Liebe nicht erwidert*

un·glück·li·cher·wei·se *Adv.* (≈ *leider, bedauerlicherweise*) *drückt aus, dass man etwas bedauert* Unglücklicherweise hatte er alles mit angehört.

Un·glücks·bo·te der <-n, -n> *jmd., der eine schlechte Nachricht überbringt*

un·glück·se·lig *Adj.* **1.** *so, dass es eine schlimme Auswirkung hat* eine unglückselige Entscheidung **2.** *von großem Unglück betroffen* ein unglückseliger Mensch

Un·glücks·fall der <-(e)s, Unglücksfälle> **1.** *ein schwerer Unfall, bei dem viele Menschen verletzt oder getötet worden sind* Im Bergwerk hat sich ein Unglücksfall ereignet. **2.** *ein Missgeschick* Dass ich die Vase zerbrochen habe, war eben ein Unglücksfall!

Un·glücks·ra·be der <-n, -n> (*umg.* ≈ *Pechvogel*) *jmd., der oft und viel Pech hat*

Un·gna·de die <-> (*kein Plur.*) ■ **(bei jemandem) in Ungnade fallen**: *jmds. Sympathie verlieren* Er war beim König/bei seinem Chef in Ungnade gefallen.

un·gnä·dig <nicht steig.> *Adj. nicht freundlich* jemanden ungnädig empfangen, ein ungnädiges Schicksal

un·gül·tig <nicht steig.> *Adj. nicht* (*mehr*) *gültig* ein ungültiger Pass, eine ungültige Fahrkarte, Ohne Unterschrift ist der Vertrag ungültig., etwas ungültig machen

Un·gül·tig·keit die <-> (*kein Plur.*) *die Eigenschaft, nicht gültig zu sein* die Ungültigkeit eines Vertrages/Ausweises

Un·gunst ■ **zu jemands Ungunsten/zu Ungunsten von ...**: *zu jmds. Nachteil* Er hat sich zu seinen Ungunsten verrechnet., Die Entscheidung ist zu unseren Ungunsten ausgefallen.

un·güns·tig *Adj.* (*für jmdn. oder etwas*) *nachteilig, schlecht* eine (für uns) ungünstige Ausgangsposition, ein (zum Segeln) ungünstiger Wind, sich unter ungünstigen Bedingungen schlechter entwickeln

un·gus·tiös *Adj.* (*österr.*) *ungenießbar*[1] [2]

un·gut <nicht steig.> *Adj.* **1.** *in einer nicht bestimmbaren Weise schlecht* ungute Vorahnungen haben, ein ungutes Gefühl bei etwas haben **2.** (*übertr.*) *schlecht* ein ungutes Verhältnis ■ **Nichts für ungut!** (*umg.*): *ich habe es nicht böse gemeint*

un·halt·bar, un·halt·bar <nicht steig.> *Adj.* **1.** (*abwert.* ≈ *untragbar*) *so schlecht, dass es nicht so bleiben kann* Im Lager herrschten unhaltbare hygienische Zustände. **2.** *so falsch, dass es nicht zu akzeptieren ist* Deine Behauptung ist unhaltbar.

U

3. SPORT *vom Schützen so geschickt geschossen, dass der Schuss für den Torwart nicht zu halten ist ist* Da hat Meier keine Chance, der Ball war unhaltbar.

un·hand·lich *Adj. so konstruiert, dass es nicht bequem zu benutzen ist* ein großer, unhandlicher Koffer, Das Besteck ist unhandlich.

un·har·mo·nisch *Adj. nicht ausgeglichen* eine unharmonische Atmosphäre, ein unharmonisch gestaltetes Ensemble von Gebäuden

Un·heil das <-s> (*kein Plur.*) (*geh.*) *Geschehen, das Schaden anrichtet und Trauer und Kummer bringt* Unheil über jemanden bringen, großes Unheil anrichten ◆ Getrenntschreibung→R 4.3, R 4.12 Unheil bringend, Unheil kündend; Getrennt- oder Zusammenschreibung→R 4.3, R 4.12 Unheil verkündend/unheilverkündend; Zusammenschreibung→R 4.5 unheildrohend *siehe auch* **unheildrohend**, **unheilverkündend**

un·heil·bar, **un·heil·bar** <nicht steig.> *Adj. nicht heilbar* unheilbar krank sein, eine unheilbare Krankheit, der unheilbar Kranke

un·heil·dro·hend *Adj. mit Unheil drohend* unheildrohende Gewitterwolken ◆ Zusammenschreibung→R 4.5 Schwarze Wolken zogen unheildrohend am Horizont auf.

un·heil·ver·kün·dend *Adj. ein Unheil ankündigend* unheilverkündend blicken/die Stimme heben ◆ Zusammen- oder Getrenntschreibung→R 4.12 unheilverkündende/Unheil verkündende Nachrichten

un·heil·voll *Adj. so, dass es Unheil erwarten lässt* ein unheilvolles Geschehen

un·heim·lich[1] *Adj.* **1.** *so, dass es jmdm. Angst macht* eine unheimliche Stille/Dunkelheit, Mir wird ganz unheimlich zumute., Der ist aber unheimlich! **2.** (*umg.*) *sehr stark; sehr groß* eine unheimliche Angst haben, unheimlichen Hunger haben

un·heim·lich[2] *Adv. sehr* unheimlich schwitzen, unheimlich viel Arbeit/Geld haben

un·höf·lich *Adj. nicht höflich* ein unhöflicher Mensch, unhöfliches Benehmen

Un·höf·lich·keit die <-, -en> **1.** (*kein Plur.*) *unhöfliche Art* Ihre Unhöflichkeit hat alle verärgert. **2.** *unhöfliche Handlung* sich grobe Unhöflichkeiten erlauben

Un·hold der <-s, -e> (*geh.*) **1.** *ein böser Mensch aus dem Märchen oder der Sage* Man erzählt sich von einem Unhold, der sein Unwesen in den Bergen treibt. **2.** (*abwert.*) *ein böser Mensch* Dieser Unhold quält hilflose Tiere. **3.** *ein Mann, der Frauen sexuell belästigt*

un·hy·gi·e·nisch *Adj. nicht sauber* unhygienische Zustände, Es ist unhygienisch, das Geschirr nur mit kaltem Wasser abzuspülen.

U·ni die <-, -s> (*umg.*) *kurz für „Universität"*

u·ni ['yni/y'ni] <nicht steig.> (*nicht veränderlich*) *Adj. einfarbig* ein uni Pullover, Das Kleid ist uni gefärbt.

UNICEF die ['u:nitsɛf] <-> (*kein Plur.*) *Abkürzung von „United Nations International Children's Emergency Fund": Weltkinderhilfswerk der UNO*

U·ni·form, **U·ni·form** die <-, -en> *Kleidung, die einheitlich gestaltet ist und die für bestimmte Berufe oder Gruppen Vorschrift ist* Polizisten, Soldaten und Schüler in manchen Schulen tragen Uniformen. ◆ Ausgeh-, Dienst-, Polizei-, Schul-

u·ni·form <nicht steig.> *Adj.* (*geh.*) *einheitlich* uniform aussehen/gestaltet sein

u·ni·for·miert <nicht steig.> *Adj. in Uniform gekleidet* uniformierte Polizisten

U·ni·kum das <-s, Unika/-s> **1.** (*Plur. Unika*) *etwas, das es nur einmal gibt* **2.** (*Plur. Unikums*) (≈ *Original*) *ein außergewöhnlicher oder sonderbarer Mensch* Herr Müller ist wirklich ein Unikum, wir hatten viel Spaß mit ihm!

un·in·te·r·es·sant *Adj.* **1.** *so, dass es für jmdn. ohne Bedeutung ist* Das ist für uns im Moment völlig uninteressant. **2.** *so, dass es kein Interesse weckt* Die Ausstellung war uninteressant gestaltet.

un·in·te·r·es·siert *Adj. nicht interessiert* an etwas uninteressiert sein, ein uninteressiertes Gesicht machen

U·ni·on die <-, -en> POL. **1.** (≈ *Vereinigung*) *Zusammenschluss von Staaten oder Institutionen mit dem Ziel, die Interessen gemeinsam besser und effektiver zu vertreten* eine wirtschaftliche/militärische Union mehrerer Staaten **2.** (*kein Plur.*) POL. *Bezeichnung für die Parteien CDU/CSU in Deutschland* ■ **die Junge Union**: *die Nachwuchsorganisation der CDU/CSU*

u·ni·so·no <nicht steig.> (*nur präd.*) *Adj.* (*geh.*) **1.** MUS. *einstimmig* Die Instrumente spielen unisono. **2.** (*umg.* ≈ *übereinstimmend*) Die beiden Angesprochenen antworteten unisono mit „ja".

u·ni·ver·sal <nicht steig.> *Adj.* (*geh.*) (*alle möglichen Bereiche*) *umfassend* universales Wissen besitzen, einen universalen Machtanspruch haben

u·ni·ver·sell <nicht steig.> *Adj.* (*geh.*) **1.** (≈ *universal*) **2.** (≈ *vielseitig*) ein universelles Gerät, universell einsetzbar sein

u·ni·ver·si·tär <nicht steig.> *Adj. auf die Universität bezogen, zu ihr gehörend*

U·ni·ver·si·tät die <-, -en> **1.** *Hochschule, an der in vielen Wissensgebieten gelehrt und geforscht wird* an der Universität lehren/studieren/eingeschrieben sein, eine angesehene/alte/junge Universität, die Fakultäten/der Kanzler/der Rektor/das Sprachenzentrum der Universität **2.** *das Gebäude einer Universität* ◆ -sgelände, -campus

U·ni·ver·si·täts·kli·nik die <-, Universitätskliniken> *Krankenhaus, das zu einer Universität gehört*

U·ni·ver·si·täts·pro·fes·sor, **U·ni·ver·si·täts·pro·fes·so·rin** der <-s, -en> *Person, die habilitiert ist und an einer Universität lehrt und forscht* zum Universitätsprofessor berufen werden

U·ni·ver·si·täts·stadt die <-, Universitätsstädte> *Stadt, in der es eine Universität gibt*

U·ni·ver·sum das <-s> (*kein Plur.*) *das Weltall* die Geheimnisse des Universums erforschen

Un·ke die <-, -n> **1.** ZOOL. *eine Krötenart* **2.** (*umg.*) *jmd., der alles von der schlechten oder ungünsti-*

gen Seite sieht

un·ken *ohne OBJ* ■ *jmd. unkt* (*umg.*) *alles von der schlechten oder ungünstigen Seite sehen und aus dieser Haltung heraus Unheil oder etwas Schlechtes prophezeien* Musst du immer so unken?

un·kennt·lich <nicht steig.> *Adj. so, dass man es nicht erkennen kann* sich mit einer Maske/Verkleidung unkenntlich machen, ein unkenntlich gemachtes Autokennzeichen ▶Unkenntlichkeit

Un·kennt·nis die <-> (*kein Plur.*) *das Nichtwissen* jemanden in Unkenntnis der wahren Tatsachen lassen, einen Fehler aus Unkenntnis begehen

un·klar *Adj.* **1.** (≈ *unverständlich*) *so, dass es schlecht zu verstehen ist* sich unklar ausdrücken, eine unklare Aussprache haben **2.** (≈ *ungewiss*) unklare Verhältnisse, Es ist noch völlig unklar, wie das enden wird. **3.** *so, dass es nicht deutlich zu erkennen ist* etwas in der Ferne nur noch unklar erkennen ■ **jemanden im Unklaren über etwas lassen**: *jmdn. über etwas nicht genau informieren*

Un·klar·heit die <-, -en> **1.** (*kein Plur.*) *die Eigenschaft, unklar zu sein* Es herrschte völlige Unklarheit darüber, wie es weitergehen sollte. **2.** *etwas Unklares* Es sind noch einige Unklarheiten zu beseitigen.

un·klug *Adj. nicht klug und nicht gut überlegt* sich unklug verhalten, eine unkluge Entscheidung, Das war sehr unklug von dir!

un·kom·pli·ziert *Adj.* **1.** *einfach im Umgang* ein unkomplizierter Mensch **2.** *einfach in der Bedienung* ein Gerät mit unkomplizierter Bedienung

un·kon·t·rol·lier·bar, **un·kon·t·rol·lier·bar** *Adj. so, dass man es nicht kontrollieren kann* Die Situation wurde unkontrollierbar.

un·kon·ven·ti·o·nell ['ʊnkɔnvɛntsi̯onɛl] *Adj.* (*geh.*) *nicht so, wie es allgemein üblich ist* sich unkonventionell kleiden, Wir wollen die Feier einmal ganz unkonventionell gestalten.

un·kon·zen·t·riert *Adj. nicht aufmerksam* im Unterricht unkonzentriert sein

Un·kos·ten <-> *Plur.* **1.** *alle Ausgaben für etwas* Der Verein trägt sämtliche Unkosten. **2.** *Kosten, die zusätzlich entstehen* Mir sind dafür Unkosten in Höhe von 50 Euro entstanden.

Un·kos·ten·bei·trag der <-(e)s, Unkostenbeiträge> *Geld, das man als Teil für die Unkosten, die jmdm. entstanden sind, zahlt*

Un·kraut das <-s, Unkräuter> **1.** (*kein Plur.*) *Pflanzen, die nicht von Menschen gewünscht sind, aber dennoch da wachsen, wo man Nutzpflanzen oder Zierpflanzen angebaut hat* im Garten Unkraut jäten, Das Unkraut wuchert. **2.** *eine bestimmte, als Unkraut[1] betrachtete Pflanzensorte* Im Garten zählt man Brennnesseln zu den Unkräutern. ■ **Unkraut vergeht nicht.** (*umg. scherzh.*): *verwendet, um auszudrücken, dass jmdm. etwas nicht wirklich schaden kann*

un·kri·tisch *Adj. nicht kritisch* unkritische Studenten, unkritisch Zeitung lesen

Un·kul·tur die <-> (*kein Plur.*) (*abwert.*) *Handlungen, die an sich negativ sind, aber von vielen als normal angesehen werden* die Unkultur des Telefonierens mit dem Handy im Restaurant

un·künd·bar, **un·künd·bar** <nicht steig.> *Adj. so, dass keine Kündigung möglich ist* ein unkündbares Arbeitsverhältnis, eine unkündbare Wohnung, Der Mitarbeiter ist unkündbar.

un·längst *Adv.* (*geh.*) *vor kurzem* Wir haben uns erst unlängst getroffen.

un·lau·ter <nicht steig.> *Adj.* (*geh.*) *nicht ehrlich* unlautere Absichten haben ■ **unlauterer Wettbewerb** RECHTSW.: *unrechtmäßiger Wettbewerb*

un·leid·lich <nicht steig.> *Adj.* (≈ *unausstehlich*) *sehr unfreundlich* ein unleidlicher Mensch

un·le·ser·lich, **un·le·ser·lich** <nicht steig.> *Adj. so, dass man es* (*fast*) *nicht lesen kann* eine unleserliche Handschrift/Unterschrift

un·leug·bar, **un·leug·bar** <nicht steig.> *Adj.* (*geh.*) *so, dass es offensichtlich ist* unleugbar im Vorteil sein, eine unleugbare Tatsache

un·lieb·sam <nicht steig.> *Adj. nicht angenehm* unliebsame Besucher, unliebsame Folgen haben

un·li·niert/un·li·ni·iert <nicht steig.> *Adj. ohne Linien* unlin(i)iertes Papier

un·lo·gisch <nicht steig.> *Adj.* (↔ *folgerichtig*) *nicht logisch* eine unlogische Schlussfolgerung

un·lös·bar, **un·lös·bar** <nicht steig.> *Adj. so, dass es nicht zu lösen ist* ein unlösbares Problem/Rätsel

un·lös·lich <nicht steig.> *Adj. so, dass es sich* (*in Wasser*) *nicht auflöst* eine unlösliche Flüssigkeit/Substanz

Un·lust die <-> (*kein Plur.*) *Mangel an Lust oder Motivation* mit Unlust an eine Arbeit gehen

un·maß·geb·lich <nicht steig.> *Adj.* (*geh.*) *nicht wichtig* Das ist unmaßgeblich für unsere Entscheidung., Nach meiner unmaßgeblichen Meinung …

un·mä·ßig[1] *Adj.* **1.** (*abwert.*) *so übertrieben, dass es schädlich ist* unmäßig trinken **2.** (*umg.*) *sehr stark, viel, intensiv o.Ä.* unmäßiger Durst

un·mä·ßig[2] *Adv.* (*umg.*) *sehr* unmäßig viel essen, Sie ist unmäßig groß.

Un·men·ge die <-, -n> (*umg.*) *große Menge* Das ist ja eine Unmenge!, eine Unmenge Arbeit/Geld/Schulden haben, Unmengen an Wasser trinken

Un·mensch der <-en, -en> (*abwert.*) *ein schlechter oder grausamer Mensch* Das sind Unmenschen, die solche Verbrechen begehen! ■ **Ich bin ja kein Unmensch!** (*umg. scherzh.*): *ich bin bereit, großzügig und nachsichtig zu sein*

un·mensch·lich *Adj.* **1.** *grausam und brutal* unmenschliche Verbrechen, Gefangene unmenschlich behandeln **2.** *eines Menschen nicht würdig* unter unmenschlichen Bedingungen leben müssen **3.** (*umg.*) *außerordentlich* unmenschlichen Hunger haben, unmenschlich schwitzen

Un·mensch·lich·keit die <-, -en> **1.** (*kein Plur.*) *die Eigenschaft, unmenschlich zu sein* die Unmenschlichkeit des Krieges **2.** *unmenschliches Verhalten* die von den Söldnern begangenen Unmenschlichkeiten

un·merk·lich, **un·merk·lich** <nicht steig.> *Adj. so, dass man es nicht oder nur schwer bemerkt* sich ganz unmerklich entwickeln, unmerkliche Veränderungen

un·miss·ver·ständ·lich, **un·miss·ver·ständ·lich** <nicht steig.> *Adj. klar und eindeutig* jemandem etwas unmissverständlich klar machen

un·mit·tel·bar <nicht steig.> *Adj.* **1.** *so, dass in einer Hierarchie, einer Reihenfolge, einer Verwandtschaftsbeziehung niemand/nichts dazwischen kommt* sein unmittelbarer Vorgesetzter, unmittelbar mit jemandem verwandt sein **2.** (≈ *direkt*) unmittelbar von etwas betroffen sein, Sie stand unmittelbar neben dem Minister. **3.** *auf kürzestem Weg* unmittelbar vor der Haustür, auf unmittelbarem Weg irgendwohin fahren, Der Weg führt unmittelbar zum Marktplatz. **4.** *kurz nach einem anderen Ereignis* Unmittelbar nach dem Tor feierten die Fans schon den Sieg ihrer Mannschaft., unmittelbar darauf/danach

un·mö·bliert <nicht steig.> *Adj. ohne Möbel* eine unmöblierte Wohnung

un·mo·dern *Adj.* (≈ *altmodisch*) *nicht modern*

un·mög·lich, **un·mög·lich** <nicht steig.> *Adj.* **1.** *so, dass es nicht zu verwirklichen ist* Äußere Umstände haben unser Vorhaben unmöglich gemacht., Was du da verlangst, ist völlig unmöglich!, unmögliche Forderungen stellen, das Unmögliche doch noch möglich machen **2.** (*umg. abwert.*) *so, dass es nicht mit einer gesellschaftlichen oder ästhetischen Norm übereinstimmt* Du benimmst dich wieder unmöglich!, Das sieht wirklich unmöglich aus!, Sie trägt immer unmögliche Hüte! ■ **sich unmöglich machen** (*umg.*): *sich lächerlich machen* Mit seinen Ansichten hat er sich unmöglich gemacht. ♦ Großschreibung→R 3.7 Du kannst nicht Unmögliches von uns verlangen!

un·mo·ra·lisch <nicht steig.> *Adj. nicht so, wie es Anstand und Moral fordern* unmoralisches Verhalten

un·mo·ti·viert *Adj.* **1.** (≈ *grundlos*) *ohne erkennbaren Grund* unmotiviert lachen, einen unmotivierten Wutanfall bekommen **2.** *ohne Lust darauf, Leistung zu erbringen* unmotivierte Mitarbeiter, Ich bin heute völlig unmotiviert.

un·mün·dig <nicht steig.> *Adj.* **1.** *nicht in der Lage, selbst Entscheidungen zu treffen* ein unmündiges Kind **2.** RECHTSW. *noch nicht erwachsen* ■ **jemanden für unmündig erklären (lassen)**: *jmdn. entmündigen*

un·mu·si·ka·lisch *Adj. ohne Begabung und Gefühl für die Musik* ein unmusikalischer Mensch, vollkommen unmusikalisch sein

Un·mut der <-(e)s> (*kein Plur.*) (*geh.*) *Verärgerung* seinen Unmut über etwas äußern ■ **seinem Unmut Luft machen**: *aussprechen, dass man sich ärgert*

un·nach·ahm·lich, **un·nach·ahm·lich** <nicht steig.> *Adj.* (≈ *einzigartig*) *so, dass es nicht imitiert werden kann* einen unnachahmlichen Humor haben

un·nach·gie·big *Adj. nicht bereit, nachzugeben* unnachgiebig auf seiner Meinung/seinen Forderungen beharren

un·nach·sich·tig *Adj. nicht bereit zu verzeihen oder Milde walten zu lassen* ein unnachsichtiges Urteil, unnachsichtig alle Fehler ahnden

un·nah·bar, **un·nah·bar** *Adj. nicht bereit, mit anderen persönliche Beziehungen aufzunehmen* ein unnahbarer Mensch, sich unnahbar geben

un·na·tür·lich *Adj.* **1.** *nicht so, wie es normalerweise ist* eine unnatürliche Verhaltensweise an den Tag legen, eine unnatürliche Blässe, unnatürlich klingen/sprechen **2.** *nicht so, wie es in der Natur ist* Tiere in einer unnatürlichen Umgebung halten **3.** (*abwert.* ≈ *gekünstelt*) eine unnatürliches Gehabe/Getue

un·nor·mal *Adj. nicht so, wie es üblich ist* unnormal viel trinken, eine unnormale Reaktion zeigen

un·nö·tig *Adj.* **1.** *vermeidbar* ein unnötiger Fehler/Umweg **2.** *überflüssig* sich unnötige Gedanken/Sorgen machen, unnötige Anstrengungen unternehmen, unnötig viel reden, Es ist unnötig zu wiederholen, dass ihr herzlich willkommen seid.

un·nütz *Adj.* **1.** *so, dass es keinen Nutzen hat* viele unnütze Dinge kaufen/sammeln **2.** *überflüssig* viel unnützes Zeug reden

UNO, **U·no** die ['u:no] <-> (*kein Plur.*) *Abkürzung von „United Nations Organization": Organisation der Vereinten Nationen*

un·or·dent·lich *Adj.* **1.** (≈ *schlampig*) *so, dass jmd. nicht ordentlich ist* ein unordentlicher Mensch **2.** *so, dass etwas nicht aufgeräumt ist* ein unordentliches Zimmer

Un·ord·nung die <-> (*kein Plur.*) *Mangel an Ordnung* im Zimmer/im Schrank herrscht (fürchterliche) Unordnung

un·or·tho·dox *Adj.* (*geh.*) *so, dass es nicht den gewöhnlichen Auffassungen und Normen entspricht* unorthodoxe Maßnahmen ergreifen

UNO-Si·cher·heits·rat der <-es> (*kein Plur.*) POL. *Organ der Vereinten Nationen, das sich um den Frieden in der Welt bemüht*

un·par·tei·isch <nicht steig.> *Adj. ohne für jmdn. oder etwas Partei zu ergreifen* Ein Schiedsrichter sollte unparteiisch sein., ein unparteiisches Urteil abgeben

Un·par·tei·ische der/die <-n, -n> SPORT *Schiedsrichter(in)* Der Unparteiische hat das Spiel unterbrochen.

un·pas·send *Adj.* **1.** (*abwert.*) *so, dass etwas (in einer Situation) nicht angebracht ist* eine unpassende Bemerkung machen, etwas im unpassendsten Moment tun **2.** *ungünstig* Er besucht mich immer im unpassenden Augenblick. **3.** (*für etwas*) *nicht geeignet oder angemessen* für einen Ausflug in die Berge unpassend gekleidet sein

un·päss·lich *Adj.* (*veralt. oder geh.*) *so, dass man sich nicht wohl fühlt, weil man (auf harmlose Weise) krank ist* sich unpässlich fühlen, Sie ist heute unpässlich. ▶Unpässlichkeit

un·per·sön·lich *Adj.* **1.** (*abwert.*) *distanziert, aber höflich* eine unpersönliche Art haben **2.** *so, dass etwas Individuelles fehlt* jemandem mit einem unpersönlichen Schreiben antworten, ein unpersönlich eingerichtetes Zimmer **3.** (*nur attr.*) SPRACH-

WISS. *so, dass ein Verb nur „es“ als Nominativergänzung regiert* „regnen“ ist ein unpersönliches Verb.

un·plugged ['anplakt] <nicht steig.> (*nur präd.*) *Adj. so, dass populäre Musik ohne elektrische, sondern nur mit akustischen Instrumenten gespielt wird* das Stück unplugged spielen

un·po·li·tisch *Adj.* **1.** *so, dass sich jmd. nicht für Politik interessiert* ein unpolitischer Mensch **2.** *so, dass es keinen politischen Inhalt hat* unpolitische Themen bevorzugen

un·po·pu·lär *Adj. bei der Mehrheit nicht beliebt* ein unpopulärer Politiker, zu unpopulären Maßnahmen greifen müssen

un·prak·tisch *Adj.* **1.** *so, dass es (fast) nicht zu nutzen ist* Die Tasche ist zwar sehr schön aber völlig unpraktisch. **2.** *so, dass jmd. keine Fähigkeiten für das praktische Arbeiten, Organisieren o.Ä. hat* ein unpraktischer Mensch

un·pro·ble·ma·tisch *Adj. so, dass dabei keine Probleme entstehen* eine unproblematische Konvertierung des Dokuments in ein anderes Format

un·pro·duk·tiv <nicht steig.> *Adj.* **1.** WIRTSCH. *keine Güter produzierend* unproduktive Zweige der Wirtschaft **2.** (*abwert.*) *wenig nützlich* die Zeit mit unproduktivem Streit vergeuden

un·pro·fes·sio·nell *Adj.* (≈ *dilettantisch*) *so, dass es ohne Fachkenntnisse oder nicht effektiv ist* Es ist völlig unprofessionell, wie er das Projekt leitet.

un·pünkt·lich *Adj. nicht pünktlich* ein unpünktlicher Mensch, Heute dürft ihr nicht unpünktlich sein!

Un·pünkt·lich·keit die <-> (*kein Plur.*) *die Eigenschaft, unpünktlich zu sein* Ich kann mich an deine Unpünktlichkeit schlecht gewöhnen!

un·qua·li·fi·ziert *Adj.* **1.** *dumm* eine unqualifizierte Äußerung **2.** *ohne spezielle Ausbildung* unqualifizierte Arbeiter

un·ra·siert <nicht steig.> *Adj. nicht rasiert*

Un·rast die <-> (*kein Plur.*) (*geh.*) (*innere*) *Unruhe*

Un·rat der <-(e)s> (*kein Plur.*) (*geh.* ≈ *Müll*) den Unrat wegräumen

un·ra·tio·nell *Adj. so, dass mehr Aufwand investiert wird als eigentlich notwendig ist* unrationell arbeiten

un·re·a·lis·tisch *Adj.* **1.** *nicht realisierbar* unrealistische Forderungen **2.** *so, dass es nicht der Wirklichkeit entsprechen kann* Diese Szene im Film war absolut unrealistisch.

Un·recht das <-(e)s> (*kein Plur.*) **1.** (*geh.*) *eine Tat, die jmdm. schadet* ein Unrecht begehen/Unrecht tun, jemandem ein Unrecht antun/zufügen, begangenes Unrecht wieder gutmachen, Das ist (und bleibt) Unrecht, egal wie ihr es zu rechtfertigen versucht. **2.** *der Zustand, nicht Recht zu haben oder nicht im Recht zu sein* im Unrecht sein, Ich habe bei diesem Streit Unrecht erhalten/bekommen., Ich gebe dir in diesem Punkt Unrecht. ■ **sich/jemanden ins Unrecht setzen** (*geh.*): *bewirken, dass man selbst/jmd. im Unrecht ist* Mit dieser Entscheidung hat sich der Präsident ins Unrecht gesetzt. **Unrecht haben**: *sich irren* Damit habt ihr Unrecht. **zu Unrecht**: *fälschlicherweise* Diese Anschuldigung besteht zu Unrecht.

un·recht <nicht steig> *Adj.* **1.** *so, dass es moralisch oder sittlich nicht richtig ist* Es war unrecht, ihm nicht zu helfen. **2.** *nicht günstig* zur unrechten Zeit geschehen, Das ist mir gar nicht so unrecht. ■ **jemandem unrecht tun**: *jmdn. ungerecht behandeln oder beurteilen* Ihr habt ihm unrecht getan.

un·recht·mä·ßig <nicht steig.> *Adj. nicht rechtmäßig* unrechtmäßig erworbenes Eigentum, sich etwas unrechtmäßig anmaßen

un·red·lich *Adj.* (*geh.*) *nicht ehrlich* ein unredlicher Mensch, etwas auf unredliche Weise erwerben

un·re·gel·mä·ßig *Adj.* **1.** *nicht regelmäßig* ein unregelmäßiges Muster **2.** *mit verschiedenen Intervallen oder Zwischenräumen* in unregelmäßigen Abständen, unregelmäßig atmen **3.** SPRACHWISS. *so, dass es nicht in der normalen Art gebildet wird* unregelmäßige Perfektformen, unregelmäßige Steigerung bei Adjektiven

Un·re·gel·mä·ßig·keit die <-, -en> **1.** *Abweichung vom Regelmäßigen* eine Unregelmäßigkeit im Muster/im Rhythmus/im Takt **2.** (*verhüll.*) *Betrug* Es hat bei der Abrechnung/in der Verwaltung gewisse Unregelmäßigkeiten gegeben.

un·reif *Adj.* **1.** (*noch*) *nicht so, dass es geerntet oder verzehrt werden kann* unreifes Obst/Gemüse **2.** *nicht sehr entwickelt oder erfahren* unreife junge Menschen, ein unreifes Urteil über etwas haben

un·rein *Adj.* **1.** (*geh.* ≈ *schmutzig*) ein unreines Tischtuch, ein unreiner Fußboden **2.** *so, dass das Erscheinungsbild oder die Qualität von etwas durch etwas beeinträchtigt wird* unreine Töne, unrein klingen, eine unreine Haut haben **3.** REL. *so, dass es der Gläubige nicht akzeptieren kann* Im Islam ist das Schwein ein unreines Tier.

un·ren·ta·bel <unrentabler, am unrentabelsten> *Adj. so, dass es keinen Gewinn abwirft* ein unrentables Geschäft/Unternehmen

un·rett·bar, un·rett·bar <nicht steig.> *Adj.* (*geh.*) *so, dass es nicht mehr wiedergefunden oder hergestellt werden kann* unrettbar verloren sein

un·rich·tig <nicht steig.> *Adj.* (≈ *falsch*) unrichtige Angaben machen, eine unrichtige Behauptung, Es ist nicht ganz unrichtig, was du da sagst.

Un·ru·he die <-, -n> **1.** (*kein Plur.*) *der Zustand, in dem man nervös oder ängstlich erregt ist* von Unruhe erfasst werden/sein, jemanden in Unruhe versetzen, voller Unruhe auf etwas warten **2.** (*kein Plur.*) *Zustand ständiger Bewegung* Ihre Hände waren in ständiger Unruhe. **3.** (*kein Plur.*) *Lärm; Geschäftigkeit* Die Kinder verbreiten Unruhe im Raum., Was ist das für eine Unruhe da draußen? **4.** (*kein Plur.*) *Unzufriedenheit* Die neuen Verordnungen sorgten für Unruhe unter den Kollegen., Eine Besorgnis erregende Unruhe herrschte im ganzen Land. **5.** (*nur Plur.*) *Aufstand; Aufruhr* Es kam zu bewaffneten Unruhen in einigen Provinzen., Unruhen unter den Häftlingen/Gefangenen schüren ◆ Gefängnis-, Rassen-, Studenten-

Un·ru·he·herd der <-(e)s, -e> *ein Ort oder ein Land, wo es wiederholt zu Unruhen*[5] *kommt*

Un·ru·he·stand der <-(e)s> (*kein Plur.*) (*scherzh. zu „Unruhe" und „Ruhestand") verwendet, um auszudrücken, dass jmd. zwar in den Ruhestand geht, aber weiterhin ein sehr ausgefülltes und aktives Leben führen wird* Der Mann, der zehn Jahre lang als Präsident die Geschicke des Vereins lenkte, verabschiedet sich nun in den Unruhestand – mehrere Beratertätigkeiten und seine drei Enkel warten.

Un·ru·he·stif·ter, **Un·ru·he·stif·te·rin** der <-s, -> *jmd., der oft Unruhe*[4] *verursacht*

un·ru·hig *Adj.* **1.** *erregt und besorgt* langsam unruhig werden, unruhig auf die Uhr schauen, Ich bin unruhig, weil sie sich nicht gemeldet hat. **2.** *mit vielen Unterbrechungen* ein unruhiger Schlaf **3.** (*ständig*) *in Bewegung* die unruhige See, ein unruhiges Kind **4.** *geschäftig und laut* eine unruhige Gegend **5.** *nicht gleichmäßig* ein unruhiges Muster **6.** *voller Aufregung und Veränderungen* eine unruhige Zeit voller politischer Veränderungen, eine (politisch) unruhige Gegend

uns *Pron.* **1.** *Personalpronomen der 1. Pers. Plur. im Akkusativ* Sie glauben an uns. **2.** *Personalpronomen der 1. Pers. Plur. im Dativ* Er hat uns ein Buch gegeben. **3.** *Reflexivpronomen der 1. Pers. Plur.* Wir haben uns verirrt. **4.** *reziprokes Pronomen der 1. Pers. Plur.* Wir lieben uns.

un·sach·ge·mäß <nicht steig.> *Adj. nicht so, wie es erforderlich oder richtig ist* eine Ware unsachgemäß lagern, unsachgemäße Behandlung

un·sach·lich *Adj. von persönlichen Gefühlen beeinflusst und deshalb nicht objektiv* unsachliche Kritik üben, Werde bitte nicht unsachlich!

un·sag·bar, **un·sag·bar**[1] <nicht steig.> *Adj.* (*geh.*) *sehr groß oder sehr intensiv* unsagbaren Schmerz ertragen, sich unsagbar freuen

un·sag·bar, **un·sag·bar**[2] *Adv. sehr* unsagbar leiden

un·säg·lich, **un·säg·lich** *s.* **unsagbar**

un·sanft *Adj. ohne Rücksicht und grob* etwas/jemanden unsanft anfassen, unsanft geweckt werden

un·sau·ber *Adj.* **1.** (≈ *schmutzig*) unsaubere Kleidung/Hände **2.** *nicht so, wie es sein soll* unsaubere Töne, unsauber klingen, eine unsaubere Haut haben, unsauber arbeiten/schreiben **3.** *nicht ehrlich; nicht legal* unsaubere Machenschaften

un·schäd·lich <nicht steig.> *Adj. nicht schädlich* ein (für die Gesundheit) unschädliches Mittel ■ **jemanden unschädlich machen** (*umg.*): *jmdn. hindern, weiterhin Schaden anzurichten*

un·scharf *Adj.* **1.** *nicht deutlich mit den Augen zu erkennen* ein unscharfes Bild **2.** (≈ *eindeutig*) *so, dass etwas nicht genau definiert ist und man es auf verschiedene Arten deuten kann* ein unscharfer Begriff

un·schätz·bar, **un·schätz·bar** *Adj. so wertvoll, dass man es nicht hoch genug schätzen kann* jemandem unschätzbare Hilfe leisten, Bilder von unschätzbarem Wert

un·schein·bar *Adj.* (↔ *auffällig*) *im Aussehen so durchschnittlich, dass es keine Aufmerksamkeit erregt* ein unscheinbares Äußeres haben, recht unscheinbar wirken

un·schlag·bar, **un·schlag·bar** <nicht steig.> *Adj.* **1.** *nicht zu besiegen* Die Mannschaft ist unschlagbar. **2.** (≈ *unübertrefflich*) *so gut, dass es nicht zu übertreffen ist* einen unschlagbaren Humor haben

un·schlüs·sig *Adj. so, dass man sich* (*noch*) *nicht entschieden hat* unschlüssig dastehen, sich unschlüssig sein, was zu tun ist

Un·schlüs·sig·keit die <-> (*kein Plur.*) *Mangel an Entschlusskraft* Seine Unschlüssigkeit hat ihn um viele Chancen gebracht.

Un·schuld die <-> (*kein Plur.*) **1.** (↔ *Schuld*) *der Zustand, dass jmd. frei von Schuld ist* seine Unschuld beteuern, jemandes Unschuld beweisen, an jemandes Unschuld glauben/zweifeln **2.** *Mangel an Erfahrung* etwas in aller Unschuld behaupten **3.** (*veralt.*) *sexuelle Unberührtheit* Der Vater wachte streng über die Unschuld seiner Tochter. ■ **in aller Unschuld**: *ohne etwas Böses zu denken oder zu planen* **eine Unschuld vom Lande** (*abwert. iron.*): *ein naives, unerfahrenes Mädchen*

un·schul·dig *Adj.* **1.** *nicht schuldig* unschuldig ins Gefängnis geworfen werden, Daran bist du nicht ganz unschuldig!, unschuldig in einen Unfall verwickelt werden **2.** *ohne die Lebenserfahrung eines Erwachsenen* ein unschuldiges Kind **3.** (≈ *harmlos*) *so, als wäre man ohne Schuld* Obwohl jeder wusste, dass er gelogen hatte, machte er ein unschuldiges Gesicht und redete weiter. **4.** *so, dass man mit etwas nichts zu tun hat* An diesem ganzen Chaos war sie nicht ganz unschuldig., In jedem Krieg müssen viele Unschuldige leiden. **5.** *ohne eine böse Absicht* eine unschuldige Bemerkung, ein unschuldiges Lächeln **6.** (*veralt.*) *sexuell unberührt* ein unschuldiges Mädchen

Un·selbst·stän·dig·keit/Un·selb·stän·dig·keit die <-> (*kein Plur.*) *die Eigenschaft, unselbstständig zu sein*

un·selbst·stän·dig/un·selb·stän·dig *Adj.* **1.** *von jmdm. oder etwas abhängig* finanziell unselbstständig sein, unselbstständig beschäftigt sein **2.** (*abwert.*) *nicht in der Lage, eigene Entscheidungen zu treffen* ein unselbstständiger Mensch, Sie ist noch viel zu unselbstständig, um solch eine Aufgabe allein zu übernehmen. ■ **unselbständige Arbeit**: *Arbeit als Angestellter oder Arbeiter* Einkünfte aus unselbständiger Arbeit

un·ser[1] *Pron. Personalpronomen der 1. Pers. Plur. im Genitiv* Sie haben unser gedacht., Ein Gefühl der Angst bemächtigte sich unser.

un·ser[2] *Art.* (*Possessivartikel der 1. Pers. Plur.*) **1.** *verwendet, um jmdn. zu bezeichnen, zu dem der Sprecher als Teil eines Kollektivs* (*wir*) *in einem verwandtschaftlichen, freundschaftlichen* *oder beruflichen Verhältnis steht* unsere Kinder, unsere Nachbarn, unser Lehrer **2.** *verwendet, um etwas zu bezeichnen, das der Sprecher als Teil eines Kollektivs (wir) als Besitz ansieht* Wir wohnen gern in unserem Haus., unsere Bücher **3.** *verwendet, um Körperteile des Sprechers zu bezeichnen* Nach dieser Wanderung tun uns jetzt aber unsere Füße weh. **4.** *verwendet, um etwas zu bezeichnen, das von dem Sprecher als Teil eines Kollektivs (wir) verursacht, geplant, erdacht o.Ä. wurde* Das war unser Fehler., unsere Ideen *s.* **mein**

un·ser·ei·ner *Pron.* (*umg.*) *jmd. wie ich/wir* Unsereiner ist daran schon gewöhnt., Unsereiner fragt ja keiner!

un·ser·eins *s.* **unsereiner**

un·s(e)·rer *Pron.* (*Possessivpronomen der 1. Pers. Plur.*) *verwendet an Stelle eines Substantives, um etwas zu bezeichnen, das vorher erwähnt wurde und zu dem der Sprecher als Teil eines Kollektivs ein Verhältnis der Zugehörigkeit oder des Besitzes hat* Eure Kinder sind immer so laut? Also unsere/unsre sind immer leise und brav., Das ist nicht euer Wagen! Das ist unserer/unsrer., Euer Haus ist ja ganz schön aber das unsere/unsre ist größer! *s.* **unser**

un·se·rer·seits *Adv. was uns betrifft* Wir haben unsererseits keine Einwände.

un·se·res·glei·chen, *a.* **un·sers·glei·chen** *Pron. Leute wie wir* wir und unseresgleichen

un·se·ret·hal·ben, *a.* **un·sert·hal·ben** *Adv. aus einem Grund, der uns betrifft* Sie haben das nur unserethalben getan.

un·se·ret·we·gen, *a.* **un·sert·we·gen** *Adv. aus einem Grund, der uns betrifft* Der Termin musste unseretwegen verschoben werden., Unseretwegen müsst ihr nicht warten!

un·se·ri·ge *Pron. s.* **unsrige**

un·sers·glei·chen *Pron. s.* **unseresgleichen**

un·sert·hal·ben *Adv. s.* **unserethalben**

un·sert·we·gen *Adv. s.* **unseretwegen**

un·si·cher *Adj.* **1.** (≈ *gefährlich*) *so, dass jmdm. dort Gefahren drohen* Nachts sind die Straßen unsicher., in einer unsicheren Gegend wohnen **2.** *so, dass keine Übung vorhanden ist oder man eine Sache noch nicht gut kann oder erst vor kurzem mit etwas angefangen hat* unsicher laufen, auf unsicheren Beinen stehen **3.** (≈ *ungewiss*) *so, dass man nicht weiß, wie etwas ausgehen oder sein wird* eine unsichere Zusage, eine unsichere Angelegenheit, Es ist noch unsicher, ob ich mich an der Arbeit beteilige. **4.** (≈ *unzuverlässig*) *so, dass man etwas nicht vertrauen oder sich darauf verlassen kann* eine unsichere Methode **5.** *so, dass man etwas nicht genau weiß und sich nicht mehr sicher ist* Ich bin mir jetzt unsicher, wie das Wort nach der neuen Rechtschreibung geschrieben wird., Mit deinen Fragen machst du mich noch ganz unsicher. **6.** (↔ *selbstsicher*) *so, dass man kein Selbstbewusstsein hat* unsicher lächeln, Unsicher betrat er das Luxusrestaurant. ■ **die Gegend unsicher machen** (*umg.*): *sich mit mehreren Leuten in einem bestimmten Bereich einer Stadt, wo es viele Kneipen gibt, amüsieren* ◆ Großschreibung→R 3.7 Es ist noch im Unsichern, ob er zusagt.

Un·si·cher·heit die <-, -en> **1.** (*kein Plur.*) *der Zustand, dass etwas gefährlich ist* die Unsicherheit der nächtlichen Straßen **2.** *Zustand, in dem jmd. oder etwas unsicher ist* etwas aus Unsicherheit ablehnen/falsch machen, Es besteht Unsicherheit darüber, ob man das tun soll., Es gibt noch Unsicherheiten in unserem Plan. **3.** (*meist Plur.*) *mangelnde Kenntnisse oder Übung* Er hat noch Unsicherheiten in der Rechtschreibung.

Un·si·cher·heits·fak·tor der <-s, -en> *etwas, das etwas unsicher³ macht* Das Wetter ist der einzige Unsicherheitsfaktor in unserer Planung.

un·sicht·bar <nicht steig.> *Adj. so, dass man jmdn. oder etwas nicht sehen kann* Die Tarnkappe besaß die Eigenschaft, denjenigen unsichtbar zu machen, der sie trug., Luft ist unsichtbar., Sie stand, für uns unsichtbar, hinter der Tür.

Un·sinn der <-(e)s> (*kein Plur.*) **1.** *etwas Sinnloses oder Dummes* Sie glaubt jeden Unsinn, den sie im Fernsehen sieht., Es ist Unsinn, das alles noch einmal zu wiederholen., (Das ist doch alles) Unsinn! Glaubst du das etwa? **2.** *etwas, das man aus Übermut tut* nichts als Unsinn im Kopf haben, Kinder, lasst doch den Unsinn! ■ **Unsinn!**: *verwendet, um etwas als völlig abwegig zurückzuweisen* Mir geht's so schlecht, ich glaube, ich habe Krebs. – Unsinn!

un·sin·nig¹ *Adj.* **1.** *ohne Sinn* unsinniges Zeug reden, Es ist unsinnig, dafür so viel Geld auszugeben! **2.** (*umg.*) *sehr groß* unsinnige Angst haben **3.** (*umg.*) *zu hoch* unsinnige Forderungen stellen

un·sin·nig² *Adv.* (*umg. abwert.*) *sehr* unsinnig hohe Preise verlangen, unsinnig oft anrufen

Un·sit·te die <-> (*kein Plur.*) (*abwert.*) *schlechte Angewohnheit* Es ist eine Unsitte von ihm, nach der Arbeit nicht aufzuräumen.

un·sitt·lich <nicht steig.> *Adj.* (≈ *unanständig*) *gegen die Moral (in sexueller Hinsicht) verstoßend* sich unsittlich benehmen, jemanden unsittlich berühren, jemandem unsittliche Angebote machen

un·so·li·de *Adj.* **1.** *nicht maßvoll; nicht zuverlässig* ein unsolider Lebenswandel, ein unsolider Mensch **2.** *ohne Qualität; nicht gründlich* eine unsolide Arbeit, unsolide gefertigt sein

un·so·zi·al *Adj.* **1.** *ohne Rücksicht auf andere Menschen* ein unsoziales Verhalten **2.** *so, dass es bestimmte Gruppen der Gesellschaft benachteiligt* eine unsoziale Politik machen

un·spek·ta·ku·lär *Adj. wenig Aufsehen erregend* Das Ganze verlief völlig unspektakulär.

un·sport·lich *Adj.* **1.** *im Sport ungeübt und an Sport nicht interessiert* ein unsportlicher Mensch **2.** (≈ *unfair*) *ohne (sportliche) Fairness* unsportliches Verhalten

uns·ri·ge, *a.* **un·se·ri·ge** (*mit bestimmten Artikel*) *Pron.* (*veralt.*) **1.** *verwendet, um die Personen zu bezeichnen, die einer Organisation, einem Verein o.Ä. angehören, dem sich der Sprecher durch ei-*

U

gene Zugehörigkeit verbunden fühlt Die unsrigen/Unsrigen haben schon wieder verloren! **2.** *verwendet anstatt der/die/das unsere* Wir haben das unsrige/Unsrige getan. ◆ Groß- oder Kleinschreibung→R 3.15 Dort kommen die unsrigen/Unsrigen. *s.* **unser**

un·sterb·lich, **un·sterb·lich** <nicht steig.> *Adj.* **1.** *nicht sterblich* die unsterblichen Götter, die unsterbliche Seele des Menschen **2.** *so, dass jmd. oder etwas sehr berühmt und sehr bekannt ist bzw. sein wird* ein unsterblicher Dichter/Schauspieler, das unsterbliche Werk Schillers

un·sterb·lich *Adv.* (*umg.*) *sehr* sich unsterblich in jemanden verlieben, Ich habe mich unsterblich gelangweilt/blamiert.

Un·sterb·lich·keit die <-> (*kein Plur.*) *die Eigenschaft, unsterblich*[1] *zu sein* an die Unsterblichkeit der Seele glauben

un·stet <nicht steig.> *Adj.* **1.** (≈ *ruhelos*) ein unsteter Lebenswandel, ein unsteter Blick **2.** MATH. *nicht regelmäßig* eine Kurve mit einem unsteten Verlauf

un·still·bar *Adj. so, dass es nicht erfüllt werden kann* von einer unstillbaren Sehnsucht erfüllt sein, ein unstillbares Verlangen

Un·stim·mig·keit die <-, -en> **1.** *Meinungsverschiedenheit* In diesem Punkt kam es zu Unstimmigkeiten zwischen uns. **2.** *etwas, das mit etwas anderem nicht übereinstimmt* Unstimmigkeiten in einer Rechnung finden

Un·sum·me die <-, -n> (*meist Plur.*) *sehr große Menge Geld* Unsummen für ein Projekt ausgeben, Er muss ja Unsummen verdienen, dass er sich das leisten kann.

un·sym·me·t·risch <nicht steig.> *Adj.* (≈ *asymmetrisch*) *nicht symmetrisch* etwas unsymmetrisch anordnen

un·sym·pa·thisch *Adj.* **1.** *als Person nicht angenehm* Der ist mir richtig unsympathisch., unsympathisch aussehen, Ich finde ihn gar nicht so unsympathisch. **2.** *so, dass etwas jmdm. nicht gefällt* Die Gegend/Stadt ist mir einfach unsympathisch.

un·ta·de·lig *Adj.* (*geh.* ≈ *einwandfrei*) *so, dass es nicht zu kritisieren ist* ein untadeliges Verhalten

Un·tat die <-, -en> (*geh.* ≈ *Verbrechen*) Untaten bereuen/büßen/sühnen/strafen

un·tä·tig *Adj. ohne etwas zu tun* untätig in der Ecke sitzen, bei etwas nicht untätig bleiben, Wir waren gezwungen, dem Ganzen untätig zuzusehen.

un·taug·lich *Adj.* (*für etwas*) *nicht geeignet* Das Messer ist zum Schnitzen untauglich., Gewalt ist ein untaugliches Mittel zur Erziehung., für den Militärdienst untauglich sein ▶Untauglichkeit

un·teil·bar, **un·teil·bar** <nicht steig.> *Adj.* **1.** *so, dass man es nicht teilen kann* ein unteilbares Ganzes, ein unteilbares Erbe **2.** MATH. *so, dass man es nur durch eins und sich selbst ohne Rest teilen kann* eine unteilbare Zahl

un·ten *Adv.* **1.** *räumlich tiefer gelegen* weiter unten wohnen, von unten nach oben gehen, von oben bis unten schmutzig sein, etwas von unten her betrachten, Ich bin hier unten! **2.** *auf der dem Boden zugewandten Seite* Der Eimer hat unten ein Loch. **3.** *so, dass es in einem Text an einer späteren Stelle geschrieben steht* Wie noch weiter unten erwähnt wird, handelt es sich um ein zentrales Problem der Philosophie. **4.** (*umg.*) *im Süden* Sie haben unten in Italien Urlaub gemacht. **5.** *in einer niederen sozialen Stellung* in der Firma ganz unten anfangen, ganz unten ankommen ■ **Siehe unten!** (*abgekürzt „s.u.“*): *beachten Sie die im weiteren Text bzw. am Ende gemachten Bemerkungen* **bei jemandem unten durch sein**: *jmds. Wohlwollen oder Sympathie verloren haben* ◆ Getrenntschreibung→R 4.1 Nach dieser Sache wirst du wohl bei ihm unten durch sein!; Getrenntschreibung→R 4.3, R 4.12 die unten liegenden Schichten des Erzes, die (weiter) unten erwähnten/genannten/stehenden Beispiele, Bitte beachten Sie das unten Stehende/die Ausführungen im unten Stehenden! *siehe auch* **Untenstehende**

un·ten·drun·ter *Adv.* (*umg.*) *unter etwas anderem* Ich habe das Sofa weggeschoben, weil meine Brille untendrunter gelegen hat.

un·ten·durch *Adv.* (*umg.*) *unter etwas hindurch* Wenn die Tür zu ist, schieben Sie die Zeitung einfach untendurch.

Un·ten·ste·hen·de das <-n> (*kein Plur.*) *etwas, das in einem Text an einer späteren Stelle oder auf einem Blatt weiter unten steht* Untenstehendes ist zu beachten ◆ Zusammenschreibung→R 4.1 Siehe auch das Untenstehende!, Im Untenstehenden heißt es … *siehe auch* **unten**

un·ter[1] *Präp.* **1.** + *Dat.* (↔ *über*) *bezeichnet die Lage von jmdm. oder etwas, der/das sich räumlich tiefer befindet* Der Teppich liegt unter dem Tisch. **2.** + *Akk. bezeichnet eine Richtung, in die sich jmd. oder etwas hin zu etwas, das räumlich tiefer liegt, bewegt oder bewegt hat* Das Kind kriecht unter den Tisch. **3.** + *Dat. verwendet, um auszudrücken, dass jmd. oder etwas von etwas bedeckt ist* Unter dem Hut verbarg sich eine Glatze., Die Küche steht schon wieder unter Wasser! **4.** + *Akk. verwendet, um auszudrücken, dass jmd. oder etwas von etwas bedeckt wird* Sie legte den Brief unter ihre Bücher. **5.** + *Dat. verwendet, um auszudrücken, dass etwas einen Wert oder ein Niveau nicht erreicht, weil es tiefer liegt* Die Preise liegen unter dem Durchschnitt., Das ist unter meinem Niveau. **6.** + *Akk. verwendet, um auszudrücken, dass etwas einen Wert oder ein Niveau unterschreitet* unter den Durchschnitt fallen, Das ging weit unter sein Niveau. **7.** + *Dat. verwendet, um auszudrücken, dass jmd. mit anderen in einer Umgebung oder Menge ist* unter Freunden sein, Unter ihnen herrschte Einigkeit., Unter ihnen befand sich ein Verräter. **8.** + *Dat. verwendet, um auszudrücken, dass in einer Umgebung nur einige an etwas beteiligt sind* Unter den Demonstranten kam es zu Streit. **9.** + *Akk. verwendet, um auszudrücken, dass jmd. oder etwas in eine Umgebung oder eine Menge hinein kommt* sich unter die Anwesenden mischen, etwas unter die Leute bringen, Sahne unter die Milch rühren **10.** + *Akk. verwendet, um auszudrücken, dass jmd. oder etwas jmdm. oder etwas zugeordnet wird* Die Veranstaltung stellen wir unter folgendes Motto .... **11.** + *Dat. verwendet, um auszudrücken, dass jmd. oder etwas jmdm. oder etwas zugeordnet ist* Unter dieser Rubrik finden Sie alles, was sie brauchen., Sie können mich unter meiner Handynummer immer erreichen. **12.** + *Dat. verwendet, um auszudrücken, dass jmd. oder etwas von jmdm. oder etwas abhängig ist* unter jemandem arbeiten, Das Orchester spielt unter der Leitung von ..., Das Projekt steht unter der Leitung von Professor Schulze. **13.** + *Akk. verwendet, um auszudrücken, dass jmd. oder etwas von jmdm. oder etwas abhängig gemacht wird* Das Projekt wird unter die Leitung des Professors gestellt. **14.** + *Dat. verwendet, um einen Umstand zu bezeichnen, der etwas begleitet* etwas unter Tränen erzählen, etwas unter Schmerzen erdulden, etwas unter Schwierigkeiten/großen Anstrengungen erreichen **15.** + *Dat. verwendet, um die Art zu bezeichnen, wie etwas geschieht* Unter Einsatz ihres Lebens bargen die Rettungskräfte die Verletzten., unter Ausschluss der Öffentlichkeit stattfinden **16.** + *Dat. verwendet, um eine Voraussetzung für etwas zu benennen* Ich sage das nur unter der Bedingung, dass ihr schweigt., unter Berücksichtigung aller Tatsachen **17.** + *Dat. verwendet, um einen Zustand zu bezeichnen, in dem sich etwas befindet* unter Druck stehen, unter Zeitdruck stehen, unter Geheimhaltung stehen **18.** + *Akk. verwendet, um einen Zustand zu bezeichnen, in den etwas versetzt wird* jemanden unter Druck setzen, eine Festung unter Beschuss nehmen, unter die Geheimhaltung fallen **19.** + *Dat. verwendet, um den Grund für etwas zu benennen* Unter der Last der Schulden brach er zusammen. ■ **unter der Woche** (*umg.*): *während der Woche* Unter der Woche geht er nur selten aus. **Wir wollen unter uns sein.** (*umg.*): *wir wollen keine anderen Leute bei uns haben* **unter uns gesagt**: *vertraulich gesagt* **Das bleibt unter uns.**: *das darf niemand anderer wissen* **einer unter vielen sein**: *niemand besonderer sein* **jemanden/etwas unter sich haben**: *jmdn. oder etwas beruflich leiten* Ich habe jetzt in meiner neuen Stellung ungefähr zwanzig Leute unter mir.

un·ter² *Adv.* (↔ *über*) *weniger als* Es waren unter hundert Leute., unter vierzehn Jahre alte Jugendliche, Beträge unter hundert Euro

Un·ter·arm der <-(e)s, -e> (↔ *Oberarm*) *Teil des Arms vom Ellbogen bis zur Hand*

Un·ter·bau der <-(e)s, -ten> **1.** BAUW. *ein Teil, das als Fundament etwas anderes stützt* der Unterbau für eine Brücke **2.** (↔ *Überbau*) *die Grundlage* der theoretische Unterbau für seine wissenschaftlichen Thesen

un·ter·be·lich·tet <nicht steig> *Adj.* **1.** (FOTOGR.: ≈ *überbelichtet*) *so, dass auf einen Film nicht ausreichend Licht gefallen ist* ein unterbelichteter Film **2.** (*umg. abwert.*) *dumm* Er ist geistig ein wenig unterbelichtet.

un·ter·be·setzt <nicht steig.> *Adj.* (↔ *überbesetzt*) *mit weniger Personal als nötig oder normal* Das Büro ist heute unterbesetzt.

un·ter·be·wer·ten <bewertest unter, bewertete unter, hat unterbewertet> *mit OBJ* ■ *jmd. bewertet jmdn./etwas unter jmdn. oder etwas zu gering oder zu schlecht bewerten* Du darfst seine Leistungen nicht unterbewerten.

Un·ter·be·wusst·sein das <-s> (*kein Plur.*) PSYCH. *die Gedanken und Gefühle, die man hat aber die man nicht bewusst wahrnimmt* sich im Unterbewusstsein abspielen

un·ter·be·zahlt <nicht steig.> *Adj.* (↔ *überbezahlt*) *zu gering bezahlt* eine unterbezahlte Arbeit/Stelle

un·ter·bie·ten <unterbietest, unterbot, hat unterboten> *mit OBJ* **1.** ■ *jmd. unterbietet etwas* (↔ *überbieten*) *weniger Geld für etwas, das jmd. anderer auch anbietet, fordern* Die Firmen unterbieten einander im Preis. **2.** ■ *jmd. unterbietet etwas* SPORT *weniger Zeit als andere für etwas brauchen* einen Rekord/eine Zeit noch unterbieten ■ **etwas ist kaum noch zu unterbieten** (*umg. iron.*): *etwas kann kaum schlechter sein* Was dort an Leistung gezeigt wurde, war kaum noch zu unterbieten.

un·ter·bin·den <unterbindest, unterband, hat unterbunden> *mit OBJ* **1.** ■ *jmd. unterbindet etwas mit Maßnahmen versuchen, dass jmd. seine Ziele nicht ausführen kann oder aufhören muss, etwas zu tun* unterbinden, dass jemand etwas tut, Die Regierung versuchte, die Proteste mit polizeilichen Mitteln zu unterbinden. **2.** ■ *jmd. unterbindet etwas* MED. *verhindern, dass eine Wunde weiter blutet* Der Arzt hat die Blutung unterbunden.

un·ter·blei·ben <unterbleibt, unterblieb, ist unterblieben> *ohne OBJ* ■ *etwas unterbleibt nicht geschehen oder getan werden* Solche Dinge müssen in Zukunft unbedingt unterbleiben., Die notwendigen Kontrollen sind leider unterblieben.

Un·ter·bo·den der <-s, Unterböden> KFZ *die Seite der Karosserie eines Fahrzeugs, die nach unten zum Boden hin zeigt*

un·ter·bre·chen <unterbrichst, unterbrach, hat unterbrochen> **I.** *mit OBJ* **1.** ■ *jmd./etwas unterbricht etwas bewirken, dass etwas vorübergehend aufhört* seine Arbeit unterbrechen, die Stromversorgung/die Telefonleitung unterbrechen, die Verhandlungen unterbrechen, Die Stille wurde von einem Geräusch unterbrochen. **2.** ■ *jmd./etwas unterbricht jmdn. bewirken, dass jmd. mit etwas vorübergehend aufhört* jemanden bei der Arbeit unterbrechen, Ich bin beim Lernen dauernd unterbrochen worden. **3.** ■ *jmd. unterbricht jmdn. jmdn. nicht ausreden lassen* Unterbrich mich nicht dauernd! **II.** *ohne OBJ* **1.** ■ *jmd./etwas unterbricht vorübergehend mit etwas aufhören* Wir unterbrechen kurz für die Verkehrsmeldungen., Wir mussten oft unterbrechen, um das Gerät zu reparieren. **2.** ■ *jmd. unterbricht kurz aufhören zu* *sprechen* Hier unterbreche ich kurz, um Ihnen einige Bilder zu zeigen. ■ **eine Schwangerschaft unterbrechen** (*verhüll.*): *eine Schwangerschaft durch Entfernen der des Fötus beenden*

Un·ter·bre·chung die <-, -en> *das Unterbrechen* eine Unterbrechung der Verhandlungen vorschlagen, Es kam zu häufigen Unterbrechungen bei der Stromversorgung.

un·ter·brei·ten <unterbreitest, unterbreitete, hat unterbreitet> *mit OBJ* ■ *jmd. unterbreitet jmdm. etwas* (*geh.*) *jmdm. etwas vorlegen und es erklären, damit er darüber entscheiden kann* jemandem ein Angebot/einen Plan unterbreiten

un·ter·brin·gen <bringst unter, brachte unter, hat untergebracht> *mit OBJ* **1.** ■ *jmd. bringt jmdn./etwas irgendwo unter einen Platz für jmdn. oder etwas finden* alle Sachen im Auto/Koffer/Kofferraum/ Regal/Schrank/Schreibtisch unterbringen, nicht alle Möbel in der kleinen Wohnung unterbringen können **2.** ■ *jmd. bringt etwas unter Zeit für etwas finden* Ich weiß nicht, wo ich den Termin noch unterbringen soll. **3.** ■ *jmd. bringt jmdn. irgendwo unter jmdn. irgendwo für eine Zeit wohnen lassen.* Für die Nacht können wir dich im Arbeitszimmer unterbringen., Wir waren in einer Jugendherberge untergebracht. **4.** ■ *jmd. bringt jmdn. irgendwo unter* (*umg.*) *jmdm. eine Arbeit besorgen* Sie hat ihren Sohn in der eigenen Firma untergebracht.

Un·ter·bruch der <-(e)s, Unterbrüche> (*schweiz.*) *Unterbrechung*

un·ter·but·tern <butterst unter, butterte unter, hat untergebuttert> *mit OBJ* (*umg. abwert.*) **1.** ■ *jmd. buttert jmdn. unter verhindern, dass jmd. eine eigene Meinung äußert oder eigene Ideen entwickelt* In so einem Betrieb werden die Leute ganz schön untergebuttert. **2.** ■ *jmd. buttert jmdm. etwas unter* (≈ *unterjubeln*) Der hat mir doch glatt einen Unfallwagen untergebuttert!

un·ter·des·sen *Adv. in der Zwischenzeit* Ihr geht einkaufen, wir kochen unterdessen., Wir sind unterdessen auch nicht faul gewesen!

Un·ter·druck der <-(e)s, Unterdrücke> (PHYS.: ↔ *Überdruck*) *Druck, der niedriger ist als der Luftdruck* einen Unterdruck erzeugen

un·ter·drü·cken <unterdrückst, unterdrückte, hat unterdrückt> *mit OBJ* **1.** ■ *jmd. unterdrückt jmdn. jmdn. mit Gewalt hindern, frei und selbstbestimmt zu handeln* ein Volk/Minderheiten im Land unterdrücken, Sie wurde von ihrem Mann unterdrückt. **2.** ■ *jmdn. unterdrückt etwas etwas gewaltsam verhindern* einen Aufstand unterdrücken **3.** ■ *jmd. unterdrückt etwas verhindern, dass etwas bekannt wird* Nachrichten/Informationen unterdrücken **4.** ■ *jmd. unterdrückt etwas durch Selbstbeherrschung etwas unter Kontrolle halten* ein Lachen/den Hunger unterdrücken, den Wunsch unterdrücken, jemandem zu widersprechen

Un·ter·drü·ckung die <-, -en> *der Vorgang, dass jmd. oder etwas unterdrückt wird* die Unterdrückung von Minderheiten/Gefühlen/Informationen, unter der Unterdrückung leiden

un·ter·durch·schnitt·lich <nicht steig.> *Adj.* (↔ *überdurchschnittlich*) *schlechter oder weniger als der Durchschnitt* eine unterdurchschnittliche Leistung/Bezahlung, unterdurchschnittlich klein sein

un·te·re(r, s) *Adj.* **1.** (↔ *obere(r,s)*) *tiefer als etwas anderes gelegen* die untere Schublade, am unteren Ende der Seite, in der untersten Etage wohnen **2.** *im niedrigeren Bereich einer Skala gelegen* die unteren Dienstränge/Temperaturen/Töne, die untersten Gesellschaftsschichten **3.** *in der Nähe einer Flussmündung gelegen* im Gebiet der unteren Elbe

un·ter·ei·n·an·der *Adv.* **1.** *so, dass jmd. oder etwas räumlich direkt unter dem anderen ist* Ihre Wohnungen liegen direkt untereinander., die Bilder untereinander hängen **2.** *gegenseitig; miteinander* sich untereinander helfen, untereinander verwandt/bekannt sein, Informationen untereinander austauschen ♦ Getrenntschreibung→R 4.1 die Namen untereinander schreiben, untereinander stehende Zahlen addieren

un·ter·ent·wi·ckelt *Adj.* **1.** *körperlich oder geistig nicht so entwickelt, wie es* (*für ein bestimmtes Lebensalter*) *normal ist* geistig unterentwickelt sein **2.** POL. WIRTSCH. *verwendet, um auszudrücken, dass ein Land oder eine Gesellschaft* (*noch*) *nicht viel Industrie hat* ein wirtschaftlich unterentwickeltes Land

un·ter·er·nährt <nicht steig.> *Adj. so, dass man aufgrund von zu wenig Nahrung weniger Körpergewicht als normal besitzt* unterernährte Kinder

Un·ter·er·näh·rung die <-> (*kein Plur.*) *der Zustand des Unterernährtseins* an Unterernährung leiden/sterben

Un·ter·fan·gen das <-, -> (*meist Sing.*) (*geh.* ≈ *Vorhaben*) *etwas, das man tun will und das vielleicht schwer oder gefährlich werden kann* Das ist ein gewagtes Unterfangen, sich mit so wenig Kapital selbständig zu machen.

un·ter·fas·sen <fasst unter, fasste unter, hat untergefasst> *mit OBJ* ■ *jmd. fasst jmdn. unter jmdn. mit dem Arm umfassen oder ihm den Arm unter seinen Arm schieben* Sie fasste die alte Frau unter und führte sie über die Straße.

un·ter·fi·nan·ziert *Adj.* WIRTSCH. *so, dass zu wenig Kapital vorhanden ist* Die Geschäftsidee war gut, aber er scheiterte, weil das Unternehmen unterfinanziert war.

Un·ter·fi·nan·zie·rung die <-> (*kein Plur.*) WIRTSCH. *der Zustand, dass etwas unterfinanziert ist*

un·ter·for·dern <unterforderst, unterforderte, hat unterfordert> *mit OBJ* ■ *jmd./etwas unterfordert jmdn.* (↔ *überfordern*) *jmdm. weniger oder viel zu leichte Aufgaben geben, als er eigentlich bewältigen könnte* In der Schule war er immer unterfordert und langweilte sich deshalb sehr.

Un·ter·füh·rung die <-, -en> (↔ *Überführung*) *ein Weg oder eine Straße, die unter einer anderen Straße hindurch führt* durch eine Unterführung in den Bahnhof gelangen

Un·ter·gang der <-(e)s, Untergänge> **1.** *das Sinken eines Schiffes* der Untergang der Titanic **2.** (*kein Plur.*) *der Vorgang, dass ein Staat, eine Gesellschaft oder eine Kultur in sich zerfällt und schließlich verschwindet* der Untergang des Abendlandes, Diese Gesellschaft ist dem Untergang geweiht. **3.** (*kein Plur.*) *das, was jmdn. zu Grunde richtet* Der Alkohol war ihr Untergang. **4.** (ASTRON.: ↔ *Aufgang*) *das Verschwinden hinter dem Horizont* der Untergang der Sonne

Un·ter·ge·be·ne der/die <-n, -n> (↔ *Vorgesetzte*) *Person, die einen Vorgesetzten über sich hat* seine Untergebenen zu sich rufen

un·ter·ge·hen <gehst unter, ging unter, ist untergegangen> *ohne OBJ* **1.** ■ *etwas geht unter* (ASTRON.: ↔ *aufgehen*) *hinter dem Horizont versinken* Die Sonne ist schon untergegangen. **2.** ■ *jmd./etwas geht unter* (↔ *auftauchen*) *im Wasser versinken* Dort sind schon zahlreiche Schiffe untergegangen. **3.** ■ *jmd./etwas geht unter* (↔ *entstehen*) *aufhören zu existieren* diese Kultur ist schon vor langer Zeit untergegangen, eine untergegangene Sprache/Kultur **4.** ■ *jmd./etwas geht unter nicht mehr unterscheidbar sein* Ihre Worte gingen im allgemeinen Gespräch unter., Er ging in der Menge der Wartenden unter. **5.** ■ *etwas geht unter nicht bemerkt werden* Das ist wohl in der allgemeinen Aufregung untergegangen.

un·ter·ge·ord·net *Adj.* **1.** (↔ *übergeordnet*) *weniger wichtig* eine untergeordnete Rolle spielen, von untergeordneter Bedeutung sein **2.** SPRACHWISS. *von einem Satz abhängig* ein untergeordneter Satz

Un·ter·ge·schoss das <-es, -e> (↔ *Obergeschoss*) *die Etage, die in einem Gebäude unter der Erde liegt* Die Schuhabteilung befindet sich im Untergeschoss.

Un·ter·ge·wicht das <-(e)s> (*kein Plur.*) (↔ *Übergewicht*) *zu geringes Körpergewicht* Untergewicht haben ▶untergewichtig

un·ter·gra·ben <gräbst unter, grub unter, hat untergegraben> *mit OBJ* ■ *jmd. gräbt etwas unter etwas unter die Erde mischen, indem man die oberste Schicht Erde umgräbt* Kompost/Mist/Torf im Beet untergraben

un·ter·gra·ben <untergräbst, untergrub, hat untergraben> *mit OBJ* ■ *jmd./etwas untergräbt etwas etwas langsam zerstören* jemandes Autorität untergraben, Der ständige Stress hat seine Gesundheit untergraben.

Un·ter·grund der <-(e)s, Untergründe> **1.** (*kein Plur.*) *das, worauf jmd. oder etwas steht oder sich bewegt* ein ebener/fester/unsicherer Untergrund, tief in den sumpfigen Untergrund einsinken **2.** *die oberste Erdschicht* sandiger/lehmiger Untergrund **3.** *die Fläche, auf die etwas gestrichen wird* die Farbe auf einen trockenen/fettfreien Untergrund auftragen **4.** (*kein Plur.*) POL. *der Bereich in der Gesellschaft, in dem man heimlich illegale Dinge tut, um der herrschenden Regierung zu schaden* in den Untergrund gehen, im Untergrund arbeiten, ein Regime aus dem Untergrund bekämpfen

un·ter·ha·ken <hakst unter, hakte unter, hat untergehakt> *mit OBJ* ■ *jmd. hakt jmdn./sich (bei jmdm.) unter* (*umg.*) *seinen Arm mit dem Arm eines anderen verschränken* jemanden/sich/einander unterhaken, Sie gingen untergehakt im Park spazieren.

un·ter·halb *Präp.* **1.** + *Gen.* (↔ *oberhalb*) *bezeichnet etwas, das sich weiter unten als das Genannte befindet* Das Dorf liegt unterhalb der Burg., Schläge unterhalb der Gürtellinie **2.** (*unterhalb von plus Dat.*) (*umg.*) unterhalb von der Burg

Un·ter·halt der <-(e)s> (*kein Plur.*) **1.** (≈ *Lebensunterhalt*) *die Menge an Geld, die man zum Leben braucht* seinen Unterhalt verdienen, zum Unterhalt der Familie beitragen **2.** *die Menge an Geld, die jmd. an jmdn. für seinen Lebensunterhalt zahlt* für den geschiedenen Partner/die Kinder Unterhalt zahlen **3.** *die Kosten zur Instandhaltung von etwas* für den Unterhalt von Kindergärten/Straßen/historischen Gebäuden aufkommen

un·ter·hal·ten <unterhältst, unterhielt, hat unterhalten> **I.** *mit OBJ* **1.** ■ *jmd. unterhält jmdn./sich jmdn. durch etwas beschäftigen oder vergnügen, so dass keine Langeweile aufkommt* die Kinder mit Märchen/Musik/Spielen unterhalten, Er hat uns in der Zwischenzeit wunderbar unterhalten. **2.** ■ *jmd. unterhält jmdn. jmdn. mit Geld für seinen Lebensunterhalt versorgen* eine Familie unterhalten **3.** ■ *jmd. unterhält etwas etwas finanziell und technisch so versorgen, dass es auch weiterhin funktioniert* eine Anlage/Straßen/Schulen unterhalten **4.** ■ *jmd. unterhält etwas bewirken, dass etwas auch weiterhin funktioniert* ein Geschäft/mehrere Gaststätten unterhalten, eine Freundschaft/einen Briefwechsel unterhalten, ein Feuer unterhalten **II.** *mit SICH* **1.** ■ *jmd. unterhält sich (mit jmdm.) (über jmdn./etwas) zwei oder mehrere Personen sprechen miteinander (über jmdn./etwas)* sich angeregt/lange/ungestört unterhalten, Worüber habt ihr euch unterhalten? **2.** ■ *jmd. unterhält sich irgendwo sich vergnügen* Wir haben uns heute Abend im Kino/im Theater wunderbar unterhalten.

un·ter·hal·ten <hälst unter, hielt unter, hat untergehalten> *mit OBJ* ■ *jmd. hält etwas unter etwas unter etwas anderes halten* Halt mal bitte den Eimer unter, es tropft schon wieder.

un·ter·halt·sam *Adj. so, dass es einen guten Zeitvertreib bietet* ein unterhaltsamer Abend, ein unterhaltsamer Gastgeber/Mensch

un·ter·halts·be·rech·tigt <nicht steig.> *Adj.* AMTSSPR. *berechtigt, finanziellen Unterhalt*[2] *zu erhalten* unterhaltsberechtigte Personen

Un·ter·halts·geld das <-es, -er> AMTSSPR. *regelmäßige Zahlungen an jmdn., die dieser zum Lebensunterhalt braucht* Unterhaltsgeld vom geschiedenen Partner erhalten

un·ter·halts·pflich·tig <nicht steig.> *Adj.* RECHTSW. *verpflichtet, jmdm. Unterhalt*[2] *zu zahlen* der unterhaltspflichtige Vater

Un·ter·hal·tung die <-, -en> **1.** *etwas, das dem Vergnügen und als Zeitvertreib dient* Wir wünschen allen gute Unterhaltung., Das Kabarett bot Unterhaltung auf hohem Niveau. **2.** (≈ *Gespräch*) eine Unterhaltung führen, Die Unterhaltung kam schwer in Gang. **3.** (*kein Plur.*) *die finanzielle oder technische Erhaltung von etwas* die Unterhaltung der Straßen/Schulen/des Theaters **4.** (*kein Plur.*) *das Aufrechterhalten von etwas* die Unterhaltung diplomatischer Beziehungen

Un·ter·hal·tungs·e·lek·t·ro·nik die <-> (*kein Plur.*) *Gesamtheit der elektronischen Geräte zur Wiedergabe von Musik, Filmen, Sprache, Spielen o.Ä.* die Abteilung für Unterhaltungselektronik

Un·ter·hal·tungs·in·dus·t·rie die <-> (*kein Plur.*) *die Gesamtheit der Unternehmen, die auf dem Gebiet der Freizeitunterhaltung arbeiten*

Un·ter·hal·tungs·li·te·ra·tur die <-> (*kein Plur.*) (↔ *ernste Literatur*) *Romane und Erzählungen, die unterhaltsam sind, wie z.B. Krimis, Science Fiction usw., aber nicht in erster Linie einen hohen künstlerischen Anspruch haben*

Un·ter·hal·tungs·mu·sik die <-> (*kein Plur.*) (≈ *U-Musik* ↔ *ernste Musik, E-Musik*) *Musik, die unterhaltsam ist, wie z.B. Popmusik und Schlager, aber nicht in erster Linie einen hohen künstlerischen Anspruch hat*

Un·ter·hal·tungs·wert der <-(e)s> (*kein Plur.*) *die Eigenschaft, jmdn. gut zu vergnügen* von hohem Unterhaltungswert sein, ein Buch mit niedrigem Unterhaltungswert

un·ter·han·deln <unterhandelst, unterhandelte, hat unterhandelt> *ohne OBJ* ■ *jmd. unterhandelt über etwas Akk.* POL. *über etwas verhandeln* Die Krieg führenden Parteien unterhandeln über einen Waffenstillstand.

Un·ter·händ·ler, **Un·ter·händ·le·rin** der <-s, -> POL. *Person, die beauftragt ist, zu unterhandeln* Die Unterhändler beider Seiten treffen sich erneut.

Un·ter·haus das <-es> (*kein Plur.*) (POL.: ↔ *Oberhaus*) **1.** *die zweite von zwei Kammern eines Parlaments, vor allem in den Staaten, die zum ehemaligen Britischen Königreich gehörten* **2.** <*kein Plur.*> *Bezeichnung für die zweite Kammer des britischen Parlaments* das britische Unterhaus

Un·ter·hemd das <-es, -en> *ein Hemd ohne oder mit kurzen Ärmeln, das unter dem Oberhemd oder unter dem Pullover direkt auf dem Körper getragen wird*

un·ter·höh·len <unterhöhlst, unterhöhlte, hat unterhöhlt> *mit OBJ* **1.** ■ *jmd./etwas unterhölt etwas einen Hohlraum unter etwas entstehen lassen* Das Wasser hat das Ufer unterhöhlt., Wühlmäuse haben den gesamten Rasen unterhöhlt. **2.** (≈ *untergraben*) jemands Autorität/die Wirtschaft eines Landes unterhöhlen

Un·ter·holz das <-es> (*kein Plur.*) *alle Büsche und niedrigen Bäume im Wald* sich im Unterholz verstecken

Un·ter·ho·se die <-, -n> *eine Hose, die direkt auf dem Körper unter einem anderen Kleidungsstück getragen wird*

un·ter·ir·disch <nicht steig.> *Adj. unter der Erde* ein unterirdischer Gang

un·ter·jo·chen <unterjochst, unterjochte, hat unterjocht> *mit OBJ* ■ *jmd. unterjocht jmdn./etwas jmdn. oder etwas gewaltsam unterdrücken* ein Volk/Land unterjochen

un·ter·ju·beln <jubelst unter, jubelte unter, hat untergejubelt> *mit OBJ* ■ *jmd. jubelt jmdm. etwas unter* (*umg.*) *jmdm. etwas geben, zuweisen, verkaufen o.Ä., das er eigentlich gar nicht wirklich wollte* Eigentlich wollte ich eine Weste kaufen aber dann hat mir der Verkäufer doch einen Pullunder untergejubelt!, Kurz vor dem Wochenende hat mir der Chef einen Haufen Arbeit untergejubelt., Man hatte ihr Falschgeld untergejubelt.

un·ter·kel·lern <unterkellerst, unterkellerte, hat unterkellert> *mit OBJ* ■ *jmd. unterkellert etwas einen Keller unter etwas anlegen* ein Gebäude unterkellern, teilweise unterkellert sein

Un·ter·kie·fer der <-s, -> (ANAT.: ↔ *Oberkiefer*) *der untere Teil des Kiefers*

Un·ter·klei·dung die <-> (*kein Plur.*) (≈ *Unterwäsche*) *Kleidung, die unter der Kleidung direkt auf der Haut getragen wird* warme Unterkleidung für den Winter

un·ter·kom·men <kommst unter, kam unter, ist untergekommen> *ohne OBJ* **1.** ■ *jmd. kommt irgendwo unter irgendwo eine Unterkunft für eine Zeit finden* für die Nacht bei Freunden unterkommen **2.** ■ *jmd. kommt irgendwo unter* (*umg.* ↔ *unterbringen*) *irgendwo eine Arbeitsstelle finden* in der Firma des Vaters unterkommen

un·ter·krie·gen <kriegst unter, kriegte unter, hat untergekriegt> *mit OBJ* ■ *jmd./etwas kriegt jmdn. unter* (*umg.*) *bewirken, dass jmd. den Mut verliert* Lass dich nicht von solchen Problemen unterkriegen!, Sie lässt sich immer schnell von ihrem Chef unterkriegen., sich auch in schweren Zeiten nicht unterkriegen lassen

un·ter·kühlt *Adj.* (≈ *distanziert*) *so, dass aus jmds. Verhalten wenig Herzlichkeit spricht* ein unterkühltes Verhältnis, eine unterkühlte Atmosphäre

Un·ter·küh·lung die <-, -en> *der Zustand, dass die Körpertemperatur niedriger ist als normal* Die Bergsteiger sind an Unterkühlung gestorben.

Un·ter·kunft die <-, Unterkünfte> *ein Platz, wo man vorübergehend schlafen oder wohnen kann* eine Unterkunft für die Nacht suchen, Es sind keine Unterkünfte mehr frei.

Un·ter·la·ge die <-, -n> **1.** *etwas, das* (*zum Schutz*) *unter jmdn. oder etwas gelegt wird* eine Unterlage zum Schreiben, die Kanne/den heißen Topf auf eine Unterlage stellen, auf einer weichen/harten Unterlage gut schlafen können ◆ Schreib- **2.** (*nur Plur.*) *Schriftstücke oder Aufzeichnungen, die man für die Arbeit oder als Beweise benötigt* seine Unterlagen vergessen/mitbringen, Nach meinen Unterlagen ist die Sache geklärt., etwas zu den Unterlagen nehmen

Un·ter·lass ■ **ohne Unterlass** (*geh.* ≈ *ununterbrochen*): *ständig; ohne Pause* Er arbeitete ohne Unterlass.

un·ter·las·sen <unterlässt, unterließ, hat unter-

lassen> *mit OBJ* **1.** ■ *jmd. unterlässt etwas etwas absichtlich nicht tun* Bitte unterlassen Sie jetzt das Rauchen!, Sie können das ständige Stören nicht unterlassen. **2.** *etwas versäumen, was man eigentlich hätte tun müssen* Sie hat es unterlassen, uns zu informieren., unterlassene Hilfeleistung

Un·ter·las·sung die <-, -en> *die Tatsache, dass etwas nicht getan wird* Diese Unterlassung wird ihn teuer zu stehen kommen.

Un·ter·lauf der <-es, Unterläufe> (↔ *Oberlauf*) *Flussabschnitt in der Nähe der Mündung* der Unterlauf der Donau

un·ter·lau·fen[1] <unterläufst, unterlief, ist/hat unterlaufen> **I.** *mit OBJ* ■ *jmd. unterläuft etwas bewirken, dass etwas keine Konsequenzen oder keinen Erfolg hat* Geschickt unterlief er die Verpflichtung, Einkommenssteuer zu zahlen. **II.** *ohne OBJ* ■ *etwas unterläuft jmdm. etwas passiert jmdm. ohne Absicht, während er etwas macht* Bei der Abrechnung ist mir leider ein Fehler unterlaufen., Da ist mir wohl ein Missgeschick unterlaufen.

un·ter·lau·fen[2] *Partizip Perfekt von* **unterlaufen**[1]

un·ter·lau·fen[3] *Adj. so, dass eine Stelle am Körper dunkel gefärbt ist, weil unter der Haut eine Ader geplatzt ist* Seine Augen waren dunkelrot unterlaufen. ◆ blut-

un·ter·le·gen <legst unter, legte unter, hat untergelegt> *mit OBJ* ■ *jmd. legt etwas unter etwas unter etwas legen* Ich lege dir zum Sitzen ein Kissen unter., Hast du unter das Blatt Papier beim Schreiben eine Pappe untergelegt?

un·ter·le·gen[1] <unterlegst, unterlegte, hat unterlegt> *mit OBJ* **1.** ■ *jmd. unterlegt etwas etwas mit etwas verstärken* die Schultern der Jacke mit Polstern unterlegen **2.** ■ *jmd. unterlegt etwas mit etwas etwas mit etwas ergänzen* die Worte mit Musik unterlegen, das Muster mit einem hellen Farbton unterlegen, seine Ausführungen mit Beispielen unterlegen

un·ter·le·gen[2] *Partizip Perfekt von* **unterliegen**

un·ter·le·gen[3] *Adj.* (↔ *überlegen*) *schwächer oder schlechter als jmd. oder etwas* Er ist seinem Bruder an Klugheit unterlegen., das technisch unterlegene Verfahren, eine geistig unterlegene Person

Un·ter·leib der <-(e)s, -e> (*Plur. selten*) ANAT. *der untere Teil des Bauches, besonders der Bereich der Geschlechtsorgane* Schmerzen im Unterleib haben

un·ter·lie·gen <unterliegst, unterlag, ist/hat unterlegen> *ohne OBJ* (*sein*) **1.** ■ *jmd. unterliegt (jmdm.) in einem Kampf oder Spiel verlieren* Er ist seinem Gegner im Kampf unterlegen., Die Mannschaft ist im Spiel dem Gegner unterlegen. **2.** (*haben*) ■ *etwas unterliegt etwas Dat. im Geltungs- oder Einflussbereich von etwas sein* Luxusartikel unterliegen einer hohen Steuer., Die Vegetation unterliegt hier extremen Temperaturschwankungen., Die Medikamente unterliegen einer strengen Kontrolle.

Un·ter·lip·pe die <-, -n> (ANAT.: ↔ *Oberlippe*) *die untere Lippe*

un·term *Präp.* (*umg.* ≈ *unter dem*)

un·ter·ma·len <untermalst, untermalte, hat untermalt> *mit OBJ* ■ *jmd. untermalt etwas* (*mit etwas*) *etwas als eine Art Hintergrund für etwas einsetzen* die Diashow mit Jazzmusik untermalen

un·ter·mau·ern <untermauerst, untermauerte, hat untermauert> *mit OBJ* **1.** ■ *jmd. untermauert etwas mit etwas Dat. etwas mit Argumenten bekräftigen* seine Aussage/Behauptung mit Beweisen untermauern **2.** ■ *jmd. untermauert etwas* BAUW. *etwas mit stützenden Mauern versehen* ein Gebäude gut untermauern

Un·ter·me·nü das <-s, -s> EDV *eine Möglichkeit, die in einem einfachen oder grafischen Menü eines Programms ausgewählt werden kann* das Untermenü „Schrift“ im Menü „Format“

Un·ter·mie·te die <-, -n> *die teilweise Vermietung von Räumen, die man selbst gemietet hat* bei jemandem (in einem Zimmer) zur Untermiete wohnen

Un·ter·mie·ter, **Un·ter·mie·te·rin** der <-s, -> *Person, die zur Untermiete wohnt*

un·ter·mi·nie·ren <unterminierst, unterminierte, hat unterminiert> *mit OBJ* ■ *jmd. unterminiert etwas* (*geh.* ≈ *untergraben*) *etwas langsam zerstören* Sein Ansehen wurden von der Presse unterminiert.

Un·ter·neh·men[1] das <-s, -> (≈ *Betrieb, Firma*) ein kleines/mittelständisches/privates Unternehmen, ein Unternehmen aufbauen/gründen/leiten ◆ Familien-

Un·ter·neh·men[2] das <-s, -> (≈ *Vorhaben*) *etwas, das jmd. tun will* Wir müssen ihn von diesem Unternehmen abbringen, es ist zu gefährlich!, ein riskantes/waghalsiges/gut geplantes/zum Scheitern verurteiltes Unternehmen

un·ter·neh·men <unternimmst, unternahm, hat unternommen> *mit OBJ* **1.** ■ *jmd. unternimmt etwas etwas zu seinem Vergnügen tun* Heute Abend wollen wir gemeinsam etwas unternehmen., Wir haben lange nichts mehr unternommen!, einen Ausflug/eine Reise unternehmen **2.** ■ *jmd. unternimmt etwas gegen jmdn./etwas etwas tun, damit jmd. an etwas gehindert wird oder damit etwas verhindert wird* Was wollen wir gegen diese Einbrüche unternehmen?, Es müsste endlich etwas unternommen werden! ■ **einen Versuch unternehmen**: *versuchen* **Schritte** (**gegen jemanden/etwas**) **unternehmen**: *Maßnahmen* (*gegen jmdn. oder etwas*) *ergreifen*

Un·ter·neh·mens·be·ra·ter, **Un·ter·neh·mens·be·ra·te·rin** der <-s, -> *Person, die beruflich Unternehmen*[1] *berät*

Un·ter·neh·mens·be·ra·tung die <-, -en> *eine Firma, die Unternehmen*[1] *berät*

Un·ter·neh·mens·form die <-, -en> WIRTSCH. RECHTSW. *die rechtliche Form eines Unternehmens*[1] die Unternehmensform einer GmbH wählen

Un·ter·neh·mens·füh·rung die <-, -en> **1.** (*kein Plur.*) *die Art, wie ein Unternehmen*[1] *geführt wird*

Sie hat bereits Erfahrungen auf dem Gebiet der Unternehmensführung. **2.** *die Personen, die ein Unternehmen[1] führen* Die gesamte Unternehmensführung ist zurückgetreten.

Un·ter·neh·mer, **Un·ter·neh·me·rin** der <-s, -> *Person, die ein Unternehmen[1] besitzt oder leitet* sich als Unternehmer selbstständig machen

un·ter·neh·mer·freund·lich *Adj.* (POL. WIRTSCH.: ↔ *arbeitnehmerfreundlich*) *so, dass es den Unternehmern nützt* eine unternehmerfreundliche Politik

un·ter·neh·me·risch *Adj.* **1.** *das Unternehmen[1] betreffend* das unternehmerische Risiko **2.** *in der Art von Unternehmern* Hier ist unternehmerisches Denken gefordert.

Un·ter·neh·mer·ver·band der <-(e)s, Unternehmerverbände> WIRTSCH. POL. *Verband, der die Interessen der Unternehmer vertritt*

Un·ter·neh·mungs·geist der <-es> (*kein Plur.*) *die Eigenschaft, gern etwas zu unternehmen[1] oder zu organisieren* Sie hat viel Unternehmungsgeist und reißt die anderen mit., Zu solch einem Projekt gehören Menschen mit Unternehmungsgeist.

un·ter·neh·mungs·lus·tig *Adj. so, dass man gern und oft etwas unternimmt[1]* ein unternehmungslustiger Mensch

Un·ter·of·fi·zier der <-s, -e> **1.** *ein Dienstgrad bei der Armee zwischen Mannschaften und Offizieren* **2.** *eine Person aus der Gruppe der Unteroffiziere[1]*

un·ter·ord·nen <ordnest unter, ordnete unter, hat untergeordnet> **I.** *mit OBJ* **1.** ■ *jmd. ordnet jmdn./etwas jmdm./etwas unter jmdn. oder etwas unter jmds. Leitung stellen* Er wurde dem Abteilungsleiter untergeordnet., Diese Einrichtung ist dem Innenministerium untergeordnet. **2.** ■ *jmd. ordnet etwas etwas Dat. unter etwas im Vergleich zu etwas als zweitrangig betrachten* seine eigenen Wünsche dem gemeinsamen Ziel unterordnen **3.** ■ *jmd. ordnet jmdn./etwas etwas Dat. unter jmdn. oder etwas in ein System einordnen* in der biologischen Klassifikation Menschen den Säugetieren unterordnen, Wo sind diese Pflanzen unterzuordnen? **II.** *mit SICH* ■ *jmd. ordnet sich (jmdm./etwas) unter sich unter jmds. Leitung stellen und ausführen, was befohlen wird* Er beansprucht die Führung, alle anderen haben sich unterzuordnen., Sie hat Schwierigkeiten sich unterzuordnen.

Un·ter·pfand <-, Unterpfänder> (*meist Sing.*) (*geh.*) *etwas, das als Beweis für etwas gilt* ein Versprechen als Unterpfand der Freundschaft

un·ter·pri·vi·le·giert *Adj.* (*geh.*) *so, dass man weniger wirtschaftliche, gesellschaftliche oder kulturelle Vorteile besitzt als andere* unterprivilegierte Schichten der Bevölkerung

Un·ter·re·dung die <-, -en> *ein formelles Gespräch* eine ernste Unterredung mit jemandem führen/haben

un·ter·re·prä·sen·tiert *Adj. so, dass eine kleinere Zahl vorhanden ist, als gewünscht oder normal ist* Frauen sind in der Politik/im Management noch immer unterrepäsentiert.

Un·ter·richt der <-s> (*kein Plur.*) *die regelmäßige und systematische Vermittlung von Wissen durch einen Lehrer an Schüler* am Unterricht teilnehmen, Unterricht im Klavierspielen bekommen, jemandem Unterricht geben/erteilen, dem Unterricht fernbleiben/sich am Unterricht beteiligen/den Unterricht stören, Der Unterricht fällt aus. ◆ Deutsch-, Englisch, Klavier-, Sport-

un·ter·rich·ten <unterrichtest, unterrichtete, hat unterrichtet> **I.** *mit OBJ/ohne OBJ* ■ *jmd. unterrichtet (etwas) irgendwo irgendwo Unterricht erteilen* Sie unterrichtet Musik/Sport an einer Grundschule., Er unterrichtet seit vielen Jahren an dieser Schule. **II.** *mit OBJ* ■ *jmd. unterrichtet jmdn. (in etwas Dat.) jmdm. ein bestimmtes Wissen beibringen* Kinder/Erwachsene in Mathematik/Englisch unterrichten, Er unterrichtete ihn in der Kunst des logischen Denkens. **III.** *mit SICH* ■ *jmd. unterrichtet sich (über etwas Akk.) sich (über etwas) informieren* jemanden/sich über die Neuigkeiten unterrichten

Un·ter·richts·mi·nis·te·rium das <-s> (*kein Plur.*) (POL.: *österr.*) *Kultusministerium*

Un·ter·richts·stoff der <-es, -e> *im Unterricht behandelter Stoff*

Un·ter·richts·stun·de die <-, -n> *einzelne Zeiteinheit des Unterrichts* Eine Unterrichtsstunde in Deutschland beträgt 45 Minuten.

Un·ter·rich·tung die <-> (*kein Plur.*) (*geh.*) *das Informieren* die Unterrichtung aller Beteiligten über den Fortgang der Arbeiten

Un·ter·rock der <-(e)s, Unterröcke> *ein dünner Rock, der unter einem Rock getragen wird*

un·ters *Präp.* (*umg.* ≈ *unter das*)

un·ter·sa·gen <untersagst, untersagte, hat untersagt> *mit OBJ* ■ *jmd. untersagt jmdm. etwas* (*geh.* ≈ *verbieten*) Ich untersage Ihnen, diese Informationen der Presse zu übergeben!, Das Betreten des Geländes ist strengstens untersagt!

Un·ter·satz der <-es, Untersätze> *etwas, worauf man etwas stellt oder legt* den Blumentopf auf einen Untersatz stellen ■ **fahrbarer Untersatz** (*umg. scherzh.*): *Auto*

un·ter·schät·zen <unterschätzt, unterschätzte, hat unterschätzt> *mit OBJ* ■ *jmd. unterschätzt jmdn./sich/etwas* (↔ *überschätzen*) *glauben, dass jmd./man selbst/etwas schwächer oder schlechter oder dümmer ist, als jmd./man selbst/es wirklich ist* Ich habe seine Fähigkeiten unterschätzt., die Geschwindigkeit/die Höhe eines Berges unterschätzen, Ich glaube, wir haben uns unterschätzt!

un·ter·schei·den <unterscheidest, unterschied, hat unterschieden> **I.** *mit OBJ* **1.** ■ *jmd. unterscheidet jmdn./etwas/etwas und etwas (von jmdm./etwas) einen Unterschied bei jmdm. oder etwas oder zwischen zwei Personen oder Sachen feststellen* Ich kann die beiden Geschwister nicht unterscheiden., Er kann Moll nicht von Dur unterscheiden., Er kann Rot und Orange nicht unterscheiden. **2.** ■ *jmd. unterscheidet etwas Sachen an-*

hand von Merkmalen, die nicht oder nur teilweise gleich sind, bestimmten Gruppen zuordnen Wir unterscheiden Nadelbäume und Laubbäume. **3.** ■ *jmd. kann jmdn./etwas unterscheiden jmdn. oder etwas in einer Menge oder Gruppe einzeln erkennen können* In der Dämmerung konnte man gut die Menschen unterscheiden, die vor ihren Häusern saßen., In der Ferne konnte man die einzelnen Häuser nicht mehr richtig unterscheiden. **4.** ■ *etwas unterscheidet jmdn./etwas (von jmdm./etwas) ein spezielles Merkmal sein, das den Unterschied zu jmd. anderem/etwas anderem ausmacht* Ihre Offenheit unterschied sie von ihren Geschwistern. **II.** *ohne OBJ* ■ *jmd. unterscheidet zwischen etwas jmdn. oder etwas von jmdm. anderen/etwas anderem trennen und dabei beurteilen* Du bist unfähig, zwischen Freund und Feind zu unterscheiden!, zwischen Gut und Böse unterscheiden, zwischen Wesentlichem und Unwesentlichem unterscheiden **III.** *mit SICH* ■ *jmd./etwas unterscheidet sich (durch etwas Akk./in etwas Dat.) (von jmdm./etwas) einen Unterschied in einer bestimmten Hinsicht aufweisen* Die beiden Programme unterscheiden sich in einem wichtigen Punkt., Sie unterscheidet sich von den anderen durch ihren Fleiß.

Un·ter·schei·dung die <-, -en> *das Unterscheiden* Unterscheidungen treffen, Die Unterscheidung zwischen Freund und Feind fällt oft schwer.

Un·ter·schen·kel der <-s, -> *unterer Teil des Beines vom Knie bis zum Knöchel*

Un·ter·schicht die <-, -en> (POL.: ↔ *Oberschicht*) *die Gruppe von Menschen, die in einer Gesellschaft leben und nur über sehr wenig Geld, Bildung, Wohnraum u.Ä. verfügen*

un·ter·schie·ben <schiebst unter, schob unter, hat untergeschoben> *mit OBJ* **1.** ■ *jmd. schiebt jmdm. etwas unter etwas unter jmdn. schieben* Er schiebt der Kranken ein Kissen unter. **2.** ■ *jmd. schiebt jmdm. etwas unter jmdm. etwas geben, ohne dass der Betreffende es merkt* Man hat ihr das gestohlene Portmonee untergeschoben.

un·ter·schie·ben <unterschiebst, unterschob, hat unterschoben> *mit OBJ* ■ *jmd. unterschiebt jmdm. etwas fälschlicherweise behaupten, dass jmd. etwas Schlechtes gesagt hat oder tun wollte* Man unterschob ihm schlechte Absichten.

Un·ter·schied der <-(e)s, -e> *eines der Merkmale, die bewirken, dass Personen oder Dinge nicht identisch sind* den Unterschied bemerken, keinen Unterschied feststellen können, Zwischen beiden besteht ein Unterschied., ein Unterschied in der Größe von zwei Zentimetern, Es ist ein Unterschied, ob du es machst oder ich. ■ **ohne Unterschied**: *ohne Ausnahme* Hier müssen alle ohne Unterschied arbeiten. **einen Unterschied machen**: *jmdn. oder etwas unterschiedlich bewerten* einen Unterschied zwischen Gut und Böse machen **im Unterschied zu**: *anders als jmd. oder etwas* Sie ist im Unterschied zu ihrer Schwester blond. ◆ Alters-, Größen-, Längen-

un·ter·schied·lich *Adj. mit Unterschieden* unterschiedliche Standpunkte/Meinungen, die unterschiedlichsten Menschen waren gekommen, unterschiedliche Sprachen sprechen, unterschiedlich aussehen

un·ter·schieds·los <nicht steig.> *Adj.* (≈ *ausnahmslos*) *so, dass jmd. bei etwas keine Unterscheidungen macht und alle Personen, Dinge oder Sachverhalte gleich behandelt* Die Prüfer haben unterschiedslos alle Kandidaten abgelehnt.

un·ter·schla·gen <schlägst unter, schlug unter, hat untergeschlagen> *mit OBJ* ■ *jmd. schlägt etwas unter Arme oder Beine kreuzen* die Arme unterschlagen, mit untergeschlagenen Beinen dasitzen

un·ter·schla·gen <unterschlägst, unterschlug, hat unterschlagen> *mit OBJ* **1.** ■ *jmd. unterschlägt etwas Geld, das einem anvertraut ist, stehlen* Der Kassierer hat Geld unterschlagen. **2.** ■ *jmd. unterschlägt (jmdm.) etwas (jmdm.) etwas absichtlich verschweigen* Informationen unterschlagen, Du unterschlägst dabei, dass du auch vieles falsch gemacht hast.

Un·ter·schla·gung die <-, -en> *das Stehlen von anvertrautem Geld* jemanden wegen Unterschlagung anzeigen/vor Gericht bringen

Un·ter·schlupf der <-(e)s, Unterschlüpfe> (*meist Sing.*) **1.** *ein Ort oder eine Stelle, wo man kurzfristig bleibt* unter einem Vordach/Baum Unterschlupf vor dem Regen suchen, für eine Nacht bei Bekannten Unterschlupf finden **2.** *Versteck* Die Diebe hatten in einem verfallenen Haus ihren Unterschlupf.

un·ter·schrei·ben <unterschreibst, unterschrieb, hat unterschrieben> *mit OBJ/ohne OBJ* ■ *jmd. unterschreibt (etwas) seine Unterschrift unter etwas setzen* einen Brief/einen Vertrag unterschreiben, Hast du schon unterschrieben? ■ **etwas voll und ganz/nicht unterschreiben können** (*übertr.*): *gutheißen/nicht gutheißen* Was du sagst, kann ich voll und ganz unterschreiben.

un·ter·schrei·ten <unterschreitest, unterschritt, hat unterschritten> *mit OBJ* ■ *etwas unterschreitet etwas* (↔ *überschreiten*) *geringer sein als* einen Wert/einen Betrag unterschreiten

Un·ter·schrift die <-, -en> **1.** *der eigene Name, den man unter einen Text, einen Brief, ein Dokument o.Ä. mit der Hand schreibt* eine leserliche/unleserliche Unterschrift haben, seine Unterschrift unter etwas setzen, Unterschriften für etwas sammeln **2.** *das Unterschreiben* eine Unterschrift leisten, etwas zur Unterschrift vorlegen

Un·ter·schrif·ten·lis·te die <-,-n> POL. *eine Liste, auf die man seine Unterschrift setzt, und die dann als Beleg dafür gilt, dass alle, die unterschrieben haben, für oder gegen etwas sind*

un·ter·schwel·lig <nicht steig.> *Adj.* PSYCH. *so, dass es nicht bewusst wird* unterschwellige Ängste/Abneigungen

Un·ter·see·boot das <-(e)s, -e> (≈ *U-Boot*) *ein Schiff, das unter Waser fahren kann und meist militärisch eingesetzt wird*

Un·ter·sei·te die <-, -n> (↔ *Oberseite*) *die Seite*

U

von etwas, die nach unten weist die Unterseite des Tisches

un·ter·set·zen <setzt unter, setzte unter, hat untergesetzt> *mit OBJ* ■ *jmd. setzt etwas Dat. etwas unter etwas unter etwas setzen* dem Blumentopf eine Schale untersetzen

un·ter·setzt *Adj.* (*verhüll.*) *klein und dick* ein untersetzter Körperbau, Er ist ein wenig untersetzt.

un·ter·spü·len <unterspülst, unterspülte, hat unterspült> *mit OBJ* ■ *etwas unterspült etwas einen Hohlraum unter etwas auswaschen* Die Steilküste wird von der Brandung unterspült.

Un·ter·stand der <-(e)s, Unterstände> *eine Stelle, wo man sich unter etwas stellen kann, um sich vor dem Wetter zu schützen* einen Unterstand gegen den Regen finden, Die Soldaten legten Unterstände an.

un·ter·ste·hen <stehst unter, stand unter, hat/ist untergestanden> *ohne OBJ* ■ *jmd. steht unter* (*süddt. österr. schweiz.*) *sich unter etwas stellen* Bei Regen kann man hier unterstehen.

un·ter·ste·hen <unterstehst, unterstand, hat unterstanden> **I.** *ohne OBJ* ■ *jmd./etwas untersteht jmdm./etwas jmdm. oder etwas untergeordnet sein und Befehle oder Anordnungen erhalten* Die Behörde untersteht dem Innenminister/Innenministerium., Ihr unterstehen einhundert Mitarbeiter. **II.** *mit SICH* ■ *jmd. untersteht sich, etwas zu tun so unverschämt oder mutig sein, etwas zu tun, was negative Konsequenzen bringt* Unterstehe dich (ja nicht) zu kommen!, Unterstehe dich, noch einmal zu lügen, dann passiert etwas!, Sie hat sich unterstanden, ihren Chef zu kritisieren.

un·ter·stel·len <stellst unter, stellte unter, hat untergestellt> **I.** *mit OBJ* ■ *jmd. stellt etwas unter etwas zur Aufbewahrung in einen Raum stellen* die Fahrräder im Keller unterstellen **II.** *mit SICH* ■ *jmd. stellt sich irgendwo unter sich zum Schutz gegen das Wetter unter etwas stellen* Wir haben uns bei Regen in einer Hütte/unter einem Baum untergestellt.

un·ter·stel·len <unterstellst, unterstellte, hat unterstellt> *mit OBJ* **1.** ■ *jmd./etwas unterstellt jmdm./etwas jmdn./etwas jmd. oder etwas jmdm. oder einer Institution unterordnen* das Umweltministerium dem Landwirtschaftsminister unterstellen, jemandem einen neuen Mitarbeiter unterstellen, Sie ist ihm direkt unterstellt. **2.** ■ *jmd. unterstellt jmdm. etwas über jmdn. etwas Negatives behaupten, ohne es beweisen zu können* jemandem Betrugsabsichten unterstellen, Was ihr mir da unterstellt, ist völlig aus der Luft gegriffen. **3.** ■ *jmd. unterstellt etwas* (*als Vermutung*) *annehmen* Wenn wir unterstellen, dass ihr teilnehmen wollt, dann sind wir insgesamt fünfzig Leute., Wenn wir unterstellen, dass wir richtig gerechnet haben, dann fehlt Geld in unserer Kasse.

Un·ter·stell·mög·lich·keit die <-, -n> *Stelle, wo man sich oder etwas unterstellen kann*

Un·ter·stel·lung die <-, -en> **1.** *Unterordnung* die Unterstellung der Behörde unter das Innenministerium **2.** *negative Behauptung über jmdn., die nicht bewiesen ist* Das sind doch alles nur böswillige Unterstellungen!

un·ter·steu·ern <untersteuerst, untersteuerte, hat untersteuert> *ohne OBJ* ■ *jmd. untersteuert* KFZ (*in einer Kurve*) *nicht genug lenken, so dass das Fahrzeug über die Vorderräder nach außen drängt*

un·ter·strei·chen <unterstreichst, unterstrich, hat unterstrichen> *mit OBJ* **1.** ■ *jmd. unterstreicht etwas in einem geschriebenen Text einen waagerechten Strich unter etwas setzen, um es zu markieren* die falsch geschriebenen Wörter rot unterstreichen **2.** ■ *jmd./etwas unterstreicht etwas etwas hervorheben, indem man es mit etwas versieht, um es zu verstärken* Das Make-up unterstreicht die Schönheit ihres Gesichts., Der Redner unterstreicht die Bedeutung der Sache mit Gesten.

Un·ter·stu·fe die <-, -n> (↔ *Oberstufe*) *die drei unteren Klassen einer Realschule oder eines Gymnasiums* in der Unterstufe Mathematik unterrichten

un·ter·stüt·zen <unterstützt, unterstützte, hat unterstützt> *mit OBJ* **1.** ■ *jmd. unterstützt jmdn./etwas jmdm. in irgendeiner Form helfen* jemanden beim Lernen unterstützen, jemanden finanziell unterstützen **2.** ■ *jmd. unterstützt jmdn.* (*bei etwas Dat.*) *jmdm.* (*bei etwas*) *helfen* jemanden bei der Betreuung der Kinder unterstützen **3.** ■ *jmd. unterstützt jmdn./etwas sich für jmdn. oder etwas einsetzen, damit er/es Erfolg hat* jemandes Ziele unterstützen, die Politik einer Regierung unterstützen, einen Plan/ein Projekt/eine Person/einen Verein tatkräftig unterstützen **4.** ■ *etwas unterstützt etwas etwas fördern* Ausreichender täglicher Schlaf unterstützt den Heilungsprozess. **5.** ■ *etwas unterstützt etwas* EDV *die entsprechenden Schnittstellen für ein Programm oder eine Hardware bereitstellen* Dieses Betriebssystem unterstützt bestimmte Anwenderprogramme., Diese Grafikkarte unterstützt keine schnellen Spiele.

Un·ter·stüt·zer, Un·ter·stüt·ze·rin der <-s, -> *Person, die etwas befürwortet* (*und tatkräftig befördert*) eine Unterstützerin der Umweltbewegung

Un·ter·stüt·zung die <-, -en> **1.** (*kein Plur.*) *die Mithilfe* jemandem Unterstützung geben, Nur mit der Unterstützung aller ist das zu schaffen. **2.** (*kein Plur.*) *das Unterstützen*[3] [4] die Unterstützung des Projektes, zur Unterstützung des Heilprozesses **3.** *finanzieller Betrag, mit dem etwas unterstützt wird* Unterstützung beantragen/beziehen, auf eine Unterstützung angewiesen sein

Un·ter·such der <-(e)s, -e> (*schweiz.*) (*gerichtliche oder medizinische*) *Untersuchung*

un·ter·su·chen *mit OBJ* **1.** ■ *jmd. untersucht etwas versuchen, für etwas eine Erklärung zu finden* Die Staatsanwaltschaft untersucht den Unfall genau., Wir müssen untersuchen, was falsch gemacht worden ist. **2.** ■ *jmd. untersucht jmdn. versuchen, mögliche Krankheiten zu finden, indem man einen Patienten genau prüft, betrachtet, abhört,* *röntgt o.Ä.* einen Patienten gründlich untersuchen, sich die Nieren untersuchen lassen **3.** ■ *jmd. untersucht etwas etwas genau analysieren oder prüfen, um etwas Bestimmtes herauszufinden* einen Fund/einen Stein/die Zusammensetzung einer Flüssigkeit untersuchen, ein Thema wissenschaftlich untersuchen **4.** ■ *jmd. untersucht etwas etwas genau prüfen und analysieren, um herauszufinden, wie es funktioniert oder welche Auswirkungen es hat* Es wurde untersucht, welche Konsequenzen das Tankerunglück hatte.

Un·ter·su·chung die <-, -en> **1.** *das Untersuchen* die Untersuchung eines Falles/eines Patienten/der Zusammensetzung einer Flüssigkeit **2.** *wissenschaftliche Abhandlung* eine Untersuchung zu einem Thema lesen/schreiben, Zu diesem Thema sind kürzlich zwei Untersuchungen erschienen.

Un·ter·su·chungs·aus·schuss der <-es, Untersuchungsausschüsse> POL. *ein Gremium, das vom deutschen Bundestag eingesetzt werden kann, in dem Mitglieder aller Parteien sind und das bestimmte Sachverhalte aufklären soll* einen Fall vor den Untersuchungsausschuss bringen

Un·ter·su·chungs·ge·fäng·nis das <-ses, -se> RECHTSW. *ein Gefängnis, in dem ein Beschuldigter bis zum Abschluss seines Prozesses eingesperrt ist*

Un·ter·su·chungs·haft die <-> (*kein Plur.*) RECHTSW. *die Zeit, in der ein Beschuldigter bis zum Abschluss seines Prozesses in einem Untersuchungsgefängnis eingesperrt ist* in Untersuchungshaft sitzen

Un·ter·su·chungs·kom·mis·si·on die <-, -en> (POL.: ≈ *Untersuchungsausschuss*)

Un·ter·su·chungs·rich·ter, **Un·ter·su·chungs·rich·te·rin** der <-s, -> RECHTSW. *Richter(in), der/die bei Strafverfahren die Untersuchungen leitet und den anschließenden Prozess vorbereitet* Der Gefangene wurde dem Untersuchungsrichter vorgeführt.

un·ter·tags *Adv.* (*süddt. österr. schweiz.* ≈ *tagsüber*) *während des Tages*

Un·ter·tan der <-s/-en, -en> GESCH. *Untergebene(r) eines Königs oder Fürsten, der/die seinem/ihrem Herren zu absoluten Gehorsam verpflichtet ist* Der König ließ seinen Untertanen die Neuigkeit verkünden.

un·ter·tan ■ **sich etwas untertan machen** (*geh.*): *etwas seinem Willen unterwerfen* sich die Natur/die Erde untertan machen

un·ter·tä·nig *Adj.* (*abwert.*) *so, dass man sich völlig nach dem Willen eines anderen richtet* untertänig um etwas bitten, sich untertänig verbeugen, Ihr untertänigster Diener!

Un·ter·tas·se die <-, -n> *ein kleiner Teller, der unter eine Tasse gestellt wird*

un·ter·tau·chen <tauchst unter, tauchte unter, hat/ist untergetaucht> **I.** *mit OBJ* ■ *jmd. taucht jmdn./etwas unter* (*haben*) *jmdn. oder etwas ganz unter Wasser tauchen* Sie hat ihren Kopf ganz untergetaucht., Er hat seinen Bruder im Wasser untergetaucht. **II.** *ohne OBJ* (*sein*) **1.** ■ *jmd./etwas taucht unter* (↔ *auftauchen*) *unter die Wasseroberfläche sinken* Das U-Boot tauchte unter. **2.** ■ *jmd. taucht* (*irgendwo*) *unter* (*umg.*) *sich verstecken* Der Ganove musste eine Weile untertauchen., Er ist im Ausland untergetaucht.

Un·ter·teil das <-(e)s, -e> (↔ *Oberteil*) *das untere Teil von etwas* das Unterteil des Regals

un·ter·tei·len <unterteilst, unterteilte, hat unterteilt> *mit OBJ* ■ *jmd. unterteilt etwas etwas in bestimmte Teile gliedern* eine Art von Pflanzen in Unterarten unterteilen, einen Text in mehrere Abschnitte unterteilen

Un·ter·tei·lung die <-, -en> *das Unterteilen* eine Unterteilung vornehmen

Un·ter·tel·ler der <-s, -> (*schweiz.*) *Untertasse*

Un·ter·ti·tel der <-s, -> **1.** *ein zusätzlicher Titel, der den Haupttitel eines Buches erläutert* **2.** (*meist Plur.*) *Übersetzungen, die als Texte in einem fremdsprachigen Film am unteren Rand der Leinwand eingeblendet sind* Der Film wird im Original mit Untertiteln gezeigt.

Un·ter·ton der <-(e)s, Untertöne> *etwas, das beim Sprechen kaum merklich mitklingt, aber die Gefühle des Sprechers erkennen lässt* etwas mit einem ironischen Unterton sagen, Ihre Stimme hatte einen drohenden Unterton.

un·ter·trei·ben <untertreibst, untertrieb, hat untertrieben> *ohne OBJ* ■ *jmd. untertreibt* (↔ *übertreiben*) *etwas als schwächer, unwichtiger, geringer o.Ä. darstellen, als es in Wirklichkeit ist* Du untertreibst mal wieder, du kannst es doch sehr gut!, Das ist aber wirklich untertrieben, in Wirklichkeit war es viel schlimmer!

Un·ter·trei·bung die <-, -en> (↔ *Übertreibung*) *etwas, das schwächer oder geringer dargestellt ist als in Wirklichkeit* Das ist doch wieder pure Untertreibung!

un·ter·ver·mie·ten <vermietest unter, vermietete unter, hat untervermietet> *mit OBJ* ■ *jmd. vermietet etwas unter etwas, das man selbst gemietet hat, weiter vermieten* ein Zimmer untervermieten

un·ter·ver·si·chert <nicht steig.> *Adj. so, dass man zu wenig Versicherungen abgeschlossen hat* unterversichert sein

un·ter·wan·dern <unterwanderst, unterwanderte, hat unterwandert> *mit OBJ* ■ *jmd. unterwandert etwas nach und nach über Mitglieder in eine Organisation oder Institution eindringen, um sie dann von innen zu zerstören* die Wirtschaft/eine Partei unterwandern, einen Staat ideologisch unterwandern

Un·ter·wan·de·rung die <-, -en> *das Unterwandern* die Unterwanderung der Wirtschaft durch das organisierte Verbrechen

Un·ter·wä·sche die <-> (*kein Plur.*) *die Kleidung, die man direkt auf dem Körper unter der anderen Kleidung trägt* ◆ Damen-, Herren-

Un·ter·was·ser·mas·sa·ge die <-, -n> MED. *Massage des Körpers* (*mit Wasserstrahlen*) *unter Wasser*

un·ter·wegs *Adv. auf dem Weg irgendwohin* Ich bin gerade unterwegs in die Stadt., Wir haben uns unterwegs getroffen. ■ **unterwegs sein**: *auf Reisen sein* Sie sind zurzeit (in Italien) unterwegs. **bei einer Frau ist etwas (Kleines) unterwegs** (*umg. verhüll.*): *eine Frau ist schwanger*

un·ter·wei·sen <unterweist, unterwies, hat unterwiesen> *mit OBJ* ■ *jmd. unterweist jmdn.* (*in etwas Dat.*) (*geh.*) *jmdn. etwas lehren* jemanden in der Handhabung eines Gerätes unterweisen, Der Lehrer unterweist die Schüler in Französisch.

Un·ter·welt die <-> (*kein Plur.*) **1.** *das Totenreich in der griechischen Mythologie* Hades, der Gott der Unterwelt **2.** (*das Milieu der*) *Verbrecher einer Stadt* Kontakte zur Unterwelt haben, ein Treffpunkt der Unterwelt

un·ter·wer·fen <unterwirfst, unterwarf, hat unterworfen> **I.** *mit OBJ* **1.** ■ *jmd. unterwirft jmdn./etwas etwas mit Gewalt erobern, um es dann zu beherrschen* ein Land/ein ganzes Volk unterwerfen **2.** ■ *jmd. unterwirft etwas etwas Dat. etwas einer anderen Sache unterordnen* Sie hat alles ihrem Willen unterworfen. **3.** ■ *etwas unterwirft jmd./etwas etwas Dat. etwas durch etwas anderes bestimmen und abhängig machen* Die Produktion muss einer strengen Kontrolle unterworfen werden., In der heutigen Zeit sind wir ständigen Veränderungen unterworfen. **II.** *mit SICH* **1.** ■ *jmd. unterwirft sich jmdm. im Kampf den Widerstand aufgeben und sich dem Willen des Gegners beugen* Sie mussten sich dem Feind unterwerfen. **2.** ■ *jmd. unterwirft sich etwas Dat. sich ganz jmd. anderem unterordnen* Er hat sich vollständig ihrem Willen/ihren Anordnungen unterworfen.

un·ter·wor·fen *Partizip Perfekt von* **unterwerfen**

un·ter·wür·fig *Adj.* (*abwert.*) *so, dass man bereitwillig und offensichtlich den Willen anderer akzeptiert und zu dienen bereit ist* ein unterwürfiges Verhalten, den Gegner durch eine unterwürfige Geste beschwichtigen

Un·ter·wür·fig·keit die <-> (*kein Plur.*) (*abwert.*) *unterwürfige Art; unterwürfiges Verhalten* Durch deine Unterwürfigkeit erreichst du auch nichts.

un·ter·zeich·nen *mit OBJ* ■ *jmd. unterzeichnet etwas* (*geh.*) *etwas* (*offiziell*) *unterschreiben* einen Vertrag/ein Abkommen unterzeichnen

Un·ter·zeich·ner, **Un·ter·zeich·ne·rin** der <-s, -> (*geh.*) *Person, die etwas unterschrieben hat* Die Unterzeichner verpflichten sich zur Einhaltung des Vertrages.

Un·ter·zeich·ne·te der/die <-n, -n> (*geh.*) *Person, die etwas unterschrieben hat* Die Unterzeichneten erkennen die Bedingungen an.

un·ter·zie·hen <ziehst unter, zog unter, hat untergezogen> *mit OBJ* **1.** ■ *jmd. zieht etwas unter etwas unter ein anderes Kleidungsstück ziehen* Wenn es kalt ist, kannst du einen Pullover unterziehen. **2.** ■ *jmd. zieht etwas* (*etwas Dat.*) *unter* KOCH. *etwas ohne zu rühren unter eine Masse mengen* Zum Schluss muss man (dem Teig) den Eischnee unterziehen.

un·ter·zie·hen <unterziehst, unterzog, hat unterzogen> **I.** *mit OBJ* ■ *jmd. unterzieht jmdn./etwas etwas Dat. mit jmdm. oder etwas etwas durchführen, das ein bestimmtes Ergebnis bringt* Bei der Musterung werden die Rekruten einer Prüfung unterzogen., Der Angeklagte wurde einem strengen Verhör unterzogen., etwas einer strengen Kontrolle unterziehen **II.** *mit SICH* ■ *jmd. unterzieht sich etwas Dat. sich etwas aussetzen, das schwer oder unangenehm ist* sich einer Prüfung unterziehen, sich einer schwierigen Operation unterziehen müssen

Un·tie·fe die <-, -n> *eine flache Stelle in einem Gewässer* In dieser Gegend gibt es viele tückische Untiefen, die gefährlich für Schiffe sind.

Un·tier das <-s, -e> **1.** *ein böses Wesen aus dem Märchen, der Fabel oder der Sage* Der Prinz sollte das Untier besiegen. **2.** *gefährliches Tier* Viele Menschen halten Wölfe für Untiere.

un·trag·bar, **un·trag·bar** *Adj.* **1.** *so, dass man es nicht dulden kann* Hier herrschen untragbare Zustände! **2.** *so, dass jmd. nicht mehr in seinem Amt akzeptiert werden kann* Der Minister war nach der Betrugsaffäre untragbar geworden. **3.** *so, dass man es nicht bezahlen kann* Das Großprojekt ist für die Stadt untragbar geworden.

un·trai·niert ['untrɛniːt] *Adj. so, dass man nicht regelmäßig Sport gemacht hat und daher nicht die entsprechende Kraft und Ausdauer hat* Untrainierten ist diese Wanderung nicht zu empfehlen.

un·trenn·bar, **un·trenn·bar** <nicht steig.> *Adj.* **1.** *so, dass jmd. oder etwas nicht von jmdm. oder etwas zu trennen ist* ein untrennbarer Bestandteil von etwas sein, Ihre Schicksale sind untrennbar miteinander verbunden. **2.** (SPRACHWISS.: ↔ *trennbar*) *so, dass die Vorsilbe nicht vom Verb getrennt werden kann* Das Verb „einkaufen" ist trennbar, aber das Verb „verkaufen" ist untrennbar.

un·treu *Adj. in einer Partnerbeziehung nicht treu* ein untreuer Ehemann, Sie ist ihm untreu gewesen. ■ **etwas untreu werden**: *etwas nicht mehr unterstützen oder nicht mehr für etwas eintreten, das man früher unterstützt hat oder für das man früher eingetreten ist* einer gemeinsamen Sache untreu werden, Sie ist ihren Idealen untreu geworden.

Un·treue die <-> (*kein Plur.*) *das Untreusein* Sie ahnte nichts von seiner Untreue.

un·tröst·lich, **un·tröst·lich** *Adj. sehr traurig* Wir sind untröstlich über diesen Verlust.

un·trüg·lich, **un·trüg·lich** <nicht steig.> *Adj. eindeutig* ein untrügliches Zeichen für etwas

un·ty·pisch <nicht steig.> *Adj. nicht typisch* ein untypisches Verhalten zeigen, Diese Merkmale sind untypisch für diese Art., Das ist untypisch für ihn.

un·ü·ber·hör·bar, **un·ü·ber·hör·bar** *Adj. so laut oder deutlich, dass man es wahrnehmen muss* etwas unüberhörbar verkünden, Die Drohung war unüberhörbar.

un·ü·ber·legt *Adj. ohne vorher überlegt zu haben* schnell und unüberlegt handeln ◆ Großschreibung→R 3.7 Tun Sie bitte nichts Unüberlegtes!

un·ü·ber·seh·bar, **un·ü·ber·seh·bar** *Adj.* **1.** (≈

unüberschaubar) so groß, dass man es nicht mit dem Blick erfassen kann eine unübersehbare Ebene, eine unübersehbare Menschenmenge **2.** *so, dass man die Folgen nicht abschätzen kann* eine Entscheidung mit unübersehbaren Auswirkungen **3.** (≈ *offensichtlich*) *so deutlich zu sehen, dass man es bemerken muss* unübersehbare Mängel aufweisen

un·ü·ber·setz·bar, un·ü·ber·setz·bar <nicht steig.> *Adj. so, dass man es nicht übersetzen kann* ein unübersetzbarer Text, Vieles von dem, was der Autor ausdrücken wollte, ist unübersetzbar.

un·ü·ber·sicht·lich *Adj.* **1.** *so, dass man es nicht vollständig überblicken kann* ein unübersichtliches Gelände **2.** *so gestaltet, dass der Inhalt schwer zu erfassen ist* eine unübersichtliche (grafische) Darstellung, ein unübersichtlich gegliederter Aufsatz

un·ü·ber·treff·lich, un·ü·ber·treff·lich *Adj. so gut, dass man es nicht besser machen kann* ein unübertrefflicher Sänger, eine unübertreffliche Aufführung

un·ü·ber·trof·fen, un·ü·ber·trof·fen <nicht steig.> *Adj. so gut, dass es noch nicht besser gemacht worden ist* eine unübertroffene Schauspielerin/Leistung

un·ü·ber·wind·lich, un·ü·ber·wind·lich <nicht steig.> *Adj.* **1.** *so, dass man nicht über etwas hinweggelangt* ein unüberwindliches Dornengestrüpp, eine unüberwindlich hohe Mauer **2.** *so, dass man nicht damit fertig wird* unüberwindliche Ängste/Schwierigkeiten **3.** *so, dass man es nicht ausgleichen kann* unüberwindliche Gegensätze/Widersprüche **4.** (≈ *unbesiegbar*) *so, dass man jmdn. nicht besiegen kann* ein unüberwindlicher Feind/Gegner

un·um·gäng·lich, un·um·gäng·lich <nicht steig.> *Adj.* (≈ *unvermeidlich*) *so, dass man es nicht vermeiden kann* unumgängliche Maßnahmen, etwas für unumgänglich halten, Leider ist eine Operation unumgänglich.

un·um·schränkt, un·um·schränkt <nicht steig.> *Adj. so, dass es nicht eingeschränkt oder begrenzt ist* ein unumschränkter Herrscher, unumschränkte Macht besitzen

un·um·stöß·lich, un·um·stöß·lich <nicht steig.> *Adj. so, dass man es nicht mehr rückgängig machen kann* ein unumstößlicher Beschluss, Das steht jetzt unumstößlich fest.

un·um·strit·ten, un·um·strit·ten *Adj. so, dass es nicht bezweifelt wird* als unumstrittener Sieger aus etwas hervorgehen, Diese Tatsache ist unumstritten.

un·un·ter·bro·chen, un·un·ter·bro·chen <nicht steig.> *Adj.* **1.** *ohne Unterbrechung* in einer ununterbrochenen Reihe, fünfzehn Minuten ununterbrochen schwimmen **2.** (*umg.*) *sehr häufig oder viel* In letzter Zeit bin ich ununterbrochen müde., Musst du denn ununterbrochen arbeiten?, Er verschreibt sich ununterbrochen!

un·ver·än·der·lich, un·ver·än·der·lich <nicht steig.> *Adj. gleich bleibend* unveränderliches Wetter

un·ver·än·dert, un·ver·än·dert <nicht steig.> *Adj. ohne, dass es sich ändert* Ihr Zustand ist unverändert ernst.

un·ver·ant·wort·lich, un·ver·ant·wort·lich <nicht steig.> *Adj. so, dass es nicht zu verantworten ist* unverantwortlicher Leichtsinn, Es ist unverantwortlich von dir, die Kinder allein zu lassen.

un·ver·äu·ßer·lich, un·ver·äu·ßer·lich <nicht steig.> *Adj.* (*geh.*) *so, dass man es jmdm. nicht wegnehmen kann* ein unveräußerliches Recht

un·ver·bes·ser·lich, un·ver·bes·ser·lich <nicht steig.> *Adj. so, dass man es nicht ändern kann* ein unverbesserlicher Lügner, Er ist eben ein unverbesserlicher Optimist.

un·ver·bind·lich, un·ver·bind·lich <nicht steig.> *Adj.* **1.** *so, dass es zu nichts verpflichtet* eine unverbindliche Zusage, ganz unverbindlich nach etwas fragen **2.** (↔ *verbindlich*) *höflich, aber wenig persönlich* einen unverbindlichen Brief schreiben, jemandem unverbindlich antworten

un·ver·bleit <nicht steig.> *Adj.* (KFZ: ≈ *bleifrei*) *ohne Anteil von Blei* unverbleites Benzin tanken

un·ver·blümt, un·ver·blümt <nicht steig.> *Adj. nicht vorsichtig, sondern ganz direkt* jemandem unverblümt seine Meinung sagen

un·ver·däch·tig, un·ver·däch·tig <nicht steig.> *Adj.* (≈ *harmlos*) *so, dass es keinen Verdacht erregt* ganz unverdächtig aussehen/tun

un·ver·dau·lich, un·ver·dau·lich <nicht steig.> *Adj.* **1.** *so, dass man es nicht verdauen kann* die unverdaulichen Bestandteile der Nahrung wieder ausscheiden **2.** (*umg.*) *so, dass man es schwer verstehen kann* eine reichlich unverdauliche Lektüre

un·ver·dient *Adj. so, dass man es nicht verdient hat* unverdiente Kritik, Die Mannschaft hat unverdient gewonnen.

un·ver·dor·ben <nicht steig.> *Adj.* **1.** *so, dass man es essen kann* unverdorbene Speisen **2.** *natürlich und nicht durch* (*schlechte*) *Einflüsse geprägt* ein unverdorbenes Kind, einen unverdorbenen Geschmack haben

un·ver·dros·sen, un·ver·dros·sen *Adj. so, dass man sich von Rückschlägen nicht entmutigen lässt* unverdrossen an den Erfolg glauben, sich unverdrossen für etwas einsetzen

un·ver·ein·bar, un·ver·ein·bar *Adj. so, dass es sich nicht in Übereinstimmung mit etwas bringen lässt* ein unvereinbarer Widerspruch, Das ist mit seinen Überzeugungen unvereinbar.

un·ver·fälscht, un·ver·fälscht *Adj.* **1.** (≈ *rein*) *ohne Beimengungen* unverfälschter Wein **2.** *nicht verändert; ursprünglich* eine unverfälschte Tradition

un·ver·fäng·lich, un·ver·fäng·lich *Adj.* (≈ *harmlos*) *so, dass es keine Konflikte hervorrufen kann* eine ganz unverfängliche Frage stellen, ein unverfängliches Thema anschneiden

un·ver·fro·ren, un·ver·fro·ren *Adj.* (*abwert.*)

ohne die nötige Zurückhaltung und Höflichkeit ganz unverfroren das Beste für sich beanspruchen

un·ver·gäng·lich, **un·ver·gäng·lich** <nicht steig.> *Adj. so, dass es für immer bestehen bleibt* ein unvergängliches Erlebnis, die unvergängliche Schönheit der Berge

un·ver·ges·sen, **un·ver·ges·sen** <-, -> *Adj. so, dass man sich immer daran erinnert* die unvergessene Schauspielerin

un·ver·gess·lich, **un·ver·gess·lich** <nicht steig.> *Adj. so, dass man es nicht vergessen kann* ein unvergessliches Erlebnis

un·ver·gleich·lich, **un·ver·gleich·lich** <nicht steig.> *Adj. so gut, dass man es nicht vergleichen kann* eine unvergleichliche Sängerin

un·ver·hält·nis·mä·ßig *Adv. so, dass es vom Normalen abweicht* Es hat unverhältnismäßig viel geregnet.

un·ver·hei·ra·tet <nicht steig.> *Adj. nicht verheiratet* ein unverheiratetes Paar, Er ist unverheiratet geblieben.

un·ver·hofft, **un·ver·hofft** <nicht steig.> *Adj. so, dass man es nicht erwartet hat* ein unverhofftes Wiedersehen, Diese Nachricht kam völlig unverhofft. ■ **Unverhofft kommt oft!**: *was man nicht erwartet, passiert oft*

un·ver·hoh·len, **un·ver·hoh·len** *Adj. offen und ganz deutlich* jemandem unverhohlen seine Abneigung zeigen, mit unverhohlener Neugier/Schadenfreude

un·ver·käuf·lich, **un·ver·käuf·lich** <nicht steig.> *Adj. nicht zu verkaufen* ein unverkäufliches Muster/Ausstellungsstück

un·ver·kenn·bar, **un·ver·kenn·bar** *Adj.* (≈ *eindeutig*) *so klar als etwas zu erkennen, dass es keinen Zweifel gibt* eine unverkennbare Ähnlichkeit, Das ist unverkennbar (ein Stück von) Mozart.

un·ver·letz·lich, **un·ver·letz·lich** <nicht steig.> *Adj. so, dass man es nicht beeinträchtigen oder ändern darf* die unverletzlichen Rechte eines Bürgers

un·ver·letzt, **un·ver·letzt** <nicht steig.> *Adj. nicht verletzt* bei einem Unfall unverletzt bleiben

un·ver·meid·lich, **un·ver·meid·lich** <nicht steig.> *Adj.* **1.** *so, dass man es nicht verhindern kann* Dieser Fehler war leider unvermeidlich., Diese Aufgabe kommt unvermeidlich auf uns zu. **2.** (*umg. iron. abwert.*) *lästig, aber nicht zu verhindern* die unvermeidlichen Ermahnungen der Mutter, Auch der unvermeidliche Herr Müller war wieder anwesend.

un·ver·min·dert, **un·ver·min·dert** <nicht steig.> *Adj. so, dass die Intensität nicht geringer geworden ist* Mit unverminderter Wucht schlugen die Wellen gegen den Kai.

Un·ver·mö·gen das <-s> (*kein Plur.*) (*geh.*) *mangelnde Fähigkeit* das Unvermögen, sich einer Situation anzupassen

un·ver·mu·tet <nicht steig.> *Adj. so, dass man es nicht vermutet hat* unvermutet in Schwierigkeiten geraten, Der Berg tauchte ganz unvermutet vor uns auf.

Un·ver·nunft die <-> (*kein Plur.*) *ein Verhalten, das uneinsichtig und dumm ist* etwas aus purer Unvernunft tun, Es zeugt von Unvernunft, bei diesem Wetter in die Berge zu fahren.

un·ver·nünf·tig *Adj. so, dass es nicht dem entspricht, zu dem die Vernunft raten würde* ein unvernünftiges Kind, Das ist sehr unvernünftig von euch!

un·ver·packt <nicht steig.> *Adj. ohne Verpackung* unverpackte Lebensmittel

un·ver·rich·tet <nicht steig.> *Adj. nicht getan* Ein großer Teil der Arbeit ist unverrichtet geblieben. ■ **unverrichteter Dinge**: *ohne etwas erreicht zu haben* Sie kamen von der Suche unverrichteter Dinge zurück.

un·ver·schämt¹ *Adj.* **1.** *so frech, dass es als beleidigend empfunden wird* ein unverschämtes Benehmen, ein unverschämter Kerl, eine unverschämte Behauptung/Frage/Lüge/Unterstellung **2.** (*umg.*) *außerordentlich viel oder hoch* unverschämte Forderungen stellen/Preise verlangen, unverschämtes Glück haben

un·ver·schämt² *Adv.* (*umg.*) *sehr* unverschämt gut aussehen, unverschämt groß/dick sein

Un·ver·schämt·heit die <-, -en> **1.** (*kein Plur.*) *unverschämte¹ Art* etwas mit großer Unverschämtheit tun **2.** *unverschämte¹ Handlung* Deine Unverschämtheiten muss ich mir nicht länger gefallen lassen!

un·ver·schul·det, **un·ver·schul·det** <nicht steig.> *Adj. so, dass man selbst keine Schuld daran hat* unverschuldet in Not geraten, unverschuldet in einen Unfall verwickelt werden

un·ver·se·hens *Adv.* (≈ *plötzlich*) ganz unversehens stehen bleiben

un·ver·sehrt <nicht steig.> *Adj.* **1.** (≈ *unverletzt*) *ohne Verletzungen* unversehrt aus dem Krieg heimkehren **2.** (≈ *unbeschädigt*) *ohne Schäden* Das Auto ist bei dem Unfall unversehrt geblieben.

un·ver·söhn·lich, **un·ver·söhn·lich** *Adj.* **1.** *ohne Bereitschaft zur Versöhnung* unversöhnliche Feinde **2.** *so groß, dass es nicht überwunden werden kann* unversöhnliche Gegensätze

un·ver·ständ·lich *Adj.* **1.** *so, dass man die Motive für etwas nicht verstehen kann* eine unverständliche Entscheidung, Es ist mir unverständlich, wie das geschehen konnte. **2.** *so, dass man es inhaltlich nicht verstehen kann* Seine wissenschaftlichen Theorien sind mir unverständlich., Er spricht eine mir unverständliche Sprache., Es ist unverständlich, was du meinst. **3.** *so, dass man es nicht richtig hören kann* Durch die Tür waren nur unverständliche Satzfetzen zu hören.

un·ver·steu·ert, **un·ver·steu·ert** <nicht steig.> *Adj. ohne, dass Steuer darauf erhoben worden ist* unversteuerte Waren verkaufen

un·ver·sucht, **un·ver·sucht** ■ **nichts unversucht lassen**: *alles Mögliche versuchen, um etwas zu erreichen* Sie ließ nichts unversucht, um uns doch noch zu überreden.

un·ver·träg·lich, **un·ver·träg·lich** *Adj.* **1.** *so, dass man es schlecht verträgt* unverträgliche Speisen/Medikamente **2.** *so, dass man schlecht mit anderen Menschen auskommt* ein unverträglicher Mensch/Charakter

un·ver·wandt *Adv. ohne Unterbrechung und lange Zeit* jemanden unverwandt ansehen

un·ver·wech·sel·bar, un·ver·wech·sel·bar <nicht steig.> *Adj. so einmalig, dass man es nicht verwechseln kann* einer Stadt ein unverwechselbares Aussehen geben, Das ist unverwechselbar seine Art sich auszudrücken.

un·ver·wund·bar, un·ver·wund·bar <nicht steig.> *Adj. so, dass jmd. nicht verwundet werden kann* Der Gegner schien unverwundbar., Durch einen Zauber wurde er unverwundbar.

un·ver·wüst·lich, un·ver·wüst·lich <nicht steig.> *Adj.* **1.** *so, dass es nur schwer oder nicht zu zerstören ist* ein unverwüstlicher Stoff, Diese Wetterjacke ist unverwüstlich! **2.** *durch nichts zu beeinträchtigen oder zu zerstören* einen unverwüstlichen Humor haben, eine unverwüstliche Gesundheit/Konstitution haben

un·ver·zagt <nicht steig.> *Adj.* (*veralt.*) *ohne Angst und mit ungebrochenem Willen* trotz der Gefahren/Rückschläge unverzagt weitermachen

un·ver·zeih·lich, un·ver·zeih·lich <nicht steig.> *Adj.* (≈ *unentschuldbar*) *so, dass es nicht zu entschuldigen ist* ein unverzeihlicher Fehler

un·ver·zollt <nicht steig.> *Adj. ohne, dass eine Zollgebühr dafür gezahlt worden ist* unverzollte Zigaretten widerrechtlich verkaufen

un·ver·züg·lich, un·ver·züg·lich <nicht steig.> *Adj.* (*geh.*) *sofort* sich unverzüglich bei jemandem melden/entschuldigen

un·voll·en·det, un·voll·en·det <nicht steig> *Adj. nicht fertig gestellt* ein unvollendetes Werk, Diese Sinfonie ist unvollendet geblieben.

un·voll·kom·men, un·voll·kom·men *Adj.* **1.** *so, dass es noch Mängel aufweist* meine unvollkommenen Kenntnisse, etwas nur unvollkommen beherrschen **2.** *so, dass es nicht vollständig ist* Die Liste ist noch unvollkommen.

Un·voll·kom·men·heit, Un·voll·kom·men·heit die <-, -en> **1.** *unvollkommener Zustand* die Unvollkommenheit unseres Wissens/einer Darstellung **2.** (≈ *Mangel*) Die Arbeit hat noch kleine Unvollkommenheiten.

un·voll·stän·dig, un·voll·stän·dig <nicht steig.> *Adj. so, dass noch etwas fehlt* eine unvollständige Aufzählung

un·vor·be·rei·tet *Adj. so, dass man nicht darauf vorbereitet ist* eine unvorbereitete Rede, unvorbereitet in den Unterricht gehen, Das hat uns ganz unvorbereitet getroffen.

un·vor·ein·ge·nom·men *Adj. ohne Vorurteile* etwas ganz unvoreingenommen beurteilen, eine Jury aus unvoreingenommenen Personen

un·vor·her·ge·se·hen <nicht steig.> *Adj. so, dass man nicht damit gerechnet hat* unvorhergesehene Ausgaben/Veränderungen

un·vor·schrifts·mä·ßig <nicht steig.> *Adj.* AMTSSPR. *nicht nach den Vorschriften* ein unvorschriftsmäßig geparktes Fahrzeug

un·vor·sich·tig *Adj. nicht vorsichtig* ein unvorsichtiger Mensch, Es war sehr unvorsichtig von ihm, das zu sagen.

Un·vor·sich·tig·keit die <-, -en> **1.** (*kein Plur.*) (≈ *Leichtsinn*) *unvorsichtige Art* Seine Unvorsichtigkeit wird ihn noch einmal teuer zu stehen kommen. **2.** *unvorsichtige Handlung* Solche Unvorsichtigkeiten sollte man besser vermeiden!

un·vor·stell·bar, un·vor·stell·bar[1] <nicht steig.> *Adj.* **1.** *so, dass man es sich nicht vorstellen kann* bisher unvorstellbare neue Möglichkeiten eröffnen, Es ist mir unvorstellbar, wie ich das vergessen konnte. **2.** *außerordentlich* unvorstellbares Leid ertragen

un·vor·stell·bar, un·vor·stell·bar[2] *Adv. sehr* unvorstellbar viele Menschen, ein unvorstellbar tiefer Abgrund

un·vor·teil·haft *Adj. so, dass es ungünstig ist oder schadet* unvorteilhaft gekleidet sein, sein Geld unvorteilhaft anlegen

Un·wäg·bar·keit, Un·wäg·bar·keit die <-, -en> *etwas, das Risiken mit sich bringt* Diese Aktion birgt zahlreiche Unwägbarkeiten in sich.

un·wahr <nicht steig.> *Adj.* (*geh.*) *nicht wahr* unwahre Angaben machen, Was er sagt, ist unwahr.

un·wahr·schein·lich[1] *Adj.* **1.** *nicht wahrscheinlich* Es ist unwahrscheinlich, dass wir noch rechtzeitig kommen. **2.** (*umg.*) *außerordentlich stark oder groß* eine unwahrscheinliche Angst haben, unwahrscheinliche Schmerzen haben

un·wahr·schein·lich[2] *Adv.* (*umg.*) *sehr* eine unwahrscheinlich große Summe, unwahrscheinlich gut aussehen

un·weg·sam *Adj. so, dass man sich dort nicht gut oder nur sehr schwer fortbewegen kann* unwegsames Gelände

un·wei·ger·lich, un·wei·ger·lich *Adj.* (≈ *zwangsläufig*) *so, dass es auf jeden Fall geschieht* Das ist die unweigerliche Folge davon., Sie kommt jeden Tag unweigerlich zu spät.

un·weit *Präp. + Gen. nicht weit weg von* unweit der Schule wohnen, Der Unfall ereignete sich unweit der Raststätte.

Un·we·sen (*geh.*) ■ **sein Unwesen treiben**: *irgendwo Schaden anrichten* Eine Räuberbande trieb ihr Unwesen in dieser Gegend.

un·we·sent·lich *Adj.* **1.** *nicht wesentlich oder wichtig* ein paar unwesentliche Veränderungen, Es ist unwesentlich, was ich dazu meine. **2.** (≈ *gering*) ein unwesentlicher Altersunterschied

Un·wet·ter das <-s> (*kein Plur.*) *sehr schlechtes Wetter, das meist von Sturm, starkem Regen, Hagel o.Ä. begleitet wird* Plötzlich brach ein Unwetter los.

un·wich·tig *Adj. ohne Bedeutung oder Belang* ein unwichtiges, kleines Detail, Es ist vollkommen unwichtig, was du darüber denkst.

un·wi·der·leg·bar, un·wi·der·leg·bar <nicht steig.> *Adj. so, dass es nicht widerlegt werden kann* eine unwiderlegbare Tatsache

un·wi·der·ruf·lich, un·wi·der·ruf·lich <nicht steig.> *Adj.* (≈ *endgültig*) *so, dass es nicht wider-*

rufen werden kann ein unwiderrufliches Urteil, unwiderruflich feststehen

un·wi·der·steh·lich, **un·wi·der·steh·lich** *Adj.* **1.** *so stark, dass man es nicht unterdrücken kann* den unwiderstehlichen Wunsch nach etwas verspüren **2.** *so schön oder angenehm, dass man nicht widerstehen kann* ein unwiderstehliches Lächeln, Sie ist einfach unwiderstehlich.

un·wie·der·bring·lich, **un·wie·der·bring·lich** <nicht steig> *Adj.* (*geh.*) *so, dass man es nicht mehr wiederholen kann* unwiederbringliche Stunden verleben, unwiederbringlich verloren sein, die unwiederbringliche Schönheit des Augenblicks

Un·wil·le der <-ns> (*kein Plur.*) (*geh.*) *Verärgerung; Ablehnung* der wachsende Unwille der Bevölkerung, seinen Unwillen gegen etwas deutlich zeigen

un·wil·lig *Adj.* **1.** *so, dass es Verärgerung oder Ablehnung erkennen lässt* unwillig den Kopf schütteln, ein unwilliger Blick, einem Befehl unwillig Folge leisten **2.** *nicht bereit, etwas zu tun* Er war unwillig, irgendetwas dagegen zu unternehmen.

un·will·kom·men *Adj. nicht willkommen* unwillkommene Gäste, Er spürte, dass er unwillkommen war.

un·will·kür·lich, **un·will·kür·lich** <nicht steig.> *Adj. so, dass es nicht bewusst geschieht* eine unwillkürliche Reaktion, einem Schlag unwillkürlich ausweichen

un·wirk·lich *Adj. so, dass es nicht natürlich oder wirklich scheint* Die Landschaft war in ein unwirkliches Licht getaucht.

un·wirk·sam <nicht steig.> *Adj. nicht wirksam* ein unwirksames Medikament, unwirksame Maßnahmen

un·wirsch <unwirscher, am unwirsch(e)sten> *Adj. unfreundlich und ablehnend* unwirsch reagieren

un·wirt·lich *Adj.* (*geh.*) *so, dass man sich nicht gern dort aufhält* eine unwirtliche Gegend

un·wirt·schaft·lich *Adj.* (≈ *unrentabel*) *so, dass es keinen wirtschaftlichen Erfolg bringt* unwirtschaftliche Maschinen

un·wis·send *Adj.* **1.** *so, dass man kein Wissen hat* Willst du dumm und unwissend bleiben?, Auf diesem Gebiet bin ich völlig unwissend! **2.** *so, dass man von etwas nichts weiß* sich unwissend stellen

Un·wis·sen·heit die <-> (*kein Plur.*) *die Tatsache, dass man* (*von etwas*) *nichts weiß* Unwissenheit schützt nicht vor Strafe.

un·wis·sen·schaft·lich *Adj.* **1.** *nicht wissenschaftlich begründet* eine unwissenschaftliche Erklärung für etwas **2.** *so, dass es nicht den Kriterien des wissenschaftlichen Denkens und Arbeitens entspricht* eine Argumentation/einen Gedankengang als unwissenschaftlich abtun

un·wis·sent·lich <nicht steig.> *Adv. ohne es zu wissen* Ich habe das unwissentlich falsch gemacht.

un·wohl *Adj. nicht ganz gesund* Ihr ist heute ein wenig unwohl. ■ **sich irgendwo/bei jemandem/etwas unwohl fühlen**: *in einer bestimmten Situation oder in der Gegenwart von jmdm. kein gutes Gefühl haben* Bei dieser Sache fühle ich mich ziemlich unwohl., In seiner Gegenwart fühlt sie sich unwohl.

Un·wohl·sein das <-s> (*kein Plur.*) (*geh.*) *leichte gesundheitliche Störung* Das ist nur ein kleines Unwohlsein und geht schnell vorüber.

un·wür·dig *Adj. ohne Würde* Lasst doch die unwürdige Streiterei., die unwürdige Behandlung vieler Tiere ■ **einer Sache unwürdig sein** (*geh.*): *etwas nicht verdienen* Er ist unseres Vetrauens unwürdig. **etwas ist jemandes unwürdig** (*geh.*): *etwas entspricht nicht der moralischen und sittlichen Art von jmdm.* Dieses Verhalten ist deiner unwürdig.

Un·zahl die <-> (*kein Plur.*) *riesige Menge* eine Unzahl von Problemen

un·zäh·lig, **un·zäh·lig** <nicht steig.> *Adj. sehr viel(e)* unzählige Stunden üben müssen, Das habe ich dir doch schon unzählige Male gesagt! ♦ Großschreibung→R 3.7 Es kamen Unzählige, um zu gratulieren.

Un·ze die <-, -n> *Gewichtseinheit in manchen englischsprachigen Ländern* (*28,35 g*)

Un·zeit (*geh.*) ■ **zur Unzeit**: *zu einer unpassenden Zeit* jemanden zur Unzeit anrufen

un·zeit·ge·mäß <nicht steig.> *Adj.* **1.** (≈ *altmodisch*) *so, dass es nicht* (*mehr*) *den gängigen Auffassungen entspricht* unzeitgemäße Ansichten **2.** *nicht der Jahreszeit entsprechend* unzeitgemäße Witterung

un·zer·brech·lich, **un·zer·brech·lich** <nicht steig.> *Adj. nicht zerbrechlich* unzerbrechliches Glas/Geschirr

un·zer·kaut <nicht steig.> *Adj. ohne es vor dem Schlucken gekaut zu haben* die Nahrung/eine Tablette unzerkaut herunterschlucken

un·zer·stör·bar, **un·zer·stör·bar** <nicht steig.> *Adj. so, dass man es nicht zerstören kann* ein unzerstörbarer Bunker

un·zer·trenn·lich, **un·zer·trenn·lich** <nicht steig.> *Adj. so eng miteinander verbunden, dass man alles zusammen macht* Die beiden Schwestern waren unzertrennlich., zwei unzertrennliche Freunde

Un·zucht die <-> (*kein Plur.*) (*veralt.*) *sexuelles Verhalten, das gegen die Moral und die Sitten verstößt* mit jemandem Unzucht treiben ■ **Unzucht mit Minderjährigen** RECHTSW.: *sexueller Missbrauch Minderjähriger*

un·züch·tig *Adj.* (*veralt.*) *sittlich und moralisch Anstoß erregend* sich unzüchtig benehmen, unzüchtige Reden führen

un·zu·frie·den *Adj. nicht zufrieden* mit dem Gehalt/seiner Lebenssituation/seinen Karriereaussichten unzufrieden sein, ein ewig unzufriedener Nörgler

Un·zu·frie·den·heit die <-> (*kein Plur.*) *der Zustand, unzufrieden zu sein* seine Unzufriedenheit deutlich zeigen

un·zu·gäng·lich <nicht steig.> *Adj.* **1.** *so, dass man nicht hineingelangen kann* Einige Räume waren wegen der Einsturzgefahr unzugänglich., ein unzugängliches Gebiet/Tal **2.** *so, dass man schwer Kontakt zu anderen Menschen findent* ein unzugänglicher Mensch/Typ ■ **etwas gegenüber unzugänglich sein**: *etwas nicht akzeptieren* Er ist meinen Bitten gegenüber unzugänglich.

un·zu·läng·lich *Adj.* (*geh.*) *so, dass es nicht ausreicht oder nicht so gut ist, wie es sein sollte* unzulängliche Kenntnisse auf einem Gebiet haben, für eine Bergtour unzulänglich ausgerüstet sein

un·zu·läs·sig <nicht steig.> *Adj.* (*geh.* ≈ *verboten*) *nicht erlaubt* Das sind doch unzulässige Behauptungen/Verallgemeinerungen! ►Unzulässigkeit

un·zu·mut·bar <nicht steig.> *Adj. so, dass es nicht erwartet werden kann, dass man es akzeptiert* unter unzumutbaren Bedingungen arbeiten

Un·zu·mut·bar·keit die <-> (*kein Plur.*) *die Tatsache, dass etwas unzumutbar ist* ein Angebot wegen Unzumutbarkeit ablehnen ◆-sgrenze

un·zu·rech·nungs·fä·hig <nicht steig.> *Adj.* RECHTSW. *so, dass jmd. nicht für etwas verantwortlich gemacht werden kann* Dem Täter wurde bescheinigt, dass er unzurechnungsfähig sei.

Un·zu·rech·nungs·fä·hig·keit die <-> (*kein Plur.*) RECHTSW. *die Eigenschaft, unzurechnungsfähig zu sein*

un·zu·rei·chend <nicht steig.> *Adj. nicht so, wie es eigentlich sein sollte* unzureichend vorbereitet/ausgestattet sein, unzureichende Informationen

un·zu·sam·men·hän·gend <nicht steig.> *Adj. so, dass es keinen Sinn macht* unzusammenhängende Worte stammeln

un·zu·ver·läs·sig *Adj. so, dass man sich nicht darauf verlassen kann* Leider ist sie sehr unzuverlässig., ein unzuverlässiger Mensch, Das Gerät ist ziemlich unzuverlässig, machnchmal funktioniert es, manchmal nicht

un·zweck·mä·ßig <nicht steig.> *Adj. so, dass es für den genannten Zweck ungeeignet ist* für einen Radausflug unzweckmäßig gekleidet sein

un·zwei·deu·tig <nicht steig.> *Adj.* (≈ *eindeutig*) *so, dass man es nicht missverstehen kann* jemandem unzweideutig sagen, was er zu tun hat

un·zwei·fel·haft, **un·zwei·fel·haft** <nicht steig.> *Adj. so, dass man nicht daran zweifeln kann* Das ist unzweifelhaft richtig., Ihr Sieg ist unzweifelhaft.

Up·date das ['apdeɪt] <-s, -s> EDV *eine neue und verbesserte Version eines Programms* das Update aus dem Internet herunterladen

Up·load der ['apləʊd] <-s, -s> (EDV: ↔ *Download*) *Vorgang, dass Daten von dem eigenen Computer an ein anderes System gesendet werden* Upload einer Textdatei als Anhang zu einer Mail

Up·per·class die ['apɐkla:s] <-> (*kein Plur.*) *die gesellschaftliche Oberschicht* Das ist ein Sport für die Upperclass.

üp·pig *Adj. reichlich* ein üppiges Essen, üppig wucherndes Grün, eine üppige Oberweite haben, ganz schön üppig verdienen ■ **es** (**nicht so**) **üppig haben** (*umg.*): (*nicht so*) *viel Geld haben*

Ur der <-(e)s, -e> ZOOL. *Auerochse*

Ur·ab·stim·mung die <-, -en> POL. *eine Wahl, bei der die Mitglieder einer Gewerkschaft abstimmen, ob es einen Streik geben soll oder nicht* eine Urabstimmung über einen Streik durchführen

Ur·ahn, **Ur·ah·ne** der <-(e)s/-en, -en> *Vorfahr(in)*

U·ral der <-(s)> GEOGR. *Gebirgszug zwischen Asien und Europa in Westsibirien*

ur·alt <nicht steig.> *Adj.* (*umg.*) *sehr alt* Das ist ein uralter Brauch., ein uralter Mann

U·ran das <-s, -e> CHEM. *radioaktives chemisches Element, das Grundstoff zur Erzeugung von Atomenergie ist*

Ur·angst die <-, Urängste> PSYCH. *eine Angst, die der Mensch von Geburt an hat* die Urangst vor der Dunkelheit

U·ran·vor·kom·men das <-s, -> *natürliches Vorkommen von Uran*

ur·auf·füh·ren <-, -, hat uraufgeführt> *mit OBJ* ■ *etwas wird uraufgeführt ein Theaterstück, ein Film, eine Oper, eine Zirkusnummer o.Ä. wird zum ersten Mal aufgeführt* Gestern wurde das Stück uraufgeführt., ein Theaterstück uraufführen

Ur·auf·füh·rung die <-, -en> *erste Aufführung* die Uraufführung einer neuen Oper ◆Welt-

ur·ban <nicht steig.> *Adj.* (*geh.* ≈ *städtisch*) das urbane Leben

ur·bar ■ **etwas urbar machen**: *etwas für die landwirtschaftliche Nutzung vorbereiten* unkultiviertes Land urbar machen

Ur·bild das <-(e)s, -er> (*geh.*) *die Verkörperung von etwas, die alle typischen Merkmale der Sache trägt und als Vorbild dienen kann* das Urbild einer treu sorgenden Mutter

ur·chig <nicht steig.> *Adj.* (*schweiz.*) *urwüchsig; bodenständig*

Ur·du das <-> (*kein Plur.*) *Amtssprache in Pakistan*

Ur·ein·woh·ner, **Ur·ein·woh·ne·rin** der <-s, -> *jmd. aus dem Volk, das ein Land zuerst besiedelt hat* die Ureinwohner Australiens

Ur·en·kel, **Ur·en·ke·lin** der <-s, -> *Sohn oder Tochter von jmds. Enkel oder Enkelin*

ur·ge·müt·lich <nicht steig.> *Adj.* (*umg.*) *sehr gemütlich* eine urgemütliche Kneipe

Ur·ge·schich·te die <-> (*kein Plur.*) *der älteste Abschnitt der Geschichte der Menschheit*

ur·gie·ren <urgierst, urgierte, hat urgiert> *mit OBJ* ■ *jmd. urgiert jmdn./etwas* (*österr.*) *jmdn. oder etwas anmahnen*

Ur·groß·el·tern <-> *Plur. Eltern der Großeltern*

Ur·groß·mut·ter die <-, Urgroßmütter> *Mutter der Großmutter*

Ur·groß·va·ter der <-s, Urgroßväter> *Vater des Großvaters*

Ur·he·ber, **Ur·he·be·rin** der <-s, -> **1.** *Person, die etwas verursacht hat* der Urheber eines Streits **2.** *Person, die ein Kunstwerk geschaffen hat* der Urheber dieses Werkes

Ur·he·ber·recht das <-(e)s, -e> (*kein Plur.*) RECHTSW. *Gesamtheit der Gesetze, die die Rechte des Urhebers*[2] *schützen* Die unerlaubte Kopie eines Werkes verstößt gegen das Urheberrecht.

U

ur·he·ber·recht·lich <nicht steig.> *Adj.* RECHTSW. *auf das Urheberrecht bezogen oder zu ihm gehörend* urheberrechtlichen Schutz genießen

U·ri <-s> GEOGR. *ein Kanton in der zentralen Schweiz*

u·rig *Adj.* **1.** *urtümlich* eine urige Kneipe **2.** *auf angenehme Weise komisch* ein uriger Typ

U·rin der <-s, -e> (*Plur. selten*) (≈ *Harn*) *das Wasser, das der Körper von Menschen und Tieren ausscheidet* den Urin untersuchen lassen ◆-probe, -untersuchung

u·ri·nie·ren *ohne OBJ* ■ *jmd. uriniert* (*geh.* ≈ *umg. pinkeln*) *Harn lassen*

U·rin·zu·cker der <-s> (*kein Plur.*) MED. *Zuckeranteil im Urin* den Urinzucker bestimmen lassen

Ur·knall der <-s> (*kein Plur.*) (PHYS. ASTRON.: ≈ *Big Bang*) *nach einer physikalischen Theorie der Vorgang, dass das Weltall in einer Art Explosion aus einem winzig kleinen Punkt von unvorstellbar dicht gepackter Materie hervorgegangen ist*

ur·ko·misch <nicht steig.> *Adj. sehr komisch* ein urkomischer Mensch

Ur·kun·de die <-,-n> *ein offizielles Dokument, mit dem etwas bescheinigt wird* eine Urkunde, die eine Ehe/eine Geburt/eine bestandene Prüfung bescheinigt, Die Sieger erhielten ihre Urkunden. ◆Besitz-, Ehren-, Geburts-, Heirats-, Sieger-

Ur·kun·den·fäl·schung die <-, -en> (*Plur. selten*) RECHTSW. *das Fälschen einer Urkunde* wegen Urkundenfälschung verurteilt werden

ur·kund·lich <nicht steig.> *Adj. mit oder in einer Urkunde* urkundlich erwähnt sein

Ur·laub der <-(e)s, -e> **1.** *die Zeit, in der man nicht arbeiten muss* Urlaub nehmen/beantragen/einreichen **2.** *ein Aufenthalt an einem Ort, der fern von zu Hause ist und an dem man sich von der Arbeit erholt* in den Urlaub fahren, Urlaub in der Schweiz/in den Bergen/am Meer machen ◆Aktiv-, Bade-, Sommer-, Weihnachts-

Ur·lau·ber, **Ur·lau·be·rin** der <-s, -> *Person, die irgendwo Urlaub[2] macht* Unterkünfte für Urlauber anbieten

Ur·laubs·an·spruch der <-(e)s, Urlaubsansprüche> *Anspruch eines Angestellten oder eines Arbeiters auf eine bestimmte Zahl von Urlaubstagen pro Jahr*

Ur·laubs·geld das <-es, -er> *eine bestimmte Summe Geld, die einem Angestellten zusätzlich zum Gehalt für den Urlaub gezahlt wird*

Ur·laubs·zeit die <-> (*kein Plur.*) *die Jahreszeit, in der viele Menschen Urlaub machen* In der Urlaubszeit ist es hier immer sehr voll.

Ur·ne die <-, -n> **1.** *eine Art Krug, in dem die Asche eines Toten aufbewahrt wird* ◆-nbeisetzung, -nbestattung, -nfriedhof, -ngrab **2.** (POL.: ≈ *Wahlurne*) *das Gefäß, in das die Wähler die Wahlzettel einwerfen*

Ur·sa·che die <-, -n> (≈ *Grund*) *etwas, das etwas bewirkt* Was ist die Ursache für deine Verärgerung?, aus ungeklärter Ursache geschehen, die Ursache einer Sache ermitteln ■ **Keine Ursache!**: *verwendet als kurze Antwort, nachdem sich jmd. bedankt hat* Herzlichen Dank! – Keine Ursache! ◆Todes-, Unfall-

Ur·sprung der <-s, Ursprünge> *der Zeitpunkt oder der Ort, an dem etwas angefangen hat* der Ursprung einer Entwicklung, der Ursprung eines Flusses, Dieses Wort ist lateinischen Ursprungs.

ur·sprüng·lich <nicht steig.> *Adj.* **1.** *so, wie es zu Anfang war* Der ursprüngliche Text des Schreibens lautete anders., Ursprünglich wollte ich auch teilnehmen, dann habe ich es mir anders überlegt. **2.** *natürlich; unverfälscht* eine ursprüngliche Landschaft, die ursprüngliche Kultur dieses Volkes, eine ursprüngliche Art haben

Ur·sprungs·land das <-(e)s, Ursprungsländer> *Land, aus dem etwas stammt* Argentinien ist das Ursprungsland des Tangos.

Ur·sprungs·ort der <-(e)s, -e> *Ort, von dem etwas stammt oder an dem sich etwas zuerst entwickelt hat*

Ur·teil das <-s, -e> **1.** *eine Aussage, die eine bestimmte Ansicht über jmdn. oder etwas enthält* Mein Urteil über ihn steht fest., sich kein Urteil erlauben können, sein Urteil zu etwas abgeben/über jemanden fällen, Er hat sich noch kein Urteil darüber gebildet. **2.** RECHTSW. *die Entscheidung, die ein Richter am Ende eines Prozesses trifft* das Urteil anfechten/annehmen/verkünden/vollstrecken

ur·tei·len *ohne OBJ* ■ *jmd. urteilt* (*über jmdn./etwas*) *etwas prüfen und sich dann eine Meinung* (*über jmdn./etwas*) *bilden* Darüber kann ich nicht urteilen., hart/gerecht/ungerecht urteilen

Ur·teils·be·grün·dung die <-, -en> RECHTSW. *Begründung, warum ein bestimmtes Urteil[2] gefällt wurde*

Ur·teils·spruch der <-(e)s, Urteilssprüche> RECHTSW. *Verkündung eines Urteils[2] durch einen Richter*

Ur·teils·ver·mö·gen das <-s> (*kein Plur.*) *die Fähigkeit, über etwas urteilen zu können* ein eingeschränktes Urteilsvermögen haben

Ur·teils·voll·stre·ckung die <-, -en> (*meist Sing.*) *das Umsetzen eines Urteils[2] die Tat*

ur·tüm·lich *Adj.* (≈ *ursprünglich*) *unverfälscht; natürlich* urtümliche Bräuche, eine urtümliche Landschaft

U·ru·guay [urugua:ij] <-s> GEOGR. *ein Land in Südamerika mit Grenzen zu Argentinien und Brasilien*

U·ru·gua·yer, **U·ru·gua·ye·rin** der [urugua:jer] <-s, -> *Einwohner Uruguays*

u·ru·gua·yisch [uru'gu̯a:jɪʃ] *Adj. Uruguay betreffend*

Ur·ur·groß·mut·ter die <-s, Ururgroßmütter> *die Mutter der Urgroßmutter*

Ur·ur·groß·va·ter der <-s, Ururgroßväter> *der Vater des Urgroßvaters*

Ur·wald der <-(e)s, Urwälder> *ein großes Waldgebiet, das besonders in den Tropen vorkommt* die reiche Tier- und Pflanzenwelt des brasilianischen Urwalds, Eingeborenenstämme im Urwald des Amazonasbeckens

ur·wüch·sig <nicht steig.> *Adj.* **1.** (≈ *ursprüng-*

lich) *nicht von Menschen verändert* die urwüchsige Natur **2.** *nicht von außen beeinflusst und ganz natürlich* einen urwüchsigen Humor haben, ein urwüchsiger Menschenschlag

Ur·zeit die <-, -en> *die älteste Zeit der erdgeschichtlichen Entwicklung* Diese Kohlelagerstätten stammen aus der Urzeit der Erde. ■ **seit/vor Urzeiten:** *seit oder vor sehr langer Zeit*

Ur·zu·stand der <-(e)s> (*kein Plur.*) *der Zustand, wie er ganz am Anfang war* etwas wieder in seinen Urzustand zurückversetzen

USA die [u:ʔɛsˈʔa:] <-> GEOGR. *Abkürzung von „United States of America": Vereinigte Staaten von Amerika* Die USA sind eine Weltmacht., In den USA war ich zuletzt 1999.

Us·be·ke, Us·be·kin der <-n, -n> GEOGR. *Einwohner Usbekistans*

us·be·kisch *Adj. Usbekistan betreffend*

Us·be·kisch das <-en> (*kein Plur.*) *eine Turksprache, die in Usbekistan gesprochen wird*

Us·be·kis·tan <-s> (*kein Plur.*) GEOGR. *ein Staat in Mittelasien mit Grenzen zu Kasachstan, Tadschikistan, Turkmenistan, Kirgisien und Afghanistan*

U·ser der [ˈju:zɐ] <-s, -> EDV *jmd., der einen Computer benutzt*

U·sur·pa·tor der <-s, -en> (*geh.*) *Person, die widerrechtlich die Gewalt im Staat an sich reißt*

u·sur·pie·ren *mit OBJ* ■ *jmd. usurpiert etwas* (*geh.*) *mit Gewalt etwas an sich reißen* die Macht/das Land usurpieren

U·sus der <-> (*kein Plur.*) (*geh.*) *Brauch; Gewohnheit* Das ist bei uns/hier so Usus.

usw. *Abkürzung von „und so weiter"*

U·ten·sil das <-s, -ien> (*meist Plur.*) *das, was man für etwas Bestimmtes braucht* die Utensilien zum Schreiben ◆ Mal-, Näh-, Schmink-, Schreib-

U·te·rus der <-, Uteri> ANAT. *Gebärmutter*

U·to·pia das <-s> (*kein Plur.*) *ein Land, das nur in der Phantasie existiert und in dem eine gerechte Gesellschaft herscht, in der niemand Not leidet* in Utopia, die Suche nach Utopia

U·to·pie die <-, -n> *eine Idee, die so wirklichkeitsfern oder fantastisch ist, dass man sie nicht verwirklichen kann* die Utopie einer gerechten Gesellschaft, Vielleicht ist es doch keine Utopie und wir können es verwirklichen?

u·to·pisch *Adj.* **1.** *in der Art einer Utopie* utopische Vorstellungen/Ideen/Ziele **2.** KUNST LIT. *ein Kunstwerk, das in einer erdachten* (*zukünftigen*) *Welt handelt* ein utopischer Roman **3.** (*umg.*) *unrealistisch hoch oder groß* utopische Preise verlangen

U·to·pist, U·to·pis·tin der <-en, -en> (*abwert.*) *jmd., der Utopien nachhängt und sich zu wenig an der Realität orientiert*

UV [u:ˈfau̯] *Abkürzung von „ultraviolett"*

UV-Strah·lung <-> *Plur.* PHYS. *ultraviolette Strahlung*

Ü-Wa·gen der <-s, -> (≈ *Übertragungswagen*)

V v

V, v das *der zweiundzwanzigste Buchstabe des Alphabets* ein großes V, ein kleines v

Va·banque·spiel das [vaˈbɑ̃:k] <-(e)s> (*kein Plur.*) (*geh.*) *etwas, das ein sehr hohes Risiko darstellt* Der Kauf dieser Aktien ist doch ein Vabanquespiel., sich auf kein Vabanquespiel einlassen

Va·de·me·kum das <-s, -s> (*geh.*) *ein* (*kleines*) *Handbuch zu einem bestimmten Thema*

Va·ga·bund, Va·ga·bun·din der <-en, -en> (*veralt.* ≈ *Landstreicher*) *jmd., der ohne festen Wohnsitz lebt* ◆ -enleben

va·ga·bun·die·ren <vagabundierst, vagabundierte, hat/ist vagabundiert> *ohne OBJ* ■ *jmd. vagabundiert* **1.** (*haben*) *als Vagabund leben* **2.** (*sein*) *ohne Ziel umherstreifen*

Va·gant der <-en, -en> GESCH. **1.** *wandernder Musikant, Sänger* **2.** (*im Mittelalter*) *Student* ►vagieren

Va·gan·ten·dich·tung die <-, -en> LIT. *von Vaganten[1] verfasste lateinische weltliche Dichtung des Mittelalters*

va·ge/vag <vager, am vagsten> *Adj.* (≈ *ungewiss, unbestimmt* ↔ *präzise*) *nicht präzise und eindeutig* Mit vagen Versprechungen ist mir nicht geholfen, ich brauche feste Zusagen., Sie hat nur vage Vorstellungen, welchen Beruf sie erlernen möchte. ►Vagheit

Va·gi·na die <-, Vaginen> (ANAT.: ≈ *Scheide*) *der Teil des weiblichen Geschlechtsorgans, der von der Gebärmutter nach außen führt* ►vaginal

va·kant <nicht steig.> *Adj.* (*geh.*) *nicht besetzt* Die Stelle des Verkaufsleiters/Der Lehrstuhl für Literaturwissenschaft ist vakant.

Va·kanz die <-, -en> (*geh.*) **1.** *eine unbesetzte Stelle* **2.** (*österr.*) *Ferien*

Va·ku·um das <-s, Vakuen/Vakua> **1.** PHYS. *ein* (*fast*) *luftleerer Raum* das Vakuum in einer Elektronenröhre ◆ -pumpe, -röhre **2.** (*übertr.*) *eine Situation, in der etwas nicht ausgefüllt und deshalb für verschiedene Einflüsse offen ist* das machtpolitische Vakuum nach dem Sturz des Diktators ◆ Macht-

va·ku·um·ver·packt <nicht steig.> *Adj. so, dass ein Lebensmittel in einer bestimmten Weise versiegelt ist, die es sehr lange haltbar macht* Neben frisch gemahlenem haben wir auch stets vakuumverpackten Kaffee als Vorrat im Hause. ►Vakuumverpackung

Va·len·tins·tag der <-(e)s, -e> *der als Tag der Liebenden gefeierte Tag* (*14. Februar*), *an dem man sich Blumen schenkt oder Kartengrüße schickt*

Va·lenz die <-, -en> **1.** (CHEM.: ≈ *Wertigkeit*) *die Eigenschaft von Atomen, eine bestimmte Anzahl von Atomen anderer Elemente im Molekül zu binden oder zu ersetzen* ◆ -elektron **2.** SPRACHWISS. *Eigenschaft eines Wortes, vor allem des Verbs, bestimmte andere Wörter grammatisch an sich zu* *binden* ◆ Adjektiv-, Verb-

i Wissenswert In diesem Wörterbuch wie in vielen anderen Wörterbüchern werden Verben als transitiv (*mit OBJ*) und intransitiv (ohne OBJ) beschrieben. Diese traditionellen Begriffe bedeuten, dass das Verb (z.B. geben) mit einem direkten Objekt vorkommt (transitiv) oder (z.B. schlafen) ohne ein Objekt (intransitiv). Solche Unterschiede werden durch das in der heutigen Sprachwissenschaft inzwischen fest etablierte Modell der **Valenz** beschrieben. Valenz (Wertigkeit) ist die Eigenschaft vor allem von Verben, bestimmte Mitspieler zu fordern, damit sich ein grammatisch vollständiger Satz ergibt. Man unterscheidet einwertige Verben (Er schläft.), zweiwertige (Er liebt sie.) und dreiwertige (Er schenkt ihr ein Buch.).

va·lid(e) <nicht steig.> *Adj.* (*fachspr.*) *der Zustand, dass eine (wissenschaftliche) Aussage gültig und zuverlässig ist* Dieser Beweis ist/gilt als valide. ▶Validität

va·li·die·ren <validierst, validierte, hat validiert> *mit OBJ* **1.** ■ *jmd. validiert etwas* (*fachspr.*) *feststellen, dass eine bestimmte Methode für einen bestimmten Zweck geeignet und gültig ist* Wir wissen nicht genau, ob die neue Testmethode gültige Aussagen über Arbeitsmotivation machen kann – wir müssen sie noch validieren. **2.** ■ *etwas validiert etwas* EDV *entstehende Daten bereits während des Eingabeprozesses mit einem hinterlegten Strukturmodell vergleichen* ▶Validierung

Va·lu·ta die <-, Valuten> **1.** WIRTSCH. BANKW. *ausländische Währungen* **2.** BANKW. *die Festsetzung des Tages, an dem Gutschriften oder Belastungen auf einem Konto vorgenommen werden oder von dem an ein Posten verzinst oder zinspflichtig wird* ◆ -geschäft, -kredit, -papier

Vamp der [vɛmp] <-s, -s> *erotisch anziehende und sehr verführerische Frau, die aber gleichzeitig kalt und berechnend ist* Sie spielte in diesem Film den Typ des männermordenden Vamps.

Vam·pir der <-s, -e> *ein Verstorbener, der dem Volksglauben nach nachts aus seinem Sarg steigt, um lebenden Menschen durch einen Biss das Blut auszusaugen* Graf Dracula, der wohl berühmteste Vampir ▶Vampirismus

Van·da·le/Wan·da·le der <-n, -n> **1.** *Angehöriger eines germanischen Volksstammes* **2.** (*übertr.*) *zerstörungswütiger Mensch* ■ **jemand haust wie ein Vandale**: *jmd. beschädigt oder zerstört irgendwo etwas auf sinnlose Art* Die Einbrecher haben in dem Laden wie die Vandalen gehaust.

Van·da·lis·mus/Wan·da·lis·mus der <-> (*kein Plur.*) *sinnlose Zerstörungswut* Die Zerstörung der Telefonzellen war reiner Vandalismus.

Va·nil·le die [va'nɪljə, va'nɪlə] <-> (*kein Plur.*) *ein Gewürz (für Süßspeisen), das man z.B. in Eis und Pudding verwendet* ◆ -aroma, -geschmack, -pudding

Va·nil·le·eis das <-es> (*kein Plur.*) *Speiseeis mit Vanillegeschmack*

Va·nil·le·so·ße die <-, -n> *zu Eis oder Pudding gereichte Soße mit Vanillegeschmack*

Va·nil·le·zu·cker der <-> (*kein Plur.*) *Zucker, der mit Vanille gemischt ist*

Va·ri·a die <-> *Plur.* (*fachspr.*) *Verschiedenes* In der Sitzung sprechen wir nach den wichtigsten Themen am Ende noch über Varia (wie zum Beispiel den Betriebsausflug).

va·ri·a·bel <variabler, am variabelsten> *Adj.* (*geh.* ≈ *flexibel*) *so, dass man es (ver)ändern und anders gestalten kann* Wir haben uns eine variable Regalwand gekauft, die lässt sich später noch ausbauen. ▶Variabilität

Va·ri·a·b·le die <-, -n> (MATH. PHYS.: ↔ *Konstante*) *eine veränderliche Größe, die verschiedene Werte annehmen kann* Die Gleichung 4x = 2y enthält zwei Variablen, nämlich x und y.

Va·ri·an·te die <-, -n> (*geh.* ≈ *Spielart*) *eine (leicht) veränderte Form oder Abwandlung von etwas* Es gibt verschiedene Varianten bei der Aussprache des Buchstabens „r“., Sie eröffnete die Schachpartie mit einer ungewöhnlichen Variante. ▶variantenreich ◆ Farb-, Geschmacks-, Stil-

Va·ri·anz die <-, -en> (MATH.: ↔ *Invarianz*) *Maß für die Größe der Abweichung vom Mittelwert*

Va·ri·a·ti·on die <-, -en> **1.** (≈ *Abwandlung*) *das Variieren* Von diesem Märchen gibt es verschiedene Variationen. **2.** *etwas, das variiert wird* In diesem Geschäft gibt es Sommerschuhe in allen Variationen. **3.** MUS. *melodische, harmonische oder rhythmische Abwandlung eines Themas* Auf dem Konzertprogramm steht auch eine Variation über ein Thema von Mozart. ◆ -sbreite, -smöglichkeit

Va·ri·e·tät die [varie'tɛ:t] <-, -en> **1.** (BIOL.: ≈ *Abart*) *eine geringfügig vom Standardtyp abweichende Form eines Lebewesens* **2.** SPRACHWISS. *eine besondere Eigenart innerhalb einer größeren Sprachlandschaft* ◆ Sprach-

Va·ri·e·tee, *a.* **Va·ri·e·té** das [varie'te:] <-(s), -s> **1.** *eine Art Theater, dessen Programm aus einer Abfolge von akrobatischen, künstlerischen, musikalischen und tänzerischen Darbietungen besteht* **2.** (≈ *Revue*) *Vorführung in einem Varietee*[1]

va·ri·ie·ren [vari'i:rən] <variierst, variierte, hat variiert> **I.** *mit OBJ* ■ *jmd. variiert etwas* (≈ *abwandeln, modifizieren*) *leicht verändern* Wir haben die Versuchsanordnung bereits einige Male variiert. **II.** *ohne OBJ* ■ *etwas variiert sich leicht voneinander unterscheiden* Alle gemessenen Werte variieren.

Va·sall der <-en, -en> GESCH. *Gefolgsmann, Lehensmann* ◆ -endienst, -eneid, -enpflicht, -entum

Va·sal·len·staat der <-es, -en> POL. *ein Staat, der von einem anderen Staat abhängig ist*

Va·se die <-, -en> *ein Gefäß, in das man (Schnitt-)Blumen stellt* eine bauchige/hohe/schlanke Vase aus Glas/Kristall/Ton. ◆ Blumen-

Va·se·lin/Va·se·li·ne die <-s> (*kein Plur.*) *eine Substanz, die für die Herstellung von Salben und*

Schmiermitteln verwendet wird

vas·ku·lär <nicht steig.> *Adj.* MED. *zu den Blutgefäßen gehörend*

va·so·mo·to·risch <nicht steig.> *Adj.* MED. *die Gefäßnerven betreffend*

Va·ter der <-s, Väter> **1.** (↔ *Mutter*) *ein Mann, der ein Kind gezeugt hat* Unser Nachbar wurde zum zweiten Mal Vater., Er ist Vater von drei Kindern. ◆-rolle **2.** *ein Mann, der sich in der Rolle eines Vaters*[1] *um ein oder mehrere Kinder kümmert* Als die Mutter wieder heiratete, bekamen die Kinder einen neuen Vater. ◆-bild, -bindung, -figur, -haus, -liebe, -pflicht, Stief- **3.** *ein männliches Tier, das Junge gezeugt hat* **4.** (*meist Plur.*) (*geh.* ≈ *Schöpfer*) *jmd., der etwas geschaffen oder erfunden hat* Wer waren die Väter des Grundgesetzes? **5.** (*kein Plur.*) REL. *Gott* ■ **der Vater im Himmel/der himmlische Vater**: *Gott* **Vater Staat** (*umg. scherzh.*): *der Staat* (*im Zusammenhang mit Finanzen und Steuern*) **Heiliger Vater** REL.: *der Papst*

Va·ter·freu·den ■ **Vaterfreuden entgegensehen** (*scherzh.*): *bald Vater*[1] *werden*

Va·ter·land das <-(e)s, -länder> (*geh.* ≈ *Heimat*) *das Land, in dem man geboren ist und zu dessen Volk man gehört* ◆-sverräter

Va·ter·lands·lie·be die <-> (*kein Plur.*) (*geh.* ≈ *Patriotismus*) *die positive Einstellung zum eigenen Vaterland*

vä·ter·lich <nicht steig.> *Adj.* (↔ *mütterlich*) **1.** *wie ein guter Vater* (*sorgend*) Er war mir stets ein väterlicher Freund. **2.** *zum Vater gehörend* Wer wird später das väterliche Geschäft übernehmen?

vä·ter·li·cher·seits *Adv.* (*in Bezug auf Verwandtschaftsbeziehungen* ↔ *mütterlicherseits*) *von der Seite des Vaters* Auf diesem Foto siehst du meine Großeltern väterlicherseits.

Vä·ter·lich·keit die <-, -en> (*meist Sing.*) (↔ *Mütterlichkeit*) *die väterliche*[1] *Art*

va·ter·los <nicht steig.> *Adj.* (↔ *mutterlos*) *ohne Vater* Das Kind wächst vaterlos auf.

Va·ter·mord der <-(e)s> (*kein Plur.*) *das Ermorden des eigenen Vaters*

Va·ter·mör·der, **Va·ter·mör·de·rin** der <-s, -> *jmd., der Vatermord begangen hat*

Va·ter·recht das <-s, -e> (*meist Sing.*) (≈ *Patriarchat* ↔ *Matriarchat, Mutterrecht*) *die rechtliche Ordnung in Familie und Gesellschaft, die durch Vormachtstellung des Mannes und Erbfolge in väterlicher Linie gekennzeichnet ist*

Va·ter·schaft die <-> (*kein Plur.*) RECHTSW. *der Umstand, Vater eines Kindes zu sein* (*und seine rechtlichen Konsequenzen*) die Vaterschaft bestreiten ◆-stest

Va·ter·schafts·kla·ge die <-, -n> RECHTSW. *eine Klage, mit der festgestellt werden soll, ob ein Mann der leibliche Vater eines Kindes ist* (*und Unterhaltszahlungen leisten muss*)

Va·ter·stadt die <-> (*kein Plur.*) (*geh.*) *die Stadt, in der man geboren und/oder aufgewachsen ist*

Va·ter·tag der <-(e)s> (*kein Plur.*) (*umg.*) *der Himmelfahrtstag, an dem viele Männer* (*ohne ihre Familien*) *gemeinsam Ausflüge machen und feiern*

Va·ter·un·ser das <-s, -> REL. *Bittgebet aller christlichen Konfessionen*

Va·ti der <-s, -s> (*umg.* ≈ *Papa, Papi*) (*Koseform von*) *Vater*

Va·ti·kan der <-s> (*kein Plur.*) **1.** *die Residenz des Papstes in Rom* **2.** *die oberste Instanz der römisch-katholischen Kirche*

va·ti·ka·nisch *Adj. zum Vatikan*[1 2] *gehörend oder von ihm ausgehend* ein vatikanisches Konzil

Va·ti·kan·stadt die <-> (*kein Plur.*) *der Stadtstaat, in dem der Vatikan*[1] *liegt*

V-Aus·schnitt der <-(e)s, -e> *v-förmiger Ausschnitt eines Kleidungsstückes* ein Pullover/T-Shirt mit V-Ausschnitt

v. Chr. (↔ *n. Chr.*) *Abk. für „vor Christi Geburt“*

Ve·ge·ta·ri·er, **Ve·ge·ta·ri·e·rin** der <-s, -> *jmd., der wenig oder gar keine Nahrung aus tierischen Stoffen und besonders kein Fleisch zu sich nimmt* Sie ist aus Protest gegen die Massentierhaltung zur Vegetarierin geworden.

ve·ge·ta·risch <nicht steig.> *Adj. so, dass man in seiner Ernährung auf tierische Stoffe und besonders auf Fleisch fast oder ganz verzichtet* Er ernährt sich aus gesundheitlichen Gründen vegetarisch., vegetarische Küche, ein vegetarisches Restaurant ▶Vegetarismus

Ve·ge·ta·ti·on die <-, -en> (*fachspr.*) **1.** *der Pflanzenbestand in einem bestimmten Gebiet* ein Film über die Vegetation Madagaskars **2.** *Pflanzenwuchs* In dieser unberührten Landschaft gibt es noch eine üppige Vegetation. ◆-sgrenze, -sgürtel, -speriode

ve·ge·ta·tiv <nicht steig.> *Adj.* **1.** BIOL. *ungeschlechtlich* Diese Pflanzen vermehren sich vorwiegend vegetativ. **2.** MED. BIOL. *nicht dem Willen oder dem Bewusstsein unterliegend* Welche Körperfunktionen werden vom vegetativen Nervensystem gesteuert?

ve·ge·tie·ren <vegetierst, vegetierte, hat vegetiert> *ohne OBJ* ■ *jmd. vegetiert* (*abwert.*) *sehr ärmlich und unter sehr schlechten Bedingungen leben* Die meisten der Slumbewohner vegetieren in einfachsten Behausungen.

ve·he·ment *Adj.* (*geh.* ≈ *heftig*) Der Vorschlag wurde von allen Seiten vehement kritisiert.

Ve·he·menz die <-> (*kein Plur.*) (*geh.*) *Heftigkeit, temperamentvolle Art*

Ve·hi·kel das <-s, -> **1.** (*umg. abwert.*) *altes, klappriges Fahrzeug* **2.** (*geh.* ≈ *Medium*) *Mittel zu einem bestimmten Zweck* Die Sprache ist das Vehikel aller geistigen Prozesse., Die Romane dieses Autors dienen stets auch als Vehikel der Bloßlegung gesellschaftlicher Missstände.

Veil·chen das <-s, -> **1.** *eine kleine Blume mit duftenden, violetten Blüten, die im Frühjahr blüht* ▶veilchenblau **2.** (*umg. scherzh.*) *ein Bluterguss rund ums Auge* Er hat sich bei einer Schlägerei ein Veilchen geholt.

Veits·tanz der <-es> (*kein Plur.*) *Nervenerkran-*

kung mit Muskelzuckungen

Vẹk·tor der <-s, -en> MATH. *eine Größe, die als Pfeil dargestellt wird und durch Angriffspunkt, Richtung und Betrag festgelegt ist* ◆-produkt, -raum, -rechnung

vẹk·to·ri·ell <nicht steig.> *Adj.* MATH. *den Vektor betreffend, durch Vektoren berechnet*

Ve·lo das <-s, -s> (*schweiz.*) *Fahrrad* ◆ Getrenntschreibung→R 4.1 Velo fahren

Ve·lours der [vəˈluːɐ̯/veˈluːɐ̯] <nicht steig.> *ein Stoff mit einer weichen, samtartigen Oberfläche*

Ve·lours·le·der das <-s> (*kein Plur.*) (≈ *Wildleder*) *Leder mit einer samtähnlichen Oberfläche*

Ven·dẹt·ta die <-, Vendetten> *Blutrache*

Ve·ne die <-, -n> *eine Blutader, die zum Herzen führt* ▶intravenös ◆-nentzündung, -nmittel

Ve·ne·dig <-s> *Stadt in Norditalien*

ve·ne·risch (*nicht steig.*) *Adj.* ■ **eine venerische Krankheit** MED.: *eine Geschlechtskranheit*

Ve·ne·zi·a·ner, **Ve·ne·zi·a·ne·rin** der <-s, -> *Einwohner Venedigs*

ve·ne·zi·a·nisch <nicht steig.> *Adj. auf Venedig bezogen, zu Venedig gehörend*

Ve·ne·zo·la·ner, **Ve·ne·zo·la·ne·rin** der <-s, -> *jmd., der die venezolanische Staatsbürgerschaft hat*

ve·ne·zo·la·nisch <nicht steig.> *Adj. auf Venezuela bezogen, zu Venezuela gehörend*

Ve·ne·zu·e·la <-s> *Staat in Südamerika*

ve·nös <nicht steig.> *Adj. die Venen betreffend* ▶intra-

Ven·til das <-s, -e> **1.** *eine mechanische Vorrichtung, mit der das Stauen oder Ablassen von Gasen und Flüssigkeiten reguliert wird* Das Ventil ist undicht/schließt nicht/ist offen., Jemand muss nachts das Ventil des Autoreifens geöffnet und die Luft herausgelassen haben. ◆-einstellung, -steuerung, Auslass-, Einlass-, Entlüftungs-, Fahrrad- **2.** (*umg.*) *eine Handlung, mit der jmd. seinen* (*negativen*) *Gefühlen freien Lauf lässt* Er braucht ein Ventil für seine Aggressionen.

Ven·ti·la·ti·on die <-, -en> **1.** (*fachspr.* ≈ *Belüftung*) *das Bewegen von Luft, um verbrauchte Luft zu beseitigen* In Gewächshäusern ist es wichtig, für die richtige Ventilation zu sorgen. **2.** *eine Vorrichtung zum Belüften*

Ven·ti·la·tor der <-s, -en> *ein Gerät, das mit einem sich schnell drehenden Flügelrad für die Raumbelüftung und Kühlung sorgt* ◆ Decken-, Zimmer-

ven·ti·lie·ren <ventilierst, ventilierte, hat ventiliert> *mit OBJ* ■ *jmd. ventiliert etwas* (*geh. fachspr.*) *jmd. überlegt etwas sorgfältig* Ich muss deinen Vorschlag noch etwas ventilieren.

Ve·nus die <-> (*kein Plur.*) **1.** *ein Planet unseres Sonnensystems* **2.** *die römische Liebesgöttin*

ver·ạb·fol·gen <verabfolgst, verabfolgte, hat verabfolgt> *mit OBJ* ■ *jmd. verabfolgt etwas* (*veralt.* ≈ *verabreichen*) *jmdm. etwas in einer bestimmten Dosis geben* Der Arzt verabfolgte ihm eine Spritze.

ver·ạb·re·den <verabredest, verabredete, hat verabredet> **I.** *mit OBJ* ■ *jmd. verabredet etwas mit jmdm. mit jmdm. die gemeinsame Entscheidung für etwas treffen* Wir haben für nächste Woche einen Termin/ein Treffen verabredet. **II.** *mit SICH* ■ *jmd. verabredet sich mit jmdm.* (*von zwei oder mehr Personen*) *sich gegenseitig sagen, dass man sich zu einer bestimmten Zeit an einem bestimmten Ort treffen wird* Ich habe mich mit meinen Kollegen um 20 Uhr in einem Restaurant verabredet.

Ver·ạb·re·dung die <-, -en> **1.** (≈ *Vereinbarung*) *das Verabreden* Er hat sich nicht an die Verabredung gehalten. **2.** *ein Treffen, zu dem man sich mit jmdm. verabredet hat* Ich habe am Samstag schon eine Verabredung.

ver·ạb·rei·chen <verabreichst, verabreichte, hat verabreicht> *mit OBJ* ■ *jmd. verabreicht jmdm. etwas* (*geh.*) *in einer bestimmten Dosis geben* Die Ärztin verabreicht dem Patienten ein starkes Beruhigungsmittel/eine Spritze. ▶Verabreichung

ver·ạb·scheu·en <verabscheust, verabscheute, hat verabscheut> *mit OBJ* ■ *jmd. verabscheut etwas* (*geh.*) *einen starken Widerwillen gegen jmdn. oder etwas oder ein Tier empfinden* Sie verabscheut Spinnen., Ich verabscheue ihre Intrigen. ▶verabscheuenswert

ver·ạb·schie·den <verabschiedest, verabschiedete, hat verabschiedet> **I.** *mit OBJ* **1.** ■ *jmd. verabschiedet jmdn. jmdm., der aufbricht, auf Wiedersehen sagen* Er verabschiedete seine Gäste und dankte ihnen für ihr Kommen. **2.** ■ *jmd. verabschiedet jmdn. jmdm., der aus dem Dienst ausscheidet, Dank und Anerkennung aussprechen* Der Direktor hat ihn mit freundlichen Worten verabschiedet. **3.** ■ *jmd. verabschiedet etwas* POL. *etwas per Beschluss rechtskräftig machen* Nach langen Debatten verabschiedete der Bundesrat schließlich das Gesetz. **II.** *mit SICH* ■ *jmd. verabschiedet sich* (*von jmdm.*) *auf Wiedersehen sagen* Sie verabschiedete sich mit einem Händedruck. ▶Verabschiedung

ver·ab·so·lu·tie·ren <verabsolutierst, verabsolutierte, hat verabsolutiert> *mit OBJ* ■ *jmd. verabsolutiert etwas eine einzelne Erfahrung oder Erkenntnis als allgemein gültige Wahrheit betrachten* Er verabsolutiert seine schlechten Erfahrungen. ▶Verabsolutierung

ver·ạch·ten <verachtest, verachtete, hat verachtet> *mit OBJ* **1.** ■ *jmd. verachtet jmdn./etwas jmdn. oder etwas als schlecht oder unwürdig betrachten und deshalb ablehnen* Sie verachtet ihn wegen seiner Feigheit. **2.** ■ *jmd. verachtet etwas jmd. hält etwas für nicht wichtig* Er hat die Gefahr/den Tod verachtet. ■ **nicht zu verachten sein** (*umg.*): *angenehm oder erstrebenswert sein* Eine kleine Erfrischung wäre jetzt nicht zu verachten. ▶verachtenswürdig

ver·ạch·tens·wert *Adj. so, dass es Verachtung verdient*

ver·ạcht·fa·chen <verachtfachst, verachtfachte, hat verachtfacht> **I.** *mit OBJ* ■ *jmd. verachtfacht etwas auf die achtfache Anzahl, Menge oder Größe bringen* **II.** *mit SICH* ■ *etwas verachtfacht sich* *achtmal so groß werden*

ver·ạ̈cht·lich *Adj.* **1.** *mit (zur Schau gestellter) Verachtung* Er lachte verächtlich. **2.** (*≈ verachtenswert*) *so, dass jmd. von anderen verachtet wird* Er hat seinen Gegner in den Augen der anderen verächtlich gemacht.

Ver·ạch·tung die <-> (*kein Plur.*) (*↔ Wertschätzung*) *das Gefühl, dass man jmdn. oder etwas verachtet* ■ **jemand straft jemanden mit Verachtung** (*geh.*): *jmd. beachtet jmdn. nicht* ▶verachtungsvoll

ver·ạl·bern <veralberst, veralberte, hat veralbert> *mit OBJ* ■ *jmd. veralbert jmdn.* (*umg.*) *necken, zum Narren halten*

ver·all·ge·mei·nern <verallgemeinerst, verallgemeinerte, hat verallgemeinert> *mit OBJ/ohne OBJ* ■ *jmd. verallgemeinert etwas* (*≈ generalisieren*) *für allgemein gültig erklären* Man kann eine solche Behauptung doch nicht verallgemeinern., Er hat von einem einzelnen Fall auf die Gesamtheit aller Fälle geschlossen und damit den Einzelfall verallgemeinert.

Ver·all·ge·mei·ne·rung die <-, -en> **1.** (*kein Plur.*) *das Verallgemeinern* **2.** *eine verallgemeinernde Aussage* Das ist unqualifiziertes Gerede – voller Verallgemeinerungen.

ver·ạl·ten <veraltet, veraltete, ist veraltet> *ohne OBJ* ■ *etwas veraltet* **1.** *unmodern werden* eine veraltete Redeweise/Sichtweise **2.** *den Anschluss an den aktuellen (technischen) Entwicklungsstand verlieren* Computersysteme veralten sehr schnell., Man arbeitet dort mit völlig veralteten Methoden.

Ve·rạn·da die <-, Veranden> *ein überdachter Vorbau eines Wohnhauses* An lauen Sommerabenden sitzen wir gerne auf der Veranda. ◆Glas-, Holz-

ver·ạ̈n·der·lich <nicht steig.> *Adj.* **1.** (*≈ unbeständig ↔ beständig*) *so, dass es sich häufig ändert* Das Wetter bleibt auch während der nächsten Tage veränderlich. **2.** (*≈ variabel*) *so, dass etwas verändert werden kann* eine veränderliche Größe

Ver·ạ̈n·der·liche die <-n, -n> (MATH.: *≈ Variable*) *eine mathematische Größe, deren Wert sich ändern kann*

ver·ạ̈n·dern <veränderst, veränderte, hat verändert> **I.** *mit OBJ* ■ *jmd./etwas verändert jmdn./etwas bewirken, dass etwas sich ändert* Computer haben die Arbeitswelt völlig verändert., Die Erfahrungen des Krieges hatten ihn völlig verändert. **II.** *mit SICH* **1.** ■ *jmd./etwas verändert sich anders werden* Sie hat sich in all den Jahren überhaupt nicht verändert. **2.** ■ *jmd. verändert sich den Beruf wechseln* Sie will sich noch in diesem Jahr verändern.

Ver·ạ̈n·de·rung die <-, -en> **1.** (*kein Plur.*) *das Verändern* **2.** *Ergebnis einer Veränderung* In der Unternehmensstruktur wurden deutliche Veränderungen sichtbar.

ver·ạ̈ngs·tigt *Adj. voller Angst* Die verängstigten Tiere wurden aus ihren engen Käfigen befreit.

Ver·ạ̈ngs·ti·gung die <-, -en> **1.** (*kein Plur.*) *das Verängstigen* **2.** *der Zustand, dass jmd. verängstigt ist* Nach dem Unfall war das Kind in seiner Verängstigung weggelaufen.

ver·ạn·kern <verankerst, verankerte, hat verankert> *mit OBJ* **1.** ■ *jmd. verankert etwas ein Schiff mit einem Anker festmachen* **2.** ■ *jmd. verankert etwas irgendwo etwas gut befestigen* Man verankerte die Pfosten fest im Boden. **3.** ■ *jmd. verankert etwas in etwas Dat.* (*≈ festlegen*) *etwas per Gesetz zusichern* Die Würde des Menschen ist im Grundgesetz verankert. ▶Verankerung

ver·ạn·la·gen <veranlagst, veranlagte, hat veranlagt> *mit OBJ* ■ *jmd. veranlagt jmdn. zu etwas Dat.* AMTSSPR. *die zu zahlenden Steuern von jmdm. festsetzen* Das Ehepaar wird gemeinsam zur Einkommensteuer veranlagt. ▶Veranlagung

ver·ạn·lagt <nicht steig.> (*Part. Perf. von „veranlagen"*) *Adj.* **1.** (AMTSSPR.: *≈ festgesetzt*) Die veranlagten Steuern belaufen sich auf eine beträchtliche Summe. **2.** *mit bestimmten Begabungen oder Anlagen ausgestattet* Der Schüler ist musisch veranlagt.

Ver·ạn·la·gung die <-, -en> **1.** (AMTSSPR.: *kein Plur.*) *die Festsetzung der Steuern durch das Finanzamt* **2.** *angeborene (geistige oder körperliche) Eigenschaft, Fähigkeit oder Anfälligkeit* Er besitzt eine gewisse Veranlagung zum Jähzorn., Sie hat eine Veranlagung zur Korpulenz., Der Junge malt sehr schön, ich glaube, er hat eine künstlerische Veranlagung.

ver·ạn·las·sen <veranlasst, veranlasste, hat veranlasst> *mit OBJ* ■ *jmd. veranlasst etwas* **1.** *bewirken, dass jmd. etwas tut* Er ließ sich nicht dazu veranlassen, seine Meinung zu ändern. **2.** (*≈ anordnen*) Die Geschäftsleitung wird alles Weitere/das Nötigste veranlassen.

Ver·ạn·las·sung die <-, -en> (*meist Sing.*) **1.** (*≈ Anlass, Beweggrund*) *etwas, das bewirkt, dass jmd. etwas tut* Wir sehen/haben keine Veranlassung, unsere Meinung zu ändern. **2.** *Betreiben* Auf Veranlassung der Geschäftsleitung wird alles Weitere/das Nötigste in die Wege geleitet.

ver·ạn·schau·li·chen <veranschaulichst, veranschaulichte, hat veranschaulicht> *mit OBJ* ■ *jmd. veranschaulicht etwas etwas zum besseren Verständnis anschaulich machen* Der Referent veranschaulichte schwierige Sachverhalte stets durch Beispiele oder durch Grafiken. ▶Veranschaulichung

ver·ạn·schla·gen <veranschlagst, veranschlagte, hat veranschlagt> *mit OBJ* ■ *jmd. veranschlagt etwas (für etwas Akk.) aufgrund einer Schätzung etwas (z.B. Anzahl, Summe, Kosten) vorausberechnen* Für die Renovierung wurden 50.000 Euro veranschlagt.

ver·ạn·stal·ten <veranstaltest, veranstaltete, hat veranstaltet> *mit OBJ* ■ *jmd. veranstaltet etwas* **1.** *organisieren und durchführen* ein Festival/einen Kongress/ein Konzert/eine Tagung veranstalten, Die Schule veranstaltet demnächst einen Tag der offenen Tür. **2.** (*umg. abwert.*) *machen* Ihr habt ja einen ziemlichen Lärm/Zirkus veranstaltet.

Ver·ạn·stal·ter, **Ver·ạn·stal·te·rin** der <-s, ->

V

jmd., der etwas veranstaltet[1] Der Veranstalter rechnet mit etwa 100.000 Zuschauern. ◆Konzert-

Ver·ạn·stal·tung die <-, -en> **1.** (*kein Plur.*) *das Organisieren und Durchführen von etwas* Wer wurde mit der Veranstaltung der Tagung betraut? **2.** *etwas, das veranstaltet*[1] *wird* eine künstlerische/kulturelle/sportliche Veranstaltung, Bei schlechtem Wetter findet die Veranstaltung nicht im Freien, sondern in der Halle statt. ◆-sort, -stipp

Ver·ạn·stal·tungs·ka·len·der der <-s, -> *eine Art Kalender, in dem die geplanten Veranstaltungen*[2] *in einer bestimmten Stadt oder Region aufgelistet werden*

Ver·ạn·stal·tungs·rei·he die <-, -n> *eine* (*thematisch zusammenhängende*) *Serie von Veranstaltungen*[2] In den Sommermonaten findet im Apothekergarten der Stadt eine Veranstaltungsreihe zum Thema „Heilkräuter" statt.

ver·ạnt·wor·ten <verantwortest, verantwortete, hat verantwortet> **I.** *mit OBJ* ■ *jmd. verantwortet etwas eine Entscheidung vertreten* (*und deren mögliche negative Folgen tragen*) Wer hat diese Maßnahme zu verantworten?, Ich kann es nicht verantworten, dass … **II.** *mit SICH* ■ *jmd. verantwortet sich vor jmdm.* (*wegen etwas Gen.*) (≈ *rechtfertigen*) *Gründe nennen, die erklären, warum man in einer bestimmten Weise gehandelt hat* Sie konnte sich vor dem Richter nicht gut verantworten., Er muss sich wegen Mordes vor Gericht verantworten.

ver·ạnt·wort·lich <nicht steig.> *Adj.* **1.** *so, dass man die Verantwortung*[1] *für jmdn. oder etwas hat* Die Eltern sind für ihre Kinder verantwortlich., Wer ist hier der verantwortliche Redakteur? **2.** *so, dass man jmdm. Rechenschaft schuldet* Er ist nur seinem Vorgesetzten gegenüber verantwortlich. **3.** *so, dass man für etwas* (*eine Tat, ein Ereignis*) *Verantwortung*[2] *trägt und Schuld daran hat* Sie ist für den Unfall allein verantwortlich., Die starken Regenfälle der letzten Tage sind für das Ansteigen der Wasserstände verantwortlich., Wenn etwas passiert, mache ich dich (dafür) verantwortlich!

Ver·ạnt·wort·lich·keit die <-, -en> **1.** (*kein Plur.*) *das Verantwortlichsein* **2.** *das, wofür jmd. verantwortlich ist* Das fällt nicht in meine Verantwortlichkeit. **3.** (*kein Plur.*) (≈ *Verantwortungsbewusstsein*)

Ver·ạnt·wor·tung die <-, -en> **1.** *die Pflicht, dafür zu sorgen, dass* (*in bestimmten Situationen*) *das Notwendige und Richtige getan wird und kein Schaden entsteht* Der neue Trainer hat eine große Verantwortung übernommen., Sie ist ihrer Verantwortung als Chefärztin immer gerecht geworden. ◆-sbereich **2.** (*kein Plur.*) *die Verpflichtung, für seine Handlungen einzustehen und ihre Folgen zu tragen* Sie trägt die volle/die alleinige Verantwortung für den Unfall. ■ **jemand zieht jemanden zur Verantwortung**: *jmd. sieht jmdn. als verantwortlich für einen Schaden an und fordert Schadensersatz oder Strafe* **3.** (*kein Plur.*) (≈ *Verantwortungsbewusstsein*) *das Bewusstsein, Verantwortung*[1] *zu haben* Er ist ein Mensch ohne jede Verantwortung. ◆-sbereitschaft, -sgefühl

ver·ạnt·wor·tungs·be·wusst *Adj. im Bewusstsein der Verantwortung*[1]

Ver·ạnt·wor·tungs·be·wusst·sein das <-s> (*kein Plur.*) *das Bewusstsein, Verantwortung*[1] *zu tragen*

ver·ạnt·wor·tungs·los *Adj.* (≈ *unverantwortlich*, ↔ *verantwortungsvoll*) *ohne Verantwortung*[3] Es ist doch verantwortungslos, bei diesen schlechten Straßenverhältnissen so zu rasen. ▶Verantwortungslosigkeit

ver·ạnt·wor·tungs·voll *Adj.* **1.** *mit Verantwortung*[1] *verbunden* Er hat einen sehr verantwortungsvollen Beruf. **2.** *so, dass man Verantwortungsbewusstsein hat* Er war stets ein verantwortungsvoller Familienvater.

ver·ạ̈p·peln <veräppelst, veräppelte, hat veräppelt> *mit OBJ* ■ *jmd. veräppelt jmdn. jmd. hält jmdn. zum Narren* Das glaube ich dir nicht – du willst mich wohl veräppeln !

ver·ạr·bei·ten <verarbeitest, verarbeitete, hat verarbeitet> *mit OBJ* **1.** ■ *jmd. verarbeitet etwas* (*zu etwas Dat.*) *aus Rohstoffen Produkte herstellen* In dieser Schreinerei verarbeitet man ausschließlich heimische Gehölze zu hochwertigen Möbeln., Sie verarbeitet Gold und Silber zu Schmuck. **2.** ■ *jmd. verarbeitet etwas geistig und psychisch bewältigen* Er muss die Trennung von seiner Freundin erst einmal verarbeiten. **3.** ■ *jmd. verarbeitet etwas operativ bewältigen* Der Computer verarbeitet Hunderttausende von Rechenschritten pro Sekunde. **4.** *etwas künstlerisch umsetzen* Die Autorin hat in ihrem neuesten Buch auch zahlreiche Motive der antiken Mythologie verarbeitet.

Ver·ạr·bei·tung die <-, -en> **1.** (*kein Plur.*) *das Verarbeiten* **2.** *die Art und Weise, wie etwas hergestellt ist* eine Lederjacke in erstklassiger Verarbeitung, Die nachlässige Verarbeitung des Fahrrads konnte unsere Testfahrer nicht begeistern.

ver·ạr·gen <verargst, verargte, hat verargt> *mit OBJ* ■ *jmd. verargt jmdm. etwas* (*geh.*) *jmd. nimmt jmdm. etwas übel* Er hat es mir verargt, dass ich nicht zu seiner Geburtstagsfeier gekommen bin.

ver·ạ̈r·gern <verärgerst, verärgerte, hat verärgert> *mit OBJ* ■ *jmd. verärgert jmdn.* (*mit etwas Dat.*) *bewirken, dass jmd. ärgerlich wird* Er verärgerte sie mit seinen Bemerkungen. ▶Verärgerung

ver·ạr·men *ohne OBJ* ■ *jmd. verarmt immer mehr von seinem Vermögen verlieren, so dass man am Ende arm ist* Der Landadel verarmte in jener Zeit., Wenn man keine Bücher liest, verarmt man geistig. ▶Verarmung

ver·ạr·schen <verarschst, verarschte, hat verarscht> *mit OBJ* ■ *jmd. verarscht jmdn.* (*vulg.* ≈ *veralbern*) *sich* (*in gemeiner Weise*) *über jmdn. lustig machen, indem man z.B. etwas Unwahres so erzählt, als wenn es wahr wäre* ▶Verarschung

ver·arz·ten <verarztest, verarztete, hat verarztet> *mit OBJ* ■ *jmd. verarztet jmdn.* (*umg.*) *medizini-*

sche Hilfe leisten Sie verarztete ihren Sohn, der vom Rad gestürzt war., Er verarztet das aufgeschürfte Knie seiner Freundin.

ver·äs·teln <verästelt, verästelte, hat verästelt> *mit SICH* ■ *etwas verästelt sich sich in einzelne Äste teilen* Der Baum verästelt sich in viele Zweige.

Ver·äs·te·lung die <-, -en> **1.** *das Sichverästeln* **2.** *ein Teil, der sich verästelt hat*

ver·ät·zen <verätzt, verätzte, hat verätzt> *mit OBJ* ■ *etwas verätzt etwas etwas durch Säure beschädigen oder verletzen* Die Säure verätzte ihm die Hand.

Ver·ät·zung die <-, -en> **1.** *das Verätzen* **2.** *durch Ätzen entstandene Verletzung*

ver·aus·ga·ben <verausgabst, verausgabte, hat verausgabt> *mit SICH* ■ *jmd. verausgabt sich* **1.** *sich bis zur (völligen) Erschöpfung anstrengen* Die Marathonläufer hatten sich völlig verausgabt. **2.** *sein Geld völlig ausgeben* Ich habe mich heute beim Einkaufen verausgabt. ▸Verausgabung

ver·äu·ßer·li·chen <veräußerlichst, veräußerlichte, hat veräußerlicht> *ohne OBJ* ■ *jmd. veräußerlicht (geh.) jmd. wird oberflächlich* Seit sie ihn kennt, ist sie sehr veräußerlicht.

ver·äu·ßern <veräußerst, veräußerte, hat veräußert> *mit OBJ* ■ *jmd. veräußert etwas (geh.) jmd. verkauft etwas* Er hat eins seiner Häuser veräußert. ▸veräußerlich

Ver·äu·ße·rung die <-, -en> *(geh. ≈ Verkauf)* die Veräußerung der Grundstücke

Verb das <-s, -en> (SPRACHWISS.: ≈ *Zeitwort*) *ein Wort, das konjugiert werden kann, das meist eine Tätigkeit, einen Vorgang oder einen Zustand bezeichnet und zentrales Element der Satzaussage ist* Verben werden konjugiert., Man kann zwischen transitiven, intransitiven und reflexiven Verben sowie zwischen schwachen, starken und unregelmäßigen Verben unterscheiden. ◆-endung, -form, Hilfs-, Modal-, Voll-

ver·bal *Adj.* **1.** *(geh.) mit Worten* Es war ihr unmöglich, ihre Gefühle verbal zum Ausdruck zu bringen. **2.** SPRACHWISS. *auf einem Verb beruhend, wie ein Verb gebraucht* ▸Verbalabstraktum, Verbaladjektiv, Verbalsubstantiv

ver·ba·li·sie·ren <verbalisierst, verbalisierte, hat verbalisiert> *mit OBJ* ■ *jmd. verbalisiert etwas* **1.** *(geh. ≈ artikulieren) mit Worten zum Ausdruck bringen* Er kann seine Gefühle nur sehr schlecht verbalisieren. **2.** SPRACHWISS. *ein Verb (aus einem Wort einer anderen Wortart) bilden* ▸Verbalisierung

ver·ba·li·ter <nicht steig.> *Adj. (geh.) wörtlich, dem Wort nach*

ver·ball·hor·nen <verballhornst, verballhornte, hat verballhornt> *mit OBJ* ■ *jmd. verballhornt etwas Wörter oder sprachliche Wendungen aus Unkenntnis oder zu parodistischen Zwecken entstellen* Sie hat in ihrem Aufsatz fast jedes Fremdwort verballhornt., Der Kabarettist verballhornt klassische Texte. ▸Verballhornung

Ver·bal·phra·se die <-, -n> SPRACHWISS. *die Wortgruppe eines Satzes, in der das Verb den Kern bildet*

Ver·band der <-(e)s, Verbände> **1.** MED. *eine Binde, die zum Schutz um ein verletztes Körperteil gewickelt wird* Der Arzt legt dem Patienten einen Verband an. ◆-smaterial, -swatte, Druck-, Gips-, Wund- **2.** MILIT. *ein Zusammenschluss mehrerer kleiner Einheiten* Gepanzerte Verbände drangen in feindliches Gebiet vor., Die Kampfflugzeuge flogen im Verband. ◆Kampf- **3.** *z.B. von Vereinen, Klubs oder Angehörigen eines Berufes gebildeter größerer Zusammenschluss* ein kultureller/politischer Verband, In einer Stellungnahme erklärte der Verband der Ärzte Deutschlands, dass … ◆Berufs-, Bundes-, Interessen-, Landes-

ver·ban·delt <nicht steig.> *Adj. (süddt.)* ■ **mit jemandem verbandelt sein** *(umg.): mit jmdm. in einer bestimmten Beziehung stehen*

Ver·band·kas·ten/Ver·bands·kas·ten der <-s, Verband(s)kästen> *Behälter zur Aufbewahrung von Verbandzeug*

Ver·band·stoff/Ver·bands·stoff der <-(e)s, -e> (≈ *Verbandzeug*)

Ver·band·zeug/Ver·bands·zeug das <-s> *(kein Plur.) Utensilien zum Anlegen von Verbänden*[1]*, zum Beispiel Binden und Heftpflaster u.Ä.*

ver·ban·nen <verbannst, verbannte, hat verbannt> *mit OBJ* ■ *jmd. verbannt jmdn. (geh.) jmdn. (als Strafe) aus einem Land weisen und ihm einen Aufenthaltsort zuweisen* Man verbannte den römischen Dichter Ovid nach Tomi. ▸Verbannte

Ver·bann·te der/die <-n, -n> *jmd., der in der Verbannung lebt*

Ver·ban·nung die <-, -en> **1.** *(kein Plur.) das Verbannen* **2.** (≈ *Exil*) *der Ort, an den jmd. verbannt worden ist* Viele Schriftsteller lebten damals in der Verbannung/wurden damals in die Verbannung geschickt.

ver·bar·ri·ka·die·ren <verbarrikadierst, verbarrikadierte, hat verbarrikadiert> **I.** *mit OBJ* ■ *jmd. verbarrikadiert etwas einen Bereich durch Barrikaden unzugänglich machen* **II.** *mit SICH* ■ *jmd. verbarrikadiert sich sich selbst hinter Barrikaden vor Angriffen schützen*

ver·bau·en <verbaust, verbaute, hat verbaut> *mit OBJ* **1.** ■ *jmd. verbaut etwas beim Bauen verbrauchen oder einsetzen* Bei der Errichtung des neuen Hauses verbaute man auch viel Holz., Natürlich verbaut die Firma an einen derart edlen Rahmen nur die besten Teile. **2.** ■ *jmd. verbaut etwas (abwert.) in hässlicher, verunstaltender Weise bauen* Man hat das ganze Bergtal in den vergangenen Jahren verbaut. **3.** ■ *jmd. verbaut jmdm. etwas etwas so bauen, dass es andere als störend empfinden* Der Nachbar hat uns die ganze Sicht verbaut. **4.** ■ *jmd. verbaut jmdm./sich etwas jmdm. oder sich eine Möglichkeit nehmen* Durch diesen Fehler hatte er sich und seiner Familie die ganze Zukunft verbaut.

ver·be·am·ten *mit OBJ* ■ *jmd. verbeamtet jmdn. (meist Passiv) zum Beamten auf Lebenszeit ernennen*

V

ver·bei·ßen <verbeißt, verbiss, hat verbissen> *mit SICH* **1.** ■ *jmd. verbeißt sich etwas Gefühle nicht zeigen* Sie hat sich das Lachen/den Schmerz verbissen. **2.** ■ *jmd. verbeißt sich in etwas Akk. an etwas hartnäckig festhalten* Er hat sich in seine Arbeit verbissen.

ver·ber·gen <verbirgst, verbarg, hat verborgen> **I.** *mit OBJ* ■ *jmd. verbirgt etwas* **1.** (≈ *verstecken*) *etwas in einer verdeckten Position halten, damit andere es nicht sehen oder entdecken können* Er verbarg eine Waffe unter seinem Mantel/hinter seinem Rücken. **2.** (≈ *verheimlichen*) *nicht zu erkennen geben* Sie verbarg ihre wahren Gefühle vor ihm. **II.** *mit SICH* ■ *etwas verbirgt sich hinter etwas Dat.* (*geh.*) *sich den Blicken entziehen* Die Gipfel der Berge verbargen sich hinter dicken Wolken.

ver·bes·sern <verbesserst, verbesserte, hat verbessert> **I.** *mit OBJ* **1.** ■ *jmd. verbessert etwas.* (↔ *verschlechtern*) *besser machen* Die Programmierer haben das Computerspiel in den vergangenen Jahren kontinuierlich verbessert. **2.** (≈ *korrigieren*) *Fehler in etwas beseitigen* Bevor ich meinen Aufsatz abgebe, muss ich ihn noch verbessern. **3.** (≈ *berichtigen*) *jmds.* (*fehlerhafte*) *Äußerungen berichtigen* Du brauchst mich nicht ständig zu verbessern! **II.** *mit SICH* **1.** ■ *jmd. verbessert sich* (↔ *verschlechtern*) *beruflich und sozial aufsteigen* Mit diesem Posten würde er sich enorm verbessern. **2.** (↔ *zurückfallen*) *besser werden* Der Radrennfahrer verbesserte sich nach dieser Etappe in der Gesamtwertung auf Rang sieben. **3.** (≈ *korrigieren*) *eine fehlerhafte Aussage korrigieren* Ich muss mich verbessern: Die Fahrt wird drei Stunden dauern, nicht zwei.

Ver·bes·se·rung, *a.* **Ver·bess·rung** die <-, -en> **1.** *eine* (*einzelne*) *Änderung, durch die etwas besser wurde* Das neue Fahrzeugmodell weist eine Vielzahl von Verbesserungen auf. **2.** (*kein Plur.* ≈ *Korrektur*) *das Verbessern*[2] Nach der Verbesserung der Fehler kann man den Text drucken. **3.** *das Erhöhen der Qualität von etwas* Die Ingenieure arbeiten an der Verbesserung des Motors. ▶verbesserungsbedürftig

ver·bes·se·rungs·fä·hig <nicht steig.> *Adj. so, dass man es noch verbessern*[1] *kann* Der neu entwickelte Motor ist zweifelsohne noch verbesserungsfähig.

Ver·bes·se·rungs·vor·schlag der <-(e)s, Verbesserungsvorschläge> *ein Vorschlag, wie man etwas besser machen könnte*

verbes·se·rungs·wür·dig *Adj. so unzureichend, dass es verbessert werden muss*

Ver·bess·rung die *s.* **Verbesserung**

ver·beu·gen <verbeugst, verbeugte, hat verbeugt> *mit SICH* ■ *jmd. verbeugt sich* (*vor jmdm.*) *als Zeichen von Respekt zum Gruß das Haupt und den Oberkörper* (*leicht*) *nach vorn neigen* ▶Verbeugung

ver·beu·len <verbeulst, verbeulte, hat verbeult> *mit OBJ* ■ *jmd./etwas verbeult etwas Beulen in etwas machen* Du hast den Topf verbeult., Nach dem Hagelschauer war die Karosserie des Autos verbeult.

ver·bie·gen <verbiegst, verbog, hat verbogen> **I.** *mit OBJ* ■ *jmd. verbiegt etwas durch Ausüben einer Kraft bewirken, dass etwas Gerades krumm wird* Er hat mehrere Nägel verbogen, bevor es ihm gelang, einen in die Wand zu schlagen. **II.** *mit SICH* ■ *etwas verbiegt sich verbogen werden* Unter der Last der vielen Bücher haben sich die Regalbretter verbogen.

ver·bies·tert *Adj.* (*umg. abwert.*) *missmutig und böse* Sie sieht so verbiestert aus.

ver·bie·ten <verbietest, verbot, hat verboten> **I.** *mit OBJ* **1.** ■ *jmd. verbietet jmdm. etwas* (≈ *untersagen* ↔ *erlauben*) *sagen, dass jmd. etwas nicht tun darf* Ich habe dir das ausdrücklich verboten!, Betreten verboten!, Zutritt verboten! **2.** ■ *jmd. verbietet etwas für unzulässig erklären* Ein solches Verhalten müsste verboten werden! **II.** *mit SICH* ■ *etwas verbietet sich nicht in Betracht kommen* Es verbietet sich von selbst, derartige Menschenrechtsverletzungen hinzunehmen. ■ **jemandem den Mund verbieten** (*umg.*): *jmdm. das Sprechen verbieten* **jemandem das Haus verbieten** (*umg.*): *jmdm. verbieten, dass er das Haus wieder betritt*

ver·bild·li·chen <verbildlicht, verbildlichte, hat verbildlicht> *mit OBJ* ■ *etwas verbildlicht etwas etwas bildlich darstellen* ▶Verbildlichung

ver·bil·ligt <nicht steig.> *Adj. so, dass etwas weniger kostet als normal* Für Schüler, Studenten und Senioren gibt es verbilligte Eintrittskarten. ▶Verbilligung

ver·bin·den <verbindest, verband, hat verbunden> **I.** *mit OBJ* **1.** ■ *jmd. verbindet etwas* MED. *eine Wunde mit einem Verband*[1] *versehen* **2.** ■ *jmd. verbindet etwas mit etwas zusammenfügen, verknüpfen* Ich muss die beiden Bretter noch mit Leim/mit Schrauben miteinander verbinden., Hast du die beiden Kabel schon verbunden? **3.** ■ *etwas verbindet etwas eine Verkehrsverbindung zwischen zwei Orten herstellen* Die erste Eisenbahnstrecke Deutschlands verband die Städte Nürnberg und Fürth. **4.** ■ *jmd. verbindet etwas mit etwas Dat. kombinieren* Sie verbindet gerne das Angenehme mit dem Nützlichen. **5.** ■ *jmd. verbindet etwas mit etwas Dat.* (≈ *assoziieren*) *gedanklich mit etwas in Verbindung bringen* Was verbinden Sie mit diesem Begriff?, Ich verbinde mit diesem Urlaub viele schöne Erinnerungen. **II.** *mit OBJ/ohne OBJ* **1.** ■ *jmd. verbindet jmdn.* TELEKOMM. *eine Leitung zwischen mindestens zwei Teilnehmern schalten* „Könnten Sie mich mit dem Abteilungsleiter verbinden?“ „Moment, ich verbinde.“ **2.** ■ *etwas verbindet jmdn. mit jmdm. Grundlage einer Beziehung zu jmdm. sein* Mit ihr verbindet mich eine tiefe Freundschaft., Die lange gemeinsame Zeit verbindet. **III.** *mit SICH* ■ *etwas verbindet sich mit etwas Dat.* (*zu etwas Dat.*) **1.** CHEM. *eine Verbindung*[4] *bilden* Wasserstoff und Sauerstoff verbinden sich zu Wasser. **2.** ■ **jemand verbindet sich** (**ehelich**) **mit jemandem** (*geh.*):

heiraten

ver·bind·lich *Adj.* **1.** (≈ *liebenswürdig*) *so, dass man freundlich ist* (*und keinen Konflikt aufkommen lässt*) Die Bedienung lächelte verbindlich und entschuldigte sich dafür, dass das Essen etwas länger gedauert hatte. **2.** (↔ *unverbindlich*) *so, dass es zu etwas verpflichtet* Er hat mir eine verbindliche Zusage gegeben.

Ver·bind·lich·keit die <-, -en> **1.** (*kein Plur.*) *Entgegenkommen* **2.** (*meist Plur.*) *Verpflichtungen, die sich aus einem Vertrag ergeben* **3.** (*nur Plur.*) (WIRTSCH.: ≈ *Schulden*) *finanzielle Verpflichtungen*

Ver·bin·dung die <-, -en> **1.** *eine der Möglichkeiten, wie man zu einem bestimmten Ziel reisen kann* Ich habe mir am Bahnhof alle Verbindungen von Stuttgart nach München ausdrucken lassen. ◆ Bahn-, Bus-, Flug- **2.** TELEKOMM. *der Zustand, dass zwei Personen per Telefon kommunizieren können* Ich kann ihn nicht mehr verstehen, die Verbindung ist offenbar unterbrochen. **3.** (≈ *Zusammenhang*) Es wird noch geprüft, ob eine Verbindung zwischen den Verbrechen besteht. **4.** CHEM. *eine Substanz, die aus einer Reaktion verschiedener Substanzen entsteht* Wasser ist eine Verbindung aus Wasserstoff und Sauerstoff. **5.** (≈ *Korporation*) *eine* (*traditionelle*) *Organisation von Studenten* ◆ -sstudent, Studenten- **6.** ■ **in Verbindung stehen**: *Kontakt haben* Ich stehe seit Jahren mit ihr in Verbindung. **sich mit jemandem in Verbindung setzen**: *mit jmdm. Kontakt aufnehmen*

Ver·bin·dungs·mann der <-(e)s, Verbindungsmänner/Verbindungsleute> (≈ *Mittelsmann*) *jmd., der Kontakte herstellt oder aufrechterhält*

Ver·bin·dungs·stück das <-(e)s, -e> TECHN. *ein Bauteil, das Elemente miteinander verbindet*

ver·bis·sen *Adj.* **1.** (≈ *hartnäckig*) *mit* (*über*)*großem Ehrgeiz* Er kämpft verbissen für seine Ziele., Wir haben diese Arbeit nur mit verbissenem Fleiß schaffen können. **2.** *ärgerlich und voller innerer Spannung* Er machte ein verbissenes Gesicht. ■ **etwas nicht so verbissen sehen**: *etwas nicht so genau nehmen* ▸Verbissenheit

ver·bit·ten <verbittest, verbat, hat verbeten> *mit SICH* ■ *jmd. verbittet sich etwas Dat.* (*geh.*) *verlangen, dass etwas unterbleibt* Ich verbitte mir Ihre Zudringlichkeit!, Ich verbitte mir diesen Ton! *siehe aber* **verbieten**

ver·bit·tern <verbitterst, verbitterte, hat verbittert> *mit OBJ* ■ *etwas verbittert jmdn. unzufrieden machen, weil jmd. viel Schlimmes erlebt hat* Die vielen Enttäuschungen hatten ihn verbittert., Sie ist eine verbitterte Frau. ▸Verbitterung

ver·blas·sen <verblasst, verblasste, ist verblasst> *ohne OBJ* ■ *etwas verblasst* **1.** *in den Farben blasser werden* Die Fotos sind im Laufe der Jahre verblasst. **2.** (*übertr.*) *schwächer werden* Ihre Erinnerungen verblassten allmählich.

ver·bläu·en <verbläust, verbläute, hat verbläut> *mit OBJ* ■ *jmd. verbläut jmdn.* (*umg.*) *verprügeln*

Ver·bleib der <-(e)s> (*kein Plur.*) (*geh.*) *der Ort, an dem sich vermutlich etwas Gesuchtes befindet* Über den Verbleib der Schmuggelware tappt die Polizei weiterhin im Dunkeln.

ver·blei·ben <verbleibst, verblieb, ist verblieben> *ohne OBJ* **1.** ■ *etwas verbleibt* (*jmdm.*) *noch da sein* Nach Abzug der Zinsen verbleiben noch 700 Euro. **2.** ■ *jmd. verbleibt irgendwie sich auf etwas einigen* Wie seid ihr verblieben?, Wir sind so verblieben, dass …

ver·blei·chen <verblichst, verblich/verbleichte, ist verblichen/verbleicht> *ohne OBJ* ■ *etwas verbleicht* (*stark*) *verblassen* Die Farben verbleichen sehr schnell.

ver·bleit <nicht steig.> *Adj. so, dass Blei darin enthalten ist* Heute werden kaum noch Fahrzeuge mit verbleitem Benzin betrieben.

ver·blen·den <verblendest, verblendete, hat verblendet> *mit OBJ* **1.** ■ *jmd. verblendet etwas mit etwas Dat.* BAUW. *mit einem Material verkleiden* Die Maurer haben die Fassade mit Marmor verblendet. **2.** ■ *etwas verblendet jmdn. bewirken, dass jmd. kein klares und vernünftiges Urteil mehr hat* Seine frühen Erfolge haben ihn verblendet – er glaubt, dass er nichts mehr lernen muss. ▸verblendet

Ver·blen·dung die <-, -en> **1.** BAUW. *das Verblenden von Mauerwerk mit Ziersteinen* **2.** (*kein Plur.*) *der Zustand, dass jmd. von etwas verblendet*[2] *ist*

ver·bli·chen (*Part. Perf. von „verbleichen"*) *Adj.* (*veralt.*) *verstorben*

ver·blö·den <verblödest, verblödete, ist verblödet> *ohne OBJ* ■ *jmd. verblödet* (*vulg.*) *immer dümmer und stumpfsinniger werden* Wenn man lange Zeit eine monotone Arbeit machen muss, verblödet man immer mehr. ▸Verblödung

ver·blüf·fen <verblüffst, verblüffte, hat verblüfft> *mit OBJ* ■ *jmd./etwas verblüfft jmdn. bewirken, dass jmd. sehr überrascht ist* Er verblüfft mich immer wieder., Wir haben eine verblüffend einfache Lösung des Problems gefunden.

Ver·blüf·fung die <-> (*kein Plur.*) *das Verblüfftsein* Man sah ihm seine Verblüffung an, als …

ver·blü·hen <verblüht, verblühte, ist verblüht> *ohne OBJ* ■ *etwas verblüht aufhören zu blühen und beginnen zu verwelken* Die Blüte dieses Kaktusses verblüht schon nach wenigen Stunden.

ver·blümt <nicht steig.> *Adj.* (*geh.*) *so, dass man etwas Unangenehmes nur in Andeutungen sagt, weil man jmdn. nicht kränken will* Sie hat ihr nur verblümt sagen können, dass dieses Kleid nicht gut zu ihrer Figur passt. ▸unverblümt

ver·blu·ten *ohne OBJ* ■ *jmd. verblutet viel Blut verlieren und daran sterben*

ver·bo·cken <verbockst, verbockte, hat verbockt> *mit OBJ* ■ *jmd. verbockt etwas* (*umg.* ≈ *verpfuschen*) *etwas falsch machen und damit einen völligen Misserfolg auslösen* Er hat alles gründlich verbockt.

ver·bohrt *Adj.* (*umg. abwert.* ≈ *starrsinnig*) *so, dass man sich durch nichts von seiner* (*falschen*) *Meinung abbringen lässt* ▸Verbohrtheit

ver·bor·gen[1] *mit OBJ* ■ *jmd. verborgt etwas* (≈ *aus-*

V

leihen) Er hat seine Bohrmaschine verborgt.

ver·bor·gen² (*Part. Perf. von „verbergen“*) *Adj.* **1.** *weit abgelegen* In diesen Bergtälern gibt es noch einige verborgene Dörfer. **2.** (≈ *versteckt*) *nicht leicht sichtbar* Im Urwald lauern überall verborgene Gefahren. ♦ Großschreibung→R 3.4, R 3.7 im Verborgenen bleiben, das Verborgene und das Sichtbare ▶Verborgenheit

Ver·bot das <-(e)s, -e> *der Befehl, etwas zu unterlassen* Das Verbot wurde aufgehoben/beachtet/eingehalten. ◆ Park-, Rauch-, Rede-

ver·bo·ten <nicht steig.> *Adj.* (↔ *erlaubt*) *nicht erlaubt* eine verbotene Tat ■ **verboten aussehen** (*umg.*): *so aussehen, dass man unangenehm auffällt* Er sieht ja verboten aus in dem Aufzug!

Ver·bots·schild das <-(e)s, -er> *ein Schild, das anzeigt, dass man etwas nicht tun soll*

ver·brä·men <verbrämst, verbrämte, hat verbrämt> *mit OBJ* ■ *jmd. verbrämt etwas mit etwas Dat.* (*geh.*) *mit Worten verhüllen* Er hat seine Ablehnung/seinen Vorwurf mit schönen Worten verbrämt.

ver·brannt *Part. Perf.* **verbrennen**

Ver·brauch der <-(e)s> (*kein Plur.*) **1.** (≈ *Konsum*) *das Verbrauchen* Die Konserve ist zum baldigen Verbrauch bestimmt. **2.** *die Menge, die von etwas verbraucht wird* Der Verbrauch an/von Energie hat in den vergangenen Jahren beständig zugenommen., Unser Auto hat einen niedrigen/hohen Verbrauch an Kraftstoff., Wir haben im Büro einen hohen Verbrauch an Papier. ◆ Energie-, Strom-, Wasser-

ver·brau·chen <verbrauchst, verbrauchte, hat verbraucht> *mit OBJ* ■ *jmd. verbraucht etwas* (≈ *aufbrauchen*) *etwas* (*regelmäßig*) *für einen bestimmten Zweck verwenden* (*bis nichts mehr vom Vorrat da ist*) Sie hatten alle Vorräte verbraucht., Wir haben im vergangenen Winter viel Heizöl verbraucht. ■ **alt und verbraucht**: *alt und von den Anstrengungen eines langen* (*Berufs*)*lebens kraftlos* **verbrauchte Luft**: *die sauerstoffarme Luft in einem Raum, in dem sich mehrere Personen längere Zeit aufgehalten haben*

Ver·brau·cher, **Ver·brau·che·rin** der <-s, -> (WIRTSCH.: ≈ *Konsument*) *jmd., der ein Produkt kauft und es benutzt oder der ein Lebensmittel kauft und es verbraucht* Diese Produktinformationen dienen dem Schutz/ der Aufklärung des Verbrauchers. ◆ -befragung, -beratung, -schutz, -zentrale

Ver·brau·cher·ver·band der <-(e)s, Verbraucherverbände> *ein Verband, dessen Aufgabe es ist, Verbraucher aufzuklären und zu beraten*

Ver·brauchs·gut das <-(e)s, Verbrauchsgüter> (*meist Plur.*) (≈ *Konsumgut*) *etwas, das jeder Mensch gebraucht* (*wie Lebensmittel, Kleidung usw.*)

Ver·bre·chen das <-s, -> **1.** (≈ *Straftat*) *eine Handlung, die gegen das Gesetz verstößt* Er wurde Opfer eines brutalen/grauenvollen/schweren Verbrechens. ◆ -sbekämpfung, -sverhütung, Gewalt-, Sexual- **2.** (*abwert.*) *eine verantwortungslose Handlung* (*die sich negativ auf Mensch und Natur auswirkt*) Es ist ein Verbrechen, dass man ausgerechnet in dieser unberührten Bucht ein riesiges Hotel baut.

ver·bre·chen <verbrichst, verbrach, hat verbrochen> *mit OBJ* ■ *jmd. verbricht etwas* (*umg. scherzh.*) *etwas Dummes, Unrechtes anstellen* Was habe ich denn schon wieder (Schlimmes) verbrochen?

Ver·bre·cher, **Ver·bre·che·rin** der <-s, -> *jmd., der ein Verbrechen[1] begangen hat* ◆ -bande, -jagd, -organisation

ver·bre·che·risch <nicht steig.> *Adj.* **1.** *so, dass etwas wie ein Verbrechen[1] zu beurteilen ist* **2.** (≈ *skrupellos*) *so, dass es die Moral nicht beachtet und sich zur Durchsetzung seiner Ziele auch Verbrechen bedient* Seit dem gewaltsamen Umsturz steht ein verbrecherisches Regime an der Spitze dieses Landes.

ver·brei·ten <verbreitest, verbreitete, hat verbreitet> **I.** *mit OBJ* **1.** ■ *jmd. verbreitet etwas dafür sorgen, dass etwas in einem größeren Gebiet bekannt wird* Man verbreitete die Nachricht über Rundfunk und Fernsehen. **2.** ■ *jmd. verbreitet etwas etwas in größerer Menge in ein größeres Gebiet gelangen lassen* Der Wind verbreitet die Pollen der Gräser. **3.** ■ *jmd./etwas verbreitet etwas in seiner Umgebung* (*bzw. in einem bestimmten Gebiet*) *etwas aufkommen lassen* Sie verbreitet Gelassenheit/Heiterkeit., Der drohende Wirbelsturm verbreitet Angst und Schrecken. **II.** *mit SICH* **1.** ■ *etwas verbreitet sich in Umlauf kommen und überall bekannt werden* Die Nachricht verbreitete sich wie ein Lauffeuer. **2.** ■ *etwas verbreitet sich irgendwo sich an einem Ort ausbreiten* Der Qualm verbreitete sich im gesamten Haus.

ver·brei·tern <verbreiterst, verbreiterte, hat verbreitert> **I.** *mit OBJ* ■ *jmd. verbreitert etwas breiter machen* Man hat die schmale Straße verbreitert. **II.** *mit SICH* ■ *etwas verbreitert sich breiter werden* Der Fluss verbreitert sich zu einem gewaltigen Strom. ▶Verbreiterung

ver·brei·tet (*Part. Perf. von „verbreiten“*) *Adj.* (↔ *selten*) *so, dass es bei sehr vielen Menschen zu finden ist* Diese Ansichten/solche Vorurteile sind sehr verbreitet.

Ver·brei·tung die <-> (*kein Plur.*) *das Verbreiten* Nicht nur die Herstellung, auch die Verbreitung von Falschgeld ist strafbar.

Ver·brei·tungs·ge·biet das <-(e)s, -e> *das Gebiet, in dem etwas verbreitet ist oder häufig vorkommt* Durch ständige Eingriffe des Menschen in die Natur ist das Verbreitungsgebiet dieser Tiere stark zurückgegangen.

ver·bren·nen <verbrennst, verbrannte, hat/ist verbrannt> **I.** *ohne OBJ* (*sein*) **1.** ■ *jmd./etwas verbrennt durch Feuer vernichtet werden* Alle Akten sind verbrannt., Das Unfallopfer ist im Wagen verbrannt. **2.** ■ *etwas verbrennt durch zu lange Hitzeeinwirkung Schaden nehmen* Der Braten ist leider verbrannt. **3.** ■ *etwas verbrennt zu etwas Dat. chemisch umgewandelt werden* Kohlehydrate verbrennen im Körper zu Wasser und Kohlensäure. **II.** *mit OBJ* (*haben*) **1.** ■ *jmd. verbrennt etwas durch Feuer zerstören* Wir haben die Gartenabfälle verbrannt., Man hat den Verstorbenen im Krematorium verbrannt. **2.** ■ *jmd. verbrennt sich etwas an etwas Dat. ein Körperteil an etwas Heißem verletzen* Sie hat sich an der Herdplatte die Finger verbrannt. **III.** *mit SICH* ■ *jmd. verbrennt sich* (*haben*) *sich an etwas Heißem verletzen* Er hat sich verbrannt. ■ **sich die Finger verbrennen** (*umg.*): *etwas Unvorsichtiges tun und dadurch zu Schaden kommen* **sich den Mund verbrennen** (*umg.*): *etwas unbedacht sagen, das unangenehme Folgen haben kann*

Ver·bren·nung die <-, -en> **1.** (*kein Plur.*) *das Verbrennen* **2.** MED. *ein verbrannter Hautabschnitt* Das Opfer wurde mit schweren Verbrennungen/mit Verbrennungen dritten Grades ins Krankenhaus eingeliefert

Ver·bren·nungs·mo·tor der <-s, -en> *ein Motor, bei dem die Energie durch Verbrennung eines Kraftstoff-Luft-Gemisches in einem Zylinder erzeugt wird* Der Dieselmotor ist ein Verbrennungsmotor.

Ver·bren·nungs·wär·me die <-> (*kein Plur.*) *bei der Verbrennung von etwas entstehende Abwärme*

ver·brieft <nicht steig.> *Adj.* (*geh. veralt.* ≈ *garantiert*) *durch Gesetz und Urkunde gesichert* Er hat ein verbrieftes Recht darauf.

ver·brin·gen <verbringst, verbrachte, hat verbracht> *mit OBJ* **1.** ■ *jmd. verbringt etwas irgendwo irgendwo für eine bestimmte Zeit sein* Wir verbrachten das Wochenende in den Bergen/am Meer. **2.** ■ *jmd. verbringt etwas mit etwas Dat. etwas eine bestimmte Zeit tun* Er verbrachte das ganze Wochenende mit Aufräumen/Faulenzen/Lernen.

ver·brü·dern <verbrüderst, verbrüderte, hat verbrüdert> *mit SICH* ■ *jmd. verbrüdert sich mit jmdm. enge Freundschaft mit jmdm. schließen* ▶Verbrüderung

ver·brü·hen <verbrühst, verbrühte, hat verbrüht> *mit OBJ* ■ *jmd. verbrüht jmdn./sich jmdn. oder sich mit einer sehr heißen Flüssigkeit oder mit heißem Dampf Verbrennungen[2] zufügen* Ich habe mir den Arm verbrüht., Er hat mir beim Ausgießen des heißen Wassers versehentlich die Hände verbrüht., Das Kind hat sich verbrüht.

Ver·brü·hung die <-, -en> *durch Verbrühen erlittene Brandverletzung*

ver·bu·chen <verbuchst, verbuchte, hat verbucht> *mit OBJ* **1.** ■ *jmd. verbucht etwas* WIRTSCH. BANKW. *in die Geschäftsbücher oder auf einem Konto eintragen* **2.** ■ *jmd. verbucht etwas als etwas Akk.* (*übertr.*) *jmd. wertet oder beurteilt etwas als etwas* Die Museumsleitung verbuchte die gestiegenen Besucherzahlen als Erfolg.

ver·bud·deln <verbuddelst, verbuddelte, hat verbuddelt> *mit OBJ* ■ *jmd. verbuddelt etwas* (*umg.*) *vergraben*

Ver·bum das <-s, Verben/Verba> (SPRACHWISS.: *veralt.* ≈ *Verb*) Verbum finitum/infinitum

ver·bum·meln <verbummelst, verbummelte, hat verbummelt> *mit OBJ* ■ *jmd. verbummelt etwas* (*umg. meist abwert.*) **1.** *eine bestimmte Zeit ohne sinnvolle Beschäftigung verbringen* Er verbummelte das ganze Wochenende **2.** *versäumen, vergessen* Sie hat den Termin verbummelt.

Ver·bund der <-(e)s, -e/Verbünde> **1.** WIRTSCH. *eine bestimmte Form des Zusammenschlusses von Unternehmen* Verkehrsbetriebe arbeiten im Verbund. ◆-system, -werbung, -wirtschaft, Verkehrs- **2.** TECHN. *eine feste Verbindung von Teilen zu einer Einheit* ◆-stein, -werkstoff

ver·bun·den *Adj.* **1.** ■ *etwas ist mit etwas Dat. verbunden etwas hat etwas als Folge* Die Prüfungsvorbereitungen sind mit viel Stress verbunden. **2.** ■ **jemand ist jemandem irgendwie verbunden**: *jmd. steht in einer irgendwie gearteten Beziehung zu jmdm.* Wir waren ihm stets freundschaftlich verbunden. **3.** ■ **jemand ist falsch verbunden** TELEKOMM.: *jmd. hat die falsche Telefonnummer gewählt* Der Anrufer war offensichtlich falsch verbunden. **4.** ■ **jemandem** (**sehr/zutiefst**) **verbunden sein**: *jmdm. sehr dankbar sein*

ver·bün·den <verbündest, verbündete, hat verbündet> *mit SICH* ■ *jmd. verbündet sich mit jmdm. ein Bündnis eingehen* Seine Kollegen haben sich mit dem Chef gegen ihn verbündet., Die beiden Staaten haben sich verbündet. ▶Verbündete

Ver·bun·den·heit die <-> (*kein Plur.*) *das Gefühl der Zusammengehörigkeit*

Ver·bün·de·te der/die <-n, -n> *jmd., der einem Bündnis angehört*

Ver·bund·fahr·aus·weis der <-es, -e> *in einem Verbundnetz gültiger Fahrausweis*

Ver·bund·glas das <-es, Verbundgläser> TECHN. *Glas, das aus mehreren verbundenen Schichten besteht und nicht splittert*

Ver·bund·netz das <-es, -e> **1.** *Netz zur Versorgung einer Großstadt mit Elektrizität durch Kraftwerke* **2.** *Nahverkehrsnetz einer Großstadt und ihres Einzugsbereichs, in dem verschiedene öffentliche Verkehrsmittel einander ergänzen* S-Bahn, Busse und Straßenbahn sind ins Verbundnetz integriert.

ver·bür·gen <verbürgst, verbürgte, hat verbürgt> **I.** *mit OBJ* ■ *jmd./etwas verbürgt etwas* (≈ *garantieren*) *für etwas Sicherheit geben, etwas bestätigen* Das Gesetz verbürgt diese Rechte. **II.** *mit SICH* ■ *jmd. verbürgt sich für jmdn./etwas persönlich für jmdn. oder etwas garantieren* Ich verbürge mich dafür, dass …

ver·bü·ßen <verbüßt, verbüßte, hat verbüßt> *mit OBJ* ■ *jmd. verbüßt etwas* RECHTSW. *als Strafe eine bestimmte Zeit im Gefängnis sein* Der Verurteilte muss eine mehrjährige Freiheitsstrafe verbüßen. ▶Verbüßung

ver·chro·men <verchromst, verchromte, hat verchromt> *mit OBJ* ■ *jmd. verchromt etwas mit Chrom überziehen*

Ver·chro·mung die <-, -en> **1.** (*kein Plur.*) *das Verchromen* **2.** *ein verchromtes Teil von etwas*

V

Die Verchromungen verleihen der Karosserie eine nostalgische Note.

Ver·dạcht der <-(e)s> (*kein Plur.*) **1.** *die Vermutung, dass jmd. etwas Verbotenes getan hat oder tun will* Ein Verdacht verdichtet sich/bestätigt sich/ steigt in jemandem auf/richtet sich gegen jemanden/fällt auf jemanden. **2.** *die Annahme, dass etwas zutrifft* Bei dem Patienten besteht der Verdacht auf Tuberkulose. ■ **auf Verdacht**: *in der Annahme, dass etwas richtig ist* Ich habe auf Verdacht ein paar Flaschen Saft mehr gekauft. **Verdacht schöpfen**: *mißtrauisch werden* **jemand ist über allen Verdacht erhaben**: *jmd. ist so, dass man ihm nichts Schlechtes zutraut*

ver·dạ̈ch·tig *Adj.* **1.** *so, dass es zu einem Verdacht Anlass gibt* Er kam mir von Anfang an verdächtig vor., Der Dieb hat sich dadurch verdächtig gemacht, dass er plötzlich viel Geld ausgegeben hat. **2.** *fragwürdig, nicht geheuer* Ich glaube, ich habe im Keller verdächtige Geräusche gehört. ▶Verdächtige

ver·dạ̈ch·ti·gen <verdächtigst, verdächtigte, hat verdächtigt> *mit OBJ* ■ *jmd. verdächtigt jmdn. (einer Sache) gegen jmdn. einen bestimmten Verdacht haben* Man verdächtigt ihn des Diebstahls/des Einbruchs/des Mordes. ▶Verdächtigung

Ver·dạchts·mo·ment das <-(e)s, -e> (*meist Plur.*) RECHTSW. *etwas, das Verdacht erregt* Die Polizei hat ihn zum Verhör bestellt, weil es neue Verdachtsmomente gegen ihn gibt.

ver·dạm·men <verdammst, verdammte, hat verdammt> *mit OBJ* **1.** ■ *jmd. verdammt jmdn./etwas hart kritisieren, verurteilen* Sie hat sein Handeln verdammt. **2.** ■ *jmd. verdammt jmdn./etwas* REL. *mit Verdammnis belegen* Die Sünder werden verdammt. ▶Verdammte **3.** ■ *jmd. verdammt jmdn./etwas zu etwas Dat. zu etwas zwingen, verurteilen* Wir waren zum Nichtstun verdammt., Die Sache war von vornherein zum Scheitern verdammt. ▶Verdammung, verdammungswürdig

ver·dạm·mens·wert <nicht steig.> *Adj.* (≈ *verwerflich*) *so, dass man es verdammen muss*

Ver·dạmm·nis die <-> (*kein Plur.*) REL. *Zustand schwerer Schuld* Die Sünder leben in der ewigen Verdammnis.

ver·dạmmt (*Part. Perf. zu „verdammen"*) **I.** *Adj.* (*umg.*) **1.** *sehr groß* Wir hatten verdammtes Glück/Pech. **2.** *sehr, ganz bestimmt* Es war verdammt kalt!, Die Sache ist verdammt dumm gelaufen., Es ist seine verdammte Pflicht, auf die Kinder aufzupassen. **3.** (*verwendet, um eine Abwertung zu verstärken*) Du verdammter Trottel!, So ein verdammter Mist! **II.** *Interj. verwendet als Fluchwort* Verdammt (noch mal)!

ver·dạmp·fen <verdampfst, verdampfte, hat/ist verdampft> **I.** *mit OBJ* ■ *jmd. verdampft etwas* (FACHSPR.: *haben*) *eine Flüssigkeit in einen gasförmigen Zustand überführen* **II.** *ohne OBJ* ■ *etwas verdampft* (*sein*) *sich in Dampf verwandeln* Das ganze Wasser ist verdampft. ▶Verdampfung

ver·dạn·ken <verdankst, verdankte, hat verdankt> *mit OBJ* ■ *jmd. verdankt jmdm./einer Sache etwas jmdn. oder etwas als Urheber oder Ursache anerkennen* Ich verdanke ihr alles/viel., Das milde Klima hier verdanken wir dem Golfstrom., Wir verdanken es deiner Trödelei, dass wir den Zug verpasst haben.

Verdankung die <-, -en> (*schweiz.*) *Dank, Ausdruck des Dankes*

ver·dạrb *Part. Perf. von* **verderben**

ver·dạt·tert *Adj.* (*umg.* ≈ *verdutzt*) *völlig erschrocken und verwirrt* Ich war ganz verdattert, dass er mich plötzlich anrief.

ver·d<u>au</u>·en <verdaust, verdaute, hat verdaut> **I.** *mit OBJ/ohne OBJ* ■ *jmd./etwas verdaut etwas aufgenommene Nahrung im Körper verarbeiten* Der Magen kann diese Stoffe nur schlecht verdauen., Der Kranke verdaut schlecht. **II.** *mit OBJ* ■ *jmd. verdaut etwas* (*übertr.*) *Eindrücke geistig verarbeiten* Diesen Schock müssen wir erst einmal verdauen.

ver·d<u>au</u>·lich <nicht steig.> *Adj.* ■ **etwas ist leicht/schwer verdaulich**: *man kann etwas leicht/schwer verdauen* Das Essen war schwer/leicht verdaulich. ◆ Getrenntschreibung→R 4.3 leicht verdaulich, schwer verdaulich

Ver·d<u>au</u>·ung die <-> (*kein Plur.*) *Vorgang des Verdauens*[1] Seine Verdauung ist gestört/normal. ◆-sbeschwerden, -sprobleme, -sspaziergang, -sstörung

Ver·d<u>au</u>·ungs·or·gan das <-(e)s, -e> (*meist Plur.*) *die Organe, die an der Verdauung von Nahrung beteiligt sind* Zu den Verdauungsorganen gehören unter anderem der Magen, der Darm und die Leber.

Ver·d<u>au</u>·ungs·trakt der <-(e)s> (*kein Plur.*) ANAT. *alle der Verdauung dienenden Organe (insbesondere der Magen und der Darm)*

Ver·dẹck das <-(e)s, -e> (*faltbares*) *Dach eines Kraftfahrzeuges* das Verdeck schließen/zurückklappen

ver·dẹ·cken <verdeckst, verdeckte, hat verdeckt> *mit OBJ* ■ *etwas verdeckt etwas etwas zudecken, vor den Blicken verbergen* Dicke Wolken verdeckten immer wieder die Sonne., verdeckte Ermittlungen der Polizei

ver·dẹn·ken ■ **jemandem etwas nicht verdenken können**: *jmdm. etwas nicht übelnehmen können*

Ver·dẹrb der <-s> (*kein Plur.*) *das Verderben II* Lebensmittel vor dem Verderb schützen ■ **Er handelt auf Gedeih und Verderb.**: *Er handelt, ohne darauf zu achten, ob es gut oder schlecht endet.*

Ver·dẹr·ben das <-s> (*kein Plur.*) (*geh.* ≈ *Untergang*) *völlige Zerstörung, die das Ende von etwas oder jmds. Tod bringt* Sie sind offenen Auges ins/in ihr Verderben gerannt., Der Krieg brachte Tod und Verderben. ■ **ins Verderben rennen**: *in sein Unglück laufen* ◆ Getrenntschreibung→R 4.3, 4.12 Verderben bringend

ver·dẹr·ben <verdirbst, verdarb, hat/ist verdorben> **I.** *mit OBJ* (*haben*) **1.** ■ *jmd. verdirbt jmdm. etwas zunichte machen, zerstören* Er hat mir durch sein Verhalten die ganze Freude/den ganzen Spaß/die gute Laune verdorben., Das schlechte Wetter hat uns den Ausflug verdorben. **2.** ■ jmd. verdirbt etwas Schaden zufügen oder eine Störung verursachen Er hat sich in seiner Kindheit die Augen verdorben., Ich muss mir den Magen verdorben haben **3.** ■ etwas verdirbt jmdn. (geh.) einen schlechten Einfluss auf jmdn. ausüben und dadurch den Charakter schädigen Der Umgang mit diesen Menschen hat ihn verdorben. **4.** ■ jmd. verdirbt es sich mit jmdm. jmd. macht sich bei jmdm. unbeliebt ▶Spielverderber **II.** ohne OBJ ■ etwas verdirbt (sein) schlecht, ungenießbar werden Der Joghurt/Die Wurst ist verdorben.

ver·derb·lich <nicht steig.> Adj. **1.** (von Nahrungsmitteln) nicht lange haltbar Diese Lebensmittel sind leicht verderblich. ▶Verderblichkeit **2.** schädlich, sehr negativ Sein Einfluss wirkt verderblich.

ver·derbt Adj. (geh. veralt.) moralisch schlecht, verdorben ein völlig verderbter Charakter ▶Verderbnis, Verderbtheit

ver·deut·li·chen <verdeutlichst, verdeutlichte, hat verdeutlicht> mit OBJ ■ jmd./etwas verdeutlicht etwas deutlicher und verständlicher machen mit vielen Beispielen den Sachverhalt verdeutlichen

ver·deut·schen <verdeutschst, verdeutschte, hat verdeutscht> mit OBJ ■ jmd. verdeutscht etwas **1.** etwas in die deutsche Sprache übertragen ein Fremdwort verdeutschen ▶Verdeutschung **2.** (umg.) etwas, das unverständlich erscheint, erklären und verständlich machen Ich musste ihm den Gesetzestext erst einmal verdeutschen.

ver·dich·ten <verdichtest, verdichtete, hat verdichtet> **I.** mit OBJ ■ jmd. verdichtet etwas PHYS. TECHN. (Gase, Flüssigkeiten) dichter machen, komprimieren ▶Verdichtung **II.** mit SICH ■ etwas verdichtet sich dichter werden, zunehmen Im Laufe der Nacht verdichtete sich der Nebel., Die Gerüchte verdichteten sich, dass …

ver·dick·en <verdickst, verdickte, hat verdickt> ohne OBJ etwas dicker machen eine verdickte Stelle/ Narbe ▶Verdickung, Verdickungsmittel

ver·die·nen <verdienst, verdiente, hat verdient> mit OBJ/ohne OBJ ■ jmd. verdient etwas **1.** Geld als Lohn für seine Arbeit bekommen Sie verdienen ihren Lebensunterhalt selbst., Er verdient 1.500 Euro brutto., Sie verdient durchschnittlich/ gut. ▶Verdiener **2.** zu Recht bekommen Er hat ein Lob/seine Strafe verdient.

Ver·dienst[1] das <-es, -e> eine große Leistung zum Wohle anderer Menschen, die von allen anerkannt wird Wenn dieser Unternehmensbereich heute wieder große Gewinne macht, dann ist dies nicht zuletzt das Verdienst von Herrn Schulze., Er hat sich große Verdienste um den Sport/ seine Heimatstadt erworben. ▶Bundesverdienstkreuz

Ver·dienst[2] der <-(e)s, -e> **1.** (≈ Einkommen) das Geld, das man mit seiner beruflichen Tätigkeit verdient ◆-ausfall, -aussichten, -bescheinigung, Durchschnitts-, Spitzen- **2.** Gewinn (aus dem Verkauf von Waren)

Ver·dienst·aus·fall der <-s, Verdienstausfälle> durch bestimmte Umstände entgangener Verdienst[2] ◆-entschädigung

ver·dienst·lich <verdienstlicher, am verdienstlichsten> Adj. (≈ verdienstvoll) so, dass etwas dem Wohl anderer dient und anerkannt werden sollte eine verdienstliche Tat

Ver·dienst·mög·lich·keit die <-, -en> (meist Plur.) die Möglichkeit, Geld zu verdienen

Ver·dienst·span·ne die <-, -n> der Verdienst innerhalb einer oberen und unteren Grenze

ver·dienst·voll Adj. **1.** so, dass es Anerkennung verdient **2.** so, dass jmd. für etwas viel geleistet hat

ver·dient <nicht steig.> (Part. Perf. zu „verdienen") Adj. **1.** verdienstvoll[2] besonders verdiente Mitarbeiter der Firma **2.** (umg.) so, dass es der guten Leistung angemessen ist Die Mannschaft wurde verdienter Sieger des Turniers. ■ **sich um etwas verdient machen** (geh.): für eine wichtige Sache Bedeutendes leisten Er hat sich um den Sport verdient gemacht.

ver·dien·ter·ma·ßen Adv. so, dass das Genannte verdient[2] ist Die Mannschaft hat verdientermaßen gewonnen, sie war klar besser.

Ver·dikt das <-(e)s, -e> (veralt.) negatives Urteil, Urteilsspruch

ver·din·gen <verdingst, verdingte/verdang, hat verdingt/verdungen> mit SICH ■ jmd. verdingt sich als etwas (veralt.) gegen Entgelt eine Arbeit annehmen Er wollte sich als Söldner/als Knecht verdingen.

ver·dol·met·schen <verdolmetschst, verdolmetschte, hat verdolmetscht> mit OBJ ■ jmd. verdolmetscht etwas **1.** jmd. übersetzt etwas mündlich Kannst du mir das verdolmetschen, was der ausländische Gast gerade gesagt hat ? **2.** jmd. erklärt etwas deutlich

ver·don·nern <verdonnerst, verdonnerte, hat verdonnert> mit OBJ ■ jmd. verdonnert jmdn. zu etwas Dat. (umg.) jmdm. sagen, dass er etwas Unangenehmes tun muss. Der Verkehrssünder wurde zu einer Geldstrafe verdonnert. ■ **verdonnert sein** (umg.): erschrocken und sprachlos sein Ich war ganz verdonnert, als ich diese Nachricht hörte.

ver·dop·peln <verdoppelst, verdoppelte, hat verdoppelt> **I.** mit OBJ ■ jmd. verdoppelt etwas auf die doppelte Menge, Anzahl oder Größe bringen Der Spieler verdoppelte seinen Einsatz., Das Unternehmen konnte seinen Umsatz im letzten Jahr verdoppeln. **II.** mit SICH ■ etwas verdoppelt sich das doppelte Ausmaß annehmen Die Preise hierfür haben sich in den letzten zehn Jahren nahezu verdoppelt.

Ver·dop·pe·lung/Ver·dopp·lung die <-> (kein Plur.) das Verdoppeln

ver·dor·ben Part. Perf. von **verderben**

Ver·dor·ben·heit die <-> (kein Plur.) der Umstand, dass jmd. moralisch schlecht ist

ver·dor·ren <verdorrt, verdorrte, ist verdorrt> ohne OBJ ■ etwas verdorrt (≈ vertrocknen) so tro-

V

cken werden, dass es nicht weiter überleben kann Pflanzen verdorren in der Hitze.

ver·dö·sen <verdöst, verdöste, hat verdöst> *mit OBJ* ■ *jmd. verdöst etwas* (*umg.*) *Zeit mit Dösen verbringen* Ich habe neulich die ganze Zugfahrt verdöst.

ver·drah·ten <verdrahtest, verdrahtete, hat verdrahtet> *mit OBJ* ■ *jmd. verdrahtet etwas* **1.** *etwas durch elektrische Leitungen verbinden* **2.** *mit (Stachel-)Draht unzugänglich machen, verschließen*

ver·drän·gen <verdrängst, verdrängte, hat verdrängt> *mit OBJ* **1.** ■ *jmd. verdrängt jmdn. jmdn. zur Seite schieben oder drängen, um dessen Platz zu bekommen* ▶Verdrängungsstrategie **2.** ■ *etwas verdrängt etwas* (*aus etwas Dat.*) *ersetzen* PCs verdrängen die Schreibmaschinen (aus den Büros). **3.** ■ *jmd. verdrängt etwas* PSYCH. *ein unangenehmes Erlebnis oder Gefühl aus dem Bewusstsein drängen* (*zum Beispiel durch Vergessen*) Er versuchte stets, seine Probleme zu verdrängen. ▶Verdrängung, Verdrängungsmechanismus

Ver·drän·gungs·wett·be·werb der <-s> (*kein Plur.*) WIRTSCH. *ein Wettbewerb, bei dem ein Konkurrent versucht, die anderen aus dem Markt zu drängen*

ver·dre·cken <verdreckst, verdreckte, hat/ist verdreckt> (*umg. abwert.*) **I.** *mit OBJ* ■ *jmd. verdreckt etwas* (*haben*) *sehr schmutzig machen* Wer hat denn die Tischdecke so verdreckt? **II.** *ohne OBJ* ■ *etwas verdreckt* (*sein*) *sehr schmutzig werden* Bei Fahrten in schwerem Gelände verdreckt das Mountainbike schnell.

ver·dre·hen <verdrehst, verdrehte, hat verdreht> *mit OBJ* ■ *jmd. verdreht etwas* **1.** *etwas so drehen, dass es nicht mehr in seiner ursprünglichen Stellung ist* Er hat mir den Arm verdreht., Sie verdrehte genervt die Augen, als sie das hörte. **2.** (*abwert.* ≈ *entstellen*) *etwas unrichtig darstellen oder behaupten* Er hat doch die Tatsachen völlig verdreht. ■ **jemandem den Kopf verdrehen** (*umg.*): *bewirken, dass sich jmd. in einen verliebt* **jemand ist verdreht** (*umg.*): *jmd. ist ein bisschen verrückt* ▶Verdrehtheit

ver·drei·fa·chen <verdreifachst, verdreifachte, hat verdreifacht> **I.** *mit OBJ* ■ *jmd. verdreifacht etwas auf die dreifache Menge, Anzahl oder Größe erhöhen* **II.** *mit SICH* ■ *etwas verdreifacht sich dreimal so groß werden* In den letzten Jahren hat sich der Gewinn verdreifacht.

ver·drie·ßen <verdrießt, verdross, hat verdrossen> *mit OBJ* ■ *etwas verdrießt jmdn.* (*geh.*) *verärgern, missmutig machen* Die monotone Arbeit verdross ihn. ■ **Er lässt es sich nicht verdrießen, ...**: *er lässt sich die gute Laune nicht verderben*

ver·drieß·lich *Adj. missmutig, ein wenig ärgerlich* Sie machte ein verdrießliches Gesicht, als er im letzten Moment die Einladung absagte.

ver·dros·sen (*Part. Perf. zu „verdrießen"*) *Adj. missmutig und lustlos* Verdrossen mähte er den Rasen. ▶unverdrossen, Verdrossenheit

ver·drü·cken <verdrückst, verdrückte, hat verdrückt> **I.** *mit OBJ* ■ *jmd. verdrückt etwas* (*umg.* ≈ *vertilgen*) *eine große Menge von etwas Essen* Die Kinder haben den ganzen Pudding verdrückt. **II.** *mit SICH* ■ *jmd. verdrückt sich* (*umg.*) *unauffällig weggehen* Er verdrückte sich ins Nebenzimmer, als die Gäste ankamen.

Ver·druss der <-es> (*kein Plur.*) *Unzufriedenheit, Missmut, Verdrossenheit* Der ewige Streit mit den Nachbarn hat uns schon viel Verdruss bereitet.

ver·duf·ten <verduftest, verduftete, ist verduftet> **I.** *ohne OBJ* ■ *jmd./etwas verduftet* (*umg.* ≈ *verschwinden*) *jmd. geht unauffällig weg* Als die Polizei kam, ist er verduftet. **II.** *ohne OBJ etwas verliert seinen Duft* Das Parfum ist verduftet.

ver·dum·men *mit OBJ* ■ *jmd./etwas verdummt jmdn. dumm machen* Er behauptet, übermäßiges Fernsehen verdumme die Leute. ▶Verdummung

ver·dun·keln <verdunkelst, verdunkelte, hat verdunkelt> **I.** *mit OBJ* ■ *jmd./etwas verdunkelt etwas* **1.** *etwas dunkel machen* Bevor ich die Dias zeigen kann, müssen wir den Raum verdunkeln., Dicke Wolken verdunkelten den Himmel. ▶Verdunkelung **2.** RECHTSW. *etwas undeutlich machen* Wer hat ein Interesse daran, die Umstände der Tat zu verdunkeln? ▶Verdunkelungsgefahr **II.** *mit SICH* ■ *etwas verdunkelt sich dunkel werden* Vor dem Gewitter verdunkelte sich der Himmel. ■ **Seine Miene hat sich verdunkelt.**: *Sein Gesichtsausdruck ist unfreundlicher geworden.*

ver·dün·nen <verdünnst, verdünnte, hat verdünnt> *mit OBJ* ■ *jmd. verdünnt etwas zu einer Flüssigkeit Wasser hinzugießen* Ich verdünne meinen Saft mit etwas Wasser.

Ver·dün·ner der <-s, -> (≈ *Lösungsmittel*) *Mittel zum Verdünnen konzentrierter Flüssigkeiten,* ▶Verdünnungsmittel

ver·dün·ni·sie·ren <verdünnisierst, verdünnisierte, hat verdünnisiert> *mit SICH* ■ *jmd. verdünnisiert sich* (*scherzh.*) *unauffällig verschwinden*

ver·duns·ten <verdunstet, verdunstete, ist verdunstet> *ohne OBJ* ■ *etwas verdunstet von einem flüssigen in einen gasförmigen Zustand übergehen* Alkohol verdunstet schneller als Wasser., An einem heißen Tag verdunstet der Regen schnell. ▶Verdunster

Ver·duns·tung die <-> (*kein Plur.*) *das Verdunsten*

ver·durs·ten <verdurstest, verdurstete, ist verdurstet> *ohne OBJ* ■ *jmd./ etwas verdurstet aus Mangel an Flüssigkeit sterben* Sie sind in der Wüste beinahe verdurstet., Diese Pflanze ist verdurstet.

ver·düs·tern <verdüsterst, verdüsterte, hat verdüstert> **I.** *mit OBJ* ■ *etwas verdüstert etwas düster machen, erscheinen lassen* Graue Wolken verdüsterten den Himmel. **II.** *mit SICH* ■ *etwas verdüstert sich* **1.** *dunkel werden* Der Himmel verdüstert sich. **2.** (*geh. übertr.*) *unfreundlich erscheinen lassen* Ihre Miene verdüsterte sich.

ver·dutzt *Adj.* (≈ *verblüfft*) *erstaunt und verwirrt* Als ich ihm davon erzählte, sah er mich verdutzt an.

ver·e·deln <veredelst, veredelte, hat veredelt> *mit OBJ* ■ *jmd. veredelt etwas* **1.** (*fachspr.*) *Rohstoffe oder Naturprodukte so behandeln, dass sie wertvoller oder qualitativ hochwertiger werden* veredelte Baumwolle/Metalle **2.** BOT. *den Spross eines wertvolleren, aber empfindlichen Gewächses auf ein weniger wertvolles, aber unempfindlicheres Gewächs aufsetzen* Hier veredelt man Obstbäume und Rosen. ▶Veredelung

ver·eh·ren <verehrst, verehrte, hat verehrt> *mit OBJ* **1.** ■ *jmd. verehrt jmdn.* REL. *jmdn. als höheres Wesen ansehen oder anbeten* Welchen Heiligen verehrt man hier?, Diese Tiere werden als göttliche Wesen verehrt. **2.** ■ *jmd. verehrt jmdn.* (*als etwas Akk.*) (≈ *achten*) *jmdn. sehr hoch schätzen und bewundern* Er verehrte seinen Lehrer., Man verehrt ihn als großen Künstler. **3.** ■ *jmd. verehrt jmdm. etwas* (*scherzh.*) *jmdm. etwas schenken* Jemand hat mir eine Rose verehrt.

Ver·eh·rer, **Ver·eh·re·rin** der <-s, -> (*veralt. oder scherzh.*) *Liebhaber* Sie hat einen Verehrer, heute sagt man wohl eher: einen Freund.

Ver·eh·rung die <-> (*kein Plur.*) **1.** *das Verehren*[1] ◆ Gottes-, Marien- **2.** *Hochachtung* Er hat seinem alten Lehrer seine tiefe Verehrung gezeigt.

ver·eh·rungs·wür·dig <nicht steig.> *Adj.* (*geh.*) *so, dass jmd. es wert ist, dass man ihn verehrt* Er ist ein verehrungswürdiger Meister.

ver·ei·di·gen <vereidigst, vereidigte, hat vereidigt> *mit OBJ* ■ *jmd. vereidigt jmdn.* (*auf etwas Akk.*) *jmdn. einen Eid auf etwas ablegen lassen und ihn dadurch verpflichten* Der Bundespräsident wurde auf die Verfassung vereidigt. ▶Vereidigung

Ver·ein der <-(e)s, -e> **1.** (≈ *Vereinigung*) *eine Organisation von Menschen, die ein gemeinsames Interesse haben, sich regelmäßig treffen und sich aus Beiträgen der Mitglieder finanzieren* Der eingetragene Verein hat eine Satzung/einen Präsidenten/viele Mitglieder., Sie ist einem Verein beigetreten/aus einem Verein ausgetreten. ◆ -sgründung, -shaus, -smitglied, -smitgliedschaft, -spräsident, -ssatzung Gesangs-, Kunst-, Musik-, Sport- **2.** ■ **im Verein mit**: *gemeinsam mit*

ver·ein·bar <nicht steig.> *Adj. so, dass es zu etwas passt* Sein Verhalten in der Öffentlichkeit ist mit unseren Unternehmensgrundsätzen nicht vereinbar., Diskothekenbesuche und Parties sind mit dem Leben eines Leistungssportlers nicht vereinbar.

ver·ein·ba·ren <vereinbarst, vereinbarte, hat vereinbart> *mit OBJ* **1.** ■ *jmd. vereinbart etwas* (*mit jmdm.*) *gemeinsam beschließen* Wir haben regelmäßige Treffen vereinbart., Er hat mit ihm einen neuen Termin vereinbart. **2.** ■ *jmd. vereinbart etwas mit etwas in Einklang bringen* Ich kann mein Hobby gut mit Beruf und Familie vereinbaren.

Ver·ein·ba·rung die <-, -en> **1.** (*kein Plur.*) *das Vereinbaren*[1] Es wurde die Vereinbarung getroffen, dass … **2.** (≈ *Abmachung*) *das, was vereinbart wurde* Halte dich an unsere Vereinbarung!

ver·ei·nen <vereinst, vereinte, hat vereint> **I.** *mit OBJ* **1.** ■ *jmd. vereint etwas* (*zu/in etwas Dat.*) (*geh.* ≈ *vereinigen*) *zu einer Einheit machen, zusammenbringen* Er vereinte die streitenden Splittergruppen zu einer Partei. **2.** ■ *jmd./etwas vereint etwas* (*in etwas Dat.*) *zugleich besitzen* Sie vereint alle Kompetenzen in einer Hand. **II.** *mit SICH* **1.** ■ *jmd./etwas vereint sich* (*mit etwas Dat.*) *sich zusammenschließen* Die Bürgerinitiativen vereinten sich zum gemeinsamen Protest. **2.** ■ *etwas vereint sich* (*mit etwas Dat.*) *gemeinsam vorhanden sein* In diesem Kunstwerk vereint sich handwerkliches Geschick mit künstlerischer Fantasie.

ver·ein·fa·chen <vereinfachst, vereinfachte, hat vereinfacht> *mit OBJ* ■ *jmd. vereinfacht etwas einfacher machen* ein vereinfachtes Verfahren/eine vereinfachte Methode

Ver·ein·fa·chung die <-> (*kein Plur.*) **1.** (*kein Plur.*) *das Vereinfachen* **2.** *etwas, das vereinfacht worden ist* Die Vereinfachungen in der Produktion ersparen uns viel Geld.

ver·ein·heit·li·chen *mit OBJ* ■ *jmd. vereinheitlicht etwas Unterschiedliches in eine einheitliche Form bringen* Der Redakteur muss die unterschiedlichen Beiträge seiner Mitarbeiter noch vereinheitlichen.

Ver·ein·heit·li·chung die <-, -en> **1.** (*kein Plur.*) *das Vereinheitlichen* **2.** *etwas, das vereinheitlicht worden ist* Die Vereinheitlichung der Maße/Normen dient der besseren Orientierung des Kunden.

ver·ei·ni·gen <vereinigst, vereinigte, hat vereinigt> **I.** *mit OBJ* **1.** ■ *jmd. vereinigt etwas zu etwas Dat. zu einer Einheit bzw. zu einem Ganzen zusammenfassen* Er vereinigte die Firmen zu einem Großkonzern. **2.** ■ *jmd. vereinigt etwas in jmdm. Dat. etwas gleichzeitig bei jmdm. sein lassen* Alle Ämter sind in einer Person vereinigt. **3.** ■ *jmd. vereinigt etwas auf sich Akk. etwas zusammenkommen lassen* Der Kandidat konnte die Mehrheit der Stimmen auf sich vereinigen. **II.** *mit SICH* **1.** ■ *jmd. vereinigt sich zu etwas Dat. sich zu einer Einheit zusammenschließen* Die Bürgerinitiativen vereinigten sich zum gemeinsamen Protest. **2.** ■ *etwas vereinigt sich gemeinsam vorhanden sein* In diesem Kunstwerk vereinigt sich handwerkliches Geschick und Genie.

Ver·ei·ni·gung die <-, -en> **1.** (*kein Plur.*) *das Vereinigen* **2.** (≈ *Verein*) *eine Organisation, die ein bestimmtes Ziel verfolgt* eine politische/studentische Vereinigung

ver·ein·nah·men <vereinnahmst, vereinnahmte, hat vereinnahmt> *mit OBJ* ■ *jmd. vereinnahmt jmdn./etwas* (*für etwas Akk.*) *jmdn. oder etwas völlig für sich beanspruchen* Die Mutter hat ihren erwachsenen Sohn vereinnahmt., Die Partei hat diese politischen Ideen für sich vereinnahmt. ▶Vereinnahmung

ver·ein·sa·men <vereinsamst, vereinsamte, ist vereinsamt> *ohne OBJ* ■ *jmd. vereinsamt zu viel allein sein und sich immer einsamer fühlen* Sie ist im Alter völlig vereinsamt. ▶Vereinsamung

Ver·eins·bei·trag der <-s, Vereinsbeiträge> *Mit-*

V

gliedsbeitrag in einem Verein

Ver·eins·mei·er der <-s, -> (*umg. abwert.*) *jmd., der sich übertrieben in einem oder mehreren Vereinen engagiert* ▶Vereinsmeierei

Ver·eins·mit·glied das <-s, -er> *Mitglied eines Vereins*

ver·eint <nicht steig.> (*Part. Perf. zu „vereinen"*) *Adj.* (≈ *vereinigt*) *so, dass Verschiedenes zu einer Einheit zusammengefasst ist* Wir können die Probleme des Arbeitsmarktes nur mit vereinten Kräften lösen. ◆ Großschreibung→R 3.18 die Vereinten Nationen

i Wissenswert auch: UN(O) (United Nations Organization). Als Vertragsorganisation souveräner und gleichberechtigter Nationen wurden die **Vereinten Nationen** am 26.06.1945 auf der UN-Konferenz von San Francisco gegründet. Sie stehen allen friedliebenden Staaten offen, wenn diese einen Antrag stellen. Mitglied wurde die Bundesrepublik im Jahre 1973. Hauptziel ist die Sicherung des Weltfriedens. Dabei vermitteln sie in Konfliktsituationen. Sie entsenden UN-Streitkräfte oder verhängen diplomatische, wirtschaftliche und militärische Sanktionen. Den Vereinten Nationen steht ein Generalsekretär vor. Politisch wichtigstes Organ ist der Sicherheitsrat (Security Council), der auch Weltsicherheitsrat genannt wird. Er trägt vornehmlich zur Wahrung des Friedens bei. Ferner zu nennen sind der Wirtschafts- und Sozialrat (Economic and Social Council), der die wirtschaftliche und soziale Entwicklung und Zusammenarbeit fördern soll, die Welthandelskonferenz, der Internationale Gerichtshof und als Sonderorganisation die UNESCO (übersetzt: „Organisation der Vereinten Nationen für Erziehung, Wissenschaft und Kultur").

ver·ein·zelt <nicht steig.> *Adj.* (≈ *singulär*) *so, dass etwas einzeln oder in geringer Zahl vorkommt* In der kommenden Nacht ist mit vereinzelten Schauern zu rechnen.

ver·ei·sen <vereist, vereiste, hat/ist vereist> **I.** *ohne OBJ* ■ *etwas vereist* (*sein*) *mit Eis überzogen werden* Es ist damit zu rechnen, dass die Straßen vereisen., Der Gehweg war völlig vereist. **II.** *mit OBJ* ■ *jmd. vereist etwas* (MED.: *haben*) *eine* (*kleine*) *Stelle am Körper dadurch betäuben, dass ein Kältespray aufgesprüht wird* Der Arzt hat den Finger vereist, bevor er die Warze entfernte. ▶Vereisung

ver·ei·teln <vereitelst, vereitelte, hat vereitelt> *mit OBJ* ■ *jmd./etwas vereitelt etwas* (*geh.*) *verhindern, dass etwas ausgeführt wird, das jmd. geplant hat* Sondereinheiten konnten das Attentat gerade noch vereiteln.

ver·ei·tert *Adj.* MED. *so entzündet, dass sich Eiter gebildet hat* Sie hatte vereiterte Mandeln/eine vereiterte Wunde am Bein. ▶Vereiterung

ver·e·keln <verekelst, verekelte, hat verekelt> *mit OBJ* ■ *jmd. verekelt jmdm. etwas jmd. bewirkt, dass jmd. die Freude an etwas verliert und dann Widerwillen empfindet* Er hat ihr erzählt, dass eine Spinne über den Apfel gelaufen sei und ihr so den Apfel verekelt.

ver·e·len·den <verelendest, verelendete, ist verelendet> *ohne OBJ* ■ *jmd. verelendet immer mehr ins Elend geraten, völlig verarmen* Seit Jahren verelenden viele Bauern in unterentwickelten Ländern. ▶Verelendung

ver·en·den <verendet, verendete, ist verendet> *ohne OBJ* ■ *ein Tier verendet* (*geh.*) (*von Tieren*) *langsam sterben*

ver·en·gen <verengst, verengte, hat verengt> *mit SICH* ■ *etwas verengt sich* (↔ *verbreitern*) *enger werden* Die Straße verengt sich zu einer schmalen Gasse. ▶Verengung

ver·en·gern <verengerst, verengerte, hat verengert> *mit OBJ* ■ *jmd. verengert etwas jmd. macht etwas enger* Ich möchte den Rock gerne etwas verengern. ▶Verengerung

ver·erb·bar <nicht steig.> *Adj. so, dass es vererbt II werden kann*

ver·er·ben <vererbst, vererbte, hat vererbt> **I.** *mit OBJ* **1.** ■ *jmd. vererbt jmdm. etwas* (≈ *umg. vermachen*) *als Erbe hinterlassen* Sein Onkel soll ihm Millionen vererbt haben. **2.** ■ *jmd. vererbt jmdm. etwas* (*scherzh.*) *schenken, überlassen* Meine Tante hat mir einige Kleider vererbt, weil sie ihr nicht mehr passen. **II.** *mit SICH* ■ *etwas vererbt sich* MED. BIOL. *genetisch bedingte Eigenschaften, Anlagen werden auf die Nachkommen übertragen* Die Krankheit/das Merkmal vererbt sich von einer Generation zur nächsten.

Ver·er·bung die <-> (*kein Plur.*) MED. BIOL. *das Vererben II* Die Vererbung wird durch die Erbanlagen gesteuert.

Ver·er·bungs·le·hre die <-> (*kein Plur.*) (≈ *Genetik*) *Lehre von der Vererbung II*

ver·e·wi·gen <verewigst, verewigte, hat verewigt> **I.** *mit OBJ* ■ *jmd. verewigt jmdn. unvergesslich, unsterblich machen* In diesem Roman hat der Autor seinen Sohn verewigt, nach dem er die Hauptfigur gestaltet hat., Der Künstler hat ihre Schönheit in seinem Gemälde verewigt. **II.** *mit SICH* ■ *jmd. verewigt sich irgendwo* (*umg.*) *seinen Namen irgendwo einschreiben, wo man ihn noch nach langer Zeit lesen kann* Der Politiker hatte sich im Goldenen Buch der Stadt verewigt.

Ver·fah·ren das <-s, -> **1.** (≈ *Methode, Technik*) *die Art und Weise, in der jmd. bei seiner Arbeit vorgeht* technische/medizinische/wissenschaftliche/traditionelle Verfahren ◆-sweise, Auswahl-, Herstellungs-, Therapie- **2.** RECHTSW. *ein Streitfall, der vor Gericht ausgetragen wird* Das Verfahren wird eingeleitet/eingestellt/eröffnet. ◆ Ermittlungs-, Gerichts-

ver·fah·ren[1] <verfährst, verfuhr, hat/ist verfahren> **I.** *ohne OBJ* **1.** ■ *jmd. verfährt irgendwie* (*mit etwas Dat.*) (*sein*) *eine Sache auf eine bestimmte*

Art bearbeiten, mit bestimmten Methoden vorgehen Wie sind Sie in dieser Angelegenheit verfahren?, Der Einbrecher verfährt immer nach derselben Methode. **2.** ■ *jmd. verfährt irgendwie mit jmdm. jmd. behandelt jmdn. irgendwie* Er ist übel/rücksichtslos/grausam mit ihm verfahren. **II.** *mit SICH* ■ *jmd. verfährt sich* (*haben*) *in die falsche Richtung fahren* Wir hatten uns völlig verfahren und mussten nach dem richtigen Weg fragen.

ver·fah·ren[2] (*Part. Perf. zu „verfahren[1]“*) *so, dass etwas falsch durchgeführt worden ist und deshalb ausweglos erscheint* Wir haben uns in eine ziemlich verfahrene Situation manövriert., Die Sache ist total verfahren!, Das ist eine verfahrene Geschichte!

Ver·fah·rens·be·schleu·ni·gung die <-, -en> (RECHTSW.: ≈ *Prozessbeschleunigung*) *der Vorgang, dass man sich bemüht, die Dauer eines Prozesses zu verkürzen*

Ver·fah·rens·fra·ge die <-, -n> (*meist Plur.*) *Problem bezüglich der Verfahrensweise* Wichtige Verfahrensfragen müssen erst noch geklärt werden.

Ver·fah·rens·kos·ten die *Plur.* RECHTSW. *Kosten für ein Verfahren*[2]

Ver·fah·rens·tech·nik die <-, -en> (TECHN.: ↔ *Fertigungstechnik*) *das Teilgebiet der Technik, das sich mit der Herstellung fließfähiger Stoffe beschäftigt*

Ver·fah·rens·wei·se die <-, -n> *bestimmte Art zu verfahren I*

Ver·fall der <-(e)s> (*kein Plur.*) *das Verfallen* [1 2 3 4]
◆ Kräfte-, Kultur-, Wert-

ver·fal·len <verfällst, verfiel, ist verfallen> *ohne OBJ* **1.** *baufällig werden und langsam zusammenfallen* Das alte Fabrikgebäude verfällt zusehends., eine verfallene Burg/Ruine **2.** ■ *etwas verfällt einen kulturellen, sittlichen und moralischen Niedergang erfahren* Zu dieser Zeit begann das Römische Reich zu verfallen. **3.** ■ *etwas verfällt ungültig werden* Die Fahrkarte/Der Gutschein/Der Wechsel ist längst verfallen. **4.** ■ *jmd. verfällt an körperlicher und geistiger Kraft verlieren* Der alte Mann verfiel mehr und mehr. **5.** ■ *jmd. verfällt* (*etwas/jmdm.*) *von etwas oder jmdm. abhängig werden* Sie ist dem Alkohol/der Spielleidenschaft verfallen., Er ist dieser Frau völlig verfallen. **6.** ■ *jmd. verfällt auf etwas Akk. jmd. kommt auf einen ungewöhnlichen Gedanken* Wie bist du denn auf die Idee verfallen? **7.** ■ *jmd. verfällt in etwas Akk. jmd. gerät in einen bestimmten Zustand* Er ist in Nachdenken/Schweigen/Trübsal verfallen.

Ver·falls·da·tum das <-s, Verfallsdaten> *ein* (*aufgedrucktes*) *Datum, das angibt, wie lange Lebensmittel mindestens haltbar sind* Das Verfallsdatum der Wurst ist überschritten.

Ver·falls·er·schei·nung die <-, -en> *Anzeichen des Verfallens*[2 4]

Ver·falls·tag der <-es> (*kein Plur.*) *der Tag, an dem etwas seine Gültigkeit verliert* Der Verfallstag des Gutscheins ist bereits überschritten.

ver·fäl·schen <verfälschst, verfälschte, hat verfälscht> *mit OBJ* **1.** ■ *jmd. verfälscht etwas* (≈ *entstellen*) *etwas falsch darstellen* Er hat die Geschichte verfälscht. **2.** ■ *jmd. verfälscht etwas* (*durch etwas Akk.*) *etwas in seiner Qualität mindern* Sie haben den Wein/die Speise durch Zucker/Aromastoffe verfälscht.

Ver·fäl·schung die <-, -en> *das Verfälschen*

ver·fan·gen <verfängst, verfing, hat verfangen> *mit SICH* ■ *jmd./etwas verfängt sich in etwas Dat. sich in etwas verwickeln und hängen bleiben* Die Drachenschnur hatte sich in einem Baum verfangen.

ver·fäng·lich <verfänglicher, am verfänglichsten> *Adj.* (≈ *heikel*) **1.** (≈ *peinlich*) Man hat ihn in einer höchst verfänglichen Situation ertappt. **2.** (≈ *gefährlich*) *so, dass man in Schwierigkeiten kommen kann* Das ist eine verfängliche Frage – wenn er ehrlich antwortet, kann er Probleme bekommen.

ver·fär·ben <verfärbst, verfärbte, hat verfärbt> **I.** *mit OBJ* ■ *etwas verfärbt etwas etwas bewirkt, dass etwas eine andere Farbe annimmt* Die versehentlich mitgewaschenen schwarzen Socken hatten die ganze Kochwäsche verfärbt. **II.** *mit SICH* ■ *jmd./etwas verfärbt sich* (*irgendwie*) *eine andere Farbe annehmen* Der Himmel verfärbte sich blutrot. ►Verfärbung

ver·fas·sen <verfasst, verfasste, hat verfasst> *mit OBJ* ■ *jmd. verfasst etwas einen Text schreiben* Ich muss noch einen einen Artikel/einen Brief/einen Vortrag/ ein Vorwort für das Wörterbuch verfassen.

Ver·fas·ser, **Ver·fas·se·rin** der <-s, -> (≈ *Autor*) *die Person, die einen Text geschrieben hat* Der Verfasser des Leserbriefes will anonym bleiben/ist der Redaktion bekannt. ►Verfasserschaft

Ver·fas·sung die <-, -en> **1.** POL. *die schriftlich niedergelegten Grundsätze über Form und Aufbau eines Staates, seiner eigenen Rechte und Pflichten und die seiner Bürger* Das Land erhielt eine demokratische Verfassung. **2.** (*kein Plur.*) (≈ *Befinden*) *der körperliche und seelische Zustand, in dem man sich befindet* Der Sportler ist momentan in guter/hervorragender/miserabler Verfassung. ◆ Geistes-, Gemüts-

ver·fas·sung·ge·bend <nicht steig.> *Adj. die Verfassung*[1] *festlegend* Die verfassunggebende Versammlung traf sich zu ersten Gesprächen. ◆ Zusammenschreibung→R 4.5 verfassunggebend

Ver·fas·sungs·än·de·rung die <-, -en> *Änderung einer Verfassung*[1]

Ver·fas·sungs·be·schwer·de die <-, -en> *eine Art Klage, die jeder Bürger beim Verfassungsgericht einreichen kann, wenn er glaubt, dass die Staatsgewalt Grundrechte verletzt hat*

Ver·fas·sungs·bruch der <-(e)s> (*kein Plur.*) POL *eine Handlung, mit der eine Regierung gegen die Verfassung*[1] *verstößt*

Ver·fas·sungs·ge·richt das <-(e)s, -e> (*meist Sing.*) RECHTSW. *das Gericht, bei dem man eine Verfassungsbeschwerde einreichen kann* ◆ Bundes-

ver·fas·sungs·mä·ßig <nicht steig.> *Adj. der*

Verfassung[1] *entsprechend, auf die Verfassung*[1] *gegründet*

ver·fas·sungs·recht·lich <nicht steig.> *Adj. die in der Verfassung*[1] *enthaltenen Rechtsnormen betreffend*

Ver·fas·sungs·re·form die <-, -en> *Reform einer Verfassung*[1]

Ver·fas·sungs·rich·ter, **Ver·fas·sungs·rich·te·rin** der <-s, -> *Richter am Verfassungsgericht*

Ver·fas·sungs·schutz der <-es> (*kein Plur.*) *Gesamtheit der Institutionen und Maßnahmen, die zum Schutz der Verfassung*[1] *dienen*

Ver·fas·sungs·schüt·zer, **Ver·fas·sungs·schüt·ze·rin** der <-s, -> *Mitarbeiter des Verfassungsschutzes*

Ver·fas·sungs·treue die <-> (*kein Plur.*) POL *das Respektieren und Einhalten der Verfassung*[1]*, zu dem vor allem Beamte und Angestellte im öffentlichen Dienst verpflichtet sind* ▶verfassungstreu

ver·fas·sungs·wid·rig <nicht steig.> *Adj. gegen eine Verfassung*[1] *verstoßend*

ver·fau·len <verfault, verfaulte, ist verfault> *ohne OBJ* ■ *etwas verfault durch Fäulnis verderben* Die Kirschen sind am Baum verfault.

ver·fech·ten <verfichst, verfocht, hat verfochten> *mit OBJ* ■ *jmd. verficht etwas* (*geh.*) *energisch für etwas eintreten oder kämpfen* Er hat bis zuletzt seine Meinung/Theorie verfochten.

Ver·fech·ter, **Ver·fech·te·rin** der <-s, -> (*geh.*) *jmd., der etwas verficht*

ver·feh·len <verfehlst, verfehlte, hat verfehlt> *mit OBJ* **1.** ■ *jmd./etwas verfehlt etwas ein Ziel nicht treffen oder erreichen* Der Freistoß verfehlte das Tor nur knapp., Die Schülerin hat das Thema verfehlt., Die Sitzung hat ihren Zweck verfehlt., Wir halten eine solche Politik für verfehlt. **2.** ■ *jmd. verfehlt jmdn.* (≈ *verpassen*) *jmdn. an dem Ort, wo man ihn treffen wollte, nicht finden* Eigentlich wollten wir uns um vier Uhr treffen, wir haben uns aber leider verfehlt.

ver·fehlt <nicht steig.> *Adj.* (≈ *verkehrt*) *falsch, unpassend* Ich halte es für verfehlt, so zu handeln., eine verfehlte Entscheidung

Ver·feh·lung die <-, -en> (≈ *Vergehen*) *ein Verstoß gegen bestehende Vorschriften* eine Verfehlung im Amt ◆ Amts-

ver·fein·det *Adj. so, dass man jmds. Feind geworden ist* Der Film handelt von zwei verfeindeten Familien.

ver·fei·nern <verfeinerst, verfeinerte, hat verfeinert> **I.** *mit OBJ* **1.** ■ *jmd. verfeinert etwas* (*mit etwas Dat.*) *feiner machen, im Geschmack verbessern* Sie verfeinert die Soße stets mit etwas Sahne. **2.** ■ *jmd. verfeinert etwas etwas durch bessere Technik exakter und präziser machen* Wir haben unsere Methode verfeinert. **II.** *mit SICH* ■ *etwas verfeinert sich* **1.** *bessere Qualität erlangen* Ihr Benehmen hat sich verfeinert. **2.** *feiner oder präziser werden* Die Produktionstechniken haben sich verfeinert.

ver·feu·ern <verfeuerst, verfeuerte, hat verfeuert> *mit OBJ* ■ *jmd. verfeuert etwas* **1.** (*Holz oder Kohle*) *im Ofen verbrennen* Wir haben unsere alten Stühle verfeuert. **2.** *Munition* (*durch Schießen*) *verbrauchen* Sie schossen so lange, bis sie die ganze Munition verfeuert hatten.

ver·fil·men <verfilmst, verfilmte, hat verfilmt> *mit OBJ* ■ *jmd. verfilmt etwas eine Vorlage zu einem Film verarbeiten* Der Roman wurde 1962 verfilmt.

Ver·fil·mung die <-, -en> **1.** (*kein Plur.*) *das Verfilmen* **2.** *ein Film auf der Vorlage eines Romans* Die Verfilmung weicht in einigen Punkten vom Roman ab. ◆ Roman-

ver·fil·zen <verfilzt, verfilzte, ist verfilzt> *ohne OBJ* ■ *etwas verfilzt etwas ist so stark ineinander verschlungen, dass es sich nicht mehr lösen lässt* Nach dem Waschen war der Wollpullover verfilzt., Er hat völlig verfilzte Haare.

ver·fins·tern <verfinstert, verfinsterte, hat verfinstert> **I.** *mit OBJ* ■ *etwas verfinstert etwas dunkel, finster machen* Bei einer Sonnenfinsternis verfinstert der Mond die Sonne. **II.** *mit SICH* ■ *etwas verfinstert sich* **1.** *dunkel werden* Der Himmel verfinsterte sich. **2.** (*übertr.*) *einen unfreundlicheren Gesichtsausdruck annehmen* Ihre Miene verfinsterte sich.

ver·fla·chen *ohne OBJ* ■ *etwas verflacht* (*umg. abwert.*) *banal, langweilig werden* Die Diskussion verflachte zunehmend.

Ver·flech·tung die <-, -en> *enge Beziehung, Verbindung* Natürlich gibt es Verflechtungen zwischen Politik und Wirtschaft.

ver·flie·gen <verfliegst, verflog, hat/ist verflogen> **I.** *ohne OBJ* ■ *etwas verfliegt* (*sein*) **1.** *schnell vorübergehen* Die wenigen Stunden verflogen im Nu., Die gute Stimmung war verflogen. **2.** (≈ *sich verflüchtigen*) *sich in der Luft auflösen* Der Geruch/Der Nebel ist verflogen. **II.** *mit SICH* ■ *jmd. verfliegt sich* (*haben*) *in die falsche Richtung fliegen* Der Pilot hat sich verflogen.

ver·flie·ßen <verfließt, verfloss, ist verflossen> *ohne OBJ* ■ *etwas verfließt* **1.** (*geh.* ≈ *verstreichen*) (*kontinuierlich*) *vergehen* Die Urlaubstage verfließen. **2.** (≈ *verschwimmen*) *ineinander übergehen, so dass man keine Grenzen mehr erkennt* Die Aquarellfarben verfließen.

ver·flixt **I.** *Adj.* (*umg.*) **1.** *unangenehm, ärgerlich* Das war eine verflixte Geschichte. **2.** (*verhüll.*) *verdammt* Der verflixte Computer ist schon wieder abgestürzt., Dieser verflixte Kerl hat mich belogen. **3.** *sehr viel* Er hat verflixtes Glück gehabt. **4.** *sehr* Das war eine verflixt schwierige Prüfung. **II.** *Interj.* ■ **Verflixt (noch mal/noch eins/und zugenäht)!**: *Verflucht* (*noch mal*)!

ver·flos·sen (*Part. Perf. zu „verfließen"*) *Adj.* (*umg.*) *ehemalig* Dort drüben läuft ihr verflossener Freund.

ver·flu·chen <verfluchst, verfluchte, hat verflucht> *mit OBJ* **1.** ■ *jmd. verflucht jmdn./etwas* (≈ *verwünschen*) *jmdm. ein schlimmes Unheil wünschen* Der Vater hat seinen Sohn verflucht. **2.** ■ *jmd. verflucht etwas sich heftig über etwas ärgern* Er verfluchte seinen Leichtsinn/sein Schicksal.

ver·flucht <nicht steig.> *(Part. Perf. zu „verfluchen")* **I.** *Adj.* *(umg.)* **1.** *(abwert.) als Ausdruck von Ärger (über etwas Lästiges)* Verfluchter Mist!, Dieser verfluchte Idiot hat alles verraten., Diese verfluchten Mücken haben mich überall gestochen. **2.** *sehr viel* Sie hat verfluchtes Pech gehabt. **3.** *(nur als Adverb in dieser Bedeutung) sehr* Es war verflucht heiß. **II.** *Interj. verwendet, um seinen starken Ärger über etwas auszudrücken* Verflucht (noch mal)!

ver·flüch·ti·gen <verflüchtigst, verflüchtigte, hat verflüchtigt> *mit SICH* **1.** ■ *etwas verflüchtigt sich in einen gasförmigen Zustand übergehen* Die Flüssigkeit hat sich verflüchtigt. **2.** ■ *etwas verflüchtigt sich aus der Luft verschwinden* Der Rauch/Geruch verflüchtigt sich langsam. **3.** ■ *jmd. verflüchtigt sich (umg. scherzh.) heimlich verschwinden*

ver·flüs·si·gen <verflüssigst, verflüssigte, hat verflüssigt> **I.** *mit OBJ* ■ *jmd. verflüssigt etwas (fachspr. ≈ kondensieren) in den flüssigen Zustand überführen* Gase verflüssigen **II.** *mit SICH* ■ *etwas verflüssigt sich (≈ kondensieren) flüssig werden, kondensieren*

Ver·flüs·si·gung die <-> *(kein Plur.) (fachspr.) das Verflüssigen I, II*

ver·fol·gen <verfolgst, verfolgte, hat verfolgt> *mit OBJ* **1.** ■ *jmd. verfolgt jmdn./ein Tier jmdm. oder einem Tier (oder dessen Spuren) nachlaufen, nachfahren oder nachgehen (um jmdn./ein Tier) einzufangen* Die Polizei verfolgte die Bankräuber., Die Tierfilmer verfolgen den Leoparden in sicherem Abstand. **2.** ■ *jmd. verfolgt jmdn. jmdn. aufgrund politischer, rassischer oder religiöser Gründe diskriminieren und bedrohen* Die Minderheiten in diesem Land werden verfolgt. **3.** ■ *jmd. verfolgt jmdn. mit etwas Dat. dauernd mit etwas bedrängen* Sie verfolgte ihn mit ihrer Eifersucht/ihrem Hass. **4.** ■ *jmd. verfolgt etwas interessiert beobachten, zuhören* Die Fans verfolgen mit Spannung das Fußballspiel., Ich habe diese Diskussion im Fernsehen verfolgt., In diesem Kriminalfall verfolgen wir mehrere Spuren. **5.** ■ *jmd. verfolgt etwas versuchen, etwas zu erreichen, verwirklichen* Er verfolgt seit Jahren diese Idee/dieses Ziel **6.** ■ *jmd. verfolgt etwas* RECHTSW. *gegen jmdn. vorgehen* Die Tat wird bereits polizeilich/strafrechtlich verfolgt. ▶Strafverfolgung

Ver·fol·ger, Ver·fol·ge·rin der <-s, -> *jmd., der jmdn. oder ein Tier verfolgt[1]*

Ver·folg·te der/die <-n, -n> *jmd., der verfolgt[1,2] wird*

Ver·fol·gung die <-, -en> *das Verfolgen[1,2,5]*

Ver·fol·gungs·jagd die <-, -en> *der Vorgang, dass jmd. intensiv verfolgt[1] wird* Die Bankräuber konnten nach einer wilden Verfolgungsjagd durch ganz Bayern schließlich von der Polizei gestellt werden.

Ver·fol·gungs·wahn der <-s> *(kein Plur.)* PSYCH. *eine psychische Krankheit, bei der der Betroffene glaubt, beobachtet und verfolgt zu werden*

ver·for·men <verformst, verformte, hat verformt> **I.** *mit OBJ* ■ *jmd./ etwas verformt etwas verursachen, dass etwas seine ursprüngliche Form verliert* Die Hitze hat die Wachskerzen verformt. **II.** *mit SICH* ■ *etwas verformt sich seine ursprüngliche Form verlieren*

ver·frach·ten <verfrachtest, verfrachtete, hat verfrachtet> *mit OBJ* ■ *jmd. verfrachtet jmdn./etwas irgendwohin etwas (Schweres) verladen* Ich verfrachte schon mal das Gepäck in den Kofferraum. ▶Verfrachtung

ver·fran·zen <verfranzt, verfranzte, hat verfranzt> *mit SICH* ■ *jmd. verfranzt sich (umg.) sich (auf der Suche nach etwas) verirren* In der fremden Stadt haben wir uns bei der Suche nach dem Museum mehrmals verfranzt.

ver·frem·den <verfremdest, verfremdete, hat verfremdet> *mit OBJ* ■ *jmd. verfremdet etwas etwas (Bekanntes) unter Verwendung ungewöhnlicher Mittel darstellen* Der Künstler verfremdet Texte bekannter Autoren., die Sprache/den Stil verfremden

Ver·frem·dung die <-> *(kein Plur.) das Verfremden* ◆-seffekt

ver·fres·sen *Adj. (umg. abwert. ≈ gefräßig)* Sei nicht so verfressen – lass noch etwas von dem Kuchen übrig !

ver·früht <nicht steig.> *Adj. zu früh, um etwas zu sagen oder zu tun* Ich halte es für verfrüht, das zu behaupten.

ver·füg·bar <nicht steig.> *Adj. für den Gebrauch sofort vorhanden* Man versuchte mit allen verfügbaren Mitteln gegen das Hochwasser anzukämpfen., Die Ersatzteile sind spätestens übermorgen verfügbar.

ver·fü·gen <verfügst, verfügte, hat verfügt> **I.** *mit OBJ* ■ *jmd. verfügt etwas (≈ anordnen) per Gesetz anordnen* **II.** *ohne OBJ* ■ *jmd./etwas verfügt über etwas Akk.* **1.** *bestimmen, was geschehen soll* Ich kann frei über meine Zeit verfügen., Er darf selbst über sein Geld verfügen. **2.** *besitzen* Er verfügt über viele gute Beziehungen., Das Hotel verfügt über fünfzig Einzel- und sechzig Doppelzimmer.

Ver·fü·gung die <-, -en> **1.** AMTSSPR. *Erlass, Anordnung* Es wurde bereits eine richterliche Verfügung erlassen., eine einstweilige Verfügung **2.** *(kein Plur.) die Möglichkeit, das Recht, etwas zu nutzen* Er hatte das Auto zur Verfügung. ■ **jemandem steht etwas zur Verfügung**: *jmd. kann etwas einsetzen oder gebrauchen* **jemand stellt sich/etwas zur Verfügung**: *jmd. ist bereit, sich oder etwas für eine Aufgabe einzusetzen* **jemand stellt sein Amt zur Verfügung**: *jmd. tritt von seinem Amt zurück*

Ver·fü·gungs·ge·walt die <-> *(kein Plur.)* RECHTSW. *Gewalt, Recht über etwas zu verfügen I, II*

ver·füh·ren <verführst, verführte, hat verführt> *mit OBJ* **1.** ■ *jmd./etwas verführt jmdn. (≈ verleiten) jmdn. dazu bringen, etwas Unvernünftiges (gegen seine Absicht) zu tun* Sie hat mich zu einem Glas Wein/zu einem Stück Kuchen verführt.,

Die Situation hat mich dazu verführt, mehr Wein zu trinken als ich wollte. **2.** ■ *jmd. verführt jmdn. zu sexuellen Handlungen verleiten* Ihm wurde klar, dass sie ihn verführen wollte.

Ver·füh·rer, **Ver·füh·re·rin** der <-s, -> *jmd., der jmdn. verführt*[2]

ver·füh·re·risch <verführerischer, am verführerischsten> *Adj.* **1.** *so, dass etwas verführt*[1] Der frische Kuchen duftet verführerisch. **2.** *so, dass etwas verführt*[2] Sie hatte ein verführerisches Kleid an/ warf ihm verführerische Blicke zu.

Ver·füh·rung die <-, -en> **1.** *Verlockung* Das Essen sieht sehr gut aus, einer solchen Verführung kann ich natürlich nicht widerstehen. **2.** (*kein Plur.*) *das Verführen*[2]

ver·fünf·fa·chen <verfünffachst, verfünffachte, hat verfünffacht> **I.** *mit OBJ* ■ *jmd. verfünffacht etwas auf die fünffache Anzahl, Menge oder Größe bringen* **II.** *mit SICH* ■ *etwas verfünffacht sich fünfmal so groß werden*

Ver·ga·be die <-> (*kein Plur.*) *das Vergeben*[2] In der Sitzung ging es um die Vergabe von Stipendien/von Subventionen. ◆-kriterium, -richtlinie

ver·gack·ei·ern <vergackeierst, vergackeierte, hat vergackeiert> *mit OBJ* ■ *jmd. vergackeiert jmdn.* (*umg.* ≈ *veräppeln*) *sich einen Scherz mit jmdm. erlauben*

ver·gäl·len <vergällst, vergällte, hat vergällt> *mit OBJ* ■ *jmd./etwas vergällt jmdm. etwas verderben* Er hat ihr das Leben/die Freude an dem Ausflug vergällt.

ver·ga·lop·pie·ren <vergaloppierst, vergaloppierte, hat vergaloppiert> *mit SICH* ■ *jmd. vergaloppiert sich* (*umg.*) *einen Irrtum begehen, weil man nicht genug nachgedacht hat* Bei diesem Projekt habe ich mich gründlich vergaloppiert.

ver·gam·meln <vergammelst, vergammelte, hat/ist vergammelt> (*umg.*) **I.** *ohne OBJ* ■ *etwas vergammelt* (*sein*) *schlecht werden* Das Brot/Der Käse/Die Wurst ist vergammelt. **II.** *mit OBJ* ■ *jmd. vergammelt etwas* (*haben* ≈ *verbummeln*) *vertrödeln* Er hat seine ganze Zeit vergammelt.

ver·gam·melt (*Part. Perf. von „vergammeln"*) *Adj.* (≈ *verwahrlost*) Der alte Mann sieht ziemlich vergammelt aus.

Ver·gan·gen·heit die <-, -en> (*meist Sing.*) **1.** (*kein Plur.* ↔ *Gegenwart, Zukunft*) *die Zeit, die der Gegenwart vorangeht* die jüngste Vergangenheit, aus den Fehlern der Vergangenheit lernen, Die Vergangenheit kehrt nicht mehr zurück. **2.** *die Existenz von etwas in der Vergangenheit*[1] Die Vergangenheit hatte sie eingeholt., Sie ließ in der Erinnerung die Vergangenheit wieder lebendig werden, Er hat eine bewegte/dunkle/ruhmreiche Vergangenheit. **3.** (≈ *Geschichte*) *das Geschehen in der Vergangenheit* Als Historiker erforscht er die Vergangenheit. **4.** SPRACHWISS. *die Zeitform des Verbs, mit der sich ein vergangenes Geschehen ausdrücken lässt* Perfekt und Präteritum sind Formen, die Vergangenheit ausdrücken. ◆-szeitform

Ver·gan·gen·heits·be·wäl·ti·gung die <-> (*kein Plur.*) *die* (*kritische*) *Auseinandersetzung und* (*psychische*) *Bewältigung einer Nation mit einem problembeladenen Abschnitt ihrer Geschichte*

ver·gäng·lich <nicht steig.> *Adj.* (↔ *ewig*) *nur von begrenzter Dauer* vergänglicher Besitz, vergängliche Freuden, Alles Irdische ist vergänglich. ▸Vergänglichkeit

ver·ga·sen <vergast, vergaste, hat vergast> *mit OBJ* **1.** ■ *jmd. vergast jmdn. jmdn. durch Giftgas töten* **2.** ■ *jmd. vergast etwas* (*fachspr.*) *Kohle in Gas umwandeln* ▸Vergasung

Ver·ga·ser der <-s, -> KFZ *der Teil eines Ottomotors, der Benzin mit Luft zu einem zündfähigen Gemisch aufbereitet*

Ver·ga·ser·ein·stel·lung die <- , -en> TECHN. **1.** (*kein Plur.*) *Regulierung des Vergasers* **2.** *die Stufe, auf die der Vergaser eingestellt ist*

ver·gat·tern <vergatterst, vergatterte, hat vergattert> *mit OBJ* ■ *jmd. vergattert jmdn.* (*umg.*) *zu einer unangenehmen Aufgabe beauftragen oder verpflichten* Ich wurde dazu vergattert, die Akten bis morgen durchzusehen.

ver·ge·ben[1] <vergibst, vergab, hat vergeben> *mit OBJ/ohne OBJ* ■ *jmd. vergibt jmdm.* (*etwas*) (≈ *verzeihen*) *jmdm. sagen, dass man wegen seines Fehlers nicht mehr böse ist* Sie vergab ihm seinen Fehler., Er hat ihr schon längst vergeben. ■ **etwas ist vergeben und vergessen**: *etwas ist vollständig verziehen* Mach dir keine Sorgen, dass du mich gekränkt hast – das ist doch längst vergeben und vergessen!

ver·ge·ben[2] <vergibst, vergab, hat vergeben> **I.** *mit OBJ* **1.** ■ *jmd. vergibt etwas unentgeltlich weggeben* Ich habe zwei Theaterkarten für heute abend zu vergeben. **2.** ■ *jmd. vergibt etwas an jmdn. einem Bewerber etwas geben* Man hat das Stipendium/den Auftrag/die Wohnung an ihn vergeben. **3.** ■ *jmd. vergibt etwas* SPORT *eine Chance nicht nutzen oder umsetzen* Der Schütze hat den Elfmeter vergeben. **II.** *mit SICH* ■ *jmd. vergibt sich etwas etwas tun, wodurch man dem eigenen Ansehen schadet* Du vergibst dir doch nichts, wenn du mit deinen Angestellten gemeinsam feierst ! ■ **jemand ist schon vergeben** (*umg.*): *jmd. hat sich schon verabredet oder jmd. hat bereits einen festen Partner* Heute abend bin ich leider schon vergeben – aber morgen abend habe ich Zeit.

ver·ge·bens *Adv. umsonst, ohne Erfolg* Die Suche war vergebens.

ver·geb·lich *Adj. umsonst, ohne Erfolg* eine vergebliche Anstrengung/Mühe/Suche, ein vergeblicher Versuch, Ich habe mich vergeblich um einen Auslandsstudienplatz beworben.

Ver·geb·lich·keit die <-> (*kein Plur.*) *der Zustand, dass eine Bemühung vergeblich ist*

Ver·ge·bung die <-> (*kein Plur.*) REL. *das Vergeben*[1] *durch Gott* die Vergebung der Sünden ◆ Sünden-

ver·ge·gen·wär·ti·gen, **ver·ge·gen·wär·ti·gen** <vergegenwärtigst, vergegenwärtigte, hat vergegenwärtigt> *mit SICH* ■ *jmd. vergegenwärtigt sich etwas sich etwas deutlich vorstellen* Vergegenwärtigen Sie sich doch einmal meine damalige Situation! ▶Vergegenwärtigung

Ver·ge·hen das <-s, -> (RECHTSW.: ≈ *Delikt*) *Verstoß gegen ein bestehendes Gesetz* ein leichtes/schweres Vergehen, Er hat sich schon mehrere Vergehen zuschulde kommen lassen. ◆Steuer-, Verkehrs-, Wirtschafts-

ver·ge·hen <vergehst, verging, ist/hat vergangen> **I.** *ohne OBJ* (*sein*) **1.** ■ *etwas vergeht vorbeigehen* im vergangenen Jahr, vergangene Woche, Die Zeit vergeht schnell/wie im Fluge. **2.** ■ *etwas vergeht* (≈ *aufhören*) *als Wahrnehmung oder Gefühl verschwinden* Das Kopfweh vergeht langsam., Mir ist der Appetit/die Lust/die ganze Sache vergangen. **3.** ■ *jmd. vergeht vor etwas Dat. etwas so stark empfinden, dass man glaubt, es nicht aushalten zu können* Ich bin vor Hunger/Sehnsucht fast vergangen., Er vergeht fast vor Schmerzen. **II.** *mit SICH* **1.** ■ *jmd. vergeht sich gegen etwas Akk.* (*geh.*) *gegen ein Gesetz oder eine Norm handeln* Er hat sich gegen die Vorschriften vergangen. **2.** ■ *jmd. vergeht sich an jmdm.* (*haben*) *jmdn. sexuell missbrauchen* Er hat sich an der Schülerin vergangen. ■ **Unkraut vergeht nicht!**: (*ironische Aussage, die man über sich selbst macht*) *Ich bin zäh und kann viel Schweres aushalten.* Nach der schweren Grippe stehe ich schon wieder auf den Beinen – Unkraut vergeht nicht!

ver·gei·gen <vergeigst, vergeigte, hat vergeigt> *mit OBJ* ■ *jmd. vergeigt etwas* (*umg.* ≈ *vermurksen*) *zu einem Misserfolg machen* Ich habe die Prüfung total vergeigt.

ver·geis·tigt <nicht steig.> *Adj. völlig in Gedanken und ohne Aufmerksamkeit für die Umwelt* das vergeistigte Gesicht des Pianisten/des Professors, Sie ist ein vergeistigter Mensch.

ver·gel·ten <vergiltst, vergalt, hat vergolten> *mit OBJ* ■ *jmd. vergilt jmdm. etwas* (*geh.*) **1.** (≈ *lohnen*) *jmdm. danken oder einen Dienst erweisen, weil er etwas Gutes getan hat* Wie kann ich dir deine Hilfe vergelten?, Sie haben ihm seine Dienste übel vergolten., Vergelt's Gott! **2.** (≈ *heimzahlen*) *auf das böse Verhalten von jmdm. böse reagieren* Er hat seinen Kollegen die Schikanen vergolten – er hat dem Chef von ihren schlechten Resultaten erzählt., Man soll nicht Böses mit Bösem vergelten. ■ **Gleiches mit Gleichem vergelten**: *auf böses Verhalten mit bösem Verhalten reagieren* Eigentlich sollte ich ihn wegen seiner Schikanen bestrafen – aber ich will nicht Gleiches mit Gleichem vergelten!

Ver·gel·tung die <-> (*kein Plur.*) (*geh.* ≈ *Rache*) *das Vergelten*[2] Rache und Vergeltung üben, blutige Vergeltung

Ver·gel·tungs·maß·nah·me die <-, -n> *eine Handlung, durch die jmd. Vergeltung übt*

Ver·gel·tungs·schlag der <-(e)s, Vergeltungsschläge> POL. *eine militärische Aktion, die als Strafe oder Rache für einen Angriff des Gegners eingesetzt wird* Nach dem schweren Attentat hat man in einem Vergeltungsschlag die Stadt bombardiert, aus der die Attentäter kamen.

ver·ges·sen <vergisst, vergaß, hat vergessen> **I.** *mit OBJ* **1.** ■ *jmd. vergisst etwas aus dem Gedächtnis verlieren* Ich habe ihre Telefonnummer vergessen., Er hat vergessen, wann unser Zug geht., Sie hat ihn in all den vielen Jahren nicht vergessen. **2.** ■ *jmd. vergisst jmdn./etwas nicht mehr an jmdn. oder etwas denken* Vergiss nicht, die Katze zu füttern!, Versuche zu vergessen! ■ *jmd. vergisst jmdm. etwas nie/nicht für alle Zeit dankbar/böse sein* Das werde ich ihm nie vergessen, dass er mir so oft geholfen hat!, Das werde ich dir nie vergessen, dass du mir in dieser schwierigen Situation nicht geholfen hast! **II.** *mit SICH* ■ *jmd. vergisst sich die Kontrolle über die eigenen Handlungen verlieren* Nachdem er über eine Stunde vergeblich auf sein Essen gewartet hatte, vergaß er sich und begann im Lokal zu toben. ■ **Vergiss es!** (*umg.*): *das hat keinen Sinn, das ist nicht so wichtig!*

Ver·ges·sen·heit ■ **in Vergessenheit geraten**: *den Zustand erreichen, dass etwas oder jmd. nicht mehr bekannt ist* Dieser Schriftsteller war zu seiner Zeit bekannt, doch heute ist er in Vergessenheit geraten.

ver·gess·lich *Adj. so, dass man häufig etwas vergisst* Viele Menschen werden im Alter vergesslich.

Ver·gess·lich·keit die <-> (*kein Plur.*) *die Eigenschaft, leicht etwas zu vergessen* Vor lauter Vergesslichkeit habe ich schon wieder meinen Schlüssel nicht eingesteckt.

ver·geu·den <vergeudest, vergeudete, hat vergeudet> *mit OBJ* ■ *jmd. vergeudet etwas* (*abwert.* ≈ *verschwenden*) *leichtsinnig etwas verbrauchen* Energie/Geld/Kraft/Zeit vergeuden, Er hat im Studium viel Zeit mit seinen vielen Hobbys vergeudet. ▶Vergeudung

ver·ge·wal·ti·gen *mit OBJ* **1.** ■ *jmd. vergewaltigt jmdn. jmdn. mit Gewalt zum Geschlechtsverkehr zwingen* Der Täter soll das Opfer bedroht und dann vergewaltigt haben. **2.** ■ *jmd. vergewaltigt etwas* (*übertr.*) *etwas* (*z.B. durch falschen Gebrauch*) *verschlechtern oder entstellen* das Recht/die Sprache vergewaltigen

Ver·ge·wal·ti·ger der <-s, -> *ein Mann, der eine Frau vergewaltigt*[1]

Ver·ge·wal·ti·gung die <-, -en> *der Akt des Vergewaltigens*[1] Er ist wegen mehrfacher Vergewaltigung zu zwei Jahren Freiheitsstrafe verurteilt worden.

ver·ge·wis·sern <vergewisserst, vergewisserte, hat vergewissert> *mit SICH* ■ *jmd. vergewissert sich etwas Gen.* (≈ *sich überzeugen*) *etwas noch einmal überprüfen, um sicher zu sein, dass es richtig ist* Sie vergewisserte sich, dass/ob alle Unterlagen für den Vortrag in der Mappe waren., Wir vergewissern uns immer vor dem Weggehen, ob wir die Fenster geschlossen haben.

ver·gie·ßen <vergießt, vergoss, hat vergossen> *mit OBJ* ■ *jmd. vergießt etwas eine Flüssigkeit verschütten* Ich habe wohl gerade etwas Tee vergossen – hier ist ein Fleck! ■ **Tränen vergießen** (*geh.*): (*heftig*) *weinen* **bei etwas Schweiß ver-**

gießen (*geh.*): *sich bei etwas sehr anstrengen* **es wurde viel Blut vergossen** (*geh.*): *es kamen viele Menschen ums Leben* ► Blutvergießen

ver·gif·ten <vergiftest, vergiftete, hat vergiftet> **I.** *mit OBJ* **1.** ■ *jmd. vergiftet jmdn. mit Gift töten* Man hat das Opfer vergiftet., Sie hat sich mit Tabletten vergiftet. **2.** ■ *jmd. vergiftet etwas giftig machen* Jemand muss das Essen vergiftet haben., Die vielen Abgase vergiften die Luft. **II.** *mit SICH* ■ *jmd. vergiftet sich an etwas Dat. eine Vergiftung bekommen* Sie haben sich an Pilzen vergiftet., Das Kind hat von dem Reinigungsmittel getrunken und sich daran vergiftet.

Ver·gif·tung die <-, -en> **1.** (*kein Plur.*) *das Vergiften* Die Vergiftung der Luft durch Emissionen soll durch Filteranlagen vermindert werden. ◆ Luft- **2.** *durch Gift hervorgerufene Erkrankung* Er starb an einer Vergiftung. ◆ Alkohol-, Fleisch-, Gas-, Lebensmittel-, Pilz-

ver·gilbt <nicht steig.> *Adj. so, dass Papier nach einiger Zeit gelblich geworden ist* Die alten Urkunden sind völlig vergilbt., auf dem Dachboden einen Stapel vergilbter Zeitungen aus dem Jahre 1921 finden

Ver·giss·mein·nicht das <-(e)s, -(e)/-> *eine kleine Blume mit hellblauen Blüten, die als Symbol der Freundschaft und Erinnerung gilt*

ver·git·tern <vergitterst, vergitterte, hat vergittert> *mit OBJ* ■ *jmd. vergittert etwas mit einem Gitter versehen* Wir haben die Kellerfenster vergittert.

ver·gla·sen *mit OBJ* ■ *jmd. verglast etwas mit Glasscheiben versehen* ► Verglasung

Ver·gleich der <-(e)s, -e> **1.** *das Vergleichen I.1* Welche Unterschiede und Gemeinsamkeiten fallen beim Vergleich von A und B auf?, Das war ein gewagter/schiefer/treffender unfährer Vergleich., einen Vergleich anstellen/ziehen, Im Vergleich zu den anderen leiste ich sehr viel mehr. ■ **der Vergleich hinkt**: *der Vergleich[1] passt nicht* ◆ -spunkt, Leistungs-, Preis- **2.** (*feststehender*) *bildhafter, das Verständnis erleichternder sprachlicher Ausdruck, zum Beispiel „schwarz wie die Nacht"* etwas durch einen Vergleich anschaulich/verständlich machen **3.** RECHTSW. *gütliche Einigung in einem Streitfall* einen Vergleich schließen/einem Vergleich zustimmen, Der Prozess endete schließlich mit einem Vergleich. ◆ -sverfahren **4.** ■ **jemand/etwas hält einen Vergleich mit jemandem/etwas aus**: *jmd. oder etwas ist so gut wie ein anderer/etwas anderes* **das ist ja gar kein Vergleich!** (*umg.*): *das ist ja viel besser/schlechter als …*

ver·gleich·bar <nicht steig.> *Adj. so, dass man es miteinander vergleichen[1] kann, weil es in der Qualität ähnlich ist* In diesem Laden kostet eine vergleichbare Ware fast doppelt so viel wie im Kaufhaus.

Ver·gleich·bar·keit die <-> (*kein Plur.*) *der Zustand, dass etwas vergleichbar ist*

ver·glei·chen <vergleichst, verglich, hat verglichen> **I.** *mit OBJ* ■ *jmd. vergleicht jmdn./etwas (mit jmdm./etwas)* **1.** *etwas betrachten oder prüfen und dabei feststellen, was ähnlich ist und wo die Unterschiede liegen* Man kann A und B nicht/kaum/nur schwer/durchaus/ in vielen Hinsichten miteinander vergleichen., Hast du die Preise verglichen?, Hier ist die Bahnhofsuhr – ich möchte eben noch die Uhrzeit vergleichen., Vergleiche mal die alten Passfotos mit den neuen! **2.** *durch einen Vergleich[2] ein Beziehung herstellen* Der große Dichter verglich sie stets mit einer Rose. **II.** *mit SICH* ■ *jmd. vergleicht sich mit jmdm. sich mit jmdm. (im Aussehen, in der Lebensform oder Leistung) messen* Mit ihr kannst du dich doch nicht vergleichen! ■ **Äpfel mit Birnen vergleichen** (*umg.*): *Dinge miteinander vergleichen, die zu verschieden sind*

Ver·gleichs·maß·stab der <-(e)s, Vergleichsmaßstäbe> *eine Norm, an der etwas vergleichend gemessen wird*

Vergleichs·mie·te die <-, -n> *der vergleichbare zulässige Mietpreis für Wohnungen an einem Ort*

Ver·gleichs·test der <-s, -s> WIRTSCH. *das Überprüfen von vergleichbaren Waren oder Leistungen* Dieses Produkt ist im Vergleichstest besser bewertet worden als die anderen.

ver·gleichs·wei·se *Adv.* (≈ *relativ*) *im Vergleich zu etwas* Das ist vergleichsweise wenig/viel.

Ver·gnü·gen das <-s, -> (*kein Plur.*) **1.** (↔ *Unbehagen*) *inneres Wohlbehagen und Freude, die jmd. bei einem Tun empfindet* Die Kinder spielen mit sichtlichem Vergnügen., Er macht sich ein Vergnügen daraus, sie immer wieder zu necken., Viel Vergnügen bei der Party! **2.** (≈ *Vergnügung*) *etwas, das Vergnügen[1] bereitet* Es war kein Vergnügen, mit ihnen zu arbeiten. ■ **jemand tut etwas mit Vergnügen**: *jmd. tut etwas sehr gern* „Darf ich Sie zu meinem Geburtstag einladen?" –„Mit Vergnügen!" **etwas ist ein teures Vergnügen** (*umg.*): *etwas soll Vergnügen machen, ist aber unerwartet teuer* Dieser Urlaub war ein teures Vergnügen. **etwas ist ein zweifelhaftes Vergnügen** (*umg.*): *etwas ist nicht so angenehm, wie jmd. es erwartet hat* Dieser Besuch war leider ein zweifelhaftes Vergnügen.

ver·gnü·gen <vergnügst, vergnügte, hat vergnügt> *mit SICH* ■ *jmd. vergnügt sich (mit etwas Dat.)* (≈ *amüsieren*) *sich (in angenehmer Weise) beschäftigen* Die Kinder vergnügen sich schon seit Stunden im Freibad., Wir haben uns mit Ratespielen vergnügt.

ver·gnüg·lich *Adj.* **1.** *in netter Weise unterhaltsam* Ich habe über seinen vergnüglichen Brief sehr gelacht. **2.** *heiter, fröhlich* Wir hatten einen vergnüglichen Abend miteinander.

ver·gnügt (*Part. Perf. zu „vergnügen"*) *Adj. heiter, fröhlich* Sie waren in sehr vergnügter Stimmung., Wir waren gestern abend in einer sehr vergnügten Gesellschaft.

Ver·gnü·gung die <-, -en> (*meist Plur.*) *angenehmer Zeitvertreib* Am Wochenende geht sie ihren Vergnügungen nach.

Ver·gnü·gungs·park der <-s, -s> (≈ *Freizeitpark*)

Ver·gnü·gungs·rei·se die <-, -n> (*geh.* ↔ *Dienstreise*) *eine Reise, die man nicht aus Pflicht, sondern nur zum eigenen Vergnügen unternimmt*

ver·gnü·gungs·süch·tig <nicht steig.> *Adj. mit einem übergroßen Bedürfnis nach Vergnügungen* Sie ist richtig vergnügungssüchtig geworden – sie eilt von einer Party zur nächsten.

ver·gol·den *mit OBJ* **1.** ■ *jmd. vergoldet etwas mit einer Schicht Gold überziehen* ▶Vergoldung **2.** ■ *etwas vergoldet etwas* (*übertr.*) *etwas als sehr schön oder angenehm erscheinen lassen* Die Erinnerung vergoldete ihr manches Erlebnis ihrer Jugendzeit.

ver·gönnt *Adj.* ■ **etwas ist jemandem** (**nicht**) **vergönnt** (*geh.*): *vom Schicksal* (*nicht*) *gegeben* Es war ihm nicht vergönnt, diesen Tag noch zu erleben.

ver·göt·tern <vergötterst, vergötterte, hat vergöttert> *mit OBJ* ■ *jmd. vergöttert jmdn.* (≈ *anbeten*) *jmdn. in übertriebener Weise verehren oder lieben* Er vergöttert seine Kinder., Solange er in diese Frau verliebt war, hat er sie geradezu vergöttert.

ver·gra·ben <vergräbst, vergrub, hat vergraben> **I.** *mit OBJ* ■ *jmd./ein Tier vergräbt etwas in der Erde eingraben* Der Hund hat den Knochen vergraben. **II.** *mit SICH* **1.** ■ *ein Tier vergräbt sich sich in der Erde verbergen* Die Wühlmaus hat sich vergraben. **2.** ■ *jmd. vergräbt sich* (*irgendwo*) (*übertr.*) *sich sehr intensiv mit etwas beschäftigen, so dass andere Menschen einen kaum noch zu sehen bekommen* Er vergrub sich in seiner Doktorarbeit.

ver·grämt <nicht steig.> *Adj.* (*veralt.*) *volle Kummer und Besorgtheit* das vergrämte Gesicht der alten Frau

ver·grau·len <vergraulst, vergraulte, hat vergrault> *mit OBJ* ■ *jmd. vergrault jmdn.* (*umg.*) *jmd. verärgert jmdn. so, dass dieser keine Lust mehr hat, ihn zu treffen* Mit seiner überheblichen Art vergraulte er alle Freunde.

ver·grei·fen <vergreifst, vergriff, hat vergriffen> *mit SICH* **1.** ■ *jmd. vergreift sich daneben greifen* Der Pianist hatte sich einige Male vergriffen. **2.** ■ *jmd. vergreift sich im Ausdruck etwas Unpassendes sagen* Sie hat sich im Ton vergriffen. **3.** ■ *jmd. vergreift sich an etwas Dat.* (*verhüll. geh.*) *stehlen* Er vergriff sich an fremdem Eigentum. **4.** ■ *jmd. vergreift sich an jmdm.* (*verhüll.*) *jmdn., der viel schwächer ist, angreifen* Vergreif dich nicht an so einem kleinen Jungen!, Jugendliche Rowdies haben sich an dem Rollstuhlfahrer vergriffen. **5.** ■ *jmd. vergreift sich an jmdm.* (*verhüll.*) *sexuell missbrauchen* Niemand konnte glauben, dass sich der Erzieher an zwei kleinen Mädchen vergriffen hatte.

ver·grei·sen *ohne OBJ* ■ *jmd. vergreist* **1.** *jmd. wird sehr alt und verfällt dabei körperlich immer mehr* **2.** (*umg. abwert.*) *eine Gruppe hat immer mehr Mitglieder, die alt oder sehr alt sind* Unsere Bevölkerung/Unser Kollegium vergreist immer mehr.

ver·grif·fen <nicht steig.> (*Part. Perf. zu „vergreifen"*) *Adj.* (*von Büchern*) *nicht mehr lieferbar* Das Buch ist leider vergriffen, vielleicht finden Sie es noch in einem Antiquariat.

ver·grö·ßern <vergrößerst, vergrößerte, hat vergrößert> **I.** *mit OBJ* ■ *jmd. vergrößert etwas* **1.** *etwas größer machen oder im Umfang erweitern* Der Laden wird durch einen Anbau vergrößert. **2.** *etwas in der Menge steigern* Wir wollen die Anzahl der Mitarbeiter vergrößern. **3.** *eine größere Reproduktion machen* Sollen wir diese Fotos vergrößern? **II.** *mit SICH* ■ *etwas vergrößert sich anwachsen* Der Betrieb hat sich noch vergrößert., Die Zahl der Studienanfänger in diesen Fächern hat sich vergrößert.

Ver·grö·ße·rung die <-, -en> **1.** (*kein Plur.*) *das Vergrößern* **2.** *vergrößertes Foto, vergrößerte Kopie*

Ver·grö·ße·rungs·glas das <-es, Vergrößerungsgläser> (≈ *Lupe*) *ein geschliffenes Glas, durch das man Dinge optisch vergrößert sehen kann* Dieses Insekt möchte ich mir mit dem Vergrößerungsglas ansehen.

ver·gu·cken <verguckst, verguckte, hat verguckt> *mit SICH* **1.** ■ *jmd. verguckt sich falsch gucken* Der Zug fährt doch schon früher – da habe ich mich wohl im Fahrplan verguckt. **2.** ■ *jmd. verguckt sich in jmdn.* (*umg.*) *sich verlieben*

ver·güns·tigt <nicht steig.> *Adj.* (≈ *ermäßigt*) *so, dass etwas im Preis günstiger ist als sonst* Durch vergünstigte Preise kann man Kunden anlocken.

Ver·güns·ti·gung die <-, -en> (*geh.*) *eine besonders günstige Bedingung* Vergünstigungen einräumen/entziehen/gewähren, finanzielle/steuerliche Vergünstigungen

ver·gü·ten <vergütest, vergütete, hat vergütet> *mit OBJ* **1.** ■ *jmd. vergütet jmdm. etwas als Ausgleich für einen Schaden oder finanziellen Nachteil zahlen* Selbstverständlich vergüten wir Ihnen Ihre Unkosten. **2.** ■ *jmd. vergütet etwas* AMTSSPR. *jmdn. für seine Arbeit bezahlen* Die Leistungen werden nach dem Tarifvertrag vergütet. **3.** ■ *jmd. vergütet etwas* TECHN. *die Oberfläche von Stahl oder Glas so bearbeiten, dass sie verbessert wird*

Ver·gü·tung die <-, -en> **1.** (*kein Plur.*) *das Vergüten* **2.** *eine Geldsumme, mit der etwas vergütet[1] wird* ◆-sanspruch

ver·haf·ten <verhaftest, verhaftete, hat verhaftet> *mit OBJ* ■ *jmd. verhaftet jmdn. jmdn. mit Polizeigewalt in Haft nehmen* Die Polizei hat den Täter gefasst und gleich verhaftet., Viele gewalttätige Demonstranten wurden verhaftet.

ver·haf·tet (*Part. Perf. zu „verhaften"*) *Adj. stark beeinflusst durch etwas, woran man festhält* Der Maler ist ganz in der Tradition/in seiner Zeit verhaftet.

Ver·haf·te·te der/die <-n, -n> *jmd., der verhaftet wurde*

Ver·haf·tung die <-, -en> **1.** *das Verhaften* Für eine Verhaftung braucht die Polizei einen Haftbefehl. ◆-swelle **2.** *das Verhaftetsein* Seine Verhaftung in der Tradition ist seine Stärke.

ver·ha·geln <verhagelt, verhagelte, ist verhagelt> *ohne OBJ* ■ *etwas verhagelt etwas etwas* *wird vom Hagel getroffen* In diesem Jahr ist die Obsternte verhagelt worden. ■ **jemandem ist die Petersilie verhagelt** (*umg. scherzh.*): *jmdm. ist die Stimmung verdorben*

ver·ha·ken <verhakst, verhakte, hat verhakt> **I.** *mit OBJ* ■ *jmd. verhakt etwas* (*mit etwas Dat.*) *etwas durch einen Haken verbinden* Kannst du die Kettenglieder ineinander verhaken? **II.** *mit SICH* ■ *jmd. verhakt sich in etwas Dat.* (*übertr.*) *sich in eine komplizierte Situation verstricken* In dem Gespräch verhakten sie sich total.

ver·hal·len <verhallt, verhallte, ist verhallt> *ohne OBJ* ■ *etwas verhallt immer leiser werden und dann nicht mehr zu hören sein* Ihre Rufe/Schritte verhallten., Das Echo verhallte.

Ver·hal·ten das <-s> (*kein Plur.*) *die Art und Weise, wie sich jmd. oder ein Tier in bestimmten Situationen verhält[1]* Er zeigte ein seltsames/taktisch kluges Verhalten., Kannst du ihr Verhalten verstehen?, Konrad Lorenz studierte das Verhalten der Graugänse. ◆ Fahr-, Freizeit-, Konsum-, Lern-, Verbraucher-, Wähler-, -sauffälligkeit, -sforscher, -sforschung

ver·hal·ten[1] <verhältst, verhielt, hat verhalten> *mit SICH* **1.** ■ *jmd. verhält sich irgendwie in einer bestimmten Art und Weise in einer Situation handeln* Er verhielt sich abwartend/distanziert/ reserviert/ruhig., Sie verhielt sich mir gegenüber völlig korrekt. **2.** ■ *etwas verhält sich irgendwie in einer bestimmten Weise beschaffen sein* Die Sache verhält sich nämlich nicht ganz so, wie du denkst. **3.** ■ *etwas verhält sich zu etwas Dat. eine bestimmte Proportion aufweisen* a verhält sich zu b wie x zu y (≈ das Verhältnis von a zu b ist gleich dem Verhältnis von x zu y).

ver·hal·ten[2] <verhältst, verhielt, hat verhalten> *mit OBJ* ■ *jmd. verhält etwas* **1.** *zurückhalten, unterdrücken* Sie konnte ihr Lachen/ihren Zorn nicht mehr verhalten. **2.** *abschwächen, mildern* den Atem/Schritt/die Stimme verhalten

ver·hal·ten[3] (*Part. Perf. zu „verhalten"*) *Adj.* **1.** (≈ *unterdrückt*) *so dezent, dass man es kaum merkt* In seinen Worten lag verhaltener Spott. **2.** (≈ *gedämpft*) *sehr leise* Sie sprach mit verhaltener Stimme. **3.** (≈ *defensiv*) *betont vorsichtig und ohne ein Risiko einzugehen* Beide Mannschaften begannen die erste Halbzeit sehr verhalten., Die Aktienkurse an der Börse reagierten heute sehr verhalten.

ver·hal·tens·auf·fäl·lig <nicht steig.> *Adj.* PSYCH. *so, dass sich jmd. nicht immer normal verhält und dadurch auffällt* Schon im Kindergarten gibt es heutzutage verhaltensauffällige Kinder.

Ver·hal·tens·for·scher, **Ver·hal·tens·for·sche·rin** der <-s, -> (≈ *Ethologe*) *Wissenschaftler auf dem Gebiet der Verhaltensforschung*

Ver·hal·tens·for·schung die <-> (*kein Plur.*) (≈ *Ethologie*) *das Teilgebiet der Biologie, das sich mit dem Verhalten der Menschen und Tiere beschäftigt*

ver·hal·tens·ge·stört <nicht steig.> *Adj.* MED. PSYCH. *so, dass jmds. Verhalten in einer bestimmten* (*krankhaften*) *Weise gestört ist* Dieses verhaltensgestörte Kind ist mal aggressiv, mal ängstlich.

Ver·hal·tens·ko·dex der <-, -e/Verhaltenskodizes> (*meist Sing.*) (*geh.*) *die Gesamtheit der Regeln, nach denen man sich gewöhnlich verhält* Höflichkeit gehört einfach zum Verhaltenskodex!

Ver·hal·tens·maß·re·gel die <-, -n> (*meist Plur.*) (≈ *Verhaltensnorm*) *eine Regel, die vorgibt, wie man sich in bestimmten Situationen verhalten soll* Es gibt bestimmte Verhaltensmaßregeln, wie man sich bei Gefahr an Bord eines Flugzeugs/ Schiffes verhalten soll.

Ver·hal·tens·mus·ter das <-s, -> *eine Verhaltensweise, die immer in der gleichen Form auftritt* Wenn sie wütend ist, geht sie immer in teure Geschäfte zum Einkaufen – das ist ihr typisches Verhaltensmuster.

Ver·hal·tens·stö·rung die <-, -en> PSYCH. MED. *der Zustand, dass jmd. wegen einer Erkrankung sich nicht normal verhält* Er geht wegen seiner Verhaltensstörung in eine Psychotherapie.

Ver·hal·tens·the·ra·pie die <-, -n> PSYCH. *eine Form von Psychotherapie, die mit bestimmten Techniken und Selbstkontrolle Verhaltensstörungen behandelt*

Ver·hal·tens·wei·se die <-, -n> *die Art, wie sich jmd. verhält* eine aggressive/freundliche/kooperative/ unsoziale Verhaltensweise

Ver·hält·nis das <-ses, -se> **1.** (≈ *Relation*) *eine Beziehung zwischen Dingen, die man vergleichen oder messen kann* Man sollte das Verhältnis zwischen Aufwand und Ertrag nicht vergessen. ◆ -gleichung, Größen-, Kräfte-, Mengen- **2.** *die menschliche Beziehung zwischen Personen* Die beiden verbindet ein freundschaftliches/ kollegiales Verhältnis. ◆ Abhängigkeits-, Freundschafts-, Vertrauens-, Verwandschafts- **3.** *eine intime Liebesbeziehung, die eine verheiratete Person zu jmdm. unterhält* Er hat ein Verhältnis mit einer verheirateten Frau. **4.** (*nur Plur.*) (≈ *Umstände*) *die Gesamtheit aller* (*Lebens-*)*Bedingungen* Wir werden natürlich kommen, sofern es die Verhältnisse erlauben., Die politischen Verhältnisse in diesem Land haben sich wieder normalisiert. ◆ Lebens-, Licht- **5.** (*nur Plur.*) *die finanziellen Lebensbedingungen* Sie leben in bescheidenen/gesicherten/gehobenen Verhältnissen. ■ **über seine Verhältnisse leben**: *mehr Geld ausgeben, als man sich finanziell leisten kann* ◆ Besitz-, Einkommens-, Vermögens-

ver·hält·nis·mä·ßig *Adv.* (≈ *relativ*) (*im Vergleich mit etwas anderem*) *ziemlich …* verhältnismäßig groß/klein/langsam/schnell, Vergangene Nacht war es verhältnismäßig kalt., Mit einer Körpergröße von 195 Zentimentern ist er verhältnismäßig groß.

Ver·hält·nis·mä·ßig·keit die <-> (*kein Plur.*) *der Zustand, dass etwas im Verhältnis[1] zu etwas anderem angemessen ist* Man sollte die Verhältnismäßigkeit der Mittel wahren.

Ver·hält·nis·mä·ßig·keits·prin·zip das <-s> (*kein Plur.*) POL. *die Regel, dass die öffentliche Ge-*

walt in die Rechte der Bürger nur soweit eingreifen darf, wie es unbedingt notwendig ist Die Bestrafung einer Straftat muss dem Verhältnismäßigkeitsprinzip folgen.

Ver·hält·nis·wahl·recht das <-es> (*kein Plur.*) (POL.: ↔ *Mehrheitswahlrecht*) *die Art von Wahlrecht, bei der sich die Zahl der aus jeder Partei gewählten Abgeordneten danach richtet, in welchem Verhältnis die für jede Partei abgegebenen Stimmen zur Gesamtstimmenzahl stehen*

Ver·hält·nis·wort das <-(e)s, Verhältniswörter> (SPRACHWISS.: ≈ *Präposition*) *eine Wortart, die die Glieder eines Satzes nach räumlichen, zeitlichen und logischen Verhältnissen verbindet* „In", „an", „auf", „während", „mit" sind Verhältniswörter.

ver·han·deln <verhandelst, verhandelte, hat verhandelt> **I.** *mit OBJ* ■ *jmd. verhandelt etwas* **1.** (≈ *besprechen*) *über etwas sprechen oder diskutieren, um ein Problem zu lösen oder um sich zu einigen* Wir sollten die betreffenden Punkte nochmals verhandeln **2.** RECHTSW. *in einem Gerichtsprozess behandeln* Das Gericht verhandelte diesen Fall in zweiter Instanz. **II.** *ohne OBJ* **1.** ■ *jmd. verhandelt (über etwas Akk.) (mit jmdm.) verhandeln I.1* Arbeitgeber und Arbeitnehmer verhandelten stundenlang, ohne eine Einigung zu erzielen., Ich habe lange mit dem Sachbearbeiter über das Problem verhandelt. **2.** ■ *ein Gericht verhandelt gegen jmdn. verhandeln I.2* Das Gericht verhandelt gegen ihn wegen Körperverletzung.

Ver·hand·lung die <-, -en> (*meist Plur.*) **1.** *das Verhandeln I.1* Es waren eingehende/schwierige/wichtige Verhandlungen. ◆-sgrundsatz, -smarathon, -sprotokoll, -srunde, Friedens-, Geschäfts-, Waffenstillstands- **2.** (≈ *Gerichtsverhandlung*) *die Behandlung eines Rechtsfalls vor Gericht* die Verhandlung eröffnen/beschließen/unterbrechen, Am Ende der Verhandlung steht die Urteilsverkündung.

Ver·hand·lungs·ba·sis die <-> (*kein Plur.*) *eine Voraussetzung, die erfüllt sein muss, damit verhandelt I.1 werden kann*

ver·hand·lungs·be·reit <nicht steig.> *Adj. so, dass jmd. bereit ist, mit jmdm. über etwas zu verhandeln I.1 , um zu einer Lösung zu kommen* Nach langem Streit sind beide Parteien endlich verhandlungsbereit.

Ver·hand·lungs·be·reit·schaft die <-> (*kein Plur.*) *der Zustand, dass jmd. verhandlungsbereit ist* Die Flugzeugentführer signalisierten Verhandlungsbereitschaft.

Ver·hand·lungs·füh·rer, **Ver·hand·lungs·füh·re·rin** der <-s, -> *jmd., der in einer Verhandlung[1] stellvertretend für einen Verhandlungspartner spricht*

Ver·hand·lungs·part·ner, **Ver·hand·lungs·part·ne·rin** der <-s, -> *jmd., der an einer Verhandlung[1] beteiligt ist* Im Tarifstreit haben sich die Verhandlungspartner (die Arbeitgeber und die Gewerkschaft) endlich geeinigt.

Ver·hand·lungs·sa·che ■ **etwas ist Verhandlungssache**: *etwas ist nicht festgelegt, sondern kann durch Verhandeln I.1 entschieden werden*

Ver·hand·lungs·tisch ■ **etwas am Verhandlungstisch entscheiden**: *etwas durch Verhandeln I.1 entscheiden*

Ver·hand·lungs·weg ■ **auf dem Verhandlungsweg**: *durch Verhandeln[1]*

ver·han·gen <nicht steig.> *Adj.* ■ **ein verhangener Himmel**: *ein von Wolken und Nebel verdeckter Himmel*

ver·hän·gen <verhängst, verhängte, hat verhängt> *mit OBJ* **1.** ■ *jmd. verhängt etwas (mit etwas Dat.) etwas so vor etwas hängen, dass man nicht mehr hineinsehen kann* Wir haben die Fenster mit Tüchern verhängt. **2.** ■ *jmd. verhängt eine Strafe (über jmdn.)* (≈ *festsetzen*) *eine Strafe anordnen* Der Richter verhängte eine Haftstrafe von fünf Jahren., Man hat die Todesstrafe über ihn verhängt.

Ver·häng·nis das <-ses, -se> (*geh.*) *ein (schicksalhaftes) Unglück, das jmds. Leben sehr negativ beeinflusst* Dieser Mann wurde ihr zum Verhängnis., Seine Vorliebe für schnelle Motorräder wurde ihm zum Verhängnis – er starb bei einem Unfall., An diesem Tag brach das Verhängnis über uns herein.

ver·häng·nis·voll <nicht steig.> *Adj.* **1.** *voller Unheil* eine verhängnisvolle Begegnung/Reise/Zeit **2.** (≈ *fatal*) *so, dass eine Handlung schlimme Folgen hat oder haben kann* Er hatte einen verhängnisvollen Irrtum begangen., Das ist vielleicht eine verhängnisvolle Entscheidung.

ver·harm·lo·sen <verharmlost, verharmloste, hat verharmlost> *mit OBJ* ■ *jmd. verharmlost etwas (vor jmdm.)* (≈ *bagatellisieren*) *etwas als harmlos darstellen, obwohl das nicht der Realität entspricht* Sie hat in ihrem Bericht über den Unfall ihre eigene Mitschuld verharmlost. ►Verharmlosung

ver·härmt *Adj. so, dass jmd. von Kummer, Sorgen und Elend gezeichnet ist* Die alte Frau hat ein verhärmtes Gesicht.

ver·har·ren *ohne OBJ* **1.** ■ *jmd. verharrt irgendwo* (≈ *ausharren*) *(regungslos) an einem Platz bleiben* Als er die Kirche betrat, verharrte er in andächtigem Schweigen. **2.** ■ *jmd. verharrt irgendwie in einem psychischen Zustand bleiben* Sie verharrte monatelang in tiefer Trauer.

ver·har·schen <verharscht, verharschte, ist verharscht> *ohne OBJ* ■ **verharschter Schnee**: *Schnee, der an der Oberfläche hart und verkrustet ist*

ver·här·ten <verhärtest, verhärtete, hat verhärtet> **I.** *mit OBJ* **1.** ■ *etwas verhärtet etwas etwas besonders hart machen* Das übertriebene Trainieren hat seine Muskeln verhärtet. **2.** ■ *etwas verhärtet jmdn./etwas jmdn. verbittern* Sein schweres Schicksal hat ihn/sein Herz verhärtet. **II.** *mit SICH* ■ *jmd. verhärtet sich (gegen jmdn.) sich gegen andere Menschen hart und abweisend verhalten* Sein Herz/Charakter ist verhärtet.

ver·has·peln <verhaspelst, verhaspelte, hat verhaspelt> *mit SICH* ■ *jmd. verhaspelt sich (umg.) so schnell sprechen, dass man sich verspricht* Das

V

Kind hat das Gedicht schnell aufgesagt und sich dabei mehrfach verhaspelt.

ver·hasst *Adj. so, dass jmd. oder etwas bei jmdm. großen Widerwillen erregt* Durch sein böses Verhalten hat er sich überall verhasst gemacht., eine verhasste Arbeit/Situation

ver·hät·scheln <verhätschelst, verhätschelte, hat verhätschelt> *mit OBJ* ■ *jmd. verhätschelt jmdn.* (*umg. oft abwert.*) *übertrieben verwöhnen* Meinst du nicht auch, dass sie das Kind zu sehr verhätscheln? ▶Verhätschelung

Ver·hau der <-(e)s, -e> **1.** *ein Hindernis* (*aus Ästen und Draht*) **2.** (*kein Plur.*) (*umg. abwert.*) *Unordnung*

ver·hau·en <verhaust, verhaute, hat verhauen> **I.** *mit OBJ* **1.** ■ *jmd. verhaut jmdn.* (*umg.* ≈ *verprügeln*) Auf dem Schulweg haben mehrere Kinder meinen Sohn verhauen. **2.** ■ *jmd. verhaut etwas* (*umg.* ≈ *verpatzen*) *schlecht oder völlig falsch machen* Ich habe meine Klassenarbeit total verhauen. **II.** *mit SICH* ■ *jmd. verhaut sich* (*bei/mit etwas Dat.*) *sich verrechnen, sich verkalkulieren* Bei deiner Prognose hast du dich ganz schön verhauen!

ver·he·ben <verhebst, verhob, hat verhoben> *mit SICH* ■ *jmd. verhebt sich durch Heben eines schweren Gegenstands einen körperlichen Schaden bekommen* Beim Transportieren des schweren Kleiderschranks habe ich mich verhoben – jetzt habe ich Rückenschmerzen.

ver·hed·dern <verhedderst, verhedderte, hat verheddert> *mit SICH* (*umg.*) **1.** ■ *etwas verheddert sich irgendwo hängen bleiben* Die Angelschnur hat sich im Schilf verheddert. **2.** ■ *jmd. verheddert sich sich beim Vorlesen mehrmals versprechen* Der Nachrichtensprecher hatte sich verheddert und begann noch mal von vorn.

ver·hee·ren *mit OBJ* ■ *jmd./etwas verheert etwas* (*veralt.*) *verwüsten* Dieser Krieg/diese Katastrophe hat das Land verheert. ▶Verheerung

ver·hee·rend *Adj.* **1.** *sehr schlimm* Der Waldbrand richtete verheerende Schäden an. **2.** (*umg. scherzh.*) *scheußlich, schlecht* In diesem Anzug siehst du verheerend aus!

ver·heh·len <verhehlst, verhehlte, hat verhehlt> *mit OBJ* ■ *jmd. verhehlt etwas* (*vor jmdm.*) (*geh.*) *verheimlichen, verschweigen* Sie konnte ihre Schadenfreude nicht verhehlen., Ich will dir meine Zweifel nicht verhehlen.

ver·hei·len <verheilt, verheilte, ist verheilt> *ohne OBJ* ■ *etwas verheilt als eine Stelle, die verletzt war, wieder heil werden und zusammenwachsen* Die Wunde verheilt gut.

ver·heim·li·chen <verheimlichst, verheimlichte, hat verheimlicht> *mit OBJ* ■ *jmd. verheimlicht* (*jmdm.*) *etwas* (≈ *verschweigen*) *etwas nicht sagen, obwohl man es sagen sollte oder müsste* Sie hat ihre Pläne lange verheimlicht., Er hat uns sein Alkoholproblem verheimlicht. ▶Verheimlichung

ver·hei·ra·tet <nicht steig.> *Adj.* (↔ *ledig*) *so, dass man in einer Ehe lebt* Sie sind seit knapp zwei Jahren verheiratet. ■ **jemand ist mit seinem Beruf/seinem Hobby/... verheiratet** (*umg.*): *jmd. widmet sich fast ausschließlich seinem Beruf/Hobby ... und hat für nichts anderes Zeit* Der Hans ist doch mit seinem Fußballverein verheiratet, der hat am Wochenende für nichts anderes Zeit! ▶Verheiratung

ver·hei·ßen <verheißt, verhieß, hat verheißen> *mit OBJ* **1.** ■ *jmd. verheißt* (*jmdm.*) *etwas* (*geh.*) *voraussagen, versprechen* das verheißene Glück/Land/Paradies, Der Prophet verhieß ihnen göttliche Gnade. **2.** ■ *etwas verheißt etwas* (*geh.*) *ankündigen* Die Sache verheißt nichts Gutes., Allein die Vorspeisen verheißen bei diesem Sternekoch kulinarische Freuden.

Ver·hei·ßung die <-, -en> (*geh.*) *das Verheißen*[1]

ver·hei·ßungs·voll *Adj. so, dass etwas viel Gutes verheißt*[1] *und große Hoffnungen weckt* Das war ein verheißungsvoller Auftakt/ Beginn der Verhandlungen.

ver·hel·fen <verhilfst, verhalf, hat verholfen> *mit OBJ* ■ *jmd. verhilft jmdm. zu etwas Dat. helfen, dass jmd. das bekommt, was er erreichen will* Der Anwalt verhalf ihm zu seinem Recht., Der Einsatz einer zweiten Endstufe verhalf dem Lautsprecher schließlich zu einem machtvollen, aber gut definierten Bassfundament.

ver·herr·li·chen <verherrlichst, verherrlichte, hat verherrlicht> *mit OBJ* **1.** ■ *jmd. verherrlicht etwas etwas* (*übertrieben*) *großartig darstellen* Das Epos verherrlicht die Taten seiner Helden., Die selten gewordenen sportlichen Erfolge des Stars wurden von der Presse eher verherrlicht als nüchtern analysiert. **2.** ■ *jmd./etwas verherrlicht jmdn. jmdn.* (*übertrieben*) *loben und verehren* Der Diktator ließ sich vom Volk verherrlichen.

Ver·herr·li·chung die <-, -en> *das Verherrlichen*

ver·he·xen <verhext, verhexte, hat verhext> *mit OBJ* ■ *jmd. verhext jmdn./etwas mit magischen Mitteln jmdn. oder etwas verzaubern* Die Hexe hatte die Kinder verhext, so dass sie sich nicht bewegen konnten. ■ **es ist wie verhext!** (*umg.*): *verwendet, um auszudrücken, dass merkwürdigerweise alles misslingt* Es ist wie verhext – erst habe ich meine Brille verloren und jetzt kriege ich die Tür nicht auf!

ver·hin·dern <verhinderst, verhinderte, hat verhindert> *mit OBJ* ■ *jmd. verhindert etwas bewirken, dass etwas nicht geschieht* ein Unglück verhindern, Wir konnten gerade noch das Schlimmste verhindern.

ver·hin·dert <nicht steig.> *Adj.* ■ **jemand ist verhindert**: *jmd. kann zu einem verabredeten Termin nicht kommen* Ich bin morgen leider verhindert – können wir einen neuen Termin finden?

Ver·hin·de·rung die <-, -en> *das Verhindern*

ver·hoh·len *Part.Perf. von* **verhehlen**

ver·höh·nen *mit OBJ* ■ *jmd. verhöhnt jmdn. auf herausfordernde Weise verspotten und vor anderen lächerlich machen* Die Klassenkameraden haben ihn wegen seiner ärmlichen Kleidung verhöhnt.

ver·hoh·ne·pi·peln <verhohnepipelst, verhohnepipelte, hat verhohnepipelt> *mit OBJ* ■ *jmd. verhohnepipelt jmdn.* (*umg.*) *jmdn. oder etwas* (*auf *harmlose Weise) verspotten*

ver·hö·kern <verhökerst, verhökerte, hat verhökert> *mit OBJ* ■ *jmd. verhökert etwas (umg.) relativ wertlose Dinge billig verkaufen* Er verhökert alte Dinge auf dem Flohmarkt.

Ver·hör das <-(e)s, -e> *die strenge (richterliche oder polizeiliche) Befragung einer Person, die dazu dient, eine Straftat aufzuklären* Der Tatverdächtige wurde einem strengen Verhör unterzogen. ▶Kreuz-

ver·hö·ren **I.** *mit OBJ* ■ *jmd. verhört jmdn. (≈ vernehmen) eingehend befragen, vernehmen* Die Polizei verhörte den Zeugen, um nähere Aufschlüsse über den Tathergang zu erlangen. **II.** *mit SICH* ■ *jmd. verhört sich falsch hören und deshalb eine Äußerung missverstehen* Das habe ich anders verstanden – ich muss mich wohl verhört haben!

ver·hül·len *mit OBJ* **1.** ■ *jmd. verhüllt etwas (↔ enthüllen) etwas mit einem Tuch, einer Plane o.Ä. bedecken, um es vor Blicken zu schützen* Das Denkmal ist heute noch verhüllt., Die Trauernde hatte das Gesicht mit einem Schleier verhüllt. **2.** *(übertr.) nicht direkt sagen oder ansprechen, sondern indirekt und abgemildert ausdrücken* eine verhüllte Drohung, eine verhüllende Ausdrucksweise **3.** *so vor etwas sein, dass man es nicht sehen kann* Wolken verhüllten die Berggipfel.

ver·hun·gern <verhungerst, verhungerte, ist verhungert> *ohne OBJ* ■ *jmd./ein Tier verhungert aus Mangel an Nahrung sterben* Täglich verhungern in der Welt viele Tausende von Menschen.

ver·hun·zen <verhunzt, verhunzte, hat verhunzt> *mit OBJ* ■ *jmd. verhunzt etwas (umg. abwert.) verunstalten, verderben* Mit einem falschen Pinselstrich verhunzte er das ganze Gemälde., Sie haben diese schöne Arie zu einer Schnulze verhunzt!

ver·hü·ten <verhütest, verhütete, hat verhütet> **I.** *mit OBJ* ■ *jmd. verhütet etwas (≈ verhindern) gerade noch bewirken können, dass etwas Schlimmes nicht geschieht* Man konnte das Unglück/einen Krieg/eine Hungersnot gerade noch verhüten. **II.** *ohne OBJ* ■ *jmd. verhütet einer Schwangerschaft durch geeignete Maßnahmen vorbeugen* Sie verhüten mit der Pille/mit Kondomen.

Ver·hü·tung die <-> *(kein Plur.) das Verhüten I, II* ◆ Empfängnis-, Unfall-

Ver·hü·tungs·mit·tel das <-s, -> *Mittel zur Empfängnisverhütung*

ver·hut·zelt <nicht steig.> *Adj.* **1.** *runzelig, fast vertrocknet* verhutzelte Äpfel **2.** *durch das Altern zusammengeschrumpft* eine verhutzelte alte Frau

ve·ri·fi·zie·ren <verifizierst, verifizierte, hat verifiziert> *mit OBJ* ■ *jmd. verifiziert etwas (geh. ↔ falsifizieren) mit wissenschaftlichen Mitteln nachweisen, dass eine Aussage richtig ist* Wir sollten die Hypothese erst noch verifizieren.

Ve·ri·fi·zie·rung die <-, -en> *(≈ Verifikation) das Verifizieren*

ver·in·ner·li·chen <verinnerlichst, verinnerlichte, hat verinnerlicht> *mit OBJ* ■ *jmd. verinnerlicht etwas (≈ internalisieren) jmd. prägt sich Normen und Überzeugungen anderer Menschen so ein, dass er sie wie eigene Normen und Überzeugungen erlebt*

ver·ir·ren <verirrst, verirrte, hat verirrt> *mit SICH* **1.** ■ *jmd. verirrt sich (irgendwo) (≈ sich verlaufen) unterwegs die Orientierung verlieren, so dass man ratlos hin- und herläuft* Ich glaube, jetzt haben wir uns verirrt!, Er hatte sich im Wald verirrt. **2.** ■ *jmd. verirrt sich irgendwohin zufällig irgendwohin kommen* Wir haben uns in dieses Gasthaus verirrt.

ve·ri·ta·bel <nicht steig.> *Adj. (geh.) wahrhaft, echt (so dass man staunt)* Das ist ja ein veritables Prachtexemplar!

ver·ja·gen <verjagst, verjagte, hat verjagt> *mit OBJ* ■ *jmd./etwas verjagt jmdn./etwas vertreiben, forttreiben* Sie verjagte den streunenden Hund., Der Wind hatte die Wolken verjagt.

ver·jäh·ren <verjährt, verjährte, ist verjährt> *ohne OBJ* ■ *etwas verjährt* RECHTSW. **1.** *durch Ablauf einer zeitlichen Frist die Gültigkeit verlieren* Der Rechtsanspruch ist verjährt., Die Schulden sind längst verjährt. **2.** *nach einer bestimmten Zeit nicht mehr strafbar sein* Dieses Verbrechen ist noch lange nicht verjährt.

Ver·jäh·rung die <-> *(kein Plur.) das Verjähren*

ver·ju·beln <verjubelst, verjubelte, hat verjubelt> *mit OBJ* ■ *jmd. verjubelt etwas (umg. abwert.) Geld leichtsinnig für Vergnügungen ausgeben* Er hat schon sein halbes Vermögen verjubelt.

ver·jün·gen <verjüngst, verjüngte, hat verjüngt> **I.** *mit OBJ* ■ *etwas verjüngt jmdn./etwas bewirken, dass jmd. oder etwas jünger aussieht* Diese Creme verjüngt die Haut., Durch die neue Friseur sieht sie richtig verjüngt aus. ▶Verjüngung **II.** *mit SICH* ■ *etwas verjüngt sich* BAUW. *an Durchmesser abnehmen* Die Säulen verjüngen sich nach oben.

ver·ka·beln <verkabelst, verkabelte, hat verkabelt> *mit OBJ* ■ *jmd. verkabelt etwas* **1.** *mit Kabeln verbinden* Hast du die Stereoanlage korrekt verkabelt? **2.** TV *ans Kabelfernsehen anschließen* Die ganze Siedlung wird verkabelt.

Ver·ka·be·lung die <-> *(kein Plur.) das Verkabeln*

ver·kal·ken *ohne OBJ* **1.** ■ *etwas verkalkt (↔ entkalken) Kalk ansetzen* Die Kaffeemaschine verkalkt. **2.** ■ *jmd. verkalkt (umg. abwert.) alt und senil werden*

ver·kal·ku·lie·ren *mit SICH* ■ *jmd. verkalkuliert sich* **1.** WIRTSCH. *künftig entstehende Kosten falsch oder unzureichend berechnen oder einschätzen* Dieser Betrieb hat schließlich Konkurs gemacht, weil man sich jahrelang in der Berechnung der Nebenkosten verkalkuliert hat. **2.** *(umg.) etwas falsch berechnen oder einschätzen* Wir haben uns bei der Vorbereitung des Festes verkalkuliert und zu wenig Getränke eingekauft.

Ver·kal·kung die <-, -en> *das Verkalken*

ver·kannt <nicht steig.> *Adj. in seinen Fähigkeiten nicht von den anderen Menschen verstanden und anerkannt* Er fühlt sich als verkanntes Genie.

ver·kap·seln <verkapselst, verkapselte, hat verkapselt> *mit SICH* **1.** ■ *etwas verkapselt sich etwas* *schließt sich in eine Kapsel ein* Die Samen der Pflanze haben sich verkapselt. **2.** ■ *jmd. verkapselt sich (in sich) jmd. zieht sich vor anderen Menschen (in sich selbst) zurück* Nach dem Tod seiner Frau hat er sich immer mehr in sich verkapselt.

ver·ka·tert <nicht steig.> *Adj. so, dass man an den Folgen von übermäßigem Alkoholgenuss leidet* Am Morgen nach der Party war er noch stark verkatert.

Ver·kauf der <-(e)s, Verkäufe> **1.** *das Verkaufen* Verkauf mit Gewinn oder Verlust, einen Verkauf abschließen/beginnen, etwas zum Verkauf anbieten, Das Haus steht zum Verkauf. **2.** (*kein Plur.*) (WIRTSCH.: ↔ *Einkauf*) *kurz für „Verkaufsabteilung"* Sie arbeitet im Verkauf.

ver·kau·fen I. *mit OBJ* **1.** ■ *jmd. verkauft (jmdm./an jmdn.) etwas etwas gegen Bezahlung jmdm. als Eigentum übergeben* Sie verkauft Obst und Gemüse., Er hat seinen alten Wagen an seinen Nachbarn verkauft., Sie hat ihrer Freundin dieses schöne Kleid gerne verkauft. **2.** ■ *jmd. verkauft (jmdm.) etwas/sich* (*umg. übertr.*) *etwas so anpreisen, dass es Interesse und Anklang findet* Die Parteien wollen den Bürgern die Reform als großen Erfolg verkaufen., Im Bewerbungsgespräch mit dem Personalchef konnte sie sich gut verkaufen. **II.** *ohne OBJ* ■ *jmd. verkauft* (≈ *verkaufen I.1*) Der Geschäftsinhaber sagt, er habe die letzten Wochen gut/schlecht verkauft. **III.** *mit SICH* **1.** ■ *etwas verkauft sich irgendwie der Verkauf von etwas verläuft in der genannten Art* Dieser Artikel verkauft sich gut/schlecht. **2.** ■ *jmd. verkauft sich (mit etwas Dat.)* (*landsch.*) *etwas Falsches kaufen* Mit dieser CD habe ich mich total verkauft, die Musik gefällt mir überhaupt nicht. **3.** ■ *jmd. verkauft sich* (*umg.*) *sich prostituieren* Dass sich minderjährige Mädchen an Männer verkaufen müssen, ist ein unhaltbarer Zustand. ■ **jemanden für dumm verkaufen** (*umg.*): *jmdn. für dumm halten* Du willst mich wohl für dumm verkaufen? **sich verraten und verkauft fühlen** (*umg.*): *sich ganz hilflos und verlassen fühlen*

Ver·käu·fer, Ver·käu·fe·rin der <-s, -> **1.** *jmd., der beruflich in einem Laden Kunden berät und den Verkauf abwickelt* Sie ist Verkäuferin in einer Boutique., Der Verkäufer berät Kunden/holt weitere Waren aus dem Lager/ist beim Anprobieren behilflich/kann Ihnen diese Jacke gerne zurücklegen. ◆ Auto-, Möbel-, Schuh-, Zeitungs- **2.** (↔ *Käufer*) *jmd., der als Eigentümer etwas verkauft* Käufer und Verkäufer des Hauses trafen sich, um den Vertrag zu unterschreiben., Beim Immobilienkauf müssen Käufer und Verkäufer vor dem Notar erscheinen.

ver·käuf·lich <nicht steig.> *Adj.* **1.** *zum Verkauf angeboten* Dieses Auto/Grundstück/Haus ist verkäuflich. **2.** ■ *etwas ist irgendwie verkäuflich etwas ist auf die genannte Weise zum Verkauf geeignet* Dieser Artikel ist gut verkäuflich., Dieses Medikament ist (nicht) frei verkäuflich.

Ver·kaufs·ab·tei·lung die <-, -en> *die Abteilung eines Unternehmens, die sich mit dem Verkauf beschäftigt*

Ver·kaufs·ar·gu·ment das <-(e)s, -e> *ein Argument, mit dem ein Verkäufer den Kunden von den Vorteilen eines Produkts zu überzeugen versucht*

Ver·kaufs·ar·ti·kel der <-s, -> *eine verkäufliche Ware, die zu einer bestimmten Warengruppe gehört* In der Kosmetikabteilung gibt es viele Verkaufsartikel zur Haarpflege: Shampoos, Kämme, Haarschmuck ..., Diese Lampe ist nur Dekoration, aber diese Kerzen sind Verkaufsartikel.

Ver·kaufs·aus·stel·lung die <-, -en> *Ausstellung von Gegenständen, die man betrachten und auch kaufen kann.* In der Kunstgalerie gibt es zur Zeit eine Verkaufsausstellung mit zeitgenössischen Aquarellen.

Ver·kaufs·druck der <-s> (*kein Plur.*) *der Zustand, dass jmd. etwas unbedingt verkaufen muss* Er stand unter Verkaufsdruck und zögerte deshalb nicht, den Preis um 20 Prozent nachzulassen.

Ver·kaufs·er·lös der <-es, -e> *der Gewinn, den man bei einem Verkauf erzielt*

Ver·kaufs·ge·spräch das <-(e)s, -e> *das Gespräch zwischen einem Verkäufer[1] und einem Kunden mit dem Ziel, den Kunden von der Qualität der Ware zu überzeugen und ihn zum Kauf zu bewegen*

Ver·kaufs·lei·ter, Ver·kaufs·lei·te·rin der <-s, -> *Leiter des Verkaufs[2]*

ver·kaufs·of·fen <nicht steig.> *Adj.* ■ **verkaufsoffener Sonntag**: *ein Sonntag, an dem die Geschäfte den ganzen Tag geöffnet sind*

Verkaufsrenner der <-s, -> *eine Ware, die gerade auffallend häufig gekauft wird*

Ver·kaufs·schla·ger der <-s, -> (≈ *Verkaufsrenner*)

Ver·kaufs·zah·len die <-> *Plur. die Berechnungen darüber, wie häufig ein bestimmter Verkaufsartikel in einem bestimmten Zeitraum verkauft worden ist*

Ver·kehr der <-(e)s> (*kein Plur.*) **1.** *das Bewegen von Fahrzeugen und Personen auf festgelegten Wegen wie Straße und Schiene* Auf den Straßen herrscht dichter/stockender/zähflüssiger Verkehr., Der Verkehr auf dieser Strecke ist seit einem Jahr eingestellt., Wegen dichten Schneetreibens und Eisglätte kam der Verkehr in den Abendstunden teilweise zum Erliegen. ◆ -sbericht, -smeldung, -splanung, -stechnik, -sweg, Auto-, Flug-, Fußgänger-, Schiffs-, Straßen- **2.** (≈ *Umgang*) *der Kontakt mit Menschen* Ich habe den Verkehr mit ihm abgebrochen/wieder aufgenommen. ◆ Funk-, Publikums- **3.** (*verhüll.*) *Geschlechtsverkehr* Er hatte mehrmals außerehelichen Verkehr. ■ **jemanden aus dem Verkehr ziehen** (*umg.*): *jmdn. nicht mehr in einer bestimmten Position tätig sein lassen, weil man ihm misstraut* Sie haben den Kassierer wegen Verdacht auf Untreue aus dem Verkehr gezogen. **etwas aus dem Verkehr ziehen** (*umg.*): *etwas nicht mehr für den Gebrauch zulassen* Die alten Geldscheine und Münzen wurden aus dem Verkehr gezogen.

ver·keh·ren <verkehrst, verkehrte, hat/ist ver-

kehrt> **I.** *mit OBJ* ■ *jmd. verkehrt mit jmdm./irgendwo (haben)* **1.** ■ *jmd. verkehrt mit jmdm. gesellschaftlichen Umgang miteinander pflegen* Sie verkehren seit Jahren nicht mehr miteinander. **2.** ■ *jmd. verkehrt irgendwo regelmäßig zu Gast sein* Seit wann verkehren Sie in diesem Lokal? **3.** ■ *jmd. verkehrt mit jmdm. (verhüll.) sexuellen Kontakt haben* Er hat mit mehreren Frauen verkehrt. **II.** *ohne OBJ* ■ *etwas verkehrt irgendwo (≈ fahren (haben/sein)) als öffentliches Verkehrsmittel regelmäßig auf einer Strecke fahren* Der Bus verkehrt zwischen beiden Orten im Stundentakt., Auf der stillgelegten Nebenstrecke verkehrte früher eine Regionalbahn. **III.** *mit SICH* ■ *etwas verkehrt sich in etwas Akk. (haben) sich ins Gegenteil verwandeln* Der sicher geglaubte Sieg verkehrte sich in den letzten Spielminuten in eine Niederlage.

Ver·ke̲hrs·a·der die <-, -n> *viel benutzter Verkehrsweg*

Ver·ke̲hrs·am·pel die <-, -n> *eine Signalanlage, die den Straßenverkehr mit Lichtsignalen (rot, gelb, grün) regelt*

Ver·ke̲hrs·auf·kom·men das <-s> *(kein Plur.) die Zahl der Verkehrsteilnehmer im Straßenverkehr* ■ **erhöhtes/geringes Verkehrsaufkommen:** *dichter/flüssiger Straßenverkehr*

ver·ke̲hrs·be·ru·higt <nicht steig.> *Adj. so, dass in einem bestimmten Gebiet der Straßenverkehr eingeschränkt ist* In den Wohngebieten gibt es viele verkehrsberuhigte Zonen.

Ver·ke̲hrs·be·schrän·kung die <-, -en> *(meist Plur.) Regulierung des Straßenverkehrs durch Verbotsschilder*

Ver·ke̲hrs·be·trieb der <-s, -e> *(meist Plur.) Betrieb des öffentlichen Personennahverkehrs*

Ver·ke̲hrs·cha·os das <-> *(kein Plur.) Stauungen und Durcheinander aufgrund einer sehr hohen Verkehrsdichte* Die Schneefälle lösten ein Verkehrschaos aus., das alljährliche Verkehrschaos zu Ferienbeginn

Ver·ke̲hrs·de·likt das <-(e)s, -e> *Verstoß gegen die Straßenverkehrsordnung*

Ver·ke̲hrs·dich·te die <-> *(kein Plur.) (≈ Verkehrsaufkommen)*

Ver·ke̲hrs·durch·sa·ge die <-, -n> *den Straßenverkehr betreffende Rundfunkdurchsage*

Ver·ke̲hrs·er·zie·hung die <-> *(kein Plur.) ein Unterricht, in dem vor allem Grundschulkinder die Regeln des Straßenverkehrs lernen*

Ver·ke̲hrs·flug·zeug das <-s, -e> *(↔ Militärflugzeug, Privatflugzeug) Flugzeug für den öffentlichen Personenverkehr*

Ver·ke̲hrs·fluss der <-es> *(kein Plur.) die gleichmäßig fließende Bewegung der Fahrzeuge im Straßenverkehr*

Ver·ke̲hrs·funk der <-s> *(kein Plur.) Verkehrsmeldungen, die regelmäßig im Rundfunk gesendet werden*

ver·ke̲hrs·güns·tig *Adj. so gelegen, dass man es leicht mit öffentlichen Verkehrsmitteln erreichen kann oder mit dem eigenen Auto günstige Verkehrswege hat* Ich suche eine Wohnung, die verkehrsgünstig gelegen ist., Trotz ihrer zentrumsnahen und verkehrsgünstigen Lage ist die Wohnung ruhig.

Ver·ke̲hrs·hin·weis der <-es, -e> *Verkehrsdurchsage im Rundfunk*

Ver·ke̲hrs·in·sel die <-, -n> *kleiner, erhöhter Platz für Fußgänger auf einer Straßenkreuzung*

Ver·ke̲hrs·kno·ten·punkt der <-es, -e> *Kreuzungspunkt wichtiger Straßen, Autobahnen oder Eisenbahnhauptstrecken*

Ver·ke̲hrs·kon·t·rol·le die <-, -n> *polizeiliche Kontrolle von Straßenverkehrsteilnehmern*

Ver·ke̲hrs·la·ge die <-, -n> **1.** *eine bestimmte Situation im Straßenverkehr* **2.** *die Lage einer Wohnung oder eines Geschäftes hinsichtlich der Verkehrsverbindungen*

Ver·ke̲hrs·lärm der <-(e)s> *(kein Plur.) der Lärm, den man ständig an Straßen mit dichtem Straßenverkehr hört*

Ver·ke̲hrs·leit·sys·tem das <-s> *(kein Plur.) Signale, die bei Bedarf eingeschaltet werden und dann helfen, den Straßenverkehr zu regulieren (beispielsweise durch die Anzeige von Geschwindigkeitsbegrenzungen)*

Ver·ke̲hrs·mi·nis·ter, Ver·ke̲hrs·mi·nis·te·rin der <-s, -> *für den Verkehr[1] zuständiger Bundesminister*

Ver·ke̲hrs·mi·nis·te·ri·um das <-s, Verkehrsministerien> *das Ministerium, das für den Verkehr[1] zuständig ist*

Ver·ke̲hrs·mit·tel das <-s, -> *ein Fahrzeug, das am Verkehr[1] teilnimmt* Das eigene Auto ist ein privates Verkehrsmittel, Busse und Straßenbahnen sind öffentliche Verkehrsmittel.

i Wissenswert Deutschland verfügt über ein gut ausgebautes **Verkehrsnetz.** Öffentlich gefahren wird mit den Zügen der Deutschen Bahn AG, der S-Bahn, der Straßenbahn, der U-Bahn und zahlreichen Linienbussen. Vor jeder Fahrt mit dem Zug muss man am Schalter eine Fahrkarte kaufen. Dabei muss beachtet werden, dass bei interregionalen Zügen wie dem IC (Intercity), EC (Eurocity) oder dem ICE (Intercity Express) ein Zuschlag entrichtet werden muss. Bei städtischen Verkehrsmitteln wird an den Fahrkartenautomaten ein Fahrschein gelöst. Mit Hilfe eines Liniennetzes oder einer Tabelle muss man zuerst zu berechnen, in welcher „Zone“ das Fahrziel liegt. Nach dem Kauf darf nicht vergessen werden, den Fahrschein auf dem Gleis oder in der Bahn zu entwerten, d.h. zu stempeln. Zu den weiteren Verkehrsmitteln zählen das Auto oder das Flugzeug. Deutschlands Autobahnsystem verbindet den Norden und Süden, Osten und Westen miteinander und stellt überdies den Anschluss an das übrige Westeuropa dar. Des weiteren bieten mehr als hundert internationale Fluggesellschaften Flüge nach Deutschland an, die insgesamt 14 Flughäfen innerhalb des Landes anfliegen. Der internationale Frankfurter Flughafen ist der größte in Deutschland und einer der größten in der Welt. Er ist vollständig an das Bahnsystem der Deutschen Bundesbahn angeschlossen.

Ver·kehrs·netz das <-es, -e> *der Zusammenhang der Verkehrswege auf Straße und Schiene, der von Verkehrsplanern ausgearbeitet wird und grafisch wie ein Netz aussieht*

Ver·kehrs·op·fer das <-s, -> *jmd., der im Straßenverkehr verunglückt ist*

Ver·kehrs·ord·nung die <-, -en> *die Gesamtheit aller Vorschriften für den Verkehr*[1] ◆ Straßen-

Ver·kehrs·pla·ner, **Ver·kehrs·pla·ne·rin** der *jmd., der in einer Region alle Bedingungen des öffentlichen Verkehrs*[1] *plant und koordiniert*

Ver·kehrs·po·li·tik die <-> (*kein Plur.*) *alle Maßnahmen des Staates, die der Regulierung des Verkehrs*[1] *dienen*

ver·kehrs·po·li·tisch <nicht steig.> *Adj. auf die Verkehrspolitik bezogen*

Ver·kehrs·po·li·zei die <-> (*kein Plur.*) *für die Überwachung und Regelung des Straßenverkehrs zuständige Abteilung der Polizei*

Ver·kehrs·po·li·zist, **Ver·kehrs·po·li·zis·tin** der <-en, -en> *Polizist der Verkehrspolizei*

Ver·kehrs·re·gel die <-, -n> (*meist Plur.*) *im Straßenverkehr geltende Vorschrift*

Ver·kehrs·re·ge·lung die <-> (*kein Plur.*) *Regelung des Verkehrs durch Ampeln oder durch Verkehrspolizisten*

ver·kehrs·reich *Adj. mit starkem Verkehr* Er wohnt an einer sehr verkehrsreichen Staße.

Ver·kehrs·schild das <-es, -er> *den Straßenverkehr betreffendes Hinweisschild*

ver·kehrs·schwach *Adj. mit wenig Verkehr*

ver·kehrs·sicher <nicht steig.> *Adj.* (≈ *verkehrstüchtig*) *technisch so beschaffen, dass es ohne Risiko im Straßenverkehr eingesetzt werden kann* Dieses Fahrzeug ist doch nicht mehr verkehrssicher.

Ver·kehrs·si·cher·heit die <-> (*kein Plur.*) *Sicherheit im Straßenverkehr*

Ver·kehrs·sün·der, **Ver·kehrs·sün·de·rin** der <-s, -> (*umg.*) *jmd., der gegen die Straßenverkehrsordnung verstoßen hat*

ver·kehrs·tech·nisch <nicht steig.> *Adj. unter dem Aspekt des Verkehrs*[1]

Ver·kehrs·teil·neh·mer, **Ver·kehrs·teil·neh·me·rin** der <-s, -> *jmd., der am öffentlichen Straßenverkehr teilnimmt*

Ver·kehrs·to·te der/die <-n, -n> (*meist Plur.*) *bei einem Verkehrsunfall getötete Person*

ver·kehrs·tüch·tig *Adj.* (≈ *verkehrssicher*) *so, dass es im Straßenverkehr sicher benutzt werden kann*

Ver·kehrs·un·fall der <-s, Verkehrsunfälle> *Unfall im Straßenverkehr* Die Zahl der Verkehrsunfälle ist im Vergleich zum Vorjahr gestiegen/gesunken., Er wurde letztes Jahr Opfer eines Verkehrsunfalls/kam bei einem Verkehrsunfall ums Leben/ist seit einem Verkehrsunfall querschnittsgelähmt/sitzt seit einem Verkehrsunfall im Rollstuhl.

Ver·kehrs·un·ter·richt der <-s> (*kein Plur.*) (≈ *Verkehrserziehung*)

Ver·kehrs·ver·bin·dung die <-, -en> *der Anschluss von Orten an Verkehrswege und* (*öffentliche*) *Verkehrsmittel*

Ver·kehrs·ver·bund der <-es, -e/Verkehrsverbünde> *zu einer Organisation zusammengeschlossene Betriebe des öffentlichen Personennahverkehrs einer Stadt*

Ver·kehrs·vor·schrift die <-, -en> (*meist Plur.*) (≈ *Verkehrsregel*)

Ver·kehrs·we·sen das <-s> (*kein Plur.*) *alle mit dem Verkehr*[1] *zusammenhängenden Vorgänge und Einrichtungen*

ver·kehrs·wid·rig <nicht steig.> *Adj. gegen die Verkehrsregeln verstoßend* Das verkehrswidrige Verhalten des Autofahrers wurde zur Anzeige gebracht.

Ver·kehrs·zäh·lung die <-, -en> *Zählung der Kraftfahrzeuge, die einen bestimmten Verkehrsweg befahren*

Ver·kehrs·zei·chen das <-s, -> (≈ *Verkehrsschild*)

ver·kehrt (*Part. Perf. zu „verkehren"*) *Adj.* (*umg.*) **1.** (≈ *falsch* ↔ *richtig*) *nicht richtig* Sie hat die Zigarette am verkehrten Ende angezündet., Er ist versehentlich in den verkehrten Bus eingestiegen. **2.** *nicht sinnvoll* verkehrte Ansichten, eine verkehrte Entscheidung ■ **jemand ist an den Verkehrten geraten** (*umg.*): *jmd. ist von jmdm. abgewiesen worden* Diesmal war der Betrüger an den Verkehrten geraten, der alte Herr Meier holte kurzentschlossen die Polizei.

ver·kei·len <verkeilst, verkeilte, hat verkeilt> *mit SICH* ■ *etwas verkeilt sich in etwas Akk ein physisches Objekt schiebt sich in ein anderes so hinein, dass sich beide nicht mehr bewegen können* Bei dem Zusammenprall hat sich der Lastwagen in den Zug verkeilt.

ver·kẹn·nen <verkennst, verkannte, hat verkannt> *mit OBJ* **1.** ■ *jmd. verkennt etwas etwas falsch beurteilen* Wir hatten den Ernst der Lage völlig verkannt. **2.** ■ *jmd. verkennt jmdn. jmdn.* (*in seinem Wert*) *unterschätzen* Er verkannte ihn in seinen Fähigkeiten. ▶verkannt

Ver·kẹt·tung die <-, -en> *eine Folge von Ereignissen, die zusammenwirken* Eine Verkettung unglücklicher Umstände führte zu diesem Unfall.

ver·kịt·schen <verkitschst, verkitschte, hat verkitscht> *mit OBJ* ■ *jmd. verkitscht etwas jmd. macht etwas, das künstlerisch wertvoll ist, zu Kitsch* In dem Film wird ein berühmter Roman verkitscht. ▶Verkitschung

ver·kịt·ten *mit OBJ* ■ *jmd. verkittet etwas mit Kitt abdichten oder verschließen* Löcher/Risse in der Mauer verkitten

ver·kla·gen <verklagst, verklagte, hat verklagt> *mit OBJ* ■ *jmd. verklagt jmdn. eine Klage beim Ge-*

richt einreichen Er hat die Firma auf Schadensersatz verklagt.

ver·klap·pen <verklappst, verklappte, hat verklappt> *mit OBJ* ■ *jmd. verklappt etwas* (*verhüll.*) *Giftstoffe von einem Schiff ins offene Meer ablassen* Greenpeace-Boote versuchten zu verhindern, dass weitere Giftmengen verklappt werden. ▶Verklappung

ver·klä ·ren <verklärst, verklärte, hat verklärt> **I.** *mit OBJ* ■ *jmd./etwas verklärt etwas etwas schöner erscheinen lassen* Du verklärst die Vergangenheit, statt sie realistisch zu sehen!, Die Freude verklärte ihr Gesicht. **II.** *mit SICH* ■ *etwas verklärt sich ein Gesicht oder Blick bekommt einen glücklichen Ausdruck* Ihr Lächeln verklärte sich, als sie ihr Kind anschaute.

ver·klärt <nicht steig.> *Adj. beglückt, entrückt* Sie sah ihn mit verklärtem Blick an.

ver·klau·su·lie·ren <verklausulierst, verklausulierte, hat verklausuliert> *mit OBJ* ■ *jmd. verklausuliert etwas* **1.** *etwas sehr kompliziert formulieren* Er drückt sich immer so verklausuliert aus. **2.** *durch Klauseln und Vorbehalte einschränken* Dieses Gesetz verklausuliert die Pflichten des Arbeitgebers.

ver·kle·ben <verklebst, verklebte, hat verklebt> *mit OBJ* ■ *jmd./etwas verklebt* (*jmdm.*) *etwas* (≈ *zukleben*) Sie hat die Wunde mit einem Heftpflaster verklebt., Schweiß und Staub verklebten mir die Augenlider.

ver·klei·den *mit OBJ* **1.** ■ *jmd. verkleidet jmdn./sich* (*als jmd./etwas*) (≈ *kostümieren*) *jmdn. oder sich so anziehen, dass man nicht erkannt wird* (*und in eine andere Rolle schlüpft*) Sie hat ihren kleinen Sohn für den Karnevalsumzug als Pirat verkleidet., Ich werde mich als Indianer verkleiden. **2.** ■ *jmd. verkleidet etwas mit einem Material bedecken* Wir wollen die Wände mit Holz verkleiden.

Ver·klei·dung die <-, -en> **1.** (*kein Plur.*) *das Verkleiden*[1] **2.** (≈ *Kostümierung*) *das Ergebnis des Verkleidens* Ich habe ihn in seiner Verkleidung nicht erkannt. **3.** (*kein Plur.*) *das Verkleiden*[2] Die Handwerker sind mit der Verkleidung der Wand beschäftigt. **4.** *das Material, mit dem etwas verkleidet*[2] *wird* Wir haben uns für eine Verkleidung aus Holz entschieden.

ver·klei·nern <verkleinerst, verkleinerte, hat verkleinert> **I.** *mit OBJ* ■ *jmd. verkleinert etwas* **1.** (↔ *vergrößern*) (*räumlich*) *kleiner machen* Wir mussten den Betrieb verkleinern. **2.** (≈ *schmälern*) (*im Wert*) *geringer erscheinen lassen* Sie versuchte, vor den Kollegen seine Leistung zu verkleinern. **3.** *als Reproduktion kleiner machen* Können Sie die Kopie noch etwas verkleinern? **II.** *mit SICH* ■ *etwas verkleinert sich* (*im Umfang*) *kleiner werden* Unser Bekanntenkreis hat sich verkleinert.

Ver·klei·ne·rung die <-, -en> *das Verkleinern*

Ver·klei·ne·rungs·form die <-, -en> SPRACHWISS. *Diminutiv* „Häuschen" ist die Verkleinerungsform zu „Haus".

ver·klem·men <verklemmst, verklemmte, hat verklemmt> *mit SICH* ■ *etwas verklemmt sich etwas hängt sich in etwas fest, so dass es sich nicht mehr bewegen lässt* Das Garagentor hat sich verklemmt.

ver·klemmt (*Part. Perf. zu „verklemmen"*) *Adj.* (*umg. abwert.* ↔ *ungezwungen*) *so schüchtern und gehemmt, dass es irritierend ist* ein verklemmtes Benehmen

ver·kli·ckern <verklickerst, verklickerte, hat verklickert> *mit OBJ* ■ *jmd. verklickert jmdm. etwas* (*umg.*) *erklären, klar machen* Ich konnte es ihm nicht verklickern, dass ...

ver·klin·gen <verklingt, verklang, ist verklungen> *ohne OBJ* ■ *etwas verklingt* (≈ *verhallen*) *als akustischer Eindruck schwächer werden und dann nicht mehr zu hören sein* Das Lied verklang., Die Töne verklingen.

ver·klop·pen <verkloppst, verkloppte, hat verkloppt> *mit OBJ* **1.** ■ *jmd. verkloppt jmdn.* (*umg.* ≈ *verhauen*) *verprügeln* **2.** ■ *jmd. verkloppt etwas* (*abwert.*) (*unter dem Wert*) *billig verkaufen* Bei der Auktion wurde die alte Uhr leider verkloppt.

ver·knack·sen <verknackst, verknackste, hat verknackst> *mit OBJ* ■ *jmd. verknackst sich etwas* (*umg.* ≈ *verstauchen*) Ich habe mir den Knöchel verknackst.

ver·knal·len <verknallst, verknallte, hat verknallt> *mit SICH* ■ *jmd. verknallt sich* (*in jmdn.*) (*umg.*) *sich verlieben* Er hat sich schon wieder in ein anderes Mädchen verknallt., Mit siebzehn ist man ständig in irgendjemanden verknallt.

Ver·knap·pung die <-, -en> (*meist Sing.*) *das Knappwerden* Die Verknappung von Rohstoffen wird irgendwann zu einem ernsthaften Problem.

ver·knaut·schen <verknautschst, verknautschte, hat verknautscht> *mit OBJ* ■ *jmd. verknautscht etwas* (*umg.*) *knüllen oder so zusammendrücken, dass es Falten gibt* Ich habe mir den Rock verknautscht.

ver·knei·fen <verkneifst, verkniff, hat verkniffen> *mit OBJ* ■ *jmd. verkneift sich etwas etwas, das man gerne tun würde, unterdrücken* Ich konnte mir das Lachen kaum verkneifen., Diese dumme Bemerkung hätte sie sich besser verkneifen sollen, der Chef war jedenfalls ganz schön sauer.

ver·knif·fen (*Part. Perf. zu „verkneifen"*) *Adj.* (*abwert.*) *so, dass Gesichtszüge von ständiger* (*unterdrückter*) *Verärgerung und Verbitterung scharf geworden sind* ein verkniffener Mund, verkniffene Züge

ver·knö·chert *Adj.* (*umg. abwert.*) *geistig unbeweglich, in den Ansichten und Gewohnheiten starr geworden* verknöcherte Ansichten/Gewohnheiten, Er ist ein alter, verknöcherter Mann.

ver·kno·ten <verknotest, verknotete, hat verknotet> **I.** *mit OBJ* ■ *jmd. verknotet etwas durch einen Knoten miteinander verbinden* Wir verknoteten die beiden Seile miteinander. **II.** *mit SICH* ■ *etwas verknotet sich sich* (*unbeabsichtigt*) *zu einem Knoten verschlingen* Die Seile haben sich verknotet.

ver·knüp·fen <verknüpfst, verknüpfte, hat verknüpft> *mit OBJ* ■ *jmd. verknüpft etwas* (*mit etwas*

Dat.) **1.** *mehrere Schnüre miteinander verknoten* **2.** *in zeitlichen und logischen Zusammenhang bringen* Ich verknüpfe den Ausflug mit einem Abstecher zu meinem ehemaligen Schulfreund., Wir sollten die beiden Gedankengänge einfach verknüpfen.

ver·ko·chen <verkochst, verkochte, hat/ist verkocht> **I.** *mit OBJ* ■ *jmd. verkocht etwas* (*zu etwas Dat.*) (*haben*) *eine Speise sehr lange kochen lassen* (*und so eine Art Brei daraus machen*) Wir haben die Früchte zu Mus verkocht., Ihr seid so spät gekommen, dass das ganze Essen inzwischen verkocht ist. **II.** *ohne OBJ* ■ *etwas verkocht* (*sein*) *verdampfen* Das Wasser ist inzwischen verkocht.

ver·koh·len <verkohlst, verkohlte, hat/ist verkohlt> **I.** *mit OBJ* ■ *jmd. verkohlt jmdn.* (*umg. haben*) *aus Spaß etwas Falsches erzählen* Er hat uns doch alle verkohlt. **II.** *ohne OBJ* ■ *etwas verkohlt* (*sein*) *durch Verbrennen sehr schwarz werden und wie Kohle aussehen* Die Balken sind verkohlt.

ver·kom·men <verkommst, verkam, ist verkommen> *ohne OBJ* **1.** ■ *jmd. verkommt* (≈ *verwahrlosen*) *den inneren Halt verlieren und* (*körperlich und moralisch*) *ins Elend geraten* Seit seine Frau ihn verlassen hat, verkommt er mehr und mehr., in Schmutz und Armut verkommen **2.** ■ *etwas verkommt* (≈ *herunterkommen*) *aus Mangel an Pflege verfallen* Die alte Fabrik/Der Park verkommt zusehends. **3.** (≈ *umkommen*) *verderben, schlecht werden* Die Äpfel sind verkommen, weil niemand sie gegessen hat.

Ver·kom·men·heit die <-> (*kein Plur.*) *das Verkommensein*[1]

ver·kom·pli·zie·ren <verkomplizierst, verkomplizierte, hat verkompliziert> *mit OBJ* ■ *jmd. verkompliziert etwas jmd. macht etwas in unnötiger Weise kompliziert*

ver·kon·su·mie·ren <verkonsumierst, verkonsumierte, hat verkonsumiert> *mit OBJ* ■ *jmd. verkonsumiert etwas* (*umg.*) *verbrauchen*

ver·kor·ken <verkorkst, verkorkte, hat verkorkt> *mit OBJ* ■ *jmd. verkorkt eine Flasche* (↔ *entkorken*) *mit einem Korken verschließen*

ver·kork·sen <verkorkst, verkorkste, hat verkorkst> *mit OBJ* ■ *jmd. verkorkst* (*jmdm./sich*) *etwas* (*umg.*) *verderben* Er hat sich den Magen verkorkst., Sie hat uns die Stimmung gründlich verkorkst.

ver·kör·pern <verkörperst, verkörperte, hat verkörpert> *mit OBJ* ■ *jmd./etwas verkörpert jmdn./etwas* **1.** *symbolisch zum Ausdruck bringen* Die Taube verkörpert den Frieden. **2.** *in einer Rolle darstellen* Der Schauspieler verkörpert meist den Typ des jugendlichen Liebhabers.

Ver·kör·pe·rung die <-, -en> *das Verkörpern*

ver·kös·ti·gen <verköstigst, verköstigte, hat verköstigt> *mit OBJ* ■ *jmd. verköstigt jmdn./sich* (*mit etwas Dat.*) (≈ *verpflegen*) *etwas zu essen geben* Die Kursteilnehmer müssen sich abends selbst verköstigen. ▶Verköstigung

ver·kra·chen <verkrachst, verkrachte, hat verkracht> *mit SICH* ■ *jmd. verkracht sich mit jmdm.* (*umg.*) *in Streit geraten* Wir haben uns mit den Nachbarn verkracht.

ver·kracht ■ **eine verkrachte Existenz** (*umg. abwert.*): *ein Mensch, der im Leben gescheitert ist*

ver·kraf·ten *mit OBJ* ■ *jmd. verkraftet etwas in der Lage sein, etwas zu bewältigen* Er verkraftet die hohen Belastungen nicht., Sie hat den Tod ihres Mannes nie verkraftet.

ver·krampft *Adj.* **1.** *körperlich sehr angespannt* verkrampfte Muskeln, eine verkrampfte Haltung **2.** *im Verhalten gehemmt* Sie lächelte verkrampft.

ver·krie·chen <verkriechst, verkroch, hat verkrochen> *mit SICH* ■ *jmd./etwas verkriecht sich* (*irgendwo/irgendwohin*) (*umg.*) **1.** *in etwas oder unter etwas kriechen* Der Hund verkroch sich in seine Hütte. **2.** (*übertr.*) *sich vor Menschen zurückziehen* Am Wochenende verkriecht sie sich in ihrem Haus.

ver·krü·meln <verkrümelst, verkrümelte, hat verkrümelt> *mit SICH* ■ *jmd. verkrümelt sich* (*umg.*) *unauffällig und heimlich verschwinden* Als der Nachbar zu schimpfen anfing, verkrümelten sich die Kinder endlich.

ver·krümmt *Adj. so, dass ein Körperglied durch Krankheit nicht mehr gerade, sondern krumm geworden ist* Sie hat verkrümmte Finger/einen verkrümmten Rücken.

Ver·krüm·mung die <-, -en> *das Verkrümmtsein*

ver·krüp·pelt <nicht steig.> *Adj. so, dass jmd. oder ein Körperglied nicht normal gewachsen oder durch einen Unfall beschädigt ist* Er hat einen verkrüppelten Fuß.

ver·krus·tet <nicht steig.> *Adj.* **1.** *mit einer Kruste bedeckt* Der Arzt sah sich die verkrustete Wunde an. **2.** (*abwert.*) *veraltet und starr* Die verkrusteten Strukturen beschleunigten den Niedergang des Unternehmens.

ver·küh·len <verkühlst, verkühlte, hat verkühlt> *mit SICH* ■ *jmd. verkühlt sich* (*österr.*) *sich erkälten*

Ver·küh·lung die <-, -en> (*österr.*) *Erkältung*

ver·küm·mern <verkümmerst, verkümmerte, ist verkümmert> *ohne OBJ* ■ *jmd./etwas verkümmert* **1.** (↔ *gedeihen*) *nicht mehr recht wachsen und in einen schlechten Zustand geraten* Im Schatten verkümmert diese Pflanze., Er hat lange einsam gelebt und ist dabei regelrecht verkümmert. **2.** *ungenutzt bleiben und verloren gehen* Du solltest deine Talente nicht verkümmern lassen.

ver·kün·den <verkündest, verkündete, hat verkündet> *mit OBJ* ■ *jmd. verkündet* (*jmdm.*) *etwas* **1.** (≈ *bekannt geben*) *öffentlich mitteilen* Auf der Party verkündete er, dass er auswandern wolle., ein Urteil verkünden **2.** (REL.: ≈ *verkündigen*) *predigen* Er verkündete der Gemeinde das Wort Gottes.

Ver·kün·dung[1] die <-, -en> *das Verkünden*

Ver·kün·dung[2] die <-, -en> (*schweiz.*) *Eheverkündung, Aufgebot*

ver·kup·peln <verkuppelst, verkuppelte, hat verkuppelt> *mit OBJ* ■ *jmd. verkuppelt jmdn.* (*mit* *jmdm.)* *(umg. oft abwert.)* *der Vorgang, dass jmd. versucht, zwei Menschen in eine Liebesbeziehung oder zu einer Heirat zu bringen* ▶ Kuppelei, Kuppler(-in)

ver·kür·zen <verkürzt, verkürzte, hat verkürzt> **I.** *mit OBJ* ■ *jmd. verkürzt etwas* **1.** (↔ *verlängern*) *in der Länge kürzer machen* Sie sollten die Ärmel des Mantels verkürzen. **2.** (↔ *verlängern*) *in der zeitlichen Dauer kürzer machen* Während ich auf dich wartete, habe ich mir mit der Lektüre einer Zeitschrift ein wenig die Zeit verkürzt., Arbeitszeiten verkürzen, Wir mussten den Urlaub leider verkürzen. **II.** *ohne OBJ* ■ *jmd. verkürzt* SPORT *in einem Ballspiel den Rückstand verringern* Die Mannschaft verkürzte mit diesem Tor auf 4:3 und drängt nun auf den Ausgleich. **III.** *mit SICH* ■ *etwas verkürzt sich* (↔ *verlängern*) *kürzer werden* Durch den Umzug verkürzt sich mein Schulweg.

Ver·kür·zung die <-, -en> *das Verkürzen I*

ver·la·chen <verlachst, verlachte, hat verlacht> *mit OBJ* ■ *jmd. verlacht jmdn.* *(geh.)* *spöttisch auslachen* Von den Zeitgenossen verlacht, blieb dem Maler nur die Hoffnung auf späte Anerkennung.

Verlad der <-(e)s, -e> *(schweiz.)* *Verladung*

Ver·la·de·bahn·hof der <-es, Verladebahnhöfe> *ein Bahnhof, auf dem Güter verladen werden*

Ver·la·de·brü·cke die <-, -n> *Anlage zum Verladen*[1]

ver·la·den <verlädst, verlud, hat verladen> *mit OBJ* **1.** ■ *jmd. verlädt etwas etwas* *(in größerer Menge)* *auf ein Fahrzeug laden* Container/Güter/Kisten/Paletten/ Waren auf einen Güterzug/ LKW verladen **2.** ■ *jmd. verlädt jmdn.* *(umg. abwert.)* *hereinlegen, betrügen* Du willst mich wohl verladen?

Ver·la·de·ram·pe die <-, -n> *Rampe zum Verladen*[1]

Ver·la·dung die <-, -en> *das Verladen*[1]

Ver·lag der <-(e)s, -e> *ein Unternehmen, das Manuskripte herstellt oder kauft, und dann in gedruckter Form als Bücher oder Zeitschriften wieder verkauft* Die Autorin hat ihr Manuskript an einen Verlag geschickt., Dieser Verlag veröffentlicht in erster Linie belletristische/wissenschaftliche Literatur., die Autoren/Lektoren/Mitarbeiter des Verlags, die Buchreihe/der Lizenzpartner/das Programm/der Vertrieb eines Verlags ◆ -sbranche, -sgruppe, -shaus, -shersteller, -sleiter, -smitarbeiter, -sprogramm, -sredakteur, Buch-, Fach-, Sachbuch-, Schulbuch-, Taschenbuch-, Wissenschafts-, Zeitungs-

ver·la·gern <verlagerst, verlagerte, hat verlagert> **I.** *mit OBJ* ■ *jmd. verlagert etwas irgendwohin* **1.** *jmd. verändert seine Körperhaltung* Sie verlagerte das Gewicht auf das andere Bein. **2.** *jmd. bringt etwas an einen anderen Standort* Die Firma hat ihre Produktion ins Ausland verlagert. **II.** *mit SICH* ■ *etwas verlagert sich (irgendwohin)* *etwas verändert seine Lage* Das Tiefdruckgebiet hat sich inzwischen nach Osten verlagert.

Ver·la·ge·rung die <-, -en> *das Verlagern I*

Ver·lags·buch·han·del der <-s> *(kein Plur.)* *der Teil des Buchhandels, der sich mit der Herstellung und dem Vertrieb von Büchern befasst* ▶ Verlagsbuchhändler(in)

Ver·lags·haus das <-es, Verlagshäuser> *ein (großer) Verlag*

Ver·lags·ka·ta·log der <-(e)s, -e> *Verzeichnis aller Bücher eines Verlags*

Ver·lags·lei·ter, **Ver·lags·lei·te·rin** der <-s, -> *jmd., der einen Verlag (kaufmännisch) leitet*

Ver·lags·re·dak·teur, **Ver·lags·re·dak·teu·rin** der <-s, -e> (≈ *Lektor*) *Redakteur in einem Verlag*

Ver·lan·gen das <-s> *(kein Plur.)* **1.** *starker Wunsch, Sehnsucht, Begierde* Ich habe keinerlei Verlangen, ihn jemals wiederzusehen., Nach einer Woche Diät verspürte sie ein starkes Verlangen nach einem Wiener Schnitzel., Er sah sie voller Verlangen an. **2.** *Bitte, Forderung* Die Ausweise sind auf Verlangen vorzuzeigen.

ver·lan·gen <verlangst, verlangte, hat verlangt> **I.** *mit OBJ* **1.** ■ *jmd. verlangt etwas* *(nachdrücklich) fordern oder haben wollen* Die Arbeiter verlangen mehr Lohn., Ich verlange, dass du auf der Stelle gehst!, Der Schaffner verlangte unsere Fahrkarten., Er verlangte noch 150 Euro für den gebrauchten Fernseher. **2.** ■ *jmd. verlangt jmdn.* TELEKOMM. *jmdn. (am Telefon) sprechen wollen* Du wirst am Telefon verlangt! **3.** ■ *etwas verlangt etwas* (≈ *erfordern*) *Ansprüche an jmdn. stellen* Diese Tätigkeit verlangt viel Geduld von ihm., Bergsteigen verlangt sehr viel Mut und Ausdauer. **II.** *ohne OBJ* ■ *jmd. verlangt nach jmdm./etwas* *(geh.)* *ausdrücken, dass man jmdn. oder etwas braucht* Der Patient verlangte nach einem Arzt/ nach einem Glas Wasser., Der Fürst verlangte nach seinem Berater.

ver·län·gern <verlängerst, verlängerte, hat verlängert> **I.** *mit OBJ* **1.** ■ *jmd. verlängert etwas* (↔ *kürzen*) *in der physischen Ausdehnung länger machen* Sie muss die Ärmel des Mantels verlängern. **2.** ■ *jmd. verlängert etwas (um etwas Akk.)* (↔ *verkürzen*) *zeitlich länger dauern lassen, als es geplant oder bestimmt war* Ich sollte meinen Pass verlängern lassen(≈ am Pass die Eintragung vornehmen lassen, die den Zeitraum seiner Gültigkeit verlängert)., Wenn es uns dort gut gefällt, können wir den Urlaub um eine Woche verlängern. **3.** ■ *jmd. verlängert etwas mit etwas Dat.* *(umg.)* *verdünnen, strecken* Sie hat die Soße/die Suppe mit Wasser verlängert. **II.** *mit SICH* ■ *etwas verlängert sich* (↔ *verkürzen*) *länger gültig bleiben* Das Abonnement verlängert sich automatisch um ein weiteres Jahr, wenn es nicht gekündigt wird., Sein Studienaufenthalt verlängert sich um ein Semester.

Ver·län·ge·rung die <-, -en> **1.** *(kein Plur.)* *das Verlängern* **2.** SPORT *das Verlängern der regulären Spielzeit um einen (definierten) zusätzlichen Zeitraum* Wenn es nach neunzig Minuten immer noch 1:1 steht, geht das Finalspiel in die Verlängerung.

Ver·län·ge·rungs·ka·bel das <-s, -> *ein zusätzliches elektrisches Kabel, mit dem man ein anderes Kabel verlängert* Zum Heckenschneiden brauchen wir ein Verlängerungskabel.

V

ver·lang·sa·men <verlangsamst, verlangsamte, hat verlangsamt> **I.** *mit OBJ* ■ *jmd./etwas verlangsamt etwas* (↔ *beschleunigen*) *bewirken, dass etwas langsamer wird* Der Autofahrer/Der Zug verlangsamte vor der Baustelle das Tempo., Er verlangsamte seinen Schritt. **II.** *mit SICH* ■ *jmd./etwas verlangsamt sich langsamer werden* Kurz vor dem Ziel verlangsamte er sich.

Ver·lass ■ **auf jemanden/etwas ist (kein) Verlass:** *man kann sich (nicht) auf jmdn. oder etwas verlassen*

ver·las·sen[1] <verlässt, verließ, hat verlassen> **I.** *mit OBJ* **1.** ■ *jmd. verlässt etwas von etwas weggehen* Warum habt ihr die Party so früh verlassen?, Ich habe heute um sieben Uhr das Haus verlassen. **2.** ■ *jmd. verlässt jmdn. sich dauerhaft trennen* Mit achtzehn hat sie das Elternhaus verlassen., Sie hat ihren Mann verlassen. **II.** *mit SICH* ■ *jmd. verlässt sich auf jmdn./etwas (vertrauen) sein Handeln auf die Annahme stützen, dass etwas der Fall der ist* Auf dich kann man sich wenigstens verlassen!, Ich verlasse mich darauf, dass du mich anrufst! ■ **jemand ist von allen guten Geistern verlassen** (*umg. abwert.*): *jmd. ist plötzlich in seinem Benehmen sehr sonderbar und unvernünftig*

ver·las·sen[2] (*Part. Perf. zu „verlassen[1]"*) *Adj.* (*öde, trostlos*) *so, dass dort keine oder nur sehr wenige Menschen sind* In dieser verlassenen Gegend möchte ich nicht wohnen.

Ver·las·sen·heit die <-> (*kein Plur.*) *der Zustand, dass jmd. oder etwas verlassen[1, 2] ist*

Ver·las·sen·schaft die <-, -en> (*österr.*) *Nachlass*

ver·läss·lich *Adj.* (≈ *zuverlässig*) *so, dass man sich auf jmdn. oder etwas verlassen II kann* Er ist ein verlässlicher Mensch., Wir haben diese Informationen aus verlässlicher Quelle erfahren.

Ver·laub der ■ **mit Verlaub** (*geh.*): *wenn es erlaubt ist* Herr Graf, Sie haben hier - mit Verlaub (gesagt) - einen großen Fehler gemacht!

Ver·lauf der <-(e)s, Verläufe> **1.** *die Richtung, in die etwas führt* Folgen Sie dem Verlauf der Straße. **2.** (≈ *Ablauf*) *zeitliche Entwicklung* Die Ärzte beobachten den Verlauf der Krankheit. **3.** (≈ *Farbverlauf*) *der (bewusst gestaltete) Effekt, dass (auf einer Fläche) eine Farbe immer mehr an Intensität und Deckungskraft verliert und ab einem gewissen Punkt dann in eine andere Farbe umschlägt* der Verlauf von Grün nach Blau ■ **im Verlauf von:** *während* **einen guten/schlechten Verlauf nehmen** (*geh.*): *sich gut/schlecht entwickeln*

ver·lau·fen <verläufst, verlief, hat/ist verlaufen> **I.** *ohne OBJ (sein)* **1.** ■ *etwas verläuft (irgendwo/irgendwohin) in eine Richtung führen, sich erstrecken* Der Radweg verläuft entlang des Flusses. **2.** ■ *etwas verläuft auseinander fließen* Die Tinte verläuft auf diesem Papier. **3.** ■ *etwas verläuft irgendwie zeitlich ablaufen und dabei eine bestimmte Beschaffenheit oder Qualität haben* Die Prüfung ist zu meiner vollsten Zufriedenheit verlaufen. **II.** *mit SICH (haben)* **1.** ■ *jmd. verläuft sich (irgendwo) (≈ sich verirren) in einer unübersichtlichen Gegend laufen und dann den Weg nicht mehr wissen* Wir hatten uns im Wald verlaufen. **2.** ■ *eine Menge verläuft sich (irgendwie) in alle Richtungen auseinander gehen* Nach dem Konzert hatte sich die Menschenmenge schnell verlaufen. ■ **etwas ist im Sande verlaufen:** *etwas hat ohne Erfolg oder Folgen aufgehört*

ver·laust <nicht steig.> *Adj. von Läusen befallen*

ver·laut·ba·ren <verlautbarst, verlautbarte, hat verlautbart> *mit OBJ* ■ *jmd. verlautbart etwas* (*geh.* ≈ *verkünden*) *öffentlich bekannt machen* Ein Pressesprecher verlautbarte, dass …

ver·lau·ten <verlautet, verlautete, hat/ist verlautet> (*geh.*) **I.** *mit OBJ* ■ *jmd. lässt etwas verlauten (haben) bekannt geben* Ein Pressesprecher ließ verlauten, dass … **II.** *mit ES* ■ *es verlautet (sein) bekannt werden* Es verlautete, dass …

ver·le·ben <verlebst, verlebte, hat verlebt> *mit OBJ* ■ *jmd. verlebt etwas Zeit in einer bestimmten Weise verbringen* Wir verlebten einige schöne Tage am Meer., Sie verlebten glückliche Wochen.

ver·lebt (*Part. Perf. zu „verleben"*) *Adj. durch einen ausschweifenden Lebensstil vorzeitig gealtert* Er sieht völlig verlebt aus.

ver·le·gen[1] <verlegst, verlegte, hat verlegt> **I.** *mit OBJ* **1.** ■ *jmd. verlegt etwas etwas weglegen und nicht mehr finden können* Hast du schon wieder deine Brille verlegt? **2.** ■ *jmd. verlegt jmdn./etwas (irgendwohin) jmdn. oder etwas an einen anderen Ort bringen oder legen* Der Gefangene wurde in ein anderes Gefängnis verlegt., Der Konzern verlegte einen Produktionszweig/ein Werk ins Ausland. **3.** ■ *jmd. verlegt etwas auf etwas Akk. einen Termin ändern* Das Konzert wurde auf nächste Woche verlegt. **4.** ■ *jmd. verlegt irgendwo etwas etwas anbringen, montieren* Die Handwerker haben die Fliesen im Bad verlegt. **5.** ■ *jmd. verlegt etwas (in etwas Dat.) (literarische oder wissenschaftliche) Werke in einem Verlag veröffentlichen* Dieses Buch ist in Frankfurt verlegt worden. **II.** *mit SICH* ■ *jmd. verlegt sich auf etwas Akk. seine Taktik ändern, etwas anderes tun* Weil das Bitten nichts nutzte, verlegte er sich auf Drohungen.

ver·le·gen[2] (*Part. Perf. zu „verlegen"*) *Adj. unsicher, hilflos* Ein verlegener Blick des Prüflings sagte dem Professor, dass er die Frage nicht beantworten konnte. ■ **um etwas verlegen sein** (*geh.*): *etwas benötigen* **jemand ist um eine Antwort/Ausrede nie/nicht verlegen** (*abwert.*): *jmd. weiß immer eine Antwort oder Ausrede* Er ist nie um eine Antwort/Ausrede verlegen.

Ver·le·gen·heit die <-, -en> **1.** (*kein Plur.*) *das Gefühl, dass man sich unsicher und hilflos fühlt, weil einem etwas sehr peinlich ist* Er wurde rot vor Verlegenheit., Sie versuchte ihre Verlegenheit mit einem gekünstelten Lachen zu überspielen. **2.** *eine Lage, die schwierig und unangenehm ist* Nur du kannst mir aus dieser Verlegenheit helfen!, Wenn du mir das Geld leihen könntest, würdest du mir aus einer großen Verlegenheit helfen. ■ **eine finanzielle Verlegenheit** (*verhüll.*): *der Umstand, dass es jmdm. zu einem bestimmten Zeit-*

punkt an Geld für etwas fehlt dem Freund aus einer finanziellen Verlegeneheit heraushelfen

Ver·le·gen·heits·lö·sung die <-, -en> *improvisierte (schlechte) Lösung eines Problems, Notlösung* Ich halte meinen Mantel an der Stelle, wo er gerissen ist, mit einer Sicherheitsnadel zusammen – das ist erst einmal eine Verlegenheitslösung.

Ver·le·ger, **Ver·le·ge·rin** der <-s, -> *jmd., der einen Verlag führt oder besitzt* Der Autor hat einen Verleger für seine neue Lyriksammlung gefunden.

ver·le·ge·risch <nicht steig.> DRUCKW. **I.** *Adj. so, dass es einen Verleger betrifft oder zu ihm gehört* die verlegerischen Aufgaben **II.** *Adv. so, dass es der Art eines Verlegers entspricht* verlegerisches Handeln, verlegerische Weitsicht

Ver·le·gung die <-, -en> *das Verlegen*

ver·lei·den <verleidest, verleidete, hat verleidet> *mit OBJ* ■ *jmd. verleidet jmdm. etwas an etwas Dat. (geh.) bewirken, dass jmd. keine Freude mehr an etwas hat* Mit seiner ewigen Nörgelei verleidet er mir noch die ganze Freude/den Spaß an unserem Urlaub.

Ver·leih der <-(e)s, -e> **1.** *(kein Plur.) das Verleihen* **2.** *ein Betrieb, der gegen Entgelt etwas verleiht* ◆ Boots-, Fahrrad-

ver·lei·hen <verleihst, verlieh, hat verliehen> *mit OBJ* ■ *jmd. verleiht etwas (an jmdn.)* **1.** *jmdm. etwas (gegen Gebühr) für eine bestimmte Zeit zum Gebrauch überlassen* Das Geschäft verleiht Baumaschinen., Ich verleihe meine CDs nicht gerne., Er hat seine Kamera an einen Freund verliehen. **2.** ■ *jmd./etwas verleiht jmdm./etwas etwas jmdm. oder etwas etwas geben* Dieses Kleid verleiht dir einen verführerischen Charme., Sie verliehen ihrer Meinung Ausdruck. **3.** ■ *jmd. verleiht jmdm. etwas jmdm. in einem feierlichen Akt einen Ehrentitel geben* Ihm wurde in einer Feierstunde beim Präsidenten der Titel eines ... verliehen., Man verlieh ihm den Ehrendoktor.

Ver·lei·hung die <-, -en> *das Verleihen*

ver·lei·men <verleimst, verleimte, hat verleimt> *mit OBJ* ■ *jmd. verleimt etwas mit Leim (zusammen)kleben* Hast du die beiden Bretter schon verleimt?

ver·lei·ten <verleitest, verleitete, hat verleitet> *mit OBJ* ■ *jmd. verleitet jmdn. (zu etwas Dat.) jmdn. dazu bringen, etwas zu tun, was er eigentlich nicht tun will* Sie hat sie zu faulen Witzen verleitet., Er verleitet ihn zum Klauen.

ver·ler·nen <verlernst, verlernte, hat verlernt> *mit OBJ* ■ *jmd. verlernt etwas (↔ erlernen) eine Fähigkeit durch Nichtgebrauch verlieren* Ich habe das Klavierspielen inzwischen verlernt., Das Schwimmen kann man eigentlich nicht verlernen.

ver·le·sen[1] <verliest, verlas, hat verlesen> **I.** *mit OBJ* ■ *jmd. verliest etwas etwas öffentlich laut vorlesen* Der Richter verlas die Anklagepunkte. **II.** *mit SICH* ■ *jmd. verliest sich nicht richtig lesen* Da musst du dich verlesen haben, das Konzert beginnt nicht um acht, sondern um neun Uhr.

ver·le·sen[2] <verliest, verlas, hat verlesen> *mit OBJ* ■ *jmd. verliest etwas (Früchte) sortieren* Hast du die Erbsen/Trauben schon verlesen? ▶handverlesen

ver·letz·bar <nicht steig.> *Adj. so, dass man etwas leicht verletzt* Bei bestimmten Sportarten sind die Gelenke leicht verletzbar.

ver·let·zen <verletzt, verletzte, hat verletzt> **I.** *mit OBJ* **1.** ■ *jmd. verletzt jmdn.*, ■ *jmd. verletzt jmdm. etwas jmdm. oder sich körperlichen Schaden oder eine Wunde zufügen* Er hat seinen Gegner am Arm verletzt., Er hat seinem Gegner den Arm verletzt., Ich habe mir den Fuß verletzt., Das Unfallopfer war lebensgefährlich/leicht/schwer verletzt. **2.** ■ *jmd. verletzt jmdn. (≈ kränken) beleidigende Worte zu jmdm. sagen und ihn damit in seinem Stolz treffen* Seine barschen Worte verletzten sie tief. ▶verletzlich **3.** ■ *jmd. verletzt etwas (≈ verstoßen)* eine Regel, Vorschrift o.Ä. nicht befolgen, Sie hatte eine Vorschrift verletzt. ◆ Getrenntschreibung→R 4.3, R 4.12 schwer verletzt, leicht verletzt **II.** *mit SICH* ■ *jmd. verletzt sich (an einem Körperteil) (an etwas Dat.) an sich selbst einen körperlichen Schaden erleiden* Ich habe mich an der scharfen Kante verletzt., Sie hat sich am Arm verletzt.

ver·letz·lich <verletzlicher, am verletzlichsten> *Adj. sensibel und daher leicht zu verletzen*

Ver·letz·te der/die <-n, -n> *jmd., der verletzt*[1] *ist* Der Verletzte musste sofort ins Krankenhaus transportiert werden.

Ver·let·zung die <-, -en> **1.** *Wunde* Das Unfallopfer erlitt leichte/schwere Verletzungen. **2.** *das Verletzen I.2, I.3* ◆ -srisiko, Arm-, Gesichts-, Kopf-, Kriegs-

ver·leug·nen <verleugnest, verleugnete, hat verleugnet> **I.** *mit OBJ* ■ *jmd. verleugnet jmdn./etwas sich nicht (mehr) zu jmdm. oder etwas bekennen* Er hat seine Ideale/seinen besten Freund verleugnet. **II.** *mit SICH* **1.** ■ *sich (selbst) verleugnen nicht dem eigenen Wesen gemäß handeln* Indem er so tat, als kenne er sie nicht, verleugnete er sich (selbst), **2.** ■ *sich verleugnen lassen Besuchern sagen lassen, man sei nicht da* Als der Besitzer an der Tür des Pächters klingelte, ließ sich dieser verleugnen, da er die Pacht nicht gezahlt hatte. ■ **etwas nicht verleugnen können/etwas lässt sich nicht verleugnen**: *etwas nicht verbergen können* Er konnte seinen Geiz nicht verleugnen – er war ihm ins Gesicht geschrieben., Es lässt sich nicht verleugnen, dass die Welt sich seit der Erfindung des Computers stark verändert hat.

ver·leum·den <verleumdest, verleumdete, hat verleumdet> *mit OBJ* ■ *jmd. verleumdet jmdn. (≈ diffamieren) über jmdn. Unwahrheiten verbreiten, um seinem Ruf zu schaden,* Man hat ihn böswillig/in übler Weise verleumdet.

Ver·leum·der, **Ver·leum·de·rin** der <-s, -> *jmd., der verleumdet*

ver·leum·de·risch <nicht steig.> *Adj. wie ein Verleumder*

Ver·leum·dung die <-, -en> **1.** *(kein Plur.) das Verleumden* **2.** *verleumdende Bemerkung* Er hat in der Nachbarschaft Verleumdungen über uns

V

verbreitet.

ver·lie·ben <verliebst, verliebte, hat verliebt> *mit SICH* ■ *jmd. verliebt sich (in jmdn.) beginnen, für jmdn. heftige Zuneigung zu empfinden* Sie hatte sich heftig/hoffnungslos/ unsterblich verliebt.

Ver·liebt·heit die <-> *(kein Plur.) der Zustand, verliebt zu sein*

ver·lie·ren <verlierst, verlor, hat verloren> **I.** *mit OBJ* **1.** ■ *jmd. verliert etwas (↔ finden) etwas plötzlich nicht mehr besitzen oder bei sich haben* Ich habe meinen Schlüssel verloren., Auf dem Fundbüro kann man verlorene Sachen wiederbekommen., Wo ist mein Ausweis, ich werde ihn hoffentlich nicht verloren haben. **2.** ■ *jmd. verliert etwas (≈ einbüßen) den Vorgang erleiden, dass einem etwas, das man gehabt hat, genommen wird* Sie hat ihren Arbeitsplatz verloren., Der Patient verlor bei der Operation viel Blut. **3.** ■ *jmd. verliert etwas (↔ behalten) durch eigene Schuld oder ungünstige Umstände etwas nicht behalten können* Er hat die Beherrschung/die Freude/ die Geduld/ die Hoffnung/das Vertrauen seiner Freunde verloren. **4.** ■ *jmd. verliert jmdn. verwendet, um auszudrücken, dass jmd. gestorben ist und daher nicht mehr bei jmdm. ist* Er verlor seine Frau bei einem Unfall. **5.** ■ *jmd. verliert jmdn. (↔ gewinnen) verwendet, um auszudrücken, dass jmd. wegen einer räumlichen Trennung nicht mehr bei jmdm. sein kann* Als ich in eine andere Stadt zog, verlor ich viele Freunde. **6.** ■ *zwei Personen verlieren sich in einer Menschenmenge voneinander getrennt werden* Sollten wir uns im Kaufhaus verlieren, treffen wir uns in einer halben Stunde am Eingang wieder. **7.** ■ *etwas verliert etwas undicht sein und deshalb etwas ausströmen lassen* Das Schlauchbot verliert Luft. **8.** ■ *etwas verliert etwas (↔ bekommen) abwerfen, loslassen* Im Herbst verlieren die Bäume ihre Blätter. **II.** *ohne OBJ* ■ *jmd. verliert (↔ gewinnen) in einem Spiel oder Wettkampf unterliegen* Der Favorit verlor überraschend., Die Mannschaft hat im Spiel klar/haushoch verloren. **III.** *mit SICH* **1.** ■ *jmd. verliert sich in etwas Dat. vom Wesentlichen abschweifen* Der Referent verlor sich bei seinem Vortrag in Nebensächlichkeiten. **2.** ■ *mehrere Personen verlieren sich irgendwo mehrere Personen sind in einem großen Raum kaum zu erkennen* Die Festgesellschaft verliert sich in der großen Gartenanlage. **3.** ■ *jmd. verliert sich in etwas Dat. jmd. ist ganz in seinem inneren Erleben* Er verliert sich in Erinnerungen/Fantasien/Grübeleien **4.** ■ *etwas verliert sich etwas verschwindet* Der Rauchgeruch im Mantel verliert sich, wenn du ihn über Nacht an die Luft hängst.

Ver·lie·rer, **Ver·lie·re·rin** der <-s, -> *(↔ Gewinner) jmd., der verliert II* Die Verlierer bekamen einen Trostpreis.

Ver·lies das <-es, -e> GESCH. *Kerker (in einer Burg)* Verliese waren im Mittelalter ungefähr das, was heute Gefängnisse sind.

ver·lo·ben <verlobst, verlobte, hat verlobt> *mit SICH* ■ *jmd. verlobt sich mit jmdm.,* ■ *zwei Personen verloben sich eine Verlobung vollziehen* Sie verlobten sich drei Monate vor ihrer Hochzeit., Wir haben uns gestern verlobt.

Ver·lob·te der/die <-n, -n> *Person, die mit einer anderen verlobt ist* Sie ist meine Verlobte, ich bin ihr Verlobter.

Ver·lo·bung die <-, -en> *das offizielle Versprechen, einander zu heiraten* Früher hieratete man nicht, ohne vorher Verlobung gefeiert zu haben. ◆ -sfeier, -sring

ver·lo·cken <verlockst, verlockte, hat verlockt> *mit OBJ* ■ *etwas verlockt (jmdn.)(zu etwas Dat.) etwas übt auf jmdn. einen Reiz aus, so dass er etwas tun möchte* Das klare Wasser verlockte ihn zum Schwimmen., Das günstige Angebot verlockte zum Kaufen.

ver·lo·ckend *Adj. so reizvoll, dass eine Situation, ein Angebot oder eine Vorstellung verführerisch wirkt* Die Aussicht, nach Indien zu reisen, war (für sie) sehr verlockend., eine verlockende Aussicht/ Idee/Vorstellung

Ver·lo·ckung die <-, -en> **1.** *das Verlocken* Er konnte der Verlockung nicht widerstehen. **2.** *etwas, das verlockt* Die Verlockungen des Weihnachtsmarktes waren groß.

ver·lo·gen *Adj. (abwert.)* **1.** *so, dass man immer wieder oder gewohnheitsmäßig lügt* Er ist ein verlogener Kerl. **2.** *(≈ heuchlerisch) nicht aufrichtig, weil man nicht für alle Fälle oder Menschen die gleichen (moralischen) Maßstäbe anwendet* Das ist die verlogene Moral eines Spießbürgers.

Ver·lo·gen·heit die <-> *(kein Plur.) (abwert.) das Verlogensein*

ver·lo·ren <nicht steig.> *(Part. Perf. zu „verlieren") Adj.* **1.** *einsam, verlassen* Er fühlte sich in dieser Stadt sehr verloren., Das Kind wirkte irgendwie verloren. **2.** *nicht mehr zu retten* Die Verschütteten waren verloren. ◆ Getrenntschreibung →R 4.1 verloren gehen **3.** ■ *etwas geht verloren wegkommen, unbemerkt abhanden kommen* Auf dem Weg zum Bus ist meine Taschenuhr verloren gegangen. **4.** ■ *an jmdm. ist etwas verloren gegangen jmd. wäre in etwas (einer Tätigkeit oder einem Beruf) sehr erfolgreich gewesen* An ihm ist ein Schauspieler verloren gegangen. **5.** ■ *jmd. ist für jmdn./etwas verloren jmd. kommt für jmdn. oder etwas nicht mehr in Frage* Sie ist für die Musik verloren – sie will nur noch malen., Er ist für unsere Sache verloren, er geht jetzt andere Wege. **6.** ■ *jmdn./sich/etwas verloren geben sich mit dem Verlust von jmdm. oder etwas abfinden* Vierzehn Tage nach dem Grubenunglück gab man die Bergleute verloren., Nach langem vergeblichen Suchen gab sie das Geld verloren. ■ **der verlorene Sohn** *(rel.): der reuig umkehrende Mensch* **7.** ■ *an jmdm./etwas ist alle Mühe verloren jede Bemühung ist zwecklos* An diesem Kranken ist alle Mühe verloren.

Ver·lo·ren·heit die <-> *(kein Plur.) die Einsamkeit, die man bei einer anderen Person wahrnimmt* Mit seinem schüchternen Lächeln strahlte er eine gewisse Verlorenheit aus.

ver·lo·sen <verlost, verloste, hat verlost> *mit OBJ*

■ *jmd. verlost etwas per Los an jmdn. kommen lassen* Unter den Einsendern werden wertvolle Preise verlost.

Ver·lo·sung die <-, -en> *ein Gewinnspiel, in dem man etwas per Los gewinnen kann*

ver·lö·ten <verlötest, verlötete, hat verlötet> *mit OBJ* ■ *jmd. verlötet etwas durch Löten verbinden* Er hat die Drähte miteinander verlötet.

ver·lot·tern <verlotterst, verlotterte, ist verlottert> *ohne OBJ* ■ *jmd./etwas verlottert* (*umg. abwert.*) *herunterkommen, verfallen* Der Garten ist total verlottert.

verludern (*umg.*) **I.** *mit OBJ* ■ *jmd. verludert etwas* (*umg. abwert.*) *etwas verkommen lassen* Sie verluderte ihre Kleidung. **II.** *ohne OBJ* ■ *jmd. verludert* (*umg. abwert.*) *jmd. kommt herunter, jmd. verkommt* Seit er trank, verluderte er immer mehr.

Ver·lust der <-es, -e> **1.** (*meist Sing.*) *das Verlieren II* Der Verlust meines Geldbeutels hatte böse Folgen. **2.** (↔ *Gewinn*) *eine finanzielle Einbuße* Die Verluste des Unternehmens sind erneut gestiegen. ◆-abdeckung, -betrieb **3.** (*nur Plur.*) *Soldaten, die im Krieg sterben* In dieser Schlacht gab es hohe Verluste auf beiden Seiten.

Ver·lust·an·zeige die <-, -n> *die öffentliche Bekanntmachung* (*meist in einer Zeitung*), *dass man etwas verloren hat* (*mit der Bitte, das Verlorene zurückzugeben, wenn es gefunden wird*)

Ver·lust·ge·schäft das <-(e)s, -e> *ein getätigtes Geschäft, das finanzielle Einbußen zur Folge hat*

ver·lus·tig <nicht steig.> *Adj.* (*geh.*) ■ **einer Sache/eines Rechts/eines Vorteils verlustig gehen** (*geh.*): *etwas verlieren I.1* Nach diesem Verbrechen ging er seiner bürgerlichen Rechte verlustig.

Ver·lust·mel·dung die <-, -en> *eine Meldung, dass man etwas verloren I.1 hat*

ver·lust·reich *Adj. mit viel Verlust[2] 3 verbunden*

ver·ma·chen <vermachst, vermachte, hat vermacht> *mit OBJ* ■ *jmd. vermacht jmdm. etwas vererben* Mein Großvater hat mir seine Krawattennadel vermacht.

Ver·mächt·nis das <-ses, -se> (*geh.*) **1.** *Erbe* Dieses Haus ist das Vermächtnis meiner Eltern. **2.** *letzter Wille, Testament* Er hat mir die Weiterführung der Firma als Vermächtnis hinterlassen. **3.** *geistiges Erbe, bleibender Einfluß einer bedeutenden Persönlichkeit* Das Vermächtnis Newtons wird in der klassischen Physik deutlich.

ver·mäh·len *mit SICH* ■ *jmd. vermählt sich mit jmdm./Personen vermählen sich* (*geh.*) *heiraten* Er hat sich mit mir vermählt., Wir haben uns vermählt.

Ver·mäh·lung die <-, -en> (*geh.*) *das* (*Sich-*)*Vermählen*

vermaledeit <nicht steig.> *Adj.* (*umg.*) *verflucht, verdammt* Wo ist das vermaledeite Etui geblieben?

ver·ma·le·deit *Interj. verflucht!* (*Ausdruck der Wut oder Verwünschung*) Vermaledeit! Wo ist hier bloß der Ausgang?!

ver·mark·ten <vermarktest, vermarktete, hat vermarktet> *mit OBJ* ■ *jmd. vermarktet etwas* WIRTSCH. *ein Produkt oder eine Ware auf den Markt bringen und ein Geschäft damit machen* Er will sein Patent vermarkten.

Ver·mark·tung die <-> (*kein Plur.*) *das Vermarkten* Die Vermarktung des neuen Produkts gestaltet sich schwierig. ◆-sgesellschaft

ver·mas·seln <vermasselst, vermasselte, hat vermasselt> *mit OBJ* ■ *jmd. vermasselt etwas* (*umg.*) **1.** *etwas durch seine Ungeschicklichkeit zum Scheitern bringen* Durch seine Fehler hat er die Aufführung vermasselt. **2.** ■ **jemandem die Tour vermasseln**: *jmdn. an etwas hindern oder jmdm. etwas verderben, was er gerne tun will* Durch seine Fehlinformationen hat er mir die Tour vermasselt

ver·meh·ren <vermehrst, vermehrte, hat vermehrt> **I.** *mit OBJ* ■ *jmd. vermehrt etwas Menge, Gewicht, Ausdehnung von etwas größer machen* Sie hat ihr Geld geschickt angelegt und stetig vermehrt. **II.** *mit SICH* **1.** ■ *jmd. vermehrt sich* (*von Menschen*) *Nachwuchs bekommen, sich fortpflanzen* Die Bevölkerung Asiens vermehrt sich immer noch stark. **2.** ■ *etwas vermehrt sich an Menge, Gewicht, Ausdehnung größer werden* Die Zahl der Studienanfänger hat sich wieder vermehrt. **3.** ■ *etwas vermehrt sich* (*von Tieren und Pflanzen*) *sich fortpflanzen, Nachkommen zeugen* Die Population der Vögel auf dieser Insel hat sich vermehrt.

Ver·meh·rung die <-> (*kein Plur.*) *das* (*Sich-*)*Vermehren*

ver·meid·bar *Adv. so, dass es vermieden werden kann* Der Zusammenstoß war nicht vermeidbar.

ver·mei·den <vermeidest, vermied, hat vermieden> *mit OBJ* ■ *jmd. vermeidet etwas es nicht zu etwas kommen lassen, vor etwas ausweichen* Sie versuchte, einen Streit zu vermeiden., Sie vermied die Begegnung mit ihm. ■ **Es lässt sich nicht vermeiden, dass ...**: *es lässt sich nich verhindern* Der Zusammenstoß der Flugzeuge ließ sich nicht vermeiden.

ver·meint·lich <nicht steig.> *Adj. so, dass etwas irrtümlich als etwas anderes angesehen oder eingeschätzt wird, als es ist* Die vermeintliche Giftschlange entpuppte sich als völlig harmlos.

ver·men·gen <vermengst, vermengte, hat vermengt> *mit OBJ* ■ *jmd. vermengt etwas mit etwas* **1.** *mischen* Sie vermengt Mehl und Zucker mit Milch. **2.** *vermischen, verwechseln* Er vermengte Wirtschaft mit Politik.

Ver·merk der <-(e)s, -e> *kurze schriftliche Notiz* Ich mache mir einen Vermerk in meine Akten.

ver·mer·ken <vermerkst, vermerkte, hat vermerkt> *mit OBJ* ■ *jmd. vermerkt etwas irgendwo etwas irgendwo notieren* Ich habe die Korrekturen im Manuskript vermerkt.

ver·mes·sen[1] <vermisst, vermaß, hat vermessen> *mit OBJ* ■ *jmd. vermisst etwas* GEOGR. *etwas ausmessen* Sie haben die Grundstücke neu vermessen.

ver·mes·sen[2] *Adj. überheblich, der Zustand, dass man sich/seine Kräfte/sein Glück überschätzt* Es war sehr vermessen von ihm, zu glauben, er könne alles allein schaffen.

Ver·mes·sen·heit die <-> (*kein Plur.*) (*geh.*) *Überheblichkeit, Anmaßung*

Ver·mes·sung die <-, -en> *das Ausmessen von etwas*

Ver·mes·sungs·amt das <-(e)s, Vermessungsämter> *Amt für das Vermessungswesen*

Ver·mes·sungs·in·ge·ni·eur, **Ver·mes·sungs·in·ge·ni·eu·rin** der <-s, -e> *Fachmann auf dem Gebiet der Landvermessung, Landvermesser*

ver·mie·sen <vermiest, vermieste, hat vermiest> *mit OBJ* ■ *jmd. vermiest jmdm. etwas Akk.* (*umg.*) *jmdm. die Freude an etwas nehmen* Er hat uns den ganzen Ausflug vermiest.

ver·mie·ten <vermietest, vermietete, hat vermietet> *mit OBJ* ■ *jmd. vermietet* (*an jmdn.*) (*etwas Akk.*) *gegen Miete überlassen* Nachdem unser Sohn ausgezogen ist, wollen wir das Zimmer vermieten., Ich vermiete nur an Nichtraucher.

Ver·mie·ter, **Ver·mie·te·rin** der <-s, -> *jmd., der etwas vermietet*

Ver·mie·tung die <-, -en> *das Vermieten*

ver·min·dern <verminderst, verminderte, hat vermindert> **I.** *mit OBJ* ■ *jmd./etwas vermindert etwas abschwächen, verringern* Der Einbau eines solchen Filters vermindert den Schadstoffausstoß., Bei der Einfahrt in die Ortschaft verminderte er die Geschwindigkeit. **II.** *mit SICH* ■ *etwas vermindert sich sich abschwächen, sich verringern* In diesem Gremium hat sich sein Einfluss vermindert.

ver·mi·nen <verminst, verminte, hat vermint> *mit OBJ* ■ *jmd./etwas vermint etwas ein Gebiet mit Minen versehen* Die Soldaten verminten das ganze Gelände., Die Armee verminte den Hafen.

ver·mi·schen <vermischst, vermischte, hat vermischt> **I.** *mit OBJ* ■ *jmd. vermischt etwas mit etwas zwei Dinge zusammenbringen und gründlich mischen* Wenn man rote und blaue Farbe vermischt, erhält man Violett. **II.** *mit SICH* ■ *etwas vermischt sich mit etwas sich vermengen, ineinander aufgehen* Als sie nach Jahren wieder in ihre Geburtsstadt kam, vermischte sich Freude mit Wehmut. ▶Vermischung

ver·mis·sen <vermisst, vermisste, hat vermisst> *mit OBJ* ■ *jmd. vermisst jmdn./etwas* **1.** *fühlen, dass jmd. nicht mehr in der Nähe ist und Sehnsucht nach ihm haben* Ich habe dich schmerzlich/heftig/kein bisschen vermisst **2.** *merken, dass jmd. oder etwas fehlt und es nicht finden können* Das Kind wird seit zwei Tagen vermisst., Ich vermisse meinen Regenschirm. **3.** ■ *jmd./etwas lässt etwas vermissen etwas nicht haben, was eigentlich da sein sollte* Der neue Rechtsanwalt lässt jegliches Taktgefühl vermissen.

ver·misst <nicht steig.> *Adj.* **1.** *so, dass jmd. verschwunden ist und man nicht weiß, wo er sich aufhält und man lange Zeit nichts von ihm gehört hat* Das Kind gilt seit einem Monat als vermisst., Die Leiche des vermissten Forschers wurde im Urwald gefunden. **2.** *verschollen; so, dass ein Soldat aus dem Krieg nicht zurückkommt und man nichts über sein Schicksal weiß* Der älteste Sohn gilt seit 10 Jahren als vermisst., Da man seit der gegnerischen Offensive nichts mehr von ihm wußte, wurde er als vermisst gemeldet.

Ver·miss·te der/die <-n, -n> *jmd., der vermisst[2] wird* die Vermissten des 2. Weltkriegs ◆-anzeige

ver·mit·tel·bar <nicht steig.> *Adj. so, dass jmd. oder etwas vermittelt I.2 werden kann* Er galt auf dem Arbeitsmakt durchaus als vermittelbar.

ver·mit·teln <vermittelst, vermittelte, hat vermittelt> **I.** *mit OBJ* ■ *jmd. vermittelt jmdn./etwas an jmdn./etwas* **1.** *weitergeben* Die Professorin kann ihr Wissen gut (an ihre Studenten) vermitteln., Die Agentur konnte die Künstler sehr leicht an die Theaterhäuser vermitteln. **2.** *jmdm. zu etwas verhelfen* Das Arbeitsamt konnte ihm eine Stelle vermitteln., Meine Tante war es, die ihnen die Ehe vermittelte., Dieses Treffen hat uns mein Freund vermittelt. **II.** *ohne OBJ* ■ *jmd. vermittelt zwischen jmdm. und jmdm. schlichten, eine Einigung erzielen* Er vermittelt zwischen der Gewerkschaft und den Arbeitgebern.

ver·mit·tels(t) *Präp. + Gen. durch, mit Hilfe von* Vermittels eines Hebels brachen sie die Türe auf.

Ver·mitt·ler, **Ver·mitt·le·rin** der <-s, -> *jmd., der vermittelt II*

Ver·mitt·lung die <-, -en> **1.** *das Vermitteln* **2.** TELEKOMM. *Telefonzentrale* Um nach Übersee anrufen zu können, muss man sich bei der Vermittlung melden.

ver·mö·beln <vermöbelst, vermöbelte, hat vermöbelt> *mit OBJ* ■ *jmd. vermöbelt jmdn.* (*umg. oft scherzh.*) *verprügeln* Ich möchte nicht von deinen Kumpels vermöbelt werden.

ver·mo·dern <vermodert, vermoderte, ist vermodert> *ohne OBJ* ■ *etwas vermodert verfaulen* Laub vermodert

ver·mö·ge *Präp. + Gen.* (*veralt.*) *durch, aufgrund von* Vermöge seines Einflusses fand ich bald Zugang zur Highsociety.

Ver·mö·gen das <-s, -> **1.** *materieller Besitz, Reichtum* Sie haben ein großes Vermögen geerbt., Er hatte sich ein großes Vermögen erworben. **2.** (*kein Plur.*) *Fähigkeit, Kraft* Sein Vermögen, sich an viele Dinge erinnern zu können, ist groß. ■ **Das kostet ja ein Vermögen!**: *das ist sehr teuer*

ver·mö·gen <vermagst, vermochte, hat vermocht> (*mit Inf. und „zu"*) *mit OBJ* ■ *jmd. vermag etwas* **1.** (*geh.*) *können, beherrschen, die Fähigkeit haben, imstande sein zu* Ich vermag diese Aufgabe nicht zu lösen., Die Hilfskräfte vermochten (es) nicht, ihn noch zu retten., Ich will so viel tun, wie ich vermag. **2.** (*schweiz.*) *sich etw. leisten können*

ver·mö·gend *Adj. reich* Er ist ein vermögender Mann.

Ver·mö·gens·be·ra·ter, **Ver·mö·gens·be·ra·te·rin** der <-s, -> *jmd., der Kunden in Fragen der Geldanlage berät*

Ver·mö·gens·bil·dung die <-> (*kein Plur.*) (*fachspr.*) *Bildung von Vermögen[1] bei Arbeitnehmern durch langfristiges Sparen* (*wobei auch vom*

Staat Steuervorteile und Prämien gewährt werden)

Ver·mö·gens·steu·er die <-, -n> *Steuer auf Vermögen*[1]

Ver·mö·gens·ver·hält·nis·se <-> *Plur. die Gesamtheit der Strukuren und Daten, die zu dem gesamten Vermögen von jmdm. gehören* Als er finanzielle Hilfe beantragen wollte, musste er seine Vermögensverhältnisse aufdecken.

Ver·mö·gens·ver·wal·ter, **Ver·mö·gens·ver·wal·te·rin** der <-s, -> (≈ *Treuhänder*) *jmd., der für einen anderen in einem rechtlichen Rahmen Vermögen verwaltet*

ver·mö·gens·wirk·sam *Adj. auf Vermögensbildung hinwirkend* Ein Teil meiner Beiträge an die Bausparkasse wird direkt vom Arbeitgeber als vermögenswirksame Leistung überwiesen.

ver·mum·men <vermummst, vermummte, hat vermummt> *mit SICH* ■ *jmd. vermummt sich* **1.** *sich warm anziehen* Bevor sie in die Kälte hinaus gingen, vermummten sie sich. **2.** *sich verkleiden und unkenntlich machen* Die Demonstranten hatten sich vermummt.

Ver·mum·mungs·ver·bot das <-(e)s> (*kein Plur.*) *gesetzliches Verbot, sich bei Demonstrationen zu vermummen*[2]

ver·murk·sen <vermurkst, vermurkste, hat vermurkst> *mit OBJ* ■ *jmd. vermurkst etwas* (*umg. abwert*) *verderben, etwas durch ungeschicktes Arbeiten verpfuschen* Er hat die Maschine total vermurkst – jetzt läuft sie gar nicht mehr.

ver·mu·ten <vermutest, vermutete, hat vermutet> *mit OBJ* **1.** ■ *jmd. vermutet etwas glauben, annehmen, für möglich halten* Man vermutet Brandstiftung als Ursache., Der bisherige Verlauf der Verhandlungen lässt vermuten, dass … **2.** ■ *jmd. vermutet jmdn./etwas irgendwo glauben, dass jmd. irgendwo ist* Ich vermute ihn in seinem Arbeitszimmer. **3.** ■ *es ist zu vermuten es ist wahrscheinlich* Es ist zu vermuten, dass der Schlüssel auf dem Spaziergang verloren gegangen ist.

ver·mut·lich <nicht steig.> *Adv. wahrscheinlich*

Ver·mu·tung die <-, -en> *Annahme, Mutmaßung, Verdacht* Ich habe die Vermutung, dass …, In diesem Falle sind wir auf Vermutungen angewiesen.

ver·nach·läs·sig·bar <nicht steig.> *Adv. so, das man es vernachlässigen kann* In diesem Fall muss man nicht so genau messen – hier ist der Messfehler vernachlässigbar.

ver·nach·läs·si·gen *mit OBJ* ■ *jmd. vernachlässigt jmdn./etwas* **1.** *sich nicht (ausreichend) um jmdn. oder etwas kümmern, ausser Acht lassen, übergehen* Er vernachlässigt seine Familie., Ich hatte die letzten Wochen so viel Arbeit, dass ich meinen Garten vernachlässigen musste. **2.** *etwas als unwichtig betrachten* Die Geräusche der Maschine konnte man vernachlässigen – sie waren sehr gering.

Ver·nach·läs·si·gung die <-, -en> *das Vernachlässigen*[1]

ver·na·geln <vernagelst, vernagelte, hat vernagelt> *mit OBJ* ■ *jmd. vernagelt etwas durch Zunageln verschließen* Man vernagelte das eingeschlagene Schaufenster mit Brettern.

ver·na·gelt (*Part. Perf. zu „vernageln“*) *Adj.* (*umg. abwert.*) **1.** *borniert, dumm, uneinsichtig* Er versteht das nicht, er ist einfach vernagelt. **2.** *unfähig, etwas klar auszudrücken* Als ich vor Gericht aussagen sollte, war ich plötzlich wie vernagelt.

ver·nä·hen <vernähst, vernähte, hat vernäht> *mit OBJ* ■ *jmd. vernäht etwas* **1.** *durch Nähen verbinden oder verschließen* Sie hat den Riss in der Hose vernäht., Der Arzt vernäht die Wunde. **2.** *beim Nähen verbrauchen* Ich habe eine ganze Rolle Zwirn vernäht. **3.** *das Ende des Fadens festnähen*

ver·nar·ben <vernarbt, vernarbte, ist vernarbt> *ohne OBJ* ■ *etwas vernarbt unter Ausbildung einer Narbe verheilen*

ver·narrt <nicht steig.> *Adj.* (*umg.*) *so, dass man jmdn. oder etwas sehr mag oder heftig in jmdn./etwas verliebt ist* Die Großeltern sind in ihre Enkel ganz vernarrt., Sie ist in ihre Musik ganz vernarrt.

ver·na·schen <vernaschst, vernaschte, hat vernascht> *mit OBJ* ■ *jmd. vernascht jmdn.* **1.** (*umg.*) *ein sexuelles Abenteuer mit jmdm. haben* Er hat sie nach der Party vernascht. **2.** *Süßigkeiten nebenher essen*

Ver·neh·men das <-s> (*kein Plur.*) (*meist in den Fügungen „dem/allem/gutem/sicherem Vernehmen nach“*) *nach dem, was man aus sicherer Quelle weiß* Dem Vernehmen nach stammt sie aus einer Professorenfamilie.

ver·neh·men <vernimmst, vernahm, hat vernommen> *mit OBJ* ■ *jmd. vernimmt jmdn./etwas* **1.** (*geh.*) *hören* Sie vernahm Schritte. **2.** (*geh.*) *erfahren* Ich habe vernommen, dass … **3.** RECHTSW. *verhören, befragen* Die Polizei vernimmt den Verdächtigen/den Zeugen.

Ver·nehm·las·sung die <-, -en> (*schweiz.*) *Stellungnahme, Verlautbarung*

ver·nehm·lich *Adj.* (*geh.*) *gut hörbar, deutlich hörbar* Er räusperte sich vernehmlich., Sie sprach so leise am Telefon, dass ihre Stimme kaum vernehmlich war.

Ver·neh·mung die <-, -en> (≈ *Verhör*) *das Vernehmen*[3]

ver·neh·mungs·fä·hig <nicht steig.> *Adj. so, dass man jmdn. vernehmen*[3] *kann* Der Zeuge hat sich wieder erholt – er ist wieder vernehmungsfähig.

ver·neh·mungs·un·fä·hig <nicht steig.> *Adj. so, dass man jmdn. nicht vernehmen*[3] *kann* Der verletzte Zeuge ist vernehmungsunfähig.

ver·nei·gen <verneigst, verneigte, hat verneigt> *mit SICH* ■ *jmd. verneigt sich (vor jmdm./etwas) sich verbeugen* Aus Ehrfurcht vor ihrem Meister verneigten sich die Schüler vor ihm.

Ver·nei·gung die <-, -en> *das Sichverneigen*

ver·nei·nen *mit OBJ* ■ *jmd. verneint etwas* **1.** *mit „nein“ antworten* Als ich ihn fragte, ob er mit in das Konzert gehen könne, verneinte er., Er schüttelte verneinend den Kopf. **2.** *ablehnen* Sie verneint die Anwendung von Gewalt.

Ver·nei·nung die <-, -en> **1.** *das Verneinen*[1]

2. SPRACHWISS. *Wort, mit dem etwas verneint*[1] *wird* „nicht" und „kein" sind Verneinungen **3.** SPRACHWISS. *Satz oder Satzglied mit einer Verneinung*[2]

ver·net·zen <vernetzt, vernetzte, hat vernetzt> *mit OBJ* ■ *jmd. vernetzt jmdn./etwas mit jmdm./etwas* **1.** *relativ eigenständige Personen oder Elemente so untereinander verbinden, dass sie sich wechselseitig in einem effektiveren Ganzen unterstützen* Alle Teilbereiche der Theorie sind miteinander vernetzt., Alle Mitarbeiter des Projekts sind miteinander vernetzt. **2.** EDV *einzelne PCs zu einem Netzwerk verbinden bzw. in ein vorhandenes Netzwerk integrieren*

Ver·net·zung die <-, -en> *das Vernetzen*

Ver·net·zungs·ge·dan·ke der <-ns> (*kein Plur.*) *Idee der Vernetzung*

ver·neun·fa·chen <verneunfachst, verneunfachte, hat verneunfacht> **I.** *mit OBJ* ■ *jmd./etwas verneunfacht etwas auf die neunfache Anzahl, Menge, Größe bringen* Für die Bewältigung der neuen Arbeit müssen wir die Zahl der Mitarbeiter verneunfachen., Die Verunsicherungen der Leute hat die Wahrscheinlichkeit von Unfällen verneunfacht. **II.** *mit SICH* ■ *etwas verneunfacht sich neunmal so groß werden* Durch eine neue Produktionsweise hat sich die Zahl der Produkte verneunfacht.

ver·nich·ten *mit OBJ* ■ *jmd./etwas vernichtet jmdn./etwas* **1.** *zerstören* Die Explosion vernichtete viele Gebäude., Soldaten vernichteten jahrhundertealte Kunstwerke. **2.** *psychisch völlig niederdrücken* Der Tadel vernichtet ihn völlig., Es traf ihn ein vernichtendes Urteil.

Ver·nich·tung die <-> (*kein Plur.*) *Zerstörung* Die Vernichtung der Akten ist strafbar.

Ver·nich·tungs·waf·fe die <-, -n> *Waffe mit einer verheerenden Zerstörungskraft* Die Atombombe ist eine der gefürchtetsten Vernichtungswaffen.

ver·ni·ckeln <vernickelst, vernickelte, hat vernickelt> *mit OBJ* ■ *jmd./etwas vernickelt etwas mit Nickel überziehen*

ver·nied·li·chen <verniedlichst, verniedlichte, hat verniedlicht> *mit OBJ* ■ *jmd. verniedlicht jmdn./etwas verharmlosen* Du verniedlichst sie, wenn du sie als Püppchen bezeichnest., Den Krieg als Abenteuer zu nehmen, heißt ihn verniedlichen.

ver·nie·ten <vernietest, vernietete, hat vernietet> *mit OBJ* ■ *jmd. vernietet etwas mit Nieten befestigen oder verschließen* Die Stahlplatten sind miteinander vernietet.

Ver·nis·sa·ge die [vɛrnɪˈsaːʒə] <-, -n> KUNST *Eröffnung einer Kunstausstellung mit Werken noch lebender Künstler*

Ver·nunft die <-> (*kein Plur.*) *Einsicht, Besonnenheit* Er hat gegen alle Regeln der Vernunft darauf bestanden., Endlich nimmt er wieder Vernunft an., Ich konnte sie gerade noch zur Vernunft bringen. ◆-ehe, -glaube, -heirat, -mensch

ver·nünf·tig *Adj.* **1.** *einsichtig, besonnen* Nun sei endlich vernünftig und … **2.** *sinnvoll, einleuchtend* Sie gab mir damals einen sehr vernünftigen Rat., Mit dir kann man kein vernünftiges Wort reden! **3.** *akzeptabel* Das ist wirklich ein vernünftiger Preis. ◆ vernünftigerweise

ver·nunft·o·ri·en·tiert <nicht steig.> *Adj. mehr an der Vernunft als am Gefühl ausgerichtet* Die Aufklärung war eine vernunftorientierte Epoche.

ver·ö·den <verödest, verödete, hat/ist verödet> **I.** *mit OBJ* ■ *jmd. verödet etwas* (MED.: *haben*) *Blutgefäße verschließen* Der Arzt hat ihr die Krampfadern verödet. **II.** *ohne OBJ* ■ *etwas verödet* (*sein*) **1.** *menschenleer* Das Stadtviertel verödet allmählich. **2.** *unfruchtbar werden* Der Landstrich verödet.

ver·öf·fent·li·chen <veröffentlichst, veröffentlichte, hat veröffentlicht> *mit OBJ* ■ *jmd. veröffentlicht etwas an die Öffentlichkeit bringen* Der Autor hat einen neuen Roman veröffentlicht., Die Zeitung veröffentlicht am Mittwoch die Anzeigen.

Ver·öf·fent·li·chung die <-, -en> **1.** *das Veröffentlichen* **2.** *ein Druckwerk* Der Wissenschaftler hat mehrere Veröffentlichungen zu diesem Thema geschrieben.

ver·ord·nen <verordnest, verordnete, hat verordnet> *mit OBJ* ■ *jmd. verordnet jmdm. etwas* **1.** MED. *ärztlich anordnen* Der Arzt verordnete ihr strenge Bettruhe/eine Kur. **2.** (*selten*) *amtlich vorschreiben oder verfügen* Der Bürgermeister verordnete, dass …

Ver·ord·nung die **1.** *das Verordnen* Er hat die Verordnung des Arztes nicht ernst genommen. **2.** *verordnete Maßnahme* Die städtische Verordnung sieht vor, dass die Gasthäuser um 23 Uhr schließen.

verorten *mit OBJ* ■ *jmd. verortet jmdn./etwas* (*geh*) *jmdn. oder etwas einordnen* Er verortete das Bild im Expressionismus.

ver·pach·ten <verpachtest, verpachtete, hat verpachtet> *mit OBJ* ■ *jmd. verpachtet* (*jmdm.*) *etwas gegen Pacht überlassen* Die Gärten werden verpachtet., Der Besitzer verpachtet seinem Bekannten sein Haus.

Ver·pach·tung die <-, -en> *das Verpachten*

ver·pa·cken <verpackst, verpackte, hat verpackt> *mit OBJ* ■ *jmd. verpackt etwas* (*mit/in etwas*) **1.** *etwas mit einer schützenden Hülle versehen, um es zu transportieren oder zu verkaufen* Er hat die Gläser und das Geschirr für den Umzug sorgfältig verpackt. **2.** *unterbringen* Die Kleider haben wir in Kleidersäcken verpackt.

Ver·pa·ckung die <-, -en> **1.** *das Verpacken* Der Fernseher ist bei der Verpackung beschädigt worden. **2.** *Material zum Verpacken* Hast du die Verpackung des Computers aufgehoben?

ver·pa·ckungs·arm *Adj. so, dass nur wenig Verpackungsmaterial verbraucht wird*

Ver·pa·ckungs·ma·te·ri·al das <-s, Verpackungsmaterialien> *zum Verpacken verwendetes Material*

Ver·pa·ckungs·müll der <-s> (*kein Plur.*) *durch Warenverpackungen anfallender Müll*

ver·pas·sen <verpasst, verpasste, hat verpasst> *mit OBJ* ■ *jmd./etwas verpasst etwas* **1.** *versäumen* Ich habe den Zug/den Bus verpasst., Unser Zug verpasst den Anschlusszug., Der Musiker hat den Einsatz verpasst. **2.** *nicht zum richtigen Zeitpunkt nutzen* Sie hatte auch diese Chance verpasst. **3.** (*umg.*) *geben* Er hat ihm eine Ohrfeige/einen Denkzettel verpasst. ■ **jemand verpasst jemandem eine/eins**: *jmd. gibt jmdm. eine Ohrfeige oder einen Schlag* **eine verpasst kriegen**: *eine Ohrfeige kriegen*

ver·pat·zen <verpatzt, verpatzte, hat verpatzt> *mit OBJ* ■ *jmd. verpatzt etwas* (*umg.*) *nicht erfolgreich ausführen* Ich habe die Klassenarbeit völlig verpatzt.

ver·pen·nen <verpennst, verpennte, hat verpennt> *mit OBJ* ■ *jmd. verpennt etwas* (*umg.*) *verschlafen* Er verpennt die Gelegenheit, seinen Freund vor der Abfahrt noch anzurufen., Der Schüler verpennte den Unterricht.

ver·pes·ten <verpestest, verpestete, hat verpestet> *mit OBJ* ■ *jmd./etwas verpestet etwas* **1.** (*abwert.*) *die Luft mit übel riechenden, schädlichen Stoffen erfüllen* Abgase verpesten die Luft. **2.** (*umg. abwert. übertr.*) *jmd. verdirbt die Stimmung in einer Gruppe* Sie haben mit Streitereien die Atmosphäre verpestet.

Ver·pes·tung die <-> (*kein Plur.*) *das Verpesten*

ver·pet·zen <verpetzt, verpetzte, hat verpetzt> *mit OBJ* ■ *jmd. verpetzt jmdn.* (*umg.*) *jmdn. verraten und dadurch in Schwierigkeiten bringen* Er hat seinen Mitschüler beim Lehrer verpetzt.

ver·pfän·den <verpfändest, verpfändete, hat verpfändet> *mit OBJ* ■ *jmd. verpfändet etwas beleihen lassen, gegen Pfand weggeben* Sie verpfändete beim Pfandleiher ihren Schmuck. ■ **Dafür würde ich mein Wort verpfänden, dass ...**: *durch Ehrenwort erklären, dass ...*

ver·pfei·fen <verpfeifst, verpfiff, hat verpfiffen> *mit OBJ* ■ *jmd. verpfeift jmdn.* (*umg. abwert.*) *verraten, denunzieren, anzeigen* Einer der Gauner verpfiff seine Kumpel bei der Polizei.

ver·pflan·zen <verpflanzt, verpflanzte, hat verpflanzt> *mit OBJ* ■ *jmd. verpflanzt etwas* **1.** *eine Pflanze ausgraben und an einen neuen Ort einpflanzen* Ich habe den Johannisbeerstrauch verpflanzt. **2.** (MED.: ≈ *transplantieren*) *eine organische Einheit* (*Haut, Herz, Niere o.Ä.*) *von einem Menschen/Tier auf einen anderen Menschen/ein anderes Tier operativ übertragen* Wann wurde das erste Herz verpflanzt? ■ **Einen alten Baum soll man nicht verpflanzen.**: *Einen alten Menschen soll man nicht aus seiner vertrauten Umgebung reißen.*

Ver·pflan·zung die <-> (*kein Plur.*) *das Verpflanzen*

ver·pfle·gen <verpflegst, verpflegte, hat verpflegt> *mit OBJ* ■ *jmd. verpflegt jmdn./sich mit Nahrung versorgen* Wir verpflegten uns nur mit Obst., Während ihrer Krankheit haben wir sie verpflegt.

Ver·pfle·gung die <-> (*kein Plur.*) **1.** *das Verpflegen, Verpflegtwerden* Die Verpflegung durch das Hotelpersonal war ausgezeichnet. **2.** *Essen, Nahrung* Die Verpflegung war reichlich. ■ **mit voller Verpflegung**: *mit Frühstück, Mittag- und Abendessen*

Ver·pfle·gungs·kos·ten <-> *Plur. die Gesamtkosten für die Verpflegung*

ver·pflich·ten <verpflichtest, verpflichtete, hat verpflichtet> **I.** *mit OBJ* ■ *jmd./etwas verpflichtet jmdn. zu etwas* **1.** *ein bestimmtes Verhalten erforderlich machen, eine Pflicht auferlegen* Die Bestellung der Ware verpflichtet zu ihrem Kauf., Die Installation des Programms auf dem Computer verpflichtet Sie zur Lizensierung. **2.** *jmdn. dazu veranlassen, sich auf eine Aufgabe festzulegen/einstellen/engagieren* Man hat ihn für fünf Jahre zum Wehrdienst verpflichtet., Das Theater verpflichtete den Schauspieler für die nächste Spielzeit. **II.** *mit SICH* **1.** ■ *jmd. verpflichtet sich zu etwas fest zusagen, eine Aufgabe zu übernehmen* Er hat sich für zwei Jahre als Zeitsoldat verpflichtet. **2.** ■ *jmd. ist/fühlt sich jmdm. zu etwas verpflichtet jmd. hat das Gefühl, jmdm. Dank oder eine Gegenleistung zu schulden* Ich fühle mich verpflichtet, ihm das zu sagen. ■ **Ich bin ihm sehr verpflichtet.**: *Ich verdanke ihm viel.* **Ich bin Ihnen zu Dank verpflichtet!**: *Ich schulde Ihnen Dank.*

Ver·pflich·tung die <-, -en> **1.** *Tätigkeit, Aufgabe, die man tun muss* Er hat berufliche/gesellschaftliche/vertragliche Verpflichtungen. **2.** *das Verpflichten II*

ver·pfu·schen <verpfuschst, verpfuschte, hat verpfuscht> *mit OBJ* ■ *jmd. verpfuscht etwas* (*umg.*) *durch Fehler/Nachlässigkeit/schlechte Arbeit etwas verderben* Er hat seine Karriere verpfuscht. ■ **ein verpfuschtes Leben**: *ein vergeudetes oder missratenes Leben*

ver·pis·sen <verpisst, verpisste, hat verpisst> *mit SICH* ■ *jmd. verpisst sich* (*vulg.*) *entfernen, sich davonmachen* Verpiss dich!

ver·pla·nen <verplanst, verplante, hat verplant> *mit OBJ* ■ *jmd. verplant etwas* **1.** *etwas in einen festen Zeitplan einsetzen* Ich habe mein Geld für die kommenden Monate bereits verplant. **2.** *über das Geplante hinaus nichts mehr übrig sein* Die Lebensmittel sind alle verplant. ■ **Ich bin in den nächsten Monaten verplant.**: *Ich habe in den nächsten Monaten keine Zeit.*

ver·plap·pern <verplapperst, verplapperte, hat verplappert> *mit SICH* ■ *jmd. verplappert sich* (*umg.*) *versehentlich etwas Vertrauliches, Geheimes erzählen* Sie verplapperte sich, als sie „mein Mann" sagte.

ver·plem·pern <verplemperst, verplemperte, hat verplempert> *mit OBJ* ■ *jmd. verplempert etwas* (*umg. abwert.*) *sinnlos vergeuden* In diesen Jahren haben sie viel Zeit/Geld verplempert.

ver·plom·ben <verplombst, verplombte, hat verplombt> *mit OBJ* ■ *jmd. verplombt etwas mit einer Plombe sichern* Die Beamten verplombten die Eisenbahnwaggons.

ver·pönt <nicht steig.> *Adj. so, dass es nicht geschätzt wird* Feigheit ist hier verpönt.

ver·pras·sen <verprasst, verprasste, hat verprasst> *mit OBJ* ■ *jmd. verprasst etwas* (*umg. ab-*

wert.) *in verschwenderischer Weise ausgeben* Er hat sein gesamtes Erbe in einem Jahr verprasst.

ver·prel·len <verprellst, verprellte, hat verprellt> *mit OBJ* ■ *jmd. verprellt jmdn. jmdn. so öffentlich verärgern oder beleidigen, dass er nicht wiederkommt* Die Verkäuferin hat durch ihre Unfreundlichkeit schon viele Kunden verprellt.

ver·prü·geln <verprügelst, verprügelte, hat verprügelt> *mit OBJ* ■ *jmd. verprügelt jmdn./einander verprügeln heftig schlagen* Die Kinder verprügelten sich in der Pause auf dem Schulhof.

ver·puf·fen <verpufft, verpuffte, ist verpufft> *ohne OBJ* ■ *etwas verpufft* **1.** *mit einem dunkel klingendem Knall schwach explodieren* Das Gas ist verpufft. **2.** *keine Wirkung zeigen* Der Protest/Die Aktion verpuffte.

ver·pul·vern <verpulverst, verpulverte, hat verpulvert> *mit OBJ* ■ *jmd. verpulvert etwas* (*umg. abwert.* ≈ *verschleudern*) *auf sinnlose Weise ausgeben* Auf der Kirmes verpulverte er ein Monatseinkommen.

ver·pup·pen *mit SICH* ■ *ein Tier verpuppt sich* ZOOL. *sich in eine Puppe*[3] *verwandeln* Eine Raupe verpuppt sich.

Ver·putz der <-es> (*kein Plur.*) (*aus Sand und Zement bestehender*) *Belag von Wänden* Der Verputz blättert ab.

ver·put·zen <verputzt, verputzte, hat verputzt> *mit OBJ* ■ *jmd. verputzt etwas* **1.** *mit Verputz versehen* Der Maurer hat die Wände verputzt. **2.** (*umg.*) (*schnell*) *aufessen* Die Kinder haben eine ganze Torte verputzt.

ver·qual·men <verqualmst, verqualmte, hat verqualmt> *mit OBJ* ■ *jmd. verqualmt etwas mit Qualm oder Rauch erfüllen* Der Ofen verqualmt das ganze Haus., Du hast mit deinen Zigarren das ganze Zimmer verqualmt.

ver·qualmt *Adj.* (*umg. abwert.*) *von* (*Zigaretten-*)*Rauch erfüllt* Er kann stundenlang in dieser verqualmten Kneipe sitzen.

ver·quer <nicht steig.> *Adj.* (*abwert.*) *absonderlich, seltsam, merkwürdig* Sie hat ziemlich verquere Ansichten/Ideen.

ver·qui·cken <verquickst, verquickte, hat/ist verquickt> *mit OBJ* **1.** ■ *jmd. verquickt etwas mit etwas Akk.* (*geh.*) *in einen festen Zusammenhang bringen* Der Sprecher verquickte politische und wirtschaftliche Fragen. **2.** ■ *etwas ist mit etwas Akk. verquickt in einem festen Zusammenhang stehen* Diese Probleme sind eng miteinander verquickt. ▶Verquickung

ver·quol·len *Adj.* (*von Augen*) *stark geschwollen* Am Morgen hatte ich ganz verquollene Augen.

ver·ram·meln <verrammelst, verrammelte, hat verrammelt> *mit OBJ* ■ *jmd. verrammelt etwas* (*mit etwas Dat.*) (*umg.*) *fest verschließen und mit schweren Gegenständen versperren* Aus Angst vor Plünderern verrammelte man die Türen und Fenster.

ver·ram·schen <verramschst, verramschte, hat verramscht> *mit OBJ* ■ *jmd. verramscht etwas* (*umg.*) *zu Billigpreisen verkaufen*

Ver·rat der <-(e)s> (*kein Plur.*) *das Verraten I.3* Er hat Verrat begangen. ◆ Hoch-, Landes-

ver·ra·ten <verrätst, verriet, hat verraten> **I.** *mit OBJ* **1.** ■ *jmd. verrät jmdm. etwas jmdm. etwas preisgeben, für den es nicht bestimmt ist* Sie hat ein Geheimnis verraten., Irgendwann muss der Manager seinem Bekannten wichtige Details des Herstellungsverfahrens verraten haben., Stelle mir keine weiteren Fragen mehr, ich verrate nichts. **2.** ■ *jmd. verrät jmdm. etwas* (*umg. oft scherzh.*) *sagen* Kannst du mir vielleicht verraten, was wir falsch gemacht haben? **3.** ■ *jmd. verrät jmdn./etwas durch Verrat jmdm. oder etwas schaden* Er hat seinen Freund/sein Land verraten. **II.** *mit SICH* ■ *jmd. verrät sich jmdm. etwas über sich sagen oder preisgeben, ohne dies zu wollen* Mit dieser Äußerung hat er sich verraten. ■ **verraten und verkauft sein** (*umg.*): *hilflos ausgeliefert, preisgegeben sein*

Ver·rä·ter, Ver·rä·te·rin der <-s, -> *jmd., der Verrat begeht*

ver·rä·te·risch *Adj.* **1.** *so, dass es mit einem Verrat zu tun hat* **2.** *so, dass es etwas erkennen lässt* Ein verräterisches Zucken seiner Mundwinkel zeigte, dass er gelogen hatte., Die verräterischen Spuren führten die Polizei zu einem neuen Verdächtigen.

ver·rau·chen <verrauchst, verrauchte, hat/ist verraucht> **I.** *mit OBJ* ■ *jmd. verraucht etwas* (*haben*) **1.** *rauchend aufbrauchen* Er hat täglich zwei Schachteln Zigaretten verraucht. **2.** *für Tabakwaren vergeuden* Er hat ein Vermögen verrraucht. **II.** *ohne OBJ* ■ *etwas verraucht* (*sein*) *vergehen* Sein Zorn ist inzwischen verraucht.

ver·raucht <nicht steig.> *Adj. so, dass die Luft sehr schlecht ist, weil viel geraucht wird* eine verrauchte Kneipe, die völlig verrauchte Kneipenluft

ver·rech·nen <verrechnest, verrechnete, hat verrechnet> **I.** *mit OBJ* **1.** ■ *jmd. verrechnet etwas* (*mit etwas Dat.*) *in die Rechnung mit einbeziehen* Sie haben den Gutschein mit dem Kaufpreis verrechnet. **2.** ■ *jmd. verrechnet etwas einen Scheck auf einem anderen Konto gutschreiben* Dieser Scheck muss verrechnet werden. **II.** *mit SICH* ■ *jmd. verrechnet sich* **1.** *fehlerhaft rechnen* Die Bedienung muss sich verrechnet haben. **2.** (*umg.*) *sich täuschen* Wenn du glaubst, ich helfe dir, hast du dich verrechnet.

Ver·rech·nung die <-> (*kein Plur.*) *das Verrechnen I*

Ver·rech·nungs·scheck der <-s, -s> BANKW. WIRTSCH. *ein Scheck, der nicht bar ausgezahlt, sondern auf einem anderen Konto gutgeschrieben wird*

ver·re·cken <verreckst, verreckte, ist verreckt> *ohne OBJ* ■ *jmd./ein Tier verreckt* (*vulg.*) (*von Tieren und Menschen*) *unwürdig sterben* Auf der Flucht konnten wir ihm nicht mehr helfen – so ist er einfach verreckt., Die Tiere fanden kein Futter mehr und verreckten., der entsetzliche Anblick von jämmerlich verreckten Rindern ■ **nicht ums Verrecken** (*umg.*): *auf keinen Fall, unter keinen Um-*

ständen Er wollte ums Verrecken nicht mitkommen. **Es ist zum Verrecken!** (*vulg.*): (*Ausdruck der Verzweiflung*) *etwas ist ganz besonders schlimm*

ver·reg·net <nicht steig.> *Adj. durch viel Regen verdorben* Was habt ihr an diesem verregneten Sonntag gemacht?, Die Ernte ist verregnet.

ver·rei·sen <verreist, verreiste, ist verreist> *ohne OBJ* ■ *jmd. verreist eine Reise machen, auf Reisen gehen* Wir wollen über die Feiertage verreisen.

ver·rei·ßen <verreißt, verriss, hat verrissen> *mit OBJ* ■ *jmd. verreißt etwas etwas sehr heftig kritisieren oder eine sehr schlechte Rezension von etwas anfertigen* Die Kritiker haben das Buch/den Film/das Theaterstück verrissen. ▶Verriss

ver·ren·ken <verrenkst, verrenkte, hat verrenkt> *mit SICH* ■ *jmd. verrenkt sich etwas* **1.** *Gliedmaßen durch zu heftige Bewegung schmerzhaft verdrehen* Sie verrenkte sich beim Turnen den Arm. **2.** (*übertr.*) *den Körper oder die Glieder in eine außergewöhnliche Stellung bringen* Die Tänzer haben sich ihre Arme und Beine auf der Bühne verrenkt. ■ **jemand verrenkt sich den Hals nach jemandem/etwas** (*umg.*): *erwartungsvoll nach jmdm. oder etwas schauen* Er verrenkte sich den Hals, ob er sie nicht doch noch irgendwo sehen könnte., So sind eben die Männer, nach einer hübschen Frau verrenken sie sich doch alle den Hals.

Ver·ren·kung die <-, -en> *das Verrenken* Der Arzt konnte die Verrenkung wieder einrichten.

ver·ren·nen <verrennst, verrannte, hat verrannt> *mit SICH* ■ *jmd. verrennt sich* (*in etwas Akk.*) *hartnäckig an etwas* (*Sinnlosem*) *festhalten und nicht mehr davon loskommen* Er hatte sich in diesen Plan verrannt.

ver·rich·ten <verrichtest, verrichtete, hat verrichtet> *mit OBJ* ■ *jmd. verrichtet etwas tun, ausführen* Sie verrichtete ihre Arbeit stets zur vollsten Zufriedenheit. ■ **sein Gebet verrichten**: *beten* **seine Notdurft verrichten** (*verhüll.*): *seinen Darm entleeren*

Ver·rich·tung die <-, en> (*kein Plur.*) *eine bestimmte Arbeit oder Tätigkeit* Bei diesen Verrichtungen wird mir regelmäßig schlecht.

ver·rie·geln <verriegelst, verriegelte, hat verriegelt> *mit OBJ* ■ *jmd. verriegelt etwas* (↔ *entriegeln*) *mit einem Riegel absperren* Hast du das Tor schon verriegelt? ▶Verriegelung

ver·rin·gern <verringerst, verringerte, hat verringert> **I.** *mit OBJ* ■ *jmd./etwas verringert etwas* (↔ *steigern*) *reduzieren; geringer machen* Der Einbau solcher Filteranlagen verringert den Schadstoffausstoß erheblich., Er verringerte sein Engagement. **II.** *mit SICH* ■ *etwas verringert sich* (↔ *zunehmen*) *weniger werden; abnehmen* Die Chancen auf den Gewinn der Meisterschaft verringerten sich von Spieltag zu Spieltag.

Ver·rin·ge·rung die <-> (*kein Plur.*) *das* (*Sich-*)*Verringern;* (↔ *Vergrößerung*) Die Verringerung des Einkommens veranlasst uns zur Sparsamkeit.

ver·rin·nen <verrinnt, verrann, ist verronnen> *ohne OBJ* ■ *etwas verrinnt* (*geh.*) *vorbeigehen* Die Zeit verrinnt.

Ver·riss der <-es, -e> *eine sehr schlechte Kritik* Zu der Uraufführung ist im Feuilleton ein Verriss erschienen. ▶verreißen

ver·ro·hen <verrohst, verrohte, ist verroht> *ohne OBJ* ■ *jmd./etwas verroht brutal werden* Die Sitten in diesem Land sind nach vielen Kriegsjahren verroht.

ver·ros·ten <verrostest, verrostete, ist verrostet> *ohne OBJ* **1.** ■ *etwas verrostet Rost ansetzen* **2.** ■ *jmd. verrostet* (*umg. übertr.*) *alt werden, unbeweglich werden* Ich behalte nichts mehr – ich bin schon ganz verrostet. ■ **eine verrostete Stimme**: *eine tiefe, heisere Stimme* Sie sang mit einer verrosteten Stimme.

ver·rot·ten <verrottest, verrottete, ist verrottet> *ohne OBJ* ■ *etwas verrottet* **1.** *durch Mangel an Pflege und an erhaltenden Maßnahmen zerfallen* Der verlassene Bauernhof verrottet. **2.** *zu Kompost werden* In einem Jahr sind die Gemüseabfälle verrottet. ▶Verrottung

ver·rucht *Adj.* (*oft scherzh.*) *lasterhaft, sündig* Das ist ein ziemlich verruchtes Lokal.

ver·rü·cken *mit OBJ* ■ *jmd. verrückt etwas an einen anderen Ort schieben* Wir wollen die Kommode verrücken.

ver·rückt *Adj.* **1.** (*umg. abwert.*) *geistesgestört, nicht bei Sinnen* Wenn du das tust, wird man dich für verrückt erklären. **2.** *nervlich überbelastet, nervös* Seine ewige Fragerei macht mich verrückt., Sie war verrückt vor Angst. **3.** *ungewöhnlich, ausgefallen, überspannt* Du mit deinen verrückten Ideen! ■ **wie verrückt** (*umg.*): *außerordentlich viel, stark, schnell* Wir rannten wie verrückt. **verrückt auf etwas sein** (*umg.*): *etwas unbedingt haben wollen* Bei dieser Hitze sind die Kinder ganz verrückt auf Eis. **verrückt spielen** (*umg.*): (*von Menschen*) *die Beherrschung verlieren oder* (*von Maschinen*) *nicht mehr richtig funktionieren* Heute morgen spielt der Computer verrückt und es geht nichts mehr. **verrückt auf jemanden/nach jemandem sein** (*umg.*): *sehr verliebt in jmdn. sein*

Ver·rück·te der/die <-n, -n> *jmd., der verrückt ist* Sie fahren auf der Autobahn wie die Verrückten.

Ver·rückt·heit die <-, -en> **1.** (*kein Plur.*) *das Verrücktsein* **2.** *eine Handlung, die verrückt*[3] *ist* Solche Verrücktheiten erweckten natürlich das Misstrauen der braven Bürger.

Ver·rückt·wer·den ■ **Das/Es ist (ja) zum Verrücktwerden!** (*umg.*): *es ist zum Verzweifeln* Die ständigen Steuererhöhungen – das ist zum Verrücktwerden!

Ver·ruf der <-s> (*kein Plur.*) (*meist in den Verbindungen „in Verruf kommen/geraten/ bringen“*) *schlechter Ruf*

ver·ru·fen *Adj. einen schlechten Ruf habend* Er wohnt in einem verrufenen Viertel.

ver·rüh·ren <verrührst, verrührte, hat verrührt> *mit OBJ* ■ *jmd. verrührt etwas mit etwas Dat. eine*

Masse so in eine andere Masse durch Rühren hineinmischen, dass man sie nicht mehr unterscheiden kann Als Nächstes soll man Eigelb mit Zucker verrühren.

ver·ru·ßen <verrußt, verrußte, ist verrußt> *ohne OBJ* ■ *etwas verrußt Ruß ansetzen* Nach dem Winter ist der Schornstein verrußt.

ver·rut·schen <verrutscht, verrutschte, ist verrutscht> *ohne OBJ* ■ *etwas verrutscht aus der korrekten Position rutschen* Der Träger des Kleides ist verrutscht., Die Ladung auf dem Laster ist verrutscht.

Vers der <-es, -e> **1.** *durch Metrum, Rhythmus, Zäsuren gegliederte, oft einen Reim aufweisende Zeile in einem Gedicht* Der erste Vers des Gedichtes umfaßt fünf Wörter. **2.** (*umg.*) *Lied-, Gedichtstrophe* Wir singen Vers 3 des ersten Liedes. **3.** REL. *kleinster Abschnitt eines Bibeltextes* (Stellenangabe aus der Bibel) Johannesbrief Kapitel 2, Vers 15 ■ **sich keinen Vers auf etwas machen können**: *sich etwas nicht erklären können* Auf die Ursachen dieses Unglücks konnte sich niemand einen Vers machen.

ver·sach·li·chen <versachlichst, versachlichte, hat versachlicht> *mit OBJ* ■ *jmd. versachlicht etwas sachlicher machen* Könnten wir die Diskussion bitte versachlichen!

Ver·sa·gen das <-s> (*kein Plur.*) *das Versagen II* Der Unfall wird auf menschliches/technisches Versagen zurückgeführt.

ver·sa·gen <versagst, versagte, hat versagt> **I.** *mit OBJ* ■ *jmd. versagt jmdm. etwas* (*geh.*) *verweigern* Sie versagte (mir) ihre Hilfe/die Zustimmung., Ich konnte ihm meine Bewunderung nicht versagen. **II.** *ohne OBJ* **1.** ■ *jmd. versagt das Geforderte, Erwartete nicht tun, nicht leisten können, scheitern* Er hat in der Schule/im Studium/beim Wettkampf versagt. **2.** ■ *etwas versagt plötzlich nicht mehr normal funktionieren* Das Herz versagte., Die Bremsen versagten. **III.** *mit SICH* **1.** ■ *jmd. versagt sich etwas jmd. verzichtet auf etwas, jmd. gönnt sich etwas nicht* Er versagte sich das Vergnügen. **2.** ■ *jmd. versagt sich jmdm. jmd. ist nicht bereit, auf jmdn. und auf jmds. Wünsche einzugehen* Sie versagte sich ihm (als Frau). ■ **ich kann es mir nicht versagen, darauf hinzuweisen, dass ...**: *ich muss darauf hinweisen, dass ...*

Ver·sa·gens·angst die <-, Versagensängste> *die Angst, zu versagen*

Ver·sa·ger, **Ver·sa·ge·rin** der <-s, -> (*abwert.*) *jmd., der häufig versagt I.1*

Ver·sa·gung die <-, en> *das Versagen I* Die Versagung seines Anliegens kränkte ihn sehr.

Ver·sal der <-s, Versalien> (*meist Plur.*) (≈ *Majuskel*) *großer Anfangsbuchstabe eines Wortes; Großbuchstabe* Das Wort „WORT" ist in Versalien geschrieben., Der Name „Johann" beginnt mit dem Versal „J".

ver·sal·zen <versalzt, versalzte, hat versalzen> *mit OBJ* **1.** ■ *jmd. versalzt etwas mit zu viel Salz würzen* Ich glaube, ich habe die Suppe versalzen. **2.** ■ *jmd. versalzt jmdm. etwas Akk.* (*umg.*) *zunichte machen* Er hat uns die Überraschung/den Plan gründlich versalzen. ■ **jmdm. die Suppe versalzen** (*umg.*): *jmdm. die Freude an etwas verderben; seine Pläne durchkreuzen*

ver·sam·meln <versammelst, versammelte, hat versammelt> **I.** *mit OBJ* ■ *jmd. versammelt jmdn.* (*irgendwo*) *mehrere Personen an einem Ort zusammenkommen lassen* Der Direktor versammelte Schüler und Lehrer in der Pausenhalle. **II.** *mit SICH* ■ *jmd. versammelt sich* (*von mehreren Personen*) *an einem Ort zusammenkommen* Zur verabredeten Zeit versammelten sich alle Mitarbeiter zu einer Besprechung.

Ver·samm·lung die <-, -en> **1.** (*kein Plur.*) *das Versammeln* **2.** *eine versammelte Menschenmenge* Die Versammlung wurde aufgelöst. ◆-sort, -sraum, Betriebs-, Jahres-, Unternehmens-

Ver·samm·lungs·frei·heit die <-> (*kein Plur.*) *das Recht, sich zu* (*politischen Zwecken*) *versammeln zu dürfen*

Ver·sand der <-(e)s> (*kein Plur.*) **1.** (*kein Plur.*) *das Versenden bestellter Waren an Kunden* Der Versand erfolgt in der Regel innerhalb von zwei Tagen nach Bestellung. **2.** *kurz für „Versandabteilung" oder „Versandhaus"* im Versand arbeiten, etwas bei einem Versand bestellen

Ver·sand·ab·tei·lung die <-, -en> *die Abteilung einer Firma, die bestellte Ware an Kunden verschickt*

ver·san·den <versandet, versandete, ist versandet> *ohne OBJ* ■ *etwas versandet* **1.** *sich allmählich mit Sand füllen* Das Hafenbecken versandet. **2.** (*übertr.*) *allmählich langweilig werden und aufhören* Das Gespräch versandete., Er ließ den Briefwechsel versanden.

Ver·sand·han·del der <-s> (*kein Plur.*) *der Handel durch den Versand von Waren, die der Kunde in einem Prospekt aussucht, bestellt und zugeschickt bekommt* Der Versandhandel ist eine starke Konkurrenz des Einzelhandels.

Ver·sand·haus das <-es, Versandhäuser> *ein* (*großer*) *Betrieb des Versandhandels*

Ver·sand·haus·ka·ta·log der <-(e)s, -e> *ein Verzeichnis von Waren, die man in einem Versandhaus bestellen kann*

Ver·sand·kos·ten die <-> *Plur. für den Versand anfallende Kosten*

Ver·sand·ta·sche die <-, -n> *ein gepolsterter Briefumschlag, den man zum Versenden empfindlicher Dinge benutzt*

ver·sau·en <versaust, versaute, hat versaut> *mit OBJ* **1.** ■ *jmd. versaut etwas* (*umg.*) *sehr schmutzig machen* Die Kinder haben beim Essen die Tischdecke versaut., Die Gäste haben uns unser Tischtuch versaut. **2.** ■ *jmd. versaut* (*jmdm.*) *jmdn./etwas verderben* Sie hat ihre Prüfung total versaut., Der Lehrer hat diesen Schüler durch ständiges Nörgeln versaut., Das Mistwetter hat mir den Tag versaut.

ver·sau·ern <versauerst, versauerte, ist versauert> *ohne OBJ* ■ *jmd. versauert* (*umg. abwert.*) *geistig verkümmern/geistige Interessen verlieren/den inneren Schwung verlieren* Hier in diesem verschlafenen Dorf versauere ich noch!

ver·sau·fen <versäufst, versoff, hat versoffen> *mit OBJ* ■ *jmd. versäuft etwas* (*vulg. abwert.*) *so viel Geld für Alkohol ausgeben, dass man dabei sehr viel verliert* Er hat ein Vermögen versoffen.

ver·säu·men <versäumst, versäumte, hat versäumt> *mit OBJ* **1.** ■ *jmd. versäumt etwas verpassen* Ich habe den Zug versäumt. **2.** ■ *jmd. versäumt etwas nicht teilnehmen* Er versäumte den Unterricht wegen einer Krankheit. **3.** ■ *jmd. versäumt plus Inf. nicht tun* Er versäumte, ihr zum Geburtstag zu gratulieren. ■ **jemand hat nichts versäumt** (*umg.*): *jmd. hat an etwas nicht teilgenommen, aber deswegen auch nichts Wichtiges verpasst* Du warst nicht da, aber du hast auch nichts versäumt.

Ver·säum·nis das <-ses, -se> (≈ *Unterlassung*) *das Versäumen*[2,3] ◆-klage, -urteil

ver·scha·chern <verschacherst, verschacherte, hat verschachert> *mit OBJ* ■ *jmd. verschachert etwas* (*an jmdn.*) (*umg. abwert.*) (*feilschend*) *verkaufen; so teuer wie möglich verkaufen* Er verschacherte den Teppich auf dem schwarzen Markt.

ver·schaf·fen <verschaffst, verschaffte, hat verschafft> **I.** *mit OBJ* ■ *jmd. verschafft jmdm./sich etwas jmdm. etwas besorgen, das er haben will* Ich kann deinem Sohn ein Auto verschaffen., Ich verschaffe mir bald eine neue Arbeit. **II.** *mit SICH* ■ *jmd. verschafft sich etwas jmd. veranlasst andere Menschen, ihm etwas zu geben, worauf er ein Anrecht hat* Du musst dir mehr Respekt verschaffen!, Der Lehrer versuchte, sich bei den Schülern Gehör zu verschaffen., Die Geschädigten versuchten, sich Recht zu verschaffen. ■ **Was verschafft mir die Ehre/das Vergnügen Ihres Besuches?** (*geh.*): (*aus Höflichkeit*) *Was ist der Grund Ihres Kommens?*

ver·schämt *Adj. voller Scham, schüchtern* Als ich sie anschaute, schlug sie verschämt die Augen nieder.

ver·schan·deln <verschandelst, verschandelte, hat verschandelt> *mit OBJ* ■ *jmd. verschandelt etwas* (*umg. abwert.*) *hässlich machen, verunstalten* Der Anbau verschandelt das Haus. ▶Verschandelung

ver·schan·zen <verschanzt, verschanzte, hat verschanzt> *mit SICH* ■ *jmd. verschanzt sich* (*hinter/in etwas Dat.*) *sich vor Angreifern hinter einem Schutz in Deckung bringen* Die flüchtenden Bankräuber verschanzten sich in einem leer stehenden Haus., Er wollte mir nicht antworten und verschanzte sich hinter einer Ausrede. ▶Verschanzung

ver·schär·fen <verschärfst, verschärfte, hat verschärft> **I.** *mit OBJ* **1.** ■ *jmd. verschärft etwas steigern, strenger werden lassen* Wir müssen die Anstrengungen verschärfen., Die Kontrollen wurden verschärft, nachdem zwei Häftlingen die Flucht aus dem Gefängnis gelungen war., Der Favorit verschärft nun das Tempo. **2.** ■ *etwas verschärft etwas verschlimmern* Der anhaltende Regen verschärft die Situation in den Hochwassergebieten. **II.** *mit SICH* ■ *etwas verschärft sich* **1.** *sich steigern, stärker werden* Der Wettbewerb verschärft sich gegen Ende. **2.** *sich verschlimmern* Die Lage verschärfte sich nach dem zweiten Erdbeben. ▶Verschärfung

ver·schar·ren <verscharrst, verscharrte, hat verscharrt> *mit OBJ* ■ *jmd. verscharrt etwas oberflächlich vergraben* Sie waren auf der Flucht und mussten die Toten verscharren.

ver·schät·zen <verschätzt, verschätzte, hat verschätzt> *mit SICH* ■ *jmd. verschätzt sich* (*in etwas Dat.*) (*um etwas Akk.*) *falsch einschätzen* Wir haben uns in der Entfernung verschätzt., Sie verschätzten sich um zehn Minuten.

ver·schau·keln <verschaukelst, verschaukelte, hat verschaukelt> *mit OBJ* ■ *jmd. verschaukelt jmdn.* (*umg.* ≈ *hereinlegen*) *täuschen und hintergehen* Ich lasse mich von ihm doch nicht verschaukeln!

ver·schei·den <verscheidest, verschied, ist verschieden> *ohne OBJ* ■ *jmd. verscheidet* (*geh.*) *sterben* Der Patient verschied noch in de Nacht.

ver·schei·ßern <verscheißerst, verscheißerte, hat verscheißert> *mit OBJ* ■ *jmd. verscheißert jmdn.* (*vulg.*) *veralbern* Ich lasse mich von dir nicht verscheißern.

ver·schen·ken <verschenkst, verschenkte, hat verschenkt> *mit OBJ* ■ *jmd. verschenkt etwas* **1.** *als Geschenk weggeben* Für die Möbel wollte er nichts haben, er hat sie verschenkt. **2.** *unnötigerweise abgeben* Im Kampf um die Meisterschaft verschenkte der Tabellenführer heute drei wichtige Punkte.

ver·scher·beln <verscherbelst, verscherbelte, hat verscherbelt> *mit OBJ* ■ *jmd. verscherbelt etwas* (*umg. abwert.*) *um jeden Preis verkaufen wollen und daher für viel zu wenig Geld verkaufen* Sie hat nur noch einen Bruchteil des Neupreises verlangt und das Gerät regelrecht verscherbelt.

ver·scher·zen <verscherzt, verscherzte, hat verscherzt> **I.** *mit SICH* ■ *jmd. verscherzt sich etwas* (*geh.*) *leichtfertig einbüßen, verlieren* Sie verscherzt sich durch ihre Unaufmerksamkeit seine Zuneigung. **II.** *mit ES* ■ *es sich mit jmdm. verscherzen durch leichtsinniges Handeln oder Verhalten bei jmdm. an Sympathie verlieren* Sie hat es sich mit ihm total verscherzt – die Beziehung ist zu Ende.

ver·scheu·chen <verscheuchst, verscheuchte, hat verscheucht> *mit OBJ* **1.** ■ *jmd. verscheucht jmdn./ein Tier/etwas vertreiben, fortjagen* Durch ihre Radiomusik verscheuchten sie die Rehe., Der alte Mann verscheuchte die Straßenkinder., Mit Musik versuchte sie, ihre trüben Gedanken zu verscheuchen. **2.** ■ *etwas verscheucht jmdn./etwas etwas Unangenehmes forttreiben* Aktivität verscheucht die Müdigkeit., Die Rufe verscheuchten die Einbrecher.

ver·scheu·ern <verscheuerst, verscheuerte, hat verscheuert> *mit OBJ* ■ *jmd. verscheuert etwas* (*umg.* ≈ *verscherbeln*) *auf einfache Weise zu Geld machen* Wir haben unsere Sachen auf dem Flohmarkt verscheuert.

ver·schi·cken <verschickst, verschickte, hat verschickt> *mit OBJ* **1.** ■ *jmd. verschickt etwas* (≈ *versenden*) Die Koffer können wir per Post verschicken. **2.** ■ *jmd. verschickt jmdn. jmdn. zur Erholung oder Kur an einen anderen Ort reisen lassen* ■ **Kinder verschicken**: *Kinder aufs Land bringen lassen zur Erholung* Nach dem Krieg sollen die Kinder verschickt werden.

ver·schieb·bar <nicht steig.> *Adj. so, dass etwas verschoben werden kann*

ver·schie·ben <verschiebst, verschob, hat verschoben> **I.** *mit OBJ* **1.** ■ *jmd. verschiebt etwas,* ■ *jmd. verschiebt etwas an eine andere Stelle rücken* Wir müssen den Schrank verschieben. **2.** ■ *jmd. verschiebt etwas (auf etwas Akk.) auf einen späteren Zeitpunkt festlegen* Der Prüfungstermin wurde verschoben. **3.** ■ *jmd. verschiebt etwas irgendwohin (umg.) in unerlaubter Weise Handel treiben* Die Bande hat gestohlene Autos über die Grenze verschoben. **II.** *mit SICH* ■ *etwas verschiebt sich (um etwas Akk./auf etwas Akk.) an einem späteren Zeitpunkt stattfinden* Unser Treffen verschiebt sich um zwei Tage., Die Besitzverhältnisse haben sich inzwischen verschoben.

Ver·schie·bung die <-, -en> *das (Sich-) Verschieben*

ver·schie·den *Adj.* **1.** (↔ *gleich*) *nicht gleich, unterschiedlich* Wir sind offensichtlich verschiedener Meinung., Die beiden Bauteile sind (deutlich) verschieden, die kann man eigentlich nicht verwechseln. **2.** *einige* Wir haben verschiedene Teesorten im Angebot., Verschiedene Fragen sollten vorher noch geklärt werden. ◆ Getrenntschreibung→R 4.A verschiedene Mal(e); Großschreibung→R 3.4, R 3.7 Mir ist Verschiedenes noch nicht ganz klar.

ver·schie·den·ar·tig <nicht steig.> *Adj. unterschiedlich beschaffen* Das Geschäft führt eine große Auswahl verschiedenartiger Stoffe für jeden Bedarf. ▶Verschiedenartigkeit

ver·schie·de·ner·lei *Adj.* (≈ *mancherlei*) Die Niederlage der Mannschaft bei dem heutigen Spiel hat verschiedenerlei Ursachen.

Ver·schie·den·heit die <-, -en> (↔ *Gleichheit*) *unterschiedliche Art, Beschaffenheit*

ver·schie·dent·lich *Adv.* (≈ *mehrmals*) *zu verschiedenen Zeitpunkten oder Gelegenheiten* Ich habe schon verschiedentlich versucht, Sie zu erreichen.

ver·schie·ßen <verschießt, verschoss, hat verschossen> **I.** *mit OBJ* **1.** *als Munition verbrauchen* Wir haben unsere ganze Munition verschossen. **2.** ■ *jmd. verschießt etwas* SPORT *daneben schießen* Der Schütze hat den Elfmeter verschossen. **3.** ■ *etwas verschießt etwas verbleichen* Die bunten Tücher lagen in der Sonne – jetzt sind ihre Farben ganz verschossen. **II.** *mit SICH* ■ *jmd. verschießt sich in jmdn. (umg.) sich heftig in jmdn. verlieben* Er hat sich in die Mitschülerin verschossen.

ver·schif·fen <verschiffst, verschiffte, hat verschifft> *mit OBJ* ■ *jmd. verschifft etwas mit einem Schiff transportieren* Die Firma verschifft alle ihre Waren nach Übersee.

ver·schim·meln <verschimmelt, verschimmelte, ist verschimmelt> *ohne OBJ* ■ *etwas verschimmelt Schimmel ansetzen und verderben* Die Küche ist so feucht, dass das Brot verschimmelt.

ver·schla·fen[1] <verschläfst, verschlief, hat verschlafen> **I.** *mit OBJ* ■ *jmd. verschläft etwas* **1.** *Zeit schlafend verbringen* Er verschläft die schönste Zeit des Tages. **2.** (*umg.*) *einen Termin versäumen* Ich habe die Besprechung total verschlafen. **II.** *ohne OBJ* ■ *jmd. verschläft zu lange schlafen* Sie hat verschlafen und kam zu spät ins Büro. ▶Verschlafenheit

ver·schla·fen[2] (*Part. Perf. zu „verschlafen¹"*) *Adj.* **1.** (≈ *schlaftrunken*) *noch vom Schlaf benommen und noch nicht wach* Er kam ganz verschlafen an die Haustüre. **2.** *langweilig, temperamentlos* Er sprach immer so langsam – er wirkte ganz verschlafen. **3.** (*abwertr.*) *auf eine als reizlos empfundene Weise ruhig* Sie wohnen in einem kleinen, verschlafenen Städtchen., So etwas hatte das verschlafene Provinzstädtchen noch nicht gesehen.

Ver·schlag der <-(e)s, Verschläge> *ein einfacher kleiner Raum mit Bretterwänden* ◆ Bretter-, Kohlen-

ver·schla·gen[1] <verschlägst, verschlug, hat verschlagen> **I.** *mit OBJ* **1.** ■ *jmd. verschlägt etwas verrühren* Zuerst verschlägt man Eier und Zucker. **2.** ■ *jmd. verschlägt etwas* SPORT *daneben schlagen; den Ball falsch ins Spiel bringen* Der Tennisspieler hat den ersten Matchball verschlagen. **3.** ■ *jmd. verschlägt jmdn. (landsch.) verhauen* Früher hat sie ihre Kinder verschlagen. **4.** ■ *etwas verschlägt jmdn. irgendwohin irgenwohin getrieben werden* Das Schiff wurde an eine fremde Insel verschlagen., Das Schicksal hat uns hierher verschlagen. **II.** *mit ES* **1.** ■ *es verschlägt jmdm. etwas Akk. plötzlich eine Fähigkeit oder ein Gefühl nehmen* Als er sie sah, verschlug es ihm die Sprache., Als sie das Fleisch rochen, verschlug es ihnen den Appetit. **2.** ■ *es verschlägt jmdn. irgendwohin durch äußere Umstände irgendwohin kommen* Es hat ihn beruflich ins Ausland verschlagen.

ver·schla·gen[2] *Adj.* (*abwert.*) *falsch, hinterhältig* Er ist ein verschlagener Mensch.

Ver·schla·gen·heit die <-> (*kein Plur.*) (*abwert.*) *die Art, verschlagen² zu sein*

ver·schlam·pen <verschlampst, verschlampte, hat verschlampt> *mit OBJ* **1.** ■ *jmd. verschlampt etwas (umg. abwert.) verlegen, verlieren* **2.** ■ *jmd. lässt etwas verschlampen jmd. lässt etwas verkommen oder in Unordnung geraten* Er pflegte seine Sachen nicht und ließ sie verschlampen.

ver·schlech·tern <verschlechterst, verschlechterte, hat verschlechtert> **I.** *mit OBJ* ■ *jmd./etwas verschlechtert etwas schlechter machen* Durch sein Verhalten hat er seine Lage verschlechtert., Das Wetter hat die Chance stark verschlechtert, in diesem Jahr eine gute Weinernte zu bekommen. **II.** *mit SICH* ■ *jmd./etwas verschlechtert sich jmd. oder etwas wird schlechter* Das Wetter soll sich angeblich verschlechtern., Er verschlechterte sich in der Schule von Jahr zu Jahr.

Ver·schlech·te·rung die <-> (*kein Plur.*) *das Verschlechtern*

ver·schlei·ern <verschleierst, verschleierte, hat verschleiert> **I.** *mit OBJ* **1.** ■ *jmd. verschleiert etwas mit einem Schleier bedecken* Die Trauernde verschleiert ihr Gesicht. **2.** ■ *jmd./etwas verschleiert etwas verbergen, tarnen* Der Skandal wurde verschleiert., Die Händler verschleierten ihre wahren Absichten., Mit gezielten Falschnachrichten wurde die wahre Sachlage verschleiert. **II.** *mit SICH* ■ *jmd. verschleiert sich einen Schleier tragen, um damit das Gesicht zu bedecken* Die Trauernde verschleierte sich. ▸Verschleierung

Ver·schlei·e·rungs·tak·tik die <-, -en> *der systematische Versuch, etwas zu verschleiern I.2*

ver·schleimt <nicht steig.> *Adj. voll Schleim* verschleimte Bronchien

Ver·schleiß der <-es> (*kein Plur*) **1.** *Abnutzung* Die starken Schmerzen sind auf den Verschleiß des Gelenks zurückzuführen. **2.** *Verbrauch* Sie hat einen großen Verschleiß an Schuhen. ◆-erscheinung, Kräfte-, Material-

ver·schlei·ßen <verschleißt, verschliss, hat/ist verschlissen> **I.** *mit OBJ* ■ *jmd. verschleißt etwas* (*haben*) **1.** *durch langen, häufigen Gebrauch stark abnutzen* Er verschliss alle zwei Monate ein Paar Schuhe. **2.** *vorzeitig verbrauchen* Sie hat ihre Nerven in diesem Job verschlissen. **II.** *ohne OBJ* ■ *etwas verschleißt* (*sein*) *sich durch langen, häufigen Gebrauch stark abnutzen* Diese Geräte verschleißen schnell.

Ver·schleiß·er·schei·nung die <-, -en> *Anzeichen von Verschleiß*[1]

Ver·schleiß·teil das <-(e)s, -e> TECHN. *ein Bauteil, das verschleißt II und in bestimmten Abständen ausgetauscht werden muss*

ver·schlep·pen <verschleppst, verschleppte, hat verschleppt> *mit OBJ* **1.** ■ *jmd. verschleppt jmdn./etwas mit Gewalt irgendwohin bringen* Die Geiseln wurden verschleppt. **2.** ■ *jmd. verschleppt etwas eine Krankheit nicht richtig ausheilen lassen und immer weiter mit sich herumtragen* Er hat seine Grippe verschleppt. **3.** ■ *ein Tier verschleppt etwas etwas Unangenehmes weiterverbreiten* Verschleppten Ratten diese Seuche? **4.** ■ *jmd. verschleppt etwas verzögern* Es hat den Anschein, als wolle er das Projekt/den Prozess verschleppen.

Ver·schlep·pung die <-, -en> *das Verschleppen*

ver·schleu·dern <verschleuderst, verschleuderte, hat verschleudert> *mit OBJ* ■ *jmd. verschleudert etwas* **1.** *etwas sehr billig verkaufen* Im Schlußverkauf wurden die Artikel nur so verschleudert. **2.** (*abwert.*) *viel Geld sinnlos ausgeben* Man hört immer wieder, dass Steuergelder verschleudert werden.

ver·schließ·bar <nicht steig.> *Adj. so, dass es abgeschlossen werden kann* Das Tagebuch ist nicht verschließbar.

ver·schlie·ßen <verschließt, verschloss, hat verschlossen> **I.** *mit OBJ* **1.** ■ *jmd. verschließt etwas abschließen* Wer hat das Haus verschlossen? **2.** ■ *jmd. verschließt etwas* (*mit etwas Dat.*) *fest zuschließen* Ich habe die Weinflasche mit einem Korken verschlossen., Vor dieser Katastrophe verschloß er Augen und Ohren. **3.** ■ *jmd. verschließt etwas* (≈ *wegschließen*) Sie verschließt stets ihr Geld und ihre Papiere. **II.** *mit SICH* **1.** ■ *jmd. verschließt sich sich niemandem anvertrauen* Er verschließt sich mehr und mehr. **2.** ■ *jmd. verschließt sich* (*etwas Dat.*) *etwas nicht länger ignorieren können* Ich kann mich der Tatsache nicht mehr verschließen, dass …

ver·schlim·mern <verschlimmerst, verschlimmerte, hat verschlimmert> **I.** *mit OBJ* ■ *jmd./etwas verschlimmert etwas schlimmer machen* Die Operation verschlimmerte seinen Zustand wesentlich., Er hat die Situation verschlimmert, nicht verbessert. **II.** *mit SICH* ■ *etwas verschlimmert sich schlimmer werden* Die Verhältnisse in dem Krisengebiet haben sich noch verschlimmert.

Ver·schlim·me·rung die <-> (*kein Plur.*) *das Verschlimmern*

ver·schlin·gen <verschlingst, verschlang, hat verschlungen> *mit OBJ* **1.** ■ *jmd./ein Tier verschlingt etwas in großen Bissen essen oder fressen* Er hat das ganze Essen verschlungen., Die Schlange verschlang ein ganzes Kaninchen. **2.** ■ *etwas verschlingt etwas viel Geld verbrauchen* Das Projekt verschlang Millionen. **3.** ■ *jmd. verschlingt etwas schnell lesen, weil es sehr spannend ist* Ich habe den Krimi in einer Nacht verschlungen.

ver·schlos·sen (*Part. Perf. zu „verschließen"*) *Adj.* **1.** (≈ *reserviert* ↔ *offen*) *so zurückhaltend und in sich gekehrt, dass man anderen keinen Hinweis auf seine Gefühle gibt* **2.** ■ *etwas bleibt jmdm. verschlossen für jmd.* (*geistig*) *nicht erreichbar sein* Die höhere Mathematik blieb ihm verschlossen., Dieser Beruf blieb ihm verschlossen.

Ver·schlos·sen·heit die <-> (*kein Plur.*) (≈ *Reserviertheit* ↔ *Offenheit*) *die Art, verschlossen*[1] *zu sein*

ver·schlu·cken **I.** *mit OBJ* ■ *jmd. verschluckt etwas* **1.** (*versehentlich*) *hinunterschlucken* Ich habe eine Fischgräte verschluckt. **2.** *etwas unvollständig aussprechen* Man konnte ihn sehr schlecht verstehen – er verschluckte fast alle Endsilben. **II.** *mit SICH* ■ *jmd. verschluckt sich* (*an etwas Dat.*) *etwas in die Luftröhre bekommen und husten müssen* Ich habe mich an dem letzten Bissen verschluckt, ich kriege gerade keine Luft.

ver·schlu·dern <verschluderst, verschluderte, hat verschludert> *mit OBJ* ■ *jmd. verschludert etwas* (*umg. abwert.*) *durch Unachtsamkeit verlieren* Ich habe schon wieder einen Regenschirm verschludert.

Ver·schluss der <-es, Verschlüsse> *eine Vorrichtung oder ein Gegenstand, mit dem man etwas verschließen kann* Der Verschluss meiner Halskette ist kaputt., Die Flasche mit dem Reinigungsmittel besitzt einen kindersicheren Verschluss. ◆ Flaschen-, Magnet-, Reiß-, Tür-

Ver·schluss·de·ckel der <-s, -> *ein Deckel, mit*

dem man etwas verschließen kann

ver·schlüs·seln <verschlüsselst, verschlüsselte, hat verschlüsselt> *mit OBJ* ■ *jmd. verschlüsselt etwas* (≈ *kodieren*) *eine Zeichenfolge eines Textes nach einem bestimmten* (*maschinellen*) *Programm verändern, damit Unbefugte den Text nicht verstehen können* Hast du die Nachricht/die Daten verschlüsselt?

Ver·schlüs·se·lung die <-, -en> *das Verschlüsseln*

Ver·schlüs·se·lungs·tech·nik die <-, -en> EDV *eine technische Möglichkeit, Nachrichten zu verschlüsseln*

Ver·schluss·sache die <-, -n> AMTSSPR. *eine geheime Angelegenheit*

ver·schmach·ten <verschmachtest, verschmachtete, ist verschmachtet> *ohne OBJ* ■ *jmd. verschmachtet* (*geh.*) *vor Hunger und Durst sterben* In diesem Kerker verschmachteten einst viele Gefangene.

ver·schmä·hen <verschmähst, verschmähte, hat verschmäht> *mit OBJ* ■ *jmd. verschmäht etwas* (*geh.* ≈ *zurückweisen*) *nicht wollen, ablehnen* Sie verschmähte seine Liebe.

ver·schmä·lern <verschmälerst, verschmälerte, hat verschmälert> **I.** *mit OBJ* ■ *jmd. verschmälert etwas* (↔ *verbreitern*) *schmaler machen* Der Durchgang wurde an dieser Stelle verschmälert. **II.** *ohne OBJ* ■ *etwas verschmälert sich* (↔ *verbreitern*) *schmaler werden* Am Ausgang des Dorfes verschmälert sich das Tal.

ver·schmel·zen <verschmilzt, verschmolz, hat/ist verschmolzen> **I.** *mit OBJ* ■ *jmd.* (*lässt*) *etwas mit etwas Dat.* (*zu etwas Dat.*) *verschmelzen* (*haben*) *verschiedene Materialien schmelzen und zusammenfließen lassen, so dass sie sich miteinander verbinden* Man hat diese beiden Metalle (miteinander) zu einer harten Legierung verschmolzen. **II.** *ohne OBJ* ■ *etwas verschmilzt mit etwas Dat.* (*sein*) *ineinander übergehen, in einer Verbindung aufgehen* Sie sind so eng befreundet, dass sie fast miteinander verschmelzen.

ver·schmer·zen <verschmerzt, verschmerzte, hat verschmerzt> *mit OBJ* ■ *jmd. verschmerzt etwas über etwas Unangenehmes hinwegkommen* Er hat diesen Verlust bis heute nicht verschmerzt.

ver·schmie·ren <verschmierst, verschmierte, hat verschmiert> *mit OBJ* **1.** ■ *jmd. verschmiert etwas Oberfläche glätten* Ich habe die Löcher in der Wand mit Gips verschmiert. **2.** ■ *jmd. verschmiert etwas* (*auf etwas Dat.*) *verteilen* Hast du die Salbe gut verschmiert? **3.** ■ *jmd. verschmiert etwas durch Verschmieren verwischen* Ich habe versehentlich die Farben auf dem frisch gemalten Bild verschmiert., Sie verschmierte mit dem Ärmel die noch nicht getrocknete Tinte auf dem Papier. **4.** ■ *jmd. verschmiert etwas* (*abwert.*) *beschmieren* Die Kinder haben die ganze Tapete verschmiert.

ver·schmitzt *Adj.* (*in harmloser Weise*) *listig, pfiffig* Sie betrat mit einem verschmitzten Lächeln den Raum.

Ver·schmitzt·heit die <-> (*kein Plur.*) *das Verschmitztsein*

ver·schmust *Adj.* (*umg.*) *sehr daran gewöhnt, zu schmusen* Das kleine Kätzchen ist sehr verschmust.

ver·schmut·zen <verschmutzt, verschmutzte, hat/ist verschmutzt> **I.** *mit OBJ* ■ *jmd./etwas verschmutzt etwas* (*haben*) *schmutzig machen* Du hast den Teppich verschmutzt., Du hast bei der Gartenarbeit deine Kleidung verschmutzt. **II.** *ohne OBJ* ■ *etwas verschmutzt* (*sein*) *schmutzig werden* Der Teppich ist im Laufe der Zeit verschmutzt.

ver·schnau·fen <verschnaufst, verschnaufte, hat verschnauft> *ohne OBJ* ■ *jmd. verschnauft* (*umg.*) *sich bei einer kleinen Pause erholen* Ich muss eine Weile verschnaufen, bevor wir weitergehen.

ver·schneit <nicht steig.> *Adj. mit Schnee bedeckt* die verschneiten Wiesen

Ver·schnitt der <-(e)s, -e> **1.** *ein mit anderem Alkohol vermischtes* (*billiges*) *alkoholisches Getränk* ◆ Rum- **2.** *beim Zuschneiden von Materialien anfallender Abfall* Beim Zuschneiden des Holzes hatten sie viel Verschnitt.

ver·schnör·kelt *Adj.* (*über*)*reich verziert; mit Schnörkeln versehen* Sie hat eine sehr verschnörkelte Schrift.

ver·schnupft <nicht steig.> *Adj.* **1.** (≈ *erkältet*) *einen Schnupfen habend* So verschnupft kann ich nicht zur Arbeit gehen. **2.** (*umg.*) *beleidigt; gekränkt* Auf meine Frage hin reagierte sie verschnupft.

ver·schnü·ren *mit OBJ* ■ *jmd. verschnürt etwas mit einer Schnur zusammenbinden* Ich habe das Paket fest verschnürt.

Ver·schnü·rung die <-, -en> *das Verschnüren*

ver·schol·len <nicht steig.> *Adj. unauffindbar; ohne Nachricht über das Weiterleben von jmdm.* Das Sportflugzeug ist verschollen., Die Handschrift galt lange Zeit als verschollen., Viele Soldaten gelten zwanzig Jahre nach Kriegsende als verschollen.

ver·scho·nen *mit OBJ* **1.** ■ *jmd./etwas verschont jmdn./etwas keinen Schaden zufügen* Das Hochwasser hatte nur wenige Häuser verschont., Sie sind von Krankheiten verschont geblieben. **2.** ■ *jmd. verschont jmdn. mit etwas Dat. in Ruhe lassen, nicht stören* Verschone mich mit deinen Fragen!

ver·schö·nern <verschönerst, verschönerte, hat verschönert> *mit OBJ* ■ *jmd. verschönert etwas schöner machen* Die Kurverwaltung hat den Kurpark wesentlich verschönert.

ver·schos·sen (*Part. Perf. zu „verschießen“*) *Adj.* (*umg.*) *sehr verliebt* Sie ist total in ihn verschossen.

ver·schrän·ken <verschränkst, verschränkte, hat verschränkt> *mit OBJ* ■ *jmd. verschränkt etwas überkreuzen; kreuzweise legen* Sie setzte sich hin und verschränkte die Hände hinter dem Kopf/die Arme auf der Brust.

ver·schrei·ben <verschreibst, verschrieb, hat verschrieben> **I.** *mit OBJ* ■ *jmd. verschreibt jmdm. etwas* (MED.: ≈ *verordnen*) *als Arzt sagen, dass ein*

Patient ein bestimmtes Medikament oder eine bestimmte Therapie erhalten soll und dies auf ein Rezept schreiben Der Arzt hat mir ein Medikament/eine Kur/Massagen verschrieben. **II.** *mit SICH* **1.** ■ *jmd. verschreibt sich etwas falsch schreiben* Das Wort schreibt man anders – da muss er sich wohl verschrieben haben. **2.** ■ *jmd. verschreibt sich etwas Dat.* (≈ *sich widmen*) *etwas zum absoluten und beherrschenden Ziel seines Lebens machen* Er hat sich ganz der Kunst/Wissenschaft verschrieben.

ver·schrei·bungs·pflich·tig <nicht steig.> *Adj.* MED. *so, dass ein Medikament verschrieben I werden muss*

ver·schrien <nicht steig.> *Adj.* (*abwert.*) *mit sehr schlechtem Ruf* Er ist als Leuteschinder verschrien.

ver·schro·ben <nicht steig.> *Adj.* (*abwert.* ≈ *absonderlich*) *mit einem seltsamen Verhalten, das oft aus Einsamkeit resultiert und auf andere Menschen befremdend wirkt* Der alte Mann war ein verschrobener Kauz. ▶Verschrobenheit

ver·schrot·ten *mit OBJ* ■ *jmd. verschrottet etwas zu Schrott machen* Mein altes Auto habe ich längst schon verschrotten lassen.

Ver·schrot·tung die <-> (*kein Plur.*) *das Verschrotten*

ver·schüch·tert <nicht steig.> *Adj. durch etwas schüchtern und ängstlich gemacht*

Ver·schul·den das <-s> (*kein Plur.*) (≈ *Schuld*) Das geschah ohne mein Verschulden.

ver·schul·den <verschuldest, verschuldete, hat verschuldet> **I.** *mit OBJ* ■ *jmd. verschuldet etwas die Schuld an etwas haben* Er hatte den Unfall selbst verschuldet. **II.** *mit SICH* ■ *jmd. verschuldet sich* (*für etwas Akk.*) *Schulden machen* Für den Hausbau musste ich mich hoch verschulden.

ver·schul·det (*Part. Perf. zu „verschulden"*) *Adj. Schulden habend* Das hoch verschuldete Unternehmen ist kaum noch zu retten., Er ist nur geringfügig verschuldet.

ver·schus·seln <verschusselst, verschusselte, hat verschusselt> *mit OBJ* ■ *jmd. verschusselt etwas* (*umg.*) **1.** *verlieren* Sie hat ihre Uhr verschusselt. **2.** *vergessen* Er hat gleich zwei Termine auf einmal verschusselt.

ver·schütt ■ **verschütt gehen** (*umg. norddt.*): *abhanden kommen* Bei unserem Besuch im Zirkus ist meine Handtasche verschütt gegangen.

ver·schüt·ten <verschüttest, verschüttete, hat verschüttet> *mit OBJ* **1.** ■ *jmd. verschüttet etwas versehentlich irgendwohin schütten* Ich habe versehentlich etwas Mehl verschüttet. **2.** ■ *etwas verschüttet jmdn.* (*meist im Pass.*) *große Mengen von Erde oder Schnee begraben etwas/jmdn. unter sich* Bei dem Lawinenunglück wurden mehrere Skifahrer verschüttet.

ver·schwä·gert <nicht steig.> *Adj. durch Heirat verwandt*

ver·schwei·gen <verschweigst, verschwieg, hat verschwiegen> *mit OBJ* ■ *jmd. verschweigt* (*jmdm.*) *etwas* (≈ *verheimlichen*) *etwas absichtlich nicht sagen* Er hat es mir lange Zeit verschwiegen, dass ..., Sie hat die Wahrheit lange verschwiegen.

ver·schwei·ßen <verschweißt, verschweißte, hat verschweißt> *mit OBJ* ■ *jmd. verschweißt etwas* (*mit etwas Dat.*) *durch Schweißen zusammenfügen* Die Teile werden verschweißt.

ver·schwen·den <verschwendest, verschwendete, hat verschwendet> *mit OBJ* **1.** ■ *jmd. verschwendet etwas an etwas Akk.* (*geh.*) *viel Geld, Mühe oder Arbeit für etwas aufwenden* An diesen Garten hat er sehr viel Mühe verschwendet. **2.** ■ *jmd. verschwendet etwas* (≈ *vergeuden*) *sinnlos Zeit oder Energie investieren* Jeden Abend saß er in der Kneipe und hat so viel Zeit verschwendet.

Ver·schwen·der, **Ver·schwen·de·rin** der <-s, -> (*abwert.*) *jmd., der häufig etwas verschwendet*[2]

ver·schwen·de·risch *Adj.* **1.** (↔ *geizig*) *in der Art eines Verschwenders* Er ist ein sehr verschwenderischer Mensch. **2.** (↔ *karg*) *sehr reichhaltig* Ich war überwältigt von der verschwenderischen Ausschmückung des Saales.

Ver·schwen·dung die <-, -en> *der Zustand, dass viel mehr verbraucht wird als nötig ist* Die Heizung Tag und Nacht laufen zu lassen ist Verschwendung!, Undichte Rohre führen zur Verschwendung der Ressource Wasser/Gas ...

Ver·schwen·dungs·sucht die <-> (*kein Plur.*) (*abwert.*) *die krankhafte Neigung zur Verschwendung*

ver·schwie·gen (*Part. Perf. zu „verschweigen"*) *Adj.* **1.** (≈ *schweigsam*) *mit der Neigung, nicht viel zu sprechen* **2.** *mit der Fähigkeit, ein Geheimnis für sich behalten zu können* Ihm kann man das Geheimnis anvertrauen – er ist verschwiegen wie ein Grab. **3.** *einsam, abgelegen* Sie trafen sich an einem verschwiegenen Ort.

Ver·schwie·gen·heit die <-> (*kein Plur.*) *die Art, verschwiegen*[1] *zu sein*

ver·schwim·men <verschwimmst, verschwamm, ist verschwommen> *ohne OBJ* ■ *etwas verschwimmt undeutlich werden* Alles verschwamm vor seinen Augen.

Ver·schwin·den das <-s> (*kein Plur.*) *der Vorgang, dass etwas verschwindet*

ver·schwin·den <verschwindest, verschwand, ist verschwunden> **I.** *ohne OBJ* ■ *jmd./etwas verschwindet sich entfernen, plötzlich nicht mehr da sein* Er ging zur Tür hinaus und verschwand., Gestern war der Schlüssel noch in dieser Tasche – jetzt ist er spurlos verschwunden. **II.** *mit OBJ* ■ *jmd. lässt jmdn./etwas verschwinden bewirken, dass jmd. oder etwas plötzlich nicht mehr da ist; zerstören;* (*von Personen*)*jmdn. umbringen* Beweismittel verschwinden lassen, Die Diktatur ließ Hunderte ihrer Gegner auf Nimmerwiedersehen verschwinden. ■ **„Ich muss mal verschwinden."** (*verhüll.*): *Ich muss die Toilette aufsuchen.* **„Verschwinde!"** (*umg.*): *Ich will dich nicht mehr sehen, geh weg!*

ver·schwit·zen <verschwitzt, verschwitzte, hat verschwitzt> *mit OBJ* ■ *jmd. verschwitzt etwas*

V

1. (*umg.*) *vergessen* Ich habe den Termin total verschwitzt. **2.** *nass schwitzen* Der Sportler hat sein Trikot verschwitzt.

ver·schwom·men (*Part. Perf. zu „verschwimmen"*) *Adj.* (↔ *deutlich*) *vage, unklar* Er scheint nur eine sehr verschwommene Vorstellung von alledem zu haben. ▶Verschwommenheit

ver·schwö·ren <verschwörst, verschwor, hat verschworen> *mit SICH* ■ *jmd. verschwört sich* (*mit jmdm.*) (*gegen jmdn./etwas*) *sich heimlich mit jmdn. gegen jmdn. verbünden* Sie hatten sich gegen den Diktator verschworen., Die politischen Gegner hatten sich verschworen. ■ **Es hat sich alles gegen mich verschworen.** (*geh.*): *alles fällt zu meinen Ungunsten aus*

Ver·schwo·re·ne der/die <-n, -n> (*Verschwörer*) *jmd., der sich verschworen hat*

Ver·schwö·rer, **Ver·schwö·re·rin** der <-s, -> *ein Teilnehmer an einer Veschwörung*

Ver·schwö·rung die <-, -en> *ein heimliches Verbünden von Personen, um ein bestimmtes Ziel, vor allem den Sturz eines Herrschenden, zu erreichen* eine Verschwörung anzetteln/aufdecken, die Verschwörung gegen den Zar

ver·sechs·fa·chen <versechsfachst, versechsfachte, hat versechsfacht> **I.** *mit OBJ* ■ *jmd./etwas versechsfacht etwas auf die sechsfache Anzahl, Menge, Größe bringen* **II.** *mit SICH* ■ *etwas versechsfacht sich sechsmal so groß werden*

Ver·se·hen das <-s, -> *ein Irrtum oder ein Fehler, die durch Unachtsamkeit verursacht werden* „Entschuldigung, das war ein Versehen!"

ver·se·hen <versiehst, versah, hat versehen> **I.** *mit OBJ* **1.** ■ *jmd. versieht jmdn./etwas mit etwas Dat. versorgen* Die Lehrerin muss sich und ihre Schüler mit Fahrausweisen versehen., „Vielen Dank, ich bin mit allem reichlich versehen." **2.** ■ *jmd. versieht etwas mit etwas Dat. etwas irgendwo anbringen* Ich habe den Text korrigiert und mit Anmerkungen versehen., Der Vermieter versah die Räume mit neuen Tapeten. **3.** ■ *jmd. versieht etwas erfüllen, ausüben* Er hat seinen Dienst stets gewissenhaft versehen. **II.** *mit SICH* ■ *jmd. versieht sich* **1.** *einen Fehler beim Hinsehen machen* **2.** ■ **ehe man sich's versieht**: *schneller, als man es erwartet* Ehe man sich's versieht, sind zehn Jahre vorüber.

ver·se·hent·lich *Adv. aus Versehen; unabsichtlich* Ich habe die schwarzen Socken versehentlich bei der Weißwäsche mitgewaschen.

Ver·sehr·te der/die <-n, -n> *jmd., der körperlich beschädigt oder verletzt ist* In diesem Krieg gab es viele Versehrte. ◆ Kriegs-, Sport-

ver·sen·den <versendest, versandte/versendete, hat versandt/versendet> *mit OBJ* ■ *jmd. versendet etwas* (*an jmdn.*) (*in größerer Anzahl*) *verschicken* Todesanzeigen/Heiratsanzeigen/Waren versenden, Wir haben an alle Interessenten Prospekte versandt.

ver·sen·gen <versengst, versengte, hat versengt> **I.** *mit OBJ* ■ *jmd./etwas versengt* (*jmdm.*) *etwas durch Anbrennen oberflächlich beschädigen* Die Sonne versengt die Wiesen., Sie hatte beim Bügeln den Stoff versengt. **II.** *mit SICH* ■ *jmd./ein Tier versengt sich etwas sich durch Anbrennen oberflächlich beschädigen* Sie hatte sich beim Kochen die Haut versengt., Das Pferd hatte sich beim Brand im Stall das Fell versengt., Er hat sich beim Anzünden der Kerze die Augenwimpern versengt.

ver·sen·ken <versenkst, versenkte, hat versenkt> **I.** *mit OBJ* **1.** ■ *jmd./etwas versenkt etwas bewirken, dass etwas untergeht oder dass etwas versinkt* Während eines Seegefechtes versenkte die Flotte mehrere feindliche Schiffe. **2.** ■ *jmd. versenkt etwas in etwas Akk. etwas in etwas einlassen* den Toten in der Erde versenken, den Kopf einer Schraube/eines Nagels in dem Material versenken **II.** *mit SICH* ■ *jmd. versenkt sich in etwas Akk. sich auf etwas konzentrieren* Sie versenkte sich in ihre Lektüre.

Ver·sen·kung die <-, -en> **1.** *das Versenken I.1, 1.2* **2.** *die ausschließliche* (*meditative*) *Konzentration auf eine Sache* **3.** THEAT. *der Teil eines Bühnenbodens, der nach unten und oben bewegt werden kann* ■ **in der Versenkung verschwinden** (*umg.*): *von der Öffentlichkeit vergessen werden*

ver·ses·sen *Adj.* ■ *versessen auf etwas so, dass man etwas unbedingt haben will* Das Kind ist ganz versessen auf Schokolade.

Ver·ses·sen·heit die <-> (*kein Plur.*) *das Versessensein*

ver·set·zen <versetzt, versetzte, hat versetzt> **I.** *mit OBJ* **1.** ■ *jmd. versetzt jmdn./etwas* (≈ *umsetzen*) *von einer Stelle zu einer anderen bringen* Man musste die Grenzsteine/die Rosen versetzen. **2.** ■ *jmd. versetzt jmdn.* (*irgendwohin*) *an einen anderen Arbeitsplatz beordern* Man hatte ihn ins Ausland/in eine andere Abteilung versetzt., Er ist neulich in den Ruhestand versetzt worden. **3.** ■ *jmd. versetzt jmdn.* SCHUL. *erlauben, dass ein Schüler eine höhere Klasse besucht* Der Schüler wurde nicht versetzt und musste die Klasse deshalb wiederholen. **4.** ■ *jmd. versetzt jmdn.* (*umg.*) *jmdn. umsonst warten lassen* Sie hat mich gestern versetzt. **5.** ■ *jmd./etwas versetzt jmdn. in etwas Akk. in den genannten Zustand bringen* Die Mitteilung versetzte uns in Aufregung/in Begeisterung. **6.** ■ *jmd. versetzt etwas* (*umg.*) *verpfänden* Ich musste meine wertvolle Uhr versetzen. **7.** ■ *jmd. versetzt etwas mit etwas Dat. vermischen* Jemand muss den Wein mit Wasser versetzt haben. **II.** *mit SICH* ■ *jmd. versetzt sich in etwas Akk.* (*zurück*) *sich in etwas Vergangenes einfühlen, sich vorstellen* Sie fühlte sich in alte Zeiten versetzt. ■ **jemand versetzt jemandem einen Schlag/Stoß/Tritt**: *jmd. schlägt/stößt/tritt jmdn.* **jemand versetzt jemanden in die Lage, etwas zu tun**: *jmd. befähigt jmdn., etwas zu tun* **jemand versetzt sich in jemands Lage**: *jmd. stellt sich vor, er wäre in der Lage des anderen* Können Sie sich überhaupt in meine Lage versetzen?

Ver·set·zung die <-, -en> *das Versetzen* [1 2 3]

ver·seu·chen <verseuchst, verseuchte, hat verseucht> *mit OBJ* **1.** ■ *jmd./etwas verseucht etwas mit Krankheitserregern oder giftigen Stoffen durchsetzen* Bakterien verseuchen das Trinkwasser. **2.** ■ *etwas verseucht etwas* (*übertr.*) *durch schlechten Einfluss verderben* Ideologische Propaganda verseuchte die politische Kultur.

Ver·seu·chung die <-> (*kein Plur.*) *das Verseuchen*

Vers·fuß der <-es, Versfüße> LIT. *die kleinste rhythmische Einheit eines Verses* Der Jambus ist ein zweihebiger Versfuß.

Ver·si·che·rer der <-s, -> (≈ *Versicherungsgesellschaft*)

ver·si·chern <versicherst, versicherte, hat versichert> **I.** *mit OBJ* **1.** ■ *jmd. versichert jmdn. etwas Gen.,* ■ *jmd. versichert jmdm., dass ...* (≈ *beteuern, bestätigen*) *entschieden und glaubwürdig sagen, dass etwas, das für jmdn. sehr wichtig ist, wirklich der Fall, wirklich gegeben ist* Er versicherte mir hoch und heilig, dass ... **2.** ■ *jmd. versichert etwas (bei jmdm.) für etwas eine Versicherung abschließen* Wir haben das Haus gegen Feuer versichert., Er hat sich und seine Familie bestens versichert., Alle Familienmitglieder sind bei der XYZ versichert. **II.** *mit SICH* ■ *jmd. versichert sich etwas Gen.* (≈ *sich vergewissern*) *jmd. überzeugt sich, dass ...* Er versichert sich jedesmal vor dem Verlassen des Hauses, dass die Fenster geschlossen sind.

Ver·si·cher·te der/die <-n, -n> *jmd., der sich gegen etwas versichert I.2 hat*

Ver·si·che·rung die <-, -en> **1.** (≈ *Beteuerung*) *der Vorgang oder die Worte, mit denen jmd. jmdm. etwas versichert I.1* Ich gebe dir die Versicherung, dass ich zurückkommen werde. **2.** RECHTSW. *schriftliche Bestätigung* Ich musste eine eidesstattliche Versicherung abgeben. **3.** *ein Vertrag darüber, dass eine Firma gegen einen regelmäßig zu zahlenden Betrag in einem bestimmten Schadensfall die Unkosten trägt* Wir haben eine Versicherung abgeschlossen/gekündigt. ◆ Berufsunfähigkeits-, Feuer-, Glas-, Haftpflicht-, Hausrat-, Lebens-, Risikolebens-, Unfall- **4.** *kurz für „Versicherungsgesellschaft"* **5.** *kurz für „Versicherungsbeitrag"* **6.** *das Versichern I.2*

Ver·si·che·rungs·an·spruch der <-(e)s, Versicherungsansprüche> *Anspruch eines Versicherten auf die finanzielle Leistung der Versicherungsgesellschaft*

Ver·si·che·rungs·bei·trag der <-s, Versicherungsbeiträge> *der Beitrag, den ein Versicherter für einen bestimmten Versicherungsschutz zu zahlen hat*

Ver·si·che·rungs·be·trug der <-s> (*kein Plur.*) *die Vortäuschung eines Versicherungsfalls, um eine Versicherungsleistung zu erhalten*

Ver·si·che·rungs·dau·er die <-> (*kein Plur.*) *die Zeitdauer, über die eine Versicherung²* *abgeschlossen wird*

ver·si·che·rungs·fä·hig <nicht steig.> *Adj. so, dass es versichert I.2 werden kann*

Ver·si·che·rungs·fall der <-(e)s, Versicherungsfälle> *ein Schadensfall, bei dem eine Versicherungsgesellschaft die Kosten übernehmen muss*

Ver·si·che·rungs·ge·sell·schaft die <-, -en> *ein Unternehmen, das Kunden versichert I.2*

Ver·si·che·rungs·kauf·frau die <-, -en> *s.* **Versicherungskaufmann**

Ver·si·che·rungs·kauf·mann der <-(e)s, -kaufmänner/-kaufleute> *jmd., der bei einer Versicherungsgesellschaft arbeitet*

Ver·si·che·rungs·pflicht die <-> (*kein Plur.*) *die gesetzliche Pflicht, eine Versicherung³ für etwas abzuschließen*

Ver·si·che·rungs·po·li·ce die <-, -n> *von der Versicherungsgesellschaft ausgefertigte Urkunde über den Abschluss einer Versicherung*

Ver·si·che·rungs·prä·mie die <-, -n> (*fachspr.* ≈ *Versicherungsbeitrag*)

Ver·si·che·rungs·schutz der <-es> (*kein Plur.*) *aufgrund einer Versicherung³ bestehender Schutz im Schadensfall*

Ver·si·che·rungs·sum·me die <-, -n> *der Betrag, den eine Versicherungsgesellschaft im Versicherungsfall zahlen muss*

Ver·si·che·rungs·ver·tre·ter, **Ver·si·che·rungs·ver·tre·te·rin** der <-s, -> *ein Vertreter, der für eine Versicherungsgesellschaft arbeitet*

Ver·si·che·rungs·wert der <-(e)s, -e> *der Wert eines versicherten Objektes, beispielsweise eines Kunstgegenstandes*

ver·si·ckern <versickert, versickerte, ist versickert> *ohne OBJ* **1.** ■ *etwas versickert (in etwas Dat.) (als Flüssigkeit) langsam in den Boden eindringen* Das Wasser ist im Boden versickert. **2.** ■ *etwas versickert* (*übertr.*) *Geld verschwindet irgendwo unbemerkt* Die Spendengelder sind irgendwo versickert. **3.** ■ *etwas versickert eine Mitteilung geht verloren* Eine Nachricht/ein Gerücht versickert.

ver·sie·ben <versiebst, versiebte, hat versiebt> *mit OBJ* ■ *jmd. versiebt etwas* (*umg.*) **1.** *verlieren, verlegen, vergessen* Ich habe den Brief versiebt., Du hast den Termin versiebt. **2.** *erfolglos beenden, zunichte machen* Wir sind zu spät gekommen und haben dadurch den Ausflug versiebt.

ver·sie·ben·fa·chen <versiebenfachst, versiebenfachte, hat versiebenfacht> **I.** *mit OBJ* ■ *jmd./etwas versiebenfacht etwas auf die siebenfache Anzahl, Menge, Größe bringen* **II.** *mit SICH* ■ *etwas versiebenfacht sich siebenmal so groß werden*

ver·sie·geln <versiegelst, versiegelte, hat versiegelt> *mit OBJ* ■ *jmd. versiegelt etwas mit einem Siegel verschließen* Man versiegelte den Briefumschlag.

ver·sie·gen <versiegt, versiegte, ist versiegt> *ohne OBJ* ■ *etwas versiegt* **1.** *kein Wasser mehr abgeben* Die Quelle ist versiegt. **2.** (*von Menschen*) *keine Energie mehr haben* Seine Schaffenskraft versiegte immer mehr.

ver·siert *Adj. fachmännisch und erfahren* Sie ist eine versierte Geschäftsfrau., Er ist sehr versiert im Umgang mit Kunden.

ver·sifft *Adj.* (*umg.* ≈ *verdreckt*) eine versiffte Toilette

ver·sil·bern <versilberst, versilberte, hat versilbert> *mit OBJ* ■ *jmd. versilbert etwas* **1.** *mit einer Silberschicht überziehen* **2.** (*umg.*) *verkaufen* Er hat seine Weihnachtsgeschenke versilbert, um sein Taschengeld aufzubessern.

Ver·sil·be·rung die <-, -en> **1.** *eine Silberschicht, die auf die Oberfläche von etwas aufgebracht ist* **2.** (*kein Plur.*) *das Versilbern*

ver·sin·ken <versinkst, versank, ist versunken> *ohne OBJ* **1.** ■ *etwas versinkt* (*im Wasser*) *untergehen* Das Schiff versank., Die Sonne versinkt im Meer. **2.** ■ *jmd./etwas versinkt in etwas Dat. einsinken* Die Kinder versanken bis zu den Knien im Schnee. **3.** ■ *jmd. versinkt in etwas Dat. sich einer Haltung oder einem Gefühl ganz hingeben* Sie versanken in Grübeln/Schweigen/Depression/Trauer., Der Staat versinkt in einem Chaos.

ver·sinn·bild·li·chen <versinbildlichst, versinnbildlichte, hat versinnbildlicht> *mit OBJ* ■ *jmd./etwas versinnbildlicht jmdn./etwas* (≈ *symbolisieren*) *ein Symbol für etwas sein* Justitia mit der Waage versinnbildlicht das Recht.

Ver·si·on die <-, -en> **1.** (≈ *Fassung*) *eine von mehreren Varianten eines geschriebenen Textes, die sich in Details unterscheiden* Es existieren verschiedene Versionen dieses Liedes/dieses Gedichtes. **2.** (≈ *Deutung, Interpretation*) *eine von mehreren möglichen Arten, ein Ereignis zu deuten* Über den Unfallhergang gibt es mehrere Versionen. **3.** (≈ *Modell*) *Produktvariante* Das Automodell gibt es in verschiedenen Versionen., Von der Software kommt demnächst eine verbesserte Version/die Version 4.1 auf den Markt.

ver·skla·ven <versklavst, versklavte, hat versklavt> *mit OBJ* ■ *jmd. versklavt jmdn. zum Sklaven machen* Menschen aus Afrika sind in großer Zahl von Europäern und Amerikanern versklavt worden.

ver·slu·men [fɛɐ̯'slamən] <verslumt ,verslumte, ist verslumt> *ohne OBJ* ■ *etwas verslumt zu einem Slum werden* In New Yorck hat es immer wieder Stadtteile gegeben, die verslumt waren.

Vers·maß das <-es, -e> (≈ *Metrum*) In griechischen Dramen wird oft das Versmaß des Hexameter benutzt.

ver·snobt *Adj.* (*abwert.*) *zum Snob geworden/wie ein Snob*

ver·sof·fen *Adj.* (*umg. abwert.*) *trunksüchtig*

ver·soh·len <versohlst, versohlte, hat versohlt> *mit OBJ* ■ *jmd. versohlt jmdn.* (*umg.*) *verhauen, verprügeln* Ich versohle dir gleich den Hintern!

ver·söh·nen <versöhnst, versöhnte, hat versöhnt> **I.** *mit OBJ* ■ *jmd. versöhnt jmdn. mit jmdm. veranlassen, dass sich zwei zerstrittene Parteien wieder vertragen* Der Vater versöhnte seine zerstrittenen Söhne wieder miteinander. **II.** *mit SICH* **1.** ■ *jmd. versöhnt sich mit jmdm. sich nach einem Streit wieder vertragen* Nachdem sich beide voreinander entschuldigt hatten, konnten sie sich wieder miteinander versöhnen. **2.** ■ *jmd. versöhnt sich mit etwas Dat. eine schwere Zeit für sich akzeptieren* Am Ende seines Lebens versöhnte er sich mit seinem schweren Schicksal.

ver·söhn·lich *Adj.* **1.** (↔ *nachtragend*) *bereit, sich zu versöhnen* Er ist doch ein versöhnlicher Mensch., Er fand versöhnliche Worte. **2.** (≈ *verstörend*) *erfreulich, tröstlich erscheinend* Der Film hat ein versöhnliches Ende.

Ver·söh·nung die <-, -en> *das* (*Sich-*)*Versöhnen; das Aussöhnen* Das Fest der Versöhnung ist im Judentum neben dem Sabbat das wichtigste Fest. ◆-sfest, -stag

ver·son·nen *Adj. gedankenverloren, träumerisch* Versonnen blickten sie zu den Sternen. ►Versonnenheit

ver·sor·gen *mit OBJ* **1.** ■ *jmd./etwas versorgt jmdn./ein Tier/etwas* (*mit etwas Dat.*) *bewirken, dass jmd./ein Tier/etwas das bekommt, was er oder es braucht* Hilfsorganisationen versorgen die Hungernden mit Lebensmitteln., Das Unternehmen versorgt die Stadt mit Strom., Das Fersehen versorgt uns jeden Abend mit Unterhaltung. **2.** ■ *jmd. versorgt jmdn./ein Tier sich um jmdn. kümmern* Die Krankenschwester versorgt den Patienten., Die Nachbarn versorgen unseren Kater, während wir im Urlaub sind.

Ver·sor·gung die <-> (*kein Plur.*) *das Versorgen* ◆-sanstalt, -sausgleich, -swirtschaft

ver·spach·teln <verspachtelst, verspachtelte, hat verspachtelt> *mit OBJ* ■ *jmd. verspachtelt etwas* **1.** *Löcher, Fugen oder Risse mit einem Füllmaterial schließen* Wenn wir das Eindringen von Feuchtigkeit verhindern wollen, müssen wir die Risse im Mauerwerk verspachteln. **2.** (*umg.*) *aufessen* Er ist ein guter Esser, er verspachtelt an einem Abend drei volle Teller.

ver·span·nen <verspannst, verspannte, hat verspannt> *mit SICH* ■ *jmd. verspannt sich einen verkrampften und angespannten Zustand der Muskulatur annehmen* Immer wenn er Stress hat, verspannt er sich.

Ver·span·nung die <-, -en> *der Zustand, dass Muskeln verspannt sind*

ver·spä·ten *mit SICH* ■ *jmd./etwas verspätet sich zu spät oder später als geplant kommen* Wenn du weiter so langsam gehst, verspätest du dich., Der Zug ist fünf Minuten verspätet.

Ver·spä·tung die <-, -en> *die Zeitspanne, die jmd. oder etwas zu spät ist* Der Zug hat leider dreißig Minuten Verspätung., Bitte entschuldigen Sie meine Verspätung., Der Frühling kommt diesmal mit Verspätung.

ver·spei·sen <verspeist, verspeiste, hat verspeist> *mit OBJ* ■ *jmd. verspeist etwas* (*geh.*) *genüsslich essen* Den Nachtisch habe ich mit Genuss verspeist.

ver·spe·ku·lie·ren <verspekulierst, verspekulierte, hat verspekuliert> **I.** *mit OBJ* ■ *jmd. verspekuliert etwas durch Spekulationsgeschäfte verlieren* Er hat sein gesamtes Geld an der Börse verspekuliert. **II.** *mit SICH* ■ *jmd. verspekuliert sich* (*umg.*) *sich täuschen, sich verrechnen* Wenn du das von mir erwartest hast, hast du dich verspekuliert.

ver·sper·ren <versperrst, versperrte, hat versperrt> *mit OBJ* ■ *jmd./etwas versperrt (jmdm.) etwas blockieren; den Durchgang oder Durchfluss durch etwas verhindern* Ein parkendes Auto versperrte die Einfahrt., Er stand da und versperrte mir den Weg., Das Gebäude versperrt die Aussicht.

ver·spie·len <verspielst, vespielte, hat verspielt> **I.** *mit OBJ* ■ *jmd. verspielt etwas* **1.** *im Glücksspiel verlieren* Er hat sein ganzes Geld beim Roulette verspielt. **2.** *verlieren* Er hat seine Chancen/sein Glück verspielt. **II.** *ohne OBJ* ■ *jmd. verspielt bei jmdm. jmd. verscherzt sich das Wohlwollen von jmdm.* Seit dieser Frechheit mir gegenüber hat er bei mir verspielt. **III.** *mit SICH* ■ *jmd. verspielt sich falsch spielen* Der Pianist hat sich einige Male verspielt.

ver·spielt *(Part. Perf. zu „verspielen") Adj. so, dass jmd. oder ein Tier nur spielen möchte* Der junge Hund/Das Kätzchen ist verspielt., Auch im Alter von zehn Jahren war er immer noch verspielt.

ver·spot·ten <verspottest, verspottete, hat verspottet> *mit OBJ* ■ *jmd. verspottet jmdn./etwas (≈ verhöhnen) boshaft über jmdn. lachen* Er vespottete seine Schwester, weil sie nicht so stark war wie er.

ver·spre·chen <versprichst, versprach, hat versprochen> **I.** *mit OBJ* **1.** ■ *jmd. verspricht jmdm. etwas Akk. etwas verbindlich zusichern oder erklären* Sie hat mir versprochen zu kommen., Er hat seiner Freundin die Ehe versprochen., Versprich nicht, was du nicht halten kannst! **2.** ■ *etwas verspricht etwas (mit Inf. und „zu") zu der Hoffnung oder der Befürchtung Anlass geben* Das verspricht eine tolle Party zu werden., Die Ernte verspricht dieses Jahr gut zu werden., Sein Auftreten versprach nichts Gutes. **II.** *mit SICH* **1.** ■ *jmd. verspricht sich beim Sprechen irrtümlich etwas falsch sagen, aussprechen, vertauschen o.Ä.* Bei der Prüfung war ich so nervös, dass ich mich ständig versprach. **2.** ■ *jmd. verspricht sich etwas von etwas Dat. sich erhoffen, erwarten* Von der Kur versprach er sich eine baldige Besserung., Von dem Autor habe ich mir mehr versprochen.

Ver·spre·chen das <-s, -> *(meist Sing.) eine Erklärung, mit der man etwas verspricht I.1* Sie hat ihr Versprechen eingehalten/gebrochen.

Ver·spre·cher der <-s, -> *die Handlung, dass sich jmd. verspricht II* ■ **ein Freudscher Versprecher**: *ein Fehler beim Sprechen, der so interpretiert werden kann, dass jmd. unbewusst anders denkt als er bewusst ausdrückt (z.B. wenn jmd. „Triebe" an einer Stelle sagt, wo er „Liebe" meint)*

Ver·spre·chung die <-, -en> *(meist Plur.) ein Versprechen, das im Verdacht steht, nicht gehalten zu werden* Das sind doch alles nur leere Versprechungen.

ver·sprit·zen <verspritzt, verspritzte, hat verspritzt> *mit OBJ* ■ *jmd. verspritzt etwas durch Spritzen im Raum verteilen* Sie verspritzt ein Parfüm im Zimmer.

ver·sprü·hen <versprühst, versprühte, hat versprüht> *mit OBJ* ■ *jmd. versprüht etwas* **1.** TECHN. *etwas in Form von feinen Tropfen verteilen* Der Bauer versprüht Pflanzenschutzmittel. **2.** *ein intensives Gefühl mitteilen* Sie versprühte in ihrem Tanz die hellste Lebensfreude.

ver·spü·ren <verspürst, verspürte, hat verspürt> *mit OBJ* ■ *jmd. verspürt etwas (geh.) empfinden, fühlen* Beim Anblick des Palastes verspürte er einen leisen Schauer.

ver·staat·li·chen <verstaatlicht, verstaatlichte, hat verstaatlicht> *mit OBJ* ■ *jmd. verstaatlicht etwas (↔ privatisieren) zum Eigentum des Staates machen* Die ehemalige DDR hatte auch das gesamte Gesundheitswesen verstaatlicht.

Ver·staat·li·chung die <-> *(kein Plur.) (↔ Privatisierung) Überführung in Staatseigentum* Die sozialistischen Staaten haben mit der Verstaatlichung ihrer Wirtschaftsbetriebe die Planwirtschaft durchgesetzt.

Ver·städ·te·rung die <-, -en> *der Vorgang, dass Städte sich immer weiter in das ländliche Umland ausbreiten*

Ver·stand der <-(e)s> *(kein Plur.) (≈ Intellekt) die Fähigkeit des Menschen, zu denken und zu urteilen;* Sie hat einen scharfen/wachen Verstand. ■ **den Verstand verlieren** *(umg.)*: *wegen eines schlimmen Ereignisses geistig verwirrt werden* **mit Verstand (essen/trinken)**: *etwas Gutes besonnen genießen* Iss doch die Sahnetorte mit Verstand und schlinge die Stücke nicht einfach hinunter! **etwas bringt jemanden um den Verstand** *(umg.)*: *wegen sehr belastender Ereignisse nervös und wütend werden* Deine Rederei bringt mich noch um den Verstand! **etwas bringt jemanden um den Verstand**: *etwas ist die Ursache, dass jmd. verrückt wird, sich geistig verwirrt* Die Trunksucht brachte ihn um seinen Verstand.

ver·stan·des·mä·ßig <nicht steig.> *Adj. (≈ rational ↔ emotional, gefühlsmäßig) mit dem Verstand erfassbar*

Ver·stan·des·mensch der <-en, -en> *(↔ Gefühlsmensch) ein Mensch, der sich in seinem Handeln vor allem vom Verstand, nicht vom Gefühl leiten lässt* Als Verstandesmensch kalkulierte er alle Schritte genau durch.

ver·stän·dig *Adj. einsichtig, vernünftig* Sie ist bereits ein sehr verständiges Kind. ▶Verständigkeit

ver·stän·di·gen **I.** *mit OBJ* ■ *jmd. verständigt jmdn. (≈ benachrichtigen) jmdm. sagen, dass sich etwas ereignet hat* Wir sollten die Polizei verständigen. **II.** *mit SICH* **1.** ■ *jmd. verständigt sich mit jmdm.,* ■ *mehrere Personen verständigen sich kommunizieren* Da keiner die Sprache des anderen konnte, verständigten wir uns mit Gebärden., Über E-Mail konnte ich mich nicht gut mit dir verständigen. **2.** ■ *jmd. verständigt sich mit jmdm. auf etwas Akk. sich einigen* Die beiden Verhandlungspartner verständigten sich auf einen Kompromiss.

Ver·stän·di·gung die <-> *(kein Plur.)* **1.** *(≈ Be-*

nachrichtigung) *das Verständigen* / Wenn jemand in Lebensgefahr schwebt, ist die Verständigung eines Arztes unbedingt erforderlich. **2.** (≈ *Kommunikation*) Die Verständigung mit der Jugend fällt vielen Politikern schwer.; *der Vorgang, dass man mit jmdm. geistige Inhalte austauscht und sich gegenseitig versteht* ◆-sbereitschaft, -sschwierigkeiten **3.** *Übereinkunft, Einigung* Das Gespräch führte zu einer Verständigung der Partner.

ver·stạ̈nd·lich *Adj.* **1.** (*gut*) *hörbar* Bei dem Lärm im Hintergrund war die Stimme des Reporters nur schwer verständlich. **2.** (≈ *nachvollziehbar*) *so, dass man es dem Sinn nach gut erfassen kann* Das Fachbuch ist auch für die Allgemeinheit gut verständlich., Bei allen Erklärungen konnte er seine Situation doch nicht richtig verständlich machen. **3.** (≈ *begreifbar*) *so, dass man ein zwischenmenschliches Verständnis für etwas hat* Das ist doch eine verständliche Reaktion!, Er konnte sich seinem Publikum gut verständlich machen.

ver·stạ̈nd·li·cher·wei·se *Adv. so, dass es verständlich ist* Er ist verständlicherweise beleidigt.

Ver·stạ̈nd·lich·keit die <-> (*kein Plur.*) *das Verständlichsein*

Ver·stạ̈nd·nis das <-ses> (*kein Plur.*) **1.** *die Erfassung des Sinnes von etwas* Die vielen Fremdwörter und der komplizierte Satzbau erschweren das Verständnis des Textes., Wie können wir heute ein Verständnis der antiken Kulturen haben? **2.** (≈ *Einfühlungsvermögen*) *die Fähigkeit, jmdn. oder etwas zu akzeptieren;* Der Professor bringt seinen Studenten viel Verständnis entgegen., Dafür habe ich volles/kein Verständnis. **3.** (≈ *Auffassung*) Was ich hier sehe, entspricht nicht ganz meinem Verständnis von Kunst. ◆ Kunst-, Wissenschafts-

ver·stạ̈nd·nis·los *Adj.* (↔ *verständnisvoll*) *ohne Verständnis*[2]

ver·stạ̈nd·nis·voll *Adj.* (↔ *verständnislos*) *voller Verständnis*[2]

ver·stạ̈r·ken <verstärkst, verstärkte, hat verstärkt> **I.** *mit OBJ* **1.** ■ *jmd. verstärkt etwas stärker und stabiler machen* Man verstärkte den Damm., das Dach mit Stützbalken verstärken **2.** ■ *jmd. verstärkt etwas die Anzahl vergrößern* Die Mannschaft wurde um zwei neue Spieler verstärkt. **3.** ■ *etwas verstärkt etwas intensivieren* Eine gewaltige Lautsprecheranlage verstärkte die Musik., Dieser Eindruck wurde dadurch verstärkt, dass … **II.** *mit SICH* ■ *etwas verstärkt sich* (↔ *abschwächen*) *stärker, intensiver werden* Meine Schmerzen hatten sich wieder verstärkt., Es verstärkte sich der Eindruck, dass …

Ver·stạ̈r·ker der <-s, -> ELEKTROTECHN. *ein Gerät, das Ströme, Spannungen, Leistungen stärker macht* Ich habe mir einen neuen Verstärker für meine Stereoanlage gekauft., die Lautsprecherterminals/ der Lautstärkeregler/die Leistung/die Leistungsaufnahme/ der Quellenwahlschalter des Verstärkers ◆-schaltung, End-, Phono-, Röhren-, Transistor-, Voll-, Vor-

Ver·stạ̈r·kung die <-, -en> (*meist Sing.*) **1.** (*kein Plur.*) *das Verstärken* die Verstärkung des Akzents auf der ersten Silbe **2.** *die Personen, die etwas verstärken* Ich hole Verstärkung, um den Angreifern entgegenzutreten. **3.** *etwas, das der Verstärkung*[1] *dient* Dieser Träger dient der Verstärkung der Deckenkonstruktion.

ver·st<u>au</u>·ben <verstaubt, verstaubte, ist verstaubt> *ohne OBJ* ■ *etwas verstaubt von Staub bedeckt werden*

ver·st<u>au</u>·chen *mit SICH* ■ *jmd. verstaucht sich etwas Akk.* Ich habe mir den Knöchel verstaucht.

Ver·st<u>au</u>·chung die <-, -en> *der Vorgang, dass ein Gelenk durch eine plötzliche, zu starke Belastung überbeansprucht wird* Beim Umknicken des Fußes habe ich mir den Knöchel verstaucht.

ver·st<u>au</u>·en *mit OBJ* ■ *jmd. verstaut etwas* (*in etwas Dat.*) *etwas gedrängt zusammenpacken* Ich verstaue das Gepäck im Kofferraum.

Ver·stẹck das <-(e)s, -e> *ein Ort, an dem man sich oder jmdn. oder etwas versteckt hat oder verstecken kann* In Zeiten der Verfolgung ist es wichtig, ein sicheres Versteck zu haben.

ver·stẹ·cken **I.** *mit OBJ* ■ *jmd. versteckt jmdn./etwas* (*vor jmdm.*) *verbergen* Er versteckte seinen Freund bei sich, weil die politische Polizei ihn suchte. **II.** *mit SICH* ■ *jmd. versteckt sich sich verbergen* Die Jungen versteckten sich im Heu., Das Kind versteckte sich hinter seiner Mutter. ■ **sich vor/neben jemandem nicht zu verstecken brauchen** (*umg.*): *ebenbürtig sein*

Ver·stẹck·spiel das <-(e)s, -e> (*meist Sing.*) **1.** *ein* (*Kinder-*)*Spiel, bei dem ein Teilnehmer seine Mitspieler* (*in ihren Verstecken*) *suchen muss* **2.** (*abwert.*) (*unter Erwachsenen*) *Täuschungsmanöver, Heimlichtuerei* Er spricht nie offen zu mir, ständig habe ich den Eindruck von einem Versteckspiel.

ver·stẹckt (*Part. Perf. zu „verstecken"*) *Adj.* (↔ *offen*) *nicht offen, nicht direkt* Sie hörte aus seinen Worten einen versteckten Vorwurf/eine versteckte Drohung heraus.

ver·st<u>e</u>·hen <verstehst, verstand, hat verstanden> **I.** *mit OBJ* **1.** ■ *jmd. versteht jmdn./etwas geistig, intuitiv erfassen, durchdringen* Ich habe die Frage/das Problem nicht verstanden., Ich glaube, ich kann dich verstehen. **2.** ■ *jmd. versteht etwas deutlich und gut hören können* Sprich bitte etwas lauter, ich kann dich kaum verstehen. **3.** ■ *jmd. versteht etwas akzeptieren, nachvollziehen* Ich kann deine Angst/Bedenken/Reaktion gut/halbwegs/ nur teilweise/überhaupt nicht verstehen. **4.** ■ *jmd. versteht etwas gut können* Sie versteht ihr Handwerk. **5.** ■ *jmd. versteht etwas von etwas Dat. Kenntnisse über etwas haben* Sie versteht viel von klassischer Musik. **II.** *mit SICH* **1.** ■ *jmd. versteht sich mit jmdm.,* ■ *mehrere Personen verstehen sich eine gute, von gegenseitigem Verständnis getragene Beziehung haben* Ich habe mich immer gut mit ihm verstanden., Sie waren schon lange befreundet und verstanden sich gut. **2.** ■ *jmd. versteht sich auf etwas Akk. etwas beherrschen; gut können* Sie verstand sich hervorragend auf das Cellospiel.

ver·st<u>ei</u>·fen <versteifst, versteifte, hat/ist ver-

steift> **I.** *mit OBJ* ■ *jmd. versteift etwas* (*haben*) *steifer, fester machen* Der Schneider versteift den Hemdkragen. **II.** *ohne OBJ* (*sein*) *steif werden* Das Gelenk versteifte. **III.** *mit SICH* ■ *jmd. versteift sich auf etwas Akk.* (*haben*) *auf etwas beharren* Er hatte sich auf diesen Gedanken versteift.

ver·stei·gen <versteigst, verstieg, hat verstiegen> *mit SICH* ■ *jmd. versteigt sich* (*zu etwas Dat.*) **1.** *sich anmaßen* Sie hatte sich zu der ungeheuerlichen Behauptung verstiegen, dass … ►Verstiegenheit **2.** *sich beim Bergsteigen verirren* Sie hatten sich in der Felswand verstiegen und fanden den Pfad nicht mehr.

Ver·stei·ge·rer der <-s, -> (≈ *Auktionator*) *jmd., der eine Versteigerung leitet* Der Versteigerer darf selbst nicht etwas ersteigern.

ver·stei·gern <versteigerst, versteigerte, hat versteigert> *mit OBJ* ■ *jmd. versteigert etwas bei einer Versteigerung anbieten* Man kann nur die Dinge versteigern, die der Versteigerer zur Versteigerung akzeptiert.

Ver·stei·ge·rung die <-, -en> (≈ *Auktion*) *eine Veranstaltung, bei der eine Ware an den Kunden verkauft wird, der am meisten Geld dafür bietet* ◆ Zwangs-

ver·stei·nern <versteinerst, versteinerte, ist versteinert> *ohne OBJ* **1.** ■ *etwas/ein Tier versteinert zu Stein werden* Tiere und Pflanzen können versteinern. **2.** ■ *jmd./etwas versteinert* (*geh. übertr.*) *erstarren* Sein Gesichtsausdruck versteinerte., wie versteinert dastehen

Ver·stei·ne·rung die <-, -en> **1.** *das Versteinern* Die Versteinerung seines Charakters war erschreckend. **2.** *ein versteinertes Lebewesen, Fossil* Im Museum betrachteten wir Versteinerungen, die über eine Million Jahre alt waren.

ver·stell·bar <nicht steig.> *Adj. in der Position ode rLage veränderbar* Die Sitze des Autos sind stufenlos verstellbar.

ver·stel·len <verstellst, verstellte, hat verstellt> **I.** *mit OBJ* ■ *jmd. verstellt etwas* **1.** *die Stellung verändern* Lässt sich der Sitz auch verstellen? **2.** *versperren* Einkaufswagen verstellten den Eingang. **3.** *verändern, um nicht erkannt zu werden* Er verstellte am Telefon seine Stimme. **4.** *an einen anderen, falschen Ort stellen* Er verstellte in der Bibliothek die Bücher, so dass sie von anderen nicht mehr gefunden werden konnten. **II.** *mit SICH* ■ *jmd. verstellt sich sich anders geben, als man ist* (*um jmdn. zu täuschen*) Sie hatte sich die ganze Zeit über verstellt, um nicht erkannt zu werden.

Ver·stel·lung die <-, -en> **1.** (*meist Sing.*) *das Verstellen I.1* Das Verstellen der Schraube ist nicht schwer. **2.** (*kein Plur.*) *das Verstellen II* Die Verstellung des Kranken war so perfekt, dass der Arzt zu einer Fehldiagnose kam.

Ver·stel·lungs·künst·ler, **Ver·stel·lungs·künst·le·rin** der <-s, -> *jmd., der sich gut verstellen II kann*

ver·step·pen *ohne OBJ* ■ *etwas versteppt zu Steppe werden* Bei zu großer Trockenheit versteppt das Grasland.

Ver·step·pung die <-, -en> *das Versteppen*

ver·ster·ben <verstirbst, verstarb, ist verstorben> *ohne OBJ* ■ *jmd. verstirbt* (*geh.*) (*eines natürlichen Todes*) *sterben* Vor zwei Jahren ist mein Onkel verstorben.

ver·steu·ern <versteuerst, versteuerte, hat versteuert> *mit OBJ* ■ *jmd. versteuert etwas Steuern für etwas bezahlen* Selbstverständlich musst du dein Einkommen versteuern.

Ver·steu·e·rung die <-, -en> *das Versteuern*

ver·stim·men <verstimmst, verstimmte, hat verstimmt> **I.** *mit OBJ* ■ *jmd. verstimmt jmdn. verärgern* Sie hat ihn mit dieser Bemerkung sichtlich verstimmt. **II.** *mit SICH* ■ *etwas verstimmt sich ein Musikinstrument verliert die Stimmung* Aufgrund der hohen Luftfeuchtigkeit hat sich das Klavier stark verstimmt.

ver·stimmt (*Part. Perf. zu „verstimmen"*) *Adj.* **1.** *verärgert, übel gelaunt* Nach diesen Misserfolgen bin ich richtig verstimmt. **2.** MUS. *so, dass es die richtige Stimmung verloren hat* Die Geige/Das Klavier ist völlig verstimmt.

Ver·stim·mung die <-, -en> *das Verstimmtsein* Die Verstimmung der Leute drückte sich in ihren Protestrufen aus.

ver·stockt *Adj.* (*abwert.*) *starrsinnig, uneinsichtig, nicht bereit zur Reue* ■ **ein verstockter Sünder**: *ein zur Buße nicht bereiter Sünder*

Ver·stockt·heit die <-> (*kein Plur.*) *Trotz, Uneinsichtigkeit, Verstocktsein* Seine Verstocktheit hinderte ihn daran, einen Rat anzunehmen.

ver·stoh·len *Adj.* (*geh.*) *heimlich, unbeobachtet, unauffällig* seine verstohlenen Blicke zu ihr hin, Sie schaute sich verstohlen um.

ver·stop·fen <verstopfst, verstopfte, hat verstopft> *mit OBJ* **1.** ■ *jmd./etwas verstopft etwas jmd. verschließt etwas* Sie hat das Schlüsselloch mit Papier verstopft. **2.** ■ *etwas verstopft etwas etwas verhindert den Durchgang* (*durch ein Rohr/eine Straße*) Die vielen Haare haben den Abfluss verstopft., Die vielen Autos verstopfen die Straßen.

Ver·stop·fung die <-, -en> (*kein Plur.*) **1.** *das Verstopfen; der Zustand, dass etwas verstopft ist* **2.** MED. *das Ausbleiben des Stuhlgangs*

Ver·stor·be·ne der/die <-n, -n> (*geh.*) *jmd., der verstorben ist* Der Verstorbene wird aufgebahrt., Die Erinnerung an den Verstorbenen wird niemals verblassen.

ver·stört *Adj. seelisch und geistig verwirrt* Er macht noch immer einen sehr verstörten Eindruck.

Ver·stoß der <-es, Verstöße> *das Verstoßen II* Der Verstoß gegen das Gesetz wird mit Gefängnisstrafe geahndet.

ver·sto·ßen <verstößt, verstieß, hat verstoßen> **I.** *mit OBJ* ■ *jmd. verstößt jmdn. aus einer Gemeinschaft ausschließen* Der Vater verstieß seine Tochter. **II.** *ohne OBJ* ■ *jmd. verstößt gegen etwas Akk. ein Gesetz, eine Bestimmung, eine Vorschrift verletzen, zuwiderhandeln* Sie hat schon mehrmals gegen das Gesetz verstoßen., Der Fußballspieler verstieß mehrfach gegen die Regeln.

ver·strahlt *Adj. mit Strahlen verseucht* Nach dem Reaktorunfall waren sämtliche Organismen in der Umgebung verstrahlt.

Ver·stre·bung die <-, -en> TECHN. *eine stützende Querverbindung zwischen zwei Balken* ◆ Längs-, Quer-

ver·strei·chen <verstreichst, verstrich, hat/ist verstrichen> **I.** *mit OBJ* ■ *jmd. verstreicht etwas* (*haben*) **1.** *Farbe, Salbe o.Ä, auftragen und verbrauchen* Er hat die gesamte Farbe verstrichen. **2.** ■ *jmd. verstreicht etwas auf etwas Dat. gleichmäßig durch Streichen auf etwas verteilen* die Marmelade auf dem Tortenboden verstreichen **II.** *ohne OBJ* ■ *etwas verstreicht* (*geh. sein*) *ungenutzt vergehen* Seit dem Unfall war viel Zeit verstrichen., Er ließ die Gelegenheit ungenutzt verstreichen.

ver·streu·en <verstreust, verstreute, hat verstreut> *mit OBJ* **1.** ■ *jmd. verstreut etwas auf etwas Dat. durch Streuen auf einer Fläche verbreiten* Wir haben die Düngerkörner gleichmäßig auf dem Rasen verstreut. **2.** ■ *jmd. verstreut etwas* (≈ *verschütten*) Ich habe etwas Mehl verstreut. **3.** *da und dort hinlegen, hinsetzen oder hinstellen und dort lassen* Das Kind hatte seine Spielsachen im ganzen Zimmer verstreut., Die Häuser lagen weit verstreut in der Landschaft.

ver·stri·cken <verstrickst, verstrickte, hat verstrickt> **I.** *mit OBJ* ■ *jmd./etwas verstrickt jmdn. in etwas Akk. jmdn. in eine unangenehme, unübersichtliche Situation bringen* Diese Verschwendungen verstrickten schließlich seine ganze Familie in eine schwierige finanzielle Situation. **II.** *mit SICH* ■ *jmd. verstrickt sich* (*in etwas Akk.*) *sich in eine unangenehme Lage bringen* Der Angeklagte hatte sich in Widersprüche verstrickt. ▶Verstrickung

ver·stüm·meln <verstümmelst, verstümmelte, hat verstümmelt> *mit OBJ* **1.** ■ *jmd./etwas verstümmelt jmdn./sich/etwas jmdn. oder sich durch Abtrennen einzelner Körperteile schwer verletzen und entstellen* Er verstümmelte sich durch Abschneiden eines Fingers, um vom Kriegsdienst befreit zu werden **2.** ■ *etwas verstümmelt etwas* (*meist im Passiv*) *durch Unachtsamkeit oder Missverständnis entstellen* Durch die unvollständige Datenübertragung wurde der Text der E-Mail völlig verstümmelt.

Ver·stüm·me·lung die <-, -en> **1.** *das Verstümmeln, Verstümmeltwerden* Viele erlitten im Krieg eine Verstümmelung., die Verstümmelung vieler Menschen jährlich durch Landminen **2.** *das Verstümmeltsein* Die Verstümmelung seines Körpers ertrug er jahrelang mit Geduld., Die Verstümmelung des Textes war so groß, dass man ihn nicht mehr verstehen konnte.

ver·stum·men <verstummst, verstummte, ist verstummt> *ohne OBJ* **1.** ■ *jmd. verstummt jmd. hört auf zu sprechen oder zu singen* Sie verstummte plötzlich/jäh. **2.** ■ *etwas verstummt* (*geh.; von Gesprächen, Musik, Lauten, Geräuschen, Lärm*) *etwas hört auf* Als er den Raum betrat, verstummte die Unterhaltung.

Ver·such der <-(e)s, -e> **1.** *eine Handlung, mit der etwas versucht I.1, I.2 wird* ein aussichtsloser/geglückter/ kühner/letzter/verzweifelter Versuch ◆ Flucht-, Mord-, Schreib- **2.** *ein* (*naturwissenschaftliches oder psychologisches*) *Experiment* Wir haben im Labor einige Versuche durchgeführt. ◆-sabteilung, -sgelände, -slabor, Labor-, Tier-, **3.** SPORT *in einem sportlichen Wettkampf das Ausführen einer Übung* Die Weitspringer haben drei Versuche.

ver·su·chen **I.** *mit OBJ* **1.** ■ *jmd. versucht etwas sich bemühen, etwas Schwieriges zu tun* Die Bergsteiger versuchten, den Gipfel über eine neue Route zu erreichen. **2.** ■ *jmd. versucht etwas* (*aus*)*probieren* Ich habe schon einige Salben versucht, aber keine hat bisher geholfen., Ich möchte auch einmal versuchen, ob ich das schon kann. **3.** ■ *jmd. versucht etwas* (≈ *kosten*) *eine Speise oder ein Getränk probieren* Habt ihr diese Früchte schon versucht?, Kann ich auch einmal von dem Wein versuchen? **4.** ■ *jmd. versucht es mit jmdm./etwas jmd. probiert aus, ob jmd. oder etwas geeignet ist, eine bestimmte Aufgabe oder Funktion zu erfüllen* Der eine Schlüssel passt nicht – ich versuche es mal mit dem anderen. **5.** ■ *jmd. versucht jmdn.* (*veralt.*) *jmd. bringt jmdn. in Versuchung* Der Teufel versucht den Menschen. **II.** *mit SICH* ■ *jmd. versucht sich an/in etwas Dat. jmd. tut etwas zur Probe, um festzustellen, ob er es kann* Sie versucht sich jetzt in der Malerei., Ich habe mich an der Reparatur des Fahrrads versucht. ■ **jemand versucht es noch einmal mit jemandem**: *jmd. gibt jmdm., der einen Fehler gemacht hat, noch einmal eine Chance* Obwohl Sie viele Fehler gemacht haben, will ich es noch einmal mit Ihnen versuchen.

Ver·suchs·an·la·ge die <-, -n> *eine Anlage, mit deren Hilfe Versuche durchgeführt werden* Die Atomphysik kommt ohne die Versuchsanlage eines Teilchenbeschleunigers nicht aus.

Ver·suchs·an·ord·nung die <-, -en> *alle für einen wissenschaftlichen Versuch geschaffenen Bedingungen* Die Versuchsanordnung verlangt, dass alle Messgeräte neu justiert werden.

Ver·suchs·boh·rung die <-, -en> (≈ *Probebohrung*) *eine Testbohrung, die zeigen soll, ob irgendwo bestimmte Bodenschätze lagern*

Ver·suchs·er·geb·nis das <-ses, -se> *das Ergebnis eines Versuchs*[2] Die Versuchsergebnisse wurden in einem Diagramm dargestellt.

Ver·suchs·ka·nin·chen das <-s, -> (*umg. abwert.*) *eine Person, mit der man einen Versuch*[2] *durchführt oder etwas ausprobiert* „Wenn ich so von dir ausgefragt werde, fühle ich mich wie ein Versuchskaninchen"

Ver·suchs·per·son die <-, -en> (≈ *Proband*) *eine Person, mit der man einen Versuch*[2] *durchführt*

Ver·suchs·rei·he die <-, -n> *eine Serie von Versuchen*[2]

ver·suchs·wei·se *Adv.* (≈ *probeweise*) *so, dass eine Lösung noch nicht endgültig ist und sich erst in einem Versuch bewähren muss* Wir haben versuchsweise eine neue Regelung eingeführt.

Ver·su·chung die <-, -en> (≈ *Verlockung*) *der starke Wunsch, etwas zu tun, das man nicht tun sollte* Trotz der Warnungen erlag er der Versuchung., „Führe uns nicht in Versuchung" (aus dem christlichen Gebet „Vaterunser")

ver·sump·fen <versumpfst, versumpfte, ist versumpft> *ohne OBJ* **1.** ■ *etwas versumpft zu Sumpflandschaft werden* Der See ist versumpft. **2.** ■ *jmd. versumpft* (*umg.*) *lange feiern und viel trinken* Ich bin letzte Nacht in einer Kneipe versumpft.

ver·sün·di·gen <versündigst, versündigte, hat versündigt> *mit SICH* ■ *jmd. versündigt sich* (*an jmdm./etwas*) (*geh.*) *unrecht und schlecht handeln und jmdm. oder etwas schaden* Mit solchen Bauprojekten versündigt man sich an der Natur. ■ **Versündige dich nicht!**: *verwendet, um eine religiös verstandene Warnung vor einer Verfehlung auszusprechen*

ver·sun·ken (*Part. Perf. zu „versinken"*) *Adj.* **1.** *verschwunden, ausgelöscht* Ich habe mir ein Buch über die versunkene Kultur der Azteken gekauft. **2.** *so vertieft, dass man nichts anderes mehr bemerkt* Er war ganz in Gedanken versunken.

ver·sü·ßen <versüßt, versüßte, hat versüßt> *mit OBJ* ■ *jmd. versüßt sich/jmdm. etwas etwas für sich oder jmdn. angenehmer machen* Sie wollten sich/den Kindern das Leben versüßen.

Ver·tä·fe·lung die <-, -en> (≈ *Täfelung*) Die Vertäfelung in diesem historischen Saal ist aus Eiche.

ver·ta·gen <vertagst, vertagte, hat vertagt> **I.** *mit OBJ* ■ *jmd. vertagt etwas* (≈ *verschieben*) *eine Sache bis auf weiteres ohne Ergebnis oder Beschluss beenden und einen neuen Termin dafür ansetzen* Man vertagte die Sitzung aufgrund von Terminschwierigkeiten., Die Entscheidung wurde bis auf weiteres vertagt. **II.** *mit SICH* ■ *jmd. vertagt sich eine Sitzung abbrechen und später fortsetzen* Das Gericht vertagte sich.

Ver·ta·gung die <-, -en> *das (Sich-)Vertagen* Die Vertagung des Termins scheint hier das einzig Sinnvolle.

ver·tau·schen <vertauschst, vertauschte, hat vertauscht> *mit OBJ* ■ *jmd. vertauscht etwas* (*mit etwas Dat.*) **1.** *gegen etwas tauschen* Der Professor hat seinen Lehrstuhl mit einem Sitz im Parlament vertauscht., Mein Kollege und ich, wir haben unsere Büros vertauscht. **2.** *verwechseln; irrtümlich das eine für das andere nehmen* Sie hat unsere Tennisschläger vertauscht und nicht gemerkt, dass sie meinen genommen hat.

ver·tei·di·gen <verteidigst, verteidigte, hat verteidigt> *mit OBJ* ■ *jmd. verteidigt etwas/jmdn.* **1.** *einen Angriff von sich oder jmdm. oder etwas abwehren* Die Soldaten verteidigen die Stadt gegen die Angreifer., Ich verteidigte mich mit bloßen Fäusten. **2.** ■ *jmd. verteidigt etwas/jmdn. für eine kritisierte Person, Sache argumentieren* Sie verteidigte ihre Thesen. **3.** ■ *jmd. verteidigt jmdn.* RECHTSW. *für einen Klienten vor Gericht eintreten* Wer verteidigt den Angeklagten? **4.** SPORT *sich bemühen, einen Spielstand zu halten* Die Mannschaft verteidigte ihr Unentschieden bis zum Schlusspfiff.

Ver·tei·di·ger, **Ver·tei·di·ge·rin** der <-s, -> **1.** *jmd., der jmdn. oder etwas verteidigt* Nicht nur Feministinnen sind Verteidigerinnen der Chancengleichheit. **2.** (RECHTSW.: ↔ *Staatsanwalt*) *Rechtsanwalt, Strafverteidiger* Im Strafprozess vertritt der Verteidiger die Rechte des Angeklagten. **3.** (SPORT: ≈ *Stürmer*) *ein Spieler, dessen Aufgabe es ist, Tore der Gegenmannschaft zu verhindern*

Ver·tei·di·gung die <-, -en> **1.** (≈ *Selbstverteidigung*) *das (Sich-)Verteidigen (mit Taten)* Zu meiner Verteidigung gegen Raubüberfälle werde ich Boxen/Karate lernen. **2.** *das (Sich-)Verteidigen (mit Worten)* „Wenn Sie mich in ihrer Rede so attackieren, was soll ich da zu meiner Verteidigung sagen?" **3.** (*kein Plur.*) MILIT. *das Militärwesen (in Friedenszeiten)* Für die Verteidigung wird in diesem Jahr weniger ausgegeben. **4.** RECHTSW. *der oder die Verteidiger*[2] Die Verteidigung zieht ihren Antrag zurück. **5.** (SPORT: ↔ *Sturm*) *alle Spieler einer Mannschaft, die als Verteidiger spielen*

Ver·tei·di·gungs·krieg der <-es, -e> (≈ *Defensivkrieg* ↔ *Angriffskrieg*) *ein Krieg, den ein Land führt, um sich vor einem gegnerischen Angriff zu verteidigen*

Ver·tei·di·gungs·mi·nis·ter, **Ver·tei·di·gungs·mi·nis·te·rin** der <-s, -> *der für das Militärwesen zuständige Minister*

Ver·tei·di·gungs·mi·nis·te·rium das <-s, Verteidigungsministerien> *das Ministerium, das mit den Fragen der (militärischen) Verteidigung des eigenen Landes beschäftigt ist*

ver·tei·len **I.** *mit OBJ* **1.** ■ *jmd./etwas verteilt etwas* (*an jmdn./etwas*) *Dinge gleicher oder ähnlicher Art an mehrere Personen/an etwas geben oder austeilen* Sie verteilt den Kuchen an die Kinder., Wir verteilten Prospekte in der Fußgängerzone (an die Passanten). **2.** ■ *jmd. verteilt etwas auf etwas Dat. aufteilen und ausgewogen an verschiedene Stellen bringen* Wir sollten die Ladung gleichmäßig auf dem Anhänger verteilen., Die Flüsse verteilen das Wasser über das ganze Land. **II.** *mit SICH* ■ *jmd./etwas verteilt sich jmd. oder etwas breitet sich in einer Umgebung aus* Die Studenten verteilten sich bei der Examensarbeit über den ganzen Hörsaal., Der Brandgeruch verteilt sich im ganzen Haus.

Ver·tei·ler der <-s, -> **1.** *jmd., der etwas verteilt*[1] **2.** WIRTSCH. *jmd., der als (Einzel-)Händler Waren vertreibt* **3.** *eine Liste von Personen, an die Rundschreiben geschickt werden* jemanden in den Verteiler aufnehmen/aus dem Verteiler streichen

Ver·tei·ler·do·se die <-, -n> ELEKTROTECHN. *ein kleines Gehäuse, von dem aus verschiedene elektrische Leitungen abzweigen*

Ver·tei·ler·kas·ten der <-s, Verteilerkästen> ELEKTROTECHN. *ein Kasten, von dem aus Elektrizität in verschiedene Leitungen verteilt wird*

Ver·tei·lung die <-> (*kein Plur.*) *das Verteilen*

Ver·tei·lungs·kampf der <-(e)s, Verteilungskämpfe> ■ **einen Verteilungskampf um etwas führen**: *einen Streit unter denjenigen austragen, die sich etwas teilen müssen* Als Nahrungsmittel in die Hungergebiete gebracht wurden, kam es unter den Einheimischen zu Verteilungskämpfen.

ver·te·le·fo·nie·ren *mit OBJ* ■ *jmd. vertelefoniert etwas Geld für Telefongespräche ausgeben* Seit ich in eine andere Stadt ziehen musste, vertelefoniere ich jeden Monat ziemlich viel Geld mit meiner Freundin.

ver·teu·ern <verteuerst, verteuerte, hat verteuert> **I.** *mit OBJ* ■ *etwas verteuert etwas teurer machen;* (↔ *verbilligen*) Der längere Transportweg verteuert den Endpreis der Waren. **II.** *mit SICH* ■ *etwas verteuert sich teurer werden;* (↔ *verbilligen*) Im letzten Jahr haben sich die Lebensmittel um 10% verteuert.

Ver·teu·e·rung die <-> (*kein Plur.*) *das Verteuern*

ver·teu·feln <verteufelst, verteufelte, hat verteufelt> *mit OBJ* ■ *jmd. verteufelt jmdn./etwas als etwas Akk.* (*abwert.*) *als sehr schlecht, gefährlich oder böse darstellen* Die Kirche verteufelte ihn als Ketzer., Man hat auch diese Erfindung zunächst verteufelt.

ver·teu·felt (*Part. Perf. zu „verteufeln"*) *Adj.* (*umg.*) **1.** (≈ *verflixt*) *schwierig, unangenehm* Wie kommen wir aus dieser verteufelten Situation bloß wieder heraus? **2.** *sehr groß oder stark* Ich habe einen ganz verteufelten Hunger. **3.** (≈ *verflucht*) *sehr* Wir steckten damals in einer verteufelt schwierigen Lage.

Ver·teu·fe·lung die <-, -en> *das Verteufeln*

ver·ti·cken <vertickst, vertickte, hat vertickt> *mit OBJ* ■ *jmd. vertickt etwas* (*Jargon*) *verkaufen; mit etwas* (*illegal*) *Handel treiben* Er hielt sich mit Gelegenheitsjobs über Wasser und soll gelegentlich in Technoclubs Ecstasypillen vertickt haben.

ver·tie·fen <vertiefst, vertiefte, hat vertieft> **I.** *mit OBJ* **1.** ■ *jmd. vertieft etwas tiefer machen* Wir mussten den Brunnenschacht vertiefen. **2.** *gedanklich tiefer in ein Thema eindringen, Wissen erweitern* Im zweiten Teil des Seminars werden wir den behandelten Stoff vertiefen. **II.** *mit SICH* **1.** ■ *jmd./etwas vertieft sich tiefer werden* Im Laufe der Jahre haben sich die Falten in seinem Gesicht vertieft. **2.** ■ *jmd. vertieft sich in etwas Akk. sich mit etwas intensiv beschäftigen, so dass man seine Umgebung vergisst* Er vertiefte sich in seine Zeitung/in die Lektüre seines Romans.

Ver·tie·fung die <-, -en> **1.** *das gedankliche Vertiefen; die Wissenserweiterung* Der Aufbaukurs dient der Vertiefung des Stoffes. **2.** (↔ *Erhebung*) *tiefer gelegener Teil einer Fläche* Auf der Unterseite der Platte sind Vertiefungen.

ver·ti·kal <nicht steig.> *Adj.* (≈ *senkrecht* ↔ *horizontal*) *so, dass etwas entlang einer senkrechten* (*gedachten*) *Linie ausgerichtet ist*

Ver·ti·ka·le die <-, -en> (↔ *Horizontale*) *eine senkrechte Gerade* Die Mauerkante bildet eine Vertikale.

ver·til·gen <vertilgst, vertilgte, hat vertilgt> *mit OBJ* ■ *jmd. vertilgt etwas* **1.** (≈ *ausrotten*) (*Ungeziefer oder Unkraut*) *mit geeigneten Mitteln vernichten* **2.** (*umg. scherzh.*) *restlos aufessen* Bereits auf den ersten Kilometern habe ich meinen ganzen Proviant vertilgt.

Ver·til·gung die <-> (*kein Plur.*) *das Vertilgen*[1]

Ver·til·gungs·mit·tel das <-s, -> *ein Mittel, das zur Vernichtung von Unkraut oder Ungeziefer eingesetzt wird* Unkraut wird häufig mit chemischen Vertilgungsmitteln bekämpft. ◆ Unkraut-

ver·tip·pen *mit SICH* (*umg.*) ■ *jmd. vertippt sich beim Schreiben mit einer Schreibmaschine oder am Computer einen Fehler machen* Aus Eile habe ich mich bei dem Wort „Mänsch" vertippt, es muss natürlich „Mensch" heißen.

ver·to·nen <vertonst, vertonte, hat vertont> *mit OBJ* ■ *jmd. vertont etwas eine Melodie zu einem Text oder Film komponieren* Eisler vertonte einige Stücke von Brecht.

Ver·to·nung die <-, -en> *das Vertonen* Schuberts Vertonungen einiger Schillerschen Balladen sind noch heute ziemlich unbekannt.

ver·trackt *Adj.* (*umg.*) *schwierig, verworren, ärgerlich* Wir hatten uns in eine vertrackte Situation manövriert. ▶Vertracktheit

Ver·trag der <-(e)s, Verträge> RECHTSW. **1.** *eine* (*schriftliche*) *Vereinbarung, in der eine bestimmte Sache rechtsgültig zwischen zwei Parteien geregelt wird* Er hat den Vertrag erfüllt/gebrochen/gekündigt/ gelöst/verletzt., Die Laufzeit des Vertrages beträgt drei Jahre., Das Theater nahm eine neue Schauspielerin unter Vertrag. **2.** *das Dokument, in dem ein Vertrag*[1] *ausgearbeitet ist* Sie hat den Vertrag unterschrieben., Der Vertrag trägt das Siegel des Notars. ◆ -sbruch, -text, -verletzung, Arbeits-, Ehe-, Kauf-, Leasing-, Miet-, Pacht-, Werk-

ver·tra·gen <verträgst, vertrug, hat vertragen> **I.** *mit OBJ* ■ *jmd. verträgt etwas* **1.** *ohne Schaden etwas aushalten können* Ich kann die Hitze/das Klima gut vertragen. **2.** *gesundheitlich nicht schaden* Sie verträgt keinen Kaffee/keinen Rauch., Sie vertragen nur warme Speisen. **3.** *ertragen, akzeptieren* Er verträgt keine Kritik. **4.** (*schweiz.*) *etwas austragen* (*z.B. Zeitungen*) **II.** *mit SICH* **1.** ■ *jmd. verträgt sich mit jmdm. gut miteinander auskommen* Wir haben uns vom ersten Tag gut an vertragen. **2.** ■ *jmd. verträgt sich wieder mit jmdm. versöhnen* Wollen wir uns nicht wieder vertragen? **3.** ■ *etwas verträgt sich mit etwas vereinbar sein* Alkohol und Tabletten vertragen sich nicht.

ver·trag·lich <nicht steig.> *Adj. durch einen Vertrag bestimmt* Wir haben das vertraglich festgelegt/geregelt., Ehepartner sind vertraglich gebunden., Wie bewerten Sie als Jurist die vertragliche Seite der Angelegenheit?

ver·träg·lich <nicht steig.> *Adj.* **1.** (≈ *umgänglich*) *so, dass Menschen keine Schwierigkeiten haben, sich mit jmdm. gut zu vertragen* Er ist ein verträglicher Mensch. **2.** (≈ *bekömmlich*) *so, dass die Einnahme von etwas nicht zu Problemen oder Unwohlsein führt* Das Medikament ist gut verträglich.

Ver·trags·ab·schluss der <-es, Vertragsabschlüsse> *das Abschließen eines Vertrags* Die erste Rate wird bei Vertragsabschluss gezahlt.

Ver·trags·be·din·gung die <-, -en> *eine in einem Vertrag genannte Bedingung*

Ver·trags·bruch der <-s, Vertragsbrüche> *die Nichteinhaltung eines Vertrags*

ver·trags·brü·chig <nicht steig.> *Adj. so, dass man Vertragsbruch begangen hat* Mit der Einstellung seiner Zahlungen wurde er vertragsbrüchig.

Ver·trags·dau·er die <-> (*kein Plur.*) *die Laufzeit eines Vetrags*

Ver·trags·ent·wurf der <-(e)s, Vertragsentwürfe> *einem Vertrag vorausgehender Entwurf*

ver·trags·ge·mäß <nicht steig.> *Adj.* (↔ *vetragswidrig*) *dem Vertrag entsprechend*

Ver·trags·part·ner, **Ver·trags·part·ne·rin** der <-s, -> *einer der beiden Partner, die einen Vertrag schließen*

Ver·trags·stra·fe die <-, -n> (≈ *Konventionalstrafe*) *eine Strafe, die jmd. bezahlen muss, wenn er eine vertragliche zugesicherte Leistung nicht wie vereinbart erbringt* Nachem die Lieferung entgegen dem Vertrag ein halbes Jahr später kam, wurde die Vertragsstrafe fällig.

Ver·trags·ver·hand·lung die <-, -en> *eine Verhandlung, die in der Absicht geführt wird, eine vertragliche Einigung zwischen den Partnern herbeizuführen*

Ver·trags·werk·statt die <-, Vertragswerkstätten> *eine Werkstatt, die solche Autos, Geräte oder Maschinen repariert, für die sie vom Hersteller autorisiert ist* Ich habe meinen Wagen in die Vertragswerkstatt zur Reparatur gebracht.

ver·trags·wid·rig <nicht steig.> *Adj.* (↔ *vertragsgemäß*) *einem Vertrag nicht entsprechend, nicht vertragsgemäß* Sie haben den Vertrag unterschrieben, und wenn Sie ihn nicht einhalten, so handeln Sie vertragswidrig.

Ver·trau·en das <-s> (*kein Plur.*) *das Gefühl, der feste Glaube, dass man einer Person oder einer Macht persönliche Dinge und Gefühle ohne Risiko sagen kann und dass diese Person oder Macht absolut verlässlich ist* Was sie betrifft, so habe ich blindes/grenzenloses/unerschütterliches Vertrauen., Ich setze mein ganzes Vertrauen auf Gott., Nichts konnte sein Vertrauen zu seinem Freund erschüttern., Sie hat sein Vertrauen enttäuscht/gewonnen/verdient. ◆ Getrennt- oder Zusammenschreibung→R 4.3, R 4.12 Vertrauen erweckend/vertrauenerweckend; Getrenntschreibung→R 4.3, R 4.12 großes Vertrauen erweckend; Zusammenschreibung→R 4.12 äußerst/sehr vertrauenerweckend, noch vertrauenerweckender

ver·trau·en <vertraust, vertraute, hat vertraut> *ohne OBJ* **1.** ■ *jmd. vertraut* REL. *Vertrauen empfinden* Vertraue doch, das Leben hat einen Sinn! **2.** ■ *jmd. vertraut jmdm. sich auf jmdn. verlassen; jmdn. für zuverlässig halten* Geschäftspartner sollten einander vertrauen können., Du kannst ihm blind vertrauen. **3.** ■ *jmd. vertraut auf jmdn./etwas glauben, dass jmd. oder etwas in der Lage ist, ein Problem zu lösen* Er vertraut auf seine Fähigkeiten/auf seine Kraft., Ich vertraue auf mein Glück.

ver·trau·en·er·we·ckend <vertrauenerweckender, am vertrauenerweckendsten> *Adj. so, dass man zu jmdm. oder etwas Vertrauen haben kann* Seine Ausstrahlung war nicht besonders/ sehr vertrauenerweckend. *siehe aber auch* **Vertrauen**

Ver·trau·ens·arzt, **Ver·trau·ens·ärz·tin** der <-es, Vertrauensärzte> *ein Arzt, der im Auftrag einer Krankenkasse Krankheitsfälle von Versicherten* (*im Hinblick auf Arbeitsunfähigkeit*) *zu begutachten hat* Nach dem Betriebsunfall wurde ich vom Vertrauensarzt für vier Wochen krank geschrieben.

ver·trau·ens·bil·dend <nicht steig.> *Adj.* POL. *eine Handlung, die dazu führen soll, dass das Vertrauen* (*wieder*) *wachsen kann* Die Hilfsaktion der Regierung war eine vertrauensbildende Maßnahme.

Ver·trau·ens·bruch der <-(e)s, Vertrauensbrüche> *ein Missbrauch des Vertrauens* Nachdem er die private Post seiner Frau geöffnet hatte, machte sie ihm den Vorwurf des Vertrauensbruchs.

Ver·trau·ens·fra·ge die <-, -n> **1.** (*meist Sing.*) *eine Angelegenheit, bei der das Vertrauen einer Person zu einer anderen entscheidend ist* Ob man ihr diese Arbeit geben soll, ist eine Vertrauensfrage. **2.** POL. *eine Anfrage der Regierung oder des Regierungschefs an die Mitglieder des Parlaments, ob sie noch deren Vertrauen genießen* Der Kanzler stellte die Vertrauensfrage.

Ver·trau·ens·frau die <-, -en> *s.* **Vertrauensmann**

Ver·trau·ens·leh·rer, **Ver·trau·ens·leh·re·rin** der <-s, -> SCHULE *ein Lehrer an einer Schule, der Schüler bei persönlichen Problemen berät* Nachdem ein Schüler in der Schule gestohlen hatte, wandten sich die Mitschüler an den Vertrauenslehrer.

Ver·trau·ens·mann der <-(e)s, Vertrauensmänner/Vertrauensleute> **1.** (*Plur.: <-leute>*) *jmd., der die Interessen einer Gruppe gegenüber übergeordneten Instanzen vertritt* Die Verhandlungen mit unseren Auslandsfilialen führen unsere Vertrauensleute. **2.** (*Plur.: <-männer>*) *jmd., der bei schwierigen oder geheimen Geschäften oder Verhandlungen vermittelt* Geheimdiplomatie betrieb man nur mit Vertrauensmännern.

Ver·trau·ens·per·son die <-, -en> *jmd., der großes Vertrauen genießt* Für sie war der Beichtvater zugleich auch eine Vertrauensperson.

Ver·trau·ens·sa·che die <-, -en> **1.** (*meist Sing.*) *eine Frage des Vertrauens* Es ist Vertrauenssache, ob du ihr das sagst. **2.** *eine vertraulich zu behandelnde Angelegenheit* Vertrauenssachen werden nur schriftlich behandelt.

Ver·trau·ens·schwund der <-(e)s> (*kein Plur.*) *das Nachlassen des Vertrauens in jmdn.* Nach der sehr oberflächlichen Behandlung des Arztes empfinde ich einen Vertrauensschwund ihm gegenüber.

ver·trau·ens·se·lig *Adj. schnell und kritiklos bereit, anderen zu vertrauen* Er hat ein vertrauensseligen Wesen und erzählt alles über sein privates Leben.

Ver·trau·ens·stel·lung die <-> (*kein Plur.*) *eine* (*berufliche*) *Stellung, die Zuverlässigkeit und Verschwiegenheit erfordert* Er hat seine Vertrauensstellung missbraucht.

Ver·trau·ens·ver·lust der <-(e)s> (*kein Plur.*) *der Zustand, dass jmd. sein Vertrauen verloren hat* Nach dem Streit litt ihre Beziehung unter dem Vertrauensverlust von beiden Seiten.

ver·trau·ens·voll *Adj.* **1.** *voller Vertrauen* Sie können sich jederzeit vertrauensvoll an mich wenden. **2.** *hoffnungsvoll* Sie blickte vertrauensvoll in die Zukunft.

ver·trau·ens·wür·dig *Adj. so, dass man jmdm. vertrauen kann*

ver·trau·lich *Adj.* **1.** (≈ *geheim*) *so, dass es nicht an Unbefugte weitergegeben werden darf* Er erhielt streng vertrauliche Informationen. **2.** (≈ *freundschaftlich*) *so, dass man spürt, dass Menschen schon länger eine enge Beziehung haben* Sie sprachen in vertraulichem Ton miteinander. **3.** (≈ *aufdringlich, zudringlich*) *so, dass jmd. in übertriebener Weise die Nähe zu jmdm. sucht* Wenn man ihn nur freundlich grüßt, wird er sofort plump vertraulich.

Ver·trau·lich·keit die <-, -en> **1.** (*kein Plur.*) *die Eigenschaft, vertraulich[1] zu sein* Sie behandelten die Mitteilung mit aller Vertraulichkeit. **2.** *Aufdringlichkeit, Zudringlichkeit* Während der Kinovorstellung bitte keine Vertraulichkeiten!

ver·träu·men <verträumst, verträumte, hat verträumt> *mit OBJ* ■ *jmd. verträumt etwas nichts tun und seine Zeit bewusst mit Träumereien verbringen* Den ersten Urlaubstag habe ich im Garten auf einem Liegestuhl verträumt., Ich glaube, ich habe meine halbe Jugend(zeit) verträumt.

ver·träumt (*Part. Perf. zu „verträumen"*) *Adj.* **1.** (≈ *versonnen*) *in Gedanken verloren* Sie blickte verträumt übers Meer. **2.** *einsam gelegen, idyllisch* Wir haben in einem verträumten Städtchen gewohnt.

ver·traut (*Part. Perf. zu „vertrauen"*) *Adj.* **1.** *sehr eng befreundet* Die beiden scheinen sehr vertraut miteinander zu sein. **2.** *so gut bekannt, dass man es nicht als fremd empfindet* Auf der großen Party sah ich viele vertraute Gesichter. **3.** *so, dass man etwas gut kennt und beherrscht* Sie ist mit diesem Computerprogramm bestens vertraut.

Ver·trau·te der/die <-n, -n> *ein sehr guter Freund, eine sehr enge Freundin* Seine Geheimnisse konnte er nur einem Vertrauten sagen., Seine Mutter war seine einzige Vertraute, ihr konnte er alles sagen.

Ver·traut·heit die <-> (*kein Plur.*) *das Vertrautsein* Die Vertrautheit mit dem Thema gab ihr große Sicherheit.

ver·trei·ben <vertreibst, vertrieb, hat vertrieben> *mit OBJ* **1.** ■ *jmd./etwas vertreibt jmdn./ein Tier* (*aus etwas Dat.*) *Menschen oder Tiere zwingen, einen Ort zu verlassen* Nach dem Krieg vertrieb man viele Menschen aus ihrer Heimat., Der aufkommende Sturm hat nun auch die letzten Badegäste aus dem Schwimmbad vertrieben. **2.** ■ *jmd./etwas vertreibt jmdn./ein Tier verjagen, verscheuchen* Vertreib doch mal die Wespen!, Die Abholzung des Waldes hat viele Tiere vertrieben. **3.** ■ *jmd. vertreibt etwas* (*in großem Stil*) *verkaufen* Die Firma vertreibt dieses Produkt in alle Welt. ►Vertrieb

Ver·trei·bung die <-, -en> *das Vertreiben[1]* die Vertreibung aus dem Paradies

ver·tret·bar <nicht steig.> *Adj. so, dass man es vertreten I.4 kann* Ich halte einen solchen Standpunkt nicht für vertretbar.

ver·tre·ten <vertrittst, vertrat, hat vertreten> **I.** *mit OBJ* **1.** ■ *jmd. vertritt jmdn. jmdn. zeitweilig ersetzen* Wer vertritt die erkrankte Lehrerin? **2.** ■ *jmd. vertritt jmdn. jmds. Interessen, Rechte wahrnehmen* Die Gewerkschaften sollen die Arbeitnehmer vertreten., Vor Gericht vertritt mich selbstverständlich mein Anwalt. **3.** ■ *jmd. vertritt etwas als Handelsvertreter arbeiten* Er vertritt die Produkte der Firma XY. **4.** ■ *jmd. vertritt etwas sich zu etwas bekennen und es verteidigen* Er vertritt den Grundsatz/den Standpunkt, dass … **II.** *mit SICH* ■ *jmd. vertritt sich etwas* **1.** *unglücklich auftreten und sich das Fußgelenk verletzen oder verstauchen* Auf der Treppe bin ich ausgerutscht und habe mir das Fußgelenk vertreten. **2.** *umherlaufen, um sich wieder Bewegung zu verschaffen* Ich muss nach diesem langen Stillsitzen unbedingt raus und mir die Beine vertreten. ■ **sich die Beine vertreten** (*umg.*): *nach längerem Sitzen ein wenig laufen, um wieder frisch und gelenkig zu werden*

Ver·tre·ter, Ver·tre·te·rin der <-s, -> **1.** (≈ *Handelsverterter*) *jmd., der im Namen einer Firma Kunden besucht, neue Produkte vorstellt, Reklamationen entgegennimmt und Bestellungen aufnimmt* Er ist Vertreter für Staubsauger. **2.** (≈ *Stellvertreter*) *jmd., der jmdn. vertritt I.1* **3.** (≈ *Repräsentant*) Die Abgeordneten sind die Vertreter des Volkes. **4.** (≈ *Exponent*) *jmd., der für eine bestimmte* (*Kunst-/Denk-*)*Richtung typisch ist* Franz Marc ist ein typischer Vertreter des Expressionismus.

Ver·tre·tung die <-, -en> **1.** *das Vertreten I.1., I.2* Er übernimmt die Vertretung der erkrankten Lehrerin. **2.** *jmd., der jmdn. vertritt I.1* Während des Urlaubes hat der Arzt eine Vertretung. **3.** (≈ *Delegation*) *eine Abordnung von Bevollmächtigten* Die Mitglieder der UNO sind Vertretungen der einzelnen Staaten.

Ver·trieb der <-es> (*kein Plur.*) **1.** (*kein Plur.*) *das Vertreiben[3]* **2.** *eine Firma oder Unternehmensabteilung, die Produkte vertreibt[3]* Auf der Messe werden Vertreter der jeweiligen Vertriebe anwesend sein.

Ver·trie·be·ne der/die <-n, -n> *eine Person, die* (*durch einen Krieg aus der Heimat*) *vertrieben[1]* *worden ist*

Ver·triebs·ab·tei·lung die <-, -en> *eine Unternehmensabteilung, die den Vertrieb*[1] *abwickelt*

Ver·triebs·ge·sell·schaft die <-, -en> *eine Firma, die den Vertrieb*[1] *eines oder mehrerer Unternehmen vornimmt*

Ver·triebs·lei·ter, **Ver·triebs·lei·te·rin** der <-s, -> *Leiter eines Vertriebs*[2]

Ver·triebs·weg der <-(e)s, -e> WIRTSCH. *der Weg, auf dem ein Wirtschaftsgut vom Hersteller zum Verbraucher gelangt* Für viele Kunden ist der Vertriebsweg über die Zwischenhändler einfach zu lang.

ver·trim·men *mit OBJ* ■ *jmd. vertrimmt jmdn.* (*umg.*) *verprügeln* Früher konnte ein Vater seinen Sohn vertrimmen und glauben, das sei Erziehung.

ver·trin·ken <vertrinkst, vertrank, hat vertrunken> *mit OBJ* ■ *jmd. vertrinkt etwas* (*umg. abwert.* ≈ *versaufen*) *für alkoholische Getränke vergeuden* Er hat seine ganzen Ersparnisse/ein Vermögen vertrunken.

ver·trock·nen <vertrocknet, vertrocknete, ist vertrocknet> *ohne OBJ* ■ *etwas vertrocknet an Wassermangel eingehen* Im Blumenkasten sind alle Pflanzen vertrocknet.

ver·trö·deln <vertrödelst, vertrödelte, hat vertrödelt> *mit OBJ* ■ *jmd. vertrödelt etwas* (*umg. abwert.* ≈ *verbummeln*) *Zeit sinnlos verstreichen lassen* Er hat den ganzen Vormittag vertrödelt.

ver·trös·ten <vertröstest, vertröstete, hat vertröstet> *mit OBJ* ■ *jmd. veröstet jmdn.* (*auf etwas Akk.*) *jmdn. hinhalten, auf später hoffen lassen* Sie hat unser Treffen abgesagt und mich auf nächste Woche vertröstet., Die Ärzte haben mich mit ihrem „Es wird schon besser werden" immer wieder vertröstet, statt mir die Wahrheit zu sagen.

ver·trot·telt *Adj.* (*umg. abwert.*) *dumm, einfältig, ungeschickt* Er erscheint oft ein wenig vertrottelt, weil er nicht sehr schnell arbeitet.

ver·tun <vertust, vertat, hat vertan> **I.** *mit OBJ* ■ *jmd. vertut etwas* (*abwert.* ≈ *vergeuden, verschwenden*) *auf sinnlose Art verbrauchen* Mit Spielen vertat er viel Zeit. **II.** *mit SICH* ■ *jmd. vertut sich* (*umg.*) *sich irren* Ich habe mich beim Rechnen/in der Zeit vertan., „Ich bin zu früh?! Oh, entschuldigen Sie bitte, ich habe mich in der Zeit vertan!"

ver·tu·schen <vertuschst, vertuschte, hat vertuscht> *mit OBJ* ■ *jmd. vertuscht etwas verbergen, verheimlichen* Man versuchte, den Skandal zu vertuschen., Lange Zeit versuchte er, seine Trunksucht zu vertuschen.

ver·ü·beln <verübelst, verübelte, hat verübelt> *mit OBJ* ■ *jmd. verübelt jmdm. etwas übel nehmen* Er hat es mir sehr verübelt, dass ich vergessen habe, ihn einzuladen., Diesen Scherz hat er mir sehr verübelt.

ver·ü·ben <verübst, verübte, hat verübt> *mit OBJ* ■ *jmd. verübt etwas* (≈ *begehen*) *ausführen* Unbekannte Täter verübten einen Anschlag auf den Politiker., Nach dem Mord verübte der Täter Selbstmord.

ver·ul·ken <verulkst, verulkte, hat verulkt> *mit OBJ* ■ *jmd. verulkt jmdn./etwas* (*umg.*) *sich über jmdn. oder etwas lustig machen* ►Verulkung

ver·un·fal·len *ohne OBJ* ■ *jmd. verunfallt* (*schweiz.*) *verunglücken*

ver·un·glimp·fen <verunglimpfst, verunglimpfte, hat verunglimpft> *mit OBJ* ■ *jmd. verunglimpft jmdn.* (*geh.*) *schmähen, beleidigen* Er hatte seinen politischen Gegner verunglimpft. ►Verunglimpfung

ver·un·glü·cken <verunglückst, verunglückte, ist verunglückt> *ohne OBJ* **1.** ■ *jmd. verunglückt einen Unfall erleiden* Bei einem schweren Autounfall verunglückten drei Menschen tödlich., Ihr Mann ist bereits vor zwanzig Jahren mit dem Motorrad verunglückt. **2.** ■ *etwas verunglückt* (*jmdm.*) (*scherzh.*) *misslingen* Der Kuchen ist leider ein wenig verunglückt.

Ver·un·glück·te der/die <-n, -n> *jmd., der einen Unfall erlitten hat*

ver·un·mög·li·chen, **ver·un·mög·li·chen** <verunmöglichst, verunmöglichte, hat verunmöglicht> *mit OBJ* (*schweiz.*) ■ *jmd./etwas verunmöglicht etwas unmöglich machen, verhindern*

ver·un·rei·ni·gen <verunreinigst, verunreinigte, hat verunreinigt> *mit OBJ* (*geh.*) **1.** ■ *jmd./etwas/ein Tier verunreinigt etwas beschmutzen* Der Hund hat den Teppich verunreinigt. **2.** ■ *etwas verunreinigt etwas unrein machen* Die vielen Abgase verunreinigen die Luft.

Ver·un·rei·ni·gung die <-, -en> *das Verunreinigen*

ver·un·si·chern <verunsicherst, verunsicherte, hat verunsichert> *mit OBJ* ■ *jmd./etwas verunsichert jmdn. unsicher werden lassen* Durch solche Aussagen wollte der Trainer die gegnerische Mannschaft verunsichern., Du verunsicherst mich durch dein Lachen., Ich lasse mich von einer dummen Bemerkung nicht gleich verunsichern.

Ver·un·si·che·rung die <-, -en> (*meist Sing.*) *das Verunsichern*

ver·un·stal·ten <verunstaltest, verunstaltete, hat verunstaltet> *mit OBJ* ■ *jmd./etwas verunstaltet jmdn./etwas entstellen; hässlich machen* Der Anbau verunstaltet das ganze Haus., Die Narbe verunstaltet ihr Gesicht.

ver·un·treu·en <veruntreust, veruntreute, hat veruntreut> *mit OBJ* ■ *jmd. veruntreut etwas* RECHTSW. *unterschlagen; sich etwas unrechtmäßig aneignen, was einem anvertraut worden ist* Der Prokurist soll hohe Summen veruntreut haben.

Ver·un·treu·ung die <-, -en> RECHTSW. *die unberechtigte Aneignunung einer Sache, die einem anvertraut worden ist; das Veruntreuen*

ver·ur·sa·chen <verursachst, verursachte, hat verursacht> *mit OBJ* ■ *jmd./etwas verursacht etwas der Urheber oder die Ursache von etwas Negativem sein* Wer hat den Unfall verursacht?, Eine defekte Gasleitung verursachte die Explosion.

Ver·ur·sa·cher, **Ver·ur·sa·che·rin** der <-s, -> *jmd., der etwas verursacht* (*hat*)

ver·ur·tei·len <verurteilst, verurteilte, hat verur-

V

teilt> *mit OBJ* **1.** ■ *jmd. veruteilt jmdn./etwas* (*zu etwas Dat.*) RECHTSW. *ein Gerichtsurteil sprechen* Der Angeklagte wurde zu zwei Jahren auf Bewährung verurteilt. **2.** ■ *jmd. veruteilt jmdn. missbilligen, ablehnen* Sie verurteilte sein Verhalten aufs Schärfste., Wer wollte ihn wegen eines einzigen Fehlers verurteilen?

Ver·ur·tei·lung die <-, -en> *das Verurteilen*

Ver·ve die ['vɛrvə] <-s> (*kein Plur.*) (*geh.*) *Begeisterung, Elan, Schwung* Sie ist mit Verve an die neue Herausforderung herangegangen.

ver·viel·fa·chen <vervielfachst, vervielfachte, hat vervielfacht> **I.** *mit OBJ* ■ *jmd./etwas vervielfacht etwas stark vermehren* Wir haben unser Warenangebot seit Geschäftseröffnung vervielfacht. **II.** *mit SICH* ■ *etwas vervielfacht sich größer werden* Die Zahl der Ausstellungsbesucher hat sich nach den positiven Zeitungsberichten verfielfacht.

Ver·viel·fa·chung die <-, en> *das Vervielfachen I*

ver·viel·fäl·ti·gen <vervielfältigst, vervielfältigte, hat vervielfältigt> *mit OBJ* ■ *jmd./etwas vervielfältigt etwas viele Exemplare von etwas herstellen oder kopieren* Kannst du mit dem Kopierer bitte diesen Text vervielfältigen?, Früher wurden Bücher durch Abschreiben vervielfältigt.

Ver·viel·fäl·ti·gung die <-, -en> *das Vervielfältigen* ◆-smaschine

ver·vier·fa·chen <vervierfachst, vervierfachte, hat vervierfacht> **I.** *mit OBJ* ■ *jmd./etwas vervierfacht etwas auf die vierfache Anzahl, Menge, Größe bringen* Für die Bewältigung der neuen Aufgaben müssen wir die Zahl der Mitarbeiter vervierfachen., Die Verunsicherungen der Leute hat die Wahrscheinlichkeit von Unfällen vervierfacht. **II.** *mit SICH* ■ *etwas vervierfacht sich viermal so groß werden* Durch eine neue Produktionsweise hat sich die Zahl der Produkte vervierfacht.

ver·voll·komm·nen <vervollkommnest, vervollkommnete, hat vervollkommnet> *mit OBJ* ■ *jmd. vervollkommnet etwas vollkommen, perfekt machen* Sie versucht, ihre Italienischkenntnisse zu vervollkommnen.

Ver·voll·komm·nung die <-> (*kein Plur.*) *das Vervollkommnen*

ver·voll·stän·di·gen <vervollständigst, vervollständigte, hat vervollständigt> **I.** *mit OBJ* ■ *jmd. vervollständigt etwas vollständig machen* Er konnte seine Briefmarkensammlung endlich vervollständigen. **II.** *mit SICH* ■ *etwas vervollständigt sich etwas wird aus sich selbst vollständig* Mit dem Eintritt von Herrn A vervollständigte sich das Team.

Ver·voll·stän·di·gung die <-, -en> *das Vervollständigen I*

ver·wach·sen[1] <verwächst, verwuchs, ist verwachsen> *ohne OBJ* **1.** ■ *etwas verwächst heilen und zunehmend unsichtbar werden* Die Wunde verwächst in ein paar Wochen. **2.** ■ *jmd./etwas verwächst mit jmdm./etwas zu einer Einheit zusammenwachsen* Er ist mit seiner Arbeit/Firma fest verwachsen., Die beiden Stämme sind miteinander verwachsen.

ver·wach·sen[2] (*Part. Perf. zu „verwachsen"*) *Adj.* (*von Menschen und Bäumen*) *verkrüppelt*

ver·wa·ckeln <verwackelst, verwackelte, hat verwackelt> *mit OBJ* ■ *jmd. verwackelt etwas* (*umg.*) *ein Foto durch Wackeln bei der Aufnahme unscharf werden lassen* Ich habe mich gerade beim Fotografieren bewegt und so das Bild verwackelt., Du hast dich gerade bewegt, jetzt ist das Foto verwackelt.

ver·wäh·len <verwählst, verwählte, hat verwählt> *mit SICH* ■ *jmd. verwählt sich* (*umg.*) *irrtümlich die falsche Telefonnummer wählen*

ver·wah·ren **I.** *mit OBJ* ■ *jmd. verwahrt etwas etwas an einen sicheren Ort legen, um es dort aufzubewahren* Sie verwahrt ihren Schmuck im Tresor. **II.** *mit SICH* ■ *jmd. verwahrt sich gegen etwas Akk. scharf zurückweisen* Gegen diese Anschuldigung möchte ich mich entschieden verwahren!, Damit habe ich nichts zu tun, dagegen verwahre ich mich!

ver·wahr·lo·sen <verwahrlost, verwahrloste, ist verwahrlost> *ohne OBJ* ■ *jmd./etwas verwahrlost* **1.** *als Mensch schmutzig und ungepflegt werden oder geistig-psychisch verkommen* Die Bewohner des Elendsviertels verwahrlosen., Die Jugendlichen waren moralisch völlig verwahrlost. **2.** *als Sache in einen schlechten und ungepflegten Zustand kommen* Der Garten verwahrlost immer mehr, da niemand das Unkraut jätet.

Ver·wahr·lo·sung die <-> (*kein Plur.*) **1.** (*kein Plur.*) *das Verwahrlosen* **2.** *ein verwahrloster Zustand*

Ver·wah·rung die <-> (*kein Plur.*) **1.** *das Verwahren I* Ich habe die Dokumente meinem Sohn in Verwahrung gegeben. **2.** *sichere Unterbringung, Obhut* Mein Pelzmantel ist während meines Theaterbesuchs bei der Garderobe in sicherer Verwahrung., Nach der Morddrohung wurde der Schüler zur Verwahrung in eine Erziehungsanstalt gegeben. **3.** RECHTSW. *Protest, Einspruch* Gegen diesen Vorwurf legte er Verwahrung ein.

ver·waist <nicht steig.> *Adj.* **1.** *ohne Eltern* **2.** (≈ *verlassen*) In dieser Gegend gibt es viele verwaiste Bauernhöfe.

ver·wal·ten <verwaltest, verwaltete, hat verwaltet> *mit OBJ* ■ *jmd. verwaltet etwas* **1.** *im Auftrag des Besitzers betreuen* Er verwaltet ein ein Haus/einen Nachlass/ein Vermögen. **2.** *verantwortlich leiten,* (*ein Amt*) *innehaben* Sie verwaltet die Finanzen.

Ver·wal·ter, **Ver·wal·te·rin** der <-s, -> *jmd., der etwas verwaltet*

Ver·wal·tung die <-, -en> **1.** (*meist Sing.*) *alle Vorgänge, die zur Planung, Steuerung, Dokumentation und Kostenrechnung einer öffentlichen Institution oder einer Firma gehören* **2.** *alle Ämter und Behörden in einer Stadt, in einem Bundesland oder in einem Staat* **3.** *die Abteilung, die die Verwaltung[1] von etwas durchführt* **4.** *Gebäude oder Räume, in denen die Verwaltung[3] untergebracht ist* **5.** *das funktionelle Organisieren; das Verwalten[1]* Die Verwaltung seiner vier Häuser übertrug der Besitzer seinen Kindern.

Ver·wal·tungs·ap·pa·rat der <-es, -e> (≈ *Verwaltung*[2])

Ver·wal·tungs·auf·ga·ben <-> *Plur. Pflichten einer Verwaltung*[3]

Ver·wal·tungs·be·am·te, **Ver·wal·tungs·be·am·tin** der <-n, -n> *Beamter in einer Verwaltung*

Ver·wal·tungs·be·zirk der <-(e)s, -e> *einer behördlichen Verwaltung*[1] *unterstellter Bezirk*

Ver·wal·tungs·ge·richt das <-(e)s, -e> RECHTSW. *ein Gericht, das über Streitigkeiten im Bereich des öffentlichen Rechts zu entscheiden hat*

Ver·wal·tungs·ge·richts·hof der <-es, Verwaltungsgerichtshöfe> *Oberverwaltungsgericht; erste Instanz von Gerichten der allgemeinen Verwaltungsgerichtsbarkeit*

Ver·wal·tungs·kos·ten <-> *Plur. Gebühren und Auslagen, die für die öffentlich-rechtlichen Verwaltungstätigkeiten erhoben werden* Für die Ausstellung eines Personalausweises müssen Verwaltungskosten bezahlt werden.

Ver·wal·tungs·re·form die <-, -en> *Neuordnung der Aufgaben und Zuständigkeiten einer Verwaltung* Im Vordergrund der modernen Verwaltungsreformen steht ihre Leistungsfähigkeit.

ver·wal·tungs·tech·nisch <nicht steig.> *Adj. in der Art, wie eine Verwaltung arbeitet*

ver·wan·del·bar <nicht steig.> *Adj. so, dass man es verwandeln I kann*

ver·wan·deln <verwandelst, verwandelte, hat verwandelt> **I.** *mit OBJ* ■ *etwas verwandelt jmdn./etwas* **1.** *völlig verändern* Die langwierige Krankheit hatte ihn verwandelt., Der Umbau hat das Haus völlig verwandelt. **2.** ■ *jmd./etwas verwandelt etwas in etwas Akk. etwas völlig anders werden lassen, etwas stark verändern* Im Frühjahr verwandeln unzählige blühende Krokusse die Wiese in ein Blumenmeer., Der Zauberer verwandelte den Prinz in einen Vogel., Der General verwandelte die Niederlage noch in einen Sieg. **II.** *mit SICH* ■ *jmd./etwas verwandelt sich (zu etwas Dat. /in jmdn./etwas) zu etwas anderem werden, die Gestalt von etwas annehmen* Sie hat sich von einem Mauerblümchen zu einer selbstbewussten jungen Frau verwandelt., Berlin hat sich nach dem Fall der Mauer total verwandelt.

Ver·wand·lung die <-, -en> *das (Sich-)Verwandeln*

ver·wandt <nicht steig.> *Adj.* **1.** *im Verhältnis der Verwandtschaft*[1] *stehend* **2.** (BIOL.: *von Tieren, Pflanzen) zur gleichen Gattung, Ordnung gehörig* **3.** *von ähnlicher Art* Sie sind sich geistig verwandt., Die beiden haben verwandte Anschauungen., verwandte Kunstrichtungen

Ver·wand·te der/die <-n, -n> *jmd., mit dem man verwandt*[1] *ist*

Ver·wandt·schaft die <-, -en> **1.** *der Zustand, mit einem anderen Menschen durch gleiche Herkunft, durch Familienbeziehungen verbunden zu sein; das Verwandtsein* Durch die Verwandtschaft mit meiner Schwägerin bin ich in der glücklichen Lage, dass … **2.** *eine Ähnlichkeit in der Art; eine verbindende Ähnlichkeit auf seelischem oder geistigem Gebiet* Die Musik von A hat große Verwandtschaft mit der von B., Mit ihm verbindet mich eine starke geistige Verwandtschaft. ◆ Geistes-, Seelen- **3.** (*kein Plur.*) *die Gesamtheit der Verwandten* An Weihnachten versammelt sich die ganze Verwandtschaft.

ver·wandt·schaft·lich <nicht steig.> *Adj. die Verwandtschaft*[1] *betreffend, auf ihr beruhend* Uns verbindet ein verwandtschaftliches Verhältnis.

ver·wanzt <nicht steig.> *Adj. voller Wanzen*

ver·war·nen <verwarnst, verwarnte, hat verwarnt> *mit OBJ* ■ *jmd. verwarnt jmdn. jmds. Verhalten offiziell und unter Androhung von Konsequenzen tadeln* Der Verkehrsteilnehmer wurde polizeilich verwarnt.

Ver·war·nung die <-, -en> **1.** (*kein Plur.*) *das Verwarnen* **2.** *eine Mitteilung über ein zu zahlendes Bußgeld* Weil ich falsch geparkt hatte, bekam ich eine schriftliche Verwarnung.

ver·wa·schen *Adj.* **1.** *durch häufiges Waschen ausgebleicht* Sie hatte eine verwaschene Jeans an. **2.** (≈ *unbestimmt* ↔ *deutlich, exakt*) *so unklar, dass man es nicht verstehen kann* Er gebrauchte einen so verwaschenen Ausdruck, dass ich ihn nicht verstehen konnte., Seine Aussprache war so verwaschen, dass ich nachfragen musste. **3.** (≈ *blass, wässrig* ↔ *strahlend, intensiv, stark leuchtend*) *so, dass eine Farbe nicht mehr ihre Strahlkraft hat* Die rote Farbe ihres Rocks wirkte verwaschen.

ver·wäs·sern <verwässerst, verwässerte, hat verwässert> *mit OBJ* ■ *jmd. verwässert etwas* **1.** *mit zu viel Wasser verdünnen* Wer hat den Wein verwässert? **2.** (*abwert.*) *den ursprünglichen Gehalt abschwächen* Er verwässerte den Text/die Darstellung.

ver·wech·seln <verwechselst, verwechselte, hat verwechselt> *mit OBJ* **1.** ■ *jmd. verwechselt jmdn./etwas mit jmdm./etwas in dem Glauben sein, dass jmd. oder etwas eine andere Person oder Sache ist* Er verwechselte sie mit ihrer Zwillingsschwester., Die beiden Begriffe kann man nun wirklich leicht verwechseln. **2.** ■ *jmd. verwechselt etwas mit etwas Dat. vertauschen* Mein Freund hat gestern versehentlich seine Jacke mit meiner verwechselt.

Ver·wechs·lung die <-, -en> *das Verwechseln*

ver·we·gen *Adj.* (*geh.*) *draufgängerisch, kühn, sehr mutig* Er spielt in dem Film einen verwegenen Helden.

Ver·we·gen·heit die <-> (*kein Plur.*) *verwegene Art*

ver·we·hen <verweht, verwehte, hat/ist verweht> **I.** *mit OBJ* ■ *etwas verweht etwas (haben) durch Wind wegtreiben oder durch Schnee zuschütten* Der Wind verwehte die Spuren im Sand., Der Herbstwind verweht die Blätter der Bäume. **II.** *ohne OBJ* ■ *etwas verweht (geh. sein) sich verlieren* Die Rufe verwehten im Wind.

ver·weh·ren <verwehrst, verwehrte, hat verwehrt> *mit OBJ* ■ *jmd. verwehrt jmdm. etwas*

V

(*geh.*) *verweigern, nicht erlauben, verbieten* Man verwehrte mir den Zutritt.

Ver·we·hung die <-, -en> *das Verwehen*

ver·weich·li·chen <verweichlichst, verweichlichte, hat/ist verweichlicht> **I.** *mit OBJ* ■ *etwas verweichlicht jmdn.* (*haben*) *bewirken, dass man die* (*körperliche, seelische*) *Widerstandskraft verliert* Seine Lebensweise hat ihn völlig verweichlicht., Als ehemaliger Offizier glaubt er, alle seine Enkel seien einfach völlig verweichlicht. **II.** *ohne OBJ* ■ *jmd. verweichlicht* (*sein*) *seine* (*körperliche*) *Widerstandskraft verlieren* Mein einst durchtrainierter und abgehärteter Freund ist inzwischen ziemlich verweichlicht.

Ver·weich·li·chung die <-> (*kein Plur.*) *das Verweichlichen*

Ver·wei·ge·rer der <-s, -> *jmd., der etwas verweigert* ◆ Kriegsdienst-

ver·wei·gern <verweigerst, verweigerte, hat verweigert> **I.** *mit OBJ* **1.** ■ *jmd. verweigert etwas* (≈ *ablehnen*) *mit Entschiedenheit sagen, dass man etwas nicht tun will* Er will den Wehrdienst verweigern., Er verweigerte den Befehl/die Zustimmung., Der Kranke verweigert die Nahrung (≈ will nicht essen). **2.** ■ *jmdm. etwas verweigern* (↔ *gewähren*) *nicht erlauben* Ihm wurde die Einreise verweigert. **II.** *ohne OBJ* ■ *jmd. verweigert den Wehrdienst verweigern* Er hat verweigert. **III.** *mit SICH* ■ *jmd. verweigert sich jmdm. in einer bestehenden Beziehung den sexuellen Kontakt ablehnen* Weil sie das Vertrauen verloren hatte, verweigerte sie sich ihrem Mann.

Ver·wei·ge·rung die <-, -en> *das Verweigern* ◆ Befehls-, Wehrdienst-

ver·wei·len <verweilst, verweilte, hat verweilt> *ohne OBJ* ■ *jmd. verweilt irgendwo* (*geh.*) *bleiben, sich aufhalten* Beim Anblick des Kunstwerks verweilte er davor in Schweigen. ▶Verweildauer

ver·weint *Adj. durch Weinen gerötet und verschwollen* Sie hatte verweinte Augen.

Ver·weis der <-es, -e> **1.** *eine strenge Rüge* Sein Zuspätkommen trug ihm einen (scharfen) Verweis ein. **2.** (≈ *Hinweis*) *eine Angabe, die besagt, dass man an einer genannten anderen Stelle* (*in der Literatur*) *zu einem Thema passende oder dafür wichtige weiterere Informationen findet* Das Buch enthält zahlreiche Verweise auf andere Textstellen/auf weiterführende Literatur.

ver·wei·sen <verweist, verwies, hat verwiesen> **I.** *mit OBJ* ■ *jmd. verweist* (*jmdn.*) *auf etwas Akk. hinweisen, aufmerksam machen* Der Professor verwies seine Studenten auf eine vertiefende Übung im nächsten Semester., Ich verweise in diesem Zusammenhang nur auf die frühen Romane dieses Autors. **II.** *mit OBJ* **1.** ■ *jmd. verweist jmdn. an jmdn./etwas veranlassen, dass man sich an eine andere Person oder Abteilung wenden soll* Man verwies mich an die Geschäftsleitung. **2.** ■ *jmd. verweist jmdn. etwas Gen. den Aufenthalt an einem bestimmten Ort verbieten* Man verwies ihn des Landes., Der Spieler wurde des Platzes/vom Platz verwiesen.

ver·wel·ken <verwelkst, verwelkte, ist verwelkt> *ohne OBJ* ■ *etwas verwelkt welk werden* Die Tulpen in der Vase sind schnell verwelkt.

ver·wend·bar <nicht steig.> *Adj. so, dass man es zu einem bestimmten Zweck verwenden kann* Das Gerät ist vielseitig verwendbar.

ver·wen·den <verwendest, verwandte/verwendete, hat verwandt/verwendet> **I.** *mit OBJ* **1.** ■ *jmd. verwendet etwas* (*für/zu etwas Akk.*) *benutzen* Ich verwende zum Kochen nur die besten Zutaten., Welches Lehrbuch haben Sie verwendet? **2.** ■ *jmd. verwendet etwas* (*aus etwas Dat.*) *verwerten* Er verwendete Daten aus früheren Untersuchungen. **3.** ■ *jmd. verwendet etwas* (*für etwas Akk.*) *gebrauchen, verbrauchen* Wir haben unsere Ersparnisse für den Kauf neuer Möbel verwendet. **II.** *mit SICH* ■ *jmd. verwendet sich für jmdn.* (*geh.* ≈ *fürsprechen*) *für jmdn. eintreten* Er verwendete sich für ihn bei der Parteiführung, um ihm die Karriere zu sichern.

Ver·wen·dung die <-> (*kein Plur.*) *das Verwenden I*

Ver·wen·dungs·zweck der <-(e)s, -e> *das, wofür etwas verwendet werden soll*

ver·wer·fen <verwirfst, verwarf, hat verworfen> *mit OBJ* ■ *jmd. verwirft etwas* (*nach vorausgegangenem Abwägen*) *für unbrauchbar befinden* Ich habe die Idee/den Plan wieder verworfen.

ver·werf·lich *Adj.* (*geh.*) *moralisch schlecht, verdammenswert* Dieses Verbrechen ist eine verwerfliche Tat.

Ver·wer·fung die <-, -en> **1.** (*kein Plur.*) *das Verwerfen* Die Verwerfung dieser Pläne hat Konsequenzen. **2.** GEOGR. *die Verschiebung von Gesteinslagerungen, die in Schollen zerbrechen*

ver·wer·ten <verwertest, verwertete, hat verwertet> *mit OBJ* ■ *jmd./etwas verwertet etwas* (*noch für etwas*) *verwenden, gebrauchen, benutzen* Die Kinder verwerten Wollreste bei Bastelarbeiten., Die Kompostieranlage verwertet Gartenabfälle., Für seinen Vortrag verwertete er Aufzeichnungen seiner letzten Veröffentlichung.

Ver·wer·tung die <-, -en> *das Verwerten* ◆ Abfall-

ver·we·sen <verwest, verweste, ist verwest> *ohne OBJ* ■ *jmd./etwas verwest* (*als Leiche, Tierkadaver*) *durch Verwesung zerstört werden*

Ver·we·sung die <-> (*kein Plur.*) *der Abbau organischer Substanzen durch Bakterien unter Luftzufuhr*

ver·wet·ten <verwettest, verwettete, hat verwettet> *mit OBJ* ■ *jmd. verwettet etwas beim Wetten verlieren* Er hat seine gesamten Ersparnisse verwettet.

ver·wi·ckeln <verwickelst, verwickelte, hat verwickelt> **I.** *mit OBJ* ■ *jmd./etwas verwickelt jmdn.* (*in etwas Akk.*) *jmdn. in eine* (*unangenehme*) *Sache hineinziehen* Er wurde in eine Affäre/in einen Unfall verwickelt., Sie verwickelte ihn in ein langes Gespräch. **II.** *mit SICH* ■ *jmd./etwas verwickelt sich* (*in etwas Akk.*) **1.** *völlig durcheinander geraten, ineinander schlingen* Die Wolle/Das Seil hat sich verwickelt. **2.** *sich verhaken und hängen bleiben* Die Angelschnur hat sich im Schilf verwickelt. **3.** (*übertr.*) *sich in etwas verstricken* Der Angeklagte verwickelte sich in Widersprüchen.

Ver·wick·lung die <-, -en> (*meist Plur.*) *Schwierigkeit, unangenehme Situation* Es kam zu diplomatischen Verwicklungen.

ver·wil·dern <verwilderst, verwilderte, ist verwildert> *ohne OBJ* **1.** ■ *etwas verwildert von Unkraut überwuchert werden* Seitdem der Garten nicht mehr gepflegt wird, verwildert er. **2.** ■ *jmd. verwildert als Person aus einem gepflegten Zustand geraten und schlechte Eigenschaften annehmen* Die Kinder sind durch Vernachlässigung richtig verwildert. **3.** ■ *ein Tier verwildert als Haustier wieder wild in der freien Natur zu leben beginnen* Die entlaufene Katze verwilderte.

ver·win·den <verwindest, verwand, hat verwunden> *mit OBJ* ■ *jmd. verwindet etwas* (*geh.* ≈ *verkraften*) *über etwas hinwegkommen* Sie hat seinen Tod nie verwunden.

ver·win·kelt *Adj. mit vielen Winkeln* Wir liefen durch die verwinkelten Gassen der Altstadt.

ver·wir·ken <verwirkst, verwirkte, hat verwirkt> *mit OBJ* ■ *jmd. verwirkt etwas* (*geh.*) *verlieren, einbüßen* Er hatte endgültig sein Recht verwirkt., Damit hatten sie ihr Leben verwirkt.

ver·wirk·li·chen <verwirklichst, verwirklichte, hat verwirklicht> **I.** *mit OBJ* ■ *jmd. verwirklicht etwas* (≈ *realisieren*) *bewirken, dass etwas Wirklichkeit wird* Sie konnten ihren Traum vom eigenen Haus verwirklichen. **II.** *mit SICH* **1.** ■ *etwas verwirklicht sich wirklich werden* Seine Pläne/Seine Befürchtungen haben sich verwirklicht. **2.** ■ *jmd. verwirklicht sich seine Persönlichkeit und sein Können im Zusammenhang mit einer Aufgabe in einer bestimmten Umgebung entfalten* Sie kann sich in ihrer neuen Position endlich verwirklichen.

Ver·wirk·li·chung die <-, -en> *das Verwirklichen*

ver·wir·ren <verwirrst, verwirrte, hat verwirrt> *mit OBJ* **1.** ■ *jmd. verwirrt jmdn. unsicher machen, aus der Fassung bringen* Jetzt hast du mich mit deinen Fragen total verwirrt! **2.** ■ *jmd. verwirrt etwas in Unordnung bringen, durcheinander bringen* Du hast die Fäden/das Garn völlig verwirrt.

Ver·wirr·spiel das <-(e)s, -e> *das absichtliche Stiften von Verwirrung*

Ver·wir·rung die <-, -en> **1.** (≈ *Durcheinander*) *ein chaotischer Zustand, in dem keine klaren Verhältnisse herrschen* Am Morgen herrschte allgemeine Verwirrung, denn es gab noch keine Informationen über die Sachlage. ■ **Verwirrung stiften**: *bewusst dafür sorgen, dass Unklarheit entsteht* **2.** *ein Zustand geistig-psychischer Undeutlichkeit und Haltlosigkeit* Nach der Operation fiel sie in den Zustand geistiger Verwirrung.

ver·wi·schen <verwischst, verwischte, hat verwischt> **I.** *mit OBJ* ■ *jmd. verwischt etwas* **1.** *über etwas wischen und es dadurch undeutlich werden lassen* Er verwischte mit der Hand versehentlich seine Unterschrift. **2.** (≈ *die Zeichen von etwas beseitigen*) Die Einbrecher hatten alle Spuren verwischt. **II.** *mit SICH* ■ *etwas verwischt sich undeutlich werden* Allmählich verwischten sich meine Eindrücke/die Unterschiede zwischen …

ver·wit·tern <verwittert, verwitterte, ist verwittert> *ohne OBJ* ■ *etwas verwittert etwas ist dem Prozess der Verwitterung ausgesetzt* Die Mauern der alten Burg verwittern seit Jahrhunderten.

Ver·wit·te·rung die <-> (*meist Plur.*) *der durch äußere Einflüsse bewirkte Zerfall von Gesteinen und Mineralien nahe der Erdoberfläche*

ver·wit·wet <nicht steig.> *Adj. so, dass man Witwe oder Witwer ist* Seit zwei Jahren ist sie verwitwet. ◆ der/die Verwitwete

ver·wöh·nen <verwöhnst, verwöhnte, hat verwöhnt> *mit OBJ* ■ *jmd. verwöhnt jmdn.* **1.** *jmdm. übermäßig viel Gutes zukommen lassen* Die Großmutter verwöhnt ihre Enkel. **2.** *es jmdm. besonders gut gehen lassen* Es war sein größter Wunsch, seine Freundin zum Geburtstag einmal richtig zu verwöhnen.

ver·wor·fen *Adj.* (*geh.*) *moralisch minderwertig, lasterhaft* Er ist ein verworfener Mensch.

ver·wor·ren *Adj.* (*geh.*) *konfus, kompliziert, unübersichtlich* Die Lage ist nach wie vor sehr verworren., Nach dem Genuss von so viel Alkohol sprach er verworren. ▸Verworrenheit

ver·wund·bar <nicht steig.> *Adj.* **1.** *leicht zu verwunden* **2.** *leicht zu kränken, empfindlich* Er verträgt keine Kritik, er ist leicht verwundbar.

ver·wun·den <verwundest, verwundete, hat verwundet> *mit OBJ* ■ *jmd. verwundet jmdn./ein Lebewesen jmdm.* (*mit etwas*) *eine Wunde zufügen* Der Soldat wurde im Krieg sehr schwer/nur leicht verwundet., Der Jäger traf das Tier nicht tödlich, sondern verwundete es nur.

ver·wun·der·lich *Adj. sonderbar, erstaunlich* Es ist schon verwunderlich, dass …

ver·wun·dern <verwunderst, verwunderte, hat verwundert> *mit OBJ* ■ *etwas verwundert jmdn. bewirken, dass jmd. erstaunt ist* Der Anruf verwunderte sie., Es verwundert mich nicht, dass …

Ver·wun·de·rung die <-> (*kein Plur.*) *das Verwundern, Erstauntsein* Zu meiner großen Verwunderung hat er sein Studium abgebrochen.

Ver·wun·de·te der/die <-n, -n> *jmd., der verwundet ist*

Ver·wun·dung die <-, -en> **1.** (*kein Plur.*) *das Verwundetwerden* **2.** *Wunde, Verletzung*

ver·wun·schen <nicht steig.> *Adj.* (*veralt.*) *verzaubert* Man sagt, dies sei ein verwunschenes Schloss., in einem verwunschenen Garten

ver·wün·schen <verwünschst, verwünschte, hat verwünscht> *mit OBJ* ■ *jmd. verwünscht jmdn./etwas* **1.** (≈ *verfluchen*) Er verwünschte sein Auto, als es nicht ansprang. **2.** (*veralt.*) *verzaubern* ■ **verwünscht!**: *verflucht!*

ver·wur·zelt *Adj.* **1.** *mit den Wurzeln im Erdreich verankert* Die gepflanzten Bäume sind bereits gut verwurzelt. **2.** (*übertr.*) *mit etwas tief verbunden* Der Maler ist tief in der Tradition/in seiner Heimat verwurzelt.

ver·wüs·ten <verwüstest, verwüstete, hat ver-

wüstet> *mit OBJ* ■ *jmd./etwas verwüstet etwas Verwüstung anrichten* Der Wirbelsturm hat weite Teile des Landes verwüstet.

Ver·wüs·tung die <-, -en> (*völlige*) *Zerstörung*

ver·za·gen <verzagst, verzagte, hat verzagt> *ohne OBJ* ■ *jmd. verzagt* (*geh.*) *an etwas oder sich so sehr zweifeln, dass man den Mut verliert* Als sie sahen, welche Anforderungen an sie gestellt wurden, verzagten sie. ▶Verzagtheit

ver·zäh·len <verzählst, verzählte, hat verzählt> *mit SICH* ■ *jmd. verzählt sich falsch zählen* Beim Herausgeben des Wechselgeldes hat sie sich verzählt.

ver·zap·fen <verzapfst, verzapfte, hat verzapft> *mit OBJ* ■ *jmd.verzapft etwas* (*umg. abwert.* ≈ *reden*) *in Verbindung mit einem Substantiv, das etwas Negatives bezeichnet, wie „Blödsinn", „Mist", „Schwachsinn"* Hat er wieder Unsinn/ Blödsinn verzapft?

ver·zau·bern <verzauberst, verzauberte, hat verzaubert> *mit OBJ* **1.** ■ *jmd./etwas verzaubert jmdn./etwas durch Zauberei zu etwas anderem machen* Die Hexe verzauberte den Prinzen in einen Frosch. **2.** ■ *etwas verzaubert jmdn. tief beeindrucken und beglücken* Ihr Gesang hat das Publikum verzaubert.

ver·zehn·fa·chen <verzehnfachst, verzehnfachte, hat verzehnfacht> **I.** *mit OBJ* ■ *jmd. verzehnfacht etwas auf die zehnfache Anzahl, Menge, Größe bringen* In den letzten Jahren hat er den Umsatz verzehnfacht. **II.** *mit SICH* ■ *etwas verzehnfacht sich zehnmal so groß werden* Die Zahl der Hilfswilligen hat sich verzehnfacht.

Ver·zehr der <-(e)s> (*kein Plur.*) *das Verzehren I*

Ver·zehr·bon der <-s, -s> *eine Essensmarke oder -gutschein, gegen deren Vorlage man Speisen und Getränke erhält*

ver·zeh·ren <verzehrst, verzehrte, hat verzehrt> **I.** *mit OBJ* ■ *jmd. verzehrt etwas* (*geh.*) *essen* (*und trinken*) Auf der Reise verzehrte er seinen Proviant. **II.** *mit SICH* ■ *jmd. verzehrt sich* (*geh.*) *sich so sehnen, dass man darunter leidet* Er verzehrte sich in Liebe zu ihr.

ver·zeich·nen <verzeichnest, verzeichnete, hat verzeichnet> *mit OBJ* **1.** ■ *jmd./etwas verzeichnet* (*jmdn./etwas*) *schriftlich anführen, erfassen* Das Buch verzeichnet alle Olympiasieger., Die Statistik verzeichnet 1500 Fälle. **2.** ■ *jmd. verzeichnet etwas* (*etwas Positives*) *bemerken oder festellen* Der Verein konnte im letzten Jahr einen Anstieg der Mitgliederzahl verzeichnen. **3.** *falsch zeichnen und damit künstlerisch wertlos machen* Er hat die Porträts alle verzeichnet.

Ver·zeich·nis das <-ses, -se> *eine Liste oder Aufstellung von etwas* Am Ende des Kataloges finden sie ein alphabetisches Verzeichnis der lieferbaren Bücher.

ver·zei·gen <verzeigst, verzeigte, hat verzeigt> *mit OBJ* ■ *jmd. verzeigt jmdn.* (*wegen etwas Dat.*) (*schweiz.*) *anzeigen* Wegen des Ladendiebstahls hat man ihn bei der Polizei verzeigt.

Ver·zei·gung die <-, -en> (*schweiz.*) *Anzeige*

ver·zei·hen <verzeihst, verzieh, hat verziehen> *mit OBJ/ohne OBJ* ■ *jmd. verzeiht* (*jmdm.*) (*etwas*) (≈ *entschuldigen, vergeben* ↔ *nachtragen*) *sagen, dass man jmds. Fehler, Schuld oder Vergehen vergessen und nicht mehr erwähnen will, weil man seine Entschuldigung angenommen hat* Sie hat ihm seinen Fehltritt verziehen., Sie hat ihm nie verziehen, dass …, Er kann einfach nicht verzeihen. ■ **Verzeihen Sie bitte** (**die Störung**)!: *als Höflichkeitsfloskel verwendet, um eine Frage an jmdn. einzuleiten* **Verzeihen Sie bitte!**: *als Höflichkeitsfloskel verwendet, wenn man im Gedränge sich an jmdm. vorbeischieben muss*

ver·zeih·lich <nicht steig.> *Adj.* (↔ *unverzeihlich*) *so* (*harmlos*), *dass man es verzeihen kann* Das war ein verzeihlicher Fehler.

Ver·zei·hung die <-> (*kein Plur.*) (≈ *Vergebung, Entschuldigung*) *das Verzeihen* Er hat mich um Verzeihung gebeten.

ver·zer·ren <verzerrst, verzerrte, hat verzerrt> **I.** *mit OBJ* TECHN. ■ *etwas verzerrt* (*etwas*) *nicht richtig wiedergeben, verändern* Der Lautsprecher verzerrt den Klang der Musik., Die neuen Lautsprecher verzerren ein wenig. **II.** *mit OBJ* **1.** ■ *jmd./etwas verzerrt etwas entstellen, nicht objektiv wiedergeben* Eine solche Darstellung verzerrt die wirklichen Verhältnisse. **2.** ■ *jmd. verzerrt etwas überdehnen und verletzen* Er verzerrte sich beim Sport einen Muskel. **3.** ■ *jmd. verzerrt etwas in entstellender Weise anspannen, verziehen* Sie verzerrte ihr Gesicht vor Zorn. **III.** *mit SICH* ■ *etwas verzerrt sich aufgrund eines Gefühls zu einer bestimmten Form verzogen werden* Ihr Gesicht verzerrte sich vor Schmerzen.

Ver·zer·rung die <-, -en> **1.** (*kein Plur.*) *das Verzerren* **2.** *etwas Verzerrtes*

ver·zet·teln <verzettelst, verzettelte, hat verzettelt> *mit SICH* ■ *jmd. verzettelt sich nicht vorankommen, weil man zu viele Dinge zugleich tun möchte und so keines richtig machen kann* Ich habe mich bei den vielen Arbeiten neben meiner Doktorarbeit verzettelt.

Ver·zicht der <-(e)s> (*kein Plur.*) *das Verzichten* Er hatte seinen Verzicht auf das Haus erklärt.

ver·zich·ten <verzichtest, verzichtete, hat verzichtet> *ohne OBJ* ■ *jmd. verzichtet* (*auf etwas Akk.*) *sich enthalten, nicht in Anspruch nehmen, nicht benutzen* Da er in einem Benefizkonzert spielte, verzichtete er auf die Gage., Auf die Frage, ob er auf einer Belohnung bestehe, sagte er nur: „Ich verzichte."

Ver·zicht·er·klä·rung, **Ver·zichts·er·klä·rung** die <-, -en> *eine offizielle Erklärung, dass man auf etwas verzichtet*

ver·zie·hen <verziehst, verzog, hat/ist verzogen> **I.** *mit OBJ* (*haben*) **1.** ■ *jmd. verzieht jmdn.* (*abwert.*) *falsch erziehen, verwöhnen* Die Eltern verziehen ihr einziges Kind. **2.** ■ *jmd. verzieht etwas* (*zu etwas Dat.*) *anspannen und in eine andere Form bringen* Sie hat das Gesicht vor Abscheu zu einer Grimasse verzogen., Selbst als ich ihm das sagte, verzog er keine Miene. **II.** *ohne OBJ* ■ *jmd.*

verzieht (*sein* ≈ *umziehen*) *an einen anderen Ort ziehen* Er ist in eine andere Stadt verzogen. **III.** *mit SICH* (*haben*) **1.** ■ *jmd./etwas verzieht sich irgendwohin an einen anderen Ort bewegen* (*und verschwinden*) Das Gewitter hat sich verzogen. **2.** ■ *etwas verzieht sich aus der Form geraten, sich werfen* Das Holz hat sich verzogen. **3.** ■ *jmd. verzieht sich irgendwohin* (*umg.*) *verschwinden* Er verzog sich beleidigt in sein Zimmer.

ver·zie·ren <verzierst, verzierte, hat verziert> *mit OBJ* ■ *jmd. verziert etwas* (*mit etwas Dat.*) *mit Zierrat versehen,* (*aus*)*schmücken* Sie verzierte ihre Bluse mit Stickereien., Wer hat die Torte so schön verziert?

Ver·zie·rung die <-, -en> **1.** (*kein Plur.*) *das Verzieren* **2.** (≈ *Ornament*) *das, womit etwas verziert wird*

ver·zin·sen <verszinst, verzinste, hat verzinst> **I.** *mit OBJ* ■ *jmd./etwas verzinst etwas* (BANKW.: *von Banken*) *Zinsen zahlen* Mit wie viel Prozent verzinst die Bank das Sparbuch? **II.** *mit SICH* ■ *etwas verzinst sich* BANKW. *Zinsen abwerfen* Das Guthaben verzinst sich in zehn Jahren um das Doppelte.

ver·zö·gern <verzögerst, verzögerte, hat verzögert> **I.** *mit OBJ* ■ *jmd./etwas verzögert etwas* **1.** *bewirken, dass etwas später als erwartet oder geplant eintritt* Technische Probleme mit der Musikanlage verzögerten den Beginn des Konzerts. **2.** *verlangsamen* Eine Reihe von Pannen verzögert die Entwicklung des neuen Autos. **II.** *mit SICH* ■ *etwas verzögert sich später als vorgesehen eintreten* Der Anpfiff des Spiels verzögerte sich um wenige Minuten.

Ver·zö·ge·rung die <-, -en> *das* (*Sich-*) *Verzögern*

Ver·zö·ge·rungs·tak·tik die <-> (*kein Plur.*) *der Versuch, eine Entwicklung durch bestimmte Manöver zum eigenen Vorteil zu verlangsamen*

ver·zol·len <verzollst, verzollte, hat verzollt> *mit OBJ* ■ *jmd. verzollt etwas für etwas Zoll zahlen* Bei der Einfuhr aus Übersee müssen die Waren verzollt werden.

ver·zückt *Adj.* (*geh.*) *hingerissen, voller Begeisterung*

Ver·zü·ckung die <-> (*kein Plur.*) *das Verzücktsein*

Ver·zug der <-(e)s> (*kein Plur.*) (≈ *Rückstand*) Er ist mit seiner Arbeit/mit der Rückzahlung des Kredits im Verzug.

Ver·zugs·zin·sen *Plur. vom Schuldner bei verspäteter Zahlung zu zahlende Zinsen*

ver·zwei·feln <verzweifelst, verzweifelte, ist verzweifelt> *ohne OBJ* ■ *jmd. verzweifelt* (*an jmdm./etwas*) *alle Hoffnung auf Besserung verlieren* Viele der Erdbebenopfer, deren Hab und Gut zerstört worden war, verzweifelten., Sie verzweifelte an ihrer Ehe.

ver·zwei·felt (*Part. Perf. zu „verzweifeln“*) *Adj.* **1.** *so verbissen, dass man auf nichts mehr Rücksicht nimmt* Am Ende des Buches liefern sich die beiden Ritter einen verzweifelten Kampf auf Leben und Tod. **2.** *so aussichtslos, dass es überhaupt keine Hoffnung gibt* Die Hungernden in dieser Region befinden sich in einer verzweifelten Lage.

Ver·zweif·lung die <-> (*kein Plur.*) *ein Zustand großer Hoffnungslosigkeit und Depression* Aufgrund der Ausweglosigkeit der Situation geriet er in große Verzweiflung.

Ver·zweif·lungs·tat die <-, -en> *eine aus Verzweiflung begangene Tat* Der Selbstmord war eine reine Verzweiflungstat.

ver·zwei·gen <verzweigt, verzweigte, hat verzweigt> *mit SICH* ■ *etwas verzweigt sich sich teilen und in verschiedene Richtungen auseinander gehen, sich gabeln* In einem Meter Höhe verzweigen sich an diesem Baum die Äste zum ersten Mal.

Ver·zwei·gung die <-, -en> **1.** (*kein Plur.*) *das Verzweigen* **2.** *die Stelle, an der sich etwas verzweigt* **3.** (*schweiz.*) *Autobahndreieck, Abzweigung, Kreuzung*

ver·zwickt *Adj.* (*umg.* ≈ *vertrackt*) *schwierig, kompliziert* Das ist eine verzwickte Lage.

Ves·per die <-, -n> **1.** REL. *Abendgottesdienst* **2.** (*süddt.*) *eine kleine, kalte Zwischenmahlzeit*

Ves·ti·bül das <-s, -e> (*geh.*) *Eingangshalle* (*zum Beispiel in einem Hotel oder einem Theater*)

Ve·suv der <-s> (*kein Plur.*) *ein Vulkan bei Neapel*

Ve·te·ran der <-en, -en> **1.** MILIT. *ein entlassener Soldat, der eine lange Dienstzeit hinter sich hat* **2.** (*umg.*) *jmd., der in einem bestimmten Bereich schon lange arbeitet und sehr erfahren ist*

Ve·te·ri·när, **Ve·te·ri·nä·rin** der <-s, -e> (≈ *Tierarzt*)

Ve·te·ri·när·me·di·zin die <-> (*kein Plur.*) (≈ *Tiermedizin*)

ve·te·ri·när·me·di·zi·nisch <nicht steig.> *Adj.* (≈ *tiermedizinisch*)

Ve·to das <-s, -s> *offizieller Einspruch* Mehrere Abgeordnete haben bereits ihr Veto gegen diesen Beschluss eingelegt.

Ve·to·recht das <-es, -e> *das Recht, ein Veto einlegen zu können* Er hat von seinem Vetorecht Gebrauch gemacht.

Vet·ter der <-s, -n> (≈ *Cousin*) *Sohn des Onkels oder der Tante*

Vet·tern·wirt·schaft die <-> (*kein Plur.*) (*abwert.*) *der Zustand, dass nicht Können und Leistung, sondern verwandtschaftliche Beziehungen ausschlaggebend für den beruflichen Aufstieg sind*

v-för·mig/V-för·mig <nicht steig.> *Adj. wie der Buchstabe V geformt*

VHS die <-> (*kein Plur.*) **1.** *Abkürzung von „Volkshochschule“* **2.** *eine bestimmte Form von Videotechnik* ◆ VHS-Kassette

via *Präp. + Akk.* **1.** (*auf dem Weg*) *über* Er fliegt via Dallas nach San Francisco. **2.** *durch* Sie können auch via Barscheck bezahlen.

Vi·a·dukt der/das <-(e)s, -e> *über größere Talabschnitte führende Brücke*

Vi·a·g·ra® das <-s> *ein Medikament gegen Potenzstörungen für Männer*

Vi·b·ra·phon, *a.* **Vi·b·ra·fon** das <-s, -e> *ein Schlaginstrument* (*Metallstäbe werden mit Hämmerchen geschlagen*)

Vi·b·ra·ti·on die <-, -en> *Schwingung, feine Erschütterung* Trotz des Fluglärms gab es in den umliegenden Wohnhäusern keine Vibrationen.

vi·b·ra·ti·ons·frei <nicht steig.> *Adj. ohne Vibrationen*

Vi·b·ra·tor der <-s, -en> *ein Gerät, mit dessen Hilfe mechanische Schwingungen erzeugt werden*

vi·b·rie·ren <vibriert, vibrierte, hat vibriert> *ohne OBJ* ■ *etwas vibriert schwingen, erzittern, beben* Die Gitarrensaite vibriert., Der Fußboden vibrierte, als der schwere Lastwagen am Haus vorbeifuhr.

Vi·de·o das <-s, -s> **1.** *ein System zur magnetischen Filmaufzeichnung und zur Wiedergabe über ein Fernsehgerät* **2.** *kurz für „Videoband", „Videoclip", „Videogerät", „Videokassette", „Videorekorder"*

Vi·de·o·auf·zeich·nung die <-, -en> *Bild-, Filmaufzeichnung auf einem Videoband*

Vi·de·o·band das <-(e)s, Videobänder> *ein Magnetband zur Speicherung und Wiedergabe von Videoaufzeichnungen*

Vi·de·o·clip der <-s, -s> *ein kurzer Videofilm, der zu einem bestimmten Musikstück gedreht wird*

Vide·o·disc die <-, -s> *eine schallplattenähnliche Speicherplatte für Videoaufzeichnungen*

Vi·de·o·ge·rät das <-(e)s, -e> (≈ *Videorekorder*)

Vi·de·o·ka·me·ra die <-, -s> *eine kleine Kamera zum Aufnehmen von Videofilmen*

Vi·de·o·kas·set·te die <-, -n> *eine Kassette zum Einlegen in einen Videorekorder, die das Speichern und Abspielen von Videofilmen ermöglicht*

Vi·de·o·kon·fe·renz die <-, -en> *eine virtuelle Konferenz, bei der sich die Teilnehmer auf Videobildschirmen sehen können, ohne an einem realen Ort versammelt zu sein*

Vi·de·o·künst·ler, **Vi·de·o·künst·le·rin** der <-s, -> *jmd., der sich mit der künstlerischen Gestaltung von Videofilmen und deren Präsentation als Kunstwerk beschäftigt*

Vi·de·o·re·kor·der, *a.* **Vi·de·o·re·cor·der** der <-s, -> ein Gerät zum Aufzeichnen von Fernsehsendungen und zum Abspielen von Videofilmen

Vi·de·o·spiel das <-(e)s, -e> *ein Spiel, das mithilfe eines an einen Fernseher angeschlossenen Zusatzgeräts gespielt wird, wobei die Spieler in das auf dem Bildschirm dargestellte Spielgeschehen eingreifen können*

Vi·de·o·text der <-(e)s, -e> *von Fernsehsendern angebotene Zusatzinformationen, die man abrufen und auf dem Bildschirm lesen kann*

Vi·de·o·thek die <-, -en> *ein Geschäft, das gegen Entgelt Videofilme verleiht*

Vi·de·o·ü·ber·wa·chung die <-, -en> *die Überwachung öffentlicher Orte und Plätze mit Videokameras*

vi·die·ren <vidierst, vidierte, hat vidiert> *mit OBJ* ■ *jmd. vidiert etwas* (*österr.*) *unterschreiben, beglaubigen*

Vie·che·rei die <-, -en> (*umg.*) **1.** *große Anstrengung, Strapaze* **2.** *Gemeinheit, Rohheit, Niedertracht*

Vieh das <-(e)s> (*kein Plur.*) **1.** *Sammelbegriff für alle Nutz-, Schlacht- und Zuchttiere, die in der Landwirtschaft eine Rolle spielen* **2.** *Sammelbegriff für Rinder* Im Frühjahr wird das Vieh auf die Alm getrieben. **3.** (*umg.*) *Rohling; roher, brutaler Mensch* Dummes Vieh! ■ **jemanden wie ein Stück Vieh behandeln**: *jmdn. nicht so behandeln, wie man normalerweise mit einem Menschen umgeht*

Vieh·be·stand der <-(e)s, Viehbestände> *das gesamte Vieh*[1]*, das z.B. zu einem Bauernhof oder einer größeren ökonomischen Einheit gehört* Der Viehbestand Bayerns ist erheblich.

Vieh·fut·ter das <-s> (*kein Plur.*) *das Futter, das an Vieh verfüttert wird*

Vieh·han·del der <-s> (*kein Plur.*) *der Handel mit allen Arten von Nutz-, Schlacht- und Zuchttieren*

Vieh·händ·ler, **Vieh·händ·le·rin** der <-s, -> *jmd., der Viehhandel betreibt*

Vieh·her·de die <-, -n> *eine Herde von Großvieh* (*Rinder, Schweine, Pferde, Esel*) *oder Kleinvieh* (*Ziegen, Schafe*)

vie·hisch *Adj.* (*abwert.* ≈ *bestialisch*) *sehr roh und primitiv im Verhalten*

Vieh·seu·che die <-, -n> *Infektionskrankheiten von Nutz- und Zuchttieren*

Vieh·trän·ke die <-, -n> *eine Wasserstelle, an der das Vieh trinken kann*

Vieh·zeug das <-(e)s> (*kein Plur.*) (*umg.*) **1.** (*abwert.*) *Kleinvieh; in der Wohnung gehaltene Tiere* **2.** *Tiere, die man als lästig empfindet, zum Beispiel Fliegen*

Vieh·zucht die <-> (*kein Plur.*) *die Zucht von Nutzvieh*

viel <mehr, am meisten> **I.** *Pron.* **1.** (*Plur.*) *eine große Menge oder Anzahl von einzelnen Dingen* Wir haben nicht mehr viele Freunde., Bei dem Unglück gab es viele Verletzte., Wir haben viel Schönes im Urlaub erlebt., viele Wochen lang, viele Kilometer entfernt, in vielen Fällen **2.** (*Sing.*) (≈ *wenig*) *eine große Menge einer Gesamtheit* Sie trinkt viel Kaffee., Er hat viel Blut verloren., Ich habe momentan sehr viel Arbeit., In vielem gebe ich dir Recht., Er kann vieles nicht verstehen. **3.** *verwendet in einer formelhaften Redeweise* viel Glück!, viel Spaß!, vielen Dank! **II.** *Adv.* **1.** *häufig, wiederholt* Wir sind früher viel ins Theater gegangen., Warst du auch schon in der viel besuchten/diskutierten/gerühmten Ausstellung?, Sie ist eine viel umworbene/beschäftigte Schauspielerin., Er schläft viel. **2.** *verwendet, um ein Adjektiv im Komparativ zu verstärken* Dem Patienten geht es jetzt schon viel besser. **3.** *verwendet, um ein Adjektiv mit „zu" zu verstärken* Der Mantel ist mir viel zu groß. **III.** *Partikel* (*umg.*) *verwendet, um rhetorische Fragen zu verstärken* Was soll ich dir noch viel erzählen … ◆ Getrenntschreibung →R 4.3, R 4.12 eine viel befahrene Straße, ein viel beschäftigter/gefragter/gepriesener/umworbener Schauspieler, ein viel diskutierter Film, ein viel erörtertes Thema, ein viel gelesenes Buch, ein viel gereister Mann, eine viel gekaufte CD, ein viel sagender Blick, ein viel versprechendes Projekt, ein viel zitierter Artikel, viel zu viel, zu viel Regen, zu viele Menschen, so viel arbeiten, dass ..., wir haben gleich viel; Zusammenschreibung→R 4.5 soviel ich weiß, ..., gleichviel, ob er kommt oder nicht, vielmal(s), sehr vielsagend, vielsagender, am vielsagendsten, sehr vielversprechend, vielversprechend, am vielversprechendsten; Kleinschreibung →R 3.15 die vielen, in vielem, mit vielem, um vieles, vieles erlebt haben; Klein- oder Großschreibung→R 3.15 das Lob der vielen/Vielen

viel·deu·tig <nicht steig.> *Adj. mehrere Bedeutungen habend* Was mag sie mit dieser vieldeutigen Bemerkung gemeint haben?

Viel·eck das <-s, -e> *geometrische Figur mit mindestens drei Eckpunkten* Das Dreieck, Viereck ... das n-Eck sind Beispiele für das Vieleck.

vie·ler·lei <nicht steig.> *Adj. von vielen verschiedenen Arten* Du kannst zwischen vielerlei Wurst und Käse wählen.

vie·ler·orts *Adv. an vielen Orten* Die anhaltenden Schneefälle haben die Lawinengefahr vielerorts wieder erhöht.

viel·fach <nicht steig.> *Adj. mehrfach* Sie ist vielfache Millionärin., Der Film wurde bereits vielfach ausgezeichnet.

Viel·falt die <-> (*kein Plur.*) *Fülle verschiedener Dinge* Im Frühjahr blüht in unserem Garten eine erstaunliche Vielfalt an/von Blumen.

viel·fäl·tig *Adj. vielseitig* Das Lokal bietet ein vielfältiges Angebot kalter und warmer Speisen.

Viel·fraß der <-es, -e> **1.** *eine Marderart* **2.** (*umg. abwert.*) *gefräßiger Mensch*

viel·leicht **I.** *Adv.* **1.** *so, dass es möglich oder wahrscheinlich, aber nicht gewiss ist* Vielleicht komme ich mit, vielleicht auch nicht. **2.** *ungefähr* Der Bankräuber war vielleicht 30 Jahre alt. **II.** *Partikel* **1.** *etwa* Glaubst du vielleicht, dass ich mit dieser Lösung zufrieden bin? **2.** *bitte* Könnten Sie mir vielleicht sagen, wie ich von hier zum Bahnhof komme? **3.** *verwendet, um auszudrücken, dass man die Geduld verliert* Würdest du jetzt vielleicht kommen? **4.** *verwendet, um eine Aussage zu intensivieren* Du hast vielleicht Nerven!

viel·mals *Adv.* (*als Ausdruck der Höflichkeit besonders in Dankes-, Entschuldigungs- oder Grußformeln*) *sehr, besonders* Ich danke Ihnen vielmals!, Entschuldigen Sie vielmals!

viel·mehr *Adv. genauer gesagt, im Gegenteil* Und dann gingen wir noch auf sein Boot, vielmehr auf seine Jacht., Ich sehe das nicht so, vielmehr glaube ich, dass ...

viel·schich·tig *Adj. komplex* Wir standen vor einem äußerst vielschichtigen Problem.

viel·sei·tig *Adj.* **1.** *mit vielen Fähigkeiten und Talenten* Sie ist ein sehr vielseitig begabter Mensch. **2.** *in verschiedene Richtungen gehend* Unser vielseitiges Angebot findet hoffentlich Ihr Interesse., Sein vielseitiges Wissen war immer neu verblüffend. ►Vielseitigkeit

Viel·völ·ker·staat der <-(e)s, -en> (≈ *Nationalitätenstaat* ↔ *Nationalstaat*) *ein Staat, in dem mehrere kulturell und genetisch verschiedene Völker zusammen leben* Die Sowjetunion war ein Vielvölkerstaat.

Viel·zahl die <-> (*kein Plur.*) *große Anzahl, Menge* Er hat sich mit einer Vielzahl von Themen beschäftigt.

Vier die <-, -en> *die Ziffer oder das Zahlzeichen „4“* Bei der letzten Prüfung hat er eine Vier geschrieben.

vier *Num. die Zahl „4“* Zwei mal zwei gibt vier., Damals war ich erst vier Jahre alt., Das Spiel endete vier zu null., die vier Jahreszeiten, Wir sind zu vieren/viert. ■ **in seinen vier Wänden** (*umg.*): *zu Hause* **sich auf seine vier Buchstaben setzen** (*umg. scherzh.*): *sich hinsetzen* **etwas unter vier Augen besprechen**: *etwas im Zwiegespräch besprechen* **alle viere von sich strecken**: *sich hinlegen und entspannen siehe auch* **acht**

Vier·ach·tel·takt der <-es , -e> MUS. *eine Taktart, in der die Länge einer Achtelnote die grundlegende Zähleinheit ausmacht*

Vier·au·gen·ge·spräch <-(e)s, -e> *ein ungestörtes Gespräch zwischen zwei Personen, bei dem keine dritte Person anwesend ist*

vier·bän·dig <nicht steig.> *Adj. als Buchausgabe so, dass sie sich aus vier zusammengehörigen Bänden zusammensetzt* ein vierbändiges Nachschlagewerk

Vier·bei·ner der <-s, -> (*umg. scherzh.* ≈ *Hund*)

vier·di·men·si·o·nal <nicht steig.> *Adj.* MATH. PHYS. *vier Dimensionen aufweisend* Die Relativitätstheorie benutzt die Konstruktion des vierdimensionalen Raumes.

Vier·eck das <-s, -e> *eine geometrische Figur mit vier Eckpunkten*

vier·e·ckig <nicht steig.> *Adj. mit vier Eckpunkten*

vier·ein·halb, **vier·ein·halb** *Num. die Zahl „4 1/2“*

Vie·rer der <-s, -> **1.** SPORT *ein Ruderboot mit vier Ruderern* **2.** ((*in einer Lotterie o.Ä.*)) *vier richtige Zahlen* Sie hatte einen Vierer im Lotto. **3.** (*umg.*) *Bezeichnung für eine Buslinie mit der Nummer vier* „Mit welchem Bus seid ihr gefahren?“ „Mit dem Vierer“ **4.** (*umg.*) *die Schulnote 4* Er hatte zwei Vieren/Vierer im Zeugnis.

Vie·rer·bob der <-s, -s> SPORT *ein Bobschlitten mit vier Piloten*

vie·rer·lei <nicht steig.> *Adj. von vier Sorten* Es gab viererlei Kuchen.

vier·fach <nicht steig.> *Adj.* (≈ *viermal*) Der vierfach ausgezeichnete Film kommt morgen in unsere Kinos. ◆ Schreibung mit Ziffer 4fach, das 4fache

Vier·far·ben·druck der <-(e)s, -e> **1.** *eine Drucktechnik, bei der farbige Bilder aus vier (Grund-)Farben aufgebaut werden* **2.** *ein einzelnes Bild, das im Vierfarbendruck[1] erstellt wurde*

Vier·gang·ge·trie·be das <-s, -> KFZ *ein Getriebe mit vier Gängen*

vier·ge·schos·sig <nicht steig.> *Adj.* (*Gebäude*) *von der Bauart, dass es vier Geschosse oder*

V

Stockwerke hat ein viergeschossiges Wohnhaus
vier·hän·dig <nicht steig.> *Adj.* MUS. *so, dass zwei Personen gleichzeitig (mit vier Händen) spielen* Sie spielen vierhändig Klavier.
vier·hun·dert *Num. die Zahl „400“*
vier·jäh·rig <nicht steig.> *Adj.* **1.** *vier Jahre alt* das vierjährige Kind **2.** *vier Jahre dauernd* Die vierjährige Amtszeit endet nächste Woche. ◆ Vierjähriger
Vier·kant·schlüs·sel der <-s, -> *ein Werkzeug, das aus einem vierkantigen Metallstück besteht und als Steckschlüssel gebraucht wird*
Vier·ling der <-s, -e> (↔ *Drilling, Zwilling*) *eines von vier gleichzeitig geborenen Kindern*
Vier·mäch·te·ab·kom·men das <-s> (*kein Plur.*) GESCH. *das 1972 getroffene Abkommen zwischen den Vertretern Großbritanniens, Frankreichs, der USA und der UdSSR über Berlin*
vier·mal <nicht steig.> *Adv.* (≈ *vierfach*) *den Grundwert mit vier multipliziert* viermal so groß/lang/viel *siehe auch* **achtmal**
vier·ma·lig <nicht steig.> *Adj.*
vier·mo·na·tig <nicht steig.> *Adj.* **1.** *vier Monate alt* ein viermonatiger Säugling **2.** *vier Monate dauernd* ein viermonatiger Urlaub
vier·mo·to·rig <nicht steig.> *Adj.* (*als Flugzeug*) *mit vier Motoren*
Vier·rad·an·trieb der <-s, -e> (KFZ: ≈ *Allradantrieb*) *ein Antrieb eines Kraftfahrzeugs, bei dem alle vier Räder angetrieben werden*
vier·rä·de·rig/vier·rä·d·rig <nicht steig.> *Adj. mit vier Rädern*
vier·spu·rig <nicht steig.> *Adj. mit vier Fahrspuren* Die Autobahn wird vierspurig ausgebaut.
vier·stel·lig <nicht steig.> *Adj.* (*als Zahl*) *mit vier Stellen* Der Schaden beläuft sich auf eine vierstellige Summe., Die Zahl „4000“ ist eine vierstellige Zahl.
Vier·ster·ne·ho·tel das <-s, -s> *ein Luxushotel einer hohen Komfortkategorie, die durch vier Sterne gekennzeichnet ist*
Vier·takt·mo·tor der <-s, -en> (KFZ: ≈ *Viertakter*) *in vier Arbeitstakten (Ansaugen, Verdichten, Arbeiten, Ausschieben) arbeitender Verbrennungsmotor*
vier·tau·send *Num. die Zahl „4000“*
vier·te *Num. die Nummer vier in der Reihe der abgezählten Gegenstände* die vierte Station ◆ Großschreibung→R 3.4 Du bist heute schon die Vierte, die mich das fragt. *siehe auch* **achte**
vier·tei·lig <nicht steig.> *Adj. aus vier Teilen bestehend*
vier·tel *Num. der vierte Teil von etwas* Er kommt um drei viertel acht/viertel vor acht., Sie hat eine viertel Million gewonnen. ◆ Kleinschreibung in drei viertel Stunden, Wir treffen uns um viertel acht/viertel nach sieben.
Vier·tel das <-s, -> **1.** *der vierte Teil von etwas* Es ist Viertel vor sieben., Ein Viertel aller Teilnehmer sagte ab., Ein Viertel des Kuchens ist übrig. **2.** (≈ *Stadtviertel*) *ein Stadtteil* Wir wohnen in einem ruhigen Viertel., Das ganze Viertel beteiligte sich an dem Fest. ◆ Bahnhofs-, Geschäfts-, Wohn- **3.** MUS. *eine Viertelnote* Das Horn setzte eine Viertel zu spät ein. **4.** (↔ *Achtel*) *ein Viertelliter Wein* Soll ich mir noch ein Viertel bestellen? ◆ Großschreibung Es ist (ein) Viertel vor/nach acht., Es ist fünf Minuten vor drei Viertel.
Vier·tel·fi·na·le das <-s, -> SPORT *ein Ausscheidungswettkampf, in dem in vier parallelen Wettkämpfen die Teilnehmer des Halbfinales ermittelt werden.*
Vier·tel·jahr das <-es, -e> *die Dauer von drei Monaten*
Vier·tel·jah·res·schrift die <-, -en> *vierteljährlich erscheinende Zeitschrift*
vier·tel·jähr·lich <nicht steig.> *Adj. jedes Vierteljahr erfolgend*
Vier·tel·li·ter der <-s, -> *Der vierte Teil eines Liters* Bitte füllen Sie mir in diese Flasche einen Viertelliter Sahne.
vier·teln <viertelst, viertelte, hat geviertelt> *mit OBJ* ■ *jmd. viertelt etwas in vier gleiche Teile teilen* Um sie besser schälen zu können, viertelte er die Apfelsine.
Vier·tel·no·te die <-, -n> MUS. *ein Notenwert, der den vierten Teil einer ganzen Note ausmacht*
Vier·tel·pau·se die <-, -n> MUS. *eine Pause von der Länge einer Viertelnote*
Vier·tel·stun·de die <-, -n> *der vierte Teil einer Stunde; fünfzehn Minuten*
vier·tel·stünd·lich <nicht steig.> *Adj. jede Viertelstunde erfolgend*
vier·tens *Adv. Ordnungszahl zu „vier“ (als Zahl „4.“, die die Stelle „Nummer 4“ in einer Aufzählung (1, 2, 3,...) bezeichnet*
Vier·tü·rer der <-s, -> *ein Auto mit vier Türen*
Vier·vier·tel·takt der <-(e)s, -e> MUS. *eine Taktart, in der die Länge einer Viertelnote die grundlegende Zähleinheit ausmacht, vier dieser Noten ergeben einen ganzen Takt*
vier·wö·chig <nicht steig.> *Adj. vier Wochen dauernd* Wir haben einen vierwöchigen Urlaub gebucht.
vier·zehn *Num. die Zahl „14“ s.* **acht**
vier·zehn·tä·gig <nicht steig.> *Adj. vierzehn Tage dauernd*
vier·zehn·täg·lich *Adj. sich alle zwei Wochen wiederholend* ◆ Schreibung mit Ziffer und Bindestrich→R 4.15 14-täglich
vier·zehn·te *Num. Ordnungszahl zu „vierzehn“ (als Zahlzeichen „14.“, die die Stelle „Nummer 14“ in einer Aufzählung (1, 2, 3,...) bezeichnet* der vierzehnte Dalai Lama
Vier·zehn·tel *Num. Bruchzahl, mit der vier Teile von einer Grundmenge von zehn Teilen bezeichnet werden (als Zahlzeichen „4/10“)*
vier·zig *Num. Grundzahl (als Zahlzeichen „40“)* ▶ Vierzigstundenwoche *s.* **achtzig**
vier·zigs·te *Num. Ordnungszahl vierzig (als Zahlzeichen „40.“), die die Stelle „Nummer 40“ in einer Aufzählung (1, 2, 3,...) bezeichnet s.* **achtzigste**
Vier·zim·mer·woh·nung die <-, -en> *eine Woh-*

nung, die außer Küche und Bad vier Zimmer zum Wohnen hat ◆ Schreibung mit Ziffer und Bindestrich→R 4.15 4-Zimmer-Wohnung

Vi·et·nam <-s> *Staat in Südostasien*

Vi·et·na·me·se, **Vi·et·na·me·sin** der <-n, -n> *jmd., der die vietnamesische Staatsbürgerschaft hat*

vi·et·na·me·sisch <nicht steig.> *Adj. zu Vietnam oder den Vietnamesen gehörend oder von ihnen stammend*

Vi·et·na·me·si·sche das <-n> (*kein Plur.*) *die vietnamesische Sprache*

Vi·g·net·te die [vɪn'jɛtə] <-, -n> *ein Gebührenmarke für die Benutzung der Autobahnen in der Schweiz*

Vi·kar, **Vi·ka·rin** der <-s, -e> REL. **1.** (*nur männliche Form*) *Stellvertreter eines katholischen Pfarrers* **2.** *noch in der Ausbildung befindlicher evangelischer Pfarrer*

Vil·la die <-, Villen> *ein luxuriöses Wohnhaus mit großem Garten* ◆ Luxus-

Vil·len·vier·tel das <-s, -> *eine Wohngegend mit vielen Villen*

Vi·nyl das <-s> (*kein Plur.*) CHEM. *ungesättigte Kohlenwasserstoffgruppe; wichtiger Bestandteil bei der Herstellung vieler Kunststoffe*

Vi·o·la die <-, Violen> (MUS.: ≈ *Bratsche*)

Vi·o·lett das <-s, -> *von der blau-roten Farbe der Aubergine*

vi·o·lett <nicht steig.> *Adj. blaurot*

Vi·o·li·ne die <-, -n> (MUS.: ≈ *Geige*)

Vi·o·li·nist, **Vi·o·li·nis·tin** der <-en, -en> MUS. *jmd., der Geige spielt*

Vi·o·lin·schlüs·sel der <-s, -> MUS. *ein Notenschlüssel, der G-Schlüssel, der auf der zweiten Notenlinie liegt*

Vi·o·lon·cel·lo das <-s, Violoncelli/-s> MUS. *ein Cello* (*Kurzform von „Violoncello“*), *das Tenor-Bass-Instrument der Violinfamilie, das man beim Spielen zwischen den Knien hält*

Vi·per die <-, -n> ZOOL. *eine Giftschlange*

VIP-Lounge die <-> (*kein Plur.*) *ein Gesellschaftsraum* (*in einem Hotel*) *für wichtige Persönlichkeiten*

VIP/V.I.P. der [vɪp/ viːaɪ'piː] <-, -s> *Abkürzung von „very important person“, sehr wichtige Persönlichkeit*

Vi·ren <-> *Plur. von „Virus“*

Vir·en·prüf·pro·gramm das <-s, -e> (EDV: ≈ *Antivirenprogramm*) *zu den Abwehrmaßnahmen gegenüber Computerviren gehörende Einzelprogramme wie „Viren-Scanner“, „Prüfsummen-Programme“ und „Viren-Cleaner“, die es ermöglichen, Dateien, die mit einem Computervirus infiziert sind, zu entdecken und die Viren zu identifizieren*

vi·ril <nicht steig.> *Adj.* (≈ *männlich*) *mit stark ausgeprägten männlichen Eigenschaften* ▶Virilität

vir·tu·ell <nicht steig.> *Adj.* **1.** PHILOS. *der Möglichkeit nach vorhanden* Der Erwachsene ist virtuell im Baby schon enthalten. **2.** PHYS. *nicht beobachtbar, aber erschließbar* Bei virtuellen Prozessen in mikrophysikalischen Systemen kann man die virtuellen Teilchen nur an ihren Auswirkungen erkennen. **3.** EDV *künstlich, durch Computer erzeugt* (*Gegenstände, Landschaften, Abläufe, Welten*) Ein anderer Begriff für „virtuelle Realität“ ist „Cyberspace“.

vir·tu·os <nicht steig.> *Adj. in Bezug auf eine* (*musikalische*) *Technik meisterhaft, vollkommen* Sein Geigenspiel war einfach virtuos., Sie ist eine virtuose Lügnerin.

Vir·tu·o·se, **Vir·tu·o·sin** der <-n, -n> MUS. *jmd., der eine* (*künstlerische*) *Technik oder ein Instrument meisterhaft beherrscht* ◆ Geigen-

vi·ru·lent <nicht steig.> *Adj.* MED. *ansteckend, krankheitserregend*

Vi·ru·lenz die <-> (*kein Plur.*) *das Virulentsein*

Vi·rus das/der <-, Viren> **1.** MED. *ein kleinster Krankheitserreger* ▶Virologe, Virologie **2.** EDV *kurz für „Computervirus“*

Vi·rus·er·kran·kung die <-, -en> *eine durch Viren[1] hervorgerufene Infektionskrankheit*

Vi·sa *Plur. von „Visum“*

Vi·sa·ge die [vi'zaːʒə] <-, -n> (*umg. abwert.*) *Gesicht* Er hat eine hässliche Visage.

Vi·sa·gist, **Vi·sa·gis·tin** der [viza'ʒɪst] <-en, -en> *Spezialist für kosmetische Verschönerung des Gesichtes*

vis-a-vis, *a.* **vis-à-vis** [viza'viː] **I.** *Präp. + Dat. gegenüber* Vis-a-vis dem Krankenhaus ist eine Apotheke. **II.** *Adv. gegenüber* Sie wohnt gleich vis-a-vis.

Vi·sa·vis das [viza'viː] <nicht steig.> *das Gegenüber*

Vi·sen *Plur. von „Visum“*

Vi·sier das <-s, -e> **1.** *ein beweglicher, mit Sehschlitzen versehener Gesichtsschutz am Helm einer Ritterrüstung* ◆ das Visier hochklappen **2.** *ein beweglicher, aus einem stabilen, durchsichtigen Material gefertigter Gesichtsschutz an einem Schutzhelm* Das Visier des Integralhelms ist aus einem kratzfesten und bruchsicheren Material gefertigt. **3.** *die Zielvorrichtung an einem Gewehr* ■ **jemanden ins Visier nehmen** (*umg.*): *seine Aufmerksamkeit auf jmdn. richten oder jmdn. kritisieren*

vi·sie·ren <visierst, visierte, hat visiert> *mit OBJ* ■ *jmd. visiert etwas* (*schweiz.*) *abzeichnen; als gesehen kennzeichnen*

Vi·si·on die <-, -en> **1.** REL. *eine übernatürliche Erscheinung* (*als religiöse Erfahrung*) **2.** (*übertr.*) *eine richtungweisende, erneuernde Zukunftsvorstellung* Was wir jetzt brauchen, sind Visionen!, Er konnte seine künstlerische/ politische Vision verwirklichen. **3.** PSYCH. *Halluzination*

Vi·si·o·när, **Vi·si·o·nä·rin** der <-s, -e> *eine Person mit Visionen[2], besonders ein Künstler* Das Bauhaus war eine Leistung von Visionären.

vi·si·o·när <nicht steig.> *Adj.* (*geh.*) **1.** *zu einer Vision gehörend, in der Art einer Vision* **2.** *in einer Vision zum Ausdruck kommend; seherisch* eine visionäre Künstlerin

Vi·si·te die <-, -n> **1.** (MED.: *in der Klinik*) *regelmäßiger Besuch des Arztes bei den Patienten* ◆ Morgen- **2.** (*geh. veralt.*) *Höflichkeitsbesuch*

Vi·si·ten·kar·te die <-, -n> **1.** *eine kleine Karte mit Name, Adresse und Berufsbezeichnung, die man bei sich trägt, um sie jmdm. geben zu können, dessen Bekanntschaft man macht* Der Handelsvertreter überreichte/gab mir seine Visitenkarte. **2.** UMG. SCHERZH. *eine Leistung, mit der man sich bei anderen einführt* Diese Arbeit ist eine sehr gute Visitenkarte, damit kann man sich überall sehen lassen.

Vis·ko·se die <-> (*kein Plur.*) *eine Chemiefaser aus Zellulose*

Vis·ko·si·tät die <-> (*kein Plur.*) CHEM. TECHN. *Zähflüssigkeit* Die Viskoskität von Honig ist erheblich höher als die von Milch.

vis·kos/vis·kös <nicht steig.> *Adj. zähflüssig*

vi·su·ell <nicht steig.> *Adj.* (*geh.*) *das Sehen betreffend, durch Sehen hervorgerufen* Da er ein visueller Typ war, konnte er den Text vor seinem inneren Auge sehen und „ablesen“., Die visuelle Dichtung ist eine Form der konkreten Poesie. ◆ audio-

Vi·sum¹ das <-s, Visa/Visen> *eine Genehmigung in Form eines Sichtvermerks in einem Pass, (für eine bestimmte Zeit) in ein Land einreisen oder aus einem Land ausreisen zu dürfen* ein Visum beantragen ◆-kontrolle, -pflicht, -zwang, Einreise-

Vi·sum² das <-s, Visa> (*schweiz.*) *Namenszeichen, Unterschrift*

vi·tal *Adj. lebensfroh; voller Lebenskraft* auch im Alter vital bleiben

Vi·ta·li·tät die <-> (*kein Plur.*) (≈ *Lebensfreude, Lebenskraft*) *das Vitalsein*

Vi·ta·min das <-s, -e> MED. *ein für den Organismus lebensnotwendiger Stoff, der vorwiegend in Obst und Gemüse vorkommt und vom (menschlichen) Körper selbst nicht hergestellt werden kann* ■ **Vitamin B** (*umg. scherzh.; „B“ für Beziehungen*): (*hilfreiche*) *Beziehungen* (*zu einflussreichen Personen*) Ohne Vitamin B wirst du keinen Erfolg haben. ◆-gabe, -präparat, -spritze

Vi·ta·min·ge·halt der <-(e)s, -e> *die Menge an Vitaminen, die in etwas enthalten ist*

Vi·ta·min·man·gel der <-s> (*kein Plur.*) *Mangel an Vitaminen* Vitaminmangel führt zu Erkrankungen.

vi·ta·min·reich *Adj.* (↔ *vitaminarm*) *reich an Vitaminen* Der Sportler nimmt vitaminreiche Kost zu sich.

Vi·ta·min·ta·b·let·te die <-, -n> MED. *eine Tablette, die ein oder mehrere Vitamine in konzentrierter Form enthält*

Vi·t·ri·ne die <-, -n> **1.** *ein Schaukasten* (*in einem Museum*) Die Ausstellungsobjekte standen alle in Vitrinen und waren so dem direkten Zugriff der Besucher entzogen. **2.** *ein Glasschrank* Hol doch bitte die Gläser aus der Vitrine!

vi·va·ce [vi'vaːtʃə] *Adj.* MUS. *munter, lebhaft* Die Vortragsbezeichnung des letzten Satzes war „vivace“.

Vi·ze der <-/-s, -s> (*umg.*) *Stellvertreter*

Vi·ze·kö·nig, **Vi·ze·kö·ni·gin** der <-s, -e> *Stellvertreter des Königs*

Vi·ze·prä·si·dent, **Vi·ze·prä·si·den·tin** der <-en, -en> POL. *Stellvertreter des Präsidenten*

Vlies das <-es, -e> **1.** *die zusammenhängende Wolle des Schafes* **2.** *eine Schicht dicht zusammenhängender Fäden* ◆ Vliesstoffe

V-Mann der <-(e)s, V-Männer/V-Leute> (*„V“ als Abkürzung von „Vertrauens-“*) *Vertrauensmann, geheimer Informant* (*der Polizei, des Geheimdienstes*)

V-Mo·tor der <-s, -en> *ein Verbrennungsmotor, bei dem die Zylinder paarweise in ihrer Anordnung ein V bilden*

Vo·gel der <-s, Vögel> **1.** *eines der Tiere, die über zwei Flügel und einen Schnabel verfügen, die* (*meist*) *fliegen können, mit Krallen bewehrte Zehen haben und deren Körper mit Federn bedeckt sind* Im Herbst sammeln sich die Vögel für ihre Reise in den Süden., Vögel bauen Nester/brüten/fliegen/ legen Eier/picken. ◆-art, -ei, -fänger, -flug, -käfig, -ruf, -schar, -schnabel, -stimme, -zug, Enten-, Hühner-, Wasser-, Zug- **2.** (*umg. scherzh.*) *ein auffälliger Mensch* Er ist ein komischer/lustiger/schräger Vogel. ■ **einen Vogel haben** (*umg. abwert.*): *nicht ganz richtig im Kopf sein, verrückte Ideen haben* **den Vogel abschießen** (*umg.*): *sich mit einer Handlung oder Bemerkung besonders hervortun* **jemandem den/einen Vogel zeigen**: *sich mit dem Zeigefinger an die Stirn tippen, um jmdm. zu zeigen, dass man ihn für dumm oder verrückt hält*

Vo·gel·bau·er das/der <-s, -> (≈ *Vogelkäfig*)

Vo·gel·beer·baum der <-(e)s, Vogelbeerbäume> (≈ *Eberesche*) *ein in Europa und Asien verbreitetes Rosengewächs, das strauchartig oder als Baum vorkommt*

Vo·gel·bee·re die <-, -n> *die* (*giftige*) *Frucht des Vogelbeerbaumes*

Vö·gel·chen das <-s, -> *kleiner Vogel*

Vo·gel·ei das <-s, -er> *Ei eines Vogels*

vo·gel·frei <nicht steig.> *Adj.* GESCH. (*im alten deutschen Recht*) *rechtlos und geächtet* Wer für vogelfrei erklärt wurde, durfte von jedermann straflos umgebracht werden.

Vo·gel·fut·ter das <-s> (*kein Plur.*) (*meist im Winter, um das Überleben der Tiere zu sichern, gegebenes*) *Futter für Vögel*

Vo·gel·haus das <-es, Vogelhäuser> *ein Gebäude in einem Zoo, in dem Vögel untergebracht sind*

Vo·gel·häus·chen das <-s, -> *ein kleines offenes Häuschen im Freien, in das man im Winter Vogelfutter streut* Im Winter tun wir meist Sonnenblumenkerne in ein Vogelhäuschen, um damit Vögel füttern zu können.

Vo·gel·kir·sche die <-, -n> **1.** (≈ *Süßkirsche*) **2.** *die Frucht der Eberesche*

Vo·gel·kun·de die <-> (*kein Plur.*) (≈ *Ornithologie*) *das Teilgebiet der Zoologie, das sich mit den verschiedenen Vogelarten befasst*

Vo·gel·kund·ler, **Vo·gel·kund·le·rin** der <-s, ->

(≈ *Ornithologe*) *ein Wissenschaftler auf dem Gebiet der Vogelkunde*

vö·geln <vögelst, vögelte, hat gevögelt> **I.** *mit OBJ* ■ *jmd. vögelt jmdn.* (*vulg.*) *Geschlechtsverkehr haben* Er hat sie gevögelt. **II.** *ohne OBJ* ■ *jmd. vögelt* (*vulg.*) *miteinander Geschlechtsverkehr haben* Sie vögelten mehrmals (miteinander).

Vo·gel·nest das <-es, -er> *ein Wohn- und Brutplatz, den sich Vögel aus Zweigen und Gras selbst gebaut haben*

Vo·gel·per·s·pek·ti·ve die <-> (*kein Plur.*) (↔ *Froschperspektive*) *die Sicht von hoch oben auf etwas* Bei einem Rundflug sah ich die Stadt erstmals aus der Vogelperspektive.

Vo·gel·scheu·che die <-, -n> **1.** *ein Holzgestell, dessen Form an die Gestalt eines Menschen erinnert und das mit alten Kleidern behängt wird, um auf Feldern die Vögel abzuschrecken* **2.** (*umg. abwert.*) *eine abstoßend hässliche, geschmacklos gekleidete Frau*

Vo·gel·schutz·gebiet das <-(e)s, -e> *ein besonders ausgezeichnetes Gebiet, in dem seltene oder bedrohte Vogelarten Schutz für sich und ihre Brut finden*

Vo·gel·spin·ne die <-, -n> *in vielen Arten vorkommende große, behaarte, tropische Spinne*

Vo·gel-Strauß-Po·li·tik die <-> (*kein Plur.*) *die Verhaltensart, vorhandene Probleme und Gefahren möglichst zu ignorieren* (*nach der angeblichen Eigenart des Straußes, den Kopf in den Sand zu stecken, wenn Gefahr droht*)

Vo·gel·war·te die <-, -n> *ein Institut für Vogelkunde, das sich insbesondere mit dem Vogelzug beschäftigt*

Vo·gel·zug der <-(e)s, Vogelzüge> *der Vorgang, dass manche Vögel in bestimmten Jahreszeiten wegfliegen* (*z.B. in eine wärmere Region*) *bzw. in ihre angestammte Region zurückkehren*

Vo·gerl·sa·lat der <-(e)s> (*kein Plur.*) (*österr.*) *Feldsalat*

Vo·ge·sen *Plur. ein Mittelgebirge im Osten Frankreichs*

Vogt der <-(e)s, Vögte> GESCH. *ein mittelalterlicher Verwaltungsbeamter* ▶Vogtei ◆ Land-

Vo·ka·bel die <-, -n> *ein einzelnes Wort einer Fremdsprache* die neuen Vokabeln lernen ◆-heft

Vo·ka·bu·lar das <-s, -e> (*geh.* ≈ *Wortschatz*)

Vo·kal der <-s, -e> (SPRACHWISS.: ≈ *Selbstlaut* ↔ *Konsonant*) *ein Sprachlaut, bei dessen Artikulation der Luftstrom ungehindert den Mundraum passiert* (*im Gegensatz zum Konsonanten, bei dem es durch Reibung oder Verschluss zu einer Modifikation des Lautes kommt*) „a", „e", „i", „o" und „u" sind Vokale.

Vo·lant der/das [vo'lã:] <-s, -s> *ein Stoffbesatz auf Rocksäumen, der gekräuselt ist*

Vo·li·e·re die [vo'li̯ɛːrə] <-, -n> *ein großer Vogelkäfig* (*als Teil einer Gartenanlage*)

Volk das <-(e)s, Völker> **1.** *eine durch dieselbe Geschichte, Sprache und Kultur verbundene Gemeinschaft von Menschen* (*die in einem politischen System zusammenleben*) Ich mag die Mentalität der südeuropäischen Völker. ◆-saufstand, -sauflauf, - sdichtung, -sgruppe, Berg-, Insel- **2.** (*kein Plur.*) *die Bevölkerung eines Landes* Politiker sind die gewählten Vertreter des Volkes. **3.** (*kein Plur.*) *die unteren Schichten der Bevölkerung* Er ist ein Mann aus dem Volk. **4.** (*kein Plur.*) *Menschenmenge* Sie mischte sich unters Volk **5.** (*kein Plur.*) (*oft abwert.*) *eine bestimmte Gruppe oder Sorte von Menschen, denen ein weiterreichendes Verstehen abgesprochen wird* Das dumme Volk hat natürlich nichts von dem verstanden, was ich gesagt habe. ■ **das auserwählte Volk**: *die Juden* **fahrendes Volk**: *Spielleute*

Völ·ker·ball der <-> (*kein Plur.*) *ein Ballspiel*

Völ·ker·bund der <-es> (*kein Plur.*) GESCH. POL. (*1920-1946*) *eine internationale Organisation zur Sicherung des Weltfriedens*

Völ·ker·ge·mein·schaft die <-> (*kein Plur.*) *die Gesamtheit der Völker der Welt*

Völ·ker·kun·de die <-> (*kein Plur.*) (≈ *Ethnologie*) *die Wissenschaft von den Kulturen der schriftlosen, außereuropäischen Völker* ▶völkerkundlich

Völ·ker·kun·de·mu·se·um das <-s, Völkerkundemuseen> *ein Museum, in dem völkerkundliche Ausstellungsstücke gesammelt sind*

Völ·ker·mord der <-(e)s> (*kein Plur.*) *Maßnahmen, die die* (*physische, ethnische, rassische und kulturelle*) *Existenz oder Identität einer Volksgruppe in Frage stellen*

Völ·ker·recht das <-(e)s> (*kein Plur.*) *die international verbindlichen Rechtsvorschriften* (*die das Zusammenleben verschiedener Staaten regeln*) Das Völkerrecht umspannt mittlerweile alle Bereiche der zwischenstaatlichen Beziehungen.

völ·ker·recht·lich <nicht steig.> *Adj.* **1.** *das Völkerrecht betreffend* völkerrechtliche Delikte/Verträge **2.** *dem Völkerrecht unterliegend* Angriffskriege sind völkerrechtlich nicht legitim.

Völ·ker·ver·stän·di·gung die <-> (*kein Plur.*) *der politisch-kultureller Austausch zwischen Nationen, um das Verständnis der jeweils anderen Kultur*(*-geschichte*) *zu fördern* Auch der Schüleraustausch soll der Völkerverständigung dienen.

Völ·ker·wan·de·rung die <-, -en> GESCH. (*im 4.-6. Jahrhundert nach Christus*) *die Wanderung germanischer Völker nach Südeuropa*

Volks·ab·stim·mung die <-, -en> (≈ *Plebiszit*) *eine Abstimmung der wahlberechtigten Bürger über eine wichtige politische Frage*

Volks·be·fra·gung die <-, -en> *eine im Rahmen einer Abstimmung zu einer wichtigen politischen Frage vorgenommene Befragung der Bürger*

Volks·be·geh·ren das <-s, -> POL. *ein Antrag auf Abstimmung der Bürger über einen Gesetzentwurf*

volks·ei·gen <nicht steig.> *Adj.* (*in der ehemaligen DDR und anderen kommunistischen Staaten*) *dem Volke gehörend* Die private Schuhfabrik ist in einen volkseigenen Betrieb (Abkürzung: VEB) umgewandelt worden.

Volks·emp·fän·ger® der <-s, -> GESCH. *ein einfa-*

V

ches und billiges Rundfunkgerät, das in Deutschland ab 1933 sehr verbreitet war

Vọlks·emp·fin·den das <-s> (*kein Plur.*) *die Art und Weise, wie breite Bevölkerungsschichten etwas beurteilen*

Vọlks·ent·scheid der <-(e)s, -e> POL. *die Entscheidung von Gesetzgebungsfragen durch Volksabstimmung*

Vọlks·e·ty·mo·lo·gie die <-, -n> *siehe auch* **Deutsch**, **Etymologie**

> **i Wissenswert** Als **Volksetymologie** bezeichnet man den Vorgang, dass ein in seiner Herkunft unbekanntes Wort durch Anlehnung an ein klangähnliches Wort so (um)gedeutet wird, dass es verständlich ist. Beispiel: Hängematte. Das Wort wurde aus dem Niederländischen entlehnt und geht ursprünglich auf arawakisch (Indianersprache der Antillen) [h]amaca zurück. Das nicht verstandene fremde Wort wurde fälschlich als Zusammensetzung von hängen und Matte gedeutet. Aus althochdeutsch muwerf (= Haufenwerfer) wurde neuhochdeutsch Maulwurf (= Tier, das die Erde mit dem Maul wirft), aus niederrheinisch rasen[d]montag (= rasender, wilder, toller Montag) neuhochdeutsch Rosenmontag.

Vọlks·fest das <-es, -e> *ein Fest für die Bevölkerung einer Stadt oder Gemeinde, bei dem man sich in einem Bierzelt und an zahlreichen Unterhaltungsbetrieben vergnügen kann* Die Kirmes/Kirchweih ist ein weit verbreitetes Volksfest.

Vọlks·front die <-> (*kein Plur.*) POL. *Bezeichnung für eine Koalition zwischen bürgerlichen Linken, Sozialdemokraten (Sozialisten) und Kommunisten*

Vọlks·ge·sund·heit die <-> (*kein Plur.*) *der Zustand der durchschnittlichen Gesundheit eines Volkes*

Vọlks·held der <-en, -en> (≈ *Nationalheld*) *jmd., der von einem ganzen Volk als Held verehrt wird*

Vọlks·hoch·schu·le die <-, -n> *eine öffentliche Einrichtung, die der Erwachsenenbildung und außerschulischen Jugendbildung dient* Volkshochschulen bieten sehr viele Kurse zu sehr unterschiedlichen Themenbereichen an, die von Fremdsprachen über technische Themen wie Fotografie und Autoreparatur bis hin zu musischen Themen wie Kunst, Musik und Tanz reichen.

Vọlks·i·ni·ti·a·ti·ve die <-, -n> (*schweiz.*) *Volksbegehren*

Vọlks·krank·heit die <-, -en> *eine in der Bevölkerung weit verbreitete Krankheit* Der Vortrag beschäftigt sich mit dem Thema „Volkskrankheit Bluthochdruck".

Vọlks·kun·de die <-> (*kein Plur.*) (≈ *empirische Kulturwissenschaft*) *die Wissenschaft von den Lebens- und Kulturformen eines Volkes oder einer Volksgruppe*

Vọlks·kund·ler, **Vọlks·kund·le·rin** der <-s, -> (≈ *empirischer Kulturwissenschaftler*) *Wissenschaftler auf dem Gebiet der Volkskunde*

vọlks·kund·lich <nicht steig.> *Adj. die Volkskunde betreffend, auf ihr beruhend*

Vọlks·lauf der <-(e)s, Volksläufe> *ein sportlicher Wettbewerb für jedermann mit den Disziplinen Laufen, Gehen, Marschieren, Wandern* (*seit 1971 innerhalb der „Trimmspiele" des deutschen Sportbundes*)

Vọlks·lied das <-(e)s, -er> *ein einfaches, im Volk überliefertes Lied*

Vọlks·mär·chen das <-s, -> *ein mündlich überliefertes Märchen*

Vọlks·mehr das <-s, -s> (*schweiz.*) *die Mehrheit der Abstimmenden*

Vọlks·mu·sik die <-, -en> (*meist Sing.*) *die Musik, die für bestimmte ethnische und soziale Gruppen typisch ist* Die ungarische Volksmusik ist stark von den Zigeunern beeinflusst.

vọlks·nah *Adj. so, dass jmd. in engem Kontakt zur Bevölkerung steht* Im Wahlkampf geben sich die Politiker stets sehr volksnah. ▶Volksnähe

Vọlks·par·tei die <-, -en> *eine große Partei mit Mitgliedern und Wählern aus allen Bevölkerungsschichten*

Vọlks·po·li·zei die <-> (*kein Plur.*) GESCH. *die Polizei der DDR*

Vọlks·re·pu·b·lik die <-, -en> (*abgekürzt „VR"*) *Bezeichnung für meist sozialistische Staaten* die Volksrepublik China

Vọlks·schu·le die <-, -n> **1.** (*veralt.*) *Grund- und Hauptschule* **2.** (*österr.*) *Grundschule*

Vọlks·sport der <-(e)s> (*kein Plur.*) *eine von vielen Menschen betriebene Sportart; Breiten-, Massensport* Fußball ist ein typischer Volkssport.

Vọlks·stamm der <-(e)s, Volksstämme> *eine größere Gruppe von Menschen, die eine gemeinsame Sprache, Kultur oder auch ein gemeinsames Siedlungsgebiet hat und sich dadurch von anderen Gruppen unterscheidet* die indianischen Volksstämme Südamerikas

Vọlks·stück das <-(e)s, -e> *ein humoristisches Bühnenstück* (*in dem Dialekt gesprochen wird*)

Vọlks·tanz der <-es, Volkstänze> *ein Tanz, der für eine bestimmte Region typisch ist* ◆-gruppe

Vọlks·tracht die <-, -en> *eine Tracht, die für eine bestimmte Region typisch ist*

Vọlks·trau·er·tag der <-(e)s> (*kein Plur.*) (*in Deutschland*) *der Sonntag vor dem 1. Advent als nationaler Trauertag zum Gedenken an die Gefallenen beider Weltkriege und an die Opfer des Nationalsozialismus*

Vọlks·tum das <-(e)s> (*kein Plur.*) *alles* (*an Sitten und Bräuchen*), *was die kulturelle Eigenart eines Volkes ausmacht*

vọlks·tüm·lich <nicht steig.> *Adj.* **1.** *der Art des Volkes entsprechend* ein volkstümlicher Brauch **2.** *beim Volk beliebt* ein volkstümlicher Schauspieler **3.** *allgemein verständlich* Im Rahmen dieser Veranstaltung wird sie natürlich keinen wissenschaftlichen, sondern einen volkstümlichen Vortrag halten. ◆ Volkstümlichkeit

Volks·ver·dum·mung die <-> (*kein Plur.*) (*umg. abwert.*) (*der Versuch der*) *Irreführung der Bevölkerung, indem man Probleme stark vereinfacht oder falsch darstellt* Der Politiker betreibt doch Volksverdummung.

Volks·ver·het·zung die <-> (*kein Plur.*) *das Aufstacheln* (*mittels demagogischer Reden*) *zum Hass gegen Teile der Bevölkerung mit der Aufforderung zu Gewalt- und Willkürmaßnahmen gegen sie*

Volks·ver·tre·ter, **Volks·ver·tre·te·rin** der <-s, -> *vom Volk gewählter Politiker*

Volks·ver·tre·tung die <-, -en> (≈ *Parlament*)

Volks·wirt, **Volks·wir·tin** der <-(e)s, -e> (≈ *Nationalökonom*) *jmd., der Volkswirtschaftslehre studiert hat*

Volks·wirt·schaft die <-, -en> **1.** (≈ *Nationalökonomie*) *die gesamte Wirtschaft eines Staates* **2.** (*kein Plur.*) *Volkswirtschaftslehre*

Volks·wirt·schaft·ler, **Volks·wirt·schaft·le·rin** der <-s, -> *Fachmann auf dem Gebiet der Volkswirtschaftslehre*

Volks·wirt·schafts·lehre die <-> (*kein Plur.*) (↔ *Betriebswirtschaftslehre*) *Wissenschaft, die sich mit* (*dem Funktionieren*) *der Wirtschaft eines Landes beschäftigt*

Volks·zäh·lung die <-, -en> *eine Zählung der Bürger eines Staates*

voll <voller, am vollsten> *Adj.* **1.** (↔ *leer*) *so gefüllt, dass nichts mehr in etwas hineinpasst* Sie brachte die vollen Tassen vorsichtig an den Tisch., Er hat zwei volle Bücherregale in seinem Zimmer., Ich quetschte mich in die volle Straßenbahn., Der Saal war brechend voll., Das Stadion war voll Menschen., Jedes Kind bekam eine Hand voll Süßigkeiten., Ich aß einen Teller voll Suppe. **2.** (*mit Gen.*) *voller* (= *voll der/des*) *verwendet, um auszudrücken, dass etwas mit vielen Exemplaren oder einer großen Menge der genannten Sache gefüllt oder bedeckt ist* ein Schrank voller Staub, eine Straße voller Laub, eine Tasche voller Bücher, ein Aufsatz voller Fehler, ein Stoff voller Flecken **3.** *verwendet, um auszudrücken, dass jmd. innerlich von der genannten Sache erfüllt oder mit der genannten Sache beschäftigt ist* Er war voll des Lobes/des Lobes voll., Ihr Herz war voll Sehnsucht., voll Freude/Hoffnung/Sorge/Spannung/Unruhe **4.** (≈ *füllig* ↔ *schmal*) *rundlich, dick* Er hat ein volles Gesicht., Sie ist in den letzten Jahren voller geworden. **5.** (↔ *schütter*) *dicht gewachsen* Damals hatte ich noch volles Haar. **6.** *kräftig, reichlich* der volle Geschmack einer Speise, mit vollem Klang **7.** (≈ *völlig*) *vollständig, komplett, ganz, uneingeschränkt* In zwei Wochen kann ich die volle Summe zurückzahlen., Sie unterschrieb mit ihrem vollen Namen., Die Rosen stehen in voller Blüte., Das ist die volle Wahrheit!, mit voller Wucht, in voller Fahrt, Die Uhr schlägt zur vollen Stunde., in vollem Umfang ■ **sich voll laufen lassen** (*umg.*): *sich betrinken* **sich den Bauch/Magen/Ranzen voll schlagen** (*umg.*): *sehr viel essen* **jemanden/etwas nicht für voll nehmen** (**können**) (*umg. abwert.*): *jmdn. oder etwas nicht ernst nehmen* (*können*) **aus dem Vollen schöpfen** (*umg.*): *etwas, das in großer Menge vorhanden ist, sorglos aufbrauchen* **in die Vollen gehen**: *alle verfügbaren Mittel oder Kräfte reichlich einsetzen* ◆ Getrenntschreibung→R 4.2 voll besetzt, voll entwickelt, sich voll essen, voll füllen, sich voll fressen, voll gießen, voll hauen, voll kotzen, voll kriegen, voll laden, voll laufen, voll machen, voll malen, voll packen, voll pumpen, voll qualmen, voll saugen, voll schmieren, voll schreiben, voll spritzen, voll tanken, sich voll trinken, eine Hand voll, einen Mund voll; Zusammenschreibung→R 4.5 vollgefressen (dickleibig), volltönend, volltrunken; Großschreibung→R 3.4, R 3.7 aus dem Vollen schöpfen, in die Vollen gehen *siehe auch* **vollbringen**, **vollenden**, **vollstrecken**, **vollziehen**

voll·auf *Adv.* (≈ *ganz*) Sie war mit ihrem Zeugnis vollauf zufrieden.

voll·au·to·ma·tisch <nicht steig.> *Adj.* (↔ *halbautomatisch*) *ganz automatisch* (*funktionierend oder gesteuert*) Diese Maschine läuft vollautomatisch.

voll·au·to·ma·ti·siert <nicht steig.> *Adj. so organisiert, dass es vollautomatisch funktioniert* Manche Fabriken der Autoindustrie arbeiten bereits vollautomatisiert.

Voll·bad das <-(e)s, Vollbäder> (≈ *Wannenbad*) *ein Bad für den ganzen Körper in einer Badewanne* Als ich nach Hause kam, nahm ich als Erstes ein Vollbad.

Voll·bart der <-(e)s, Vollbärte> (↔ *Kinnbart, Schnurrbart*) *Kinn und Wangen bedeckender Bart*

Voll·be·schäf·ti·gung die <-> (*kein Plur.*) *der Zustand, dass alle erwerbsfähigen Personen eines Staates einen Arbeitsplatz haben*

Voll·be·sitz ■ **im Vollbesitz seiner** (**geistigen**) **Kräfte sein**: *ein ungetrübtes Bewusstsein haben* Er war nicht mehr im Vollbesitz seiner geistigen Kräfte, als er das tat.

Voll·blut das <-(e)s, Vollblüter> BIOL. *ein reinrassiges Pferd aus einer besonderen Zucht*

Voll·blut- *in zusammengesetzten Substantiven als Erstglied verwendet, um auszudrücken, dass die genannte Person die genannte Sache mit größter Leidenschaft und in ganz typischer Weise verkörpert* Vollblutmusiker, Vollblutjournalist

Voll·brem·sung die <-, -en> *eine scharfe Bremsung, die ein Fahrzeug zum völligen Stillstand bringt*

voll·brin·gen <vollbringst, vollbrachte, hat vollbracht> *mit OBJ* ■ *jmd. vollbringt etwas etwas* (*Außergewöhnliches*) *tun, schaffen* „Es ist vollbracht!" (Ein Kreuzeswort Jesu)

voll·bu·sig <nicht steig.> *Adj. mit einem großen Busen*

Voll·dampf ■ **mit Volldampf**: *mit höchstem Tempo, mit aller Energie*

Völ·le·ge·fühl das <-s> (*kein Plur.*) *ein unangenehmes Gefühl im Magen oder im Bauch, das* *man bekommt, wenn man zu viel gegessen hat*

voll·e·lek·t·ro·nisch <nicht steig.> *Adj. ganz elektronisch gesteuert und daher vollautomatisch funktionierend* Diese Waschmaschine ist vollelektronisch.

voll·en·den <vollendest, vollendete, hat vollendet> *mit OBJ* ▪ *jmd. vollendet etwas* (≈ *abschließen*) *ein Werk zum Anschluss bringen* Mit diesem Buch vollendete der Autor seinen Romanzyklus.

voll·en·det (*Part. Perf. zu „vollenden"*) *Adj.* (≈ *perfekt*) Sie ist eine vollendete Gastgeberin.

voll·ends *Adv. gänzlich* Das Nachbeben zerstörte das Haus vollends.

Voll·en·dung die <-, -en> **1.** (*kein Plur.*) *das Vollenden* Der Autor steht kurz vor der Vollendung seiner Romantrilogie. **2.** (*kein Plur.*) *Perfektion* Das Spiel des Pianisten zeugt von höchster Vollendung.

Völ·le·rei die <-, -en> (*abwert.*) *übermäßig reichhaltiges Essen und Trinken*

Vol·ley·ball der ['vɔlibal] <-s, Volleybälle> **1.** (*kein Plur.*) *ein Ballsport, bei dem sich zwei Mannschaften auf einem Spielfeld gegenüberstehen, das durch ein relativ hoch angebrachtes Netz quer über das Spielfeld geteilt wird; die Spieler spielen den Ball mit verschiedenen Schlagtechniken über das Netz und erzielen Punkte, wenn der Ball innerhalb der gegnerischen Hälfte den Boden berührt* **2.** *der Ball, mit dem Volleyball[1] gespielt wird*

voll·füh·ren <vollführst, vollführte, hat vollführt> *mit OBJ* ▪ *jmd. vollführt etwas ausführen, machen* Der Artist vollführte die tollsten Kunststücke.

Voll·gas **1.** KFZ *der Vorgang, dass der Fahrer das Gaspedal durchtritt, um so schnell wie möglich zu fahren* **2.** ▪ **Vollgas geben** (*umg.*): *sich sehr beeilen, sich davonmachen* Gib Vollgas, sonst schnappt dich die Poizei!

Voll·i·di·ot der <-en, -en> (*abwert.*) *vollkommener Idiot*

völ·lig <nicht steig.> *Adj. gänzlich, total*

voll·jäh·rig <nicht steig.> *Adj.* (RECHTSW.: ≈ *mündig* ↔ *minderjährig*) *vor dem Gesetz erwachsen*

Voll·jäh·rig·keit die <-> (*kein Plur.*) (≈ *Mündigkeit* ↔ *Minderjährigkeit*) *der Zustand, volljährig zu sein*

Voll·ju·rist, **Voll·ju·ris·tin** der <-en, -en> *ein Jurist, der nach einer Referendarzeit durch Ablegen des zweiten Staatsexamens die Befähigung zum Richteramt erworben hat*

voll·kas·ko·ver·si·chern *meist im Infinitiv/Part. Perf. mit OBJ* ▪ *etwas* (*muss man*) *vollkaskoversichern/ist vollkaskoversichert eine Vollkaskoversicherung abschließen* Ich muss vor dem Urlaub meinen Wagen noch vollkaskoversichern.

Voll·kas·ko·ver·si·ch·e·rung die <-, -en> KFZ *eine Versicherungsform, bei der man vor allem Autos gegen alle möglichen Unfallschäden versichert*

voll·kli·ma·ti·siert <nicht steig.> *Adj. so, dass der Luftzustand in einem Raum oder Gebäude vollständig durch eine Klimaanlage reguliert wird und von äußeren Wetterbedingungen ganz unabhängig ist*

voll·kom·men, **voll·kom·men** *Adj.* **1.** (≈ *perfekt*) Ich bewunderte das vollkommene Kunstwerk. **2.** *völlig, vollständig* Du hast vollkommen Recht.

Voll·kom·men·heit die <-> (*kein Plur.*) (≈ *Perfektion*)

Voll·korn- *in zusammengesetzten Substantiven als Erstglied verwendet, um auszudrücken, dass Getreide nicht* (*wie bei der Herstellung von Weißmehl*) *auf den Mehlkörper reduziert wird, sondern andere nährstoffreiche Schichten behält und darum so dunkel ist* ◆-biskuits, -kuchen, -nudeln,-waffeln

Voll·korn·brot das <-(e)s, -e> *dunkles, aus Vollkornmehl hergestelltes Brot*

Voll·korn·mehl das <-(e)s, -e> (*meist Sing.*) *dunkles Mehl, das alle Bestandteile des ganzen Getreidekorns* (*Vollkorn*) *enthält*

Voll·macht die <-, -en> **1.** RECHTSW. *ein Ermächtigung, die eine Person A einer Person B erteilt, damit die Person B anstelle der Person A etwas tun darf* Mit der Vollmacht kannst du Geld von meinem Konto abheben. **2.** *ein Dokument, durch das eine Vollmacht[1] erteilt wird.*

Voll·milch die <-> (*kein Plur.*) (↔ *fettarme Milch*) *Milch mit vollem Fettgehalt*

Voll·mond der <-(e)s> (*kein Plur.*) (↔ *Neumond*) *der Mond, wenn er als kreisrunde, leuchtende Scheibe erscheint* ◆-nacht

Voll·nar·ko·se die <-, -n> (MED.: ↔ *örtliche Betäubung*) *eine* (*medizinisch realisierte*) *Betäubung, durch die jmd. für die begrenzte Zeit eines operativen Eingriffs sein Bewusstsein vollständig verliert*

Voll·pen·si·on die <-> (*kein Plur.*) *eine Hotelunterbringung, bei der der Gast außer dem Frühstück auch Mittag- und Abendessen erhält*

Voll·rausch der <-es, Vollräusche> *ein Zustand völliger Betrunkenheit*

voll·schlank <nicht steig.> *Adj.* (*umg. verhüll.*) *korpulent*

voll·stän·dig <nicht steig.> *Adj.* **1.** *ganz, total* Nach dem Computerabsturz waren einige Dateien vollständig gelöscht. **2.** (≈ *vollzählig*) *ohne, dass etwas fehlt* Er besitzt eine vollständige Sammlung aller bundesdeutschen Briefmarken seit 1949.

Voll·stän·dig·keit die <-> (*kein Plur.*) *der Zustand, dass etwas vollständig[1] ist*

voll·stre·cken <vollstreckst, vollstreckte, hat vollstreckt> *mit OBJ* ▪ *jmd. vollstreckt etwas* RECHTSW. *ein Gerichtsurteil oder eine gerichtliche Entscheidung* (*zwangsweise*) *in die Tat umsetzen* Die Todesstrafe wurde früh am Morgen vollstreckt.

Voll·stre·ckung die <-, -en> *das Vollstrecken* ◆-sbefehl, -smittel, -surteil, Zwangs-

Voll·tref·fer der <-s, -> **1.** *ein Schlag, der genau ins Ziel trifft* Der Boxer landete einen Volltreffer. **2.** (*umg.* ≈ *Hit, Renner*) *etwas, das ein sehr großer Erfolg ist* Die neue CD ist ein Volltreffer.

voll·trun·ken *Adj.* (↔ *angetrunken*) *völlig betrunken*

voll·um·fäng·lich *Adj.* (*schweiz.*) *in vollem Um-*

fang

Voll·verb das <-s, -en> (SPRACHWISS.: ↔ *Hilfsverb*) *ein Verb, das allein (ohne Verbindung mit anderen Verben) das Prädikat bilden kann* „Singen" ist ein Vollverb.

voll·ver·chromt <nicht steig.> *Adj. ganz mit Chrom überzogen*

Voll·ver·samm·lung die <-, -en> *eine Versammlung, an der alle Mitglieder teilnehmen können*

Voll·wai·se die <-, -n> *ein Kind, das beide Eltern verloren hat*

Voll·wasch·mit·tel das <-s, -> *ein für alle Temperaturbereiche taugliches Waschmittel*

voll·wer·tig <nicht steig.> *Adj.* **1.** *den vollen Wert, alle erwarteten Eigenschaften besitzend* Ich erwarte einen vollwertigen Ersatz., Das Programmpaket enthält unter anderem eine vollwertige Textverarbeitung. **2.** KOCH *den Prinzipien der Vollwertkost entsprechen* die knappe, aber vollwertige Ernährung der Sportler

Voll·wert·kost die <-> (*kein Plur.*) KOCH. *eine Ernährung, die sich aus naturbelassenen, sehr gesunden und vitaminreichen Nahrungsmitteln zusammensetzt*

voll·zäh·lig <nicht steig.> *Adj.* (≈ *komplett*) *so, dass alle fraglichen Personen oder Gegenstände da sind* Die Belegschaft ist vollzählig erschienen., Diese Münzsammlung ist noch nicht vollzählig. ▶Vollzähligkeit

voll·zie·hen <vollziehst, vollzog, hat vollzogen> **I.** *mit OBJ* ■ *jmd. vollzieht etwas* AMTSSPR. *eine offizielle Handlung ausführen* Der Standesbeamte vollzog die Trauung. **II.** *mit SICH* ■ *etwas vollzieht sich nach und nach geschehen* In mir vollzog sich nach diesem Erlebnis ein Wandel.

Voll·zug der <-(e)s> (*kein Plur.*) **1.** (*kein Plur.*) *das Vollziehen, das Ausführen* Der Vollzug der Taufe macht einen Menschen zum Mitglied der der christlichen Kirche. **2.** *die Durchsetzung einer Haftstrafe* **3.** *kurz für „Strafvollzug"* geschlossener Vollzug

Voll·zugs·an·stalt die <-, -en> *ein Gefängnis*

Vo·lon·tär, Vo·lon·tä·rin der <-s, -e> *jmd., der zur Vorbereitung auf seinen späteren Beruf gegen geringe Bezahlung in einem Betrieb arbeitet* ▶Volontariat ◆-sstelle

Vo·lon·ta·ri·at das <-(e)s, -e> **1.** *die Zeit, in der jmd. als Volontär arbeitet* **2.** *Stelle eines Volontärs*

vo·lon·tie·ren <volontierst, volontierte, hat volontiert> *ohne OBJ* ■ *jmd. volontiert als Volontär arbeiten*

Volt das <-/-(e)s, -> PHYS. ELEKTROTECHN. (*Maß-*)*Einheit der elektrischen Spannung* ◆-meter

Vo·lu·men das <-s, -/Volumina> **1.** (≈ *Rauminhalt*) Der Tank hat ein Volumen von 500 Kubikmetern. **2.** *Umfang, Gesamtmenge* Wie ein Sprecher des Unternehmens betonte, sei das Volumen der Auftragseingänge im vergangenen halben Jahr deutlich gestiegen. ◆-gewicht, -prozent, -zähler

vo·lu·mi·nös <nicht steig.> *Adj.* (*geh.*) *umfangreich, groß* Er hat eine voluminöse Doktorarbeit geschrieben.

vom *Präp.* **1.** (*„von" + „dem", meist nicht auflösbar*) *zur Angabe eines räumlichen oder zeitlichen Ausgangspunktes* Wir sind zu Fuß vom Bahnhof in die Stadt gelaufen., Wir haben vom 1.8. bis zum 21.8. geschlossen. **2.** (*„vom" (nicht auflösbar) + substantivierter Inf.*) *Angabe einer Ursache* Mir schmerzen die Augen vom Lesen., Sie ist müde vom Wandern.

von I. *Präp. + Dat.* **1.** *verwendet zur Angabe eines räumlichen Ausgangspunktes oder der Richtung, aus der sich eine Bewegung zum Sprecher hin vollzieht* Wir radelten von Köln nach Paris., Der Wind kommt von Norden., Von der Tür bis zum Fenster sind es fünf Meter., Von hier aus kannst du den Ort liegen sehen., Von der Straße her konnten wir schon den Hund bellen hören. **2.** *verwendet, um einen Vorgang des Loslösens oder Trennens zu bezeichnen* Hast du die Wäsche schon von der Leine genommen?, Die Briefmarke löste sich leicht von dem Umschlag. **3.** *verwendet, um die Menge zu nennen, von der der genannte Teil stammt* Keine von diesen CDs gefällt mir., Jeder von uns hat so einen Brief bekommen., Eins von diesen Büchern möchte ich kaufen., Die Hälfte von der Schokolade gehört dir. **4.** *verwendet zur Angabe eines zeitlichen Ausgangspunktes* Ich kenne sie von früher., Die Tat geschah in der Nacht von Montag auf Dienstag., von Anfang/Geburt/Jugend an, Von Montag ab bin ich verreist. **5.** *verwendet zur Angabe einer Ursache oder eines Urhebers* Ich war müde von der Arbeit., Wir haben eine Urlaubskarte von unseren Bekannten bekommen., Dieser Vorschlag stammt von ihm., Grüßen Sie ihn bitte von mir! **6.** *verwendet zur Angabe des Urhebers in Passivsätzen* Er wurde von seiner Lehrerin ermahnt. **7.** *verwendet zur Angabe des Bereichs, für den das Gesagte gilt* Er ist Buchhändler von Beruf., Das ist ein Prachtexemplar von Schmetterling! **8.** *verwendet zur Angabe einer Eigenschaft* Er war ein Mann von Prinzipien., Sie ist eine Frau von fünfzig Jahren., ein Kunstwerk von großer Schönheit, Diese Arbeit ist von großer Dringlichkeit. **9.** (*umg.*) *anstelle eines Genitivattributes oder Possessivpronomens verwendet, um eine Zusammengehörigkeit oder ein Besitzverhältnis auszudrücken* die Königin von Schweden, der Vertrag von Versailles, die Umgebung von Berlin, ein Vater von vier Kindern, Das ist sicher der Mantel von deinem Freund., Ist das Buch von dir? **10.** *verwendet zur Angabe von Maßen, Entfernungen und Größenordnungen* Nach einem Flug von 12 Stunden kamen wir endlich an., eine Entfernung von dreißig Kilometern **11.** *verwendet als Adelsprädikat bei Namen* Über Johann Wolfgang von Goethe wird erzählt, dass … **12.** *verwendet in Verbindung mit bestimmten Verben oder Adjektiven* Er berichtete von seinen Urlaubserlebnissen., Wir sprachen von diesem und jenem., abhängig/frei von **II.** *Adv.* (*umg. norddt.*) *kurz für „davon"* Da habe ich nichts von gewusst., Da hat er mir nichts von gesagt.

von·ei·n·an·der *Adv. einer oder eines vom ande-*

V

ren; einen gegenseitigen Bezug ausdrückend Am Bahnhof haben sie voneinander Abschied genommen., Es war schwierig, die zusammengeleimten Teile voneinander zu lösen.

von·nö·ten *Adv.* ■ **vonnöten sein**: *notwendig sein* Hier ist schnelle Hilfe vonnöten.

von·sei·ten/von Sei·ten *Adv.* (*geh.*) *von der Seite der/des ...* Dem Vorschlag wurde auch vonseiten der Geschäftsleitung zugestimmt.

von·stat·ten *Adv.* ■ **irgendwie vonstatten gehen**: *irgendwie ablaufen* Der Umzug ging schneller vonstatten, als er dachte.

vor **I.** *Präp. + Dat.* **1.** (↔ *hinter*) *verwendet, um auszudrücken, dass etwas auf der vorderen Seite und dem Betrachter zugewandt ist* „Wo wartest du auf mich?" „Ich warte auf dich direkt vor der Schule.", Er stand vor seinem Auto und fand den Autoschlüssel nicht mehr. **2.** (↔ *nach*) *verwendet, um auszudrücken, dass etwas dem genannten Zeitpunkt oder Vorgang vorausgeht* Sie ist erst vor wenigen Augenblicken gegangen., Wir sind erst vor zwei Wochen aus dem Urlaub zurückgekommen. **3.** (*ohne nachfolgenden Artikel*) *verwendet, um eine Ursache auszudrücken* Sie zitterte vor Kälte., Er war bleich vor Wut. **4.** (*mit oder ohne nachfolgenden Artikel*) *verwendet, um auszudrücken, dass etwas in jmds. Gegenwart geschieht* Er hat das vor Zeugen behauptet., Sie hat Angst, vor Publikum zu sprechen., Wir sollten vor den Gästen nicht streiten! **5.** *verwendet, um auszudrücken, dass jmd. oder etwas in einer Reihenfolge oder Rangfolge zuerst kommt* Ich glaube, ich komme vor Ihnen an die Reihe., Der Außenseiter ging vor dem Favoriten durchs Ziel., Ich gebe dem zweiten Redner den Vorzug vor dem ersten. **6.** *verwendet in Verbindung mit bestimmten Verben* Er fürchtet sich vor Hunden., Schützen Sie sich vor Erkältungen!, Sie schämte sich vor ihren Freundinnen., Ich habe großen Respekt/Widerwillen vor ihm. **II.** *Präp. + Akk.* (↔ *hinter*) (*räumlich*) *drückt aus, dass etwas an die vordere Seite, die dem Betrachter zugewandt ist, gebracht ist* „Wohin hast du dein Fahrrad gestellt?" „Ich habe mein Fahrrad vor das Haus gestellt." **III.** *Adv.* **1.** (*umg.*) *nach vorn* Freiwillige vor! **2.** (*umg. norddt.*) *kurz für „davor"* Da habe ich Angst vor.

vor·ab *Adv. im Voraus* Die Presse wurde vorab informiert.

Vor·a·bend der <-s> (*kein Plur.*) *der Abend vor einem Ereignis* am Vorabend der Hochzeit

Vor·a·bend·se·rie die <-, -n> TV *eine Serie, die zwischen sechs und acht Uhr im Fernsehen läuft*

Vor·ah·nung die <-, -en> *das Gefühl, dass etwas Schlimmes passieren wird* Ich wurde von schlimmen Vorahnungen geplagt.

vo·r·an *Adv. vor jmdm. oder etwas her*

vo·r·an·ge·hen <gehst voran, ging voran, ist vorangegangen> *ohne OBJ* **1.** ■ *jmd. geht jmdm. voran an der Spitze von etwas gehen* Als der Zug von Menschen sich in Bewegung setzte, ging er allen voran. **2.** ■ *etwas geht irgendwie voran* (≈ *vorankommen*) *in bestimmter Weise Fortschritte machen* Die Arbeit geht gut/langsam/nur zäh voran. **3.** (*zeitlich*) *vor etwas liegen* Dem Vertragsabschluss gingen lange Verhandlungen voran., Der Krisenstab suchte an den vorangegangenen Tagen fieberhaft nach Lösungen. ♦ Großschreibung→R 3.7 Vorangehendes, im Vorangehenden

vo·r·an·kom·men <kommst voran, kam voran, ist vorangekommen> *ohne OBJ* **1.** ■ *jmd. kommt voran sich auf ein Ziel hin bewegen* Wir sind mit dem Fahrrad gut vorangekommen. **2.** ■ *etwas kommt irgendwie voran* (≈ *vorangehen*) *in bestimmter Weise Fortschritte machen* Die Arbeit kam nur sehr mühsam voran.

Vor·an·mel·dung die <-, -en> *vorherige Anmeldung* Eine Teilnahme an dem Kurs ist nur mit Voranmeldung möglich.

vo·r·an·schrei·ten <schreitest voran, schritt voran, ist vorangeschritten> *ohne OBJ* ■ *jmd. schreitet voran* (*geh.*) *feierlich vorangehen*[1] In der Prozession schritt der Kardinal den Priestern voran.

vo·r·an·stel·len <stellst voran, stellte voran, hat vorangestellt> *mit OBJ* ■ *jmd. stellt etwas voran als erstes mitteilen, sagen oder schreiben* Ich möchte meiner Rede zunächst einige Worte des Dankes voranstellen.

vo·r·an·trei·ben <treibst voran, trieb voran, hat vorangetrieben> *mit OBJ* ■ *jmd. treibt etwas voran beschleunigen* Die Verantwortlichen trieben das Projekt energisch voran.

Vor·an·zei·ge die <-, -n> *die Ankündigung eines neuen Buches, Films oder Theaterstücks*

Vor·ar·beit die <-, -en> *die vorbereitende Arbeit, die vor einer eigentlichen Arbeit erfolgt* Mit den Vorarbeiten für meine schriftliche Hausarbeit dürfte ich nächste Woche fertig sein.

vor·ar·bei·ten **I.** *ohne OBJ* ■ *jmd. arbeitet vor* (↔ *nacharbeiten*) *mehr als üblich arbeiten, so dass man später mehr freie Zeit hat* Ich habe einen Tag vorgearbeitet. **II.** *mit SICH* ■ *jmd. arbeitet sich vor mit viel Mühe einen Ort oder eine bessere Position erreichen* Der Radrennfahrer hatte sich bis zur Spitzengruppe vorgearbeitet.

Vor·ar·bei·ter, **Vor·ar·bei·te·rin** der <-s, -> *ein Arbeiter, der eine Gruppe leitet*

Vor·arl·berg <-s> *westlichstes Bundesland von Österreich*

vo·r·aus *Adv.* **1.** *vor jmdm. oder etwas her* Er ist 10 Meter voraus, aber wir kommen schon hinterher. **2.** *besser, weiter* (*als andere*) Sie ist ihm im Rechnen voraus., Er war schon immer seiner Zeit voraus. **3.** ■ **im Voraus**: *schon vorher, früher, als es sein müsste* Er zahlte im Voraus. ♦ Großschreibung→R 3.4 Mit bestem Dank im Voraus.

vo·r·aus·ah·nen <ahnst voraus, ahnte voraus, hast vorausgeahnt> *mit OBJ* ■ *jmd. ahnt etwas voraus eine Vorahnung haben* Er ahnte voraus, dass es einen Krieg geben würde.

vo·r·aus·be·rech·nen <berechnest voraus, berechnete voraus, hat vorausberechnet> *mit OBJ* ■ *jmd. berechnet etwas voraus berechnen, wie sich etwas entwickeln oder wie etwas verlaufen wird* Um kein Risiko einzugehen, berechnete die

Universität die Zahl der möglichen Studienbewerber voraus.

vo·r·aus·ei·len <eilst voraus, eilte voraus, ist vorausgeeilt> *ohne OBJ* ■ *jmd. eilt jmdm. voraus schnell vorangehen* Eile bitte voraus, um den Bus noch anzuhalten; ich kann nicht so schnell.

vo·raus·ge·hen <gehst voraus, ging voraus, ist vorausgegangen> *ohne OBJ* **1.** ■ *jmd. geht jmdm./etwas voraus an der Spitze von etwas gehen* **2.** ■ *jmd. geht jmdm. voraus* (↔ *nachkommen*) *schon früher vor den anderen irgendwohin gehen* Ihr könnt ja nachkommen, ich gehe schon voraus. **3.** ■ *etwas geht etwas voraus* (↔ *nachfolgen*) *sich vor anderen Dingen ereignen* Dem Vertrag sind lange Verhandlungen vorausgegangen.

vo·r·aus·ge·setzt (*Part. Perf. zu „voraussetzen"*) *Konj. unter der Voraussetzung, dass ...* Wir fahren am Wochenende zum Skifahren, vorausgesetzt, dass das Tauwetter nicht anhält.

vo·r·aus·ha·ben <hast voraus, hatte voraus, hat vorausgehabt> *mit OBJ* ■ *jmd. hat jmdm. etwas voraus in einer bestimmten Hinsicht besser oder überlegen sein* Sie hat mir diese Erfahrung voraus.

Vo·r·aus·sa·ge die <-, -n> (≈ *Prognose*) *eine Aussage über die Zukunft* Die Voraussage trat ein/erfüllte sich.

vo·r·aus·sa·gen <sagst voraus, sagte voraus, hat vorausgesagt> *mit OBJ* ■ *jmd. sagt etwas voraus eine Voraussage oder Prognose machen* Seine Ankunft konnte man uns nicht voraussagen.

vo·r·aus·schau·end <nicht steig.> *Adj.* (↔ *kurzsichtig*) *mit Blick auf die Zukunft sorgfältig bedenkend* Sie handelt/plant vorausschauend.

vo·r·aus·schi·cken <schickst voraus, schickte voraus, hat vorausgeschickt> *mit OBJ* ■ *jmd. schickt etwas voraus* **1.** *etwas zeitlich früher schicken* Ich werde den Koffer mit der Bahn vorausschicken. **2.** *etwas einleitend sagen* Bevor ich zum eigentlichen Thema komme, sollte ich vorausschicken, dass ...

vo·r·aus·seh·bar <nicht steig.> *Adj. so, dass man es voraussehen kann*

vo·r·aus·se·hen <siehst voraus, sah voraus, hat vorausgesehen> *mit OBJ* ■ *jmd. sieht etwas voraus eine zukünftige Entwicklung bereits in der Gegenwart erkennen oder ahnen* Eine solche Entwicklung konnte man nicht voraussehen.

vo·r·aus·set·zen <setzt voraus, setzte voraus, hat vorausgesetzt> *mit OBJ* ■ *jmd. setzt* (*etwas*) *voraus* **1.** *als sicher oder vorhanden annehmen* Wir setzen voraus, dass Sie Kenntnisse in einem Textverarbeitungsprogramm besitzen. **2.** *als notwendige Bedingung haben oder verlangen* Ein solcher Beruf setzt viel Flexibilität voraus.

Vo·r·aus·set·zung die <-, -en> **1.** (≈ *Annahme*) *eine feste Vorstellung, die das weitere Tun oder Denken leitet* Ich fürchte, Sie gehen von der irrigen Voraussetzung aus, dass ..., Wir sind damals von völlig falschen Voraussetzungen ausgegangen. **2.** (≈ *Vorbedingung*) *etwas, das gegeben oder garantiert sein muss, damit etwas geschehen kann* Er erfüllt alle Voraussetzungen für diesen Posten., Ich werde dir das Geld leihen, aber nur unter der Voraussetzung, dass du es mir in einem Monat zurückgibst.

Vo·r·aus·sicht die <-> (*kein Plur.*) *Vermutung, Ahnung, Wahrscheinlichkeit* In der Voraussicht, dass der Winter kalt wird, habe ich diesmal mehr Heizöl bestellt. ■ **aller Voraussicht nach**: *wahrscheinlich*

vo·r·aus·sicht·lich <nicht steig.> *Adj. sehr wahrscheinlich* Der Zug hat voraussichtlich 10 Minuten Verspätung.

Vor·aus·wahl die <-> (*kein Plur.*) *eine erste Auswahl* Nachdem der Personalchef eine Vorauswahl getroffen hatte, wurden fünf Kandidaten zu einem Bewerbungsgespräch eingeladen.

vo·r·aus·zah·len *mit OBJ* ■ *jmd. zahlt* (*etwas*) *voraus im Voraus, vor Warenlieferung bezahlen* Wenn Sie vorauszahlen, liefern wir die Ware 10 Tage früher.

Vo·r·aus·zah·lung die <-, -en> *das Vorauszahlen*

Vor·bau der <-s, Vorbauten> **1.** *ein Anbau an der Vorderseite eines Gebäudes* **2.** (*umg.*) *der große Busen einer Frau*

Vor·be·dacht der <-s> (*kein Plur.*) (*meist in den Verbindungen „aus/mit/voll Vorbedacht"*) *nach genauer Überlegung, mit einer bestimmten Absicht* Aus Vorbedacht haben wir die Veranstaltung nicht angekündigt.

Vor·be·halt der <-(e)s, -e> (≈ *Einschränkung*) Ich werde es euch erlauben, aber nur unter dem Vorbehalt, dass ...

vor·be·hal·ten <behältst vor, behielt vor, hat vorbehalten> *mit SICH* ■ *jmd. behält sich etwas vor die Möglichkeit für bestimmte Schritte offen lassen* Ich behalte mir das Recht vor, dagegen Einspruch einlegen zu können.

vor·be·halt·los <nicht steig.> *Adj. ohne Vorbehalte* Die Neuankömmlinge wurden in der Gruppe vorbehaltlos akzeptiert.

vor·bei *Adv.* **1.** (≈ *vorüber*) Der Zug ist schon an Frankfurt vorbei. **2.** *vergangen, zu Ende* Endlich ist der Winter vorbei. ♦ Getrenntschreibung→R 4.1 vorbei sein

vor·bei·brin·gen <bringst vorbei, brachte vorbei, hat vorbeigebracht> *mit OBJ* ■ *jmdm. bringt jmdm. etwas vorbei* (*umg.*) *jmdm. etwas bringen* Ich bringe dir die CD morgen vorbei. ♦ Zusammenschreibung→R 4.9 Kannst du mir das Buch heute Abend noch vorbeibringen?

vor·bei·fah·ren <fährst vorbei, fuhr vorbei, ist vorbeigefahren> *ohne OBJ* **1.** ■ *jmd./etwas fährt vorbei an etwas vorüber fahren/etwas passieren* Hier fährt die Straßenbahn täglich fünf mal vorbei. **2.** ■ *jmd./etwas fährt an etwas vorbei irrtümlich zu weit fahren oder an etwas vorüberfahren, was man suchte* Die Radrennfahrer sind am Verpflegungswagen vorbeigefahren, ohne es zu merken., Wir sind zu weit gefahren, wir müssen an der Haltestelle schon vorbeigefahren sein. **3.** ■ *jmd. fährt an etwas Dat. /bei jmdm. vorbei kurz zu jmdm. oder etwas fahren* (*um etwas zu erledigen*) Können wir noch an der Post vorbeifahren?

vor·bei·ge·hen <gehst vorbei, ging vorbei, ist vorbeigegangen> *ohne OBJ* **1.** ■ *jmd. geht (an jmdm.) vorbei etwas oder jmdn. passieren* Sie ging ohne zu grüßen an mir vorbei. **2.** ■ *jmd. geht (bei jmdm.) vorbei kurz zu jmdm. gehen (um etwas zu erledigen)* Ich muss noch beim Bäcker vorbeigehen und ein Brot kaufen. **3.** ■ *etwas geht vorbei aufhören* Der Liebeskummer wird schon wieder vorbeigehen!

vor·bei·kom·men <kommst vorbei, kam vorbei, ist vorbeigekommen> *ohne OBJ* **1.** ■ *jmd./etwas kommt (an etwas Dat.) vorbei an etwas vorbeifahren oder vorbeikommen; passieren* Wenn man diese Straße nimmt, kommt man an vielen alten Burgen vorbei. **2.** ■ *jmd./etwas kommt (an etwas Dat.) vorbei kaum Platz haben, um vorbeizufahren oder vorbeizugehen* Die Rettungsmannschaften kamen an den Schaulustigen kaum vorbei., Die Straße war so eng, dass der Laster kaum an den parkenden Wagen vorbeikam. **3.** ■ *jmd. kommt (bei jmdm.) vorbei (umg.) zwanglos besuchen* Kommt doch mal vorbei, wenn ihr in der Gegend seid.

vor·bei·las·sen <lässt vorbei, ließ vorbei, hat vorbeigelassen> *mit OBJ* ■ *jmd. lässt jmdn. vorbei (umg.) jmdm. Platz machen, damit er vorbeigehen kann* Würden Sie bitte die Frau mit dem Kinderwagen vorbeilassen?

vor·bei·mar·schie·ren <marschierst vorbei, marschierte vorbei, ist vorbeimarschiert> *ohne OBJ* ■ *jmd. marschiert (an jmdm./etwas) vorbei im Marschierschritt an jmdm. oder etwas vorbeigehen* Die Leibgarde marschierte an der Tribüne des Königs vorbei.

vor·bei·re·den <redest vorbei, redete vorbei, hat vorbeigeredet> *ohne OBJ* **1.** ■ *jmd. redet an etwas Akk. vorbei miteinander sprechen, ohne auf den Kern der Sache zu kommen* Wir haben am eigentlichen Problem vorbeigeredet. **2.** ■ *Personen reden aneinander vorbei miteinander sprechen und sich missverstehen, sich nicht verstehen* Die beiden redeten aneinander vorbei.

vor·bei·schau·en <schaust vorbei , schaute vorbei, hat vorbeigeschaut> *ohne OBJ* ■ *jmd. schaut (bei jmdm.) vorbei (umg.) vorbeikommen*[3] Wenn du mal nach Zürich kommst, schau doch einfach (bei mir) vorbei.

vor·bei·schie·ßen <schießt vorbei, schoss vorbei, hat/ist vorbeigeschossen> *ohne OBJ* **1.** ■ *jmd. schießt vorbei (haben) das Ziel verfehlen* Der Jäger hatte vorbeigeschossen und das Wild nicht getroffen. **2.** ■ *etwas schießt an jmdm./etwas vorbei (sein) sehr schnell an jmdm. oder etwas vorbeigehen oder vorbeifahren* Das Auto ist blitzschnell an mir vorbeigeschossen.

vor·bei·schleu·sen <schleust vorbei, schleuste vorbei, hat vorbeigeschleust> *mit OBJ* ■ *jmd. schleust etwas an jmdm./etwas vorbei (umg.) etwas an jmdm. oder etwas heimlich vorbeigehen lassen* Er schleuste beim Verlassen der Bibliothek eine Reihe Bücher an der Aufsicht vorbei., Gelder am Finanzamt vorbeischleusen

vor·bei·schram·men *ohne OBJ* ■ *jmd./etwas schrammt an etwas Dat. vorbei (umg.)* **1.** *etwas streift an etwas so vorbei, dass Schrammen entstehen* Ein Fahrradfahrer schrammte an dem parkenden Auto vorbei. **2.** *es kommt beinahe zu einem sehr negativen Resultat oder Unglück* Der Einbruch des Aktienkurses schrammte an einem Börsencrash vorbei., knapp an einer Niederlage vorbeischrammen

vor·be·las·tet <nicht steig.> *Adj. bereits durch eine negative Anlage oder Eigenschaft belastet* Sie ist erblich vorbelastet.

Vor·be·mer·kung die <-, -en> *einleitende, erläuternde Sätze, die man vor dem eigentlichen Text sagt oder schreibt*

vor·be·rei·ten <bereitest vor, bereitete vor, hat vorbereitet> *mit OBJ* **1.** ■ *jmd. bereitet sich/jmdn./etwas (auf etwas Akk.)vor jmdn. oder sich durch gezielte Maßnahmen auf etwas einstellen und in die Lage bringen, eine Aufgabe zu lösen oder eine Situation zu meistern* Wie der Spielverlauf zeigt, hat der Trainer seine Spieler optimal auf dieses Finale vorbereitet., Ich bereite mich gerade auf mein Examen vor. **2.** *notwendige Arbeiten im Voraus erledigen* Habt ihr die Geburtstagsparty schon vorbereitet?

Vor·be·rei·tung die <-, -en> *das Vorbereiten*

Vor·be·sit·zer, **Vor·be·sit·ze·rin** der <-s, -> *der frühere Besitzer einer Sache*

Vor·be·spre·chung die <-, -en> *eine Besprechung, die vor der eigentlichen Besprechung stattfindet* Bevor wir in die Verhandlungen gehen, sollten wir eine Vorbesprechung abhalten.

vor·be·stel·len <bestellst vor, bestellte vor, hat vorbestellt> *mit OBJ* ■ *jmd. bestellt etwas vor (≈ reservieren) eine Vorbestellung machen* Wir haben für heute Abend im Lokal einen Tisch vorbestellt.

Vor·be·stel·lung die <-, -en> *(≈ Reservierung) eine im Voraus gemachte Bestellung*

vor·be·straft <nicht steig.> *Adj.* AMTSSPR. *früher schon einmal gerichtlich verurteilt*

Vor·be·straf·te der/die <-n, -n> AMTSSPR. *jmd., der vorbestraft ist*

vor·beu·gen <beugst vor, beugte vor, hat vorgebeugt> **I.** *mit OBJ* ■ *jmd. beugt sich/etwas vor sich oder einen Körperteil nach vorne beugen* Er beugte sich/seinen Kopf/seinen Oberkörper nach vorne. **II.** *ohne OBJ* ■ *jmd. beugt etwas Dat. vor Maßnahmen treffen, damit etwas Negatives nicht eintritt* Er wollte sich impfen lassen, um einer Grippe/einer Infektion vorzubeugen.

Vor·beu·gung die <-> *(kein Plur.) das Vorbeugen II*

Vor·bild das <-(e)s, -er> *jmd., der von anderen als mustergültiges Beispiel angesehen wird, Ideal* Dieser Musiker ist ihm (ein) Vorbild/dient ihm als Vorbild.

Vor·bild·funk·ti·on die <-> *(kein Plur.) die Rolle eines Vorbildes*

vor·bild·lich <nicht steig.> *Adj. so, dass es als Vorbild dienen kann; mustergültig, beispielhaft*

Vor·bil·dung die <-> *(kein Plur.) (≈ Vorwissen)*

bereits früher erworbene Kenntnisse oder erworbenes Wissen, die man hat, bevor man einen offiziellen Ausbildungsgang oder Bildungsgang durchläuft

Vor·bo·te der <-n, -n> (≈ *Anzeichen*) *etwas, das etwas ankündigt* Die Schneeglöckchen, die Vorboten des Frühlings, blühen bereits.

vor·brin·gen <bringst vor, brachte vor, hat vorgebracht> *mit OBJ* ■ *jmd. bringt etwas vor* (*nachdrücklich*) *sagen, äußern* Zur eigenen Verteidigung brachte er vor, dass …

vor·christ·lich <nicht steig.> *Adj.* (↔ *nachchristlich*) *die Zeit vor Christi Geburt betreffend*

Vor·dach das <-(e)s, Vordächer> *ein Dach als Vorbau über der Eingangstüre*

vor·da·tie·ren <datierst vor, datierte vor, hat vordatiert> *mit OBJ* ■ *jmd. datiert etwas vor* (≈ *rückdatieren*) *mit einem zukünftigen Datum versehen* Sie hatte den Brief vordatiert.

Vor·den·ker, **Vor·den·ke·rin** der <-s, -> *ein* (*fortschrittlicher*) *Mensch, der bestimmte zukünftige Entwicklungstendenzen erkennt und durch eigene Pläne zu beeinflussen oder voranzubringen versucht*

Vor·der·ach·se die <-, -n> (KFZ.: ↔ *Hinterachse*) *die Achse am vorderen Teil eines Fahrzeugs*

Vor·der·an·sicht die <-> (*kein Plur.*) (≈ *Rückansicht*) *die Ansicht der Vorderseite von etwas*

Vor·der·a·si·en <-s> *das südwestliche Asien; zusammenfassende Bezeichnung für die Türkei, Zypern, Libanon, Israel, Jordanien, Syrien, Irak, Iran und die Länder auf der Arabischen Halbinsel*

Vor·der·bein das <-(e)s, -e> (↔ *Hinterbein*) *eines der vorderen Beine eines vierbeinigen Tieres*

Vor·der·deck das <-s, -s> (SEEW.: ↔ *Achterdeck*) *vorderer Schiffsteil*

vor·de·re *Adj.* (↔ *hintere*) *der Teil von der Mitte aus bis ganz vorne* Die vorderen Plätze waren schon belegt., Der vordere Teil des Schiffes ist schöner als der hintere.

Vor·der·front die <-, -en> (↔ *Rückseite*) *Vorderseite eines Gebäudes*

Vor·der·grund der <-s> (*kein Plur.*) (↔ *Hintergrund*) *der Teil eines Bildes, der dem Betrachter zugewandt ist* ■ **im Vordergrund stehen** (*übertr.*): *Mittelpunkt der Aufmerksamkeit sein* **etwas in den Vordergrund stellen/rücken** (*übertr.*): *besondere Bedeutung zukommen lassen* **jemanden/sich in den Vordergrund drängen/ rücken/schieben**: *jmdn. oder sich in den Mittelpunkt stellen*

vor·der·grün·dig <nicht steig.> *Adj.* (≈ *oberflächlich*) *ohne tiefere Bedeutung; offensichtlich*

Vor·der·mann der <-(e)s, Vordermänner> *jmd., der* (*in einer Reihe*) *direkt vor jmdm. steht oder sitzt* ■ **etwas auf Vordermann bringen** (*umg.*): *etwas wieder so herrichten, dass es wieder ordentlich und sauber ist oder funktioniert*

Vor·der·rad das <-(e)s, Vorderräder> (↔ *Hinterrad*) *ein Rad, das an einem Fahrzeug vorne montiert ist*

Vor·der·rad·an·trieb der <-s> (*kein Plur.*) (KFZ: ↔ *Hinterradantrieb*) *der Antrieb eines Fahrzeugs über die Vorderräder*

Vor·der·schin·ken der <-s, -> (↔ *Hinterschinken*) *Schinken von der Schulter eines Schweins*

Vor·der·sei·te die <-, -n> (↔ *Rückseite*) *die Seite, die zum Betrachter hin zeigt*

Vor·der·sitz der <-es, -e> (↔ *Rücksitz*) *einer der vorderen Sitze eines Fahrzeugs*

vor·ders·te- *Adj.* (↔ *hinterste-*) *ganz vorne* Wir bekamen für das Konzert Plätze in der vordersten Reihe.

Vor·der·teil das/der <-(e)s, -e> (↔ *Hinterteil*) *vordere Teil*

Vor·di·p·lom das <-s, -e> (↔ *Diplom*) *ein Zeugnis, das man für die bestandene akademische Zwischenprüfung in einem Diplomstudiengang erhält*

vor·drän·gen <drängst vor, drängte vor, hat vorgedrängt> *mit SICH* ■ *jmd. drängt sich vor* **1.** *sich in einer Menge energisch* (*und rücksichtslos*) *nach vorn arbeiten* **2.** (*abwert.*) *sich vor anderen wichtig machen*

vor·drin·gen <dringst vor, drang vor, ist vorgedrungen> *ohne OBJ* ■ *jmd./etwas dringt in etwas Akk. vor* **1.** (*unter Mühen*) *irgendwohin gelangen, eindringen* Lange Zeit hatte man es nicht für möglich gehalten, einmal in den Weltraum/die Antarktis vorzudringen. **2.** ■ *etwas dringt in etwas Akk. vor ausbreiten* Die Virusgrippe ist bereits bis in unsere Breiten vorgedrungen.

vor·dring·lich *Adj.* (≈ *prioritär* ↔ *nachrangig*) *sehr dringend und deshalb vor allem anderen zu behandeln*

Vor·druck der <-(e)s, -e> (≈ *Formular*) *ein Formblatt zum Ausfüllen*

vor·e·he·lich <nicht steig.> *Adj. vor der Ehe erfolgend* Vorehelicher Geschlechtsverkehr ist seit der sexuellen Revolution nichts Außergewöhnliches mehr.

vor·ei·lig *Adj.* (≈ *vorschnell*) *zu schnell und unüberlegt* Ich habe es längst bereut, dass ich damals diesen voreiligen Entschluss gefasst habe.

vor·ei·n·an·der *Adv.* **1.** *einer vor dem anderen; einer gegenüber dem anderen* Die beiden Preisträger haben großen Respekt voreinander. **2.** *so, dass zwei Menschen oder Tiere sich begegnen und ihre Vorderseiten einander zugewandt haben* Sie standen voreinander und konnten sich doch nicht in die Augen sehen.

vor·ein·ge·nom·men <nicht steig.> *Adj.* (↔ *neutral, objektiv*) *mit Vorurteilen behaftet* Anfangs war sie mir gegenüber sehr voreingenommen.

Vor·ein·stel·lung die TECHN. *die Einstellung von etwas an einem technischen Gerät bei der Auslieferung*

vorent·hal·ten <enthältst vor, enthielt vor, hat vorenthalten> *mit OBJ* ■ *jmd. enthält jmdm. etwas vor jmdm. etwas nicht geben, obwohl es ihm zusteht* Man hatte ihm wichtige Informationen/sein Erbe vorenthalten.

Vor·ent·schei·dung die <-, -en> SPORT *das vorläu-*

V

fige Ergebnis eines Wettkampfs Mit dem Treffer zum 3:1 dürfte hier im Stadion bereits die Vorentscheidung gefallen sein.

vor·erst *Adv. zunächst einmal* Sie kann vorerst bei uns wohnen.

vor·e·x·er·zie·ren *mit OBJ* ■ *jmd. exerziert (jmdm.) etwas vor (umg. ≈ vormachen) jmdm. genau zeigen, wie etwas geht* Ich glaube nicht, dass er das wirklich kann, bis er uns das vorexerziert hat.

vor·fah·ren <fährst vor, fuhr vor, ist vorgefahren> *ohne OBJ* **1.** ■ *jmd. fährt vor vor den Eingang eines Hauses fahren* Das Taxi ist vorgefahren **2.** ■ *jmd. fährt bis zu etwas Dat. vor (eine bestimmte Strecke) nach vorn fahren* Würden Sie bitte noch einen Meter vorfahren, damit ich auch parken kann?, Bitte fahren Sie bis zum diesem Hauseingang dort vor. **3.** ■ *jmd. fährt vor schon früher fahren* Wir sind spät dran, darum sind die anderen schon vorgefahren.

Vor·fahrt die <-> *(kein Plur.) das Recht, mit seinem Fahrzeug vor den von rechts oder links kommenden Fahrzeugen über eine Kreuzung zu fahren* Der Unfall passierte, weil ein Autofahrer die Vorfahrt nicht beachtet hatte.

vor·fahrts·be·rech·tigt <nicht steig.> *Adj. Vorfahrt habend*

Vor·fahrts·stra·ße die <-, -n> *eine Straße, auf der man Vorfahrt hat*

Vor·fahrts·zei·chen das <-s, -> *ein Verkehrszeichen, das die Vorfahrt regelt*

Vor·fahr/Vor·fah·re der <-(e)n, -(e)n> *(↔ Nachfahr(e)) ein Verwandter, der einer früheren Generation angehört; Ahn*

Vor·fall der <-(e)s, Vorfälle> *(oft als negativ empfundenes) Ereignis, Geschehnis* Der Politiker erklärte, von den Vorfällen nichts gewusst zu haben.

vor·fal·len <fällt vor, fiel vor, ist vorgefallen> *ohne OBJ* ■ *etwas fällt vor sich ereignen, geschehen, passieren* Ist etwas Besonderes vorgefallen, während ich weg war?

vor·fin·den <findest vor, fand vor, hat vorgefunden> *mit OBJ* ■ *jmd. findet jmdn./etwas (irgendwie) vor an einem bestimmten Ort (in einem bestimmten Zustand) finden* Nach dem Urlaub habe ich jede Menge Arbeit auf meinem Schreibtisch vorgefunden., Bei meinem letzten Besuch fand ich ihn in sehr gutem Zustand vor.

vor·flun·kern <flunkerst vor, flunkerte vor, hat vorgeflunkert> *mit OBJ* ■ *jmd. flunkert jmdm. etwas vor (umg.) (auf harmlose Art) vorlügen*

Vor·freu·de die <-, -n> *die freudige Erwartung eines zukünftigen Ereignisses*

Vor·früh·ling der <-s> *(kein Plur.) dem eigentlichen Frühling vorangehende milde Tage des Spätwinters*

vor·füh·len *ohne OBJ* ■ *jmd. fühlt (bei jmdm.) vor sich vorsichtig nach jmds. Meinung erkundigen* Hast du schon beim Chef vorgefühlt, wie es mit deiner Gehaltserhöhung aussieht?

Vor·führ·ef·fekt <-(e)s, -e> *die Erfahrung, dass gerade das nicht funktioniert, was man vorführen will*

vor·füh·ren *mit OBJ* **1.** ■ *jmd. führt jmdm. etwas vor einem Publikum etwas zeigen* Die Artisten führten ein atemberaubendes Programm vor. **2.** ■ *jmd. führt jmdm. etwas vor (≈ demonstrieren) die Handhabung und Funktionsweise erklären* Darf ich Ihnen das neueste Modell unseres Staubsaugers vorführen? **3.** ■ *jmd. führt jmdn. jmdm. vor* RECHTSW. *jmd. (auch mit Gewalt) einem öffentlichen Funktionsträger zuführen* Der Verbrecher wurde dem Richter in Handschellen vorgeführt., Die Polizei führte den alkoholisierten Fahrer dem Arzt vor. **4.** ■ *jmd. führt jmdn. vor (abwert.) jmdn. lächerlich machen; jmdn. in eine peinliche Situation bringen*

Vor·führ·ge·rät das <-(e)s, -e> *ein neues Gerät, das in einem Laden Kunden vorgeführt[2] wird*

Vor·füh·rung die <-, -en> *das Vorführen*

Vor·führ·wa·gen der <-s, -> *ein neues Auto, das ein Händler seinen Kunden zeigt und zum Probefahren überlässt*

Vor·ga·be die <-, -n> *eine Bestimmung oder Richtlinie zur Festlegung bestimmter Grenzen, Mengen oder Maße* Bei der Entwicklung des Autos musste das Team eine Reihe von Vorgaben beachten., sich an bestimmte Vorgaben halten

Vor·gang der <-(e)s, Vorgänge> **1.** *ein Ereignis, Hergang, Geschehnis* Können Sie die Vorgänge in jener Nacht beschreiben/schildern? **2.** *Prozess, Entwicklung* Der Lehrer erläutert die chemischen Vorgänge bei der alkoholischen Gärung. **3.** AMTSSPR. *alle über eine bestimmte Person oder Sache angelegten Akten* Bitte reichen Sie mir den Vorgang „Müller“.

Vor·gän·ger, **Vor·gän·ge·rin** der <-s, -> *(↔ Nachfolger) jmd., der in einer bestimmten Stellung früher dasselbe getan hat* Meine Vorgängerin arbeitete mich noch ein, bevor sie in Rente ging. Ich bin ihr Nachfolger.

vor·gän·gig *Adj. (schweiz.) vorangegangen, vorausgehend, vorherig, vorher vorhanden; vorher, zuvor; vor (zeitlich)*

Vor·gangs·wei·se die <-, -n> *(österr.) Vorgehensweise*

Vor·gar·ten der <-s, Vorgärten> *ein kleiner, vor dem Haus gelegener Garten*

vor·ge·ben <gibst vor, gab vor, hat vorgegeben> *mit OBJ* **1.** ■ *jmd. gibt etwas vor etwas Unwahres als Entschuldigung behaupten* Sie gab vor, krank gewesen zu sein. **2.** ■ *jmd. gibt etwas vor (umg.) nach vorne reichen* **3.** ■ *jmd. gibt jmdm. etwas vor Akk. jmdm. einen Maßstab, eine Richtlinie geben, woran er sich zu halten hat* Für dieses Training wurden uns strikte Regeln vorgegeben., Für die Erledigung dieser Aufgabe gab man ihm zwei Stunden vor.

Vor·ge·bir·ge das <-s, -> *die niedrigeren Berge vor einem Gebirge*

vor·geb·lich <nicht steig.> *Adj. (≈ angeblich)*

vor·ge·fasst <nicht steig.> *Adj. von vornherein feststehend, sich auf Vorurteilen gründend* Es wird auch dir nicht gelingen, ihn von seiner vorgefassten Meinung abzubringen.

Vor·ge·fühl das <-(e)s> *(kein Plur.)* (≈ *Vorahnung)*

Vor·ge·hen das <-s> *(kein Plur.) eine bestimmte Art zu handeln*

vor·ge·hen <gehst vor, ging vor, ist vorgegangen> *ohne OBJ* **1.** ■ *jmd. geht vor (umg.) nach vorn gehen* Er stand auf und ging vor. **2.** ■ *jmd. geht vor (umg.) früher gehen* Ich gehe vor, du kommst dann nach. **3.** ■ *jmd. geht irgendwie vor (irgendwie) handeln, verfahren* Wie wollen wir vorgehen?, Die Täter gingen mit äußerster Brutalität vor. **4.** ■ *jmd. geht gegen etwas/jmdn. vor gegen jmdn. einschreiten* Die Polizei ging mit Wasserwerfern gegen die Demonstranten vor. **5.** ■ *etwas geht vor wichtiger sein* Sicherheit geht vor. **6.** ■ *etwas geht irgendwo vor geschehen, sich ereignen* Was geht hier vor? **7.** ■ *eine Uhr geht (um etwas Akk.) vor* (↔ *nachgehen) eine falsche Zeit anzeigen, die der tatsächlichen Zeit voraus ist* Die Uhr geht (um fünf Minuten) vor.

Vor·ge·hens·wei·se die <-, -n> *eine bestimmte Art des Vorgehens*[3, 4]

Vor·ge·schich·te die <-> *(kein Plur.)* **1.** *die früheste Menschheitsgeschichte (ohne schriftliche Überlieferungen)* ►vorgeschichtlich **2.** *alles in der Vergangenheit Geschehene, was im Hinblick auf eine bestimmte Sache, Angelegenheit zu einem jetzigen Zustand, zu einer jetzigen Situation geführt hat* Der Arzt fragte auch nach der Vorgeschichte meiner Krankheit.

Vor·ge·schmack der <-(e)s> *(kein Plur.) ein erster Eindruck, eine Kostprobe von etwas Kommendem oder Bevorstehendem* Dieser warme Winter gibt uns einen Vorgeschmack auf die Klimaveränderung.

vor·ge·se·hen <nicht steig.> *Adj. geplant oder beabsichtigt* Für diesen Fall sind folgende Möglichkeiten vorgesehen., Wir haben die vorgesehenen Schritte eingeleitet.

Vor·ge·setz·te der/die <-n, -n> *eine (beim Militär oder in beruflicher Hinsicht) hierarchisch höher gestellte Person*

vor·ges·tern *Adv.* (↔ *übermorgen) am Tag vor gestern* vorgestern früh, vorgestern Morgen/Mittag/Nachmittag/Abend/Nacht

vor·gest·rig <nicht steig.> *Adj. (umg. abwert.) altmodisch, rückständig*

vor·grei·fen <greifst vor, griff vor, hat vorgegriffen> *ohne OBJ* **1.** ■ *jmd. greift jmdm./etwas vor zuvorkommen* Ich möchte Ihnen nicht vorgreifen, aber … **2.** ■ *jmd. greift etwas Dat. vor schnell handeln, ohne etwas abzuwarten* Er hatte der offiziellen Stellungnahme vorgegriffen und behauptet, dass … **3.** ■ *jmd. greift vor das Ende einer Geschichte vorwegnehmen* Bevor ich Sie langweile, will ich vorgreifen und erzählen, wie die Sache endete.

Vor·griff der <-s, -e> *das Vorgreifen*[2, 3]

Vor·ha·ben das <-s, -> *Plan, Absicht*

vor·ha·ben <hast vor, hatte vor, hat vorgehabt> *mit OBJ* ■ *jmd. hat etwas vor planen, etwas zu tun gedenken* Habt ihr am Wochenende schon etwas vor?

Vor·hal·le die <-, -n> *Vestibül*

vor·hal·ten <hältst vor, hielt vor, hat vorgehalten> **I.** *mit OBJ* **1.** ■ *jmd. hält jmdm./sich etwas vor etwas vor jmdn. oder sich halten* Der Friseur hält seinen Kunden den Spiegel vor., Kannst du dir beim Niesen nicht die Hand vorhalten? **2.** ■ *jmd. hält jmdm. etwas vor vorwerfen* Sie hat mir vorgehalten, dass … **II.** *ohne OBJ* ■ *etwas hält vor ausreichen* Die Vorräte halten nicht mehr lange vor.

Vor·hal·tung die <-, -en> *(meist Plur.)* (≈ *Vorwurf)* Ständig macht sie mir Vorhaltungen.

Vor·hand die <-> *(kein Plur.)* **1.** (SPORT: ↔ *Rückhand) eine Schlagart im Tennis* **2.** RECHTSW. *Vorkaufsrecht* **3.** FACHSPR. *das Recht zum Ausspielen der ersten Karte (beim Kartenspiel)*

vor·han·den <nicht steig.> *Adj. existierend, verfügbar* Ein gewisses Restrisiko bleibt natürlich vorhanden., Die vorhandenen Hilfsgüter waren schnell aufgebraucht.

Vor·han·den·sein das <-s> *(kein Plur.) Existenz* Das Vorhandensein von Problemen ist nicht zu leugnen.

Vor·hang der <-(e)s, Vorhänge> **1.** (≈ *Gardine) an einer Schiene oder Stange befestigte Stoffbahn, die man vor ein Fenster ziehen kann* ◆-stange, -stoff, Baumwoll-, Seiden- **2.** ■ **der Eiserne Vorhang**: *ein von Churchill 1946 geprägtes Wort, um die Abriegelung der sozialistischen Sowjetunion gegenüber dem kapitalistischen Westen in der Zeit des Kalten Krieges zu bezeichnen* ◆ Großschreibung→R 3.18

Vor·hän·ge·schloss das <-es, Vorhängeschlösser> *ein Sicherheitsschloss, das außen an der Tür angebracht ist.*

Vor·haut die <-, Vorhäute> ANAT. *die bewegliche Haut, die die Eichel des Penis bedeckt* Bei der Beschneidung wird die Vorhaut oder ein Teil der Vorhaut abgetrennt.

vor·her, vor·her *Adv.* **1.** (≈ *zuvor) bevor etwas geschehen ist* Am Abend vorher habe ich sie noch kurz gesehen. **2.** (≈ *davor) bevor etwas geschieht* Ich gehe vorher noch zum Einkaufen. **3.** (≈ *früher) zu einem früheren Zeitpunkt* Das hättest du uns auch schon vorher sagen können, nicht erst jetzt. ◆ Getrenntschreibung→R 4.1, R 4.8ff. Du hättest das Haus einmal vorher sehen sollen!; Zusammenschreibung→R 4.19 Ein Wahrsager kann die Zukunft vorhersagen., Den heutigen Stand der Dinge konnte man damals nicht vorhersehen.

vor·her·be·stimmt <nicht steig.> *Adj. im Voraus (durch das Schicksal) festgelegt* Es war ihm vorherbestimmt, dass … ►Vorherbestimmung

vor·her·ge·hen <gehst vorher, ging vorher, ist vorhergegangen> *ohne OBJ* ■ *etwas geht etwas Dat. vorher etwas findet vorher statt oder kommt in der Reihenfolge früher als etwas anderes* Langwierige Verhandlungen sind dem Vertragsabschluss vorhergegangen. ◆ Großschreibung→R 3.4 das Vorhergehende, im Vorhergehenden

vor·he·rig <nicht steig.> *Adj. so, dass es früher stattfindet oder stattgefunden hat* Wir treffen uns dann nach vorheriger telefonischer Rücksprache., Das Fest findet nach vorheriger Bekanntmachung statt.

Vor·herr·schaft die <-> (*kein Plur.*) (≈ *Hegemonie*) *eine politische, wirtschaftliche oder kulturelle Macht, die so groß ist, dass andere davon abhängig sind*

vor·herr·schen <herrschst vor, herrschte vor, hat vorgeherrscht> *ohne OBJ* ■ *etwas herrscht irgendwo vor der überwiegende Einfluss sein* Einer repräsentativen Umfrage zufolge herrscht in der Bevölkerung die Meinung vor, dass …

Vor·her·sa·ge die <-, -n> (≈ *Prognose*) *eine Aussage über zukünftige Ereignisse* ◆ Wetter-

vor·her·sa·gen <sagst vorher, sagte vorher, hat vorhergesagt> *mit OBJ* ■ *jmd. sagt etwas vorher eine Vorhersage machen* Man hat schwere Unwetter vorhergesagt.

vor·her·seh·bar <nicht steig.> *Adj.* (↔ *unvorhersehbar*) *so, dass etwas vorhergesehen werden kann* Eine derart rasante Entwicklung war nicht vorhersehbar.

vor·her·se·hen <siehst vorher, sah vorher, hat vorhergesehen> *mit OBJ* ■ *jmd. sieht etwas vorher im Voraus erkennen* Er hatte die positive Entwicklung dieser Aktie vorhergesehen, investiert und so einen großen Gewinn gemacht.

vor·heu·cheln <heuchelst vor, heuchelte vor, hat vorgeheuchelt> *mit OBJ* ■ *jmd. heuchelt jmdm. etwas vor* (*umg. abwert.* ≈ *vorlügen*) *durch sein Verhalten bewusst den Eindruck erzeugen, man habe Gefühle, die man in Wirklichkeit gar nicht hat* Er heuchelte ihr große Dankbarkeit vor.

vor·hin, vor·hin *Adv. gerade eben* Vorhin habe ich noch mit ihm gesprochen.

Vor·hi·n·ein ■ **im Vorhinein** (≈ *im Voraus*): Manches kann man im Vorhinein nicht wissen, man muss es selbst erfahren haben.

Vor·hof der <-(e)s, Vorhöfe> **1.** *der vor einem Gebäude gelegene Hof* Die Burg besitzt einen großen Vorhof. **2.** (ANAT.: ≈ *Atrium*) *der Teil des Herzens, in den das Blut einfließt*

Vor·hut die <-> (*kein Plur.*) (MILIT.: ↔ *Nachhut*) *der Truppenteil, der vorausgeschickt wird, um den Weg zu sichern*

vo·rig- <nicht steig.> *Adj.* (↔ *nächste(r,s)*) *vorhergehend* Vorige Woche habe ich mit ihr telefoniert. ◆ Großschreibung→R 3.4, R 3.7 der/die/das Vorige, im Vorigen

Vor·in·for·ma·ti·on die <-, -en> *eine Information, die man hat, bevor man auf den eigentlichen Informanten trifft* Bevor ich den Chefredakteur vom Daily Mirror traf, hatte ich wenig Vorinformation über diese Zeitung.

vor·in·s·tal·lie·ren <vorinstallierst, installierte vor, hat vorinstalliert> *mit OBJ* ■ *jmd. installiert etwas vor* EDV *ein Betriebssystem oder Programme vor der Auslieferung oder dem Verkauf eines Computers installieren* Der Händler hat das Betriebssystem und einige Anwendungsprogramme bereits vorinstalliert.

Vor·jahr das <-(e)s, -e> (↔ *Folgejahr*) *das vergangene Jahr, das Jahr zuvor*

Vor·jah·res·sie·ger, Vor·jah·res·sie·ge·rin der <-s, -> *jmd., der im Vorjahr Sieger geworden ist*

vor·jäh·rig <nicht steig.> *Adj.* (↔ *nächstjährig*) *im Vorjahr* Alle Beschlüsse der vorjährigen Konferenz wurden mittlerweile in die Tat umgesetzt.

vor·jam·mern <jammerst vor, jammerte vor, hat vorgejammert> *mit OBJ* ■ *jmd. jammert jmdm. etwas vor* (*umg. abwert.*) *jmdm. seinen Jammer in langen Wiederholungen und sehr ausführlich erzählen* Er hat mir stundenlang etwas vorgejammert.

vor·kämp·fen <kämpfst vor, kämpfte vor, hat vorgekämpft> *mit SICH* ■ *jmd. kämpft sich irgendwohin vor sich gegen große Schwierigkeiten bis zu einer bestimmten Stelle vorarbeiten* Der Katastrophenschutz kämpfte sich bis zum Zentrum des Brandes vor.

Vor·kämp·fer, Vor·kämp·fe·rin der <-s, -> *jmd., der sich stark für eine neue Idee oder Sache engagiert*

Vor·kas·se die <-> (*kein Plur.*) WIRTSCH. *die Bezahlung vor Erhalt der Ware* Der Versand liefert nur gegen Vorkasse.

vor·kau·en <kaust vor, kaute vor, hat vorgekaut> *mit OBJ* ■ *jmd. kaut jmdm. etwas vor* (*umg. abwert.*) *etwas langatmig und in allen Details erklären* Wäre er selbstständiger, müsste man ihm nicht immer alles vorkauen.

Vor·kaufs·recht das <-s, -e> RECHTSW. *das Recht, als Erster etwas zum Verkauf angeboten zu bekommen*

Vor·keh·rung die <-, -en> (*meist Plur.*) (≈ *Schutzmaßnahme*) In den vom Hochwasser bedrohten Gebieten hatte man erste Vorkehrungen für den Notfall getroffen.

Vor·kennt·nis die <-, -se> (*meist Plur.*) (*auf einem bestimmten Gebiet*) *bereits erworbenes Wissen, das als Voraussetzung für weiteres Wissen gilt* Die Kurse der Mittelstufe können Sie nur belegen, wenn Sie die Vorkenntnisse der Grundstufe haben.

vor·knöp·fen <knöpfst vor, knöpfte vor, hat vorgeknöpft> *mit SICH* (*umg.*) **1.** ■ *jmd. knöpft sich jmdn./etwas vor zurechtweisen, zur Rechenschaft ziehen* Wenn das so weitergeht, muss ich mir unseren Sohn einmal vorknöpfen! **2.** ■ *jmd. knöpft sich etwas vor sich energisch einer Sache zuwenden* Am Wochenende werde ich mir meine Briefmarkensammlung/ die Einkommenssteuererklärung vorknöpfen.

vor·ko·chen <kochst vor, kochte vor, hat vorgekocht> *mit OBJ/ohne OBJ* ■ *jmd. kocht (etwas) vor Speisen durch Kochen so weit vorbereiten, dass man sie später nur wieder aufwärmen muss* Ich habe vor meiner Reise für die Familie vorgekocht., Sie hat fürs Wochenende vorgekocht.

Vor·kom·men das <-s, -> **1.** *das Vorhandensein von Bodenschätzen* Die Vorkommen von Erz sind hier sehr reichlich. ◆ Erz-, Gold-, Kupfer-, Silber- **2.** (*kein Plur.*) *das Vorhandensein* Das Vorkommen dieser Krankheit/dieser Tiere beschränkt sich auf tropische Regionen.

vor·kom·men <kommst vor, kam vor, ist vorgekommen> **I.** *ohne OBJ* **1.** ■ *jmd. kommt vor* (*umg.*) *nach vorne kommen* Der Lehrer forderte den Schüler auf vorzukommen. **2.** ■ *etwas/ein Tier kommt irgendwo vor existieren, vorhanden sein* Pinguine kommen nur in der Antarktis, Eisbären nur in der Arktis vor. **3.** ■ *etwas kommt vor geschehen, passieren* So etwas ist mir noch nie vorgekommen! **4.** ■ *etwas kommt jmdm. irgendwie vor den Anschein haben, den Eindruck erwecken* Die Sache kam ihnen komisch/seltsam/merkwürdig vor. ■ **Das kommt in den besten Familien vor.** (*umg.*): *dafür muss man sich nicht schämen, das passiert auch anderen* **II.** *mit SICH* ■ *jmd. kommt sich vor wie ... sich fühlen wie ...* Sie kam sich vor wie eine Prinzessin.

Vor·komm·nis das <-ses, -se> (≈ *Vorfall*) *ein störendes, unangenehmes oder ärgerliches Ereignis* Besondere Vorkommnisse müssen der Polizei umgehend gemeldet werden., Die Reise verlief ohne besondere Vorkommnisse.

Vor·kriegs·zeit die <-> (*kein Plur.*) (↔ *Nachkriegszeit*) *der Zeitraum vor Kriegsausbruch* (*besonders vor dem 2. Wetkrieg*)

vor·la·den <lädst vor, lud vor, hat vorgeladen> *mit OBJ* ■ *jmdn. vorladen* AMTSSPR. *jmdn. dazu auffordern, vor Gericht oder bei der Polizei zu erscheinen* Sie wurde vom Gericht/von der Polizei als Zeugin vorgeladen.

Vor·la·dung die <-, -en> RECHTSW. *die Aufforderung, vor Gericht zu erscheinen* Für die nächste Woche erhielt er eine Vorladung vor Gericht.

Vor·la·ge die <-, -n> **1.** (*kein Plur.*) *das Vorlegen[1]*; (≈ *Einreichen*) Ich benötige die Rechnungen zur Vorlage beim Finanzamt. **2.** *ein Muster oder ein Plan, der etwas als Vorbild dienen kann* Ich habe die Jacke genau nach Vorlage gestrickt. **3.** POL. *Entwurf* (*eines Gesetzes*) ◆ Gesetzes- **4.** (SPORT: *Fußball*) *ein Pass, der ein Tor vorbereitet* Der Verteidiger gab eine Vorlage, worauf der Stürmer ein Tor schoss. **5.** (*schweiz.*) *kurz für „Abstimmungsvorlage"*

vor·las·sen <lässt vor, ließ vor, hat vorgelassen> **I.** *mit OBJ* ■ *jmd. lässt jmdn. vor* (*umg.*) *vorgehen lassen, den Vortritt lassen* Könnten Sie die Mutter mit dem Kinderwagen bitte vorlassen? **II.** *ohne OBJ* ■ *jmd.* (*bei jmdm.*) *vorlassen Zutritt gewähren* Der Botschafter aus Zaire wurde beim belgischen König vorgelassen.

Vor·lauf[1] der <-(e)s, Vorläufe> SPORT *ein Lauf oder eine Reihe von Läufen als Qualifizierung für die nächste Runde der* (*Zwischen-*)*Läufe bei einem Wettkampf* In den Vorläufen können sich acht Sprinter fürs Finale qualifizieren.

Vor·lauf[2] der <-s, -> (*kein Plur.*) (TECHN.: ↔ *Rücklauf*) *die Möglichkeit beim Gebrauch eines Video- oder Kassettengerätes, das eingelegte Band, ohne es abzuspielen, schnell vorlaufen zu lassen*

Vor·läu·fer, **Vor·läu·fe·rin** der <-s, -> **1.** *jmd., der in seinem Denken und Tun erstmals die Grundzüge einer neuen Kunstrichtung oder Weltanschauung erkennen lässt, die sich erst später* (*auch unter seinem Einfluss*) *voll entfaltet und allgemein bekannt wird* Er ist ein Vorläufer des Expressionismus. **2.** *ein einfaches Gerät, das am Anfang einer technischen Entwicklung steht* Die Rechenmaschine ist ein Vorläufer des Computers.

vor·läu·fig <nicht steig.> **I.** *Adj. vorübergehend, nicht endgültig, provisorisch* Diese Lösung ist nur vorläufig und muss noch einmal bearbeitet werden. **II.** *Adv. einstweilen, zunächst, fürs Erste* Das kann vorläufig so bleiben.

vor·laut *Adj.* (*abwert.*) *so, dass man sich überall einmischt und redet, ohne gefragt zu werden* Vorlaute Kinder gelten als unerzogen., Sei nicht so vorlaut!

Vor·le·ben das <-s> (*kein Plur.*) *die Vergangenheit, das bisherige Leben eines Menschen* Das Gericht zog genaue Erkundigungen über das Vorleben des Angeklagten ein.

vor·le·gen <legst vor, legte vor, hat vorgelegt> *mit OBJ* **1.** ■ *jmd. legt* (*jmdm.*) *etwas vor* (*jmdm.*) *etwas zur Ansicht, Begutachtung, Bearbeitung o.Ä. zeigen oder geben* Um vom Sport befreit zu werden, musste ich dem Sportlehrer ein ärztliches Attest vorlegen., Darf ich Ihnen den Brief zur Unterschrift vorlegen? **2.** ■ *jmd. legt etwas vor etwas der* (*literarischen*) *Öffentlichkeit präsentieren* Die Autorin hat einen neuen Gedichtband vorgelegt., Mit ... legt der Autor seinen dritten Roman vor. ■ **Tempo vorlegen** (*umg.*): *etwas mit großem Tempo tun, sich beeilen* Bei der Fertigstellung seines Manuskripts legte der Autor ein enormes Tempo vor.

vor·le·sen <liest vor, las vor, hat vorgelesen> *mit OBJ* ■ *jmd. liest jmdm.* (*etwas*) *vor jmd. liest in der Gegenwart einer Person etwas laut* Die Mutter liest den Kindern (ein Märchen) vor. ►Vorleser, Vorleserin, Vorlesewettbewerb

Vor·le·sung die <-, -en> *eine Unterrichtsform an der Universität: ein Dozent trägt in einer Reihe von Vorträgen den Stoff den Studenten vor* Der Professor hält im Wintersemester eine sehr interessante Vorlesung zum Thema ...

Vor·le·sungs·ver·zeich·nis das <-ses, -se> *Verzeichnis der Lehrveranstaltungen einer Universität*

vor·letz·te <nicht steig.> *Adj.* **1.** *die Stelle oder Sache, die in einer Reihenfolge direkt vor der letzten Stelle oder Sache ist* Der Krimi blieb bis zur vorletzten Seite spannend. **2.** (*in der zeitlichen Reihenfolge*) *direkt vor der oder dem letzten; zweitletzt* Ich habe vorletzte Woche mit ihm telefoniert. ◆ Großschreibung→R 3.7 Du kommst als Vorletzte dran.

vor·lieb *Adv.* (*geh.*) ■ **mit etwas vorlieb nehmen**: *sich mit etwas begnügen* Ich musste mit einem Platz in den hinteren Reihen vorlieb nehmen.

Vor·lie·be die <-, -n> (↔ *Abneigung*) *Neigung, besonderes Interesse* Er hat eine Vorliebe für schnelle Autos.

vor·lie·gen <liegt vor, lag vor, hat/ist vorgelegen> *ohne OBJ* **1.** ■ *etwas liegt* (*jmdm.*) *vor zur Prüfung, Bearbeitung o.Ä. bei jmdm. eingereicht*

V

sein Dem Finanzamt liegen alle Unterlagen vor. **2.** ■ *etwas liegt vor veröffentlicht sein* Der neue Roman des Bestsellerautors liegt jetzt vor. **3.** ■ *etwas liegt vor für die Berurteilung von etwas vorhanden sein, als zu berücksichtigende Tatsache für etwas bestehen* Ein Verschulden liegt nicht vor. **4.** ■ *etwas liegt vor sich handeln* Offensichtlich liegt hier ein Missverständnis vor.

vor·lü·gen <lügst vor, log vor, hat vorgelogen> *mit OBJ* ■ *jmd. lügt jmdm. etwas vor* (*umg.*) *Lügen erzählen; belügen*

vor·ma·chen <machst vor, machte vor, hat vorgemacht> *mit OBJ* ■ *jmd. macht jmdm. etwas vor* (*umg.*) **1.** *zeigen, wie etwas gemacht wird* Er machte seinen Kindern vor, wie man einen Knoten bindet, damit sie es nachmachen konnten. **2.** *einen falschen Eindruck erwecken, um so jmdn. zu täuschen* Mir kannst du doch nichts vormachen!

Vor·macht·stel·lung die <-> (*kein Plur.*) (≈ *Hegemonie, Vorherrschaft*) Seit dem Ende der Sowjetunion scheint die Vormachtstellung der USA unangefochten.

vor·ma·lig <nicht steig.> *Adj. ehemalig, vorherig* Der vormalige Besitzer unseres Hauses hat angerufen.

vor·mals *Adv.* (≈ *ehemals*) *früher* Vormals waren hier nur Wiesen und Felder.

Vor·marsch der <-(e)s> (*kein Plur.*) **1.** MILIT. *das Vorrücken von Truppen auf ein Ziel hin* Die feindlichen Truppen sind auf dem Vormarsch., der Vormarsch feindlicher Panzerverbände **2.** (*übertr.*) *die Ausbreitung und wachsende Bekanntheit von etwas* Dieses Computerspiel ist auf dem Vormarsch.

Vor·merk·da·tei die <-, -en> EDV *ein* (*elektronisches*) *Verzeichnis, in das Vormerkungen eingetragen werden*

vor·mer·ken <merkst vor, merkte vor, hat vorgemerkt> **I.** *mit OBJ* ■ *jmd. merkt jmdn./etwas* (*als/für etwas Akk.*) *vor* (*schriftlich*) *festhalten, dass jmd. für etwas* (*eine Aufgabe, eine Rolle, als Interessent*) *in Frage kommt* Ich werde ihren Namen für die Rolle des Lehrers in diesem Theaterstück vormerken. **II.** *mit SICH* ■ *jmd. merkt sich jmdn./etwas vor jmd. hält für sich jmdn. oder etwas Wichtiges fest, um sich später besser daran erinnern zu können* Moment, ich werde mir den Termin vormerken.

Vor·mer·kung die <-, -en> *eine Notiz, die etwas vormerkt; das Vormerken oder die Entgegennahme einer Vorbestellung* Alle unsere Vormerkungen sind in unserem Vormerkbuch eingetragen. ▶Vormerkbuch

Vor·mit·tag der <-(e)s, -e> (↔ *Nachmittag*) *die Stunden des Tages vom Morgen bis Mittag* Am Samstag Vormittag möchte ich mit dir einkaufen gehen. ▶vormittägig, vormittäglich ◆-sstunde, -svorstellung

vor·mit·tags *Adv.* (↔ *nachmittags*) *morgens, am Vormittag*

Vor·mo·nat der <-s, -e> (↔ *Folgemonat*) *der vorangehende Monat*

Vor·mund der <-(e)s, -e/Vormünder> RECHTSW. *jmd., der ein Kind, einen geistig kranken Menschen oder einen entmündigten Erwachsenen rechtlich vertritt*

Vor·mund·schaft die <-, -en> RECHTSW. *die Wahrnehmung der rechtlichen Vertretung von Kindern, geistig kranken Menschen und entmündigten Erwachsenen* Die Vormundschaft für seine an der Alzheimer-Krankheit erkrankte Mutter übernahm der jüngste Sohn.

vorn *Adv.* **1.** *die* (*Blick-*)*Richtung, aus der etwas kommt oder in die etwas geht* Der Gegner kam von vorn. **2.** (↔ *hinten*) *auf der Vorderseite* Das Kleid wird vorn zugeknöpft. **3.** *auf den ersten Plätzen in einer Reihenfolge* Der Radrennfahrer liegt nach der ersten Etappe vorn., Ich stand bei dem Konzert ganz vorn. ■ **von vorn bis hinten** (*umg.*): *komplett, völlig* Das ist von vorn bis hinten falsch. **4.** ■ **von vorn** (*umg.*): *von neuem* Dann musst du eben wieder von vorn anfangen.

Vor·na·me der <-ns, -n> (↔ *Nachname*) *der erste Name* (*vor dem Nachnamen*) *eines Menschen, mit dem man ihn oder sie im vertraulichen Kontakt anspricht* Vorname: Erik, Nachname: Zabel.

vor·ne *Adv. s.* **vorn**

vor·nehm *Adj.* **1.** *edel, nobel, hochherzig* Er ist ein Mensch mit vornehmer Gesinnung. **2.** *adlig, sozial hoch gestellt* Sie kommt aus einer vornehmen Familie. **3.** *elegant, geschmackvoll* Das ist ein sehr vornehmes Lokal.

vor·neh·men <nimmst vor, nahm vor, hat vorgenommen> **I.** *mit OBJ* ■ *jmd. nimmt etwas vor etwas Offizielles durchführen* Der Standesbeamte nahm die Trauung vor. **II.** *mit SICH* **1.** ■ *jmd. nimmt sich etwas vor einen Beschluss fassen, etwas zu tun* Sie nahm sich vor, die Arbeit noch heute zu erledigen. **2.** ■ *jmd. nimmt sich etwas vor mit etwas beginnen, etwas in Angriff nehmen* Nach dem Frühstück nahmen sie sich zuerst die Gartenarbeit vor. **3.** ■ *jmd. nimmt sich jmdn. vor streng tadeln* Sie nahm sich ihre Tochter vor, weil sie gelogen hatte.

vor·nehm·lich *Adv.* (*geh.*) *hauptsächlich, vor allem*

vor·nei·gen <neigst vor, neigte vor, hat vorgeneigt> *mit SICH* ■ *jmd. neigt sich vor* (≈ *sich vorbeugen*) *sich nach vorn neigen*

vorn·he·rein, **vorn·he·rein** *Adv.* ■ **von vornherein**: *von Anfang an* Das hatte ich von vornherein gewusst.

vorn·ü·ber *Adv. nach vorne*

Vor·ort der <-(e)s, -e> *ein Ort, der einer größeren Stadt vorgelagert ist* Wir wohnen in einem Vorort von München.

Vor·platz der <-es, Vorplätze> *ein freier Platz vor einem Gebäude*

Vor·pos·ten der <-s, -> MILIT. *ein vorgeschobener Beobachtungsposten*

vor·pre·schen <preschst vor, preschte vor, ist vorgeprescht> *ohne OBJ* ■ *jmd. prescht vor* (*umg.*) **1.** *sich schnell nach vorn bewegen* Die Soldaten preschten vor. **2.** *voreilig oder als Erster handeln* Sie preschte bei den Verhandlungen zu weit vor.

vor·pro·gram·miert <nicht steig.> *Adj. gezielt vorbereitet, so dass es mit großer Sicherheit eintritt* Der Erfolg dieser Kampagne war vorprogrammiert.

Vor·rang der <-s> (*kein Plur.*) (≈ *Priorität*) *die höhere, wichtigere Stellung, der höhere Stellenwert* Er gab seiner Familie (vor seiner Arbeit) den Vorrang., Ihm gebührt der Vorrang vor allen anderen!, Ich lasse Ihnen den Vorrang. ■ **etwas hat Vorrang**: *etwas ist wichtiger*

vor·ran·gig <nicht steig.> *Adj.* **1.** (≈ *prioritär*) *wichtiger* Wir sollten uns zunächst der vorrangigen Arbeit zuwenden. **2.** *zuerst* Der Lehrer will dieses Thema vorrangig behandeln.

Vor·rang·stel·lung die <-> (*kein Plur.*) *eine größere Bedeutung oder eine wichtigere Position als jmd./etwas anderes* In den traditionellen Gesellschaften haben meist die Männer eine Vorrangstellung vor der Frau.

Vor·rat der <-(e)s, Vorräte> (≈ *Reserve*) *für spätere Verwendung aufbewahrte Dinge* Unser Vorrat an Lebensmitteln geht langsam zu Ende.

vor·rä·tig <nicht steig.> *Adj. verfügbar; als Vorrat im Lager vorhanden* Es sind noch ausreichend viele Krawatten vorrätig.

Vor·rats·be·häl·ter der <-s, -> *Behälter für Vorräte*

Vor·rats·kam·mer die <-, -n> *eine Kammer, ein kleiner Raum, worin Vorräte aufbewahrt werden* Zu dieser Küche gehört auch eine Vorratskammer.

Vor·rats·raum der <-es, Vorratsräume> *ein Raum, in dem Vorräte gelagert werden*

Vor·raum der <-es, Vorräume> *der Raum vor einem (größeren) anderen Raum* Ich wartete im Vorraum, bis der Chef sein Telefonat beendet hatte.

vor·rech·nen *mit OBJ* ■ *jmd. rechnet jmdm. etwas vor* **1.** *jmd. führt jmdm. eine Rechnung vor, damit dieser sie besser verstehen oder nachprüfen kann* Kannst du uns diese Aufgabe noch einmal langsam vorrechnen, damit wir sie alle verstehen? **2.** *jmdm. seine Fehler oder seine Verfehlungen vorhalten* Soll ich dir etwa vorrechnen, wie oft du vergangene Woche abends zu spät nach Hause gekommen bist?

Vor·recht das <-es, -e> *Privileg, Sonderrecht* Hat er dir irgendwelche Vorrechte eingeräumt, die dir etwas zu tun erlauben, was anderen nicht erlaubt ist?

Vor·re·de die <-, -n> (≈ *Vorwort*) *einleitende Worte* (*in Büchern oder vor der eigentlichen Rede*)

Vor·red·ner, Vor·red·ne·rin der <-s, -> *ein Redner, der vor einem anderen gesprochen hat*

vor·rei·ten <reitest vor, ritt vor, ist vorgeritten> **I.** *mit OBJ* ■ *jmd. reitet etwas vor ein Pferd reitend vorführen* **II.** *ohne OBJ* ■ *jmd. reitet vor jmd. reitet voran/an der Spitze/als erster*

Vor·rei·ter, Vor·rei·terin der <-s, -> (≈ *Pionier*) *jmd., der als Erster etwas Neues tut* Die Gebrüder Wright waren Vorreiter auf dem Gebiet des Motorflugs.

Vor·rich·tung die <-, -en> *ein Apparat oder Gerät für einen bestimmten Zweck*

vor·rü·cken <rückst vor, rückte vor, hat/ist vorgerückt> **I.** *mit OBJ* ■ *jmd. rückt etwas vor* (*haben*) *nach vorn schieben* Wir müssen die Kommode noch ein Stück vorrücken. **II.** *ohne OBJ* ■ *jmd./etwas rückt vor* (*sein*) **1.** *sich nach vorne bewegen* Langsam rückten die Zeiger der Uhr vor., Die Mannschaft ist auf den vierten Tabellenplatz vorgerückt. **2.** MILIT. *sich einem Ziel nähern* Die feindlichen Truppen rückten unaufhaltsam vor.

Vor·ru·he·stand der <-(e)s> (*kein Plur.*) *Ruhestand bei freiwilligem, vorzeitigem Ausscheiden aus Erwerbsleben*

Vor·ru·he·stands·re·ge·lung die <-, -en> *gesetzliche Bestimmung, die den Vorruhestand regelt*

Vor·run·de die <-, -n> SPORT *eine Serie von Spielen zur Ermittlung der Teilnehmer für die Zwischenrunde* Die Spiele der Vorrunde werden morgen ausgelost.

vors *Präp. + Akk.* (*umg.*) *Kurzform für „vor das"*

vor·sa·gen I. *mit OBJ* ■ *jmd. sagt* (*jmdm.*) *etwas vor* **1.** *einem anderen* (*Schüler*) *die Antwort auf eine Frage heimlich zuflüstern* Er hat seinem Mitschüler die Lösung vorgesagt., Du sollst nicht vorsagen! **2.** *jmdm. etwas zum Nachsprechen vorsprechen* Der Lehrer sagte den Liedtext so oft vor, bis alle ihn auswendig nachsprechen konnten. **II.** *mit SICH* ■ *jmd. sagt sich etwas vor etwas leise vor sich hinsprechen, um es nicht zu vergessen* Sie sagte sich die Telefonnummer immer wieder vor.

Vor·sai·son die <-, -s> (↔ *Hauptsaison, Nachsaison*) *vor der Hauptsaison liegender Zeitraum*

Vor·satz der <-es, Vorsätze> *fester Entschluss* Hast du auch gute Vorsätze fürs neue Jahr gefasst?, einen Vorsatz brechen/einhalten

vor·sätz·lich <nicht steig.> *Adj.* (≈ *absichtlich*) Er hat mich vorsätzlich beleidigt.

Vor·schau die <-> (*kein Plur.*) *die Ankündigung von Fernseh-, Kino- Theaterprogrammen und Veranstaltungen*

Vor·schein ■ **zum Vorschein kommen**: *aus dem Verborgenen hervorkommen* Beim Aufräumen der Schubladen kamen auch alte Fotos zum Vorschein. **zum Vorschein bringen**: *bewirken, dass etwas Verborgenes sichtbar wird* Das Aufräumen des Dachbodens brachte auch die alten Briefe zum Vorschein.

vor·schi·cken <schickst vor, schickte vor, hat vorgeschickt> *mit OBJ* **1.** ■ *jmd. schickt jmdn. vor jmdn. beauftragen, etwas Unangenehmes zu erkunden oder zu erledigen* Ich lasse mich nicht vorschicken in dieser Sache. **2.** ■ *jmd. schickt etwas vor vorausschicken* Ich werde den Koffer mit der Bahn vorschicken.

vor·schie·ben <schiebst vor, schob vor, hat vorgeschoben> *mit OBJ* **1.** ■ *jmd. schiebt etwas vor nach vorn schieben* Sie schob die Unterlippe vor. **2.** ■ *jmd. schiebt etwas vor etwas Akk. vor vor etwas schieben* Hast du den Riegel vor das Tor geschoben? **3.** ■ *jmd. schiebt etwas vor* (≈ *vorschützen*) *etwas als Grund angeben, das gar nicht der*

Grund ist Sie schob Kopfschmerzen vor, um nicht mitgehen zu müssen.

vor·schie·ßen <schießt vor, schoss vor, hat/ist vorgeschossen> (*umg.*) **I.** *mit OBJ* ■ *jmd. schießt jmdm. etwas vor* (*haben*) *jmdm. eine Geldsumme im Voraus geben* Der Chef hat seinen Angestellten etwas Geld vorgeschossen. **II.** *ohne OBJ* ■ *jmd./etwas schießt irgendwo vor* (*sein*) *sich schnell nach vorne bewegen* Plötzlich schoss ein Radfahrer auf die Straße vor.

Vor·schlag der <-(e)s, Vorschläge> **1.** *eine Aussage, wie man etwas machen könnte; Rat, Empfehlung* Darf ich einen Vorschlag machen?, auf einen Vorschlag eingehen ◆-srecht, -swesen **2.** MUS. *Verzierung, die aus dem Einschub von einem oder mehreren Tönen zwischen zwei Melodietönen besteht*

vor·schla·gen <schlägst vor, schlug vor, hat vorgeschlagen> *mit OBJ* **1.** ■ *jmd. schlägt (jmdm.) etwas vor einen Plan empfehlen* Er schlug (uns) vor, nächstes Jahr nach Panama zu fliegen. **2.** ■ *jmd. schlägt jmdn. (als etwas Akk. / für etwas Akk.) vor jmdn. als Kandidat für ein Amt empfehlen* Man schlug Bill Clinton als Kandidaten für die Präsidentschaft vor.

Vor·schlag·ham·mer der <-s, Vorschlaghämmer> *ein schwerer Hammer*

vor·schnell <nicht steig.> *Adj.* (≈ *voreilig*) *zu schnell oder zu früh und unbedacht* Sie hat vorschnell gehandelt., Das war eine vorschnelle Antwort.

vor·schrei·ben <schreibst vor, schrieb vor, hat vorgeschrieben> *mit OBJ* **1.** ■ *jmd. schreibt etwas vor jmd. schreibt etwas als Entwurf oder Muster auf, um es in einer zweiten Fassung oder Abschrift endgültig zu formulieren* Er schrieb den Brief vor, um ihn dann in eine Reinschrift zu bringen **2.** ■ *jmd. schreibt jmdm. etwas vor* (≈ *anordnene, befehlen*) *jmd. gibt jmdm. eine Anordnung oder einen Befehl, wie oder was er zu tun habe* Das Gesetz schreibt vor, dass ..., Ich lasse mir von dir nichts vorschreiben!, Ich halte mich an die vorgeschriebene Dosis Medikamente!

Vor·schrift die <-, -en> *Anordnung, Bestimmung, Anweisung* Er hat gegen die Vorschriften verstoßen., Sie hat gemäß den Vorschriften gehändelt.

vor·schrifts·mä·ßig <nicht steig.> *Adj.* (↔ *vorschriftswidrig*) *der Vorschrift entsprechend*

vor·schrifts·wid·rig <nicht steig.> *Adj.* (↔ *vorschriftsmäßig*) *dem Sinn von bestimmten Vorschriften entgegen*

Vor·schub ■ **jemandem/einer Sache Vorschub leisten**: *Hilfe dafür geben, dass sich etwas (Negatives) entwickelt* Unsauberkeit leistet der Ausbreitung von Krankheit Vorschub.

Vor·schul·al·ter das <-s> (*kein Plur.*) *das Alter von Kindern, die noch nicht schulpflichtig sind (das Alter zwischen 3 und 6 Jahren)* Sie haben zwei Kinder im Vorschulalter.

Vor·schu·le die <-, -n> *eine Art Schule für Kinder vor Beginn der Schulpflicht* ◆-erziehung, -kind

Vor·schuss der <-es, Vorschüsse> (↔ *Nachzahlung*) *im Voraus bezahltes Gehalt*

Vor·schuss·lor·beeren <-> *Plur. im Voraus erhaltenes Lob* Noch vor Fertigstellung der Komposition erhielt er Vorschusslorbeeren dafür.

vor·schüt·zen <schützt vor, schützte vor, hat vorgeschützt> *mit OBJ* ■ *jmd. schützt etwas vor* (*geh.*) *als Ausrede angeben* Sie schützte Kopfweh vor, um nicht an der Besprechung teilnehmen zu müssen., Nur keine Müdigkeit vorschützen!

vor·schwe·ben <schwebt vor, schwebte vor, hat vorgeschwebt> *ohne OBJ* ■ *etwas schwebt jmdm. vor etwas ist als Idee oder Ziel in jmds. Vorstellung* Mir schwebt eine andere Lösung vor.

vor·schwin·deln <schwindelst vor, schwindelte vor, hat vorgeschwindelt> *mit OBJ* ■ *jmd. schwindelt (jmdm.) etwas vor* (*umg.*) *vortäuschen* Sie haben uns etwas von einem großen Gewinn vorgeschwindelt.

vor·se·hen <siehst vor, sah vor, hat vorgesehen> **I.** *mit OBJ* **1.** ■ *jmd. sieht etwas vor* (*haben*) *planen oder beabsichtigen* Für diesen Fall haben wir die folgende Maßnahme vorgesehen. **2.** ■ *jmd. sieht etwas für jmdn. vor jmdm. eine bestimmte Funktion geben wollen* Dieses Amt ist für ihn vorgesehen. **II.** *ohne OBJ* ■ *jmd./etwas sieht hinter etwas Dat. vor hinter etwas hervorschauen* Er sah hinter dem Baum vor. **III.** *mit SICH* ■ *jmd. sieht sich (vor jmdm./etwas) vor aufpassen* Aber vor dem Hund sieh dich vor!

Vor·se·hung die <-> (*kein Plur.*) *die höhere unpersönliche Macht, von der man glaubt, dass sie das Leben der Menschen lenkt* Die Vorsehung hat es so gelenkt, dass ich noch lebe.

vor·set·zen <setzt vor, setzte vor, hat vorgesetzt> *mit OBJ* **1.** ■ *jmd. setzt jmdn. vor veranlassen, dass jmd. weiter vorn sitzt* Der Lehrer setzte die Schülerin vor. **2.** ■ *jmd. setzt jmdm. etwas vor jmdm. etwas zu essen oder trinken anbieten* Der Gastgeber setzte uns ein köstliches Gericht vor.

Vor·sicht die <-> (*kein Plur.*) *achtsames Verhalten in Bezug auf die Verhütung eines Unfalles oder Schadens* Bei dieser Bergtour ist äußerste Vorsicht geboten., Vorsicht Stufe/bissiger Hund!

vor·sich·tig <vorsichtiger, am vorsichtigsten> *Adj. mit Vorsicht* Sei vorsichtig beim Überqueren der Straße!

vor·sichts·hal·ber *Adv. aus Vorsicht* Ich habe vorsichtshalber einen Regenschirm mitgenommen.

Vor·sichts·maß·nah·me die <-, -n> *etwas, das man aus Vorsicht tut*

Vor·sil·be die <-, -n> (SPRACHWISS.: ≈ *Präfix* ↔ *Nachsilbe, Suffix*) *eine Silbe, die vor ein Wort gesetzt wird, so dass ein neues Wort entsteht* Setzt man das Wort „Vor" vor das Wort „Silbe„, entsteht das neue Wort „Vorsilbe".

vor·sin·gen <singst vor, sang vor, hat vorgesungen> **I.** *mit OBJ* ■ *jmd. singt (jmdm.) (etwas) vor* (↔ *nachsingen*) *für andere etwas singen, damit sie es nachmachen oder nachsingen können* Kannst du mir die Melodie vorsingen?, Die Lehrerin sang das Lied vor und die Schüler sangen es nach. **II.** *ohne OBJ* ■ *jmd. singt vor seine Fähigkei-*

ten im Gesang unter Beweis stellen Ich muss heute Nachmittag im Theater vorsingen.

vor·sint·flut·lich <nicht steig.> *Adj.* (*umg. scherzh.*) *sehr altmodisch* Woher hast du denn dieses vorsintflutliche Motorrad?

Vor·sitz der <-es, -e> *die Leitung einer Konferenz, Versammlung oder Sitzung* Sie hat den Vorsitz niedergelegt/übernommen.

Vor·sit·zen·de der/die <-n, -n> (≈ *Konferenzleiter, Versammlungsleiter*) *jmd., der den Vorsitz hat*

Vor·so·kra·ti·ker der <-s, -> PHILOS. *jeder der griechischen Philosophen, die zeitlich dem Sokrates und der Blütezeit der griechischen Philosophie* (*mit Platon und Aristoteles*) *vorausgingen*

Vor·sor·ge die <-> (*kein Plur.*) *alle Maßnahmen, mit denen man unangenehme Situationen verhindern will* Habt ihr auch für den Fall des Stromausfalls Fall Vorsorge getroffen? ◆ Alters-, Gesundheits-

vor·sor·gen *ohne OBJ* ■ *jmd. sorgt für etwas Akk. vor etwas vorsorglich tun; etwas als Vorsorge tun* Er hatte schon in der Jugend begonnen, fürs Alter vorzusorgen.

Vor·sor·ge·un·ter·su·chung die <-, -en> MED. *eine Untersuchung zur frühzeitigen Erkennung von Krankheiten*

vor·sorg·lich <nicht steig.> *Adj.* (≈ *vorsichtshalber*) *einer vorhersehbaren Schwierigkeit vorbeugend* Du solltest vorsorglich zum Arzt gehen.

Vor·spann der <-(e)s, -e/Vorspänne> FILM TV *einem Film oder einer Sendung vorangestellte Angaben über beteiligte Personen, Institutionen* (*Produzent(en), Verleih usw.*); *Einleitung eines Presseartikels* Hast du im Vorspann des Films gesehen, welche Schauspieler mitspielen?

Vor·spei·se die <-, -n> (↔ *Dessert, Nachspeise*) *vor dem Hauptgericht servierte kleinere Speise* Wir nehmen die Suppe als Vorspeise.

Vor·spie·ge·lung die <-, -en> (≈ *Vortäuschen*) *Lügnerische Behauptung(en), um sich dadurch einen Vorteil zu verschaffen* Sie verschaffte sich unter Vorspiegelung falscher Tatsachen Zutritt.

Vor·spiel das <-(e)s, -e> **1.** MUS. *einleitendes Stück* **2.** THEAT. *Prolog* **3.** *der Austausch von Zärtlichkeiten vor dem Geschlechtsakt*

vor·spie·len **I.** *mit OBJ* ■ *jmd. spielt jmdm.* (*etwas*) *vor* **1.** *Musik aufführen* Bitte spielen Sie uns ein Stück auf dem Klavier vor., Sie sollte den Gästen vorspielen. **2.** *aufführen, darbieten* Sie wollen uns einen Sketch vorspielen. **3.** *etwas vortäuschen* Sie hat uns die ganze Zeit vorgespielt, dass sie reich/arm sei. **II.** *ohne OBJ* ■ *jmd. spielt vor ein Musikstück darbieten, um in einer Art Prüfung zu zeigen, wie gut man spielt* Ich muss heute im Musikunterricht vorspielen.

vor·spre·chen <sprichst vor, sprach vor, hat vorgesprochen> **I.** *mit OBJ/ohne OBJ* **1.** ■ *jmd. spricht* (*jmdm.*) (*etwas*) *vor etwas vortragen und seine Fähigkeiten überprüfen lassen* Ich möchte einen Monolog vorsprechen., Er muss morgen für die Aufnahmeprüfung vorsprechen. **2.** ■ *jmd. spricht jmdm. etwas vor* (↔ *nachsprechen*) *etwas laut sagen, damit es jmd. wiederholen kann* Die Französischlehrerin sprach den Satz vor und die Schüler sprachen ihn nach. **II.** *ohne OBJ* ■ *jmd. spricht bei jmdm. vor bei jmdm. vorstellig werden* Er soll bei seinem Chef vorsprechen.

vor·sprin·gen <springst vor, sprang vor, ist vorgesprungen> *ohne OBJ* **1.** ■ *jmd. springt vor nach vorne springen* Zwischen den parkenden Autos sprang plötzlich ein Kind hervor. **2.** ■ *etwas springt vor herausragen* Das Hausdach springt vor., Sie hat ein vorspringendes Kinn.

Vor·sprung der <-s, Vorsprünge> **1.** *ein Teil, der aus einer senkrechten Fläche heraussteht* ◆ Fels-, Mauer- **2.** SPORT *der zeitliche oder räumliche Abstand eines Athleten zu seinem Gegner* Der Radrennfahrer hat einen Vorsprung von 12 Sekunden auf das Hauptfeld., Der Vorsprung schrumpft/vergrößert sich. **3.** *der höhere Entwicklungsstand, den jmd. oder etwas verglichen mit der Konkurrenz hat* Der technische Vorsprung dieses Unternehmens scheint kleiner zu werden.

Vor·stadt die <-, Vorstädte> *einer Großstadt vorgelagerte Stadt*

Vor·städ·ter, **Vor·städ·te·rin** der <-s, -> *jmd., der in einer Vorstadt lebt*

vor·städ·tisch <nicht steig.> *Adj. für eine Vorstadt typisch*

Vor·stand der <-(e)s, Vorstände> **1.** *ein Gremium, das ein Unternehmen oder einen Verein leitet* **2.** *jmd., der einem Vorstand[1] angehört*

Vor·stands·chef, **Vor·stands·che·fin** der <-s, -s> *Chef eines Vorstands[1]*

Vor·stands·e·ta·ge die <-, -n> **1.** *das Stockwerk, in dem die Firmenleitung ihre Büros hat* **2.** (*übertr.* ≈ *Firmenleitung*) Die Vorstandsetage sieht das aber anders.

Vor·stands·mit·glied das <-s, -er> *Mitglied eines Vorstands[1]*

Vor·stands·sit·zung die <-, -en> *Sitzung der Mitglieder eines Vorstands[1]*

Vor·stands·spre·cher, **Vor·stands·spre·che·rin** der <-s, -> *diejenige Person in einem Vorstand[1], die die Meinung und Vorstellungen des Vorstands[1] anderen Personen oder Personengruppen mitteilt*

Vor·stands·vor·sit·zen·de der/die <-n, -n> *Leiter oder Leiterin eines Vorstands[1]*

vor·ste·hen <stehst vor, stand vor, hat vorgestanden> **I.** *mit OBJ* ■ *jmd. steht etwas Dat. vor als Leiter an der Spitze von etwas stehen* Er steht einem Institut vor. **II.** *ohne OBJ* ■ *etwas steht vor hervorragen* Der Dachgiebel steht etwas vor., Er hat vorstehende Zähne.

Vor·ste·her, **Vor·ste·he·rin** der <-s, -> (≈ *Leiter*) *jmd., der etwas vorsteht I* ◆ Gemeinde-

Vor·ste·her·drü·se die <-, -n> (ANAT.: ≈ *Prostata*)

vor·stel·len **I.** *mit OBJ* **1.** ■ *jmd. stellt jmdn./sich vor jmdn. oder sich* (*mit dem Namen*) *bekannt machen; jmdm. den Namen von jmdm./sich nennen* Darf ich Ihnen Herrn Müller vorstellen?, Der neue Firmenchef stellte sich seinen Angestellten vor., Sie stellte sich und ihren Mann vor. **2.** ■ *jmd.*

stellt (jmdm.) etwas vor einem Kunden oder einem Publikum zeigen oder vorführen Die Autorin hat gestern bei einer Lesung ihr neues Buch vorgestellt. **3.** ■ *jmd. stellt etwas vor* (↔ *nachstellen*) *auf eine spätere Zeit einstellen* Heute werden die Uhren auf die Sommerzeit vorgestellt. **II.** *mit SICH* ■ *jmd. stellt sich etwas vor sich etwas denken, ausdenken* So hatte ich mir das nicht vorgestellt., Ich kann es mir nicht vorstellen, zu dir zu ziehen.

vor·stel·lig <nicht steig.> *Adj.* ■ **bei jemandem vorstellig werden** AMTSSPR.: *persönlich bei jmdm. oder einer Behörde erscheinen*

Vor·stel·lung die <-, -en> **1.** *das Bekanntmachen, das Einführen einer Person* **2.** *ein gedankliches Bild, das man von jmdm. oder etwas gewonnen hat* Ich habe keine Vorstellung davon, wie das aussehen soll. ◆ Gehalts-, Ideal-, Preis- **3.** (*kein Plur.*) *Einbildung, Fantasie* Das existiert doch nur in deiner Vorstellung! ◆ -swelt **4.** FILM THEAT. *Aufführung* ◆ Theater-, Zirkus-

Vor·stel·lungs·ge·spräch das <-(e)s, -e> *ein Gespräch zwischen einem Personalchef und einem Bewerber um eine Stelle*

Vor·stel·lungs·kraft die <-> (*kein Plur.*) *die Fähigkeit und Gabe, sich von etwas in bestimmter Weise ein Fantasiebild machen zu können*

Vor·stel·lungs·ver·mö·gen das <-s> (*kein Plur.*) *die Fähigkeit des Menschen, sich etwas vorzustellen* Das übersteigt mein Vorstellungsvermögen!

Vor·stoß der <-es, Vorstöße> **1.** *das Vorstoßen I, II* **2.** *der Versuch, sich für etwas einzusetzen* Er will bei seinem Chef einen Vorstoß wegen einer Gehaltserhöhung machen.

vor·sto·ßen <stößt vor, stieß vor, hat/ist vorgestoßen> **I.** *mit OBJ* ■ *jmd. stößt etwas vor* (*haben*) *in Stößen nach vorne bewegen* **II.** *ohne OBJ* ■ *jmd. stößt irgendwohin vor* (*sein*) *unter Schwierigkeiten nach vorne dringen* Die Expedition ist immer tiefer in den Urwald vorgestoßen.

Vor·stra·fe die <-, -n> RECHTSW. *eine bereits früher verhängte (gerichtliche) Strafe*

Vor·stra·fen·re·gis·ter das <-s, -> RECHTSW. *das amtliche Verzeichnis aller Vorstrafen einer Person*

vor·stre·cken <streckst vor, streckte vor, hat vorgestreckt> *mit OBJ* **1.** ■ *jmd. streckt etwas vor ein Körperteil nach vorne strecken* Sie streckten bei der Ankunft des Ministers die Köpfe vor. **2.** ■ *jmd. streckt jmdm. etwas vor* (*umg.*) *Geld auslegen; an jmdn. kurzfristig verleihen* Er streckte mir so viel Geld vor, dass ich noch nach Hause fahren konnte.

Vor·stu·fe die <-, -n> **1.** *ein Entwicklungsstadium vor einem bestimmten späteren Stadium* Dieser Prototyp stellt die Vorstufe des serienreifen Automodells dar., Die Vorstufe des Aufstands war ein heftiger Protest. **2.** (≈ *Vorverstärker*)

Vor·tag der <-(e)s, -e> *vorangehender/vorangegangener Tag* Am Vortag der Prüfung machte ich einen langen Spaziergang.

vor·tas·ten <tastest vor, tastete vor, hat vorgetastet> *mit SICH* **1.** ■ *jmd. tastet sich in etwas Akk. vor sich vorsichtig tastend irgendwohin bewegen* Er tastete sich langsam in den dunklen Raum vor. **2.** ■ *jmd. tastet sich vor in einem Gespräch vorsichtig prüfen, ob man ein Anliegen offen ansprechen kann* Sie tastete sich in dem Gespräch mit ihrem Chef vor, wie weit sie mit ihren Forderungen vielleicht gehen könnte.

vor·täu·schen <täuschst vor, täuschte vor, hat vorgetäuscht> *mit OBJ* ■ *jmd. täuscht etwas vor* (≈ *vorspiegeln*) (*um jmdn. irrezuführen*) *so tun, als ob etwas der Fall wäre* Er täuschte lebhaftes Interesse/einen Unfall vor.

Vor·täu·schung die <-, -en> *das Vortäuschen*

Vor·teil der <-(e)s, -e> (↔ *Nachteil*) *etwas, das jmdm. oder einer Sache zuträglich ist oder einen größeren Nutzen bringt; günstiger Umstand, positive Eigenschaft* Sprachgefühl ist in diesem Beruf zweifellos von Vorteil., Wir haben die Vorteile und die Nachteile abgewogen und entschieden, dass …, Dieser Plan hat den Vorteil, dass …

vor·teil·haft *Adj.* (↔ *nachteilhaft*) *Nutzen bringend, günstig* Es ist vorteilhafter für Sie, wenn Sie den Eurocity nehmen; so sind Sie schneller am Ziel.

Vor·trag der <-(e)s, Vorträge> **1.** *eine längere Rede über ein bestimmtes (wissenschaftliches) Thema vor einem Publikum* ◆ -sabend, -sreise, -thema **2.** (*kein Plur.*) *Art und Weise der Darstellung* Der Redner/Schauspieler bestach auch durch seinen flüssigen/lebendigen/temperamentvollen Vortrag. ◆ -sanweisung, -skunst, -stechnik

vor·tra·gen <trägst vor, trug vor, hat vorgetragen> *mit OBJ* **1.** ■ *jmd. trägt etwas vor darbieten* Der Sänger wird Lieder von Franz Schubert vortragen., Die Eiskunstläuferin hat ihre Kür fehlerlos vorgetragen. **2.** ■ *jmd. trägt jmdm. etwas vor offiziell darlegen, berichten* Hast du dem Chef deine Bedenken nicht vorgetragen? **3.** ■ *jmd. trägt etwas vor* (*umg.*) *nach vorn tragen*

Vor·trags·a·bend der <-s, -e> *eine Abendveranstaltung, bei der ein Vortrag[1] gehalten wird*

Vor·trags·rei·he die <-, -n> *eine Serie von Vorträgen[1] zu einem bestimmten Thema*

vor·treff·lich <nicht steig.> *Adj.* (*geh.*) *sehr gut, hervorragend, von überragender Qualität* Sie ist eine vortreffliche Autofahrerin.

Vor·treff·lich·keit die <-> (*kein Plur.*) (*geh.*) *vortreffliche Beschaffenheit*

vor·tre·ten <trittst vor, trat vor, ist vorgetreten> *ohne OBJ* ■ *jmd. tritt vor* **1.** (*ein Stück*) *nach vorne gehen* Er trat einen Schritt vor, um besser sehen zu können. **2.** *aus einer Menge heraustreten* Wer etwas dazu zu sagen hat, soll bitte vortreten., Die Jüngste trat vor und sang ein Lied.

Vor·tritt der <-(e)s> (*kein Plur.*) **1.** ■ **jemandem den Vortritt gewähren/lassen**: *aus Höflichkeit jmdn. zuerst an die Reihe kommen lassen* Der höfliche Herr hat der Dame den Vortritt gelassen, so dass sie sich vor ihm ein Glas Sekt nehmen konnte. **2.** (*schweiz.*) *Vorfahrt*

vo·rü·ber *Adv.* (*geh.* ≈ *vorbei*)

vo·rü·ber·ge·hen <gehst vorüber, ging vorüber, ist vorübergegangen> *ohne OBJ* **1.** ■ *jmd. geht vorüber vorbeigehen* Sie ging grußlos an mir vorüber. **2.** ■ *etwas geht vorüber aufhören* Die Schmerzen gingen schnell vorüber.

vo·rü·ber·ge·hend <nicht steig.> *Adj. für kurze Zeit, zeitweilig, momentan* Das Lokal ist vorübergehend geschlossen.

Vor·ü·bung die <-, -en> *einer Sache vorausgehende, vorbereitende Übung*

Vor·ur·teil das <-(e)s, -e> *eine vor dem Bekanntwerden mit etwas gebildete, meist negative Meinung oder Haltung* Man sollte versuchen, durch Aufklärung die Vorurteile in der Bevölkerung abzubauen

vor·ur·teils·frei <nicht steig.> *Adj. ohne Vorurteile* Sie ging völlig vorurteilsfrei an die Sache heran.

Vor·vä·ter <-> *Plur. Ahnen, Vorfahren*

Vor·ver·kauf der <-(e)s> (*kein Plur.*) *der Verkauf von Eintrittskarten mehrere Tage oder Wochen vor einer Veranstaltung* ◆ Karten-

Vor·ver·kaufs·stel·le die <-, -n> *eine Verkaufsstelle, an der man Eintrittskarten für eine Veranstaltung im Vorverkauf erwerben kann*

vor·ver·le·gen <verlegst vor, verlegte vor, hat vorverlegt> *mit OBJ* ■ *jmd. verlegt etwas vor* **1.** *auf eine Stelle weiter vorne platzieren* Die Haltestelle wurde um 200 Meter vorverlegt. **2.** *auf einen früheren Zeitpunkt legen* Wir mussten den Besprechungstermin vorverlegen.

Vor·ver·stär·ker der <-s, -> (ELEKTROTECHN.: ↔ *Endstufe*) *ein Verstärker, der die Signale des Quellgeräts in geringem Maße verstärkt, das Einstellen der Lautstärke und die Quellgerätewahl ermöglicht und das Signal dann an den Endverstärker weiterreicht*

vor·vor·ges·tern <nicht steig.> *Adv. der Tag vor vorgestern, vor drei Tagen* vorvorgestern früh, vorvorgestern Morgen/Mittag/Nachmittag/Abend/Nacht

vor·wa·gen <wagst vor, wagte vor, hat vorgewagt> *mit SICH* ■ *jmd. wagt sich vor den Mut haben, sich auf etwas Neues einzulassen* Nie zuvor hatte sich eine Expedition so weit in den Urwald vorgewagt.

Vor·wahl die <-, -en> **1.** POL. *Wahl, durch die bestimmt wird, wer an der zweiten Wahl/Hauptwahl teilnehmen soll* **2.** TELEKOMM. *Ortskennzahl der Telefonnummer*

Vor·wand der <-(e)s, Vorwände> (≈ *Ausrede*) *nicht den Tatsachen entsprechender, als Ausrede benutzter Grund* Unter dem Vorwand, er hätte noch einen Arzttermin, verließ er vor Dienstschluss sein Büro.

vor·wär·men <wärmst vor, wärmte vor, hat vorgewärmt> *mit OBJ* ■ *jmd. wärmt etwas vor etwas wärmen, bevor es benutzt wird* Hast du die Teller vorgewärmt?, Vor dem Anlassen muss der Dieselmotor vorgewärmt werden.

vor·war·nen <warnst vor, warnte vor, hat vorgewarnt> *mit OBJ* ■ *jmd. warnt jmdn. vor jmdn. vorher vor etwas warnen* Ich habe diesen Fehler begangen, obwohl er mich eindringlich vorgewarnt hat.

vor·wärts *Adv.* **1.** (↔ *rückwärts*) *nach vorn* Das Kind machte einige Schritte vorwärts und blieb stehen. **2.** *weiter in Richtung einer bestimmten Entwicklung, eines Ziels* Das Internet entwickelt sich rasant vorwärts. ◆ Getrenntschreibung→R 4.1 vorwärts bringen, vorwärts gehen, in/mit etwas vorwärts kommen

Vor·wärts·gang der <-es, Vorwärtsgänge> (KFZ: ↔ *Rückwärtsgang*) *einer der Gänge eines Straßenfahrzeugs für die Fahrt vorwärts*

vor·wa·schen <wäschst vor, wusch vor, hat vorgewaschen> *mit OBJ* ■ *jmd. wäscht etwas vor vor der Hauptwäsche waschen* Die Hose ist so schmutzig, dass ich sie vorwaschen muss, bevor ich sie in die Waschmaschine gebe.

vor·weg *Adv.* **1.** *zuvor* Lassen Sie mich bitte etwas vorweg erklären. **2.** *an der Spitze* Die Hochzeitsgesellschaft fuhr von der Kirche in ein Lokal, vorweg der Wagen des Brautpaares.

vor·weg·neh·men <nimmst vorweg, nahm vorweg, hat vorweggenommen> *mit OBJ* ■ *jmd. nimmt etwas vorweg etwas, das eigentlich erst später zu sagen oder zu tun wäre, schon sagen oder tun* Um Sie nicht zu langweilen, will ich das Ende der Geschichte gleich vorwegnehmen.

vor·weg·schi·cken <schickst vorweg, schickte vorweg, hat vorweggeschickt> *mit OBJ* ■ *jmd. schickt etwas vorweg* (≈ *vorausschicken*) *etwas vor etwas anderem sagen* Um es gleich vorwegzuschicken: der heutige Abend wurde von Dr. Meier unterstützt.

Vor·weih·nachts·zeit die <-> (*kein Plur.*) (≈ *Adventszeit*) *etwa die letzten vier Wochen vor Weihnachten*

vor·wei·sen <weist vor, wies vor, hat vorgewiesen> *mit OBJ* ■ *jmd. weist etwas vor* **1.** *zeigen, dass man etwas hat* Können Sie eine Vollmacht vorweisen? **2.** *zeigen, dass man etwas kann* Welche Fähigkeiten/Kenntnisse sollte der Bewerber vorweisen können?

vor·wer·fen <wirfst vor, warf vor, hat vorgeworfen> *mit OBJ* **1.** ■ *jmd. wirft jmdm. etwas vor jmdm. sagen, dass er Fehler gemacht oder sich nicht richtig verhalten hat* Er hat mir vorgeworfen, dass ..., Ich habe mir nichts vorzuwerfen. **2.** ■ *jmd. wirft einem Tier etwas vor Tieren als Futter hinwerfen* etwas den Löwen zum Fraß vorwerfen

vor·wie·gend *Adv.* (≈ *hauptsächlich*) Im Urlaub hatten wir vorwiegend schönes Wetter.

Vor·wis·sen das <-s> (*kein Plur.*) (≈ *Vorkenntnisse*) *Wissen, das jmd. vor dem Beginn eines Ereignisses oder einer bestimmten Lernphase hat* Mit diesem Vorwissen kannst du an dem Kurs teilnehmen.

vor·wit·zig <nicht steig.> *Adj.* (≈ *besserwisserisch, naseweis*) *so, dass jmd. so tut, als wüsste er alles besser* (*meist von Kindern oder Schülern gesagt*) Ihr Kind ist ziemlich vorwitzig. ►Vorwitzigkeit

Vor·wo·che die <-, -n> (↔ *Folgewoche*) *vergangene/vorangegangene Woche*

V

Vor·wort[1] das <-(e)s, -e> (↔ *Nachwort*) *ein kurzer, einem Buch als Einleitung vorangestellter Text*

Vor·wort[2] das <-(e)s, Vorwörter> (*österr.*) *Präposition*

Vor·wurf der <-s, Vorwürfe> **1.** *eine Äußerung, mit der man jmdm. sagt, dass er Fehler gemacht oder sich nicht richtig verhalten hat* Er hat einen ernsten/schwerwiegenden Vorwurf gegen sie erhoben., einen Vorwurf scharf zurückweisen **2.** *eine Art Vorbild für das eigene kreative Schaffen* Er nahm sich das Werk seines Kollegen als Vorwurf.

vor·wurfs·voll *Adj. so, dass ein Vorwur*[1] *ausgedrückt wird* Sie blickte mich mit vorwurfsvoller Miene an.

Vor·zei·chen das <-s, -> **1.** (≈ *Omen*) *ein Anzeichen, das auf ein zukünftiges Geschehen hindeutet* Das ist ein böses/gutes/untrügliches Vorzeichen. **2.** MATH. *das vor einer Zahl stehende Pluszeichen* (+) *oder Minuszeichen* (-), *so dass diese Zahl positiv oder negativ ist* **3.** MUS. *ein Zeichen, das anzeigt, ob die folgende Note einen halben Ton höher oder tiefer gespielt/gesungen werden soll*

vor·zeich·nen <zeichnest vor, zeichnete vor, hat vorgezeichnet> *mit OBJ* **1.** ■ *jmd. zeichnet etwas vor die Umrisse einer Zeichnung oder eines Bildes (z.B. mit Bleistift) skizzieren* Ich zeichne das Bild erst mit Bleistift vor, dann male ich es mit Farben aus. **2.** ■ *jmd. zeichnet jmdm. etwas vor etwas zeichnen, damit jmd. es nachzeichnen kann* Der Lehrer hat mir die Blume vorgezeichnet, weil ich nicht wusste, wie ich sie malen soll. **3.** ■ *jmd. zeichnet jmdm. etwas vor jmd. gibt jmdm. etwas als Richtlinie, an die er sich halten soll* Dieses Buch kann dir deinen Lebensweg vorzeichnen. ▶Vorzeichnung

vor·zeig·bar <nicht steig.> *Adj. als Ergebnis so (gut), dass man es anderen stolz zeigen kann*

vor·zei·gen <zeigst vor, zeigte vor, hat vorgezeigt> *mit OBJ* ■ *jmd. zeigt etwas vor jmdm. etwas zeigen, damit es geprüft oder beurteilt werden kann* Würden Sie bitte Ihren Ausweis/Ihren Führerschein/Ihre Fahrkarte vorzeigen?, Zeig dein Zeugnis vor!

Vor·zeit die <-> (*kein Plur.*) (≈ *Urzeit*) *früheste, vorgeschichtliche Zeit in der Entwicklung der Menschheit* in grauer Vorzeit ▶vorzeitlich

vor·zei·tig <nicht steig.> *Adj. früher als geplant oder erwartet* Wir mussten unseren Urlaub vorzeitig abbrechen.

vor·zie·hen <ziehst vor, zog vor, hat vorgezogen> *mit OBJ* **1.** ■ *jmd. zieht etwas vor vor etwas ziehen* Kannst du den Vorhang bitte vorziehen? **2.** ■ *jmd. zieht etwas/jmdn. (etwas/jmdm. Dat.) vor lieber mögen, bevorzugen* Ziehen Sie Tee oder Kaffee zum Frühstück vor?, Ich ziehe die neuen Freunde den alten Bekannten vor. **3.** ■ *jmd. zieht etwas vor früher als geplant stattfinden lassen* Wir müssen die Sitzung vorziehen.

Vor·zim·mer das <-s, -> *das Zimmer vor dem Büro des Chefs oder der Chefin, in dem die Sekretärin arbeitet*

Vor·zim·mer·da·me die <-, -n> (*veralt.*) *Sekretärin*

Vor·zug der <-(e)s, Vorzüge> **1.** (*kein Plur.*) *die größere Bedeutung oder der Vorrang, die oder der jmdm. oder etwas gegeben wird* Ich gebe seiner Idee den Vorzug. **2.** (↔ *Nachteil*) *Vorteil* Dieser Plan hat den Vorzug, dass ... **3.** (*österr.*) *Schulauszeichnung bei sehr guten Noten*

vor·züg·lich <nicht steig.> *Adj. sehr gut, hervorragend* Ich bedankte mich für das vorzügliche Essen/für den vorzüglichen Wein.

Vor·zugs·ak·tie die <-, -n> (*meist Plur.*) WIRTSCH. *Aktie, deren Inhaber besondere Vorrechte hat*

Vor·zugs·preis der <-es, -e> *besonders günstiger Preis*

vor·zugs·wei·se *Adv.* (*geh.*) *vor allem, besonders* Ich höre vorzugsweise klassische Musik.

vo·tie·ren <votierst, votierte, hat votiert> *ohne OBJ* ■ *jmd. votiert für/gegen etwas (geh.) für oder gegen jmdn. oder etwas stimmen* Die Abgeordneten votierten gegen den Gesetzentwurf.

Vo·tiv·bild das <-(e)s, -er> REL. *ein Bild, das einem Heiligen zum Dank geweiht ist*

Vo·tum das <-s, Voten/Vota> (*geh.*) **1.** *Entscheidung* Die Wahl war ein Votum gegen die Regierungsparteien. **2.** *Stimme (bei einer Wahl)* Die Stimmberechtigten haben ihr Votum abgegeben.

Vo·yeur der [vo̯a'jøːɐ̯] <-s, -e> *jmd., der Lust empfindet, wenn er andere bei sexuellen Handlungen beobachtet* ▶Voyeurismus, voyeuristisch

vul·gär *Adj.* (≈ *ordinär*) *so, dass es dem guten Geschmack und dem Gefühl für Anstand widerspricht* eine vulgäre Person, ein vulgärer Ausdruck, Sein Benehmen war so vulgär, dass er nicht mehr eingeladen wurde. ▶Vulgarität

Vul·kan der <-s, -e> **1.** *Berg, aus dem an seinem Gipfel sehr heiße Gase, Gesteinsbrocken oder Flüssigkeiten (Lava) kommen können* ein aktiver/erloschener Vulkan ◆-ausbruch, -gestein, -krater, -landschaft **2.** (*übertr.*) *ein sehr temperamentvoller Mensch* Sie begeisterte die Massen, sie war ein richtiger Vulkan. ■ **ein Tanz auf dem Vulkan:** *ein gefährliches Spiel treiben*

vul·ka·nisch <nicht steig.> *Adj. von einem Vulkan herrührend* vulkanisches Gestein, vulkanische Aktivitäten, vulkanische Landschaft

vul·ka·ni·sie·ren <vulkanisiert, vulkanisierte, hat vulkanisiert> *mit OBJ* ■ *jmd. vulkanisiert etwas* **1.** *Rohkautschuk in Gummi umwandeln* **2.** *Gummiteile miteinander verbinden (z.B. bei der Reparatur eines Reifens)*

vul·ne·ra·bel <nicht steig.> *Adj.* (*geh.*) *verletzbar, verletzlich* Der Mensch ist in vielfältiger Hinsicht vulnerabel.

Vul·va die <-, Vulven> (≈ *Scham*) *die äusseren weiblichen Geschlechtsorgane*

Ww

W, w das <-, -> *der dreiundzwanzigste Buchstabe des Alphabets* ein großes W, ein kleines w

WAA die [veːʔaˈʔaː] <-, -s> *Abkürzung von „Wiederaufbereitungsanlage“*

Waadt <-s> *Kanton im Südwesten der Schweiz mit dem französischen amtlichen Namen „Canton de Vaud“*

Waa·ge die <-, -n> **1.** *ein Gerät, mit dem man Sachen oder Personen wiegen kann, um das genaue Gewicht festzustellen* Waagen in Geschäften sind amtlich geeicht., Stellen Sie sich auf die Waage, um zu sehen, ob Sie zugenommen haben. ◆ Balken-, Brief-, Küchen-, Personen- **2.** (*kein Plur.*) *Name eines Sternzeichens, das für die Zeit vom 23. September bis zum 22. Oktober gilt* im Zeichen der Waage geboren sein **3.** *jmd., der in der Zeit des Sternzeichens der Waage*[2] *geboren ist* Sie ist Waage. ■ **die Vor- und Nachteile halten sich die Waage** (*umg.*): *Vor- und Nachteile von etwas sind im Gleichgewicht oder in einem ausgewogenen Verhältnis* Die Vor- und Nachteile bei dieser Aktion halten sich die Waage.

Waa·ge·bal·ken der <-s, -> TECHN. *der Balken einer Waage*[1]*, der in der Mitte eine Achse hat und an dessen beiden Enden Waagschalen befestigt sind*

waa·ge·recht/waag·recht <nicht steig.> *Adj.* (≈ *horizontal* ↔ *senkrecht*) *so, dass es parallel zum Boden und rechtwinklig zum Lot ist* das Brett waagerecht halten, eine waagerechte Linie ziehen

Waag·scha·le die <-, -n> *eine der beiden Schalen, die am Ende auf jeder Seite eines Waagebalkens befestigt sind und auf die man etwas legt, um es zu wiegen* Die beiden Waagschalen befinden sich im Gleichgewicht. ■ **etwas in die Waagschale werfen** (*umg.*): *etwas Wichtiges tun oder sagen, um eine Entscheidung zu beeinflussen* Der Kanzler warf seine ganze Autorität in die Waagschale.

wab·be·lig/wabb·lig *Adj.* (*umg.*) *so, dass es sehr weich ist und sich leicht hin und her bewegt* Die Sülze ist ganz wabbelig., ein wabbeliger Bauch

Wa·be die <-, -n> *eine Zelle, die sechs Ecken hat, aus Wachs ist und in die Bienen Honig füllen* Der Imker schleudert den Honig aus den Waben.

wa·bern <waberst, waberte, hat gewabert> *ohne OBJ* ■ *etwas wabert* (*veralt.*) *sich als etwas, das keine bestimmte Form besitzt, hin und her bewegen* Der Nebel wabert über dem Land., eine wabernde Lavamasse

wach *Adj.* **1.** *nicht schlafend* Ist er noch wach oder schläft er schon?, Wie lange willst du noch wach bleiben? **2.** *intelligent und geistig sehr beweglich* ein wacher Geist/Verstand, das Geschehen mit wachen Augen verfolgen ◆ Getrenntschreibung →R 4.1, R 4.2 wach sein.; Getrennt- oder Zusammenschreibung Sie konnte sich nur mit Mühe wach halten/wachhalten. *siehe auch* **wachhalten, wachrufen, wachrütteln**

Wach·ab·lö·sung die <-, -en> **1.** *die Ablösung einer Wache*[3] Die Wachablösung vor dem Palast zieht immer viele Schaulustige an. **2.** (*übertr.*) *Vorgang, dass besonders die Spitze einer Regierung wechselt* Nach den letzten Wahlen kam es endlich zu einer Wachablösung.

Wa·che die <-, -n> **1.** (*kein Plur.*) *das Kontrollieren und Sichern von Gebäuden oder Personen, um eventuelle Gefahren abzuwehren* Vor der WAA halten Polizisten und Bundesgrenzschutz Wache., Vor dem Büro des Präsidenten steht immer ein Soldat Wache., auf Wache sein **2.** *ein Gebäude, in dem die Polizei eine Dienststelle hat* Sie brachten den Betrunkenen auf die Wache., Er musste die Nacht auf der Wache verbringen. **3.** *eine Person oder eine Gruppe, die Wache*[1] *halten* Vor dem Tor ging eine Wache auf und ab., Mehrere Wachen patrouillieren an der Grenze.

wa·chen *ohne OBJ* **1.** ■ *jmd. wacht* (*geh.* ↔ *schlafen*) *nicht schlafen und wach sein* Er hat bis spät in die Nacht gewacht und auf sie gewartet. **2.** ■ *jmd. wacht über etwas Akk. kontrollieren, dass Regeln, Verordnungen o.Ä. eingehalten und befolgt werden* Das Finanzamt wacht über die vorschriftsmäßige Abführung der Steuern., über den Straßenverkehr wachen **3.** ■ *jmd. wacht bei jmdm./an jmds. Bett auf jmdn. aufpassen, der krank ist* Sie wachte die ganze Nacht bei ihrem Kind., Er wachte an ihrem Krankenbett. **4.** ■ *jmd. wacht über jmdn./etwas/irgendwo etwas kontrollieren und beschützen* Der Bundesgrenzschutz wacht über die Flughäfen und Bahnhöfe., Die Posten wachen am Haupteingang.

wach·ha·bend <nicht steig.> (*nur attr.*) *Adj.* MILIT. *so, dass jmd. gerade Wache*[1] *hat* der wachhabende Offizier

wach·hal·ten <hältst wach, hielt wach, hat wachgehalten> *mit OBJ* **1.** ■ *jmd. hält etwas wach dafür sorgen, dass etwas nicht vergessen wird* die Erinnerung an die Vergangenheit wachhalten **2.** ■ *jmd. hält sich/jmdn. wach dafür sorgen, dass man selbst oder jmd. anderes nicht einschläft* Er hat sich die ganze Nacht mit Kaffee wachgehalten.

Wach·mann der <-(e)s, Wachmänner/Wachleute> **1.** *jmd., der beruflich Gebäude bewacht* Der Wachmann macht seine Runde durch das Haus. **2.** (*österr.*) *Polizist*

Wa·chol·der der <-s, -> BOT. **1.** *ein Strauch oder Baum, der zu den Nadelhözern gehört und dunkle Beeren hat, die auch als Gewürz verwendet werden* **2.** *ein Schnaps aus den Beeren des Wacholders*[1]

Wa·chol·der·schnaps der <-es> (*kein Plur.*) *Wacholder*[2]

Wach·pos·ten der <-s, -> *jmd., der Wache*[1] *hält* Es werden Wachposten an jeder Tür aufgestellt.

wach·ru·fen <rufst wach, rief wach, hat wachgerufen> *mit OBJ* **1.** ■ *etwas ruft etwas in jmdm. wach etwas bewirkt, dass sich jmd. wieder an etwas erinnert oder wieder daran denkt* Diese alten Filme rufen immer Kindheitserinnerungen in mir wach. **2.** ■ *etwas ruft etwas wach* (≈ *wecken*[2]) *etwas bewirkt, dass jmd. etwas stark spürt* Das hat ihren Ehrgeiz wachgerufen!

wach·rüt·teln <rüttelst wach, rüttelte wach, hat wachgerüttelt> *mit OBJ* **1.** ■ *jmd. rüttelt jmdn. wach jmdn. aufwecken, indem man ihn rüttelt* Als er um 11 Uhr immer noch schlafend im Bett lag, rüttelte sie ihn wach. **2.** ■ *etwas rüttelt jmdn./etwas wach etwas weckt das Gewissen von jmdm. oder sensibilisiert jmdn.* Die erschreckenden Ereignisse haben die ganze Stadt wachgerüttelt.

Wachs das [vaks] <-es, -e> **1.** *eine Masse, die von Bienen stammt (oder künstlich) hergestellt ist und die man formen oder kneten kann und aus der vor allem Kerzen hergestellt werden* Das Wachs schmilzt., eine Kerze aus Wachs ◆-figur, -kerze, Bienen-, Kerzen- **2.** *eine Art Creme, die wie Wachs*[1] *ist und mit der man Holz oder Leder einreibt, um es zu schützen* ■ **weich wie Wachs sein**: *keinen festen Charakter haben* ◆-politur

wach·sam *Adj. sehr aufmerksam und alles beobachtend, um Gefahren zu erkennen* ein wachsamer Blick, Der Hund ist sehr wachsam. ■ **ein wachsames Auge auf jemanden/etwas haben**: *jmdn. oder etwas gut kontrollieren*

Wach·sam·keit die <-> (*kein Plur.*) *der Zustand, dass jmd. oder ein Tier wachsam ist* in seiner Wachsamkeit nicht nachlassen

wachs·ar·tig [vaks-] <nicht steig.> *Adj. wie Wachs* eine wachsartige Schuhcreme

wachs·bleich [vaks-] <nicht steig.> *Adj.* (≈ *kreidebleich*) *sehr blass* Als er die Nachricht hörte, wurde er wachsbleich.

wach·sen[1] ['vaksen] <wächst, wuchs, ist gewachsen> *ohne OBJ* **1.** ■ *jmd./etwas wächst größer und stärker werden* Unser Sohn ist um drei Zentimeter gewachsen., Das Getreide wächst gut., Die Ferkel müssen noch etwas wachsen, dann kann man sie schlachten. **2.** ■ *etwas wächst länger werden* Der Bart wächst., Die Haare wachsen. **3.** ■ *jmd./etwas wächst irgendwie in eine bestimmte Form wachsen*[1] Er ist schlank gewachsen., Die Tanne ist völlig krumm gewachsen. **4.** ■ *etwas wächst irgendwo an einer bestimmten Stelle vorkommen* Auf dem Heideboden wächst Wacholder., Auf diesem kargen Boden wächst kaum noch etwas. **5.** ■ *etwas wächst* (↔ *abnehmen*) *zunehmen* Die Produktion von Elektrogräten wächst dieses Jahr um 6 Prozent., Die Gefahr wächst. **6.** ■ *etwas wächst* (↔ *abnehmen*) *stärker oder intensiver werden* Das Interesse an Geschichte wächst in der Bevölkerung., Die Begeisterung wächst. ■ **jemandem nicht gewachsen sein**: *jmdm. nicht Widerstand leisten können, weil er stärker oder besser ist* Er war ihm in der Diskussion nicht gewachsen. **etwas nicht gewachsen sein**: *etwas nicht bewältigen können* Dieser Aufgabe ist sie nicht gewachsen.

wach·sen[2] ['vaksen] <wachst, wachste, hat gewachst> *mit OBJ* ■ *jmd. wachst etwas etwas mit Wachs*[2] *einreiben, um es zu schützen oder zu pflegen* Sie wachst den Fußboden., gewachstes Holz, Skier wachsen

wäch·sern ['vɛksern] <nicht steig.> *Adj.* (*geh.*) **1.** *aus Wachs* eine wächserne Schicht/Kerze **2.** *so blass und farblos wie Wachs* eine wächserne Haut haben

Wachs·fi·gur der [vaks-] <-, -en> *eine Figur aus Wachs*[1]

Wachs·fi·gu·ren·ka·bi·nett das [vaks-] <-s, -e> *Ausstellung von Figuren berühmter Personen, die aus Wachs*[1] *gemacht sind*

Wachs·tuch das [vaks-] <-(e)s, -e> *ein fester Stoff, der auf einer Seite mit einer wasserdichten Schicht versehen ist* Auf dem Gartentisch liegt eine Tischdecke aus Wachstuch.

Wachs·tum das [vaks-] <-s> (*kein Plur.*) *Vorgang des Wachsens*[1] Mit 15 Jahren befindet sich ein Jugendlicher noch im Wachstum., Rauchen behindert das Wachstum bei Jugendlichen., Das wirtschaftliche Wachstum blieb hinter der Erwartungen zurück., Die neue Industrieanlage fördert das Wachstum der Produktion.

Wachs·tums·bran·che die [vaks-] <-, -n> WIRTSCH. *ein Bereich der Wirtschaft, der sich gut entwickelt und stetig größer wird* Die Telekommunikationsindustrie zählt man immer noch zu den Wachstumsbranchen.

wachs·tums·för·dernd [vaks-] *Adj. so, dass Wachstum unterstützt und gefördert wird* wachstumsfördernde Mittel/Präparate

wachs·tums·hem·mend [vaks-] *Adj. so, dass Wachstum vermindert und gebremst wird* die wachstumshemmenden Nebenwirkungen eines Medikaments

Wachs·tums·hor·mon das [vaks-] <-(e)s, -e> *Hormon, das das Wachstum fördert* jemanden mit Wachstumshormonen behandeln

Wachs·tums·in·dus·t·rie die [vaks-] <-, -n> WIRTSCH. *ein Industriezweig, der sich gut entwickelt und stetig größer wird* die Wachstumsindustrien stärker fördern

Wachs·tums·markt der [vaks-] <-es, Wachstumsmärkte> WIRTSCH. *eine Wirtschaftsbranche oder eine Wirtschaftsregion, die sich gut entwickelt* Asien war lange Zeit ein Wachstumsmarkt., Die Informationstechnologie bleibt ein Wachstumsmarkt.

Wachs·tums·prog·no·se die [vaks-] <-, -n> WIRTSCH. *Vorhersage, wie groß das wirtschaftliche Wachstum sein wird* Die Wachstumsprognose des Instituts liegt bei 0,2 Prozent für das kommende Jahr.

Wachs·tums·ra·te die [vaks-] <-, -n> WIRTSCH. *ein bestimmter Prozentbetrag, der angibt, wie die gesamte Produktion einer Volkswirtschaft in einem bestimmten Zeitraum wächst* Für das erste Quartal dieses Jahres wurde eine Wachstumsrate von 1,5 Prozent angegeben.

Wachs·tums·tem·po das [vaks-] <-s> (*kein Plur.*) WIRTSCH. *Geschwindigkeit des Wachstums* hohes/vermindertes Wachstumstempo

wachs·weich [vaks-] <nicht steig.> *Adj.* **1.** *so weich wie Wachs* **2.** (*übertr. abwert.* ≈ *vage*) *so,* *dass eine Äußerung oder ein Verhalten nicht erkennen lässt, welche Einstellung jmd. hat*

Wacht die <-, en> (*veralt.*) *das Wachen* bei jemandem/etwas Wacht halten, auf Wacht stehen

Wach·tel die <-, -n> ZOOL. *ein kleiner Hühnervogel, der in der Natur lebt*

Wäch·ter, **Wäch·te·rin** der <-s, -> **1.** *jmd., der jmdn. oder etwas bewacht* der Wächter in einem Park/Museum ◆ Nacht-, Park- **2.** (≈ *Hüter*) *jmd. oder eine Institution, die auf die Einhaltung und Bewahrung bestimmter Werte achtet* Für viele Menschen ist Amnesty International ein Wächter der Menschenrechte.

Wacht·meis·ter, **Wacht·meis·te·rin** der <-s, -> **1.** *Polizist mit einem niederen Dienstrang* **2.** (MILIT.: *schweiz. österr.*) *Soldat im Rang eines Feldwebels*

Wacht·pos·ten der *s.* **Wachposten**

Wach·traum der <-(e)s, Wachträume> PSYCH. *Traum, den man im wachen Zustand hat* einen Wachtraum haben

Wach·turm, *a.* **Wacht·turm** der <-(e)s, Wachtürme> *Turm, von dem aus ein Gebiet überwacht wird* an allen vier Ecken des Lagers standen Wachtürme.

Wach·wech·sel der <-s, -> (≈ *Wachablösung*[1])

wa·cke·lig *Adj.* **1.** *nicht fest* (*stehend*) ein wackeliger Stuhl/Tisch, Die Brücke ist mir zu wackelig. **2.** (*umg.*) *schwach* nach einer langen Krankheit noch etwas wackelig (auf den Beinen) sein, Das neugeborene Rehkitz war noch etwas wackelig auf den Beinen. **3.** (*umg.*) *nicht überzeugend oder verlässlich* Unser Plan war ziemlich wackelig., eine wackeliges Argument

Wa·ckel·kon·takt der <-(e)s, -e> ELEKTROTECHN. *eine Verbindung in einem Stromkreis, die beschädigt ist und der Grund für eine Unterbrechung des Stromflusses ist* Das Radio hat einen Wackelkontakt.

wa·ckeln <wackelst, wackelte, hat/ist gewackelt> *ohne OBJ* **1.** ■ *etwas wackelt* (*haben*) *nicht fest oder stabil sein* Der Tisch hat gewackelt. **2.** ■ *etwas wackelt* (*haben*) *sich leicht hin und her bewegen, weil es eine Erschütterung gab* Die Wand/Das ganze Haus/Die Deckenlampe hat gewackelt. **3.** ■ *jmd./etwas wackelt mit etwas Dat.* (*haben*) *etwas leicht hin und her bewegen* Sie hat mit dem Kopf gewackelt., Der Hund wackelt mit dem Schwanz. **4.** ■ *etwas wackelt* (*umg.*) *etwas ist nicht sicher oder zuverlässig oder in Gefahr, verloren zu gehen* Der Plan wackelt., Deine Argumente wackeln ganz schön!, In der Firma wackeln viele Arbeitsplätze **5.** ■ *jmd. wackelt irgendwohin* ((*sein*) *umg. abwert.*) *unsicher irgendwohin gehen* Sie ist über die Straße gewackelt.

Wa·ckel·pe·ter der <-s, -> (KOCH: *umg.*) *Wackelpudding*

Wa·ckel·pud·ding der <-s> (*kein Plur.*) (KOCH: ≈ *Götterspeise*) *ein süßer Pudding aus farbiger Gelatine*

wa·cker *Adj.* (*veralt.*) **1.** (≈ *tapfer*) Sie haben sich wacker geschlagen. **2.** (≈ *ehrbar*) ein wackerer Bürger

wack·lig *Adj. s.* **wackelig**

Wa·de die <-, -n> ANAT. *der hintere Teil des Unterschenkels eines Menschen* kräftige/stramme Waden haben

Wa·den·bein das <-(e)s, -e> ANAT. *der Knochen, der sich unter dem Schienbein im Unterschenkel befindet*

Wa·den·krampf <-(e)s, Wadenkrämpfe> MED. *ein Krampf der Wadenmuskeln* einen Wadenkrampf haben

wa·den·lang <nicht steig.> *Adj. so, dass es die Waden bedeckt* wadenlange Strümpfe

Wa·den·wi·ckel der <-s, -> MED. *ein Tuch, das kalt und feucht ist und das um die Waden gewickelt wird, um ein Fieber zu senken*

Wa·fer der [weɪfə] <-s, -(s)> TECHN. *dünne Scheibe aus Silicium, die für die Herstellung von Chips verwendet wird*

Waf·fe die <-, -n> *ein Gerät oder ein Instrument zum Kampf oder zur Verteidigung* Schwerter, Lanzen und Dolche waren die Waffen der Ritter., Polizisten tragen eine Waffe., eine gefährliche/mittelalterliche/moderne Waffe ■ **die Waffen niederlegen/ruhen lassen**: *aufhören zu kämpfen* **die Waffen strecken**: *den Kampf aufgeben* **die Waffen ruhen**: *die Kämpfe sind unterbrochen* **jemanden mit seinen eigenen Waffen schlagen**: *jmdn. mit dessen eigenen Mitteln bekämpfen oder widerlegen* ◆ Atom-, Feuer-, Schuss-, Stich-

Waf·fel die <-, -n> *ein dünnes Gebäck, das ein auf der Außenseite eingeprägtes Muster hat, das an Waben erinnert, und das meist mit einer süßen Füllung gegessen wird*

Waf·fel·ei·sen das <-s, -> *ein Gerät, mit dem man Waffeln backt*

Waf·fen·be·sitz der <-es> (*kein Plur.*) *das Besitzen von einer oder mehreren Schusswaffen* unerlaubter Waffenbesitz

Waf·fen·em·bar·go das <-s, -s> MILIT. POL. *ein staatliches Verbot, an einen bestimmten Staat Waffen zu verkaufen oder zu liefern*

Waf·fen·gat·tung die <-, -en> MILIT. *der Teil einer Armee, der eine bestimmte Ausrüstung und Bewaffnung hat* Soldaten aller Waffengattungen

Waf·fen·ge·setz das <-es> (*kein Plur.*) RECHTSW. *Gesetz, das den Besitz und den Gebrauch von Waffen regelt*

Waf·fen·ge·walt die <-> (*kein Plur.*) *die Anwendung von Waffen* einen Aufstand mit Waffengewalt niederschlagen

Waf·fen·han·del der <-s> (*kein Plur.*) *der Handel mit Waffen* illegaler Waffenhandel

Waf·fen·kam·mer die <-, -n> *ein gesicherter Raum, in dem Polizei oder Militär ihre Feuerwaffen aufbewahren*

Waf·fen·la·ger das <-s, -> *ein Ort, an dem Waffen gelagert sind*

waf·fen·los <nicht steig.> *Adj. ohne Waffen*

Waf·fen·narr der <-en, -en> (*umg. abwert.*) *jmd., der sich übertrieben für Waffen interessiert* (*und sie auch illegal erwirbt*) Im Keller des als Waffen-

W

narr bekannten Mannes fand die Polizei sogar ein Maschinengewehr sowie mehrere Samuraischwerter.

Waf·fen·ru·he die <-> (*kein Plur.*) MILIT. POL. *zeitweilige Unterbrechung der Kämpfe* Zurzeit herrscht Waffenruhe zwischen den Krieg führenden Parteien.

Waf·fen·schein der <-(e)s, -e> RECHTSW. *Dokument, das zum Besitz einer Waffe berechtigt* einen/keinen Waffenschein haben

Waf·fen·schmied der <-(e)s, -e> *ein Schmied, der Hieb- und Stichwaffen wie Schwerter oder Dolche herstellt*

Waf·fen·schmug·gel der <-s> (*kein Plur.*) RECHTSW. *der Schmuggel von Waffen*

Waf·fen·schrank der <-(e)s, -schränke> *ein gesicherter Schrank, in dem Schusswaffen aufbewahrt werden*

Waf·fen·still·stand der <-s> (*kein Plur.*) MILIT. POL. *eine Vereinbarung, mit der Kämpfe unterbrochen werden, um dann zu versuchen, Frieden zu schließen* Die Gegner handelten einen Waffenstillstand aus., Schon nach einer Woche wurde der Waffenstillstand gebrochen und die Kämpfe begannen erneut.

Waf·fen·sys·tem das <-s, -e> MILIT. *die verschiedenen Einzelteile und Einheiten aus denen eine militärische (Raketen)Waffe besteht* Die Regierung plante den Kauf eines neuartige Waffensystems.

wa·ge·hal·sig *s.* **waghalsig**

Wa·ge·mut der <-s> (*kein Plur.*) *Bereitschaft zum Risiko* Das ist ein Unternehmen, das großen Wagemut erfordert.

wa·ge·mu·tig *Adj. bereit, ein Risiko einzugehen* ein wagemutiger Kletterer, eine wagemutige Unternehmung

Wa·gen der <-s, -/Wägen> **1.** (*umg.* ≈ *Auto*) ein schneller/neuer Wagen, den Wagen in die Garage fahren, Wir sind mit dem Wagen gekommen. **2.** *ein Fahrzeug mit Rädern, das man zieht oder das von Tieren gezogen wird* die Pferde vor den Wagen spannen, das Kind in einem kleinen Wagen hinter sich herziehen ◆ Hand-, Leiter- **3.** *ein Fahrzeug, das von einer Lokomotive gezogen wird oder Teil einer Straßenbahn oder U-Bahn ist* Die Wagen der ersten Klasse halten im Abschnitt C. **4.** ASTRON. ■ **der Große Wagen, der Kleine Wagen**: *der Große Wagen und der Kleine Wagen sind Sternbilder am nördlichen Himmel und bestehen aus sieben Sternen* **sich (nicht) vor jemandes Wagen spannen lassen** (*umg.*): *sich (nicht) von jmdm. für dessen Ziele ausnutzen lassen* **jemandem an den Wagen fahren** (*umg.*): *jmdn. mit Worten angreifen oder beleidigen*

wa·gen I. *mit OBJ* **1.** ■ *jmd. wagt etwas den Mut zu etwas haben* einen Blick/ein Spiel/einen Versuch wagen, Er wagte (es) nicht zu widersprechen., ein ziemlich gewagtes Unternehmen, eine sehr gewagte Behauptung **2.** ■ *jmd. wagt (für jmdn./etwas) etwas ein Risiko eingehen, um etwas zu erreichen* für jemanden/etwas sein Leben wagen, Sie hat viel/alles gewagt, um so weit zu kommen. **II.** *mit SICH* **1.** ■ *jmd. wagt sich an etwas Akk. sich trauen, etwas Schwieriges zu tun* sich an eine schwierige Aufgabe wagen **2.** ■ *jmd. wagt sich irgendwohin sich trauen, irgendwohin zu gehen* sich nicht aus dem Haus wagen, Er wagt sich sogar in das Gehege der Bären. ■ **Frisch gewagt ist halb gewonnen.** (*Sprichwort*): *man sollte optimistisch an eine schwere Aufgabe herangehen* **Wer nichts wagt, der nichts gewinnt!** (*Sprichwort*): *wenn man jedes Risiko vermeiden will, kann man auch nichts erreichen*

wä·gen <wägst, wägte/wog, hat gewogen> *mit OBJ* **1.** ■ *jmd. wägt etwas* (*veralt.*) *etwas wiegen* die Substanzen für ein chemisches Experiment genau wägen **2.** ■ *jmd. wägt etwas* (*geh.*) *etwas sorgfältig bedenken* seine Worte/eine Entscheidung genau wägen ■ **Erst wäg es, dann wag es!** (*geh.*): *bevor man handelt, sollte man alles genau bedenken*

Wa·gen·dach das <-(e)s, Wagendächer> (≈ *Autodach*) das Wagendach zurückschlagen

Wa·gen·fens·ter das <-s, -> (KFZ: ≈ *Autofenster*)

Wa·gen·füh·rer der <-s, -> *jmd., der den Triebwagen eines Zuges oder einer Straßenbahn lenkt und fährt*

Wa·gen·he·ber der <-s, -> KFZ *Gerät, mit dem man ein Auto anheben kann, um die Reifen zu wechseln oder Reparaturen an der Unterseite vorzunehmen*

Wa·gen·ko·lon·ne die <-, -n> *mehrere Autos, die hintereinander herfahren* Dem Sarg folgte eine Wagenkolonne von Luxusautos.

Wa·gen·la·dung die <-, -en> *die Ladung, die ein Lastwagen aufnehmen kann* drei Wagenladungen Sand

Wa·gen·pa·pie·re *Plur.* KFZ *Fahrzeugschein und Fahrzeugbrief eines Autos* Man sollte die Wagenpapiere nicht im Handschuhfach liegen lassen.

Wa·gen·park der <-s, -s> *alle Fahrzeuge, die einem Unternehmen, einer Firma, einer Behörde o.Ä. gehören* Die städtischen Verkehrsbetriebe erneuern ihren Wagenpark.

Wa·gen·rad das <-(e)s, Wagenräder> *das Rad eines Pferdewagens* Die Speichen des Wagenrades waren gebrochen. ■ **Augen, so groß wie Wagenräder** (*umg.*): *weit aufgerissene Augen* Sie machte Augen, so groß wie Wagenräder .

Wa·gen·schlag der <-s, Wagenschläge> (*veralt.*) *Tür eines Autos oder einer Kutsche*

Wa·gen·tür die <-, -en> *die Tür eines Wagens*[1 2 3]

Wa·gen·wä·sche die <-, -n> (KFZ: ≈ *Autowäsche*)

Wag·gon, *a.* **Wa·gon** der [va'gõ:/va'gɔŋ/va'go:n] <-s, -s> **1.** (≈ *Eisenbahnwagen*) Das Bistro befindet sich im letzten Waggon., ein Waggon erster Klasse **2.** (≈ *Güterzugwagen*) einen Waggon mit Kohle beladen

Wag·gon·la·dung die <-, -en> *die Ladung eines Waggons*[2]

wag·gon·wei·se, *a.* **wa·gon·wei·se** *Adv.* **1.** *Waggon für Waggon* einen Zug waggonweise entladen **2.** (*abwert.*) *in übertrieben großen Mengen* Die Werbegeschenke wurden gleich waggonweise an die Besucher verteilt.

wag·hal·sig *Adj. mutig und so, dass man ein großes Risiko eingeht* Einige waghalsige Kletterer wagten sich bis zum Gipfel vor., ein waghalsiges Unternehmen

Wag·ner der <-s, -> (*veralt. österr. schweiz. ≈ Stellmacher*) *jmd., der früher Wagen*[2] *herstellte*

Wag·nis das <-ses, -se> (*≈ Risiko*) *eine Handlung, die unsicher und gefährlich ist* ein Wagnis eingehen/bestehen, Die Überquerung des Atlantiks in einem kleinen Boot ist ein großes Wagnis.

Wa·gon der *s.* **Waggon**

wa·gon·wei·se *Adv. s.* **waggonweise**

Wah·ha·bit der <-en, -en> REL. *jmd., der einer Reformsekte des Islams angehört, die besonders in Saudi Arabien verbreitet ist*

Wahl[1] die <-> (*kein Plur.*) **1.** *die Entscheidung zwischen zwei oder mehreren Möglichkeiten* Eine gute/schlechte Wahl treffen., Sie haben die Wahl/keine Wahl., vor eine Wahl gestellt sein, ein Getränk nach ihrer Wahl **2.** *etwas Gewähltes* Das war eine erstklassige/gute/schlechte Wahl. ■ **erste/zweite/dritte Wahl**: sehr gute/befriedigende/schlechte Qualität **Wer die Wahl hat, hat die Qual.**: *verwendet, um auszudrücken, dass jmd. sich nur für eine von verschiedenen Möglichkeiten entscheiden kann und dies ohne Hilfe tun muss* **die Qual der Wahl haben** (*scherzh.*): *verschiedene Möglichkeiten haben, die alle gut sind, aber von denen man nur eine wählen kann* **keine andere Wahl haben**: *etwas Bestimmtes machen müssen, ohne eine Alternative zu haben* **jemanden/etwas in die engere Wahl ziehen**: *jmdn. oder etwas in den engeren Kreis direkt vor der endgültigen Auswahl nehmen*

Wahl[2] <-, -en> **1.** POL. *eine Abstimmung, um Personen zu bestimmen, die bestimmte Ämter oder Funktionen bekleiden sollen* freie und demokratische Wahlen, die Wahlen zum Landtag/zum Bundestag **2.** (*meist Sing.*) *das Abgeben der Stimme für eine Person oder Partei* Bist du schon heute zur Wahl gegangen? **3.** (*meist Sing.*) *Vorgang, dass jmd. durch eine Wahl*[1] *zu einem Amt, einer Funktion o.Ä. berufen wird* die Wahl zum Ministerpräsidenten/Vorsitzenden annehmen

Wahl·al·ter das <-s> (*kein Plur.*) *das Alter, ab dem jmd. wählen*[2] *darf* Das Wahlalter in Deutschland liegt bei 18 Jahren.

Wahl·amt das <-(e)s, -ämter> POL. *ein politisches Amt, das durch eine Wahl vergeben wird*

Wahl·auf·ruf der <-(e)s, -e> *eine Aufforderung zur Wahl* Alle Parteien versandten einen Wahlaufruf an ihre Mitglieder.

Wahl·aus·schuss der <-es, Wahlausschüsse> *ein Ausschuss, der eine Wahl vorbereitet und die korrekte Durchführung kontrolliert*

Wähl·au·to·ma·tik die <-> (*kein Plur.*) TELEKOMM. EDV *das automatische Anwählen über eine Telefonverbindung, ohne dass die Ziffern von Hand gedrückt werden* ein Modem mit Wählautomatik

wähl·bar <nicht steig.> *Adj.* **1.** POL. *berechtigt, in ein Amt oder eine Funktion gewählt*[2] *zu werden* Das Gesetz bestimmt, in welchem Alter man wählbar ist. **2.** *so, dass etwas zur Auswahl steht* Die Farbe/Das Muster des Bezuges ist frei wählbar. ▶Wählbarkeit

Wahl·be·ob·ach·tung die <-, -en> POL. *der Vorgang, dass eine politische Wahl von unabhängigen Personen oder Institutionen kontrolliert wird, um festzustellen, ob es zu Verfälschungen oder Betrug kommt* Die Opposition forderte von der UNO eine Wahlbeobachtung für die kommenden Präsidentenwahlen.

wahl·be·rech·tigt <nicht steig.> *Adj. berechtigt, an Wahlen teilzunehmen* Mit 18 Jahren ist man in Deutschland wahlberechtigt., Wahlberechtigt sind nur Mitglieder des Vereins. ▶Wahlberechtigte

Wahl·be·rech·ti·gung die <-, -en> *Berechtigung zu wählen*[2] Auf dem Kongress wurde nur den eingetragenen Mitgliedern eine Wahlberechtigung erteilt

Wahl·be·tei·li·gung die <-> (*kein Plur.*) *das Ausmaß, in dem sich Wahlberechtigte an einer Wahl beteiligen* eine hohe/geringe Wahlbeteiligung

Wahl·be·zirk der <-(e)s, -e> POL. *ein bestimmtes Gebiet, das für eine politische Wahl*[2] *als Teil eines größeren Gebiets bestimmt wird und dem ein Wahllokal zugeordnet ist* Für den Wahlbezirk der Innenstadt befindet sich das Wahllokal im Gymnasium am Marktplatz.

Wahl·boy·kott der <-(e)s, -s/-e> POL *Vorgang, dass eine Wahl absichtlich boykottiert wird* Die Opposition rief zu einem Wahlboykott auf.

Wahl·bünd·nis das <-ses, -se> *ein Bündnis von Personen, Parteien, Institutionen o.Ä. mit ähnlichen Interessen oder Zielen, die sich gemeinsam zu einer Wahl*[2] *stellen* Das Wahlbündnis der wichtigsten Oppositionsparteien konnte die Wiederwahl des Präsidenten nicht verhindern.

wäh·len[1] *mit OBJ/ohne OBJ* **1.** ■ *jmd. wählt etwas sich zwischen zwei oder mehreren Möglichkeiten für eine entscheiden* Er wählt die Freiheit., Es gibt nur zwei Möglichkeiten, aber ihr könnt wählen!, Ihr könnt unter mehreren Möglichkeiten wählen. **2.** ■ *jmd. wählt etwas* (*geh.*) *sich für ein Essen auf einer Speisekarte entscheiden* Haben Sie schon (ein Gericht von der Speisekarte) gewählt? **3.** ■ *jmd. wählt (sich) jmdn. zu etwas Dat. jmdn. zu einem bestimmten Zweck bestimmen* Der Kanzler wählte sich den Vorstandsvorsitzenden des Konzerns zu seinem wirtschaftlichen Berater.

wäh·len[2] *mit OBJ/ohne OBJ* **1.** ■ *jmd. wählt jmdn.* POL. *jmdm. bei einer Wahl seine Stimme geben* Welchen Kandidaten haben Sie gewählt? **2.** ■ *jmd. wählt an einer Wahl teilnehmen* Wir wollen morgen wählen gehen., Wie werden die Bürger wählen?

wäh·len[3] *mit OBJ/ohne OBJ* ■ *jmd. wählt (eine Telefonnummer) eine Reihe von Ziffern an einem Telefon durch Drücken der Tasten oder durch Drehen der Wählscheibe markieren, um eine Telefonverbindung herzustellen* Wenn Sie die angegebene Nummer wählen, erhalten Sie die entsprechende Auskunft.

Wäh·ler, **Wäh·le·rin** der <-s, -> POL. *jmd., der an einer Wahl teilnimmt, indem er seine Stimme abgibt* Die Entscheidung der Wählerinnen und Wähler muss akzeptiert werden., Ein Großteil der Wähler hat vom Wahlrecht Gebrauch gemacht.

Wäh·ler·auf·trag der <-(e)s> (*kein Plur.*) POL. *die Verpflichtung einer Regierung etwas zu tun, was im Interesse derjenigen liegt, die diese Regierung gewählt[2] haben* Für die neue Regierung lautet der Wählerauftrag, die Arbeitslosigkeit energisch zu bekämpfen.

Wahl·er·folg der <-(e)s, -e> *der Sieg bei einer Wahl[2] [1]* einen Wahlerfolg erzielen

Wahl·er·geb·nis das <-ses, -se> POL. *das, was bei einer Wahl[2] [1] am Ende als Resultat herauskommt* Wahlergebnisse können aufgrund der Größe des Landes erst gegen Mitte der Woche bekannt gegeben werden.

Wäh·ler·gunst die <-> (*kein Plur.*) POL *die zustimmende positive Haltung von Wählern gegenüber einer Partei* sich um die Wählergunst bemühen ■ **wieder in der Wählergunst steigen**: *wieder mehr Zustimmung bei den Wählern haben*

wäh·le·risch *Adj.* (≈ *anspruchsvoll*) *so, dass man sehr bestimmte Vorstellungen darüber hat, was einem schmeckt oder gefällt, und nur dieses akzeptiert* im Essen sehr wählerisch sein, Ich weiß nicht, was ich ihr schenken/anbieten soll, sie ist doch so wählerisch!

Wäh·ler·po·ten·ti·al, *a.* **Wäh·ler·po·ten·zi·al** das <-s, -e> POL. *alle die Wähler, die eventuell für eine bestimmte Partei stimmen würden* Die Partei versuchte, das Wählerpotential in den Gewerkschaften zu aktivieren.

Wäh·ler·schaft die <-, -en> *die Gesamtheit der Wähler (einer Partei)* Die Wählerschaft dieser Partei kommt aus der Landbevölkerung.

Wäh·ler·schicht die <-, -en> POL. *alle Wähler, die zu einer bestimmten gesellschaftlichen Schicht gehören* die Wählerschicht der Beamten

Wäh·ler·wil·le der <-n> (*kein Plur.*) *die Entscheidung der Wähler für oder gegen eine Partei* sich dem Wählerwillen beugen

Wahl·fach das <-(e)s, Wahlfächer> (↔ *Pflichtfach*) *ein Fach, das Schüler oder Studierende freiwillig belegen können* Spanisch oder Russisch sind in der 12. Klasse Wahlfächer.

Wahl·fäl·schung die <-, -en> POL. *die Fälschung eines Wahlergebnisses*

wahlfrei <nicht steig.> *Adj. so, dass es frei gewählt werden kann* Diese Fächer sind für die Studenten wahlfrei.

Wahl·gang der <-s, -gänge> *eine von mehrern Abstimmungen bei einer Wahl* im ersten/zweiten Wahlgang

Wahl·ge·heim·nis das <-ses> (*kein Plur.*) POL. *das garantierte Recht auf geheime Stimmabgabe bei einer Wahl* das Wahlgeheimnis verletzen/wahren

Wahl·ge·setz das <-es, - e> RECHTSW. POL. *Gesetz, das die Durchführung und den Verlauf einer Wahl regelt*

Wahl·hei·mat die <-> (*kein Plur.*) *die Gegend oder Stadt, in der jmd. freiwillig lebt* Er ist geborener Hamburger, aber München wurde später seine Wahlheimat.

Wahl·hel·fer, **Wahl·hel·fe·rin** der <-s, -> POL. *Person, die ehrenamtlich bei einer Wahl hilft*

Wahl·ka·bi·ne die <-, -n> POL. *Kabine, in der man einen Stimmzettel bei einer Wahl ausfüllt, ohne dass jmd. dies sehen kann*

Wahl·kampf der <-(e)s, Wahlkämpfe> *Gesamtheit der Werbung und der Aktionen, die die Parteien vor einer Wahl betreiben, um gewählt zu werden* Der Wahlkampf wurde durch eine große Kundgebung mit den Spitzenkandidaten beendet.

Wahl·kampf·kos·ten·er·stat·tung die <-, -en> *Geld, das den Parteien, die zu einer Wahl antreten, nach der Wahl gezahlt wird, um damit einen Teil des Wahlkampfes zu finanzieren*

Wahl·kampf·the·ma das <-s, -themen> POL. *ein Thema, das in einem Wahlkampf eine zentrale Rolle spielt* Die wirtschaftliche Entwicklung war das Wahlkampfthema aller Parteien.

Wahl·kom·mis·sion die <-, -en> *eine Kommission, die eine Wahl vorbereitet und beaufsichtigt*

Wahl·kreis der <-es, -e> POL. *eines von mehreren Gebieten, in die ein Land für Wahlen unterteilt wird und in dem die Wahlberechtigten eine bestimmte Zahl von Abgeordneten ins Parlament wählen* ein Land in Wahlkreise einteilen, der Wahlkreis des Abgeordneten Schulze

Wahl·lei·ter, **Wahl·lei·te·rin** der <-s, -> *jmd., der eine Wahl beaufsichtigt und die Ergebnisse bekannt gibt*

Wahl·lo·kal das <-s, -e> POL. *Ort, wo die Bürger bei einer Wahl ihre Stimme abgeben können* Die Wahllokale schließen um achtzehn Uhr.

wahl·los *Adj. nicht planvoll* einige Personen wahllos aus der Menge herausgreifen, in wahlloser Reihenfolge

Wahl·mann der <-(e)s, -männer> POL. *jmd., der in einem System der indirekten Wahl in ein Gremium gewählt wird, das den Zweck hat, den eigentlichen Vertreter oder Träger eines Amtes zu wählen* Der amerikanische Präsident wird von Wahlmännern gewählt.

Wahl·pa·ro·le die <-, -n> *eine kurze Aussage, mit der eine Partei im Wahlkampf antritt*

Wahl·pe·ri·o·de die <-, -n> POL. *der Zeitraum, für den jmd. in ein Amt oder eine Funktion gewählt ist*

Wahl·pflicht·fach das <-(e)s, Wahlpflichtfächer> *eines von mehreren angebotenen Fächern, das Schüler/Studierende pflichtgemäß belegen müssen*

Wahl·pla·kat das <-(e)s, -e> POL. *Plakat, mit dem eine politische Partei oder Gruppierung vor einer Wahl Werbung für sich macht* Wahlplakate kleben gehen

Wahl·pro·gramm das <-s, -e> POL. *politisches Programm, das eine politische Partei oder Gruppierung vor einer Wahl vorlegt*

Wahl·recht das <-(e)s> (*kein Plur.*) **1.** POL. RECHTSW. *das Recht einer Person, an Wahlen teil-*

zunehmen von seinem Wahlrecht Gebrauch machen **2.** RECHTSW. *die gesamten gesetzlichen Regelungen, die Wahlen*[2 1] *betreffen* ein demokratisches Wahlrecht, eine Reform des Wahlrechts ■ **aktives Wahlrecht** POL.: *das Recht zu wählen* **passives Wahlrecht** POL.: *das Recht, in bestimmte Ämter und Funktionen gewählt zu werden*

Wahl·re·de die <-, -n> *Rede, die normalerweise der Kandidat einer Partei zu Beginn des Wahlkampfs auf einem Parteitag hält* eine mitreißende Wahlrede

Wähl·schei·be die <-, -n> *die Scheibe, die auf einem Telefon befestigt ist und die man dreht, um eine Nummer zu wählen*[3]

Wahl·schein der <-(e)s, -e> POL. *Schein, der zur Teilnahme an einer Wahl berechtigt*

Wahl·sieg der <-(e)s, -e> POL. *Sieg bei einer Wahl* Die überlegene Partei feierte ihren Wahlsieg ausgiebig.

Wahl·spot der <-s, -s> *eine kurze Sendung im Fernsehen oder Radio, mit der Parteien im Wahlkampf für sich Werbung machen*

Wahl·spren·gel der <-s, -> (*österr.*) *Wahlkreis*

Wahl·spruch der <-(e)s, Wahlsprüche> (≈ *Motto*) *die* (*als ein Satz formulierte*) *Grundhaltung, von der man sich in seinem Handeln leiten lässt* „Nur nicht den Mut verlieren!“ war ihr Wahlspruch in der schwierigen Zeit.

Wahl·sys·tem das <-s, -e> POL. *die Art und Weise wie in einer Demokratie die politischen Repräsentanten gewählt*[2] *werden* Bei einem indirekten Wahlsystem wird der Präsident von Wahlmännern gewählt.

Wahl·tag der <-(e)s, -e> POL. *der Tag, an dem eine Wahl*[2 1] *stattfindet*

Wahl·ter·min der <-s, -e> *der Termin, an dem eine Wahl*[2 1] *stattfindet*

Wähl·ton der <-(e)s, Wähltöne> TELEKOMM. *Ton, der ertönt, wenn man eine Nummer wählt*[3]

Wahl·ur·ne die <-, -n> POL. *ein Behälter, in den die Wähler die ausgefüllten Stimmzettel bei einer Wahl einwerfen* Nach Schließung der Wahllokale werden die Wahlurnen geöffnet. ■ **an die Wahlurne treten**: *wählen gehen*

Wahl·ver·samm·lung die <-, -en> *eine Veranstaltung, die eine Partei im Wahlkampf organisiert und bei der Reden gehalten werden und Werbung für diese Partei gemacht wird*

Wahl·ver·spre·chen das <-s, -> POL. *ein Versprechen, das Politiker im Wahlkampf machen, um gewählt zu werden* Sie erinnerten den gewählten Politiker an die Einhaltung seiner Wahlversprechen.

wahl·wei·se *Adv. je nach Wunsch* Das Gericht erhalten Sie wahlweise mit Kartoffeln oder mit Reis.

Wahl·zet·tel der <-s, -> POL. *eine Art Formular, auf dem man bei einer Wahl die Partei oder die Person, für die man stimmt, durch ein Zeichen markiert*

Wahn der <-(e)s> (*kein Plur.*) **1.** (*abwert.*) *eine falsche und unrealistische Vorstellung* Sie lebt in dem Wahn, eine große Schauspielerin zu sein., von einem religiösen Wahn ergriffen sein **2.** MED. *eine zwanghafte Einbildung, die pathologisch ist* der Wahn, von allen beobachtet/verfolgt zu werden, Der Patient war völlig dem Wahn verfallen., Die Grenzen zwischen Normalität und Wahn sind fließend. ◆ Verfolgungs-

wäh·nen <wähnst, wähnte, hat gewähnt> **I.** *mit OBJ* ■ *jmd. wähnt jmdn. irgendwo* (*geh.*) *glauben, dass jmd. irgendwo sei* Ich wähnte dich im Urlaub, dabei bist du im Büro! **II.** *mit SICH* ■ *jmd. wähnt sich irgendwie* (*geh.*) *glauben, dass ein Sachverhalt für einen zutreffe* Er wähnte sich im Recht, doch die Tatsachen sprachen gegen ihn.

Wahn·sinn[1] der <-s> (*kein Plur.*) **1.** (*veralt.*) *eine geistige Verwirrung, die krankhaft ist* Später verfiel die Künstlerin dem Wahnsinn., jemanden in den Wahnsinn treiben **2.** (*umg. abwert.*) *eine sehr unvernünftige oder unverständliche Sache* Was ihr vorhabt, ist doch der reine Wahnsinn!, Schon wieder ein teures neues Auto, so ein Wahnsinn!, Ist es auch Wahnsinn, so hat es doch Methode!

Wahn·sinn[2] *Interj.* (*umg.* ≈ *toll*) *verwendet, um Bewunderung auszudrücken* Wahnsinn, wie der Gitarre spielen kann!

wahn·sin·nig[1] *Adj.* **1.** (≈ *geisteskrank*) *krankhaft geistig verwirrt* In seinen späten Lebensjahren wurde er wahnsinnig. **2.** (*umg. abwert.*) *völlig unvernünftig oder gefährlich* Du bist ja wohl komplett wahnsinnig., Bei einem solchen wahnsinnigen Unternehmen willst du mitmachen? **3.** (*nur attr.*) (*umg.*) *sehr groß* Ich habe wahnsinnigen Durst., Was für eine wahnsinnige Hitze! ■ **Jemand/etwas macht mich** (**noch**) **wahnsinnig!**: *verwendet, um auszudrücken, dass man jmdn. oder etwas nicht mehr aushalten kann* Du machst mich noch wahnsinnig mit deiner ewigen Fragerei!

wahn·sin·nig[2] *Adv.* (*umg.*) *sehr; in extrem hohem Maße* wahnsinnig viele Menschen, wahnsinnig schnell/schön/stark/schwer

Wahn·sin·ni·ge der/die <-n, -n> *Person, die krankhaft geistig verwirrt ist* Es gab viele Wahnsinnige unter seinen Vorfahren. ■ **wie ein Wahnsinniger/eine Wahnsinnige** (*umg.*): *sehr intensiv und stark übertrieben* Er schrie/rannte herum wie ein Wahnsinniger.

Wahn·sinns- (*umg.*) *in Substantiven als Erstglied verwendet, um auszudrücken, dass die im Zweitglied genannte Sache ungewöhnlich gut oder groß ist* Wahnsinnsfilm, Wahnsinnshitze, Wahnsinnslautstärke, Wahnsinnsmusik, Wahnsinnspreise, Wahnsinnstempo

Wahn·vor·stel·lung die <-, -en> *eine völlig unrealistische Annahme, die pathologisch ist* Er litt unter der Wahnvorstellung, seine Nachbarn wären Außerirdische.

Wahn·witz der <-es> (*kein Plur.*) (*abwert.*) *völlige Unvernunft oder völliger Blödsinn* Euer Vorhaben ist der absolute Wahnwitz!

wahr <nicht steig.> *Adj.* **1.** *so, dass es den Tatsachen oder der Wirklichkeit entspricht* eine wahre Behauptung/Geschichte, Ist das auch wirklich wahr?, Wenn unsere Befürchtungen wahr werden, … **2.** (*geh.* ≈ *echt*) *so, wie es sein muss und man sich es wünscht* wahre Freundschaft/Großmut/Liebe **3.** *regelrecht* ein wahres Glück/Wunder, ein wahrer Sturm der Entrüstung ■ **…, nicht wahr?**: *verwendet am Ende eines Satzes, um auszudrücken, dass man Zustimmung erwartet oder erhofft* Die Arbeitslosigkeit ist das größte Problem, nicht wahr? **etwas wahr machen/werden lassen**: *etwas in die Realität umsetzen* seine Drohungen wahr machen **So wahr ich hier stehe!** (*umg.*): *verwendet, um eine Aussage zu bekräftigen* Ich habe das Ufo mit eigenen Augen gesehen, so wahr ich hier stehe! **Das ist schon nicht mehr wahr.** (*umg.*): *das ist schon so lange her, dass man es nicht mehr glauben kann* **Das darf/kann doch nicht wahr sein!** (*umg.*): *verwendet, um Bestürzung oder große Verwunderung auszudrücken* ◆ Getrenntschreibung→R 4.2 Was wahr ist, muss auch wahr bleiben., All ihre Träume sind wahr geworden., Wollt ihr das wirklich wahr machen?

wa̱h·ren *mit OBJ* ■ *jmd. wahrt etwas* **1.** *ein bestimmtes Verhalten oder einen Zustand nicht verändern* den Anstand/die guten Sitten/den Schein wahren **2.** (≈ *verteidigen*) *etwas schützen oder verteidigen* seine Rechte/Interessen wahren

wä̱h·ren *ohne OBJ* ■ *etwas währt eine bestimmte Zeit* (*geh.*) *eine bestimmte Zeit dauern* Das Fest währte drei Tage., eine viele Jahre währende Freundschaft ■ **Was lange währt, wird endlich gut.**: *wenn etwas lange dauert, kann man (wenigstens) hoffen, dass es (sehr) gut wird* **Ehrlich währt am längsten.** (*Sprichwort*): *Ehrlichkeit zahlt sich am Ende aus*

wä̱h·rend[1] *Präp.* **1.** + *Gen. benennt eine Zeitspanne, in der etwas stattfindet* während der Vorstellung, während des Schlafens **2.** + *Dat.* (*umg.*) *benennt eine Zeitspanne, in der etwas stattfindet* während dem Essen …, während dem Vortrag …

wä̱h·rend[2] *Konj.* **1.** *verwendet, um auszudrücken, dass die Handlung im Nebensatz zur gleichen Zeit stattfindet wie die Handlung im Hauptsatz* Sie hängte die Wäsche auf, während er das Essen kochte., Während sie schlief, träumte sie., Während du Brot schneidest, kann ich den Tisch decken. **2.** *verwendet, um auszudrücken, dass die Handlung im Nebensatz im Gegensatz zur Handlung im Hauptsatz steht* Während der eine lacht, weint der andere.

wäh·rend·dẹs·sen *Adv. während dieser Zeit* Du kannst die Koffer schon hinuntertragen, ich rufe währenddessen ein Taxi.

wa̱hr·ha·ben *mit OBJ* ■ **etwas nicht wahrhaben wollen**: *etwas nicht als richtig oder wahr anerkennen oder verstehen wollen* Er wollte es nicht wahrhaben, dass er schwer krank war.

wa̱hr·haft *Adj.* **1.** (≈ *wahr*[2]) Das ist ein wahrhafter Freund! **2.** (≈ *wirklich*) eine wahrhaft große Tat, Sie ist wahrhaft fleißig., Das hat mich wahrhaft erschüttert.

wahr·hạf·tig[1] *Adj.* (*geh.* ≈ *aufrichtig*) *so, dass man immer ehrlich ist und die Wahrheit sagt* ein wahrhaftiger Mensch

wahr·hạf·tig[2] *Adv. so, dass es wirklich so ist* Er hatte wahrhaftig gelogen., Ich weiß wahrhaftig nicht, wie ich das schaffen soll.

Wa̱hr·heit die <-, -en> **1.** (*kein Plur.*) *das Übereinstimmen einer Aussage oder Behauptung mit der Wirklichkeit* die Wahrheit einer Behauptung/Aussage, Die Wahrheit dessen, was er sagt, lässt sich schwer überprüfen. **2.** (*kein Plur.*) *eine wahre*[1] *Aussage* Das ist die reine Wahrheit., Hast du wirklich die Wahrheit gesagt?, die nackte/ungeschminkte Wahrheit sagen **3.** *eine als allgemein richtig anerkannte Erkenntnis* geschichtliche/philosophische Wahrheiten ■ **in Wahrheit**: *in Wirklichkeit* **bei der Wahrheit bleiben**: *nicht lügen* **jemandem die Wahrheit sagen**: *jmdm. deutlich seine Meinung über ihn sagen* **etwas schlägt der Wahrheit ins Gesicht**: *etwas widerspricht offensichtlich dem wirklichen Sachverhalt* **jemand nimmt es mit der Wahrheit nicht so genau**: *jmd. lügt oft* **um die Wahrheit zu sagen**: *verwendet, um eine Aussage einzuleiten, mit der man etwas als wahr*[1] *darstellt* Um die Wahrheit zu sagen, gefällt mir dein Kleid eigentlich nicht.

wa̱hr·heits·ge·mäß <nicht steig.> *Adj. den Tatsachen entsprechend*

wa̱hr·heits·ge·treu <nicht steig.> *Adj.* (≈ *wahrheitsgemäß*) einen Vorgang wahrheitsgetreu wiedergeben

Wa̱hr·heits·lie·be die <-> (*kein Plur.*) *die Eigenschaft, dass man immer bemüht ist, die Wahrheit zu sagen*

wa̱hr·lich *Adv.* (*geh.*) *wirklich, in der Tat* Das ist wahrlich kein Vergnügen!

wa̱hr·nehm·bar *Adj. so, dass man es mit den Sinnen bemerken kann* eine deutliche/kaum wahrnehmbare Veränderung, ein kaum wahrnehmbares Geräusch

wa̱hr·neh·men <nimmst wahr, nahm wahr, hat wahrgenommen> *mit OBJ* **1.** ■ *jmd. nimmt etwas wahr etwas mit den Sinnen bemerken* ein Geräusch/einen Lichtschein wahrnehmen **2.** ■ *jmd. nimmt jmdn. wahr jmdn. zur Kenntnis nehmen* Kaum ein Passant nahm den Bettler auf der Straße wahr. **3.** ■ *jmd. nimmt etwas wahr von etwas Gebrauch machen* eine Chance/eine Gelegenheit wahrnehmen, sein Recht wahrnehmen, Ich kann den Termin leider nicht wahrnehmen. **4.** ■ *jmd. nimmt etwas wahr übernehmen* Endlich nimmt er seine Verantwortung wahr. **5.** ■ *jmd. nimmt etwas wahr (geh.) vertreten* Der Betriebsrat nimmt die Interessen der Angestellten wahr.

Wa̱hr·neh·mung die <-, -en> **1.** *das, was man mit den Sinnen bemerkt* Könnten Sie uns Ihre Wahrnehmungen genauer beschreiben? **2.** (*kein Plur.*) *die Fähigkeit, etwas mit den Sinnen zu bemerken* eine gestörte Wahrnehmung haben, Die Wahrnehmung mit der Nase ist beim Hund besser ausgeprägt als beim Menschen. **3.** (*kein Plur.*) *das Ergreifen oder das Einhalten von etwas* die Wahrnehmung einer Chance/eines Termins **4.** (*kein

Plur.) (*geh.*) *das Vertreten von etwas* die Wahrnehmung der eigenen Interessen

wahr·sa·gen <sagst wahr/wahrsagst, sagte wahr/wahrsagte, hat wahrgesagt/gewahrsagt> *mit OBJ/ohne OBJ* ■ *jmd. sagt* (*jmdm.*) (*etwas*) *wahr die Zukunft vorhersagen* Sie kann aus den Karten wahrsagen., Das Orakel hat ihm eine erfolgreiche Zukunft wahrgesagt., sich wahrsagen lassen

Wahr·sa·ger, **Wahr·sa·ge·rin** der <-s, -> *Person, die die Zukunft vorhersagt*

Wahr·sa·ge·rei die <-, -en> (*abwert.*) **1.** (*ohne Plur.*) *das Wahrsagen* sein Geld mit Wahrsagerei verdienen **2.** *eine Bemerkung, mit der jmd. etwas wahrsagt* Ich glaube nicht an solche Wahrsagereien.

Wahr·sa·gung die <-, -en> **1.** (*ohne Plur.*) *das Wahrsagen* die Wahrsagung der Zukunft **2.** (≈ *Prophezeihung*) *das Vorhergesagte* Ich glaube nicht, dass die Wahrsagungen wirklich eintreffen werden.

währ·schaft *Adj.* (*schweiz.*) **1.** *solide* ein währschafter Stoff **2.** *tüchtig* ein währschafter Bauer/Handwerker

wahr·schein·lich *Adj. so, dass etwas ziemlich sicher oder wahr[1] ist* Es ist sehr wahrscheinlich, dass er die Prüfung bestanden hat., Sie hat wahrscheinlich verschlafen., der wahrscheinliche Täter, die wahrscheinliche Ursache

Wahr·schein·lich·keit die <-, -en> (*Plur. selten*) *die mehr oder weniger große Möglichkeit, dass etwas der Fall ist* mit hoher/großer/an Sicherheit grenzender Wahrscheinlichkeit, Das wird mit großer Wahrscheinlichkeit so eintreffen.

Wahr·schein·lich·keits·grad der <-(e)s, -e> *das Maß, in dem etwas wahrscheinlich ist*

Wahr·schein·lich·keits·rech·nung die <-> (*kein Plur.*) MATH. *die Untersuchung der Gesetzmäßigkeiten zufälliger Ereignisse*

Wah·rung die <-> (*kein Plur.*) **1.** *die Aufrechterhaltung* die Wahrung der guten Sitten/des Scheins **2.** *der Schutz* in Wahrung ihrer/seiner Rechte

Wäh·rung die <-, -en> **1.** *die Münzen und Banknoten, die in einer Wirtschaftsregion gültig sind* Die europäische Währung ist der Euro., Hier können Sie auch mit deutscher Währung zahlen. **2.** *das Währungssystem einer Wirtschaftsregion*

Wäh·rungs·ein·heit die <-, -en> *die Währung[1] in einer Wirtschaftsregion* Der Dollar ist die Währungseinheit in den USA.

Wäh·rungs·fonds der <-, -> ■ **der Internationale Währungsfonds** WIRTSCH.: *ein Fonds, mit dessen Hilfe Kursschwankungen von Wechselkursen ausgeglichen und Währungen stabilisiert werden können*

Wäh·rungs·ge·biet das <-(e)s, -e> WIRTSCH. *ein Gebiet, in dem es eine einheitliche Währung[1] gibt*

Wäh·rungs·po·li·tik die <-> (*kein Plur.*) *alle staatlichen Maßnahmen, die die Währung[1] betreffen*

Wäh·rungs·re·form die <-, -en> WIRTSCH. *der Vorgang, dass ein Währungssystem neu geordnet wird*

Wäh·rungs·sys·tem das <-(e)s, -e> WIRTSCH. *das System der Währung in einem Wirtschaftsgebiet*

Wäh·rungs·u·ni·on die <-, -en> WIRTSCH. *die Vereinigung der Währungssysteme verschiedener Länder zu einem gemeinsamen Währungssystem* die Europäische Währungsunion, Mitglied der (Europäischen) Währungsunion sein

Wäh·rungs·ver·fall der <-s> (*kein Plur.*) WIRTSCH. *die allmähliche Entwertung einer Währung*

Wahr·zei·chen das <-s, -> *etwas, das für ein Land, eine Stadt, ein Unternehmen als ein typisches Kennzeichen gilt* Big Ben ist das Wahrzeichen von London.

Wai·se die <-, -n> *ein Kind, dessen Eltern gestorben sind* Sie ist seit frühester Kindheit (eine) Waise. ◆ Halb-, Voll-

Wai·sen·haus das <-es, Waisenhäuser> (*veralt.*) *Heim für Waisen*

Wai·sen·kna·be ■ **im Vergleich zu jemand ist jemand der reinste Waisenknabe** (*umg. scherzh.*): *verwendet, um auszudrücken, dass im Vergleich mit einer anderen Person die eigenen Fehler, Vergehen o.Ä. immer noch harmlos sind*

Wai·sen·ren·te die <-, -n> *Rente, die eine Waise erhält*

Wal der <-(e)s, -e> *ein großes Säugetier, das im Meer lebt* Moby Dick, der weiße Wal ◆ -fang, -fänger, -fisch, Blau-, Pott-

Wald der <-(e)s, Wälder> *ein großes Gebiet, auf dem viele Bäume relativ dicht beieinander wachsen* ein dichter/dunkler Wald, einen Wald abholzen/wieder aufforsten, im Wald spazieren gehen ■ **ein Wald von ...** (*umg.*): *eine riesige Menge* ein Wald von Fahnen **den Wald vor lauter Bäumen nicht sehen** (*umg.*): *aufgrund zu vieler Einzelheiten das Wesen einer Sache nicht mehr erkennen*

Wald·be·stand der <-(e)s, Waldbestände> AMTSSPR. *der gesamte Wald in einem Gebiet* Der Waldbestand in dieser Region ist stark geschädigt.

Wald·brand der <-(e)s, Waldbrände> *ein großes Feuer, bei dem ein Wald brennt* einen Waldbrand auslösen/verhindern/bekämpfen

Wald·erd·bee·re die <-, -n> *eine Erdbeere, die wild im Wald wächst*

Wald·horn das <-(e)s, Waldhörner> MUS. *ein Blasinstrument aus Metall mit einem runden gebogenen Rohr*

wal·dig *Adj. mit viel Wald* waldige Hügel/Berge

Wald·lauf der <-(e)s, Waldläufe> *das als Sport betriebene Laufen im Wald* einen Waldlauf machen

Wald·lehr·pfad der <-(e)s, -e> *ein Waldweg, auf dem in Abständen Tafeln angebracht sind, auf denen Informationen über Tiere, Pflanzen und den Boden stehen*

Wald·meis·ter der <-s> (*kein Plur.*) BOT. *eine Pflanze, die im Wald wächst, sehr würzig ist, weiße Blüten hat und als Aroma für Lebensmittel oder Getränke verwendet wird*

Waldorf·schu·le die <-, -n>

i Wissenswert Die **Waldorfschulen** sind freie, autonome und private Schulen. Sie arbeiten mit dem pädagogischen Konzept von Rudolf Steiner, der 1919 die erste Schule dieser Art gründete. Unabhängig von sozialer Herkunft, Begabung und späterem Beruf erwerben die Schüler eine gemeinsame Bildung, die neben der fachlich-sachbezogenen Ausbildung den künstlerischen und handwerklichen Unterricht miteinschließt. Er soll idealerweise auf die Weite der seelischen und geistigen Veranlagungen und Begabungen der Kinder ausgerichtet sein. In der Waldorfschule wird nicht nach dem üblichen Zensurensystem unterrichtet, denn die Zeugnisse bestehen aus detaillierten Charakterisierungen, die nicht nur die einzelne Leistung sondern auch den Lernfortschritt, die Begabung und das Bemühen beschreiben. Die Schüler haben die Möglichkeit, mit der Mittleren Reife, der Fachhochschulreife oder dem Abitur abzuschließen.

Wald·rand ■ **am Waldrand**: *am Rand eines Waldes*

Wald·re·be die <-, -n> BOT. *ein Strauch, der oft weiße Blüten hat und dessen Zweige an Bäumen oder Felsen im Wald hochklettern*

wald·reich *Adj. so, dass viel Wald vorhanden ist* eine waldreiche Gegend

Wald·scha·den der <-s, Waldschäden> *der Schaden, den ein Sturm einem Wald zugefügt hat* Der Orkan richtete erhebliche Waldschäden an.

Wald·ster·ben das <-s> (*kein Plur.*) *das allmähliche Absterben von Bäumen, das durch Luftschadstoffe verursacht wird*

Wald·weg der <-(e)s, -e> *ein Weg durch einen Wald*

Wald·wie·se die <-, -n> *eine Lichtung im Wald, auf der Gras und Kräuter wachsen*

Wald·wirt·schaft die <-> (*kein Plur.*) *die Pflege und wirtschaftliche Nutzung vor allem der Bäume als Holzlieferant*

Wales ['weɪlz] <Wales'> *Halbinsel im Westen Großbritanniens*

Wal·fang der <-(e)s> (*kein Plur.*) *das Fangen von Walen*

Wal·fän·ger der <-s, -> **1.** *jmd., der beruflich Wale fängt* **2.** *ein Schiff, von dem aus Wale gejagt werden*

Wal·hall/Wal·hal·la das/die <-s> (*kein Plur.*) (*meist ohne Artikel*) *mythischer Ort der nordischen Sagenwelt, an dem sich die im Kampf Gefallenen aufhalten*

Wa·li·ser, **Wa·li·se·rin** der <-s, -> *Einwohner von Wales*

wa·li·sisch <nicht steig.> *Adj. zu Wales gehörend* die walisische Sprache

wal·ken *mit OBJ* ■ *jmd. walkt etwas etwas bearbeiten, indem man es kräftig knetet* den Teig walken, das Leder walken, um es geschmeidig zu machen, einen Stoff walken, um ihn zum Verfilzen zu bringen

Wal·kie-Tal·kie das ['wɔ:ki'tɔ:ki] <-(s), -s> *ein kleines Funksprechgerät, das man tragen kann*

Walk·man® der ['wɔ:kmən] <-s, -s/Walkmen> *ein kleiner Kassettenrekorder, den man tragen kann und über dessen kleine Kopfhörer man überall Musik hören kann*

Wal·kü·re die <-, -n> **1.** *Götterbotin der nordischen Sagenwelt, welche die Toten vom Schlachtfeld nach Walhall geleitet* **2.** (*umg. scherzh.*) *große, kräftige, blonde Frau*

Wall der <-(e)s, Wälle> **1.** *eine Erhöhung, die meist aus Erde, Sand und Steinen aufgeschüttet ist und zum Schutz vor Gefahren dient* Wälle gegen das Hochwasser errichten/aufschütten, Der Wall rund um die Stadt diente früher zur Verteidigung gegen Feinde. **2.** (*übertr.*) *ein große* (*unüberwindliche*) *Menge* ein Wall von Menschen, Ein Wall von trockenem Laub lag vor der Tür.

Wal·lach der <-(e)s, -e> *ein kastriertes Pferd*

wal·len <wallt, wallte, hat/ist gewallt> *ohne OBJ* **1.** ■ *etwas wallt* ((*haben*) *geh.*) *eine Flüssigkeit brodelt, weil sie stark erhitzt ist* etwas in wallendem Wasser kochen, Wenn das Wasser im Topf wallt, kann man die Nudeln hineingeben. **2.** ■ *etwas wallt* ((*sein*) *geh.*) *sich in Form von Wellen stark bewegen* Das Meer wallte unaufhörlich gegen die Deiche., Der Nebel ist ins Tal gewallt. **3.** (*sein*) (*geh.*) *in Form von Wellen, Falten oder Locken herabhängen* Ein langes Gewand wallte um seinen Körper., Das Haar wallte über ihre Schultern., wallende Haare ■ **jemandes Blut zum Wallen bringen** (*geh. übertr.*): *jmdn. in Wut versetzen*

wall·fah·ren <wallfahrst, wallfahrte, ist gewallfahrt> *ohne OBJ* ■ *jmd. wallfahrt* (REL.: ≈ *pilgern*) *zu einem heiligen Ort reisen*

Wall·fah·rer, **Wall·fah·re·rin** der <-s, -> (REL.: ≈ *Pilger*) *Person, die eine Wallfahrt macht*

Wall·fahrt die <-, -en> (REL.: ≈ *Pilgerfahrt*) *eine Reise, die man aus religiösen Motiven unternimmt und die zu einem Ort führt, der als heilig verehrt wird* eine Wallfahrt nach Santiago

Wall·fahrts·ort der <-(e)s, -e> REL. *ein Ort, der Ziel von Wallfahrten ist*

Wall·holz das <-es, Wallhölzer> (*schweiz.*) *Nudelholz*

Wal·lis das <-> GEOGR. *ein Kanton in der südlichen Schweiz mit dem französischen Namen Valais*

Wal·li·ser, **Wal·li·se·rin** der <-s, -> *Einwohner des Wallis*

Wall·street, *a.* **Wall Street** die [wɔlstri̯t] <-> (*kein Plur.*) *das Zentrum des amerikanischen Geld- und Kapitalmarktes* Die wirtschaftlichen Entscheidungen werden doch alle in der Wall Street getroffen!

Wal·lung die <-, -en> **1.** *das Wallen*[1] **2.** ■ **etwas bringt jemanden in Wallung**: *etwas versetzt jmdn. in starke Erregung oder Aufregung* Die Ungerechtigkeit brachte ihn jedesmal in Wallung. **je-**

mandes Blut gerät in Wallung (*geh. übertr.*): *jmd. gerät in Wut*

Wal·nuss die <-, Walnüsse> *die Frucht des Walnussbaumes*

Wal·nuss·baum der <-(e)s, Walnussbäume> BOT. *ein Baum, der relativ große Nüsse mit harten rauen Schalen trägt*

Wal·nuss·holz das <-es, -hölzer> *das Holz des Walnussbaums*

Wal·ross das <-es, -e> **1.** ZOOL. *eine Art große Robbe mit langen, vorstehenden Stoßzähnen* **2.** (*umg. abwert.*) *schwerfälliger, tölpelhafter Mensch* Du Walross, hättest du nicht besser aufpassen können?

wal·ten *ohne OBJ* ■ *jmd./etwas waltet* (*geh. veralt.*) *wirken, da sein* Drinnen waltet die Frau, Hüterin des Hauses., wo rohe Kräfte sinnlos walten, das Walten der Natur ■ **seines Amtes walten** (*geh.*): *tun, was seine amtliche Funktion ist* Richter, walten Sie Ihres Amtes! **Gnade walten lassen**: *Nachsicht ausüben* Wir wollen mal Gnade walten lassen und dieses Vergehen übersehen. **Gerechtigkeit walten lassen**: *Gerechtigkeit ausüben* **Vorsicht walten lassen**: *vorsichtig sein* Du solltest bei dieser Person Vorsicht walten lassen! **Das walte Gott!** (*veralt.*): *Das möge Gott geben!*

Wal·z(e) die <-, -n> (*veralt.*) *die Wanderschaft von jungen Handwerkern* auf der Walz(e) sein

Wal·ze die <-, -n> **1.** *ein Körper in der Form eines Zylinders* **2.** TECHN. *ein Teil eines Gerätes oder einer Maschine in der Form einer Walze*[1]*, der sich um die eigene Achse dreht und mit dem etwas geglättet, gepresst, transportiert o.Ä. wird* die Walze einer Druckmaschine/Schreibmaschine/einer Spieluhr

wal·zen <walzt, walzte, hat gewalzt> *mit OBJ/ohne OBJ* ■ *jmd./etwas walzt (etwas) etwas mit einer Walze*[2] *bearbeiten* Stahl/Eisen/Straßenbelag walzen, zu Blech gewalztes Aluminium, Erst wird der Staßenbelag aufgebracht, dann kann gewalzt werden.

wäl·zen <wälzt, wälzte, hat gewälzt> **I.** *mit OBJ* **1.** ■ *jmd. wälzt etwas (irgendwohin) etwas Schweres irgendwohin bewegen, indem man es rollt* einen Stein vor den Eingang der Höhle wälzen, einen Baumstamm ins Wasser wälzen **2.** ■ *jmd. wälzt etwas in etwas Dat. etwas in etwas hin und her bewegen, um es damit zu bedecken* die Fleischstücke in Mehl wälzen, Wälzen Sie die fertigen Plätzchen in Schockoladenstreusel. **3.** ■ *jmd. wälzt etwas* (*umg.*) *sich angestrengt und intensiv mit etwas beschäftigen* Pläne/Probleme wälzen **4.** ■ *jmd. wälzt etwas etwas durchsehen, um eine bestimmte Information zu finden* Akten/Atlanten/Fahrpläne/Lexika wälzen **5.** ■ *jmd. wälzt etwas auf jmdn. etwas Negatives auf jmdn. übertragen* Er wälzt immer die Verantwortung auf seine Kollegen., Sie wälzt die Kosten des Abendessen auf ihren Freund. **II.** *mit SICH* **1.** ■ *jmd. wälzt sich sich im Liegen hin und her bewegen* sich schlaflos im Bett wälzen, Der Hund wälzt sich im Dreck/auf der Wiese. **2.** ■ *etwas wälzt sich irgendwohin sich mit viel Kraft und in großer Menge irgendwohin bewegen* Eine Lawine wälzte sich zu Tal., Die Menschenmenge wälzte sich durch die Straßen.

wal·zen·för·mig *Adj. in der Form einer Walze*[1]

Wal·zer der <-s, -> MUS. *ein Musikstück oder Tanz im Dreivierteltakt* ein Wiener Walzer

Wäl·zer der <-s, -> (*umg. abwert.*) *dickes Buch* Hast du den Wälzer etwa schon wieder ausgelesen?

Walz·stra·ße die <-, -n> TECHN. *eine technische Anlage zum Walzen von Metall*

Walz·werk das <-(e)s, -e> TECHN. *Betrieb, in dem Metall auf Walzstraßen bearbeitet wird*

Wam·pe die <-,-n> (*umg. abwert.*) *dicker Bauch* Er hat eine ganz schöne Wampe!, sich die Wampe voll schlagen

wam·pert *Adj.* (*umg. abwert. süddt. österr.*) *dickbäuchig* So ein wamperter Kerl!

Wams das <-es, Wämser> GESCH. **1.** *von einem Ritter unter seiner Rüstung getragenes Gewand* **2.** *eine enge Jacke, die unter dem Überrock von Männern getragen wurde*

WAN das <-s, -s> (EDV: ↔ *LAN*) *Bezeichnung für ein System von Computern, die über sehr große Entfernungen miteinander vernetzt sind* (*Wide Area Network*)

wand *Prät. von* **winden**

Wand die <-, Wände> **1.** *ein Bauteil, der senkrecht steht und einen Raum oder ein Zimmer in einem Haus zur Seite begrenzt* eine 2,5 Meter hohe Wand, eine Wand aus Beton/Brettern/Ziegeln, Bilder an die Wand hängen, die Wände frisch tapezieren ◆ Außen-, Haus-, Holz-, Zimmer- **2.** *äußere Begrenzung* die Wand eines Gefäßes/des Magens/einer Zelle ◆ Gefäß-, Magen- **3.** (*übertr.*) *etwas Unüberwindliches oder Drohendes, das trennt* eine Wand von Flammen, eine Wand des Schweigens **4.** (≈ *Felswand*) eine steile Wand erklettern, in eine Wand einsteigen ■ **jemanden an die Wand stellen**: *jmdn. mit einer Schusswaffe hinrichten* **mit dem Kopf gegen die Wand rennen** (*umg.*): *sich mit Gewalt durchsetzen wollen, obwohl das nicht möglich ist* **weiß wie die Wand sein/werden** (*umg.*): *sehr blass sein oder werden* **gegen eine Wand reden** (*umg.*): *mit jmdm. reden, ohne dass er Interesse hat oder sich überzeugen lässt* **die Wände haben Ohren** (*umg.*): *man wird belauscht* **die Wände hochgehen** (*umg.*): *sehr wütend werden* **die eigenen vier Wände** (*umg.*): *die eigene Wohnung*

Wan·da·le/Van·da·le der <-n, -n> **1.** *Angehöriger eines germanischen Volksstammes* **2.** (*übertr.*) *jmd., der absichtlich etwas ohne Grund zerstört* Diese Vandalen haben wieder alle Blumen im Park ausgerissen!

Wan·da·lis·mus/Van·da·lis·mus der <-es> (*kein Plur.*) *absichtliche grundlose Zerstörung* Die zerstörten Parkanlagen waren das Ergebnis des Vandalismus der betrunkenen Fans.

Wand·be·hang der <-(e)s, Wandbehänge> (≈ *Wandteppich*) *etwas, das als Zierde an einer Wand hängt und sie bedeckt* kostbare Teppiche als

Wandbehang

Wan·del der <-s> (*kein Plur.*) (≈ *Veränderung*) *der Vorgang, dass ein Zustand in einen anderen Zustand übergeht* ein allmählicher/grundlegender/plötzlicher/ revolutionärer Wandel, einem ständigen Wandel unterworfen sein, die Mode im Wandel der Zeiten, gesellschaftlicher Wandel

wan·del·bar *Adj. so, dass sich etwas leicht verändern kann* Die Mode ist wandelbar., ein wandelbarer Geschmack

Wan·del·hal·le die <-, -n> (*veralt.* ≈ *Foyer, Lobby*) *eine große Halle* (*als Teil einer Anlage*), *in der man auf und ab gehen kann*

wan·deln[1] <wandelst, wandelte, ist gewandelt> *ohne OBJ* ■ *jmd. wandelt* (*geh.*) *bedächtig und langsam umhergehen* Er ist im Garten gewandelt., auf den Spuren Goethes wandeln ■ **ein wandelndes Lexikon/Wörterbuch** (*umg.*): *jmd., der sehr viel weiß*

wan·deln[2] <wandelst, wandelte, hat gewandelt> *mit SICH* ■ *jmd./etwas wandelt sich* (*geh.*) *sich verändern* Die Situation hat sich gewandelt., Er hat sich zu einem fleißigen Schüler gewandelt.

Wan·der·büh·ne die <-, -n> *eine Theatergruppe, die von einem Ort zum anderen zieht und dort auftritt*

Wan·der·dü·ne die <-, -n> *eine Düne in einer Sandwüste, die ihren Standort durch den Wind verlagert*

Wan·de·rer, **Wan·de·rin** der <-s, -> *jmd., der wandert* Bei dem herrlichem Wetter waren viele Wanderer unterwegs.

Wan·der·fal·ke der <-n, -n> ZOOL. *ein Raubvogel*

Wan·der·feld·mo·tor der <-s, -en> TECHN. *ein elektrischer Antriebsmotor auf elektromagnetischer Grundlage, der besonders in Magnetschwebebahnen eingesetzt wird*

Wan·der·kar·te die <-, -n> *eine spezielle Karte, auf der Wanderwege eingezeichnet sind*

wan·dern <wanderst, wanderte, ist gewandert> *ohne OBJ* **1.** ■ *jmd. wandert eine längere Strecke meist in der Natur zu Fuß gehen, weil man sich erholen möchte* im Wald/im Gebirge/durch die Wiesen/viele Kilometer wandern, Ich gehe gern wandern. **2.** ■ *jmd./etwas wandert* (*irgendwohin*) *von Ort zu Ort ziehen* Die Nomaden wandern mit ihren Herden durch die Steppe., Der Zirkus/das Puppentheater wandert in die nächste Stadt., ruhelos von einem Ort zum anderen wandern **3.** ■ *etwas wandert* (≈ *schweifen*) *etwas bewegt sich von einem Punkt zum anderen* Seine Blicke wanderten über die ausgedehnte Landschaft., die Gedanken wandern lassen **4.** ■ *etwas wandert von etwas Dat. zu etwas Dat. etwas wird weitergegeben* Das Foto/das Buch wandert von Hand zu Hand., Viele Märchenmotive wandern von einem Volk zum anderen. **5.** ■ *etwas wandert irgendwo den Standort wechseln* Zahlreiche Dünen wandern in der Wüste., Wolken wandern am Himmel. **6.** ■ *jmd./etwas wandert irgendwohin* (*umg.*) *irgendwohin gelangen* Der Brief wandert in den Papierkorb., Der Teig wandert für eine Stunde in den Kühlschrank., Sie wandert für vier Jahre in den Knast.

Wan·der·po·kal der <-(e)s, -e> SPORT *Pokal, den der Sieger eines Wettkampfs oder Wettbewerbs bekommt und den er bis zum nächsten Wettkampf oder Wettbewerb behalten darf, weil dann der nächste Sieger den Pokal erhält*

Wan·der·rat·te die <-, -n> ZOOL. *eine große Rattenart, die besonders am Wasser lebt*

Wan·der·schaft die <-, -en> (*Plur. selten*) (GESCH.: ≈ *Walz*) *das Umherziehen von jungen Handwerkern, die an verschiedenen Orten eine Zeitlang arbeiten, um so in ihrem Beruf verschiedene Techniken zu lernen* sich auf die Wanderschaft begeben, die Jahre der Wanderschaft

Wan·ders·mann der <-s, Wandersleute> (*veralt.* ≈ *Wanderer*)

Wan·der·tag der <-(e)s, -e> *ein bestimmter Tag, an dem Schulklassen einen Ausflug oder eine Wanderung unternehmen*

Wan·de·rung die <-, -en> *ein Ausflug zu Fuß* eine Wanderung durch den Wald machen

Wan·der·vo·gel der <-s, Wandervögel> GESCH. *eine Jugendbewegung in der ersten Hälfte des 20. Jahrhunderts, die sehr viele Aktivitäten in der freien Natur, wie Wandern und Zelten, förderte*

Wand·kar·te die <-, -n> *eine große Landkarte, die an der Wand aufgehängt wird*

Wand·ler der <-s, -> TECHN. *ein Gerät, das elektrischen Strom in unterschiedliche Stärken umwandelt*

Wand·lung die <-, -en> **1.** (*geh.*) *Veränderung, Wandel* einer Wandlung unterliegen, Eine grundlegende Wandlung hat sich vollzogen. **2.** (REL.: ≈ *Konsekration[2]*)

Wand·schrank der <-(e)s, Wandschränke> *ein Schrank, der in einer Wand eingebaut ist*

Wand·spie·gel der <-s, -> *ein großer Spiegel, der an einer Wand hängt*

Wand·ta·fel die <-, -n> *eine Tafel, die an einer Wand hängt*

Wand·tep·pich der <-s, -e> *ein Teppich als Wandbehang*

Wand·uhr die <-, -en> *eine Uhr, die an einer Wand hängt*

Wand·ver·klei·dung die <-, -en> *etwas, mit dem eine Wand bedeckt wird, um sie zu schützen oder zu verzieren* eine Wandverkleidung aus Holz

Wan·ge die <-, -n> **1.** (ANAT.: *geh.* ≈ *Backe*) *eine der beiden seitlichen Flächen des Gesichts rechts und links der Nase* jemanden auf die Wange küssen **2.** TECHN. *Seitenteil* die Wangen einer Maschine/eines Regals/einer Treppe

wan·kel·mü·tig *Adj. so, dass jmd. schwer endgültige Entscheidungen trifft und oft seine Meinung ändert* Er ist ein wankelmütiger Mensch., einen wankelmütigen Charakter haben

wan·ken <wankst, wankte, hat/ist gewankt> *ohne OBJ* **1.** ■ *jmd./etwas wankt* (*haben*) *hin und her schwanken* Der Betrunkene wankt., Der Turm wankte und fiel um., Der Untergrund wankte unter uns., ins Wanken geraten **2.** ■ *jmd. wankt ir-*

gendwohin (*sein*) *sich unsicher hin und her schwankend irgendwohin bewegen* Leichenblass wankt sie aus dem Zimmer. **3.** ■ *jmd. wankt* (*haben*) *unsicher sein oder werden* Er wankte noch und wusste nicht, wie er sich entscheiden sollte., in seiner Meinung wankend werden **4.** ■ *etwas wankt* (*haben*) *in Gefahr sein* Seine Position/unser Plan wankt/gerät ins Wanken.

wann¹ *Adv.* **1.** *verwendet, um eine direkte Frage nach der Zeit oder dem Zeitpunkt einzuleiten* Wann kommst du?, Wann ist es endlich soweit?, Wann kommt der Zug an/ist der Zug angekommen? **2.** *verwendet, um eine indirekte Frage nach der Zeit oder dem Zeitpunkt einzuleiten* Kannst du mir sagen, wann er wiederkommt?, Ich frage mich, wann sie endlich fertig ist. **3.** *verwendet, um nach den Bedingungen von etwas zu fragen* Wann wird ein Komma gesetzt und wann nicht?, Wann spricht man von Mord und wann von Totschlag?

wann² *Konj.* (*süddt. österr.*) *wenn¹ ²*

Wan·ne die <-, -n> **1.** *ein längliches Gefäß, das oben offen ist und in das man Wasser zum Baden füllt* sich in die Wanne setzen, die Wanne voll Wasser laufen lassen ◆ Bade- **2.** TECHN. *ein Gefäß in dem Öl aufgefangen wird und das unter einem Motor befestigt ist* ◆ Öl-

Wan·nen·bad das <-(e)s, Wannenbäder> *das Baden in einer Wanne¹*

Wanst der <-es, Wänste> (*umg. abwert.*) *dicker Bauch* sich den Wanst voll schlagen

Wan·ze die <-, -n> **1.** ZOOL. *ein Insekt, das flach ist und Blut oder Pflanzensäfte saugt* Wanzen im Bett haben **2.** *sehr kleiner Sender, der irgendwo heimlich angebracht ist, um Gespräche abzuhören* Die Polizei hatte eine Wanze in seiner Wohnung angebracht.

WAP EDV *kurz für „wireless application protocol"; eine Technik, mit der es möglich ist, Informationen aus dem Internet mit einem Handy abzurufen*

WAP-Han·dy das <-s, -s> *Handy, das mit WAP ausgerüstet ist*

Wap·pen das <-s, -> *ein Zeichen, das als Symbol für eine Stadt, ein Land oder eine Adelsfamilie dient* ein Wappen mit zwei gekreuzten Schwertern, einen Löwen in seinem Wappen führen

Wap·pen·kun·de die <-> (*kein Plur.*) (≈ *Heraldik*) *die Wissenschaft von der Gestaltung und Geschichte der Wappen*

Wap·pen·tier das <-(e)s, -e> *ein Tier, das in einem Wappen abgebildet ist* Löwe, Adler und Bär erscheinen häufig als Wappentier.

wapp·nen <wappnest, wappnete, hat gewappnet> *mit SICH* ■ *jmd. wappnet sich* (*mit etwas Dat.*) (*gegen/für etwas Akk.*) (*geh.*) *sich gut ausrüsten, um auf etwas vorbereitet zu sein* gegen eine Gefahr/einen Angriff gut gewappnet sein, sich mit Geld/Mut wappnen, sich mit Geduld wappnen müssen

war *Prät. von* **sein**

Wa·ran der <-(e)s, -e> ZOOL. *eine große Echsenart*

Wa·re die <-, -n> *etwas, das in einem Laden zum Verkauf angeboten wird* Waren im Wert von einer Million Euro, Diese Ware ist vergriffen/führen wir nicht., Das Geschäft bekommt immer montags neue/frische Ware. ■ **heiße Ware** (*umg.*): *unrechtmäßig erworbene Ware*

Wa·ren·ab·kom·men das <-s, -> WIRTSCH. *Abkommen zwischen Staaten, das den Austausch von Waren regelt*

Wa·ren·an·ge·bot das <-(e)s, -e> *die Gesamtheit der angebotenen Waren* Hier ist das Warenangebot besser als in der Nachbarstadt/bei der Konkurrenz., ein breites Warenangebot

Wa·ren·an·nah·me die <-, -n> *die Stelle in einem Geschäft oder Betrieb, an der Waren angeliefert werden*

Wa·ren·aus·fuhr die <-, -en> (WIRTSCH.: ≈ *Export*) *das Ausführen von Waren in andere Länder*

Wa·ren·aus·ga·be die <-, -n> *die Stelle in einem Geschäft oder Betrieb, von der aus Waren ausgeliefert werden*

Wa·ren·aus·tausch der <-s> (*kein Plur.*) WIRTSCH. *der Handel mit Waren zwischen Staaten*

Wa·ren·be·för·de·rung die <-, -en> *die Art und Weise, in der Waren vom Produzenten zum Verkäufer transportiert werden* Warenbeförderung per Bahn/LKW

Wa·ren·be·stand der <-(e)s, Warenbestände> WIRTSCH. *die Gesamtheit der Waren, die in einem Geschäft vorhanden sind* den gesamten Warenbestand überprüfen

Wa·ren·code der [-ko̞d] <-s, -s> *eine Art Zeichen, das aus verschiedenen Linien besteht und auf einer Ware angebracht ist und Informationen zu der Ware enthält*

Wa·ren·ein·fuhr die <-, -en> (WIRTSCH.: ≈ *Import*) *das Einführen von Waren aus dem Ausland*

Wa·ren·haus das <-es, Warenhäuser> (≈ *Kaufhaus*) Heute eröffnet in der Stadt ein neues, großes Warenhaus.

Wa·ren·haus·ket·te die <-, -n> *mehrere Warenhäuser an verschiedenen Orten, die alle zu einem Unternehmen gehören*

Wa·ren·korb der <-(e)s> (*kein Plur.*) WIRTSCH. *bestimmte Waren, die für den alltäglichen Bedarf notwendig sind und anhand deren durchschnittlicher Preise zu einem bestimmten Zeitpunkt die Entwicklung der Inflation und der Preisentwicklung berechnet werden*

Wa·ren·la·ger das <-s, -> **1.** *Vorrat an Waren* sich ein großes Warenlager anlegen **2.** *Raum, in dem Waren lagern* In den Kellerräumen befindet sich das Warenlager des Kaufhauses/der Firma.

Wa·ren·lie·fe·rung die <-, -en> *der Vorgang, dass Waren* (*irgendwohin*) *geliefert werden* eine Warenlieferung erwarten/entgegennehmen

Wa·ren·um·satz·steu·er die <-, -n> (WIRTSCH.: *schweiz. veralt.*) *Mehrwertsteuer*

Wa·ren·ver·kehr der <-s> (*kein Plur.*) *der Handel und Austausch von Waren, besonders zwischen Staaten* Zwischen den Anrainerstaaten herrscht ein reger Warenverkehr.

Wa·ren·zei·chen das <-s, -> (WIRTSCH. RECHTSW.: ≈

Markenzeichen) ein gesetzlich geschütztes Zeichen für eine bestimmte Ware eines bestimmten Herstellers ein eingetragenes Warenzeichen

warf *Prät. von* **werfen**

warm <wärmer, am wärmsten> *Adj.* **1.** (↔ *kühl*) *so, dass es eine relativ hohe Temperatur hat, aber nicht heiß ist* Der Tee ist nicht mehr heiß, aber auch noch nicht kalt, sondern warm., warmes Sommerwetter, das Essen warm machen/halten, warme Hände haben **2.** *so, dass es vor Kälte schützt* warme Kleidung, ein warmes Bett, sich mit einer warmen Decke zudecken **3.** (↔ *kühl*) *herzlich; voller Gefühl und freundlich* ein warmer Empfang/Händedruck, ein warmer und herzlicher Mensch, Ich kann mit dem neuen Kollegen einfach nicht richtig warm werden. **4.** (↔ *kalt*) *so, dass es als angenehm empfunden wird* warme Farben, ein warmer Klang, warmes Licht **5.** (↔ *kalt* (*keine Steigerung*)) *mit Heizkosten* Das sind 500 Euro Miete warm., Wie viel kostet die Wohnung warm? **6.** (*meist Superl.*) *groß, intensiv* Sie zeigt wärmstes Interesse für die neue Wohnung. ■ **jemandem ist warm**: *jmd. fühlt, dass es warm[1] oder zu warm[1] ist* In dem Strampelanzug ist dem Baby doch viel zu warm! **sich jemanden warm halten** (*umg.*): *mit jmdm. gute Verbindung halten, weil man sich für die Zukunft noch etwas von ihm verspricht* **mit jemandem nicht warm werden** (*umg.*): *jmdn. nicht sympathisch finden* **sich warm machen/laufen** SPORT: *die Muskeln vor einer sportlichen Betätigung lockern* **den Motor warm laufen lassen** KFZ: *den Motor eines Autos im Leerlauf anmachen, damit er die Betriebstemperatur erreicht und funktioniert* **etwas warm stellen**: *Essen oder Getränke an einen Platz stellen, damit sie nicht kalt werden* ♦ Getrennt- oder Zusammenschreibung Herrn Meier müssen wir uns warm halten/warmhalten, der wird uns sicher noch einmal nützlich sein., vor dem Start den Motor warm laufen/warmlaufen lassen; Getrenntschreibung→R 4.2 sich zu Beginn des Sportunterrichts warm machen, die Suppe warm halten/noch einmal warm machen, die beiden können einfach nicht miteinander warm werden; Kleinschreibung→R 3.13 auf kalt und warm reagieren; Großschreibung→R 3.7 Jetzt brauche ich etwas Warmes in den Magen., Hast du nichts Warmes/Wärmeres anzuziehen? *siehe auch* **warmhalten**, **warmlaufen**

Warm·blü·ter der <-s, -> (ZOOL. BIOL.: ↔ *Kaltblüter*) *ein Lebewesen, dessen Körpertemperatur immer gleich hoch bleibt* Säugetiere sind Warmblüter.

Warm·du·scher der <-s, -> (*umg. abwert.*) *Weichling*

Wär·me die <-> (*kein Plur.*) **1.** (↔ *Hitze, Kälte*) *eine mäßig hohe Temperatur* die angenehme Wärme des Frühlingstags **2.** (PHYS.: ≈ *Wärmeenergie*) Durch Reibung entsteht Wärme., Wärme abgeben/freisetzen **3.** (≈ *Herzlichkeit*) die Eigenschaft, dass man anderen Menschen Wohlwollen und menschliche Sympathie entgegenbringt, eine Frau voller Güte und Wärme **4.** *etwas, das als angenehm empfunden wird* die Wärme der Farben/ihrer Stimme

Wär·me·aus·tausch der <-(e)s> (*kein Plur.*) TECHN. *die Übertragung von Wärmeenergie von Stellen oder Körpern, die eine höhere Temperatur haben, zu solchen, die eine niedrigere Temperatur haben*

wär·me·be·stän·dig *Adj. so, dass es hohe Temperaturen aushalten kann* eine wärmebeständige Isolierung

Wär·me·däm·mung die <-, -en> TECHN. BAUW. *der Schutz gegen den Verlust von Wärme[1]* die Wärmedämmung einer Fassade/eines Hauses/von Rohren, eine gute/schlechte Wärmedämmung haben

wär·me·emp·find·lich *Adj. so, dass es durch hohe Temperaturen beschädigt oder zerstört wird*

Wär·me·e·ner·gie die <-, -n> PHYS. *Energie, die durch Bewegung von Atomen oder Molekülen entsteht*

Wär·me·haus·halt der <-(e)s, -e> (*fachspr.*) *das System, in dem die Aufnahme und Abgabe von Wärme geregelt wird* der Wärmehaushalt des menschlichen Körpers, Der Wärmehaushalt der Erde wird durch die Umweltverschmutzung aus dem Gleichgewicht gebracht.

Wär·me·i·so·lie·rung die <-> (*kein Plur.*) *der Schutz gegen Wärmeverlust*

Wär·me·kraft·werk das <-(e)s, -e> *ein Kraftwerk, in dem verschiedene Stoffe verbrannt werden, wodurch Wärmeenergie entsteht, die über Turbinen in Elektrizität umgewandelt wird* ein Wärmekraftwerk mit Biomasse/Gas/Kohle/Müll/Öl betreiben

Wär·me·leh·re die <-> (*kein Plur.*) (PHYS.: ≈ *Thermodynamik*) *Teilgebiet der Physik, das das Verhalten von physikalischen Systemen untersucht, wenn Wärmeenergie zugeführt oder abgeführt wird oder die Temperatur geändert wird* erster Hauptsatz der Wärmelehre

Wär·me·lei·ter der <-s, -> PHYS. TECHN. *ein Material, das Wärme gut transportiert* Eisen ist ein guter Wärmeleiter., Holz ist ein schlechter Wärmeleiter.

wär·men **I.** *mit OBJ/ohne OBJ* ■ *etwas wärmt jmdn./etwas bewirken, dass jmd. oder etwas warm[1] wird* Der Tee wärmt mich von innen., Der Ofen/die Decke wärmt schön. **II.** *mit OBJ* ■ *jmd. wärmt sich etwas etwas warm[1] machen* Du kannst dir das Essen von gestern wärmen. **III.** *mit SICH* ■ *jmd. wärmt sich irgendwo sich irgendwo hinstellen, damit einem warm[1] wird* sich am Ofen/am Feuer/an der Heizung/in der Stube wärmen

Wär·me·quel·le die <-, -n> *etwas, von dem Wärme ausgeht*

Wär·me·reg·ler der <-s, -> (≈ *Thermostat*) *ein Gerät, das die Zufuhr und Abfuhr von Wärmeenergie an einem Gerät oder einer Maschine misst und regelt*

Wär·me·rück·ge·win·nung die <-> (*kein Plur.*) TECHN. *Prozess, bei dem freigesetzte Wärmeenergie aufgefangen und für einen bestimmten Zweck*

umgeleitet wird

Wär·me·spei·cher der <-s, -> TECHN. *eine technische Anlage, die Wärme*[2] *aufnehmen und für eine längere Zeit bewahren kann, um sie dann bei Bedarf wieder abzugeben*

Wär·me·tech·nik die <-> (*kein Plur.*) TECHN. *Gebiet der Technik, das sich mit Wärmeenergie befasst*

Wär·me·ü·ber·tra·gung die <-> (*kein Plur.*) (TECHN.: ≈ *Wärmeaustausch*)

Wärm·fla·sche die <-, -n> *ein Behälter aus Gummi, der mit heißem Wasser gefüllt wird und den man z.B. mit ins Bett nimmt, damit er wärmt I.1* dem Kind eine Wärmflasche ins Bett legen

Warm·front die <-, -en> (METEOR.: ↔ *Kaltfront*) *warme*[1] *Luftmassen, die sich in Richtung eines Gebietes mit kalten Luftmassen bewegen* Vom Süden her nähert sich unserem Raum eine Warmfront.

Warm·hal·te·kan·ne die <-, -n> (≈ *Thermoskanne*) *eine Kanne, in der Getränke für längere Zeit warm*[1] *bleiben*

warm·hal·ten <hältst warm, hielt warm, hat warmgehalten> *mit SICH* ■ *jmd. hält sich jmdn. warm mit jmdm. gute Verbindung halten, weil man sich für die Zukunft noch etwas von ihm verspricht* Herrn Meier müssen wir uns warmhalten/warm halten, der wird uns sicher noch einmal nützlich sein. *siehe auch* **warm**

warm·her·zig *Adj. mitfühlend und freundlich* Er ist ein warmherziger Mensch, den die Sorgen der anderen nicht kalt lassen.

warm·lau·fen <läuft warm, lief warm, ist warmgelaufen> *ohne OBJ* ■ *etwas läuft warm* (*ein Verbrennungsmotor*) *im Leerlauf laufen, um die Betriebstemperatur zu erreichen* Der Motor ist noch nicht warmgelaufen/warm gelaufen., vor dem Start den Motor warmlaufen/warm laufen lassen *siehe aber auch* **warm**

Warm·luft die <-> (*kein Plur.*) *warme*[1] *Luft* Warmluft in eine Halle blasen, Die Warmluft liegt über einer kalten Luftschicht.

wärms·tens *Adv. sehr; ausdrücklich* Das kann ich Ihnen nur wärmstens empfehlen.

Warm-up das ['wɔːmap] <-s, -s> SPORT *das Lockern der Muskeln vor einer sportlichen Betätigung*

Warm·was·ser das <-s> (*kein Plur.*) *Wasser, das von einer Heizung oder einem Gerät warm*[1] *gemacht wurde*

Warm·was·ser·be·rei·ter der <-s, -> TECHN. *ein Gerät zum Erwärmen von Wasser* ein elektrischer Warmwasserbereiter

Warm·was·ser·hei·zung die <-, -en> *eine Heizung, bei der heißes Wasser die Heizkörper erwärmt*

Warm·was·ser·spei·cher der <-s, -> TECHN. *ein Gerät zum Bereiten und Speichern von warmem Wasser*

Warn·an·la·ge die <-, -n> *eine Vorrichtung in einem Gebäude oder einem Fahrzeug, die optische und akustische Signale gibt, wenn eingebrochen wird oder versucht wird, das Fahrzeug zu stehlen*

Warn·blink·an·la·ge die <-, -n> KFZ *Vorrichtung, mit der man zur Warnung alle Blinker am Auto gleichzeitig einschalten kann* Am Straßenrand stand ein Auto mit eingeschalteter Warnblinkanlage.

Warn·drei·eck das <-s, -e> KFZ *ein dreieckiges Schild mit einem roten Rand, das im Auto mitgeführt wird und bei Unfällen oder Pannen hinter dem Fahrzeug aufgestellt werden muss*

war·nen **I.** *mit OBJ/ohne OBJ* ■ *jmd./etwas warnt (jmdn.) (vor jmdm./etwas) jmdn. auf Gefahren oder eine gefährliche Situation aufmerksam machen* Er wollte sie vor der Gefahr warnen., Das Schild soll vor Taschendieben warnen. **II.** *mit OBJ* ■ *jmd. warnt jmdn.* (≈ *drohen*) *sagen, dass es für jmdn. negative Folgen haben wird, wenn er etwas noch einmal tut* Ich warne dich davor, das noch einmal zu tun.

Warn·hin·weis der <-es, -e> *ein Hinweis, der vor etwas warnt*

Warn·leuch·te die <-, -n> *eine Art Lampe, die optische Signale gibt, um vor etwas zu warnen*

Warn·mel·dung die <-, -en> *ein Hinweis in Form eines kurzen Textes, mit dem vor etwas gewarnt I wird* Der Computer gibt die Warnmeldung: „Fehler bei Zugriff auf Anwendung. Eventuell nicht gespeicherte Daten gehen verloren!".

Warn·schild das <-(e)s, -er> *ein Schild, mit dem vor etwas gewarnt I wird* ein Warnschild an einer gefährlichen Stelle aufstellen, ein Warnschild beachten/missachten

Warn·schuss der <-es, Warnschüsse> *ein Schuss in die Luft, um damit jmdm. zu drohen, dass man beim nächsten Mal auf ihn schießen wird* Der Polizist gab einen Warnschuss ab, bevor er scharf schoss.

Warn·si·g·nal das <-s, -e> **1.** *ein Signal, das auf eine Gefahr hinweist* Am Bahnübergang blinkt das Warnsignal. **2.** (*übertr.*) *ein offensichtlicher Hinweis, der auf eine mögliche Gefahr aufmerksam macht* Über Wochen anhaltender Husten ist ein ernstes Warnsignal, das man nicht unterschätzen sollte.

Warn·streik der <-s, -s> *ein kurzer Streik, mit dem die Gewerkschaften den Arbeitgebern drohen, dass sie zu einem Arbeitskampf bereit sind* zu einem Warnstreik aufrufen

Warn·ton der <-s, Warntöne> *ein akustisches Signal, mit dem vor etwas gewarnt I wird*

War·nung die <-, -en> **1.** *ein Hinweis auf eine Gefahr* eine Warnung vor Sturm/Hochwasser, die offiziellen Warnungen beachten/nicht beachten **2.** *eine nachdrückliche Aufforderung, etwas zu unterlassen oder nicht mehr zu tun* Der Arzt sprach eine eindringliche Warnung an den Patienten aus, mit dem Rauchen aufzuhören., Das ist meine letzte Warnung! ■ **alle Warnungen in den Wind schlagen**: *die Warnungen nicht beachten*

Warn·zei·chen das <-s, -> **1.** *ein Zeichen, das im Verkehr vor etwas warnt I* Der Fahrer hatte ein Warnzeichen missachtet. **2.** *ein Signal oder ein*

Hinweis, mit dem eine drohende Gefahr angekündigt wird Ständige Kopfschmerzen sind ein ernstes gesundheitliches Warnzeichen., erste Warnzeichen des drohenden Vulkanausbruchs

War·schau <-s> *die Hauptstadt Polens*

War·schau·er Pakt der <-(e)s> (*kein Plur.*) GESCH. POL.

i Wissenswert Der Begriff **Warschauer Pakt** bezeichnet ein Militärbündnis, das am 14. Mai 1955 in Warschau mit der Unterzeichnung des Warschauer Vertrags gegründet wurde. Seine Mitglieder waren: Albanien, Bulgarien, die DDR, Polen, Rumänien, die Tschechoslowakei, Sowjetunion und Ungarn. Der Vertrag besiegelte die Freundschaft, Zusammenarbeit und den gegenseitigen Beistand, war aber überdies entstanden, um ein Gegengewicht gegen die NATO zu bilden und die Streitkräfte der kommunistischen Staaten in Europa einheitlich zusammenzufassen. Mit der Reformpolitik des KP-Chefs Michail Gorbatschow beginnt seit 1985 eine Auflösung des Paktes. Beschleunigt wird sie durch die Abrüstung und die Verminderung des Ost-West-Konflikts. Im Juli 1991 existiert der Warschauer Pakt formal nicht mehr.

War·te die <-, -n> **1.** (*veralt.*) *Beobachtungsposten* eine Warte zur Beobachtung von Wildvögeln **2.** (*kein Plur.*) *Standpunkt* von meiner/deiner Warte aus betrachtet

War·te·frist die <-, -en> *eine Zeit, die man warten muss* Nach einer Wartefrist von zwei Jahren können Sie den Antrag erneut stellen.

War·te·hal·le die <-, -n> *ein großer Raum auf einem Bahnhof, in dem sich Reisende aufhalten können*

War·te·lis·te die <-, -n> *eine Liste, auf der Personen aufgeführt sind, die auf etwas warten* Leider gibt es mehr Bewerber als freie Stellen, wir müssen Sie auf die Warteliste setzen.

war·ten[1] *mit OBJ* ■ *jmd. wartet etwas etwas technisch instand halten, indem man es regelmäßig pflegt und kontrolliert* ein Auto/eine Maschine regelmäßig warten ►Wartung

war·ten[2] *ohne OBJ* **1.** ■ *jmd. wartet (auf jmdn./etwas) irgendwo bleiben und sich nicht fortbewegen, bis jmd. kommt oder etwas eintritt* Er wartete auf den Besuch/die Ankunft des Zuges. **2.** ■ *jmd. wartet mit etwas Dat. (auf jmdn.) erst dann mit etwas anfangen, wenn jmd. gekommen ist* Jeden Abend warteten sie mit dem Abendessen auf ihre Tochter. **3.** ■ *etwas wartet (auf jmdn.) bereit sein* Deine Pizza wartet schon! **4.** ■ *etwas wartet (auf jmdn.) etwas ist noch zu erledigen* Okay, machen wir eine Pause, die Arbeit kann warten. ■ **Na warte!** (*umg.*): *Ausdruck einer (nicht sehr ernsten) Drohung* **Warte mal!** (*umg.*): *einen Moment* Warte mal, ich bin gleich fertig! **etwas lässt lange auf sich warten**: *etwas wird nicht schnell Wirklichkeit* Der Frühling lässt aber lange auf sich warten. **Darauf habe ich gerade noch gewartet!** (*umg.*): *Das gefällt mir überhaupt nicht!* **Worauf wartest du noch?** (*umg.*): *Fang doch endlich an!*

Wär·ter, **Wär·te·rin** der <-s, -> *Person, die jmdn. pflegt oder auf etwas oder (in einem Heim o.Ä.) auf jmdn. aufpasst* Wärter im Gefängnis/im Zoo/in einem Museum sein ◆Gefängnis-, Leuchtturm-, Zoo-

War·te·raum der <-(e)s, Warteräume> *ein Raum, in dem sich Personen aufhalten, die auf etwas warten*

War·te·saal der <-(e)s, Wartesäle> *ein großer Raum in einem Bahnhof, in dem sich Reisende aufhalten können*

War·te·schlan·ge die <-, -n> *Personen, die sich in einer Reihe vor etwas angestellt haben und warten* Vor der Kinokasse stand eine lange Warteschlange.

War·te·zeit die <-, -en> *der Zeitraum, in dem man auf etwas wartet* In der Wartezeit habe ich ein Buch gelesen., Es besteht eine Wartezeit von dreizehn Monaten nach Antragstellung, bevor man Anspruch auf das Geld hat.

War·te·zim·mer das <-s, -> *ein Raum, in dem man darauf wartet, dass man behandelt oder bedient wird* im Wartezimmer beim Arzt/bei einer Behörde sitzen, Bitte nehmen Sie im Wartezimmer Platz!

War·tung die <-, -en> *regelmäßige Kontrolle und Pflege, mit der man sicherstellt, dass etwas gut funktioniert* die Wartung eines Fahrzeugs vom Fachhändler vornehmen lassen

war·tungs·arm <nicht steig.> *Adj. so, dass es wenig Wartung benötigt* ein wartungsarmer Motor

war·tungs·frei <nicht steig.> *Adj. so, dass es keine Wartung benötigt*

wa·rum *Adv.* **1.** *in direkten Fragen verwendet, um nach der Ursache zu fragen* Warum kommst du zu spät?, Warum weint er? **2.** *in indirekten Fragen verwendet, um nach der Ursache zu fragen* Ich weiß nicht, warum ich das machen soll., Weißt du, warum das Geschäft schon geschlossen ist? ■ **Warum denn/auch nicht?** (*umg.*): *natürlich ist es so möglich* **Warum nicht gleich so?** (*umg.*): *Das hätte man schon sofort so machen können!*

War·ze die <-, -n> *eine gutartige Wucherung auf der Haut* eine Warze auf der Nase haben

was[1] *Pron.* **1.** *in direkten Fragen verwendet, um nach einer Sache oder einem Sachverhalt zu fragen* Was ist das?, Was ist denn dort passiert?, Was wünschen Sie?, Was hast du gesagt? **2.** *in indirekten Fragen verwendet, um nach einer Sache oder einem Sachverhalt zu fragen* Weißt du, was das ist?, Ich würde gern wissen, was dort passiert ist. **3.** *verwendet, um nach der Definition von etwas zu fragen* Was ist das Leben?, Was ist Kunst? **4.** *verwendet, um nach dem Beruf zu fragen* Was willst du mal werden, wenn du groß bist?, Was bist du? – Lehrer! **5.** (*umg.*) *warum* Was regst du dich so auf?, Was ärgert dich das überhaupt? **6.** (*umg.*) *am Ende eines Satzes verwendet, um auszudrücken, dass man vom Hörer Bestätigung oder Zustimmung erwartet* Das schmeckt echt gut, was?, Das ist wirklich Klasse, was? **7.** (*umg.*) *zusammen mit einer vorgestellten Präposition* Um was handelt es sich? (Worum handelt es sich?), Über was habt ihr schon wieder gesprochen? (Worüber habt ihr schon wieder gesprochen?) **8.** (*umg.*) *wie bitte?* Was? – Ich habe gesagt, du solltest weniger Rauchen! ■ **Was kostet das?** (*umg.*): *wie viel kostet das* **Was dann?** (*umg.*): *was sollen wir dann/unter den Umständen tun* **Was nun?** (*umg.*): *was sollen wir jetzt/unter den gegebenen Umständen tun* **Was für ein/eine ...** (*umg.*): *verwendet in einer Frage nach der Beschaffenheit oder den Eigenschaften von jmdm./etwas* Was für eine Wohnung sucht ihr?, Was für ein Typ war das denn?

was[2] *Pron.* **1.** *verwendet in einem Relativsatz, der die gesamte Aussage des Bezugssatzes aufgreift* Ich mache jeden Tag Sport, was mir mein Arzt auch ernsthaft geraten hat., Er hat niemals davon gesprochen, was sich damals ereignet hat. **2.** *verwendet in einem Relativsatz, der sich auf „nichts, alles, einiges, manches, vieles, etwas o.Ä." bezieht* Wir müssen für die Klassenarbeit alles lernen, was wir im vergangenen Monat behandelt haben., Es gibt nichts, was er nicht schafft., Einiges, was sie gesagt hat, ist wirklich war. **3.** *verwendet in einem Relativsatz, der nach dem Demonstrativpronomen „das" steht* Die Art und Weise ist das, was mich ärgert. **4.** *verwendet in einem Relativsatz, der sich auf einen neutralen Superlativ bezieht* Das war das Schönste, was wir gesehen haben., Das Letzte, was ich gehört habe, betraf den Arbeitsvertrag. **5.** *verwendet in einem vorangestellen Relativsatz als Ersatz oder Attribut zu dem Subjekt, Akkusativobjekt oder präpositionalen Objekt* Was immer wir auch tun, (es) ist umsonst, Was du auch sagen wirst, man wird (es) dir nicht mehr glauben., Was man nicht sagen kann, darüber soll man schweigen.

was[3] *Pron.* (*umg.*) *etwas* Es sollte schon was Besonderes sein., Gibt es schon was Neues?

was[4] *Interj.* (*umg.*) *verwendet, um einen Vorwurf oder ein Erstaunen auszudrücken* Was, das kannst du nicht?, Was, der Zug fällt aus? *s.* **ach**

Wasch·an·la·ge die <-, -n> (≈ *Autowaschstraße*) *eine Vorrichtung, in der Autos automatisch gewaschen werden, indem sie zwischen sehr großen rotierenden Bürsten hindurchfahren*

Wasch·an·lei·tung die <-, -en> *ein kurzer Hinweis, der* (*oft mit Symbolen*) *erklärt, wie ein Kleidungsstück gewaschen werden soll*

Wasch·au·to·mat der <-en, -en> *automatische Waschmaschine*

wasch·bar <nicht steig.> *Adj. so, dass es gewaschen werden kann* Diese Jacke ist nicht waschbar, sie muss chemisch gereinigt werden. ◆ voll-

Wasch·bär der <-s/-en, -en> ZOOL. *ein kleiner Bär aus Nordamerika, dessen Fell im Gesicht eine Zeichnung hat, die an eine Brille erinnert*

Wasch·be·cken das <-s, -> *ein Becken mit einem Wasserhahn, das meist im Badezimmer an der Wand befestigt ist und in dem man sich Hände und Gesicht wäscht*

Wasch·be·ton der <-s> (*kein Plur.*) *Beton, bei dem die oberste Schicht abgebürstet oder abgewaschen ist, damit die Bestandteile wie zum Beispiel Kieselsteine, als Zierde zu sehen sind* ◆ -platte

Wasch·brett das <-s, -er> (*veralt.*) *ein Brett mit runden Rillen, auf dem nasse Wäsche zusammen mit Seife hin und her gerieben wird, um auf diese Weise die Wäsche zu reinigen*

Wasch·brett·bauch der <-s> (*kein Plur.*) (*umg.*) *ein Bauch ohne Fett, bei dem man die Muskeln gut sehen kann*

Wä·sche die <-, -n> **1.** (*kein Plur.*) *Kleidung und alle Textilien, die gewaschen werden* Wäsche flattert an der Leine., die Wäsche vor dem Waschen sortieren, die schmutzige Wäsche **2.** (*kein Plur.*) (≈ *Unterwäsche*) In dieser Abteilung gibt es Wäsche für Damen und Herren. **3.** (*kein Plur.*) *Betttücher, Kissenbezüge, Tischdecken o.Ä.* das Bett mit frischer Wäsche beziehen **4.** *das Waschen von jmdm. oder etwas* Die Wäsche macht viel Arbeit., die tägliche Wäsche der Haare/Füße ■ **schmutzige Wäsche waschen** (*umg.*): *sich über Vergangenes streiten* **dumm aus der Wäsche gucken** (*umg.*): *verblüfft sein*

Wä·sche·box die <-, -en> *ein Behälter, in den man getragene Wäsche*[1] *bis zum Waschen sammelt*

wasch·echt <nicht steig.> *Adj.* **1.** *so, dass es beim Waschen nicht ausbleicht* Die Farben sind waschecht. **2.** (*umg.* ≈ *richtig, echt*) *so, dass jmd. die charakteristischen Eigenarten von etwas hat* Er ist ein waschechter Münchner.

Wä·sche·klam·mer die <-, -n> *eine der Klammern, mit der man die Wäsche*[1] *nach dem Waschen an einer Wäscheleine befestigt* die nassen Sachen mit Wäscheklammern an der Leine befestigen

Wä·sche·korb der <-(e)s, Wäschekörbe> *ein Korb, in dem man getragene Wäsche*[1] *bis zum Waschen sammelt*

Wä·sche·lei·ne die <-, -n> *eine Schnur, an die man die nasse Wäsche*[1] *hängt, damit sie trocknet* die Wäscheleine im Garten ziehen/spannen

Wä·sche·man·gel die <-, -n> *ein Gerät mit zwei Walzen, durch die Wäsche*[1] *gepresst wird, damit sie glatt wird*

wa·schen <wäschst, wusch, hat gewaschen> **I.** *mit OBJ/ohne OBJ* ■ *jmd. wäscht (etwas) etwas mit Wasser und Waschmittel säubern* das Auto/Handtücher/Hemden/Unterwäsche/Vorhänge/Wäsche waschen, Ich muss heute wieder waschen, es ist sehr viel schmutzige Wäsche da., Manche Textilien können beim Waschen eingehen. **II.** *mit OBJ* **1.** ■ *jmd. wäscht jmdn./sich/etwas jmdn./sich/etwas mit Wasser und Seife oder Waschmittel säubern* jemandem/sich die Haare/

W

Füße/das Gesicht waschen, Der Pfleger wäscht den Patienten., sich regelmäßig (unter der Dusche) waschen, das Auto/die Scheiben waschen **2.** ■ *jmd. wäscht etwas* TECHN. *etwas mit Wasser oder anderen Flüssigkeiten von etwas anderem trennen* Gold/Erz waschen ■ **Geld waschen** (*umg.*): *illegal erworbenes Geld (z.B. aus Drogenhandel und Prostitution) in einem anderen (unbedenklichen) Geschäft anlegen* **etwas hat sich gewaschen** (*umg.*): *etwas ist unangenehm und sehr schwierig oder sehr streng* Die die Prüfung/die Strafe hatte sich aber gewaschen.

Wä·sche·rei die <-, -en> *ein Unternehmen, das gegen Bezahlung Wäsche[1] wäscht*

Wä·sche·schleu·der die <-, -n> *eine Maschine, in der Wäsche[1] sehr schnell gedreht wird, damit das Wasser herausgepresst wird*

Wä·sche·spin·ne die <-, -n> *eine Art großer Schirm, der fest auf dem Boden steht, und der statt Stoff Schnüre hat, an denen man Wäsche[1] zum Trocknen aufhängt*

Wä·sche·trock·ner der <-s, -> **1.** *ein Ständer, an dem man Wäsche[1] zum Trocknen aufhängt* **2.** *ein Gerät, das nasse Wäsche[1] trocknet*

Wä·sche·tru·he die <-, -n> (*veralt.*) *eine Truhe, in der Wäsche[3] aufbewahrt wird*

Wä·sche·zei·chen das <-s, -> *ein Zeichen, z.B. ein Stück Stoff oder eine Stickerei, das an einem Stück Wäsche[3] angebracht ist und das zum Beispiel die Anfangsbuchstaben des Besitzers enthält*

Wasch·hand·schuh der <-s, -e> *ein Handschuh aus weichem Stoff, mit dem man sich oder etwas waschen II.1 kann*

Wasch·kü·che die <-, -n> **1.** *ein Raum, der sich meistens im Keller eines Hauses befindet und in dem Wäsche[1] gewaschen wird* **2.** (*umg.*) *dichter Nebel* Auf dem Berggipfel war die reinste Waschküche.

Wasch·lap·pen der <-s, -> **1.** *ein kleiner Lappen aus Frotteestoff, mit dem man sich wäscht II.1* **2.** (*umg. abwert.*) *jmd., der feige oder schwach ist* So ein Waschlappen, er traut sich ja gar nichts!

Wasch·ma·schi·ne die <-, -n> *ein Gerät, mit dem man Wäsche[1] wäscht*

Wasch·mit·tel das <-s, -> *eine Substanz, mit der man Wäsche[1] wäscht*

Wasch·raum der <-(e)s, Waschräume> *ein Raum, in dem mehrere Duschen und Waschbecken sind und in dem man sich zum Beispiel nach dem Sport wäscht II.1* Der Waschraum befindet sich neben den Umkleidekabinen.

Wasch·rum·pel die <-, -n> (*österr.*) *Waschbrett*

Wasch·sa·lon der <-s, -s> *ein Geschäft, in dem man gegen Bezahlung Waschmaschinen benutzen kann*

Wasch·stra·ße die <-, -n> KFZ *eine Anlage, in der Autos automatisch gewaschen I werden*

Wa·schung die <-, -en> *das Waschen eines Körpers oder eines Körperteils* ◆ Fuß-

Wasch·was·ser das <-s> (*kein Plur.*) *Wasser, mit dem gewaschen wird oder wurde* Wo kann ich hier Waschwasser herbekommen?, Das Waschwasser wird noch zur Toilettenspülung benutzt.

Wasch·weib das <-(e)s, -er> (*umg. abwert.*) *Person, die gerne und viel über andere redet*

Wasch·zet·tel der <-, -> *eine Art Prospekt, mit dem ein Verlag eines seiner Bücher empfiehlt*

Wasch·zeug das <-(e)s> (*kein Plur.*) *Sachen, die man für die Körperpflege braucht* Ich habe mein Waschzeug im Waschraum liegen lassen.

Was·ser das <-s, -/Wässer> **1.** (*kein Plur.*) CHEM. *die farb- und geruchlose Flüssigkeit, die aus einer Verbindung von Wasserstoff und Sauerstoff besteht, die Meere und Flüsse bildet und für das Leben auf der Erde unverzichtbar ist* Wasser gefriert bei 0 Grad Celsius und siedet bei 100 Grad Celsius., Ein Kaktus kann mit sehr wenig Wasser auskommen., In der Wüste gibt es in Oasen Wasser., Wasser bedeckt mehr als zwei Drittel der Erdoberfläche., Ohne Luft, Wasser und Nahrung kann man nicht leben. ◆ Leitungs-, Regen-, Trink- **2.** (*Plur.* <*Wasser/Wässer*>) (*geh.* ≈ *Gewässer*) die Wasser der Erde, Ein Wasser rinnt durch die Felsen., ein kleines/schmutziges Wasser, zu Lande und zu Wasser erreichbar sein **3.** (*Plur.* <*Wasser*>) *der Inhalt von Flüssen, Meeren, Seen, Teichen* die trägen, dunklen Wasser des großen Flusses, Das Wasser schlug mit großer Wucht über die Deiche., Beim Schwimmen schluckt man manchmal Wasser., unter Wasser tauchen, im Wasser leben ◆ Fluss-, Meer-, **4.** (*Plur.* <*Wässer*>) *Wasser[1] als Lebensmittel, das mit anderen Bestandteilen, wie zum Beispiel Mineralien, Kohlensäure angereichert ist* ein stilles/kohlensäurehaltiges Wasser ◆ Mineral-, Tafel- **5.** *eine (kosmetische) Flüssigkeit, die Parfüm enthält* sich mit duftenden/wohl riechenden Wässern einsprühen ◆ Duft-, Haar-, Rasier- **6.** (*kein Plur.*) (*umg.*) *Tränen, Schweiß oder Speichel* Bei dieser Nachricht schoss ihr das Waser in die Augen., Das Wasser tropfte ihr vom Gesicht. ■ **mit fließendem Wasser**: *ein Zimmer mit Wasser[1] direkt aus dem Wasserhahn* **stehendes Wasser**: *ein Teich oder ein See* **fließendes Wasser**: *ein Fluss oder ein Bach* **stille Wasser sind tief** (*Sprichwort*): *jmd., der zurückhaltend oder schüchtern ist, verbirgt hinter diesem Verhalten oft ungeahnte Eigenschaften oder große Fähigkeiten* **über das große Wasser fahren**: *über den Atlantik nach Amerika fahren* **jemandem läuft das Wasser im Mund(e) zusammen** (*umg.*): *jmd. bekommt großen Appetit auf ein Essen* Mir läuft das Wasser im Mund(e) zusammen, wenn ich diesen Braten sehe. **Wasser lassen müssen**: *urinieren müssen* **Wasser in den Beinen** MED.: *Ansammlung von Körperflüssigkeit in den Beinen, so dass sie anschwellen und schmerzen* **etwas fällt ins Wasser** (*umg.*): *etwas findet nicht statt* Leider fällt die Gartenparty wegen des schlechten Wetters ins Wasser. **sich über Wasser halten** (*umg.*): *mit wenig Geld gerade so auskommen* **jemand kocht auch nur mit Wasser** (*umg.*): *jmd. macht etwas auch nur so, dass es nichts Besonderes ist* **jemandem steht das Wasser bis zum Hals** (*umg.*): *jmd. hat viele Geldpro-*

bleme und Schwierigkeiten **jemandem das Wasser nicht reichen können** (*umg.*): *noch lange nicht so gut sein wie jmd. anderer* In Mathematik konnte ihm keiner das Wasser reichen. **etwas ist Wasser auf jemandes Mühlen** (*umg.*): *etwas kommt jmdm. sehr gelegen* Der Skandal war natürlich Wasser auf den Mühlen der Opposition. **reinsten Wassers**: *echt* ein Diamant reinsten Wassers, ein Hamburger reinsten Wassers ◆ Getrenntschreibung→R 4.3 Wasser abweisende Kleidung, eine Wasser abstoßende Beschichtung

wạs·ser·ab·wei·send *Adj. so, dass Wasser nicht aufgenommen wird* ein wasserabweisender Stoff, wasserabweisende Textilien

Wạs·ser·a·der die <-, -n> *eine Schicht unter der Erdoberfläche, in der Wasser fließt*

Wạs·ser·an·schluss der <-es, Wasseranschlüsse> *Anschluss an eine Wasserleitung* Der Garten hat keinen Wasseranschluss.

Wạs·ser·auf·be·rei·tung die <-> (*kein Plur.*) TECHN. *Reinigung von verschmutztem Wasser, um es dann wieder z.B. als Trinkwasser zu benutzen*

Wạs·ser·ball der <-(e)s, Wasserbälle> SPORT *ein Ballspiel, bei dem zwei Mannschaften von Schwimmern in einem Schwimmbecken gegeneinander spielen*

Wạs·ser·be·cken das <-s, -> *ein großer Behälter, der mit Wasser gefüllt wird*

Wạs·ser·be·häl·ter der <-s, -> *ein Gefäß, in dem Wasser transportiert oder aufbewahrt wird*

Wạs·ser·bett das <-(e)s, -en> *ein Bett, dessen Matratze mit Wasser gefüllt ist*

Wạ̈s·ser·chen ■ **aussehen, als ob man kein Wässerchen trüben könnte** (*umg.*): *völlig harmlos wirken* Er sieht aus, als ob er kein Wässerchen trüben könnte, dabei ist er ein international gesuchter Verbrecher.

Wạs·ser·dampf der <-(e)s> (*kein Plur.*) *Dampf der entsteht, wenn Wasser auf 100 Grad Celsius erhitzt wird*

wạs·ser·dicht *Adj.* **1.** *so, dass kein Wasser eindringen kann* eine wasserdichte Uhr, etwas wasserdicht verpacken **2.** (*umg. übertr.*) *nicht anzweifelbar* ein wasserdichtes Alibi

Wạs·ser·druck der <-s> (*kein Plur.*) *der Druck, den Wasser auf eine Fläche ausübt*

wạs·ser·durch·läs·sig *Adj.* (↔ *wasserdicht*) *so, dass Wasser durchdringen kann*

Wạs·ser·ei·mer der <-s, -> *Eimer, in dem Wasser transportiert werden kann*

Wạs·ser·fahr·zeug das <-(e)s, -e> *ein Fahrzeug, das sich im Wasser fortbewegen kann* Boote und Schiffe sind Wasserfahrzeuge.

Wạs·ser·fall der <-(e)s, Wasserfälle> *ein fließendes Gewässer, das* (*über Felsen*) *steil nach unten fällt* Der Fluss wird am Rande des Felsplateaus zu einem reißenden Wasserfall. ■ **reden wie ein Wasserfall** (*umg. abwert.*): *unaufhörlich reden*

Wạs·ser·far·be die <-, -n> (≈ *Aquarellfarbe*) *Farbe, die mit Wasser gemischt wird und mit der man auf Papier malen kann*

Wạs·ser·fass das <-es, Wasserfässer> *ein Fass für Wasser*

Wạs·ser·floh der <-s, Wasserflöhe> ZOOL. *ein sehr kleines Krebstier, das auf der Wasseroberfläche hüpfen kann*

Wạs·ser·flug·zeug das <-s, -e> *ein Flugzeug, das Kufen hat und auf dem Wasser landet und startet*

Wạs·ser·glas das <-es, Wassergläser> *ein einfaches Trinkgefäß, das aus Glas ist* den Wein/Saft aus einem Wasserglas trinken ■ **ein Sturm im Wasserglas**: *eine große, aber kurze Aufregung um etwas, das nicht wichtig war*

Wạs·ser·gym·nas·tik die <-> (*kein Plur.*) *gymnastische Übungen, die in einem Schwimmbecken* (*mit warmem Wasser*) *gemacht werden*

Wạs·ser·hahn der <-(e)s, Wasserhähne> *eine Art Ventil, das an eine Wasserleitung angeschlossen ist und mit dem man das Fließen des Wassers regelt* den Wasserhahn aufdrehen/schließen, Der Wasserhahn tropft.

wạs·ser·hal·tig *Adj. so, dass eine relativ große Menge Wasser darin vorhanden ist* wasserhaltiges Fruchtfleisch

Wạs·ser·haus·halt der <-(e)s> (*kein Plur.*) *die Regulierung von Aufnahme und Abgabe oder Verbrauch von Wasser* der Wasserhaushalt des Körpers, der Wasserhaushalt der Erde

wạ̈s·se·rig *Adj. s.* **wässrig**

Wạs·ser·ka·nis·ter der <-s, -> *ein Kanister aus Metall oder Kunststoff, in dem Wasser aufbewahrt und transportiert wird*

Wạs·ser·kes·sel der <-s, -> *ein Metallgefäß, in dem Wasser gekocht wird und das oft eine Pfeife hat, die einen Ton abgibt, wenn das Wasser kocht*

Wạs·ser·klo·sett das <-s, -s> *eine Toilette mit Wasserspülung, abgekürzt „WC“*

Wạs·ser·kopf der <-(e)s, Wasserköpfe> **1.** MED. *eine krankhafte Missbildung des Kopfes, bei der sich zu viel Flüssigkeit in der Hirnschale angesammelt hat* **2.** (*umg. abwert.*) *etwas, das übertrieben groß geworden ist* Die Verwaltung ist der reinste Wasserkopf.

Wạs·ser·kraft die <-> (*kein Plur.*) *die Energie, die freigesetzt wird, wenn fließendes Wasser z.B. eine Turbine antreibt* die Nutzung der Wasserkraft zur Energiegewinnung, Im Schwarzwald nutzten früher hunderte Mühlen und Sägewerke die Wasserkraft.

Wạs·ser·kraft·werk das <-(e)s, -e> *eine Anlage, in der die Wasserkraft in elektrische Energie umgewandelt wird*

Wạs·ser·kreis·lauf der <-s> (*kein Plur.*) METEOR. *der Kreislauf des Wassers zwischen den Gewässern und der Atmosphäre der Erde*

Wạs·ser·kunst die <-> (*kein Plur.*) *Springbrunnen, Fontänen und Wasserspiele, die früher besonders in Gärten von Barockschlössern angebracht waren*

Wạs·ser·lan·dung die <-, -en> *eine Landung, die ein Flugzeug auf dem Wasser macht*

Wạs·ser·lauf der <-(e)s, Wasserläufe> *der Verlauf eines fließenden Gewässers* dem Wasserlauf folgen

Wạs·ser·le·be·we·sen das <-s, -> BIOL. ZOOL. *Tiere, die in Gewässern leben*

Wạs·ser·lei·che die <-, -n> *die Leiche von jmdm., die seit längerer Zeit im Wasser liegt*

Wạs·ser·lei·tung die <-, -en> *ein Rohr oder ein Rohrsystem, duch das Wasser fließt*

Wạs·ser·loch das <-(e)s, Wasserlöcher> *ein Loch im Erdboden, das Wasser enthält* Das Wasserloch in der Wüste war die Tränke für Menschen und Vieh.

wạs·ser·lös·lich <nicht steig.> *Adj. so, dass es sich in Wasser auflöst*

Wạs·ser·man·gel der <-s> (*kein Plur.*) *das Fehlen von Wasser*

Wạs·ser·mann der <-(e)s, Wassermänner> **1.** *eine Gestalt aus dem Märchen, die im Wasser lebt* **2.** (*kein Plur.*) *Name des Sternzeichens vom 21. Januar bis zum 19. Februar* **3.** *jmd., der im Zeichen des Wassermanns[2] geboren ist* Sie ist Wassermann.; *der Vorgang, dass jmd. illegal erworbenes Geld (z.B. aus Drogenhandel und Prostitution) in einem anderen (unbedenklichen) Geschäft anlegt*

Wạs·ser·me·lo·ne die <-, -n> *eine Melonenart mit grüner Schale und rotem, sehr wasserhaltigem Fruchtfleisch*

wạs·sern <wasserst, wasserte, hat/ist gewassert> **I.** *mit OBJ* ■ *jmd. wassert etwas* ((*haben*)) *etwas auf dem Wasser landen lassen* ein Flugzeug wassern **II.** *ohne OBJ* ■ *jmd./etwas wassert* ((*sein*)) *auf dem Wasser landen* Die Flugzeuge/die Gänse sind gewassert.

wạ̈s·sern <wässerst, wässerte, hat gewässert> *mit OBJ* **1.** ■ *jmd. wässert etwas etwas in Wasser legen, damit es weich oder sauber wird* die Linsen vor dem Kochen einige Stunden wässern **2.** ■ *jmd. wässert etwas etwas mit viel Wasser gießen* die Pflanzen wässern

Wạs·ser·pflan·ze die <-, -n> BOT. *eine Pflanze, die im Wasser wächst*

Wạs·ser·pis·to·le die <-, -n> *eine Spielzeugpistole, die einen Wasserstrahl abgibt*

Wạs·ser·pum·pe die <-, -n> *ein Gerät, mit dem Wasser angesaugt und durch Rohre weitergeleitet wird*

Wạs·ser·qua·li·tät die <-> (*kein Plur.*) *der Grad, in dem Trinkwasser mit schädlichen Zusatzstoffen gemischt ist* gute/schlechte Wasserqualität

Wạs·ser·rad das <-(e)s, Wasserräder> *eine Konstruktion, die die Form eines Schaufelrades hat, und über die Wasser geleitet wird, um zum Beispiel ein Mühlwerk anzutreiben*

Wạs·ser·rat·te die <-, -n> **1.** ZOOL. *eine Art große Maus, die sehr gut schwimmt und taucht* **2.** (*umg. scherzh.*) *Person, die gern und gut schwimmt*

wạs·ser·reich *Adj. mit viel Wasser* ein wasserreicher Fluss

Wạs·ser·rohr das <-(e)s, -e> *Rohr, durch das Wasser fließt* ◆-bruch

Wạs·ser·rutsch·bahn die <-, -en> *eine lange Rutsche in einem Schwimmbad, in der Wasser fließt und auf der man zum Vergnügen in ein Schwimmbecken rutscht*

Wạs·ser·säu·le die <-, -n> PHYS. *eine gedachte Säule aus Wasser, die auf einer Grundfläche steht und deren Höhe früher als Maß für den Wasserdruck angegeben wurde*

Wạs·ser·scha·den der <-s, Wasserschäden> *Schaden, der entstanden ist, weil irgendwo Wasser ausgeflossen ist*

wạs·ser·scheu *Adj. so, dass die Berührung mit Wasser vermieden wird* Der Hund ist wasserscheu, er geht nicht freiwillig ins Wasser., Warum wäschst du dich nicht, bist du wasserscheu?

Wạs·ser·schutz·ge·biet das <-(e)s, -e> AMTSSPR. *ein Gebiet, in dem bestimmte strengere Vorschriften zum Schutz des Wassers gelten*

Wạs·ser·ski der <-s, -> SPORT **1.** *ein breiter Ski, auf dem man sich von einem Boot über das Wasser ziehen lassen kann* **2.** SPORT *ein Sport, bei dem man sich auf Wasserski[1] von einem Boot ziehen lässt*

Wạs·ser·spei·cher der <-s, -> *ein großer Behälter, in dem Wasser gesammelt wird, um es bei Bedarf zu nutzen*

Wạs·ser·spei·er der <-s, -> BAUW. KUNST *eine Art Abflussrohr für Regenwasser, das am Dach von einem großen Gebäude angebracht ist und die Form eines Gesichts oder einer fantastischen Figur hat* die Wasserspeier am Dach der Kirche

Wạs·ser·spie·gel der <-s, -> (≈ *Wasserstand*) Der Wasserspiegel in den Überflutungsgebieten steigt weiter.

Wạs·ser·spie·le <-> *Plur. eine Art großer Springbrunnen mit vielen verschiedenen Wasserstrahlen und Fontänen* ein Park mit wunderschönen Wasserspielen

Wạs·ser·sport der <-s> (*kein Plur.*) *Sport, der auf oder im Wasser ausgeübt wird* Rudern und Segeln gehören zum Wassersport.

Wạs·ser·spü·lung die <-, -en> *ein Vorrichtung, mit der Wasser in eine Toilette geleitet wird*

Wạs·ser·stand der <-(e)s, Wasserstände> *die Höhe der Wasseroberfläche[1]* fallender/hoher/niedriger/steigender Wasserstand

Wạs·ser·stands·mel·dung die <-, -en> *Information zur Höhe des Wasserstands*

Wạs·ser·stoff der <-(e)s> (*kein Plur.*) CHEM. *ein farb-, geschmack- und geruchloses Gas, das zusammen mit Sauerstoff Wasser bildet*

Wạs·ser·stoff·an·trieb der <-s, -e> TECHN. *eine Art Motor, der Wasserstoff als Treibstoff verwendet* In der Planung ist eine Auto mit Wasserstoffantrieb.

wạs·ser·stoff·blond <nicht steig.> *Adj.* (*umg.*) *so, dass jmd. sehr blond ist, weil seine Haare mit Wasserstoffperoxid gebleicht worden sind*

Wạs·ser·stoff·bom·be die <-, -n> (≈ *H-Bombe*) *eine Bombe, deren Sprengkraft auf der Verschmelzung von Atomkernen des Wasserstoffatoms beruht*

Was·ser·stoff·pẹr·o·xid, *a.* **Was·ser·stoff·pẹr·o·xyd** das <-s> (*kein Plur.*) (CHEM.: ≈ *Wasserstoffsuperoxyd*) *farblose Lösung aus zwei Teilen Was-*

serstoff und zwei Teilen Sauerstoff, die früher verwendet wurde, um Haare blond zu bleichen

Was·ser·stoff·su·per·oxyd das <-s> (*kein Plur.*) (CHEM.: *veralt.*) *Wasserstoffperoxid*

Was·ser·strahl der <-(e)s, -en> *Wasser, das als Strahl irgendwohin austritt*

Was·ser·strahl·an·trieb der <-s, -e> TECHN. *ein Motor, der in einem Wasserfahrzeug installiert ist und einen starken Wasserstrahl erzeugt, mit dem das Fahrzeug angetrieben wird* Ein Jet-Ski hat einen Wasserstrahlantrieb.

Was·ser·stra·ße die <-, -n> *ein Gewässer, auf dem Schiffe Lasten transportieren können* Kanäle sind künstliche, Flüsse sind natürliche Wasserstraßen.

Was·ser·stra·ßen·netz das <-es, -e> *ein System von Wasserstraßen, die miteinander verbunden sind*

Was·ser·sucht die <-> (*kein Plur.*) (MED.: ≈ *Hydropsie*) *eine Krankheit, bei der sich zu viel Flüssigkeit im Körper ansammelt*

Was·ser·tank der <-s, -s> *ein sehr großer Behälter, in dem Wasser gesammelt oder transportiert wird*

Was·ser·tem·pe·ra·tur die <-, -en> *Temperatur, die Wasser hat* Die augenblickliche Wassertemperatur der Nordsee beträgt 14 Grad Celsius.

Was·ser·trop·fen der <-s, -> *ein Tropfen aus Wasser* Wassertropfen fließen über die Fensterscheibe.

Was·ser·turm der <-(e)s, Wassertürme> *Turm eines Wasserwerks, in dem aufbereitetes Wasser gespeichert wird und mit dem der Wasserdruck reguliert werden kann*

Was·ser·uhr die <-, -en> *Gerät, mit dem gemessen wird, wieviel Wasser verbraucht wird*

Was·se·rung die <-, -en> LUFTF. *eine Landung auf dem Wasser* ◆ Not-

Was·ser·ver·brauch der <-s> (*kein Plur.*) *die Menge an Wasser, die verbraucht wird* einen hohen/niedrigen/geringen Wasserverbrauch haben

Was·ser·ver·drän·gung die <-, -en> SEEW. *Maß für die Größe von Schiffen, das das Gesamtgewicht einschließlich der Ladung in Tonnen angibt*

Was·ser·ver·geu·dung die <-> (*kein Plur.*) *der Vorgang, dass Wasser verschwendet und nicht sinnvoll genutzt wird* Das private Waschen des Autos ist eine Wasservergeudung.

Was·ser·ver·schmut·zung die <-, -en> *Verschmutzung von Grundwasser im Boden oder von Gewässern* Seit dem Bau des neuen Klärwerkes ist die Wasserverschmutzung zurückgegangen.

Was·ser·ver·sor·ger der <-s, -> WIRTSCH. *ein Unternehmen, das die Bevölkerung und die Industrie mit Wasser versorgt*

Was·ser·ver·sor·gung die <-> (*kein Plur.*) *die Bereitstellung von Wasser für die Bevölkerung und die Industrie* zur Verbesserung der Wasserversorgung einen Staudamm/eine Wasserleitung bauen

Was·ser·vo·gel der <-s, Wasservögel> ZOOL. *Vogel, der am Wasser lebt und auch sehr gut schwimmen und tauchen kann* Der See ist ein Paradies für Enten, Gänse und andere Wasservögel.

Was·ser·waa·ge die <-, -n> *ein Gerät, bei dem sich eine Luftblase in einer Flüssigkeit frei bewegen kann und das mit einer exakt mittigen Position der Luftblase anzeigt, dass die Fläche, auf der die Wasserwaage liegt, absolut waagerecht ist*

Was·ser·weg der <-(e)s, -e> (≈ *Wasserstraße*) *ein Gewässer, auf dem Schiffe fahren können* Die Flüsse sind wichtige Wasserwege. ■ **auf dem Wasserweg**: *mit dem Schiff* etwas auf dem Wasserweg transportieren, Die Stadt ist auch auf dem Wasserweg zu erreichen.

Was·ser·wer·fer der <-s, -> *ein Fahrzeug mit einer Vorrichtung, die einen gezielten, starken Wasserstrahl abgeben kann, der als Waffe eingesetzt wird* Die Polizei ging mit Wasserwerfern gegen die Demonstranten vor.

Was·ser·werk das <-(e)s, -e> *eine Anlage, in der Wasser für die Wasserversorgung aufbereitet wird und die einen Ort mit Wasser versorgt*

Was·ser·wirt·schaft die <-> (*kein Plur.*) *die Gesamtheit der Maßnahmen zur Versorgung der Bevölkerung und der Industrie mit Wasser*

Was·ser·zei·chen das <-s, -> *eine Prägung in einem Papier, die als Markierung dient und die man nur sehen kann, wenn man das Papier gegen das Licht hält* Banknoten haben Wasserzeichen als Echtheitsnachweis., handgeschöpftes Briefpapier mit Wasserzeichen ◆-papier

wäss·rig, *a.* **wäs·se·rig** *Adj. so, dass es relativ viel Wasser enthält* eine wässrige Lösung, Der Kaffee/Die Suppe schmeckt wässrig. ■ **jemandem den Mund wässrig machen** (*umg.*): *jmdm. Appetit oder Lust auf etwas machen*

wa·ten <watest, watete, ist gewatet> *ohne OBJ* ■ *jmd. watet irgendwo sich in einer Flüssigkeit langsam fortbewegen* durch einen Fluss/einen Sumpf/den Schlamm waten

Wat·sche die <-n, -n> (*süddt., österr., umg.*) *Ohrfeige*

wat·scheln <watschelst, watschelte, ist gewatschelt> *ohne OBJ* ■ *jmd./ein Tier watschelt mit schaukelnden Bewegungen so gehen, dass der ganze Körper hin und her schwankt* Die Enten watscheln übers Gras., einen watschelnden Gang haben

wat·schen *mit OBJ* ■ *jmd. watscht jmdn.* (*süddt. österr.*) *jmdn. ohrfeigen*

Watt[1] das <-(e)s, -en> GEOGR. *Küstenstreifen am Meer, der bei Ebbe nicht überflutet ist*

Watt[2] das <-s, -> ELEKTROTECHN. *Maßeinheit zum Messen der elektrischen Leistung* eine elektrische Heizung mit 3000 Watt

Wat·te die <-, -n> *eine leichte und sehr lockere Masse, die meistens aus Baumwolle hergestellt und weiß ist* eine Wunde mit Watte abtupfen, eine mit Watte gefütterte Jacke ■ **jemanden in Watte packen** (*umg.*): *jmdn. in übertriebener Weise schonen*

Wat·te·bausch der <-(e)s, Wattebäusche> *ein kleines rundes Stück Watte* das Blut mit einem Wattebausch abtupfen

Wat·te·stäb·chen das <-s, -> *eine kleiner Stab*

aus Kunststoff, der an beiden Enden mit Watte umwickelt ist die Ohren mit einem Wattestäbchen säubern

wat·tie·ren *mit OBJ* ■ *jmd. wattiert etwas etwas mit Watte füttern* eine Jacke wattieren

Watt·se·kun·de die <-, -n> *physikalische Einheit, mit der der Wert von Energie angegeben wird* Eine Wattsekunde entspricht einem Joule oder einem Newtonmeter.

Watt·stun·de die <-, -n> PHYS. TECHN. *physikalische Einheit von 3600 Wattsekunden*

Wau·wau der <-s, -s> (*umg.*) *Lautmalerei, mit der Kinder oder mit der man gegenüber Kindern einen Hund bezeichnet* Das ist aber ein süßer Wauwau!

WC das [ve'tse:] <-(s), -(s)> (≈ *Wasserklosett*)

WC-Bürs·te die [ve'tse:-] <-, -n> *eine Bürste mit langem Stiel zum Reinigen des WC*

WC-Sitz der [ve'tse:-] <-es, -e> *eine Art Ring aus Kunststoff oder Holz mit Deckel, der auf einem WC angebracht ist*

WDR der <-s> (*kein Plur.*) *Abkürzung von „Westdeutscher Rundfunk", die Rundfunkanstalt für Nordrhein-Westfalen* Der Sitz des WDR ist in Köln.

Web das <-s> (*kein Plur.*) (EDV: ≈ *WWW*) *Bezeichnung für den sichtbaren Teil des Internets* im Web surfen

Web·ad·res·se die <-, -n> EDV *eine Reihe von Buchstaben und Zeichen oder Ziffern und Zeichen, die man in einem Webbrowser eingibt, um auf eine Website zu gelangen*

Web·brow·ser der ['webbraʊzɐ] <-s, -> EDV *ein Programm, mit dem man das Internet durchsuchen und Dokumente aus dem Internet herunterladen kann* Der Webbrowser ist in diesem Betriebssystem schon enthalten.

Web·cam die [webkɛm] <-, -s> EDV *eine kleine Digitalvideokamera, die an einen Computer angeschlossen wird, um die Aufnahmen, die sie macht, ins Web zu senden*

we·ben <webst, webte/wob, hat gewebt/gewoben> **I.** *mit OBJ* ■ *ein Tier webt ein Netz ein Tier macht ein Netz* **II.** *mit OBJ/ohne OBJ* ■ *jmd. webt (etwas)* (*webte, hat gewebt*) *etwas herstellen, indem man einzelne Fäden auf einer Vorrichtung miteinander verkreuzt* einen Teppich mit der Hand/maschinell weben, In dem Kurs kann man lernen, wie man webt., An dem Tuch habe ich mehrere Wochen gewebt. **III.** *mit SICH* ■ *etwas webt sich um jmdn./etwas* (*wob, hat gewoben veralt.* ≈ *ranken*) *etwas existiert im Zusammenhang mit jmdm. oder etwas* Manche Sage wob sich um den Helden.

We·ber, **We·be·rin** der <-s, -> *Person, die beruflich Stoffe webt II*

We·be·rei die <-, -en> **1.** *Betrieb, in dem gewebt wird* in einer Weberei arbeiten **2.** *das Weben* das Handwerk der Weberei erlernen

We·ber·knecht der <-s, -e> (ZOOL.: ≈ *Schneider*) *eine Spinne, die sehr lange feine Beine hat*

We·ber·vo·gel der <-s, Webervögel> ZOOL. *ein Vogel, der vor allem in Afrika und Südasien lebt und Kugelnester aus Pflanzenfasern baut*

Web·feh·ler der <-s, -> *Fehler in einem gewebten Stoff*

Web·sei·te die <-, -n> (EDV: ≈ *HTML-Seite*) *Seite im Web, die mit der Programmiersprache HTML erstellt wird und die man mit einem Web-Browser ansehen kann s.* **Homepage**

Web·ser·ver der <-s, -> (EDV: ↔ *Webbrowser*) *ein Computer, auf dem eine bestimmte Software läuft, die Dienste für das Web anbietet*

Web·site die ['websaɪt] <-, -s> **1.** EDV *das zusammengehörige Angebot, das unter einer Adresse im Web abgerufen werden kann* **2.** EDV *Standort eines Webservers*

Web·space der ['webspeɪs] <-, -s> EDV *Speicherplatz im Internet*

Web·stuhl der <-(e)s, Webstühle> *ein Gerät, mit dem man weben kann*

Web·wa·ren <-> *Plur. Waren, die durch Weben hergestellt werden*

Wech·sel[1] der ['weksel] <-s, -> **1.** (*meist Sing.*) *das Ersetzen einer Person oder eines Gegenstandes* der Wechsel der Reifen, ein Wechsel in der Leitung des Instituts, einen Wechsel bei einigen Feldspielern vornehmen **2.** *die Änderung des Arbeitsplatzes, des Studiums oder der Schule* ein Wechsel in die Konzernspitze ◆ Berufs-, Studien-, Schul- **3.** (*meist Sing.*) *Veränderung eines Zustands* ein allmählicher/plötzlicher Wechsel des Wetters **4.** (*meist Sing.*) *die regelmäße Aufeinanderfolge von bestimmten Phasen* der Wechsel von Tag und Nacht, der Wechsel der Jahreszeiten, der Wechsel der Gezeiten

Wech·sel[2] der [weksel] <-s, -> BANKW. *ein Dokument, mit dem man erklärt, dass man in einer bestimmten Frist jmdm. eine bestimmte Summe Geld auszahlen wird* einen Wechsel ausstellen/einlösen/unterschreiben

Wech·sel·bad das <-(e)s, -Wechselbäder> (*meist Plur.*) *Bäder, die man abwechselnd in heißem und kaltem Wasser nimmt* ■ **im Wechselbad der Gefühle**: *das ständige Wechseln von guten und schlechten Gefühlen*

Wech·sel·be·zie·hung die <-, -en> *eine gegenseitige Abhängigkeit oder Bedingtheit* Die beiden Erscheinungen stehen in enger Wechselbeziehung zueinander.

Wech·sel·fäl·le ■ **die Wechselfälle des Lebens**: *die nicht vorhersehbaren Ereignisse im Leben*

Wech·sel·fie·ber das <-s> (*kein Plur.*) (MED.: ≈ *Malaria*)

Wech·sel·geld das <-(e)s> (*kein Plur.*) *das Geld, das man zurückbekommt, wenn man mit einem Geldschein oder Geldstück bezahlt, dessen Wert über dem Preis der Ware liegt* Sie werden gebeten, das Wechselgeld gleich an der Kasse nachzuzählen.

wech·sel·haft *Adj.* (≈ *unbeständig*) *so, dass es sich häufig verändert* wechselhaftes Wetter, Ihre Launen sind sehr wechselhaft.

Wech·sel·jah·re <-> *Plur.* (≈ *Klimakterium, Meno-*

pause) *Lebensalter, in dem bei Frauen die Fähigkeit, schwanger zu werden, allmählich aufhört* in die Wechseljahre kommen

Wẹch·sel·kurs der <-es, -e> WIRTSCH. *das Preisverhältnis zwischen zwei Währungen, auf das es ankommt, wenn man eine bestimmte Summe von einer Währung in die andere wechselt* der Wechselkurs zwischen Dollar und Euro, feste/flexible Wechselkurse

wẹch·sel·kurs·be·dingt <nicht steig.> *Adj. so, dass es vom Wechselkurs abhängt*

Wẹch·sel·kurs·schwan·kung die <-, -en> (*meist Plur.*) WIRTSCH. *die Veränderung des Wechselkurses*

Wẹch·sel·me·dium das <-s, Wechselmedien> (*meist Plur.*) *Ton-, Bild- oder Datenträger, die man überspielen oder auf denen man öfter etwas speichern kann*

wẹch·seln¹ <wechselst, wechselte, hat/ist gewechselt> **I.** *mit OBJ* (*haben*) **1.** ■ *jmd. wechselt etwas etwas durch etwas Neues oder anderes mit der gleichen Funktion ersetzen* einen Film/die Autoreifen/die Wäsche wechseln **2.** ■ *jmd. wechselt etwas eine neue Arbeit anfangen, etwas Neues studieren, eine neue Wohnung beziehen o.Ä.* den Beruf/das Studienfach/die Wohnung wechseln **3.** ■ *jmd. wechselt etwas etwas verändern* Plötzlich wechselte er die Tonart., Der Kameramann wechselte andauernd die Perspektive. **4.** ■ *jmd. wechselt jmdn. eine andere Person als Lebensgefährten, Freund, Arzt o.Ä. wählen* den Partner/den Freund/den Arzt wechseln **II.** *ohne OBJ* **1.** ■ *etwas wechselt* (*haben*) *sich verändern* Das Wetter/die Stimmung hat plötzlich gewechselt. **2.** ■ *etwas wechselt* (*haben*) *aufeinander folgen* Die Jahreszeiten/Die Regierungen wechseln. **3.** ■ *jmd. wechselt* (*irgendwohin*) (*sein*) *an einen anderen Ort gehen oder eine neue Arbeit oder ein Studium aufnehmen oder an eine andere Schule gehen* Er ist von einer Straßenseite zur anderen gewechselt., Sie ist an/in eine andere Universität/in ein anderes Fach gewechselt., Er ist von der Realschule ans/ins Gymnasium gewechselt. ■ **den Glauben wechseln**: *zu einer anderen Religionsgemeinschaft übertreten* **die Ringe wechseln**: *bei der Hochzeit die Trauringe austauschen* **mit jemandem einen Blick wechseln**: *sich gegenseitig kurz anschauen* **mit jemandem einige Worte wechseln**: *mit jmdm. kurz sprechen* **das Thema wechseln**: *über ein neues Thema sprechen oder diskutieren*

wẹch·seln² <wechselst, wechselte, hat gewechselt> *mit OBJ* **1.** ■ *jmd. wechselt etwas* (*in etwas Akk.*) *Geld einer Währung gegen eine andere Währung austauschen* Dollars in Euro wechseln **2.** ■ *jmd. wechselt* (*jmdm.*) *etwas* (*in etwas Akk.*) *jmdm. für einen Geldschein oder eine Geldmünze Geldscheine oder Geldmünzen in kleineren Einheiten, die aber den gleichen Gesamtwert haben, geben* Können Sie mir die zwanzig Euro in zwei Zehner wechseln?

wẹch·selnd <nicht steig.> (*nur attr.*) *Adj.* (≈ *unterschiedlich*) *so, dass es nicht immer in der gleichen Weise, mit dem gleichen Erfolg o.Ä. abläuft* sein Studium mit wechselndem Erfolg betreiben

Wẹch·sel·plat·te die <-, -n> EDV *eine Festplatte, die in einem Wechselrahmen² befestigt ist*

Wẹch·sel·rah·men der <-s, -> **1.** *ein Bilderrahmen, den man leicht öffnen kann, um Bilder oder Fotos herauszunehmen und andere hineinzutun* **2.** EDV *eine Vorrichtung, die eine Wechselplatte aufnimmt, und die man in einen Computerschacht stecken und herausnehmen kann*

wẹch·sel·sei·tig <nicht steig.> *Adj. so, dass es sich aufeinander bezieht* eine wechselseitige Abhängigkeit

Wẹch·sel·spiel das <-s, -e> *häufige Veränderung einer Sache* das Wechselspiel der Farben

Wẹch·sel·strom der <-(e)s, Wechselströme> (ELEKTROTECHN. PHYS.: ↔ *Gleichstrom*) *elektrischer Strom, dessen Richtung und Stärke sich in regelmäßigen Abständen verändert und der im Haushalt verwendet wird*

Wẹch·sel·stu·be die <-, -n> WIRTSCH. *eine Art Geschäft, in dem Geld von einer Währung in eine andere umgetauscht werden kann*

wẹch·sel·voll *Adj. so, dass es sich häufig grundlegend ändert* die wechselvolle Geschichte der Stadt

Wẹch·sel·wäh·ler, **Wẹch·sel·wäh·le·rin** der <-s, -> *jmd., der bei politischen Wahlen immer unterschiedliche Parteien wählt*

wẹch·sel·wei·se *Adv. so, dass eins auf das andere folgt* Das Kind lebt wechselweise beim Vater und bei der Mutter.

Wẹch·sel·wir·kung die <-, -en> *gegenseitige Beeinflussung* die Wechselwirkung zwischen den Tieren und ihrer Umwelt

Wẹch·te die <-, -n> (*schweiz.*) *durch den Wind angewehte Schneemasse, die über einem Hang überhängt und leicht herunter rutschen kann*

Wẹck der <-(e)s, -e> (*süddt. österr.*) *längliches Weizenbrötchen*

Wẹck·dienst der <-(e)s, -e> *ein Service, den eine Telefongesellschaft oder ein Hotel anbietet und mit dem man sich durch einen Telefonanruf wecken¹ lassen kann*

We̩·cke die <-, -n> *s.* **Weck**

We̩·cken der <-, -> *s.* **Weck**

we̩·cken *mit OBJ* **1.** ■ *jmd./etwas weckt jmdn. jmdn. wach machen* Bitte weck mich morgen früh um 6 Uhr., Das Klingeln des Weckers hat mich geweckt. **2.** ■ *etwas weckt etwas* (*in/bei jmdm.*) (≈ *wachrufen*) *etwas in jmdm. entstehen lassen* Gefühle/Hoffnungen in jemandem wecken, Das hat meine Aufmerksamkeit geweckt., Die Kritik hat ihren Ehrgeiz geweckt.

We̩·cker der <-s, -> *eine Uhr, die zu einer vorher eingestellten Zeit einen Ton erzeugt, um jmdn. zu wecken* den Wecker stellen, Der Wecker hat geklingelt, wir müssen aufstehen. ■ **jemand geht jemandem auf den Wecker** (*umg. abwert.*): *jmd. stört jmdn., indem er lästig ist* Du gehst mir ganz schön auf den Wecker!

Wẹck·mit·tel das <-s, -> (MED.: ≈ *Aufputschmit-*

tel) ein Medikament, das das zentrale Nervensystem stimuliert und eine erregende Wirkung hat Die regelmäßige Einnahme von Weckmitteln kann zu Abhängigkeit führen.

We·del der <-s, -> **1.** *ein Stab, an dessen Ende Federn o.Ä. befestigt sind und mit dem man Staub entfernen kann* den Staub auf den Bücherregalen mit einem Wedel entfernen ◆ Staub- **2.** BOT. *ein gefächertes Blatt einer Pflanze* die Wedel einer Palme ◆ Palm-

we·deln <wedelst, wedelte, hat/ist gewedelt> **I.** *mit OBJ* ■ *jmd./etwas wedelt etwas von etwas Dat.* (*haben*) *etwas entfernen, indem man ein Tuch oder einen Wedel o.Ä. schnell hin und herbewegt* den Staub von den Regalen wedeln **II.** *ohne OBJ* **1.** ■ *jmd./ein Tier wedelt (mit etwas Dat.)* (*haben*) *etwas schnell hin und her schwenken* mit den Armen/einem Tuch in der Luft wedeln, Der Hund wedelt mit dem Schwanz. **2.** ■ *jmd. wedelt* (*sein*) *auf Skiern in kurzen Schwüngen fahren* den Hang hinunter wedeln

we·der *Konj. verwendet, um auszudrücken, dass das Erste und das Zweite (und das Dritte) nicht der Fall ist* weder der eine noch der andere, Weder er noch sie konnte es wissen., Weder kann sie ihn bringen noch ihn holen., Weder kann seine Frau ihn bringen, noch kann sein Freund sie abholen., weder rot noch schwarz noch gelb

Weg der <-(e)s, -e> **1.** *ein freier schmaler Streifen, auf dem man gehen oder fahren kann und der durch ein Gelände führt* ein Weg durch den Wald, ein asphaltierter/ausgetretener/befestigter/gepflasterter Weg, einen neuen Weg im Garten anlegen **2.** *die bestimmte Strecke, die man zurücklegen muss, um zu einem Ziel zu gelangen* noch einen langen Weg vor sich haben, Wie weit ist der Weg ins nächste Dorf?, den Weg verlieren/nicht finden **3.** *die Richtung, die zu einem Ziel führt* jemandem den Weg zeigen, Wohin führt dieser Weg?, jemandem den Weg abschneiden **4.** *die Art und Weise, mit der man ein Problem oder eine Angelegenheit lösen und behandeln kann* auf diplomatischem/dienstlichem Wege, es auf anderem Weg(e) versuchen, Es gibt viele Wege, zum Erfolg zu kommen., Ist das der richtige Weg, um gesund zu werden? **5.** *das, was man noch machen muss, um etwas zu erlangen* der Weg zum Erfolg, der Weg zum Glück **6.** *die Zeit, während der man irgendwohin geht, reist oder fährt* Auf dem Weg in die Schule habe ich sie getroffen., Sie ist bereits auf dem Weg nach Zürich. ■ **sich auf den Weg machen**: *losgehen oder verreisen* Es ist schon spät, ich mach mich jetzt lieber auf den Weg. **sich einen Weg (durch etwas) bahnen**: *sich Platz verschaffen, um durch etwas Dichtes hindurchzugehen* Er bahnte sich einen Weg durch die Menschenmassen. **seines Weges gehen** (*geh.*): *weitergehen, ohne sich um das zu kümmern, was um einen herum passiert* **jemand ist jemandem über den Weg gelaufen** (*umg.*): *jmd. hat jmdn. zufällig getroffen* Und dann ist mir noch mein Ex-Freund über den Weg gelaufen! **jemandem/etwas aus dem Weg gehen**: *versuchen, jmdn. nicht zu treffen oder etwas zu vermeiden* der Arbeit aus dem Weg gehen, Ich gehe ihm lieber aus dem Weg, wenn er so eine schlechte Laune hat. **jemandem nicht über den Weg trauen** (*umg.*): *jmdm. nicht vertrauen* **seine eigenen Wege gehen**: *sich von jmdm. unabhängig machen* Ab einem gewissen Alter gehen die Kinder ihre eigenen Wege. **Sie/er wird ihren/seinen Weg schon machen.** (*umg.*): *sie oder er wird im Leben bestimmt Erfolg haben* **etwas in die Wege leiten**: *etwas vorbereiten und dann damit beginnen* **den Weg des geringsten Widerstandes gehen**: *etwas tun, was am wenigsten Probleme bereitet* **sich auf dem Weg der Besserung befinden**: *wieder gesund werden* Nach der Operation befindet er sich schon auf dem Weg der Besserung. **jemand ist auf dem besten Wege, etwas zu werden**: *jmd. handelt so, dass er bald in eine negative Situation gerät* Sie ist auf dem besten Wege, ihren Job zu verlieren. **jemand steht jemandem im Weg**: *jmd. ist für jmdn. ein Hindernis* **jemanden aus dem Weg räumen** (*umg. verhüll.*): *jmdn. umbringen* **etwas aus dem Weg räumen** (*umg.*): *ein Hindernis beseitigen* **Da führt kein Weg dran vorbei!** (*umg.*): *das muss man unbedingt machen* **Wo ein Wille ist, ist auch ein Weg.** (*Sprichwort*): *wenn man etwas wirklich will, kann man es auch realisieren* **jemandes letzter Weg**: *die Beerdigung von jmdm.* **etwas zu Wege/zuwege bringen** (*umg.*): *etwas erreichen* ◆ Getrennt- oder Zusammenschreibung →R 4.14 Wie hast du das nur zu Wege/zuwege gebracht?

weg *Adv.* **1.** *relativ weit entfernt* Es befindet sich weit weg von hier., Die nächste Tankstelle ist nicht weit weg von hier. **2.** (*umg.*) *in Aufforderungen, sich oder etwas zu entfernen* Weg von hier!, Weg mit euch!, Hände weg!, Weg mit dem Messer! **3.** (*umg.*) *nicht mehr da; verschwunden* Das Geld ist weg., Ist er nun endlich weg?, Der Bus ist schon weg. ■ **weg sein** (*umg.*): *ohne Bewusstsein sein* Nach dem vierten Bier war ich plötzlich weg. **ganz (hin und) weg sein** (*umg.*): *ganz begeistert sein* Sie war ganz (hin und) weg von dem Film. **darüber weg sein** (*umg.*): *etwas überwunden haben* Ist er endlich darüber weg, dass sie ihn verlassen hat?, Sie ist längst darüber weg. ◆ Getrenntschreibung →R 4.1 Meine Brille kann doch nicht einfach weg sein!

weg·an·geln <angelst weg, angelte weg, hat weggeangelt> *mit OBJ* ■ *jmd. angelt jmdm. jmdn./etwas weg* (*umg.*) *jmdn. oder etwas nehmen, den/das jmd. anderer schon hatte oder gern gehabt hätte* Sie hat ihr einfach den Freund weggeangelt.

weg·be·kom·men <bekommst weg, bekam weg, hat wegbekommen> *mit OBJ* **1.** ■ *jmd. bekommt jmdn./etwas (aus /von etwas Dat.) weg* (*umg.* ≈ *wegkriegen*) *bewirken, dass jmd. oder etwas nicht mehr an einem bestimmten Ort oder an einer bestimmmten Stelle ist* Den Jungen bekommst du von seinem Computer nicht mehr weg., Ich bekomme den Bauch einfach nicht weg., einen Flecken wegbekommen **2.** ▪ *jmd. bekommt etwas weg* (*umg.* ≈ *wegkriegen*) *jmd. erhält etwas* Warte, du bekommst auch noch deine Strafe weg!

Weg·be·rei·ter, **Weg·be·rei·te·rin** der <-s, -> *eine Person, die die Voraussetzungen für eine spätere Entwicklung schafft* ein Wegbereiter der Demokratie/des Fortschritts

weg·bla·sen <bläst weg, blies weg, hat weggeblasen> *mit OBJ* **1.** ▪ *jmd. bläst etwas weg etwas entfernen, indem man darauf bläst* den Staub von etwas wegblasen **2.** ▪ *jmd. bläst jmdn./etwas weg* (*umg. abwert.*) *jmdn. erschießen oder etwas durch einen Schuss umstürzen lassen* ▪ **wie weggeblasen sein** (*umg.*): *spurlos verschwunden sein* Seine Sorgen waren plötzlich wie weggeblasen.

weg·blei·ben <bleibst weg, blieb weg, ist weggeblieben> *ohne OBJ* ▪ *jmd. bleibt* (*von etwas Dat.*) *weg* (*umg.*) *nicht mehr anwesend sein oder nicht mehr kommen* Sie ist von der Versammlung/vom Schulunterricht weggeblieben. ▪ **jemandem ist die Sprache weggeblieben**: *jmd. war so verblüfft, dass er nichts mehr sagen konnte*

weg·brin·gen <bringst weg, brachte weg, hat weggebracht> *mit OBJ* **1.** ▪ *jmd. bringt jmdn. weg jmdn. an einen anderen Ort führen* Ich muss noch die Kinder wegbringen, bevor ich zur Arbeit gehe. **2.** ▪ *jmd. bringt etwas weg eine Sache an einen Ort bringen, der für die weitere Behandlung/Verarbeitung o.Ä. der Sache relevant ist* ein Paket/einen Brief wegbringen, Bring doch noch kurz den Müll weg, bevor du gehst.

weg·dre·hen <drehst weg, drehte weg, hat weggedreht> **I.** *mit OBJ* ▪ *jmd. dreht den Kopf/das Gesicht weg den Kopf zur Seite drehen* **II.** *mit SICH* ▪ *jmd. dreht sich weg den Körper zur Seite drehen*

We·ge·bau der <-(e)s, -ten> *das Anlegen von meist gepflasterten Wegen[1]*

We·ge·la·ge·rer der <-s, -> (GESCH.: ≈ *Straßenräuber*)

we·gen *Präp. + Gen.* (*umg. Dat.*) *verwendet, um den Grund von etwas anzugeben* wegen seines Schweigens, Wegen deiner Lügerei sind wir in Schwierigkeiten., Wegen dieser Sache sollten wir neu verhandeln., Wegen seines Betruges kommt er unter Anklage. ▪ **wegen mir/dir/ihm usw.** (*umg.*): *meinetwegen, deinetwegen, seinetwegen usw.* **Von wegen!** (*umg.*): *verwendet, um auszudrücken, dass man jmds. Aussage* (*in milder Weise*) *widerspricht und zu betonen, dass das Gegenteil der Aussage richtig oder zutreffend wäre* Mach du das, du kannst das doch so gut! Von wegen, ich habe das noch nie gemacht! **von Amts wegen** (*geh.*): *im Auftrag eines Amtes* Ich komme von Amts wegen, nicht aus freien Stücken.

We·ge·netz das <-es, -e> *ein System von Wegen[1]*

We·ge·rich der <-s, -e> BOT. *eine Pflanze, die an Wegen und auf Wiesen wächst und lange Stängel und kleine weiße Blüten hat*

weg·es·sen <isst weg, aß weg, hat weggegessen> *mit OBJ* ▪ *jmd. isst* (*jmdm.*) *etwas weg* (*umg.*) *alles aufessen, was noch jmd. anderer essen wollte* Du hst mir schon wieder die Pizza weggegessen.

weg·fah·ren <fährst weg, fuhr weg, hat/ist weggefahren> **I.** *mit OBJ* ▪ *jmd. fährt etwas weg* (*haben*) *etwas an einen anderen Ort fahren* Müll/Möbel wegfahren, Ich muss das Auto hier wegfahren, es steht im Parkverbot. **II.** *ohne OBJ* **1.** ▪ *jmd. fährt weg* (*sein*) *verreisen* übers Wochenende wegfahren **2.** ▪ *jmd. fährt weg mit dem Auto an einen anderen Ort fahren* Ohne ein Wort zu sagen, stieg er ein und fuhr weg. **3.** ▪ *etwas fährt weg ein Fahrzeug entfernt sich* Der Bus fährt weg.

Weg·fahr·sper·re die <-, -n> KFZ *eine Vorrichtung in einem Auto, die verhindert, dass ein Autodieb mit diesem Fahrzeug wegfahren kann*

Weg·fall der <-(e)s> (*kein Plur.*) (≈ *Fortfall*) *der Sachverhalt, dass etwas, das bisher existiert hat oder der Fall war, nun nicht mehr gegeben ist* der Wegfall eines Feiertages/Zusatzverdienstes/, der Wegfall von Privilegien/von steuerlichen Vergünstigungen

weg·fal·len <fällt weg, fiel weg, ist weggefallen> *ohne OBJ* ▪ *etwas fällt weg nicht mehr vorhanden sein* Die Übungsstunden müssen leider wegfallen., Diese Probleme fallen zukünftig weg.

weg·fe·gen *mit OBJ* **1.** ▪ *jmd. fegt etwas weg etwas durch Fegen entfernen* die Blätter/den Schnee auf dem Weg/vom Weg wegfegen **2.** ▪ *jmd. fegt jmdn./etwas weg jmdn. verjagen* die alte Regierung wegfegen

weg·flie·gen <fliegst weg, flog weg, ist weggeflogen> *ohne OBJ* ▪ *jmd./ein Tier fliegt weg sich fliegend entfernen* Der Vogel ist weggeflogen.

weg·füh·ren **I.** *mit OBJ* **1.** ▪ *jmd. führt jmdn. weg mit jmdm. von einem Ort weggehen* die Gefangenen wegführen, Führ die Kinder hier weg, das müssen sie nicht mit ansehen! **2.** ▪ *etwas führt jmdn.* (*von etwas Dat.*) *weg etwas bewirkt, dass man sich von etwas entfernt* Das führt uns zu weit vom eigentlichen Thema weg. **II.** *ohne OBJ* ▪ *jmd./etwas führt von etwas Dat. weg von etwas abgehen* Vom Weg führen schmalere Nebenwege weg., Die Diskussion führt vom eigentlichen Thema weg.

Weg·gang der <-(e)s> (*kein Plur.*) (≈ *Ausscheiden*) *der Vorgang, dass jmd. seinen Arbeitsplatz aufgibt oder sein Amt niederlegt* Nach dem Weggang des Kollegen müssen Sie dessen Arbeit übernehmen.

weg·ge·ben <gibst weg, gab weg, hat weggegeben> *mit OBJ* ▪ *jmd. gibt etwas weg etwas, das man besessen hat, jmd. anderem geben, weil man es nicht mehr braucht* Die alten Anzüge/Bücher habe ich weggegeben, ich brauchte sie nicht mehr.

weg·ge·hen <gehst weg, ging weg, ist weggegangen> *ohne OBJ* **1.** ▪ *jmd. geht weg sich von irgendwo entfernen* Sie ist schon weggegangen, sie wollte nicht länger warten., Wollen wir heute Abend weggehen oder bleiben wir lieber zu Hause? **2.** ▪ *jmd. geht weg* (*umg.*) *ein Lokal aufsuchen*

W

Wollen wir heute Abend weggehen oder bleiben wir lieber zu Hause? **3.** ■ *jmd. geht von jmdm. weg jmdn. verlassen* Nach 10 Jahren Ehe ist er von ihr weggegangen. **4.** ■ *etwas geht weg* (*umg.*) *verschwinden* Der Fleck ist beim Waschen nicht weggegangen., Die Schmerzen wollen einfach nicht weggehen. **5.** ■ *etwas geht weg* (*umg.*) *gut und schnell verkauft werden* Das Brot ist schnell weggegangen. ■ **weggehen wie warme Semmeln** (*umg.*): *sehr gut und schnell verkauft werden* **Geh mir/Gehen Sie mir doch mit ... weg!** (*umg.*): *Lass mich/lassen Sie mich mit ... in Ruhe!*

weg·gie·ßen <gießt weg, goss weg, hat weggegossen> *mit OBJ* ■ *jmd. gießt etwas weg etwas entfernen, indem man es irgendwohin gießt* das schmutzige Wasser weggießen

weg·ha·ben <hast weg, hatte weg, hat weggehabt> *mit OBJ* ■ *jmd. hat etwas weg* (*umg.*) *etwas entfernt haben* Endlich habe ich den Schmutz (hier) weg!, Wenn ihr den Schrank hier weghabt, kann ich die Tür öffnen. ■ **einen (Schlag/Schaden) weghaben** (*abwert.*): *durch ein schlimmes Ereignis einen dauerhaften psychischen Schaden erlitten haben*

weg·hal·ten <hältst weg, hielt weg, hat weggehalten> **I.** *mit OBJ* ■ *jmd. hält etwas von jmdm./sich weg etwas mit der Hand auf Abstand zu jmdm. oder sich halten* **II.** *mit SICH* ■ *jmd. hält sich von jmdm./etwas weg zu jmdm. keinen Kontakt mehr haben oder eine Sache vermeiden*

weg·hän·gen <hängst weg, hängte weg, hat weggehängt> *mit OBJ* ■ *jmd. hängt etwas weg etwas irgendwohin hängen, so dass man es nicht mehr sieht oder damit es nicht mehr stört* den Wintermantel weghängen

weg·ho·len <holst weg, holte weg, hat weggeholt> **I.** *mit OBJ* ■ *jmd. holt jmdn. weg jmdn. irgendwo abholen und an einen anderen Ort bringen* Wir müssen sie aus dem Heim wegholen, es gefällt ihr dort nicht. **II.** *mit SICH* ■ *jmd. holt sich etwas weg* (*umg.*) *eine Krankheit bekommen* sich etwas/eine Krankheit wegholen, Ich weiß nicht, wo ich mir diesen Schnupfen weggeholt habe.

weg·hö·ren <hörst weg, hörte weg, hat weggehört> *ohne OBJ* ■ *jmd. hört weg nicht mehr zuhören* Hör doch einfach weg, wenn dir die Musik nicht gefällt!

weg·ja·gen *mit OBJ* ■ *jmd. jagt jmdn./ein Tier weg jmdn. oder ein Tier vertreiben* die Katze (vom Tisch) wegjagen, Er jagt immer die Kinder vom Hof weg.

weg·kom·men <kommst weg, kam weg, ist weggekommen> *ohne OBJ* **1.** ■ *jmd. kommt weg* (*umg.*) *einen Ort verlassen können* Wir kommen hier nicht weg, wir stehen im Stau., Bis zum Nachmittag komme ich nicht von zu Hause weg, ich habe zu viel zu tun. **2.** ■ *etwas kommt weg* (*umg.*) *gestohlen werden* Mir ist mein Notizbuch weggekommen., Lassen Sie Ihre Wertsachen lieber im Safe, hier ist schon einiges weggekommen. **3.** ■ *jmd. kommt von jmdm./etwas weg sich von etwas befreien oder lösen* Er kam nicht vom Alkohol/Heroin/seiner Sucht weg., Sie kommt nicht von ihm weg. **4.** ■ *jmd. kommt bei etwas irgendwie weg* (*umg.*) *bei etwas irgendwie behandelt werden* Er ist bei der Verteilung des Erbes schlecht weggekommen., Wir können froh sein, wir sind noch einmal gut bei der Sache weggekommen. **5.** ■ *jmd. kommt über etwas nicht weg* (*umg.*) *etwas nicht vergessen können* Ich komme über die Trennung einfach nicht weg. ■ **Mach, dass du wegkommst!** (*umg.*): *verwendet, um auf sehr unhöfliche Art zu sagen, dass jmd. weggehen soll*

weg·kön·nen <kannst weg, konnte weg, hat weggekonnt> *ohne OBJ* **1.** ■ *jmd. kann weg* (*umg.*) *einen Ort verlassen können* Ich kann jetzt nicht weg, ich warte noch auf einen Anruf. **2.** ■ *etwas kann weg* (*umg.*) *etwas kann entfernt werden* Die alten Zeitungen können weg.

weg·krat·zen <kratzt weg, kratzte weg, hat weggekratzt> *mit OBJ* ■ *jmd./ein Tier kratzt etwas* (*von etwas Dat.*) *weg etwas durch Kratzen entfernen* das Eis von der Windschutzscheibe wegkratzen

weg·krie·gen <kriegst weg, kriegte weg, hat weggekriegt> *mit OBJ* **1.** ■ *jmd. kriegt jmdn./etwas* (*aus/von etwas Dat.*) *weg* (*umg.*) *wegbekommen*[1] Ich kriege den Flecken nicht weg. **2.** ■ *jmd. kriegt etwas weg* (*umg.*) *wegbekommen*[2]

weg·kun·dig *Adj.* (*geh.*) *so, dass jmd. den Weg*[2 3] *sehr gut kennt* ein wegkundiger Führer

weg·las·sen <lässt weg, ließ weg, hat weggelassen> *mit OBJ* **1.** ■ *jmd. lässt etwas weg* (*umg.*) *etwas auslassen* Das Komma kann man hier weglassen., Wenn man das Salz weglässt, schmeckt das Essen nicht mehr., Das (Thema) lassen wir hier lieber weg! **2.** ■ *jmd. lässt jmdn. weg* (*umg.*) *jmdn. weggehen lassen* Paul kommt heute nicht mit, seine Eltern haben ihn nicht weggelassen., Ohne dass du eine warme Jacke anziehst, lasse ich dich nicht weg.

weg·lau·fen <läufst weg, lief weg, ist weggelaufen> *ohne OBJ.* **1.** ■ *jmd./etwas läuft weg sich sehr schnell zu Fuß von einem Ort entfernen* Lauf doch nicht gleich weg, wir müssen noch etwas besprechen! **2.** ■ *jmd. läuft jmdm. weg* (*umg.*) *jmdn. verlassen* Ihm ist seine Frau weggelaufen. **3.** ■ *jmd. läuft aus/von etwas Dat. weg etwas unerwartet verlassen* Er ist aus dem Heim/von zu Hause/von der Arbeit weggelaufen. **4.** ■ *jmd./ein Tier läuft vor jmdm./etwas weg wegen jmdm. oder etwas flüchten* Die Katze läuft vor dem Hund weg.

weg·le·gen *mit OBJ* ■ *jmd. legt etwas weg etwas irgendwohin legen, was man in der Hand hatte* das Messer/die Zeitung weglegen

weg·ma·chen <machst weg, machte weg, hat weggemacht> *mit OBJ* ■ *jmd. macht etwas weg* (*umg.*) *etwas entfernen* einen Fleck wegmachen, Er hat einen Baum im Garten weggemacht. ■ **(sich) ein Kind wegmachen lassen** (*umg.*): *abtreiben*

weg·müs·sen <musst weg, musste weg, hat weggemusst> *ohne OBJ* **1.** ■ *jmd. muss weg* (*umg.*) *ei-*

nen Ort verlassen müssen Ich muss hier weg, ich halte das nicht aus!, Musst du heute noch einmal weg oder bleibst du hier? **2.** ■ *etwas muss weg* (*umg.*) *etwas muss entfernt oder verbraucht werden* Der Tisch muss hier weg., Die Milch muss heute weg, morgen ist sie schlecht. **3.** ■ *etwas muss weg* (*umg.*) *irgendwohin gebracht werden müssen* Die Post muss heute noch weg.

wẹg·neh·men <nimmst weg, nahm weg, hat weggenommen> *mit OBJ* **1.** ■ *jmd. nimmt etwas weg etwas von einer Stelle nehmen* die Decke vom Tisch wegnehmen, den Fuß von der Bremse wegnehmen **2.** ■ *jmd. nimmt jmdm. etwas weg jmdm. etwas nehmen, das ihm gehört* jemandem den Führerschein/den Pass wegnehmen, Nimm mir nicht immer meine Sachen weg! **3.** ■ *jmd. nimmt jmdm. etwas weg* (*umg.*) *verhindern, dass jmd. etwas hat* Geh zur Seite, du nimmst mir das Licht weg! **4.** ■ *etwas nimmt viel Platz weg viel Platz benötigen* Der Tisch nimmt viel Platz weg.

wẹg·ra·ti·o·na·li·sie·ren <rationalisierst weg, rationalisierte weg, hat wegrationalisiert> *mit OBJ* ■ *jmd. rationalisiert jmdn./etwas weg* (*umg. verhüll.*) *jmdn. oder etwas durch Rationalisierung überflüssig machen* Arbeitsplätze wegrationalisieren

wẹg·räu·men *mit OBJ* **1.** ■ *jmd. räumt etwas weg etwas irgendwohin schaffen, damit es nicht mehr stört* die Spielsachen wegräumen **2.** ■ *jmd. räumt etwas weg etwas beseitigen* Hindernisse/Schwierigkeiten wegräumen

wẹg·rei·ßen <reißt weg, riss weg, hat weggerissen> *mit OBJ* **1.** ■ *jmd. reißt etwas weg ein Gebäude abbrechen* Der Bagger riss das Haus weg. **2.** ■ *jmd. reißt jmdm. etwas weg jmdm. plötzlich etwas mit Gewalt entwenden* Der Dieb riss ihm die Tasche weg. **3.** ■ *etwas reißt jmdn. weg jmd. wird von etwas plötzlich fortgezogen* Die Strömung riss sie plötzlich weg.

wẹg·schaf·fen <schaffst weg, schaffte weg, hat weggeschafft> *mit OBJ* ■ *jmd. schafft etwas weg etwas irgendwohin bringen* den Müll wegschaffen

wẹg·sche·ren <scherst weg, scherte weg, hat weggeschert> *mit SICH* ■ *jmd. schert sich weg* (*umg. abwert.*) *verschwinden* Die (Störenfriede) sollen sich endlich hier wegscheren!, Scher dich weg!

wẹg·schi·cken *mit OBJ* **1.** ■ *jmd. schickt jmdn. weg jmdn. auffordern, wegzugehen* Wir haben ihn wieder weggeschickt., Ihr könnt mich doch nicht einfach so wegschicken! **2.** ■ *jmd. schickt etwas weg etwas irgendwohin senden* einen Brief/ein Fax/eine E-Mail wegschicken

wẹg·schie·ben <schiebst weg, schob weg, hat weggeschoben> *mit OBJ* ■ *jmd. schiebt jmdn./etwas weg etwas beiseite schieben* den Teller/seinen Vordermann wegschieben

wẹg·schlep·pen <schleppst weg, schleppte weg, hat weggeschleppt> **I.** *mit OBJ* **1.** ■ *jmd. schleppt etwas weg* (*umg.*) *etwas Schweres irgendwohin tragen* Taschen voller Getränke wegschleppen **2.** ■ *jmd. schleppt etwas weg* (*umg. abwert.*) *etwas ohne Erlaubnis mitnehmen* Wer hat denn wieder meinen Schlüssel weggeschleppt? **II.** *mit SICH* ■ *jmd. schleppt sich weg sich mit viel Mühe von einer Stelle entfernen* Mit letzter Kraft schleppte er sich von der Unfallstelle weg.

wẹg·schmei·ßen <schmeißt weg, schmiss weg, hat weggeschmissen> *mit OBJ* ■ *jmd. schmeißt etwas weg* (*umg.*) *etwas irgendwohin werfen, weil man es nicht mehr braucht* alte Sachen wegschmeißen

wẹg·schnap·pen <schnappst weg, schnappte weg, hat weggeschnappt> *mit OBJ* ■ *jmd. schnappt jmdm. etwas weg* (*umg.*) *etwas sehr schnell und plötzlich nehmen oder kaufen, so dass jmd. anderer es nicht mehr nutzen kann* Er hat mir doch die letzten Eintrittskarten weggeschnappt!

wẹg·schüt·ten *mit OBJ* ■ *jmd. schüttet etwas weg etwas entfernen, indem man es irgendwohin schüttet* verdorbenes Essen/schmutziges Wasser wegschütten

wẹg·se·hen <siehst weg, sah weg, hat weggesehen> *ohne OBJ* **1.** (↔ *hersehen*) ■ *jmd. sieht weg den Blick woandershin richten* verlegen wegsehen **2.** ■ *jmd. sieht weg etwas nicht zur Kenntnis nehmen* Man kann nicht einfach wegsehen, wenn Unrecht geschieht.

wẹg·set·zen <setzt weg, setzte weg, hat weggesetzt> **I.** *mit OBJ* ■ *jmd. setzt jmdn./etwas weg jmdn. oder etwas an eine andere Stelle setzen* Die Lehrerin hat Paul von Franz weggesetzt., Wir müssen die Grünpflanze dort wegsetzen, sie gedeiht nicht richtig. **II.** *mit SICH* **1.** ■ *jmd. setzt sich weg sich an eine andere Stelle setzen* Ich habe mich von ihm/von der Tür weggesetzt. **2.** ■ *jmd. setzt sich über etwas weg* (*umg.*) *etwas nicht beachten* Er hat sich über ihre Anweisungen weggesetzt.

wẹg·ste·cken <steckst weg, steckte weg, hat weggesteckt> *mit OBJ* ■ *jmd. steckt etwas weg etwas irgendwohin stecken* Du kannst das Notizbuch/dein Geld (wieder) wegstecken. ■ **jemand kann etwas wegstecken** (*umg.*): *etwas gut ertragen können* Sie hat den Misserfolg gut weggesteckt.

wẹg·steh·len <stiehlst weg, stahl weg, hat weggestohlen> *mit SICH* ■ *jmd. stiehlt sich weg heimlich weggehen* Er hat sich von der Party weggestohlen.

wẹg·stel·len *mit OBJ* ■ *jmd. stellt etwas weg etwas an eine andere Stelle stellen* Kannst du die Vase dort wegstellen? Sie stört mich.

wegsterben <stirbst weg, starb weg, ist weggestorben> *ohne OBJ* **1.** ■ *jmd./etwas stirbt weg* (*umg.*) *ein Menge Personen sterben reihenweise* In manchen Dörfern sind wegen AIDS fast alle Jugendliche weggestorben. **2.** ■ *jmd. stirbt jmdm. weg* (*umg.*) *sterben und jmdn. allein lassen* Nach sechzig Jahren Ehe ist ihm seine Frau plötzlich weggestorben.

wẹg·sto·ßen <stößt weg, stieß weg, hat weggestoßen> *mit OBJ* ■ *jmd. stößt jmdn./etwas weg* *jmdn. oder etwas beiseite stoßen* Sie hat die neben ihr Stehenden einfach weggestoßen, um besser sehen zu können., Die Mutter stieß das Kind unwirsch von sich weg.

Weg·stre·cke die <-, -n> *Teil eines längeren Weges, den man geht* Sie hat ihn auf einer Wegstrecke von fünf Kilometern begleitet., noch eine ganze Wegstrecke vor sich haben

weg·tra·gen <trägst weg, trug weg, hat weggetragen> *mit OBJ* ■ *jmd. trägt jmdn./etwas weg jmdn. oder etwas an einen anderen Ort tragen* Wir haben die Steine weggetragen.

weg·tre·ten <trittst weg, trat weg, ist weggetreten> **I.** *mit OBJ* ■ *jmd. tritt etwas weg gegen etwas treten, damit es sich entfernt* den Ball wegtreten **II.** *ohne OBJ* **1.** ■ *jmd. tritt (von etwas Dat.) weg von etwas mit einem oder ein paar Schritten zur Seite gehen* vom Fenster/vom Eingang wegtreten, um anderen Platz zu machen **2.** ■ *jmd. ist weggetreten (umg.) geistig abwesend sein* Die Vorlesung war schwierig und ich war müde, da bin ich leider kurz weggetreten. ■ **Wegtreten!** MILIT.: *Kommando, mit dem Soldaten befohlen wird, eine Formation zu verlassen und sich normal zu bewegen*

weg·tun <tust weg, tat weg, hat weggetan> *mit OBJ* **1.** ■ *jmd. tut etwas weg (umg.) etwas an eine andere Stelle tun* Könntest du bitte deine Sachen hier wegtun? Ich brauche den Platz! **2.** ■ *jmd. tut etwas weg (umg.) etwas zum Abfall tun* verdorbenes Essen/alte Sachen wegtun **3.** ■ *jmd. tut etwas weg (umg.) etwas schnell verbergen oder verschwinden lassen* Tu das weg, der Lehrer kommt!

weg·wei·send <nicht steig.> *Adj. so, dass es für eine zukünftige Entwicklung sehr wichtig ist* ein wegweisendes Urteil des Bundesverfassungsgerichts

Weg·wei·ser der <-s, -> *ein Zeichen, das die Richtung und manchmal auch die Entfernung zu einem Ort oder Ziel angibt* Ihr könnt euch nach den Wegweisern richten, um ans Ziel zu kommen.

weg·wer·fen <wirfst weg, warf weg, hat weggeworfen> *mit OBJ* **1.** ■ *jmd. wirft etwas weg etwas irgendwohin werfen* den Ball auffangen und wieder wegwerfen **2.** ■ *jmd. wirft etwas weg etwas, das man nicht mehr braucht, in den Müll werfen* verdorbene Lebensmittel/alte Schuhe wegwerfen ■ **sein Geld wegwerfen**: *sein Geld verschwenden* **sein Leben wegwerfen**: *sich für eine sinnlose Sache opfern*

Weg·werf·fla·sche die <-, -n> *(umg. ≈ Einwegflasche ↔ Pfandflasche) Flasche, die man nach Gebrauch wegwirft, weil man für sie kein Pfand erhält*

Weg·werf·ge·sell·schaft die <-, -en> *(abwert.) Gesellschaft, in der Waren nur kurz gebraucht und dann weggeworfen und durch neue ersetzt werden*

Weg·werf·ver·pa·ckung die <-, -en> *(↔ Mehrwegverpackung) Verpackung, die nach Gebrauch in den Müll geworfen wird*

Weg·werf·win·del die <-, -n> *Windel, die nach Gebrauch in den Müll geworfen wird*

weg·wi·schen <wischst weg, wischte weg, hat weggewischt> *mit OBJ* ■ *jmd. wischt etwas weg etwas durch Wischen entfernen* den Schmutz/Staub (vom Schrank) wegwischen, alles, was an der Tafel steht, wegwischen ■ **etwas ist wie weggewischt** *(umg. übertr.): etwas ist aus dem Gedächtnis verdrängt* Die Erinnerungen der letzten Jahre sind wie weggewischt.

Weg·zeh·rung die <-, -en> *(geh.) ein kleiner Vorrat an Essen, den man auf einer Wanderung oder einem Spaziergang mit sich trägt*

Weg·zei·chen das <-s, -> *Zeichen, das an einem Weg die Richtung angibt*

weg·zie·hen <ziehst weg, zog weg, hat/ist weggezogen> **I.** *mit OBJ* ■ *jmd. zieht (jmdm.) etwas weg (haben) etwas durch Ziehen entfernen* die Decke/die Hand wegziehen, jemandem den Stuhl wegziehen **II.** *ohne OBJ* **1.** ■ *jmd./ein Tier zieht weg (sein) den Wohnort oder Aufenthaltsort wechseln* Familie Schmidt ist im vergangenen Jahr weggezogen., Die Stare sind schon weggezogen. **2.** ■ *etwas zieht weg sich entfernen* Das Gewitter/die Wolke ist weggezogen.

Weh das <-(e)s> *(kein Plur.) (veralt. geh.) (seelisches) Leid, Kummer* jemandem großes Weh bereiten ■ **mit viel Ach und Weh**: *mit viel Stöhnen und Klagen*

weh[1] *Adj.* **1.** *(umg.) schmerzend* ein wehes Bein haben **2.** *(geh.) traurig* Ihr ist ganz weh zumute., Ihm wurde ganz weh ums Herz.

weh[2] *Interj. verwendet, um Kummer oder Leid auszudrücken* O weh, wie war das nur möglich?, Ach weh!

weh(e) *Interj. verwendet, um zu drohen* Wehe, wenn ihr das vergesst!, Weh(e) ihm, wenn er das noch einmal macht!

We·he[1] die <-, -n> *(meist Plur.) das schmerzhafte Zusammenziehen der Gebärmutter bei der Geburt* Die Wehen setzen ein.

We·he[2] die <-, -n> *Schnee oder Sand, der vom Wind zu einem Haufen geweht wurde* Der Wind hatte große Wehen (von Schnee) auf der Straße aufgetürmt. ◆ Schnee-

We·he[3] ■ **das Wohl und Wehe** *(geh.): die Art und Weise, wie es jmdm. ergeht* Das wird über unser Wohl und Wehe entscheiden.

we·hen **I.** *mit OBJ* ■ *etwas weht etwas irgendwohin der Wind oder ein Sturm bewegt etwas irgendwohin* Der Wind weht das Laub durch die Luft. **II.** *ohne OBJ* **1.** ■ *etwas weht (irgendwohin)/(irgendwoher) der Wind oder der Sturm bläst (irgendwohin) (irgendwoher)* Der Wind weht über das Land., Der Sturm weht stark aus Norden. **2.** ■ *etwas weht etwas bewegt sich durch den Wind* Die Wäsche weht auf der Leine., Die Flaggen wehen im Wind., Mit wehenden Haaren lief er über die Straße.

Weh·ge·schrei das <-s> *(kein Plur.) (≈ Wehklage)*

Weh·kla·ge die <-, -n> *(geh.) lautes Klagen wegen seelischer oder körperlicher Leiden* die Wehklage der trauernden Angehörigen

weh·kla·gen <wehklagst, wehklagte, hat gewehklagt> *ohne OBJ* ■ *jmd. wehklagt (geh.) laut we-*

gen seelischer oder körperlicher Leiden klagen Man hörte sie schon aus der Ferne wehklagen., mit wehklagender Stimme

weh·lei·dig *Adj.* (*abwert.*) **1.** *übertrieben empfindlich gegen Schmerzen* Sei doch nicht so wehleidig!, ein wehleidiges Kind **2.** *so jammervoll, dass es Mitleid erregt* eine wehleidige Stimme, ein wehleidiges Gesicht machen

Weh·lei·dig·keit die <-> (*kein Plur.*) *Zustand, in dem jmd. wehleidig ist* Jetzt reiß dich zusammen und hör auf mit deiner Wehleidigkeit.

Weh·mut die <-> (*kein Plur.*) *leichter Schmerz, den man bei der Erinnerung an etwas Vergangenes empfindet* voller Wehmut an die Jugendzeit denken

weh·mü·tig *Adj. voller Wehmut* ganz wehmütig werden, wehmütig alte Fotos betrachten

Wehr[1] das <-(e)s, -e> *eine Art Mauer, mit der Wasser gestaut wird oder die Wassergeschwindigkeit verringert wird* Der Fluss staut sich vor einem Wehr.

Wehr[2] die <-, -en> (*veralt.*) *eine Gruppe von Personen, die etwas verteidigen oder schützen* Die Wehren der Nachbarorte mussten ausrücken, um den Brand zu löschen. ■ **Wehr und Waffen** (*dichter. veralt.*): *Schutz und Verteidigung* ◆ Bundes-, Feuer-, Land-

Wehr[3] ■ **sich zur Wehr setzen** (*geh.*): *sich verteidigen*

Wehr·be·auf·trag·te der/die <-n, -n> POL. MILIT. *eine Person, die vom Bundestag beauftragt ist, zu kontrollieren, ob die verfassungsmäßigen Rechte der Soldaten der Bundeswehr eingehalten werden* der Bericht des Wehrbeauftragten

Wehr·dienst der <-(e)s, -e> *Dienst, der aufgrund der Wehrpflicht beim Militär gemacht wird* seinen Wehrdienst bei der Luftwaffe/der Marine ableisten, den Wehrdienst antreten/verweigern, zum Wehrdienst eingezogen werden

wehr·dienst·taug·lich <nicht steig.> *Adj. zum Wehrdienst geeignet* jemanden für (nicht) wehrdiensttauglich erklären

Wehr·dienst·ver·wei·ge·rer der <-s, -> *Person, die sich weigert, den Wehrdienst abzuleisten*

Wehr·dienst·ver·wei·ge·rung die <-, -en> *die Weigerung, den Wehrdienst abzuleisten, weil man dies mit seinem Gewissen nicht vereinbaren kann* Das Recht auf Wehrdienstverweigerung ist in der Verfassung festgeschrieben.

weh·ren **I.** *ohne OBJ* ■ *jmd. wehrt jmdm. etwas* (*veralt. geh.*) *jmdm. etwas nicht erlauben* Sie wehrte ihm den Zutritt zum Schloss., Wehret den Anfängen! **II.** *mit SICH* **1.** ■ *jmd. wehrt sich gegen etwas Akk. gegen etwas Widerstand leisten* Sie wehrte sich gegen die Anschuldigungen. **2.** ■ *jmd. wehrt sich* (*gegen jmdn./etwas*) *sich verteidigen* Wenn man angegriffen wird, muss man sich wehren. ■ **Wehret den Anfängen!** (*geh.*): *verwendet als Aufforderung, schon früh einer negativen Entwicklung entgegen zu treten* **sich mit Händen und Füßen wehren** (*umg.*): *sich mit aller Kraft verteidigen*

Wehr·ex·per·te, Wehr·ex·per·tin der <-n, -n> POL. *Experte* (*einer Partei*) *für die Streitkräfte*

wehr·fä·hig <nicht steig.> *Adj. für den Militärdienst geeignet*

wehr·haft *Adj.* (*veralt.*) **1.** (↔ *wehrlos*) *in der Lage, sich zu verteidigen* ein kleines, wehrhaftes Volk **2.** *gut befestigt* eine wehrhafte Burg

Wehr·kraft·zer·set·zung die <-> (*kein Plur.*) GESCH. *Begriff, mit dem während des Zweiten Weltkriegs von den Nationalsozialiste jegliche kritische Äußerung zum Militäreinsatz bezeichnet und mit dem Tode oder der Inhaftierung in einem KZ bestraft wurde*

wehr·los *Adj. nicht in der Lage, sich zu verteidigen* einer Sache völlig wehrlos gegenüberstehen, ein wehrloses Kind, Einen Wehrlosen schlägt man nicht.

Wehr·lo·sig·keit die <-> (*kein Plur.*) *Unfähigkeit, sich zu verteidigen*

Wehr·macht die <-> (*kein Plur.*) *die Streitkräfte des nationalsozialistischen Deutschen Reiches von 1935 bis 1945*

Wehr·machts·de·ser·teur der <-s, -e> *Deserteur der Wehrmacht*

Wehr·mann der <-(e)s, Wehrmänner> (*schweiz.*) *Soldat*

Wehr·pflicht die <-> (*kein Plur.*) *die gesetzliche Pflicht, Wehrdienst zu leisten* die allgemeine Wehrpflicht

wehr·pflich·tig <nicht steig.> *Adj. der Wehrpflicht unterliegend* im wehrpflichtigen Alter sein

Wehr·pflich·ti·ge der <-n, -n> *Person, die wehrpflichtig ist*

Wehr·sold der <-(e)s> (*kein Plur.*) *der monatliche Lohn, den ein Soldat erhält*

Wehr·sport·grup·pe die <-, -n> *eine neonazistische Gruppe, die militärische Übungen macht*

wehr·taug·lich <nicht steig.> *Adj.* (≈ *wehrfähig*)

weh·tun <tust weh, tat weh, hat wehgetan> *ohne OBJ* **1.** ■ *etwas tut weh* (*umg.* ≈ *schmerzen*) Mein Arm/Finger/Kopf tut furchtbar weh., Wo tut es dir denn weh? **2.** ■ *jmd./etwas tut jmdm. weh jmdm. Schmerzen zufügen* Er hat mir absichtlich wehgetan., Das grelle Licht tut den Augen weh., Ich habe mir wehgetan., Er hat sich mit dem Messer wehgetan., Die Spritze hat überhaupt nicht wehgetan. **3.** ■ *jmd./etwas tut jmdm. weh* (*übertr.*) *jmdm. seelische Schmerzen zufügen* Du hast ihr mit deiner Äußerung sehr wehgetan., Scheiden/Ein Abschied tut weh. ◆ Zusammenschreibung→R 4.8 Hat es wehgetan?, Wer hat dir denn wehgetan?

Weh·weh·chen das <-s, -> (*umg. abwert.*) *harmlose Beschwerden* Du mit deinen dauernden Wehwehchen!

Weib das <-(e)s, -er> **1.** (*umg. abwert.*) *Frau* ein altes/fürchterliches/hässliches Weib **2.** (*umg.*) *tolle Frau* Das ist vielleicht ein (tolles) Weib!

Weib·chen das <-s, -> (↔ *Männchen*) *weibliches Tier* Bei vielen Tierarten kümmert sich nur das Weibchen um die Aufzucht der Jungen.

Wei·ber·feind der <-(e)s, -e> (*veralt.*) *jmd., der*

Frauen ablehnt und sie feindselig betrachtet

Wei·ber·held der <-en, -en> (*umg. abwert.*) *Mann, der viele (sexuelle) Beziehungen zu verschiedenen Frauen hat und damit prahlt*

Wei·ber·volk das <-(e)s> (*kein Plur.*) (*abwert.*) *Frauen*

wei·bisch <nicht steig.> *Adj. so, dass jmd. nicht die (angeblichen) typischen männlichen Eigenschaften hat* Er hat eine weibische Art/ein weibisches Benehmen.

weib·lich *Adj.* **1.** *beim Menschen von dem Geschlecht, das Kinder gebären kann* weibliche Nachkommen, die weiblichen Angestellten einer Firma **2.** *so, dass ein Tier Junge gebären kann* Ein weibliches Tier nennt man „Weibchen". **3.** BOT. *so, dass es eine Frucht bilden kann* eine weibliche Blüte **4.** *zu einer Frau gehörend* die weibliche Anatomie/Psyche, die weiblichen Geschlechtsorgane, die weibliche Brust, ein weiblicher Vorname **5.** (≈ *feminin*) *typisch für eine Frau* eine weibliche Stimme, eine sehr weibliche Ausstrahlung **6.** SPRACHWISS. *von dem grammatischen Genus, das für Substantive im Nominativ Singular den Artikel „die" erfordert* Die weibliche Form von „Lehrer" ist „Lehrerin".

Weib·lich·keit die <-> (*kein Plur.*) **1.** *weibliche Art* viel/wenig Weiblichkeit ausstrahlen/haben **2.** (*geh. scherzh.*) *die Gesamtheit der Frauen* die holde Weiblichkeit, Er hatte wenig Erfolg bei der Weiblichkeit.

Weibs·bild das <-(e)s, -er> (*umg. abwert.*) *eine Frau* So ein unverschämtes Weibsbild kommt mir nicht noch einmal ins Haus!

weich *Adj.* **1.** *so, dass ein Material einfach zu formen oder zu bearbeiten ist* Silber ist ein weiches Metall., weiches Holz **2.** *so, dass es sich sanft und glatt anfühlt* ein weiches Fell, weiche Wolle, ein weicher Stoff, die Wäsche weich spülen **3.** *so, dass es nachgibt und elastisch ist* ein weiches Bett **4.** *so, dass es fertig gekocht ist* das Fleisch weich kochen, weich gedünstetes Gemüse **5.** *so, dass es sehr reif ist* Der Apfel ist schon ganz weich. **6.** *mitfühlend* ein weiches Herz haben **7.** *so, dass jmd. leicht zu überreden ist und nachgibt* jemanden durch vieles Überreden weich machen, Am Ende ist er doch noch weich geworden., Er ist halt zu weich für diesen Job. **8.** *angenehm zu hören* eine weiche Stimme **9.** *angenehm für die Augen* in ein weiches Licht getaucht sein **10.** *so, dass es ohne Kanten und mit runden Formen ist* weiche Gesichtszüge haben ■ **weiches Wasser**: wenig Kalk enthaltendes Wasser **weich gespülte Wäsche**: *Kleidung, die sich nach dem Reinigen weich*[2] *anfühlt* ◆ Getrenntschreibung→R 4.2, R 4.3 weich gekochte Eier, das Fleisch weich klopfen, Der Anblick hat ihn/sein Herz weich gemacht.

Wei·che[1] die <-, -n> *Vorrichtung an Eisenbahnschienen, mit der ein Zug von einem Gleis auf ein anderes gelenkt werden kann* eine Weiche stellen ■ **die Weichen für etwas stellen** (*übertr.*): *etwas so entscheiden, dass eine Entwicklung in eine bestimmte Richtung gelenkt wird*

Wei·che[2] die <-, -n> (*meist Plur.*) (≈ *Flanke*) dem Pferd die Sporen in die Weichen drücken

Weich·ei das <-s, -er> (*umg. abwert.*) *Weichling*

wei·chen[1] <weichst, wich, ist gewichen> *ohne OBJ* **1.** ■ *jmd. weicht nicht von irgendwo* (*geh.*) *irgendwo bleiben* nicht von der Stelle weichen, Er wich den ganzen Abend nicht von ihrer Seite. **2.** ■ *jmd. weicht (vor) jmdm./etwas nachgeben, kapitulieren* vor der Gefahr weichen, Sie mussten (vor) der Übermacht der Angreifer weichen. **3.** ■ *etwas weicht etwas Dat. durch etwas anderes abgelöst werden* Die Angst weicht der Erleichterung., Allmählich weicht der Tag der Nacht. **4.** ■ *etwas weicht* (*geh.*) *verschwinden* Alles Blut war aus ihren Wangen gewichen. **5.** ■ *jmd. weicht irgendwohin irgendwohin ausweichen* Schnell wich er zur Seite.

wei·chen[2] <weichst, weichte, hat/ist geweicht> **I.** *mit OBJ* ■ *jmd. weicht etwas* (*haben*) *etwas weich machen* Wir haben das Brot erst in Milch geweicht, dann ließ es sich besser essen. **II.** *ohne OBJ* ■ *etwas weicht* (*sein*) *weich werden* Das Brot muss noch etwas weichen/ist schon genug geweicht.

Wei·chen·stel·ler der <-s, -> *jmd., der eine Weiche*[1] *einstellt*

Wei·chen·stel·lung die <-, -en> **1.** *Einstellung einer Weiche*[1] **2.** (*übertr.*) *Entscheidung für eine bestimmte Richtung, in die etwas geht* Die Regierung hat die Weichenstellungen für die Reformen vorgenommen.

Weich·heit die <-, -en> (*kein Plur.*) **1.** *Zustand, in dem etwas weich ist* die Weichheit des Materials **2.** *Zustand, in dem jmd. sehr nachgiebig und beinflussbar ist* Seine Weichheit verhindert wirkliche Entscheidungen.

weich·her·zig *Adj.* (↔ *hartherzig*) *mitfühlend und gütig* ▸ Weichherzigkeit

Weich·kä·se der <-s> (*kein Plur.*) *ein weicher Schmierkäse, den man zum Beispiel auf ein Brot streichen kann*

weich·lich *Adj.* (*abwert.*) **1.** *ohne starken Willen* ein weichlicher Charakter **2.** *körperlich schwach* Er ist zu weichlich, er schafft eine solche schwere Bergtour nicht. **3.** *nicht streng genug* eine weichliche Erziehung ▸ Weichlichkeit

Weich·ling der <-s, -e> (*abwert.*) *Mann, der weichlich*[1 2] *ist*

Weich·sel[1] die <-> *ein Fluss in Polen*

Weich·sel[2] die <-, -n> (*österr.*) *Sauerkirsche*

Weich·spü·ler der <-s, -> *ein Mittel, das dem Spülwasser der Wäsche zugesetzt wird, um sie weicher zu machen*

Weich·tier das <-s, -e> (ZOOL.: ≈ *Molluske*) *ein kleines wirbelloses Tier* Schnecken und Muscheln gehören zu den Weichtieren.

Weich·zeich·ner der <-s, -> FOTOGR. FILM *eine Linse, die auf das Objektiv einer Kamera gesetzt wird, um die Aufnahmen in ein weiches*[9] *Licht zu tauchen*

Wei·de[1] die <-, -n> **1.** BOT. *ein Baum, der am Wasser wächst, und lange biegsame Zweige hat* der

Wind in den Weiden **2.** *von einer Weide abgeschnittener Zweig* Ostern stellen wir immer einen Strauß Weiden in die Vase.

Wei·de² die <-, -n> *Land, auf dem Gras wächst und auf der Vieh weiden kann* fette/grüne/saftige Weiden, die Kühe/Schafe auf die Weide treiben

wei·den¹ **I.** *mit OBJ* ■ *jmd. weidet ein Tier ein Tier auf die Weide führen und dort beaufsichtigen* Der Schäfer weidet seine Schafe. **II.** *ohne OBJ* ■ *ein Tier weidet auf einer Weide Gras fressen* die Herde weiden lassen, Die Kühe weiden auf der Wiese.

wei·den² *mit SICH* ■ *jmd. weidet sich an etwas Dat.* (*geh.*) *sich an etwas erfreuen, auch wenn es dabei anderen schlecht geht* sich am Unglück anderer weiden, sich an einem schönen Anblick weiden

Wei·den·ge·büsch das <-s, -e> *Gebüsch aus Weiden¹ ¹*

Wei·den·ge·flecht das <-(e)s, -e> *etwas aus Weidenruten Geflochtenes*

Wei·den·kätz·chen das <-s, -> *die weiße, pelzige Blüte des Weidenbaums*

Wei·den·ru·te die <-, -n> *ein Zweig, der von einem Weidenbaum geschnitten und sehr biegsam ist*

Wei·de·platz der <-es, Weideplätze> *Stelle in einer Landschaft, an der es eine Weide² gibt* Die Nomaden sind auf der Suche nach guten Weideplätzen.

weid·ge·recht <nicht steig.> *Adj.* (*fachspr.*) *so, dass es den Normen der Jagd entspricht*

weid·lich *Adv.* (*veralt.*) *reichlich* etwas weidlich genießen

Weid·mann der <-(e)s, Weidmänner> (*fachspr.*) *Jäger*

weid·män·nisch <nicht steig.> *Adj.* (*fachspr.*) *in fachgerechter Art der Jäger*

Weid·manns·heil *Interj. Gruß der Jäger bei der Jagd*

weid·wund <nicht steig.> *Adj.* (*fachspr.*) *so, dass ein Tier durch einen Schuss in die Eingeweide zu Tode verwundet ist*

wei·gern <weigerst, weigerte, hat geweigert> *mit SICH* ■ *jmd. weigert sich, etwas zu tun erklären, dass man etwas nicht tun will* Ich weigere mich, den Befehl auszuführen/das zu glauben.

Wei·ge·rung die <-, -en> *der Vorgang, dass sich jmd. weigert* Auch deine Weigerung wird dir nicht helfen., Im Falle der Weigerung müssen wir Gewalt anwenden.

Weih·bi·schof der <-s, Weihbischöfe> *Bischof, der den amtierenden Bischof bei bestimmten Handlungen vertritt*

Wei·he¹ die <-, -n> **1.** REL. *Sakrament der katholischen Kirche, mit dem eine Person in ein niederes oder höheres Priesteramt berufen wird* die niederen/höheren Weihen empfangen **2.** REL. *rituelle Handlung, mit der für etwas Neues Gottes Segen erbeten wird* die Weihe einer Kirche/eines neuen Bauwerks **3.** (*geh.*) *Erhabenheit; Würde* Der Veranstaltung fehlte die rechte Weihe.

Wei·he² die <-, -n> ZOOL. *mittelgroßer Greifvogel, der seine Beute im Flug schlägt*

wei·hen **I.** *mit OBJ* **1.** ■ *jmd. weiht jmdn.* REL. *jmdm. das Sakrament der Weihe erteilen* jemanden zum Priester weihen **2.** ■ *jmd. weiht etwas* REL. *Gottes Segen für etwas Neues erbitten* eine Kirche/ein neues Bauwerk weihen **3.** ■ *jmd. weiht jmdm./etwas etwas etwas unter die Schirmherrschaft oder dem Dienst einer Gottheit oder eines Heiligen stellen* Der Tempel war der Aphrodite geweiht., Die Kirche ist dem heiligen Johannes geweiht. **4.** ■ *jmd. weiht jmdm./etwas etwas* (*geh.*) *etwas jmdm. oder etwas widmen* Er hat sein Leben/seine ganze Kraft der Arbeit an dieser Sache geweiht., Das Denkmal ist dem Andenken an die Opfer geweiht. **II.** *mit SICH* ■ *jmd. weiht sich etwas* (*geh.*) *sich für etwas mit aller Kraft einsetzen* Sie weihte sich der Arbeit für die Kranken und Ausgestoßenen. ■ **jemand ist dem Tode geweiht** (*geh.*): *jmd. muss sterben* **etwas ist dem Untergang geweiht** (*geh.*): *etwas wird untergehen und verschwinden* Karthago war dem Untergang geweiht.

Wei·her der <-s, -> (*süddt.*) *kleiner Teich* Die Frösche quaken im Weiher. ◆ Fisch-

wei·he·voll *Adj.* (*geh.*) *sehr erhaben*

Weih·nacht die <-> (*kein Plur.*) (*geh.* ≈ *Weihnachten*) Ich wünsche Ihnen eine gesegnete Weihnacht.

Weih·nach·ten das <-, -> **1.** *kirchliches Fest am 25. Dezember zur Feier der Geburt von Jesus Christus* In unserer Familie wird Weihnachten gemeinsam gefeiert. **2.** *die Zeit vom Abend des 24.12.(Heiligabend) bis zum 26.12.(zweiter Weihnachtsfeiertag)* über Weihnachten Urlaub haben, das Weihnachten von 1921 ■ **weiße Weihnacht(en)**: *ein Weihnachtsfest, bei dem Schnee liegt*

i Wissenswert Weihnachten ist das wichtigste religiöse Fest und gleichzeitig das wichtigste Familienfest des Jahres. Das wichtigste Symbol des Festes ist der „Weihnachtsbaum“, eine Tanne oder Fichte, die man in der Weihnachtzeit auf vielen öffentlichen Plätzen findet und die man auch in der eigenen Wohnung im Wohnzimmer aufstellt. Der Weihnachtsbaum wird mit Kerzen und bunten Kugeln geschmückt. Es gibt eine riesige Zahl an „Weihnachtsbräuchen“, die landschaftlich variieren. Man beschenkt sich mit „Weihnachtsgeschenken“, die man sich am Abend des 24. Dezembers überreicht. Der 25. Dezember, der „1. Weihnachtsfeiertag“ und der 26. Dezember, der „2. Weihnachtsfeiertag“ sind arbeitsfreie Feiertage. Ohnehin nehmen viele Menschen über die „Weihnachstage“ einen „Weihnachtsurlaub“. Gern vergnügt man sich im „Advent“, den vier Wochen vor Weihnachten, auf den zahlreichen „Weihnachtsmärkten“ mit heißen

Würsten, Punsch und „Glühwein" (gewürztemm und heiß getrunkenem Rotwein). Traditionell gehört zum Fest ein besonders gutes Essen, zum Beispiel die „Weihnachtsgans".

weih·nach·ten ■ **Es weihnachtet sehr.**: *es wird bald Weihnachten*

weih·nacht·lich *Adj. zum Weihnachtsfest gehörend* weihnachtliche Lieder singen, Es herrscht überall weihnachtliche Stimmung., eine weihnachtlich geschmückte Kirche

Weih·nachts·a·bend der <-s> (*kein Plur.*) (≈ *Heiligabend*) *der 24. Dezember, der Abend vor dem Weihnachtsfest*

Weih·nachts·baum der <-(e)s, Weihnachtsbäume> *eine Tanne oder ein anderer Nadelbaum, der für das Weihnachtsfest mit Kerzen oder Lichtern, Figuren, Sternen, Lametta o.Ä. geschmückt wird* den Weihnachtsbaum schmücken

Weih·nachts·bot·schaft die <-> (*kein Plur.*) REL. *die Verkündigung im Neuen Testament, dass Jesus Christus geboren ist*

Weih·nachts·fei·er·tag der <-(e)s, -e> *die arbeitsfreien Feiertage am 25. und am 26. Dezember* der erste/zweite Weihnachtsfeiertag

Weih·nachts·fest das <-es, -e> (≈ *Weihnachten*)

Weih·nachts·geld das <-(e)s, -er> *Geld, das Angestellte, Arbeiter und Beamte im Dezember zusätzlich zu ihrem Gehalt bekommen*

Weih·nachts·ge·schenk das <-(e)s, -e> *Geschenk, das man zum Weihnachtsfest erhält oder macht*

Weih·nachts·gra·ti·fi·ka·ti·on die <-, -en> (≈ *Weihnachtsgeld*)

Weih·nachts·krip·pe die <-, -n> *Darstellung des Stalls, in dem Jesus geboren wurde, als Modell mit Figuren*

Weih·nachts·lied das <-(e)s, -er> *eines von bestimmten Liedern, die zum Weihnachtsfest und in der Weihnachtszeit gesungen werden*

Weih·nachts·mann der <-(e)s, Weihnachtsmänner> **1.** *Gestalt, die wie der Nikolaus aussieht und angeblich zu Weihnachten die Geschenke bringt* **2.** (*umg. abwert.*) *Bezeichnung für jmdn., der alles falsch oder Unsinn macht* ■ **Du glaubst auch noch an den Weihnachtsmann!** (*umg.*): *du bist auch sehr leichtgläubig*

Weih·nachts·markt der <-es, Weihnachtsmärkte> *Markt zur Weihnachtszeit, auf dem Spielzeug, Süßigkeiten und Weihnachtsschmuck verkauft werden*

Weih·nachts·pa·pier das <-s> (*kein Plur.*) *Papier, das mit weihnachtlichen Motiven bedruckt ist und mit dem man die Weihnachtsgeschenke einwickelt*

Weih·nachts·schmuck der <-s> (*kein Plur.*) *das, womit man den Weihnachtsbaum und die Wohnung für die Weihnachtszeit schmückt*

Weih·nachts·stern der <-s, -e> **1.** (*kein Plur.*) *der Stern, der sehr hell leuchtete, um die Geburt von Christus anzuzeigen* **2.** *ein Stern aus Stroh oder Papier, mit dem man zu Weihnachten den Weihnachtsbaum schmückt oder den man vor das Fenster hängt* **3.** BOT. *eine Pflanze mit roten Blüten, die die Form eines Sterns haben und die im Winter blüht*

Weih·nachts·stol·len der <-s, -> KOCH *ein süßer Kuchen, der mit Rosinen und Korinthen gefüllt und mit Puderzucker bestreut ist*

Weih·nachts·zeit die <-> (*kein Plur.*) *die Zeit vom ersten Advent bis zum sechsten Januar* (*Heilige Drei Könige*)

Weih·rauch der <-s> (*kein Plur.*) **1.** *Harz eines tropischen Strauches, das man verbrennt und das dabei einen sehr aromatischen Duft verströmt* Das Jesuskind bekam Gold, Weihrauch und Myrrhe geschenkt. **2.** *der aromatische Rauch, der entsteht, wenn Weihrauch*[1] *verbrannt wird* Die ganze Kirche duftete nach Weihrauch., Aus dem Gefäß stieg Weihrauch auf.

Weih·was·ser das <-s> (*kein Plur.*) REL. *Wasser, das ein Priester gesegnet hat* etwas mit Weihwasser besprengen ■ **etwas fürchten wie der Teufel das Weihwasser** (*geh.*): *etwas sehr fürchten*

weil *Konj.* **1.** *leitet Nebensätze ein, die eine Ursache angeben* Wir kommen zu spät, weil die Bahn ausgefallen ist., Sie ist beliebt, weil sie Erfolg hat. **2.** *leitet die Antwort auf eine Frage nach der Ursache ein* Warum kommst du erst jetzt? – Weil der Bus Verspätung hatte., Warum lachst du nicht? – Weil ich traurig bin!

Weil·chen das <-s> (*kein Plur.*) (*umg.*) *ein relativ kurzer Zeitraum* Das wird noch ein Weilchen dauern.

Wei·le die <-> (*kein Plur.*) *eine unbestimmte Zeitdauer* eine Weile nachdenken, Er kam nach einer geraumen Weile zurück.

wei·len *ohne OBJ* ■ *jmd. weilt irgendwo* (*geh.*) *sich irgendwo aufhalten* Sie weilt gerade im Ausland., Der Baron weilt gerade auf seinem Landsitz. ■ **nicht mehr unter den Lebenden weilen**: *tot sein* Der Graf weilt nicht mehr unter den Lebenden.

Wei·ler der <-s, -> *eine sehr kleine Ortschaft, die aus wenigen Häusern besteht* Im Dorf und den umliegenden Weilern leben etwa fünfhundert Menschen.

Wein der <-(e)s, -e> **1.** (*kein Plur.*) BOT. *eine Pflanze, deren essbare Früchte, die Beeren, in charakteristischen Gebilden, den Trauben, angeordnet sind* Wein anbauen, Am Hang wächst Wein., Wilder Wein rankt sich am Haus empor. **2.** *ein alkoholisches Getränk, das aus dem Saft der Beeren des Weins*[1] *gemacht wird* edler/erlesener/halbtrockener/lieblicher/roter/süßer/trockener/ weißer Wein, deutscher/französischer/italienischer/spanischer Wein, Wein dekantieren/keltern/lagern/ trinken, eine Flasche Wein entkorken/als Geschenk mitbringen/ aus dem Regal nehmen, Wein von fruchtigem/herbem Geschmack ■ **jemandem reinen Wein einschenken** (*umg.*): *jmdm. die Wahrheit über etwas sagen*

Wein·an·bau der <-(e)s> (*kein Plur.*) LANDW. *das*

Anpflanzen und Kultivieren von Wein[1]

Wein·an·bau·ge·biet das <-(e)s, -e> *Gebiet, in dem Wein*[1] *angepflanzt wird*

Wein·bau der <-(e)s> (*kein Plur.*) (≈ *Weinanbau*)

Wein·bau·ge·biet das <-(e)s, -e> (≈ *Weinanbaugebiet*)

Wein·bee·re die <-, -n> *die essbare Frucht des Weins*[1]

Wein·berg der <-(e)s, -e> *ein Stück Land, auf dem Wein*[1] *angebaut wird und das häufig an einem Berghang liegt*

Wein·berg·schne·cke die <-, -n> *eine Schnecke mit Gehäuse, die man essen kann*

Wein·brand der <-(e)s, Weinbrände> *ein starker Alkohol, der aus Wein*[2] *gemacht wird*

wei·nen *ohne OBJ* **1.** ■ *jmd. weint Tränen vergießen und schluchzen, weil man enttäuscht oder traurig ist oder weil man Angst oder Schmerzen hat* Er weinte bitterlich., Sie weint wegen der Schmerzen/vor Angst/aus Enttäuschung. **2.** ■ *jmd. weint über etwas/um jmdn. weinen*[1]*, weil man wegen etwas oder dem Tod von jmdm. sehr traurig ist* um einen Toten weinen ■ **bittere Tränen weinen**: *sehr stark weinen*[1] **Das ist ja zum Weinen!** (*umg.*): *das ist sehr bedauerlich oder sehr schlecht*

wei·ner·lich *Adj. so, dass man fast weint* mit weinerlicher Stimme, Mir ist ganz weinerlich zumute.

Wein·ern·te die <-, -n> *das Ernten der Beeren des Weins*[1]

Wein·es·sig der <-s, -e> *Essig, der aus Wein*[2] *hergestellt ist*

Wein·fass das <-es, Weinfässer> *Fass aus Holz, in dem man Wein*[2] *lagert*

Wein·fla·sche die <-, -n> *eine Flasche für Wein*[2]

Wein·glas das <-es, Weingläser> *ein Glas, aus dem man Wein trinkt und das meist einen Stiel hat*

Wein·gut <-(e)s, Weingüter> *landwirtschaftlicher Betrieb für Weinbau*

Wein·hau·er, **Wein·hau·e·rin** der <-s, -> (*österr.*) *Winzer(in)*

Wein·jahr das <-(e)s, -e> *Jahr einer Weinernte* ein besonderes/gutes/hervorragendes/schlechtes Weinjahr ◆ Jahrhundert-, Spitzen-

Wein·kar·te die <-, -n> *eine Liste, auf der die Weine*[2] *verzeichnet sind, die in einem Lokal erhältlich sind*

Wein·kel·ler der <-s, -> **1.** *Keller, in dem Weine*[2] *gelagert werden* einen vollen Weinkeller haben **2.** (≈ *Weinstube*) *Lokal, in dem Wein*[2] *ausgeschenkt wird*

Wein·kell·ner, **Wein·kell·ne·rin** der <-s, -> (≈ *Sommelier*)

Wein·ken·ner, **Wein·ken·ne·rin** der <-s, -> *jmd., der sich mit Weinen*[2] *und ihren Eigenschaften gut auskennt*

Wein·krampf <-(e)s, Weinkrämpfe> *ein sehr starkes Weinen* Sie wurde von Weinkrämpfen geschüttelt

Wein·le·se die <-, -n> *das Ernten der Weintrauben* bei der Weinlese helfen

Wein·pro·be die <-, -n> *das Probieren verschiedener Weinsorten* an einer Weinprobe teilnehmen

Wein·ran·ke die <-, -n> *langer dünner, schmaler Ast des Weins*[1]

Wein·re·be die <-, -n> (≈ *Wein*[1]) *die Pflanze, aus deren Früchten Wein*[3] *hergestellt wird*

wein·rot <nicht steig.> *Adj. dunkelrot*

Wein·schaum·creme die <-, -s> KOCH *eine lockere Creme, die mit Wein*[2] *gemacht wird*

wein·se·lig *Adj. locker und lustig, weil viel Wein*[2] *getrunken wurde* eine weinselige Stimmung

Wein·sor·te die <-, -n> *eine Gruppe von Weinen*[2]*, die sich von anderen Weinen durch Farbe, Geschmack, Alkoholgrad o.Ä. unterscheidet*

Wein·stein der <-(e)s> (*kein Plur.*) *eine harmlose Substanz, die manchmal in einer Weinflasche entsteht und die hart ist*

Wein·stock der <-(e)s, Weinstöcke> *Pflanze der Weinrebe*

Wein·stu·be die <-, -n> *Lokal, in dem Wein (und dazu passende kleinere Gerichte) angeboten werden*

Wein·trau·be die <-, -n> *die Beeren des Weins*[1]*, die an einem Stiel wachsen* süße Weintrauben essen, grüne/blaue Weintrauben

Wei·se[1] die <-, -n> *die Art, wie etwas geschieht oder getan wird* eine bestimmte Art und Weise, es auf diese Weise doch schaffen, in dieser/in der üblichen Weise verfahren, etwas auf viele verschiedene Weisen versuchen ■ **in gewisser Weise**: *von einem bestimmten Standpunkt aus gesehen* In gewisser Weise hast du recht, aber ich möchte dazu noch einiges sagen.

Wei·se[2] die <-, -n> (*veralt.*) *eine Melodie* eine fröhliche/sanfte/vertraute Weise

Wei·se[3] der <-n, -n> *ein kluger und erfahrener Mensch* den Rat eines Weisen suchen ■ **die drei Weisen aus dem Morgenland** REL.: *die Heiligen Drei Könige*

wei·se *Adj.* **1.** *klug und erfahren* eine weise alte Frau, weise handeln **2.** *auf Klugheit und Erfahrung beruhend* eine weise Entscheidung, jemandem einen weisen Rat geben, sich weise zurückhalten

wei·sen <weist, wies, hat gewiesen> **I.** *mit OBJ* **1.** (*geh.*) ■ *jmd. weist jmdm. etwas jmdm. etwas zeigen* Er wies ihr den Weg. **2.** ■ *jmd weist jmdn. von/aus etwas Dat. jmdn. auffordern, einen Ort zu verlassen* Man wies die Randalierer aus dem Saal., Er wurde von der Schule gewiesen. **II.** *ohne OBJ* ■ *jmd./etwas weist irgendwohin* (*geh.*) *irgendwohin zeigen* Sie wies in seine Richtung., Er wies (mit der Hand) auf die Frau in der letzten Reihe., Das Schild weist in den nächsten Ort. ■ **etwas von sich weisen**: *etwas ablehnen* **jemandem die Tür weisen**: *jmdn. auffordern zu gehen*

Weis·heit die <-, -en> **1.** (*kein Plur.*) *Klugheit und großes Wissen, die auf Lebenserfahrung beruhen* ein alter Mann von großer Weisheit, die Weisheit des Alters **2.** *weiser Spruch* eine Weisheit aus dem alten China **3.** (*meist Plur.*) (*umg. iron.*) *ein Ratschlag, der nicht willkommen ist* Du kannst deine Weisheiten für dich behalten! ■ (**nicht**) **der Weis-**

heit letzter Schluss (*umg.*): *ein (noch nicht) vollkommen zufrieden stellendes Ergebnis* **mit seiner Weisheit am Ende sein** (*umg.*): *nicht mehr wissen, wie es weiter gehen soll* **jemand hat die Weisheit nicht gerade mit Löffeln gegessen** (*umg. iron.*): *jmd. ist dumm oder nicht besonders klug*

Weis·heits·zahn der <-(e)s, Weisheitszähne> *einer der Backenzähne beim Menschen, der ganz hinten sitzt und den man meist erst als Erwachsener bekommt* Normalerweise hat man vier Weisheitszähne.

weis·ma·chen *mit OBJ* ■ *jmd. will jmdm. etwas weismachen* (*abwert.*) *durch sein reden bewirken wollen, dass jmd. etwas glauben soll, was nicht wahr ist* Sie wollte uns die tollsten Dinge weismachen., Wollen Sie mir vielleicht weismachen, dass Sie das nicht gewusst haben?

weiß¹ *Präsens von* **wissen**

weiß² *Adj.* **1.** *ohne eigene Farbpigmente und sehr hell* weiß wie Schnee, zum Anzug ein weißes Hemd tragen, Die Tennisspieler sind weiß gekleidet. **2.** *von der hellsten Schattierung, die der Farbton von etwas aufweisen kann* Der Hund hatte ein weißes Fell., weiße Haut **3.** *blass* eine weiße Hautfarbe haben, ganz weiß werden vor Schreck **4.** MED. *farblos* weiße Blutkörperchen ■ **weiße Weihnachten**: *Weihnachten mit Schnee* **der weiße Tod**: *das Erfrieren im Schnee* **eine weiße Weste haben**: *sich nicht schuldig gemacht haben* **ein weißer Fleck auf der Landkarte**: *ein unerforschtes Gebiet* **das Weiße Haus**: *der Sitz des amerikanischen Präsidenten* ♦ Großschreibung →R 3.7 aus Weiß Schwarz machen, das Weiße Haus in Washington; Getrenntschreibung→R 4.2, R 4.3 eine weiß glühende Sonne, weiß gekleidete Kinder, eine weiß gekalkte/getünchte Wand, die Wäsche ganz weiß waschen *siehe aber auch* **weißwaschen**

Weiß das <-(es), -> (*meist Sing.*) **1.** *weiße Farbe* das Weiß des Schnees **2.** (*ohne Artikel*) *der Spieler, der bei einem Brettspiel, wie zum Beispiel Schach, auf den weißen Feldern oder mit den weißen Figuren spielt* Weiß gewinnt. ■ **in Weiß**: *mit Kleidung, die weiß ist* eine Hochzeit in Weiß

weis·sa·gen <weissagst, weissagte, hat geweissagt> *mit OBJ* ■ *jmd. weissagt (jmdm.) etwas* (≈ *prophezeien*) (*jmdm.*) *etwas vorhersagen* die Zukunft weissagen, Es ist ihr geweissagt worden, dass sie einmal sehr berühmt wird., Vor wichtigen Entscheidungen lässt er sich immer weissagen.

Weis·sa·gung die <-, -en> (≈ *Prophezeiung*) *das, was über die Zukunft oder künftige Ereignisse vorhergesagt wird* Nicht alle Weissagungen sind Wirklichkeit geworden.

Weiß·bier das <-(e)s, -e> *ein obergäriges Weizenbier, das vor allem in Süddeutschland hergestellt wird*

Weiß·brot das <-(e)s, -e> *ein helles Weizenbrot*

Weiß·dorn <-(e)s, -e> BOT. *eine Pflanze, die als Strauch oder kleiner Baum wächst und Dornen an den Ästen und weiße Blüten hat*

Wei·ße der/die <-n, -n> *ein Mensch, der eine helle Hautfarbe hat*

wei·ßen <weißt, weißte, hat geweißt> *mit OBJ* ■ *jmd. weißt etwas etwas mit weißer Farbe anstreichen* die Wände im Keller frisch weißen

Weiß·glut die <-> (*kein Plur.*) *das sehr helle Glühen, das entsteht, wenn Metall sehr stark erhitzt wird* das Eisen bis zur Weißglut erhitzen ■ **jemanden zur Weißglut bringen** (*umg.*): *jmdn. sehr wütend machen*

Weiß·gold das <-(e)s> (*kein Plur.*) *Gold, das mit Silber oder Platin gemischt ist*

weiß·haa·rig <nicht steig.> *Adj. so, dass die Haare ihre Farbe verloren haben* ein weißhaariger alter Mann

Weiss·ka·bis der <-> (*kein Plur.*) (*schweiz.*) *Weißkohl*

Weiß·kohl der <-(e)s> (*kein Plur.*) (*norddt.*) *ein Kohl mit weißen bis hellgrünen Blättern*

Weiß·kraut das <-s> (*kein Plur.*) (*süddt.*) *Weißkohl*

weiß·lich *Adj. fast weiß* einen weißlichen Belag haben

Weiß·ma·cher der <-s, -> *Waschmittelzusatz, der die Wäsche aufhellt*

Weiß·rus·se, **Weißrussin** der <-n, -n> (≈ *Belorusse*) *Bewohner Weißrusslands*

weißrus·sisch <nicht steig.> *Adj. Weißrussland oder die weißrussische Sprache betreffend*

Weißrus·sisch das <-en> (≈ *Belorussisch*) *Sprache in Weißrussland*

Weiß·russ·land <-s> GEOGR. *Staat in Osteuropa mit Grenzen zu Polen, Litauen, Lettland, der Ukraine und Russland*

weiß·wa·schen <wäschst weiß, wusch weiß, hat weißgewaschen> *mit OBJ* ■ *jmd. wäscht jmdn./sich weiß* (*übertr. abwert.*) *alles tun, damit jmd. oder man selbst nicht verdächtig erscheint* sich von einer Schuld/einem Verdacht weißwaschen *siehe aber auch* **weiß**

Weiß·wein der <-(e)s, -e> (↔ *Rotwein*) *ein sehr heller durchsichtiger Wein*

Weiß·wurst die <-, Weißwürste> (*süddt. österr.*) *eine Wurst aus Kalbfleisch, die gekocht und mit süßem Senf gegessen wird*

Wei·sung die <-, -en> (*geh.*) *Befehl* einer Weisung Folge leisten, auf höhere Weisung hin handeln

Weisungs·be·fug·nis die <-, -se> *das Recht, eine Weisung zu geben*

weisungs·be·rech·tigt <nicht steig.> *Adj. so, dass jmd. Weisungsbefugnis hat*

weisungs·ge·bun·den <nicht steig.> *Adj. an Weisungen gebunden*

wei·sungs·ge·mäß <nicht steig.> *Adj.* (*geh.*) *so, dass es der Weisung entspricht* Es ist alles weisungsgemäß durchgeführt worden.

weit¹ *Adj.* **1.** *so, dass es in einer oder über eine relativ große Entfernung erfolgt* Wir sind weit gefahren., weit gereist sein, Sie sind weit hinaus aufs Eis gegangen., Der Blick schweift weit bis zum Horizont., Mit dem Fernglas kann man sehr weit sehen., einen Ball weit weg werfen **2.** *in einer be-*

stimmten Distanz Wie weit ist es von München bis nach Hamburg?, Er ist 3 Meter weit gesprungen. **3.** *so, dass es einen relativ langen Zeitraum umfasst* Wie weit ist es noch bis zu den Ferien?, Das liegt alles weit zurück, ich kann mich nicht mehr daran erinnern., Man muss bis weit in die Zukunft hinein planen. **4.** *so, dass es einen bestimmten Punkt einer Entwicklung bezeichnet* Wie weit seid ihr mit der Arbeit (gekommen)?, Wir sind weiter gekommen, als wir gehofft hatten., Bald ist es so weit, und wir können in das neue Haus einziehen., Bist du so weit, dass wir gehen können? **5.** *räumlich sehr ausgedehnt* weites Land, eine weite Ebene, hinaus auf das weite Meer, Der Gang wird hier weiter., die Türen weit öffnen, ein weit verbreiteter Irrtum, ein weit verzweigtes Netz von Leitungen **6.** (*übertr.*) *so, dass es einen großem inhaltlichen Umfang hat* ein weites Aufgabengebiet, weit gehende/reichende Vollmachten haben, Das ist ein weites Feld, da kann man endlos diskutieren., einen weiten Horizont besitzen **7.** *so, dass es nicht eng am Körper anliegt* Der Gürtel/die Hose/der Hut ist zu weit., Ich muss den Rock weiter machen., Die Öffnung ist zu weit, der Pfropfen kann sie nicht verschließen. ■ **die weite Welt**: *die Welt, die von zu Hause entfernt ist und in der man viel erleben kann* Er zog in die weite Welt hinaus. **das weite Meer**: *das große Meer ohne sichtbare Grenzen* Sie fuhren aufs weite Meer hinaus. **von weitem**: *aus einer gewissen Entfernung* Von weitem betrachtet wirkt das Haus nicht mehr so eindrucksvoll. **bei weitem**: *mit großem Abstand* Das ist bei weitem die teuerste Wohnung, die ich gesehen habe. **weit und breit**: *in der ganzen Umgebung* Hier gibt es weit und breit keine Tankstelle. **etwas ist weit hergeholt**: *etwas, das nichts mit dem Thema zu tun hat, aber als Argument gelten soll* Das ist jetzt aber weit hergeholt! **jemand ist viel weiter als jemand**: *jmd. hat jmdn. anders in der Entwicklung oder bei einer Aufgabe überholt* **jemand hat es weit gebracht**: *jmd. hat im Beruf oder/und im Leben viel Erfolg* **mit etwas ist es nicht weit her** (*umg. abwert.*): *etwas taugt nicht viel* **weit blickend/weitblickend**: *vorausschauend* weit blickende/weitblickende Entscheidungen **das Weite suchen** (*geh.*): *fliehen* **Das geht zu weit!**: *das kann nicht toleriert werden* **jemand ist zu weit gegangen** (*umg.*): *jmd. hätte das nicht tun oder sagen dürfen* Mit dieser Kritik sind Sie eindeutig zu weit gegangen! **so weit, so gut**: *bis jetzt ist es in Ordnung* ◆ Großschreibung→R 3.7 Lasst uns schnell das Weite suchen!, Ihr Blick verlor sich ins Weite.; Kleinschreibung→R 3.13 Weit und breit war niemand zu sehen., Wir sind bei weitem noch nicht fertig., Er ist bei weitem besser als ich., Er sah sie schon von weitem kommen.; Getrenntschreibung Seid ihr so weit?, Er hat den Stein so weit geworfen wie ich., Nie hätte ich gedacht, dass es so weit mit dir kommt/dass wir so weit kommen.; Getrennt- oder Zusammenschreibung →R 4.3, R 4.12 eine weit blickende/weitblickende Politik betreiben, Diese Meinung ist weit verbreitet/weitverbreitet., Er wagte sich weit hinaus (auf den See/mit seiner Meinung)., ein weit verzweigtes/weit verzweigtes Netz von Straßen und Schienen *siehe aber auch* **soweit**, **weitblickend**, **weiterbestehen**, **weitgehend**, **weither**

weit² *Adv.* (↔ *kaum*) *verwendet, um zu betonen, dass der Unterschied sehr groß ist* Sie ist weit älter, als sie aussieht., Er hat weit mehr getrunken, als er zugibt., Der Film war weit besser, als ich gedacht habe.

weit·ab *Adv. weit entfernt von* Das Boot trieb weitab von den anderen auf dem See., weitab von jeglicher Zivilisation

weit·aus *Adv. verwendet, um einen Vergleich hervorzuheben* der weitaus beste Schüler, Sie ist weitaus bekannter als ihre Vorgängerin.

Weit·blick der <-(e)s> (*kein Plur.*) *die Eigenschaft, Entwicklungen vorausschauend richtig zu beurteilen* ein Politiker/eine Politik mit Weitblick, Sie hat in dieser Sache viel/wenig Weitblick bewiesen.

Wei·te die <-, -n> **1.** *die räumliche Ausdehnung* die Weiten des Ozeans/des Himmels, die unendlichen Weiten des Weltalls **2.** *Ferne* Ihr Blick schweifte in die Weite. **3.** *Durchmesser, Innenmaß* ein Rohr mit einer Weite von drei Metern **4.** SPORT *die erreichte Entfernung* Er belegte mit einer Weite von sieben Metern den ersten Platz., große Weiten erzielen **5.** *Größe oder Passform eines Kleidungsstücks in Bezug auf den Umfang* Die Hose passt in der Weite, aber nicht in der Länge., Welche Weite brauchen/haben Sie? ■ **die lichte Weite**: *Abstand zwischen den inneren Rändern einer Öffnung* die lichte Weite einer Durchfahrt

wei·ten I. *mit OBJ* ■ *jmd. weitet etwas etwas weiter machen* eine Öffnung weiten, die Schuhe weiten lassen **II.** *mit SICH* ■ *etwas weitet sich größer werden* Ihre Augen weiteten sich vor Schreck.

wei·ter¹ *Adj.* **1.** *so, dass es über das bereits Gesagte hinausgeht* Haben Sie noch weitere Fragen?, Alles Weitere besprechen wir später. **2.** (≈ *zukünftig*) Man muss die weiteren Entwicklungen abwarten. ■ **ohne weiteres**: *einfach so* Er hat das ohne weiteres geglaubt. **bis auf weiteres**: *vorläufig* ◆ Großschreibung→R 3.7 Das Weitere wollen wir verschweigen., Des Weiteren haben wir noch ... anzubieten., Das wollen wir noch im Weiteren besprechen.; Kleinschreibung→R 3.13 Bis auf weiteres bleibt das Geschäft geschlossen., Das hat er ohne weiteres geglaubt.

wei·ter² *Adv.* **1.** *bezeichnet die Fortsetzung einer Handlung* Schnell weiter!, Bis hierher und nicht weiter! **2.** (≈ *außerdem*) *so, dass es über das bereits Gesagte hinausgeht* Was geschah weiter?, Was willst du noch weiter?, Weiter weiß ich nichts. **3.** *weiterhin* Wenn du weiter so redest, wird dir keiner mehr zuhören! ■ **nichts weiter (als)**: *nur* Das ist nichts weiter als eine Grippe., Sie ist eine Angeberin, nichts weiter. **Wenn es weiter nichts ist!** (*umg. iron.*): *das ist für mich gar kein Problem* ◆ Getrenntschreibung→R 4.2, R 4.10

W

Soll ich dich noch weiter bringen als bis hierher?, Was könnt ihr mir außer diesem Wein noch weiter empfehlen?, Karin hat ihre Sache als Stadtführerin gut gemacht, soll sie uns auch noch weiter führen?, Die Medizin hilft ihm, soll ich sie ihm weiter geben?, Wir sind heute 15 Kilometer gelaufen, seid ihr noch weiter gelaufen?, Du hast mir schon so viel geholfen, kannst du mir noch weiter helfen?, Wir haben dich jeden Tag im Krankenhaus besucht, sollen wir auch weiter kommen?, Wer will die Versammlung weiter leiten?, Was sollen wir weiter machen?, Was soll ich dazu weiter sagen? *siehe aber auch* **weiterbestehen**, **weiterbringen**, **weiterführen**, **weitergeben**, **weitergehen**, **weiterhelfen**, **weiterkommen**, **weiterleiten**, **weitermachen**, **weitersagen**

wei·ter·be·ste·hen <besteht weiter, bestand weiter, hat weiterbestanden> *ohne OBJ* ■ *etwas besteht weiter erhalten bleiben und auch in Zukunft existieren* ◆ Zusammenschreibung→R 4.9 Dieser Betrieb konnte nicht mehr weiterbestehen. *siehe aber auch* **weiter**

wei·ter·bil·den <bildest weiter, bildete weiter, hat weitergebildet> *mit SICH* ■ *jmd. bildet sich weiter etwas Zusätzliches lernen, besonders um bessere Möglichkeiten im Beruf zu bekommen* sich durch die Lektüre von Fachbüchern/in einem Kurs/durch Selbststudium/in Seminaren weiterbilden

Wei·ter·bil·dung die <-, -en> **1.** (*kein Plur.*) *das Weiterbilden* als Firma in die Weiterbildung der Mitarbeiter investieren **2.** *ein Art Kurs, in dem sich jmd. weiterbildet* Sie hat schon mehrere Weiterbildungen absolviert.

Wei·ter·bil·dungs·maß·nahme die <-, -n> *eine Weiterbildung[2], die vom Arbeitsamt angeboten wird*

wei·ter·brin·gen <bringst weiter, brachte weiter, hat weitergebracht> *mit OBJ* ■ **Das bringt mich/uns (auch) nicht weiter.**: *das hilft mir/uns auch nicht bei der Lösung eines Problems* ◆ Zusammenschreibung→R 4.9 Dein Vorschlag wird uns auch nicht weiterbringen. *siehe aber* **weiter**

wei·ter·emp·feh·len <empfiehlst weiter, empfahl weiter, hat weiterempfohlen> *mit OBJ* ■ *jmd. empfiehlt jmdn./etwas weiter eine Person, mit er man selbst zu tun hatte oder eine Sache, die man selbst benutzt hat, an jmdn. empfehlen* Diesen Mitarbeiter kann ich wärmstens weiterempfehlen. ◆ Zusammenschreibung→R 4.9 jemandem ein Restaurant weiterempfehlen *siehe aber auch* **weiter**

wei·ter·ent·wi·ckeln <entwickelst weiter, entwickelte weiter, hat weiterentwickelt> **I.** *mit OBJ* ■ *jmd. entwickelt etwas weiter etwas ständig neu bearbeiten, um es besser zu machen* Der Motor wird ständig weiterentwickelt. **II.** *mit SICH* ■ *jmd. entwickelt sich weiter sich verbessern und an Reife gewinnen* Der Schüler hat sich in letzter Zeit deutlich weiterentwickelt. ◆ Zusammenschreibung →R 4.9 ein weiterentwickeltes Modell dieser Serie, sich zu seinem Vorteil weiterentwickeln

Wei·ter·ent·wick·lung die <-, -en> **1.** (*kein Plur.*) *das Weiterentwickeln I* eine ständige Weiterentwicklung der Methoden/der Technik **2.** *das Ergebnis einer Weiterentwicklung[1]* Wir kaufen nicht das alte Modell, sondern gleich die neueste Weiterentwicklung.

Wei·ter·fahrt die <-, -en> *Fortbewegung, die nach einer Pause oder einem Aufenthalt geschieht* Die Weiterfahrt des Zuges verzögert sich wegen eines Unfalls um dreißig Minuten – Wir bitten um Ihr Verständnis!.

wei·ter·füh·ren <führst weiter, führte weiter, hat weitergeführt> *mit OBJ* ■ *jmd. führt etwas weiter etwas fortsetzen* Die Polizei führt die Untersuchungen weiter., Der Sohn wird das Geschäft der Eltern weiterführen. ■ **etwas führt (jemanden) nicht weiter**: *etwas hilft nicht* Das Jammern führt (dich) doch nicht weiter. ◆ Zusammenschreibung →R 4.9 Wollen wir das Projekt weiterführen oder geben wir auf?, Das wird uns kaum weiterführen. *siehe aber auch* **weiter**

Wei·ter·ga·be die <-> (*kein Plur.*) **1.** (≈ *Übermittlung*) die Weitergabe von Informationen **2.** *der Vorgang, dass man etwas an jmdn. gibt, das man vorher selbst von einer anderen Person erhalten hat* die Weitergabe eines Briefes

wei·ter·ge·ben <gibst weiter, gab weiter, hat weitergegeben> *mit OBJ* **1.** ■ *jmd. gibt etwas (an jmdn.) weiter übermitteln* Informationen weitergeben, eine Tradition von Generation zu Generation weitergeben **2.** ■ *jmd. gibt etwas (an jmdn.) weiter jmdm. etwas geben, was man vorher selbst bekommen hat* Nun gib schon endlich die Fotos weiter, wir wollen sie auch mal sehen. *siehe aber auch* **weiter**

wei·ter·ge·hen <gehst weiter, ging weiter, ist weitergegangen> *ohne OBJ* **1.** ■ *jmd. geht weiter die Bewegung nach einer Unterbrechung fortsetzen* Wollen wir inzwischen schon weitergehen?, Gehen Sie bitte weiter! **2.** ■ *es/das Leben geht weiter (nach einem (negativen) Ereignis) nimmt das Leben wieder seinen Verlauf* Irgendwie wird es schon weitergehen. ◆ Zusammenschreibung→R 4.9 Sie sind schon weitergegangen, wir warten noch., Wie soll es mit dir bloß weitergehen? *siehe aber auch* **weiter**

wei·ter·hel·fen <hilfst weiter, half weiter, hat weitergeholfen> *ohne OBJ* ■ *jmd./etwas hilft jmdm. weiter jmdm. erfolgreich bei der Lösung von Problemen helfen* Kann ich dir irgendwie weiterhelfen?, Danke, Sie haben mir sehr weitergeholfen!, Das Buch hat mir weitergeholfen. ◆ Zusammenschreibung→R 4.9 Wer kann uns denn jetzt noch weiterhelfen? *siehe aber auch* **weiter**

wei·ter·hin *Adv.* **1.** *auch in Zukunft* Das Gesetz gilt auch weiterhin. **2.** *außerdem* Weiterhin ist zu beachten, dass…

wei·ter·kom·men <kommst weiter, kam weiter, ist weitergekommen> *ohne OBJ* **1.** ■ *jmd. kommt weiter eine Bewegung nach einer Unterbrechung fortsetzen* Kommt weiter, der Weg ist noch lang. **2.** ■ *jmd. kommt mit/in etwas Dat. weiter bei etwas* *einen Fortschritt erzielen* Ich komme mit dieser Arbeit einfach nicht weiter., im Beruf weiterkommen ◆ Zusammenschreibung→R 4.9 So werden wir wohl kaum weiterkommen! *siehe aber auch* **weiter**

wei·ter·lei·ten <leitest weiter, leitete weiter, hat weitergeleitet> *mit OBJ* ■ *jmd. leitet etwas (an jmdn./etwas) weiter etwas (an jmdn. oder etwas) übermitteln* eine Nachricht/einen Brief weiterleiten ◆ Zusammenschreibung→R 4.9 Hast du die Information an alle weitergeleitet? *siehe aber auch* **weiter**

wei·ter·ma·chen *ohne OBJ* ■ *jmd. macht (mit etwas Dat.) weiter etwas fortsetzen* seine Arbeit weitermachen, Wollen wir so weitermachen wie bisher? ■ **Mach nur so weiter!** (*umg. iron.*): *wenn du deine Handlung auf diese Art fortsetzt, wirst du Schwierigkeiten bekommen* ◆ Zusammenschreibung→R 4.9 Wenn du so weitermachst, bist du bald krank! *siehe aber auch* **weiter**

Wei·ter·rei·se die <-> (*kein Plur.*) *Fortsetzung einer Reise nach einer Unterberechung* die Weiterreise antreten, Auf unserer Weiterreise wurden wir von Frau Schmidt begleitet.

wei·ter·sa·gen *mit OBJ* ■ *jmd. sagt (jmdm.) etwas weiter* **1.** *etwas mündlich weiterleiten* Kannst du den Termin weitersagen? **2.** *etwas erzählen, was eigentlich geheim ist* ein Geheimnis weitersagen ◆ Zusammenschreibung→R 4.9 Wir wollen es allen weitersagen. *siehe aber auch* **weiter**

wei·ter·se·hen *ohne OBJ* ■ **... dann sehen wir weiter** (*umg.*): *dann werden wir entscheiden, was zu tun ist* Erst müssen wir diese Aufgabe erledigen und dann sehen wir weiter.

Wei·ter·ver·ar·bei·tung die <-> (*kein Plur.*) *Vorgang, dass ein Produkt oder Erzeugnis noch einmal bearbeitet wird* Das Erzeugnis wird zur Weiterverarbeitung ins Ausland geschickt.

wei·ter·ver·wei·sen <verweist weiter, verwies weiter, hat weiterverwiesen> *mit OBJ* ■ *jmd. verweist jmdn. an jmdn./etwas weiter jmdn. zu jmdm. schicken, damit er dort Informationen bekommt* Ich muss Sie leider an meinen Vorgesetzten weiterverweisen.

wei·ter·wis·sen <weißt weiter, wusste weiter, hat weitergewusst> *ohne OBJ* **1.** ■ *jmd. weiß weiter wissen, was zu tun ist* **2.** ■ *jmd. weiß nicht mehr weiter verzweifelt sein und sich keinen Rat mehr wissen*

weit·ge·hend[1] *Adj.* **1.** (*nur attr.*) *so, dass es viele Konsequenzen hat* weitgehende Ideen/Planungen **2.** (*nur attr.*) *so, dass es fast vollständig ist* weitgehende Vollmacht/Ablehnung

weit·ge·hend[2] *Adv.* (≈ *größtenteils*) Er hat sich weitgehend beruhigt.

weit·her *Adj.* ■ *von weither von einem weit entfernten Punkt her* Das Schiff kam von weither. *siehe aber* **weit**

weit·her·zig *Adj. großzügig* Er war ein reicher, sehr weitherziger Mann, der alles den Armen spendete. ▶Weitherzigkeit

weit·hin *Adv.* **1.** *in großem Umkreis* weithin zu hören/bekannt sein **2.** *in hohem Maße* Das ist weithin unsere Schuld.

weit·läu·fig *Adj.* **1.** *ausgedehnt in alle Richtungen* ein weitläufiger Park **2.** *sehr ausführlich* weitläufige Schilderungen **3.** *nicht sehr nahe* weitläufig mit jemandem bekannt/verwandt sein, eine weitläufige Verwandte

weit·ma·schig *Adj.* (↔ *engmaschig*) *so, dass es große Zwischenräume gibt* ein weitmaschiges Netz

weit·räumig *Adj. so, dass es viel Raum umfasst* eine weiträumige Siedlung, eine weiträumige Fahndung der Polizei

weit·rei·chend <weitreichender/weiter reichend, weitreichendst/weitestreichend> *Adj. mit großen Auswirkungen oder Konsequenzen verbunden* weitreichende/weit reichende Veränderungen/Auswirkungen *siehe auch* **weit**

weit·schwei·fig *Adj.* (*abwert.*) *so ausführlich, dass es langweilt* weitschweifig erzählen, ein weitschweifiger Bericht, eine weitschweifige Art haben ▶Weitschweifigkeit

Weit·sicht die <-> (*kein Plur.*) *Voraussicht* mit großer Weitsicht entscheiden/planen

weit·sich·tig *Adj.* **1.** (MED.: ↔ *kurzsichtig*) *so, dass man etwas gut in der Ferne, aber schlecht in der Nähe sehen kann* Ich bin weitsichtig, ich brauche zum Lesen eine Brille. **2.** (*geh.* ↔ *kurzsichtig*) *vorausschauend* eine sehr weitsichtige Politik/Entscheidung

Weit·sich·tig·keit die <-> (*kein Plur.*) **1.** (MED.: ↔ *Kurzsichtigkeit*) *Augenfehler, bei dem man nur weit entfernte Dinge deutlich sieht* **2.** (↔ *Kurzsichtigkeit*) *vorausschauende Art* Die Weitsichtigkeit des Kanzlers war entscheidend für das Gelingen seiner Politik.

Weit·sprung der <-(e)s> (*kein Plur.*) *Disziplin in der Leichtathletik, bei der versucht wird, nach einem Anlauf möglichst weit zu springen* Heute üben wir (den) Weitsprung. ▶Weitspringer(in)

Wei·zen der <-s> (*kein Plur.*) *eine Getreideart* Weizen anbauen/ernten

Wei·zen·bier das <-(e)s, -e> (≈ *Weißbier*)

Wei·zen·brot das <-(e)s, -e> *helles Brot aus Weizenmehl*

Wei·zen·mehl das <-(e)s, -e> *aus Weizen, mit dem man helles Brot backt*

welch *Pron.* (*vor unbestimmten Artikeln und Adjektiven ohne Endung*) *verwendet, um in Ausrufen ein Substantiv zu verstärken* Welche Freude!, Welch ein Anblick!, Welch ein schöner Tag ist heute!

wel·che(r, s)[1] *Pron. in direkten Fragen und indirekten Fragen verwendet, um nach jmdm./etwas aus einer schon bekannten Gruppe zu fragen* Welcher Schuft war das?, Welches Menü würden Sie uns empfehlen?, Welchen von beiden willst du?, Ich weiß nicht, welches Kleid ich anziehen soll., Weißt du, welches (von beiden) du nimmst? *s.* **was für ein**

wel·che(r, s)[2] *Pron.* (*geh. veralt.*) *verwendet in einem Relativsatz, der sich auf eine Person oder Sa-*

che bezieht Diejenigen hier im Saal, welche Kritik äußern wollen, sollen nun aufstehen., Er war nun schon seit Wochen mit dem Problem, welches wirklich unlösbar schien, beschäftigt.

wel·che(r, s)[3] *Pron.* **1.** *verwendet, um auf auf eine Person oder Sache zu beziehen, deren Anzahl nicht bestimmt ist* Sind schon alle Gäste da oder kommen noch welche?, Liegen von den Schreiben schon welche vor?, Ich suche einen Füllfederhalter. Haben Sie vielleicht welche? **2.** *verwendet, um sich in einem Nebensatz auf eine Person oder Sache zu beziehen, die nicht näher bestimmt ist* Es ist wirklich egal, unter welchem Chef man arbeitet., Welchen Weg du auch nimmst, er führt nach Rom.

wel·cher·lei *Pron.* (*geh.*) *welche Sache oder Person auch immer* In welcherlei Form auch immer, es leuchtet immer gleich.

welk *Adj.* (↔ *frisch*) *nicht mehr frisch* welke Blumen, welkes Laub/Gemüse

wel·ken <welkst, welkte, ist gewelkt> *ohn OBJ* **1.** ■ *etwas welkt an Frische verlieren und welk werden* Die Blumen welken in der Sonne. **2.** ■ *etwas welkt* (*geh.*) *vergehen* Ruhm und Schönheit welken dahin.

Well·blech das <-(e)s, -e> *Blech, das gewellt und sehr widerstandsfähig ist*

Well·blech·hüt·te die <-, -n> *eine einfache Hütte aus Wellblech*

Wel·le die <-, -n> **1.** *eine bestimmte Menge Wasser auf der Oberfläche eines Gewässers, die sich nach oben und unten bewegt* hohe Wellen, Die Wellen brechen sich an den Klippen. **2.** PHYS. *eine Schwingung, die sich fortsetzt* elektromagnetische Wellen, Der Schall/das Licht breitet sich in Wellen aus. **3.** (*übertr.*) *etwas, das sich schnell und stark verbreitet* eine Welle der Begeisterung/der Empörung/des Hasses, eine Welle von Luftangriffen/Protesten/Terroranschlägen **4.** *etwas, das die Form einer Welle*[1] *hat* Wellen in den Haaren haben, über eine Welle im Boden stolpern, Das Parkett/Papier schlägt Wellen. **5.** *eine bestimmte Strömung in der Kultur* Punk war eine neue Welle der Rockmusik. ■ **neue deutsche Welle**: *Rockmusik mit deutschen Texten zu Beginn der 1980er Jahre* **etwas schlägt hohe Wellen** (*übertr.*): *etwas verursacht große Aufregung* Der überraschende Rücktritt des Ministers hat hohe Wellen geschlagen.

wel·len *mit SICH* ■ *etwas wellt sich Wellen*[4] *bekommen* Das Papier/das Parkett wellt sich.

Wel·len·be·reich der <-(e)s, -e> *ein Bereich der Frequenzen des Radios* UKW im Wellenbereich von 30MHz bis 300MHz

Wel·len·berg der <-(e)s, -e> *der oberste Teil einer Welle*

Wel·len·bre·cher der <-s, -> *etwas, das zum Schutz vor Wellen*[1] *errichtet ist* Am Strand lagen große Steine als Wellenbrecher.

wel·len·för·mig <nicht steig.> *Adj. in Form einer Welle*[2] sich wellenförmig ausbreiten

Wel·len·gang der <-(e)s> (*kein Plur.*) *das Vorhandensein von Wellen*[1] *im Wasser* Es herrschte geringer/starker Wellengang.

Wel·len·län·ge die <-, -n> **1.** PHYS. *die messbare Länge von elektromagnetischen Schwingungen* Licht von unterschiedlicher Wellenlänge **2.** PHYS. *Frequenz von Radiowellen* Auf welcher Wellenlänge kann man diesen Sender empfangen? ■ **die gleiche Wellenlänge haben/auf der gleichen Wellenlänge liegen**: *die gleiche Art des Denkens und des Handelns haben* Wir haben die gleiche Wellenlänge.

Wel·len·li·nie die <-, -n> (≈ *Schlangenlinie*) *eine Linie, die in Kurven abwechselnd über und unter einer (gedachten) Geraden verläuft*

Wel·len·rei·ten das <-s> (*kein Plur.*) (≈ *Surfen*) *Wassersportart, bei der sich Sportler, auf einer Art Brett stehend, von Wellen tragen lassen*

Wel·len·schlag der <-(e)s> (*kein Plur.*) *das ständig wiederkehrende Geräusch der Wellen* dem Wellenschlag lauschen

Wel·len·sit·tich der <-s, -e> *ein kleiner Vogel von gelbgrünem oder blauweißem Gefieder, der oft als Haustier gehalten wird*

Wel·len·tal das <-(e)s, Wellentäler> *tiefste Stelle zwischen zwei Wellen*[1]

wel·lig *Adj. so, dass es die Form von vielen kleinen Wellen hat* welliges Haar haben, eine wellige Oberfläche haben

Well·ness die <-> (*kein Plur.*) *Gesundheit und Schönheit (als umfassendes Konzept körperlichen Wohlbefindens gegenüber der „Fitness" als reiner körperlicher Leistungsfähigkeit)* ◆-urlaub, -wochenende

Well·pap·pe die <-, -n> *Pappe, die aus zwei Lagen Pappe besteht und im Inneren eine gewellte Papierschicht hat* etwas Empfindliches sicher mit Wellpappe polstern, Wellpappe zum Basteln verwenden

Wel·pe der <-n, -n> ZOOL. *Junges bei Füchsen, Hunden und Wölfen*

Wels der <-es, -e> ZOOL. *ein großer Süßwasserfisch mit Bartfäden am Maul*

welsch *Adj.* **1.** (*schweiz.*) *zum französisch sprechenden Teil der Schweiz gehörend* **2.** (*veralt. abwert.*) *fremdartig*

Welsch·land das <-s> (*kein Plur.*) (*schweiz.*) *französischsprachige Schweiz*

Welsch·schweiz die <-> (*kein Plur.*) (*schweiz.*) *französischsprachige Schweiz*

Welsch·schwei·zer, **Welschschweizerin** der <-s, -> (*schweiz.*) *Schweizer mit französischer Muttersprache*

Welt die <-, -en> **1.** (*kein Plur.*) *die Erde* die Welt vom All aus gesehen, die Erforschung der Welt, um die ganze Welt reisen **2.** *einzelne Gebiete der Erde* fremde/ferne Welten erkunden, in eine völlig unbekannte Welt geraten **3.** *der Kosmos* die Entsehung der Welt **4.** *ein fremdes Planetensystem* Gibt es Leben auf anderen Welten? **5.** (*kein Plur.*) *die Gesamtheit der Menschen* Die Welt blickt mit Spannung auf dieses Ereignis., die ganze Welt in Atem halten/erschüttern **6.** (*kein Plur.*)

ein Teil der Menschen der Erde die Jugend der Welt **7.** *die Lebensform auf der Welt* in etwas in der Welt führend sein, die Welt verändern wollen, an der Welt verzweifeln, die Welt nicht mehr verstehen, die Welt satt haben **8.** *ein bestimmter Lebensbereich oder ein bestimmtes Interessengebiet* in der Welt der Astrophysik/des Hochleistungssports/der Oper/der Naturwissenschaften, In seiner kleinen Welt fühlt er sich wohl., Tennis spielen ist ihre Welt., Das war eine ganz neue Welt für ihn. ■ **die Dritte Welt**: *die Entwicklungsländer* **die Neue Welt**: *Amerika* **die Alte Welt**: *der Teil der Erde, der im Mittelalter den Europäern bekannt war* **viel in der Welt herumgekommen sein**: *viel von der Erde gesehen haben* **verkehrte Welt** (*umg.*): *verwendet, um auszudrücken, dass in einem Bereich alles anders ist, als es sein sollte* **jemand versteht die Welt nicht mehr**: *jmd. ist sehr erstaunt oder entsetzt* **zwischen uns/euch/ihnen liegen Welten**: *wir/ihr/sie sind sehr verschieden* **Was/Wo/Wie/Warum in aller Welt ...?**: *verwendet, um Fragen oder Ausrufe zu verstärken* Wie in aller Welt soll ich denn diese Arbeit gleichzeitig machen? **alle Welt** (*umg.*): *jeder* **nicht um alles in der Welt** (*umg.*): *auf keinen Fall* **auf die Welt kommen** (*umg.*): *geboren werden* **eine Frau bringt ein Kind auf die Welt**: *eine Frau gebärt ein Kind* **etwas aus der Welt schaffen** (*umg.*): *etwas beseitigen* **etwas in die Welt setzen** (*umg.*): *etwas hervorbringen* ein Gerücht in die Welt setzen **für jemanden bricht eine Welt zusammen**: *jmd. ist sehr enttäuscht von jmdm. oder etwas* **etwas kostet nicht die Welt** (*umg.*): *etwas kostet nicht viel* **eine Welt von**: *sehr viel* eine Welt von Vorurteilen ♦ Großschreibung→R 3.17 in der Dritten Welt

welt·ab·ge·wandt *Adj. so, dass jmd. kein Interesse an den Ereignissen um ihn herum hat* ein weltabgewandtes Leben

Welt·all das <-s> (*kein Plur.*) *der Weltraum mit allen Himmelskörpern* das Alter des Weltalls erforschen

welt·an·schau·lich <nicht steig.> *Adj. eine bestimmte Weltanschauung betreffend*

Welt·an·schau·ung die <-, -en> *die Art, wie jmd. die Welt und das Leben sieht und beurteilt* nach christlicher Weltanschauung, Seine Weltanschauung ist mir fremd/teile ich nicht. ►weltanschaulich

Welt·at·las der <-ses, Weltatlanten> *Atlas mit Landkarten der ganzen Erde*

Welt·auf·la·ge die <-, -n> *die Zahl der gedruckten Exemplare eines Buches, Comics oder einer Zeitung, Zeitschrift auf der ganzen Erde* eine Weltauflage von sieben Millionen Exemplaren

Welt·aus·stel·lung die <-, -en> *Ausstellung mit vielen Teilnehmerländern, die den Weltstandard der Technik aufzeigen soll*

Welt·bank die <-> (*kein Plur.*) *eine internationale Bank für den wirtschaftlichen Aufbau und die wirtschaftliche Entwicklung*

welt·be·kannt <nicht steig.> *Adj. in weiten Teilen der Welt den Menschen bekannt*

welt·be·rühmt <nicht steig> *Adj. in weiten Teilen der Welt berühmt* ein weltberühmter Autor/Komponist/Maler/ Schauspieler/Schriftsteller

Welt·bes·te der/die <-n, -n> *jmd., der besser als alle anderen ist* Er gilt in der Elite der Schachspieler als einer der Weltbesten.

Welt·best·zeit die <-, -en> SPORT *Zeit, die bei einem sportlichen Wettkampf von keinem anderen Sportler auf der Welt erreicht wurde* Sie lief Weltbestzeit.

Welt·be·völ·ke·rung die <-> (*kein Plur.*) *alle Menschen auf der Erde* das Wachstum der Weltbevölkerung

welt·be·we·gend <nicht steig.> *Adj. so, dass es für die ganze Welt bedeutend ist* eine weltbewegende Theorie ■ **nichts Weltbewegendes**: *nichts Wichtiges*

Welt·bild das <-(e)s, -er> *die Vorstellung von der Welt und den Menschen* das mittelalterliche Weltbild, das christliche/mittelalterliche/moderne Weltbild

Welt·bür·ger, **Welt·bür·ge·rin** der <-s, -> (≈ *Kosmopolit*) *jmd., der sich nicht an Nationen ausrichtet und sich überall auf der Welt zu Hause fühlt*

welt·bür·ger·lich <nicht steig.> *Adj.* (≈ *kosmopolitisch*) *nicht national eingestellt und offen für die Kulturen der Welt* eine weltbürgerliche Anschauung/Einstellung/Geisteshaltung/Lebensweise

Welt·eli·te die <-, -n> *die Personen, die auf einem Gebiet im Weltmaßstab die besten Leistungen erbringen*

Welt·em·pfän·ger der <-s, -> *ein Radio, mit dem man Sender aus vielen Ländern der Erde empfangen kann*

Wel·ten·bumm·ler, **Wel·ten·bumm·le·rin** der <-s, -> (≈ *Globetrotter*) *jmd., der viel und lange um die Welt[1] reist*

Welt·er·folg der <-(e)s, -e> *etwas, das bei sehr vielen Menschen auf der Welt[1] Erfolg hat* Das Musical/Der Song war ein Welterfolg.

welt·er·schüt·ternd <nicht steig.> *Adj. sehr wichtig*

welt·fern <nicht steig.> *Adj.* (≈ *weltabgewandt*)

Welt·flucht die <-> (*kein Plur.*) *Rückzug vom normalen Leben* Lesen ist eine harmlose Form der Weltflucht.

welt·fremd *Adj. so, dass es nicht an der Wirklichkeit ausgerichtet ist* weltfremde Ideen/Vorstellungen haben, ein weltfremder Träumer ►Weltfremdheit

Welt·geist·liche der <-, -n> REL. *ein katholischer Kleriker, der keinem Orden und keiner Kongregation angehört*

Welt·ge·schich·te die <-> (*kein Plur.*) **1.** *die geschichtliche Entwicklung der Welt[1]* wichtige Ereignisse der Weltgeschichte **2.** *ein Buch, in dem die Weltgeschichte[1] beschrieben ist* ■ **in der Weltgeschichte herumreisen** (*umg. scherzh.*): *viel in der Welt herumreisen*

Welt·ge·sund·heits·or·ga·ni·sa·ti·on die <-> (*kein Plur.*) *eine Organisation der Vereinten Nationen, die sich mit der Eingrenzung und Kontrolle bestimmter (gefährlicher) (Seuchen)krankheiten und der medizinischen Versorgung der Bevölkerung befasst*

welt·ge·wandt *Adj. gewandt und geschickt im Umgang mit anderen Personen*

Welt·han·del der <-s> (*kein Plur.*) *der Handel zwischen den Ländern der Erde*

Welt·han·dels·kon·fe·renz die <-, -en> WIRTSCH. *eine internationale Konferenz, die seit 1964 alle vier Jahre in Genf stattfindet, um über Fragen des Welthandels zu beraten, deren Beschlüsse aber nicht bindend für die Länder sind*

Welt·han·dels·or·ga·ni·sa·tion die <-> (*kein Plur.*) *eine Sonderorganisation der UNO, die seit 1995 mit Sitz in Genf besteht und Fragen des Welthandels klären soll*

Welt·herr·schaft die <-> (*kein Plur.*) *Herrschaft über die Erde* der Griff nach der Weltherrschaft, die Weltherrschaft anstreben

Welt·kar·te die <-, -n> *eine Landkarte, auf der die ganze Erde abgebildet ist*

Welt·kin·der·hilfs·werk das <-(e)s> (*kein Plur.*) (≈ *UNICEF*) *eine Organisation der UNO, die sich mit den Belangen und Bedürfnissen der Kinder beschäftigt*

Welt·krieg der <-(e)s, -e> GESCH. *einer der großen Kriege im zwanzigsten Jahrhundert* der Erste Weltkrieg, der Zweite Weltkrieg

Welt·ku·gel die <-, -n> (≈ *Globus*) *eine Kugel, die die Welt[1] darstellt*

Welt·kul·tur·er·be das <-s> (*kein Plur.*) *das, was von der UNESCO als wertvoller Ausdruck der Kultur der Menschen auf der Welt erklärt wird und deshalb besonders geschützt und erhalten werden soll* Die Stadt Venedig gehört zum Weltkulturerbe.

welt·läu·fig *Adj.* (≈ *weltgewandt*)

welt·lich *Adj.* **1.** *zum normalen Leben auf der Erde gehörend* die weltlichen Genüsse **2.** (↔ *geistlich, kirchlich*) *nicht zur Kirche gehörend* weltliche Bauten/Musik, die weltliche und die kirchliche Macht

Welt·li·te·ra·tur die <-> (*kein Plur.*) *die Gesamtheit der bedeutendsten Werke aller Nationalliteraturen* ein Werk der Weltliteratur, Eingang in die Weltliteratur finden

Welt·macht die <-, Weltmächte> *ein politisch, wirtschaftlich und militärisch sehr einflussreiches Land* die Weltmacht USA

Welt·mann der <-(e)s> (*kein Plur.*) *jmd., der sehr viel Erfahrung und Charme besitzt und deshalb sehr sicher wirkt*

welt·män·nisch <nicht steig.> *Adj. so, dass man viel Erfahrung und Charme besitzt und deshalb sicher wirkt* eine weltmännische Art/Ausstrahlung haben

Welt·markt der <-(e)s, Weltmärkte> *der internationale Markt, der durch den weltweiten Handel entsteht* eine Firma, die auf dem Weltmarkt führend ist, die Preise auf dem Weltmarkt

Welt·markt·füh·rer der <-s, -> WIRTSCH. *eine Firma, die auf dem Weltmarkt führend ist* unbestrittener Weltmarktführer im Bereich der Prozessoren

Welt·markt·preis der <-es, -e> WIRTSCH. *Preis, der für ein Produkt oder einen Rohstoff auf dem Weltmarkt verlangt wird*

Welt·meer das <-(e)s, -e> (≈ *Ozean*)

Welt·meis·ter, **Welt·meis·te·rin** der <-s, -> SPORT *Person oder eine Mannschaft, die in einer sportlichen Disziplin den Wettkampf um die Weltmeisterschaft gewonnen hat* der Weltmeister im Speerwerfen, die dreifache Weltmeisterin und Olympiasiegerin ◆-titel, -trikot, Fußball-, Hochsprung-

Welt·meis·ter·schaft die <-, -en> SPORT *ein sportlicher Wettkampf, um den Weltmeister zu ermitteln* die Weltmeisterschaft im Gewichtheben

Welt·mu·sik die <-> (*kein Plur.*) MUS. *Bezeichnung für die meist traditionelle Musik der verschiedenen Völker der Erde*

welt·of·fen *Adj.* **1.** *so, dass Interesse an dem, was in der Welt geschieht, besteht* eine weltoffene Einstellung **2.** (≈ *kosmopolitisch*) *eine weltoffene Stadt*

Welt·öf·fent·lich·keit die <-> (*kein Plur.*) *die informierte Öffentlichkeit aller Länder* Die gesamte Weltöffentlichkeit nahm Anteil an diesem Ereignis.

Welt·ord·nung die <-> (*kein Plur.*) *System der wirtschaftlichen und politischen Beziehungen der Nationen der Welt[1]* die aktuelle Weltordnung

Welt·po·li·tik die <-> (*kein Plur.*) *internationale Politik*

Welt·pres·se die <-> (*kein Plur.*) *die Gesamtheit der wichtigsten Zeitungen, die in der Welt gelesen werden*

Welt·rang ■ **von Weltrang**: *von weltweiter Bedeutung und Anerkennung* ein Künstler/ein Regisseur/eine Wissenschaftlerin von Weltrang

Welt·rang·lis·te die <-, -n> SPORT *Liste, auf der die Sportler einer Disziplin nach ihrem Rang aufgeführt sind* die Weltrangliste im Tennis anführen

Welt·raum der <-(e)s> (*kein Plur.*) *alles, was außerhalb der Erde und ihrer Atmosphäre besteht* die Erkundung des Weltraumes, Reisen in den Weltraum

Welt·raum·bahn·hof der <-s, -höfe> (≈ *Raumfahrtbahnhof*) *eine große Einrichtung, von der Raketen oder Shuttles in den Weltraum starten*

Welt·raum·be·hör·de die <-, -n> (≈ *Raumfahrtbehörde*) (*staatliche*) *Institution, die die wissenschaftlichen und technischen Tätigkeiten, die im Weltraum ausgeführt werden sollen, plant und durchführt*

Welt·raum·fäh·re die <-, -n> (≈ *Spaceshuttle, Shuttle*) *Fluggerät, das in den Weltraum und wieder zurück auf die Erde fliegen und (im Gegensatz zu einer Rakete) mehrere Male benutzt werden kann*

Welt·raum·fah·rer, **Welt·raum·fah·re·rin** der <-s, -> (≈ *Astronaut, Kosmonaut*) *jmd., der mit ei-*

ner Rakete oder einem Shuttle in den Weltraum fliegt

Wẹlt·raum·flug der <-(e)s, -flüge> (≈ *Raumflug*) *Flug einer Rakete oder eines Shuttles in den Weltraum* bemannter/unbemannter Weltraumflug

Wẹlt·raum·kap·sel die <-, -n> (≈ *Raumkapsel*) *der obere abtrennbare Teil einer Rakete, in dem sich die Astronauten befinden*

Wẹlt·raum·la·bor das <-s, -s> *ein Labor, das im Weltraum eingesetzt wird*

Wẹlt·raum·müll der <-s> (*kein Plur.*) *Überreste von Raketen oder Satelliten, die im Weltall treiben*

Wẹlt·raum·ra·ke·te die <-, -n> *Rakete, die in den Weltraum geschossen wird*

Wẹlt·raum·sta·tion die <-, -en> *eine Art großer Satellit, der auf einer Umlaufbahn um die Erde kreist und auf dem Menschen wissenschaftliche Arbeiten durchführen können*

Wẹlt·raum·te·les·kop das <-(e)s, -e> (≈ *Hubble-Teleskop*) *ein Teleskop, das seit 1990 auf einer Umlaufbahm um die Erde kreist und Aufnahmen von fernen Sonnensystemen liefert*

Wẹlt·rei·se die <-, -n> **1.** *eine Reise durch die Länder der Welt*[1] eine Weltreise unternehmen **2.** (*umg. scherzh.*) *ein sehr weiter Weg* Das ist ja eine Weltreise bis zu eurem Haus!

Wẹlt·rei·sen·de der/die <-n, -n> *Person, die eine Weltreise unternimmt*

Wẹlt·re·kord der <-(e)s, -e> *die beste Leistung in der Welt auf einem Gebiet* der Weltrekord im 100-m-Lauf, der Weltrekord im Maschineschreiben

Wẹlt·re·kord·in·ha·ber, **Wẹlt·re·kord·in·ha·be·rin** der <-s, -> *Weltrekordler*

Wẹlt·re·kord·ler, **Wẹlt·re·kord·le·rin** der <-s, -> *Person, die einen Weltrekord erzielt hat*

Wẹlt·ruhm der <-(e)s> (*kein Plur.*) *Ruhm in der ganzen Welt*[1] zu Weltruhm gelangen

Wẹlt·schmerz der <-es> (*kein Plur.*) (*geh.*) *Traurigkeit, weil man mit der Welt unzufrieden ist* sich seinem Weltschmerz hingeben

Wẹlt·si·cher·heits·rat der <-(e)s> (*kein Plur.*) POL. *eine Organisation der Vereinten Nationen, die sich mit der Verhinderung oder der Beendigung von Kriegen befasst*

Wẹlt·spra·che die <-, -n> *Sprache, die in sehr vielen Ländern gesprochen wird und sehr wichtig für die internationale Verständigung ist* die Weltsprache Englisch

Wẹlt·stadt die <-, Weltstädte> *eine Großstadt, die sehr bedeutend und wichtig ist* die Weltstadt Paris ▶weltstädtisch

Wẹlt·um·se·ge·lung die <-, -en> *die Fahrt mit einem Segelboot um die Welt*[1]

wẹlt·um·span·nend <nicht steig.> (≈ *global*) *so, dass es die ganze Welt*[1] *umfasst* eine weltumspannendes Informationsnetz

Wẹlt·un·ter·gang der <-(e)s> (*kein Plur.*) *der Zeitpunkt, an dem die Welt aufhört zu bestehen* den Weltuntergang vorhersagen

Wẹlt·un·ter·gangs·stim·mung die <-> (*kein Plur.*) *allgemeine Traurigkeit, weil alles als aussichtslos angesehen wird* Verbreitet doch nicht solch eine Weltuntergangsstimmung, noch ist unser Plan nicht ganz verloren!, in Weltuntergangsstimmung sein

Wẹlt·ver·band der <-(e)s, -bände> *Organisation von vielen Ländern der Erde* Weltverband des Fußballs ◆ Fußball-, Leichtathletik-

Wẹlt·ver·bes·se·rer der <-s, -> (*abwert.*) *jmd., der unrealistische Ideen hat, wie die Welt zu verbessern ist oder der die Weltordnung nach seinen Vorstellungen ändern will*

wẹlt·weit <nicht steig.> *Adj. auf der ganzen Welt* weltweit verbreitet sein, weltweit per Telefon erreichbar sein

Wẹlt·wirt·schaft die <-> (*kein Plur.*) WIRTSCH. *die Gesamtheit der internationalen Wirtschaftsbeziehungen und des Welthandels*

Wẹlt·wirt·schafts·gip·fel der <-s, -> WIRTSCH. *ein Treffen, das seit 1975 jährlich stattfindet und auf dem die sieben führenden Industrienationen (USA, Kanada, Japan, Großbritannien, Frankreich, Italien, Deutschland) Fragen der Weltwirtschaft besprechen*

Wẹlt·wirt·schafts·kri·se die <-, -n> *weltweite Krise der Wirtschaft*

Wẹlt·wun·der das <-s, -> **1.** *eines der sieben berühmten Bauwerke der Antike* Die Pyramiden in Ägypten zählen zu den sieben Weltwundern des Altertums. **2.** *etwas sehr Außergewöhnliches oder Wunderbares* Das ist ja das reinste Weltwunder!

Wẹlt·zeit die <-> (*kein Plur.*) *die Ortszeit am Längengrad Null (Längengrad von Greenwich), die die Grundlage für die Zeiteinteilung auf der Welt ist*

Wẹlt·zeit·uhr die <-, -en> *Uhr, die anzeigt, welche Uhrzeiten zu einem gegebenen Zeitpunkt in den anderen Zeitzonen der Erde herrschen*

wem *Pron. Dat. von „wer"*

wen *Pron. Akk. von „wer"*

Wẹn·de die <-, -n> **1.** *einschneidende Veränderung in einer Entwicklung* Es ist eine Wende zum Guten eingetreten. **2.** *Übergang zwischen zwei Zeitabschnitten* an der Wende/um die Wende vom 19. zum 20. Jahrhundert **3.** *das Umkehren* eine Wende um 180° machen, Das Boot/Fahrzeug machte eine Wende. **4.** SPORT *der Vorgang, dass ein Schwimmer nach dem Zurücklegen einer Bahn*[8] *die Beckenwand berührt, sich vollständig umdreht und die nächste Bahn in der anderen Richtung beginnt* ■ **die Wende**: *die politischen und wirtschaftlichen Veränderungen in der ehemaligen DDR, kurz nach dem Zusammenbruch der Sowjetunion* **vor/nach der Wende** (*umg.*): *vor/nach der Wiedervereinigung Deutschlands*

Wẹn·de·hals der <-es, -hälse> (*umg. abwert.* ≈ *Opportunist*) *jmd., der seine Überzeugungen schnell ändert, wenn es ihm Vorteile bringt*

i Wissenswert Wer seine inneren Einstellungen abrupt ändert, um sich dadurch Vorteile zu verschaffen, wird von seinen Mitmenschen

W

abfällig als **Wendehals** verspottet. Vor allem nach dem Ende der früheren DDR – der Wende – titulierten erzürnte Ostdeutsche ihre besonders opportunistischen Mitbürger als Wendehälse.

Wen·de·ja·cke die <-, -n> *eine Jacke, die man auch mit der Innenseite nach außen tragen kann*

Wen·de·kreis der <-es, -e> **1.** KFZ *der kleinste Kreis, den das Vorderteil eines Fahrzeugs beschreibt, wenn man das Lenkrad ganz einschlägt* einen großen/kleinen Wendekreis haben **2.** GEOGR. *der Breitengrad, über dem die Sonne bei der Sommer-/Wintersonnenwende am höchsten steht* der nördliche/südliche Wendekreis

Wen·del·trep·pe die <-, -n> *eine gewundene Treppe, die die Form einer Spirale hat* In den runden Turm führte eine Wendeltreppe.

Wen·de·ma·nö·ver das <-s, -> *der Vorgang, dass man mit einem Fahrzeug oder einem Boot die Richtung um 180 <GRAD> wechselt*

wen·den <wendest, wendete/wandte, hat gewendet/gewandt> **I.** *mit OBJ* **1.** ■ *jmd. wendet etwas (gewendet) auf die andere Seite drehen* die Pfannkuchen wenden **2.** ■ *jmd. wendet etwas (gewendet) bei einem Kleidungsstück die Innenseite nach außen bringen* eine Jacke wenden, so dass die Innenseite außen ist **3.** ■ *jmd. wendet etwas irgendwohin (gewendet/gewandt) etwas in eine andere Richtung drehen* das Fahrzeug/das Boot wenden, Er hat den Kopf zur Seite gewendet/gewandt. **4.** ■ *jmd. wendet etwas von jmdm. ((gewendet/gewandt) geh.) etwas von jmdm. abwenden* Sie hat das Unheil von ihm abgewandt. **II.** *ohne OBJ* ■ *jmd. wendet (gewendet) umkehren* Wendest du bitte da vorne!, Hier kann man mit dem Auto wenden. **III.** *mit SICH* **1.** ■ *jmd. wendet sich an jmdn. (gewendet/gewandt) jmdn. ansprechen, weil man einen Rat oder Hilfe braucht* Wenden Sie sich bitte an den zuständigen Sachbearbeiter! **2.** ■ *jmd./etwas wendet sich an jmdn. (nur Präs.) an eine bestimmte Gruppe gerichtet* Der Film wendet sich besonders an Jugendliche., Ich wende mich mit meinem Appell an alle Anwesenden. **3.** ■ *etwas wendet sich (gewendet/gewandt) einen gegenteiligen Verlauf nehmen* das Glück/Schicksal wandt/wendete sich **4.** ■ *jmd. wendet sich irgendwohin (gewendet/gewandt) sich in eine bestimmte Richtung drehen oder irgendwohin gehen* Sie wendete sich in die andere Richtung und ging weg., Rasch wandte er sich dem Waldrand zu. ■ **bitte wenden**: *bitte umdrehen und auf der anderen Seite weiterlesen*

Wen·de·punkt der <-(e)s, -e> **1.** *der Zeitpunkt, an dem eine grundlegende Veränderung eintritt* ein Wendepunkt in der Geschichte/in seinem Leben **2.** *der Punkt, an dem sich eine Bewegung in die entgegengesetzte Richtung ändert* der südliche Wendepunkt der Sonne

wen·dig *Adj.* **1.** *körperlich oder geistig beweglich* Sie ist sehr wendig, bestimmt kann sie gut turnen., ein wendiger Politiker, der in jeder Situation einen Ausweg findet **2.** KFZ *gut zu manövrieren und zu lenken* ein wendiges Fahrzeug

Wen·dig·keit die <-> *(kein Plur.)* **1.** *körperliche oder geistige Beweglichkeit* **2.** KFZ *gute Manövrierbarkeit*

Wen·dung die <-, -en> **1.** *Richtungsänderung* eine Wendung des Kopfes, Die Straße macht eine Wendung. **2.** (SPRACHWISS.: ≈ *Redewendung*) eine feste Wendung

we·nig[1] *Pron.* **1.** *(nicht deklinierbar vor Subst. im Sing.) (steigerbar) verwendet, um auszudrücken, dass etwas nur im geringem Maße oder in geringer Menge vorhanden ist* Sie hat wenig Geld, aber er hat noch weniger., Nur noch wenige Vorräte sind uns geblieben., wenige Zuschauer/Plätze, wenig/weniger Zeit, wenige/noch weniger Jahre **2.** *(steigerbar) verwendet, um auszudrücken, dass es sich um eine geringe Menge oder um ein geringes Maß handelt* Nur wenige/Wenige kamen zu dem Spiel., die wenigen/Wenigen, die ihn kannten, das wenige/Wenige, was ich weiß ■ **die wenigsten/Wenigsten**: *sehr kleine Anzahl* Das wissen nur die wenigsten/Wenigsten. **ein wenig**: *ein bisschen* ein wenig Geduld/Wasser, Das hilft mir schon ein wenig. ♦ Klein- oder Großschreibung →R 3.15 Nur wenige/Wenige blieben zurück., Das wenige/Wenige, das ihr geblieben war, war auch bald aufgebraucht., Ein weniges/Weniges würde uns schon helfen.; Getrenntschreibung →R 4.2, R 4.3 ein wenig gelesenes Buch, ein wenig bekannter Autor

we·nig[2] *Adv. in geringem Maße, nicht viel* Sie hat weniger geübt als du., Seine Aussagen helfen nur wenig/noch weniger weiter., Das interessiert mich nur wenig/am wenigsten., Du gehst wenig schwimmen.

we·ni·ger[1] *Komparativ von* **wenig**[1]

we·ni·ger[2] *minus* Fünf weniger drei ist zwei.

we·nigs·tens *Adv.* **1.** *zumindest* Du könntest dich wenigstens entschuldigen!, Morgen soll die Sonne scheinen, wenigstens sagt das der Wetterbericht **2.** *mindestens* Ich brauche wenigstens zehn Helfer.

wenn *Konj.* **1.** *verwendet, um in einem Nebensatz eine Bedingung oder Voraussetzung für einen Sachverhalt zu nennen* Wenn ich Zeit habe, besuche ich dich., Wenn du nicht hilfst, dann schaffen wir es nicht. **2.** *verwendet, um in einem Nebensatz den Zeitpunkt für ein Geschehen zu beschreiben* Wenn es heute dunkel wird, bringst du die Kinder ins Bett!, Bitte sage Bescheid, wenn du mich brauchst! **3.** *verwendet, um in einem Nebensatz einen sich wiederholenden Zeitpunkt für ein Geschehen zu beschreiben* Wenn es Frühling wird, blühen die Blumen., Wenn ich Post bekomme, hoffe ich, sie sei von dir. ■ **wenn ... doch (nur)/bloß**: *Ausdruck einer Hoffnung oder eines Wunsches* Wenn doch schon Abend wäre., Wenn sie doch nur anriefe!, Wenn bloß nichts passiert! **wenn ... auch**: *obwohl* Wenn der Urlaub auch kurz war, so war er doch erlebnisreich.

wenn·gleich *Konj.* (*geh.*) *obwohl* Wenngleich die beiden sich nicht leiden konnten, …

wenn·schon *Konj. obgleich* Ich kann nicht kommen, wennschon ich gern bei euch wäre. ■ **wennschon, dennschon** (*umg.*): *wenn man etwas tut, dann aber auch richtig* **na, wennschon** (*umg.*): *das ist mir völlig egal*

wer[1] *Pron. verwendet, um in direkten und indirekten Fragen nach einer Person zu fragen* Wer kommt da zur Tür hinein?, Wer ist bereit, die Aufgabe zu übernehmen?, Weißt du, wer das getan hat?, Ich frage mich, wer das gewesen ist.

wer[2] *Pron. verwendet in einem verkürzten Relativsatz, der sich auf eine unbestimmte Person bezieht* Wer dagegen ist, sollte jetzt nein sagen! (Alle, die dagegen sind, sollten jetzt nein sagen!), Wer so müde ist, sollte sich besser hinlegen. (Derjenige, der so müde ist, sollte sich besser hinlegen.), Wer anderen eine Grube gräbt, fällt selbst hinein.; (*Sprichwort*)

wer[3] *Pron.* (*umg.* ≈ *jemand*) Ist da wer?, Da ist wer an der Tür.

Wer·be·ab·tei·lung die <-, -en> *Abteilung eines Unternehmens, die Werbeaktionen plant und durchführt*

Wer·be·a·gen·tur die <-, -en> *Unternehmen, das im Auftrag anderer Firmen Werbeaktionen plant und durchführt*

Wer·be·ak·ti·on die <-, -en> *Maßnahme, mit der für ein Produkt geworben wird*

Wer·be·an·zei·ge die <-, -n> *eine Anzeige im Fernsehen, Radio, Kino, in einer Zeitung o.Ä. mit der für etwas geworben wird*

Wer·be·bei·la·ge die <-, -n> *ein Werbeprospekt, der einer Tageszeitung oder einem Magazin beigelegt ist*

Wer·be·bran·che die <-> (*kein Plur.*) *alle Unternehmen, die im Bereich der Werbung tätig sind*

Wer·be·bro·schü·re die <-, -n> (≈ *Werbeprospekt*)

Wer·be·ein·blen·dung die <-, -en> TV *Werbespot, der für kurze Zeit eine Sendung unterbricht*

Wer·be·ein·nah·me die <-, -n> (*meist Plur.*) *Einnahmen, die man mit der Veröffentlichung von Werbeanzeigen macht* Die Zeitung/Der Sender finanziert sich über Werbeeinnahmen.

Wer·be·fach·mann, **Wer·be·fach·frau** der <-(e)s, Werbefachmänner/Werbefachleute> *Person, die auf dem Gebiet der Werbung qualifiziert ist*

Wer·be·feld·zug der <-(e)s, -züge> (≈ *Werbekampagne*) *eine große Werbeaktion*

Wer·be·fern·se·hen das <-s> (*kein Plur.*) *Teil des Fernsehprogramms, in dem Werbung gezeigt wird*

Wer·be·film der <-s, -e> (≈ *Werbespot*) *Film, mit dem Werbung für etwas gemacht wird*

wer·be·fi·nan·ziert <(nicht steig.)> *Adj. so, dass es mit Geld durch Werbung finanziert ist*

Wer·be·flä·che die <-, -n> *eine Fläche, auf der Werbung für etwas gemacht wird*

Wer·be·ge·schenk das <-(e)s, -e> *ein Geschenk, das Kunden oder Geschäftsfreunde eines Unternehmens, einer Firma o.Ä. erhalten*

Wer·be·kam·pa·g·ne die <-, -n> *große Werbeaktion*

Wer·be·kos·ten <-> *Plur. Kosten, die für Werbung entstehen*

Wer·be·ma·te·rial das <-s, -ien> *Material, das für Werbung eingesetzt wird*

Wer·be·mit·tel das <-s, -> (*meist Plur.*) *alle Mittel, die man für Werbung einsetzen kann*

wer·ben <wirbst, warb, hat geworben> **I.** *mit OBJ* ■ *jmd. wirbt jmdn.* (*für jmdn./etwas*) *versuchen, jmdn. zu finden und zu überzeugen, etwas zu kaufen oder etwas oder jmdn. zu unterstützen oder bei etwas mitzumachen o.Ä.* Abonnenten für eine Zeitung werben, Die Heilsarmee versuchte, neue Mitglieder zu werben. **II.** *ohne OBJ* **1.** ■ *jmd. wirbt für etwas versuchen, etwas so darzustellen, dass es Interesse erweckt* für ein Produkt/eine Idee werben **2.** ■ *jmd. wirbt um etwas versuchen, etwas zu bekommen* Er warb um ihr Vertrauen., Der Politiker warb um die Gunst der Wähler. **3.** ■ *jmd. wirbt um jmdn.* (*geh. veralt.*) *sich um die Zuneigung und Liebe einer Frau bemühen* Vergeblich warb er mit aller Geduld um sie.

Wer·be·pros·pekt der <-(e)s, -e> *eine Art dünnes Heft mit vielen Bildern, in dem für etwas geworben wird*

Wer·be·schild das <-(e)s, -er> *ein Schild, das Werbung für etwas macht*

Wer·be·slo·gan der <-s, -s> *Werbespruch*

Wer·be·spot der <-s, -s> *kurze Werbesendung im Fernsehen*

Wer·be·spruch der <-(e)s, -sprüche> *ein kurzer Satz, mit dem für etwas geworben wird*

Wer·be·stra·te·gie die <-, -n> WIRTSCH. *die genaue Planung aller Maßnahmen, mit denen für etwas geworben werden soll* eine geschickte Werbestrategie

Wer·be·text der <-(e)s, -e> *Text, mit dem für ein Produkt geworben wird*

Wer·be·trom·mel ■ **für etwas die Werbetrommel rühren** (*umg.*): *für etwas stark werben*

wer·be·wirk·sam *Adj. so, dass es erfolgreich für etwas wirbt* ein Plakat werbewirksam anbringen

Wer·bung die <-, -en> **1.** (*kein Plur.*) *Maßnahme, mit der für etwas geworben II. 1 wird* die Werbung für ein neues Produkt, Werbung für etwas machen, in der Abteilung für Werbung arbeiten **2.** *das Werben I* die Werbung von Arbeitskräften/Kunden/Mitgliedern **3.** (*geh. veralt.*) *das Werben II. 2,3* die Werbung um ihre Gunst **4.** (*umg.*) *gedruckte Werbemittel, Prospekte* Bitte keine Werbung einwerfen!, Ständig ist der Briefkasten voller Werbung

Wer·bungs·kos·ten <-> *Plur.* **1.** *Geld, das für Werbung bezahlt werden muss* **2.** *Kosten, die jmd. hat, der einen Beruf ausübt, und die damit in Zusammenhang stehen und die man von der Steuer absetzen kann*

Wer·de·gang der <-(e)s, Werdegänge> (*meist Sing.*) **1.** *die Entwicklung eines Menschen* Er schilderte ihr seinen persönlichen Werdegang. **2.** *die berufliche Ausbildung von jmdm.* Können Sie kurz ihren beruflichen Werdegang skizzieren? **3.** *der Prozess der Herstellung oder Entwicklung einer Sache* der Werdegang eines Forschungsprojekts

Wer·den das <-s> (*kein Plur.*) (*geh.*) *das Entstehen* etwas ist im Werden

wer·den[1] <wirst, wurde, ist geworden> **I.** *ohne OBJ* **1.** ▪ *jmd. wird irgendwie einen bestimmten Zustand erreichen oder eine bestimmte Eigenschaft bekommen* alt/ernst/erwachsen/krank/reich werden **2.** ▪ *jmd. wird etwas Nom. einen Beruf lernen oder eine Arbeitsstelle antreten* Was willst du mal werden?, Sie ist unsere Chefin geworden. **3.** ▪ *jmd. wird etwas Nom. ein bestimmtes Verwandtschaftsverhältnis zu jmdm. bekommen* Sie wird Mutter., Er wird mein Schwager. **4.** ▪ *jmd. wird eine bestimmte Zahl am nächsten Geburtstag ein bestimmtes Alter erreichen* Sie wird bald 40. **5.** ▪ *etwas wird etwas Nom. sich zu etwas entwickeln* Sein Traum ist Wirklichkeit geworden. **6.** ▪ *etwas wird zu etwas Dat. sich zu etwas entwickeln* Die Arbeit wird allmählich zur Routine. **7.** ▪ *jmd. wird zu etwas Dat. eine bestimmte Position oder einen bestimmten Status erreichen* Sie wurde zur uneingeschränkten Herrscherin des Reiches., Er wurde zum Kultautor der jungen Generation. **8.** ▪ *jmd. wird wie jmd. sich so entwickeln, wie jmd. anders ist* Sie wird wie ihre Mutter. **9.** ▪ *etwas wird irgendwie* (*umg.*) *gelingen* Sind die Fotos etwas geworden?, So wird das nichts., Na, es wird ja allmählich! **II.** *mit ES* **1.** ▪ *es wird irgendwie/etwas einen bestimmten Zustand oder Zeitpunkt erreichen* Langsam wird es hell., Morgen soll es kalt werden., Es wird zwölf Uhr., Langsam wird es Nacht/Frühling. **2.** ▪ *jmdm. wird es irgendwie ein bestimmtes Gefühl empfinden* Mir wird (es) kalt., Ich glaube, ihm wird schlecht und er muss sich erbrechen. ▪ **Das wird schon wieder.** (*umg.*): *verwendet, um jmdn. zu trösten* **Was soll bloß daraus werden?** (*umg.*): *Wie soll es bloß damit weitergehen?* **Daraus wird nichts!** (*umg.*): *das wird nicht getan oder das passiert auf keinen Fall* **Das wird noch was (werden)!** (*umg. iron.*): *das wird noch Probleme geben* **Was nicht ist, kann noch werden.**: *verwendet, um auszudrücken, dass es noch nicht zu spät für etwas ist*

wer·den[2] **I.** *mit Inf.* **1.** ▪ *jmd./etwas wird plus. Inf. verwendet, um ein Geschehen in der Zukunft zu beschreiben* Er wird morgen verreisen. **2.** ▪ *jmd./etwas wird plus. Inf. verwendet, um eine Hoffnung oder einen Wunsch auszudrücken* Hoffentlich wird es nicht regnen. **3.** ▪ *jmd./etwas wird plus. Inf. verwendet, um eine Drohung auszudrücken* Du wirst noch von mir hören! **4.** ▪ *jmd./etwas wird plus. Inf. verwendet, um eine Vorhersage oder Prophezeiung auszudrücken* Rationalisierung wird zum Verlust zahlreicher Arbeitsplätze führen., Mit der neuen Gentechnologoie wird man auch Krebs heilen können. **5.** ▪ *jmd. wird (wohl) plus. Inf. Perf. verwendet, um eine Vermutung auszudrücken, die sich auf etwas bezieht, was* (*kurz*) *vorher passiert ist* Ich werde wohl durch die Prüfung gefallen sein., Er wird wohl den Bus verpasst haben. **6.** ▪ *jmd./etwas würde plus Inf. verwendet zur Bildung des Konjunktiv II* Ich würde gern verreisen., Das würde nicht klappen. **II.** *mit Part. Perf.* (*wirst, wurde, ist worden*) **1.** ▪ *jmd./etwas wird plus. Part. Perf. verwendet zur Bildung des Passiv* Sie werden gefilmt., Die Häuser werden abgerissen., Die Stadt ist neu aufgebaut worden. **2.** ▪ (*es*) *wird plus Part. Perf. verwendet, um einen Befehl oder eine Aufforderung auszudrücken* Jetzt wird gearbeitet!, Hier wird nicht mehr geraucht!

wer·fen[1] <wirfst, warf, hat geworfen> **I.** *mit OBJ/ohne OBJ* ▪ *jmd. wirft* (*etwas*) (*etwas*) *mit einer starken Bewegung des Arms aus der Hand irgendwohin schleudern* Er wirft den Ball., Er hat geworfen, ich war es nicht!, Sie kann sehr weit werfen. ▸Werfer(in) **II.** *mit SICH* ▪ *jmd. wirft sich irgendwohin sich irgendwohin fallen lassen* Sie warfen sich vor dem König auf den Boden

wer·fen[2] <wirfst, warf, hat geworfen> *mit OBJ/ohne OBJ* ▪ *ein Tier wirft* (*Junge*) *gebären* Die Katze hat drei Junge geworfen., Gestern hat unsere Hündin geworfen.

Werft die <-, -en> *Anlage zum Bau und zur Reparatur von Schiffen* ◆-arbeiter, -gelände

Werg das <-(e)s> (*kein Plur.*) *eine Art Hanf, der besonders zum Abdichten von Rohren verwendet wird*

Werk[1] das <-(e)s, -e> **1.** *das Ergebnis einer künstlerischen oder wissenschaftlichen Leistung* Der Schriftsteller stellt sein neuestes Werk vor., die Werke Albrecht Dürers **2.** (*kein Plur.*) (≈ *Gesamtwerk*) das Werk Schillers **3.** (*kein Plur.*) *etwas, das jmd. getan hat* Das ist alles dein Werk., Der Mord war das Werk eines skrupellosen Verbrechers. ▪ **ein gutes Werk tun**: *jmdm. helfen, der es benötigt* **sich ans Werk machen**: *anfangen zu arbeiten* **Da/Hier war jemand/ein Tier am Werk**: *der Schaden ist durch jmdn. oder ein Tier verursacht worden*

Werk[2] das <-(e)s, -e> **1.** *Fabrik* Das Werk ist der größte Arbeitgeber in der Region. **2.** *Mechanismus* ein kompliziertes Werk aus Zahnrädern und Ketten

Werk·an·ge·hö·ri·ge, *a.* **Werks·an·ge·hö·ri·ge** der/die <-n, -n> *Person, die in einer Fabrik beschäftigt ist*

Werk·arzt, *a.* **Werks·arzt**, **Werk(s)·ärz·tin** der <-es, Werk(s)ärzte> *Person, die als Arzt oder Ärztin in einer Fabrik für die medizinische Betreuung der Angestellten zuständig ist*

Werk·bank die <-, Werkbänke> *eine Art fester Arbeitstisch, der in einer Fabrik oder Werkstatt steht*

werk·ei·gen, *a.* **werks·ei·gen** <nicht steig.> *Adj. so, dass es zu einer Fabrik gehört* werkeigene Freizeiteinrichtungen/Parkplätze/ Wohnungen

wer·keln <werkelst, werkelte, hat gewerkelt> *ohne OBJ* ▪ *jmd. werkelt* (*an etwas Dat.*) (*umg.*) *sich als nicht Fachkundiger mit einer handwerklichen*

Arbeit beschäftigen im Hobbyraum werkeln, Er werkelt schon seit Stunden an seinem Auto.

wer·ken *ohne OBJ* ■ *jmd. werkt* (*iron.*) *mit den Händen arbeiten*

Wer·ken das <-s> (*kein Plur.*) (*veralt.*) *Schulfach, in dem handwerkliches Arbeiten unterrichtet wird*

Wer·ke·ver·zeich·nis das <-ses, -e> *Liste mit allen Werken[1] eines Komponisten*

Werk·ge·län·de das <-s, -> *Gelände, das zu einer Fabrik gehört* die Überwachung des Werkgeländes durch den Werkschutz

werk·ge·treu *Adj. so, dass es dem Werk[1] eines Komponisten oder Dichters genau entspricht* die werkgetreue Aufführung einer Oper/eines Theaterstücks

Werk·lei·ter, *a.* **Werks ·lei·ter**, **Werk(s)·lei·te·rin** der <-s, -> *Person, die eine Fabrik leitet*

Werk·lei·tung die <-, -en> *Leitung einer Fabrik*

Werks·an·ge·hö·ri·ge *s.* **Werkangehörige**

Werks·arzt *s.* **Werkarzt**

Werk·schutz der <-es> (*kein Plur.*) **1.** *die Überwachung der Sicherheit einer Fabrik* den Werkschutz gewährleisten/organisieren **2.** (*Mitarbeiter der*) *Abteilung, die die Sicherheit einer Fabrik überwacht* beim Werkschutz arbeiten, Der Werkschutz macht regelmäßige Kontrollgänge.

werks·ei·gen *Adj. s.* **werkeigen**

Werks·lei·ter *s.* **Werkleiter**

Werks·lei·tung *s.* **Werkleitung**

Werk·spi·o·na·ge die <-> (*kein Plur.*) *das Ausspionieren von Betriebsgeheimnissen*

Werk·statt die <-, Werkstätten> **1.** *Arbeitsraum eines Handwerkers oder Handwerksbetriebes* die Werkstatt einer Autolackiererei/eines Schuhmachers/ eines Uhrmachers, nach Arbeitsschluss die Werkstatt aufräumen/auskehren, Vater hat sich im Keller eine kleine Werkstatt eingerichtet. **2.** *Atelier eines Künstlers* Das Bild stammt aus der Werkstatt eines unbekannten Meisters.

Werk·stät·te die <-, -n> *Werkstatt*

Werk·stoff der <-(e)s, -e> *Grundstoff für die Herstellung eines Produkts* hochmoderne Werkstoffe wie Carbonfasern

Werk·stück das <-(e)s, -e> *ein Gegenstand, der noch bearbeitet werden muss, um aus ihm ein Produkt herzustellen*

Werk·stu·dent der <-en, -en> *ein Student, der während der Semesterferien oder auch zeitweilig während des Semesters in einer Fabrik arbeitet, um Geld zu verdienen*

Werks·woh·nung *s.* **Werkwohnung**

Werk·tag der <-(e)s, -e> *Wochentag, an dem gearbeitet wird* Dieser Bus verkehrt nur an Werktagen.

werk·tags *Adv. an Werktagen* ◆ Kleinschreibung →R 3.10 Der Zug verkehrt nur werktags.

werk·tä·tig <nicht steig.> *Adj. so, dass man einen Beruf ausübt* die werktätige Bevölkerung

Werk·tä·ti·ge der/die <-n, -n> *Person, die einen Beruf ausübt*

Werk·ver·trag der <-(e)s, -verträge> *eine Arbeitsvertrag, der nur für eine bestimmte Zeit geschlossen wird und in dem eine bestimmte Aufgabe beschrieben ist, die in dieser Zeit zu bearbeiten ist*

Werk·woh·nung, *a.* **Werks·woh·nung** die <-, -en> *Wohnung, die von einem Unternehmen einem Mitarbeiter des Unternehmens im Bedarfsfall zur Verfügung gestellt wird*

Werk·zeug das <-(e)s, -e> **1.** *ein Gerät oder Gegenstand, mit dem man eine Arbeit ausführt oder mit dem man eine Arbeit erleichtert* Zangen, Feilen und andere Werkzeuge, Zur Reparatur des Fahrrades fehlen mir die richtigen Werkzeuge. **2.** (*kein Plur.*) *Gesamtheit der Werkzeuge[1] für eine bestimmte Arbeit* sein Werkzeug in Ordnung halten, Zu dieser Arbeit fehlt mir das geeignete Werkzeug. ■ **jemanden als Werkzeug benutzen** (*abwert.*): *jmdn. benutzen, um ein bestimmtes Ziel zu erreichen*

Werk·zeug·kas·ten der <-s, Werkzeugkästen> *ein Kasten, in dem man Werkzeug[2] aufbewahrt und transportiert* der Werkzeugkasten des Klempners

Werk·zeug·kof·fer der <-s, -> *ein Koffer, in dem man Werkzeug[2] aufbewahrt und transportiert*

Werk·zeug·ma·schi·ne die <-, -n> TECHN. *eine große Maschine, auf der Werkstücke automatisch bearbeitet werden*

Werk·zeug·schrank der <-(e)s, Werkzeugschränke> *ein Schrank, in dem Werkzeug[2] aufbewahrt wird*

Werk·zeug·ta·sche die <-, -n> *eine Tasche, in dem man Werkzeug[2] aufbewahrt und transportiert*

Wer·mut der <-(e)s> (*kein Plur.*) **1.** BOT. *eine aromatisch duftende Heil- und Gewürzpflanze* **2.** *ein alkoholisches Getränk, das Wermut[1] enthält*

Wer·muts·trop·fen der <-s, -> *etwas Unangenehmes, das die Freude an etwas verringert* Ein Wermutstropfen bei der Sache war die extrem lange Wartezeit.

Wert der <-(e)s, -e> **1.** (*kein Plur.*) *der Preis von etwas, der in Geld ausgedrückt ist* der Wert einer Ware, Waren im Wert von vielen Millionen Euro, Häuser sind im Wert gefallen/gestiegen **2.** *etwas, das sehr wertvoll ist* Werte schaffen/erhalten vernichten, Das ist etwas von bleibendem Wert., Der Brand hat ungeheure Werte vernichtet. **3.** (*kein Plur.*) *etwas, das nützlich ist und eine hohe Qualität hat* Das ist ohne jeden Wert für mich., Das Buch hat einen großen erzieherischen Wert., einer Sache großen Wert beimessen **4.** *positive Eigenschaft und Tugend* Für ihn zählen die inneren Werte. **5.** *etwas, das gemessen und in Zahlen ausgedrückt wird* Werte auf einer Skala ablesen, die gemessenen Werte sorgfältig notieren, Die Temperatur erreicht heute Werte um 30 Grad. ◆ Durchschnitts-, Maximal-, Spitzen- **6.** ■ **großen Wert auf etwas legen**: *etwas für sehr wichtig halten* **etwas keinen/großen Wert beimessen**: *etwas für nicht/sehr wichtig halten* **etwas unter Wert verkaufen**: *etwas zu billig verkaufen* **keinen ge-**

W

steigerten Wert auf etwas legen: *etwas nicht wünschen oder haben wollen* Ich lege keinen gesteigerten Wert auf deine Anwesenheit.

wert <nicht steig.> *Adj.* **1.** *so, dass es einen bestimmten Geldwert hat* Der alte Computer ist noch 100 Euro/nichts mehr wert., Was wird das Haus noch wert sein? **2.** ■ *etwas ist es/etwas wert so, dass es sich lohnt* Die Reise war mir das Geld wert., Das ist nicht der Mühe wert., Leipzig ist immer eine Reise wert., Ich halte das nicht für wert, gelesen zu werden. **3.** *so, dass es sehr wichtig ist* Dein Urteil ist mir viel wert., Pauls Hilfe war mir mehr/weniger wert als deine. **4.** (*veralt.*) *teuer; geschätzt* Werter Herr ..., Ihre werten Eltern ... ■ **jemandes nicht wert sein** (*geh.*): *nicht gut genug für jmdn. sein* Dieser Luftikus ist ihrer nicht wert ◆ Getrenntschreibung→R 4.1 wert sein, Er hat die Sache nicht für wert gehalten, erwähnt zu werden. *siehe aber auch* **werthalten**

Wert·ar·beit die <-> (*kein Plur.*) **1.** *eine Arbeit, die sehr gut und fachmännisch ausgeführt wird* Diese Tischlerei liefert Wertarbeit. **2.** *ein Produkt von guter Qualität* Diese Uhr ist Wertarbeit aus dem Hause ...

wert·be·stän·dig *Adj. so, dass es seinen Wert behält* eine wertbeständige Geldanlage

Wert·brief der <-(e)s, -e> *ein Brief, der einen wertvollen Inhalt hat und von der Post ersetzt wird, falls er verloren geht*

wer·ten *mit OBJ/ohne OBJ* **1.** ■ *jmd. wertet etwas als etwas beurteilen* etwas als einen Erfolg werten **2.** ■ *jmd. wertet etwas etwas mit einer Note beurteilen* Der Fehlversuch wird nicht gewertet., Jede Klassenarbeit wird gewertet. **3.** ■ *jmd. wertet (etwas)* SPORT *eine sportliche Übung mit Punkten benoten* eine Kür mit der höchsten Punktzahl werten

Wer·te·sys·tem das <-s, -e> *Gesamtheit der positiven Eigenschaften und Tugenden, die in einer Gesellschaft hoch angesehen werden*

wert·frei <nicht steig.> *Adj.* (≈ *neutral*) *ohne (persönliches) Werturteil* eine völlig wertfreie Darstellung

Wert·ge·gen·stand der <-(e)s, Wertgegenstände> *ein Gegenstand, der einen hohen Wert[1] hat* Bitte bewahren Sie Ihre Wertgegenstände nicht im Hotelzimmer auf!

wert·hal·ten <hälst wert, hielt wert, hat wertgehalten> *mit OBJ* ■ *jmd. hält jmdn./etwas wert* (*geh.*) *jmdn. oder etwas in Ehren halten* Wir wollen sein Andenken werthalten. ◆ Zusammenschreibung→R 4.11 Sie hat das alte Erbstück immer wertgehalten. *siehe aber auch* **wert**

Wer·tig·keit die <-, -en> **1.** (CHEM.: ≈ *Valenz*) *Verhältnis der Mengen, in denen sich Stoffe zu chemischen Verbindungen zusammensetzen* **2.** (SPRACHWISS.: ≈ *Valenz*) *Eigenschaft von Wörtern, andere Wörter als (notwendige) Ergänzung an sich zu binden* die Wertigkeit eines Verbs **3.** (*kein Plur.*) *beigemessene Bedeutung* Die Familie besitzt für ihn eine hohe Wertigkeit.

wert·los <nicht steig.> *Adj.* (↔ *wertvoll*) **1.** *ohne Wert[1]* Das Gemälde ist aber wertlos. **2.** *ohne Nutzen* Dein Rat ist wertlos.

Wert·maß·stab der <-(e)s, Wertmaßstäbe> *der Maßstab, nach dem etwas beurteilt wird* Junge Menschen haben andere Wertmaßstäbe als ältere.

Wert·min·de·rung die <-, -en> WIRTSCH. *der Verlust von finanziellem Wert[1]* Ein Unfallschaden stellt eine Wertminderung für ein Auto dar.

Wert·pa·pier das <-s, -e> WIRTSCH. *eine Art Urkunde, die einen bestimmten Wert[1] hat* Aktien sind die bekanntesten Wertpapiere, sein Vermögen in Wertpapieren anlegen

Wert·pa·pier·bör·se die <-, -n> WIRTSCH. *die Börse, an der Wertpapiere gehandelt werden*

wert·schät·zen <wertschätzt, wertschätzte, hat wertgeschätzt> *mit OBJ* ■ *jmd. wertschätzt jmdn./etwas* (*veralt.*) *hochachten* Sie wussten die Werke dieses Künstlers wertzuschätzen. ◆ Zusammenschreibung→R 4.7 Die Öffentlichkeit hat diesen Künstler zu wenig wertgeschätzt.

Wert·schät·zung die <-, -en> (*geh.* ≈ *Hochachtung*) *der Sachverhalt, dass Menschen jmdm. Achtung, Bewunderung und Respekt entgegenbringen* Die Künstlerin genießt große Wertschätzung bei ihrem Publikum.

Wert·schöp·fung die <-, -en> WIRTSCH. *die Gesamtheit der in einem Wirtschaftszweig oder der gesamten Volkswirtschaft geschaffenen Werte*

Wert·stoff der <-(e)s, -e> *Stoffe, die im Müll oder als Rest anfallen, die man aber wieder verwertet, um etwas daraus herzustellen* Altpapier und Glas sind die bekanntesten Wertstoffe.

Wert·stoff·hof der <-(e)s, Wertstoffhöfe> *Sammelstelle für Wertstoffe*

Wer·tung die <-, -en> **1.** *das Bewerten einer Leistung* Die Studenten erreichten bei diesem Test gute Wertungen. **2.** SPORT *innerhalb eines Wettkampfs eine spezielle Teilsdisziplin, in der gewertet[3] wird* ◆ Berg-, Sprint-

Wert·ur·teil das <-s, -e> *das Urteil über die Qualität oder die Nützlichkeit von etwas* ein Werturteil über etwas abgeben

Wert·ver·lust der <-es, -e> WIRTSCH. *der Verlust an finanziellem Wert[1]* der Wertverlust einer Aktie/eines Grundstücks

wert·voll *Adj.* (↔ *wertlos*) **1.** *von hohem finanziellen, künstlerischen oder geistigen Wert* wertvoller Schmuck, ein wertvolles Kunstwerk, ein wertvolles altes Erinnerungsstück, ein pädagogisch wertvoller Film **2.** *von großem Nutzen* dem Freund einen wertvollen Rat geben, jemandem wertvolle Hilfe leisten, zu einer wissenschaftlichen Arbeit wertvolle Beiträge leisten

Wert·vor·stel·lung die <-, -en> (≈ *Wertmaßstab*) *die Vorstellung darüber, was wichtig oder von Bedeutung ist* Die Wertvorstellungen in der Gesellschaft sind einem ständigen Wandel unterworfen.

Wert·zei·chen das <-s, -> *etwas, das als Zeichen einen bestimmten Geldwert darstellt*

Wert·zu·wachs der <-es, Wertzuwächse> WIRTSCH. *der Betrag, um den der Wert[1] von etwas gestiegen ist* der Wertzuwachs bei einer Aktie/einem Grundstück

We̱r·wolf der <-(e)s, Werwölfe> *ein Mensch aus der Sage oder aus dem Märchen, der sich bei Vollmond in einen Wolf verwandelt und dann Menschen angreift*

wẹs *Pron.* (*veralt.*) *wessen* (*Gen. von „wer"*) Wes Brot ich ess, des Lied ich sing!

We̱·sen das <-s, -> **1.** (*kein Plur.*) *die grundlegende Eigenart einer Sache, mit der sie sich von einer anderen unterscheidet* zum Wesen einer Sache vordringen, Es liegt im Wesen der Kunst, dass sie frei ist., Demokratie ist das Wesen dieses Gesellschaftsmodells **2.** (*kein Plur.*) *die grundlegende Eigenart einer Person* Er hat ein sanftes/ernstes/heiteres Wesen. **3.** *etwas, das in irgendeiner unbestimmten Form, meist erdacht, existiert* außerirdische Wesen, an ein göttliches Wesen glauben **4.** *ein kleines Kind oder kleines Tier* ein kleines Wesen, Ein hilfloses Wesen saß am Straßenrand.

we̱·sen·haft <nicht steig.> *Adj.* (*geh.*) *wichtig*

we̱·sen·los <nicht steig.> *Adj.* (*geh.*) **1.** *grundlos* eine wesenlose Entscheidung **2.** *so, dass es keinen stofflichen Körper besitzt* eine wesenlose Erscheinung

we̱·sens·gleich <nicht steig.> *Adj. von identischem Charakter* zwei wesensgleiche Brüder

We̱·sens·zug der <-(e)s, Wesenszüge> *grundlegendes Merkmal oder eine grundlegende Eigenschaft* Ihre Offenheit ist ein angenehmer Wesenszug an ihr., Weltweite Kommunikation ist ein wichtiger Wesenszug unserer Zeit.

we̱·sent·lich¹ *Adj. von entscheidender Wichtigkeit, sehr wichtig* die wesentlichen Gesichtspunkte, Deine Mitwirkung ist wesentlich für den Erfolg des Projektes., Das war im Wesentlichen alles, was ich zu sagen hatte.

we̱·sent·lich² *Adv. sehr viel* Sie hat wesentlich zum Erfolg beigetragen., Ich kann euch nicht mehr wesentlich weiterhelfen. ◆ Großschreibung →R 3.7 Ich bin im Wesentlichen einverstanden.

We̱·sent·li·che das <-n> (*kein Plur.*) *das Wichtigste* (*von etwas*) Das Wesentliche habt ihr natürlich vergessen.

We̱·ser die *Fluss in Norddeutschland*

wes·hạlb¹ *Adv. warum* Weshalb kommst du so spät?

wes·hạlb² *Konj. verwendet, um in einem Nebensatz die Folge oder Konsequenz eines Sachverhaltes, der im Hauptsatz genannt ist, anzugeben* Es gab einen großen Stau, weshalb wir wir fünf Stunden warten mussten.

We·si̱r der <-s, -e> GESCH. *Minister eines islamischen Herrschers*

Wẹs·pe die <-, -n> ZOOL. *ein Insekt mit giftigem Stachel, das einer Biene ähnlich ist, aber eine schmalere Taille hat*

Wẹs·pen·nest das <-(e)s, -er> *das Nest von Wespen* Das Ausräuchern von Wespennestern ist verboten. ■ **in ein Wespennest stechen** (*umg.*): *ein heikles Thema ansprechen und damit viel Aufregung hervorrufen* Mit ihrer Frage hatte sie in ein Wespennest gestochen.

wẹs·sen *Pron. Gen. von „wer"*

Wẹs·si der <-s, -s> (*umg. abwert.* ↔ *Ossi*) *jmd., der aus den alten Bundesländern kommt*

Wẹst¹ (*ohne Art.; nicht deklinierbar*) METEOR. SEEW. *Westen* Wind aus West

Wẹst² der <-(e)s> (*kein Plur.*) SEEW. *Westwind*

Wẹst·ber·lin <-s> **1.** *der westliche I. 1 Teil Berlins* **2.** GESCH. *Bezeichnung für den Teil Berlins, der vor der Wiedervereinigung zu der Bundesrepublik gehörte*

Wẹst·deutsch·land <-s> (↔ *Ostdeutschland*) **1.** GESCH. *das Gebiet der Bundesrepublik Deutschland vor der Wiedervereinigung im Jahre 1990* **2.** GEOGR. *der Westen Deutschlands*

Wẹs·te die <-, -n> **1.** *ein Kleidungsstück ohne Ärmel, das bis zum Gürtel reicht und über einem Hemd getragen wird* eine Weste über dem Hemd tragen, eine kugelsichere Weste ◆ Leder-, Stoff- **2.** (*süddt.*) *leichte Strickjacke* ■ **eine weiße Weste haben**: *sich nicht schuldig gemacht haben*

Wẹs·ten der <-s> (*kein Plur.*) **1.** (↔ *Osten*) *die Himmelsrichtung, die auf der Landkarte links ist* Wind aus Westen, Im Westen geht die Sonne unter., nach Westen fahren **2.** (↔ *Osten*) *der Teil von etwas, der im Westen¹ liegt* der Westen des Landes, Den Westen sollten sie möglichst umfahren, da gibt es momentan viele Straßensperren., Sie sind in den Westen gezogen. **3.** *Westeuropa und die USA als politische oder weltanschauliche Einheit* Der Westen hat in dieser Frage nicht schnell genug gehandelt., die Öffnung des Westens gegenüber dem Osten **4.** (≈ *Okzident*) *das Abendland* ■ **der Wilde Westen** GESCH.: *der (weitgehend gesetzlose) westliche Teil Nordamerikas zur Zeit der Kolonisation im 19. Jahrhundert*

Wẹs·ten·ta·sche die <-, -n> *eine (kleine) Tasche in einer Weste* eine Taschenuhr aus der Westentasche ziehen ■ **etwas wie seine Westentasche kennen** (*umg.*): *etwas sehr gut kennen* **sich irgendwo wie in seiner Westentasche auskennen**: *sich irgendwo sehr gut auskennen*

Wẹs·tern der <-s, -> *ein Film oder Roman über den Wilden Westen s.* **Westen**

West·fa̱·le, **West·fä̱·lin** <-s, -> *Einwohner Westfalens*

West·fa̱·len <-s> *der nordöstliche Teil Nordrhein-Westfalens mit der zentralen Stadt Münster*

west·fä̱·lisch <nicht steig> *Adj. Westfalen betreffend* ■ **der Westfälische Friede** GESCH.: *Friedensverträge, mit denen 1648 in Münster und Osnabrück der Dreißigjährige Krieg beendet wurde*

Wẹst·geld das <-(e)s> (*kein Plur.*) GESCH. *Bezeichnung in der ehemaligen DDR für Währung aus dem Westen, die als zweites Zahlungsmittel eingesetzt wurde*

wẹst·in·disch <nicht steig.> *Adj. das Gebiet der karibischen Inseln betreffend*

Wẹst·küs·te die <-, -n> *Meeresküste, die im Westen¹ eines Landes liegt* die Westküste Amerikas/Frankreichs

wẹst·lich¹ *Adj.* **1.** (*nur attr.*) (↔ *östlich*) *so, dass*

W

jmd. oder etwas sich nach Westen[1,2] *orientiert* Sie fahren in westlicher Richtung **2.** (*nur attr.*) (↔ *östlich*) *so, dass etwas oder jmd. aus dem Westen*[1,2] *kommt* Der Wind weht aus westlicher Richtung. **3.** (↔ *östlich*) *so, dass etwas oder jmd. im Westen*[1,2] *ist* der westliche Teil der Stadt **4.** POL. *zu den Staaten Westeuropas oder der USA gehörend* die westlichen Regierungen/Politiker, die westlichen Kulturen

west·lich[2] *Präp. + Gen.* (↔ *östlich; vor Eigennamen ohne Artikel mit „von“,* ↔ *östlich*) *drückt aus, dass etwas weiter im Westen liegt als etwas anderes* Westlich des Flusses ist alles überschwemmt!, westlich der Elbe, Die Stadt liegt westlich der Ardennen., westlich von Hannover, westlich von Polen, Der Ort liegt westlich von Berlin.

West·mäch·te <-> *Plur.* POL. GESCH. *die westlichen Verbündeten im Zweiten Weltkrieg: Frankreich, Großbritannien und die USA*

west·rö·misch <nicht steig.> *Adj.* GESCH. ■ **das Weströmische Reich**: *der westliche Teil, der nach der Spaltung des Römischen Reiches im Jahr 395 n. Chr. entstand*

West·sei·te die <-, -n> (↔ *Ostseite*) *die Seite von etwas, die in Richtung Westen*[1] *zeigt* die Westseite des Gebäudes

West·teil der <-(e)s, -e> (↔ *Ostteil*) *westlicher Teil von einem Gebiet, einer Stadt, einem Gebäude o.Ä.*

west·wärts *Adv.* (↔ *ostwärts*) *in westlicher Richtung* westwärts fahren

West·wind der <-(e)s, -e> (↔ *Ostwind*) *Wind aus dem Westen*[1]

wes·we·gen[1] *Adv.* (≈ *warum*) Weswegen rufst du an?

wes·we·gen[2] *Konj.* (≈ *weshalb*[2])

Wett·be·werb der <-(e)s, -e> **1.** (*kein Plur.*) (WIRTSCH.: ≈ *Konkurrenz*) *der Vorgang, dass Unternehmen, Betriebe, Institutionen o.Ä. alle gleichzeitig versuchen, mit ihren Produkten oder Angeboten einen Markt zu beherrschen und die größten Anteile von ihm zu gewinnen* der internationale/globale Wettbewerb, ein fairer/unlauterer Wettbewerb, Im harten Wettbewerb überleben nur die schnellsten und kostengünstigsten Hersteller. ▶Wettbewerber ◆-svorteil, Verdrängungs- **2.** *eine Veranstaltung, bei der die Teilnehmer gegeneinander antreten, um ihre Leistungen miteinander zu vergleichen und bei dem es für die besten Preise gibt* einen Wettbewerb veranstalten, der Wettbewerb um das schönste Buch/den schönsten Kinderfilm des Jahres

Wett·be·wer·ber, **Wett·be·wer·be·rin** der <-s, -> **1.** (WIRTSCH.: ≈ *Konkurrent*) *Firma, die mit anderen im Wettbewerb*[1] *steht* zum Kreis der Wettbewerber auf einem Markt gehören **2.** (≈ *Kandidat*) *Person, die an einem Wettbewerb*[2] *um Preise oder Platzierungen teilnimmt* Die Wettbewerber haben mehrere schwierige Aufgaben zu meistern.

Wett·be·werbs·druck der <-s> (*kein Plur.*) WIRTSCH. *der starke Zwang, wettbewerbsfähig zu sein, der von einem intensiven Wettbewerb*[1] *ausgelöst wird*

wett·be·werbs·fä·hig <nicht steig.> *Adj.* WIRTSCH. *stark genug, um in einem wirtschaftlichen Wettbewerb*[1] *gute Chancen zu haben*

wett·be·werbs·för·dernd <nicht steig.> *Adj. so, dass es den wirtschaftlichen Wettbewerb*[1] *unterstützt*

Wett·bü·ro das <-s, -s> *eine Art Geschäft, in dem man Wetten*[2], *zum Beispiel für Pferderennen, abschließen kann*

Wet·te die <-, -n> **1.** *eine Übereinkunft zwischen zwei Personen, die besagt, dass derjenige, der etwas behauptet und nicht Recht behält, dem anderen etwas bezahlen oder geben muss* eine Wette abschließen/eingehen/gewinnen/verlieren, Topp, die Wette gilt!, Ich gehe jede Wette ein, dass ich stärker bin. **2.** *der Versuch, bei einem Wettbewerb den Gewinner vorherzusagen, indem man Geld auf diesen Kandidaten setzt* bei einer Wette viel Geld einsetzen ■ **um die Wette** (*umg.*): *mit dem Ziel, schneller oder irgendwie besser als der andere oder die anderen zu sein* um die Wette fahren/rennen/essen

Wett·ei·fer der <-s> (*kein Plur.*) *das Bestreben, etwas besser als andere zu machen* Sie übertrafen sich in ihrem Wetteifer um den ersten Platz.

wett·ei·fern <wetteiferst, wetteiferte, hat gewetteifert> *ohne OBJ* ■ *jmd. wetteifert* (*mit jmdm.*) *um etwas Akk. versuchen, andere in einer Sache zu übertreffen und zu gewinnen* um die Gunst des Lehrers wetteifern

wet·ten **I.** *mit OBJ.* ■ *jmd. wettet* (*etwas*), *dass ... erklären, dass man ganz sicher ist, dass etwas so wird oder so passiert* Ich wette meinen Kopf, dass er verliert., Ich wette mit dir um 10 Euro, dass morgen schönes Wetter wird. **II.** *mit OBJ/ohne OBJ* ■ *jmd. wettet* (*mit jmdm.*) (*etwas*) (*mit jmdm.*) *eine Wette*[1] *machen* (*und den Einsatz angeben*) Sollen wir wetten?, Ich wette zehn Euro!, Ich wette mit dir einen Kasten Bier! **III.** *ohne OBJ* **1.** ■ *jmd. wettet auf etwas Akk. eine Wette*[2] *abschließen* Er wettet immerzu auf Pferde. **2.** ■ *jmd. wettet* (*mit jmdm.*) (*um etwas Akk.*) *wetten II*

Wet·ter das <-s> (*kein Plur.*) *der Zustand, in dem die Atmosphäre zu einem bestimmten Zeitpunkt in einer bestimmten Region ist und der mit Erscheinungen wie Regen, Gewitter, Schnee o.Ä. verbunden ist* Das Wetter ist unbeständig/verschlechtert sich/ist wechselhaft., das Wetter beobachten/vorhersagen, Es hängt vom Wetter ab, ob wir baden gehen können., Da hat uns das Wetter einen Strich durch die Rechnung gemacht – Am Ausflugstag herrschte Dauerregen!, Ein stabiles Hoch bestimmt bis zum Wochenende unser Wetter. ■ **bei jemandem gut Wetter machen** (*umg.*): *versuchen, jmdn. günstig zu stimmen, nachdem man ihn verärgert hatte*

Wet·ter·aus·sich·ten <-> *Plur. die Erwartungen, wie das Wetter wird* Die Wetteraussichten für die Woche sind günstig.

Wet·ter·be·richt der <-(e)s, -e> *eine Vorhersage*

des Wetters für den kommenden Tag, die in Fernsehen oder Rundfunk gesendet wird den Wetterbericht anhören/ansehen

Wet·ter·dienst der <-es, -e> *Einrichtung zur Vorhersage und Beobachtung des Wetters* der Wetterdienst eines Flughafens/einer Region, Daten für den Wetterdienst sammeln

Wet·ter·fah·ne die <-, -n> *eine Art Fahne aus Metall, die die Windrichtung anzeigt* die vergoldete Wetterfahne auf der Turmspitze

wet·ter·fest <nicht steig.> *Adj. auch für schlechtes oder nasses Wetter geeignet* wetterfeste Kleidung

Wet·ter·frosch der <-es, Wetterfrösche> **1.** *ein Laubfrosch, den man in einem Glas hält, in dem eine kleine Leiter ist, und der angeblich auf die Leiter klettert, wenn das Wetter schöner wird* **2.** (*umg. scherzh.*) *Person, die bei einem Wetterdienst arbeitet oder die Wettervorhersage in Funk oder Fernsehen macht*

wet·ter·füh·lig *Adj.* MED. *so, dass man unter Wettereinflüssen gesundheitlich leidet* Im Alter ist sie wetterfühlig geworden.

Wet·ter·füh·lig·keit die <-> (*kein Plur.*) MED. *die Tatsache, dass man wetterfühlig ist* unter Wetterfühligkeit leiden

Wet·ter·hahn der <-(e)s, Wetterhähne> *drehbare Figur in der Form eines Hahnes, die die Windrichtung anzeigt* der vergoldete Wetterhahn auf der Turmspitze

Wet·ter·kar·te die <-, -n> *Landkarte, auf der das Wetter in verschiedenen Gebieten angegeben ist*

Wet·ter·kun·de die <-> (*kein Plur.*) (≈ *Meteorologie*)

Wet·ter·la·ge die <-, -n> *das Wetter, wie es gegenwärtig allgemein in einem großen Gebiet vorherrscht* eine hochsommerliche/stabile/unbeständige/wechselhafte Wetterlage

Wet·ter·leuch·ten das <-s> (*kein Plur.*) *das Leuchten von Blitzen eines Gewitters, das weit entfernt ist*

wet·ter·leuch·ten <wetterleuchtet, wetterleuchtete, hat gewetterleuchtet> *mit ES* ■ *es wetterleuchtet man sieht ein Wetterleuchten* Es wetterleuchtet hinter den Bergen.

wet·tern <wetterst, wetterte, hat gewettert> *ohne OBJ* ■ *jmd. wettert (gegen/über jmdn./etwas)* (*umg.*) *heftig (auf/über jmdn./etwas) schimpfen* gegen den Verfall der Sitten wettern

Wet·ter·sa·tel·lit der <-en, -en> *Satellit, der das Wetter und die Wetterlage beobachtet*

Wet·ter·sta·tion die <-, -en> **1.** *ein kleiner Kasten mit Instrumenten, die Temperatur, Luftdruck und Luftfeuchtigkeit anzeigen* **2.** *ein kleines Gebäude, von dem aus mit Instrumenten Wetterdaten gemessen und aufgezeichnet werden*

Wet·ter·um·schlag der <-(e)s, Wetterumschläge> *plötzlicher Wechsel des Wetters, meist zu einem schlechten Wetter hin*

Wet·ter·um·schwung der <-s, Wetterumschwünge> *ein Wechsel des Wetters*

Wet·ter·vor·her·sa·ge die <-, -n> *Aussage, wie das Wetter in den nächsten Tagen wird* die tägliche Wettervorhersage im Fernsehen/Rundfunk

Wet·ter·war·te die <-, -n> *Station für die Beobachtung des Wetters*

wet·ter·wen·disch <nicht steig.> *Adj. launenhaft* eine wetterwendische Person

Wett·kampf der <-(e)s, Wettkämpfe> (*sportlicher*) *Wettstreit, um zu ermitteln, wer die besten Leistungen erbringt* an einem Wettkampf teilnehmen, Wettkämpfe im Skispringen veranstalten

Wett·kämp·fer, **Wett·kämp·fe·rin** der <-s, -> *Person, die an einem Wettkampf teilnimmt*

Wett·lauf der <-(e)s, Wettläufe> *ein Lauf von mehreren Personen, bei dem der oder die Schnellste ermittelt werden soll* einen Wettlauf machen, Die Jungen wollen mit einem Wettlauf herausfinden, wer der schnellste Läufer ist. ■ **ein Wettlauf mit der Zeit** (*übertr.*): *eine Situation, in der große Eile geboten ist* Die Bekämpfung der Seuche wurde zum Wettlauf mit der Zeit.

wett·ma·chen <machst wett, machte wett, hat wettgemacht> *mit OBJ* ■ *jmd. macht etwas wett etwas ausgleichen* eine Fehler/Verlust wieder wettmachen

Wett·ren·nen das <-s, -> (≈ *Wettlauf*)

Wett·rüs·ten das <-s> (*kein Plur.*) *das ständige Bestreben, mehr und bessere Waffen zu besitzen als der militärische oder politische Gegner* das nukleare Wettrüsten der Supermächte in der Zeit des Kalten Krieges

Wett·streit der <-s, -e> (*geh.*) *das Bemühen, besser als andere zu sein* im Wettstreit miteinander liegen, ein künstlerischer Wettstreit um den besten Entwurf für ein Bauwerk

wet·zen[1] <wetzt, wetzte, hat gewetzt> *mit OBJ* ■ *jmd. wetzt etwas* (*haben*) *etwas wieder scharf machen* das Messer wetzen, Der Vogel wetzt seinen Schnabel.

wet·zen[2] <wetzt, wetzte, ist gewetzt> *ohne OBJ* ■ *jmd. wetzt irgendwohin* ((*sein*) *umg.*) *rennen* schnell zum Laden an der Ecke wetzen

Wetz·stahl der <-(e)s, Wetzstähle/Wetzstahle> *ein Stück Stahl, an dem man eine Klinge wetzen*[1] *kann*

Wetz·stein der <-(e)s, -e> *ein Stein, an dem man Klingen wetzen*[1] *kann*

WG die [veːˈgeː] <-, -s> (*umg.*) *Abkürzung von „Wohngemeinschaft“*

Whg. *Abkürzung von „Wohnung“*

Whirl·pool® der [ˈwəːlpuːl] <-s, -s> *eine Art große Badewanne mit Düsen, die das Wasser zum Sprudeln bringen*

Whis·key der [ˈwɪskɪ] <-s, -s> *amerikanischer oder irischer Branntwein aus Roggen oder Mais*

Whis·ky der [ˈwɪskɪ] <-s, -s> *ein schottischer Branntwein, der aus Gerste oder Malz hergestellt wird*

WHO die [veːhaːʔˈoː] <-> (*kein Plur.*) *Abkürzung von „World Health Organization“: Weltgesundheitsorganisation*

wich *Prät. von* **weichen**

Wichs der/die <-es, -e/-, -en> (*österr. fem. und*

Plur. -en) Festkleidung von Burschenschaftlern oder Korpsstudenten in vollem/voller Wichs aufmarschieren

Wich·se die ['vikse] <-, -n> *(umg.)* **1.** *ein wachsartiges Putzmittel* Wichse für die Schuhe/den Fußboden **2.** *(nur Sing.) Prügel* ordentlich Wichse bekommen/beziehen

wich·sen ['viksen] <wichst, wichste, hat gewichst> **I.** *mit OBJ* ■ *jmd. wichst etwas etwas mit Wichse*[1] *polieren* den Fußboden wichsen, frisch gewichste Stiefel **II.** *ohne OBJ* ■ *jmd. wichst (vulg.) sich (als Mann) sexuell selbst befriedigen*

Wich·ser der ['vikser] <-s, -> *(umg. vulg.) sehr beleidigendes Schimpfwort für einen Mann*

Wicht der <-(e)s, -e> **1.** *(abwert.) verachtenswerter Mensch* So ein (böser) Wicht! **2.** *ein Zwerg im Märchen* ein kleiner Wicht

Wich·tel der <-s, -> *Wichtelmännchen*

Wich·tel·männ·chen das <-s, -> *ein kleiner Zwerg aus dem Märchen*

wich·tig *Adj.* **1.** *so, dass es von großer Bedeutung für jmdn. oder etwas ist* eine wichtige Entscheidung, Es ist für mich wichtig, das zu wissen., Bewegung an frischer Luft ist wichtig für die Gesundheit., etwas in wichtigem Ton/mit wichtiger Miene sagen **2.** *so, dass jmd. viel Macht und großen Einfluss hat* Auf der Messe trafen sich alle wichtigen Manager der Branche., eine wichtige Persönlichkeit ■ **sich/etwas wichtig nehmen**: *sich oder einer Sache große Bedeutung beimessen* **sich wichtig machen/tun** *(umg. abwert.)*: *die eigene Person in den Vordergrund drängen* Muss er sich immer so wichtig tun? **etwas ist nur halb so wichtig** *(umg.)*: *etwas hat keine große Bedeutung* **jemand hat nichts Wichtigeres zu tun, als ...**: *jmd. tut etwas sehr schnell, aber ohne dass es wirklich nötig oder erwünscht wäre* Hast du nichts Wichtigeres zu tun, als unser Gespräch sofort weiter zu erzählen? ◆ Getrenntschreibung →R 4.2, R 4.3 sich furchtbar wichtig tun, lauter sich wichtig tuende Leute

Wich·tig·keit die <-> *(kein Plur.) große Bedeutung* eine Sache von großer Wichtigkeit

Wich·tig·tu·er, **Wich·tig·tu·e·rin** der <-s, -> *(umg. abwert.) Person, die sich selbst übertrieben wichtig nimmt*

Wich·tig·tu·e·rei die <-, -en> *(umg. abwert.)* **1.** *(kein Plur.) der Sachverhalt, dass man sich selbst übertrieben wichtig nimmt* Deine Wichtigtuerei geht mir auf die Nerven! **2.** *Handlung, mit der man sich wichtig tut* Lass deine ewigen Wichtigtuereien!

wich·tig·tu·e·risch *Adj. (abwert.) so, als ob es sehr wichtig wäre* wichtigtuerisches Gerede

Wi·cke die <-, -n> BOT. *eine rankende Pflanze, die der Erbse ähnlich ist und weiße oder rosa Blüten hat*

Wi·ckel der <-s, -> **1.** MED. *eine Art Umschlag, den man um den Hals oder die Brust legt, um Fieber zu senken oder Entzündungen zu mindern* einem Patienten heiße/kühlende Wickel machen, In diesem Fall helfen warme Wickel mit Kräutern. ◆ Waden- **2.** *etwas Gewickeltes* Wickel aus Kraut und Fleisch **3.** *etwas, auf das etwas gewickelt wird* sich Wickel in die Haare drehen **4.** *(österr.) Schwierigkeiten* ■ **jemanden am/beim Wickel kriegen/nehmen** *(umg.)*: *jmdn. zu fassen kriegen oder für etwas zur Verantwortung ziehen*

Wi·ckel·kind das <-es, -er> *ein kleines Kind, das noch Windeln braucht*

Wi·ckel·kleid das <-(e)s, -er> *Kleid, das um den Körper gewickelt wird*

Wi·ckel·kom·mo·de die <-, -n> *eine hohe Kommode, auf der Säuglinge gewickelt werden*

wi·ckeln <wickelst, wickelte, hat gewickelt> **I.** *mit OBJ* **1.** ■ *jmd. wickelt etwas (um etwas Akk.) etwas in langen Bahnen um etwas herumlegen* einen Faden auf eine Rolle wickeln, Wolle wickeln, Draht auf eine Spule wickeln, sich einen Schal um den Hals wickeln **2.** ■ *jmd. wickelt etwas (um etwas Akk.) etwas um etwas legen oder schlingen* sich ein Tuch um die Hand wickeln, Er wickelt sich einen langen Schal um den Hals. **3.** ■ *jmd. wickelt ein Kind einem Kind frische Windeln anlegen* einen Säugling wickeln **4.** ■ *jmd. wickelt sich/jmdn./etwas in etwas Akk. sich/jmdn./etwas in etwas einhüllen* Abends wickelt er sich in eine warme Decke., Sollen wir die Gläser nicht besser in Papier wickeln? **5.** ■ *jmd. wickelt sich/jmdn./etwas aus etwas Dat. von sich/jmdm./etwas die Umhüllung entfernen* Wickel dich erstmal aus deinen ganzen Klamotten und setz dich dann an die Heizung. **II.** *mit SICH* ■ *etwas wickelt sich um jmdn./etwas sich in langen Bahnen um jmdn. oder etwas herumlegen* Das Tuch hatte sich um den Pfosten gewickelt.

Wi·ckel·raum der <-(e)s, Wickelräume> *Raum, wo man Säuglinge wickeln*[3] *kann*

Wickel·rock der <-(e)s, -Wickelröcke> *Rock, der um die Hüfte gewickelt wird*

Wid·der der <-s, -> **1.** ZOOL. *das männliche Schaf* **2.** *(kein Plur.)* ASTRON. *Name eines Sternzeichens vom 21. März bis zum 20. April* **3.** *jmd., der im Zeichen des Widders*[2] *geboren ist* Er ist ein Widder.

wi·der *Präp. + Akk. (geh.)* **1.** *gegen* Er kämpfte wider seine Feinde., Es passierte wider seinen Willen., Er schwamm wider den Strom. **2.** *im Gegensatz zu* Wider alle Voraussagen wurde es doch schön. ◆ Großschreibung→R 3.4 das Für und Wider einer Sache genau abwägen; Abweichung der Schreibung vom Lautprinzip→R 1.12 Er tat das wider besseres Wissen.

wi·der·bors·tig *Adj.* **1.** *so, dass es nur schwer glatt gemacht werden kann* widerborstige Haare **2.** *frech und eigensinnig* Eine widerborstige Tochter habt ihr da!

wi·der·fah·ren <widerfährt, widerfuhr, ist widerfahren> *ohne OBJ* ■ *jmdm. widerfährt etwas (geh.) zuteil werden, ohne dass man etwas dagegen tun kann* Ihm ist ein schreckliches Schicksal widerfahren., Erzähl, was dir widerfahren ist!

Wi·der·ha·ken der <-s, -> *ein Haken, der so geformt ist, dass er leicht in etwas eindringt, aber* *nur schwer wieder herausgezogen werden kann* ein Pfeil mit Widerhaken

Wi̱·der·hall der <-(e)s, -e> **1.** (≈ *Echo*) *der Vorgang, dass die Schallwellen eines Geräusches von Wänden reflektiert werden* der Widerhall der Stimme in einem leeren Raum, der Widerhall eines Rufes in den Bergen **2.** (≈ *Echo*) *Beachtung, die etwas bei einer Gruppe findet* Ich bin mit meinem Vorschlag auf wenig Widerhall gestoßen., Der Aufruf zur Hilfe hat einen großen Widerhall gefunden.

wi̱·der·hal·len <hallt wieder, hallte wieder, hat widergehallt> *ohne OBJ* (*nur in der 3. Pers. Sing und Plur.*) **1.** ■ *etwas hallt wider ein Echo haben* Die Stimme hallt in den leeren Räumen wider. **2.** ■ *etwas hallt von etwas Dat. wider mit Geräuschen oder Klängen angefüllt sein* Die Nacht hallt wider von lauten Rufen., Der Morgen hallt von dem Zwitschern der Vögel wider.

Wi̱·der·hand·lung die <-, -en> (*schweiz.*) *Zuwiderhandlung*

wi·der·le̱·gen <widerlegst, widerlegte, hat widerlegt> *mit OBJ* ■ *jmd. widerlegt jmdn./etwas beweisen, dass jmd. nicht Recht hat oder dass etwas falsch ist* eine Behauptung/eine Theorie widerlegen

wi̱·der·lich *Adj.* **1.** *Ekel erregend* ein widerlicher Gestank **2.** *völlig unsympathisch* ein widerlicher Mensch

wi̱·der·na·tür·lich *Adj.* (*abwert.* ≈ *pervers*) *so, dass es von dem Empfinden, das als normal angesehen wird, abweicht* ein widernatürliches Verhalten/Verlangen ▶Widernatürlichkeit

wi̱·der·recht·lich <nicht steig.> *Adj. gegen das Gesetz verstoßend* sich etwas widerrechtlich aneignen, sich die Daten widerrechtlich verschaffen

Wi̱·der·re·de die <-, -n> (≈ *Widerspruch*) Ich dulde keine Widerrede!

Wi̱·der·ruf der <-(e)s, -e> *Erklärung, dass eine Aussage, die gemacht wurde, nicht mehr gültig oder falsch ist* einen offiziellen Widerruf veröffentlichen, Diese Regelung gilt bis auf Widerruf.

wi·der·ru̱·fen <widerrufst, widerrief, hat widerrufen> *mit OBJ* ■ *jmd. widerruft etwas etwas für ungültig oder unrichtig erklären* eine Bestellung/eine Regelung widerrufen, Der Regierungssprecher hat diese Meldung widerrufen.

Wi̱·der·sa·cher, Wi̱·der·sa·che·rin der <-s, -> (*geh.* ≈ *Gegner*) ihre politischen Widersacher, Bei seinem Vorhaben hatte er viele Widersacher.

wi·der·se̱t·zen <widersetzt, widersetzte, hat widersetzt> *mit SICH* ■ *jmd. widersetzt sich jmdm./etwas sich gegen jmdn. oder etwas auflehnen oder jmds. Anordnungen nicht befolgen* Er hat sich den Anordnungen widersetzt., sich dem Druck des Vorgesetzten/der Öffentlichkeit widersetzen

Wi̱·der·sinn der <-(e)s> (*kein Plur.*) (*geh. abwert.* ≈ *Unnsin*) *etwas, dass der Vernunft widerspricht* Sinn und Widersinn einer Regelung diskutieren, Welch ein Widersinn!

wi̱·der·sin·nig <nicht steig.> *Adj.* (*abwert.*) *so, dass es der Vernunft widerspricht* eine völlig widersinninge Anweisung/Regelung/Vorschrift ▶Widersinnnigkeit

wi̱·der·spens·tig *Adj.* **1.** (*abwert.*) *so, dass man es ablehnt, Anordnungen oder Regeln zu folgen* ein widerspenstiges Kind, widerspenstige Personen zum Einlenken bewegen **2.** *widerborstig*[1] widerspenstige Zweige an einem Gatter festbinden, Widerspenstige Haare lassen sich schlecht frisieren.

Wi̱·der·spens·tig·keit die <-, -en> **1.** (*kein Plur.*) *Ablehnung von Anordnungen oder Regeln* voller Widerspenstigkeit sein **2.** *widerspenstige*[1] *Handlung* Ich habe seine Widerspenstigkeiten satt! **3.** (*kein Plur.*) *die Eigenschaft, widerspenstig*[2] *zu sein* die Widerspenstigkeit meiner Haare

wi̱·der·spie·geln <spiegelst wider, spiegelte wider, hat widergespiegelt> **I.** *mit OBJ* **1.** ■ *etwas spiegelt etwas wider etwas reflektieren* Die Glasscheiben spiegeln das Licht der Lampen wider., Das Wasser spiegelt ihr Gesicht wider. **2.** ■ *etwas spiegelt etwas wider* (*übertr.*) *etwas in etwas klar erkennen lassen* Seine Äußerungen spiegeln seine Weltanschauung wider. **II.** *mit SICH* **1.** ■ *etwas spiegelt sich irgendwo wieder von etwas reflektiert werden* In den Fensterscheiben spiegelt sich das Sonnenlicht wider., Ihr Gesicht spiegelt sich an/in der Wasseroberfläche wider. **2.** ■ *etwas spiegelt sich irgendwo wider irgendwo lässt sich etwas klar erkennen* In dem Gedicht spiegeln sich die Erfahrungen des Dichters wider.

wi·der·spre̱·chen <widersprichst, widersprach, hat widersprochen> **I.** *ohne OBJ* **1.** ■ *jmd. widerspricht jmdm. eine andere Meinung als jmd. äußern und vertreten* Er widerspricht ihr andauernd/wagt nicht zu widersprechen., Da muss ich meinem Vorredner leider widersprechen. **2.** ■ *etwas widerspricht etwas Dat. nicht mit etwas übereinstimmen* Das widerspricht jeder Regel/dem gesunden Menschenverstand., Das widerspricht dem, was wir gelernt haben. **II.** *mit SICH* ■ *jmd./etwas widerspricht sich nicht mit einer früheren Äußerung oder Einstellung übereinstimmen* Warum widersprichst du dir ständig?, die Fakten widersprechen sich

Wi̱·der·spruch der <-(e)s, Widersprüche> **1.** *gegenteilige oder ablehnende Meinungsäußerung* Da muss ich aber Widerspuch einlegen, meiner Ansicht nach ist das anders gewesen., Widerspruch zählt nicht, es wird so gemacht, wie wir es beschlossen haben. **2.** RECHTSW. *Ablehnung einer richterlichen Entscheidung mit dem Ziel, einen neuen Prozess zu beantragen* Der Rechtsanwalt legte Widerspruch gegen das Urteil ein., Der Widerspruch wurde abgelehnt. **3.** (*kein Plur.*) *Gegensatz* im Widerspruch zu etwas stehen ■ **sich in Widersprüche verwickeln:** *widersprüchliche*[1] *Aussagen machen*

wi̱·der·sprüch·lich *Adj.* **1.** *so, dass es in sich nicht mit etwas übereinstimmt* widersprüchliche Angaben/Aussagen machen **2.** *so, dass es Gegensätze enthält* widersprüchliche Positionen

Wi·der·spruchs·geist der <-(e)s, -er> (*kein Plur.*) *Eigenschaft, gern zu widersprechen* Diese Aussage weckte ihren Widerspruchsgeist.

wi·der·spruchs·los *Adv. so, dass man nicht widerspricht* etwas widerspruchslos über sich ergehen lassen

Wi·der·stand der <-(e)s, Widerstände> **1.** (*kein Plur.*) (≈ *Gegenwehr*) *Handlung, mit der man sich gegen jmdn. oder etwas widersetzt* Die feindlichen Truppen lieferten keinen Widerstand und ergaben sich., heftigen/erbitterten Widerstand leisten **2.** (*kein Plur.*) *Kurzform für „Widerstandsbewegung“* Er war lange Jahre im Widerstand., Sie kämpft im Widerstand. **3.** (*kein Plur.*) *etwas, das eine Bewegung oder eine Handlung behindert* mit dem Fuß an einen Widerstand stoßen, einen Plan gegen viele Widerstände doch verwirklichen, mit einem Vorschlag auf Widerstand stoßen **4.** PHYS. *etwas, dass sich als Kraft einer Bewegung oder Handlung entgegensetzt* Nach der fünften Drehung verspürt man einen Widerstand. ◆ Luft-, Strömungs- **5.** (*kein Plur.*) PHYS. *Eigenschaft von Stoffen, das Fließen von elektrischem Strom zu behindern* den Widerstand in Ohm angeben/berechnen **6.** ELEKTROTECHN. *elektrisches Schaltelement mit einem bestimmten Widerstand*[5] ■ **Widerstand gegen die Staatsgewalt**: *eine strafbare Handlung, bei der man sich gegen die Festnahme durch die Polizei wehrt* **passiver Widerstand**: *gewaltloser Widerstand*[1]

Wi·der·stands·be·we·gung die <-, -en>

> **i Wissenswert** Der Begriff **Widerstandsbewegung** bezeichnet allgemein die organisierte Gegnerschaft gegen ein diktatorisches Regime. Im engeren Sinn ist er Sammelbezeichnung für die Opposition gegen das nationalsozialistische Regime der Jahre 1933-1945. Eine organisierte Form aktiven Widerstands sollte auf den Sturz des Regimes hinarbeiten, andere nichtpolitische, individuelle Akte bestanden aus passiver Verweigerung gegen Maßnahmen des Regimes. Manche Schriftsteller und Künstler wählten den Rückzug in die „innere Emigration“. Der aktive Widerstand aber wurde nur von einer kleinen Minderheit getragen. Eine der bekanntesten Widerstandsbewegungen war die nach ihrem Symbol benannte „Weiße Rose“.

wi·der·stands·fä·hig *Adj. so, dass es Belastungen gut aushält* ein widerstandsfähiges Material, widerstandsfähig gegen Krankheiten sein

Wi·der·stands·fä·hig·keit die <-> (*kein Plur.*) *Eigenschaft, widerstandsfähig zu sein* eine große Widerstandsfähigkeit besitzen

Wi·der·stands·kämp·fer, **Wi·der·stands·kämp·fe·rin** der <-s, -> *Person, die in einer Widerstandsbewegung kämpft*

Wi·der·stands·kraft die <-> (*kein Plur.*) *Fähigkeit, sich gegen Belastungen oder Krankheiten zu wehren* die körperliche Widerstandskraft durch Sport/gesunde Ernährung steigern

wi·der·stands·los *Adv. so, dass kein Widerstand geleistet wird* sich widerstandslos gefangen nehmen lassen, sich widerstandslos in sein Schicksal ergeben

wi·der·ste·hen <widerstehst, widerstand, hat widerstanden> *ohne OBJ* **1.** ■ *jmd./etwas widersteht jmdm./etwas sich gegen jmdn. oder etwas erfolgreich wehren* einem Angreifer widerstehen **2.** ■ *jmd. widersteht jmdm./etwas jmdm. oder etwas nicht nachgeben* der Versuchung widerstehen **3.** ■ *etwas widersteht etwas Dat. viel aushalten und keinen Schaden nehmen* Das Material widersteht auch hohem Druck/hohen Temperaturen. **4.** ■ *etwas widersteht jmdm. Ekel oder Abscheu erregen* Es widersteht mir, noch mal mit ihm zu reden. ■ **nicht widerstehen können**: *nicht nein sagen können* Bei Himbeereis kann ich einfach nicht widerstehen.

wi·der·stre·ben *ohne OBJ* ■ *etwas widerstrebt jmdm. nicht mit eigenen Anschauungen oder Grundsätzen zu vertreten sein* Es widerstrebt mir, oberflächlich zu arbeiten., Der raue Umgangston widerstrebt ihr.

wi·der·stre·bend <nicht steig.> *Adj. widerwillig* Nur widerstrebend erklärte er sich einverstanden., etwas mit widerstrebenden Empfindungen tun

Wi·der·streit der <-(e)s> (*kein Plur.*) (*geh.*) *ein Konflikt, bei dem Dinge schlecht miteinander vereinbar sind* der Widerstreit von Gefühl und Vernunft

wi·der·strei·tend <nicht steig.> *Adj. so, dass etwas im Widerstreit zueinander steht* widerstreitende Gefühle

wi·der·wär·tig *Adj.* (*abwert.* ≈ *eklig, widerlich*) *Ekel erregend; sehr unangenehm* ein widerwärtiger Gestank, ein widerwärtiger Charakter/Mensch

Wi·der·wär·tig·keit die <-, -en> **1.** (*kein Plur.*) *die Tatsache, dass etwas Ekel erregt oder unangenehm ist* die Widerwärtigkeit des Gestanks **2.** *sehr unangenehme Lage oder Handlung* viele Widerwärtigkeiten geduldig ertragen

Wi·der·wil·le der <-n> (*kein Plur.*) (≈ *Abscheu*) *das Gefühl, dass man etwas überhaupt nicht mag* großen Widerwillen gegen etwas empfinden/haben/hegen

wi·der·wil·lig *Adj.* **1.** *voller Abscheu* ein widerwilliges Einverständnis **2.** *sehr ungern* etwas nur widerwillig tun

Wi·der·wort ■ **Widerworte geben** (*geh.*): *widersprechen*

wid·men **I.** *mit OBJ* **1.** ■ *jmd. widmet jmdm. etwas ein Werk schaffen und ausdrücklich sagen, dass das Werk zur Ehre einer bestimmten Person geschaffen wurde* das Gedicht dem Freund widmen, Das Denkmal ist den Opfern des Krieges gewidmet. **2.** ■ *jmd. widmet jmdm./etwas etwas etwas für jmdn. oder etwas aufwenden* die Freizeit der Familie widmen, jedem Detail Sorgfalt widmen **3.** ■ *jmd. widmet jmdm./etwas etwas sehr intensiv* *für jmdn. oder etwas arbeiten* Er widmete seine ganze Kraft dem Unternehmen. **II.** *mit SICH* ■ *jmd. widmet sich jmdm./etwas sich sehr intensiv mit jmdm. oder etwas beschäftigen* sich dem Studium der Literatur widmen, sich ganz der Familie widmen

Wid·mung die <-, -en> **1.** *ein kurzer Text, den man in ein Buch schreibt, das man jmdm. als Geschenk gibt* eine Widmung in einem Buch **2.** *der Vorgang, dass jmdm. etwas gewidmet[1] wird* die Widmung des Denkmals an die Opfer des Krieges

wid·rig *Adj.* (≈ *ungünstig*) Widrige Winde brachten sie vom Kurs ab., Widrige Umstände verhinderten seinen Erfolg.

wi·dri·gen·falls *Adv.* (AMTSSPR.: ≈ *andernfalls*)

Wi·drig·keit die <-, -en> *Umstand, der etwas behindert oder sehr unangenehm ist* die Widrigkeiten des Lebens

wie[1] *Adv.* **1.** *verwendet, um in direkten und indirekten Fragen nach der Art und Weise oder den Mitteln zu fragen* Wie ist das Ganze abgelaufen?, Wie hast du das gemacht?, Ich frage mich, wie es gewesen ist., Weißt du, wie er das gemacht hat? **2.** *verwendet, um in direkten und indirekten Fragen nach den Eigenschaften einer Person oder einer Sache oder nach den Umständen von etwas zu fragen* Wie ist er denn so als Ehemann?, Wie ist das Wetter?, Willst du nicht wissen, wie der Umzug war? **3.** *verwendet, um in direkten oder indirekten Fragen nach dem Maß oder dem Grad oder nach näheren Informationen zu fragen* Wie alt ist sie?, Ich frage mich, wie alt er wohl ist., Wie hoch ist der Turm?, Wie schnell fährt der Zug?, Willst du nicht wissen, wie warm es hier ist? **4.** *verwendet in direkten oder indirekten Fragen, um nach einer Zahl oder Menge zu fragen* Wie viel kostet das?, Ich weiß nicht mehr, wie viele Leute auf der Party waren. **5.** *verwendet, um in direkten oder indirekten Fargen nach dem Grad eines Unterschieds zu fragen* Wie viel teurer als der ist denn dieser Wagen hier? **6.** (*umg.*) *verwendet, um am Ende eines Satzes, der eine rhetorische Frage stellt, den Ausdruck von Verärgerung zu verstärken* Du bist wohl nicht mehr ganz bei Trost, wie? **7.** *verwendet, um eine Aussage zu verstärken* Wie blöd von dir!, Wie dumm du bist!, Wie schön! ■ **Wie bitte?** (*umg.*): *verwendet, um Verwunderung oder auch Ärger auszudrücken* Ich mache jetzt mal eine Pause. - Wie bitte? Sie müssen erst mal die Aufgabe hier erledigen! **Wie spät ist es?**: *verwendet, um nach der Uhrzeit zu fragen* **Und wie!** (*umg.*): *verwendet, um eine positive Antwort zu verstärken* Hast du Lust, schwimmen zu gehen? - Und wie! ◆ Getrenntschreibung Wie viele Teilnehmer sind es?, Wie weit seid ihr gekommen?, Wie viele Male habe ich dir das schon gesagt!

wie[2] *Konj.* **1.** *leitet einen Vergleich ein* Sie ist so groß wie er., stark wie ein Bär sein, Ich habe es (so) wie er gemacht. **2.** *leitet einen Nebensatz ein, der einen Vergleich darstellt* Schreib so schnell, wie es möglich ist!, Sie waren so dumm, wie man es erwartet hatte. **3.** *leitet einen Nebensatz der Art und Weise ein* Du weißt ja, wie es mir geht., Ich habe gehört, wie du mit dem Chef diskutiert hast., Wie man hört, ist er wieder mal krank., Ich höre, wie es regnet. **4.** *leitet einen Nebesatz ein, der ein Geschehen beschreibt, das zur gleichen Zeit passiert wie das im Hauptsatz* Wie er den Saal betritt, fangen alle Leute an zu klatschen. **5.** *verknüpft die Elemente einer Aufzählung* Männer wie Frauen wie Kinder mussten von Bord. **6.** (≈ *und auch*) Sommers wie winters arbeiteten sie auf dem Feld., Dieser Drucker ist als Fax wie als Kopierer zu gebrauchen. ■ **wie wenn**: *als ob* Wie wenn ich es geahnt hätte! **Wie dem auch sei ...**: *egal, wie es ist ...*

Wie ■ **Auf das Wie kommt es an.**: *die Art und Weise, wie etwas gemacht wird, ist wichtig*

Wie·de·hopf der <-(e)s, -e> ZOOL. *ein hellbrauner Vogel mit langem Schnabel und großer Haube*

wie·der[1] *Adv.* **1.** *verwendet, um auszudrücken, dass etwas nochmals und nicht das erste Mal passiert, geschieht o.Ä.* Nächste Woche gehen wir wieder ins Kino., Lass uns mal wieder ein Bier trinken., Das Theater ist wieder ausverkauft. **2.** *verwendet, um auszudrücken, dass ein früherer Zustand hergestellt wird* Ich glaube, du musst die Tapete wieder abmachen., Natürlich werden Sie wieder gesund! **3.** (≈ *andererseits*) *verwendet, um eine Aussage oder einen Sachverhalt zu ergänzen* Dieses Handbuch ist kompliziert, dafür aber wieder genauer. **4.** (*umg.*) *verwendet, um den Ton einer Aussage, die eine Kritik enthält, zu verschärfen* Das ist wieder typisch für ihn!, Was hast du da wieder angestellt?

wie·der[2] *Adv.* **1.** *mit einem Verb verwendet, um auszudrücken, dass etwas erneut oder noch einmal geschieht* wieder abdrucken, wieder anfangen, wieder anpfeifen, wieder aufheben (vom Boden), wieder aufnehmen, wieder aufsuchen, wieder einfallen, wieder tun **2.** *mit einem Verb verwendet, um auszudrücken, dass ein früherer Zustand erneut hergestellt wird* wieder aufrichten (an der alten Stelle), wieder auftauchen (an derselben Stelle), wieder eingliedern, wieder einsetzen, wieder entstehen, wieder herrichten, wieder instand/in Stand setzen

Wie·der·auf·bau der <-(e)s> (*kein Plur.*) *der erneute Aufbau von etwas, das zerstört wurde* der Wiederaufbau einer zerstörten Stadt/eines Landes

wie·der·auf·bau·en <baust wieder auf, baute wieder auf, hat wiederaufgebaut> *mit OBJ* ■ *jmd. baut etwas wieder auf erneut aufbauen* ein Gebäude/ein Land/eine zerstörte Stadt wiederaufbauen ◆ Zusammen- oder Getrenntschreibung die wiederaufgebaute/wieder aufgebaute Kirche *siehe auch* **wieder**

Wie·der·auf·be·rei·tung die <-, -en> *die Bearbeitung von Gebrauchtem, so dass man es wieder verwenden kann* die Wiederaufbereitung von abgebrannten Brennelementen aus Atomkraftwerken

Wie·der·auf·be·rei·tungs·an·la·ge die <-, -n>

eine Art große Fabrik, in der abgebrannte Brennelemente aus Atomkraftwerken wieder verwendungsfähig gemacht werden

wie·der·auf·lad·bar <nicht steig.> *Adj. so, dass man es (mit elektrischem Strom) wieder aufladen kann* Ein Akku ist wiederaufladbar, eine Batterie nicht.

Wie·der·auf·nah·me die <-, -n> *die erneute Aufnahme* die Wiederaufnahme der diplomatischen Beziehungen, die Wiederaufnahme eines Gerichtsverfahrens

Wie·der·auf·nah·me·ver·fah·ren das <-s, -> RECHTSW. *gerichtliches Verfahren, bei dem ein früheres Urteil beseitigt werden soll, weil sich neue Beweise zugunsten oder zuungunsten des Angeklagten ergeben haben*

wie·der·be·kom·men <bekommst wieder, bekam wieder, hat wiederbekommen> *mit OBJ* ■ *jmd. bekommt etwas wieder zurückerhalten* Wann bekomme ich die geliehenen Sachen wieder? *siehe auch* **wieder**

Wie·der·be·le·bung die <-, -en> *der Vorgang, dass durch medizinische Maßnahmen jmd., der einen Herzstillstand hat, erneut belebt wird* die Wiederbelebung eines Opfers

Wie·der·be·le·bungs·ver·such der <-(e)s, -e> MED. *Versuch, eine Wiederbelebung durchzuführen*

wie·der·be·schreib·bar <nicht steig.> *Adj.* EDV *so, dass darauf mehrmals Daten geschrieben werden können* eine wiederbeschreibbare CD

wie·der·brin·gen <bringst wieder, brachte wieder, hat wiedergebracht> *mit OBJ* ■ *jmd. bringt (jmdm.) etwas wieder jmdm. etwas zurückbringen* Kannst du mir das geliehene Buch wiederbringen? *siehe auch* **wieder**

Wie·der·ein·füh·rung die <-, -en> *die erneute Einführung* die Wiedereinführung exportierter Waren, die Wiedereinführung eines Gesetzes

Wie·der·ein·glie·de·rung die <-, -en> *die erneute Eingliederung* die Wiedereingliederung eines Straftäters in die Gesellschaft

Wie·der·ein·tritt der <-s, -e> *das erneute Eintreten in etwas, das vorher verlassen wurde* Der Wiedereintritt in die Atmosphäre war für das Shuttle ein gefährliches Manöver., beim Wiedereintritt in die Kirche/in eine Organisation

Wie·der·ent·de·ckung die <-, -en> *das erneute Entdecken* die Wiederentdeckung eines Künstlers

wie·der·er·hal·ten <erhältst wieder, erhielt wieder, hat wiedererhalten> *mit OBJ* ■ *jmd. erhält etwas wieder zurückbekommen* die geliehenen Sachen wiedererhalten *siehe auch* **wieder**

wie·der·er·lan·gen <erlangst wieder, erlangte wieder, hat wiedererlangt> *mit OBJ* ■ *jmd. erlangt etwas wieder (≈ zurückbekommen) etwas, das einem genommen wurde, erneut bekommen* seinen Besitz/seine Freiheit/seine Privilegien/seine Rechte wiedererlangen

Wie·der·er·öff·nung die <-, -en> *erneute Eröffnung* die Wiedereröffnung eines Geschäftes/eines Theaters

Wie·der·er·star·ken das <-s> (*kein Plur.*) *der Vorgang, dass etwas wieder zu neuen Kräften kommt* Experten beobachten ein Wiedererstarken radikaler Kräfte im Land.

wie·der·er·stat·ten <erstattest wieder, erstattete wieder, hat wiedererstattet> *mit OBJ* ■ *jmd. erstattet etwas wieder (≈ zurückzahlen) jmdm., der bestimmte Kosten wegen etwas, z.B. wegen einer Geschäftsreise, hatte, dieses Geld geben* Sie bekommen Ihre Reisekosten wiedererstattet.

Wie·der·ga·be die <-, -n> **1.** TECHN. *die Audio- oder Videodaten, die auf einem Datenträger gespeichert sind, wieder in Töne oder Bilder umsetzen* die originalgetreue Wiedergabe von Bildern/Klängen **2.** (≈ *Schilderung*) *die Art, wie jmd. ein vergangenes Ereignis darstellt* Ihre Wiedergabe der Ereignisse unterscheidet sich von meiner. **3.** *das Zurückgeben* Ich bitte um baldige Wiedergabe der Schlüssel.

Wie·der·ga·be·qua·li·tät die <-, -en> *Qualität einer akustischen Wiedergabe*[1]

wie·der·ge·ben <gibst wieder, gab wieder, hat wiedergegeben> *mit OBJ* **1.** ■ *jmd. gibt (jmdm.) etwas wieder jmdm. etwas zurückgeben* Gib mir meine Bücher wieder! **2.** ■ *jmd. gibt etwas (mit etwas Dat.) wieder etwas schildern oder berichten* Es lässt sich mit Worten kaum wiedergeben, was ich erlebt habe. **3.** ■ *jmd. gibt etwas (in etwas Dat.) wieder etwas mit etwas ausdrücken* Gebt bitte in eigenen Worten wieder, was ihr gelesen habt., Wie gibt man dies im Chinesischen wieder? **4.** ■ *etwas gibt etwas wieder Töne oder Farben hörbar oder sichtbar machen* Dieser CD-Player gibt die Klänge nahezu originalgetreu wieder., Der Fernseher gibt die Farben nicht richtig wieder. **5.** ■ *etwas gibt etwas (in etwas Dat.) wieder etwas künstlerisch darstellen* Die ganze Schönheit ist in diesem Gemälde wiedergegeben

Wie·der·ge·burt die <-, -en> **1.** REL. *erneute Geburt eines verstorbenen Menschen in ein neues (irdisches) Leben* an eine Wiedergeburt glauben **2.** (≈ *Renaissance*) *das erneute Aufleben einer kulturellen oder geistigen Strömung*

wie·der·ge·win·nen <gewinnst wieder, gewann wieder, hat wiedergewonnen> *mit OBJ* **1.** ■ *jmd. gewinnt etwas wieder etwas wieder erlangen, was zeitweilig nicht mehr da war* seine verlorene Ehre wiedergewinnen wollen **2.** ■ *jmd. gewinnt aus etwas Dat. etwas wieder aus Wertstoffen neue Produkte machen* Man kann aus Altpapier Papier für den alltäglichen Bedarf wiedergewinnen.

Wie·der·ge·win·nung die <-, -en> *das Wiedergewinnen*[2] Wiedergewinnung von Weißblech aus Konservendosen

Wie·der·gut·ma·chung die <-, -en> **1.** *etwas, mit dem ein Schaden ausgeglichen wird* eine Wiedergutmachung in Form von Geld, Wiedergutmachung für erlittenes Unrecht fordern **2.** GESCH. *Geld, das die Bundesrepublik Deutschland an Länder und Personen zahlte und zahlt, die unter dem Nationalsozialismus besonders gelitten haben*

wie·der·ha·ben <hast wieder, hatte wieder, hat wiedergehabt> *mit OBJ* **1.** ■ *jmd. hat etwas wieder etwas wieder zur Verfügung haben, was eine Zeit nicht mehr da war* Endlich habe ich meine Brille wieder. **2.** ■ *jmd. will etwas wiederhaben* (*umg.*) *etwas zurückbekommen wollen* Ich will meine Bücher langsam wiederhaben. **3.** ■ *jmd. hat jmdn./sich Akk. wieder mit jmdm. wieder zusammen sein* Nach fünf Jahren hat sie ihren Sohn endlich wieder., Na bitte, ihr habt euch ja wieder.

wie·der·her·stel·len <stellst wieder her, stellte wieder her, hat wiederhergestellt> *mit OBJ* **1.** ■ *jmd. stellt etwas wieder her etwas wieder so aufbauen oder reparieren, wie es vorher war* Das Haus ist schon fast vollständig wiederhergestellt., Kannst du die Programmeinstellungen wiederherstellen? **2.** ■ *jmd. ist wiederhergestellt gesund sein* Nach der langen Krankheit ist er fast wiederhergestellt. ◆ Zusammenschreibung→R 4.9 Die wiederhergestellten Sportanlagen werden der Öffentlichkeit übergeben *siehe aber* **wieder**

Wie·der·her·stel·lung die <-, -en> **1.** *Reparatur* Die Wiederherstellung eines alten Hauses kostet viel Geld. **2.** *Gesundung* die Wiederherstellung eines Patienten

wie·der·hol·bar <nicht steig.> *Adj. so, dass es noch einmal gemacht werden kann*

wie·der·ho·len <holst wieder, holte wieder, hat wiedergeholt> *mit OBJ* ■ *jmd. holt etwas wieder etwas zurückholen* Morgen hole ich mir meine Bücher wieder.

wie·der·ho·len <wiederholst, wiederholte, hat wiederholt> **I.** *mit OBJ* **1.** ■ *jmd. wiederholt etwas etwas noch einmal machen; erneut ausführen* Er wiederholte den Wurf., Können Sie das bitte wiederholen?, eine Aufführung/Sendung wiederholen **2.** ■ *jmd. wiederholt etwas etwas noch einmal durcharbeiten, um es besser im Gedächtnis zu behalten* Ich muss die unregelmäßigen Verben noch einmal wiederholen. **3.** ■ *jmd. wiederholt etwas an etwas noch einmal teilnehmen* Sie musste die fünfte Klasse wiederholen. **II.** *mit SICH* **1.** ■ *etwas wiederholt sich immer wieder auftreten* Das Muster wiederholt sich immer wieder. **2.** ■ *etwas wiederholt sich noch einmal geschehen* Der Vorfall hat sich wiederholt. **3.** ■ *jmd. wiederholt sich immer das Gleiche reden* Du wiederholst dich.

wie·der·holt <nicht steig.> *Adj.* **1.** (*nur attr.*) *mehrfach* trotz wiederholter Aufforderung nichts tun **2.** (*nicht attr.*) (*geh.*) *mehrmals* Sie hat wiederholt versucht, die Präsidentschaft zu erlangen., wiederholt straffällig werden

Wie·der·ho·lung die <-, -en> **1.** *erneute Auf-/Durchführung* Bei einem Fehlversuch gibt es keine Wiederholung., Der Spielfilm ist eine Wiederholung von gestern., sich etwas in der Wiederholung ansehen **2.** *nochmaliges Lernen* Ohne Wiederholung lernst du das nie. **3.** *nochmalige Teilnahme* Er hat den Kurs ohne Wiederholung geschafft. **4.** *regelmäßiges Auftreten* Die Wiederholung des Musters wird langweilig. **5.** *nochmaliges Geschehen* Eine Wiederholung der schrecklichen Ereignisse darf es nicht geben! **6.** *der Vorgang, dass jmd. immer das Gleiche redet* Deine ständigen Wiederholungen kannst du dir sparen.

Wie·der·ho·lungs·fall der <-(e)s, Wiederholungsfälle> RECHTSW. *der Fall, dass etwas Strafbares noch einmal getan wird* Im Wiederholungsfall droht ein Bußgeld von 3000E.

Wie·der·ho·lungs·zei·chen das <-s, -> MUS. *in Musiknoten ein Zeichen, das aus einem Doppelstrich mit zwei Punkten besteht und besagt, dass der vorhergehende Teil noch einmal gespielt werden muss*

Wie·der·hö·ren ■ **Auf Wiederhören!** (*geh.*): *Abschiedsformel im Rundfunk oder am Telefon*

Wie·der·in·stand·set·zung die <-, -en> *erneutes Instandsetzen* die Wiederinstandsetzung von alten Anlagen/Maschinen

wie·der·käu·en <käust wieder, käute wieder, hat wiedergekäut> **I.** *mit OBJ* ■ *jmd. käut etwas wieder* (*umg. abwert.*) *etwas in ermüdender Weise häufig wiederholen, was andere schon gesagt haben* Musst du das denn immer wiederkäuen? **II.** *mit OBJ/ohne OBJ* ■ *ein Tier käut etwas wieder Futter aus dem Labmagen in den Mund bringen und dort noch einmal kauen* Die Kuh käut ihr Futter wieder., Kühe käuen wieder.

Wie·der·käu·er der <-s, -> ZOOL. *Tier, das seine Nahrung wiederkäut*

Wie·der·kehr die <-> (*kein Plur.*) **1.** (*geh.* ≈ *Rückkehr*) Wir warten auf seine baldige Wiederkehr aus dem Ausland. **2.** *wiederholtes Vorkommen* die zehnte Wiederkehr des Gründungstages der Firma

wie·der·keh·ren <kehrst wieder, kehrte wieder, ist wiedergekehrt> *ohne OBJ* **1.** ■ *jmd. kehrt wieder* (*geh.*) *zurückkehren* aus dem Ausland wiederkehren **2.** ■ *etwas kehrt wieder sich wiederholen* Der Jahrestag der Firmengründung kehrt zum zehnten Mal wieder.

wie·der·kom·men <kommst wieder, kam wieder, ist wiedergekommen> *ohne OBJ* **1.** ■ *jmd. kommt wieder zurückkommen* Er kommt bestimmt wieder. **2.** ■ *jmd. kommt wieder noch einmal kommen* Wann wirst du wiederkommen?, Kommst du morgen wieder?

Wie·der·schau·en ■ **auf Wiederschauen!** (*süddt. österr.*): *auf Wiedersehen!*

wie·der·schen·ken <schenkst wieder, schenkte wieder, hat wiedergeschenkt> *mit OBJ* ■ *jmd. schenkt jmdm./einem Tier die Freiheit wieder jmdn. oder ein Tier freilassen* Den Gefangenen wurde erst nach Jahren die Freiheit wiedergeschenkt.

Wie·der·se·hen das <-s, -> *die erneute Begegnung mit jmdm.* ein Wiedersehen mit alten Freunden, Heute wollen wir unser Wiedersehen feiern! ■ **auf Wiedersehen!**: *verwendet, um sich von jmdm. zu verabschieden*

Wie·der·se·hens·freu·de die <-, -n> *die Freude beim Wiedersehen* Das war eine Wiedersehensfreude, als alle gesund wieder zu Hause eintrafen!

wie·de·rum *Adv.* (*geh.*) **1.** *nochmals* Er hatte sich wiederum geirrt. **2.** *andererseits, hingegen* Ich hatte einen Vorschlag, sie wiederum hatte etwas einzuwenden.

Wie·der·ver·ei·ni·gung die <-, -en> **1.** *die nochmalige Vereinigung* die Wiedervereinigung getrennter Familien **2.** (*kein Plur.*) *der erneute Zusammenschluss zweier Staaten, die politisch getrennt waren* die deutsche Wiedervereinigung im Jahre 1990

Wie·der·ver·kauf der <-(e)s, Wiederverkäufe> *der erneute Verkauf einer bereits gekauften Ware* der Wiederverkauf eines Autos

Wie·der·ver·wen·dung die <-> (*kein Plur.*) *erneute Verwendung* die Wiederverwendung gebrauchter Verpackungen

Wie·der·ver·wer·tung die <-, -en> *die erneute Verwertung* die Wiederverwertung von Altstoffen

Wie·der·wahl die <-, -en> *die erneute Wahl* im Falle der Wiederwahl des Präsidenten

Wie·der·zu·las·sung die <-, -en> KFZ *die erneute Zulassung* die Wiederzulassung eines Wagens

Wie·ge die <-, -n> **1.** *ein kleines Bett, in das man Babys legt und das man auf abgerundeten Kufen hin und her schaukeln kann* das Kind in der Wiege schaukeln **2.** (*übertr.*) *Ort des Ursprungs* Die Wiege der Olympischen Spiele ist Griechenland.

Wie·ge·mes·ser das <-s, -> *ein Messer, das eine Klinge mit der Form eines Halbmondes hat, an dessen beiden Enden Griffe sind und mit dem man meist Kräuter zerkleinert* die Petersilie mit einem Wiegemesser zerkleinern

wie·gen[1] <wiegst, wog, hat gewogen> **I.** *mit OBJ* ■ *jmd. wiegt jmdn./sich/etwas mit einer Waage das Gewicht feststellen* die Pakete/das Fleisch wiegen, sich/einen Patienten wiegen **II.** *ohne OBJ* ■ *jmd./etwas wiegt ein bestimmtes Gewicht haben* Er wiegt 78 Kilogramm., Wie viel wiegt er?

wie·gen[2] <wiegst, wiegte, hat gewiegt> **I.** *mit OBJ* **1.** ■ *jmd. wiegt jmdn. jmdn. leicht hin und her bewegen* ein Kind in den Armen wiegen **2.** ■ *jmd. wiegt etwas* (*veralt.*) *etwas mit dem Wiegemesser zerkleinern* Kräuter/Petersilie wiegen **II.** *mit SICH.* ■ *jmd./etwas wiegt sich langsam hin und her bewegen* Die Bäume wiegen sich im Wind., einen wiegenden Gang haben, den Kopf hin und her wiegen

Wie·gen·lied das <-(e)s, -er> *Lied, das man kleinen Kindern vorsingt, damit sie einschlafen*

wie·hern <wieherst, wieherte, hat gewiehert> *ohne OBJ* **1.** ■ *ein Pferd wiehert das Geräusch machen, das für ein Pferd typisch ist* das Pferd wiehert **2.** ■ *jmd. wiehert* (*umg.*) *laut lachen* über einen Witz wiehern

Wien <-s> *Hauptstadt von Österreich*

Wie·ner[1] die <-, -> KOCH. *ein dünne Wurst, die im Wasser warm gemacht wird* ein paar Wiener mit Brot

Wie·ner, **Wie·ne·rin[2]** der <-s, -> *Einwohner Wiens*

Wie·se die <-, -n> **1.** *eine Fläche, die überwiegend mit Gras und kleinen Pflanzen bewachsen ist* eine grüne Wiese voller Sommerblumen ◆ -nblume, -nkräuter, Berg-, Streuobst- **2.** ■ **auf der grünen Wiese** (*umg.*): *verwendet, um auszudrücken, dass* (*wegen der günstigeren Grundstückspreise*) *ein Geschäft nicht in der Innenstadt, sondern außerhalb der Stadt, z.B. in einem Industriegebiet, gebaut wurde* Baumärkte/Einkaufszentren auf der grünen Wiese

Wie·sel das <-s, -> ZOOL. *ein kleines Raubtier mit braunrotem, an der Bauchseite weißem Fell*

wie·so *Adv.* (≈ *warum*) Wieso glaubst du mir nicht?, Ich weiß nicht, wieso ich dir das immer wieder sagen muss.

wie·viel·mal *Adv.* (≈ *wie oft*) Wievielmal haben wir das jetzt schon wiederholen müssen! ◆ aber Getrenntschreibung wie viele Male *siehe auch* **wie**

wie·viel·te <nicht steig.> (*nur attr.*) *Adj. verwendet, um in direkten oder indirekten Fragen nach einer Ordinalzahl zu fragen* Den wievielten Platz habt ihr belegt? – Den dritten!, Zum wievielten Mal kommst du nun schon zu spät! ■ **Den Wievielten haben wir heute?**: *Welches Datum ist heute?* ◆ Großschreibung→R 3.4

wie·weit *Konj.* (≈ *inwieweit*) *in welchem Grad oder Umfang* Ich weiß nicht, wieweit ich mich darauf verlassen kann.

wie·wohl *Konj.* (*veralt.*) *obwohl*

Wig·wam der <-s, -s> *Zelt der nordamerikanischen Indianer*

Wild das <-(e)s> (*kein Plur.*) **1.** *frei lebende Tiere, die man jagen kann* Wildschweine, Hasen und Rothirsche werden zum Wild gezählt., ein Stück Wild erlegen **2.** *das Fleisch vom Wild[1]* Im Herbst bieten viele Restaurants Wild an. ◆ -gericht, -spezialität

wild *Adj.* **1.** *in der freien Natur lebend* wilde Tiere **2.** *in der freien Natur wachsend* wilde Beeren/Kräuter sammeln, wilder Mohn **3.** *heftig* ein wilder Sturm, die wilde See **4.** *chaotisch* in wilder Flucht davonlaufen **5.** *ohne Disziplin* ein wildes Kind **6.** *wütend* wild um sich schlagen, wild werden, wenn man gereizt wird **7.** *so, dass es noch unberührt ist* ein wilder Wald **8.** *nicht zivilisiert und primitiv* eine wilde Horde **9.** *so, dass es nicht gepflegt ist* ein wilder Bart, wilde Haare **10.** *nicht offiziell erlaubt oder bestätigt* eine wilde Badestelle, wild im Wald zelten **11.** *wirr und unwahr* wilde Gerüchte verbreiten, wildes Zeug reden ■ **ein wilder Streik**: *Streik, der nicht von der Gewerkschaft erlaubt ist* **eine wilde Ehe** (*veralt.*): *das Zusammenleben ohne Trauschein* **halb so wild** (*umg.*): *nicht so schlimm* (**ganz**) **wild auf/nach etwas/jemandem sein** (*umg.*): *etwas unbedingt wollen* Sie ist ganz wild auf Schokolade., Er ist ganz wild nach ihr. **den wilden Mann markieren** (*umg.*): *sich aufspielen* ◆ Getrenntschreibung→R 4.3 wild wachsende Kräuter, wild lebende Tiere

Wild·bahn die <-, -en> ■ **in freier Wildbahn**: *in der freien Natur*

Wild·bret das <-s> (*kein Plur.*) (*geh.*) *Fleisch vom Wild*

Wil·de der/die <-n, -n> **1.** (*veralt. abwert.*) *von anderen als nicht zivilisiert bewertete(r) Angehöri-*

ge(r) eines Naturvolkes **2.** (*abwert.*) *rücksichtsloser Mensch* herumtoben wie ein Wilder

Wild·en·te die <-, -n> ZOOL. *wild[1] lebende Ente*

Wil·de·rer, **Wil·de·rin** der <-s, -> *Person, die ohne Erlaubnis Tiere in einem fremden Jagdgebiet jagt*

wil·dern <wilderst, wilderte, hat gewildert> *ohne OBJ* **1.** ■ *jmd. wildert ohne Erlaubnis Tiere in einem fremden Jagdgebiet jagen* in fremden Revieren wildern **2.** ■ *ein Hund/eine Katze wildert herumstreunen und andere Tiere jagen und töten* wildernde Hunde/Katzen

Wild·fang der <-(e)s, Wildfänge> **1.** *ungezügeltes, lebhaftes Kind* Sie ist ein richtiger Wildfang! **2.** *ein Raubvogel, der in der freien Natur gefangen wurde* Wildfänge sind im Zoo selten, meist stammen die Tiere aus eigener Zucht.

wild·fremd <nicht steig.> *Adj.* (*umg.*) *völlig fremd oder unbekannt* eine wildfremde Gegend, ein wildfremder Mensch

Wild·heit die <-> (*kein Plur.*) *die Eigenschaft, unberührt oder sehr lebhaft zu sein* die Wildheit der Natur, Ihre Wildheit ist auf die Dauer sehr anstrengend.

Wild·hü·ter, **Wild·hü·te·rin** der <-s, -> *Person, die berufsmäßig das Wild[1] in einem Jagdgebiet pflegt und kontrolliert*

Wild·le·der das <-s, -> *Leder mit einer aufgerauten, weichen Oberfläche* eine Jacke aus Wildleder

Wild·ling der <-(e)s, -e> **1.** *Wildfang[1]* **2.** *ein ungezähmtes Tier*

Wild·nis die <-, -se> *unberührte und von Menschen nicht veränderte Natur* draußen in der Wildnis, in der Wildnis des Dschungels leben

Wild·park der <-s, -s> *Park, in dem Wild hinter Zäunen gehalten wird*

Wild·pas·te·te die <-, -n> KOCH *eine Pastete, die mit Wild[2] gefüllt ist*

wild·reich *Adj. mit viel Wild[1]*

Wild·sau die <-, Wildsäue> ZOOL. *weibliches Wildschwein*

Wild·scha·den der <-s, Wildschäden> *Schaden, den Wild[1] auf landwirtschaftlich oder forstwirtschaftlich genutzten Flächen anrichtet*

Wild·schwein das <-(e)s, -e> ZOOL. *wild[1] lebendes Schwein*

Wild·was·ser das <-s, -> *ein Fluss oder Bach mit einer sehr starken Strömung*

Wild·wech·sel der <-s, -> *ein Pfad im Wald, den das Wild regelmäßig passiert*

Wild·west·film der <-s, -e> (≈ *Western*)

Wild·wuchs der <-es> (*kein Plur.*) **1.** *Wachstum von Pflanzen, das nicht von Menschen beeinflusst ist* **2.** (*übertr.*) *unkontrolliertes Wachstum von etwas* der Wildwuchs der Bürokratie

will *Präs. von* **wollen**

Wil·le der <-ns, -n> (*meist Sing.*) **1.** *Fähigkeit, sich für oder gegen etwas zu entscheiden* einen schwachen/starken/unbeugsamen Willen haben, Es mangelt ihm an Willen. **2.** *Entscheidung für etwas* Es ist mein fester Wille., gegen ihren Willen, etwas wider Willen tun **3.** *die Absicht, etwas zu tun* Ich konnte es beim besten Willen nicht machen., Ich habe den Willen, es zu schaffen. **4.** (≈ *Wunsch*) *das, was man sich sehr wünscht oder haben will* seinen Willen bekommen/durchsetzen ■ **jemandem seinen Willen lassen**: *jmdn. tun und machen lassen, ohne ihn daran zu hindern* **der gute Wille** (*umg.*): *die Bereitschaft, an etwas mitzuwirken* der gute Wille zählt **böser Wille** (*umg.*): *böse Absicht* Das war kein böser Wille von mir, ich habe es einfach vergessen! **Wo ein Wille ist, ist auch ein Weg.** (*Sprichwort*): *wenn man etwas wirklich will, findet man auch einen Weg es zu bekommen* **der letzte Wille**: *das Testament* **jemandem zu Willen sein**: *tun, was ein anderer will*

wil·len *Präp. + Gen.* (*geh.*) ■ **um jemands/etwas willen**: *jmdm. oder etwas zuliebe* um des lieben Friedens willen

wil·len·los *Adj. ohne eigenen Willen* sich willenlos seinem Schicksal ergeben

wil·lens *Adv.* (*geh.*) *so, dass man die Bereitschaft zu etwas hat* Sie ist nicht willens, ihm zu helfen.

Wil·lens·frei·heit die <-> (*kein Plur.*) *Freiheit, nach dem eigenen Willen[1] zu entscheiden*

Wil·lens·kraft die <-> (*kein Plur.*) *die Eigenschaft, einen starken Willen[1] zu haben* Zu dieser Arbeit ist viel Willenskraft erforderlich., Ohne Willenskraft kann man es nicht weit bringen.

wil·lens·schwach <nicht steig.> *Adj.* (↔ *willensstark*) *ohne eigenen starken Willen[1]* ▶Willensschwäche

wil·lens·stark <nicht steig.> *Adj.* (↔ *willensschwach*) *mit einem starken eigenen Willen[1]* ▶Willensstärke

wil·lent·lich <nicht steig.> *Adj.* (*geh.* ≈ *absichtlich*) eine willentliche Verletzung der Vorschriften, jemanden willentlich beleidigen/verletzen

will·fah·ren <willfahrst, willfahrte, hat willfahrt> *ohne OBJ* ■ *jmd. willfahrt jmdm.* (*geh.*) *jmdm. bereitwillig den Willen[4] erfüllen*

will·fäh·rig *Adj.* (*geh. abwert.*) *allzu bereitwillig* Er fand stets willfährige Handlanger für seine Machenschaften.

wil·lig *Adj. so, dass man tut, was jmd. anderer will* jemandem willig folgen, ein williger Schüler, der aber kaum eigene Ideen hat

Will·kom·men das <-s> (*kein Plur.*) (*geh.*) *freundliche Begrüßung, wenn jmd. zu Besuch kommt* ein herzliches Willkommen bereiten

will·kom·men *Adj.* **1.** *erwünscht, angenehm* eine willkommene Abwechslung/Erfrischung/Pause **2.** *gern gesehen* ein willkommener Gast ■ **Herzlich willkommen bei uns!**: *höfliche Begrüßungsformel* **jemanden willkommen heißen** (*geh.*): *jmdn. offiziell begrüßen* Die Gäste wurden vom Gastgeber willkommen geheißen.

Will·kür die <-> (*kein Plur.*) (*abwert.*) *ein Verhalten, das nur eigene Interessen und keine Rücksicht auf allgemein gültige Regeln oder Menschen nimmt* In dem Land herrschte die reinste Willkür., der Willkür anderer/der Naturgewalten ausgesetzt sein

will·kür·lich *Adj.* **1.** *so, dass nur eigene Interessen und keinerlei allgemein gültige Regeln gelten* völlig willkürlich entscheiden **2.** *zufällig* ein Beispiel willkürlich herausgreifen **3.** (BIOL.: *fachspr.*) *bewusst; vom Willen gesteuert* eine willkürliche Reaktion, willkürliche Muskulatur

willst *Präs. von* **wollen**

wim·meln <wimmelst, wimmelte, hat gewimmelt> **I.** *ohne OBJ* **1.** ■ *jmd./etwas wimmelt irgendwo sich schnell und ungeordnet hin- und herbewegen* Die Fische wimmeln im Netz. **2.** ■ *etwas wimmelt von jmdm./etwas sehr voll von jmdm. oder etwas sein* Der Text wimmelt von Fehlern. **II.** *mit ES* ■ *es wimmelt von jmdm./etwas sehr voll sein von jmdm. oder etwas* Hier wimmelt es ja von Touristen., In der Stadt wimmelt es von Menschen., Es wimmelt hier von Ameisen.

Wim·merl das <-s, -n> (*süddt. österr. schweiz.*) **1.** *Hitzebläschen, Eiterbläschen* **2.** *Gurttasche für Wanderer und Skifahrer*

wim·mern <wimmerst, wimmerte, hat gewimmert> *ohne OBJ* ■ *jmd. wimmert* (*irgendwie*) *leise Klagelaute von sich geben* Sie wimmerte leise.

Wim·met der <-s> (*kein Plur.*) (*schweiz.*) *Weinlese*

Wim·pel der <-s, -> *kleine dreieckige Flagge*

Wim·per die <-, -n> *eines der feinen Haare am Augenlid* die Wimpern tuschen ■ **ohne mit der Wimper zu zucken** (*umg.*): *ohne jegliche Bedenken und Gefühle*

Wim·pern·tu·sche die <-, -n> *eine Art Farbe, die Frauen mit einem kleinen Kamm auf die Wimpern auftragen, um diese hervorzuheben*

Wind der <-(e)s, -e> **1.** *die wahrnehmbare Bewegung der Luft im Freien* der Wind weht/frischt auf/kommt aus Westen/wird stürmisch/lässt nach/ist orkanartig/erreicht Stärke acht, südliche Winde **2.** (*verhüll.*) *Blähungen* ■ **bei Wind und Wetter**: *bei jedem Wetter, auch wenn es schlecht ist* **hier weht ein frischer Wind** (*umg.*): *hier gelten neue Regeln und Maßstäbe* **jemandem den Wind aus den Segeln nehmen** (*umg.*): *jmds. Position entscheidend schwächen* **von etwas Wind bekommen** (*umg.*): *etwas in Erfahrung bringen* **jemandes Bedenken in den Wind schlagen** (*umg.*): *die Einwände des anderen nicht beachten* **viel Wind um etwas machen** (*umg.*): *etwas sehr übertreiben* **Daher weht der Wind!** (*umg.*): *So ist das also!* **jemand ist in alle Winde zerstreut**: *Menschen, die sich gut kannten, leben jetzt an weit auseinander liegenden Orten* Die Familie ist in alle Winde zerstreut.

Wind·beu·tel der <-s, -> *ein Gebäck aus Blätterteig, das mit Sahne gefüllt ist*

Wind·bö(e) die <-, -n> *starker Windstoß*

wind·dicht *Adj. so, dass kein Wind hindurchkommt* eine winddichte Jacke

Win·de die <-, -n> **1.** TECHN. *Gerät, mit dem man ein Seil aufwickelt und Lasten hebt oder zieht, die an dem Ende des Seils befestigt sind* **2.** BOT. *eine Kletterpflanze mit trichterförmigen Blüten*

Wind·ei das <-s, -er> (*umg. abwert.*) *unzuverlässige Person*

Win·del die <-, -n> *ein saugfähiges dickes Stück Tuch oder Zellstoff, das Kot und Urin aufnehmen soll* einen Säugling/einen Kranken in Windeln wickeln

win·del·weich ■ **jemanden windelweich prügeln** (*umg.*): *jmdn. sehr heftig prügeln*

win·den <windest, wand, hat gewunden> **I.** *mit OBJ* **1.** ■ *jmd. windet jmdm./sich etwas um etwas Akk. etwas um etwas herumwickeln* Er windet sich ein Tuch um seinen Hals., ein Tuch um den Kopf/einen Ast winden, einen Schal um den Hals winden **2.** ■ *jmd. windet etwas* (*zu etwas Dat.*) *etwas flechten und daraus etwas formen* Sie windet die Blumen zu einem Kranz. **3.** ■ *jmd. windet jmdm. etwas aus der Hand/den Händen etwas mit Anstrengung aus jmds. Hand oder Händen entfernen* Sie wand ihm die Pistole aus der Hand. **II.** *mit SICH* **1.** ■ *etwas windet sich* (*um etwas Akk.*) *herumwachsen* Der Efeu windet sich um den Laternenpfahl. **2.** ■ *jmd. windet sich* (*vor etwas Dat.*) *sich krümmen* Der Verletzte windet sich vor Schmerzen. **3.** ■ *ein Tier windet sich irgendwohin sich schlängelnd bewegen* Die Schlange windet sich über den Sand. **4.** ■ *etwas windet sich irgendwohin in vielen Kurven irgendwohin führen* Ein Bach/Pfad windet sich durch den Wald. **5.** ■ *jmd. windet sich* (*übertr.*) *ausweichend antworten* Sie wand sich, um nicht die Wahrheit sagen zu müssen.

Wind·e·ner·gie die <-> (*kein Plur.*) *elektrische Energie, die aus der Kraft des Windes gewonnen wird*

Win·des·ei·le ■ **in/mit Windeseile**: *sehr schnell*

Wind·fang der <-s, Windfänge> *kleiner Vorbau an Fenstern oder Türen zum Schutz vor Zugluft*

wind·ge·schützt *Adj. vom Wind abgeschirmt* in windgeschützter Lage

Wind·hauch der <-s> (*kein Plur.*) *geringe Luftbewegung* Man spürte kaum einen Windhauch.

Wind·ho·se die <-, -n> METEOR. *eine Art Wirbelsturm*

Wind·hund der <-es, -e> **1.** ZOOL. *eine Rasse von Hunden, die sehr schnell laufen können* **2.** (*umg. abwert.*) *unzuverlässiger Mann*

win·dig *Adj.* **1.** *so, dass Wind weht* Am Meer ist es immer windig., windiges Wetter **2.** (*umg. abwert.*) *unzuverlässig, unsicher* ein windiger Bursche, Die Sache ist mir zu windig!

Wind·ja·cke die <-, -n> (≈ *Blouson*) *eine leichte Jacke, die vor Wind schützt*

Wind·jam·mer der <-s, -> *ein großes Segelschiff*

Wind·kraft·an·lage die <-, -n> *ein Windrad mit einem Dynamo, das elektrischen Strom produziert*

Wind·kraft·werk das <-(e)s, -e> *Kraftwerk, das mit Hilfe von großen Windrädern Energie aus dem Wind gewinnt*

Wind·licht das <-(e)s, -er> *eine Kerze, die sich in einem Glas befindet und so vor dem Wind geschützt ist*

Wind·ma·schi·ne die <-,-n> THEAT. FILM *ein Gerät,*

das einen großen Propeller hat, um damit Wind zu erzeugen

Wind·mes·ser der <-s, -> SEEW. *Instrument, mit dem man die Windstärke messen kann*

Wind·müh·le die <-, -n> *eine Mühle, die ein großes Windrad[1] hat, das durch den Wind angetrieben wird*

Wind·park der <-(e)s, -s/e> *ein Gebiet, auf dem viele Windanlagen stehen*

Wind·po·cken <-> *Plur.* MED. *eine Infektionskrankheit mit Hautausschlag, die nicht gefährlich ist, aber bei der die Bläschen sehr jucken und Narben hinterlassen können*

Wind·rad das <-(e)s, Windräder> **1.** *eine Maschine, die eine Art Propeller mit großen Flügeln hat und die vom Wind angetrieben werden, um so Energie zu produzieren* **2.** *ein Spielzeug in Form eines Rades, das sich im Wind dreht*

Wind·rich·tung die <-, -en> *Himmelsrichtung, aus der der Wind weht* Die Windrichtung wechselt heute ständig.

Wind·ro·se die <-, -n> SEEW. METEOR. *Darstellung in Form eines Sterns, dessen Strahlen die vier Himmelsrichtungen anzeigen*

Wind·schat·ten der <-s> (*kein Plur.*) **1.** *die Seite hinter einem Fahrzeug, die vor dem Fahrtwind geschützt ist* Der Rennfahrer fuhr im Windschatten seines Teamkollegen. **2.** *Seite, die dem Wind nicht zugewandt ist* der Windschatten eines Berges

wind·schief <nicht steig.> *Adj.* (*umg. abwert.*) *nicht mehr gerade; wackelig* eine windschiefe, alte Hütte

Wind·schutz·schei·be die <-, -n> *die große Scheibe, die sich vorne an einem Auto befindet un durch die Fahrer und Beifahrer auf die Fahrbahn sehen*

Wind·stär·ke die <-, -n> *ein Maß, das die Geschwindigkeit des Windes auf einer Skala wiedergibt* ein Sturm mit Windstärke acht

wind·still <nicht steig.> *Adj. so, dass kein Wind weht* eine windstille Bucht, Unmittelbar vor dem Gewitter war es plötzlich ganz windstill.

Wind·stil·le die <-> (*kein Plur.*) *Zustand, in dem es windstill ist*

Wind·stoß der <-es, Windstöße> *ein kurzer und heftiger Wind* Ein Windstoß fegte alle Blätter vom Tisch.

Wind·sur·fen das <-s> (*kein Plur.*) SPORT *eine Wassersportart, bei der man auf einem Surfbrett, das ein Segel hat, über das Wasser gleitet*

Wind·sur·fer, **Wind·sur·fe·rin** der <-s, -> *Person, die Windsurfen betreibt*

Win·dung die <-, -en> **1.** (*meist Plur.*) *der Verlauf von etwas, das Krümmungen oder Kurven hat* die Windungen des Darms/im Gehirn, Die Treppe verläuft in Windungen nach oben., die Windung eines Flusses **2.** *Gewinde* die Windung der Schraube

Wink der <-(e)s, -e> **1.** *ein Zeichen, das jmd. mit der Hand oder dem Kopf oder den Augen gibt* jemandem einen Wink geben **2.** *ein Hinweis oder Tipp* Sie verstand den Wink sofort. ■ **ein Wink mit dem Zaunpfahl** (*umg.*): *ein deutlicher Hinweis*

Win·kel der <-s, -> **1.** MATH. TECHN. *die Neigung, die zwei Linien oder Flächen zueinander haben, wenn sie aufeinander treffen* in einem Winkel von 30° zueinander stehen **2.** (≈ *Ecke*) jeden Winkel des Zimmers durchsuchen, mit der Taschenlampe in jeden Winkel des Raumes leuchten **3.** (*umg.*) *abgelegenes Gebiet* In diesen entlegenen Winkel verirren sich nur selten Touristen. ■ **ein spitzer/ein stumpfer/ein rechter Winkel**: *ein Winkel von weniger als 90 Grad/mehr als 90 Grad/90 Grad* **toter Winkel**: *eine Stelle, an der man nicht gesehen werden kann* Autos, die sich im toten Winkel befinden, sieht man auch im Rückspiegel nicht.

Win·kel·ad·vo·kat, **Win·kel·ad·vo·ka·tin** der <-en, -en> (*abwert.*) *ein Rechtsanwalt, der einen schlechten Ruf hat*

Win·kel·funk·ti·on die <-, -en> MATH. *trigonometrische Funktion, wie zum Beispiel Sinus, Kosinus, Tangens*

win·ke·lig/wink·lig *Adj.* **1.** *mit vielen Ecken* wink(e)lige alte Gassen **2.** (*umg.*) *im rechten Winkel* messen, ob eine Wand wink(e)lig ist

Win·kel·mes·ser der <-s, -> *Gerät zum Messen von Winkeln*

Win·kel·zug der <-(e)s, Winkelzüge> *ein Vorgehen, das schwer durchschaubar ist und mit dem listig etwas erreicht werden soll* Der Anwalt war berühmt für seine Winkelzüge., nur durch geschickte Winkelzüge an sein Ziel kommen

win·ken <winkst, winkte, hat gewinkt> **I.** *mit OBJ* ■ *jmd. winkt jmdn./etwas irgendwohin jmdn. oder etwas mit Handzeichen auffordern, sich an einen Ort oder an eine Stelle zu begeben* jemanden zu sich/nach oben winken, das Auto aus der Parklücke winken **II.** *ohne OBJ* **1.** ■ *jmd. winkt (jmdm.) (mit etwas Dat.) die Hand oder etwas in der Hand als Zeichen des Abschieds oder zum Gruß schnell hin und her bewegen* Er winkte ihr mit dem Taschentuch., am Bahnsteig stehen und winken **2.** ■ *jmd. winkt jmdm. jmdm. mit der Hand ein Zeichen geben, damit er kommt* Lässig winkte er dem Kellner, um die Rechnung zu fordern. **3.** ■ *etwas winkt jmdm.* (*übertr.*) *jmdm. in Aussicht stehen* Den Gewinnern winken Preise im Wert von zehntausend Euro.

win·seln <winselst, winselte, hat gewinselt> *ohne OBJ* **1.** ■ *jmd./ein Hund winselt leise, hohe, klagende Laute von sich geben* Der Hund winselt., Hör auf zu winseln! **2.** ■ *jmd. winselt um etwas Akk.* (*abwert.*) *unterwürfig bitten* um Gnade winseln

Win·ter der <-s, -> (↔ *Sommer*) *die Jahreszeit, die durch Kälte und Schneefall gekennzeichnet ist und von Dezember bis März dauert* der Winter setzt (mit Schneefällen) ein/ist sehr hart/ist vorüber., ein harter/langer/strenger Winter, Im Winter friert der See immer ganz zu. ◆-monat, -tag, -zeit

Win·ter·an·fang der <-(e)s, Winteranfänge> *Be-*

ginn des Winters am 21. Dezember

Win·ter·dienst der <-es, -e> *Dienst der Stadt im Winter, um Straßen von Schnee oder Eis zu befreien* Auf Nebenstraßen gibt es nur eingeschränkten Winterdienst.

Win·ter·fell das <-s, -e> *das dichtere und wärmere Fell, das manche Tiere im Winter ausbilden*

win·ter·fest <nicht steig.> *Adj. so, dass es Temperatur und Witterung im Winter aushält* die Hütte winterfest machen, winterfeste Kleidung/Schuhe

Win·ter·gar·ten der <-s, Wintergärten> *ein Raum, der direkt an ein Haus gebaut ist und sehr viele Fenster hat und in dem oft viele Zimmerpflanzen stehen*

Win·ter·ge·trei·de das <-s, -> LANDW. *Getreide, das im Herbst gesät und im Sommer des folgenden Jahres geerntet wird*

win·ter·hart <nicht steig.> *Adj. so, dass es Kälte und Witterung im Winter schadlos übersteht* winterharte Pflanzen

Win·ter·klei·dung die <-> (*kein Plur.*) *warme Kleidung für den Winter*

win·ter·lich <nicht steig.> *Adj. für den Winter typisch* winterliche Kälte/Temperaturen/Witterung, eine winterliche Landschaft

Win·ter·man·tel der <-s, Wintermäntel> *warmer, winterfester Mantel*

Win·ter·rei·fen der <-s, -> KFZ *Autoreifen, der für winterliche Straßenverhältnisse mit Eis und Schnee geeignet ist*

Win·ter·ru·he die <-> (*kein Plur.*) *Ruhezustand im Winter* die Winterruhe der Bäume/der Natur

win·ters ■ **sommers wie winters**: *ganzjährig* ◆ Kleinschreibung→R 3.10 sommers wie winters mit dem Rad zur Arbeit fahren

Win·ter·schlaf der <-(e)s> (*kein Plur.*) *Ruhephase von einigen Tiere im Winter, in der sie in einem Unterschlupf lange und viel schlafen* Bären halten Winterschlaf.

Win·ter·schluss·ver·kauf der <-(e)s, Winterschlussverkäufe> (↔ *Sommerschlussverkauf*) *Verkauf von Winterkleidung zu reduzierten Preisen am Winterende*

Win·ter·se·mes·ter das <-s, -> (↔ *Sommersemester*) *Semester an der Universität, das von Oktober bis zum März des nächsten Jahres geht*

Win·ter·son·nen·wen·de die <-, -n> *Zeitpunkt, an dem die Sonne ihren tiefsten Stand erreicht* (*21./22. Dezember*)

Win·ter·speck der <-s> **1.** *Speck, den sich Tiere für den Winterschlaf angefressen haben* **2.** (*umg. scherzh.*) *das Fett, dass jmd. angesetzt hat, der besonders während der Weihnachtszeit viel gegessen hat*

Win·ter·spie·le <-> *Plur.* SPORT *die olympischen Spiele im Winter*

Win·ter·sport der <-s> (*kein Plur.*) *alle Sportarten, die vorzugsweise im Winter ausgeübt werden* Rodeln, Skilauf, Skisprung und andere Wintersportarten

Win·ters·zeit die <-> (*kein Plur.*) *winterliche Jahreszeit*

Win·ter·zeit die <-> (*kein Plur.*) **1.** (↔ *Sommerzeit*) *die Zeit im Jahr, in der die Uhren nicht* (*wie für die Sommerzeit*) *verstellt werden* Meine Uhr zeigt noch Winterzeit. **2.** *winterliche Jahreszeit* Während der Winterzeit schläft der Bär in seiner Höhle.

Win·zer, **Win·ze·rin** der <-s, -> *Person, die beruflich Wein anbaut und verarbeitet*

win·zig *Adj.* **1.** *sehr klein* ein winziges Mäuschen, winzige elektronische Bauelemente **2.** *sehr unbedeutend* ein winziger Fehler, eine winzige Unachtsamkeit

Winz·ling der <-s, -e> (*umg.*) *sehr kleine Person oder Sache*

Wip·fel der <-s, -> *Spitze eines Baumes* bis in den Wipfel des Baumes klettern

Wip·pe die <-, -n> *eine Art Schaukel in Form eines Balkens, der in der Mitte beweglich auf einem Ständer angebracht ist und dessen Enden sich nach oben und nach unten bewegen*

wip·pen *ohne OBJ* **1.** ■ *jmd. wippt auf einer Wippe schaukeln* Die Kinder wippen gerade., Wollen wir zusammen wippen? **2.** ■ *jmd. wippt mit etwas Dat. etwas auf und ab schwingen* mit dem Fuß wippen

wir *Pron.* (*1. Person. Plur. Nom.*) **1.** *verwendet, wenn man von zwei oder mehreren Personen spricht und man selbst dazu gehört* Wir fliegen morgen nach London, meine Frau möchte nämlich diese Ausstellung besuchen. **2.** *verwendet, wenn man in einem Text oder einer Rede nicht in der 1. Person Sing. Nom. sprechen möchte* Wir halten diese These nicht für korrekt und möchten dies im folgenden weiter ausführen. **3.** *verwendet, wenn Ärzte mit Patienten oder Erwachsene mit Kindern sprechen* Na, wie haben wir denn die Operation überstanden?, Haben wir denn auch der Oma schön die Hand gegeben **4.** (*veralt.*) *verwendet von Adeligen an Stelle der 1. Person Sing. Nom.* Wir verfolgen mit größtem Unbehagen die demokratischen Bestrebungen des Pöbels.

Wir·bel der <-s, -> **1.** (*umg.*) *Aufruhr; Aufregung* Mach doch nicht solch einen Wirbel um jede Kleinigkeit! **2.** *der Vorgang, dass es in einer Flüssigkeit oder einem Gas an einem Punkt zu einer schnellen Drehbewegung kommt* Im Wasser/in der Luft entstehen Wirbel. ▶Verwirbelung **3.** *Stelle auf dem Kopf, an der das Haar in kreisförmiger Anordnung wächst* einen Wirbel auf dem Hinterkopf haben **4.** ANAT. *einer der Abschnitte der Wirbelsäule* ◆ Hals-, Lenden- **5.** MUSIK. *eine Art Schraube, mit der man eine Saite eines Instruments spannt*

Wir·bel·bruch der <-(e)s, Wirbelbrüche> MED. *Bruch eines Wirbels*[4]

wir·bel·los <nicht steig.> *Adj.* BIOL. *ohne Wirbelsäule* wirbellose Tiere, zu den Wirbellosen gehören

wir·beln <wirbelst, wirbelte, hat/ist gewirbelt> **I.** *mit OBJ* ■ *jmd./etwas wirbelt jmdn./etwas irgendwohin* (*haben*) *jmdn. oder etwas in eine schnelle kreisende Bewegung versetzen, die an* *eine bestimmte Stelle führt* Der Wind hat die Blätter durcheinander/in die Luft gewirbelt., Er hat seine Tanzpartnerin über das Parkett gewirbelt. **II.** *ohne OBJ* ■ *jmd. wirbelt irgendwohin* (*sein*) *sich schnell drehend irgendwohin bewegen* Die Paare sind durch den Saal gewirbelt.

Wir·bel·säu·le die <-, -n> (≈ *Rückgrat*) *beim Menschen und bei Wirbeltieren die lange Reihe von beweglich miteinander verbundenen Knochen, die das zentrale Element des Skeletts darstellt*

Wir·bel·säu·len·gym·nas·tik die <-> (*kein Plur.*) *Gymnastik, mit der die Wirbelsaüle entspannt und unterstützt wird*

Wir·bel·sturm der <-(e)s, Wirbelstürme> *ein Sturm mit großen Windstärken, der sich kreisend um einen Mittelpunkt bewegt*

Wir·bel·tier das <-(e)s, -e> BIOL. *ein Tier, das eine Wirbelsäule besitzt*

wirbt *Präs. von* **werben**

wird *Präs. von* **werden**

wirft *Präs. von* **werfen**

Wir·ken das <-s> (*kein Plur.*) (*geh.*) *das Handeln* (*im Hinblick auf seine Ergebnisse*) Eine Gedenktafel erinnert an das Wirken dieses tüchtigen Arztes.

wir·ken[1] **I.** *mit OBJ* ■ *jmd./ wirkt* (*wahre/reinste*) *Wunder* (*mit etwas Dat.*) *etwas Außergewöhnliches hervorbringen oder erzielen* Mit Geisteskräften wirke ich Wunder. **II.** *ohne OBJ* **1.** ■ *etwas wirkt* (*gegen etwas Akk.*) *erzielen, dass ein Medikament oder eine Behandlung das gewünschte Resultat hat* Die Behandlung hat gewirkt., Das Medikament wirkt gut gegen Migräne. **2.** ■ *etwas wirkt irgendwie* (*auf jmdn./etwas*) *einen bestimmten Einfluss auf jmdn. oder etwas haben* Die Musik wirkt beruhigend. **3.** ■ *jmd./etwas wirkt irgendwie einen bestimmten Eindruck vermitteln* Sie wirkt noch sehr jung., Die Arbeit wirkt unfertig., Das Kleid wirkt sehr gut. **4.** ■ *jmd. wirkt* (*geh.*) *eine bedeutende oder schwierige Tätigkeit ausüben* An dieser Universität haben zu allen Zeiten berühmte Wissenschaftler gewirkt., Sie hatte in Kalkutta als Krankenschwester gewirkt.

wir·ken[2] *mit OBJ* ■ *jmd. wirkt etwas Garne oder Stofffäden miteinander verschlingen, um etwas herzustellen* einen Teppich wirken, gewirkte Wäsche

wirk·lich[1] *Adj.* **1.** *tatsächlich* Sein wirklicher Name war Schulz., Ihre wirkliche Mutter lebt nicht mehr. **2.** *so, wie er/sie/es sein muss und man es sich vorstellt* Eine wirkliche Mutter lässt ihr Kind nicht im Stich., Das ist ein wirklicher Freund.

wirk·lich[2] *Adv. verwendet, um eine Aussage oder etwas zu verstärken* Das tut mir wirklich Leid!, es wirklich ernst meinen

Wirk·lich·keit die <-, -en> **1.** (≈ *Realität*) *das, was tatsächlich ist und existiert und nicht nur in Phantasie oder Vorstellung vorkommt* mit der rauen Wirklichkeit konfrontiert werden, den Sinn für die Wirklichkeit verlieren **2.** (*kein Plur.*) *so, wie es sich wirklich*[1] *verhält* In Wirklichkeit habe ich gar keine Lust. ■ **der Wirklichkeit ins Auge sehen**: *anerkennen müssen, wie etwas tatsächlich ist*

wirk·lich·keits·fremd *Adj.* **1.** *so, dass es nicht zu verwirklichen ist* Das sind wirklichkeitsfremde Pläne, du hast ja gar kein Geld! **2.** *so, dass die Realität nicht anerkannt wird* Er ist immer so wirklichkeitsfremd.

wirk·lich·keits·ge·treu *Adj. so, dass es der Wirklichkeit*[1] *genau entspricht*

wirk·mäch·tig *Adj.* LIT. *so, dass es eine große Wirkung*[2] *erzielt* ein wirkmächtiges Buch

wirk·sam *Adj. so, dass es ein beabsichtigtes Ergebnis erzielt* ein wirksames Medikament, wirksame Hilfe leisten, wirksame Maßnahmen gegen die Arbeitslosigkeit ■ **etwas wird wirksam** AMTSSPR.: *etwas wird rechtsgültig* Die Maßnahmen werden sofort wirksam.

Wirk·sam·keit die <-> (*kein Plur.*) *der Grad, in dem etwas wirksam ist* die Wirksamkeit eines Medikaments testen

Wirk·stoff der <-(e)s, -e> **1.** MED. *Stoff, der in einem Medikament für die Heilwirkung verantwortlich ist* Das Medikament enthält eine Kombination aus mehreren Wirkstoffen. **2.** MED. *Bezeichnung für die Substanzen, die für das Funktionieren des Organismus notwendig sind, wie zum Beispiel Hormone, Enzyme o.Ä.*

Wir·kung die <-, -en> **1.** *das erzielte Ergebnis einer Anwendung* Dieses Medikament hat eine schmerzstillende Wirkung., die Wirkung setzt ein/hält an/lässt nach **2.** *Einfluss, den etwas auf jmdn. oder etwas hat* Kaffee hat eine anregende Wirkung., Die Wirkung dieser These auf die Sprachwissenschaft ist nicht abzuschätzen., Das bleibt alles ohne Wirkung. **3.** *Eindruck, den jmd. oder etwas hinterlässt* eine große/keinerlei Wirkung auf jemanden haben

Wir·kungs·be·reich der <-(e)s, -e> *Bereich, in dem jmd. arbeitet oder tätig ist* den Wirkungsbereich ausdehnen

Wir·kungs·dau·er die <-> (*kein Plur.*) *Zeitdauer, in der etwas wirkt*

Wir·kungs·grad der <-(e)s, -e> PHYS. *das Verhältnis zwischen der aufgewandten Leistung und der nutzbaren Energie* Durch die Verringerung der Reibungs- und Wärmeverluste hat die Maschine einen sehr hohen Wirkungsgrad.

Wir·kungs·kreis der <-es, -e> (≈ *Wirkungsbereich*) seinen Wirkungskreis ausdehnen/einschränken/erweitern

wir·kungs·los *Adj.* (↔ *wirkungsvoll*) *ohne Wirkung* ein wirkungsloses Medikament ▶Wirkungslosigkeit

Wir·kungs·stät·te die <-, -n> (*geh.*) *Ort, an dem ein Künstler tätig war*

wir·kungs·voll *Adj.* **1.** *so, dass es großen Eindruck hinterlässt* sich wirkungsvoll in Szene setzen, ein Schaufenster wirkungsvoll ausgestalten **2.** (≈ *effektiv* ↔ *wirkungslos*) *so, dass es eine schnelle und starke Wirkung*[1 2] *hat* ein wirkungsvolles Medikament

Wir·kungs·wei·se die <-, -n> *die Art, wie etwas Ergebnisse erzielt oder funktioniert* jemandem die Wirkungsweise einer Maschine erklären

wirr *Adj.* **1.** *unordentlich* ein wirres Durcheinander auf dem Schreibtisch, wirre Haare **2.** *so, dass es keinen Sinn macht* wirr (im Kopf) sein, wirre Gedanken/Vorstellungen, wirres Zeug reden

Wir·ren <-> *Plur.* (*geh.*) *Verhältnisse ohne politische und soziale Ordnung* in den Wirren des Krieges

Wirr·kopf der <-(e)s, Wirrköpfe> (*abwert.*) *Mensch mit Ideen, die als abwegig und wirr[2] empfunden werden* ein politischer Wirrkopf

Wirr·warr der <-s> (*kein Plur.*) (*abwert.*) *Durcheinander* In diesem Wirrwar soll ich mich zurechtfinden?

Wir·sing der <-s> (*kein Plur.*) BOT. *ein Kohlgemüse mit gekräuselten Blättern*

Wirt, **Wir·tin[1]** der <-(e)s, -e> **1.** (≈ *Gastwirt*) *Person, die als Inhaber ein Gasthaus führt* sich beim Wirt beschweren **2.** *Gastgeber* ■ **die Rechnung ohne den Wirt gemacht haben** (*umg.*): *etwas Entscheidendes in seiner Planung nicht berücksichtigt haben*

Wirt[2] der <-(e)s, -e> BIOL. *Lebewesen, das Parasiten benutzen, um sich auf ihm ernähren oder zu vermehren* Hund und Katze sind Wirte für Flöhe.

Wirt·schaft die <-, -en> **1.** (*kein Plur.*) *die Gesamtheit aller Firmen und Einrichtungen, die mit der Herstellung und Verteilung von Waren und der Bereitstellung von Dienstleistungen zu tun haben* die Wirtschaft eines Landes/einer Region fördern, eine blühende Wirtschaft, Vertreter aus Wirtschaft und Politik **2.** *Gasthaus, Gaststätte* in eine Wirtschaft einkehren ◆ Gast- **3.** (*kein Plur.*) (*veralt.*) *Haushalt* ■ **eine schöne Wirtschaft!** (*umg. abwert.*): *was für eine Unordnung*

wirt·schaf·ten *ohne OBJ* **1.** ■ *jmd. wirtschaftet in einer bestimmten Weise mit materiellen Gütern und Geldmitteln arbeiten* gut/schlecht/sparsam wirtschaften **2.** ■ *jmd. wirtschaftet irgendwo* (*umg.*) *irgendwo mit etwas beschäftigt sein* Sie wirtschaftete noch bis spät in die Nacht in der Küche.

Wirt·schaf·te·rin die <-, -nen> (≈ *Haushälterin*) *eine Frau, die jmdm. den Haushalt führt*

Wirt·schaft·ler der <-s, -> **1.** *jmd., der in Industrie und Wirtschaft[1] eine leitende Stellung hat* **2.** (*umg.*) *Wirtschaftswissenschaftler*

wirt·schaft·lich *Adj.* **1.** (≈ *ökonomisch*) *die Wirtschaft[1] betreffend* die wirtschaftliche Entwicklung eines Landes, die wirtschaftlichen Rahmenbedingungen **2.** *so, dass man Geld sinnvoll und sparsam einsetzt* wirtschaftlich denken, wirtschaftlich mit den vorhandenen Mitteln umgehen **3.** (≈ *finanziell*) *das Geld betreffend* in einer schwierigen wirtschaftlichen Lage sein, ein wirtschaftlicher Erfolg/Misserfolg, aus wirtschaftlichen Gründen sein Geschäft aufgeben müssen

Wirt·schaft·lich·keit die <-> (*kein Plur.*) *der sinnvolle und sparsame Einsatz vorhandener Mittel* Die Wirtschaftlichkeit des Unternehmens entscheidet über seinen Erfolg.

Wirt·schafts·ab·kom·men das <-s, -> *Vertrag zwischen zwei oder mehreren Ländern über wirtschaftliche[1] Beziehungen*

Wirt·schafts·be·zie·hung die <-, -en> *Handelsbeziehungen zwischen zwei oder mehreren Ländern*

Wirt·schafts·ent·wick·lung die <-> (*kein Plur.*) *die Entwicklung der Wirtschaft[1]*

Wirt·schafts·ex·per·te, **Wirt·schafts·ex·per·tin** der <-n, -n> *Person, die große Fachwissen auf dem Gebiet der Wirtschaft[1] besitzt*

Wirt·schafts·flücht·ling der <-(e)s, -e> (*abwert.*) *jmd., der aus wirtschaftlichen[1] Gründen aus einem Land flüchtet und in einem anderen Land Asyl sucht*

Wirt·schafts·ge·bäu·de das <-s, -> *Stallung an landwirtschaftlichen Gebäuden* Zum Haus gehören noch mehrere Wirtschaftsgebäude, in denen das Vieh untergebracht ist.

Wirt·schafts·geld das <-(e)s, -er> (≈ *Haushaltsgeld*)

Wirt·schafts·ge·mein·schaft die <-, -en> WIRTSCH. *Zusammenschluss von mehreren Staaten aus wirtschaftlichen[1] Gründen* die Europäische Wirtschaftsgemeinschaft

Wirt·schafts·gym·na·si·um das <-s, Wirtschaftsgymnasien> *ein Gymnasium mit wirtschaftswissenschaftlichem Schwerpunkt*

Wirt·schafts·hil·fe die <-, -n> *wirtschaftliche[1] Unterstützung eines Landes* einem Entwicklungsland Wirtschaftshilfe leisten

Wirt·schafts·jahr das <-(e)s, -e> WIRTSCH. *Geschäftsjahr*

Wirt·schafts·kraft die <-> (*kein Plur.*) *die wirtschaftliche[1] Leistungsfähigkeit* die Wirtschaftskraft eines Landes stärken

Wirt·schafts·kri·mi·na·li·tät die <-> (*kein Plur.*) *Verbrechen im Bereich der Wirtschaft[1]*

Wirt·schafts·kri·se die <-, -n> WIRTSCH. *Zustand, in dem es schwere wirtschaftliche[1] Probleme gibt, wie zum Beispiel hohe Arbeitslosigkeit, kein wirtschaftliches Wachstum, hohe Inflation o.Ä.* Das Land befindet sich in einer tiefen Wirtschaftskrise., Wege aus der Wirtschaftskrise suchen

Wirt·schafts·la·ge die <-> (*kein Plur.*) *die Situation einer Volkswirtschaft* eine angespannte/gute/schlechte Wirtschaftslage

Wirt·schafts·macht die <-, Wirtschaftsmächte> *Staat oder Region mit einer großen und starken Wirtschaft[1], über die auch politischer Einfluss ausgeübt werden kann*

Wirt·schafts·mi·nis·te·rium das <-s, Wirtschaftsministerien> *das für die Fragen der Wirtschaft[1] zuständige Ministerium*

Wirt·schafts·ord·nung die <-, -en> WIRTSCH. *die Art und Weise, wie die Wirtschaft[1] eines Landes aufgebaut ist* eine kapitalistische/sozialistische Wirtschaftsordnung

Wirt·schafts·po·li·tik die <-> (*kein Plur.*) *alle politischen Maßnahmen in Bezug auf die Wirtschaft[1]*

Wirt·schafts·prü·fer, **Wirt·schafts·prü·fe·rin** der <-s, -> *Person, die beruflich die Jahresabschlüsse wirtschaftlicher[1] Unternehmen prüft*

Wirt·schafts·raum der <-(e)s, Wirtschaftsräume> WIRTSCH. *Gebiet im Hinblick auf seine wirtschaftlichen[1] Gegebenheiten* der osteuropäische/asiatische Wirtschaftsraum

Wirt·schafts·stand·ort der <-(e)s, -e> WIRTSCH. *ein Land oder eine Region im Hinblick auf ihre wirtschaftliche[1] Leistungsfähigkeit* der Wirtschaftsstandort Baden-Württemberg/Deutschland

Wirt·schafts·sys·tem das <-s, -e> WIRTSCH. *die Art und Weise, wie die Wirtschaft[1] eines Landes aufgebaut ist* ein kapitalistisches Wirtschaftssystem

Wirt·schafts·ver·bre·chen das <-s, -> *Verbrechen im Bereich der Wirtschaft[1]*

Wirt·schafts·wachs·tum das <-s> (*kein Plur.*) *das Wachstum einer Volkswirtschaft* Man erwartet in diesem Jahr ein Wirtschaftswachstum von 1,5 Prozent.

Wirt·schafts·wis·sen·schaft die <-, -en> *die Wissenschaft von den Gesetzmäßigkeiten der Wirtschaft[1]* Wirtschaftswissenschaft studieren ►Wirtschaftswissenschaftler

Wirt·schafts·wun·der das <-s> (*kein Plur.*), (*umg.*) *überraschender wirtschaftlicher[1] Aufschwung in der Bundesrepublik Deutschland nach 1948* in der Zeit des deutschen Wirtschaftswunders

> **i Wissenswert** Als 1948 mit der D-Mark in Deutschland wieder eine feste Währung eingeführt wurde, begann die wirtschaftliche Erholung des Landes. Man konzentrierte sich besonders auf die Arbeit. Da schnell relativ große Fortschritte erzielt wurden, sprach man vom „Wirtschaftswunder".

Wirt·schafts·zweig der <-(e)s, -e> *ein bestimmter Bereich der Wirtschaft[1]* Die Textilindustrie ist der bestimmende Wirtschaftszweig dieser Region.

Wirts·haus das <-es, Wirtshäuser> (≈ *Gasthaus*)

Wirts·leu·te <-> *Plur. Ehepaar, das Gästezimmer vermietet oder eine Gastwirtschaft führt*

Wisch der <-(e)s, -e> (*umg. abwert.*) *wertloser beschriebener Zettel* Zeig mal den Wisch her!

wi·schen[1] <wischst, wischte, hat gewischt> **I.** *mit OBJ/ohne OBJ* **1.** ■ *jmd. wischt (etwas) Dat. etwas säubern, indem man mit einem nassen oder feuchten Lappen darüber reibt* Er wischt gerade den Fußboden/das Badezimmer., Halt mich nicht auf, ich muss noch wischen! **2.** ■ *jmd. wischt sich etwas einen Körperteil säubern* sich den Mund/die Stirn wischen **3.** ■ *jmd. wischt etwas etwas mit einem Tuch entfernen, indem man wischt[1]* Staub wischen **II.** *ohne OBJ* ■ *jmd. wischt (sich Dat.) mit etwas Dat. über etwas Akk. mit etwas über etwas streichen* Ich wischte mir mit der Hand über die Stirn. ■ **jemandem eine wischen** (*umg.*): *jmdm. eine Ohrfeige geben* **einen gewischt bekommen** (*umg.*): *einen Stromschlag bekommen*

wi·schen[2] <wischst, wischte, hat gewischt> *mit OBJ* ■ *jmd. wischt etwas (schweiz.) etwas fegen oder kehren*

wi·schen[3] <wischst, wischte, ist gewischt> *ohne OBJ* ■ *jmd. wischt irgendwohin (umg.) sich sehr schnell irgendwohin bewegen* Und dann wischte er um die Ecke!

Wi·schi·wa·schi das <-s> (*kein Plur.*) (*umg. abwert.*) *Aussage, die sehr unpräzise ist* Das ist doch alles Wischiwaschi, was du da erzählst!

Wisch·lap·pen der <-s, -> *ein großes schweres Tuch, mit dem man den Boden wischen kann*

Wisch·tuch das <-(e)s, Wischtücher> (≈ *Lappen*) *Tuch, mit dem man etwas wischen kann*

Wi·sent der <-s, -e> ZOOL. *eine Art wilder Büffel, der in früher in Europa lebte und mit dem nordamerikanischen Bison verwandt ist, aber heute nur noch in Zoos und Reservaten vorkommt*

Wis·mut das <-(e)s> (*kein Plur.*) CHEM. *ein rötlichweißes Schwermetall, das häufig Bestandteil von Legierungen ist*

wis·pern <wisperst, wisperte, hat gewispert> *mit OBJ/ohne OBJ* ■ *jmd. wispert (etwas)* (≈ *flüstern*) *ganz leise sagen* Er wisperte ihr etwas ins Ohr., Warum wisperst du so?

Wiss·be·gier(·de) die <-> (*kein Plur.*) *der Drang, Neues zu erfahren oder zu erlernen* voller Wissbegier sein

wiss·be·gie·rig *Adj. so, dass man viel Neues lernen und erfahren will* die wissbegierigen Kinder der ersten Klasse

wis·sen <weißt, wusste, hat gewusst> **I.** *mit OBJ* **1.** ■ *jmd. weiß etwas Kenntnisse von etwas haben* Ich weiß nicht alle Ankunftszeiten (auswendig)., Wer weiß die Antwort/den Weg?, Er wusste (sich) keinen anderen Rat mehr. **2.** ■ *jmd. weiß etwas sich an etwas erinnern* Ich weiß noch, wie ich vor zehn Jahren in die Firma kam., Was, das weißt du nicht mehr? **3.** ■ *jmd. weiß etwas Gewissheit über etwas haben* Ich glaube das nicht nur, ich weiß es (sicher)., Ich weiß nicht, ob ich recht habe. **4.** ■ *jmd. weiß etwas sich über etwas im Klaren sein* Wenn man die Reformen verstehen will, muss man folgendes wissen., Ja, ich weiß es! **5.** ■ *jmd. weiß etwas über jmdn./etwas Kentnisse über jmdn. oder etwas haben* Sie weiß viel über die Ministerin. **6.** ■ *jmd. weiß (sich Dat.) etwas zu plus Inf. etwas können oder in der Lage sein, etwas zu tun* Er weiß sich nicht zu helfen., Sie weiß mit Kindern umzugehen. **II.** *ohne OBJ* ■ *jmd. weiß um etwas Akk. (geh.) sich etwas bewusst sein* Ich weiß um seine Probleme., Sie wussten um die Folgen dieser Krankheit. ■ **Weißt du was, wir ...** (*umg.*): *ich schlage vor, wir...* **Was weiß ich!** (*umg.*): *ich habe keine Ahnung davon und es interessiert mich auch nicht* **Ich weiß (schon)!** (*umg.*): *ich weiß Bescheid* **Weißt du, ...** (*umg.*): *Einleitung einer Bemerkung* Weißt du, ich habe mich sehr um dich gesorgt! **jemanden in Sicherheit wissen**: *wissen, dass jmd. irgendwo in Sicherheit ist* **jemanden etwas wissen lassen**: *jmdn. informieren* Lassen Sie mich es wissen, wann Sie wieder in der Stadt sind. **von jemandem nichts mehr wissen wollen**: *mit jmdm. keinen Kontakt mehr haben wollen* **von etwas nichts (mehr) wissen wollen**: *mit etwas nichts* *(mehr) zu tun haben wollen*

Wis·sen das <-s> *(kein Plur.)* **1.** *Kenntnis eines Sachverhalts* Nach meinem Wissen ist das so., Das ist ohne mein Wissen geschehen., Das Wissen, dass er in Sicherheit war, beunruhigte sie. **2.** *alle Kenntnisse einer Person* ein enormes Wissen haben, sich viel Wissen aneignen, sein Wissen an andere weitergeben **3.** *(geh.) bewusste Kenntnisse eines Sachverhaltes* Trotz des Wissens um die Schädlichkeit des Rauchens verfallen immer noch zahlreiche Jugendliche dem Tabak. ■ **meines Wissens**: *soweit ich weiß* Meines Wissens fällt die Vorlesung heute aus. **wider besseres Wissen**: *obwohl man es besser weiß* **nach bestem Wissen und Gewissen**: *so gut man kann*

Wis·sen·schaft die <-, -en> **1.** *die Tätigkeit, bei der ein Sachverhalt mit objektiven und nachvollziehbaren Methoden systematisch beschrieben und untersucht wird* **2.** *ein bestimmter Bereich, in dem mit wissenschaftlichen Methoden gearbeitet wird* Biologie ist die Wissenschaft von der belebten Materie. ◆-theorie, -sverlag, Geistes-, Ingenieur-, Natur- **3.** *(kein Plur.) Gesamtheit der Einrichtungen und Personen, die wissenschaftlich arbeiten* Berichte aus Wissenschaft und Technik ■ **etwas ist eine Wissenschaft für sich** *(umg.)*: *etwas ist ziemlich schwierig*

Wis·sen·schaft·ler, **Wis·sen·schaft·le·rin** der <-s, -> *Person, die beruflich wissenschaftlich tätig ist*

wis·sen·schaft·lich *Adj.* **1.** *im Bereich der Wissenschaft* eine wissenschaftliche Fragestellung/Tagung/Zeitschrift, wissenschaftliche Forschungsprojekte/Hilfskräfte/Mitarbeiter, wissenschaftliche Aufsätze/Kolloquien/Symposien/Veröffentlichungen **2.** (↔ *unwissenschaftlich*) *so, dass die Ergebnisse überall und jederzeit exakt nachvollzogen werden können* wissenschaftlich exaktes Arbeiten, wissenschaftliche Arbeitsweisen/Methoden/Theorien

Wis·sen·schafts·mi·nis·te·rium das <-s, Wissenschaftsministerien> *Ministerium, das für die Fragen der Wissenschaft*[2] *und Forschung zuständig ist*

Wis·sens·drang der <-(e)s> *(kein Plur.) starkes Verlangen nach Kenntnissen und Informationen* einen unbändigen Wissensdrang haben, seinen Wissensdrang befriedigen

Wis·sens·durst der <-es> *(kein Plur.) s.* **Wissensdrang**

Wis·sens·ge·biet das <-(e)s, -e> *Teilbereich des Wissens oder der Wissenschaft* auf vielen Wissensgebieten bewandert sein

Wis·sens·lü·cke die <-, -n> *ein Bereich eines Sachgebiets, den man nicht kennt* In Physik habe ich viele Wissenslücken.

wis·sens·wert *Adj. so, dass es interessant genug ist, dass man es erfährt* viel Wissenswertes erfahren

wis·sent·lich <nicht steig.> *Adj.* (≈ *absichtlich*) jemandem wissentlich schaden, eine wissentliche Lüge

wit·tern <witterst, witterte, hat gewittert> *mit OBJ* **1.** ■ *ein Tier wittert jmdn./etwas jmdn. oder etwas am Geruch wahrnehmen* Der Hund hat die Katze/den Einbrecher gewittert. **2.** ■ *jmd. wittert etwas (übertr.) etwas im Voraus spüren* eine Chance/Gefahr wittern

Wit·te·rung[1] die <-, -en> *das Wetter während eines bestimmten Zeitraumes* bei jeder Witterung Sport treiben, bei frühlingshafter Witterung einen Ausflug machen

Wit·te·rung[2] die <-, -en> **1.** *Geruchssinn eines Tieres* Der Hund hat eine feine Witterung. **2.** *Geruch von etwas, das ein Tier wittert*[1] Der Hund hat die Witterung aufgenommen. **3.** *(übertr.) Gespür für etwas, das geschehen wird* eine Witterung für gute Geschäfte haben

wit·te·rungs·be·dingt *Adj. so, dass es von der Witterung*[1] *abhängt*

Wit·we die <-, -n> *Frau, deren Ehemann gestorben ist*

Wit·wen·ren·te die <-> *(kein Plur.) Rente, die eine Witwe bekommt*

Wit·wer der <-s, -> *Mann, dessen Ehefrau gestorben ist*

Witz der <-es, -e> **1.** *eine Art kurze Geschichte mit einem überraschenden und lustigen Ende, die man erzählt, um andere Menschen zum Lachen zu bringen* ein geistreicher/gemeiner/guter/obszöner/politischer/ schmutziger Witz, einen Witz erzählen, über einen Witz lachen, ständig Witze reißen **2.** *(kein Plur.) die Eigenschaft, geistvoll zu sein* Er hat viel Witz., etwas mit viel Witz erzählen können **3.** *(umg. abwert.) etwas, das man sehr schlecht und ärgerlich findet* Es ist doch ein Witz, dass man auf die bestellte Ware acht Wochen warten muss!, Diese Bedienungsanleitung ist doch ein Witz, man versteht kein Wort! ■ **der Witz an der Sache** *(umg.)*: *das eigentlich Wichtige einer Sache* **ohne Witz!** *(umg.)*: *im Ernst*

Witz·bold der <-(e)s, -e> **1.** *(umg.) jmd., der gern scherzt* **2.** *(umg. abwert. ≈ Dummkopf)* Welcher Witzbold hat schon wieder den Strom abgestellt!

Wit·ze·lei die <-, -n> *ein harmloser Spaß, der ein bisschen einfältig ist*

wit·zeln <witzelst, witzelte, hat gewitzelt> *ohne OBJ* ■ *jmd. witzelt (über jmdn./etwas) sich in witziger Form über etwas oder jmdn. lustig machen* über andere witzeln

wit·zig *Adj.* **1.** *so, dass man darüber lachen kann* witzige Bemerkungen machen, ein witziger Einfall, eine witzige Art haben **2.** *so, dass es Interesse oder Verwunderung weckt* ein witziger Mensch, Das Haus ist witzig gebaut., Dein Vortrag war ganz witzig. ■ **Sehr witzig!** *(umg. iron.)*: *Das ist überhaupt nicht lustig*

WM die [veːʔˈɛm] <-, -s> *Abkürzung von „Weltmeisterschaft“*

wo *Adv.* **1.** *verwendet, um in direkten und indirekten Fragen nach dem Ort zu fragen* Wo hast du sie gesehen?, Ich möchte wissen, wo sie ist., Kannst du mir sagen, wo ich das finde? **2.** *verwendet in Relativsätzen, um sich auf einen genannten Ort* *zu beziehen* Dort, wo ich herkomme, sagt man das so., In Paris, wo sie zu Hause ist, ... **3.** (*umg.*) *verwendet in Relativsätzen, um sich auf eine Zeitangabe zu beziehen* in den letzten Jahren, wo es mit der Wirtschaft nur bergauf ging, konnte man auch viel ausgeben., Jetzt, wo es eine Krise gibt, muss man halt kürzer treten.

wo *Konj.* (*umg.*) **1.** (≈ *da, weil*) Sie wollte nicht mit, wo sie doch keine Lust hatte. **2.** (≈ *obwohl*) Sie ist mir böse, wo ich ihr doch gar nichts getan habe!

wo·an·ders *Adv. an einem anderen Ort* Ich wohne hier, er wohnt woanders.

wo·an·ders·hin *Adv. an einen anderen Ort* Wollen wir uns woandershin setzen?

wob *Prät. von* **weben**

wo·bei[1] *Adv. verwendet, um in direkten und indirekten Fragen nach den Umständen eines Geschehens zu fragen* Wobei ist denn das passiert?, Ich möchte wissen, wobei ich sie jetzt wieder gestört habe.

wo·bei[2] *Konj.* (≈ *während*) Sie telefonierte, wobei sie ihre Katze fütterte.

Wo·che die <-, -n> **1.** *eine Zeitspanne von sieben Tagen* Ich komme in einer Woche., ein vier Wochen altes Kind **2.** *der Zeitraum von Montag bis* (*einschließlich*) *Sonntag* Das mache ich nächste Woche/in der nächsten Woche., Woche für Woche arbeiten, Die Wochen vergehen. **3.** (↔ *Sonn- und Feiertage*) *die Werktage* während/in/unter der Woche von 8 bis 18 Uhr geöffnet haben, die Woche über

Wo·chen·ar·beits·zeit die <-, -en> *die wöchentliche Arbeitszeit* eine Wochenarbeitszeit von 40 Stunden haben

Wo·chen·bett *im Wochenbett sein;* (*veralt.*) *in dem Zeitraum nach einer Geburt sein, in dem es zur Rückbildung der durch die Schwangerschaft verursachten* (*körperlichen*) *Veränderungen kommt*

Wo·chen·blatt das <-es, Wochenblätter> *Zeitschrift oder Zeitung, die wöchentlich erscheint*

Wo·chen·end·be·zieh·ung die <-, -en> *eine Partnerbeziehung, bei der ein Partner während der Woche an einem entfernten Ort arbeitet und wohnt*

Wo·chen·en·de das <-s, -n> *Samstag und Sonntag als arbeitsfreie Tage* übers Wochenende ins Grüne fahren, den Kollegen ein schönes Wochenende wünschen ■ **ein langes Wochenende**: *ein Wochenende, zu dem man noch zusätzlich den Freitag oder den Montag als freien Tag nimmt*

Wo·chen·end·haus das <-es, Wochenendhäuser> *kleineres Haus für Freizeitaktivitäten am Wochenende*

Wo·chen·end·se·mi·nar das <-s, -e> **1.** *eine Art Kurs, der am Wochenende stattfindet* Einführung in Yoga auf einem Wochenendseminar **2.** *Seminar an einer Universität, das am Wochenende stattfindet*

Wo·chen·kar·te die <-, -n> *eine Fahrkarte für Busse oder Bahnen, die eine ganze Woche gilt*

wo·chen·lang <nicht steig.> *Adj. mehrere Wochen dauernd* ♦ aber Getrenntschreibung mehrere Wochen lang

Wo·chen·lohn der <-(e)s, Wochenlöhne> *der Arbeitslohn für eine Woche*

Wo·chen·schau die <-, -en> GESCH. *Vorfilm im Kino mit den aktuellen Berichten der vergangenen Woche*

Wo·chen·tag der <-(e)s, -e> **1.** *einer der sieben Tage der Woche* An welchem Wochentag bist du geboren?, Er kennt alle Wochentage auf Russisch. **2.** (↔ *Sonn- und Feiertag*) *ein Werktag* An Wochentagen stehe ich immer zeitig auf, sonntags schlafe ich aus.

wo·chen·tags *Adv.* (↔ *sonn-und feiertags*) *werktags* Nur wochentags ist der Schalter geöffnet, sonntags ist er geschlossen.

wö·chent·lich <nicht steig.> *Adj. jede Woche stattfindend* die wöchentliche Arbeitsberatung

Wo·chen·zei·tung die <-, -en> *Zeitung, die einmal pro Woche erscheint*

Wöch·ne·rin die <-, -nen> (*veralt.*) *Frau während des Wochenbetts*

Wod·ka der <-s, -s> *russischer Branntwein aus Korn oder Kartoffeln*

wo·durch *Adv.* **1.** *verwendet in direkten oder indirekten Fragen, um nach einer Sache oder einem Sachverhalt zu fragen* (*durch was*) Wodurch ist er so krank geworden?, Ich weiß nicht, wodurch das gekommen ist. **2.** *verwendet in einem Relativsatz, der sich auf den genannten Sachverhalt bezieht* Er lief sehr schnell, wodurch er außer Atem geriet.

wo·für *Adv.* **1.** *verwendet in direkten oder indirekten Fragen, um nach dem Ziel oder Zweck zu fragen* Wofür brauchst du das?, Ich möchte wissen, wofür du das brauchst. **2.** *verwendet in einem Relativsatz, der sich auf den genannten Sachverhalt bezieht* Sie hatte fleißig gearbeitet, wofür sie auch gelobt wurde.

Wo·ge die <-, -n> (*geh.*) **1.** *Welle*[1] Das Boot wurde von den Wogen emporgehoben. **2.** (*übertr.*) *ein Gefühl, das viele ergreift* eine Woge der Begeisterung/Empörung/Entrüstung ■ **die Wogen glätten sich** (*umg.*): *die Aufregung legt sich*

wo·ge·gen *Adv.* **1.** *verwendet in direkten und indirekten Fragen, um nach einer Sache zu fragen* (*gegen was*) Wogegen hilft das Medikament?, Ich weiß nicht, wogegen ich allergisch bin. **2.** *verwendet in einem Relativsatz, der sich auf den genannten Sachverhalt bezieht* Ich habe Kopfschmerzen, wogegen ich ein Medikament nehme., Er hat das so angeordnet, wogegen ich nichts einzuwenden habe.

wo·gen *ohne OBJ* (*geh.*) **1.** ■ *etwas wogt sich hin und her bewegen* Das Getreide wogt im Wind., die wogende Menschenmenge **2.** ■ *etwas wogt Wellen schlagen* das wogende Meer

wo·her *Adv.* **1.** *verwendet in direkten und indirekten Fragen, um nach dem Ort, der Richtung o.Ä., von dem/aus der jmd./etwas kommt, zu fragen* Woher kommst du?, Ich möchte wissen, woher du kommst. **2.** *verwendet in direkten oder in-*

direkten Fragen, um nach der Ursache oder der Herkunft von etwas zu fragen Woher weißt du das denn?, Ich kann mir nicht vorstellen, woher sie das schon wieder weiß. **3.** *verwendet in einem Relativsatz, der sich auf einen Ort oder eine Richtung o.Ä., von dem/aus der jmd./etwas kommt, bezieht* Er kommt aus der Schweiz, woher auch seine Eltern stammen.

wo·hin *Adv.* **1.** *verwendet in direkten und indirekten Fragen, um nach dem Ort oder der Richtung o.Ä., zu dem/in die sich jmd./etwas bewegt, zu fragen* Wohin gehst du?, Ich wüsste gern, wohin du gehst. **2.** *verwendet in einem Relativsatz, der sich auf einen Ort oder eine Richtung o.Ä. bezieht, zu dem/in die sich jmd./etwas bewegt* Sie sind nach Hause gegangen, wohin ich jetzt auch gehen werde. **3.** ■ **wohin müssen** (*verhüll.*): *auf die Toilette müssen* Ich muss mal eben noch schnell wohin.

wo·hin·ge·gen *Konj.* (≈ *während*) *verwendet, um einen Nebensatz einzuleiten, der einen Gegensatz zu dem Sachverhalt des Hauptsatzes ausdrückt* Sie kann gut singen, wohingegen er hervorragend Geige spielt.

Wohl das <-(e)s> (*kein Plur.*) *Zustand, in dem man sich sowohl physisch als auch psychisch gut fühlt* an das eigene Wohl denken, auf jemandes Wohl trinken, Das ist nur zu deinem Wohl! ■ **das leibliche Wohl** (*geh.*): *Essen und Trinken* **Zum Wohl!**: *ein Trinkspruch*

wohl¹ *Adv.* **1.** (*wohler, am wohlsten*) *physisch und psychisch gut und gesund* Ich fühle mich nicht mehr wohl., wohl aussehen, Es wird dir bald wohler werden., Mir ist am wohlsten, wenn ich hier raus bin!, Das wird dir aber wohl tun! **2.** (*besser, am besten*) *genau und sorgfältig* ein wohl ausgewogener Vortrag, Wir haben alles wohl bedacht., In ihrem Leben war alles wohl geordnet., ein wohl durchdachter Plan, eine wohl überlegte Entscheidung **3.** *gut* eine wohl behütete Tochter, Er ist der Polizei wohl bekannt., etwas aus wohl unterrichteten Kreisen erfahren, das Geld im Safe wohl verwahrt haben, die Kinder wohl versorgt wissen ■ **wohl aber**: *verwendet, um einen Gegensatz zu einer verneinten Aussage auszudrücken* Es handelt sich noch nicht um ein Rezession, wohl aber um eine konjunkturelle Flaute. **wohl oder übel**: *ob man will oder nicht* **jemandem ist nicht ganz wohl bei etwas**: *jmd. hat Bedenken bei etwas* **jemand lässt es sich wohl sein**: *jmd. genießt das Leben und besonders das Essen und die Getränke* ■ *jemand täte wohl daran zu plus Inf. jmd. sollte besser Inf.* Du tätest wohl daran, auf seinen Rat zu hören.

wohl² *Partikel* **1.** *verwendet, um eine Aussage hervorzuheben und gleichzeitig einzuschränken* Die Botschaft hör' ich wohl, allein mir fehlt der Glauben., Er hat es ihm wohl versprochen, aber doch nicht eingehalten. **2.** *verwendet, um eine Vermutung auszudrücken, von der man annimmt, dass sie stimmt* Sie wird wohl den Bus verpaßt haben., Er ist wohl gerade auf der Toilette. **3.** *verwendet, wenn der Sprecher auf Zustimmung hofft* Ich gehe wohl richtig in der Annahme, dass ..., Es kann doch wohl vorausgesetzt werden, dass ... **4.** *verwendet in Fragesätzen, um eine Unsicherheit oder Distanz auszudrücken* Ob sie es wohl schon weiß? **5.** *verwendet, um eine Aussage zu verstärken und den Inhalt zu bekräftigen* Du spinnst wohl!, Da siehst du wohl, dass ich Recht hatte., Das kann man wohl sagen!, Das kann doch wohl nicht war sein! **6.** *verwendet, um einer Aufforderung besonderen Nachdruck zu verleihen* Lässt du das wohl sein! ◆ Getrenntschreibung Es ist ihm wohl ergangen., Lass es dir wohl sein!, Es wird dir wohl tun., die wohl bekannten Autoren, wohl ausgewogen, Er war wohl beraten, ihr nichts zu sagen., wohl behütet, wohl durchdacht, wohl erhalten, wohl situiert, wohl überlegt; Getrennt- oder Zusammenschreibung wohl erzogen/wohlerzogen/noch wohlerzogenere Kinder, ein wohl geformter/wohlgeformter/noch wohlgeformterer Körper, bei jemandem wohl gelitten/wohlgelitten sein, ein wohl genährtes/wohlgenährtes Kind, eine wohl temperierte/wohltemperierte Heizung; Zusammenschreibung wohlbehalten, wohlgemut *siehe auch* **wohlgeformt**, **wohlgelitten**, **wohlgenährt**, **wohltemperiert**

wohl·an *Interj.* (*veralt.*) *verwendet als Aufforderung, mit etwas zu beginnen*

wohl·auf *Adv.* ■ **wohlauf sein** (*geh.*): *gesund sein* Ist sie wieder wohlauf?

Wohl·be·fin·den das <-s> (*kein Plur.*) *das Wohl* zu jemandes Wohlbefinden beitragen, das Wohlbefinden beeinträchtigen

Wohl·be·ha·gen das <-s> (*kein Plur.*) *das Wohlbefinden* jemandem großes Wohlbehagen bereiten

wohl·be·hal·ten <nicht steig.> *Adj.* (*geh.*) *ohne Schaden zu nehmen* Sie sind wohlbehalten zu Hause angekommen.

Wohl·er·ge·hen das <-s> (*kein Plur.*) *das Wohlbefinden* sich um jemandes Wohlergehen sorgen, Dein Wohlergehen liegt mir am Herzen.

wohl·er·zo·gen <nicht steig.> *Adj.* *gut erzogen* ◆ Zusammen- oder Getrenntschreibung ein wohlerzogener/wohl erzogener junger Mann *siehe auch* **wohl**

Wohl·fahrt die <-> (*kein Plur.*) **1.** *das Wohlergehen des einzelnen Bürgers oder aller Bürger des Staates* die öffentliche Wohlfahrt **2.** (*veralt.*) *Sozialhilfe* von der Wohlfahrt leben

Wohl·fahrts·staat der <-(e)s, -en> POL. *Staat, der seine Bürger durch viele soziale Maßnahmen absichert*

Wohl·ge·fal·len das <-s> (*kein Plur.*) (*geh.*) *Gefallen, Freude* Wohlgefallen an etwas haben, etwas mit Wohlgefallen betrachten ■ **etwas löst sich in Wohlgefallen auf** (*umg.*): *etwas wird belanglos und verschwindet* Die Probleme haben sich in Wohlgefallen aufgelöst.

wohl·ge·fäl·lig *Adj.* *anerkennend; zufrieden* ein wohlgefälliger Blick, eine wohlgefällige Bemerkung machen

wohl·ge·formt *Adj.* *gut geformt* ◆ Zusammen-

oder Getrenntschreibung ein wohlgeformtes/wohl geformtes Gesicht *siehe auch* **wohl**

wohl·ge·lit·ten *Adj.* (*geh.*) *gern gesehen* bei jemandem wohlgelitten/wohl gelitten sein ◆ Zusammen- oder Getrenntschreibung Sie war überall wohlgelitten/wohl gelitten. *siehe auch* **wohl**

wohl·ge·merkt *Adv.* (*umg.*) *verwendet, um eine Aussage zu verstärken oder zu betonen* Ich hatte, wohlgemerkt, nur ein Exemplar bestellt.

wohl·ge·nährt *Adj.* (≈ *korpulent*) *ziemlich dick* wohlgenährt/wohl genährt aussehen ◆ Zusammen- oder Getrenntschreibung ein wohlgenährtes/wohl genährtes kleines Kind *siehe auch* **wohl**

wohl·ge·ra·ten *Adj.* (*geh.*) *gelungen* ◆ Zusammen- oder Getrenntschreibung ein wohlgeratenes/wohl geratenes Werk, ein wohlgeratenes/wohl geratenes Kind *siehe auch* **wohl**

Wohl·ge·ruch der <-(e)s, Wohlgerüche> (*geh.*) *angenehmer Geruch* Ein Wohlgeruch verbreitete sich in der Wohnung.

wohl·ha·bend *Adj. so, dass man reichlich Geld hat* eine wohlhabende Familie, Sie sind wohlhabend.

woh·lig *Adj. angenehm* wohlige Wärme

Wohl·klang der <-(e)s> (*kein Plur.*) *die Eigenschaft, angenehm zu klingen*

wohl·mei·nend *Adj. so, dass Gutes beabsichtigt ist* ein wohlmeinender Rat, Wohlmeinende Freunde rieten ihr von dem Vorhaben ab.

wohl·rie·chend *Adj. gut riechend* eine wohlriechende Blume/Seife

wohl·schme·ckend *Adj. gut schmeckend* ◆ Zusammen- oder Getrenntschreibung wohlschmeckendes/wohl schmeckendes Essen

Wohl·sein ■ **(Zum) Wohlsein!** (*geh.* ≈ *Prost*): *ein Trinkspruch, mit dem man jmdm. Gesundheit wünscht*

Wohl·stand der <-(e)s> (*kein Plur.*) *die Tatsache, dass man mit allem, was zum Leben notwendig ist, reichlich versorgt ist* im Wohlstand leben

Wohl·stands·ge·sell·schaft die <-, -en> (*abwert.*) *Gesellschaft, in der die überwiegende Mehrzahl der Bürger im Wohlstand lebt* Er ist in einer Wohlstandsgesellschaft aufgewachsen und kennt weder Not noch Hunger.

Wohl·tat die <-, -en> **1.** *eine Tat, mit der man anderen hilft* Wohltaten für die Armen vollbringen **2.** (*kein Plur.*) *etwas, das als sehr angenehm empfunden wird* Die Ruhe ist eine Wohltat/eine wahre Wohltat/ die reinste Wohltat.

Wohl·tä·ter, **Wohl·tä·te·rin** der <-s, -> *Person, die anderen (in der Not) hilft*

wohl·tä·tig *Adj. so, dass anderen geholfen wird* für einen wohltätigen Zweck sammeln, Er ist ein wohltätiger Mensch, der immer hilft, wenn er gebraucht wird.

Wohl·tä·tig·keit die <-> (*kein Plur.*) (*veralt.*) *der Wille, anderen zu helfen* etwas aus reiner Wohltätigkeit tun

wohl·tem·pe·riert <nicht steig.> *Adj. so, dass eine angenehme Temperatur herrscht* eine wohltemperierte/wohl temperierte Wohnung ◆ Zusammen- oder Getrenntschreibung Das Zimmer ist wohltemperiert/wohl temperiert. *siehe auch* **wohl**

wohl·tu·end *Adj. so, dass es als angenehm empfunden wird* Das ist einfach eine wohltuende Abwechslung bei all der Routine.

wohl·ver·dient *Adj. so, dass es jmdm. zusteht* eine wohlverdiente Pause machen, sich im wohlverdienten Urlaub befinden

Wohl·ver·hal·ten das <-s> (*kein Plur.*) (*geh.*) *richtiges Verhalten* Wenn er Wohlverhalten zeigt, kann der Tadel gelöscht werden.

wohl·weis·lich *Adv. aus gutem Grund* Das habe ich wohlweislich verschwiegen.

Wohl·wol·len das <-s> (*kein Plur.*) *das Verhalten, dass man Freundlichkeit und Gutwilligkeit zeigt und, wenn man die Möglichkeit hat, etwas für jmdn. tut* Es hängt vom Wohlwollen des Chefs ab, ob ich Urlaub bekomme.

wohl·wol·lend *Adj. mit Wohlwollen* Wir werden Ihren Antrag wohlwollend prüfen., jemandem wohlwollend auf die Schulter klopfen

Wohn·an·hän·ger der <-s, -> (KFZ: ≈ *Wohnwagen*)

Wohn·an·la·ge die <-, -n> *ein begrenztes Gebiet, das für das Wohnen geplant und entworfen ist* eine neue Wohnanlage am Rande der Stadt

Wohn·block der <-s, -s/Wohnblöcke> *größeres Mietshaus*

woh·nen *ohne OBJ* **1.** ■ *jmd. wohnt irgendwo sein ständiges Zuhause haben* in Hamburg/auf dem Land/bei den Eltern wohnen, Im Haus wohnen außer uns noch drei andere Familien., beengt/luxuriös wohnen **2.** ■ *jmd. wohnt irgendwo sich vorübergehend aufhalten* Wenn ich in München bin, wohne ich bei einer Tante., Im Urlaub haben wir in einem Ferienhaus gewohnt. ■ **zur Miete wohnen**: *für die Wohnung Miete zahlen*

Wohn·flä·che die <-, -n> *Wohnraum, der jmdm. in seiner Wohhnung zur Verfügung steht* Eine Wohnung mit 50 Quadratmetern Wohnfläche

Wohn·ge·biet das <-(e)s, -e> *Gebiet, das vornehmlich mit Wohnhäusern bebaut ist*

Wohn·geld das <-(e)s, -er> *eine bestimmte Summe Geld, die jmd., der sehr wenig Einkommen hat und zur Miete wohnt, als Hilfe von der Stadt bekommen kann* Wohngeld beziehen/erhalten

Wohn·geld·be·rech·tig·te der/die <-n, -n> AMTSSPR. *jmd., der die Voraussetzungen erfüllt, Wohngeld zu bekommen*

Wohn·geld·emp·fän·ger, **Wohn·geld·emp·fän·ge·rin** der <-s, -> AMTSSPR. *Person, die Wohngeld erhält*

Wohn·ge·mein·schaft die <-, -en> *Gruppe von Personen, die keine Familie sind und sich gemeinsam eine Wohnung teilen* eine studentische Wohngemeinschaft, In der Wohngemeinschaft teilen sich vier Studenten eine Küche und ein Bad., Statt „Wohngemeinschaft“ sagt man oft „WG“.

wohn·haft *Adv.* AMTSSPR. *mit Wohnsitz in* Herr X, wohnhaft in Hamburg, ist als vermisst gemeldet.

Wohn·haus das <-es, Wohnhäuser> (↔ *Büro-*

haus, Geschäftshaus) ein Haus, in dem Wohnungen sind Das Wohnhaus steht zwischen mehreren Bürohäusern.

Wohn·heim das <-(e)s, -e> *Haus mit Zimmern oder kleinen Wohnungen für die Unterbringung bestimmter Personenkreise* ein Wohnheim für Studenten/Asylbewerber/Krankenschwestern/Obdachlose

Wohn·kom·fort der <-s> *(kein Plur.) alles, was das Wohnen angenehm macht*

Wohn·kü·che die <-, -n> *ein Küche, die so groß ist, dass sie auch als Wohnzimmer dient*

Wohn·kul·tur die <-, -en> *die Art und Weise des Wohnens, wie sie sich in bestimmten Möbeln, der Wahl bestimmter Teppiche, Dekorationsstücke usw. ausdrückt* fernöstliche Wohnkultur

wohn·lich *Adj. so, dass es angenehm ist, darin zu wohnen* ein Zimmer wohnlich einrichten

Wohn·mo·bil das <-s, -e> *ein großes Auto, das Betten, eine kleine Küche und Ähnliches hat, um darin auf Reisen wohnen zu können* ein Campingplatz mit Stellplätzen für Wohnmobile

Wohn·ne·ben·kos·ten <-> *Plur. Kosten, die man zusätzlich neben der Miete zum Beispiel für Strom, Heizung, Wasser usw. zahlen muss*

Wohn·ort der <-(e)s, -e> *der Ort, an dem man wohnt* den Wohnort wechseln, sich an seinem Wohnort polizeilich anmelden

Wohn·sitz der <-es, -e> AMTSSPR. *der Ort, an dem man wohnt* einen zweiten Wohnsitz haben, seinen ersten Wohnsitz in Köln haben ■ **fester Wohnsitz**: *die Wohnung und die dazugehörige Postanschrift*

Wohn·stu·be die <-, -n> *(veralt.) Wohnzimmer*

Woh·nung die <-, -en> *die Einheit aus mehreren zusammenhängenden Räumen in einem Haus, die jmd. bewohnt* eine gemütliche/großzügige/kleine/luxuriöse/ruhige Wohnung, eine Wohnung einrichten/beziehen/kaufen/ mieten/suchen/vermieten, eine Wohung mit Balkon/im vierten Stock eines Hauses/ mit allem Komfort/ mit drei Zimmern, Küche und Bad, die Wohnung einrichten/lüften/möblieren/putzen/renovieren

Woh·nungs·bau der <-(e)s> *(kein Plur.) der Bau von Wohnungen* den Wohnungsbau staatlich fördern

Woh·nungs·bau·för·de·rung die <-, -en> *Maßnahmen, mit denen der Wohnungsbau unterstützt wird*

Woh·nungs·bau·ge·sell·schaft die <-, -en> *ein Art Unternehmen, das den Bau von Wohnungen finanziert und Wohnungen vermietet*

Woh·nungs·ei·gen·tü·mer der <-s, -> *jmd., dem eine Wohnung gehört*

Woh·nungs·geld das <-(e), -er> *(≈ Wohngeld)*

woh·nungs·los <nicht steig.> *Adj. ohne festen Wohnsitz*

Woh·nungs·markt der <-(e)s> *(kein Plur.) Angebot und Nachfrage in Bezug auf Wohnungen (in einer bestimmmten Region)*

Woh·nungs·not die <-> *(kein Plur.) großer Mangel an Wohnungen* In dem zerstörten Land herrschte große Wohnungsnot.

Woh·nungs·po·li·tik die <-> *(kein Plur.) die Politik in Bezug auf Wohnungsbau und -vermietung*

Woh·nungs·schlüs·sel der <-s, -> *Schlüssel, mit dem man die Tür zur Wohnung öffnet*

Woh·nungs·su·chen·de der <-n, -n> *jmd., der eine Wohnung sucht*

Wohn·vier·tel das <-s, -> *ein Gebiet in einer Stadt, das überwiegend mit Wohnhäusern bebaut ist*

Wohn·wa·gen der <-s, -> KFZ *ein Anhänger, der so ausgestattet ist, dass man darin auf Reisen und im Urlaub wohnen kann* mit einem Wohnwagen in den Urlaub fahren

Wohn·zim·mer das <-s, -> *ein relativ großes Zimmer in einer Wohnung, in dem man sich vor allem in der Freizeit aufhält, Gäste bewirtet o.Ä.* Im Wohnzimmer stand eine Couchgarnitur, ein Fernseher und eine Stereoanlage.

wöl·ben *mit SICH* **1.** ■ *etwas wölbt sich (über etwas Akk.) in der Form eines Bogens über etwas liegen oder stehen* Die Kuppel wölbt sich über dem Gebäude., ein gewölbtes Dach **2.** ■ *etwas wölbt sich sich krümmen und nicht mehr gerade sein* Die Bretter wölben sich., ein nach oben gewölbter Deckel einer Konserve

Wöl·bung die <-, -en> *etwas, das die Form eines Bogens hat* die Wölbungen der Brücke, die Wölbung der Kuppel

Wolf der <-(e)s, Wölfe> **1.** ZOOL. *ein Raubtier, das wie ein Hund mit spitzer Schnauze und grauem Fell aussieht und in der Wildnis meist in Gruppen lebt* Wölfe leben in Rudeln. **2.** *(umg. ≈ Fleischwolf)* das Fleisch durch den Wolf drehen ■ **Hunger wie ein Wolf haben** *(umg.): großen Hunger haben* **ein Wolf im Schafspelz** *(umg.): eine gefährliche Person, die ganz harmlos wirkt* **mit den Wölfen heulen** *(umg.): das sagen und tun, was die anderen tun* **jemanden durch den Wolf drehen** *(umg.): jmdn. körperlich sehr anstrengen, so dass ihm alle Muskeln weh tun*

Wolf·ram das <-s> *(kein Plur.)* CHEM. *ein Schwermetall, das silberweiß glänzt und aus dem man Glühfäden für Glühbirnen herstellt*

Wolfs·hund der <-(e)s, -e> ZOOL. *ein großer Hund, der einem Wolf ähnlich sieht und meist als Schäferhund benutzt wird*

Wolfs·hun·ger der <-s> *(kein Plur.) (umg. ≈ Bärenhunger) sehr großer Hunger*

Wolfs·mensch der <-en, -en> *(≈ Werwolf)*

Wol·ke die <-, -n> **1.** METEOR. *Ansammlung von Wasserdampf in der Atmosphäre* graue/dichte Wolken, Die Wolken ziehen am Himmel/ballen sich zusammen. **2.** *eine Ansammlung von etwas in Form einer Wolke*[1] eine Wolke von giftigen Gasen/Zigarettenrauch/Parfüm, Eine Wolke einer trüben Flüssigkeit schwamm im Wasser. ■ **aus allen Wolken fallen** *(umg.): völlig überrascht sein* **auf/über/in den Wolken schweben**: *nicht realistisch sein*

Wol·ken·bruch der <-s, Wolkenbrüche> *sehr hef-*

tiger Regenfall, der nicht lange dauert

Wọl·ken·de·cke die <-> (*kein Plur.*) METEOR. *eine geschlossene Schicht von Wolken*[1] *am Himmel* eine geschlossene Wolkendecke, Die Wolkendecke reißt auf.

Wọl·ken·krat·zer der <-s, -> (*umg.*) *sehr hohes Hochhaus* die Wolkenkratzer Frankfurts/Manhattans

wọl·ken·los <nicht steig.> *Adj.* METEOR. *ohne Wolken* ein wolkenloser Himmel

wọl·kig *Adj.* **1.** METEOR. *mit Wolken* ein wolkiger Himmel/Tag, Das Wetter wird heiter bis wolkig. **2.** *so, dass etwas die Form einer Wolke*[1] *hat*

Wọll·de·cke die <-, -n> *eine Decke aus Wolle*[2]

Wọl·le die <-, -n> (*meist Sing.*) **1.** *die Haare des Schafes, nach dem sie abgeschnitten sind* Die geschorene Wolle wird gereinigt und zu Garn gesponnen. **2.** *die Fäden, die man aus Wolle*[1] *gewinnt und aus denen man Textilien herstellt* ein Knäuel Wolle, feine/gefärbte/naturfarbene/reine Wolle, einen Pullover aus Wolle stricken **3.** *ein Gewebe aus Wolle*[2] ein Anzug aus feinster Wolle ■ **sich mit jemandem in die Wolle kriegen** (*umg.*): *sich mit jmdm. streiten*

wọl·len[1] <nicht steig> *Adj.* *aus Wolle* ein wollener Schal

wọl·len[2] <willst, wollte, hat wollen> *ohne OBJ* **1.** ■ *jmd./etwas will (etwas) plus Inf. die Absicht oder den Wunsch haben, etwas zu tun, sagen, machen o.Ä.* Sie will nicht mehr rauchen., Er will alles auf einmal machen., Gestern wollte ich es noch haben, aber heute nicht mehr., Dieses Buch hat informieren wollen., Die Probleme wollen gründlich durchdacht werden. **2.** ■ *jmd. will (etwas) plus Inf. verwendet, um zu etwas aufzufordern* Jetzt wollen wir aber mal eine Pause machen., Willst du lieber nicht nochmal darüber nachdenken?, Na, dann wollen wir (ein)mal anfangen! **3.** ■ *jmd. will (etwas) plus Inf. verwendet, um auszudrücken, dass etwas unmittelbar bevorsteht* Ich wollte gerade Feierabend machen, da kommt der Chef doch noch mit einem neuen Projekt., Ich will ihm mal mailen, dass ich erst nächste Woche Zeit habe. **4.** (*kein Perfekt*) ■ *jmd. will (etwas) plus Inf. verwendet, wenn der Sprecher bei der Äußerung über jmdn. oder etwas Zweifel oder Skepsis ausdrücken möchte* Sie will nichts davon gewußt haben., Eie will gestern gearbeitet haben., Sie will wohl nichts darüber wissen. **5.** ■ *jmd. will etwas sein (iron.) verwendet, wenn man anzweifelt, dass jmd. etwas wirklich kann* Der will Musiker sein? **6.** ■ *etwas will Part. Perf. sein verwendet, um auszudrücken, dass etwas mit vielen Schwierigkeiten verbunden ist* Autofahren will gelernt sein., Geld will verdient sein. ■ **ich wollte ... Inf.**: *verwendet, um höflich eine Bitte oder eine Frage einzuleiten* Ich wollte nur mal fragen, ob es auch morgen möglich wäre. **Wollen Sie bitte Inf.**: *verwendet, um jmdn. höflich aufzufordern, etwas zu tun* Wollen Sie bitte den Mantel dort ablegen!, Wenn Sie nun bitte das Rauchen einstellen wollen!

> **i Wissenswert** **Wollen** ist ein Modalverb und drückt aus, dass der jeweilige Sprecher die Absicht oder den Wunsch hat, etwas zu tun. In objektiver Aussage verdeutlicht das Modalverb „wollen" eine Absicht,einen Plan: Er will mich am Bahnhof abholen. (d.h. er beabsichtigt, mich abzuholen). In subjektiver Aussage gibt „wollen" eine Aussage wieder, die eine Person von sich selbst behauptet. Es wird aber ebenso impliziert, dass der Sprecher dieser Äußerung Skepsis entgegenbringt: Leonardo will schon als Kind internationale Bühnenerfolge gefeiert haben.

wọl·len[3] <willst, wollte, hat gewollt> **I.** *mit OBJ* **1.** ■ *jmd. will etwas etwas wünschen* Ich will ein neues Kleid!, Er hat nur ein bisschen Zuwendung gewollt., Was hat er denn gewollt? **2.** ■ *jmd. will, dass ... verlangen, dass ...* Der Abteilungsleiter will, dass Sie sofort das Angebot erstellen. **3.** ■ *etwas will etwas etwas benötigt etwas* Die Pflanzen wollen tägliche Pflege. **II.** *ohne OBJ* **1.** ■ *jmd. will irgendwohin den Wunsch haben, irgendwohin zu fahren, reisen, gehen o.Ä.* Nach Australien? Dahin wollte ich schon immer!, Ich will nach Hause! **2.** ■ *etwas will nicht mehr (umg.) verwendet, um auszudrücken, dass etwas nicht mehr so gut funktioniert wie in früheren Zeiten* In meinem Alter wollen die Augen halt nicht mehr so recht.

Wọll·fett das <-(e)s> (*kein Plur.*) (≈ *Lanolin*) *natürliches Fett, dass in Wolle*[1] *vorkommt*

wọl·lig *Adj.* **1.** *aus Wolle, mit Wolle* ein wolliges Schaf **2.** *so, dass es sich wie Wolle anfühlt* das wollige Haar des Hundes

Wọll·ja·cke die <-, -n> *eine Jacke aus Wolle*[3]

Wọll·kleid das <-(e)s, -er> *ein Kleid aus Wolle*[3]

Wọll·knäuel das <-s, -e> *eine Art Kugel, die entsteht, wenn man Wolle*[2] *aufwickelt*

Wọll·sie·gel das <-s, -> *ein Zeichen, das an Textilien angebracht ist und bescheinigt, dass es sich um reine Wolle*[2] *handelt*

Wọll·stoff der <-(e)s, -e> *ein Stoff aus Wolle*[2]

Wọl·lust die <-> (*kein Plur.*) (*geh. veralt.*) *sexuelles Vergnügen; Lustempfinden* Wollust empfinden ■ **etwas mit (wahrer) Wollust tun**: *etwas mit großem Vergnügen tun*

wọl·lüs·tig *Adj.* **1.** *Wollust erregend* wollüstige Blicke **2.** *Wollust empfindend* wollüstiges Stöhnen

Wọll·wa·ren <-> *Plur.* *Waren aus Wolle*[2 3]

Wọll·wä·sche die <-> (*kein Plur.*) (≈ *Feinwäsche*) *ein bestimmtes Programm der Waschmaschine, mit dem auch Textilien aus Wolle*[2 3] *gewaschen werden können*

wo·mịt *Adv.* **1.** *verwendet in direkten oder indirekten Fragen, um nach einer Sache oder einem Sachverhalt zu fragen (mit was)* Womit hast du das gemacht?, Ich frage mich, womit ich das verdient habe. **2.** *verwendet in einem Relativsatz, der sich auf den genannten Sachverhalt bezieht* Das ist etwas, womit ich nicht zufrieden bin.

wo·mög·lich *Adv. vielleicht, möglicherweise* Sie ist womöglich verreist., Wir haben uns womöglich geirrt.

wo·nach *Adv.* **1.** *verwendet in direkten oder indirekten Fragen, um nach einer Sache oder einem Sachverhalt zu fragen* (*nach was*) Wonach sucht ihr?, Ich möchte wissen, wonach ich mich richten soll. **2.** *verwendet in einem Relativsatz, der sich auf den genannten Sachverhalt bezieht* Das ist etwas, wonach wir schon lange gesucht haben., Es gibt Meldungen, wonach die Geiseln in Freiheit sein sollen.

Won·ne die <-, -n> (*geh.*) *Zustand, in dem man große Freude und Wohlbehagen empfindet*

Won·ne·mo·nat der <-s, -e> ■ **der Wonnemonat Mai** (*veralt.*): *der schöne Monat Mai*

Won·ne·prop·pen der <-s, -> (*umg.*) *ein sehr süßes und niedliches, meist auch etwas dickliches Baby oder Kind*

wo·r·an *Adv.* **1.** *verwendet in direkten oder indirekten Fragen, um nach einer Sache oder einem Sachverhalt zu fragen* (*an was*) Woran denkst du?, Woran sollen wir uns festhalten?, Sag mir, woran ich dich erkennen kann. **2.** *verwendet in einem Relativsatz, der sich auf den genannten Sachverhalt bezieht* ein Haken, woran man den Mantel hängen kann, Hier stand das Haus eines berühmten Komponisten, woran eine Gedenktafel erinnert.

wo·r·auf *Adv.* **1.** *verwendet in direkten oder indirekten Fragen, um nach einer Sache oder einem Sachverhalt zu fragen* (*auf was*) Worauf kann man sich noch verlassen?, Worauf hast du die Vase gestellt?, Ich weiß nicht, worauf ich schreiben soll. **2.** *verwendet in einem Relativsatz, der sich auf den genannten Sachverhalt bezieht* Das Foto, worauf er zu sehen war, … **3.** (≈ *woraufhin*[2]) Es klingelte, worauf ich die Tür öffnete.

wo·r·auf·hin *Adv.* **1.** *in direkten und indirekten Fragen nach einer Ursache oder einem Anlass* Woraufhin hat man dich untersucht?, Ich weiß nicht, woraufhin er die Genehmigung bekommen hat. **2.** *verwendet, um einen Nebensatz einzuleiten, der eine Folge oder Reaktion auf das Geschehen des Hauptsatzes darstellt* Er weinte, woraufhin alle ihn zu trösten versuchten.

wo·r·aus *Adv.* **1.** *verwendet in direkten oder indirekten Fragen, um nach einer Sache oder einem Sachverhalt zu fragen* (*aus was*) Woraus hast du das genommen?, Woraus schlussfolgerst du das?, Ich weiß nicht, woraus er sein Selbstbewusstsein bezieht. **2.** *verwendet in einem Relativsatz, der sich auf den genannten Sachverhalt bezieht* Hier ist der Topf, woraus alle ihre Suppe bekommen haben., Das Buch, woraus ich zitiere, …

Worces·ter·so·ße die ['vʊstɐzo:sə] <-> (*kein Plur.*) *eine würzige Soße, die nach der englischen Stadt Worcester benannt ist*

wo·r·in *Adv.* **1.** *verwendet in direkten oder indirekten Fragen, um nach einer Sache oder einem Sachverhalt zu fragen* (*in was*) Worin besteht das Neue/der Unterschied?, Ich frage mich, worin die Ursache liegt. **2.** *verwendet in einem Relativsatz, der sich auf den genannten Sachverhalt bezieht* eine kleine Wohnung, worin sechs Personen wohnen müssen, das Grundlegende, worin sich beide unterscheiden

Wor·k·a·ho·lic der [wə:kə'hɔlik] <-s, -s> *Person, die unter dem Zwang steht, immer arbeiten zu müssen*

Work·shop der ['wə:kʃɔp] <-s, -s> *eine Art Kurs oder Veranstaltung, bei dem die Teilnehmer in Form von praktischen Übungen etwas lernen oder Ideen und Vorschläge zu etwas sammeln und diskutieren* Ein Workshop übers Wochenende für alle, die Jazztanz kennen lernen möchten.

Work·sta·tion die ['wə:ksteɪʃn] <-, -s> EDV **1.** (≈ *Client* ↔ *Server*) *PC in einem Netzwerk* **2.** (*veralt.*) *leistungsfähiger Computer der häufig im grafischen Bereich eingesetzt wurde*

World·cup der ['wə:ldkʌp] <-s, -s> (SPORT: ≈ *Weltmeisterschaft*)

World Wide Web das ['wə:ld'waɪd'wəb] <-> (*kein Plur.*) (EDV: ≈ *WWW, das Web*) *der sichtbare Teil des Internet*

Wort das <-(e)s, -e/Wörter> **1.** (*Plur. Worte*) *schriftliche oder mündliche Äußerung* die weisen Worte des alten Mannes, ernste Worte mit jemandem sprechen, Worte/ein Wort der Anteilnahme/des Beileids/ der Ermutigung/des Lobes/des Trostes, jemandes Worte beherzigen, Mir fehlen einfach die Worte, um zu sagen, was mich bewegt., die richtigen Worte finden, um etwas auszudrücken **2.** (*Plur. Wörter*) *kleinste selbstständige Einheit der Sprache, die eine Lautform, eine Schriftform und eine Bedeutung oder mehrere Bedeutungen hat* Wörter in einem Text zählen/zu Sätzen verbinden/auf einer bestimmten Silbe betonen/an einer bestimmten Stelle trennen/korrekt schreiben/ richtig aussprechen, neue Wörter (in einer Fremdsprache) lernen, die richtigen Wörter in einen Lückentext einsetzen ■ **mit einem Wort**: *kurz gesagt* **mit anderen Worten**: *anders gesagt* **das Wort Gottes**: *die Heilige Schrift* **in Worten**: *nicht in Ziffern* 25 oder in Worten fünfundzwanzig **das große Wort haben**: (*in einer Gruppe von Personen*) *am meisten reden* Er hat mal wieder das große Wort. **zu Wort kommen**: *reden dürfen* Bei diesen Diskussionen kommen immer nur die gleichen Personen zu Wort. **jemandem das Wort erteilen**: *jmdn. in einer Diskussion die Erlaubnis geben, zu sprechen* **das Wort ergreifen**: *anfangen, über etwas zu sprechen* **jemand hat das Wort**: *jmd. ist in einer Diskussion an der Reihe, etwas zu sagen* **jemandem ins Wort fallen** (*umg.*): *jmdn. unterbrechen, während er spricht* **für jemanden ein gutes Wort einlegen**: *jmdm. helfen, indem man etwas Gutes über ihn zu einer anderen Person sagt* **jemanden beim Wort nehmen**: *sich auf jmds. Aussagen verlassen* **sein Wort brechen/geben/halten**: *ein Versprechen brechen/geben/halten* **Du nimmst mir das Wort aus dem Mund!**: *Du sagst genau das, was ich auch gerade sagen woll-*

te. **jemandem das Wort im Munde umdrehen**: *etwas absichtlich falsch interpretieren, was jmd. gesagt hat* **jemandem bleibt das Wort im Hals stecken**: *jdm. kann aus Überraschung oder Bestürzung nicht sprechen* **kein Wort (mehr) über jmdn./etwas verlieren**: *nicht (mehr) über jmdn. oder etwas sprechen* **jemand will/muss das letzte Wort haben**: *jmd. will unbedingt recht haben* **jemandem aufs Wort gehorchen**: *jmdm. sofort gehorchen* Der Hund gehorcht ihm aufs Wort. **Das glaube ich dir/ihm/ihr/euch/ihnen aufs Wort.**: *jmdm. ohne Zweifel glauben* **ein Wort gab das andere**: *so kam es zum Streit*

Wọrt·art die <-, -en> SPRACHWISS. *eine der Klassen, in die man die Wörter einer Sprache (nach bestimmten Merkmalen) einteilt* Substantiv und Verb sind Wortarten.

> **i Wissenswert** In diesem Wörterbuch wird angegeben, zu welcher **Wortart** ein Stichwort gehört. Traditionellerweise hat sich eine Unterscheidung von acht Wortarten eingebürgert: Substantiv/Nomen, Pronomen, Adjektiv (einschließlich Numerale), Artikel, Verb, Präposition, Konjunktion und Adverb.

Wọrt·bil·dung die <-, -en> *siehe auch* **Abkürzung**

> **i Wissenswert** Die Erweiterung des Wortschatzes kann neben der Aufnahme von Wörtern aus anderen Sprachen auch durch die Bildung neuer Wörter auf der Basis vorhandener sprachlicher Mittel geschehen. Es gibt verschiedene Möglichkeiten der **Wortbildung**, z.B. die Ableitung. Bei der **Präfigierung** (auch: Präfixbildung) wird ein Präfix (eine Vorsilbe) vor einen Wortstamm gesetzt wie in Unglück, vertreiben, bemalen. Ebenso gibt es die Möglichkeit, ein Suffix (eine Nachsilbe) an einen Wortstamm zu hängen, die **Suffigierung** (auch: Suffixbildung), z.B. glücklich, heilbar, Heilung, Schülerin. Bei einer **Zusammensetzung** werden zwei oder mehr Wörter zusammengesetzt, z.B. Märchenbuch, Haustür, Büchereieröffnungsfest. Bei der **Konversion** wird ein Wort ohne Präfix oder Suffix in eine andere Wortart überführt, z.B. essen (Verb), das Essen (Substantiv). Als Mittel der Wortbildung gilt auch das (meist umgangssprachliche) Bilden von **Kurzwörtern**, z.B. Auto (statt Automobil), Uni (statt Universität), Demo (statt Demonstration) oder durch **Akronyme**, der Bildung von Wörtern aus zusammengesetzten Anfangsbuchstaben, z.B. Aids (aus engl. acquired immune deficiency syndrome, dt. erworbenes Immunschwächesyndrom). Ein Untertyp ist das Buchstabenwort, bei dem die Buchstaben einzeln ausgesprochen werden, z.B. EDV, LKW, PC. Beim so genannten **Klammerwort** erfolgt die Kürzung zwischen dem Anfangs- und dem Endteil längerer Wortverbindungen, z.B. O-Saft (statt Orangensaft), E-Werk (statt Elektrizitätswerk).

Wọrt·bruch der <-(e)s, Wortbrüche> *der Bruch eines Versprechens* Wortbruch begehen

wọrt·brü·chig <nicht steig.> *Adj. so, dass man ein Versprechen gebrochen hat* wortbrüchig werden

Wọ̈rt·chen das <-, -> ■ **ein Wörtchen mitzureden haben**: *an einer Entscheidung teilhaben oder mitwirken* Dabei habe ich wohl auch noch ein Wörtchen mitzureden. **mit jemandem noch ein Wörtchen zu reden haben**: *jmdm. ernsthaft und deutlich eine Kritik mitteilen* Mit Ihnen habe ich nachher noch ein Wörtchen zu reden!

Wọ̈r·ter·buch das <-(e)s, Wörterbücher> *ein Buch, in dem die Wörter einer Sprache in alphabetischer Form angeordnet sind und in ihrer Bedeutung erklärt und/oder in eine andere Sprache übersetzt sind* ein einsprachiges/zweisprachiges/russisch-deutsches Wörterbuch ◆ Fach-

> **i Wissenswert** **Wörterbücher** sind Nachschlagewerke, die Sprachwissen enthalten. Das unterscheidet sie von den Lexika, den Nachschlagewerken, die Sachwissen zum Inhalt haben. Neben Vor- und Nachspannmaterialien enthalten Wörterbücher insbesondere eine alphabetisch angeordnete Liste von Stichwörtern, auch Lemmata (Sing.: das Lemma) genannt. Den Stichwörtern sind Einträge zugeordnet, die vielfältigste Informationen über das Stichwort enthalten, z.B. dessen korrekte Schreibung (Orthographie), seine Aussprache, sein Genus, seine Herkunft und wichtige Angaben zu seiner Morphologie. Eine wichtige Unterscheidung ist diejenige zwischen ein- und zweisprachigen Wörterbüchern. Während einsprachige, auch: monolinguale, Wörterbücher die Bedeutung der Stichwörter erklären, ordnen zweisprachige, auch: bilinguale, Wörterbücher den Stichwörtern Übersetzungen in eine andere Sprache zu. Man kann noch viele weitere Arten von Wörterbüchern unterscheiden: allgemein sprachliche Wörterbücher und Fachwörterbücher, historische Wörterbücher, Spezialwörterbücher zu bestimmten sprachgeschichtlichen Abschnitten oder zu Sondersprachen u. v. m. Das Konzipieren und Erstellen von Wörterbüchern bezeichnet man als Lexikographie.

Wọrt·fa·mi·lie die <-, -n> *siehe auch* **Wortbildung**

i Wissenswert Als **Wortfamilie** bezeichnet man eine Menge von Wörtern innerhalb einer Sprache, deren gleiche oder ähnliche Wortstämme auf dieselbe etymologische (sprachgeschichtliche) Wurzel zurückgehen. Beispiel: Zum Wortstamm „fahr" gehören fahren, abfahren, nachfahren, Fahrt, Gefährt, Gefahr, gefährlich, erfahren, führen, Fuhre, Furt usw.

Wort·fet·zen <-> *Plur. einzelne Wörter oder Teile von Wörtern, die keinen zusammenhängenden Sinn ergeben* Von der Unterhaltung der beiden konnte man nur Wortfetzen aufschnappen.

Wort·füh·rer, **Wort·füh·re·rin** der <-s, -> *Person, die eine Gruppe nach außen hin vertritt* Er ist schon immer der Wortführer in der Klasse.

Wort·ge·fecht das <-(e)s, -e> *heftige mündliche Auseinandersetzung* sich ein Wortgefecht liefern

wort·ge·treu <nicht steig.> *Adj.* (↔ *sinngemäß*) *so, dass es genau dem Orginal entspricht* Ich habe ihre Äußerungen/den Text wortgetreu wiedergegeben.

wort·ge·wal·tig *Adj. mit großer Wirkung und Überzeugung* ein wortgewaltiger Redner

wort·ge·wandt *Adj. mit viel sprachlichem Geschick und guter Rhetorik* ein wortgewandter Politiker/Redner

wort·karg *Adj.* (↔ *redselig*) *so, dass jmd. wenig Lust hat zu sprechen* ein wortkarger alter Mann, Warum bist du heute so wortkarg?

Wort·klau·be·rei die <-, -en> (*abwert.*) *Streit um unwichtige Feinheiten*

Wort·laut der <-(e)s> (*kein Plur.*) *der genaue wörtliche Text einer Äußerung* die Äußerung des Ministers in ihrem Wortlaut wiedergeben, sich an den genauen Wortlaut nicht mehr erinnern können

wört·lich <nicht steig.> *Adj. genau so, wie es gesagt oder geschrieben worden ist* eine wörtliche Übersetzung, eine Aussage/einen Text wörtlich wiedergeben, Nimm doch nicht alles gleich so wörtlich!

wort·los <nicht steig.> *Adj. ohne zu sprechen* Sie verließ wortlos den Raum.

Wort·mel·dung die <-, -en> *ein Handzeichen, mit dem jmd. in einer Diskussion zeigt, dass er auch etwas sagen möchte* Es gibt noch drei Wortmeldungen zu diesem Thema.

wort·reich <nicht steig.> *Adj. so, dass viel gesprochen wird* eine wortreiche Entschuldigung

Wort·schatz der <-es, Wortschätze> (*meist Sing.*) **1.** SPRACHWISS. *Gesamtheit aller Wörter einer Sprache oder eines Teilbereichs der Sprache* der Wortschatz des Deutschen, der spezielle Wortschatz der Politik/der Rechtsprechung/der Wirtschaft **2.** *die Gesamtheit der Wörter, die eine Person kennt und die ihr als sprachliche Ausdrucksmittel zur Verfügung stehen* über einen begrenzten/großen Wortschatz verfügen

Wort·schwall der <-(e)s, -e> (*meist Sing.*) *plötzliches Reden* Ihren Wortschwall konnte man kaum unterbrechen.

Wort·spiel das <-(e)s, -e> *eine witzige spielerische Verwendung von Wörtern, wobei meist deren verschiedene Bedeutungen den Witz ergeben* Viele Wortspiele gründen sich auf die Bedeutungsvielfalt einzelner Wörter.

Wort·stamm der <-(e)s, Wortstämme> SPRACHWISS. *der Teil eines Wortes ohne Flexionsendung, Vor- oder Nachsilbe*

Wort·tren·nung die <-, -en>

i Wissenswert Die **Worttrennung** (auch: Silbentrennung) ist ein Verfahren zur Trennung von Wörtern am Zeilenende, wenn das Wort darüber hinausreicht. Das grafische Mittel ist ein horizontaler Strich (Trennstrich), früher waren es zwei parallele Striche. Es gibt im Deutschen bestimmte Regeln zur Worttrennung am Zeilenende (z.B. nach Sprechsilben oder nach Sprachsilben), sie sind in diesem Buch in Kapitel 5 im Regelteil zur Rechtschreibung nachzulesen. Dieses Wörterbuch zeigt im Wörterverzeichnis durch Punkte die Trennmöglichkeiten bei jedem Stichwort an.

Wort·wech·sel der <-s, -> *ein harmloser Streit*

wort·wört·lich, **wort·wört·lich** <nicht steig.> *Adj. ganz genau dem Wortlaut entsprechend* Das war wortwörtlich das, was er gesagt hat!

wo·r·ü·ber *Adv.* **1.** *verwendet in direkten oder indirekten Fragen, um nach einer Sache oder einem Sachverhalt zu fragen* (*über was*) Worüber lachst du?, Kannst du mir sagen, worüber ihr gesprochen habt? **2.** *verwendet in einem Relativsatz, der sich auf den genannten Sachverhalt bezieht* Er kam zu spät, worüber alle sehr verärgert waren.

wo·r·um *Adv.* **1.** *verwendet in direkten oder indirekten Fragen, um nach einer Sache oder einem Sachverhalt zu fragen* (*um was*) Worum gehört diese Schutzhülle?, Worum handelt es sich?, Wisst ihr, worum sie sich gestritten haben? **2.** *verwendet in einem Relativsatz, der sich auf den genannten Sachverhalt bezieht* Sie ist mit der Prüfung schon fertig, worum ich sie sehr beneide.

wo·r·un·ter *Adv.* **1.** *verwendet in direkten oder indirekten Fragen, um nach einer Sache oder einem Sachverhalt zu fragen* (*unter was*) Worunter leidet sie?, Weißt du, worunter ich die Tasche gelegt habe? **2.** *verwendet in einem Relativsatz, der sich auf den genannten Sachverhalt bezieht* die Post, worunter sich ein Einschreiben befindet, ..., Sie hat ihn verlassen, worunter er sehr leidet.

wo·von *Adv.* **1.** *verwendet in direkten oder indirekten Fragen, um nach einer Sache oder einem Sachverhalt zu fragen* (*von was*) *einer Sache oder der Herkunft von etwas* Wovon lebt er eigentlich?, Weißt du, wovon sie gesprochen haben? **2.** *verwendet in einem Relativsatz, der sich auf den genannten Sachverhalt bezieht* Sie wurde völlig durchnässt, wovon sie eine Erkältung bekam.

wo·vor *Adv.* **1.** *verwendet in direkten oder indirek-*

ten Fragen, um nach einer Sache oder einem Sachverhalt zu fragen (*vor was*) Wovor steht sie auf dem Bild?, Sag mir, wovor du Angst hast! **2.** *verwendet in einem Relativsatz, der sich auf den genannten Sachverhalt bezieht* Morgen habe ich Prüfung, wovor ich mich ziemlich fürchte.

wo·zu *Adv.* **1.** *verwendet in direkten oder indirekten Fragen, um nach einer Sache oder einem Sachverhalt zu fragen* (*zu was*) Wozu brauchst du das?, Weißt du, wozu er das macht? **2.** *verwendet in einem Relativsatz, der sich auf den genannten Sachverhalt bezieht* Heute essen wir chinesisch, wozu wir auch Stäbchen verwenden.

Wrack das <-(e)s, -s/(-e)> **1.** *ein altes Schiff, Flugzeug oder Auto o.Ä., das kaputt ist und nicht mehr benutzt wird* ein Wrack vom Meeresboden bergen, Das Auto war nach dem Unfall ein Wrack. **2.** (*umg. abwert.*) *heruntergekommener Mensch* Nach vielen Jahren des Drogenkonsums war er nur noch ein Wrack.

wrang *Prät. von* **wringen**

wrin·gen <wringst, wrang, hat gewrungen> *mit OBJ* ■ *jmd. wringt etwas ein nasses Tuch o.Ä. so um die eigene Achse verwinden, dass alles Wasser herausgedrückt wird* einen Lappen/die nasse Wäsche wringen, bis kein Wasser mehr herauskommt

WS <-, -> *Abkürzung von „Winterschlussverkauf"*

WTO die <-> (*kein Plur.*) *Abkürzung von „World Trade Organization", Welthandelsorganisation*

Wu·cher der <-s> (*kein Plur.*) (*abwert.*) *das Fordern von übertrieben hohen Zinsen oder Preisen* Wucher treiben, Die Miete ist ja Wucher!

Wu·che·rer, **Wu·che·rin** der <-s, -> (*abwert.*) *Person, die Wucher treibt*

wu·chern <wucherst, wucherte, hat/ist gewuchert> *ohne OBJ* **1.** ■ *etwas wuchert* ((*haben/sein*)) *sehr stark und wild wachsen* die Pflanze ist/hat sehr stark gewuchert, eine wuchernde Geschwulst **2.** ■ *jmd. wuchert* (*mit etwas Dat.*) ((*haben*) *abwert.*) *Wucher treiben* mit seinem Geld/Kapital wuchern

Wu·cher·preis der <-es, -e> (*abwert.*) *viel zu hoher Preis*

Wu·che·rung die <-, - en> **1.** (*kein Plur.*) *das schnelle und unkontrollierte Wachsen von etwas* **2.** MED. *eine Verdickung im Körpergewebe, die plötzlich und unkontrolliert gewachsen ist* die Wucherungen entfernen

Wu·cher·zins der <-es, -en> (*abwert.*) *sehr hoher Zins*

wuchs *Prät. von* **wachsen**

Wuchs der [vu:ks] <-es> (*kein Plur.*) **1.** *das Wachsen*[1] [1] **2.** *die Art, wie jmd. oder etwas gewachsen ist* ein Kind von zartem/kräftigem Wuchs, ein Baum von kräftigem/schlankem Wuchs

Wucht die <-> (*kein Plur.*) *Kraft bei einem Stoß, Schlag, Wurf o.Ä.* die Wucht des Aufpralls ■ **jemand/etwas ist eine Wucht** (*umg.*): *jmd. oder etwas ist sehr toll*

wuch·ten **I.** *mit OBJ* ■ *jmd. wuchtet etwas irgendwohin etwas Schweres mit großem Kraftaufwand irgendwohin befördern* Er hat den Schrank ganz allein auf den LKW gewuchtet. **II.** *mit SICH* ■ *jmd. wuchtet sich irgendwohin* (*umg.*) *sich schwerfällig irgendwohin begeben* Er hat sich in den Sessel gewuchtet.

wuch·tig *Adj.* **1.** *groß und schwer* ein wuchtiger alter Bücherschrank aus Eichenholz **2.** *mit viel Kraft* ein wuchtiger Schlag

wüh·len **I.** *mit OBJ* ■ *jmd./ein Tier wühlt etwas etwas grabend erzeugen* ein Loch in die Erde wühlen **II.** *ohne OBJ* **1.** ■ *jmd./ein Tier wühlt* (*mit etwas Dat.*) *in etwas Dat.* in etwas graben; *Die Kinder wühlen im nassen Sand.* Das Schwein wühlt mit der Schnauze im Schlamm. **2.** ■ *jmd. wühlt irgendwo irgendwo heftig nach etwas suchen, und dabei alles in Unordnung bringen* Sie hat lange in alten Akten/Fotos/Zeitungen gewühlt, bis sie fand, was sie suchte. **III.** *mit SICH* **1.** ■ *etwas wühlt sich irgendwohin durch etwas hindurch graben* Bagger wühlen sich durch die Erde. **2.** ■ *jmd. wühlt sich durch etwas Akk. etwas mit viel Arbeit bewältigen* sich durch Berge von Akten wühlen

Wühl·maus die <-, Wühlmäuse> ZOOL. *eine Maus, die in der Erde Gänge wühlt II und darin lebt*

Wulst der <-(e)s, Wülste> **1.** *längliche Verdickung, die aus einer glatten Fläche hervortritt* eine Wulst aus Fett im Nacken/am Bauch haben **2.** *etwas, das wie eine Wulst*[1] *aussieht und durch Zusammenrollen eines weichen Materials entsteht* die Decke zu einer Wulst zusammenrollen

wuls·tig *Adj. so, dass es länglich dick hervortritt* wulstige Augenbrauen/Lippen

wum·mern <wummert, wumerte, hat gewummert> *ohne OBJ* ■ *etwas wummert* (*umg.*) *dumpf dröhnen* Die Bässe der alten Boxen wummern ganz schön.

wund *Adj. so, dass die Haut durch Scheuern oder Reibung gerötet, entzündet oder offen ist* sich wund liegen, wunde Füße haben ■ **sich die Finger wund schreiben** (*umg.*): *sehr viel schreiben* **wunder Punkt**: *empfindliche Stelle* Die gescheiterte Ehe ist sein wunder Punkt.

Wun·de die <-, -n> *eine Verletzung der Haut und des Gewebes* eine eiternde/blutende/infizierte Wunde, eine Wunde desinfizieren/reinigen/medizinisch versorgen, die Wunde heilt (schlecht) ■ **alte Wunden wieder aufreißen**: *unangenehme Erinnerungen wecken*

Wun·der das <-s, -> **1.** *ein Ereignis, das man nicht für möglich gehalten hat* Wie durch ein Wunder stand sie plötzlich vor uns. **2.** *ein Ereignis, das durch göttliche oder übernatürliche Kräfte herbeigeführt worden ist* Man sagte von ihm, er könne Wunder tun., Man sagt, sie sei durch ein Wunder wieder geheilt worden., Nur ein Wunder kann uns noch retten! ◆-heilung **3.** *etwas Außergewöhnliches* ein Wunder der Natur/Technik ■ **Das ist (ja) kein Wunder!** (*umg.*): *das war so zu erwarten* **(wahre) Wunder wirken** (*geh.*): *sehr gut wirken* Die Arznei wirkt wahre Wunder! **jemand**

wir sein blaues Wunder erleben (*umg.*): *jmd. wird etwas sehr Unangenehmes erleben*

wụn·der·bar *Adj.* **1.** *großartig* Er hat eine wunderbare Frau!, Heute ist wunderbares Wetter **2.** (*umg.*) *herrlich* Das ist wunderbar entspannend! **3.** *übernatürlich* auf wunderbare Weise geheilt werden

wụn·der·bar *Adv.* (*umg.*) *sehr* Die alten Möbel waren noch wunderbar solide verarbeitet.

Wụn·der·ker·ze die <-, -n> *ein Draht, um den eine Masse geklebt ist und die, wenn man sie anzündet viele Funken versprüht* Wir hängen immer auch Wunderkerzen an den Weihnachtsbaum., Bei den langsamen Stücken schwenken die Fans im Konzert Tausende von Wunderkerzen.

Wụn·der·kind das <-es, -er> (*umg.*) *ein Kind mit außergewöhnlichen Fähigkeiten* Das Wunderkind konnte mit vier Jahren Geige spielen.

wụn·der·lich *Adj. in seinem Verhalten so eigenwillig und unverständlich, dass es andere irritiert* ein wunderlicher alter Mann, Es ist schon wunderlich, dass sie dir nicht einmal zum Geburtstag gratuliert!

Wụn·der·mit·tel das <-(e)s, -> (*iron.*) *ein Mittel, das angeblich sehr gut wirkt* Gegen Kopfschmerzen weiß ich ein Wundermittel!, Auf dem Kosmetikmarkt werden allerlei Wundermittel gegen Falten angepriesen.

wụn·dern <wunderst, wunderte, hat gewundert> **I.** *mit OBJ* ■ *etwas wundert jmdn. jmdn. erstaunen* Sein Verhalten hat alle sehr gewundert. **II.** *mit SICH* ■ *jmd. wundert sich über jmdn./etwas sich sehr erstaunen* Sie wundert sich über mich., Langsam wundere ich mich über gar nichts mehr!, Ich muss mich doch sehr (über euch) wundern! **III.** *mit ES* ■ *es wundert jmdn., ... jmdn. sehr in Erstaunen versetzen* Es wundert mich, wie lange das dauert., Es würde mich nicht wundern, wenn ..., Ich wundere mich, dass es nicht regnet. ■ **jemand wird sich noch wundern**: *jmd. wird noch etwas Unangenehmes erleben* **Ich muss mich doch sehr (über jmdn./etwas) wundern**: *das hätte ich nicht (von jmdm. oder etwas) gedacht*

wụn·der·schön <nicht steig.> *Adj. sehr schön* ein wunderschönes Mädchen, ein wunderschöner Tag

wụn·der·voll *Adj.* **1.** *großartig* wundervolles Wetter **2.** (*umg.*) *herrlich* Das Bett ist wundervoll weich/bequem.

Wụnd·in·fek·tion die <-, -en> MED. *das Eindringen von Krankheitserregern in eine Wunde*

Wụnd·sal·be die <-, -n> *eine Salbe, mit der man Wunden behandelt*

Wụnd·starr·krampf der <-s> (*kein Plur.*) (MED.: ≈ *Tetanus*) *eine lebensgefährliche Infektion offener Wunden, bei der die Muskeln starr werden* eine Impfung gegen Wundstarrkrampf

Wụnsch der <-(e)s, Wünsche> **1.** *etwas, das man gern haben möchte* Ein Medizinstudium war ihr größter Wunsch., der Wunsch nach Erholung/mehr Abwechslung/Ruhe, Es ist alles nach Wunsch verlaufen. **2.** *eine geäußerte Bitte* Ihr Wunsch sei mir Befehl!, Haben Sie noch einen Wunsch? **3.** *etwas, das man jmdm. wünscht* ein Wunsch für Gesundheit/ein glückliches Leben, jemandem gute Wünsche zum Geburtstag übermitteln/überbringen ■ **auf Wunsch**: *so, wie man es will* **ein frommer Wunsch**: *etwas, das leider nicht Wirklichkeit werden kann*

wụ̈nsch·bar *Adj.* (*schweiz.*) *wünschenswert*

Wụnsch·bild das <-(e)s, -er> *eine Vorstellung, die nicht der Realität entspricht sondern den eigenen Wünschen*

Wụnsch·den·ken das <-s> (*kein Plur.*) (*abwert.*) *eine Sicht der Dinge, die nicht den Tatsachen entspricht, sondern von Träumen und Wünschen bestimmt ist* Da hat er sich allein von seinem Wunschdenken leiten lassen.

Wụ̈n·schel·ru·te die <-, -n> *eine Art Zweig mit der Form eines Y, mit dem bestimmte Personen Wasser oder Erze in der Erde aufspüren können*

Wụ̈n·schel·ru·ten·gän·ger, **Wụ̈n·schel·ru·ten·gän·ge·rin** der <-s, -> *Person, die mit einer Wünschelrute Wasser oder Erze in der Erde aufspüren kann*

wụ̈n·schen <wünschst, wünschte, hat gewünscht> *mit OBJ* **1.** ■ *jmd. wünscht sich etwas* (*von jmdm.*) (*zu etwas Dat.*) *etwas haben wollen und das auch sagen* Das Kind wünscht sich zu Weihnachten einen Teddybären., Was wünschen Sie?, Ich wünsche mir nichts mehr als ... **2.** ■ *jmd. wünscht jmdm. etwas den Wunsch haben, dass jmd. etwas bekommt oder erlebt* Ich wünsche euch ein wunderschönes Fest., Ich wünsche dir eine gute Heimfahrt! **3.** ■ *jmd. wünscht etwas* (*geh.*) *verlangen* Ich wünsche Ruhe/nicht gestört zu werden!, Das nächste Mal wünsche ich, dass Sie besser vorbereitet sind! ■ **etwas lässt zu wünschen übrig**: *etwas ist nicht gut*

wụ̈n·schens·wert <nicht steig.> *Adj. so, dass man es gut fände, wenn es verwirklicht würde oder eintreten würde* eine wünschenswerte Ergänzung zu unserem Programm

wụnsch·ge·mäß <nicht steig.> *Adv. so, wie man es sich gewünscht hat* Ist gestern alles wunschgemäß verlaufen?

Wụnsch·kind das <-(e)s, -er> *Kind, dessen Geburt von den Eltern gewünscht und geplant war* Er war ein lange ersehntes Wunschkind.

Wụnsch·kon·zert das <-(e)s, -e> *aus den Wünschen des Publikums zusammengestelltes Konzert (im Rundfunk oder Fernsehen)*

wụnsch·los *Adj.* ■ **wunschlos glücklich/zufrieden sein**: *sehr glücklich oder zufrieden sein, ohne etwas haben zu wollen*

Wụnsch·traum der <-(e)s, Wunschträume> *ein Vorstellung, die sich leider nicht verwirklichen lässt, aber die man sich sehnlich wünscht* Die Reise nach Australien ist mein lange gehegter Wunschtraum/wird wohl immer ein Wunschtraum bleiben.

Wụ̈r·de die <-, -n> **1.** (*kein Plur.*) *der innere Wert eines Menschen* Die Würde des Menschen ist unantastbar., einem Menschen/einem Tier seine

Würde lassen **2.** (*kein Plur.*) *das Ansehen (einer Institution)* die Würde des Gerichts achten, Die Würde des Präsidentenamtes gebietet das. **3.** (*kein Plur.*) *Achtung gebietende persönliche Ausstrahlung* etwas mit viel/großer Würde tun, etwas mit Würde ertragen, ein Mann/eine Haltung von großer Würde **4.** *hohes Amt; Titel* akademische/geistliche Würden anstreben ■ **unter jemandes Würde sein**: *von jmdm. als Zumutung empfunden werden*

wür·de·los *Adj.* (*abwert.*) *ohne Würde* ein würdeloses Verhalten

Wür·den·trä·ger, **Wür·den·trä·ge·rin** der <-s, -> *Person, die ein hohes Amt innehat* geistliche Würdenträger

wür·de·voll *Adj.* (↔ *würdelos*) *so, dass man sich seiner Würde bewusst ist* würdevoll durch den Saal schreiten

wür·dig *Adj.* **1.** *im Bewusstsein der eigenen Würde* eine würdige alte Dame, in würdiger Haltung **2.** *so, dass es mit entsprechendem Ernst und Feierlichkeit geschieht* jemandem einen würdigen Empfang bereiten **3.** *jmds./einer Sache gleichwertig* ein würdiger Anlass, um die Neuigkeit zu verkünden, Er war ein würdiger Nachfolger seines Vaters., Er war noch nicht würdig, in den Kreis aufgenommen zu werden. ■ **jemandes/etwas würdig sein**: *jmdn. oder etwas mit Recht erhalten* Das ist deiner nicht würdig.

wür·di·gen *mit OBJ* **1.** ■ *jmd. würdigt jmdn./etwas jmdn. oder etwas wertschätzen* etwas (nicht) zu würdigen wissen, Der Künstler ist zu Lebzeiten nicht ausreichend gewürdigt worden. **2.** ■ *jmd. würdigt jmdn./etwas lobend hervorheben* in der Ansprache die Leistungen des Preisträgers würdigen ■ **jemanden keines Blickes/keiner Antwort würdigen**: *jmdn. nicht anschauen oder jmdm. nicht antworten*

Wür·di·gung die <-, -en> *Anerkennung und Lob* die Würdigung ihrer Leistungen, Mit der Ausstellung seines Gesamtwerks erfährt der Künstler eine späte Würdigung.

Wurf[1] der <-(e)s, Würfe> **1.** *das Werfen*[1] ein weiter Wurf, ein Wurf über 40 Meter **2.** *das Würfeln* drei Sechsen mit einem Wurf ■ **ein großer Wurf**: *etwas Außergewöhnliches* Mit diesem Buch ist ihm der große Wurf geglückt.

Wurf[2] der <-(e)s, Würfe> *die jungen Tiere, die von einem Weibchen geboren wurden*

Wür·fel der <-s, -> **1.** MATH. *ein dreidimensionales Gebilde mit sechs quadratischen Seitenfächen, die gleich groß sind und im rechten Winkel aufeinander stehen* **2.** *ein kleiner Würfel*[1]*, den man zum Spielen benutzt und auf dessen Seitenflächen Punkte, Zahlen oder Buchstaben stehen* die Würfel entscheiden, die Würfel werfen **3.** *etwas, das ungefähr die Form eines Würfels hat* die Kartoffeln in Würfel schneiden

Wür·fel·be·cher der <-s, -> *ein Becher aus Kunststoff oder Leder, in den man Würfel*[2] *tut und sie dann gut schüttelt und wieder auswirft, indem man den Becher mit der Öffnung nach unten auf eine Fläche stülpt*

wür·fe·lig *Adj. wie ein Würfel*

wür·feln <würfelst, würfelte, hat gewürfelt> **I.** *mit OBJ* **1.** ■ *jmd. würfelt etwas ein bestimmtes Ergebnis mit Würfeln*[2] *erzielen* Unglaublich, er hat schon wieder eine Sechs gewürfelt. **2.** ■ *jmd. würfelt etwas etwas in Würfel*[3] *schneiden* die Tomaten und die Zwiebeln würfeln **II.** *ohne OBJ* ■ *jmd. würfelt (um etwas Akk.) mit Würfeln*[2] *um etwas spielen* Sie würfeln immer um Geld.

Wür·fel·zu·cker der <-s> (*kein Plur.*) *Zucker in Form kleiner Würfel*[1]

Wür·ge·mal das <-s, -e> *eine Art roter Fleck, der an der Stelle auf der Haut zu sehen ist, wo jmd. gewürgt wurde*

wür·gen **I.** *mit OBJ* **1.** ■ *jmd. würgt jmdn. jmdn. zu ersticken versuchen, indem man ihm die Kehle zusammendrückt* **2.** ■ *etwas würgt jmdn. am Hals sehr eng sein* Die Krawatte würgt ihn. **3.** ■ *etwas würgt jmdn. zu groß sein, um geschluckt zu werden* Die Gräte würgte ihn, bis er blau anlief. **II.** *ohne OBJ* **1.** ■ *jmd. würgt versuchen, sich zu erbrechen* **2.** ■ *jmd. würgt an etwas Dat. etwas nicht hinunterschlucken können, obwohl es schon im Rachen sitzt* Er würgte an dem großen Stück Fleisch, bis er es wieder ausspuckte.

Wür·ger der <-s, -> *ein Mörder, der seine Opfer würgt*

Wurm der <-(e)s, Würmer> **1.** *eine kleines Tier ohne Skelett und Gliedmaßen, das sich kriechend fortbewegt* einen Wurm als Köder zum Angeln benutzen ◆ Regen- **2.** *ein Parasit in Form eines sehr kleinen Wurms*[1]*, der Menschen, Tiere oder Pflanzen und Holz befällt* von Würmern befallen ◆ Band-, Holz- **3.** (*umg.*) *jmd., den man verachtet oder mit dem man nur Mitleid hat* ein elender Wurm **4.** (*umg.*) *ein hilfloses Kleinkind*

wur·men *mit OBJ* ■ *etwas wurmt jmdn.* (*umg.*) *jmdn. ärgern* Die Kritik hat sie sehr gewurmt.

Wurm·fort·satz der <-es, Wurmfortsätze> (MED.: ≈ *Appendix*) *ein kleines längliches Stück Gewebe am Ende des Blinddarms*

wur·mig *Adj. von Würmern*[2] *befallen* wurmiges Obst

wurm·sti·chig *Adj.* (≈ *wurmig*) wurmstichiges Holz

Wurst die <-, Würste> **1.** *eine Masse aus klein gehacktem Fleisch, die in eine Hülle gepresst wird und kalt oder warm gegessen werden kann* ◆-aufschnitt, -haut, -platte, Bock-, Brat-, Leber-, Streich- **2.** *etwas, das die Form einer länglichen Rolle hat* ■ **es geht um die Wurst** (*umg.*): *eine Sache wird entschieden* **jemandem ist jemand/etwas Wurst** (*umg.*): *jmd. oder etwas ist jmdm. völlig egal*

Würst·chen das <-s, -> **1.** *eine schmale kleine Wurst* **2.** (*umg. abwert.*) *jmd., mit dem man Mitleid hat, weil es ihm schlecht geht*

wurs·teln <wurstelst, wurstelte, hat gewurstelt> *ohne OBJ* ■ *jmd. wurstelt* (*umg. abwert.*) *arbeiten, ohne dass man einen Plan hat und genau weiß, was man tut* Er wurstelt da nur vor sich hin.

Wür·ze die <-, -n> **1.** *ein Mittel, das den Geschmack eines Essen verstärkt oder verfeinert* Worcester-Soße ist eine Würze. **2.** (*kein Plur.*) *das Aroma von etwas* Dieser Wein hat wirkliche Würze. **3.** *Zustand des Biers bei der Herstellung, bevor Wasser dazu gefüllt wird* ◆ Stamm- **4.** (*kein Plur.*) (*übertr.*) *das Besondere einer Sache* Dieser Geschichte fehlt die notwendige Würze. ■ **In der Kürze liegt die Würze.**: *sehr gut ist es, wenn man sich kurz fasst*

Wur·zel die <-, -n> **1.** *der Teil einer Pflanze, der* (*meist*) *im Boden steckt und über den die Pflanze Wasser und Nährstoffe aus dem Boden bekommt* Der Strauch hat schon Wurzeln getrieben. **2.** *Teil eines Zahnes, eines Haares o.Ä., der tief in der Haut steckt* Die Wurzel des Backenzahnes ist entzündet. **3.** *die allererste Form eines Wortes, die man durch einen Vergleich von mehreren Sprachen ermittelt hat* die germanische/indogermanische **4.** ■ *die Wurzel aus einer Zahl* (≈ *Quadratwurzel*) *diejenige Zahl, deren Quadrat*[2] *die fragliche Zahl ist* Die Wurzel aus sechzehn ist vier. **5.** (*übertr.*) *etwas, das jmdn. mit seiner Vergangenheit und den Traditionen seiner Vorfahren verbindet* In diesem Dorf liegen seine Wurzeln. ■ **das Übel an der Wurzel packen**: *den Ursprung von einem Problem beseitigen* **jemand schlägt irgendwo Wuzeln**: *jmd. lässt sich irgendwo auf Dauer nieder*

Wur·zel·be·hand·lung die <-, -en> MED. *eine Behandlung der Wurzel*[2] *eines Zahnes*

wur·zel·los <nicht steig.> *Adj. ohne Wurzeln*[5]

wur·zeln <wurzelst, wurzelte, hat gewurzelt> *ohne OBJ* **1.** ■ *etwas wurzelt irgendwo/irgendwie Wurzeln*[1] *in der Erde haben* Der Baum wurzelt im Garten. **2.** ■ *etwas wurzelt in jmdm./etwas mit jmdm. oder etwas stark verbunden* Das Misstrauen wurzelte stark in ihr., Seine neuen Kompositionen wurzeln noch im Freejazz.

Wur·zel·werk das <-(e)s> (*kein Plur.*) *alle Wurzeln*[1] *einer Pflanze*

wur·zen <wurzt, wurzte, hat gewurzt> *mit OBJ* ■ *jmd. wurzt jmdn./etwas* (*umg. süddt. österr.*) *jmdn. oder etwas ausbeuten oder ausnutzen*

wür·zen <würzt, würzte, hat gewürzt> *mit OBJ/ohne OBJ* **1.** ■ *jmd. würzt* (*etwas*) (*mit etwas Dat.*) *Würze*[1] *zu einem Essen geben* Nicht so viel würzen! **2.** ■ *jmd. würzt etwas* (*mit etwas Dat.*) *einer Rede oder einem Text etwas Besonderes verleihen* Er hatte seine Rede mit Sarkasmus und Ironie gewürzt.

wür·zig *Adj. so, dass es kräftig und intensiv riecht oder schmeckt* die würzige Seeluft, Das Bier schmeckt sehr würzig.

wusch *Prät. von* **waschen**

wusche·lig *Adj. lockig* wuschelige Haare

Wuschel·kopf der <-(e)s, Wuschelköpfe> *jmd., der viel wuschelige Haare hat*

wuss·te *Prät. von* **wissen**

Wust der <-(e)s> (*kein Plur.*) *eine Menge von etwas, die ungeordnet und chaotisch ist* ein Wust von Akten/Aufzeichnungen/Dokumenten/Notizzetteln/Papieren

wüst *Adj.* **1.** *so, dass dort keine Menschen wohnen können* eine wüste Landschaft **2.** *unordentlich und chaotisch* Die Bücher lagen wüst durcheinander auf dem Boden. **3.** *schlimm und roh* Plötzlich entstand eine wüste Schlägerei., ein wüster Kerl

Wüs·te die <-, -n> **1.** *ein großes Gebiet, in dem es* (*fast*) *kein Wasser gibt, wo* (*fast*) *keine Pflanzen wachsen und es sehr heiß ist* die Wüste Gobi/Sahara, Karawanen durchqueren die Wüste., In der Wüste gibt es Sandstürme/findet man in Oasen Wasser/überleben nur wenige Tiere. ◆ -nbewohner, Sand- **2.** *ein Landstrich, der ohne Vegetation, unbebaut und öde ist* ■ **jemanden in die Wüste schicken** (*umg.*): *jmdn. aus seinem Amt entlassen* Nach den Skandalen wurde der Minister in die Wüste geschickt.

Wüst·ling der <-s, -e> (*abwert.*) **1.** *jmd., der sehr grob und rücksichtslos ist* **2.** *jmd., der sexuell ausschweifend ist*

Wut die <-> (*kein Plur.*) *ein Gefühl, das von starkem Ärger und Zorn bestimmt ist und bei dem man häufig laut wird oder schreit* Sie war voller Wut auf ihren Chef., Er lief vor Wut rot an.

Wut·an·fall der <-s, Wutanfälle> *plötzlicher Ausbruch von Wut* Da bekam er schon wieder einen Wutanfall.

Wut·aus·bruch der <-(e)s, Wutausbrüche> (≈ *Wutanfall*)

wü·ten <wütest, wütete, hat gewütet> *ohne OBJ* **1.** ■ *jmd./ein Tier wütet vor Wut gewalttätig werden und Zerstörung verursachen* **2.** ■ *etwas wütet Zerstörung verursachen* Der Orkan wütete schon seit Stunden., Die Pest wütete über mehrere Jahre in Europa.

wü·tend *Adj.* **1.** *voller Wut* Sie war sehr wütend auf ihn., Er war wütend über die Behandlung., ein wütendes Kind **2.** (*nur attr.*) *sehr heftig* ein wütendes Unwetter, wütender Hunger

wut·ent·brannt <nicht steig.> *Adj. mit sehr viel Wut* Wutentbrannt stürmte er aus dem Zimmer.

wut·schnau·bend <nicht steig.> *Adj. mit sehr viel Wut*

WWW das <-s> (*kein Plur.*) (EDV: ≈ *„World Wide Web“*)

Xx

X,x das [ɪks] <-, -> **1.** *der vierundzwanzigste Buchstabe des Alphabets* ein großes X, ein kleines x **2.** (*Großschreibung*) *verwendet, um einen Namen zu umschreiben* Sie werden Herrn X um Mitternacht treffen. **3.** (*Kleinschreibung*) (*umg.*) *viele* Ich habe x Anträge ausgefüllt und es ist immer noch nichts passiert. **4.** (*Kleinschreibung*) MATH.

verwendet, um eine Zahl oder Größe, die unbekannt ist, zu bezeichnen Zwölf geteilt durch x ist gleich vier. ■ **der Tag/die Stunde X**: *verwendet, um den genauen Zeitpunkt nicht zu nennen oder weil man ihn nicht kennt* **jemandem ein X für ein U vormachen**: *versuchen, jmdn. auf plumpe Art zu täuschen* **Größe XL** (*bei Konfektionsgrößen*): *Abkürzung von „extra large" (sehr groß)*

X-Ach·se die ['ɪks-akse] <-, -n> (MATH.: ↔ *Y-Achse*) *die Achse, die in einem Koordinatensystem waagerecht liegt*

Xan·thip·pe die [ksant'ɪppe] <-, -n> **1.** (*abwert.*) *eine Frau, die viel streitet* **2.** (*kein Plur*) GESCH. *Frau des Sokrates*

X-Bei·ne ['ɪks-] <-> *Plur.* (↔ *O-Beine*) *Beine, bei denen sich die Unterschenkel nach außen biegen, wenn sich die Knie berühren*

x-bei·nig, a. **X-bei·nig** *Adj.* (↔ *o-beinig, O-beinig*) *mit X-Beinen*

x-be·lie·big ['ɪks-] <nicht steig.> *Adj.* (*umg.* ≈ *irgendein*) *egal, wer oder welche/welcher/welches* Ziehen Sie eine x-beliebige Zahl., Hier trifft man an jedem x-beliebigen Tag die gleichen Leute., Man darf nicht jedem x-belibigem vertrauen.

X-Chro·mo·som das ['ɪks-] <-s, -en> (BIOL.: ↔ *Y-Chromosom*) *eines der beiden Chromosomen, die für das Geschlecht bestimmend sind*

Xe·non das [kse:non] <-s> (*kein Plur.*) CHEM. *ein Edelgas* ◆-lampe

xe·no·phob *Adj.* (*geh.*) *fremdenfeindlich*

Xe·no·pho·bie die <-> (*kein Plur.*) (*geh.*) *Hass auf Fremde*

x-fach ['ɪks-] <nicht steig.> *Adj.* (*umg.* ≈ *tausendfach*) *sehr viele Male* Das habe ich doch schon x-fach wiederholt!

X-fache das ['ɪks-] (*kein Plur.*) (*umg.*) *etwas, das eine größere Menge, Anzahl o.Ä. von etwas ist* Du musst das X-fache von dem alten Preis dafür hinblättern.

x-mal ['ɪks-] *Adv.* (*umg.* ≈ *tausendmal*) *sehr viele Male* Den Film haben sie schon x-mal wiederholt.

x-t [ɪkst] <nicht steig.> (*nur attr.*) *Adj. so, dass es eine sehr große unbestimmte Zahl ist* Er hat den x-ten Fim von Arnold Schwarzenegger gesehen.

x-ten ['ɪksten] ■ **zum/beim x-ten Mal** (*umg.*): *sehr oft wiederholt* Er hat sich zum x-ten Mal beschwert.

Xy·lo·phon das ['ksʏlofon] <-s, -e> MUS. *ein Musikinstrument, das aus einem offenen Kasten besteht, auf dem eine Reihe unterschiedlicher Holz- oder Metallstäbe liegen, die mit zwei Stäben, die am Ende Kugel haben, angeschlagen werden*

Y y

Y, y das ['ʏpsilɔn] <-, -> *der fünfundzwanzigste Buchstabe des Alphabets* ein großes Y, ein kleines y

y-Ach·se die ['ʏpsilɔn-akse] <-,-n> (MATH.: ↔ *x-Achse*) *die Achse, die in einem Koordinatensystem senkrecht steht*

Yacht die <-, -en> *Jacht*

Yan·kee der ['jɛŋki] <-s, -s> (*abwert.*) *Bürger der (nördlichen) USA* ein waschechter Yankee

Y-Chro·mo·som das <-, -en> (BIOL.: ↔ *X-Chromosom*) *eines der beiden Chromosomen, die für das Geschlecht bestimmend sind*

Ye·ti der [je:ti] (≈ *Schneemensch*) *Wesen, das angeblich im Himalaya lebt und wie ein großer Menschenaffe aussehen soll*

Yo·ga der/das [jo:ga] *Joga*

Yo·gi der [jo:gi] *Jogi*

Yp·si·lon das *der Buchstabe „y"*

Yuc·ca die ['jʊka] <-s, -s> BOT. *ein Art Palme, die meist als Zimmerpflanze in Wohnungen oder Räumen steht* ◆-palme

Yup·pie der ['jʊpi/'japi] <-s, -s> (*abwert.*) *ein junger Mensch, der sehr erfolgreich im Beruf ist, viel Geld für Luxus ausgibt und in einer Großstadt lebt* Die Yuppies waren typisch für viele Großstädte in den Achtzigern.

Z z

Z, z das [tsɛt] <-, -> *der sechsundzwanzigste Buchstabe des Alphabets* ein großes Z, ein kleines z

Zack ■ **auf Zack sein** (*umg.*): *bei etwas sehr gut und effektiv sein* Die Klasse ist wirklich auf Zack, sie hat das ganze Fest selbst organisiert. **etwas auf Zack bringen** (*umg.*): *dafür sorgen, dass etwas so wie erwartet funktioniert* **jemanden auf Zack bringen** (*umg.*): *jmdn. dazu bringen, dass er etwas Entsprechendes gut macht*

zack *Interj. drückt aus, dass etwas sehr schnell geht oder gehen soll* Jetzt (geht es) aber zack, zack!, Und zack, hatte er sich bereits den halben Kuchen geschnappt.

Za·cke die <-, -n> *eine von meist mehreren Spitzen am Rand von etwas* die Zacken einer Krone, ein Stern mit fünf Zacken, Das Messer hat spitze Zacken., sich in den spitzen Zacken eines Stacheldrahtes verfangen ◆ Fels-

Za·cken der <-s, -> (*umg. süddt. österr.* ≈ *Zacke*) ein Kamm mit einem abgebrochenen Zacken ■ **Da bricht dir kein Zacken aus der Krone.** (*umg. abwert.*): *etwas ist für dich nicht zu viel verlangt*

Dir bricht schon kein Zacken aus der Krone, wenn du dich mal bedankst!

za·ckig *Adj.* **1.** (≈ *gezackt*) *mit Zacken* eine Briefmarke/ein Papier mit einem zackigen Rand, spitze, zackige Felsen **2.** (*umg.*) *schnell und ruckartig* zackige Bewegungen, Die Soldaten grüßen ihren Vorgesetzten zackig.

za·gen *ohne OBJ* ■ *jmd. zagt* (*geh.*) *aus Unsicherheit oder Angst zögern* nicht zittern und nicht zagen, Wenn er noch lange zagt, versäumt er eine große Chance! ♦ Großschreibung→R 3.4 Mit Zittern und Zagen wagten sie sich an das schwierige Unternehmen.

zag·haft *Adj. so, dass es aus Unsicherheit oder Angst langsam und unentschlossen ist* ein zaghafter Versuch, sich zu versöhnen, zaghaft um etwas bitten, Sei nicht so zaghaft und komm mit!

Zag·haf·tig·keit die <-> (*kein Plur.*) *langsame, unentschlossene Art* Mit Zaghaftigkeit erreicht er sicher nichts.

zäh *Adj.* **1.** *als Flüssigkeit so dick, dass es fast gar nicht oder nur sehr langsam fließt* ein zäher Schleim, Die zähe Masse lässt sich schlecht aus dem Topf entfernen., Das Harz ist erst flüssig, dann wird es zäh, und am Ende ist es hart. **2.** *so, dass man es fast nicht zerkauen kann* Das Fleisch ist so zäh wie eine Schuhsohle! **3.** (≈ *robust*) *voller Kraft und Widerstandsfähigkeit* Das ist ein zäher Bursche, den so schnell nichts umhaut., eine zähe Gesundheit haben, Katzen haben ein zähes Leben. **4.** (≈ *beharrlich*) *so, dass viel Kraft und Ausdauer vorhanden ist* zähen Widerstand leisten, ein zäher Verhandlungspartner **5.** *sehr langsam* zähe Diskussionen/Verhandlungen, zäh um einen Kompromiss ringen, zäh vorankommen

zäh·flüs·sig *Adj.* (≈ *dickflüssig*) *so, dass es nur sehr langsam fließt, weil es viele feste Bestandteile hat* zähflüssiger Honig/Teig, Die Lava wälzt sich zähflüssig den Berg hinab.

Zä·hig·keit die <-> (*kein Plur.*) **1.** (≈ *Widerstandsfähigkeit*) Seine Zähigkeit macht dieses Material besonders geeignet., Die Zähigkeit dieser Burschen ist sprichwörtlich. **2.** (≈ *Beharrlichkeit*) seine Ziele mit großer Zähigkeit verfolgen **3.** (≈ *Langsamkeit*) die Zähigkeit der Verhandlungen

Zahl die <-, -en> **1.** MATH. *ein Grundelement der Mathematik, mit dem verschiedene Rechenoperationen ausgeführt werden können* die Zahlen addieren/substrahieren, eine Zahl aufrunden/abrunden, eine große/kleine/niedrige Zahl, durch eine Zahl teilen, mit einer Zahl malnehmen **2.** (≈ *Ziffer*) *die Verschriftlichung einer Zahl[1]* Zahlen aufschreiben **3.** (*meist Plur.*) *Mengen oder Größen, die die Ergebnisse von Rechenoperationen darstellen* Er hat über die Arbeitslosigkeit gesprochen, aber keine Zahlen genannt., Unsere Umsätze sind gestiegen, hier die neuesten Zahlen., Diese Zahlen wurden in einer Umfrage ermittelt. **4.** (*kein Plur.*) *eine Menge* eine große Zahl von Leuten, Die Zahl der Leserbriefe war gigantisch., Die Besucher kamen in großer Zahl., Es gab eine große Zahl Verletzter/von Verletzten. ■ **die arabischen Zahlen**: *die Ziffern 0,1,2,3, usw.* **die römischen Zahlen**: *die Ziffern I,II,II,IV usw.* **eine gerade Zahl** MATH.: *eine Zahl, die man durch 2 teilen kann* **eine ungerade Zahl** MATH.: *eine Zahl, die man nicht durch zwei teilen kann* **eine positive/negative Zahl** MATH.: *ein Zahl, die größer/kleiner als Null ist* **eine natürliche Zahl** MATH.: *eine Zahl, die größer als Null ist und kein Bruch ist* **in den roten/schwarzen Zahlen sein** WIRTSCH.: *mit/ohne wirtschaftlichen Verlust arbeiten* Das Unternehmen ist in den roten Zahlen.

zahl·bar <nicht steig.> *Adj.* WIRTSCH. *so, dass es in der genannten Weise zu zahlen ist* Die Ware kostet 200 Euro, zahlbar bei Erhalt/Lieferung/in zehn Monatsraten zu 20 Euro.

zähl·bar <nicht steig.> *Adj. so, dass man es zählen kann* eine zählbare Menge

zäh·le·big *Adj.* **1.** *so, dass es sehr widerstandsfähig ist* Löwenzahn ist eine zählebige Pflanze **2.** (*übertr.*) *so, dass es für lange Zeit vorhanden ist* Das sind zählebige Vorurteile, die man nur schwer überwinden kann.

zah·len *mit OBJ/ohne OBJ* **1.** ■ *jmd. zahlt* (*jmdm.*) (*etwas*) (*für etwas Akk.*) (*jmdm.*) *Geld für eine Ware oder Dienstleistung geben* Du hast 100 Euro für diesen Schrott gezahlt?, Er muss dem Vermieter noch die Heizkosten zahlen., Zahlen Sie bar oder mit Kreditkarte?, Wie viel hast du für deinen PC gezahlt? **2.** ■ *jmd. zahlt* (*jmdn.*) (≈ *entlohnen*) Die Firma zahlt recht gut., Die Angestellten werden nicht gut gezahlt. ■ **Bitte zahlen!/Zahlen, bitte!**: *verwendet, um in einem Restauarant oder einem Café o.Ä. den Kellner um die Rechnung zu bitten*

zäh·len **I.** *mit OBJ* **1.** ■ *jmd. zählt jmdn./etwas zu jmdm./etwas jmdn. oder etwas einer bestimmten Gruppe von Menschen oder Sachen zuordnen* Er wird zu den Besten seines Faches gezählt., Ich zähle ihn zu meinen besten Freunden., Wir dürfen uns zu den Glücklichen zählen, die gewonnen haben. **2.** ■ *jmd. zählt etwas, bis ... sehr stark wünschen, dass etwas bald eintritt oder passiert* Er zählte die Tage bis zu seiner Pensonierung., Sie zählte die Minuten bis Schulschluss. **II.** *mit OBJ/ohne OBJ* **1.** *feststellen, wie groß eine bestimmte Menge von Personen oder Sachen ist* Er hat seine CDs gezählt und ist auf über 400 gekommen., die Jastimmen und die Neinstimmen zählen, Na, dann zählen Sie mal! **2.** ■ *etwas zählt* (*etwas*) *einen bestimmten Wert aufweisen* Gesundheit zählt mehr als Geld oder Ruhm., Die Karte zählt 11 Punkte. **III.** *ohne OBJ* **1.** ■ *jmd. zählt die Zahlen der Reihe nach nennen* Das Kind kann schon bis einhundert zählen., Ich zähle bis drei und dann geht's los!, laut bis zehn zählen **2.** ■ *jmd. zählt zu etwas zu einer bestimmten Gruppe gehören* Er zählt zu den Glücklichen, die dabei waren., Sie zählt zu den Besten ihres Faches. **3.** ■ *etwas zählt irgendwie von einer bestimmten Bedeutung sein oder eine bestimmte Geltung haben* Alle seine Versprechungen zählten plötzlich nichts mehr., Bei diesem Spiel zählt Geschicklichkeit. **4.** ■ *etwas zählt nicht* (*in einem Spiel*) *nicht gültig sein* Das zählt nicht! du hast geschummelt! **5.** ■ *jmd. zählt ein bestimmtes Alter* (*geh.*) *ein bestimmtes Alter haben* Er zählt schon 70 Jahre. **6.** ■ *etwas zählt eine bestimmte Menge* (*geh.*) *eine bestimmte Menge von Personen oder Sachen darstellen* Unser Verein zählt erst 20 Mitglieder., Der Wagenpark der Stadt zählt unter anderem 30 Lastwagen. **7.** ■ *jmd./etwas zählen nach etwas verwendet, um auszudrücken, dass Personen oder Dingen nicht mehr eine genaue Zahl zugeordnet werden kann, weil es so viele sind* Die Opfer der Flutkatastrophe zählen nach Tausenden. **8.** ■ *jmd. zählt auf jmdn./etwas,* ■ *jmd. kann auf jmdn./etwas zählen sich auf jmdn oder etwas verlassen* (*können*) Sie können auf meine Hilfe zählen !, Ihr könnt auf unsere Unterstützung bei diesem riskanten Unternehmen zählen. ■ **jemandes Tage sind gezählt** (*geh.*): *jmd. stirbt bald* **jemandes Tage irgendwo sind gezählt** (*geh.*): *jmd. kann irgendwo nicht mehr lange bleiben* Unsere Tage in der Schule sind gezählt, bald feiern wir Abschluss.

Zah·len·fol·ge die <-, -n> *bestimmte Abfolge von Zahlen in einem bestimmten Zusammenhang* Er kann sich die Zahlenfolge für das Schloss nicht merken., eine Zahlenfolge über die Tastatur eingeben

zah·len·mä·ßig <nicht steig.> *Adj. was die Anzahl betrifft* zahlenmäßig überlegen, Die zahlenmäßige Darstellung sagt noch nichts über die Inhalte aus.

Zah·len·ma·te·rial das <-s> (*kein Plur.*) (*statistische*) *Zahlen, die man ermittelt hat* das Zahlenmaterial auswerten

Zah·len·schloss das <-es, Zahlenschlösser> *Schloss, das sich durch Einstellen einer bestimmten Zahlenfolge öffnen lässt*

Zah·ler, **Zah·le·rin** der <-s, -> *Person, die zahlt* ein pünktlicher Zahler, eine säumige Zahlerin mahnen, Der Zahler muss hier unterschreiben.

Zäh·ler der <-s, -> **1.** (MATH.: ↔ *Nenner*) *die Zahl, die bei Brüchen über dem Bruchstrich steht* **2.** TECHN. *die Anzeige, die bei einem Messgerät zeigt, wie groß die Menge oder die Anzahl von etwas ist* den Zähler an der Heizung ablesen **3.** SPORT *Punkt oder Treffer*

Zäh·ler·stand der <-(e)s, Zählerstände> TECHN. *der Wert, der auf einem Messgerät zu einem bestimmten Zeitpunkt angezeigt ist* den Zählerstand ablesen, die Zählerstände vergleichen

Zahl·kar·te die <-, -n> *eine Postanweisung, mit der man jmdm. Geld schickt*

zahl·los <nicht steig.> *Adj.* (≈ *unzählig*) *so viele, dass man sie kaum oder gar nicht zählen kann* Zahllose Zuhörer verließen das Konzert schon in der Pause., Auf der Wiese blühen zahllose Blumen.

Zahl·meis·ter, **Zahl·meis·te·rin** der <-s, -> *Person, die irgendwo für die Einnahmen und Ausgaben verantwortlich ist* Herr Schulze war zehn Jahre lang Zahlmeister in unserem Verein.

zahl·reich *Adj.* (≈ *zahllos*) *in großer Anzahl* Zahlreiche Briefe erreichten die Redaktion., Das Publikum war zahlreich erschienen., seine zahlreiche Verwandtschaft

Zahl·tag der <-(e)s, -e> WIRTSCH. *Tag, an dem ein bestimmter Geldbetrag, wie z.B Lohn oder Sold, gezahlt wird* Der letzte Werktag im Monat ist Zahltag.

Zah·lung die <-, -en> **1.** *die Übermittlung oder das Geben von Geld an jmdn.* Die Zahlung erfolgt grundsätzlich am Monatsersten., die Zahlung in bar/in mehreren Monatsraten, einen Betrag zur Zahlung anweisen **2.** *gezahlter Betrag* Bitte bestätigen Sie den Erhalt der Zahlung! ■ **eine Zahlung leisten** WIRTSCH.: *bezahlen* **etwas in Zahlung nehmen** WIRTSCH.: *einen gebrauchten Gegenstand als Teil eines zu zahlenden Betrages annehmen* Der Verkäufer nimmt Ihren Gebrauchtwagen beim Kauf eines Neuwagen in Zahlung **etwas in Zahlung geben** WIRTSCH.: *einen gebrauchten Gegenstand als Teil eines zu zahlenden Betrages geben* Beim Kauf eines Neuwagens können Sie Ihren gebrauchten in Zahlung geben.

Zäh·lung die <-, -en> *das Zählen II. 1* Die Zählung der Stimmen erfolgt per Hand. ►Auszählung ◆ Verkehrs-, Volks-

Zah·lungs·an·wei·sung die <-, -en> AMTSSPR. *Dokument, mit dem ein Geldbetrag an einen bestimmten Adressaten überwiesen wird*

Zah·lungs·auf·for·de·rung die <-, -en> AMTSSPR. *Aufforderung, eine offene Rechnung zu bezahlen*

Zah·lungs·be·fehl der <-(e)s, -e> RECHTSWISS. *rechtsverbindliche Aufforderung, eine offene Rechnung zu bezahlen*

Zah·lungs·bi·lanz die <-, -en> WIRTSCH. *das Verhältnis der Werte aller wirtschaftlichen Operationen des Imports und Exports eines Staates* Eine Zahlungsbilanz ist definitionsgemäß immer ausgeglichen.

Zah·lungs·ein·stel·lung die <-> (*kein Plur.*) AMTSSPR. *die Beendigung einer regelmäßigen Zahlung* die Zahlungseinstellung des Arbeitslosengeldes

Zah·lungs·emp·fän·ger, **Zah·lungs·emp·fän·ge·rin** der <-s, -> AMTSSPR. *Person, die eine Zahlung erhält*

zah·lungs·fä·hig <nicht steig.> *Adj.* WIRTSCH. *so, dass genug Geld da ist, um Rechnungen zu bezahlen* Der Betrieb ist nicht mehr zahlungsfähig.

Zah·lungs·frist die <-, -en> WIRTSCH. *Frist, bis zu der ein Betrag bezahlt werden muss*

zah·lungs·kräf·tig *Adj. so, dass jmd. auch sehr teure Sachen kaufen kann* Zahlungskräftige Kunden sind besonders gern gesehen.

Zah·lungs·mit·tel das <-s, -> *etwas, mit dem etwas bezahlt wird* Scheck oder Geldkarte sind bargeldlose Zahlungsmittel., Der Dollar ist ein ausländisches Zahlungmittel., In manchen Kulturen galten Muscheln als Zahlungsmittel.

Zah·lungs·mo·ral die <-> (*kein Plur.*) *Bereitschaft, Rechnungen pünktlich zu bezahlen* Aufgrund der geringen Zahlungsmoral vieler Kunden, geraten zahlreiche Handwerksbetriebe in Schwierigkeiten.

zah·lungs·pflich·tig <nicht steig.> *Adj.* AMTSSPR. *verpflichtet, etwas zu bezahlen* die zahlungspflichtige Firma/Person, dem Zahlungspflichtigen eine Mahnung zustellen

Zah·lungs·schwie·rig·keit die <-, -en> (*meist Plur.*) (*verhüll.*) *die Tatsache, dass etwas nicht bezahlt werden kann, weil kein Geld da ist* Die Firma ist in Zahlungsschwierigkeiten geraten.

zah·lungs·un·fä·hig <nicht steig.> *Adj. so, dass man seine offenen Rechnungen nicht begleichen kann* Das Unternehmen ist zahlungsunfähig.

zah·lungs·un·wil·lig *Adj. so, dass jmd. etwas nicht bezahlen will* ein zahlungsunwilliger Kunde

Zah·lungs·ver·kehr der <-s> (*kein Plur.*) BANKW. *der Vorgang, dass Geld zwischen Bankkonten hin und her bewegt wird* bargeldloser Zahlungsverkehr

Zah·lungs·ver·pflich·tung die <-, -en> WIRTSCH. *unbezahlte Rechnungen* Zahlungsverpflichtungen gegenüber jemandem haben

Zah·lungs·ver·zug der <-(e)s, Zahlungsverzüge> *Verzögerung einer Zahlung*

zah·lungs·wil·lig <nicht steig.> *Adj. bereit, etwas zu bezahlen* Einen zahlungswilligen Gast sollte man nicht warten lassen.

Zähl·werk das <-(e)s, -e> *Vorrichtung, die die Anzahl oder die Menge von etwas anzeigt*

Zahl·wort das <-(e)s, Zahlwörter> (SPRACHWISS.: ≈ *Numerale*) *ein Adjektiv, das eine Zahl, Anzahl oder Menge bezeichnet* das Zahlwort fünf

Zahl·zei·chen das <-s, -> (≈ *Ziffer*)

zahm *Adj.* **1.** (≈ *gezähmt*) *so, dass ein wildes Tier ohne Angst vor Menschen ist* Er hält zu Hause einen zahmen Raben. **2.** *so, dass ein Haustier friedlich ist und keinen Menschen angreift* Keine Angst, mein Hund ist ganz zahm ! **3.** (↔ *scharf*) *so, dass es nicht polemisch und sehr nachsichtig ist* eine zahme Kritik, Sie hat sich heute für ihre Verhältnisse sehr zahm geäußert.

zäh·men *mit OBJ* **1.** ■ *jmd. zähmt ein Tier* (≈ *bändigen*) *ein wildes Tier, das gefangen wurde, an den Menschen gewöhnen und lehren, Befehlen zu gehorchen* einen Löwen zähmen **2.** ■ *jmd. zähmt jmdn.* (*scherzh.*) *jmdn. gehorsam oder gefügig machen* Nach nur einem Monat Ehe hat sie ihn gezähmt. **3.** ■ *jmd. zähmt etwas Akk.* (*geh.*) *sich oder etwas unter Kontrolle halten* Ich muss mich wirklich zähmen, um nicht ausfällig zu werden, seine Leidenschaft/Ungeduld zähmen

Zahm·heit die <-> (*kein Plur.*) *die Eigenschaft, zahm zu sein*

Zäh·mung die <-> (*kein Plur.*) *das Zähmen* die Zähmung eines wilden Tieres, der Widerspenstigen Zähmung, Die Zähmung ihrer Neugier fiel ihr schwer.

Zahn der <-(e)s, Zähne> **1.** ANAT. *eines der harten und weißlichen Teile im Mund, mit denen man beißt und Nahrung zerkaut* Man sollte die Zähne regelmäßig putzen., Mein Zahn wackelt., Ich habe ein Loch im Zahn und muss zum Zahnarzt., gelbe/gesunde/schiefe/schmutzige/spitze/weiße Zähne haben ◆ Backen-, Schneide-, Vorder-, Weisheits- **2.** *hervorstehende Zacke an Gegenständen* die Zähne eines Zahnrades, ein Messer/eine Säge mit stumpfen Zähnen, ein Kamm mit ausgebrochenen Zähnen, die Zähne an einer Briefmarke ■ **die dritten Zähne**: *ein künstliches Gebiss, das man herausnehmen kann* **einen (irren/höllischen) Zahn drauf haben** (*umg.*): *sehr schnell fahren* **ein steiler Zahn** (*umg. veralt.*): *eine sehr attraktive junge Frau* **ein Tier bleckt/fletscht die Zähne**: *ein Tier zieht die Lippen zurück, so dass man die Zähne sehen kann* **mit den Zähnen klappern**: *so stark zittern, dass die Zähne schnell aufeinander schlagen* **die Zähne zusammenbeißen** (*umg.*): *etwas tun oder ertragen, was sehr unangenehm ist* **sich an jemandem/etwas die Zähne ausbeißen** (*umg.*): *bei jmdm. oder mit etwas keinen Erfolg haben, obwohl man sich sehr bemüht* **jemandem auf den Zahn fühlen** (*umg.*): *jmdn. aushorchen oder scharf befragen* **jemandem einen Zahn ziehen müssen** (*umg.*): *jmdn. enttäuschen müssen* **bis an die Zähne bewaffnet sein**: *schwer bewaffnet sein* **jemandem die Zähne zeigen** (*übertr.*): *sich wehren; sich nicht alles gefallen lassen* Du solltest deinem Chef endlich mal die Zähne zeigen! **der Zahn der Zeit** (*geh.*): *die Kräfte, die etwas mit der Zeit zerstören* Der Zahn der Zeit hatte an den Gebäuden genagt. **einen Zahn zulegen** (*umg.*): *sich beeilen*

> **i Wissenswert** Redensarten: Bis an die Zähne bewaffnet präsentierte sie sich vor ihm (sie zeigte sich kampfbereit); das Problem wird nicht einfach zu lösen sein, da musst du alle Zähne zusammenbeißen (du must mutig sein); ich glaube, sie ist die Schuldige, da werde ich ihr auf den Zahn fühlen müssen (ich werde sie prüfen müssen); ihr ist so kalt, dass sie mit den Zähnen klappert (sie friert).

Zahn·arzt, **Zahn·ärz·tin** der <-es, Zahnärzte> *jmd., der Zahnmedizin studiert hat und Erkrankungen der Zähne behandelt*

Zahn·arzt·be·such der <-(e)s, -e> *ein Besuch in einer Zahnarztpraxis zur Zahnbehandlung*

Zahn·arzt·hel·fer, **Zahn·arzt·hel·fe·rin** der <-s, -> *Person, die beruflich in einer Zahnarztpraxis bei Zahnbehandlungen hilft und Verwaltungsarbeiten macht*

Zahn·arzt·pra·xis die <-, Zahnarztpraxen> *die Behandlungsräume eines Zahnarztes oder einer Zahnärztin*

Zahn·aus·fall der <-(e)s> (*kein Plur.*) *Krankheit, bei der die Zähne ausfallen*

Zahn·be·hand·lung die <-, -en> *medizinische Behandlung von erkrankten Zähnen*

Zahn·be·lag der <-(e)s, Zahnbeläge> *gelblicher Belag, der sich auf der Oberfläche von Zähnen bildet* den Zahnbelag entfernen

Zahn·bürs·te die <-, -n> *eine kleine Bürste mit einem Griff zum Reinigen der Zähne* eine elektrische/harte/mittlere/weiche Zahnbürste

Zäh·ne·flet·schen das <-s> (*kein Plur.*) *das Zurückziehen der Lippen bei Tieren, um bei Wut oder als Drohung die Zähne zu zeigen* Das Zähnefletschen drückt bei Affen Angst oder Drohung aus.

Zäh·ne·klap·pern das <-s> (*kein Plur.*) *das schnelle Aufeinanderschlagen der Zähne, wenn man Angst hat oder einem sehr kalt ist* Kommt sein Zähneklappern von der Kälte oder hat er solche Angst?

zäh·ne·knir·schend <nicht steig.> (*nur attr.*) *Adj.* (*übertr.*) *so, dass man bei etwas sehr ärgerlich und widerwillig ist* Zähneknirschend stimmte er schließlich der Entscheidung zu.

zah·nen *ohne OBJ* ■ *ein Kleinkind zahnt Zähne bekommen* Kleine Kinder sind oft misslaunig, wenn sie zahnen.

Zahn·er·satz der <-es> (*kein Plur.*) *Ersatz für einen oder mehrere fehlende Zähne* Zahnersatz in Form einer Brücke/Prothese, ein fester/herausnehmbarer Zahnersatz

Zahn·fäu·le die <-> (*kein Plur.*) MED. *Karies*

Zahn·fleisch das <-es> (*kein Plur.*) *die Schleimhaut im Mund, die den Knochen bedeckt, aus dem die Zähne wachsen* Parodontose ist eine Erkrankung des Zahnfleisches. ■ **auf dem Zahnfleisch gehen/kriechen** (*umg.*): *sehr erschöpft sein*

Zahn·fleisch·ent·zün·dung die <-, -en> *Entzündung des Zahnfleisches*

Zahn·fül·lung die <-, -en> (≈ *Plombe*) *Füllung für ein Loch im Zahn* einen aufgebohrten Zahn mit einer Zahnfüllung versehen

Zahn·gold das <-es> (*kein Plur.*) *Gold, aus dem ein Krone oder ein Inlett hergestellt ist*

zahn·los <nicht steig.> *Adj. ohne Zähne* ein zahnloser Mund, ein zahnloser alter Mann

Zahn·lü·cke die <-, -n> *eine Lücke, die durch das Fehlen eines Zahnes in einem Gebiss entstanden ist*

Zahn·me·di·zin die <-> (*kein Plur.*) *Gebiet der Medizin, das sich mit der Vorbeugung und Behandlung von Erkrankungen der Zähne befasst*

Zahn·pas·ta/Zahn·pas·te die <-, Zahnpasten> *eine Creme, mit der man die Zähne reinigt und pflegt und die man aus einer Tube auf eine Zahnbürste drückt* eine Tube Zahnpasta kaufen

Zahn·pfle·ge die <-> (*kein Plur.*) *das regelmäßige Putzen der Zähne* Regelmäßige Zahnpflege beugt Erkrankungen der Zähne vor.

Zahn·pro·the·se die <-, -n> *Ersatz für einen oder mehrere fehlende Zähne* eine Zahnprothese tragen

Zahn·putz·glas das <-es, Zahnputzgläser> *Wasserglas für die Mundspülung nach der Zahnpflege*

Zahn·rad das <-(e)s, Zahnräder> *ein Rad mit Zacken am Rand, das, wenn es sich dreht, ein anderes Rad oder eine Kette bewegt* die Zahnräder eines mechanischen Uhrwerks, Die Kette des Fahrrades läuft über Zahnräder.

Zahn·rad·bahn die <-, -en> TECHN. *eine Bahn, die eine sehr steil aufsteigende Strecke hinauffahren kann, weil sie an der Unterseite mehrere Zahnräder hat, die in eine Zahnstange greifen und so die Bahn antreiben* Eine Zahnradbahn führt auf den Gipfel des Berges.

Zahn·schmelz der <-es> (*kein Plur.*) *die harte Substanz, die die Oberfläche von Zähnen bildet* Zucker schädigt den Zahnschmelz.

Zahn·schmerz der <-es, -en> (*meist Plur.*) *Schmerzen, die man in einem erkrankten Zahn hat*

Zahn·sei·de die <-> (*kein Plur.*) *eine spezielle Art dünner Faden, den durch die Zwischenräume zwischen den Zähnen zieht, um sie zu reinigen*

Zahn·span·ge die <-, -n> *eine Art Gestell, das besonders von Kindern und Jugendlichen im Mund getragen wird, um Fehlstellungen der Zähne zu korrigieren*

Zahn·stan·ge die <-, -n> TECHN. *ein Stange aus Metall mit Zacken, so dass die Zacken eines Zahnrades in die Zwischenräume greifen können*

Zahn·stein der <-(e)s> (*kein Plur.*) MED. *eine Art harter Belag auf den Zähnen* den Zahnstein vom Zahnarzt entfernen lassen

Zahn·sto·cher der <-s, -> *ein kleines spitzes Stäbchen, mit dem man die Zwischenräume zwischen den Zähnen reinigt, indem man zum Beispiel Essensreste damit entfernt*

Zahn·tech·ni·ker, **Zahn·tech·ni·ke·rin** der <-s, -> *Person, die beruflich Zahnersatz oder Zahnspangen herstellt*

Zahn·wur·zel die <-, -n> ANAT. *der unterste Teil eines Zahnes, mit dem er im Kiefer festgewachsen ist*

Zam·pa·no der <-s> (*kein Plur.*) **1.** *Hauptfigur aus dem Film „La strada“ von Fellini, dargestellt von Anthony Quinn* **2.** (*umg.*) *ein prahlerischer Mann* Der markiert mal wieder den Zampano!

Zan·der der <-s, -> ZOOL. *ein großer Süßwasserfisch, der zu den Barschen gehört und den man essen kann*

Zan·ge die <-, -n> **1.** *ein Werkzeug, das zum Greifen, Trennen oder Biegen dient und das aus zwei Teilen besteht, die übereinanderliegen. Wenn man die unteren Enden zusammendrückt, werden die oberen Enden zusammengepresst.* mit der Zange einen Nagel aus der Wand ziehen, einen Draht mit einer Zange biegen/zertrennen, den Zucker mit der Zange aus der Dose nehmen ◆ Beiß-, Kneif-, Kombi, Rohr- **2.** ZOOL. *eines der Körperteile von bestimmten Tieren wie zum Beispiel Krebsen oder einigen Käfern, mit denen sie ihre Beute greifen können* ■ **jemanden in die Zange nehmen** (*umg.*): *jmdn. so hart bedrängen, dass er keinen Ausweg hat* Wenn man ihn richtig in die Zange nimmt, wird er schon sagen, was er weiß., den Gegner durch einen Angriff von zwei Seiten in die Zange nehmen

zan·gen·för·mig <nicht steig.> *Adj. so, dass es die Form des oberen Teils einer Zange hat*

Zangengeburt die <-, -en> MED. *der Vorgang, dass das Baby mit Hilfe einer Geburtszange von*

Ärzten zur Welt gebracht wird

Zank der <-(e)s> (*kein Plur.*) *ein Streit, der mit Worten ausgetragen wird* Sie haben Zank mit den Nachbarn wegen einer Nichtigkeit., Es gab Zank unter den Anwesenden um die besten Plätze.

Zank·ap·fel der <-s> (*kein Plur.*) *Anlass einer Streitigkeit* Dieses Grundstück ist zum Zankapfel zwischen den Verwandten geworden.

zan·ken (*veralt.*) **I.** *ohne OBJ* ■ *jmd. zankt (mit jmdm.) (um/über etwas Akk.) (umg.) (mit jmdm.) schimpfen* Die Mutter zankt mit ihrem Kind, weil es nicht gefolgt hat. **II.** *mit SICH* **1.** ■ *jmd. zankt sich mit jmdm. (über/um etwas Akk.) sich mit jmdm. streiten* Sie zankt sich mit der Nachbarin um jede/wegen jeder Kleinigkeit. **2.** ■ *jmd. zankt sich (um/über etwas Akk.) sich streiten* Hört endlich auf euch zu zanken!, Die Kinder zanken sich um einen Ball.

Zan·ke·rei die <-, -en> (*umg. abwert. veralt.* ≈ *Streiterei*) *unnötiger Streit* Ihre kleinlichen Zänkereien stören das Arbeitsklima.

zän·kisch *Adj.* (*veralt.* ≈ *streitsüchtig*) *so, dass man gerne zankt* zänkische Nachbarn haben

Zank·sucht die <-> (*kein Plur.*) (*veralt.* ≈ *Streitsucht*)

zank·süch·tig *Adj.* (*veralt.* ≈ *streitsüchtig*)

Zäpf·chen das <-s, -> **1.** MED. *ein Medikament in einer länglichen, gleitfähigen Kapsel, die über den After eingeführt und so vom Körper aufgenommen wird* dem Kind ein Zäpfchen gegen das Fieber geben **2.** (ANAT.: ≈ *Uvula*) *ein kleines fleischiges Teil, das hinten in der Mitte des Gaumens hängt*

Zap·fen der <-s, -> **1.** BOT. *ein längliches Teil an Nadelbäumen, bei dem die Samen unter einer Art Schuppen liegen* die Zapfen am Tannenbaum **2.** *eine Art kurzer Stab, mit dem man Öffnungen von großen Gefäßen verschließt* ein Fass mit einem Zapfen verschließen **3.** TECHN. *das dünne Ende einer Welle, mit dem sie im Lager läuft* **4.** TECHN. *Holzstift, mit dem zwei Holzteile verbunden werden* zwei Regalteile mit Zapfen verbinden **5.** *ein Gebilde in der Form von Zapfen*[1] Zapfen aus Eis hängen von der Dachrinne.

zap·fen *mit OBJ* **1.** ■ *jmd. zapft etwas Flüssigkeit aus einem Behälter mit einem Zapfhahn entnehmen* ein Bier zapfen, Benzin zapfen **2.** ■ *jmd. zapft etwas* TECHN. *etwas mit Zapfen*[4] *verbinden* die Bretter werden gezapft und geleimt

Zap·fen·streich der <-(e)s, -e> MILIT. **1.** *musikalisches Signal, das anzeigt, wann die Soldaten wieder in die Kaserne zurückkehren müssen, wenn sie abends Ausgang haben* den Zapfenstreich blasen **2.** *die Zeit, zu der die Soldaten abends wieder in die Kaserne zurückkehren müssen, wenn sie Ausgang gehabt haben* zum Zapfenstreich heimkehren

Zap·fen·zie·her der <-s, -> (*schweiz.*) *Korkenzieher*

Zapf·hahn der <-(e)s, Zapfhähne> *ein Hahn, der an einem großes Gefäß angebracht ist und durch den man Flüssigkeit aus diesem Gefäß entnimmt, wenn man ihn öffnet* einen Zapfhahn in das Bierfass schlagen

Zapf·pis·to·le die <-, -n> *Vorrichtung, mit der aus einer Zapfsäule Benzin entnommen wird*

Zapf·säu·le die <-, -n> *an einer Tankstelle befindliche Säule, aus der Benzin entnommen wird*

zap·pe·lig *Adj. nicht in der Lage, lange ruhig zu sitzen* ein zappeliges Kind, Der Junge war vor Aufregung schon ganz zappelig.

zap·peln <zappelst, zappelte, hat gezappelt> *ohne OBJ* ■ *jmd. zappelt sich unruhig schnell hin- und herbewegen* Ein Fisch zappelt an der Angel., Das Kind zappelt unruhig mit den Beinen. ■ **jemanden zappeln lassen** (*umg.*): *jmdm., der neugierig ist, eine Nachricht oder Entscheidung nicht sofort mitteilen* Die Kinder wollten ihre Zeugnisse haben, aber die Lehrerin ließ sie noch ein wenig zappeln. ▶Zappelei

Zap·pel·phi·lipp der <-s, -e/-s> (*umg.*) *ein Kind, das nicht still sitzen kann*

zap·pen ['zɛpn̩] *ohne OBJ* ■ *jmd. zappt (umg.) wahllos mit der Fernbedienung von einem Fernsehkanal zum nächsten schalten* von einem Programm ins nächste zappen, Musst du denn andauernd zappen?

zap·pen·dus·ter <nicht steig.> *Adj.* (*umg.*) **1.** *sehr dunkel* Das Straßenlicht fiel aus und plötzlich war es zappenduster. **2.** (≈ *hoffnungslos*) Ohne Geld sieht es für unsere Pläne zappenduster aus.

Zar, **Za·rin** der <-en, -en> GESCH. *Herrschertitel in Russland vor der Oktoberrevolution* Zar Peter der Erste

zart *Adj.* **1.** *fein und weich* die zarte Haut eines Kindes **2.** *leicht zu kauen* zartes Gemüse/Fleisch, den Schinken in ganz zarte Scheiben schneiden **3.** *fein und sehr schmal* zarte Gliedmaßen haben **4.** *sehr dünn* ein zartes Seidengewebe **5.** *empfindlich und leicht verletzlich* ein zartes Kind, eine zarte Gesundheit haben, Der Film ist nichts für zarte Gemüter. **6.** *noch jung* ein zartes junges Mädchen, die ersten zarten Triebe eines Baumes im Frühjahr, im zarten Alter von sechzehn Jahren **7.** *feinfühlig und sanft* jemanden ganz zart berühren, zarte Annäherungsversuche, zarte Gefühle für jemanden hegen **8.** *von geringer Intensität* zarte Farben, ein zarter Windhauch ■ **das zarte Geschlecht** (*umg. scherzh.*): *die Frauen* **zart besaitet/zartbesaitet sein** (*abwert.*): *sehr empfindlich sein* **zart fühlend/zartfühlend sein**: *feinfühlig und verständnisvoll sein* ◆ Getrennt- oder Zusammenschreibung→R 4.3, R 4.12 Sie ist empfindlich, aber ihr Kind ist noch zarter besaitet., ein zart fühlender Freund, Er ist noch zartfühlender/zartestfühlend/zartfühlendst. *siehe auch* **zartbesaitet**, **zartfühlend**

zart·be·sai·tet <zartbesaiteter, am zartestbesaiteten/zartbesaitetsten> *Adj.* (*abwert.*) *sehr empfindlich* Sie ist ja wirklich zartbesaitet! *siehe auch* **zart**

zart·bit·ter <nicht steig.> *Adj. leicht bitter* ein zartbitterer Geschmack ◆ Zusammenschreibung →R 4.5 zartbittere Schokolade

zart·füh·lend <zartfühlender, am zartfühlendsten> *Adj. feinfühlig und verständnisvoll* ein zartfühlender Freund, Das war aber nicht gerade zartfühlend von dir! *siehe auch* **zart**

Zart·ge·fühl das <-s> (*kein Plur.*) *Feingefühl, Taktgefühl* wenig Zartgefühl haben, jemandem etwas mit viel Zartgefühl mitteilen

zart·glie·drig *Adj. mit feinen Gliedern*

zart·grün <nicht steig.> *Adj. von einem hellen Grün* die zartgrünen jungen Triebe einer Pflanze ◆ Zusammenschreibung→R 4.5 ein zartgrünes Kleid

zärt·lich *Adj.* **1.** *in feinfühliger, vorsichtiger, liebevoller Weise* ein zärtlicher Kuss, ein zärtlicher Liebhaber, sehr zärtlich zu jemandem sein, jemanden zärtlich streicheln **2.** *verliebt* jemandem zärtliche Blicke zuwerfen, zärtliche Gefühle für jemanden hegen **3.** (*geh.*) *fürsorglich* zärtliche Eltern, jemanden zärtlich umsorgen

Zärt·lich·keit die <-, -en> **1.** (*kein Plur.*) *Gefühl der Zuneigung* eine große Zärtlichkeit für jemanden empfinden, jemanden voller Zärtlichkeit ansehen **2.** (*meist Plur.*) *Liebkosung* Zärtlichkeiten mit jemandem austauschen **3.** (*kein Plur.*) (*geh.*) *Fürsorglichkeit* Die Katze umhegt ihr Junges mit großer Zärtlichkeit.

Zä·si·um, *a.* **Cae·si·um** das <-s> (*kein Plur.*) CHEM. *ein Metall*

Zas·ter der <-s> (*kein Plur.*) (*umg.*) *Geld*

Zä·sur die <-, -en> (*geh.*) *wichtiger Einschnitt in einer Entwicklung* Der Schulabschluss ist eine Zäsur im Leben., eine Zäsur setzen

Zau·ber der <-s, -> **1.** (≈ *Magie*) *Handlung, mit der jmd. etwas mit Hilfe magischer Kräfte tut* einen Zauber über jemanden sprechen, Die böse Fee hatte mit einem Zauber das ganze Schloss in einen hundertjährigen Schlaf versetzt., Auf dem Schloss lag ein böser Zauber., einen Zauber aufheben/bannen/brechen **2.** (*geh.* ≈ *Faszination*) *etwas Reizvolles, das Bewunderung erregt* eine Seenlandschaft voller Zauber, der Zauber einer alten Stadt, die Zauber der Natur, Doch am nächsten Tag regnete es in Strömen und der Zauber, der bisher über der herbstlichen Landschaft gelegen hatte, war gebrochen. **3.** (*kein Plur.*) (*umg. abwert.*) *unnütze, überflüssige Sache* Was soll der ganze Zauber? Den brauchen wir nicht! ■ **fauler Zauber** (*umg. abwert.*): *Schwindel, Betrug* Das glaube ich nicht. Das ist doch alles fauler Zauber!

Zau·be·rei die <-, -en> **1.** (*kein Plur.*) *die Beherrschung magischer Kräfte und ihre Verwendung für bestimmte Ziele* Man sagt, sie beherrsche die Kunst der Zauberei., Das ging so schnell, als wäre es die reinste Zauberei. **2.** (≈ *Zauberkunststück*) Die Künstlerin unterhielt die Gäste mit kleinen Zaubereien.

Zau·be·rer, **Zau·be·rin** der <-s, -> **1.** *eine Gestalt aus dem Märchen oder der Sage, die magische Kräfte besitzt* Man sagt, sie sei eine Zauberin., der böse Zauberer im Märchen **2.** *jmd., der Kunststücke vorführt, die die Illusion vermitteln, sie seien durch Zauberei[1] begründet* Nach den Trapezkünstlern trat ein Zauberer im Zirkus auf.

Zau·ber·for·mel die <-, -n> **1.** *ein Spruch, mit dem eine Zauberei[1] bewirkt werden soll* Die böse Fee sprach eine Zauberformel, um die Prinzessin zu verwünschen., eine Zauberformel wirkt/wirkt nicht mehr, Der Zauberer hatte alle seine Zauberformeln in ein dickes Buch geschrieben. **2.** (*übertr.*) *eine Möglichkeit, mit der ein sehr schwieriges oder alle Problem gelöst werden sollen* Die Wissenschaftler glaubten, mit ihrer Entdeckung eine Zauberformel gegen die meisten Erbkrankheiten gefunden zu haben.

zau·ber·haft *Adj.* (≈ *entzückend*) *sehr reizvoll und schön* eine zauberhafte Landschaft, Sie kann zauberhaft malen/singen.

Zau·ber·hand ■ **wie von/durch Zauberhand**: *unerklärlich und plötzlich* Meine Kopfschmerzen waren wie von Zauberhand verschwunden

Zauber·kraft die <-, Zauberkräfte> *Kraft, die einen Zauber[1] bewirken kann* die Zauberkraft des Amuletts

Zau·ber·kunst die <-, Zauberkünste> **1.** *die Fähigkeit, Zauberei[1] zu treiben* Man sagt von ihm, er beherrsche die Zauberkunst., die Zauberkünste einer Fee im Märchen **2.** *die Beherrschung von Zauberkunststücken* Die Zauberkunst erfordert viel Übung und große Fingerfertigkeit.

Zau·ber·künst·ler, **Zau·ber·künst·le·rin** der <-s, -> *Person, die rätselhafte Kunststücke beherrscht (und vorführt)* Zur Unterhaltung der Anwesenden trat ein Zauberkünstler auf., Sie ist Zauberkünstlerin in einem Zirkus.

Zau·ber·kunst·stück das <-(e)s, -e> *ein Kunststück, das die Illusion vermittelt, es sei durch Zauberei[1] begründet* Die Künstlerin unterhielt das Publikum mit Zauberkunststücken.

zau·bern <zauberst, zauberte, hat gezaubert> **I.** *mit OBJ* ■ *jmd. zaubert etwas (aus etwas Dat.)* *mit viel Geschick aus relativ einfachen Dingen etwas Schönes oder Beeindruckendes herstellen* Aus alten Kleidern haben die Kinder wunderschöne Kostüme gezaubert., Aus den Servietten hat sie kleine Kunstwerke als Tafelschmuck gezaubert. **II.** *mit OBJ/ohne OBJ* **1.** ■ *jmd. zaubert (etwas)* *Zauberei[1] betreiben* Feen und Hexen im Märchen können zaubern, Man sagt von ihm, er könne Regen zaubern., Die Quelle zaubert alle wieder jung, die daraus trinken., Denkst du, ich kann zaubern? **2.** ■ *jmd. zaubert (etwas)* *etwas so mit Hilfe von Tricks tun, als wäre es Zauberei[1]* Er zaubert eine Taube aus dem Hut., Sie kann aus den Tüchern Blumen zaubern., Der Clown zauberte ein wenig für die Kinder., Zaubern ist sein Hobby. ▶herbei-, weg-

Zau·ber·spruch der <-(e)s, Zaubersprüche> (≈ *Zauberformel[1]*) Die Hexe wusste einen Zauberspruch, um sich unsichtbar zu machen.

Zau·ber·wort das <-es, -e> **1.** *Zauberformel[1]* Sie hatte das Zauberwort vergessen, das sie wieder in ihre normale Größe zurückverwandeln konnte. **2.** (*umg.*) *ein Wort, mit dem etwas Schwieriges bewältigt werden kann* Du hast das Zauberwort

Z

„Bitte" vergessen!

Zau·de·rer, **Zau·de·rin** der <-s, -> *Person, die oft zaudert*

zau·dern <zauderst, zauderte, hat gezaudert> *ohne OBJ* ■ *jmd. zaudert unentschlossen sein und zögern* Wir sollten nicht zu lange zaudern, sonst entgeht uns eine gute Chance.

Zaum der <-(e)s, Zäume> (≈ *Zaumzeug*) *Lederbänder, die einem Pferd um den Kopf gelegt werden, um es zu führen* einem Pferd den Zaum anlegen ■ **jemanden/sich/etwas im Zaum halten**: *jmdn./sich/etwas unter Kontrolle halten* seine Gefühle im Zaum halten, Er konnte den Hund kaum im Zaum halten.

zäu·men *mit OBJ* ■ *jmd. zäumt ein Pferd einem Pferd den Zaum anlegen* ein Pferd zäumen

Zaum·zeug das <-(e)s, -e> (≈ *Zaum*) einem Pferd das Zaumzeug anlegen

Zaun der <-(e)s, Zäune> *eine Absperrung, die aus Draht oder Gittern oder Latten o.Ä. besteht und die um ein Stück Land oder um ein Grundstück herum aufgestellt wird* ein Zaun aus Holz/Maschendraht, ein hoher/unüberwindlicher Zaun ■ **ein lebender Zaun**: *eine Hecke* **einen Streit vom Zaun brechen** (*umg.*): *zu streiten beginnen* wegen eines nichtigen Anlasses einen Streit vom Zaun brechen ◆ Bretter-, Gitter-, Holz-, Stacheldraht-

Zaun·gast der <-(e)s, Zaungäste> (*umg.*) *jmd., der an der Absperrung eines Veranstaltungsgeländes steht und bei einer Veranstaltung zuschaut* (*also kein offizieller Besucher ist und keinen Eintritt bezahlt hat*) Bei den Wettkämpfen hatten sich viele Zaungäste eingefunden.

Zaun·kö·nig der <-s, -e> *ein kleiner, bräunlich gefärbter Singvogel*

Zaun·lat·te die <-, -n> *ein schmales Stück Holz, das Teil eines Zaunes ist*

Zaun·pfahl der <-(e)s, Zaunpfähle> *ein Pfahl, an dem ein Zaun befestigt ist* ■ **ein Wink mit dem Zaunpfahl** (*umg. scherzh.*): *ein indirekter, aber sehr deutlicher Hinweis*

zau·sen *mit OBJ* ■ *jmd./etwas zaust etwas* (*umg.*) *etwas in Unordnung bringen, indem daran leicht gezogen wird* Der Wind zauste ihre Haare. ▶zer-

Za·zi·ki, *a.* **Tsa·t·si·ki** der/das <-s, -s> KOCH. *eine griechische Spezialität aus Quark, fein gehackten Gurken, Pfeffer und Knoblauch*

z. B. *Abkürzung von „zum Beispiel"*

ZDF das <-s> (*kein Plur.*) **1.** *Abkürzung von „Zweites Deutsches Fernsehen", ein Fernsehsender in Deutschland, der seinen Sitz in Mainz hat* **2.** (≈ *das Zweite*) *das Programm des ZDF*[1] Was gibt es denn im ZDF?

Ze·b·ra das <-s, -s> ZOOL. *ein Tier, das in Afrika lebt, ein Fell mit weißen und schwarzen Streifen hat und wie ein kleines Pferd aussieht*

Ze·b·ra·strei·fen der <-s, -> *weiße Streifen, die auf einer Straße anzeigen, wo Fußgänger die Straße überqueren dürfen, während Autos warten müssen*

Zech·bru·der der <-s, Zechbrüder> (*umg. abwert.*) *jmd., der sehr viel und häufig Alkohol trinkt*

Ze·che[1] die <-, -n> (≈ *Rechnung*) *Betrag an Geld, den man in einer Gaststätte für das bezahlen muss, was man getrunken und gegessen hat* eine große Zeche machen, seine Zeche zahlen ■ **die Zeche prellen**: *in der Gaststätte seine Rechnung nicht bezahlen* **für etwas die Zeche zahlen müssen**: *die schlechten Folgen von etwas tragen müssen* Nun muss er die Zeche für sein jahrelanges Rauchen zahlen.

Ze·che[2] die <-, -n> (BERGB.: ≈ *Bergwerk*) auf der Zeche arbeiten, eine Zeche stilllegen

ze·chen *ohne OBJ* ■ *jmd. zecht* (*umg.*) (*viel*) *alkoholische Getränke trinken* eine ganze Nacht lang tüchtig zechen ▶Zecherei

Ze·chen·schlie·ßung die <-, -en> *das Schließen einer Zeche*[2]

Ze·cher, **Ze·che·rin** der <-s, -> *Person, die gerade* (*viel*) *Alkohol trinkt oder getrunken hat* Die Zecher saßen fröhlich beisammen., Die Zecher verlassen singend die Kneipe.

Zech·ge·la·ge das <-s, -> *Anlass, bei dem viel Alkohol getrunken wird* ein großes Zechgelage abhalten

Zech·kum·pan der <-(e)s, -e> (*umg. abwert.* ≈ *Zechbruder*) sich jeden Abend mit seinen Zechkumpanen in der Kneipe treffen

Zeck der <-(e)s, -e> (*süddt. österr.* ≈ *Zecke*)

Ze·cke die <-, -n> **1.** ZOOL. *ein kleines Insekt, das im Wald oder auf Wiesen lebt und Menschen oder Tiere in die Haut beißt um das Blut zu saugen Insekt* von einer Zecke gebissen werden **2.** (*umg. abwert*) *sehr abwertender Begriff, mit dem ursprünglich Rechtsradikale Andersdenkende bezeichnet haben* linke/schwule Zecke

Ze·cken·imp·fung die <-, -en> MED. *Impfung gegen die Krankheiten, die durch den Biss einer Zecke*[1] *übertragen werden können*

Ze·der die <-, -n> **1.** BOT. *ein Nadelbaum, der im Mittelmeerraum vorkommt und ein stark duftendes Holz hat* **2.** *das Holz der Zeder*[1]

Zeh der <-s, -en> (≈ *Zehe*)

Ze·he die <-, -n> **1.** ANAT. *eines der fünf beweglichen Glieder am vorderen Ende des Fußes* die große/kleine Zehe, eine gebrochene Zehe haben **2.** *ein einzelner Teil einer Knoblauchknolle* zwei Zehen Knoblauch klein schneiden ■ **jemandem auf die Zehen treten** (*umg.*): *jmdn. beleidigen oder zur Eile antreiben*

i Wissenswert Gebräuchliche Redewendungen: Ich musst mich äußerst leise verhalten, also versuchte ich, auf den Zehen zu gehen (mich fortzubewegen, ohne einen Laut von mir zu geben); sie war vom Wirbel bis zum Zeh in ein rotes Gewand gehüllt (sie war ganz in ein rotes Gewand gehüllt); das tut mir aber leid, da bin ich dir auf die Zehen getreten (da habe ich dich gekränkt); ich war so klein, dass ich den Clown nicht sehen konnte, da musste ich mich auf die Zehen(spitzen) stellen (sich aufrichten, damit man etwas größer ist).

Ze·hen·na·gel der <-s, Zehennägel> *der Nagel*[2] *am Ende einer Zehe* sich die Zehennägel schneiden

Ze·hen·spit·ze die <-, -n> *die Spitze einer Zehe* sich auf die Zehenspitzen stellen, um besser sehen zu können ■ **auf Zehenspitzen**: *ganz leise und vorsichtig*

Zehn die <-, -en> **1.** *die Zahl 10* Ich zähle bis Zehn **2.** *jdm. oder etwas mit der Zahl 10* Die Zehn hatte wieder Verspätung., Die Zehn ist an der Reihe. ◆ Großschreibung→R 3.3 Die Zehn gewinnt den Hauptpreis.

zehn *Num. 10* zehn Teilnehmer/Kilometer/Liter, Die ersten zehn dürfen hereinkommen., Einer von zehn hat die Prüfung bestanden., Wir treffen uns um zehn. ■ **sich alle zehn Finger nach etwas lecken** (*umg.*): *sehr begierig auf etwas sein* ◆ Kleinschreibung→R 3.16 Die zehn haben sich für die Wettkämpfe qualifiziert., Es ist zehn., zehn Komma drei; Großschreibung→R 3.17 die Zehn Gebote *siehe auch* **neun**

Zeh·ner der <-s, -> **1.** (*umg.*) *ein Geldstück oder -schein im Wert von Zehn* Hast du mal einen Zehner? **2.** MATH. *die zweite Stelle vor dem Komma* Die Zahl 631(,00) enthält sechs Hunderter, drei Zehner und einen Einer.

zeh·ner·lei <nicht steig.> *Adj. von zehn verschiedenen Arten* Diese Limonade gibt es in zehnerlei verschiedenen Geschmacksrichtungen.

Zeh·ner·pa·ckung die <-, -en> *Packung, die zehn Einheiten eines Produkts enthält* eine Zehnerpackung Papiertaschentücher

zehn·fach <nicht steig.> *Adj. zehnmal so viel* der zehnfache Betrag, Sie verdient glatt das Zehnfache., um das Zehnfache höher/größer sein ◆ Großschreibung→R 3.4 Das Geld reicht bei weitem nicht. Wir benötigen das Zehnfache.; Schreibung mit Ziffer 10fach, das 10fache *siehe auch* **achtfach**

Zehn·fin·ger·sys·tem das <-s> (*kein Plur.*) *das geübte Schreiben auf einer Tastatur mit allen zehn Fingern* im Zehnfingersystem schreiben

zehn·jäh·rig <nicht steig.> *Adj. zehn Jahre alt oder andauernd* ein zehnjähriges Kind, eine zehnjährige Haftstrafe absitzen müssen ◆ Schreibung mit Ziffer und Bindestrich→R 4.15 eine 10-jährige Frist *siehe auch* **achtjährig**

Zehn·kampf der <-es> (*kein Plur.*) SPORT *ein Wettbewerb in der Leichtathletik, der zehn verschiedene Disziplinen umfasst* der Sieger im Zehnkampf

zehn·mal *Adv.* **1.** *zehn Male* Ich habe den Film schon zehnmal gesehen., Ihr Garten ist zehnmal so groß wie unserer., Das Buch ist zehnmal teurer als die CD. **2.** (*umg.*) *sehr oft* Das habe ich dir doch schon zehnmal gesagt, kannst du dir das nicht endlich merken? ◆ Schreibung mit Ziffer und Bindestrich→R 4.15 10-mal *siehe auch* **achtmal, Mal**

zehnt ■ **zu zehnt**: *mit insgesamt zehn Personen*

zehnt <nicht steig.> (*nur attr.*) *Adj. in einer Reihenfolge an der Stelle 10* Heute ist schon der zehnte Tag der Ferien.

zehn·tau·send *Num. 10 000* das Stadion fasst zehntausend Zuschauer ■ **die oberen Zehntausend/zehntausend** (*umg.*): *die obere, reiche, einflussreiche Gesellschaftsschicht* ◆ Groß- oder Kleinschreibung→R 3.4, R 3.16 Die Gäste kamen aus den Reihen der oberen Zehntausend/zehntausend.

Zehn·tel das <-s, -> *der zehnte Teil von etwas* Ein Zehntel von einhundert ist zehn., Jeder von uns bekommt ein Zehntel der gesamten Summe. *siehe auch* **Achtel**

zehn·tel <nicht steig.> (*nur attr.*) *Adj. so, dass es der zehnte Teil von etwas ist* ein zehntel Liter Wasser, Bereits nach der zehntel Strecke aus dem Rennen ausscheiden. *siehe auch* **achtel**

zehn·tens *Adv. an zehnter Stelle in einer Aufzählung* Wir brauchen erstens, zweitens … und zehntens …

zeh·ren *ohne OBJ* **1.** ■ *jmd. zehrt von etwas Dat.* (*geh.*) *von etwas leben oder sich von etwas ernähren* Er zehrt von seinen Ersparnissen., Die Robben können von ihren Fettreserven zehren. **2.** ■ *jmd. zehrt von etwas Dat.* (*geh. übertr.*) *sich an etwas Vergangenem freuen oder trösten* Sie zehrt von der Erinnerung. **3.** ■ *etwas zehrt an jmdm./etwas jmdn. körperlich entkräften oder psychisch schwächen* Die Krankheit hat an ihm gezehrt., Die Sorgen um ihren Arbeitsplatz zehren an ihr.

Zei·chen das <-s, -> **1.** *etwas Geschriebenes oder ein Bild, das auf etwas hinweist oder eine Bedeutung hat* Die Eule ist ein Zeichen für Naturschutz., Dort über der Tür ist das Zeichen für „Ausgang“ !, einen Wanderweg mit Zeichen markieren, an den Stellen im Text, an denen etwas fehlt, ein Zeichen machen ▶ Abzeichen, Kennzeichen, Merkzeichen **2.** *etwas Geschriebenes, das allgemein festgelegt ist und eine bestimmte Bedeutung hat* ein chemisches/mathematisches Zeichen, Welches Zeichen kommt an das Ende eines Fragesatzes?, die Zeichen der kyrillischen Schrift ◆ Ausrufe-, Frage-, Satz-, Verkehrs- **3.** *eine Geste oder ein Laut oder ein Signal o.Ä., das in einer Situation etwas mitteilen soll* jemandem ein Zeichen geben, Das war das Zeichen zum Aufbruch., Sie wollten auf ein vereinbartes Zeichen hin losstürmen., vor dem Abbiegen in eine Seitenstraße Zeichen geben **4.** (≈ *Symptom, Indiz*) *etwas, aus dem ein bestimmter Zustand ersichtlich wird* ein sicheres Zeichen für eine Krankheit, Ihre Gereiztheit ist ein Zeichen von Überarbeitung., Tränen können auch manchmal ein Zeichen der Freude sein., Sein athletischer Körperbau ist ein Zeichen für tägliches Training. ▶ Anzeichen ◆ Krankheits- **5.** *etwas, das etwas ahnen lässt* Wenn sich die Zugvögel sammeln, ist das ein Zeichen für den nahenden Winter., Schwüle ist ein Zeichen für ein aufkommendes Gewitter.

▶Vorzeichen ◆Krisen-, Unglücks- **6.** *etwas, das als Geste für etwas steht* Gefühle kann man oft besser in Zeichen und Symbolen ausdrücken als in Worten., zum Zeichen der Ablehnung den Kopf schütteln, jemandem zum Zeichen der Versöhnung die Hand reichen, Er schenkte ihr einen Ring zum Zeichen seiner Treue., Das ist ein Zeichen seiner Liebe zu seinen Eltern. ■ **im Zeichen von ... stehen**: *von etwas geprägt sein* Die Feier stand im Zeichen ihrer glücklichen Heimkehr. **ein Zeichen setzen**: *etwas (Gutes) tun, um Nachahmer zu finden* Sie wollte mit ihrer Hilfe ein Zeichen gegen Egoismus und Selbstsucht setzen. **Es geschehen noch Zeichen und Wunder!** (*umg. scherzh.*): *Ausruf, wenn sich plötzlich etwas zum Guten wendet* **die Zeichen der Zeit erkennen**: *eine bestimmte Situation richtig beurteilen können, um dann entsprechend zu handeln*

Zei·chen·ab·stand der <-(e)s, Zeichenabstände> EDV *ein Untermenü in einem Textverarbeitungsprogramm, mit dem der Abstand der Zeichen*[2] *(wie Buchstaben, Symbole, Zahlen) im Text bestimmt werden kann*

Zei·chen·block der <-(e)s, Zeichenblöcke> *Block mit mehreren Blättern von Zeichenpapier*

Zei·chen·leh·rer, **Zei·chen·leh·re·rin** der <-s, -> *Person, die das Zeichnen II unterrichtet*

Zei·chen·pa·pier das <-s, -e> *Papier, das für das Zeichnen II bestimmt ist*

Zei·chen·set·zung die <-> (*kein Plur.*) SPRACHWISS. **1.** *die Regeln, die bestimmen, wie die Satzzeichen Komma, Punkt Ausrufeszeichen usw. gestzt werden müssen* **2.** (≈ *Interpunktion*) *der Gebrauch der Zeichensetzung*[1] bei der Zeichensetzung Fehler machen

Zei·chen·spra·che die <-, -n> *ein System von Symbolen, die mit den Bewegungen der Hände und Finger dargestellt werden und mit denen sich zum Beispiel Taubstumme verständigen können* sich in Zeichensprache verständigen

Zei·chen·stift der <-(e)s, -e> *ein Stift, der für das Zeichnen II bestimmt ist*

Zei·chen·stun·de die <-, -n> *Unterrichtsstunde in der Schule, in der das Zeichnen II unterrichtet wird*

Zei·chen·tisch der <-(e)s, -e> *eine große Platte, die auf einem Sockel befestigt und verstellbar ist und auf der Techniker oder technische Zeichner Zeichnungen anfertigen*

Zei·chen·trick·film der <-s, -e> *ein Film, der aus sehr vielen Zeichnungen besteht, die sehr schnell wechseln, so dass es scheint, als ob die dargestellten Figuren sich bewegen würden*

Zei·chen·un·ter·richt der <-s> (*kein Plur.*) *Schulfach, in dem Zeichnen II unterrichtet wird*

zeich·nen **I.** *mit OBJ* **1.** ■ *etwas zeichnet jmdn./etwas bei jmdm. oder etwas deutliche Spuren hinterlassen* Die Krankheit hat ihn gezeichnet., Wind und Wetter haben die Landschaft und ihre Bewohner gezeichnet., Die Gesichter der Rennfahrer sind von der schweren Bergetappe gezeichnet. **2.** ■ *jmd. zeichnet etwas Akk.* (*veralt.*) *etwas durch Unterschrift anerkennen* einen Scheck zeichnen, Aktien an der Börse zeichnen **3.** ■ *jmd. zeichnet (als etwas) für etwas Akk. (geh.) eine bestimmte Funktion haben und die Verantwortung für etwas übernehmen* als Herausgeber für etwas zeichnen, für etwas verantwortlich zeichnen **4.** ■ *jmd. zeichnet ein Bild von etwas Dat. etwas in einer bestimmten Art beschreiben* Sie zeichneten ein sehr positives Bild von der künftigen wirtschaftlichen Entwicklung. **II.** *mit OBJ/ohne OBJ* ■ *jmd. zeichnet (etwas)* (≈ *skizzieren*) *etwas mit einem Stift in Form einzelner Linien oder Striche abbilden* ein Bild/einen Entwurf/eine Skizze auf ein Blatt Papier zeichnen, mit wenigen Strichen ein Haus zeichnen, gut zeichnen können, In ihrer Freizeit zeichnet sie oft. ▶aufzeichnen, nachzeichnen, vorzeichnen

Zeich·ner, **Zeich·ne·rin** der <-s, -> (≈ *Illustrator*) *Person, die beruflich künstlerische Zeichnungen anfertigt* ein Buch von einem Zeichner illustrieren lassen, Ein technischer Zeichner zeichnet Pläne von Maschinen, Häusern und Gebäuden. ◆Karten-, Porträt-

Zeich·nung die <-, -en> **1.** *Bild, das gezeichnet II wurde* Die Ausstellung zeigt Gemälde und Zeichnungen von Paul Klee., eine Zeichnung mit Bleistift/Tusche/Kreide anfertigen, etwas mit einer groben Zeichnung veranschaulichen ◆Bleistift-, Feder-, Kreide- **2.** *Schilderung oder Darstellung von jmdm. oder etwas* eine lebhafte Zeichnung der Figuren, eine realistische Zeichnung der damaligen Zeit **3.** WIRTSCH. *der Vorgang, dass etwas unterschrieben wird* die Zeichnung von Aktien/eines Schecks **4.** *die bestimmte Färbung des Fells bei Tieren* Das Fell hat eine schöne Zeichnung., Jedes Zebra hat seine eigene charakteristische Zeichnung.

zeich·nungs·be·rech·tigt <nicht steig.> *Adj.* AMTSSPR. *berechtigt, etwas durch seine Unterschrift gültig zu machen*

Zeich·nungs·voll·macht die <-, -en> *Vollmacht, etwas zu zeichnen I. 2*

Zei·ge·fin·ger der <-s, -> *der Finger neben dem Daumen*

zei·gen **I.** *mit OBJ* ■ *jmd. zeigt jmdm. etwas* **1.** *jmdn. herumführen und ihm mit Worten erklären, wo etwas ist oder was etwas darstellt* den Gästen das Haus zeigen, Der Fremdenführer zeigte uns die ganze Stadt. **2.** *jmdm. etwas vorführen, so dass er sieht, wie es gemacht wird* Wer kann uns diese Übung noch einmal zeigen?, Die Eiskunstläuferin zeigte eine hervorragende Kür. **3.** *einen Film, ein Theaterstück, eine Zirkusnummer o.Ä. bringen* Wir zeigen (Ihnen) jetzt einen französischen Spielfilm. **4.** *jmdm. erklären, wo etwas ist und wie man dahin gelangt* Sie zeigte uns den kürzesten Weg zum Bahnhof. **5.** ■ *jmd./etwas zeigt etwas etwas erklären und vorführen, so dass man erkennt, wie es funktioniert* Er zeigte uns, wie seine neue Uhr funktioniert., Zeig mir doch bitte, wie man das macht! **6.** *etwas erkennen lassen oder auf etwas hindeuten* Die Zuschauer zeigten großes

Interesse., Er hat bei der Sache viel Mut gezeigt., Ihr Gesicht zeigte keine Regung. **7.** *etwas abbilden* Das Bild zeigt unsere Urgroßeltern., Die Darstellung zeigt die Verdauungsorgane des Menschen., Das Diagramm zeigt die Temperaturen des letzten Monats. **8.** *etwas angeben* Das Thermometer zeigt zehn Grad., Der Tacho zeigt hundert Stundenkilometer., Die Uhr zeigt fünf vor sechs. ▶anzeigen **9.** *sich aus etwas ergeben* Die Untersuchungen haben gezeigt, dass wir Recht hatten., Die Erfahrung zeigt Folgendes … **10.** ■ *jmd./etwas zeigt etwas* (*umg. scherzh.*) *etwas zur Schau stellen* Die Mode zeigt in diesem Sommer viel Haut., Sie zeigt heute viel Bein mit ihrem kurzen Rock. **II.** *mit OBJ/ohne OBJ* ■ *jmd. zeigt* (*jmdm.*) (*etwas*) *etwas jmdm. vorweisen oder so hinhalten, dass man es beachtet und sieht* Zeigen Sie mir bitte Ihren Ausweis!, Er zeigte uns seine neuesten Bilder., Das Kind zeigte der Mutter seine Hände., Zeig doch mal! ■ **es jemandem zeigen** (*umg.*): *jmdm. beweisen, dass man selbst etwas besser kann* Euch werde ich es zeigen! **jemand zeigt jemandem den Vogel**: *mit dem Finger an die Stirn tippen, zum Zeichen, dass man jemanden für ziemlich verrückt hält* **III.** *ohne OBJ* **1.** ■ *jmd. zeigt irgendwohin/auf jmdn./etwas auf eine Stelle/auf jmdn./etwas mit etwas deuten* Er zeigte mit dem Finger auf den Täter., Sie zeigte zur Tür. **2.** ■ *etwas zeigt irgendwohin auf eine Stelle gerichtet sein* Der Pfeil zeigt nach oben., Der Ast zeigt steil in den Himmel. **IV.** *mit SICH* **1.** ■ *jmd. zeigt sich irgendwo sich von anderen an einem Ort sehen lassen* So kannst du dich nirgends zeigen., Er hat sich lange nicht mehr in der Öffentlichkeit gezeigt. **2.** ■ *etwas zeigt sich irgendwo irgendwo zu sehen sein* Am Himmel zeigten sich die ersten Sterne. **3.** ■ *etwas zeigt sich sich herausstellen oder deutlich werden* Das wird sich noch zeigen!, Es hat sich gezeigt, dass wir Recht hatten. **4.** ■ *jmd. zeigt sich irgendwie sich in einer bestimmten Weise verhalten* Sie zeigte sich großmütig., Er hat sich uns gegenüber sehr freundlich gezeigt.

Zei·ger der <-s, -> **1.** *einer der schmalen und beweglichen Teile auf dem Zifferblatt einer Uhr* der große/kleine Zeiger einer Uhr ◆ Minuten-, Sekunden-, Stunden- **2.** *ein schmales Teil mit einer Spitze, das bei einem Messinstrument einen bestimmten Messwert anzeigt* Der Zeiger der Waage zeigt 200 Gramm.

Zei·ge·stab der <-(e)s, Zeigestäbe> (≈ *Zeigestock*)

Zei·ge·stock der <-(e)s, Zeigestöcke> *ein schmaler Stab, mit dem man auf etwas deuten kann*

zei·hen <zeihst, zieh, hat geziehen> *mit OBJ* ■ *jmd. zeiht jmdn. etwas Gen.* (*veralt. geh.*) *jmdn. eines Verbrechen oder eines Vergehens beschuldigen* Er zieh ihn des Mordes. ▶verzeihen

Zei·le die <-, -n> **1.** *eine der parallelen Linien auf einem Papier* ein Blatt Papier mit Zeilen versehen, auf den Zeilen schreiben **2.** *eine der einzelnen Reihen, in denen die Wörter in einem geschriebenem Text angeordnet sind* Der Text besteht aus einundvierzig Zeilen., ein paar Zeilen auf das Papier schreiben, jede Seite hat dreißig Zeilen **3.** *der Wortlaut einer Zeile* Das Gedicht endet mit den bekannten Zeilen … ■ **zwischen den Zeilen lesen** (*übertr.*): *eine versteckte Bedeutung aus einem Text herauslesen* ◆ Brief-, Gedicht-, Vers-

Zei·len·ab·stand der <-(e)s, Zeilenabstände> *Abstand, der zwischen den Zeilen in einem geschriebenen Text besteht* den Zeilenabstand verändern

Zei·ne die <-, -n> (*schweiz.*) *großer Wäschekorb*

Zei·sig der <-s, -e> *ein kleiner Singvogel*

Zeit die <-, -en> **1.** (*kein Plur.*) *das Nacheinander von Ereignissen in bestimmten messbaren Abschnitten* die Messung/das Verstreichen der Zeit, die Zeit vergeht, Die Geschwindigkeit ist der Quotient aus Weg und Zeit., Große Philosophen haben sich mit dem Phänomen der Zeit beschäftigt. **2.** (*kein Plur.*) *Stunden, Tage, Wochen usw., die jmdm. für etwas zur Verfügung stehen* Ich habe überhaupt keine Zeit jetzt., Im Urlaub haben wir viel Zeit füreinander., seine Zeit gut einteilen, die Zeit mit Arbeit ausfüllen, Wir haben viel kostbare Zeit mit Warten verloren., Er weiß nichts mit seiner Zeit anzufangen., Nütze deine Zeit!, Auch diese Arbeit dauert ihre Zeit. ◆ Essens-, Jahres-, Tages- **3.** (*kein Plur.*) (≈ *Uhrzeit*) *eine bestimmte Minute oder Stunde innerhalb einer Zeitmessung* Welche Zeit ist es?, Haben Sie die genaue Zeit? **4.** *die Uhrzeit in einer bestimmten Zone auf der Erde* Es ist sieben Uhr mitteleuropäischer Zeit., die Zeit im Frühjahr (auf Sommerzeit) umstellen **5.** *Zeitpunkt oder Termin für etwas* eine Zeit vereinbaren, bis zu der etwas erledigt sein muss, eine Zeit für ein Treffen festlegen, Um diese Zeit frühstücken wir immer., Bitte halten Sie sich an die vereinbarten Zeiten!, eine Entscheidung auf unbestimmte Zeit vertagen, Es wird Zeit, dass wir uns entscheiden., Das Angebot kommt gerade zur rechten/richtigen Zeit. **6.** *Zeitraum oder Frist für etwas* eine längere Zeit im Ausland leben, seine Zeit im Gefängnis absitzen müssen, Sie ist seit einiger Zeit krank., Er hat nach kurzer Zeit aufgegeben., Das ist doch schon vor langer Zeit geschehen!, Ich gebe Ihnen noch zwei Wochen Zeit für diese Arbeit., Die Läufer haben gute Zeiten erreicht. **7.** *ein Zeitraum oder eine Phase im privaten Leben* schöne/schwere Zeiten miteinander verbringen, gern an eine Zeit zurückdenken, sich gern an die alten Zeiten erinnern, Sie hat ihre große Zeit noch vor sich., Zu meiner Zeit war das noch ganz anders. ◆ Jugend-, Schul-, Studenten- **8.** *eine charakteristische Ära oder Epoche in der Geschichte* die Zeit der Aufklärung/der Romantik/des Sturm und Drang, Das war die Zeit großer wissenschaftlicher Entdeckungen und Erfindungen., zur Zeit Augusts des Starken, Die Zeiten haben sich geändert., Mit ihren Anschauungen war sie ihrer Zeit weit voraus. ◆ Barock-, Biedermeier-, Friedens-, Kriegs- **9.** *die Gegenwart* Das ist halt der Geschmack der Zeit., die heutige Zeit **10.** (SPRACHWISS.: ≈ *Tempus*) *eine grammatische*

Form des Verbs In welcher Zeit steht dieser Satz/dieses Verb?, In verschiedenen Sprachen gibt es verschiedene Zeiten des Verbs. ■ **im Laufe der Zeit**: *allmählich, nach und nach* sich im Laufe der Zeit an etwas gewöhnen **mit der Zeit**: *nach und nach, langsam* Mit der Zeit gewöhnt man sich an alles. **jederzeit**: *immer* Du kannst mich jederzeit besuchen kommen! **von Zeit zu Zeit**: *manchmal* Sie kommt uns von Zeit zu Zeit besuchen. **zu gegebener Zeit** (*geh.*): *zu einem richtigen Zeitpunkt* Man wird Ihnen das zur gegebener Zeit mitteilen **auf Zeit**: *für einen bestimmten Zeitraum* eine Arbeitsvertrag auf Zeit **in jüngster Zeit**: *in den letzten Wochen oder Tagen* **zur Zeit**: *zu Lebzeiten* **für alle Zeiten**: *für immer* für alle Zeiten ausgesorgt haben **jemandem Zeit lassen etwas zu tun**: *jmdm. nicht drängen, etwas zu tun* **sich bei etwas Zeit lassen**: *etwas ohne Eile tun* **jemandem/sich (mit etwas) die Zeit vertreiben**: *etwas Angenehmes tun* Er vertreibt sich die Zeit mit Lesen. **die Zeit totschlagen** (*umg. abwert.*): *versuchen, sich irgendwie mit etwas zu beschäftigen, damit die Zeit, die man warten muss, vergeht* Beim Arzt schlage ich immer die Zeit mit Kreuzworträtseln tot. **sich für jemanden/etwas Zeit nehmen**: *mit etwas nicht weitermachen, um somit Zeit für jmdn. oder etwas zu haben, mit dem man sich gerne beschäftigt* **Die Zeit drängt!**: *etwas muss sofort getan werden, sonst ist es zu spät* **keine Zeit verlieren dürfen**: *etwas sofort machen müssen* **es ist höchste Zeit**: *es muss sofort getan werden* Es ist höchste Zeit, dass du zum Arzt gehst! **es ist an der Zeit** (*geh.*): *es muss jetzt allmählich getan werden* Es ist an der Zeit, dass du dich entscheidest, was du werden willst! **zu meiner/deiner/seiner usw. Zeit**: *als ich/du/er usw. jung war* **in meinen/deinen/seinen usw. besten Zeiten**: *als es mir/dir/ihm usw. körperlich, finanziell usw. sehr gut ging* **eine ganze Zeit** (*umg.*): *schon ziemlich lange* Ich habe schon eine ganze Zeit nichts von ihr gehört. **seit ewigen Zeiten** (*umg.*): *seit sehr langem* **Ach du liebe Zeit!** (*umg.*): *verwendet, um Verwunderung oder Erschrecken auszudrücken* **mit der Zeit gehen**: *modisch sein* **jemandem läuft die Zeit davon**: *jmd. hat das Gefühl, dass die Zeit zu schnell vergeht, um etwas noch rechtzeitig erledigen zu können* **Das hat Zeit.**: *das kann man auch später noch erledigen oder machen* **Alles zu seiner Zeit!**: *man soll nichts überstürzen* **Kommt Zeit, kommt Rat.**: *wenn man Geduld hat, findet man eine Lösung* ◆ Getrennt- oder Zusammenschreibung→R 4.3, R 4.12 eine Zeit raubende/zeitraubende Arbeit, eine Zeit sparende/zeitsparende Methode; Zusammenschreibung→R 4.12 noch zeitraubender/sehr zeitraubend/das zeitraubendste Verfahren, (noch) zeitsparendere Verfahren/sehr zeitsparende Verfahren/das zeitsparendste Verfahren *siehe aber auch* **zurzeit**, **zuzeiten**, **seinerzeit**, **zeitraubend**, **zeitsparend**

zeit *Präp.* + *Gen.* ■ **zeit meines/seines/ihres usw. Lebens**: *während meines/seines/ihres usw. ganzen Lebens* Das wollte ich zeit meines Lebens gern tun., Er war zeit seines Lebens ein armer Mann.

Zeit·ab·schnitt der <-(e)s, -e> *ein Abschnitt im Verlauf der Zeit*[1] ein Zeitabschnitt in seinem Leben/in der Geschichte

Zeit·al·ter das <-s, -> (≈ *Epoche*) *eine irgendwie charakterisierter Abschnitt in der Geschichte* das Zeitalter der Aufklärung/der Raumfahrt, ein Zeitalter großer Gelehrter und bedeutender Entdeckungen

Zeit·ar·beit die <-> (*kein Plur.*) WIRTSCH. *eine Form der Beschäftigung, bei der eine Firma Personen anstellt, um sie an andere Firmen befristet zu verleihen*

Zeitar·beits·kraft die <-, Zeitarbeitskräfte> *jmd., der Zeitarbeit verrichtet*

zeit·auf·wen·dig *Adj. so, dass dafür viel Zeit benötigt wird*

zeit·be·dingt <nicht steig.> *Adj. so, dass es durch die Umstände einer geschichtlichen Epoche beeinflusst ist* eine zeitbedingte Weltanschauung

Zeit·be·griff der <-(e)s> (*kein Plur.*) (≈ *Zeitgefühl*) *das Gefühl, mit dem man einschätzt, wie lange etwas dauert* Mir ist jeglicher Zeitbegriff abhanden gekommen

Zeit·bom·be die <-, -n> **1.** *eine Bombe, die einen Zeitzünder hat und zu einer bestimmten Zeit automatisch explodiert* Der Täter hatte im Auto des Opfers eine Zeitbombe deponiert. **2.** (*übertr.*) *eine Situation, die irgendwann sehr gefährlich werden kann* Diese ungesicherte Mülldeponie ist eine Zeitbombe für das Grundwasser.

Zeit·dau·er die <-> (*kein Plur.*) *Zeit, die für etwas benötigt wird* Die Zeitdauer der Prüfung beträgt dreißig Minuten., für die Zeitdauer von zwei Jahren im Ausland sein

Zeit·druck der <-(e)s> (*kein Plur.*) *der Zwang, eine Aufgabe innerhalb einer knapp bemessenen Zeit zu bewältigen* unter Zeitdruck arbeiten

Zeit·ein·tei·lung die <-, -en> *Art, wie sich jmd. seine Zeit (für verschiedene Aufgaben) einteilt* eine gute/schlechte Zeiteinteilung haben

Zeit·er·schei·nung die <-, -en> *etwas, das nur in einer bestimmten geschichtlichen Epoche vorkommt und in ihr etwas Typisches darstellt*

Zeit·er·spar·nis die <-, -se> *eingesparte Zeit* Diese Abkürzung bringt uns eine Zeitersparnis von zwanzig Minuten.

Zeit·fah·ren das <-s> (*kein Plur.*) SPORT *eine Prüfung im Radsport, bei der gemessen wird, in welcher Zeit ein Fahrer eine bestimmte Strecke zurücklegt*

Zeit·form die <-, -en> (SPRACHWISS.: ≈ *Tempus*) *eine grammatische Form des Verbs, die meistens angibt, zu welcher Zeit das vom Verb bezeichnete Geschehen geschieht* In verschiedenen Sprachen gibt es verschiedene Zeitformen des Verbs., Vergangenheit, Gegenwart und Zukunft sind Zeitformen.

Zeit·fra·ge die <-, -n> *etwas, dass in einer be-*

stimmten Zeit aktuell ist Der Politiker versucht zu den aktuellen Zeitfragen Stellung zu nehmen ■ **es ist eine reine Zeitfrage**: *es kommt darauf an, ob genug Zeit vorhanden ist*

zeit·ge·bun·den <nicht steig.> *Adj. so, dass etwas von der Mode einer bestimmten Zeit oder vom Zeitgeist abhängig ist.* zeitgebundene Meinungen/Denkweisen

Zeit·geist der <-es> (*kein Plur.*) *ein bestimmtes Lebensgefühl und die vorherrschenden Anschauungen und Meinungen in einem Zeitabschnitt der Geschichte* sich (nicht) dem Zeitgeist anpassen

zeit·ge·mäß *Adj.* (≈ *aktuell*) *einer bestimmten Zeit entsprechend* Diese Auffassungen sind nicht mehr zeitgemäß., Diese Form der Abwasserbeseitigung ist heute nicht mehr zeitgemäß.

Zeit·ge·nos·se, **Zeit·ge·nos·sin** der <-n, -n> *Person, die zur gleichen Zeit wie eine andere Person gelebt hat* Schiller war ein Zeitgenosse Goethes. ■ **ein unangenehmer Zeitgenosse**: *jmd., der sehr unsympathisch ist*

zeit·ge·nös·sisch <nicht steig.> *Adj.* (*geh.* ≈ *gegenwärtig*) **1.** *aus der gleichen geschichtlichen Epoche stammend* die zeitgenössische Malerei des 19. Jahrhunderts **2.** *aus der Gegenwart, aktuell* zeitgenössische Architektur/Malerei/Musik/Kunst

Zeit·ge·schich·te die <-> (*kein Plur.*) *die Geschichte der jüngsten Vergangenheit vor allem seit dem Zweiten Weltkrieg* eine wichtige Person der Zeitgeschichte, ein Museum für Zeitgeschichte

zeit·ge·schicht·lich <nicht steig.> *Adj. zur Zeitgeschichte gehörend* zeitgeschichtliche Ereignisse

Zeit·ge·schmack der <-(e)s> (*kein Plur.*) *dem Geschmack einer bestimmten geschichtlichen Epoche entsprechend* ganz dem damaligen Zeitgeschmack entsprechen

Zeit·ge·winn der <-(e)s> (*kein Plur.*) *Möglichkeit, mehr Zeit zur Verfügung zu haben, weil man etwas schneller als vorgesehen erledigt oder beendet hat* ein Zeitgewinn von drei Stunden

zeit·gleich <nicht steig.> *Adj.* SPORT *mit der gleichen Zeit, wie der andere* Die beiden Läufer kamen zeitgleich ans Ziel.

Zeit·grün·de <-> *Plur.* ■ **aus Zeitgründen**: *wegen fehlender Zeit*

zei·tig *Adj.* **1.** (≈ *früh*) Er ist heute zeitig aufgestanden., Ich gehe heute zeitig ins Bett. **2.** (≈ *frühzeitig*) Ich muss zeitig am Flughafen sein., Seine Mutter ist sehr zeitig gestorben.

zei·ti·gen *mit OBJ* ■ *etwas zeitigt etwas Akk.* (*geh.*) *hervorbringen* Seine Mühen zeitigten Erfolg.

Zeit·kar·te der <-, -n> *Fahrkarte für Bahn oder Bus, die für eine bestimmten Zeitraum gilt, in dem man dann so oft fahren kann, wie man will*

Zeit·kon·to das <-s, Zeitkonten> WIRTSCH. *eine Art Plan, in dem aufgeführt ist, wieviele Stunden ein Arbeitnehmer, der gleitende Arbeitszeit hat, in einem bestimmten Zeitraum gearbeitet hat* Sie haben einen Überschuss von 15 Stunden auf ihrem Zeitkonto, die Sie als Urlaub abfeiern können.

Zeit·lauf der <-s, Zeitläufe> *Verlauf der Ereignisse*

zeit·le·bens *Adv. während des gesamten Lebens einer genannten Person* Er hat sich zeitlebens nach Geborgenheit gesehnt. ◆ Zusammenschreibung→R 4.5 Sie war zeitlebens an den Rollstuhl gefesselt. *siehe aber auch* **zeit**

zeit·lich *Adj. auf die Dauer oder Reihenfolge von etwas bezogen* das zeitliche Ausmaß eines Vorgangs, eine zeitlich begrenzte Erscheinung, der zeitliche Ablauf einer Veranstaltung ■ **das Zeitliche segnen** (*verhüll.*): *sterben*

Zeit·li·mit das <-s, -s> *eine zeitliche obere oder untere Grenze für eine Aufgabe* ein Zeitlimit von zwei Stunden setzen

zeit·los <nicht steig.> *Adj.* (↔ *zeitgebunden*) *nicht an eine bestimmte Mode oder Epoche gebunden* Kleidung/Möbel von zeitloser Eleganz

Zeit·lu·pe die <-> (*kein Plur.*) (FILM: ↔ *Zeitraffer*) *ein filmisches Verfahren, bei dem die Vorgänge stark verlangsamt gezeigt werden* Schauen wir uns das Tor noch mal in der Zeitlupe an!, in Zeitlupe ablaufen

Zeit·lu·pen·tem·po das <-s> (*kein Plur.*) (*umg.*) stark verlangsamtes Tempo, im Zeitlupentempo arbeiten

Zeit·man·gel der <-s> (*kein Plur.*) Mangel an Zeit, unter ständigem Zeitmangel leiden

Zeit·ma·schi·ne die <-, -n> *eine (erfundene) Maschine, mit der Personen in die Vergangenheit oder Zukunft reisen können*

zeit·nah *Adj. so, dass es für die Gegenwart wichtig und von Bedeutung ist* Das sind zeitnahe Problemstellungen, die behandelt werden müssen.

Zeit·not die <-> (*kein Plur.*) *ein Problem, das aus Zeitmangel entstanden ist* Wegen der Zugverspätung sind wir in Zeitnot geraten.

Zeit·plan der <-(e)s, Zeitpläne> *Plan über den zeitlichen Ablauf eines Geschehens* einen Zeitplan machen, den Zeitplan (nicht) einhalten

Zeit·punkt der <-(e)s, -e> *der Moment, in dem etwas geschieht oder geschehen soll* Wir haben noch keinen Zeitpunkt dafür festgelegt., Bis zu diesem Zeitpunkt muss alles erledigt sein., einen geeigneten Zeitpunkt finden, um ein Anliegen vorzutragen, Dein Angebot kam genau zum richtigen Zeitpunkt., Was ereignet sich zu diesem Zeitpunkt in einem anderen Teil der Welt?

Zeit·raf·fer der <-s, -> (FILM: ↔ *Zeitlupe*) *ein filmisches Verfahren, bei dem Ereignisse, die sich sehr langsam abspielen, mit stark erhöhter Geschwindigkeit sichtbar gemacht werden* Schauen wir uns das Wachstum der Blume im Zeitraffer an!

zeit·rau·bend *Adj. so, dass es viel Zeit benötigt* Die Vorarbeiten waren (noch) zeitraubender, als ich angenommen hatte. ◆ Zusammenschreibung →R 4.12 Am zeitraubendsten war die Auswertung der Testergebnisse. *siehe aber auch* **Zeit**

Zeit·raum der <-(e)s, Zeiträume> *bestimmter Abschnitt im Ablauf der Zeit* für/über einen Zeitraum von drei Jahren ins Ausland gehen, einen längeren Zeitraum umfassen

Zeit·rech·nung die <-, -en> *die Zählung der ablaufenden Zeit in Jahren von einem bestimmten*

Ereignis an Die christliche Zeitrechnung beginnt mit der Geburt Christi., im vierten Jahrhundert unserer Zeitrechnung, im Jahre 200 vor unserer Zeitrechnung

Zeit·rei·se die <-, -n> *eine (erfundene) Reise durch die Zeit* Dieser utopische Roman beschreibt eine Zeitreise in das 23. Jahrhundert.

Zeit·schrift die <-, -en> (≈ *Magazin*) *ein gedrucktes Heft, das in regelmäßigen Abständen, aber nicht täglich erscheint und auch meist viele Fotos beinhaltet* eine Zeitschrift abonniert haben/am Kiosk kaufen/ regelmäßig lesen, der Chefredakteur/das Impressum/die Mitarbeiter/ die Titelseite einer Zeitschrift, eine Zeitschrift für Angelsport/ HiFi/Mode/Motorsport/

Zeit·sol·dat der <-en, -en> *jmd., der sich freiwillig verpflichtet hat, über einen längeren Zeitraum Wehrdienst zu leisten*

Zeit·span·ne die <-, -n> (≈ *Zeitraum*) die Zeitspanne zwischen Schulabschluss und Lehre/Studium mit einem Job im Ausland überbrücken

zeit·spa·rend *Adj. so, dass es Zeit spart* eine noch zeitsparendere Arbeitsmethode anwenden ♦ Zusammenschreibung→R 4.12 Dieses Verfahren ist von allen das zeitsparendste. *siehe aber auch* **Zeit**

Zeit·ta·fel die <-, -n> *eine Art große Tabelle, die eine Übersicht über Ereignisse der Geschichte darstellt* den Verlauf des Zweiten Weltkriegs in einer Zeittafel darstellen

zeit·ty·pisch *Adj. so, dass es typisch für eine bestimmte Zeit oder geschichtliche Epoche ist*

Zei·tung die <-, -en> **1.** *ein gedrucktes Erzeugnis der Presse, das in der Regel täglich erscheint, auf großformatigen, gefalteten Seiten Nachrichten und Berichte über aktuelle Ereignisse enthält und normalerweise keine farbigen Fotos enthält* die Zeitung lesen/zusammenfalten/im Zug liegen lassen, die örtliche Zeitung abonniert haben, Zeitungen austragen, eine Zeitung herausgeben, der Leitartikel/die Schlagzeilen/der Regionalteil/ der Sportteil einer Zeitung **2.** (*kein Plur.*) *Verlag, der Zeitungen herausgibt* bei der Zeitung arbeiten, eine Neuigkeit an die Zeitung weitergeben, die Leute von der Zeitung ♦ Abend-, Morgen-, Sonntags-, Tages-, Wochen-

Zei·tungs·an·zei·ge die <-, -n> *eine Anzeige, die in einer Zeitung*[1] *abgedruckt ist* eine Zeitungsanzeige aufgeben

Zei·tungs·ar·ti·kel der <-s, -> *Artikel in einer Zeitung*[1]

Zei·tungs·en·te die <-, -n> (*umg. abwert.*) *eine Meldung, die falsch ist und in einer Zeitung*[1] *veröffentlicht wurde*

Zei·tungs·in·se·rat das <-s, -e> (≈ *Zeitungsanzeige*) Unsere neue Wohnung haben wir durch ein Zeitungsinserat gefunden.

Zei·tungs·in·ter·view das <-s, -s> *ein Interview, das in einer Zeitung*[1] *abgedruckt ist*

Zei·tungs·jar·gon der <-s> (*kein Plur.*) *ein bestimmter Stil der Sprache, der für die Zeitung*[1] *typisch ist*

Zei·tungs·ki·osk der <-s, -e> *Kiosk, an dem vor allem Zeitungen*[1] *verkauft werden*

Zei·tungs·mel·dung die <-, -en> *eine Nachricht, die in einer Zeitung*[1] *abgedruck ist* Einer Zeitungsmeldung zufolge ist der Täter gestern gefasst worden.

Zei·tungs·no·tiz die <-, -en> *kurze Zeitungsmeldung*

Zei·tungs·pa·pier das <-s> (*kein Plur.*) **1.** *Papier, auf das Zeitungen*[1] *gedruckt werden* **2.** *Papier von Zeitungen*[1] das Gemüse in Zeitungspapier einwickeln

Zei·tungs·re·kla·me die <-> (*kein Plur.*) *Reklame, die einer Zeitung*[1] *beigelegt ist*

Zei·tungs·ver·käu·fer, Zei·tungs·ver·käu·fe·rin der <-s, -> *Person, die (auf der Straße) Zeitungen*[1] *verkauft*

Zei·tungs·ver·le·ger der <-s, -> *jmd., der eine Zeitung*[1] *herausgibt*

Zei·tungs·zu·stel·ler, Zei·tungs·zu·stel·le·rin der <-s, -> *jmd., der eine Zeitung*[1] *an die Personen verteilt, die diese Zeitung abonniert haben*

Zeit·un·ter·schied der <-(e)s, -e> *der Unterschied der Zeit in verschiedenen Zeitzonen* Viele Leute, die mit dem Flugzeug von Westen nach Osten eine lange Strecke fliegen, leiden anschließend unter den Folgen des Zeitunterschieds.

Zeit·ver·lust der <-(e)s, -e> *verlorene Zeit* Der Umweg beim Aufstieg zum Gipfel brachte einen Zeitverlust von mehreren Stunden.

Zeit·ver·schwen·dung die <-, -en> (*abwert.*) *unnötiges Vergeuden von Zeit* Es ist doch reine Zeitverschwendung, das alles noch einmal abzuschreiben!

Zeit·ver·trag der <-(e)s, Zeitverträge> *ein Vertrag, in dem festgelegt ist, das jmd. nur für eine bestimmte Zeit irgendwo beschäftigt oder angestellt ist*

Zeit·ver·treib der <-(e)s, -e> *eine Tätigkeit, die man nur zur eigenen Unterhaltung macht, um sich nicht zu langweilen* Er saß am Ufer und warf zum Zeitvertreib kleine Steinchen ins Wasser.

zeit·wei·lig[1] <nicht steig.> *Adj.* (≈ *befristet*) *nur für eine begrenzte Zeit* Er hat eine zeitweilige Beschäftigung gefunden.

zeit·wei·lig[2] *Adv. manchmal; von Zeit zu Zeit* In der Urlaubszeit ist das Büro zeitweilig geschlossen.

zeit·wei·se *Adv.* **1.** (≈ *manchmal*) Im vergangenen Jahr ist sie zeitweise wegen Krankheit ausgefallen. **2.** *für kurze Zeit* Die Straße musste wegen des Unfalls zeitweise gesperrt werden.

Zeit·wort das <-(e)s, Zeitwörter> (SPRACHWISS.: ≈ *Verb*)

Zeit·zei·chen das <-s, -> (*im Rundfunk ausgestrahltes*) *akustisches Signal, das eine bestimmte Uhrzeit angibt* Beim letzten Ton des Zeitzeichens war es genau acht Uhr.

Zeit·zeu·ge, Zeit·zeu·gin der <-n, -n> *Person, die geschichtliche Ereignisse selbst miterlebt hat* Man sollte Zeitzeugen befragen, um die damaligen Ereignisse besser verstehen zu können.

Zeit·zün·der der <-s, -> *eine Vorrichtung, die einen Sprengsatz zu einem vorher eingestellten*

Zeitpunkt explodieren lässt eine Bombe mit einem Zeitzünder versehen

ze·le·b·rie·ren *mit OBJ* (*geh.*) **1.** ■ *jmd. zelebriert etwas einen Gottesdienst oder eine Messe abhalten* Der Priester zelebriert die Messe. **2.** ■ *jmd. zelebriert etwas* (*scherzh.*) *etwas betont feierlich tun* Sie zelebrieren wieder einmal ihren Abschied.

Zel·le die <-, -n> **1.** *kleiner und sehr karg eingerichteter Raum, in dem jmd. lebt* die Zelle eines Mönchs, Zwei Gefangene müssen sich eine Zelle teilen., eine Zelle zum Umkleiden ◆ Dunkel-, Einzel-, Gefängnis-, Kloster-, Mönchs- **2.** *eine Art kleiner hohler Raum, der Teil einer größerern Struktur ist* die Zellen in einer Bienenwabe, Das Dämmmaterial hat an der Unterseite kleine Zellen. **3.** BIOL. *die kleinste lebende Einheit eines Organismus* menschliche/pflanzliche/tierische Zellen, Die Zelle teilt sich/stirbt ab/wuchert. **4.** ELEKTROTECHN. *einzelnes Element einer Batterie oder eines Akkus* **5.** *eine kleine, organisierte Gruppe von Personen, die gemeinsam politisch und meistens geheim arbeiten* eine politische/revolutionäre Zelle gründen

Zell·kern der <-(e)s, -e> *Kern einer menschlichen, pflanzlichen oder tierischen Zelle* die im Zellkern enthaltene Erbinformation, die Teilung eines Zellkerns

Zel·lo·phan *s.* **Cellophan**

Zell·stoff der <-(e)s, -e> **1.** TECHN. *eine Masse, die meist aus Holz gewonnen wird und mit der man Papier herstellt* eine Fabrik zur Herstellung von Zellstoff **2.** *ein weicher, saugfähiger, aus mehreren Schichten bestehender papierähnlicher Stoff* eine Wunde mit Zellstoff reinigen, Taschentücher/Windeln aus Zellstoff ◆ -tuch

Zell·tei·lung die <-, -en> BIOL. *Teilung einer menschlichen, pflanzlichen oder tierischen Zelle*[3] Durch Zellteilung und Spezialisierung entwickelt sich ein Organismus.

zel·lu·lar, *a.* **zel·lu·lär** <nicht steig.> *Adj.* (*fachspr.*) *in Form von Zellen*[2] eine zellulare Struktur

Zel·lu·li·tis die <-, Zellulitiden> MED. **1.** *eine krankhafte Veränderung des Bindegewebes unter der Haut* **2.** *Bezeichnung für die Verdickung des Fettgewebes im Bereich des Oberschenkels bei Frauen*

Zel·lu·loid, *a.* **Cel·lu·loid** das <-(e)s> (*kein Plur.*) TECHN. *ein durchsichtiger, elastischer Kunststoff* Früher wurden Filme aus Zelluloid hergestellt. ■ **etwas auf Zelluloid bannen** (*umg.*): *etwas filmen oder fotografieren*

Zel·lu·lo·se, *a.* **Cel·lu·lo·se** die <-, -n> BIOL. *Hauptbestandteil der pflanzlichen Zellwände*

Zell·wand die <-, Zellwände> BIOL. *Wand einer pflanzlichen oder tierischen Zelle*[3]

Zelt das <-(e)s, -e> *eine Art Hütte aus Stoff, die nicht dauerhaft an einem Ort steht, sondern aufgebaut wird, indem man Stoffbahnen über Stangen spannt, die man in die Erde hineingesteckt hat* ein Zelt abbauen/aufbauen/beheizen, im Zelt übernachten, mit dem Zelt in den Urlaub fahren, Der Campingplatz ist für zweihundert Zelte ausgelegt. ■ **seine Zelte** (**irgendwo**) **abbrechen** (*umg.*): *umziehen; woanders hingehen* **seine Zelte** (**irgendwo**) **aufschlagen** (*umg.*): *sich* (*irgendwo*) *niederlassen* ◆ Beduinen-, Camping-, Nomaden-, Zirkus-

Zelt·bahn die <-, -en> *einzelne Stoffbahn eines Zelts*

zel·ten *ohne OBJ* ■ *jmd. zeltet* (≈ *campen*) *in einem Zelt übernachten oder zeitweise wohnen* Im Urlaub zelten wir.

Zel·ten der <-s, -> (*österr.*) *Lebkuchen*

Zelt·la·ger das <-s, -> *aus mehreren Zelten bestehende Unterbringung für Menschen* In den Schulferien fährt die Klasse in ein Zeltlager ans Meer., Die Flüchtlinge wurden in Zeltlagern untergebracht.

Ze·ment der <-(e)s, -e> BAUW. *ein graues Pulver, das als Bindemittel für Beton und Mörtel dient* Zement mit Wasser und Kies anrühren, schnell bindender Zement

ze·men·tie·ren *mit OBJ* **1.** ■ *jmd. zementiert etwas etwas mit Hilfe von Zement bauen* den Boden zementieren, die Zaunsäulen fest in den Boden zementieren **2.** ■ *jmd. zementiert etwas* (*geh. übertr.*) *etwas auf lange Zeit unveränderlich machen* die politischen Verhältnisse zementieren

Zen das [zɛn/t͡sɛn] <-s> (*kein Plur.*) *eine Form der Meditation, die ursprünglich aus Japan stammt* ◆ -meister

Ze·nit, **Ze·nit** der <-(e)s> (*kein Plur.*) **1.** ASTRON. *der höchste Stand eines Gestirns am Himmel über einem Bezugspunkt auf der Erde* Die Sonne/Ein Stern steht im Zenit., Die Sonne hatte den Zenit bereits überschritten. **2.** (*geh. übertr.*) *Höhepunkt* Der Kanzler befand sich im Zenit seiner Macht.

zen·sie·ren *mit OBJ* **1.** ■ *jmd. zensiert etwas Akk. etwas auf unerlaubte Inhalte hin überprüfen und dann eventuell verbieten* Bücher/Filme/die Presse zensieren **2.** ■ *jmd. zensiert jmdn./etwas* SCHULE *jmdn. oder etwas mit einer Note bewerten* die Arbeit/Leistung eines Schülers mit „zwei" zensieren

Zen·sor, **Zen·so·rin** der <-s, -en> *Person, die etwas auf unerlaubte Inhalte hin überprüft* Einige Textstellen sind dem Rotstift des Zensors zum Opfer gefallen.

Zen·sur die <-, -en> **1.** (*kein Plur.*) *das Überprüfen auf unerlaubte Inhalte* die Zensur der Presse, der Zensur unterworfen sein ◆ Film-, Post-, Presse- **2.** (*kein Plur.*) *Behörde, die Veröffentlichungen auf unerlaubte Inhalte hin überprüft* etwas der Zensur vorlegen müssen, von der Zensur verboten werden **3.** SCHULE *Note, mit der eine Leistung bewertet wird* eine gute/schlechte Zensur bekommen, die Zensuren auf dem Zeugnis

zen·su·rie·ren *mit OBJ* **1.** ■ *jmd. zensuriert etwas Akk.* (*österr. schweiz.*) *etwas zensieren*[1] **2.** ■ *jmd. zensuriert jmdn./etwas* (*schweiz.*) *jmdn. oder etwas zensieren*[2]

Zen·taur/**Ken·taur** der <-en, -en> *Gestalt der griechischen Mythologie mit dem Körper eines*

Pferdes und dem Oberkörper eines Menschen

Zen·ti·me·ter der/das <-s, -> *ein Längenmaß, das einem hundersten Teil eines Meters entspricht* Hundert Zentimeter sind ein Meter.

Zent·ner der <-s, -> **1.** *eine Gewichtseinheit von fünfzig Kilogramm* ein Zentner Kohlen/Weizen **2.** (*österr. schweiz.*) *eine Gewichtseinheit von Hundert Kilogramm*

Zent·ner·last die <-, -en> (*umg.*) *sehr schwere Last* Der Sattelschlepper bewegt Zentnerlasten über die Landstraße.

zent·ner·wei·se *Adv.* (*umg.*) *in großen Mengen* zentnerweise Sand auf einen Platz fahren

zen·t·ral *Adj.* **1.** *in der Mitte eines Ortes* die zentrale Lage der Wohnung, Die Wohnung ist zentral, aber dennoch ruhig gelegen., zentral wohnen **2.** (*keine Steigerung*) *von der Mitte oder einer übergeordneten Stelle ausgehend* etwas zentral planen/steuern, eine zentral gelenkte Wirtschaft, das zentrale Nervensystem **3.** *wichtig, hauptsächlich* ein Problem von zentraler Bedeutung, die zentrale Figur in einem Roman

Zent·ral·a·f·ri·ka <-s> GEOGR. *die Mitte des afrikanischen Kontinents*

Zent·ral·a·fri·ka·ni·sche Re·pu·blik die *ein Staat in Afrika mit Grenzen zum Tschad, zum Kongo, Zaire, Kamerun und Sudan*

Zent·ral·a·me·ri·ka <-s> *festländischer Teil Mittelamerikas*

Zent·ral·bank die <-, -en> WIRTSCH. *Notenbank, die Träger der Politik eines Währungssystems ist* die Europäische Zentralbank

Zent·ra·le die <-, -n> **1.** *leitende Stelle in einer Organisation* die Zentrale einer Partei, Die Zentrale hat einen Beschluss gefasst. ◆ Partei-, Verbands- **2.** *leitende Stelle einer Firma, von der aus etwas gesteuert wird und Informationen weitergeleitet werden* die Zentrale eines Taxiunternehmens/eines Hilfsdienstes, von der Zentrale informiert werden ◆ Taxi- **3.** *Stelle, an der bei einer großen Telefonanlage Anrufe eingehen und weitergeleitet werden* bei der Zentrale anrufen und sich weiterverbinden lassen ◆ Telefon- **4.** (TECHN.: ≈ *Schaltzentrale*) Die Anlage wird von einer Zentrale aus gesteuert., die Zentrale eines Kraftwerks

Zent·ral·ein·heit die <-, -en> EDV *der Prozessor eines Computers*

Zent·ral·hei·zung die <-, -en> *System, bei dem von einer Heizungsanlage im Keller aus die Heizungen im ganzen Haus betrieben werden* ein Haus mit Zentralheizung

zent·ra·li·sie·ren *mit OBJ* ■ *jmd. zentralisiert etwas Akk.* (*geh.*) *etwas an einer Stelle zusammenfassen oder von ihr ausgehen lassen* die Verwaltung zentralisieren, die Vergabe von Studienplätzen zentralisieren

Zent·ra·lis·mus der <-> (*kein Plur.*) (POL.: ↔ *Föderalismus*) *das Streben nach Zusammenführung der Verwaltung und Machtausübung an einer Stelle* ein nach dem Prinzip des Zentralismus organisiertes Staatswesen

zent·ra·lis·tisch <nicht steig.> *Adj.* (↔ *föderalistisch*) *auf den Zentralismus bezogen oder zu ihm gehörend* ein zentralistisches Land, eine zentralistisch aufgebaute Organisation

Zent·ral·ko·mi·tee das <-s, -s> POL. *Führungsgremium einer kommunistischen Partei*

Zent·ral·ner·ven·sys·tem das <-s, -e> BIOL. *der aus Gehirn und Rückenmark bestehende Teil des Nervensystems* Höher entwickelte Tiere besitzen ein Zentralnervensystem.

Zent·ral·or·gan der <-s, -e> *die offizielle Zeitung*[1] *einer Partei oder Massenorganisation*

Zent·ral·rat der <-(e)s, Zentralräte> POL. *Spitzengremium eines Verbandes* der Zentralrat der Juden in Deutschland

Zent·ral·rech·ner der <-s, -> (EDV: ≈ *Server*) *zentraler Rechner eines Systems von miteinander vernetzten Computern* Zugriff auf den Zentralrechner haben

Zent·ral·ver·rie·ge·lung die <-, -en> KFZ *Vorrichtung, mit der in einem Auto alle Türen gleichzeitig verriegelt werden können*

zent·rie·ren *mit OBJ* ■ *jmd. zentriert etwas* TECHN. *auf einen Mittelpunkt ausrichten* Das Rad muss neu zentriert werden, es läuft nicht mehr rund. ► patientenzentriert, konfliktzentriert

Zent·ri·fu·gal·kraft die <-> (*kein Plur.*) (PHYS.: ≈ *Fliehkraft* ↔ *Zentripetalkraft*) *die Kraft, die bei einer Drehbewegung nach außen gerichtet ist*

Zent·ri·fu·ge die <-, -n> PHYS. *eine Maschine, die die Zentrifugalkraft technisch nutzt* eine Flüssigkeit in einer Zentrifuge in verschiedene Bestandteile zerlegen, etwas in einer Zentrifuge trocknen

Zent·ri·pe·tal·kraft die <-> (*kein Plur.*) (PHYS.: ↔ *Zentrifugalkraft*) *die Kraft, die bei einer Drehbewegung nach innen gerichtet ist*

zent·risch <nicht steig.> *Adj. so, dass es sich im Mittelpunkt befindet*

Zen·t·rum das <-s, Zentren> **1.** *Mittelpunkt* das Zentrum eines Kreises, das Zentrum eines Erdbebens **2.** *Stadtmitte* Wo geht es zum Zentrum?, Fahren Sie Richtung Zentrum! **3.** *Stelle, an der sich etwas sammelt oder zusammenballt* das Zentrum eines Sturms, die Zentren der Macht, ein industrielles/kulturelles Zentrum ■ **im Zentrum der Aufmerksamkeit stehen**: *am meisten beachtet werden* ◆ Einkaufs-, Forschungs-, Presse-, Sport-

Ze·phir, *a.* **Ze·phyr** der <-s> (*kein Plur.*) **1.** *der Gott des Windes in der griechischen Mythologie* **2.** LIT. *leichter Wind*

Zep·pe·lin der <-s, -e> *ein Luftfahrzeug, das von einem langen, mit Gas gefülltem Körper getragen und von einem Motor mit Propeller angetrieben wird*

Zep·ter, *a.* **Szep·ter** das/der <-s, -> *eine Art Stab, der reich verziert ist und das Machtsymbol eines Herrschers darstellt* Der König hält auf dem Bild Zepter und Reichsapfel in den Händen. ■ **das Zepter führen/schwingen** (*umg. scherzh.*): *bestimmen, was getan wird*

zer·bei·ßen <zerbeißt, zerbiss, hat zerbissen> *mit OBJ* **1.** ■ *jmd./ein Tier zerbeißt etwas etwas durch Beißen in mehrere kleine Stücke teilen* Der Hund hat seine Leine zerbissen., Das Eichhörnchen zerbeißt die Nüsse. **2.** ■ *Insekten zerbeißen jmdn.* (*umg.*) *durch viele Insektenstiche oder -bisse verletzen* Die Mücken haben uns völlig zerbissen., von Flöhen zerbissen sein

Zer·be·rus der <-s> **1.** *in der griechischen Mythologie der Hund, der den Eingang zur Unterwelt bewacht* **2.** (*umg. scherzh.*) *Person, die streng über oder vor etwas wacht* Der Zerberus an der Pforte hätte mich beinahe nicht hereingelassen.

zer·beu·len <zerbeulst, zerbeulte, hat zerbeult> *mit OBJ* ■ *jmd./etwas zerbeult etwas viele Beulen in etwas machen* Der Hagel hat viele Autodächer zerbeult.

zer·bom·ben <zerbombst, zerbombte, hat zerbombt> *mit OBJ* ■ *etwas zerbombt etwas etwas durch Bomben völlig kaputt machen* eine Stadt zerbomben, zerbombte Häuser

zer·bre·chen <zerbrichst, zerbrach, hat/ist zerbrochen> **I.** *mit OBJ* ■ *jmd. zerbricht etwas* (*haben*) *etwas in zwei oder viele Teile brechen* Er hat den Teller zerbrochen. **II.** *ohne OBJ* **1.** ■ *etwas zerbricht* (*sein*) *in zwei oder viele Teile brechen* Der Teller ist zerbrochen., einen Stab zerbrechen **2.** ■ *etwas zerbricht* (*geh.*) *scheitern* Ihre Freundschaft ist zerbrochen., Das Bündnis der beiden Länder ist über den Grenzstreitigkeiten zerbrochen. **3.** ■ *jmd. zerbricht an etwas Dat. sich seelisch von etwas nicht mehr erholen* Er ist an seinem schweren Los trotz allem nicht zerbrochen. ■ **sich den Kopf zerbrechen** (*umg.*): *angestrengt nachdenken*

zer·brech·lich *Adj.* **1.** *so, dass es leicht zerbricht* ein zerbrechliches Material, Glas ist sehr zerbrechlich **2.** (≈ *grazil*) *so, dass es einen sehr zarten Körper hat* ein zerbrechliches kleines Kind

zer·brö·ckeln <zerbröckelst, zerbröckelte, hat/ist zerbröckelt> **I.** *mit OBJ* ■ *jmd. zerbröckelt etwas* (*haben*) *etwas in viele kleine Stücke brechen* Er hat den Kuchen zerbröckelt. **II.** *ohne OBJ* ■ *etwas zerbröckelt* (*sein*) *in viele kleine Teile auseinander fallen* Der Fels/Die Mauer/Das Gebäck ist zerbröckelt.

zer·brö·seln <zerbröselst, zerbröselte, hat zerbröselt> *mit OBJ* ■ *jmd. zerbröselt etwas etwas zerbröckeln*[1]

zer·dep·pern <zerdepperst, zerdepperte, hat zerdeppert> *mit OBJ* ■ *jmd. zerdeppert etwas* (*umg.*) *gegen etwas schlagen und es dadurch in viele einzelne Stücke oder Scherben zerlegen* Wer hat die Vase zerdeppert?

zer·drü·cken <zerdrückst, zerdrückte, hat zerdrückt> *mit OBJ* **1.** ■ *jmd. zerdrückt etwas etwas durch Drücken in einen breiigen Zustand bringen* eine Banane/gekochte Kartoffeln mit einer Gabel zerdrücken **2.** ■ *jmd./etwas zerdrückt jmdn./etwas jmdn. oder etwas durch Drücken zerstören oder töten* eine eine Blume/eine Fliege/eine Mücke zerdrücken, Das Opfer ist zwischen den beiden Autos regelrecht zerdrückt worden. **3.** ■ *jmd. zerdrückt etwas etwas durch Drücken unförmig machen* Der Baumwollrock ist völlig zerdrückt.

ze·re·b·ral <nicht steig.> *Adj.* MED. *das Gehirn betreffend* eine zerebrale Lähmung/Störung

Ze·re·mo·nie, Ze·re·mo·nie die <-, -n> *eine Handlung, die nach einer vorgeschriebenen Form abläuft und sehr feierlich ist* die Zeremonie der Bestattung/Taufe/Trauung ◆ Begrüßungs-, Bestattungs-, Tauf-, Trauungs-

Ze·re·mo·ni·ell das <-s, -e> *Regeln und Vorschriften, die den Ablauf einer feierlichen Handlung regeln* das diplomatische/militärische Zeremoniell, das festgelegte Zeremoniell bei Hofe

ze·re·mo·ni·ell <nicht steig> *Adj.* ((*nur attr.*)) *in der Art einer Zeremonie* eine zeremonielle Begrüßung

zer·fah·ren[1] *Adj. so, dass es durch vieles Befahren beschädigt ist* eine völlig zerfahrene Straße

zer·fah·ren[2] *Adj. nervös und unkonzentriert* Sie wirkte völlig zerfahren., einen zerfahrenen Eindruck machen

Zer·fah·ren·heit die <-> (*kein Plur.*) *Nervosität und Unkonzentriertheit* Aufgrund seiner Zerfahrenheit hat er viele Fehler gemacht.

Zer·fall der <-(e)s> (*kein Plur.*) **1.** *der Prozess der allmählichen Auflösung von etwas* der Zerfall eines Bauwerks, den Zerfall zahlreicher wertvoller Kulturdenkmäler aufhalten, Der Leichnam befindet sich im Stadium des Zerfalls. **2.** *der Untergang eines Reiches, einer Regierung o.Ä.* der Zerfall des Römischen Reiches **3.** PHYS. *die spontane Spaltung des Atomkerns* der Zerfall radioaktiver Atomkerne

zer·fal·len <zerfällt, zerfiel, ist zerfallen> *ohne OBJ* **1.** ■ *etwas zerfällt untergehen; nicht mehr existieren* Wie konnte das Römische Reich zerfallen?, Das Bündnis/Die Freundschaft ist zerfallen. **2.** ■ *etwas zerfällt sich allmählich in seine Bestandteile auflösen* etwas zerfällt zu Staub, Die alte Mauer ist zerfallen., Der Tierkadaver zerfällt. **3.** ■ *etwas zerfällt* PHYS. *sich spontan spalten* Radioaktive Atomkerne zerfallen. **4.** ■ *etwas zerfällt in etwas Akk. sich gliedern* Das Fach zerfällt in mehrere Teilbereiche., Der Vortrag zerfällt in mehrere Abschnitte.

Zer·falls·pro·dukt das <-(e)s, -e> PHYS. *etwas, das als Ergebnis einer Kernspaltung entsteht*

Zer·falls·pro·zess der <-es, e> *der Vorgang, dass etwas zerfällt*[3]

zer·fet·zen <zerfetzt, zerfetzte, hat zerfetzt> *mit OBJ* **1.** ■ *jmd. zerfetzt etwas mit Gewalt in Stücke reißen* Sie zerfetzte wütend den Brief., Der Hund hat ihm die das Bein/die Hose zerfetzt., Der Sturm hat das Zelt völlig zerfetzt. **2.** ■ *ein Tier zerfetzt jmdn./etwas ein Tier reißt jmdn. oder etwas in Stücke* ■ **jemanden/etwas in der Luft zerfetzen** (*übertr.*): *jmdn. oder etwas meist öffentlich vernichtend kritisieren*

zer·fled·dern <zerfledderst, zerfledderte, hat zerfleddert> *mit OBJ* ■ *jmd. zerfleddert etwas* durch häufigen oder unachtsamen Gebrauch schwer beschädigen, ein völlig zerfleddertes Buch

zer·flei·schen <zerfleischst, zerfleischte, hat zerfleischt> **I.** *mit OBJ* **1.** ■ *ein Tier zerfleischt jmdn./etwas mit den Zähnen in Stücke reißen* Der Löwe zerfleischte sein Opfer., Der Hund hat ihm das Bein zerfleischt. **2.** ▪ *etwas zerfleischt jmdn.* (*geh.*) *mit innerlichen Qualen füllen* Selbstzweifel zerfleischten ihn. **II.** *mit SICH* ▪ *jmd. zerfleischt sich* (*geh.*) *innere Qualen wegen etwas leiden* sich vor Kummer/mit Vorwürfen zerfleischen

zer·flie·ßen <zerfließt, zerfloss, ist zerflossen> *ohne OBJ* **1.** ▪ *etwas zerfließt* (≈ *schmelzen*) *flüssig werden* Die Butter ist in der Wärme völlig zerflossen., Das Eis/Der Schneemann zerfließt in der Sonne. **2.** ▪ *etwas zerfließt in den Konturen unscharf werden* Die Farbe/Tinte zerfließt auf dem Papier. **3.** ▪ *jmd. zerfließt* (*umg. übertr.*) *sehr schwitzen* Wir sind in der Hitze fast zerflossen. ▪ **vor Selbstmitleid/Trauer/Bescheidenheit o.Ä. zerfließen** (*umg. übertr. abwert.*): *übertrieben stark sein Selbstmitleid/seine Trauer/seine Bescheidenheit o.Ä. zeigen*

zer·fres·sen <zerfrisst, zerfraß, hat zerfressen> *mit OBJ* **1.** ▪ *ein Tier zerfrisst etwas Löcher in etwas fressen und es somit beschädigen* Die Motten haben die Pullover zerfressen., Würmer haben das Holz zerfressen. **2.** ▪ *etwas zerfrisst etwas beschädigen; angreifen* Rost/Säure zerfrisst das Metall.

zer·furcht *Adj. mit vielen Furchen* eine zerfurchte Stirn

zer·ge·hen <zergehst, zerging, ist zergangen> *ohne OBJ* **1.** ▪ *etwas zergeht* (≈ *sich auflösen*) Das Pulver zergeht im Wasser **2.** ▪ *etwas zergeht flüssig werden* Die Butter/Das Eis zergeht in der Sonne.

zer·glie·dern <zergliederst, zergliederte, hat zergliedert> *mit OBJ* **1.** ▪ *jmd. zergliedert etwas etwas in seine Teile zerlegen* den Arbeitsprozess zergliedern **2.** ▪ *jmd. zergliedert etwas Akk. etwas analysieren* einen komplexen Satz zergliedern

zer·ha·cken *mit OBJ* ▪ *jmd. zerhackt etwas etwas in einzelne Stücke hacken* Holz/einen Schrank zerhacken

zer·hau·en <zerhaust, zerhaute, hat zerhauen> *mit OBJ* **1.** ▪ *jmd. zerhaut etwas etwas mit einem Schlag trennen* einen Knoten/ein Seil mit einem Messer/Schwert zerhauen **2.** ▪ *jmd. zerhaut etwas* (*umg.* ≈ *zerschlagen*) Wer hat denn Omas gutes Geschirr zerhauen?

zer·klei·nern <zerkleinerst, zerkleinerte, hat zerkleinert> *mit OBJ* ▪ *jmd. zerkleinert etwas etwas in kleine Stücke teilen* den Apfel/die Gurke mit dem Messer zerkleinern

zer·klüf·tet *Adj. mit tiefen Spalten und Rissen* zerklüftete Felswände

zer·knirscht *Adj. so, dass man Reue zeigt, weil man etwas falsch gemacht hat* Nachdem sie ihren Fehler eingesehen hatte, war sie völlig zerknirscht., ein zerknirschtes Gesicht machen ►Zerknirschtheit

Zer·knir·schung die <-> (*kein Plur.*) *Zustand, in dem jmd. zerknirscht ist*

zer·knit·tern <zerknitterst, zerknitterte, hat zerknittert> *mit OBJ* ▪ *jmd. zerknittert etwas viele Falten in etwas machen und es so aus der Form bringen* Ich habe mir meinen Rock beim Sitzen im Auto zerknittert., den zerknitterten Anzug auf einen Bügel hängen, nach dem Aufstehen ein zerknittertes Gesicht haben

zer·knül·len <zerknüllst, zerknüllte, hat zerknüllt> *mit OBJ* ▪ *jmd. zerknüllt etwas etwas zu einer Art Kugel zusammendrücken* einen Brief zerknüllen und wegwerfen, zerknülltes Papier wieder glatt streichen

zer·ko·chen <zerkochst, zerkochte, hat/ist zerkocht> **I.** *mit OBJ* ▪ *jmd. zerkocht etwas* (*haben*) *etwas so lange kochen lassen, bis es breiig wird* Du darfst die Kartoffeln nicht zerkochen! **II.** *ohne OBJ* ▪ *etwas zerkocht* (*sein*) *so lange kochen, bis es breiig wird* Die Nudeln zerkochen, wenn du sie nicht abgießt!, Das Gemüse ist völlig zerkocht.

zer·krat·zen <zerkratzt, zerkratzte, hat zerkratzt> *mit OBJ* ▪ *jmd. zerkratzt etwas viele Kratzer in etwas machen* eine Scheibe zerkratzen, Meine Beine sind von dem Gestrüpp völlig zerkratzt.

zer·krü·meln <zerkrümelst, zerkrümelte, hat/ist zerkrümelt> **I.** *mit OBJ* ▪ *jmd. zerkrümelt etwas* (*haben*) *etwas zu vielen Krümeln zerreiben* das Brot mit den Fingern zerkrümeln **II.** *ohne OBJ* ▪ *etwas zerkrümelt* (*sein*) *zu Krümeln zerfallen* Der Kuchen ist beim Aufschneiden zerkrümelt.

zer·las·sen <zerlässt, zerließ, hat zerlassen> *mit OBJ* ▪ *jmd. zerlässt etwas* KOCH. *etwas durch Erhitzen flüssig machen* Butter/Fett in der Pfanne zerlassen, Zwiebeln in zelassener Butter anbraten/bräunen

zer·leg·bar <nicht steig.> *Adj. so, dass es in seine einzelnen Teile zerlegt werden kann* ein zerlegbarer Campingtisch

zer·le·gen <zerlegst, zerlegte, hat zerlegt> *mit OBJ* **1.** ▪ *jmd. zerlegt etwas alle Verbindungen zwischen den einzelnen Teilen eines Gegenstandes lösen* eine Uhr in ihre Einzelteile zerlegen, die Möbel zum Transport zerlegen **2.** ▪ *jmd. zerlegt etwas eine Speise in kleine Portionen teilen* den Braten/einen Fisch/Geflügel Fisch zerlegen **3.** ▪ *jmd. zerlegt etwas* (*umg.*) *etwas kaputtmachen* Das Auto ist beim Unfall völlig zerlegt worden., Der Boxer hat seinen Gegner regelrecht zerlegt.

zer·lumpt *Adj.* **1.** *zerrissen und alt* zerlumpte Kleidung, zerlumpt herumlaufen **2.** *in Lumpen gekleidet* zerlumpte, abgemagerte Gestalten

zer·mal·men <zermalmst, zermalmte, hat zermalmt> *mit OBJ* ▪ *etwas zermalmt jmdn./etwas jmdn. oder etwas durch großen Druck töten oder zerstören* Das Opfer ist von den Rädern des Zuges regelrecht zermalmt worden., Die Lawine hat alles zermalmt, was in ihrem Weg stand.

zer·man·schen <zermanschst, zermanschte, hat zermanscht> *mit OBJ* ▪ *jmd. zermanscht etwas Akk.* (*umg.*) *etwas so drücken, dass es zu Brei wird* die Kartoffeln mit dem Gemüse zermanschen

zer·mar·tern <zermarterst, zermarterte, hat zermartert> *mit OBJ* ▪ *jmd. zermartert sich das Gehirn/den Kopf sich intensiv und sehr angestrengt Gedanken über etwas machen* Du musst dir deshalb nicht das Gehirn zermartern!

zer·mür·ben <zermürbst, zermürbte, hat zermürbt> *mit OBJ/ohne OBJ* ■ *etwas zermürbt jmdn. jmdn. erschöpft und hoffnungslos machen* Die Jahre der vergeblichen Anstrengung haben ihn zermürbt., den Gegner durch ständige Belagerung zermürben, die zermürbende Wartezeit

zer·na·gen <zernagst, zernagte, hat zernagt> *mit OBJ* ■ *jmd./ein Tier zernagt etwas etwas durch Nagen zerstören* Mäuse haben das Holz zernagt.

zer·pflü·cken <zerpflückst, zerpfückte, hat zerpflückt> *mit OBJ* **1.** ■ *jmd. zerplückt etwas etwas mit den Händen in einzelne Stücke reißen* den Teig (in kleine Stückchen) zerpflücken, den Salat zerpflücken **2.** ■ *jmd. zerpflückt etwas* (*umg. übertr.*) *etwas in allen Einzelheiten negativ bewerten* Der Lehrer hat unseren Vortrag regelrecht zerpflückt.

zer·plat·zen <zerplatzt, zerplatzte, ist zerplatzt> *ohne OBJ* **1.** ■ *etwas zerplatzt vom* (*inneren*) *Druck auseinander gerissen werden* Der Luftballon/ein Reifen/eine Seifenblase zerplatzt. **2.** ■ *etwas zerplatzt* (*übertr.* ≈ *scheitern*) Unsere Hoffnungen/Träume sind zerplatzt.

zer·quet·schen <zerquetschst, zerquetschte, hat zerquetscht> *mit OBJ* ■ *jmd./etwas zerquetscht jmdn./etwas jmdn. oder etwas durch große Kraft schwer oder tödlich verletzen oder schwer beschädigen* ein Insekt mit dem Finger zerquetschen, Ein herabfallender Stein hat seinen Fuß zerquetscht.

Zerr·bild das <-(e)s, -er> *eine Darstellung, die absichtlich falsch ist* Der Bericht gibt nur ein Zerrbild der Wirklichkeit wider.

zer·re·den <zerredest, zerredete, hat zerredet> *mit OBJ* ■ *jmd. zerredet etwas* (*abwert.*) *zu lange über eine Sache reden und ihr damit schaden, weil sich schließlich niemand mehr dafür interessiert* Die Kollegen haben ihren guten Vorschlag in der Versammlung zerredet.

zer·rei·ben <zerreibst, zerrieb, hat zerrieben> *mit OBJ* ■ *jmd. zerreibt etwas* **1.** *durch Reiben in in sehr feine einzelne Stücke auflösen* den Stein zu Sand zerreiben, feines Papier zwischen den Fingern zerreiben, den Pfeffer zu einem feinen Pulver zerreiben **2.** (*übertr.*) *vernichten* die feindlichen Truppen zwischen zwei Fronten zerreiben

zer·rei·ßen <zerreißt, zerriss, hat/ist zerrissen> **I.** *mit OBJ* **1.** ■ *jmd. zerreißt etwas durch Reißen bewirken, dass etwas in einzelne Stücke zerfällt* Sie hat den Brief zerrissen., Er hat den Faden zerrissen. **2.** ■ *etwas/ein Tier zerreißt jmdn./etwas* (*haben*) *jmdn. oder etwas in Stücke reißen* Der Hund hat ihm die Hose/das Bein zerrissen., Die Wölfe zerreißen ihr Opfer., Das Geschoss hat das Opfer förmlich zerrissen. **3.** ■ *etwas zerreißt etwas* (*geh. übertr. haben*) *etwas plötzlich stören oder unterbrechen* Ein Schrei zerreißt die Stille., Ein Lichtstrahl zerriss das Dunkel. **II.** *ohne OBJ* ■ *etwas zerreißt* (*sein*) *viele Risse bekommen und in Stücke gehen* Das Papier zerreißt leicht., Der Stoff ist zerrissen., Wenn du noch kräftiger ziehst, zerreißt die Schnur., Der Nebel/die Wolkendecke zerreißt., Ihre Nerven waren zum Zerreißen gespannt. **III.** *mit SICH* ■ *jmd. zerreißt sich für jmdn./etwas* (*umg. haben*) *sich für jmdn. oder etwas außerordentlich stark bemühen* Sie hat sich für ihre Arbeit zerrissen., Er hat sich förmlich zerrissen, um ihr alle Wünsche zu erfüllen. ■ **Ich kann mich doch nicht zerreißen!**: *Ich kann nicht alles auf einmal machen* **sich vor Lachen zerreißen** (*umg. übertr.*): *sehr laut lachen*

Zer·reiß·pro·be die <-, -n> *harte Belastungsprobe* eine Zerreißprobe für ihre Freundschaft

zer·ren **I.** *mit OBJ* **1.** ■ *jmd. zerrt jmdn./etwas irgendwohin jmdn. gegen körperlichen Widerstand oder etwas mit großer Anstrengung an einen Ort ziehen* jemanden aus dem Bett zerren, Der Täter zerrte sein Opfer in ein Gebüsch., Sie zerrte einen schweren Karren hinter sich her/die Straße entlang. **2.** ■ *jmd. zerrt jmdn./etwas irgendwohin* (*abwert.*) *jmdn. gegen seinen Widerstand an einen Ort bringen oder etwas öffentlich bekannt machen* jemanden vor Gericht zerren, etwas an die Öffentlichkeit zerren **3.** ■ *jmd. zerrt sich etwas* MED. *etwas überdehnen* Ich habe mir einen Muskel gezerrt. **II.** *mit OBJ/ohne OBJ* ■ *jmd. zerrt* (*jmdn.*) *an etwas Dat. heftig an jmdm. oder einem Teil von jmdm. ziehen* Du sollst (andere) nicht immer an den Haaren zerren!, Sie zerrte die Mutter am Rock., Sie zerrte am Rock der Mutter. **III.** *ohne OBJ* ■ *etwas/ein Tier zerrt an etwas Dat. heftig an etwas ziehen* Der Hund zerrt an der Leine., Das Warten zerrt an den Nerven.

zer·rin·nen <zerrinnst, zerrann, ist zerronnen> *ohne OBJ* **1.** ■ *etwas zerrinnt flüssig werden; weglaufen* Der Schnee zerrinnt in der Sonne. **2.** ■ *etwas zerrint* (*geh. übertr.*) verloren gehen, Ihre Träume/Hoffnungen sind zerronnen.

Zer·rung die <-, -en> (MED.: ≈ *Überdehnung*) Ich habe eine Zerrung in der Wade. ◆ Muskel-, Sehnen-

zer·rüt·ten <zerrüttet, zerüttete, hat zerrüttet> **I.** *mit OBJ* ■ *etwas zerrüttet jmdn. jmdn. dauerhaft schädigen* Das viele Rauchen hat seine Gesundheit zerrüttet. **II.** *ohne OBJ* ■ *etwas ist zerrüttet etwas nicht mehr wieder herszustellen* Die Ehe ist zerrüttet., zerrüttete Familienverhältnisse

zer·schel·len <zerschellst, zerschellte, ist zerschellt> *ohne OBJ* ■ *etwas zerschellt in viele einzelne Stücke brechen, weil es gegen etwas gestoßen ist* Der Hubschrauber zerschellte am Boden., Die Schüssel zerschellte in tausend Stücke.

zer·schla·gen[1] <zerschlägst, zerschlug, hat/ist zerschlagen> **I.** *mit OBJ* **1.** ■ *jmd. zerschlägt etwas* ((*haben*)) *durch Schlagen bewirken, dass etwas in einzelne Teile zerfällt* eine Schüssel zerschlagen, indem man sie fallen lässt, Der Stein hat das Fenster zerschlagen., eine Scheibe mit einem Hammer zerschlagen **2.** ■ *jmd. zerschlägt jmdn./etwas* (*haben*) *besiegen* Die gegnerischen Truppen sind zerschlagen worden. **3.** ■ *jmd. zerschlägt etwas* (*haben*) *unschädlich machen* Die Polizei hat einen Ring von Drogendealern zerschlagen. **II.** *ohne OBJ* ■ *etwas zerschlägt* (*sein*) *kaputtgehen* Das Glas zerschlägt, wenn es zu Boden fällt., Die Vase ist auf dem harten Boden zerschlagen. **III.** *mit SICH* ■ *etwas zerschlägt sich* (*haben*) *scheitern oder sich nicht realisieren lassen* All ihre Hoffnungen zerschlugen sich., Aufgrund des schlechten Wetters haben sich unsere Pläne leider zerschlagen.

zer·schla·gen² *Adj. körperlich sehr erschöpft* Sie fühlt sich abends immer völlig zerschlagen.

zer·schlis·sen *Adj.* (*als Kleidungsstück vom vielen Tragen abgenutzt*) eine zerschlissene Hose

zer·schmet·tern <zerschmetterst, zerschmetterte, hat zerschmettert> *mit OBJ* ■ *etwas zerschmettert etwas etwas mit großer Kraft treffen und dadurch zerstören* eine Scheibe mit einem Ball zerschmettern, ein Glas am Boden zerschmettern, Die Kugel hat seine Hand zerschmettert.

zer·schnei·den <zerschneidest, zerschnitt, hat zerschnitten> *mit OBJ* **1.** ■ *jmd. zerschneidet etwas etwas in einzelne Stücke schneiden* den Apfel mit einem Messer zerschneiden, die Schnur mit einer Schere zerschneiden **2.** ■ *jmd. zerschneidet sich etwas sich mit einer scharfen Klinge oder einem scharfen Messer verletzen* sich mit einem Messer die Finger zerschneiden **3.** ■ *etwas zerschneidet etwas durch Schneiden verletzen oder beschädigen* Die Dornen zerschnitten (ihm) seine Beine. **4.** (*übertr.*) *etwas irgendwie zertrennen oder unterbrechen* Der Bug des Schiffes zerschneidet die Wellen., Ein Schrei zerschneidet die Stille.

zer·schos·sen *Part. Perf. von* **zerschießen**

zer·schun·den *Adj. mit vielen Wunden* ein zerschundener Körper

zer·set·zen <zersetzt, zersetzte, hat zersetzt> **I.** *mit OBJ* ■ *etwas zersetzt etwas* **1.** *bewirken, dass sich etwas in seine Bestandteile auflöst* Bakterien zersetzen die Abfälle., Fäulnis zersetzt den Tierkadaver., Die Säure zersetzt das Metall. **2.** (*abwert.*) *etwas untergraben oder von innen zerstören* Diese Vorfälle zersetzen die Moral der Truppe., eine Organisation zersetzen, eine zersetzende Wirkung der gegnerischen Propaganda **II.** *mit SICH* ■ *etwas zersetzt sich sich in seine Bestandteile auflösen* Die Abfälle haben sich völlig zersetzt., Das Metall der Nägel hat sich im Wasser zersetzt, die Holzplanken der Schiffe sind erhalten geblieben.

Zer·set·zung die <-, -en> **1.** *Auflösung in seine Bestandteile* Die Zersetzung des Kadavers ist schon weit fortgeschritten. **2.** (*abwert.*) *das Untergraben, das Zerstören* die Zersetzung der Moral der Truppe

zer·sie·deln <zersiedelt, zersiedelte, hat zersiedelt> *mit OBJ* (*abwert.*) *durch ungeordnete Bebauung unschön machen* die Landschaft zersiedeln, Die Gegend um die Großstädte ist durch zahlreiche Wohn- und Gewerbebauten zersiedelt worden.

zer·split·tern <zersplitterst, zersplitterte, hat/ist zersplittert> **I.** *mit OBJ* ■ *etwas zersplittert etwas* (*haben*) *etwas in viele kleine Teile schlagen* Der Blitz hat den Baumstamm zersplittert. **II.** *ohne OBJ* **1.** ■ *etwas zersplittert* (*sein*) *in sehr viele kleine Teile zerbrechen* Das Glas ist am Boden zersplittert., Bei dem Unfall ist die Frontscheibe zersplittert., Der Baum ist durch den Einschlag des Blitzes regelrecht zersplittert. **2.** ■ *etwas zersplittert* (*sein übertr.*) *in kleine Teile zerfallen* Die Partei ist in viele kleine Gruppierungen zersplittert., ein in viele kleine Fürstentümer zersplittertes Land

Zer·split·te·rung die <-, -en> **1.** *das Zersplittern II. 1* Die Zersplitterung der Frontscheibe führte dazu, dass der Fahrer nichts mehr sah. **2.** (*kein Plur.*) *die Eigenschaft, in viele Teile zu zerfallen* die Zersplitterung einer politischen Bewegung, die Zersplitterung eines Landes

zer·sprin·gen <zerspringt, zersprang, ist zersprungen> *ohne OBJ* ■ *etwas zerspringt aufgrund innerer Spannung reißen; in Stücke gehen* Die Fliese/Die Glasscheibe/Der Spiegel ist zersprungen., Das Glas zerspringt, wenn du heißen Tee hineingießt!, Die Vase fällt vom Regal und zerspringt.

zer·stamp·fen <zerstampfst, zerstampfte, hat zerstampft> *mit OBJ* **1.** ■ *jmd. zerstampft etwas etwas durch wiederholtes Drücken zu Brei machen* Kartoffeln zerstampfen **2.** ■ *jmd./ein Tier zerstampft etwas etwas so mit den Füßen treten, dass es zerstört wird* Er zerstampfte die Blumen mit den Füßen., Die Wildschweine haben wieder die Ernte zerstampft

zer·stäu·ben *mit OBJ* ■ *jmd. zerstäubt etwas Akk. Flüssigkeit in ganz kleine Tröpfchen verwandeln* das Parfüm/den Haarlack zerstäuben, das Wasser zerstäuben, die Medizin zum Inhalieren in einem Gerät zerstäuben

Zer·stäu·ber der <-s, -> *Vorrichtung zum Zerstäuben* ein Zerstäuber für Parfüm, mit einem Zerstäuber Wasser auf die Pflanzen sprühen

zer·ste·chen <zerstichst, zerstach, hat zerstochen> *mit OBJ* **1.** ■ *jmd. zersticht etwas etwas mit einem spitzen Gegenstand durchlöchern* mit einer Nadel den Luftballon zerstechen, eine Folie mit einem Messer zerstechen **2.** ■ *etwas zersticht jmdn. jmdn. mit einem spitzen Gegenstand verletzen* Ich habe mir den Finger zerstochen., Die Dornen haben ihre Füße zerstochen. **3.** ■ *Insekten zerstechen jmdn. viele Insektenstiche beibringen* Die Mücken haben mich völlig zerstochen.

zer·sto·chen *Part. Perf. von* **zerstechen**

zer·stö·ren <zerstörst, zerstörte, hat zerstört> *mit OBJ* **1.** ■ *jmd./etwas zerstört etwas etwas gewaltsam und mutwillig völlig kaputtmachen* Die Luftangriffe haben die Stadt völlig zerstört., Die Kirche wurde im Krieg zestört., Der Spielplatz ist immer wieder von Randalieren zerstört worden. **2.** ■ *etwas zerstört etwas etwas unbrauchbar werden lassen* Überbelichtung hat die Fotos zerstört. **3.** ■ *etwas zerstört etwas* (*übertr.*) *zunichte machen* Der Vorfall hat alle unsere Hoffnungen zerstört., Das Vertrauen des Kindes in seine Eltern war unwiederbringlich zerstört.

Zer·stö·rer, **Zer·stö·re·rin** der <-s, -> **1.** *Person, die etwas zerstört* Die Zerstörer kommen immer im Schutze der Dunkelheit. **2.** (*keine weibliche Form*) MILIT. *ein* (*großes*) *Kriegsschiff*

zer·stö·re·risch <nicht steig.> *Adj. so, dass es zerstört* zerstörerische Angriffe auf eine Stadt fliegen, die zerstörerische Kraft eines Erdbebens/Wirbelsturms

Zer·stö·rung die <-, -en> **1.** (*kein Plur.*) *das Zerstören* Ziel der Luftangriffe war die Zerstörung großer Industrieanlagen. **2.** (≈ *Schaden*) Der Sturm richtete große Zerstörungen an.

Zer·stö·rungs·wut die <-> (*kein Plur.*) *der starke Drang zu zerstören* die Zerstörungswut der Randalierer, die Zerstörungswut eines Sturmes

zer·sto·ßen <zerstößt, zerstieß, hat zerstoßen> *mit OBJ* ■ *jmd. zerstößt etwas durch wiederholtes Stoßen in einzelne Teile zerlegen* Das Gewürz wird in einem Mörser zu einem Pulver zerstoßen.

zer·streu·en <zerstreust, zerstreute, hat zerstreut> **I.** *mit OBJ* ■ *jmd./etwas zerstreut etwas* **1.** *etwas in sehr kleinen Teilen in verschiedene Richtungen über etwas verteilen* Der Wind zerstreut die Blätter im Garten., Seine Asche wurde in alle Winde zerstreut. **2.** *etwas auflösen* Die Polizei zerstreute die neugierige Menge. **3.** *unangenehme Gefühle verschwinden lassen* Der Redner zerstreute mit seinem Vortrag die Ängste/Bedenken/Zweifel des Publikums. **4.** ■ *jmd. zerstreut jmdn./sich mit etwas Dat. jmdm. oder sich Ablenkung bieten* die Kinder während der Wartezeit mit kleinen Spielen zerstreuen, sich im Wartezimmer mit Lesen zerstreuen **II.** *mit SICH* ■ *Menschen zerstreuen sich auseinander gehen* Die Zuschauermenge zerstreute sich allmählich.

zer·streut *Adj. unkonzentriert und vergesslich* Sie wirkt heute sehr zerstreut, dauernd vergisst sie etwas., ein zerstreuter Professor

Zer·streut·heit die <-> (*kein Plur.*) *die Eigenschaft, zerstreut[1] zu sein* Die Kollegen machen sich gern über seine Zerstreutheit lustig.

Zer·streu·ung die <-, -en> **1.** *das Auseinandertreiben einer Menschenmege in verschiedene Richtungen* die Zerstreuung der neugierigen Menschenmenge durch die Polizei **2.** *das Auseinandergehen* die Zerstreuung der Freunde nach dem Ende der Schule **3.** *Beseitigung* die Zerstreuung ihrer Ängste/Bedenken/Zweifel **4.** *Ablenkung; Unterhaltung* der Zerstreuung des Publikums dienen, Am Abend wurden viele Zerstreuungen geboten., etwas Zerstreuung suchen

zer·stü·ckeln <zerstückelst, zerstückelte, hat zerstückelt> *mit OBJ* ■ *jmd. zerstückelt etwas etwas in Stücke teilen* eine zerstückelte Leiche, Das Land wurde zerstückelt und unter verschiedenen Besitzern aufgeteilt.

zer·tei·len <zerteilst, zerteilte, hat zerteilt> **I.** *mit OBJ* **1.** ■ *jmd. zerteilt etwas etwas in Stücke teilen* den Gänsebraten zerteilen **2.** ■ *etwas zerteilt etwas etwas durchtrennen* Eine Mauer zerteilte die Stadt viele Jahre lang., Der Fluss zerteilt das Land., Der Bug des Schiffes zerteilt die Wellen. **II.** *mit SICH* ■ *etwas zerteilt sich sich teilen* Der Nebel zerteilt sich.

Zer·ti·fi·kat das <-(e)s, -e> **1.** *amtliche Bescheinigung* die Echtheit mit einem Zertifikat belegen **2.** *Urkunde über eine abgelegte Prüfung* ein Zertifikat erhalten/erwerben

zer·ti·fi·zie·ren *mit OBJ* ■ *jmd./etwas zertifiziert jmdn./etwas jmdm. oder etwas ein Zertifkat[1] [2] verleihen*

zer·tram·peln <zertrampelst, zertrampelte, hat zertrampelt> *mit OBJ* ■ *jmd./ein Tier zertrampelt etwas* (*umg. abwert.* ≈ *zerstampfen[2]*) *etwas zerstören, indem man rücksichtslos darauf tritt* die Blumenbeete/die Gartenanlagen zertrampeln

zer·tre·ten <zertrittst, zertrat, hat zertreten> *mit OBJ* ■ *jmd. zertritt etwas/ein Tier etwas zerstören oder ein Tier töten, indem man darauf tritt* ein Blumenbeet/einen Käfer zertreten

zer·trüm·mern <zertrümmerst, zertrümmerte, hat zertrümmert> *mit OBJ* ■ *jmd. zertrümmert etwas etwas mit großer Gewalt in kleine Stücke zerschlagen* Die Randalierer hatten die gesamte Einrichtung zertrümmert., Bei dem Unfall ist sein Knie zertrümmert worden.

zer·wüh·len <zerwühlst, zerwühlte, hat zerwühlt> *mit OBJ* ■ *jmd./ein Tier zerwühlt etwas etwas in Unordnung bringen, indem man darin wühlt* Die Wildschweine zerwühlen den Boden., ein zerwühltes Bett, zerwühlte Haare haben

Zer·würf·nis das <-ses, -se> (*geh.*) *heftiger Streit, nach dem man meist nicht mehr miteinander redet* Zwischen den beiden ist es zum Zerwürfnis gekommen.

zer·zau·sen <zerzaust, zerzauste, hat zerzaust> *mit OBJ* ■ *jmd./etwas zerzaust etwas etwas, das aus vielen einzelnen Teilen besteht, dadurch in Unordnung bringen, dass man in verschiedenen Richtungen hindurchfährt* Der Wind hat ihre Haare zerzaust., ein Vogel mit einem zerzausten Gefieder

Ze·ter ■ **Zeter und Mordio schreien** (*umg.*): *übermäßig heftig und laut gegen etwas protestieren* Das kleine Mädchen schrie Zeter und Mordio, als der Arzt sie untersuchen ollte.

ze·tern <zeterst, zeterte, hat gezetert> *ohne OBJ* ■ *jmd. zetert* (*umg. abwert.*) *laut schimpfen und jammern* Wegen jeder Kleinigkeit muss er zetern!

Zet·tel der <-s, -> *kleines Stück Papier, auf das etwas notiert wird* eine Nachricht/Notiz auf einem Zettel hinterlassen ◆ Bestell-, Einkaufs-, Merk-, Notiz-

Zet·tel·kas·ten der <-s, Zettelkästen> *Kasten für Zettel, auf denen Notizen stehen*

Zeug das <-s, -e> **1.** (*kein Plur.*) (*umg. abwert.*) *Sammelbegriff für uninteressante oder wertlose Dinge, die man nicht beim Namen nennen will* Ich will das Zeug hier nicht mehr sehen!, Wem gehört das ganze Zeug hier?, Willst du dieses Zeug wirklich essen? **2.** (*kein Plur.*) (*umg. abwert.*) *Unsinn* Was erzählt er nur für Zeug?, Rede doch kein (dummes) Zeug!, Glaubst du das Zeug etwa, was in dieser Zeitung steht? **3.** (*kein Plur.*) (*veralt.*) *Kleider, Wäsche* ◆ Wäsche- **4.** (*veralt.*) *Geschirr für Zugtiere* ■ **(nicht) das Zeug zu etwas haben** (*umg.*): (*nicht*) *die nötigen Fähigkeiten zu etwas haben* Sie hat das Zeug zur Firmenchefin. **jeman-**

dem etwas am Zeug(e) flicken (*umg.*): *zu Recht oder Unrecht Schlechtes über jmdn. sagen* Du kannst mir nichts am Zeuge flicken! **sich (mächtig) ins Zeug legen** (*umg.*): *sich sehr anstrengen* **was das Zeug hält** (*umg.*): *so sehr es geht; mit aller Kraft* Sie rannten, was das Zeug hielt.

Zeu·ge, **Zeu·gin** der <-n, -n> **1.** *Person, die einen bestimmten Vorfall beobachtet hat* Zeuge eines Gesprächs werden, Gibt es einen Zeugen für den Mord/den Unfall? ◆ Augen-, Belastungs- **2.** RECHTSW. *Person, die vor Gericht zu etwas aussagt* einen Zeugen vereidigen/vernehmen, ein glaubwürdiger Zeuge, Der Zeuge belastete die Angeklagte mit seinen Aussagen. ◆ Haupt-, Kron- **3.** RECHTSW. *Person, die zu einer Rechtshandlung gebeten wird, um sie zu bestätigen* ein Testament vor Zeugen eröffnen, die Zeugen bei einer Trauung **4.** (*keine weibliche Form*) (*geh. übertr.*) *Sache, die Beleg für Vergangenes ist* Findlinge, die steinernen Zeugen der Eiszeit, Die Kathedralen sind Zeugen der Macht und des Reichtums der Kirchenfürsten.

zeu·gen[1] *mit OBJ* **1.** ■ *ein Mann zeugt ein Kind durch Geschlechtsverkehr ein neues Leben entstehen lassen* ein Kind/neues Leben zeugen **2.** ■ *etwas zeugt etwas* (*geh.*) *verursachen, hervorbringen* Misstrauen zeugt nur Streit. ▸erzeugen

zeu·gen[2] *ohne OBJ* **1.** ■ *jmd. zeugt für etwas Akk. als Zeuge vor Gericht aussagen* Sie kann für seine Unschuld zeugen., Ich zeuge dafür, dass er an jenem Abend zu Hause war. **2.** ■ *etwas zeugt von etwas Dat. Zeichen von etwas sein* Sein Verhalten zeugt nicht gerade von Intelligenz., Die Kirche zeugt von der großen Baukunst ihrer Schöpfer.

Zeu·gen·aus·sa·ge die <-, -n> RECHTSW. *Aussage eines Zeugen*[2] *vor Gericht* eine Zeugenaussage machen, auf Grund von Zeugenaussagen verurteilt werden

Zeu·gen·schutz der <-es> (*kein Plur.*) *der Sachverhalt, dass die persönlichen Daten und der Wohnort eines Zeugen*[2] *nicht bekannt gegeben werden*

Zeu·gen·stand der <-(e)s> (*kein Plur.*) RECHTSW. *der Platz, an dem die Zeugen*[2] *vor Gericht ihre Aussage machen* jemanden in den Zeugenstand rufen

Zeug·haus das <-es, Zeughäuser> GESCH. MILIT. *Gebäude, in dem früher Waffen und Kriegsgerät aufbewahrt wurde*

Zeug·nis das <-ses, -se> **1.** SCHULE *Dokument mit den Gesamtnoten eines Schul- oder Lehrjahres* Am Schuljahresende gibt es die Zeugnisse., ein gutes/schlechtes Zeugnis haben ◆ Schul-, Abitur- **2.** *Bewertung für Arbeitnehmer vom Arbeitgeber* jemandem ein gutes/schlechtes Zeugnis ausstellen ◆ Arbeits- **3.** *Dokument, mit dem etwas bescheinigt wird* Für bestimmte Berufe ist ein Zeugnis erforderlich. ◆ Führungs-, Gesundheits- **4.** (*geh.*) *Sache, die Beleg für etwas ist* Die Arbeit ist ein Zeugnis ihres großen Könnens., Die Entscheidung ist Zeugnis seines Weitblicks., Die Funde sind Zeugnisse aus einer längst vergangenen Zeit. **5.** (*geh. veralt.* ≈ *Zeugenaussage*) *Aussage als Beweis oder Beleg einer Behauptung* gegen jemanden Zeugnis ablegen, für/gegen etwas Zeugnis ablegen, Du sollst nicht falsch Zeugnis reden wider deinen Nächsten.

Zeu·gung die <-, -en> *der Vorgang des Zeugens von Leben* Beim Geschlechtsakt kam es zur Zeugung., die Zeugung eines Embryos außerhalb des Mutterleibs durch künstliche Befruchtung

Zeu·gungs·akt der <-es, -e> *ein Geschlechtsakt, beim dem es zur Zeugung kommt*

zeu·gungs·fä·hig <nicht steig.> *Adj. als Mann fähig, Nachkommen zu zeugen* feststellen lassen, ob ein Mann zeugungsfähig ist

zeu·gungs·un·fä·hig <nicht steig.> *Adj. als Mann nicht fähig, Nachkommen zu zeugen* Es war festgestellt worden, dass er zeugungsunfähig ist.

z.Hd. (*Abkürzung von „zu Händen") verwendet in einer Adresse, um auszudrücken, dass der Brief innerhalb einer Firma oder Institution an die genannte Person weitergeleitet werden soll* „An die XYZ Software GmbH, z.H. Herrn Müller"

Zi·be·be die <-, -n> (*süddt. österr.*) *große Rosine*

Zi·cke die <-, -n> **1.** ZOOL. *weibliche Ziege* **2.** (*umg. abwert.*) *Frau oder Mädchen mit einem launischen, schwierigen Charakter* Sie ist eine dumme Zicke., Du dumme Zicke! ■ **Zicken machen** (*umg.*): *sich dumm anstellen und Schwierigkeiten machen*

zi·ckig *Adj.* (*umg. abwert.*) *launisch und eigensinnig* Sei doch nicht so zickig!, Sie ist ziemlich zickig, ihr kann man nichts recht machen.

Zick·lein das <-s, -> ZOOL. *Junges einer Ziege*

Zick·zack ■ **im Zickzack** (*umg.*): *so dass die Richtung immer von links nach rechts und zurück wechselt* im Zickzack laufen

zick·zack *Adv. im Zickzack* zickzack laufen

Zi·der *s.* **Cidre**

Zie·ge die <-, -n> **1.** ZOOL. *mittelgroßes Säugetier mit Hörnern und weißem, braunem oder schwarzem kurzen Fell, das als Haustier gehalten wird, weil es Milch gibt* eine Ziege melken, Ziegen hüten **2.** (*umg. abwert.*) *Frau oder Mädchen mit einem launischen, schwierigen Charakter* Du blöde Ziege!

Zie·gel der <-s, -> **1.** *ein rotbrauner Stein mit einer meist rechteckigen Form, aus gebranntem Ton/Lehm, der zum Bauen verwendet wird* eine Wand aus Ziegeln mauern, ein Dach mit Ziegeln decken ◆ Lehm-, Ton- **2.** *eine von vielen flachen Platten, mit denen ein Dach gedeckt ist* ◆ Dach-

Zie·gel·dach das <-(e)s, Ziegeldächer> *mit Ziegeln*[2] *gedecktes Dach* Die roten Ziegeldächer der Stadt leuchten in der Sonne.

Zie·ge·lei die <-, -en> *Betrieb, der Ziegel*[1 2] *herstellt*

Zie·gel·mau·er die <-, -n> *eine Mauer aus Ziegeln*[1]

zie·gel·rot <nicht steig.> *Adj. von einem kräftigen, ins Braune spielenden Rot*

Zie·gel·stein der <-(e)s, -e> (≈ *Ziegel*[1])

Zie·gen·bart der <-(e)s, Ziegenbärte> (*umg.*) *ein spitzer, schmaler Kinnbart*

Zie·gen·bock der <-(e)s, Ziegenböcke> ZOOL. *männliche Ziege*

Zie·gen·kä·se der <-s, -> *aus der Milch von Ziegen hergestellter Käse*

Zie·gen·le·der das <-s, -> *Leder aus der Haut von Ziegen*[1]

Zie·gen·pe·ter der <-s> (*kein Plur.*) (*umg.* ≈ *Mumps*)

Zie·ger der <-s, -> (*süddt. österr. schweiz.*) *Molke; Quark*

zie·hen <ziehst, zog, hat/ist gezogen> **I.** *mit OBJ/ohne OBJ* (*haben*) **1.** ■ *jmd./etwas zieht* (*jmdn./etwas*) (↔ *schieben*) *mit Kraftanstrengung bewirken, dass jmd. oder etwas sich hinter dem Betreffenden herbewegt* Die Frau zieht einen schweren Karren., Die Lok zieht fünfzig Güterwaggons., Eine Lok zieht und eine schiebt., Zieh bitte kräftiger! **2.** ■ *jmd. zieht* (*jmdn./etwas*) (*irgendwohin/irgendwoher*) *bewirken, dass jmd. oder etwas sich an einen Ort bewegt, indem man ihn/es mit den Händen fasst* jemanden ins Haus/in ein Versteck ziehen, einen Verletzten aus den Trümmern ziehen, Alle fassten mit an und zogen kräftig. **3.** ■ *jmd. zieht* (*etwas Akk.*) *eine Karte oder eine Figur bei einem Spiel aufnehmen oder bewegen* Er hat einen Joker gezogen., Jeder musste eine Karte ziehen., Zum Schluss zog er die Dame und gab Schach Matt. **4.** *schnell eine Waffe hervorholen* Er zog die Pistole/das Schwert., mit gezogener Waffe, „Zieh!", rief er seinem Gegner zu. **II.** *mit OBJ* (*haben*) **1.** ■ *jmd. zieht etwas eine Mechanismus betätigen, indem man daran zieht I.2* den Abzug einer Pistole/die Bremse/einen Hebel ziehen **2.** ■ *jmd zieht etwas* (*aus etwas Dat.*) *etwas mit Kraft aus etwas entfernen, indem man daran zieht I* [2] den Korken aus der Flasche/den Nagel aus der Wand ziehen **3.** ■ *jmd. zieht jmdm. etwas* MED. *ein Arzt entfernt einen Zahn oder die Fäden einer Operationsnaht* Der Zahnarzt hat ihr einen Zahn gezogen., Morgen werden ihm schon die Fäden gezogen. **4.** ■ *etwas zieht jmdn. irgendwohin jmdn. herbeilocken* Das Fest zog viele Besucher in die Stadt. **5.** ■ *jmd. zieht etwas auf sich Akk. große Aufmerksamkeit bekommen* Sie zieht alle Blicke auf sich., Das Unternehmen zog die Wut der Umweltschützer auf sich. **6.** ■ *jmd. zieht etwas bewirken, dass etwas irgendwo befestigt oder gespannt wird* eine Leine zwischen zwei Pfosten ziehen **7.** ■ *jmd. zieht etwas über etwas Akk. ein Kleidungsstück über ein anderes Kleidungsstück anziehen* einen Pullover über das Hemd ziehen **8.** ■ *jmd. zieht etwas etwas pflegen und züchten* Diese Rosen habe ich selbst gezogen. **9.** ■ *jmd. zieht eine Linie eine Linie zeichnen* Sie zog mehrere Linien über das Blatt. **10.** ■ *jmd. zieht eine Mauer eine Mauer bauen* Um die Grundstücksgrenze wurde eine Mauer gezogen. **11.** ■ *jmd. zieht eine Kerze/einen Draht eine Kerze oder einen Draht herstellen* **12.** ■ *jmd. zieht jmdn./etwas aus einer Menge jmdn. oder etwas auswählen, der/das etwas gewinnt* Schließlich haben sie den Gewinner gezogen., Sie haben das große Los gezogen., Am Samstag werden die Lottozahlen gezogen. **13.** ■ *jmd. zieht jmdn. an etwas Dat. jmd. an etwas festhalten und ziehen I. 1* Sie zog ihn an den Haaren. **14.** ■ *etwas zieht etwas nach sich etwas als Folge bewirken* Das Verhalten des Politikers zog einen Sakandal nach sich. **15.** ■ *jmd. zieht ein Gesicht/eine Grimasse einen Gesichtsausdruck meist des Ärgers oder der Ablehnung machen* Warum ziehst du schon wieder so ein Gesicht? **16.** *verwendet zusammen mit einem Substantiv, um ein Verb zu ersetzen oder zu umschreiben* seine Lehren/Schlussfolgerungen aus etwas ziehen; *aus etwas lernen/etwas aus etwas schließen* einen Vergleich zwischen zwei Sachen ziehen; *zwei Sachen miteinander vergleichen* etwas in Erwägung ziehen; *etwas erwägen* **III.** *ohne OBJ* **1.** ■ *jmd. zieht irgendwohin* (*sein*) *sich irgendwo neu niederlassen und wohnen* Er ist in die neue Wohnung gezogen., Die Vögel ziehen im Winter in den Süden. **2.** ■ *jmd./etwas zieht irgendwohin* (*sein*) *sich an einen Ort bewegen* Die Siedler zogen mit Trecks in den Westen Amerikas., Die Fans zogen feiernd durch die Straßen, Die Truppen sind durch das Gebiet gezogen. **3.** ■ *etwas zieht irgendwohin* (*sein*) *sich irgendwohin bewegen* Ein würziger Duft zieht durch das ganze Haus. **4.** ■ *etwas zieht* (*haben*) *Aroma entwickeln* Der Tee muss noch etwas ziehen. **5.** ■ *jmd./etwas zieht an jmdm./etwas* (*haben*) *jmdn. oder etwas mit Kraft in eine bestimmte Richtung bewegen* Du sollst (andere) nicht immer an den Haaren/am Arm/am Ärmel ziehen!, Sie hat am Rock der Mutter gezogen., Der Hund zog an der Leine. **6.** ■ *jmd. zieht an etwas Dat.* (*haben*) *an etwas saugen* an einem Trinkhalm/einer Zigarette ziehen **7.** ■ *etwas zieht gut/schlecht* (TECHN.: *haben*) *viel/wenig Kraft entwickeln* Der Motor zieht gut/schlecht. **8.** ■ *etwas zieht gut/schlecht* (*haben*) *mit viel/wenig Luft als Abzug wirken* der Kamin/Schornstein zieht schlecht/gut **9.** ■ *etwas zieht* (*umg.* (*haben*)) *wirken* Das Angebot zieht (bei mir) nicht, da müsst ihr schon mehr bieten!, Die Drohung hat gezogen! **IV.** *mit SICH* (*haben*) **1.** ■ *etwas zieht sich* (*bis ...*) *lange andauern* Die Veranstaltung zieht sich., Die Feier zog sich bis in den nächsten Tag. **2.** ■ *etwas zieht sich irgendwohin sich über eine große Entfernung erstrecken* Der Fluss zieht sich durch die Ebene., Eine Straße zieht sich durch den Ort., Die Felder ziehen sich bis zum Horizont. **V.** *mit ES* (*haben*) **1.** ■ *es zieht es weht ein unangenehmer kalter Lufthauch, den man zum Beispiel bei offenem Fenster oder bei offener Tür spürt* Macht bitte das Fenster zu, es zieht! **2.** ■ *jmdm. zieht es irgendwo* (*umg.*) *irgendwo einen Schmerz spüren* Wo zieht's denn bei dir?, Bei mir zieht es im Rücken. **3.** ■ *jmdn. zieht es irgendwohin jmd. hat Sehnsucht danach, an einem bestimmten Ort zu sein* Es zieht uns immer wieder ans Meer/in den Süden/nach Afrika

Zieh·har·mo·ni·ka die <-, -s> *eine Harmonika, die beim Musizieren vor der Brust gehalten wird und die einen Balg hat, mit dem durch Ziehen und Drücken ein Luftstrom für die Töne erzeugt wird, die auf Tastaturen mit der Hand angeschlagen werden*

Zieh·mut·ter die <-, Ziehmütter> (*veralt.* ≈ *Pflegemutter*)

Zieh·sohn der <(e)s, Ziehsöhne> **1.** (*veralt.*) *Adoptivsohn* **2.** (≈ *Günstling*)

Zie·hung die <-, -en> *die Auswahl von Gewinnern in einer Lotterie* die Ziehung der Gewinner/der Lottozahlen

Zieh·va·ter der <-s, Ziehväter> (*veralt.*) *Pflegevater*

Ziel das <-(e)s, -e> **1.** *Bestimmungsort am Ende einer Fahrt, Reise oder Wanderung* Was ist das Ziel eurer Reise?, Ohne Ziel in der Stadt umherstreifen., Das Jazzfestival ist Jahr für Jahr Ziel tausender Fans., Ziel des Atommülltransports ist die Wiederaufbereitungsanlage. **2.** *Zweck oder Absicht von Handlungen* Sie hat sich ein Ziel/etwas zum Ziel gesetzt., Er studiert mit dem Ziel, Arzt zu werden., seine Ziele verwirklichen, Das Unternehmen verfolgt bestimmte Ziele auf dem Markt., Das Ziel der Forschungen ist es, ein Mittel gegen Aids zu finden., Das Ziel ihres Kampfes ist die politische Unabhängigkeit. ◆ Lebens-, Verhandlungs- **3.** SPORT *Endpunkt eines Rennens* ins Ziel einlaufen, Die beiden Läufer kamen gleichzeitig ins Ziel., Das Ziel liegt am Ende einer langen Steigung. ◆-einlauf, -foto, -kamera **4.** *Objekt, das man mit einer Schusswaffe zu treffen versucht* Die Rakete wird elektronisch ins Ziel gelenkt., ein Ziel ins Visier nehmen, Der Schuss hat ins Ziel getroffen/ging am Ziel vorbei. ■ **über das Ziel hinausschießen** (*umg.*): *bei einer Sache stark übertreiben*

ziel·be·wusst *Adj. entschlossen und ohne sich beirren zu lassen* zielbewusst arbeiten, ein zielbewusster Mensch

zielen *ohne OBJ* **1.** ■ *jmd./etwas zielt auf jmdn./etwas einen Schuss oder Wurf auf etwas ausrichten* Der Täter hat direkt auf den Kopf des Opfers gezielt., Er zielte lange, bevor er schoss., Mit dem Gewehr auf etwas zielen., Eigentlich hatte er auf das Tor gezielt, aber der Ball traf nur den Pfosten., einen gezielten Schuss abgeben **2.** ■ *etwas zielt auf jmdn./etwas sich mit etwas auf jmdn. oder etwas beziehen* Worauf zielt deine Äußerung?, Auf wen zielt seine Kritik eigentlich? **3.** ■ *etwas zielt auf etwas Akk. etwas beabsichtigen* Das Gesetz zielt auf die Entlastung der Familien mit Kindern.

Ziel·fern·rohr das <-(e)s, -e> *ein kleines Fernrohr, das an einer Schusswaffe angebracht ist und mit dem man ein Ziel[4] anvisiert*

Ziel·ge·ra·de die <-n, -n> SPORT *ein gerader Streckenabschnitt, an dessen Ende sich der Endpunkt eines Rennens befindet* jemanden auf der Zielgeraden überholen, Die Spitzengruppe hat die Zielgerade erreicht.

ziel·ge·rich·tet <nicht steig.> *Adj. entschlossen und ohne sich beirren zu lassen* bei etwas ganz zielgerichtet vorgehen

Ziel·grup·pe die <-, -n> WIRTSCH. *Gruppe von Menschen mit ähnlichen Eigenschaften oder Bedürfnissen, die man mit einer Botschaft oder einem Warenangebot erreichen will* das Produktangebot sorgfältig auf die Bedürfnisse der Zielgruppe der Zwanzigjährigen abstimmen

Ziel·ka·me·ra die <-, -s> SPORT *ein Kamera, die im Bereich des Ziels[3] eines Rennens aufgestellt ist und deren Bilder bei schwierigen Entscheidungen über die Reihenfolge des Erreichen des Ziels[3] helfen können*

Ziel·li·nie die <-, -n> *Linie, die den Endpunkt eines Rennens markiert* die Ziellinie überqueren

ziel·los <nicht steig.> *Adj.* (↔ *zielbewusst, zielstrebig*) *ohne bestimmtes Ziel oder bestimmte Absichten* ziellos in der Stadt umherirren, ein zielloses Leben führen

Ziel·ort der <-(e)s, -e> *Bestimmungsort einer Fahrt, Reise oder Wanderung* Am späten Abend hatten sie den Zielort ihrer Reise erreicht., Der Zug traf pünktlich am Zielort ein.

Ziel·schei·be die <-, -n> **1.** *Scheibe, auf die man zur Übung zielt[1]* die Zielscheibe treffen **2.** (*übertr.*) *derjenige, gegen den sich Angriffe, Kritik o.Ä. richtet* Er wurde zur Zielscheibe allgemeinen Spottes.

Ziel·set·zung die <-, -en> *Festlegung von Dingen, die man mit bestimmten Handlungen erreichen will* Die Zielsetzung des Kurses ist das Erlernen von Entspannungsübungen., Mit welcher Zielsetzung geht die Delegation in die Verhandlungen?

ziel·si·cher *Adj.* **1.** *im Zielen[1] mit einer Schusswaffe geübt* ein zielsicherer Schütze **2.** *so, dass man genau weiß, was zu tun ist* zielsicher die nächsten Schritte zur Verwirklichung eines Planes unternehmen

Ziel·spra·che die <-, -n> SPRACHWISS. **1.** (↔ *Quellsprache*) *Sprache, in die ein fremdsprachiger Text übersetzt wird oder werden soll* **2.** *Sprache, die gelernt wird, um sich schließlich nur in ihr zu verständigen und auszudrücken*

ziel·stre·big *Adj. so, dass man fleißig und unbeirrt eine Absicht verfolgt* eine zielstrebige Schülerin, zielstrebig arbeiten ►Zielstrebigkeit

Ziel·vor·ga·be die <-, -n> *ein vorgegebenes Ziel[2]* die Zielvorgaben erfüllen/nicht erfüllen

zie·men <ziemt, ziemte, hat geziemt> *mit SICH* ■ *etwas ziemt sich* (*veralt. oder geh.*) *sich gehören* Das ziemt sich nicht., sich so betragen, wie es sich ziemt

ziem·lich[1] *Adj.* **1.** (*umg.* ≈ *beträchtlich*) Das weiß ich mit ziemlicher Sicherheit., Das war eine ziemliche Enttäuschung. **2.** (*veralt.* ≈ *geziemend*) *so, wie es sich gehört* Sie verlangte von ihren Kindern ein ziemliches Betragen.

ziem·lich[2] *Adv.* **1.** (*umg.* ≈ *einigermaßen*) Es ist ziemlich kalt heute., Du kommst aber ziemlich spät! **2.** (*umg.* ≈ *fast*) Das ist so ziemlich dasselbe., Sie sind beide ziemlich gleich groß.

zie·pen (*umg. norddt.*) **I.** *mit OBJ* ■ *jmd. ziept jmdn.* (*an etwas Dat.*) *jmdn. kurz an einem Kör-*

perteil ziehen Du sollst deine Schwester nicht immer an den Haaren ziepen! **II.** *ohne OBJ* ■ *etwas ziept einen kurzen Schmerz verursachen* Die Haare ziepen beim Kämmen., Ihr ziept der Rücken.

Zie·rat *s.* **Zierrat**

Zier·de die <-, -n> *etwas, das zur Verschönerung beiträgt* zur Zierde Blumen ins Haar stecken, Der alte Marktplatz mit seinen bunten Fassaden ist die Zierde des Städtchens.

zie·ren **I.** *mit OBJ* ■ *etwas ziert etwas* (*geh.*) *schmücken* Eine goldene Kette zierte ihren Hals., Ein in Stein gehauenes Wappen ziert das Portal., Geranien zieren die Balkone der Schwarzwaldhäuser. **II.** *mit SICH* ■ *jmd. ziert sich* (*abwert.*) *etwas aus gekünstelter Zurückhaltung nicht tun* Ziert euch doch nicht so lange, greift zu!, Sie zierte sich nicht lange und sprach ihn direkt an.

Zier·gar·ten der <-s, Ziergärten> (↔ *Nutzgarten*) *ein schmückender Garten* Vor dem Haus einen Ziergarten anlegen.

zier·lich *Adj.* **1.** *zart und fein* eine zierliche Figur haben, eine zierliche junge Frau, eine zierliche Schrift haben **2.** (*veralt. geh.*) *anmutig* eine zierliche Verbeugung machen ▶Zierlichkeit

Zier·naht die <-, Ziernähte> *an einem Kleidungsstück zur Zierde angebrachte Naht*

Zier·pflan·ze die <-, -n> (↔ *Nutzpflanze*) *als Zierde dienende Pflanze* Zierpflanzen für den Balkon kaufen

Zier·rat der <-(e)s> (*kein Plur.*) (*geh.* ≈ *Dekoration*) *Sache, die zur Verzierung angebracht ist* Das Innere der Kirche war reich an goldenem Zierrat.

Zif·fer die <-, -n> **1.** *das Zeichen, das für eine Zahl geschrieben wird* eine Zahl mit vier Ziffern, im Wörterbuch arabische und römische Ziffern verwenden **2.** RECHTSW. *Unterpunkt eines Paragraphen* Unter Paragraph 2, Ziffer 3 des Gesetzes heißt es .... ■ **arabische Ziffern**: *die Zahlen 1, 2, 3, 4, 5 usw.* **römische Ziffern**: *die Zahlen I, II, III, IV, V usw.*

Zif·fer·blatt das <-(e)s, Zifferblätter> *die Scheibe, auf der bei einer Uhr mit Zeigern die Stunden angegeben sind* eine Uhr mit einem goldenen Zifferblatt

zig <nicht steig.> *Adj.* (*umg.* ≈ *unzählige*) Ich habe dafür schon zig Euro ausgegeben., Sie hat zig Stunden Arbeit in das Projekt investiert.

Zi·ga·ret·te die <-, -n> *eine dünne Papierhülle, die mit Tabak gefüllt ist* sich eine Zigarette anzünden/drehen, die Zigarette im Aschenbecher ausdrücken, eine Schachtel/Stange Zigaretten, zwanzig Zigaretten täglich rauchen, Wer eine Zigarette nach der anderen raucht, den kann man wirklich „Kettenraucher" nennen. ◆ Filter-

Zi·ga·ret·ten·au·to·mat der <-en, -en> *Automat, aus dem man gegen Geldeinwurf Packungen mit Zigaretten entnehmen kann*

Zi·ga·ret·ten·e·tui das <-s, -s> *Etui für Zigaretten* ein goldenes/silbernes Zigarettenetui

Zi·ga·ret·ten·pa·ckung die <-, -en> *kleine Kartonverpackung für Zigaretten*

Zi·ga·ret·ten·spit·ze die <-, -n> *eine Art Mundstück, in das man Zigaretten steckt, um den Rauch durch dieses Mundstück zu inhalieren*

Zi·ga·ret·ten·stum·mel der <-s, -> *das Endstück, das von einer fertig gerauchten Zigarette übrig geblieben ist*

Zi·ga·ril·lo der/das <-s, -s> *eine kleinere Zigarre*

Zi·gar·re die <-, -n> *zu einer Art von dünnem Stab gerollter und mit einem Tabakblatt umhüllter Tabak* Zigarren rauchen ■ **jemandem eine Zigarre verpassen** (*umg.*): *jmdn. heftig kritisieren*

Zi·gar·ren·kis·te die <-, -n> *Holzkiste zum Aufbewahren von Zigarren*

Zi·gar·ren·stum·mel der <-s, -> *von einer fertig gerauchten Zigarre übrig gebliebenes Endstück*

Zi·ger (*schweiz.*) *s.* **Zieger**

Zi·geu·ner, **Zi·geu·ne·rin** der <-s, -> **1.** *Bezeichnung für Angehörige des Volkes der Sinti und Roma. Diese Bezeichnung wird von den Betroffenen als diskriminierend empfunden* **2.** (*umg. abwert.*) *Person, die ein sehr unruhiges Leben führt* wie ein Zigeuner leben

Zi·geu·ner·mu·sik die <-> (*kein Plur.*) *für die Kultur der Zigeuner*[1] *typische Musik*

zig·fach <nicht steig.> *Adj.* (*umg.*) *viele Male vorliegend oder geschehend* das Formular in zigfacher Ausfertigung einreichen

zig·mal <nicht steig.> *Adv.* (*umg.*) *sehr oft* Das habe ich dir doch schon zigmal gesagt!

zig·tau·send <nicht steig.> *Adj.* (*umg.*) *sehr viele tausend* zigtausend Zuschauer waren gekommen

Zi·ka·de die <-, -n> ZOOL. *ein Insekt, das einer Grille ähnlich ist und dessen Männchen zirpende Laute von sich gibt*

Zim·bel die <-, -n> **1.** MUS. *kleines Becken* **2.** MUS. *hell tönendes Orgelregister*

Zim·mer das <-s, -> **1.** *einer der Räume in einer Wohnung oder einem Haus* ein enges/geräumiges/großes/helles/kleines Zimmer, ein möbliertes Zimmer vermieten, Jedes der Kinder hat ein eigenes Zimmer., Du solltest häufiger mal dein Zimmer aufräumen. ◆ Arbeits-, Bade-, Ess-, Gäste-, Kranken-, Schlaf-, Warte- **2.** *Hotelzimmer* Bitte reservieren Sie mir ein Zimmer mit Dusche., Haben Sie noch ein Zimmer frei? ◆ Doppel-, Einzel-

Zim·me·rer der <-s, -> (≈ *Zimmermann*)

Zim·mer·flucht die <-, -en> *viele hintereinander liegende Zimmer in einem großen Gebäude, die alle mit Türen verbunden sind*

Zim·mer·hand·werk das <-s> (*kein Plur.*) *das Handwerk des Zimmermanns*

Zim·mer·kell·ner, **Zim·mer·kell·ne·rin** der <-s, -> *Person, die im Hotel Speisen im Zimmer des Gastes serviert*

Zim·mer·laut·stär·ke die <-> (*kein Plur.*) *die Lautstärke, die in Wohnräumen üblicherweise als angemessen betrachtet wird, weil man außerhalb des Zimmers*[1] *nichts hört* die Musik auf Zimmerlautstärke einstellen

Zim·mer·mäd·chen das <-s, -> *junge Frau, die im Hotel die Zimmer aufräumt, Betten macht und für Sauberkeit sorgt*

Zim·mer·mann der <-(e)s, Zimmerleute/Zimmermänner> *Person, deren Beruf es ist, beim Bau von Häusern die Gebäudeteile aus Holz zu errichten* Die Zimmerleute errichten den Dachstuhl.

Zim·mer·manns·ham·mer der <-s, Zimmermannshämmer> *ein Hammer, der an einer Seite des Kopfes eine Spitze hat*

zim·mern <zimmerst, zimmerte, hat gezimmert> *mit OBJ/ohne OBJ* ▪ *jmd. zimmert (etwas) etwas aus Holz bauen* ein Regal/einen Sarg zimmern, an einem Regal zimmern, auf grob gezimmerten Bänken sitzen

Zim·mer·nach·weis der <-es, -e> *Stelle, die Zimmer*[2] *zum Übernachten vermittelt* sich an den Zimmernachweis wenden

Zim·mer·pflan·ze die <-, -n> *Topfpflanze, die dafür geeignet ist, in geschlossenen Räumen zu stehen*

Zim·mer·su·che die <-> (*kein Plur.*) *Suche nach einem Zimmer, das man mieten kann* Viele Studenten sind am Anfang des Semesters auf Zimmersuche.

Zim·mer·tem·pe·ra·tur die <-, -en> *die Temperatur, die gewöhnlich in bewohnten Räumen herrscht* die Medikamente bei Zimmertemperatur lagern

Zim·mer·ver·mitt·lung die <-, -en> **1.** *Agentur, die Zimmer zum Mieten vermittelt* Gibt es hier in diesem Ort eine Zimmervermittlung? **2.** *das Vermitteln von Zimmern*

zim·per·lich *Adj.* (*abwert.* ≈ *überempfindlich*) Sei nicht so zimperlich, es tut doch gar nicht weh!

Zim·per·lich·keit die <-, -en> (*abwert.* ≈ *Überempfindlichkeit*) *Überempfindlichkeit* Auf deine Zimperlichkeit können wir keine Rücksicht nehmen!

Zim·per·lie·se die <-, -n> (*umg. abwert.*) *Bezeichnung für eine Frau, die sehr zimperlich ist*

Zimt der <-(e)s, -e> *ein rotbraun gefärbtes Gewürz, das man beim Backen und für Süßspeisen verwendet* Milchreis mit Zucker und Zimt essen, den Zimt als Pulver/als Stangen kaufen

Zimt·stan·ge die <-, -n> *Zimt in Stangenform*

Zimt·zi·cke die <-, -n> (*umg. abwert.*) *Zicke*[2]

Zink das <-(e)s> (*kein Plur.*) CHEM. *ein Metall, das eine bläulich weiße Farbe hat und mit dem man anderes Metall vor Rost schützen kann* ►verzinkt

Zin·ke die <-, -n> (*meist Plur.*) *schmale, lange Zacke* Eine Gabel mit vier Zinken., die Zinken eines Rechens

Zin·ken der <-, -> **1.** (≈ *Zinke*) **2.** *ein geheimes Zeichen, das irgendwo von Gaunern angebracht wird, um anderen Gaunern eine Information zu geben* **3.** (*umg. abwert.*) *eine große Nase* Der hat aber einen Zinken!

zin·ken[1] <nicht steig.> *Adj. aus Zink*

zin·ken[2] *mit OBJ* ▪ *jmd. zinkt etwas Akk.* (*umg.*) *Karten heimlich mit Markierungen versehen, um zu betrügen* Die Karten sind gezinkt., mit gezinkten Karten spielen

Zinn das <-(e)s> (*kein Plur.*) **1.** CHEM. *ein Metall, das sehr weich ist und wie Silber glänzt* **2.** *Gegenstände aus Zinn*

Zinn·be·cher der <-s, -> *ein aus Zinn*[1] *gefertigter Becher*

Zin·ne die <-, -n> **1.** *eines von den Stücken auf einer Burgmauer, die emporragen und zwischen denen jeweils eine Schießscharte ist* die Zinnen einer Burg **2.** (*geh.*) *Bergspitze* die Zinnen der Berge

zin·nern <nicht steig.> *Adj. aus Zinn* zinnernes Geschirr

Zinn·fi·gur die <-, -en> *aus Zinn*[1] *gefertigte kleine Figur* Er sammelt Zinnfiguren.

Zin·nie die <-, -n> BOT. *eine im Sommer blühende Gartenblume*

Zin·no·ber[1] der/das <-s> (*kein Plur.*) *leuchtend rote Farbe*

Zin·no·ber[2] der <-s> (*kein Plur.*) **1.** (*umg. abwert.*) *überflüssige, wertlose Sache* Wirf doch den ganzen Zinnober einfach weg! **2.** (*umg. abwert.*) *unnötige Aufregung* Mach nicht solch einen Zinnober!

zin·no·ber·rot <nicht steig.> *Adj. von einem leuchtenden Rot*

Zinn·sol·dat der <-en, -en> *aus Zinn gefertigte Figur eines Soldaten*

Zins der <-es, Zinsen> **1.** (*meist Plur.*) *Geld, das man einer Bank für das Entleihen von Geld bezahlen muss oder das man für das Anlegen von Geld bei einer Bank erhält* Zinsen für einen Kredit zahlen müssen, Zinsen für das Geld bekommen, das man auf der Bank hat, Zinsen von jemandem verlangen, dem man Geld leiht **2.** (*süddt. österr. schweiz.*) *Miete* Was zahlst du an Zins für deine Wohnung?, Der Zins ist am Monatsersten fällig. ◆ Miet-

Zins·ab·schlag·steu·er die <-, -n> WIRTSCH. *eine Steuer, die auf Einnahmen von Zinsen*[1] *zu zahlen ist*

Zin·ses·zins der <-es, -en> WIRTSCH. *Zinsen*[1]*, die man von einer Bank auf Geldbeträge erhält, die dort fest angelegt sind*

Zins·fuß der <-es, Zinsfüße> *die in Prozent ausgedrückte Höhe der Zinsen*[1]

zins·güns·tig *Adj. mit einem günstigen Zinssatz* ein zinsgünstiger Kredit

zins·los <nicht steig.> *Adj. so, dass man keine Zinsen*[1] *dafür bezahlen muss* ein zinsloses Darlehen

Zins·ni·veau das <-s, -s> *durchschnittliche Höhe der momentan üblichen Zinsen*[1] ein niedriges/hohes Zinsniveau

Zins·satz der <-es, Zinssätze> *die Höhe der Zinsen*[1]*, die in Prozent ausgedrückt sind*

Zi·o·nis·mus der <-> (*kein Plur.*) **1.** GESCH. *Bewegung für die Gründung eines jüdischen Nationalstaates* **2.** POL. *politische Strömung im heutigen Israel, die eine Stärkung des Staates Israel befürwortet und zu erreichen sucht*

Zi·o·nist, **Zi·o·nis·tin** der <-en, -en> POL. *Person, die den Zionismus vertritt*

zi·o·nis·tisch <nicht steig.> *Adj.* POL. *auf den Zionismus bezogen, zu ihm gehörig* eine zionistische Politik betreiben

Zip·fel der <-s, -> **1.** *Ecke oder spitzes Ende von*

etwas, das aus Stoff besteht die Zipfel eines Kopftuchs/Taschentuchs, eine Tischdecke an allen vier Zipfeln anfassen, eine Mütze mit einem Zipfel, die Zipfel eines Fracks **2.** *Ende einer Wurst* einen Zipfel Leberwurst kaufen **3.** (*übertr.*) *äußerstes oder abgelegenes Ende einer Fläche* der Zipfel eines Sees, der südlichste Zipfel Italiens **4.** (*umg. Kindersprache*) *Penis*

Zip·fel·müt·ze die <-, -n> *Mütze mit einem Zipfel[1], der meist herabhängt* ein Zwerg mit einer Zipfelmütze

Zip·per·lein das <-s, -> (*umg. abwert.*) *eine Krankheit, die nicht genauer bezeichnet und auch nicht ernst zu nehmen ist* Was hast du denn schon wieder für ein Zipperlein?

zir·ka, *a.* **cir·ka** *Adv. ungefähr* Die Fahrt dauert zirka zwei Stunden.

Zir·kel der <-s, -> **1.** MATH. *ein Gerät aus zwei schmalen Stäben, die mit einem Gelenk verbunden sind und mit dem man Kreise zeichnen oder Strecken auf dem Papier abmessen kann* mit dem Zirkel in einen Punkt einstechen und um diesen Punkt einen Kreis ziehen, die Länge einer Strecke mit dem Zirkel abmessen **2.** (*geh.*) *ein geschlossener Personenkreis* Nur ein Zirkel von Eingeweihten wusste Bescheid., der Prager Zirkel von Linguisten, sich im engeren Zirkel treffen, um etwas zu besprechen

Zir·kel·schluss der <-es, Zirkelschlüsse> (*fachspr.*) *ein Beweis, bei dem das, was man beweisen will, bereits als gegeben vorausgesetzt wird*

zir·ku·lar/zir·ku·lär <nicht steig.> *Adj.* (*geh.*) *sich in Kreisen vollziehend* sich auf zirkularen Bahnen bewegen

Zir·ku·la·ti·on die <-, -en> *Umlauf oder Kreislauf von etwas in einem System* die Zirkulation des Blutes, die Zirkulation des Wassers in der Atmosphäre, die Zirkulation des Wassers in einer Heizungsanlage, die Zirkulation des Geldes

zir·ku·lie·ren <zirkuliert, zirkulierte, ist/hat zirkuliert> *ohne OBJ* **1.** ■ *etwas zirkuliert in einem System in Umlauf sein* Das Blut zirkuliert in den Adern., Die Luft zirkuliert im Raum. **2.** ■ *etwas zirkuliert* (≈ *kursieren*) *weitergegeben werden* Über ihn zirkulieren die verschiedensten Gerüchte.

Zir·kus, *a.* **Cir·cus** der <-, -se> **1.** *ein Unternehmen, das artistische Darbietungen, dressierten Tieren, Clowns usw. vor zahlendem Publikum in einem großen Zelt vorführt* beim Zirkus arbeiten, sich eine Vorstellung im Zirkus ansehen, Der Zirkus kommt in unsere Stadt. ◆direktor, -wagen, Staats-, Wander- **2.** *Vorstellung eines Zirkus[1]* Der Zirkus beginnt für Kinder schon um 15 Uhr. ◆-vorstellung **3.** *kurz für „Zirkuszelt"* **4.** (*umg. abwert.*) *unnötig viel Aufhebens um etwas* Mach nicht so einen Zirkus!, Wegen so einer Nichtigkeit macht ihr einen derartigen Zirkus!

Zir·kus·zelt das <-es, -e> *ein großes Zelt, in dem die Artisten eines Zirkus[1] auftreten und in dem das Publikum sitzt* Auf der Wiese steht ein Zirkuszelt.

zir·pen *ohne OBJ* ■ *ein Tier zirpt den für Grillen typischen, hohen, schnarrenden Laut von sich geben* Eine Grille/Zikade zirpt.

Zir·rus·wol·ke die <-, -n> METEOR. *Federwolke in höheren Luftschichten*

zir·zen·sisch <nicht steig.> *Adj.* (*geh.*) *den Zirkus[1] betreffend* zirzensische Darbietungen

zi·scheln <zischelst, zischelte, hat gezischelt> *mit OBJ/ohne OBJ* ■ *jmd. zischelt* (*etwas Akk.*) *eindringlich flüstern* Sie zischelte ihm etwas ins Ohr., „Seid endlich still", zischelte er wütend.

zi·schen <zischst, zischte, hat/ist gezischt> **I.** *mit OBJ* ■ *jmd. zischt etwas* (*haben*) *in eindringlichem Ton sagen oder flüstern* „Lass mich in Ruhe", zischte sie wütend. **II.** *ohne OBJ* **1.** ■ *etwas zischt* (*haben*) *einen scharfen Laut hervorbringen* Eine Gans/eine Schlange zischt drohend., Die Dampflokomotive zischt., Das Fett zischt in der Pfanne. **2.** ■ *etwas zischt irgendwohin* (*umg.* (*sein*)) *sich sehr schnell an eine Stelle bewegen* Der Dampf zischt aus dem geöffneten Ventil., Ein Geschoss zischte haarscharf am Fenster vorbei., Wir zischten schnell um die Ecke. ■ **ein Bier zischen** (**gehen**) (*umg.*): *ein Bier trinken* (*gehen*)

Zisch·laut die <-(e)s, -e> SPRACHWISS. *ein stimmloser Reibelaut* Das „S" ist ein Zischlaut.

zi·se·lie·ren *mit OBJ* ■ *jmd. ziseliert etwas Ornamente in Metall einarbeiten* ein fein ziseliertes Metallarmband ▶Ziselierung

Zis·ter·ne die <-, -n> *eine Art großer Brunnen, der als Speicher für Regenwasser dient besonders in Gegenden, wo es sehr trocken ist*

Zi·ta·del·le die <-, -n> *geschlossene Befestigungsanlage innerhalb einer Stadt oder einer Festung*

Zi·tat das <-(e)s, -e> *wörtlich wiedergegebene Äußerung aus einem bekannten oder veröffentlichtem Text* ein Zitat aus Goethes „Faust" ◆-ensammlung, Original-

Zi·ther die <-, -n> *ein Saiteninstrument, das die Form eines flachen Kasten hat und bei dem die Saiten mit beiden Händen gezupft werden*

zi·tie·ren **I.** *mit OBJ/ohne OBJ* ■ *jmd. zitiert* (*etwas*) *jmds. Äußerungen in genauem Wortlaut wiedergeben* seinen Vorredner zitieren, einen Autor/das Werk eines Autors/eine Textstelle zitieren, aus einem Werk zitieren **II.** *mit OBJ* ■ *jmd. zitiert jmdn. zu jmdm. jmdn. auffordern, zu jmdm. zu kommen* einen Mitarbeiter zum Chef zitieren, Der Chef hat ihn zu sich zitiert. ▶herzitieren, herbeizitieren

Zi·t·ro·nat das <-(e)s> (*kein Plur.*) KOCH. *die kandierte Schale einer Zitrusfrucht* Pfefferkuchen mit Zitronat backen

Zi·t·ro·ne die <-, -n> **1.** BOT. *kurz für „Zitronenbaum"* **2.** *eine Frucht mit einer dicken gelben Schale und einem sehr saurem Geschmack* eine Zitrone aufschneiden/auspressen ◆-presse, -scheibe

Zi·t·ro·nen·baum der <-(e)s, Zitronenbäume> *ein in warmen Regionen wachsender Baum mit Zitronen[2]*

Zi·t·ro·nen·fal·ter der <-s, -> *ein gelber Schmetterling*

Zi·t·ro·nen·me·lis·se die <-> (*kein Plur.*) BOT. *Heil- und Gewürzpflanze mit Blättern, die nach Zitronen[2] duften* einen Tee aus Zitronenmelisse kochen

Zi·t·ro·nen·saft der <-(e)s> (*kein Plur.*) **1.** *der Saft der Zitrone[2]* etwas Zitronensaft über den Fisch träufeln **2.** *aus Zitronensaft[1] und Wasser bereitetes Getränk* einen heißen Zitronensaft trinken

Zi·t·ro·nen·sch·ale die <-, -n> *Schale der Zitrone[2]*

Zi·t·rus·frucht die <-, Zitrusfrüchte> *eine Frucht mit dicker Schale und einem hohen Gehalt an Vitamin C* Apfelsinen, Mandarinen und Zitronen gehören zu den Zitrusfrüchten.

zit·te·rig/zitt·rig *Adj.* **1.** (≈ *zitternd*) mit zitterigen Händen unterschreiben **2.** *schwach und unsicher* noch ganz zitterig auf den Beinen sein

zit·tern <zitterst, zitterte, hat gezittert> *ohne OBJ* **1.** ■ *jmd./etwas zittert sich unwillkürlich sehr schnell hin- und herbewegen* Seine Hände/Knie zittern., Er zitterte am ganzen Leib vor Angst/Aufregung/Kälte., Die Nadel des Kompasses zittert. **2.** ■ *jmd. zittert vor jmdm./etwas* (*umg.*) *vor jmdm. oder etwas Angst haben* Sie zitterte vor der nächsten Prüfung., Alle zittern vor dem Chef. **3.** ■ *jmd. zittert um jmdn./etwas* (*umg.*) *sich um jmdn. oder etwas Sorgen machen* Wir zittern um das Leben der Geiseln. ■ **jemandes Stimme zittert**: *jmds. Stimme klingt unsicher und schwankend* Im Alter beginnt manchmal die Stimme zu zittern.

Zit·tern das <-s> (*kein Plur.*) **1.** *der Zustand, dass man zittert* ein unkontrolliertes Zittern der Hände **2.** (*umg.*) *große Angst* Vor den Prüfungen begann für alle das große Zittern.

Zit·ter·pap·pel die <-, -n> *ein zu den Pappeln gehörender Laubbaum, dessen Blätter bei Wind schnell zu zittern beginnen*

Zit·ter·par·tie die <-, -n> (*umg.*) *etwas, dessen Ausgang bis ganz zum Schluss offen und unsicher ist*

zitt·rig *s.* **zitterig**

Zit·ze die <-, -n> *eines der Organe weiblicher Säugetiere, an denen die Jungen Milch trinken* Das Lamm sucht nach den Zitzen der Mutter., Die Welpen trinken an den Zitzen der Mutter.

Zi·vi der <-s, -s> (*umg.*) *kurz für „Zivildienstleistender"*

Zi·vil das <-s> (*kein Plur.*) **1.** (↔ *Uniform*) *Kleidung, die keine Uniform ist und die im Zivilleben getragen wird* Er erschien zu der Feier in Zivil., Es wird darum gebeten, Zivil anzulegen. **2.** (↔ *Militär*) *Zivilpersonen* In diesem Bereich des Geländes ist dem Zivil der Zutritt verboten. **3.** (*schweiz.*) *Familienstand* Beim Verhör musste sie ihr Zivil angeben.

zi·vil <nicht steig.> *Adj.* **1.** (↔ *militärisch*) *nicht militärisch* die zivile Nutzung der Kernenergie, Die Finanzhilfen sind ausschließlich für zivile Zwecke gedacht., Nach seinem Dienst beim Militär möchte er einen zivilen Beruf erlernen/ins zivile Leben zurückkehren. **2.** (*umg.*) *angemessen* zivile Forderungen/Preise

Zi·vil·be·völ·ke·rung die <-, -en> POL. *nicht militärischer Teil der Bevölkerung* Bei den Luftangriffen gab es viele Opfer unter der Zivilbevölkerung.

Zi·vil·cou·ra·ge die <-> (*kein Plur.*) *der Mut, für seine Meinung auch Nachteile in Kauf zu nehmen* Zivilcourage haben/zeigen/beweisen

Zi·vil·dienst der <-es> (*kein Plur.*) *ein Dienst, den ein junger Mann im sozialen Beeich leisten muss, wenn er den Wehrdienst verweigert* seinen Zivildienst im Altenheim/Behindertenheim/Krankenhaus ableisten

Zi·vil·dienst·leis·ten·de der <-n, -n> *jmd., der Zivildienst leistet*

Zi·vil·ge·richt das <-(e)s, -e> RECHTSW. *ein Gericht, das sich mit Fällen des Zivilrechts beschäftigt*

Zi·vil·ge·setz·buch das <-(e)s> (*kein Plur.*) (*schweiz.*) *Gesetzbuch des bürgerlichen Rechts*

Zi·vi·li·sa·ti·on die <-, -en> **1.** (*kein Plur.*) *der Entwicklungsstand einer Gesellschaft, der durch einen relativ hohen Stand wissenschaftlich-technischer und kultureller Errungenschaften geprägt ist* Die Zivilisation hält auch in diesem entlegenen Bergdorf allmählich Einzug., die Segnungen und die Probleme der modernen Zivilisation, abgeschnitten von jeder Zivilisation leben **2.** *eine Gesellschaft auf einem bestimmten Entwicklungsstand* Der Autor nimmt an, dass in fernen Sonnensystemen Zivilisationen existieren können, die der unseren ähneln.

Zi·vi·li·sa·ti·ons·krank·heit die <-, -en> *Krankheit, die von dem Leben in einer modernen Zivilisation[1] verursacht wird* Übergewicht und Herz-Kreislauf-Erkrankungen sind typische Zivilisationskrankheiten.

zi·vi·li·sa·to·risch <nicht steig.> *Adj.* (*geh.*) *auf die Zivilisation bezogen, von ihr stammend* zivilisatorische Einflüsse/Schäden

zi·vi·li·sie·ren *mit OBJ* ■ *jmd. zivilisiert jmdn.* GESCH. *die moderne (westliche) Zivilisation errichten* Der Versuch, dieses Naturvolk zu zivilisieren, traf auf heftigen Widerstand der Betroffenen.

zi·vi·li·siert *Adj.* **1.** (*umg.*) *anständig und so, wie es erwartet wird* Kannst du dich nicht etwas zivilisierter benehmen?, sich zivilisiert kleiden **2.** *mit einem relativ hohen Stand der Zivilisation* eine zivilisierte Gesellschaft, Auch im scheinbar so zivilisierten Europa des 20. Jahrhunderts waren grausame Kriege möglich.

Zi·vi·list, Zi·vi·lis·tin der <-en, -en> **1.** *jmd., der nicht zum Militär gehört* In der Kommission sitzen Militärs und Zivilisten. **2.** *Person, die Zivilkleidung trägt* Zu privaten Feiern erscheint er als Zivilist.

Zi·vil·klei·dung die <-> (*kein Plur.*) *Kleidung, die keine Uniform ist* in der Freizeit/im Privatleben Zivilkleidung tragen

Zi·vil·le·ben das <-> (*kein Plur.*) **1.** *das Leben außerhalb des militärischen Dienstes* Die in der Kaserne stationierten Soldaten nehmen rege am Zivilleben in der Stadt teil. **2.** (*umg.*) *Privatleben* Im Zivilleben ist unser Chef viel lockerer als im

Dienst.

Zi·vil·per·son die <-, -en> *die Person, die nicht zum Militär gehört* Zivilpersonen ist der Zutritt zu diesem Gelände untersagt.

Zi·vil·pro·zess der <-es, -e> RECHTSW. *ein Prozess, der das Zivilrecht berührt*

Zi·vil·recht das <-(e)s> (*kein Plur.*) (RECHTSW.: ↔ *Strafrecht*) *die Rechtsvorschriften, die die Rechtsbeziehungen von Privatpersonen regeln und nicht zum Strafrecht gehören*

zi·vil·recht·lich <nicht steig.> *Adj.* (RECHTSW.: ↔ *strafrechtlich*) *zum Zivilrecht gehörend* ein zivilrechtlicher Prozess

Zlo·ty der ['slɔti] <-s, -s> *polnische Währungseinheit*

Zmit·tag der/ das <-s, -s> (*schweiz. dial.*) *Mittagessen*

Zmo·rge der/ das <-, -> (*schweiz. dial.*) *Frühstück*

Znacht der/ das <-s> (*kein Plur.*) (*schweiz. dial.*) *Abendessen*

ZNS das *Abkürzung von „Zentrales Nervensystem"*

Znü·ni das/der <-s, -> (*schweiz.*) *zweites Frühstück*

Zo·bel der <-s, -> **1.** ZOOL. *ein kleines Raubtier aus der Familie der Marder* **2.** *das verarbeitete Fell des Zobels[1]* ein Mantel aus Zobel

zo·ckeln/ zu·ckeln <zockelst, zockelte, ist gezockelt> *ohne OBJ* ■ *jmd./etwas zockelt irgendwohin* (*umg.*) *langsam gehen oder fahren* Eine Kleinbahn zockelte durch das Tal.

zo·cken *ohne OBJ* ■ *jmd. zockt* (*umg. abwert.*) *in Glückspielen um Geld spielen* ►abzocken

Zo·cker, Zo·cke·rin der <-s, -> (*umg. abwert.*) *Person, die häufig in Glücksspielen um Geld spielt* Diese Kneipe gilt als Treffpunkt für Dealer und Zocker.

Zo·fe die <-, -n> GESCH. *eine Frau, die eine reiche, meist adelige Frau bedient*

Zoff der <-s> (*kein Plur.*) (*umg.*) *Ärger, Streit* Das wird Zoff geben!, Die Freunde haben miteinander Zoff bekommen.

zof·fen *mit SICH* ■ *jmd. zofft sich mit jmdm.* (*umg*) *sich mit jmdm. streiten*

zö·gern <zögerst, zögerte, hat gezögert> *ohne OBJ* ■ *jmd. zögert nicht sofort handeln, sondern abwarten, weil man sich nicht, entscheiden kann oder weil man ängstlich ist* Bei dem Angebot sollte man nicht zögern, sondern gleich zugreifen., Er zögerte ein wenig, bevor er antwortete., Sie zögern noch mit ihrer Zusage. ►zögerlich

Zög·ling der <-s, -e> (*veralt.*) *Kind, das in einem Heim oder Internat aufgezogen wird/wurde* die Zöglinge einer Schule

Zö·li·bat das/der <-(e)s> (*kein Plur.*) REL. *Ehelosigkeit aus religiösen Gründen* Katholische Geistliche leben im Zölibat.

Zoll[1] der <-(e)s, -> *ein altes Längenmaß, das ungefähr 3 cm entspricht*

Zoll[2] der <-(e)s, Zölle> **1.** *eine Abgabe, die auf Waren erhoben wird, die importiert oder exportiert werden* auf bestimmte Waren Zoll zahlen müssen, auf diesen Waren liegt ein hoher/niedriger Zoll ◆-bestimmungen, -grenzbezirk, Ausfuhr-, Einfuhr- **2.** *Behörde, die den Warentransport an den Grenzen kontrolliert und Zollabgaben erhebt* der Zoll kontrolliert das Gepäck der Reisenden, beim Zoll arbeiten, ein Paket beim Zoll abholen

Zoll·amt das <-(e)s, Zollämter> *Dienststelle der Zollbehörde*

Zoll·be·am·te, Zoll·be·am·tin der <-n, -n> *Person, die beim Zoll[2] [2] arbeitet*

Zoll·be·hör·de die <-, -n> *Behörde, die den Warentransport an Grenzen kontrolliert und Zoll[2] [1] erhebt*

zol·len *mit OBJ* ■ *jmd. zollt jmdm. Achtung* (*geh.*) *jmdm. Achtung erweisen* dem Redner Beifall zollen, jemandem Achtung/Anerkennung zollen

Zoll·er·klä·rung die <-, -en> *Schriftstück mit einer Erklärung über die Waren, für die man Zoll[2] [1] zahlen muss* eine Zollerklärung ausfüllen

Zoll·fahn·der der <-s, -> *jmd., der bei der Zollfahndung[2] arbeitet*

Zoll·fahn·dung die <-> (*kein Plur.*) **1.** *Überprüfung der Einhaltung der Zollbestimmungen* die Verschärfung der Zollfahndung **2.** *Behörde, die die Einhaltung der Zollbestimmungen überprüft* bei der Zollfahndung arbeiten, Die Zollfahndung hat Rauschgift/Schmuggelware sichergestellt.

zoll·frei <nicht steig.> *Adj.* (↔ *zollpflichtig*) *so, dass es nicht verzollt werden muss* eine Ware zollfrei einführen dürfen

Zoll·grenz·be·zirk der <-(e)s, -e> *Gebiet entlang einer Zollgrenze, das von den Zollbeamten überwacht wird*

Zoll·gren·ze die <-, -n> *die Grenze, die ein einheitiches Zollgebiet umschließt*

Zoll·kon·t·rol·le die <-, -n> *durch Zollbeamte vorgenommene Kontrolle, ob Reisende Waren, die sie über Grenzen transportieren, Zoll[2] [1] zahlen müssen*

Zöll·ner, Zöll·ne·rin der <-s, -> (*umg.*) *Person, die Zollkontrollen besonders an der Grenze durchführt*

zoll·pflich·tig <nicht steig.> *Adj.* (↔ *zollfrei*) *so, dass man es verzollen muss* zollpflichtige Waren in ein Land einführen

Zoll·stock der <-s, Zollstöcke> *eine Art langer Stab, den man zusammenklappen kann und der eine Einteilung in Meter und Zentimeter hat, um damit etwas zu messen* ein Zimmer mit dem Zollstock ausmessen

Zom·bie der ['tsɔmbi] <-(s), -s> **1.** *ein Toter, der wieder zum Leben erwacht und keinen Willen mehr hat* In dem Horrorfilm trieben Zombies ihr Unwesen in einer Stadt. **2.** (*umg. abwert.*) *jmd., der aussieht und wirkt wie ein Zombie[1]*

Zo·ne die <-, -n> **1.** *abgegrenztes Gebiet mit bestimmten Eigenschaften* eine atomwaffenfreie/entmilitarisierte Zone, die arktische/subtropische Zone, die Zone oberhalb der Baumgrenze, In der Zone um das Kraftwerk herum gelten besondere Sicherheitsbestimmungen. ◆Fußgänger-, Gewitter-, Klima- **2.** *Geltungsbereich eines Tarifs bei bestimmten Dienstleistungen* Der Bustarif/Telefontarif ist nach Zonen gestaffelt. **3.** *Verwaltungsbezirk einer militärischen Macht* die amerikanische/von den UNO-Friedenstruppen verwaltete Zone **4.** (GESCH.: *umg.* ≈ *Ostzone*) *das Gebiet der DDR während der Zeit der Teilung Deutschlands* in der Zone wohnen, aus der Zone kommen

Zo·nen·gren·ze die <-, -n> GESCH. *die Grenze zwischen der Bundesrepublik Deutschland und der DDR während der Zeit der Teilung Deutschlands*

Zoo der <-s, -s> (≈ *zoologischer Garten*) *ein Park, in dem gegen Geld Tiere besichtigt werden können (und in dem auch Tiere gezüchtet werden)* in den Zoo gehen

Zo·o·lo·ge, **Zo·o·lo·gin** der <-n, -n> *Person, die beruflich auf dem Gebiet der Zoologie arbeitet*

Zo·o·lo·gie die <-> (*kein Plur.*) *Wissenschaft, die sich mit den Tieren und deren Lebensweise beschäftigt*

zo·o·lo·gisch <nicht steig.> *Adj. die Zoologie betreffend* zoologische Forschungen betreiben, ein zoologischer Garten ◆ Großschreibung→R 3.19 der Zoologische Garten Berlin

Zoom das [zu:m] <-s, -s> FILM. FOTOGR. *ein Objektiv, das man verstellen kann, um nahe oder ferne Sachen zu fotografieren* bei einer Szene mit Zoom arbeiten, eine Kamera mit Zoom verwenden

zoo·men ['zu:mən] <zoomst, zoomte, hat gezoomt> *mit OBJ/ohne OBJ* ■ *jmd. zoomt (etwas)* FOTOGR. *ein Zoom so verstellen, dass etwas nah oder fern erscheint* Kannst du den Schmetterling noch etwas zoomen?, Kannst du mit diesem Objektiv auch zoomen?

Zopf der <-(e)s, Zöpfe> **1.** *langes Haar, das in drei gleich starke Teile zu einem dicken Strang geflochten ist* ein Mädchen mit blonden Zöpfen, Sie trägt ihr Haar zu einem langen Zopf geflochten. **2.** *ein Hefegebäck in Form eines Zopfes*[1] ein Zopf mit Mohn/Rosinen ■ **ein alter Zopf** (*umg. abwert.*): *etwas, das längst jeder weiß und das deshalb uninteressant ist*

Zorn der <-(e)s> (*kein Plur.*) *ein Gefühl großer Wut* in Zorn geraten, großen/maßlosen Zorn auf jemanden haben, etwas im Zorn/aus lauter Zorn tun, Er wurde bleich/rot vor Zorn. ►Jähzorn

Zor·nes·ader die <-, n> *eine Ader, die auf der Stirn bei manchen Menschen sichtbar wird, wenn sie wütend sind*

Zor·n(es)·aus·bruch der <-(e)s, Zornesausbrüche> *ein plötzlich sich äußernder Zorn* einen Zornesausbruch haben

Zor·nes·rö·te die <-> (*kein Plur.*) (*geh.*) *Gesichtshaut, die aufgrund von Zorn gerötet ist* Die Zornesröte stieg ihr ins Gesicht.

zor·nig *Adj.* ■ *zornig (auf jmdn.) sehr wütend* auf jemanden zornig sein, Er wurde auf einmal sehr zornig., So zornig habe ich sie noch nie erlebt/gesehen.

Zo·te die <-, -n> (*abwert.*) *ein unanständiger Witz über ein sexuelles Thema* Er erzählte eine Zote nach der anderen. ■ **Zoten reißen**: *Zoten erzählen* ►zotig

Zot·tel die <-, -n> (*meist Plur.*) (*umg. abwert.*) *unordentlich herabhängende Haare* Die Zotteln hingen ihr ins Gesicht., Lass dir mal deine Zotteln schneiden!

zot·te·lig *Adj.* (*umg.*) **1.** *wie Zotteln* zottelige Haare haben, ein zotteliges Fell haben **2.** *voller Zotteln* ein zotteliger Bär

zot·teln <zottelst, zottelte, ist gezottelt> *ohne OBJ* ■ *jmd./ein Tier zottelt irgendwohin* (*umg.*) *langsam gehen* Sie zottelten langsam nach Hause.

zu[1] *Präp.* + *Dat.* **1.** *verwendet, um das Ziel einer Bewegung anzugeben* Geh zu dem Haus dort drüben!, Komm zu mir!, zu Bett gehen, zur Arbeit/Schule gehen, Leg das Buch zu den anderen! **2.** *verwendet, um sich auf eine Veranstaltung zu beziehen, bei der viele Leute sind* Er muss schon wieder zu einem Kongress fahren., zum Geburtstag/zu einer Party eingeladen sein **3.** *verwendet, um auszudrücken, dass etwas mit etwas anderem zusammengehört* etwas Sahne zur Soße geben, Ich nehme Zucker zum Kaffee. **4.** *verwendet, um anzugeben, wo jmd. oder etwas ist* Wir sind zu Hause., Die Kinder sind schon zu Bett., Der Kollege ist gerade zu Tisch., Das Fahrzeug kann zu Wasser und zu Lande eingesetzt werden., sich zum Fenster hinauslehnen, zur Tür hinausgehen **5.** (*geh.*) *verwendet, um den Namen oder den Ort bei Gebäuden anzugeben* der Dom zu Köln **6.** *verwendet, um einen Zeitpunkt oder eine Zeitspanne anzugeben* Zu Weihnachten lag kein Schnee., zu(m) Ende des Monats, erst zu(m) Mittag aufstehen, Wir suchen zum nächstmöglichen Zeitpunkt einen Hauswart., Ihr ist zum Ersten des nächsten Monats gekündigt worden., Zu Beginn war alles ganz einfach., zu jeder Tages- und Nachtzeit, Beides geschah zur selben Zeit., zur Zeit des Zweiten Weltkrieges, zu Lebzeiten Mozarts **7.** *verwendet, um die Art und Weise einer Bewegung anzugeben* zu Fuß gehen, zu Schiff reisen **8.** *verwendet, um die Anzahl von Personen anzugeben* zu dritt in einem Zimmer übernachten, Die Zuschauer kamen zu Hunderten. **9.** *verwendet, um eine Menge oder einen Preis anzugeben* Das Bier gibt es nur in Kisten zu zwanzig Flaschen., Es gab Erdbeeren, den Korb zu fünf Euro., Die Bücher und CDs werden zu Spottpreisen verkauft. **10.** *verwendet, um auszudrücken, in welcher Art und Weise etwas zutrifft* Das stimmt nur zum Teil., zur Hälfte, zur Gänze **11.** *verwendet, um den Anlass einer Handlung auszudrücken* zu Ehren des Staatsgastes ein Festessen geben, dem Kind zum Trost ein Eis kaufen, etwas nur zum Spaß sagen **12.** *verwendet, um das Ergebnis oder die Folge einer Handlung zu bezeichnen* Was wird das zur Folge haben?, Das Wasser ist zu Eis gefroren., Die Kartoffeln sind zu Mus zerkocht., Sie ist vom kleinen Mädchen zu einer jungen Frau geworden., Er ist zum Vorsitzenden gewählt worden., Sie ist zur Professorin ernannt worden., Er hat es zu etwas gebracht., So kommen wir zu keinem Ergebnis! **13.** *verwendet, um das Ziel einer Handlung auszudrücken* Ich brauche etwas Warmes zum Anziehen., Sie geht abends zum

Schwimmen. **14.** *verwendet, um das Ergebnis eines Spiels auszudrücken* Es steht jetzt Null zu Eins für die blaue Mannschaft. **15.** *verwendet, um etwas zu bezeichnen, wofür man etwas voraussetzen muss* Zum Fallschirmspringen braucht man gute Nerven., Zum Malen braucht man Farben und Papier. ■ **zum Ersten, zum Zweiten, Zum Dritten usw.**: *erstens, zweitens, drittens usw.*

zu[2] *Adv.* **1.** *verwendet, um auszudrücken, dass etwas in Richtung auf jmdn./etwas weist oder geht* Nach Osten zu wurde der Himmel heller., Die Fenster gehen nach Süden zu., Sie ging dem Ausgang zu. **2.** *so stark, dass es nicht angemessen oder nicht erwartet ist* Er kam zu früh., Der Mantel ist zu groß/klein., Du fährst zu langsam/riskant/schnell!, Das ist mir zu wenig!, Sie hat sich zu viel zugemutet., Dafür ist es nun zu spät! **3.** *geschlossen, nicht geöffnet* Wir haben montags zu., Die Geschäfte sind zu., Das Fenster ist zu., Ist die Tür auch richtig zu?, Augen zu! **4.** *verwendet bei einer Aufforderung, etwas weiter zu machen* Nur immer zu! ■ **bis zu** (**100, 1000 ...**): *ungefähr, aber nicht mehr als* (*100, 1000 ...*) Der See ist an manchen Stellen bis zu siebzig Meter tief. **ab und zu**: *manchmal* Ab und zu treffen wir uns noch. **jemand ist zu** (*umg. abwert.*): *jmd. ist sehr betrunken oder im Drogenrausch* Er war nicht nur betrunken, er war ja völlig zu! ◆ Getrenntschreibung Das ist viel zu viel für mich!, Das ist zu viel des Guten!, Sie verdient zu wenig, um sich das leisten zu können.; Getrenntschreibung→R 4.1 Das Geschäft/Die Tür wird wohl zu sein.; Getrennt- oder Zusammenschreibung→R 4.14 zu Lasten/zulasten des Klägers gehen, zu Grunde/zugrunde gehen, zu Gunsten/zugunsten des Angeklagten entscheiden, zu Hause/zuhause sein, niemandem etwas zu Leide/zuleide tun, mir war es ängstlich zu Mute/zumute, sich etwas zu Nutze/zunutze machen, mit einer Aufgabe nicht zu Rande/zurande kommen, einen Fachmann zu Rate/zurate ziehen, ein Pferd zu Schanden/zuschanden reiten, sich nichts zu Schulden/zuschulden kommen lassen, zu Seiten/zuseiten des Fußballfeldes, etwa zu Stande/zustande bringen, etwas zu Tage/zutage fördern, zu Ungunsten/zuungunsten des Klägers ausfallen, etwas zu Wege/zuwege bringen *siehe auch* **zugrunde**, **zugunsten**, **zuhause**, **zulasten**, **zuleide**, **zumute**, **zunutze**, **zurande**, **zurate**, **zuschanden**, **zuschulden**, **zuseiten**, **zustande**, **zutage**, **zuungunsten**, **zuwege**

zu[3] *Konj.* **1.** (*verwendet mit einem Infintiv bei bestimmten Verben, Substantiven und Adjektiven*) Das fängt an, langweilig zu werden, Ich habe noch zu arbeiten., Es gibt viel zu tun., Er bat alle zu schweigen., Sie beabsichtigt, ein Jahr im Ausland zu studieren., Sie ist nicht fähig, sich zu konzentrieren., Wir sind glücklich, das erreicht zu haben. **2.** *verwendet mit „sein" und Inf., um ein Passiv mit Modalverb auszudrücken* Das Problem ist nicht zu lösen. (Das Problem kann nicht gelöst werden.), Es ist noch allerhand zu tun. (Es muss noch allerhand getan werden.) **3.** *verwendet mit Part. Präs. vor einem Subst., um eine Möglichkeit, eine Notwendigkeit, eine Erwartung o.Ä. auszudrücken* die zu erledigenden Aufgaben, das zu reparierende Auto, der zu gewinnende Preis, die zu erwartenden Einnahmen, die zu besichtigenden Ausstellungsstücke

zu·al·ler·erst *Adv. als Erstes* Du sollst es zuallererst erfahren! ◆ Zusammenschreibung→R 4.6 Er kam zuallererst in Ziel.

zu·al·ler·letzt *Adv. als Letztes* Daran hatten wir zuallerletzt gedacht! ◆ Zusammenschreibung→R 4.6 Das glaube ich zuallerletzt!

zu·al·ler·meist *Adv. am meisten; besonders* Das hat mich zuallermeist gestört! ◆ Zusammenschreibung→R 4.6 Er war zuallermeist betrübt.

Zu·ar·beit die <-, -en> *Tätigkeit, mit der man andere bei ihrer Arbeit unterstützt* Sie werden gebeten, Ihre Zuarbeiten zum Bericht bis Ende der Woche abzugeben. ▶zuarbeiten

zu·bau·en <baust zu, baute zu, hat zugebaut> *mit OBJ* ■ *jmd. baut etwas zu auf einer freien Fläche ein Haus bauen* Jetzt haben sie den schönen GArten zugebaut.

Zu·be·hör das <-(e)s> (*kein Plur.*) *Dinge, die nicht die Hauptbestandteile eines technischen Geräts sind, die aber zu dem Gerät gehören und mit ihm verwendet werden* Zubehör, wie Fototasche und Stativ, sind im Preis der Kamera inbegriffen.

zu·bei·ßen <beißt zu, biss zu, hat zugebissen> *ohne OBJ* **1.** ■ *jmd./etwas beißt zu kräftig in etwas hineinbeißen* Das Brot ist hart, da muss man kräftig zubeißen., Ärgere den Hund nicht, sonst beißt er zu! **2.** ■ *jmd. beißt zu die Zähne aufeinander pressen* „Bitte einmal zubeißen", bat der Zahnarzt.

zu·be·kom·men <bekommst zu, bekam zu, hat zubekommen> *mit OBJ* ■ *jmd. bekommt etwas zu* (*umg.*) *etwas schließen können* Ich bekomme die Hose schon wieder nicht zu!

Zu·ber der <-s, -> (*süddt. österr. schweiz.*) *Bottich; Waschtrog*

zu·be·rei·ten <bereitest zu, bereitete zu, hat zubereitet> *mit OBJ* ■ *jmd. bereitet etwas zu an Nahrungsmitteln die Handlungen vornehmen, die nötig sind, dass man sie essen kann* Erst brate ich die Schnitzel, dann bereite ich den Salat zu.

Zu·be·rei·tung die <-, -en> **1.** (*kein Plur.*) *das Zubereiten* Die Zubereitung des Salats benötigt etwa eine Stunde. **2.** (≈ *Zubereitungsart*) *die Art, wie etwas zubereitet ist* Für das Fleisch gibt es, je nach Geschmack, verschiedene Zubereitungen.

zu·be·to·nie·ren <betonierst zu, betonierte zu, hat zubetoniert> *mit OBJ* ■ *jmd. betoniert etwas zu auf einer freien Fläche etwas mit Beton bauen und sie dadurch ganz bedecken*

Zu·bett·ge·hen das <-s> (*kein Plur.*) *die* (*mit bestimmten Vorbereitungen verbundene*) *Handlung, ins Bett zu gehen* vor dem Zubettgehen die Zähne putzen, Das ist mir nach dem Zubettgehen noch eingefallen.

zu·bil·li·gen <billigst zu, billigte zu, hat zugebilligt> *mit OBJ* ■ *jmd. billigt jmdm. etwas zu* (≈ *gewähren* ↔ *abschlagen, verweigern*) *sagen, dass jmd. etwas haben darf* jemandem ein Recht zubilligen, jedem Referenten eine halbe Stunde Redezeit zubilligen

zu·bin·den <bindest zu, band zu, hat zugebunden> *mit OBJ* ■ *jmd. bindet etwas zu etwas durch Binden verschließen* einen Sack zubinden, Der kleine Junge kann sich schon allein die Schuhe zubinden.

zu·blei·ben <bleibt zu, blieb zu, ist zugeblieben> *ohne OBJ* ■ *etwas bleibt zu* (*umg.*) *geschlossen bleiben* Montags bleibt der Friseursalon zu., Die Vorschrift besagt, dass die Geschäfte sonntags zubleiben., Das Fenster muss zubleiben, sonst zieht es!

zu·blin·zeln <blinzelst zu, blinzelte zu, hat zugeblinzelt> *ohne OBJ* ■ *jmd. blinzelt jmdm. zu jmdm. durch Augenzwinkern ein Zeichen geben* Er hat ihr aufmunternd/freundlich/heimlich zugeblinzelt.

zu·brin·gen <bringst zu, brachte zu, hat zugebracht> *mit OBJ* **1.** ■ *jmd. bringt eine bestimmte Zeit* (*mit etwas Dat.*) (*irgendwo*) *zu eine Zeit* (*mit etwas*) (*an einem Ort*) *verbringen* den ganzen Tag mit Warten zubringen, Sie hat mehrere Wochen im Krankenhaus zugebracht. **2.** ■ *jmd. bringt etwas zu* (*umg.*) *es schaffen, etwas zu schließen* Ich bringe die Tür nicht zu!, Hast zu den Koffer zugebracht?

Zu·brin·ger der <-s, -> **1.** AMTSSPR. *kleinere Straße, die auf eine größere Straße führt* der Zubringer zur Autobahn **2.** LUFTF. *ein Fahrzeug, das Personen von einem Ort zu einem anderen Ort bringt, um von da aus weiterzureisen* Der Zubringer zum Flughafen fährt vor dem Bahnhof ab.

zu·but·tern <butterst zu, butterte zu, hat zugebuttert> *mit OBJ* ■ *jmd. buttert* (*jmdm.*) *etwas Akk. zu* (*umg. abwert.*) (*jmdm.*) *extra Geld für etwas zuzahlen, das sich aber meist nicht lohnt* Damit dieser Schrottwagen endlich durch den TÜV kam, musste ich richtig was zubuttern.

Zuc·chi·ni die [tsʊˈkiːni] <-, -> *ein Gemüse, das die Form einer Gurke hat* gebratene/gefüllte Zucchini ◆ -auflauf, -suppe

Zucht[1] die <-, -en> **1.** (*kein Plur.*) *das Züchten* die Zucht von Austern/Kristallen/Perlen/Rindern/Schafen/Schweinen, durch Zucht bestimmte Eigenschaften bei Tieren oder Pflanzen herausbilden ◆ Hunde-, Pferde-, Schaf-, Vieh- **2.** *ein Betrieb, der sich mit der Zucht*[1] *beschäftigt* eine Zucht für Rassepferde betreiben, Fische aus eigener Zucht **3.** *durch Züchten entstandene Tiere oder Pflanzen* Die Rosen sind eine ganz neue Zucht., eine neuartige Zucht von Austern

Zucht[2] die <-> (*kein Plur.*) (*veralt.*) *Gehorsam; strenge Disziplin* auf Zucht und Ordnung achten ◆ Kirchen-, Selbst-

Zucht·bul·le der <-n, -n> *ein für das Züchten eingesetzter Bulle mit besonderen Eigenschaften*

züch·ten *mit OBJ* ■ *jmd. züchtet etwas Pflanzen oder Tiere halten und darauf achten, dass die Nachkommen oder Sprösslinge bestimmte Eigenschaften haben* Kühe mit hoher Milchleistung züchten, Rassehunde/edle Rennpferde/eine bestimmte Rosenart züchten

Züch·ter, Züch·te·rin der <-s, -> *Person, die Tiere oder Pflanzen züchtet* ◆ Bienen-, Hunde-, Katzen-, Rosen-

Zucht·haus das <-es, Zuchthäuser> **1.** (GESCH.: *veralt.*) *Gefängnis für Personen, die besonders schwere Straftaten begangen haben* **2.** (*umg.*) *Gefängnis* ins Zuchthaus kommen **3.** (*kein Plur.*) (*veralt.*) *Freiheitsstrafe* Er wurde zu fünfzehn Jahren Zuchthaus verurteilt.

Zucht·hengst der <-(e)s, -e> *ein für das Züchten eingesetzter Hengst, der besondere Eigenschaften hat*

züch·tig *Adj.* (*veralt.* ↔ *frivol*) *so, wie es den guten Sitten entspricht* Sie schlog züchtig die Augen nieder.

züch·ti·gen *mit OBJ* ■ *jmd. züchtigt jmdn.* (*veralt. geh.*) (*körperlich*) *bestrafen* Früher wurden die Kinder in der Schule noch mit dem Rohrstock gezüchtigt.

Züch·ti·gung die <-, -en> (*veralt. geh.*) *das Züchtigen* die Züchtigung durch Schläge

Zü·ch·tung die <-, -en> *das Züchten* Die Züchtung von Rennpferden erfordert viel Geld.

Zucht·vieh das <-s> (*kein Plur.*) *Nutztiere, die zur Züchtung verwendet werden, weil sie besondere Eigenschaften haben*

zu·ckeln/zo·ckeln <zuckelst, zuckelte, ist gezuckelt> *ohne OBJ* ■ *jmd./etwas zuckelt irgendwohin* (*umg.*) *langsam an einen Ort gehen oder fahren* Langsam zuckelte die Kleinbahn aus dem Bahnhof.

zu·cken <zuckst, zuckte, hat/ist gezuckt> **I.** *mit OBJ* ■ *jmd. zuckt die Schultern* (≈ *mit den Schultern zucken*) *die Schultern kurz und schnell nach oben ziehen, weil man etwas nicht weiß oder weil es einen nicht interessiert* **II.** *ohne OBJ* **1.** ■ *jmd./etwas zuckt* (*haben*) *kurze, schnelle und unkontrollierte Bewegungen machen* Er zuckte kurz, als er seinen Namen hörte., Sie zuckte mit den Schultern, als sie gefragt wurde., kurz mit den Augenbrauen zucken, Ihr Augenlid/Bein zuckt unaufhörlich. **2.** ■ *etwas zuckt* (*sein*) *kurz aufleuchten* Ein Blitz ist über den Himmel gezuckt., Rote Flammen zucken aus den Fenstern. **III.** *mit ES* ■ *es zuckt* (*haben*) *kurze, unkontrollierte Bewegungen hervorrufen* Es zuckte um ihren Mund herum., Mir zuckt es in den Beinen. ■ **ohne** (**mit der Wimper**) **zu zucken** (*umg.*): *ohne Zögern oder Bedenken erkennen zu lassen* Er trank das undefinierbare Getränk, ohne mit der Wimper zu zucken.

zü·cken *mit OBJ* **1.** ■ *jmd. zückt eine Waffe* (*eine Waffe*) *plötzlich herausziehen* ein Messer/die Pistole/das Schwert zücken **2.** ■ *jmd. zückt etwas* (*umg. scherzh.* ≈ *hervorholen*) Er zückte den Bleistift/die Brieftasche.

Zu·cker der <-s> (*kein Plur.*) **1.** *eine weiße oder* *braune Substanz, die aus Pflanzen gewonnen wird und süß schmeckt und zu Speisen oder Getränken gegeben wird, um sie zu süßen* Nehmen Sie Zucker in den Kaffee?, In den Teig gehört außer Zucker auch eine Prise Salz., zwei Teelöffel/Würfel Zucker in den Kaffee nehmen ◆ Kandis-, Puder-, Rohr-, Würfel- **2.** CHEM. *eine Substanz, die in Pflanzen gebildet wird und süß schmeckt* ◆ Frucht- **3.** (*umg. ≈ Diabetes*) *kurz für „Zuckerkrankheit“* Man hat bei ihm Zucker festgestellt., Sie hat Zucker. ◆ Blut-, Harn-

Zu·cker·bä·cker, **Zu·cker·bä·cke·rin** der <-s,-> (*österr.*) *Konditor*

Zu·cker·brot ■ **mit Zuckerbrot und Peitsche** (*umg. scherzh.*): *abwechselnd mit Lob und mit Drohungen und Strafen* In dieser Familie wurden die Kinder mit Zuckerbrot und Peitsche erzogen.

Zu·cker·do·se die <-, -n> *Dose, in der man Zucker[1] aufbewahrt*

Zu·cker·guss der <-es> (*kein Plur.*) *Glasur aus Zucker[1] und anderen Zutaten auf Kuchen und Gebäck*

zu·cke·rig *Adj. voller Zucker* Die Kinder haben vom Naschen zuckerige Münder.

zu·cker·krank <nicht steig.> *Adj. an Zuckerkrankheit leidend*

Zu·cker·kran·ke der/die <-n, -n> *Person, die an Zuckerkrankheit leidet*

Zu·cker·krank·heit die <-> (*kein Plur.*) (MED.: *≈ Diabetes*) *eine Stoffwechselkrankheit, die auf einer Fehlfunktion der Bauchspeicheldrüse beruht und sich in einem erhöhten Zuckergehalt im Blut und Ausscheidung von Zucker im Urin äußert*

Zu·ckerl das <-s, -n> (*österr.*) *Bonbon*

zu·ckern <zuckerst, zuckerte, hat gezuckert> *mit OBJ* ■ *jmd. zuckert etwas mit Zucker[1] bestreuen oder Zucker[1] beigeben* den Kuchen nach dem Backen zuckern, Der Tee ist mir zu stark gezuckert. ▶über-, ver-

Zu·cker·rohr das <-(e)s> (*kein Plur.*) *eine tropische Pflanze, aus deren hohen Stängeln Zucker[1] gewonnen wird*

Zu·cker·rü·be die <-, -n> *eine Rübe, aus der Zucker[1] gewonnen wird*

Zu·cker·spie·gel der <-s> (*kein Plur.*) MED. *Menge des Blutzuckers, die jmd. im Blut oder im Urin hat*

zu·cker·süß <nicht steig.> *Adj.* **1.** *sehr süß* ein zuckersüßes Gebäck **2.** (*umg. abwert.*) *so freundlich, dass es unecht und übertrieben wirkt*

Zu·cker·watte die <-> (*kein Plur.*) *Zuckerwerk, das die Form von einem großen Wattebausch hat*

Zu·cker·werk das <-(e)s> (*kein Plur.*) *Süßigkeit, die vorwiegend aus Zucker[1] besteht*

Zu·ckung die <-, -en> *eine kurze, schnelle und unkontrollierte Bewegung* eine Zuckung machen, Zuckungen in den Beinen haben ■ **in den letzten Zuckungen liegen** (*umg.*): *nicht mehr genügend Kraft, Geld, Macht o.Ä. haben und deswegen bald aufhören zu existieren* die letzten Zuckungen des Regimes

zu·de·cken <deckst zu, deckte zu, hat zugedeckt> *mit OBJ* ■ *jmd. deckt jmdn./etwas (mit etwas Dat.) zu jmdn. oder etwas mit etwas bedecken* das schlafende Kind zudecken, die jungen Pflänzchen mit Erde zudecken, den Topf mit einem Deckel zudecken

zu·dem *Adv.* (*geh. ≈ außerdem*) Wir haben viel zu tun, und zudem ist noch ein Kollege erkrankt.

zu·den·ken <denkst zu, dachte zu, hat zugedacht> *mit OBJ* ■ *jmd. denkt jmdm. etwas zu* (*geh.*) *bestimmen, dass jmd. etwas bekommt* Dieses Geschenk habe ich dir zugedacht., Jedem Anwesenden ist ein Glas Sekt zugedacht.

zu·dre·hen <drehst zu, drehte zu, hat zugedreht> **I.** *mit OBJ* ■ *jmd. dreht etwas zu* **1.** *etwas schließen, indem man an einem Ventil, einem Rad, einer Schraube o.Ä. dreht* den Gashahn/Wasserhahn zudrehen, Hast du die Heizung zugedreht? **2.** ■ *jmd dreht jmdm. das Gesicht/den Rücken zu den Körper so drehen, dass das Gesicht oder der Rücken jmdm. zugewandt ist* **II.** *mit SICH* ■ *jmd. dreht sich jmdm. zu sich so wenden, dass man von jmdm. angesehen wird* Er drehte sich dem Publikum zu.

zu·dring·lich *Adj.* (*abwert.*) **1.** (*≈ aufdringlich*) *so, dass man nach zu intimen und privaten Dingen fragt* Die Reporter stellten zudringliche Fragen. **2.** *in sexueller Hinsicht aufdringlich* Der Angeklagte wurde der Frau gegenüber zudringlich.

Zu·dring·lich·keit die <-, -en> *zudringliche Handlung* sich vor jemandes Zudringlichkeiten schützen

zu·drü·cken <drückst zu, drückte zu, hat zugedrückt> **I.** *mit OBJ* ■ *jmd. drückt etwas zu etwas durch Drücken schließen* Er drückte die Tür leise zu. **II.** *ohne OBJ* ■ *jmd. drückt zu mit aller Kraft drücken* Du musst richtig zudrücken, dann funktioniert der Schalter. ■ **ein Auge zudrücken** (*umg.*): *etwas akzeptieren, was eigentlich nicht in Ordnung ist*

zu·ei·n·an·der *Adv. der/das eine zum anderen* Sie passen nicht zueinander., Nach vielen Jahren haben sie wieder zueinander gefunden. ◆ Getrenntschreibung→R 4.1 Ich glaube nicht, dass die beiden zueinander passen., Sie versprachen, immer fest zueinander zu halten.

zu·er·ken·nen <erkennst zu, erkannte zu, hat zuerkannt> *mit OBJ* ■ *jmd. erkennt jmdm. etwas zu* (*geh.*) *jmdm. etwas meist durch einen offiziellen Beschluss gewähren* Ihm wurde die höchste Auszeichnung/ eine Entschädigung zuerkannt.

zu·erst *Adv.* **1.** (*↔ zuletzt*) *an erster Stelle in einer Reihenfolge* Wer geht zuerst?, Er kam zuerst ins Ziel., Wer wird zuerst bedient? **2.** (*≈ zunächst*) *vor allem anderen* Wir müssen zuerst eine Planung machen., Wir können gleich gehen, zuerst muss ich mir aber noch etwas anziehen. **3.** (*≈ erstmals*) *zum ersten Male* Zuerst habe ich so etwas in Paris gesehen. **4.** (*≈ anfangs*) *am Anfang* Zuerst glaubte sie, er scherze nur., Zuerst habe ich sie ja ganz nett gefunden, aber später nicht mehr. ◆ Zusammenschreibung→R 4.6 Was machen wir zuerst?, Wo haben wir das zuerst erlebt?

zu·fä·cheln <fächelst zu, fächelte zu, hat zugefä-

chelt> *mit OBJ* ■ *jmd. fächelt sich/jmdm.* (*mit etwas Dat.*) Luft zu *Luft in eine Richtung bewegen, indem man die Hand oder einen Gegenstand hin und her bewegt* sich mit einer Zeitung Luft zufächeln, dem Kranken mit der Hand Luft zufächeln

zu·fah·ren <fährst zu, fuhr zu, ist zugefahren> *ohne OBJ* **1.** ■ *jmd. fährt auf jmdn./etwas zu in eine Richtung auf jmdn. oder etwas fahren* Er ist auf den Radfahrer zugefahren., Das Auto fuhr direkt auf die Menschenmenge zu. **2.** ■ *jmd. fährt zu* (*umg.*) *los-, weiterfahren* Obwohl sie die Fußgängerin gesehen hatte, ist sie einfach zugefahren., Los, fahr endlich zu!

Zu·fahrt die <-, -en> *Weg, auf dem man ein Gebäude oder einen Ort erreicht* Die Zufahrt zum Gebäude befindet sich auf der Rückseite., Zufahrt Tag und Nacht freihalten!

Zu·fahrts·stra·ße die <-, -n> *Straße, auf der man etwas erreicht* die Zufahrtsstraße zum Werksgelände/zum Campingplatz

Zu·fall der <-(e)s, Zufälle> *ein Ereignis, das so nicht geplant oder erwartet war* ein glücklicher/unglücklicher Zufall, Es war Zufall, dass wir uns getroffen haben., Das ist kein Zufall/reiner Zufall., Welch ein Zufall, dass wir uns hier über den Weg laufen!, Es gibt schon seltsame Zufälle!, Das sollte man nicht dem Zufall überlassen.

zu·fal·len <fällt zu, fiel zu, ist zugefallen> *ohne OBJ* **1.** ■ *etwas fällt zu sich plötzlich* (*von selbst*) *schließen* Der Deckel/die Klappe/die Tür fiel plötzlich zu. **2.** ■ *etwas fällt jmdm. zu jmdm. zuteil werden* Der erste Preis fiel ihr zu., Das Erbe fällt beiden Kindern zu. **3.** ■ *etwas fällt jmdm. zu ohne Mühe erreicht werden* Die guten Ergebnisse in der Schule sind ihm zugefallen., Ihr ist früher alles zugefallen, jetzt muss sie sich mehr anstrengen. **4.** ■ *etwas fällt jmdm. zu getan werden müssen* Ihr fällt die Aufgabe zu, die neuen Prospekte zu entwerfen. ■ **jemandem fallen die Augen zu**: *jmd. ist so müde, dass er sich fast nicht mehr wach halten kann* Vor Müdigkeit fielen ihm die Augen zu.

zu·fäl·lig *Adj.* **1.** *durch Zufall* eine zufällige Begegnung, Ich war zufällig da. **2.** (*umg.* ≈ *vielleicht*) Hast du zufällig einen Fahrschein für mich?, Weißt du zufällig, wann die Kinder nach Hause kommen?

Zu·falls·be·kannt·schaft die <-, -en> *Person, die man zufällig[1] irgendwo kennen gelernt hat*

Zu·falls·tref·fer der <-s, -> (*umg.*) *etwas, das man zufällig[1] erraten hat* Ich habe die Lösung nicht gewusst, das war nur ein Zufallstreffer.

zu·fas·sen <fasst zu, fasste zu, hat zugefasst> *ohne OBJ* **1.** ■ *jmd. fasst zu nach etwas greifen und es fest halten* Sie hielt ihm die Hand hin, er musste nur noch zufassen. **2.** (*umg.* ≈ *anfassen*) *helfen* Wenn alle mit zufassen, werden wir schneller fertig.

zu·flie·gen <fliegst zu, flog zu, ist zugeflogen> *ohne OBJ* **1.** ■ *jmd./etwas fliegt auf jmdn./etwas zu in Richtung auf jmdn. oder etwas geflogen kommen* Das Flugzeug fliegt auf die Landebahn zu., Der Ball fliegt auf das Tor zu. **2.** ■ *ein Vogel fliegt jmdm. zu ein Vogel, der seinem ersten Besitzer entflogen ist, ist zu jmdm. anderen geflogen* Mir ist gestern ein Vogel zugeflogen. **3.** ■ *etwas fliegt jmdm. zu etwas ohne Mühe bekommen* Ihm fliegen die Sympathien nur so zu., Ihm ist in der Schule alles zugeflogen, im Studium musste er sich mehr bemühen. **4.** ■ *etwas fliegt zu* (*umg.*) *sich plötzlich von selbst schließen* Es kam ein Luftzug und die Tür flog zu.

zu·flie·ßen <fließt zu, floss zu, ist zugeflossen> *ohne OBJ* **1.** ■ *etwas fließt etwas Dat. zu in Richtung auf etwas fließen* Der Bach fließt dem Fluss zu., Die Flüsse fließen dem Meer zu. **2.** ■ *etwas fließt jmdm./etwas zu jmdm. oder einer Organisation gegeben werden* Die Spenden fließen der Welthungerhilfe zu., jemandem Geld zufließen lassen

Zu·flucht die <-, -en> **1.** *Ort oder Person, an dem/bei der man Schutz oder Hilfe findet* irgendwo Zuflucht suchen, Eine Scheune bot den Wanderern Zuflucht vor dem Gewitter., Tausende Flüchtlinge suchten Zuflucht im Nachbarland., In seiner Not suchte er Zuflucht bei einem Priester **2.** (*geh. übertr.*) *Sache, von der man sich Hilfe erwartet* zu einer Lüge Zuflucht nehmen, Zuflucht im Alkohol suchen

Zu·fluss der <-es, Zuflüsse> **1.** *Fluss, der in ein anderes Gewässer mündet* Der See hat mehrere Zuflüsse. **2.** (*kein Plur.*) (↔ *Abfluss*) *das Zufließen* der ständige Zufluss frischen Wassers **3.** (*kein Plur.*) *das Hinzukommen;* (↔ *Abfluss*) der Zufluss weiterer Finanzmittel

zu·flüs·tern <flüsterst zu, flüsterte zu, hat zugeflüstert> *mit OBJ* ■ *jmd. flüstert jmdm. etwas zu jmdm. etwas flüsternd mitteilen* jemandem etwas zuflüstern

zu·fol·ge *Präp. + Dat.* (*nachgestellt*) *verwendet, um sich auf die Aussage oder die Meldungen von jmdm. zu beziehen* Den neuesten Meldungen zufolge wird das Friedensabkommen bald in Kraft treten., Seiner Aussage zufolge war er gestern Abend zu Hause.

zu·frie·den *Adj. so, dass man nichts zu bemängeln oder zu wünschen hat* mit etwas zufrieden sein, sich mit etwas zufrieden geben, zufrieden gestellte Kundschaft, ein zufrieden stellendes Ergebnis ■ **jemanden zufrieden lassen** (*umg.*): *jmdn. nicht weiter behelligen* Kannst du mich nicht endlich zufrieden lassen? ◆ Getrenntschreibung→R 4.1 Mit diesem Ergebnis können wir uns nicht zufrieden geben., Er konnte uns keine zufrieden stellende Antwort geben., Er hat uns die ganze Zeit über nicht zufrieden gelassen.; Zusammenschreibung→R 4.12 Die Schülerin hat in diesem Jahr ein zufriedenstellenderes Ergebnis erzielt.

Zu·frie·den·heit die <-> (*kein Plur.*) *der Zustand, zufrieden zu sein* voller Zufriedenheit sein Werk begutachten

zu·frie·ren <friert zu, fror zu, ist zugefroren> *ohne OBJ* ■ *etwas friert zu von einer geschlossenen Eisdecke bedeckt werden* Die Seen und Flüsse sind zugefroren.

zu·fü·gen <fügst zu, fügte zu, hat zugefügt> *mit OBJ* **1.** ■ *jmd. fügt etwas Dat. etwasAkk. zu zu einer Sache etwas hinzutun* Der Soße kann man zur Verfeinerung noch etwas Butter zufügen. ▶hinzufügen **2.** ■ *jmd. fügt jmdm./einem Tier etwas zu jmdm. oder einem Tier Schlimmes antun* jemandem Unrecht/einen Schaden zufügen, Sie wollte dem Tier nicht unnötig Schmerzen zufügen.

Zu·fuhr die <-> (*kein Plur.*) **1.** *der Vorgang, dass etwas irgendwohin geleitet wird* Die Zufuhr von Benzin/Gas/Luft erfolgt über eine Rohrleitung. **2.** *die zugeleitete Menge* Die Reaktionsgeschwindigkeit hängt von der Zufuhr an Sauerstoff ab.

zu·füh·ren <führst zu, führte zu, hat zugeführt> **I.** *mit OBJ* **1.** ■ *jmd./etwas führt etwas Dat. etwas zu etwas irgendwohin leiten oder bringen* Der Maschine wird der Strom direkt vom Netz zugeführt., Die Einnahmen aus dem Konzert werden dem Kinderhilfswerk zugeführt., einem Unternehmen neue Kunden zuführen **2.** ■ *jmd. führt jmdn./etwas etwas Dat. zu* (*geh.*) *mit einem Substantiv verwendet, um ein Verb zu umschreiben* ein Problem einer Lösung zuführen (ein Problem lösen), einen Verbrecher seiner verdienten Strafe zuführen (einen Verbrecher bestrafen), etwas einer neuen Verwendung zuführen (etwas neu verwenden) **II.** *ohne OBJ* ■ *etwas führt auf etwas Akk. zu auf die Richtung von etwas hinführen* Die Straße führt direkt auf den Bahnhof zu., Das führt uns direkt auf den Kern unseres Problems zu.

Zug[1] der <-(e)s, Züge> **1.** *mehrere aneinander gehängte Eisenbahnwagen mit einer Lokomotive* Der Zug verspätet sich/fährt auf Gleis acht ein/ ist pünktlich., Ich komme mit dem Zug., Die Bahn setzt über die Weihnachtstage zusätzliche Züge ein., Die Züge nach Köln verkehren heute auf Gleis sechs., Der Zug hatte ein Signal überfahren/ war entgleist., den Zug erreichen/nehmen/verpassen ◆Fernverkehrs-, Nahverkehrs-, Schnell- **2.** *Lastkraftwagen mit Anhängern* ein Zug mit vier Achsen ■ **der Zug ist abgefahren** (*umg.*): *dafür ist es jetzt zu spät*

Zug[2] der <-(e)s, Züge> **1.** *eine große Gruppe von Menschen, die sich gemeinsam in einer Richtung bewegen* Der Zug der Flüchtlinge bewegt sich auf die Grenze zu., Viele Menschen schlossen sich dem Zug der Demonstranten an., Bunt geschmückte Wagen fahren am Rosenmontag im Zug mit. ◆Demonstrations-, Fest-, Faschings- **2.** *das Sichfortbewegen in einer Richtung* der jährliche Zug der Wildgänse in den Süden, der Zug der Wolken am Himmel ◆Vogel- **3.** *die Ausübung von Kraft* (*von etwas weg*), *um es zu bewegen* Um die Kiste zu bewegen, muss man von hinten Druck und von vorn Zug ausüben., ein Zug nach unten/ nach der Seite/nach oben, Durch einen Zug an der Reißleine öffnet sich der Fallschirm., Mit einem Zug am Hebel brachte er den Wagen zum Stehen. **4.** *eine Bewegung, um vorwärts zu kommen* mit kräftigen Zügen rudern/schwimmen **5.** *Linienführung beim Schreiben oder Zeichnen* etwas in großen/klaren Zügen schreiben, Der Künstler malt in kräftigen Zügen. **6.** *das Rücken einer Figur im Spiel* einen Zug mit der Dame machen, Wer ist am Zug?, matt in einundzwanzig Zügen, ein geschickter/kluger Zug des Gegners **7.** (*kein Plur.*) *Luftströmung in eine Richtung* Ich spüre einen Zug im Nacken., Der Kamin hat keinen guten Zug. ▶Durchzug **8.** TECHN. *Öffnung, durch die Luft oder Gase abziehen können* ein Schornstein mit zwei Zügen **9.** *eine bestimmte Art zu handeln* Ein weniger schöner Zug an ihm war seine Unzuverlässigkeit., Das ist der Zug der Zeit., Der strenge Herrscher offenbarte plötzlich auch menschliche Züge., Das war kein schöner Zug von dir. ◆Charakter- **10.** *Gesichtslinie; Gesichtsausdruck* Sie hatte einen strengen Zug um den Mund., Sein Gesicht hatte noch kindliche Züge. **11.** *das Einziehen von Flüssigkeit oder Luft in den Körper* einen kräftigen Zug aus der Flasche tun, mehrere Züge an der Zigarette machen, in tiefen Zügen atmen ◆Atem-, Lungen- **12.** *eine Organisationseinheit einer Institution* Die Schule verfügt über einen sprachlichen und einen naturwissenschaftlichen Zug in jeder Klassenstufe., Die Feuerwehr rückte mit vier Zügen zur Brandbekämpfung an. **13.** MILIT. *eine Untereinheit einer Kompanie* Der zweite Zug ist angetreten. ■ **in den letzten Zügen liegen** (*umg.*): *im Sterben liegen* Der Schwerkranke lag in den letzten Zügen., Die Bauarbeiten am Haus liegen in den letzten Zügen, morgen ist feierliche Übergabe. **etwas in vollen Zügen genießen**: *etwas sehr genießen* **im Zug(e) der/des** (*geh.*): *während; im Verlaufe der/des* Im Zuge der Umbaumaßnahmen wird auch die Heizung mit erneuert. **in einem Zug(e)** (*umg.*): *ohne Unterbrechung* Er hat das dicke Buch in einem Zug ausgelesen. **am Zug(e) sein/zum Zug(e) kommen**: *die Möglichkeit haben, etwas zu tun* Jetzt sind wir endlich am Zuge! **Zug um Zug**: *nacheinander; unbeirrt; ohne Unterbrechung* Sie setzte ihren Plan Zug um Zug in die Wirklichkeit um. **in groben/großen Zügen** (*umg.*): *ungefähr und überblicksweise* Er erläuterte das Projekt in groben Zügen, ehe er zu den Einzelheiten kam., Ich bin nur in groben Zügen informiert. **einen guten Zug am Leib haben** (*umg.*): *sehr viel und schnell Alkohol trinken können*

Zug[3] <-s> *Kanton der Schweiz*

Zu·ga·be die <-, -n> **1.** *etwas, das man* (*beim Kauf*) *zusätzlich erhält* Jeder, der Waren im Wert von mindestens 100 Euro kauft, erhält ein Geschenk des Hauses als Zugabe. **2.** *etwas, das am Ende eines Konzerts noch zusätzlich gespielt wird* Der Künstler spielte zwei Zugaben., Das Publikum forderte eine Zugabe. **3.** (*kein Plur.*) *das Hinzugeben* die Spaghetti unter Zugabe von Salz in siedendem Wasser kochen

Zug·ab·teil das <-(e)s, -e> *Abteil eines Eisenbahnwagens* ein Zugabteil reservieren lassen

Zu·gang der <-(e)s, Zugänge> **1.** (*kein Plur.*) *Möglichkeit, irgendwo hineinzugehen* Kein Zugang für Unbefugte!, sich mit Gewalt Zugang verschaffen **2.** *Eingang, Einfahrt* Ein geparkter Wagen versperrte den Zugang., Das Haus hat mehrere Zugänge. ◆-sweg, Treppen- **3.** (*kein Plur.*) *Möglichkeit, jmdn. oder etwas zu verstehen* Er findet zum Werk diese Künstlers keinen Zugang., Er findet leicht Zugang zu anderen Menschen/zu Kindern. **4.** (*meist Plur.*) *neu hinzugekommene Dinge oder Personen* Welche Zugänge verzeichnet die Bibliothek diesen Monat?, Die Unfallabteilung hatte heute zwei Zugänge.

zu·gäng·lich *Adj.* **1.** *so, dass man es betreten oder benutzen kann* Die Bibliothek ist der Öffentlichkeit zugänglich. **2.** *so, dass man es verstehen kann* das Werk eines Künstlers dem breiten Publikum zugänglich machen **3.** *interessiert und aufgeschlossen* Sie ist immer zugänglich für neue Ideen., Sie war für seine Bitten nicht zugänglich.

Zug·brü·cke die <-, -n> *eine Brücke, die hochgezogen und abgesenkt werden kann* die Zugbrücke der mittelalterlichen Burg

zu·ge·ben <gibst zu, gab zu, hat zugegeben> *mit OBJ* **1.** ■ *jmd. gibt etwas zu* (≈ *gestehen* ↔ *abstreiten*) *sagen, dass man etwas Schlechtes getan hat* Er hat den Fehler schließlich zugegeben. **2.** ■ *jmd. gibt etwas Dat. etwas zu hinzufügen* unter ständigem Rühren dem Teig drei Esslöffel Zucker zugeben

zu·ge·geben *Partikel verwendet, um eine Aussage einzuleiten, mit der man etwas aus Höflichkeit oder Gerechtigkeit erwähnt, was aber an der eigentlichen Aussage nichts ändert* Zugegeben, es war ein sehr schwieriger Test, aber doch zu schaffen.

zu·ge·ge·be·ner·ma·ßen *Adv. wie man zugeben oder einräumen muss* Ich habe zugegebenermaßen nicht daran gedacht, dich anzurufen.

zu·ge·gen *Adv.* (*geh.* ≈ *anwesend*) Ein Mitglied der Geschäftsleitung wird bei der Tagung der Abteilungsleiter zugegen sein.

zu·ge·hen <gehst zu, ging zu, ist zugegangen> **I.** *ohne OBJ* **1.** ■ *jmd. geht auf jmdn./etwas zu sich räumlich jmdm. oder etwas nähern* Der Redner ging auf das Pult zu., Sie ging direkt auf ihn zu. **2.** ■ *etwas geht auf etwas Akk. zu sich zeitlich etwas nähern* Die Ferien gehen auf das Ende zu. **3.** ■ *jmd. geht auf jmdn. zu* (*wieder*) *mit jmdm. Kontakt aufnehmen* Wenn ihr aufeinander zugeht, werdet ihr euch wieder vertragen können., Sie ist Fremden gegenüber sehr aufgeschlossen und geht auf jeden zu. **4.** ■ *etwas geht zu* (*umg.*) *sich schließen* (*lassen*) Die Tür ging leise zu., Der Koffer geht nicht zu, er ist zu voll. **5.** ■ *etwas geht jmdm. zu* (*geh.*) *etwas jmdm. zugesandt werden* Ist Ihnen mein Brief schon zugegangen?, Ihnen wird in Kürze ein Schreiben zugehen. **II.** *mit ES* **1.** ■ *es geht irgendwo irgendwie zu auf eine bestimmte Art und Weise geschehen* Hier geht es nicht mit rechten Dingen zu., Auf dem Fest ging's sehr lustig zu. **2.** ■ *es geht auf etwas Akk. zu sich einem Zeitpunkt nähern* Es geht allmählich auf Mitternacht/das Monatsende/Weihnachten zu.

Zu·geh·frau die <-, -en> (*österr., süddt.*) *Frau, die gegen Bezahlung im Haushalt hilft*

zu·ge·hö·ren <gehörst zu, gehörte zu, hat zugehört> *ohne OBJ* ■ *jmd. gehört etwas Dat. zu* (*geh.*) *zu einer Organisation, einer Glaubensgemeinschaft o.Ä. gehören* Er gehörte der kommunistischen Partei zu.

zu·ge·hö·rig <nicht steig.> *Adj.* **1.** *so, dass man sich als Teil von etwas fühlt* Er fühlt sich ihr/dieser Familie zugehörig. **2.** *so, dass es zu etwas gehört* Die zugehörigen Kabel finden Sie in der Verpackung.

Zu·ge·hö·rig·keit die <-> (*kein Plur.*) **1.** (≈ *Mitgliedschaft*) die Zugehörigkeit zu einer Organisation/Partei **2.** *innere Verbundenheit* Die beiden verband ein Gefühl der Zugehörigkeit.

zu·ge·kifft *Adj.* (*umg. abwert.*) *so, dass man viel Haschisch oder Marihuana geraucht hat* Er ist jeden Abend zugekifft.

zu·ge·knöpft *Adj.* **1.** (*keine Steigerung*) *mit Knöpfen verschlossen* ein zugeknöpftes Hemd **2.** (*umg.*) *verschlossen und wenig auskunftsfreudig* Ist er immer so zugeknöpft? ▶Zugeknöpftheit

Zü·gel der <-s, -> *einer der Riemen, mit denen das Pferd geführt wird* einem Pferd die Zügel anlegen ■ **die Zügel kurz halten**: *streng reagieren* **die Zügel schießen/schleifen lassen/aus der Hand geben**: *jmdn. oder etwas sich selbst überlassen*

zü·gel·los *Adj.* (≈ *ausschweifend* ↔ *maßvoll*) *so, dass man ohne Hemmungen und ohne Rücksicht auf moralische Bedenken o.Ä. sich dem Genuss hingibt* ein zügelloses Leben führen, ein zügelloser Mensch, sich zügellos dem Genuss hingeben

zü·geln¹ <zügelst, zügelte, hat gezügelt> **I.** *mit OBJ* **1.** ■ *jmd. zügelt ein Pferd ein Pferd am kurzen Zügel halten und beruhigen* Das Pferd scheute und der Reiter versuchte, es zu zügeln. **2.** ■ *jmd. zügelt etwas bestimmte negative Gefühle beherrschen* seine Angst/Neugier/Wut zügeln **II.** *mit SICH* ■ *jmd. zügelt sich sich beherrschen* Versuche(,) dich zu zügeln!

zü·geln² <zügelst, zügelte, hat gezügelt> *ohne OBJ* ■ *jmd. zügelt* (*schweiz.*) *umziehen* ▶Zügler

zu·ge·stan·de·ner·ma·ßen *Adv.* (≈ *zugegebenermaßen*) *so, dass man es einräumen oder zugestehen muss* Er war zugestandenermaßen klüger als wir alle.

Zu·ge·ständ·nis das <-ses, -se> **1.** *der Vorgang, dass man in einem bestimmten Punkt die eigenen Bedürfnisse unterdrückt und dem Wunsch der Gegenseite entspricht* Bei der Verhandlung hat der Betriebsrat viele Zugeständnisse gemacht, sonst wäre es zu keiner Einigung gekommen. **2.** *etwas, das man tut, um sich anzupassen* Ihre gefärbten Haare sind ein Zugeständnis an die Mode.

zu·ge·ste·hen <gestehst zu, gestand zu, hat zugestanden> *mit OBJ* ■ *jmd. gesteht jmdm. etwas zu* **1.** (≈ *erlauben*) *sagen, dass jmd. etwas haben darf* jemandem gewisse Freiheiten zugestehen **2.** *jmdm. Recht geben* Du wirst mir zugestehen müssen, dass das nicht richtig war.

zu·ge·tan ■ **jemandem/etwas zugetan sein:**

jmdn. oder etwas gern haben Sie war ihm sehr zugetan., Er ist dem Radsport zugetan.

Zug·füh·rer, **Zug·füh·rer·in** der <-s, -> **1.** (*geh.*) *Person, die in einem Eisenbahnzug die Aufsicht hat* Wenn Sie Fragen haben, wenden Sie sich bitte an den Zugführer. **2.** MILIT. *Unteroffizier, der einen Zug führt*

zu·gie·ßen <gießt zu, goss zu, hat zugegossen> *mit OBJ* ■ *jmd. gießt etwas zu etwas durch Gießen hinzufügen* heißes Wasser zugießen

zu·gig *Adj. so, dass immer ein unangenehmer Luftzug zu spüren ist* eine zugige Ecke, Auf dem Berggipfel war es sehr zugig und kalt.

zü·gig *Adj. ziemlich schnell und ohne Pausen* Sie hatten zügig gearbeitet

Zug·kraft die <-, Zugkräfte> **1.** PHYS. *Kraft, mit der ein Körper gezogen wird.* **2.** (*kein Plur.*) (≈ *Attraktivität*) *Eigenschaft, Interesse zu wecken* die Zugkraft eines bekannten Schauspielers/einer Ausstellung, Der Fußball besitzt eine große Zugkraft für viele Menschen.

zug·kräf·tig *Adj.* (≈ *attraktiv*) *so ansprechend, dass es Interesse weckt* ein zugkräftiges Angebot, ein Film/ein Buch/ein Zeitungsartikel mit einem zugkräftigen Titel

zu·gleich *Adv.* **1.** (≈ *außerdem*) *darüber hinaus* Er ist Regierungschef und zugleich Parteivorsitzender. **2.** (≈ *gleichzeitig*) *zur gleichen Zeit* Sie lachte und weinte zugleich.

Züg·le·te die <-, -n> (*schweiz.*) *Umzug*

Zug·luft die <-> (*kein Plur.*) *Luftströmung in eine Richtung* In diesem Raum herrscht dauernd Zugluft., Zugluft schadet der Gesundheit.

Zug·ma·schi·ne die <-, -n> KFZ *ein Fahrzeug mit einem starken Motor, das schwere Anhänger ziehen kann*

Zug·per·so·nal das <-s> (*kein Plur.*) *die Eisenbahner, die mit einem bestimmten Zug fahren und die verschiedenen Aufgaben ausführen* Mit Fragen wenden Sie sich bitte an unser Zugpersonal!

Zug·pferd das <-(e)s, -e> **1.** *Pferd, das etwas zieht* ein Zugpferd vor den Pflug spannen **2.** (*umg.*) *Person oder Sache, die viele Interessenten anlockt* Als Zugpferd für die Veranstaltung wurde eine populäre Künstlerin eingeladen.

zu·grei·fen <greifst zu, griff zu, hat zugegriffen> *ohne OBJ* ■ *jmd. greift zu* **1.** *mit der Hand greifen* Seine Hand war gebrochen, er konnte nicht mehr zugreifen., Er hielt ihr seine Hand hin, sie musste nur noch zugreifen. **2.** *sich von angebotenen Dingen etwas nehmen* Greifen Sie ruhig zu, es ist genug für alle da!, Das ist eine einmalige Gelegenheit, greifen Sie zu! **3.** (*umg.*) *helfen* Kannst du bitte einmal zugreifen, ich kann die Kiste nicht allein tragen!, Wenn alle mit zugreifen, ist die Arbeit schneller erledigt. **4.** ■ *jmd. greift auf etwas Akk. zu etwas benutzen oder einsehen* Ich kann schon wieder nicht auf das Konto zugreifen., auf eine Datei zugreifen

Zu·griff der <-(e)s, -e> **1.** (*kein Plur.*) *die Möglichkeit oder das Recht, etwas für sich zu nutzen* (keinen) Zugriff auf ein Konto haben, Der Computer verweigert den Zugriff auf diese Datei., Über das Internet hat man Zugriff auf die Kataloge der verschiedensten Bibliotheken. **2.** EDV *das Zugreifen[3] auf Daten* Die Anzahl der Zugriffe auf diese Webseite steigt ständig.

Zu·griffs·zeit die <-, -en> EDV *für den Zugriff[2] auf Daten benötigte Zeit* die Zugriffszeit mit technischen Verbesserungen verkürzen

zu·grun·de/zu Grun·de *Adv.* ■ **zugrunde/zu Grunde gehen**: *sterben; verfallen* **etwas zugrunde/zu Grunde legen**: *etwas als Voraussetzung nehmen* **zugrunde/zu Grunde liegen**: *die Grundlage sein* die zugrunde/zu Grunde liegenden Fakten **etwas/jemanden zugrunde/zu Grunde richten**: *jmdn. oder etwas so schädigen, dass er/es nicht mehr existieren kann siehe auch* **zu**

Zug·schaff·ner, **Zug·schaff·ne·rin** der <-s, -> *Person, die im Zug die Fahrscheine kontrolliert*

zu·gu·cken <guckst zu, guckte zu, hat zugeguckt> *ohne OBJ* ■ *jmd. guckt zu* (*umg.* ≈ *zusehen*) jemandem bei der Arbeit zugucken

zu·guns·ten/zu Guns·ten *Präp. + Gen. verwendet, um auszudrücken, dass etwas für etwas einen Vorteil bringt* Die Verlosung wurde zugunsten/zu Gunsten der Welthungerhilfe durchgeführt. *siehe auch* **zu**

zu·gu·te *Adv.* ■ *jemandem etwas Akk. zugute halten* (*geh.*) *etwas als Entschuldigung für jmds. Versagen anerkennen* Man muss ihr zugute halten, dass sie sich redlich bemüht hat. ■ **jemandem/etwas zugute kommen**: *jmdn. oder etwas unterstützen oder für jmdn. oder etwas sehr nützlich sein* Die Einnahmen kommen einem Kindergarten zugute. **jemandem/sich etwas zugute kommen lassen** (*geh.*): *jmdm. etwas Angenehmes gewähren* Er wollte den Kindern auch einmal etwas zugute kommen lassen. **sich etwas/viel auf etwas zugute halten** (*geh.*): *sehr stolz sein auf etwas* Sie hielt sich viel auf ihre Fremdsprachenkenntnisse zugute.

Zug·ver·bin·dung die <-, -en> die Möglichkeit, mit dem Zug ein Ziel zu erreichen, sich eine günstige Zugverbindung von München nach Hamburg heraussuchen lassen, Zu diesem Ort gibt es heute leider keine Zugverbindung mehr.

Zug·ver·kehr der <-s> (*kein Plur.*) *Gesamtheit der verkehrenden Eisenbahnzüge in einem bestimmten Bereich* den Zugverkehr überwachen, Auf dieser Strecke herrscht reger Zugverkehr.

Zug·vo·gel der <-s, Zugvögel> ZOOL. *Vogel, der regelmäßig vor Einbruch des Winters in wärmere Gegenden fliegt* Die Zugvögel sammeln sich für ihren Flug in den Süden.

Zug·zwang der <-(e)s, Zugzwänge> (*meist Sing.*) *Notwendigkeit, in einer bestimmten Situation handeln zu müssen* Der Präsident stand unter Zugzwang., Die Regierung scheint immer mehr unter Zugzwang zu geraten

zu·ha·ben <hast zu, hatte zu, hat zugehabt> (*umg.*) **I.** *mit OBJ* ■ *jmd. hat etwas Akk. zu* etwas geschlossen haben, Sie hatte die Augen zu., Hast du deine Tür auch richtig zu? **II.** *mit OBJ/ohne OBJ* ■ *jmd./etwas hat zu für die Kundschaft geschlossen haben* Tut mir leid, aber wir haben schon zu., Das Büro hat den ganzen Juli über zu.

zu·hal·ten <hältst zu, hielt zu, hat zugehalten> **I.** *mit OBJ* ■ *jmd. hält etwas zu* **1.** *mit der Hand verschließen oder bedecken* jemandem den Mund zuhalten, sich die die Nase/Ohren zuhalten **2.** *verhindern, dass etwas geöffnet wird* den Deckel/die Tasche/die Tür zuhalten **II.** *ohne OBJ* ■ *jmd./etwas hält auf jmdn./etwas zu* (*geh.*) *in die Richtung von jmdm. oder etwas laufen, fahren o.Ä.* Der Tanker hielt direkt auf den Eisberg zu.

Zu·häl·ter der <-s, -> *ein Mann, der von dem Geld lebt, das Prostituierte verdienen* ▶ Zuhälterei

zu·han·den *Präp. + Gen.* (*österr. schweiz.*) **1.** *zur Weiterbehandlung, Beschlussfassung durch* zuhanden des Amtsvorstehers **2.** *zu Händen* zuhanden der Verwaltung, zuhanden Herrn Meyer

zu·hän·gen <hängst zu, hängte zu, hat zugehängt> *mit OBJ* ■ *jmd. hängt etwas zu etwas verdecken, indem man etwas davor hängt* das Fenster/den Schrank mit einem Tuch zuhängen

zu·hau·en <haust zu, haute zu, hat zugehauen> **I.** *mit OBJ* **1.** ■ *jmd. haut etwas zu durch Behauen mit Werkzeugen in eine gewünschte Form bringen* Der Stein wird erst grob zugehauen. **2.** ■ *jmd. haut etwas zu* (*umg.*) *gewaltsam schließen* Wütend haute sie die Autotür zu. **II.** *ohne OBJ* ■ *jmd. haut zu* (*umg.*) *zuschlagen* Als er mich weiter ärgerte, habe ich einfach zugehauen.

zu·hauf *Adv.* (*veralt. geh.*) *in großen Mengen* Aus aller Herren Länder kamen die Spielleute zuhauf.

Zu·hau·se das <-s> (*kein Plur.*) *der Ort, das Haus oder die Wohnung, wo jmd. dauerhaft lebt* Sie haben sich ein gemütliches Zuhause eingerichtet., Nach den wochenlangen Reisen freut sie sich auf ihr Zuhause., Die Flüchtlinge haben hier ein neues Zuhause gefunden.

zu·hau·se, *a.* **zu Hau·se** *Adv.* (*österr. schweiz.*) *daheim; in der eigenen Wohnung* Bist du morgen zuhause?, Wir fühlen uns hier zuhause., Ihr könnt euch wie zuhause fühlen! *s.* **zu**

zu·hei·len <heilt zu, heilte zu, ist zugeheilt> *ohne OBJ* ■ *etwas heilt zu heilen und sich mit Haut bedecken* Die Wunde heilt langsam zu.

Zu·hil·fe·nah·me ■ **unter Zuhilfenahme von etwas**: *indem man etwas benutzt* die Aufgaben unter Zuhilfenahme eines Taschenrechners lösen

zu·hö·ren <hörst zu, hörte zu, hat zugehört> *ohne OBJ* ■ *jmd. hört* (*jmdm./etwas*) *zu bewusst jmdn. oder etwas hören* Nur wenige Menschen können wirklich zuhören., Unterbrich mich nicht schon wieder, hör jetzt endlich zu!, Alle hörten den Ausführungen des Reiseleiters aufmerksam zu., Als der Pianist zu spielen begann, hörten alle andächtig zu.

Zu·hö·rer, **Zu·hö·re·rin** der <-s, -> *Person, die bei etwas zuhört* Ein Raunen ging durch die Zuhörer., Nach dem Vortrag durften die Zuhörer und Zuhörerinnen noch Fragen stellen.

zu·ju·beln <jubelst zu, jubelte zu, hat zugejubelt> *ohne OBJ* ■ *jmd. jubelt jmdm. zu jmdm. gegenüber laut seine Begeisterung äußern* Tausende Fans jubelten dem frisch gebackenen Weltmeister zu.

zu·keh·ren <kehrst zu, kehrte zu, hat zugekehrt> *mit OBJ* ■ *jmd. kehrt jmdm. den Rücken/das Gesicht zu* (≈ *zudrehen I.2*) jemandem den Rücken/das Gesicht zukehren

zu·klap·pen <klappst zu, klappte zu, hat/ist zugeklappt> **I.** *mit OBJ* ■ *jmd. klappt etwas zu* (*haben*) *den Deckel von etwas schließen* ein Buch/eine Kiste/den Kofferraum zuklappen **II.** *ohne OBJ* ■ *etwas klappt zu* (*sein*) *sich unbeabsichtigt schließen* Das Buch ist zugeklappt, nun muss ich die Seite wieder suchen., Der Deckel der Truhe ist zugeklappt, als die Katze noch darin saß.

zu·kle·ben <klebst zu, klebte zu, hat zugeklebt> *mit OBJ* ■ *jmd. klebt etwas zu durch Kleben verschließen* den Briefumschlag sorgfältig zukleben

zu·knöp·fen <knöpfst zu, knöpfte zu, hat zugeknöpft> *mit OBJ* ■ *jmd. knöpft etwas zu durch Knöpfe verschließen* das Hemd zuknöpfen

zu·kom·men <kommst zu, kam zu, ist zugekommen> *ohne OBJ* **1.** ■ *jmd./etwas kommt auf jmdn./etwas zu sich räumlich jmdm. oder etwas nähern* Er kam gleich auf uns zu und begrüßte uns., Das Auto kam direkt auf uns zu., Ich weiß nicht was es ist, aber es kommt direkt auf uns zu! **2.** ■ *etwas kommt auf jmdn. zu sich zeitlich jmdm. nähern; jmdm. bevorstehen* In der Zukunft kommen große Aufgaben auf dich zu!, Die Prüfungen kommen auf uns zu. **3.** ■ *jmd. kommt auf jmdn. zu* (*geh.*) *mit jmdm. Kontakt aufnehmen* Bitte kommen Sie auf uns zu, wenn Sie noch Fragen haben!, Ich werde zu gegebener Zeit mit meiner Bitte auf Sie zukommen! **4.** ■ *etwas kommt jmdm./etwas zu* (*geh.*) *angemessen sein* Dieser Titel kommt ihm nicht zu., Diesem Treffen kommt große Bedeutung zu., Es kommt mir nicht zu, über dein Verhalten zu urteilen. **5.** ■ *etwas kommt jmdm. zu* (*geh.*) *als Eigentum zufallen* Wem kommt das Erbe zu? ■ **etwas auf sich zukommen lassen**: *in einer Sache vorerst abwarten* Das lassen wir erst einmal auf uns zukommen. **jemandem etwas zukommen lassen**: *jmdm. etwas geben* Sie hat dem Tierheim gelegentlich Spenden zukommen lassen.

zu·kor·ken <korkst zu, korkte zu, hat zugekorkt> *mit OBJ* ■ *jmd. korkt etwas zu durch einen Korken verschließen* die Weinflasche zukorken

Zu·kunft die <-> (*kein Plur.*) **1.** *die Zeit, die nach einem gegebenen Zeitpunkt liegt* Kein Mensch kann in die Zukunft sehen., mit großen Erwartungen in die Zukunft blicken, Was wird in (der) Zukunft geschehen? **2.** *das Geschehen in der kommenden Zeit* eine düstere/glänzende/großartige/ungewisse Zukunft (vor sich) haben, sich Gedanken um seine Zukunft machen, die Zukunft vorhersagen können **3.** *gute Aussichten für die Zukunft[1]* ohne Zukunft sein, Die Jugend in diesem Land hat keine Zukunft., eine Region/Wirtschaft ohne Zukunft **4.** (SPRACHWISS.: ≈ *Futur*) *eine Zeitform des Verbs* einen Satz/ein Verb in die Zukunft setzen ■ **in Zukunft**: *künftig*

zu·künf·tig <nicht steig.> *Adj. auf die Zukunft bezogen, ihr zugeordnet* die zukünftige Entwicklung der Stadt ■ **seine zukünftige Ehefrau**: *die Frau, die er heiraten wird* **ihr zukünftiger Ehemann**: *der Mann, den sie heiraten wird*

Zu·künf·ti·ge der/die <-n, -n> (*umg. scherzh.*) *die zukünftige Ehefrau oder der zukünftige Ehemann* Er hat den Eltern seine Zukünftige vorgestellt.

Zu·kunfts·aus·sich·t die <-, -en> (*meist Plur.*) (≈ *Zukunftsperspektive*) (*gute*) *Aussicht oder Chance für die Zukunft*[1] ein Beruf mit guten Zukunftsaussichten

Zu·kunfts·for·schung die <-, -en> (≈ *Futurologie*) *eine Wissenschaft, die sich mit zukünftig zu erwartenden wissenschaftlichen, technischen und gesellschaftlichen Entwicklungen befasst* ▶Zukunftsforscher

Zu·kunfts·mu·sik ■ **etwas ist** (**noch**) **Zukunftsmusik** (*umg.*): *etwas ist aus heutiger Sicht noch nicht zu verwirklichen* Vieles von den Ideen, die vorgestellt wurden, ist noch Zukunftsmusik.

Zu·kunfts·per·s·pek·ti·ve die <-, -n> *Aussicht oder Chance für die Zukunft*[1] ein Beruf mit guter Zukunftsperspektive, Unter den Verhältnissen im Land sah er für sich und seine Familie keine Zukunftsperspektive.

Zu·kunfts·tech·no·lo·gie die <-, -n> *Technologie, von der man annimmt, dass sie die Zukunft*[1] *maßgeblich bestimmen wird*

zu·kunfts·träch·tig *Adj. mit positiven Aussichten für die Zukunft*[1] eine zukunftsträchtige Entwicklung im Bereich der Telekommunikation

Zu·kunfts·vi·si·on die <-, -en> *Vorstellung, wie die Zukunft*[1] *von etwas aussehen wird*

zu·kunft(s)·wei·send *Adj. bestimmend für die zukünftige Entwicklung* zukunftsweisende Ideen, eine zukunftsweisende Erfindung

zu·lä·cheln <lächelst zu, lächelte zu, hat zugelächelt> *ohne OBJ* ■ *jmd. lächelt jmdm. zu jmdn. ansehen und lächeln* Er lächelte ihr aufmunternd/freundlich zu.

Zu·la·ge die <-, -n> *Geld, das man aus einem bestimmten Grund zusätzlich zum Gehalt oder Lohn erhält* Für die erhöhte Gefahr, der sie bei der Arbeit ausgesetzt sind, erhalten die Arbeiter eine Zulage. ◆ Gefahren-, Schicht-

zu·lan·gen <langst zu, langte zu, hat zugelangt> *ohne OBJ* (*umg.*) **1.** ■ *jmd. langt zu* (≈ *zugreifen*) *sich von angebotenen Dingen nehmen* Langt nur richtig zu, es ist genug da!, Die Gäste hatten ordentlich zugelangt. **2.** ■ *jmd. langt zu* (≈ *zupacken*[2]) *meist bei einer körperlich schweren Arbeit helfen* Kann mal jemand schnell mit zulangen, ich schaffe es nicht allein!

zu·las·sen <lässt zu, ließ zu, hat zugelassen> *mit OBJ* **1.** ■ *jmd. lässt etwas zu etwas erlauben, dulden* Er lässt es nicht zu, dass andere sein Auto benutzen., Ich lasse diese dauernden Störungen nicht zu!, Die Regelung lässt keine Ausnahmen zu. **2.** ■ *jmd. lässt jmdn./etwas zu jmdm. oder etwas amtlich erlauben, etwas offiziell auszuüben oder an etwas teilzunehmen* einen Kassenarzt zulassen, Der Film ist für Kinder nicht zugelassen., ein Auto für den Verkehr zulassen, Die Brücke ist nur für Fußgänger zugelassen. **3.** ■ *jmd. lässt jmdn. zu jmdm. den Zugang zu oder die Teilnahme an etwas gewähren* Hier sind nur Betriebsangehörige zugelassen., Kinder unter zwölf Jahren sind hier nicht zugelassen., einen Bewerber für ein Studium zulassen **4.** ■ *jmd. lässt etwas zu* (*umg.*) *nicht öffnen* Lassen Sie bitte diese Tür zu!, Ich habe das Fenster zugelassen., wer hat es dann geöffnet?, Sonntags müssen wir das Geschäft zulassen.

zu·läs·sig <nicht steig.> *Adj.* (≈ *erlaubt*) die zulässige Höchstgeschwindigkeit

Zu·las·sung die <-, -en> **1.** (*kein Plur.*) *der Vorgang, dass jmd. jmdm. eine Teilnahme, Nutzung, Tätigkeit o.Ä. offiziell erlaubt* Die Zulassung eines Medikaments nimmt viel Zeit in Anspruch., die Zulassung zum Studium beantragen **2.** *die Genehmigung, etwas zu tun, zu nutzen, an etwas teilzunehmen* Er hat ohne Zulassung als Arzt praktiziert., Hat dieser Gaststättenbetrieb eine amtliche Zulassung? **3.** (*umg.*) *Zulassungspapier für ein Kraftfahrzeug*

Zu·las·sungs·pa·pier das <-(e)s, -e> (*meist Plur.*) *Dokument, das eine Zulassung*[2] *eines Fahrzeugs amtlich bestätigt* die Zulassungspapiere für ein Kraftfahrzeug

zu·las·sungs·pflich·tig <nicht steig.> *Adj.* ADMIN *so, dass eine Zulassung*[2] *benötigt wird* ein zulassungspflichtiges Fahrzeug

Zu·las·sungs·stel·le die <-, -n> *amtliche Stelle, die für die Erteilung von Zulassungen*[1 2] *zuständig ist*

zu·las·ten/zu Las·ten *Präp. + Gen.* (*geh.*) *verwendet, um auszudrücken, dass etwas zum Nachteil von jmdm./etwas geschieht* Der Stress geht zulasten/zu Lasten Ihrer Gesundheit!, Die Lieferkosten gehen zulasten/zu Lasten des Empfängers. *siehe auch* **zu**

Zu·lauf der <-(e)s, Zuläufe> **1.** (*kein Plur.*) *eine große Menge von Besuchern, Zuschauern o.Ä.* Die Veranstaltung/Ausstellung hat großen Zulauf. **2.** *Stelle, an der Flüssigkeit irgendwo hineinfließen kann* Der Zulauf des Schwimmbeckens ist verstopft., Der Teich hat zwei Zuläufe.

zu·lau·fen <läufst zu, lief zu, ist zugelaufen> *ohne OBJ* **1.** ■ *jmd. läuft auf jmdn./etwas zu in die Richtung von jmdm. oder etwas laufen* Froh lief sie auf ihn zu. **2.** ■ *ein Tier läuft jmdm. zu ein Tier sucht die Nähe eines Menschen und bleibt bei ihm* Die Katze ist uns zugelaufen, jetzt möchten wir sie nicht mehr hergeben., ein zugelaufener Hund **3.** ■ *jmd. läuft jmdm. zu viel Kundschaft, viele Anhänger, viele Fans bekommen* Nach der Neueröffnung liefen ihm die Kunden in Massen zu. **4.** ■ *jmd. läuft zu* (*umg.*) *loslaufen* Lauf zu, sonst verpasst du noch den Bus! **5.** ■ *jmd. lässt Wasser zulaufen Wasser zu schon vorhandenem Wasser hinzufüllen* Lass noch ein bisschen warmes Wasser in die Wanne zulaufen. **6.** ■ *etwas* *läuft irgendwie zu an einem Ende eine spitze oder schmale Form haben* Der Hut läuft oben spitz zu.

zu·le·gen <legst zu, legte zu, hat zugelegt> (*umg.*) **I.** *mit OBJ* ■ *jmd. legt etwas zu etwas zu etwas hinzufügen* Legen Sie noch eine Scheibe zu!, Ich kann noch hundert Euro zulegen, wenn dein Geld nicht reicht. **II.** *ohne OBJ* ■ *jmd. legt zu an Gewicht zunehmen* Ich habe in letzter Zeit ganz schön zugelegt. **III.** *mit SICH* ■ *jmd. legt sich etwas zu sich etwas anschaffen* Ich habe mir ein neues Auto zugelegt., Er hat sich seit ein paar Wochen einen Bart zugelegt.

zu·lei·de/zu Lei·de ■ **jemandem/einem Tier etwas zuleide/zu Leide tun**: *jmdm. oder einem Tier Schaden zufügen oder wehtun* Er tut keiner Fliege was zuleide. *siehe auch* **zu**

zu·lei·ten <leitest zu, leitete zu, hat zugeleitet> *mit OBJ* ■ *jmd./etwas leitet jmdm./etwas etwas zu bewirken, dass etwas zu jmdm. oder irgendwohin gelangt* Das Gas wird (dem Kessel) über ein Rohrsystem zugeleitet., Alle Anfragen werden der Zentrale in Berlin zugeleitet., Uns ist Ihr Antrag zugeleitet worden.

Zu·lei·tung die <-, -en> **1.** *Leitung, durch die etwas irgendwohin gelangt* die Zuleitung für den Strom/das Wasser installieren/sperren **2.** (*kein Plur.*) *der Vorgang des Zuleitens* Die Zuleitung des Stromes muss für kurze Zeit unterbrochen werden.

zu·letzt *Adv.* **1.** (↔ *zuerst*) *am Ende* Das müssen wir ganz zuletzt besprechen. **2.** *als Letzte(r, -s)* Sie war zuletzt an der Reihe., Diejenigen, die zuletzt ankamen, wirkten sehr erschöpft. **3.** (*umg.*) *das letzte Mal* Wo haben wir uns zuletzt gesehen?, Wann hast du zuletzt etwas gegessen?, Was hatten wir zuletzt besprochen? **4.** *endlich; im Endeffekt* Zuletzt haben sie doch zugestimmt., Warten wir es ab, wer zuletzt Recht behalten wird. ■ **bis zuletzt**: *bis zum letzten Moment* Er hatte bis zuletzt die Hoffnung auf Genesung nicht aufgegeben. **nicht zuletzt**: *in erheblichem Maße* Dass wir es geschafft haben, lag nicht zuletzt an deiner Hilfe. **Wer zuletzt lacht, lacht am besten.** (*Sprichwort*): *man sollte sich nicht voreilig als Überlegener fühlen*

zu·lie·be *Präp. + Dat.* (*nachgestellt*) **1.** *verwendet, um auszudrücken, dass etwas zum Vorteil von jmdm. geschieht* Tu es mir zuliebe! **2.** (≈ *wegen*) Euch zuliebe habe ich auf meinen freien Tag verzichtet!

Zu·lie·fe·rer der <-s, -> WIRTSCH. *Betrieb, der einem Unternehmen bestimmte Teile zur Weiterverwertung liefert* Die Elektronikfirma war ein wichtiger Zulieferer der Autoindustrie.

Zu·lie·fer·in·dus·t·rie die <-, -n> WIRTSCH. *Zweig der Industrie, der einer Branche bestimmte Teile zur Weiterverwertung liefern* Unter Krisen der Automobilbranche leidet auch die Zulieferindustrie.

Zu·lu der ['tsu:lu] <-(s), -(s)> *Angehöriger eines Stammes in Südafrika*

zum *Präp.* (≈ *zu dem*) zum Beispiel, zum Glück, zum Teil, zum Essen gehen *s.* **zu**

> **i Wissenswert** Die Wortfügung **zum Beispiel**, abgekürzt: „z.B.“, wird in den Satz eingebunden oder kann vorangestellt werden. Wird sie nachgestellt, so muss ein Komma gesetzt werden: Ich habe ihn letzten Montag sehr häufig gesehen, z.B. im Theater. In Verbindung mit einer Konjunktion, wird die Fügung von Kommata eingeschlossen: Ich habe ihn sehr häufig gesehen, zum Beispiel, als er ins Theater ging.

zu·ma·chen <machst zu, machte zu, hat zugemacht> **I.** *mit OBJ/ohne OBJ* ■ *jmd./etwas macht (etwas) zu* (*umg.*) (*etwas*) *schließen* Soll ich das Fenster zumachen?, Mach endlich (die Tür) zu!, Sie mussten ihr Geschäft leider zumachen, da es keinen Gewinn mehr abwarf. **II.** *ohne OBJ* **1.** ■ *etwas macht zu für die Kundschaft schließen* die Zeit, zu der die Geschäfte gewöhnlich zumachen **2.** ■ *jmd. macht zu* (*umg. norddt.*) *sich beeilen* Nun mach schon zu oder sollen wir ewig warten?

zu·mal[1] *Partikel* (≈ *besonders; vor allem*) Alle waren stolz auf das Projekt, zumal der Chef.

zu·mal[2] *Konj.* (≈ *vor allem, weil*) Alle waren neugierig, zumal noch niemand etwas Genaues wusste., Ich freue mich auf das Wochenende, zumal das Wetter schön werden soll.

zu·mau·ern <mauerst zu, mauerte zu, hat zugemauert> *mit OBJ* ■ *jmd. mauert etwas zu etwas mit einer Mauer verschließen* Der Keller/Die Tür wurde zugemauert.

zu·meist *Adv.* (*geh.*) *in den meisten Fällen* Diese Krankheit verläuft zumeist ohne Komplikationen.

zu·mes·sen <misst zu, maß zu, hat zugemessen> *mit OBJ* ■ *jmd. misst jmdm./etwas etwas zu* (*geh.*) *beimessen; geben* einer Sache große Bedeutung zumessen

zu·min·dest *Adv.* (≈ *wenigstens*) **1.** *verwendet, um auszudrücken, dass man die genannte Sache als das Minimum betrachet, das jmd. hätte tun können* Er hätte zumindest anrufen können, wenn er schon nicht kommt. **2.** (≈ *wenigstens*) *verwendet, um auszudrücken, dass die im Hauptsatz genannte Sache zwar schlimm ist, aber die im Nebensatz genannte Sache eine Art Trost darstellt* Es ist hoher Sachschaden entstanden, aber zumindest ist niemand ernsthaft verletzt worden. **3.** (≈ *jedenfalls*) *verwendet, um auszudrücken, dass die im Hauptsatz gemachte Aussage wahr oder falsch sein kann, aber gemäß der im Nebensatz genannten Sichtweise wahr ist* Es wird schon alles gut gehen, zumindest glaube ich das.

zu·mu·te, *a.* **zu Mu·te** ■ **jemandem ist irgendwie zumute/zu Mute**: *jmd. fühlt sich in einer bestimmten Weise* Mir ist nicht zum Lachen zumute/zu Mute., Wie ist dir zumute/zu Mute?, Ihr war nicht ganz wohl zumute/zu Mute bei der Sache. *siehe auch* **zu**

zu·mu·ten <mutest zu, mutete zu, hat zugemutet> *mit OBJ* ■ *jmd. mutet jmdm./sich etwas zu von jmdm. oder sich etwas Unangenehmes, Schwieriges o.Ä. fordern oder jmdm./sich etwas Unange-*

nehmes, Schwieriges o.Ä. auferlegen jemandem/sich/seinem Körper zu viel zumuten, Die Belastungen kann er seiner alten Mutter doch nicht zumuten!

Zu·mu·tung die <-> (*kein Plur.*) (*abwert.*) **1.** *etwas Unerträgliches* Der Lärm ist eine Zumutung für alle Anwohner., Es ist eine Zumutung, was ihr da von uns verlangt! **2.** *etwas Unannehmbares; etwas nicht Akzeptables* Die Unterkunft war eine Zumutung für die Reisenden., Es ist eine Zumutung, was er als Abschlussarbeit abgeliefert hat!

zu·nächst[1] *Adv.* **1.** (≈ *zuerst*) *an erster Stelle; als Erstes* Wir müssen zunächst einmal einen Plan machen., Zunächst ruhen wir etwas aus, dann können wir uns die Stadt ansehen gehen., Er muss zunächst seine Arbeit erledigen, dann kann er Urlaub machen. **2.** (≈ *vorläufig*) Die Kinder können zunächst hier bleiben., Sie bekommen zunächst einen provisorischen Ausweis.

zu·nächst[2] *Präp. + Dat.* (*geh.*) *unmittelbar neben* die Zuschauer, die zunächst der Bühne standen, Die ihm zunächst Stehenden hatten alles mit angehört.

zu·nä·hen <nähst zu, nähte zu, hat zugenäht> *mit OBJ* ■ *jmd. näht etwas zu durch Nähen verschließen* ein Loch in der Hose zunähen, Der Arzt hat die Wunde zugenäht.

Zu·nah·me die <-, -n> *das Vergrößern, das Anwachsen* eine Zunahme der Mitgliederzahl/des Straßenverkehrs, eine Zunahme des Körpergewichts von zehn Kilogramm

Zu·na·me der <-ns, -n> (AMTSSPR.: ≈ *Familienname* ↔ *Vorname*) Bitte unterschreiben Sie mit (dem) Vor- und Zunamen.

zün·den **I.** *mit OBJ* ■ *jmd. zündet etwas* **1.** *bewirken, dass es zu brennen anfängt oder explodiert* ein Gas/eine Sprengstoffladung zünden **2.** TECHN. *eine Maschine, die mit Verbrennung arbeitet, starten* eine Rakete/ein Triebwerk zünden **II.** *ohne OBJ* ■ *etwas zündet* **1.** *in Brand geraten oder explodieren* Das Streichholz zündet nicht., Trockenes Stroh zündet sehr leicht., Der Sprengstoff hat gezündet. **2.** *als Maschine, die mit Verbrennung arbeitet, starten* Der Motor/das Triebwerk der Rakete zündet. **3.** (*übertr.*) *Begeisterung hervorrufen* Der Vorschlag hat bei allen gezündet., eine zündende Rede halten, eine zündende Idee haben

Zun·der der <-s, -> *ein leicht brennbares Material, mit dem man leicht Feuer entfachen kann* Das brennt wie Zunder. ■ **jemandem Zunder geben** (*umg.*): *jmdn. scharf kritisieren*

Zün·der der <-s, -> **1.** MILIT. *Teil eines Sprengkörpers, mit dem dieser gezündet II.2 wird* Er entschärfte die Bombe, indem er den Zünder entfernte. **2.** (*nur Plur.*) (*österr.*) *Zündhölzer*

Zünd·flam·me die <-, -n> TECHN. *kleine Flamme, die dazu dient, ein brennbares Gas zu zünden* die Zündflamme in einem Gasofen

Zünd·holz das <-es, Zündhölzer> (*süddt. österr.* ≈ *Streichholz*) *ein kleines Stäbchen, an dessen Ende sich eine leicht brennbare Masse befindet, die durch Reibung entzündet wird* ein Zündholz anreißen, eine Schachtel Zündhölzer kaufen

Zünd·holz·schach·tel die <-, -n> (*süddt. österr.* ≈ *Streichholzschachtel*) *eine Schachtel mit Zündhölzern*

Zünd·ker·ze die <-, -n> TECHN. KFZ *Bauteil eines Verbrennungsmotors, das die Zündung*[1] *herbeiführt* die Zündkerzen auswechseln

Zünd·schlüs·sel der <-s, -> KFZ *Schlüssel, mit dem der Motor eines Kraftfahrzeugs gestartet wird*

Zünd·schnur die <-, Zündschnüre> *eine Schnur, die mit einer Sprengladung verbunden ist und die angezündet wird und nach deren Abbrennen die Sprengladung explodiert*

Zünd·stoff der <-(e)s, -e> **1.** (*fachspr.*) *leicht entzündlicher Stoff, der etwas zur Explosion bringen soll* **2.** (*übertr.*) *ein Thema, das sehr heftige Diskussionen auslöst* Der Artikel enthält viel Zündstoff.

Zün·dung die <-, -en> **1.** *das Zünden* Die Zündung des Triebwerks ist erfolgt. **2.** *technische Vorrichtung, um etwas zu zünden I.2* Die Zündung des Motors ist defekt.

zu·neh·men <nimmst zu, nahm zu, hat zugenommen> *ohne OBJ* (↔ *abnehmen*) **1.** ■ *etwas nimmt zu mehr, größer oder intensiver werden* Die Zahl der Drogenabhängigen nimmt zu., Die Lärmbelästigung hat in den letzten Jahren zugenommen., Die Hitze hat gegen Mittag noch zugenommen. **2.** ■ *jmd. nimmt zu größer oder dicker werden* Er hat im letzten Jahr fünf Kilo zugenommen., Das Baby hat an Gewicht zugenommen. ■ **zunehmender Mond**: *die Phase, bei der täglich ein größerer Teil des Mondes sichtbar ist* Wir haben zurzeit zunehmenden Mond. **in zunehmendem Maße**: *immer mehr* Es wurde in zunehmendem Maße Kritik geäußert. **mit zunehmendem Alter**: *beim Älterwerden* Mit zunehmendem Alter ließ sein Gehör nach.

zu·nei·gen <neigst zu, neigte zu, hat zugeneigt> (*geh.*) **I.** *ohne OBJ* ■ *jmd. neigt etwas Dat. zu zu etwas tendieren* Ich neige mehr seiner Ansicht zu., In seiner Jugend neigte er radikalen Auffassungen zu. **II.** *mit SICH* ■ *jmd./etwas neigt sich jmdm./etwas zu sich in eine Richtung beugen* Sie neigte sich ihm zu., Die Zweige der Weide neigten sich dem Wasser zu. ■ **etwas neigt sich dem Ende zu**: *etwas geht zu Ende* Der Tag neigt sich dem Ende zu.

Zu·nei·gung die <-, -en> (*Plur. selten*) *Gefühl der Liebe oder Sympathie* Zuneigung für jemanden empfinden

Zunft die <-, Zünfte> **1.** GESCH. *Standesorganisation von Handwerkern im Mittelalter* die Zunft der Zimmerleute/Schneider/Goldschmiede **2.** (*umg. scherzh.*) *Gesamtheit der Personen, die denselben Beruf ausüben* die Zunft der Zahnärzte, die schreibende Zunft

zünf·tig *Adj.* (*umg.*) **1.** *ordentlich und so, wie es sein soll* eine zünftige Kneipe, für die Bergtour zünftig gekleidet sein, Das gehört zu einem zünftigen Campingurlaub! **2.** (≈ *heftig, stark*) eine zünftige Tracht Prügel, ein zünftiger Gewitterguss

Zun·ge die <-, -n> **1.** ANAT. *das bewegliche muskulöse Organ im Mund, das zum Essen, Schmecken und zur Lautbildung gebraucht wird* sich mit der heißen Suppe die Zunge verbrennen, die Stellung der Zunge bei der Artikulation dieses Lautes, Er hat sich aus Versehen auf die Zunge gebissen. **2.** (*geh.*) *Sprache* Dichter/Menschen fremder Zunge **3.** KOCH. *die Zunge[1] von geschlachteten Tieren als Speise* gepökelte/gekochte Zunge essen **4.** *ein Gegenstand, der der Form einer Zunge[1] ähnelt* die Zunge an einer Waage ■ **eine scharfe/spitze Zunge haben**: *streitlustig sein* **böse Zungen**: *Menschen, die Böses sagen* **seine Zunge hüten**: *nichts ausplaudern, verraten oder sagen* **etwas löst jemandem die Zunge**: *etwas bringt jmdn. zum Reden* Der Wein hatte ihm die Zunge gelöst. **sich lieber auf die Zunge beißen, als ...**: *sich bemühen, etwas nicht zu sagen* Sie beißt sich lieber auf die Zunge, als sich zu entschuldigen. **etwas liegt jemandem auf der Zunge**: *jmdm. beinahe wieder einfallen* Der Name liegt mir auf der Zunge, gleich fällt er mir wieder ein!; *beinahe ausgesprochen werden* Mir lag eine Bemerkung auf der Zunge, ich habe sie dann doch nicht ausgesprochen. **eine schwere Zunge haben**: *nicht mehr verständlich reden können, weil man zu viel Alkohol getrunken hat* **da bricht man sich ja die Zunge!** (*umg.*): *das Wort kann man nicht aussprechen* **sich etwas auf der Zunge zergehen lassen**: *etwas mit viel Vergnügen sagen* Diese Bosheiten ließ er sich auf der Zunge zergehen **etwas brennt jemandem auf der Zunge**: *jmd. will unbedingt etwas Bestimmtes sagen* **sich die Zunge verbrennen**: *etwas sagen, was einem schaden wird* **jemandem hängt die Zunge zum Hals heraus** (*umg.*): *jmd. ist sehr erschöpft, weil er sich körperlich angestrengt hat* **mit hängender Zunge** (*umg.*): *außer Atem*

> **i Wissenswert** Redewendungen: Böse Zungen sagen, dass sie einst als Hexe geboren wurde (jemand, der schlecht über sie sprechen will, behauptet dies); sie würde sich lieber die Zunge abbeißen, als um diesen Gefallen zu bitten (sie würde niemals darum bitten); sie wird das Geheimnis sicher ausplaudern, sie trägt das Herz auf der Zunge (sie ist sehr gesprächig); das Angebot ist so verlockend, das muss man sich erst einmal auf der Zunge zergehen lassen (das muss man sich genüsslich vor Augen halten).

zün·geln <züngelt, züngelte, hat gezüngelt> *ohne OBJ* **1.** ■ *ein Tier züngelt die Zunge zuckend bewegen* Die Schlange züngelte. **2.** ■ *Flammen züngeln irgendwohin Flammen bewegen sich irgendwohin* Die Flamme züngelte an dem Gebäude empor.

Zun·gen·bre·cher der <-s, -> (*umg. scherzh.*) *ein Wort, dessen Aussprache schwierig ist* Der Name dieses Ortes ist ja der reinste Zungenbrecher!

Zun·gen·kuss der <-es, Zungenküsse> *inniger Kuss, bei dem sich die Zungen[1] der Küssenden berühren*

Zun·gen·spit·ze die <-, -n> *Spitze der Zunge[1]* Beim Sprechen stößt er mit der Zungenspitze an.

Zun·gen·wurst die <-, Zungenwürste> *aus Rinderzunge hergestellte Wurst*

Zün·glein ■ **das Zünglein an der Waage**: *etwas oder eine Person, das/die plötzlich sehr wichtig und für den Ausgang einer Sache ausschlaggebend wird* Die Stimme eines Abgeordneten wurde zum Zünglein an der Waage für den Gesetzesentwurf.

zu·nich·te ■ **etwas zunichte machen**: *etwas zerstören; vernichten* Das hat alle unsere Hoffnungen zunichte gemacht. ♦ Getrenntschreibung→R 4.1 Das Wetter hat unsere Pläne zunichte gemacht.

zu·ni·cken <nickst zu, nickte zu, hat zugenickt> *ohne OBJ* ■ *jmd. nickt jmdm. zu kurz mit dem Kopf in jmds. Richtung nicken* Er nickte ihr aufmunternd zu., Kennst du den Mann, der uns da eben zugenickt hat?

zu·nut·ze/zu Nut·ze ■ **sich etwas zunutze/zu Nutze machen**: *etwas zum eigenen Vorteil nutzen* Im Urlaub konnten wir uns die Sprachkenntnisse unserer Tochter zunutze/zu Nutze machen., sich die Errungenschaften der modernen Technik zunutze/zu Nutze machen *siehe auch* **zu**

zu·o·berst *Adv. ganz oben* Mein Heft liegt zuoberst auf dem Stapel.

zu·ord·nen <ordnest zu, ordnete zu, hat zugeordnet> *mit OBJ* ■ *jmd. ordnet jmdn./etwas etwas Dat. zu jmdn. oder etwas als zugehörig zu etwas ansehen* Katzen den Raubtieren zuordnen, jemanden einer politischen Richtung zuordnen

zu·pa·cken *ohne OBJ* **1.** ■ *jmd. packt zu nach etwas greifen und es fest halten* Als das Rettungsseil über seinem Kopf hing, packte er zu. **2.** ■ *jmd. packt zu* (*umg.*) *bei einer körperlichen Arbeit helfen* Wenn alle mit zupacken, sind wir schneller fertig.

zu·pass *Adv.* ■ **etwas kommt jemandem zupass** (*geh.*): *etwas kommt jmdm. sehr gelegen* Diese Absage kommt mir zupass, ich hatte sowieso keine Lust.

zup·fen **I.** *mit OBJ* ■ *jmd. zupft (sich/jmdm.) etwas (aus etwas Dat.) durch kurzes Ziehen entfernen* sich/jemandem die Augenbrauen zupfen, Du solltest mal wieder das Unkraut aus dem Rasen zupfen., Fäden aus dem Stoff zupfen **II.** *mit OBJ/ohne OBJ* **1.** ■ *jmd. zupft (etwas Akk.) ein Zupfinstrument spielen, indem man die Saiten mit den Fingerspitzen anreißt* Sie zupft eine Melodie auf der Gitarre., Sie singt und zupft dazu die Harfe., Er zupfte ein wenig auf der Gitarre. **2.** ■ *jmd. zupft (jmdn./sich) an etwas Dat. kurz und vorsichtig an etwas ziehen* Er zupfte sie am Ärmel., Er zupfte sich nachdenklich am Bart., Kannst du bitte aufhören, an meiner Jacke zu zupfen?

zur *Präp.* (≈ *zu der*) zur Ansicht, zur Zeit Goethes und Schillers, zur See fahren *s.* **zu**

zu·ran·de/zu Ran·de ■ **mit jemandem/etwas**

zurande/zu Rande kommen: *mit jmdm. gut auskommen oder eine Sache ohne Probleme bewältigen können* Ich komme mit der Arbeit kaum/gut zurande/zu Rande., Der kleine Vogel kam mit dem großen Zweig nicht zurande/zu Rande. **etwas zurande/zu Rande bringen**: *etwas schaffen können, auch wenn es sehr schwierig ist; siehe auch* **zu**

zu·ra·te, *a.* **zu Ra·te** ■ **etwas/jemanden zurate/zu Rate ziehen**: *sich bei etwas oder jmdm. Auskunft suchen* einen Facharzt zurate/zu Rate ziehen, ein Lexikon zurate/zu Rate ziehen *siehe auch* **zu**

zu·ra·ten <rätst zu, riet zu, hat zugeraten> *ohne OBJ* ■ *jmd. rät jmdm. zu etwas Dat. zu* (*geh.*) *jmdm. empfehlen, etwas zu tun* Ich kann dir zu diesem Kauf nur zuraten.

zu·rech·nen <rechnest zu, rechnete zu, hat zugerechnet> *mit OBJ* ■ *jmd. rechnet jmdn./etwas etwas Dat. zu jmdn. oder etwas etwas zuordnen* Man rechnet diesen Schriftsteller der Klassik zu.

zu·rech·nungs·fä·hig <nicht steig.> *Adj.* (↔ *unzurechnungsfähig*) *im Vollbesitz seiner geistigen Fähigkeiten* Er war voll zurechnungsfähig und deshalb auch für sein Tun verantwortlich., Ich glaube, sie ist nicht mehr ganz zurechnungsfähig, sie tut so seltsame Sachen!

Zu·rech·nungs·fä·hig·keit die <-> (*kein Plur.*) *Vollbesitz der geistigen Fähigkeiten* wegen verminderter Zurechnungsfähigkeit eine geringere Strafe erhalten

zu·recht·fin·den <findest zurecht, fand zurecht, hat zurechtgefunden> *mit SICH* **1.** ■ *jmd. findet sich irgendwo zurecht irgendwo den Weg finden, sich auskennen* Findest du dich in der neuen Umgebung zurecht?, Ich finde mich in meinen Sachen nicht mehr zurecht. **2.** ■ *jmd. findet sich irgendwo zurecht eine Situation bewältigen* Sie findet sich im Leben nicht mehr zurecht. ◆ Zusammenschreibung→R 4.9 Sie versuchte sich, im dunklen Zimmer zurechtzufinden.

zu·recht·kom·men <kommst zurecht, kam zurecht, ist zurechtgekommen> *ohne OBJ* **1.** ■ *jmd. kommt mit jmdm./etwas zurecht mit jmdm. oder etwas ohne Probleme umgehen können* Wie kommst du mit dem neuen Kollegen zurecht?, Kommt ihr mit den Aufgaben zurecht? **2.** ■ *jmd. kommt zurecht zur rechten Zeit kommen* Da bin ich ja gerade noch zurechtgekommen!, Wenn der Bus sich nicht verspätet, kommen wir noch zurecht ins Kino. ◆ Zusammenschreibung→R 4.9 So werden wir wohl nicht mehr zurechtkommen.

zu·recht·le·gen <legst zurecht, legte zurecht, hat zurechtgelegt> *mit OBJ* **1.** ■ *jmd. legt* (*sich*) *etwas zurecht* (*sich*) *etwas an einen bestimmten Platz für einen Zweck hinlegen* Die Schwester hat für den Arzt das Operationsbesteck zurechtgelegt., Der Hund hatte sich so zurechtgelegt, dass man ihn streicheln konnte. **2.** ■ *jmd. legt sich etwas zurecht* (*übertr.*) *sich vorher etwas ausdenken oder vorher bereithalten* Er hatte sich eine Erklärung/eine Ausrede zurechtgelegt. ◆ Zusammenschreibung→R 4.9 Ich habe mir ein paar Fotos zurechtgelegt, die ich euch zeigen will.

zu·recht·ma·chen <machst zurecht, machte zurecht, hat zurechtgemacht> **I.** *mit OBJ* ■ *jmd. macht etwas für jmdn./etwas zurecht* (*umg.*) *etwas für einen bestimmten Zweck vorbereiten* ein Zimmer für die Gäste zurechtmachen, ein Beet für die Aussaat zurechtmachen **II.** *mit SICH* ■ *jmd. macht sich zurecht* (*umg.*) *sich schminken oder sich schön kleiden* Ich muss mich noch etwas zurechtmachen, bevor wir ausgehen. ◆ Zusammenschreibung→R 4.9 einen Schauspieler für seinen Auftritt zurechtmachen

zu·recht·rü·cken <rückst zurecht, rückte zurecht, hat zurechtgerückt> *mit OBJ* **1.** ■ *jmd. rückt etwas zurecht etwas an einen bestimmten Platz für einen bestimmten Zweck rücken* Bevor die Gäste kamen, rückte er noch die Stühle zurecht. **2.** ■ *jmd. rückt etwas zurecht ein Missverständnis oder Missgeschick bereinigen* Mit viel Geschick konnte sie diese peinliche Sitution wieder zurechtrücken.

zu·recht·schnei·den <schneidest zurecht, schnitt zurecht, hat zurechtgeschnitten> *mit OBJ* ■ *jmd. schneidet etwas zurecht etwas durch Schneiden in eine bestimmte Form bringen* Der Gärtner hat die Hecke schön zurechtgeschnitten.

zu·recht·stut·zen <stutzt zurecht, stutzte zurecht, hat zurechtgestutzt> *mit OBJ* **1.** ■ *jmd. stutzt etwas zurecht etwas so beschneiden, dass es eine bestimmte Form hat* die langen Haare zurechtstutzen **2.** (*umg.*) ■ *jmd. stutzt jmdn. zurecht jmdn. scharf mit Worten kritisieren*

zu·recht·wei·sen <weist zurecht, wies zurecht, hat zurechtgewiesen> *mit OBJ* ■ *jmd. weist jmdn. zurecht* (*geh.*) *jmdn. streng mit Worten kritisieren, weil er etwas Schlechtes gemacht hat* jemanden wegen eines Fehlers zurechtweisen ◆ Zusammenschreibung→R 4.9 Er ist von der Chefin zurechtgewiesen worden.

Zu·recht·wei·sung die <-, -en> (*geh.*) *strenger mündlicher Tadel* Sie ließ die Zurechtweisung wortlos über sich ergehen.

Zu·re·den das <-s> (*kein Plur.*) *der Versuch, jmdn. mit Worten zu überzeugen* Bei ihm hilft auch gutes Zureden nicht.

zu·re·den <redest zu, redete zu, hat zugeredet> *ohne OBJ* ■ *jmd. redet jmdm. zu jmdn. mit Worten zu überzeugen versuchen* Alle redeten ihr gut zu und schließlich stimmte sie zu.

zu·rei·ten <reitest zu, ritt zu, ist/hat zugeritten> **I.** *mit OBJ* ■ *jmd. reitet ein Tier zu* (*haben*) *ein Tier an einen Reiter gewöhnen* ein Pferd/einen Esel zureiten, ein noch nicht zugerittenes Pferd **II.** *ohne OBJ* ■ *jmd. reitet auf jmdn./etwas zu* (*sein*) *in die Richtung von jmdm. oder etwas reiten* Er kam genau auf sie zugeritten.

Zü·rich <-s> *Stadt und Kanton in der Schweiz*

zu·rich·ten <richtest zu, richtete zu, hat zugerichtet> *mit OBJ* **1.** ■ *jmd. richtet etwas zu* (*fachspr.*) *etwas für einen bestimmten Zweck vorbereiten und bearbeiten* Bretter vor dem Einbau zurichten

2. ■ *jmd. richtet etwas zu (umg.) vorbereiten* das Essen/das Zimmer zurichten **3.** ■ *jmd. richtet jmdn./etwas irgendwie zu jmdn. verletzen oder etwas beschädigen* Der Wagen wurde bei dem Unfall übel zugerichtet., Der Boxer hat seinen Gegner schlimm zugerichtet.

zu·rie·geln <riegelst zu, riegelte zu, hat zugeriegelt> *mit OBJ* ■ *jmd. riegelt etwas zu etwas durch einen Riegel verschließen* das Fenster/die Tür zuriegeln

zür·nen *ohne OBJ* ■ *jmd. zürnt (jmdm.) (geh.) Zorn und Ärger (über jmdn.) empfinden* Der Göttervater Zeus zürnte den Menschen.

zu·rol·len <rollst zu, rollte zu, ist zugerollt> **I.** *mit OBJ* ■ *jmd. rollt etwas auf jmdn./etwas zu etwas in die Richtung von jmdm. oder etwas rollen* Sie rollten das große Fass auf den Festplatz zu. **II.** *ohne OBJ* ■ *etwas rollt auf jmdn./etwas zu in die Richtung von jmdm. oder etwas rollen* Der Wagen rollte direkt auf die Zuschauer zu.

Zur·schau·stel·lung die <-, -en> *das Zeigen von etwas in der Öffentlichkeit* der Zurschaustellung von Macht und Reichtum dienen

Zu·rück das <-(s)> *(kein Plur.) die Möglichkeit, etwas rückgängig zu machen* Von nun an gab es für uns kein Zurück mehr.

zu·rück *Adv.* **1.** *wieder an den Ausgangsort* hin und zurück, zwei Fahrkarten nach Dresden und zurück, Ich bin bald wieder zurück., Wann ist er aus dem Ausland/aus dem Urlaub zurück? **2.** *hinter einer bestimmten Stelle gelegen* Zwei Schritte zurück befindet sich ein tiefer Abgrund., Die anderen folgen etwas weiter zurück. **3.** *in Richtung hinter eine bestimmte Stelle* Zurück! Hier wird es gefährlich. **4.** *(umg.) nicht so fortgeschritten oder entwickelt, wie es erwartet wird* hinter seiner Zeit zurück sein, Er ist ein bisschen zurück für sein Alter., Ich bin mit der Arbeit weiter zurück als ihr. ◆ Getrenntschreibung→R 4.1 Wann wirst du wieder zurück sein?

zu·rück·be·hal·ten <behältst zurück, behielt zurück, hat zurückbehalten> *mit OBJ* **1.** ■ *jmd. behält etwas zurück etwas nicht weggeben* Etwas Geld solltest du für Notfälle zurückbehalten, Ich kann vom Mittagessen etwas für abends zurückbehalten. **2.** ■ *jmd. behält (von etwas Dat.) etwasAkk. zurück einen Schaden davontragen* Er hat von dem Unfall eine Narbe zurückbehalten.

zu·rück·be·kom·men <bekommst zurück, bekam zurück, hat zurückbekommen> *mit OBJ* ■ *jmd. bekommt etwas zurück* **1.** *etwas, das man schon hatte, wiederbekommen* Ich möchte das Buch gern zurückbekommen. **2.** *Wechselgeld bekommen* Ich bekomme noch etwas zurück!, Ich habe von der Verkäuferin fünf Euro zurückbekommen. **3.** *(umg.) etwas wieder in die Ausgangsposition bringen können* Ich bekomme den Hebel nicht wieder zurück, er klemmt.

zu·rück·beu·gen <beugst zurück, beugte zurück, hat zurückgebeugt> *mit OBJ* ■ *jmd. beugt sich/etwas zurück sich oder etwas nach hinten beugen* den Oberkörper/sich zurückbeugen, Um besser sehen zu können, musst du dich etwas zurückbeugen.

zu·rück·bil·den <bildet zurück, bildete zurück, hat zurückgebildet> *mit SICH* ■ *etwas bildet sich zurück weniger werden* Muskeln, die man nicht beansprucht, bilden sich allmählich zurück., Die Schwellungen haben sich zurückgebildet.

zu·rück·blei·ben <bleibst zurück, blieb zurück, ist zurückgeblieben> *ohne OBJ* **1.** ■ *jmd. bleibt irgendwo zurück irgendwo bleiben, während andere weggehen* Sie ist im Hotel zurückgeblieben, um sich auszuruhen. **2.** ■ *jmd. bleibt zurück sich langsamer vorwärts bewegen als andere* Die Verfolger sind immer weiter zurückgeblieben., Auf der Wanderung blieb er bald hinter den anderen zurück. **3.** *sich langsamer entwickeln als andere* Er ist (geistig) etwas zurückgeblieben., ein zurückgebliebenes Land **4.** ■ *etwas bleibt (von etwas Dat.) zurück als Schaden dauerhaft bleiben* Von der Operation ist eine Narbe zurückgeblieben.

zu·rück·bli·cken <blickst zurück, blickte zurück, hat zurückgeblickt> *ohne OBJ.* **1.** ■ *jmd. blickt (zu jmdm./etwas)/(auf etwas Akk.) zurück nach hinten blicken* Sie blickten zurück auf den Hafen, der sich immer weiter entfernte., Sie ging, ohne ein einziges Mal zurückzublicken. **2.** ■ *jmd. blickt auf etwas Akk. zurück sich an Vergangenes erinnern* auf das vergangene Jahr zurückblicken, Er konnte auf ein erfülltes Leben zurückblicken.

zu·rück·brin·gen <bringst zurück, brachte zurück, hat zurückgebracht> *mit OBJ* ■ *jmd. bringt (jmdm.) jmdn./etwas zurück jmdn. oder etwas wieder dorthin bringen, wo er/es vorher war* Bringen Sie mir meinen Sohn bloß gesund zurück!, Kannst du mir die geliehenen Bücher zurückbringen?, Bringen Sie die leeren Flaschen in den Laden zurück!, Ich bringe dir dein Fahrrad zurück.

zu·rück·da·tie·ren <datierst zurück, datierte zurück, hat zurückdatiert> **I.** *mit OBJ* ■ *jmd. datiert etwas zurück* **1.** *ein früheres als das aktuelle Datum auf etwas schreiben* einen Brief/eine Rechnung/einen Scheck/ zurückdatieren **2.** *feststellen, dass etwas älter ist als angenommen* Die Funde müssen nach neuesten Erkenntnissen um zweihundert Jahre zurückdatiert werden. **II.** *ohne OBJ* ■ *etwas datiert auf etwas Akk. zurück (geh.) seinen Ursprung haben* Diese Funde datieren auf die Steinzeit zurück.

zu·rück·den·ken <denkst zurück, dachte zurück, hat zurückgedacht> *ohne OBJ* ■ *jmd. denkt an etwas Akk. zurück sich an Zurückliegendes erinnern* an die gemeinsame Schulzeit zurückdenken, Sie muss immer an ihn zurückdenken.

zu·rück·drän·gen <drängst zurück, drängte zurück, hat zurückgedrängt> *mit OBJ* **1.** ■ *jmd. drängt jmdn./etwas zurück bewirken, dass jmd. oder etwas sich rückwärts bewegt* Die Polizei versuchte, die Menge zurückzudrängen. **2.** ■ *jmd. drängt etwas zurück verhindern, dass etwas zur Wirkung kommt* Noch nie ließen sich technische Entwicklungen einfach zurückdrängen., Er versucht, seine Gefühle zurückzudrängen.

zu·rück·er·o·bern <eroberst zurück, eroberte zurück, hat zurückerobert> *mit OBJ* ■ *jmd. erobert etwas zurück etwas, das man verloren hat, nochmals erobern* eine Festung/eine Stadt zurückerobern, Er hat seine Freundin zurückerobert.

zu·rück·er·stat·ten <erstattest zurück, erstattete zurück, hat zurückerstattet> *mit OBJ* ■ *jmd. erstattet etwas zurück bereits bezahltes Geld wiedergeben* Wir können Ihnen den Kaufpreis nicht zurückerstatten., Ihre Auslagen werden Ihnen natürlich zurückerstattet.

zu·rück·fah·ren <fährst zurück, fuhr zurück, hat/ist zurückgefahren> **I.** *mit OBJ* (*haben*) **1.** ■ *jmd. fährt jmdn. zurück jmdn. an den Ausgangsort befördern* Ich kann dich nach Hause zurückfahren. ■ *jmd. fährt etwas zurück* **2.** *etwas nach hinten fahren* das Auto einige Meter zurückfahren **3.** TECHN. *die Leistung verringern* eine Anlage/Maschine zurückfahren **II.** *ohne OBJ* (*sein*) **1.** ■ *jmd. fährt irgendwohin zurück an den Ausgangsort fahren* Ich bin allein nach Hause zurückgefahren., Wollen wir heute noch zurückfahren? ■ *jmd. fährt zurück* **2.** *nach hinten oder rückwärts fahren* Du musst ein paar Meter zurückfahren. **3.** *sich rasch nach hinten bewegen* Erschrocken fuhr er zurück.

zu·rück·fal·len <fällst zurück, fiel zurück, ist zurückgefallen> *ohne OBJ* **1.** ■ *etwas fällt zurück wieder an den alten Ort fallen* Der Ball fiel auf den Boden zurück. ■ *jmd. fällt zurück* **2.** *nach hinten fallen* Er verlor den Halt, fiel zurück und verletzte sich am Hinterkopf. **3.** *langsamer werden* Die Verfolger waren weit zurückgefallen., Er ließ sich absichtlich zurückfallen. **4.** ■ *jmd. fällt in etwas Dat. zurück schlechter in einem Fach oder auf einem Fachgebiet o.Ä. werden* Er ist in seinen Leistungen im Vergleich zum vergangenen Jahr sehr zurückgefallen. **5.** ■ *jmd. fällt in etwas Akk. zurück eine abgelegte schlechte Verhaltensweise wieder aufnehmen* Er fiel in seine alten Fehler zurück. ■ **etwas fällt an jemanden zurück**: *etwas wird wieder jmds. Eigentum* Sein gesamter Besitz fiel an den Staat zurück. **etwas fällt auf jemanden zurück**: *etwas wird jmdm. zur Last gelegt* Wenn Einzelne sich schlecht benehmen, fällt das auf die ganze Gruppe zurück.

zu·rück·fin·den <findest zurück, fand zurück, hat zurückgefunden> *ohne OBJ* **1.** ■ *jmd. findet zurück den Punkt, von dem man gekommen ist, wiederfinden* Die Kinder fanden nicht mehr nach Hause zurück., Wir hatten Schwierigkeiten, zum Hotel zurückzufinden. **2.** ■ *jmd. findet zu jmdm. zurück zu jmdm. wiederkommen, den man vorher verlassen hat* Er fand zu seiner alten Lebensgefährtin zurück.

zu·rück·flie·ßen <fließt zurück, floss zurück, ist zurückgeflossen> *ohne OBJ* ■ *etwas fließt zurück* **1.** *wieder dorthin fließen, wo es hergekommen ist* Das Wasser wird gereinigt und fließt wieder in den Behälter zurück., das Wasser wieder in den Topf zurückfließen lassen **2.** *wieder dorthin gelangen, wo es hergekommen ist* Die nicht benötigten Gelder fließen an den Fonds zurück.

zu·rück·for·dern <forderst zurück, forderte zurück, hat zurückgefordert> *mit OBJ* ■ *jmd. fordert etwas zurück fordern, dass man etwas wiederbekommt, was einem gehört hat* Die unzufriedenen Zuschauer forderten ihr Geld zurück., sein Eigentum von jemandem zurückfordern

zu·rück·füh·ren <führst zurück, führt zurück, hat zurückgeführt> **I.** *mit OBJ* **1.** ■ *jmd. führt jmdn. zurück jmdn. wieder zum Ausgangspunkt führen* Der Reiseleiter führte die Gäste zum Hotel zurück. **2.** ■ *jmd. führt etwas auf etwas Akk. zurück etwas als Ursache von etwas betrachten* Die Krankheit ist auf falsche Ernährung zurückzuführen., Die Veranstalter führen den Misserfolg auf das schlechte Wetter zurück., Worauf ist der Unfall zurückzuführen? **3.** ■ *jmd. führt etwas auf etwas Akk. zurück etwas herleiten oder etwas als Ursprung von etwas betrachten* eine mathematische Formel auf eine andere zurückführen, Er führt seine Herkunft auf ein altes Adelsgeschlecht zurück. **II.** *ohne OBJ* ■ *etwas führt irgendwohin zurück zum Ausgangspunkt führen* Von hier führt kein Weg zurück., Die Straße macht einen Bogen und führt wieder zum Marktplatz zurück.

zu·rück·ge·ben <gibst zurück, gab zurück, hat zurückgegeben> *mit OBJ* **1.** ■ *jmd. gibt jmdm. etwas zurück jmdm. etwas wiedergeben, den/das derjenige schon besessen hatte* Gib mir bitte meinen Stift zurück!, Hast du mir mein Geld zurückgegeben?, Ich habe vergessen, den Schlüssel zurückzugeben! **2.** ■ *jmd. gibt jmdm./etwas etwas zurück bewirken, dass jmd. oder etwas etwas wieder hat* Er gab ihr das Selbstvertrauen zurück., Das gab der Stadt ihre alte Schönheit zurück. **3.** ■ *jmd. gibt etwas zurück* (*geh.*) (*unfreundlich*) *antworten* „Schweig", gab er zurück.

zu·rück·ge·hen <gehst zurück, ging zurück, ist zurückgegangen> *ohne OBJ* **1.** ■ *jmd. geht irgendwohin zurück an den Ausgangspunkt gehen* Ich gehe nicht mehr zurück., Ich möchte nicht den gleichen Weg zurückgehen. **2.** ■ *jmd. geht zurück nach hinten gehen* Er ging einige Schritte zurück. **3.** ■ *etwas geht zurück sich verringern* Die Verkaufszahlen gehen zurück., Die Schwellung ist zurückgegangen., Die Temperaturen gehen zurück. ■ **etwas zurückgehen lassen**: *zurückgeben* Sie hat das Fleisch zurückgehen lassen, es war zu zäh. **etwas geht auf etwas zurück**: *in etwas seinen Ursprung haben* Dieses Fest geht auf eine alte Tradition zurück.

zu·rück·ge·win·nen <gewinnst zurück, gewann zurück, hat zurückgewonnen> *mit OBJ* ■ *jmd. gewinnt jmdn./etwas zurück jmdn. oder etwas, den/das man verloren hat, erneut bekommen* einen alten Freund zurückgewinnen, Sie hat ihr Selbstvertrauen zurückgewonnen.

zu·rück·ge·zo·gen *Adj. so, dass fast kein Kontakt zu anderen Menschen vorhanden ist* Er lebte vollkommen zurückgezogen.

Zu·rück·ge·zo·gen·heit die <-> (*kein Plur.*) *Abgeschiedenheit, ungestörte Ruhe* Der einstige Star

Z

lebt heute in völliger Zurückgezogenheit.

zu·rück·grei·fen <greifst zurück, griff zurück, hat zurückgegriffen> *ohne OBJ* **1.** ■ *jmd. greift zurück nach hinten greifen* mit der Hand zurückgreifen **2.** ■ *jmd. greift auf etwas Akk. zurück etwas zur Hilfe nehmen oder verwenden* In der Not griff man auf altbewährte Methoden zurück., auf seine Ersparnisse zurückgreifen können

zu·rück·hal·ten <hältst zurück, hielt zurück, hat zurückgehalten> **I.** *mit OBJ* **1.** ■ *jmd. hält jmdn. zurück jmdn. nicht gehen lassen* Halte ihn noch eine Weile zurück!, die Besuchermassen zurückhalten **2.** ■ *jmd. hält etwas zurück jmdn. hindern, etwas zu tun* Ich konnte ihn nicht zurückhalten, er hat es verraten. **3.** ■ *jmd. hält etwas zurück etwas nicht freigeben* Die Ware wird am Zoll zurückgehalten., Die Zensur hielt das Buch zurück. **4.** ■ *jmd. hält etwas zurück etwas unterdrücken* Ich konnte das Lachen kaum zurückhalten., Sie konnte ihre Wut nicht länger zurückhalten. **II.** *ohne OBJ* ■ *jmd. hält mit etwas Dat. zurück nicht erkennbar werden lassen* Er hält mit seiner Überraschung noch zurück., Wir hielten mit unserer Meinung zurück. **III.** *mit SICH* **1.** ■ *jmd. hält sich zurück nichts oder wenig tun* Sie hielt sich stets zurück, wenn es ans Arbeiten ging., Ich werde mich zurückhalten, ehe ich etwas Falsches tue. **2.** ■ *jmd. hält sich mit etwas Dat. zurück sich bei etwas beherrschen* Ich konnte mich mit dem Essen nicht zurückhalten., Er sollte sich mit dem Trinken mehr zurückhalten.

zu·rück·hal·tend *Adj.* **1.** *wenig aufdringlich* ein zurückhaltender, stiller Mensch **2.** *abwartend und vorsichtig* Sie stand seinem Angebot eher zurückhaltend gegenüber., zurückhaltenden Optimismus äußern **3.** (≈ *unauffällig*) sich zurückhaltend kleiden

Zu·rück·hal·tung die <-> (*kein Plur.*) **1.** *die Eigenschaft, wenig aufdringlich zu sein* Zurückhaltung und Bescheidenheit sind seine Stärken. **2.** (≈ *Vorsicht*) Die Kunden betrachten das neue Produkt zuerst mit Zurückhaltung.

zu·rück·ho·len <holst zurück, holte zurück, hat zurückgeholt> *mit OBJ* ■ *jmd. holt jmdn./etwas zurück jmdn. oder etwas wieder an den Ausgangsort holen* die Bücher, die man verborgt hat, zurückholen, Es ist gelungen, den Künstler, der lange Zeit im Ausland gearbeitet hatte, ins Land zurückzuholen.

zu·rück·kau·fen <kaufst zurück, kaufte zurück, hat zurückgekauft> *mit OBJ* ■ *jmd. kauft etwas zurück etwas nochmal kaufen, was man vorher verkauft hat* Sie kauften das Grundstück zurück, das sie vor Jahren an die Stadt verkauft hatten.

zu·rück·keh·ren <kehrst zurück, kehrte zurück, ist zurückgekehrt> *ohne OBJ* (*geh.*) **1.** ■ *jmd. kehrt irgendwohin zurück wieder an den Ausgangspunkt gehen* nach vielen im Ausland verbrachten Jahren in die Heimat zurückkehren, Wir kehrten müde von unserer Wanderung ins Hotel zurück. **2.** ■ *etwas kehrt zurück wieder vorhanden sein, nachdem es verschwunden war* Langsam kehrte sein Bewusstsein zurück., Als er gesund wurde, kehrte auch sein alter Humor zurück.

zu·rück·kom·men <kommst zurück, kam zurück, ist zurückgekommen> *ohne OBJ* **1.** ■ *jmd. kommt irgendwohin zurück wieder zum Ausgangspunkt kommen* Sie kam nach Hause zurück., Die Kinder kommen aus der Schule zurück. **2.** ■ *jmd. kommt irgendwohin zurück es schaffen, wieder an den Ausgangspunkt zu gelangen* Wie komme ich von hier wieder zum Bahnhof zurück?, Ohne fremde Hilfe wäre ich nicht wieder ins Hotel zurückgekommen. **3.** ■ *etwas kommt irgendwohin zurück* (*umg.*) *wieder an den Ausgangsort gebracht werden* Die Bücher kommen alle wieder ins Regal zurück, wenn ihr sie nicht mehr braucht! **4.** ■ *etwas kommt zurück wieder vorhanden sein* Die Beschwerden sind nicht wieder zurückgekommen. **5.** ■ *jmd. kommt auf etwas Akk. zurück ein Thema nochmals aufgreifen* Lassen Sie mich noch einmal auf Ihre erste Frage zurückkommen., Darf ich auf Ihr Angebot zurückkommen?

zu·rück·las·sen <lässt zurück, ließ zurück, hat zurückgelassen> *mit OBJ* **1.** ■ *jmd. lässt etwas irgendwo zurück etwas an einem Ort lassen, nachdem man ihn verlassen hat* Leider haben die Touristen auch viel Müll an den Stränden zurückgelassen., den Verletzten in einem hilflosen Zustand zurücklassen **2.** ■ *jmd. lässt jmdn. zurück* (*geh.*) *verwendet, um auszudrücken, dass es Angehörige von jmdm. gibt, der gestorben ist* Das Opfer lässt Frau und zwei Kinder zurück. **3.** ■ *jmd. lässt jmdn. irgendwohin zurück* (*umg.*) *wieder an den Ausgangsort gehen lassen* Er hat die Kinder nicht wieder nach Hause zurückgelassen. **4.** ■ *etwas lässt etwas zurück etwas zur Folge haben* Die Operation lässt kaum Narben zurück.

zu·rück·le·gen <legst zurück, legte zurück, hat zurückgelegt> **I.** *mit OBJ* **1.** ■ *jmd. legt etwas irgendwohin zurück etwas an seinen ursprünglichen Platz legen* Sie legte den Apfel in den Korb zurück. **2.** ■ *jmd. legt jmdm./sich etwas zurück jmdm. oder sich etwas aufbewahren oder reservieren* Können Sie mir zwei Karten zurücklegen?, Sie hatten sich Geld für den Urlaub zurückgelegt. **3.** ■ *jmd. legt etwas zurück eine Entfernung hinter sich bringen* ein gutes Stück Weg zurücklegen **II.** *mit SICH* ■ *jmd. legt sich zurück seinen Körper nach hinten auf eine Unterlage legen* Entspannen Sie sich und legen Sie sich zurück.

zu·rück·lie·gen <liegst zurück, lag zurück, hat/ist zurückgelegen> *ohne OBJ* **1.** ■ *etwas liegt eine bestimmte Zeit zurück vergangen sein* Das liegt fast zehn Jahre zurück. **2.** ■ *jmd. liegt hinter jmdm. zurück bei einem Wettkampf nicht führend sein* Die Mannschaft liegt (um) zwei Punkte/sechs Minuten hinter der Erstplatzierten zurück.

zu·rück·neh·men <nimmst zurück, nahm zurück, hat zurückgenommen> *mit OBJ* **1.** ■ *jmd. nimmt etwas zurück etwas, das man weggegeben hat, wieder nehmen* Das Händler hat das fehlerhafte Gerät zurückgenommen. **2.** ■ *jmd. nimmt etwas zurück etwas für ungültig erklären* Er nahm seine Anweisung/Behauptung/Klage zurück., Ich nehme alles zurück! **3.** ■ *jmd. nimmt etwas zurück niedriger einstellen* die Bässe/die Geschwindigkeit/die Lautstärke zurücknehmen **4.** ■ *jmd. nimmt den Kopf/den Oberkörper zurück den Kopf oder den Oberkörper nach hinten nehmen* Wenn du den Kopf etwas zurücknimmst, kann ich besser sehen.

zu·rück·pfei·fen <pfeifst zurück, pfiff zurück, hat zurückgepfiffen> *mit OBJ* (*umg.*) **1.** ■ *jmd. pfeift einen Hund zurück einen Hund durch Pfeifen zum Umkehren bewegen* Er pfiff seinen Hund, der losgerannt war, zurück. **2.** ■ *jmd. pfeift jmdn. zurück* (*umg.*) *bei einer Handlung stoppen* Die Mitarbeiter wurden wieder zurückgepfiffen, der Chef hatte eine andere Idee.

zu·rück·pral·len <prallst zurück, prallte zurück, ist zurückgeprallt> *ohne OBJ* ■ *etwas prallt von etwas Dat. zurück heftig auf einen festen Untergrund treffen und von diesem zurückgeworfen werden* Der Ball ist vom Torpfosten zurückgeprallt.

zu·rück·rei·sen <reist zurück, reiste zurück, ist zurückgereist> *ohne OBJ* ■ *jmd. reist irgendwohin zurück wieder an den Ausgangsort reisen* Wir sind mit dem Zug zurückgereist.

zu·rück·ru·fen <rufst zurück, rief zurück, hat zurückgerufen> **I.** *mit OBJ* **1.** ■ *jmd. ruft jmdn./ein Tier zurück jmdn. oder ein Tier durch Rufen zum Zurückkommen bewegen* Er rief seinen Hund zurück., die Kinder ins Haus zurückrufen **2.** ■ *jmd./etwas ruft jmdm./sich etwas zurück* (*sich*) *an etwas Vergangenes bewusst erinnern* Sie versuchte, sich das Erlebte ins Gedächtnis zurückzurufen., Die Bilder rufen schreckliche Erinnerungen zurück. **3.** ■ *jmd. ruft etwas zurück rufend antworten* „Ich kann nichts verstehen", rief sie zurück. **II.** *mit OBJ/ohne OBJ* ■ *jmd. ruft* (*jmdn.*) *zurück auf einen Anruf telefonisch antworten* Wenn ich Genaueres weiß, rufe ich (Sie) zurück!, Er hat versprochen zurückzurufen.

zu·rück·schal·ten <schaltest zurück, schaltete zurück, hat zurückgeschaltet> *ohne OBJ* ■ *jmd. schaltet zurück auf oder in einen niedrigeren Gang schalten* vom vierten auf/in den dritten Gang zurückschalten

zu·rück·schau·en <schaust zurück, schaute zurück, hat zurückgeschaut> *ohne OBJ* (*süddt. österr. schweiz.*) **1.** ■ *jmd. schaut* (*zu jmdm./etwas*)/(*auf jmdn./etwas*) *zurück nach hinten blicken* Sie ging, ohne ein einziges Mal zurückzuschauen. **2.** ■ *jmd. schaut auf etwas Akk. zurück sich an Vergangenes erinnern* auf die gemeinsame Schulzeit zurückschauen, Er konnte im Alter auf ein glückliches Leben zurückschauen.

zu·rück·scheu·en <scheust zurück, scheute zurück, ist zurückgescheut> *ohne OBJ* ■ *jmd. scheut vor etwas Dat. zurück vor etwas Angst haben und es deswegen nicht tun* Vor dieser Arbeit scheute er zurück.

zu·rück·schi·cken <schickst zurück, schickte zurück, hat zurückgeschickt> *mit OBJ* ■ *jmd. schickt jmdn./etwas zurück jmdn. oder etwas wieder an den Ausgangsort schicken* einen unzustellbaren Brief an den Absender zurückschicken, die Kinder nach Hause zurückschicken

zu·rück·schie·ben <schiebst zurück, schob zurück, hat zurückgeschoben> *mit OBJ* **1.** ■ *jmd. schiebt etwas* (*irgendwohin*) *zurück etwas wieder an seinen ursprünglichen Platz schieben* ein Buch ins Regal zurückschieben ■ *jmd. schiebt etwas zurück* **2.** *etwas nach hinten schieben* den Stuhl/den Tisch ein wenig zurückschieben, Der Sitz lässt sich zurückschieben. **3.** *etwas zur Seite schieben* einen Riegel/eine Schiebetür zurückschieben

zu·rück·schla·gen <schlägst zurück, schlug zurück, hat zurückgeschlagen> **I.** *mit OBJ* **1.** ■ *jmd. schlägt jmdn./etwas zurück jmdn. oder etwas abwehren* den Feind zurückschlagen, einen Angriff zurückschlagen **2.** ■ *jmd. schlägt etwas zurück etwas in die Richtung schlagen, aus der es gekommen ist* den Ball in die gegnerische Hälfte zurückschlagen **3.** *umschlagen* die Ärmel/die Decke/den Kragen zurückschlagen **4.** ■ *jmd. schlägt etwas in etwas Dat. zurück Seiten in einem Buch, einer Zeitung o.Ä. nach hinten blättern* Du musst einige Seiten im Buch zurückschlagen. **II.** *ohne OBJ* ■ *jmd. schlägt zurück einen Schlag oder Angriff erwidern* Er hat mich geschlagen, da habe ich einfach zurückgeschlagen., Die gegnerischen Truppen haben zurückgeschlagen.

zu·rück·schrau·ben <schraubst zurück, schraubte zurück, hat zurückgeschraubt> *mit OBJ* ■ *jmd. schraubt etwas zurück* **1.** *auf einen Teil dessen verzichten, was man eigentlich wollte* Er musste seine Ansprüche zurückschrauben. **2.** (≈ *verringern*) Die Rentenbezüge werden wahrscheinlich zurückgeschraubt.

zu·rück·schre·cken <schreckst/schrickst zurück, schreckte/schrak zurück, ist zurückgeschreckt/zurückgeschrocken> *ohne OBJ* **1.** ■ *jmd. schreckt zurück plötzlich nach hinten ausweichen, weil man erschrickt* Er schrak zurück, als plötzlich jemand vor ihm stand. **2.** ■ *jmd. schreckt vor etwas Dat. zuück etwas nicht wagen, weil man Angst vor den Folgen hat* Vor diesem Schritt schreckte sie zurück., Sie schreckten vor keinem Verbrechen zurück, um ihre Ziele zu erreichen.

zu·rück·seh·nen <sehnst zurück, sehnte zurück, hat zurückgesehnt> *mit SICH* ■ *jmd. sehnt sich nach etwas Dat. zurück hoffen, dass Vergangenes oder Verlorenes wiederkommt* sich nach der Freundin/der Heimat/der guten alten Zeit zurücksehnen

zu·rück·sen·den <sendest zurück, sandte/sendete zurück, hat zurückgesandt/zurückgesendet> *mit OBJ* ■ *jmd. sendet etwas zurück* (*geh.*) *etwas an den Ausgangsort schicken* einen Brief/ein Paket zurücksenden

zu·rück·set·zen <setzt zurück, setzte zurück, hat zurückgesetzt> **I.** *mit OBJ* **1.** ■ *jmd. setzt jmdn./sich/etwas zurück jmdn./sich/etwas wieder an den Ausgangsort setzen* die Vase/die Tasse auf den Tisch zurücksetzen, Sie setzte das Kind/sich

Z

auf den alten Platz zurück. **2.** ■ *jmd. setzt sich/etwas zurück sich/etwas nach hinten setzen* Kannst du dich/deinen Stuhl bitte ein wenig zurücksetzen? **3.** ■ *jmd. setzt jmdn. zurück jmdn. benachteiligen* sich zurückgesetzt fühlen **II.** *mit OBJ/ohne OBJ* ■ *jmd. setzt (etwas) zurück* KFZ *ein Fahrzeug (in Bezug auf einen bestimmten Punkt) nach hinten fahren* Du musst den Wagen ein Stück zurücksetzen., Du musst (mit dem Wagen) noch ein Stück zurücksetzen.

zu·rück·sprin·gen <springst zurück, sprang zurück, ist zurückgesprungen> *ohne OBJ* **1.** ■ *etwas springt irgendwohin zurück wieder zur Ausgangsstelle springen* Der Frosch springt ins Wasser zurück., Die Feder springt in die Ausgangsstellung zurück. **2.** ■ *jmd. springt zurück nach hinten springen* Er sprang vor Schreck ein Stück zurück, als der Hund vor ihm stand.

zu·rück·ste·cken <steckst zurück, steckte zurück, hat zurückgesteckt> **I.** *mit OBJ* ■ *jmd. steckt etwas zurück etwas wieder an den ursprünglichen Platz stecken* Stecke die Nadel wieder zurück!, Das Geld wieder in die Tasche zurückstecken. **II.** *ohne OBJ* ■ *jmd. steckt zurück (umg.) seine Ansprüche verringern* Seitdem er weniger verdient, muss die ganze Familie zurückstecken.

zu·rück·ste·hen <stehst zurück, stand zurück, hat/ist zurückgestanden> *ohne OBJ* **1.** ■ *etwas steht etwas (von etwas Dat.) zurück in Bezug auf etwas weiter hinten stehen* Das Haus steht ein paar Meter von der Front der anderen Häuser zurück. **2.** ■ *etwas muss (hinter etwas Dat.) zurückstehen etwas muss im Moment unberücksichtigt bleiben, weil etwas anderes wichtiger ist* Ihre Bedürfnisse müssen zurzeit hinter denen der Kinder zurückstehen. **3.** ■ *jmd. steht (hinter jmdm.) zurück schlechter als jmd. anderer sein* Ihre Leistung steht hinter der ihrer Klassenkameraden in keiner Weise zurück., Jeder gab sein Bestes, denn keiner wollte zurückstehen.

zu·rück·stel·len <stellst zurück, stellte zurück, hat zurückgestellt> *mit OBJ* **1.** ■ *jmd. stellt etwas irgendwohin zurück etwas wieder an den Ausgangsort stellen* Stelle die Vase bitte wieder an ihren Platz zurück. **2.** ■ *jmd. stellt etwas zurück nach hinten stellen* den Tisch ein wenig zurückstellen, damit die Stühle Platz haben **3.** ■ *jmd. stellt etwas (um etwas Akk.) zurück (↔ vorstellen) auf einer Uhr eine Zeit einstellen, die vor der tatsächlichen Zeit liegt* eine Uhr/die Zeiger einer Uhr um eine Stunde zurückstellen, Um drei Uhr wurden die Uhren auf zwei Uhr zurückgestellt. **4.** ■ *jmd. stellt etwas zurück etwas auf einen späteren Zeitpunkt verschieben* Dieses Problem müssen wir erst einmal zurückstellen. Wir haben Wichtigeres zu tun. **5.** ■ *jmd. stellt jmdn./etwas zurück jmdn. vorläufig von etwas befreien* einen Schüler/die Einschulung eines Schülers um ein Jahr zurückstellen

zu·rück·sto·ßen <stößt zurück, stieß zurück, hat/ist zurückgestoßen> **I.** *mit OBJ (haben)* **1.** ■ *jmd. stößt jmdn. zurück jmdn. mit einem Stoß an den Ausgangsort befördern* Er stieß den Jungen ins Wasser zurück., Sie stieß ihn auf den Stuhl zurück. **2.** ■ *jmd. stößt jmdn. zurück jmdn. mit einem Stoß nach hinten befördern* Er stieß sie vom Fenster zurück, um selbst hinausblicken zu können. **3.** ■ *jmd. stößt jmdn. zurück (übertr.) jmdn. abweisen* Er liebt sie, fühlt sich aber von ihr zurückgestoßen. **II.** *ohne OBJ* ■ *jmd./etwas stößt zurück (sein) (mit dem Auto) (um ein bestimmtes Stück) nach hinten fahren* Das Fahrzeug stößt zurück., Sie ist zurückgestoßen und hat dabei ein anderes Fahrzeug gerammt.

zu·rück·strö·men <strömt zurück, strömte zurück, ist zurückgeströmt> *ohne OBJ* **1.** ■ *jmd. strömt zurück als (große) Gruppe von Personen sich wieder an den Ausgangsort bewegen* Die Zuschauer strömen nach der Pause in den Saal zurück. **2.** ■ *etwas strömt zurück wieder an den Ausgangsort fließen* Das Wasser strömt in das Becken zurück.

zu·rück·stu·fen <stufst zurück, stufte zurück, hat zurückgestuft> *mit OBJ* ■ *jmd. stuft jmdn. zurück jmdn. niedriger oder schlechter einstufen* jemanden in eine niedrigere Gehaltsstufe zurückstufen, Sie ist in eine niedrigere Klasse zurückgestuft worden.

zu·rück·trei·ben <treibst zurück, trieb zurück, hat/ist zurückgetrieben> **I.** *mit OBJ* ■ *jmd. treibt jmdn./Tiere zurück (haben) Personen oder Tiere nach hinten oder wieder an den Ausgangsort treiben* Die Polizei trieb die Demonstranten hinter die Absperrungen zurück., die Hühner in den Stall zurücktreiben, die Schafe ein wenig von der Straße zurücktreiben **II.** *ohne OBJ* ■ *etwas treibt zurück (sein) (auf einem Gewässer) nach hinten oder an den Ausgangsort bewegt werden* Das Schiff ist ans Ufer zurückgetrieben., Sobald man aufhört zu rudern, wird man von der Strömung zurückgetrieben.

zu·rück·tre·ten <trittst zurück, trat zurück, ist zurückgetreten> *ohne OBJ* ■ *jmd. tritt zurück* **1.** *nach hinten oder an den Ausgangsort treten* Bitte treten Sie einen Schritt zurück!, Bitte treten Sie an Ihren Platz in der Reihe zurück! **2.** ■ *jmd. tritt zurück eine Position oder ein Amt abgeben* Nach dem Skandal mussten drei Minister zurücktreten. **3.** ■ *etwas tritt hinter etwas Dat. zurück sich hinsichtlich der Bedeutung einer anderen Sache unterordnen müssen* Ihr Hobby muss zurzeit hinter dem Studium zurücktreten. **4.** ■ *jmd. tritt von etwas Dat. zurück etwas kündigen oder für die eigene Person für ungültig erklären* von einem Vertrag zurücktreten, Ich trete freiwillig von meinen Ansprüchen zurück.

zu·rück·ver·lan·gen <verlangst zurück, verlangte zurück, hat zurückverlangt> *mit OBJ* ■ *jmd. verlangt etwas zurück verlangen, dass man etwas wiederbekommt, was einem gehört hat* Wenn sie nicht zufrieden sind, können sie Ihr Geld zurückverlangen., Er verlangte von ihr die Bücher zurück, die er ihr geliehen hatte.

zu·rück·ver·set·zen <versetzt zurück, versetzte zurück, hat zurückversetzt> **I.** *mit OBJ* **1.** ■ *jmd.*

versetzt jmdn./etwas zurück jmdn. oder etwas an den Ausgangsort versetzen Er ist an seine alte Dienststelle zurückversetzt worden. **2.** ■ *etwas versetzt jmdn. in etwas Akk. zurück bewirken, dass jmd. den Eindruck hat, eine vergangene Zeit oder Situation noch einmal zu erleben* Das Stück versetzt uns in die Zeit der Jahrhundertwende zurück. **II.** *mit SICH* ■ *jmd. versetzt sich in etwas Akk. zurück sich in eine vergangene Zeit oder Situation hineindenken* sich in seine Kindheit/in die Vergangenheit zurückversetzen

zu·rück·wei·chen <weichst zurück, wich zurück, ist zurückgewichen> *ohne OBJ* **1.** ■ *jmd. weicht zurück nach hinten ausweichen* Die Menge wich zurück., Er wich erschrocken einige Schritte zurück, als der Zug einfuhr. **2.** ■ *jmd. weicht vor etwas Dat. zurück etwas nicht tun wollen* vor einem Angreifer/einer Auseinandersetzung zurückweichen, vor einer schwierigen Aufgabe zurückweichen

zu·rück·wei·sen <weist zurück, wies zurück, hat zurückgewiesen> *mit OBJ* **1.** ■ *jmd. weist jmdn. zurück jmdn. wieder an den Ausgangspunkt schicken* jemanden an der Grenze/Pforte zurückweisen **2.** ■ *etwas weist zurück nach hinten zeigen* Der Wegweiser weist in die Richtung zurück, aus der wir gekommen sind. **3.** ■ *jmd. weist jmdn./etwas zurück jmdn. oder etwas nicht annehmen, indem man es klar ablehnt* eine Bitte/einen Bittsteller zurückweisen, einen Antrag/eine Forderung/eine Klage zurückweisen, Er liebte sie, aber sie hat ihn zurückgewiesen. **4.** ■ *jmd. weist etwas zurück entschieden sagen, dass etwas nicht zutrifft* eine Anschuldigung/Behauptung zurückweisen

Zu·rück·wei·sung die <-, -en> *das Zurückweisen*[1] [3] mit Zurückweisung auf etwas reagieren

zu·rück·wer·fen <wirfst zurück, warf zurück, hat zurückgeworfen> *mit OBJ* **1.** ■ *jmd. wirft etwas zurück nach hinten oder wieder an seinen Ausgangspunkt werfen* einen Ball zu jemandem/irgendwohin zurückwerfen, Er warf die gefangenen Fische ins Wasser zurück., den Gegner hinter die bisherige Kampflinie zurückwerfen **2.** ■ *jmd. wirft die Arme/den Kopf zurück die Arme/den Kopf (schnell) nach hinten bewegen* **3.** ■ *etwas wirft etwas zurück (≈ reflektieren) auftreffende Strahlen oder Wellen in die Gegenrichtung abgeben* Der Spiegel wirft die Sonnenstrahlen/ihr Bild zurück. **4.** ■ *etwas wirft jmdn./etwas zurück jmdn. oder etwas wieder auf einen vorherigen oder schlechteren Stand bringen* Dieser Misserfolg wirft die Firma um Jahre zurück., Die Krankheit hat mich in der Arbeit zurückgeworfen.

zu·rück·wir·ken <wirkt zurück, wirkte zurück, hat zurückgewirkt> *ohne OBJ* ■ *etwas wirkt zurück den Ausgangspunkt einer Wirkung beeinflussen* Die Erkenntnisse der Forschung führen zu neuen technischen Entwicklungen und diese wiederum wirken auf die Forschung zurück.

zu·rück·wol·len <willst zurück, wollte zurück, hat zurückgewollt> **I.** *mit OBJ* ■ *jmd. will jmdn./etwas zurück (umg.) jmdn. oder etwas wiederhaben wollen* Ich will mein Fahrrad endlich zurück! **II.** *ohne OBJ* ■ *jmd. will irgendwohin zurück an den Ausgangsort zurückkehren wollen* Es gefällt dem Jungen hier nicht, er will wieder in seine alte Schule zurück., Sie hat nach Hause zurückgewollt.

zu·rück·zah·len <zahlst zurück, zahlte zurück, hat zurückgezahlt> *mit OBJ* **1.** ■ *jmd. zahlt etwas zurück geliehenes Geld wieder dem geben, dem es gehört* einen Kredit/Schulden/Geld an jemanden zurückzahlen **2.** ■ *jmd. zahlt jmdm. etwas zurück (umg.) sich an jmdm. für etwas rächen* Sie hat ihm seinen Verrat zurückgezahlt., Dem werd' ich es zurückzahlen!

zu·rück·zie·hen <ziehst zurück, zog zurück, hat/ist zurückgezogen> *(haben)* **I.** *mit OBJ* ■ *jmd. zieht etwas zurück* **1.** *ziehend nach hinten oder an den Ausgangsort bringen* den Fuß/die Hand zurückziehen, den Tisch ein wenig zurückziehen **2.** *eine Figur eines Brettspieles wieder an ihren Ausgangsort bewegen* eine Schachfigur in die Ausgangsstellung zurückziehen **3.** *etwas, das vor etwas gewesen ist, auf die Seite ziehen und damit den Blick frei machen* die Gardinen/Vorhänge zurückziehen **4.** ■ *jmd. zieht jmdn. zurück* MILIT. *jmdm. den Befehl geben, ein Gebiet zu verlassen* seine Truppen aus einem Gebiet zurückziehen, die Polizeikräfte zurückziehen **5.** ■ *jmd. zieht etwas/jmdn. zurück etwas für nicht mehr gültig erklären* Ich ziehe mein Angebot/meine Zusage zurück., einen Kandidaten zurückziehen **II.** *ohne OBJ* ■ *jmd. zieht zurück (sein) wieder an seinen alten Wohnort gehen* Ich bin wieder nach Hamburg zurückgezogen. **III.** *mit SICH (haben)* **1.** ■ *jmd./ein Tier zieht sich zurück Kontakt mit anderen Menschen oder Aktivitäten aufgeben oder vermeiden* Wenn Sie erlauben, würde ich mich gerne zurückziehen., Der Bär zieht sich im Winter in seine Höhle zurück., Im Laufe der Zeit hat er sich immer mehr zurückgezogen., ein zurückgezogenes Leben führen, Ich habe mich aus dem Projekt zurückgezogen. **2.** ■ *jmd. zieht sich zurück* MILIT. *das Kampfgebiet verlassen* Der Gegner hat sich zurückgezogen. **IV.** *mit ES* ■ *es zieht jmdn. irgendwohin zurück (haben) den Wunsch vermitteln, an einem Ort sein zu wollen, an dem man früher gewesen ist* Es zieht ihn wieder in die Heimat.

Zu·ruf der <-(e)s, -e> *etwas, das jmdm. zugerufen wird* Der Redner beachtete die Zurufe aus dem Publikum nicht.

zu·ru·fen <rufst zu, rief zu, hat zugerufen> *mit OBJ* ■ *jmd. ruft jmdm. etwas zu jmdm. etwas mit einem Ruf mitteilen* Sie rief ihm die richtige Antwort zu., Das Publikum rief ihr etwas/aufmunternde Worte zu.

zur·zeit *Adv. momentan, im Augenblick* Sie ist zurzeit verreist. ◆ Zusammenschreibung→R 4.6 Herr Müller ist zurzeit nicht im Hause.; aber Getrenntschreibung zur Zeit Goethes *siehe auch* **Zeit**

Zu·sa·ge die <-, -n> **1.** *(≈ Versprechen)* Hast du schon irgendwelche Zusagen gemacht? **2.** *positive*

Z

Antwort Wir haben auf unser Angebot bereits drei Zusagen erhalten., Sie hat auf ihre Bewerbung noch keine Zusage erhalten.

zu·sa·gen <sagst zu, sagte zu, hat zugesagt> **I.** *mit OBJ/ohne OBJ* ■ *jmd. sagt jmdm. etwas zu* (↔ *absagen*) *jmdm. etwas versprechen oder eine bejahende Antwort geben* Ich habe ihr meine Hilfe fest zugesagt., Ich habe bereits zugesagt., Er wird sicher kommen, er hat (es) uns fest zugesagt. **II.** *ohne OBJ* ■ *etwas sagt jmdm. zu jmdm. behagen oder gefallen* Dieser Anzug sagt mir gar nicht zu.

zu·sam·men *Adv.* **1.** (≈ *gemeinsam* ↔ *allein*) *verwendet, um auszudrücken, dass Träger der im Satz genannten Handlung nicht nur eine Person, sondern mehrere Personen sind* ein Konzept nicht allein, sondern zusammen mit Kollegen erarbeiten, Wir (Hans, Peter und ich) sind zusammen nach Prag gefahren – Karin ist allein gefahren., Lasst uns das zusammen tun!, Sie haben alle zusammen gesungen. **2.** (≈ *insgesamt*) *so, dass alle Aspekte, Personen o.Ä. berücksichtigt sind* Zusammen kostet das 24 Euro., Sie ist intelligenter als ihr alle zusammen ◆ Getrenntschreibung→R 4.1 Er wollte immer mit ihr zusammen sein., Sie ist ein paar Jahre mit ihm zusammen gewesen.; Getrenntschreibung→R 4.10 Auf dem Heimweg sind wir alle zusammen gefahren., Erst haben sie alle zusammen gearbeitet, dann haben sie zusammen eine Pause gemacht., Die beiden Läufer sind zusammen gefallen, aber nur einer hatte sich verletzt., Peter und Paul sind zusammen gekommen, nur Max traf etwas später ein., Die Kinder haben einen ganzen Nachmittag lang zusammen gespielt., Wenn alle zusammen sitzen wollen, brauchen wir noch ein paar Stühle, sonst müssen einige von uns stehen., Wenn wir alle zusammen suchen, finden wir den Schlüssel vielleicht schneller., Wollen wir die schwere Tasche nicht zusammen tragen?, Ich möchte das nicht allein, sondern mit euch zusammen tun., Anton und Maria haben das Geld zusammen gezählt und die erhaltenen Beträge danach zusammengezählt., Wenn alle zusammen ziehen, bekommen wir das Boot ins Wasser. *siehe aber auch* **zusammenarbeiten, zusammenfahren, zusammenfallen, zusammenkommen, Zusammensein, zusammensitzen, zusammenspielen, zusammensuchen, zusammentragen, zusammentun, zusammenzählen, zusammenziehen**

Zu·sam·men·ar·beit die <-> (*kein Plur.*) (≈ *Kooperation*) *das Zusammenarbeiten* die Zusammenarbeit mit jemandem/von mehreren Personen/Unternehmen, Auf eine gute Zusammenarbeit!, Die Zusammenarbeit verläuft reibungslos.

zu·sam·men·ar·bei·ten <arbeitest zusammen, arbeitete zusammen, hat zusammengearbeitet> *ohne OBJ* ■ *jmd. arbeitet mit jmdm. (an etwas Dat.) zusammen* (≈ *kooperieren*) *mit jmdm. gemeinsam an etwas arbeiten oder auf etwas hinarbeiten* Sie arbeitet bei diesem Projekt mit mir zusammen., Die beiden Länder arbeiten wirtschaftlich zusammen. ◆ Zusammenschreibung→R 4.9 Wenn wir zusammenarbeiten, können wir uns gegenseitig helfen. *siehe aber auch* **zusammen**

zu·sam·men·bal·len <ballst zusammen, ballte zusammen, hat zusammengeballt> **I.** *mit OBJ* **1.** ■ *jmd. ballt die Hand zusammen die Hand zur Faust machen* die Hand zusammenballen **2.** ■ *jmd. ballt etwas zusammen etwas zu einer festen Kugel knüllen* ein Stück Papier zusammenballen **II.** *mit SICH* ■ *etwas ballt sich zusammen sich als Masse ansammeln* Am Himmel ballen sich dunkle Gewitterwolken zusammen., Am Ausgang des Stadions hatte sich eine Menschenmenge zusammengeballt., In ihm hatte sich eine große Wut zusammengeballt.

zu·sam·men·bau·en <baust zusammen, baute zusammen, hat zusammengebaut> *mit OBJ* ■ *jmd. baut etwas zusammen* (≈ *montieren* ↔ *demontieren, zerlegen*) *etwas aus einzelnen Teilen zu einem Ganzen bauen* Das Fahrrad lässt sich mit wenigen Handgriffen zusammenbauen.

zu·sam·men·bei·ßen <beißt zusammen, biss zusammen, hat zusammengebissen> *mit OBJ* ■ *jmd. beißt die Zähne zusammen die Zähne aufeinander pressen* die Zähne fest zusammenbeißen ■ **die Zähne zusammenbeißen** (*umg. übertr.*): *ein Gefühl des Schmerzes oder der Erschöpfung unterdrücken* Sie hat bei der Arbeit die Zähne zusammengebissen.

zu·sam·men·bin·den <bindest zusammen, band zusammen, hat zusammengebunden> *mit OBJ* ■ *jmd. bindet etwas zusammen um einzelne Dinge ein Band, eine Schnur o.Ä. so legen und mit einem Knoten befestigen, dass die einzelnen Dinge eine Art Einheit bilden und z.B. als ein Paket transportiert werden können* die Zeitungen zu einem Bündel zusammenbinden, die Haare mit einer Schleife zusammenbinden

zu·sam·men·blei·ben <bleiben zusammen, blieben zusammen, sind zusammengeblieben> *ohne OBJ* ■ *jmd. bleibt (mit jmdm.) zusammen beieinander bleiben* Nach der offiziellen Feier sind die Gäste noch lange zusammengeblieben., Sie wollten für immer zusammenbleiben.

zu·sam·men·brau·en <braust zusammen, braute zusammen, hat zusammengebraut> **I.** *mit OBJ* ■ *jdm. braut etwas zusammen* (*umg. scherzh.*) *ein Getränk aus anderen Zutaten herstellen* Was hast du denn da zusammengebraut, der Cocktail schmeckt ja widerlich! **II.** *ohne OBJ* ■ *etwas braut sich zusammen allmählich entstehen* Am Himmel braut sich ein Gewitter zusammen., Hier braut sich ein Unheil zusammen.

zu·sam·men·bre·chen <brichst zusammen, brach zusammen, ist zusammengebrochen> *ohne OBJ* **1.** ■ *etwas bricht zusammen brechen und einstürzen* Die Brücke ist unter der Last zusammengebrochen., Bei dem Erdbeben brachen zahlreiche Häuser zusammen. **2.** ■ *etwas bricht zusammen nicht mehr richtig funktionieren* Der Verkehr ist völlig zusammengebrochen., Sein Kreislauf ist zusammengebrochen., Unsere gesamte Planung ist zusammengebrochen. **3.** ■ *jmd. bricht zusammen einen Schwächeanfall erleiden* Er ist ganz plötzlich zusammengebrochen.

zu·sạm·men·brin·gen <bringst zusammen, brachte zusammen, hat zusammengebracht> *mit OBJ* **1.** ■ *jmd. bringt etwas zusammen* (*umg.*) *etwas zu Stande bringen* Sie bringt nicht mal ein richtiges Mittagessen zusammen. **2.** ■ *jmd. bringt etwas zusammen* (*umg.*) *mehrere Dinge, die notwendig sind, beschaffen* Wenn wir das Geld dafür zusammenbringen, fahren wir nach Australien in den Urlaub. **3.** ■ *jmd. bringt etwas zusammen* (*umg.*) *vollständig ins Gedächtnis rufen* Ich bringe den Text des Liedes nicht mehr zusammen., Bringst du die Namen der Fußballmannschaft zusammen? **4.** ■ *jmd./etwas bringt jmdn. zusammen* *Personen miteinander bekannt machen* Die Veranstaltung bringt Menschen aus den verschiedensten Gesellschaftsschichten zusammen.

Zu·sạm·men·bruch der <-(e)s, Zusammenbrüche> *das Zusammenbrechen*[2 3] Als sie die Nachricht erhielt, erlitt sie einen Zusammenbruch., Der Unfall führte zu einem totalen Zusammenbruch des Verkehrs., Der Zusammenbruch des Regimes steht unmittelbar bevor.

zu·sạm·men·drän·gen <drängst zusammen, drängte zusammen, hat zusammengerängt> **I.** *mit OBJ* ■ *jmd. drängt jmdn./Tiere/etwas zusammen bewirken, dass viele Menschen, Tiere oder Dinge auf engstem Raum versammelt sind* Die Tiere wurden auf kleinstem Raum zusammengedrängt., Er musste seine Erläuterungen auf wenigen Seiten zusammendrängen. **II.** *mit SICH* ■ *jmd./etwas drängt sich zusammen sich auf engstem Raum sammeln* Die Tiere drängten sich auf kleinstem Raum zusammen., Die Menschenmenge drängte sich am Eingangstor zusammen.

zu·sạm·men·drü·cken <drückst zusammen, drückte zusammen, hat zusammengedrückt> *mit OBJ* ■ *jmd. drückt etwas zusammen* **1.** *etwas so drücken, dass es kleiner oder flacher wird* einen Schwamm zusammendrücken **2.** *etwas aufeinander drücken* beide Handflächen fest zusammendrücken, beide Flächen mit Leim bestreichen und fest zusammendrücken

zu·sạm·men·fah·ren <fährst zusammen, fuhr zusammen, hat/ist zusammengefahren> **I.** *mit OBJ* ■ *jmd. fährt jmdn./etwas zusammen* (*umg.*) *gegen jmdn. oder etwas fahren und ihn/es schwer verletzen oder beschädigen* An der Kreuzung wurde schon wieder ein Radfahrer zusammengefahren., Er hat schon das zweite Auto zusammengefahren. **II.** *ohne OBJ* **1.** ■ *jmd./etwas fährt mit jmdm./etwas zusammen* KFZ *beim Fahren mit jmdm. oder etwas zusammenstoßen* Wie konnten die Autos zusammenfahren?, Er ist beim Überholen mit einem LKW zusammengefahren. **2.** ■ *jmd. fährt zusammen* (≈ *zusammenzucken*) *erschrecken und dies auch körperlich zeigen, indem man z.B. die Schultern einzieht* Sie fuhr erschrocken zusammen. ◆ Zusammenschreibung→R 4.9 Er ist zusammengefahren, als sein Name aufgerufen wurde. *siehe aber* **zusammen**

zu·sạm·men·fal·len <fällst zusammen, fiel zusammen, ist zusammengefallen> *ohne OBJ* **1.** ■ *etwas fällt zusammen* (≈ *einstürzen*) Eines Tages musste diese Bruchbude ja zusammenfallen. **2.** ■ *etwas fällt* (*mit etwas Dat.*) *zusammen zeitgleich stattfinden* Die beiden Termine fallen leider zusammen, ich muss einen verschieben. ◆ Zusammenschreibung→R 4.9 Ostern wird in diesem Jahr mit seinem Geburtstag zusammenfallen., Das Haus ist einfach zusammengefallen. *siehe aber* **zusammen**

zu·sạm·men·fal·ten <faltest zusammen, faltete zusammen, hat zusammengefaltet> *mit OBJ* ■ *jmd. faltet etwas zusammen so falten, dass es kleiner wird* die gebügelten Hemden sorgfältig zusammenfalten, einen Stadtplan zusammenfalten und in die Tasche stecken

zu·sạm·men·fas·sen <fasst zusammen, fasste zusammen, hat zusammengefasst> **I.** *mit OBJ.* ■ *jmd. fasst etwas zusammen etwas zu einem Ganzen vereinigen* Werbe- und Vertriebsabteilung wurden zusammengefasst. **II.** *mit OBJ/ohne OBJ* ■ *jmd. fasst* (*etwas*) *zusammen etwas in kurzen Worten wiedergeben* den Inhalt kurz zusammenfassen, Er fasste zusammen, was bisher gesagt worden war., Lassen Sie mich kurz zusammenfassen!

Zu·sạm·men·fas·sung die <-, -en> **1.** *kurze Wiedergabe des Inhalts* Dem Artikel ist eine kurze Zusammenfassung vorangestellt. **2.** *das Vereinigen zu einem Ganzen* die Zusammenfassung einzelner Gruppen zu einem Verband

zu·sạm·men·fin·den <findest zusammen, fand zusammen, hat zusammengefunden> *mit SICH* ■ *jmd. findet sich zusammen sich mit jmdm. oder einer Gruppe treffen und Dinge gemeinsam machen*

zu·sạm·men·flie·ßen <fließt zusammen, floss zusammen, ist zusammengeflossen> *ohne OBJ* **1.** ■ *etwas fließt* (*irgendwo*) *zusammen ineinander fließen* Die Moldau und die Elbe fließen bei Melnik zusammen. **2.** ■ *etwas fließt zusammen sich vermischen* die Farben/Klänge fließen zusammen

Zu·sạm·men·fluss der <-es, Zusammenflüsse> *die Stelle, an der zwei Flüsse zusammenfließen* eine Stadt am Zusammenfluss von Rhein und Mosel

zu·sạm·men·fü·gen <fügst zusammen, fügte zusammen, hat zusammengefügt> (*geh.*) **I.** *mit OBJ* ■ *jmd. fügt etwas zusammen* (≈ *zusammensetzen*) *etwas aus einzelnen Teilen zu einem Ganzen machen* die Teile des Puzzles zusammenfügen **II.** *mit SICH* ■ *etwas fügt sich* (*zu etwas Dat.*)*zusammen sich zu einem Ganzen verbinden* Die Stücke fügen sich nahtlos zusammen.

zu·sạm·men·füh·ren <führst zusammen, führte zusammen, hat zusammengeführt> **I.** *mit OBJ* ■ *jmd./etwas führt jmdn./etwas zusammen bewirken, dass Menschen oder Sachen* (*die getrennt waren*) (*wieder*) *zusammen sind* Das Festival führt Musiker aus den verschiedensten Ländern zusammen., getrennte Familien wieder zusammenführen **II.** *ohne OBJ* ■ *etwas führt zusammen aufeinander treffen und zusammen weiterverlaufen* Die Wege führen wieder zusammen.

Zu·sam·men·füh·rung die <-, -en> *das Zusammenführen I* die Zusammenführung von Familien, die durch den Krieg getrennt wurden

zu·sam·men·ge·hö·ren <gehört zusammen, gehörte zusammen, hat zusammengehört> *ohne OBJ* **1.** ■ *etwas gehört zusammen eine Einheit bilden, sich ergänzen* Die beiden Teile gehören zusammen., Die beiden Schuhe gehören nicht zusammen. **2.** ■ *jmd. gehört zusammen zueinander gehören* Eltern und Kinder gehören zusammen., Wir gehören nicht zusammen, der Herr ist allein hier.

zu·sam·men·ge·hö·rig <nicht steig.> *Adj. so, dass es eine Einheit bildet oder sich ergänzt* die zusammengehörigen Bauteile kennzeichnen

Zu·sam·men·ge·hö·rig·keit die <-> (*kein Plur.*) *die Eigenschaft, zueinander zu gehören* Die Freunde verband ein Gefühl der Zusammengehörigkeit. ◆ -sgefühl

Zu·sam·men·halt der <-(e)s, -e> *die freundschaftliche Verbundenheit zwischen den Mitgliedern einer Gruppe* der Zusammenhalt innerhalb einer Schulklasse, den Zusammenhalt in der Mannschaft stärken

zu·sam·men·hal·ten <hältst zusammen, hielt zusammen, hat zusammengehalten> **I.** *mit OBJ* **1.** ■ *etwas hält etwas zusammen etwas dauerhaft miteinander verbinden* Leim hält die Bretter zusammen., Die Brücke wird von Nieten zusammengehalten. **2.** ■ *jmd./etwas hält jmdn./etwas zusammen bewirken, dass eine Gruppe von Personen oder eine Herde Tiere sich nicht verstreut* Der Hund hält die Schafherde zusammen., Das gemeinsame Ziel hält das Team zusammen. **3.** ■ *jmd. hält sein Geld zusammen sein Geld sparen und nicht ausgeben* Er bemüht sich, sein Geld zusammenzuhalten. **II.** *ohne OBJ* **1.** ■ *etwas hält zusammen fest miteinander verbunden bleiben* Die geklebten Teile halten zusammen. **2.** ■ *jmd. hält zusammen zueinander stehen* Die Freunde hielten fest zusammen.

Zu·sam·men·hang der <-(e)s, Zusammenhänge> *eine Verbindung oder Wechselbeziehung zwischen Dingen oder Fakten* einen Zusammenhang zwischen verschiedenen Dingen erkennen/herstellen, zwei Dinge miteinander im Zusammenhang sehen, Die Polizei bringt die Tat in Zusammenhang mit ähnlichen Verbrechen. ■ **etwas aus dem Zusammenhang reißen**: *Worte von jmdm. in einer anderen Beziehung oder Verbindung gebrauchen* eine Textstelle aus dem Zusammenhang reißen und dadurch entstellen **in diesem Zusammenhang**: *verwendet, um sich auf etwas zu beziehen, was vorher gesagt wurde* In diesem Zusammenhang möchte ich das Folgende bemerken ... ◆ Gedanken-

zu·sam·men·hän·gen <hängt zusammen, hing zusammen, hat/ist zusammengehangen> *ohne OBJ* **1.** ■ *etwas hängt (mit etwas Dat.) zusammen miteinander verbunden sein* Die einzelnen Telefonanschlüsse hängen mit einer zentralen Anlage zusammen., Die Blätter hängen zusammen, weil Leim dazwischengekommen ist. **2.** ■ *etwas hängt (mit etwas Dat.) zusammen eine logische Verbindung haben, aus etwas folgen* Wie hängt das zusammen?, Die Krankheit hängt meist mit falscher Ernährung zusammen.

zu·sam·men·hän·gend <nicht steig.> *Adj. ohne Unterbrechung* keinen zusammenhängenden Satz sprechen können, Das ganze Stück wird zusammenhängend an einem Abend aufgeführt.

zu·sam·men·hang(s)·los <nicht steig.> *Adj.* (*abwert.*) *ohne inhaltlichen Bezug zueinander* zusammenhangsloses Zeug erzählen

zu·sam·men·hau·en <haust zusammen, haute zusammen, hat zusammengehaut> *mit OBJ* (*umg.*) **1.** ■ *jmd. haut etwas zusammen etwas kaputtschlagen* **2.** ■ *jmd. haut jmdn. zusammen jmdn. zusammenschlagen*

zu·sam·men·kau·fen <kaufst zusammen, kaufte zusammen, hat zusammengekauft> *mit OBJ* ■ *jmd. kauft etwas zusammen* (*umg.*) *viele Dinge ohen Überlegung kaufen* Was hast du denn schon wieder an Klamotten zusammengekauft?

zu·sam·men·klapp·bar <nicht steig.> *Adj. so, dass man es zusammenklappen kann* zusammenklappbare Campingmöbel

zu·sam·men·klap·pen <klappst zusammen, klappte zusammen, hat/ist zusammengeklappt> **I.** *mit OBJ* ■ *jmd. klappt etwas zusammen* (*haben*) *etwas verkleinern, indem man die einzelnen beweglichen Teile in verschiedene Richtungen klappt* einen Stadtplan/ein Taschenmesser zusammenklappen, einen Campingtisch zusammenklappen **II.** *ohne OBJ* (*umg.*) **1.** ■ *etwas klappt zusammen kaputtgehen* Der Stuhl/die wackelige Hütte klappte plötzlich zusammen. **2.** ■ *jmd. klappt zusammen* (*umg.*) *einen Schwächeanfall erleiden oder ohnmächtig werden* Kein Wunder, dass bei der Hitze so viele Leute zusammenklappen!

zu·sam·men·kle·ben <klebst zusammen, klebte zusammen, hat zusammengeklebt> **I.** *mit OBJ* ■ *jmd. klebt etwas zusammen etwas durch Kleben miteinander verbinden* Er klebt die beiden Teile zusammen. **II.** *ohne OBJ* ■ *etwas klebt zusammen aneinander haften und sich nicht lösen* Die beiden Teile kleben noch immer zusammen., Meine Finger haben zusammengeklebt, ich musste erst den Teig abspülen.

zu·sam·men·knül·len <knüllst zusammen, knüllte zusammen, hat zusammengeknüllt> *mit OBJ* ■ *jmd. knüllt etwas zusammen etwas so in der Hand drücken, dass eine Art Kugel daraus entsteht* Er knüllte den Brief zusammen und warf ihn in den Papierkorb.

zu·sam·men·kom·men <kommst zusammen, kam zusammen, ist zusammengekommen> *ohne OBJ* **1.** ■ *jmd. kommt (mit jmdm.) zusammen sich treffen* Wir kommen jeden Mittwoch im Vereinshaus zusammen., Der Vorstand kommt einmal im

Monat zusammen. **2.** ■ *etwas kommt zusammen sich ansammeln, sich häufen* In meiner Abwesenheit ist einiges an Arbeit zusammengekommen., Es kommt wieder alles zusammen, viel Arbeit, viele Termine und Kopfschmerzen! **3.** (*umg.*) *Ergebnis einer Sammlung sein* Bei der Sammlung sind fünfhundert Euro zusammengekommen. **4.** ■ *etwas kommt mit etwas Dat. zusammen* (*umg.*) *gleichzeitig geschehen* Ostern kommt nie mit Weihnachten zusammen. ◆ Zusammenschreibung→R 4.9 Wir sind gestern mit unseren Freunden zusammengekommen. *siehe aber* **zusammen**

zu·sam·men·kra·chen <kracht zusammen, krachte zusammen, ist zusammengekracht> *ohne OBJ* (*umg.*) ■ *etwas kracht zusammen* **1.** *einstürzen* Das Haus ist mit lautem Getöse zusammengekracht. **2.** *zusammenstoßen* Die beiden Autos sind auf der Kreuzung zusammengekracht.

zu·sam·men·krat·zen <kratzt zusammen, kratzte zusammen, hat zusammengekratzt> *mit OBJ* **1.** ■ *jmd. kratzt etwas zusammen einen Rest auf einen Haufen schieben* Er hat mit einem Löffel den letzten Rest im Topf zusammengekratzt. **2.** ■ *jmd. kratzt etwas zusammen* (*umg.*) *einzelne* (*geringe*) *Geldbeträge, die man erspart hat, zusammenführen, weil man eine größere Summe ausgeben will* Für das Motorrad hat er alle seine Ersparnisse zusammengekratzt.

Zu·sam·men·kunft die <-, Zusammenkünfte> (≈ *Treffen*) Zu unserer Zusammenkunft waren alle erschienen., Die nächste Zusammenkunft findet in einer Woche statt.

zu·sam·men·lau·fen <läuft zusammen, lief zusammen, ist zusammengelaufen> *ohne OBJ* ■ *jmd. läuft irgendwo zusammen* **1.** *aus verschiedenen Richtungen zu einer Stelle laufen* Eine große Menschenmenge ist an der Unfallstelle zusammengelaufen. **2.** *an eine Stelle fließen* Am Boden der Schüssel läuft die ganze Soße zusammen. ■ *etwas läuft zusammen* **3.** *ineinander fließen* Die beiden Flüsse laufen zusammen. **4.** (*umg.*) *sich vermischen* Die Farben sind zusammengelaufen. **5.** *sich aufeinander zu bewegen* Die beiden Linien laufen zusammen.

Zu·sam·men·le·ben das <-s> (*kein Plur.*) *das gemeinsame Leben* das harmonische Zusammenleben verschiedener Bevölkerungsgruppen

zu·sam·men·le·ben <lebst zusammen, lebte zusammen, hat zusammengelebt> **I.** *ohne OBJ* ■ *jmd. lebt* (*mit jmdm.*) *zusammen mit jmdm. in Gemeinschaft leben* Sie haben lange zusammengelebt, ehe sie geheiratet haben., Verschiedene Tierarten leben hier auf engstem Raum zusammen. **II.** *mit SICH* ■ *jmd. lebt sich zusammen* (*umg.* ↔ *auseinanderleben*) *sich im Leben aufeinander einstellen* Nach einiger Zeit hatten sie sich zusammengelebt.

zu·sam·men·leg·bar <nicht steig.> *Adj. so, dass man es falten oder einklappen kann* ein zusammenlegbarer Stuhl

zu·sam·men·le·gen <legst zusammen, legte zusammen, hat zusammengelegt> **I.** *mit OBJ* ■ *jmd. legt etwas zusammen* **1.** (≈ *zusammenfalten*) *ein Kleidungsstück, ein Stück Stoff o.Ä. entlang bestimmter* (*gedachter*) *Linien falten und ihm damit eine bestimmte Form geben* die gewaschene Bettwäsche/eine Serviette zusammenlegen, die Zeitung/einen Stadtplan wieder zusammenlegen **2.** (≈ *vereinigen*) *etwas zu einer Einheit werden lassen* Die beiden Abteilungen der Firma wurden zusammengelegt., ein Unternehmen mit einem anderen zusammenlegen **3.** *zusammen irgendwohin legen* Ich habe alle Kopien auf einen Stapel zusammengelegt. **4.** ■ *jmd. legt jmdn. zusammen in einem Raum übernachten lassen* drei Patienten in einem Zimmer zusammenlegen **II.** *mit OBJ/ohne OBJ* ■ *jmd. legt* (*Geld*) *für* (*etwas Akk.*) *zusammen gemeinsam Geld für etwas geben* Wir haben (Geld) für einen gemeinsamen Urlaub zusammengelegt., Wenn wir alle zusammenlegen, dann haben wir genug Geld für ein schönes Geschenk.

zu·sam·men·neh·men <nimmst zusammen, nahm zusammen, hat zusammengenommen> **I.** *mit OBJ* ■ *jmd. nimmt etwas zusammen* **1.** *verschieden Sachen insgesamt betrachten* Wenn wir alles zusammennehmen, was geboten wurde, war es nicht gerade gut., Alles zusammengenommen, reicht das Geld gerade noch. **2.** *etwas zusammen für etwas einsetzen* alle Kraft/alles Können zusammennehmen, Er nahm all seinen Mut zusammen und sprang. **II.** *mit SICH* ■ *jmd. nimmt sich zusammen* (≈ *sich beherrschen*) *seine Gefühle und sein Verhalten sehr stark unter Kontrolle halten, um sich z.B. etwas nicht anmerken zu lassen* Ich musste mich sehr zusammennehmen, um nicht zu lachen., Nimm dich (gefälligst) zusammen!

zu·sam·men·pa·cken <packst zusammen, packte zusammen, hat zusammengepackt> **I.** *mit OBJ* ■ *jmd. packt etwas zusammen etwas in eine Tasche oder einen Koffer o.Ä. packen* Hast du deine Kleider schon zusammengepackt? **II.** *ohne OBJ.* ■ *jmd. packt zusammen Arbeitsmaterial wegräumen* Es klingelte und die Schüler packten zusammen. ■ **zusammenpacken können** (*umg.*): *aufgeben müssen* Wenn das wirklich passiert, dann können wir zusammenpacken.

zu·sam·men·pas·sen <passt zusammen, passte zusammen, hat zusammengepasst> *ohne OBJ* **1.** ■ *jmd./etwas passt zusammen zueinander passen oder miteinander harmonieren* Die beiden passen überhaupt nicht zusammen., Wer sagt, dass Grün und Rot nicht zusammenpassen? **2.** ■ *etwas passt zusammen eine Einheit bilden* Die beiden Teile des Puzzles passen nicht zusammen., Die Zubehörteile und das Gerät müssten eigentlich zusammenpassen.

zu·sam·men·pfer·chen <pferchst zusammen, pferchte zusammen, hat zusammengepfercht> *mit OBJ* ■ *jmd. pfercht jmdn./Tiere zusammen bewirken, dass viele Menschen oder Tiere sich auf engem Raum drängen* Die Schafe wurden für den Transport auf engstem Raum zusammengepfercht.

Zu·sam·men·prall der <-(e)s> (*kein Plur.*) *hefti-*

ges Aufeinanderstoßen der Zusammenprall zweier Fahrzeuge

zu·sam·men·pral·len <prallst zusammen, prallte zusammen, ist zusammengeprallt> *ohne OBJ* ■ *jmd./etwas prallt mit jmdm./etwas zusammen mit jmdm. oder etwas heftig aufeinander stoßen* Aus noch ungeklärter Ursache prallten die beiden Lastzüge auf der Kreuzung zusammen.

zu·sam·men·pres·sen <presst zusammen, presste zusammen, hat zusammengepresst> *mit OBJ* ■ *jmd. presst etwas zusammen* **1.** *etwas aufeinander pressen* beide Handflächen/die Lippen/die Pobacken fest zusammenpressen, beide Seiten mit Leim bestreichen und dann fest zusammenpressen **2.** *so pressen, dass es kleiner wird* einen Schwamm zusammenpressen, den Kofferinhalt zusammenpressen, damit sich der Deckel schließen lässt

zu·sam·men·raf·fen <raffst zusammen, raffte zusammen, hat zusammengerafft> *mit OBJ* ■ *jmd. rafft etwas zusammen* **1.** *etwas hastig nehmen* Er raffte seine Unterlagen zusammen und ging. **2.** (*abwert.*) *gierig anhäufen* viel Geld zusammenraffen **3.** *so bündeln, dass viel gehalten werden kann* Sie raffte ihren Rock zusammen und stieg in die Kutsche., die Gardine mit einem Band zusammenraffen

zu·sam·men·rau·fen <raufst zusammen, raufte zusammen, hat zusammengerauft> *mit SICH* ■ *jmd. rauft sich* (*mit jmdm.*) *zusammen* (*umg.*) *sich trotz bestehender Unterschiede allmählich verstehen und akzeptieren* Für das gemeinsame Projekt mussten sich die Kollegen erst zusammenraufen

zu·sam·men·rech·nen <rechnest zusammen, rechnete zusammen, hat zusammengerechnet> *mit OBJ/ohne OBJ* ■ *jmd. rechnet etwas zusammen* (≈*addieren*) *eins zum anderen zählen* alle Beträge zusammenrechnen, Wenn wir alle Ausgaben zusammenrechnen, haben wir viel Geld verbraucht., Die Kellnerin rechnete schnell zusammen.

zu·sam·men·rei·men <reimst zusammen, reimte zusammen, hat zusammengereimt> *mit SICH* (*umg.*) **1.** ■ *jmd. reimt sich etwas zusammen eine mögliche Erklärung finden* Den Rest können wir uns zusammenreimen., Das kann ich mir nicht zusammenreimen. **2.** ■ *etwas reimt sich zusammen sich erklären* Wie reimt sich das zusammen?

zu·sam·men·rei·ßen <reißt zusammen, riss zusammen, hat zusammengerissen> *mit SICH* ■ *jmd. reißt sich zusammen* (*umg.* ≈ *zusammennehmen II*) *sich beherrschen* Jetzt reiß dich endlich zusammen und jammere nicht so!

zu·sam·men·rol·len <rollst zusammen, rollte zusammen, hat zusammengerollt> **I.** *mit OBJ* ■ *jmd. rollt etwas zusammen etwas zu einer Rolle formen* eine Landkarte/einen Teppich zusammenrollen **II.** *mit SICH* ■ *jmd./ein Tier rollt sich zusammen sich mit gerundetem Rücken hinlegen* Die Katze rollte sich in der Sonne zusammen.

zu·sam·men·rot·ten <rotten zusammen, rotteten zusammen, haben zusammengerottet> *mit SICH* ■ *jmd. rottet sich zusammen* (*abwert.*) *eine* (*gewalttätige*) *Gruppe von mehreren Personen bilden* die Randalierer rotten sich zusammen

zu·sam·men·rü·cken <rückst zusammen, rückte zusammen, hat/ist zusammengerückt> **I.** *mit OBJ* ■ *jmd. rückt etwas zusammen* (*haben*) *etwas enger zueinander stellen* die Stühle zusammenrücken **II.** *ohne OBJ* ■ *jmd. rückt zusammen* (*sein*) *zueinander rücken* Wenn wir enger zusammenrücken, hat jeder Platz., Als es kälter wurde, sind sie um das Feuer zusammengerückt.

zu·sam·men·ru·fen <rufst zusammen, rief zusammen, hat zusammengerufen> *mit OBJ* ■ *jmd. ruft jmdn. zusammen bewirken, dass mehrere Personen sich an einem Ort treffen* alle Mitarbeiter zu einer kurzen Besprechung zusammenrufen

zu·sam·men·sa·cken <sackst zusammen, sackte zusammen, ist zusammengesackt> *ohne OBJ* (*umg.*) **1.** ■ *jmd. sackt zusammen plötzlich keine Kraft mehr haben und sehr schwach werden* Nach dieser Anstrengung sackte er plötzlich zusammen **2.** ■ *etwas sackt* (*in sich*) *zusammen zusammenstürzen* Nach dem Brand sackte das Haus in sich zusammen

zu·sam·men·schei·ßen <scheißt zusammen, schiss zusammen, hat zusammengeschissen> *mit OBJ* ■ *jmd. scheißt jmdn. zusammen* (*umg. abwert.*) *jmdn. sehr hart tadeln* Der Meister hat mich gestern ganz schön zusammengeschissen.

zu·sam·men·schla·gen <schlägst zusammen, schlug zusammen, hat zusammengeschlagen> *mit OBJ* **1.** ■ *jmd. schlägt etwas zusammen mit einem lauten Geräusch aufeinander schlagen* die Hände/die Hacken zusammenschlagen, Der Schlagzeuger schlug die Zimbeln zusammen. **2.** ■ *jmd. schlägt jmdn. zusammen* (*umg.* ≈ *zusammenhauen*[2]) *durch Schlagen schwer verletzen* Das Opfer wurde von zwei Männern nach einem Streit in der Kneipe zusammengeschlagen. **3.** ■ *jmd. schlägt etwas zusammen* (*umg.* ≈ *zusammenhauen*) *durch Schlagen schwer beschädigen* Er schlug alle Möbel und Einrichtungsgegenstände zusammen.

zu·sam·men·schlie·ßen <schließt zusammen, schloss zusammen, hat zusammengeschlossen> **I.** *mit OBJ* ■ *jmd. schließt etwas zusammen etwas mit einem Schloss verbinden* beide Fahrräder mit einem Schloss zusammenschließen **II.** *mit SICH* ■ *jmd. schließt sich zu etwas Dat. zusammen sich mit anderen zu einem bestimmten Zweck vereinigen* Die einzelnen Gruppen schlossen sich zu einer größeren Organisation zusammen., Wenn wir uns zusammenschließen, können wir gemeinsam mehr erreichen.

Zu·sam·men·schluss der <-es, Zusammenschlüsse> *die Vereinigung zu einem bestimmten Zweck* der Zusammenschluss der beiden Unternehmen, der Zusammenschluss der beiden Länder

zu·sam·men·schnei·den <schneidest zusammen, schnitt zusammen, hat zusammengeschnitten> *mit OBJ* ■ *jmd. schneidet etwas zusammen* *aus einer Film- oder Tonaufzeichnung eine kürzere herstellen* eine Dokumentation/einen Film/eine Reportage zusammenschneiden

zu·sam·men·schnü·ren <schnürst zusammen, schnürte zusammen, hat zusammengeschnürt> *mit OBJ* ■ *jmd. schnürt etwas zusammen* (≈ *zusammenbinden*) alte Zeitschriften zusammenschnüren ■ **etwas schnürt jemandem die Kehle zusammen** (*umg.*): *jmdn. unfähig machen, einen Laut zu äußern* Die Angst schnürte ihm die Kehle zusammen.

zu·sam·men·schrau·ben <schraubst zusammen, schraubte zusammen, hat zusammengeschraubt> *mit OBJ* ■ *jmd. schraubt etwas zusammen etwas durch Schrauben miteinander verbinden* die Teile des Regals/ein Regal zusammenschrauben

zu·sam·men·schrei·ben <schreibst zusammen, schrieb zusammen, hat zusammengeschrieben> *mit OBJ* ■ *jmd. schreibt etwas zusammen* **1.** *etwas in einem Wort schreiben* Schreibt man dieses Wort zusammen oder getrennt? **2.** *aus verschiedenen Aufzeichnungen etwas herausschreiben und zusammenstellen* ein Referat/einen Vortrag zusammenschreiben **3.** (*umg. abwert.*) *schnell und ohne Sorgfalt schreiben* Was hast du denn da für einen Unsinn zusammengeschrieben? **4.** (*umg.*) *durch Schreiben etwas verdienen* Er hat sich mit seinen Romanen ein Vermögen zusammengeschrieben.

zu·sam·men·schrump·fen <schrumpft zusammen, schrumpfte zusammen, ist zusammengeschrumpft> *ohne OBJ* ■ *etwas schrumpft zusammen kleiner werden* Die Beule/Blase ist zusammengeschrumpft., Unsere Vorräte sind zusammengeschrumpft.

zu·sam·men·schwei·ßen <schweißt zusammen, schweißte zusammen, hat zusammengeschweißt> *mit OBJ* **1.** ■ *jmd. schweißt etwas zusammen* TECHN. *etwas durch Schweißen verbinden* zwei Teile zusammenschweißen **2.** ■ *etwas schmeißt jmdn. zusammen* (*übertr.*) *enge Verbundenheit zwischen Personen entstehen lassen* Die gemeinsamen Jahre haben die Freunde zusammengeschweißt.

Zu·sam·men·sein das <-s> (*kein Plur.*) (≈ *Treffen*) ein gemütliches Zusammensein unter Freunden ◆ Zusammenschreibung→R 4.4 Sie hatte zu einem zwanglosen Zusammensein eingeladen. *siehe aber* **zusammen**

zu·sam·men·set·zen <setzt zusammen, setzte zusammen, hat zusammengesetzt> **I.** *mit OBJ* **1.** ■ *jmd. setzt etwas zusammen aus Teilen ein Ganzes aufbauen* Man kann das Gerät mit wenigen Handgriffen zusammensetzen., aus verschiedenen Mitarbeitern ein gutes Team zusammensetzen **2.** ■ *jmd. setzt jmdn. zusammen jmdn. nebeneinander setzen* Die Lehrerin hat die beiden Schüler zusammengesetzt. **II.** *mit SICH* **1.** ■ *etwas setzt sich aus etwas Dat. zusammen bestehen aus* Wasser setzt sich aus Wasserstoff und Sauerstoff zusammen. **2.** ■ *jmd. setzt sich zusammen sich treffen, um über etwas zu sprechen, zu diskutieren o.Ä.* Wir müssen uns mal zusammensetzen und das genau besprechen., Wir haben uns zu einer Beratung zusammengesetzt.

Zu·sam·men·set·zung die <-, -en> *die Elemente, aus denen etwas besteht, und die Art, wie sie miteinander verbunden sind* die Zusammensetzung einer chemischen Verbindung analysieren, In dieser Zusammensetzung hat das Team die besten Chancen.

zu·sam·men·sit·zen <sitzt zusammen, saß zusammen, hat/ist zusammengesessen> *ohne OBJ* ■ *jmd. sitzt zusammen* **1.** *beieinander sitzen* Wir sitzen heute hier zusammen, um anstehende Fragen zu besprechen., Wir haben gestern noch lange zusammengesessen. **2.** *nebeneinander sitzen* Habt ihr im Konzert zusammengesessen? ◆ Zusammenschreibung→R 4.9 Wir haben in einer gemütlichen Runde zusammengesessen. *siehe aber* **zusammen**

Zu·sam·men·spiel das <-(e)s> (*kein Plur.*) **1.** *die Art und Weise, wie sich Personen bei einer gemeinsamen Tätigkeit aufeinander abstimmen* das perfekte Zusammenspiel des Geigers und der Pianistin, Die einzelnen Spieler haben hervorragende Fähigkeiten, der Mannschaft mangelt es aber am Zusammenspiel. **2.** *die Art und Weise, wie Dinge oder Vorgänge gemeinsam wirken* das Zusammenspiel der Farben und Klänge, das Zusammenspiel der Kräfte auf dem freien Markt

zu·sam·men·spie·len <spielst zusammen, spielte zusammen, hat zusammengespielt> *ohne OBJ* **1.** ■ *jmd. spielt zusammen sich bei einer gemeinsamen Tätigkeit aufeinander abstimmen* Das Orchester/die Mannschaft hat hervorragend zusammengespielt. **2.** ■ *etwas spielt (bei etwas Dat.) zusammen* (≈ *zusammenwirken*) *gemeinsam zu einem bestimmten Ergebnis beitragen* Bei ihrer Erkrankung spielen körperliche und seelische Ursachen zusammen., Farben und Klänge spielen zusammen und vermitteln ein beeindruckendes Erlebnis. ◆ Zusammenschreibung→R 4.9 Wenn die Mannschaft nicht besser zusammenspielt, wird sie nicht gewinnen können. *siehe aber* **zusammen**

zu·sam·men·ste·cken <steckst zusammen, steckte zusammen, hat/ist zusammengesteckt> **I.** *mit OBJ* (*haben*) ■ *jmd. steckt etwas zusammen* **1.** *etwas mit Nadeln aneinander befestigen* Die Teile der Bluse werden zuerst zugeschnitten und dann mit Stecknadeln zusammengesteckt., die Haare zu einer Hochfrisur zusammenstecken **2.** *durch Ineinanderstecken verbinden* Das Gerüst für das Zelt wird zuerst zusammengesteckt, dann wird das Zelt darübergespannt. **II.** *ohne OBJ* ■ *jmd. steckt (mit jmdm.) zusammen* (*umg.* (*haben/sein*)) *die Zeit miteinander verbringen* Sie stecken den ganzen Tag zusammen., Er steckt immer mit seinen Freunden zusammen. ■ **die Köpfe zusammenstecken** (*umg.*): *heimlich etwas miteinander besprechen* Sie steckten die Köpfe zusammen und begannen zu lästern.

zu·sam·men·stel·len <stellst zusammen, stellte

zusammen, hat zusammengestellt> *mit OBJ* **1.** ■ *jmd. stellt etwas zusammen etwas nebeneinander stellen* mehrere Tische zu einer langen Tafel zusammenstellen **2.** ■ *jmd. stellt etwas zusammen etwas in bestimmter Weise aufbauen oder arrangieren* Der Trainer stellt eine ganz neue Mannschaft zusammen., das Menü für den Abend zusammenstellen, ein besonderes Angebot für einen Kunden zusammenstellen

Zu·sam·men·stel·lung die <-, -en> **1.** (*kein Plur.*) *das Anfertigen einer Liste, einer Übersicht oder eines Arrangements* Die Zusammenstellung der Daten benötigt Monate., Der Koch ist für die Zusammenstellung des Menüs verantwortlich. **2.** *Übersicht, Liste* Ich habe der Chefin eine Zusammenstellung der Absatzzahlen gegeben. **3.** *die Art und Weise, wie etwas arrangiert ist* In dieser Zusammenstellung hat die Mannschaft echte Siegchancen., Dieses Muster gibt es in verschiedenen farblichen Zusammenstellungen.

Zu·sam·men·stoß der <-es, Zusammenstöße> **1.** *der Vorgang, dass zwei Fahrzeuge zusammenstoßen* Der Fahrer hatte die Vorfahrt missachtet und es kam zum Zusammenstoß., Der Zusammenstoß beider Rennfahrer/Läufer hatte schwere Verletzungen zur Folge. **2.** *Auseinandersetzung oder Streit* An der Grenze kam es häufig zu kleineren Zusammenstößen., Sie hatte gestern wieder einen Zusammenstoß mit dem Chef.

zu·sam·men·sto·ßen <stößt zusammen, stieß zusammen, ist zusammengestoßen> *ohne OBJ* **1.** ■ *jmd./etwas stößt (mit jmdm./etwas) zusammen verwendet, um auszudrücken, dass zwei Fahrzeuge oder zwei Personen während des Fahrens oder Laufens sich mit großer Wucht berühren* Die Fahrzeuge sind frontal zusammengestoßen., Die Fußballer sind mit ihren Köpfen zusammengestoßen. **2.** ■ *etwas stößt irgendwo zusammen aneinander grenzen* Die beiden Grundstücke stoßen hier zusammen., Hier stoßen drei Länder zusammen. **3.** ■ *jmd. stößt mit jmdm. zusammen (umg.) miteinander streiten* Mit diesem Kollegen stoße ich immer wieder zusammen, wir passen nicht zueinander.

zu·sam·men·strei·chen <streichst zusammen, strich zusammen, hat zusammengestrichen> *mit OBJ* ■ *jmd. streicht etwas zusammen (umg.) kürzen oder verringern* Finanzmittel wurden zusammengestrichen., Die Zahl der Mitarbeiter wurde drastisch zusammengestrichen

zu·sam·men·stür·zen <stürzt zusammen, stürzte zusammen, ist zusammengestürzt> *ohne OBJ* ■ *etwas stürzt (in sich) zusammen (≈ einstürzen)* Die Brücke/das Gebäude/das Haus/die Konstruktion ist während des Sturms/nach dem Bombenangriff zusammengestürzt.

zu·sam·men·su·chen <suchst zusammen, suchte zusammen, hat zusammengesucht> *mit OBJ* ■ *jmd. sucht jmdn/etwas für etwas Akk. zusammen jmdn. oder etwas zu einem bestimmten Zweck auswählen und an einen Ort bringen* ein paar Bilder für einen Diavortrag zusammensuchen, Er hat die Spieler für seine Mannschaft in der ganzen Welt zusammengesucht. ♦ Zusammenschreibung →R 4.9 Ich habe ein paar Bücher zusammengesucht, die ich euch schenken kann. *siehe auch* **zusammen**

zu·sam·men·tra·gen <trägst zusammen, trug zusammen, hat zusammengetragen> *mit OBJ* ■ *jmd. trägt etwas zusammen etwas zu einem bestimmten Zweck auswählen und an einen Ort bringen* Man hat aus Galerien in der ganzen Welt Werke von Paul Klee für die Ausstellung zusammentragen., Sie hat aus verschiedenen Nachschlagewerken Informationen für ihren Vortrag zusammengetragen., Die Kinder trugen Holz für ein Lagerfeuer zusammen. *siehe auch* **zusammen**

Zu·sam·men·tref·fen das <-s, -> **1.** *Begegnung* ein Zusammentreffen mit alten Freunden **2.** *Gleichzeitigkeit* ein Zusammentreffen ungünstiger Umstände

zu·sam·men·tref·fen <triffst zusammen, traf zusammen, ist zusammengetroffen> *ohne OBJ* **1.** ■ *jmd./etwas trifft (irgendwo) zusammen sich räumlich begegnen* Sie sind nach vielen Jahren zufällig wieder zusammengetroffen., Treffen Warm- und Kaltluft zusammen, kann es Gewitter geben., Die beiden Straßen treffen vor der nächsten Ortschaft wieder zusammen. **2.** ■ *etwas trifft (mit etwas Dat.) zusammen sich gleichzeitig ereignen* Sein Geburtstag trifft in diesem Jahr mit Ostern zusammen., Hier treffen ungünstige Umstände zusammen.

zu·sam·men·trei·ben <treibst zusammen, trieb zusammen, hat zusammengetrieben> *mit OBJ* ■ *jmd. treibt jmdn./Tiere zusammen Menschen oder Tiere gewaltsam und gegen Widerstand an den gleichen Ort bringen* eine Herde Schafe zusammentreiben, die Gefangenen auf dem Platz des Lagers zusammentreiben

zu·sam·men·tre·ten <trittst zusammen, trat zusammen, ist zusammengetreten> **I.** *mit OBJ* ■ *jmd. tritt jmdn./etwas (umg.) jmdn. oder etwas durch Treten verletzen, zerstören oder beschädigen* einen Karton zusammentreten, damit er in die Mülltonne passt, Die Täter haben ihr Opfer brutal zusammengetreten. **II.** *ohne OBJ* ■ *jmd./etwas tritt zusammen als Mitglieder einer Institution sich versammeln* Die Geschworenen treten morgen zusammen., Der Vorstand tritt zusammen.

zu·sam·men·trom·meln <trommelst zusammen, trommelte zusammen, hat zusammengetrommelt> *mit OBJ* ■ *jmd. trommelt jmdn. zusammen (umg. scherzh.) bewirken, dass mehrere Personen sich an einem Ort treffen* Er hat zu seinem fünfzigsten Geburtstag die gesamte Verwandtschaft zusammengetrommelt.

zu·sam·men·tun <tust zusammen, tat zusammen, hat zusammengetan> (*umg.*) **I.** *mit OBJ* ■ *jmd. tut etwas zusammen mischen oder gemeinsam in etwas hinein tun* Butter, Zucker, Ei und Mehl (in einer Schüssel) zusammentun, die guten und die schlechten Äpfel zusammentun **II.** *mit SICH* ■ *jmd. tut sich (mit jmdm.) zusammen sich* (*zu gemeinsamem Handeln*) *vereinigen* Wenn wir uns zusammentun, können wir unser Ziel verwirklichen., Er hat sich mit einer anderen Frau zusammengetan, bevor er geschieden war. ◆ Zusammenschreibung→R 4.9 Die beiden haben sich zusammengetan und gemeinsam eine Firma gegründet. *siehe aber* **zusammen**

zu·sam·men·wach·sen <wächst zusammen, wuchs zusammen, ist zusammengewachsen> *ohne OBJ* ■ *jmd./etwas wächst zusammen sich* (*wieder*) *zu einem Ganzen entwickeln* Die Knochen wachsen wieder zusammen., Die Familie/Gemeinschaft wächst allmählich zusammen.

zu·sam·men·wir·ken <wirkt zusammen, wirkte zusammen, hat zusammengewirkt> *ohne OBJ* **1.** ■ *jmd. wirkt zusammen* (*geh.* ≈ *kooperieren*) *miteinander arbeiten* Die beiden Institute haben bei diesem Projekt eng zusammengewirkt., Regierung und Opposition haben bei diesem Gesetz zusammengewirkt. **2.** ■ *etwas wirkt zusammen sich gegenseitig in der Wirkung beeinflussen* Noch ist unerforscht, wie diese Chemikalien/Kräfte/Stoffe/Verbindungen zusammenwirken.

zu·sam·men·zäh·len <zählst zusammen, zählte zusammen, hat zusammengezählt> *mit OBJ* ■ *jmd. zählt etwas zusammen* (≈ *addieren*) *einander hinzufügen und die Summe bilden* Wenn wir die einzelnen Beträge zusammenzählen, wissen wir, wie viel es gekostet hat., Jetzt schau nicht so, als könntest du eins und eins nicht zusammenzählen! ◆ Zusammenschreibung→R 4.9 alle Beträge zusammenzählen, um ein Endergebnis zu erhalten

zu·sam·men·zie·hen <ziehst zusammen, zog zusammen, hat/ist zusammengezogen> **I.** *mit OBJ* (*haben*) **1.** ■ *jmd. zieht etwas* (*um etwas Akk.*) *zusammen an etwas, das lose um etwas herumgelegt ist, ziehen und damit bewirken, dass es sich enger darum spannt* eine Schlinge enger zusammenziehen, die Kapuze enger um das Gesicht zusammenziehen, einen Schal enger um den Hals zusammenziehen **2.** ■ *jmd. zieht etwas zusammen* MILIT. *Truppen an einem Ort versammeln* zwei Panzerdivisionen an der Grenze zusammenziehen **II.** *ohne OBJ* ■ *jmd. zieht mit jmdm. zusammen* (*sein*) *in eine gemeinsame Wohnung ziehen* Er ist vor kurzem mit seiner Freundin zusammengezogen. **III.** *mit SICH* (*haben*) **1.** ■ *etwas zieht sich zusammen enger oder kürzer werden* Die Muskelfasern ziehen sich zusammen., Die Schlinge um seinen Hals zog sich zusammen. **2.** ■ *etwas zieht sich zusammen* (≈ *zusammenballen*) Ein Gewitter zog sich zusammen., Dunkle Wolken zogen sich am Himmel zusammen. ◆ Zusammenschreibung →R 4.9 Das Herz schlägt, indem es sich ausdehnt und zusammenzieht. *siehe aber* **zusammen**

Zu·satz der <-es, Zusätze> **1.** (*kein Plur.*) *das Hinzufügen* die Mischung unter Zusatz von Wasser ständig rühren **2.** *Ergänzung; Nachtrag* Der Vertrag erhielt noch einige ergänzende Zusätze., Ich möchte zu dem eben Gesagten noch einen Zusatz machen. **3.** *das Hinzugefügte* natürliche/künstliche Zusätze enthalten, Bei diesem Fertiggericht sind alle Zusätze auf der Packung angegeben.

Zu·satz·ge·rät das <-(e)s, -e> *ein Gerät, das zusätzlich benötigt wird oder erhältlich ist* Die Küchenmaschine wird mit zahlreichen Zusatzgeräten angeboten.

Zu·satz·kos·ten <-> *Plur. Kosten, die zusätzlich anfallen* Die Zusatzkosten sind bei der Planung nicht berücksichtigt worden.

zu·sätz·lich <nicht steig.> *Adj. so, dass es* (*ergänzend*) *zu etwas hinzukommt* eine zusätzliche Bemerkung machen, ein zusätzliches Einkommen haben, zusätzliche Kosten verursachen

Zu·satz·stoff der <-(e)s, -e> *Substanz, die zu etwas hinzugefügt wird* die Zusatzstoffe sind auf der Verpackung angegeben, Welche Zusatzstoffe enthält Zement?

Zu·satz·zahl die <-, -en> *ein Gewinnzahl, die zusätzlich beim Lotto gezogen wird und eine Ergänzung zu den ersten fünf gezogenen Zahlen darstellt* Er hatte fünf Richtige im Lotto und auch noch die richtige Zusatzzahl!

zu·schan·den/zu Schan·den *Adv. so, dass es beschädigt oder zerstört ist* jemandes Hoffnungen zuschanden/zu Schanden machen, ein Auto zuschanden/zu Schanden fahren *siehe auch* **zu**

zu·schan·zen <schanzt zu, schanzte zu, hat zugeschanzt> *mit OBJ* ■ *jmd. schanzt jmdm. etwas zu* (*umg. abwert.*) *bewirken, dass jmd. etwas bekommt, was ihm eigentlich nicht zusteht* Er soll dem Sohn seines Freundes die Stelle zugeschanzt haben.

zu·schau·en <schaust zu, schaute zu, hat zugeschaut> *ohne OBJ* ■ *jmd. schaut jmdm./etwas zu* (*süddt. österr. schweiz.* ≈ *zusehen*)

Zu·schau·er, **Zu·schau·e·rin** der <-s, -> *Person, die bei etwas zusieht* Die meisten Zuschauer waren sehr zufrieden mit der Vorstellung., Diese Fernsehsendung ist sehr beliebt bei den Zuschauern., Bei dieser Arbeit kann ich keine Zuschauer gebrauchen. ◆ Fernseh-, Theater-

Zu·schau·er·raum der <-(e)s, Zuschauerräume> *Raum, in dem die Zuschauer Platz nehmen* der Zuschauerraum eines eines Kinos/eines Theaters/einer Oper

Zu·schau·er·tri·bü·ne die <-, -n> *die Sitzreihen meist in einem Stadion, die für die Zuschauer bestimmt sind* Die Zuschauertribünen waren gut gefüllt.

Zu·schau·er·zahl die <-, -en> *die Anzahl der Zuschauer* sinkende/steigende Zuschauerzahlen

zu·schi·cken <schickst zu, schickte zu, hat zugeschickt> *mit OBJ* ■ *jmd. schickt jmdm. etwas zu jmdmd. etwas mit der Post an dessen Anschrift schicken* jemandem die bestellten CDs/die benötigten Ersatzteile/ein Formular/einen Fragebogen zuschicken

zu·schie·ben <schiebst zu, schob zu, hat zugeschoben> *mit OBJ* **1.** ■ *jmd. schiebt etwas zu etwas durch Schieben schließen* eine Tür/ein Fenster/einen Schrank zuschieben **2.** ■ *jmd. schiebt jmdm. etwas zu etwas zu jmdm. hinschieben* jemandem heimlich einen Brief/etwas Geld zuschieben

3. ■ *jmd. schiebt jmdm. etwas zu jmdm. etwas heimlich überantworten oder zuteilen* jemandem die Schuld/die Verantwortung zuschieben, Er hat ihr immer die unangenehmen Arbeiten zugeschoben.

Zu·schlag der <-(e)s, Zuschläge> **1.** (≈ *Aufpreis* ↔ *Nachlass, Rabatt*) *Geld, das zusätzlich zum Preis einer Sache zu zahlen ist* Für die Unterbringung im Einzelzimmer wird ein Zuschlag erhoben., Für die Fahrt mit dem ICE brauchen Sie Ihre Fahrkarte und den entsprechenden Zuschlag., ein Zuschlag für schnelle Züge/schnelle Beförderung eines Briefes **2.** *der Vorgang, dass bei einer Auktion oder einer Ausschreibung eine bestimmte Person oder eine bestimmte Firma das versteigerte Objekt oder den Auftrag bekommt* Der Herr in der hintersten Reihe bekommt den Zuschlag!, Die Fima bekam den Zuschlag für den Bau der Verbindungsstraße.

zu·schla·gen <schlägst zu, schlug zu, hat/ist zugeschlagen> **I.** *mit OBJ* (*haben*) **1.** ■ *jmd. schlägt etwas zu etwas mit einem lauten Geräusch schließen* Er schlug wütend die Tür zu., Sie schlug das Buch zu und sagte das Gedicht auswendig auf. **2.** ■ *jmd. schlägt jmdm. etwas zu jmdm. etwas bewilligen oder geben* Ihm wurde das gesamte Erbe zugeschlagen. **3.** ■ *jmd. schlägt etwas zu etwas Dat. zu etwas zu etwas ergänzend hinzufügen* Der Miete muss man noch die Nebenkosten zuschlagen., Dem Grundstück wurde noch die benachbarte Fläche zugeschlagen. **II.** *ohne OBJ* **1.** ■ *etwas schlägt zu* (*sein*) *sich mit einem lauten Geräusch schließen* Die Tür schlug zu. **2.** ■ *jmd. schlägt zu* (*haben*) *jmdn. schlagen* Er hat einfach ohne Vorwarnung zugeschlagen. **3.** (*haben*) *plötzlich angreifen oder handeln* Die Polizei hat die Verdächtigen lange beobachtet, bevor sie zuschlug., Die Entführer halten sich in ihrem Versteck für sicher, aber um Mitternacht schlagen wir zu! **4.** ■ *jmd. schlägt bei etwas Dat. zu* (*umg. haben*) *etwas Angebotenes nehmen* Bei diesem günstigen Angebot musste ich einfach zuschlagen., Die Gäste haben beim Essen tüchtig zugeschlagen.

zu·schlag·pflich·tig <nicht steig.> *Adj. so, dass man einen zusätzlichen Betrag bezahlen muss* Beachten Sie, dass dieser Zug zuschlagpflichtig ist!

zu·schlie·ßen <schließt zu, schloss zu, hat zugeschlossen> *mit OBJ* ■ *jmd. schließt etwas zu etwas mit einem Schlüssel verschließen* den Tresor/die Tür zuschließen

zu·schnap·pen <schnappt zu, schnappte zu, hat/ist zugeschnappt> *ohne OBJ* **1.** ■ *ein Tier schnappt zu* (*haben*) *plötzlich beißen* Der Hund/Das Krokodil schnappte plötzlich zu. **2.** ■ *etwas schnappt zu* (*sein*) *sich plötzlich von allein schließen* Die Falle/Das Schloss schnappt zu.

zu·schnei·den <schneidest zu, schnitt zu, hat zugeschnitten> *mit OBJ* **1.** ■ *jmd. schneidet etwas zu etwas so schneiden, dass es die richtige Form für einen bestimmten Zweck hat* Stoffbahnen/Tapeten zuschneiden **2.** ■ *jmd. schneidet etwas auf jmdn. zu etwas für die Bedürfnisse von jmdm. anpassen* ein Angebot auf Jugendliche zuschneiden, Diese Fernsehsendung ist speziell auf ältere Menschen zugeschnitten.

Zu·schnitt der <-(e)s, -e> **1.** (*kein Plur.*) *das Zuschneiden*[1] Der Zuschnitt der Bretter erfolgt im Sägewerk. **2.** (≈ *Schnitt*) ein Kleid in modernem Zuschnitt **3.** *Rang, Bedeutung* eine Messe von internationalem Zuschnitt

zu·schnü·ren <schnürst zu, schnürte zu, hat zugeschnürt> *mit OBJ* ■ *jmd. schnürt etwas zu etwas mit einer Schnur schließen* den Rucksack/die Stiefel zuschnüren ■ **etwas schnürt jemandem die Kehle zu** (*umg.*): *etwas hindert jmdn. am Sprechen* Angst/Trauer schnürte ihm die Kehle zu.

zu·schrau·ben <schraubst zu, schraubte zu, hat zugeschraubt> *mit OBJ* ■ *jmd. schraubt etwas zu den Deckel auf einen Behälter* (*mit Schraubverschluss*) *aufsetzen und drehen, bis er dicht schließt* eine Flasche/eine Tube zuschrauben

zu·schrei·ben <schreibst zu, schrieb zu, hat zugeschrieben> *mit OBJ* **1.** ■ *jmd. schreibt jmdm. etwas zu der Ansicht sein, dass jmd. Urheber von etwas ist* Experten schreiben das Werk Rembrandt zu., jemandem die Schuld an etwas zuschreiben, Das hat er nur sich selbst zuzuschreiben. **2.** ■ *jmd. schreibt jmdm. etwas zu glauben, dass jmd. oder etwas bestimmte Eigenschaften hat* Dieser Quelle wird eine heilende Wirkung zugeschrieben., Ihr wurden Zauberkräfte zugeschrieben. **3.** ■ *jmd. schreibt etwas Dat. etwas zu übereignen* Das Geld wurde seinem Konto zugeschrieben.

Zu·schrift die <-, -en> *ein Brief, der als Reaktion auf etwas an jmdn. geschickt wird* Der Sender/die Zeitung erhält täglich hunderte von Zuschriften., Wir haben auf unsere Anzeige keine einzige Zuschrift erhalten.

zu·schul·den/zu Schul·den ■ **sich etwas/nichts zuschulden/zu Schulden kommen lassen**: *etwas/nichts Verbotenes oder Schädliches tun* Er hat sich in dieser Sache einiges zuschulden/zu Schulden kommen lassen. *siehe auch* **zu**

Zu·schuss der <-es, Zuschüsse> *Geld, das zusätzlich als Unterstützung gezahlt wird* Personen mit geringem Einkommen bekommen einen Zuschuss zur Miete., Die Stadt zahlt jährlich einen Zuschuss zum Betrieb des Theaters. ◆ Mietkosten-, Reisekosten-

Zu·schuss·be·trieb der <-(e)s, -e> (*abwert.*) *Betrieb, der Verlust macht und deshalb finanziell unterstützt werden muss*

zu·schus·tern <schusterst zu, schusterte zu, hat zugeschustert> *mit OBJ* (*umg.* ≈ *zuschanzen*) ■ *jmd. schustert jmdm. etwas zu jmdm. etwas geben, das ihm eigentlich nicht zusteht aber das ihm Vorteile bringt* Der Abgeordnete hat dem Unternehmen mehrere Aufträge zusgeschustert.

zu·schüt·ten <schüttest zu, schüttete zu, hat zugeschüttet> *mit OBJ* **1.** ■ *jmd. schüttet etwas mit etwas Dat. zu* (≈ *auffüllen* ↔ *ausheben*) *Erde, Sand o.Ä. in einen Hohlraum schütten und ihn* *auf diese Weise schließen* Die Grube wurde mit Sand zugeschüttet. **2.** ■ *jmd. schüttet etwas zu* (≈ *zugießen*) *dazugießen* Soll ich noch heißes Wasser zuschütten?

zu·se·hen <siehst zu, sah zu, hat zugesehen> *ohne OBJ* **1.** ■ *jmd. sieht etwas Dat. zu unbeteiligt beobachten; nichts tun* Sollen wir einfach zusehen, wenn solche Dinge vor unseren Augen geschehen?, Sie mussten hilflos zusehen, wie er das Unternehmen ruinierte. **2.** ■ *jmd. sieht jmdm./etwas zu aufmerksam mit Blicken verfolgen* Die Kinder sahen zu, wie der Clown turnte., Lass mich mal zusehen, wie du das machst! **3.** ■ *jmd. sieht zu, dass/wie/ob ... sich bemühen, etwas zu tun* Sieh doch bitte zu, dass das heute noch erledigt wird., Sie sahen zu, dass sie schnell wegkamen.

zu·se·hends *Adv. so, dass man es gut wahrnehmen kann* Es wurde zusehends heller., Er wurde zusehends dicker.

zu·sei·ten/zu Sei·ten *Präp. + Gen.* (*geh.* ≈ *neben*) *siehe auch* **zu**

zu·sen·den <sendest zu, sandte/sendete zu, hat zugesandt/zugesendet> *mit OBJ* ■ *jmd. sendet jmdm. etwas zu etwas mit der Post an jmds. Adresse transportieren lassen* jemandem einen Brief/ein Paket/Prospektmaterial zusenden

zu·set·zen <setzt zu, setzte zu, hat zugesetzt> **I.** *mit OBJ* **1.** ■ *jmd. setzt etwas Dat. etwas zu hinzufügen* Sie setzte dem Teig Hefe zu., Dem Saft wird man Zucker zugesetzt haben. **2.** ■ *etwas setzt etwas zu etwas verstopfen* Der Schlamm hat das Rohr/den Abfluss zugesetzt. **II.** *ohne OBJ* **1.** ■ *jmd. setzt jmdm. zu* (≈ *bedrängen*) *so lange auf jmdn. einreden, bis dieser einer Sache zustimmt* Sie setzte ihm so lange zu, bis er einwilligte. **2.** ■ *etwas setzt jmdm. zu verwendet, um auszudrücken, dass eine negative Erfahrung für jmdn. sehr quälend ist und ihn* (*über einen langen Zeitraum*) *belastet* Die Niederlage setzt ihm ganz schön zu., Mir hat die Hitze ganz schön zugesetzt. **III.** *mit SICH* ■ *etwas setzt sich* (*mit etwas Dat.*) *zu sich mit etwas füllen und verstopfen* Das Rohr hat sich (mit Schlamm/Schmutz) zugesetzt. **IV.** *mit OBJ/ohne OBJ* ■ *jmd. setzt bei etwas Dat.* (*etwas*) *zu* (*umg.*) *Geld bei etwas verlieren* Er hat bei diesem Geschäft (viel Geld) zugesetzt.

zu·si·chern <sicherst zu, sicherte zu, hat zugesichert> *mit OBJ* ■ *jmd. sichert jmdm. etwas zu jmdm. offiziell etwas versprechen* Er sicherte dem Vorhaben die Unterstützung der Stadt zu., Er forderte den ihm zugesicherten Anteil.

Zu·spät·kom·men·de der/die <-n, -n> *Person, die zu spät kommt* Für die Zuspätkommenden waren keine Plätze mehr frei.

zu·sper·ren <sperrst zu, sperrte zu, hat zugesperrt> *mit OBJ/ohne OBJ* ■ *jmd. sperrt* (*etwas*) *zu* (*süddt. österr.*) *zuschließen* das Fenster/die Tür/die Wohnung zusperren, Hast du auch richtig zugesperrt?

zu·spie·len <spielst zu, spielte zu, hat zugespielt> **I.** *mit OBJ* ■ *jmd. spielt jmdm. etwas zu unauffällig zukommen lassen* Sie spielte dem Chef die Nachricht zu., Man hatte ihm den Brief heimlich zugespielt. **II.** *mit OBJ/ohne OBJ* ■ *jmd. spielt jmdm.* (*etwas*) *zu den Ball bei einem Spiel zu jmdm. spielen* jemandem den Ball zuspielen, Der Mittelfeldspieler spielte dem Stürmer zu.

zu·spit·zen <spitzt zu, spitzte zu, hat zugespitzt> **I.** *mit OBJ* ■ *jmd. spitzt etwas zu etwas spitz machen* einen Bleistift/einen Pfahl zuspitzen, das zugespitzte Ende eines Stockes **II.** *mit SICH* **1.** ■ *etwas spitzt sich irgendwo zu spitz zulaufen* Der Stock spitzte sich nach dem Ende hin zu. **2.** ■ *etwas spitzt sich zu gefährlich oder heftig werden* Die Lage spitzt sich mehr und mehr zu., Der Streit der beiden spitzte sich von Tag zu Tag zu.

zu·spre·chen <sprichst zu, sprach zu, hat zugesprochen> **I.** *mit OBJ* ■ *jmd. spricht jmdm. jmdn./etwas zu* RECHTSW. *gerichtlich jmdm. jmdn. oder etwas zuteilen* Das Kind wurde der Mutter zugesprochen., Das gesamte Erbe wurde der Frau zugesprochen. **II.** *mit OBJ/ohne OBJ* ■ *jmd. spricht jmdm. etwas zu mit Worten irgendwie auf jmdn. einwirken, um ihm zu helfen oder zu beruhigen* jemandem Mut zusprechen, jemandem Trost zusprechen, Er versuchte ihr besänftigend/gut zuzusprechen. **III.** *ohne OBJ* ■ *jmd. spricht etwas Dat. zu* (*geh.*) *etwas gerne und in größeren Mengen zu sich nehmen* dem Alkohol zusprechen, Sie hatten dem Essen tüchtig zugesprochen.

Zu·spruch der <-(e)s> (*kein Plur.*) (*geh.*) **1.** *Aufmunterung, Trost* In ihrer Situation hatte sie Zuspruch bitternötig. **2.** *Anklang, Zulauf* Die Veranstaltung fand viel/regen Zuspruch beim Publikum.

Zu·stand der <-(e)s, Zustände> **1.** PHYS. *die aktuelle physikalische Beschaffenheit eines Stoffes* vom flüssigen in den gasförmigen Zustand übergehen, Die Materie geht bei extrem hohen Temperaturen in den Zustand eines Plasmas über. **2.** *die Verfassung oder Lage, in der sich jmd. oder etwas zu einem Zeitpunkt befindet, und die bestimmte Eigenschaften hat* in einem verwahrlosten Zustand sein, im Zustand geistiger Verwirrung, im Zustand des Verfalls, Sein Zustand hat sich gebessert., In seinem Zustand braucht er dringend einen Arzt/Urlaub. **3.** (*meist Plur.*) (≈ *Gegebenheit*) *die gesellschaftlichen, wirtschaftlichen und politischen Bedingungen, denen jmd. unterliegt* die politischen/wirtschaftlichen Zustände, Hier herrschen ja (unbeschreibliche) Zustände! ■ **Zustände kriegen** (*umg.*): *sich sehr aufregen* Wenn ich sehe, wie es hier aussieht, kriege ich Zustände!

zu·stan·de, *a.* **zu Stan·de** ■ **etwas zustande/zu Stande bringen**: *etwas können oder verwirklichen* Wie habt ihr denn das zustande/zu Stande gebracht?, Sie hat eine recht gute Arbeit zustande/zu Stande gebracht. **etwas kommt irgendwie zustande/zu Stande**: *etwas gelingt oder kann umgesetzt werden* Das Treffen/der Vertrag ist nie zustande/zu Stande gekommen. *siehe aber auch* **zu**

Zu·stan·de·kom·men das <-s> (*kein Plur.*) (≈ *Verwirklichung*) am Zustandekommen eines Vetrages maßgeblich mitwirken

zu·stän·dig <nicht steig.> *Adj.* **1.** *verpflichtet und berechtigt, etwas zu tun* Wer ist heute für das Essen zuständig?, Welches Amt ist für diese Genehmigung zuständig?, die für die Bearbeitung des Antrags zuständige Stelle, etwas an den Zuständigen weiterleiten **2.** *schuld an etwas sein* Wer ist dafür zuständig, dass die Scheibe kaputt ist?, Wir versuchen herauszufinden, wer für die Verspätung zuständig ist.

Zu·stän·dig·keit die <-, -en> AMTSSPR. **1.** (≈*Kompetenz*) *das Recht und die Pflicht, etwas zu tun* Er hat in seinem Amt genau bestimmte Zuständigkeiten. **2.** *Zuständigkeitsbereich*

Zu·stän·dig·keits·be·reich der <-(e)s, -e> AMTSSPR. *der Bereich, für den jmd. zuständig*[1] *ist* Das fällt in den Zuständigkeitsbereich der Polizei., Das fällt nicht in meinen Zuständigkeitsbereich.

zu·stat·ten ■ **etwas kommt jemandem zustatten**: *jmdm. nützlich und hilfreich sein* Bei diese Arbeit kamen ihm seine guten Fremdsprachenkenntnisse sehr zustatten.

zu·ste·cken <steckst zu, steckte zu, hat zugesteckt> *mit OBJ* ■ *jmd. steckt jmdm. etwas zu jmdm. etwas heimlich geben* Die Mutter steckte ihm hin und wieder etwas Geld zu., Sie steckte ihm einen Brief zu.

zu·ste·hen <steht zu, stand zu, hat/ist zugestanden> **I.** *ohne OBJ* ■ *etwas steht jmdm. zu jmdm. als Recht zukommen* Darüber steht dir kein Urteil zu., Ihm steht die Hälfte des Erbes zu. **II.** *mit ES* ■ *es steht jmdm. zu als Recht zukommen* Es steht ihm nicht zu, darüber zu urteilen.

zu·stel·len <stellst zu, stellte zu, hat zugestellt> *mit OBJ* **1.** ■ *jmd. stellt jmdm. etwas zu jmdm. etwas mit der Post liefern* Die Post wird Ihnen heute noch zugestellt. **2.** ■ *jmd. stellt etwas zu etwas so verstellen, dass man an der Stelle nicht hindurchgehen oder hindurchfahren kann* Die Möbelpacker haben die ganze Einfahrt zugestellt., die Tür mit einem Schrank zustellen

Zu·stel·ler, **Zu·stel·le·rin** der <-s, -> AMTSSPR. *Person, die Briefe oder Waren ausliefert*

Zu·stel·lung die <-, -en> AMTSSPR. *das Ausliefern* die Zustellung eines Schreibens durch die Post/durch einen Boten ◆ Eil-, Express-

zu·stim·men <stimmst zu, stimmte zu, hat zugestimmt> *ohne OBJ* **1.** ■ *jmd. stimmt jmdm. zu erklären, dass man mit jmdm. einverstanden ist* Sie stimmte ihrem Vorredner in vielen Punkten zu., In diesem Fall kann ich dir/deiner Meinung nicht zustimmen. **2.** ■ *jmd. stimmt etwas Dat. zu etwas in einer Abstimmung billigen* Das Parlament hat dem Gesetzentwurf mehrheitlich zugestimmt.

Zu·stim·mung die <-, -en> (≈ *Einverständnis*) Der Vorschlag stieß auf allgemeine Zustimmung., einer Sache seine Zustimmung geben/verweigern

zu·sto·ßen <stößt zu, stieß zu, hat/ist zugestoßen> **I.** *mit OBJ* ■ *jmd. stößt etwas zu* (*haben*) *etwas mit einem Stoß schließen* Er hat die Tür mit dem Fuß zugestoßen. **II.** *ohne OBJ* **1.** ■ *jmd. stößt zu* (*haben*) *mit etwas Spitzem stechen* Der Täter hat mit dem Messer mehrfach zugestoßen., Der Ziegenbock stieß mit den Hörnern zu. **2.** ■ *etwas stößt jmdm. zu* (*sein*) *jmdm. geschehen* Ist dir etwas zugestoßen?, Hoffentlich ist ihnen nichts zugestoßen!

zu·stre·ben <strebst zu, strebte zu, ist zugestrebt> *ohne OBJ* ■ *jmd./etwas strebt jmdm./etwas/auf jmdn./etwas zu sich zielgerichtet zu etwas hinbewegen* Die Wolken strebten dem Norden zu., auf ein Ziel zustreben, Sie strebte direkt auf ihn zu, er konnte ihr gar nicht mehr ausweichen.

Zu·strom der <-(e)s> (*kein Plur.*) **1.** *das Strömen in eine Richtung* ein Zustrom kalter Meeresluft **2.** *das Herbeikommen in großer Zahl* Der Zustrom der Studierenden zu diesen Fächern ist ungebrochen., Der Zustrom der Flüchtlinge aus dem Kriegsgebiet hält an.

zu·stür·zen <stürzt zu, stürzte zu, ist zugestürzt> *ohne OBJ* ■ *jmd. stürzt auf jmdn./etwas zu schnell zu etwas oder jmdm. hinlaufen* Sie kam aufgeregt auf mich zugestürzt., Er stürzte voller Panik auf die Tür zu.

zu·ta·ge/zu Ta·ge *Adv.* ■ **etwas zutage/zu Tage bringen/fördern**: *sichtbar oder öffentlich werden lassen* einen Betrug zutage fördern **etwas kommt/tritt zutage/zu Tage**: *sichtbar oder öffentlich werden* Jetzt erst kam seine ganze Bosheit zutage/zu Tage. *siehe auch* **zu**

Zu·tat die <-, -en> (*meist Plur.*) KOCH. *etwas, das man für die Zubereitung eines Gerichts benötigt* Die Zutaten sind für vier Personen berechnet., die Zutaten für eine Pizza einkaufen, Spitzenköche verwenden nur frischeste und beste Zutaten.

zu·teil *Adv.* ■ **zuteil werden** (*geh.*): *bekommen* Ihm wurde die Ehre zuteil, die Festrede halten zu dürfen., jemandem viel Gutes zuteil werden lassen

zu·tei·len <teilst zu, teilte zu, hat zugeteilt> *mit OBJ* ■ *jmd. teilt* (*jmdm.*) *etwas zu* (*jmdm.*) *einen Anteil von etwas geben* jedem ein Stück Brot zuteilen, eine zugeteilte Menge erhalten, Jeder bekam eine Arbeit zugeteilt.

Zu·tei·lung die <-, -en> **1.** *das Zuteilen* die Zuteilung von Lebensmitteln an alle Bedürftigen **2.** (≈ *Ration*) *das Zugeteilte* Jeder erhält eine bestimmte Zuteilung.

zu·tiefst *Adv.* (≈ *äußerst, sehr*) zutiefst betroffen/beleidigt sein, sich zutiefst in seiner Ehre getroffen fühlen

zu·tra·gen <trägst zu, trug zu, hat zugetragen> **I.** *mit OBJ* **1.** ■ *jmd./etwas trägt jmdm. etwas zu etwas jmdm. bringen* Alle halfen, ihm die Steine zuzutragen, während er sie zu einer Mauer aufschichtete., Der Wind trug ihnen den Duft der Blüten zu. **2.** ■ *jmd. trägt jmdm. etwas zu jmd. etwas heimlich mitteilen* Mir wurde zugetragen, dass Sie immer wieder zu spät zur Arbeit kommen. **II.** *mit SICH* ■ *etwas trägt sich irgendwann zu* (*geh.*) *irgendwann geschehen* Das hat sich vor vielen Jahren zugetragen., Wie hat sich das eigentlich damals zugetragen?

zu·träg·lich *Adj. gut oder bekömmlich für jmdn.* Zu viel Sonne ist der Haut nicht zuträglich., Sport ist der Gesundheit zuträglich.

Zu·trau·en das <-s> (*kein Plur.*) *Vetrauen (in jmds. Fähigkeiten)* Langsam fasste sie Zutrauen zu dem Fremden., Wir haben großes Zutrauen zu dem neuen Kollegen., Er hat kein Zutrauen zu sich selbst.

zu·trau·en <traust zu, traute zu, hat zugetraut> *mit OBJ* ■ *jmd. traut jmdm. etwas zu der Ansicht sein, dass jmd. etwas kann* Das hätte ich dir nie zugetraut!, Sie sollten sich ruhig etwas/mehr zutrauen!, Sie traute sich das nicht allein zu.

zu·trau·lich *Adj. vertrauensvoll und ohne Scheu* ein zutrauliches Tier, zutraulich zu jemandem sein, Nach einiger Zeit wurden die Kinder zutraulich.

zu·tref·fen <trifft zu, traf zu, hat zugetroffen> *ohne OBJ* **1.** ■ *etwas trifft zu richtig sein* Diese Aussage trifft absolut zu., Ihre Vermutung ist nicht zutreffend., Zutreffendes bitte ankreuzen! **2.** ■ *etwas trifft auf jmdn. zu für jmdn. gelten, jmdn. betreffen* Das trifft besonders auf Sie zu!, Diese Regelung trifft auf mich nicht zu.

zu·trei·ben <treibst zu, trieb zu, hat/ist zugetrieben> **I.** *mit OBJ* ■ *jmd. treibt (jmdm.) etwas (auf etwas Akk.) zu (haben) bewirken, dass sich etwas irgendwohin bewegt* Er trieb ihr die Hühner zu., Er trieb die Kugel auf das Ziel zu. **II.** *ohne OBJ* ■ *etwas treibt auf jmdn./etwas zu (sein) sich ohne Kontrolle auf dem Wasser in die Richtung von jmdm./etwas bewegen* Das Boot trieb auf das Ufer/das Wehr zu.

zu·tre·ten <trittst zu, trat zu, hat/ist zugetreten> *ohne OBJ* **1.** ■ *jmd. tritt zu (haben) mit dem Fuß nach etwas treten* Der Täter hat mehrmals mit seinen schweren Stiefeln zugetreten. **2.** ■ *jmd. tritt auf jmdn. zu (sein) einen Schritt zu jmdm. hin machen* Ein fremder Herr trat auf sie zu.

zu·trin·ken <trinkst zu, trank zu, hat zugetrunken> *ohne OBJ* ■ *jmd. trinkt jmdm. zu auf jmds. Wohl trinken* Alle tranken dem Geburtstagskind zu.

Zu·tritt der <-(e)s> (*kein Plur.*) **1.** *das Betreten eines Raumes oder Geländes* Der Zutritt ist nur über den Haupteingang möglich. **2.** *Erlaubnis, etwas zu betreten* Kein Zutritt für Unbefugte!, jemandem Zutritt zu einem Gebäude gewähren/verschaffen

Zu·tun das <-s> (*kein Plur.*) *aktive Beteiligung von jmdm.* Es geschah ohne mein Zutun., Das kam ohne Zutun Fremder zustande.

zu·tun <tust zu, tat zu, hat zugetan> *mit OBJ (umg.)* ■ *jmd. tut etwas (zu etwas Dat.) zu hinzufügen* etwas Salz zutun ■ **jemand tut kein Auge zu**: *jmd. kann nicht schlafen* Ich habe die ganze Nacht kein Auge zugetan.

zu·un·guns·ten/zu Un·guns·ten *Präp. + Gen. zum Nachteil von* Der Prozess ging zuungunsten/zu Ungunsten der Kläger aus. *siehe auch* **zu**

zu·un·terst *Adv. ganz unten* Ihr Heft lag ganz zuunterst im Stapel.

zu·ver·läs·sig *Adj. so, dass man sich darauf verlassen kann* ein zuverlässiger Freund/Mitarbeiter, Die Uhr ist/funktioniert sehr zuverlässig.

Zu·ver·läs·sig·keit die <-> (*kein Plur.*) *die Eigenschaft, zuverlässig zu sein* die Zuverlässigkeit eines Freundes/eines Gerätes

Zu·ver·sicht die <-> (*kein Plur.*) *der feste Glaube, dass die Zukunft Gutes bringt* wieder voll Zuversicht in die Zukunft blicken

zu·ver·sicht·lich *Adj. voller Hoffnung* Ich bin zuversichtlich, dass ich gewinne., Es herrscht eine zuversichtliche Stimmung.

zu·vor *Adv.* (↔ *danach*) *vor einer anderen Begebenheit* Das war kurz zuvor geschehen., Im Jahr zuvor hatten sie geheiratet., Am Tag zuvor war ihr Auto gestohlen worden., Er war glücklicher als jemals zuvor.

zu·vor·kom·men <kommst zuvor, kam zuvor, ist zuvorgekommen> *ohne OBJ* ■ *jmd. kommt jmdm. zuvor schneller als andere etwas Bestimmtes tun* Sie wollte das letzte Exemplar kaufen, aber ich bin ihr zuvorgekommen., Sie wollte der Frau über die Straße helfen, aber ein anderer war ihr zuvorgekommen., Sie ist ihrer Entlassung zuvorgekommen, indem sie selbst gekündigt hat.

zu·vor·kom·mend *Adj. sehr hilfsbereit und höflich* sehr zuvorkommend bedient werden, ein äußerst zuvorkommender junger Mann, Sie war gegenüber den Gästen/gegen die Gäste sehr zuvorkommend.

Zu·vor·kom·men·heit die <-> (*kein Plur.*) *die Eigenschaft, zuvorkommend zu sein* jemanden mit großer Zuvorkommenheit behandeln

Zu·wachs der <-es, Zuwächse> **1.** (≈ *Steigerung, Zuwachs*) *der Vorgang, dass etwas an Größe, Umfang oder Menge zunimmt* der Zuwachs der der Bevölkerung/der Umsätze, Das Unternehmen konnte große Zuwächse verzeichnen. ◆ Umsatz- **2.** (*kein Plur.*) (*umg. scherzh.*) *Nachwuchs* Unsere Nachbarn haben letztes Jahr Zuwachs bekommen.

zu·wach·sen <wächst zu, wuchs zu, ist zugewachsen> *ohne OBJ* ■ *etwas wächst zu* **1.** *sich allmählich schließen; allmählich heilen* Die Wunde ist schnell zugewachsen. **2.** *allmählich von Pflanzen bedeckt werden* Die Lichtung wächst im Laufe der Zeit zu., Der Weg war völlig zugewachsen, man konnte kaum darauf laufen.

Zu·wachs·ra·te die <-, -n> WIRTSCH. *der Prozentsatz, um den sich etwas steigert* Wirtschaftsexperten rechnen mit zweistelligen Zuwachsraten.

zu·wan·dern <wanderst zu, wanderte zu, ist zugewandert> *ohne OBJ* ■ *jmd. wandert zu von auswärts an einen neuen Ort ziehen, um dort zu leben* In dieser Gegend sind viele Menschen aus dem Ausland zugewandert., In der Stadt wandern viele Menschen vom Lande zu, in der Hoffnung, Arbeit zu finden.

Zu·wan·de·rung die <-, -en> *Zuzug von außerhalb* die Zuwanderung aus dem Ausland, die Zuwanderung in den großen Städten

zu·we·ge/zu We·ge ■ **jemand bringt etwas zuwege/zu Wege**: *etwas erreichen oder etwas können* Wie hast du das bloß zuwege/zu Wege gebracht?, Er hat in der ganzen Zeit nichts Rechtes

Z

zuwege/zu Wege gebracht. *siehe auch* **zu**

zu·wei·len *Adv.* (*geh.* ≈ *manchmal*) Er kann zuweilen sehr launisch sein., Zuweilen war das Wetter auch ganz schön.

zu·wei·sen <weist zu, wies zu, hat zugewiesen> *mit OBJ* ■ *jmd. weist jmdm. etwas zu* (≈ *zuteilen*) *offiziell bestimmen, dass jmd. etwas bekommt* den Mitarbeitern die Aufgaben zuweisen, Jeder bekam eine Unterkunft zugewiesen.

zu·wen·den <wendest zu, wandte/wendete zu, hat zugewandt/zugewendet> *mit OBJ* ■ *jmd. wendet sich/etwas jmdm./etwas zu* **1.** *sich oder etwas in eine bestimmte Richtung wenden* Sie wendete sich/ihr Gesicht dem Fenster zu. **2.** *sich jmdm. oder etwas widmen* Er wendete sich/seine Aufmerksamkeit dem Geschehen auf der Bühne zu. **3.** ■ *jmd. wendet jmdm./etwas etwas zu jmdm. oder etwas Geld geben* einer Stiftung/einem Verein Geld zuwenden

Zu·wen·dung die <-, -en> **1.** *Geldbetrag, der für einen Zweck gegeben wird* Zuwendungen von der Stadt erhalten, Er hat der Kunstsammlung Zuwendungen in nicht bekannter Höhe gemacht. **2.** (*kein Plur.*) *liebevolle Aufmerksamkeit* Ein Kind braucht viel Liebe und Zuwendung., Dem Tier fehlt es an Zuwendung.

zu·wer·fen <wirfst zu, warf zu, hat zugeworfen> *mit OBJ* **1.** ■ *jmd. wirft jmdm. etwas zu etwas in jmds. Richtung werfen* Sie warf ihm den Ball zu. **2.** ■ *jmd. wirft etwas zu* (≈ *zuschlagen*) *etwas laut und mit Schwung schließen* Er hat die Tür zugeworfen. ■ **jemandem einen Blick zuwerfen**: *jmdn. kurz ansehen*

zu·wi·der[1] ■ **jemand/etwas ist jemandem zuwider**: *jmd. oder etwas ruft jmds. starke Ablehnung hervor* Der ganze Kerl ist mir zuwider., Die ganze Sache war mir von Anfang an zuwider.

zu·wi·der[2] *Präp.* + *Dat.* (≈ *entgegen*) Unseren Erwartungen zuwider ist so entschieden worden., Er hat den ärztlichen Anweisungen zuwider doch geraucht.

zu·wi·der·han·deln <handelst zuwider, handelte zuwider, hat zuwidergehandelt> *ohne OBJ* ■ *jmd. handelt etwas Dat. zuwider* AMTSSPR. *gegen Bestimmungen verstoßen* einer Anweisung/einem Gesetz zuwiderhandeln

Zu·wi·der·han·deln·de der/die <-n, -n> AMTSSPR. *Person, die gegen Bestimmungen verstößt* Zuwiderhandelnde müssen mit Bestrafung rechnen.

Zu·wi·der·hand·lung die <-, -en> AMTSSPR. *Verstoß gegen Bestimmungen* Zuwiderhandlungen werden geahndet!

zu·wi·der·lau·fen <läuft zuwider, lief zuwider, ist zuwidergelaufen> *ohne OBJ* ■ *etwas läuft etwas Dat. zuwider etwas entgegenwirken* Der Beschluss läuft unseren Interessen zuwider.

zu·win·ken <winkst zu, winkte zu, hat zugewinkt> *ohne OBJ* ■ *jmd. winkt jmdm. zu jmdn. mit der Hand grüßen* Sie hat uns zum Abschied zugewinkt., Der Präsident winkte den Wartenden zu.

zu·zah·len <zahlst zu, zahlte zu, hat zugezahlt> *mit OBJ/ohne OBJ* ■ *jmd. zahlt* (*zu etwas Dat.*) (*etwas*) *zu eine bestimmte Summe Geld zusätzlich zu etwas zahlen* Du musst noch 20 Euro zuzahlen., Müssen wir noch zuzahlen?

Zu·zah·lung die <-, -en> *zusätzlich zu zahlender oder gezahlter Betrag* eine Zuzahlung leisten

zu·zei·ten *Adv.* (*geh.* ≈ *manchmal*) Zuzeiten fühlte sie sich recht einsam.

zu·zeln <zuzelst, zuzelte, hat gezuzelt> *ohne OBJ* (*umg. süddt. österr.*) **1.** ■ *jmd. zuzelt an etwas Dat. an etwas lutschen oder saugen* an einem Glas zuzeln **2.** ■ *jmd. zuzelt lispeln*

zu·zie·hen <ziehst zu, zog zu, hat/ist zugezogen> **I.** *mit OBJ* (*haben*) **1.** ■ *jmd. zieht etwas zu an etwas ziehen und damit bewirken, dass eine Schlaufe o.Ä. enger wird oder dass ein Vorhang o.Ä. vor eine Fensterscheibe gelangt* Er zieht die Schlinge/den Vorhang zu., mit zugezogenen Gardinen **2.** ■ *jmd. zieht jmdn. zu etwas Akk. zu jmdn. zu etwas hinzuziehen* Sie erwogen, einen Experten zur Beratung zuzuziehen. **II.** *ohne OBJ* ■ *jmd. zieht zu* (*sein*) *in einen Ort ziehen* Ich bin erst kürzlich zugezogen. **III.** *mit SICH* (*haben*) **1.** ■ *etwas zieht sich* (*um etwas Akk.*) *zu sich ziehend schließen* Die Schlinge um seinen Hals zog sich zu. **2.** ■ *der Himmel zieht sich zu sich mit Wolken bedecken* Der Himmel hat sich zugezogen. **3.** ■ *jmd. zieht sich etwas zu etwas Unangenehmes bekommen* Er hat sich eine Erkältung zugezogen., Sie zog sich den Zorn der Lehrerin zu.

Zu·zug der <-(e)s, Zuzüge> *die Zuwanderung an einen Ort* Der Zuzug aus den Nachbarorten/in die großen Städte hält unvermindert an.

zu·züg·lich *Präp.* + *Gen.* (↔ *inklusive*) *verwendet, um auszudrücken, dass zu einem bestimmten Geldbetrag noch ein anderer* (*meist kleinerer*) *Gelbetrag addiert werden muss* Wie hoch ist die Miete zuzüglich (der) Nebenkosten?, Das Gerät kostet 2000 Euro zuzüglich Mehrwertsteuer.

Zvie·ri der/ das <-s, -> (*schweiz.* ↔ *Znüni*) *Imbiss am Nachmittag*

zwa·cken *mit OBJ* ■ *jmd./etwas zwackt jmdn.* (*umg.*) *zwicken*

Zwang der <-(e)s, Zwänge> **1.** *ein durch Gewalt erzeugter Druck auf jmdn., der diesen dazu bewegt, etwas gegen seinen Willen zu tun* Zwang auf jemanden ausüben, Sie gaben zu Protokoll, sie hätten unter Zwang gehandelt. **2.** *ein unkontrollierbares, starkes inneres Verlangen* Wie unter einem Zwang musste er immer wieder diese schrecklichen Verbrechen begehen. **3.** *starke Erwartungshaltungen, denen man entsprechen muss* gesellschaftlichen Zwängen ausgesetzt sein, Sie hatte sich selbst Zwang auferlegt., Die Eltern hatten dem Kind den Zwang auferlegt zu studieren. **4.** *äußere Umstände, die man nicht ändern kann* wirtschaftliche Zwänge, Unter dem Zwang des Hungers hatte er gestohlen.

zwän·gen **I.** *mit OBJ* ■ *jmd. zwängt etwas durch/in etwas Akk.* (*mit Gewalt*) *hineinpressen* Sie zwängte ihren Kopf durch den Halsausschnitt des Pullovers., Er versuchte, die Sachen in den Koffer zu zwängen. **II.** *mit SICH.* ■ *jmd. zwängt sich in/*

durch etwas Akk. sich irgendwohin drängen, wo wenig Platz ist Er zwängte sich als Letzter in den Bus., Sie zwängte sich in die viel zu engen Hosen., Er zwängte sich durch das kleine Kellerfenster.

zwạng·haft <nicht steig.> *Adj.* PSYCH. *so, dass es sich unter einem psychischen Zwang[2] vollzieht* zwanghafte Bewegungen machen, eine zwanghafte Handlung, die jemand immer wieder tut

zwạng·los *Adj.* **1.** *frei und ungezwungen* ein zwangloses Beisammensein unter Freunden, ein zwangloses Gespräch führen **2.** *ungeregelt und locker* etwas ganz zwanglos im Raum anordnen, sich in zwangloser Reihenfolge aufstellen

Zwạng·lo·sig·keit die <-> (*kein Plur.*) *zwanglose[1] Art* die Zwanglosigkeit der Atmosphäre

Zwạngs·ar·beit die <-> (*kein Plur.*) *Arbeit, die unter schlechten Bedingungen unter Zwang[1] oder als Strafe getan wird* zu zehn Jahren Zwangsarbeit verurteilt werden, Zwangsarbeit verrichten müssen

Zwạngs·ar·bei·ter, **Zwạngs·ar·bei·te·rin** der <-s, -> *Person, die Zwangsarbeit verrichten muss*

Zwạngs·ein·wei·sung die <-, -en> AMTSSPR. *erzwungene Einweisung* eine Zwangseinweisung in ein Heim

Zwạngs·er·näh·rung die <-> (*kein Plur.*) (*künstliche*) *Ernährung, die Personen gegen ihren Willen verabreicht wird* Den Hungerstreikenden wird Zwangsernährung verabreicht.

Zwạngs·hand·lung die <-, -en> PSYCH. *Handlung, die man immer wieder ausführen muss, weil man unter einem psychischen Zwang[2] steht* Es war eine Zwangshandlung, dass er sich immer wieder die Hände wusch.

Zwạngs·ja·cke die <-, -n> *eine Art Jacke, deren Ärmel auf dem Rücken verknotet werden und die benutzt wird, um Personen ruhig zu stellen* Er bekam einen Tobsuchtsanfall und wurde in eine Zwangsjacke gesteckt.

Zwạngs·la·ge die <-, -n> *Situation, in der man gezwungen ist, etwas zu tun, was man nicht will* Wir befanden uns in einer Zwangslage und konnten nicht anders handeln.

zwạngs·läu·fig <nicht steig.> *Adj.* (≈ *unvermeidlich*) *notwendig und unvermeidbar* Das sind die zwangsläufigen Folgen seines Leichtsinns., Es musste zwangsläufig zum Streit kommen.

Zwạngs·räu·mung die <-, -en> AMTSSPR. *Räumung einer Wohnung auf amtlichen Beschluss, weil keine Miete gezahlt worden ist* Wegen Mietschulden wurde die Zwangsräumung der Wohnung angeordnet.

Zwạngs·um·sie·de·lung die <-, -en> *die Umsiedelung von Menschen an einen anderen Ort gegen deren Willen*

Zwạngs·ver·stei·ge·rung die <-, -en> RECHTSW. *Versteigerung von Immobilien, um mit dem erlösten Geld Schulden bezahlen zu können* die Zwangsversteigerung eines Hauses

Zwạngs·voll·stre·ckung die <-, -en> RECHTSW. *staatlich angeordnete Auflösung eines Unternehmens* Die Firma befindet sich in Zwangsvollstreckung.

Zwạngs·vor·stel·lung die <-, -en> PSYCH. *durch einen psychischen Zwang[2] bedingte krankhafte Vorstellung* unter Zwangsvorstellungen leiden

zwạngs·wei·se <nicht steig.> *Adj. unter Zwang* eine Wohnung zwangsweise räumen, nur zwangsweise zustimmen

Zwạn·zig die <-, -en> **1.** *die Zahl Zwanzig* (*20*) eine Zwanzig ziehen **2.** *jmd. oder etwas mit der Zahl 20* Die Zwanzig ist an der Reihe. ◆ Großschreibung→R 3.3 bis zur Zwanzig zählen können, Ich suche die Zwanzig.

zwạn·zig *Num. als Zahl 20* zwanzig Kilometer, Wir treffen uns um zwanzig Uhr., Die ersten zwanzig wurden eingelassen, die anderen mussten warten. ◆ Kleinschreibung→R 3.16 Die zwanzig, die gewonnen haben, kommen bitte auf die Bühne., Es ist zwanzig Uhr., zwanzig Komma fünf *siehe auch* **achtzig**

Zwạn·zi·ger, **Zwạn·zi·ge·rin[1]** der <-s, -> (*umg.*) *Person im Alter zwischen 20 und 29 Jahren* Das Thema interessiert einen Zwanziger noch nicht so brennend.

Zwạn·zi·ger[2] der <-s, -> (*umg.*) **1.** *Geldschein oder -stück im Wert von zwanzig* Kannst du mir einen Zwanziger wechseln? **2.** (*kein Sing.*) *Zwanzigerjahre siehe auch* **zwanziger**, **Zwanzigerjahre**

zwạn·zi·ger ■ **die zwanziger Jahre**: *die Jahre 20 bis 29 eines Jahrhunderts* in den zwanziger Jahren *siehe auch* **Zwanzigerjahre**

Zwạn·zi·ger·jah·re die <-> (*Plur.*) *die Jahre 20 bis 29 eines Jahrhunderts* ■ **die Goldenen Zwanzigerjahre**: *die so bezeichneten Zwanzigerjahre des 20. Jahrhunderts* ◆ Schreibung mit Ziffer→R 4.15 20er Jahre/20er-Jahre

zwạn·zig·fach <nicht steig.> *Adj. zwanzigmal so viel* in zwanzigfacher Vergrößerung, um das Zwanzigfache größer sein ◆ Großschreibung→R 3.4 Das kostet das Zwanzigfache.; Schreibung mit Ziffer 20fach, das 20fache *siehe auch* **achtfach**

zwạn·zig·jäh·rig <nicht steig.> *Adj. zwanzig Jahre alt oder andauernd* eine zwanzigjährige erfolgreiche Zusammenarbeit, Sie hat schon zwanzigjährig geheiratet. ◆ Großschreibung→R 3.4 ein Programm für die über Zwanzigjährigen; Schreibung mit Ziffer→R 4.15 20-jährig, der/die 20-Jährige *siehe auch* **achtjährig**

zwạn·zigs·te <nicht steig.> *Adj. an zwanzigster Stelle in einer Reihenfolge* jeder zwanzigste Antragsteller, der zwanzigste Teil eines Ganzen, Jeder Zwanzigste hat eine Gewinnchance.

Zwạn·zigs·tel das <-s, -> *der zwanzigste Teil von etwas* ein Zwanzigstel

Zwạn·zig·uhr·vor·stel·lung die <-, -en> *die Vorstellung im Konzert, Kino oder Theater, die um zwanzig Uhr beginnt* Die Zwanziguhrvorstellung ist ausverkauft.

zwa̱r *Adv.* **1.** *verwendet, um etwas, das bereits genannt wurde, noch genauer zu bezeichnen oder zu bestimmen* Am besten schlägt man das in einem Wörterbuch nach, und zwar in einem einsprachigen Lernerwörterbuch., Ich habe dir eine CD mitgebracht, und zwar ein Doppelalbum der Beatles. **2.** ■ *zwar ... aber ... verwendet, um eine Aussage einzuleiten, zu der im anschließenden, mit „aber" eingeleiteten Nebensatz eine Einschränkung genannt wird* Ich wollte zwar arbeiten, aber dann kam etwas dazwischen., Er hat zwar angerufen, doch nichts erreichen können., Er ist zwar gelernter Friseur, hat den Beruf aber schon fünf Jahre nicht mehr ausgeübt.

Zweck der <-(e)s, -e> **1.** (≈ *Funktion*) *die Aufgabe, die etwas in einem bestimmten Zusammenhang haben soll* Welchen Zweck hat dieser Hebel?, Dieser Schalter hat offensichtlich keinen bestimmten Zweck., Welchem Zweck dient dieses Gerät? **2.** *das Ziel, das jmd. mit einer Sache verbindet oder der Nutzen, den sie für ihn haben soll* Zu welchem Zweck studierst du?, sein Leben einem bestimmten Zweck widmen, Geld für einen guten Zweck spenden, Ich brauche das Geld für einen bestimmten Zweck., Der eigentliche Zweck dieser Reise ist es, fremde Länder kennen zu lernen., Wenn es ihm besser geht, hat die Kur ihren Zweck erfüllt. ◆ Erholungs-, Erwerbs-, Gebrauchs-, Übungs-, Verwendungs- **3.** (*kein Plur.*) (≈ *Sinn*) Welchen Zweck soll das denn haben?, Es hat keinen Zweck, sich so anzustrengen. **4.** (*meist Plur.*) *Verwendung* die Nutzung der Atomenergie für friedliche Zwecke, Ich nutze den PKW ausschließlich zu dienstlichen Zwecken., ein Buch für wissenschaftliche Zwecke ■ **Der Zweck heiligt die Mittel.** (*abwert.*): *Wenn ein Ziel nur mit unlauteren Mitteln erreicht werden kann, fühlt man sich berechtigt, diese einzusetzen.*

zweck·dien·lich <nicht steig.> *Adj.* AMTSSPR. *nützlich für einen bestimmten Zweck* Zweckdienliche Hinweise nimmt jede Polizeidienststelle entgegen.

Zwe·cke die <-, -n> *eine Art kleiner Nagel mit einem breiten Kopf, den man leicht in eine nicht zu harte Unterlage drücken kann* ein Plakat mit Zwecken an der Tür befestigen

zweck·ent·frem·den *mit OBJ* ■ *jmd. zweckentfremdet etwas etwas zu einer anderen als der eigentlichen Verwendung benutzen* Es kann gefährlich sein, wenn man einen Stuhl als Leiter zweckentfremdet., Für Schäden, die durch die zweckentfremdete Nutzung des Gerätes entstehen, übernehmen wir keine Haftung.

zweck·ent·spre·chend <nicht steig.> *Adj. der eigentlichen Funktion entsprechend* Das Gerät sollte nur zweckentsprechend eingesetzt werden.

zweck·ge·bun·den <nicht steig.> *Adj.* AMTSSPR. *nur für eine festgelegte Verwendung bestimmt* zweckgebundene Gelder/Mittel

zweck·los <nicht steig.> *Adj. so, dass es nicht zum Erfolg führt* Es ist zwecklos, es noch einmal zu versuchen, es wird nicht gelingen., Nachfragen außerhalb der Öffnungszeiten sind zwecklos.

zweck·mä·ßig *Adj. so, dass es einem bestimmten Gebrauch gut entspricht* Wandern macht mit zweckmäßiger Kleidung mehr Spaß.

Zweck·op·ti·mis·mus der <-> (*kein Plur.*) *Optimismus, der dazu dient, den Mut bei einer aussichtslosen Sache nicht zu verlieren* Die gute Stimmung, die er verbreitet, obwohl es mit der Firma nicht zum Besten steht, ist reiner Zweckoptimismus.

zwecks *Präp. + Gen.* AMTSSPR. *mit dem Ziel* die Akten zwecks späterer Überprüfung aufbewahren

zweck·wid·rig <nicht steig.> *Adj.* AMTSSPR. *so, dass es zu einer anderen als der eigentlichen Verwendung benutzt wird* Eine zweckwidrige Verwendung der Gelder muss ausgeschlossen werden.

Zwei die <-, -en> **1.** *die Zahl zwei* (*2*) eine Zwei schreiben/würfeln **2.** *jmd. etwas mit der Zahl 2* Die (Linie) Zwei hatte wieder Verspätung., Die Zwei ist an der Reihe. ◆ Großschreibung→R 3.3 Er hat in Deutsch eine Zwei bekommen.

zwei *Num. als Zahl 2* zwei Personen, Wir nehmen die ersten zwei., Eine von uns zweien muss gehen., Wir treffen uns um zwei. ■ **für zwei** (*umg.*): *sehr viel* Er isst/arbeitet für zwei. ◆ Kleinschreibung→R 3.16 Die zwei bekommen einen Preis, Es ist um zwei., zwei Komma fünf *siehe auch* **acht**

zwei·ar·mig <nicht steig.> *Adj. mit zwei Armen* ein zweiarmiger Leuchter

Zwei·bett·zim·mer das <-s, -> *Zimmer in einem Hotel oder Krankenhaus mit zwei Betten* ein Zweibettzimmer buchen ◆ Schreibung mit Ziffer und Bindestrich→R 4.15 2-Bett-Zimmer

zwei·deu·tig <nicht steig.> *Adj.* **1.** (↔ *eindeutig*) *so, dass es zwei Bedeutungen hat* ein zweideutiges Wort, eine zweideutige Antwort/Auskunft **2.** *so, dass es versteckte sexuelle Anspielungen enthält* einen zweideutigen Witz machen, eine zweideutige Bemerkung

Zwei·deu·tig·keit die <-, -en> **1.** (*kein Plur.*) *die Eigenschaft, zweideutig zu sein* die Zweideutigkeit einer Auskunft/einer Bemerkung **2.** *zweideutige Äußerung* Der Text steckte voller Zweideutigkeiten.

zwei·di·men·si·o·nal <nicht steig.> *Adj. mit den zwei Dimensionen der Länge und Breite* eine zweidimensionale Darstellung

Zwei·drit·tel·mehr·heit die <-, -en> POL. *Mehrheit von zwei Dritteln der bei einer Wahl abgegebenen Stimmen* Dafür ist eine Zweidrittelmehrheit erforderlich.

zwei·ei·ig <nicht steig.> *Adj.* BIOL. *aus zwei befruchteten Eizellen entstanden* zweieiige Zwillinge

Zwei·er der <-s, -> (*umg.*) *ein Geldstück im Wert von zwei* Hast du mal einen Zweier?

zwei·er·lei <nicht steig.> *Adj. von zwei verschiedenen Arten* Er hat zweierlei Socken an., Es gab nur noch zweierlei Brot beim Bäcker. ■ **mit zweierlei Maß messen**: *zwei Dinge unterschiedlich oder ungerecht beurteilen* Bei der Beurteilung seiner Schüler darf der Lehrer nicht mit zweierlei Maß messen.

zwei·fach <nicht steig.> *Adj. zweimal oder doppelt so viel* zweifacher Weltmeister, eine zweifache Vergrößerung, die zweifache Summe, um das Zweifache größer sein ◆ Großschreibung→R 3.4 Das kostet das Zweifache.; Schreibung mit Ziffer 2fach, das 2fache *siehe auch* **achtfach**

Zwei·fa·mi·li·en·haus das <-es, Zweifamilienhäuser> *ein Haus, in dem zwei Familien wohnen können* ◆ Schreibung mit Ziffer und Bindestrich →R 4.15 2-Familien-Haus

zwei·far·big <nicht steig.> *Adj. mit zwei verschiedenen Farben* ein zweifarbiges Muster, ein zweifarbiges Bild

Zwei·fel der <-s, -> *Ungewissheit, ob etwas wahr oder richtig ist* Nach dem Entschluss überkamen ihn Zweifel., Zweifel plagten ihn nach der Tat., Ich habe nicht den geringsten Zweifel, dass wir das schaffen., Ihr seid euch sicher, aber ich habe da so meine Zweifel., Konnte ich Ihre Zweifel ausräumen? ■ **etwas steht außer Zweifel**: *sicher sein* Seine Mittäterschaft steht außer Zweifel. **jemand/etwas ist über jeden Zweifel erhaben**: *keinen Anlass zur Kritik bieten* Ihr fachliches Können ist über jeden Zweifel erhaben. **jemand ist (sich) über etwas im Zweifel**: *etwas nicht genau wissen* **ohne Zweifel**: *gewiss; bestimmt* Ohne Zweifel wissen sie schon über alles Bescheid. **etwas in Zweifel ziehen**: *anzweifeln* ◆ Selbst-

zwei·fel·haft *Adj.* **1.** *nicht sicher* Es ist zweifelhaft, ob er wieder richtig gesund wird. **2.** *möglicherweise falsch oder schlecht* ein zweifelhaftes Verfahren **3.** (*abwert.*) *unangenehm* jemandem ein zweifelhaftes Kompliment machen, Die Fahrt in der Achterbahn war ein recht zweifelhaftes Vergnügen für mich. **4.** (*abwert.*) *nicht rechtmäßig* zweifelhafte Geschäfte machen, Kunstschätze von zweifelhafter Herkunft

zwei·fel·los *Adv. sicher oder so, dass man es nicht bezweifeln kann* Das ist zweifellos die beste Lösung für dieses Problem., Du hattest zweifellos Recht mit deiner Warnung.

zwei·feln <zweifelst, zweifelte, hat gezweifelt> *ohne OBJ* ■ *jmd. zweifelt an jmdm./etwas* **1.** *nicht sicher wissen, ob man jmdm. oder etwas glauben oder vertrauen kann* Ich zweifle nicht an seiner Ehrlichkeit., Er zweifelt am Erfolg unserer Bemühungen., Ich zweifle noch, ob ich das wirklich tun soll. **2.** ■ *jmd. zweifelt an sich sein Selbstvertrauen verlieren und sich hinsichtlich des eigenen Handelns nicht mehr sicher sein* Sie zweifelte an sich selbst.

Zwei·fels·fall der <-(e)s, Zweifelsfälle> *ein unklarer Fall, der zu Zweifeln Anlass gibt* Im Zweifelsfall sollte man lieber nachfragen., Das ist so ein Zweifelsfall, bei dem man nicht weiß, wie zu urteilen ist.

zwei·fels·frei <nicht steig.> *Adj. ohne Zweifel* Es steht zweifelsfrei fest, dass er der Täter ist., ein zweifelsfreier Beweis

zwei·fels·oh·ne *Adv. sicher, gewiss* Das ist zweifelsohne ein schwerer Verlust., Das Wetter könnte zweifelsohne besser sein.

Zweif·ler, **Zweif·le·rin** der <-s, -> *Person, die (oft) zweifelt* Das dürfte auch den letzten Zweifler überzeugt haben.

Zweig der <-(e)s, -e> **1.** *kleiner Ast* einen Zweig abbrechen/abschneiden/knicken, grüne Zweige in eine Vase stellen ◆ Blüten-, Dornen-, Lorbeer-, Tannen- **2.** (≈ *Nebenlinie*) *eine bestimmte genealogische Linie innerhalb der Verwandtschaftsbeziehungen einer (großen) (adligen) Familie* ein Zweig eines Adelsgeschlechts **3.** (≈ *Teilbereich*) ein Zweig der Naturwissenschaft, ein Zweig eines Unternehmens ■ **auf keinen grünen Zweig kommen** (*umg.*): *keinen Erfolg haben* Wir sind trotz angestrengter Arbeit auf keinen grünen Zweig gekommen. ◆ Berufs-, Forschungs-, Gewerbe-, Industrie-, Produktions-

zwei·ge·teilt <nicht steig.> *Adj. in zwei Teile geteilt* Die Hufe dieser Tiere sind zweigeteilt., Die Meinung des Publikums war zweigeteilt.

zwei·glei·sig <nicht steig.> *Adj.* **1.** *mit zwei Gleisen* eine zweigleisige Strecke **2.** (*übertr.*) *zwei verschiedene Möglichkeiten nutzend* zweigleisig verhandeln, Er fährt immer zweigleisig, er will sich nie auf etwas festlegen.

Zweig·nie·der·las·sung die <-, -en> *Zweigstelle*

Zweig·stel·le die <-, -n> (≈ *Filiale*) *räumlich getrennte, abhängige Niederlassung eines Unternehmens/einer Behörde* die Zweigstelle einer Bank, Die Stadtverwaltung hat in den Außenbezirken Zweigstellen eingerichtet.

zwei·hän·dig <nicht steig.> *Adj. mit zwei Händen* zweihändig Klavier spielen, zweihändig Fahrrad fahren

zwei·hun·dert *Num. als Zahl 200* zweihundert Kilometer/Gramm

zwei·jäh·rig <nicht steig.> *Adj. zwei Jahre alt oder andauernd* ein zweijähriges Kind, Als Zweijähriger ging er schon in den Kindergarten. ◆ Großschreibung→R 3.4 Dieser Kindersitz ist für über/etwa Zweijährige geeignet.; Schreibung mit Ziffer und Bindestrich→R 4.15 2-jährig, der/die 2-Jährige

Zwei·kampf der <-(e)s, Zweikämpfe> **1.** *ein Kampf zwischen zwei Menschen* Er forderte ihn zum Zweikampf heraus. **2.** *Wettkampf zwischen zwei Teilnehmern* Der Lauf wurde zum spannenden Zweikampf zwischen den beiden Erstplatzierten.

zwei·mal *Adv. zwei Male* Sie hat den Film zweimal gesehen., ein- bis zweimal ◆ Schreibung mit Ziffer →R 4.15 1- bis 2-mal *siehe auch* **achtmal**

Zwei·mas·ter der <-s, -> *Segelschiff mit zwei Masten*

zwei·mo·to·rig <nicht steig.> *Adj. mit zwei Motoren* ein zweimotoriges Flugzeug

Zwei·par·tei·en·sys·tem das <-s, -e> POL. *Staatsform, bei der nur eine Partei an der Regierung und eine in der Opposition ist*

Zwei·plät·zer der <-s, -> (*schweiz.*) *Auto oder Fahrzeug mit zwei Sitzen*

zwei·po·lig <nicht steig.> *Adj.* ELEKTROTECHN. *so, dass es zwei Pole hat* ein zweipoliger Stecker

Zwei·rad der <-(e)s, Zweiräder> *Fahrzeug mit zwei Rädern* Fahrrad und Motorrad sind Zweiräder.

zwei·räd·rig/zwei·rä·de·rig <nicht steig.> *Adj. mit zwei Rädern* ein zweirädriger Wagen, eine zweirädrige Kutsche

zwei·rei·hig <nicht steig.> *Adj. so, dass es zwei Reihen bildet* eine zweireihige Schlange an der Kasse, ein zweireihig geknöpfter/zweireihiger Anzug

zwei·schnei·dig <nicht steig.> *Adj.* **1.** *mit einer Klinge, die auf beiden Seiten scharf ist* ein zweischneidiges Messer/Schwert **2.** (*übertr.*) *mit Vor- und Nachteilen behaftet* eine zweischneidige Sache ■ **ein zweischneidiges Schwert** (*übertr.*): *etwas, das Vor- und Nachteile hat*

zwei·sei·tig <nicht steig.> *Adj.* **1.** *aus zwei Seiten bestehend oder zwei Seiten lang* ein zweiseitiges Formular, ein zweiseitiger Aufsatz **2.** *auf beiden Seiten* ein Blatt zweiseitig bedrucken, Kann das Gerät auch zweiseitig kopieren?, ein zweiseitig geschliffenes Messer, ein zweiseitiges Abkommen

zwei·sit·zig <nicht steig.> *Adj. mit zwei Sitzen* ein zweisitziger Sportwagen, ein zweisitziges Flugzeug

Zwei·spän·ner der <-s, -> *Kutsche, die von zwei Pferden gezogen wird*

zwei·spra·chig <nicht steig.> *Adj. in oder mit zwei Sprachen* Das Kind ist zweisprachig aufgewachsen., ein zweisprachiges Wörterbuch, Der Unterricht wird zweisprachig gehalten.

zwei·stim·mig <nicht steig.> *Adj. mit oder für zwei Stimmen* ein zweistimmiges Lied, zweistimmig singen

zwei·stö·ckig <nicht steig.> *Adj. mit zwei Stockwerken* ein zweistöckiges Haus

zwei·stün·dig <nicht steig.> *Adj. zwei Stunden dauernd* eine zweistündige Schlossbesichtigung/ Fahrt/ Radtour/Vorlesung/Wanderung

zweit ■ **zu zweit**: *mit insgesamt zwei Personen*

Zwei·tak·ter der <-s, -> (≈ *Zweitaktmotor*)

Zwei·takt·mo·tor der <-s, -en> KFZ *ein Verbrennungsmotor, der in zwei Takten arbeitet*

zweit·äl·tes·te <nicht steig.> *Adj. jünger als der/ die/das Älteste* mein zweitältester Bruder, Sie ist die Zweitälteste in der Klasse.

zweit·bes·te(r, -s) <nicht steig.> *Adj. etwas schlechter als der/die/das Beste* die zweitbeste Arbeit, Sie ist die Zweitbeste in der Klasse.

zweite(r, -s) *Adv. in einer Reihenfolge an der Stelle zwei* der zweite Rang, die zweite Geige spielen, die zweite Stimme singen, der zweite Stock eines Hauses, in zweiter Linie ◆ Großschreibung→R 3.16 jeder Zweite, als Zweite(r) durchs Ziel kommen, zum Ersten, zum Zweiten, …, Sie ist so engagiert wie keine Zweite., Sie sind heute schon der Zweite, der mich das fragt., Ein Zweites ist noch zu erwähnen.; Großschreibung→R 3.17 der Zweite Weltkrieg, das Zweite Programm, die Zweite Republik *siehe auch* **achte**

Zwei·tei·ler der <-s, -> **1.** *zweiteiliges Bekleidungsstück* ein Zweiteiler, bestehend aus Jacke und Hose, Sie liebt keine Badeanzüge, sie trägt lieber Zweiteiler. **2.** FILM *zweiteiliger Fernsehfilm*

zwei·tei·lig <nicht steig.> *Adj. aus zwei Teilen bestehend* ein zweiteiliges Kleidungsstück/Musikstück

zwei·tens *Adv. an zweiter Stelle in einer Aufzählung* erstens, zweitens und drittens

zweit·klas·sig <nicht steig.> *Adj.* (*abwert.*) *minderwertig, schlecht* ein zweitklassiges Theaterstück, Sie gibt sich nicht mit Zweitklassigem zufrieden.

zweit·letz·te(r, -s) <nicht steig.> *Adj. vor dem oder der Letzten* der zweitletzte Schultag vor den Ferien ◆ Großschreibung→R 3.4 Sie war die Zweitletzte in der Gesamtwertung.

Zweit·li·gist der <-en, -en> SPORT *Mannschaft, die in der zweiten Liga spielt*

zweit·ran·gig <nicht steig.> *Adj. nebensächlich, unwichtig* Das sind Fragen von zweitrangiger Bedeutung.

Zweit·schlüs·sel der <-s, -> *zweites Exemplar eines Schlüssels* ein Zweitschlüssel zur Wohnung

Zweit·schrift die <-, -en> (AMTSSPR.: ≈ *Kopie*) die Zweitschrift einer Urkunde

Zweit·stim·me die <-, -n> POL. *in Deutschland: die zweite Stimme, mit der ein Wähler bei der Bundestagswahl für die Landesliste stimmen kann*

Zwei·tü·rer der <-s, -> (↔ *Viertürer*) *Auto mit zwei Türen*

Zweit·wa·gen der <-s, -> *ein zweites* (*meist kleineres*) *Auto, das jmd. besitzt*

Zweit·woh·nung die <-, -en> *eine zweite Wohnung, die jmd. neben seiner Hauptwohnung noch besitzt* Er hat ein Haus auf dem Land und eine Zweitwohnung an seinem Arbeitsort.

zwei·zei·lig <nicht steig.> *Adj.* **1.** *zwei Zeilen lang* eine zweizeilige Notiz **2.** *mit einem bestimmten Zeilenzwischenraum* einen Text zweizeilig formatieren/schreiben ◆ Schreibung mit Ziffer und Bindestrich→R 4.15 2-zeilig

Zwerch·fell das <-s, -e> ANAT. *die muskulöse Scheidewand, die Brust- und Bauchraum voneinander trennt*

zwerch·fell·er·schüt·ternd *Adj.* (*umg.*) *sehr lustig* eine zwerchfellerschütternde Satire

Zwerg, Zwer·gin der <-(e)s, -e> **1.** *im Märchen eine Art sehr kleiner Mann, der meist mit Zipfelmütze und Vollbart dargestellt wird* das Märchen „Schneewittchen und die sieben Zwerge" **2.** (*abwert.*) *Person von sehr kleinem Wuchs* Was will dieser Zwerg?

zwer·gen·haft <nicht steig.> *Adj.* **1.** *sehr klein(wüchsig)* ein zwergenhafter Mensch, von zwergenhaftem Wuchs sein **2.** *wie ein Zwerg im Märchen* zwergenhaftes Aussehen

Zwerg·pu·del der <-s, -> *sehr kleiner Pudel*

Zwerg·schu·le die <-, -n> *sehr kleine Schule mit sehr geringer Schülerzahl, in der unterschiedliche Altersstufen gemeinsam in einer Klasse unterrichtet werden*

Zwerg·staat der <-(e)s, -en> *Staat mit sehr kleiner Fläche*

Zwerg·wuchs der <-es> (*kein Plur.*) **1.** MED. *krank-*

hafter Stillstand im Längenwachstum **2.** BIOL. *bei bestimmten Pflanzen- und Tierrassen ausgeprägte Kleinwüchsigkeit*

Zwet·sche die <-, -n> **1.** *Pflaume von länglicher Form und dunkelblau-violetter Farbe* **2.** *Baum, der Zwetschen*[1] *trägt*

Zwetsch·en·was·ser das <-s, -> *ein aus Zwetschen gebrannter Obstschnaps*

Zwetsch·ge die <-, -n> (*süddt. österr. schweiz.*) *Zwetsche*

Zwetsch·ke *s.* **Zwetschge**

Zwi·ckel der <-s, -> *Einsatz in Kleidungsstücken, der diese stabiler oder passend macht und die Form eines Keils hat* eine Strumpfhose mit verstärktem Zwickel

zwi·cken *mit OBJ/ohne OBJ* **1.** ■ *jmd. zwickt (jmdn./sich) Haut zwischen den Fingern drücken, sodass es wehtut* Er hat (mich) immerzu gezwickt., jemanden/jemandem in den Arm zwicken **2.** ■ *etwas zwickt (jmdn.) einen leicht ziehenden Schmerz verursachen* Lass das, das zwickt (mich)!, Ihm/Ihn zwickt sein Rheuma. **3.** ■ *etwas zwickt (jmdn.) ein Kleidungsstück kneift, weil es zu eng ist* Die Hose zwickt (mich) am Bund. **4.** ■ *jmd. zwickt einen Fahrschein* (*österr.*) *einen Fahrschein lochen*

Zwi·cker der <-s, -> (*früher*) *eine Art Brille ohne Bügel, die auf die Nase geklemmt wird*

Zwick·müh·le ■ **in der Zwickmühle sitzen** (*umg.*): *in einer Situation sein, in der jeder Ausweg unangenehm ist*

Zwie·back der <-(e)s, -e/Zwiebäcke> *ein hartes, haltbares Gebäck in Form von Weißbrotscheiben, die nach dem Backen geröstet werden*

Zwie·bel die <-, -n> **1.** *ein rundes Gemüse, unter dessen gelblich-brauner Schale viele Häute stecken, das einen intensiven Geruch und Geschmack hat und roh oder gebraten gegessen wird* Zwiebeln in Ringe schneiden, das Fleisch mit Speck und Zwiebeln anbraten, Zwiebeln anbauen/ernten/stecken ◆-ring **2.** *eine Art Zwiebel*[1]*, die man in die Erde pflanzt und aus der Blumen wachsen* Narzissen/Tulpen wachsen aus Zwiebeln. ◆ Blumen-

zwie·bel·för·mig <nicht steig.> *Adj. mit der Form einer Zwiebel*[1] Türme mit zwiebelförmigen Hauben nennt man „Zwiebeltürme".

zwie·beln <zwiebelst, zwiebelte, hat gezwiebelt> *mit OBJ* ■ *jmd. zwiebelt jmdn.* (*umg.*) *hartnäckig antreiben oder schikanieren* Der Lehrer hat uns vor den Prüfungen ordentlich gezwiebelt.

Zwie·bel·scha·le die <-, -n> *die Schale einer Zwiebel*[1] Ostereier mit Zwiebelschale färben

Zwie·bel·sup·pe die <-, -n> KOCH. *eine Suppe aus klarer Brühe mit Zwiebeln*[1] *und anderen Zutaten* französische Zwiebelsuppe

Zwie·bel·turm der <-(e)s, Zwiebeltürme> *Turm mit einer zwiebelförmigen Spitze*

Zwie·ge·spräch das <-(e)s, -e> (*geh.*) *vertrauliches Gespräch zwischen zwei Personen* sich im Zwiegespräch mit jemandem befinden

Zwie·licht das <-(e)s> (*kein Plur.*) **1.** *Dämmerung* im abendlichen/morgendlichen Zwielicht **2.** *Mischung aus natürlichem und künstlichem Licht* Mir tun die Augen weh, weil ich den ganzen Tag bei Zwielicht gearbeitet habe. ■ **ins Zwielicht geraten** (*abwert.*): *einen schlechten Ruf bekommen; verdächtig werden* Diese Firma/Person ist in letzter Zeit ins Zwielicht geraten.

zwie·lich·tig *Adj.* (*abwert.*) *von zweifelhaftem Ruf* Hier treiben sich zwielichtige Gestalten herum., zwielichtige Geschäfte/Machenschaften

Zwie·spalt der <-(e)s> (*kein Plur.*) **1.** *Lage, in der es schwer fällt, eine Entscheidung zu treffen* der Zwiespalt zwischen Gefühl und Vernunft, in einen Zwiespalt geraten **2.** *Uneinigkeit* ein tiefer Zwiespalt zwischen den beiden Freunden

zwie·späl·tig *Adj. innerlich zerrissen und voller Widersprüche* zwiespältige Gefühle bei jemandem auslösen

Zwie·tracht die <-> (*kein Plur.*) (*geh.*) *Streit, Uneinigkeit* irgendwo Zwietracht säen/stiften, In der Familie/Zwischen den Freunden herrscht seit Wochen Zwietracht.

Zwilch/Zwil·lich der <-s, -e> *ein strapazierfähiges Gewebe*

Zwil·le die <-, -n> (*umg.*) *eine Schleuder, die die Form eines Ypsilon hat und an der ein starkes Gummi befestigt ist mit dem man kleine Steine oder Kugeln verschießen kann*

Zwil·ling der <-s, -e> **1.** *eines von zwei Kindern, die gleichzeitig von derselben Mutter geboren worden sind* eineiige/zweieiige Zwillinge, Sie bekommt Zwillinge. **2.** ■ **Zwillinge**: *Name des Sternzeichens für die Zeit vom 21. Mai bis zum 20. Juni* **3.** *jmd., der im Zeichen der Zwillinge*[2] *geboren ist* Er ist (ein) Zwilling. **4.** *doppelläufige Flinte*

Zwil·lings·bru·der der <-s, Zwillingsbrüder> *Bruder innerhalb eines Zwillingspaares* Sie/er hat einen Zwillingsbruder.

Zwil·lings·paar das <-(e)s, -e> *Geschwister, die Zwillinge sind*

Zwil·lings·schwes·ter die <-, -n> *Schwester innerhalb eines Zwillingspaares* Sie/Er hat eine Zwillingsschwester.

Zwing·burg die <-, -en> GESCH. *stark befestigte Burg im Mittelalter*

Zwin·ge die <-, -n> TECHN. *Werkzeug zum Zusammenpressen und Einspannen von Werkstücken* zwei Bretter mit Leim bestreichen und mit einer Zwinge zusammenpressen, bis der Leim getrocknet ist

zwin·gen <zwingst, zwang, hat gezwungen> **I.** *mit OBJ* **1.** ■ *jmd. zwingt jmdn. zu etwas Dat./etwas zu tun mit Gewalt oder durch Drohungen bewirken, dass jmd. etwas gegen seinen Willen tut* Er zwang mich, für ihn zu stehlen., Sie wurden mit vorgehaltener Waffe gezwungen, das Geld herauszugeben., Du kannst mich nicht zwingen mitzukommen. **2.** ■ *etwas zwingt jmdn. zu etwas Dat./etwas zu tun für jmdn. notwendig machen; erfordern* Der Sturm zwang uns, Halt zu machen., Die Notsituation zwang sie, die Reserven anzugreifen., Wir waren leider gezwungen aufzugeben. **3.** ■ *jmd. zwingt jmdn./etwas irgendwohin mit Gewalt an eine Stelle bringen* Er zwang ihn zu Boden., Sie zwang sich/ihren Kopf durch den engen Spalt. **II.** *mit SICH* ■ *jmd. zwingt sich zu etwas Dat./etwas zu tun sich überwinden* Ich muss mich sehr zwingen, das zu tun., Er zwang sich zu lächeln. ■ **sich gezwungen sehen** (*geh. verhüll.*): *müssen* Wir sehen uns leider gezwungen, Ihnen zu kündigen.

zwin·gend *Adj.* **1.** *so, dass es keine andere Wahl gibt* Es gibt zwingende Gründe für unsere Entscheidung., Das ist eine zwingende Notwendigkeit. **2.** *überzeugend, schlüssig* zwingende Logik, ein zwingendes Argument

Zwin·ger der <-s, -> *großer Käfig für Tiere* Hunde/Löwen in einem Zwinger halten

zwin·kern <zwinkerst, zwinkerte, hat gezwinkert> *ohne OBJ* ■ *jmd. zwinkert Dat. für kurze Zeit ein Auge oder die Augen in schnellem Wechsel schließen und wieder öffnen* nervös zwinkern, mit dem linken Auge zwinkern, Sie zwinkerte vor Schreck mit den Augen., Er zwinkert dauernd in unsere Richtung, was will er damit andeuten?

zwir·beln <zwirbelst, zwirbelte, hat gezwirbelt> *mit OBJ* ■ *jmd. zwirbelt etwas etwas zwischen den Fingern drehen* seinen Bart zwirbeln

Zwirn der <-(e)s, -e> *festes Garn zum Nähen*

Zwirns·fa·den der <-s, Zwirnsfäden> *einzelner Faden von Zwirn*

zwi·schen *Präp.* **1.** + *Dat. verwendet, um auszudrücken, dass jmd. oder etwas in einem Raum ist, der zwei Dingen oder Personen oder Seiten o.Ä. als Begrenzungen hat* etwas zwischen den Händen halten, sich zwischen den Büschen verstecken, Sie sitzt zwischen ihren beiden Freundinnen., Die Hängematte hängt zwischen den beiden Bäumen., Der Weg verläuft zwischen zwei Feldern. **2.** + *Akk. verwendet, um auszudrücken, dass jmd. oder etwas in einen Raum, der zwei Dinge oder Personen oder Seiten o.Ä. als Begrenzungen hat hineinkommt* Der Schuss ging zwischen die Augen., Zwischen die Häuser passt keine Straße mehr., Er setzt sich zwischen seine Freunde., Wir hängen die Hängematte zwischen die Bäume., Zwischen die Felder können wir eine Hecke pflanzen. **3.** + *Dat. verwendet, um auszudrücken, dass jmd. oder etwas inmitten einer Menge ist* Zwischen den Früchten befanden sich auch einige unreife., Ein Attentäter wurde zwischen den Zuschauern vermutet., Sie verschwand zwischen den Passanten. **4.** + *Akk. verwendet, um auszudrücken, dass jmd. oder etwas in eine Menge hinein kommt* Der Attentäter hatte sich zwischen die Zuschauer gemischt., etwas Zucker zwischen die Früchte geben/mischen, Wer wagt sich zwischen diese wilden Tiere? **5.** + *Dat. verwendet, um auszudrücken, dass etwas von einmem Punkt oder Ort zu einem anderen Punkt oder Ort verläuft* Der Abstand zwischen den Läufern nahm immer mehr zu., Die Entfernung zwischen den Himmelskörpern bleibt konstant. **6.** + *Dat. verwendet, um auszudrücken, dass etwas innerhalb eines Zeitraums passiert* Er hat zwischen Weihnachten und Neujahr Geburtstag., Der Zug fährt irgendwann zwischen neun und zehn Uhr. **7.** + *Akk. verwendet, um auszudrücken, dass etwas in einen Zeitraum hinein fällt, verlagert, gelegt o.Ä. wird* Sein Geburtstag fällt zwischen die Feiertage., Wir haben die Beratung zwischen zwei andere Termine gelegt. **8.** + *Dat. verwendet, um auszudrücken, dass sich etwas irgendwo in einem Bereich, der von zwei Werten begrenzt wird, befindet* Die Temperatur liegt zwischen zehn und fünfzehn Grad., Das kostet so etwa zwischen zehn und zwölf Euro., eine Farbe zwischen Rot und Orange, ein Mittelding zwischen einer Villa und einem Schloss **9.** + *Dat. verwendet, um eine gegenseitige Beziehung zum Ausdruck zu bringen* die Liebe zwischen Eltern und Kindern, ein Vertrag zwischen zwei/drei Staaten, ein Streit zwischen Freunden **10.** + *Dat. verwendet, um Gegensätze in Bezug zueinander zu setzen* zwischen Himmel und Hölle, sich zwischen Gut und Böse entscheiden

Zwi·schen·auf·ent·halt der <-(e)s, -e> *ein Aufenthalt während einer Fahrt* Wir legten einen kurzen Zwischenaufenthalt in Wien ein., Das Flugzeug fliegt ohne Zwischenaufenthalt nach Kairo.

Zwi·schen·be·mer·kung die <-, -en> *eingeschobene Bemerkung, mit der man jmdn. oder die Rede von jmdm. unterbricht* Darf ich eine kurze Zwischenbemerkung machen?

Zwi·schen·be·richt der <-(e)s, -e> *ein Bericht, der vor Abschluss einer Sache über den gegenwärtigen Stand gegeben wird* Das Projekt läuft über fünf Jahre. Nach drei Jahren müssen wir Zwischenbericht erstatten., Er gab einen Zwischenbericht über den gegenwärtigen Stand der Vorbereitungen.

Zwi·schen·be·scheid der <-(e)s, -e> AMTSSPR. *vorläufiger Bescheid* Wir haben von der Behörde einen Zwischenbescheid erhalten.

Zwi·schen·deck das <-s, -s> SEEW. *zwischen Hauptdeck und Schiffsboden gelegenes Deck* einen Platz im Zwischendeck gebucht haben

Zwi·schen·de·cke die <-, -n> BAUW. *unter der Zimmerdecke eingezogene niedrigere Decke* eine Zwischendecke einziehen

Zwi·schen·ding das <-s> (*kein Plur.*) (*umg.*) *etwas, das weder das eine noch das andere ist, aber Eigenschaften von beidem hat* ein Zwischending zwischen Oper und Musical, ein Zwischending zwischen Kleid und Bluse

zwi·schen·drein *Adv.* (*umg.*) *mitten hinein* Es waren viele Zuschauer da und er mischte sich zwischendrein.

zwi·schen·drin *Adv.* (*umg.*) *inmitten, unter* Die Menge stürmte zum Ausgang und wir waren zwischendrin., Der Brief, den du suchst, muss hier irgendwo zwischendrin sein.

zwi·schen·durch *Adv.* **1.** *einmal oder mehrmals innerhalb eines Zeitraums* Wir haben um acht gefrühstückt und um sieben zu Abend gegessen und zwischendurch nur einen Kaffee getrunken., Ich habe drei Wochen Urlaub, muss aber zwischendurch an zwei Tagen arbeiten., Sie kochte das Mittagessen und sah zwischendurch ein paarmal nach dem Kind. **2.** *einmal oder mehrmals in der Mitte von etwas* Es ist ein reiner Nadelwald, nur selten gibt es zwischendurch ein paar Laubbäume., In der einsamen Gegend sah man nur selten zwischendurch ein kleines Gehöft.

Zwi·schen·er·geb·nis das <-ses, -se> *vorläufiges Ergebnis* Während der Arbeit werden die Zwischenergebnisse vorgelegt., Die Zwischenergebnisse der einzelnen Rechnungen werden zum Schluss addiert.

Zwi·schen·fall der <-(e)s, Zwischenfälle> *nicht gewünschter Vorfall, der sich im Laufe einer Sache ereignet* ein gefährlicher/peinlicher/unangenehmer Zwischenfall, Hoffentlich verläuft alles ohne Zwischenfälle!, Die Demonstration verlief ohne ernsthafte Zwischenfälle.

Zwi·schen·fra·ge die <-, -n> *eine Frage, die während einer Rede oder Diskussion gestellt wird* Der Redner gestattete keine Zwischenfragen., Darf ich eine Zwischenfrage stellen?

Zwi·schen·grö·ße die <-, -n> *eine Konfektionsgröße, die zwischen den normalen Größen liegt* Wir führen keine Zwischengrößen.

Zwi·schen·halt der <-(e)s, -e> (*schweiz.*) *Zwischenaufenthalt*

Zwi·schen·han·del der <-s> (*kein Plur.*) WIRTSCH. *das Abnehmen von Waren vom Produzenten und der Weiterverkauf dieser Waren an die Einzelhändler*

Zwi·schen·händ·ler, **Zwi·schen·händ·le·rin** der <-s, -> WIRTSCH. *Person oder Firma, die Zwischenhandel betreibt*

Zwi·schen·la·ger das <-s, -> *Ort, an dem etwas zwischengelagert wird* ein Zwischenlager für Atommüll

zwi·schen·la·gern <lagerst zwischen, lagerte zwischen, hat zwischengelagert> *mit OBJ* ■ *jmd. lagert etwas zwischen vorläufig oder für eine bestimmte Zeit lagern* die Waren vor dem Weitertransport zwischenlagern

Zwi·schen·lan·dung die <-, -en> *eine Landung, die ein Flugzeug auf einer längeren Flugreise irgendwo macht, um aufzutanken oder andere Passagiere aufzunehmen* ein Flug ohne Zwischenlandung

Zwi·schen·mahl·zeit die <-, -en> *kleinere Mahlzeit, die zwischen den Hauptmahlzeiten eingenommen wird* mehrere kleine Zwischenmahlzeiten einnehmen

zwi·schen·mensch·lich <nicht steig.> *Adj. zwischen Menschen erfolgend oder bestehend* zwischenmenschliche Beziehungen/Kontakte/Spannungen

Zwi·schen·raum der <-(e)s, Zwischenräume> **1.** *freier Raum oder Abstand zwischen zwei Dingen* ein schmaler Zwischenraum zwischen dem Schrank und der Wand, beim Schreiben einen Zwischenraum für Notizen lassen, Der Zwischenraum zwischen den Fahrzeugen verkleinerte sich zusehends. **2.** *zeitlicher Abstand zwischen zwei Ereignissen* Die Flugzeuge starten in kurzen Zwischenräumen., Die Zwischenräume zwischen Blitz und Donner werden immer kürzer.

Zwi·schen·ruf der <-(e)s, -e> *eine laute Bemerkung während der Rede eines anderen* den Redner ständig mit Zwischenrufen stören

Zwi·schen·ru·fer, **Zwi·schen·ru·fe·rin** der <-s, -> *Person, die Zwischenrufe macht* Der Zwischenrufer wurde zur Ordnung gemahnt.

Zwi·schen·spiel das <-(e)s, -e> **1.** MUS. *Musik, die größere Musikstücke verbindet* **2.** THEAT. *kleines Theaterstück, das zwischen größere Stücke eingeschoben wird* **3.** (*übertr.*) *ein relativ kurzer, unbedeutender Vorgang* Nach einem kurzen Zwischenspiel im Ausland kehrte sie wieder in die Heimat zurück.

zwi·schen·staat·lich <nicht steig.> *Adj. zwischen Staaten erfolgend* eine zwischenstaatliche Vereinbarung

Zwi·schen·ton der <-(e)s, Zwischentöne> **1.** *eine Farbe, die zwischen zwei Farben liegt* die Zwischentöne zwischen Rot und Blau **2.** (*übertr.* ≈ *Unterton*) *eine bewusst oder unbewusst versteckte Mitteilung, die man aus dem, was jmd. sagt, heraushören kann* Es gab in ihrer Rede kritische Zwischentöne.

Zwi·schen·wand die <-, Zwischenwände> BAUW. *zusätzliche Wand, die ein Zimmer teilt* eine Zwischenwand einziehen

Zwi·schen·zeit die <-, Zwischenzeiten> **1.** (*kein Plur.*) *die Zeit zwischen zwei Zeitpunkten* Was wollen wir in der Zwischenzeit machen?, Er ist in der Zwischenzeit zu einem jungen Mann herangewachsen. **2.** SPORT *bei einer Teilstrecke gemessene Zeit* die Zwischenzeit nehmen, die Zwischenzeiten beider Läufer vergleichen

zwi·schen·zeit·lich *Adv.* (*geh.*) *in der Zeit, die seit einem Zeitpunkt vergangen ist* Sie waren zwischenzeitlich nicht untätig gewesen., Er hatte zwischenzeitlich geheiratet.

Zwi·schen·zeug·nis das <-ses, -se> **1.** *ein Zeugnis über die Leistungen in der Hälfte eines Schuljahres/eines Studiums* **2.** *ein Zeugnis, das ein Arbeitnehmer von seinem Arbeitgeber als Beurteilung seiner Leistungen erhält, ohne dass das Arbeitsverhältnis beendet wird*

Zwist der <-(e)s, -e> (*geh.*) (*harmloser*) *Streit* ■ **einen Zwist begraben**: *einen Streit beenden* Die Brüder begruben ihren Zwist. ◆ Familien-, Parteien-

Zwis·tig·keit die <-, -en> (*meist Plur.*) (*geh.*) *Streitigkeiten* Es gab häufig Zwistigkeiten unter den Kollegen.

zwit·schern <zwitschert, zwitscherte, hat gezwitschert> *mit OBJ/ohne OBJ* ■ *ein Vogel zwitschert* (*etwas*) *in hohem, hellem, nicht sehr lautem Ton singen* Der Vogel zwitschert ein Lied., Die Vögel im Gebüsch zwitschern leise.

Zwit·ter der <-s, -> BIOL. MED. *ein Lebewesen mit männlichen und weiblichen Geschlechtsorganen*

zwit·ter·haft <nicht steig.> *Adj.* **1.** *wie ein Zwitter* zwitterhaft wirken **2.** *nicht genau bestimmbar* ein zwitterhaftes Wesen, halb Mensch, halb Geist

zwo *Num.* (*umg.* ≈ *zwei*)

Zwölf die <-, -en> *die Zahl zwölf* eine Zwölf würfeln, Sie hat die Zwölf gezogen., Die Zwölf fährt zum Bahnhof. ◆ Großschreibung→R 3.3 Die Zwölf ist dran.

zwölf *Num. mit der Zahl 12* zwölf Personen, Wir treffen uns um zwölf. ◆ Kleinschreibung→R 3.16 Die zwölf bekommen einen Preis, Es ist um zwölf., zwölf Komma fünf *siehe auch* **acht**

Zwölf·en·der der <-s, -> *Hirsch, dessen Geweih zwölf Enden hat* einen Zwölfender schießen

zwölf·fach <nicht steig.> *Adj. zwölfmal so viel* Er ist zwölffacher Vater., eine zwölffache Vergrößerung, die zwölffache Summe, um das Zwölffache größer sein ◆ Großschreibung→R 3.4 Das kostet das Zwölffache.; Schreibung mit Ziffer 12fach, das 12fache *siehe auch* **achtmal**

Zwölf·fin·ger·darm der <-(e)s, Zwölffingerdärme> ANAT. der an den Magen anschließende Teil des Dünndarms ◆ -geschwür

zwölf·jäh·rig <nicht steig.> *Adj. zwölf Jahre alt oder andauernd* eine zwölfjährige Tochter, eine zwölfjährige Zusammenarbeit ◆ Großschreibung →R 3.4 der/die Zwölfjährige; Schreibung mit Ziffer und Bindestrich→R 4.15 12-jährig, der/die 12-Jährige *siehe auch* **achtjährig**

Zwölf·kampf der <-(e)s> (*kein Plur.*) SPORT *ein Mehrkampf bei Turnern*

zwölf·mal <nicht steig.> *Adv. zwölf Male* Sie war schon zwölfmal in Paris., eine Seite zwölfmal kopieren ◆ Schreibung mit Ziffer und Bindestrich →R 4.15 12-mal *siehe auch* **achtmal, Mal**

zwölft ■ **zu zwölft**: *mit zwölf Personen* Sie sind zu zwölft im Zimmer. *siehe auch* **acht**

zwölf·te(r, -s) <nicht steig.> *Adj. in einer Reihenfolge die Stelle 12* am zwölften Tag ◆ Großschreibung→R 3.16 als Zwölfter im Ziel sein, jeder Zwölfte hat eine Gewinnchance *siehe auch* **achte**

Zwölf·tel das <-s, -> *der zwölfte Teil von etwas* Wir teilen den Betrag unter zwölf Beteiligten auf und jeder erhält ein Zwölftel.

zwölf·tens *Adv. an zwölfter Stelle in einer Aufzählung* ... und zwölftens besprechen wir alles Sonstige.

Zwölf·ton·mu·sik die <-> (*kein Plur.*) MUS. *auf einer bestimmtem Harmonik beruhende Komposition*

zwo·tens *Adv.* (*umg.* ≈ *zweitens*)

Zy·a·nid das <-s, -e> CHEM. *Salz der Blausäure*

Zy·an·ka·li das <-(s)> (*kein Plur.*) CHEM. *sehr starkes Gift aus Blausäure*

Zy·k·la·me die <-, -n> BOT. *Alpenveilchen*

zy·k·lisch <nicht steig.> *Adj.* **1.** *einem Zyklus entsprechend* zyklisch verlaufend/wiederkehrend **2.** CHEM. *ringförmig* zyklische Verbindungen

Zy·k·lon der <-s, -e> METEOR. *ein heftiger Wirbelsturm in den Tropen*

Zy·k·lop der <-en, -en> *ein einäugiger Riese der griechischen Sage*

Zy·klo·tron das <-s, -e> PHYS. *ein Teilchenbeschleuniger, bei dem Elementarteilchen auf einer kreisförmigen Bahn auf immer höhere Geschwindigkeiten beschleunigt werden*

Zy·k·lus der <-, Zyklen> **1.** (*geh.*) *regelmäßige Wiederkehr* der Zyklus der Jahreszeiten, Er muss in einem regelmäßigen Zyklus immer wieder untersucht werden. **2.** (TECHN.: ≈ *Kreislauf*) Das Wasser wird in einen Zyklus eingespeist. **3.** KUNST *mehrere zusammengehörende Werke oder Veranstaltungen* ein Zyklus von Aufführungen/Bildern/Gedichten zu einem Thema **4.** MED. *die Zeit vom ersten Tag der Menstruation bis zum Beginn der nächsten Menstruation einer Frau* ein kurzer/langer/unregelmäßiger Zyklus

Zy·lin·der der <-s, -> **1.** MATH. TECHN. *Körper, der die Form einer Walze hat und an den Enden geschlossen ist* Die Papierbahnen laufen über rotierende Zylinder. **2.** TECHN. *Rohr, in dem sich bei Verbrennungsmotoren der Kolben auf und ab bewegt* ein Motor mit vier Zylindern **3.** *hoher, gerader Hut* Der Zauberkünstler trug einen schwarzen Zylinder., ein Kaninchen aus dem Zylinder zaubern

zy·lin·d·risch <nicht steig.> *Adj. in der Form eines Zylinders*

Zy·ni·ker, Zy·ni·ke·rin der <-s, -> *Person, die zynisch ist*

zy·nisch *Adj. auf rücksichtslose und beleidigende Art spöttisch* eine zynische Bemerkung machen, ein zynischer Mensch

Zy·nis·mus der <-, Zynismen> **1.** (*kein Plur.*) *rücksichtsloser, beißender Spott* Er war voller Zynismus. **2.** *zynische Bemerkung* eine Rede voller Zynismen

Zy·pern <-s> *ein Inselstaat im Mittelmeer*

Zy·p·rer, Zy·p·re·rin der <-s, -> *Einwohner(in) von Zypern*

Zy·p·res·se die <-, -n> BOT. *ein im Mittelmeerraum vorkommender Nadelbaum*

Zy·p·ri·ot *s.* **Zyprer**

zy·p·risch <nicht steig.> *Adj. zu Zypern gehörend, daher stammend* die zyprischen Inseln

zy·ril·lisch *s.* **kyrillisch**

Zys·te die <-, -n> MED. *mit Flüssigkeit gefüllte Geschwulst im Körpergewebe*

Zy·to·lo·gie die <-> (*kein Plur.*) *Lehre von den menschlichen, tierischen und pflanzlichen Zellen*[3]

z.Zt. *Abkürzung von „zur Zeit"*

Der Artikel

Ein Substantiv kann im Deutschen **Maskulinum, Femininum** oder **Neutrum** sein.

Das Genus eines Substantivs erkennt man an seinem **Artikel**: *der, die* oder *das.*

	Bestimmter Artikel				**Unbestimmter Artikel**			
	m	**f**	**nt**	**Plur.**	**m**	**f**	**nt**	**Plur.**
Nom.	der	die	das	die	ein	eine	ein	
Akk.	den	die	das	die	einen	eine	ein	
Gen.	des	der	des	der	eines	einer	eines	
Dat.	dem	der	dem	den	einem	einer	einem	

Substantive

Im Deutschen teilt man die Substantivdeklination in *stark, schwach* und *gemischt* ein.

Substantive der starken Deklination erkennt man an den Endungen *s, sch, ß* und *z.* Der Genitiv Singular dieser Substantive erhält die Endung *–es:*

Hals- Halses, Busch – Busches, Fuß – Fußes, Reiz – Reizes.

1. Starke Deklination: Maskulinum und Neutrum

	Plural mit ~e	**Plural mit Umlaut + e**	**Plural mit ~er**	**Plural mit Umlaut + er**
Singular				
Nom.	der Tag	der Traum	das Kind	das Dach
Akk.	den Tag	den Traum	das Kind	das Dach
Gen.	des Tag(e)s	des Traum(e)s	des Kind(e)s	des Dach(e)s
Dat.	dem Tag(e)	dem Traum(e)	dem Kind(e)	dem Dach(e)
Plural				
Nom.	die Tage	die Träume	die Kinder	die Dächer
Akk.	die Tage	die Träume	die Kinder	die Dächer
Gen.	der Tage	der Träume	der Kinder	der Dächer
Dat.	den Tagen	den Träumen	den Kindern	den Dächern

	Plural mit ~s	**Plural ohne Endung**	**Plural mit Umlaut**
Singular			
Nom.	das Auto	der Tischler	der Vogel
Akk.	das Auto	den Tischler	den Vogel
Gen.	des Autos	des Tischlers	des Vogels
Dat.	dem Auto	dem Tischler	dem Vogel

	Plural mit ~s	Plural ohne Endung	Plural mit Umlaut
Plural			
Nom.	die Autos	die Tischler	die Vögel
Akk.	die Autos	die Tischler	die Vögel
Gen.	der Autos	der Tischler	der Vögel
Dat.	den Autos	den Tischlern	den Vögeln

2. Starke Deklination: Femininum

	Plural mit Umlaut + e	Plural ohne Endung	Plural mit ~s
Singular			
Nom.	die Wand	die Mutter	die Bar
Akk.	die Wand	die Mutter	die Bar
Gen.	der Wand	der Mutter	der Bar
Dat.	der Wand	der Mutter	der Bar
Plural			
Nom.	die Wände	die Mütter	die Bars
Akk.	die Wände	die Mütter	die Bars
Gen.	der Wände	der Mütter	der Bars
Dat.	den Wänden	den Müttern	den Bars

3. Schwache Deklination: Maskulinum

Singular			
Nom.	der Bauer	der Bär	der Hase
Akk.	den Bauern	den Bären	den Hasen
Gen.	des Bauern	des Bären	des Hasen
Dat.	dem Bauern	dem Bären	dem Hasen
Plural			
Nom.	die Bauern	die Bären	die Hasen
Akk.	die Bauern	die Bären	die Hasen
Gen.	der Bauern	der Bären	der Hasen
Dat.	den Bauern	den Bären	den Hasen

4. Schwache Deklination: Femininum

Singular				
Nom.	die Uhr	die Feder	die Gabe	die Ärztin
Akk.	die Uhr	die Feder	die Gabe	die Ärztin
Gen.	der Uhr	der Feder	der Gabe	der Ärztin
Dat.	der Uhr	der Feder	der Gabe	der Ärztin
Plural				
Nom.	die Uhren	die Federn	die Gaben	die Ärztinnen
Akk.	die Uhren	die Federn	die Gaben	die Ärztinnen
Gen.	der Uhren	der Federn	der Gaben	der Ärztinnen
Dat.	den Uhren	den Federn	den Gaben	den Ärztinnen

5. Gemischte Deklination: Maskulinum und Femininum

Im Singular wird in der gemischten Deklination wie ein starkes Substantiv und im Plural wie ein schwaches Substantiv dekliniert.

Singular				
Nom.	das Auge	das Ohr	der Name	das Herz
Akk.	das Auge	das Ohr	den Namen	das Herz
Gen.	des Auges	des Ohr(e)s	des Namens	des Herzens
Dat.	dem Auge	dem Ohr(e)	dem Namen	dem Herzen
Plural				
Nom.	die Augen	die Ohren	die Namen	die Herzen
Akk.	die Augen	die Ohren	die Namen	die Herzen
Gen.	der Augen	der Ohren	der Namen	der Herzen
Dat.	den Augen	den Ohren	den Namen	den Herzen

6. Deklination der Adjektive

	Maskulinum	
Singular		
Nom.	der Reisende	ein Reisender
Akk.	den Reisenden	einen Reisenden
Gen.	des Reisenden	eines Reisenden
Dat.	dem Reisenden	einem Reisenden
Plural		
Nom.	die Reisenden	Reisende
Akk.	die Reisenden	Reisende
Gen.	der Reisenden	Reisender
Dat.	den Reisenden	Reisenden

	Femininum	
Singular		
Nom.	die Reisende	eine Reisende
Akk.	die Reisende	eine Reisende
Gen.	der Reisenden	einer Reisenden
Dat.	der Reisenden	einer Reisenden
Plural		
Nom.	die Reisenden	Reisende
Akk.	die Reisenden	Reisende
Gen.	der Reisenden	Reisender
Dat.	den Reisenden	Reisenden

	Neutrum	
Singular		
Nom.	das Neugeborene	ein Neugeborenes
Akk.	das Neugeborene	ein Neugeborenes
Gen.	des Neugeborenen	eines Neugeborenen
Dat.	dem Neugeborenen	einem Neugeborenen

Plural		
Nom.	die Neugeborenen	Neugeborene
Akk.	die Neugeborenen	Neugeborene
Gen.	der Neugeborenen	Neugeborener
Dat.	den Neugeborenen	Neugeborenen

7. Deklination der Eigennamen

Der Genitiv von Eigennamen wird durch verschiedene Regeln bestimmt:

Eigenname mit Artikel	**Eigenname ohne Artikel**	**Eigenname Endung auf s, ß, x, z**	**mehrere Eigennamen in Folge**	**Eigenname mit Apposition**
bleibt unverändert	bekommt ein *s*	bekommt einen Apostroph	bekommt am Ende ein *s*	wird wie ein Substantiv dekliniert
des Aristoteles	Marias Auto	Aristoteles' (Schriften)	Johann Sebastian Bachs (Musik)	Nom.: Karl der Große Akk.: Karl den Großen Gen.: Karls des Großen Dat.: Karl dem Großen
des (schönen) Berlin	die Straßen Berlins	die Straßen Calais'		

Familiennamen bekommen ein -*s* im Plural:

die Schneider*s*.

Endet ein Familienname auf *s*, *ß*, *x* oder *z*, wird -*ens* angehängt

die Schmitz*ens*.

Die Eigennamen von Straßen, Gebäuden, Firmen, Schiffen, Zeitungen und Institutionen werden immer dekliniert.

▶ Adjektive

Steht ein Adjektiv vor einem Substantiv, muss es in **Genus, Kasus und Numerus** mit dem Substantiv übereinstimmen. Wie bei den Substantiven, unterscheidet man bei der Deklination der Adjektive stark, schwach und gemischt.

1. Stark

- bei Adjektiv + Substantiv -Kombinationen ohne Artikel
- wenn ein Adjektiv vor einem Substantiv steht, ohne dass sich das Genus ablesen lässt

mehrere liebe Kinder, manch guter Wein.

- nach Kardinalzahlen und ‚*ein paar*', ‚*ein bisschen*',

Sie hörte zwei laute Schritte.
Wir machen eine Reise mit ein paar guten Freunden.
Mit einem bisschen guten Willen schaffst du das.

	m	f	nt
Singular			
Nom.	guter Wein	schöne Frau	liebes Kind
Akk.	guten Wein	schöne Frau	liebes Kind
Gen.	guten Wein(e)s	schöner Frau	lieben Kindes
Dat.	gutem Wein(e)	schöner Frau	liebem Kind(e)
Plural			
Nom.	gute Weine	schöne Frauen	liebe Kinder
Akk.	gute Weine	schöne Frauen	liebe Kinder
Gen.	guter Weine	schöner Frauen	lieber Kinder
Dat.	guten Weinen	schönen Frauen	lieben Kindern

2. Schwach

- bei Adjektiv + Substantivkombinationen mit dem bestimmten Artikel *der, die, das*
- bei Pronomen, die das Genus des Substantivs anzeigen z.B. *diese(r), folgende(r), jede(r), welche(s, r)*

	m	f	nt
Singular			
Nom.	der gute Wein	die schöne Frau	das liebe Kind
Akk.	den guten Wein	die schöne Frau	das liebe Kind
Gen.	des guten Wein(e)s	der schönen Frau	des lieben Kindes
Dat.	dem guten Wein	der schönen Frau	dem lieben Kind
Plural			
Nom.	die guten Weine	die schönen Frauen	die lieben Kinder
Akk.	die guten Weine	die schönen Frauen	die lieben Kinder
Gen.	der guten Weine	der schönen Frauen	der lieben Kinder
Dat.	den guten Weinen	den schönen Frauen	den lieben Kindern

3. Gemischt

- bei Adjektiv + Substantiv-Kombinationen mit dem unbestimmten Artikel *ein, kein* (bei männlichen und sächlichen Substantiven im Singular)
- und den Possessivpronomen *mein, dein, sein, unser, euer, ihr*

	m	nt
Singular		
Nom.	ein guter Wein	ein liebes Kind
Akk.	einen guten Wein	ein liebes Kind
Gen.	eines guten Wein(e)s	eines lieben Kindes
Dat.	einem guten Wein(e)	einem lieben Kind

4. Adjektive auf -abel, -ibel, -el

Dekliniert verlieren diese Adjektive das *,-e'*.

	miserabel	**penibel**	**heikel**
Singular			
Nom.	ein miserabler Stil	eine penible Frau	ein heikles Problem
Akk.	einen miserablen Stil	eine penible Frau	ein heikles Problem
Gen.	eines miserablen Stils	einer peniblen Frau	eines heiklen Problems
Dat.	einem miserablen Stil	einer peniblen Frau	einem heiklen Problem
Plural			
Nom.	miserable Stile	penible Frauen	heikle Probleme
Akk.	miserable Stile	penible Frauen	heikle Probleme
Gen.	miserabler Stile	penibler Frauen	heikler Probleme
Dat.	miserablen Stilen	peniblen Frauen	heiklen Problemen

5. Adjektive auf -er, -en

– behalten gewöhnlich das *,-e'* in der deklinierten Form, aber nicht in gehobenem Stil:

finster	seine finstren Züge

– Das trifft auch auf Adjektive zu, die Fremdwörter sind:

makaber	eine makabre Geschichte
integer	ein integrer Beamter

6. Adjektive auf -auer, – euer

– verlieren normalerweise das *,e'* in der deklinierten Form

teuer	ein teures Geschenk
sauer	saure Gurken

7. Adjektive auf -ß

– behalten das *,ß'* nach einem langen Vokal

groß	mein großer Bruder
bloß	eine bloße Freundschaft

Komparation der Adjektive

	m	**f**	**nt**
Positiv	schön	schöne	schönes
Komparativ	schöner	schönere	schöneres
Superlativ	der schönste	die schönste	das schönste

Benutzt man die Komparativ-/Superlativformen im Akkusativ, Genitiv oder Dativ, gelten die gleichen Regeln wie für ein Adjektiv in der Grundform vor einem Substantiv.

der Garten mit den schönsten Blumen (Dativ, Plural)

Ausnahmen:

1. Adjektive und Adverbien erhalten ein ‚e' vor der Superlativendung, wenn:
- sie nur aus einer Silbe bestehen
- die letzte Silbe betont ist
- die Endung -s, -ß, -st, -x, -z lautet
- die Endung -d, -t, -sch lautet

spitz	Adj.	spitze(r,s)
	Adv.	am spitzesten
beliebt	Adj.	beliebteste(r, s)
	Adv.	am beliebtesten

Das gilt auch für zusammengesetzte Adjektive und Adverbien und solche mit einem Präfix, unabhängig von der Betonung:

unsanft	Adj.	unsanfteste(r, s)
	Adv.	am unsanftesten

2. Einsilbige Adjektive, deren Wurzelvokal a, o, oder u ist, erhalten einen Umlaut in den Komparativ- und Superlativformen:

arm	ärmer	ärmste(r, s)
groß	größer	größte(r, s)
klug	klüger	klügste(r, s)

3. Die folgenden Adjektivgruppen haben nie einen Umlaut in den Komparativ- und Superlativformen:

- diejenigen mit dem **Diphthong** *-au*:

faul	fauler	faulste(r, s)
kraus	krauser	krauseste(r, s)
schlau	schlauer	schlaueste(r, s)

- diejenigen mit den Suffixen *-bar*, *-haft*, *-ig*, *-lich*, *-sam*:

dankbar	dankbarer	dankbarste(r, s)
schwatzhaft	schwatzhafter	schwatzhafteste(r, s)
schattig	schattiger	schattigste(r, s)
stattlich	stattlicher	stattlichste(r, s)
sorgsam	sorgsamer	sorgsamste(r, s)

- Adjektive, die auch Partizipien sind:

überrascht	überraschter	überraschteste(r, s)

- Fremdwort-Adjektive:

banal	banaler	banalste(r, s)
interessant	interessanter	interessanteste(r, s)
grandios	grandioser	grandioseste(r, s)

- Unregelmäßige Komparativ-/Superlativformen der Adjektive und Adverbien:

gut	besser	beste(r, s)
viel	mehr	meiste(r, s)
gern	lieber	am liebsten
bald	eher	am ehesten

▶ Adverbien

Wird ein Adjektiv als Adverb benutzt, bleibt es unverändert:

Er singt gut.
Sie schreibt schön.
Er läuft schnell.

Die Regeln für die Komparation des Adverbs entsprechen denen der Adjektive:

Er singt besser.
Sie schreibt schöner.
Er läuft schneller.

Die meisten Adverbien bilden den Superlativ nach dem Muster *am ...sten*:

Er singt am besten.
Sie schreibt am schönsten.
Er läuft am schnellsten.

▶ Verben

PRÄSENS

Im Deutschen dient das Präsens dazu, eine Handlung auszudrücken, die sich in der Gegenwart vollzieht oder es gibt eine allgemeingültige Aussage wieder oder es beschreibt ein zukünftiges Ereignis:

Was machst du? Ich lese.
Die Erde dreht sich um die Sonne.
Morgen fliege ich nach Rom.

1. Regelmäßige Verben (schwache Konjugation)

	machen	**legen**	**sagen**	**sammeln**
ich	mache	lege	sage	sammle
du	machst	legst	sagst	sammelst
er sie es	macht	legt	sagt	sammelt
wir	machen	legen	sagen	sammeln
ihr	macht	legt	sagt	sammelt
sie	machen	legen	sagen	sammeln

Verben auf *s, ss, ß* und *z:*

	rasen	**passen**	**grüßen**	**reizen**
ich	rase	passe	grüße	reize
du	rast	passt	grüßt	reizt
er sie es	rast	passt	grüßt	reizt
wir	rasen	passen	grüßen	reizen
ihr	rast	passt	grüßt	reizt
sie	rasen	passen	grüßen	reizen

Verben auf *d* oder *t*, oder mit einem Konsonanten + m, oder einem Konsonanten + n erhalten ein *–e* in der 2. Person Singular.

	reden	**wetten**	**atmen**	**trocknen**
ich	rede	wette	atme	trockne
du	redest	wettest	atmest	trocknest
er sie es	redet	wettet	atmet	trocknet
wir	reden	wetten	atmen	trocknen
ihr	redet	wettet	atmet	trocknet
sie	reden	wetten	atmen	trocknen

Verben, deren Stamm auf ein unbetontes –e oder –er endet, haben in der ersten Person Singular kein –e:

angeln	ich angle
zittern	ich zittre

2. Unregelmäßige Verben (starke Konjugation) verändern gewöhnlich ihren Stammvokal.

	tragen	**blasen**	**laufen**	**essen**
ich	trage	blase	laufe	esse
du	trägst	bläst	läufst	isst
er sie es	trägt	bläst	läuft	isst
wir	tragen	blasen	laufen	essen
ihr	tragt	blast	lauft	esst
sie	tragen	blasen	laufen	essen

PRÄTERITUM

Das Präteritum drückt ein vergangenes Ereignis aus:

Letztes Jahr reisten wir nach Spanien.

1. Regelmäßige Verben

	machen	**sammeln**	**grüßen**	**reizen**
ich	machte	sammelte	grüßte	reizte
du	machtest	sammeltest	grüßtest	reiztest
er sie es	machte	sammelte	grüßte	reizte
wir	machten	sammelten	grüßten	reizten
ihr	machtet	sammeltet	grüßtet	reiztet
sie	machten	sammelten	grüßten	reizten

Verben auf *d, t,* einem Konsonanten + m oder einem Konsonanten + n:

	reden	**wetten**	**atmen**	**trocknen**
ich	redete	wettete	atmete	trocknete
du	redetest	wettetest	atmetest	trocknetest
er sie es	redete	wettete	atmete	trocknete
wir	redeten	wetteten	atmeten	trockneten
ihr	redetet	wettetet	atmetet	trocknetet
sie	redeten	wetteten	atmeten	trockneten

2. Unregelmäßige Verben

	tragen	**blasen**	**laufen**	**essen**
ich	trug	blies	lief	aß
du	trugst	bliest	liefst	aßt
er sie es	trug	blies	lief	aß
wir	trugen	bliesen	liefen	aßen
ihr	trugt	bliest	lieft	aßt
sie	trugen	bliesen	liefen	aßen

PERFEKT

Das Perfekt drückt ein abgeschlossenes Ereignis oder einen abgeschlossenen Zustand in der Vergangenheit aus

Der Zug ist abgefahren.
Heute Nacht hat es geregnet.

Das Perfekt wird mit der Präsensform der Hilfsverben *haben* oder *sein* und dem Partizip Perfekt gebildet

1. Verben, die Bewegung oder eine Zustandsveränderung ausdrücken bilden das Perfekt mit sein.

	radeln	**fahren**	**verstummen**	**sterben**
ich	bin geradelt	bin gefahren	bin verstummt	bin gestorben
du	bist geradelt	bist gefahren	bist verstummt	bist gestorben
er sie es	ist geradelt	ist gefahren	ist verstummt	ist gestorben
wir	sind geradelt	sind gefahren	sind verstummt	sind gestorben
ihr	seid geradelt	seid gefahren	seid verstummt	seid gestorben
sie	sind geradelt	sind gefahren	sind verstummt	sind gestorben

2. Transitive, reflexive und unpersönliche Verben bilden das Perfekt mit haben – wie die meisten intransitiven Verben – wenn sie einen dauerhaften Zustand ausdrücken.

	legen	**sich freuen**	**regnen**	**leben**
ich	habe gelegt	habe mich gefreut		habe gelebt
du	hast gelegt	hast dich gefreut		hast gelebt
er sie es	hat gelegt	hat sich gefreut	es hat geregnet	hat gelebt
wir	haben gelegt	haben uns gefreut		haben gelebt
ihr	habt gelegt	habt euch gefreut		habt gelebt
sie	haben gelegt	haben sich gefreut		haben gelebt

▶ Bildung des Partizip Perfekts mit oder ohne -ge-

Das Partizip Perfekt wird meist gebildet, indem **ge-** vor den Verbstamm gesetzt und entweder **-t** (bei schwachen Verben) oder -**en** (bei starken Verben) angehängt wird. Beim Partizip Perfekt der starken Verben, verändert sich gewöhnlich der Vokal des Verbstamms:

bau·en	gebaut
hö·ren	gehört
le·sen	gelesen
sin·gen	gesungen

Bei zusammengesetzten deutschen Verben, die mit einer so genannten trennbaren Vorsilbe gebildet werden, wird -**ge**- zwischen die Vorsilbe und den Verbstamm gesetzt:

auf|bau·en	auf**ge**baut
zu|hö·ren	zu**ge**hört
vor|le·sen	vor**ge**lesen

Wichtig: Eine große Zahl von Verben bildet das Partizip Perfekt ohne **ge-**.

Die meisten dieser Verben gehören mit sehr wenigen Ausnahmen zu den folgenden Gruppen:

1. <ohne ge-> Alle Verben auf -**ieren**:

mar·schie·ren	marschierte	(ist) marschiert
pro·bie·ren	probierte	(hat) probiert

NB Diese Verben bilden das Partizip Perfekt auch dann noch ohne ge-, wenn sie ein trennbares (betontes) Präfix enthalten.

ab|mar·schie·ren	marschierte ab	(ist) abmarschiert
aus|pro·bie·ren	probierte aus	(hat) ausprobiert

2. <ohne ge-> Alle Verben, die mit einem der folgenden, immer unbetonten Präfixe beginnen:

be-, emp-, ent-, er-, ge-, ver-, zer-		
be·bau·en	bebaute	(hat) bebaut
er·hö·ren	erhörte	(hat) erhört
ge·stal·ten	gestaltete	(hat) gestaltet
ver·lan·gen	verlangte	(hat) verlangt

Diejenigen Verben mit einem nicht-trennbaren Präfix gehören auch zu dieser Gruppe:

um·ge·hen	umging	(hat) umgangen
un·ter·su·chen	untersuchte	(hat) untersucht
über·set·zen	übersetzte	(hat) übersetzt

NB Diese Verben bilden das Partizip Perfekt auch dann ohne ge-, wenn sie ein trennbares betontes Präfix enthalten.

um|ge·stal·ten	gestaltete um	(hat) umgestaltet
ab|ver·lan·gen	verlangte ab	(hat) abverlangt
zu·rück|über·set·zen	übersetzte zurück	(hat) zurückübersetzt

Einige wenige Verben, die in keine der beiden Gruppen fallen, z. B. miauen, trompeten, stibitzen), bilden ebenfall das Partizip Perfekt ohne ge-.

PLUSQUAMPERFEKT

Das Plusquamperfekt beschreibt eine Handlung, die bereits abgeschlossen war, als sich eine andere Handlung ereignete.

Als er im Kino ankam, hatte der Film schon begonnen.

Man bildet es mit dem Imperfekt von haben oder sein und dem Partizip Perfekt.

	fahren	**sterben**	**legen**	**leben**
ich	war gefahren	war gestorben	hatte gelegt	hatte gelebt
du	warst gefahren	warst gestorben	hattest gelegt	hattest gelebt
er sie es	war gefahren	war gestorben	hatte gelegt	hatte gelebt
wir	waren gefahren	waren gestorben	hatten gelegt	hatten gelebt
ihr	wart gefahren	wart gestorben	hattet gelegt	hattet gelebt
sie	waren gefahren	waren gestorben	hatten gelegt	hatten gelebt

FUTUR

Das Futur wird benutzt, um etwas auszudrücken, das in der Zukunft geschehen wird oder sich auf die Zukunft bezieht.

Es wird gebildet mit dem Präsens des Hilfsverbs *werden* und dem Infinitiv des Hauptverbs:

Morgen wird es schneien.
Er wird noch im Urlaub sein.
Ich werde dich immer lieben.

	legen	fahren	sein	haben	können
ich	werde legen	werde fahren	werde sein	werde haben	werde können
du	wirst legen	wirst fahren	wirst sein	wirst haben	wirst können
er sie es	wird legen	wird fahren	wird sein	wird haben	wird können
wir	werden	werden	werden	werden	werden
	legen	fahren	sein	haben	können
ihr	werdet	werdet	werdet	werdet	werdet
	legen	fahren	sein	haben	können
sie	werden	werden	werden	werden	werden
	legen	fahren	sein	haben	können

KONJUNKTIV I

Der Konjunktiv I wird aus dem Verbstamm gebildet, an den die Endungen

-e, -est, -e, -en, -et, -en

angehängt werden.

Er drückt indirekte Rede aus:

Kannst du mir helfen?	(Direkte Rede)
Er fragt sie, ob sie ihm helfen könne.	(Indirekte Rede)

Manche unregelmäßige Verben haben einen Umlaut oder Vokalwechsel im **Indikativ, aber nicht im Konjunktiv I**:

Infinitiv	Präsens Indikativ	Konjunktiv I
fallen	du fällst	du fallest
geben	du gibst	du gebest

Außer in der indirekten Rede wird der Konjkunktiv I in einigen festen Ausdrücken verwendet:

Er lebe hoch!
Gott sei Dank!
Man nehme Salz, Mehl und Butter ...

	legen	küssen	reden
ich	lege	küsse	rede
du	legst	küssest	redest
er sie es	lege	küsse	rede
wir	legen	küssen	reden
ihr	leget	küsset	redet
sie	legen	küssen	reden

Konjunktiv I der Hilfsverben *sein*, *haben* und *werden:*

	sein	**haben**	**werden**
ich	sei	habe	werde
du	seist	habest	werdest
er sie es	sei	habe	werde
wir	seien	haben	werden
ihr	seiet	habet	werdet
sie	seien	haben	werden

Konjunktiv I der Modalverben:

	können	**dürfen**	**mögen**	**müssen**	**sollen**	**wollen**
ich	könne	dürfe	möge	müsse	solle	wolle
du	könnest	dürfest	mögest	müssest	sollest	wollest
er sie es	könne	dürfe	möge	müsse	solle	wolle
wir	können	dürfen	mögen	müssen	sollen	wollen
ihr	könn(e)t	dürf(e)t	mög(e)t	müss(e)t	soll(e)t	woll(e)t
sie	können	dürfen	mögen	müssen	sollen	wollen

Konjunktiv II

Der Konjunktiv II wird gebildet aus dem Präteritumsstamm des Verbs und den Endungen

-e, -(e) st, -e, -en, -(e)t, -en.

Bei regelmäßigen Verben ist der Konjunktiv II identisch mit dem Indikativ Präteritum;

Unregelmäßige Verben mit i oder ie in den Imperfektformen behalten diese im Konjunktiv II bei.

Der Konjunktiv II drückt hypothetische Aussagen und Vergleiche aus und dient als Höflichkeitsform:

> Wenn ich Zeit hätte, ginge ich mit dir ins Kino.
> Die Leiter schwankte so, als fiele sie gleich um.
> Könnten Sie uns bitte eine Auskunft geben?

	gehen/ging	**rufen/rief**	**greifen/griff**
ich	ginge	riefe	griffe
du	ging(e) st	rief(e) st	griff(e) st
er sie es	ginge	riefe	griffe
wir	gingen	riefen	griffen
ihr	ging(e)t	rief(e)t	griff(e)t
sie	gingen	riefen	griffen

Verben mit den Vokalen *a, o* und *u* im Indikativ Präteritum haben im Konjunktiv II einen Umlaut:

	singen/ sang	**fliegen/ flog**	**fahren/ fuhr**	**sein/ war**	**haben/ hatte**	**werden/ wurde**
ich	sänge	flöge	führe	wäre	hätte	würde
du	säng(e) st	flög(e) st	führ(e) st	wär(e) st	hättest	würdest
er sie es	sänge	flöge	führe	wäre	hätte	würde
wir	sängen	flögen	führen	wären	hätten	würden
ihr	säng(e)t	flög(e)t	führ(e)t	wär(e)t	hättet	würdet
sie	sängen	flögen	führen	wären	hätten	würden

Konditionalsätze

Ein Konditionalsatz beginnt oft mit „wenn". Er drückt etwas aus, das geschehen könnte, wenn bestimmte Bedingungen erfüllt wären und wird mit dem Konjunktiv II von werden und dem Infinitiv des Hauptverbs gebildet.

Wenn ihr uns einladen würdet, würden wir kommen.

	fahren	**legen**
ich	würde legen	würde fahren
du	würdest legen	würdest fahren
er sie es	würde legen	würde fahren
wir	würden legen	würden fahren
ihr	würdet legen	würdet fahren
sie	würden legen	würden fahren

Imperativ

Der Imperativ drückt eine Forderung, Bitte oder Warnung aus und wird mit der zweiten Person Singular oder Plural gebildet:

1. Regelmäßige Verben hängen an den Stamm ein –e im Singular an.
2. Die Pluralform des Imperativs ist identisch mit der zweiten Person Plural, Präsens Indikativ.

Bei der höflichen Form mit Sie steht das Verb vor dem Subjekt:

Sie schreiben einen Brief.	(eine Feststellung/Indikativ)
Schreiben Sie einen Brief!	(eine Aufforderung/Imperativ)

Infinitive	**Singular**	**Plural**	**Polite form**
schreiben	schreibe	schreibt	schreiben Sie
singen	singe	singt	singen Sie
trinken	trinke	trinkt	trinken Sie
atmen	atme	atmet	atmen Sie
reden	rede	redet	reden Sie

Ausnahmen:

Bei Verben auf *–eln*, *-ern* kann das *–e* im Singular ausfallen.

Infinitive	**Singular**	**Plural**	**Polite form**
sammeln	samm(e) le	sammelt	sammeln Sie
fördern	förd(e) re	fördert	fördern Sie
handeln	hand(e) le	handelt	handeln Sie

Endet der Verbstamm auf *–m* or *–n* und steht vor ihm ein *h, l, m, n,* oder *r*, kann das –e im Singular ausfallen.

Infinitive	**Singular**	**Plural**	**Polite form**
rühmen	rühm(e)	rühmt	rühmen Sie
qualmen	qualm(e)	qualmt	qualmen Sie
kämmen	kämm(e)	kämmt	kämmen Sie
rennen	renn(e)	rennt	rennen Sie
lernen	lern(e)	lernt	lernen Sie

Steht allerdings ein anderer Konsonant vor dem *–m* oder *–n*, muss das *–e* erhalten bleiben:

atme, rechne.

2. Unregelmäßige Verben ohne Vokalwechsel zu –i oder –ie im Präsens bilden den Imperativ nach denselben Regeln wie regelmäßige Verben:

Infinitiv	**Singular**	**Plural**
lesen	lies	lest
werfen	wirf	werft
essen	iss	esst
sehen	sieh	seht

Die Hilfsverben *sein, haben* und *werden*

Infinitiv	**Singular**	**Plural**
sein	sei	seid
haben	habe	habt
werden	werde	werdet

AKTIV UND PASSIV

im Aktivsatz führt das Subjekt die Handlung aus. Im Passivsatz wird das Subjekt von einer Handlung betroffen.

Die Parlamentarier wählen den Präsidenten.	(Aktiv)
Der Präsident wird von den Parlamentariern gewählt.	(Passiv)

Das Passiv wird mit werden und dem Partizip Perfekt gebildet.

Präsens	ich werde geliebt	ich werde geschlagen
Präteritum	ich wurde geliebt	ich wurde geschlagen

Die Hilfverben haben, sein und werden

Sie heißen Hilfsverben, weil mit ihrer Hilfe bestimmte Zeitformen, z. B. Perfekt, Plusquamperfekt und Futur gebildet werden.

Präsens

	sein	**haben**	**werden**
ich	bin	habe	werde
du	bist	hast	wirst
er sie es	ist	hat	wird
wir	sind	haben	werden
ihr	seid	habt	werdet
sie	sind	haben	werden

Das Partizip Präsens

Das Partizip Präsens wird durch Anhängen von –d an den Infinitiv gebildet.

singend, lachend

Er saß in der Badewanne und sang.	Er saß _singend_ in der Badewanne.
Sie öffnete die Tür und lachte.	Sie öffnete _lachend_ die Tür.

Das Partizip Perfekt

Das Partizip Perfekt der regelmäßigen Verben wird nach der folgenden Regel gebildet:

	Präfix	**+ Stamm**	**+ Endung**
machen	ge	+ mach	+ t

legen	_ge_leg_t_
sagen	_ge_sag_t_
vierteln	_ge_viertel_t_
rasen	_ge_ras_t_
hassen	_ge_hass_t_
küssen	_ge_küss_t_
reizen	_ge_reiz_t_
reden	_ge_rede_t_
wetten	_ge_wette_t_
trocknen	_ge_trockne_t_

Verben auf _–ieren lassen das Präfix ge- aus_, auch solche mit Präfix _be-_, _em-_, _ent-_, _er-_, _ver-_ und _zer-_.

	Stamm	**+ Endung**
manövr_ieren_*	manövrier	+ t

_em_pören*	empör_t_
_ent_giften*	entgifte_t_
_er_setzen*	ersetz_t_
_ver_trösten*	vertröste_t_
_zer_reden*	zerrede_t_

Untrennnbare zusammengesetzte Verben sind auch ohne ge-

übersetzen*	übersetz*t*
durchwaten*	durchwate*t*
unterlegen*	unterleg*t*
umarmen*	umarm*t*

Das Partizip Perfekt trennbarer zusammengesetzter Verben wird nach der folgenden Regel gebildet:

Präfix Verb	**+ Präfix Part.P. ge-**	**+ Verbstamm**	**+ Endung t**
durch	+ ge	+ mach	+ t

anbeten	an*ge*bete*t*
überschnappen	über*ge*schnapp*t*
umdeuten	um*ge*deute*t*

PRONOMEN

Im Deutschen werden Pronomen wie Artikel, Substantive, Adjektive und Adverbien dekliniert.

1. Das Personalpronomen

Nominativ	Akkusativ	Genitiv	Dat.
ich	mich	meiner	mir
du	dich	deiner	dir
er	ihn	seiner	ihm
sie	sie	ihrer	ihr
es	es	seiner	ihm
wir	uns	unser	uns
ihr	euch	euer	euch
sie	sie	ihrer	ihnen

2. Das Reflexivpronomen

Ein Reflexipronomen bezieht sich auf das Satzsubjekt und muss mit dem Subjekt in Kasus und Numerus übereinstimmen.

ich wasche mich
du wäschst dich
er/sie/es wäscht sich
wir waschen uns
ihr wascht euch
sie waschen sich

3. Das Possessivpronomen

Ein Possessivpronomen drückt Besitz aus und muss in Kasus, Genus und Numerus mit dem Substantiv übereinstimmen, auf das es sich bezieht.

a) Adjektivgebrauch:

	m	f	nt	pl
1. Person Singular				
Nom.	mein	meine	mein	meine
Akk.	meinen	meine	mein	meine
Gen.	meines	meiner	meines	meiner
Dat.	meinem	meiner	meinem	meinen
2. Person Singular				
	dein	deine	dein	deine
			dekliniert wie *mein*	
3. Person Singular				
	sein	seine	sein	seine
			dekliniert wie *mein*	
3. Person Singular				
	ihr	ihre	ihr	ihre
			dekliniert wie *mein*	
3. Person Singular				
	sein	seine	sein	seine
			dekliniert wie *mein*	
1. Person Plural				
Nom.	unser	uns(e) re	unser	uns(e) re
Akk.	uns(e) ren	uns(e) re unsern	unser	uns(e) re
Gen.	uns(e) res	uns(e) rer	uns(e) res	uns(e) rer
Dat.	uns(e) rem	uns(e) rer unserm	uns(e) rem	uns(e) ren unserm
2. Person Plural				
Nom.	euer	eure	euer	eure
Akk.	euren	eure	euer	eure
Gen.	eures	eurer	eures	eurer
Dat.	eurem	eurer	eurem	euren
3. Person Plural				
Nom.	ihr	ihre	ihr	ihre
Akk.	ihren	ihre	ihr	ihre
Gen.	ihres	ihrer	ihres	ihrer
Dat.	ihrem	ihrer	ihrem	ihren

b) Substantivgebrauch:

m	f	nt	pl	
1. P. Sing.	meiner	meine	mein(e)s	meine
2. P. Sing	deiner	deine	dein(e)s	deine
3. P. Sing.	seiner	seine	sein(e)s	seine
3. P. Sing. m, nt				
3. P. Sing. f	ihrer	ihre	ihr(e)s	ihre
1. P. Pl.	uns(e) rer	uns(e) re	uns(e) res	uns(e) re
2. P. Pl.	eurer	eure	eures, euers	eure
3. P. Pl.	ihrer	ihre	ihr(e)s	ihre

4. Das Demonstrativpronomen

Ein Demonstrativpronomen zeigt an, von welcher Person oder Sache die Rede ist.

	m	f	nt	Plural
Nom.	dieser	diese	dieses	diese
Akk.	diesen	diese	dieses	diese
Gen.	dieses	dieser	dieses	dieser
Dat.	diesem	dieser	diesem	diesen
Nom.	jener	jene	jenes	jene
Akk.	jenen	jene	jenes	jene
Gen.	jenes	jener	jenes	jener
Dat.	jenem	jener	jenem	jenen
Nom.	derjenige	diejenige	dasjenige	diejenigen
Akk.	denjenigen	diejenige	dasjenige	diejenigen
Gen.	desjenigen	derjenigen	desjenigen	derjenigen
Dat.	demjenigen	derjenigen	demjenigen	denjenigen
Nom.	derselbe	dieselbe	dasselbe	dieselben
Akk.	denselben	dieselbe	dasselbe	dieselben
Gen.	desselben	derselben	desselben	derselben
Dat.	demselben	derselben	demselben	denselben

Der bestimmte Artikel *der, die, das* wird auch als Demonstrativpronomen benutzt.

5. Das Relativpronomen

Die häufigsten Relativpronomina sind *der, die, das*. Seltener sind *welcher, welche, welches.*

Alle Relativpronomina leiten einen Nebensatz ein. Relativpronomina müssen in Genus und Numerus mit dem Substantiv übereinstimmen, auf das sie sich beziehen

Er putzt sein neues Auto, das/welches er sich gekauft hat.

	m	f	nt	Plural
Nom.	welcher	welche	welches	welche
Akk.	welchen	welche	welches	welche
Gen.	dessen	deren	dessen	deren
Dat.	welchem	welcher	welchem	welchen

Wer und *was* können ebenfalls als Relativpronomina benutzt werden:

Wer das behauptet, lügt.
Mach doch, was du willst!

6. Das Interrogativpronomen

Beim Interrogativpronomen wird zwischen Person und Sache unterschieden.

Es kommt nur im Singular vor.

	Person	**Sache**
Nom.	*Wer* spielt mit?	*Was* ist das?
Akk.	*Wen* liebst du?	*Was* höre ich da?
Gen.	*Wessen* Haus ist das?	
Dat.	*Wem* gehört das Haus?	

Die Interrogativpronomina *welcher*, *welche* und *welches* werden benuzt, um nach einer bestimmten Person oder Sache unter mehreren zu fragen.

Welche Schuhe soll ich nehmen?	(die Braunen oder die Schwarzen?)
Mit welchem Bus kommst du?	(dem um 16 oder 17 Uhr?)
Welches Eis schmeckt dir besser?	(Erdbeer- oder Schokoladeneis?)

	m	**f**	**nt**	**Plural**
Nom.	welcher	welche	welches	welche
Akk.	welchen	welche	welches	welche
Gen.	welches	welcher	welches	welcher
Dat.	welchem	welcher	welchem	welchen

PRÄPOSITIONEN

+ **Akkusativ:**	bis	durch
	für	gegen
	je	ohne
	pro	um
	wider	

+ **Dat.:**	ab	aus
	außer	bei
	binnen	entgegen
	entsprechend	gegenüber
	gemäß	mit
	nach	nächst
	nahe	nebst
	samt	seit
	von	zu
	zufolge	zuwider

+ **Akkusativ/Dat.** *:	an	auf
	entlang	hinter
	in	neben
	über	unter
	vor	zwischen

* Im Zusammenhang mit Bewegung und Richtungsänderung wird der Akkusativ benutzt (Wohin?).

Im Zusammenhang mit einer Ortsangabe wird der Dativ benutzt (Wo?)

Er hängt die Uhr an die Wand.	(Wohin?)
Die Uhr hängt an der Wand.	(Wo?)

Einige Präpositionen können mit der entsprechenden Form des bestimmten Artikels verschmolzen werden:

an/in	+ dem	wird zu	am/im
bei	+ dem	wird zu	beim
von	+ dem	wird zu	vom
zu	+ dem/der	wird zu	zum/zur
an/in	+ das	wird zu	ans/ins

▶ LISTE DER WICHTIGSTEN UNREGELMÄßIGEN VERBEN IM DEUTSCHEN

Infinitiv	Präteritum	Partizip Perfekt	Imperativ Sing./Plur.
backen bäckst, backst	backte	hat gebacken	back(e)/backt
befehlen befiehlst	befahl	hat befohlen	befiehl/befehlt
beginnen	begann	hat begonnen	beginn(e)/beginnt
beißen	biss	hat gebissen	beiß(e)/beißt
bergen birgst	barg	hat geborgen	birg/bergt
bersten birst	barst	ist geborsten	birst/berstet
bewegen	bewog	hat bewogen	beweg(e)/bewegt
biegen	bog	hat/ist gebogen	bieg(e)/bewegt
bieten	bot	hat geboten	biet(e)/bietet
binden	band	hat gebunden	bind(e)/bindet
bitten	bat	hat gebeten	bitt(e)/bittet
blasen bläst	blies	hat geblasen	blas(e)/blast
bleiben	blieb	ist geblieben	bleib(e)/bleibt
braten brätst	briet	hat gebraten	brat(e)/bratet
brechen brichst	brach	hat/ist gebrochen	brich/brecht
brennen	brannte	hat gebrannt	brenn(e)/brennt
bringen	brachte	hat gebracht	bring/bringt
denken	dachte	hat gedacht	denk(e)/denkt
dreschen drischst	drosch	hat/ist gedroschen	drisch/drescht
dringen	drang	ist gedrungen	dring(e)/dringt
dürfen darfst	durfte	hat gedurft	
empfangen empfängst	empfing	hat empfangen	empfang(e)/empfangt
empfehlen empfiehlst	empfahl	hat empfohlen	empfiehl/empfehlt
empfinden	empfand	hat empfunden	empfind(e)/empfindet
erschrecken erschrickst	erschrak	hat/ist erschrocken	erschrick/erschreckt
essen isst	aß	hat gegessen	iss/esst
fahren fährst	fuhr	hat/ist gefahren	fahr(e)/fahrt
fallen fällst	fiel	ist gefallen	fall(e)/fallt
fangen fängst	fing	hat gefangen	fang(e)/fangt
fechten fichst	focht	hat gefochten	ficht/fechtet

finden	fand	hat gefunden	find(e)/findet
flechten	flocht	hat geflochten	flicht/flechtet
fliegen	flog	hat/ist geflogen	flieg(e)/fliegt
fliehen	floh	ist geflohen	flieh(e)/flieht
fließen	floss	ist geflossen	fließ(e)/fließt
fressen frisst	fraß	hat gefressen	friss/fresst
frieren	fror	hat gefroren	frier(e)/friert
gären	gor/gärte	hat/ist gegoren/gegärt	gär(e)/gärt
gebären gebierst	gebar	hat/ist geboren	gebier/gebärt
geben gibst	gab	hat gegeben	gib/gebt
gedeihen	gedieh	ist gediehen	gedeih(e)/gedeiht
gehen	ging	ist gegangen	geh(e)/geht
gelingen	gelang	ist gelungen	geling(e)/gelingt
gelten giltst	galt	hat gegolten	gilt/geltet
genießen	genoss	hat genossen	genieß(e)/genießt
geschehen geschieht	geschah	ist geschehen	geschieh/gescheht
gewinnen	gewann	hat gewonnen	gewinn(e)/gewinnt
gießen	goss	hat gegossen	gieß(e)/gießt
gleichen	glich	hat geglichen	gleich(e)/gleicht
gleiten	glitt	ist geglitten	gleit(e)/gleitet
glimmen	glomm	hat geglommen	glimm(e)/glimmt
graben gräbst	grub	hat gegraben	grab(e)/grabt
greifen	griff	hat gegriffen	greif(e)/greift
haben hast	hatte	hat gehabt	hab(e)/habt
halten hältst	hielt	hat gehalten	halt(e)/haltet
hängen	hing	hat gehangen	häng(e)/hängt
hauen	haute hieb	hat gehauen/gehaut	hau(e)/haut
heben	hob hub	hat gehoben	heb(e)/hebt
heißen	hieß	hat geheißen	heiß(e)/heißt
helfen hilfst	half	hat geholfen	hilf/helft
kennen	kannte	hat gekannt	kenn(e)/kennt
klingen	klang	hat geklungen	kling(e)/klingt
kneifen	kniff	hat gekniffen	kneif(e)/kneift
kommen	kam	ist gekommen	komm(e)/kommt
können kannst	konnte	hat gekonnt	
kriechen	kroch	ist gekrochen	kriech(e)/kriecht
küren	kürte/kor	hat gekürt/gekoren	kür(e)/kürt
laden lädst	lud	hat geladen	lad(e)/ladet

lassen lässt	ließ	hat gelassen	lass/lasst
laufen läuft	lief	ist gelaufen	lauf(e)/lauft
leiden	litt	hat gelitten	leid(e)/leidet
leihen	lieh	hat geliehen	leih(e)/leiht
lesen liest	las	hat gelesen	lies/lest
liegen	lag	hat gelegen	lieg(e)/liegt
löschen lischst	losch	hat gelöscht	lisch/löscht
lügen	log	hat gelogen	lüg(e)/lügt
mahlen	mahlte	hat gemahlen	mahl(e)/mahlt
meiden	mied	hat gemieden	meid(e)/meidet
melken	molk/melkte	hat gemolken/gemelkt	melk(e), milk/melkt
messen misst	maß	hat gemessen	miss/messt
misslingen	misslang	ist misslungen	
mögen magst	mochte	hat gemocht	
müssen musst	musste	hat gemusst	
nehmen nimmst	nahm	hat genommen	nimm/nehmt
nennen	nannte	hat genannt	nenn(e)/nennt
pfeifen	pfiff	hat gepfiffen	pfeif(e)/pfeift
preisen	pries	hat gepriesen	preis(e)/preist
quellen quillst	quoll	ist gequollen	quill/quellt
raten rätst	riet	hat geraten	rat(e)/ratet
reiben	rieb	hat gerieben	reib(e)/reibt
reißen	riss	hat/ist gerissen	reiß/reißt
reiten	ritt	hat/ist geritten	reit(e)/reitet
rennen	rannte	ist gerannt	renn(e)/rennt
riechen	roch	hat gerochen	riech(e)/riecht
ringen	rang	hat gerungen	ring(e)/ringt
rinnen	rann	ist geronnen	rinn(e)/rinnt
rufen	rief	hat gerufen	ruf(e)/ruft
saufen säufst	soff	hat gesoffen	sauf(e)/sauft
schaffen	schuf	hat geschaffen	schaff(e)/schafft
scheiden	schied	hat/ist geschieden	scheid(e)/scheidet
scheinen	schien	hat geschienen	schein(e)/scheinet
scheißen	schiss	hat geschissen	scheiß(e)/scheißt
schelten schiltst	schalt	hat gescholten	schilt/scheltet
scheren	schor	hat geschoren/geschert	scher(e)/schert
schieben	schob	hat geschoben	schieb(e)/schiebt
schießen	schoss	hat/ist geschossen	schieß(e)/schießt
schinden	schindete	hat geschunden	schind(e)/schindet

schlafen schläfst	schlief	hat geschlafen	schlaf(e)/schlaft
schlagen schlägst	schlug	hat geschlagen	schlag(e)/schlagt
schleichen	schlich	ist geschlichen	schleich(e)/schleicht
schleifen	schliff	hat geschliffen	schleif(e)/schleift
schließen	schloss	hat geschlossen	schließ(e)/schließt
schlingen	schlang	hat geschlungen	schling(e)/schlingt
schmeißen	schmiss	hat geschmissen	schmeiß(e)/schmeißt
schmelzen schmilzt	schmolz	ist geschmolzen	schmilz/schmelzt
schneiden	schnitt	hat geschnitten	schneid(e)/schneidet
schrecken schrickst	schreckte	hat geschreckt	schrick/schreckt
schreiben	schrieb	hat geschrieben	schreib(e)/schreibt
schreien	schrie	hat geschrie(e)n	schrei(e)/schreit
schreiten	schritt	ist geschritten	schreit(e)/schreitet
schweigen	schwieg	hat geschwiegen	schweig(e)/schweigt
schwellen schwillst	schwoll	ist geschwollen	schwill/schwellt
schwimmen	schwamm	hat/ist geschwommen	schwimm(e)/schwimmt
schwinden	schwand	ist geschwunden	schwind(e)/schwindet
schwingen	schwang	hat geschwungen	schwing(e)/schwingt
schwören	schwor	hat geschworen	schwör(e)/schwört
sehen siehst	sah	hat gesehen	sieh/seht
sein ist	war	ist gewesen	sei/seid
senden	sandte/sendete	hat gesandt/gesendet	send(e)/sendet
singen	sang	hat gesungen	sing(e)/singt
sinken	sank	ist gesunken	sink(e)/sinkt
sinnen	sann	hat gesonnen	sinn(e)/sinnt
sitzen	saß	hat gesessen	sitz(e)/sitzt
sollen	sollte	hat gesollt	
spalten	spaltete	hat gespalten/gespaltet	spalt(e)/spaltet
speien	spie	hat gespie(e)n	spei(e)/speit
spinnen	spann	hat gesponnen	spinn(e)/spinnt
sprechen sprichst	sprach	hat gesprochen	sprich/sprecht
sprießen	spross/sprießte	ist gesprossen/gesprießt	sprieß(e)/sprießt
springen	sprang	ist gesprungen	spring(e)/springt
stechen stichst	stach	hat gestochen	stich/stecht
stecken	steckte/stak	hat gesteckt	steck(e)/steckt
stehen	stand	hat gestanden	steh(e)/steht
stehlen stiehlst	stahl	hat gestohlen	stiehl/stehlt
steigen	stieg	ist gestiegen	steig(e)/steigt
sterben stirbst	starb	ist gestorben	stirb/sterbt
stinken	stank	hat gestunken	stink(e)/stinkt

stoßen stößt	stieß	hat gestoßen	stoß(e)/stoßt
streichen	strich	hat gestrichen	streich(e)/streicht
streiten	stritt	hat gestritten	streit(e)/streitet
tragen trägst	trug	hat getragen	trag(e)/tragt
treffen triffst	traf	hat getroffen	triff/trefft
treiben	trieb	hat getrieben	treib(e)/treibt
treten trittst	trat	hat getreten	tritt/tretet
triefen	triefte	hat getrieft	trief(e)/trieft
trinken	trank	hat getrunken	trink(e)/trinkt
trügen	trog	hat getrogen	trüg(e)/trügt
tun	tat	hat getan	tu(e)/tut
verderben verdirbst	verdarb	hat/ist verdorben	verdirb/verderbt
vergessen vergisst	vergaß	hat vergessen	vergiss/vergesst
verlieren	verlor	hat verloren	verlier(e)/verliert
verlöschen verlischst	verlosch/verlöschte	ist verloschen	verlisch/verlöscht
verzeihen	verzieh	hat verziehen	verzeih(e)/verzeiht
wachsen wächst	wuchs	ist gewachsen	wachs(e)/wachst
wägen	wog	hat gewogen	wäg(e)/wägt
waschen wäscht	wusch	hat gewaschen	wasch(e)/wascht
weben	wob	hat gewoben/gewebt	web(e)/webt
weichen	wich	ist gewichen	weich(e)/weicht
weisen	wies	hat gewiesen	weis(e)/weist
wenden	wendete/wandte	hat gewendet/gewandt	wend(e)/wendet
werben wirbst	warb	hat geworben	wirb/werbt
werden wirst	wurde/ward	ist geworden	werd(e)/werdet
werfen wirfst	warf	hat geworfen	wirf/werft
wiegen	wog	hat gewogen	wieg(e)/wiegt
winden	wand	hat gewunden	wind(e)/windet
winken	winkte	hat gewunken	wink(e)/winkt
wissen weißt	wusste	hat gewusst	wisse/wisset
wollen willst	wollte	hat gewollt	wolle/wollt
ziehen	zog	hat/ist gezogen	zieh(e)/zieht
zwingen	zwang	hat gezwungen	zwing(e)/zwingt

Deutschland

Länder (und Hauptstädte)

Baden-Württemberg (Stuttgart)
Bayern (München)
Berlin (Berlin)
Brandenburg (Potsdam)
Bremen (Bremen)
Hamburg (Hamburg)
Hessen (Wiesbaden)
Mecklenburg-Vorpommern (Schwerin)
Niedersachsen (Hannover)
Nordrhein-Westfalen (Düsseldorf)
Rheinland-Pfalz (Mainz)
Saarland (Saarbrücken)
Sachsen (Dresden)
Sachsen-Anhalt (Magdeburg)
Schleswig-Holstein (Kiel)
Thüringen (Erfurt)

Österreich

Bundesländer (und Hauptstädte)

Burgenland (Eisenstadt)
Kärnten (Klagenfurt)
Niederösterreich (St. Pölten)
Oberösterreich (Linz)
Salzburg (Salzburg)
Steiermark (Graz)
Tirol (Innsbruck)
Vorarlberg (Bregenz)
Wien (Wien)

Die Schweiz

Kantone (und Hauptorte)

Aargau (Aarau)
Appenzell Ausser-Rhoden (Herisau)
Appenzell Inner-Rhoden (Appenzell)
Basel-Landschaft (Liestal)
Basel-Stadt (Basel)
Bern (Bern)
Freiburg (Freiburg)
Genf (Genf)
Glarus (Glarus)
Graubünden (Chur)
Jura (Delémont)
Luzern (Luzern)
Neuenburg (Neuenburg)

Sankt Gallen (Sankt Gallen)
Schaffhausen (Schaffhausen)
Schwyz (Schwyz)
Solothurn (Solothurn)
Tessin (Bellinzona)
Thurgau (Frauenfeld)
Nidwalden (Stans)
Obwalden (Sarnen)
Uri (Altdorf)
Waadt (Lausanne)
Wallis (Sitten)
Zug (Zug)
Zürich (Zürich)